set [set] … ~ **about** … ~ **at** … ~ **back** … ~ **down** … ~ **forth** — phrasal verbs, d. h. feste Verb-Partikel-Verbindungen werden in der Regel auf dem Verb betont und nicht mit Betonungsstrichen versehen

S *Abk* von **south(ern)** — nur schriftlich gebrauchte Abkürzung (Aussprache beim Vollwort)
SRN *Abk* von **State Registered Nurse**

4. Stichwortnester

threat … **ˈ~en** … **ˈ~ened** … **ˈ~en·ing** — einfache halbfette Tilde steht für Hauptstichwort in Ableitungen

san|dal … **ˈ~dalled** — einfache halbfette Tilde ersetzt den im Hauptstichwort vor dem senkrechten Strich stehenden Wortbestandteil

tick·et … | *auch* ˌ~ **of ˈleave** … **ˈ~ box** … **ˈ~ colˌlec·tor** … ◇ **work one's ~** … — einfache halbfette Tilde steht für Hauptstichwort als Bestimmungswort in Zusammensetzungen und als Teil von festen Wortgruppen

in·tro|duce … **ˌ~ˈduc·tive**, **ˌ~ˈduc·tory** — lexikalische Variante durch Komma oder Schrägstrich / geschieden
mope … *vi, meist* **about/[a]round**
set … **3.** *vt* … ~ **about** beginnen, in Angriff nehmen … ~ **across** übersetzen … ~ **apart** herausheben; *vi* … ~ **about** sich anschicken … ~ **at** angreifen … ~ **back** zurückfließen; ~ **down** sich niedersetzen — phrasal verbs, d.h. feste Verb-Partikel-Verbindungen, haben Stichwortcharakter (daher halbfett), stehen aber – entgegen der alphabetischen Anordnung – unmittelbar hinter dem Grundverb, und zwar gesondert nach transitiver und intransitiver Verwendungsweise

5. Grammatische Angaben

foul [fəʊl] **1.** *adj* …; **2.** *s* …; **3.** *vt* …; *vi* … — arabische Ordnungszahlen trennen Wortarten wie *adj*, *s*, *vt*, *vi* usw.

sit [sɪt] (**sat, sat** [sæt]) *vi* — Präteritum und Perfektpartizip von unregelmäßigen Verben in runden Klammern

span [spæn] **1.** *s* …; **2.** (**spanned, spanned**) *vt* … — Präteritum und Perfektpartizip mit Konsonantenverdopplung in runden Klammern

tooth [tu:θ] *s* (*pl* **teeth** [ti:θ]) … — unregelmäßiger Plural in runden Klammern
pu|pa [ˈpju:pə] *s* (*pl* **~pas**, **~pae** [ˈ~pi:]) — bei unterschiedlichen Pluralformen ersetzt halbfette Tilde den im Hauptstichwort abgetrennten Wortteil

se·ries [ˈsɪəri:z] *s* (*pl* ~) — halbfette Tilde für unveränderte Pluralform
good [gʊd] **1.** (**bet·ter** [ˈbetə], **best** [best]) *adj* … — unregelmäßige Steigerung in runden Klammern
stack … **1.** *s* (Bücher u. ä.) Stapel *m*, Stoß *m* … | (*oft pl*) (Bücher-) Regal *n*; (*meist pl*) Magazin *n* … — Hinweise auf besondere Verwendungsweise bzw. auf Verwendungsbeschränkungen im Satz
stitch … **1.** *s* (Nadel-, Näh-) Stich *m* … | (*nur sg*) Stich *m*, Stechen *n* (Schmerz) ⟨a ~ in the side *Med* Seitenstechen *n*⟩
tech|nic … **~nics** *s/pl* (*meist sg konstr*) Technik *f*
school … **1.** *s* Schule *f* … | (*ohne art*) Schule *f*, Unterricht *m* ⟨at ~, in ~; to go to ~⟩ … | (*mit best art*) *collect* Schüler(innen) *m/pl* (*f/pl*) ⟨the whole ~⟩ …
a·blaze … *adv*, *präd adj* in Flammen

en·gage … *vt* verpflichten, binden (**to** zu, **to** *mit inf* zu *mit inf*, **that** daß) … | (*meist pass*) in Anspruch nehmen, beschäftigen (**in, up[on]** mit) … — bevorzugte Präpositionen bzw. Konjunktionen nach *v*

sen·si|tive … *adj* sensibel, feinfühlig (**to** gegenüber) | (über)empfindlich (**to** gegen) … | empfänglich (**to** für) …; **~tiv·i·ty** … *s* Empfindungsvermögen *n*, Sensibilität *f* (**to** für) | Feingefühl *n*, Empfindlichkeit *f* (**to** gegen), leichte Verletzlichkeit (**to** gegenüber) — bevorzugte Präpositionen nach *adj* und *s*

HANDWÖRTERBUCH

Englisch
Deutsch

von Albrecht Neubert und Erika Gröger

VEB VERLAG ENZYKLOPÄDIE LEIPZIG

Neubert, Albrecht:
Handwörterbuch Englisch-Deutsch / von Albrecht Neubert u. Erika Gröger. – 1. Aufl. – Leipzig: Verlag Enzyklopädie, 1988. – 959 S.

NE: 2. Verf.:

ISBN 3-324-00155-2

ISBN 3-324-00155-2

1. Auflage

Verlagslizenz Nr. 434-130/252/88
Printed in the German Democratic Republic
Gesetzt in der 7/8p Timeless und Maxima halbfett
Gesamtherstellung:
INTERDRUCK Graphischer Großbetrieb Leipzig,
Betrieb der ausgezeichneten Qualitätsarbeit, III/18/97
Einbandgestaltung: Rolf Kunze
Redaktionsschluß: Juni 1986
LSV 0837
Best.-Nr. 577 962 8
08000

Einführung

Das Handwörterbuch Englisch-Deutsch ist aus dem Bedürfnis entstanden, einem möglichst großen und vielseitigen deutschsprachigen Benutzerkreis die Erschließung englischsprachiger Texte zu erleichtern. Diesem allgemeinen Ziel – Befriedigung eines größtmöglichen Nutzerkreises und breitester Interessen – ist das spezielle Ziel – z. B. spezifische Auskunft auf ausgewählten Fachgebieten – untergeordnet. Die ca. 120000 Wortstellen (Einzelwörter, Komposita, Ableitungen, Wortverbindungen, idiomatische Wendungen, Affixe, Wortelemente, Abkürzungen) vermitteln einen repräsentativen Querschnitt durch den Wortschatz der englischen Sprache der Gegenwart. Sie reichen vom Grundwortschatz bis zu zentralen Bezeichnungen aus Fachwortschätzen, ohne sich in terminologischer Vollständigkeit zu verlieren. Dabei wurden keine Fachbereiche bevorzugt, sondern es wurde das Wortgut des Alltags und der modernen, allseitigen Kommunikation in Politik und Wirtschaft, Wissenschaft und Technik, Kultur und Sport ausgewählt. Grundlage ist das britische Englisch, das mit seinen ca. 60 Millionen Sprechern noch immer die dominierende Variante des Englischen in Europa ist, obwohl im Weltmaßstab die fast 190 Millionen Englischsprecher der USA zunehmend an Einfluß gewinnen. Diesem Entwicklungstrend wurde durch die Einbeziehung der typischen Amerikanismen der Hochsprache Rechnung getragen. Von den stilistisch gesenkten amerikanischen Wörtern, besonders den Slangausdrücken, wurde eine charakteristische Auswahl geboten. Der insgesamt aufgenommene Wortschatz spiegelt keine nationale Variante des Englischen wider, sondern reflektiert den international anzutreffenden Sprachgebrauch – also auch den in Kanada, Australien, Neuseeland und weiteren Ländern, wie z. B. Indien, mit Englisch als Verkehrssprache. Damit wird der Wortschatz des Englischen als internationale Mittlersprache erfaßt. Für die Aussprache wird jedoch im Interesse der Einheitlichkeit nur die auf dem südenglischen Standard beruhende Variante des General British angegeben, die zwar keinesfalls korrekter als andere nationale Aussprachevarianten, z. B. die amerikanische, ist, jedoch die Verständlichkeit englischer Wörter in allen Teilen der Welt garantiert.

Das Handwörterbuch Englisch-Deutsch versteht sich in erster Linie als ein „Übersetzungswörterbuch". Es strebt danach, den Benutzern echte, im Deutschen an Stelle der englischen Wörter tatsächlich zu verwendende Äquivalente zu bieten. Nur wenn solche Äquivalente fehlen, werden Umschreibungen bzw. Definitionen gegeben. Um die Bedeutungserschließung und die daraus resultierende adäquate deutsche Entsprechung des englischen Ausgangswortes zu erleichtern, wurden in der Regel typische Verwendungsweisen, sogenannte Kollokationen angeführt (in spitzen Klammern ⟨ ⟩). Dadurch sollen Bedeutungsspezifik und Bedeutungsfülle der englischen Wörter besonders illustriert und die in jedem zweisprachigen Wörterbuch liegende Gefahr verhindert werden, ein quellensprachiges Wort immer nur mit einem zielsprachigen Ausdruck zu identifizieren. Die Kollokationen werden nur dann übersetzt, wenn die Wertigkeit des englischen Wortes durch *eine* treffende deutsche Formulierung verdeutlicht werden kann.

Die gesamte Darstellung und Beschreibung des zielsprachigen Wortguts soll es ermöglichen, englische Wörter beim Erfassen und beim Übertragen ins Deutsche als Bestandteil von zusammenhängenden, das Einzelwort immer übergreifenden Texten zu verstehen. Diesem Ziel dienen neben den **Übersetzungsvorschlägen** folgende Kennzeichnungen: **grammatisch** (*s, vt, vi, adj* ...), **stilebenenspezifisch** (*umg, Sl, förml* ...), **funktionalstilistisch** (*Lit, Tech, Pol, Bergb* ...), **Kennzeichnung der Expressivität und Sprechereinstellung** (*scherzh, verächtl, euphem, lit* ...) sowie der **Existenzformen** (*Brit, Am, Kan, Austr, Schott* ...).

Vorbilder des Handwörterbuchs Englisch-Deutsch waren deshalb weniger vorhandene zweisprachige Wörterbücher, als vielmehr die beiden einsprachigen Wörterbücher des Englischen Oxford Advanced Learner's Dictionary und Longman Dictionary of Contemporary English. Sie erlauben denjenigen, für die Englisch nicht die Muttersprache ist, einen solchen Zugang zur lexikalischen Sinnentnahme, der auf einer maximalen Einbeziehung des Kontextes beruht. Das Handwörterbuch Englisch-Deutsch benutzt diesen einsprachigen Ausgangspunkt und unterstützt den Verstehensprozeß des Benutzers durch gezielt ausgewählte deutsche „Gedächtnishilfen". Die Kollokationen sind deshalb nicht bloße Illustrationen, sondern ein wichtiger Teil der praktischen Bedeutungsangabe. Sie sollen vom Benutzer stets als notwendige Ergänzung der vorausgehenden Äquivalenzangebote berücksichtigt werden. Kollokationen bereichern die semantische Komplexität der Bedeutungsvielfalt eines Ausgangswortes, und zwar in dem Sinne, daß sie für die jeweils unterschiedlichen Bedeutungen eines Stichworts – durch einen senkrechten Strich **|** getrennt – gesondert angegeben werden. Auf diese Weise entsteht eine charakteristische Artikelstruktur.

public ['pʌblɪk] **1.** *adj* öffentlich (*Ant* private) ⟨a ~ library; in the ~ eye im Blickpunkt der Öffentlichkeit; to go ~ *Wirtsch* zu einer Gesellschaft des öffentlichen Rechts werden⟩ **|** (gut *od* allgemein) bekannt ⟨of ~ knowledge; to make s.th. ~ etw. bekanntgeben⟩ **|** staatlich, Staats-, öffentlich ⟨to hold ~ office ein Regierungsamt innehaben; ~ enemy Staatsfeind *m*⟩ **|** national ⟨~ spirit Patriotismus *m*⟩; **2.** *s* Öffentlichkeit *f* ⟨in ~ öffentlich, in der Öffentlichkeit⟩ **|** (*auch pl konstr*) Publikum *n*, Volk *n*, Leute *pl* ⟨the television ~ das Fernsehpublikum; the racing ~ die Rennsportanhänger *pl*; to please one's ~ seine Zuhörer erfreuen; to exclude the ~ *Jur* die Öffentlichkeit ausschließen⟩

Diese Selbständigkeit der Stichwörter wird dadurch gefördert, daß – mit einer Ausnahme (s. Benutzungsschlüssel, 3. Phrasal verbs) – in streng alphabetischer Reihenfolge andere Ableitungen des Ausgangswortes eingegliedert werden, z. B. (nach **public**)

ˌ~ adˈress ˌsystem ...; **ˈpub·li·can** *s Brit* Wirt *m* **|** *Hist, bibl* Zöllner *m*; **ˌ~ asˈsis·tance** ...; **ˌpub·liˈca·tion** *s* Veröffentlichung *f*, Druck *m* ⟨before ≈⟩ **|** Druckerzeugnis *n*, Publikation *f* ⟨monthly ≈ Monatsschrift *f*⟩; ... **ˌ~ ˈhouse** ...; **pub·li·cist** ['pʌblɪsɪst] *s* Publizist *m*, Journalist *m*; **pub·liˈcist·ic** *adj* publizistisch; **~i·ty** [pʌˈblɪsɪtɪ] *s* ...; **ˌ~ ˈlaw** ...

Dem alphabetischen Prinzip entspricht auch die Einordnung von Abkürzungen, geographischen und anderen Namen sowie die Anführung von produktiven Wortbildungskomponenten wie Vor- und Nachsilben innerhalb des Wörterverzeichnisses. Dadurch konnte auf zusätzliche Anhänge verzichtet werden.

Als gesondertes Verzeichnis erscheinen (außer der Abkürzungsliste) lediglich die Symbole der benutzten phonetischen Umschrift, die den neuesten Arbeiten englischer Phonetik entspricht und u. a. durch qualitative Unterscheidung zwischen sog. langen und kurzen Vokalen (z. B. iː, uː/ɪ,ʊ) wesentlich realistischer ist. Die Einsetzung der Umschrift besorgten Heinrich Bennemann und Friedrich Gerlach. Ein Novum ist die bei allen Stichwörtern verzeichnete Betonungsangabe, bei deren Festlegung Jack Windsor Lewis, Leeds, ein hilfreicher Ratgeber war.

Jedes Wörterbuch ist ein Kompromiß zwischen Altbewährtem und Neuem. Wortauswahl und Bedeutungsangabe stellen den Versuch dar, die lebendige Sprache, in unserem Fall zwei verwandte Sprachen, die dennoch in ihrer Wortschatzentwicklung wesentliche Unterschiede aufweisen, in repräsentativer Weise aufzulisten. Die dabei aufgereihten Wortgleichungen täuschen Identitäten vor, wo es in Wirklichkeit darum geht, sie in den Zusammenhang praxis- und situationsbezogener Rede zu stellen. Das Handwörterbuch Englisch-Deutsch möchte seinen Nutzern eine Anleitung sein, englische Originaltexte besser zu verstehen und adäquat zu übersetzen. Jeder Benutzer wird dabei seine Erfahrungen machen, die von der freudigen Überraschung bis zur resignierenden Enttäuschung reichen. Jacob Grimm sagte einmal vom Lexikographen sinngemäß, daß er sein Haus zu ebener Erde an der Straße baue, so daß jeder einen Stein ins Fenster werfen könne. Um im Bilde des Baumeisters zu bleiben, so raten die Verfasser dieses Handwörterbuchs den Benutzern, das in diesem Werk vermittelte lexikalische Baumaterial so zu gebrauchen, daß sie es bei der Erschließung englischer Texte nie „unbehauen", sondern stets „eingepaßt" in die Architektur der deutschen Sätze und Abschnitte verwenden. So genutzt, wird sich das Angebot zwar nicht als unerschöpflich, aber doch als breit, vielseitig und aktuell erweisen.

Albrecht Neubert

A

A, a [eɪ] *s* (*pl* **A's, As, a's, as**) A *n*, a *n* ⟨from A to Z, from A to izzard von A bis Z, gründlich⟩ | *Mus* A *n* ⟨A flat As *n*; A major A-Dur *n*; A minor a-Moll *n*; A sharp Ais *n*⟩ | *bes Am Päd* Eins *f*, Sehr gut *n* ⟨an A in English; an A student ein sehr guter Student⟩; **A 1** [ˌeɪ 'wʌn] *adj umg* erstklassig, prima, vorzüglich ⟨an A 1 dinner; to feel A 1⟩

[1]**a** [ə|eɪ], (*vor Vokalen* **an** [ən]) *indef art* ein, eine, ein | je, pro, jede(r, -s) ⟨six hours a day sechs Stunden täglich; five shillings a pound fünf Schilling das Pfund⟩ | ein gewisser ⟨a Mr Brown⟩ | (*nach* **of, at**) gleich ⟨to be of a size derselben Größe sein, gleich groß sein; birds of a feather flock together *Sprichw* gleich und gleich gesellt sich gern⟩ ◇ **a few** einige; **many a** manche(r, -s) ⟨many a child⟩; **such a** solch ein ⟨such a place⟩; **what a** was für ein(e) ⟨what a day!⟩; **as** *mit adj* **a** so ein(e) *mit adj* ⟨as good a pupil⟩; **how** *mit adj* **a** was für ein(e) *mit adj* ⟨how cold a day⟩; **so** *mit adj* **a** so ein(e) *mit adj* ⟨so big a fool⟩; **too** *mit adj* **a** ein(e) zu *mit adj* ⟨too large a room⟩

[2]**a-, a...** [ə] *präf* an, auf, zu ⟨afoot zu Fuß⟩ | *arch* (*mit ger*) in, zu ⟨to be a-building im Bau sein; to burst out a-laughing in Lachen ausbrechen⟩

[3]**a-** [eɪ|æ|ə] (*vor Vokalen u. h* **an-** [ən]) *präf zur Bildung von v mit der Bedeutung*: er- (*z. B.* **abase** erniedrigen), *zur Bildung von adj u. s mit der Bedeutung*: -los, ohne, un-, a- (*z. B.* **anomalous** anomal, **anonymity** Anonymität *f*, **amoral** amoralisch, **anesthesia** Anästhesie *f*)

aard|wolf ['ɑ:dwʊlf] *s* (*pl* **'~wolves**) *Zool* Erdwolf *m*

Aar·on's|-beard ['ɛərənz 'bɪəd] *s Bot* Königskraut *n*; **'~-'rod** *s Bot* (großblättrige) Königskerze

ab- [æb|əb] *präf* ab-, weg (*z. B.* **abdicate** abdanken)

a·back [ə'bæk] *adv* rückwärts, zurück ⟨taken ~ überrascht, verblüfft⟩ | *Mar* back

ab·a|cus ['æbəkəs] *s* (*pl* **~ci** [~saɪ], **'~cus·es**) Rechenbrett *n* (mit Kugeln) | *Arch* Säulendeckplatte *f*, Abakus *m*

a·baft [ə'bɑ:ft] *Mar* **1.** *präp* achter, hinter; **2.** *adv* nach achtern zu, hinten

a·ban·don [ə'bændən] **1.** *vt* verlassen, preisgeben ⟨to ~ ship das sinkende Schiff verlassen⟩ | im Stich lassen ⟨to ~ one's wife⟩ | aufgeben ⟨to ~ all hope; abandon o.s. to s.th. sich einer Sache ganz hingeben⟩; *vi* (Sport) aufgeben; **2.** *s* Ungezwungenheit *f*, Sichgehenlassen *n*, Unbekümmertheit *f* ⟨with ~⟩; **a'ban·doned** *adj* verlassen, aufgegeben ⟨an ≈ house⟩ | verworfen ⟨an ≈ rascal⟩ | ungezwungen, hemmungslos ⟨≈ sobbing⟩; **a'ban·don·ment** *s* Verlassen *n* | Aufgeben *n*, Preisgabe *f* | Verlassenheit *f* | *Wirtsch, Jur* Abtretung *f*, Verzicht *m* (auf ein Recht)

a·base [ə'beɪs] *vt* erniedrigen, demütigen, degradieren ⟨to ~ o.s. sich erniedrigen; to ~ o.s. as far as to do s.th. sich so weit herablassen, etw. zu tun⟩; **a'base·ment** *s* Erniedrigung *f*, Demütigung *f*

a·bash [ə'bæʃ] *vt* beschämen, in Verlegenheit bringen ⟨to be / stand ~ed at in Verlegenheit sein angesichts⟩; **a'bash·ment** *s* Verlegenheit *f*, Beschämung *f*

a·bat·a·ble [ə'beɪtəbl] *adj Jur* aufhebbar, einstellbar | abziehbar; **a·bate** [ə'beɪt] *vt* mildern, lindern ⟨to ≈ the pain⟩ | vermindern, herabsetzen ⟨to ≈ a price⟩ | mäßigen ⟨to ≈ one's pride⟩ | abstellen, beseitigen, aufgeben ⟨to ≈ hope⟩ | ermäßigen, erlassen ⟨to ≈ a tax⟩ | *Jur* umstoßen, abschaffen; *vi* (an Stärke) abnehmen ⟨the wind ≈d der Wind legte sich⟩ | (Preise) fallen | *Jur* ungültig werden; **a'bate·ment** *s* Milderung *f*, Linderung *f* | Verminderung *f*, Herabsetzung *f* | Abstellung *f*, Beseitigung *f* | *Jur* Umstoßung *f*, Abschaffung *f* | *Wirtsch* Preisnachlaß *m*, Rabatt *m*

ab·at·toir ['æbətwɑ:] *s* Schlachthof *m*

ab·ax·i·al [æ'bæksɪəl] *adj Tech* achsenentfernt

ab·ba·cy ['æbəsɪ] *s* Abtswürde *f*; **ab·bé** ['æbeɪ] *s* Abbé *m*; **ab·bess** ['æbes|-ɪs] *s* Äbtissin *f*; **ab·bey** ['æbɪ] *s* Abtei *f*, Kloster *n* | Abteikirche *f* ⟨the ≈ die Westminsterabtei⟩; **ab·bot** ['æbət] *s* Abt *m*; **'ab·bot·ship** *s* Abtswürde *f*

ab·bre·vi|ate [ə'bri:vɪeɪt] *vt* (ab)kürzen (*auch übertr*) | *Math* (Bruch) heben; **abˌbre·vi'a·tion** *s bes Ling* Abkürzung *f* | *Math* Heben *n* (von Brüchen) | *Mus* Kürzung *f*, Abbreviatur *f*

ABC [ˌeɪbi:'si:] *s* (*pl* **ABC's**) Abc *n*, Alphabet *n* ⟨as easy as ~ kinderleicht⟩ | *übertr* Anfangsgründe *m/pl* ⟨the ~ of chemistry⟩ | *Brit Eisenb* alphabetisch geordneter Fahrplan

ABC weap·ons [ˌeɪ bi: 'si: wepənz] *s/pl Mil* ABC-Waffen *f/pl*

ab·di|cate ['æbdɪkeɪt] *vt* (Amt) niederlegen, aufgeben ⟨to ≈ the throne abdanken⟩ | *übertr* aufgeben | von sich weisen ⟨to ≈ an opinion⟩ | *Jur* enterben; *vi* (*bes* Herrscher) abdanken; **ˌ~'ca·tion** *s* Niederlegung *f* (e-s Amtes), Verzicht *m* (**of** auf), Abdankung *f* ⟨≈ of the throne Thronentsagung *f*⟩ | *Jur* Enterbung *f*

ab·do·men ['æbdəmən|æb'dəʊ-] *s Med* Abdomen *n*, Unterleib *m*; **ab'dom·i·nal** *adj* Abdominal-, Unterleibs-

ab·duce [æb'dju:s] *vt* abziehen; **ab'du·cent 1.** *adj*, *bes Med* abziehend; **2.** *s* etwas Wegziehendes

ab·duct [æb'dʌkt|əb-] *vt* (*bes* Frau) entführen | *Med* abziehen; **ab·duc·tion** [æb'dʌkʃn|əb-] *s* Entführung *f* | *Jur* Menschenraub *m* | *Med* Abduktion *f*; **ab'duc·tor** [æb'dʌktə|əb-] *s* Entführer *m* | *auch* **ab'ductor ˌmuscle** *Med* Abduktor *m*, Abziehmuskel *m*

a·beam [ə'bi:m] *adv Mar* im rechten Winkel zum Kiel, querab

a·be·ce|dar·i·an [ˌeɪbi:si:'dɛərɪən] **1.** *adj* alphabetisch geordnet; **2.** *s* Abc-Schütze *m*; **~dar·i·um** [~'dɛəri:əm] (*pl* **~dar·i·a** [~'dɛərɪə]), **~da·ry** [ˌeɪbi:'si:dərɪ] *s* Abc-Buch *n*, Fibel *f*

a·bed [ə'bed] *adv* zu Bett ⟨sick ~ krank im Bett⟩

a·bele [ə'bi:l] *s Bot* Abele *f*, Silberpappel *f*

ab·er|rance [æ'berəns], *auch* **ab'er·ran·cy** *s* Abweichung *f* | Abirrung *f* | Fehler *m*, Irrtum *m*; **ab'er·rant** *adj* abirrend, sündig | *Biol* abnorm, anomal; **'~rate** *vi* abirren; **ˌ~'ra·tion** *s* Abweichung *f* | Abirrung *f*, Fehler *m* ⟨≈s of character Charakterschwächen *f/pl*⟩ | *auch* **aberration of the mind** Geistesverwirrung *f* ⟨in a moment of aberration in einem Augenblick der Nichtzurechnungsfähigkeit⟩ | *Astr, Phys* Aberration *f* ⟨spherical ≈ sphärische Abweichung⟩

a·bet [ə'bet] (**a'bet·ted, a'bet·ted**) *vt* jmdm.) (bei e-m Vergehen) helfen, (jmdn.) unterstützen (**in** *mit ger*, **in s.th.** bei etw.) | (Täter) aufhetzen, ermuntern, anstiften ⟨aid and ~ *Jur* Beihilfe *od* Vorschub leisten⟩; **a'bet·ment** *s* Begünstigung *f* | Anstiftung *f*; **a'bet·tor** *s* Helfershelfer *m*, Anstifter *m*

a·bey [ə'beɪ] *vt selten* außer acht lassen; **a'bey·ance** *s* Unentschiedenheit *f* ⟨to be in ≈ ruhen; to fall into ≈ (Gesetz u. ä.) eine Zeitlang außer Kraft treten; (Sitte) außer Gebrauch kommen⟩ | *Jur* Schwebe *f* ⟨in ≈ in der Schwebe; herrenlos⟩; **a'bey·ant** *adj* unentschieden

ab·hor [əb'hɔ:|ə'bɔ:] (**ab'horred, ab'horred**) *vt* hassen, verabscheuen; **~rence** [əb'hɒrns|ə'bɒrns] *s* Abscheu *m*, *f* (**of**

vor, gegen) ⟨to hold s.th. in ≈ etwas verabscheuen⟩; **~rent** [əb'hɒrnt|ə'bɒrnt] *adj* zuwider, verhaßt (**to s.o.** jmdm.) | unvereinbar (**to** mit) | *arch* feindlich gesinnt *od* eingestellt (**from** gegen)

a·bide [ə'baɪd] (**a·bode, a·bode** [ə'bəʊd]) *vi arch* bleiben, verweilen (**at, in** in; **with** bei) | *arch* wohnen; **~ by** aus-, verharren bei | (fest)halten (an) | bleiben bei ⟨to ~ by the rules sich an die Regeln halten⟩ | Verantwortung tragen; *vt* (*bes neg od interrog*) standhalten, ertragen, aushalten ⟨I can't ~ that person ich kann diese Person nicht ausstehen⟩ | *lit* harren, warten auf ⟨to ~ s.o.'s coming⟩; **a'bid·ing** *adj lit* bleibend, dauernd

ab·i·gail ['æbɪgeɪl] *s* Kammerzofe *f*

a·bil·i|ty [ə'bɪlətɪ] *s* Fähigkeit *f*, Geschicklichkeit *f* (**for** für, zu, **to do s.th.** etw. zu tun) ⟨a man of ≈ ein tüchtiger Mann; to the best of one's ~ties nach besten Kräften⟩; **a'bil·i·ties** *s/pl* geistige Anlagen *f/pl*

-a·bil·i·ty, -i·bil·i·ty [ə'bɪlətɪ] *suff zur Bildung von s* (*aus adj auf -ble*) *mit der Bedeutung*: Fähigkeit (*z. B.* **movability, availability, risibility**)

ab in·i·tio [əbɪ'nɪʃɪəʊ] *adv* ⟨*lat*⟩ von Anfang *od* Anbeginn an

ab·ject ['æbdʒekt] *adj* (Person, Verhalten) verworfen, gemein ⟨~ behaviour⟩ | erniedrigend, elend, verächtlich ⟨~ thoughts⟩ | hoffnungslos ⟨~ frustration⟩ | *übertr* äußerste(r, -s) ⟨in ~ misery im tiefsten Elend⟩; **ab·jec·tion** [æb'dʒekʃn] *s* Verworfenheit *f* | Niedergeschlagenheit *f* | Erniedrigung *f*

ab·ju·ra·tion [ˌæbdʒʊə'reɪʃn] *s* Abschwörung *f*, Entsagung *f* ⟨~ of faith⟩; **ab·jur·a·to·ry** [əb'dʒʊərətərɪ] *adj* abschwörend, entsagend; **ab·jure** [əb'dʒʊə] *vt* abschwören, widerrufen, entsagen ⟨to ≈ one's belief⟩; **ab'jure·ment** *s* Abschwörung *f*

ab·lac|tate [æb'lækteɪt] *vt Med* (Säugling) entwöhnen; **ˌ~'ta·tion** *s Med* Ablaktation *f*, Entwöhnung *f*

ab·late [æb'leɪt] *vt, vi* amputieren; **ab'la·tion** *s* Amputation *f* | *Geol* Ablation *f*

ab·la|ti·val [ˌæblə'taɪvl] *adj Ling* ablativisch, Ablativ-; **'~tive** *Ling* **1.** *adj* Ablativ-; **2.** *s* Ablativ *m*

ab·laut ['æblaʊt] *s* ⟨*dt*⟩ *Ling* Ablaut *m*

a·blaze [ə'bleɪz] *adv, präd adj* in Flammen, lodernd (**with** von) ⟨to set s.th. ~ etw. in Flammen setzen⟩ | *übertr* glänzend, leuchtend (**with** von) | *übertr* erregt (**with** vor)

a·ble ['eɪbl] *adj* tüchtig, fähig, geschickt ⟨to be ~ to *mit inf* in der Lage sein zu *mit inf*⟩ | tauglich | klug, begabt ⟨an ~ lawyer ein geschickter Rechtsanwalt⟩

-able [əbl] *suff zur Bildung von adj aus v mit der Bedeutung*: -bar, -lich, -wert, -würdig (*z. B.* **respect~** achtbar, **laugh~** lächerlich, **lov~** liebenswert)

a·ble-bod·ied [ˌeɪbl'bɒdɪd] *adj* rüstig, kräftig ⟨~ seaman *Brit* Vollmatrose *m*⟩ | *Mil* dienstfähig, tauglich

ab·let ['æblɪt] *s* Weißfisch *m*

a·bloom [ə'blu:m] *adv, präd adj* in Blüte, blühend

a·blush [ə'blʌʃ] *adv, präd adj* (scham)rot

ab·lu·tion [ə'blu:ʃn] *s bes Rel* Waschung *f* ◇ **perform one's ~s** *umg* sich waschen; **ab'lu·tions** *s/pl Brit Mil* Waschraum *m*, -räume *m/pl*

ab·ne|gate ['æbnɪgeɪt] *vt* (ab-, ver)leugnen; **ˌ~'ga·tion** *s* (Ab-, Ver)Leugnung *f* ⟨self-≈ Selbstverleugnung *f*⟩ | Verzicht *m* (**of** auf)

ab·nor|mal [ˌæb'nɔ:ml] *adj* abnorm, anomal, ungewöhnlich ⟨≈ psychology Psychopathologie *f*⟩; **ˌ~'mal·i·ty** *s* Abweichung *f*, Ungewöhnlichkeit *f* | *Med* Anomalie *f*; **ˌab'nor·mi·ty** *s* Abnormität *f* | Mißgeburt *f*, -gestalt *f*

a·board [ə'bɔ:d] **1.** *adv Mar, Flugw* an Bord ⟨to go ~ sich einschiffen; all ~! *Am Eisenb u. ä.* alles einsteigen!⟩; **2.** *präp Mar* an Bord ⟨to go ~ a ship⟩

[1]**a·bode** [ə'bəʊd] *s lit arch* Aufenthalt *m* ⟨to take up one's ~ with zusammenziehen mit⟩ | *Jur* Wohnort *m* ⟨place of ~ Aufenthaltsort *m*; with/of no fixed ~ ohne festen Wohnsitz⟩

[2]**a·bode** [ə'bəʊd] *prät* u. *part perf von* ↑ **abide**

a·bol·ish [ə'bɒlɪʃ] *vt* abschaffen, aufheben ⟨to ~ slavery⟩ | *bes poet* vernichten; **a'bol·ish·a·ble** *adj* abschaffbar; **a'bol·ish·ment** *s* Abschaffung *f*, Aufhebung *f*

ab·o·li·tion [ˌæbə'lɪʃn] *s* Abschaffung *f*, Aufhebung *f* | *bes Am* Abschaffung *f* der Sklaverei; **ˌab·o'li·tion·ism** *s Am Hist* Abolitionismus *m*; **ˌab·o'li·tion·ist** *s Am Hist* Abolitionist *m*

A-bomb ['eɪ bɒm] *s* Atombombe *f*

a·bom·i|na·ble [ə'bɒmɪnəbl] *adj* widerwärtig, abscheulich (**to s.o.** jmdm.) | *umg* scheußlich ⟨≈ weather⟩; **~nate** [~neɪt] *vt* verabscheuen, hassen | *umg* scheußlich finden; [~nɪt] *adj* abscheulich; **aˌbom·i'na·tion** *s* Verabscheuung *f*, Abscheu *m, f* (**of** vor) ⟨to hold s.th. in ≈ etw. verabscheuen⟩ | Gemeinheit *f*, Niederträchtigkeit *f* (**to** gegenüber) | Greuel *m*, Gegenstand *m* des Abscheus (**to** für)

ab·o·rig·i|nal [ˌæbə'rɪdʒnl|-dʒɪnl] **1.** *adj* eingeboren, ureingesessen, ursprünglich; **2.** *s* Ureinwohner *m*; **~ne** [ˌæbə'rɪdʒɪni:] *s* Ureinwohner *m*; **ˌab·o'rig·i·nes** *s/pl* Ureinwohner *m/pl*, Urbevölkerung *f*

a·bort [ə'bɔ:t] **1.** *vt Med* zu früh gebären ⟨to ~ a baby⟩; zu einer Fehlgeburt bringen, eine Fehlgeburt auslösen bei ⟨to ~ a patient; to ~ a pregnancy eine Schwangerschaft vor der Zeit beenden⟩ | *Med* (Krankheit) nicht voll ausbrechen lassen | *übertr* vorschnell beenden, platzen lassen ⟨to ~ a plan⟩; *vi Med* abortieren, zu früh gebären | *Med* (Krankheit) nicht voll zum Ausbruch kommen ⟨many colds ~⟩ | *Biol* verkümmern | *übertr* (Plan u. ä.) nicht (voll) zur Entfaltung kommen, platzen, fehlschlagen | ausfallen (**from**) ⟨the bomber ~ed from its mission der Bomber erreichte sein Ziel nicht⟩; **2.** *s Med* Abort *m*, Fehlgeburt *f*; **a·bor·ti·fa·cient** [əˌbɔ:tɪ'feɪʃnt] *Med* **1.** *adj* abtreibend; **2.** *s* Abtreibungsmittel *n*; **a'bor·tion** *s Med* Abort *m*, Fehlgeburt *f* ⟨to have an ≈⟩ | Frühgeburt *f* | Abtreibung *f* ⟨to produce ≈ abtreiben⟩ | Mißgeburt *f* | *übertr* Fehlschlag *m*; **a'bor·tive** **1.** *adj* zu früh geboren | *übertr* mißglückt ⟨an ≈ attempt ein fehlgeschlagener Versuch; to prove ≈ sich als Fehlschlag herausstellen⟩; **2.** *s* Abtreibungsmittel *n*

a·bound [ə'baʊnd] *vi* reichlich vorhanden sein | Überfluß haben (**in** an) | wimmeln (**with** von); **a'bound·ing** *adj* reich (**in** an) | voll (**with** von)

a·bout [ə'baʊt] **1.** *adv* umher, ringsum, herum, hier und da ⟨all ~ überall; a long way ~ ein großer Umweg; right ~! rechtsum!; ~ turn! kehrt!; to leave s.th. ~ etw. herumliegen lassen; to lie ~ herumliegen; to take s.o. ~ jmdn. herumführen, jmdn. ausführen⟩ | hinter-, nacheinander ⟨to take turns ~, to do s.th. turn [and turn] ~ etw. nacheinander *od* einer nach dem anderen tun⟩ | etwa, ungefähr ⟨~ thousand men⟩ | *umg* fast ⟨to be ~ 60 an die 60 sein⟩ | *umg* in der Nähe ⟨to be ~⟩ ◇ **bring ~** zustande bringen; **come ~** zustande kommen; **2.** *präd adj* auf den Beinen, unterwegs ⟨to be ~ on the streets⟩ | in Umlauf ⟨plenty of money ~⟩ | aktiv, munter (*bes* nach Krankheit) ⟨to be ~ again, to be up and ~ wieder auf den Beinen *od* wohlauf sein⟩; **3.** *präp* um … herum | in … umher ⟨to walk ~ the streets in den Straßen umherspazieren; to lie ~ the room im Zimmer herumliegen⟩ | in der Nähe von, etwa bei ⟨~ here⟩ | ungefähr um, gegen ⟨~ noon⟩ | bei, mit ⟨have you any money ~ you? haben Sie Geld bei sich?; be quick ~ it! mach schnell damit!⟩ | im Begriff, dabei ⟨to be ~ to do im Begriff sein zu tun; what are you ~? was haben Sie vor?; while you are ~ it wenn Sie einmal dabei sind; to go/set ~ it darangehen⟩ ◇ **how/what ~** wie steht es mit ⟨how/what ~ you?; how/what ~ that! (überrascht *od* bewundernd) wie stehe ich da!⟩ | wie wäre es mit, wollen wir mal ⟨how/what ~ a drink? wollen wir etw. trinken?; how/what ~ a new dress? wie wäre es mit e-m neuen Kleid?⟩; **ˌ~-ˈface 1.** *s* Umschwung *m*; **2.** *vi* seine Meinung ändern; **ˈ~-ˈship** *vt, vi Mar* wenden; **ˈ~-sledge** *s Tech* Vorschlaghammer *m*

a·bove [əˈbʌv] **1.** *adv* oben, oberhalb ⟨~-mentioned oben erwähnt, ~-named oben genannt⟩ | über, darüber ⟨to be just ~ sich gerade darüber befinden; seen from ~ von oben gesehen⟩ | *Rel* oben, im Himmel ⟨from ~ vom Himmel her⟩; **2.** *adj* obig ⟨the ~ statement⟩; **3.** *präp* über, oberhalb ⟨~ the clouds⟩ | über (an Quantität) ⟨temperature ~ zero; ~ one pound⟩ | stromaufwärts von ⟨~ the bridge⟩ | *übertr* über, stärker als ⟨to be ~ s.o. jmdm. überlegen sein; to be ~ o.s. sehr gut aufgelegt sein; to get ~ o.s. sich selbst nicht mehr einschätzen können, sich zuviel einbilden; to get ~ s.o. jmdn. überflügeln; it is ~ me es ist mir zu hoch⟩ | jenseits, erhaben über ⟨to be ~ all praise über alles Lob erhaben sein⟩ ◇ **~ all** vor allem; **over and ~** über … hinaus, zusätzlich zu; **ˌ~ˈboard** *adv, präd adj* ehrlich, offen; **ˈ~ˌground** *adv, präd adj Bergb* über Tage | am Leben; **ˌ~ˌground lev·el** *adj, adv Tech* aufgehend

ab·ra·ca·dab·ra [ˌæbrəkəˈdæbrə] *s* Abrakadabra *n* | Geheimnistuerei *f* | Kauderwelsch *n*

ab·rade [əˈbreɪd] *vt* abreiben, abschaben, abschleifen | *übertr* abnutzen | schädigen | *Geol* abscheuern; *vi* schaben, schleifen

A·bra·ham's bos·om [ˈeɪbrəˌhæmz ˈbʊzəm] *s bibl* Abrahams Schoß *m (auch übertr)*

ab·rase [əˈbreɪs] *vt* abschaben, abschleifen; **abˈra·sion** *s* Abschaben *n*, Abschleifen *n* | Abgeschabtes *n* | *Med* Abschürfung *f* ⟨≈s of the skin Hautabschürfungen *f/pl*⟩; **abˈra·sion-proof** *adj Tech* abriebfest; **abˈra·sive 1.** *adj* abschleifbar, schmirgelbar, Schleif- ⟨≈ paper Schmirgelpapier *n*⟩; **2.** *s* Schleifmittel *n*, -material *n*

ab·re|act [ˌæbrɪˈækt] *vt* abreagieren; **~ac·tion** [ˌ~ˈækʃn] *s* Abreagieren *n*

a·breast [əˈbrest] *adv* nebeneinander, Seite an Seite ⟨to stand (walk) ~⟩ | *Mar* Bord an Bord | gegenüber (**of s.th.** e-r Sache) | *übertr* auf der Höhe (**of, with** von) ⟨ to be ~ of / with the time auf dem laufenden sein; to keep ~ of the time sich auf dem laufenden halten, mit der Zeit Schritt halten⟩

a·bridge [əˈbrɪdʒ] *vt* ab-, verkürzen | zusammenfassen | (Rechte u. ä.) einschränken ⟨to ~ the liberties⟩ | *arch* berauben ⟨to ~ s.o. of his rights⟩; **aˈbridged** *adj* ge-, verkürzt, Kurz- ⟨≈ edition gekürzte Ausgabe⟩; **aˈbridge·ment**, *Am* **aˈbridg·ment** *s* (Ab-, Ver) Kürzung *f* | Auszug *m* | Abriß *m* | Einschränkung *f*

a·broad [əˈbrɔːd] **1.** *adv, präd adj* weit umher, weithin ⟨to scatter / spread ~ verbreiten; there's a rumour ~ man sagt⟩ | im *od* ins Ausland ⟨to live ~ im Ausland leben; to go ~ ins Ausland gehen⟩ | (Sport) auswärts ⟨games ~ Auswärtsspiele *n/pl*⟩ | *arch* draußen, außer Haus ⟨to walk ~ ausgehen⟩ ◇ **be all ~** *übertr selten* ganz verwirrt, unsicher sein

ab·ro|ga·ble [ˈæbrəgəbl] *adj* abschaffbar; **ˈ~gate** *vt Jur* außer Kraft setzen ⟨to ≈ a law⟩ | abschaffen, aufheben | nicht beachten; **ˌ~ˈga·tion** *s* Abschaffung *f*, Aufhebung *f*

ab·rupt [əˈbrʌpt] *adj* jäh, hastig, plötzlich ⟨an ~ departure⟩ | steil, jäh ⟨~ rocks⟩ | kurz, schroff ⟨an ~ manner⟩ | abgebrochen, zusammenhanglos ⟨an ~ style⟩; **ab·rup·tion** [əˈbrʌpʃn] *s* Abbrechen *n* (von Teilen), Abriß *m*, Abruption *f (auch Med)* ⟨placental ≈⟩

ab·scess [ˈæbses] *s* (*pl* **ˈ~es**) Abszeß *m*, Geschwür *n*

ab·scise [æbˈsaɪz] *vt Bot* abschneiden

ab·scis|sa [æbˈsɪsə] *s* (*pl* **~sae** [~siː], **abˈscis·sas**) *Math* Abszisse *f*

ab·scis·sion [æbˈsɪʒn|-ɪʃn] *s* Abschneidung *f*, Abtrennung *f (auch Med)* ⟨the ~ of a link⟩ | *Biol* Abschnürung *f*

ab·scond [əbˈskɒnd] *vi* sich heimlich davonmachen, sich drücken | *umg* durchbrennen | sich verstecken | *Jur* flüchtig werden; **abˈscond·ence** *s selten* Verbergen *n*; **abˈscond·er** *s* Flüchtling *m* | *umg* einer, der durchgebrannt ist

ab·sence [ˈæbsns|ˈæps-] *s* Abwesenheit *f*, Fernbleiben *n* (**from** von) ⟨an ~ of one year ein Jahr Abwesenheit; in the ~ of s.o. während jmds. Abwesenheit; leave of ~ Urlaub *m*; ~ without leave *Mil* unerlaubtes Fernbleiben von der Einheit⟩ | Fehlende(r) *f(m)* ⟨numerous ~s from school⟩ | Fehlen *n*, Nichtvorhandensein *n* (**of** von) ⟨~ of mind Geistesabwesenheit *f*; in the ~ of in Ermangelung von⟩ | *Med* Bewußtlosigkeit *f*

ab·sent [ˈæbsnt|ˈæps-] *adj* abwesend, fehlend, nicht erschienen ⟨to be ≈ from school in der Schule fehlen⟩ | nicht vorhanden, fehlend | unaufmerksam, geistesabwesend ⟨in an ≈ mood in Gedanken woanders⟩; [əbˈsent|æb-] *vr förml* fernbleiben, sich fernhalten ⟨to ≈ o.s. from a party⟩; **ab·sen·tee** [ˌæbsnˈtiː|ˌæp-] **1.** *s* Abwesende(r) *f(m)* | *auch* **ab·senˌtee ˈland·lord** nicht auf seinem Gut lebender Grundbesitzer; **2.** *adj* abwesend; **ˌab·senˈtee·ism** *s* Abwesenheit *f*, Arbeitsbummelei *f*, -versäumnis *n*; **ˌ~-ˈmind·ed** *adj* geistesabwesend, zerstreut

ab·sinth[e] [ˈæbsɪnθ] *s Bot* Wermut *m* | Absinth *m*

ab·so·lute [ˈæbsəluːt|ˌæbsəˈluːt|ˌæp-] *adj* vollkommen, völlig, vollständig ⟨~ majority *Pol* absolute Mehrheit; the ~ truth die reine Wahrheit⟩ | *Chem* rein, unvermischt ⟨~ alcohol⟩ | absolut, unbedingt, unum-, unbeschränkt, unkontrolliert ⟨an ~ monarch⟩ | *Phil* an und für sich bestehend; wirklich, unzweifelhaft ⟨an ~ fact⟩ | unbedingt, uneingeschränkt ⟨an ~ promise⟩ | *Ling (oft nachgestellt)* absolut ⟨nominative ~; an ~ verb⟩; **ˈ~ly** *adv* völlig, gänzlich, absolut ⟨≈ impossible⟩ | *umg* sicher!, ganz bestimmt!; **ˈ~ ˈze·ro** *s Phys* absoluter Nullpunkt

ab·so·lu·tion [ˌæbsəˈluːʃn|ˌæp-] *s Rel* Absolution *f* ⟨~ from sin⟩ | *Jur* Freisprechung *f*

ab·so·lut·ism [ˌæbsəˈluːtɪzm] *s* Absolutismus *m*; **ˌab·soˈlut·ist 1.** *s* Absolutist *m*; **2.** *adj*, *auch* **ˌab·so·luˈtis·tic** absolutistisch

ab·solve [əbˈzɒlv|æb-|-ˈsɒlv] *vt* absolvieren, frei-, lossprechen (**of, from** von) | *Rel* (jmdm.) Absolution erteilen

ab·sorb [əbˈsɔːb|əbˈz-|əpˈs-] *vt* absorbieren, verschlucken, aufsaugen *(auch Chem)* | *übertr* (Wissen u. ä.) in sich aufnehmen, verschlingen | *übertr* (jmdn.) in Anspruch nehmen, beschäftigen ⟨~ed in in Anspruch genommen *od* gefesselt durch; ~ed in thought in Gedanken versunken⟩; **abˈsorb·aˌbil·i·ty** *s Phys* Absorbierbarkeit *f*; **abˈsorb·a·ble** *adj* absorbierbar; **abˈsorb·ent 1.** *adj* auf-, einsaugend; **2.** *s Med* Absorptionsmittel *n*, Absorbens *n*; **abˈsorb·ing** *adj* auf-, einsaugend | *Tech* Dämpfungs- ⟨≈ spring⟩ | *übertr* fesselnd ⟨an ≈ story⟩; **ab·sorp·tion** [əbˈsɔːpʃn] *s* Absorption *f*, Auf-, Einsaugung *f (auch Chem, El, Phys)* | *übertr* Versunkenheit *f* (**in** in) | Beschäftigtsein *n* (**in** mit); **ab·sorp·tive** [əbˈsɔːptɪv] *adj* absorptiv, absorptionsfähig

ab·stain [əbˈsteɪn] *vi* sich enthalten ⟨to ~ from alcohol⟩ | enthaltsam leben; **abˈstain·er** *s*, *bes* **total ~er** Abstinenzler *m*

ab·ste·mi·ous [əbˈstiːmɪəs] *adj* enthaltsam, mäßig ⟨~ habits⟩ | knapp, frugal ⟨an ~ meal⟩; **ab·sten·tion** [əbˈstenʃn] *s* Enthaltung *f* (**from** von) | *Pol* Stimmenthaltung *f*

ab·sti|nence [ˈæbstɪnəns] *s*, *auch* **ˈ~nen·cy** Enthaltsamkeit *f*,

Mäßigkeit *f*, Abstinenz *f* (**from** von); **ˈ~nent 1.** *adj* enthaltsam; **2.** *s* Abstinenzler *m*

ab·stract [ˈæbstrækt] **1.** *adj* abstrakt, theoretisch ⟨an ~ concept⟩ | *Ling* abstrakt ⟨an ~ noun Abstraktum *n*⟩ | dunkel, schwerverständlich, abstrus ⟨~ treatise schwerverständliche Abhandlung⟩ | *Mal* abstrakt, nicht gegenständlich, gegenstandslos ⟨~ art⟩; **2.** *s* Abstraktes *n*, bloß Gedachtes *n* ⟨in the ~ abstrakt betrachtet⟩ | Auszug *m* | Abriß *m* | (Wissenschaft) Referat *n*, Zusammenfassung *f* | *Ling* Abstraktum *n*; [əbˈstrækt|æb-] *vt* abziehen, ablenken ⟨to ~ one's mind from a subject⟩ | abstrahieren (**from** von) | absondern, trennen ⟨to ~ copper from ore⟩ | entwenden, *umg* klauen ⟨to ~ a watch from s.o.'s pocket⟩; *vi* abstrahieren; **abˈstract·ed** *adj* (ab)gesondert | *übertr* zerstreut; **ab·strac·tion** [əbˈstrækʃn] *s* Abziehung *f*, Ablenkung *f* | Abstrahieren *n* | Abstraktion *f* | Entwendung *f* | Abgeschiedenheit *f* | *übertr* Zerstreutheit *f* ⟨with an air of ≈ in zerstreuter Weise⟩ | *Kunst* abstraktes Werk; **~i·tis** [ˌæbstrækˈtaɪtɪs] *s* unnötiger Gebrauch von Abstrakta

ab·struse [əbˈstru:s] *adj* dunkel, schwer verständlich, verworren

ab·surd [əbˈsɜ:d|əbˈz-|əpˈs-] *adj* lächerlich, unsinnig, absurd, abwegig ⟨an ~ opinion⟩; **abˈsurd·i·ty** *s* Unsinnigkeit *f*, Albernheit *f*, Absurdität *f*

a·bun·dance [əˈbʌndəns] *s* Überfluß *m*, Fülle *f* (**of** an, von) ⟨to live in ~ in Reichtum leben⟩; **aˈbun·dant** *adj* zuviel, mehr als genug ⟨to have ≈ proof of übergenug Beweise haben für⟩ | im Überfluß, reich versehen (**with** mit), reich (**in** an)

a·buse [əˈbju:z] *vt* mißbrauchen ⟨to ~ a law⟩ | falschen Gebrauch machen von ⟨to ~ s.o.'s confidence⟩ | (mit Worten) kränken, beschimpfen | mißhandeln ⟨to ~ prisoners⟩; [əˈbju:s] *s* Mißbrauch *m* ⟨~ of trust Vertrauensbruch⟩ | Mißstand *m*, Übergriff *m* ⟨to put an end to ~s, to remedy an ~⟩ Kränkung *f*, Beschimpfung *f*, Schimpfworte *n/pl* ⟨a term of ~ ein Schimpfwort; to shower ~ on s.o. jmdn. heftig beschimpfen⟩ | Mißhandlung *f* | Notzucht *f*, Schändung *f*; **a·bu·sive** [əˈbju:sɪv] *adj* mißbrauchend ⟨≈ practices unerlaubte Praktiken *f/pl*⟩ | kränkend, schmähend, Schimpf- ⟨≈ language Schimpfworte *n/pl*; to become ≈ zu fluchen beginnen⟩ | zur Mißhandlung dienend ⟨≈ use falscher Gebrauch⟩

a·but [əˈbʌt] (**aˈbut·ted, aˈbut·ted**), *in:* **~ on / upon / against** *vi* (an)stoßen an, angrenzen an, auslaufen auf; **aˈbut·ment** *s* Angrenzen *n* (**upon** an) | *Arch* Stützpfeiler *m* | *Tech* Gegen-, Widerlager *n*

a·bysm [əˈbɪzm] *s poet* = ↑ **abyss**; **a·bys·mal** [əˈbɪzml] *adj* abgrundtief, unergründlich *(auch übertr)* ⟨≈ ignorance grenzenlose Dummheit⟩; **a·byss** [əˈbɪs] *s* Abgrund *m*, Schlund *m*, Tiefe *f (auch übertr)* ⟨the ≈ of despair der Abgrund der Verzweiflung⟩; **a·byss·al** [əˈbɪsl] *adj* abgrundtief, tief, Tief-

a·ca·cia [əˈkeɪʃə] *s Bot* Akazie *f*

ac·a·dem·ic [ˌækəˈdemɪk] **1.** *adj* akademisch | gelehrt, wissenschaftlich ⟨an ~ society; the ~ year das Studienjahr⟩ | Akademie-, akademisch ⟨~ rank⟩ | theoretisch, unpraktisch ⟨an ~ discussion⟩; **2.** *s* Wissenschaftler *m*, Akademiker *m*; **ˌacaˈdem·i·cal** *adj, auch* **ˌac·aˈdem·ic** Hochschul-, Universitäts- ⟨≈ training Hochschulausbildung *f*⟩; **ˌac·aˈdem·i·cals** *s/pl* Ornat *m*, akademische Tracht; **a·cad·e·mi·cian** [əˌkædəˈmɪʃn] *s* Akademiemitglied *n*; **aˈcad·e·my** *s* Akademie *f*, Hochschule *f* ⟨military ≈ Militärakademie *f*⟩ | (Fach-) Schule *f*, Ausbildungsstätte *f* ⟨≈ of music Musikschule *f*; fencing ≈ Fechtschule *f*⟩ | gelehrte Gesellschaft ⟨the Royal ≈ of Arts die Königliche Akademie der Künste⟩

a·can|tha [əˈkænθə] *s* (*pl* **~thae** [~θi:]) *Bot* Stachel *m*, Dorn *m* | *Zool* Stachelflosse *f* | *Anat* Dornfortsatz *m*

a·can|thus [əˈkænθəs] *s* (*pl* **~thus·es** [~θəsɪz], **~thi** [~θaɪ]) *Bot* Bärenklau *m* | *Arch* Säulenlaubwerk *n*

ac·a|rid [ˈækərɪd] *s Zool* Milbe *f*; **~rus** [~rəs] *s Zool* Krätzmilbe *f*

ac·cede [əkˈsi:d] *vi* einwilligen (**to** in) | beipflichten, zustimmen ⟨ to ~ to a proposal einen Vorschlag billigen⟩ | beitreten ⟨to ~ to a party⟩ | antreten ⟨to ~ to an office ein Amt antreten; to ~ to the throne den Thron besteigen⟩; **acˈced·ence** *s* Einwilligung *f*, Zustimmung *f* | Antritt *m*

ac·cel·er|ant [əkˈselərənt|æk-] *adj* beschleunigend; **acˈcel·er·ate** *vt* beschleunigen | fördern; *vi* schneller werden; **acˌcel·erˈa·tion** *s* Beschleunigung *f* | *Med* Akzeleration *f* | *Kfz* Beschleunigungsvermögen *n*; **~a·tive** [əkˈselərətɪv|æk-] *adj* beschleunigend; **acˈcel·er·a·tor** *s Kfz* Gaspedal *n*, -hebel *m* | *Med* Treibmuskel *m*; **ˌ~a·tor of ˈpar·ti·cles** *s Phys* Teilchenbeschleuniger *m*; **~a·to·ry** [~eɪtərɪ] *adj* beschleunigend

ac·cent [ˈæksnt] *s* Akzent *m*, Betonung *f* | Tonfall *m*, Akzent *m*, Aussprachetyp *m*, -variante *f* ⟨a foreign ~; a Scottish ~⟩ | *Ling*, *Mus* Akzent(zeichen) *m(n)* | *übertr* Betonung *f*, Nachdruck *m*; [ækˈsent|ək-] *vt* akzentuieren, mit einem Akzent versehen | *übertr* besonders betonen, hervorheben; **ˈac·cents** *s/pl poet* Verse *m/pl*, Töne *m/pl*, Sprache *f* ⟨the ≈ of love die Sprache der Liebe⟩; **ac·cen·tu·a·ble** [əkˈsentʃʊəbl] *adj* akzentuierbar; **acˈcen·tu·al** *adj* akzentuierend; **acˈcen·tu·ate** *vt* akzentuieren, betonen; **acˌcen·tuˈa·tion** *s* Betonung *f*

ac·cept [əkˈsept|ɪk-] *vt* annehmen ⟨to ~ an invitation⟩ | akzeptieren, hinnehmen, gelten lassen ⟨to ~ an excuse⟩ | annehmen, empfangen ⟨to ~ a gift⟩ | *Wirtsch* akzeptieren; *vi Jur* entgegennehmen, annehmen (**of s.th.** etw.) | *bibl* sich annehmen (**of s.o.** jmds.); **acˌcept·aˈbil·i·ty** *s* Annehmbarkeit *f* | Annehmlichkeit *f*; **acˈcept·a·ble** *adj* annehmbar (**to** für) | angenehm; **acˈcept·ance** *s* Annahme *f* | Aufnahme *f* | Beipflichtung *f*, Zustimmung *f* ⟨to meet with/find ≈ Zustimmung finden⟩ | *Wirtsch* Akzept *n*; **acˈcept·ant** *adj* aufnahmebereit (**of** für); **ac·cep·ta·tion** [ˌæksepˈteɪʃn] *s Ling* gebräuchlicher Sinn eines Wortes | Auslegung *f*; Interpretation *f*; **acˈcept·er** *s* Abnehmer *m* | *Wirtsch* Akzeptant *m*; **acˈcep·tive** *adj* annehmbar; **acˈcep·tor** *s Wirtsch* Akzeptant *m* | *Phys* Akzeptor *m*; **acˈcep·tor ˌcir·cuit** *s Tech* Durchlaßkreis *m*, Bandfilter *m*

ac·cess [ˈækses] **1.** *s* Zutritt, Zugang *m* (**to** zu) | Zugänglichkeit *f*, Zugangsrecht *n*, -möglichkeit *f* ⟨~ to the president Möglichkeit, den Präsidenten zu sprechen; ~ to books Möglichkeit, Bücher zu benutzen⟩ | *(mit indef art) Med* Anfall *m* ⟨an ~ of fever⟩ | *(mit indef art) übertr* Anwandlung *f*, Anfall *m* ⟨an ~ of fury Wutanfall *m*⟩; **2.** *adj* Zugangs- ⟨~ road Zugangsstraße *f*⟩; **ac·ces·sa·ry** [əkˈsesərɪ] **1.** *präd adj* mitschuldig (**to** an); **2.** *s* Helfershelfer *m*, Komplize *m* (**to** bei), Mitschuldiger (**to** an) ⟨≈ after the fact *Jur* Hehler(in) *m(f)*; ≈ before the fact *Jur* Anstifter(in) *m(f)*⟩; **acˌces·siˈbil·i·ty** *s* Zugänglichkeit *f*; **acˈces·si·ble** *adj* zugänglich (**to** für) | erreichbar | übersichtlich; **acˈces·sion** *förml s* Beitritt *m* ⟨≈ to a party Parteibeitritt *m*⟩ | Antreten *n*, Antritt *m* ⟨≈ to an office Amtsantritt *m*; ≈ to power Machtübernahme *f*, Regierungsantritt *m*; ≈ to the throne Thronbesteigung *f*⟩ | Zunahme *f*, Vermehrung *f* ⟨new ≈ Neuerwerbung *f*⟩ | *Med* (Krankheits-) Anfall *m*; **acˈces·so·ries** *s/pl* Beiwerk *n* ⟨the ≈ of a woman's dress⟩ | *Tech* Zubehör *n*, Ausrüstungsteile *n/pl* ⟨≈ for motor cars Autozubehör *n*, Kraftfahrzeugzubehörteile *n/pl*⟩; **acˈces·so·ry 1.** *adj* zusätzlich, hinzukommend, Zusatz-, Ersatz- ⟨≈ lens *Foto* Vorsatzlinse *f*⟩ | nebensächlich; **2.** *s* = **accessary** Zusatz *m*, Anfügung *f* | Begleiterscheinung *f* | *Tech* Zusatzgerät *n* | *Tech* Zubehörteil *n*

ac·ci·dence ['æksɪdns] *s Ling* Formenlehre *f*

ac·ci|den·cy ['æksɪdnsɪ] *s* Zufall *m*, Glücksfall *m*; **~dent** ['æksɪdənt] *s* Unfall *m*, Unglücksfall *m* ⟨bus ≈; without ≈ heil, unfallfrei; to meet with an ≈, to have an ≈ verunglükken, einen Unfall haben⟩ | Zufall *m*, nebensächliche *od* zufällige Eigenschaft, Nebensache *f* ⟨≈ of appearance Randerscheinung *f*⟩; ˌ~'**den·tal 1.** *adj* zufällig, unvorhergesehen | Unfall- ⟨≈ death Unfalltod *m*; Unfalltote(r) *f(m)*⟩ | nebensächlich (**to** für) | *Mus* alteriert; **2.** *s* Nebensache *f* | *Mus* Versetzungszeichen *n*; ˌ**~den'tal·i·ty** *s* Zufälligkeit *f*; '**~dent inˌsur·ance** *s* Unfallversicherung *f*; '**~dent preˌvent·er** *s Tech* Unfallschutzvorrichtung *f*; ˌ**~dent-'prone** *adj* (Person) zu Unfällen neigend

ac·claim [ə'kleɪm] **1.** *vt* (mit Beifall) begrüßen, zujubeln | feiern (**as** als) | durch Zurufe begrüßen als (Herrscher u. ä.), ernennen zu, ausrufen ⟨to ~ s.o. king⟩; *vi* Beifall spenden; **2.** *s* Beifall *m*, Beifallsrufe *m/pl*; Lob *n*; **ac·cla·ma·tion** [ˌæklə'meɪʃn] *s* (Beifalls-) Kundgebung *f* ⟨with ≈s mit Beifall⟩ | *Pol* mündliche (einstimmige) Abstimmung (durch Zuruf) ⟨elected by ≈ durch Akklamation gewählt; the proposal was carried by ≈ der Vorschlag wurde spontan angenommen⟩; **ac·clam·a·to·ry** [ə'klæmətərɪ] *adj* zujauchzend, Beifalls-

ac·cli|mate ['æklɪmeɪt] *vi, vt Am* = **acclimatize**; **~ma·tion** [əklɪ'meɪʃn] *s Am* = **~ma·ti·za·tion** [əˌklaɪmətaɪ'zeɪʃn] *s* Akklimatisierung *f*, Eingewöhnung *f*; **~ma·tize** [ə'klaɪmətaɪz] *vt* akklimatisieren, gewöhnen (**to** an); *vi* sich akklimatisieren, sich eingewöhnen, sich gewöhnen (**to** an) ⟨to ≈ an animal to another region; to ≈ o.s. to new conditions⟩

ac·cliv·i·tous [ə'klɪvətəs] *förml adj* steil steigend; **ac'cliv·i·ty** *s förml* Steigung *f*; Böschung *f*, Hang *m*

ac·co·lade ['ækəleɪd|-lɑ:d] *Hist s* Akkolade *f*, Ritterschlag *m* | Lob *n*, Ehrung *f* | *Mus* Klammer *f*, Akkolade *f*

ac·com·mo|date [ə'kɒmədeɪt] *vt* anpassen (**to s.th.** e-r Sache) ⟨to ≈ o.s. sich anpassen⟩ | (jmdn.) unterbringen, Platz haben für (jmdn.), fassen (Raum) | versorgen, versehen (**with** mit) | (jmdm.) aushelfen (**with** mit) | (Streit) schlichten; *vi* sich anpassen | *auch Tech* sich einstellen (**to** auf); **ac'com·mo·dat·ing** *adj* entgegenkommend, gefällig, anpassungsfähig; **acˌcom·mo'da·tion** *s* Anpassung *f* (**to** an) | Unterbringung *f*, Unterkunft *f*, Räume *pl* ⟨hotel ≈ Hotelunterbringung; seating ≈ Sitzgelegenheit(en) *f(pl)*, -plätze *pl*⟩ | *Mil* Einquartierung *f* | Versorgung *f* (**with** mit) | *bes Am* Aushilfe *f*, Darlehen *n* | Schlichtung *f*, Beilegung *f* | Gefälligkeit *f* | Einstellung *f*, Akkommodation (Augen) *f*; **~'da·tion addˌress** *s* Briefkastenadresse *f*; **~'da·tion bill** *s Wirtsch* Gefälligkeitswechsel *m*; **~'da·tion bu·reau** *s* Wohnraumvermittlung, Abteilung Wohnraumlenkung *f*; **~'da·tion ˌlad·der** *s Mar* Fallreep *n*; **acˌcom·mo'da·tions** *s/pl* Komfort *m*, Bequemlichkeit *f* | *Am* Unterkunft und Verpflegung, Kost und Logis; **~'da·tion train** *s Am* Bummelzug *m*, Personenzug *m*

ac·com·pa|ni·ment [ə'kʌmpnɪmənt] *s Mus, übertr* Begleitung *f* | Begleiterscheinung *f*; **ac'com·pa·nist** *s Mus* Begleiter *m*; **ac'com·pa·ny** *vt* begleiten (*auch Mus*) | (etw.) verbinden mit, begleiten ⟨to be ~nied with begleitet sein von⟩; *vi Mus* die Begleitung spielen

ac·com·plice [ə'kʌmplɪs] *s* Komplize *m*, Mitschuldiger *m*, Mittäter *m* (**in/to s.th.** bei etw.)

ac·com·plish [ə'kʌmplɪʃ] *vt* vollenden, aus-, durchführen, schaffen ⟨to ~ one's tasks⟩ | erreichen, vollenden ⟨to ~ 80 years⟩ | erfüllen ⟨to ~ a promise⟩; **ac'com·plish·a·ble** *adj* erreichbar; **ac'com·plished** *adj* vollendet, vollkommen (**in** in) ⟨an ≈ singer⟩ | (aus)gebildet ⟨an ≈ young lady⟩ | klug, bewandert (**in** in); **ac'com·plish·ment** *s* Vollendung *f*, Aus-, Durchführung *f* ⟨difficult of ≈ schwierig auszuführen⟩ | Vollkommenheit *f* | Erfüllung *f* | *meist* **ac'com·plish·ments** *pl* Bildung *f*, Fertigkeiten *f/pl*, Talente *n/pl*

ac·cord [ə'kɔ:d] **1.** *vt* zugeben, gewähren ⟨to ~ praise Lob spenden⟩ | in Einklang bringen, adaptieren; *vi* harmonieren, übereinstimmen (**with** mit); **2.** *s* Übereinstimmung *f*, Eintracht *f*, Einklang *m* ⟨in ~ with; out of ~ with nicht im Einklang mit; to be of/at ~ with übereinstimmen mit; with one ~ einstimmig⟩ | Impuls *m* ⟨of one's own ~ aus eigenem Antrieb, unaufgefordert, freiwillig⟩ | *Jur* Vertrag *m*, Abkommen *n* (**between** zwischen, **with** mit) | *Jur* Vergleich *m*; **ac'cord·ance** *s* Übereinstimmung *f* ⟨in ≈ with in Übereinstimmung mit, gemäß⟩ | Gewährung *f* ⟨the ≈ of a privilege⟩; **ac'cor·dant** *adj* übereinstimmend (**with** mit); **ac'cord·ing** *adj* übereinstimmend, (dem)entsprechend ◇ **~ing as** *conj* je nachdem, ob; **~ing to** *präp* entsprechend, gemäß ⟨≈ reports Berichten entsprechend; to cut one's coat ≈ one's cloth sich nach der Decke strecken (müssen)⟩ | auf Grund von, laut ⟨≈ an order⟩ | nach ⟨≈ merit nach Verdienst⟩; **ac'cord·ing·ly** *adv* dementsprechend ⟨to act ≈⟩ | demzufolge

ac·cor·di·on [ə'kɔ:dɪən] *s Mus* Akkordeon *n*, Ziehharmonika *f*

ac·cost [ə'kɒst] **1.** *vt* sich nähern, herantreten an | ansprechen; **2.** *s* Anrede *f*

ac·count [ə'kaʊnt] **1.** *s* (Be-)Rechnung *f* ⟨on ~ a conto; to carry to ~ in Rechnung stellen; to draw/make up an ~ eine Rechnung ausschreiben; to place/put to ~ in Rechnung stellen; to put s.th. down to s.o.'s ~ jmdm. etw. anschreiben; to send in/render s.o.'s ~ jmdm. die Rechnung schicken *od* ausstellen; to settle an ~ eine Rechnung begleichen *od* bezahlen⟩ | *Wirtsch* Konto *n* ⟨to balance an ~, to balance/square ~s with s.o. ein Konto ausgleichen *od* saldieren; to have an ~ with ein Konto haben bei; to open an ~ ein Konto eröffnen; to settle an ~ ein Konto bereinigen⟩ | Rechnen *n*, Zusammenzählen *n* ⟨to be quick at ~s schnell rechnen können⟩ | Rechenschaft *f* ⟨to bring/call to ~ zur Rechenschaft ziehen; to give ~ of Rechenschaft ablegen über; to give a good ~ of o.s. sich rechtfertigen; *umg* sich bewähren, Erfolg haben⟩ | Bericht *m*, Erzählung *f* ⟨by one's own ~ nach eigenen Aussagen; newspaper ~s Zeitungsmeldungen *f/pl*; to give an ~ of Bericht erstatten über; to give an ~ of o.s. sich ausweisen⟩ | Ursache *f*, Grund *m* ⟨on ~ of wegen; on no ~ auf keinen Fall; on/for my (his) ~ wegen mir (ihm); on no ~, not on any ~ unter keinen Umständen; on this (that) ~ aus diesem (jenem) Grund⟩ | Wert *m*, Wichtigkeit *f*, Bedeutung *f* ⟨of no ~ unwichtig, wertlos⟩ | *(nur sg)* Gewinn *m*, Nutzen *m* ⟨to put/turn to ~ ausnutzen, Vorteil ziehen; to work on one's own ~ auf eigenes Risiko *od* für sich arbeiten⟩ | Berücksichtigung *f* ⟨to leave out of ~ außer acht lassen; to make little (much) ~ of s.th. e-r Sache wenig (viel) Beachtung schenken; to take ~ of/take into ~ berücksichtigen; to take no ~ of keine Beachtung schenken, nicht berücksichtigen⟩ | Verzeichnis *n*, Liste *f* | *Brit Wirtsch* Liquidationstermin *m*; **2.** *vt* halten für, ansehen als ⟨to be ~ed guilty für schuldig gehalten werden; to ~ s.o. a wise man jmdn. für einen klugen Mann halten⟩; *vi* Rechenschaft ablegen (**for** über; **to** gegenüber) | erklären; einen Grund anführen (**for s.th.** für etw.) | (Jagd) schießen, erlegen (**for s.th.** etw.); **acˌcount·a'bil·i·ty** *s* Verantwortlichkeit *f*; **ac'count·a·ble** *adj* verantwortlich (**to s.o.** jmdm; **for s.th.** für etw.) ⟨to be ≈ for zur Rechenschaft gezogen werden für⟩; **ac'count·an·cy** *s* Rechnungswesen *n*; **ac'count·ant** *s* Rechnungsführer *m*, Buchhalter *m* | Bücherrevisor *m* ⟨chartered ≈ *Brit*, certified public ≈ *Am* beeidigter Bücherrevisor⟩; **ac,count·ant 'gen·er·al** *s* Hauptbuchhalter *m*; **ac'count·ant·ship** *s* (Buchhalter u. ä.) Stelle *f*; **ac'count·ing** *s* Buchführung *f*

ac·cou·tre [ə'ku:tə] *vt Mil* einkleiden, ausrüsten; **ac'cou·tre·ment** *s, meist* **ac'cou·tre·ments** *pl* Kleidung *f* | *Mil* Ausrüstung *f* (außer Kleidung u. Waffen)

ac·cred·it [ə'kredɪt] *vt* (Gesandten u. ä.) akkreditieren, beglaubigen (**to s.o.** bei jmdm.) | (etw.) zuschreiben (**to s.o.** jmdm.) | *Wirtsch* akkreditieren; **ac,cred·it'a·tion** *s* Akkreditierung *f*, Beglaubigung *f*; **ac'cred·it·ed** *adj* (Person) akkreditiert, bevollmächtigt | (Meinung u. ä.) allgemein anerkannt, offiziell

ac·crete [ə'kri:t] *vt* vergrößern; **ac·cre·tion** [ə'kri:ʃn] *s* Vergrößerung *f*, Zuwachs *m*, Zunahme *f* ⟨≈ of crystals Ansetzen *n* von Kristallen⟩; **ac'cre·tion·ar·y, ac'cre·tive** *adj* zunehmend

ac·cru·al [ə'kru:əl] *s* Zuwachs *m*; **ac·crue** [ə'kru:] *vi* erwachsen, zufallen (**from/out of** aus, **to s.o.** jmdm.) | anwachsen | (Zinsen) auflaufen; **ac'crue·ment** *s* Zuwachs *m*

ac·cu·mu·late [ə'kju:mjʊleɪt|-jəl-] *vt* an-, aufhäufen, ansammeln ⟨to ~ a fortune ein Vermögen zusammenbringen⟩; *vi* sich anhäufen, sich aufspeichern | (Wolken) sich zusammenballen; [-lɪt] *adj* (an)gehäuft; **ac,cu·mu'la·tion** *s* (An-, Auf-) Häufung *f*, Ansammlung *f*, (Auf-) Speicherung *f*, Akkumulation *f* ⟨≈ of mud Verschlammung *f*⟩ | Haufen *m* ⟨an ≈ of books eine Menge Bücher; ≈ of rubbish Schutthaufen *m*; ≈ of snow Schneeberg *m*⟩; **ac'cu·mu·la·tive** *adj* anhäufend | wachsend, sich häufend; **ac'cu·mu·la·tor** *s* Anhäufer *m*, Sammler *m* | *El* Akkumulator *m*, Stromsammler *m* ⟨to charge an ≈ einen Akkumulator aufladen⟩ | *Tech* Speicher *m* ⟨≈ of cold Kältespeicher *m*⟩ | *Tech* (Stoß-) Dämpfer *m*

ac·cu|ra·cy ['ækjərəsɪ|-jʊr-] *s* Sorgfalt *f*, Genauigkeit *f* ⟨≈ of measurement *Tech* Meßgenauigkeit *f*⟩ | *Mil* Treffsicherheit *f*; **~rate** [~rət|~rɪt] *adj* sorgfältig, genau ⟨to be ≈ in genau sein in; to be ≈ at s.th. etw. genau nehmen⟩ | pünktlich, akkurat, penibel ⟨≈ wife⟩ | richtig, exakt, genau ⟨≈ clock⟩

ac·curs·ed [ə'kɜ:sɪd], **ac·curst** [ə'kɜ:st] *adj* verflucht, verwünscht, verflixt ⟨~ devil⟩ | abscheulich ⟨~ road⟩

ac·cus·a·ble [ə'kju:zəbl] *adj* anklagbar (**of** wegen); **ac'cus·al** *s* Anklage *f*; **ac·cu·sa·tion** [,ækjʊ'zeɪʃn] *s* Anklage *f*, Beschuldigung *f* ⟨to bring an ≈ against s.o. jmdn. anklagen; to be under ≈ of s.th. wegen e-r Sache unter Anklage stehen⟩; **ac'cu·sa·tive 1.** *adj* anklagend, Klage- | *Ling* akkusativisch ⟨the ≈ case der Akkusativ⟩; **2.** *s Ling* Akkusativ *m*; **ac'cu·sa·to·ry** *adj* anklagend, Klage-; **ac'cuse** *vt* anklagen, beschuldigen (**of s.th.** e-r Sache; **before/to** gegenüber); *vi* Anklage erheben; **ac'cused 1.** *adj* angeklagt; **2.** *s* **the ~** *Jur* der Angeklagte *m*; **ac'cus·er** *s* Ankläger(in) *m(f)*; **ac'cus·ing** *adj* anklagend

ac·cus·tom [ə'kʌstəm] *vt* gewöhnen (**to** an) ⟨to ~ o.s., to be/get/become ~ed sich gewöhnen⟩; **ac'cus·tomed** *adj* gewöhnt (**to an**) ⟨to get ≈ to sich gewöhnen an⟩ | gewohnt (**to** *mit inf, ger* zu *mit inf*) | gewöhnlich, üblich, gewohnt

ace [eɪs] **1.** *s Kart* As *n* ⟨to have an ~ in the hole *Am umg* einen Trumpf in Reserve haben⟩ | Eins *f* (auf Würfeln) | (Sport) Punkt *m* ⟨to serve an ~ (Tennis) mit dem Aufschlag einen Punkt gewinnen⟩ | *übertr* Kleinigkeit *f* ⟨to bate an ~ jmdm. einen kleinen Vorsprung geben; within an ~ beinahe, um ein Haar; to come within an ~ of death beinahe umkommen; to come within an ~ of losing nahe dran sein zu verlieren⟩ | *(bes in Zus)* As *n*, großer Könner, (Sports-) Kanone *f* ⟨a jazz-ace ein erstklassiger Jazzmusiker⟩; **2.** *vt* (Sport) einen Punkt erringen gegen

a·ce·di·a [ə'si:dɪə] *s* Apathie *f*

a·ceph·a|lus [eɪ'sefələs] *s* (*pl* **~li** [~laɪ]) *Med* Acephalus *m*

a·cerb [ə'sɜ:b] *adj* herb, bitter, scharf, streng | *übertr* streng; **ac·er·bate** ['æsəbeɪt] *vt* herb *od* bitter machen; [ə'sɜ:bɪt] *adj* herb, bitter; **a'cer·bi·ty** *s* Herbheit *f* | *übertr* Strenge *f*

a·ces|cen·cy [ə'sesnsɪ] *s* Säuerliches *n*, Säuerlichkeit *f*; **~cent** [ə'sesnt] *adj* säuerlich, sauer werdend

ac·e·tate ['æsɪteɪt] *s Chem* Azetat *n* | *auch* **,~ 'silk** Azetatseide *f*; **a·ce·tic** [ə'si:tɪk] *adj Chem* essigsauer; **a,ce·tic 'ac·id** *s Chem* Essigsäure *f*; **ac·e·tone** ['æsɪtəʊn] *s Chem* Azeton *n*

ac·e·to·nu·ri·a [,æsɪtə'njʊərɪə] *s Med* Ketonurie *f*

ac·e|tose ['æsɪtəʊs], **'~tous** *adj Chem* essigsauer, Essig-; **~tyl** [~tɪl] *s Chem* Azetyl *n*; **a·cet·y·lene** [ə'setəlɪn] *s Chem* Azetylen *n*; **~tyl·sal·i·cyl·ic ac·id** [,æsɪtɪlsælɪsɪlɪk 'æsɪd] *s Med* Azetylsalizylsäure *f*, Aspirin *n*

ache [eɪk] **1.** *vi* schmerzen ⟨he ~d all over es tat ihm überall weh; my head ~s mir schmerzt der Kopf; to make s.o.'s heart ~ jmdn. traurig stimmen⟩ | *umg* sich heftig sehnen (**for** nach; **to** *mit inf* danach zu *mit inf*); **2.** *s* (anhaltender) Schmerz | *(bes in Zus)* -schmerz ⟨head~; tooth~⟩

a·chiev·a·ble [ə'tʃi:vəbl] *adj* erreichbar, ausführbar; **a'chieve** *vt* (durch Anstrengung) erreichen, erlangen ⟨to ≈ one's purpose sein Ziel erreichen, seine Absicht durchsetzen⟩ | (Erfolg) erzielen ⟨to ≈ success⟩ | ausführen, vollenden, zustande bringen, leisten; *vi* Erfolg haben, sein Ziel erreichen, etwas leisten; **a'chieve·ment** *s* Erlangung *f* | Ausführung *f*, Vollendung *f* ⟨impossible of ≈ nicht zu erreichen, nicht zu schaffen⟩ | Leistung *f* ⟨scientific ≈s⟩ | *meist* **a'chievements** *pl* Errungenschaft(en) *f(pl)* ⟨the ≈s of socialism⟩

A·chil·les [ə'kɪli:z] *s*, *in*: **heel of ~** *od* **~' heel** *übertr* Achillesferse *f*

ach·ing ['eɪkɪŋ] **1.** *adj* schmerzlich | schmerzhaft; **2.** *s* Schmerz *m*

ach·ro·mat·ic [,ækrə'mætɪk|-krəʊ-] *adj Phys* achromatisch, farblos ⟨~ lens⟩; **a·chro·ma·tic·i·ty** [eɪ'krəʊmə'tɪsətɪ] *s* Farblosigkeit *f*; **a·chro·ma·tin** [eɪ,krəʊmətɪn] *s Biol* Achromatin *n*; **a·chro·ma·ti·za·tion** [ə,krəʊmətaɪ'zeɪʃn] *s* Achromatisierung *f*; **a·chro·ma·tize** [ə'krəʊmətaɪz] *vt* achromatisieren; **a·chro·ma·top·si·a** [eɪ,krəʊmə'tɒpsɪə] *s Med* Achromatopsie *f*, Farbenblindheit *f*; **a·chro·mic** [eɪ'krəʊmɪk], **a·chro·mous** [eɪ'krəʊməs] *adj* farblos

ac·id ['æsɪd] **1.** *adj* herb | sauer | *übertr* bitter, beißend | *Chem* sauer, säurehaltig ⟨~ bath Säurebad *n*⟩ | sauer, umweltschädigend ⟨~ dust saurer Staub; ~ mist saurer Nebel; ~ precipitation saure Niederschläge; ~ rain saurer Regen⟩; **2.** *s Chem* Säure *f* | *Sl* LSD *n*; **'~head** *s Sl* Fixer *m*; **a·cid·ic** [ə'sɪdɪk] *adj* säurebildend, säurehaltig; **a,cid·i·fi'ca·tion** *s Chem* Säurebildung *f*; **a'cid·i·fy** *vt* säuern, sauer machen; *vi* sauer werden; **a'cid·i·ty** *s* Säure *f*, Herbheit *f*, Schärfe *f*; **ac·i·do·sis** [,æsɪ'dəʊsɪs] *s Med* Azidose *f*, Übersäuerung *f* des Blutes; **'~-proof** *adj* säurefest; **'~ rock** *s Sl* (betäubende) wilde Rockmusik; **'~ test** *s Chem* Scheideprobe *f* | *übertr* Prüfung *f* auf Herz und Nieren, Feuerprobe *f*; **'~ trip** *s Sl* LSD-Trip *m*; **a·cid·u·late** [ə'sɪdjʊleɪt] *vt* säuerlich machen, (an)säuern; **a'cid·u·lent, a'cid·u·lous** *adj* säuerlich *(auch übertr)*

ac·i·form ['æsɪfɔ:m] *adj* nadelförmig

-acious ['eɪʃəs] *suff zur Bildung von adj aus s auf -acity (z. B.* **audacious** kühn)

-acity ['æsətɪ] *suff zur Bildung von abstrakten s (z. B.* **veracity** Wahrhaftigkeit *f*, **sagacity** Scharfsinn *m*)

ack·ack [æk'æk] *s Mil* Flak *f* | Flakfeuer *n*

ac·knowl·edge [ək'nɒlɪdʒ] *vt* anerkennen ⟨to ~ a fact; to ~ s.o. master jmdn. als Herrn anerkennen⟩ | zugeben, zugestehen, einräumen ⟨to ~ a deed; to ~ defeat seine Niederlage eingestehen⟩ | dankbar anerkennen, jmdm. erkenntlich sein für ⟨to ~ a favour⟩ | bestätigen ⟨to ~ a letter⟩ | erkennen, Erkennen zum Ausdruck bringen ⟨to ~ s.o. in the street⟩; **ac'knowl·edged** *adj* anerkannt; **ac'knowl·edg[e]·ment** *s* Anerkennung *f* ⟨in ≈ of als Anerkennung für⟩ | Zugeständnis *n* | Dank *m*, Erkenntlichkeit *f* | Bestätigung *f*, Quittung *f* ⟨≈ of a letter⟩

ac·me ['ækmɪ] *s, meist sg mit def art* Gipfel *m*, Höhepunkt *m* ⟨the ~ of perfection⟩ | *Med* Krise *f*

ac·ne ['æknɪ] *s Med* Akne *f*

a·cock [ə'kɒk] *adv, präd adj* schief | *übertr* dreist

a·col·o·gy [ə'kɒlədʒɪ] *s Med* Akologie *f*, Heilmittellehre *f*

ac·o·lyte ['ækəlaɪt] *s Rel* Akoluth *m*, Meßgehilfe *m* | *übertr* Helfer *m*

ac·o·nite ['ækənaɪt] *s Bot* Eisenhut *m* | *übertr poet* tödliches Gift | *Chem* Aconit *n*

a·corn ['eɪkɔ:n] *s Bot* Ecker *f*, Eichel *f*; **'~ shell** *s* Eichelschale *f*

a·cous·tic [ə'ku:stɪk] *adj* akustisch, Schall-, Hör- ⟨~ duct Gehörgang *m*; **~ nerve** Gehörnerv *m*⟩; **a'cous·ti·cal** = **acoustic** ⟨≈ holography⟩; **a'cous·tics** *s/pl (meist sg konstr) Phys* Akustik *f*, Lehre *f* vom Schall | *(pl konstr)* (Raum) Akustik *f*, akustische Eigenschaften *f/pl*

ac·quaint [ə'kweɪnt] *vt* bekannt *od* vertraut machen (**with** mit) ⟨to ~ o.s. sich bekannt machen; to be ~ed with kennen⟩ | (jmdm.) mitteilen; bekanntgeben (**with s.th.** etw., **that** daß), (jmdn.) vertraut machen (**with s.th.** mit etw.); **ac'quaint·ance** *s* Bekanntschaft *f* ⟨on / upon closer / further ≈ bei näherer Bekanntschaft; to have a bowing / nodding ≈ ein wenig *od* flüchtig kennen; to make the ≈ of s.o., to make s.o.'s ≈ mit jmdm. Bekanntschaft machen⟩ | Kenntnis *f* (**with** von) | Bekannte(r) *f(m)* | *auch* **circle of ~ance[s]** Bekanntenkreis *m*; **ac'quaint·ance·ship** *s* Bekanntschaft *f*

ac·qui|esce [ˌækwɪ'es] *vi* sich fügen, einwilligen (**in** in) | sich gefallen lassen, ruhig hinnehmen (**in s.th.** etw.); **ˌ~'es·cence** *s* Ergebung *f*, Sichfügen *n*, Einwilligung *f* (**in** in); **ˌ~'es·cent** *adj* fügsam, geduldig

ac·quir·a·ble [ə'kwaɪərəbl] *adj* erreichbar, erlangbar; **ac·quire** [ə'kwaɪə] *vt* erreichen, erlangen, erwerben *(auch übertr)* ⟨an ≈d taste ein anerzogener Geschmack⟩; **ac'quire·ment** *s* Erlangung *f*, Erwerbung *f* | Fähigkeit *f* | Fertigkeit *f*

ac·qui·si·tion [ˌækwɪ'zɪʃn] *s* Erwerb(ung) *m(f)* | Ankauf *m* | Errungenschaft *f*; **ac·quis·i·tive** [ə'kwɪzətɪv|-zɪt-] *adj* gewinnsüchtig | selbstsüchtig ⟨an ≈ society eine auf Gewinn bedachte Gesellschaft⟩ | raubgierig | lernbegierig ⟨≈ of new ideas⟩

ac·quit [ə'kwɪt] (**ac'quit·ted, ac'quit·ted**) *vt* los-, freisprechen (**of** von) ⟨to ~ o.s. of / from a duty sich einer Pflicht entledigen⟩ | *Jur* freisprechen ⟨to be ~ed of a crime⟩ | (Schuld) abtragen, bezahlen; ◇ **~ o.s.** sich halten, sich benehmen, seine Sache machen ⟨to ~ o.s. well⟩; **ac'quit·tal** *s* Erfüllung *f* (einer Pflicht) | *Jur* Freispruch *m* (*Ant* conviction) ⟨sentence of ≈ Urteil auf Freispruch⟩; **ac'quit·tance** *s* Bezahlung *f*, Begleichung *f* (e-r Schuld) | Erfüllung *f* (e-r Verpflichtung) | Quittung *f*; Bestätigung *f* | Frei-, Lossprechung *f* (von e-r Verpflichtung)

a·cre ['eɪkə] *s* Acker *m*, Morgen *m* (40,467 Ar); **'~age** *s* Akkerfläche *f*, Flächeninhalt *m* nach Morgen, Acker *m/pl*, Morgen *m/pl*

ac·rid ['ækrɪd] *adj* scharf, beißend, ätzend *(auch übertr)* ⟨an ~ smell; an ~ speech⟩; **a'crid·i·ty** *s* Schärfe *f*, Herbheit *f*, Bissigkeit *f (auch übertr)*

ac·ri·mo|ni·ous [ˌækrɪ'məʊnɪəs] *adj übertr* scharf, bitter, beißend ⟨≈ words⟩ | *arch* herb, bitter; **~ny** ['ækrɪmənɪ] *s, meist übertr* Schärfe *f*, Bitterkeit *f*, Bissigkeit *f* | *Chem* Schärfe *f*

(e-r Säure)

ac·ro·bat ['ækrəbæt] *s* Akrobat *m*; **ac·ro'bat·ic, ac·ro'bat·i·cal** *adj* akrobatisch ⟨≈ feats akrobatische Kunststücke *n/pl*⟩; **ac·ro'bat·ics** *s/pl (meist sg konstr)* Akrobatik *f* | Kunstflug *m*

ac·ro·me·ga|li·a [ˌækrəmɪ'geɪlɪə], **~ly** [ˌækrə'megəlɪ] *s Med* Akromegalie *f*

ac·ro·nym ['ækrənɪm] **1.** *s Ling* Akronym *n*, Kurzwort *n*; **2.** *vt* mit Anfangsbuchstaben bezeichnen

a·crook [ə'krʊk] *adv, präd adj* krumm, gekrümmt

ac·ro·pho·bi·a ['ækrə'fəʊbɪə] *s Med* Akrophobie *f*, Höhenangst *f*

a·cross [ə'krɒs] **1.** *adv* hin-, herüber ⟨to walk ~; to help s.o. ~⟩ | mitten entzwei, (quer) durch ⟨to tear ~⟩ | kreuzweise | in der Breite, breit ⟨the river is a mile ~⟩; **2.** *präp* (quer) über, (mitten) durch ⟨~ the river⟩ | über, jenseits ⟨~ the Atlantic⟩ ◇ **come / run ~** (zufällig) stoßen auf, treffen; **get s.th. ~** mit etw. Erfolg haben; **put s.th. ~** etw. erklären; **~ from** *adv, präp Am* gegenüber; **ˌ~-the-'board** *adj* allgemein, global ⟨an ≈ reduction⟩ | *Rundf, TV* (Programm) täglich zur gleichen Zeit gesendet, fest, täglich (wiederkehrend)

ac·cros·tic [ə'krɒstɪk] *s* Akrostichon *n*

a·cryl·ic [ə'krɪlɪk] **1.** *adj* Acryl-, acrylsauer ⟨~ acid Acrylsäure *f*⟩; **2.** *s Mal* Acrylfarbe *f*; **~ 'fibre** *s* Acryl-, Kunstfaser *f*

act [ækt] **1.** *s* Handlung *f*, Tat *f* ⟨a cruel ~ eine grausame Tat; an ≈ of God höhere Gewalt⟩ | Tatausführung *f*, Moment *m* der Tat ⟨in the ~ of *(mit ger)* im Begriff zu *(mit inf)*; in the [very] ~ auf frischer Tat⟩ | *Theat* Aufzug *m*, Akt *m*; (Programm-) Nummer *f*, Auftritt *m* ⟨a circus ~; to put on an ~ *umg* etw. vorspielen *od* vormachen⟩ | Festakt *m* | Akte *f*; Erlaß *m*, Gesetz *n* ⟨the ≈s of Congress⟩ | *Brit* Parlamentsbeschluß *m* | Urkunde *f* ⟨~ of sale Kaufvertrag *m*⟩ ◇ **deliver s.th. as one's ~ and deed** etwas feierlich erklären; *vt Theat* spielen, darstellen ⟨to ~ [the part / rôle of] Othello⟩ | *übertr* spielen, sich aufführen wie, vortäuschen ⟨to ~ the hero⟩; *vi* handeln, tätig sein, wirken ⟨to ~ at a moment's notice spontan handeln; to ~ as arbeiten als, tätig sein als; to ~ up to handeln nach, sich halten an; to ~ well by s.o. jmdm. etw. Gutes tun⟩ | sich benehmen, sich aufführen ⟨to ~ like one possessed sich wie ein Besessener betragen⟩ | nur so tun, vorgeben ⟨to be only ~ing⟩ | *Theat* spielen, auftreten | *Theat* spielbar sein, sich aufführen lassen ⟨this play won't ~⟩ | sich richten (**upon** nach) | Einfluß haben, wirken (**on** auf) | *Tech* angreifen (**upon s.th.** etw.) | *Tech* laufen, arbeiten, in Betrieb sein ⟨the brakes didn't ~⟩; **ˌ~a'bil·i·ty** *s* Auf-, Durchführbarkeit *f*; **'~a·ble** *adj* aufführbar, bühnenreif; **'~ing 1.** *adj* handelnd, tätig, wirksam, aktiv | stellvertretend, geschäftsführend ⟨an ≈ director⟩ | *Theat* Bühnen-; **2.** *s* Tun *n*, Handeln *n* | *Theat* Spiel *n*, Aufführung *f*; Schauspielkunst *f* ⟨to do a lot of ≈ oft auf der Bühne stehen⟩ | Verstellung *f*

ac·tin|ic [æk'tɪnɪk] *adj Phys Chem* aktinisch, durch Strahlen (chemisch) wirksam ⟨≈ screen Leuchtschirm *m*⟩; **~ism** ['æktɪnɪzm] *s* Aktinität *f*, Lichtstrahlenwirkung *f*; **ac'tin·i·um** *s Chem* Aktinium *n* ⟨≈ series Aktiniumzerfallsreihe *f*⟩

ac·ti·noid ['æktɪnɔɪd] *adj Zool* strahlenförmig

ac·ti|nol·o·gy ['æktɪ'nɒlədʒɪ] *s Chem* Aktinologie *f*; **~nom·e·ter** [~'nɒmɪtə] *s Phys* Strahlenmesser *m*; **ac·tin·o·ther·a·py** [ækˌtɪnəʊ'θerəpɪ] *s Med* (UV-) Bestrahlung *f*, Strahlenbehandlung *f*

ac·tion ['ækʃn] *s* Handlung *f (auch Theat)*, Tätigkeit *f*, Verrichtung *f*, Tun *n*, Bewegung *f*, Aktion *f* ⟨to bring / call into ~ anlaufen lassen, in Bewegung setzen; to put / set in ~ in Bewegung *od* Tätigkeit setzen, in Gang bringen; to put out of ~ stoppen, außer Betrieb setzen; to take ~ handeln; where the ~ is wo sich alles abspielt *od* entscheidet⟩ | Tat *f*, Handlung *f* ⟨a man of ~ ein Mann der Tat; to judge s.o. by his ~s jmdn. nach seinen Taten beurteilen⟩ | *Chem, Phys* (Ein-) Wirkung *f*, Einfluß *m* ⟨~ and reaction Wirkung *f* und Gegenwirkung *f*⟩ | *Tech* Funktionieren *n*, Gang *m* (e-r Maschine u. ä.) | *Tech* Werk *n*, Mechanismus *m* | (Sport) Aktion *f* | (Pferd) Gangart *f*, Bewegung *f*, Haltung *f* | *Rhet* Vortragsweise *f* | Gefecht *n* ⟨killed in ~ im Kampf gefallen; to break off the ~ den Kampf unterbrechen; to go into ~ ins Gefecht kommen; to put out of ~ außer Gefecht setzen⟩ | *Jur* Klage *f*, Prozeß *m* ⟨to bring an ~ against s.o., to take ~ against s.o. gegen jmdn. Klage erheben *od* Schritte unternehmen⟩; **'~a·ble** *adj Jur* verklagbar; **'~ ˌpain·ting** *s Mal* Aktionsbild *n*, -malerei *f*; **'ac·tions** *s/pl* Verhalten *n*

ac·ti|vate ['æktɪveɪt] *vt* aktivieren | *Chem, Phys* radioaktiv machen | *Mil* (Zünder) scharfmachen | *El* laden; an Spannung legen; unter Strom setzen; **ˌ~'va·tion** *s* Aktivierung *f*

ac·tive ['æktɪv] **1.** *adj* aktiv, handelnd, wirkend, tätig ⟨an ~ volcano⟩ | rührig, geschäftig ⟨an ~ man of business⟩ | flink, lebhaft ⟨an ~ child⟩ | *Wirtsch* lebhaft, belebt | wirksam ⟨an ~ law⟩ | *Ling* aktiv | *Mil* aktiv ⟨~ army stehendes Heer⟩; **2.** *s* (Sport) Aktiver *m* | *auch* **ˌ~ 'voice** *Ling* Aktiv *n*; **ˌ~ 'cur·rent** *s El* Nutz-, Wirkstrom *m*; **ˌ~ 'pow·er** *s Tech* Wirkleistung *f*; **ˌ~ 'serv·ice** *s Mil* aktiver Dienst, *bes* Frontdienst *m* ⟨on ~ service im aktiven Dienst⟩; **'ac·tiv·ism** *s* Aktivismus *m*; **'ac·tiv·ist** *s* Anhänger *m* des Aktivismus | Kämpfer *m*, Verfechter *m* ⟨peace ≈⟩ | *DDR* Aktivist *m*; **ac'tiv·i·ty** *s* Wirksamkeit *f*, Tätigkeit *f*, Aktivität *f* ⟨sphere of ≈ Wirkungsbereich *m*⟩ | Lebhaftigkeit *f* | *Wirtsch* Betriebsamkeit *f*, Rührigkeit *f* ⟨in full ≈ in vollem Gang⟩ | Organisation *f*, Zentrum *n*, Arbeitseinheit *f* ⟨to establish a new ≈⟩

ac·tor ['æktə] *s* Schauspieler *m* | Täter *m*; **ac·tress** ['æktrəs] *s* Schauspielerin *f*

ac·tu·al ['æktʃuəl|'æktʃl] *adj* wirklich, tatsächlich ⟨~ fact realer Fakt; the ~ number die Iststärke⟩ | gegenwärtig ⟨the ~ position⟩ | zur Zeit tätig ⟨the ~ commission⟩ | *Wirtsch* Effektiv- ⟨~ value Effektivwert *m*⟩; **~i·ty** [ˌæktʃu'ælətɪ] *s* Aktualität *f*, Wirklichkeit *f* ⟨in ≈ in der Tat⟩; **ac·tu'al·i·ties** *s/pl* Tatsachen *f/pl*, tatsächliche Zustände *m/pl* ⟨the ≈ of life die Gegebenheiten *f/pl* des Lebens⟩; **ˌ~i'za·tion** *s* Verwirklichung *f*; **'~ize** *vt* verwirklichen; **'~ly** *adv* in Wirklichkeit | im Moment, zur Zeit | sogar ⟨he ≈ won⟩ | *umg* eigentlich

ac·tu·ar|i·al [ˌæktʃu:'ɛarɪəl] *adj* versicherungsmathematisch, -statistisch ⟨≈ theory Versicherungsmathematik *f*⟩; **~y** ['æktʃuərɪ] *s Jur* Aktuar *m*, Gerichtsschreiber *m* | *Wirtsch* Versicherungsmathematiker *m*, -statistiker *m*

ac·tu|ate ['æktʃueɪt] *vt*, *auch Tech* in Gang bringen, in Bewegung setzen, antreiben, erregen | beeinflussen ⟨to be ~ated by *übertr* ausgehen von, sich leiten lassen von⟩; **ˌ~'a·tion** *s* Antrieb *m*, Anstoß *m*

ac·u|ate ['ækjuɪt] *adj* scharf; **~i·ty** [ə'kju:ətɪ] *s* Schärfe *f*

a·cu·le|us [ə'kju:lɪəs] *s* (*pl* **~i** [~aɪ]) *Zool, Bot* Stachel *m*

a·cu·men [ə'kju:mən|'ækjumən] *s* Scharfsinn *m*

ac·u·punc·ture ['ækju:pʌŋktʃə] *s Med* Akupunktur *f*, Nadelpunktierung *f*

a·cute [ə'kju:t] *adj* spitz ⟨an ~ leaf; an ~ angle⟩ | scharf, stechend, heftig ⟨~ pain⟩ | klug, scharfsinnig ⟨an ~ observer⟩ | scharf, fein ⟨an ~ sense⟩ | brennend, akut ⟨an ~ problem⟩ | gellend, schrill ⟨an ~ accent⟩ | *Med* akut ⟨an ~ disease⟩

acuto- [əkju:tə] ⟨*lat*⟩ *in Zus* scharf, spitz

-acy [əsɪ] *suff zur Bildung von meist abstrakten s mit der Bedeutung*: Qualität | Zustand u. ä.

a·cy·clic [eɪ'saɪklɪk] *adj Med, Phys Bot* azyklisch

ad [æd] *s Kurzw für* **advertisement** *urspr Am umg* Reklame *f*, Anzeige *f* ⟨to run an ~ eine Anzeige aufgeben; want ~s Suchanzeigen *f/pl*⟩

ad- [æd] *präf zur Bildung von adj, s u. adv mit der Bedeutung*: Bewegung (zu), Hinzufügung (*z. B.* **~oral** mundwärts, **~mixture** Beimengung *f*)

ad·age ['ædɪdʒ] *s* Sprichwort *n*

a·da·gio [ə'da:dʒɪəʊ] *Mus* **1.** *s* Adagio *n*; **2.** *adv, adj* adagio, langsam

Ad·am ['ædəm] *s* Adam *m* ⟨~'s ale Wasser *n*, Gänsewein *m*; ~'s apple Adamsapfel *m*; not to know s.o. from ~ *umg* jmdn. nicht kennen; the old ~ der alte Adam, die menschliche Schwäche⟩

ad·a|mant ['ædəmənt] **1.** *s* sehr harter Gegenstand; **2.** *adj* sehr hart | *übertr* (stein)hart, (felsen)fest (**to** gegen) ⟨~ to durch nichts zu bewegen zu⟩; **~man·tine** [ˌædə'mæntaɪn] *adj* sehr hart, diamantartig, Diamant- ⟨≈ lustre Diamantglanz *m*⟩ | *übertr* fest, unnachgiebig

a·dapt [ə'dæpt] *vt* anpassen (**for, to** an) ⟨to ~ o.s. to circumstances sich nach den Verhältnissen richten⟩ | *Lit* bearbeiten, adaptieren (**from** nach) | *Päd* adaptieren ⟨to ~ a text⟩; *vi* sich anpassen (**to** an) | sich einrichten (**to** auf) | sich einstellen ⟨the eye ~s to darkness das Auge stellt sich auf das Dunkel ein⟩; **aˌdapt·a'bil·i·ty** *s* Anpassungsfähigkeit *f* (**to** an); **a'dapt·a·ble** *adj* anpassungsfähig (**to** an) ⟨an ≈ person⟩; **ad·ap·ta·tion** [ˌædæp'teɪʃn] *s* Anpassung *f* (**to** an) | *Lit* Bearbeitung *f* | *Päd* Adaptierung *f* | *Biol* Adaptation *f*, Einstellung *f*; **a'dapt·a·tive** *adj* anpassungsfähig; **a'dapt·er** *s* Bearbeiter *m* | *Tech* Zwischenstück *n*, Zusatzgerät *n* | *El* Zwischenstecker *m* | *Foto* Adapter *m*; **a·dap·tion** [ə'dæpʃn] *s El* Anpassung *f* | *Math* Angleichung *f*, Anschmiegung *f* | = **adaptation; a'dap·tive** *adj* sich anpassend, anpassungsfähig; **a'dap·tor** = **adapter**

add [æd] *vt* hinzufügen, -setzen, -rechnen (**to** zu) | *auch* **~ up, ~ together** zusammenzählen, addieren ⟨to ~ five to five fünf und fünf addieren⟩; **~ in** einschließen; *vi* addieren, zusammenzählen; **~ to** beitragen zu, erhöhen; **~ up to** ergeben, sich belaufen auf ⟨the figures ~ up to 300⟩ | *umg* bedeuten, heißen | *umg* plausibel sein, einen Sinn haben | stimmen

ad·dax ['ædæks] *s Zool* Wüstenkuh *f*, Mendesantilope *f*

ad·dend ['ædend|ə'dend] *s Math* Addend *m*, Summand *m*, Posten *m*; **ad·den·dum** [ə'dendəm] *s* (*pl* **ad·den·da** [~də]) Hinzufügung *f*, -setzung *f* | Zusatz *m*, Nachtrag *m*; [1]**ad·der** *s* Additionsmaschine *f*

[2]**ad·der** ['ædə] *s Zool* Natter *f*; **'~ˌspit** *s Bot* Adlerfarn *m*; **'~ˌwort** *s Bot* Natterwurz *f*

add·i|bil·i·ty [ˌædə'bɪlətɪ] *s* Vermehrbarkeit *f*; **'~ble** ['ædəbl] *adj* vermehrbar

ad·dict ['ædɪkt] *s* Süchtige(r) *f(m)* ⟨drug ~ Rauschgiftsüchtiger *m*⟩; [ə'dɪkt] *vt, in*: **~ o.s.** sich hingeben *od* widmen (**to s.th.** e-r Sache); **ad'dict·ed** *adj* geneigt (**to** zu, **to** *mit ger* zu *mit inf*) | verfallen, ergeben ⟨to be ≈ to drink dem Alkohol ergeben⟩; **ad·dic·tion** [ə'dɪkʃn] *s* Neigung *f*, Hang *m*, Sucht *f* (**to** zu)

add·ing ['ædɪŋ] *adj* Rechen- ⟨~ machine Rechenmaschine *f*⟩; **ad·di·tion** [ə'dɪʃn] *s* Hinzufügung *f*, -setzung *f*, Zusatz *m* ⟨in ≈ außerdem, dazu; in ≈ to außer⟩ | Zuwachs *m*, Vermehrung *f* (**to s.th.** e-r Sache) ⟨an ≈ to the family Familienzuwachs *m*; an ≈ to the staff ein neuer Kollege, eine neue Kollegin⟩ | *Am* Anbau *m* | *Math* Addition *f* | *Wirtsch* Aufschlag *m*; **ad'di·tion·al** *adj* hinzugefügt, weiter, zusätzlich, Zusatz- ⟨≈ charge Auf-, Zuschlag *m*; ≈ protocol Zusatzprotokoll *n*⟩; ˈ**ad·di·tive** 1. *adj* hinzufügend; 2. *s* Additiv *n*, Zusatz *m*

ad·dle [ˈædl] 1. *adj* verdorben, faul ⟨an ~ egg⟩ | hohl, leer *(auch übertr)* ⟨an ~ speech⟩; 2. *vt, vi* faul machen | faul werden, verderben; ˈ**~brain**, ˈ**~head** *s* Hohlkopf *m*, Einfaltspinsel *m*; ˈ**~brained**, ˈ**~head·ed**, ˈ**~pat·ed** *adj* unbesonnen, verworren

ad·dress [əˈdres] 1. *vt* adressieren, richten (**to** an) | anreden | sprechen vor *od* zu ⟨to ~ the meeting⟩ | (Ware) absenden (**to** an) | (Golf) Schläger richten | zielen | (in e-r Datenverarbeitungsanlage) speichern, *EDV* abfragen ⟨to ~ a computer memory⟩; **~ o.s. to** *förml* sich wenden an, sich zuwenden ⟨to ~ o.s. to s.o.⟩ | *förml* sich widmen, sich machen an ⟨to ~ o.s. to the main work⟩; 2. *s* Adresse *f* | *auch* **form of ~** Anrede *f* | Ansprache *f*, Vortrag *m* (**to** vor) ⟨to give an ~⟩ | Anstand *m*, Benehmen *n* ⟨pleasing ~ angenehme Manieren *f/pl*⟩ | Gewandtheit *f* ⟨ease of ~ Leichtigkeit *f*⟩ | *(meist pl)* Gunstbezeigung *f* ⟨to pay one's ~es to s.o. jmdm. den Hof machen; to reject s.o.'s ~es jmdn. abweisen⟩; **adˈdress·a·ble** *adj* abfragbar ⟨≈ memory systems adressierbares Speichersystem⟩; **~ee** [ædreˈsiː] *s* Adressat *m*, Empfänger *m*; **adˈdress·er** *s* Absender *m*; ˈ**~ing maˌchine** *s* Adressiermaschine *f*; **adˈdres·sor** = **~er**

ad·duce [əˈdjuːs] *vt* (Beweis, Grund u. ä.) anführen, aufzeigen, beibringen ⟨to ~ reason Gründe anführen⟩; **~a·ble**, **adˈduc·i·ble** *adj* anführbar; **ad·duc·tor** [əˈdʌktə] *s Med, Zool* Anziehmuskel *m*

-ade [eɪd] *suff zur Bildung von s mit der Bedeutung*: Handlung, Ergebnis einer Handlung, Produkt (*z. B.* **promenade** Promenade *f*; **lemonade** Limonade *f*)

a·dead [əˈded] *adv, präd adj* tot

a·demp·tion [əˈdempʃn] *s Jur* Widerruf *m*

a·de·ni·a [əˈdiːnɪə] *s Med* Adenie *f*, Drüsenerweiterung *f*; **ad·e·ni·tis** [ˌædɪˈnaɪtɪs] *s Med* Adenitis *f*, Drüsenentzündung *f*; **ad·e·noid** [ˈædɪnɔɪd] *Med* 1. *adj*, *auch* ˌ**ad·eˈnoid·al** Drüsen-; 2. *s*, *meist pl* (Nasen-) Polypen *m/pl*; **ad·e·no·ma** [ˌædɪˈnəʊmə] *s* (*pl* **ad·e·no·ma·ta** [~tə], ˌ**ad·eˈno·mas** *Med* Adenom *n*, Drüsengeschwulst *f*

ad·ept [ˈædept|əˈdept] 1. *adj* erfahren, geschickt (**in s.th.** in etw.); 2. *s* Eingeweihter *m* | Kenner *m* ⟨to be an ~ at Meister sein in, firm sein in⟩ | *Hist* Alchimist *m*

ad·e|qua·cy [ˈædɪkwəsɪ] *s* Angemessenheit *f*, Zulänglichkeit *f*, Adäquatheit *f*; **~quate** [~kwət] *adj* angemessen, adäquat, entsprechend ⟨to be ≈ to s.th. einer Sache entsprechen⟩ | aus-, zureichend ⟨to be ≈ to ausreichen für⟩; ˌ**~ˈqua·tion** *s* Ausgleichung *f*

a·der·min [eɪˈdɜːmɪn] *s Chem* Adermin *n*

ad·here [ədˈhɪə] *vi* (an)haften, (an)kleben (**to** an) | *übertr* halten (**to** zu), einer Meinung sein (**to** mit), festhalten (**to** an) ⟨to ~ to a programme⟩ | treu bleiben (**to s.th.** e-r Sache) | *übertr* bleiben (**to** bei), unterstützen (**to s.th.** etw.); **adˈher·ence** *s* Haften *n*, Ankleben *n* (**to** an) | *übertr* Festhalten *n*, Beharren *n* (**to** an, bei) | *Tech* Adhäsion *f*, Haftung *f*, Haftkraft *f*; **adˈher·ent** 1. *adj* anhaftend, anklebend | *übertr* festhaltend, anhänglich; 2. *s* Anhänger *m* ⟨≈s Anhang *m*; to gain ≈s Anhänger finden⟩

ad·he|sion [ədˈhiːʒn] *s* Anhaften *n*, Ankleben *n* | *übertr* Festhalten *n* (**to** an), Anhänglichkeit *f* | Einwilligung *f* ⟨to give [in] one's ≈ to sich einverstanden erklären mit⟩ | *Phys* Adhäsion *f* | *Med* Verwachsung *f*, Adhärenz *f*; **~sive** [~sɪv|~zɪv] 1. *adj* (an)haftend, klebend, Klebe- ⟨≈ plaster, ≈ tape Heftpflaster *n*⟩ | *übertr* anhänglich, zusammenhaltend | *Phys* adhäsiv, Adhäsions- ⟨≈ power Haftfestigkeit *f*⟩; 2. *s* Bindemittel *n*, Klebstoff *m* | *Am* Heftpflaster *n*

ad hoc [ˌæd ˈhɒk] 1. *adv* ad hoc, hierfür, für diesen (bestimmten) Zweck; 2. *adj* ad hoc, Sonder-, speziell ⟨an ~ committee⟩

a·dic·i·ty [əˈdɪsətɪ] *s Chem* Wertigkeit *f*

a·dieu [əˈdjuː|æˈdjɜː] 1. *interj* adieu!, auf Wiedersehen!; 2. *s* (*pl* **~s**, **~x** [~z]) Adieu *n* ⟨to bid ~ sich verabschieden⟩

a·dip·ic ac·id [əˌdɪpɪk ˈæsɪd] *s Chem* Adipinsäure *f*

ad·i|pose [ˈædɪpəʊs] 1. *adj* fett(-haltig, -artig), fettig, Fett- ⟨≈ tissue Fettgewebe *n*⟩; 2. *s* (tierisches) Fett; ˌ**~ˈpo·sis**, **~pos·i·ty** [ˌædɪˈpɒsətɪ] *s Med* Adipositas *f*, Fettsucht *f*

ad·it [ˈædɪt] *s* Ein-, Zutritt *m* | *Bergb* Stollen *m*, Strecke *f*

ad·ja|cen·cy [əˈdʒeɪsnsɪ] *s* Angrenzen *n* | *meist* **~cen·cies** *pl* Umgebung *f*; **adˈja·cent** *adj* angrenzend (**to** an) | benachbart ⟨≈ rooms Nachbarzimmer *n/pl*⟩

ad·ject [əˈdʒekt] *vt* hinzufügen; **ad·jec·tion** [əˈdʒekʃn] *s* Hinzufügung *f*

ad·jec|ti·val [ˌædʒɪkˈtaɪvl] *adj Ling* adjektivisch; ˈ**~tive** 1. *adj Ling* adjektivisch | abhängig | *Phil* akzidentiell, abgeleitet | *Jur* formell ⟨≈ law formelles Recht⟩ 2. *s Ling* Adjektiv *n* | Nebensache *f*; ˌ**~tive ˈdye** *s* Beizfarbstoff *m*

ad·join [əˈdʒɔɪn] *vt* anstoßen an, angrenzen ⟨the land ~s the sea⟩ | hinzufügen (**to s.th.** e-r Sache) | *Math* adjungieren; *vi* anstoßen, aneinandergrenzen, benachbart sein ⟨the two rooms ~⟩; **adˈjoin·ing** *adj* anstoßend, angrenzend, benachbart

ad·journ [əˈdʒɜːn] *vt* vertagen ⟨to ~ a meeting⟩ | verschieben, aufschieben; *vi* (Sitzung u. ä.) sich vertagen ⟨the meeting ~ed at 10 o'clock⟩ | (Personen) die Sitzung vertagen, auseinandergehen ⟨the group ~ed at 10 o'clock⟩ | (*oft scherzh*) (Personen) den Sitzungsort verlegen, sich begeben (**to** nach) ⟨we ~ed to the library⟩; **adˈjourn·ment** *s* Vertagung *f*, Aufschub *m* | Pause *f*, sitzungsfreie Zeit, Sitzungsferien *pl* ⟨after the summer ≈⟩

ad·judge [əˈdʒʌdʒ] *vt* entscheiden, erklären für ⟨to ~ s.o. [to be] guilty jmdn. für schuldig erklären⟩ | (Preis) zuerkennen; *vi* urteilen; **adˈjudge·ment** *s* Zuerkennung *f*

ad·ju·di|cate [əˈdʒuːdɪkeɪt] *vt* (Urteil) aussprechen, (richterlich) entscheiden über ⟨to ≈ a claim über einen Anspruch befinden⟩ | erklären ⟨to ≈ s.o. [to be] guilty jmdn. für schuldig erklären; to ≈ s.o. bankrupt jmdn. für bankrott erklären⟩ | zuerkennen ⟨to ≈ a prize to s.o.⟩; *vi* entscheiden, urteilen (**[up]on** über) ⟨to ≈ [up]on a problem⟩ | Zuerkennung *f* | *Wirtsch* Ausschreibung *f*; **adˈju·di·ca·tor** *s* Schiedsrichter *m* | Preisrichter *m*

ad·junct [ˈædʒʌŋkt] 1. *s* Anhang *m*, Anhängsel *n*, Zusatz *m* | Gehilfe *m*; Kollege *m* | *Ling* Attribut *n*, Beifügung *f*; 2. *adj* verbunden (**to** mit); **ad·junc·tion** [əˈdʒʌŋkʃn] *s* Beifügen *n*, Verbinden *n*; **ad·junc·tive** [əˈdʒʌŋktɪv] *adj* beigefügt, verbunden (**to** mit) | Neben-

ad·ju·ra·tion [ˌædʒʊəˈreɪʃn] *s* Beschwörung *f*; **adˈjur·a·to·ry** *adj* beschwörend; **adˈjure** *vt* beschwören, anrufen

ad·just [əˈdʒʌst] *vt* in Ordnung bringen, berichtigen, regulieren, (scharf, richtig, fein u. ä.) einstellen (*auch Tech*) ⟨to ~ a watch eine Uhr stellen; to ~ to the standard eichen⟩ | (Streit) schlichten ⟨to ~ differences Streitigkeiten beilegen, Differenzen beseitigen⟩ | anpassen, angleichen (**to** an) ⟨to ~ o.s. sich anpassen⟩; *vi* sich anpassen (**to** an) ⟨he ~ed quickly⟩ | *Tech* sich einstellen lassen; **adˈjust·a·ble** *adj*, *bes Tech* einstellbar, regulierbar; Dreh-, Stell- ⟨≈ speed motor Regelmotor *m*⟩; **adˈjust·er** *s Tech* Fertigmacher *m*; **adˈjust·ment** *s* Berichtigung *f*, Ordnung *f* | Einstellung *f*, Regelung *f* (e-s Gerätes u. ä.) | *Tech* Einstellvorrichtung *f* | Eichung *f* | Schlichtung *f* (e-s Streites) | (Versicherung) Schadensfestsetzung, -regelung *f* | Anpassung *f*, Angleichung *f*; ˈ**~ment ˌcentre** *s Am euphem* Einzelzelle *f*

ad·ju|tan·cy [ˈædʒətənsɪ|-dʒʊ-] *s Mil* Adjutantur *f*; ˈ**~tant** 1. *adj* helfend, Hilfs-; 2. *s Mil, Zool* Adjutant *m*

ad-lib [ˌæd ˈlɪb] *umg* 1. (ˌ**ad-ˈlibbed**, ˌ**ad-ˈlibbed**) *vt, vi Mus,*

Theat u. ä. improvisieren; **2.** *adj, adv* frei, aus dem Stegreif, improvisiert ⟨~ questioning⟩

ad lib[·i·tum] [ˌæd ˈlɪb(ɪtəm)] *adv* ⟨*lat*⟩ nach Belieben, nach Herzenslust, nach Wunsch ⟨to eat ~⟩

ad|man [ˈædmæn] *s* (*pl* **~men** [~men]) *Sl* Werbefachmann *m*, Reklamefritze *m*

ad·meas·ure [ædˈmeʒə] *vt* ab-, ausmessen | eichen; **adˈmeas·ure·ment** *s* Ab-, Ausmessung *f*, Eichung *f* | Maß *n*

ad·min·is|ter [ədˈmɪnɪstə] *vt* (Stadt u. ä.) verwalten | (Land) regieren | (Amt) ausüben | vollstrecken, handhaben ⟨to ≈ a law⟩ | (Recht) sprechen ⟨to ≈ justice⟩ | (Sakramente u. ä.) darreichen, spenden (*auch übertr*) ⟨to ≈ help/relief Unterstützung gewähren⟩ | (Schlag) austeilen ⟨to ≈ a severe blow to s.o. jmdm. einen schweren Schlag versetzen⟩ | *übertr* (Tadel u. ä.) verteilen ⟨to ≈ a rebuke⟩ | (Medizin) eingeben | (Eid) abnehmen (**to s.o.** jmdm.); *vi* beitragen, beisteuern (**to** zu), dienen (**to s.th.** e-r Sache); abhelfen ⟨to ≈ to the wants of s.o. jmds. Wünschen od Bedürfnissen entgegenkommen⟩ | als Verwalter fungieren; **adˈmin·is·tra·ble** *adj* verwaltbar, leitbar; **~te·ri·al** [ədˌmɪnɪˈstɪərɪəl] *adj* Verwaltungs-; **adˈmin·is·trant 1.** *adj* verwaltend; **2.** *s* Verwalter *m*; **adˌmin·isˈtra·tion** *s* Administration *f*, Verwaltung *f* | Verwaltungsbehörde *f* | Ministerium *n* | Abnahme *f* (e-s Eides) | *Am* Regierung *f*, Kabinett *n* ⟨the ≈⟩ | *Am* Amtsdauer *f* (e-s Präsidenten) | Handhabung *f*, Anwendung *f*, Vollstreckung *f* (von Gesetzen u. ä.) ⟨≈ of justice Rechtsprechung *f*⟩ | Darreichung *f* | *Rel* Sendung *f* | Verabreichung *f* (von Medizin); **adˈmin·is·tra·tive** *adj* administrativ, Amts- ⟨≈ aid Amtshilfe *f*⟩ | Verwaltungs- ⟨≈ agreement Verwaltungsabkommen *n*; ≈ court Verwaltungsgericht *n*⟩ | Leitungs- ⟨≈ abilities Leiterfähigkeiten *f/pl*⟩ | ausführend | darreichend, spendend; **adˈmin·is·tra·tor** *s* Verwalter *m* | Spender *m* | *Jur* Testamentsvollstrecker *m*; **adˈmin·is·tra·tor·ship** *s* Amt *n* eines Verwalters u. ä.; **~tra·trix** [~treɪtrɪks] *s* (*pl* **~tra·tri·ces** [~treɪtrɪsi:z]) Verwalterin *f*

ad·mi·ra·ble [ˈædmrəbl|-mər-] *adj* bewundernswert, vortrefflich

ad·mi·ral [ˈædmr̥l|-mərl] *s Mar, Zool* Admiral *m* ⟨~ of the Fleet Großadmiral *m*⟩ | Admiralsschiff *n*; **ˈ~ty** *s* Admiralsamt *n*, -würde *f* | Admiralität *f* | **ˈ~ty** *(mit best art) Brit* Marineamt *n* ⟨First Lord of ≈ Marineminister *m*; the Board of ≈ Marineministerium *n*; the Court of ≈ Admiralitätsgericht *n*⟩ | *Brit* Admiralitätsgebäude *n* (in London)

ad·mi·ra·tion [ˌædməˈreɪʃn|-mɪ] *s* Bewunderung *f* (**for, of** für) ⟨filled with ~ voller Bewunderung; in ~ aus *od* vor Bewunderung⟩ | (*sg mit def art*) Gegenstand *m* der Bewunderung ⟨to be the ~ of bewundert werden von⟩; **adˈmire** *vt* bewundern (**for** wegen) | verehren; **adˈmir·er** *s* Bewunderer *m* | Verehrer *m*; **adˈmir·ing** *adj* bewundernd

ad·mis|si·bil·i·ty [ədˌmɪsəˈbɪlətɪ] *s* Zuverlässigkeit *f*; **adˈmis·si·ble** *adj* zulässig, erlaubt; **~sion** [ədˈmɪʃn] *s* Zulassung *f* (zu e-m Amt u. ä.) (**[in]to** zu) | Zufuhr *f*, Einlaß *m* | Ein-, Zutritt *m*, Aufnahme *f* (in e-e Schule u. ä.) (**[in]to** in) | *auch* **price of ~sion** Eintrittsgeld *n* ⟨~sion free Eintritt frei⟩ | Zu-, Eingeständnis *n* (**that** daß, **of s.th.** e-r Sache) ⟨by/on s.o.'s own ~sion nach eigenem Eingeständnis⟩; **adˈmis·sive** *adj* zulässig; **adˈmis·so·ry** *adj* Einlaß-

ad·mit [ədˈmɪt] (**adˈmit·ted, adˈmit·ted**) *vt* zulassen (**[in]to** zu) | ein-, hereinlassen (**[in]to** in) | aufnehmen, Raum haben für, fassen ⟨the room ~s 400 persons⟩ | bekennen, eingestehen, zugeben, einräumen (**that** daß, **to s.o.** jmdm. gegenüber) ⟨to ~ one's guilt⟩; *vi, in*: **~ of** gestatten, erlauben ⟨it doesn't ~ of doubt es besteht kein Zweifel⟩; **~ to** Einlaß *od* Zugang gewähren zu ⟨to ~ to the garden⟩; **adˈmit·tance** *s* Zulassung *f* | Ein-, Zutritt *m*, Einlaß *m* ⟨no ≈! Zutritt verboten!⟩; **adˈmit·ted·ly** *adv* anerkanntermaßen, zugegebenermaßen

ad·mix [ædˈmɪks] *vt* beimischen; *vi* sich (ver)mischen; **adˈmix·tion, adˈmix·ture** *s* Beimischung *f*, Zusatz *m*

ad·mon·ish [ədˈmɒnɪʃ] *vt* ermahnen (**that** daß, **to** *mit inf* zu *mit inf*) | erinnern (**of** an, **that** daß) | warnen (**against, for, of** vor); **adˈmon·ish·ment, ad·mo·ni·tion** [ˌædməˈnɪʃn] Ermahnung *f*; Warnung *f*, Verweis *m* | *Jur* Verwarnung *f*; **adˈmon·i·to·ry** *adj* ermahnend, erinnernd, warnend ⟨≈ letter schriftliche Mahnung⟩

ad nau·se·am [ˌæd ˈnɔ:sɪæm] *adv übertr* zum Erbrechen, bis zum Überdruß

a·do [əˈdu:] *s* Wesen *n*, Lärm *m*, Aufheben *n* ⟨much ~ about nothing viel Lärm um nichts; to make no more ~ about kein Aufhebens mehr machen von, schweigen über; without further / much ~ ohne weitere *od* viel Umstände⟩

a·do·be [əˈdəʊbɪ] **1.** *s* Adobe *m*, Luftziegel *m*, Lehmziegel *m*; **2.** *adj* aus Lehmziegeln ⟨~ hut Lehmhütte *f*⟩

ad·o·les|cence [ˌædəˈlesns] *s* Jugend *f*, Jugendalter *n*, Jünglingsalter *n*; **ad·oˈles·cen·cy** *s* Jugendlichkeit *f*; **ad·oˈles·cent 1.** *adj* jugendlich, Jugend- | Jünglings-; **2.** *s* Jugendliche(r) *f(m)*

A·do·nis [əˈdəʊnɪs] *s übertr* Adonis *m*, schöner Jüngling | Stutzer *m* | *Bot* Adonisröschen *n*

a·dopt [əˈdɒpt] *vt* (Kind) adoptieren | *übertr* sich aneignen, annehmen, übernehmen ⟨to ~ a method⟩ | (Maßnahmen) ergreifen | (Gesetz) billigen, (Plan) zustimmen; **aˈdopt·a·ble** *adj* annehmbar; **aˈdopt·a·tive** *adj* Adoptiv-; **aˈdop·ted** *adj* adoptiert, Adoptiv- ⟨≈ country Wahlheimat *f*⟩; **ad·op·tee** [ˌædɒpˈti:] *s* Adoptivkind *n*; **a·dop·tion** [əˈdɒpʃn] *s* Adoption *f*, Annahme *f* (*auch übertr*); **a·dop·tion·al** [əˈdɒpʃnl] *adj* Adoptions-; **aˈdop·tive** *adj* Adoptiv- ⟨≈ daughter⟩

a·dor·a·bil·i·ty [əˌdɔ:rəˈbɪlətɪ] *s* Bewunderungs-, Anbetungswürdigkeit *f*; **aˈdor·a·ble** *adj* bewunderungs-, verehrungs-, anbetungswürdig | *umg* reizend, entzückend; **ad·o·ra·tion** [ˌædəˈreɪʃn] *s* Anbetung *f*, Verehrung *f* | Gegenstand *m* der Anbetung; **a·dore** [əˈdɔ:] *vt* anbeten, verehren | lieben | *umg* gern haben, (schrecklich) mögen; **aˈdor·er** *s* Anbeter *m*, Verehrer *m*

a·dorn [əˈdɔ:n] *vt* zieren, schmücken (**with** mit) | *übertr* (e-r Sache) Glanz verleihen, (etw.) verschönern; **aˈdorn·ment** *s* Verzierung *f* | Schmuck *m* | *übertr* Glanz *m*

ad·re·nal glands [əˈdri:nl ˈglændz] *s/pl* Nebennieren(drüsen) *f/pl*; **ad·ren·al·in[e]** [əˈdrenəlɪn] *s Chem* Adrenalin *n*

a·drift [əˈdrɪft] *adv, präd adj* (Boot, Schiff) treibend ⟨to cut a boat ~ ein Boot treiben lassen; to cut ~ sich losreißen; to turn ~ *übertr* abschweifen⟩ | in Umlauf ⟨to set a rumour ~ ein Gerücht in die Welt setzen⟩ | *übertr* dem Schicksal preisgegeben ⟨to be all ~ nicht aus noch ein wissen; to cut ~ allen Halt verlieren; to turn s.o. ~ jmdn. verstoßen od. sich selbst überlassen⟩

a·droit [əˈdrɔɪt] *adj* geschickt, schlagfertig (**in** in, bei) ⟨~ reply⟩

ad·sorb [ædˈsɔ:b] *vt Chem* adsorbieren; **adˈsorb·ent** *Chem* **1.** *adj* adsorbierend, kondensierend, bindend; **2.** *s* Adsorbent *m*; **ad·sorp·tion** [ædˈsɔ:pʃn] *s Chem* Adsorption *f*; **adˈsorp·tive** *adj Chem* anhaftend, bindend

ad·u·lar·i·a [ˌædjʊˈlɛərɪə] *s Min* Adular *m*, Mondstein *m*

ad·u|late [ˈædjʊleɪt] *vt* (jmdm.) schmeicheln | (etw. *od* jmdn.) in den Himmel heben, übertrieben loben; **ˌ~ˈla·tion** *s* Schmeichelei *f*, Lobhudelei *f*; **ˌ~ˈla·to·ry** *adj* schmeichlerisch ⟨≈ speech⟩

a·dult [ˈædʌlt|əˈdʌlt] **1.** *adj* erwachsen ⟨~ man⟩, Erwachsenen-, für Erwachsene ⟨~ play Stück *n* für Erwachsene; the ~ world die Welt der Erwachsenen⟩ | ausgewachsen, voll entwickelt ⟨~ plant⟩ | *übertr* vernünftig, verständig, überlegt ⟨~ approach⟩ | *euphem* nicht für Jugendliche geeignet, pornographisch ⟨~ movies⟩; **2.** *s* Erwachsene(r) *f(m)*, Volljährige(r) *f(m)*; ˌ~ ˌ**ed·u'ca·tion** *s* Erwachsenenbildung *f*

a·dul·ter|ant [ə'dʌltərənt] **1.** *adj* verfälschend; **2.** *s* Verfälschungsmittel *n*, unechter Zusatz; **~ate** [~eɪt] *vt* verfälschen ⟨to ≈ food⟩; panschen, verdünnen ⟨≈d milk⟩; verschneiden | *übertr* verderben; [~ɪt] *adj* verfälscht, falsch | ehebrecherisch; **aˌdul·ter'a·tion** *s* Verfälschung *f* | Fälschung *f*; **a'dul·ter·a·tor** *s* Fälscher *m* | Falschmünzer *m*; **a'dul·ter·er** *s* Ehebrecher *m*; **~ess** [~əs] *s* Ehebrecherin *f*; **~ine** [~aɪn] *adj* verfälscht, unrein ⟨≈ drugs⟩ | im Ehebruch gezeugt ⟨an ≈ child⟩ | ungesetzlich; **a'dul·ter·ous** *adj* ehebrecherisch ⟨an ≈ relation⟩; **a'dul·ter·y** *s* Ehebruch *m* | *bibl* Unzucht *f*

a·dult·hood ['ædʌlthʊd] *s* Erwachsenenalter *n*

ad·um|brate ['ædəmbreɪt] *vt* flüchtig entwerfen, umreißen ⟨to ≈ a theory⟩ | überschatten | hindeuten auf; ˌ**~'bra·tion** *s* flüchtiger Entwurf, Skizze *f* | Schatten *m* | Andeutung *f*, Vorahnung *f*

ad·vance [əd'vɑːns] **1.** *vt* vorrücken, vorschieben | *übertr* (jmdn.) befördern (**to** zu) | vorbringen, geltend machen ⟨to ~ one's opinion; to ~ a claim⟩ | unterstützen, fördern | vorschießen, vorstrecken ⟨to ~ money⟩ | (Termin) vorverlegen (**from** von, **to** auf) | erhöhen ⟨to ~ prices⟩; *vi* vor(wärts)gehen, vorrücken, vordringen | *Mil* vordringen | *Mil* vorrücken (**against, on** gegen) | *übertr* Fortschritte machen, vorankommen, voranschreiten ⟨to ~ in years⟩ | im Rang aufrücken | (Preis) steigen, höher werden; **2.** *s* Vorgehen *n*, Vorrücken *n* ⟨in ~ im voraus; on the ~ im Steigen begriffen⟩ | *Mil* Vormarsch *m*, Vorstoß *m* | *übertr* Vorsprung *m* ⟨to be in ~ of s.o. jmdm. voraus sein⟩ | *übertr* Vorankommen *n* | Vervollkommnung *f* ⟨~ in knowledge⟩ | Angebot *n* | Beförderung *f* | Vorschuß *m* (**to** an) ⟨~ on one's salary Gehaltsvorschuß *m*⟩ | Erhöhung *f*, Anstieg *m* ⟨~ in prices Preisanstieg *m*⟩ | *Tech* Vorschub *m* | *meist* **ad'vances** *pl* Annäherungsversuch *m*, Antrag *m* ⟨to make ~s to s.o. jmdm. entgegenkommen, jmdm. gegenüber den ersten Schritt tun⟩; **3.** *adj* Vor(aus)- ⟨~ copy Vorausexemplar *n*; ~ guard, ~ party *Mil* Vorausabteilung *f*, Vorhut *f*⟩; **ad'vanced** *adj* fortgeschritten ⟨≈ chemistry Chemie *f* für Fortgeschrittene; ≈ student Fortgeschrittene(r) *f(m)*; ≈ studies wissenschaftliche Studien; ≈ course Kurs *m* für Fortgeschrittene⟩ | fortschrittlich, modern ⟨≈ ideas⟩ | hochmodern, vollendet ⟨≈ aircraft⟩ | zukünftig, auf die Zukunft gerichtet ⟨≈ application⟩ | vorgeschoben, vorgesetzt ⟨an ≈ unit of infantry⟩ | *förml* (Alter) vorgerückt ⟨≈ in years in vorgerücktem Alter⟩; **ad'vance·ment** *s* Vor(wärts)gehen *n* | (Be-) Förderung *f* ⟨the ≈ of learning⟩ | Fortschritt *m* | Vorschuß *m*

ad·van|tage [əd'vɑːntɪdʒ] **1.** *s* Vorteil *m*, Übergewicht *n* ⟨to ≈ vorteilhaft; to be/prove to s.o.'s ≈, to the ≈ of s.o. jmdm. zum Vorteil *od* Nutzen gereichen; to have the ≈ of s.o. jmdm. gegenüber im Vorteil sein; to gain/ have/win an ≈ over s.o. gegenüber jmdm. im Vorteil sein; to give s.o. an ≈ over für jmdn. einen Vorteil bedeuten gegenüber; to take ≈ of s.o. jmdn. übervorteilen; to take ≈ of s.th. etw. ausnutzen; to turn s.th. to ≈ aus etw. Gewinn ziehen⟩; **2.** *vt* fördern, unterstützen; *vi* profitieren; **~ta·geous** [ˌædvən'teɪdʒəs] *adj* vorteilhaft, günstig, nützlich (**to** für)

ad·vent ['ædvent] *s* (*meist sg mit def art*) Ankunft *f* ⟨the ~ of spring⟩ | *übertr* Aufkommen *n*, Einführung *f* ⟨the ~ of the telegraph⟩; **∸** *Rel* Advent *m*; '**∸ism** *s Rel* Adventismus *m*; **ad·ven·ti·tious** [ˌædven'tɪʃəs] *adj* zufällig, nebensächlich, Neben- ⟨≈ notions⟩ | *Biol* erworben ⟨≈ deafness⟩ | *Biol* zufällig, an ungewohnter Stelle

ad·ven|ture [əd'ventʃə] **1.** *s* Abenteuer *n*, Wagnis *n* | Abenteuer *n*, Gefahr *f* ⟨to be fond of ≈⟩ | *Wirtsch* Spekulation *f*; **2.** *vt* wagen, riskieren; *vi* sich wagen (**[up]on** in, auf) | wagen (**to** *mit inf* zu *mit inf*); **ad'ven·tur·er** *s* Abenteurer *m*, Glücksritter *m* | *Wirtsch* Spekulant *m*; **ad'ven·ture·some** *adj selten* abenteuerlich; **~tur·ess** [~tʃərəs] *s* Abenteuerin *f*; **ad'ven·tur·ous** *adj* abenteuerlich, gefährlich ⟨an ≈ voyage⟩ | unternehmungslustig, kühn, verwegen

ad·verb ['ædvɜːb] *Ling* **1.** *s* Adverb *n*, Umstandswort *n*; **2.** *adj Ling* adverbial ⟨an ~ phrase⟩; **ad·ver·bi·al** [əd'vɜːbɪəl] *Ling* **1.** *adj* adverbial; **2.** *s* adverbiale Fügung, Adverbiale *n* ⟨~ of place⟩

ad·ver·sa·ry ['ædvəsərɪ] *s* Gegner *m*, Widersacher *m*, Feind *m* | **the ∸** *Rel* der Böse, der Teufel; **ad·verse** ['ædvɜːs] *adj* gegnerisch, feindlich | widerwärtig, widrig (**to s.th.** e-r Sache) ⟨≈ winds⟩ | ungünstig, nachteilig (**to** für); [əd'vɜːs] *vt* bekämpfen; **ad'ver·si·ty** *s* Widerwärtigkeit *f*, Unglück *n* | *meist pl* Mißgeschick *n*

ad·vert [əd'vɜːt] *vi* hinweisen, anspielen (**to** auf) | achtgeben; **ad'vert·ence, ad'vert·en·cy** *s* Aufmerksamkeit *f*; **ad'vert·ent** *adj* aufmerksam

ad·ver·tise ['ædvətaɪz] *vt* anzeigen, ankündigen | werben für, Reklame machen für | *arch* benachrichtigen (**of** über, von); *vi* inserieren, annoncieren ⟨to ~ for durch Inserat suchen⟩ | werben; **ad·ver·tis·ment** [əd'vɜːtɪsmənt|-ɪzm-] *s* Anzeige *f*, Ankündigung *f* | Annonce *f* | Reklame *f*; '**ad·ver·tis·er** *s* Anzeigenblatt *n* | Inserent *m*; '**ad·ver·tis·ing** *adj* Anzeigen-, Reklame-, Werbe- ⟨≈ agency Anzeigenbüro *n*; ≈ expert Werbefachmann *m*⟩

ad·vice [əd'vaɪs] *s* (*nur sg*) Rat(schlag) *m*, Ratschläge *m/pl* (**about** über, **to** an, für) ⟨a bit/ piece of ~ Ratschlag; a few words/ a word of ~ ein paar helfende Worte, ein Ratschlag; to act on s.o.'s ~ jmds. Ratschlag befolgen; to seek ~ from Rat holen von; to take ~ Rat holen; to take medical ~ einen Arzt zu Rate ziehen; to take s.o.'s ~ auf jmds. Rat hören⟩ | (*pl* **~s**) Nachricht *f*, Mitteilung *f* ⟨as per ~ of laut Bericht von; until further ~ bis auf weitere Nachricht⟩ | *Wirtsch* Avis *m* ⟨letter of ~ Avisbrief *m*⟩; **adˌvis·a'bil·i·ty** [-z-] *s* Ratsamkeit *f*; **ad'vis·a·ble** [-z-] *adj* ratsam; **ad'vise** *vt* [-z] (etw.) (an)raten | (jmdm.) raten, einen Rat erteilen (**on s.th.** in etw., **to** *mit inf* zu *mit inf*) | warnen (**against** vor) | *Wirtsch* avisieren | *arch* benachrichtigen (**of** von); *vi* Ratschläge erteilen | *arch* sich beraten (**with** mit); **ad'vised** *adj, bes auch* ˌ**well-adˌvised** wohlüberlegt, wohlbedacht | besonnen, bedachtsam ⟨*bes* ill-≈ unbesonnen⟩ | *arch* benachrichtigt; **ad'vise·ment** *s* Überlegung *f*, Beratung *f* ⟨to take under ≈ beraten⟩; **ad'vis·er** *s* Ratgeber *m*; **ad'vi·so·ry** *adj* ratgebend, beratend ⟨≈ board, ≈ body, ≈ council Beirat *m*, beratendes Gremium⟩

ad·vo|ca·cy ['ædvəkəsɪ] *s* Advokatur *f*, Anwaltschaft *f* | Verteidigung *f* (**of** von); **~cate** ['~kət] *s Jur* Advokat *m*, Anwalt *m* | *übertr* Verteidiger *m*, Fürsprecher *m*; ['~keɪt] *vt* (etw.) verteidigen, verfechten, befürworten, eintreten für; ˌ**~'ca·tion** [ˌædvə'keɪʃn] *s* Verteidigung *f*; **~ca·tor** ['~keɪtə] *s* Verteidiger *m*, Befürworter *m*

ad·vow·son [ˌəd'vaʊzn] *s Rel, Jur* Pfründenbesetzungsrecht *n*

ad·y·nam·ic [ædaɪ'næmɪk] *adj* adynamisch, kraftlos

adz[e] [ædz] **1.** *s* Breitbeil *n*, Krummaxt *f*; **2.** *vt* mit dem Breitbeil bearbeiten

ae·gis ['iːdʒɪs] *s* (*pl* **aegis·es** [~ɪz]) *übertr* Ägide *f*, Schutz(herrschaft) *m(f)*; Schild *m*

ae·on ['iːən] *s* Äon *m*, Zeitalter *n* | *übertr* Ewigkeit *f*; **ae·o·ni·al** [iː'əʊnɪəl], **ae·o·ni·an** [iː'əʊnɪən] *adj* äonisch, ewig

aer|ate ['ɛəreɪt] *vt* mit Kohlensäure sättigen; '**~at·ed** *adj*

kohlensauer, mit Kohlensäure versetzt ⟨≈ water⟩
ae·ri·al ['ɛərɪəl] **1.** *adj* luftig, Luft- ⟨~ perspective Luftperspektive *f*⟩ | *Flugw* Flieger-, Flugzeug-, fliegerisch ⟨~ attack Flieger-, Luftangriff *m*; ~ navigation Luftfahrt *f*; ~ view Luftaufnahme *f*⟩ | *Tech* freiliegend; Hänge-, Luft- ⟨~ railway Schwebebahn *f*; ~ ropeway Drahtseilbahn *f*⟩ | Antennen- ⟨~ mast Antennenmast *m*⟩ | *übertr* ätherisch, wesenlos; **2.** *s* Antenne *f* ⟨outdoor ~ Außenantenne *f*⟩; **'~ist** *s* Trapezkünstler *m*
aer|ie, *auch* **~y** ['ɛərɪ|'ɪərɪ] *s* (Vogel, *bes* Adler) Horst *m*
ae·on ['eɪən] *s* Äon *m*, Weltalter *n* | Ewigkeit *f* | *Geol Astr* eine Milliarde Jahre
[1]**ae·ro** ['ɛərəʊ] **1.** *s umg* Flugzeug *n*; **2.** *adj* Luft- | Flugzeug- ⟨~ engine, ~ motor⟩
[2]**ae·ro-** ['ɛərə|'ɛərəʊ] ⟨*griech*⟩ *in Zus* Luft-, Flug-, Aero-
aer·o·bat·ic [ˌɛərə'bætɪk] *adj* luftakrobatisch; **aer·o'bat·ics** *s/pl* (*sg konstr*) Kunstflug *m*
aer·o·bics [ˌɛə'rəʊbɪks] **1.** *s* Aerobik *f*, rhythmische Gymnastik, Gymnastik *f* mit Musik; **2.** *adj* Aerobik- ⟨~ fan⟩
aer·o·bi·ol·o·gy [ˌɛərəbaɪ'ɒlədʒɪ] *s* Aerobiologie *f*
aer·o|boat ['ɛərəˌbəʊt] *s* Wasserflugzeug *n*; **'~ˌbus** *s Sl* Großflugzeug *n*; **'~ˌcab** *s* Lufttaxi *n*; **'~drome** *s bes Brit* Flugplatz *m*, Flughafen *m*; **ˌ~dy'nam·ic** *adj* aerodynamisch; **ˌ~dy'nam·ics** *s/pl* (*sg konstr*) Aerodynamik *f*; **ˌ~'em·bo·lism** *s Med* Luftembolie *f*, Höhenkrankheit *f*; **ˌ~'en·gine** *s* Flugzeugmotor *m*; **'~foil** *s Brit* Tragfläche *f*; **'~gram** *s* Aerogramm *n*, Funkspruch *m*; **~lite** ['ɛərəlaɪt] *s Min* Aerolith *m*, Meteorstein *m*; **aer·ol·o·gy** [ɛə'rɒlədʒɪ] *s* Aerologie *f*; **aer·om·e·ter** [ɛə'rɒmɪtə] *s* Aerometer *m*; **~naut** *s* Luftschiffer *m*; **ˌ~'nau·tic**, **ˌ~'nau·ti·cal** *adj* aeronautisch, Luftschiffahrts-; **ˌ~'nau·tics** *s/pl* (*sg konstr*) Aeronautik *f*, Flugwesen *n*; **ˌ~neu'ro·sis** *s* Flugneurose *f*; **ˌ~'pho·bi·a** *s Med* Aerophobie *f*; **'~phyte** *s Bot* Aerophyt *m*, Luftpflanze *f*; **'~plane** *s*, *bes Brit* Flugzeug *n*; **'~ˌsol** *s Chem*, *Phys* Aerosol *n* ⟨≈ bomb Aerosolbombe *f*, Aerosolbehälter *m*⟩; **'~space** *s* Weltraum *m*; **~stat** ['~ˌstæt] *s* Aerostat *m*, Luftballon *m*; **ˌ~'stat·ic**, **ˌ~'stat·i·cal** *adj* aerostatisch; **ˌ~'stat·ics** *s/pl* (*sg konstr*) Aerostatik *f*; **ˌ~'train** *s* Luftkissenzug *m*
ae·ru|gi·nous [ɪə'ru:dʒɪnəs] *adj* grünspanartig; **~go** [~gəʊ] *s* Grünspan *m*, Patina *f*
aer·y ['ɛərɪ] **1.** *adj*, *bes poet* luftig | ätherisch, wesenlos; **2.** *s* = **aer·ie**
Aes·cu·la·pi·an [ˌi:skju'leɪpɪən] **1.** *adj* äskulapisch, ärztlich; **2.** *s* Arzt *m*
aes·thete ['i:sθi:t] *s* Ästhetiker *m* | Ästhet *m*; **aes·thet·ic** [i:s'θetɪk], *Am auch* **es·thet·ic** **1.** *s* Ästhetik *f*; **2.** *adj* = **aes'thet·i·cal**, *Am auch* **es·thet·i·cal** ästhetisch; **aes·the·ti·cian** [ˌi:sθɪ'tɪʃən] *s*, *Am auch* **es·thet'i·cian** Ästhetiker *m*; **aes·thet·i·cism** [i:s'θetɪsɪzm] *s*, *Am auch* **es'thet·i·cism** Ästhetizismus *m*; **aes·thet·ics** [i:s'θetɪks] *s/pl* (*sg konstr*), *Am auch* **es'thet·ics** Ästhetik *f*
aes·ti|val [i:s'taɪvəl] *adj* sommerlich; **~vate** ['i:stɪveɪt] *vi* übersommern | *Zool* Sommerschlaf halten; **ˌ~'va·tion** *s Zool* Sommerschlaf *m*
ae·ti·ol·o·gy [ˌi:tɪ'ɒlədʒɪ] *s Med* Ätiologie *f*, Lehre *f* von den Krankheitsursachen *f/pl*
a·far [ə'fɑ:] *adv*, *lit meist* **~ off** fern, weit (weg) ⟨from ~ von weit her⟩
af·fa|bil·i·ty [ˌæfə'bɪlətɪ] *s* Leutseligkeit *f* (**to[wards]** gegenüber); **~ble** ['æfəbl] *adj* leutselig (**to** zu, gegenüber)
af·fair [ə'fɛə] *s* Ereignis *n*, Fall *m*, Affaire *f* ⟨a big ~ ein wichtiges Ereignis; to make an ~ of s.th. etwas hochspielen⟩ | Geschäft *n*, Sache *f*, Angelegenheit *f* ⟨a man of ~s ein vielbeschäftigter Mann; that's not my ~ das ist nicht meine Sache⟩ | *umg* Ding *n*, Sache *f* ⟨her dress was a wonderful ~ ihr Kleid war wundervoll⟩ | *auch* **'love ˌ~** Liebschaft *f* ⟨to have an ~ with s.o. mit jmdm. ein Verhältnis haben⟩; **af'fairs** *s/pl* Angelegenheiten *f/pl*, Verhältnisse *n/pl*, Zustände *m/pl* ⟨≈ of state Staatsangelegenheiten *f/pl*; as ≈ stand wie die Dinge liegen⟩
[1]**af·fect** [ə'fekt] **1.** *vt* vorgeben, vortäuschen, heucheln ⟨to ~ ignorance sich unwissend stellen⟩ | (*bes* von Pflanzen u. Tieren) vorkommen in, gern aufsuchen | gern haben, lieben, Gefallen finden an ⟨to ~ loud speaking⟩ | *selten* sich affektiert benehmen; **2.** *s* Affekt *m*
[2]**af·fect** [ə'fekt] *vt* (ein)wirken auf, beeinflussen, (be)treffen ⟨to ~ s.o.'s mind⟩ | berühren, bewegen ⟨~ed by the news⟩ | *Chem*, *Med* angreifen ⟨an ~ed health⟩
af·fec·ta·tion [ˌæfek'teɪʃn] *s* Getue *n*, Gehabe *n*, Affektiertheit *f*, Unnatürlichkeit *f* | (*meist mit indef art*) Heuchelei *f*, Vortäuschung *f* (**of** von) ⟨an ~ of interest⟩ | übertriebene Vorliebe (**of** für)
[1]**af·fect·ed** [ə'fektɪd] *adj* affektiert, gekünstelt ⟨~ style; ~ manners⟩ | vorgetäuscht, erheuchelt, geheuchelt ⟨~ politeness⟩ | geneigt, gesinnt (**towards** zu, gegenüber) ⟨ill ~ wenig geneigt, abgeneigt; well ~ zugeneigt, wohlgesinnt⟩
[2]**af·fect·ed** [ə'fektɪd] *adj* ergriffen, beeindruckt | gerührt, bewegt | *Med* affiziert, befallen (**with** von)
af·fec·tion [ə'fekʃn] **1.** *s* Affekt *m*, Gemütsbewegung *f* | Neigung *f*, Vorliebe *f*, Liebe *f* (**for**, **towards** zu) ⟨the object of s.o.'s ~ der Gegenstand von jmds. Zuneigung, das geliebte Wesen; to gain/win s.o.'s ~[s] jmds. Zuneigung erwerben *od* gewinnen; to have an ~ for s.o. jmdn. gern haben; to set one's ~s on s.o. sich um jmds. Zuneigung bewerben *od* bemühen⟩ | *Med* Affektion *f*, Leiden *n* ⟨pulmonary ~ Lungenleiden *n*⟩ | *arch* Eigenschaft *f*, Merkmal *n* ⟨~s of bodies⟩; **2.** *vt* lieben; **af'fec·tion·al** *adj* Gefühls-; **~ate** [-n̩ət] *adj* liebevoll, zärtlich, herzlich (**to** zu); **af'fec·tion·ate·ly** *adv* zärtlich ⟨yours ≈ (Briefschluß) in Liebe Dein, mit lieben Grüßen Dein⟩; **af'fec·tive** *adj* rührend, ergreifend | affektiv, Affekt-, Gefühls-
af·fi·ance [ə'faɪəns] **1.** *s* Vertrauen *n* (**in** in) | Verlobung *f*; **2.** *vt* (*meist pass konstr*) verloben (**to** mit); **af'fi·anced** *adj* verlobt (**to** mit)
af·fi·da·vit [ˌæfɪ'deɪvɪt] *s Jur* schrifliche Eideserklärung ⟨to make/swear an ~ of s.th. etwas durch Eid bekräftigen⟩
af·fil·iate [ə'fɪlɪeɪt] **1.** *vt* (als Mitglied aufnehmen | angliedern, anschließen (**to** an) | verbinden (**with** mit), ⟨to ≈ o.s. with sich anfreunden mit⟩ | *Jur* die Vaterschaft feststellen von | *übertr* die Autorschaft zuschreiben von (**to s.o.** jmdm.) | *übertr* ab- *od* herleiten (**to** von); *vi* sich verbünden (**with** mit); **2.** *s* Verbündeter *m*; [ə'fɪlɪɪt] *adj* = **af'fil·i·at·ed** angeschlossen, Schwester-, Tochter- ⟨≈ society Zweiggesellschaft *f*⟩; **afˌfil·i'a·tion** *s* Aufnahme *f* als Mitglied | Verschmelzung *f*, Angliederung *f* | Adoption *f* | *Jur* Zuschreibung *f* der Vaterschaft | *übertr* Zurückführung *f* (**on** auf)
af·fined [ə'faɪnd] *adj* verwandt (**to** mit); **af·fin·i·ty** [ə'fɪnətɪ] *s* Verschwägerung *f*, Verwandtschaft *f* (**between** zwischen, **to**, **with** mit) | *übertr* geistige Verwandtschaft | *Chem* Affinität *f* (**for** gegenüber) ⟨≈ of composition *Chem* Mischungsverwandtschaft *f*⟩
af·firm [ə'fɜ:m] *vt* bejahen, behaupten (**s.th.** etw., **that** daß) (*Ant* deny) | bestätigen ⟨to ~ the truth⟩ | *Jur* an Eides Statt erklären; *vi* an Eides Statt erklären; **af'firm·ance** *s* Bestätigung *f*; **af'firm·ant** *adj* bestätigend; **af·fir·ma·tion** [ˌæfə'meɪʃn] *s* Bejahung *f*, Behauptung *f* | Bestätigung *f* | *Jur* eidesstattliche Erklärung; **af'firm·a·tive** **1.** *adj* behauptend, bejahend ⟨≈ answer positive Antwort; ≈ sentence *Ling* Affirmativsatz *m*⟩; **2.** *s* Bejahung *f* ⟨in the ≈ bejahend, positiv, mit Ja⟩
af·fix ['æfɪks] *s* Anhang *m* | *Ling* Affix *n*; [ə'fɪks] *vt* anheften,

ankleben, befestigen (**to** an) | hinzu-, beifügen, anhängen ⟨to ~ one's name to a letter⟩ | (einen Stempel) aufdrükken (*auch übertr*) ⟨to ~ blame to s.o. jmdn. tadeln⟩

af·fla·tus [ə'fleɪtəs] *s* Inspiration *f*, Eingebung *f*

af·flict [ə'flɪkt] *vt* betrüben | plagen, quälen ⟨to ~ o.s. at sich Sorgen machen über *od* wegen; to be ~ed with geplagt sein von; to feel ~ed at/by s.th. sich getroffen fühlen durch etw.⟩; **af·flic·tion** [ə'flɪkʃn] *s* Betrübnis *f*, Schmerz *m* ⟨in ≈ in Not⟩ | Sorgen *f/pl*, Leiden *n* ⟨the ≈s of old age⟩; **af'flic·tive** *adj* betrübend, quälend

af·flu|ence ['æfluəns] *s* Zufluß *m* | Überfluß *m*, Reichtum *m* ⟨to live in ≈ im Überfluß leben; to rise to ≈ reich werden, zu Geld kommen⟩; **'~ent 1.** *adj* reichlich | wohlhabend, reich (**in** an) ⟨≈ society Wohlstandsgesellschaft *f*; in ≈ circumstances wohlhabend⟩; **2.** *s* Nebenfluß *m*; **'af·flux** ['æflʌks] *s* Zufluß *m* | *bes Med* Zustrom *m*, (Blut-) Andrang *m*

af·ford [ə'fɔ:d] *vt* gewähren, geben ⟨to ~ pleasure to s.o., to ~ s.o. pleasure jmdm. Spaß machen⟩ | (*oft mit* can, could, to, be able to) aufbringen, erschwingen; sich leisten (**to** *mit inf* zu *mit inf*) ⟨I can't ~ it ich kann es mir nicht leisten; to ~ o.s. a motor-car⟩ | liefern, spenden ⟨the sea ~s fish⟩

af·for·est [ə'fɒrɪst] *vt* aufforsten; **af,for·est'a·tion** *s* Aufforstung *f* | aufgeforstete(s) Land *od* Fläche *f*

af·fran·chise [ə'fræntʃaɪz] *vt* befreien | das Wahlrecht erteilen an

af·fray [ə'freɪ] *s förml* Streit *m*, Schlägerei *f* | Aufruhr *m* | *Jur* öffentliche Ruhestörung

af·fri·cate ['æfrɪkət] *s Ling* Affrikata *f*; ['æfrɪkeɪt] *vi, vt Ling* affrizieren

af·fright [ə'fraɪt] *poet* **1.** *s* Schreck *m*; **2.** *vt* erschrecken

af·front [ə'frʌnt] **1.** *vt* beschimpfen, beleidigen ⟨to feel ~ed at sich beleidigt fühlen durch⟩ | trotzen ⟨to ~ death⟩ | treffen, unmittelbar erscheinen vor ⟨to ~ the eye⟩; **2.** *s* Affront *m*, Beschimpfung *f*, Beleidigung *f* (**to** für), Verletzung *f* (**to** *mit Gen*) ⟨to pocket/suffer/swallow an ~ eine Beleidigung einstecken *od* hinnehmen; to put an ~ upon s.o., to offer an ~ to s.o. jmdn. gröblich beleidigen⟩; **af'fron·ta·tive** *adj* beleidigend

Af·ghan ['æfgæn] **1.** *adj* afghanisch; **2.** *s* Afghane *m*, Afghanin *f* | *Ling* Afghanisch *n* | *Zool* Afghane *m*; **~i·stan** [æf'gænɪ,stæn] *s* Afghanistan

a·fi·cio·na|do [ə,fɪʃɪə'nɑ:dəʊ] *s* (*pl* **a,fi·cio'na·does**) ⟨*span*⟩ Fan *m*, Anhänger *m* ⟨tennis ~does; ≈ of light music⟩

a·field [ə'fi:ld] *adv* ins Feld | im Feld | draußen, (von Hause) weg ⟨far ~ weit weg⟩ | auf dem Schlachtfeld

a·fire [ə'faɪə] *adv, präd adj poet* brennend, in Brand (*auch übertr*)

a·flame [ə'fleɪm] *adv, präd adj* in Flammen, flammend | *übertr* entflammt, leuchtend ⟨~ with colour farbenprächtig; ~ with anger wutentbrannt⟩

a·float [ə'fləʊt] *adv, präd adj* schwimmend, auf dem Wasser | auf See, an Bord ⟨life ~ das Bordleben, das Leben auf See⟩ | in Umlauf ⟨to set ~ in Umlauf bringen⟩ | überschwemmt ⟨the decks of the ship were ~⟩ | *übertr* flott, in Gang ⟨to get s.th. ~ etw. in Gang bringen *od* starten⟩

a·foot [ə'fʊt] *adv, präd adj* zu Fuß | auf den Beinen | in Bewegung, im Gange, in Vorbereitung, unterwegs (*auch übertr*) ⟨there's trouble ~ es wird Kummer geben⟩

a·fore [ə'fɔ:] **1.** *präp dial* vor; **2.** *conj* ehe, bevor; **,~'men·tioned, '~named, '~said** *adj* obenerwähnt, besagt; **'~time** *adv* vormals, ehemals, früher; **'~thought** *adj* vorbedacht

a·foul [ə'faʊl] *adv, präd adj* im Zusammenstoß ⟨to run ~ of zusammenstoßen mit; *übertr* in Konflikt geraten mit⟩

a·fraid [ə'freɪd] *präd adj* ängstlich, furchtsam, bange (**of** vor, **of** *mit ger*, **to** *mit inf* zu *mit inf*) ⟨to be ~ that Angst haben, daß⟩ | (höflich) Bedauern empfindend ⟨I'm ~ that ich fürchte *od* bedaure, (daß), es tut mir leid, (daß); I'm ~ so leider; I'm ~ not leider nein⟩

Af·ri·ca ['æfrɪkə] *s* Afrika

Af·ri·can ['æfrɪkən] **1.** *s* Afrikaner(in) *m(f)*; **2.** *adj* afrikanisch; **'~ 'mar·i·gold** *s Bot* Studentenblume *f*; **'~' vi·o·let** *s Bot* Usambaraveilchen *n*; **Af·ri·kaans** [,æfrɪ'kɑ:ns] *s* Afrikaans *n*; **Af·ri·ka·n·der** [,æfrɪ'kɑ:ndə] *s* südafrikanischer Weißer

Af·ro- ['æfrəʊ-] *in Zus* Afro- (*z. B.* **~-American** Afroamerikaner(in) *m(f)*; **~-Asiatic** Afroasiatisch)

Af·ro ['æfrəʊ] *s* (*pl* **'~s**) **1.** *s* (Frisur) Afrolook *m*, Krauskopf *m*; **2.** *adj (bes präd)* mit Afrolook ⟨to wear one's hair ~ eine Afrofrisur tragen⟩

aft [ɑ:ft] *adv Mar* hinten, (nach) achtern ⟨to go ~; fore and ~⟩

aft·er ['ɑ:ftə] **1.** *adv* hinterher, nachher, darauf, später ⟨shortly/soon ~ kurz *od* bald darauf; two days ~ zwei Tage später; what comes ~? was kommt dann?⟩; **2.** *präp zeitlich* nach ⟨~ hours nach Ladenschluß; ~ that danach; the day ~ tomorrow übermorgen; one ~ another einer nach dem anderen⟩ | (räumlich) nach, hinter ⟨to be ~ s.o. (s.th.) hinter jmdm. (etw.) her sein, to look ~ s.o. jmdn. beaufsichtigen⟩ | nach, gemäß, entsprechend ⟨~ a fashion einigermaßen; ~ this fashion auf diese Weise; to take ~ s.o. jmdm. nachkommen *od* ähnlich sein⟩; **3.** *adj* spätere(r, -s), folgende(r, -s) ⟨in ~ years in den folgenden Jahren; during his ~ life während seines späteren Lebens⟩ | Nach-; **4.** *conj* nachdem ◇ **~ all** nach allem, schließlich doch, am Ende, dennoch; **'~birth** *s Med* Nachgeburt *f*; **'~care** *s, bes Med* Fürsorge *f*; **'~damp** *s Bergb* Nachschwaden *m*; **'~deck** *s Mar* Achterdeck *n*; **'~ef·fect** *s* Nachwirkung *f*; **'~glow** *s* Nachglühen *n*, Abendrot *n*; **'~grass** *s* Grummet *n*; **'~math** *s* Grummet *n* | *übertr* Nachwirkungen *f/pl* ⟨an ≈ of war⟩

aft·er·noon [,ɑ:ftə'nu:n] **1.** *s* Nachmittag *m* ⟨good ~! guten Tag!; during/in the ~ am Nachmittag, nachmittags; on Monday ~ am Montag nachmittag; on the ~ of March 3 am Nachmittag des 3. März; ~ of life *übertr* früher Lebensabend, Herbst *m* des Lebens⟩; **2.** *adj* Nachmittags-, nachmittags ⟨an ~ sleep⟩

aft·er|pains ['ɑ:ftə,peɪnz] *s/pl Med* Nachwehen *f/pl*; **'~piece** *s Theat* Nachspiel *n*; **'~shave**, *förml auch* **'~shave ,lo·tion** *s* Rasierwasser *n*; **'~taste** *s* Nachgeschmack *m (auch übertr)*; **'~thought** *s* nachträglicher Einfall | *übertr* etw. nachträglich Hinzugefügtes; **'~treat·ment** *s Med* Nachbehandlung *f*

aft·er·ward[s] ['ɑ:ftəwəd(z)] *adv* nachher, hinterher, später, danach | nachträglich

a·gain [ə'gen|ə'geɪn] *adv* von neuem, wieder, abermals ⟨~ and ~, time and ~ immer wieder; now and ~ manchmal, ab und zu; over ~ noch einmal; as much ~ noch einmal so viel⟩ | (mit **not, never**) noch einmal ⟨never ~ niemals mehr⟩ | wieder, wie erst, wie früher ⟨to be well ~ sich wieder wohl fühlen; to be o.s. ~ wieder der alte sein⟩ | ferner, außerdem | (*meist nach* **and, and then, then**) dagegen, andererseits

a·gainst [ə'genst|ə'geɪnst] *präp* (ent)gegen, wider ⟨~ the grain gegen den Strich; ~ time gegen die Uhr, unter Zeitnot; over ~ gegenüber; to run [up] ~ s.o. jmdn. zufällig treffen⟩ | abstechend gegen, im Kontrast zu ⟨~ the background⟩ | vor, an, gegen ⟨~ the wall⟩ | gegen, für ⟨~ dollars⟩ | in Erwartung von ⟨to save money ~ a rainy day für schlechte Zeiten Geld sparen; to take precautions ~ fire Brandschutzmaßnahmen ergreifen⟩; **,~-the-'light-pic·ture** *s* Gegenlichtaufnahme *f*

a·gam·ic [ə'gæmɪk], **a'gam·ous** *adj Biol* geschlechtslos, ungeschlechtlich

a·gape [ə'geɪp] *adv, präd adj* gaffend, mit offenem Mund

(vor Staunen)

a·gar ['eɪgɑ:] *s Biol* Nährboden *m*; **agar-agar** [ˌeɪgɑ:r'eɪgɑ:] *s Biol, Med* Agar-Agar *m*

a·gar·ic [ə'gærɪk|'ægərɪk] *s Bot* Blätterpilz *m*, -schwamm *m*

ag·ate ['ægət] **1.** *s Min* Achat *m* | Glasmurmel *f* | Talisman *m*; **2.** *adj* achatfarben

a·ga·ve [ə'geɪvɪ] *s Bot* Agave *f*

a·gaze [ə'geɪz] *adv, präd adj* staunend

-age [ɪdʒ] *suff zur Bildung von s aus s mit der Bedeutung* Rang, (Zu-) Stand (*z. B.* **peerage** Adelsstand) | Kosten, Gebühr (*z. B.* **postage**) | Ort, Platz (*z. B.* **orphanage** Waisenhaus) | Ansammlung (*z. B.* **leafage** Blattwerk); *aus v mit der Bedeutung* Handlung, Prozeß (*z. B.* **shrinkage** Zusammenschrumpfen) | Gebühr (*z. B.* **storage** Lagergeld) | Resultat (*z. B.* **breakage** Bruch) | Ort (*z. B.* **anchorage** Ankerplatz)

age [eɪdʒ] **1.** *s* (Lebens-) Alter *n* ⟨at the ~ of im Alter von; to a great ~ bis ins hohe Alter; old ~ (Greisen-) Alter *n*; with ~ mit den Jahren; what's your ~? wie alt sind Sie?⟩ | Reife *f*, Mündigkeit *f* ⟨to be of ~ mündig sein; to be (come) of ~ mündig sein (werden); under ~ unmündig, minderjährig⟩ | vorgeschriebenes Alter, Altersgrenze *f* ⟨to be over ~ die Altersgrenze überschritten haben⟩ | Zeitalter *n* ⟨in the ~ of zur Zeit von; down the ~s durch die Jahrhunderte hindurch; the Bronze ~ die Bronzezeit⟩ | *umg* sehr lange Zeit ⟨I haven't seen him for ~s! ich habe ihn ewig lange nicht gesehen!⟩; **2.** (**~d, ~d**) *vt* alt machen; *vi* altern, alt werden; **aged** [eɪdʒd] *präd adj* alt, im Alter von ⟨a man ≈ 50⟩; ['eɪdʒɪd] *attr adj* alt, bejahrt, betagt ⟨an ≈ man⟩; **the ~d** *s* die alten Leute *pl*; **'~date 1.** *vi, vt Geol, Phys* wissenschaftlich das Alter bestimmen ⟨~dating methods⟩; **2.** *s* wissenschaftlich ermitteltes Alter; **'~less** *adj* zeitlos; **'~ lim·it** *s* Altersgrenze *f*; **'~long** *adj* lange (Zeit) während, lebenslang ⟨an ≈ struggle⟩

a·gen·cy ['eɪdʒənsɪ] *s* Wirkung *f*, Tätigkeit *f* | Vermittlung *f*, Unterstützung *f* ⟨through/by the ~ of friends⟩ | *Wirtsch* Vertretung *f*, Agentur *f* | Büro *n*, Dienststelle *f* ⟨employment ~ Arbeitsvermittlung(sbüro) *f(n)*⟩; **'~ ˌbusi·ness** *s* Kommissionsgeschäft *n*

a·gen·da [ə'dʒendə] *s/pl (meist sg konstr)* Tagesordnung *f* ⟨to be on the ~ auf der Tagesordnung stehen⟩

a·gent ['eɪdʒənt] *s* Handelnder *m* | *bes Wirtsch* Agent *m*, Vertreter *m* ⟨house ~ Hausverwalter *m*, Häusermakler *m*; secret[-service] ~ Geheim[dienst]agent *m*⟩ | *umg* Handlungsreisender *m* | bewirkende Kraft, Ursache *f* ⟨natural ~s Naturkräfte *f/pl*⟩ | *Tech* Zusatz *m*, Mittel *n* | Agens *n* ⟨chemical ~⟩

ag·glom·er|ate [ə'glɒməreɪt] *vt* anhäufen, zusammenballen; *vi* sich anhäufen, sich zusammenballen; [~ɪt] **1.** *s* Anhäufung *f* | *Geol, Phys, Tech* Agglomerat *n*; **2.** *adj* aufgehäuft, zusammengeballt; **agˌglom·er'a·tion** *s* Anhäufung *f*, Zusammenballung *f* | wirrer Haufen

ag·glu·ti|nant [ə'glu:tɪnənt] **1.** *adj* klebend; **2.** *s* Klebemittel *n*, Bindemittel *n*; **~nate** [~neɪt] *vt* an-, zusammen-, verkleben, verbinden | *Biol, Ling* agglutinieren; *vi* sich zu Leim verbinden; [~nɪt] *adj* zusammengeklebt | *Ling* agglutiniert; **agˌglu·ti'na·tion** *s* Zusammenkleben *n* | *Biol, Ling* Agglutination *f*; **ag'glu·ti·na·tive** *adj Ling* agglutinierend

ag·gran·dize [ə'grændaɪz] *vt* vergrößern | (Macht u. ä.) erhöhen | verherrlichen | übertreiben; **~ment** [ə'grændɪzmənt] *s* Vergrößerung *f* | Erhöhung *f* | Übertreibung *f*

ag·gra|vate ['ægrəveɪt] *vt* erschweren, verschlimmern ⟨to ≈ a disease⟩ | *umg* ärgern, aufbringen, böse machen; **'~va·ting** *adj* erschwerend, verschlimmernd | *umg* ärgerlich; **ˌ~'va·tion** *s* Erschwerung *f*, Verschlimmerung *f* | *umg* Ärger *m*

ag·gre|gate ['ægrɪgeɪt] *vt* anhäufen, ansammeln | verbinden (**to** mit) | aufnehmen (**to** in) | vereinigen (**with** mit) | *umg* sich belaufen auf ⟨audiences ~gating a thousand people⟩; *vi* sich anhäufen | sich versammeln; ['ægrɪgɪt] **1.** *adj* (an)gehäuft, Gesamt-, zusammengesetzt ⟨≈ strength gesammelte Kraft; ≈ wages for one year gesamter Jahreslohn⟩; **2.** *s* Anhäufung *f*, Masse *f* ⟨in the ≈ im ganzen, insgesamt; the ≈ of knowledge die Gesamtheit des Wissens, das ganze Wissen⟩ | *Brit* Gesamtnote *f* (e-s Studenten) | *Tech El* Aggregat *n*, Gerät *n*; **on ~gate** *adv* (Sport) insgesamt, Hin- und Rückspiel zusammengerechnet ⟨5–4 on ≈⟩; **~ga·tion** [ˌægrə'geɪʃn] *s* Anhäufung *f*, Ansammlung *f* | *Phys* Aggregat *n* ⟨state of ≈ Aggregatzustand *m*⟩

ag·gress [ə'gres] *vi* herfallen (**on** über); **ag·gres·sion** [ə'greʃn] *s* Angriff *m*, Überfall *m*, Aggression *f* (**upon** gegen); **ag'gres·sive** *adj* aggressiv ⟨≈ weapons Angriffswaffen *f/pl*⟩ | angriffslustig ⟨an ≈ fighter⟩ | aktiv, emsig, unternehmungslustig ⟨an ≈ salesman⟩; **ag'gres·sor** *s* Aggressor *m*, Angreifer *m*

ag·grieve [ə'gri:v] *vt* (*meist pass*) kränken, verletzen ⟨to be ~d gekränkt *od* betrübt sein; to feel (o.s.) much ~d at/by s.th. sich verletzt fühlen durch etw.⟩; **ag'grieved** *adj* gekränkt | *Jur* geschädigt, (e-s Rechtes) beraubt ⟨the ≈ party⟩

a·ghast [ə'gɑ:st] *präd adj* entsetzt (**at** über) ⟨to stand ~ at voller Entsetzen stehen vor⟩

ag·ile ['ædʒaɪl] *adj* lebhaft, flink, beweglich | *übertr* (geistig) rege, wach, hell ⟨~ mind⟩; **a·gil·i·ty** [ə'dʒɪlətɪ] *s* Lebhaftigkeit *f*, Beweglichkeit *f* | *übertr* Aufgewecktheit *f*

ag·ing ['eɪdʒɪŋ] **1.** *adj* alternd; **2.** *s* Altern *n* | *Tech* Aushärtung *f*, Veredlung *f*

ag·i·o ['ædʒəʊ] *s Wirtsch* Agio *n*, Aufgeld *n*

ag·i|tate ['ædʒɪteɪt] *vt* bewegen, erschüttern, schütteln | *übertr* erregen, beunruhigen ⟨to be ≈d about besorgt sein um⟩ | heftig erörtern, erregt debattieren ⟨to ≈ an issue sich über etw. streiten⟩; *vi* agitieren, Propaganda machen, öffentlich eintreten ⟨to ≈ for a reform⟩; **ˌ~'ta·tion** *s* Schütteln *n* | Bewegung *f*, Erschütterung *f* | *übertr* Auf-, Erregung *f*, Unruhe *f* | *Pol* Agitation *f*, Propaganda *f* | *Pol* Protestbewegung *f* (**against** gegen); **ˌ~'ta·tor** *s Pol* Agitator *m*, Kämpfer *m* (**for** für) | *Tech* Rührwerk *n*; **ag·it·prop** ['ædʒɪtˌprɒp] **1.** *s Pol* Agitation *f* und Propaganda *f*; **2.** *adj* Agitprop- ⟨an ≈ drama⟩

a·gley [ə'gli:] *adv Schott, dial* schief, krumm

a·glow [ə'gləʊ] *adv, präd adj* glühend, errötend (**with** von, vor) | *übertr* erregt, strahlend (**with** vor)

ag·nail ['ægneɪl] *s* Niednagel *m*

ag·nate ['ægneɪt] **1.** *adj* stammverwandt | väterlicherseits verwandt; **2.** *s* Verwandter *m* väterlicherseits; **ag'na·tion** *s* Stammverwandtschaft *f* | Verwandtschaft *f* väterlicherseits

ag·nos·tic [æg'nɒstɪk] **1.** *s* Agnostiker *m*; **2.** *adj* = **ag'nos·ti·cal** agnostisch; **ag'nos·ti·cism** *s* Agnostizismus *m*

a·go [ə'gəʊ] *adv, adj* (*nachgestellt*) vor ⟨long ~ vor langer Zeit; a week ~ vor einer Woche⟩

a·gog [ə'gɒg] *adv, präd adj* eifrig, gespannt, erpicht (**to** *mit inf* zu *mit inf*, **about, for** auf) ⟨to be all ~ to do s.th. darauf brennen, etw. zu tun; to be all ~ with excitement in fieberhafter Aufregung sein⟩

a·go·ing [ə'gəʊɪŋ] *adj umg* in Gang

ag·o|nize ['ægənaɪz] *vt* quälen, martern; *vi* sich (ab)quälen, kämpfen | mit dem Tode ringen; **'~nized** *adj* gequält, qualvoll; **'~ny** *s* Qual *f*, Pein *f*, Marter *f* ⟨in ≈ schmerzerfüllt; to be in ~nies große Schmerzen haben⟩ | Kampf *m* | Agonie *f*, Todeskampf *m*

a·grar·i·an [ə'grɛərɪən] *adj* landwirtschaftlich, Agrar-, Land- ⟨~ question Agrarfrage *f*; ~ cities Agrarstädte *f/pl*⟩

a·gree [ə'gri:] *vt* zustimmen, billigen ⟨to ~ a proposal⟩ |

(Konten) abstimmen; *vi* einverstanden sein; zustimmen (**to s.th.** e-r Sache) | sich einigen, einig werden (**[up]on** über) | übereinkommen (**that** daß) | sich versöhnen | sich vertragen | (Nahrung u. ä.) zuträglich sein, zusagen | übereinstimmen (**with** mit) (*auch Ling*) | **a,gree·a'bil·i·ty** *s* Annehmlichkeit *f*; **a'gree·a·ble** *adj* angenehm (**to** für) | übereinstimmend (**with** mit) | einverstanden (**to** mit) ⟨I'm quite ≈ ich bin völlig einverstanden⟩; **a'greed** *adj* einig ⟨to be ≈ sich einig sein; ≈! abgemacht!⟩; **a'gree·ment** *s* Übereinkunft *f*, Einverständnis *n* ⟨to be in ≈ on sich einig sein in bezug auf; to be in ≈ with übereinstimmen mit; there's ≈ about/on es besteht Übereinkunft hinsichtlich⟩ | Vereinbarung *f*, Überein-, Abkommen *n*, Vertrag *m* ⟨to arrive at/come to/make an ≈ zu einer Verständigung kommen⟩ | *Ling* Übereinstimmung *f* (**with** mit)

a·gres·tian [ə'grestɪən] **1.** *s* Landbewohner *m*; **2.** *adj* = **a'gres·tic** ländlich, bäuerisch

ag·ri·cul|tur·al [ˌægrɪ'kʌltʃərl] *adj* landwirtschaftlich, Land-, Landwirtschafts- ⟨≈ area landwirtschaftliche Betriebsfläche; ≈ cooperative landwirtschaftliche Produktionsgenossenschaft; ≈ family enterprise Einzelbauernwirtschaft *f*, bäuerlicher Familienbetrieb; ≈ labour Landarbeit *f*; ≈ worker Landarbeiter *m*⟩; **ˌag·ri'cul·tur·al·ist** *s* Landwirt *m*; **'~ture** *s* Landwirtschaft *f*, Ackerbau *m*; **ˌag·ri'cul·tur·ist** *s* Landwirt *m*

ag·ri·mo·ny ['ægrɪmənɪ] *s Bot* Odermennig *m*

agro- [ægrɒ] ⟨*griech*⟩ *in Zus* Land-, Acker-, Feld-

ag·ro|bi·ol·o·gy [ˌægrəbaɪ'ɒlədʒɪ] *s* Agrobiologie *f*; **~nom·ic** [~'nɒmɪk], **ˌ~'nom·i·cal** *adj* agronomisch; **ˌ~'nom·ics** *s/pl* (*meist sg konstr*) Agronomie *f*; **a·gron·o·mist** [æ'grɒnəmɪst] *s* Agronom *m*; **a'gron·o·my** *s* Agronomie *f*

a·ground [ə'graʊnd] *adv*, *präd adj Mar* gestrandet ⟨to be ~ aufgelaufen sein; to go/run ~ auf Grund laufen⟩ | *übertr* in Verlegenheit ⟨to be ~ auf dem trockenen sitzen⟩

a·gua ['ɑːgwɑː] *s Zool* Aga *f*, Riesenkröte *f*

a·gue ['eɪgjuː] *s* Schüttelfrost *m*, Fieber *n* (*auch übertr*); **'~y**, **'a·gu·ish** *adj* fiebrig | fieberhaft | zitternd | fröstelnd

ah [ɑː] *interj* ah! | ach!

a·ha [ˌɑː'hɑː] *interj* aha!

a·head [ə'hed] *adv*, *präd adj* voraus, vorwärts, voran ⟨right ~ geradeaus; to be ~ of s.o. jmdm. voraus sein, jmdm. überlegen sein; to get ~ of s.o. jmdn. überholen; to go ~ vor(an)gehen; *übertr* Fortschritte machen, vorankommen; go ~! *umg* los!; vorwärts!; fahr fort!; schieß los (zu sprechen)!; to look ~ vorausschauen (*auch übertr*)⟩

a·hem [ə'hem] *interj* hm!

a·hoy [ə'hɔɪ] *interj Mar* ho!; ahoi!

a·hull [ə'hʌl] *adv*, *adj Mar* beigedreht

ai ['ɑːɪ] *s Zool* Ai *n*, Faultier *n*

aid [eɪd] **1.** *vt* helfen, unterstützen; *vi* helfen; **2.** *s* Hilfe *f*, Unterstützung *f*, Beistand *m* ⟨to come to the ~ of s.o. jmdm. zu Hilfe kommen; by/with [the] ~ of mit Hilfe von, mittels; in ~ of zur Unterstützung von⟩ | Hilfsmittel *n* ⟨~s and appliances Hilfsmittel *n/pl*; visual ~s visuelle Hilfsmittel *n/pl*⟩ | Gehilfe *m* (**in** bei) | *Am Mil* Adjutant *m*; **'~ance** *s* Hilfe *f*; **'~ant 1.** *adj* hilfreich; **2.** *s* Gehilfe *m*, Helfer *m*; **aide-de-camp** [ˌeɪd də 'kɒ̃] *s* (*pl* **ˌaides-de-'camps**) Adjutant *m* (e-s Generals); **aide-mé·moire** [ˌeɪd mem'wɑː] *s* (schriftliche) Gedächtnisstütze | *Pol* Denkschrift *f* | Aide-mémoire *n*

ai·grette ['eɪgret] *s Zool* weißer Reiher | Federbusch *m* | Reiherfeder *f* | Kopfschmuck *m*

ail [eɪl] **1.** *vt* schmerzen, weh tun ⟨what ~s him? was fehlt ihm?⟩; *vi* Schmerzen haben ⟨to be ~ing kränkeln⟩; **2.** *s* Schmerz *m*

ai·ler·on ['eɪlərɒn] *s Flugw* Querruder *n*

ail|ing ['eɪlɪŋ] *adj* kränklich, leidend | unwohl; **'~ment** *s* Schmerz *m* | Unwohlsein *n*

aim [eɪm] **1.** *vi* zielen (**at** auf, nach) | *übertr* streben, trachten (**at** nach, **at** *mit ger*, *Am auch* **to** *mit inf* zu *mit inf*) | *übertr* hinzielen, andeuten, anspielen, hinauswollen (**at** auf) | bezwecken (**at/for** etw.); *vt* (Schlag, Gewehr) richten, zielen (**at** auf) | *übertr* (Bemerkung) richten, beziehen (**at** gegen, auf) | *übertr* (Spott) richten (**at** gegen); **2.** *s* Ziel *n*, Richtung *f* ⟨to take ~ at zielen auf⟩ | Zweck *m*, Absicht *f* ⟨to gain (miss) one's ~ seinen Zweck erreichen (verfehlen)⟩; **'~ful** *adj* zielbewußt; **'~less** *adj* ziellos

ain't [eɪnt] *kontr Brit vulg*, *Am Sl für* **am not, is not, are not** | *vulg für* **has not, have not**

air [ɛə] **1.** *s* Luft *f* ⟨by ~ auf dem Luftweg; castles in the ~ Luftschlösser *n/pl*; in the ~ im Ungewissen, unsicher; im Schwange, im Umlauf; *Mil* ungeschützt; in the open ~ unter freiem Himmel; to be in the ~ *übertr* in der Luft liegen; to beat the ~ in die Luft schlagen; *übertr* sich vergeblich abmühen; to clear the ~ die Luft reinigen; give s.o. the ~ *Am Sl* jmdn. hinauswerfen; to take the ~ frische Luft schöpfen⟩ | *Rundf*, *TV* Äther *m* ⟨on the ~ im Rundfunk; to be on the ~ gerade gesendet werden; to put on the ~ im Rundfunk übertragen; to go off the ~ nicht mehr senden⟩ | Luftzug *m*, Lüftchen *n* | Miene *f*, Aussehen *n* ⟨~s and graces vornehmes Getue; to have an ~ of importance wichtig tun; to have an ~ of comfort Komfort ausstrahlen⟩ | Geste *f* ⟨with an ~ of triumph mit triumphierender Geste⟩ | *pl* Getue *n*, Gehabe *n* ⟨to give o.s. ~s, to put on ~s vornehm tun, sich in die Brust werfen⟩ | Lied *n*, Weise *f* | Arie *f*; **2.** *vt* (aus)lüften, belüften ⟨to ~ o.s. frische Luft schöpfen⟩ | (Wäsche) trocknen | Luft hereinlassen in ⟨to ~ a room⟩ | *übertr* an die Öffentlichkeit bringen, bekanntmachen ⟨to ~ one's politics seine politische Meinung kundtun⟩ | sich großtun mit, sich aufspielen mit ⟨to ~ one's knowledge mit seinem Wissen prahlen⟩ | *Rundf*, *TV* senden ⟨to ~ a programme⟩; *vi* gelüftet werden, der frischen Luft ausgesetzt werden | frische Luft schöpfen | *Rundf*, *TV* gesendet werden ⟨the programme ~s daily⟩; **3.** *adj* Luft-; **'~ atˌtack** *s* Fliegerangriff *m*; **'~base** *s* Luftstützpunkt *m* | Fliegerhorst *m*; **'~ bath** *s* Luftbad *n*; **'~bed** *s Brit* Luftmatratze *f*; **'~ ˌblad·der** *s* Luftblase *f* | *Zool* Schwimmblase *f*; **'~ blast** *s* Luft- *od* Windstoß *m*; **'~-borne** *adj* luftbefördert, mit dem Flugzeug befördert | Bord- ⟨≈ transmitter Bordsender *m*⟩ | Luftlande- ⟨≈ troops⟩ | in der Luft, gestartet ⟨we were soon ≈⟩; **'~ brake** *s* Vakuumbremse *f*, Druckluftbremse *f*; **'~ brick** *s* Luftziegel *m*; **'~ bridge** *s* Luftbrücke *f*; **'~ ˌbub·ble** *s* Luftblase *f*; **'~bus** *s* Airbus *m*, Kurz- *od* Mittelstreckenverkehrsmaschine *f*; **'~ ˌcar·go** *s* Luftfracht *f*; **'~ ˌcham·ber** *s Biol* Luftkammer *f* | *Tech* Windkessel *m*, Luftkasten *m*; **ˌ≁ ˌChief 'Mar·shal** *s Brit Mil* General *m* der Luftwaffe; **ˌ≁ 'Com·mo·dore** *s Brit Mil* Geschwaderkommandant *m*; **'~ com'pres·sor** *s Tech* Preßlufterzeuger *m*; **ˌ~-con'di·tion** *vt Tech* mit einer Klimaanlage ausstatten ⟨≈ed klimatisiert⟩; **ˌ~ con'di·tion·ing** *s Tech* Luftreinigung *f* ⟨≈ plant Klimaanlage *f*⟩; **ˌ~-'cool** *vt Tech* durch Luft kühlen ⟨≈ed luftgekühlt⟩; **ˌ~-'cool·ing** *s* Luftkühlung *f*; **'~ ˌcor·ri·dor** *s* Luftkorridor *m*; **'~craft** *s* Flugzeug *n* | *collect* Luftfahrzeuge *n/pl*; **ˌair·craft 'car·ri·er** *s* Flugzeugträger *m*; **'~craft·man**, *auch* **'~crafts·man** *s Brit Mil* (Rang) Flieger *m*; **'~crew** *s* Flugzeugbesatzung *f*; **'~ cush·ion** *s* Luftkissen *n*; **'~ cush·ion ˌve·hicle** *s* Luftkissenfahrzeug *n*; **'~drop** *s* Abwurf *m* durch Flugzeuge

Aire·dale ['ɛədeɪl] *s Zool* Airedaleterrier *m*

air|field ['ɛəfiːld] *s* Flugplatz *m*, Flughafen *m*; **'~flow** *s* Luftstrom *m*; **'~foil** *s* Tragflügel *m*; **'~force** *s* Luftwaffe *f*, Luftstreitkräfte *f/pl*; **'~frame** *s* Flugwerk *n*; **'~freight** *s* Luftfracht *f*; '~**gun** *s* Luftgewehr *n*; '~**hole** *s* Luftloch *n*, Windfang *m* | *Tech* Gußblase *f*; '~ ˌ**host·ess** *s Flugw* Stewardeß *f*; '~**ing** *s* Lüften *n*, Lüftung *f* ⟨to give s.th. an ≈⟩ | Spaziergang *m*, -fahrt *f* ⟨to go for an ≈, to take an ≈ frische Luft schöpfen; to take s.o. for an ≈ mit jmdm. an die frische Luft gehen⟩; '~ ˌ**jack·et** *s* Schwimmweste *f*; '~ **lane** *s* Luftkorridor *m*; '~**less** *adj* ohne Luft | stickig | (Wetter) windstill, ruhig; '~ ˌ**let·ter** *s* Luftpostbrief *m*; '~ ˌ**lev·el** *s Tech* Libelle *f*, Wasserwaage *f*; '~**lift** *s* Luftbrücke *f*; '~**line** *s* Luftlinie *f* | Luftverkehrsgesellschaft *f* | Luftverkehrslinie *f*; '~**lin·er** *s* Verkehrsflugzeug *n*; '~ **lock** *s Tech* Gasschleuse *f*, Luftventil *n*, Luftschleuse *f*; '~**mail** *s* Luftpost *f* ⟨by ≈ mit Luftpost⟩; '~**man** *s* (*pl* '~**men**) Flieger *m*, Pilot *m*; '~ **meˌchan·ic** *s* Bordmechaniker *m*; ˌ~-'**mind·ed** *adj* vom Fliegen eingenommen; für die Luftfahrt begeistert; '~ ˌ**Min·is·try** *s Brit* Luftfahrtministerium *n*; '~ ˌ**pas·sage** *s Tech* Luftkanal *m* | *Med* Luft-, Atemweg *m*; '~ ˌ**pas·sen·ger** *s* Fluggast *m*; '~ ˌ**pho·to[·graph]** *s* Luftbild *n*; '~**plane** *s bes Am* Flugzeug *n*; '~ ˌ**pock·et** *s Flugw* Luftloch *n* | *Tech* Luftblase *f*; '~**port** *s* Flugplatz *m*, -hafen *m*; '~ ˌ**pres·sure** *s Tech* Luftdruck *m*; '~ **pump** *s Tech* Luftpumpe *f*; '~ **raid** *s* Luftangriff *m* ⟨≈ protection Luftschutz *m*⟩; '~ ˌ**rif·le** *s* Luft(druck)gewehr *n*; '~ **route** *s* Luftstrecke *f*; '~**screw** *s Flugw* Luftschraube *f*, Propeller *m*; ˌ~-**sea** '**res·cue** *s* Seenotrettungsdienst *m*; '~**ship** *s* Luftschiff *n*; '~**sick** *adj* luftkrank; '~**space** *s* Luftraum *m*; '~ **speed** *s Flugw* Fluggeschwindigkeit *f*, Eigengeschwindigkeit *f*; '~**stop** *s* Hubschrauberlandeplatz *m*; '~**strip** *s Flugw* Start-, Landestreifen *m*, Behelfslandeplatz *m*; '~ **su·ˌprem·a·cy** *s Mil* Luftherrschaft *f*, -überlegenheit *f*; '~ ˌ**ter·mi·nal** *s* Flughafen *m* | Flughafenabfertigung(sgebäude) *f*(*n*); '~**tight** *adj* luftdicht; '~-**to**-'~ ˌ**mis·sile** *s Mil* Luft-Luft-Rakete *f*; '~ ˌ**traf·fic** *s Flugw* Luftverkehr *m*; '~ **tube** *s Tech* Luftschlauch *m* | *Med* Luftröhre *f*; '~ **umˌbrel·la** *s Mil* Abschirmung *f* (e-r Aktion) aus der Luft; '~ **valve** *s Tech* Luftventil *n*; '~**way** *s* Luftlinie *f* | Luftkanal *m* | *El* Frequenzband *n*; '~ˌ**wom·an** *s* (*pl* '~ˌ**wom·en**) Fliegerin *f*, Pilotin *f*; '~ˌ**wor·thy** *adj Flugw* lufttüchtig; '~**y** *adj* Luft- | luftig ⟨an ≈ room⟩ | ätherisch ⟨≈ music Sphärenklänge *m/pl*⟩ | lebhaft, fröhlich ⟨≈ laughter⟩ | *verächtl* leer, leichtfertig, hohl ⟨≈ plans and promises⟩ | *umg* affektiert ⟨≈ manners⟩

aisle [aɪl] *s Arch* Seitenschiff *n* | *Am* (*Theat, Eisenb*) Gang *m* (zwischen Sitzen, Sitzreihen u. ä.)

aitch [eɪtʃ] *s* Buchstabe H ◇ **drop one's ~es** kein H sprechen, eine sehr ungebildete Aussprache haben

aitch·bone ['eɪtʃ bəʊn] *s* Lendenstück *n*

a·jar [ə'dʒɑ:] *adv, präd adj* halb offen, angelehnt

á jour [ə'ʒʊə] *adj* á jour, durchbrochen ⟨~ fabrics Ajourstoffe *m/pl*⟩

a·kim·bo [ə'kɪmbəʊ] *adv, präd adj* (Arme) in die Seite gestemmt ⟨to stand with arms ~⟩

a·kin [ə'kɪn] *präd adj* verwandt (**to** mit) (*auch übertr*)

-al [əl|l] *suff zur Bildung von adj aus s mit der Bedeutung* Beziehung, Art, Charakter (*z. B.* **logical, political**); *von s aus v mit der Bedeutung* Handlung, Ergebnis (*z. B.* **arrival, proposal; withdrawal**)

al·a·bas·ter ['æləbɑ:stə] **1.** *s Min* Alabaster *m*; **2.** *adj* alabastern, Alabaster-

à la carte [ˌɑ: lɑ: 'kɑ:t] *adv* à la carte, nach der (Speise-) Karte ⟨to dine ~⟩

a·lack [ə'læk] *interj* ach!, ach je!, o weh!

a·lac·ri·tous [ə'lækrɪtəs] *förml adj* munter; **a'lac·ri·ty** *s* Munterkeit *f* | Bereitwilligkeit *f*, Eifer *m*

à la mode [ˌɑ: lɑ: 'məʊd] *adv* à la mode, modisch

a·larm [ə'lɑ:m] **1.** *s* Alarm *m* ⟨an air-raid ~⟩ | Alarmruf *m*, -zeichen *n* ⟨to give/raise the ~ das Alarmzeichen geben; to beat/pound the ~ Alarm schlagen⟩ | *auch* '~ **clock** *s* Wecker *m* ⟨to set the ~ for 5 o'clock den Wecker auf 5 Uhr stellen⟩ | Angst *f*, Unruhe *f* ⟨to cause ~ Unruhe erwecken; to feel/take ~ at s.th. in Angst *od* Unruhe geraten über; in ~ beunruhigt⟩; **2.** *vt* alarmieren, warnen | beunruhigen, ängstigen, in Aufregung versetzen ⟨to be ~ed at beunruhigt sein über⟩; *vi* Lärm schlagen; '~ **bell** *s* Sturmglocke *f*; **a'larm·ing** *adj* alarmierend, beunruhigend; **a'larm·ist 1.** *s* Bangemacher *m*, Schwarzseher *m*; **2.** *adj* schwarzseherisch | übertriebene Unruhe erregend ⟨an ≈ letter⟩; '~ ˌ**sig·nal** *s* Alarmsignal *n*

a·las [ə'læs] *interj* o weh!, ach! | leider!

a·late ['eɪleɪt], '**a·lat·ed** *adj, bes Bot* geflügelt

alb [ælb] *s Rel* Albe *f*, Chorhemd *n*

Al·ba·ni|a [æl'beɪnɪə] *s* Albanien; **~an 1.** *adj* albanisch; **2.** *s* Albanier(in) *m*(*f*) | *Ling* Albanisch *n*

al·ba·tross ['ælbətrɒs] *s Zool* Albatross *m*, Sturmvogel *m*

al·be·it [ɔ:l'bi:ɪt] *conj* obwohl, obgleich, wenn auch | trotzdem

al·bi|nism ['ælbɪnɪzm] *s Med, Bot* Albinismus *m*; **~no** [ˌæl'bi:nəʊ] *s* Albino *m*

al·bum ['ælbəm] *s* (Foto-, Briefmarken-, Schallplatten-) Album *n* | *Am* Gästebuch *n* | *Lit* Gedichtsammlung *f*

al·bu|men ['ælbjʊmɪn] *s auch* '~**min** *Chem* Albumin *n*; **~mi·noid** [æl'bju:mɪnɔɪd] **1.** *s* Eiweißkörper *m*; **2.** *adj* albuminartig; **al'bu·mi·nous** *adj* albuminös

al·chem·ic [æl'kemɪk], **al'chem·i·cal** *adj* alchimistisch; **al·che·mist** ['ælkəmɪst] *s* Alchimist *m*; ˌ**al·che'mis·tic**, ˌ**al·che'mis·ti·cal** *adj* alchimistisch; '**al·che·my** *s* Alchimie *f*

al·co·hol ['ælkəhɒl] *s* Alkohol *m*; ˌ**al·co'hol·ic 1.** *adj* alkoholisch, Alkohol- ⟨≈ drinks⟩; **2.** *s* Alkoholiker *m*; '~**ism** *s* Alkoholismus *m* | Alkoholvergiftung *f*; ˌ~**i'za·tion** *s* Alkoholisierung *f*; '~**ize** *vt Chem* alkoholisieren

al·cove ['ælkəʊv] *s Arch* Alkoven *m*, Nische *f* | Laube *f*, Grotte *f*

al·de·hyde ['ældɪhaɪd] *s Chem* Aldehyd *m*

al·der ['ɔ:ldə] *s Bot* Erle *f*

al·der·man ['ɔ:ldəmən] *s* (*pl* '**al·der·men**) Ratsherr *m*; Stadtrat *m*; '~**cy** *s* Ratsherrnamt *n*, -würde *f* | Stadtratsamt *n*, -funktionär *m*; **~ic** [ˌɔ:ldə'mænɪk], '~**like** *adj* ratsherrlich | *übertr* würdevoll; '~**ry**, '~**ship** *s* Ratsherrenamt *n* | Stadtbezirk *m*; '**al·der·wom·an** *s* (*pl* '**al·der·wom·en**) Stadträtin *f*

ale [eɪl] *s* Ale *n* (englisches Bier)

a·lee [ə'li:] *adv, präd adj Mar* leewärts

a·left [ə'left] *adv* (nach) links

a·lem·bic [ə'lembɪk] *s* Destillierkolben *m*, Retorte *f* | *übertr* Retorte *f*

a·lert [ə'lɜ:t] **1.** *adj* wachsam, auf der Hut | munter, lebhaft, flink ⟨~ in answering eine Antwort schnell parat haben⟩; **2.** *s, bes Mil* Alarmbereitschaft *f* ⟨on the ~ for in Alarmbereitschaft, einsatzbereit für; on the ~ against wachsam gegenüber ; on the ~ to *mit inf* schnell bereit sein zu *mit inf*⟩; **3.** *vt* alarmieren

A lev·el ['eɪ levəl], *auch* **adˌvanced** ˌ**lev·el** *s Brit Päd* Abitur(stufe) *n*(*f*) | Oberstufenprüfung *f* in einem Fach

Al·fa ['ælfə] *s* Alpha *n*, Kodewort für Buchstaben A

al·fal·fa [ˌælf'ælfə] *s Bot* Luzerne *f*

al·fres·co [ˌæl'freskəʊ] *adj, adv* im Freien ⟨an ~ lunch, lunching ~⟩

al·ga ['ælgə] *s* (*pl* **al·gae** ['ældʒi:]) *Bot* Alge *f*; **al·gae** *s/pl Bot* Seetang *m*; '**al·gal** *adj Bot* Algen-

al·ge·bra ['ældʒɪbrə] *s* Algebra *f*, Buchstabenrechnung *f*; **~ic** [ˌældʒɪ'breɪk], ˌ**al·ge'bra·i·cal** *adj* algebraisch

Al·ge·ri|a [æl'dʒɪərɪə] *s* Algerien; **~an 1.** *adj* algerisch; **2.** *s* Algerier(in) *m*(*f*)

-algia [ældʒɪə] ⟨*griech*⟩ *in Zus* -schmerz

al·gid ['ældʒɪd] *adj förml, Tech* kalt, kühl, eisig

al·gi·nic a·cid [æl,dʒɪnɪk 'æsɪd] *s Chem* Alginsäure *f*

al·goid ['ælgɔɪd] *adj Bot* algenartig

al·gol ['ælgəl] *s* (Computer) ALGOL *n*

al·go·lag·ni·a [,ælgə'lægnɪə] *s Psych* Algolagnie *f* ⟨active ~ Sadismus *m*; passive ~ Masochismus *m*⟩

Al·gon·ki·an [æl'gɒŋkɪən] **1.** *adj* algonkinisch, algonkisch; **2.** *s* Algonkinindianer(in) *m(f)* | *Ling* Algonkisch *n*

al·go|rism ['ælgərɪzm] *s Math* Algorismus *m*, arabisches Zahlensystem; **~rithm** [~rɪðm] *s Math* Algorithmus *m*; **,~'rith·mic** *adj* algorithmisch

al·gous ['ælgəs] *adj* Algen-, algenartig | voller Algen, algenreich

a·li·as ['eɪlɪəs] **1.** *adv* sonst (genannt); **2.** *s* (*pl* **'~es**) angenommener Name

al·i·bi ['ælɪbaɪ] *s Jur* Alibi *n* ⟨to establish/prove one's ~ sein Alibi beibringen *od* nachweisen⟩ | *umg* Ausrede *f*

al·ien ['eɪlɪən] **1.** *adj* fremd, ausländisch | *übertr* fremd, zuwider (**to s.o.** jmdm.) | *übertr* abweichend (**from** von), andersartig (**from** als); **2.** *s* Fremde(r) *f(m)*, Ausländer(in) *m(f)* ⟨undesirable ~ unerwünschter *od* lästiger Ausländer⟩; **3.** *vt* = **'~ate**; **,~a'bil·i·ty** *s* Veräußerlichkeit *f*; **'~a·ble** *adj* veräußerlich; **'~ate** *vt Jur* veräußern | entfremden, abspenstig machen (**from s.o.** jmdm.); **,~'a·tion** *s Jur* Veräußerung *f* | Entfremdung *f* (**from** von) | *Theat* Verfremdung *f*; **'~ist** *s* Nervenarzt *m*; *Jur* psychiatrischer Gutachter; **'~s Act** *s Brit Jur* Einwanderungsgesetz *n*

[1]**a·light** [ə'laɪt] *präd adj* in Flammen, brennend | *übertr* erhellt, strahlend (**with** vor)

[2]**a·light** [ə'laɪt] *vi förml* ab-, aussteigen (**from** von, aus) | absitzen (vom Pferd) | (Vogel u. ä.) sich niederlassen, sich setzen (**on** auf) | *Flugw* landen, niedergehen; **~ on** *übertr* (zufällig) stoßen auf; **a'light·ing** *s Flugw* Landen *n*, Landung *f*

a·lign [ə'laɪn] *vt* (aus)richten | in eine gerade Linie bringen ⟨to ~ sights on *Mil* anvisieren⟩ | *Tech* eichen | *übertr* vereinigen, zusammenbringen (**against** gegen) ⟨to ~ o.s. with sich verbünden *od* zusammenschließen mit⟩ | *El* gleichrichten | *Rundf* abgleichen; *vi* sich ausrichten (**with** nach); **a'lign·ment** *s* Ausrichtung *f*, Anordnung *f* ⟨to be in (out of) ≈ with (nicht) in einer Linie sein mit⟩ | *Arch* Bauflucht *f*, -linie *f* | Absteckungslinie *f* (beim Landvermessen) | *Tech* Eichung *f* | *Tech* Axialität *f* | *übertr* Gruppierung *f*, Konstellation *f* ⟨≈ of powers Mächtegruppierung *f*⟩

a·like [ə'laɪk] **1.** *präd adj* ähnlich, gleich (**to s.o.** jmdm.) ⟨to be ~ sich gleichen⟩; **2.** *adv* in gleicher Weise, ebenso ⟨to share ~ gerecht teilen⟩

al·i|ment ['ælɪmənt] **1.** *s* Nahrung *f* | Unterhalt *m*, Unterstützung *f* (*auch übertr*); **2.** *vt* nähren; **~men·tal** [,ælɪ'mentl] *adj selten* nährend; **,~'men·ta·ry** *adj* nährend, nahrhaft, Nahrungs- ⟨≈ canal Verdauungs-, Magen-Darm-Kanal *m*; ≈ process Verdauungsprozeß *m*⟩; **,~men'ta·tion** *s* Ernährung *f*, Verpflegung *f*, Unterhalt *m*; **,~'men·ta·tive** *adj* nährend, Nahrungs-

al·i·mo·ny ['ælɪmənɪ] *s Jur* Alimente *pl*, Unterhaltsbeitrag *m* | *selten* Ernährung *f*

a·line [ə'laɪn] = **align**; **a'line·ment** = **alignment**

al·i·phat·ic [,ælɪ'fætɪk] *adj Chem* aliphatisch, fetthaltig, Fett- ⟨~ acid Fettsäure *f*⟩

al·i·quot ['ælɪkwɒt] *Math* **1.** *adj* aliquot, gleichteilend; **2.** *s* Aliquote *f*, aliquoter Teil

a·live [ə'laɪv] **1.** *präd adj* lebend, lebendig ⟨to keep ~ am Leben (er)halten; *übertr* (Feuer u. ä.) nicht ausgehen lassen⟩ | lebhaft, munter ⟨~ and kicking *umg* wohl und munter; look ~! bißchen lebhaft!⟩ | tätig | aufgeschlossen (**to** für); bewußt ⟨to be ~ to s.th. etw. zu schätzen wissen⟩ | voll ⟨to be ~ with wimmeln von⟩ | *El* stromführend; **2.** *adv* lebhaft

a·liz·a·rin[e] [ə'lɪzərɪn] *s Chem* Alizarin *n*

al·ka|li ['ælkəlaɪ] *Chem* **1.** *s* (*pl* **'~lis**, **'~lies**) Alkali *n*, Laugensalz *n* (*Ant* acid); **2.** *adj* alkalisch; **'~li·fy** *vt, vi* (sich) in ein Alkali verwandeln; **'~li ,met·al** *s Chem* Alkalimetall *n*; **~line** [~laɪn] *adj Chem* alkalisch, basisch; **~loid** [~ɔɪd] *Chem* **1.** *adj* alkaliartig; **2.** *s* Alkaloid *n*; **,~'lo·sis** *s Med* Alkalose *f*

al·kyd ['ælkɪd] *adj* Alkyd- ⟨~ resins Alkydharze *n/pl*⟩

al·kyl ['ælkɪl] *adj Chem* Alkyl- ⟨~ group⟩

all [ɔ:l] **1.** *adj* all, ganz, gesamt ⟨~ night [long] die ganze Nacht; ~ the time die ganze Zeit; ~ the world die ganze Welt, alle Welt; with ~ my heart von ganzem Herzen⟩ | jede(r, -s), alle *pl* ⟨~ my friends alle meine Freunde, jeder meiner Freunde; at ~ events auf alle Fälle⟩ | jede(r, -s), all *collect* ⟨beyond ~ doubt völlig außer Zweifel⟩ | letzt, höchst, größtmöglich ⟨with ~ speed⟩ ◇ **of ~ people** *umg* ausgerechnet, gerade ⟨John, of ~ people ausgerechnet John⟩; **2.** *adv* ganz, gänzlich, völlig ⟨~ at once auf einmal, plötzlich; ~ about ringsumher; ~ alone ganz allein; auf sich selbst gestellt; ~ along *umg* die ganze Zeit, schon lange; she knew it ~ along sie hat es schon immer gewußt; ~ along the road die ganze Straße entlang; ~ out *umg* bis zum äußersten, völlig; ~ over überallhin; ~ but fast, beinahe; ~ one to s.o. jmdm. gleichgültig; ~ right zufriedenstellend, in Ordnung; heil und sicher; (*als Antwort*) ganz recht!, schön!, in Ordnung!; ~ round überall, rundherum; ~ the better um so besser; ~ the same dennoch, trotzdem; ~ the same to s.o. jmdm. gleich(gültig)⟩; **3.** *pron* alles ⟨above ~ vor allem; after ~ nach allem, schließlich; ~ of it alles; ~ in *umg* erschöpft, alles einbegriffen, unbeschränkt; ~ together gleichzeitig; ~ in ~ alles in allem; ~ up with am Ende, vorbei mit; at ~ überhaupt; for ~ trotz allem; for ~ I know soviel ich weiß; for ~ that trotzdem; not at ~ durchaus nicht, danke!; once and for ~ ein für allemal⟩; **4.** *s* Alles *n* ⟨to lose one's ~ sein Hab und Gut verlieren⟩ | *Phil* (Welt-) All *n*

all- [ɔ:l] *in Zus mit adj, part* höchst, im höchsten Grade, alles- (*z. B.* **~-important** äußerst *od* höchst wichtig, **~-powerful** allmächtig, **~-inclusive** alles umfassend, Gesamt-) | *in Zus mit s, adj* Ganz-, voll (*z. B.* **~-metal** Ganzmetall *n*, **~-electric** vollelektrisch; **an ~-England team** e-e Mannschaft, die nur aus Engländern besteht *od* ganz England vertritt)

all-A·mer·i·can [,ɔ:l ə'merɪkən] **1.** *adj* amerikanisch, für die USA repräsentativ ⟨~ football team amerikanische Fußballnationalmannschaft⟩ | ganz *od* ausschließlich amerikanisch; **2.** *s* (Sport) *Am* repräsentativer amerikanischer Spieler

all|-a·round [,ɔ:lə'raʊnd] *Am umg* = **~-round**

al·lay [ə'leɪ] *vt* (Schmerz u. ä.) mildern, lindern | beruhigen, beschwichtigen ⟨to ~ s.o.'s excitement⟩; **al'lay·ing** *s Arch* Stützmauer *f*, Tragstein *m*; **al'lay·ment** *s* Milderung *f*, Linderung *f* | Beruhigung *f*

all| clear ['ɔ:l 'klɪə] *s Mil* Entwarnung *f*; **,~-'du·ty** *adj* Allzweck- ⟨≈ tractor⟩

al·le·ga·tion [,ælɪ'geɪʃn] *s* (nicht erwiesene) Behauptung | *Jur* Aussage *f*; **al·lege** [ə'ledʒ] *vt* (nicht Erwiesenes) behaupten, vorgeben ⟨to ≈ s.o.'s guilt; to ≈ that vorbringen, daß⟩ | *Jur* aussagen; **al'leged** *adj* an-, vorgeblich ⟨the ≈ thief⟩; **al'leg·ed·ly** [-dʒɪdlɪ] *adv* an-, vorgeblich

al·le·giance [ə'li:dʒəns] *s Hist* Lehnspflicht *f* | Untertanentreue *f* (gegenüber Herrscher *od* Regierung) (**to** gegenüber, zu) ⟨oath of ~ Lehnseid *m*⟩ | Treue *f*, Ergebenheit *f* ⟨~ to democracy⟩

al·le|gor·ic [,ælɪ'gɒrɪk], **,~'gor·i·cal** *adj* allegorisch, sinnbildlich; **~go·rize** ['ælɪgəraɪz] *vt* allegorisch darstellen | allegorisch deuten; *vi* sich in Gleichnissen ausdrücken; **'~go·ry** *s* Allegorie *f*, Sinnbild *n*, Gleichnis *n*

al·le|gret·to [ˌælɪ'gretəʊ] *Mus* **1.** *adj, adv* allegretto, leicht beschwingt; **2.** *s* Allegretto *n*; **~gro** [ə'leɪgrəʊ] *Mus* **1.** *adj, adv* allegro, lebhaft; **2.** *s* Allegro *n*

al|lele [ə'li:l], *auch* **~lel** [ə'lel] *s Biol* Allel *n*, Erbfaktor *m*; **~le·lic** [ə'li:lɪk] *adj* allelomorph

al·le·lu·ia [ˌælɪ'lu:jə] **1.** *interj* halleluja!; **2.** *s* Halleluja *n*, Loblied *n*

al·ler|gen ['ælədʒen] *s Med* Allergen *n*; **~gic** [ə'lɜ:dʒɪk] *adj* allergisch, überempfindlich (**to** gegen) | *umg* voller Abneigung (**to** gegenüber) ⟨to be ≈ to s.o. jmdn. nicht ausstehen können, mit jmdm. nicht auskommen können⟩; **'~gy** *s Med* Allergie *f*, Überempfindlichkeit *f* | *umg* Abneigung *f*

al·le·vi|ate [ə'li:vɪeɪt] *vt* (Leiden) lindern, mildern, erleichtern; **~a·tion** [əˌlɪvɪ'eɪʃn] *s* Linderung *f*, Milderung *f*, Erleichterung *f*

[1]**al·ley** ['ælɪ] *s* Allee *f* | Gäßchen *n*, Durchgang *m* ⟨blind ~ Sackgasse *f*⟩ | (Sport) Bahn *f* ⟨bowling ~ Kegelbahn *f*⟩ | Korridor *m*, Gang *m* ◇ **that's right down / up my ~** *umg* das paßt mir genau in den Streifen; **'~way** *s Am* enge Gasse, Durchgang *m*

[2]**al·ley** ['ælɪ] *Am* = [2]**ally**

All Fools' Day [ˌɔ:l 'fu:lz deɪ] *s* der erste April

al·li·ance [ə'laɪəns] **1.** *s* Bündnis *n*, Pakt *m*, Allianz *f* ⟨in ~ with verbündet mit; to enter into/form an~ einen Pakt schließen⟩ | (Ehe) Verbindung *f* | Verwandtschaft *f*; **2.** *vt* verbinden; *vi* sich verbinden; **al·lied** ['ælaɪd] *adj* verbündet ⟨the ≈ powers die verbündeten Mächte *f/pl*⟩ | *meist* **'Al·lied** alliiert ⟨the ≈ Forces die Truppen *f/pl* der Alliierten⟩ | verwandt, gleichgeartet ⟨≈ sciences⟩

al·li·ga·tor ['ælɪgeɪtə] *s Zool* Alligator *m* | Krokodil *n*; **'~ pear** *s Bot* Avocatobirne *f*

all in [ɔ:l 'ɪn] *präd adj Am Sl* fertig, kaputt ⟨to be ~⟩

all-in ['ɔ:l 'ɪn] *adj bes Brit* = **all-in·clu·sive** Gesamt- ⟨~cost⟩ | General-, Massen- ⟨~ strike⟩ | aufs Ganze gehend, nichts unversucht lassend ⟨an ~ effort⟩

al·lit·er|al [ə'lɪtr̩l] *adj Metr* alliterierend; **~ate** [~eɪt] *vi Metr* alliterieren; [~ɪt] *adj Metr* alliterierend; **alˌlit·er'a·tion** *s Metr* Alliteration *f*, Stabreim *m*; **al'lit·er·a·tive** *adj Metr* alliterierend

al·lo- [æləʊ|ælo] *in Zus* Allo-, verschieden (*z. B.* **~morph**)

al·lo|ca·ble ['æləkəbl], **'~cat·a·ble** *adj* zuteilbar; **'~cate** *vt* zuteilen (**to** an) | anweisen | verteilen (**among** unter); **ˌ~'ca·tion** *s* Zuteilung *f*, Kontingent *n* | Anweisung *f*

al·lo|cute ['æləkju:t] *vi* eine feierliche Ansprache halten; **ˌ~'cu·tion** *s* Ansprache *f*

al·log·a·my [ə'lɒgəmɪ] *s Bot* Allogamie *f*, Fremdbestäubung *f*, Kreuzbefruchtung *f*

al·lo·path ['æləpæθ] *s Med* Allopath *m*; **ˌal·lo'path·ic** *adj Med* allopathisch; **al·lop·a·thy** [ə'lɒpəθɪ] *s Med* Allopathie *f*

al·lo·phone ['æləfəʊn] *s Ling* Allophon *n*

al·lot [ə'lɒt] (**al'lot·ted, al'lot·ted**) *vt* aus-, ver-, zuteilen, an-, zuweisen (**to** an) | durch Los verteilen; *vi, meist* **~ [up]on** *Am* beabsichtigen, vorhaben ⟨to ~ upon going⟩; **al'lot·ment** *s* Verteilung *f* ⟨≈ of mandates, ≈ of seats *Parl* Sitzverteilung *f*⟩ | Anteil *m*, Los *n* (*auch übertr*) | *Brit* Parzelle *f*, Schrebergarten *m*

al·lo|trope ['ælətrəʊp] *s Chem* Allotrop *m*; **~trop·ic** [ˌælə'trɒpɪk], **ˌ~'trop·i·cal** *adj Chem* allotropisch, vielgestaltig

all-out ['ɔ:l 'aʊt] *adj* vollkommen, unbedingt, ohne Vorbehalt, mit aller Kraft ⟨an ~ offensive; ~ support⟩; **ˌall 'out** *adv* mit aller Kraft, *meist* **go all out** alles daransetzen

al·low [ə'laʊ] *vt* erlauben, gestatten, gewähren, lassen (**s.o. to** *mit inf* jmdm. zu *mit inf*) ⟨to be ~ed dürfen; to ~ o.s. sich gönnen⟩ | bewilligen, zugestehen ⟨to ~ s.o. money⟩ | einräumen, gelten lassen, zugeben ⟨to ~ a claim⟩ | (Geld) an-, abrechnen, vergüten | *Am dial* glauben, beabsichtigen; *vi* **~ for** berücksichtigen, bedenken; **~ of** zulassen, gestatten; **al'low·a·ble** *adj* erlaubt, zulässig, gestattet; **al'low·ance** **1.** *s* Erlaubnis *f*, Bewilligung *f*, Genehmigung *f* | Bestätigung *f*, Anerkennung *f* | Kost-, Taschengeld *n*, Zuschuß *m* ⟨weekly ≈ Wochengeld *n*⟩ | Ration *f* | Rente *f* | Entschädigung *f*, Vergütung *f* (**for** für) | *Wirtsch* Nachlaß *m*, Rabatt *m* ⟨to make an ≈ Rabatt gewähren⟩ | *Tech* Toleranz *f*, zulässiges Abmaß, Meßabweichung *f* ⟨≈ for machining Bearbeitungszugabe *f*⟩ | (Sport) Vorgabe *f* | Nachsicht *f*, Rücksichtnahme *f* ⟨to make ≈[s] for Nachsicht üben mit, Rücksicht nehmen auf⟩; **2.** *vt* (jmdn.) auf Rationen setzen | (etw.) rationieren

al·loy ['ælɔɪ] *s Tech* Legierung *f* | *übertr* Zusatz *m*, Beimischung *f*; [ə'lɔɪ] *vt* mischen, legieren, versetzen (**with** mit) | *übertr* beeinträchtigen, verringern; *vi* sich vermischen; **al'loy·age** *s* Legieren *n* | Legierung *f*; **'~ steel** *s Tech* legierter Stahl, Legierungsstahl *m*

all-play-all ['ɔ:l pleɪ 'ɔ:l] *s Brit* (Sport) Turnier *n* jeder gegen jeden

all|-pur·pose ['ɔ:l'pɜ:pəs] *adj* Allzweck ⟨≈ machine⟩; **ˌ~-'round** *adj umg* universal, all-, vielseitig ⟨≈ man⟩; **~-'rounder** *s* Alleskönner *m*, Allerweltskerl *m* | *Brit* (Sport) Allroundsportler *m*, -spieler *m*; **ˌ≈ 'Saints' Day** *s Rel* Allerheiligen *n*; **ˌ≈ 'Souls' Day** *s Rel* Allerseelen *n*; **'~spice** *s* Piment *m*, Jamaika-, Nelkenpfeffer *m*; **'~-time** *adj* die ganze Zeit beschäftigt | für alle Zeiten ⟨≈ average absoluter Durchschnitt; ≈ record bisher unerreichter Rekord⟩ | *übertr* beispiellos, noch nie dagewesen, einmalig ⟨an ≈ team⟩ ◇ **'~-time low** absoluter Tiefpunkt; **'~-time high** Rekordhöhe *f*

al·lude [ə'lu:d] *vi* anspielen (**to** auf), erwähnen

al·lure [ə'ljʊə] **1.** *vt, vi* anziehen, an-, verlocken, reizen; **2.** *s* = **al'lure·ment** Anziehungskraft *f*, (Ver-) Lockung *f*, Reiz *m* | Lockmittel *n*; **al'lur·ing** *adj* anziehend, an-, verlokkend, reizend

al·lu·sion [ə'lu:ʒn] *s* Anspielung *f* (**to** auf) ⟨to make an ~ eine Anspielung machen⟩; **al'lu·sive** *adj* anspielend (**to** auf)

al·lu·vi|al [ə'lu:vɪəl] *Geol* **1.** *adj* alluvial, angeschwemmt ⟨≈ soil neugewonnenes Land⟩; **2.** *s* angeschwemmter Boden; **'~al 'fan** *s* (Fluß-) Delta *n*; **~on** [~ən] *s* Anschwemmung *f* | Überschwemmung *f*; **~um** [~əm] *s* (*pl* **~ums** [~əmz], **~a** [~ə]) *Geol* Alluvium *n*, Schwemmland *n*

[1]**al·ly** [ə'laɪ] *vt* (Länder, Familien u. ä.) vereinigen, verbinden, alliieren (**to, with** mit) ⟨to ~ o.s. sich verbünden (*auch übertr*)⟩; *vi* sich vereinigen, sich verbinden (**to, with** mit); ['ælaɪ] *s* Verbündeter *m*, Alliierter *m*, Bundesgenosse *m* ⟨the Allies die Alliierten *pl*⟩

[2]**al·ly** ['ælɪ] *s* Murmel *f*

al·ma ma·ter [ˌælmə 'ma:tə|'meɪtə], *auch* **Al·ma Ma·ter** *s* Alma Mater *f*, die eigene Universität | Schul- *od* Universitätshymne *f*

al·ma·nac ['ɔ:lmənæk] *s* Almanach *m*, Kalender *m*

al·might·y [ˌɔ:l'maɪtɪ] *adj* allmächtig | **the ≈** *s Rel* der Allmächtige

al·mond ['a:mənd] *s Bot, Med* Mandel *f* | *Bot* Mandelbaum *m*; **ˌ~-'eyed** *adj* mandeläugig

al·mon·er ['ɔ:lmənə|'a:m ~] *s arch* Almosenpfleger *m* | *Brit leicht arch* Krankenfürsorger(in) *m(f)* (an e-m Krankenhaus)

al·most ['ɔ:lməʊst] *adv* fast, beinahe

alm [a:m] *s Am* Almosen *n*, milde *od* barmherzige Gabe *od* Spende; **alms** *s* (*sg u. pl*) Almosen *n* ⟨to ask an ~ of s.o.; to give ~ to s.o.⟩; **'~house** *s arch* Armenhaus *n* | *Brit* (kostenloses) Altersheim | Bedürftigenunterkunft *f*

al·oe ['æləʊ] *s Bot* Aloe *f*; **'al·oes** *s/pl* Aloesaft *m*

a·loft [ə'lɒft] *adv, präd adj poet* hoch oben, droben, im Himmel | *Mar* oben, in der Takelung

a·lo·ha [ə'ləʊə] *interj Am* (Hawaii) Begrüßung *f* (bei Ankunft *od* Abschied); **'~ party** *s Am* Abschiedsfeier *f*

al·oid ['ælɔɪd] *adj* aloeartig

a·lone [ə'ləʊn] *adv, präd adj* allein, einsam ⟨to be not ~ in thinking that nicht der einzige sein, der denkt, daß ...; not ~ that nicht nur, daß⟩; bloß, nur ⟨he ~⟩ ◇ **leave/let s.o. ~** jmdn. in Ruhe lassen; **let ~** abgesehen von, geschweige denn; **let well ~** etw. genug sein lassen; sich mit etw. begnügen

a·long [ə'lɒŋ] **1.** *adv* längs, der Länge nach | voran, vorwärts, weiter ⟨to get ~ vorankommen; move ~ gehen Sie weiter!⟩ | mit, bei sich ⟨~ with zusammen mit⟩ | *umg* her, da, hin ⟨come ~ komm her⟩ | *Am* längst, fortwährend ⟨all ~ die ganze Zeit⟩; **2.** *präp* längs, entlang, an ... vorbei ⟨all ~ the road die ganze Straße entlang; to walk ~ the river den Fluß entlang gehen; ~ here in dieser Richtung, hier entlang⟩; **,~'shore** *adv* längs der Küste; **,~'side 1.** *adv Mar* längsseit, Seite an Seite, Bord an Bord; **2.** *präp* neben | *Mar* längsseits ⟨≈ a ship⟩

a·loof [ə'lu:f] *adv, präd adj* fern, abseits (*auch übertr*) ⟨to stand / hold / keep o.s. ~ from sich fernhalten von; to hold ~ sich zurückhalten, zögern; *Wirtsch* nicht kaufen wollen⟩

a·loud [ə'laʊd] *adv* laut (*Ant* still) ⟨to read ~⟩ | laut, weithin hörbar (*Ant* leise) ⟨to call ~ for help⟩

alp [ælp] *s* Alp[e] *f*, Berg *m* ⟨the ≁s die Alpen⟩ | Alm *f*, Bergwiese *f*

al·pac·a [æl'pækə] *s Zool* Alpaka *n*, Pako *m*, peruanisches Schaf | Alpakahaar *n* | Alpakastoff *m*

al·pen|horn ['ælpənhɔ:n] *s* Alphorn *n*; **'~stock** *s* Alpen-, Kletterstock *m*

al·pha ['ælfə] *s* Alpha *n* (*auch übertr*) ⟨≁ and Omega Anfang und Ende, das A und O⟩; **~bet** [~bet] *s* Alphabet *n*, Abc *n* | *übertr* Grundbegriffe *m/pl*; **,~'bet·ic, ,~'bet·i·cal** *adj* alphabetisch ⟨≈ order⟩; **~bet·ize** ['ælfəbətaɪz] *vt* alphabetisieren, alphabetisch anordnen; **'~ ,par·ti·cle** *s Phys* Alphateilchen *n*; **,~ 'plus** *s Päd* Ausgezeichnet *n*, Sehr gut *n*, sehr gute Note

al·pine ['ælpaɪn] *adj* Alpen-, alpin, Hochgebirgs- ⟨~ hut Berghütte *f*, Baude *f*; ~ plant Gebirgspflanze *f*; ~ strawberry *Bot* Walderdbeere *f*, ~ sun *Med* Höhensonne *f*⟩

al·pin·i·a [æl'pɪnɪə] *s Bot* Alpinie *f*

al·pin|ism, *oft* ≁ ['ælpɪnɪzm] *s* Alpinismus *m*; **'~ist** *s* Alpinist *m*, Bergsteiger *m*

al·read·y [ɔ:l'redɪ] *adv* schon, bereits

Al·sa·tian [æl'seɪʃn] **1.** *adj* elsässisch; **2.** *s* Elsässer(in) *m*(f) | deutscher Schäferhund

al·so ['ɔ:lsəʊ] **1.** *adv* auch, ebenfalls, ferner, außerdem ⟨not only he but ~ she nicht nur er, sondern auch sie⟩; **2.** *conj umg* und ⟨tedious, ~ absurd langweilig und dumm⟩; **'~-ran** *s* (Sport) nicht plaziertes (Renn-) Pferd | (Läufer u. ä.) Abgeschlagener *m*; **'~ ,run·ner** *s* (Sport) erfolglose(r) Wettkampfteilnehmer(in) *m(f)*

alt [ælt] *s Mus* Alt *m*

al·tar ['ɔ:ltə] *s Rel* Altar *m* ⟨high ~ Hochaltar *m*; to lead s.o. to the ~ jmdn. zum Altar führen, heiraten⟩; **'~ bread** *s Rel* Hostie *f*; **'~piece** *s* Altarbild *n*, -gemälde *n*

al·ter ['ɔ:ltə] *vt* (ver-, ab-, um)ändern ⟨to ~ a dress ein Kleid ändern; that ~s the case / matters das verändert die Lage⟩; *vi* sich verändern; **,~a'bil·i·ty** *s* Veränderlichkeit *f*; **'~a·ble** *adj* veränderlich, veränderungsfähig; **,~'a·tion** *s* (Ver-, Ab-, Um) Änderung *f* (**to** an); Neuerung *f*; **'~a·tive 1.** *adj* verändernd; **2.** *s Med* Alterativ *n*, Blutreinigungsmittel *n*

al·ter|cate ['ɔ:ltəkeɪt] *vi* streiten, zanken; **,~'ca·tion** *s* Streit *m*, Zank *m*; **,~'ca·tive** *adj* Zank-, Streit-

al·ter e·go [,æl-|,ɔ:ltə 'i:gəʊ] *s* (*pl* **,al·ter 'e·gos** ⟨*lat*⟩ *lit* anderes Ich, Alter ego *n*

al·ter|nate [ɔ:l'tɜ:nət] **1.** *adj* alternierend, abwechselnd ⟨≈ laughter and tears mal Lachen, mal Weinen; on ≈ days, on each ≈ day einen Tag um den andern⟩ | *Bot* wechselständig; **2.** *s Am* Stellvertreter *m* ⟨≈ to the chief of staff⟩ | Alternative *f* (**to** zu); ['ɔ:ltəneɪt] *vt* abwechseln lassen (**with** mit) ⟨to ≈ crops die Fruchtfolge verändern⟩; *vi* alternieren, abwechseln (**with** mit) | *El* (Strom) wechseln; **,~nate-'ser·vice work** *s Mil* Ersatz(wehr)dienst *m*; **'~nat·ing** *adj* abwechselnd, Wechsel- ⟨≈ current *El* Wechselstrom *m*⟩; **,~'na·tion** *s* Wechsel *m*, Abwechslung *f* | *El* (Strom-) Wechsel *m*; **~na·tive** [ɔ:l'tɜ:nətɪv] **1.** *adj* alternativ, einander ausschließend ⟨≈ plans⟩ | abwechselnd | *Tech* Ausweich- ⟨≈ airfield Ausweichflugplatz *m*⟩ | neu, modifiziert, revidiert ⟨an ≈ date⟩ | alternativ, vom Herkömmlichen abweichend ⟨≈ society; ≈ energy; ≈ school⟩ **2.** *s* Alternative *f*, Wahl *f* (zwischen zwei Dingen) | Möglichkeit *f* | Ausweg *m* (**to** für); **~na·tor** ['ɔ:ltə,neɪtə] *s El* Wechselstromgenerator *m*

al·tho [ɔ:l'ðəʊ] *Am* für **although**

al·though [ɔ:l'ðəʊ] *conj* obgleich, obwohl; wenn auch

al·ti|graph ['æltɪgra:f] *s Phys* Altigraph *m*, Höhenschreibgerät *n*; **'al·tim·e·ter** *s Phys* Altimeter *n*, Höhenmesser *m*; **~tude** [~tju:d] *s* Höhe *f* (*bes* über dem Meeresspiegel) ⟨≈ cabin Überdruckkabine *f*; ≈ flight Höhenflug *m*⟩ | (*bes pl*) Gipfel *m*, Höhe *f* ⟨at these ≈s in dieser Höhe⟩ | *übertr* Erhabenheit *f* | hohe Position; **,~'tu·di·nal** *adj* Höhen-

al·to ['æltəʊ] **1.** *Mus s* (*pl* **'~s, al·ti** ['ælti:]) Alt *m*, Altsängerin *f*, Altist(in) *m(f)*; **2.** *adj* hoch

al·to·geth·er [,ɔ:ltə'geðə] **1.** *adv* gänzlich, völlig, vollkommen ⟨~ stupid⟩ | alles in allem, insgesamt, zusammen | insgesamt genommen, zusammenfassend betrachtet; **2.** *s* Ganzes *n*, Gesamtheit *f*; **the ~** *s scherzh* Nacktheit *f* ⟨swimming in the ~ nackt baden⟩

al·to-re·lie·vo ['æltəʊ rɪ'li:vəʊ] *s* (Kunst) Hochrelief *n*

al·tru|ism ['æltru:ɪzm] *s* Altruismus *m*, Selbstlosigkeit *f*; **'~ist** *s* uneigennütziger Mensch; **,~'is·tic** *adj* altruistisch, selbstlos

al·um ['æləm] *s Chem* Alaun *n*; **a·lu·mi·na** [ə'lju:mɪnə] *s Chem* Tonerde *f*; **a·lu·mi·nif·er·ous** [ə,lju:mɪ'nɪfərəs] *adj* aluminiumhaltig; **al·u·min·i·um** [,ælə'mɪnɪəm], *Am* **a·lu·mi·num** [ə'lu:mɪnəm] *s Chem* Aluminium *n*

a·lum|na [ə'lʌmnə] *s* (*pl* **~nae** [~ni:]) *Am* ehemalige Schülerin *od* Studentin; **~nus** [~nəs] *s* (*pl* **~ni** [~naɪ]) *Am* ehemaliger Schüler *od* Student | *Am umg* (Sport) ehemaliger Aktiver

al·ve·o·lar [,ælvɪ'əʊlə] **1.** *adj Med, Ling* alveolar; **2.** *s Med* Alveolarfortsatz *m* | *Ling* Alveolar *m*

al·ways ['ɔ:lwɪz|~weɪz] *adv* immer, stets, jederzeit, ohne Ausnahme ⟨not ~ manchmal⟩ | (*mit progressiver Form*) ständig, fortwährend, andauernd, immer wieder

am [m|əm|æm] *1. pers sg präs von* ↑ **be**

am·a·bil·i·ty [,æmə'bɪlətɪ] *s* Liebenswürdigkeit *f*

a·main [ə'meɪn] *adv poet arch* mit voller Kraft | geschwind, auf einmal

a·mal·gam [ə'mælgəm] *s Chem* Amalgam *n*, Quecksilberlegierung *f* | Mischung *f*; **a'mal·gam·ate** *vt Tech* amalgamieren, vermischen | *übertr* vereinigen, zusammenbringen, mischen; *vi Tech* sich vermischen (*auch übertr*); **a,mal·gam'a·tion** *s Tech* Amalgamierung *f* | *übertr* Vermischung *f*, Vereinigung *f*, Zusammenschluß *m* | *Wirtsch* Fusion *f*

a·man·u·en|sis [əˈmænjuːˈensɪs] *s* (*pl* **~ses** [~siːz]) Amanuensis *m*, Schreiber *m*, Sekretär *m*

am·a|ranth [ˈæmərænθ] *s Bot* Amarant *m*, Fuchsschwanz *m* | *poet* nie welkende Blume | Amarantrot *n*; **~ran·thine** [ˌæməˈrænθaɪn] *adj Bot* amarantartig | *poet* unverwelklich | amarantrot

am·a·ryl·lis [ˌæməˈrɪlɪs] *s Bot* Amaryllis *f*

a·mass [əˈmæs] *vt* (an-, auf)häufen ⟨to ~ riches⟩; **aˈmass·ment** *s* (An-, Auf) Häufung *f*, Ansammlung *f*

am·a·teur [ˈæmətə|~tɜː] **1.** *s* Amateur *m*; Dilettant *m*; Liebhaber *m*; **2.** *adj* Amateur- ⟨~ painter⟩ (*Ant* professional); **ˈ~ish** *adj* dilettantisch; **ˈ~ism** *s* Amateursport *m* | Dilettantismus *m*, Stümperhaftigkeit *f*

am·a|tive [ˈæmətɪv] *adj* verliebt, **ˈ~to·ry** *adj* Liebes- ⟨≈ affairs; ≈ poems⟩

am·au|ro·sis [ˌæmɔːˈrəʊsɪs] *s Med* Amaurose *f*, Blindheit *f*; **~rot·ic** [~ˈrɒtɪk] *adj* amaurotisch, blind

a·maze [əˈmeɪz] *vt* (jmdn.) in Staunen versetzen, überraschen; **aˈmazed** *adj* erstaunt (**at** über); **ˈ~ment** *s* (Er-)Staunen *n*, Verwunderung *f*, Überraschung *f* (**at** über) ⟨in ≈ mit Erstaunen⟩; **aˈmaz·ing** *adj* erstaunlich, wunderbar

Am·a|zon [ˈæməzn] *s Hist* Amazone *f* | *übertr* Amazone *f*, Mannweib *n*; **~zo·ni·an** [ˌæməˈzəʊnɪən] **1.** *adj* amazonenhaft; **2.** *s* Amazone *f*

am·ba·gious [æmˈbeɪdʒəs] *adj* weitschweifig, umschreibend, gewunden, indirekt

am·bas·sa|dor [æmˈbæsədə] *s* Botschafter *m*, Gesandter *m* ⟨≈-at-large Sonderbotschafter *m*; ≈ extraordinary Sonderbotschafter *m*⟩ | Abgesandter *m*; **~do·ri·al** [æmˌbæsəˈdɔːrɪəl] *adj* Botschafts-, Gesandtschafts- ⟨≈ conference Botschafterkonferenz *f*⟩; **amˈbas·sa·dor·ship** *s* Amt *n* eines Botschafters; **~dress** [~drəs] *s* Botschafterin *f*, Gesandtin *f* | Gemahlin *f* eines Botschafters *od* Gesandten

am·ber [ˈæmbə] **1.** *s Min* Bernstein *m* | Bernsteingelb *n*; **2.** *adj* bernsteinfarben | Bernstein-

am·ber·gris [ˈæmbəgriːs] *s* (graue) Ambra

am·bi- [ˈæmbɪ|æmˈbɪ] ⟨*lat*⟩ *in Zus* beide, zweifach

am·bi·ance = ambience

am·bi·dex·trous [ˈæmbɪˈdekstrəs] *adj* mit beiden Händen ⟨~ tennis players Tennisspieler, die mit beiden Händen spielen können⟩ | geschickt | *übertr* falsch, unaufrichtig

am·bi|ence [ˈæmbɪəns] *s lit* Atmosphäre *f*, Charakter *m*, Fluidum *n* (e-s Ortes) ⟨to have a pleasant ≈⟩; **ˈ~ent 1.** *adj* umgebend, einschließend ⟨≈ noise *Tech* Nebengeräusch *n*; ≈ temperature *Tech* umgebende Temperatur, Raumtemperatur *f*⟩; **2.** *s* Umgebung *f* | Atmosphäre *f*

am·bi·gu·i·ty [ˌæmbɪˈgjuːətɪ] *s* Zwei-, Mehr-, Vieldeutigkeit *f*, Doppelsinn *m*; **am·big·u·ous** [æmˈbɪgjʊəs] *adj* zwei-, mehr-, vieldeutig, ambig, doppelsinnig ⟨an ≈ expression⟩ | zweifelhaft, unsicher, ungewiß, problematisch ⟨an ≈ offer⟩

am·bit [ˈæmbɪt] *s* Umfang *m*, Umkreis *m* | (Aufgaben-, Einfluß-) Sphäre *f* ⟨to go far outside one's proper ~⟩

am·bi·tion [æmˈbɪʃn] *s* Ehrgeiz *m*, Ambition *f*, Streben *n* (**for** nach) | Gegenstand *m* des Ehrgeizes ⟨to achieve one's ~s erreichen, was man sich vorgenommen hat⟩; **amˈbi·tious** *adj* ehrgeizig ⟨an ≈ student; ≈ plans⟩ | begierig (**of, for** nach)

am·biv·a|lence [æmˈbɪvələns] *s Psych* Ambivalenz *f*, Doppelwertigkeit *f* | *übertr* widersprüchliche Einstellung, Unentschiedenheit *f*, Zwiespältigkeit *f*; **amˈbiv·a·lent** *adj Psych* ambivalent, doppelwertig | *übertr* unentschieden, zwiespältig (**about, towards** in bezug auf, gegenüber)

am·ble [ˈæmbl] **1.** *vi* im Paßgang gehen *od* reiten | schlendern, gemächlich gehen; **2.** *s* Paßgang *m* | Schlendern *n*

am·bro·si·a [æmˈbrəʊzɪə] *s Myth* Ambrosia *f* (*auch übertr*); **amˈbro·si·al, amˈbro·si·an** *adj* ambrosisch | *übertr* köstlich

am·bu|lance [ˈæmbjələns|~jʊ~] **1.** *s* Ambulanz *f*, Krankenwagen *m* | *Mil* Feldlazarett *n*; **2.** *vt* im Krankenwagen transportieren; **~lance·box** *s* Verbandskasten *m*; **ˈ~lance car** = **ˈ~lance**; **ˈ~lance dog** *s Mil* Sanitätshund *m*; **ˈ~lant** *adj* ambulant ⟨an ≈ patient⟩; **ˈ~la·to·ry 1.** *adj* ambulatorisch, umherziehend, Wander- ⟨an ≈ business ein ambulantes Gewerbe⟩ | beweglich | vorübergehend | *Med* ambulant ⟨≈ treatment⟩; **2.** *s Arch* Wandelgang *m*

am·bus·cade [ˌæmbəˈskeɪd], **am·bush** [ˈæmbʊʃ] **1.** *s* Hinterhalt *m*, Versteck *n* (*auch übertr*) ⟨to be attacked from an ~ aus dem Hinterhalt angegriffen werden; to fall into an ~ in einen Hinterhalt geraten; to lay / make an ~ for s.o. jmdm. einen Hinterhalt legen; to lie / be in ~ for s.o. jmdm. auflauern⟩; **2.** *vt* aus dem Hinterhalt überfallen | auflauern; *vi* im Hinterhalt liegen

a·me·ba [əˈmiːbə], **aˈme·bic = amoeba, amoebic**

a·meer [əˈmɪə] *s* Emir *m*

a·mel·io·ra·ble [əˈmiːlɪərəbl] *adj* verbesserungsfähig; **aˈmel·io·rate** *vt* (Boden) verbessern (*auch übertr*); *vi* sich bessern; **aˌmel·ioˈra·tion** *s* Verbesserung *f* | *Landw* Melioration *f*; **aˈmel·io·ra·tive** *adj* verbessernd

a·men [ˌɑːˈmen|ˌeɪ~] **1.** *interj* amen!; **2.** *s* Amen *n*

a·me·na·bil·i·ty [əˌmiːnəˈbɪlətɪ] *s* Zugänglichkeit *f* (**to** für) | Verantwortlichkeit *f*; **aˈmen·a·ble** *adj* zugänglich (**to** *für*) ⟨to be ≈ to advice auf Rat hören⟩ | verantwortlich (**to** für) ⟨to be ≈ to the law dem Gesetz unterworfen sein⟩ | erfaßbar ⟨not to be ≈ to rules sich nicht in Regeln fassen lassen⟩

a·mend [əˈmend] *vt* (ver)bessern ⟨to ~ one's ways sich bessern, sich zum Guten ändern⟩ | (Gesetzentwurf) ändern, verbessern; *vi* sich bessern; **aˈmend·a·ble** *adj* (ver)besserungsfähig; **aˈmend·ment** *s* (Ver-) Besserung *f*, Berichtigung *f* (**to s.th.** von etw.) | *Parl* Abänderungsantrag *m* | *Jur* Novelle *f* | *Am* Zusatzartikel *m* zur Verfassung; **aˈmends** *s/pl* (*sg konstr*) Ersatz *m* ⟨to make ≈ Schadenersatz leisten⟩

a·men·i·ty [əˈmenətɪ|əˈmiː-] *s* (*oft pl*) Annehmlichkeit *f*, Lieblichkeit *f* ⟨the ~ of the climate das freundliche Klima; modern amenities moderner Komfort⟩; **aˈmen·i·ties** *s/pl* natürliche Vorzüge *m/pl*, Reize *m/pl* | Konventionen *f/pl*, Etikette *f* ⟨the ≈ of diplomacy⟩

a·men·ti·a [eɪˈmenʃɪə] *s Med* Geistesgestörtheit *f*

a·merce [əˈmɜːs] *Jur vt* (jmdn.) mit Geldstrafe belegen ⟨to ~ s.o. in the sum of £ 100 jmdn. mit einer Geldstrafe von 100 Pfund belegen⟩ | (be)strafen; **aˈmerce·ment** *s* Geldstrafe *f* | Bestrafung *f*

A·mer·i·ca [əˈmerɪkə] *s* Amerika

A·mer·i·can [əˈmerɪkən] **1.** *adj* amerikanisch ⟨~ way of life amerikanische Lebensweise⟩; **2.** *s* Amerikaner(in) *m*(*f*); **~ ˈcloth** *s* Wachstuch *n*; **~ ˈfootball** *s* amerikanisches Fußballspiel, eine Art Rugby *n*; **~ ˈIn·di·an**, *auch* **A·mer·in·di·an** [ˌæməˈrɪndɪən] *s* Indianer(in) *m*(*f*); **aˈmer·i·can·ism** *s* Amerikanismus *m*; **aˈmer·i·can·ist** *m* Amerikanist *m*; **aˈmer·i·can·is·tic** *adj* amerikanistisch; **aˌmer·i·can·iˈza·tion** *s* Amerikanisierung *f*; **aˈmer·i·can·ize** *vt* amerikanisieren; *vi* sich amerikanisieren; **~ ˈplan** *s* Vollpension *f*

am·e|thyst [ˈæmɪθɪst] *s Min* Amethyst *m*; **~thys·tine** [ˌæmɪˈθɪstaɪn] *adj* amethystfarben | Amethyst-

Am·har·ic [æmˈhærɪk] **1.** *adj* amharisch **2.** das Amharische

a·mi·a|bil·i·ty [ˌeɪmɪəˈbɪlətɪ] *s* Freundlichkeit *f*, Liebenswürdigkeit *f*; **ˌ~ˈbil·i·ties** *s/pl* freundliche Worte *n/pl*; **ˈ~ble** *adj* freundlich, liebenswürdig, nett ⟨to make o.s. ≈ to s.o. zu jmdm. nett sein⟩

am·i·ca|bil·i·ty [ˌæmɪkəˈbɪlətɪ] *s* Freund(schaft)lichkeit *f*; **ˈ~ble** *adj* freund(schaft)lich, friedlich ⟨≈ adjustment gütliche Einigung⟩

a·mid [ə'mɪd], **a·midst** [ə'mɪdst] *präp* inmitten, mitten in, mitten unter; **a'mid·ships** *adv* mittschiffs

am·in ['æmɪn], **a·mine** [ə'mi:n] *s Chem* Amin *n*; **am·i·no ac·id** [əˌmi:nə 'æsɪd] *s Chem* Aminosäure *f*

a·mir [ə'mɪə] = **ameer**

a·miss [ə'mɪs] **1.** *adv* verkehrt, verfehlt | schlecht | falsch ⟨to come / happen ~ to s.o. jmdm. ungelegen *od* in die Quere kommen; to take s.th. ~ etw. übelnehmen⟩; **2.** *präd adj* übel, schlecht ⟨not ~ nicht übel; what's ~ with that? was ist daran auszusetzen?⟩

am·i·ty ['æmɪtɪ|-mə-] *s* Freundschaft *f*, gutes Einvernehmen ⟨to live in ~ with s.o. mit jemandem in Freundschaft leben; treaty of ~ Freundschaftsvertrag *m*⟩

am·me·ter ['æmɪtə] *s El* Amperemeter *n*, Strommesser *m*

am·mine [ə'mi:n] *s Chem* Ammin *n*

am·mo·ni|a [ə'məʊnɪə] *s Chem* Ammoniak *n*; **~ac** [~æk], **~a·cal** [ˌæmə'naɪkl] *adj Chem* ammoniakalisch; **am'mo·ni·ate** *vt Chem* mit Ammoniak verbinden; **~um** [~əm] *s Chem* Ammonium *n*; **'~um 'car·bon·ate** *s Chem* Hirschhornsalz *n*; **'~um 'chlo·ride** *s Chem* Salmiak *m*

am·mu·ni·tion [ˌæmjʊ'nɪʃn] **1.** *s* Munition *f* (*auch übertr*) ⟨~ belt Patronengürtel *m*; perfect ~ for *übertr* Wasser *n* auf die Mühle von⟩; **am·ne·si·a** [æm'ni:zɪə] *s Med* Amnesie *f*, Gedächtnisschwund *m*

am·nes·ty ['æmnəstɪ|-nɪ-] **1.** *s* Amnestie *f*, Straferlaß *m* ⟨general ~ allgemeiner Straferlaß;⟩; **2.** *vt* amnestieren, begnadigen

am·ni|on ['æmnɪɒn] s (*pl* **'~ons, ~a** [~ə]) *Med* Amnion *n*, Fruchthaut *f*

a·moe|ba [ə'mi:bə] *s* (*pl* **~bae** [~bi:], **a'moe·bas**) *Biol* Amöbe *f*

a·mok [ə'mɒk] = **amuck**

a·mong[st] [ə'mʌŋ(st)] *präp* (mitten) unter, zwischen, bei (*auch übertr*) ⟨~ other things unter anderem; from ~ aus ... heraus, mitten aus; to be ~ gehören zu, darunter sein⟩

a·mor·al [ˌeɪ'mɔ:rl] *adj* amoralisch

am·o|ros·i·ty [ˌæmə'rɒsətɪ] *s* Verliebtheit *f*; **'~rous** *adj* verliebt (**of** in) ⟨≈ glance verliebter Blick⟩ | Liebes-, erotisch ⟨≈ poetry⟩

a·mor·phous [ə'mɔ:fəs] *adj Min* amorph, unkristallinisch | *übertr* form-, gestaltlos, amorph

a·mor·tiz·a·ble [ə'mɔ:tɪzəbl] *adj* amortisierbar; **aˌmor·ti'za·tion** *s* Amortisation *f* | Tilgung *f*; **a'mor·tize** *vt* amortisieren | tilgen; **a'mor·tize·ment** *s* Amortisation *f*

a·mount [ə'maʊnt] **1.** *vi* ausmachen, betragen, sich belaufen (**to** auf) | hinauslaufen ⟨it ~s to this es läuft darauf hinaus⟩; **2.** *s* Betrag *m*, Höhe *f* (e-r Summe), (Gesamt-) Summe *f*, Menge *f* ⟨a large ~ of money ein hoher Geldbetrag, eine Menge Geld; to the ~ of bis zum Betrag von⟩ | *übertr* Bedeutung *f*, Wert *m* ⟨to be of little ~ nichts wert sein⟩

a·mour [ə'mʊə] *selten s* (heimliches) Verhältnis, Liebschaft *f*, Liebesverhältnis *n* ⟨to have an ~ with⟩ | (heimliche[r]) Geliebte(r) *f*(*m*)

am·per·age [æm'pɛərɪdʒ] *s El* Amperezahl *f*; **am·pere** ['æmpɛə] *s El* Ampere *n*; **'am·pere·me·ter** *s El* Amperemeter *n*, Strommesser *m*

am·per·sand ['æmpəsænd] *s Typ* Et-Zeichen *n* (&)

am·phet·a·mine [æm'fetəmi:n|-ɪn] *s Chem* Amphetamin *n*

amphi- [æmfɪ] ⟨*griech*⟩ *in Zus* zwei-, doppelt | um, herum, umher

am·phib·i·an [æm'fɪbɪən] *Zool* **1.** *adj* amphibisch, Amphibien-; **2.** *s* Amphibie *f* | Amphibienflugzeug *n* | *Mil* Amphibienfahrzeug *n*; **am'phi·bi·ous** *adj Zool* amphibisch, Amphibien- | *Mil* Amphibien-, Wasser-Land- ⟨≈ vehicles; ≈ operations⟩

am·phib·o·log·i·cal [æmˌfɪbə'lɒdʒɪkl] *adj* zweideutig, amphibolisch; **am·phi·bol·o·gy** [ˌæmfɪ'bɒlədʒɪ] *s* Zweideutigkeit *f*, Amphibolie *f*; **am'phib·o·lous** *adj Phil* doppelsinnig

am·phi·gam ['æmfɪˌgæm] *s Bot* amphigame Pflanze; **am·phig·o·nous** [æm'fɪgənəs] *adj Bot, Zool* amphigon; **am·phig·o·ny** [æm'fɪgənɪ] *s Bot, Zool* Amphigonie *f*

am·phi·the·a|tre, *Am* **~ter** ['æmfɪθɪətə] *s* Amphitheater *n*, Rundbühne *f* | halbrunder, ansteigender Hörsaal | *Theat* Galerie *f* | *auch* **ˌnatural '~tre** natürliches Amphitheater

am·phiv·o·rous [æm'fɪvərəs] *adj Zool* fleisch- u. pflanzenfressend

am·pho|ra ['æmfərə] *s* (*pl* **~rae** [~ri:]) *Hist* Amphora *f*

am·ple ['æmpl] *adj* weit, breit, ausgedehnt, geräumig ⟨~ house⟩ | genügend, reich(lich) ⟨~ fortune stattliches Vermögen; to be ~ for genügen⟩ | weitläufig, ausführlich ⟨~ narrative⟩

am·pli·dyne ['æmplɪdaɪn] *s El* Amplidyne *f*, Verstärkermaschine *f*

am·pli|fi·ca·tion [ˌæmplɪfɪ'keɪʃn] *s* Erweiterung *f*, Vergrößerung *f* | *Ling* Ausdehnung *f* | *Rhet* Übertreibung *f* | *El, Phys* Verstärkung *f* | *El, Phys* Aufschaukelung *f*; **~fi·ca·to·ry** ['æmplɪfɪkeɪtərɪ] *adj* erweiternd | verstärkend; **'~fi·er** *s* Vergrößerer *m* | *El, Phys* Verstärker *m* | *auch Am* **'~fier tube**, *Brit* **'~fier valve** *El* Verstärkerröhre *f*; **'~fy** *vt* erweitern, ausdehnen | weiter ausführen | *El, Phys* verstärken | *El, Phys* aufschaukeln; *vi* sich weitläufig auslassen (**[up]on** über); **~tude** ['æmplɪtʃu:d|-tj-] *s* Umfang *m*, Weite *f* | Fülle *f*, Reichtum *m* | *Phys* Amplitude *f*, Schwingungsweite *f* ⟨≈ modulation Amplitudenmodulation *f*⟩

am·poule, *auch* **am·pul[e]** ['æmpu:l] *s* Ampulle *f*; **am·pul·la** [æm'pʊlə] *s* (*pl* **am·pul·lae** [-li:]) *Hist* Phiole *f*, Ölfläschchen *n* | *Med, Rel* Ampulle *f* | Krug *m*, Gefäß *n* | *Bot* Blase *f*, Kanne *f*

am·pu|tate ['æmpjʊteɪt] *vt Med* amputieren, abnehmen ⟨to ≈ a leg⟩; **ˌ~'ta·tion** *s Med* Amputation *f*; **~tee** [ˌæmpjʊ'ti:] *s* Amputierte(r) *f*(*m*)

a·muck [ə'mʌk] *adv* wütend, blindlings ⟨to run ~ Amok laufen⟩

am·u·let ['æmjʊlɪt|-ət] *s* Amulett *n*, Zauber(schutz)mittel *n*

a·muse [ə'mju:z] *vt* amüsieren, unterhalten, ergötzen ⟨to ~ o.s. sich amüsieren⟩; belustigen, erheitern; **a'mused** [~d] *adj* amüsiert ⟨to be ≈ at / by lachen *od* erheitert sein über; we were ≈ to hear that wir lachten, als wir hörten, daß ...⟩; **a'muse·ment** *s* Unterhaltung *f*, Zeitvertreib *m*, Vergnügung *f* ⟨for ≈ zum Vergnügen; place of ≈ Vergnügungsstätte *f*⟩ | Belustigung *f*, Erheiterung *f* (**at** über) ⟨in ≈ belustigt⟩; **'~ment grounds**, **'~ment park** *s* Vergnügungspark *m*, Jahrmarkt *m*; **'~ment tax** *s* Vergnügungssteuer *f*; **a'mus·ing** *adj* amüsant, unterhaltsam (**to** für)

a·myg·da|la [ə'mɪgdələ] *s*(*pl* **~lae** [~li:]) *Bot* Mandel *f* | *Med* (Hals-) Mandel *f*, Tonsille *f*; **~la·ceous** [əˌmɪgdə'leɪʃəs] *adj* mandelartig; **~lin** [~lɪn] *s Chem* Amygdalin *n*; **~loid** [~lɔɪd] **1.** *adj* mandelförmig; **2.** *s Geol* Mandelstein *m*

am·yl ['æmɪl] *s Chem* Amyl *n* ⟨~ alcohol Amylalkohol *m*, Fuselöl *n*⟩; **am·y·lase** [~eɪs] *s Chem* Amylase *f*; **am·y·loid** [~ɔɪd] **1.** *adj* stärkehaltig; **2.** *s Chem* Amyloid *n*; **am·y·lum** [~əm] *s Chem* Stärke(mehl) *f*(*n*)

an [ən] *indef art* für ↑ [1]**a** (*vor vokalisch anlautenden Wörtern u. stummem h*)

[1]**an-** [æn|ən] *präf vor h u. Vokalen zur Bildung von s, v u. adj mit der Bedeutung*: nicht, ohne, fehlend, un-, -los (*z. B.* **anarchy** Anarchie *f*; **anarchic** gesetzlos)

[2]**-an** [ən] *suff zur Bildung von adj u. s mit der Bedeutung*: zugehörig zu (einem bestimmten Land, Ort, Klasse u. ä.) (*z. B.* **American** amerikanisch, Amerikaner)

[1]ana- [ænə] *präf zur Bildung von adj u. s mit der Bedeutung*: auf(wärts) | zurück | wieder | äußerst (*z. B.* **anabolic** aufbauend; **anabolism** Aufbau *m*, aufbauende Lebensvorgänge *m/pl*; **anaclastic** zurückspringend; **anagenesis** Neubildung *f*; **anaphylactic** überempfindlich)

[2]**-ana** [ɑ:nə], *auch* **i·ana** [ɪɑ:nə] *suff zur Bildung von s mit der Bedeutung*: Sammlung zu einem bestimmten Thema (*z. B.* **Americana, Shakespeariana**)

an·a·bap·tism (*oft* ⁓) [ˌænəˈbæptɪzm] *s Rel* Anabaptismus *m*; ˌ**An·aˈbap·tist 1.** *s* Anabaptist *m*, Wiedertäufer *m*; **2.** *adj* anabaptistisch; ˌ**an·aˈbap·tize** *vt* wiedertaufen

a·na·bo·lic [ˌænəˈbɒlɪk] **1.** *adj Biol* anabolisch; **2.** *s*, *auch* ˌ⁓ ˈ**ste·roid** *Med* Anabolikum *n*; **a·nab·o·lism** [əˈnæbəlɪzm] *s Biol* Anabolismus *m*, Aufbau *m*

an·a·chron·ic [ˌænəˈkrɒnɪk], ˌ**an·aˈchron·i·cal** *adj* anachronistisch, zeitwidrig; **a·nach·ro·nism** [əˈnækrənɪzm] *s* Anachronismus *m*, Zeitwidrigkeit *f*; **aˌnach·roˈnis·tic, aˌnach·roˈnis·ti·cal** *adj* anachronistisch

an·a·co·lu|thon [ˌænəkəˈlu:θɒn] *s* (*pl* **⁓tha** [⁓θə]) *Rhet* Anakoluth *n*, folgewidrige Satzfügung

an·a·con·da [ˌænəˈkɒndə] *s Zool* Anakonda *f*, Riesenschlange *f*

a·nac·re·on·tic [əˌnækrɪˈɒntɪk] **1.** *adj* anakreontisch | *übertr* lustig, lebensfroh; **2.** *s* anakreontisches Liebesgedicht

an·a·cru·sis [ˌænəˈkru:sɪs] *s Metr, Mus* Auftakt *m*

an·a·cu·si·a [ˌænəˈkju:zɪə] *s Med* Anakusis *f*, völlige Taubheit

a·nae·mia [əˈni:mɪə] *s Med* Anämie *f*, Blutarmut *f*; **aˈnae·mic** *adj Med* anämisch, blutarm

an·aes|the·si·a, an·es|the·si·a [ˌænɪsˈθi:zɪə] *s Med* Anästhesie *f*, Narkose *f*; ˌ⁓ˈ**thet·ic 1.** *adj Med* anästhetisch, betäubend | *übertr* verständnislos (**to** gegenüber); **2.** *s Med* Narkotikum *n* ⟨local ≈; under an ≈⟩; **⁓the·tist** [əˈni:sθətɪst] *s Med* Anästhesist *m*, Narkosearzt *m*; **⁓thet·i·za·tion** [əˌni:sθətaɪˈzeɪʃn] *s Med* Anästhesierung *f*, Narkotisieren *n*; **⁓the·tize** [əˈni:sθətaɪz] *vt Med* anästhesieren, betäuben

an·a·gen·e·sis [ˌænəˈdʒenɪsɪs] *s Med* Gewebeneubildung *f*

an·a·glyph [ˈænəglɪf] *s* (Kunst) Basrelief *n*

an·a·gram [ˈænəgræm] *s* Anagramm *n* ⟨to play ⁓s Buchstabenvertauschen spielen⟩; **⁓mat·ic** [ˌænəgrəˈmætɪk], ˌ⁓ˈ**ma·ti·cal** *adj* anagrammatisch

a·nal [ˈeɪnl] **1.** *adj Med* anal, Anal-, After- | *Zool* Schwanz-, Steiß-; **2.** *s Zool* Afterflosse *f*

an·a·lep·tic [ˌænəˈleptɪk] *Med* **1.** *adj* analeptisch, kräftigend; **2.** *s* Analeptikum *n*, Kräftigungs-, Belebungsmittel *n*

an·al·ge·si·a [ˌænlˈdʒi:zɪə] *s Med* Analgesie *f*, Schmerzunempfindlichkeit *f*; ˌ**an·alˈge·sic, an·al·get·ic** [ˌænlˈdʒetɪk] *Med* **1.** *adj* analgetisch, schmerzlindernd; **2.** *s* Analgetikum *n*, schmerzlinderndes Mittel

an·a·log·ic [ˌænəˈlɒdʒɪk], ˌ**an·aˈlog·i·cal** *adj* analog, ähnlich, Analogie-; **a·nal·o·gism** [əˈnælədʒɪzm] *s Phil* Analogismus *m*, Ähnlichkeitsschluß *m*; **aˈnal·o·gize** *vi* analog sein (**with** mit) | Analogieschlüsse ziehen; *vt* analogisieren; **a·nal·o·gous** [əˈnæləgəs] *adj* analog, ähnlich (**to** zu, mit) | vergleichbar (**to, with** mit); **a·na·logue** [ˈænəlɒg] *s* Analogon *n*, Entsprechung *f* ⟨≈ computer Analogrechner *m*⟩ | *Chem* (künstlicher) Austauschstoff, künstliches Nahrungsmittel; **a·nal·o·gy** [əˈnælədʒɪ] *s* Analogie *f*, Ähnlichkeit *f*, Übereinstimmung *f* (**to, with** mit) ⟨to bear ≈ to Ähnlichkeit zeigen mit; to draw an ≈ between einen Vergleich anstellen zwischen⟩ | *Phil* Analogie *f* ⟨argument by/from ≈ Analogieschluß *m*; on the ≈ of analog zu⟩

an·al·pha·bet[e] [æˈnælfəbet|-bi:t] *s selten* Analphabet *m*; ˈ**an·al·phaˈbet·ic 1.** *s* Analphabet *m*; **2.** *adj* analphabetisch; **anˈal·pha·bet·ism** *s* Analphabetismus *m*

an·a|lyse, *Am* **⁓lyze** [ˈænəlaɪz] *vt* analysieren, zergliedern | genau untersuchen, auswerten | *Am* der Psychoanalyse unterziehen; **a·nal·y·sis** [əˈnæləsɪs] *s* (*pl* **a·nal·y·ses** [⁓i:z]) Analyse *f*, Zergliederung *f* ⟨to make an ≈ eine Analyse vornehmen; in the last ≈ letzten Endes⟩ | Untersuchung *f*, Auswertung *f* | *Am* Psychoanalyse *f* | *Chem, Ling, Phil, Math* Analyse *f*; ˈ⁓ˌ**lyst** *s Chem, Math* Analytiker *m* ⟨public ≈ Gerichtschemiker *m*⟩ | *Am* Psychoanalytiker *m*, Nervenarzt *m*; ˌ⁓ˈ**lyt·ic**, ˌ⁓ˈ**lyt·i·cal** *adj* analytisch; ˌ⁓ˈ**lyt·ics** *s/pl* (*sg konstr*) Analytik *f*

an·am|ne·sis [ˌænæmˈni:sɪs] *s Med* Anamnese *f*, Vorgeschichte *f* eines Krankheitsfalles

a·na·na[s] [əˈnɑ:nə(s)] *s Bot* Ananas *f*

an·a|paest [ˈænəpi:st] *s Metr* Anapäst *m*; ˌ⁓ˈ**paes·tic**, ˌ⁓ˈ**paes·ti·cal** *Metr* **1.** *adj* anapästisch; **2.** *s* anapästischer Vers

a·na·rak [ˈænəræk] = **anorak**

an·arch [ˈænɑ:k] *s* Anarchist *m*; **anˈar·chic, anˈar·chi·cal** *adj* anarchisch, zügellos; **⁓ism** [ˈænəkɪzm] *s* Anarchismus *m*, Gesetzlosigkeit *f*; Regierungslosigkeit *f*; **⁓ist** [ˈænəkɪst] **1.** *adj* anarchistisch; **2.** *s* Anarchist *m*; ˌ**an·arˈchis·tic** *adj* anarchistisch; **⁓y** [ˈænəkɪ] *s* Anarchie *f*, Regierungslosigkeit *f* | Gesetzlosigkeit *f*

a·nath·e·ma [əˈnæθəmə] *s Rel* Anathema *n*, Bannfluch *m*, Kirchenbann *m* | *übertr* Fluch *m*, Verwünschung *f* | Verhaßtes *n*, Hassenswertes *n*; **aˌnath·e·ma·tiˈza·tion** *s Rel* Belegung *f* mit dem Kirchenbann; **aˈnath·e·ma·tize** *vt Rel* mit dem Kirchenbann belegen | *übertr* verfluchen; *vi* fluchen

an·a·tom|ic [ˌænəˈtɒmɪk], **an·aˈtom·i·cal** *adj Med* anatomisch; **a·nat·o·mist** [əˈnætəmɪst] *s Med* Anatom *m*; **aˈnat·o·mize** *vt Med* anatomisch zerlegen | *übertr* zergliedern; **aˈnat·o·my** *s Med* Anatomie *f* ⟨comparative ≈ vergleichende Anatomie⟩ | *übertr* Zergliederung *f* | *übertr* Gerippe *n*

-ance [əns] *suff zur Bildung von s aus adj od v mit der Bedeutung*: Zustand | Eigenschaft (*z. B.* **extravagance** Überspanntheit *f*; **annoyance** Verärgerung *f*) | Vorgang, Handlung, Verlauf (*z. B.* **appearance** Erscheinung *f*; **riddance** Befreiung *f*; **assistance** Unterstützung *f*, Beistand *m*)

an·ces|tor [ˈænsɪstə] *s* Ahn *m*, Vorfahr *m* | Stammvater *m* (*auch übertr*); **⁓tral** [ænˈsestrl] *adj* angestammt, ererbt, Ahnen-, Ur- ⟨≈ home Ahnensitz *m*⟩; **⁓tress** [⁓trəs] *s* Ahnfrau *f*; ˈ**⁓try** *s* Abstammung *f* | Vorfahren *m/pl*, Ahnen *m/pl*

an·chor [ˈæŋkə] **1.** *s Mar* Anker *m* ⟨at ⁓ vor Anker; to cast/drop ⁓, to come to ⁓ vor Anker gehen, ankern; to lie/ride at ⁓ vor Anker liegen; to slip/weigh ⁓ den Anker lichten⟩ | *Tech* (Brückenkabel) Anker *m*, Verankerung *f* | (Pendeluhr) Anker *m* | *übertr* Rettungsanker *m*, Zuflucht *f* | *auch* ˈ⁓ **man** (Sport) Schlußmann *m* | *auch* ˈ**⁓man**, ˈ**⁓woman**, ˈ⁓ˌ**person** *Am TV* (Nachrichten-) Moderator *m*; **2.** *vt Mar, Tech* verankern (*auch übertr*) ⟨to be ⁓ed in verankert sein in⟩ | *Am TV* (Nachrichten) moderieren; *vi Mar* ankern, Anker werfen | *übertr* sich verlassen (**[up]on** auf); [1]ˈ**⁓age** *s* Ankergrund *m*, -platz *m* | Ankergeld *n* | *übertr* Verankerung *f*

[2]**an·chor·age** [ˈæŋkərɪdʒ] *s* Einsiedlerklause *f*; **an·cho·ress** [ˈæŋkərəs] *s* Einsiedlerin *f*; **an·cho·ret** [ˈæŋkərət] *s* Einsiedler *m*; ˌ**an·choˈret·ic** *adj* einsiedlerisch; **an·chor·ite** [ˈæŋkəraɪt] = **an·cho·ret**

an·chor·less [ˈæŋkələs] *adj Mar* ankerlos | *übertr* haltlos, unstet

an·cho·vy [ˈæntʃəʊvɪ|ænˈtʃəʊvɪ] *s Zool* Anschovis *f*, Sardelle *f* ⟨⁓ paste Sardellenpaste *f*⟩

an·cient [ˈeɪnʃnt] **1.** *adj* alt, antik | uralt, aus alter Zeit, vergangen ⟨⁓ history; ⁓ Rome; in ⁓ times⟩ | (Personen) alt, ehrwürdig | (*oft scherzh*) (Sachen) altertümlich, altmodisch ⟨⁓ hat⟩; **2.** *s* Alte(r) *f*(*m*), Greis(in) *m*(*f*); **the ⁓s** *s* die Alten (Griechen u. Römer)

an·cil·lar·y [æn'sɪlərɪ] *adj* dienend, untergeordnet, Neben- (**to s.th.** e-r Sache) ⟨~ industries Zulieferbetriebe *m/pl*; ~ road Nebenstraße *f*, Straße *f* zweiter Ordnung; ~ subject Nebenfach *n*⟩ | *Jur* ergänzend ⟨~ evidence⟩

an·cle ['æŋkl] = **ankle**

an·con ['æŋkɒn] *s Med* Ellbogen *m* | *Arch* Krag-, Eckstein *m*

-ancy [ənsɪ] *suff zur Bildung von s aus adj od s mit der Bedeutung*: Zustand, Eigenschaft (*z. B.* **pregnancy** Schwangerschaft *f*; **extravagancy** Verschwendungssucht *f*)

and [ən|n|ænd] **1.** *conj* und, und dazu ⟨a bread ~ butter ein Butterbrot *n*; a cup ~ saucer eine Tasse mit Untertasse; knife and fork Messer und Gabel; soap ~ water Seifenwasser *n*⟩ | intens und, immer, über ⟨colder ~ colder immer kälter; for days ~ days tagelang; thousands ~ thousands Tausende und aber Tausende⟩ | und, so, dann ⟨wait ~ see⟩ | sowohl als auch ⟨there are friends ~ friends es gibt solche u. solche Freunde⟩ | *umg* um zu ⟨go ~ get it gehe es holen; try ~ do it versuche es zu tun⟩ ◇ ~ **so forth**, ~ **so on** und so fort, und so weiter; **nice** ~ sehr, schön ⟨nice ~ warm schön warm⟩; **2.** *s* Und *n*, Aber *n* ⟨no ifs and ~s kein Wenn und Aber⟩

An·da·lu·sian [ˌændə'lu:ʒɪan] **1.** *adj* andalusisch; **2.** *s* Andalusier(in) *m(f)*

an·dan|te [æn'dænteɪ|-tɪ] *Mus* **1.** *adj, adv* andante, mäßig langsam; **2.** *s* Andante *n*; **~ti·no** [ˌændæn'ti:nəʊ] **1.** *adj, adv* andantino, etwas ruhig; **2.** *s* Andantino *n*

and·i·ron ['ændaɪən] *s* Feuer-, Kaminbock *m*

andr[o]- [ændr(ə)] ⟨*griech*⟩ *in Zus* Mann, Männer-, männlich (*z. B.* **androcentric**)

an·dro·gy·n[e] ['ændrədʒi:n|-ɪn] *s* Zwitter *m*; **an·drog·y·nous** [æn'drɒdʒɪnəs] *adj, bes Bot* zwitt[e]rig, zwitterblütig

an·dro·gen ['ændrədʒən] *s Chem* Androgen *n*, männliches Geschlechtshormon, Keimdrüsenhormon *n*

an·ec|do·tal [ˌænek'dəʊtl] *adj* anekdotisch ⟨≈ conversation⟩ | *übertr* nebensächlich, nichts Wesentliches enthaltend, seicht ⟨≈ work nur Nebensächlichkeiten enthaltende Arbeit⟩; **~dote** ['ænɪkdəʊt] *s* Anekdote *f*; **~dot·ic** [ˌænek'dɒtɪk], **ˌ~'dot·i·cal** *adj* anekdotisch, Anekdoten-

an·e·lec·tric [ˌænɪ'lektrɪk] *Phys* **1.** *adj* unelektrisch; **2.** *s* unelektrischer Stoff

an·e·mom·e·ter [ˌænɪ'mɒmɪtə] *s Phys* Anemometer *n*, Windmesser *m*

a·nem·o·ne [ə'nemənɪ] *s Bot* Anemone *f*

a·nent [ə'nent] *präp arch, dial* neben | gegenüber | betreffs, bezüglich

an·er·oid ['ænərɔɪd] *Phys* **1.** *adj* aneroid, keine Flüssigkeit enthaltend; **2.** *s, auch* **'~ ba'rom·e·ter** Aneroidbarometer *n*, Trocken-, Federbarometer *n*

an·eu·rin ['ænjʊrɪn] *s Chem* Aneurin *n*, Vitamin B

a·new [ə'nju:] *adv* von neuem, aufs neue | auf neue Art ⟨to fashion s.th. ~ etw. auf neue Art gestalten⟩

an·gel ['eɪndʒl] *s* Engel *m* (*auch übertr*) ⟨talk of an ~ and you'll hear his wings wenn man vom Teufel spricht, dann kommt er; to act as ~ to s.th. etw. großzügig finanzieren; to entertain an ~ unawares ohne eigenes Wissen einer bedeutenden Person einen Dienst erweisen⟩; **~et** ['eɪndʒlɪt] *s* Engelchen *n* (*auch übertr*); **~ic** [æn'dʒelɪk] *adj* engelgleich, Engels-

an·gel·i·ca [ˌæn'dʒelɪkə] *s Bot* Angelika *f*

an·gel·i·cal [æn'dʒelɪkl] *adj* engelgleich; **An·ge·lus** ['ændʒɪləs] *s, auch* **'Angelus ˌbell** *Rel* Angelusglocke *f*

an·ger ['æŋgə] **1.** *s* Zorn *m*, Ärger *m*, Wut *f* (**at** über) ⟨filled with ~ at zornerfüllt über; to speak in ~ ärgerlich *od* zornig sprechen⟩; **2.** *vt* erzürnen, ärgern, in Wut bringen ⟨to be easily ~ed leicht in Zorn geraten⟩; *vi* zornig *od* ärgerlich werden, in Wut geraten

an·gi|na [æn'dʒaɪnə] *s Med* Angina *f*, Mandelentzündung *f*; **~na pec·to·ris** [ænˌdʒaɪnə 'pektərɪs] *s Med* Angina *f* pectoris, Stenokardie *f*; **~noid** ['ændʒɪnɔɪd] *adj Med* anginaähnlich; **~nose** [~nəʊs], **an'gi·nous** *adj Med* anginös

angio- [ændʒɪə] ⟨*griech*⟩ *in Zus* Gefäß-

an·gi·ol·o·gy [ˌændʒɪ'ɒlədʒɪ] *s Med* Angiologie *f*, Gefäßlehre *f*

an·gi·o|ma [ˌændʒɪ'əʊmə] *s* (*pl* **~ma·ta** [~mətə], **~mas**) *Med* Angiom *n*, Blutschwamm *m*

an·gi·o|neu·ro·sis [ˌændʒɪənjʊə'rəʊsɪs] *s Med* Angio-, Vasoneurose *f*; **'~spasm** *s Med* Gefäßkrampf *m*

¹an·gle ['æŋgl] **1.** *s* Ecke *f*, Winkel *m* (*bes Math*) ⟨acute ~ spitzer Winkel; at an ~ with in einem Winkel mit; obtuse ~ stumpfer Winkel; right ~ rechter Winkel⟩ | *Tech* Knie *n*, Knick *m* | *übertr* Gesichtswinkel *m*, Standpunkt *m* ⟨seen from this ~ von diesem Standpunkt aus gesehen; to get an ~ on s.th. *umg* sich von etw. einen Begriff machen⟩; **2.** *vi* sich biegen | im Winkel abbiegen; *vt* umbiegen | *übertr* verdrehen, entstellen ⟨to ~ the news⟩

²an·gle ['æŋgl] *vi* angeln (*auch übertr*) (**for** nach) ⟨to ~ for compliments auf Komplimente aus sein⟩; *vt* angeln

an·gled ['æŋgld] *adj* winklig

an·gle|doz·er ['æŋglˌdəʊzə] *s* Planierraupe *f*, Seitenräumer *m*; **'~ i·ron** *s Tech* Winkeleisen *n*; **'~-ˌpark·ing** *s* Parken *n* quer zur Straße; **'~ piece** *s Tech* Winkelstück *n*

an·gler ['æŋglə] *s* Angler *m* | *Zool* Seeteufel *m*

An·gles ['æŋglz] *s/pl Hist* Angeln *pl*; **An·gli·an** ['æŋglɪən] *Hist* **1.** *adj* anglisch; **2.** *s* Angehörige(r) *f(m)* des Volksstammes der Angeln | Anglisch *n*; **'An·glic** *adj* anglisch

An·gli·can ['æŋglɪkən] **1.** *adj* anglikanisch, hochkirchlich gesinnt; **2.** *s* Anglikaner(in) *m(f)*; **'~ism** *s* Anglikanismus *m*

an·gli|cism ['æŋglɪsɪzm] *s Ling* Anglizismus *m*, englische Spracheigenheit; **'~cist** *s* Anglist(in) *m(f)*; **'~cize** *vi, vt* (sich) anglisieren

an·gling ['æŋglɪŋ] *s* Angeln *n*

an·glist ['æŋglɪst] *s* Anglist(in) *m(f)*; **an'glis·tics** *s/pl* (*sg konstr*) Anglistik *f*

Anglo- [æŋgləʊ] ⟨*lat*⟩ *in Zus* Englisch, England

An·glo-|A·mer·i·can [ˌæŋgləʊ ə'merɪkən] **1.** *adj* angloamerikanisch; **2.** *s* Angloamerikaner(in) *m(f)*; **ˌ~-'Cath·o·lic** **1.** *adj* anglokatholisch | der Hochkirche angehörend; **2.** *s* Anglokatholik(in) *m(f)* | Hochkirchler(in) *m(f)*; **ˌ~-'French** **1.** *adj* anglofranzösisch; **2.** *s* Anglofranzösisch *n*; **ˌ~-'In·di·an** **1.** *adj* angloindisch; **2.** *s* Anglo-Inder(in) *m(f)* | in Indien lebende(r) *od* geborene(r) Engländer(in) *m(f)*; **An·glo·phil[e]** ['æŋgləʊfaɪl|-fɪl] **1.** *adj* anglophil, englandfreundlich; **2.** *s* Anglophile *m*, Englandfreund *m*; **ˌ~-'Sax·on** **1.** *adj* angelsächsisch; **2.** *s* Angelsachse *m* | Angelsächsisch *n*, Altenglisch *n*

An·go|la [æŋ'gəʊlə] *s* Angola *n*; **~lese** [~li:z] **1.** *adj* angolanisch; **2.** *s* Angolaner(in) *m(f)*

an·go·ra [æŋ'gɔ:rə] *s* Stoff *m od* Kleidungsstück *n* aus Angorawolle | *auch* **ˌ≈ 'cat** *Zool* Angorakatze *f* | *auch* **ˌ≈ 'goat** *Zool* Angoraziege *f* | *auch* **ˌ≈ 'rabbit** *Zool* Angorakaninchen *n*; **ˌ≈ 'wool** Angorawolle *f*, Mohair *m*

an·gry ['æŋgrɪ] *adj* zornig, böse | ärgerlich (**at** über, auf; **about s.th.** über etw.; **with** mit) ⟨to be ~ to *mit inf* sich ärgern zu *mit inf*; to get ~ in Zorn geraten⟩ | *übertr* finster ⟨an ~ sky⟩ | *übertr* verdrießlich | *Med* (Wunde u. ä.) entzündet, rot

an·guid ['æŋgwɪd] *s Zool* Schleiche *f*

an·guish ['æŋgwɪʃ] **1.** *s* (*bes übertr*) Qual *f*, Pein *f*, (Seelen-) Schmerz *m* ⟨to be in ~ Qualen erleiden⟩; **2.** *vt* peinigen; *vi* Qual erdulden; **'an·guished** *adj* gequält, qualvoll ⟨an ≈

shriek⟩ | angstvoll, entsetzt ⟨an ≈ protest⟩

an·gu·lar ['æŋgjʊlə] *adj* eckig, winklig, Winkel- | (Personen) knochig | *übertr* steif, ungeschickt; **,~ 'de·gree** *s Math* Winkelgrad *m*; **,~ 'dis·tance** *s Math* Winkelabstand *m*; **~i·ty** [,æŋgjʊ'lærətɪ] *s* Winkligkeit *f*, winklige Beschaffenheit *f* | (Personen) Knochigkeit *f*, Magerkeit *f* | *übertr* Steifheit *f*; **an·gu·lose** ['æŋgjʊləʊs], **'an·gu·lous** *adj* winklig, eckig

an·hy|drid[e] [æn'haɪdraɪd] *s Chem* Anhydrid *n*; **~drite** [~draɪt] *s Min* Anhydrit *m*; **an'hy·drous** *adj Chem* anhydrisch, wasserfrei

an·il ['ænɪl] *s Bot* Indigo *f* | Indigo(farbstoff) *m*

an·ile ['eɪnaɪl] *adj* altweiberhaft

an·i·line ['ænɪli:n] *Chem* **1.** *s* Anilin *n*; **2.** *adj* Anilin-

an·i·mad|ver·sion [,ænɪmæd'vɜ:ʃn] *s* Tadel *m*, Verweis *m*, Rüge *f*; **,~'vert** *vi* tadeln, rügen (**[up]on s.th.** etw.)

an·i·mal ['ænəml|-nɪ-] **1.** *s* Tier *n* (*auch übertr*) (*Ant* man) | (tierisches) Lebewesen | Vierfüßer *m*; **2.** *adj* tierisch, Tier- ⟨~ instincts; ~ products⟩ | *übertr* fleischlich, animalisch, sinnlich ⟨~ desires⟩ (*Ant* rational, intellectual) | *übertr* natürlich, nicht vergeistigt ⟨~ spirits natürliche Unbeschwertheit⟩; **,~ 'char·coal** *s* Tierkohle *f*; **~cule** [,ænɪ'mælkju:l] *s* mikroskopisch kleines Tierchen; **an·i·ma·li·an** [,ænɪ'meɪlɪən], **~ic** [ænɪ'mælɪk] *adj* animalisch, tierisch, Tier-; **~ism** ['ænəmlɪzm] *s* Vertiertheit *f* | Animalismus *m* | Sinnlichkeit *f*; **~i·ty** [,ænɪ'mælətɪ] *s* Tierheit *f* | Tierreich *n*; **~i·za·tion** [,ænɪməlaɪ'zeɪʃn] *s* Vertierung *f* | *Chem* Animalisierung *f*; **'~ize** *vt* vertieren | zum Tier machen | *Chem* animalisieren; **'~ ,king·dom** *s* Tierreich *n*

an·i|mate ['ænɪmeɪt] *vt bes übertr* beleben, beseelen ⟨to ≈ s.o.'s face⟩ | anregen, aufmuntern, antreiben, beleben | als *od* im Trickfilm darstellen; *vi* sich beleben; ['ænɪmət|-mɪt] *adj* belebt, beseelt ⟨≈ nature⟩ | lebhaft, munter; **'~mat·ed** *adj* belebt, lebendig ⟨≈ discussion lebhafte Diskussion; ≈ cartoon (Zeichen-) Trickfilm *m*; ≈ map bewegliche Karte; ≈ picture Laufbild *n*⟩ | beseelt (**by, with** von) | lebhaft, munter; **,~'ma·tion** *s* Beseelung *f* | Lebhaftigkeit *f*, Leben *n*, Feuer *n* | Herstellung *f* eines (Zeichen-) Trickfilms | (Zeichen-) Trickfilm *m* | Laufbild *n*; **~ma·tive** [~meɪtɪv] *adj* belebend; **'~ma·tor** *s* Trickfilmzeichner *m*; **'~mism** *s Phil* Animismus *m*

an·i|mos·i·ty [,ænɪ'mɒsətɪ|-nə-] *s* Feindseligkeit *f*; Erbitterung *f*; Haß *m* (**against, towards** gegenüber, **between** zwischen); **~mus** ['ænɪməs] *s* = **animosity** ⟨without ≈⟩ | (belebender) Geist ⟨spiritual ≈ Lebensgeist *m*⟩ | Absicht *f*, Ziel *m*, tragender Gedanke

an·i·on ['ænaɪən] *s Chem, Phys* Anion *n*

an·ise ['ænɪs] *s Bot* Anis *m*; **an·i·seed** ['ænɪsi:d] *s* Anissamen *m*; = **an·i·sette** [,ænɪ'zet] *s* Anisett *m*, Anislikör *m*

an·ker·ite ['æŋkəraɪt] *s Min* Ankerit *m*

an·kle ['æŋkl] *s* (Fuß-) Knöchel *m* | (Fuß-) Fessel *f*; **'~ boot** *s* Halbstiefel *m*; **'~-deep** *adj* knöcheltief; **'~ joint** *s* Fußgelenk *n*; **'~ socks** *s/pl* Söckchen *n/pl*; **an·klet** ['æŋklɪt] *s* Fußring *m*, Fußspange *f* | Fußfessel *f* | Söckchen *n*, Halbsocke *f*

ankylo- [æŋkɪlə] ⟨*griech*⟩ *in Zus* gebogen

an·ky|lo·sis [,æŋkɪ'ləʊsɪs] *s Med* Ankylose *f*, Gelenkversteifung *f*; **~'lot·ic** *adj Med* ankylotisch, versteift

an·nal·ist ['ænəlɪst] *s* Chronist *m*; **an·nals** ['ænlz] *s/pl* Annalen *pl*, Jahrbücher *n/pl* | (Jahres-) Bericht *m*

an·neal [ə'ni:l] *vt Tech* (Metall) ausglühen, tempern, anlassen | *Tech* (Stahl) vergüten, härten | *Tech* (Glas) abkühlen | *Tech* emaillieren | *übertr* härten, stählen

an·ne|lid ['ænəlɪd] *s Zool* Ringelwurm *m*; **~loid** [~lɔɪd] *adj* ringelwurmartig

an·nex [ə'neks] **1.** *vt* anhängen, beifügen (**to** zu) | (Bedingung u. ä.) verbinden (**to** mit) | (Land) annektieren | *umg scherzh* sich aneignen; **2.** *s* Anhang *m*, Nachtrag *m*, Ergänzung *f* | (Brief) Anlage *f* (**to** zu) | *auch* **an·nexe** ['ænəks] Nebengebäude *n*, Anbau *m*, Trakt *m* ⟨~ to a hotel; the new science ~ der neue Trakt für die Naturwissenschaften⟩ | Vorort *m* ⟨the city and its ~es⟩; **~'a·tion** *s* Hinzufügung *f* (**to** zu) | Verbindung *f* (**to** mit) | Annexion *f*, Einverleibung *f*

an·ni·hi|la·bil·i·ty [ə,naɪələ'bɪlətɪ] *s* Zerstörbarkeit *f*; **an'ni·hi'·la·ble** *adj* zerstörbar; **an'ni·hi·late** *vt* zerstören, vernichten | *übertr* annulieren, aufheben, unwirksam machen; **~'la·tion** *s* Zerstörung *f*, Vernichtung *f* | Annullierung *f*, Aufhebung *f*; **~la·tive** [ə'naɪəleɪtɪv] *adj* zerstörend, vernichtend

an·ni·ver·sa·ry [,ænɪ'vɜ:srɪ] **1.** *s* Jahrestag *m*, -feier *f* ⟨a wedding ~⟩; **2.** *adj* Jahres(tags)-, Jubiläums- ⟨an ~ meeting⟩

An·no Dom·i·ni [,ænəʊ 'dɒmɪnaɪ] Anno Domini, im Jahre des Herrn, nach Christus | unserer Zeitrechnung

an·no|tate ['ænəteɪt] *vt* mit Anmerkungen versehen, kommentieren; *vi* Anmerkungen machen (**[up]on** zu); **,~'ta·tion** *s* Kommentieren *n* | Anmerkung *f*; **,~'ta·tive** *adj* kommentierend; **'~ta·tor** *s* Kommentator *m*

an·nounce [æ'naʊns] *vt* bekanntgeben, ankündigen (**s.th. to s.o.** jmdm. etw.) | ansagen | anmelden ⟨to ~ a guest⟩ | enthüllen, verraten ⟨to ~ one's character⟩; **an'nounce·ment** *s* Bekanntgabe *f*, -machung *f*, Ankündigung *f* | Ansage *f* | Anmeldung *f* | Nachricht *f*, Meldung *f* | Anzeige *f*, Veröffentlichung *f* ⟨≈ in a newspaper⟩; **an'nounc·er** *s Rundf* Ansager *m*

an·noy [ə'nɔɪ] *vt* (*bes pass*) ärgern ⟨to be/feel/get ~ed sich ärgern (**at s.th.** über etw.; **with s.o. for** über jmdn. wegen)⟩ | stören, belästigen (*auch Mil*); **an'noy·ance** *s* Ärger *m*, Verdruß *m* ⟨to s.o.'s ≈ zu jmds. Verdruß; to subject s.o. to ≈ jmdn. plagen *od* verdrießen⟩ | Störung *f*, Belästigung *f* | Plage *f*, Plagegeist *m*, lästiger Mensch; **an'noy·ing** *adj* ärgerlich | lästig

an·nu·al ['ænjʊəl] **1.** *adj* jährlich, Jahres- ⟨~ income Jahreseinkommen *n*⟩ | jährlich, alljährlich ⟨~ financial statement *Wirtsch* Jahresabschluß *m*; ~ magazine jährlich erscheinende Zeitschrift⟩ | *bes Bot* einjährig ⟨~ plant⟩; **2.** *s* Jahrbuch *n* | *Bot* einjährige Pflanze; **,~ 're·port** *s* Jahresbericht *m* | *Wirtsch* Geschäftsbericht *m*; **,~ 're·view** *s* Jahreserhebung *f*; **'~ 'ring** *s Bot* Jahresring *m*

an·nu·ar·y ['ænjʊərɪ] *s* Jahrbuch *n*

an·nu·i|tant [ə'nju:ɪtənt] *s* Rentner(in) *m(f)*; **an'nu·i·ty** *s* (Jahres-) Rente *f* | Jahreszahlung *f* | *auch* **'~ty ,bond** Rentenbrief *m*

an·nul [ə'nʌl] (**an'nulled, an'nulled**) *vt* für ungültig erklären, aufheben, annullieren ⟨to ~ a law⟩ | zerstören, vernichten, auslöschen | *übertr* ablegen ⟨to ~ a bad habit⟩

an·nu·lar ['ænjʊlə] *adj* ringförmig | Ring- (*auch Tech*); **,~ 'au·ger** *s Tech* Kreisbohrer *m*; **~i·ty** [,ænjʊ'lærətɪ] *s* Ringförmigkeit *f*; **~y** ['ænjʊlərɪ] *s* Ringfinger *m*; **an·nu·late** ['ænjʊlɪt], **an·nu·lat·ed** ['ænjʊleɪtɪd] *adj* geringelt | *Bot* ringförmig | Ring-; **,an·nu'la·tion** *s* Ringbildung *f*; **'an·nu·let** *s* Ringelchen *n*

an·nul|la·bil·i·ty [ə,nʌlə'bɪlətɪ] *s* Annullierbarkeit *f*; **an'nul·a·ble** *adj* annullierbar, aufhebbar; **an'nul·ment** *s* Aufhebung *f*, Ungültigkeitserklärung *f* | Tilgung *f*, Annullierung *f* | Abschaffung *f*

an·nu|lus ['ænjʊləs] *s* (*pl* **~li** [~laɪ], **'~lus·es**) *Bot, Med* Ring *m* | *Astr* Lichtkreis *m*

an·nun·ci|ate [ə'nʌnʃɪeɪt] *vt* ankündigen; **an,nun·ci'a·tion** *s* Verkündigung *f*, Ankündigung *f* | **~i'a·tion** *Rel* Mariä Verkündigung *f* | *auch* **~a·tion Day** *Rel* Fest *n* der Verkündigung Mariä, 25. März; **an'nun·ci·a·tive** *adj* ankündigend; **an'nun·ci·ator** *s* Verkünd(ig)er *m* | *El* Klingeltableau *n* | Wecker *m*

an·ode ['ænəud] *s El* Anode *f*; '~ ˌ**bat·ter·y** *s El* Anodenbatterie *f*; '~ **cir·cuit** *s El* Anodenkreis *m*; '~ ˌ**cur·rent** *s El* Anodenstrom *m*; **an·od·ic** [æ'nɒdɪk] *adj El, Bot* anodisch

an·od·ize ['ænədaɪz] *vt Tech* eloxieren

an·o|dyne ['ænədaɪn] *Med* **1.** *adj* schmerzstillend (*auch übertr*); **2.** *s* schmerzstillendes Mittel | *übertr* Linderung *f*, Trost *m*; **~dyn·ic** [ˌænə'dɪnɪk] *adj* schmerzstillend

a·noint [ə'nɔɪnt] *vt* einölen, einreiben, einschmieren | *bes Rel* salben ⟨to ~ s.o. with oil; to ~ s.o. king jmdn. zum König salben⟩; **a'noint·ment** *s* Salbung *f*

an·o·lyte ['ænəlaɪt] *s El* Anolyt *m*

a·nom·a·lism [ə'nɒməlɪzm] *s* Anomalie *f*, Abweichung *f*; **aˌnom·a'lis·tic**, **aˌnom·a'lis·ti·cal**, **a'nom·a·lous** *adj* anomal, abnorm, unregelmäßig, regelwidrig ⟨anomalous verb *Ling* unregelmäßiges Verb⟩; **a'nom·a·ly** *s* Anomalie *f*, Unregelmäßigkeit *f*, Abweichung *f* | *Biol* Mißbildung *f*

a·non [ə'nɒn] *adv arch* bald | *arch* sofort | wieder, erneut ⟨ever and ~; now and ~ immer wieder⟩

an·o·nym ['ænənɪm] *s* anonyme Person | Pseudonym *n*; ˌ**an·o'nym·i·ty** *s* Anonymität *f*; **a·non·y·mous** [ə'nɒnɪməs] *adj* anonym, ungenannt, namenlos ⟨≈ letter anonymer Brief; to remain ≈⟩

a·noph·e·les [ə'nɒfɪli:z] *s Zool* Anophelesmücke *f*, Fiebermücke *f*

an·op·si·a [æ'nɒpsɪə] *s Med* Anopsie *f*, Blindheit *f*

a·no·rak ['ænəræk] *s* Anorak *m*

an·oth·er [ə'nʌðə] *adj, pron* ein anderer, eine andere, ein anderes (**than** als), ein verschiedener, eine verschiedene, ein verschiedenes ⟨~ one ein anderer; ~ time ein andermal; that's ~ thing das ist etw. anderes⟩ | ein weiterer, eine weitere, ein weiteres, noch ein(e) ⟨~ cup of tea noch eine Tasse Tee; ~ day or two noch ein paar Tage; not ~ dollar kein einziger Dollar mehr⟩ | ein ähnlicher, neuer, zweiter, eine ähnliche, neue, zweite, ein ähnliches, neues, zweites ⟨~ Caruso ein zweiter Caruso⟩ ◇ **one ~** einander, gegenseitig

an·ox|e·mi·a [ˌænɒk'si:mɪə] *s Med* Anoxämie *f*; ˌ**~'e·mic** *adj Med* anoxämisch; **~i·a** [æ'nɒksɪə] *s Med* Sauerstoffmangel *m*

an·ser·ine ['ænsəraɪn] *adj* gänseartig, Gans- | *übertr* dumm

an·swer ['ɑ:nsə] **1.** *s* Antwort *f*, Erwiderung *f* (**to** auf) ⟨in ~ to als Antwort auf; question and ~ Frage *f* und Antwort *f*; to give / make an ~ eine Antwort geben⟩ | *Math* Lösung *f*, Resultat *n* | *Jur* Gegenschrift *f*, Replik *f*; **2.** *vi* antworten (**to s.o.** jmdm.) ⟨to ~ back *umg* das letzte Wort haben; frech antworten; to ~ to a question auf eine Frage antworten⟩ | übereinstimmen (**to** mit) ⟨to ~ to a description of entsprechen, identisch sein mit⟩ | haften, verantwortlich sein (**for** für) | passen, taugen, (**for** für) | hören (**to** auf) ⟨to ~ to the name of … auf den Namen … hören⟩ | reagieren (Schiff) ⟨to ~ to the helm dem Steuer gehorchen⟩ | Erfolg haben | *Jur* Einspruch erheben; *vt* (etw.) beantworten ⟨to ~ s.o. a question jmdm. eine Frage beantworten; to ~ the bell (auf das Läuten hin) die Tür öffnen⟩ | (jmdm.) antworten ⟨to ~ s.o. back jmdn. unterbrechen, dazwischenreden⟩ | entsprechen ⟨to ~ the purpose dem Zweck entsprechen⟩ | Folge leisten, nachkommen ⟨to ~ a summons einer Vorladung folgen⟩ | reagieren auf ⟨to ~ the helm dem Kurs folgen (Schiff)⟩ | *Math* (Aufgabe) lösen; ˌ**~a'bil·i·ty** *s* Verantwortlichkeit *f*; '**~a·ble** *adj* beantwortbar, lösbar ⟨an ≈ argument⟩ | (*nur präd*) verantwortlich ⟨to be ≈ for haften für⟩; '**~less** *adj* unbeantwortbar

an't [ɑ:nt] = **ain't**

ant [ænt] *s Zool* Ameise *f*

-ant [ənt] *suff zur Bildung von s aus v mit der Bedeutung:* Person, die etw. tut (*z. B.* **attendant** Diener *m*; Begleiter *m*; **contestant** Wettkämpfer *m*; **inhabitant** Einwohner *m*) | Sache, die etw. bewirkt *od* benutzt (*z. B.* **infectant** Infizierungsmittel *n*; **inhalant** Inhalationspräparat *n*)

an·tag·o·nism [æn'tægənɪzm] *s* Antagonismus *m*, Widerstreit *m*, Feindschaft *f* (**between** zwischen) ⟨to come into ~ with in heftigen Widerstreit geraten mit⟩ | Widerstand *m* (**against, to** gegen); **an'tag·o·nist 1.** *s* Antagonist *m*, Widersacher *m*, Feind *m*; **2.** *adj* Gegen-; **anˌtag·o'nis·tic**, **anˌtag·o'nis·ti·cal** *adj* antagonistisch, widerstreitend ⟨≈ forces⟩ | feindlich (**to** gegen) | (Farben) komplementär; **an'tag·o·nize** *vt*, *bes Phys* (e-r Kraft) entgegenwirken | ankämpfen gegen | sich verfeinden mit, provozieren | *arch* bekämpfen; *vi* widerstreiten | Feindschaft erwecken | Widerstand hervorrufen

ant·arc·tic [æn'tɑ:ktɪk] **1.** *adj* antarktisch | Südpol-; **2.** *oft* **Antarctic** *s* Antarktis *f* | Südpol *m*; ˌ**≈ Cir·cle** *s* südlicher Polarkreis; '**≈ Zone** *s* Antarktis *f*

ant| bear ['ænt 'bɛə] *s Zool* Ameisenbär *m*; '**~ bird** *s Zool* Ameisenvogel *m*

an·te ['æntɪ] **1.** *s urspr Am* (Poker) Einsatz *m* | *Wirtsch Am* Einsatz(betrag) *m*; **2.** *vt*, *auch* **~ up** *urspr Am* (Poker) (ein)setzen | (Geld) aufbringen, investieren | *Sl* zahlen, blechen; *vi*, *meist* **~ up** *urspr Am* (Poker) (ein)setzen | *übertr Am* seine Schulden bezahlen

ante- [æntɪ] *präf zur Bildung von s u. adj mit der Bedeutung:* vor, vorher, früher (*z. B.* **~court** Vorhof *m*; **~-Christian** vorchristlich)

ant·eat·er ['ænti:tə] *s Zool* = **ant bear**

an·te|cede [ˌæntɪ'si:d] *vi* vorhergehen | den Vorrang haben; *vt* den Vorrang haben vor; ˌ**~'ced·ence** *s* Vorrang *m*; ˌ**~'ced·ent 1.** *adj* vorhergehend, vorig; **2.** *s* vorhergehender Umstand | *Ling* Beziehungswort *n*; ˌ**~'ced·ents** *s/pl* Antezedentien *n/pl*, vorhergegangene Ereignisse *n/pl*, Vorleben *n* (e-r Person); **~ces·sor** [ˌ~'sesə] *s* Vorgänger *m*

an·te·cham·ber ['æntɪtʃeɪmbə] *s* Vorzimmer *n*

an·te·date [ˌæntɪ'deɪt] **1.** *s* Vordatierung *f*, Zurückdatierung *f*; **2.** *vt* vordatieren | zurückdatieren | vorwegnehmen | (zeitlich) vorhergehen

an·te·di·lu·vi·an [ˌæntɪdɪ'lu:vɪən] **1.** *adj* vorsintflutlich | *übertr* überlebt; **2.** *s* vorsintflutliches Wesen | *scherzh* sehr alte *od* rückständige Person

an·te·lo·ca·tion [ˌæntɪlɒ'keɪʃn] *s Med* Vorverlagerung *f*

an·te·lope ['æntɪləup] *s Zool* Antilope *f*

an·te·me·rid·i·an [ˌæntɪmə'ri:dɪən] *adj* Vormittags-, vormittags, vor Mittag; **an·te me·rid·i·em** [ˌæntɪ mə'ri:dɪəm] *adv* ⟨*lat*⟩ vormittags, vor 12 Uhr (*meist* **a.m.**), (Zeit) zwischen 0 und 12 Uhr

an·te·mun·dane [ˌæntɪ'mʌndeɪn] *adj* vorweltlich

an·te·na·tal [ˌæntɪ'neɪtl] **1.** *adj Med* pränatal, vor der Geburt ⟨~ care Schwangerenfürsorge *f*; ~ clinic Schwangerenberatungsstelle *f*⟩; **2.** *s* Schwangerenuntersuchung *f*

an·ten|na [æn'tenə] *s* (*pl* **~nae** [~ni:]) *Zool* Fühler *m*, Fühlhorn *n* | (*pl auch* **an'ten·nas**) *Rundf*, *TV* Antenne *f*; '**~na** ˌ**cord[ing]** *s* Antennenlitze *f*; '**~na mast** *s* Antennenmast *m*

an·te·nup·tial [ˌæntɪ'nʌpʃl] *adj* vorehelich

an·te·pe·nul·ti·mate [ˌæntɪpɪ'nʌltɪmət] *adj* drittletzte(r, -s) ⟨the ~ syllable⟩

an·te·ri·or [æn'tɪərɪə] *adj* vorhergehend, früher (**to** als) | vorder, vorder-, Vor-; **~i·ty** [ænˌtɪərɪ'ɒrətɪ] *s* Vorhergehen *n*

an·te·room ['æntɪrum] *s* Vorraum *m*, Vorzimmer *m*

an·te·type ['æntɪˌtaɪp] *s* Vorbild *n*, Urbild *n*

an·te up ['æntɪ əp] *Am Sl vt* berappen, locker machen | *übertr* produzieren, erfinden ⟨to ~ ideas⟩; *vi* blechen

an·them ['ænθəm] *s* Hymne *f* ⟨national ~ Nationalhymne *f*⟩ | *Rel* Hymne *f*, Wechselgesang *m*

an·ther ['ænθə] *s Bot* Staubbeutel *m*; **~if·er·ous** [ˌænθə'rɪfərəs] *adj Bot* Staubbeutel tragend; **~oid** [~rɔɪd] *adj Bot* staubbeutelähnlich

ant·hill ['ænt hɪl] *s* Ameisenhügel *m*

antho- [ænθə] ⟨*griech*⟩ *in Zus* Blumen-, Blüten-

an·thoid ['ænθɔɪd] *adj* blumenartig | blütenartig

an·tho·lite ['ænθəlaɪt] *s Geol* Antholit *m*, versteinerte Blume

an·thol·o·gy [ˌæn'θɒlədʒɪ] *s* Anthologie *f*, (Gedicht-) Sammlung *f*

an·thra|cif·er·ous [ˌænθrə'sɪfərəs] *adj Geol* anthrazithaltig; **'~cite** *s Min* Anthrazit *m*, Glanzkohle *f*

an·thrax ['ænθræks] *s Med* Anthrax *m*, Milzbrand *m*

anthrop[o]- [ænθrəp(ə)] *in Zus* ⟨*griech*⟩ Mensch (*z. B.* **anthropocentric**)

an·thro|poid ['ænθrəpɔɪd] **1.** *adj* anthropoid, menschenähnlich; **2.** *s* Anthropoid *m*, Menschenaffe *m*; **~pol·o·gist** [ˌænθrə'pɒlədʒɪst] *s* Anthropologe *m*; **~pol·o·gy** [ˌænθrə'pɒlədʒɪ] *s* Anthropologie *f*, Lehre *f* vom Menschen; **~po·mor·phize** [ˌænθrəpə'mɔ:faɪz] *vt* anthropomorphisieren, vermenschlichen; **~po·mor·phous** [ˌænθrəpə'mɔ:fəs] *adj* anthropomorph(isch), von menschenähnlicher Gestalt; **~poph·a·gous** [ˌænθrə'pɒfəgəs] *adj* menschenfressend, kannibalisch; **~poph·a·gy** [ˌænθrə'pɒfədʒɪ] *s* Menschenfresserei *f*, Kannibalismus *m*

an·thu·ri·um [æn'θjʊərɪəm] *s Bot* Anthuria *f*, Blütenschweif *m*

an·ti ['æntɪ] **1.** *s* Opponent *m*, Gegner *m*, Feind *m* ⟨pros and ~s⟩; **2.** *adj* Anti-, gegnerisch ⟨~ group⟩; **3.** *präp* gegen, in Opposition gegen ⟨to be ~ sales tax gegen eine Verkaufssteuer eingestellt sein⟩

anti- [æntɪ] *präf zur Bildung von adj, v u. s mit der Bedeutung* gegen, wider, Gegen-, Anti- (*z. B.* **-cancer** krebsbekämpfend; **-clerical** antiklerikal; **-septicize** antiseptisch machen; **-toxin** Gegengift *n*)

an·ti-air·craft [ˌæntɪ 'ɛəkrɑ:ft] *adj Mil* Flugabwehr-, Luftabwehr- ⟨~ alarm Fliegeralarm *m*; ~ defence Luftabwehr *f*; ~ gun Flakgeschütz *n*; ~ rocket Luftabwehrrakete *f*⟩

an·ti·al·ler·gic [ˌæntɪ ə'lɜ:dʒɪk] *adj Med* antiallergisch

an·ti·bi·ot·ic [ˌæntɪbaɪ'ɒtɪk] *Med* **1.** *adj* antibiotisch; **2.** *s* Antibiotikum *n*

an·ti·bod·y ['æntɪbɒdɪ] *s Biol* Antikörper *m*

an·tic ['æntɪk] **1.** *s, oft* **~s** *pl* Posse *f*, Fratze *f*; **2.** *adj* possierlich | grotesk; **3.** (**'an·ticked, 'an·ticked**) *vt* zum Narren machen; *vi* Possen treiben

an·ti·christ ['æntɪkraɪst] *s Rel* Antichrist *m*

an·tic·i|pant [æn'tɪsɪpənt] **1.** *adj* vorwegnehmend (**of s.th.** etw.); vorausempfindend; erwartend; **2.** *s* vorempfindende Person; einer, der etwas vorwegnimmt; **an'tic·i·pate** *vt* vorwegnehmen | vorausempfinden ⟨to ≈ pleasure⟩ | vorausahnen ⟨to ≈ s.o.'s wishes⟩ | erwarten, erhoffen | (jmdm.) zuvorkommen ⟨to ≈ an enemy⟩ | im voraus verbrauchen ⟨to ≈ one's income⟩ | (etw.) verhindern; *vi*; *bes Med* (Symptome) vorzeitig auftreten | (beim Erzählen) vorgreifen; **anˌtic·i'pa·tion** *s* Vorwegnahme *f* ⟨in ≈ of s.th. etw. vorwegnehmend; in ≈ im voraus⟩ | Vorausempfindung *f*, Voraussicht *f*, Vorgefühl *n*, Vorahnung *f* | Erwartung *f*, Hoffnung *f* ⟨contrary to ≈ wider Erwarten; in ≈ of s.th. in Erwartung e-r Sache⟩ | Zuvorkommen *n*, Vorgreifen *n* | *Wirtsch* Vorauszahlung *f* ⟨by ≈ im voraus⟩ | *Med* zu früher Eintritt *m*; **~pa·tive** [~peɪtɪv], **~pa·to·ry** [~'peɪtərɪ] *adj* vorwegnehmend | vorausempfindend, ahnungsvoll | zuvorkommend | erwartend | *Ling* als grammatisches Subjekt vorausgehend

an·ticked ['æntɪkt] *prät u. part perf von* ↑ **antic**

an·ti·cler·i·cal [ˌæntɪ'klerɪkl] **1.** *adj* antiklerikal; **2.** *s* Antiklerikaler *m*; **ˌan·ti'cler·i·cal·ism** *s* Antiklerikalismus *m*

an·ti·cli|mac·tic [ˌæntɪklaɪ'mæktɪk] *adj* (in enttäuschender Weise) abfallend; **~max** [ˌæntɪ'klaɪmæks] **1.** *s* Antiklimax *f* | *übertr* (enttäuschendes) (Ab-) Fallen; **2.** *vt* zu einem enttäuschenden Ende bringen, abfallen lassen; *vi* (enttäuschend) abfallen, sinken

an·ti·clock·wise [ˌæntɪ'klɒkwaɪz] *adj*, *adv* gegen den *od* im umgekehrten Uhrzeigersinn, linksdrehend ⟨~ direction⟩

anti-co·lo·ni·al·ism [ˌæntɪ kə'ləunɪəlɪzm] *s* Antikolonialismus *m*

an·ti-con·sti·tu·tion·al [ˌæntɪkɒnstɪ'tju:ʃnl] *adj* verfassungswidrig

an·ti-cor·ro·sive a·gent [ˌæntɪkə'rəusɪv 'eɪdʒnt] *s Tech* Rostschutzmittel *n*

an·ti·cy·cli·cal [ˌæntɪ'sɪklɪkl] *adj* (*bes Wirtsch*) antizyklisch ⟨≈ economic policy antizyklische Wirtschaftspolitik; ~ measures marktkonforme Mittel *n/pl*⟩

an·ti·cy·clone [ˌæntɪ'saɪkləun] *s Met* Antizyklone *f*, Hochdruckgebiet *n*

an·ti-daz·zle [ˌæntɪ'dæzl] *Kfz* **1.** *adj* blendfrei, Blendschutz-, Abblend- ⟨~ lamp Abblendleuchte *f*; ~ screen Blendschutzscheibe *f*⟩; **2.** *s* Blendschutz *m*

an·ti·dote ['æntɪdəut] **1.** *s* Gegengift *n*, -mittel *n* (*auch übertr*) (**against, for, to** gegen); **2.** *vt* ein Gegenmittel nehmen gegen

an·tid·ro·mic [ˌæntɪ'drɒmɪk] *adj Med* antidrom, gegenläufig; **an·tid·ro·mous** [æn'tɪdrəməs] *adj Bot* antidrom, gegenläufig

an·ti-fas·cist, *auch* **anti-Fascist** [ˌæntɪ'fæʃɪst] **1.** *s* Antifaschist(in) *m(f)*; **2.** *adj* antifaschistisch

an·ti·fe·brile ['æntɪ'fɪ:braɪl] *Med* **1.** *adj* fieberbekämpfend; **2.** *s* Fiebermittel *n*

an·ti|freeze ['æntɪfri:z] **1.** *s* Frostschutzmittel *n*; **2.** *adj* Frostschutz-; **ˌ~'freez·ing** *adj* kältebeständig

an·ti·fric·tion [ˌæntɪ'frɪkʃn] *s Tech* Reibungsminderer *m*, Schmiermittel *n*

an·ti·gen ['æntɪdʒen] *s Med* Antigen *n*, Immunkörper *m*, Abwehrstoff *m*

anti·glare [ˌæntɪ'glɛə] = **anti-dazzle**

an·ti·ha·lo [ˌæntɪ'heɪləu] *adj Foto* lichthoffrei

an·ti·he·ro ['æntɪ hɪərəu] *s Lit* negativer Held

an·ti·im·pe·ri·al·ist [ˌæntɪɪm'pɪərɪəlɪst] **1.** *adj* antiimperialistisch ⟨~ solidarity⟩; **2.** *s* Gegner(in) *m(f)* des Imperialismus

an·ti·jam ['æntɪdʒæm] *vt Rundf* entstören; **'an·ti·jam·ming** *s* Gegenstörung *f*

an·tiknock [ˌæntɪ'nɒk] *Kfz* **1.** *adj* klopffest; **2.** *s* Antiklopfmittel *n*

an·ti·log·a·rithm [ˌæntɪ'lɒgərɪθm] *s Math* Antilogarithmus *m*, Numerus *m*

an·til·o·gy [æn'tɪlədʒɪ] *s* Widerspruch *m* (in Ideen)

an·ti·ma·cas·sar [ˌæntɪmə'kæsə] *s* Sessel-, Sofaschoner *m*, Schutzdeckchen *n*

an·ti·mo·ny ['æntɪmənɪ] *s Min* Antimon *n*, Spießglanz *m*

an·tin·o·my [æn'tɪnəmɪ] *s* Widerspruch *m*, Antinomie *f*

an·ti·pa·thet·ic [ˌæntɪpə'θetɪk], **ˌan·ti·pa'thet·i·cal** *adj* abgeneigt (**to s.th.** e-r Sache) | zuwider (**to s.o.** jmdm.); **an·ti·path·ic** [ˌæntɪ'pæθɪk] *adj* antipathisch; **an·tip·a·thize** [æn'tɪpəθaɪz] *vi* Abneigung empfinden; *vt* mit Abneigung erfüllen; **an·tip·a·thy** [æn'tɪpəθɪ] *s* Antipathie *f*, Abneigung *f* (**against, to[wards]** gegen(über); **between** zwischen) ⟨to feel/ show an ≈ against s.o., to s.th. Abneigung hegen *od* bekunden gegenüber jmdm., gegen etw.⟩ | Gegenstand *m* der Abneigung

an·ti·phon ['æntɪfən] *s Mus, Rel* Antiphon *f*, Wechselgesang *m*; **an·tiph·o·ny** [æn'tɪfənɪ] *s Rel* Antiphonie *f*, Wechselgesang *m*

an·tip·o·dal [æn'tɪpədl] *adj* antipodisch, genau entgegengesetzt; **an·ti·pode** ['æntɪpəʊd] *s* (genaues) Gegenteil *n*, Gegensatz *m*; **an·tip·o·de·an** [æn,tɪpə'di:ən] **1.** *adj* antipodisch, gegenfüßlerisch | *bes Brit* australisch; **2.** *s* Antipode *m*, Gegenfüßler *m*; **an·tip·o·des** [æn'tɪpədi:z] *s/pl* diametral entgegengesetzte Teile *od* Orte *m/pl* der Erde ⟨the ≈ *Brit scherzh* Australien *n* und Neuseeland *n*⟩ | Antipoden *m/pl*, Gegenfüßler *m/pl*

an·ti·pole ['æntɪ,pəʊl] *s* Gegenpol *m*

an·ti·pol·lu·tion [,æntɪpə'lu:ʃən] *adj* Umweltschutz-, umweltschützend; **,an·ti·pol'lu·tion·ist** *s* Umweltschützer(in) *m(f)*, Gegner *m* der Umweltverschmutzung

an·ti·py·ret·ic ['æntɪpaɪ'retɪk] *Med* **1.** *adj* fieberbekämpfend; **2.** *s* Fiebermittel *n*

an·ti·py·rin[e] [,æntɪ'paɪərɪn] *s Chem* Antipyrin *n*

an·ti·qua [æn'ti:kwə] *Typ* **1.** *adj* Antiqua-; **2.** *s* Antiqua(schrift) *f*

an·ti|quar·i·an [,æntɪ'kwɛərɪən] **1.** *adj* antiquarisch | altertümlich; **2.** *s* Altertumskenner *m*; **~'quar·y** **1.** *s* Altertumskenner *m* | Antiquitätensammler *m*; **2.** *adj selten* altertümlich; **'~quate** *vt* antikisieren, als veraltet abschaffen | *übertr* zum alten Eisen werfen; **'~quat·ed** *adj* veraltet, überlebt | (Person) altmodisch, dem Alten nachhängend; **an·tique** [æn'ti:k] **1.** *adj* antik, alt | altmodisch, veraltet; **2.** *s* antiker Kunstgegenstand ⟨the ≈ antiker Stil⟩; **3.** *vt* antikisieren; **an·tiq·ui·ty** [æn'tɪkwətɪ] *s* Altertum *n*, Vorzeit *f* ⟨in remote ≈ in grauer Vorzeit⟩ | Antike *f* | die Alten *pl* (Griechen u. Römer) | Alter *n* ⟨a church of great ≈ eine sehr alte Kirche⟩; **an'tiq·ui·ties** *s/pl* Antiquitäten *f/pl*, alte Kunstwerke *n/pl* ⟨Greek ≈⟩

an·ti-ra·di·a·tion pro·tec·tion [,æntɪ ,reɪdɪ'eɪʃn prə,tekʃn] *s Mil* Strahlenschutz *m*

an·ti-rust [,æntɪ'rʌst] *adj* Rostschutz- | rostfrei, nicht rostend; **,an·ti-'rust·ing** *adj* Rostschutz- ⟨~ paint Eisenschutzfarbe *f*⟩

an·ti-|sem·ite, ~Sem·ite [,æntɪ 'səmaɪt] *s* Antisemit *m*; **~se·mit·ic, ~Se·mit·ic** [~sɪ'mɪtɪk] *adj* antisemitisch; **~sem·i·tism, ~Sem·i·tism** [~'semətɪzm] *s* Antisemitismus *m*

an·ti·sep|sis [,æntɪ'sepsɪs] *s Med* Antisepsis *f*; **,an·ti'sep·tic** *Med* **1.** *adj* antiseptisch; **2.** *s* Antiseptikum *n*; **~ti·cize** [~tɪsaɪz] *vt* antiseptisch machen

an·ti-skid [,æntɪ'skɪd] *adj Tech* Gleitschutz-, rutschfest

an·ti·so·cial [,æntɪ'səʊʃl] *adj* gesellschaftsfeindlich | ungesellig

an·ti·spas·mod·ic [,æntɪspæz'mɒdɪk] *Med* **1.** *adj* krampflösend; **2.** *s* Antispasmodikum *n*

an·ti|sub·ma·rine ['æntɪ sʌbmə,ri:n] *adj Mil* U-Boot-Abwehr-; **,~'tank** *adj Mil* Panzerabwehr- ⟨≈ gun⟩

an·tith·e·sis [æn'tɪθəsɪs] *s* (*pl* **an·tith·e·ses** [~i:z]) Antithese *f*, Gegensatz *m* (**between, of, to** zu); **an·ti·thet·ic** [,æntɪ'θetɪk], **,an·ti'thet·i·cal** *adj* antithetisch, gegensätzlich (**to** zu)

an·ti·tox|ic [,æntɪ'tɒksɪk] *adj Med* Gegengift-; **~in** [~ɪn] *s Med* Antitoxin *n*, Gegengift *n*

ant·ler ['æntlə] *s Zool* (Geweih-) Sprosse *f*; **'ant·lers** *s/pl* Geweih *n*

ant lion ['ænt ,laɪən] *s Zool* Ameisenlöwe *m*

an·to|no·ma·si·a [,æntənə'meɪʃɪə] *s* Antonomasie *f*; **~nym** ['æntənɪm] *s* Antonym *n*

an·trum ['æntrəm] *s* (*pl* **an·tra** ['æntrə]) Höhle *f* | *Med* Höhlung *f*

an·u|re·sis [,ænjʊ'ri:sɪs] *s Med* Anurie *f*, Urinverhaltung *f*; **~ret·ic** [~retɪk] *adj Med* anuretisch; **~ri·a** [ə'njʊərɪə] *s Med* Anurie *f*; **an'u·ric** *adj Med* anuretisch

a·nus ['eɪnəs] *s Med* Anus *m*, After *m*

an·vil ['ænvɪl] *s* Amboß *m* (*auch übertr*); **'~ stock** *s* Amboßklotz *m*

anx|i·e·ty [æŋ'zaɪətɪ] *s* Angst *f*, Besorgnis *f*, Sorge *f* (**for** um) | starkes Verlangen (**for** nach) | *Med* Beklemmung *f*; **~ious** ['æŋkʃəs] *adj* ängstlich | besorgt, bekümmert (**about** um) | sorgenvoll, schwer ⟨an ≈ day⟩ | begierig, gespannt (**for** auf; **to** *mit inf* zu *mit inf*) | eifrig bestrebt (**for** nach; **to** *mit inf* zu *mit inf*)

an·y ['enɪ] **1.** *adj, pron* (in Frage-, Verneinungs- u. Bedingungssätzen) (irgend)ein(e), einige *pl*, (irgend)welche(r), etwas ⟨no prospect of ~ change keine Aussicht auf irgendeine Änderung; not ~ gar keine; he has hardly ~ money er hat sehr wenig Geld⟩ | (in bejahenden Sätzen) jede(r, -s) (beliebige) ⟨~ child would know that jedes Kind weiß das; ~ number eine große Menge; at ~ rate, in ~ case auf jeden Fall; at ~ time jederzeit⟩ | *umg* (*mit sg s*) ein(e, -r) ⟨he hasn't ~ book er hat kein Buch⟩; **2.** *adv* irgend(wie, etwas) ⟨~ more? noch mehr?; not ~ more than ebensowenig wie; he couldn't walk ~ further er konnte nicht mehr weiterlaufen; you are not ~ the better (worse) Sie haben Ihre Lage nicht verbessert (verschlechtert)⟩ | *Am* (in verneinenden Sätzen) gar nicht, überhaupt nicht ⟨it didn't hurt him ~ es hat ihm überhaupt nicht weh getan; they aren't doing ~ too well es geht ihnen nicht besonders gut⟩; **'~bod·y** *s, pron* irgend jemand, irgendeine(r) ⟨≈ else jemand anders⟩ | jeder(mann), jede(r) beliebige | jemand besonderes | irgendwer ⟨he will never be ≈ er wird es nie zu etwas bringen; scarcely ≈ fast niemand⟩; **'~how** *adv* irgendwie, auf irgendeine Art | jedenfalls, immerhin, wie dem auch sei | nachlässig, aufs Geratewohl ⟨to do s.th. ≈ etw. lieblos *od* lustlos tun; my hair is all ≈ mein Haar ist ganz durcheinander⟩; **'~one** *s, pron* irgend jemand, irgendeine(r) | jeder; **'~thing** **1.** *s, pron* (irgend) etwas, etwas Beliebiges ⟨he wouldn't do it for ≈ er wollte es um gar keinen Preis tun; to run like ≈ wie toll laufen; to be easy as ≈ *umg* kinderleicht sein⟩ | alles ⟨≈ but alles andere als, nichts weniger als⟩; **2.** *adv* überhaupt, in gewissem Maße ⟨not to be ≈ up the standard einem Anspruch nicht im geringsten genügen⟩; **'~way** *adv* irgendwie, auf irgendeine Weise; **'~ways** *adv umg* irgendwie, auf jeden Fall; **'~where** **1.** *adv* irgendwo(her, -hin) ⟨≈ else irgendwo anders⟩; **2.** *s* irgendein Ort ⟨from ≈ von irgendwo her⟩; **'~wise** *adv* auf irgendeine Art | überhaupt

a·or|ta [eɪ'ɔ:tə] *s* (*pl* **a'or·tas, ~tae** [~ti:]) *Med* Aorta *f*, Hauptschlagader *f*

a·pace [ə'peɪs] *adv lit arch* schnell, rasch, geschwind ⟨to procede ~ rasch voranschreiten⟩

ap·a·nage ['æpənɪdʒ] = **ap·pa·nage**

a·part [ə'pɑ:t] *adv* entfernt, auseinander ⟨to be one mile ~⟩ | abseits, einzeln, getrennt, für sich ⟨~ from abgesehen von; joking ~ Scherz beiseite; to live ~ getrennt leben; to put / set ~ for beiseite legen für; to take ~ auseinandernehmen; to tell / know two things ~ zweierlei auseinanderhalten⟩; **~heid** [~heɪt] *s Pol* Apartheid(politik) *f*, Rassentrennung *f* (*bes in Südafrika*)

a·part·ment [ə'pɑ:tmənt] *s Brit* Zimmer *n* | *Am* Etagenwohnung *f*; **'~ ho·tel** *s Am* Wohnhotel *n*; **'~ house** *s Am* Mehrfamilienhaus *n*; **a'part·ments** *s/pl* (möblierte Miet-) Wohnung *f*, Appartement *n*

ap·a|thet·ic [,æpə'θetɪk], **,~'thet·i·cal** *adj* apathisch; **'~thy** *s* Apathie *f*, Teilnahmslosigkeit *f* | *übertr* Gleichgültigkeit *f* (**towards** gegenüber)

ap·a·tite ['æpətaɪt] *s Min* Apatit *m*

ape [eɪp] **1.** *s Zool* Affe *m* (*auch übertr*) ⟨to play the ~ alles imitieren *od* nachäffen⟩; **2.** *vt* nachäffen; **'~like** affenartig

a·peak [ə'pi:k] *adv, präd adj Mar* senkrecht

a·pep·si·a [eɪ'pepsɪə], **a'pep·sy** *s Med* Apepsie *f*, Verdauungsstörung *f*; **a'pep·tic** *adj Med* apeptisch

a·pe·ri·ent [əˈpɪərɪənt] *Med* **1.** *adj* abführend; **2.** *s* Abführmittel *n*

a·pé·ri·tif [əˈperətɪf] *s* Aperitif *m*

a·per·i·tive [əˈperətɪv] = **aperient**

ap·er·ture [ˈæpətʃə|~tʃʊə] *s* Öffnung *f*, Spalte *f* | *Zool* Mündung *f*

a·pex [ˈeɪpeks] *s* (*pl* **ˈa·pex·es, a·pi·ces** [ˈeɪpɪsiːz]) Spitze *f* ⟨the ~ of a triangle⟩ | *übertr* Gipfel *m* ⟨at the ~ of one's life⟩

a·phaer·e·sis [əˈfɪərɪsɪs] *s Ling* Aphärese *f*

a·pha·si·a [əˈfeɪzɪə] *s Med* Aphasie *f*, Sprechunfähigkeit *f*

a·phe·li|on [æˈfiːlɪən] *s* (*pl* **~a** [~ə]) *Astr* Aphel *n* | *übertr* fernster Punkt

aph·e·sis [ˈæfɪsɪs] *s Ling* Vokalschwund *m*

a·phid [ˈeɪfɪd], **a·phis** [ˈeɪfɪs] *s* (*pl* **aph·i·des** [ˈeɪfɪdiːz]) *Zool* Blattlaus *f*

a·pho·ni·a [æˈfəʊnɪə] *s Med* Aphonie *f*, Stimmlosigkeit *f*

aph·o|rism [ˈæfərɪzm] *s* Aphorismus *m*; **~ris·mat·ic** [ˌæfərɪzˈmætɪk], **ˌ~ˈris·mic** *adj* aphoristisch; **ˈ~rist** *s* Verfasser *m* von Aphorismen; **ˌ~ˈris·tic, ˌ~ˈris·ti·cal** *adj* aphoristisch

aph·ro·dis·i·ac [ˌæfrəˈdɪzɪæk] **1.** *adj* sinnlich | *Med* aphrodisisch, den Geschlechtstrieb steigernd *od* anregend; **2.** *s Med* Aphrodisiakum *n*; **ˌaph·roˈdis·i·an** *adj* sinnlich, erotisch

aph|tha [ˈæfθə] *s* (*pl* **~thae** [~θiː]) *Med* Aphthe *f*, Mundschwamm *m*

a·pi|an [ˈeɪpɪən] *adj* Bienen-; **ˈ~a·rist** *s* Imker *m*, Bienenzüchter *m*; **ˈ~ary** *s* Bienenhaus *n*, -stand *m*

ap·i·cal [ˈæpɪkl] *adj* an der Spitze befindlich

ap·i·ces [ˈeɪpɪsiːz] *pl* von ↑ **apex**

a·pi·cul·ture [ˈeɪpɪkʌltʃə] *s* Bienenzucht *f*

a·piece [əˈpiːs] *adv* pro Stück, je Stück ⟨a dollar ~ einen Dollar das Stück⟩ | für jeden, pro Person, pro Kopf ⟨he gave them a pound ~ er gab jedem ein Pfund⟩

ap·ish [ˈeɪpɪʃ] *adj* affenartig | *übertr* äffisch, albern

a·plomb [əˈplɒm] *s* senkrechte *od* lotrechte Lage | *übertr* Aplomb *m*, Selbstsicherheit *f*, Ruhe *f* ⟨with his usual ~ selbstsicher wie üblich⟩

ap·n[o]ea [æpˈniːə] *s Med* Apnoe *f*, Atemstillstand *m*, Atemlähmung *f*

a·poc·a·lypse [əˈpɒkəlɪps] *s Rel* Apokalypse *f*, Offenbarung *f* (*auch übertr*); **aˌpoc·aˈlyp·tic, aˌpoc·aˈlyp·ti·cal** *adj* apokalyptisch

ap·o·car·pous [ˌæpəˈkɑːpəs] *adj Bot* apokarp, mit getrennten Fruchtblättern

a·poc·o·pe [əˈpɒkəpɪ] *s Ling* Apokope *f*, Abstoßung *f* eines Lautes (am Ende)

A·poc·ry·pha [əˈpɒkrɪfə] *s/pl bibl* Apokryphen *n/pl*; **aˈpoc·ry·phal** *adj* apokryphisch, unecht

ap·od [ˈæpɒd] *Zool* **1.** *adj* fußlos; **2.** *s* fußloses Tier; **ap·o·dal** [ˈæpədl] *adj* fußlos

a·pog·a·my [əˈpɒgəmɪ] *s Bot* Apogamie *f*

ap·o·gee [ˈæpədʒiː] *s Astr* Apogäum *n* | *übertr* fernster Punkt

a·pol·o·get·ic [əˌpɒləˈdʒetɪk] **1.** *adj* apologetisch, entschuldigend, rechtfertigend; **2.** *s* Entschuldigung *f* | *Rel* Apologetik *f*; **aˌpol·oˈget·i·cal** *adj* entschuldigend, apologetisch; **aˌpol·oˈget·ics** *s/pl* (*sg konstr*) *Rel* Apologetik *f*; **ap·o·lo·gi·a** [ˌæpəˈləʊdʒɪə] *s* Apologie *f*, Verteidigungsrede *f*, -schrift *f*; **aˈpol·o·gist** *s* Apologet *m*, Verteidiger *m*; **aˈpol·o·gize** [əˈpɒ-] *vi* sich entschuldigen, um Entschuldigung bitten (**to s.o.** jmdn., **for** wegen); **aˈpol·o·gy** *s* Entschuldigung *f* ⟨in ≈ for als Entschuldigung für; to make / offer an ≈ to s.o. for s.th. sich bei jmdm. für etw. entschuldigen⟩ | Abbitte *f* | Apologie *f*, Verteidigungsrede *f*, -schrift *f* | *umg* Notbehelf *m*, billiger Ersatz, Surrogat *n* (**for** für) ⟨an ≈ for a dinner ein mageres Essen⟩

ap·o·phthegm [ˈæpəθem] = **apothegm**

ap·o|plec·tic [ˌæpəˈplektɪk] *Med* **1.** *adj* apoplektisch, Schlagfluß- ⟨≈ fit / stroke Schlaganfall *m*⟩ | *umg übertr* hochrot | leicht erregbar; **2.** *s* Apoplektiker *m*; **~plex·y** [ˈæpəpleksɪ] *s Med* Apoplexie *f*, Schlaganfall *m* ⟨to be struck with ≈ vom Schlag getroffen werden⟩

a·pos|ta·sy [əˈpɒstəsɪ] *s* Apostasie *f*, Abtrünnigkeit *f*; **~tate** [ˈæpəsteɪt] **1.** *adj* abtrünnig; **2.** *s* Abtrünniger *m*; **aˈpos·ta·tize** *vi* abtrünnig werden (**from s.th.** e-r Sache) | abfallen (**from** von)

a·pos·te·ri·o·ri [ˌeɪˌpɒstɪərɪˈɔːraɪ] *adv, adj* ⟨*lat*⟩ *Phil* a posteriori, von Wirkung auf Ursache schließend | empirisch

a·pos|tle [əˈpɒsl] *s Rel, übertr* Apostel *m*; **aˈpos·tle·ship, ~to·late** [~təlɪt] *s Rel* Apostolat *n*, Apostelamt *n*; **ap·os·tol·ic** [ˌæpəˈstɒlɪk] *Rel adj* apostolisch; **ˌAp·osˈtol·ic** Apostoliker *m*; **ˌap·osˈtol·i·cal** *adj Rel* apostolisch

a·pos·tro·phe [əˈpɒstrəfɪ] *s* Anrede *f* | *Ling* Apostroph *m*; **aˈpos·tro·phize** *vt* (jmdn.) anreden | apostrophieren; *vi* sich wenden (**to** an) | einen Apostroph setzen

a·poth·e·car·y [əˈpɒθɪkərɪ] *s arch* Apotheker *m*

a·po·thegm [ˈæpəθem] *s* Apothegma *n*, kurzer treffender (Sinn-) Spruch

a·poth·e·o|sis [əˌpɒθɪˈəʊsɪs] *s* (*pl* **~ses** [~siːz]) Vergöttlichung *f* | *übertr* Vergötterung *f*, Verherrlichung *f*; **aˈpoth·e·o·size** *vt* vergöttlichen | *übertr* vergöttern, verherrlichen

ap·pal [əˈpɔːl] (**apˈpalled, apˈpalled**) *vt* erschrecken, entsetzen ⟨to be ~led at s.th. über etw. entsetzt sein⟩; **apˈpall·ing** *adj* schrecklich, entsetzlich

ap·pa·nage [ˈæpənɪdʒ] *s* Jahrgeld *n* | abhängiges Gebiet

ap·pa·ra·tus [ˌæpəˈreɪtəs] *s* (*pl* **~, ~es** [~ɪz]) Apparat *m*, Gerät *n*, Vorrichtung *f*, Mechanismus *m* ⟨~ exercises *Sport* Geräteübungen *f/pl*; heating ~ Heizungsanlage *f*⟩ | *auch* **pieces of ~** *collect* Apparate *m/pl* | *Med* System *n* ⟨digestive ~ Verdauungssystem *n*⟩

ap·par·el [əˈpærl] *s arch, poet* Kleidung *f*, Tracht *f*

ap·par·ent [əˈpærnt|~ˈpɛə~] *adj* augenscheinlich, offenbar, offensichtlich (**to s.o.** jmdm.) | sichtbar (**to** für) | anscheinend, Schein- | *Jur* rechtmäßig ⟨heir ~ gesetzmäßiger Erbe⟩; **ap·pa·ri·tion** [ˈæpəˈrɪʃn] *s* Sichtbarwerden *n* | Erscheinung *f*, Gespenst *n* | *Astr* Sichtbarkeit *f*

ap·par·i·tor [əˈpærɪtɔː] *s* Gerichts-, Ratsdiener *m*

ap·pas·sio·na·to [əˌpæsjəˈnɑːtəʊ] *adv, adj Mus* appassionato, leidenschaftlich

ap·peal [əˈpiːl] **1.** *vt Am Jur* (Klage) verweisen (**to** an); *vi Jur* Berufung einlegen, Beschwerde führen (**against** gegen, **to** bei) | appellieren, sich wenden (**to** an) ⟨to ~ to the country *Pol* an die Wählerschaft des Landes appellieren; to ~ to the sword zu den Waffen greifen⟩ | sich berufen (**to s.o.** auf jmdn.) | gefallen, Anklang finden (**to** bei) ⟨to ~ to the eyes das Auge ansprechen, den Blick fangen⟩ | dringend bitten (**to s.o. for s.th.** jmdn. um etw.); **2.** *s Jur* Appellation *f*, Berufung *f* ⟨~ to another court Berufung bei der nächsthöheren Instanz; Court of ≈ Appellationsgericht *n*; ~ against / from a judgment Berufung gegen ein Urteil; to acquit s.o. on ~ jmdn. nach Berufung freisprechen; to lodge an ~, to give notice of ~ Berufung einlegen⟩ | *Jur* Revision *f* | *Jur* Kassationsverfahren *n* | *übertr* Appell *m*, Aufruf *m* (**to** an) | *übertr* dringende Bitte (**for** um) ⟨~ for help Hilfeersuchen *n*; ~ for mercy Gnadengesuch *n*⟩ | Flehen *n* ⟨a look of ~ ein flehender Blick⟩ | *übertr* Anziehungskraft *f*, Wirkung *f* (**for, to** auf); **apˈpeal·ing** *adj* bittend, flehend

ap·pear [əˈpɪə] *vi* erscheinen, sich zeigen | erscheinen, (an)kommen | (Buch) erscheinen | (vor Gericht u. ä.) erscheinen, auftreten | *Theat* auftreten | scheinen, den Anschein haben ⟨it ~s to me that mir scheint, daß; it begins to ~ that es sieht so aus, als ob; to ~ a fool als Narr erscheinen, wie ein Narr wirken⟩; **ap'pear·ance** *s* Erscheinen *n*, Sichtbarwerden *n* | Erscheinen *n*, Auftreten *n* ⟨to make an ≈ erscheinen; to make one's ≈ in Erscheinung treten; to put in an ≈ sich kurz zeigen⟩ | *Theat* Auftreten *n*, Auftritt *m* ⟨to make one's first ≈⟩ | Erscheinung *f*, Gespenst *n* | Äußeres *n* ⟨to make a poor ≈ armselig aussehen⟩ | Anschein *m* ⟨in ≈ dem Anschein nach, anscheinend, nach dem Äußeren zu urteilen; to all ≈ [s], by all ≈s allem Anschein nach; there is every ≈ that es hat ganz den Anschein, daß; to assume an ≈ sich den Anschein geben; to have the ≈ den Anschein erwecken⟩; **ap'pear·ances** *s/pl* (An-) Schein *m* ⟨to judge by ≈ nach dem Schein urteilen; to keep up ≈, to save ≈ den Schein wahren⟩

ap·pease [ə'pi:z] *vt* beruhigen, beschwichtigen ⟨to ~ s.o.'s anger⟩ | (Durst, Hunger) stillen | schlichten, beilegen ⟨to ~ a quarrel⟩ | lindern | befriedigen ⟨to ~ s.o.'s curiosity⟩ | aus-, versöhnen | *Pol* beschwichtigen; **ap'peas·a·ble** *adj* versöhnlich; **ap'pease·ment** *s* Beruhigung *f*, Beschwichtigung *f* | Stillung *f* | Schlichtung *f*, Beilegung *f* | Linderung *f* | Befriedigung *f* | *Pol* Beschwichtigung *f* ⟨≈ policy Beschwichtigungspolitik *f*⟩; **ap'peas·ing** *adj* beruhigend

ap·pel|lant [ə'pelənt] **1.** *adj Jur, übertr* appellierend; **2.** *s Jur* Appellant *m* | *übertr* Bittsteller *m*; **~late** [~ɪt] *adj Jur* Berufungs-; [eɪt] *vt selten* benennen; **~la·tion** [ˌæpə'leɪʃn] *s* Benennung *f* | Name *m*; **~la·tive** [~ətɪv] **1.** *adj* benennend | *Ling* appellativ; **2.** *s* Benennung *f* | *Ling* Appellativum *n*, Gattungsname *m*; **~lee** [ˌæpe'li:] *s Jur* Berufungsbeklagte(r) *f*(*m*)

ap·pend [ə'pend] *vt* befestigen (**to** an) | anhängen (**to** an) | bei-, hinzufügen (**to** zu); **ap'pend·age** *s* Anhang *m* | Anhängsel *n*, Zubehör *n* (**to** zu) | *Biol* Fortsatz *m*; **ap·pen·dec·to·my** [ˌæpen'dektəmɪ] *s Med* Blinddarmoperation *f*; **ap·pen·di·ces** [~ɪsi:z] *s/pl* von ↑ **appendix**; **ap·pen·di·ci·tis** [əˌpendɪ'saɪtɪs] *s Med* Appendicitis *f*, Blinddarmentzündung *f*; **ap·pen·dix** [~ɪks] *s* (*pl* **ap'pen·dix·es, ap'pen·di·ces** [~ɪsi:z]) Appendix *m*, Anhang *m* (**to** zu) | Anhängsel *n*, Zubehör *n* (**to** zu) | *Med* (Wurm-) Fortsatz *m*, Blinddarm *m*

ap·per|ceive [ˌæpə'si:v] *vt Psych* apperzipieren; **~cep·tion** [~'sepʃn] *s Psych* Apperzeption *f*, Erfassen *n*; Auffassen *n*

ap·per·tain [ˌæpə'teɪn] *vi* (zu)gehören (**to** zu) | zustehen (**to s.o.** jmdm.)

ap·pe|tence ['æpɪtəns], **'~ten·cy** *s* Verlangen *n*, Begierde *f* (**after, for, of** nach) | (Natur-) Trieb *m*, Neigung *f* (**for** zu)

ap·pe|tite ['æpətaɪt|~pɪ~] *s* Hunger *m*, Appetit *m* (**for** auf) ⟨a good ≈ is the best sauce Hunger ist der beste Koch; ≈ comes with eating, ≈ is concealed under the teeth der Appetit kommt beim Essen; to give an ≈ Appetit machen; to have an ≈ Appetit haben; to take away / spoil s.o.'s ≈ jmdm. den Appetit nehmen *od* verderben⟩ | Begierde *f*, Trieb *m* (**for** nach) ⟨an ≈ for life Lebenshunger *m*⟩ | Interesse *n*, Neigung *f* ⟨after / to one's ≈ gerade wie es einem gefällt *od* beliebt; the cultural ≈s of the time⟩ ◇ **whet s.o.'s ~** *übertr* jmds. Mund wäßrig machen, jmdn. reizen, jmds. Verlangen wecken; **'~tiz·er** *s* appetitanregendes Mittel, Getränk *n*, Aperitif *m* | Vorspeise *f*; **'~tiz·ing** *adj* appetitanregend, appetitlich ⟨≈ dishes⟩ | *übertr* begehrenswert ⟨an ≈ figure⟩

ap·plaud [ə'plɔ:d] *vi* applaudieren; *vt* (jmdm.) Beifall spenden ⟨to be ~ed Beifall bekommen⟩ | *übertr* loben, billigen, zustimmen; **ap·plause** [ə'plɔ:z] *s* Applaus *m*, Beifall *m* ⟨to break into ≈ in Beifallsstürme ausbrechen; to evoke / excite ≈ Beifall erregen; to win the ≈ of s.o. jmds. Beifall erringen⟩ | *übertr* Billigung *f*, Zustimmung *f*; **ap'plau·sive** *adj* applaudierend, Beifalls- | *übertr* lobend, Lob-

ap·ple ['æpl] *s* Apfel *m* ⟨the ~ of discord *übertr* der Zankapfel; the ~ of s.o.'s eye *übertr* jmds. Augapfel *m od* Liebling *m*⟩; **'~ cart** *s* Apfelkarren *m* ⟨to upset the / s.o.'s ≈ *umg übertr* jmds. Pläne über den Haufen werfen⟩; **'~jack** *s Am* Apfelwein *m*; **'~moth** *s Zool* Apfelwickler *m*; **'~ -'pie** *s* (gedeckter) Apfelkuchen *m* ◇ **in ~-pie order** *umg* in bester Ordnung; **'~-ˌpol·ish·er** *s Sl* Ja-Sager *m*, Speichellecker *m*; **ˌ~'sauce** *s* Apfelmus *n* | *Am Sl* Schmeichelei *f* | *Am Sl* Unsinn *m*

ap·pli|ance [ə'plaɪəns] *s* Gerät *n*, Vorrichtung *f* | Anwendung *f*; **~ca·bil·i·ty** [ˌæplɪkə'bɪlətɪ] *s* Anwendbarkeit *f* (**to** auf); **'~ca·ble** *adj* passend, geeignet, anwendbar (**to** auf, für); **'~cant** *s* Bittsteller *m*, Bewerber *m* (**for** um); **ˌ~'ca·tion** *s* Anwendung *f* (**to** auf) ⟨≈ sector *Jur* Geltungsbereich *m*⟩ | Verwendung *f*, Gebrauch *m* (**to** für) | *Med* Applikation *f*, Anwendung *f* | *Med* Auf-, Anlegung *f* (e-s Verbandes u. ä.) | *Med* Verband *m*, Umschlag *m* ⟨cold and hot ≈s kalte und heiße Umschläge *m/pl*⟩ | Bedeutung *f* (**to** für) | Bitte *f*, Gesuch *n* (**for** um) ⟨on ≈ auf Wunsch⟩ | Antrag *m* (**for** auf) ⟨≈ form Antragsformular *n*; to make an ≈ einen Antrag stellen⟩ | Bewerbung *f* (**for** um) | Fleiß *m*, Eifer *m* ⟨to show ≈ in s.th. sich anstrengen bei etw.; s.th. demands close ≈ etw. verlangt harte Anspannung⟩; **ap·plied** [ə'plaɪd] *adj* praktisch, angewandt ⟨≈ science⟩; **apˌplied 'art** *s* Kunstgewerbe *n*

ap·pli·qué [ə'pli:keɪ] **1.** *adj* appliziert, aufgenäht; **2.** *s* Applikation *f*, aufgenähte Arbeit; **3.** *vt* mit Applikation verzieren

ap·ply [ə'plaɪ] *vt* (an-, auf)legen, (an-, auf)tragen (**to** auf, an) | *Med* an-, auflegen (**to** auf) ⟨to ~ a plaster⟩ | verwenden, gebrauchen (**to** zu, für) ⟨to ~ the brake die Bremse benutzen, bremsen⟩ | (Regel u. ä.) anwenden (**to** auf) | (Gedanken) richten (**to** auf) ⟨to ~ o.s. to s.th. sich e-r Sache widmen⟩; sich befleißigen, sich Mühe geben (**to** *mit inf* zu *mit inf*); *vi* (Regel u. ä.) Anwendung finden, zur Anwendung kommen, sich anwenden lassen (**to** zu, auf) | passen (**to** für, auf, zu) | gelten (**to** für) | sich wenden (**to** an, **for** wegen) | sich bewerben (**for** um) | sich melden (**to** bei, **for** wegen) | beantragen (**for s.th.** etw.) | bitten, ersuchen (**to s.o.** jmdn., **for** um)

ap·point [ə'pɔɪnt] *vt* ernennen, berufen, bestellen ⟨to ~ s.o. [to be] mayor jmdn. zum Bürgermeister ernennen; to ~ a committee eine Kommission einsetzen; newly ~ed neu ernannt⟩ | (Zeit u. ä.) festsetzen, -legen, bestimmen ⟨to ~ a day⟩; (Zeitpunkt) bestimmen, verabreden | ausstatten, ausrüsten, versehen (**with** mit) ⟨badly (well) ~ed schlecht (gut) ausgerüstet⟩; **ap'point·ment** *s* Ernennung *f*, Berufung *f*, Bestallung *f* ⟨to get an ≈ as eingestellt werden als, berufen werden zum⟩ | Festsetzung *f*, Festlegung *f*, Bestimmung *f* | Verabredung *f*, Stelldichein *n* ⟨to break an ≈ eine Verabredung nicht einhalten; to have an ≈ with s.o. mit jmdm. verabredet sein, zu jmdm. bestellt sein; to fix / make an ≈ with eine Verabredung treffen mit; by ≈ auf Verabredung⟩ | **ap'point·ments** *s/pl* (*bes* Hotel, Schiff) Ausrüstung *f*, Einrichtung *f*, Ausstattung *f* ⟨≈s for a hotel⟩

ap·por·tion [ə'pɔ:ʃn] *vt* (gleichmäßig) zuteilen, zuweisen, zumessen; **ap'por·tion·ment** *s* (gleichmäßige) Zu- *od* Verteilung *f*, Zuweisung *f*

ap·pose [æ'pəʊz] *vt* vor-, auf-, nebeneinanderlegen; **ap·po·site** ['æpəzɪt] *adj* angebracht, angemessen, passend, geeignet (**to** für) ⟨~ remarks; examples ~ to a subject⟩ | nebeneinander liegend; **ˌap·po'si·tion** *s* Nebeneinanderlegen *n* | *Ling* Apposition *f*, Beifügung *f* ⟨to be in ≈ to in Apposition stehen zu, Beifügung sein zu⟩; **ˌap·po'si·tion·al** *adj Ling* Appositions-; **ap'pos·i·tive** *Ling* **1.** *adj* appositionell; **2.** *s* Apposition *f*, Beifügung *f*

ap·prais·a·ble [əˈpreɪzəbl] *adj* schätzbar; **apˈprais·al** *s* Schätzung *f*; **apˈpraise** *vt* (ab-, ein)schätzen, bewerten, beurteilen (*auch übertr*) ⟨to ≈ the cost of s.th. die Kosten von etw. abschätzen; to ≈ a trend einen Trend beurteilen; to ≈ property for taxation at £ 1000 Besitz auf 1000 Pfund (für die Steuer) (ein)schätzen, taxen⟩; **apˈpraise·ment** *s* (Ab-) Schätzung *f*, Bewertung *f* | Taxwert *m*

ap·pre·ci|a·ble [əˈpri:ʃəbl] *adj* (ab)schätzbar | bemerkenswert; **apˈpre·ci·ate** *vt* (hoch)schätzen, richtig schätzen, würdigen | einsehen, erkennen | dankbar anerkennen ⟨to ≈ s.o.'s kindness⟩; *vi* (Boden, Waren u. ä.) im Wert steigen, (an Menge) zunehmen; **~a·tion** [əˌpri:ʃɪˈeɪʃn|~i:sɪ~] *s* (Wert-) Schätzung *f*, Würdigung *f* | (schriftliche) Würdigung, Rezension *f* ⟨to write an ≈ of ein Urteil abgeben über⟩ | Verständnis *n* (**for, of** für) ⟨to show no ≈ of kein Verständnis aufbringen für⟩ | Einsicht *f*, Anerkennung *f* ⟨in ≈ of s.th. in Anerkennung einer Sache⟩ | Dankbarkeit *f* (**of** für) | (Boden, Aktien u. ä.) Aufwertung *f*, Wertsteigerung *f*, Preiserhöhung *f*; **apˈpre·ci·a·ble, apˈpre·ci·a·to·ry** *adj* (hoch)schätzend, würdevoll, anerkennend | verständnisvoll, empfänglich (**of** für) ⟨to be ≈ of Verständnis haben für⟩

ap·pre|hend [ˌæprɪˈhend] *vt* ergreifen | festnehmen, verhaften ⟨to ≈ a murderer⟩ | (sinnlich) wahrnehmen, gewahr werden | verstehen, fassen, begreifen, erkennen | (be)fürchten, voraussehen ⟨to ≈ mischief⟩; *vi* denken | Furcht empfinden; **ˌ~ˈhen·si·bil·i·ty** *s* Faßlichkeit *f* | Wahrnehmbarkeit *f*; **ˌ~ˈhen·si·ble** *adj* faßlich, begreiflich | wahrnehmbar; **ˌ~ˈhen·sion** [-henʃn] *s* Ergreifung *f* | Festnahme *f*, Verhaftung *f* ⟨the ≈ of a thief⟩ | Fassungskraft *f*, Auffassungs-, Vorstellungsvermögen *n* ⟨to be quick (slow) of ≈ schnell (langsam) begreifen⟩ | Begriff *m* | (*auch pl*) Befürchtung *f*, Besorgnis *f*, Vorahnung *f* ⟨to be under some ≈s about sich einige Gedanken machen über; to entertain some ≈ of failure fürchten zu versagen; to feel ≈ for sich Sorgen machen um⟩; **ˌ~ˈhen·sive** *adj* schnell (auf)fassend, leicht begreifend | empfindlich, empfindsam | besorgt, ängstlich (**for** um, wegen, **that** daß) ⟨to be ≈ of sich fürchten vor⟩

ap·pren·tice [əˈprentɪs] **1.** *s* Lehrling *m*, Lehrjunge *m* | *übertr* Anfänger *m*; **2.** *vt* in die Lehre geben (**to** bei, zu) ⟨to be ~d to in der Lehre sein bei⟩; **apˈpren·tice·ship** *s* Lehre *f* | Lehrzeit *f*, Lehrjahre *n/pl* ⟨to serve one's ≈ at / with seine Lehre *od* Lehrzeit absolvieren bei⟩

ap·prise [əˈpraɪz] *vt förml* (*meist pass*) benachrichtigen, unterrichten (**of** von, **that** daß) ⟨he was ~d of our arrival er wurde über unsere Ankunft in Kenntnis gesetzt⟩

ap·pro [ˈæprəu] *Brit Wirtsch Sl* in: **on** ~ zur Ansicht ⟨goods on ~⟩

ap·proach [əˈprəutʃ] **1.** *vi* näher kommen, sich nähern, nahen | *übertr* nahekommen, ähneln (**to** einer Sache) | *Flugw* anfliegen; *vt* sich nähern, herankommen an (**about** wegen) | *übertr* herantreten an | sich wenden an (*auch übertr*) | (jmdn.) angehen, bitten (**for** um); **2.** *s* Näherkommen *n*, Nahen *n*, Annäherung *f* | Annäherungsversuch *m* ⟨to make ~es to s.o. jmds. Aufmerksamkeit zu erwecken suchen⟩ | *übertr* Annäherung *f*, Herankommen *n* ⟨to make an ~ to nahe herankommen an⟩ | *übertr* Herangehen *n*, Art *f* des Herangehens | *übertr* Zugang *m*, Zutritt *m* ⟨easy (difficult) of ~ leicht (schwer) zugänglich *auch übertr*⟩ | Zu-, Auffahrt *f* | *Flugw* Anflug *m*; **apˌproach·aˈbil·i·ty** *s* Zugänglichkeit *f* (*auch übertr*); **apˈproach·a·ble** *adj* zugänglich (*auch übertr*)

ap·pro|ba·tion [ˌæprəˈbeɪʃn] *förml s* Beifall *m*, Billigung *f*, Zustimmung *f* ⟨to win ≈ Beifall finden⟩ | Bestätigung *f*, Genehmigung *f* ⟨on ≈ zur Ansicht⟩; **ˈ~ba·to·ry** *adj* billigend, beifällig

ap·pro·pri·ate [əˈprəuprɪət] *adj* geeignet, angemessen, passend (**for, to** für, zu); [~eɪt] *vt* sich aneignen | verwenden, bestimmen, vorsehen (**for** für, **to** zu); **apˌpro·priˈa·tion** *s* Aneignung *f*, Besitznahme *f* | Verwendung *f*, Bestimmung *f* | Bewilligung *f* (von Geldern); **apˈpro·pri·a·tive** *adj* aneignend

ap·prov·a·ble [əˈpru:vəbl] *adj* zu billigen(d), annehmbar; **apˈprov·al** *s* Billigung *f*, Beifall *m* ⟨on ~ *Wirtsch* zur Ansicht; to give ~ to s.th. etw. billigen; to have s.o.'s ~ jmds. Zustimmung finden; to meet with ~ Anerkennung finden, to give a nod of ~, to nod one's ~ beifällig nicken⟩; **apˈprove** *vt* billigen, anerkennen, gutheißen, genehmigen | empfehlen | erweisen, zeigen ⟨to ≈ o.s. as sich erweisen als⟩; *vi* ⟨to ≈ of billigen, genehmigen, akzeptieren; to be ≈d of Anklang finden⟩; **apˈproved** *adj* erprobt; **apˌproved ˈschool** *s Brit* Erziehungs-, Besserungsanstalt *f*; **apˈprov·er** *s Jur Brit* Kronzeuge *m*

ap·prox·i|mal [əˈprɒksɪml] *adj Med* approximal, sich berührend; **~mate** [~mət] *adj* nahe, annähernd, ungefähr ⟨an ≈ area; an ≈ idea⟩ | annähernd gleich, sehr ähnlich (**to s.th.** e-r Sache) | *Math* approximativ, Näherungs- ⟨≈ calculation Näherungsrechnung *f*⟩; [~meɪt] *vt* nähern, ähnlich machen | *übertr* nahekommen, gleichen | *Math* approximieren; *vi* sich nähern, nahe kommen (**to s.th.** e-r Sache); **apˌprox·iˈma·tion** *s* Annäherung *f*, Nahekommen *n* (**to** an) | annähernd korrekte Schätzung, annähernd korrekter Betrag | annähernde Gleichheit | *Math* Approximation *f* | *Math* Näherungswert *m*; **apˈprox·i·ma·tive** *adj* approximativ, annähernd

ap·pur·te·nance [əˈpɜ:tɪnəns] *s* Zubehör *n*, Anhängsel *n* | *meist* **apˈpur·te·nan·ces** *pl* Ausrüstung *f* | *Jur* Pertinenzien *f/pl*, Realrechte *n/pl*; **apˈpur·te·nant 1.** *adj* gehörig (**to** zu) | *Jur* (Rechte) anhaftend; **2.** *s* Zubehör *n*

a·pri·cot [ˈeɪprɪkɒt] *s Bot* Aprikose *f*

A·pril [ˈeɪprl] *s* April *m*; **ˌ~ ˈfool** *s* Aprilnarr *m* ⟨to make an ≈ of s.o. jmdn. in den April schicken⟩

a pri·o·ri [ˌeɪ praɪˈɔ:raɪ] *adj, adv Phil* a priori, deduktiv | *umg* mutmaßlich; **a·pri·or·i·ty** [ˌeɪpraɪˈɒrətɪ] *s Phil* Apriorität *f*

a·pron [ˈeɪprən] *s* Schürze *f* | Schurz(fell) *m(n)* | *Kfz* Schutz-, Knieleder *n* | *Tech* Schutzblech *n*, -haube *f* | *Tech* Windlauf *m* | *Mar* Dockboden *m* | *Flugw* (Hallen-) Vorfeld *n* | *auch* **ˌ~ ˈstage** *Theat* Vorbühne *f*, Rampe *f*; **ˈ~ piece** *s Arch* Treppenträger *m*; **ˈ~ strings** *s/pl* Schürzenbänder *n/pl* ⟨to be tied to one's mother's ≈ *übertr* am Schürzenzipfel der Mutter hängen, ein Muttersöhnchen sein; to be tied to one's wife's / a woman's ≈ bei seiner *od* einer Frau unter dem Pantoffel stehen⟩

ap·ro·pos [ˌæprəˈpəu] **1.** *adv* beiläufig, nebenbei bemerkt ⟨~ of in bezug auf⟩ | zur rechten Zeit; **2.** *präd adj* angemessen, passend

apse [æps] *s Arch* Apsis *f* | *Astr* Apside *f*, Wendepunkt *m*

apt [æpt] *adj* passend, tauglich, geeignet ⟨~ remark treffende Bemerkung⟩ | begabt, geschickt (**at** in, bei) ⟨an ~ pupil⟩ | geneigt (**to** *mit inf*, **to** *mit ger* zu *mit inf*) ⟨to be ~ to break leicht brechen⟩ | *Am* wahrscheinlich ⟨I am ~ to approve ich werde wahrscheinlich zustimmen⟩

ap·ter|al [ˈæptərl], **ˈ~ous** *adj Zool* flügellos

ap·ter·yx [ˈæptərɪks] *s Zool* Kiwi *m*

ap·ti·tude [ˈæptɪtju:d|-tʃu:d] *s* Eignung *f*, Begabung *f*, Befähigung *f* (**for, to** für, zu) ⟨to show an ~ for begabt sein für⟩ | Neigung *f*, Hang *m* (**to** zu); **ˈ~ test** *s* Eignungsprüfung *f*

aq·ua for·tis [ˈækwəˈfɔ:tɪs] *s Chem* Scheidewasser *n*, Salpetersäure *f*

aq·ua·lung [ˈækwəlʌŋ] *s* (Unterwasser-) Atmungsgerät *n*,

aq·ua·ma·rine [ˌækwəmə'ri:n] *s Min* Aquamarin *m* | Aquamarinblau *n*

aq·ua·plane ['ækwəpleɪn] **1.** *s* (Sport) Wellenbrett *n* (zum Wasserreiten); **2.** *vi* wellenreiten

aq·ua re·gi·a ['ækwə 'ri:dʒɪə *s Chem* Königs-, Scheidewasser *n*

aq·ua·relle [ˌækwə'rel] *s* Aquarell *n* | Aquarellmalerei *f*

a·quar·i|um [ə'kwɛərɪəm] *s* (*pl* **a'qua·ri·ums, ~a** [~ə]) Aquarium *n*

a·quat·ic [ə'kwætɪk] **1.** *adj* Wasser- ⟨~ sports Wassersport *m*⟩; **2.** *s Bot* Wasserpflanze *f* | *Zool* Wassertier *n*; **a'quat·i·cal** *adj* Wasser-

aq·ua·tint ['ækwətɪnt] *s* Aquatinta *f* | Aquatintastich *m*

a·qua·vit ['ækwəvi:t] *s* Aquavit *m*

aq·ue·duct ['ækwɪdʌkt] *s* Aquädukt *m*, (offene) Wasserleitung | *Med* Kanal *m*

a·que·ous ['eɪkwɪəs|'æk-] *adj* wäßrig, wasserartig ⟨~ solution⟩

aq·ui·le·gi·a [ˌækwɪ'li:dʒɪə] *s Bot* Akelei *f*

aq·ui·line ['ækwɪlaɪn] *adj* adlerartig, Adler- | gebogen, hakenförmig; **ˌ~ 'nose** *s* Adlernase *f*

a·quiv·er [ə'kwɪvə] *adv, präd adj* zitternd

Ar·ab ['ærəb] **1.** *s* Araber(in) *m(f)* | *auch* **A'ra·bi·an horse** Araber *m* (Pferd); **2.** *adj* arabisch ⟨the ~ League die Arabische Liga⟩

ar·a·besque [ˌærə'besk] **1.** *s* Arabeske *f*; **2.** *adj* arabesk

A·ra·bi·an [ə'reɪbɪən] **1.** *adj* arabisch ⟨The ~ Nights Tausendundeine Nacht⟩; **2.** *s* Araber(in) *m(f)*; **Ar·a·bic** ['ærəbɪk] **1.** *adj* arabisch ⟨~ numerals arabische Ziffern *f/pl*⟩; **2.** *s* Arabisch *n*; **ˌAr·a·bic 'gum**, *auch* **ˌgum 'Ar·a·bic** *s* Gummiarabikum *n*

ar·a|bil·i·ty [ˌærə'bɪlətɪ] *s* Pflügbarkeit *f*; **'~ble 1.** *adj* pflügbar, urbar, kulturfähig; **2.** *s, auch* **'~ble ˌland** Ackerland *n*

ar·a·chis ['ærəkɪs] *s Bot* Erdnuß *f*

a·rach·nid [ə'ræknɪd], **a'rach·ni·dan** *Zool* **1.** *s* Spinnentier *n*; **2.** *adj* spinnenartig

a·rag·o·nite [ə'rægənaɪt] *s Min* Aragonit *m*, Sprudelstein *m*

a·ra·li·a [ə'reɪlɪə] *s Bot* Aralie *f*; **~ceous** [əˌreɪlɪ'eɪʃəs] *adj Bot* aralienartig

ar·au·ca·ri·a [ˌærɔ:'kɛərɪə] *s Bot* Araukarie *f*, Zimmertanne *f*

ar·bi|ter ['ɑ:bɪtə] *s* Schiedsrichter *m*, Unparteiischer *m* | *übertr* Herr *m*, Gebieter *m*, Beherrscher *m* ⟨~ter of fashion Modekönig *m*⟩; **'~trage** *s* Schiedsspruch *m* | *Wirtsch* Arbitrage *f*; **'~tral** *adj* schiedsrichterlich; **ar·bit·ra·ment** [ɑ:'bɪtrəmənt] *s* schiedsrichterliche Entscheidung | Schiedsspruch *m*; **'~trar·y** *adj* vom Schiedsrichter abhängig | willkürlich ⟨≈ choice⟩ | eigenmächtig, despotisch ⟨≈ government⟩; **'~trate** *vt* schiedsrichterlich entscheiden, schlichten ⟨to ~ one's quarrels einen Streit schlichten, sich einigen⟩; *vi* als Schiedsrichter fungieren (**between** zwischen); **ˌ~'tra·tion** *s* Schiedsgerichtsverfahren *n* ⟨to refer a question to ≈ eine Frage einem Schiedsgericht vorlegen; to submit a dispute for ≈ einen Streitfall einem Schiedsgericht unterwerfen⟩ | Schiedsspruch *m*, (schiedsrichterliche) Entscheidung | Gutachten *n* | Schlichtung *f*, Vergleich *m* | *auch* **ˌ~'tration of exˌchange** *Wirtsch* Wechselarbitrage *f*; **ˌ~'tration clause** *s Jur* Schiedsklausel *f*, **ˌ~'tration comˌmis·sion, ˌ~'tration comˌmit·tee** *s Pol* Schlichtungs-, Vermittlungsausschuß *m*; **ˌ~'tra·tion·al, ~tra·tive** [~treɪtɪv] *adj* schiedsrichterlich; **'~tra·tor** *s Jur* Schiedsrichter *m*; **~tress** [~trəs] *s* Schiedsrichterin *f*

ar·bor ['ɑ:bə] *s Tech* Welle *f*, Spindel *f*

ar·bo|ra·ceous [ˌɑ:bə'reɪʃəs], **'~ral, '~rar·y, ~re·al** [ɑ:'bɔ:rɪəl], **~re·an** [ɑ:'bɔ:rɪən] *adj* baumartig, -ähnlich, Baum- | auf Bäumen lebend ⟨~real animals *Zool* Baumbewohner *m/pl*⟩; **~re·ous** [ɑ:'bɔ:rɪəs] *adj* baumreich, bewaldet | *Bot* baumartig wachsend; **~res·cence** [~'resns] *s Bot* baumartiger Wuchs; **ˌ~'res·cent** *adj Bot* baumartig wachsend; **ˌ~ri'cul·ture** *s* Baumzucht *f*; **ˌ~ri'cul·tur·ist** *s* Baumzüchter *m*; **~ri·form** ['ɑ:bərɪfɔ:m] *adj* baumförmig; **ˌar·bor·i'za·tion** *s* baumförmige Bildung; **'ar·bor·ous** *adj* Baum-

ar·bour ['ɑ:bə] *s* Laube *f*

arc [ɑ:k] *s* Bogen *m* (*auch Math, übertr*) | *El* Lichtbogen *m*;

ar·cade [ɑ:'keɪd] *s Arch* Arkade *f*, Bogen-, Laubengang *m* | Durchgang *m*, Passage *f*, überdachte Ladenstraße ⟨amusement ≈ Spielhalle *f*⟩; **ar'ca·di·an** *adj Arch* Arkaden-

ar·cane [ɑ:'keɪn] *adj* geheim; **ar·ca·num** [~əm] *s* (*pl* **ar·ca·na** [~ə]) Geheimnis *n*, Mysterium *n*

[1]**arch** [ɑ:tʃ] **1.** *s Arch* Bogen *m*, Gewölbe *n* | *auch* **'~way** Durchgang *m* ⟨triumphal ~ Triumphbogen *m*⟩ | Bogenförmiges *n*, (Kurven-) Bogen *m*, Wölbung *f* | (Fuß) Spann *m* | *poet* Himmel *m*; **2.** *vt* mit Bogen versehen, bogenförmig machen, wölben ⟨to ~ one's back einen Buckel machen, den Rücken krümmen⟩; *vi* sich wölben ⟨to ~ over s.th. sich über etw. wölben, überhängen⟩

[2]**arch** [ɑ:tʃ] *adj* erste(r, -s), Haupt-, Ur-, Erz- | listig, schlau ⟨~ boy⟩ | schelmisch ⟨~ smile⟩

arch- [ɑ:tʃ] *präf zur Bildung von s mit der Bedeutung*: Haupt-, Erz-, Ur- (*z. B.* **~fiend, ~enemy** Erzfeind)

Ar·chae·an [ɑ:'ki:ən] *Geol* **1.** *adj* archäisch; **2.** *s* Archäikum *n*

ar·chae|o·log·ic [ˌɑ:kɪə'lɒdʒɪk], **ˌ~o'log·i·cal** *adj* archäologisch; **~ol·o·gist** [ˌ~'ɒlədʒɪst] *s* Archäologe *m*, Altertumsforscher *m*; **ˌ~'ol·o·gy** *s* Archäologie *f*, Altertumskunde *f*

ar·chae·op·ter·yx [ˌɑ:kɪ'ɒptərɪks] *s Zool* Archäopteryx *m*, Urvogel *m*

ar·cha|ic [ɑ:'keɪɪk] *adj* archaisch, altertümlich, veraltet; **'~ism** *s* Archaismus *m*, veralteter Ausdruck; **ˌ~'is·tic** *adj* archaistisch; **~ize** ['ɑ:keɪˌaɪz] *vt* archaisieren

arch·an·gel ['ɑ:kˌeɪndʒl] *s* Erzengel *m* | *Bot* Angelika *f*, Engelwurz *f*

arch·bish·op [ɑ:tʃ'bɪʃəp] *s* Erzbischof *m*; **~ric** [~rɪk] *s* Erzbistum *n*

arch bridge ['ɑ:tʃ brɪdʒ] *s* Bogenbrücke *f*

arch·dea·con [ɑ:tʃ'di:kən] *s* Erzdiakon *m*; **~ate** [~ɪt], **arch'dea·con·ry, arch'dea·con·ship** *s* Erzdiakonat *n*

arch|du·cal [ɑ:tʃ'dju:kl] *adj* erzherzoglich; **~duch·ess** [~'dʌtʃəs] *s* Erzherzogin *f*; **~duch·y** [~'dʌtʃɪ] *s* Erzherzogtum *n*; **~duke** [~'dju:k] *s* Erzherzog *m*

arched [ɑ:tʃt] *adj* bogenförmig, Bogen- ⟨~ bridge⟩

Ar·che·o·zo·ic [ˌɑ:kɪə'zəʊɪk] *Geol* **1.** *adj* azoisch; **2.** *s* Azoikum *n*

arch·er ['ɑ:tʃə] *s* Bogenschütze *m*; **'~y** *s* Bogenschießen *n*

ar·che·type ['ɑ:kɪtaɪp] *s* Urbild *n*, Urform *f*, Muster *n*

arch·fiend ['ɑ:tʃ'fi:nd] *s* Erzfeind *m* | Satan *m*, Teufel *m*

archi- [ɑ:kɪ] ⟨*griech*⟩ *in Zus* Ober-, Haupt-

ar·chi·e·pis·co|pal [ˌɑ:kɪɪ'pɪskəpl] *adj* erzbischöflich; **~pate** [~pɪt] *s* Erzbistum *n*

ar·chi·pel·a|go [ˌɑ:kɪ'peləgəʊ] *s* (*pl* **~gos, ~goes** [~gəʊs]) Archipel *m*, Inselgruppe *f*

ar·chi|tect ['ɑ:kɪtekt] *s* Architekt *m*, Baumeister *m* | *übertr* Schöpfer *m*, Urheber *m*; **ˌ~tec'ton·ic 1.** *adj* architektonisch, baulich | *übertr* konstruktiv, aufbauend; **2.** *s, auch* **ˌ~tec'ton·ics** Architektur *f*, Architektonik *f* | Struktur *f*; **~tec·tress** [~tektrəs] *s* Architektin *f*; **~tec·tur·al** [ˌɑ:kɪ'tektʃərl] *adj* Architektur-, Bau- | architektonisch ⟨≈ acoustics Raumakustik *f*; the ≈ beauties die Schönheiten *f/pl* der Architektur; ≈ tastes architektonische Geschmacksrichtungen *f/pl*⟩; **'~tec·ture** *s* Architektur *f*, Baukunst *f* ⟨school of ≈ Bauakademie *f*⟩ | Bauart *f*, -stil *m* | Bau *m*, Struktur *f* (*auch übertr*) ⟨the ≈ of a novel⟩

ar·chi|val [ɑ:'kaɪvl] *adj* archivalisch, Archiv-; **'ar·chives** *s/pl* Archiv *n*; **'~vist** ['ɑ:kɪvɪst] *s* Archivar *m*
arch·o- [ɑ:kə] ⟨*griech*⟩ *in Zus* alt, archaisch, Altertums-
arch·priest ['ɑ:tʃ'pri:st] *s Hist* Erzpriester *m*; **'arch'priest·hood** *s* Erzpriesterschaft *f*
arch| sup·port ['ɑ:tʃ sə,pɔ:t] *s Med* Schuheinlage *f*; **'~way** *s Arch* Bogen(gang) *m*
ar·ci·form ['ɑ:sɪfɔ:m] *adj* bogenförmig; **'arc lamp** *s El* Bogenlampe *f*; **'arc light** *s El* Bogenlicht *n*
arc·tic ['ɑ:ktɪk] **1.** *adj* arktisch, nördlich, Nord- ⟨∼ Circle nördlicher Polarkreis; ∼ Ocean Nördliches Eismeer⟩; **2.** *s* Nördlicher Polarkreis; **'arc·tics** *s/pl Am* gefütterte Überschuhe *m/pl*
arc weld·ing ['ɑ:k ,weldɪŋ] *s El* Lichtbogenschweißung *f*
ar·den·cy ['ɑ:dnsɪ] *s* Glut *f*, Hitze *f* | *übertr* Feuer *n*, Inbrunst *f*, Leidenschaftlichkeit *f*; **'ar·dent** *adj* feurig, heiß, brennend, glühend ⟨≈ fever; ≈ sun⟩ | leicht brennbar ⟨≈ spirits⟩ | *übertr* feurig, leidenschaftlich, inbrünstig ⟨≈ longing; an ≈ lover⟩
ar·dour ['ɑ:də] *s* Glut *f*, Hitze *f* ⟨the ∼ of the sun⟩ | *übertr* Leidenschaftlichkeit *f*, Inbrunst *f* | *übertr* Eifer *m*; **ar·du·ous** ['ɑ:djuəs] *adj* (Weg, Straße u. ä.) steil | (Arbeit) mühsam, schwer | schwierig | ausdauernd, zäh ⟨≈ worker⟩
[1]**are** [ə|ɑ:] *2. Pers präs sg/pl von* ↑ **be**
[2]**are** [ɑ:] *s* Ar *n* (= 100 qm)
a·re·a ['ɛərɪə] *s* (Boden-) Fläche *f*, Flächenraum *m* ⟨1000 square miles in ∼ 1000 Quadratmeilen groß⟩ | *Math* Flächeninhalt *m* | Raum *m*, Gegend *f*, Gebiet *n* (*auch übertr*) ⟨desert ∼ Wüstengebiet *n*; postal ∼ Postbezirk *m*; prohibited ∼ Sperrgebiet *n*⟩ | Grundstück *n* | *Brit* Souterrainvorhof *m*; **'a·re·al** *adj* Flächen-; **,a·re·al lin'guis·tics** *s/pl* (*sg konstr*) Areallinguistik *f*
a·rear [ə'rɪə] *adv* nach hinten
ar·e·a stu·dy [,ɛərɪə 'stʌdɪ] (*oft pl*) Landeskunde *f*
a·re|na [ə'ri:nə] *s* (*pl* **a're·nas, ~nae** [∼ni:]) Arena *f*, Kampfplatz *m* | *übertr* Schauplatz *m* | *Med* Harngrieß *m*
aren't [ɑ:nt] *umg für* **are not**
ar·e·om·e·ter [,ærɪ'ɒmɪtə] *s* Senkwaage *f*
a·rête [æ'reɪt] *s* Grat *m*, Bergkamm *m*
ar·gent ['ɑ:dʒənt] **1.** *s poet* Silber *n*; **2.** *adj* silbern, glänzend; **,ar·gen'ta·tion** *s* Silberüberzug *m*; **ar·gen·te·ous** [ɑ:'dʒentɪəs] *adj* silbern; **ar·gen·tif·er·ous** [,ɑ:dʒən'tɪfərəs] *adj* silberhaltig
Ar·gen|ti·na [,ɑ:dʒən'ti:nə] *s* Argentinien; **~tine** ['∼taɪn] **1.** *adj* argentinisch; **2.** *s* Argentinier(in) *m(f)*
ar·gen·tine ['ɑ:dʒəntaɪn] **1.** *adj* silbern; **2.** *s* Silber *n*
ar·gen·tite ['ɑ:dʒəntaɪt] *s Min* Silberglanz *m*
ar·gil ['ɑ:dʒɪl] *s* Ton(erde) *m(f)*; **~la·ceous** [,ɑ:dʒɪ'leɪʃəs], **~lif·er·ous** [,ɑ:dʒɪ'lɪfərəs] *adj* tonhaltig, Ton-
ar·gon ['ɑ:gɒn] *s Chem* Argon *n*
ar·got ['ɑ:gəʊ] *s* Argot *n*, Jargon *m* | Gaunersprache *f*
ar·gu|a·ble ['ɑ:gjuəbl] *adj* diskutabel | bestreitbar; **ar·gue** ['ɑ:gju:] *vi* argumentieren, streiten, erörtern, disputieren (**about** über, **against** gegen, **for** für, **with** mit) ⟨he ≈ed soundly er gebrauchte vernünftige Argumente⟩ | schließen, folgen (**from** aus, **to** auf); *vt* beweisen, (Behauptung) begründen (**s.th.** etw., **that** daß) | diskutieren | überzeugen, -reden ⟨to ≈ s.o. into s.th. jmdn. zu etw. überreden; to ≈ s.o. out of s.th. jmdn. von etw. abbringen⟩ | andeuten, verraten ⟨his accent ≈s him to be a foreigner sein Akzent verrät den Ausländer⟩; **'~fy** *vt umg* agitieren, zu überreden suchen ⟨to ≈ a judge⟩ | diskutieren ⟨to ≈ a point⟩; *vi* hartnäckig diskutieren | streiten, um zu streiten; **'~ment** *s* Argumentieren *n*, Diskutieren *n* ⟨to spend hours in ≈ about Stunden mit Diskussion zubringen über⟩ | Erörterung *f*, (Meinungs-) Streit *f* ⟨to be beyond ≈ außerhalb jeder Diskussion stehen, unbestritten sein; to be engaged in an ≈ with s.o. about s.th. mit jmdm. in einen Streit über etw. verwickelt sein; to hold an ≈ diskutieren⟩ | Argument *n*, Beweisgrund *m* (**against** gegen, **for** für) | Streitfrage *f* | Hauptinhalt *m*, Thema *n* ⟨the ≈ of a book⟩ | Schlußfolgerung *f*; **,~'men·tal** *adj* Beweis-; **,~men'ta·tion** *s* Argumentation *f*, Beweisführung *f*, Schlußfolgerung *f*; **,~'men·ta·tive** *adj* beweiskräftig ⟨to be ≈ of deuten auf⟩ | folgerichtig, logisch | kontrovers, polemisch, strittig, umstritten ⟨an ≈ discourse⟩ | streitsüchtig ⟨an ≈ person⟩
ar·gute [ɑ'gju:t] *adj* scharf, schrill | scharfsinnig
ar·gy·bar·gy [,ɑ:dʒɪ 'bɑ:dʒɪ] *bes Brit umg* **1.** *s* Streiterei *f*, Palaver *n*; **2.** *vi* sich (laut, aber nicht ernsthaft) streiten
ar·gyr·i·a [ɑ:'dʒɪərɪə] *s Med* Argyrie *f*, Silbereinlagerung *f* | Silbervergiftung *f*
a·ri·a ['ɑ:rɪə] *s* Arie *f*
-ar·i·an [ɛərɪən] *suff zur Bildung von s, adj aus s mit der Bedeutung* jmd., der durch etw. charakterisiert ist *od* etw. betreibt (*z. B.* **autoritarian** autoritärer Mensch; autoritär; **vegetarian** Vegetarier *m*; vegetarisch)
ar·id ['ærɪd] *adj* (Boden, Klima u. ä.) dürr, trocken, unfruchtbar | *übertr* trocken, schal, reizlos; **a·rid·i·ty** [ə'rɪdətɪ] *s* Dürre *f*, Trockenheit *f* (*auch übertr*)
a·right [ə'raɪt] *adv* recht, richtig ⟨to set ∼ berichtigen⟩
a·rise [ə'raɪz] *vi* (**a·rose** [ə'rəuz], **a·ris·en** [ə'rɪzn]) *arch* sich erheben, aufstehen | *übertr* entspringen, hervorgehen, herrühren (**from, out, of** aus, von) | *übertr* (Problem, Schwierigkeit u. ä.) sich ergeben, entstehen | (Sonne u. ä.) aufsteigen
ar·is·toc·ra·cy [,ærɪ'stɒkrəsɪ] *s* Aristokratie *f* | *übertr* Elite *f*; **a·ris·to·crat** ['ærɪstəkræt] *s* Aristokrat *m*; **,a·ris·to'crat·ic, ,a·ris·to'crat·i·cal** *adj* aristokratisch, vornehm
a·rith·me|tic [ə'rɪθmətɪk] *s* Arithmetik *f*, Rechnen *n*, Rechenkunst *f*; **ar·ith·met·ic** [,ærɪθ'metɪk], **,ar·ith'met·i·cal** *adj* arithmetisch; **~ti·cian** [ə,rɪθmə'tɪʃn] *s* Arithmetiker *m*
ark [ɑ:k] *s* Arche *f* | *übertr* Zufluchtsstätte *f*
[1]**arm** [ɑ:m] *s* Arm *m* ⟨at ∼'s length auf Armeslänge, mit ausgestrecktem Arm; infant in ∼s Säugling *m*; on one's ∼ am Arm; to fold one's ∼s die Arme kreuzen; to keep s.o. at ∼'s length sich jmdn. vom Leibe halten; to take s.o. in[to] one's ∼s jmdn. in die Arme nehmen; with open ∼s *übertr* mit offenen Armen, herzlich⟩ | *Bot* Ast *m* | Armlehne *f* | Ärmel *m* | (Fluß-, Meeres-) Arm *m* | *Tech* Ausleger *m* | *übertr* Macht *f*, Gewalt *f* ⟨the ∼ of the law der Arm des Gesetzes⟩ | *übertr* Stütze *f*
[2]**arm** [ɑ:m] **1.** *s, meist* **arms** *pl Mil* Waffe(n) *f(pl)* ⟨small ∼s leichte Waffen, Handfeuerwaffen *f/pl*; in ∼s in Waffen, bewaffnet; under ∼s unter Waffen, kampfbereit; up in ∼s unter Waffen, *übertr* in vollem Aufruhr, aufgebracht (**about** wegen, **against** gegen); to be [all] up in ∼s kampfbereit sein; *übertr* in Harnisch geraten; to bear/carry ∼s Waffen führen, Soldat sein; to call to ∼s zu den Waffen rufen; to lay down one's ∼s die Waffen niederlegen; to rise up in ∼s, to take up ∼s die Waffen ergreifen⟩ | *Mil* Waffengattung *f* ⟨the air ∼ Luftstreitkräfte *f/pl*⟩ | *meist* **arms** *pl* Wappen(schild) *n* ⟨coat of ∼s Wappen *n*⟩; **2.** *vt* (be)waffnen, ausrüsten (*auch übertr*) ⟨∼ed forces bewaffnete Kräfte *f/pl*, Streitmacht *f*, Streitkräfte *f/pl*; ∼ed neutrality bewaffnete Neutralität; to ∼ o.s. with sich wappnen mit⟩; *vi* sich (be)waffnen, sich rüsten
ar·ma·da [ɑ:'mɑ:də] *s* Armada *f*, Kriegsflotte *f*
ar·ma·dil·lo [ɑ:mə'dɪləu] *s Zool* Gürteltier *n*
ar·ma|ment ['ɑ:məmənt] *s* Aufrüstung *f* | Heer(esabteilung) *n(f)*, Streit-, Kriegsmacht *f* | *meist* **'~ments** *pl* (Kriegs-) Ausrüstung *f*, Kriegsstärke *f*; Bestückung *f* ⟨adequate ≈s ausreichende militärische Stärke; planes with the newest

≈s auf das modernste ausgerüstete Flugzeuge *n/pl*⟩; **'~ture** *s* Rüstung *f*, Bewaffnung *f* | *übertr* Schutz *m*, Waffe *f* | *Tech* Armatur *f* | *Phys* Anker *m*

arm·chair ['ɑ:mtʃɛə] **1.** *s* Sessel *m*, Lehnstuhl *m*; **2.** *adj* theoretisch, vom grünen Tisch aus ⟨~ speculation Theoretisiererei *f*⟩

arm|ful ['ɑ:mfʊl] *s* Armvoll *m* ⟨by the ≈ mit vollen Armen⟩; **'~hole** *s* Achselhöhle *f* | Armloch *n*

arm·ing ['ɑ:mɪŋ] *s* Bewaffnung *f*, (Aus-) Rüstung *f*; **'~ press** *s Tech* Buchdeckelpresse *f*

ar·mi·stice ['ɑ:mɪstɪs] *s* Waffenstillstand *m*; **[1]'arm·less** *adj* ohne Waffen, unbewaffnet

[2]arm·less ['ɑ:mləs] *adj* ohne Arm, armlos

arm·let ['ɑ:mlət] *s* Armreif *m* | Armbinde *f* | kleiner (Meeres-, Fluß-) Arm

ar·mo·ri·al [ɑ:'mɔ:rɪəl] **1.** *adj* heraldisch, Wappen-; **2.** *s* Wappenbuch *n*; **ar·mor·y** ['ɑ:mərɪ] *s* Heraldik *f*, Wappenkunde *f*

ar·mour ['ɑ:mə] **1.** *s* Rüstung *f*, Harnisch *m*, Panzer *m* (*auch Zool, Bot, übertr*) ⟨suit of ~ Panzerrüstung *f*⟩ | Panzerung *f* | *Mil collect* Panzerfahrzeuge *n/pl*, Panzertruppen *f/pl* ⟨attacks with ~ Panzervorstöße *m/pl*⟩ | Taucheranzug *m*; **2.** *vt* (be)waffnen, panzern; *vi* sich (be)waffnen, sich panzern; **'~-ˌbear·er** *s* Waffenträger *m*, Schildknappe *m*; **'~-clad** *adj Mar* gepanzert, Panzer-; **'ar·moured** *adj Mil* gepanzert, Panzer- ⟨≈ car Panzer(kampf)wagen *m*; ≈ train Panzerzug *m*⟩ | *Mil* Panzer-, mit Panzern u. Panzerwagen ausgerüstet ⟨≈ division Panzerdivision *f*⟩; **'~er** *s Hist* Waffenschmied *m* | *Mil Mar* Waffenmeister *m*; **'~-plate** *s* Panzerplatte *f*; **'~y** *s* Rüst-, Waffenkammer *f*, Zeughaus *n* (*auch übertr*)

arms ↑ **[2]arm**

arms race ['ɑ:mz reɪs] *s* Rüstungswettlauf *m*

ar·my ['ɑ:mɪ] *s Mil* Heer *n*, Armee *f* ⟨the ~ das Heer, die Landstreitkräfte *f/pl*; to enter / go into / join the ~ ins Heer eintreten, Soldat werden⟩ | *übertr* Heer *n*, Menge *f* ⟨an ~ of officials ein Heer von Beamten⟩; **ˌ~ 'chap·lain** *s Mil* Feldprediger *m*; **'~ corps** *s* Armeekorps *n*; **'~ list** *s Mil Brit* Rangordnung *f* des Heeres; **'~ worm** *s Zool* Heerwurm *m*

ar·ni·ca ['ɑ:nɪkə] *s Bot* Arnika *f*

arn't, ar'n't [ɑ:nt] *umg* für **are not**

a·ro·ma [ə'rəʊmə] *s* Aroma *n*, Duft *m*, Würze *f* | (Wein) Blume *f*, Bukett *n* | *übertr* Aura *f*, Reiz *m*, besondere Note ⟨the ~ of wealth⟩; **ar·o·mat·ic** [ˌærə'mætɪk] *adj* aromatisch, würzig, duftig

a·rose [ə'rəʊz] *prät von* ↑ **arise**

a·round [ə'raʊnd] **1.** *adv* (rund)herum, rundum, ringsumher ⟨to crowd ~ sich herumdrängen um⟩ | *umg* hier und da, umher ⟨from all ~ von überall her; he's been ~ a lot er ist viel *od* weit herumgekommen, er weiß Bescheid; to fool ~ die Zeit vertrödeln; to get ~ viel herumkommen⟩ | *Am* nahe, in der Nähe ⟨to stand ~ dabeistehen⟩; **2.** *präp* um, um … herum; ringsum ⟨~ the clock Tag u. Nacht⟩ | *Am umg* ungefähr, etwa ⟨~ five o'clock gegen 5 Uhr⟩

a·rouse [ə'raʊz] *vt* (auf)wecken ⟨to ~ s.o. from sleep⟩ | *übertr* aufrütteln, wachrufen; *vi* aufwachen

ar·que·bus ['ɑ:kwɪbəs] = **harquebus**

ar·que·rite ['ɑ:kəraɪt] *s Min* Silberamalgam *n*

ar·rack, *auch* **ar·ak** ['æræk] *s* Arrak *m*

ar·raign [ə'reɪn] **1.** *vt Jur* vor Gericht stellen ⟨to be ~ed on a charge of theft unter Anklage des Diebstahls stehen⟩ | anklagen, beschuldigen, rügen ⟨to ~ s.o. for s.th. jmdm. etw. vorwerfen, jmdn. einer Sache beschuldigen⟩ | angreifen, anfechten ⟨to ~ a project⟩; **2.** = **ar'raign·ment** *s* Anklage *f*

ar·range [ə'reɪndʒ] *vt* (an)ordnen, arrangieren, einrichten, zusammenstellen | (Termin u. a.) festlegen, festsetzen, planen, vereinbaren, abmachen | (Streit) schlichten ⟨to ~ differences Widersprüche ausgleichen⟩ | erledigen, in Ordnung bringen | *Mus* arrangieren, bearbeiten; *vi* sich einigen, sich arrangieren (**with** mit, **about, for** über) | Anordnungen *od* Vorkehrungen treffen, sorgen (**for** für) ⟨to ~ for s.o. to do s.th. dafür sorgen, daß jmd. etw. tut⟩; **ar'range·ment** *s* (An-) Ordnung *f*, Einrichtung *f*, Disposition *f* | Festsetzung *f*, Festlegung *f*, Vereinbarung *f*, Übereinkunft *f* ⟨to make/enter into an ≈ with s.o. mit jmdm. eine Abmachung treffen⟩ | *Jur* Schlichtung *f*, Vergleich *m* | Erledigung *f* | *meist pl* Vorkehrung *f* ⟨to make one's ≈s for seine Vorbereitungen treffen für⟩ | *Mus* Arrangement *n*, Bearbeitung *f*; **ar'rang·er** *s Mus* Arrangeur *m*

ar·rant ['ærənt] *adj* (von etw. Schlechtem) völlig, ausgesprochen ⟨an ~ coward⟩ | umherziehend, herumlungernd ⟨an ~ thief⟩ | Erz- ⟨~ knave Erzgauner *m*⟩

ar·ras ['ærəs] *s* Gobelin *m*, Wandteppich *m*

ar·ray [ə'reɪ] **1.** *s lit* (Schlacht-) Ordnung *f*, Aufstellung *f* | *lit* Kleidung *f*, Robe *f* ⟨in bridal ~ im Brautstaat⟩ | *übertr* Aufgebot *n*, stattliche Anzahl (**of** an, von) | *Tech, Math* Schema *n*, regelmäßige Anordnung ⟨a rectangular ~ eine Anordnung im Rechteck⟩; **2.** *vt* (Truppen u. ä.) aufstellen, ordnen ⟨to ~ o.s. against sich zum Kampf sammeln gegen⟩ | *lit* kleiden, schmücken ⟨to ~ o.s. sich kleiden⟩; **ar'ray·al, ar'ray·ment** *s* (An-) Ordnung *f*, Aufstellung *f*

ar·rear [ə'rɪə] *s, meist* **ar'rears** Rückstand *m*, -stände *f/pl* ⟨~s in rent rückständige Miete; to be in ~s with the rent Mietrückstände haben; ~s of correspondence Briefschulden *f/pl*⟩; **ar'rear·age** *s* Restsumme *f*

ar·rect [ə'rekt] *adj* aufrecht | aufmerksam

ar·rest [ə'rest] **1.** *s* Stillstand *m*, Hemmung *f* | Verhaftung *f* | *Jur* Beschlagnahme *f* | Haft *f*, Arrest *m* ⟨under ~ in Haft; to hold / place / put under ~ inhaftieren, festnehmen⟩; **2.** *vt* zum Stillstand bringen, aufhalten, hemmen | *Tech* arretieren | festnehmen, verhaften | *Jur* in Beschlag nehmen | *übertr* fesseln ⟨to ~ s.o.'s attention⟩; **ar·res·ta·tion** [ˌæres'teɪʃn] *s* Hemmung *f* | Verhaftung *f*; **ar'rest·ing** *adj* fesselnd, interessant; **'~ing gear** *s Tech* Sperrgetriebe *n*, Abbremsvorrichtung *f*; **ar'res·tive** *adj* fesselnd; **ar'rest·ment** *s* Hemmen *n* | Verhaftung *f* | *Jur* Beschlagnahme *f*

ar·rha ['ærə] *s* (*pl* **ar·rhae** ['æri:]) *Jur* Aufgeld *n*

ar'rhyth·mic [ə'rɪθmɪk], **ar'rhyth·mi·cal, ar'rhyth·mous** *adj Med* arrhythmisch, unregelmäßig

ar·riv·al [ə'raɪvl] *s* Ankunft *f*, Ankommen *n* ⟨on s.o.'s ~ bei *od* unmittelbar nach jmds. Ankunft, gleich nachdem jmd. angekommen ist *od* war⟩ | Erscheinen *n*; Ankömmling *m* ⟨he was a late ~ er kam spät an⟩ | *umg* Neugeborenes *n* | *pl* ankommende Personen *f/pl od* Schiffe *n/pl od* Züge *m/pl od* Flugzeuge *n/pl* | Ankunft(stafel) *f*; **ar·rive** [ə'raɪv] *vi* (an)kommen, eintreffen (**at, in** in) ⟨to ≈ home⟩ | erscheinen | kommen (Zeit) | Erfolg haben, arrivieren | *übertr* erreichen, gelangen ⟨to ≈ at a decision zu einer Entscheidung kommen⟩

ar·ro|gance ['ærəgəns] *s* Arroganz *f*, Dünkel *m*, Anmaßung *f*; **'~gant** *adj* arrogant, anmaßend, eingebildet; **'~gate** *vt* sich etw. anmaßen ⟨to ≈ to o.s. sich unrechtmäßig aneignen, sich anmaßen⟩ | (etw.) verlangen (**to s.o.** für jmdn.) | (etw.) zusprechen, zuschreiben (**to s.o.** jmdm.); **ˌ~'ga·tion** *s* Anmaßung *f*

ar·row ['ærəʊ] **1.** *s* Pfeil *m* | Pfeil(zeichen) *m(n)* | *Tech* Markierstab *m*; **2.** *vi* Pfeile schießen | pfeilschnell dahinfliegen, eilen; **'~ grass** *s Bot* Dreizack *m*; **'~head** *s* Pfeilspitze *f* | *Bot* Pfeilkraut *n*; **'~root** *s Bot* Pfeilwurz *f*; **'~ wood** *s Bot*

Pfeilholz *n*; '~**y** *adj* pfeilartig | pfeilschnell

arse [ɑ:s] *s Brit vulg* Arsch *m* (*auch übertr*); ~ **about / arround** *vi* den Arsch nicht rühren *od* bewegen, die Zeit verplempern

ar·se·nal ['ɑ:sn̩l] *s* Arsenal *n*, Waffendepot *n*, -lager *n*, -versteck *n* ⟨an ~ of knives and guns⟩ | Munitionsfabrik *f*

ar·se|nic ['ɑ:snɪk] *Chem s* Arsen *n*; [ɑ:'senɪk] *adj* Arsen-; **ar'sen·i·cal** *adj* arsenhaltig, Arsen-; **~nif·or·ous** [ˌɑ:sə'nɪfərəs], **~ni·ous** [ɑ:'si:nɪəs] *adj Chem* arsenhaltig

ar·son ['ɑ:sn] *s Jur* Brandstiftung *f*; '**~ist**, '**~ite** *s Jur* Brandstifter *m*

ars·phen·a·mine [ɑ:s'fenəmɪn] *s Chem* Salvarsan *n*

[1]**art** [ɑ:t] **1.** *s* Kunstfertigkeit *f*, Geschicklichkeit *f*, Kunst *f* ⟨advertising ~ Gebrauchsgraphik *f*; applied ~ angewandte Kunst; Kunstgewerbe *n*; objects of ~ Kunstgegenstände *m/pl*; the ~ of painting Malerei *f*; the black ~ Schwarze Kunst⟩ | (bildende) Kunst, *collect* Kunstwerke *n/pl* ⟨the Fine ~s die schönen Künste *f/pl*⟩ | (*meist pl*) Geisteswissenschaft(en) *f(pl)*, Gesellschaftswissenschaft(en) *f(pl)* ⟨the ~s (*Ant* science); faculty of ~s philosophische Fakultät; Master of ~s Magister *m* der freien Künste *od* der philosphischen Fakultät⟩ | Findigkeit *f*, List *f*, Schlauheit *f* | (*meist pl*) Kunstgriff *m*, Kniff *m*, Mittel *n* ⟨the ~s of politics⟩ | Affektiertheit *f*, gekünsteltes Benehmen; **2.** *adj* Kunst-, künstlerisch, dekorativ ⟨~ gallery Kunstgalerie *f*; ~ paper Kreide-, Kunstdruckpapier *n*; ~ pottery kunstgewerbliche Keramik⟩

[2]**art** [ɑ:t] *arch 2. pers sg präs von* **be**

ar·te·mis·i·a [ˌɑ:tɪ'mi:zɪə] *s Bot* Beifuß *m*

ar·te·ri|a [ɑ:'tɪərɪə] *s* (*pl* **~ae** [~i:] *Med* Arterie *f*, Schlagader *f*; **ar'te·ri·al** *adj Med* arteriell, Arterien-; ˌ**~al 'road** *s* Hauptverkehrsstraße *f*

arterio- [ɑ:tɪərɪə] ⟨*griech*⟩ *in Zus* Arterien-

ar·te·ri·o·scle|ro·sis [ɑ:'tɪərɪəsklɪə'rəʊsɪs] *s Med* Arteriosklerose *f*, Arterienverkalkung *f*; **~rot·ic** [~'rɒtɪk] *adj Med* arteriosklerotisch

ar·te·ry ['ɑ:tərɪ|-trɪ] *s Med* Arterie *f*, Schlagader *f* | *auch* ˌ**~ of 'traf·fic** Hauptstraße *f*, Hauptverkehrsader *f*

ar·te·sian well [ɑ:'ti:zɪən 'wel] *s* artesischer Brunnen

art·ful ['ɑ:tfl] *adj* schlau, listig | verschmitzt | geschickt | künstlich

ar·thrit·ic [ɑ:'θrɪtɪk] *Med* **1.** *adj* arthritisch, gichtisch; **2.** *s* Arthritiker *m*; **ar'thrit·i·cal** *adj Med* arthritisch; **ar·thri·tis** [ˌɑ:'θraɪtɪs] *s Med* Arthritis *f*, Gelenkentzündung *f*

arthro- [ɑ:θrə] ⟨*griech*⟩ *in Zus* Gelenk-; **ar·thro·pod** *s Zool* Gliederfüßler *m*

ar·ti·choke ['ɑ:tɪtʃəʊk] *s Bot* Artischocke *f*

ar·ti·cle ['ɑ:tɪkl|-tə-] **1.** *s* Artikel *m*, Aufsatz *m* ⟨leading ~ Leitartikel *m*⟩ | Abschnitt *m*, Artikel *m*, Teil *m* | *Wirtsch* (Handels-) Artikel *m* ⟨~ of clothing, ~ of dress Bekleidungsstück *n*; the next ~? was noch?⟩ | Gegenstand *m*, Sache *f* | *Ling* Artikel *m*, Geschlechtswort *n* ⟨the definite (indefinite) ~⟩ | Bedingung *f*, Klausel *f* ⟨~s of apprenticeship Lehrvertrag *m*⟩; **2.** *vt* anklagen (**for** wegen) | (Klage) vorbringen | in die Lehre geben (**to** bei); '**ar·ti·cled** *adj* in der Lehre (**to** bei)

ar·tic·u|late [ɑ:'tɪkjulət|-jəl-] *adj* deutlich, klar, artikuliert | (Person) fähig, sich klar auszudrücken | gegliedert, Glieder-; [~leɪt] *vt* deutlich aussprechen, artikulieren | (Gelenke) zusammenfügen, mit Gelenken versehen | gliedern; *vi* deutlich sprechen; **~lat·ed** [~leɪtɪd] *adj* gegliedert | *Tech* Gelenk-, gelenkig ⟨≈ vehicle Gelenkfahrzeug *n*; Sattelzug *m*⟩ | *Ling* artikuliert; **arˌtic·u'la·tion** *s Ling* Artikulation *f*, deutliche Aussprache | Verbindung *f*, Zusammenfügung *f* | *Med, Zool, Tech* Gelenk(verbindung) *n(f)*; **ar'tic·u·la·tor** *s* deutlicher Sprecher; **~la·to·ry** [~leɪtərɪ] *adj* Aussprache-, Artikulations- | Glieder-

ar·ti|fact ['ɑ:tɪfækt] *s* Artefakt *n*, (primitiver, von Menschenhand geschaffener) Gebrauchsgegenstand | urgeschichtliches Werkzeug; **~fice** ['~fɪs] *s* Kunstfertigkeit *f* | Kunstgriff *m*, List *f*, Kniff *m*; **ar'tif·i·cer** *s* (Kunst-) Handwerker *m* | *Mil* Feuerwerker *m* | *Mil* Kompaniehandwerker *m* | *übertr* Schöpfer *m*, Urheber *m*; **~fi·ci·al** [ˌɑ:tɪ'fɪʃl] **1.** *adj* künstlich, Kunst- ⟨≈ flowers; ≈ silk Kunstseide *f*⟩ | erkünstelt, erzwungen ⟨≈ manners; ≈ tears⟩; **2.** *s*, *Am*, *bes* ˌ**~'ficials** *pl* Kunstdünger *m*; **~ˌfi·ci·al 'per·son** *s* juristische Person

ar·til·ler·ist [ɑ:'tɪlərɪst] *s* Artillerist *m*; **ar'til·ler·y** *s Mil* Artillerie *f*; **ar'til·ler·y·man** *s* (*pl* **ar'til·ler·y·men**) Artillerist *m*; **ar'til·ler·y plant** *s Bot* Kanonierblume *f*

ar·ti·san [ˌɑ:tɪ'zæn|'ɑ:tɪzæn] *s* (gelernter) Handwerker (*bes* in der Industrie), Mechaniker *m*

art|ist ['ɑ:tɪst] *s* Künstler(in) *m(f)*, bildender (bildende) Künstler(in) *m(f)* | Artist(in) *m(f)*; **ar·tiste** [ɑ:'ti:st] Unterhaltungskünstler(in) *m(f)*, Sänger(in) *m(f)*; **ar·tis·tic** [ɑ:'tɪstɪk], **ar'tis·ti·cal** *adj* künstlerisch, Kunst-, Künstler-; '**~istry** *s* Kunstfertigkeit *f*; '**~less** *adj* kunstlos, unkünstlerisch | ungekünstelt, natürlich, schlicht | arglos, aufrichtig (*Ant* artful); '**~** ˌ**pa·per** *s* Kunstdruckpapier *n*; '**~y** *adj umg* (Sachen) künstlerisch aufgemacht ⟨≈-and-crafty *Brit umg* kunstvoll, aber unpraktisch⟩ | (Person) sich als Künstler gebend, gewollt bohemienhaft ⟨to be the ≈ type *umg* auf Künstler machen⟩

ar·um ['ɛərəm] *Bot s* Aronstab *m* | Drachenwurz *f*

-a·ry [-ərɪ] *suff zur Bildung von adj aus s mit der Bedeutung* gehörend zu, verbunden mit, gekennzeichnet durch (*z. B.* **parliamentary** parlamentarisch; **reactionary** reaktionär); *von s* jmd., der *od* etw., das durch etw. charakterisiert wird (*z. B.* **adversary** Gegner)

as [əz|æz] **1.** *adv* ebenso, wie ⟨... ~ so ... wie; ~ far ~ soweit wie; ~ good ~ (eben)so gut wie; ~ soon ~ sobald⟩; **2.** *conj* wie ⟨~ a rule in der Regel; ~if, ~ though als ob, als wenn; ~ it is wie die Dinge liegen; ~ it were sozusagen; ~ mentioned before wie oben erwähnt; ~ new praktisch wie neu; ~ regards was ... anbelangt; ~ requested wunschgemäß; ~ usual wie gewöhnlich; ~ well ebensogut; außerdem, auch; ~ well ~ sowohl ... als auch; ~ yet bis jetzt⟩ | während, als ⟨~ I walked⟩ | da, weil | obwohl, obgleich ⟨clever ~ he was so klug er auch war⟩; **3.** *pron* welche(r, -s), der, die, das ⟨the same ~ der-, die-, dasselbe; such ~ die, welche⟩; **4.** *präp* als ⟨to work ~ a teacher; ~ a result im Ergebnis, als Folge; to appear ~ Hamlet den Hamlet spielen⟩ | *vor präp* **~ against** gegenüber; **~ for, ~ to** was ... anbelangt; **~ from** *Wirtsch* von ... an (vor Datum); *vor part* **~ distinguished from** im Unterschied zu; **~ opposed to** im Gegensatz zu

as·bes·tos [æs'bestəs] **1.** *s* Asbest *m*; **2.** *adj* asbesthaltig, Asbest- ⟨~ base Asbestunterlage *f*; ~ board Asbestpappe *f*⟩

as·cend [ə'send] *vi* (an-, auf-, empor-, hinauf)steigen | sich erheben; zurückreichen, -gehen (**[in]to** bis in) (Zeit) | *Astr* aufgehen; *vt* (er-, auf-, be)steigen ⟨to ~ the throne⟩ | (Fluß) hinauffahren | (Treppe) hinaufsteigen; **as'cend·a·ble** *adj* besteigbar; **as'cend·ance, as'cend·an·cy** *s* Überlegenheit *f*, Übergewicht *n* (**over** über) ⟨to gain ≈ over bestimmenden Einfluß gewinnen auf; to rise to ≈ zur Macht *od* ans Ruder kommen⟩; **as'cend·ant 1.** *s Astr* Aszendent *m* | *Astr* Aufgangspunkt *m* | Verwandter *m* in aufsteigender Linie | *übertr* Übergewicht *n* ⟨to be in the ≈ im [Auf-] Steigen [begriffen] sein⟩; **2.** *adj Astr* aufgehend, aufsteigend | überlegen (**over** über); **as'cend·en·cy = ascendancy; as'cend·ent = ascendant; as'cend·i·ble = ascendable; as'cen·sion** *s* Aufsteigen *n* (*auch Astr*) ⟨≈ Day Himmelfahrt(stag) *f(m)*⟩; **as'cent** *s* Aufsteigen *n*, Aufstieg *m* (*auch übertr*) | (Berg-) Besteigung *f* | *Tech* Steigung *f*, Gefälle *n* | (Treppen-) Aufgang *m*, Rampe *f* | Steigung *f*, Hang *m*, Höhe *f*; **as'cent force** *s Flugw* Antrieb *m*

as·cer·tain [ˌæsəˈteɪn] *vt* ermitteln, feststellen, herausfinden ⟨to ~ the facts; to ~ that/ whether/ what feststellen, daß ... *od* ob ... *od* was ...⟩; **ˌas·cer'tain·a·ble** *adj* feststellbar; **ˌas·cer'tain·ment** *s* Ermittlung *f*, Feststellung *f*

as·cet·ic [əˈsetɪk] **1.** *s* Asket *m*; **2.** *adj* = **as'cet·i·cal** asketisch, enthaltsam; **as'cet·i·cism** *s* Askese *f*

as·ci·tes [əˈsaɪtiːz] *s Med* Aszites *f*, Bauchwassersucht *f*

a·scor·bic ac·id [əˌsɔːbɪk ˈæsɪd] *s Chem* Ascorbinsäure *f*

as·crib·a·ble [əˈskraɪbəbl] *adj* zuschreibbar, zuzuschreibend (**to s.th.** e-r Sache); **as'cribe** *vt* zuschreiben, beilegen, beimessen (**to s.o.** jmdm.; **to s.th.** e-r Sache); **as·crip·tion** [əˈskrɪpʃn] *s* Zurückführen *n* (**of s.th. to s.th.** e-r Sache auf etw.) | Zuschreiben *n*

a·sep|sis [əˈsepsɪs] *s Med* Asepsis *f*; **~tic** [~tɪk] *Med* **1.** *adj* aseptisch; **2.** *s* aseptisches Mittel; **~ti·cize** [~tɪsaɪz] *vt* sterilisieren, keimfrei machen

a·sex·u·al [eɪˈsekʃʊəl|ˌ~ˈseksjʊəl] *adj Biol* asexuell, geschlechtslos ⟨~ generation Ammen-, ungeschlechtliche Generation⟩ | *übertr* asexuell, sexuell indifferent; **ˌa·sex·u'al·i·ty** *s Biol* Asexualität *f*, Fehlen *n* von Sexualität; **ˌa'sex·u·al·ize** *vt* unfruchtbar machen, sterilisieren, kastrieren; **ˌa'sex·u·al·i'za·tion** *s* Sterilisierung *f*

¹ash [æʃ] *s Bot* Esche *f* | Eschenholz *n*

²ash [æʃ] *s Chem* Asche *f* | (Zigaretten-) Asche *f* ⟨cigarette ~⟩ | *meist* **~es** *pl* Asche *f*, sterbliche Überreste *m/pl* | *meist* **~es** *pl* Trümmer *pl*, Ruinen *f/pl* ⟨in ~es in Trümmern; to burn to ~es; to lay s.th. in ~es etw. in einen Aschenhaufen *od* in Trümmer verwandeln⟩

a·shamed [əˈʃeɪmd] *präd adj* beschämt ⟨to be/feel ~ of o.s. sich schämen; to be ~ of s.th. sich einer Sache schämen; be ~ of yourself! schäme dich!; to feel ~ for s.o. sich für jmdn. schämen⟩

ash| bin [ˈæʃ bɪn] *s Brit* Asch-, Müllkasten *m*; **'~ can** *s Am* Mülleimer *m*; **''~en** [ˈæʃn] *adj* aschig, aschfarben | *übertr* aschfahl, totenbleich ⟨to turn ≈ at s.th. leichenblaß werden über etw.⟩

²ash·en [ˈæʃn] *adj* eschen, Eschen-

a·shiv·er [əˈʃɪvə] *adj* zitternd

ash-key [ˈæʃ kiː] *s* geflügelter Samen der Esche

ash·lar [ˈæʃlə] *s Arch* Quaderstein *m*; **'~ing** *s Arch* Quadermauer *f* | *Arch* innere Dachschalung, Dachausschalung *f*

a·shore [əˈʃɔː] *adv, präd adj* am Ufer | *Mar* ans Ufer, ans Land ⟨to go ~ an Land gehen⟩ | *Mar* aufgelaufen, gestrandet ⟨to be driven ~ stranden⟩

ash| pan [ˈæʃ pæn] *s* Aschenkasten *m*; **'~pit** *s* Aschengrube *f*; **'~tray** *s* Aschenbecher *m*, Ascher *m*; **ˌ~ 'Wednes·day** *s* Aschermittwoch *m*; **'~y** *adj* aschig, Aschen- | aschgrau | *übertr* aschfahl, (toten)bleich

A·sia [ˈeɪʃə] *s* Asien

A·sian [ˈeɪʃ(ə)n|ˈeɪʒ(ə)n] *auch* **A·si·at·ic** [ˌeɪʃɪˈætɪk|ˌeɪʒɪ-] **1.** *adj* asiatisch; **2.** *s* Asiate *m*, Asiatin *f*

a·side [əˈsaɪd] **1.** *adv* abseits, beiseite ⟨to put s.th. ~ etw. wegstellen, beiseite legen; to step ~ zur Seite treten⟩ | weg, fort ⟨to set ~ *Jur* verwerfen, annullieren, aufheben⟩ | *Theat* leise, für sich ⟨to speak ~⟩ | *Am* abgesehen, mit Ausnahme (**from** von); **2.** *s Theat* Aparte *n*, beiseite gesprochenes Wort | *Brit* Nebenwirkung *f*

as·i|nine [ˈæsɪnaɪn] *adj* eselartig, Esels- | *übertr* dumm; **~nin·i·ty** [ˌæsɪˈnɪnətɪ] *s* Dummheit *f*

ask [ɑːsk] *vt* fragen ⟨to ~ s.o. jmdn. fragen; to ~ [s.o.] a question jmdm. eine Frage stellen⟩ | erfragen, fragen nach ⟨to ~ [s.o.] his name jmdn. nach seinem Namen fragen⟩ | (er)bitten (**s.o. for s.th.** jmdn. um etw.; **that** daß) | fordern, verlangen (**of s.o.** von jmdm.) ⟨to ~ too much⟩ | erfordern | einladen ⟨to ~ s.o. in jmdn. hereinbitten; to ~ s.o. to dinner⟩ ◇ **~ the banns** das Aufgebot bestellen, kirchlich aufbieten; *vi* fragen, sich erkundigen (**about, after, for** nach) | bitten (**for** um) ◇ **~ for trouble, ~ for it** es so haben wollen, es herausfordern, es heraufbeschwören

a·skance [əˈskæns], **a'skant** *adv* von der Seite, mit einem Seitenblick | *übertr* argwöhnisch, scheel ⟨to look ~ at s.o. jmdn. mißtrauisch anblicken⟩

a·skew [əˈskjuː] *adv, präd adj* schief, schräg, seitwärts ⟨to hang a picture ~; to have one's hat on ~⟩ | *übertr* verächtlich, scheel ⟨to look ~ at s.o. gegenüber jmdn. schief ansehen⟩

ask·ing [ˈɑːskɪŋ] *s* Fragen *n*, Bitten *n*, Bitte *f* ⟨to be had for the ~ umsonst *od* leicht zu haben sein; it's yours for the ~ du kannst es haben⟩

a·slant [əˈslɑːnt] **1.** *adv, präd adj* schief, schräg; **2.** *präp* quer über | quer durch

a·sleep [əˈsliːp] *adv, präd adj* schlafend, in den Schlaf ⟨to be (fast) ~ (fest) schlafen, (fest) eingeschlafen sein; to fall/ drop ~ einschlafen⟩ | (Arm, Bein) eingeschlafen

a·slope [əˈsləʊp] *adv, präd adj* schief, schräg, abschüssig

a·so·cial [eɪˈsəʊʃl] *adj* asozial

¹asp [æsp] *s Zool* Natter *f*

²asp [æsp] *s poet* Espe *f*

as·par·a·gus [əˈspærəgəs] *s Bot* Spargel *m*

a·spar·kle [əˈspɑːkl] *präd adj* funkelnd

as·pect [ˈæspekt] *s* Anblick *m* | Aussehen *n*, Erscheinung *f* | Miene *f*, Gesichtsausdruck *m* ⟨serious in ~ mit ernster Miene⟩ | Aussicht *f*, Lage *f* ⟨a southern ~ nach Süden gelegen⟩ | *Astr* Aspekt *m* | *Ling* Aspekt *m*, Aktionsart *f* | *übertr* Seite *f*, Gesichtspunkt *m*, Aspekt *m*

as·pen [ˈæspən] **1.** *s Bot* Espe *f*; **2.** *adj Bot* Espen- | *übertr* zitternd, bebend

as·per·gil|lum [ˌæspəˈdʒɪləm] *s* (*pl* **ˌas·per'gil·lums, ~la** [~lə]) *Rel* Aspergill *n*, Weihwedel *m*

as·per·i|ty [əˈsperətɪ] *s* (Oberfläche) Unebenheit *f*, Rauhheit *f* ⟨~ties Ungleichheiten *f/pl*⟩ | *übertr* (Ton) Schroffheit *f*, Härte *f* ⟨to speak with ≈; an exchange of ~ties ein scharfer Wortwechsel⟩ | (Geschmack) Herbheit *f*, Schärfe *f* | (Klima) Strenge *f*, Rauhheit *f* ⟨the ~ties of winter⟩

as·perse [əˈspɜːs] *vt* verleumden, beschmutzen, schmähen ⟨to ~ s.o.'s reputation⟩ | besprengen (**with** mit); **as·per·sion** [əˈspɜːʃn] *s* Verleumden *n* | Verleumdung *f*, Schmähung *f* ⟨to cast ≈s on s.o. jmdn. verleumden⟩ | Besprengung *f*

as·phalt [ˈæsfælt] **1.** *s Min, Tech* Asphalt *m*; **2.** *adj* Asphalt- ⟨~ blocks *Tech* Asphaltbrote *n/pl*⟩; **3.** *vt* asphaltieren ⟨~ed cardboard Dachpappe *f*⟩

as·pho·del [ˈæsfədel] *s Bot* Affodill *m* | *poet* Narzisse *f*

as·phyx·ia [əsˈfɪksɪə] *s Med* Asphyxie *f*, Erstickung(stod) *f*(*m*); **as'phyx·i·ate** *vt Med* ersticken; **asˌphyx·i'a·tion** *s Med* Erstickung *f*

as·pic [ˈæspɪk] *s* Aspik *m*, Sülze *f* ⟨fish in ~⟩

as·pi·dis·tra [ˌæspəˈdɪstrə] *s Bot* Aspidistra *f*, Sternschild *n*, Schildblume *f*

as·pir·ant [ˈæspɪrənt] *s* Strebende(r) *f*(*m*), Bewerber(in) *m*(*f*), Kandidat(in) *m*(*f*) (**after, for, to** nach, auf, um)

as·pi·ra|ta [ˌæspɪˈreɪtə] *s* (*pl* **~tae** [~tiː]) *Ling* Aspirata *f*, Hauchlaut *m*; **as·pi·rate** [ˈæspərət] **1.** *adj Ling* aspiriert; **2.** *s Ling* Aspirata *f*, behauchter *od* aspirierter Konsonant | der H-Laut ⟨mind your ≈s achte auf das H!, sprich exakt!⟩; [ˈæspəreɪt] *vt Ling* aspirieren, behauchen | *Tech* auf-, absaugen; **ˌas·pi'ra·tion** *s* Bestrebung *f*, Verlangen *n* (**after, for, towards** nach, **to** *mit inf* zu *mit inf*)

as·pi·rin [ˈæsprɪn] *s Med* Aspirin *n* (**for** gegen)

as·pir·ing [əs'paɪərɪŋ] *adj* strebend, verlangend (**after, to** nach)

a·spread [ə'spred] *präd adj* ausgebreitet

a·squat [ə'skwɒt] *präd adj* hockend

ass [æs] **1.** *s Zool* Esel *m* (*auch übertr*) ⟨to make an ~ of o.s. *umg* sich lächerlich machen⟩; **2.** *vi* sich wie ein Esel benehmen ⟨to ~ about/ along Blödsinn treiben⟩

as·sail [ə'seɪl] *vt* angreifen, an-, überfallen, bestürmen (*auch übertr*) ⟨to ~ s.o. with questions jmdn. mit Fragen belästigen; to be ~ed with doubts von Zweifeln heimgesucht werden⟩; **as'sail·a·ble** *adj* angreifbar; **as'sail·ant 1.** *adj* angreifend; **2.** *s* Angreifer *m*, Gegner *m* | Kritiker *m*; **as'sail·ment** *s* Angriff *m*, Anfall *m* (*auch übertr*)

as·sas·sin [ə'sæsɪn] *s* Meuchelmörder *m*, gedungener Mörder, Attentäter *m*; **as'sas·si·nate** *vt* meuchlerisch morden, durch Attentat töten; **as,sas·si'na·tion** *s* Meuchelmord *m*, Attentat *n*

as·sault [ə'sɔ:lt] **1.** *s* Angriff *m* (*auch übertr*) (**[up]on** auf) | *Mil* Sturm *m* ⟨to carry / take by ~ im Sturm nehmen⟩ | *Jur* tätliche Drohung *od* Beleidigung ⟨~ and battery *Jur* schwere tätliche Beleidigung⟩; **2.** *vt* angreifen, bestürmen (*auch Mil, übertr*) | *Jur* tätlich drohen; *vi* angreifen; **'~ boat** *s Mil* Sturmboot *n*, kleines Landungsfahrzeug; **'~ gun** *s Mil* Sturmgeschütz *n*; **'~ ship** *s Mil* großes Landungsfahrzeug

as·say [ə'seɪ] **1.** *s Chem, Tech* (Metall u. ä.) (Schmelz-) Probe *f*, Erzanalyse *f* ⟨~ by the touch needle Strichprobe *f*; to make an ~ of an ore eine Erzprobe vornehmen⟩; **2.** *vt Chem, Tech* (Metall) proben, probieren, prüfen, untersuchen | eichen | *übertr* prüfen, probieren; *vi Chem, Tech, Am* Edelmetall enthalten | *poet* sich bemühen (**to** *mit inf* zu *mit inf*); **,~ 'bal·ance** *s Tech* Probier-, Justierwaage *f*; **as'say·er** *s Tech* Prober *m*; (Erz-) Prüfer *m* | *Chem* Untersuchungschemiker *m*; **,~er's 'tongs** *s Tech* Probierzange *f*; **as'say·ing** *s Tech* Probierkunst *f*

as·sem|blage [ə'semblɪdʒ] *s* An-, Versammlung *f* | Menge *f*, Schar *f* ⟨an ≈ of numbers eine Zahlenmenge⟩ | *Tech* Montage *f*, Zusammensetzen *n* ⟨the ≈ of parts of a machine⟩; **as'sem·ble** *vt* versammeln, zusammenberufen ⟨to be ~bled versammelt sein, sich versammeln⟩ | (Truppen) zusammenziehen | *Tech* montieren, zusammenbauen, -setzen ⟨to ≈ an airplane; to ≈ a radio set⟩; *vi* sich versammeln; **as'sem·bler** *s Tech* Monteur *m*; **as'sem·bly** *s* Versammlung *f*, Zusammenkunft *f* | Gesellschaft *f* | *Tech* Montage *f* | *Mil* Sammelsignal *n*; **'~bly hall** *s Tech* Montagehalle *f*; **'~bly line** *s Tech* Fließ-, Montageband *n*; **'~bly line pro,duc·tion** *s Tech* Fließbandfertigung *f*; **'~bly·man** *s* (*pl* **'~bly·men**) *Pol* Mitglied *n* einer gesetzgebenden Körperschaft; **'~bly room** *s* Aula *f*, Versammlungsraum *m* | Ball-, Kursaal *m*

as·sent [ə'sent] **1.** *vi* zustimmen, beipflichten (**to s.th.** e-r Sache) | genehmigen; **2.** *s* Zustimmung *f*, Beipflichtung *f* (**to s.th.** zu etw.) ⟨by common ~ mit allgemeiner Zustimmung; with one ~ einstimmig, ohne Gegenstimme[n]⟩ | Genehmigung *f* (**to s.th.** e-r Sache) ⟨Royal ~ *Parl* königliche Zustimmung zu einem Gesetz⟩; **as·sen·tient** [ə'senʃənt] **1.** *adj* zustimmend | genehmigend; **2.** *s* Zustimmender *m*; **as'sen·tive** *adj* zustimmend, beipflichtend

as·sert [ə'sɜ:t] *vt* erklären, behaupten, beteuern (**that** daß) | (Rechte) verteidigen, verfechten ⟨to ~ o.s. sich durchsetzen⟩ | (Ansprüche) geltend machen, Anspruch erheben auf | bestehen auf; **as'ser·tion** *s* Erklärung *f*, Behauptung *f* ⟨to make an ≈ eine Behauptung aufstellen⟩ | Verfechtung *f*, Geltendmachung *f*; **as'ser·tive** *adj* aus-, nachdrücklich, bestimmt, bejahend ⟨in an ≈ tone mit Nachdruck⟩ | anmaßend ⟨an ≈ fellow ein anmaßender Kerl⟩; **as'ser·tor** *s* Verfechter *m*

as·sess [ə'ses] *vt* besteuern, veranschlagen, taxieren (**at** auf) | (Steuer) auferlegen (**upon s.o.** jmdm.) | *Math* schätzen | *übertr* ab-, einschätzen; **as'sess·a·ble** *adj* ab-, einschätzbar | steuerpflichtig; **as'sess·ment** *s* Steuerveranlagung *f*, Taxierung *f* | Festlegung *f* | (Ab-, Ein-) Schätzung *f*, Beurteilung *f* (*auch übertr*) | Steuer *f*, Abgabe *f* | *Math* Schätzung *f*; **as'ses·sor** *s* Beisitzer *m*, Assistent *m*, Berater *m*, Steuereinschätzer *m*

as·set ['æset|-ɪt] *s Wirtsch* Aktivposten *m* | *übertr* Stütze *f*; **as·sets** *s/pl Wirtsch Jur* Aktiva *pl*, Vermögenswerte *m/pl*

as·sev·er·ate [ə'sevəreɪt] *vt* (feierlich) beteuern, (hoch und heilig) versichern; **as,sev·er'a·tion** *s* Beteuerung *f*, Versicherung *f*; **as'sev·er·a·tive** *adj* beteuernd, versichernd

as·sib·ilate [ə'sɪbɪleɪt] *vt Ling* assibilieren; **as,sib·i'la·tion** *s Ling* Assibilation *f*

as·si·du·i·ty [,æsɪ'dju:ətɪ] *s* (unermüdlicher) Fleiß, Eifer *m*, Emsigkeit *f*; **,as·si'du·i·ties** *s/pl* Gefälligkeiten *f/pl*, beharrliche Aufmerksamkeit; **as·sid·u·ous** [ə'sɪdjuəs] *adj* fleißig, emsig, (pflicht)eifrig | aufmerksam, gefällig

as·sign [ə'saɪn] **1.** *vt* an-, zuweisen, zuteilen ⟨to ~ work⟩ | festlegen, festsetzen ⟨to ~ a date⟩ | ernennen; beauftragen (**for s.th.** mit etw., **to do s.th.** etw. zu tun) | (Grund) angeben | *Jur* überschreiben, abtreten | *Math* zuordnen, beilegen; **2.** *s*, *meist* **as'signs** *pl* Rechtsnachfolger *m*; **as,sign·a'bil·i·ty** *s* Übertragbarkeit *f*; **as'sign·a·ble** *adj* zuweisbar, zuzuschreiben(d) (**to s.th.** e-r Sache) | festlegbar | *Jur* übertragbar (**to** auf); **as·sig·na·tion** [,æsɪg'neɪʃn] *s* Zuweisung *f* | Verabredung *f*, Stelldichein *n* | *Jur* Übertragung *f*; **~ee** [,æsɪ'ni:] *s* Bevollmächtigter *m* | *Jur* Zessionar *m* | Rechtsnachfolger *m* (durch Abtretung); **as'sign·er** *s* Zu-, Anweisender *m*; **as'sign·ment** *s* Zu-, Anweisung *f*, Verteilung *f* | ⟨≈ of land⟩ | Haus-, Schulaufgabe *f* ⟨≈ of an arithmetic problem⟩ | (dienstliche) Aufgabe, Posten *m*, Mission *f*, Arbeit *f* ⟨an ≈ in India; a reporter's ≈⟩ | *Jur* Übertragung *f* | *Jur* Übertragungsurkunde *f*; **~or** [,æsɪ'nɔ:] *s Jur* Abtretender *m*, Zedent *m*

as·sim·i|la·bil·i·ty [ə,sɪmɪlə'bɪlətɪ] *s* Assimilierbarkeit *f*; **as'sim·i·la·ble** *adj* assimilierbar; **~late** [ə'sɪməleit] *vt* ähnlich *od* gleich machen (**to, with** mit) | vergleichen (**to, with** mit) | angleichen (**to** an) | assimilieren, anpassen | (Nahrung) einverleiben | *übertr* sich aneignen, aufnehmen; *vi* ähnlich *od* gleich sein | sich assimilieren, sich anpassen; **~la·tion** [ə,sɪmə'leɪʃn] *s* Assimilation *f*, Angleichung *f* (**to** an); **~la·tive** [ə'sɪməleɪtɪv], **~la·to·ry** [ə'sɪməleɪtərɪ] *adj* assimilierend, Assimilations-

as·sist [ə'sɪst] **1.** *vt* (jmdm.) helfen *od* beistehen, (jmdn.) unterstützen ⟨to ~ s.o. with s.th. jmdm. helfen bei; to ~ s.o. in doing s.th./to do s.th. jmdm. helfen, etw. zu tun⟩; *vi* Hilfe leisten (**in** bei) | beiwohnen, teilnehmen (**at, in** bei, an) | (Sport) vorlegen **2.** *s* (Sport) (Tor-) Vorlage *f*; **as'sist·ance** *s* Hilfe *f*, Beistand *m*, Unterstützung *f* ⟨to afford ≈ Hilfe gewähren; to give/ lend/ render ≈ to s.o. jmdm. Hilfe leisten; to be of ≈ to s.o. jmdm. helfen können⟩; **'~ance pact** *s* Beistandspakt *m*; **as'sist·ant 1.** *adj* behilflich (**to s.o.** jmdm.) | Hilfs-, Assistenz-, Unter- ⟨≈ professor wissenschaftlicher Oberassistent⟩; **2.** *s* Helfer *m*, Assistent *m* | *Jur* Beisitzer *m* | *übertr* Hilfsmittel *n*; **as'sis·tive** *adj* helfend

as·size [ə'saɪz] *s Jur* (Schwur-) Gerichtssitzung *f* | *meist* **~s** *pl Brit* periodisches Geschworenengericht, Assisen *f/pl* ⟨at the ~s in der Gerichtsverhandlung; to hold the ~s die Assisen *od* das Geschworenengericht abhalten⟩

as·so·ci|a·bil·i·ty [ə,səʊʃɪə'bɪlətɪ] *s* Vereinbarkeit *f*; **~a·ble** [ə'səʊʃɪəbl] *adj* vereinbar; **~ate** [ə'səʊʃɪeɪt] *vt* vereinigen, verbünden, verbinden (**with** mit) ⟨to ≈ o.s. with sich vereinigen mit, sich anschließen an⟩ | zusammenfügen, -setzen | (in Gedanken) in Verbindung *od* Zusammenhang bringen, assoziieren | *Math* zuordnen; *vi* sich verbinden (**with** mit) | sich gesellen (**with** zu) | verkehren (**with** mit); [ə'səuʃɪət] **1.** *adj* verbündet, verbunden | beigeordnet, Mit- ⟨≈ editor Mitherausgeber *m*⟩ | außerordentlich ⟨an ≈ member; an ≈ professor⟩ | begleitend, Begleit- | *Math* zugeordnet; **2.** *s* Verbündeter *m* | Begleiter *m*, Freund *m* | *Wirtsch* Teilhaber *m*, Gesellschafter *m* | *Wirtsch* Genossenschafter *m* | Amtsgenosse *m*, Kollege *m* | außerordentliches Mitglied (e-r Universität u. ä.) | *Min* Beimengung *f*; **~a·tion** [əˌsəuʃɪ'eɪʃn|əˌsəusɪ-] *s* Vereinigung *f*, Verbindung *f* ⟨in ≈ with im Verein mit⟩ | Bündnis *n*, Bund *m* | Verein *m*, Verband *m* ⟨the Automobile ≈ der Automobilklub⟩ | *Wirtsch* Genossenschaft *f* | Umgang *m*, Verkehr *m* | *Psych* Assoziation *f*, Gedankenverbindung *f*; **asˌso·ci'a·tion·al** *adj* Vereins- | *Wirtsch* Genossenschafts-; **ˌ≈a·tion 'Foot·ball** *s Brit* Verbandsfußball *m* (*Ant* rugby football); **~a·tive** [ə'səuʃɪeɪtɪv] *adj* verbindend | umgänglich, gesellig | *Psych* assoziativ

as·so|nance ['æsənəns] *s* Assonanz *f*, vokalischer Gleichklang | *übertr* Ähnlichkeit *f*; **'~nant 1.** *adj* assonierend; **2.** assonierendes Wort; **'~nate** *vi* assonieren, vokalisch gleichklingen

as·sort [ə'sɔ:t] *vt* (*meist part perf*) sortieren, ordnen, (passend) zusammenstellen | *Wirtsch* assortieren, mit verschiedenen Sorten versehen ⟨~ed chocolates verschiedene Sorten Schokolade⟩; *vi* zusammenpassen (**with** mit), passen (**with** zu), übereinstimmen (**with** mit); **as'sort·ed** *adj* sortiert | passend ⟨well-(ill-)≈ pair gut (schlecht) zusammenpassendes Paar⟩; **as'sort·ment** *s* Ordnen *n*, Sortieren *n* | *Wirtsch* Sortiment *n*, Auswahl *f*

ass's-|foot ['æsɪz ˌfut] *s* (*pl* **'~-ˌfeet**) *Bot* Huflattich *m*

as·suage [ə'sweɪdʒ] *vt* (Schmerz) lindern, mildern ⟨to ~ pain⟩ | (Leidenschaft) mäßigen, besänftigen ⟨to ~ passions⟩ | (Verlangen) befriedigen ⟨to ~ one's appetite⟩; **as'suage·ment** *s* Linderung *f* | Linderungsmittel *n*; **as·sua·sive** [ə'sweɪsɪv] *adj* lindernd | besänftigend

as·sum·a·ble [ə'sju:məbl] *adj* annehmbar; **as'sume** *vt* (als erwiesen) annehmen, voraussetzen ⟨assuming that vorausgesetzt, daß; assuming this to be true in der Annahme, daß das stimmt⟩ | (Amt) über-, annehmen ⟨to ≈ office⟩ | (Gewohnheit, Namen u. ä.) annehmen ⟨to ≈ a new name⟩ | (Aussehen) annehmen, (Miene) aufsetzen ⟨to ≈ a look of innocence eine Unschuldsmiene aufsetzen⟩ | heucheln, vorgeben ⟨to ≈ a virtue⟩; **as'sum·ing 1.** *adj* anmaßend, vermessen, stolz; **2.** *s* Anmaßung *f*; **as·sump·tion** [ə'sʌmpʃn|-mʃn] *s* Annahme *f*, Vermutung *f* ⟨on the ≈ that unter der Voraussetzung, daß; to go on the ≈ that die Vermutung hegen, daß⟩ | Vorgabe, Vortäuschung *f* ⟨with an ≈ of innocence mit vorgeblicher Unschuld⟩ | An-, Übernahme *f* ⟨the Nazi ≈ of power⟩ | Anmaßung *f*; **as·sump·tive** [ə'sʌmptɪv] *adj* angenommen, vorausgesetzt | anmaßend | leichtgläubig

as·sur·ance [ə'ʃuərns] *s* Ver-, Zusicherung *f*, Zusage *f* | Sicherheit *f*, Vertrauen *n* ⟨to have full ~ of s.th. e-r Sache ganz sicher sein; to shake s.o.'s ~ jmds. Glauben erschüttern⟩ | Selbstsicherheit *f* ⟨with ~ mit Nachdruck; ~ of manner sicherer Umgang⟩ | Zuversicht *f* | *Brit* (Lebens-) Versicherung *f* ⟨life ~⟩ | Dreistigkeit *f*; **as'sure** *vt* sichern (**s.o. s.th., s.th. to s.o.** jmdm. etw.) | sicherstellen (**against, from** gegen) | (jmdm.) zu-, versichern ⟨I ≈ you that ich versichere Ihnen, daß; to ≈ s.o. of s.th. jmdm. etw. zusichern⟩ | *Brit* (Leben) versichern; **as'sured 1.** *adj* sicher, gewiß, unzweifelhaft | vertrauensvoll, zuversichtlich, überzeugt ⟨to rest ≈ that sicher sein, daß⟩ | selbstsicher | dreist, anmaßend; **2.** *s* Versicherte(r) *f(m)*; **as'sur·er, as·sur·or** [ə'ʃuərɔ:] *s* Versicherte(r) *f(m)*

a·stat·ic [eɪ'stætɪk] *adj* veränderlich, instabil | *Phys* astatisch ⟨~ coil astatische Ringspule⟩; **~i·ty** [eɪstæ'tɪsətɪ] *s Phys* Astasie *f*

as·ter ['æstə] *s Bot* Aster *f*

as·ter·isk ['æstərɪsk] *Typ* **1.** *s* Sternchen *n*; **2.** *vt* mit einem Sternchen versehen

a·stern [ə'stɜ:n] *Mar adv* achtern | nach achtern, nach hinten ⟨~ of hinter⟩

as·ter·oid ['æstərɔɪd] **1.** *adj* sternförmig; **2.** *s Astr* Asteroid *m*, Planetoid *m*

as·then·ic [æs'θenɪk] *Med* **1.** *adj* asthenisch, kraftlos; **2. s** Astheniker *m*

asth|ma ['æsmə] *s Med* Asthma *n*, Atemnot *f*; **~'mat·ic 1.** *adj Med* asthmatisch, Asthma- | *übertr* keuchend; **2.** *s Med* Asthmatiker(in) *m(f)*; **~'mat·i·cal** = **~mat·ic 1.**

as·tig·mat·ic [ˌæstɪg'mætɪk] *adj Med, Phys* astigmatisch, stab-, zerrsichtig; **a·stig·ma·tism** [ə'stɪgmətɪzm] *s Med, Phys* Astigmatismus *m*

a·stir [ə'stɜ:] *präd adj* auf den Beinen, in Bewegung | aufgestanden

as·ton·ish [ə'stɒnɪʃ] *vt* in Erstaunen setzen, überraschen ⟨to be ~ed at erstaunt sein über⟩; **as'ton·ish·ing** *adj* erstaunlich, überraschend ⟨**to s.o.** für jmdn.⟩; **as'ton·ish·ment** *s* (Er-) Staunen *n*, Überraschung *f*, Verwunderung *f* (**at** über) ⟨in ≈ überrascht; to s.o.'s ≈ zu jmds. Überraschung⟩

a·stound [ə'staund] *vt* (*oft pass*) verblüffen, mächtig erstaunen ⟨to be ~ed wie vom Donner gerührt sein⟩; **a'stound·ing** *adj* verblüffend, erstaunlich ⟨an ≈ fact⟩; **a'stound·ment** *s* Verblüffung *f*, Erstaunen *n*

as·tra·gal ['æstrəgəl] *s arch* Astragal *m*, Rundstab *m* | *Med* Sprungbein *n*

as·tra·khan [ˌæstrə'kæn|~ka:n] *s* Astrachan *m*, Krimmer *m* ⟨~ cloth⟩

as·tral ['æstrəl] **1.** *adj* Stern-, Astral- ⟨~ beams⟩; **2.** *s Tech* Astrallampe *f*

a·stray [ə'streɪ] *adv, präd adj* vom Wege ab, irre, irrig ⟨to go ~ sich verlaufen; to lead ~ in die Irre führen; *übertr* verleiten, auf die schiefe Bahn bringen⟩

as·trict [ə'strɪkt] *vt* zusammenziehen, einengen | *übertr* ein-, beschränken; **as·tric·tion** [ə'strɪkʃn] *s* Zusammenziehung *f*, Einengung *f* | *übertr* Ein-, Beschränkung *f*

a·stride [ə'straɪd] *adv, präd adj, präp* mit gespreizten Beinen, rittlings ⟨~ a horse zu Pferde; to ride ~ im Herrensattel reiten; to sit ~ s.o.'s knee auf jmds. Schoß sitzen *od* reiten⟩ | *selten* über … (hin)weg ⟨a bridge ~ the river⟩

as·tringe [ə'strɪndʒ] *vt* zusammenziehen (*auch Med*); **as'trin·gen·cy** *s übertr* Härte *f*, Strenge *f*; **as'trin·gent 1.** *adj Med* adstringierend | *übertr* streng; **2.** *s Med* Adstringens *n*, zusammenziehendes Mittel

astro- [æstrə] ⟨*griech*⟩ *in Zus* Stern-

as·troid ['æstrɔɪd] *adj* sternförmig; **as·trol·o·ger** [ə'strɒlədʒə] *s* Astrologe *m*, Sterndeuter *m*; **as·tro·log·ic** [ˌæstrə'lɒdʒɪk], **ˌas·tro'log·i·cal** *adj* astrologisch; **as·trol·o·gy** [ə'strɒlədʒɪ] *s* Astrologie *f*, Sterndeuterei *f*; **as·trom·e·ter** [æ'strɒmɪtə] *s* Astrometer *n*

as·tro|naut ['æstrənɔ:t] *s* Astronaut *m*, Weltraumfahrer *m*; **ˌ~'nau·tics** *s/pl* (*sg konstr*) Astronautik *f* | Raumfahrtwissenschaft *f*

as·tron·o·mer [ə'strɒnəmə] *s* Astronom *m*, Sternforscher *m*; **as·tro·nom·ic** [ˌæstrə'nɒmɪk], **ˌas·tro'nom·i·cal** *adj* astronomisch ⟨≈ year siderisches Jahr⟩ | *umg* astronomisch, enorm ⟨≈ figures astronomische Zahlen *f/pl*⟩; **as'tron·o·my** *s* Astronomie *f*, Sternkunde *f*; **as·tro·phys·ics** [ˌæstrəu'fɪzɪks] *s/pl* (*sg konstr*) Astrophysik *f*

as·tute [ə'stju:t], **as·tu·tious** [ə'stju:ʃəs] *adj* scharfsinnig, intelligent | durchtrieben, schlau, verschlagen

a·sun·der [ə'sʌndə] *adv* auseinander ⟨to drive ~ voneinander trennen⟩ | entzwei ⟨to tear s.th. ~ etw. auseinanderreißen⟩

a·sy·lum [ə'saɪləm] *s* Asyl *n* | *arch* Irrenanstalt *f* | *übertr* Zufluchtsort *m*

a·sym·met|ric [ˌæsɪ'metrɪk], **ˌa·sym'met·ri·cal** *adj* asymmetrisch, ungleichmäßig ⟨~ ric bars (Sport) Stufenbarren *m*⟩; **a·sym·me·try** [æ'sɪmɪtrɪ] *s* Asymmetrie *f,* Ungleichmäßigkeit *f*

as·y·ner·gi·a [ˌæsɪ'nɜːdʒɪə], **a·syn·er·gy** [ə'sɪnədʒɪ] *s Med* Asynergie *f,* Koordinationsstörung *f*

at [ət|æt] *präp* (Lage, Ort, Entfernung) in, an, zu, bei ⟨~a distance auf die Entfernung; ~ home zu Hause; ~ sea zur See; ~ the top an *od* auf der Spitze⟩ | (Zeit, Alter) um, zu ⟨~ five o'clock um 5 Uhr; ~ Christmas zu Weihnachten; ~ twelve mit zwölf Jahren⟩ | (Beschäftigung) bei ⟨to be ~ s.th. mit etw. beschäftigt sein; ~ one's studies beim Studieren; ~ work bei der Arbeit; what are you ~? was machst du?⟩ | (Art u. Weise, Zustand) in, zu, bei, nach ⟨~ all überhaupt; ~ once sofort, sogleich; ~ one einig; ~ rest im Ruhezustand; ~ peace im Frieden; ~ war im Kriegszustand; let it go ~ that laß es dabei bewenden; not ~ all überhaupt nicht, keinesfalls⟩ | (Richtung, Ziel) gegen, nach, auf ⟨to aim ~ zielen auf *od* nach; to be angry ~ s.o. auf jmdn. böse sein; to look ~ s.o. auf jmdn. schauen; to talk ~ s.o. jmdn. indirekt angreifen⟩ | (Betrag, Anzahl, Grad, Preis) zu, um, für, mit ⟨~ best bestenfalls; ~ first zuerst; ~ full speed mit voller Geschwindigkeit; ~ 5 dollars für *od* zu *od* um 5 Dollar; ~ 60° bei 60°; ~ least zumindest; ~ worst schlimmstenfalls⟩

at·a|vism ['ætəvɪzm] *s Biol* Atavismus *m*; **ˌ~'vis·tic** *adj* atavistisch

a·tax·i·a [ə'tæksɪə] *s Med* Ataxie *f,* Bewegungsstörung *f*

ate [et] *prät* von ↑ **eat**

-ate [-ɪt|-ət] *suff zur Bildung von adj aus s mit der Bedeutung*: voller, voll *od* erfüllt von (*z. B.* **affectionate** liebevoll); *von s aus s mit der Bedeutung* -gruppe, -klasse (*z. B.* **electorate** Wählerschaft *f*); [-eɪt] *von v aus s mit der Bedeutung* behandeln mit (*z. B.* **chlorinate**); *aus adj mit der Bedeutung* machen zu (*z. B.* **activate**; **elasticate**)

at·el·ier [æ'telɪeɪ] *s* Atelier *n*

a tem·po [ɑː 'tempəʊ] *adv Mus* a tempo

a·the|ism ['eɪθɪɪzm] *s* Atheismus *m*; **'~ist** *s* Atheist *m*; **ˌ~'is·tic, ˌ~'is·ti·cal** *adj* atheistisch

a·thirst [ə'θɜːst] *präd adj lit* durstig | begierig (**for** nach)

ath|lete ['æθliːt] *s* Athlet *m*; **~let·ic** [æθ'letɪk] *adj* (leicht)athletisch ⟨≈ association Leichtathletikverband *m*⟩ | stark, kräftig ⟨≈ build athletische Gestalt⟩; **~'let·ics** *s/pl* (*pl konstr*) *Brit* Leichtathletik *f* | *Am* Sport *m,* Athletik *f* | (*sg konstr*) sportliche Geschicklichkeit *od* Gewandtheit | (*sg konstr*) sportliche Betätigung

at-home [ət 'həʊm] *s* Empfang *m* (von Gästen in der Wohnung)

a·thwart [ə'θwɔːt] **1.** *adv* quer, schräg | *übertr* in die Quere ⟨to be ~ s.o.'s plans jmdm. in die Quere kommen⟩ | *übertr* falsch | *Mar* dwars (über); **2.** *präp* quer über, quer durch, entgegen (*auch übertr*) | *Mar* dwars

a·tilt [ə'tɪlt] *adv, präd adj* vornübergeneigt, vorgebeugt | *Mil* mit gefällter Lanze ⟨to ride / run ~ against s.o. zu Pferde losgehen auf jmdn., jmdn. angreifen⟩

-a·tion [-eɪʃn] *suff zur Bildung von s aus v mit der Bedeutung* Handlung, Prozeß (*z. B.* **cancellation**; **exploitation**); Ergebnis eines Prozesses, Zustand (*z. B.* **isolation**; **modification**); Akt, Vorgang (*z. B.* **examination**; **nomination**)

a·tish·oo [ə'tɪʃuː] *interj* hatschi!, hatzi!

-a·tive [-ətɪv] *suff zur Bildung von adj aus s, v mit der Bedeutung* betreffend, in Bezug stehend mit (*z. B.* **argumentative**; **explicative**; **exploitative**)

At·lan·tic [ət'læntɪk] **1.** *adj* atlantisch, Atlantik- ⟨~ drift Golfstrom *m*⟩; **2.** *s* Atlantik *m*

[1]**at·las** ['ætləs] *s* Atlas *m*

[2]**at·las** ['ætləs] *s* Atlasseide *f*

atmo- [ætmə] ⟨*griech*⟩ *in Zus* Dampf-, Dunst-

at·mos|phere ['ætməsfɪə] *s* Atmosphäre *f* (*auch übertr*); **~pher·ic** [ˌætməs'ferɪk], **ˌ~'pher·i·cal** *adj* atmosphärisch, Luft-; ⟨~pheric condition[s] Wetterlage *f*; ~pheric pressure Luftdruck *m*⟩; **ˌ~'pher·ics** *s/pl Tech, Rundf, TV* atmosphärische Störungen *f/pl*

at·oll ['ætɒl] *s* Atoll *n,* ringförmige Koralleninsel

at·om ['ætəm] *s* Atom *n* ⟨two ~s of hydrogen zwei Wasserstoffatome *n/pl*⟩ | *übertr* Kleinigkeit *f,* Deut *m* ⟨not an ~ of sense völlig sinnlos; to smash s.th. to ~s etw. in tausend Stücke zerschlagen⟩; **'~ bomb 1.** *s* Atombombe *f*; **2.** *vt Am* einem Atomschlag aussetzen; **a·tom·ic** [ə'tɒmɪk] *adj* atomar, Atom- | atom(kraft)betrieben ⟨≈ ship⟩ | Atom(waffen)- ⟨≈ scientist⟩ | Atomwaffen besitzend ⟨≈ countries⟩ | *übertr* sehr klein; **a'tom·ic 'age** *s* Atomzeitalter *n*; **a'tom·i·cal** = **atomic**; **a'tom·ic 'base** *s* Atomwaffenstützpunkt *m*; **a'tom·ic 'bomb** *s* Atombombe *f*; **a'tom·ic 'clock** *s Tech* Atomuhr *f*; **a'tom·ic 'core** *s Phys* Atomkern *m*; **a'tom·ic 'en·er·gy** *s Phys* Atomenergie *f*; **a'tom·ic 'fis·sion** *s Phys* Atom-, Kernspaltung *f*; **a'tom·ic 'fu·sion** *s Phys* Kernfusion *f,* -synthese *f*; **a'tom·ic 'nu·cle·us** *s* (*pl* **aˌtom·ic 'nu·cle·i**) *Phys* Atomkern *m*; **a'tom·ic 'num·ber** *s Chem, Phys* Kernladungszahl *f*; **aˌtom·ic 'pile** *s Phys* Atommeiler *m*; **aˌtom·ic 'po·wer plant** *s Tech* Atomkraftwerk *n*; **a'tom·ics** *s/pl* (*meist sg konstr*) Atomphysik *f*; **a'tom·ic 'the·o·ry** *s* Phys Atomlehre *f,* -theorie *f*; **aˌtom·ic 'war·fare** *s Mil* Atomkrieg *m*; **aˌtom·ic 'weight** *s Phys* Atomgewicht *n*; **'~ism** *s Phil* Atomismus *m*; **'~ist 1.** *s* Atomist *m*; **2.** = **ˌ~'is·tic** *adj* atomistisch; **ˌ~i·za·tion** *s* Atomisierung *f*; **'~ize** *vt* (Flüssigkeit) zerstäuben | atomisieren; **'~iz·er** *s* Zerstäuber *m,* Spray *m*; **'~ ˌsplit·ting** *s Phys* Atomkernspaltung *f*; [1]**at·o·my** *s* winziges Teilchen | *übertr* Knirps *m,* Zwerg *m* ⟨swarm of atomies⟩

[2]**at·o·my** ['ætəmɪ] *s scherzh* Skelett *n,* lebendes Skelett, ausgehungerte Gestalt

a·ton·al [æ'təʊnl|ə't-] *adj Mus* atonal; **a'ton·al·ism** *s* Atonalismus *m*

a·ton·ic [æ'tɒnɪk] **1.** *adj Ling* unbetont | *Mus* atonal | *Med* atonisch, schlaff, kraftlos; **2.** *s Ling* unbetonte Silbe, unbetontes Wort; **at·o·ny** ['ætənɪ] *s Ling* Unbetontheit *f* | *Med* Atonie *f,* Kraftlosigkeit *f,* Schwäche *f*

a·tone [ə'təʊn] *vi* büßen (**for** für) | entschädigen (*auch übertr*); *vt* (*meist pass*) sühnen, büßen ⟨the crime must be ~d for⟩ | *arch* versöhnen; **~ment** [~mənt] *s* Buße *f,* Sühne *f* (**for** für) ⟨the ≈ *Rel* Buße *f* (Christi); Sühneopfer *n*; Day of ≈ *Rel* Versöhnungstag *m* (jüdischer Feiertag)⟩

a·top [ə'tɒp] **1.** *adv, präd adj* oben(auf), darauf, zuoberst ⟨~ of the hill; a roof ~⟩; **2.** *präp* (oben) auf ⟨~ the building⟩

-a·tor [-eɪtə] *suff zur Bildung von s aus v mit der Bedeutung* Person *od* Sache, die in einer bestimmten Weise agiert *od* wirkt (*z. B.* **dictator**; **condensator**)

a·tox·ic [eɪ'tɒksɪk] *adj Med* atoxisch, ungiftig

a·tro·cious [ə'trəʊʃəs] *adj* scheußlich, gräßlich, abscheulich ⟨an ~ criminal⟩ | *umg* furchtbar, ekelhaft, entsetzlich ⟨~ weather⟩; **a·troc·i·ty** [ə'trɒsətɪ] *s* Scheußlichkeit *f,* Gräßlichkeit *f,* Abscheulichkeit *f* | Greuel(tat) *m(f)* ⟨war atrocities Kriegsverbrechen *n/pl*⟩ | *umg* Gemeinheit *f* | Skandal *m*

at·ro·phy ['ætrəfɪ] **1.** *s Med* Atrophie *f,* Schwund *m,* Verkümmerung *f* (*auch übertr*); **2.** *vt* auszehren; *vi* schwinden, einschrumpfen

at·ro·pin[e] ['ætrəpi:n] *s Chem* Atropin *n*

at·tach [ə'tætʃ] *vt* an-, verbinden, festmachen, befestigen (**to** an, mit) | an-, beifügen ⟨to ~ s.th. to a letter⟩ | zuteilen, zuweisen | *übertr* (jmdn.) binden ⟨to ~ o.s. to sich anschließen an⟩ | (*meist pass*) (jmdn. in Liebe) für sich einnehmen ⟨to be ~ed to s.o. jmdm. zugetan sein, jmdn. lieb haben⟩ | *Mil* (jmdn.) zuteilen, beordern (**to** zu) | (Bedeutung, Wichtigkeit u. ä.) beimessen, beilegen (**to s.th.** e-r Sache) | *Jur* verhaften | *Jur* beschlagnahmen; *vi* haften (**to** an) ⟨no blame ~es to him ihn trifft keine Schuld⟩; verknüpft sein (**to** mit); **at'tach·a·ble** *adj* zu befestigen(d), an-, aufsteckbar | *Jur* zu verhaften(d) | zu beschlagnahmen(d) (**for** wegen) | *übertr* verknüpfbar | hingabefähig

at·ta·ché [ə'tæʃeɪ] *s* Attaché *m* ⟨press ~⟩; '**~ case** *s* Aktenkoffer *m*

at·tached [ə'tætʃt] *adj* zugetan, ergeben | *Med, Zool* unbeweglich, fest | *Arch* eingebaut; **at'tach·ment** *s* Befestigung *f*, Verknüpfung *f* | (Ver-) Bindung *f* | Anhänglichkeit *f*, Neigung *f* ⟨to have an ~ for / to s.o. jmdn. gern haben⟩ | *Tech* Zusatzeinrichtung *f*, -gerät *n* | *Foto* Kameravorsatz *m* | *Jur* Verhaftung *f* | *Jur* Beschlagnahme *f*, Pfändung *f*

at·tack [ə'tæk] **1.** *vt* angreifen (*auch übertr*) | befallen ⟨to be ~ed by a fever⟩ | angreifen, anfressen ⟨strong acids ~ metals starke Säuren greifen Metall an⟩ | *übertr* in Angriff nehmen ⟨to ~ a problem⟩ | *Mus* einsetzen; *vi* angreifen; **2.** *s* Angriff *m* (*auch übertr*) | *Med* Anfall *m* ⟨a heart ~⟩ | Angreifen *n* (durch Säuren u. ä.) | *übertr* Inangriffnahme *f* ⟨the ~ of a task⟩ | *Mus* Einsatz *m*; **at'tack·a·ble** *adj* angreifbar; **at'tack·er** *s* Angreifer *m*

at·tain [ə'teɪn] *vt* erhalten, erreichen, erlangen ⟨to ~ one's object⟩ | verwirklichen, in die Tat umsetzen ⟨to ~ one's hopes⟩; *vi* gelangen (**to s.th.** zu etw.) ⟨to ~ to power an die Macht *od* Herrschaft kommen; to ~ to knowledge Wissen erlangen⟩; **at,tain·a'bil·i·ty** *s* Erreichbarkeit *f*; **at'tain·a·ble** *adj* erreichbar, zu erreichen(d)

at·tain·der [ə'teɪndə] *s Jur* Verlust *m* der bürgerlichen Ehrenrechte

at·tain·ment [ə'teɪnmənt] *s* Erreichung *f* ⟨easy (difficult) of ~ leicht (schwer) zu erreichen; for the ~ of s.th. um etw. zu erreichen⟩ | Erreichtes *n*, Errungenschaft *f* | (*bes pl*) **at'tain·ments** Fähigkeiten *f/pl*, Fertigkeiten *f/pl* | Kenntnisse *f/pl* ⟨linguistic ~s Sprachkenntnisse *f/pl*⟩

at·taint [ə'teɪnt] **1.** *vt Jur* zum Tode und zur Aberkennung der Ehrenrechte verurteilen | *übertr* beflecken, besudeln; **2.** *s übertr* Schandfleck *m*

at·tar ['ætə] *s* Blumenessenz *f* ⟨~ of roses Rosenöl *n*⟩

at·tem·per [ə'tempə] *vt* (Temperatur) regulieren | besänftigen, mäßigen, mildern | anpassen (**to** an) | in Übereinstimmung bringen (**to** mit); **at'tem·per·ate** *vt* temperieren; **at'tem·per·a·tion** *s* Temperierung *f*; **at'tem·per·a·tor** *s Tech* Temperaturregler *m*

at·tempt [ə'tempt] **1.** *vt* versuchen (**to** *mit inf* zu *mit inf*) ⟨to ~ a difficult task sich an einer schwierigen Aufgabe versuchen⟩ | *arch* einen Anschlag unternehmen auf ⟨to ~ s.o.'s life⟩; **2.** *s* Versuch *m* (**at** bei, in, mit; **to** *mit inf* zu *mit inf*) | (vergebliche) Bemühung, Unternehmung *f*, Fehlversuch *m* | Attentat *n*, Anschlag *m* (**[up]on s.o.'s life** auf jmdn.)

at·tend [ə'tend] *vt* pflegen, bedienen | behandeln (Arzt) | *übertr* folgen, begleiten ⟨~ed with difficulties von Schwierigkeiten begleitet⟩ | (Schule) besuchen | beiwohnen (**s.th.** e-r Sache); *vi* achten, merken, hören (**to** auf) | sich kümmern (**to** um), besorgen, erledigen (**to s.th.** etw.) | folgen, begleiten (**[up]on s.o.** jmdn.) | anwesend sein (**at** bei, in) | dienen, pflegen (**[up]on s.o.** jmdn.); **at'tend·ance** *s* Pflege *f*, Bedienung *f*, Aufwartung *f* (**upon s.o.** jmds.) ⟨furnished room with ≈ möbliertes Zimmer mit Bedienung; to dance ≈ [up]on s.o. um jmdn. herumscharwenzeln⟩ | *Tech* Wartung *f*, Bedienung *f* (**to s.th.** von etw.) | Dienst *m* ⟨in ≈ dienstbereit⟩ | Behandlung *f* ⟨medical ≈⟩ | Anwesenheit *f* (**at** bei) ⟨to be in ≈ at teilnehmen an; late ≈ Zuspätkommen *n* (zum Dienst); regular ≈ regelmäßige Teilnahme⟩ | Begleitung *f*, Gefolge *n* | Besuch *m*, Besucherzahl *f* ⟨a large ≈ at viele Besucher in⟩; **at'tend·ant 1.** *adj* Dienst leistend ([**up**]**on** bei) ⟨≈ nurse diensthabende Schwester⟩ | anwesend | begleitend, sich anschließend, folgend (**upon** auf); **2.** *s* Diener *m* ⟨medical ≈ Arzt *m*⟩ | Wärter *m*, Aufseher *m* | Begleiter *m* | Besucher *m* (**at** zu) | *übertr* Begleiterscheinung *f*, Folge *f* (**[up]on s.th.** e-r Sache); **at'tend·ants** *s/pl* Dienerschaft *f*, Gefolge *n*; **~ee** [~i:] *s* (Lehrgangs-) Teilnehmer(in) *m(f)*

at·ten·tion [ə'tenʃn] *s* Aufmerksamkeit *f* ⟨to attract ~ Aufmerksamkeit erregen; to call s.o.'s ~ to jmds. Aufmerksamkeit lenken auf; to pay ~ achtgeben⟩ | *Mil* Grund-, Habachtstellung *f* ⟨~! Achtung!; Stillgestanden!; to come to ~, to stand at ~ stillstehen, Haltung annehmen⟩; **at'ten·tions** *s/pl* Aufmerksamkeiten *f/pl* ⟨to pay ≈ to s.o. jmdm. den Hof machen; to receive ≈ den Hof gemacht bekommen⟩; **at'ten·tive** *adj* aufmerksam (**to** auf) | *übertr* höflich, gefällig, hilfsbereit (**to** zu, gegenüber)

at·ten·u·ate [ə'tenjueɪt] *vt* dünn(er) machen, verdünnen | *übertr* vermindern, abschwächen, dämpfen; *vi* dünn(er) werden, abmagern; [ə'tenjuɪt] *adj* verdünnt | mager; **at,ten·u'a·tion** *s* Verdünnung *f* | *Med* Abmagerung *f* | *übertr* Verminderung *f* | *El, Tel* Dämpfung *f*, Abschwächung *f* | *El* Durchlässigkeit *f*

at·test [ə'test] **1.** *vt* bezeugen, bescheinigen, beglaubigen ⟨to ~ a signature eine Unterschrift beglaubigen⟩ | *übertr* zeugen von; *vi* Zeugnis ablegen (*auch übertr*) (**to** für) | *Mil* vereidigt werden; **2.** *s* Zeugnis *n*, Bescheinigung *f*; **at'test·ant 1.** *adj* bezeugend; **2.** *s* Zeuge *m*; **at·tes·ta·tion** [,ætes'teɪʃn] *s* Bezeugung *f*, Bestätigung *f* | Zeugnis *n*, Attest *n* | Vereidigung *f*; **at'test·er, at'tes·tor** *s* Zeuge *m*

at·tic ['ætɪk] *s* Mansarde *f*, Dachstube *f*

at·tire [ə'taɪə] *Lit* **1.** *vt* kleiden (**in** in) | putzen, schmücken; **2.** *s* Gewand *n* | Putz *m*, Schmuck *m*

at·ti|tude ['ætɪtju:d|-tʃu:d] *s* Haltung *f*, Stellung *f* ⟨threatening ≈ drohende Haltung *f*; to strike an ≈ sich in Positur setzen⟩ | Stellungnahme *f*, Haltung *f*, Einstellung *f* (**towards** zu, gegenüber) ⟨to maintain a firm ≈ eine feste Haltung einnehmen; ≈ of mind Geisteshaltung *f*⟩ | *Flugw* Lage *f*; **~tu·din·ize** [,ætɪ'tju:dɪnaɪz] *vi* sich in Positur werfen, affektiert tun | sich in den Vordergrund drängen

at·tor·ney [ə'tɜ:nɪ] *s* Vollmacht *f* ⟨letter/ warrant of ~ Vollmacht *f*; power of ~ *Jur* Prozeßvollmacht *f*⟩ | *Jur* Bevollmächtigter *m*, gesetzlicher Vertreter ⟨by ~ in Vertretung, im Auftrag⟩ | *Jur* (Rechts-) Anwalt *m*; ,**~ 'Gen·er·al** *s Jur Brit* Generalstaatsanwalt *m*, oberster Anklagevertreter, oberster Kronanwalt | *Am* Justizminister *m*; **at'tor·ney·ship** *s Jur* Anwaltschaft *f*

at·tract [ə'trækt] *vt* anziehen ⟨light ~s moths⟩ | *übertr* fesseln, anziehen ⟨to ~ s.o.'s attention jmds. Aufmerksamkeit erregen⟩; *vi übertr* anziehend sein; **at·trac·tion** [ə'trækʃn] *s* Anziehung *f* | *übertr* Anziehungskraft *f*, Reiz *m*, Attraktion *f* ⟨the ≈ of a city; to exert ≈ on Anziehungskraft ausüben auf, anziehen⟩ | Neigung *f*, Vorliebe *f* (**for** für) | *Phys, Ling* Attraktion *f* ⟨magnetic ≈⟩; **at'trac·tive** *adj* anziehend | *übertr* anziehend, reizvoll, attraktiv

at·trib|ut·a·ble [ə'trɪbjutəbl] *adj* zuschreibbar; **~ute** [~ju:t] *vt* zuschreiben, beilegen, beimessen (**to s.th.** e-r Sache); ['ætrɪbju:t] *s* Attribut *n*, (bestimmende) Eigenschaft, Merkmal *n* | Symbol *n*, kennzeichnender Gegenstand, Sinnbild n | *Ling* Attribut *n*, Beifügung *f*; **at·tri·bu·tion** [ˌætrɪˈbjuːʃn] *s* Zuerkennung *f*, Beilegung *f* | beigelegte Eigenschaft | Befugnis *f*; **~u·tive** [əˈtrɪbjʊtɪv] **1.** *adj* zuschreibend, zugeschrieben | *Ling* attributiv; **2.** *s Ling* Attribut *n*

at·tri·tion [əˈtrɪʃn] *s* Ab-, Zerreibung *f*, Abnutzung *f* (durch Reibung) | *übertr* Zermürbung *f* ⟨war of ~ Zermürbungskrieg *m*⟩ | *Rel* Reue *f*

at·tune [əˈtjuːn] *vt* (*meist pass*) *Mus* stimmen | *übertr* ab-, einstimmen, einstellen (**to** auf), in Einklang bringen (**to** mit); **atˈtune·ment** *s* Ab-, Einstimmung *f*, Einstellung *f* (**to** auf)

a·typ·ic [eɪˈtɪpɪk], **aˈtyp·i·cal** *adj* atypisch, unregelmäßig

au·ber·gine [ˈəʊbɛəʒiːn] *s Bot* Aubergine *f*, Eierfrucht *f*

au·burn [ˈɔːbən] **1.** *adj* (*meist* Haar) nuß-, kastanienbraun **2.** *s* Nuß-, Kastanienbraun *n*

auc·tion [ˈɔːkʃn] **1.** *s* Auktion *f*, Versteigerung *f* ⟨to put up for/ to ~, to sell by ~ versteigern⟩; **2.** *vt*, *meist* **to ~ off** versteigern; **ˈ~ bridge** *s Kart* Auktions-, Lizitationsbridge *n*; **~eer** [ˌɔːkʃəˈnɪə] **1.** *s* Auktionator *m*; **2.** *vt* versteigern; **ˈ~ sale** *s* Versteigerung *f*

au·da·cious [ɔːˈdeɪʃəs] *adj* kühn, verwegen | tollkühn, wag[e]halsig | frech, unverschämt, dreist; **au·dac·i·ty** [ɔːˈdæsətɪ] *s* Kühnheit *f*, Verwegenheit *f* | Tollkühnheit *f*, Wag[e]halsigkeit *f* | Frechheit *f*, Unverschämtheit *f*, Dreistigkeit *f*

au·di|bil·i·ty [ˌɔːdəˈbɪlətɪ] *s* Hörbarkeit *f*; **ˈ~ble** *adj* hörbar, vernehmlich (**to** für)

au·di·ence [ˈɔːdɪəns] *s* (An-) Hören *n*, Gehör *n* ⟨to give ~ to s.o. jmdm. Gehör schenken⟩ | Audienz *f* (**of, with** bei) ⟨to grant (receive) an ~ eine Audienz gewähren (erhalten)⟩ | *Theat* Zuschauer *m/pl*, Zuhörer *m/pl* ⟨a large ~ viele Zuschauer *od* Zuhörer *m/pl*⟩ | Auditorium *n*, Zuhörerschaft *f*, Publikum *n* | Leserschaft *f*

audio- [ɔːdɪəʊ] ⟨*lat*⟩ *in Zus* Hör-

au·di·o [ˈɔːdɪəʊ] *adj El* hörfrequent, niederfrequent, Hör-, Ton-, Hörfrequenz-, Tonfrequenz- ⟨~ amplification Hör-, Niederfrequenzverstärkung *f*; ~ control engineer Toningenieur *m*; ~ engineering Tontechnik *f*; ~ frequency Hörfrequenz *f*⟩; **ˈ~ fil·ter** *s Tech* Tonsieb *n*; **~gram** [ˈɔːdɪəgræm] *s Med* Audiogramm *n*; **au·di·om·e·ter** [ˌɔːdɪˈɒmɪtə] *s Med* Audiometer *n*, Gehörmeßgerät *n*; **au·diˈom·e·try** *s Med* Audiometrie *f*, Gehörmessung *f*; **ˌ~ ˈmix·er** *s El* Mischtafel *f*, -pult *n*; **ˌ~ ˈrange** *s El* Hörfrequenzbereich *m*; **ˌ~ˈty·pist** *s* Phonotypistin *f*; **ˌ~-ˈvis·u·al** *adj* audiovisuell ⟨≈ aids audiovisuelle Hilfs- *od* Unterrichtsmittel *n/pl*⟩

au·di·phone [ˈɔːdɪfəʊn] *s Med* Audiphon *n*, Hörapparat *m*

au·dit [ˈɔːdɪt] **1.** *s Wirtsch* Buch-, Rechnungsprüfung *f*, (Bücher) Revision *f*; **2.** *vt Wirtsch* (Rechnungen) prüfen | *Am* (Universitätskurs) hospitieren, als Gasthörer besuchen (ohne Beleg); **ˈ~ed cir·cuˈla·tion** *s* (Zeitung) (amtlich registrierte) Leserzahl; **~ing** *s Wirtsch* Rechnungsprüfung *f*, Revision *f*

au·di|tion [ɔːˈdɪʃn] **1.** *s* Gehör *n*, Hörvermögen *n* | Hörprobe *f*; **2.** *vt* (*vi*) (sich) einer Hörprobe unterziehen; **ˈ~tive** *adj* auditiv, Hör-, Gehör-; **ˈ~tor** *s* (Zu-) Hörer *m* | *Am* (Universität) Gasthörer *m* | *Wirtsch* Rechnungsprüfer *m*, Revisor *m*; **~to·ri·um** [ˌɔːdɪˈtɔːrɪəm] *s* (*pl* **ˌ~ˈto·ri·ums, ~to·ri·a** [ˌɔːdɪˈtɔːrɪə]) Auditorium *n*, Hörsaal *m* | *Am* Vortragsraum *m*, -saal *m*; **ˈ~tor·ship** *s Wirtsch* Revisoramt *n*; **ˈ~to·ry 1.** *s* Auditorium *n* | Zuhörer(schaft) *m/pl*(*f*); **2.** *adj Med* Gehör-

au fait [ˌəʊ ˈfeɪ] *präd adj* eingeweiht, vertraut, im Bilde ⟨to put s.o. ~ of jmdn. einweihen in, jmdn. vertraut machen mit⟩

au fond [ˌəʊ ˈfõ] *adv* im Grunde, in Wirklichkeit

au·ger [ˈɔːgə] *s* Lochbohrer *m*, Hohlbohrer *m* | (Zimmermann) Holzbohrer *m*; **ˈ~ hole** *s* Bohrloch *n*; **ˈ~ shank** *s* Bohrschaft *m*

aught [ɔːt] **1.** *pron lit* (irgend) etwas ⟨for ~ I care meinetwegen; for ~ I know soviel ich weiß⟩; **2.** *adv* irgendwie; **3.** *s* Null *f* ⟨~ point five 0,5⟩

aug|ment [ɔːgˈment] **1.** *vt* vergrößern; *vi* größer werden, zunehmen; **2.** *s Med* Zunahme *f* | *Ling* Augment *n*; **ˌ~menˈta·tion** *s* Vergrößerung *f*, Zunahme *f* | Zusatz *m*; **~ˈment·a·tive 1.** *adj* vergrößernd, vermehrend; **2.** *s Ling* Augmentativ *n*

au·gur [ˈɔːgə] **1.** *s* Augur *m*, Wahrsager *m*; **2.** *vt, vi* weissagen, prophezeien (**for** für) ⟨to ~ ill (well) for s.o. (for s.th.) Schlechtes (Gutes) bedeuten für jmdn. (etw.); to ~ failure (success) Niederlage (Erfolg) ankündigen⟩; **au·gu·ral** [ˈɔːgjʊrl] *adj* vorbedeutend; **au·gu·ry** [ˈɔːgjʊrɪ] *s* Weissagung *f*, Prophezeiung *f* | Vorzeichen *n*, Vorbedeutung *f* | Vorahnung *f*

au·gust [ɔːˈgʌst] *adj* hehr, erhaben, erlaucht

Au·gust [ˈɔːgəst] *s* August *m* (Monat)

Au·gus·tan [ɔːˈgʌstən] *adj* klassisch ⟨the ~ age⟩

Au·gus·tine [ˈɔːgəstɪn] **1.** *s* Augustinermönch *m*; **2.** *adj* augustinisch

auk [ɔːk] *s Zool* Alk *m*

au·la [ˈɔːlə] *s* (*pl* **au·lae** [ˈɔːliː]) Aula *f*

auld lang syne [ˌɔːld ˌlæŋ ˈzaɪn|-ˈsaɪn] *s Schott* vor langer Zeit | *übertr* Lang ist es her, die gute alte Zeit (Titel e-s Liedes)

aunt [ɑːnt] *s* Tante *f*; **~ie** [ˈ~ɪ] *s* Tantchen *n*; **ˌ~ Sal·ly** *s* (e-e Art) Wurfspiel *n* | Zielscheibe *f* des Spotts; **ˌ~ Tom** *s Am Sl verächtl* weiblicher Onkel Tom, servile Negerin | Gegnerin *f* des Feminismus; **ˈ~y**, *auch* **ˈ~ie** *s* Tantchen *n* | *Brit umg scherzh* BBC *f*

au pair [ˌəʊ ˈpɛə] *adj* Austausch-, im gegenseitigen Einvernehmen | ohne Bezahlung ⟨~ tutoring gegenseitiger Unterricht⟩ | mit Familienanschluß ⟨an ~ girl ein Mädchen, das im Ausland in einem Haushalt arbeitet und dabei die Sprache lernt⟩

au·ra [ˈɔːrə] *s* (*pl* **au·rae** [ˈɔːriː]) Duft *m* | *Med übertr* Aura *f*

au·ral [ˈɔːrl] *adj* Ohr- | *Tech* akustisch ⟨~ alarm akustisches Alarmsignal⟩; **ˈ~ sur·geon** *s* Ohrenarzt *m*

au·re·ate [ˈɔːrɪɪt] *adj* vergoldet, golden

au·re·o·la [ɔːˈrɪələ] *s* = **aureole**; **au·re·ole** [ˈɔːrɪəʊl] **1.** *s* Aureole *f*, Heiligen-, Glorienschein *m* | *Astr* Hof *m*; **2.** *vt* mit einem Glorienschein umgeben

au·ric [ˈɔːrɪk] *adj* Gold-

au·ri·cle [ˈɔːrɪkl] *s Med* Auricula *f*, äußeres Ohr

au·ric·u|la [əˈrɪkjʊlə] *s* (*pl* **~lae** [~liː]) *Bot* Aurikel *f*

au·ric·u|lar [ɔːˈrɪkjʊlə] *adj* das Ohr betreffend, Ohr(en)-, Hör- | ins Ohr geflüstert, durch das Ohr gehört ⟨≈ confession *Rel* Ohrenbeichte *f*; ≈ witness Ohrenzeuge *m*⟩ | *Med* aurikulär, ohrförmig

au·rif·er·ous [ɔːˈrɪfərəs] *adj* goldhaltig

au·ri·scope [ˈɔːrɪskəʊp] *s Med* Auriskop *n* | Ohrenspiegel *m*; **ˈau·rist** *s* Otologe *m*, Ohrenarzt *m*

au·rochs [ˈɔːrɒks] *s* (*pl* ~) *Zool* Auerochse *m*

au·ro|ra [ɔːˈrɔːrə] *s* (*pl* **auˈro·ras**), **~rae** [~riː]) *poet* Aurora *f*, Morgenröte *f*; **~ra aus·tra·lis** [ɔːˌrɔːrə ɔːˈstreɪlɪs] *s* Südlicht *n*; **~ra bo·re·a·lis** [ɔːˌrɔːrə ˌbɔːrɪˈeɪlɪs] *s* Nordlicht *n*; **auˈro·ral** *adj* die Morgenröte betreffend | *übertr* rosig Nordlicht-

au·rous [ˈɔːrəs] *adj Chem, Min* goldhaltig, Gold-; **au·rum** [ˈɔːrəm] *s Chem* Gold *n*

aus·cul|tate [ˈɔːskəlteɪt] *vt, vi Med* auskultieren, abhorchen; **~ta·tion** [ˌɔːskʌlˈteɪʃn] *s Med* Auskultation *f*

aus|pice [ˈɔːspɪs] *s Hist* Auspizium *n*; **ˈ~pices** *s/pl* Auspizien *pl*, Schirmherrschaft *f* ⟨under the ≈ of unter der Leitung *od* dem Schutz von⟩ | An-, Vorzeichen *n/pl*, Vorbedeutung *f* ⟨under favourable ≈ unter günstigem Vorzeichen⟩;

aus'pi·cious *adj* günstig, glücklich ⟨≈ beginning guter *od* vielversprechender Anfang⟩

Aus·sie ['ɒsɪ] *s umg* Australier *m*

aus|tere [ɔ:'stɪə] *adj* (Person) streng, nüchtern ⟨≈ critic⟩ | (Sitte) hart, herb | (Ort) rauh, unfreundlich | ernst | (Stil u. ä.) einfach, schmucklos ⟨≈ style of architecture⟩; **~ter·i·ty** [ɔ:'sterətɪ] *s* Strenge *f*, Nüchternheit *f* | Härte *f*, Rauhheit *f* | Ernst *m* | Einfachheit *f*; **~'ter·i·ties** *s/pl* Sparmaßnahmen *f/pl*, Einschränkungen *f/pl*; **aus'ter·i·ty ˌpro·gram[me]** *s Wirtsch* Notstands-, Sparsamkeitsprogramm *n*

aus·tral ['ɔ:strl] *adj* südlich

Aus·tra·la·sian [ˌɒstrə'leɪʒən|-ʃən] **1.** *adj* australasisch; **2.** *s* Australasier(in) *m(f)*

Aus·tra|lia [ɒ'streɪljə] *s* Australien; **~lian** [~lɪən] **1.** *adj* australisch ⟨~ Rules football eine Art Rugby (mit 18 Spielern)⟩; **2.** *s* Australier(in) *m(f)*

Aus|tri·a ['ɔ:strɪə] *s* Österreich; **~tri·an** ['~trɪən] **1.** *adj* österreichisch; **2.** *s* Österreicher(in) *m(f)*; **~tro-** [ɔ:strəʊ-] *in Zus* österreichisch, Austro- ⟨≈-Hungarian⟩

au·tar·chic [ɔ:'tɑ:kɪk], **au'tar·chi·cal** *adj* autokratisch, selbstherrlich | autark; **'au·tarch·y** *s* Autokratie *f*, Selbstherrschaft *f* | Autarkie *f*; **au'tar·kic, au'tar·ki·cal** *adj* autark; **'au·tar·ky** *s* Autarkie *f*

au·then|tic [ɔ:'θentɪk] *selten*, **~ti·cal** [~kl] *adj* authentisch, glaubwürdig ⟨≈ news⟩ | echt, verbürgt ⟨an ≈ signature⟩ | *Mus* authentisch ⟨≈ melodies⟩; **~ti·cate** [~tɪkeɪt] *vt* authentisieren, beglaubigen | als echt erweisen; verbürgen; **~ti·ca·tion** [ɔ:θentɪ'keɪʃn] *s* Authentisierung *f*, Beglaubigung *f*; **~tic·i·ty** [ɔ:θen'tɪsətɪ] *s* Authentizität *f*, Glaubwürdigkeit *f* | Echtheit *f*

au·thor ['ɔ:θə] *s* Schöpfer *m*, Urheber *m* | Autor *m*, Verfasser *m*, Schriftsteller *m*; **~ess** [~rəs] *s* Autorin *f*, Verfasserin *f*, Schriftstellerin *f*; **~i·tar·i·an** [ɔ:ˌθɒrɪ'tɛərɪən] *adj* autoritär ⟨≈ regime⟩; **~i·ta·tive** [ɔ:'θɒrətətɪv] *adj* autoritativ, zuverlässig ⟨from ≈ source⟩ | gebieterisch, herrisch ⟨≈ manner⟩ | amtlich, verbindlich, entscheidend ⟨≈ statement⟩; **~i·ty** [ɔ:'θɒrətɪ] *s* Autorität *f*, Amtsgewalt *f* | Gesetzeskraft *f* | Behörde *f* ⟨the Atomic Energy ≈⟩ | Vollmacht *f* | Ermächtigung *f*, (Macht-) Befugnis *f* (**for** für, **to** *mit inf* zu *mit inf*) ⟨≈ to instruct Weisungsbefugnis *f*, -recht *n*; in ≈ weisungsberechtigt; on the ≈ of auf Grund der Ermächtigung von; to be under the ≈ of unterstehen⟩ | Zeugnis *n*, Quelle *f* ⟨on good ≈ aus guter Quelle; to quote one's ~i·ties seine Quellen angeben⟩ | Einfluß *m* (**over** auf) | Glaubwürdigkeit *f*, Ansehen *n* (**with** bei) | Autorität *f*, Fachmann *m*, Sachverständiger *m* ⟨an ≈ on sports eine Autorität auf dem Gebiet des Sports⟩ | Standardwerk *n*; **au'thor·i·ties** *s/pl* Behörde *f*, Regierung *f* ⟨the health ≈⟩ | Obrigkeit *f*; **ˌ~i'za·tion** *s* Er-, Bevollmächtigung *f* (**to** *mit inf* zu *mit inf*, **for s.th.** zu etw.); **'~ize** *vt* autorisieren, er-, bevollmächtigen (**to** *mit inf* zu *mit inf*) | billigen, gutheißen; **'~ized** *adj* autorisiert, bevollmächtigt ⟨≈ to pension versorgungsberechtigt⟩ | rechtsverbindlich | beauftragt; **ˌ~ized 'Ver·sion** *s* englische Bibelübersetzung (von 1611); **'~ship** *s* Autor-, Verfasserschaft *f* | Schriftstellerei *f* ⟨to take to ≈ for a living sich mit Schreiben sein Geld verdienen⟩

au·to ['ɔ:təʊ] *s Am* Auto *n*

auto- [ɔ:təʊ] ⟨*griech*⟩ *in Zus* Auto-, Selbst-

au·to·bahn ['ɔ:təbɒ:n] ⟨*dt*⟩ *s* (*pl* **'~s, '~en**) Autobahn *f* | kreuzungsfreie Schnell-, Fernverkehrsstraße *f* mit getrennten doppelten Fahrspuren

au·to·bi|og·ra·pher [ˌɔ:təbaɪ'ɒgrəfə] *s* Autobiograph *m*; **~o·graph·ic** [ˌ~ə'græfɪk], **ˌ~o'graph·i·cal** *adj* autobiographisch; **ˌ~'og·ra·phy** *s* Autobiographie *f*

au·to|bus ['ɔ:təˌbʌs] *s Am* Autobus *m*; **'~cade** *s urspr Am* Auto-, Wagenkolonne *f*, Autokorso *m*; **'~car** *s* Kraftwagen *m*

au·to|change ['ɔ:təˌtʃeɪndʒ], *auch* **'~ˌchang·er** *s* Plattenwechsler *m*

au·toch·ton [ɔ:'tɒkθən] *s* (*pl* **au'toch·tons, ~to·nes** [~i:z]) Autochthone *m*, Ureinwohner *m*; **au'toch·to·nous** *adj* autochthon, alteingesessen, bodenständig | *Geol* bodeneigen; **au'toch·to·ny** *s* Autochthonie *f*, Bodenständigkeit *f* | ursprüngliche Beschäftigung

au·toc·ra·cy [ɔ:'tɒkrəsɪ] *s* Autokratie *f*, Selbstherrschaft *f*; **au·to·crat** ['ɔ:təkræt] *s* Autokrat *m*, Selbstherrscher *m*; **ˌau·to'crat·ic, ˌau·to'crat·i·cal** *adj* autokratisch, selbstherrlich, -herrschend

auto-da-fé [ˌɔ:təʊ dɑ: 'feɪ] *s* (*pl* **ˌautos-da-'fé**) *Hist* Autodafé *n*, Ketzergericht *n*, -verbrennung *f*

au·to·di|dact ['ɔ:tədɪˌdækt] *s* Autodidakt *m*; **ˌ~'dac·tic** *adj* autodidaktisch

au·to|e·rot·ic [ˌɔ:təʊɪ'rɒtɪk] *adj* autoerotisch; **~e·rot·i·cism** [~ɪ'rɒtɪsɪzm], *auch* **~er·o·tism** [~'erətɪzm] *s* Autoerotismus *m*, Selbstbefriedigung *f*

au·tog·a·mous [ɔ:'tɒgəməs] *adj Bot* autogam, selbstbefruchtend; **au'tog·a·my** *s Bot* Autogamie *f*, Selbstbefruchtung *f*

au·tog·e·nous [ɔ:'tɒdʒənəs] *adj* selbst entstanden | *Med, Tech* autogen ⟨~ welding autogenes Schweißen⟩

au·to·gi·ro [ˌɔ:təʊ'dʒaɪərəʊ] *s Flugw* Tragschrauber *m*

au·to·graph ['ɔ:təgrɑ:f] **1.** *s* Autogramm *n*, eigenhändige Unterschrift | Original *n*, Autograph *n*; **2.** *adj* autographisch; **3.** *vt* eigenhändig unterschreiben, mit Autogramm versehen | *Typ* autographieren; **'~ book**, *auch* **'~ ˌal·bum** *s* (Sammel-) Album *n* für Unterschriften; **~ic** [ˌɔ:tə'græfɪk], **ˌau·to'graph·i·cal** *adj* autographisch; **au·tog·ra·phy** [ɔ:'tɒgrəfɪ] *s* Autographie *f*, Urdruck *m*

au·to·gy·ro [ˌɔ:təʊ'dʒaɪərəʊ] = **autogiro**

au·to·ig·ni·tion ['ɔ:təʊɪgˌnɪʃən] *s Tech* Selbstentzündung *f*

au·to·mat ['ɔ:təmæt] *s bes Am* Automat *m* | Automatenrestaurant *n*

au·tom·a·ta [ˌɔ:'tɒmətə] *pl von* ↑ **automaton**

au·to·mat·ic [ˌɔ:tə'mætɪk] **1.** *adj* automatisch, selbsttätig, Selbst- ⟨~ luggage locker *Eisenb* Gepäckaufbewahrungsautomat *m*; ~ machine Automat *m*; ~ pencil Drehbleistift *m*; ~ pistol Selbstladepistole *f*; ~ release *Foto* Selbstauslöser *m*; ~ starter Selbstanlasser *m*; ~ telephone *Tel* Selbstwähler *m*⟩ | *übertr* unbewußt, unwillkürlich, mechanisch; **2.** *s Tech* Automat *m*; **ˌau·to'mat·i·cal** = **automatic**; **~al·ly** *adv* automatisch ⟨≈ operated *Tech* selbsttätig⟩; **au·tom·a·tic·i·ty** [ɔ:ˌtɒmə'tɪsətɪ] *s* Automatik *f*; **ˌau·to'ma·tion** *s* Automation *f*, Automatisierung *f*; **au·tom·a·ton** [ˌɔ:'tɒmətən] *s* (*pl* **au·tom·a·ta** [ˌɔ:'tɒmətə], **au'tom·a·tons**) Automat *m* (*auch übertr*) | Gliederpuppe *f*

au·to·mo|bile ['ɔ:təməbi:l] **1.** *adj* selbstbeweglich; **2.** *s bes Am* Auto(mobil) *n*; **3.** *vi* Auto fahren; **ˌ~'bil·ist** *s* Kraftfahrer *m*

au·to·nom|ic [ˌɔ:tə'nɒmɪk], **ˌau·to'nom·i·cal, au·ton·o·mous** [ɔ:'tɒnəməs] *adj* autonom, sich selbst regierend; **au·ton·o·my** [ɔ:'tɒnəmɪ] *s* Autonomie *f*, Selbstregierung *f*

au·to·pi·lot ['ɔ:təʊˌpaɪlət] *s Flugw* Autopilot *m*, automatische Steuervorrichtung, Steuerautomat *m*, Flugregler *m*

au·top·sic [ɔ:'tɒpsɪk], **au'top·si·cal** *adj* aus eigener Anschauung, durch Autopsie; **'au·top·sy** *s* Autopsie *f*, eigene Anschauung | *Med* Autopsie *f*, Leichenöffnung *f* | *übertr* Analyse *f* | *übertr* Analyse *f*, Zergliederung *f*

au·to·sug·ges·tion ['ɔ:təsə'dʒestʃn] *s* Autosuggestion *f*, Selbstbeeinflussung *f*, -täuschung *f*; **'au·to·sug'ges·tive** *adj* autosuggestiv

au·to|type ['ɔ:tətaɪp] **1.** *s Typ* Autotypie *f*, Faksimileabdruck *m*; **2.** *vt* autotypieren; **~ty·pog·ra·phy** [ˌɔ:tətaɪ'pɒgrəfɪ] *s* Autotypographie *f*, autographischer Buchdruck

au·tumn ['ɔ:təm] *s* Herbst *m* (*auch übertr*) ⟨in ~ im Herbst; in the ~ of 1966 im Herbst 1966; in [the] early (late) ~ im Frühherbst (Spätherbst); in the ~ of one's life im Herbst des Lebens⟩; **au·tum·nal** [ɔ:'tʌmnl] *adj* herbstlich, Herbst- (*auch übertr*)

aux·il·ia|ry [ɔ:g'zɪlɪərɪ|-lərɪ] **1.** *adj* helfend, Hilfs- ⟨~ troops Hilfstruppen *f/pl*⟩; **2.** *s* Helfer *m* | *auch* ˌ**~ry 'verb** *Ling* Hilfszeitwort *n*; **aux'il·ia·ries** *s/pl Mil* Hilfstruppen *f/pl*

a·vail [ə'veɪl] **1.** *vt* (jmdm.) nützen, helfen ⟨to ~ o.s. of s.th. sich etw. zunutze machen⟩; *vi lit* nutzen, helfen (**against** gegen); **2.** *s* Nutzen *m* ⟨of no ~ nutzlos; talking to no ~ ergenisloses Reden; of what ~ is it? was nützt es?; without ~ ohne Ergebnis⟩; **aˌvail·a'bil·i·ty** *s* Nützlichkeit *f*, Nutzbarkeit *f* | Verfügbarkeit *f* | Gültigkeit *f*; **a'vail·a·ble** *adj* brauchbar, benutzbar (**for** für) | verfügbar, vorhanden | (Fahrschein u. ä.) gültig (**for** für)

av·a·lanche ['ævəlɑ:nʃ|-lɔ:nʃ] **1.** *s* Lawine *f* (*auch übertr*) ⟨an ~ of questions eine Flut von Fragen⟩; **2.** *vi* wie eine Lawine herabstürzen

av·a|rice ['ævərɪs] *s* Geiz *m*, Habsucht *f*; **~ri·cious** [ˌævə'rɪʃəs] *adj* geizig, habsüchtig, habgierig

a·vaunt [ə'vɔ:nt] *interj arch* hinweg!, fort!

a·venge [ə'vendʒ] *vt* (jmdn.) rächen (**on** an, **for** für) ⟨to ~ o.s., to be ~d sich rächen⟩ | (etw.) rächen, ahnden (**[up]on** an); *vi* sich rächen, Rache üben; **a'veng·er** *s* Rächer *m*; **a'venge·ful** *adj* rachevoll, rächend

a·ven·tu·rin[e] [æ'ventʃurɪn] *s Min* Aventurin *n*, Glimmerstein *m* | Aventuringlas *n*

av·e·nue ['ævənju:] *s, meist übertr* Zugang *m* (**of, to** zu) ⟨an ~ to fame ein Weg *m* zum Ruhm⟩ | Allee *f* | *Am* große, breite Straße, Promenade *f*

a·ver [ə'vɜ:] (**a'ver·red, a'ver·red**) *vt* als Tatsache hinstellen, behaupten, versichern (**that** daß) | beweisen, bekräftigen (**that** daß)

av·er·age ['ævr̩ɪdʒ] **1.** *s* Durchschnitt *m* ⟨above (below) [the] ~ über (unter) dem Durchschnitt; up to the ~; at an ~ of, on an/the ~ durchschnittlich *od* im Durchschnitt; rough ~ annähernder *od* grober Durchschnitt; to strike the ~ den Durchschnitt nehmen⟩ | *Jur, Mar* Havarie *f* ⟨to make ~ havarieren⟩; **2.** *adj* durchschnittlich, Durchschnitts- ⟨the ~ temperature⟩ | durchschnittlich, mittelmäßig ⟨~ intelligence⟩; **3.** *vt* den Durchschnitt berechnen *od* feststellen von | im Durchschnitt schaffen *od* erzielen *od* zurücklegen ⟨to ~ 100 miles a day⟩; *vi* (Regenmenge u. ä.) im Durchschnitt betragen ⟨to ~ 20 inches a year⟩

a·ver·ment [ə'vɜ:mənt] *s* Behauptung *f* | *Jur* Beweisantrag *m*

a·verse [ə'vɜ:s] *adj* (*meist präd*) *förml* od. *scherzh* abgeneigt (**from/to s.th.** e-r Sache, **from/to** *mit ger* zu *mit inf*) ⟨to be ~ from/to dancing; to be ~ from/to alcohol⟩ | widerwillig; **a'ver·sion** *s* Abneigung *f*, Widerwille *m* (**for/to** gegen, **from** vor) ⟨to take an ≈ to eine Abneigung fassen *od* hegen gegen⟩ | Gegenstand *m* der Abneigung ⟨it is my ≈ es ist mir ein Greuel; s.o.'s pet ≈ jmds. Nerventod *m*⟩

a·vert [ə'vɜ:t] *vt* (Blick u.ä.) abwenden (**from** von) | *übertr* vermeiden, abwenden, umgehen ⟨to ~ suspicion keinen Verdacht erwecken⟩; **a'vert·a·ble, a'vert·i·ble** *adj* abwendbar, vermeidbar

a·vi|an ['eɪvɪən] *adj Zool* Vogel-; **'~ar·y** *s* Vogelhaus *n*

a·vi|ate ['eɪvɪeɪt] *vi* fliegen; ˌ**~'a·tion** *s* Fliegen *n*, Flugwesen *n* | Flugsport *m*; **~ˌa·tion en·gi'neer·ing** *s* Flug(zeug)technik *f*; **'~a·tion ˌspir·it** *s Brit* Fliegerbenzin *n*; **'~a·tor** *s* Flieger *m*, Flugzeugführer *m*, Pilot *m*; **~a·tress** [~eɪtrəs] *s* Fliegerin *f*

a·vi·cul|ture ['eɪvɪkʌltʃə] *s* Vogelzucht *f*; **'~tur·ist** *s* Vogelzüchter *m*

av·id ['ævɪd] *adj* gierig (**for, of** nach); **a·vid·i·ty** [ə'vɪdətɪ] *s* Gier *f*, Begierde *f* (**for, of** nach)

a·vi·ta·min·o·sis [ˌævaɪtəmɪ'nəusɪs] *s Med* Avitaminose *f*

av·o·ca·do [ˌævə'kɑ:dəu] *s* (*pl* ˌ**av·o'ca·dos**), *auch* **'~ pear** *s Bot* Avocatobirne *f*, -frucht *f*

av·o·ca·tion [ˌævə'keɪʃn] *s* Nebenbeschäftigung *f* | *Brit umg* Beruf *m*, Beschäftigung *f*

a·void [ə'vɔɪd] *vt* (ver)meiden, umgehen, entgehen (*mit ger* zu *mit inf*) | *Jur* anfechten | aufheben, ungültig machen; **a'void·a·ble** *adj* vermeidbar ⟨not ≈ unvermeidlich⟩ | *Jur* anfechtbar; **a'void·ance** *s* Vermeidung *f* (**of s.th.** e-r Sache) | Meiden *n* (**of s.o.** e-r Person) | *Jur* Anfechtung *f* | Aufhebung *f* | Widerruf *m* | Freiwerden *n*, Vakanz *f* (e-s Amtes u. ä.)

av·oir·du·pois [ˌævədə'pɔɪz] *s* Handelsgewicht *n* (1 Pfund = 16 Unzen); ˌ**~ 'pound** *s* Handelspfund *n*; ˌ**~ 'weight** *s* Handelsgewicht *n*

a·vouch [ə'vautʃ] *vt* verbürgen | behaupten | bestätigen, anerkennen; *vi* garantieren (**for** für); **a'vouch·ment** *s* Behauptung *f* | Bestätigung *f*

a·vow [ə'vau] *vt* bekennen, eingestehen, zugestehen ⟨to ~ one's error seinen Fehler zugeben; to ~ o.s. [to be] sich bekennen als⟩ | anerkennen; **a'vow·al** *s* Bekenntnis *n*, Eingeständnis *n* ⟨to make an ≈ ein Bekenntnis ablegen⟩; **a'vowed** *adj* erklärt, offen, anerkannt ⟨an ≈ enemy⟩; **a·vow·ed·ly** [-ɪdlɪ] *adv* eingestandenermaßen

a·wait [ə'weɪt] *vt* warten auf, erwarten, entgegensehen | (jmdm.) bevorstehen | (jmdn.) erwarten; *vi* warten (**for** auf) | bevorstehen

a·wake [ə'weɪk] **1.** (**a·woke, a·woke** [ə'wəuk] *od* **a'waked, a'waked**) *vt* (jmdn.) (auf)wecken | *übertr* erwecken, aufrütteln ⟨to ~ s.o.'s interest⟩; *vi* auf-, erwachen ⟨to ~ to find beim Aufwachen bemerken⟩; **~ to** *übertr* sich bewußt machen, erkennen ⟨to ~ to one's opportunities seine Chancen erkennen⟩; **2.** *präd adj* wach ⟨wide ~ ganz wach⟩ | *übertr* bewußt (**to s.th.** e-r Sache) | *übertr* auf der Hut (**to** gegenüber)

a·wak·en [ə'weɪkən] **1.** *vt* (auf-, er)wecken | *übertr* ermuntern, anfeuern, bewegen (**to** zu); *vi* aufwachen, erwachen; **2.** *s* Erwachen *n* (*auch übertr*); **a'wak·en·ing** *s* (*oft* böses) Erwachen, Erkennen *n* (**to s.th.** e-r Sache)

a·ward [ə'wɔ:d] **1.** *s* Urteil *n*, (Schieds-) Spruch *m* | Belohnung *f* (**to** für) | Auszeichnung *f*, Prämie *f*, Preis *m*; **2.** *vt* (Preis u. ä. durch Jury) zuerkennen, verleihen (**to s.o.** jmdm.) ⟨to be ~ed the prize den Preis [zuerkannt] bekommen⟩

a·ware [ə'wɛə] *präd adj* gewahr, unterrichtet, im Bilde ⟨to be ~ of s.th. von etw. wissen; to be fully ~ of s.th. etw. voll erkennen; to become ~ of s.th. etw. merken, etw. gewahr werden⟩

a·wash [ə'wɒʃ] *adv, präd adj* auf dem Wasser treibend | (Straße u. ä.) überflutet, unter Wasser | *übertr* überladen, überfüllt, voller … | *Mar* in gleicher Höhe (**with** mit)

a·way [ə'weɪ] **1.** *adv, präd adj* (hin)weg, fort (*auch übertr*) ⟨~ with it! weg damit!; to do ~ with s.th. etw. beseitigen; to go ~ weggehen; to run ~ fortlaufen⟩ | entfernt, weit weg, auswärts ⟨to be ~ from home; to be far ~⟩ | ständig, unaufhörlich, immerzu ⟨to work ~ drauflos arbeiten⟩ ◇ **far and ~** sehr viel ⟨≈ better bei weitem besser⟩; **out and ~** unvergleichlich ⟨≈ the best bei weitem das beste⟩; **right ~, straight ~** sofort; **2.** *adj* auswärts, auswärtig ⟨an ~ match⟩

awe [ɔ:] **1.** *s* Ehrfurcht *f*, Scheu *f* ⟨in ~ of aus *od* in Ehrfurcht vor; to be struck with ~ von Ehrfurcht ergriffen werden; to stand in ~ of Respekt haben vor, sich fürchten vor⟩; **2.** *vt* (jmdm.) Ehrfurcht *od* Furcht einflößen ⟨to ~ s.o. into s.th. jmdn. so verängstigen *od* einschüchtern, daß er etwas (Bestimmtes) tut⟩; **'~-inˌspir·ing** *adj* Ehrfurcht einflößend; **'~less** *adj* furchtlos | ohne Ehrfurcht; **'~some** *adj* furchteinflößend ⟨an ≈ sight⟩ | ehrfürchtig ⟨an ≈ glance⟩

aw·ful ['ɔ:fl] **1.** *adj* furchtbar, entsetzlich ⟨an ~ accident⟩ | *umg* schrecklich, entsetzlich ⟨~ manners⟩ | *umg* riesig ⟨an ~ lot⟩ | *lit, arch* ehrfurchtgebietend, ehrwürdig ⟨~ majesty⟩; ehrerbietig ⟨~ greetings⟩; **2.** *adv umg* äußerst, höchst ⟨an ~ smart boy⟩; **'~ly** *adv umg* sehr, außerordentlich, ganz ⟨to be ≈ sorry⟩

a·while [ə'waɪl] *adv* eine Weile, eine kurze Zeit

awk·ward ['ɔ:kwəd] *adj* linkisch, ungeschickt, unbeholfen ⟨an ~ boy; the ~ age die Pubertät⟩ | verlegen | peinlich, unangenehm ⟨an ~ situation; an ~ customer *umg übertr* ein schwieriger Kunde⟩ | unhandlich ⟨an ~ shape⟩ | umständlich, schlecht angeordnet ⟨an ~ road⟩ | *Tech* sperrig | gefährlich ⟨an ~ corner⟩

awl [ɔ:l] *s Tech* Ahle *f*, Pfriem *m*

awn [ɔ:n] *s Bot* Granne *f*; **awned** *adj Bot* grannentragend

awn·ing ['ɔ:nɪŋ] *s* Plane *f*, Zelt-, Wagendecke *f* | Markise *f* | *Mar* Sonnensegel *n*, -zelt *n*; **'~ deck** *s Mar* Sturmdeck *n*

awn|less ['ɔ:nləs] *adj Bot* ohne Grannen; **'~y** *adj Bot* grannig

a·woke [ə'wəuk] *prät u. part perf von* ↑ **awake**

a·wry [ə'raɪ] *adv, präd adj* schief, krumm ⟨to glance ~ schielen⟩ | *übertr* verkehrt ⟨to go ~ schiefgehen⟩

axe, *Am* **ax** [æks] **1.** (*pl* **ax·es** ['~ɪz]) Axt *f*, Beil *n* ⟨battle ~⟩ | (*meist* **the ~**) *übertr bes Wirtsch* rigorose Sparmaßnahme, Streichung *f* ⟨to apply the ~ to s.th. bei etw. kraß einsparen⟩ | Entlassung *f*, Kündigung *f* (aus Einsparungsgründen) ⟨to give (get) the ~ entlassen (werden)⟩ ◇ **have an ~ to grind** *übertr* seine eigenen Ziele verfolgen, egoistisch handeln; **2.** *vt Am* mit einem Beil bearbeiten ⟨to ~ stone Stein behauen⟩ | (mit e-r Axt) abschlagen ⟨to ~ branches from a tree⟩ | *übertr bes Wirtsch* kürzen, einsparen ⟨to ~ a project⟩ | abbauen, entlassen, kündigen ⟨to ~ jobs⟩

[1]**ax·es** ['æksɪz] *pl von* ↑ **ax[e]**

[2]**ax·es** ['æksi:z] *pl von* ↑ **axis**

ax han·dle ['æks hændl], **ax helve** ['æks helv] *s* Axtstiel *m*

ax·i·al ['æksɪəl] *adj Tech* achsenförmig, Axial-

ax·il ['æksɪl] *s Bot* (Blatt-) Achsel *f*

ax·il|la [æk'sɪlə] *s* (*pl* **~lae** [~li:]) *Med Zool* Achselhöhle *f*; **ax'il·lar·y** *adj Med Zool* Achsel- | *Bot* Blattachsel-

ax·i|om ['æksɪəm] *s* Axiom *n*, Grundsatz *m*; **ˌ~o'mat·ic, ˌ~o'mat·i·cal** *adj* axiomatisch, unumstößlich, grundsätzlich

ax·is ['æksɪs] *s* (*pl* **ax·es** ['æksi:z]) *Math Tech Pol* Achse *f*

ax·le ['æksl] *s Tech* (Rad-) Achse *f*, Welle *f* ⟨back ~ Hinterachse *f*⟩; **'~ bar** *s Tech* Achsstock *m*; **'~ ˌbear·ing** *s Tech* Achslager *n*; **'~ bed** *s Tech* Achsfutter *n*; **'~ load** *s Tech* Achslast *f*; **'~tree** *s Tech* Radachse *f*

[1]**ay[e]** [aɪ] **1.** *interj Parl* ja | *Mar* jawohl ⟨~, ~! zu Befehl⟩; **2.** *s* Ja *n* | *Parl* Jastimme *f* ⟨the ~s have it die Mehrheit ist dafür⟩

[2]**ay[e]** [eɪ] *adv poet arch dial* immer ⟨for ~ immerdar⟩

a·za·le·a [ə'zeɪlɪə] *s Bot* Azalee *f*

az·i·muth ['æzɪməθ] *s Astr* Azimut *m*, Scheitelkreis *m*; **~al** [ˌæzɪ'mʌθl] *adj Astr* azimutal, scheitelwinklig; **'~ ˌin·stru·ment** *s* Peilgerät *n*

a·zo·ic [ə'zɔɪk] *adj Geol* azoisch ⟨~ age Azoikum *n*⟩

az·ure ['æʒə] **1.** *adj* azurn, azurblau; **2.** *s* Azurblau *n* | *Min* Lasurstein *m*; **3.** *vt* azurblau färben; **az·u·rine** ['~raɪn] *adj* azurblau; **'az·u·rite** *s Min* Azurit *m*, Lasurstein *m*

B

B, b [bi:] *s* (*pl* **B's, Bs, b's, bs**) B *n*, b *n* | *Mus* H *n* ⟨B flat B, B sharp His⟩ | *Wirtsch* zweite Sorte | *Päd* (Prädikat) gut, zweiter Grad ⟨to get a B in Maths⟩

baa [bɑ:] **1.** *vi* blöken; **2.** *s* Blöken *n*; **3.** *interj* bäh!

Bab·bitt ['bæbɪt] *s Am* Spießer *m*; **'~ry** *s Am* Spießertum *n*

bab·ble ['bæbl] **1.** *vt* (etw.) (nach)schwatzen, (nach)plappern ⟨to ~ an excuse eine Entschuldigung stammeln⟩; *auch* to ~ out ausplaudern, ausschwatzen ⟨to ~ out secrets⟩; *vi* schwatzen, plappern; brabbeln; murmeln; plätschern; **2.** *s* Geschwätz *n*, Geplapper *n*; Gemurmel *n*; Geplätscher *n*; **'bab·bler** *s* Schwätzer *m* (*auch Zool*); Ausplauderer *m*

babe [beɪb] *s lit* Kleinkind *n*, Baby *n* | *auch* **~in the woods** *übertr* naive, leicht zu täuschende Person, unerfahrener Mensch | *bes Am Sl* Puppe *f*, hübsches Mädchen, hübsche Frau

ba·bel ['beɪbl] *s* Wirrwarr *m*, Durcheinander *n* ⟨a ~ of voices Stimmengewirr *n*⟩; **≁** *bibl* Babel *n*

ba·boon [bə'bu:n] *s Zool* Pavian *m*

ba·by ['beɪbɪ] **1.** *s* Baby *n*, Säugling *m*, kleines Kind ⟨to carry / hold the ~ *Brit umg* etwas Riskantes tun müssen; *Sl* it's your ~ das ist deine Sache⟩ | *übertr* Kindskopf *m* ⟨to be a regular ~ ein richtiger Kindskopf sein⟩ | *Sl* Produkt *n*, Vorhaben *n* ⟨it's his ~ das hat er erfunden⟩; **2.** *adj* Baby-, Kinder-, klein ⟨~ bears Bärenkinder *n/pl*⟩; **3.** *vt* wie ein Baby behandeln; **'~ boom** *s* kinderreiche Jahrgänge *m/pl*; **'~ bust** *s* (plötzlicher) Geburtenrückgang; **'~ car** *s* Kleinwagen *m*; **'~ ˌcar·riage** *s Am* Kinderwagen *m*; **'~ farm** *s*, *oft verächtl* Säuglingsheim *n*; **'~ ˌfarm·er** *s* jmd., der ein Kleinkind in Pflege nimmt; **ˌ~ 'grand** *s Mus* Stutzflügel *m*; **'~hood** *s* Säuglingsalter *n*; **'~ house** *s* Puppenhaus *n*; **'~ish** *adj* kindlich | kindisch; **'~ ˌlin·en** *s* Kinderwäsche *f*

Bab·y·lo·nian [ˌbæbə'ləunɪən] *adj* babylonisch

ba·by nurs·er·y ['beɪbɪ ˌnɜ:srɪ] *s* Säuglingsheim *n*; **'~ share** *s Wirtsch* Kleinaktie *f*; **'~-sit** ('~-sat, '~-sat) *vi* Kind(er) hüten; **'~-sit·ter** *s* Babysitter *m*; **'~ talk** *s* kindlich tuendes Reden; **'~ tooth** *s* Milchzahn *m*

bac·ca·lau·re·ate [ˌbækə'lɔ:rɪət] *s Päd* Bakkalaureat *n*

bac·ca·ra[t] ['bækərɑ:] *s* Bakkarat *n* (Glücksspiel)

bac·cha|nal ['bækən(æ)l] **1.** *s* Bacchant(in) *m(f)* | Bacchanal *n*, Orgie *f*; **2.** *adj* bacchantisch, ausgelassen, trunken, wild; **~na·li·a** [ˌbækə'neɪlɪə] *s/pl* Bacchanal *n*, Orgie *f*; **ˌ~'na·li·an** *adj* bacchantisch; **bac·chant** ['bækənt] **1.** *s* Bacchant *m*; **2.** *adj* bacchantisch; **bac·chante** [bə'kæntɪ] *s* Bacchantin *f*; **bac·chan·tic** [bə'kæntɪk], **bac·chic** ['bækɪk] *adj* bacchantisch

bac·cy ['bækɪ] *umg für* **tobacco**

bach·e·lor ['bætʃələ] **1.** *s* Junggeselle *m* | (Universität) Bakkalaureus *m*, Inhaber *m* des niedrigsten akademischen Grades ⟨≁ of Arts Bakkalaureus *m* der philosophischen Fakultät, Diplomand *m* der Geisteswissenschaften; ≁ of Science Bakkalaureus *m* der Naturwissenschaften, Diplomand *m* der Naturwissenschaften⟩ | *Hist* Knappe *m* | *Zool* junger Seehund (ohne Weibchen während der Brunstzeit); **2.** *adj* Junggesellen-, Ledigen- ⟨~ flat Ledigenwohnung *f*⟩; **'~dom** *s* Junggesellenstand *m*; **'~ girl** *s* Junggesellin *f*, *euphem* unverheiratete Frau; **'~hood** *s* Junggesellenstand *m*; **'~'s-'but·ton** *s* Patentknopf *m*; **'~'s de'gree** *s* (Universität) Hochschulabschlußzeugnis *n*, niedrigster akademischer

Grad; **'~ship** *s* Junggesellenstand *m*

bac·il·lar·y [bə'sılərı] *adj Med* Bazillen-; **ba·cil·lus** [bə'sıləs] *s* (*pl* **ba·cil·li** [bə'sılaı]) *Med* Bazillus *m*

back [bæk] **1.** *s* Rücken *m* ⟨at the ~ of hinter; behind s.o.'s ~ hinter jmds. Rücken; to be at the ~ of s.o., to be at s.o.'s ~ *übertr* jmdn. stützen; to be on one's ~ krank im Bett liegen, krank sein; to break s.o.'s ~ *übertr* jmdn. überlasten; jmdn. ruinieren; to break the ~ of s.th. den schwierigsten Teil e-r Sache hinter sich bringen; to get / put / set s.o.'s ~ up *übertr* jmdn. aufbringen, jmdn. reizen; to have s.o. on one's ~ *übertr* jmdn. auf dem Hals haben; to put one's ~ into s.th. seine ganze Kraft in etw. legen; to turn one's ~ sich umdrehen; to turn one's ~ [up]on s.o. jmdn. im Stich lassen; with one's ~ to the wall *übertr* mit dem Rücken zur Wand, in Verteidigungsposition⟩ | Rückseite *f*, Rücken *m* | (Stuhl) Rücklehne *f* | (Auto) Rücksitz *m* | Hintergrund *m*, hinterer Teil ⟨the ~ of the house; at the ~ of hinter, hinten an⟩ | *übertr* Rückgrat *n* | (Fußball) Verteidiger *m* ◇ **on the ~ of** obendrein, noch dazu; **2.** *adj* hintere(r, -s), Hinter-, Rück- ⟨the ~ door⟩ | rückständig, längst fällig ⟨~ rent⟩ | rückläufig | entlegen; **3.** *adv* (örtlich) zurück ⟨~ of *Am* hinter; to go ~ zurückgehen, -laufen; to go ~ on s.th. jmdn. verraten, jmdm. untreu werden; to go ~ upon/from one's word sein Versprechen nicht halten⟩ | rückwärts | (zeitlich) zurück ⟨years ~ vor Jahren⟩ | wieder zurück ⟨to put a book ~⟩ | wieder, erneut ⟨to hit ~ zurückschlagen; to answer ~ das letzte Wort haben⟩; **4.** *vt, auch* **~ up** (jmdm.) den Rücken decken, (etw.) unterstützen ⟨to ~ a friend; to ~ a plan⟩ | mit einer Lehne versehen | rückwärts gehen *od* fahren lassen | *poet* (Pferd) besteigen | (Wechsel, Rechnung) gegenzeichnen ⟨to ~ a bill⟩ | wetten auf (*auch übertr*) ⟨to ~ the wrong horse auf das falsche Pferd setzen⟩ | auf der Rückseite beschreiben | *Tech* hintergießen, -legen ⟨to ~ with sheet iron mit Blech unterlegen⟩ | *Am* liegen hinter, hinten angrenzen an ⟨to ~ a house sich hinter einem Haus befinden⟩; **~ up** (etw.) unterstützen; *Mar* **~ the oars/water** rückwärts rudern | *Am umg* klein beigeben; *vi* rückwärts *od* zurückgehen, zurückkommen | (Pferd) scheuen | *Mar* (Wind) links-, rückdrehen; **~ down** *übertr* sich zurückziehen (**from** von); **~ on to** (Zimmer) hinten liegen nach ... zu; **~ out** *übertr* zurücktreten (**of** von); **'~ache** *s Med* Rückenschmerzen *pl*; **'~ band** *s* (Pferd) Rückengurt *m*, Kreuzriemen *m*; **'~ ˌbas·ket** *s* Kiepe *f*; **'~ ˌbench** *s Parl* hintere Sitzreihe; **ˌ~'bench·er** *s Parl* weniger prominentes Mitglied des Unterhauses; **'~bend** *s Sport* Brücke *f*; **'~bite** (**'~bit, '~bit·ten**) *vt* verleumden; *vi* hinter dem Rücken reden; **'~bit·ing 1.** *adj* verleumderisch; **2.** *s* Verleumdung *f*; **'~board** *s* Rückenbrett *n* | (Wagen, Boot) Lehnbrett *n* | *Med* Geradehalter *m*; **'~bone** *s* Rückgrat *n* (*auch übertr*) ⟨to the ≈ bis auf die Knochen, bis ins Mark⟩; **'~bone ˌcoun·ties** *s Pol* Bezirke, die regelmäßig für eine bestimmte Partei stimmen; **'~ ˌchan·nel** *s Am* heimliche Absprache; **'~chat** *s Sl* freche Antwort, impertinente Bemerkung; **'~cloth** *s* Rückenteil *n* (e-r Weste) | Bühnenleinwand *f*; **ˌ~'date** *vt* zurück-, vordatieren (**to** auf); **ˌ~ 'door** *s* Hintertür *f* (*auch übertr*); **'~door** *adj* heimlich, inoffiziell ⟨≈ influence⟩; **'~down** *s* Zurückgehen *n*, Ausweichen *n*, Versagen *n* ⟨a ≈ on a difficult question⟩; **'~drop** *s* Hintergrund *m* | Prospekt *m* (*auch übertr*); **backed** *adj* mit Rücken versehen; **'~ end** *s* hinteres Ende | *Brit* Spätherbst *m* und Wintersanfang *m*, letzter Teil des Jahres; **'~er** *s* Unterstützer *m* | Wetter *m* | *Pol* Hintermann *m* | *Wirtsch* Indossierer *m*; **ˌ~'fire 1.** *vi Tech* fehl-, frühzünden | *übertr* fehlschlagen; **2.** *s Tech, bes Kfz* Fehl-, Frühzündung *f*; **'~forˌma·tion** *s Ling* Rückbildung *f*; **~gam·mon** [~'gæmən] *s* Puffspiel *n*; **'~ground 1.** *s* Hintergrund *m* (*Ant* foreground) ⟨to stay in the ≈ im Hintergrund *od* dunkeln bleiben (*auch übertr*)⟩ | *übertr* Herkunft *f*, Vergangenheit *f*, Lebenslauf *m* | Umstände *m/pl*, Bedingungen *f/pl* ⟨the social and political ≈⟩ | (Stoff) Fond *m*; **2.** *adj* Begleit-, Hintergrund- ⟨≈ music Musikkulisse *f*; ≈ noise *El* Grundgeräusch *n*, -rauschen *n*⟩; **'~hand 1.** *s* (Tennis) Rückhandschlag *m* | linksschräge Handschrift; **2.** = **ˌ~'hand·ed** *adj* Rückhand- | *übertr* zweifelhaft ⟨≈ compliment⟩ | (Schrift) nach links geneigt; **'~hand·er** *s* Rückhandschlag *m* | unerwarteter Angriff; **'~house** *s* Hinterhaus *n*; **'~ing** *s* Hilfe *f*, Unterstützung *f* | *collect* Hintermänner *m/pl* | Unterlage *f* | *Wirtsch* Indossierung *f*; **'~less** *adj* ohne Rücken, rückenfrei ⟨≈ dress⟩; **'~log** *s* Rückstand *m* (**of** von) | *umg* Vorrat *m*, Reserve *f*; **'~most** *adj* hinterste(r, -s); **ˌ~ 'number** *s* alte Nummer eines Periodikums | rückständiger Mensch; **ˌ~'pedal** *vi* rückwärtstreten (beim Radfahren) | *übertr* einen Rückzieher machen; **'~ped·al·ling brake** *s Brit* Rücktrittbremse *f*; **'~ room** *s* Hinterzimmer *n*; **ˌ~'seat** *s Kfz* Rücksitz *m*; **'~side**, *auch* **~ 'side** *s* Hinter-, Rück-, Kehrseite *f* | *auch* **'~sides** *pl* Gesäß *n*, *umg* Hintern *m*; **'~'sight** *s Mil* Visierkimme *f*; **'~ slap·per** *s Am Sl* joviale Person; **ˌ~'slide** (**ˌ~'slid, ˌ~'slid**) *vi* abfallen | *Rel* abtrünnig werden | (Schreibmaschine) die Rücktaste drücken; **'~spac·er** *s* (Schreibmaschinen-) Rücktaste *f*; **ˌ~'stage 1.** *adv* hinter der *od* hinter die Bühne ⟨to take s.o. ≈ *übertr* jmdn. hinter die Kulissen blicken lassen⟩ | heimlich ⟨to work ≈⟩; **2.** *adj* hinter der Bühne (sich abspielend) ⟨≈ voices⟩ das Privatleben der Theaterleute betreffend ⟨≈ love affair⟩ | heimlich ⟨≈ deals and promises heimliche Absprachen und Versprechungen⟩ | *übertr* hinter den Kulissen (agierend) ⟨≈ figure Drahtzieher *m*⟩; **ˌ~'stair[s]** *adj* verschlagen, hinterhältig, krumm ⟨≈ deals⟩ | heimlich, aus dunkler Quelle ⟨≈ influence; ≈ talk⟩ | Hintertreppen-, Schund-, schmutzig ⟨cheap ≈ fiction billige Schundliteratur⟩; **ˌ~'stairs** *s* Hintertreppe *f*, Dienstbotenaufgang *m* | *übertr* unehrlicher Weg; **'~stay** *s* (*meist pl*) *Mar* Pardune *f*, Stütztauwerk *n*; **'~stitch** *s* Steppstich *m*; **'~stop** *Sport s* Zaun *m*, Netz *n* | *Am umg* (Kricket) Fänger *m*; **'~stretch** *s Sport* Gegengerade *f*; **'~stroke** *s* Gegenschlag *m* | *Sport* Rückenschwimmen *n* | *Tech* Rücklauf *m*; **'~sword** *s* einschneidiges Schwert; **'~track** *vi Am umg übertr* sich zurückziehen; **'~up** *s Wirtsch* Ersatz *m*, Reserve(stück) *f*(*n*), Doppel *n* | (Unter-) Stützung *f*; **~ward** ['~wəd] **1.** *adj* rückwärts gerichtet, Rückwärts- ⟨≈ glance⟩ | zurückgeblieben ⟨≈ child⟩ | rückständig ⟨≈ country⟩ | scheu, zögernd, zurückhaltend, widerwillig ⟨to be ≈ in doing s.th. etw. ungern tun, Mühe haben, etw. zu tun⟩; **2.** *auch* **'~wards** *adv* rückwärts, zurück ⟨to fall ≈ auf den Rücken fallen⟩ | verkehrt ⟨to read ≈⟩ | früher ◇ **~ward[s] and forwards** hin und zurück; **ˌ~ward'a·tion** *s Wirtsch* Depot *n*, Kursabzug *m*; **'~ward·ness** *s* Rückständigkeit *f*, Verlangsamung *f* (geistiger und körperlicher Entwicklung); **'~wash** *s* Rückströmung *f* | *übertr* Nach-, Rückwirkung *f*; **'~wa·ter** *s* Stauwasser *n* | totes Wasser | *übertr* Stagnation *f*; **'~woods 1.** *s/pl Am* Hinterwäldler *m/pl*; **2.** *adj* hinterwäldlerisch, rückständig ⟨a ≈ newspaper⟩; **ˌ~'woods·man** *s* (*pl* **ˌ~'woods·men**) Hinterwäldler *m*

ba·con ['beıkən] *s* Speck *m* ⟨to bring home the ~ *Sl* Erfolg haben, den Vogel abschießen; to save one's ~ *umg* sein Schäfchen ins trockene bringen; mit heiler Haut davonkommen⟩; **'~y** *adj* speckig

bac·te·ri|a [bæk'tıərıə] *pl von* ↑ **~um**; **bac'te·ri·al** *adj* bakteriell, Bakterien-; **ˌ~al 'strain** *s* Bakterienstamm *m*; **~cid·al** [bækˌtıərı'saıdl] *adj* bakterizid; **~'cide** *s* Bakterizid *n*; **~o·log·i·cal** [bækˌtıərıə'lɒdʒıkl] *adj* bakteriologisch, Bakterien- ⟨≈ warfare bakteriologische Kriegführung⟩; **~ol·o-**

·gist [~'ɒlədʒɪst] *s* Bakteriologe *m;* **~'ol·o·gy** *s* Bakteriologie *f,* Bakterienforschung *f;* **bac'te·ri·um** [~əm|-ə] *s* (*pl* **~a**) *Biol, Med* Bakterie *f,* Spaltpilz *m*

[1]**bad** [bæd] **1.** *adj* (**worse** [wɜ:s], **worst** [wɜ:st]) schlecht (*Ant* good) ⟨~ weather⟩ | böse, schlimm, arg (*Ant* harmless) ⟨~ mistake⟩ | stark, heftig (*Ant* slight) ⟨~ cold starke Erkältung⟩ | ungezogen, ⟨~ child⟩ | unanständig ⟨to use ~ language fluchen⟩ | schädlich, gefährlich (**for** für) | unangenehm, übel ⟨~ smell; ~ egg/hat/lot übler Bursche, gemeiner Kerl⟩ | verdorben, schlecht ⟨to go ~ schlecht werden, verkommen⟩ | falsch, unecht, minderwertig ⟨~ coin falsche Münze; ~ shot falscher Tip; to act in ~ faith unehrlich handeln⟩ | unbefriedigend, schlecht ⟨~ business/job undankbare Sache; in a ~ way in ernsten Schwierigkeiten; not ~ gut; not too ~, not so ~, not half ~ ganz gut *od* ordentlich; to go from ~ to worse immer schlechter werden; too ~ zu schade⟩ | krank, unwohl ⟨to be ~ krank sein; to be taken ~ krank werden⟩ | *Am* betroffen ⟨to feel ~ about s.th. etw. sehr bedauern⟩ ◇ **in ~** *Am umg* in Ungnade ⟨to be in ~ with the boss⟩; **2.** *s* Schlechtes *n,* Böses *n,* Unglück *n* ⟨to go to the ~ *umg* auf die schiefe Bahn geraten; to take the ~ with the good das Unangenehme wie das Angenehme hinnehmen⟩ ◇ **to the ~** in Schulden ⟨to be £ 10 to the ~ 10 Pfund verloren haben⟩; **'~ 'blood** *s übertr* böses Blut, Groll *m,* Haß *m*

bade [bæd|beɪd] *prät von* ↑ **bid 1.**

badge [bædʒ] *s* Ab-, Kennzeichen *n,* Merkmal *n,* Marke *f* ⟨to wear a ~ (*auch übertr*); a ~ of slavery ein Symbol für Sklaverei⟩

badg·er ['bædʒə] **1.** *s Zool* Dachs *m;* **2.** *vt* hetzen | quälen, plagen, (ständig) belästigen (**with** mit, **for** wegen, **into** *mit ger* | **to** *mit inf* zu *mit inf*); **'~ dog** *s* Dachshund *m*

bad·ly ['bædlɪ] *adv* schlecht ⟨he (she) is ~ (well) off *übertr* es geht ihm (ihr) (gut) schlecht⟩ | ungenügend | *umg* sehr ⟨to want s.th. ~ etw. dringend brauchen⟩

ba·di·nage ['bædɪnɑ:ʒ] *s* (gutmütiger) Scherz *m,* Neckerei *f,* Schäkerei *f*

bad·min·ton ['bædmɪntən] *s* (Sport) Federball *m*

bad-tem·pered [ˌbæd'tempəd] *adj* übel gelaunt; mürrisch

baf·fle ['bæfl] **1.** *vt* verwirren | hindern | durchkreuzen ⟨to ~ s.o.'s plans, to ~ all description jeder Beschreibung spotten; to be ~d in s.th. an etw. gehindert werden⟩ | (Straße) verwehen | *Tech* dämpfen, bremsen, (Gas) drosseln; *vi* (vergeblich) ankämpfen (**with** gegen); **2.** = **'~ment** *s* Verwirrung *f* | Hindernis *n* | *auch* **'~ plate** *Tech* Prallplatte *f,* Stauscheibe *f;* **'baf·fling** *adj* verwirrend | (Wind) unstet, umspringend

bag [bæg] **1.** *s* Tasche *f* | Beutel *m* ⟨~ and baggage Sack und Pack; a ~ of bones *übertr* ein Knochengerippe *n;* the [whole] ~ of tricks *umg* alles, was dazu gehört, der ganze Kram; to give s.o. the ~ *umg* jmdm. den Laufpaß geben; to let the cat out of the ~ *umg* die Katze aus dem Sack lassen, sich verraten⟩ | Reisesack *m,* -tasche *f* | Papiertüte *f* | Ballen *m,* Sack *m* (als Maß) ⟨a ~ of coffee ein Sack Kaffee⟩ | Jagdbeute *f,* Strecke *f* ⟨to be in the ~ *umg* sicher sein, unter Dach und Fach sein; *Am Sl* betrunken sein; to make/secure a good ~ eine gute Strecke haben⟩; **2.** *vt* in eine Tasche *od* einen Sack stecken, einsacken ⟨to ~ [up] wheat Weizensäcke füllen⟩ | ausdehnen | (Wild) zur Strecke bringen, erlegen (*auch übertr*) | *Mil* abschießen ⟨to ~ two planes⟩ | *umg* einstecken, an sich bringen ⟨to ~ a fortune ein Vermögen machen; to ~ a chair sich einen Stuhl erobern; to ~ s.o.'s matches jmds. Streichhölzer (unabsichtlich) einstecken⟩; *vi* sich bauschen, sich ausdehnen

bag·a·telle [ˌbægə'tel] *s* Bagatelle *f,* Kleinigkeit *f* ⟨a mere ~⟩ | *Mus* Bagatelle *f* | Tivoli(spiel) *n*

bag·gage ['bægɪdʒ] *s* Gepäck *n* | *Mil Brit* Bagage *f* | *verächtl Sl* Weibsbild *n* | *scherzh umg* schnippisches Mädchen ⟨you little ~ du kleiner Fratz!⟩; **'~ an·i·mal** *s* Tragtier *n;* **'~ car** *s Am Eisenb* Gepäckwagen *m;* **'~ check** *s Am* Gepäckschein *m;* **'~man** *s Am Eisenb* Gepäckmann, -abfertiger *m* | Gepäckträger *m;* **'~ train** *s Mil* Troß *m*

bag|ging ['bægɪŋ] *s* Sack-, Packleinwand *f* | Aufbauschung *f;* **'~gy** *adj* sackartig (herunterhängend) ⟨≈ skin⟩ | bauschig | ausgebeult ⟨≈ trousers⟩ | *übertr* nichtssagend, schwülstig ⟨≈ generalities⟩; **'~man** *s* (*pl* **'~men**) *Brit umg* Handelsreisender *m* | Gepäckträger *m* (*auch Pol*); **'~pipe** **1.** *s* Dudelsack *m;* **2.** *vi* Dudelsack spielen; **bags** *s/pl Sl* (weite) Hosen *pl* | eine Menge, massig ⟨≈ of fun ein Mordsspaß; ≈ of room massenhaft Platz⟩; **'~worm** *s Zool* Sackspinner *m* | Raupe des Sackträgers

bah [bɑ:] *interj* pah!

[1]**bail** [beɪl] **1.** *Jur s* Bürgschaft *f,* Kaution *f* ⟨on ~ gegen Kaution; to be out on ~ gegen Kaution freigelassen sein; to forfeit one's ~ durch Nichterscheinen vor Gericht der Kaution verlustig gehen; to give ~ eine Bürgschaft leisten, eine Kaution hinterlegen, einen Bürgen stellen; to go/put in/stand ~ for s.o. für jmdn. Bürgschaft leisten; to save/surrender to one's ~ pflichtgemäß vor Gericht erscheinen, sich wieder stellen⟩ | (*nur sing*) Bürge(n) *m(pl)* ◇ **I'll go ~ for that** *umg übertr* dafür stehe ich ein, ich bin davon überzeugt, ich bin dessen sicher; **2.** *vt Jur* (jmdn.) gegen Bürgschaft freilassen | *Jur* bürgen für | *meist* **~ out** (jmds.) Freilassung gegen Kaution erwirken | *Wirtsch* (Waren) vertragsgemäß übergeben ⟨to ~ cloth to a tailor to be made into a coat einem Schneider Stoff für einen Mantel geben⟩

[2]**bail** [beɪl] **1.** *s* Bügel *m,* Henkel *m,* Griff *m;* **2.** *vt* mit einem Henkel versehen

[3]**bail** [beɪl] *s* (Kricket) Querholz *n*

[4]**bail** [beɪl] *vi in:* **~ out** mit dem Fallschirm (bei Gefahr) aus dem Flugzeug springen | *übertr* aus einer Sache aussteigen

[5]**bail** [beɪl] *vt* (Wasser) (aus)schöpfen ⟨to ~ water [out]⟩ | *meist* **~ out** (Boot) ausschöpfen; *vi* Wasser ausschöpfen

bail|a·ble ['beɪləbl] *adj Jur* bürgschafts-, kautionsfähig; **~ee** [beɪ'li:] *s Jur* Depositar *m,* Bewahrer *m*

bai·ley ['beɪlɪ] *Hist s* Außenmauer *f* (e-r Burg u. ä.) | Burginnenhof *m* ⟨Old ≈ Old Bailey, Zentraler Londoner Strafgerichtshof⟩

Bai·ley ['beɪlɪ brɪdʒ] *s* Behelfsbrücke *f*

bail·iff ['beɪlɪf] *s Jur* Gerichtsdiener *m* | Gerichtsvollzieher *m* | Gutsinspektor *m* | *Hist* Amtmann *m*

bail·i·wick ['beɪlɪwɪk|-lə-] *s* Amtsbezirk *m* ⟨the ≈ of Guernsey⟩

bail|ment ['beɪlmənt] *s Jur* Freibürgung *f* | Kaution *f;* **~or** ['~ɔ:] *s Jur* Deponent *m,* Hinterleger *m*

bairn [beən] *s Schott, dial* Kind *n*

bait [beɪt] **1.** *s* Köder *m* (*auch übertr*) ⟨to raise to/swallow/take the ~ anbeißen, auf den Leim gehen⟩ | Rast *f;* **2.** *vt* mit einem Köder versehen, beködern | (Pferd) füttern | *übertr* (jmdn.) ködern, (an)locken | (Wild) hetzen ⟨to ~ a bear with dogs⟩ | *übertr* reizen, necken (**about** mit) | *übertr* verhetzen, beleidigen; *vi Brit* Rast machen | (Pferd) fressen; **'~er** *in Zus* Gegner von, Hetzer gegen ⟨red-≈ Kommunistenhasser *m*⟩; **'~ing** *s* Ködern *n* | *übertr* Hetze *f,* Quälerei *f* | *Brit* Rastmachen *n,* Pause *f*

baize [beɪz] *s* Boi *m,* Tischdecken- und Futterstoff *m*

bake [beɪk] *vt* (im Ofen) backen, braten ⟨to ~ bread Brot backen; ~d apple Bratapfel *m;* ~d potatoes Bratkartoffeln *f/pl*⟩ | *übertr* (in der Sonne) braten, braun braten | austrocknen, hart machen, dörren ⟨to ~ the ground⟩ | (Ton) brennen ⟨to ~ bricks Ziegel brennen⟩ ◇ ˌ**half-ˈ~d** *adj übertr umg* unreif, unfertig ⟨≈ ideas⟩ | blöde; *vi* backen, braten | sich härten | dürr werden

ba·ke·lite [ˈbeɪkəlaɪt] *s Tech* Bakelit *n*

bak|er [ˈbeɪkə] *s* Bäcker *m*; **ˈ~er's ˈdoz·en** *s* dreizehn Stück *n/pl*; **ˈ~er's shop** *s* Bäckerladen *m*; **ˈ~er·y** *s* Bäckerei *f*; **ˈ~ing** *s* Backen *n* | *Tech* (Ziegel-) Brennen *n*; **ˌ~ing-ˈhot** *adj* glutheiß, sehr heiß ⟨a ≈ day⟩; **ˈ~ing pow·der** *s* Backpulver *n*

bak·sheesh [ˈbækʃiːʃ] **1.** *s* (*nur sg, ohne art*) Bakschisch *n*, Trinkgeld *n*; **2.** *vt, vi* Trinkgeld geben

bal·a·lai·ka [ˌbæləˈlaɪkə] *s Mus* Balalaika *f*

bal·ance [ˈbæləns] **1.** *s* Waage *f* (*auch übertr*) ⟨to be/hang in the ~ *übertr* in der Schwebe sein, ungewiß sein⟩ | Gleichgewicht *n* (*auch übertr*) ⟨~ of power *Pol* Kräftegleichgewicht *n*; *Pol* Gleichgewichtspolitik *f*; to hold the ~ das Zünglein an der Waage bilden; to lose one's ~ die Fassung verlieren; to throw s.o. off his ~ jmdn. aus der Fassung *od* Ruhe bringen⟩ | Gegengewicht *n*, Ausgleich *m* | Ausgewogenheit *f* | Übergewicht *n* | *Wirtsch* Bilanz *f*, Saldo *m*, Überschuß *m* ⟨~ of trade Handelsbilanz *f*; on ~ *übertr* alles einberechnet; to strike the ~ den Saldo ziehen⟩ | *Wirtsch* Restbetrag *m* | (Uhr) Unruhe *f* | (*mit def art*) *umg* (Über-) Rest *m*; **2.** *vt* wiegen | *übertr* (ab-, er)wägen | ins Gleichgewicht bringen, balancieren ⟨to ~ o.s. sich im Gleichgewicht halten; to have a ~d mind ausgeglichen sein⟩ | *Wirtsch* (Konto, Budget) bilanzieren, saldieren, ausgleichen, (Rechnung) begleichen | *Wirtsch* balancieren mit, gleichstehen mit ⟨expenses ~ receipts⟩; *vi* im Gleichgewicht sein, balancieren, sich ausgleichen (*auch Wirtsch*) | *Tech* sich einspielen (Zeiger u. ä.); **ˈbal·anc·ing** *s Wirtsch* Bilanzieren *n* | *El* Abgleich(ung) *m(f)*, Abstimmung *f* | *Tech* Auswuchtung *f*; **ˈbal·anc·ing sheet** *s Wirtsch* Kassenbericht *m*, Bilanzaufstellung *f*; **ˈbal·anc·ing wheel** *s Tech* Schwingrad *n*

bal·co|nied [ˈbælkənɪd] *adj* mit Balkon (versehen) ⟨≈ house⟩; **ˈ~ny** *s* Balkon *m* | *Theat* zweiter Rang, Balkon *m*

bald [bɔːld] *adj* (Mensch) kahl(köpfig) | (Tier) unbehaart | (Vogel) ohne Federn | (Land) kahl, ohne Vegetation | (Baum) kahl, ohne Laub | *übertr* nackt, unverhüllt ⟨~ egotism reiner Egotismus; ~ statement unverblümte Feststellung⟩ | *übertr* kahl, dürftig ⟨a ~ style⟩

bal·da|chin, ~quin [ˈbɔːldəkɪn] *s* Baldachin *m*

bal·der·dash [ˈbɔːldədæʃ] *s umg* (sinnloses) Geschwätz; Geschreibsel *n*

bald|head [ˈbɔːldhed] *s* Kahlkopf *m*; **ˌ~-ˈhead·ed** *adj* kahlköpfig ⟨to go ≈ at/into *umg übertr* blindlings losstürzen auf, hineinrennen in⟩; **ˈ~ly** *adv* schmucklos, trocken | deutlich, ungeschminkt ⟨speaking ≈ geradeheraus gesagt, to put it ≈ um es unverblümt zu sagen⟩; **ˈ~pate** *s* Kahl-, Glatzkopf *m*

bal·dric [ˈbɔːldrɪk] *s arch* (Degen-, Gewehr-) Gehenk *n* | Schwertgurt *m*

¹bale [beɪl] **1.** *s Wirtsch* Ballen *m*, Paket *n* (von Waren) ⟨a ~ of cotton⟩; **2.** *vt* in Ballen verpacken

²bale [beɪl] *arch s* Pein *f*, Not *f*, Qual *f*

³bale [beɪl] = **⁵bail** *vi*

bale fire [ˈbeɪl faɪə] *s* Freudenfeuer *m* | Signalfeuer *n*

bale·ful [ˈbeɪlfl] *adj* verderblich, unheilvoll ⟨~ influences⟩ | ominös, unheilkündend, böse ⟨a ~ look; a ~ outlook⟩

balk [bɔːk] **1.** *s Arch* Balken *m* | (Feld-) Rain *m* | (Billard) Quartier *n*, Kessel *m* | *übertr* Hemmnis *n*, Hindernis *n* | *Am, Brit dial* Fehler *m*, Schnitzer *m*; **2.** *vi* plötzlich haltmachen, stutzen | scheuen (**at** vor) (Pferde) | *übertr* sich weigern, zurückweichen (**at** vor); *vt* verhindern, vereiteln ⟨to ~ s.o.'s plans⟩ | hindern (**s.o. of s.th.** jmdn. an etw.) | enttäuschen ⟨to ~ expectation⟩ | verpassen ⟨to ~ an opportunity⟩

Bal·kan [ˈbɔːlkən], **Balˈkan·ic** *adj* Balkan- ⟨= countries⟩; **~iˈza·tion** *s Pol* Balkanisierung *f*; **ˈ~ize** *vt Pol* balkanisieren, in kleine Gebiete *od* Länder aufteilen; **ˈ~s** *s/pl* (*mit best art*) Balkanstaaten *m/pl*

balk|ing [ˈbɔːkɪŋ] *adj* widrig, hinderlich | (Pferd) störrisch; **ˈ~line** *s Sport* Sperrlinie *f* | (Billard) Feldlinie *f*; **ˈ~y** *adj* (Pferd) störrisch

¹ball [bɔːl] **1.** *s* Kugel *f*, Ball *m* (*auch übertr*) ⟨the ~ is with you du bist dran; to have s.th. on the ~ *Am Sl* etw. auf dem Kasten haben; to have the ~ at one's feet *Brit* Herr der Lage sein; to keep the ~ rolling, to keep up the ~ das Gespräch im Gang halten; to open the ~ den Reigen eröffnen; to play ~ *Am Sl* mitmachen, sich fügen; to play ~ with s.o. mit jmdm. gut auskommen, to set/start the ~ rolling etwas (bes. Unterhaltung) in Gang bringen⟩ | (Geschoß) Kugel *f* ⟨to load with ~ scharf laden ⟩ | Knäuel *m* ⟨a ~ of string⟩ | (Hand-, Fuß-) Ballen *m* ⟨the ~ of the thumb; the ~ of the foot⟩ | *Astr* Erdball *m*, Erdkugel *f* | *Arch* Kuppel *f* | *Sport* Ball *m*, Wurf *m* ⟨no ~! der Wurf gilt nicht!; *Am* (Baseball) falscher Wurf; a foul ~⟩ | *Am Sl* Heidenspaß *m* ⟨we had a ~ uns ging es großartig⟩; **2.** *vt* (zusammen)ballen; *vi* sich (zusammen)ballen | *Am Sl* Tolles erleben, einen Heidenspaß haben | **~ed up** *Sl* durcheinander

²ball [bɔːl] *s* Ball *m*, Tanzgesellschaft *f* ⟨fancy-dress ~ Kostümfest *n*; masked ~ Maskenball *m*, to give a ~ einen Ball geben; to open the ~ den Ball eröffnen, *übertr* die Diskussion u. ä. eröffnen⟩

bal·lad [ˈbæləd] *s* (Volks-) Ballade *f*, Bänkellied *n*

bal·lade [bæˈlɑːd] *s* Ballade *f*

bal·lad·mon·ger [ˈbælədˌmʌŋgə] *s Hist* Bänkelsänger *m*

ball and chain [ˈbɔːl ən ˈtʃeɪn] *s* Sträflingskette *f* | *Am Sl* Ehefrau *f*

ball| and sock·et [ˈbɔːl ən ˈsɒkɪt] *s Tech* Kugelzapfen *m*; **ˈ~-and-ˈsock·et joint** *s Tech* Kugelgelenk *n*

bal·last [ˈbæləst] **1.** *s Mar, Flugw* Ballast *m*, Sandsäcke *m/pl*, Beschwerung *f* | *Eisenb* Schotter *m*, Bettungsmaterial *n* | *übertr* Halt *m* ⟨mental ~ innerer Halt⟩; **2.** *vt* mit Ballast beladen | *Eisenb* beschottern, betten | *übertr* Halt geben

ball| bear·ing [ˌbɔːl ˈbɛərɪŋ] *s Tech* Kugellager *n*; **ˈ~ boy** *s* (Tennis) Balljunge *m*; **ˈ~ ˌcar·tridge** *s Mil* Kugelpatrone *f*

bal·let [ˈbæleɪ] *s* Ballett *n*; **ˈ~ ˌdanc·er** *s* Ballettänzer(in) *m(f)*; **ˈ~ mas·ter** *s* Ballettmeister *m*; **ˈ~ ˌmis·tress** *s* Ballettmeisterin *f*

ball game [ˈbɔːlgeɪm] *s Am* Baseball(spiel) *n* | *Am Sl übertr* Zentrum *n* (des Geschehens), Mittelpunkt *m* | *Am Sl übertr* Lage *f*, Situation *f* ⟨a whole new ~ eine völlig neue Situation⟩

bal·lis·tic [bəˈlɪstɪk] *adj Phys* ballistisch; **ˌ~ ˈcap** *s Mil* Geschoßhaube *f*; **ˌ~ ˈmis·sile** *s Mil* ballistische Rakete *f*; **balˈlis·tics** *s/pl* (*meist sg konstr*) *Phys* Ballistik *f*

ball joint [ˈbɔːl dʒɔɪnt] *s Med, Tech* Kugelgelenk *n*

bal·loon [bəˈluːn] **1.** *s Flugw, Chem* Ballon *m* ⟨captive ~ Fesselballon *m*⟩ | *Arch* Kugel *f*; **2.** *vi* im Ballon aufsteigen | sich aufbauschen; *vt* im Ballon aufsteigen lassen | *Am Wirtsch* (Aktien) in die Höhe treiben; **ˈ~ ˌbar·rage** *s Mil* Ballonsperre *f*; **balˈloon·ist** *s* Ballonflieger(in) *m(f)*; **ˌ~ ˈtire, ˌ~ ˈtyre** *s Kfz* Ballonreifen *m*

bal·lot [ˈbælət] **1.** *s*, *auch* **ˈ~ ˌpa·per** Wahl-, Stimmzettel *m* | *Hist* Wahlkugel *f* | abgegebene Stimmen *f/pl* | geheime Wahl ⟨voting is by ~ die Wahl ist geheim⟩ | Wahl *f*, Abstimmung *f* ⟨to take a ~ geheim abstimmen⟩ | Wahlgang *m* ⟨in the first ~ im ersten Wahlgang; second ~ Stichwahl *f*⟩; **2.** *vi* stimmen (**for** für); *vt* abstimmen über | in geheimer Wahl wählen (**for s.o.** jmdn.); '~ **box** *s* Wahlurne *f*

ball| **park** ['bɔ:l pɑ:k] *s Am* Baseballfeld *n* ◇ **in the ~ park** *Am übertr* in der ungefähren Größenordnung ⟨to lie in the same ~ park etwa der gleichen Größenordnung entsprechen⟩; '**~-park** ˌ**fi·gure** *s Am* (grob) geschätzte Zahl, etwaiger Umfang; '**~-pen**, ˌ**~-point** '**pen** *s* Kugelschreiber *m*

ball·room ['bɔ:l rʊm] *s* Ball-, Tanzsaal *m* ⟨~ dancing Gesellschaftstanz *m*⟩

balls [bɔ:lz] **1.** *s/pl vulg* Eier *n/pl*, Hoden *m*; **2.** *interj Sl verächtl* Quatsch! Blödsinn!

ball valve ['bɔ:l vælv] *s Tech* Kugelventil *n*

bally ['bælɪ] *Brit Sl* **1.** *adj* verflucht, verflixt ⟨the whole ~ lot der ganze Kram; what a ~ nuisance! verflixte Kiste!⟩; **2.** *adv* verflucht ⟨I'm ~ well sure ich bin mir verdammt sicher⟩

bal·ly·hoo [ˌbælɪ'hu:] *urspr Am umg* **1.** *s* Trara *n*, Rummel *m* | Aufruhr *m*, Durcheinander *n*; **2.** *vt* aufdringlich werben für

bal·ly·rag ['bælɪræg] = **bullyrag**

balm [bɑ:m] *s* Balsam *m* | *Bot* Melisse *f* | *übertr* Trost *m*, Linderung *f*

bal·mor·al [bæl'mɒr(ə)l] *s* Schnürstiefel *m* | Schottenmütze *f*; ∸ wollener Unterrock

balm·y ['bɑ:mɪ] *adj* balsamisch | weich | mild ⟨~ weather⟩ | *Brit Sl* leicht verrückt ⟨to go ~ verrückt werden⟩

bal·ne|al ['bælnɪəl] *adj* Bade-; '**~ar·y** **1.** *adj* Bade-; **2.** *s* Badeort *m*

balneo- [bælnɪə] ⟨*lat*⟩ *in Zus* Bad-

bal·ne|o·log·i·cal [ˌbælnɪə'lɒdʒɪkl] *adj* balneologisch; **~ol·o·gist** [ˌbælnɪ'ɒlədʒɪst] *s* Balneologe *m*; **~ol·o·gy** [ˌbælnɪ'ɒlədʒɪ] *s* Balneologie *f*

ba·lo·ney [bə'ləʊnɪ] *s Am Sl* Unsinn *m*, Quatsch *m*

balsam ['bɔ:lsəm] *s* Balsam *m* | *Bot* Springkraut *n* | *übertr* Balsam *m*, Trost *m*; **~ic** [bɔ:l'sæmɪk] *adj* balsamisch, Balsam- | *übertr* tröstend, lindernd

Balt [bɔ:lt] *s* Balte *m*, Baltin *f*

Bal·tic ['bɔ:ltɪk] **1.** *adj* baltisch; **2.** Balte *m*, Baltin *f*; ˌ~ '**sea** *s* Ostsee *f*

Bal·to|-Slav·ic [ˌbɔ:ltə'slævɪk] *auch* ˌ**~-Sla'von·ic** **1.** *adj* baltoslawisch; **2.** *s Ling* Baltoslawisch *n*

bal·us|ter ['bæləstə] *s Arch* Geländersäule *f*; **~trade** [ˌbælə'streɪd] *s Arch* Balustrade *f*, Treppengeländer *n*, Brüstung *f*

bam·boo [bæm'bu:] *s Bot* Bambus *m* | Bambusstab *m*

bam·boo·zle [bæm'bu:zl] *umg vt* (jmdm.) etw. vormachen, (jmdn.) foppen ⟨you can't ~ me⟩ | (be)schwindeln (**out of** um) | (jmdn.) dazu bringen (**into** *mit ger* zu *mit inf*) ⟨to ~ o.s. into sich verrennen in⟩; **bam'boo·zle·ment** *s umg* Schwindelei *f*, Schwindel *m*

ban [bæn] **1.** *s* Verbot *n* ⟨~ of gathering Versammlungsverbot *n*; nuclear test ~ Kernwaffenversuchsstop *m*⟩ | öffentliche Aufforderung | Bann *m*, Ächtung *f* (**on s.o.** eine Person) ⟨under a ~ geächtet⟩ | *Rel* Kirchenbann *m*, Exkommunikation *f* | Fluch *m*, Verwünschung *f*; **2.** *vt* verbieten | ächten, verbannen | verfluchen, verwünschen

ba·nal [bə'nɑ:l] *adj* banal, abgedroschen ⟨~ remarks⟩; **~i·ty** [bə'nælətɪ] *s* Banalität *f*, Abgedroschenheit *f*

ba·na·na [bə'nɑ:nə] **1.** *s Bot* Banane *f*; **2.** *adj Pol* (meist Mittel- *od* Südamerika) *meist verächtl* Bananen-, (Obst-) Monokultur betreibend; wirtschaftlich abhängig ⟨~ country; ~ republic⟩; '**~ plug** *s El* Bananenstecker *m*

banc [bæŋk], **ban·co** ['bæŋkəʊ] *s Jur* Richterbank *f*

[1]**band** [bænd] **1.** *s* Band *n* ⟨iron ~; rubber ~⟩ | (Hosen-) Bund *m* | (Hemd-) Bündchen *n* | Streifen *m*, Borte *f* | *Med* Verband *m*, Binde *f* | *Med* (Gelenk-) Band *n* | *Tech* Lauf-, Treibriemen *m* | *auch* **wave ~** *El* (Frequenz-) Band *n* ⟨the 41-metre-~⟩ | *Rel, Jur* Halskragen *m* | *Arch* Leiste *f*, Band *n*; **2.** *vt* (ver)binden | streifen

[2]**band** [bænd] **1.** *s* Bande *f*, Schar *f* ⟨a ~ of gangsters⟩ | Gruppe *f* ⟨a ~ of soldiers⟩ | *Mus* Kapelle *f*, Orchester *n* ⟨brass ~ Blasorchester *n*; dance ~ Tanzkapelle *f*⟩ | *Mus* (Jazz-) Band *f*; **2.** *vt* verbinden, vereinigen (*auch übertr*) ⟨to ~ people together Menschen miteinander verbinden⟩ | *Päd* Schüler nach ihren Leistungen in Klassen aufteilen ⟨~ed as above average, average and below average⟩; *vi* sich verbinden ⟨to ~ together sich zusammenrotten, sich zusammentun; to ~ with sich zusammenschließen mit⟩

band|age ['bændɪdʒ] **1.** *s Med* Bandage *f*, Verband *m*, Binde *f* ⟨first aid ≈ Notverband *m*⟩; **2.** *vt Med, auch* **~age up** bandagieren, verbinden; '**~ag·ist** *s* Bandagist *m*

Band-Aid ['bændeɪd] *s Am* (Markenzeichen) Heftpflaster *n*

ban·dan·[n]a [bæn'dænə] *s* buntes Hals- *od* Taschentuch

ban·dar ['bʌndə] *s Zool* Rhesusaffe *m*

band|box ['bændbɒks] *s* Hutschachtel *f* ⟨to look as if one has come out of a ~ *übertr* wie aus dem Ei gepellt aussehen⟩; '**~ brake** *s Tech* Bandbremse *f*; '**~ con**ˌ**vey·or** *s Tech* Bandförderer *m*, Förderband *n*, Gurtförderer *m*

ban|deau ['bændəʊ] *s* (*pl* '**~deaux** [-z]) Stirn-, Haarband *n*

band·ed ['bændɪd] *adj* gebändert; ˌ~ '**fil·ter** *s Chem* Streifenfilter *m*; ˌ~ '**struc·ture** *s Min* Lagentextur *f* | *Tech* Zeilenstruktur *f*

ban·de·rol[e] ['bændərəʊl] *s* Fähnlein *n*, Wimpel *m* | Banderole *f*, Inschriftenband *n* | Trauerfahne *f*

ban·dit ['bændɪt] *s* (*pl auch* **~ti** [bæn'dɪtɪ]) Bandit *m*, Räuber *m*; '**~ry** *s* Banditentum *n*

band·mas·ter ['bændmɑ:stə] *s* Kapellmeister *m*

ban·dog ['bændɒg] *s* Kettenhund *m* (*auch übertr*)

ban·do·leer [ˌbændə'lɪə], *auch* **ban·do·lier** *s Mil* Bandelier *n*, Patronengurt *m*

band|saw ['bændsɔ:] *s* Bandsäge *f*; '**~ se**ˌ**lec·tor** *s Rundf* Bereichswähler *m*, Wellenschalter *m*, Senderwahl *f*

bands|man ['bændzmən] *s* (*pl* **~men**) Musiker *m*, Mitglied *n* einer Kapelle

band·stand ['bændstænd] *s* Musikpavillon *m* | (Orchester) Podium *n*

band steel ['bænd sti:l] *s* Bandstahl *m*; '**~ switch** *s Rundf* Bereichs(um)schalter *m*, Wellen(um)schalter *m*

band wag·on ['bænd ˌwægən] *s* Wagen *m* mit Musikkapelle | *Pol umg* erfolgreiche Partei; erfolgreiche politische Richtung ⟨to be/climb/get/jump on the ≈ sich der erfolgreichen Partei anschließen, umschwenken (*auch übertr*)⟩

[1]**ban·dy** ['bændɪ] **1.** *s* (Sport) Hockey *n*; **2.** *vt* (Ball) hin- und herschlagen | (Blicke, Worte u. ä.) wechseln, sich zuwerfen ⟨to ~ words with s.o. mit jmdm. streiten⟩; **~ s.th. about** etw. herumerzählen *od* breittragen ⟨to ~ a story about eine Geschichte herumerzählen; to have one's name bandied about schlecht gemacht werden, Gegenstand *m* des Tratsches sein⟩; *vi* **~ about** streiten über

[2]**ban·dy** ['bændɪ] *adj* (Beine) krumm, nach außen gebogen; '**~-leg·ged** *adj* O-beinig, krummbeinig

bane [beɪn] *s* (*nur in Zus*) Gift *n* ⟨rats~ Rattengift *n*⟩ | *übertr poet* Ruin *m*, Verderb *m* ⟨the ~ of s.o.'s life jmds. Ruin *m*⟩; '**~ful** *adj* giftig | *übertr* verderblich ⟨a ≈ influence⟩; '**~wort** *s Bot* Tollkirsche *f*

[1]**bang** [bæŋ] **1.** *s* heftiger Schlag | Krach *m*, Bums *m*, Schall *m*, Knall *m* ⟨to go off with a ~ laut losknallen; to go over with a ~ *Am Sl übertr* (Theaterstück u. ä.) einschlagen, toll ankommen⟩ | *Am Sl* Aufregung *f* ⟨to get a ~ out of s.th. durch etw. stark erregt *od* angesprochen werden; to give s.o. a ~ jmdn. stark erregen⟩; **2.** *vt* dröhnend schlagen, knallen lassen ⟨to ~ one's fist on the table mit der Faust auf den Tisch schlagen⟩ | (Tür) zuschlagen, zuknallen |

auch ~ **about** *übertr* (etw. *od* jmdn.) herumstoßen, puffen | *übertr* (etw.) einpauken, einhämmern ⟨to ~ grammar into s.o.'s head jmdm. Grammatik eintrichtern⟩ | (Preis) drükken; ~ **out** *Sl* raushauen, hinhauen ⟨to ~ out copy eilig (Werbe- u. ä.) Material anfertigen; to ~ out an article hastig einen Aufsatz schreiben⟩; *vi* heftig schlagen; knallen, schallen ⟨to ~ at the door an die Tür hämmern⟩ | (Tür) zuschlagen ⟨the door ~s shut die Tür fällt mit einem Knall *od* Schlag zu⟩; ~ **about** lärmen; ~ **away** drauflosknallen (**at** auf); **3.** *interj* bums!; **4.** *adv* plötzlich | krachend, knallend ⟨to go ~ zerknallen, explodieren; to come ~ up against s.th. heftig von unten gegen etw. schlagen⟩ | genau, direkt ⟨~ on time auf die Minute; ~ in the middle genau mittendrin⟩

[2]**bang** [bæŋ] **1.** *s* (Haar) Pony *m*; **2.** *vt* (Haar) an der Stirn kurz schneiden ⟨to wear one's hair ~ed einen Pony tragen⟩ | (Pferdeschwanz) stutzen

bang·ing ['bæŋɪŋ] *adj Sl* gewaltig, kraß ⟨~ lie freche Lüge⟩

ban·gle ['bæŋgl] *s* Arm-, Fußreif *m*

bang-up ['bæŋˌʌp] *adj, adv, Am Sl* prima, erstklassig ⟨~ job⟩

ban·ish ['bænɪʃ] *vt* verbannen, ausweisen (**from** aus) ⟨~ed persons *Pol* Vertriebene *m/pl*, Ausgewiesene *m/pl*⟩ | *übertr* loswerden, verscheuchen ⟨to ~ fear⟩; '**~ment** *s* Verbannung *f*, Ausweisung *f* ⟨to go into ≈⟩ | *übertr* Loswerden *n*, Verscheuchen *n*

ban·is·ter ['bænɪstə] *s* Geländersäule *f* | *meist* '**~s** *pl* Treppengeländer *n*

ban|jo ['bændʒəʊ|bæn'dʒəʊ] *s* (*pl* **~jos, ~joes**) Banjo *n*; **~jo·ist** *s* Banjospieler *m*

[1]**bank** [bæŋk] **1.** *s* Damm *m*, Erdwall *m* | Böschung *f* | Abhang *m*, Anhöhe *f* | Ufer *n* ⟨on the north ~ am Nordufer⟩; Gestade *n* | (Fels-, Sand-) Bank *f* | Wolkenbank *f* ⟨a ~ of clouds⟩ | (Schnee, Schmutz, Schlamm) Mauer *f*, Wand *f* | *Flugw* Querlage *f* | (Billard) Bande *f*; **2.** *vt auch* ~ **up** eindämmen | aufstauen | mit einem Wall umgeben | aufhäufen | (Flugzeug) in Schräglage bringen; *vi auch* ~ **up** sich aufhäufen (Schnee, Wolken u. ä.) | *Flugw* in Schräglage fliegen | in die Kurve gehen (Auto)

[2]**bank** [bæŋk] **1.** *s* Serie *f*, Reihe *f* | (Schreibmaschine) Tastenreihe *f* | (Orgel) Manual *n* | *El* Serienschaltung *f* | Ruderbank *f*; **2.** *vt* in einer Reihe anordnen

[3]**bank** [bæŋk] **1.** *s Wirtsch* Bank *f*, Bankhaus *n* ⟨at the ~ auf der Bank; the ≁ of England⟩ | (Spiel-) Bank *f* ⟨to break the ~ die Bank sprengen⟩ | *übertr* Vorrat *m*, Bank *f* ⟨data ~ Datenbank *f*⟩; **2.** *vi Wirtsch* Bankgeschäfte machen (**with** mit) | *Wirtsch* ein Bankkonto besitzen ⟨to ~ with sein Konto haben bei⟩ | Bank halten; ~ **[up]on** *übertr* sich verlassen *od* stützen auf ⟨to ~ on s.o.'s help⟩; *vt Wirtsch* (Geld) bei einer Bank deponieren

bank|a·ble ['bæŋkəbl] *adj Wirtsch* bankfähig; '~ ˌ**ac·count** *s Wirtsch* Bankkonto *n*; '~ **bill** *s Wirtsch* Bankwechsel *m*; '~ **book** *s* Kontobuch *n*; '~ **clerk** *s* Bankangestellte(r) *f(m)*; '~ **deposit** *s* Bankeinlage *f*; '~ ˌ**discount** *s* Bankdiskont *m*, Diskontsatz *m* e-r Bank; '~ **draft** *s* Bankscheck *m*, -tratte *f*; ˌ**~ed 'blood** *s Med* Blutkonserve *f*; '**~er** *s* Bankier *m* | (Spiel) Bankhalter *m*; ˌ**~er's ad'vance** *s* Bankkredit *m*; ˌ**~er's dis'cret·ion** *s Wirtsch* Bankgeheimnis *n*; ˌ~ '**hol·i·day** *s Brit* Bankfeiertag *m*, öffentlicher Feiertag an einem Montag

[1]**bank·ing** ['bæŋkɪŋ] **1.** *s* Bankwesen *n*, Bankgeschäft *n*; **2.** *adj* Bank-

[2]**bank·ing** ['bæŋkɪŋ] *s Flugw* Querlage *f*

bank|note ['bæŋknəʊt] *s* Banknote *f* | Kassenschein *m*; '~ **of 'com·merce** *s* Handelsbank *f*; '~ **of 'is·sue** *s* Notenbank *f*; '~ **rate** *s* Banksatz *m*, Zinsfuß *m*

bank·rupt ['bæŋkrʌpt] **1.** *s* Bankrotteur *m* | Zahlungsunfähiger *m* | *übertr* heruntergekommener Mensch; **2.** *adj Jur* bankrott, zahlungsunfähig ⟨to become / go ~ Bankrott gehen; to declare o.s. ~ Konkurs anmelden⟩ | *übertr* erschöpft, arm (**of, in** an) ⟨to be ~ of s.th. es an etw. völlig fehlen lassen⟩; **3.** *vt Jur* bankrott machen | *übertr* ruinieren, zugrunde richten; '**~cy** *s Jur* Bankrott *m*, Konkurs *m* ⟨declaration of ≈ Bankrotterklärung *f*⟩ | *übertr* Bankrott *m*, Ruin *m*; '**~rupt·cy pe·ti·tion** *s* Konkursantrag *m*; '**~rupt·cy pro·ceed·ing** *s* Konkursverfahren *n*

bank| se·cret [ˌbæŋk 'si:krət] *s Wirtsch* Bankgeheimnis *n*; ˌ~ '**state·ment** *s Wirtsch* Kontoauszug *m*

ban·ner ['bænə] **1.** *s* Fahne *f*, Banner *n* (*meist übertr*) ⟨the ~ of freedom; to follow / join the ~ of s.o. *übertr* jmds. Banner folgen, sich jmdm. anschließen; under the ~ of im Namen *mit gen*⟩ | Spruchband *n*, Transparent *n* ⟨political ~s⟩ | *auch* '~ ˌ**head·line** *s* Balkenüberschrift *f*, (breite) Schlagzeile; **2.** *adj Am* ausgezeichnet ⟨~ student Beststudent *m*, ausgezeichneter Student; ~ year Rekordjahr *n*⟩; **3.** *vt* mit Bannern *od* Transparenten schmücken; '**~et** *s Hist* Bannerherr *m*

banns [bænz] *s/pl* kirchliches (Hochzeits-) Aufgebot ⟨to ask / call / publish the ~ of s.o. jmdn. kirchlich aufbieten; to forbid the ~ Einspruch gegen die Eheschließung erheben; to have one's ~ called sich kirchlich aufbieten lassen⟩

ban·quet ['bæŋkwɪt] **1.** *s* Bankett *n*, Festessen *n*, -mahl *n* ⟨at the ~ auf dem Bankett⟩; **2.** *vt* festlich bewirten; *vi* an einem Bankett teilnehmen | schmausen

bans [bænz] = **banns**

ban|shee, ~shie [bæn'ʃi:] *s Schott, Ir* Todesfee *f*

ban·tam ['bæntəm] **1.** *s Zool* Bantam-, Zwerghuhn *n* | *übertr* Zwerg *m* | *Sport* Bantamboxer, -kämpfer *m*; **2.** *adj* Zwerg- | *übertr* zwergenhaft, klein, winzig | *Sport* Bantam-; '**~weight** *s Sport* Bantamgewicht *n*

ban·ter ['bæntə] **1.** *vt, vi* necken, hänseln; **2.** *s* Neckerei *f*, Hänselei *f*

bap|tism ['bæptɪzm] *s Rel* Taufe *f* ⟨certificate of ≈ Taufschein *m*⟩ | *übertr* Taufe *f*, Einweihung *f* ⟨≈ of fire *Mil* Feuertaufe *f*⟩; **~tis·mal** [bæp'tɪzml] *adj* Tauf-; **~ˌtis·mal 'name** *s* Taufname *m*; '**~tist 1.** *s* Täufer *m* | Baptist(in) *m(f)*; **2.** *adj* baptistisch; '**~tis·ter·y** *s* Taufkapelle *f* | Taufbecken *n*, -stein *m*; **~tize** [bæp'taɪz] *vt, vi Rel* taufen (*auch übertr*) ⟨to be ~tized by the name of John auf den Namen John getauft sein *od* werden; to be ~tized a Catholic als Katholik getauft werden⟩; **~'tize·ment** *s Rel* Taufe *f*

bar [bɑ:] **1.** *s* Stab *m*, Stange *f* (bes. aus Metall) | Riegel *m* ⟨a ~ of chocolate eine Tafel Schokolade; a ~ of soap ein Stück Seife⟩ | *auch Tech* Barren *m* ⟨gold ~⟩ | *Sport* Reckstange *f*, Barrenholm *m* ⟨the parallel / double ~s Barren *m*⟩ | Brechstange *f* | *Mus* Taktstrich *m*, Takt *m* | (Licht-, Farb-) Streifen *m*, Strahl *m* ⟨a ~ of red⟩ | (Ordens-) Spange *f* | (*meist* **~s**) Gitterstab *m* ⟨behind ~s *übertr* hinter Schloß und Riegel⟩ | Barriere *f*, Schranke *f* ⟨language ~ Sprachbarriere⟩ | *übertr* Hindernis *n*, Schranke *f* (**to** für, gegen) ⟨the ~ of conscience die Barriere des Gewissens⟩ | Bar *f*, Schanktisch *m*, Tresen *m* | Büffet *n*, Imbiß *m* ⟨a coffee ~⟩ | Verkaufsstand *m*, -raum *m* ⟨a hat ~⟩ | *Geol* Sandbank *f* | (Gerichts-) Schranke *f* ⟨the prisoner at the ~ der Angeklagte⟩ | *Jur* Gericht(shof) *n(m)* ⟨to be tried at [the] ≁ vor Gericht gestellt werden⟩ | *übertr* Gericht *n*, Tribunal *n*, Schranke *f* ⟨at the ~ of public opinion vor dem Forum der öffentlichen Meinung⟩ | **the ≁** *Jur* Advokatur *f* ⟨to be called to the ≁ als Anwalt zugelassen werden⟩; **2.** (**barred, barred**) *vt* zuriegeln ⟨to ~ a door⟩ | ab-, ver-, zusperren ⟨to ~ a road; to ~ s.o. in jmdn. einsperren, einschließen; to ~ s.o. out jmdn. aussperren; to ~ s.o. the way jmdm.

den Weg versperren⟩ | hindern, hemmen, aufhalten | verbieten ⟨the law ~s the use of weapons; to ~ smoking das Rauchen verbieten⟩ | *umg* beanstanden | nicht leiden können, ablehnen ⟨to ~ a person⟩ | ausschließen (**from** von) | ausnehmen, absehen von ⟨~ring that mit Ausnahme davon⟩ | *Mus* in Takte einteilen | (*meist pass*) mit Streifen versehen, ⟨~red with red rotgestreift⟩; **~ up** *vt* völlig verriegeln *od* zusperren ⟨to ≈ a house⟩; **3.** *präp* außer, mit Ausnahme von ⟨~ Jack; ~ none ohne Ausnahme⟩

barb [bɑ:b] **1.** *s Bot, Zool* Bart *m* | Widerhaken *m* | *übertr* Stachel *m* | *Zool* (Feder-) Fahne *f*; **2.** *vt* Widerhaken anbringen an, mit Widerhaken versehen

bar|bar·i·an [bɑ:'bɛərɪən] **1.** *s* Barbar *m*; **2.** *adj* barbarisch, Barbaren-, roh, brutal ⟨≈ tribes⟩; **~bar·ic** [~'bærɪk] *adj übertr* unkultiviert, primitiv | unverdorben ⟨≈ taste⟩; **~ba·rism** ['bɑ:bərɪzm] *s* Barbarismus *m*, Sprachwidrigkeit *f* | Roheit *f*, Barbarei *f* ⟨living in ≈⟩ | Unkultur *f*; **~bar·i·ty** [~'bærətɪ] *s* Barbarei *f* | Roheit *f*, Grausamkeit *f* ⟨the ~barities of war⟩; **~ba·ri·za·tion** [ˌbɑ:bəraɪ'zeɪʃn] *s* Verrohung *f*; **~ba·rize** ['bɑ:bəraɪz] *vt* barbarisieren, verrohen lassen; *vi* verrohen | Sprachfehler machen; **~ba·rous** ['bɑ:bərəs] *adj* roh, barbarisch | grausam | sprachwidrig

bar·be·cue ['bɑ:bɪkju:] **1.** *s.* Grill *m*, Bratrost *m* | im Ganzen gebratenes Tier | gegrillter Braten | *urspr Am* Festessen *n* im Freien (mit am Spieß gebratenem Fleisch), Grillparty *f*; **2.** *vt* im Ganzen braten, ganz braten | grillen; **'~ sauce** *s* Bratensauce *f*; **'~ steak** *s* Steak *n* vom Rost

barbed [bɑ:bd] *adj* mit Widerhaken versehen | *übertr* (Worte) kritisch, satirisch ⟨a ~ remark⟩; **~ 'wire** *s* Stacheldraht *m*

bar·bel ['bɑ:bl] *s Zool* Barbe *f*

bar bell ['bɑ: bel] *s* (Sport) Kugelhantel *f*

bar·ber ['bɑ:bə] **1.** *s* Barbier *m*, Friseur *m*; **2.** *vt Am* frisieren, rasieren, barbieren

bar·ber·ry ['bɑ:bərɪ] *s Bot* Berberitze *f*

bar·ber|shop ['bɑ:bəʃɒp] *s Am* Friseurgeschäft *n*; **'~'s 'pole** *s* mit rot-weißen Spiralen bemalte Stange (Geschäftszeichen der Friseure); **~'s shop** ['bɑ:bəz ʃɒp] *s Brit* Friseurgeschäft *n*

bar·bi·can ['bɑ:bɪkən] *s Mil* Vorwerk *n*, Wachtturm *m*

bar·bi·tal ['bɑ:rbɪtæl|-tɔ:l] = **barbitone**

bar·bi|tone ['bɑ:bɪtəʊn] *s Chem Brit* Barbital *n*; **~tu·rate** [bɑ:'bɪtjʊrət] *s Chem* Barbiturat *n*; **~tu·ric 'ac·id** [ˌbɑ:bɪ'tjʊərɪk] *s Chem* Barbitursäure *f*

bar·ca·rol[l]e [ˌbɑ:kə'rəʊl] *s Mus* Barkarole *f*

bard [bɑ:d] *s* Barde *m*, Sänger *m* ⟨the ~ of Avon (Shakespeare)⟩

bare [bɛə] **1.** *adj* bloß, nackt ⟨~ feet; ~ to the waist mit entblößter Brust, halbnackt; ~ wire *El* blanker Draht⟩ | leer, kahl ⟨~ trees⟩ | (fast) leer, arm (**of** an), entblößt (**of** von) ⟨room ~ of furniture dürftig eingerichtetes Zimmer⟩ | kaum ausreichend, nicht mehr als, knapp, gering, bloß ⟨~ majority knappe Mehrheit; ~ possibility geringe Aussicht; at the ~ idea schon beim bloßen Gedanken; to earn a ~ living gerade das Nötigste verdienen⟩ | *übertr* offen, unverhüllt ⟨the ~ truth die reine Wahrheit; to lay ~ bloßlegen⟩; **2.** *vt* entblößen, enthüllen (*auch übertr*) ⟨to ~ one's head den Hut abnehmen; to ~ the end of a wire *El* ein Drahtende bloßlegen; to ~ one's heart sein Herz ausschütten *od* offenbaren; to ~ one's thoughts seine Gedanken offenbaren⟩; **'~back** *adv* ohne Sattel ⟨to ride ≈⟩; **ˌ~'backed** *adj* ungesattelt; **'~faced** *adj* bartlos | *übertr* frech, unverschämt, schamlos ⟨≈ lie⟩; **'~foot** *präd adj, adv* barfuß; **ˌ~'foot·ed** *adj* barfuß; **ˌ~'hand·ed** *adj* mit bloßen Händen | *übertr* mittellos, mit leeren Händen; **ˌ~'head·ed** *adj* barhäuptig; **ˌ~'legged** *adj* mit nackten Beinen; **'~ly** *adv* nackt, bloß | kaum, knapp ⟨≈ possible kaum möglich⟩ | (not)dürftig, armselig ⟨≈ furnished⟩ | offen, unverhohlen

bar·gain ['bɑ:gɪn] **1.** *s* Vertrag *m* | (Handels-) Abschluß *m* | Kauf *m*, Geschäft *n*, Handel *m* (*auch übertr*) ⟨a good (bad) ~ ein gutes (schlechtes) Geschäft; chance ~ Gelegenheitskauf *m*; a dead ~ spottbillig; into the ~ noch dazu, obendrein; it's a ~! abgemacht!; a ~ is a ~ gekauft ist gekauft!, Vertrag ist Vertrag!; to make / strike a ~ ein Geschäft machen, handelseinig werden⟩ | vorteilhaftes Geschäft, (preis)günstiger (Ver-) Kauf, Sonderangebot *n*; **2.** *vi* handeln, feilschen (**about, for** um) | übereinkommen (**for** über, **that** daß); **~ for** rechnen mit, erwarten, gefaßt sein auf; *vt* **~ away** verkaufen, verschachern; **~ee** [ˌbɑ:gɪ'ni:] *s Jur* Käufer(in) *m(f)*; **'~er** *s* Händler *m*; Verhandlungspartner *m*; **'~or** *s Jur* Verkäufer(in) *m(f)*; **'~ coun·ter** *s* Sonderverkaufsstand *m*, Wühltisch *m*; **ˌ~ 'price** *s* Sonderpreis *m*; **'~ sale** *s* Ausverkauf *m*

barge [bɑ:dʒ] **1.** *s Mar* Schlepp-, Lastkahn *m*, Zille *f*, Prahm *m* | *Mar* Barke *f* | *Mar* Galaruderboot *n* | *Mar* Hausboot *n*; **2.** *vi umg* torkeln, taumeln (**against** gegen, **into** in); **~ about** herumtorkeln, taumeln; **~ in** *umg übertr* sich einmischen, ins Wort fallen, sich hineindrängen; **bar·gee** [bɑ:'dʒi:], **'~man** *s* (*pl* **~men**) *Mar* Kahnführer *m* ⟨to swear like a bargee *übertr* wie ein Droschkenkutscher fluchen⟩; **'~ pole** *s* Bootshaken *m* ⟨I would not touch him with a ≈ *übertr* ich kann ihn nicht ausstehen, ich will nichts mit ihm zu tun haben⟩

barge stone ['bɑ:dʒ stəʊn] *s Arch* Giebelstein *m*

bar i·ron ['bɑ: ˌaɪən] *s Tech* Stabeisen *n*

bar·ite ['bæraɪt] *s Am Min* Baryt *m*, Schwerspat *m*

bar·i·tone ['bærɪtəʊn] *s Mus* Bariton *m*

bar·i·um ['bɛərɪəm] *s Chem* Barium *n*

[1]**bark** [bɑ:k] **1.** *s* (Baum-) Rinde *f*, Borke *f* | (Kokosnuß) Bast *m* | Gerbrinde *f*, Lohe *f* | *Sl* Haut *f*, Fell *n* ⟨to stick to the ~ *übertr* sich kein Bein ausreißen, sich nicht viel Mühe geben⟩; **2.** *vt* (Bäume) ab-, entrinden, abborken ⟨~ed wood Schälholz *n*⟩ | (Haut) abschürfen ⟨to ~ one's shins sich die Schienbeine abschürfen⟩ | mit Rinde bedecken ⟨to ~ the roof of a hut⟩ | mit Lohe gerben

[2]**bark** [bɑ:k] **1.** *vi* (Hund, Fuchs) bellen, kläffen (*auch übertr*) ⟨to ~ at s.o. jmdn. anbellen; ~ing dogs never / seldom bite *Sprichw* Hunde, die bellen, beißen nicht *od* selten; to ~ up the wrong tree *umg* auf dem Holzwege sein⟩ | *umg* stark husten *vt auch* **~ out** belfern, schroff sprechen, barsch äußern ⟨to ~ [out] an order⟩; **2.** *s* Bellen *n*, Kläffen *n* (*auch übertr* ⟨to speak in an angry ~ mit vor Wut bellender Stimme sprechen; his ~ is worse than his bite er kläfft nur, aber beißt nicht⟩ | *umg* starker Husten | *Mil* (Geschoß) Geknatter *n*, Donnern *n* ⟨the ~ of the gun der Geschützdonner⟩

[3]**bark** [bɑ:k] *s Mar* Barke *f* | *poet* Schiff *n*

bark bee·tle ['bɑ:k ˌbi:tl] *s Zool* Borkenkäfer *m*

bar·keep·er ['bɑ:ˌki:pə] *s* Barbesitzer *m* | Barmann *m*, -kellner *m*, -mixer *m*

bark·en ['bɑ:kən] *adj poet* rinden-, aus Rinde

[1]**bar·ker** ['bɑ:kə] *s Tech* (Holz) Rindenschäler *m*, Rindenschälmaschine *f*

[2]**bark·er** ['bɑ:kə] *s* Beller *m*, Kläffer *m* | Ausschreier *m* | *Sl* Schießeisen *n*

bark·mill ['bɑ:k mɪl] *s Tech* Lohmühle *f*

bark| tree ['bɑ:k tri:] *s Bot* Chinarindenbaum *m*; **'~y** *adj* borkig

bar·ley ['bɑ:lɪ] *s Bot* Gerste *f* ⟨pearl ~ Perlgraupen *f/pl*⟩; **'~corn** *s* Gerstenkorn *n*; **'~ sug·ar** *s Chem* Gerstenzucker *m*; **'~ wa·ter** *s* Gerstenschleim *m*, -trank *m*

bar·low ['bɑ:ləʊ], *auch* **'~ knife** *s Am* großes einschneidiges Taschenmesser

barm [bɑ:m] *s* Bärme *f*, Hefe *f*

bar|maid ['bɑ:meɪd] *s* Kellnerin *f* | Bardame *f*; **~man** *s* (*pl* **~men**) Barkellner *m*

barm·y ['bɑ:mɪ] *adj* gärend, heftig | *Brit Sl übertr* (leicht) verrückt ⟨you must be ~ du mußt einen Klaps haben; to go ~ fast verrückt werden⟩

barn [bɑ:n] *s* Scheune *f*, Scheuer *f* | *Am* (Vieh) Stall *m* | *Am* (Straßenbahn, Autobus) Schuppen *m*, Depot *n* | *verächtl* Schuppen *m*, Scheune *f*, kahles Gebäude

[1]**bar·na·cle** ['bɑ:nəkl] *s Zool* Bernikel, Ringelgans *f* | *Zool* Entenmuschel *f* | *übertr* Klette *f*, Anhängsel *n*, lästiger Mensch

[2]**bar·na·cle** ['bɑ:nəkl] *s* Bremse *f*, Nasenknebel *m* (für unruhige Pferde) | *meist* **~s** *pl Brit umg* Brille *f*, Kneifer *m*

barn| door ['bɑ:n dɔ:] *s* Scheunentor *n* | *übertr* nicht zu verfehlendes Ziel ⟨as big as a ≈ nicht zu verfehlen⟩; **,~-'door fowl** *s Zool* gemeines Landhuhn; **'~ owl** *s Zool* Schleiereule *f*; **'~storm** *umg vi* auf dem Lande Wahlreden halten | auf dem Lande Theater spielen; **'~,storm·er** *s Theat* Schmierenschauspieler *m*; **'~ ,swal·low** *s Zool* Rauchschwalbe *f*; **'~yard** *s* Scheunenhof *m*, Bauernhof *m*

baro- [bærə] ⟨*griech*⟩ *in Zus* Druck-, Gewicht-

ba·rom·e·ter [bə'rɒmɪtə] *s Phys* Barometer *n*, Wetterglas *n* (*auch übertr*); **bar·o·met·ric** [,bærə'metrɪk], **,bar·o'met·ri·cal** *adj Phys* barometrisch, Barometer-; **ba·rom·e·try** [bə'rɒmɪtrɪ] *s Phys* Luftdruckmessung *f*

bar·on ['bærən] *s* Baron *m*, Freiherr *m* | *Am umg* Magnat *m* ⟨oil ~ Ölmagnat *m*⟩; **'~age** *s* Baronie *f* | Adelsverzeichnis *n*, -kalender *m* | *collect* Barone *m/pl*; **'~ess** *s* Baronin *f*; Freifrau *f*; **'~et 1.** *s Brit* (Adelstitel eines *knight*) Baronet *m* | Baronetsrang *m*, -würde *f*; **2.** *vt* zum Baronet ernennen; **'~et·cy** *s* Titel *od* Rang eines Baronet; **ba·ro·ni·al** [bə'rəʊnɪəl] *adj* Barons-; **'bar·o·ny** *s* Baronie *f*, Baronenrang *m*, -würde *f* ⟨to confer a ≈ on s.o. jmdn. zum Baron erheben⟩ | Freiherrnstand *m*

ba·roque [bə'rɒk|~rəʊk] **1.** *adj Kunst* barock | *übertr* überladen, übertrieben; **2.** *s Kunst* Barock(stil) *n(m)* | barockes Kunst-, Bauwerk *n* | *übertr* Überladenes *n*, Übertriebenes *n*

ba·rouche [bə'ru:ʃ] *s* Landauer *m*, viersitzige Kutsche

barque [bɑ:k] = [3]**bark**

[1]**bar·rack** ['bærək] **1.** *s meist* **~s** *pl* (*sg konstr*) *Mil* Kaserne *f* ⟨an army ~s⟩ | Baracke *f* ⟨a wooden ~⟩ | Mietskaserne *f* ⟨factory ~s Arbeiter-, Fabrikwohnungen *f/pl*⟩; **2.** *vt* in Kasernen unterbringen; *vi* in Kasernen untergebracht sein; **,~ 'square, ,~ 'yard** *s* Kasernenhof *m*

[2]**bar·rack** ['bærək] *vt, vi urspr Austral* (ver)spotten | (Kricket) laut Mißfallen bekunden (über)

bar·ra·cu·da [,bærə'ku:də] *s* (*pl* **~, ~s**) *Zool* Barracuda *m*, Pfeilhecht *m*

bar·rage ['bærɑ:ʒ] **1.** *s* Staudamm *m*, Talsperre *f* | Sperre *f* | *Mil* Sperrfeuer *n* | *übertr* Schwall *m*, Trommelfeuer *n* ⟨a ~ of questions⟩; **2.** *vt* mit Sperrfeuer belegen; **'~ bal,loon** *s Mil* Fesselballon *m*; **'~ plant** *s* Stau(becken)anlage *f*; **,~ 'pow·er ,sta·tion** *s* Talsperrenkraftwerk *n*; **,~ 'wall** *s* Staumauer *f*

bar·ra|ter, ~tor ['bærətə] *s Mar* betrügerischer Matrose *od* Schiffsführer | bestechlicher Richter | *arch* streitsüchtiger Mensch; **'~try** *s Mar* Barraterie *f*

barred [bɑ:d] *adj* ver-, zugeschlossen, verriegelt | gestreift | *Mus* durch Taktstriche unterteilt

bar|rel ['bær(ə)l] **1.** *s* Faß *n*, Tonne *f* | Faß *n* (als Maß) ⟨by the ≈ faßweise⟩ | (Gewehr-) Lauf *m* ⟨gun ≈ Büchsenlauf *m*⟩ | (Geschütz-) Rohr *n* | (Füllhalter) Tintenkammer *f* | *Tech* Trommel *f*, Walze *f* | *Zool* (Feder-) Kiel *m* | etw. Rohr- *od* Faßähnliches *n* | *umg* große Menge ⟨a ≈ of fun ein Mordsspaß⟩ ◇ **lock, stock and ~** *übertr* die ganze Geschichte, alles in allem; **2.** (**'~relled, '~relled**) *vt* in Fässer füllen *od* schlagen, in Tonnen packen ⟨~led beer Faßbier *n*⟩ | mit einem (Geschütz-) Lauf versehen; *vi umg* sausen, rasen; **'~rel·head** *s* Faßboden *m*; **'~rel ,mak·er** *s* Faßbinder *m*; **'~rel ,or·gan** *s* Drehorgel *f*, Leierkasten *m*; **'~ 'vault** *s Arch* Tonnengewölbe *n*

bar·ren ['bærən] **1.** *adj* (Boden u. ä.) unfruchtbar, dürr, kahl | (Pflanzen) keine Frucht bringend *od* tragend | (Mensch, Tier) unfruchtbar, steril | (Person) (geistig) unproduktiv | *übertr* ergebnislos | *übertr* trocken, fade, langweilig ⟨~ discussion⟩ | *übertr* dürftig, arm (**of** an) | *Wirtsch* tot ⟨~ capital⟩ | (Kuh) gelt, milchlos | (Gestein) taub; **2.** *s oft* **~s** *pl Am* Ödland *n*

bar·rette [bə'ret] *s* Haarspange *f*

bar·ri·cade ['bærəkeɪd|,bærə'keɪd] **1.** *s* Barrikade *f* (*auch übertr*); **2.** *vt* verbarrikadieren, verrammeln, versperren (*auch übertr*)

bar·ri·er ['bærɪə] **1.** *s* Barriere *f*, Schranke *f*, Sperre *f* (*auch übertr*) ⟨~ of class Klassenschranke *f*; linguistic ~ Sprachschranke *f*⟩ | *Eisenb* Sperre *f* | Schlagbaum *m* | *Sport* (Pferderennen) Startsperre *f* | Brüstung *f*, Geländer *n*; *übertr* Hindernis *n* (**to** für); **2.** *meist* **~ in, ~ off** abschließen, absperren; **'~ cream** *s* Schutzkrem *f*; **'~ reef** *s Geogr* Barriere-, Wallriff *n*

bar·ring ['bɑ:rɪŋ] *präp* abgesehen von, ausgenommen

bar·ring clause ['bɑ:rɪŋ klɔ:z] *s Jur* Sperrklausel *f*

bar·ris·ter ['bærɪstə] *s Jur Brit* Barrister *m*, Rechtsanwalt *m* (e-s höheren Gerichtes) | *Am* Rechtsanwalt *m*

[1]**bar·row** ['bærəʊ] **1.** *s auch* **'wheel ~** (Schub-) Karren *m* | Trage *f* | *auch* **'cos·ter's ~, 'hand ~** Handkarren *m* | *auch* **'lug·gage ~** Gepäckkarren *m*; **2.** *vt* mit einem Karren *od* einer Trage befördern, karren

[2]**bar·row** ['bærəʊ] *s Hist* Hügel-, Hünengrab *n*

bar·row|-boy ['bærəʊ bɔɪ] *s Brit* Hausierer *m*; **'~man** *s* (*pl* **'~men**) Karrenschieber *m* | *Brit* Hausierer *m*

bar steel [,bɑ:'sti:l] *s Tech* Stangenstahl *m*

bar·tend·er ['bɑ:tendə] *s* Barmixer *m*

bar·ter ['bɑ:tə] **1.** *s* Tausch(handel) *m* | Tauschobjekt *n*; **2.** *vi* Tauschgeschäfte machen; *vt* (ein)tauschen, (ein)handeln (**against, for** gegen) | handeln (**with s.o. for s.th.** mit jmdm. um etw.); **~ away** *bes übertr* verschleudern ⟨to ~ away one's freedom seine Freiheit verspielen *od* verschenken⟩; **'~ ,busi·ness** *s Wirtsch* Kompensationsgeschäft *n*; **'~er** *s* Tauschhändler *m*

bar·ti·zan [,bɑ:tɪ'zæn] *s Arch* Erkertürmchen *n*

ba|ry·ta [bə'raɪtə] *Chem s* Baryt(erde) *m(f)*, Bariumoxid *n*, Schwererde *f*; **'~ ,water** *s* Barytwasser *n*; **~ryte** [~'raɪt], *auch* **~ry·tes** [~'raɪti:z] *s* Schwerspat *m*; **~'ryte ,concrete** *s* Baryt-, Strahlenschutzbeton *m*; **~ry·tic** [bə'rɪtɪk] *adj* Baryt-, barythaltig, -artig

bar·y·tone ['bærɪtəʊn] = **baritone**

bas·al ['beɪsl] *adj* basal, an der Basis befindlich, Grund- | *übertr* grundlegend, fundamental; **'~ met·a'bol·ic 'rate** *s Med* Grundumsatz *m*

ba·salt ['bæsɔ:lt] *s Geol* Basalt *m* | Basaltmasse *f*; **ba·sal·tic** [bə'sɔ:ltɪk] *adj* Basalt-

bas·an ['bæzən] *s* gegerbtes Schafleder

bas·cule ['bæskju:l] *s Tech* Hebebaum *m*

[1]**base** [beɪs] **1.** *s* Basis *f*, Grund(lage) *m(f)* (*auch übertr*) ⟨~ and superstructure *Phil* Basis *f* und Überbau *m*⟩ | Grundstoff *m*, Hauptbestandteil *m* | *Arch* Fundament *n*, Fuß *m*, Sockel *m*, Postament *n* | *Tech* Bett *n*, Unterteil *m*, -kasten *m*, -gestell *n*, Grundplatte *f* | *Math* Basis *f*, Grundlinie *f*, -fläche *f* | (Anstrich) Haftgrund *m* | *Chem* Base *f* (*Ant* acid) | *Mil* Stützpunkt *m* ⟨air ~; naval ~⟩ | *Tech, El* Sockel *m* | (Sport) Startlinie *f*, Mal *n* ⟨to get to first ~ *Am übertr*

einen ersten Erfolg erzielen; to touch ~ with *Am umg übertr* Kontakt haben mit⟩ | *Ling* Stamm *m* | *Am Mus* Baß *m*; *vt* gründen, stützen ([up]on auf) ⟨to ~ o.s. on s.o. sich auf jmdn. verlassen; to be ~d on beruhen auf⟩ | *Flugw* landen | *Mil* stationieren

²**base** [beɪs] *adj* (Person, Handlung) gemein, niederträchtig ⟨~ fellow⟩ | niedrig ⟨~ motives⟩ | (Metall) unedel | (Münzen u. ä.) falsch, unecht ⟨~ coin⟩ | *Ling* unrein, verfälscht ⟨~ Latin Vulgärlatein *n*⟩ | *Am Mus* tief, Bass-

base|ball ['beɪsbɔ:l] *s Am Sport* Baseball *m*; '**~board** *s* Scheuerleiste *f*; '**~born** *adj* von niedriger Abstammung | unehelich; ˌ**~ 'crude** *s Tech* Rohöl *n*

Ba·se·dow's dis·ease ['bɑ:zədəuz dɪ'zi:z] *s Med* Basedowsche Krankheit

base|less ['beɪsləs] *adj* grundlos, ohne Fundament | unbegründet ⟨≈ fear⟩; '**~ line** *s* Grundlinie *f* | (Landvermessung) Standlinie *f*; '**~ment** *Arch s* Fundament *n* | Kellergeschoß *n*

base·mind·ed [ˌbeɪs'maɪndɪd] *adj* von niedriger Gesinnung, gemein

ba·ses ['beɪsi:z] *pl* von ↑ **basis**

base| serv·ic·es ['beɪs sɜ:vɪsɪz] *s/pl Flugw* Bodendienste *m/pl*; '**~ stake** *s* (Landvermessung) Richtlatte *f*; '**~ tree** *s Bot* Goldregen *m*

bash [bæʃ] *umg* **1.** *vt* heftig schlagen ⟨to ~ one's head against s.th. mit dem Kopf an etw. stoßen; to ~ s.o. on the head with s.th. jmdm. mit etw. einen Schlag auf den Kopf versetzen; to ~ s.o.'s ear *Austr übertr* jmdm. die Ohren vollreden⟩ | *übertr* unterdrücken, bekämpfen ⟨to ~ the trade unions⟩; **~ in** einschlagen, eindrücken ⟨a tree ~ed in the roof⟩; *vi* rasen, stürzen ⟨the car ~ed into a tree⟩ | *Brit* schlagen (**against** gegen, an); **2.** *s Brit* heftiger Schlag ⟨to give s.o. a ~ jmdm. einen Schlag versetzen⟩ | *Brit Sl* Versuch *m* ⟨to have a ~ at s.th. sich an etw. heranmachen⟩

bash·ful ['bæʃfl] *adj* schüchtern, verschämt ⟨~ expression; ~ child⟩

-bash·ing [-'bæʃɪŋ] *in Zus* ablehnende Einstellung gegen, Kampf gegen ⟨bureaucrat-~ Kampf *m* gegen Bürokratie; union-~ Unterdrückung *f* (der Rechte) der Gewerkschaften⟩

bas·ic ['beɪsɪk] *adj* grundlegend, Grund-, fundamental ⟨~ principles Grundprinzipien *n/pl*⟩ | *Chem*, *Biol* basisch | **Bas·ic** = ∸ **English** *s* Basic English (vereinfachtes Englisch); ˌ**~ 'for·mu·la** *s Math* Grundformel *f*; ˌ**~ 'in·dus·try** *s* Grundstoff-, Schlüsselindustrie *f*; ˌ**~ 'i·ron** *s Tech* Thomaseisen *n*; **ba·sic·i·ty** [beɪ'sɪsətɪ] *s Chem* basische Beschaffenheit; ˌ**∸ 'Law** *s Jur* Grundgesetz *n*; ˌ**~ re'search** *s* Grundlagenforschung *f*; ˌ**~ 'slag** *s Tech* Thomasschlacke *f*; ˌ**~ 'steel** *s Tech* Thomasstahl *m*; ˌ**~ 'wage** *s Wirtsch* Eck-, Grundlohn *m*

bas·il ['bæzl] *s Bot* Basilienkraut *n*, Basilikum *n*

bas·i·lar ['bæsɪlə] *adj Bot* Grund-, grundständig ⟨~ membran⟩ | *Med* basilar, Schädelbasis- | *übertr* Grundlagen-, grundlegend, fundamental ⟨~ drive Grundtrieb *m*⟩

ba·sil·i·ca [bə'zɪlɪkə] *s Arch* Basilika *f*

bas·i·lisk ['bæsɪlɪsk] **1.** *s Zool* Basilisk *m*; **2.** *adj* Basilisken- | unheilbringend ⟨a ~ look⟩

ba·sin ['beɪsn] *s* Schale *f*, Schüssel *f*, Becken *n* ⟨wash ~ Waschbecken *n*⟩ | Inhalt *m* eines Beckens ⟨a ~ of water ein Becken voll Wasser⟩ | Bassin *n*, Wasserbehälter *m* | Schwimmbecken *n* | *Am* Hafenanlage *f* | *Geol* Becken *n*, Stromgebiet *n* ⟨the Thames ~⟩ | *Geol* Kessel *m* | *Med* Bekken *n*

bas·i·net ['bæsɪnet] *s Mil Hist* Kessel-, Sturmhaube *f*

ba·sis ['beɪsɪs] *s* (*pl* **ba·ses** ['beɪsi:z]) *Arch* Basis *f*, Fundament *n* | *übertr* Grundlage *f* ⟨~ of discussion Diskussionsbasis *f*, -grundlage *f*; to form/lay the ~ of s.th. den Grund zu etw. legen⟩ | *Math* Grundlinie *f* | Grundfläche *f*

bask [bɑ:sk] *vi* sich wärmen, sich sonnen (*auch übertr*) ⟨to ~ in the sunshine ein Sonnenbad nehmen; to ~ in s.o.'s favour sich jmds. Gunst erfreuen⟩

bas·ket ['bɑ:skɪt] **1.** *s* Korb *m* ⟨shopping ~ Einkaufskorb *m*; waste-paper ~ Papierkorb *m*; the pick of the ~ *übertr* das Beste⟩ | (Maßbegriff) Korb *m* ⟨a ~ of cherries; by ~s korbweise⟩ | (Basketball) Korb *m*, Treffer *m* | *übertr* Korb *m*, Komplex *m* von Problemen (auf einer Konferenz) ⟨clusters of issues that have come to be called ~s⟩ | *übertr* Gruppierung *f* (von Sachen) ⟨a ~ of currencies Gruppe *f* von Währungen⟩; **2.** *vt* in einen Korb ein- *od* verpacken; '**~ball** *s Sport* Basketball *m*; '**~ ˌcar·riage** *s* Korbwagen *m*; '**~ case** *s Am Sl* (Person) absolut hilfloser Mensch, (völliges) Nervenbündel | extremer Problemfall, ausweglose Sache; '**~ cell** *s* Korbzelle *f* (*Med*, *Biol*); '**~ chair** *s* Korbsessel *m*; '**~ din·ner** *s Am* Picknick *n*; **~ful** ['~fʊl] *s* ein Korb voll; '**~ mak·er** *s* Korbflechter *m*; '**~ry** *s* Korbwaren *pl*; '**~ stitch** *s* Korbstich *m*; '**~work** *s* Korbgeflecht *n* | Korbflechtkunst *f* | Korbwaren *pl*

Basque [bæsk|bɑ:sk] **1.** *adj* baskisch **2.** *s* Baske *m*, Baskin *f*

bas-re·lief ['bæsrɪˌli:f|'bɑ:rɪˌli:f] *s Kunst* Bas-, Flachrelief *n*

¹**bass** [beɪs] *Mus* **1.** *s* Baß *m* | Bassist *m*; **2.** *adj* Baß-, tief; ˌ**~ 'clef** *s* Baßschlüssel *m*

²**bass** [bæs] *s* (*pl* **basses** ['bæsɪz], *collect* **bass**) Fluß-; Seebarsch *m*

³**bass** [bæs] *s* Bast *m* | Bastmatte *f*

bas·set ['bæsɪt] *s Zool* Dachshund *m*

bas·set horn ['bæsɪt hɔ:n] *s Mus* Bassetthorn *n*

bas·si·net [ˌbæsɪ'net] *s* Korbwagen *m* | Korbwiege *f*

bass·ist ['beɪsɪst] *s Mus* Bassist *m*; **bas·so** ['bæsəʊ] *s Mus* ; **bas·soon** [bə'su:n] *s Mus* Fagott *n*; **bas'soon·ist** *s* Baß *m Mus* Fagottist *m*

bast [bæst] *s* Bast *m* | Bastseil *n* | Bastmatte *f*

bas·tard ['bɑ:stəd, *bes Am* 'bæs-] **1.** *s* Bastard *m*, uneheliches Kind | etwas Irreguläres, Fälschung *f* | *vulg* (Schweine-) Hund *m* ⟨you ~!⟩ | *Sl* Kerl *m*, Bursche *m* ⟨that dirty (lucky) ~⟩ ◇ **a ~ of a(n)** eine ekelhafte, ein ekelhafter, ein ekelhaftes ⟨a ~ of a snow storm⟩; **2.** *adj* unehelich | *übertr* falsch, unecht, abnorm ⟨~ measles⟩; ˌ**~ a'ca·cia** *s Bot* Robinie *f*; '**~ file** *s Tech* Bastard-, Vorfeile *f*; '**~ize** *vt Jur* zum Bastard erklären, *überh* verschandeln, herabwürdigen ⟨to ≈ s.o.'s ideas jmds. Gedanken entstellen⟩; *vi* verkommen, degenerieren; ˌ**~ 'rock·et** *s Bot* Ackersenf *m*; '**~ 'ti·tle** *s Typ* Schmutztitel *m*; '**bas·tar·dy** *s* uneheliche Geburt

¹**baste** [beɪst] *vt Sl* (durch-, ver)prügeln | *übertr* ausschimpfen

²**baste** [beɪst] *auch* **~ on** *vt* (leicht) an-, zusammennähen, (an)heften

³**baste** [beɪst] *vt Kochk* mit (zerlassenem) Fett begießen

bas·til[l]e [bæ'sti:l] *s Mil Hist* Bastille *f*, Belagerungsturm *m* | *übertr* Zwingburg *f*, Gefängnis *n*

bas·ti·na|do [ˌbæstɪ'nɑ:dəʊ] **1.** *s arch* (*pl* **~does**) Bastonade *f* | Stockschlag *m*; **2.** *vt* (jmdm.) die Bastonade geben | (jmdn.) prügeln

bas·tion ['bæstɪən] *s Mil* Bastion *f*, Bollwerk *n* (*auch übertr*) ⟨a ~ of freedom⟩

bas·ton ['bæstən] *s Arch* Rundstab *m*

¹**bat** [bæt] *s Zool* Fledermaus *f* ⟨as blind as a ~ *umg übertr* stockblind; to be ~s, to have ~s in the belfry *Sl übertr* einen Spleen *od* Vogel haben⟩

²**bat** [bæt] **1.** *s* (Sport) (bes. Kricket u. Baseball) Schläger *m*, Schlagholz *n* ⟨to do s.th. off one's own ~ *übertr* etw. selbständig tun; to keep a straight ~ *übertr* aufrichtig *od* ehrlich handeln⟩ | Schlagen *n* ⟨to be at [the] ~ (Baseball) am

Schlagen sein; *übertr* am Ruder sein; to step to the ~ *übertr* an die Arbeit gehen⟩ | *umg* heftiger Schlag | *Sl* Tempo *n* ⟨to go off at a rare ~ lossausen, ein scharfes Tempo vorlegen⟩ | *Am Sl* Zecherei *f*; **2.** ('**~ted**, '**~ted**) *vt* (mit einem Schläger) schlagen *od* treffen ⟨to ~ s.o.'s ears *übertr Sl* jmdm. in den Ohren liegen⟩; *vi* (Sport bes. Kricket u. Baseball) am Schlagen sein | *Am Sl* zwinkern, blinzeln ⟨not to ~ an eye lid *übertr* kein Auge zutun, nicht schlafen; nicht überrascht sein, keine Überraschung zeigen⟩ | *Am Sl* rasen, eilen

ba·ta·ta [bɑː'tɑːtə] *s Bot* Batate *f*, Süßkartoffel *f*

Ba·ta·vi·an [bə'teɪvɪən] **1.** *adj* batavisch | holländisch; **2.** *s* Batavier(in) *m(f)* | Holländer(in) *m(f)*

bat boy ['bæt bɔɪ] *s* (Kricket) Schlägerträger *m*

batch [bætʃ] **1.** *s* (Brot-) Schub *m* ⟨to get one's ~ *umg übertr* sein Teil abbekommen⟩ | Menge *f*, Trupp *m* ⟨~ of recruits⟩ | Stoß *m* ⟨~ of books/letters⟩ | *Tech* Quantum *n*, abgeteilte Menge | Füllung *f*, Ladung *f* | *Tech* Brand *m*, Satz *m*, Schicht *f*; **2.** *vt* zu einem Stoß aufhäufen

[1]**bate** [beɪt] **1.** *s* Beize *f*, Ätzlauge *f*; **2.** *vt* in Beize legen

[2]**bate** [beɪt] *s Brit Sl* Wut *f* ⟨to be in a ~ wütend sein⟩

[3]**bate** [beɪt] *vt* verringern, herabsetzen, vermindern ⟨not to ~ a jot of a thing keinen Deut von etw. abgehen; to ~ an ace eine Kleinigkeit nachlassen; with ~d breath mit verhaltenem Atem⟩; *vi* abnehmen, nachlassen

ba·teau [bə'təʊ] *s* (*pl* **ba·teaux** [~z]) *Am, Kan* langes, flaches Flußboot; '**~ bridge** *s* Pontonbrücke *f*

bath [bɑːθ] **1.** *s* (*pl* **baths** [bɑːðz]) (Wannen-, Sonnen-, Luft-) Bad *n* ⟨air ~ Luftbad *n*; steam ~ Dampfbad *n*; sun ~ Sonnenbad *n*; to have/take a ~ ein Bad nehmen; to take a ~ *Am Sl übertr* baden gehen⟩ | Badewanne *f* | Badewasser *n* | Bad(ezimmer) *n* | Badeort *m*, Heilbad *n* | *Foto* Bad *n*, Lösung *f* ⟨fixing ~ Fixierbad *n*⟩; **2.** *vt* baden ⟨to ~ a baby⟩; *vi* baden, ein Bad nehmen; ˌ~ '**chair** *s* Krankenrollstuhl *m*

bathe [beɪð] **1.** *vt* baden ⟨to ~ one's feet sich die Füße baden; to ~ o.s. sich baden⟩ | *übertr* baden, eintauchen (**in** in) ⟨~d in moonlight; ~d in tears tränenüberströmt; ~d in sweat schweißgebadet⟩; *vi* baden, ein Bad nehmen | im Freien baden ⟨to go bathing baden gehen⟩ | *übertr* sich baden, eingetaucht sein; **2.** *s, bes Brit* Bad *n* im Freien ⟨to have a ~; to go for a ~⟩

ba·thet·ic [bə'θetɪk] *adj* trivial

bath·house ['bɑːθhaʊs] *s* Badeanstalt *f* | Badekabinen *f/pl*

bath·ing ['beɪðɪŋ] *s* Baden *n*; '**~ beach** *s* Badestrand *m*; '**~ cap** *s* Badekappe, -mütze *f*; '**~ ˌcos·tume** *s* Badeanzug *m*; '**~ ˌdraw·ers** *s* Badehose *f*; '**~ dress** *s* Badeanzug *m*; '**~ gown** *s* Bademantel *m*; '**~ hut** *s* Strandkorb *m*; '**~ maˌchine** *s arch* Badekarren *m*, -wagen *m*, fahrbare Umkleidekabine; '**~ suit** *s* Badeanzug *m*; '**~ wrap** *s* Bademantel *m*

bath mat ['bɑːθ mæt] *s* Badematte *f*

ba·tho- [bæθə] ⟨*griech*⟩ *in Zus* tief, Tiefen-

ba·thos ['beɪθɒs] *s* (abrupter) Übergang vom Erhabenen zum Lächerlichen | Trivialität *f*, Plattheit *f*, Schnulzenhaftigkeit *f* | falsches Pathos

bath|robe ['bɑːθrəʊb] *s* Bademantel *m*; '**~room** *s* Badezimmer *n*; **baths** [bɑːðz] *s/pl* Badeanstalt *f*, Badehaus *n*, Bad *n*, Bäder *n/pl* ⟨the Turkish ≈; ≈-attendant Badewärter *m*; to take the ≈ eine Bäderkur machen⟩; '**~ tub** *s* Badewanne *f*

bathy- [bæθɪ] ⟨*griech*⟩ *in Zus* tief, Tief-, Tiefen-, Tiefsee-

bath·y·sphere ['bæθɪsfɪə] *s* Tiefseetaucherkugel *f*

ba·tik ['bætɪk] **1.** *s* Batikdruck *m*; **2.** *vt* batiken

bat·ing ['beɪtɪŋ] *präp* abgesehen von, ausgenommen

ba·tiste [bæ'tiːst|bə'-] *s* Batist *m*

bat|man ['bætmən] *s* (*pl* '**~men**) *Mil Brit* Offiziersbursche *m*, Putzer *m*

ba·ton ['bætn|'bætɔ̃ː(ŋ)] **1.** *s* (Amts-, Kommando-) Stab *m* ⟨Field-Marshal's ~ Feldherrnstab *m*⟩ | *Mus* Taktstock *m*, Dirigentenstab *m* | (Sport) Staffelstab *m* ⟨~ changing Stabwechsel *m*⟩ | *Brit* (Polizei-) Knüppel *m*, Knüttel *m* ⟨to make a ~ charge mit dem Knüppel losgehen⟩; **2.** *vt* mit einem Stock schlagen; '**~-charge 1.** *vt, vi* mit dem (Gummi-) Knüppel angreifen; **2.** *s* Schlagstockeinsatz *m*

bats|man ['bætsmən] *s* (*pl* '**~men**) (bes. Kricket u. Baseball) Schläger *m* | Schlagmann *m*

bat·tal·ion [bə'tæljən] *s Mil* Bataillon *n*, Abteilung *f*

[1]**bat·ten** ['bætn] **1.** *s* Latte *f*, Brett *n* | (Fugen) Leiste *f* | *Arch* Zierleiste *f*; **2.** *vt, auch* **~ down**, **~ up** mit Latten *od* Leisten befestigen | *Mar* verschalken

[2]**bat·ten** ['bætn] *vi* (auf Kosten anderer) fett werden, sich mästen (**on** von, mit) | *Bot* wuchern | *übertr* sich weiden (**on** an), schwelgen (**in** in); *vt* mästen (**on** mit)

bat·ten door [ˌbætn 'dɔː] *s* Lattentür *f*; ˌ~ '**fence** *s* Lattenzaun *m*; ˌ~ '**wall** *s* Lattenwand *f*

bat·ter ['bætə] **1.** *vt* heftig *od* tüchtig schlagen | zerschlagen, zerschmettern (*auch übertr*) ⟨to ~ s.th. to pieces etw. in Stücke schlagen⟩ | *Mil* bombardieren | beschädigen, abnutzen, verbeulen ⟨to be ~ed by⟩ | *übertr* übel zurichten; *vi, auch* **~ away** tüchtig schlagen (**at** gegen, **[up]on** auf) ⟨to ~ [away] at the door gegen die Tür hämmern⟩ | *Mil* schießen (**upon** auf); **2.** *s* geschlagener Eierteig | = **batsman; bat·tered** *adj* zerschlagen, zerschmettert | beschädigt, abgenutzt ⟨≈ car zerbeultes Auto⟩; **~ing** ['bætərɪŋ] **1.** *adj Mil* Sturm-, Belagerungs-; **2.** *s Arch* Bauch *m*, Ausbauchung *f*, Wölbung *f* | durch Fehler hervorgerufene Ausladung ; '**~ing ram** *s Mil Hist* Sturmbock *m*; **~y** ['bætərɪ] *s* Schlägerei *f* | *Jur* Tätlichkeit *f*, Körperverletzung *f* ⟨assault and ≈ *Jur* tätliche Beleidigung⟩ | *Mil, Tech, El* Batterie *f* | (Optik) Satz *m* ⟨≈ of lenses⟩ | *Psych* Testreihe *f* | *Am* (Baseball) Werfer *m* und Schläger *m* | (gehämmertes) Messing- *od* Kupfergeschirr | *Mus umg* Schlagzeug *n*; '**~y-ˌcharg·ing sta·tion** *s El* Ladestation *f*; '**~y igˌni·tion** *s Tech* Batteriezündung *f*; '**~y-'op·er·at·ed** *adj El* batteriegespeist

bat·tik ['bætɪk] = **batik**

bat·tle ['bætl] **1.** *vi* kämpfen (**against** gegen, **for** um, **with** mit) ⟨to ~ s.th. out etw. ausfechten⟩; **2.** *s* Schlacht *f*, Treffen *n*, Gefecht *n* (**of** bei, vor, um) | *übertr* Kampf *m* (**for** um) ⟨to fight a ~ einen Kampf führen⟩ | Sieg *m* ⟨a good start is half the ~ frisch gewagt ist halb gewonnen; the ~ is to the working-class die Arbeiterklasse wird den Sieg davontragen; to be half the ~ ein Vorteil sein, halb gewonnen haben⟩ | Kämpfen *n*, Kampfbereitschaft *f* ⟨to give ~ to the enemy sich dem Feind zum Kampf stellen; to offer ~ zum Kampf bereit sein; to refuse ~ sich weigern zu kämpfen⟩; '**~ arˌray** *s Mil* Schlachtordnung *f*, Truppenaufstellung *f*; '**~axe** *s* Streitaxt *f* | *übertr* Drache *m*; '**~ call** *s* Schlachtruf *m*; '**~ ˌcruis·er** *s Mar* Schlachtkreuzer *m*; '**~ cry** *s* Schlachtruf *m*, Feldgeschrei *n*

bat·tle·dore ['bætldɔː] *s* Waschbleuel *m* | (Federball-) Schläger *m* ⟨~ and shuttlecock Federballspiel *n*⟩

bat·tle| dress ['bætl dres] *s Mil Brit* Feld-, Kampfanzug *m*; '**~field**, '**~ground** *s* Schlachtfeld *n*

bat·tle·ments ['bætlmənts] *s/pl* Zinnen *f/pl*

bat·tle| or·der ['bætl ɔːdə] *s Mil* Schlachtordnung *f*, Gefechtsordnung *f*; '**~ piece** *s Kunst* Schlacht(en)szene *f*; '**~plane** *s* Kampfflugzeug *n*; '**~ 'roy·al** *s* Handgemenge *n*, Schlägerei *f*; '**~ship** *s Mar* Schlachtschiff *n*; '**~some** *adj selten* streitsüchtig

bat·tue [bæ't(j)uː] *s* Treibjagd *f* (*auch übertr*) | (Wild-) Strecke *f* | *übertr* Metzelei *f*

bat·ty ['bætɪ] *adj Zool* Fledermaus-, fledermausartig ⟨~ wings⟩ | *Sl* plemplem, leicht verrückt

bau·ble ['bɔːbl] *s* Spielzeug *n*, Tand *m* | *übertr* Spielerei *f*

baulk [bɔ:k] = **balk**

baux·ite ['bɔ:ksaɪt] *s Min* Bauxit *n*

Ba·var·ia [bə'vɛərɪə] Bayern *n*; **Ba'var·i·an 1.** *adj* bayrisch; **2.** *s* Bayer(in) *m(f)*

ba·vi·an ['beɪvɪən] = **baboon**

bawd [bɔ:d] *s* Kuppler(in) *m(f)*; **'~ry** *s* Obszönität *f* | Unzucht *f*, Hurerei *f*; **'~y 1.** *adj* (Person) unzüchtig ⟨≈ woman Prostituierte *f*⟩ | unflätig ⟨≈ language⟩ | schlüpfrig ⟨≈ joke; ≈ story⟩; **2.** *s* Obszönitäten *f/pl*, Schlüpfrigkeiten *f/pl* ⟨to talk ≈ Zoten reißen⟩; **'~y·house** *s* Bordell *n*

bawl [bɔ:l] **1.** *vi* schreien, brüllen, grölen ⟨to ~ at/to s.o. jmdn. anbrüllen; to ~ for help um Hilfe schreien⟩; *vt, auch* **~ out** brüllen ⟨to ~ a command einen Befehl schreien; to ~ out a curse laut fluchen⟩; **~ s.o. out** *Am Sl* jmdn. ausschimpfen *od* anschnauzen; **2.** *s* Gebrüll *n*; **'~ing 1.** *adj* schreiend; **2.** *s* Schreien *n*, Gebrüll *n*

[1]bay [beɪ] *s Bot* Lorbeerbaum *m*

[2]bay [beɪ] *s* Bai *f*, Bucht *f*

[3]bay [beɪ] *s Arch* Öffnung *f*, Lücke *f* | *Arch* Fach *n*, Joch *n* | *Arch* Erker *m* | *Flugw* Abteilung *f*, (Rumpf-) Zelle *f* ⟨bomb ~ Bombenschacht *m*⟩ | *Mar* Schiffslazarett *n* ⟨sick ~⟩

[4]bay [beɪ] **1.** *vi* (Hund) bellen, anschlagen ⟨to ~ at s.o. jmdn. anbellen, *übertr* jmdn. anschreien⟩; *vt* anbellen | *übertr* anfahren, anschreien; **2.** *s* (Hund) Bellen *n*, Gebell *n* | (Jagd) Standlaut *m* ⟨to be/stand at ~ (Wild) gestellt sein; *übertr* in die Enge getrieben sein; to bring to/hold at/keep at ~ (Wild) stellen, *übertr* in Schach halten; to turn to ~ sich stellen (*auch übertr*)⟩

[5]bay [beɪ] **1.** *s* Brauner *m* (Pferd); **2.** *adj* rötlichbraun

bay·ber·ry ['beɪbərɪ] *Bot s* Frucht *f* des Lorbeerbaumes | *Am* Frucht *f* der Wachsmyrte | Pimentbaum *m*

bay·let ['beɪlɪt] *s* kleine Bucht

bay| lau·rel ['beɪlɒrəl] *s* = **[1]bay**; **'~ leaf** *s Bot* Lorbeerblatt *n*

bay·o·net ['beɪənɪt|-ət] *Mil* **1.** *s* Bajonett *n*, Seitengewehr *n* ⟨to fix the ~ das Bajonett aufpflanzen⟩; **2.** *vt* mit dem Bajonett forttreiben *od* niederstoßen; **,~ 'fenc·ing** *s* Bajonettfechten *n*

bay|ou ['baɪu:] *s Am* sumpfiger (Fluß-) Nebenarm *m*; **'~ 'salt** *s* Seesalz *n*

bay rum ['beɪ 'rʌm] *s* Bayrum *m*, Pimentrum *m*, -spiritus *m*

bays [beɪz] *s/pl* Lorbeerkranz *m*; **'bay tree** = **[1]bay**

bay| win·dow ['beɪ wɪndəʊ] *s Arch* Erkerfenster *n*; **'~work** *s Arch* Fachwerk *n*

bay-wreath ['beɪri:θ] = **bays**

ba·za[a]r [bə'zɑ:] *s* (Orient) Basar *m*, Markt *m* | billiges Warenhaus ⟨shilling ~⟩ | Wohltätigkeitsbasar *m*, Verkaufsaktion *f* ⟨the Morning Star ~⟩

ba·zoo·ka [bə'zu:kə] *s Mil* Panzerfaust *f* | Panzerbüchse *f*

B-bat·te·ry ['bi: bætərɪ] *s El* Anodenbatterie *f*

be [bɪ|bi:] (*präs* **am** [m|əm|æm], **are** [ə|ɑ:], *arch* **art** [ɑ:t], **is** [z|ɪz], *prät* **was** [wəz|wɒz], **were** [wə|wɜ:], *part prät* **been** [bɪn|bi:n]) *vi* sein, existieren, leben ⟨~ your age! benimm dich!; there is/are es gibt⟩ | sich befinden ⟨to ~ at home zu Hause sein; here you are! *umg* da haben wir's!⟩ | stattfinden, geschehen, vor sich gehen, sich ereignen ⟨the meeting was yesterday; how is it that wie kommt es, daß⟩ | gehören (*mit poss*) ⟨the house is my father's das Haus gehört meinem Vater; the book is mine das Buch gehört mir⟩ | kosten ⟨how much is this? wieviel kostet das?; this book is 5 dollars dieses Buch kostet 5 Dollar⟩ | (er)gehen ⟨how are you? wie geht es dir?; to ~ well gesund sein⟩; **~ about** im Begriff sein | handeln von; **~ after** dahinter her sein, wünschen, erstreben; **~ at** dabeisein bei; **~ in** zu Hause sein, da sein; **~ in for** an der Reihe sein mit, (jmdm.) bevorstehen; **~ in on** eingeweiht sein, Anteil haben an; **~ off** weg-, fortgehen | ausfallen ⟨to ~ well (badly) off gut (schlecht) dran *od* gestellt sein⟩; **~ on** auf dem Programm stehen; **~ out** nicht zu Hause sein | *umg* arbeitslos sein | streiken; **~ over** vorbei sein; **~ up** (Zeit) um sein; *va* (*mit part präs zur Bildung der progressiven Formen*) sein ⟨he is (was) writing⟩ | (*vor inf mit to*) sollen, müssen, wollen, dürfen, können ⟨am I to thank? muß ich mich bedanken?; it is to ~ hoped es ist zu hoffen; you are not to do that das dürfen Sie nicht tun⟩ | (*mit part perf zur Bildung des pass*) werden ⟨I was asked ich wurde gebeten⟩

be- [bɪ] **1.** *präf zur Bildung von vt* (*aus v*) *mit der Bedeutung*: be-, über- (*auch übertr*) (*z. B.* **besmear** über und über beschmieren, **bemoan** trauern über, betrauern) | (*aus s*) *mit der Bedeutung*: versehen mit (*auch übertr*) (*z. B.* **bedew** mit Tau überziehen, **bedevil** verunsichern, durcheinanderbringen) | (*aus adj, n*) *mit der Bedeutung*: machen (zu), behandeln als (**belittle** verkleinern, schmälern, **befriend** zum Freund machen) | (*aus v*) *mit intensivierender Bedeutung* (*z. B.* **belaud** übertrieben loben); **2.** *präf zur Bildung von adj* (*aus adj auf -ed*) *mit intensivierender Bedeutung* (*z. B.* **beribboned** voller Bänder, **becalmed** ohne Wind)

beach [bi:tʃ] **1.** *s* Strand *m*, flaches (Meeres-) Ufer ⟨on the ~ am Strand⟩; **2.** *vt* (Schiff) auf Strand laufen *od* stranden lassen; *vi* auf Strand laufen, stranden; **'~ ,comb·er** *s* Strandwelle *f* | *übertr Sl* Strandgutjäger *m*; **'~ grass** *s Bot* Strandhafer *m*; **'~ head** *s Mil* Brücken- *od* Landekopf *m*; **~-la-mar** ['bi:tʃlə'mɑ:] *s Ling* Beach-la-Mar *n*, Pidgin *n* (in West-Ozeanien); **'~ suit** *s* Strandanzug *m*; **'~wear** *s* Strandkleidung *f*; **'~y** *adj* voller Kiesel, strandähnlich

bea·con ['bi:kən] **1.** *s* Leuchtturm *m*, -feuer *n* | Leucht-, Signalfeuer *n*, Feuerzeichen *n* | *Flugw* Landelicht *n* | *Brit* Verkehrsampel *f* ⟨flashing ~ Blinksignal *n* für Fußgänger⟩ | *Am Rundf* Richtstrahl *m* | *übertr* Fanal *n* (**to, for** für); **2.** *vt, auch* **~ off, ~ out** *Mar* mit Baken versehen | *übertr* erleuchten, erhellen; **'~age** *s Mar* Bakengeld *n*; **,~ 'buoy** *s Mar* Bakentonne *f*; **'~ course** *s Rundf* Peilstrahl *m*

bead [bi:d] **1.** *s* (Glas-, Holz- u. ä.) Perle *f* | Knöpfchen *n* | (Blei-) Kügelchen *n* | Tropfen *m* ⟨~ of sweat⟩; *meist* **'~ sight** *Mil* Korn *n* ⟨to draw a ~ [up]on zielen auf⟩ | *Tech* Schweißraupe *f*, Bördelrand *m*; **2.** *vt* mit Perlen schmükken | *Tech* umlegen, falten, sicken | *Tech* bördeln, falzen | *Tech* ausfräsen; *vi* perlen, Perlen bilden; **'~ ,cur·tain** *s* Perlenvorhang *m*; **'~ing** *s* Perlstickerei *f* | *Arch* Perlstab *m* | *Tech* Bördelrand *m* ⟨≈ machine *Tech* Einlegemaschine *f*, Bördelmaschine *f*⟩

bea·dle ['bi:dl] *s* Gerichts-, Kirchendiener *m*, Pedell *m*; **'~ship** *s* Amt *n* eines Gerichts- *od* Kirchendieners *m*

bead plane ['bi:d pleɪn] *s Tech* Rundhobel *m*

beads [bi:dz] *s/pl Rel* Rosenkranz *m* ⟨to count/say/tell one's ~ den Rosenkranz beten⟩; **'~man** *s*(*pl* **'~men**) *arch* Fürbitter *m* | Armenhäusler *m*; **'~,wom·an** *s* (*pl* **'~,wom·en**) *arch* Fürbitterin *f* | Armenhäuslerin *f*

bead| tyre ['bi:d taɪə] *s Kfz* Wulstreifen *m*; **'~work** *s* Perlenstickerei *f*; **~y** ['bi:dɪ] *adj* perlenartig | rund u. glänzend ⟨≈ eyes⟩ | perlend, Schaum- ⟨≈ liquor schäumendes alkoholisches Getränk⟩; **'~-eyed** *adj* mit Augen wie Perlen

bea·gle ['bi:gl] *s* Bracke *f*, kleiner Spürhund | *übertr* Spion *m*

[1]beak [bi:k] *s* (Vogel-) Schnabel *m* | (Insekten-) Rüssel *m* | *Tech* Tülle *f*, Schnauze *f*

[2]beak [bi:k] *s Brit Sl* Friedensrichter *m* | *umg* Pauker *m*

beaked [bi:kt] *adj* schnabelförmig, Schnabel- | spitz; **beak·er** ['bi:kə] *s* Becher *m*, Humpen *m* | *Chem* Becherglas *n*; **'beak·head** *s Mar* Vordeck *n*

be-all and end-all [,bi: ɔ:l (ə)n(d) 'end ɔ:l] *s* (*mit best art*) Einundalles *n*, Wichtigstes *n* ⟨the ~ of my life⟩ | das, was zählt *od* worauf alles ankommt, Wesenskern *m* ⟨the ~ of a detective story⟩

beam [bi:m] **1.** *s Arch* (Trage-) Balken *m*, Träger *m* | *Tech* Hebebaum *m* | Waagebalken *m* | *Mar* Decksbalken *m*, Ladebaum *m* | *Tech* Kett-, Weberbaum m | Pflugbaum *m* | *Zool* (Geweih-) Stange *f* | *El* Strahl *m*, Strahlenbündel *n* | *Rundf* Richstrahl *m* ⟨the ~ system⟩ | *Flugw* Leitstrahl *m* | Lichtstrahl *m* (*auch übertr*) | Lächeln *n*, strahlender Blick ⟨with a ~ of delight freudestrahlend⟩ ◇ **off the ~** *Sl übertr* falsch (liegen), auf dem Holzweg; **on the ~** *Sl übertr* in Ordnung, richtig, haut hin; **2.** *vt Arch* mit Balken versehen | (aus)strahlen (*auch Phys*) | *Rundf* senden, ausstrahlen (**to** nach); *vi* strahlen, glänzen | *übertr* strahlen, lächeln (**with** vor) ⟨to ~ on s.o. jmdn. anstrahlen⟩; ˌ**~ 'a·e·ri·al** *s Rundf* Richtstrahler *m*; ˌ**~-'ends** *s/pl* Waagebalkenenden *n/pl* | *Mar* Balkenköpfe *m/pl* ⟨on her ≈ (Schiff) auf der Seite, am Kentern; to be on one's ≈ *Sl übertr* mit seinem Latein am Ende sein, pleite sein⟩; ˌ**~ 'flux** *s Phys* Strahlenfluß *m*; **'~ing, '~y** strahlend, glänzend (*auch übertr*) (**with** vor)

bean [bi:n] *s Bot* Bohne *f* ⟨broad ~s Saubohnen *f/pl*; soya ~s Sojabohnen *f/pl*; not to care a ~/~s for s.th. *Am Sl* sich einen Dreck machen aus etw.; not to know ~s *Am Sl* keinen blassen Schimmer haben; to be full of ~s *Sl* lebensprühend, voller Leben *od* obenauf sein; to spill the ~s *Sl* aus der Schule plaudern⟩ | *Am Sl* Schädel *m*, Birne *f* ⟨loose in the ~ nicht ganz bei Troste⟩ | *Sl* kleine Münze ⟨not to have a ~ *Sl* keinen roten Heller haben; ~s *Sl* Moneten *f/pl*, Kohlen *f/pl*⟩; **'~ pad** *s Bot* Bohnenhülse *f*; **'~ pole** *s* Bohnenstange *f*; **'~ stalk** *s Bot* Bohnenstengel *m*

[1]**bear** [bɛə] **1.** *s Zool, Astr* Bär *m* ⟨Great[er] ≈, Lesser/Little ≈⟩ | *übertr* Tolpatsch *m* | *Wirtsch umg* Baissier *m*, Börsenspekulant *m* (*Ant* bull); **2.** *Wirtsch umg vi* auf Baisse spekulieren; *vt* drücken; **3.** *adj* (Preise) fallend

[2]**bear** [bɛə] (**bore** [bɔ:], **borne** [bɔ:n]) *vt* tragen ⟨to ~ arms Waffen tragen; to ~ in mind sich erinnern⟩ | tragen, aushalten ⟨the ice ~s s.o.'s weight⟩ | (Verantwortung) tragen | aufweisen, zeigen ⟨to ~ the signs of time die Zeichen der Zeit aufweisen; to ~ a part in s.th. Anteil haben an etw.⟩ | (Namen u. ä.) tragen, führen, haben | (Früchte) tragen, (er)bringen (*auch übertr*) ⟨to ~ fruit⟩ | (*part perf* **born**) (Kind) tragen; gebären | (Amt) innehaben | (*meist nach* can, could) er-, vertragen, erdulden, aushalten | (Gefühl u. ä.) hegen ⟨to ~ a grudge against s.o. jmdm. böse gesinnt sein; to ~ s.o. ill/malice jmdm. übelgesinnt sein⟩ | bezeigen, entgegen-, erbringen ⟨to ~ s.o. a hand jmdm. helfen; to ~ s.o. company jmdm. Gesellschaft leisten; to ~ witness to s.th. etw. bezeugen⟩; **~ o.s.** sich betragen, sich verhalten; **~ away** weg-, davontragen (*auch übertr*); **~ down** überwältigen; **~ off** weg-, davontragen (*auch übertr*); **~ out** eintreten für, unterstützen, bestätigen ⟨to ≈ a statement eine Feststellung bestätigen; to ~ s.o. out jmdn. unterstützen, jmdm. beipflichten⟩; **~ up** stützen; *übertr* ermutigen; *vi* (Eis) tragen, tragfähig sein | (Pflanze u.ä.) fruchtbar sein | (Tier) tragen, trächtig sein | leiden, dulden | eine Richtung einschlagen ⟨to ~ to the right sich rechts halten⟩ | einwirken, Einfluß haben (**[up]on** auf) ⟨to bring s.th. to ≈ etw. lenken *od* richten auf⟩ | drücken (**[up]on** auf); **~ down** *Mar* segeln, fahren ⟨to ≈ upon zusteuern *od* Kurs halten auf⟩; **~ in** *Mar* zusegeln, zusteuern (**with** auf); **~ out** *Mar* hinausfahren ⟨to ≈ to sea in See stechen, auslaufen⟩; **~ up** standhalten, fest bleiben | Widerstand leisten (**against** gegen) | *Brit* neuen Mut fassen | *Mar, übertr* zusegeln, zusteuern (**to, towards** auf); **~a·ble** ['bɛərəbl] *adj* tragbar, erträglich

beard [bɪəd] **1.** *s* Bart *m* | *Bot* Granne *f* | *Tech* Widerhaken *m*; **2.** *vt* (jmdn.) am Bart zupfen | (jmdn.) reizen | (jmdm.) Widerstand leisten *od* trotzen ◇ **~ the lion in his den** *lit übertr* die Höhle des Löwen aufsuchen; **'~ed** *adj* bärtig | *Bot* voller Grannen; **'~ grass** *s Bot* Bartgras *n*; **'~less** *adj* bartlos, ohne Bart | *übertr* grün, unreif | *Bot* grannenlos; ˌ**~ 'li·chen**, ˌ**~ 'moss** *s Bot* Bartflechte *f*

bear·er ['bɛərə] *s* Träger(in) *m(f)* | Überbringer(in) *m(f)* *Wirtsch* Inhaber(in) *m(f)* | Vorzeiger(in) *m(f)* (eines Wechsels u. ä.) | *Tech* Träger *m* | *Bot* (frucht)tragender Baum; *Zool* tragendes *od* trächtiges Tier; ˌ**~ cer'tif·i·cate** *s Wirtsch* Inhaberpapier *n*; ˌ**~ ˌstock cer'tif·i·cate** *s Wirtsch* Inhaberaktie *f*

bear·ing ['bɛərɪŋ] **1.** *adj* tragend; **2.** *s* Tragen *n* | (Früchte-) Tragen *n* | (Tier) Trächtigsein *n* | Ertragen *n*, Erdulden *n* ⟨beyond/past ~ unerträglich⟩ | Betragen *n*, Verhalten *n* | Haltung *f* | Beziehung *f*, Bezug *m* (**on** auf), Zusammenhang *m* (**on** mit) | Einfluß *m* (**on** auf) | *Flugw, Mar* Peilung *f*, Ortung *f* ⟨to take one's ~s sich orientieren (*auch übertr*)⟩ | *Arch* Trag-, Spannweite *f* | *Tech* (Zapfen-) Lager *n*, Lagerung *f* | *Bergb* Streichen *n* | *meist* **'~s** *pl Her* Wappenschild *n*; **'~ ˌcom·pass** *s Mar* Peilkompaß *m*; **'~ line** *s Flugw, Mar* Peillinie *f*; **'~ spring** *s Tech* Tragfeder *f*

bear|ish ['bɛərɪʃ] *adj* bärenhaft | *übertr* brummig | *übertr* tolpatschig | *Wirtsch* Baisse-; **'~'s-'gar·lic** *s Bot* Bärenlauch *m*; **'~skin** *s* Bärenfell *n*; **'~'s-wort** *s Bot* Bärwurz *f*

beast [bi:st] *s* (großes vierbeiniges, bes. wildes) Tier, Bestie *f* (*auch übertr*) ⟨~ of burden Lasttier *n*; ~ of chase Jagdwild *n*; ~ of prey, wild ~ Raubtier *n*⟩ | *Landw* Vieh *n* ⟨~ of draught Zugtier *n*, Zugvieh *n*⟩ | *umg* etwas Scheußliches ⟨a ~ of a job⟩; **'~ fa·ble** *s* Tierfabel *f*; **'~like** *adj* tierisch; **'~ly 1.** *adj übertr* tierisch, viehisch, roh | *umg* scheußlich ⟨≈ weather⟩; **2.** *adv* tierisch, viehisch, roh | *umg* verdammt, verteufelt, verflucht ⟨≈ cold⟩

beat [bi:t] **1.** (**~, ~en** ['bi:tn]) *vt* (wiederholt) schlagen (*auch übertr*) ⟨to ~ a drum die Trommel rühren; to ~ a retreat den Rückzug antreten, zum Rückzug blasen; to ~ one's brains sich den Kopf zerbrechen; to ~ the air *übertr* offene Türen einrennen; to ~ [the] time *Mus* den Takt schlagen⟩ | (Metall) schlagen, hämmern, schmieden | (Getreide) dreschen | (Teig, Eier) schlagen, rühren | (Wind, Regen) peitschen | prügeln, einschlagen auf ⟨to ~ s.o. black and blue jmdn. grün u. blau schlagen; to ~ s.th. into s.o. *übertr* jmdm. etw. einbleuen⟩ | (Teppich u. ä.) (aus)klopfen | auf und ab bewegen, schlagen ⟨to ~ the wings mit den Flügeln schlagen⟩ | (Weg u. ä.) stampfen, bahnen (*auch übertr*) ⟨to ~ one's way *Am umg* sich durchschlagen, per Anhalter fahren; to ~ the woods den Wald (nach Wild) durchstöbern⟩ | (Sport) (Rekord) brechen, überbieten ⟨to ~ the record einen neuen Rekord aufstellen⟩ | (Armee) besiegen, überwältigen, erschöpfen (*auch übertr*) ⟨that ~s all! *umg* das ist die Höhe!; not to be ~en *umg* nicht totzukriegen⟩ | *übertr umg* verwirren, verblüffen ⟨it ~s me how you do it⟩ | *Am umg* betrügen, beschummeln (**out of** um) ◇ **~ it!** *Sl* hau ab! zieh Leine! verdufte!; **can you ~ that / it!** *Sl* hast du Töne!; ist denn das die Möglichkeit!; **~ down** *übertr* niederschlagen | (Preise) herabsetzen; **~ in** einschlagen; **~ out** aushämmern | *übertr* herausarbeiten; **~ up** (Eier) schlagen | absuchen (**for** nach) | (etw.) auftreiben, aufstöbern | *Mil, übertr* überfallen | *Am Sl* verprügeln; *vi* schlagen (Herz); laut klopfen ⟨to ~ at the door an die Tür klopfen⟩ | den Takt schlagen (**to** zu) | *Mar* lavieren, kreuzen | sich mühsam (voran-, weiter)bewegen | (Jagd) treiben; **~ about the bush** *Brit*, **~ around the bush** *Am übertr* auf den Busch klopfen; **~ down** herabbrennen, -strahlen (Sonne u. ä.) (**on** auf); **~ up** *Mar* aufkreuzen ⟨to ~ up against the wind gegen den Wind segeln⟩; **2.** *s* Schlag *m* | Pochen *n*, Klopfen *n* | Pulsschlag *m* | Trommelschlag *m* | Taktschlag *m* | (Jazz) Beat *m* | *El* Interferenz *f* | Treibjagd *f* | *Am* (Zeitungs-) Sensationsmeldung *f* | Runde *f*, Bezirk m (e-s Polizisten u. ä.) ⟨to be on one's ~ seine Runde gehen; seinen Kontrollgang machen⟩ | *übertr* Bereich *m*, Gesichtskreis *m* ⟨to be off/ out of one's ~ etwas Ungewöhnliches tun⟩ | *umg* für **~nik**; **3.** *adj* erschöpft ⟨dead ~ völlig *od* zu Tode erschöpft⟩; **'~en 1.** *part perf* von ↑ ~ **1.**; **2.** *adj* geschlagen | *Tech* gehämmert ⟨≈ gold⟩ | (Weg u. ä.) ausgetreten, begangen ⟨the ≈ track *auch übertr* die alte *od* übliche Methode; to go off the ≈ track *übertr* nicht das Übliche tun; to keep to the ≈ track sich an das Bekannte *od* Übliche halten⟩ | besiegt, geschlagen | erschöpft | *übertr* abgedroschen; **'~er** *s* Schläger(in) *m(f)* | *Tech* Klopfer *m*, Stampfer *m*, Stößel *m* | (Jagd) Treiber *m*; **'~ fre·quen·cy** *s* *El* Schwebungsfrequenz *f*; **'~ Gen·e,ra·tion** *s hist* Verlorene Generation *f* (Beat Generation)

be·a·tif|ic [,bi:ə'tɪfɪk], **be·a'tif·i·cal** *adj* (glück)selig, beseligend | glückstrahlend; **be·at·i·fi·ca·tion** [bɪ,ætɪfɪ'keɪʃn] *s* (Glück-) Seligkeit *f* | *Rel* Seligsprechung *f*; **be'at·i·fy** *vt* (glück)selig machen | *Rel* seligsprechen

beat·ing ['bi:tɪŋ] *s* Schlagen *n* | Pochen *n*, Klopfen *n* | Prügel *pl*, Schläge *m/pl* ⟨to give s.o. a good ~ jmdm. eine tüchtige Tracht Prügel verabreichen⟩ | Niederlage *f* | (Jagd) Treiben *n* | *Mus* Taktschlag *m* | *Mar* Kreuzen *n*

be·at·i·tude [bɪ'ætɪtju:d] *s* (Glück-) Seligkeit *f* | *Rel* Seligsprechung *f*

beat|nik ['bi:tnɪk] *s umg* Beatnik *m*, Halbstarker *m*; **'~-'up** *adj umg* erschöpft

beau [bəʊ] **1.** *s* (*pl* **beaus, beaux** [~z]) Stutzer *m* | Schürzenjäger *m* | Liebhaber *m*, Verehrer *m*; **2.** *vt* den Hof machen

beau·ti|cian [bju:'tɪʃn] *s Am* Damenfriseur *m* | Kosmetiker(in) *m(f)*; **~ful** ['bju:təfl] **1.** *adj* schön ⟨the ≈ das Schöne⟩ | bewundernswert, eindrucksvoll, wunderbar | elegant, modebewußt ⟨~ men and interesting women⟩; **2.** *interj* toll! großartig! herrlich!; **~fy** ['bju:təfaɪ] *vt* schöner machen, verschönern; *vi* sich verschönern, schöner werden

beau·ty ['bju:tɪ] *s* Schönheit *f* ⟨~ is only skin deep der Schein trügt⟩ | Schönes *n* | Anmut *f* | (Person) Schöne *f*, Schönheit *f* ⟨Sleeping ~ Dornröschen *n*⟩ | *umg* Prachtstück *n*; **'~ aid** *s* kosmetisches Mittel; **'~ ,con·test** *s* Schönheitswettbewerb *m*; **'~ ,cul·ture** *s* Schönheitspflege *f*; **'~ ,par·lour, '~ shop** *s* Kosmetiksalon *m*; **'~ sleep** *s* Schlaf *m* vor Mitternacht; **'~ spot** *s* Schönheitspflästerchen *n* | schönes Fleckchen Erde

beaux [bəʊz] *pl* von ↑ **beau**

beaux-arts [bəʊ'za:] *s/pl* die schönen Künste *f/pl*

[1]**bea·ver** ['bi:və] *s Zool* Biber *m* | Biberpelz *m* | Biberhut *m* | *Sl* Mann mit Vollbart

[2]**bea·ver** ['bi:və] *s Mil Hist* (Helm) Kinnschutz *m* | *Hist* Visier *n*

bea·ver·y ['bi:vərɪ] *s* Biberbau *m*

be·bop ['bi:bɒp] *s* (Jazz) Bebop *m*

be·calm [bɪ'ka:m] *vt* beruhigen, besänftigen | *Mar* bekalmen; *vi Mar* (Wind) ruhig werden

be·came [bɪ'keɪm] *prät* von ↑ **become**

be·cause [bə'kɒz|bɪ~] **1.** *conj* weil, da; **2.** *präp* **~ of** wegen, infolge

[1]**beck** [bek] *s* Wink *m* (mit Hand *od* Kopf) ⟨to be at s.o.'s ~ and call auf jmds. Zeichen hin zur Verfügung stehen; to have s.o. (s.th.) at one's ~ and call jmdn. (etw.) zur ständigen Verfügung haben⟩

[2]**beck** [bek] *s Brit* (Wild-) Bach *m*

beck·on ['bekən] **1.** *vt* zu-, heranwinken, zunicken; *vi* winken, nicken; **2.** *s* Wink *m*, Nicken *n*

be·cloud [bɪ'klaʊd] *vt* umwölken, trüben (*auch übertr*)

be·come [bɪ'kʌm] (**be·came** [bɪkeɪm], **~**) *vi* werden (*mit präd s, adj*) ⟨to ~ a teacher Lehrer werden; to ~ accustomed to sich gewöhnen an⟩ | werden, geschehen (**of** aus) ⟨what will ~ of her was wird aus ihr [werden]?⟩ | sich schicken (Betragen u. ä.); *vt* (jmdm.) anstehen, sich (ge)ziemen für | (jmdm.) stehen, kleiden ⟨the new dress ~s her⟩; **be·com·ing 1.** *adj* passend (**to** zu), geziemend, schicklich (**to** für) | kleidsam ⟨≈ dress Kleid *n*, das einem steht⟩; **2.** *s* Werden *n*, Entstehen *n*, Entwicklung *f* ⟨a constant ≈⟩ | das Passende *od* Schickliche

bed [bed] **1.** *s* Bett *n* ⟨~ and board *Jur* Bett *n* u. Tisch *m*; ~ and breakfast Übernachtung *f* mit Frühstück; double ~ Doppelbett *n*; single ~ Einzelbett *n*, Übernachtung *f* für eine Person; to be brought to ~ of niederkommen mit; to go to ~ ins Bett gehen; to keep/ take to one's ~ das Bett hüten, im Bett bleiben müssen; to make the ~ das Bett machen; ~ of roses leichtes *od* unbeschwertes Leben; ~ of thorns Schmerzenslager *n*⟩ | Bett *n*, Matratze *f* ⟨feather ~ Unterbett *n*⟩ | (Tier) Lager *n* | Lager *n* (aus Stroh u. ä.) | (Fluß-) Bett *n* | *Tech* Unterlage *f*, Bettung *f*, Fundament *n* | *Eisenb* Unterbau *m*, Schotterbett *n* | *Arch* Untermauerung *f* | *Geol* Lager *n*, Schicht *f* | *Bergb* Flöz *n* | (Blumen-) Beet *n*; **2.** (**'~ded, '~ded**) *vt* (jmdn.) ins Bett legen, zu Bett bringen | betten (*auch übertr*) | *Tech* betten, einlegen, einmörteln, festlegen (**in** in); **~ down** (Pferd) in den Stall bringen, mit Streu versorgen | *Gartenb* (Blumen u. ä.) einpflanzen, in Beete pflanzen; **~ out** *Gartenb* (Pflanzen) auspflanzen; *vi auch* **~ down** sich schlafen legen, sich niederlegen | zusammen schlafen (**with** mit) | (Tier) lagern

bed|bug ['bedbʌg] *s Zool* Wanze *f*; **'~,car·pet** *s* Bettvorleger *m*; **'~,cham·ber** *s* Schlafzimmer *n*; **'~clothes** *s/pl* Bettwäsche *f*; **'~ding 1.** *s* Bettzeug *n* | Streu *f* | *Tech* Bettung *f* | *Arch* Untermauerung *f*; **2.** *adj Gartenb* Freiland-, Beet ⟨≈ plant⟩

be·dash [bɪ'dæʃ] *vt* (*bes* mit Farbe *od* Regen) bespritzen | spritzen gegen | *übertr* (Hoffnung u. ä.) untergraben, zerstören

be·daub [bɪ'dɔ:b] *vt* beschmieren, beschmutzen (**with** mit) | häßlich herausputzen

be·daz·zle [bɪ'dæzl] *vt* blenden (*auch übertr*)

be·deck [bɪ'dek] *vt* schmücken, zieren (**with** mit) ⟨~ed in lace in Spitze gehüllt⟩

be·dev|il [bɪ'devl] (**~illed, ~illed**) *vt* quälen | verwirren | *übertr* behexen; **be'dev·il·ment** *s* Verwirrung *f*, Durcheinander *n* | Besessenheit *f*

be·dew [bɪ'dju:] *vt* betauen, benetzen

bed|fel·low ['bed,feləʊ] *s selten* Bettgenosse *m*, Schlafkamerad *m* | *übertr* Kamerad *m*, Kumpel *m* ◇ **misfortune makes strange ~fellows** Leid vereint; im Unglück verbindet man sich mit den seltsamsten Leuten; **'~gown** *s* Nachthemd *n*

be·dim [bɪ'dɪm] *vt* trüben, verdunkeln

be·diz·en [bɪ'daɪzn] *vt* auf-, herausputzen, überladen, aufdonnern

bed·lam ['bedləm] *s arch* Irrenhaus *n* (*auch übertr*) | Irrer *m*

bed|pan ['bedpæn] *s* Wärmflasche *f* | *Med* Schieber *m*; **'~post** *s* Bettpfosten *m* ⟨between you and me and the ≈ ganz im Vertrauen gesagt, unter uns⟩

be·drag·gle [bɪ'drægl] *vt* (*bes* Kleidung) beschmutzen | durchnässen

bed|rid·den ['bedrɪdn] *adj* bettlägerig | *übertr* abgedroschen, haltlos ⟨≈ notions⟩; **'~rock** *s* Muttergestein *n*; **'~room** *s* Schlafzimmer *n*; **'~sheet** *s* Bettlaken *n*; **'~side** *s* Seite *f* des Bettes ⟨at the ≈ am (Kranken-) Bett⟩; **'~side 'lamp** *s* Nachttischlampe *f*; **'~side 'lit·er·a·ture** *s* leichte Unterhaltungslektüre; **'~side 'man·ner** *s* Verhalten *n* (e-s Arztes) am Krankenbett ⟨good ≈ eine taktvolle Einstellung gegenüber Kranken⟩; **,~-'sit·ter** *s umg* für **,~-'sit·ting·room** *s*

Wohnschlafzimmer *n*; **'~sore** *s Med* Dekubitus *m*, wundgelegene Stelle; **'~spread** *s* (Zier-, Tages-) Bettdecke *f*; **'~stead** *s* Bettstelle *f*, -gestell *n*; **'~straw** *s Bot* Labkraut *n*; **'~tick** *s* Inlett *n*; **'~time** *s* Schlafenszeit *f*

Bed·ou·in ['bedwɪn] **1.** *adj* Beduinen-, beduinisch; **2.** *s* Beduine *m*, Beduinin *f*

bee [bi:] *s Zool, übertr* Biene *f* ⟨as busy as a ~ emsig wie eine Biene; to have a ~ in one's bonnet (about s.th.) fixe *od* verrückte Ideen haben (über etw.); to put a ~ in s.o.'s bonnet *Sl* jmdm. Raupen in den Kopf setzen⟩ | *Am* Treffen *n* ⟨sewing ~ Nähkränzchen *n*; spelling ~ Rechtschreibewettbewerb *m*⟩

bee eff [bi: 'ef] = **b(loody) f(ool)** *s Sl* blöder Kerl, dummes Schwein

beech [bi:tʃ] *s Bot* Buche *f* | Buchenholz *n*; **'~ mast** *s* Bucheckern *f/pl*; **'~nut** *s* Buchecker *f*

beef [bi:f] **1.** *s* (*pl* **beeves** [bi:vz], *Am auch* **beefs** [bi:fs]) Rind *n* | Rindfleisch *n* | *übertr umg* (Muskel-) Kraft *f* ⟨plenty of ~ eine Menge Kraft⟩ | (*pl* **beefs**) *Am Sl* Nörgelei *f* | Beschwerde *f*; **2.** *meist* **~ up** *vt Am* verstärken, aufbessern | *Am Sl vi* nörgeln, meckern ⟨to ~ about herummeckern⟩ | *Am Sl* nicht dichthalten, ausplaudern; **'~ˌeat·er** *s* guternährter Mensch | Wächter *m* im Tower von London | Mitglied *n* der königlichen Garde; **'~steak** *s* (Beef-) Steak *n*; **'~ 'tea** *s* Fleisch-, Kraftbrühe *f*; **'~y** *adj* fleischig | *umg* muskulös, kräftig, stark

bee|hive ['bi:haɪv] *s* Bienenstock *m*; **'~ˌkeep·er** *s* Bienenzüchter *m*, Imker *m*; **'~ˌkeep·ing** *s* Bienenzucht *f*, Imkerei *f*; **'~line** *s* Luftlinie *f* ⟨to make a ≈ for *übertr* schnurstracks losgehen auf⟩

been [bɪn|bi:n] *part perf* von ↑ **be**

beer [bɪə] *s* Bier *n* ⟨small ~ Dünnbier *n*; *übertr* Kleinigkeit *f*, Lappalie *f*⟩; **'~y** *adj* bierartig, Bier- | (Person) nach Bier riechend

bees·wax ['bi:zwæks] **1.** *s* Bienenwachs *n*; **2.** *vt* mit Bienenwachs einreiben *od* polieren

beet [bi:t] *s Bot* Rübe *f* ⟨red ~ rote Rübe, rote Bete; white ~ Zuckerrübe *f*⟩

[1]**bee·tle** ['bi:tl] **1.** *s Zool* Käfer *m* | *Am Sl übertr* (netter) Käfer, (hübsches) Mädchen; **2.** *vi umg* **~ away (in/off/out)** sich schnell weg (hinein/fort/hinaus) bewegen

[2]**bee·tle** ['bi:tl] **1.** *s* Holzhammer *m*, Ramme *f*; **2.** *vt* stampfen, rammen

[3]**bee·tle** ['bi:tl] **1.** *adj* überhängend, vorstehend | (Brauen) buschig; **2.** *vi* überhängen, hervorragen ⟨beetling cliffs⟩; **'~-browed** *adj* mit buschigen Augenbrauen

beet|root ['bi:tru:t] *s Brit Bot* Runkelrübe *f*; **ˌ~'sug·ar** *s* Rübenzucker *m*

beeves [bi:vz] *pl* von ↑ **beef**

be·fall [bɪ'fɔ:l] (**be·fell** [bɪ'fel], **be·fallen** [bɪ'fɔ:lən]) (*nur in der 3. Pers*) *förml vt* (jmdn.) widerfahren, zustoßen ⟨what has befallen him?⟩; *vi* sich zutragen, geschehen ⟨these things befell⟩

be·fit [bɪ'fɪt] (**~ted, ~ted**) (*nur in der 3. Pers*) sich ziemen *od* schicken für ⟨to ~ s.o.'s position jmdm. in seiner Stellung gebühren⟩; **~ting** *adj* geziemend, schicklich

be·fogged [bɪ'fɒgd] *adj* nebelverhangen, in Nebel eingehüllt | *übertr* verwirrt, durcheinander

be·fool [bɪ'fu:l] *vt* (jmdn.) zum Narren halten | betören

be·fore [bɪ'fɔ:|bə-] **1.** *adv* (*räumlich*) vorn, voran ⟨to go on ~⟩ | (*zeitlich*) früher | vorher, zuvor, schon ⟨I've seen that ~; long ~ vor langer Zeit; the year ~ das Jahr zuvor, vorher⟩; **2.** *conj* bevor, ehe ⟨~ I leave⟩ **3.** *präp* vor ⟨~ long bald; ~ now schon früher; ~ one's time zu früh; ~ the mast als einfacher Matrose; to carry all ~ one in allem erfolgreich sein; to sail ~ the wind mit dem Wind [im Rücken] segeln⟩ | statt, lieber … als ⟨death ~ dishonour⟩; **~hand** ['~hænd] *adv* zuvor, vorher, im voraus

be·foul [bɪ'faʊl] *vt lit* beschmutzen, besudeln (*auch übertr*); **be'foul·ment** *s* Beschmutzung *f*, Besudelung *f* (*auch übertr*)

be·friend [bɪ'frend] *vt* (jmdn.) wie einen Freund behandeln | (jmdn.) unterstützen

be·fud·dle [bɪ'fʌdl] *vt* betrunken machen (*auch übertr*)

beg [beg] (**begged, begged**) *vt* betteln um, erbetteln ⟨to ~ bread⟩ | bitten um, erbitten (**of s.o.** von jmdm., **to** *mit inf* zu *mit inf*) ⟨to ~ a favour of s.o. jmdn. um eine Gefälligkeit bitten; I ~ your pardon Verzeihung!; wie bitte?⟩ | sich gestatten *od* erlauben (**to** *mit inf* zu *mit inf*) ⟨I ~ to point out that ich erlaube mir, darauf hinzuweisen, daß; I ~ to differ ich wage zu widersprechen⟩ | vermeiden, umgehen ⟨to ~ the real difficulties den echten Problemen aus dem Weg gehen; to ~ the question etw. als Wahrheit hinnehmen *od* als bewiesen annehmen, dem wahren Sachverhalt ausweichen⟩; **~ off** jmdn. entschuldigen, für jmdn. um Nachsicht bitten ⟨to ~ s.o. off⟩; *vi* betteln ⟨to live by ~ging vom Betteln leben⟩ | bitten (**for s.th.** um etw.) | (Hund) Männchen machen ◇ **to go ~ging** *Wirtsch* nicht gekauft werden, liegen bleiben ⟨the goods went ~ging⟩; **~ off** sich entschuldigen (lassen)

be·gad [bɪ'gæd] *interj umg* bei Gott!

be·gan [bɪ'gæn] *prät* von ↑ **begin**

be·get [bɪ'get] *vt* (**be·got** [bɪ'gɒt], **be·got·ten** [bɪ'gɒtn]) (er)zeugen | *übertr* verursachen, nach sich ziehen; **be'get·ter** *s* Erzeuger *m* (*auch übertr*)

beg·gar ['begə] **1.** *s* Bettler(in) *m(f)* ⟨~s must not be choosers *Sprichw* einem geschenkten Gaul schaut man nicht ins Maul; ~-my-neighbour (Kinderkartenspiel) Bettelmann⟩ | Spendensammler *m* | *umg* Bursche *m* | Kerl *m* ⟨a lucky ~ ein Glückspilz *m*; a poor little ~ ein armer kleiner Kerl⟩; **2.** *vt* (jmdn.) zum Bettler machen, ruinieren | *übertr* berauben | *übertr* übertreffen ⟨it ~s all description es spottet jeder Beschreibung⟩: **'~ly** *adj* bettlerhaft, Bettler- | *übertr* arm(selig); **'~weed** *s Bot* Vogelknöterich *m*; **'~y** *s* Bettelarmut *f* | Bettlertum *n* | *übertr* Armseligkeit *f*

be·gin [bɪ'gɪn] (**be·gan** [bɪ'gæn], **be·gun** [bɪ'gʌn]) *vt* beginnen, anfangen; *vi* beginnen, anfangen (**at** an, **with** mit, **to** *mit inf* zu *mit inf, mit ger* zu *mit inf*) ⟨to ~ [up]on s.th. sich versuchen an; to ~ with um damit zu beginnen, zunächst, erstens⟩; **be'gin·ner** *s* Anfänger(in) *m(f)*; **be'gin·ning** *s* Anfang *m*, Beginn *m* ⟨at the ≈ bei Beginn; in the ≈ anfangs, im Anfang; from the ≈ von Anfang an⟩; **be'gin·nings** *s/pl* Anfänge *m/pl*, Anfangsstadium *n* | Anfangsgründe *pl*

be·gird [bɪ'gɜ:d] (**be·girt, be·girt** [bɪ'gɜ:t] *od* **~ed, ~ed**) *vt* umgürten | einschließen | umgeben

be·gone [bɪ'gɒn] *arch 1. interj* [scher dich] fort!, weg! ⟨~ from my sight geh mir aus den Augen!⟩; *2. vi meist im inf* fort-, weggehen ⟨to be ordered to ~ aufgefordert werden zu gehen⟩

be·go·ni·a [bɪ'gəʊnjə] *s Bot* Begonie *f*

be·got [bɪ'gɒt] *prät* von ↑ **beget**; **be'got·ten 1.** *part perf* von ↑ **beget**; **2.** *adj* gezeugt

be·grime [bɪ'graɪm] *vt* beschmieren, beschmutzen (**with** mit)

be·grudge [bɪ'grʌdʒ] *vt* (jmdn.) beneiden, (jmdm. etw.) mißgönnen, neiden | (jmdm. etw.) ungern geben

be·guile [bɪ'gaɪl] *vt* täuschen, betrügen ([**out**] **of** um) | verleiten (**into** *mit ger* zu *mit inf*) | *auch* **~ away** (Zeit) vertreiben, verkürzen (**with** mit) | *übertr* (fesselnd) unterhalten, betören, locken; **be'guile·ment** *s* Täuschung *f*, Betrug *m*

be·guine [bɪ'gi:n] *s* (Tanz) Beguine *f*

be·gun [bɪ'gʌn] *part perf* von ↑ **begin**

be·half [bɪ'hɑ:f] *s* Behuf *m*, Nutzen *m*, *meist in:* **on ~ of s.o.**, *selten:* **in ~ of s.o.** in jmds. Namen; **on ~ of s.th.** mit Rücksicht auf etw., im Interesse von etw.; **on my ~** meinetwegen; **on s.o.'s ~** um jmds. willen

be·have [bɪ'heɪv] *vi* sich benehmen, sich betragen, sich verhalten (**to, towards** gegen) ⟨~ yourself! benimm dich [ordentlich]!; to ~ badly (well) sich schlecht (ordentlich) benehmen⟩ | (Motor u. ä.) arbeiten, funktionieren, gehen; **be'hav·iour** [~ɪə] *s* Benehmen *n*, Betragen *n*, Verhalten *n* (**to, towards** gegenüber) ⟨on s.o.'s good ≈ auf Bewährung; to be on one's good (best) ≈ sich gut (ausgezeichnet) aufführen; to put s.o. on his best ≈ jmdn. anhalten, sich gut aufzuführen⟩ | *Chem, Phys* Reaktion *f*, Verhalten *n*; **be'hav·iour·ism** *s Psych* Behaviorismus *m*; **be'hav·iour·ist 1.** *s* Behaviorist *m*, Anhänger *m* des Behaviorismus; **2.** *adj* behavioristisch

be·head [bɪ'hed] *vt* köpfen, enthaupten; **be'head·al**, **be'head·ing** *s* Enthauptung *f*

be·held [bɪ'held] *prät* u. *part perf* von ↑ **behold**

be·hest [bɪ'hest] *s poet* Geheiß *n*, Befehl *m* ⟨at s.o.'s ~ auf jmds. Geheiß⟩

be·hind [bɪ'haɪnd] **1.** *adv* hinten, dahinter, hinterher ⟨from ~ von hinten; leave ~ zurücklassen⟩ | nach hinten, zurück ⟨to fall/ lag ~ zurückfallen, -hängen; to remain/ stay ~ zurückbleiben⟩; **2.** *präd adj* rückständig, hinterher (**in, with** mit); **3.** *präp* hinter, zurück, nach (*auch übertr*) ⟨~ one's back hinter jmds. Rücken; ~ the scenes *übertr* im geheimen; hinter den Kulissen; to put s.th ~ one *übertr* etw. unberücksichtigt lassen⟩ | (zeitlich) zurück, hinter ⟨~ the times altmodisch; ~ time verspätet, zu spät⟩ | (Rang-, Reihenfolge), hinter, zurück ⟨to be (far) ~ s.o. (weit) hinter jmdm. zurück sein, jmdm. nachstehen⟩; **4.** *s umg* Hinterteil *n*, Hintern *m* ⟨to fall on one's ~⟩; **~hand** ['~hænd] *adv, präd adj* im Rückstand (**with, in** mit) | verschuldet | verspätet | *übertr* altmodisch, rückständig

be·hold [bɪ'həʊld] (**be·held, be·held** [bɪ'held]) *arch vt* (*bes* etw. Ungewöhnliches) sehen, erblicken ⟨~! sieh da!⟩; **be'hold·en** *adj* (zu Dank) verpflichtet, verbunden (**to** gegenüber); **be'hold·er** *s* Zuschauer *m*

be·hoof [bɪ'hu:f] *s* Vorteil *m*, Nutzen *m* ⟨for / on / to s.o.'s ~, for / on / to the ~ of s.o. zu jmds. Vorteil⟩

be·hoove [bɪ'hu:v] *Am* für **behove**

be·hove [bɪ'həʊv] *vt arch impers* sich schicken für ⟨it ~s you to es gehört sich für dich zu *mit inf*⟩

beige [beɪʒ] **1.** *adj* beige(farben); **2.** *s* Beige *n* | Beige *f* (Stoff)

be·ing ['bi:ɪŋ] *s* (Da-) Sein *n*, Existenz *f* ⟨in ~ lebend, existierend, vorhanden; to bring / call into ~ ins Leben rufen; to come into ~ entstehen⟩ | (menschliches) Wesen, Geschöpf *n*, Kreatur *f*

be·jew·el [bɪ'dʒu:əl] (**be'jew·elled ˌbe'jew·elled**) mit Juwelen schmücken *od* behängen

be·la·bour [bɪ'leɪbə] *vt* des langen und breiten erörtern ⟨to ~ a point ein Thema breitreden⟩ | *übertr* bearbeiten, totreden (**with** mit) ⟨to ~ s.o. with arguments jmdn. mit Argumenten bestürmen⟩ | *selten* (durch)prügeln, verhauen (**with** mit)

be·lat·ed [bɪ'leɪtɪd] *adj* verspätet

be·lay [bɪ'leɪ] (**be'layed, be'layed**) **1.** *vt Mar* (Tau) belegen, anbinden, festmachen | (Bergsteigen) (jmdn.) sichern; **2.** *vi imp Mar* aufhören!, halt!; **3.** *Mar* Seilschlinge *f* | (Bergsteigen) Sicherung *f*; **'~ing-pin** *s Mar* Belegnagel *m*

belch [beltʃ] **1.** *vi* rülpsen, aufstoßen | *auch* **~ out** *vt* ausstoßen, ausspeien (Vulkan u. ä.) ⟨to ~ out smoke⟩; **2.** *s* Rülpsen *n*, Aufstoßen *n*, Rülpser *m* | (Vulkan u. ä.) Ausbruch *m*, Ausstoß *m*

bel·dam[e] ['beldəm] *s* alte Frau | *verächtl* alte Hexe *od* Vettel | *arch* Großmutter *f*

be·lea·guer [bɪ'li:gə] *vt bes Mil* belagern, umzingeln ⟨a ~ed city⟩ | *übertr* heimsuchen, plagen ⟨~ed parents⟩

bel·fry ['belfrɪ] *s* Glockenturm *m* | Glockenstuhl *m*, -gehäuse *n* | *Hist Mil* Belagerungsturm *m*

Bel|gian ['beldʒən] **1.** *adj* belgisch; **2.** *s* Belgier(in) *m f*); **~gi·um** ['beldʒəm] Belgien

be·lie [bɪ'laɪ] *vt arch* verleumden | Lügen strafen | (e-r Tatsache) nicht entsprechen | (Hoffnung, Versprechen u. ä.) enttäuschen, nicht erfüllen

be·lief [bɪ'li:f] *s* Glaube *m* (**in** an) ⟨in the ~ that in der Annahme, daß; beyond / past ~ unglaublich⟩ | Vertrauen *n* (**in** auf) ⟨to have ~ in one's doctor zu seinem Arzt Vertrauen haben⟩ | *Rel* Glaube *m* ⟨the ~ das Apostolische Glaubensbekenntnis⟩ | Meinung *f*, Überzeugung *f* ⟨to the best of one's ~ nach bestem Wissen u. Gewissen⟩

be·liev·a·ble [bɪ'li:vəbl] *adj* glaubhaft, -würdig; **be·lieve** [bɪ'li:v] *vi* glauben (**in** an, **that** daß) | vertrauen (**in** auf) | glauben, meinen, denken (**of s.o.** über, von jmdm.); *vt* (jmdm.) glauben, Glauben schenken | (etw.) glauben, denken, meinen ⟨to ~ s.o. to be jmdn. halten für⟩; **be'liev·er** *s* (*bes Rel*) Gläubige(r) *f(m)*; **be'liev·ing 1.** *adj* glaubend, gläubig; **2.** *s* Glaube[n] *m*

be·lit·tle [bɪ'lɪtl] *vt* verkleinern, vermindern, herabsetzen, schmälern ⟨to ~ o.s. zu bescheiden sein⟩

[1]**bell** [bel] **1.** *s* Glocke *f*, Klingel *f*, Schelle *f* ⟨clear as a ~ glockenrein; that rings a ~ *übertr* das kommt mir bekannt vor; to answer the ~ (auf das Klingeln hin) öffnen; to ring / toll the ~ läuten, klingeln⟩ | *Mus* (Trompete u. ä.) Schalltrichter *m* | Taucherglocke *f* | *Arch* Glocke *f*, Kelch *m* | *Bot* Kelch *m* ⟨the ~ of a flower⟩ | *übertr* Preis *m*, Belohnung *f* ⟨to bear / carry away / off the ~ den Sieg davontragen⟩ ◇ **as sound as a ~** (Person) kerngesund, (Sache) absolut in Ordnung; **with ~, book and candle** mit allem Drum und Dran, in aller Form; **2.** *vt* mit einer Glocke versehen ⟨to ~ a camel⟩ | klingeln (nach) ⟨to ~ s.o.⟩ ◇ **~ the cat** *übertr* der Katze die Schelle umhängen, etwas Riskantes unternehmen

[2]**bell** [bel] **1.** *vi* (Hirsch) röhren, schreien; **2.** *s* Röhren *n*, Brunftschrei *m*

bel·la·don·na [ˌbelə'dɒnə] *s Bot* Tollkirsche *f* | *Med* Atropin *n*

bell|·an·i·mal ['bel ˌænəml] *s Zool* Glockentierchen *n*; **'~boy** *s Am* Hotelpage *m*, (Hotel-) Boy *m*; **'~ buoy** *s Mar* Glokkenboje *f*; **ˌ~ 'but·ton** *s* Klingelknopf *m*; **'~ cage** *s Arch* Glockenstuhl *m*; **'~ cord** *s* Klingelschnur *f*

belle [bel] *s* Schöne *f*, Schönheit *f*

belles-let·tres [ˌbel 'letrə] *s/pl* Belletristik *f*, schöne Literatur; **bel·le·tris·tic** [ˌbelə'trɪstɪk] *adj* belletristisch

bell|flow·er ['belˌflauə] *s Bot* Glockenblume *f*; **'~ ˌfound·er** *s* Glockengießer *m*; **'~ ˌfound·ry** *s* Glockengießerei *f*; **'~ glass** *s* Glasglocke *f*; **'~ ˌheath·er** *s Bot* Glockenheide *f*; **'~hop** *s Am Sl* Hotelpage *m*, (Hotel-) Boy *m*

bel·li|cose ['belɪkəʊs] *adj* kriegerisch, kampflustig; **~cos·i·ty** [ˌbelɪ'kɒsətɪ] *s* Kriegs-, Kampflust *f*

bel·lied ['belɪd] *adj* bauchig | mit einem Bauch

bel·lig·er|ence [bə'lɪdʒərəns] *s* Kampflust *f* | Kriegführung *f*; **be'lig·er·en·cy** *s* Kriegszustand *m*; **be'lig·er·ent 1.** *adj* kampf-, kriegslustig, streitsüchtig ⟨≈ gesture kriegführend; the ≈ powers⟩; **2.** *s* kriegführende Macht

bell·mouth ['belmauθ] *s Mus* Schalltrichter *m*

bel·low ['beləʊ] **1.** *vi* brüllen, laut schreien; *vt* (*meist* **~ out / forth**) laut äußern, schreien ⟨to ~ out a command⟩; **2.** *s* Gebrüll *n*; Geschrei *n*

bel·lows ['beləʊz] **1.** *s/pl, auch* **pair of ~** Blasebalg *m* | *Tech*

Gebläse *n* | *Foto* (Kamera-) Balg *m*; **2.** *vt* (Feuer) anblasen, anfachen

bell|pull ['belpʊl] *s* Klingelzug *m*; '~ ,**ring·er** *s* Glöckner *m*; '~ **rope** *s* Klingelschnur *f* | Glockenstrang *m*; **bells** *s/pl* Glockenspiel *n* | *Mar* Glasen *pl*, Schlagen *n* der Schiffsglocke ⟨8 ≈ acht Glasen⟩ ◇ **with bells on** *übertr Sl* herausgeputzt und guter Laune; im Vorteil; voll da; '~,**weth·er** *s* Leithammel *m* (*auch übertr*) | *übertr* richtungsweisende Tendenz; '~ **wir·ing** *s El* Klingelleitung *f*; '~**wort** *s Bot* Glockenblume *f*

bel·ly ['belɪ] **1.** *s* Bauch *m* | Leib *m* | Magen *m* ⟨with an empty ~ hungrig⟩ | Unterleib *m* | *übertr* Inneres *n* | *übertr* Gefräßigkeit *f* | Ausbauchung *f*, Rundung *f* | *Mus* (Geige) Decke *f*, (Klavier) Resonanzboden *m*; **2.** *vt auch* ~ **out** (an)schwellen lassen, (aus)bauchen; *vi* (an)schwellen, überhängen; '~**ache 1.** *s* Leibschmerzen *m/pl*, *Sl auch übertr*; **2.** *vi Sl* klagen, jammern; ~**ful** ['~fʊl] *umg s* Bauch *m* (voll) | *übertr* (zur) Genüge *f* ⟨to have a / one's ≈ of s.th. von etw. genug haben, von etw. die Nase voll haben⟩; '~-**land** *vi Flugw* bauchlanden; '~,**land·ing** *s Flugw* Bauchlandung *f*

be·long [bɪ'lɒŋ] *vi* gehören (**to** zu, **to s.o.** jmdm.) | an-, zugehören ⟨to ~ to a club⟩ | sich gehören, sich geziemen (**for, to** für); **be'long·ings** *s/pl* Habseligkeiten *pl*, Habe *f*, Zubehör *n* ⟨personal ≈⟩ | *umg* Angehörige *m, f/pl*

be·lov·ed [bɪ'lʌvd] *präd adj, part perf* geliebt (**by**, *förml. auch* **of** von); [bɪ'lʌvɪd] **1.** *attr adj* geliebt ⟨my ~ wife⟩; **2.** *s* Geliebte(r) *f(m)* ⟨my ~⟩ ◇ **dearly ~** (*pl konstr*) *Rel* meine Lieben *pl*

be·low [bɪ'ləʊ] **1.** *adv* unten, hinunter, hinab (*Ant* above) ⟨down ~ im Erdgeschoß; from ~ von unten⟩ | auf der Erde ⟨here ~⟩ | *Mar* unter Deck ⟨to go ~⟩ | niedriger im Rang *od* in der Zahl ⟨captain and ~; 50 and ~⟩ | (Buchseite) unten ⟨see page 10 ~ siehe Seite 10 unten⟩ | unter Tage ⟨miners working ~⟩ | unter Wasser; **2.** *präp* unter(halb) ⟨~ zero unter Null⟩ | (flußabwärts) unterhalb ⟨~ the bridge⟩ | *übertr* unter ⟨~ me unter meiner Würde; ~ one's breath flüsternd; ~ the mark von schlechter Qualität; *übertr* krank⟩

belt [belt] **1.** *s* Gürtel *m*, Gurt *m* ⟨to hit below the ~ einen unfairen Schlag versetzen; *übertr* unfair kämpfen⟩ | *Mil* Koppel *f* | *Mil* (Maschinengewehr-) Gurt *m* | *Tech* (Treib-) Riemen *m* ⟨conveyor ~ Förderband *n*, -gurt *m*⟩ | *übertr* Gürtel *m*, breiter Streifen, Zone *f*, Gebiet *n* ⟨forest ~; green ~ Parkstreifen *m*; the cotton ~⟩ | (Anstrich) Absetzstreifen *m* | *Geogr* Meerenge *f*, Belt *m*; **2.** *vt* umgürten ⟨to ~ s.th. on etw. umgürten⟩ | mit Streifen, versehen | *Mil* gürten | *Am Sl* verprügeln; ,~ **con'vey·er** *s Tech* Förderband *n*, Bandförderer *m*; ,~ '**cou·pling** *s Tech* Riemenkupplung *f*; ,~ **drive** *s Tech* Riemen(scheiben)antrieb *m*; '~ **saw** *s* Bandsäge *f*

bel·ve·dere ['belvɪdɪə] *s* Belvedere *n*, Lustschloß *n* | Gartenhaus *n*

be·mean [bɪ'mi:n] *vt* erniedrigen, demütigen

be·mire [bɪ'maɪə] *vt* beschmutzen, besudeln (*auch übertr*)

be·moan [bɪ'məʊn] *vt* betrauern, beklagen; *vi* trauern, klagen

ben [ben] *s Schott* Berg(gipfel) *m* ⟨~ Nevis⟩

bench [bentʃ] **1.** *s* Bank *f* | Werk-, Arbeitsbank *f* | *übertr* Produktion *f* ⟨scientists at the ~ Wissenschaftler vor Ort; to supply information to the ~ Information in die Praxis überleiten⟩ | *Jur* Richterbank *f*, Gericht *n* | (*mit def art*) *collect* Richter *m/pl* ⟨to be raised to the ~ zum Richter ernannt werden⟩ | *Parl* Sitz *m*, Platz *m* ⟨front ~es Plätze *m/pl* der Minister und Fraktionsführer; back ~es Plätze *m/pl* der weniger prominenten Abgeordneten; cross ~es Plätze *m/pl* der Unabhängigen⟩ | *Mar* Ruderbank *f*; **2.** *vt* mit Bänken *od* Arbeitstischen versehen; *vi* auf der Richterbank sitzen; '~**er** *s Brit Jur* Vorstandsmitglied *n* einer Rechtsinnung | Ruderer *m*; '~ **lathe** *s Tech* Tischdrehbank *f*; '~ **mark** *s* (Landvermessung) Nivellierungszeichen *n*, Fest-, Fixpunkt *m*; | Höhenbolzen *m*; '~ **plane** *s* Bankhobel *m*; '~ **sci·en·tist** *s* im Labor arbeitender, experimentelle Forschungen betreibender Wissenschaftler; '~ ,**war·rant** *s Jur* Haftbefehl *m*

bend [bend] **1.** *s* Krümmung *f*, Biegung *f*, Knick *m*, Windung *f*, Kurve *f* | *Mar* Knoten *m* | *Tech* Bogen *m*, Schleife *f*; **2.** (**bent, bent** [bent]) *vt* biegen, krümmen, beugen, neigen ⟨with bent brow mit gerunzelter Stirn; to ~ one's head den Kopf neigen; to ~ the knee to niederknien vor, beten zu⟩ | (Bogen) spannen | *Mar* (Tau, Segel) befestigen | *übertr* beugen, bezwingen, unterwerfen (**to** unter) | richten, lenken ⟨to ~ one's step seine Schritte lenken; to be bent on s.th. auf etwas erpicht sein; to ~ one's mind to s.th. einer Sache Aufmerksamkeit schenken⟩; *vi* sich krümmen, sich biegen, sich beugen, sich neigen (**before, to** vor, **over** über) | *übertr* sich beugen, sich unterwerfen (**to s.o.** jmdm.) | sich wenden | (ab)biegen ⟨the road ~s to the left die Straße biegt nach links ab⟩; ~ **back** sich zurückbeugen; ~ **down** sich niederbeugen; ~ **forward** sich bücken; '~**a·ble** *adj* biegsam; '~**er** *s Tech* Biegeapparat *m*, -maschine *f* | *Sl* Sauferei *f* ⟨to go out on a ≈ einen draufmachen⟩; '~**ing 1.** *s* Biegung *f*, Krümmung *f* | *Geol* Faltung *f*; **2.** *adj* Biege-, Biegungs-; '~**ing ma,chine** *s Tech* Biegemaschine *f*; '~**ing test** *s* Biegetest *m*; '~**some** *adj* biegsam

be·neath [bɪ'ni:θ] **1.** *adv* unten ⟨on the earth ~ auf Erden⟩ | *übertr* in niedriger Stellung | niedrigen Ranges; **2.** *präp* unter, unterhalb ⟨~ the horizon⟩ | *übertr* unter, (e-r Sache, jmds.) unwürdig ⟨~ contempt nicht der Verachtung wert; it is ~ you to *mit inf* es ist deiner unwürdig *mit inf*⟩

Ben·e·dic·tine [,benɪ'dɪktɪn] **1.** *s Rel* Benediktinermönch *m* | *Rel* Benediktinernonne *f*; **2.** *adj Rel* Benediktiner-; [,benɪ'dɪkti:n] Benediktiner(likör) *m*

ben·e·dic|tion [,benɪ'dɪkʃn] *s* Segen *m* ⟨to pronounce the ≈ den Segen sprechen⟩ | *Rel* Dankgebet *n* | *Rel* Weihe *f*, Einsegnung *f*; **ben·e'dic·to·ry** *adj* segnend, Segens-

ben·e·fac|tion [,benɪ'fækʃn] *s* Wohltat *f* | (Wohltätigkeits-) Spende *f*; ~**tive** [,benɪ'fæktɪv] *adj Ling* benefaktiv ⟨≈ case Rollentyp Empfänger⟩; ~**tor** ['benɪfæktə] *s* Wohltäter *m*; ~**tress** ['benɪfæktrəs] *s* Wohltäterin *f*

ben·e|fice ['benɪfɪs] *s Rel* Pfründe *f*; Pfarrei *f*; ~**ficed** ['~fɪst] *adj Rel* im Besitz einer Pfründe ⟨≈ clergyman⟩; **be·nef·i·cence** [bɪ'nefɪsəns] *s* Wohltätigkeit *f*; **be·nef·i·cent** [bɪ'nefɪsənt] *adj* wohltätig; ~**fi·cial** [,benɪ'fɪʃl] *adj* wohltuend; nützlich, zuträglich (**to s.th.** für, e-r Sache) | *Jur* nutznießend; ~**fi·ci·ar·y** [,benɪ'fɪʃərɪ] **1.** *adj* Pfründen-; **2.** *s* Pfründner *m* | *Hist* Lehnsmann *m* | *Jur* Berechtigte(r) *f(m)*, Begünstigte(r) *f(m)*, Empfänger(in) *m(f)*, Versicherungsnehmer(in) *m(f)* ⟨≈ under a will im Testament Bedachte(r) *f(m)*⟩ | Unterstützungsempfänger *m*

ben·e·fit ['benɪfɪt] **1.** *s* Nutzen *m*, Vorteil *m* | Hilfe *f* ⟨for the ≈ of zum Nutzen von; to be of (much) ~ to (sehr) zum Nutzen sein für; to derive / get ~ from Nutzen ziehen aus; to give s.o. the ~ of a doubt im Zweifelsfalle die günstige Auslegung annehmen⟩ | Wohltat *f* ⟨to receive ~ from⟩ | *auch* '~ **per,formance** *Theat* Wohltätigkeitsveranstaltung *f* | *Wirtsch* Versicherungsleistung *f* ⟨medical ~s Leistungen *f/pl* der Krankenversicherung; maternity ~ Wochengeld *n*⟩ | *Wirtsch* Zuschuß *m*, Beihilfe *f* ⟨unemployment ~ Arbeitslosenunterstützung *f*⟩; **2.** *vt* (**~ted, ~ted**) (jmdm.) nützen, Nutzen bringen | fördern, begünstigen; *vi* Vorteil haben, Nutzen ziehen (**by, from** von, aus, durch)

Be·ne·lux ['benəlʌks] *adj* Benelux- ⟨the ~ countries⟩

be·nev·o|lence [bə'nevələns] *s selten* Wohlwollen *n*, Güte *f* | Wohltätigkeit *f*; **~lent** [~ lənt] *adj* wohlwollend, gütig (**to** zu, gegenüber) | wohltätig; **'~lent fund** *s* Wohltätigkeitsfonds *m*; **,~lent ,in·sti·'tu·tion** *s* Wohltätigkeitsverein *m*

Ben·ga·li [beŋ'ga:lɪ] **1.** *s* Bengale *m*, Bengalin *f* | *Ling* Bengali *n*; **2.** *adj* bengalisch

Ben·gal light ['beŋgɔ:l 'laɪt] *s* bengalisches Feuer, Bengalfeuer *n*

be·night·ed [bɪ'naɪtɪd] *lit adj* von der Dunkelheit überrascht ⟨~ travellers⟩ | *übertr* unwissend, rückständig, in Unwissenheit ⟨a ~ country; ~ minds⟩

be·nign [bɪ'naɪn] *adj* (Person) freundlich, gütig | angenehm, wohltuend | (Klima u. ä.) mild | (Boden) fruchtbar | *Med* gutartig (*Ant* malignant) | *Astr* (Konstellation) günstig; **be·nig·nan·cy** [bɪ'nɪgnənsɪ] *s* Freundlichkeit *f*, Güte *f*; *Med* Gutartigkeit *f*; **be'nig·nant** *adj* freundlich, gütig | wohltuend; **be'nig·ni·ty** *s* Freundlichkeit *f*, Güte *f* | Milde *f* | Wohltat *f* | *Med* Gutartigkeit *f*

[1]**bent** [bent] **1.** *prät* u. *part perf* von ↑ **bend 2.**; **2.** *s übertr* Hang *m*, Neigung *f* ⟨to follow one's ~ seinen Neigungen nachgehen; to have a ~ for etw. übrig haben für, etwas gern tun; to the top of one's ~ nach Herzenslust⟩

[2]**bent** [bent] *s Bot* Heidekraut *n* | Straußgras *n* | *poet* Heide *f*

be·numb [bɪ'nʌm] *vt* (*meist pass*) betäuben, gefühllos machen, erstarren lassen ⟨hands ~ed by / with cold vor Kälte starre Hände⟩

ben|zene ['benzi:n|ben'zi:n] *s Chem* Benzol *n*; **~zine** [~] *s Chem* Benzin *n*; **~zo·ic** [ben'zəuɪk] *adj Chem* Benzol- ⟨≈ acid Benzolsäure *f*⟩; **~zol** ['benzɒl|-əul] = **benzene**; **benz·py·rene** [benz'paɪri:n] *s Chem* Benzpyren *n*; **~zyl** [~zi:l] *s Chem* Benzyl *n*

be·queath [bɪ'kwi:ð] *vt Jur* vermachen, hinterlassen (**to s.o.** jmdm.) | überliefern; **be·quest** [bɪ'kwest] *Jur* **1.** *s* Vermächtnis *n*; **2.** *vt* hinterlassen

be·rate [bɪ'reɪt] *vt urspr Am* heftig ausschimpfen *od* schelten

be·reave [bɪ'ri:v] (**be·reft, be·reft** [bɪ'reft]) *vt* berauben (**of s.th., s.o.** einer (*abstr*) Sache, jmdn.) ⟨it bereft him of his speech es verschlug ihm die Sprache⟩; (**be·reaved, be·reaved** [bɪ'ri:vd]) (durch Tod) (be)rauben, hilflos, verwaist zurücklassen ⟨the accident bereaved him of his wife der Unfall nahm ihm seine Frau⟩; **be,reaved** *adj* (durch den Tod) beraubt | hinterblieben | verwaist ⟨the ≈ husband⟩; **be,reave·ment** *s* Beraubung *f*, schmerzlicher Verlust (durch Todesfall); **be,reft** *prät* u. *part perf* von ↑ **bereave** beraubt ⟨≈ of hope ohne jede Hoffnung, jeder Hoffnung beraubt; ≈ of reason wahnsinnig⟩

be·ret ['bereɪ|'-rɪt] *s* Baskenmütze *f* | *Mil* Felduniformmütze *f*, Käppi *n* ⟨Green Berets *Am Mil* Ledernacken *m*⟩

berg [bɜ:g] *s* Eisberg *m*

ber·ga·mot ['bɜ:gəmɒt] *s Bot* Bergamottenbaum *m* | *Bot* Bergamotte(nbirne) *f*

ber·i·ber·i [,berɪ'berɪ] *s Med* Beriberi *f*

Ber·lin| black ['bɜ:lɪn 'blæk] *s* schwarzer Eisenlack; **'~ 'blue** *s* Berliner Blau *n*, Preußischblau *n*; **'~ 'gloves** *s/pl* gestrickte *od* gehäkelte Handschuhe *m/pl*; **'~ 'wool** *s* feine Strickwolle; **'~ work** *s* Kammgarnstickerei *f*, Kreuzstich *m*

berm[e] [bɜ:m] *s Mil* Berme *f*, Wall *m*

Ber·mu·da shorts [bə'mju:də 'ʃɔ:ts] *s/pl* knielange Shorts *m/pl*, knielange Hosen *f/pl*

Ber·nard·ine ['bɜ:nədɪn|-di:n] **1.** *s* Bernhardinermönch *m*, -nonne *f*; **2.** *adj* Bernhardiner-

ber·ry ['berɪ] *s Bot* Beere *f*; **'~ al·der** *s Bot* Faulbaum *m*

ber·serk [bɜ:'sɜ:k] *adj, adv* wütend ⟨to run/go ~ Amok laufen⟩; **'~er** *s Hist übertr* Berserker *m*

berth [bɜ:θ] **1.** *s* Ankerplatz *m*, -grund *m* ⟨to give a wide ~ to weit fernhalten von; *übertr* einen großen Bogen machen um⟩ | *Mar* Helling *f* | *Mar* (Schlaf-) Koje *f*, Kabine *f* | ⟨to find a snug ~ *umg* einen angenehmen Job finden⟩; **2.** *vt* (Schiff) festmachen, vor Anker legen | *Brit* (jmdn.) unterbringen; **'~age** *Mar s* Ankerplatz *m* | Kaigebühr *f*; **'~ deck** *s Mar* Zwischendeck *n*

ber·yl ['berɪl] *s Min* Beryll *m*

be·ryl·li·um [be'rɪljəm] *s Chem* Beryllium *n*

be·seech [bɪ'si:tʃ] (**be·sought, be·sought** [bɪ'sɔ:t]) *vt lit* dringend ersuchen, flehentlich bitten ⟨to ~ s.o. for s.th.⟩ | bitten um; **be'seech·ing** *adj* flehentlich, flehend

be·seem [bɪ'si:m] *vt* (*impers*) *lit* sich ziemen *od* schicken für (**to** *mit inf* zu *mit inf*) ⟨it ill ~s you es gehört sich nicht für dich⟩

be·set [bɪ'set] (~, ~) *vt* schmücken, besetzen ⟨~ with jewels⟩ | umgeben, einschließen | *übertr* bedrängen, (von allen Seiten) einstürmen auf ⟨~ with temptations von Versuchungen umgeben⟩; **be'set·ment** *s* Bedrängnis *f*; **be,set·ting** *adj* eingefleischt ⟨≈ sin Erz-, Gewohnheits-, Lieblingssünde *f*⟩

be·side [bɪ'saɪd] **1.** *präp* neben, (dicht) bei, nahe ⟨~ him; ~ the driver; a town ~ the sea eine Stadt am Meer; ~ the river nahe dem Fluß⟩ | im Vergleich zu ⟨~ your brother; to set ~ s.o. mit jmdm. vergleichen⟩ | *übertr* weit entfernt von ⟨~ the mark / point / question belanglos, nebensächlich⟩ ◇ **~ o.s.** *übertr* außer sich (**with** vor); **be'sides 1.** *adv* außerdem, überdies, noch dazu; **2.** *präp* außer, abgesehen von

be·siege [bɪ'si:dʒ] *vt* belagern | *übertr* bedrängen, bestürmen; **be'siege·ment** *s* Belagerung *f* | *übertr* Bedrängung *f*

be·slav·er [bɪ'slævə] *vt* bespeien, begeifern | *übertr* schmeicheln

be·smear [bɪ'smɪə] *vt* beschmieren

be·smirch [bɪ'smɜ:tʃ] *vt bes übertr* beschmutzen, trüben

be·smut [bɪ'smʌt] (**~ted, ~ted**) *vt* beschmutzen (*auch übertr*)

be·som ['bi:zəm] **1.** *s* (Reisig-) Besen *m* | *Bot* Ginster *m*, Besenstrauch *m*; **2.** *vt* mit einem Besen kehren

be·sot·ted [bɪ'sɒtɪd] *adj* vernarrt (**on** in) | betrunken

be·sought [bɪ'sɔ:t] *prät* u. *part perf* von ↑ **beseech**

be·span·gle [bɪ'spæŋgl] *vt* (mit Flitter) schmücken

be·spat·ter [bɪ'spætə] *vt* beschmutzen, besudeln | *übertr* beschimpfen, verleumden

be·speak [bɪ'spi:k] (**be·spoke** [bɪ'spəuk], **be·spoke[n]** [bɪ'spəuk(ən)] *vt förml* vor(her)-, vorausbestellen ⟨to ~ a table; to ~ a room in a hotel⟩ | [an]zeigen, weisen auf, zeugen von ⟨to ~ a kindly heart ein Zeichen für ein gutes Herz sein⟩ | verraten (**s.o. to be**) ⟨to ~ a good training eine gute Ausbildung verraten; to ~ quality von Qualität zeugen⟩ | voraussagen ⟨to ~ danger Gefahr ankündigen⟩ | *poet* anreden

be·spec·ta·cled [bɪ'spektəkld] *adj* bebrillt, mit Brille

be·spit [bɪ'spɪt] (~, ~) *vt* bespeien, anspeien

be·spoke [bɪ'spəuk] **1.** *prät* u. *part perf* von ↑ **bespeak**; **2.** *adj Brit* Maß- ⟨~ tailor Maßschneider *m*; ~ work Maßarbeit *f*⟩; **be·spo·ken** [bɪ'spəukən] *part perf* von ↑ **bespeak**

be·spread [bɪ'spred] (~, ~) *vt* bestreuen, bedecken

be·sprin·kle [bɪ'sprɪŋkl] *vt* spritzen, besprengen

Bes·se·mer|ize ['besɪməraɪz] *vt Tech* bessemern; **'~ 'steel** *s Tech* Bessemerstahl *m*

best [best] **1.** *adj* (*sup* von ↑ **good**) beste(r, -s), liebste(r, -s) ⟨his ~ friend; to put one's ~ foot / leg foremost / forward so schnell wie nur möglich gehen; *übertr* sein Bestes geben *od* leisten⟩ | geeignetste(r, -s), vorteilhafteste(r, -s) ⟨the ~ thing to do am erfolgversprechendsten⟩ | größte(r,

-s), meiste(r, -s) ⟨the ~ part of it der größte Teil, fast alles⟩; 2. *adv* (*sup* von ↑ **well**) am besten, aufs beste ⟨you had ~ go at once sie täten am besten daran, sofort zu gehen⟩ | am meisten ⟨the ~-loved sportsman der beliebteste Sportler⟩; **3.** *s* das Beste ⟨at [the] ~ im besten Falle; in one's Sunday ~ *umg* im Sonntagsstaat; the ~ of it das Beste daran, der Clou *od* Witz dabei *od* bei der Sache; the ~ of both worlds nur die Vorteile; to the ~ of one's belief / knowledge nach bestem Wissen u. Gewissen; to the ~ of one's power nach besten Kräften; to be at one's ~ in Höchstform sein, auf dem Höhepunkt sein *od* stehen; to be all for the ~ zum Guten sein; to do one's ~ sein Möglichstes tun; to do s.th. all for the ~ etwas in der besten Absicht tun; to get / have the ~ of it am besten dabei wegkommen; to make the ~ of it sich damit abfinden, das Beste daraus machen; to make the ~ of a bad job gute Miene zum bösen Spiel machen; to make the ~ of one's opportunities seine Chancen voll ausnutzen; to make the ~ of one's way so schnell wie möglich gehen; with the ~ so gut wie nur einer⟩; **4.** *vt* übertreffen ⟨to ~ s.o. after a long struggle jmdn. nach langem Kampf besiegen⟩ | *umg* übervorteilen

bes|tial ['bestɪəl] *adj* tierisch | *übertr* viehisch, tierisch, bestialisch; **~ti·al·i·ty** [ˌbestɪ'ælətɪ] *s* Bestialität *f* | Sodomie *f*; **~tial·ize** ['bestɪəlaɪz] *vt* zum Tier machen; *vi* vertieren

be·stir [bɪ'stɜ:] (**be'stirred, be'stirred**) *vt förml* in Bewegung bringen ⟨to ~ o.s. sich rühren⟩

best| man [ˌbest 'mæn] *s* (*pl* **~ men** [~ men]) Brautführer *m*

be·stow [bɪ'stəʊ] *förml vt* schenken, widmen, verleihen (**upon s.o.** jmdm.) | legen, setzen, unterbringen ⟨to ~ s.th. in a car⟩; **be'stow·al** *s* Gabe *f*, Schenkung *f*, Verleihung *f* | Aufbewahrung *f*

be·strew [bɪ'stru:] (*prät* **be·strewed**, *part perf* **be·strewed** [bɪ'stru:d] *od* **be·strewn** [bɪ'stru:n]) *förml vt* bestreuen (**with** mit) | umherstreuen | sich verstreuen über | verstreut liegen auf *od* über ⟨to ~ a map über eine Landkarte verteilt sein⟩

be·stride [bɪ'straɪd] (**be·strode** [bɪ'strəʊd], **be·strid·den** [bɪ'strɪdn]) *förml vt* mit gespreizten Beinen stehen auf etw. *od* über jmdm. | rittlings sitzen auf ⟨to ~ a chair⟩ | besteigen ⟨to ~ a horse⟩ | *übertr* überspannen ⟨to ~ a river⟩

be·strode [bɪ'strəʊd] *prät* von ↑ **bestride**

best| -sell·er [ˌbest 'selə] *s* Bestseller *m*; **'~-'sell·ing** *adj* (Buch u. ä.) am besten gehend, meistverkauft ⟨a ≈ novel⟩

bet [bet] **1.** *s* Wette *f* ⟨to make a ~ on eine Wette machen auf, wetten auf; to accept / take up a ~ eine Wette annehmen⟩ | Wetteinsatz *m* ⟨a 10 £ ~⟩ | Wettgegenstand *m* ⟨a safe ~ ein sicherer Tip⟩; **2.** (**~, ~** *od* **'~ted, '~ted**) *vt, vi* wetten (**against** gegen, **on** auf) ⟨I ~ you a dollar ich wette mit Ihnen um einen Dollar; I ~ *umg* ich bin [mir] sicher, sicherlich; to ~ one's boots / bottom dollar / shirt on that seinen Hals *od* letzten Heller *od* sein Hemd darauf wetten, daß; you ~! *Sl* das können Sie glauben, sicherlich!, richtig!⟩

be·ta ['bi:tə] *s* Beta *n* | *Päd* befriedigend(e Note) ⟨to get a ~ for physics eine Drei in Physik bekommen⟩

be·take [bɪ'teɪk] (**be·took** [bɪ'tʊk], **be·taken** [bɪ'teɪkən]) *vr lit* **~ o.s. to** sich begeben nach | *übertr* seine Zuflucht nehmen zu

be·ta| ray ['bi:tə reɪ] *s Phys* Betastrahl *m*; **~tron** ['bi:tətrɒn] *s Phys* Betatron *n*, Elektronenschleuder *f*

be·tel ['bi:tl] *s Bot* Betelpfeffer *m* | Betel *m*; **'~ nut** *s Bot* Betelnuß *f*, Arekanuß *f*

beth·el ['beθl] *s Brit* (Dissenter-) Kirche *f* | *Am* Kirche *f* für Matrosen

be·think [bɪ'θɪŋk] (**be·thought, be·thought** [bɪ'θɔ:t]) *vr lit* **~ o.s. of** sich besinnen auf, sich erinnern an; **~ o.s. to** *mit inf* sich vornehmen zu *mit inf*

be·thought [bɪ'θɔ:t] *prät* u. *part perf* von ↑ **bethink**

be·tide [bɪ'taɪd] *lit vt, nur in*: **woe ~ you!** wehe dir!; **whatever may ~** was auch geschehen mag

be·times [bɪ'taɪmz] *adv lit* beizeiten, rechtzeitig

be·to·ken [bɪ'təʊkən] *vt förml* anzeigen, bedeuten ⟨a look ~ing fury ein Wut verratender Blick⟩

be·took [bɪ'tʊk] *prät* von ↑ **betake**

be·tray [bɪ'treɪ] *vt* verraten ⟨to ~ a friend⟩ | (Geheimnis u. ä.) verraten, preisgeben (**to s.o.** jmdm.) ⟨to ~ o.s. sich zu erkennen geben⟩ | verleiten (**into, to** zu); **be'tray·al** *s* Verrat *m* ⟨≈ of trust Vertrauensbruch *m*⟩; **be'tray·er** *s* Verräter(in) *m(f)*

be|troth [bɪ'trəʊð] *vt lit* verloben (**to** mit); **be'trothed 1.** *adj* verlobt; **2.** *s* Verlobte(r) *f(m)*; **be'troth·al** *s* Verlobung *f*

¹bet·ter ['betə] **1.** *adj* (*comp* von ↑ **good**) besser, geeigneter, größer, gesünder ⟨my ~ half *umg* meine bessere Hälfte; the ~ part of das meiste davon; for the ~ part of an hour beinahe eine ganze Stunde [lang]; to be ~ sich besser fühlen; to be ~ off reicher sein, mehr Glück haben; to be none the ~ for/off keineswegs besser dran sein, keinen Nutzen haben von; to be ~ than one's word mehr halten, als man versprochen hat; to get ~ sich erholen⟩; **2.** *s* Besseres *n*, Vorteil *m* ⟨for ~ for worse in Freud und Leid; auf gut Glück; to get the ~ of s.o. über jmdn. die Oberhand gewinnen, sich durchsetzen gegenüber jmdm.⟩ | *meist* **~s** *pl* Vorgesetzte *m/pl*, Höherstehende *m/pl* ⟨my ~s meine Vorgesetzten *m/pl*⟩; **3.** *adv* (*comp* von ↑ **well**) besser ⟨you had ~ go, *Am umg* you ~ go Sie täten besser zu gehen; so much the ~ desto besser⟩ | mehr ⟨the ~ I know him je besser ich ihn kenne⟩; **4.** *vt* besser machen, (ver)bessern ⟨to ~ o.s.; to ~ one's circumstances mehr Lohn *od* eine bessere Stellung bekommen⟩; *vi* sich (ver)bessern, besser werden

²bet·ter ['betə] *s* Wetter *m*, Wettender *m*

bet·ter·ment ['betəmənt] *s* (Ver-) Besserung *f* | *Wirtsch* Wertsteigerung *f*, -zuwachs *m*, Melioration *f* (von Grundstücken)

bet·ter·to-do [ˌbetətə'du:] (*pl* ~) *Am* **1.** *s* Wohlhabende(r) *f(m)*; **2.** *adj* wohlhabend, begütert

bet·ting ['betɪŋ] *s* Wetten *n*

bet·tor = **²better**

be·tween [bɪ'twi:n|bə-] **1.** *präp* (*räumlich, zeitlich, übertr*) zwischen, unter ⟨~ ourselves, ~ you and me [and the bedpost / lamppost] unter uns, im Vertrauen [gesagt]; they had 10 dollars ~ them sie besaßen zusammen 10 Dollar; ~ astonishment and despair vor Überraschung und Verzweiflung; ~ the devil and the deep sea *übertr* zwischen zwei Feuern, in verzweifelter Lage⟩; **2.** *adv* dazwischen, -liegend ⟨far ~ in großen Abständen, in ~ dazwischen; the space ~ der Zwischenraum⟩; **'~ deck[s]** *s Mar* Zwischendeck *n*; **'~maid** *s Brit* Aushilfsmädchen *n*; **'~times, '~whiles** *adv* dann und wann

be·twixt [bɪ'twɪkst] *adv arch poet* dazwischen ⟨~ and between *umg* in der Mitte, halb und halb⟩

bev·el ['bevl] **1.** *adj* schief(kantig), schräg, abgeschrägt; **2.** *s Tech* (Ab-) Schrägung *f*, Gehrung *f*, Gehre *f* | Schrägmaß *n*, Schmiege *f*; **3.** (**'bev·elled, 'bev·elled**) *vt* abschrägen, abflachen, abkanten; *vi* schräg sein; **'~ cut** *s Tech* Schrägschnitt *m*; **'~ gear** *s Tech* Kegelrad *n*; **'~ plane** *s Tech* Schräghobel *m*; **'~ square** *s Tech* Stellwinkel *m*, Winkelmaß *n*, Schmiege *f*; **'~ wheel** *s Tech* Kegelrad *n*

bev·er·age ['bevərɪdʒ] *s förml* Getränk *n*

bev·y ['bevɪ] *s* Schar *f* (bes. von Frauen) | (Vogel-) Schwarm *m*

be·wail [bɪ'weɪl] *förml vt* beklagen, betrauern; *vi* wehklagen (**for** um)

be·ware [bɪ'wɛə] *vi* (*meist im imp u. inf*) sich hüten, sich in acht nehmen (**of** vor) ⟨~ of pickpockets! vor Taschendieben wird gewarnt!⟩

be·wil·der [bɪ'wɪldə] *vt* verwirren, irremachen, bestürzen; **be'wil·dered** *adj* verwirrt, bestürzt (**by** durch); **be'wil·der·ing** *adj* verwirrend, verblüffend; **be'wil·derment** *s* Verwirrung *f*, Bestürzung *f*

be·witch [bɪ'wɪtʃ] *vt* bezaubern, behexen (*auch übertr*); **be'witch·er·y, be'witch·ment** *s* Zauber *m*, Bezauberung *f*

be·wray [bɪ'reɪ] *vt arch* verraten, aufdecken

be·yond [bɪ'jɒnd] **1.** *adv* darüber hinaus, jenseits; **2.** *präp* (*räumlich, zeitlich, übertr*) jenseits, über ... hinaus ⟨~ the house; ~ 1 o'clock nach 1 Uhr; ~ endurance unerträglich; ~ hope hoffnungslos; ~ one's income über seine Mittel; ~ measure über die Maßen; ~ reason unvernünftig; ~ words unsagbar; it is [quite] ~ me *übertr* es geht [völlig] über meinen Horizont, ich begreife das nicht⟩; **3.** *s* Jenseits *n*

bi- [baɪ] *präf zur Bildung von adj, s und v mit der Bedeutung*: zweimal, zweifach, doppelt, Doppel-, aus zwei Teilen bestehend, alle zwei, jeden zweiten (*z. B.* **bilingual** zweisprachig; **bigamy** Bigamie *f*, Doppelehe *f*; **bisect** in zwei Teile schneiden; **bimonthly** jeden zweiten Monat, *selten* zweimal im Monat)

bi·an·nu·al [baɪ'ænjuəl] **1.** *adj* (Zeitschrift u. ä.) zweimal jährlich erscheinend; **2.** *s* Halbjahreszeitschrift *f*

bi·as ['baɪəs] **1.** *s* schiefe Seite; Schräge *f*, (Stoff) schräger Schnitt ⟨to cut on the ~ diagonal schneiden⟩ | (Kugel) beschwerte Seite, schiefer Lauf, Überhang *m* | *übertr* Neigung *f*, Hang *m* (**towards** zu, für) | *übertr* Vorurteil *n*, Abneigung *f* (**against** gegen) ⟨without ~ vorurteilslos, -frei⟩ | *El* Gittervor-, Batteriespannung *f*; **2.** *adj, adv* schief, schräg | (Stoff, Kleid) schräg geschnitten; **3.** (**'bi·as[s]ed, 'bi·as[s]ed**) *vt* richten, lenken (**towards** auf, nach) | *übertr* beeinflussen ⟨to be ~[s]ed voreingenommen sein⟩; **bi·assed**, *Am* **bi·ased** *adj* Diagonal- ⟨≈ fabric Diagonalstoff *m*⟩ | *übertr* voreingenommen; **'~wise** *adv* schräg, schief

bi·ath|lete [baɪ'æθli:t] *s Sport* Biathlonkämpfer *m*; **~lon** [baɪ'æθlɒn] *s* Biathlon *n*

bi·a·tom·ic [ˌbaɪə'tɒmɪk] *adj Chem, Phys* zweiatomig

bi·ax·i·al [baɪ'æksɪəl] *adj* zweiachsig, biaxial

[1]**bib** [bɪb] *s* (Kinder-) Lätzchen *n* | Schürzenlatz *m* ⟨to be dressed in one's best ~ and tucker *umg* (Frau) den feinsten Staat *od* Sonntagsstaat tragen⟩

[2]**bib** [bɪb] *vi arch* (Alkohol) gern und oft trinken; **bi·bac·i·ty** [bɪ'bæsətɪ] *s* Trunksucht *f*

bib·cock ['bɪbkɒk] *s Tech* Zapf-, Ablaßhahn *m*

Bi·ble ['baɪbl] *s* Bibel *f* (*auch übertr*) ⟨to swear on a stack of ~s *Sl* Stein und Bein schwören; to fit the ~ to one's purpose nach der eigenen Fasson seelig werden⟩ | als autoritativ angesehenes Buch ⟨the ~ of the Neogrammarians⟩; **bib·li·cal** ['bɪblɪkl] *adj* biblisch, Bibel-

bib·li|o·graph ['bɪblɪəgræf], *Brit auch* ['~grɑ:f] **1.**, *auch* **~og·ra·pher** [ˌbɪblɪ'ɒgrəfə] *s* Bibliograph *m* | Bücherkenner *m*; **2.** *vt* bibliograph, eine Bibliographie über jmdn. schreiben; **~o·graph·ic** [ˌbɪblɪə'græfɪk], **ˌ~o'graph·i·cal** *adj* bibliographisch; **~og·ra·phy** [ˌbɪblɪ'ɒgrəfɪ] *s* Bibliographie *f*; **~o·ma·ni·a** [ˌbɪblɪə'meɪnjə] *s* Bibliomanie *f*, Bücherleidenschaft *f*; **~o·ma·ni·ac** [ˌbɪblɪə'meɪnɪæk] **1.** *s* Bibliomane *m*, Büchernarr *m*; **2.** = **~o·ma·ni·a·cal** [ˌbɪblɪə(ʊ)mə'naɪəkl] *adj* bibliomanisch, büchernärrisch; **~o·phil[e]** ['bɪblɪəfaɪl] *s* Bibliophile *m*, Bücherfreund *m*; **~o·phil·ic** [ˌbɪblɪə'fɪlɪk] *adj* bibliophil; **~oph·i·lism** [ˌbɪblɪ'ɒfɪlɪzm] *s* Bibliophilie *f*; **~oph·i·list** *s* Bibliophile *m*; **~o·the·cal** [ˌbɪblɪə'θi:kl] *adj* Bibliotheks-, bibliothekarisch; **~oth·e·car·y** [ˌbɪblɪ'ɒθəkrɪ] *Am s* Bibliothekar *m*

bib·u·lous ['bɪbjʊləs] *adj* absorbierend | trunksüchtig

bi·cam·er|al [ˌbaɪ'kæmərəl] *adj Pol* Zweikammer(n)-; **ˌbi'cam·er·[al]·ism** *s Pol* Zweikammernsystem *n*

bi·cap·su·lar [baɪ'kæpsjʊlə] *adj Bot* zweikapselig

bi·car·bon|ate [ˌbaɪ'kɑ:bənət], *auch* **'~ate of 'so·da** *s Chem* Bikarbonat *n*, doppeltkohlensaures Salz, Natriumkarbonat *n*; **~ic** [ˌbaɪkɑ:'bɒnɪk] *adj Chem* doppeltkohlensauer

bi·cel·lu·lar [baɪ'seljʊlə] *adj Biol* zweizellig

bi·cen|te·na·ry [ˌbaɪsen'ti:nərɪ] **1.** *s bes Brit* Zweihundertjahrfeier *f*; **2.** *adj* zweihundertjährig; **~ten·ni·al** [~'tenɪəl] **1.** *adj* 200 Jahre dauernd | alle 200 Jahre; **2.** *s* Zeitraum *m* von 200 Jahren | *bes Am* Zweihundertjahrfeier *f*

bi·ce·phal·ic [ˌbaɪsə'fælɪk], **bi·ceph·a·lous** [baɪ'sefələs] *adj* bicephalisch, zweiköpfig

bi·ceps ['baɪseps] *s Med* Biceps *m*, zweiköpfiger Armmuskel | *übertr* Muskelkraft *f*

bick·er ['bɪkə] **1.** *vi* zanken (**about, over** über, **with** mit) | *poet* (Flamme) flackern; **2.** *s* Zank *m*; **'~ing** *s* Zänkerei *f*, Geschimpfe *n*

bi·con|cave [baɪ'kɒnkeɪv] *adj Phys* bikonkav; **~vex** [~veks] *adj Phys* bikonvex

bi·cy|cle ['baɪsəkl] **1.** *s* Fahrrad *n*; **2.** (*oft* ↑ **cycle**) *vi* radfahren, radeln; **'~clist** *s* Radfahrer(in) *m(f)*

bid [bɪd] **1.** (**bade** [beɪd], **bid·den** ['bɪdn]) *vt* befehlen, anordnen, heißen, gebieten ([**to**] *mit inf* zu *mit inf*) ⟨to ~ s.o. [to] come in; to ~ the banns das Aufgebot ausrufen lassen⟩ | einladen ⟨to ~ s.o. to a wedding; ~den guests geladene Gäste *m/pl*⟩ | (Gruß) entbieten ⟨to ~ s.o. goodbye jmdm. Lebewohl sagen; to ~ s.o. welcome jmdn. willkommen heißen; to ~ defiance to s.o. jmdm. Trotz bieten⟩; (**bid, bid[·den]**) *Wirtsch* (Auktion) (an)bieten ⟨to ~ £ 100 for s.th.⟩ | *Kart* reizen; **~ up** (Preis) in die Höhe treiben; *vi* (**bid** *od* **bade, bid[·den]**) (Preis-) Angebot machen, bieten ⟨to ~ against s.o. jmdn. überbieten⟩ | *Kart* reizen; ◇ **~ fair** sich gut anschicken, zu Hoffnung(en) Anlaß geben (**to** *mit inf* daß); **~ for safe·ty** vorsichtig zu Werke gehen; **2.** *s* (Auktion) (Geld-, Preis-) Angebot *n*, Gebot *n* | Bewerbung *f* (**for** um) ⟨to make a ~ for sich bemühen um, anstreben⟩ | *Am Wirtsch* Kostenvoranschlag *m* | *Am umg* Einladung *f* (**to** zu) | *Kart* Melden *n*, Reizen *n*, Angebot *n* ⟨no ~ ich passe⟩; **'~den** *part perf* von ↑ **~**; **'~der** *s* Bieter *m* (bei Auktionen); **'~ding** *s* Gebot *n* (bei Auktionen) | Befehl *m*, Geheiß *n* ⟨to do s.o.'s ≈ tun, was jmd. sagt *od* befiehlt⟩ | Einladung *f* | *Kart* Bieten *n*, Reizen *n*

bide [baɪd] *vt, selten* ab-, erwarten ⟨to ~ one's time die passende Gelegenheit abwarten⟩

bi·det ['bi:deɪ] *Am* [bɪ'deɪ] *s* Bidet *n* | kleines Pferd

bi·en·ni|al [baɪ'enɪəl] **1.** *adj* alle zwei Jahre stattfindend | *Bot* zweijährig; **2.** *s* Biennale *f* | zweijährige Pflanze; **~um** [~əm] *s* Biennium *n*, Zeitraum *m* von zwei Jahren

bier [bɪə] *s* (Toten-) Bahre *f*

bi·fo·cal [ˌbaɪ'fəʊkl] *adj Phys* bifokal, mit zwei Brennpunkten ⟨~ glasses Zweistärkenbrille *f*⟩; **~s** *s/pl* Bifokalglas *n*, Zweistärkenbrille *f*

bi·fold ['baɪfəʊld] *adj* zweifach, doppelt

bi·fur|cate ['baɪfəkeɪt] **1.** *vt* gabeln, gabelförmig teilen; *vi* sich gabeln, sich gabelförmig teilen; **2.** = **'~cat·ed** *adj* gegabelt, gabelförmig; **ˌ~'cation** *s* Gabelung *f*, Zweiteilung *f*

big [bɪg] **1.** *adj* (**~ger, ~gest**) groß; dick, kräftig, stark ⟨~ house, ~ man, ~ animal⟩ | mächtig, einflußreich ⟨~ business *umg* monopolistische Wirtschaftskonzentration, Großindustrie *f*, Finanzwelt *f*; ~ power Großmacht *f*; the ≈ Four die vier Großmächte *f/pl*; ~ shot *übertr umg* Kanone *f*, hohes Tier; ~ bug *Sl übertr* großes Tier; to get too ~ for one's boots *Sl* eingebildet werden⟩ | schwanger (*auch übertr*) (**with** mit) | (Tier) trächtig | groß, erwachsen ⟨my ~ sister⟩ | (Stimme) voll, laut | *übertr* voll, beladen (**with** mit) ⟨~ with tears voller Tränen⟩ | *übertr* großzügig, edelmütig ⟨to have a ~ heart ein gutes Herz haben; that's ~ of you *umg* das ehrt Sie⟩ | *übertr* hochmütig, stolz ⟨~ words Prahlerei *f*⟩ | prima, großartig ⟨~ idea⟩ | *verächtl* groß, klotzig ⟨~ mouth *umg* Großmaul *n*; ~ feet *Sl* lange Latschen *m/pl*⟩ | *Am Sl* populär ◇ **to be ~ on** *Am Sl* verrückt sein auf, vernarrt sein in; **2.** *adv Sl* in: **talk ~** das große Maul haben; große Töne spucken; **to think ~** (große) Flausen im Kopf haben

bi·gam·ic [baɪ'gæmɪk] *adj* bigamisch; **big·a·mist** ['bɪgəmɪst] *s* Bigamist(in) *m(f)*; **big·a·mous** ['bɪgəməs] *adj* bigamisch; **big·a·my** ['bɪgəmɪ] *s* Bigamie *f*, Doppelehe *f*

Big Ap·ple [bɪg 'æpl] *s Am Sl scherzh* (Spitzname für) New York; **ˌbig 'ap·ple** *s Am Sl* Hauptsache *f*, das Wichtigste ⟨the ≈ in your life⟩

big| bang ['bɪg 'bæŋ] *s* Urknall *m*; **ˌ~'bang ˌthe·o·ry** *s* Theorie *f* vom Urknall; **ˌ~'bang·er** *s* Anhänger *m* der Theorie vom Urknall; **'~ beat** *s Am Sl* Rock and Roll *m*; **'~-bel·lied** *adj* dickbäuchig; **ˌ≗'Ben** *s Brit* Big Ben *m*; **'~-boned** *adj* vierschrötig; **ˌ~ 'bro·ther** *s* großer Bruder | *meist* **ˌ≗ 'Bro·ther** *Pol* Diktator *m*, autoritärer Machthaber; **ˌ~ 'deal** *interj bes Am Sl* toll!, Klasse!; **ˌ~ 'end** *s Brit Tech* Kurbelzapfenende *n* | *Kfz* Pleuelfuß *m*; **~ 'C** *s Med umg* Krebs *m*; **'~ 'game** *s* Großwild *n* ⟨≈ hunting Großwildjagd *f*⟩

big|ger ['bɪgə] *comp* von ↑ ~; **'~gest** *sup* von ↑ ~

big·head ['bɪghed] *s umg* Angeber *m*, Großtuer *m*

bight [baɪt] **1.** *s* (kleine) Bucht *f*, Einbuchtung *f* | *Mar* (Tau-) Bucht *f*; **2.** *vt Mar* mit Buchten befestigen

big|mouth ['bɪgmaʊθ] *s Zool* Großmaul *n*; **'~mouthed** *adj* wichtigtuerisch, großsprecherisch; **ˌ~ 'name** *umg* **1.** *s* Berühmtheit *f*; **2.** *adj* berühmt, mit berühmten Leuten (besetzt) ⟨a ≈ committee⟩

big·ot ['bɪgət] *s* Blindgläubige(r) *f(m)*, Fanatiker(in) *m(f)* | Bigotte(r) *f(m)*; **'~ed** *adj* bigott | blind ergeben; **'~ry** *s* Bigotterie *f* | Blindgläubigkeit *f*, Fanatismus *m* | Intoleranz *f*

'Big Sci·ence ['bɪg saɪəns] *s* Großforschung *f*, Forschung *f* mit hohem Kostenaufwand

big| stick [ˌbɪg 'stɪk] *s übertr Pol* Macht *f*, Gewalt *f*; **'~-time** *adj Am Sl* erstklassig, prima; **ˌ~ 'top** *s* Zirkuszelt *n*; **'~wig** *s scherzh* großes Tier

bi·jou ['bi:ʒu:] (*pl* **~x** ['bi:ʒu:z]) **1.** *s* Juwel *n*, Kleinod *n*; **2.** *adj* klein, zierlich, elegant ⟨~ cars; ~ theatre⟩

bike [baɪk] *umg* für **bicycle**

bi·ki·ni [bɪ'ki:nɪ] *s* Bikini *m*, knapper zweiteiliger Badeanzug

bi·la·bi·al [ˌbaɪ'leɪbɪəl] *adj Ling* bilabial, mit beiden Lippen gebildet ⟨~ sound⟩

bi·lat·er·al [baɪ'lætrəl] *adj* bilateral, zweiseitig, gegenseitig ⟨~ agreement⟩; **~ism, ~i·ty** [baɪˌlætər'ælətɪ] *s* Zweiseitigkeit *f*

bil·ber·ry ['bɪlbərɪ] *s Bot* Heidelbeere *f*, Blaubeere *f*

bile [baɪl] *s Med* Galle *f* | *übertr* Ärger *m*, schlechte Laune; **'~ cyst** *s Med* Gallenblase *f*; **'~ duct** *s Med* Gallengang *m*; **'~stone** *s Med* Gallenstein *m*

bilge [bɪldʒ] *s* (Faß-) Bauch *m* | *Mar* Bilge *f*, Kielraum *m* | *Sl* Unsinn *m*, Mist *m*; *auch* **'~ ˌwa·ter** *s Mar* Schlagwasser *n*

bil·har·zia [bɪl'ha:zɪə] *s Med, Zool* Bilharzia *f*, Pärchenegel *m*

bil·i|ar·y ['bɪljərɪ] *adj Med* Gallen-; **~fi·ca·tion** [ˌbɪlɪfɪ'keɪʃn] *s Med* Gallenbildung *f*

bi·lin·gual [baɪ'lɪŋgwl] *adj* zweisprachig; **bi'lin·gual·ism** *s* Bilinguismus *m*, Zweisprachigkeit *f*

bil·ious ['bɪlɪəs] *adj Med* biliös, gallig, Gallen- ⟨~ patient⟩ | *übertr* schlecht gelaunt ⟨~ nature⟩ | *übertr* schlecht, häßlich, unerträglich ⟨~ weather⟩

bilk [bɪlk] **1.** *vt* prellen, beschwindeln, betrügen ⟨to ~ s.o. out of the money jmdn. um das Geld prellen⟩ | entwischen | *übertr* enttäuschen, ruinieren ⟨to ~ s.o.'s hopes jmds. Hoffnungen zunichte machen⟩; **2.** = **'~er** *s* Schwindler(in) *m(f)*

[1]**bill** [bɪl] **1.** *s Zool* Schnabel *m* | (Zirkel, Anker u. ä.) Spitze *f* | Sichelmesser *n*, Hippe *f* | *Hist* Pike *f*, Hellebarde *f*; **2.** *vi* (sich) schnäbeln, (einander) liebkosen ⟨to ~ and coo verliebt tun⟩; *vt* mit einem Sichelmesser abhacken *od* bearbeiten

[2]**bill** [bɪl] **1.** *s Parl* Gesetzentwurf *m*, Gesetzesvorlage *f* ⟨to bring in a ~ eine Gesetzesvorlage einbringen; to pass a ~ ein Gesetz verabschieden⟩ | *Jur* Klage-, Rechtsschrift *f*, Schriftstück *n* | *auch* **~ of exchange** *Wirtsch* Wechsel *m*, Tratte *f* ⟨~ at sight Sichtwechsel *m*; to give a ~ einen Wechsel ausstellen⟩ | Rechnung *f* ⟨~ of costs Kostenrechnung *f*⟩ | Liste *f*, Karte *f*, Schein *m* ⟨~ of fare Speisekarte *f*; ~ of health Gesundheitspaß *m*; ~ of lading Frachtbrief *m*; ~ of sale Verkaufsbrief *m*⟩ | *Am* Banknote *f*, (Geld-) Schein *m* ⟨a one-dollar ~⟩ | (*Theat, Konzert* u. ä.) Programmzettel *m*, -heft *n* ⟨to head / top the ~ *übertr* die Hauptrolle spielen *od* haben⟩ | Plakat *n* ⟨stick no ~s! Plakatankleben verboten!⟩; **2.** *vt* durch Plakate *od* Programmhefte bekanntgeben ⟨to be ~ed to appear as Lear als Lear angekündigt werden, den Lear spielen [sollen]⟩ | (Liste) aufstellen | in Listen eintragen | *Wirtsch* Rechnungen verschicken an ⟨to ~ a customer⟩ | *Am* ankündigen; **'~board** *s Am* Anschlagbrett *n*; **'~book** *s Wirtsch* Wechselbuch *n* | *Am* Brieftasche *f*

[1]**bil·let** ['bɪlɪt] **1.** *s Mil* Quartier *n* (außerhalb der Kaserne) | *Mil* Quartierzettel *m* | *umg übertr* Posten *m*, Anstellung *f*; **2.** *vt Mil* einquartieren (**on, with** bei, in)

[2]**bil·let** ['bɪlɪt] *s* Holzscheit *n*, Holzklotz *m* | *Her* Schindel *f* | (Metall) Barren *m*, Strang *m*, Walzblock *m* | *Tech* (Plast) Puppe *f*

bill|fold ['bɪlfəʊld] *s Am* Brieftasche *f*; **'~ˌhold·er** *s Wirtsch* Wechselinhaber *m*

bil·liard ['bɪljəd] *adj* Billard-; **'~ ball** *s* Billardkugel *f*; **'~ cue** *s* Queue *n*, Billardstock *m*; **bil·liards** *s* (*oft pl konstr*) Billard(spiel) *n* ⟨to play ≈; to have a game at ≈⟩; **'~ ta·ble** *s* Billardtisch *m*

bil·lings·gate, *auch* **≗** ['bɪlɪŋzgeɪt] *s übertr verächtl* Schimpfreden *f/pl*, Gekeife *n*, gemeine Reden *f/pl*

bil·lion ['bɪljən] *s* Milliarde *f* | *Brit arch* Billion *f*

bil·low ['bɪləʊ] **1.** *s poet* Woge *f*, Welle *f* (*auch übertr*); **2.** *vi* wogen; **'~y** *adj* wogend

bill|post·er ['bɪlˌpəʊstə], **'~stick·er** *s* Plakat-, Zettelankleber *m*

bil·ly ['bɪlɪ] *s Am* (Polizei-, Gummi-) Knüppel *m* | *Austr* Feldkessel *m*, Blechgeschirr *n* | *Tech* Vorspinnmaschine | *auch* **'~ goat** *s umg* Ziegenbock *m*

bil·ly-[h]o ['bɪlɪ(h)əʊ] *s umg* in: **like ~** wie toll, wie verrückt ⟨it rains like ~⟩

bi·lo|bate [baɪ'ləʊbeɪt], **~bat·ed, bi·lob·u·lar** [baɪ'lɒbjʊlə] *adj* zweilappig

bil·tong ['bɪltɒŋ] *s Südafr* Biltongue *n*, bukaniertes Fleisch

bi·man·u·al [baɪ'mænjʊəl] *adj* zweihändig

bi·met·al ['baɪmetl] **1.** *s Tech* Bimetall *n*; **2.** *adj* Bimetall-; **~lic** [ˌbaɪmə'tælɪk] *adj* bimetallisch; **ˌ~lic cor'ro·sion** *s* elektrochemische Korrosion; **ˌ~lic 'rec·ti·fi·er** *s* Trockengleichrichter *m*; **ˌ~lic 'ther·mo·sta·tic 'strip** *s El* Bimetallregler *m*, ~streifen *m*

bi·met·al·lism ['baɪ'metəlɪzm] *s Wirtsch* Bimetallismus *m*, Doppelwährung *f*

bi·month·ly [ˌbaɪ'mʌnθlɪ] **1.** *adj, adv* zweimonatlich, alle zwei Monate; **2.** *s* zweimonatlich erscheinende Zeitschrift

bi·mo·tored [baɪ'məʊtəd] *adj Tech* zweimotorig

bin [bɪn] **1.** *s* Kasten *m*, Behälter *m* | Verschlag *m*; **2.** *vt* (**binned, binned**) (Kohlen u. ä.) in einem Kasten *od* Verschlag lagern

bi·na·ry ['baɪnərɪ] **1.** *adj* binär, Dual-, dual ⟨~ digit Binärziffer *f*, Bit *n*⟩ | aus zwei Einheiten bestehend ⟨~ lens Zwillingslinse *f*; ~ system Dualsystem *n*⟩; **2.** *s* Zweiheit *f* | *Astr* Doppelstern *m*

bin·au·ral [bɪ'nɔːrəl] *s* zweiohrig, Zweiohr- ⟨~ hearing zweiohriges Hören⟩ | *Phys* plastisch hörbar, Raumton- ⟨~ effect Raumtoneffekt *m*⟩

bind [baɪnd] **1.** *s* Band *n*, Bindemittel *n* | *Mus* Bindung *f*, Bindungszeichen *n* | *Bot* (Hopfen-) Ranke *f* | *Min* Schieferton *m* | *Sl* widerliche Sache; **2.** (**bound, bound** [baʊnd]) *vt* (zu-, fest-, an)binden (**to** an) ⟨to ~ a prisoner einen Gefangenen fesseln⟩ | verbinden, zusammenfügen | befestigen (**with** mit) | (ein)binden ⟨to ~ a book⟩ | einfassen, säumen ⟨to ~ a dress⟩ | *meist* **~ up** umbinden, umwickeln, hochbinden ⟨to ~ up one's hair das Haar hochbinden *od* aufstecken; to ~ up a wound eine Wunde verbinden⟩ | *Med* verstopfen | fest *od* hart machen ⟨frost ~s the ground in winter⟩ | (Handel) abschließen ⟨to ~ a bargain⟩ | *übertr* (jmdn. durch Eid, Versprechen u. ä.) binden *od* verpflichten ⟨to be bound to s.o. jmdm. verbunden sein; to be bound with eng verbunden sein mit; to ~ o.s. to *mit inf* sich verpflichten zu *mit inf*; to ~ s.o. apprentice to jmdn. in die Lehre geben bei⟩; *vi* binden | fest *od* hart werden ⟨clay ~s by heat Ton wird durch Hitze hart⟩ | verpflichten, bindend sein ⟨promise that ~s bindendes Versprechen⟩ | Garben binden; **'~er** *s* Binder *m* | Binde *f*, Band *n* | Bindemittel *n* | Einband *m*, Umschlag *m*, Aktendeckel *m* | *Arch* Binder *m*, Kopfziegel *m* | *El* Klemme *f* | *Landw* (Mäh-) Binder *m*; **'~er·y** *s* Buchbinderei *f*; **'~ing** **1.** *adj* verbindlich, bindend (**[up]on** für); **2.** *s* Binden *n* | Einband *m* | Einfaßband *n*, Einfassung *f* | (Ski-) Bindung *f*; **'~weed** *s* *Bot* Winde *f*

bine [baɪn] *s* *Bot* Ranke *f*

bing [bɪŋ] *interj* bim!

binge [bɪndʒ] *s* *Sl* Sauferei *f* ⟨to have a ~ einen draufmachen; to go on a ~ eine Sauftour machen *od* unternehmen⟩

bin·go ['bɪŋgəʊ] **1.** *interj* *Sl* potztausend! | Bingo! (Ausdruck, daß man als erster mit dem Bingospiel fertig ist); **2.** *s* Bingo(spiel) *n*, (eine Art) Lotto(spiel) *n*; **'~ hall** *s* (Bingo-) Spielkasino *n*

bin·na·cle ['bɪnəkl] *s* *Mar* Kompaßhaus *n*

bin|o·cle ['bɪnɒkl] *s* Binokel *n*, Doppelfernglas *n*; **~oc·u·lar** [bɪ'nɒkjʊlə] **1.** *adj* binokular, für zwei Augen, beidäugig; **2.** *s, auch* **~'oc·u·lar glass** Fernglas *n*; Opernglas *n* | Feldstecher *m*; **~oc·u·lar·i·ty** [bɪˌnɒkjʊ'lærətɪ] *s* Binokularität *f*

bi·no·mi·al [baɪ'nəʊmɪəl] *Math* **1.** *adj* binomisch, binomial- ⟨~ coefficient⟩ | *Biol* zweinamig; **2.** Binom *n*, zweigliedriger Ausdruck

bin·ox·ide [bɪ'nɒksaɪd] *s* *Chem* Dioxid *n*

bi·o- ['baɪəʊ] *Wortbildungselement mit der Bedeutung* bio-, lebens- (*z. B.* **biology, biogeology, biopolitical**)

bi·o·as·say ['baɪəʊəˌseɪ] *s* Bioassay *m*, Biotest *m*

bi·o·chem|ic [ˌbaɪəʊ'kemɪk], **~i·cal** *adj* biochemisch; **~ist** *s* Biochemiker *m*; **~is·try, ~y** ['baɪəkemɪ] *s* Biochemie *f*

bi·o|ci·dal [ˌbaɪəʊ'saɪdəl] *adj* lebenzerstörend, tödlich (wirkend) ⟨~ compound⟩; **'~cide** *s* Zerstörung *f* des Lebens ⟨to commit ≈⟩; **~de·gra·da·ble** [ˌ~dɪ'greɪdəbl] *adj* biochemisch abbaufähig; **ˌ~de'grade** *vi* biochemisch abgebaut werden; **ˌ~de'gra·tion** *s* biochemischer Abbau

bi·o·dy·nam|ic [ˌbaɪəʊdaɪ'næmɪk], **~i·cal** *adj* biodynamisch; **~ics** *s/pl* (*sg konstr*) Biodynamik *f*

bi·o·e·lec·tri·city [ˌbaɪəʊɪlek'trɪsətɪ] *s* Bioelektrizität *f*

bio·en·gi·neer [ˌbaɪəʊˌendʒɪ'nɪə] *s* Fachmann *m* für künstliche Gliedmaßen; **~ing** [~əndʒɪ'nɪərɪŋ] *s* Herstellung *f* künstlicher Gliedmaßen

bi·o|gen·e·sis [ˌbaɪə'dʒenəsɪs] *s* Biogenese *f*, Entwicklungsgeschichte *f*; **ˌ~ge'net·ic, ˌ~ge'net·i·cal** *adj* biogenetisch ⟨~ law biogenetische Grundregel⟩

bi·og·ra·pher [baɪ'ɒgrəfə] *s* Biograph *m*; **bi·o·graph·ic** [ˌbaɪə'græfɪk], **ˌbi·o'graph·i·cal** *adj* biographisch; **bi·og·ra·phist** [baɪ'ɒgrəfɪst] *s* Biograph *m*; **bi·og·ra·phy** [baɪ'ɒgrəfɪ] *s* Biographie *f*

bi·o·ki·net·ics [ˌbaɪəʊkɪ'netɪks] *s/pl(sg konstr)* Biokinetik *f*

bi·o·log|ic [ˌbaɪə'lɒdʒɪk], **~i·cal** *adj* biologisch ⟨≈ warfare bakteriologische Kriegsführung⟩; **bi'ol·o·gism** [-'ɒlə-] *s* *Phil* Biologismus *m*; **bi'ol·o·gist** *s* Biologe *m*; **bi'ol·o·gy** *s* Biologie *f*

bi·ol·y·sis [baɪ'ɒlɪsɪs] *s* *Biol* Biolyse *f*, biologische Selbstreinigung (von Gewässern)

bi·o·mag·net|ic [ˌbaɪəmæg'netɪk] *adj* biomagnetisch; **~ism** [ˌbaɪə'mægnətɪzm] *s* Biomagnetismus *m*

bi·o·me·chan·ics [ˌbaɪəʊmɪ'kænɪks] *s/pl* (*sg konstr*) Biomechanik *f*

bi·o·met·rics [baɪə'metrɪks] *s/pl* (*sg konstr*), **bi·om·e·try** [baɪ'ɒmɪtrɪ] *s* Biometrie *f*

bi·on·ic [baɪ'ɒnɪk] *adj* bionisch | *übertr umg* übernatürliche Kräfte besitzend, super-; **bi'on·ics** *s/pl* (*sg konstr*) Bionik *f*

bi·o·nom|ic [ˌbaɪə'nɒmɪk], **~i·cal** *adj* ökologisch; **~ics** *s/pl* (*sg konstr*) Ökologie *f*; **bi·on·o·mist** [baɪ'ɒnəmɪst] *s* Ökologe *m*

bi·o·phys|i·cal [ˌbaɪə'fɪzɪkl] *adj* biophysikalisch; **~ics** [~ɪks] *s/pl* (*sg konstr*) Biophysik *f*

bi·o|plasm ['baɪəplæzm] *s* *Biol* Bioplasma *n*, lebende Keimzelle; Zytoplasma *n*; **ˌ~'plas·mic** *adj* das Bioplasma betreffend

bi·op|sic [baɪ'ɒpsɪk] *adj* *Med* eine Biopsie betreffend; **~sy** ['baɪəpsɪ] *s* *Med* Biopsie *f*, Probeexzision *f*

bi·o|rhythm ['baɪəʊrɪðm] *s* Biorhythmus *m*; **'~rhyth·mic** *adj* biorhythmisch

bi·o·scope ['baɪəskəʊp] *s/pl* (*sg konstr*) *arch* Bioskop *n*, Filmprojektor *m* | *arch Brit* Filmtheater *n*

bi·o·sta·tis·tics [ˌbaɪəʊstə'tɪstɪks] *s* Biostatistik *f*, Biometrik *f*

bi·o·syn·the·sis [ˌbaɪə'sɪnθəsɪs] *s* *Chem* Biosynthese *f*

bio·tech·no·lo·gy [ˌbaɪəʊtek'nɒlədʒɪ] *s* Biotechnik *f*

bi·o·tin ['baɪətɪn] *s* *Chem* Biotin *n*, Vitamin H

bi·o·tite ['baɪətaɪt] *s* *Min* Biotit *m*

bi·ot·o·my [baɪ'ɒtəmɪ] *s* *Med* Biotomie *f*, Vivisektion *f*

bi·o·vu·lar [baɪ'əʊvjʊlə] *adj* zweieiig ⟨~ twins⟩

bio·war·fare [ˌbaɪəʊ'wɔːfɛə] *s* biologische Kriegsführung

bi·par·ti·san [ˌbaɪpaːtɪ'zæn] *adj* Zweiparteien- ⟨~ committee Ausschuß *m* aus Mitgliedern zweier Parteien; ~ policy von zwei Parteien unterstützte Politik⟩

bi·par|tite [baɪ'paːtaɪt] *adj* zweiteilig ⟨≈ contract⟩ | zweiseitig ⟨≈ leaf⟩ | *Pol* Zweiparteien- ⟨≈ system Zweiparteiensystem *n*⟩; **ˌ~'ti·tion** *s* Zweiteilung *f*

bi·ped ['baɪ-ped] *Zool* **1.** *s* Bipede *m*, Zweifüß[l]er *m*; **2.** *adj* biped, zweifüßig

bi·phen·yl [baɪ'fenɪl] *adj* *Chem* Diphenyl *n*

bi·plane ['baɪpleɪn] *s* *Flugw* Doppeldecker *m*

bi·po·lar [baɪ'pəʊlə] *adj* bipolar, zweipolig

birch [bɜːtʃ] **1.** *s* *Bot* Birke *f* | Birkenholz *n*; *auch* **'~-rod** *s* (Birken-) Rute *f*; **2.** *adj* Birken-; **3.** *vt* mit der Rute züchtigen; **'~-broom** *s* Reisigbesen *m*; **'~en** *adj* Birken-

bird [bɜːd] **1.** *s* Vogel *m* ⟨~ of passage Zugvogel *m* (*auch übertr*); ~ of peace Friedenstaube *f*; ~ of prey Raubvogel *m*; early ~ *umg übertr* Frühaufsteher *m*; früher Gast; the early ~ catches / gets the worm *Sprichw* Morgenstunde hat Gold im Munde; ~s of a feather (flock together) *übertr* Leute *pl* desselben Schlages, gleich und gleich (gesellt sich gern); a ~ in the hand is worth two in the bush der Spatz in der Hand ist besser als die Taube auf dem Dach; to kill two ~s with one stone zwei Fliegen mit einer Klappe schlagen⟩ | *umg* Kerl *m*, (seltener) Vogel *m* ⟨old ~ alter Junge⟩ | *Brit Sl* (bes. junge) Frau *f* ⟨a beautiful ~⟩ | (*mit best art*) *Sl verächtl* Zischen *n*, Pfeifen *n* ⟨to get the ~ ausgepfiffen werden; to give the actor the ~ einen Schauspieler auspfeifen⟩ | *Brit Sl* (Zeit im) Gefängnis *n* ⟨to do ~ Zeit absitzen⟩ ◇ **[strictly] for the ~s** *Am Sl* für die Katz, sinnlos; **2.** *vi* Vögel fangen *od* schießen; **'~-cage** *s* Vogelbauer *n*; **'~ fan·ci·er** *s* Vogelliebhaber *m* | Vogelzüchter *m* | Vogelhändler *m*; **'~food** *s* Vogelfutter *n*; **'~ grass** *s Bot* Vogelknöterich *m*; **'~house** *s* Vogelhaus *n*; **~ie** ['bɜ:dɪ] **1.** *s* (Kindersprache) Vöglein *n*; Täubchen *n* | (Golf) Birdie *n*, Ergebnis *n*, das um einen Schlag günstiger (als der Durchschnitt für ein Loch) liegt; **2.** *vt* (Golf) (für ein Loch) einen Schlag weniger (als üblich) benötigen ⟨to ≈ the 18th hole⟩; **~ies** ['bɜ:dɪz] *s/pl Rundf* Zwitschern *n*; **'~lime 1.** *s* Vogelleim *m*; **2.** *vt* mit Vogelleim bestreichen; **'~ of 'par·a·dise** *s Zool* Paradiesvogel *m*; **'~-ˌscar·er** *s* Vogelscheuche *f*; **'~seed** *s* Vogelfutter *n*; **'~'s-ˌeye 'view** *s* Vogelperspektive *f* | *übertr* allgemeiner Überblick, Zusammenfassung *f*; **'~'s-nest 1.** *s* Vogelnest *n*; **2.** *vi* Vogelnester ausnehmen ⟨to go ≈ing⟩; **'~'s-tongue** *s Bot* Vogelknöterich *m*

bi·ret·ta [bɪ'retə] *s* Birett *n*, Barett *n*

birth [bɜ:θ] *s* Geburt *f* ⟨at ~ bei Geburt; from s.o.'s ~ von Geburt an; ~ certificate Geburtsschein *m*; to give ~ to gebären⟩ | (Tier) Wurf *m*, Tracht *f* ⟨at a ~ bei einem Wurf⟩ | Herkunft *f* ⟨by ~ der Herkunft *od* Abstammung nach⟩ | Ursprung *m*, Entstehung *f* ⟨to bring to ~ entstehen lassen; to come to ~ entstehen; to give ~ to entstehen lassen, hervorrufen⟩; **'~ con·trol** *s* Geburtenkontrolle, -regelung *f*; **'~day** *s* Geburtstag *m*; **'~less** *adj selten* fruchtlos | von niedriger Abstammung; **'~mark** *s* Muttermal *n*; **'~place** *s* Geburtsort *m*; **'~rate** *s* Geburtenziffer *f*; **'~right** *s* (Erst-) Geburtsrecht *n*, Recht *n* der Erstgeburt

bis·cuit ['bɪskɪt] *s* Keks *m* ⟨ship's ~ Schiffszwieback *m*⟩ | *Am* Brötchen *n* | hellbraune Farbe

bi·sect [baɪ'sekt] *vt* in zwei Teile schneiden | *Math* halbieren; *vi* sich teilen; **~ing** *adj* Halbierungs- ⟨~ angle⟩; **ˌbi'sec·tion** *s Math* Halbierung *f* | *Med* Sektion *f*, Schnitt *m*

bi·sex·u·al [baɪ'seksjʊəl] *adj* bisexuell, zweigeschlechtig; **~i·ty** [baɪˌseksjʊæləti] *s* Bisexualität *f*

bish·op ['bɪʃəp] **1.** *s Rel* Bischof *m* | (Schach) Läufer *m*; **2.** *vt* zum Bischof ernennen; *vi* Bischof sein; **'~ric** *s* Bistum *n*

bis|muth ['bɪzməθ] *s Min* Wismut *n*; **~mu·thic** [bɪz'mju:θɪk] *adj* Wismut-

bi·son ['baɪsn] *Zool s* Bison *m*, Büffel *m* | Wisent *m*

bis·sex·tile [bɪ'sekstaɪl] **1.** *s* Schaltjahr *n*; **2.** *adj* Schalt-

¹bit [bɪt] **1.** *s* Bissen *m*, Happen *m*, Stück(chen) *n*, Bißchen *n* ⟨a ~ at a time; ~ by ~ allmählich, langsam; a ~ ziemlich; a ~ of a coward ein ziemlicher Feigling; every ~ as [good] *umg* genauso [gut], ebenso [gut]; not a ~ ganz und gar nicht; to come / go to ~s in Stücke gehen; to do one's ~ sein Teil beitragen; to give s.o. a ~ of one's mind jmdm. die Meinung sagen; wait a ~! warte ein wenig!⟩ | (vor nicht zählbaren *s*) *umg* Stück *n* ⟨a ~ of news eine Nachricht; a ~ of good advice ein guter Rat; the sociology ~ der Abschnitt über die Soziologie⟩ | Münze *f*, *Am* Betrag von $12^1/_2$ Cent ⟨two bits 25 Cent; a five penny ~⟩

²bit [bɪt] **1.** *s* (Pferde-) Gebiß *n* ⟨to get / take the ~ between its / one's teeth (Pferd) auf die Stange beißen, durchgehen; *übertr* (Person) rangehen, sich nicht zurückhalten können⟩ | *Tech* (Zange) Maul *n* | Bohrerspitze *f* | (Schlüssel-) Bart *m*; **2.** (**'~ted, '~ted**) *vt* (Pferd) aufzäumen, zügeln (*auch übertr*)

³bit [bɪt] *s Math* Bit *n*

⁴bit [bɪt] *prät* von ↑ **bite**

⁵bit [bɪt] *s Sl* typische Sache *od* Gewohnheit, gewohnheitsmäßige Praxis ⟨the whole ~ alles, was noch dazu gehört⟩

bitch [bɪtʃ] **1.** *s* Hündin *f* | *auch* **'~-fox** Fähe *f* | *auch* **'~-wolf** Wölfin *f* | *vulg* Hure *f*, Dirne *f*; **2.** *vt vulg* huren mit | *vulg* meckern über | *vulg* bescheißen; **~ ... up** *vulg* versauen ⟨to ~ things up⟩; *vi* meckern, schimpfen; **~y** *adj übertr* gemein, boshaft

bite [baɪt] **1.** (**bit** [bɪt], **bit·ten** ['bɪtn]) *vt* beißen ⟨to ~ one's lips ärgerlich sein; to ~ the dust, to ~ the ground *übertr* ins Gras beißen, sterben; to have s.th. to ~ on etw. zu beißen *od* zu essen haben, *übertr* etw. zu fassen kriegen⟩ | schmerzen, beißen, brennen, stechen | (Kälte) schneiden | (Mücke, Floh) stechen | (Fisch) anbeißen (*auch übertr*) | *auch* **~ in** *Chem* beizen, ätzen, zerfressen | *Tech* (Anker, Rad u. ä.) fassen, (ein)greifen | *übertr* angreifen, verletzen | *umg* (*nur pass*) betrügen ⟨to get bitten betrogen werden; the biter bitten der betrogene Betrüger⟩; **~ off** abbeißen; *vi* (an)beißen (*auch übertr*) | (Kälte, Wind u. ä.) stechen, schneiden, brennen, beißen | *Tech* (Rad, Anker u. ä.) eingreifen, fassen | *übertr* (Schmerz u. ä.) brennen, stechen, beißend sein; **2.** *s* Beißen *n* ⟨at a ~ auf einmal⟩ | (Fisch) Anbeißen *n* | Biß *m*, Bißwunde *f* | (Insekten-) Stich *m* | Bissen *m* | Happen *m* ⟨give me a ~! laß mich mal beißen!⟩ | *Tech* Eingreifen *n*, Fassen *n*, Haften *n* | *Chem* Beizen *n*, Ätzen *n* | *übertr* Schärfe *f*, Brennen *n* ⟨the ~ of raw whisky⟩; **'bit·ing** *adj* scharf, beißend ⟨≈ wind⟩ | *übertr* scharf, sarkastisch ⟨≈ words⟩

bit·ten ['bɪtn] **1.** *part perf* von ↑ **bite**; **2.** *adj* gebissen ⟨~ with *Sl* angesteckt von; once ~ twice shy *übertr* gebranntes Kind scheut das Feuer⟩

bit·ter ['bɪtə] **1.** *adj* scharf, bitter ⟨~ medicine⟩ | *übertr* bitter ⟨~ tears; to the ~ end bis zum bitteren Ende, bis aufs äußerste⟩ | *übertr* schmerzlich, hart ⟨~ disappointment⟩ | heftig ⟨~ quarrel⟩ | *übertr* boshaft, verbittert, sarkastisch ⟨~ speech⟩ | schneidend kalt ⟨~ wind⟩; **2.** *s* Bitteres *n* | Bitterkeit *f* ⟨to take the ~ with the sweet *übertr* Freud und Leid hinnehmen, nicht klagen⟩ | *auch* **ˌ~ 'beer** helles Bier, Bitterbier *n* ⟨a pint of ~⟩ | bittere Medizin; **3.** *vt* bitter machen; *vi* bitter werden; **ˌ~ 'al·mond** *s Bot* bittere Mandel; **'~ish** *adj* (Geschmack) bitterlich; **'~ling** *s Zool* Bitterling *m*

bit·tern ['bɪtən] *s Zool* Rohrdommel *f*

bit·ter·ness *s* [bɪtənɪs] *s* Bitterkeit *f*

bit·ters ['bɪtəz] *s/pl* Bitterlikör *m*, Magenbitter *m*

bit·ter| salt [ˌbɪtə 'sɔ:lt] *s Chem* Bittersalz *n*, Magnesiumsulfat *n*; **'~sweet 1.** *s Bot* Bittersüßer Nachtschatten; **2.** *adj* bittersüß (*auch übertr*) | *Am* (Schokolade) halbbitter

bi·tu|men ['bɪtʊmən|bɪ'tju:mən] *s Min* Bitumen *n*, Berg-, Erdpech *n*, Erdharz *n*; **~mi·nous** [bɪ'tju:mɪnəs] *adj Min* bituminös; **ˌ~mi·nous 'coal** *s* Steinkohle *f*

bi·va|lence [baɪ'veɪləns], **~len·cy** *s Chem* Zweiwertigkeit *f*; **~lent** *adj Chem* zweiwertig

bi·valve ['baɪvælv] *s Zool* zweischalige Muschel

biv·ou·ac[k] ['bɪvʊæk] **1.** *s Mil* Biwak *n*, Feldlager *n*; **2.** (**biv·ouacked, biv·ouacked**) *vi* biwakieren

biz [bɪz] *s Sl* Geschäft *n* ⟨good ~! *Sl* gut gemacht!⟩

bi·zarre [bɪ'zɑ:] *adj* bizarr, seltsam

bi·zon·al [ˌbaɪ'zəʊnl] *adj* bizonal, zweizonig; **'bi·zone** *s* Bizone *f*, Doppelzone *f*

blab [blæb] **1.** (**'blabbed, 'blabbed**) *vt*, *auch* **~ out** ausplaudern, verraten; *vi* schwatzen, klatschen; **2.** *auch* **'~ber** *s* Geschwätz *n* | Schwätzer(in) *m(f)* | Angeber(in) *m(f)*

black [blæk] **1.** *adj* schwarz (*Ant* white) ⟨~ as ebony schwarz wie Ebenholz; ~ as the devil kohlrabenschwarz; in

~ and white schwarz auf weiß; to be not so ~ as one is painted *übertr* besser sein als sein Ruf; to be in s.o.'s ~ book *übertr* bei jmdm. schlecht angeschrieben sein⟩ | dunkel, düster ⟨~ night⟩ | bläulich ⟨~ in the face (vor Aufregung *od* Anstrengung) knallrot im Gesicht; to beat s.o. ~ and blue jmdn. grün und blau schlagen; to get away with a ~ eye mit einem blauen Auge davonkommen⟩ | schmutzig, beschmutzt | (Hautfarbe) schwarz, dunkel | *Am* Neger-, schwarz ⟨~ art Kunst *f* des schwarzen Amerika; ~ consciousness; ~ culture; ~ theatre⟩ | *übertr* düster, feindselig ⟨to look ~ [at] finster [an]blicken⟩ | schlimm, unheilvoll ⟨~ news⟩ | mißmutig, niedergeschlagen ⟨in a ~ mood⟩ | verzweifelt, elend ⟨~ despair⟩ | böse ⟨~ cruelty⟩ | schändlich, unehrenhaft ⟨to get a ~ mark in schlechten Ruf kommen⟩ | gottlos, verrückt ⟨~ art / magic Schwarze Kunst, Magie *f*⟩ | *Typ* fett; **2.** *s* Schwarz *n*, schwarze Farbe | schwarze Kleidung, Trauerkleidung *f* ⟨in ~ in Trauer⟩ | Schwärze *f*, Schuhwichse *f* | Rußfleck *m* | Schwarze(r) *f(m)*; **3.** *vt* schwärzen | (Schuhe) mit schwarzer Schuhcreme wichsen | *Brit* (Betrieb u. ä.) boykottieren aus Protest gegen die Beschäftigung nicht gewerkschaftlich organisierter Arbeiter ⟨to ~ a firm⟩; *vi* einen Boykott gegen gewerkschaftsfeindliche Unternehmer durchführen; **~a·moor** ['~əmʊə] *s arch* od *scherzh* Schwarzer *m*, Mohr *m*; **'~ and 'white** *s Mal* Tintenzeichnung *f*; **'~ball** *vt* stimmen gegen | nicht wählen; **'~ bee·tle** *s Zool* Küchenschabe *f*; **~ber·ry** ['~brɪ] *s Bot* Brombeere *f*; **'~bird** *s Zool* Amsel *f*, Schwarzdrossel *f*; **ˌ~-'blood·ed** *adj* melancholisch; **'~board** *s* Wandtafel *f* | schwarzes Brett; **'~ book** *s* schwarze Liste; **ˌ~ 'bread** *s* Schwarzbrot *n*; **ˌ~ 'cap** *s Jur* schwarze Kappe (e-s Richters, der ein Todesurteil fällt) | *Zool* Mönchsgrasmücke *f* | *Zool* Kohlmeise *f* | *Bot* Schwarze Himbeere; **ˌ~ 'coal** *s* Steinkohle *f*; **ˌ~-'coat·ed** *adj Brit* in: **the ~-coated workers** die Angestellten *m/pl*; **'~cock** *s Zool* Birkhahn *m*; **'≟ˌCoun·try** *s* (*mit best art*) *Brit* Industriegebiet in Mittelengland (Teile von Staffordshire und Warwickshire); **ˌ~'cur·rant** *s Bot* Schwarze Johannisbeere; **'≟ 'Death** *s* Schwarzer Tod, Pest *f*; **ˌ~ 'ea·gle** *s Zool* Steinadler *m*; **~en** *vt* schwärzen, schwarz machen | (Schuhe) mit schwarzer Schuhcreme wichsen | verdunkeln | *übertr* anschwärzen, verleumden; *vi* schwarz *od* dunkel werden; **ˌ≟ 'Eng·lish** *s* Englisch *n* der Afroamerikaner; **ˌ~ 'eye** *s* (*auch übertr*) blaues Auge ⟨to get away with a ~ eye mit einem blauen Auge davonkommen⟩; **ˌ~ 'flag** *s* (*mit best art*) Piratenflagge *f*; **ˌ≟ 'Fri·ar** *s Rel* Dominikaner *m*; **ˌ~ 'Fri·day** *s übertr* schwarzer Freitag; **ˌ~ 'frost** *s* trockener Frost; **'~ 'grouse** *s Zool* Birkhuhn *n*; **~guard** ['blæga:d] **1.** *s* Lump *m*, Schuft *m*; **2.** *adj* schuftig, gemein; **3.** *vt* (jmdn.) einen Lumpen schimpfen, sich gemein äußern über; *vi* sich schuftig benehmen | obszöne Reden führen; **'~guard·ism** *s* Schuftigkeit *f*; **~guard·ly** ['blægədlɪ] *adj* schuftig, gemein ⟨≈ fellow⟩ | frech, gemein ⟨≈ language⟩; **'~head** *s Med* Pickel *m*, Mitesser *m*; **ˌ~'heart·ed** *adj* boshaft; **ˌ~ 'ice** *s* Glatteis *n*, gefrierende Nässe; **'~ing** *s* Schwärzen *n* | (Ofen-) Schwärze *f* | schwarze Schuhwichse; **'~ish** *adj* schwärzlich; **'~ 'lead 1.** *s Min* Graphit *m*; **2.** *vt* mit Ofenschwärze streichen; **'~leg** *verächtl* **1.** *s Brit* Streikbrecher *m*; **2.** *vt Brit* als Streikbrecher arbeiten gegen, als Streikbrecher (andere) im Stich lassen ⟨to ≈ other workers⟩; *vi Brit* Streikbrecher sein; **'~legs** *s/pl Vet* Klauenseuche *f*; **'~ 'let·ter** *s Typ* Fraktur *f*; **ˌ~-'let·ter day** *s* Wochentag *m* | Unglückstag *m* (*Ant* red-letter day); **'~list** *s Pol* schwarze Liste; **'~-list** *vt* (jmdn.) auf die schwarze Liste setzen; **'~mail 1.** *s* Erpressung *f* | erpreßtes Geld; **2.** *vt* Geld erpressen von | (jmdn.) erpressen; **'~mail·er** *s* Erpresser(in) *m(f)*; **ˌ≟ Ma·'ri·a** *s umg* Grüne Minna, Gefangenenwagen *m*; **ˌ~ 'mar·ket** *s* Schwarzmarkt *m*, Schwarzhandel *m*; **ˌ~ 'mar·tin** *s Zool* Mauersegler *m*; **'~ 'night·shade** *s Bot* Schwarzer Nachtschatten; **'~out** *s* Verdunklung *f* | *Med* Ohnmacht *f*, Bewußtlosigkeit *f*, zeitweiliger Gedächtnisschwund | *übertr* Blockierung *f* (von Nachrichten u. ä.) | *Theat* Szenenwechsel *m*; **~ out** *vt* ab-, verdunkeln | streichen, unkenntlich machen | *El* überdekken, stören | *übertr* (Nachrichten u. ä.) unterdrücken; *vi* (jmdm.) schwarz vor Augen werden | *Med* (kurz) das Bewußtsein verlieren, bewußtlos werden; **'~ 'pep·per** *s Bot* Schwarzer Pfeffer; **ˌ~ 'pud·ding** *s* (Art) Blutwurst *f*; **ˌ~ 'sheep** *s übertr* schwarzes Schaf | Streikbrecher *m*; **ˌ~ 'sheet** *s Tech* Schwarzblech *n*; **'≟shirt** *s* Schwarzhemd *n*, (italienischer Faschist); **'~smith** *s* Grob-, Hufschmied *m* **'~spot** *s* Unfallschwerpunkt *m*; **'≟ thorn** *s Bot* Schwarz-, Schlehdorn *m*; **'~ˌwash** *vt übertr* schwarzmalen, anschwärzen (*Ant* whitewash) | *Tech* schwärzen; **ˌ~wa·ter 'fe·ver** *s Med* Schwarzwasserfieber *n*

blad·der ['blædə] *s Med* (Harn-) Blase *f* | (Fußball-) Blase *f* | blasenförmiger Gegenstand | *übertr* aufgeblasener Mensch; **'~ fern** *s Bot* Blasenfarn *m*; **'~ kelp**, **'~ ˌtan·gle** *s Bot* Blasentang *m*; **'~ worm** *s Zool* Blasenwurm *m*, Finne *f*; **'~wort** *s Bot* Wasserfenchel *m*; **'~ wrack** *s Bot* Blasentang *m*; **'~y** *adj* blasig | blasenartig

blade [bleɪd] **1.** *s Bot* Blatt *n*, Halm *m* ⟨~ of grass; in the ~ auf dem Halm, unreif⟩ | (Säge- u. ä.) Blatt *n* | *Tech* Turbinenschaufel *f* | (Degen-, Messer-) Klinge *f* ⟨razor ~ Rasierklinge *f*⟩ | Ruderblatt *n* | (Zungen-) Blatt *n* | Propellerflügel *m* | *übertr* forscher Bursche, Draufgänger *m* ⟨saucy ~ frecher Bursche⟩; **2.** *vt* mit einer Klinge u. ä. versehen; **'~bone** *s Anat* Schulterblatt *n*; **'blad·ed** *adj Bot* mit Blättern versehen, beblättert | *Min* blätterartig | -klingig ⟨two-≈ zweiklingig⟩; **'~ wheel** *s* (Turbine) Laufrad *n*

blam·a·ble ['bleɪməbl] *adj* zu tadeln(d), tadelnswert

blame [bleɪm] **1.** *vt* tadeln, rügen (**for** wegen) | verantwortlich machen (**for** für) ⟨to ~ s.th. on *umg* etw. schieben auf; to be to ~ for schuld sein an; who is to ~? wer ist schuld daran?⟩ | *umg* verfluchen ⟨~ it! verflucht noch mal!⟩; **2.** *s* Tadel *m*, Rüge *f* ⟨to incur ~ Tadel *od* Kritik einstecken⟩ | Verantwortung *f*, Schuld *f* ⟨to bear/take the ~ die Schuld auf sich nehmen; to lay/put/throw the ~ on s.o. jmdm. die Schuld zuschieben⟩; **'~ful** *adj* tadelnswert | strafbar; **'~less** *adj* untadelig, schuldlos; **'~wor·thy** *adj* tadelnswert

blanch [bla:ntʃ] *vt* weißen, weiß machen, bleichen | *Tech* weiß sieden | *Tech* verzinnen | (Metall) lichtglänzend machen | *Kochk* blanchieren ⟨to ~ almonds Mandeln abbrühen⟩ | *übertr* (jmdn.) erblassen lassen; **~ over** beschönigen, weißwaschen; *vi* erblassen (**from, with** vor, aus); **'~er** *s* Bleicher *m* | Schmalledergerber *m* | *Chem* Bleichmittel *n*

blanc·mange [blə'mɒnʒ] *s Kochk* Flammeri *m*, Mandelsüßspeise *f* ⟨to shake like a ~ *übertr* wie Espenlaub zittern⟩

bland [blænd] *adj* mild, sanft | höflich | (ein)schmeichelnd ⟨~ smile⟩ | (Klima u. ä.) mild | nicht anregend *od* reizend ⟨~ diet⟩; **'blan·dish** *vt* (jmdm.) schmeicheln, (jmdn.) liebkosen; **'blan·dish·ment** *s, oft* **'blan·dish·ments** *pl* Schmeichelei(en) *f(pl)*

blank [blæŋk] **1.** *adj* weiß, blank | blaß ⟨as ~ as death totenbleich⟩ | unbeschrieben, leer ⟨a ~ sheet of paper ein leeres Blatt Papier⟩ | *Jur, Wirtsch* unausgefüllt, frei, Blanko- ⟨~ space leerer Raum, freie Zeile; to leave a line ~ eine Zeile frei lassen; ~ cheque Blankoscheck *m*; *übertr* Vollmacht *f*⟩ | *Arch* glatt, eben, blind ⟨~ wall⟩ | ereignislos ⟨~ day⟩ | leer, öde ⟨~ desert⟩ | gleichgültig, leer, ausdruckslos ⟨~ face; ~ gaze⟩ | verwirrt, verblüfft ⟨to look ~⟩ | rein, völlig, absolut ⟨~ silence; ~ despair helle Verzweiflung; in ~ astonishment in sprachlosem Erstaunen⟩ | *Metr* reimlos

⟨~ verse Blankvers *m*⟩; **2.** *s* das Weiße | Leere *f*, leerer Raum, Lücke *f* ⟨to leave ~s Platz lassen (beim Schreiben); to fill in the ~s alles ausfüllen⟩ | unbeschriebenes Blatt (*auch übertr*), leeres Formular ⟨a telegraph ~⟩ | *Typ* Durchschuß *m* | (Sprech-) Pause *f* | (Lotterie) Niete *f* ⟨to draw a ~ eine Niete ziehen⟩ | *Tech* (Zu-) Schnitt *m*, Rohling *m* | *Arch* blinde Tür | *Arch* blindes Fenster | Mitte *f*, weißer Punkt (e-s Ziels) | ereignislose Zeit | *übertr* Leere *f* ⟨a ~ in s.o.'s life⟩ | *auch* ˌ~ 'car·tridge *Mil* Platzpatrone *f*; **3.** *vt*, *meist* ~ **out** auslöschen | *Tech* stanzen | *Typ* sperren; *vi* (Gedächtnis u. ä.) aussetzen, versagen | verklingen, verlöschen

blan·ket ['blæŋkɪt] **1.** *s* (Woll) Decke *f*; Bettdecke *f*; Pferdedecke *f* ⟨woollen ~; to stretch the ~ *umg übertr* übertreiben; born on the wrong side of the ~ *Brit, selten, euphem* unehelich⟩ | (*meist sg*) *übertr* (Schnee u. ä.) Decke ⟨~ of mist Dunstglocke *f*; wet ~ *übertr* kalte Dusche; Spielverderber *m*, Miesmacher *m*⟩ | *Tech* Schutzdecke *f* | *Typ* Druckfilz *m*; **2.** *vt* (wie) mit einer Decke zudecken | *Tech* maskieren, ver-, überdecken | *übertr* unterdrücken, erstikken ⟨to ~ the flame⟩ | *Rundf* überlagern | *Tech* abschirmen; **3.** *adj*, *urspr Am* umfassend, generell, allgemein, Gesamt-, Voll- ⟨~ instructions Blankovollmacht *f*; ~ insurance Vollversicherung *f*; ~ price Einheitspreis *m*⟩; '~ˌ**flow·er** *s Bot* Kokardenblume *f*; '~ **leaf** *s* (*pl* ~ **leaves**) *Bot* Königskerze *f*, Wollkraut *n*

blank·ing ['blæŋkɪŋ] *s Ferns* Austastung *f* | *Tech* Ausschneiden *n*, Stanzen *n*; '~ **die** *s Tech* Stanzmatrize *f*, Schnittwerkzeug *n*; '~ **press** *s Tech* Schneid-, Schnittpresse *f*; '~ **punch** *s Tech* Stanzstempel *m*; '~ **tool** *s Tech* Formgebe-, Stanzwerkzeug *n*

blare [blɛə] **1.** *vi* schmettern ⟨the trumpet ~d [forth]⟩ | *dial* plärren, brüllen; *vt auch* ~ **out** laut hinausschreien *od* ausstoßen ⟨to ~ out a warning⟩; **2.** *s* Geschmetter *n* | Getöse *n*, Lärm *m* ⟨the ~ of a band; the ~ of thunder⟩ | *übertr* (Farbe u. ä.) Grellheit *f*

blar·ney ['blɑ:nɪ] **1.** *s umg* leeres Geschwätz, bloße Redensarten *f/pl*; Schmeichelei *f*; Flunkerei *f*; **2.** *vt* durch Schmeichelei täuschen, sich einschmeicheln bei; *vi* schmeichelnde Reden führen, schmeicheln

bla·sé ['blɑ:zeɪ] *adj* blasiert, eingebildet

blas|pheme [blæs'fi:m] *vt* (über jmdn.) lästern; *vi* lästern (**against** über, gegen); ~'**phem·er** *s* Gotteslästerer *m*; ~**phe·mous** ['blæsfəməs] *adj* gotteslästerlich | lästerlich, voller Flüche ⟨≈ language⟩; ~**phe·my** ['blæsfəmɪ] *s* Blasphemie *f*, Gotteslästerung *f*

blast [blɑ:st] **1.** *s* Windstoß *m* ⟨~ of air Luftstoß *m*⟩ | (Trompete) Schmettern *n*, Blasen *n* ⟨~ on the horn ein Stoß ins Horn; ~ of the whistle Pfeifensignal *n*; to sound a ~ einen Tusch blasen⟩ | *Am Sl* Party *f*, Vergnügen *n* ⟨beer ~⟩; Spaß *m*, Jux *m*, Lenz *m* ⟨he had a ~⟩ | *Tech* Gebläsewind *m*, Gebläse(luft) *n*(*f*) ⟨in ~ angeblasen, in Betrieb; out of ~ außer Betrieb; at/in full ~ in vollem Gange, *übertr umg* in vollem Schwung, auf Hochdruck, voll da⟩ | Sprengstoß *m*, (Explosions-) Luftdruck *m* ⟨wounded by the ~ durch die Druckwelle verwundet⟩ | *Bergb* Schuß *m*, Schießen *n* | Sprengladung *f* | schlechte Luft | schlechter Einfluß | *Bot* Brand *m*, Mehltau *m*; **2.** *vt* schießen, (in die Luft) sprengen, explodieren lassen ⟨to ~ mines *Bergb* Bohrlöcher abschießen⟩ | *auch* ~ **away**, ~ **out** wegsprengen, aus dem Weg räumen (*auch übertr*) | (durch Wind, Hitze, Frost u. ä.) zerstören, verdorren, vertrocknen, versengen ⟨~ed by the hot wind; frost ~ed the blossoms⟩ | *übertr* vereiteln, vernichten, verderben ⟨to ~ s.o.'s hopes⟩ | verfluchen ⟨~ [it]! verdammt!⟩; *vi* welken | fluchen; ˌ~ '**air** *s Bergb* Sprengluft *f*; '~**ed** *adj* verdammt; '~**er** *s* Sprengmeister *m*; '~ ˌ**fur·nace** *s Tech* Hochofen *m*; '~ **fur·nace** ˌ**gas** *s Tech* Gichtgas *n*; '~ **fur·nace** ˌ**plant** *s Tech* Hochofenanlage *f*; '~**hole** *s Tech* Schieß-, Bohrloch *n*; '~**ing** *s Tech* Sprengen *n*, Sprengung *f* | Versengen *n*; '~**ing** ˌ**a·gent** *s Tech* Sprengstoff *m*; '~**ing cap** *s Tech* Sprengkapsel *f*; '~ **charge** *s Tech* Sprengladung *f*; '~**ing fuse** *s Tech* Zündschnur *f*; '~**ing oil** *s Tech* Nitroglyzerin *n*; '~ **lamp** *s Tech* Stich-, Lötlampe *f*, Gebläse *n*

blasto- [blæstəʊ] ⟨*griech*⟩ *in Zus* Keim-

blas·to|derm ['blæstədɜ:m] *s Biol* Keimhaut *f*

blast-off ['blɑ:st ɒf] *s* (Raketen, Raumschiff) Start *m*

blast| pipe ['blɑ:st paɪp] *s Tech* Windzuleitung *f*, Düse(nrohr) *n*, Abblasrohr *n*; '~ ˌ**pres·sure** *s Tech* Gebläsedruck *m*; '~ **wave** *s* Druckwelle *f*; '~**y** *adj* stürmisch | verderblich

bla|tan·cy ['bleɪtnsɪ] *s* Lärm *m*, Geschrei *n* | anmaßendes Benehmen; ~**tant** *adj* lärmend, laut | blökend ⟨≈ herds⟩ | *übertr* widerlich, anmaßend, laut ⟨≈ nonsense himmelschreiender Unsinn⟩

blath·er ['blæðə] **1.** *vi* schwätzen; **2.** *s* Geschwätz *n* | Schwätzer *m*; '~**skite** *s* Großsprecher *m*, Quatschkopf *m* | Quatsch *m*, Unsinn *m* ⟨to talk ≈ about s.th.⟩

[1]**blaze** [bleɪz] **1.** *s* lodernde Flamme, Lohe *f* ⟨to burst into a ~ hell auflodern⟩ | Feuer *n* ⟨to be in a ~ in Flammen stehen⟩ | Lichtschein *m*, Glanz *m* (*auch übertr*) ⟨~ of colours Farbenpracht *f*; ~ of lights Lichterspiel *n*⟩ | *übertr* Ausbruch *m* ⟨~ of anger⟩; **2.** *vi* flammen, lodern | *übertr* glühen, glänzen ⟨his eyes ~d with passion seine Augen glühten vor Leidenschaft⟩; ~ **away** *umg* losschießen (**at** auf) (*auch übertr*); ~ **down** (Sonne) herunterbrennen (**on** auf); ~ **out** verflackern, verfliegen (*auch übertr*); ~ **up** aufflakkern, aufflammen, auflodern | *übertr* in Zorn geraten; *vt* ausstrahlen, hervorleuchten lassen | (Metall) abbrennen; ~ **away** (Munition) verschießen; ~ **up** in Brand stecken

[2]**blaze** [bleɪz] *s* Wegmarkierung *f* | Blesse *f* (des Pferdes); *vt* (Weg) markieren, (Baum) anschalmen ⟨to ~ a trail einen Pfad markieren, *übertr* einen Weg bahnen, Neuland beschreiten⟩

[3]**blaze** [bleɪz] *vt*, *auch* ~ **abroad**, ~ **forth** verkünden, ausposaunen ⟨to ~ the news abroad⟩

blaz|er ['bleɪzə] *s* Blazer *m*, Sportjacke *f*

blaz|es ['bleɪzɪz] *s/pl Sl* Hölle *f* ⟨driving like ≈ wie der Teufel fahrend; to go to ≈ zum Teufel gehen⟩; '~**ing** *adj* flammend, lodernd ⟨a ≈ hot day ein glühend heißer Tag⟩

bla·zon ['bleɪzn] *s* Wappen(schild) *n*(*m*) | Wappenkunde *f* | Beschreibung *f*; *vt*, *auch* ['blæzn] (Wappen) heraldisch erklären | (Wappen) schmücken | *übertr* beschreiben | *übertr* schmücken; = [3]**blaze** *meist* ~ **abroad**, ~ **forth** ausposaunen, verherrlichen; '~**ment** *s* Ausschmückung *f* | *übertr* Ausposaunen *n*; '~**ry** *s* Wappenzeichen *n* | Wappenbeschreibung *f* | *übertr* Ausschmückung *f*

blaz·y ['bleɪzɪ] *adj* flammend, lodernd

bleach [bli:tʃ] **1.** *vt* bleichen ⟨~ed cloth gebleichte Leinwand⟩ | erbleichen lassen; *vi* erbleichen; **2.** *s* Bleichen *n* | Blässe *f* | Aufhellungs-, Bleichmittel *n*; '~**er** *s* Bleichmittel *n*; '~**ers** *s/pl Sport Am* unüberdachter Sitzplatz ⟨to sit in the ≈ im Freien sitzen, einen billigen Platz haben⟩; '~**er·y** *s* Bleiche *f*, Bleichplatz *m*; '~**ing** *s* Bleichen *n*, Bleiche *f*, Bleichverfahren *n* ⟨grass ≈ Rasen-, Sonnenbleiche *f*⟩; '~**ing** ˌ**a·gent** *s* Bleichmittel *n*; '~**ing** ˌ**ground** *s* Bleichplatz *m*; '~**ing** ˌ**pow·der** *s* Bleich-, Chlorkalk *m*

bleak [bli:k] *adj* öde, kahl ⟨~ beach⟩ | rauh, kalt, scharf ⟨~ wind⟩ | *übertr* kalt, trübe, deprimierend ⟨~ outlook; ~ facts⟩

blear [blɪə] **1.** *adj* (Auge) trübe | *übertr* dunkel, unklar; **2.** *vt* (Blick) trüben | *übertr* täuschen; **bleared** *adj* (Blick) getrübt; ~-'**eyed** *adj* mit verquollenen Augen, trübe | *übertr* einfältig | *selten* kurzsichtig; '~ -**wit·ted** *adj* beschränkt, naiv; ~**y** *adj* trüb; ~**y-'eyed** = ~-'**eyed**

bleat [bli:t] **1.** *vi* (Kalb, Schaf) blöken; (Ziege) meckern; *vt auch* ~ **out** (Worte) hervorstoßen; **2.** *s* Blöken *n*, Gemecker *n* (*auch übertr*); '~**er** *s Zool* Schnepfe *f* | *übertr* Meckerer *m*

bleb [bleb] *s* Blase *f* (im Glas) | *Med* Bläschen *n*, Pustel *f*

bled [bled] *prät* u. *part perf* von ↑ **bleed**

bleed [bli:d] (**bled**, **bled** [bled]) *vi* bluten | verbluten ⟨to ~ to death⟩ | *übertr* (Herz) bluten, (*Person*) Sorge *od* Mitleid empfinden; *vt* bluten lassen | *Med* zur Ader lassen | (Dampf u. ä.) anzapfen | *übertr* bluten lassen, schröpfen (**for** um); '~**er** *s Med* Bluter *m* | *Tech* Ablaßventil *n* | *Tech* Ölstandshahn *m*; '~**ing 1.** *s* Blutung *f* | Aderlaß *m* | *Tech* Entnahme *f* von Dampf | *Am Tech* (Beton) Einmischen *n*; **2.** *adj Sl euphem* verflixt; '~**ing 'heart** *s Bot* Flammendes Herz; '~**ing 'point** *s* (Dampf-) Anzapfung *f*

bleep [bli:p], *auch* '~ **signal** *s* (Raumfahrt) Piepsignal *n*; '~**er** *s Tech* elektronisches Signalgerät

blem·ish ['blemɪʃ] **1.** *vt übertr* beflecken, brandmarken; **2.** *s* Fehler *m* ⟨without ~ fehlerlos, einwandfrei⟩ | *übertr* Makel *m*, Schande *f* ⟨without the least ~ on his character ohne den geringsten Schaden für s-n Charakter⟩

blench [blentʃ] *vi* (vor Furcht) zurückfahren, -schrecken (**from** vor)

blend [blend] **1.** (~**ed**, ~**ed** *od lit* **blent**, **blent** [blent]) *vt* (ver)mischen (bes. verschiedene Tabak- od. Teesorten u. ä.) | (Wein) verschneiden | (Farben) verschmelzen; *vi* sich (ver)mischen (**with** mit) | (Farben u. ä.) zusammenpassen; **2.** *s* (Ver-) Mischung *f* | (Alkohol) Verschnitt *m*

blend[e] [blend] *s Min* (Zink-) Blende *f*

blend·er ['blendə] *s Tech* Mischpumpe *f* | Mixer *m*, Mixgerät *n*

blenno- [blenɒ] ⟨*griech*⟩ *in Zus* Schleim-

blent [blent] *prät* u. *part perf* von ↑ **blend**

bless [bles] (**blessed**, **blessed** [blest] *od poet* **blest**, **blest** [blest]) *vt* segnen (*auch übertr*), absegnen ⟨to be ~ed with gesegnet sein mit, glücklicher Besitzer sein von⟩ | rühmen, preisen ⟨to ~ o.s. sich glücklich schätzen⟩ | *arch* beschützen (**from** vor) | *euphem*, *iron* verfluchen, verwünschen ⟨~ me! ~ my soul! *umg* du lieber Himmel!⟩; **bless·ed** ['blesɪd] *adj Rel* heilig, gesegnet | glückselig, freudebringend, glücklich ⟨≈ event freudiges Ereignis; ≈ time⟩ | *euphem*, *iron* verflucht, verwünscht ⟨not a ≈ drop of rain⟩; '~**ing** *s* Segen *m*, Gnade *f* (**to** für) ⟨to give the ≈ segnen⟩ | *übertr* Segen *m*, Glück *n* ⟨≈ in disguise Glück im Unglück⟩ | Segensspruch *m* | Tischgebet *n* ⟨to ask a ≈ das Tischgebet sprechen⟩ | *euphem*, *iron* Fluch *m*, Verwünschung *f*

blest [blest] *poet prät* u. *part perf* ↑ **bless**

bleth·er ['bleðə] **1.** *s* (dummes) Geschwätz *n*; **2.** *vi* Unsinn (daher)reden

blew [blu:] *prät* von ↑ [2]**blow** [bləʊ] u. ↑ [3]**blow**

blight [blaɪt] **1.** *s Bot* Brand *m* | *übertr* Gifthauch *m*, schädlicher Einfluß ⟨to cast/put a ~ upon einen bösen Schatten werfen auf⟩ | *übertr* Vereitelung *f*, Zerstörung *f* (**upon s.th.** von etw.) | *urspr Am* heruntergekommenes Wohnviertel, Slum *m* ⟨the ~ of the centre of many cities⟩; **2.** *vt Bot* durch Brand zerstören | *übertr* vereiteln, vernichten, im Keime ersticken ⟨to ~ s.o.'s plans⟩ | *übertr* am Gedeihen hindern; *vi Bot* brandig sein, vom Brand befallen sein; '~**ed** *adj Sl* verdammt | *Bot* durch Brand vernichtet | *Am* (Wohnviertel) heruntergekommen, slumartig ⟨≈ area⟩; '~**er** *s Sl* (Person) Ekel *n*, Affe *m* | *Brit Sl* Bursche *m* ⟨you lucky ≈⟩; ~**s** *s/pl Am Med* Nesselsucht *f*

blight·y ['blaɪtɪ], *auch* ≗ *Brit Mil Sl* **1.** *s* Heimat *f*, England *n* | Heimaturlaub *m* | Heimatschuß *m* ⟨to get one's ~⟩; **2.** *adj* in die Heimat führend ⟨~ wound Heimatschuß *m*⟩

bli·mey ['blaɪmɪ] *interj Sl* verdammt!, zum Kuckuck [noch mal]!

blimp [blɪmp] *s* (kleines) unstarres Luftschiff | dicker Kerl | *Tech* (schalldichte) Kabine | *oft* ≗, *auch* **Colo·nel** '≗ selbstgefälliger Ultrakonservativer, Reaktionär *m*

blind [blaɪnd] **1.** *adj* blind ⟨~ of/in one eye auf einem Auge blind; to become/go ~ blind werden⟩ | Blinden- ⟨~ asylum Blindenanstalt *f*⟩ | *übertr* blind (**to** gegen, **with** vor) ⟨~ to s.o.'s faults blind gegenüber jmds. Fehlern; to turn a/one's ~ eye to s.th. etw. nicht sehen wollen⟩ | verständnislos (**to** für) ⟨~ side, ~ spot schwache Stelle⟩ | dunkel, schwer erkennbar, ziellos ⟨~ chance blinder Zufall; ~ forces blinde Gewalten *f/pl*⟩ | geheim ⟨~ staircase Geheimtreppe *f*⟩ | (Schrift) unleserlich ⟨~ letter unzustellbarer Brief⟩ | blind, rücksichtslos, gedankenlos ⟨in ~ haste in blinder Hast⟩ | stumpf, gefühllos ⟨~ drunk sinnlos betrunken⟩ | *Arch* blind, nicht durchbrochen ⟨~ wall⟩ | *Bot* blütenlos | *arch* dunkel, düster ⟨~ dungeon finsterer Kerker⟩; **2.** *vt* blind machen, zum Blinden machen | blenden | *übertr* verblenden, blind machen (**to** gegen) | verdunkeln, verbergen ⟨darkness ~ed the sky⟩ | *Tech* abblenden, abdecken; *vi Brit Sl* (mit dem Auto) blind drauflosrasen; **3.** *s* Jalousie *f*, Fensterladen *m* ⟨to lower/pull down the ~s die Rouleaus herunterlassen; to raise/draw up the ~s die Jalousien hochziehen⟩ | Blende *f*, Schirm *m* | *übertr* Vorwand *m*, Bemäntelung *f*; ~ '**al·ley** *s* Sackgasse *f* (*auch übertr*); '~ **coal** *s* Anthrazit *m*; '~**er** *s Am* Scheuklappe *f*; ~ '**flight** *s Flugw* Blindflug *m*; ~ '**fly·ing** *s Flugw* Blindfliegen *n*; '~**fold 1.** *adj*, *adv* mit verbundenen Augen | *übertr* blind(lings), unbesonnen ⟨≈ zeal blinder Eifer⟩; **2.** *vt* (jmdm.) die Augen verbinden | (jmdn.) blenden (*auch übertr*); **3.** *s* Augenbinde *f*; '~**fold·ed** *adj* mit verbundenen Augen; '~ '**gut** *s Med* Blinddarm *m*; '~**ing 1.** *adj* blendend (*auch übertr*) | *übertr* blindmachend ⟨≈ tears⟩; **2.** *s* Blenden *n* (*auch übertr*); ~'**man** *s* (*pl* ~ **men**) Blinder *m*; ~ **man's 'buff** *s* Blindekuhspiel *n*; ~ '**net·tle** *s Bot* Weiße Taubnessel; ~**s** *s/pl* Scheuklappen *f/pl*; ~ '**shell** *s Mil* Blindgänger *m*; '~**spot** *s Kfz* toter Winkel; '~-'**stamp** *vt Typ* blindprägen; '~**worm** *s Zool* Blindschleiche *f*

blink [blɪŋk] **1.** *vi* blinzeln, zwinkern ⟨to ~ at s.o. jmdm. zublinzeln⟩ | (Licht) blinken, schimmern | (Milch) sauer werden; *vt* an-, zublinzeln | ignorieren, absichtlich übersehen ⟨to ~ the facts *umg* sich den Tatsachen verschließen; to ~ the fact that die Augen davor verschließen, daß⟩ | blinzeln mit ⟨to ~ one's eyes⟩ | die Augen verbinden | (etw.) durch Lichtsignale übermitteln | *Am* blinken mit ⟨to ~one's lights⟩ | (Milch) sauer werden lassen | *auch* ~ **away** *vt* (Träne) verdrängen; **2.** *s* Blinzeln *n* | Schimmer *m* | *Mar* Blink *m*; ~**er 1.** *s* blinzelnde Person | Kokotte *f* | Scheuklappe *f* | *Brit* Blinklicht *n*; **2.** *vt* mit Scheuklappen versehen | täuschen; '~**er** **bea·con** *s* Blinkfeuer *n*; '~-**eyed** *adj* blinzelnd; '~**ing 1.** *adj* blinzelnd | *Brit Sl* verflucht, verflixt; **2.** *s* Blinzeln *n*; '~**y** *adj Am* (Milch) sauer

blip [blɪp] **1.** *s* (Radar) Leuchtfleck *m* | Pips *m*, Blib *m*, Echosignal *n* | kurze Bemerkung, Notiz *f*; **2.** *vt* (Äußerung) aus einem Ton- *od* Videoband entfernen und durch einen Piepton ersetzen

bliss [blɪs] *s* Wonne *f*, Seligkeit *f*; '~**ful** *adj* wonnevoll, glückselig

blis·ter ['blɪstə] **1.** *s Med* Hautblase *f* (**on** an) | *Med* Zugpflaster *n* | *Tech* Guß-, Luftblase *f*; **2.** *vt Med* mit Blasen überziehen | (Farbe u. ä.) zu Blasen ziehen ⟨to ~ the paint⟩ | quälen, mißhandeln | *Med* (jmdm.) ein Zugpflaster auflegen; *vi* Blasen bekommen, Blasen ziehen; '~ **bee·tle** *s Zool* Spanische Fliege; '~ **cop·per** *s Tech* Roh-, Blasenkupfer *n*;

'~ed *adj Med* voll Blasen | *Tech* blasig, lückig ⟨≈ steel Blasenstahl *m*⟩; '~ **fly** = ~ **beetle**; '~ '**plas·ter** *s Med* Zugpflaster *n*

blithe [blaɪð] *adj, adv, meist poet* heiter, fröhlich | leichtfertig, gedankenlos ⟨~ disregard of s.th.⟩; ˌ~-'**heart·ed**, '~**ful** *adj* fröhlich

blith·er ['blɪðə] *vi dial* schwätzen; '~**ing** *adj umg* geschwätzig | vollkommen, total ⟨a ≈ idiot⟩

blitz [blɪts] *Mil* **1.** *s* (Luft-) Großangriff *m* | Blitzkrieg *m*; **2.** *vt* bombardieren; ~**ed** *adj* ausgebombt, zerstört ⟨≈ areas⟩ | einen Blitzkrieg führen gegen

bliz·zard ['blɪzəd] *s Am* Blizzard *m*, Schneesturm *m*

¹**bloat** [bləʊt] *vt* (Heringe) räuchern

²**bloat** [bləʊt] **1.** *vt* aufschwellen, aufblasen (*auch übertr*); ~ **up** aufschwellen lassen; *vi* aufschwellen, sich blähen; **2.** *s Sl* Säufer *m*, Bierleiche *f* | *Am Vet* Blähsucht *f*

¹**bloat·ed** ['bləʊtɪd] *adj* (Hering) geräuchert

²**bloat·ed** ['bləʊtɪd] *adj* (an)geschwollen, aufgeblasen (*auch übertr*) (**with** von, vor) ⟨~ face aufgedunsenes Gesicht; ~ with pride aufgeblasen⟩

bloat·er ['bləʊtə] *s* geräucherter Hering, Bückling *m*; '~ **paste** *s* Heringspaste *f*

blob [blɒb] **1.** *s* (Farb-, Wachs- u. ä.) Tropfen *m*, Kügelchen *n* | Tonklumpen *m* | (Kricket) Null *f*; **2.** (**blobbed, blobbed**) *vi* klecksen; *vt* beklecksen, bespritzen; '~**by** *adj* bekleckst

bloc [blɒk] *s Pol* Block *m*, Interessengruppe *f* ⟨policy of ~s Blockpolitik *f*; Sterling ~ Sterlingblock *m*⟩ ◇ **en** ~ [ɒn 'blɒk] *adv* insgesamt, zusammen, als Ganzes

block [blɒk] **1.** *s* (Holz-, Stein-) Block *m*, Klotz *m* ⟨~ of stone; wooden ~⟩ | Richtblock *m* ⟨to be sent/go to the ~ geköpft werden⟩ | (Schuh-) Leisten *m* | *Tech* Kloben *m* | *Tech* Kolben *m* | *Tech* Flasche *f*, Rolle *f* | *Typ* Farbstein *m* | *Typ* Druckform *f* | Perückenstock *m* | (Schreib-) Block *m* | *Brit* Reihenhäuser *n/pl* | *Am* Häuserblock *m* | *Am* Baustein *m* | Straße *f* ⟨two ~s ahead zwei Straßen weiter⟩ | *Geol* Scholle *f* | *übertr* Klotz *m*, Tölpel *m* | *Med* Blockierung *f*, Sperrung *f* | Hindernis *n*, Verstopfung *f*, Stockung *f* ⟨traffic ~ Verkehrsstockung *f*⟩ ◇ **knock s.o.'s ~ off** *Sl übertr* jemanden kaltmachen *od* umbringen; **2.** *vt, auch* ~ **out** in Blöcke pressen | (Hut) formen | hemmen, hindern, vereiteln (*auch übertr*) | *Foto* (Negativ) abdecken | *meist* ~ **up** blockieren, (ab-, ver)sperren | *Wirtsch* (Konto) sperren | (Geld) blockieren, einfrieren | *Mil* abriegeln | (Kricket) stoppen; ~ **in**, ~ **out** entwerfen, skizzieren ⟨to ~ in a plan of the house⟩; ~**ade** [blɒ'keɪd] **1.** *s* Blockade *f* ⟨to raise a ≈ eine Blockade aufheben; to run the ≈ die Blockade (durch)brechen⟩; **2.** *vt* blockieren, einschließen; ~'**ade-ˌrun·ner** *s* Blockadebrecher *m*; '~**age** *s* Blockierung *f*, Sperre *f*; '~ **and 'pul·ley** *s Tech* Flaschenzug *m*; '~ˌ**bust·er** *s Mil Sl* große Bombe | *umg* Knüller *m*; '~ ˌ**chain** *s* Hebezeugkette *f*; Fahrradkette *f*; **blocked** *adj* gesperrt, blockiert; ˌ**blocked ac'count** *s Wirtsch* Sperrkonto *n*; ˌ**blocked 'bal·ance** *s Wirtsch* Sperrguthaben *n*; '~ **grant** *s* (jährlicher) staatlicher Zuschuß, (jährlich) bewilligte staatliche Mittel *n/pl* ⟨a ≈ to the university *Brit*; ≈s to the states from the Federal Government *Am*⟩; '~**head** *s* Dummkopf *m*; '~-ˌ**head·ed** *adj* dumm; '~**house** *s* Blockhaus *n*; '~**ish** *adj* dumm; ˌ~ '**let·ter** *s* Blockbuchstabe *m*; '~**out** *s Foto* partielle Reproduktion, Teilfoto *n*; '~ **print** *s Kunst* Holz-, Linolschnitt *m* | Handdruck *m*; '~ ˌ**print·ing** *s Kunst* Holz-, Linolschneidekunst *f*; '~ **reˌlease** *s Brit Wirtsch* zeitweilige Freistellung (*z. B.* zur Qualifizierung); '~ ˌ**sys·tem** *s Eisenb* Block(signal)system *n*; ˌ~ '**type** *s Typ* Blockschrift *f*; ˌ~ '**writ·ing** *s* Blockschrift *f*; '~**y** *adj* klotzig, klobig

bloke [bləʊk] *s Sl* Kerl *m*

blond [blɒnd] **1.** *adj* blond ⟨~ hair⟩ | helläugig | hellhäutig, hellfarbig ⟨~ skin, ~ wood⟩; **2.** *s* Blond *n* | Blonder *m*; **blonde** [~] **1.** = **blond 1.**; **2.** *s* Blondine *f* | Blonde *f* | *auch* '**blonde-lace** *s* Blonde *f*, Klöppelspitze *f*

blood [blʌd] **1.** *s* Blut *n* ⟨to give one's ~ for sein Leben geben für, sterben für; to give one's ~ to Blut spenden für⟩ | Blutsverwandtschaft *f*, Herkunft *f*, Abstammung *f* ⟨blue ~ blaues Blut; von adliger Abstammung; one's own flesh and ~ die eigenen Verwandten *m/f/pl*; to be of the same ~ gleicher Abstammung sein, dieselben Vorfahren haben; near in ~ nahe verwandt; to run in the ~ im Blute liegen⟩ | (bes. Pferde-) Rasse *f*, Geblüt *n* ⟨full ~ Vollblut *n*⟩ | *übertr* Leben(skraft) *n(f)* ⟨young ~ Hitzkopf *m*, Draufgänger *m*⟩ | *übertr* Blut *n*, Temperament *n* ⟨in cold ~ kaltblütig; in hot ~ zornig; in warm ~ hitzig; s.o.'s ~ is up in jmdm. kocht es; to breed/make bad/ ill ~ böses Blut machen; to make s.o.'s ~ boil jmds. Blut zum Sieden bringen; to make s.o.'s ~ run cold jmdm. das Blut gerinnen lassen⟩; **2.** *vt* (Hund) an Blut gewöhnen; '~ **and 'thunder 1.** *s* Mord *m* und Totschlag *m*; **2.** *adj* Mord-, Schauer-, Greuel- ⟨≈ story⟩; '~ **bank** *s Med* Blutbank *f*; '~ '**broth·er** *s* leiblicher Bruder; '~ **cir·cuˌla·tion** *s Med* Blutkreislauf *m*, -zirkulation *f*; ˌ~ **coˌag·u'la·tion** *s Med* Blutgerinnung *f*; '~ **corˌpus·cle** *s Med* Blutkörperchen *n*; '~ **count** *s* Blutbild *n*; '~ˌ**cur·dling** *adj* haarsträubend, grauenhaft; '~ ˌ**do·nor** *s Med* Blutspender *m*; '~**ed** *adj* (Tier) reinrassig ⟨≈ Jerseys⟩ | -blütig ⟨warm-≈ animals; proud-≈ *übertr* stolz⟩; '~ **group** *s Med* Blutgruppe *f*; '~ˌ**group·ing** *s* Blutgruppenbestimmung *f*; '~ˌ**guilt·i·ness** *s* Blutschuld *f*; ˌ~ '**heat** *s Med* Blut-, Körperwärme *f*; '~ **horse** *s* Vollblutpferd *n*; '~**hound** *s* Blut-, Schweißhund *m*; '~ **leech** *s Zool* Blutegel *m*; '~**less** *adj* blutlos | unblutig ⟨≈ revolution Revolution *f* ohne Blutvergießen⟩ | blaß, farblos ⟨≈ cheeks⟩ | *übertr* leblos, stumpf | *übertr* herzlos; '~ˌ**let·ting** *s Med* Aderlaß *m*; '~**line** *s* (Tier) Stammbaum *m*; '~ ˌ**mon·ey** *s* Blutgeld *n*; '~ ˌ**plas·ma** *s* Blutplasma *n*, -serum *n*; '~ ˌ**poi·son·ing** *s Med* Blutvergiftung *f*; '~ ˌ**pres·sure** *s* Blutdruck *m*; '~ ˌ**pud·ding** *s* Blutwurst *f*; ˌ~-'**red** *adj* blutrot; '~ **reˌla·tion** *s* Blut[s]verwandte(r) *f(m)*; '~ ˌ**sam·ple** *s Med* Blutprobe *f* ⟨to take a ≈ from s.o. jmdm. eine Blutprobe entnehmen⟩; '~ ˌ**se·rum** *s* Blutserum *n*, Blutwasser *n*; '~ˌ**shed[ding]** *s* Blutvergießen *n*; Blutbad *n*; '~**shot** *adj* blutunterlaufen; '~ **sport** *s, meist verächtl* Hetz-, *bes* Fuchsjagd *f*; '~**stained** *adj* blutbefleckt (*auch übertr*); '~**stock** *s* Vollblut(pferd) *n*; '~**stone** *s Min* Roteisenstein *m*; '~ˌ**suck·er** *s Zool* Blutegel *m* | *übertr* Blutsauger *m*, Erpresser *m*; '~ ˌ**sug·ar** *s Med* Blutzucker *m*; '~ **test** *s* Blutprobe *f*; '~ˌ**thirst·ing**, '~ˌ**thirsty** *adj* blutdurstig, -rünstig; '~ **transˌfusion** *s Med* Bluttransfusion *f*, -übertragung *f*; '~ˌ**ves·sel** *s Med* Blutgefäß *n*; '~**wort** *Bot s* Blutampfer *m* | Schafgarbe *f*; '~**y 1.** *adj* blutig (*auch übertr*) ⟨≈ flux *Med* Blutfluß *m*; ≈ battle blutige Schlacht⟩ | blutbefleckt ⟨≈ hands⟩ | blutrot | blutgierig, -rünstig ⟨≈ tyrant⟩ | *Brit vulg intens* verdammt, verflucht, sehr, ziemlich ⟨it's a ≈ shame pfui Schande!⟩; **2.** *adv Brit vulg intens* verdammt ⟨he can ≈ well go er kann sich zum Teufel scheren⟩; **3.** *vt* blutig machen; ˌ~**y 'beech** *s Bot* Blutbuche *f*

bloo·ey ['blu:ɪ] *adj, adv Am Sl* schief, verkehrt ⟨everything went ~ alles ging daneben⟩

¹**bloom** [blu:m] **1.** *s* Blüte *f* (*auch übertr*) ⟨in full ~ voll erblüht; in the ~ of youth in der Jugendblüte⟩ | *poet* Blume *f* ⟨what beautiful ~s!⟩ | Flaum *m*, reifartiger Belag (auf Früchten) | *übertr* rosiger Hauch, Schmelz *m* ⟨to take the ~ off s.th. etw. den Reiz nehmen, etw. der Frische *od* des Glanzes berauben⟩ | *Min* Blüte *f* ⟨cobalt ~⟩ | *Tech* Luppe *f*, (Roh-) Block *m*, Knüppel *m* | (Bauwesen) (Salz-) Ausblühung *f* | (Brauerei) Gärungsschaum *m* | *Ferns* Bild-

weichheit *f*, Überstrahlung *f*; **2.** *vi* blühen, in Blüte stehen (*auch übertr*) ⟨to be ~ing blühen; ~ing with health and beauty von blühender Schönheit und Gesundheit⟩ | *auch* **~ out** aufblühen

[1]**bloom·er** ['blu:mə] *s* blühende Pflanze

[2]**bloom·er** ['blu:mə] *s Sl* Schnitzer *m*, Bock *m*

bloom·ers ['blu:məz] *s/pl* (Damen-) Pumphosen *f/pl*

bloom·ing ['blu:mɪŋ] *adj* (auf-, er)blühend | *Sl* (*euphem* für **bloody**) verdammt, verflucht ⟨≈ fool⟩

bloom|ing mill ['blu:mɪŋ mɪl] *s Tech* Blockwalzwerk *n*; **'~ing roll** *s Tech* Blockwalze *f*; **,~ 'i·ron** *s Tech* Herdfrischeisen *n*, Rennstahl *m*; **,~ 'steel** *s Tech* Luppenstahl *m*

blos·som ['blɒsəm] **1.** *s* (bes. fruchtbildende) Blüte *f* ⟨to be in ~ blühen, erblüht sein; in full ~ in voller Blüte; to put forth ~s Blüten treiben⟩ | *übertr* Blüte(zeit) *f* ⟨in the ~ of one's youth in der Jugendblüte⟩; **2.** *vi* blühen, Blüten treiben | *übertr* sich entwickeln (**into** zu); **~ out** *übertr* sich herausmachen, (groß) herauskommen (**as** als); **'~y** *adj* voller Blüten

blot [blɒt] **1.** *s* (bes. Tinten-) Klecks *m*, Fleck *m* | *übertr* Schandfleck *m*, Makel *m* ⟨a ~ on the landscape ein Schandfleck in der Landschaft; a ~ on s.o.'s character ein Charakterfehler *m* von jmdm.⟩; **2.** (**'~ted, '~ted**) *vt* (bes. mit Tinte) beklecksen, beflecken | *übertr* beflecken ⟨to ~ one's copybook *umg* sich die weiße Weste beflecken⟩ | (ab)löschen (mit Löschpapier) | meist **~ out** (Schrift) aus-, durchstreichen, unleserlich machen | *übertr* tilgen, löschen | *übertr* (Sicht u. ä.) verdunkeln | *übertr* (Feinde) vertilgen, vernichten; *vi* klecksen, Flecke machen ⟨this pen ~s⟩ | fließen, auslaufen, durchschlagen ⟨easily ~ting paper leicht auslaufendes Papier⟩

blotch [blɒtʃ] **1.** *s* (bes. Tinten-) Fleck *m*, Klecks *m* | *Med* Pustel *f* | *übertr* Schandfleck *m*; **2.** *vt* beflecken (*auch übertr*); *vi* Pusteln bekommen; **'~y** *adj* fleckig, klecksig

blot|ter ['blɒtə] *s* (Tinten)löscher *m* | Fließ-, Löschpapier *n* | *Am* (Polizei-)Journal *n*, Berichtsliste *f*; **'~ting book, '~ting pad** *s* Schreibmappe *f* | Schreibunterlage *f*; **'~ting ,pa·per** *s* Löschpapier *n*

blot·to ['blɒtəʊ] *adj Sl* voll, besoffen

blot·ty ['blɒtɪ] *adj* fleckig

blouse [blaʊz] *s* Bluse *f* ⟨nylon ~ Nylonbluse *f*; sailor ~ Seemannshemd *n*⟩; **bloused** *adj* blusig | eine Bluse tragend

[1]**blow** [bləʊ] *s* Schlag *m*, Streich *m*, Hieb *m* ⟨at a ~, at one ~, at a simple ~ auf einmal, plötzlich; to come to ~s handgemein werden; to exchange ~s sich schlagen; to give/strike s.o. a ~ on jmdm. einen Schlag versetzen auf; to strike a ~ against s.th. sich einer Sache entgegenstellen; to strike a ~ for s.th. sich einsetzen für etw., etw. unterstützen; without striking a ~ ohne Anstrengung⟩ | *übertr* (Schicksals-) Schlag *m* (**to s.o.** für jmdn.)

[2]**blow** [bləʊ] **1.** *s poet* Blühen *n* | Blüte *f*; **2.** (**blew** [blu:], **blown** [bləʊn]) *vi* (auf-, er)blühen | *übertr* sich entfalten

[3]**blow** [bləʊ] **1.** (**blew** [blu:], **blown** [bləʊn]) *vi* blasen, wehen ⟨it was ~ing hard der Wind wehte heftig⟩ | wehen, getragen werden ⟨to ~ into the house ins Haus geweht werden; to ~ open (Fenster u. ä.) aufschlagen⟩ | (Trompete u. ä.) blasen | pfeifen ⟨the whistle blows⟩ | (Schlange) zischen | (Wal) blasen, spritzen | schwer atmen, keuchen, schnaufen | *dial* verschnaufen, Atem holen | (aus)strömen, fließen ⟨~ing gas⟩ | *Sl* verduften, abhauen ⟨~ quickly! mach dich bloß schnell fort!⟩ | *dial* sich aufspielen, sich aufblasen | (Sicherung) durchbrennen; **~ in[to]** *umg* hereinschneien; **~ off** weggeblasen werden, fortwehen; **~ out** ausgeblasen *od* ausgelöscht werden | (Sicherung) durchbrennen | *Am* verduften; **~ over** (Sturm u. ä.) nachlassen, sich legen | *übertr* vergessen werden; **~ up** explodieren, in die Luft fliegen | wütend werden | (Pferd) bocken | *Sl* platzen, auffliegen; *vt* (Glas, Luft) blasen ⟨to ~ dust in s.o.'s eyes *übertr* jmdm. Sand in die Augen streuen; to ~ s.o. a kiss jmdm. eine Kußhand zuwerfen; to ~ one's nose sich die Nase putzen, sich schneuzen; to ~ the bellows den Blasebalg treten⟩ | (Instrument) blasen ⟨to ~ an organ die Bälge treten, Orgel spielen; to ~ the trumpet Trompete blasen, in die Trompete stoßen⟩ | anblasen, anfachen ⟨to ~ the fire⟩ | aufblähen; aus-, durchblasen ⟨to ~ an egg⟩ | keuchen machen, außer Atem bringen | aufdecken, veröffentlichen, bekanntmachen | beschmeißen (Fliege) | explodieren lassen, zur Explosion bringen | (Sicherung) durchbrennen ⟨to ~ the fuse⟩ | *Sl* (Geld) verschwenden (**on** für) | (*part perf*) **blowed** *Sl* verfluchen ⟨~ it! verflixt!; I'll be ~ed if … ich laß mich fressen, wenn …⟩; **~ away** wegblasen; **~ down** umwehen, umblasen; **~ in** (Fensterscheibe) eindrücken | *Am* verschwenden; **~ off** wegwehen, umblasen | *Tech* (Dampf) ablassen; **~ out** ausblasen ⟨to ~ out one's brains sich e-e Kugel durch den Kopf jagen *od* schießen⟩ | (Hochofen) anblasen; **~ over** umblasen, umwehen; **~ up** (Reifen) aufpumpen | in die Luft sprengen | *Sl* anschnauzen | *Foto* vergrößern; **2.** *s* Blasen *n*, Wehen *n* ⟨to get a ~ *umg* sich vom Wind durchblasen lassen; to go for a ~, to have a ~ *umg* frische Luft schöpfen *od* schnappen⟩ | Schneuzen *n* ⟨to give one's nose a good ~ sich (die Nase) ordentlich schneuzen | Schnauben *n*, Keuchen *n* | Prahlerei *f*, Aufgeblasenheit *f* | *Am Sl* Angeber *m* | (Fliegen-) Schmeiß *m* | *umg* Verschnaufpause *f*; **'~back** *s* (Waffe) Rückschlag *m*; **'~ball** *s Bot* Pusteblume *f*, Löwenzahn *m*; **'~-dry** *vt* (Haar) föhnen; **'~dryer** *s* (elektrischer) Haartrockner *m*; **'~er 1.** *s Mus* Bläser *m* | *Tech* Schmelzer *m* | *Tech* Gebläse *n*, Ventilator *m* | *Sl* Angeber *m* | *Sl* Telefon *n* | *Sl Am* (geheimes) Nachrichtensystem *n*; **2.** *adj Tech* Gebläse- ⟨≈ cooling Gebläsekühlung *f*; ≈ plant Gebläseanlage *f*; **'~fly** *s Zool* Schmeißfliege *f*; **'~hole** *s* Luft-, Zugloch *n* | *Tech* (Luft-) Blase *f*; **'~horn** *Am Sl* Aufschneider *m*, Angeber *m*; **'~ing ,fur·nace** *s Tech* Hochofen *m*; **'~ job** *s Am Sl* Düsenflugzeug *n*; **'~lamp** *s Tech* Lötlampe *f*

[1]**blown** [bləʊn] **1.** *part perf* von ↑ [2]**blow 2.**; **2.** *adj* blühend, aufgeblüht | verblüht

[2]**blown** [bləʊn] **1.** *part perf* von ↑ [3]**blow 1.**; **2.** *adj* aufgeblasen (*auch übertr*) | (Tier) gedunsen, gebläht | außer Atem, erschöpft | voll Fliegeneier | madig

blow|off ['bləʊɒf] *s Am Sl* Clou *m*; **'~out** *s* Ausblasen *n* | Platzen *n* | (Sicherung) Durchbrennen *n* | *Kfz* Reifenpanne *f* | *urspr Am Sl* Festschmaus *m*, (großes) Gelage | *übertr* (Gefühls-) Ausbruch *m*; **'~pipe** *s Tech* Lötrohr *n*, Schweißbrenner *m* | (Indianer) Blasrohr *n*; **'~torch** *s Tech* Lötlampe *f*; **'~up** *s* Explosion *f* | *übertr* (Gefühls-) Ausbruch *m* | *Foto* Vergrößerung *f*; **'~y** *adj* windig

blowzed [blaʊzd], **'blowz·y** *adj* paus-, rotbäckig, dick, fett ⟨~ woman⟩ | zerzaust, unordentlich, schlampig | *übertr* schlecht geplant, schlecht (auf)gebaut ⟨~ novels⟩

[1]**blub·ber** ['blʌbə] **1.** *s* Heulen *n*, Schluchzen *n*; **2.** *vi* heulen, plärren, flennen; *oft* **~ up** *od* **out** blubbern, gurgeln; *vt, oft* **~ (s.th.) out** (etw.) weinend *od* schluchzend hervorstoßen | anschwellen ⟨all ~ed from weeping ganz tränengeschwollen⟩; **3.** *adj* geschwollen ⟨~ lips⟩

[2]**blub·ber** ['blʌbə] *s* Walfischspeck *m*, Tran *m*

bludg·eon ['blʌdʒən] **1.** *s* Knüppel *m*; **2.** *vt* niederknüppeln, mit einem Knüppel schlagen ⟨to ~ to death zu Tode prügeln⟩ | *übertr* (mit Worten) überfahren | *übertr* zwingen (**into** *mit ger* zu *mit inf*)

blue [blu:] **1.** *adj* blau ⟨the ~ sea; ~sky⟩ | bläulich, leichenfahl, -blaß ⟨~ skin; ~ with cold⟩ | *umg* melancholisch, schwermütig, niedergeschlagen ⟨to feel ~; to look ~⟩ | *umg* aussichtslos, trübe ⟨things looked ~⟩ | *bes Pol* konservativ ⟨true~ waschecht⟩ | *Am* streng ⟨~ Laws *Hist* streng puritanische Gesetze *n/pl* über Sonntagsruhe⟩ | *umg* für **~stocking** | *Brit umg* obszön, unanständig ⟨~ jokes⟩ | *umg intens* groß, äußerst ⟨to be in a ~ funk eine Heidenangst *od* einen großen Bammel haben⟩ ◇ **once in a ~ moon** alle Jubeljahre einmal; **2.** *s* Blau *n* ⟨Cambridge ~ Hellblau *n*; Navy ~ Marineblau *n*; Oxford ~ Dunkelblau *n*; Prussian ~ Preußischblau *n*⟩ | Bläue *f*, Waschblau *n* | (*mit best art*) *poet* der blaue Himmel, die weite Ferne; das (blaue) Meer | *Brit Pol* Konservativer *m* ⟨a true ~ ein treuer Anhänger (bes. der Konservativen)⟩ | *umg verächtl* Blaustrumpf *m* | (Oxford, Cambridge), Mitgliedschaft *f* in der (Kricket-, Ruder-, Tennis-) Mannschaft ⟨to get / win one's ~ in die (Universitäts-) Mannschaft kommen, die Universitätsfarben vertreten⟩; (Oxford, Cambridge) Mitglied *n* der Mannschaft ⟨an Oxford ~⟩ | *Austr Sl* Streit *m* ⟨mixed up in a ~ in eine Keilerei verwickelt⟩ ◇ **out of the ~** *übertr* aus heiterem Himmel ⟨to appear / come ≈ ganz plötzlich auftauchen⟩; **3.** *vt* blau färben, bläuen | *Sl* (Geld) rausschmeißen *od* verprassen ⟨to ~ one's money⟩; *vi* blau werden; **'~ ˌba·by** *s Med* Baby *n* mit angeborener Blausucht; **'~ bear** *s Zool* Eisbär *m*; **'~beard** *s übertr* Blaubart *m*, Mörder *m* (s-r Ehefrauen); **'~bell** *Bot s* Traubenhyazinthe *f* | Glockenblume *f* | Akelei *f*; **~ber·ry** ['~bṛɪ] *s Bot* Blau-, Heidelbeere *f* | *Bot* Blau-, Heidelbeerstrauch *m*; **'~-'black** *adj* blauschwarz; **'~ blood** *s übertr* blaues Blut, adliger Herkunft, Adel *m* | Adliger *m* ⟨a ~ blood⟩; **ˌ~-'blood·ed** *adj* aristokratisch; **'~ˌbon·net** *s Bot* Kornblume *f*; **'~ book** *s Brit Parl* Blaubuch *n*, Parlamentsbericht *m* | Weißbuch *n* | *Am* Verzeichnis *n* der Regierungsbeamten; **'~ˌbot·tle** *s Zool* (e-e Art) Schmeißfliege *f* | *Bot* Kornblume *f*; **'~breast** *s Zool* Blaukehlchen *n*; **'~but·ton** *s Bot* Immergrün *n*; **ˌ~ 'cheese** *s* Roquefort(käse) *m*; **'~coat** *s Am Hist* Blaurock *m*, Soldat *m* der Nordstaaten im Bürgerkrieg; **ˌ~-'col·lar** *adj, bes Am* Fabrik-, Hand- (*Ant* white-collar) ⟨≈ workers⟩; **'~-eyed** *adj* blauäugig; **ˌ~ 'film** *s* Sexfilm *m*; **'~fish** *s Zool* Goldmakrele *f*; **'~ 'fox** *s Zool* Blaufuchs *m* | Blaufuchs(pelz) *m*; **'~grass** *s Bot Am* Riedgras *n*; **'~ish** *adj* bläulich; **'~ˌjack·et** *s übertr* Blaujacke *f*, Matrose *m*; **'~ law** *s Am umg* Sittengesetz *n*; **ˌ~ 'mur·der**, *nur in*: **cry/scream ≈** Zetermordio schreien; **ˌ~ 'pen·cil** *s* Blaustift *m* | *übertr umg* Zensur *f*; **ˌ~ 'Peter** *s Mar* Blauer Peter, Abfahrtssignalflagge *f*; **'~print 1.** *s* Blaupause *f* | *übertr* Vorschlag *m*, Plan *m*, Entwurf *m*; **2.** *vt* eine Blaupause anfertigen von | *übertr* entwerfen; **'~print ap·paˌra·tus** *s* Lichtpausgerät *n*; **ˌ~ 'rib·bon** *s* Blaues Band | Träger *m* des Hosenbandordens | *übertr* höchste Auszeichnung; **ˌ~-'rib·bon·er** *s* Abstinenzler *m*, Temperenzler *m*; **blues** [blu:z] *s/pl umg* Melancholie *f*, Schwermut *f*, Niedergeschlagenheit *f* ⟨to be in the ≈, to have the ≈ deprimiert sein⟩ | *Mus* Blues *m*; **'~ˌstock·ing 1.** *s verächtl* Blaustrumpf *m*; **2.** *adj* blaustrumpfig; **'~throat** *s Zool* Blaukehlchen *n*; **ˌ~ 'tit·mouse** *s* (*pl* **ˌ~ 'tit·mice**) *Zool* Blaumeise *f*; **'~ 'vit·ri·ol** *s Chem* Kupfersulfat *n*; **ˌ~ 'wa·ter** *s* offenes Meer, hohe See; **~y** *adj* bläulich

[1]**bluff** [blʌf] **1.** *vt* (jmdn.) täuschen, bluffen, irreführen | verblüffen ⟨to ~ s.o. off jmdn. einschüchtern *od* abschrekken⟩; *vi* bluffen | sich aufspielen ◇ **~ it out** *umg* den Harmlosen spielen; **2.** *s* Täuschung *f*, Bluff *m*, Irreführung *f* ⟨to call s.o.'s ~ jmdn. beim Wort nehmen, jmdn. auffordern, Farbe zu bekennen⟩ | Bluffer *m* | (Pferd) Scheuklappe *f*

[2]**bluff** [blʌf] **1.** *adj* steil, schroff ⟨~ cliffs⟩ | (Schiffsbug) breit | geradeheraus, offen, freimütig ⟨~ answer⟩; **2.** *s* Steilufer *n*

blu·ish ['blu:ɪʃ] = **blueish**

blun·der ['blʌndə] **1.** *s* grober Fehler, Bock *m*, Schnitzer *m*; **2.** *vi* (einen) grobe(n) Fehler machen, einen Bock schießen; stolpern ⟨to ~ into / on / upon s.th. zufällig auf etw. stoßen⟩; *vt* verderben, verpfuschen | *meist* **~ out** herausplatzen mit ⟨to ~ out an excuse⟩; **~ away** vergeuden

blun·der·buss ['blʌndəbʌs] *s Hist Mil* Donner-, Hakenbüchse *f*

blun·der|er ['blʌndərə] *s* Stümper *m* | Tölpel *m*; **'~head** *s* Tölpel *m*

blunt [blʌnt] **1.** *adj* stumpf ⟨~ knife; ~ instrument stumpfer Gegenstand (unidentifizierte Mordwaffe); to grow ~ sich abstumpfen⟩ | *übertr* stumpf, abgestumpft, gleichgültig (**to** gegen) | *übertr* ungehobelt, plump, barsch ⟨~ speech⟩ | schwerfällig, naiv ⟨~ man⟩ | offen, einfach, unverblümt ⟨~ manners ungezwungene Manieren *pl*; to be ~ with s.o. jmdm. etwas offen heraus sagen; the ~ fact is that es ist nicht wegzuleugnen, daß⟩; **2.** *vt* stumpf machen, abstumpfen (*auch übertr*) | unterdrücken, mildern, zügeln ⟨to ~ one's appetite⟩; *vi* stumpf werden; **3.** *s* stumpfer Gegenstand | stumpfe Nähnadel | *Sl* Tölpel *m*

blur [blɜ:] **1.** (**blurred, blurred**) *vt* (Schrift, Scheibe) verschmieren, verwischen ⟨to ~ out auslöschen⟩ | verschwimmen lassen, trüben, verdunkeln (*auch übertr*) ⟨to ~ s.o.'s vision⟩ | beflecken (*auch übertr*) | *übertr* entstellen ⟨~red picture⟩ | *Foto* verwackeln ⟨to ~ a snapshot eine Aufnahme verwackeln⟩; *vi* Flecken machen | fleckig werden | verschwimmen, verfließen; **2.** *s* Fleck *m* | *übertr* Schandfleck *m*, Makel *m* | Verschwommenheit *f*, Schleier *m*

blurb [blɜ:b] *umg* **1.** *s* (Buch) Waschzettel *m*, Bauchbinde *f*; **2.** *vt* Reklame machen für; **'~ish·er** *s Sl* Reklameheld *m*; **'~ist** *s* Waschzettelschreiber, -verfasser *m*

blurred [blɜ:d] *adj, bes Foto* unscharf, verschwommen, verwackelt; **blur·ry** ['blɜ:rɪ] *adj* fleckig | verschwommen

blurt [blɜ:t] **1.** *vt, meist* **~ out** herausplatzen mit; *vi dial* sich impulsiv äußern; **2.** *s* unüberlegte Äußerung | Tränenausbruch *m*

blush [blʌʃ] **1.** *vi* rot werden, erröten (**for, with** vor, wegen) | sich schämen (**at, for** über, **to** *mit inf* zu *mit inf*) | (Lack) trübe werden; *vt poet* röten, erröten lassen ⟨to ~ s.o.'s cheeks⟩; **2.** *s* Erröten *n* | Schamröte *f*, Röte *f* ⟨to put s.o. to the ~ jmdn. schamrot werden lassen, jmdn. in Verlegenheit bringen⟩ | Blick *m*, *nur in*: **at / on [the] first ~** auf den ersten Blick; **'~ful** *adj* leicht errötend | rötlich, rosig; **'~ing 1.** *adj* errötend | rötlich, rosig; **2.** *s* Erröten *n*; **'~less** *adj* schamlos

blus·ter ['blʌstə] **1.** *vi* (Wind u. ä.) toben, stürmen ⟨autumn ~s⟩ | *übertr* aufbrausen, lärmen, toben | prahlen, den Mund voll nehmen; *vt* zwingen ⟨to ~ s.o. into obedience jmdn. zum Gehorsam zwingen⟩ | abbringen (**out of** von); **~ out** lärmend hervorbringen ⟨to ~ out threats Drohungen hervorstoßen⟩; **2.** *s* Toben *n*, Stürmen *n* | *übertr* Aufruhr *m* (der Gefühle u. ä.) | Lärm *m*, Tumult *m* | (Trompeten- u. ä.) Geschmetter *n* | Prahlen *n*; **'~ing**, **'~ous**, **'~y** *adj* stürmisch ⟨≈ weather⟩ | stürmisch, ungestüm, heftig | prahlerisch

bo[h] [bəʊ] = **boo**

boa ['bəʊə] *s Zool* Boa *f*, Riesenschlange *f* (Feder-, Pelz-) Boa *f*; **'~ ˌconˌstric·tor** *s* Boa Constrictor *f*, Königs-, Abgottschlange *f*

boar [bɔ:] *s Zool* Eber *m*, Keiler *m* | *auch* **ˌwild '~** Wildschwein *n*

board [bɔ:d] **1.** *s* Brett *n* ⟨chess~ Schachbrett *n*, diving ~ (Schwimmbad) Sprungbrett *n*⟩ | *auch* **'no·tice ~** Anschlagbrett *n*, Tafel *f* ⟨to put s.th. up on the ~ *Brit* etw. ans Schwarze Brett hängen⟩ | Karton *m*, Pappe *f*, Pappendekkel *m* ⟨bound in ~s *Buchw* kartoniert⟩ | Tisch *m*, Tafel *f* ⟨~ of the table Tischplatte *f*⟩ | *übertr* Spieltisch *m* ⟨above ~ *übertr* offen, ehrlich; across the ~ *übertr* für jeden, für alle; to 'sweep the ~ den ganzen Gewinn einstreichen, *übertr* den Sieg davontragen, triumphieren⟩ | Beratungstisch *m* | Rat *m*, Komitee *n*, Ausschuß *m*, Kuratorium *n* | Behörde *f*; Ministerium *n* ⟨~ of Agriculture Landwirtschaftsministerium *n*; ~ of Directors *Wirtsch* Aufsichtsrat *m*; ~ of Health Gesundheitsbehörde *f*; ~ of Trade Handelsministerium *n*, -kammer *f*; Examination ~ Prüfungskommission *f*⟩ | *übertr* Kost *f*, Beköstigung *f*, Pension *f* ⟨bed and ~ *Jur* Tisch *m* u. Bett *n*; ~ and lodging Kost *f* u. Logis *n*; free ~ freie Verpflegung; to put to ~ in Kost geben⟩ | Kostgeld *n* | *Mar* Bord *m*, Bordwand *f* ⟨free on ~ *Wirtsch* frei an Bord, ~ and ~, ~ on ~, ~ to ~ Bord an Bord, nebeneinander; on ~, on ~ [a] ship an Bord; to go by the ~ über Bord gehen *od* fallen; *übertr* (Plan u. ä.) fehlschlagen; to go on ~ an Bord gehen; to make ~s kreuzen, lavieren; to put on ~ an Bord bringen⟩; **2.** *vt* mit Brettern bedecken, täfeln, dielen, verschalen | (jmdn.) in Kost nehmen *od* geben | (Tier) in Pflege nehmen *od* geben | *Mar* an Bord gehen ⟨to ~ a ship an Bord gehen; ein Schiff entern⟩ | besteigen ⟨to ~ a plane in ein Flugzeug einsteigen, an Bord gehen; to ~ a train *Am* in einen Zug einsteigen⟩; **~ out** (jmdn.) außerhalb in Kost *od* Pflege geben; **~ up** mit Brettern verschlagen, mit Pappe vernageln; *vi* in Kost *od* Pension sein (**with** bei) | *Mar* kreuzen, lavieren; **~ out** außer Haus essen; **'~er** *s* Kostgänger *m*, Pensionär *m* | Internatsschüler *m* | *Mar* Enterer *m*; **'~ fence** *s* Bretterzaun *m*; **'~ing** *s* Verschalung *f*, Dielen *f/pl*, Bretterverschlag *m* | Kost *f*, Verpflegung *f* | *Mar* Entern *n*; **'~ing card** *s Flugw* Bordkarte *f*; **'~ing house** *s* Pension *f*, Gasthaus *n*; **'~ing school** *s* Pensionat *n*, Internatsschule *f*; **'~ ˌmeet·ing** *s Wirtsch* Vorstandssitzung *f*; **'~room** *s* Sitzungszimmer *n*; **~s** *s/pl Theat* Bretter *pl* ⟨on the ~ bei der Bühne, beim Theater [beschäftigt]⟩ | (Sport) Bretter *pl*, Skier *m/pl*; **'~ ˌwag·es** *s/pl* Kostgeld *n*; **'~walk** *s Am* (hölzerne) Strandpromenade *f*, Plankenweg *m*

boar's head [ˌbɔːz 'hed] *s Kochk* Schweinskopf *m*

boast [bəʊst] **1.** *s* Prahlen *n*, Prahlerei *f*, Aufschneiden *n* ⟨to make a ~ of s.th. [sich] mit etw. großtun⟩ | Stolz *m*, stolzes Gefühl; **2.** *vi* aufschneiden, großtun, prahlen, sich rühmen (**to** gegenüber, **about, of s.th.** einer Sache, **that** daß, **of** *mit ger* zu *mit inf*); *vt* rühmen, herausstreichen ⟨to ~ o.s. to be the best sich rühmen, der Beste zu sein⟩ | *übertr* sich rühmen zu besitzen ⟨to ~ s.th. stolzer Besitzer von etw. sein⟩; **'~er** *s* Prahlhans *m*, Aufschneider *m*; **'~ful** *adj* prahlerisch, überheblich

boat [bəʊt] **1.** *s* Boot *n*, Kahn *m*, Nachen *m* ⟨by ~, in a ~ mit dem Boot; rowing ~ Ruderboot *n*; to be [all] in the same ~ *übertr* [alle] im selben Boot sein; to burn one's ~s *übertr* alle Brücken hinter sich abbrechen; to take to the ~s *Mar* in die Boote gehen⟩ | Schiff *n*, Dampfer *m* ⟨to take a ~ for … sich nach … einschiffen⟩ | (Soßen-) Schüssel *f*, Behälter *m*; **2.** *vt* in einem Boot befördern | (Fluß) mit einem Boot überqueren | mit Booten ausrüsten; *vi* mit einem Boot fahren ⟨to go ~ing eine Bootsfahrt machen⟩ | segeln; **'~a·ble** *adj* schiffbar; **'~age** *s* Frachtgeld *n*, Bootsgebühr *f*; **boa·tel** ['bəʊtl] *s* Boothotel *n*, Hotel *n* auf dem Wasser; **'~er** *s* Ruderer *m* | *Brit* steifer Strohhut; **'~ hook** *s* Bootshaken *m*; **'~house** *s* Bootshaus *n*; **'~ing** *s* Rudern *n* | Segeln *n* | Bootfahren *n* | Bootfahrt *f* | Ruder-, Segelsport *m*; **'~man** *s* (*pl* **'~men**) Bootsführer *m*, -mann *m* | Bootsvermieter *m*; **~ 'people** *s* (Asien) Flüchtlinge *m/pl* (über das Meer); **'~ race, '~ rac·ing** *s* Ruder-, Segelregatta *f*; **~swain** ['bəʊsn] *s Mar* Bootsmann *m*; **'~swain's call** *s Mar* Bootsmannspfeife *f*; **'~swain's mate** *s Mar* Bootsmannsmaat *m*; **'~ train** *s Eisenb* Zug mit Schiffsanschluß

[1]bob [bɒb] **1.** *s* Haarbüschel *n*, -schopf *m* | Haarknoten *m* | Bubikopf *m* | Quaste *f* | (Pendel-) Linse *f*, Gewicht *n* | Senkblei *n* | Knicks *m* | Ruck *m*, Stoß *m*; (*pl* ~) *Brit Sl* Schilling *m* ⟨five ~⟩; **2.** (**bobbed, bobbed**) *vt* stoßen, hin und her bewegen | (Haar) kurz schneiden, stutzen ⟨~bed hair Bubikopf *m*⟩ | anstoßen; *vi* sich hin und her bewegen ⟨to ~ for *übertr* angeln nach⟩ | springen, tanzen | knicksen ⟨to ~ to s.o., to ~ a curtsy⟩; **~ up** plötzlich auftauchen; **3.** *adv* plötzlich, mit einem Ruck

[2]bob [bɒb] = **~sleigh**

bob|bin ['bɒbɪn] **1.** *s* Spule *f*, Garnrolle *f* | Klöppelholz *n* | schmales Band | *El* Spule *f*, Wicklung *f*; **2.** *vt* aufspulen; **'~bi·net** *s* Tüll *m*; **'~bin frame** *s Tech* Spulengestell *n*, Spindelbank *f*; **'~bin lace** *s* Klöppelspitze *f*

bob·by ['bɒbɪ] *s Brit umg* Bobby *m*, Polizist *m*, Schutzmann *m*; **'~ pin** *urspr Am s* Haarklemme *f*; **'~ socks, '~ sox** *s/pl Am umg* Söckchen *n/pl*; **'~ˌsox·er** *s Am umg* Backfisch *m*

bob|sled ['bɒbsled], **~sleigh** ['~sleɪ] (Sport) **1.** *s* Bob(sleigh) *m*, Bobschlitten *m*; **2.** *vi* in einem Bobsleigh fahren; **'~sled·der,** *auch* **'~ber** *s Sport* Bobfahrer *m*; **'~sled run** *s Sport* Bobbahn *f*; **'~stay** *s Mar* Wasserstag *n*; **'~tail 1.** *s* Stutzschwanz *m* | gestutztes Pferd | gestutzter Hund; **2.** *adj* mit gestutztem Schwanz | gekürzt; **3.** *vt* (Pferd u. ä.) den Schwanz stutzen | kürzen

bock [bɒk] *s* Bockbier *n*

bode [bəʊd] **1.** *vt* bedeuten, weisen auf, künden ⟨to ~ mischief Unglück bedeuten⟩; *vi* **~ well (ill) for** von guter (schlechter) Vorbedeutung sein für; **2.** *s Schott dial* Angebot *n*; **'~ful** *adj* unheilvoll

bod·ice ['bɒdɪs] *s* (Schnür-) Mieder *n*, Leibchen *n* | (Kleid) Oberteil *n*; **'~ front** *s* Bluseneinsatz *m*

-bod·ied [bɒdɪd] *suff zur Bildung von adj mit der Bedeutung*: -leibig, -gestaltet (*z. B.* **able-~** gesund, stark, handfest; *Mar* dienstfähig; **full-~** (Wein) stark)

bod·i|less ['bɒdɪləs] *adj* körper-, wesenlos; **'~ly 1.** *adj* körperlich, leiblich, Körper- ⟨≈ exercise Leibesübung *f*; ≈ injury Körperverletzung *f*; ≈ fear Furcht *f* vor Körperverletzung; ≈ wants leibliche Bedürfnisse *n/pl*⟩; **2.** *adv* persönlich, physisch | völlig, ganz, als Ganzes ⟨to carry s.th. away ≈ etw. im Ganzen wegtragen⟩

bod·ing ['bəʊdɪŋ] **1.** *adj* prophezeiend; **2.** *s* Prophezeiung *f*, Vorhersage *f* | Vorbedeutung *f* | Vorahnung *f*

bod·kin ['bɒdkɪn] *s* Pfriem *m*, Ahle *f* | Schnürnadel *f* | Haarnadel *f* | Haarspange *f*

bod·y ['bɒdɪ] **1.** *s* Körper *m*, Leib *m* ⟨in the ~ lebend, am Leben; to keep ~ and soul together *übertr* Leib und Seele zusammenhalten, sich über Wasser halten⟩ | *umg* Person *f*, Mensch *m* ⟨poor ~ armer Kerl⟩ | *auch* **dead ~** Leichnam *m* | Rumpf *m* | Hauptteil *m*, Stamm *m* ⟨the ~ of a tree⟩ | *Tech* Gehäuse *n*, Rahmen *m*, Gestell *n* | *Kfz* Karosserie *f* | (Flaschen-) Bauch *m* | *Mus* Resonanzkasten *m* | *Mil* Abteilung *f*, Truppenkörper *m* | Gesamtheit *f*, Ganzes *n* ⟨in a ~ als ganzes, geschlossen, in corpore, insgesamt; student ~ Studentenschaft *f*; teaching ~ Lehrkörper *m*⟩ | Gruppe *f* | *Wirtsch, Jur* Körperschaft *f*, Gesellschaft *f* ⟨~ corporate juristische Person⟩ | System *n*, Sammlung *f* ⟨~ of facts Faktensammlung *f*; ~ of laws *Jur* Gesetzsammlung *f*⟩ | *übertr* Körper *m*, Gehalt *m* (von Getränken, bes. Wein) | (Öl u. ä.) Güte *f* | Menge *f*, Anhäufung *f* ⟨~ of cold air Kaltluftansammlung *f*; ~ of water Wassermasse *f*⟩ | *Phys, Chem* Masse *f*, Substanz *f* | *Med, Astr* Körper *m* ⟨a foreign ~ in the eye ein Fremdkörper *m* im Auge; heavenly ~ Himmelskörper *m*⟩ | *übertr* Hauptteil *m*, Wichtigstes *n* | *Mus*

Tonstärke *f*; **2.** *vt* verkörpern | *oft* ~ **forth** greifbar *od* plastisch darstellen; **'~ bag** *s* Schlafsack *m*; **'~ˌbuild·er** *s Sport* Kulturist(in) *m(f)*; **'~ˌbuild·ing** *s Sport* Kulturistik *f*; **'~clot·hes** *s/pl* Leibwäsche *f*; **'~ ˌcol·our** *s* Deckfarbe *f*; **'~ ˌcount** *s Am Mil* Zählung *f* der Gefallenen | Zahl *f* der Gefallenen | *übertr* Todesstatistik *f* | *übertr* Personenerfassung *f* ⟨live ≈s⟩; **'~guard** *s* Leibgarde *f*, -wache *f*; **'~ heat** *s* Eigen-, Körperwärme *f*; **'~-jew·el** *s* auf dem Körper getragener Schmuck; **'~ mike** *s Am* am Körper getragenes Mikrofon; **'~ paint** *s* Körperbemalung *f*; **'~ search** *s* Leibesvisitation *f*; **'~ ˌser·vant** *s* (Leib-) Diener(in) *m(f)*; **'~ shirt** *s* Leibchen *n*, Hemdhose *f*; **'~ ˌsnatch·er** *s* Leichenräuber *m*; **'~ ˌstock·ing** *s* Trikot *n*; **'~ suit** *s* enganliegendes Hosenkleid; **'~ weight** *s* Körpergewicht *n*; **'~work** *s Tech* Karosserie *f*

boer [bəʊə|bʊə] **1.** *adj* burisch; **2.** *s* Bure *m*, Burin *f* ⟨≁ War Burenkrieg *m*⟩

bof·fin ['bɒfɪn] *s Brit Sl* Techniker *m od* Wissenschaftler *m* (bes. im Armee- *od* Regierungsdienst)

bog [bɒg] **1.** *s* Sumpf *m*, Morast *m*; **2.** (**bogged, bogged**) *vt* (etw.) im Sumpf vergraben, versenken (*bes. pass*) ⟨to be / get ~ged [down] im Schlamm versinken *od* steckenbleiben *auch übertr*⟩; *vi* im Sumpf versinken | *auch* ~ **down** sich festfahren; *übertr* steckenbleiben; ~ **in** *Sl übertr* sich hineinstürzen; **~ber·ry** ['~brɪ] *s Bot* Moosbeere *f*; **'~ earth** *s Min* Moorerde *f*

bo·gey ['bəʊgɪ] = **bogy** | *vt* (Golf(ball) mit einem Schlag mehr als üblich (ins Loch) schlagen, e-n Bogen machen

bog·gish ['bɒgɪʃ] *adj* sumpfig

bog·gle ['bɒgl] **1.** *vi* (Pferd) scheuen (**at** vor) | stutzen (**at** vor) | schwanken, zögern (**at** bei) | heucheln | pfuschen; **2.** *s* Scheuen *n* | Verweigerung *f* | *arch* Schwierigkeit *f*, schwierige Situation | Pfuscherei *f*

bog·gy ['bɒgɪ] *adj* sumpfig, morastig

bo·gie ['bəʊgɪ] *s Tech* Rollwagen *m* | *Eisenb* Unter-, Fahr-, Drehgestell *n* | = **bogy**; **'~ wheel** *s Tech* Laufrad *n*

bog·land ['bɒg lænd] *s Geogr* Sumpf-, Marschland *n*

bo·gle ['bəʊgl] *s* Gespenst *n* | Vogelscheuche *f*

bo·gus ['bəʊgəs] *adj* falsch, gefälscht, Schwindel- ⟨~ certificate⟩

bo·gy ['bəʊgɪ] *s* (*pl* **bo·geys, bo·gies**) Kobold *m* | Schreckgespenst *n*, Popanz *m* | (Golf) Bogey *n*, ein Schlag mehr als üblich; ~ **man** ['~ ˌmæn] *s* (*pl* ~ **men** ['~ ˌmen]) schwarzer Mann, Butzemann *m* | *übertr scherzh* Buhmann *m*

Bo·he·mi·an [bəʊ'hi:mɪən] **1.** *s* Böhme *m*, Böhmin *f* | ≁ *übertr* Bohemien *m*; **2.** *adj* böhmisch | ≁ unkonventionell, ungezwungen, bohemehaft; **'~ism** *s* Boheme *f*

[1]**boil** [bɔɪl] *s Med* Geschwür *n*, Furunkel *m* | Beule *f*

[2]**boil** [bɔɪl] **1.** *s* Sieden *n*, Kochen *n* ⟨at the ~ auf dem Siedepunkt; on the ~ im Sieden; *übertr* aufgebracht; to bring s.th. to the ~ etw. zum Kochen bringen; to go off the ~ mit Kochen aufhören⟩; **2.** *vi* sieden, kochen, wallen, brodeln ⟨the kettle is ~ing das Wasser kocht; to keep the pot ~ing *übertr* gerade genug zum Leben haben⟩ | *übertr* kochen ⟨to ~ with anger vor Wut kochen⟩; ~ **away** ein-, verkochen | weiterkochen; ~ **down** einkochen | *umg übertr* sich reduzieren auf ⟨it ~s down to … es kommt auf … heraus, es läuft hinaus auf …⟩; ~ **over** überkochen (*auch übertr*); ~ **up** aufwallen; *vt* zum Kochen bringen; ~ **down** einkochen | *übertr* zusammendrängen (**[in]to** zu); ~ **up** aufkochen; **ˌboiled 'din·ner** *s Am* Eintopf(gericht) *m(n)*; **'~er** *s* Wasserkessel *m* | Boiler *m*, Warmwasserspeicher *m*; **'~er car** *s Tech* Kesselwagen *m*, **'~er·mak·er** *s* Kesselbauer *m*, Kesselschmied *m*; **'~er suit** *s* Overall *m*, Schlosseranzug *m*; **'~er scale** *s* Kesselstein *m*; **'~ing 1.** *adj* kochend, siedend, Siede- | *übertr* heiß, aufwallend ⟨≈ passion⟩; **2.** *s* Sieden *n*, Kochen *n*, Wallen *n* (*auch übertr*); **'~ing heat** *s* Siedehitze *f*; **ˌ~ing 'hot** *adj umg* kochend heiß, sehr heiß ⟨≈ day⟩; **'~ing point** *s* Siedepunkt *m* (*auch übertr*) ⟨at the ≈ wutentbrannt⟩; **ˌ~'o·ver** *s* Überkochen *n*

boil·y ['bɔɪlɪ] *adj Med* Furunkel-, voller Beulen

bois·ter·ous ['bɔɪstərəs] *adj* stürmisch, heftig ⟨~ storm⟩ | (Person) laut, lärmend ⟨~ mob⟩ | (Verhalten) polternd, ausgelassen ⟨~ laughter⟩

bold [bəʊld] **1.** *adj* kühn, tapfer, mutig, unerschrocken ⟨to make ~ to do s.th. es wagen, etw. zu tun⟩ | keck, dreist, frech, unverschämt ⟨as ~ as brass *umg* frech wie Oskar; to make ~ with s.o. sich Freiheiten herausnehmen gegen; to be / make so ~ as to so frei sein zu *mit inf*, sich erdreisten zu *mit inf*⟩ | riskant, gewagt ⟨~ plan⟩ | klar (hervortretend), deutlich, ausgeprägt ⟨~ outlines klare Umrisse *m/pl*⟩ | kräftig, heftig, wild ⟨~ flames⟩ | *Typ* fett | steil ⟨~ shore⟩; **2.** *s Typ* fette Schrift, Fettdruck *m*; **'~face** *s* dreiste Person | *Typ* fette Schrift; **'~-faced** *adj* frech, dreist | *Typ* fett

bole [bəʊl] *s* (starker) Baumstamm *m* | *Mar* kleines Boot

bo·le·ro [bə'lɛərəʊ] *s Mus* Bolero *m*; ['bɒlərəʊ] Bolero *m*, kurzes Jäckchen

bo·lide ['bəʊlaɪd] *s Met* großer Meteorit

Bo·li·via [bə'lɪvɪə], *s* Bolivien *n*; **Bo·li·vi·an** [bə'lɪvɪən] **1.** *s* Bolivianer(in) *m(f)*; **2.** *adj* bolivianisch

boll [bəʊl] **1.** *s Bot* Samenkapsel *f* | *Bot* Zwiebel(knolle) *f*; **2.** *vt Landw* die Samenkapseln entfernen von

bol·lard ['bɒləd] *s Mar* (Schiffs-, Hafen-) Poller *m* | *Brit* Sperrpfahl *m* (für Autos), Poller *m*

bol·locks ['bɒləks], *auch* **bal·locks** ['bæləks *Brit vulg* **1.** *s/pl* Eier *n/pl* (Hoden); **2.** *interj* Quatsch! Blödsinn!; **'~ up** *v, adv Brit vulg* versauen; **'~-up** *s Brit vulg* Sauerei *f*, Schweinerei *f*

boll wee·vil [ˌbəʊl 'wi:vl] *s Zool* Baumwollkapselkäfer *m*

Bo·log·na [sau·sage] [bə'ləʊnjə 'sɒsɪdʒ] *s* Bologneser Wurst *f*, Mettwurst *f*

bo·lo·ney [bə'ləʊnɪ] = **baloney**

Bol·she|vik ['bɒlʃɪvɪk] **1.** *s* Bolschewik(in) *m(f)*; **2.** *adj* bolschewistisch; **'~vism** *s* Bolschewismus *m*

bol·shy ['bɒlʃɪ] *adj Brit umg verächtl* (Person, Verhalten) dagegen eingestellt, anti- ⟨to be ~ about s.th. etw. prinzipiell ablehnen⟩

bol·ster ['bəʊlstə] **1.** *s* Polster *n*, Kissen *n* | *Tech* Polster *n*, Unterlageklotz *m*; **2.** *vt, meist* ~ **up** (auf-, aus)polstern | *übertr* (Theorie u. ä.) (künstlich) (unter)stützen, hochspielen, (mit Mühe) aufrechterhalten | nähren; aufbessern; **'~er** *s* Polsterer *m* | *übertr* Helfershelfer *m*

[1]**bolt** [bəʊlt] **1.** *s arch* Bolzen *m*, Pfeil *m* ⟨to shoot one's last ~ *übertr* einen letzten Versuch machen⟩ | (Wasser- u. ä.) Strahl *m* | *übertr* Blitzstrahl *m* ⟨a ~ from the blue ein Blitz aus heiterem Himmel⟩ | (Tür-) Riegel *m*, Schieber *m* ⟨to shoot the ~ den Riegel vorschieben⟩ | *Tech* Bolzen *m*, Schraubenbolzen *m* | (Tuch) Stücklänge *f* | Ausreißen *n*, Durchgehen *n* (*auch übertr*) ⟨to make a ~ for losstürzen auf⟩ | *Am Pol* Austritt *m* aus einer Partei | *Am Pol* Ablehnung *f* eines Kandidaten | (Essen) Hinunterschlingen *n* | (Getränk) Hinunterstürzen *n* | *Bot* Troll-, Butterblume *f*; **2.** *adv* wie ein Pfeil ⟨~ upright pfeil-, kerzengerade⟩; **3.** *vi* davonstürzen, -springen | aufspringen; plötzlich weglaufen | *umg* abhauen, ausreißen | (Pferd) durchgehen | (Essen hastig hinunter)schlingen | hastig trinken | *Am Pol* aus einer Partei austreten | *Am Pol* nicht mitmachen, die Zustimmung verweigern; *vt* verriegeln | *Tech* verbolzen | abschießen | *meist* ~ **out** (Argument u. ä.) hervorstoßen, heftig äußern | *oft* ~ **down** hinunterschlingen ⟨to ~ down food⟩; (Getränk) hinunterstürzen | *Am Pol* (eigene Partei *od* Kandidaten) nicht unterstützen; ~ **up** zu-, verriegeln

[2]**bolt** [bəult] *vt* (Mehl) sieben, beuteln | *übertr* sieben, prüfen, sichten, untersuchen ⟨to ~ to the bran auf Herz u. Nieren prüfen⟩

bolt| ac·tion ['bəult ækʃn] *s* (Gewehr) Zylinderschloß *n*; '~ **bear·ing** *s Tech* Bolzenlager *n*

[1]**bolt·er** ['bəultə] *s* Ausreißer *m* | *Am Pol* Renegat *m*

[2]**bol·ter** ['bəultə] *s* Siebzeug *n*, Mehlbeutel *m*

bolt|head ['bəult,hed] *s Tech* Bolzenkopf *m*; [1]'~**ing** *s Tech* Verbolzen *n* | Weglaufen *n*, Ausreißen *n* | Hinunterschlingen *n* (von Nahrung) | *Am Pol* Austritt *m* aus einer Partei

[2]**bolt·ing** ['bəultɪŋ] *s* Sieben *n*, Beuteln *n*; '~ **cloth** *s* Siebtuch *n*

bolt| lock ['bəult lɑk] *s Tech* Riegelschloß *n*; '~ **screw** *s Tech* Bolzenschraube *f*, -gewinde *n*

bo·lus ['bəuləs] *s* (*pl* **~es** [~ɪz]) *Med* große Pille | *Min* Bolus *m*, Pfeifenton *m*; ,~ '**al·ba** *s Min* Kaolin *n*

bomb [bɒm] *Mil* **1.** *s* Bombe *f* | Hand-, Wurfgranate *f* | **the** **~** die (Atom-) Bombe, Kernwaffen *f/pl* ⟨to have the ~ im Besitz von Atomwaffen sein⟩ ◇ **go like a ~** *umg* sehr gut *od* schnell fahren (Fahrzeug); **make a ~** *Brit Sl* eine Menge Geld machen; **cost (spend) a ~** *umg* eine Menge kosten (ausgeben); **2.** *vt* bombardieren, Bomben werfen auf; **~ out** ausbomben; **~ up** mit Bomben beladen; *vi* Bomben werfen | *Am Sl* durchfallen, ein Mißerfolg sein (Theaterstück u. ä.)

bom·bard [bɒm'bɑ:d] **1.** *s Mil Hist* Bombarde *f*; **2.** *vt* bombardieren, Bomben werfen auf | *Phys* bombardieren, beschießen | *übertr* bombardieren, bestürmen ⟨to ~ s.o. with questions⟩; **~ier** [,bɔmbə'dɪə] *s Flugw* Bombenschütze *m*; **bom'bard·ment** *s* Bombardement *n*, Bombardierung *f*

bom|bast ['bɒmbæst] **1.** *s* Bombast *m*, Wortschwall *m*; **2.** *adj* bombastisch, schwülstig; **3.** *vt* wattieren; **~'bas·tic** *adj* bombastisch, schwülstig

bomb|bay ['bɔmbeɪ] *s Mil Flugw* Bombenschacht *m*; '~ ,**dis·posal squad** *s* Bombenräumungskommando *n*, Sprengtrupp *m*, -kommando *n*

bombe [bɔ̃:(m)b] *s Kochk* (Eis-) Bombe *f*

bombed [bɒmd] *adj Am Sl* im (Alkohol- *od* Drogen-) Rausch

bomb·er ['bɒmə] *s* Bomber *m* | Bombenleger *m*

bom·bi|late ['bɒmbɪleɪt] *vi* summen, dröhnen; ,~'**la·tion** *s* Summen *n*, Dröhnen *n*; **~nate** ['~neɪt] = **~late**; ,~'**na·tion** = **~lation**

bomb| load ['bɒm ləud] *s Flugw* Bombenladung *f*; '~**proof** *adj* bombenfest, -sicher (*auch übertr*); '~ **rack** *s* Bombenaufhängevorrichtung *f*; '~**shell** *s* (*meist übertr*) Bombe *f*, Riesenüberraschung *f*, Sensation *f*; '~**sight** *s Flugw* Bombenzielgerät *n*; '~**site** *s* Bombenlücke *f*; '~ ,**throw·er** *s Mil* Granatwerfer *m* | Attentäter *m*

bo·na ['bəunə] *s/pl Jur* bewegliche und unbewegliche Güter *n/pl*

bo·na fi|de [,bəunə 'faɪdɪ] *adj, adv* ehrlich | gutgläubig ⟨≈ possessor *Jur* gutgläubiger Besitzer⟩ | auf Treu und Glauben, in treuem Glauben, guten Glaubens | (*auch Wirtsch*) echt, zuverlässig | solid ⟨a ≈ offer⟩; **~des** [~dɪz] *s* (*sg* od. *pl konstr*) *auch Jur* ehrliche Absicht(en) *f(pl)*, Treuherzigkeit *f*, Geradheit *f*

bo·nan·za [bə'nænzə] *Am s Geol* ergiebige Mine | *umg* Goldgrube *f* | *adj* Erfolgs-, erfolgreich, Glücks- ⟨~ year⟩; **~man** ['~mæn] *s* (*pl* **~men** ['~men]) *Am umg* Erfolgsmensch *m*

bon·bon ['bɒnbɒn] *s* Bonbon *n*

bonce [bɒns] *Brit s* Murmel *f* | Murmelspiel *n*

[1]**bond** [bɒnd] **1.** *s* Bund *m*, Verbindung *f*, Übereinkunft *f* ⟨to enter into a ~ with s.o. mit jmdm. in Verbindung treten⟩ | *übertr* einigendes Band ⟨~(s) of love Band(e) *n(pl)* der Liebe; to form a ~ between ein einigendes Band bilden, verbinden⟩ | *Jur* Bürgschaft *f* | *Chem* Bindung *f*, Wertigkeit *f* ⟨hydrogen ~ Wasserstoffbindung *f*⟩ | *Wirtsch* Obligation *f*, Schuldverschreibung *f* | *Wirtsch* Schuldschein *m* | *Wirtsch* Zollverschluß *m* ⟨in ~ unter Zollverschluß; to take out of ~ aus dem Zoll holen, vom Zoll abholen⟩ | *Arch* (Mauer-) Verband *m*; **2.** *vt* verpfänden | *Wirtsch* unter Zollverschluß legen | *Arch* in Verband legen | *Chem* (ver)binden; *vi Arch* (im Verband) zusammenhalten

[2]**bond** [bɒnd] *adj* leibeigen | *übertr* gebunden; '~**age** *s* Leibeigenschaft *f*, Sklaverei *f* | *übertr* Hörigkeit *f* ⟨to be in the ≈ of s.th. einer Sache verfallen sein⟩ | Zwang *m*

bond·ed ['bɒndɪd] *adj Wirtsch* gebunden | verpfändet | *Tech* plattiert, verklebt, verbunden ⟨~ wood Sperrholz *n*⟩; ,~ '**debt** *s* Hypothekenschuld *f*; ,~ '**goods** *s/pl Wirtsch* unverzollte Niederlagsgüter *n/pl*; ,~ '**ware·house** *s* Zollspeicher *m*, Freilager *n*

bon·der ['bɒndə] *s Arch* Bindestein *m* | *El* Erdverbindung *f* | Masse(verbindung) *f*

bond|man ['bɒndmən] *s* (*pl* **~men**) *Hist* Leibeigener *m*, Sklave *m*

bonds [bɒndz] *s/pl arch, poet* Fesseln *f/pl*, Ketten *f/pl*, Gefangenschaft *f* (*auch übertr*); **~man** = **bondman**

bond|ser·vant ['bɒndsɜ:vənt], *auch* '~**slave** = **bondman**; '~**wom·an** *s* (*pl* '~**wom·en**) *Hist* Leibeigene *f*, Sklavin *f*

bone [bəun] **1.** *s* Knochen *m*, Bein *n* (*auch übertr*) ⟨the ~s of the arm die Armknochen *m/pl*; ~ of contention Zankapfel *m*; to be all skin and ~s nur Haut u. Knochen sein; to feel in one's ~s that sich sicher sein, daß; to have a ~ to pick with s.o. mit jmdm. ein Hühnchen zu rupfen haben; to make no ~s about / of *umg* kein Hehl machen aus; to the ~ bis auf die Knochen, gründlich⟩ | (Fisch-) Gräte *f* | Fischbein *n* | Elfenbein *n* | *Am Sl* Dollar *m*; **2.** *vt* entgräten | die Knochen entfernen aus ⟨to ~ a chicken⟩ | *Sl* klauen, mausen; *vi Am Sl* intensiv studieren, büffeln ⟨to ~ through law school⟩; **~ up on** *Am* büffeln, sich intensiv vorbereiten auf ⟨to ~ up on a problem⟩; **3.** *adj* knöchern, beinern; '~ **ash** *s* Knochenasche *f*; **boned** *adj* -knochig ⟨big-≈ starkknochig⟩ | entgrätet; ,~-'**dry** *adj* knochentrokken; '~ **dust** *s* Knochenmehl *n*; ,~ '**glass** *s* Milchglas *n*; ,~ '**glue** *s* Knochenleim *m*; '~**head** *s Am Sl* Dummkopf *m*; '~ '**lace** *s* Klöppelspitze *f*; '~**less** *adj* ohne Knochen | grätenlos | *übertr* haltlos; '~**let** *s* Knöchelchen *n*; '~ **meal** *s* Knochenmehl *n*; **bones** *s/pl* Knochengerüst *n* | *übertr* Körper *m* ⟨my old ≈⟩ | *übertr* Gebeine *n/pl*, sterbliche Überreste *pl* | (Spiel-) Würfel *m/pl* | *Mus* Kastagnetten *f/pl*; '~ ,**set·ter** *s Med* Knocheneinrichter *m*; '~,**shak·er** *s Sl* (Fahrrad) alte Mühle | (Auto) Ratterkiste *f*; ,~ '**shark** *s Zool* Riesenhai *m*; '~ ,**spav·in** *s Vet* Hufspat *m*; '~ **yard** *s* Knochenlager *n* | Schindanger *m* | *Am vulg* Friedhof *m*; '~ **yards** *s/pl* Reservesteine *m/pl* (des Dominospiels)

bon·fire ['bɒnfaɪə] **1.** *s* Freudenfeuer *n* | Feuer *n* (zur Unkrautverbrennung u. ä.) | Scheiterhaufen *m* ⟨to make a ~ of vernichten⟩; **2.** *vi* ein großes Feuer anzünden

bong [bɒŋ] *interj* bim! bam!

bon·ho·mie ['bɒnəmɪ] *s* Gutmütigkeit *f*

bon·kers [bɒŋkəz] *adj Brit Sl* verrückt ⟨to be completely ~⟩

bon mot [,bɒn 'məʊ] *s* ⟨*frz*⟩ (*pl* **bons mots** [,bɒn 'məuz]) Bonmot *n*, schlagfertige Bemerkung

bon·net ['bɒnət] **1.** *s* (randlose) Frauenhaube *f* | Kappe *f*, Barett *n* | (Indianer-) Kopfschmuck *m* | *Kfz Brit* Motor-, Kühlerhaube *f* | *Mar* Segelhaube *f* | Helfershelfer *m*; **2.** *vt* eine Mütze *od* Kappe aufsetzen

bon·sai ['bɒn-|'bəunsaɪ] *s* Bonsai(baum) *m*, Zwergzüchtung *f*

bo·nus ['bəunəs] *Wirtsch* **1.** *s* (*pl* **~es**) Bonus *m*, Prämie *f*, Gratifikation *f* ⟨hazard ~ Gefahrenzulage *f*; cost-of-living ~ Verteuerungszuschlag *m*; no claims ~ (Kfz-Versicherung) Beitragsreduktion *f* für unfallfreies Fahren⟩ | Gewinnanteil *m*, Dividende *f*; **2.** *vt* (jmdm.) Zulagen gewähren

bon·ny ['bɒnɪ] *dial* (*bes. Schott*) **1.** *adj* hübsch, nett ⟨a ~ mess! eine schöne Bescherung!⟩ | *umg* robust, gesund ⟨~ face⟩ **2.** *s arch* Liebster *m* ⟨my ~⟩

bon vi·vant [ˌbɒn vi:'vɒnt] *s* ⟨*frz*⟩ (*pl* ˌ**bons vi'vants** *od* ˌ**bon 'vivants** [ˌbɒn vi:'vɒnt]) Lebemann *m*, Genießer *m*

bon·y ['bəʊnɪ] *adj* knöchern, Knochen- ⟨~ substance⟩ | voller Gräten ⟨~ fish⟩ | starkknochig ⟨~ man⟩ | mager, dürr ⟨~ children; ~ fingers⟩ | *übertr* kahl, öde ⟨~ mountains; ~ prose⟩; ˌ~ '**coal** *s Am* schieferhaltige Kohle

boo [bu:] **1.** *interj* buh! | muh! | pfui!; **2.** (**booed, booed**) *vi* muh schreien | pfui rufen; *vt* (jmdn.) auspfeifen, niederschreien ⟨to ~ the speaker⟩; **3.** *s* Muhen *n* | Pfui-, Zwischenruf *m* ⟨greeted by ~s⟩ ◇ **s.o. can't/couldn't say ~ to a goose** *umg* jmd. hat das Herz in der Hosentasche, jmd. hat furchtbare Angst

boob [bu:b] *umg s* Lümmel *m* | Dummkopf *m*, Tölpel *m*; **boo·by** ['bu:bɪ] **1.** *s* Dummkopf *m*; **2.** *adj* dumm, einfältig; '**boo·by prize** *s* Trostpreis *m*; '**boo·by trap** *s* Streich *m*, übler Scherz | Falle *f* | *Mil* Schreckladung *f* | *Mil* Sprengfalle *f*, Trugmine *f*

boo-boo ['bu:ˌbu:] *s Am Sl* Schnitzer *m*, Fehler *m* ⟨to commit a ~⟩

boo·dle ['bu:dl] *Sl* **1.** *s verächtl* Haufen *m* ⟨the whole ~ der ganze Zauber⟩ | *Pol* Schmiergeld *n* | Falschgeld *n*; **2.** *vi, vt* bestechen; '**boo·dling**, *auch* '**boo·dlism** *s Sl* Bestechung *f*, Schmieren *n*

boog·ie·woog·ie ['bu:gɪ'wu:gɪ] *s Mus* Boogie-Woogie *m*

boo·hoo [ˌbu:'hu:] *umg* **1.** *v* plärren, winseln; **2.** *s* Geplärr *n*, Geheule *n*; **3.** *interj* huhu!

book [bʊk] **1.** *s* Buch *n* ⟨~ of reference Nachschlagewerk *n*; by the ~ genau; without the ~ auswendig⟩ | Buch *n*, Abschnitt *m* ⟨~ one⟩ | *oft pl Wirtsch* Geschäfts-, Kassenbuch *n* ⟨~ of accounts Kontobuch *n*; ~ of complaints Beschwerdebuch *n*; on the ~s eingetragen; to be in s.o.'s good (bad, black) ~s *übertr* bei jmdm. gut (schlecht) angeschrieben sein; to bring s.o. to ~ for s.th. jmdn. wegen etw. zur Rechenschaft ziehen; to bring to ~ verbuchen; to keep the ~s die Bücher führen; to take s.o.'s name off the ~s jmdn. (aus e-r Liste) austragen *od* streichen⟩ | Notizblock *m*, -buch *n* | Büchlein *n*, Heft *n* ⟨~ of stamps Briefmarkenheft *n*⟩ | Textbuch *n*, Libretto *n* | (Sport) Wettbuch *n* ◇ **the** ~ *Rel* die Bibel; **2.** *vt* (in ein Buch *od* e-e Liste) einschreiben | buchen, aufschreiben | (Hotelzimmer, Platz) bestellen, vormerken lassen, buchen | (Fahrkarte) lösen ⟨to be ~ed to fly on Friday die Flugkarte für Freitag haben⟩ | (Gepäck) aufgeben (**to** nach) | Zeit einplanen für, ansetzen ⟨to ~ a meeting⟩ | *Jur* notieren ⟨to ~ s.o. on suspicion jmdn. als Verdächtigen (auf der Polizeiwache) notieren⟩ | *Wirtsch* (ver)buchen, eintragen | als Wette annehmen (Buchmacher); *vi* (Fahr-, Flugkarte) lösen (**to** nach) | sich (für e-n Flug u. ä.) vormerken lassen; buchen; ~ **through** durchlösen (**to** bis, nach); '~ˌ**bind·er** *s* Buchbinder *m*; '~ˌ**bind·er·y** *s bes Am* Buchbinderei *f*; '~ˌ**bind·ing** *s* Buchbinden *n* | Buchbinderei *f*; '~**case** *s* Bücherregal *n*, -schrank *m*; '~ **club** *s* Buchklub *m*, Lesezirkel *m*; '~ **cov·er** *s* Buchumschlag *m*; **booked** *adj* gebucht, eingetragen | bestimmt (**for** für) | belesen; **booked up** *adj* (Eintrittskarten) ausgebucht, ausverkauft; '~**end** *s* Bücherstütze *f*; '~ˌ**hold·er** *s* Lesepult *n*; '~**ie** *s Sl* Buchmacher *m*; '~**ing** *s* Buchen *n*, Bestellen *n* | *Wirtsch* Buchung *f*; '~**ing clerk** *s* Fahrkartenverkäufer *m*; '~**ing** ˌ**of·fice** *s* (Fahrkarten u. ä.) Schalter *m* | *Am* Gepäckschalter *m* | *Theat* Kasse *f*; '~**ish** *adj* auf Bücher versessen, stubengelehrt | Buch-, gelehrt ⟨≈ words gelehrte Worte *n/pl*⟩; '~ ˌ**jack·et** *s* Schutzumschlag *m*; '~-**keep** *vi* (ˌ~**kept**, ˌ~**kept**) Buchhaltung führen; '~ˌ**keep·er** *s Wirtsch* Buchhalter *m*, Buchführer *m*; '~ˌ**keep·ing** *s Wirtsch* Buchhaltung *f*, -führung *f*; '~-**learn·ed** *adj* belesen | *verächtl* verstaubt (*Ant* practical); '~**let** *s* Büchlein *n*; '~ˌ**mak·er** *s verächtl* Bücherschreiber *m*, Schreiberling *m* | (Sport) Buchmacher *m*; '~ˌ**mak·ing** *s verächtl* Fabrizieren *n* *od* Zusammenschreiben *n* von Büchern | *Sport* Buchmacherei *f*; '~ˌ**mark**[·**er**] *s* Lesezeichen *n*; '~**plate** *s* Exlibris *n*; '~**rack** *s* Büchergestell *n* | Lesepult *n*; '~ **re**ˌ**view** *s* Buchbesprechung *f*; '~ˌ**sell·er** *s* Buchhändler *m*; '~ˌ**sell·ing** *s* Buchhandel *m*; '~**shop** *s Brit* Buchladen *m*; '~**stall** *s* Bücherstand *m*; '~**store** *s Am* Buchladen *m*; '~ ˌ**to·ken** *s Brit* Büchergutschein *m*; '~ **trade** *s* Buchhandel *m*; '~ ˌ**val·ue** *s Wirtsch* Buchwert *m*; '~**worm** *s Zool, übertr* Bücherwurm *m*

[1]**boom** [bu:m] **1.** *vi* summen ⟨~ing beetle⟩ | dröhnen, donnern ⟨~ing guns⟩ | brausen | schallen; *vt meist* ~ **out** dröhnend sprechen *od* äußern; **2.** *s* Summen *n* | Dröhnen *n*, Donnern *n* | Brausen *n*

[2]**boom** [bu:m] **1.** *s Mar* Baum *m*, Spiere *f* | *Mar* Hafenbaum *m* | *Mil Mar* Sperre *f* | *Tech* Gurt *m* | *Tech* (Kran) Ausleger *m* | *Am Film, Ferns* Kamera-, Mikrofongalgen *m*; **2.** *vt Mar* auslegen ⟨to ~ out a sail⟩ | (Floßholz) mit Schwimmbäumen auffangen | *Tech* mit dem Kran(ausleger) befördern; *vi Mar* mit vollen Segeln fahren

[3]**boom** [bu:m] **1.** *s Wirtsch* Hochkonjunktur *f*, Hausse *f* (*Ant* slump) | plötzlicher Aufschwung | *Am* Propaganda *f*; **2.** *vi* (Kurse) in die Höhe gehen | (Preise) anziehen, steigen | einen raschen Aufschwung nehmen | einen Riesenerfolg haben | *Am* Propaganda machen; *vt* (Preise) in die Höhe treiben | Reklame machen für | Propaganda machen für; '**boom ba·by** *s Am* (*meist pl*) Vertreter *m* eines geburtenstarken Jahrgangs

boom·boat ['bu:mbəʊt] *s Mar* Deckboot *n*

boom·er ['bu:mə] *s umg Am* Neulandsiedler *m* | *auch* **mountain** ~ *Zool Am* Eichhörnchen *n*

boom sail ['bu:m seɪl] *s Mar* Baumsegel *n*

boom·er·ang ['bu:məræŋ] *s* Bumerang *m* (*auch übertr*)

[1]**boon** [bu:n] *s* Wohltat *f*, Segen *m*, Nutzen *m* (**to** für) | *lit* Bitte *f*, Gefälligkeit *f* ⟨to ask a ~ of s.o. jmdn. anflehen; to grant a ~ eine Bitte gewähren⟩

[2]**boon** [bu:n] *adj* fröhlich, munter ⟨~ companion Saufkumpan *m*⟩

boor [bʊə|bɔ:] *s* Lümmel *m*, Flegel *m*, Grobian *m* | *Am* Bauer *m*; '~**ish** *adj* bäurisch | flegelhaft, ohne Manieren ⟨≈ remarks freche Bemerkungen *f/pl*⟩

boost [bu:st] **1.** *vt* (jmdm.) von unten her *od* von hinten nachhelfen, von unten hochschieben (*auch übertr*) ⟨to ~ s.o. into a good job jmdm. zu einem guten Job verhelfen⟩ | (etw.) unterstützen, voranbringen | *umg* (Preise) in die Höhe treiben | *umg* Reklame machen für | *Am* heben, verstärken ⟨to ~ the output die Leistung erhöhen⟩ | *El* regulieren | *El* (Batterie) verstärken; **2.** *s* Aufschwung *m* | Unterstützung *f* | *Wirtsch umg* Preistreiberei *f* | *umg* Propaganda *f*; '~**er** *s Wirtsch umg* Preistreiber *m* | *El* Zusatzdynamo *m*, Hilfsmotor *m* | *Am umg* Fürsprecher *m*; '~**er** ˌ**bat·ter·y** *s El* Zusatzbatterie *f*; '~**er brake** *s Kfz* Servobremse *f*; ˌ~**er in'jec·tion** *s Med* Wiederholungsimpfung *f*; '~**er** ˌ**rock·et** *s Flugw* Startrakete *f*; '~ **set** *s Tech* Zusatzaggregat *n*

[1]**boot** [bu:t] **1.** *s* Stiefel *m*, hoher Schuh ⟨in ~s gestiefelt; half-~s Halbstiefel *m/pl*; top-~s Stulpenstiefel *m/pl*; the ~ is on the other leg *übertr* es verhält sich genau umgekehrt, die Schuld liegt bei der anderen Seite; to die in one's ~s *übertr* mitten in der Arbeit sterben; to get the ~ *Sl übertr* rausgeschmissen werden, rausfliegen; to give s.o. the ~ *Sl*

übertr jmdn. rausschmeißen; to go down in one's ~s *Sl übertr* ganz klein werden; to move one's ~s *Sl übertr* abhauen; you can bet your ~s on that *Sl übertr* darauf können Sie Gift nehmen⟩ | *Brit Kfz* Kofferraum *m* | *Brit* Kutschkasten *m*; **2.** *vt* (jmdm.) Stiefel anziehen | *Sl* (jmdn.) rauswerfen, entlassen ⟨to ~ s.o. out of the house⟩; *vi* Stiefel anziehen

[2]**boot** [bu:t] **1.** *s, nur in:* **to ~** obendrein, noch dazu, **to no ~** umsonst, vergebens; **2.** *vt* (*nur in 3. Pers sg*) *arch* nützen, von Vorteil sein ⟨it ~s not to *mit inf*, it little ~s to *mit inf* es nützt nichts *od* nicht viel zu *mit inf*, what ~s it to *mit inf* was hilft es zu *mit inf*⟩

boot|black ['bu:tblæk] *s Am* Schuhputzer *m*; **'~ed** *adj* gestiefelt ⟨≈ and spurred gestiefelt und gespornt⟩; **~ee** [ˌ~'i:] *s* (Damen-) Halbstiefel *m* | gestrickter Babyschuh

booth [bu:ð] *s* (Markt) Bude *f* | (Telefon-) Zelle *f* | *auch* **'pol·ling ~** *s* Wahlkabine *f*

boot|jack ['bu:tdʒæk] *s* Stiefelknecht *m*; **'~lace** *s* (*bes Brit*) Schnürsenkel *m*; **'~last** *s* Schuhleisten *m*, Stiefelholz *n*; **'~leg 1.** *s* Stiefelschaft *m*; **2.** *Am umg* (**'~legged**, **'~legged**) *vt* (Alkohol) schmuggeln; *vi* Alkohol illegal herstellen; **3.** *adj Am umg* illegal hergestellt *od* verkauft, Schmuggel-; ⟨~ whiskey, ~ coal⟩; **'~leg·ger** *s Am umg* Alkoholschmuggler *m*; **'~leg·ging** *s Am umg* Alkoholschmuggel *m*

boot·less ['bu:tləs] *adj lit* nutzlos, vergeblich

boot·lick ['bu:tlɪk] *Am Sl* **1.** *vt* (jmdm.) schmeicheln, (vor jmdm.) kriechen; *vi* schmeicheln, kriechen; **2.** *auch* **'~er** *s* Speichellecker *m*, Kriecher *m*

boots [bu:ts] *s/pl* (*sg konstr*) *selten Brit* Hausknecht *m* | Haus-, Hoteldiener *m* | *Sl* Kerl *m*

boot·strap ['bu:tstræp] *vr in:* **~ o.s.** durch eigene Anstrengungen schaffen (**into** in, **out** aus) ⟨to ~ o.s. into a result ein Ergebnis selbst zustande bringen⟩; **'~s** *s umg in:* **by one's own ~s** mit eigenen Mitteln ⟨to pull o.s. up ≈ *übertr* sich an den eigenen Haaren aus dem Wasser ziehen⟩

boot tree ['bu:t tri:] *s* Stiefelspanner *m*

boo·ty ['bu:tɪ] *s* Beute *f*, Raub *m* | *übertr* Ausbeute *f*

booze [bu:z] *Sl* **1.** *vi* saufen; **2.** *s* Sauferei *f* ⟨to go on the ~/to have a ~ einen heben *od* einen trinken gehen⟩ | alkoholisches Getränk, Schnaps *m*; **boozed** *adj* besoffen; **'booz·er** *s* Säufer *m* | *Brit* Kneipe *f*; **'~-up** *s Brit Sl* Sauferei *f*; **'booz·y** *adj umg* besoffen | Trink-, Sauf- ⟨a ≈ party⟩

bop [bɒp] = **bebop**

bo·peep [ˌbəʊ'pi:p] *s* Versteckspiel *n* mit Kindern ⟨to play ~ Versteck spielen⟩

bo·rac·ic [bə'ræsɪk] *adj Chem* boraxhaltig ⟨~ acid Borsäure *f*⟩

bor·age ['bɔ:rɪdʒ] *s Bot* Boretsch *m*, Gurkenkraut *n*

bo·rax ['bɔ:ræks] *s Chem* Borax *m*

bor·der ['bɔ:də] **1.** *s* Rand *m*, Saum *m* | Borte *f*, Besatz *m* ⟨lace ~⟩ | (Landes-) Grenze *f* | Einfassung *f* | *Gartenb* Rabatte *f*, Beeteinfassung *f* ⟨~ of flowers Blumenrabatte *f*⟩ | (Feld-) Rain *m* | (See-) Ufer *n* | Leiste *f*; **2.** *in Zus* Grenz- ⟨~ incident Grenzzwischenfall *m*; ~ town Grenzstadt *f*⟩; **3.** *vt* einfassen, besetzen | grenzen an; *vi* grenzen (**[up]on** an) | *übertr* grenzen (**[up]on** an) ⟨to ~ on the ridiculous an Lächerlichkeit grenzen⟩; **'~er** *s* Grenzbewohner *m*; **'~ing** *s* Bordüre *f*; **'~land** *s* Grenzland *n*, -gebiet *n* (*auch übertr*); **'~-·line** *s* Grenzlinie *f*; **'~line** *in Zus* Grenz- ⟨≈ case *übertr* Grenzfall *m*⟩; **'~ state** *s* Anliegerstaat *m*; **'~ stone** *s* Rand-, Bordstein *m* | Grenzstein *m*

[1]**bore** [bɔ:] **1.** *s Tech* Bohrung *f*, Bohrloch *n* | *Mil* Kaliber *n*, Seele *f*; **2.** *vt Tech* (aus-, durch)bohren | (Mauer) anbohren | *Bergb* teufen | aushöhlen, ausgraben | (Weg) bahnen ⟨to ~ one's way⟩ | *Sport Sl* abdrängen; *vi* bohren (**for** nach) | sich einen Weg bahnen, vordringen (**to** nach, bis, **into** in)

[2]**bore** [bɔ:] **1.** *s* langweilige *od* lästige Sache | langweilige Person; **2.** *vt* langweilen ⟨to be ~d to death sich zu Tode langweilen⟩ | belästigen, plagen

[3]**bore** [bɔ:] *s* Springflut *f*

[4]**bore** [bɔ:] *prät* von ↑ **bear**[2]

bo·re·al ['bɔ:rɪəl] *adj* nördlich, Nord-

Bo·re·as ['bɒrɪæs] *s poet* Boreas *m*, Nordwind *m*

bore·dom ['bɔ:dəm] *s* Langeweile *f*, Langweiligkeit *f* | Lästigkeit *f*

bore·hole ['bɔ:həʊl] *s Tech* Bohrloch *n*; **bor·er** ['bɔ:rə] *s Tech, Zool* Bohrer *m* | Bohrmaschine *f* | Arbeiter *m* an einer Bohrmaschine

bore·some ['bɔ:səm] *adj* langweilig | lästig

bo·ric ['bɔ:rɪk] *adj Chem* Bor- ⟨~ acid Borsäure *f*⟩

bo·ride ['bɔ:raɪd] *s Chem* Bormetall *n* ⟨~ of aluminium Aluminiumborfluorid *n*⟩

[1]**bor·ing** ['bɔ:rɪŋ] *adj* langweilig

[2]**bor·ing** ['bɔ:rɪŋ] **1.** *adj* bohrend; **2.** *s Tech* Bohren *n*, Bohrung *f* | *Tech* Bohrloch *n* | *Tech* Bohrspan *m*; **'~ maˌchine** *s Tech* Bohrmaschine *f*; **'~ rod** *s Tech* Bohrstange *f*; **'~s** *s/pl Bergb* Bohrmehl *n*

born [bɔ:n] **1.** *part perf* von ↑ [2]**bear**; **2.** *adj* geboren (**of** von) ⟨to be ~ on geboren sein am; ~ of … Kind des *od* der …⟩ | (dazu) bestimmt, ausersehen (**to** zu) | *attr* geboren ⟨a ~ liar⟩

borne [bɔ:n] *part perf* von ↑ [2]**bear**

boro- [bɔ:rə] *in Zus* Bor-; **bo·ron** ['bɔ:rɒn|'bɒrɒn] *s Chem* Bor *n*

bor·ough ['bʌrə] *s Brit* Ort *m* mit Vertretung im Parlament *od* mit Stadtrecht | Stadtbezirk *m*, städtischer Wahlbezirk | *Am* Staat *m* mit Selbstverwaltung; **ˌ~ 'coun·cil** *s* Stadtrat *m*; **ˌ~ 'coun·cil·lor** *s* Stadtrat *m*

bor·row ['bɒrəʊ] *vt* borgen, (aus-, ent)leihen (**from, of** von) | *übertr* entlehnen, nachahmen ⟨to ~ a method⟩ | *euphem* mitgehen lassen, stehlen; **'~ed** *adj* geborgt ⟨≈ plumes fremde Federn *f/pl*⟩; **ˌ~ed 'funds** *s/pl Wirtsch* Kreditfinanzierung *f*; **'~er** *s* Borger(in) *m(f)* | *übertr* Entlehner(in) *m(f)* | *Wirtsch* Kreditnehmer(in) *m(f)*; **'~ing 1.** *adj Wirtsch* Kredit-; **2.** *s* Borgen *n* | *Wirtsch* Kreditaufnahme *f* | *Ling* Entlehnung *f*

Bor·stal ['bɔ:stl], *auch* **'~ In·stiˌtu·tion** *s Brit* Besserungsanstalt *f* für jugendliche Kriminelle ⟨to be sent to ~⟩

bor·zoi ['bɔ:zɔɪ] *s Zool* Barsoi *m*, russischer Windhund

bosh [bɒʃ] *umg* **1.** *s* Unsinn *m*; **2.** *interj* **~!** Quatsch!; **3.** *vt* hänseln

bosk [bɒsk] *s poet* Hain *m*, Gehölz *n*; **'bos·kage** *s* Gebüsch *n*; **'bosk·y** *adj* buschig | bewaldet

bos·om ['bʊzəm] **1.** *s* (weibliche) Brust *f*, Busen *m* | (Kleid) Brustteil *m* | *Am* Hemdbrust *f* | *lit übertr* Busen *m*, Herz *n* ⟨come to my ~ komm an mein Herz⟩ | *übertr* Schoß *m*, Inneres *n*, Zentrum *n* ⟨in the ~ of one's family im Schoße der Familie; the ~ of the earth das Erdinnere⟩; **2.** *in Zus übertr* Busen-, Herzens- ⟨~ friend⟩; **3.** *vt* (jmdn.) ans Herz drücken | *übertr* ins Herz schließen | (Gefühl u. ä.) hegen; **'~ed** *adj suff* -busig, -brüstig ⟨full-≈ voll-, hochbusig⟩ | *poet* verborgen, eingebettet (**in** in)

[1]**boss** [bɒs] **1.** *s umg* Chef *m*, Leiter *m*, Boß *m* | *übertr* Tonangeber *m*, Macher *m* | *Am Pol verächtl* Führer *m*, Bonze *m* ⟨party ~⟩; **2.** *vt umg* lenken, leiten ⟨to ~ the show⟩; *vi* den Laden schmeißen, den Chef spielen

[2]**boss** [bɒs] **1.** *s* (Metall-) Buckel *m*, Knopf *m*, erhabener Beschlag | Knauf *m* | (Rad) Nabe *f* | *Arch* Bosse *f* | (Holz) Knorren *m*; **2.** *vt* mit Knöpfen beschlagen | *Tech* bossieren, treiben

[3]**boss** [bɒs], *auch* **'~ shot** *Brit Sl* **1.** *s* Fehlschuß *m* | *übertr*

Pfusch(erei) *m(f)* ⟨to make a ~ [shot] at/of s.th. etw. verhunzen, verpfuschen⟩; **2.** *vt* verfehlen, vermasseln; *vi* danebenschießen | *übertr* pfuschen | (Schüler) durchfallen

boss·ism ['bɒsɪzm] *s Am Pol* Bonzentum *n*, Cliquenwirtschaft *f*

[1]**boss·y** ['bɒsɪ] *adj umg* herrisch, tyrannisch ⟨to be the ~ type überall seinen Willen durchsetzen wollen⟩ | rechthaberisch | großspurig

[2]**boss·y** ['bɒsɪ] *adj* gebuckelt, mit Buckeln verziert *od* versehen

bos·ton ['bɒstən] *s Kart* Boston *n* | (Tanz) Boston *m*; '**~ bag** *s, bes Am* Aktentasche *f*

bo·sun ['bəʊsn] = **boatswain**

bo·tan·ic [bə'tænɪk], **bo'tan·i·cal** *adj* botanisch, Pflanzen- ⟨~ gardens botanischer Garten⟩; **bot·a·nist** ['bɒtənɪst] *s* Botaniker *m*, Pflanzenkundler *m*; '**bot·a·nize** *vt* botanisch erforschen; *vi* botanisieren; '**bot·a·ny** *s* Botanik *f*, Pflanzenkunde *f*

botch [bɒtʃ] **1.** *s* Flicken *m* | Flickwerk *n*, Stümperei *f* ⟨to make a ~ of a job etwas hinhauen *od* zurechtstümpern⟩; **2.** *vt* verpfuschen; *vi* pfuschen ⟨to ~ s.th. up etw. zusammenstümpern⟩; **botched** *adj* verpfuscht ⟨≈ work Flickwerk *n*⟩; '**~er** *s* Flickschneider *m*, Flickschuster *m* | *übertr* Stümper *m*, Pfuscher *m*

both [bəʊθ] **1.** *adj, pron* beide ⟨~ the books beide Bücher; ~ of them alle beide; ~ her sisters ihre beiden Schwestern; to make ~ ends meet *übertr* sich nach der Decke strekken⟩ **2.** *conj, in*: **~ ... and** sowohl ... als auch, nicht nur ... sondern auch ⟨~ his brother and his sister⟩

both·er ['bɒðə] **1.** *s* Lärm *m*, Aufregung *f* ⟨a lot of ~⟩ | Mühe *f*, Scherereі *f* ⟨to have much ~⟩ | *(mit unbest art)* Belästigung *f*, Plage *f* (**to** für) ⟨the child is quite a ~ to her⟩; **2.** *vt* belästigen, plagen ⟨don't ~ me! verschone mich!; to ~ o.s./ one's head about s.th. sich über etw. den Kopf zerbrechen⟩ | *förml* stören, in Verlegenheit bringen, verwirren ⟨I'm sorry to ~ you⟩ | *(meist imp) verächtl* zum Kuckuck mit ...! ⟨~ [it]! wie dumm!, verdammt!, zum Teufel damit!; ~ the gnats! die verflixten Mücken!; ~ the lot of you! schert euch zum Teufel!⟩; *vi* sich ärgern, sich aufregen (**about** über) | sich bemühen ⟨don't ~! bemühen Sie sich nicht!⟩; ,**~'a·tion** *umg* **1.** *s* Plage *f*, Belästigung *f*; **2.** *interj* verflixt!; '**~some** *adj* lästig

both·y ['bɒθɪ] *s Schott* Hütte *f* | Baracke *f* | Arbeitslager *n*

botryo- ['bɒtrɪə] ⟨*griech*⟩ *in Zus* Trauben-

bot·tle ['bɒtl] **1.** *s* Flasche *f* ⟨a ~ of milk eine Flasche Milch; by the ~ flaschenweise; over a ~ bei einer Flasche (sitzen); to be fond of the ~ gern einen trinken; to bring up on the ~ (Kind) mit der Flasche aufziehen; to crack a ~ together eine Flasche miteinander trinken⟩; **2.** *vt* auf Flaschen ziehen, abziehen | *bes Brit* in Flaschen einwecken; **~ off** in Flaschen abfüllen; **~ up** auf Flaschen ziehen | *übertr* (Gefühl u. ä.) verbergen, zurückhalten ⟨to ~ up one's anger seinen Zorn im Zaum halten⟩ | *Mil* einschließen, in Schach halten ⟨to ~ up the enemy in the mountains⟩; '**~ cap** *s* Flaschenkapsel *f*; '**bot·tled** *adj* flaschenförmig | dickbauchig | in Flaschen abgezogen *od* eingeweckt; '**~-feed** (**~-fed, ~-fed** ['~fed]) *vt, vi* (Baby) die Flasche geben ⟨a ~-fed baby⟩; '**~ gourd** *s Bot* Flaschenkürbis *m*; ,**~ 'green** *adj* flaschen-, dunkelgrün; '**~ heath** *s Bot* Glockenheide *f*; '**~hold·er** *s* Flaschenhalter *m* | *umg* Helfer *m*, Sekundant *m*; '**~ imp** *s* Flaschenteufelchen *n*; '**~neck** *s* Flaschenhals *m* | *übertr* Engpaß *m*; '**~nose** *s Zool* Großer Tümmler; '**~ nose** *s* Schnapsnase *f*; '**~ ore** *s Bot* Blasentang *m*; '**~ screw** *s* Korkenzieher *m*; '**~ wash·er** *s* Flaschenreinigungsmaschine *f* | *umg* Mädchen *n* für alles

bot·tom ['bɒtəm] **1.** *s* Grund *m*, Boden *m* ⟨~ of the sea Meeresgrund *m*; to go/sink to the ~ versinken, untergehen; to touch ~ auf Grund geraten, *übertr* den Tiefpunkt erreichen⟩ | unterster *od* tiefster Teil; fernster Teil ⟨at the ~ am untersten Ende, ganz unten; at the ~ of the table; ~ of a well Brunnenboden *m*; from the ~ of one's heart *übertr* aus tiefstem Herzen⟩ | (Glas) Boden *m* ⟨~s up! *umg* ex!⟩ | Grundfläche *f*, Sohle *f*, Fuß *m* ⟨the ~ of a hill; valley ~⟩ | (Stuhl-) Sitz *m* | *umg* Hintern *m* | *übertr* Basis *f*, Fundament *n*, Wesen *n* ⟨at ~ im Grunde; the ~ of a theory; to get to the ~ of s.th. einer Sache auf den Grund kommen; to knock the ~ out of an argument ein Argument völlig entkräften⟩ | *Mar* Ankergrund *m* | *Mar* Schiffsboden *m* | *meist* **~s** *pl Geol* Tiefland *n*; **2.** *in Zus* Tiefst-, niedrigste(r, -s), unterste(r, -s) ⟨~ boy der Letzte der Klasse; ~ shelf unterstes Fach; ~ prices niedrigste Preise *m/pl*⟩ | letzte(r, -s) ⟨to bet one's ~ dollar alles riskieren⟩ | Grund-, Boden- ⟨~ rock⟩; **3.** *vt* mit einem Boden *od* Sitz versehen ⟨to ~ a chair⟩ | (Garn) aufwickeln, winden | *Tech* grundieren | *Tech* gründlich reinigen | *übertr* gründen (**[up]on** auf); *vi* (*bes Tech*) den Boden berühren | *übertr* beruhen (**[up]on** auf); '**~ gear** *s Kfz* erster Gang; '**~ land** *s Geogr* Tiefland *n*; '**~less** *adj* bodenlos | *übertr* unergründlich | (völlig) nackt, unbekleidet ⟨≈ dancers⟩ | mit Nackttänzerinnen ⟨≈ bars⟩; '**~line** *s Am* (*meist mit best art*) *Wirtsch* Nettogewinn *m*, Profit *m* ⟨performance on the ≈ finanzielle Leistung(sfähigkeit)⟩ | *übertr* Hauptsache *f*, das, worauf es ankommt, Einundalles *n* ⟨the ≈ of the lesson die Moral der ganzen Geschichte⟩ | *übertr* Hauptcharakteristikum *m*, -merkmal *n* ⟨the ≈ of a writer⟩; '**~ry** *s Mar* Bodmerei *f*

bot·u·lism ['bɒtjʊlɪzm] *s Med* Botulismus *m*, Fleisch-, Wurst-, Lebensmittelvergiftung *f*

bou·clé [bʊ'kle:|bʊ'kleɪ] *s* Bouclé *n*

bou·doir ['bu:dwɑ:] *s* Boudoir *n*, elegantes Damenzimmer

bough [baʊ] *s* Ast *m*, Zweig *m*

bought [bɔ:t] *prät* u. *part perf* von ↑ **buy**

bou·gie ['bu:ʒi:] *s* Wachskerze *f*, -licht *n* | *Med* Bougie *f*, Dehnsonde *f*

bouil·lon ['bu:jɒŋ|'bʊljɒn] *s Kochk* Bouillon *f*, Fleisch-, Kraftbrühe *f*

boul·der ['bəʊldə] **1.** *s* Katzenkopf *m* | Geröllblock *m*, Feldstein *m* ⟨erratic ~ *Geol* erratischer Block⟩; **2.** *vt* zu Geröll machen; '**~ clay** *s* (glazialer) Geschiebelehm *m*, -mergel *m*; '**~ field** *s Geol* Blockfeld *n*; '**~ing** *s* Kopfsteinpflaster *n*; '**~s** *s/pl Geol* Geröll *n*, Geschiebe *n*

bou·le·vard ['bu:l(ə)vɑ:(d)] *s* Boulevard *m*, Ring-, Prachtstraße *f*

bounce [baʊns] **1.** *s* (plötzlicher) Sprung *m* | (heftiger) Schlag *m* (e-s Balles) | Auf-, Rückprall *m* | *Am Sl* Rausschmiß *m* ⟨he got the ~⟩ | *übertr Sl* Schwung *m*, Auftrieb *m*, Elan *m* ⟨full of ~⟩ | *Mus* (Jazz-) Rhythmus *m*, Bounce *f* | *umg* Prahlerei *f*, Aufschneiderei *f* | Lüge *f*; **2.** *vt* (Ball) springen lassen | zuschlagen | *umg* ausschimpfen | *selten* aufschneiden mit; *vi* hüpfen, springen (**over** über, **up and down** auf und ab *od* nieder) | aufschlagen, aufprallen (**at, on** auf, an) | *übertr* stürzen ⟨to ~ in (out of) hinein- (hinaus)stürmen⟩ | *Brit umg* aufschneiden; **3.** *interj* bums!, plautz!; '**bounc·er** *s umg* Aufschneider *m* | *umg* Mordskerl *m*, Prachtexemplar *n* | unverschämte Lüge | *Am Sl* Rausschmeißer *m*; '**bounc·ing** *adj* stämmig, stramm, drall ⟨≈ girl⟩ | prahlerisch | mächtig ⟨≈ lie⟩; '**bounc·y** *adj Am* grob, plump ⟨in a ≈ manner auf plumpe Art⟩

[1]**bound** [baʊnd] **1.** *prät* u. *part perf* von ↑ **bind 2.**; **2.** *präd adj* gebunden, verpflichtet (**to** *mit inf* zu *mit inf*) ⟨~ by instruction weisungsgebunden; I'll be ~ ich bin sicher; to be ~ to win unbedingt gewinnen; to be ~ up in s.th. von etw. in Anspruch genommen sein; to be ~ up with eng verknüpft

sein mit⟩ | *Ling* gebunden (*Ant* free) ⟨~ morpheme⟩

[2]**bound** [baʊnd] *adj* bestimmt, unterwegs (**for** nach) ⟨the ship is ~ for Jamaica; homeward ~ *Mar* auf der Heim- *od* Rückreise; outward ~ *Mar* auslaufend, auf der Ausreise; a London-~ train ein nach London fahrender Zug; where are you ~ for? wohin gehst *od* fährst du?⟩

[3]**bound** [baʊnd] **1.** *vt* springen lassen; *vi* springen ⟨his heart ~ed with joy sein Herz hüpfte vor Freude⟩ | auf-, abprallen ⟨to ~ back zurückspringen, -prallen⟩; **2.** *s* Sprung *m*, Satz *m* ⟨at one ~ mit einem Satz; by leaps and ~s in gewaltigen Sätzen, in raschem Tempo⟩ | Auf-, Rückprall *m* ⟨on the ~ nach dem Aufschlag⟩

[4]**bound** [baʊnd] (*oft pl*) **1.** *s* Grenze *f*, Schranke *f* ⟨beyond all ~s über alle Maßen; [with]in ~s in Grenzen, mäßig; out of ~s! *bes Mil* Zutritt verboten!⟩; **2.** *vt* begrenzen ⟨to be ~ed by grenzen an⟩ | *übertr* be-, einschränken (**to** auf), in Schranken halten; *vi* grenzen (**on, with** an); **'~a·ry 1.** *s* Grenze *f* (*auch übertr*) ⟨beyond the ≈ jenseits der Grenze⟩ | abgegrenztes Gebiet | *Pol* Bannmeile *f* ⟨inside of the ≈⟩ | *Math* Grenze *f* ⟨lower ~ untere Grenze⟩, Rand *m* (eines Bereichs, einer Menge), Schranke *f* (einer Folge) ⟨upper ~ obere Schranke, Majorante *f*⟩ | (Kricket) Schlag *m* bis zur Spielfeldgrenze; **2.** *in Zus* Grenz-, Begrenzungs- ⟨≈ dispute Grenzstreit *m*, -streitigkeit *f*; ≈ position *Tech* Nahtstelle *f*; ≈ surface *Tech* Begrenzungsfläche *f*; ≈ zone Randzone *f*⟩; **'~a·ry ˌva·lue** *s Math* Grenz-, Randwert *m*

bound·en ['baʊndən] *adj*, *nur in*: **my ~ duty** meine Pflicht u. Schuldigkeit

bound·er ['baʊndə] *s Brit Sl selten* Krawallmacher *m*, Stromer *m* | *oft verächtl* Kerl *m*, Flegel *m*

bound·less ['baʊndləs] *adj* grenzenlos, unbegrenzt

boun|te·ous ['baʊntɪəs], **'~ti·ful** *adj* (Person) wohltätig, mild, freigebig, großzügig | (Sachen) reichlich ⟨≈ crop⟩; **'~ty** *s* Wohltätigkeit *f*, Freigebigkeit *f* | milde Gabe, Geschenk *n* | *Mil* Handgeld *n* | *Wirtsch* (bes. von der Regierung gezahlte) Prämie *f* ⟨≈ on exportation Ausfuhrprämie *f*⟩ | *förml* Belohnung *f* ⟨≈ on wildcats Belohnung *f* für die Tötung von wildernden Katzen⟩

bou·quet [bʊ'keɪ], *Brit auch* ['bʊkeɪ] *s* (Blumen-) Bukett *n*, Strauß *m* | Blume *f*, Aroma *n* (des Weines) | *Am* Kompliment *n*

Bour·bon ['bɜ:bən] *s Am Pol* Reaktionär *m*, Konservativer *m* | **∸**, *auch* **'∸ 'whis·key** *s Am* amerikanischer Whisky, Bourbon *m*; **'~ism** *s Am Pol* Konservatismus *m*

[1]**bour·geois** [bɜ:'dʒɔɪs] *s Typ* Borgis *f*

[2]**bour|geois** ['bʊəʒwɑ:] **1.** *s* Bourgeois *m*, Angehöriger *m* der Bourgeoisie | Spießbürger *m*; **2.** *adj* bourgeois, bürgerlich ⟨~ democracy bürgerliche Demokratie; ~ country kapitalistisches Land; ~ culture bürgerliche Kultur⟩ | spießbürgerlich; **~geoi·sie** [ˌbʊəʒwɑ:'zi:] *s* Bourgeoisie *f*, Bürgertum *n*

bourn [bɔ:n] *s arch* kleiner Fluß, Bach *m*

bourn[e] [bʊən|bɔ:n] *arch, poet s* Grenze *f*, Ziel *n* | Bereich *m*

bourse [bʊəs] *s Wirtsch* Börse *f* ⟨the ∸ die Börse von Paris⟩

bouse [bu:z] *arch* **1.** *vi* zechen; **2.** *s* Zecherei *f*, Trinkgelage *n*; **'bous·er** *s* Trinker *m*; **'bous·y** *adj* betrunken

bout [baʊt] *s* Reihe *f*, Folge *f*, (Arbeits-) Gang *m* | *Sport* Runde *f* ⟨~ of fighting⟩ | (Trink-) Runde *f* ⟨drinking ~⟩ | (Tanz-) Tour *f* | Mal *n* ⟨this ~ diesmal⟩ | Anfall *m* ⟨~ of flu Grippeanfall *m*; coughing ~s Hustenanfall *m*⟩

bou·tique [bu:'ti:k] *s* Boutique *f*

bo·vine ['bəʊvaɪn] *adj* rinderähnlich, Rinder-, Ochsen- | *übertr* stur, träge ⟨~ stupidity ausgesprochene Dummheit; ~ temperament schwerfälliges Wesen⟩

bov·ver ['bʌvə] **1.** *s Brit Sl* Straßenschlacht *f*; **2.** *vi* Straßenschlachten veranstalten, sich auf der Straße schlagen; **'~ boots** *s Brit Sl* (nägelbeschlagene) Straßenstiefel *m/pl*

[1]**bow** [bəʊ] **1.** *s* Bogen *m*, Kurve *f* (*auch Math*) | (Schieß-) Bogen *m* ⟨to draw the long ~ *übertr* übertreiben; to have two strings to one's ~ *übertr* zwei Eisen im Feuer haben⟩ | (Schnürsenkel, Haarband) Knoten *m*, Schleife *f* | Regenbogen *m* | *Tech* Bügel *m* | (Geigen-) Bogen *m* | *Mus* Bogenstrich *m* | Krümmung *f*; **2.** *vi Mus* den Bogen führen, geigen

[2]**bow** [baʊ] **1.** *s* Verbeugung *f* (**to** vor) ⟨low ~ tiefe Verbeugung; to make one's ~ to sich verbeugen vor⟩; **2.** *vt* (Kopf u.ä.) beugen, neigen ⟨to ~ one's head den Kopf neigen; to ~ one's knee das Knie beugen⟩ | (Dank u. ä.) durch eine Verbeugung ausdrücken ⟨to ~ one's thanks sich dankend verbeugen; to ~ o.s. out unter Verbeugungen hinausgehen; to ~ s.o. in (out) jmdn. unter Verbeugungen herein-(hinaus)begleiten⟩ | biegen, beugen, krümmen ⟨to be ~ed down niedergedrückt sein; ~ed with age vom Alter gebeugt⟩; vi sich (ver)beugen, sich (ver)neigen (**to** vor) ⟨~ing acquaintance flüchtige Bekanntschaft; to ~ back to s.o. jmds. Gruß erwidern⟩ | *übertr* sich unterwerfen ⟨to ~ to s.o.'s opinion sich jmds. Meinung anschließen⟩

[3]**bow** [baʊ] *s Mar* Bug *m* ⟨on the ~ am Bug; on the port ~ Backbord voraus; on the starboard ~ Steuerbord voraus⟩ | *Sport* vorderster Ruderer

bow|back ['bəʊbæk] *s Zool* Weißfisch *m*; **'~ col,lec·tor** *s Tech* (E-Lok, Obus) Kontaktbügel *m*, Bügelstromabnehmer *m*

Bow·den wire ['baʊdn waɪə] *s Tech* Bowdenzug *m*

bowd·ler|ism ['baʊdlərɪzm], **ˌ~i'za·tion** *s* Reinigen *n* der Bücher von anstößigen Stellen; Verballhornung *f*, Verschlimmbesserung *f*; **'~ize** *vt* (Bücher) von anstößigen Stellen reinigen; verschlimmbessern

[1]**bowed** [baʊd] *adj* gebeugt

[2]**bowed** [bəʊd] *adj* bogenförmig | mit einem Bogen versehen

bow·el ['baʊəl] **1.** *in Zus Med* Darm- ⟨~ complaints Darmbeschwerden *f/pl*⟩; **2.** *vt* ausnehmen, die Gedärme entfernen; **3.** *s Med* Darm *m* ⟨the large ~ Dickdarm *m*⟩; **~s** *s/pl Med* Därme *m/pl*, Eingeweide *n* | *übertr* (tiefstes) Inneres *n* ⟨in the ~s of the earth tief im Innern der Erde⟩ | *lit arch übertr* Herz *n*, Sitz *m* des Mitleids ⟨≈ of compassion Gefühle *n/pl* des Mitleids⟩

[1]**bow·er** ['baʊə] **1.** *s* Laube *f* | *poet* Boudoir *n*; **2.** *vt* mit einer Laube umgeben; *vi* (Zweige u. ä.) eine Laube bilden

[2]**bow·er** ['baʊə] *s Mar* Buganker *m*

[1]**bow·er·y** ['baʊərɪ] *adj* laubenartig | voller Lauben

[2]**bow·er·y** ['baʊərɪ] *s Am Hist* (frühe holländische) Farm, Pflanzung *f*; **∸** *s Am* Bowery *f* (verwahrloste Straße in New York)

bow·ie| knife ['bəʊɪ naɪf] *s* (*pl* **'~ knives**) Bowiemesser *n*, langes Jagdmesser

bow|ing ['bəʊɪŋ] *s Mus* Bogenführung *f*; **'~ ˌin·stru·ment** *s Mus* Streichinstrument *n*

[1]**bowl** [bəʊl] *s* Napf *m*, Schale *f*, Schüssel *f* | (Löffel u. ä.) Höhlung *f* | (Lampen-) Schale *f* | (Pfeifen-) Kopf *m* | (Ruder-) Blatt *n*

[2]**bowl** [bəʊl] **1.** *s* (Holz-) Kugel *f*, Kegelkugel *f*, Ball *m*; **2.** *vt* (Ball u. ä.) schieben, treiben, werfen, rollen, schlagen; **~ down** umkegeln | *Sl* (jmdn.) fertigmachen; **~ out** (Kricket) absetzen | *übertr* besiegen, schlagen | *umg* hinauswerfen; **~ over** umkegeln, umwerfen | *übertr umg* umwerfen, überraschen, niederschmettern ⟨~ed over by the news⟩; *vi* rollen, kegeln | (Kricket) den Ball werfen; **~ along** dahinrollen ⟨the car ~ed along⟩

bow|leg·ged ['bəʊlegd] *adj* krumm-, O-beinig; **'~legs** *s/pl* O-

Beine *pl*

bowl|er ['bəʊlə] *s* (Kricket) Ballmann *m*, Werfer *m* | *Brit* Bowlingspieler *m* | *auch* '~**er hat** *umg* Melone *f*, steifer Filzhut

bow·line ['bəʊlɪn] *s Mar* Bulin[e] *f* | *auch* '~ **knot** *s Mar* geschleifter Knoten, Klunke *f*

bowl·ing ['bəʊlɪŋ] *Sport s* Bowling *n*; (Kricket) Werfen *n* | Kegeln *n*; '~ ˌ**al·ley** *s Am* Kegelbahn *f*; '~ **green** *s* Rasen *m* zum Bowlingspiel, Bowlingpark *m*

bowls [bəʊlz] *s/pl* (*sg konstr*) Bowls(spiel) *n* ⟨to play [at] ~ Bowling kegeln⟩ | Kegelschieben *n*

bow|man ['bəʊmən] *s* (*pl* ~**men**) Bogenschütze *m*

bow|shot ['bəʊʃɒt] *s* Bogenschuß *m* | Entfernung *f* eines Bogenschusses; '~**string** *s* Bogensehne *f*; ˌ~ '**tie** *s* Schleife *f*, Querbinder *m*

bow·sprit ['bəʊ-sprɪt] *s Mar* Bugspriet *n*

bow win·dow [ˌbəʊ 'wɪndəʊ] *s Arch* gerundeter Erker

bow·wow ['baʊ waʊ] **1.** *interj* wauwau!; **2.** *s* Wauwau *n* | (Kindersprache) Wauwau *m*; **3.** *vi* bellen

[1]**box** [bɒks] **1.** *s* Büchse *f* | Schachtel *f* ⟨~ of matches⟩ | Dose *f* | Kiste *f*, Kasten *m* ⟨letter-~ Briefkasten *m*⟩ | (*mit best art*) *Sl* die Glotze, die Röhre | Kästchen *n*, Kassette *f* ⟨a wooden ~⟩ | Koffer *m* | Behältnis *n*, Gehäuse *n*, Futteral *n*, Besteck *n*, Etui *n*, Fach *n* (*auch Tech*) | *Jur* (Geschworenen-) Bank *f* | *Theat* Loge *f* | Hütte *f*, Häuschen *n* | (Tierhaltung) Box *f*, Stall *m* | (Postschließ-) Fach *n* | *Math* Rubrik *f* ◇ **be in the wrong** ~ auf dem Holzweg sein; **2.** *vt* in Kisten u. ä. einpacken *od* verschließen | *übertr* einschließen ⟨to ~ o.s. up sich zurückziehen⟩; ~ **off,** ~ **up** einschließen, einsperren | zusammenpferchen

[2]**box** [bɒks] *s Bot* Buchsbaum *m*

[3]**box** [bɒks] **1.** *s* Stoß *m*, Schlag *m* ⟨~ on the ear Ohrfeige *f*⟩; **2.** *vt* (mit der offenen Hand) schlagen ⟨to ~ s.o.'s ear[s] jmdn. ohrfeigen⟩ | boxen mit; *vi* (sich) boxen

box·calf ['bɒks kɑːf] *s* Boxkalf *n*, Kalbsleder *n*

[1]**box·er** ['bɒksə] *s Sport* Boxer *m*

[2]**box·er** ['bɒksə] *s Zool* Boxer *m*

box·ful ['bɒksfʊl] *s* (eine) Büchse (voll) | (eine) Schachtel (voll) | (ein) Kasten (voll) ⟨a ~ of matches eine Schachtel voll Streichhölzer⟩

box·hook ['bɒkshʊk] *s Tech* Kanthaken *m*

box·ing ['bɒksɪŋ] *s* Boxen *n*, Boxsport *m*

Box·ing Day ['bɒksɪŋ deɪ] *s* (in England u. Wales) zweiter Weihnachts[feier]tag

box·ing| gloves ['bɒksɪŋ glʌvz] *s/pl* Boxhandschuhe *m/pl*; '~ **match** *s* Boxkampf *m*

box junc·tion ['bɒks dʒʌŋkʃən] *s Brit* (besonders verkehrsreiche) Straßenkreuzung

box|keep·er ['bɒks ˌkiːpə] *s Theat* Logenschließer *m*; '~ **kite** *s* Kastendrachen *m*; '~ ˌ**num·ber** *s* (Annonce) Chiffre(nummer) *f*; '~ ˌ**of·fice** *s Theat* Kasse *f*; '~ **plait,** '~ **pleat** *s* (Kleider) Kellerfalte *f*; ˌ~ **pro·'jec·tor** *s Tech* Kofferprojektor *m*; ˌ~ '**res·pi·ra·tor** *s* Gasmaske *f*; '~**room** *s* Abstellraum *m*, Rumpelkammer *f*

boy [bɔɪ] **1.** *s* Knabe *m*, Junge *m* (bis zu 18 Jahren) (*auch übertr*) ⟨old ~! *übertr* alter Freund!; be a good ~ sei artig!⟩ | Sohn *m* (jeden Alters) | (meist farbiger) Diener *m*, Boy *m* | Laufbursche *m*; **2.** *adj* Knaben-, knabenhaft ⟨~ actor⟩ | jung, jugendlich; **3.** *vt* (jmdn.) als Jungen behandeln *od* anreden | *Theat* als Knabe (eine weibliche Rolle) spielen; *vi* sich wie ein Junge aufführen

boy·cott ['bɔɪkɒt] **1.** *vt* boykottieren ⟨to ~ a country⟩; **2.** *s* Boykott *m* ⟨to put s.o. under a ~ jmdn. boykottieren⟩; '~**age** *s* Boykottierung *f*

boy|friend ['bɔɪfrend] *s umg* Freund *m*, Verehrer *m*; '~**hood** *s* Knabenalter *n*, Kindheit *f*; '~**ish** *adj* knaben-, jungenhaft, Knaben- | kindlich, unreif; '~ '**scout** *s* Pfadfinder *m*

bo·zo ['bəʊzəʊ] *Am Sl* **1.** *s* Kerl *m*; **2.** *adj* dumm

bra [brɑː] *s umg* BH *m* = **brassière**

brab·ble ['bræbl] *s* Streiterei *f* | Geschwätz *n*

brace [breɪs] **1.** *s Tech* Band *n*, Gurt *m* | Haken *m* | *Arch* Klammer *f*, Strebe *f*, Spreize *f*, Versteifung *f*, Stützbalken *m* | *Tech* Brustleier *f*, Bohrwinde *f* | *Typ* geschweifte *od* geschwungene Klammer | *Mar* Brasse *f* | *Med* Suspensorium *n* | (*pl* ~) (Kleinwild) Paar *n* ⟨three ~ of grouse drei Paar *n* Moorhühner⟩; **2.** *vt Tech* gurten, befestigen | *Arch* aus-, versteifen, verstreben | zusammenheften | umgeben, umklammern | *Mar* brassen | *Typ* mit einer geschweiften Klammer versehen | *übertr* stärken, kräftigen ⟨to ~ o.s. [up] sich zusammenreißen; to ~ o.s. up to s.th. sich zu etw. aufraffen⟩; *vi*, *oft* ~ **up** sich aufraffen; '~**let** *s* Armband *n*, Armreif *m*; '**brac·er** *s Mar* Tragseil *n* | *Sport* Armschutz *m* | (Rüstung) Armschiene *f* | *Am umg* (Nerven) Stärkungsmittel *n*, Schluck *m* Schnaps *od* Likör | *übertr* Aufmunterung(smittel) *f*(*n*) ⟨this was a ≈ for us all das hat uns allen wieder Mut gemacht⟩; '~**s** *Brit s/pl* Hosenträger *m/pl*

bra·chi|al ['breɪkɪəl] *adj Med, Zool* brachial, Arm- ⟨≈ artery Armschlagader *f*⟩; ~**al·gi·a** [ˌbreɪkɪ'ældʒɪə] *s Med* Brachialgie *f*, Armneuralgie *f*; ~**ate** ['~ɪt] *adj Bot* paarweise gegenständig

bra·chi·o·pod ['brækjəpɒd] *s Zool* Armfüßer *m*

brachy- ['brækɪ] ⟨*griech*⟩ *in Zus* kurz

brac·ing ['breɪsɪŋ] **1.** *adj* erfrischend, stärkend, kräftigend ⟨~ air⟩; **2.** *s Tech* Verspannung *f*, Versteifung *f*

brack·en ['brækən] *s Bot* Farnkraut *n*, Adlerfarn *m*

brack·et ['brækɪt] **1.** *s Arch* Kragstein *m*, Konsole *f*, Stützbalken *m* | *Tech* Bock *m* | (Leuchter-) Arm *m* | *Mar* Klampe *f* | *Typ* Klammer *f* | *übertr* Abschnitt *m*, Klasse *f*, Stufe *f* (innerhalb e-r zählbaren Reihe) ⟨men in the age ~ of 40–45 Männer im Alter von 40 bis 45 Jahren; to be in the same intellectual ~ die gleiche Bildungsstufe haben; the lower income ~s Personen mit geringem Einkommen, Arme *m/pl*⟩; **2.** *vt* einklammern, mit Klammern versehen | *übertr* vergleichen, auf eine Stufe stellen (**with** mit); ~ **together** *übertr* gleichstellen

brack·ish ['brækɪʃ] *adj* brackig, halb salzig ⟨~ water Brackwasser *n*⟩ | schlecht, ungenießbar

brad [bræd] *s* Brettnagel *m*, Spieker *m*, Dielennagel *m*; '~**awl** *s Tech* flache Ahle, Spitzbohrer *m*

brady- ['brædɪ] ⟨*griech*⟩ *in Zus* langsam-

brad·y·car·di·a [ˌbrædɪ'kɑːdɪə] *s Med* Bradykardie *f*, Verlangsamung *f* der Herzfrequenz

brae [breɪ] *s Schott, dial* Abhang *m*, Hügel *m*

brag [bræg] **1.** *s* Prahlerei *f* ⟨to make a ~ of s.th. sich einer Sache rühmen⟩; **2.** (**bragged, bragged**) *vi* prahlen (**about, of** mit, **that** daß); *vt* prahlen mit | bluffen; **3.** *adj Am* erstklassig, Parade- ⟨a ~ dog ein Prachtstück *n* von einem Hund⟩; ~**gart** ['~ət] **1.** *s* Aufschneider *m*; **2.** *adj* prahlerisch

Brah|man ['brɑːmən] *s* Brahmane *m*; '~**man·ism** *s* Brahmanismus *m*, Lehre *f* der Brahmanen; ~**min** ['~mɪn] = ~**man** | *übertr* kultivierte, gebildete Person | *Am verächtl* eingebildeter Intellektueller | *Am* Mitglied *n* einer alteingesessenen Familie (in Neuengland)

braid [breɪd] **1.** *s* (Haar-) Flechte *f* | Litze *f*, Borte *f* ⟨gold ~ Goldborte *f*⟩; **2.** *vt* (Haar) flechten | mit Litze *od* Borte besetzen; ˌ~**ed** '**wire** *s El* Litze *f*; '~**ing** *s* Flechten *n* | *auch* ~**s** *collect* Litze *f*, Besatz *m*; '~**ing loom** *s Tech* Litzenmaschine *f*; '~**ing** ˌ**ma·chine** *s Tech* Flechtmaschine *f*

Braille, *auch* **braille** [breɪl] *s* Blindenschrift *f*; '~ ˌ**li·bra·ry** *s* Blindenbücherei *f*

brain [breɪn] **1.** *s Med* Gehirn ⟨softening of the ~ Gehirnerweichung *f*⟩ | *meist* **~s** *pl umg übertr* Verstand *m*, Intelligenz *f* ⟨to blow out one's ~s sich eine Kugel durch den Kopf jagen; to have s.th. on the ~ immer[zu] an etwas Bestimmtes denken [müssen]; to pick s.o.'s ~s *umg* jmdn. ausquetschen; an jmdm. geistigen Diebstahl begehen; to puzzle / beat / cudgel / rack one's ~s sich den Kopf zerbrechen⟩ | (Fleisch) Hirn *n* ⟨to eat ~s⟩; **2.** *vt* den Schädel einschlagen, durch einen Schlag auf den Kopf töten ⟨to ~ a cow⟩; **'~child** *s umg übertr* geistiges Kind, Schöpfung *f* ⟨this ≈ of mine⟩; **'~ dead** *adj Med* gehirntot; **'~ 'drain** *s* Abwerbung *od* Abwanderung *f* von Wissenschaftlern; **-brained** *in Zus* -köpfig ⟨crack≈, mad≈ schwachsinnig; scatter≈ gedankenlos⟩; **'~fag** *umg s* geistige Übermüdung; **'~ fe·ver** *s Med* Gehirnentzündung *f*; **'~ 'gain** *s* Zuwanderung *f* von Wissenschaftlern; **'~less** *adj Zool* gehirnlos | *übertr* gedankenlos, unbesonnen | *übertr* geistlos; **'~pan** *s Med* Schädeldecke *f*; **'~pow·er** *s umg* (Einfluß *m* der) Wissenschaftler, Macht *f* der Wissenschaft, wissenschaftliche Führungskräfte *f/pl*; **'~sick** *adj* geisteskrank; **'~ stem** *s* Hirnstamm *m*, Stammhirn *n*; **'~storm** *umg* **1.** *s Brit* plötzliche Geistesstörung | verrückter Einfall | *Am Sl* Geistesblitz *m*; **2.** *vi* (in einer Konferenz) spontan Ideen zur Lösung eines Problems zusammentragen; **'~tire** *s* geistige Erschöpfung; **'~[s]'trust** *s urspr Am, umg* Gehirntrust *m*, wissenschaftliche Beratergruppe; **'~twist·er** *s übertr* schwer zu lösendes Problem; **'~wash** *vt Pol* manipulieren, stark beeinflussen; **'~wash·ing** *s übertr* Gehirnwäsche *f*; **'~ wave** *s Med* Hirnstrom *m*, -welle *f* | *umg* Geistesblitz *m*; **'~work** *s* Geistesarbeit *f*; **'~work·er** *s* Geistes-, Kopfarbeiter *m*; **~y** *adj* geistvoll, -reich

braise [breɪz] *vt Kochk* dünsten, schmoren ⟨~d beef Schmorbraten *m*⟩

[1]**brake** [breɪk] *s* Gestrüpp *n*, Dickicht *n* | *Bot* Farnkraut *n*

[2]**brake** [breɪk] **1.** *s Landw* schwere Egge | (Flachs- u. ä.) Breche *f* | Teigknetmaschine *f*; **2.** *vt* (Flachs) brechen

[3]**brake** [breɪk] *s* vierrädriger Wagen, Kremser *m*

[4]**brake** [breɪk] **1.** *s Tech* Bremse *f* ⟨to put on / apply the ~s die Bremsen ziehen⟩ | *übertr* Einhalt *m* ⟨to act as a ~ upon s.th., to put a ~ on s.th. e-r Sache Einhalt gebieten⟩; **2.** *vt* (ab)bremsen | mit Bremsen versehen; *vi* bremsen ⟨to ~ to stop durch Bremsen zum Stillstand kommen⟩; **'~ block** *s Tech* Bremsklotz *m*, Hemmschuh *m*; **'~ disk** *s Tech* Bremsscheibe *f*; **'~ ˌdis·tance** *s Tech* Bremsbahn *f*, -weg *m*; **'~head** *s Tech* Bremsschuh *m*; **'brak·ing** *in Zus* Brems- ⟨≈ power *Tech* Bremsvermögen⟩; **'~ drum** *s Tech* Bremstrommel *f*; **'~[s]man** *s* (*pl* **'~[s]men**) *Eisenb* Bremser *m*; **'~ shoe** *s Tech* Hemmschuh *m*, Bremsbacke *f*; **'~ torque** *s Tech* Bremsmoment *n*; **'~ valve** *s Tech* Bremsventil *n*

bram|ble ['bræmbl] *s Bot* Brombeerstrauch *m* | Dornenstrauch *m*; **'~bly** *adj* dornig | voller Dornen- *od* Brombeergestrüpp

bran [bræn] *s* Kleie *f*

branch [brɑ:ntʃ] **1.** *s* Arm *m*, Zweig *m* ⟨~ of a tree⟩ | Abzweigung *f* ⟨the ~ of a rail road⟩ | (Stammbaum-) Linie *f* | (Fluß-) Arm *m* | *Zool* (Geweih-) Sprosse *f* | *Arch* Rippe *f*, Bogen *m* | *übertr* Fach *n*, Unterabteilung *f*, Branche *f* ⟨~ of the military service *Mil* Truppengattung *f*⟩ | *Wirtsch* Zweig-, Nebenstelle *f*, Filiale *f* ⟨~ of trade Wirtschaftszweig *m*⟩; **2.** *in Zus* Zweig-, Neben-, Filial-, Tochter- ⟨~ office *Tel* Nebenamt *n*⟩; **3.** *vi* abzweigen, sich verzweigen | *arch* abstammen (**from** von); **~ away, ~ off** sich verästeln, sich verzweigen; **~ out** abschweifen, sich ergehen (**into** in) | sich verzweigen, sich ausbreiten, sich erweitern; *vt* in Zweige teilen | mit Blumen- *od* Blättermuster besticken; **'~ bank** *s* Bankfiliale *f*; **'~ box** *s El* Abzweigdose *f*; **'~ cock** *s Tech* Verteilerhahn *m*; **branched 1.** *adj* verästelt, verzweigt **2.** *in Zus* -ästig, -armig (*auch übertr*) ⟨three-≈⟩

bran·chi·al ['bræŋkɪəl] *adj Zool* Kiemen-

branch·ing ['brɑ:ntʃɪŋ] **1.** *adj* sich verzweigend (*auch übertr*); **2.** *s* Verzweigung *f*, Verästelung *f* | Abzweigung *f*; **'~ ˌdi·a·gram** *s Ling* Baumdiagramm *n*

branchio- [bræŋkɪə] ⟨*griech*⟩ *in Zus* Kiemen-

bran·chi|o·pod ['bræŋkɪəpɒd] *s* (*pl* **~op·o·da** [ˌbræŋkɪ'ɒpədə]) *Zool* Kiemenfüßer *m*

branch|let ['brɑ:ntʃlɪt] *s* Ästchen *n*, Zweiglein *n*; **'~ line** *s Eisenb* Nebenbahn *f*, Zweiglinie *f* | (Stammbaum-) Seitenlinie *f*; **'~ ˌman·ag·er** *s* Filialleiter *m*; **'~ 'of·fice** *s* Filiale *f*; **'~ road** *s Am* Nebenstraße *f*; **'~ track** *s Eisenb* Zweiggleis *n*; **~y** *adj* ästig, zweigig, verästelt, verzweigt

brand [brænd] *s* Brand *m* | angekohltes Stück Holz ⟨a ~ from the burning *übertr* bekehrter Sünder⟩ | Brandzeichen *n*, -mal *n* | *übertr* Makel *m*, Schandfleck *m* ⟨~ of Cain Kainszeichen *n*⟩ | *Wirtsch* Warenzeichen *n*, Markenzeichen *n*, (Handels-) Marke *f* ⟨my favourite ~ meine Lieblingsmarke⟩ | *Wirtsch* Sorte *f*, Klasse *f* ⟨~ of tea⟩ | *auch* **'~ing ˌiron** Brenneisen *n* | *Bot* Brand *m* | *poet* Fackel *f* | *poet* Schwert *n*; **2.** *vt* einbrennen, mit einer Brandmarke *od* einem Warenzeichen versehen | *übertr* einbrennen, einprägen, eingraben (**into, on** in) | *übertr* brandmarken ⟨to ~ s.o. [as] a liar jmdn. einen Lügner nennen *od* schimpfen⟩ | bezichtigen (**with s.th.** e-r Sache)

bran·dish ['brændɪʃ] **1.** *vt* (Schwert u. ä.) schwingen; **2.** *s* Schwung *m*, Hieb *m*

brand·ed goods [ˌbrændɪd 'gʊdz] *s/pl* Markenartikel *m*

brand-new [ˌbrænd 'nju:] *adj* brand-, nagelneu

bran·dy ['brændɪ] *s* Brandy *m*, Weinbrand *m*, Kognak *m*; **'~ball** *s Brit* Weinbrandkugel *f*, -bohne *f*; **'~ cher·ry** *s* Weinbrandkirsche *f*; **'~ snap** *s* (Art) Pfefferkuchen *m* (mit Weinbrand gebacken)

bran-new [ˌbræn 'nju:] = **brand-new**

bran·ny ['brænɪ] *adj* kleiehaltig

brant [brænt] *s* (*pl* **~, ~s**) *Zool* Wildgans *f*; **'~ goose** = **brant**

brash [bræʃ] *umg adj* ungestüm, hastig | unüberlegt ⟨~ tactics⟩ | *verächtl* dreist, unverschämt ⟨~ speech⟩ | scharf, durchdringend, schrill ⟨~ squeals⟩ | grell ⟨~ colour⟩ | *Am* bröckelig, morsch

brass [brɑ:s] **1.** *s* Messing *n* ⟨yellow ~ *Tech* Gelbguß *m*⟩ | *Hist* Bronze *f*, Erz *n* | Gegenstand *m* aus Messing ⟨to clean / do the ~es das Messing putzen⟩ | *Brit* Grabplatte *f* (aus Messing) | *Mus* Blechblasinstrument *n* ⟨the ~ die Blechinstrumente *n/pl* einer Kapelle⟩ | *Brit Sl* Pinke(pinke) *f*, Geld *n* | *Sl* Unverschämtheit *f* ⟨he had the ~ to say …⟩; *Am Sl* Offiziere *m/pl* ⟨high ~ große Tiere *n/pl*⟩; **2.** *adj* Messing-; **3.** *vt* mit Messing überziehen

bras·sard ['bræsɑ:d] *s* Armbinde *f* | *Hist* Armpanzer *m*

brass band ['brɑ:s 'bænd] *s Mus* Blaskapelle *f*

bras·se·rie ['bræsərɪ] *s* Bier- u. Speiselokal *n*

brass| found·ry ['brɑ:s 'faʊndrɪ] *s* Messinggießerei *f*, Gelbgießerei *f*; **ˌ~ 'hat** *s Mil Sl* Stabsoffizier *m*, hohes Tier

bras·sière ['bræzɪə] *s* Büstenhalter *m*

brass| knuck·les ['brɑ:s 'nʌklz] *s/pl Am* Schlagring *m*; **ˌ~ 'plate** *s* Messingschild *n*, Firmen-, Namenschild *n*; **'~ 'tacks** *s/pl Sl* Hauptsache *f*, Kern *m* ⟨to get down to ≈ zur Sache kommen, sich nicht lange bei der Vorrede aufhalten⟩; **'~ware** *s* Messinggeschirr *n*; **ˌ~ 'wire** *s* Messingdraht *m*; **'~y** *adj* messingen, messingartig | (Ton) blechern ⟨≈ blare⟩ | *übertr* ehern | *übertr* unverschämt, frech ⟨≈ blonde⟩ | (Reklame) schreiend ⟨≈ advertising⟩

brat [bræt] *s umg verächtl* Balg *n*, verzogenes Kind; **'~tish** *adj* ungezogen

brat·tle ['brætl] *Schott, dial* **1.** *vi* rasseln, prasseln; **2.** *s* Rasseln *n*, Prasseln *n*

bra·va|do [brə'vɑ:dəu] **1.** *s* (*pl* **~does, ~dos** [~dəuz]) herausforderndes Benehmen ⟨to do s.th. out of ≈ etw. tun, um seinen Mut zu beweisen⟩ | Prahlerei *f*; **2.** *vi* sich herausfordernd benehmen, herumprahlen

brave [breɪv] **1.** *adj* mutig, tapfer, kühn ⟨~ man⟩; Mut erfordernd, heldenhaft ⟨~ act⟩ | *arch* schön, prächtig, trefflich ⟨this ~ new world⟩; **2.** *s poet* tapferer Mensch, Tapferer *m* | *Am* (Indianer-) Krieger *m*; **3.** *vt* trotzen ⟨to ~ death; to ~ it sich mutig zeigen; to ~ it out etwas trotzig durchsetzen, sich trotzig benehmen⟩ | *arch* herausfordern, hohnsprechen; *vi arch* Mut beweisen; **'brav·er·y** *s* Tapferkeit *f*, Mut *m* | (Kleidung) Stattlichkeit *f*, Pracht *f*

[1]**bra|vo** ['brɑ:vəu] *s* (*pl* **~voes, ~vos**) (Meuchel-) Mörder *m*, Bandit *m*

[2]**bra·vo** ['brɑ:'vəu] **1.** *interj* bravo!; **2.** *s* Bravo(ruf) *n*(*m*)

brawl [brɔ:l] **1.** *s* Lärm *m*, Krawall *m*, Krakeel *m* ⟨street ~ Straßenkrawall *m*⟩ | Murmeln *n*, Rauschen *n* ⟨~ of a brook Rauschen *n* eines Bächleins⟩; **2.** *vi* lärmen, krakeelen, Krawall machen | rauschen; *vt* zanken um; **'~er** *s* Krakeeler *m*, Lärmer *m*; **'~ing** **1.** *adj* lärmend | rauschend | zänkisch; **2.** *s* Lärm *m*, Gezänk *n*

brawn [brɔ:n] *s* Muskel *m* | Stärke *f*, Muskelkraft *f* | (Schweinskopf-) Sülze *f*, Muskelfleisch *n*; **'~y** *adj* muskulös ⟨≈ arms⟩ | schwielig, hart

[1]**bray** [breɪ] **1.** *s* Eselsschrei *m* | (Trompeten u. ä.) Schmettern *n*; **2.** *vi* (Esel) schreien | schmettern; *vt, oft* **~ out** hinausschreien

[2]**bray** [breɪ] *vt* zerstoßen, zerreiben, zerstampfen; **'~er** *s* Stößel *m* | *Typ* Farbläufer *m*, Reibwalze *f*

[1]**braze** [breɪz] **1.** *vt Tech* hartlöten | *übertr* härten, hartmachen; **2.** *s* Hartlötung *f* | Hartlötstelle *f*

[2]**braze** [breɪz] *vt* mit Bronze überziehen

bra·zen ['breɪzn] **1.** *adj* bronzen, ehern | (Stimme) metallen, hart ⟨~ voice⟩ | *oft* **,~-'faced** unverschämt, frech; **2.** *vt, nur in:* **~ it out** (e-r Sache) dreist ins Auge sehen, etw. unverschämt verfechten, frech *od* unverschämt auftreten

bra·zier ['breɪzɪə] *s* Kupferschmied *m* | Kohlenpfanne *f*, Kohlebecken *n*; **'~y** *s* Messingware *f*

Bra·zil [brə'zɪl] **1.** *adj* Brasil-, aus Brasilien; **2.** *s* Brasilien *n*; **~ian** **1.** brasilianisch; **2.** *s* Brasilianer(in) *m*(*f*)

Bra·zil nut [brə'zɪl nʌt] *s Bot* Paranuß *f*

breach [bri:tʃ] **1.** *s übertr* Bruch *m*, Übertretung *f*, Verstoß *m* ⟨~ of confidence Vertrauensbruch *m*; ~ of contract Vertragsbruch *m*; ~ of faith Vertrauensbruch *m*; ~ of the peace *Jur* öffentliche Ruhestörung; ~ of promise *Jur* Bruch *m* des Eheversprechens⟩ | *Mil* Bresche *f* ⟨to stand in the ~ den Hauptstoß aushalten müssen *auch übertr*; to go / step into the ~ in die Bresche springen⟩ | (Wellen) Brechen *n* | Bruch *m*, Bruchstelle *f*, -fläche *f* | Riß *m*, Sprung *m*, Lücke *f* ⟨to make a ~ eine Lücke reißen⟩; **2.** *vt Mil* eine Bresche legen *od* schlagen, durchbrechen (*auch übertr*)

bread [bred] **1.** *s* Brot *n* (*auch übertr*) ⟨a loaf of ~ ein Laib Brot; a slice of ~ eine Scheibe Brot; ~ and butter Butterbrot *n*; out of ~, without ~ brotlos; to earn one's ~ seinen Lebensunterhalt verdienen; to know which side one's ~ is buttered wissen, wo Barthel den Most holt; to take the ~ out of s.o.'s mouth jmdm. das Wasser abgraben (*bes Wirtsch*)⟩ | *Rel* Hostie *f*; **2.** *vt Kochk* panieren ⟨~ed cutlets⟩; **,~-and-'butter** *adj Brit umg* kindisch, unreif, naiv | auf Broterwerb gerichtet, materiell, prosaisch ⟨the ≈ side of life⟩ | *Wirtsch* praktisch, substantiell, verläßlich ⟨≈ products ständig gefragte Waren *f/pl*⟩ | Dank- ⟨≈ letter Dankbrief *m* für erwiesene Gastfreundschaft⟩; **'~,bas·ket** *s* Brotkorb *m*; **'~crumb** *s* Brotkrume *f*, Brösel *n*; **'~fruit** *s Bot* Brotfrucht *f*; **'~line** *s* Schlange *f* von Bedürftigen vor Lebensmittelausgabe ⟨to be on the ≈ auf Lebensmittelspenden angewiesen sein; *übertr* nur das Allernotwendigste zum Leben haben⟩; **,~ 'sauce** *s* Brottunke *f* (aus Brot, Milch, Zwiebeln und Gewürzen); **'~stuffs** *s/pl* Mehl *n*

breadth [bretθ|bredθ] *s* Breite *f*, Weite *f* ⟨three feet in ~ drei Fuß breit⟩ | *übertr* Größe *f* (des Geistes) | *Kunst, übertr* Großzügigkeit *f* | (Stoff-) Bahn *f*

bread·win|ner ['bred ,wɪnə] *s* Brotverdiener *m*, Ernährer *m* (e-r Familie) | Mittel *n* zum Lebensunterhalt, Beruf *m*; **'~ning** *s* Verdienst *m*

[1]**break** [breɪk] *s* Kremser *m*

[2]**break** [breɪk] **1.** (**broke** [brəuk], **bro·ken** ['brəukən]) *vt* (etw. Ganzes) (zer-, entzwei)brechen ⟨to ~ a glass; to ~ one's leg sich das Bein brechen; to ~ s.o.'s heart *übertr* jmds. Herz brechen⟩ | zerreißen ⟨to ~ a rope; to ~ one's jacket on s.th. sich die Jacke an etw. zerreißen⟩ | (etw., Teil eines Ganzen) ab-, durchbrechen, trennen, sprengen ⟨to ~ a branch einen Zweig abbrechen; to ~ the ice *übertr* das Eis brechen⟩ | unterbrechen (*auch übertr*) ⟨to ~ a strike; to ~ the silence⟩ | kaputtmachen, unbrauchbar machen ⟨to ~ a clock⟩ | *El* (Stromkreis) unterbrechen, ab-, ausschalten | *El* (Kontakt) öffnen | er-, aufbrechen ⟨to ~ a door⟩ | *Landw* umbrechen ⟨to ~ new / fresh ground *übertr* Neuland bearbeiten⟩ | (Packung, Speise) anbrechen | *Med* (Geschwür) öffnen | zerschlagen ⟨to ~ the back / neck of s.th. das Schwerste e-r Sache hinter sich bringen⟩ | weggehen von, verlassen ⟨to ~ bounds *Mil* sich unerlaubt entfernen; to ~ company sich aus einer Gesellschaft wegstehlen; to ~ prison aus dem Gefängnis ausbrechen⟩ | (Bahn) brechen, (Weg) bahnen | *auch* **~ in** (Tier) zähmen ⟨to ~ a horse to harness / to the rein ein Pferd zureiten⟩ | *Wirtsch* (Bank) sprengen, ruinieren ⟨to ~ a bank⟩ | zugrunde richten, ruinieren ⟨to ~ a man⟩ | *Sport* (Rekord) brechen | *übertr* (Gesetz) brechen, übertreten ⟨to ~ the law⟩ | *übertr* (Versprechen) brechen, nicht einhalten ⟨to ~ a promise⟩ | (Verlobung) lösen | (Belagerung, Lager) aufheben ⟨to ~ a siege; to ~ a camp⟩ | (Fall u. ä.) abschwächen, abfangen ⟨to ~ a blow einen Schlag abschwächen⟩ | (Nachricht u. ä.) äußern, mitteilen ⟨to ~ s.th. gently to s.o. jmdm. etw. schonend beibringen⟩ | entweichen lassen ⟨to ~ wind *euphem* einen (Darm-) Wind abgehen lassen⟩ | aberziehen ⟨to ~ s.o. of a bad habit jmdm. eine schlechte Gewohnheit abgewöhnen⟩ | *Mil* verabschieden, entlassen ⟨to ~ an officer⟩; **~ asunder** entzweibrechen; **~ away** abbrechen, losreißen; **~ down** abbrechen, ein-, niederreißen ⟨to ~ down a wall⟩ | *übertr* brechen ⟨to ~ down s.o.'s resistance jmds. Widerstand brechen⟩ | analysieren, statistisch erfassen, aufgliedern ⟨to ~ down expenditure die Ausgaben spezifizieren⟩ | *Chem* aufspalten; **~ loose** losbrechen; **~ off** losbrechen | ab-, unterbrechen ⟨to ~ off a conversation ein Gespräch abbrechen; to ~ off an engagement eine Verlobung lösen⟩; **~ up** zerschlagen, kleinmachen ⟨to ~ up a box for firewood⟩ | *Tech* verschrotten ⟨to ~ up an old ship⟩ | abbrechen, aufheben, zerstreuen ⟨to ~ up a meeting⟩ | (Arbeit u. ä.) aufteilen | (Gesundheit) zerrütten | (Erde) umgraben, aufbrechen | zerlegen (**into** in) ⟨to ~ up a word into syllables⟩; *vi* (zer)brechen, bersten, zerspringen, zerreißen, entzweigehen, schadhaft werden ⟨glass ~s easily⟩ | *übertr* (Herz) brechen | (Wellen) sich brechen | (Wolken) sich teilen | *Mil* (Truppen) sich auflösen | aus-, losbrechen ⟨the storm broke⟩ | hereinbrechen (**over** über) | *übertr* hervor-, los-, ausbrechen ⟨a cry broke from his lips⟩ | (Tag) anbrechen | *Chem* sich zersetzen | (Strom) aussetzen | (Stimme, Wetter) umschlagen,

wechseln | (Pferd) die Gangart ändern | (Ball) die Richtung ändern | (Gesundheit) schwächer werden, nachlassen | *Wirtsch* bankrott gehen, fallieren | *Med* (Geschwür u. ä.) aufgehen, aufplatzen; ~ **away** abbrechen | abtrünnig werden, sich lossagen, sich abspalten | *übertr* sich losreißen, sich losmachen (**from** von) ⟨to ~ away from bad habits schlechte Gewohnheiten aufgeben⟩; ~ **down** zusammenbrechen (*auch übertr*) ⟨the cart broke down; his health broke down⟩ | (Stimme) versagen | steckenbleiben (im Vortrag) | *Kfz* eine Panne haben | (Prüfung) durchfallen; ~ **even** *Wirtsch* wirtschaftlich sein, kostendeckend arbeiten, ohne Verlust arbeiten, sich rentieren; ~ **forth** *bes. übertr* hervorbrechen ⟨his anger broke forth⟩; ~ **in** (heimlich) einbrechen; ~ **in [up]on** hineinplatzen in, stören ⟨to ~ in upon s.o. bei jmdm. hereinplatzen⟩; ~ **into** (heimlich) einbrechen in ⟨the house was broken into⟩ | (Gefühl) ausbrechen in ⟨to ~ into curses in Flüche ausbrechen⟩ | übergehen in ⟨to ~ into a run plötzlich zu rennen beginnen⟩ | sich ausbreiten, verdrängen ⟨to ~ into s.o.'s time jmds. Zeit stehlen⟩ | (Geld) anreißen ⟨to ~ into a pound note⟩; ~ **off** abbrechen | aussetzen, versagen, stillstehen; ~ **out** (Häftling) ausbrechen, fliehen | (Krieg, Krankheit, Feuer) ausbrechen | losplatzen ⟨to ~ out into curses⟩ | (Pickel im Gesicht) ausschlagen; ~ **through** durchbrechen | durchkommen | (Hindernis) überwinden; ~ **up** aufbrechen | (Schule) schließen, aufhören | in Stücke brechen, zerfallen | *Mar* zerschellen | sich auflösen | (Wetter) umschlagen | *übertr* zusammenbrechen | *übertr* altersschwach werden; ~ **with** *übertr* brechen mit ⟨to ~ with an old friend; to ~ with old habits alte Gewohnheiten aufgeben; to ~ with old ties alte Bande lösen; s-e Zelte abbrechen⟩; **2.** *s* (Zer-) Brechen *n* | Bruch *m*, Knick *m*, Riß *m* | Lücke *f* (*auch übertr*) | Pause *f*, Unterbrechung *f* ⟨a ~ in the conversation; an hour's ~ eine Pause von einer Stunde; without a ~ ohne Pause *od* Unterbrechung, pausenlos, ununterbrochen⟩ | (Gefangener) Ausbruch *m*, Fluchtversuch *m* | Anbruch *m* ⟨~ of day Tagesanbruch *m*⟩ | *Typ* Absatz *m* | Gedankenstrich *m* | (Wetter-, Stimm-) Wechsel *m*, Umschlag *m* | (Wald-) Lichtung *f*, Schneise *f* | (Billard) Serie *f*, Tour *f* ⟨to make a ~ of 60⟩ | (Kricket) Effet *n* | Wagen *m* zum Einfahren von Pferden | *El* Stromwechsler *m* | *umg* Gelegenheit *f* ⟨bad (lucky) break unglücklicher (glücklicher) Zufall *m*; to give s.o. a ~ jmdm. eine Chance geben⟩ | *umg* Fauxpas *m* ⟨to make a bad ~ etw. Falsches tun; eine unangebrachte Bemerkung machen⟩; **'~a·ble** *adj* zerbrechlich; **'~age** *s* (Zer-) Brechen *n* | Bruch *m* ⟨to find the ≈ die Bruchstelle finden⟩ | *meist pl Wirtsch* (Waren-) Bruch *m*; **'~a·way 1.** *s* Abkehr *f*, Abspaltung *f* (**from** von) | abgespaltene Gruppe, Fraktion *f* | (Fußball) Konterangriff *m* | (Sport) Fehlstart *m*; **2.** *adj* Spalter- ⟨≈ union Spaltergewerkschaft *f*⟩; **'~down** *s* Zusammenbruch *m* ⟨nervous ≈ Nervenzusammenbruch *m*⟩ | *Kfz* Panne *f* | *Tech* Störung *f*, Ausfall *m* (von Maschinen) | (statistische) Analyse *f*, Aufschlüsselung *f* | *Chem* Zersetzung *f*; **'~down gang** *s* Unfallhilfsdienst *m*, -mannschaft *f*, -kolonne *f*; **'~er** *s* Brecher *m*, Sturzwelle *f* | (Gesetzes-) Übertreter *m* | *El* Unterbrecher *m* | *Tech* Brecher *m*; **'~er mill** *s Tech* Brechwerk *n*; **'~er point** *s Kfz* Unterbrecherkontakt *m*; **'~er strip** *s Kfz* Leinwand-, Verstärkerschicht *f* des Autoreifens

break·fast ['brekfəst] **1.** *s* Frühstück *n* ⟨to have ~⟩; **2.** *vi* frühstücken

break·ing ['breɪkɪŋ] *s* Brechen *n*, Reißen *n* | (Faden) Durchreißen *n* | *Ling* Brechung *f*; **'~-in** *s* Einbruch *m* | Zureiten *n*; **'~ point** *s* Bruchstelle *f* | *Tech* Festigkeitsgrenze *f*; **'~ strength** *s Tech* Bruchfestigkeit *f* | *Tech* Reißfestigkeit *f*

break|neck ['breɪknek] *adj* halsbrecherisch ⟨at [a] ≈ speed/pace mit halsbrecherischem Tempo; ≈ road gefährliche Straße⟩; **'~through** *s* bahnbrechende Erfindung, Pionierleistung *f* | *Mil* Durchbruch *m*; **'~up** *s* Aufbrechen *n*, Aufbruch *m* | Auflösung *f*, Zersetzung *f* | (Schule u. ä.) Schluß *m* | (Wetter-) Umschlag *m* | *übertr* Verfall *m*; **'~ˌwa·ter** *s* Wellenbrecher *m*

bream [bri:m] *s* (*pl* ~) *Zool* Brassen *m*

breast [brest] **1.** *s* Brust *f* | (weibliche) Brust, Busen *m* ⟨to give a child the ~ einem Kind die Brust geben⟩ | *übertr* Herz *n* ⟨a troubled ~ ein schlechtes Gewissen; to make a clean ~ of s.th. sich etw. von der Seele reden, reinen Tisch machen⟩; **2.** *vt* gerade *od* mutig losgehen auf, ankämpfen gegen, trotzen (*auch übertr*) ⟨to ~ the storm⟩ | *Brit* besteigen ⟨to ~ a hill⟩; **'~bone** *s Med* Brustbein *n*; **ˌ~-'deep** *adj* bis zur Brust reichend; **'~ed** *in Zus* -brüstig ⟨narrow-≈ engbrüstig⟩ | -reihig ⟨double-≈ zweireihig⟩; **'~-feed ('~-fed, '~-fed)** *vt, vi* stillen; **'glass** *s Med* Milchpumpe *f*; **ˌ~-'high** *adj* brusthoch; **'~pin** *s* Blusen-, Krawattennadel *f*; **'~ plate** *s* Brustpanzer *m*, -schild *m*; **'~ ˌpock·et** *s* Brusttasche *f*; **'~ pump** *s Med* Milchpumpe *f*; **'~stroke** *s* (Sport) Bruststil *m*, -schwimmen *n*; **'~ wall, '~work** *s Arch* Brustwehr *f*; **'~work** *s Mil* Brustwehr *f*, Schulterwehr *f* | *Mar* Reling *f*

breath [breθ] *s* Atem *m*, Atemzug *m* ⟨below/under one's ~ flüsternd; in the same ~ in einem Atemzug; short of ~ kurzatmig; out of ~ außer Atem, atemlos; to gasp for ~ nach Luft schnappen; to catch/hold one's ~ den Atem anhalten; to lose one's ~ außer Atem geraten; to take ~ Atem *od* Luft holen, ausruhen; it takes my ~ away es verschlägt mir den Atem; to waste one's ~ seine Worte verschwenden, in den Wind reden⟩ | Luftzug *m* ⟨~ of wind leichter Windstoß⟩ | Augenblick *m* | *übertr* Hauch *m*, Spur *f*, leise Andeutung ⟨not a ~ of suspicion keine Spur von Verdacht, nicht der geringste Verdacht⟩ | Duft *m*; **~a·lys·er** ['~əlaɪzə] *s* Teströhrchen *n*; Tüte *f* (zur Feststellung von Alkohol bei Kraftfahrern)

breathe [bri:ð] *vi* atmen, Atem holen ⟨to ~ again freely frei aufatmen; to ~ in einatmen; to ~ out ausatmen; to ~ hard schwer atmen⟩ | *lit* leben ⟨as long as I ~⟩ | verschnaufen, sich erholen | (Luft) wehen | duften; *vt* (ein-, aus)atmen ⟨to ~ one's last breath den letzten Atemzug tun⟩ | flüstern, hauchen, leise äußern ⟨to ~ a prayer; to ~ a warning; to ~ words of love⟩ | (Pferd) verschnaufen lassen; ~ **forth** (Duft) ausstrahlen ⟨to ~ forth perfume⟩ | *übertr* verraten ⟨to ~ forth a secret⟩; ~ **out** ausstoßen ⟨to ~ out threats Drohungen ausstoßen⟩; **breathed** [breθt|bri:ðd] *adj Ling* stimmlos

breath|er ['bri:ðə] *s* Atmende(r) *f(m)* | Atem-, Ruhepause *f* ⟨to have/take a ≈ einmal kurz verschnaufen⟩ | Atemübung *f* ⟨to go for a ≈ einmal kurz Luft schöpfen gehen⟩; **'~ing 1.** *s* Atmen *n*; Atemübung *f* ⟨deep ≈ Atemgymnastik *f*⟩ | Hauch *m*, schwache Luftbewegung | *Ling* Hauchlaut *m*, Aspirata *f*; **2.** *adj* (Bild u. ä.) lebensecht, -wahr; **'~ing mark** *s Mus* Atemzeichen *n*; **'~ing space, '~ing time** *s* (Atem-) Pause *f*

breath|less ['breθləs] *adj* atemlos (*auch übertr*) ⟨≈ attention atemberaubende Spannung⟩ | außer sich (**with** vor) | bewegungslos, windstill ⟨≈ day⟩ | leblos, tot ⟨≈ body⟩; **'~ˌtak·ing** *adj* atemberaubend; **'~ test** *s* Atem-, Alkoholtest *m*

bred [bred] *prät* u. *part perf* von ↑ **breed**

breech [bri:tʃ] **1.** *s* hinterer Teil, Boden *m* ⟨~ of trousers Hosenboden *m*⟩ | *Tech* Bodenstück *n* (am Geschütz); **2.** *vt* mit Hosen bekleiden; **'~block** *s Tech* (Geschütz-) Verschluß *m*; **'~cloth,** *Am* **'~clout** *s* Lendenschurz *m*; **'~ deˌliv·er·y** *s Med* Steißgeburt *f*; **~es** ['brɪtʃɪz] *s/pl* Knie-, Reithosen *f/pl*, Breeches *pl* ⟨to wear the ≈ *übertr* (Frau) die

Hosen anhaben⟩; '~es ˌbuoy *s Mar* Hosenboje *f*; '~ˌload·er *s* (Gewehr) Hinterlader *m*

breed [bri:d] **1.** (**bred**, **bred** [bred]) *vt* gebären, ausbrüten, erzeugen, hervorbringen | (Tier) züchten ⟨to ~ horses⟩ | (Pflanze) ziehen, züchten ⟨to ~ roses⟩ | *übertr* hervorrufen, -bringen ⟨to ~ contempt; to ~ disease; to ~ ill blood böses Blut machen⟩ | auf-, erziehen, ausbilden ⟨to be bred up a lawyer zum Juristen *od* als Jurist ausgebildet werden; bred in the bone angeboren, ererbt; well-bred wohlerzogen; born and bred von Geburt und Erziehung⟩; *vi* sich fortpflanzen, sich vermehren ⟨to ~ in and in sich ständig durch Inzucht vermehren; immer in die eigene Familie heiraten; to ~ like rabbits *verächtl* sich wie die Kaninchen vermehren; to ~ quickly sich schnell vermehren⟩ | *übertr* entstehen, sich bilden; **2.** *s* Zucht *f*, Brut *f* | Rasse *f* ⟨a ~ of dog⟩ | *lit* Stamm *m*, Schlag *m* ⟨a ~ of man Menschenschlag *m*; England's ~ die englischen Menschen *m/pl*⟩; '**~er** *s* Züchter *m* | *Phys* Brüter *m*, Brutreaktor *m*, regenerativer Reaktor; '**~ing** *s* Zeugen *n* | Zucht *f* ⟨≈ of horses Pferdezucht *f*⟩ | Erziehung *f* | Bildung *f*, gutes Benehmen ⟨a young man of good ≈ ein gut erzogener junger Mann⟩; '**~ing place** *s* Brutstätte *f*; **~y** *adj* fruchtbar

[1]**breeze** [bri:z] **1.** *s* Brise *f*, Lüftchen *n* ⟨sea ~ Seebrise; not much ~, not much of a ~ kaum ein Lüftchen⟩ | *Met* Windstärke *f* (2 bis 6) ⟨light ~ leichte Brise; gentle ~ schwacher Wind; moderate ~ mäßiger Wind; fresh ~ frischer Wind; strong ~ heftiger Wind⟩ *umg* Streit *m*, Krach *m* ⟨to kick up a ~ Krach machen⟩; **2.** *vi umg* eilen ⟨to ~ in (out) hereinschneien (hinausrauschen)⟩

[2]**breeze** [bri:z] *s Tech* Kohlenklein *n*, Lösche *f* | *Bergb* Abrieb *m*, Schlacke *f*, ausgeglühte Kohle; '**~ block** *s Tech* Schlackestein *m*

breez·y ['bri:zɪ] *adj* (angenehm) windig, luftig ⟨~ day⟩ | zugig ⟨~ corner⟩ | (Person) lebhaft, flott | jovial

Bren [gun] ['bren gʌn] *s Mil* leichtes Maschinengewehr

brer [brɜː|breə] *s* (Fabel) Bruder *m*, Gevatter *m* ⟨~ Rabbit⟩

breth·ren ['breðrən] *arch pl* von ↑ **brother 1.**

Bret·on ['bretn] **1.** *adj* bretonisch; **2.** *s* Bretone *m*, Bretonin *f* | *Ling* Bretonisch *n*

breve [bri:v] *s Typ* Kürzezeichen *n* | *Mus* Brevis *f*

bre·vet ['brevɪt] **1.** *s* Brevet *n*, (Offiziers-) Patent *n* (ohne höhere Besoldung); **2.** (**~[t]ed**, **~[t]ed**) *vt* durch Brevet befördern; '**~ rank** *s* Titularrang *m*; ˌ**~ 'ma·jor** *s* Hauptmann *m* im Rang eines Majors

bre·vi·ar·y ['bri:vɪərɪ] *s Rel* Brevier *n*

brev·i·ty ['brevətɪ] *s abstr* Kürze *f* | Bündigkeit *f* ⟨the ~ of a statement⟩

brew [bru:] **1.** *vt* (Getränk) (zusammen)brauen ⟨to ~ tea Tee kochen⟩ | (Bier) brauen | *übertr* aushecken, anstiften ⟨to ~ mischief Unheil brüten⟩; *vi* brauen | *übertr* sich zusammenbrauen ⟨a storm is ~ing⟩; **2.** *s* Gebräu *n* | (Bier) Brausorte *f* ⟨the best ~s of beer die besten Biersorten *f/pl*⟩; '**~age** *s poet* Gebräu *n*; '**~er** *s* (Bier-) Brauer *m* | *übertr* Anstifter *m*; '**~er·y** *s* Brauerei *f*

bri·ar ['braɪə] = **brier**

brib|a·ble ['braɪbəbl] *adj* bestechlich, käuflich; **bribe** [braɪb] **1.** *s* Bestechung(sgeld) *f(n)* ⟨to offer ≈s bestechen wollen; to take ≈s sich bestechen lassen⟩; **2.** *vt* bestechen ⟨to be bribed into s.th. zu etw. bestochen werden; to be bribed to *mit inf* bestochen sein zu *mit inf*⟩ | ködern, locken ⟨to ≈ a dog with a sausage⟩; '**~er** *s* Bestecher *m*; '**~er·y** *s* Bestechung *f* | Bestechlichkeit *f*

bric-a-brac ['brɪk ə bræk] *s* Nippsachen *f/pl*, Nippes *pl* | Antiquitäten *f/pl*

brick [brɪk] **1.** *s* Ziegel *m*, Backstein *m* ⟨made of ~s aus Ziegeln gebaut; red ~ Rotziegel *m*, Backstein *m*; to drop a ~ *umg* ins Fettnäpfchen treten; to make ~s without straw *übertr* sich vergeblich um etwas bemühen⟩ | (Kinder) Baustein *m* ⟨box of wooden ~s Holzbaukasten *m*⟩ | (Eis, Datteln u. ä.) Block *m*, Portion *f* ⟨a ~ of ice cream⟩ | *umg* Prachtkerl *m*; **2.** *vt* mit Ziegeln mauern; **~ in/up** (mit Ziegeln) zumauern; '**~bat** *s* Ziegelbrocken *m* | verletzende Bemerkung; '**~field** *s* Ziegelei *f*; '**~kiln** *s* Ziegelofen *m*, -hütte *f*; '**~ˌlay·er** *s* Maurer *m*; ˌ**~ 'red** *s* Ziegelrot *n*; '**~-'red** *adj* ziegelrot; '**~work** *s* Maurerarbeit *f* | *Arch* Backsteinarchitektur *f*, -bau *m*; '**~works** *s/pl* Ziegelei *f*; '**~y** *adj* aus Ziegeln | ziegelartig | ziegelrot

brid·al ['braɪdl] **1.** *adj* bräutlich, Braut- ⟨~ ornaments Brautschmuck *m*⟩; **2.** *s poet* Hochzeit(sfest) *f(n)*; '**~ cake** *s* Hochzeitskuchen *m*; ˌ**~ 'wreath** *s* Brautkranz *m*; **bride** [braɪd] *s* Braut *f*; **bride·goom** [braɪdgru:m] *s* Bräutigam *m*; **brides·maid** ['braɪdzmeɪd] *s* Brautjungfer *f*; **brides·man** ['braɪdzmən] (*pl* **brides·men**) Brautführer *m*

[1]**bridge** [brɪdʒ] **1.** *s* Brücke *f*, Steg *m* ⟨chain ~ Kettenbrücke *f*; suspension ~ Hängebrücke *f*⟩ | *El* Meßbrücke *f* | *Mar* Kommandobrücke *f* | (Nase) Rücken *m*, Sattel *m* | (Zahn-) Brücke *f* | Brillenbogen *m*, Steg *m* | (Streichinstrumente) Steg *m*; **2.** *vt* eine Brücke schlagen über | *auch* **~ over** *übertr* (Hindernis) überbrücken, -winden ⟨to ~ over difficulties⟩

[2]**bridge** [brɪdʒ] *s Kart* Bridge *n*

bridge|a·ble ['brɪdʒəbl] *adj* überbrückbar; '**~ ˌcir·cuit** *s El* Brückenschaltung *f*; '**~ crane** *s Tech* Brückenkran *m*; '**~head** *s Mil* Brückenkopf *m*; '**~work** *s Med* Brücke *f*, Zahnprothese *f*

bri·dle ['braɪdl] **1.** *s* Zaum *m* | Zügel *m* ⟨to give a horse the ~ einem Pferd die Zügel schießen lassen⟩ | *übertr* Zaum *m*, Zügel *m*; **2.** *vt* (Pferd) (auf)zäumen | zügeln, im Zaum halten | *übertr* bändigen, (be)zähmen ⟨to ~ one's passions⟩; *vi* (stolz) den Kopf zurückwerfen | *übertr* sich stolz in die Brust werfen | beleidigt tun (**at**, **with** wegen); '**~ bit** *s* Kandare *f*; '**~ path**, '**~ road** *s* Reitpfad *m*, -weg *m*

brief [bri:f] **1.** *adj* (Zeit) knapp, kurz | (Rede, Schrift u. ä.) kurz, bündig, knapp, abrupt ⟨in ~ kurz gesagt; to be ~ sich kurz fassen; to be ~ with s.o. zu jmdm. kurz angebunden sein⟩; **2.** *s* kurzer Schriftsatz, kurzer Artikel | *bes Brit* kurze Instruktion, Richtlinie *f* | *Jur* Zusammenfassung *f* eines Falles ⟨to hold a ~ eine Sache vor Gericht vertreten; to hold a ~ for s.o. *übertr* jmdn. unterstützen; *umg* eingenommen sein für; to hold no ~ for *umg* nicht viel übrig haben für⟩ | *auch* '**~ing** *Flugw* Fluginstruktion *f*; **2.** *vt* (etw.) kurz zusammenfassen | *Jur* (e-n Anwalt) informieren | *Flugw* (Besatzung) instruieren | *umg* knapp informieren, ins Bild setzen; '**~ bag**, '**~case** *s* Aktenmappe *f*; '**~ing** *s* Kurzinformation *f*, Information *f* über das Wesentliche | *Mil bes Flugw* Instruktion *f*, Befehlserläuterung *f*, Einsatzbesprechung *f*

briefs [bri:fs] *s/pl* kurze (Herren-) Unterhose | (Damen-) Schlüpfer *m*, Slip *m*

bri·er ['braɪə] *s Bot* Dornbusch | *Bot* Hagebuttenstrauch *m* | Bruyèrepfeife *f*; '**~y** *adj* dornig

brig [brɪg] *s Mar* Brigg *f*, Zweimaster *m*

bri·gade [brɪ'geɪd **1.** *s* Brigade *f* (*auch Mil*) ⟨fire ~ Feuerwehr *f*⟩; **2.** *vt* zu einer Brigade zusammenschließen; **brig·a·dier** [ˌbrɪgə'dɪə] *s Mil* Brigadekommandeur *m* | Brigadier *m*, Brigadeleiter *m*

brig·and ['brɪgənd] *s* Brigant *m*, Räuber *m*; '**~age** *s* Brigantentum *n*, Räuberei *f*

brig·an·tine ['brɪgənti:n] = **brig**

bright [braɪt] *adj* hell, klar, durchsichtig ⟨~ light; ~ wine⟩ | hell, strahlend, glänzend, licht ⟨~ faces; ~ future⟩ | klug, hell, intelligent ⟨~ boy⟩ | berühmt ⟨~ with fame hochberühmt⟩; ~**en** ['braɪtn] *vt* heller machen, aufhellen | erhellen (*auch übertr*); *vi, meist* ~**en up** heller werden, sich aufhellen (*auch übertr*) ⟨the sky is ≈ing [up]⟩; '~**en·ing** *s* Aufhellung *f*

brill [brɪl] *s Zool* Meerbutt *m*

bril|liance ['brɪlɪəns], '~**lian·cy** *s* Glanz *m* | *übertr* Intelligenz *f*; '~**liant 1.** *adj* hell, strahlend, glänzend ⟨≈ jewels; ≈ sunshine⟩ | *übertr* glänzend, hervorragend ⟨≈ surgeon⟩; **2.** *s* Brillant *m* | *Typ* Brillant *f*

bril·lian·tine ['brɪlɪənti:n] *s* Brillantine *f*, Haarpomade *f*

brim [brɪm] **1.** *s* Rand *m* ⟨full to the ~ bis zum Rande voll⟩ | (Hut-) Krempe *f*; **2.** ('**brimmed**, '**brimmed**) *vi* voll sein ⟨to ~ over überlaufen, *übertr* übersprudeln (**with** vor)⟩; *vt* (etw.) bis zum Rande füllen; '~'**ful[l]** *adj* übervoll (*auch übertr*) ⟨≈ of new ideas voller neuer Ideen⟩

brim·stone ['brɪmstən] *s arch* Schwefel *m*; ˌ~ '**but·ter·fly** *s Zool* Zitronenfalter *m*

brin·dle[d] ['brɪndl(d)] *adj* (Kuh, Katze u. ä.) gescheckt | gestreift, (Katze) getigert

brine [braɪn] **1.** *s* Salzwasser *n*, Lake *f*, Sole *f* | Aufguß *m* | *poet* Meer *n* | *poet* Tränen *f/pl*; **2.** *vt* einsalzen, (ein)pökeln

bring [brɪŋ] (**brought**, **brought** [brɔ:t]) *vt* (her-, mit)bringen ⟨~ me the book⟩ | einbringen, verursachen ⟨to ~ s.o. a lot of money; to ~ tears to s.o.'s eyes⟩ | (jmdn.) veranlassen, dazu bringen, überreden (**to** *mit inf* zu *mit inf*) | *Jur* vor-, erbringen ⟨to ~ an accusation against s.o. jmdn. verklagen, gegen jmdn. Klage erheben⟩; ~ **about** zustande bringen, bewerkstelligen | wiederherstellen ⟨to ~ about s.o.'s health⟩; ~ **away** weg-, fortbringen; ~ **back** zurückbringen | ins Gedächtnis zurückrufen | wiederherstellen ⟨to ~ s.o. back to health⟩; ~ **down** hinunterbringen | *Flugw* abschießen | (Preis) herabsetzen | (Tyrannen) stürzen | (Tier) erlegen, zur Strecke bringen | (Geschichte) fortsetzen, vollenden ⟨to ~ down a history to modern times⟩ | (Zorn u. ä.) heraufbeschwören; ⟨to ~ down the house *Theat umg* stürmischen Beifall ernten⟩; ~ **forth** hervorbringen | gebären; ~ **forward** fördern | (Beweis, Antrag) vorlegen, vorbringen | vorverlegen ⟨to ~ forward a meeting⟩ | *Wirtsch* (Summe) übertragen; ~ **home** klarmachen (**to s.o.** jmdm.); ~ **in** (hin)einbringen ⟨the job ~s him in a lot of money⟩ | einführen ⟨to ~ in a new method⟩ | *Jur* (Urteil) verkünden ⟨to ~ s.o. in not guilty jmdn. für unschuldig erklären⟩; ~ **off** fort-, wegbringen | *Mar* (Passagiere) retten | (etw.) fertigbringen, zustande bringen, erfolgreich durchführen; ~ **on** herbeiführen, verursachen | (Pflanzenwuchs) fördern, voranbringen | (Thema) vorbringen, zur Diskussion stellen; ~ **out** (her)vorbringen | (Buch u. ä.) herausbringen, veröffentlichen | zutage bringen ⟨to ~ out the meaning of s.th.⟩ | (junges Mädchen) in die Gesellschaft einführen; ~ **over** (jmdn.) umstimmen; ~ **round** (jmdn.) wieder zu sich bringen | (jmdn.) herumkriegen, umstimmen, überreden; ~ **through** (Kranken) durchbringen; ~ **to** (jmdn.) zu sich bringen | *Mar* beidrehen | *Mar* beilegen; ~ **under** unterwerfen, unter Kontrolle bringen | unterbringen (in e-r Kategorie, Spalte u. ä.); ~ **up** auf-, erziehen ⟨to ~ up children⟩ | vorbringen ⟨facts brought up against s.o.⟩ | (Essen) [er]brechen | *übertr* zum Stillstand bringen, stoppen | *Mar* aufbringen; ~ **to bear** anwenden, anbringen (**upon** auf); ~ **to pass** zustande bringen, in die Tat umsetzen; '~**er** *s* Überbringer(in) *m(f)*; '~**ing-'up** *s* Erziehung *f*, Großziehen *n* (von Kindern)

brink [brɪŋk] *s* Rand *m* (*auch übertr*) ⟨on the ~ of the grave dem Tode nah; on the ~ of tears den Tränen nahe⟩ | Ufer *n* ⟨on the ~ am Ufer⟩ | *arch, dial* (Hut-) Krempe *f*; '~**man·ship** *s Pol* Politik *f* am Rande des Krieges

brin·y ['braɪnɪ] **1.** *adj* salzig, salzhaltig; **2.** *s Brit umg* **the** ~ die See

bri·quet[te] [brɪ'ket] *s* Brikett *n*

brisk [brɪsk] **1.** *adj* (Person, Bewegung) lebhaft, munter, frisch, flott ⟨a ~ old lady eine lebhafte alte Dame; at a ~ pace schnellen Schrittes⟩ | (Luft) scharf, frisch ⟨a ~ day⟩ | *Wirtsch* lebhaft ⟨~ demand; trade is ~⟩; **2.** *vt, meist* ~ **up** anfeuern, beleben; *vi, meist* ~ **up** sich beleben

bris·ket ['brɪskɪt] *s Kochk* (*bes* Rind) Bruststück *n*

bris·ling ['brɪslɪŋ] *s Zool* Brisling *m*, Sprotte *f*

bris·tle ['brɪsl] **1.** *s* Borste *f* | Bartstoppel *f*; **2.** *vi, auch* ~ **up** (Haar) sich sträuben | *übertr* auffahren ⟨to ~ with anger zornig auffahren⟩ | reichlich vorhanden sein, wimmeln (**with** von), strotzen (**with** vor); *vt, auch* ~ **up** (Haare) sträuben | mit Borsten versehen | *übertr* aufbringen; **bris·tly** ['brɪslɪ] *adj* borstig | stopp[e]lig, stachlich | *übertr* kratzbürstig, rauh, ruppig

Bri·tain ['brɪtn] = **Great Britain**

Bri·tan·nic [brɪ'tænɪk] *adj* britannisch ⟨Her (His) ~ Majesty Ihre (Seine) Britische Majestät⟩

Bri·ti·cism ['brɪtɪsɪzm] *s Ling* Anglizismus *m*, Eigentümlichkeit *f* des britischen Englisch

Bri·tish ['brɪtɪʃ] **1.** *adj* britisch, zum Britischen Commonwealth gehörig ⟨a ~ citizen, a ~ subject ein britischer Staatsangehöriger; he's British er ist Brite⟩ | britisch, zu Großbritannien gehörig, charakteristisch für Großbritannien ⟨a ~ drink⟩; **2.** *s* (*mit best art*) die Briten *m/pl*; ˌ~ '**English** *s* britisches Englisch; '~**er** *s Am* Brite *m*; '~**ism** *s* charakteristische Eigenschaft *od* Verhalten der Briten; ˌ~ '**Rail** *s* Britische Staatsbahn; ˌ~ '**ther·mal u·nit** *s Phys* Britische Wärmeeinheit

Bri·ton ['brɪtən] *s* Brite *m*, Britin *f* | *Hist* Britannier(in) *m(f)*

Brit·ta·ny ['brɪtənɪ] *s* Bretagne *f*

brit·tle ['brɪtl] *adj* spröde, zerbrechlich ⟨~ glass⟩ | *übertr* leicht erregbar, empfindlich ⟨~ temper⟩ | *übertr* unsicher, unbeständig ⟨~ promise; ~ marriage⟩ | *übertr* kalt, berechnend ⟨~ and selfish woman⟩; '~ **bone** *s Med* Knochenbrüchigkeit *f*; '~ ˌ**frac·ture** *s Med* Sprödbruch *m*

broach [brəʊtʃ] **1.** *s* Bratspieß *m* | *Arch* Turmspitze *f* | *Tech* Ahle *f*, Pfriem *m*, Stecheisen *n*; **2.** *vt* (Faß) anzapfen, anstechen, abziehen | *übertr* (Thema) anschneiden ⟨to ~ a subject⟩; *vi Mar* auftauchen; ~ **to** *Mar* querschlagen

broad [brɔ:d] **1.** *adj* breit, weit ⟨twenty feet ~; it's as ~ as it's long *übertr* es läuft auf dasselbe hinaus⟩ | weit, unbegrenzt ⟨the ~ sea die hohe See⟩ | hell ⟨~ daylight⟩ | deutlich ⟨to give s.o. a ~ hint *übertr* jmdm. einen Wink mit dem Zaun[s]pfahl geben⟩ | frei, derb, plump ⟨~ humour⟩ | (Aussprache) dialektgefärbt, stark (lokal gefärbt) ⟨~ accent⟩ | allgemein, nicht detailliert ⟨in ~ outline in groben Zügen; a ~ subject ein weites Feld; in a ~ sense ganz allgemein⟩ | großzügig, tolerant, liberal ⟨~ ideas⟩; **2.** *adv* völlig ⟨~ awake hellwach⟩; **3.** *s* breiter Teil | *Am Sl* Nutte *f*; ˌ~ **ap'peal** *s* Breitenwirkung *f*; '~**ax[e]** *s* Breitbeil *n*, Zimmeraxt *f*; '~ **bean** *s Bot* Pferdebohne *f*, Saubohne *f*, große Bohne *f*; '~-ˌ**brimmed** *adj* breitrandig, -krempig; ˌ~-'**built** *adj* breitschultrig

broad·cast ['brɔ:dkɑ:st] **1.** (~, ~) *vt Landw* breitwürfig säen | *Rundf* senden ⟨to ~ the news⟩ | *übertr* weit verbreiten; *vi Rundf* senden | im Radio sprechen; **2.** *s Landw* Breitsaat *f* | Rundfunk-, Fernsehsendung *f* | Rundfunk-, Fernsehprogramm *n*; '~**ing** *s* Rundfunk *m*, Fernsehen *n*; '~**ing reˌceiv·er** *s* Rundfunkempfänger *m*; '~**ing ˌsta·tion** *s* Rundfunkstation *f*; '~**ing transˌmit·ter** *s* Rundfunksender *m*

Broad Church ['brɔ:d 'tʃɜ:tʃ] *s Brit Rel* liberale Richtung in der anglikanischen Kirche

broad|cloth ['brɔ:dklɒθ] *s* feiner schwarzer Wollstoff | Hemdentuch *n*; '~**en** *vt* breiter machen, verbreitern; *vi, auch*

~en out breiter werden, sich verbreitern, sich erweitern; ˌ~ˈheart·ed *adj* weitherzig, großzügig; ˈ~ **jump** *s Am* Weitsprung *m*; ˌ~ˈleafed, ˌ~ˈleaved *adj Bot* breitblättrig; ˈ~ly *adv in*: ~ly ˌ**speaking** im allgemeinen (gesagt *od* gesprochen); ˌ~ˈmind·ed *adj* weitherzig, großzügig, tolerant; ˈ~ˌrimmed *adj* breitrandig; ˈ~sheet *s* Flugblatt *n*, Plakat *n* | *Typ* auf einer Seite bedrucktes Blatt; ˌ~ˈshoul·dered *adj* breitschultrig; ˈ~side 1. *s Mar* Breitseite *f* (eines Schiffes) | (Geschütze auf der *od* Feuer von der) Breitseite *f* ⟨≈ on breitseitig, breitseits, mit der Breitseite; ≈ on to mit der Breitseite zugekehrt⟩ | *umg übertr* Breitseite *f*, (Wort-) Attacke *f* | Plakat *n*; 2. *adv Mar* breitseitig; ˈ~sword *s* breites Schwert, Pallasch *m*; ˌ~ tranˈscrip·tion *s Ling* verallgemeinerte Umschrift (*Ant* narrow); ˈ~ways, ˈ~wise *adv* in die Breite

bro|cade [brəˈkeɪd] 1. *s* Brokat *m*; 2. *vt* (Stoff) mit Brokatmuster verzieren; ~ˈcad·ed *adj* brokaten

broc·co·li [ˈbrɒkəlɪ] *s Bot* Spargelkohl *m*, Brokkoli *pl*

bro·chure [ˈbrəʊʃʊə] *s* Broschüre *f*, Heft *n*

brock [brɒk] *s Zool arch* Dachs *m*

[1]**brogue** [brəʊg] *s* derber Halbschuh

[2]**brogue** [brəʊg] *s* mundartliche Aussprache *f* | *bes* irischer Akzent, irisches Englisch

[1]**broil** [brɔɪl] 1. *vt* auf dem *od* am Rost braten, grillen; *vi* braten (*auch übertr*) ⟨~ing in the sun⟩; 2. *s* Gebratenes *n*, Gegrilltes *n*, Bratfleisch *n*

[2]**broil** [brɔɪl] *arch* 1. *vi* sich streiten; 2. *s* Streit *m*, Zank *m*; [1]ˈ~er *s* streitsüchtiger Mensch

[2]**broil·er** [ˈbrɔɪlə] *s* Bratrost *m* | Brathühnchen *n*, zum Braten gezüchtetes Hühnchen, Broiler *m*

broke [brəʊk] 1. *prät von* ↑ **break** 1.; 2. *adj Sl* abgebrannt, pleite

bro·ken [ˈbrəʊkən] 1. *part perf* von ↑ **break** 1.; 2. *adj* ge-, zerbrochen (*auch übertr*) ⟨~ man ruinierter Mann; ~ marriage zerstörte Ehe; ~ sleep gestörter Schlaf⟩ | gestrichelt, Zickzack- ⟨~ line⟩ | (Speise, Flasche u.ä.) angebrochen ⟨~ beer⟩ | unterbrochen, nicht fortgesetzt ⟨a ~ journey⟩ | (Sprache) unvollkommen, gebrochen ⟨~ English⟩ | (Wetter) unbeständig ungleichmäßig, uneben ⟨~ ground⟩ | *Ling* gebrochen; ˌ~ˈheart·ed *adj* mit gebrochenem Herzen, verzweifelt; ˌ~ ˈmon·ey *s* Kleingeld *n*; ˌ~ ˈtime *s Brit Wirtsch* Verdienstausfall *m* | verkürzte Arbeitsstunden *f/pl*, -zeit *f*

bro·ker [ˈbrəʊkə] *s* Trödler *m*, Altwarenhändler *m* | *auch* ˈ**stock**-ˌ~ *Wirtsch* Makler *m* | *auch* ˈ**mar·riage** ˌ~ Heiratsvermittler *m*; ˈ~age *s* Maklergeschäft *n* | Maklergebühr *f*

brol·ly [ˈbrɒlɪ] *s Brit umg für* **umbrella**

brom[o]- [brəʊməʊ|-mə] *in Zus* Brom- (*z. B.* **brom[o]phenol; bromotablet**)

bro|mate [ˈbrəʊmɪt] *s Chem* Bromat *n*; ~mic [~mɪk] *adj Chem* bromhaltig; ˌ~mic ˈac·id *s Chem* Bromsäure *f*; ~mid[e] [~maɪd|~mɪd] *s Chem* Bromid *n* | *umg* langweiliger Mensch | *umg* Binsenwahrheit *f*; ~min[e] [~mi:n] *s Chem* Brom *n*

bron·chi [ˈbrɒŋkaɪ], *auch* **bron·chi·a** [ˈbrɒŋkɪə] *s/pl Med* Bronchien *f/pl*; ~al [ˈbrɒnkɪəl] *adj Med* bronchial; ˌ~al ˈtube *s Med* Bronchie *f*, Luftröhrenast *m*; ~ec·ta·sis [ˌbrɒŋkɪˈektəsɪs] *s Med* Bronchiektase *f*; ~tis [brɒŋˈkaɪtɪs] *s Med* Bronchitis *f*, Luftröhrenkatarrh *m*

broncho- [brɒŋkə] ⟨*griech*⟩ *in Zus* Luftröhren-

bron|chot·o·my [brɒŋˈkɒtəmɪ] *s Med* Bronchotomie *f*, Luftröhrenschnitt *m*; ~chus [ˈbrɒŋkəs] *s* (*pl* ~chi [ˈbrɒŋkaɪ]) *Med* Bronchus *m*

bron·co [ˈbrɒŋkəʊ] *s umg* halbwildes Pferd *n*; ˈ~ˌbust·er *s Am umg* Zureiter *m*

bron·to|saur[us] [ˌbrɒntəˈsɔ:(rəs)] (*pl* ~saurs [ˌ~ˈsɔ:z], ~sauri [ˌ~ˈsɔ:raɪ]) *s* Brontosaurus *m*

bronze [brɒnz] 1. *s* Bronze *f* ⟨statue in ~ Bronzestatue *f*⟩ | Bronzefigur *f* | Bronzevase *f* | Bronzefarbe *f* | Bronzepulver *n*; 2. *vt* bronzieren; *vi* sich braun färben, sich (in der Sonne) bräunen; 3. *adj* Bronze-, bronzen; **the** ˈ∸ **Age** *s* Bronzezeit *f*; ˈ**bronz·y** *adj* bronzefarben

brooch [brəʊtʃ] *s* Brosche *f*, Spange *f*

brood [bru:d] 1. *s* Brut *f*, Hecke *f*; 2. *vt* (Eier) ausbrüten | (Brut) beschützen (*auch übertr*) | *übertr* brüten über; *vi* brüten | *übertr* brüten, nachdenken (**on, over** über); 3. *adj* Zucht-, Brut-; ˈ~er *s Am* Brutkasten *m*; ˈ~ **hen** *s* Bruthenne *f*; ˈ~ **mare** *s* Zuchtstute *f*; ˈ~y *adj* (Henne) brütig | *übertr* brütend, nachdenklich

[1]**brook** [brʊk] *s* Bach *m*

[2]**brook** [brʊk] *vt* (*meist neg* u. *interr*) ertragen, erdulden ⟨he cannot ~ injustice⟩ | *lit* erlauben ⟨the matter ~s no delay die Sache erlaubt keinen Aufschub⟩

brook|let [ˈbrʊklɪt] *s* Bächlein *n*; ˈ~ **trout** *s* Bachforelle *f*

broom [bru:m|brʊm] 1. *s* Besen *m* ⟨a new ~ sweeps clean *übertr* neue Besen kehren gut⟩ | *Bot* Besenginster *m*; 2. *vt* kehren, fegen; ˈ~corn *s Bot* Mohrenhirse *f*; ˈ~ ˌhan·dle, ˈ~·stick *s* Besenstiel *m*; ˈ~y *adj* voller Ginster

broth [brɒθ] *s* Fleischbrühe *f*, Bouillon *f*

broth·el [ˈbrɒθl] *s* Bordell *n*

broth·er [ˈbrʌðə] 1. *s* Bruder *m* ⟨the ~s Jones, the Jones ~s die Gebrüder *pl* Jones; ~s and sisters Geschwister *pl*⟩ | Kollege *m*, Kamerad *m* | (*pl* **breth·ren** [ˈbreðrən]) *Rel* (Ordens-) Bruder | *Rel* Glaubensbruder, -genosse *m*; 2. *vt* (jmdn.) wie einen Bruder behandeln; ˈ~hood *s* Bruderschaft *f* | Brüderlichkeit *f*; ˌ~ **in** ˈ**arms** (*pl* ˌ~s **in** ˈ**arms**) *s* Waffenbruder *m*, Bundesgenosse *m*; ˈ~-in-ˌlaw (*pl* ˈ~s-in-ˌlaw) *s* Schwager *m*; ˈ~ly *adj* brüderlich, Bruder- ⟨≈ love⟩

brougham [ˈbru:əm] *s* Brougham *m* | Coupé *n*, Limousine *f*

brought [brɔ:t] *prät* u. *part perf* von ↑ **bring**

brou·ha·ha [ˈbru:hɑ:hɑ:] *s umg* Lärm *m*, Rummel *m*, unnötiges Getue, Trara *n*

brow [braʊ] 1. *s*, *meist* ~s *pl*, *auch* ˈ**eye** ~ (Augen-) Braue(n) *f(pl)* | Stirn *f* ⟨to knit one's ~ die Stirn runzeln; by the sweat of one's ~ im Schweiße seines Angesichts⟩ | Rand *m*, Kante *f*, Vorsprung *m* (e-s Abhanges); 2. *vt* grenzen an; ˈ~beat (ˈ~beat, ˈ~beaten) *vt* (jmdn.) finster anschauen | (jmdn.) einschüchtern ⟨to ≈ s.o. into *mit ger* jmdn. zwingen zu *mit inf*⟩ | (jmdn.) tyrannisieren; ˈ~beat·en *adj* eingeschüchtert, ängstlich ⟨a poor ≈ woman⟩

brown [braʊn] 1. *adj* braun | (sonnen)gebräunt | (Haar) brünett, bräunlich | *übertr* trübe, düster ⟨~ years⟩ ◇ **do** ~ *Brit Sl* betrügen; 2. *s* Braun *n*; 3. *vt* bräunen, braun machen | *meist* ~ **off** *Brit Sl* (jmdn.) fertigmachen, anschnauzen ⟨to be ~ed off *Sl* es völlig satt haben, restlos bedient sein⟩; vi sich bräunen, braun werden; ˈ~ ˈ**bear** *s Zool* Braunbär *m*; ˈ~ ˈ**bread** *s* Schwarzbrot *n*; ˈ~ ˈ**coal** *s* Braunkohle *f*; ˌ~ ˈ**heart** *s Med* Herzbräune *f*; ˈ~ie *s* Heinzelmännchen *n* | (acht- bis elfjährige) Pfadfinderin *f*

Brown·ing [ˈbraʊnɪŋ] *s* Browning *m*, Selbstladepistole *f*

brown|ish [ˈbraʊnɪʃ] *adj* bräunlich; ˌ~ ˈ**pa·per** *s* Packpapier *n*; ˌ~ ˈ**spar** *s Min* Braunspat *m*; ˈ~stone *s* Braunstein *m* | *Am* brauner Sandstein; ˌ~ ˈ**sug·ar** *s* brauner Zucker, Rohzucker *m*

browse [braʊz] 1. *vt* (Zweige) abfressen, abnagen | (Gras) abweiden; *übertr* (Buch) durchblättern, überfliegen ⟨to ~ the headlines⟩; *vi* grasen | *übertr* (in Büchern) herumblättern, hier und da etwas lesen ⟨to ~ in/through a book⟩; 2. *s* junge Triebe *m/pl*, junge Sprossen *f/pl*, junges Laub | Viehfutter *n* | flüchtiges (Durch-) Lesen ⟨to have a good ~ eine Menge [Bücher] durchsehen⟩

bru·cel·lo·sis [ˌbru:səˈləʊsɪs] *s Med* Bruzellose *f*

bru·in, *auch* ∸ [ˈbru:ɪn] *s* (bes. in Märchen) Braun *m*, Meister Petz *m*

bruise [bru:z] **1.** *vt* (zer)quetschen | *Tech* (Blech u. ä.) einbeulen | (Obst u. ä.) drücken ⟨to get ~d ge- *od* zerdrückt werden⟩ | (Malz) schroten | *übertr* verletzen ⟨to ~ s.o.'s feelings jmds. Gefühle verletzen⟩; *vi* einen blauen Fleck bekommen | *übertr* verletzt werden, verletzbar sein; **2.** *s Med* Quetschung *f* | (Obst) Druckfleck *m*, -stelle *f*; **'bruis·er** *s umg* (Berufs-) Boxer *m* | *Am Sl* Schläger *m*, Raufbold *m* | Kraftmeier *m*

bruit [bru:t] *vt arch* (Gerücht) verbreiten ⟨to ~ it abroad etwas überall verbreiten⟩

bru·mous ['bru:məs] *adj* neblig

brunch [brʌntʃ] *s umg* Brunch *m*, (spätes) Frühstück und (frühes) Mittagessen in einem

bru·nette [bru:'net] **1.** *adj* brünett; **2.** *s* Brünette *f*

brunt [brʌnt] *s* Anprall *m*, Wucht *f* (*auch übertr*) ⟨to bear the ~ dem Hauptstoß (e-s Angriffs) ausgesetzt sein, den Hauptstoß (e-s Angriffs) ausstehen müssen⟩

[1]**brush** [brʌʃ] **1.** *s* Bürste *f* | Pinsel *m* | Büschel *n* | *Kunst* Pinselstrich *m* ⟨the ~ die Malkunst⟩ | Bürsten *n* ⟨to give s.th. a good ~ etw. gut (aus)bürsten⟩ | *El* Schleifbürste *f*, Kohle *f* | *El* Strahlenbündel *n* | Schwanz *m*, Rute *f*, Schweif *m* | Scharmützel *n* ⟨a ~ with the enemy⟩; **2.** *vt* (aus-, ab)bürsten ⟨to ~ one's hair sich die Haare bürsten; to ~ one's teeth die Zähne putzen; to ~ s.th. clean etw. sauber bürsten⟩ | (jmdn.) streifen, leicht berühren; **~ aside, ~ away** abbürsten | *übertr* beiseite schieben, mißachten; **~ off** abbürsten | *Am Sl* rausschmeißen; **~ up** wegbürsten ⟨to ~ up the dust⟩ | aufbürsten | *übertr* auffrischen ⟨~ up your English!⟩; *vi* bürsten | dahin-, vorbeieilen ⟨to ~ against s.o. jmdn. streifen; to ~ by / past vorbeisausen⟩; **~ off** sich (leicht) abbürsten lassen ⟨the dirt ~es off easily der Schmutz läßt sich leicht abbürsten *od* geht leicht mit der Bürste ab⟩

[2]**brush** [brʌʃ] **1.** *s* Gebüsch *n*, Gestrüpp *n* ⟨to take to the ~ *umg* sich davonmachen⟩ | Dickicht *n*; **2.** *vt* (Hecken) stutzen, (ab-, be)schneiden

brush grass ['brʌʃ grɑ:s] *s Bot* Bürstengras *n*

brush|-off ['brʌʃ ɒf] *s Am umg* Entlassung *f*, Rausschmiß *m* | Abfuhr *f*, Absage *f*; **'~up 1.** *s* Aufbürsten *n* | *übertr* Übung *f*, Wiederholung *f*, Auffrischung *f* ⟨to give s.th. a ≈ etw. auffrischen, sich etw. noch einmal vornehmen; a ≈ on s.th. Auffrischen *n* von etw.⟩; **2.** *adj* Wiederholungs- ⟨a ≈ course⟩

brush|wood ['brʌʃwud] *s* Unterholz *n* | Gestrüpp *n*; **'~y** *adj* voller Gestrüpp

brusque [bru:sk|brusk] **1.** *adj* brüsk, barsch, grob ⟨a ~ answer⟩; **2.** *vt* (jmdn.) anfahren; **brus·que·rie** [ˌbru:skə'ri:] *s* Schroffheit *f*

Brus·sels ['brʌslz] *s*, *auch* **ˌ~ 'carpet** Brüsseler Teppich *m* | *auch* **ˌ~ 'lace** Brüsseler Spitzen *f/pl*; **ˌ~ 'sprouts** *s/pl Bot* Rosenkohl *m*

bru·tal ['bru:tl] *adj* brutal, roh, unmenschlich ⟨~ attack⟩ | viehisch | brutal, ungeschminkt ⟨~ facts⟩ | unerträglich, hart, schwer ⟨~ winter⟩; **~i·ty** [bru:'tæləti] *s* Brutalität *f*, Roheit *f*; **ˌ~i'za·tion** *s* Verrohung *f* | Roheit *f*; **'~ize** *vt* zum Tier machen | brutal behandeln; *vi* vertieren; **brute** [bru:t] **1.** *s* Tier (*Ant* man) | Untier *n*, brutaler Mensch *m* | Scheusal *n*; **2.** *adj* tierisch, viehisch ⟨~ instinct⟩ | roh, brutal, gefühllos ⟨~ force rohe Gewalt⟩ | hart, brutal ⟨~ facts⟩ | unvernünftig ⟨~ matter⟩ | sinnlich; **bru·ti·fi·ca·tion** [ˌbru:tɪfɪ'keɪʃn] *s* Verrohung *f*; **brut·ish** ['bru:tɪʃ] *adj* brutal, grob, roh | sinnlich ⟨~ appetites⟩

bry- [braɪ], **bryo-** [braɪə] ⟨*griech*⟩ *in Zus* Moos-

bry|ol·o·gy [braɪ'ɒlədʒɪ] *s Bot* Bryologie *f*, Mooskunde *f*; **~o·phyte** ['braɪəfaɪt] *s Bot* Bryophyt *m*, Moospflanze *f*

bub|ble ['bʌbl] **1.** *s* (Luft-, Wasser-, Seifen-) Blase *f* ⟨to rise in ≈s wallen, sprudeln; to prick the ≈ *übertr* die Sache zum Platzen bringen⟩ | *übertr* Luftblase *f*, Illusion *f*, Schaum *m*, Schwindel *m*; **2.** *vi* sprudeln, brodeln, sieden | gurgeln ⟨a bubbling stream⟩; **~ble over** *übertr* übersprudeln (**with** vor); **~ble up** aufwallen, sprudeln; *vt* brodeln lassen; **'~ble bath** *s* Schaumbad *n*; **'~ble ˌcom·pa·ny** *s Wirtsch* Schwindelgesellschaft *f*; **'~ble gum** *s* Ballon-, Knallkaugummi *m*; **'~ble ˌlevel** *s Tech* Libelle *f*; Wasserwaage *f*; **'~bler** *s Am* Trinkwasserbrunnen *m*; **'~bly 1.** *adj* sprudelnd, perlend; **2.** *s scherzh* Sekt *m*

bu·bon·ic [bju:'bɒnɪk] *adj Med* Bubonen-; **ˌ~ 'plague** *s Med* Beulenpest *f*

buc·cal ['bʌkl] *adj Med* bukkal, den Mund betreffend; **ˌ~ 'cav·i·ty** *s Med* Mundhöhle *f*

buc·ca·neer [ˌbʌkə'nɪə] *s* Seeräuber *m*, Pirat *m*

[1]**buck** [bʌk] **1.** *s Zool* Bock *m* | (Tier) Bocken *n* | Stutzer *m*, Lebemann *m* | *Sport* Bock *m* | Sägebock *m* | *Am Sl* Dollar *m* | (Poker) Gegenstand *m*, der ans Geben erinnert ⟨to pass the ~ *Am umg* sich um die Verantwortung drücken; to pass the ~ to s.o. *Am Sl* die Verantwortung abschieben an, jmdm. den Schwarzen Peter zuschieben⟩; **2.** *vi* (Tier) bocken, stoßen | *Am umg* bocken, sich auflehnen ⟨to ~ at s.o. gegen jmdn. aufbegehren⟩; **~ up** *bes imp* sich beeilen; *vt* (Reiter) abwerfen | *Am umg* sich wehren gegen | *Am* wetten gegen, setzen gegen, verwetten ⟨to ~ the odds⟩; **~ off** abwerfen; **~ up** *umg* ermutigen, anspornen; **3.** *adj* (bes. Tier) männlich

buck·a·roo ['bʌkəru:] *s Am dial, Kan* Cowboy *m*

buck·et ['bʌkɪt] **1.** *s* Eimer *m*, Kübel *m* ⟨a mere drop in the ~ *übertr* ein Tropfen auf den heißen Stein; to kick the ~ *Sl* ins Gras beißen, sterben⟩ | *auch* **'~ful** ein Eimer *m* (voll) ⟨to come down in ~s (Regen) wie aus Kannen gießen⟩ | *Tech* (Bagger) Schaufel *f*, Eimer *m*, Becher *m* | Zuber *m*, Bütte *f*, Wanne *f*; **2.** *vt* (aus)schöpfen ⟨to ~ money *Sl* Geld scheffeln⟩ | (Pferd) müde reiten | *Sl* beschwindeln; *vi* *Brit umg* schnell reiten *od* rudern; **'~ car** *s Eisenb* Kübelwagen *m*; **'~ chain** *s* Eimerkette *f*; **'~ ˌdredg·er** *s Tech* Eimerkettenbagger *m*; **'~ful** *s* (ein) Eimer *m* (voll) ⟨in ≈s eimerweise⟩; **'~ seat** *s* Schalensitz *m*; **'~ wheel** *s Tech* Schöpfrad *n* | Schaufelrad *n*

buck·horn ['bʌkhɔ:n] *s* Hirschhorn *n*

buck|le ['bʌkl] **1.** *s* Schnalle *f*, Spange *f* | Koppelschloß *n*; **2.** *vt* (zu)schnallen ⟨to ≈ a belt einen Gürtel zuschnallen; to ≈ on anschnallen⟩ | *Tech* biegen; *vi* sich (ver)biegen, sich werfen, sich verziehen | *Tech* (zer-, ein-, aus)knicken; **~le [down] to** *übertr* ernsthaft beginnen, sich stürzen auf, sich machen an ⟨to ≈ down to work⟩; **'~led** *adj* zu-, angeschnallt | verbogen; **'~ler 1.** *s* kleiner Schild | *übertr* Schutz *m*, Schirm *m*; **2.** *vt* (be)schützen, beschirmen; **ˌ~ler 'fern** *s Bot* Schildfarn *m*

[1]**buck·ling** ['bʌklɪŋ] *s* (Hering) Bückling *m*

[2]**buck·ling** ['bʌklɪŋ] *s Tech* (Aus-) Beulen *n* | (Aus-) Knikken *n*

buck·ram ['bʌkrəm] **1.** *s* Bangram *n*, Steifleinen *n* | *übertr* Steifheit *f*, Geziertheit *f*; **2.** *vt* mit Steifleinen versehen; **3.** *adj* steif (*auch übertr*)

buck·shee [bʌk'ʃi:] *adj*, *adv Sl* unentgeltlich, umsonst, kostenfrei

buck|shot ['bʌkʃɒt] *s* (Jagd) grober Schrot, Rehposten *m*; **'~skin** *s* Rehbockfell *n* | (Stoff) Buckskin *m* | Wildleder *n*; **'~wheat** *s Bot* (e-e Art) Buchweizen *m*; **'~wheat flour** *s* Grützmehl *n*

bu·col·ic [bju:'kɒlɪk] **1.** *adj* bukolisch, ländlich, hirtenmäßig ⟨~ verse Hirtengedicht *n*⟩; **2.** *s* Hirtengedicht *n* | *scherzh* Hirte *m*

[1]**bud** [bʌd] **1.** *s* Knospe *f*, Auge *n* ⟨in ~ in Blüte⟩ | *übertr* Keim *m* ⟨to nip s.th. in the ~ etw. im Keime ersticken⟩; **2.** *vi* knospen, sprossen, keimen | *auch* ~ **up** *übertr* sich entwickeln, heranreifen; *vt* okulieren, veredeln

[2]**bud** [bʌd] *s Am umg* Kamerad *m*, Kumpel *m*

Bud|dhism ['budɪzm] *s* Buddhismus *m*; **~dhist** ['~dɪst] *s* Buddhist *m*; **~dhistic** [bu'dɪstɪk] *adj* buddhistisch

bud·ding ['bʌdɪŋ] *adj* sprossend, keimend | *übertr* angehend ⟨a ~ poet⟩

bud·dy ['bʌdɪ] **1.** *s urspr Am umg* Freund *m*, Kumpel *m*, Spezi *m*, Kollege *m*, Partner *m* ⟨he's my ~, we're buddies wir sind Kumpel⟩ | *Am Sl* (Anrede, oft verärgert) Kumpel *m* ⟨get lost, ~ zieh Leine, Kumpel!⟩; **2.** *vi, meist* ~ **up** *Sl* sich zusammentun, dicke Freunde sein (**with** mit); '~ **sys·tem** *s Am Sl Mil, Sport* gegenseitige Hilfe *od* Unterstützung, Tandemprinzip *n*

[1]**budge** [bʌdʒ] *vi* (*meist in neg Sätzen*) sich [von der Stelle] rühren; *vt* (etw.) bewegen ⟨I can't ~ the door⟩

[2]**budge** [bʌdʒ] *umg für* **budg·er·i·gar** ['bʌdʒərɪgɑ:] *s Zool* Wellensittich *m*

budg·et ['bʌdʒɪt] **1.** *s* Haushaltsplan *m*, Budget *n*, Etat *n*, Staatshaushalt *m* ⟨family ~ Familienkasse *f*; to introduce / open the ~ das Budget vorlegen⟩ | *übertr* Vorrat *m* ⟨a ~ of news eine Fülle von Neuigkeiten⟩; **2.** *adj* niedrigem Einkommen angepaßt, billig ⟨~ price Billigpreis *m*; ~ size in ökonomischer Abpackung⟩; **3.** *vt* (etw.) im Budget einplanen; *vi* den Haushaltsplan aufstellen (**for** für); '**~ar·y** *adj* Budget- ⟨≈ cut Haushaltsplankürzung *f*⟩

bud|gie, ~gy ['bʌdʒɪ] *s umg für* **budgerigar**

buff [bʌf] **1.** *s* Büffel-, Ochsenleder *n* | Sämischleder *n* | Lederfarbe *f* | *umg* bloße Haut ⟨in ~ nackt⟩; **2.** *adj* ledergelb, -farben ⟨~ coat⟩; **3.** *vt* (Metall) mit Leder polieren

buf·fa|lo ['bʌfələu] *s* (*pl* '**~loes**, '**~los**, '**~lo**) *Zool* Büffel *m*, Bison *m* | Büffelfell *n*; '**~lo ˌber·ry** *s Bot* Büffelbeere *f*; '**~lo fish** *s Zool* Büffelfisch *m*; '**~lo grass** *s Bot* Büffelgras *n*; '**~lo hide** *s* Büffelhaut *f*, -leder *n*

[1]**buff·er** ['bʌfə] **1.** *s Tech* Puffer *m*, Stoßdämpfer *m*; **2.** *vt* (Stoß) abdämpfen, abfangen | *Chem* puffern

[2]**buff·er** ['bʌfə] *s Sl, meist* **old** ~ dummer Kerl

buff·er| ac·tion ['bʌfəˌrækʃən] *s* Pufferwirkung *f*; '~ **block** *s Tech* Prellbock *m*; '~ **soˌlu·tion** *s* Pufferlösung *f*; '~ **state** *s Pol* Pufferstaat *m*

[1]**buf·fet** ['bʌfɪt] **1.** *s* Schlag *m*, Puff *m* (mit der Hand) | *übertr* Schicksalsschlag *m*; **2.** *vt* schlagen, puffen | treffen (*auch übertr*) | ankämpfen gegen; *vi* kämpfen (**with** mit)

[2]**buf·fet** ['bʌfɪt] **1.** *s* Büfett *n*, Anrichte *f* | ['bufeɪ] Schenktisch *m*, Theke *f*; Restaurant *n* | *dial* Schemel *m*; **2.** *adj* vom Büfett serviert, Imbiß- ⟨~ dinner Imbißmahlzeit *f*⟩; ~ **car** ['bufeɪkɑ:] *s Eisenb* Büfettwagen *m*; Speisewagen *m*

buf|fo ['bufəu] *Mus* **1.** *s* (*pl* '**~fi** [~faɪ], '**~fos**) Buffo *m*; **2.** *adj* Buffo-

buf·foon [bə'fu:n] **1.** *s* Komiker *m*, Spaßmacher *m* ⟨to play the ~ den Spaßmacher spielen⟩; **2.** *vi* Spaß machen; '**~er·y** *s* Possenreißerei *f*, Possen *f/pl*

[1]**bug** [bʌg] **1.** *s Zool, bes Brit* Wanze *f* | *Am* Käfer *m*, Insekt *n* ⟨mealy ~ Mehlkäfer *m*⟩ | *urspr Am umg* Bazillus *m*, Virus *n* ⟨the Asian flu ~⟩ | *urspr Am umg* (technische) Störung, Panne *f*, Defekt *m* | *urspr Am Sl* einflußreiche Person ⟨big ~ großes Tier⟩ | *Sl* Wanze *f*, (geheime) Abhörvorrichtung; **2.** *vt Sl* abhören

[2]**bug** [bʌg] (**bugged**, **bugged** [~d]) *vi Am umg, meist* ~ **out** (Augen) hervor-, heraustreten

bug·bear ['bʌgbɛər] *s* Schreckgespenst *n*, Popanz *m*

bug·ger ['bʌgə] **1.** *s vulg, Jur* Sodomit *m* | *Sl* (gemeiner) Kerl *m*, Lump *m* | *Sl* (Kind) Bengel *m*, Bürschchen *n*; **2.** *vt* Unzucht *od* Sodomie (be)treiben mit | *Sl* verdammen | *Am Sl* erschöpfen; ~ **up** *Am Sl* durcheinanderbringen, zur Sau machen; *vi meist* ~ **off** abhauen, sich davonmachen; '**~y** *s* Sodomie *f*, Analverkehr *m*

[1]**bug·gy** ['bʌgɪ] *s* Buggy *m*, leichter Wagen | *Am* Kinderwagen *m*

[2]**bug|gy** ['bʌgɪ] *adj* verwanzt | *Am Sl* verrückt; '**~house** *s Am Sl* Klapsmühle *f*

[1]**bu·gle** ['bju:gl], *auch* '~ **bead** *s* (röhrenförmige) Glasperle *f*, Schmelzperle *f*

[2]**bu|gle** ['bju:gl] **1.** *s Mus* Horn *n* | *Mil* Signalhorn *n*; **2.** *vt, vi* auf dem Horn blasen; '**~gler** *s* Hornist *m*, Hornbläser *m*

buhl [bu:l], '**~work** *s* Einlegearbeit *f*, Intarsia *f*

build [bɪld] **1.** (**built**, **built** [bɪlt]) *vt* (er)bauen, errichten, anlegen ⟨to ~ a house⟩ | einbauen, einbringen, einziehen ⟨to ~ a beam into a wall⟩ | *übertr* gründen, aufbauen (**upon** auf) | ⟨to ~ one's hopes [up]on seine Hoffnung stützen auf⟩ | *übertr* gestalten; ~ **in** einbauen; ~ **up** verbauen, zubauen | zusammenbauen | *übertr* aufbauen, schaffen ⟨to ~ up a reputation sich einen guten Ruf verschaffen; to ~ up one's health seine Gesundheit kräftigen⟩ | *übertr* vereinigen, erhöhen ⟨to ~ up one's forces seine Truppen sammeln⟩; *vi* bauen | *übertr* bauen, sich verlassen (**[up]on** auf); ~ **up** *übertr* (Druck) zunehmen, anwachsen ⟨pressure is ~ing up⟩; **2.** *s* Bau(art) *m(f)*, Form *f* ⟨the ~ of a ship⟩ | Körperbau *m*, Figur *f*; '**~er** *s* Erbauer *m*, Baumeister *m*; '**~ing** *s* (Er-) Bauen *n* | Gebäude *n*; '**~ing conˌtrac·tor** *s* Bauunternehmer *m*; '**~ing ˌcra·dle** *s Tech* Helling *f*; '**~ing ˌcrafts·man** *s* (*pl* '**~ing ˌcrafts·men**) Bauhandwerker *m*; '**~ing esˌtate** *s*, '**~ing plot** *s* Baugrundstück *n*; '**~ing soˌci·e·ty** *s Brit* Baugenossenschaft *f*; '**~ing ˌwork·er** *s* Bauarbeiter *m*; '**~ing yard** *s* Baustelle *f*; '**~-up** *s* Aufbau *m* | Erhöhung *f*, Zunahme *f* | *Am* Reklame *f*

built [bɪlt] **1.** *prät* u. *part perf von* ↑ **build**; **2.** *adj* gebaut ⟨strongly ~ kräftig gebaut; well-~ gut-, wohlgebaut⟩; ˌ**~-'in** *adj* eingebaut ⟨≈ furniture Einbaumöbel *pl*; ≈ wardrobes eingebaute Schränke *pl*⟩; '**~-up ˌa·re·a** *s* bebautes Gelände

bulb [bʌlb] **1.** *s Bot* Zwiebel *f*, Knolle *f* | *El* Glühbirne *f* | (Thermometer-) Kugel *f* | zwiebelförmiger Gegenstand; **2.** *vi Bot* Zwiebeln *od* Knollen bilden | anschwellen; **bul·ba·ceous** [bʌl'beɪʃəs] *adj Bot* knollig; **~if·er·ous** [bʌl'bɪfərəs] *adj Bot* knollen-, zwiebeltragend; '**~ous** *adj Bot* knollig

bul·bul ['bulbul] *s Zool* Bulbul *m* | Bülbül *m*, Haarvogel *m*

Bul|gar ['bʌlgɑ:] *s* Bulgare *m*, Bulgarin *f*; **~gar·i·a** [~'gɛərɪə] *s* Bulgarien *n*; **~gar·i·an** [~'gɛərɪən] **1.** *s* = **~gar**; **2.** *adj* bulgarisch

bulge [bʌldʒ] **1.** *s* (Aus-) Bauchung *f*, Anschwellung *f* | *Tech* Aufbauchung *f*, Beule *f* | (Faß-) Bauch *m* | (Glas) Bauch *m* | *Mar* Bilge *f*, Schiffsboden *m* | *Am Sl* Vorteil *m* ⟨to get the ~ on s.o. jmdm. den Rang ablaufen⟩; **2.** *vt* ausbauchen, ausbeulen ⟨to ~ s.th. etw. blähen⟩; *vi* sich ausbauchen, sich ausbeulen, sich verziehen | strotzen (**with** von), überquellen (**with** vor) ⟨to ~ with s.th. durch etw. dick sein⟩; '**bulg·y** *adj* bauchig, angeschwollen

bulk [bʌlk] **1.** *s* Umfang *m*, Masse *f*, Größe *f* ⟨in ~ in großen Mengen⟩ | unverpackt, lose ⟨in the ~ in Bausch und Bogen; the ~ der größte Teil⟩ | *Mar* Ladung *f* | *Tech* Masse *f*, Volumen *n*; **2.** *vi* sperrig sein; ~ **large** großen Umfang haben | *übertr* eine große Rolle spielen; *meist* ~ **up** (an)schwellen; *vt* anhäufen, anschwellen lassen ⟨to ~ things together Sachen zusammennehmen⟩; ˌ~ '**buy·ing** *s Wirtsch* Einkauf *m* in großen Mengen; ˌ~ '**goods** *s/pl* Schütt-, Massengüter *pl*; '**~head** *s Mar* Schott *n*; ˌ~ ˌ**man·u·'fac·tur·ing** *s Wirtsch* Massenherstellung *f*; ˌ~ '**pur·chase** = '~ ˌ**buying**; '**~y** *adj* groß | sperrig ⟨≈ goods Sperrgut *n*⟩

[1]**bull** [bul] **1.** *s Zool* Bulle *m*, Stier *m* ⟨a ~ in a china shop

übertr ein Elefant im Porzellanladen; to take the ~ by the horns *übertr* den Stier bei den Hörnern fassen⟩ | (Elefanten-, Elch-, Wal-) Bulle *m*, Männchen *n* | Bulle *m*, ungeschickter *od* ungeschlachter Mensch | *Wirtsch* Haussespekulant *m* (*Ant* bear) | *Am Sl* Bulle *m*, Polyp *m* (Polizist); **2.** *vt Wirtsch* (Preise) in die Höhe treiben; *vi* auf Hausse spekulieren

[2]**bull** [bʊl] *s* (päpstliche) Bulle *f*

[3]**bull** [bʊl] **1.** *s Brit Sl* (*oft* ˌ**Irish** ˈ~) Unsinn *m*, Quatsch *m* ⟨to talk ~ dummes Zeug reden⟩ | *Am Sl* Bock *m*, Fehler *m*; **2.** *vi Am Sl* einen Bock schießen

[4]**bull** [bʊl] *s Brit Mil Sl* übertriebener Drill, Schikane *f* | Routine *f*

bul|la [ˈbʊlə] *s* (*pl* **~lae** [~li:]) *Med* (große) Haut- *od* Wasserblase; ˈ**~late** *adj Med* blasig

bull|dog [ˈbʊldɒg] **1.** *s Zool* Bulldogge *f* | *übertr* Starrkopf *m* | *Brit Sl* Universitätsdiener *m*; **2.** *adj* zäh, hartnäckig; **~doze** [ˈ~dəʊz] *vt* planieren | *umg* einschüchtern (**into** *mit ger* zu *mit inf*); ˈ**~doz·er** *s Tech* Bulldozer *m*, Planierraupe *f* | *umg* Tyrann *m*

bul·len nail [ˈbʊlən neɪl] *s* Zier-, Tapeziernagel *m*

bul·let [ˈbʊlɪt|-ət] *s* kleine Kugel | Gewehr-, Pistolenkugel *f* ⟨armour ~, piercing ~ *Mil* Panzer-, Stahlkerngeschoß *n*; every ~ has its billet *Sprichw* jede Kugel hat ihre Bestimmung⟩; ˈ**~ˌhead** *s* Rundkopf *m* | *Am umg* Dickkopf *m*; ˈ**~-head·ed** *adj* rundköpfig | dickköpfig, stur

bul·le·tin [ˈbʊlətɪn] **1.** *s* Bulletin *n*, offizielle Bekanntmachung ⟨news ~ Nachrichten *f/pl*⟩; **2.** *vt* (etw.) in einem Bulletin bekanntgeben

bul·let·proof [ˈbʊlɪt pru:f] *adj* kugelfest, -sicher

bull|fight [ˈbʊlfaɪt] *s* Stierkampf *m*; ˈ**~ˌfight·er** *s* Stierkämpfer *m*; ˈ**~ˌfight·ing** *s* Stierkampf *m*; ˈ**~finch** *s Zool* Dompfaff *m*; ˈ**~frog** *s Zool* Ochsenfrosch *m*; ˈ**~head** *s* Dickkopf *m*; ˌ**~ˈhead·ed** *adj* dickköpfig

bul·lion [ˈbʊljən] *s* Gold-, Silberbarren *m* | Gold-, Silberschnur *f od* -troddel *f* | Gold-, Silberfaden *m*

bull|ish [ˈbʊlɪʃ] *adj* bullenartig | dick-, starrköpfig | *Wirtsch* (Börse) von steigender Tendenz; ˈ**~ ˌmar·ket** *s* Hausse; **~ock** [ˈ~ək] Ochse *m*; ˈ**~ring** *s* Stierkampfarena *f*; ˈ**~ ˌses·sion** *s Am Sl* (angeregte) Männergesellschaft

bull's-eye [ˈbʊlz aɪ] *s Mar* Bullauge *n* | Butzenscheibe *f* | Schwarzes *n* (der Schießscheibe) | Schuß *m* ins Schwarze (*auch übertr*) | Blendlaterne *f* | hartes rundes Bonbon

bull·shit [ˈbʊlʃɪt] *s vulg, interj* Scheißdreck *m*, Mist *m*

bull ter·ri·er [ˌbʊl ˈterɪə] *s Zool* Bullterrier *m*

[1]**bul·ly** [ˈbʊlɪ] *s, auch* ˈ**~ beef** *umg* Rindfleisch *n* in Büchsen, Büchsenfleisch *n*

[2]**bul·ly** [ˈbʊlɪ] **1.** *s* Tyrann *m* (unter Jungen), Schläger *m*, Quäler *m* | Aufschneider *m*, Maulheld *m* | Zuhälter *m*; **2.** *vt* einschüchtern, tyrannisieren, quälen | schurigeln ⟨to ~ s.o. into doing s.th. jmdn. dazu bringen, etw. zu tun⟩; *vi* sich aufspielen

[3]**bul·ly** [ˈbʊlɪ] (Hockey) **1.** *s* Bully *n*, Abschlag *m*; **2.** *vt* abschlagen; *vi, auch* **~ off** abschlagen

[4]**bul·ly** [ˈbʊlɪ] **1.** *adj Sl* famos, prima, großartig ⟨~ for you! das haben Sie gut gemacht!⟩; **2.** *adv Sl* sehr, außerordentlich ⟨a ~ good dinner ein ganz ausgezeichnetes Essen⟩

bul·ly·rag [ˈbʊlɪræg] *vi Sl* üble Scherze machen mit, auf die Palme bringen | einschüchtern | bedrohen

bul·rush [ˈbʊlrʌʃ] *Bot s* (Teich-, Sumpf-) Binse *f* ⟨like a broken ~ *umg* wie ein Häufchen Elend⟩ | *Brit* Rohrkolben *m*

bul·wark [ˈbʊlwək] *s* Bollwerk *n*, Bastei *f*, Verschanzung *f* | *übertr* Bollwerk *n*, Schutz *m*, Halt *m*, Stütze *f* | *Mar* Schanzkleid *n*, Reeling *f*

[1]**bum** [bʌm] *s umg* Hinterer *m*, Hintern *m*

[2]**bum** [bʌm] *urspr Am Sl* **1.** *s* Bummler *m*, Faulenzer *m*, Landstreicher *m* ⟨on the ~ auf der Walze; to give s.o. the ~'s rush jmdn. hinausschmeißen⟩; **2.** *vi, auch* **~ around** vagabundieren, herumlungern, faulenzen **3.** *adj* schlecht, wertlos ⟨~ check ungültiger Scheck; to give s.o. a ~ steer *übertr* jmdn. verkohlen⟩ | (Körperteil) lahm, kaputt ⟨~ knee⟩

bum·ble·bee [ˈbʌmbl bi:] *s Zool* Hummel *f*

bum·boat [ˈbʌm bəʊt] *s Mar* Bum-, Proviantboot *n*

bumf, bumph [bʌmf] *s Brit Sl verächtl* Wisch *m*, Papier-, Aktenkram *m*

bump [bʌmp] **1.** *vt* (mit etw.) schlagen, stoßen, rennen (**against** gegen, **on** auf, an) ⟨to ~ one's head against the wall mit dem Kopf an die Wand stoßen⟩ | zusammenstoßen mit | (Kricketball) hart aufschlagen; **~ off** *Sl* kaltmachen, umbringen ⟨to ~ s.o. off⟩; *vi* schlagen, stoßen (**against** gegen, **into** an) | zusammenstoßen (**against, into** mit) ⟨to ~ into *umg übertr* jmdn. zufällig treffen⟩ | *auch* **~ along** (Wagen) holpern; **2.** *s* (dumpfer) Stoß *m*, Schlag *m* | Beule *f* | Schlagloch *n* | *übertr* Sinn *m*, Organ *n* (**of** für); ⟨~ of locality Orts-, Orientierungssinn *m*⟩; **3.** *adv* mit einem Schlag, plötzlich, heftig ⟨to run ~ into a wall heftig gegen eine Wand stoßen, an *od* gegen eine Wand rennen; eine Wand rammen⟩

bump·er [ˈbʌmpə] **1.** *s* Humpen *m* | *Kfz* Stoßstange *f* ⟨~-to-~ (Verkehr) Auto an Auto, dicht⟩ | Prellbock *m*, Puffer *m* | *Mar* Holzfender *m* | volles Glas, Humpen *m* | *Theat* volles Haus | *übertr* großes Exemplar ⟨a regular ~ ein richtiger Riese⟩ | *auch* ˈ**boun·cer** (Kricket) Aufsetzer(ball) *m*; **2.** *vt* (jmdm.) mit vollem Glas zutrinken; *vi* zutrinken; **3.** *adj umg* ungewöhnlich reichlich ⟨~ harvest Rekordernte *f*⟩

bump·kin [ˈbʌm(p)kɪn] *s* Tölpel *m*

bump·tious [ˈbʌmpʃəs] *adj* anmaßend, überheblich, arrogant, aufgeblasen

bump·y [ˈbʌmpɪ] *adj* holprig | (Straße) voller Schlaglöcher

bun [bʌn] *s* (Rund-) Brötchen *n* | *Brit umg* Kämmchen *n* | Haarknoten *m* ⟨in a ~ zum Knoten gebunden⟩ ◇ **have a ~ in the oven** *scherzh* (Männer über Frauen) schwanger sein, ein dickes Bäuchlein haben, Zuwachs erwarten

bunch [bʌntʃ] **1.** *s* Bund *m*, Bündel *n* ⟨~ of keys Schlüsselbund *m*; a ~ of radishes ein Bund Radieschen⟩ | Traube *f* ⟨~ of grapes Weintraube *f*⟩ | Strauß *m* ⟨a ~ of flowers⟩ | Büschel *n* ⟨a ~ of hair⟩ | *Min* Erznest *n*, Butzen *m* | *umg* Gruppe *f*, Gesellschaft *f* ⟨the wild ~ die Wilden *m/pl*, die Meute⟩ | Menge *f* ◇ **the best of the ~** der *od* die *od* das Beste von allen; **2.** *vt, auch* **~ together** (zusammen)bündeln, binden | *El* (Leitungen) bündeln, parallel schalten ⟨to ~ lines⟩; *vi* sich zusammentun; ˈ**~ing** *s El* Bündelung *f*; ˈ**~y** *adj* büschelig, traubenförmig | buschig ⟨a ≈ tail⟩ | knorrig, höck[e]rig

bun·combe [ˈbʌŋkəm] = **bunkum**

bun·dle [ˈbʌndl] **1.** *s* Bündel *n*, Bund *n*, Paket *n* ⟨a ~ of books ein Stoß Bücher; a ~ of nerves *übertr* ein Nervenbündel⟩; **2.** *vt, auch* **~ up** bündeln, in Bündel packen; **~ away, ~ off, ~ into** einpacken, stopfen, wegstecken ⟨to ~ everything in a drawer alles in einen Kasten werfen⟩ | eilig fortschicken, schnell wegschicken ⟨to ~ the children off to school⟩; *vi, meist* **~ off**, *auch* **~ away, ~ out** sich pakken, sich fortpacken, sich fortscheren, sich davonmachen

bung [bʌŋ] **1.** *s* Spund *m*, Stöpsel *m*; **2.** *vt auch* **~ up** (zu-, ver)spunden | zu-, verstopfen | *Sl* (Steine) werfen, schleudern

bun·ga·low [ˈbʌŋgələʊ] *s* Bungalow *m*, eingeschossiges Haus

bunged up [ˌbʌŋd ˈʌp] *adj* (Nase) verstopft | (Leitung) verstopft, *umg* zu; **bung·hole** [ˈbʌŋhəʊl] *s* Spund-, Zapfloch *n*

bun|gle [ˈbʌŋgl] **1.** *s* Stümperei *f*, Pfuscherei *f*; **2.** *vt* (etw.)

(ver)pfuschen; *vi* pfuschen; **'~gler** *s* Pfuscher *m*, Stümper *m*; **'~gling** *adj* ungeschickt, stümperhaft

bun·ion ['bʌnjən] *s Med* Entzündung *f* am Fußballen | Frostbeule *f* (am Fuß)

[1]**bunk** [bʌŋk] **1.** *s* Wandbett *n* | = ~ **bed** | *Mar* Koje *f*; **2.** *vi* in einer Koje schlafen | übernachten

[2]**bunk** [bʌŋk] *Kurzw für* **bunkum**

[3]**bunk** [bʌŋk] *Brit Sl* **1.** *vi auch* ~ **off** abhauen, türmen; **2.** *s* Abhauen *n* ⟨to do a ~ verduften⟩

bunk bed ['bʌŋk bed], *auch* **bunk** *s* Doppelstockbett *n*

bunk·er ['bʌŋkə] **1.** *s Mar* (Kohlen-) Bunker *m* | *Mil* Bunker *m* | *Sport* (Golf) Bunker *m*; **2.** *vi* (Kohlen) laden; *vt* (*meist pass*) (Golfball) in einen Bunker schlagen ◇ **be ~ed** *umg* in Schwierigkeiten sein

bunk·house ['bʌŋkhaʊs] *s Am* Arbeiterbaracke *f*

bun·kum ['bʌŋkəm] *s umg* Unsinn *m*, Geschwätz *n*, Quatsch *m* ⟨that's all ~⟩

bun·ny ['bʌnɪ] *s* (Kindersprache) Kaninchen *n*, Häschen *n*

Bun·sen burn·er ['bʌnsn ˌbɜːnə] *s Chem* Bunsenbrenner *m*

bunt [bʌnt] *Am* (Baseball) **1.** *s* Stoppballschlag *m*; **2.** *vt, vi* (Ball) leicht schlagen

bunt·ed ['bʌntɪd] *adj Bot* brandig

[1]**bun·ting** ['bʌntɪŋ] *s* Flaggentuch *n* | Flaggen *f/pl*, Flaggenschmuck *m*

[2]**bun·ting** ['bʌntɪŋ] *s Zool* Ammer *f*

buoy [bɔɪ] **1.** *s* (Anker-) Boje *f*, Seezeichen *n* | *auch* **'life ~** Rettungsboje *f*; **2.** *vt Mar* durch Bojen markieren | *meist* ~ **up** *Mar* flott erhalten | *übertr* Auftrieb geben ⟨~ed up with new hope mit neuer Hoffnung erfüllt⟩ | *meist* ~ **off** *Mar* ausbojen

buoy|an·cy ['bɔɪənsɪ] *s Phys* Schwimmkraft *f*, Tragvermögen *n* | *Flugw* Auftrieb *m* | *übertr* Spannkraft *f*, Lebensmut *m*; **'~ant** *adj* schwimmend, tragend | *übertr* spannkräftig, lebensfroh, unbekümmert, in gehobener Stimmung ⟨with a ≈ step federnden Schrittes⟩ | *Wirtsch* (Kurs u. ä.) steigend ⟨≈ prices⟩

bur[r] [bɜː] *s Bot* Klette *f* | *Zool* Knotenbildung *f* | *übertr* Klette *f* ⟨to cling like a ~ wie eine Klette haften⟩

Bur·ber·ry ['bɜːbərɪ] *s* wasserdichter Stoff *od* Mantel

bur·ble ['bɜːbl] **1.** *vi* gurgeln | brodeln, leicht kochen | *übertr* unaufhörlich reden *od* schwatzen; **2.** *s* Gurgeln *n* | ständiges Reden *od* Schwatzen | *Flugw* Wirbel *m*

[1]**bur·den** ['bɜːdn] **1.** *s* Last *f*, Ladung *f* ⟨beast of ~ Lasttier *n*⟩ | Belastung *f* (**on s.th.** e-r Sache) | *Mar* Tragfähigkeit *f*, Tonnengehalt *m* ⟨a ship of 2,000 tons ~ ein 2 000-Tonner *m*⟩ | *übertr* Last *f*, Bürde *f* ⟨to be a ~ to s.o. jmdm. zur Last fallen⟩ | *übertr* Verantwortung *f*, Verantwortlichkeit *f* ⟨the ~ of proof die Pflicht der Beweisführung⟩; **2.** *vt* beladen, belasten (*auch übertr*) (**with** mit) | *Tech* beschweren, schwerer machen

[2]**bur·den** ['bɜːdn] *s Mus* Baß *m*, (tiefe) Begleitung | *Mus* Refrain *m* | (*mit best art*) Hauptgedanke *m*, -thema *n*, Kern *m* ⟨the ~ of the argument die Pointe; the ~ of the story das Thema der Geschichte⟩

bur·den·some ['bɜːdnsəm] *adj* schwer | lästig

bur·dock ['bɜːdɒk] *s Bot* Klette *f*

bu·reau ['bjʊərəʊ] *s* (*pl* **~s, bu·reaux** ['~z]) *Brit* Schreibtisch *m*, -pult *n* | *Am* Frisiertoilette *f*, -kommode *f* | Büro *n*, Verwaltungsstelle *f* ⟨Information ~⟩ | *Am* Abteilung *f* eines Ministeriums; **~cra·cy** [bjʊə'rɒkrəsɪ] *s* Bürokratie *f*; **~crat** ['bjʊərə(ʊ)kræt] *s* Bürokrat *m*; **ˌ~'crat·ic** *adj* bürokratisch

bu·rette [bjʊə'ret] *s Chem* Bürette *f*, Meßröhre *f*

burg [bɜːg] *s Am umg* Stadt *f* | *Am* (abgelegenes) Dorf *n* | *Hist* Burg *f*

bur·gee ['bɜːdʒiː] *Mar s* dreieckiger (Yachtklub-) Wimpel *m* | Doppelstander *m*

bur·geon ['bɜːdʒən] **1.** *s Bot* Knospe *f*, Auge *n*; **2.** *vi* knospen, sprießen, gedeihen (*auch übertr*); *vt, auch* ~ **forth**, ~ **out** hervorbringen

bur·gess ['bɜːdʒəs] *s Brit Hist* stimmberechtigter Bürger | Abgeordneter *m*, Deputierter *m*; **'~ship** *s* Wahlrecht *n*

burgh [bɜːg] *Schott für* **borough**

burgh·er ['bɜːgə] *s arch* Bürger *m* (bes. von holländischen u. deutschen Städten)

bur|glar ['bɜːglə] *s* Einbrecher *m*; **~glar·i·ous** [bɜː'glɛərɪəs] *adj* Einbruchs- ⟨≈ attempt⟩; **'~glar-proof** *adj* diebstahlsicher; **'~gla·ry** *s* Einbruch *m*; **~gle** ['bɜːgl] *vt, vi* einbrechen (**in** in)

bur·go·mas·ter ['bɜːgəˌmɑːstə] *s* Bürgermeister *m* (bes. in holländischen u. deutschen Städten)

bur·go·net ['bɜːgənet] *s Hist* Sturmhaube *f*

bur·i·al ['berɪəl] *s* Begräbnis *n*, Beerdigung *f*, Leichenfeier *f*; **'~ ground** *s* Friedhof *m*; **'~ place** *s* Grabstätte *f*; **'~ ˌser·vice** *s* Trauerfeier *f*, Totenmesse *f*; **'~ stone** *s* Grabstein *m*

Bur|yat, *auch* **~iat** ['buriːɒt] **1.** *s* (*pl* **'~yat, '~yats**) Buriäte *m*, Buriätin *f* | *Ling* Buriätisch *n*; **2.** *adj* buriätisch

bu·rin ['bjʊərɪn] *s* Grabstichel *m* | Meißel *m*; **'~ist** *s* Kupferstecher *m*

burke [bɜːk] *vt* ermorden, erwürgen, ersticken | *umg* (etw.) unterdrücken, vertuschen ⟨to ~ inquiry Nachforschungen unterdrücken⟩ | umgehen, aus dem Weg gehen ⟨to ~ an issue ein Problem verdrängen⟩

burl [bɜːl] **1.** *s* Knoten *m*, Noppe *f* (im Garn *od* Stoff); **2.** *vt* (Tuch) noppen

bur·lap ['bɜːlæp] *s* Sackleinwand *f*, grobes Juteleinen

bur|lesque [bɜː'lesk] **1.** *adj* burlesk, possenhaft; **2.** *s* das Lächerliche, das Possenhafte | *Lit, Theat* Burleske *f*, Posse *f* | *auch* **~lesk** *Am* Tingeltangel *m*, Show *f*, Varieté *n*; **3.** *vt* parodieren, lächerlich machen, persiflieren ⟨to ~ s.o. sich über jmdn. lustig machen; to ~ s.o.'s poem jmds. Gedicht parodieren⟩

bur·ly ['bɜːlɪ] *adj* (Person) stämmig, kräftig, beleibt | direkt, geradezu ⟨~ story⟩

Bur|ma ['bɜːmə] *s* Burma *n*; **'~man** *s* Burmese *m*, Burmesin *f*; **~mese** ['bɜːmiːz] *s* Burmese *m*, Burmesin *f*; (*pl konstr*) Burmesen *pl* | *Ling* Burmesisch *n*

burn [bɜːn] **1.** (**burnt, burnt** [~t] *od* **burned, burned**) *vi* (an-, ver)brennen | brennen, brennbar sein ⟨wood ~s easily⟩ | glühen, leuchten (**with** vor) | *Chem* verbrennen, oxydieren | (Rate-, Suchspiel) der Lösung nahe sein ⟨you burn es ist heiß⟩; ~ **away** ständig brennen, durchbrennen ⟨to ~ away all night⟩; ~ **away**, ~ **down**, ~ **low** ab-, niederbrennen; ~ **out** ausbrennen, ausgehen; ~ **up** aus-, abbrennen | hell brennen, aufflammen, (auf)lodern; *vt* verbrennen ⟨to ~ one's boats / bridges *übertr* alle Brücken hinter sich abbrechen; to ~ one's fingers sich die Finger verbrennen (*auch übertr*); to ~ one's mouth sich den Mund verbrennen⟩ | einbrennen ⟨to ~ a hole⟩ | (Ziegel u. ä.) brennen | verheizen, heizen mit ⟨to ~ oil⟩ | *Chem* oxydieren; ~ **away**, ~ **down** ab-, niederbrennen; ~ **o.s. out** ausgehen (**of s.th.** aus Mangel an etw.); ~ **through** durchbrennen; **2.** *s Med* Verbrennung *f*, Brandwunde *f*, -mal *n*; **'~a·ble** *adj* brennbar; **'~er** *s* Brenner *m* ⟨charcoal ≈ Köhler *m*⟩ | *Tech* Brenner *m* ⟨four-≈ oil-stove vierflammiger Ölofen⟩; **'~er head** *s Tech* Brennerdüse *f*; **'~ing 1.** *adj* brennend, glühend, heiß (*auch übertr*) ⟨≈ anger glühender Zorn; ≈ question brennende Frage⟩ | berüchtigt, skandalös, schändlich ⟨≈ shame schreiende Ungerechtigkeit⟩; **2.** *s* Brennen *n* | Brand *m*, Feuer *n* | *Tech* Brennen *n*; **'~ing glass** *s* Brennglas *n*

bur·nish ['bɜːnɪʃ] **1.** *vt* polieren, glätten | *Tech* brünieren | (Geweih) fegen; *vi* glänzend werden, glatt werden | leuchten; **2.** *s* Politur *f*; **'~er** *s* Polierer *m* | *Tech* Poliereisen *n*; **'~ing 1.** *adj* Polier-; **2.** *s* Polieren *n*

bur·nous[e] [bɜː'nuːs] *s* Burnus *m*

burnt [bɜːnt] **1.** *prät* u. *part perf von* ↑ **burn 1.**; **2.** *adj* ver-, gebrannt; **ˌ~ 'al·monds** *s/pl* gebrannte Mandeln *f/pl*; **ˌ~ 'lime** *s* Ätzkalk *m*

burp [bɜːp] *Sl* **1.** *s* Rülpsen *n* | Rülpser *m*; **2.** *vi* rülpsen, aufstoßen; *vt umg* (Baby) aufstoßen lassen

[1]**burr** [bɜː] **1.** *s Phon* Zäpfchen-R *n* | *Ling* rauhe, kehlige Aussprache ⟨Northumbian ~⟩; **2.** *vi* (das R) schnarren; *vt* (das R) schnarrend aussprechen

[2]**burr** [bɜː] *s* Mühlstein *m* | Wetzstein *m*

[3]**burr** [bɜː] *Tech* **1.** *s* rauhe Kante | Bohr-, Schneide-, Stanzgrat *m*, Bart *m*; **2.** *vt* rauh abkanten | abgraten; **'~ drill** *s Tech* Drillbohrer *m*

bur·row ['bʌrəʊ] **1.** *s* (Fuchs-, Kaninchen- u. ä.) Bau *m*, Loch *n* | *übertr* Zufluchtsort *m*; **2.** *vi* ein Loch graben | sich eingraben, sich verkriechen (*auch übertr*) ⟨to ~ into a secret ein Geheimnis erforschen⟩; *vt* (Erde) aufwühlen, unterhöhlen | (Loch) graben ⟨to ~ a hole⟩; **'~er** *s Zool* Wühltier *n*

bur|sa ['bɜːsə] *s* (*pl* **~sae** [~siː], **~sas** [~səz]) *Med* Bursa *f*, Schleimbeutel *m*

bur|sar ['bɜːsə] *s* Schatzmeister *m*, Quästor *m* (an Universitäten) | *Schott* Stipendiat *m* (an Universitäten); **'~sar·ship** *s* Schatzmeisteramt *n*; **'~sa·ry** *s* Schatzamt *n*, Quästur *f* | *Schott* Stipendium *n*, Studienbeihilfe *f*

bur·si·tis [bə'saɪtɪs] *s Med* Bursitis *f*, Schleimbeutelentzündung *f*

burst [bɜːst] **1.** (~, ~) *vi* zer-, aufspringen, bersten, platzen, explodieren (*auch übertr*) (**with** vor) ⟨a bottle ~ eine Flasche zersprang; a tyre ~ ein Reifen platzte; ~ing with anger vor Zorn platzend; to be ~ing to *mit inf* darauf brennen zu *mit inf*⟩ | (Granate) platzen, explodieren | (Geschwür) aufgehen | *Bot* aufspringen | *übertr* plötzlich auftauchen *od* eintreten ⟨to ~ into the room ins Zimmer stürzen; to ~ out of the ground aus dem Boden schießen⟩; **~ asunder** auseinander-, aufspringen, auseinander-, aufplatzen; **~ forth** ausbrechen ⟨to ~ forth into threats in Drohungen ausbrechen⟩; **~ in** hineinplatzen ⟨to ~ in upon a conversation⟩; **~ into** ausbrechen in (*auch übertr*) ⟨to ~ into flames; to ~ into tears⟩ | plötzlich übergehen in ⟨to ~ into a gallop⟩; **~ out** ausbrechen in, laut ausrufen ⟨to ≈ into threats Drohungen ausstoßen; to ≈ into explanations sich lauthals entschuldigen⟩ | beginnen, anfangen ⟨to ~ out laughing in Gelächter ausbrechen⟩ | (Krieg, Krankheit u. ä.) ausbrechen, plötzlich entstehen; **~ upon** plötzlich treffen *od* zukommen auf ⟨to ~ upon one's sight plötzlich ins Blickfeld treten; the truth ~ upon me auf einmal wurde mir alles klar, es fiel mir wie Schuppen von den Augen⟩; *vt* (zer)sprengen, zum Platzen bringen ⟨I ~ a tire mir platzte der Reifen; he ~ a blood vessel ihm platzte ein Blutgefäß; to ~ one's sides with laughing vor Lachen fast platzen, sich vor Lachen ausschütten; he ~ his clothes er platzte aus den Nähten; don't ~ yourself! *übertr* bring dich nicht um!⟩; **~ open** (auf)sprengen ⟨to ~ the door open⟩; **2.** *s* Bersten *n*, Platzen *n* ⟨the ~ of a bomb⟩ | Riß *m*, Bruch *m* ⟨a ~ in the water main ein Wasserrohrbruch *m*⟩ | Reifenschaden *m* | Explosion *f* ⟨~ of thunder Donnerschlag *m*⟩ | Stoß *m* ⟨~ of gunfire Geschoßsalve *f*, Feuerstoß *m*⟩ | *übertr* Ausbruch *m* ⟨~ of tears Tränenschwall *m*; ~ of applause Beifallssturm *m*⟩ | heftige Anstrengung ⟨~ of energy kurze Kraftanstrengung; ~ of speed Spurt *m*⟩; **'~er**, **'~ing charge** *s Tech* Sprengladung *f*; **'~-up** *s* Bankrott *m*, Zusammenbruch *m*

bur·then ['bɜːðən] *lit für* [1]**burden 1., 2.**

bur·ton ['bɜːtn] *s* (*oft* ≈) *Brit Sl* in: **gone for a ~** im Eimer

bur·y ['berɪ] *vt* begraben, beerdigen, bestatten ⟨to ~ two husbands *übertr* zwei Ehemänner [durch Tod] verlieren⟩ | ein-, vergraben ⟨buried treasure vergrabener Schatz⟩ | ein-, verscharren | begraben, zuschütten ⟨buried under snow⟩ | verbergen ⟨to ~ one's face in one's hands das Gesicht in den Händen vergraben; to ~ o.s. in the country *übertr* allein sein wollen, sich an einem einsamen Ort aufhalten⟩ | *übertr* begraben ⟨to ~ a quarrel einen Streit begraben⟩ | *übertr* vergraben, versenken ⟨to be buried in thought gedankenverloren sein; to ~ o.s. in one's studies sich ganz in das Studium vertiefen⟩; *vi* begraben sein *od* werden | (Tier) sich eingraben; **'~ing ground**, **'~ing place** *s* Friedhof *m*

bus [bʌs] **1.** *s* (*pl* **~[s]es** ['~ɪz) Omnibus *m* ⟨to miss the ~ *Sl übertr* eine Gelegenheit verpassen⟩ | *Sl Flugw* Kiste *f* | *Kfz* Karre *f*; **2.** *vt*, *auch* **~ it** mit dem Omnibus fahren | *Am* (Kinder) Schwarze und Weiße gemeinsam mit dem Schulbus befördern; **'~ bar** *s El* Sammelschiene *f*

bus·boy ['bʌsbɔɪ] *s Am* Kellnerlehrling *m*, -gehilfe *m*, Hilfskellner *m*

bus·by ['bʌzbɪ] *s* (Soldaten-) Pelzmütze *f*

bus driv·er ['bʌs ˌdraɪvə] *s* Busfahrer *m*

bus girl ['bʌs gɜːl] *s Am* (weiblicher) Kellnerlehrling, -gehilfe *m*, Serviererin *f*, Hilfskellnerin *f*

[1]**bush** [bʊʃ] **1.** *s* Busch *m*, Strauch *m* ⟨~es Buschwerk *n*; fruit ~es Beerensträucher *m/pl*; to beat about / around the ~ *übertr* wie die Katze um den heißen Brei herumschleichen⟩ | Gestrüpp *n* | *oft* **the ~** Busch *m*, Urwald *m* | (Haar-) Schopf *m*; **2.** *vt* mit Büschen bepflanzen; *vi* buschig werden

[2]**bush** [bʊʃ] *Tech* **1.** *s* (Blech-) Hülse *f* | Futter *n*, Füllstück *n* | *auch* **~ing** Buchse *f*, Büchse *f*, Führung *f* | Spundring *m*; **2.** *vt* ausbuchsen, ausbüchsen

bush·el ['bʊʃl] *s* Bushel *m*, Scheffel *m* (*Brit* = 36,37 l, *Am* = 35,24 l) ⟨to hide one's light under a ~ *übertr* sein Licht unter den Scheffel stellen⟩

bush| har·row ['bʊʃ ˌhærəʊ] *s Landw* Buschegge *f*; **'≈man** *s* (*pl* **'≈men**) Buschmann *m* | *Austr* Hinterwäldler *m*; **'~ˌrang·er** *s Austr* Buschklepper *m*, Strauchdieb *m*; **ˌ~ 'tel·e·graph** *s urspr Austr* Buschfunk *m*, schnelle Verbreitung eines Gerüchts; **'~ˌwhack·er** *s Am* Guerillakämpfer *m* | *Austr* Hinterwäldler *m*; **'~y** *adj* buschig ⟨≈ eyebrows⟩

busi·ness ['bɪznəs] **1.** Handel *m*, Geschäft *n*, Geschäftsleben *n* ⟨to do ~ with s.o. Handel treiben mit jmdm.; ~ is ~ Geschäft ist Geschäft; steel ~ Stahlgeschäft *n*⟩ | (Kaufmanns-) Beruf *m*, Gewerbe *n*, Handelstätigkeit *f* ⟨to go into ~ Kaufmann werden⟩ | Handelsfirma *f*, Geschäft *n*, Unternehmen *n* ⟨hours of ~ Geschäftsstunden *pl*; small ~es kleine Firmen *f/pl*⟩ | Geschäftslokal *n*, Tätigkeit *f*, Beschäftigung *f*, Arbeit *f* ⟨on ~ dienstlich, geschäftlich; to come / get to ~ sich an die Arbeit machen; *übertr* zur Sache kommen⟩ | Angelegenheit *f*, Sache *f* ⟨mind your own ~ kümmere dich um deine eigenen Angelegenheiten; that's no ~ of yours das geht dich nichts an; to send s.o. about his ~ *übertr* jmdn. seiner Wege gehen heißen⟩ | Pflicht *f*, Aufgabe *f* ⟨it's his ~ to pay attention er hat aufzupassen⟩ | Berechtigung *f*, Grund *m* ⟨you have no ~ doing/to do this⟩ | (*mit unbest art*) schwierige Angelegenheit | *Theat* Mimik *f*, Gebärdenspiel *n* ⟨stage ~ Bühnenanweisung *f*⟩ | *umg* (*oft verächtl*) Sache *f*, Kram *m* ⟨I'm sick of the whole ~ ich habe den ganzen Kram *od* Laden satt⟩ ◇ **like nobody's ~** *Sl* wie kein anderer, wie geschmiert; **2.** *in Zus* Geschäfts-, Handels-; **'~ ˌcy·cle** *s Wirtsch* Konjunkturzyklus *m*; **'~ end** *s Wirtsch* geschäftlicher Teil | *umg* maßgeblicher Teil, Teil, auf den es ankommt ⟨the ≈ of a chisel

Meißelspitze *f*⟩; '~ **hours** *s/pl* Geschäftszeit *f*, -stunden *pl*; '~**like** *adj* geschäftsmäßig, sachlich, praktisch ⟨in a ≈ manner in sachlichem Ton, gekonnt⟩; ~**man** ['~mæn] *s* (*pl* '~**men**) Geschäfts-, Kaufmann *m*; '~ ˌ**out·look** *s Wirtsch* Geschäftsaussichten *f/pl*, Konjunkturlage *f*; '~ ˌ**prof·it** *s Wirtsch* Unternehmergewinn *m*; ˌ~ **re'ply card** *s Wirtsch* Werbeantwortkarte *f*; '~**speak** *s* Unternehmerjargon *m*; '~ **stamp** *s Wirtsch* Firmenstempel *m*; '~ **suit** *s Am* guter Straßenanzug; '~ **tour**, '~ **trip** *s* Geschäftsreise *f*; ˌ~ '**year** *s Wirtsch* Geschäftsjahr *n*

bus·ing ['bʌsɪŋ] *s Am* Beförderung *f* von Kindern in gemischte Schulen zur Garantierung der Rassengleichheit

busk [bʌsk] *s* Korsettstäbchen *n*

bus·ker ['bʌskə] *s* umherziehender Schauspieler, Straßensänger *m*, Bettelmusikant *m*

bus·kin ['bʌskɪn] *s* Halbstiefel *m* | *Hist* Kothurn *m* | *übertr* Tragödie *f*

bus|man ['bʌsmən] *s* (*pl* ~**men**) Busfahrer *m*; ˌ~**man's** '**hol·i·day** *s übertr* Ferien *pl*, in denen man arbeitet; '~ **stop** *s* Bushaltestelle *f*

buss [bʌs] *dial* **1.** *s* Kuß *m*; **2.** *vi*, *vt* küssen

[1]**bust** [bʌst] *s* (Stein-, Bronze-) Büste *f*, Brustbild *n* | *Film* Groß-, Nahaufnahme *f* | Büste *f*, Busen *m*, (weibliche) Brust | Brustweite *f* | Oberteil *n* (e-s Kleides)

[2]**bust** [bʌst] *Sl* (*für* **burst**) **1.** *vt* zerschlagen, zerschmettern | (eine) runterhauen ⟨he ~ed him one⟩ | *Am* (Pferde) zureiten; *vi* (zer)bersten | *Am* im Examen durchfallen | *Am* in der Rede steckenbleiben | *auch* ~ **up** *urspr Am* Konkurs machen; **2.** *s urspr Am* Bankrott *m* ⟨to go ~ Bankrott machen⟩ | *Sl* Bierreise *f*, Saufpartie *f* ⟨to have a ~, to go on the ~ einen drauf machen⟩

bus·tard ['bʌstəd] *s Zool* Trappe *f*

bus·ter ['bʌstə] **1.** *s Sl verächtl* Kerl *m*, Bursche *m* ⟨come here, ~!⟩ | *Am* (Kind) Brocken *m* ⟨a tough little ~⟩; **2.** *in Zus* -knacker *m* ⟨safe~; tank~; crime~ Verbrechensbekämpfer *m*, Ganovenschreck *m*⟩

[1]**bus·tle** ['bʌsl] **1.** *vi*, *auch* ~ **about** sich rühren, herumhantieren, geschäftig sein, hetzen; *vt* antreiben; **2.** *s* Geschäftigkeit *f* ⟨to be in a ~⟩ | Lärm *m*, Tumult *m*, Gewühl *n*, Aufregung *f*

[2]**bus·tle** ['bʌsl] *s* Bausch *m*, Turnüre *f*

bus|tler ['bʌslə] *s* geschäftiger Mensch; '~**tling** *adj* rührig, geschäftig

bust-up ['bʌst ʌp] *s Sl* Streit *m*, Krach *m*

bus·way ['bʌsweɪ] *s* Busspur *f*

bus·y ['bɪzɪ] **1.** *adj* beschäftigt (**with, over** mit) | fleißig, emsig, geschäftig ⟨to be ~ *mit ger* emsig dabei sein zu *mit inf*; to get ~ sich ran-, dazuhalten⟩ | ausgefüllt, arbeitsreich ⟨a ~ day⟩ | belebt ⟨a ~ street⟩ | *Tel* besetzt ⟨the line is ~ der Anschluß ist besetzt⟩; **2.** *vt* beschäftigen ⟨to ~ o.s. with / about s.th. sich mit etw. beschäftigen; to ~ o.s. [in] *mit ger* damit beschäftigt sein zu *mit inf*⟩; '~ˌ**bod·y** *s* Wichtigtuer *m*; '~**ness** *s* Geschäftigkeit *f* | Beschäftigtsein *n*

[1]**but** [bət|bʌt] **1.** *conj* aber, jedoch, sondern ⟨~ you must tell me aber du mußt es mir sagen; it never rains ~ it pours es regnet nicht, es gießt (*auch übertr*)⟩ | (*nach neg od interrog*) außer, als ⟨I cannot help ~ *mit inf* ich kann nicht umhin zu *mit inf*⟩ | ohne daß ⟨I never pass the house ~ I think of my youth ich gehe nie an dem Haus vorbei, ohne an meine Jugend zu denken⟩ | sondern ⟨not x ~ y⟩ | indessen, nichtsdestoweniger ⟨anything ~ durchaus nicht, alles andere als⟩ ◇ ~ **that** *förml* daß ⟨who knows ~ that he may win wer glaubt nicht fest, daß er gewinnt⟩; ~ **then** aber, dann, aber ... ja ⟨~ then he was her husband aber er war ja ihr Mann; ~ then you must be his brother aber dann müssen Sie doch sein Bruder sein; ~ then he couldn't know aber dann konnte er das ja gar nicht wissen⟩; **2.** *adv* bloß, nur, erst ⟨I can ~ try ich kann (es) nur versuchen; ~ an hour ago erst vor e-r Stunde⟩ | *bes Am Sl* aber, unbedingt ⟨get there ~ fast geh hin, aber etwas schnell *od* tempo!⟩ ◇ **all** ~ beinahe, fast ⟨he all ~ won⟩; **3.** *rel pron* der (die, das) nicht ⟨there is not one of them ~ wants to leave keiner von ihnen will gehen⟩; **4.** *präp* außer ⟨all ~ him alle außer ihm; ~ for her help ohne ihre Hilfe; ~ that außer daß; no one ~ her could do it nur sie konnte es tun; it was nothing ~ trouble es gab nichts als Schwierigkeiten; anything ~ that! (alles) nur das nicht!; the last ~ one der vorletzte⟩; **5.** *s* Aber *n*, Einwand *m* ⟨~s and ifs Wenn *n* und Aber *n*⟩ ◇ ~ **me no** ~**s!** keine Widerrede!, komme mir nicht mit [deinen] Einwänden

[2]**but** [bʌt] *s Schott* Vorraum *m*, Küche *f*

bu·tane ['bju:teɪn] *s Chem* Butan *n*

butch·er ['bʊtʃə] **1.** *s* Fleischer *m*, Metzger *m* ⟨~'s meat Schlachtfleisch *n* (außer Geflügel, Wild, Speck); the ~'s Fleischerladen *m*⟩ | *übertr* Schlächter *m*, Mörder *m* | *Am Eisenb*, *Theat* Verkäufer *m* ⟨candy ~⟩; **2.** *adj* Schlacht- ⟨~ animal⟩; **3.** *vt* ab-, hinschlachten (*auch übertr*) | *übertr* verderben, zugrunde richten ⟨to ~ a text; to ~ a musical composition⟩; '~**ly** *adj* mörderisch; ~**y** ['~rɪ] **1.** *s* Schlächterei *f* | Schlachtbank *f* | *übertr* Blutbad *n*, Metzelei *f*; **2.** *attr adj* Fleischer- ⟨≈ business Fleischergewerbe *n*⟩ | *übertr* mörderisch

but·ler ['bʌtlə] *s* Kellermeister *m* | Butler *m*, erster Diener

[1]**butt** [bʌt] *s* (großes) Weinfaß | (Regen-) Faß *n*, Butte *f*

[2]**butt** [bʌt] **1.** *s* Endstück *n* | dickes Ende (meist aus Holz) | (Gewehr- u. ä.) Kolben *m* | (Zigarren-, Zigaretten-) Stummel *m*, Kippe *f* | (Angel- u. ä.) Griff *m* | Kugelfang *m* | *übertr* Zielscheibe *f*, Opfer *n* | *meist* ~**s** *pl* Schießstand *m* | Stoß *m*; **2.** *vt* (Bretter) an den Enden zusammenfügen | (jmdn. mit dem Kopf) stoßen ⟨to ~ s.o. in the stomach jmdn. in den Magen stoßen⟩; *vi* stoßen, rennen (**against, into** gegen, **on** an) | *meist* ~ **in** sich einmischen, sich einmengen, (unhöflich, ungefragt) unterbrechen ⟨to ~ in s.o.'s private affairs sich in jmds. Privatleben einmischen⟩

[3]**butt** [bʌt] *s Zool* Butt *m*, Scholle *f*

butt end ['bʌt 'end] *s* Gewehrkolben *m* | (Baumstamm) unteres Stammende | Wurzelende *n* ⟨a ~ of a tree⟩ | *übertr* Ende *n*

but·ter ['bʌtə] **1.** *s* Butter *f* ⟨melted ~ zerlassene Butter; run ~ Butterschmalz *n*; she looks as if ~ would not melt in her mouth *umg übertr* sie sieht aus, als könnte sie nicht bis drei zählen *od* als ob sie kein Wässerchen trüben könnte⟩ | butterähnliche Masse ⟨cocoa ~ Kakaobutter *f*; peanut ~ Erdnußbutter *f*⟩ | *umg* Schmeichelei *f*; **2.** *vt* (Brot) mit Butter bestreichen ⟨to know on which side one's bread is ~ed seinen Vorteil kennen; wissen, wo Barthel den Most holt⟩ | mit Butter kochen | *meist* ~ **up** (jmdm.) übertrieben schmeicheln; '~**box** *s* Butterdose *f*; '~**cup** *s Bot* Hahnenfuß *m*, Butterblume *f*; '~ ˌ**curl·er** *s* Butterformer *m*; '~**dish** *s* Butterdose *f*; '~ˌ**fin·gered** *adj umg* ungeschickt | (Kricket) unsicher beim Fangen; '~ˌ**fin·gers** *s/pl* (*sg konstr*) *umg* ungeschickter Mensch | (Kricket) einer, der nicht fangen kann; '~ˌ**flow·er** *s Bot* Butterblume *f*

but·ter·fly ['bʌtəflaɪ] **1.** *s Zool* Schmetterling *m* | *übertr* oberflächliche Person; **2.** *vi* flattern; ˌ~ '**cock** *s Tech* Flügelhahn *m*; ˌ~ '**damp·er** *s Tech* Rauchklappe *f*; '~ **nut** *s Tech* Flügelmutter *f*; '~ **stroke** *s* (Sport) Butterfly *m*, Schmetterlingsstil *m*

but·ter|milk ['bʌtəmɪlk] *s* Buttermilch *f*; '~**scotch** *s* Sahnebonbon *n*; '~**wort** *s Bot* Fettkraut *n*; ~**y** ['~rɪ] **1.** *adj* butterartig, Butter-; **2.** *s* Speisekammer *f* | *Brit* (an Universitäten) Kantine *f*; '~y 'hatch *s* Durchreiche *f*

butt hinge ['bʌt hɪndʒ] *s Tech* Angelband *n*

butt|-in ['bʌt ɪn] *s Sl* einer, der sich einmischt, Eindringling *m*; **~in·sky** [bʌ'tɪnski:] *s Am Sl* aufdringlicher Mensch, Störenfried *m*

but·tock ['bʌtək] *s* Hinterbacke *f*, Keule *f* | (Ringen) Hüftschwung *m*; **'~s** *s/pl* Gesäß *n*

but·ton ['bʌtn] **1.** *s* Knopf *m* ⟨to take s.o. by the ~ *übertr* sich jmdn. vorknöpfen⟩ | (Klingel u. ä.) Knopf *m* ⟨to press the ~⟩ | Abzeichen *n*, Plakette *f* | (Schwert) Knauf *m* | (Metall) Korn *n* | *Bot* Knospe *f*, Auge *n* | *Mus* (Orgel u. ä.) Knopf *m* | *Tech* Knopftaste *f* | (Fenster-) Wirbel *m* ◇ **on the ~** *Am Sl* genau, exakt, auf den Punkt; **2.** *vt* mit Knöpfen versehen | meist **~ up** an-, zuknöpfen; *vi* **~ down** (Kleidungsstück) sich durchknöpfen lassen; **~ up** sich knöpfen lassen; **'~ boy** *s* Hotelpage *m*; **ˌ~ed 'up** *adj übertr* zugeknöpft, still, schweigsam | *übertr* (Person) gehemmt, verschlossen | *übertr* (Arbeit u. ä.) fertiggestellt, abgeschlossen ⟨to have a deal all ≈ ein Geschäft unter Dach und Fach haben⟩; **'~hole 1.** *s* Knopfloch *n* | *Brit umg* Ansteckblume *f*, -sträußchen *n*; **2.** *vt* (jmdn.) zwingen, einen anzuhören; **'~hole stitch** *s* Schlingstich *m*; **'~hook** *s* Stiefelknöpfer *m*; **'~s** *s/pl* (*sg konstr*) *umg* Hotelpage *m*, Liftboy *m*; **'~wood** *s Bot* Platane *f*

butt plate ['bʌt pleɪt] *s Tech* Deckplatte *f*, Verbindungsstreifen *m*

but·tress ['bʌtrəs] **1.** *s Arch* Stütz-, Strebepfeiler *m* | *übertr* Stütze *f* ⟨a ~ of the cause of peace ein Grundpfeiler der Sache des Friedens⟩; **2.** *vt auch* **~ up** stützen (*auch übertr*) ⟨to ~ the case for s.th. eine Sache nachdrücklich stützen *od* untermauern⟩

butt|-weld ['bʌt weld] *s vt* stumpfschweißen; **'~ weld[ing]** *s* Stumpfschweißen *n*

[1]**but·ty** ['bʌtɪ] *s Brit dial* Kamerad *m*, Kumpel *m* | *Bergb* Vorarbeiter *m*, Brigadier *m*; **'~ ˌsys·tem** *s* Brigadesystem *n*

[2]**but·ty** ['bʌtɪ] *s Brit dial* Stulle *f*

bu·tyl ['bju:tɪl] *s Chem* Butyl *n*; **ˌ~ 'hy·dride** *s Chem* Butan *n*; **~ic** [bju:'tɪlɪk] *adj Chem* Butyl-; **bu·tyne** ['bju:taɪn] *s Chem* Butin *n*

bu·tyr·ic [bju:'tɪrɪk] *adj Chem* Butter-; **ˌ~ 'ac·id** *s Chem* Buttersäure *f*

bux·om ['bʌksəm] *adj* (Frau) drall, gesund, kräftig | mollig | vollbusig

buy [baɪ] **1.** (**bought, bought** [bɔ:t]) *vt* (ein)kaufen (**of, from** von) | (er)kaufen (**with** mit, **at the expense of** auf Kosten von) | *Rel* loskaufen, erlösen; **~ back** zurückkaufen; **~ in** einkaufen, sich eindecken mit | (auf e-r Auktion) zurückkaufen; **~ off** loskaufen | abfinden; **~ out** (jmdn.) auskaufen, abfinden, auszahlen ⟨to ≈ the owners for £ 100,000⟩ | (etw.) aufkaufen ⟨to ≈ a business⟩ | (Verpflichtung) ablösen | loskaufen ⟨to ~ s.o. out of the army⟩; **~ in** sich einkaufen; **~ over** (jmdn.) bestechen *od* durch Bestechung gewinnen; **~ up** (etw.) aufkaufen; *vi* (ein)kaufen; **2.** *s umg* Kauf *m*, Einkauf *m*; **'~a·ble** *adj* käuflich; **'~er** *s* Käufer(in) *m(f)*, Abnehmer(in) *m(f)* | *Wirtsch* Einkäufer *m*; **'~er's ˌmar·ket** *s Wirtsch* Käufermarkt *m* (*Ant* seller's market); **'~ing 1.** *adj* Kauf-; **2.** *s* Kaufen *n* | Kauf *m*; **'- off** *s Am Wirtsch* Kauf *m* aller Rechte über ein Produkt | jmd., der durch eine Summe abgefunden wurde

buzz [bʌz] **1.** *vi* summen ⟨~ing bee⟩ | flüstern | schwirren, sich schnell bewegen ⟨to ~ about/around umherschwirren⟩ | (Ohr) dröhnen; **~ off** *Sl* abhauen, sich verziehen; *vt* murmeln, flüstern | *umg* schmeißen, schleudern | *Tel umg* anrufen | *Flugw* in geringer Höhe überfliegen, (durch nahes Heranfliegen) behindern; **2.** *s* Summen *n* | Dröhnen *n* | Geflüster *n* | Schwirren *n* | *Tech umg* Anruf *m* ⟨give me a ~ rufe mich an⟩

buz·zard ['bʌzəd] *s Zool* Bussard *m*; **'~like** *adj* bussardähnlich

buzz|er ['bʌzə] *s Zool* Summer *m*, Brummer *m* | *El, Tel* Summer *m* | Summpfeife *f*, Rasselglocke *f*, -klingel *f* | *Am Sl* (Polizei) Marke *f*; **'~ing 1.** *adj* summend ⟨≈ noise *El* Brummen *n*, Brummton *m*⟩; **2.** *s* Summen *n*, Gesumm *n* | Geflüster *n*; **'~ saw** *s Am* Kreissäge *f*; **'~word** *s* Schlag-, Schlüsselwort *n*; **'~y** *adj* summend

by [baɪ] **1.** *präp* (räumlich) neben, bei, nahe an, nahe bei ⟨~ far *übertr* bei weitem; ~ me, ~ my side an meiner Seite; ~ oneself allein, ohne Hilfe; ~ the river am Fluß; ~ the sea am Meer; side ~ side Seite an Seite; to be (all) ~ o.s. (ganz) allein sein; to do s.th. ~ o.s. etw. aus eigener Kraft tun; to have s.th. ~ one etw. zur Hand haben; to stand ~ s.o. jmdn. unterstützen⟩ | (Richtung) über, entlang, gegen, durch, an … vorbei ⟨~ the fields über die Felder; to go ~ Vienna über Wien fahren; to walk ~ s.o. an jmdm. vorbeigehen⟩ | (Verursacher) durch, von (*meist pass*) ⟨written ~ Swift⟩ | mit(tels), per, mit ⟨~ air mit dem Flugzeug; ~ car mit dem Auto; ~ name mit dem *od* beim Namen; ~ post mit der Post; ~ rail mit der Eisenbahn⟩ | (zeitlich) bis spätestens, bis zu, bis um ⟨I'll finish ~ tomorrow [bis] morgen werde ich fertig sein; ~ now inzwischen, schon, mittlerweile⟩ | während ⟨~ day, ~ night⟩ | (Art und Weise) für, nach, -weise ⟨~ retail im Einzelhandel; ~ the yard meterweise; ~ the dozen im Dutzend, dutzendweise; ~ weight nach Gewicht; ~ the hour nach Stunden; stundenweise⟩ | durch, (ver)mittels, mit Hilfe von ⟨~ example mit Hilfe eines Beispiels; ~ electricity durch Strom; ~ force gewaltsam, durch Gewalt; ~ lightning durch Blitzschlag⟩ | *Math* mal ⟨10 ~ 3⟩ | *Math* durch ⟨10 divided ~ 2⟩ | (Herkunft, Titel, Beruf) von ⟨he had no children ~ his first wife er hatte von *od* mit seiner ersten Frau keine Kinder; a Greek ~ birth von Geburt Grieche⟩ | gemäß, in Übereinstimmung mit ⟨~ request of auf Geheiß von; ~ s.o.'s leave mit jmds. Erlaubnis; ~ Article 4 *Jur* gemäß Artikel 4⟩ | nach, entsprechend ⟨~ rights rechtmäßig; ~ appearances nach dem Aussehen; ~ my watch nach meiner Uhr; ~ turns turnusmäßig⟩ | um, nach Umfang ⟨longer ~ 3 feet 3 Fuß länger; ~ half um die Hälfte⟩ | (Himmelsrichtung) gegen, zwischen ⟨east ~ north east ostnordost⟩ | (Fluch) bei ⟨~ God⟩ ◇ **~ accident, ~ chance** durch Zufall; **~ heart** auswendig; **~ mistake** aus Versehen; **~ the way, ~ the ~[e]** nebenbei, übrigens; **2.** *adv* nahe, nahe bei ⟨close ~ nahe bei; nobody was ~ niemand war da, niemand war in der Nähe⟩ | beiseite ⟨to lay / put / set s.th. ~ etw. zur Seite stellen⟩ | vorbei ⟨to get ~ vorbeigelangen, -kommen; to hurry ~ vorbeieilen, -huschen; to pass s.o. ~ an jmdm. vorübergehen; times gone ~ vergangene Zeiten *f/pl*⟩ ◇ **~ and ~** nach und nach, bald, demnächst; **~ and large** im großen und ganzen

by- [baɪ] *präf mit der Bedeutung*: Neben-, Seiten-, nahe vorbei (*z. B.* **~road** Seitenstraße *f*, **~pass** umgehen)

bye [baɪ] *s Sport* (Tennis u. ä.) Freilos *n* | (Kricket) Lauf *m* nach einem vorbeigelassenen Ball | *übertr* etwas Nebensächliches ◇ **by the ~**, *auch* **by the by** übrigens, nebenbei

bye-bye ['baɪ baɪ] **1.** *s* (Kindersprache) Heia *f* ⟨to go to ~ ins Bettchen gehen⟩; [ˌbaɪ 'baɪ] **2.** *interj umg* Wiedersehen!

byelaw ['baɪlɔ:] *s* ↑ **bylaw**

by|-e·lec·tion ['baɪ ɪlekʃn] *s* Ersatz-, Nachwahl *f*; **'~gone 1.** *adj* vergangen; **2. '~gones** *s/pl* Vergangenes *n* ⟨let ≈s be ≈s laß das Vergangene ruhen⟩; **'~law**, *auch* **'byelaw** *s* Ortsstatut *n* | *Jur* Verordnung *f*; **'~-line** *s* Verfasserangabe *f*, -zeile *f* | *Eisenb* Nebenlinie *f*; **'~name** *s* Bei-, Spitzname *m*; **'~pass 1.** *s* Umgehungsstraße *f* | Umleitung *f* | *Med*

Überbrückung *f*, Umgehung *f*, Bypass *m* ⟨≈ surgery⟩; **2.** *vt* umgehen, (Verkehr) umleiten; *vi Med* überbrücken, durch verpflanztes *od* künstliches Gefäß umgehen ⟨to ≈ a clogged coronary artery⟩; **'~pass con,den·ser** *s El* Brücken-, Ableitkondensator *m*; **'~path** *s* Seitenpfad *m*, Nebenweg *m*; **'~play** *s Theat* Nebenhandlung *f* | *Theat* Gebärdenspiel *n*; **'~-plot** *s Theat, Lit* Nebenhandlung *f*; **'~-,prod·uct** *s* Nebenprodukt *n*

byre ['baɪə] *s Brit dial* Kuhstall *m*

by|road ['baɪrəʊd] *s* Neben-, Seitenstraße *f*; **'~,stand·er** *s* Zuschauer *m*; **'~street** *s* Neben-, Seitenstraße *f*; **'~way** *s* Seitenweg *m* | *übertr* weniger zentrales Gebiet, Nebenlinie *f* ⟨the ≈s of history⟩; **'~word** *s* Sprichwort *n* ⟨an old ≈⟩ | Inbegriff *m*, Personifikation *f* (**for** für) ⟨to be a ≈ for stehen für, repräsentieren⟩ | Schlagwort *n* | Gespött *n* | Gegenstand *m* des Tadels *od* der Kritik ⟨to become a ≈ zum Gespött werden, der Kritik ausgesetzt sein⟩ | Spitzname *m*, *scherzh* Beiname *m*

byte [baɪt] *s* (Rechentechnik) Byte *n*

by·zan·tine [bɪ'zæntaɪn] *adj oft verächtl* byzantinisch, schwer verständlich, kompliziert, verschlungen

C

C, c [siː] *s* (*pl* **C's, Cs, c's, cs**) C *n*, c *n* | *Mus* C *n*, c *n* ⟨C flat Ces *n*, C sharp Cis *n*⟩ | *Päd, bes Am* Drei *f*, Befriedigend *n* | *Phys* Celsius ⟨15 °C⟩ | *Am Sl* Hundertdollarschein *m*

ca ['sɜːkə] *Abk* für **cir·ca** etwa, ungefähr

cab [kæb] **1.** *s bes Am* Taxi *n* ⟨take a ~ mit der Taxe fahren⟩ | (früher) (Pferde-) Droschke *f* | (Lokomotive) Führerstand *m* | (Lastwagen) Fahrersitz *m*, -haus *n* **2.** (**cabbed, cabbed**) *vi, auch* ~ **it** *bes Am* mit einem Taxi fahren

ca·bal [kə'bæl] **1.** *s* Kabale *f*, Intrige *f*, Ränkespiel *n* | Clique *f*, Geheimbund *m*; **2.** (**ca'balled, ca'balled**) *vi* intrigieren, Ränke schmieden

cab·a·ret ['kæbəreɪ] *s* Unterhaltungslokal *n*, Restaurant *n* mit Kabarett(programm) | *auch* **'~ show** Kabarett(programm) *n*(*n*) | *Hist* (bemaltes) Porzellanservice (aus dem 18. Jhdt.)

cab·bage ['kæbɪdʒ] *s Bot* Kohl *m*; **'~ but·ter·fly** *s Zool* Kohlweißling *m*; **'~head** *s* Kohlkopf *m* | *übertr umg* Dummkopf *m*; **'~ let·tuce** *s Bot* Kopfsalat *m*; **'~ stalk** *s* Kohlstrunk *m*

cab|by ['kæbɪ] *s umg* Taxifahrer *m* | Droschkenkutscher *m*; **'~,dri·ver** *s bes Am* Taxifahrer *m*

caber ['keɪbə] *s Schott* roh behauener Fichten- *od* Kiefernstamm ⟨toss the ~ Balken werfen (schott. Spiel)⟩

cab·in ['kæbɪn] **1.** *s* (Holz-) Hütte *f* | *Flugw* Kabine *f* | *Flugw* Pilotenkanzel *f* | *Mar* Kajüte *f* | *Brit Eisenb* Stellwerk *n*; **2.** *vt* (in e-e Hütte o. ä.) einsperren | mit Kabinen versehen; *vi* in einer Hütte *od* Kabine wohnen; **'~ boy** *s Mar* Schiffsjunge *m*; **'~ class** *s Mar* Kajütenklasse *f*; **,~ 'cruis·er** *s* Vergnügungsdampfer *m*, Kabinenkreuzer *m*

cab·i·net ['kæbɪnət|~bənɪt|~bn̩~] **1.** *s* (Porzellan-) Schrank *m*, Vitrine *f* | (Radio u. ä.) Gehäuse *n*, Schrank *m*, Truhe *f* | *selten* Privatzimmer *n* | *Foto* Kabinettformat *n* | (wertvolle) Sammlung *f* | *oft* ≁ *Pol* Kabinett *n*, Ministerrat *m*; **2.** *adj* Kabinett[s]- | geheim | wertvoll; **3.** *vt* in einer Vitrine unterbringen; **'~ ,coun·cil** *s* Kabinettssitzung *f*; **'~,mak·er** *s* Kunsttischler *m*; **'~,mak·ing** *s* Kunsttischlerei *f*; **'~ pi,an·o** *s Mus* Pianino *n* **'~ ,ques·tion** *s Pol* Vertrauensfrage *f*; **'~ size** *s Foto* Kabinettformat *n*; **'~work** *s* Kunsttischlerei *f*

ca·ble ['keɪbl] **1.** *s* Kabel *n*, Seil *n* | *Mar* Ankertau *n* ⟨slip the ~ das Ankertau schießen lassen⟩ | *Kfz* Zündkabel *n* | *El* Kabel *n* | Telegramm *n* | *Arch* Seilornament *n*; **2.** *vt* mit einem Kabel versehen | mit einem Seil befestigen | (jmdm. etw.) kabeln, telegrafieren; *vi* kabeln, telegrafieren; **'~ ad,dress** *s* Telegrammadresse *f*, Drahtanschrift *f*; **'~ car** *s Am* (seilgezogene) Straßenbahn; **'~ cast 1.** *s* Kabelfernsehsendung *f*; **2.** *vt* durch Kabelfernsehen senden *od* übertragen; **~gram** ['keɪblgræm] *s* Telegramm *n*; **'~ ,rail·way** *s* Drahtseilbahn *f* | *Am* (seilgezogene) Straßenbahn; **'~'s length** *s Mar* (Längenmaß) Kabellänge *f*; **ca·blet** ['keɪblɪt] *s Tech* kleines Kabel; **'~ ,te·le·vi·sion** *s, auch* **'~ TV, '~ ,vi·sion** Kabelfernsehen *n*; **'~way** *s* Drahtseilbahn *f*

cab·man ['kæbmən] *s* (*pl* **cab·men**) Taxifahrer *m*

ca·boo·dle [kə'buːdl] *s Sl* (Sachen) Kram *m*; (Personen) Bande *f*, Sippschaft *f* ⟨the whole ~ der ganze Plunder; das ganze Pack⟩

ca·boose [kə'buːs] *s Mar* Kombüse *f*, Schiffsküche *f* | *Am* (Güterzug) Dienstwagen *m*

cab·o·tage ['kæbətɪdʒ|-tɑːʒ] *s* Küstenschiffahrt *f*

cab rank ['kæb ræŋk] *s* Taxihalteplatz *m* | wartende Taxen *f/pl*

cab·ri·o·let [,kæbrɪə'leɪ] *s* Kabriolett *n*

cab·stand ['kæbstænd] *s* Taxistand *m*

ca' can·ny [kɑː 'kænɪ|kɔː-] **1.** *vi, Schott Pol* die Arbeitsleistung bremsen *od* vermindern; **2.** *s Sl* Ca'canny *n*, Produktionsverlangsamung *f*

ca·ca·o [kə'kɑːəʊ|-'keɪ-] *s Bot* Kakao *m* | *auch* **~ tree** *s* Kakaostrauch *m*; **'~ bean** *s* Kakaobohne *f*; **'~ ,but·ter** *s* Kakaobutter *f*

cach·a·lot ['kæʃəlɒt] *s Zool* Pottwal *m*

cache [kæʃ] **1.** *s* Versteck *n*, (geheimes) Lager für Proviant u. ä. | **2.** *vt* verstecken, aufbewahren

ca·chet ['kæʃeɪ] *s* Siegel *n*, Stempel *m*, Kennzeichen *n* (*auch übertr*) | *Med* Kachet *n*

ca·chou ['kæʃuː] *s* Katechu *n*, Cachou *n*, Pille *f* (gegen Atemgeruch)

cack|le ['kækl] **1.** *s* Gegacker *n*, Geschnatter *n* | Gekicher *n* | *übertr* Geschwätz *n*, Geplapper *n* ⟨cut the ≈! *Sl* halt's Maul!⟩; **2.** *vi* (Tier) gackern, schnattern | kichern | *übertr* schnattern, schwatzen; *vt* (Worte) herausschwatzen; **'~ler** *s* schnatternde Gans | gackerndes Huhn | Schwätzer *m*

caco- [kækə(ʊ)-] ⟨*griech*⟩ *in Zus* schlecht, schädlich

ca·cog·ra·phy [kə'kɒgrəfɪ] *s* Kakographie *f*, schlechte Schrift | falsche Schreibweise

ca·col·o·gy [kə'kɒlədʒɪ] *s* Kakologie *f*, schlechte Ausdrucksweise

cac·o·phon·ic [,kækə'fɒnɪk], **,cac·o'phon·i·cal, ca·coph·o·nous** [kə'kɒfənəs] *adj* kakophon, mißtönend; **ca'coph·o·ny** *s* Kakophonie *f*, Mißklang *m*

cac|ta·ceous [kæk'teɪʃəs] *adj Bot* kaktusartig; **~tus** ['~təs] *s* (*pl* **~ti** ['~taɪ|~tiː], **~tus·es** ['~təsɪz]) *Bot* Kaktus *m*

cad [kæd] *s umg* ungehobelter Mensch | gemeiner Kerl, Schuft *m*

ca·das|tral [kə'dæstrəl] *adj* Kataster-; **~tre** [~tə] *s* Kataster *m*, Flurbuch *n*

ca·dav·er [kə'deɪvə|-'dæ-] *s Med* Kadaver *m*; **~ic** [-'dævərɪk] *adj Med* Kadaver-, Leichen- ⟨≈ rigidity Leichenstarre *f*⟩; **~ous** [~'dævərəs] *adj* Leichen- | totenblaß

cad·die ['kædɪ] **1.** *s Schott* junger Bursche | (Sport) Golfjunge

m; **2.** *vi* die Golfschläger tragen
cad·dish ['kædɪʃ] *adj* ungehobelt, gewöhnlich | gemein
[1]**cad·dy** ['kædɪ] *s* Teebüchse *f*, -dose *f*
[2]**cad·dy** ['kædɪ] = **caddie**
-cade [keɪd] *suff mit der Bedeutung*: Kolonne, Zug (z. B. **motorcade**) | Schau (*z. B.* **aquacade**)
ca|dence ['keɪdns] **1.** *s* Rhythmus *m* | *Mus* Kadenz *f* | (Stimme) Modulation *f*, Tonfall *m* | *Mil* (Marsch-) Gleichschritt *m*; **2.** *vt* kadenzieren; **'~den·cy** *s* Rhythmus *m*; **'~dent** *adj* rhythmisch
ca·denza [kə'denzə] *s Mus* Kadenz *f*
ca·det [kə'det] *s Mil* Kadett *m* | Lehrling *m* | (Adel) jüngerer *od* jüngster Sohn | *Am Sl* Zuhälter *m*; **'~ corps** *s Brit* (Schule, College) Kadettenkorps *n*; **'~ship** *s* Schulschiff *n*
cadge [kædʒ] *vi umg* nassauern, schmarotzen | *dial* hausieren; *vt umg* schnorren, betteln ⟨~ a meal⟩; **'cadg·er** *s* Hausierer *m* | *umg* Schmarotzer *m*
ca·di ['kɑːdɪ|keɪ-] *s* Kadi *m*, (mohammedanischer) Richter
cad·mi·um ['kædmɪəm] *s Chem* Kadmium *n*
ca·dre ['kɑːdə|'kɑːdrə|'kædrɪ] *s* Rahmenorganisation *f* | *Mil, Pol* Kader *m*, Stammtruppe *f* | *Pol* Kader *m*, Angehöriger *m* einer Organisation | *übertr* Rahmen *m*, Gerippe *n*
ca·du·ce·us [kə'djuːsɪəs] *s* Merkur-, Heroldstab *m* | *Am* Kennzeichen *n* der Militärärzte
ca·du|ci·ty [kə'djuːsətɪ] *s* Hinfälligkeit *f* | Vergänglichkeit *f* | Altersschwäche *f* | *Bot, Zool* Absterben *n*; **~cous** [~kəs] *adj* hinfällig, vergänglich | *Bot* schnell verwelkend
cae|cal ['siːkl] *adj Med* Blinddarm-; **~cum** ['~kəm] *s* (*pl* **~ca** ['~kə]) *Med* Cöcum *n*, Blinddarm *m*
Cae·sar ['siːzə] *s übertr* Kaiser *m*, Autokrat *m*, Diktator *m* | *übertr* weltliche Gewalt; **~e·an**, **~i·an** [sɪ'zɛərɪən] **1.** *adj* cäsarisch, kaiserlich; **2.** *s, auch* **,~e·an op·er'a·tion**, **,~e·an 'sec·tion** *Med* Kaiserschnitt *m*; **'~ism** *s* Cäsarentum *n*, Diktatur *f*
cae·si·ous ['siːzɪəs] *adj* bläulich-, graugrün
cae·su·ra [sɪ'zjʊərə|-ʒʊərə] *s Metr, Mus* Zäsur *f*, Einschnitt *m* (*auch übertr*)
ca·fe ['kæfeɪ] *s* Café *n*, Kaffeehaus *n* | *Brit* Teestube *f* | Restaurant *n* (ohne Alkoholausschank) | ⟨*frz*⟩ Kaffee *m*; **~-au-lait** [,~ əʊ 'leɪ] *s* Kaffee *m* mit Milch; **caf·e·te·ri·a** [,kæfə'tɪərɪə|-fɪ-] *s urspr Am* Selbstbedienungsrestaurant *n*
caf·fe|in[e] ['kæfiːn] *s Chem* Koffein *n*; **'~in-,free** *adj* koffeinfrei; **~'in·ic** *adj* koffeinhaltig, Koffein-
caf·tan ['kæftæn] *s* Kaftan *m*
cage [keɪdʒ] **1.** *s* Käfig *m* | *Bergb* Förderkorb *m* | *übertr* Gefängnis *n*; **2.** *vt* in einen Käfig sperren ⟨to ~ a bird⟩; **'~ bird** *s* Stubenvogel *m*; **~ling** ['~lɪŋ] *s* Vogel *m* im Käfig
cage·y, cag·y ['keɪdʒɪ] *adj umg, urspr Am* vorsichtig, zurückhaltend ⟨to be ~ about im Dunkeln lassen, sich nicht festlegen auf⟩ | *umg* schlau, gerissen, gewieft ⟨a ~ lawyer⟩
ca·hoot [kə'huːt] *s bes Am Sl* Partnerschaft *f* ⟨to go [in] ~[s] with unter einer Decke stecken mit⟩
cai·man ['keɪmən] = **cayman**
ca·ique [kɑː'iːk] *s* Kaïk *m*, Ruderboot *n* | kleines Segelboot
cairn [kɛən] *s* Steinhaufen *m* (als Grenz- od. Grabmal) | Hügelgrab *n* | *Zool* kleiner Terrier; **~gorm** ['~'gɔːm] *s Min* Cairngorm *m*, Rauchtopas *m*
cais·son ['keɪsən] *s Mil* Munitionswagen *m* | *Tech* Caisson *m*, Senkkasten *m*; **'~ dis,ease** *s Med* Caissonkrankheit *f*
cai·tiff ['keɪtɪf] *arch, poet* **1.** *s* Elender *m*, Schurke *m*; **2.** *adj* gemein, schändlich, schurkisch
ca·jole [kə'dʒəʊl] *vt* (jmdm.) schmeicheln, (jmdn.) umschmeicheln, (jmdn.) beschwatzen (**into** zu) ⟨to ~ s.o. out of s.th. jmdm. etw. ausreden⟩; **ca'jole·ment** *s* Schmeichelei *f*; **ca'jol·er·y** *s* Schmeichelei *f* | Schmeicheln *n*
cake [keɪk] **1.** *s* Kuchen *m* ⟨to bake a ~; a birthday ~⟩ | *übertr* Kuchen *m* ⟨oil ~; fish ~⟩ | (kuchenförmiges) Stück ⟨a ~ of soap ein Stück *n* Seife⟩ | *Tech* Sinter-, Preßkörper *m*; ◇ **a piece of ~** *Sl* ein Kinderspiel *n*; **sell like hot ~s** *umg* wie warme Semmeln abgehen; **take the ~** *umg* den Vogel abschießen; **you can't eat your ~ and have it** *Sprichw* man kann nur eins von beiden tun, entweder ... oder; **2.** *vt* dick überziehen, bedecken ⟨shoes ~d with mud schmutzverkrustete Schuhe *m/pl*⟩ | zu Kuchen kneten; *vi* sich zusammenballen; **~s and ale** ['~s n 'eɪl] *s* Freuden *f/pl* des Lebens ⟨not all ≈ nicht eitel Freude⟩; **'~walk** **1.** *s Am* Cakewalk *m* (Tanz); **2.** *vi* Cakewalk tanzen | aufmarschieren; **'cak·y** *adj* kuchenartig
cal·a·bash ['kæləbæʃ] *s Bot* Flaschenkürbis *m*
cal·a·ber ['kæləbə] *s* Feh *n*
cal·a·boose ['kæləbuːs] *s Am Sl* Gefängnis *n*, Kittchen *n*
ca·lam·i·tous [kə'læmətəs] *adj* unglücklich (**to** für) | unheilvoll, Unglücks-; **ca'lam·i·ty** *s* Unglück *n*, Unheil *n* (**to s.o.** für jmdn.) | Jammer *m*
cal·a|mus ['kæləməs] *s Bot* (*pl* **~mi** ['~maɪ]) Kalmus *m*, Schilfrohr *n*
ca·lash [kə'læʃ] *s* Kalesche *f*
cal·car·e·ous [kæl'kɛərɪəs] *adj Chem* kalkig, kalkhaltig, Kalk- ⟨~ deposit Kalkablagerung *f*; ~ spar Kalkspat *m*⟩ | Kreide-
cal·ce·o·la·ri·a [,kælsɪə'lɛərɪə] *s Bot* Pantoffelblume *f*
cal|cic ['kælsɪk] *adj* Kalzium-; **~cif·er·ol** [~'sɪfərəʊl] *s Chem* Kalziferol *n*; **~cif·er·ous** [~'sɪfərəs] *adj Chem* kalkhaltig; **~'cif·ic** *adj* kalkbildend; **,~ci·fi'ca·tion** *s Med* Verkalkung *f* | *Geol* Kalkablagerung *f*; **~ci·fy** ['~sɪfaɪ] *vt* verkalken; *vi* verkalken, hart werden; **~ci·mine** ['~sɪmaɪn] **1.** *s* Kalkanstrich *m*; **2.** *vt* kalken, tünchen; **~ci·na·tion** [,~sɪ'neɪʃn] *s Tech* Verkalkung *f*, Glühen *n*; **~cine** ['~saɪn] *Tech vt* kalzinieren, verkalken; *vi* kalziniert werden; **~cite** ['~saɪt] *s Min* Kalzit *m*, Kalkspat *m*; **~ci·um** ['~sɪəm] *s Chem* Kalzium *n*; **,~ci·um 'car·bide** *s Chem* Kalziumkarbid *n*; **,~ci·um 'chlo·ride** *s Chem* Chlorkalk *m*; **,~ci·um 'hy·drox·ide** *s Chem* Kalziumhydroxid *n*, gelöschter Kalk; **,~ci·um 'phos·phate** *s Chem* Kalziumphosphat *n*
cal·cu|la·bil·i·ty [,kælkjələ'bɪlətɪ|-jʊl-] *s* Berechenbarkeit *f* | Verläßlichkeit *f*; **'~la·ble** *adj* berechenbar | verläßlich; **'~late** *vt* be-, errechnen, kalkulieren | ins Auge fassen, erwägen | (*meist pass*) (ein)planen, berechnen, bestimmen ⟨it is ≈d to help him es soll ihm helfen⟩ | *Am umg* vermuten, rechnen (**that** daß) | (Preis) kalkulieren; *vi* rechnen | sich verlassen (**on, upon** auf); **'~lat·ed** *adj* berechnet (**for** auf) | beabsichtigt | geeignet (**for** für; **to** *mit inf* zu *mit inf*); **,~lat·ed 'risk** *s Pol, Wirtsch* kalkuliertes Risiko *n*; **'~lat·ing** *adj* berechnend, schlau | Rechen- ⟨≈ machine Rechenmaschine *f*⟩; **,~'la·tion** *s* Berechnung *f*, Kalkulation *f*, Schätzung *f* ⟨to be out in one's ≈ sich verrechnet haben; after much ≈ nach reiflicher Überlegung; to make ≈s Berechnungen anstellen⟩; **'~la·tive** *adj* berechnend; **'~la·tor** *s* Rechner *m* | Rechenmaschine *f*; [1]**~lus** ['~ləs] *s* (*pl* **~lus·es** ['~ləsɪz]) *Math* Rechnung *f*, Kalkül *n* ⟨differential ≈; integral ≈⟩
[2]**cal·cu|lus** ['kælkjələs] *s* (*pl* **~li** ['~laɪ]) *Med* Stein *m* ⟨renal ≈ Nierenstein *m*⟩
cal·dron ['kɔːldrən|'kɒl-] = **cauldron**
cal·e|fa·cient [,kælɪ'feɪʃnt] *adj Med* erwärmend; **~fac·tion** [,~'fækʃn] *s* Erwärmung *f*, Erhitzung *f*; **,~'fac·tive, ~fac·to·ry** [,~'fæktrɪ|~tr̩ɪ] *adj* erwärmend
cal·en·dar ['kælɪndə] **1.** *s* Kalender *m* ⟨~ month; ~ year⟩ | Kalender(system) *m(n)* ⟨the Gregorian ~⟩ | Verzeichnis *n*, Register *n*; **2.** *vt* in einen Kalender eintragen
cal·en·der ['kælɪndə] *Tech* **1.** *s* Kalander *m*, Glättmaschine *f*; **2.** *vt* kalandern, glätten

cal·ends ['kæləndz|-lɪndz] *s/pl* Kalenden *f/pl*, erster Tag des Monats nach dem römischen Kalender ⟨on the Greek ~ am St. Nimmerleinstag, nie⟩
ca·len·du·la [kə'lendʒʊlə|-dʒələ] *s Bot* Ringelblume *f*
cal·en·ture ['kæləntʃə|-tjʊə] *s Med* Tropenfieber *n*
[1]**calf** [kɑ:f] *s* (*pl* **calves** [kɑ:vz]) Kalb *n* ⟨in / with ~ (Kuh) trächtig⟩ | (Wal, Seehund, Hirsch u. ä.) Jungtier *n* | *auch* '~**skin** *Buchw* Kalbleder *n*, Franzband *m* | *übertr umg* Kalb *n*, Dummkopf *m* | kleine Nebeninsel ⟨the ~ of Man⟩ | Eisscholle *f*
[2]**calf** [kɑ:f] *s* (*pl* **calves** [kɑ:vz]) Wade *f*
calf love ['kɑ:f lʌv] *s umg* Jugendliebe *f*, Schwärmerei *f*
Cal·i·ban ['kælɪbæn|-bən] *s* Kaliban *m*, roher Mensch
cal·i|brate ['kælɪbreɪt] *vt Tech* kalibrieren, ausmessen, abgleichen; ˌ~'**bra·tion** *s Tech* Kalibrierung *f*, Eichung *f*
cal·i|bre, *selten* ~**ber** ['kælɪbə] *s Mil* Kaliber *n*, Rohrdurchmesser *m* | *übertr* Kaliber *n*, Format *n* ⟨the ≈ of a rugby team; a person of high intellectual ≈; ≈ of instruction Qualität *f* der Ausbildung⟩; '~**bred** *adj in Zus* -kalibrig
cal·i·ces ['kælɪsi:z] *pl von* ↑ **calix**
cal·i|co ['kælɪkəʊ] **1.** *s* (*pl* ~**cos**, ~**coes** [~z]) Kaliko *m*, Kattun *m*; **2.** *adj* Kattun-
Cal·i·for·ni·a [ˌkælɪ'fɔ:nɪə] *s* Kalifornien; ˌ**Cal·i'for·ni·an** **1.** *adj* kalifornisch; **2.** *s* Kalifornier(in) *m(f)*
cal·i·per ['kælɪpə] *Am für* **calliper**
ca·liph ['keɪlɪf|-'kæ-] *s* (*oft* ∸) Kalif *m*; ~**ate** ['keɪlɪˌfeɪt|'kæ~] Kalifat *n*, Kalifentum *n*
cal·is·then·ics [ˌkælɪs'θenɪks] *Am für* **callisthenics**
ca·lix ['keɪlɪks|'kæl-] *s* (*pl* **cal·i·ces** ['kælɪsi:z]) *Med*, *Rel* Kelch *m*
[1]**calk**, *auch* **calque** [kælk] *vt* durchpausen, -zeichnen
[2]**calk** [kɔ:k] *Am für* **calkin**
[3]**calk** [kɔ:k] *Am für* **caulk**
cal·kin ['kɔ:kɪn|'kæl-] **1.** *s* Stollen *m* (am Hufeisen); **2.** *vt* mit Stollen versehen | mit einem Stollen verletzen
call [kɔ:l] **1.** *vt* (herbei)rufen | *Tel* anrufen, antelefonieren | nennen, rufen ⟨to ~ o.s. sich nennen; to ~ s.th. one's own etw. sein eigen nennen; to ~ s.o. a fool jmdn. einen Narren schimpfen; to ~ s.o. names jmdn. mit Schimpfnamen belegen; to ~ it by its name, to ~ a spade a spade *übertr* das Ding beim rechten Namen nennen⟩ | benennen ⟨to be ~ed heißen, benannt werden (**after** nach)⟩ | (Versammlung u. ä.) einberufen ⟨to ~ men to arms die Männer zu den Waffen rufen⟩ | (Gericht) aufrufen ⟨to ~ s.o. to witness jmdn. zum Zeugen aufrufen⟩ | berufen, ernennen (**to** zu) ⟨to be ~ed to the bar als Barrister zugelassen werden⟩ | (jmdn.) auffordern (**to** *mit inf* zu *mit inf*) ⟨to ~ s.o. to account jmdn. zur Rechenschaft ziehen; to ~ s.o. to order jmdn. zur Ordnung rufen⟩ | befehlen, anordnen ⟨to ~ a halt (to s.th. e-r Sache) Einhalt gebieten *od* (etw.) verbieten⟩ | (Tiere) anlocken | wecken ⟨to ~ s.o. at six o'clock⟩ | (Schuldverschreibung) einfordern, kündigen | (Aufmerksamkeit u. ä.) lenken, richten (**to** auf) ⟨to ~ s.o.'s attention; to ~ s.th. to mind sich an etw. erinnern⟩ | verlesen ⟨to ~ the roll die Namen verlesen⟩ | bezeichnen, benennen ⟨let's ~ it a day machen wir Feierabend!; *übertr* genug für heute⟩ | betrachten als, finden, halten für, schätzen auf ⟨they ~ it ten miles sie schätzen es auf zehn Meilen; shall we ~ it ten pence? wollen wir uns auf (den Preis von) zehn Pennies einigen?⟩ | vermuten, überlegen ⟨to ~ in doubt in Zweifel ziehen; to ~ in question in Frage stellen, in Zweifel ziehen⟩ | *Jur* vorladen | *Kart* reizen | (Poker) zum Vorzeigen der Karten auffordern; ~ **aside** beiseite rufen; ~ **away** weg-, abrufen; ~ **back** zurückrufen | widerrufen; ~ **down** herunterrufen | (Segen) herabflehen | (Zorn) auf sich ziehen | *Am umg* (jmdn.) herunterputzen, (jmdn.) ausschimpfen; ~ **forth** hervorrufen | aufrufen | *übertr* (Kraft) aufbieten; ~ **in** hereinrufen | (Arzt) hinzuziehen | einberufen, zusammenrufen | (Münzen) einziehen; ~ **off** (jmdn.) abberufen | (etw.) aufrufen | *umg* absagen, rückgängig machen, abblasen; ~ **out** ausrufen, laut rufen | herausfordern | (Arbeiter) zum Ausstand aufrufen | *Mil* aufrufen, aufbieten; ~ **over** (Namen) verlesen; ~ **together** zusammenrufen; ~ **up** heraufrufen | *Mil* einberufen | *Tel* anrufen | *übertr* heraufbeschwören, im Geiste hervorrufen; *vi* rufen, schreien (**for** nach) ⟨to ~ to s.o. jmdm. zurufen⟩ | anrufen, telefonieren | vorsprechen, einen (kurzen) Besuch machen (**at a house; on s.o.** bei jmdm.) | (Waren u. ä.) anfordern, bestellen | abholen ⟨to be ~ed for post- *od* bahnlagernd⟩ | (Tier) rufen, locken | sich wenden (**[up]on** an) | (Poker) aufdecken (lassen) | *Mar* anlegen (**at** in) ⟨to ~ at a port e-n Hafen anlaufen⟩; ~ **for** verlangen, nötig machen; ~ **in** (kurz) vorsprechen (**at a house** in e-m Haus; **on s.o.** bei jmdm.); ~ **on/upon** bitten, auffordern, anhalten (**to** *mit inf* zu *mit inf*); **2.** *s* Ruf *m*, Schrei *m* (**for** nach) ⟨~ for help Hilferuf *m*; at ~ bereit; within ~ in Rufweite⟩ | Lockruf *m* | *Tel* Gespräch *n*, Anruf *m* | *Mil* Signal *n* | Aufforderung *f*, Befehl *m* ⟨to make a ~ at s.o. e-e Aufforderung an jmdn. richten; ~ to arms *Mil* Einberufung *f*; ~ to order Ordnungsruf *m*⟩ | Ruf *m*, Berufung *f* (**to** in [ein Amt], auf [e-n Lehrstuhl]) | *übertr* (innere) Berufung, Mission *f* ⟨the ~ of the sea⟩ | *Theat* Hervorrufen *n* | Namensverlesung *f* ⟨roll ~ *Mil* Appell *m*⟩ | kurzer Besuch ⟨to make / pay a ~ at s.o.'s house / on s.o. bei jmdm. e-n Besuch machen; house of ~ Gasthaus *n*; place of ~ Geschäftshaus *n*⟩ | *Mar* Anlaufen *n* ⟨port of ~ Anlaufhafen *m*; to make a ~ at a port e-n Hafen anlaufen⟩ | *Wirtsch* Nachfrage *f* (**for** nach) | *Wirtsch* Zahlungsaufforderung *f* | *Wirtsch* Einlösungsaufforderung *f* (auf Schuldverschreibungen) | *Wirtsch* Abruf *m* ⟨at / on ~ auf Abruf; at ~ auf tägliche Kündigung⟩ | *übertr* Inanspruchnahme *f* ⟨to have many ~s on one's time zeitlich stark beansprucht sein; to make a ~ on s.o.'s time jmds. Zeit in Anspruch nehmen⟩ | (*im interrog, neg Satz*) Veranlassung *f*, Recht *n*, Grund *m* ⟨no ~ to *mit inf* keine Veranlassung zu *mit inf*⟩ | (Poker) Aufdecken *n*
cal·la ['kælə] *s Bot* Calla *f* ⟨~ lily Zimmercalla *f*⟩
call|a·ble ['kɔ:ləbl] *adj Wirtsch* kündbar; '~ **bell** *s* Alarmglocke *f*; '~ **bird** *s* Lockvogel *m*; '~ **board** *s* Anschlagbrett *n*; '~ **box** *s Brit* Telefonzelle *f* | *Am* Postschließfach *n*; '~**boy** *s* Schiffsjunge *m* | Hotelboy *m* | *Theat* Bursche *m*; '~ ˌ**but·ton** *s* Klingelknopf *m*; **called** *adj* genannt, geheißen ⟨commonly ≈ gemeinhin genannt; so-≈ sogenannt⟩; '~**er** *s* Rufer *m* | *Tel* Sprecher *m* | Besucher *m*; '~ **girl** *s* Callgirl *n*
cal·li ['kælaɪ] *pl* ↑ **callus 1.**
calli- [kælɪ-] ⟨*griech*⟩ *in Zus* schön, Schön-
cal|li·graph·ic [ˌkælɪ'græfɪk] *adj* kalligraphisch; ~**lig·ra·phy** [kə'lɪgrəfɪ] *s* Kalligraphie *f*, Schönschreibekunst *f*
call·ing ['kɔ:lɪŋ] **1.** *s* Ruf *m* | Rufen *n* | Beruf *m*, Beschäftigung *f*, Gewerbe *n* | Aufruf *m*, Aufforderung *f* | *Mil* Einberufung *f*; **2.** *adj* rufend | Ruf- | Besuchs-; '~ **card** *s Am* Visitenkarte *f*
cal·li·per ['kælɪpə] *Tech* **1.** *s, meist* ~**s** *pl* Greifzirkel *m*, Taster *m*; **2.** *vt* mit einem Greifzirkel messen | Maße abnehmen von
cal·lis·then·ics [ˌkælɪs'θenɪks] *s/pl* (*sg konstr*) Gymnastik *f* | (*pl konstr*) Freiübungen *f/pl*
call| loan ['kɔ:l ləʊn] *s Wirtsch* Darlehen *n* auf tägliche Kündigung; '~ ˌ**mon·ey** *s Wirtsch* tägliches Geld, Tagesgeld *n*; '~ **num·ber** *s Tel* Rufnummer *f* | *Am* Sachnummer *f*; '~ ˌ**of·fice** *s Brit* (öffentliche) Fernsprechzelle *f*, Münzfernsprecher *m*

cal|los·i·ty [kəˈlɒsətɪ] *s* Schwiele *f*, harte Haut | *übertr* Abgestumpftheit *f*, Gefühllosigkeit *f*; **~lous** [ˈkæləs] **1.** *adj* schwielig, verhärtet | *übertr* abgestumpft, gefühllos (**to** gegenüber); **2.** *vt* verhärten | *übertr* abstumpfen, gefühllos machen; *vi* hart werden | *übertr* abstumpfen, gefühllos werden

cal·low [ˈkæləʊ] *adj* (Vogel) ungefiedert, federlos | *übertr* unreif, unerfahren ⟨a ~ youth⟩

call| sign [ˈkɔ:l saɪn] *s Mar* Rufzeichen *n*, -signal *n* | *Rundf* Sendezeichen *n*; **ˈ~-up** *s Brit Mil* Einberufung(sbefehl) *f(m)* ⟨to get one's ≈⟩ | Einberufungszeit(raum) *f(m)* | Zahl *f* der Einberufungen ⟨a large ≈ in 1917⟩

cal|lus [ˈkæləs] **1.** *s* (*pl* **~lus·es** [~ləsɪz], **~li** [~laɪ]) *Med* Kallus *m*, Schwiele *f*; **2.** *vi* schwielig werden

calm [kɑ:m] **1.** *s* Stille *f*, Ruhe *f* | *Mar* Windstille *f* ⟨dead ~ Flaute *f*⟩; **2.** *adj* (Wetter, See) ruhig, still | windstill | *übertr* ruhig, gelassen ⟨keep ~ nicht aufregen!⟩ | *umg* frech, unverschämt; **3.** *vt* beruhigen, besänftigen ⟨~ yourself! beruhige dich!⟩; *vi, auch* **~ down** sich beruhigen, sich legen; **cal·ma·tive** [ˈkælmətɪv|ˈkɑ:m-] **1.** *Med adj* beruhigend; **2.** *s Med, übertr* Beruhigungsmittel *n*; **ˈ~y** *adj poet* (wind)still

cal·o·mel [ˈkæləmel|ˌkæləˈmel] *s Chem* Kalomel *n*, Quecksilberchlorid *n*

cal·o·res·cence [kælə(ʊ)ˈresns] *s Phys* Kaloreszenz *f*

calori- [kælərɪ] ⟨*lat*⟩ *in Zus* Wärme-

calor|ic [kəˈlɒrɪk] **1.** *s arch* Wärme *f* | *arch* Wärmestoff *m*; **2.** *adj* Wärme-, kalorisch | Kalorien-, Kalorien betreffend ⟨on a ≈ basis auf Kalorienbasis⟩; **cal·o·rie** [ˈkælərɪ] *s* Kalorie *f*, Wärmeeinheit *f*; **~i·fa·cient** [kəˌlɒrɪˈfeɪʃnt] *adj* Wärme erzeugend; **cal·o·rif·ic** [ˌkæləˈrɪfɪk] *adj* Wärme erzeugend, Wärme- ⟨≈ power, ≈ value *Phys* Heizwert *m*⟩; **~i·fi·ca·tion** [kəˌlɒrɪfɪˈkeɪʃn] *s* Wärmeerzeugung *f*; **cal·o·rif·ics** [ˌkæləˈrɪfɪks] *s/pl* (*sg konstr*) Wärmelehre *f*; **~i·fi·er** [kəˈlɒrɪfaɪə] *s* Heizkörper *m*; **~i·fy** [kəˈlɒrɪfaɪ] *vt* erwärmen; **cal·o·rim·e·ter** [ˌkæləˈrɪmɪtə] *s Phys* Wärmemesser *m*; **cal·o·rim·e·try** [ˌkæləˈrɪmətrɪ] *s* Wärmemessung *f*; **cal·o·ry** [ˈkælərɪ] = **calorie**

ca·lotte [kəˈlɒt] *s* Kalotte *f*, Priesterkäppchen *n* | *Arch* Kuppel *f* | *Tech* Haube *f*, Kappe *f* | *Geogr* Eiskuppe *f*

calque [kælk] *s Ling* Lehnübersetzung *f*

cal·trop [ˈkæltrəp] *s Mil Hist* Fußangel *f* | *Bot* Wegedistel *f*

cal·u·met [ˈkæljʊmet] *s* Kalumet *n*, Friedenspfeife *f*

ca·lum·ni|ate [kəˈlʌmnɪeɪt] *lit vt* verleumden; **~a·tion** [kəˌlʌmnɪˈeɪʃn] *s* Verleumdung *f*; **~a·to·ry** [kəˈlʌmnɪˌeɪtrɪ], **~ous** [kəˈlʌmnɪəs] *adj* verleumderisch; **cal·um·ny** [ˈkæləmnɪ] *s* Verleumdung *f*

Cal·va·ry [ˈkælvərɪ] *s Rel* Golgatha *n*, Schädelstätte *f* | *Rel* Kreuzigungsgruppe *f*, Kalvarienberg *m* | *übertr* Leidensweg *m*

calve [kɑ:v] *vi* kalben | (Gletscher) kalben; *vt* (Kalb) zur Welt bringen | (Eisstücke) abstoßen

calves [kɑ:vz] *pl* von ↑ [1]**calf**, [2]**calf**

Cal·vin|ism [ˈkælvɪnɪzm] *s* Kalvinismus *m*; **ˈ~ist** *s* Kalvinist *m*; **ˌ~ˈis·tic**, **ˌ~ˈis·ti·cal** *adj* kalvinistisch

cal·y·ces [ˈkælɪsi:z] *pl* von ↑ **calyx**

ca·lyc·i·form [kəˈlɪsɪfɔ:m] *adj* kelchförmig

ca·lyp·so [kəˈlɪpsəʊ] *s Mus* Calypso *m*, (westindische) Negerballade | (Tanz) Calypso *m*

ca·lyx [ˈkeɪlɪks|ˈkæl-] *s* (*pl* **~es** [~ksI:z], **cal·y·ces** [ˈkælɪsi:z]) *Bot, Zool* Kelch *m*

cam [kæm] *s Tech* Nocken *m* | *Tech* Kurvenscheibe *f*

ca·ma·ra·de·rie [ˌkæməˈrɑ:dərɪ] *s* Kameradschaft *f*

cam|ber [ˈkæmbə] **1.** *vt* biegen, krümmen; *vi* sich biegen, sich krümmen, sich wölben; **2.** *s* Biegung *f*, Krümmung *f*, gewölbtes Profil (e-r Straße u. ä.); **ˈ~bered** *adj* gebogen, gekrümmt, gewölbt

cam·bist [ˈkæmbɪst] *s Wirtsch* Wechsler *m*, Wechselmakler *m* | Sachverständiger *m* im Wechselgeschäft | (Währung u. ä.) Umrechnungstabelle *f*

Cam·bri·an [ˈkæmbrɪən] **1.** *s* Waliser(in) *m (f)* | *Geol* Kambrium *n*; **2.** *adj* walisisch | *Geol* kambrisch

cam·bric [ˈkeɪmbrɪk] *s* Kambrik *m*, Batist *m*

came [keɪm] *prät* von **come**

cam·el [ˈkæml] *s Zool* (ein- *od* zweihöckriges) Kamel | *Mar* Kamel *n*; **ˈ~ ˌdriv·er** *s* Kameltreiber *m*; **ˈ~ hair**, *auch* **ˈ~'s hair 1.** *s* Kamelhaar(stoff) *n(m)*; **2.** *adj* Kamelhaar-

ca·mel·li·a [kəˈmi:lɪə|-ˈmel-] *s Bot* Kamelie *f*

cam·e·o [ˈkæmɪəʊ] *s* Kamee *f*, erhaben geschnittener Stein

cam·er|a [ˈkæmr̩ə|-mərə] *s* Kamera *f*, Fotoapparat *m* | Fernsehkamera *f* | (*pl* **~ae** [~ri:]) *Jur* Richterzimmer *n* ⟨in ≈ unter Ausschluß der Öffentlichkeit⟩ | (*pl* **~ae** [~ri:]) *Arch* Gewölbe *n*; **~a·man** [ˈ~ˌmæn] *s* (*pl* **ˈ~ˌa·men**) *Film* Kameramann *m* | Bildreporter *m*; **~a ob·scu·ra** [ˈkæmr̩ə ɒbˈskjʊərə] *s Foto* Camera *f* obscura | Dunkelkammer *f*

cam·i|-knick·ers [ˌkæmɪ ˈnɪkəz], *auch* **~-knicks** [ˈ~nɪks] *s/pl Brit* (Damen-) Hemdhöschen *n* ⟨a pair of ≈⟩

cam·i·on [ˈkæmɪən] *s* Lastauto *n*

cam·i·sole [ˈkæmɪsəʊl] *s* Kamisol *n* | (kurzes) (Damen-) Hemd, (kurzes) Unterkleid | ärmellose (Damen-) Bluse

cam·let [ˈkæmlɪt] *s* Kamelott *m*, leichtes Wollgewebe

cam·o·mile [ˈkæməmaɪl] *s Bot* Kamille *f*

cam·ou·flage [ˈkæməflɑ:ʒ] **1.** *vt Mil* tarnen | *übertr* tarnen, verschleiern; **2.** *s Mil* Tarnung *f* | *übertr* Tarnung *f*, Irreführung *f*; **ˈ~ or·gan·i̩za·tion** *s Pol* Tarnorganisation *f*

camp [kæmp] **1.** *s* Lager *n*, Lagerplatz *m* ⟨to be in ~ lagern *od* kampieren; to break [up] / strike ~ das Lager abbrechen; to pitch one's ~ das Lager aufschlagen⟩ | *Mil* Lager *n*, Übungsplatz *m* | *übertr* militärisches Leben | *übertr Pol* Lager *n*; Anhänger *m/pl* (e-r Richtung) ⟨to belong to the socialist ~; to be in the same ~ politisch e-r Meinung sein⟩ | *auch* ∸ (Kunst) naiver Kitsch, Künstelei *f*; **2.** *vi auch* **~ out** zelten, lagern, kampieren ⟨to go ~ing zelten (fahren), Camping machen⟩ | *übertr* kampieren, wohnen; *vt* (in e-m Lager) unterbringen; **3.** *umg adj* tuntenhaft | weibisch | gekünstelt, gewollt komisch, bewußt naiv

cam·paign [kæmˈpeɪn] **1.** *s Mil* Feldzug *m* | *übertr Pol, Wirtsch* Kampagne *f* ⟨electoral ~ Wahlkampagne *f*; advertising ~ Reklamefeldzug *m*; ~ to raise funds Spendenaktion *f*; to be on ~ auf Tour sein; e-n Wahlfeldzug starten⟩; **2.** *adj* Kampf-; **3.** *vi* einen Feldzug mitmachen, kämpfen | den (Wahl-) Kampf aufnehmen (**for** um); *vt* (Pferd) in mehreren großen Rennen laufen lassen; **camˈpaign·er** *s* (Mit-) Kämpfer *m*, (Mit-) Streiter *m* ⟨old ≈ Veteran *m*⟩; **ˈ~ ˌmed·al** *s* Kriegsmedaille *f*

camp| bed [ˌkæmpˈbed] *s* Campingliege *f*; **ˌ~ ˈchair** *s* Feldstuhl *m*; **ˈ~er** *s* Camper *m*; Zeltbewohner *m*, Zeltler *m* | *Am* Wohnwagen *m*; **ˈ~ ˌfe·ver** *s* Typhus *m*; **ˈ~ fire** *s* Lagerfeuer *n*; **ˈ~ ˌfol·low·er** *s Hist* Marketenderin *f*; Soldatendirne *f* | *Pol* Mitläufer *m*; **ˈ~ground** *s* Camping-, Zeltplatz *m* | *bes Am Rel* Versammlungsplatz *m* im Freien

camp·ing [ˈkæmpɪŋ] *s* Camping *n*, Zelten *n*, **ˈ~ ground**, *auch* **ˈ~ site** *s* Camping-, Zeltplatz *m*

cam·pi·on [ˈkæmpɪən] *s Bot* Feuernelke *f*

cam·phor [ˈkæmfə] *s Chem* Kampfer *m*; **ˈ~ate** *vt* kampfern, mit Kampfer behandeln; **ˈ~at·ed** *adj* Kampfer-, Kampfer enthaltend ⟨≈ oil⟩; **ˈ~ ball** *s* Mottenkugel *f*; **ˈ~ tree** *s Bot* Kampferbaum *m*; **ˈ~wood** *s* Kampferholz *n*

camp| meet·ing [ˈkæmp ˌmi:tɪŋ] *s* (*urspr Am*) (*meist* mehrtägiger) Evangelisationsgottesdienst im Freien *od* im Zelt; **ˈ~ stool** *s* Falt-, Feldstuhl *m*

cam·pus [ˈkæmpəs] *Am* **1.** *s* Universitäts-, Collegegelände *n*,

Campus *m* | Schulhof *m*, -anlage *f* | *übertr* akademische Welt; **2.** *adj* Universitäts-, Studenten-; **3.** *vt* (Student) mit Ausgangsverbot bestrafen
cam wheel ['kæm wi:l] *s Tech* Nockenrad *n*
[1]**can** [kæn] **1.** *s Brit* Kanne *f* ⟨milk ~⟩ | *urspr Am* (Konserven-) Büchse *f* ⟨~ of pears; blown ~ Büchse *f* mit Bombage⟩ | Trinkgefäß *n* | *Am* Abfall-, Mülleimer *m* ⟨ash ~⟩ | *Am Sl* Kasten *m*, altes Auto *n* | *Am Sl* Kittchen *n*, Gefängnis *n* | *Am Sl* Toilette *f* | *Am Sl* Hinterer *m* ◇ **in the ~** *Film* fertig abgedreht; **carry the ~** *Sl* den Sündenbock spielen; den Dummen machen; **2.** (**canned, canned**) *vt* in ein Trinkgefäß füllen | in Blechbüchsen konservieren ⟨~ned fish⟩ | *umg* auf Tonband *od* Schallplatte aufnehmen ⟨~ned music⟩ | *Am Sl* rausschmeißen, entlassen | *Am Sl* aufhören mit ⟨~ it! halt den Mund!⟩
[2]**can** [kæn|kən] (*präs neg* **can·not** ['kænɒt|kɑ:nt|'kænət], *prät* **could** [kʊd|kəd], *ohne inf* **to** *u. part*) *vi* können, imstande sein zu, fähig sein zu ⟨I ~ swim⟩ | *umg* dürfen, können ⟨what ~ I do for you?⟩ ◇ **I ~not but** *mit inf* ich kann nicht umhin zu *mit inf*; **as clever as ~ be** außerordentlich klug, so klug wie nur möglich
Ca·na·di·an [kə'neɪdɪən] **1.** *adj* kanadisch; **2.** *s* Kanadier(in) *m(f)*
ca·naille [kə'neɪl|kæ'naɪj] *s* Pöbel *m*, Pack *n*, Gesindel *n*
ca|nal [kə'næl] **1.** *s* (künstlicher) Kanal ⟨the Suez ≈⟩ | Meeresarm *m* ⟨the Lynn ≈⟩ | *Med, Zool* Kanal *m*, Gang *m*, Röhre *f* ⟨Eustachian ≈⟩ | *auch* **'te·le·vi·sion ca,nal** Fernsehkanal *m*; **2.** (**~'nalled, ~'nalled**) *vt* kanalisieren; **~'nal boat** *s* Kanalboot *n*, Schleppkahn *m*; **~'nal dues** *s/pl* Kanalgebühren *f/pl*; **~nal·i·za·tion** [,kænəlaɪ'zeɪʃn] *s* Kanalisation *f*; **~nal·ize** ['kæn-] *vt* kanalisieren | in einen Kanal verwandeln | *übertr* lenken, in eine bestimmte Bahn leiten | *übertr* (Gefühle) ein Ventil schaffen für; *vi* einen Kanal bilden | sich in einen Kanal ergießen
can·a·pé ['kænəpeɪ|-pɪ] *s* belegtes Brötchen *od* Brot, Appetitshappen *m*, belegter Toast | *Hist* Kanapé *n*, Sofa *n*
ca·nard [kə'nɑ:d|'kæ-] *s* Falschmeldung *f*, *umg* (Zeitungs-) Ente *f*
ca·nar·y [kə'nɛərɪ] *s*, *auch* **'~ bird** *Zool* Kanarienvogel *m* | *auch* **'~ 'yellow** Kanariengelb *n* | *auch* **'~ wine** Kanarienwein *m* | *Am Sl* Polizeispitzel *m*
ca·nas·ta [kə'næstə] *s Kart* Kanasta *n*
ca·nas·ter [kə'næstə] *s* K[a]naster *m*
can·can ['kænkæn] *s* (Tanz) Cancan *m*
can·car·rier ['kæn,kærɪə] *s Sl* Sündenbock *m*, Dumme *m(f)*
can|cel ['kænsl] **1.** (**'~celled, '~celled**) *vt* aus-, durchstreichen | ausradieren | (Briefmarke) entwerten, ungültig machen | *Math* streichen, heben | widerrufen, annullieren, aufheben ⟨until ≈led bis auf Widerruf⟩ | (Verabredung u.ä.) absagen | *auch* **~cel out** ausgleichen, kompensieren | *Wirtsch* stornieren; *vi*, *oft* **~cel out** sich ausgleichen, einander aufheben | *Math* sich streichen lassen; **2.** *s* Streichung *f* | Annullierung *f* | Absage *f*; **'~cel·late** ['~səleɪt], **'cancel·la·ted** *adj* gegittert, netzförmig | *Med* schwammig; **,~cel'la·tion** *s* Streichung *f* | Entwertung *f* | *Wirtsch* Stornierung *f*
cancer ['kænsə] *s Med, Zool* Krebs *m* | *übertr* Krebsschaden *m* | **≈** *Astr* Krebs *m*; **'~ con,trol** *s* Krebsbekämpfung *f*; **~ous** ['~rəs] *adj* krebsartig ⟨≈ growth⟩
cancroid ['kæŋkrɔɪd] **1.** *adj* krebsartig, Krebs-; **2.** *s* krebsartige Krankheit
can·de·la|bra [,kændə'lɑ:brə|-'læb-|-'leɪb-] **1.** *s* (*pl* **~bras** [~brəz]) Kandelaber *m*; **2.** *pl von* **~brum**; **~brum** [~brəm] *s* (*pl* **~bra** [~brə], **~brums** [~brəmz]) Kandelaber *m*
can·des|cence [kæn'desns] *s* Weißglut *f*; **~cent** [~nt] *adj* weißglühend
can·did ['kændɪd] *adj* offen, ehrlich, aufrichtig | unvoreingenommen ⟨~ opinion⟩ | spontan, nicht gestellt, Stegreif- ⟨~ picture; ~ interview⟩ | (Kamera) versteckt
can·di|da·cy ['kændɪdəsɪ] *s bes Am* Kandidatur *f*; **~date** ['~dət|'kændədɪt] *s* Kandidat *m*, Anwärter *m* (**for** auf, für) ⟨Labour ≈; ≈s for election Wahlvorschlag *m*⟩; **~date·ship** ['~dətʃɪp], **~da·ture** ['~deɪtʃə] *s* Kandidatur *f*
can·did cam·er·a [,kændɪd 'kæmr̥ə] *s* Kleinstbildkamera *f* | versteckte Kamera
can·died ['kændɪd] *adj* kandiert, gezuckert ⟨~ [lemon] peel Zitronat *n*⟩ | *übertr* schmeichlerisch *od* angenehm klingend ⟨~ words⟩
can·dle ['kændl] **1.** *s* Kerze *f*, Licht *n* ⟨to burn the ~ at both ends *übertr* sich übernehmen; to be not fit to hold a ~ to s.o. *umg übertr* jmdm. nicht das Wasser reichen können; the game is not worth the ~ *übertr* die Sache ist nicht der Mühe wert⟩; **2.** *vt* (Eier u.ä.) durchleuchten; **'~ end** *s* Kerzenstummel *m*; **'~ ex,tin·guish·er** *s* Kerzenhütchen *n*; **'~ ,hold·er** *s* Kerzenhalter *m*; **'~light** *s* Kerzenlicht *n* | Dämmerung *f*, Zwielicht *n* ⟨by ≈⟩; **≈mas** ['~məs] *s Rel* Lichtmeß *f*; **'~ ,pow·er** *s Phys* Lichtstärke *f* | Normalkerze *f* ⟨300 ≈⟩; **'~stick** *s* Kerzenständer *m*, Leuchter *m*; **'~wick** *s* Kerzendocht *m*; **'~wood** *s* Kienholz *n*
can-do [,kæn'du:] *adj Am* übereifrig, zu allem bereit ⟨the ~ boys⟩
can·dour ['kændə] *s* Ehrlichkeit *f*, Offenheit *f* | Unparteilichkeit *f*
can·dy ['kændɪ] **1.** *s* Kandiszucker *m* | *Am* Süßigkeiten *pl*, Zuckerwerk *n* | *auch* **'hard ,~** Bonbon *n*; **2.** *vt* (Zucker) kristallisieren | kandieren, überzuckern; *vi* (Zucker) kristallisieren; **'~ bar** *s Am* Schokoladenstange *f*; **'~floss** *s Brit* Zuckerwatte *f* | *übertr* billige Versprechungen *pl*, illusionäre Pläne *pl*; **'~tuft** *s Bot* Dolden-, Schleifenblume *f*
cane [keɪn] **1.** *s Bot* (Zucker- u.ä.) Rohr *n* | (Material) Rohr *n* | Rohrstock *m* ⟨to get the ~ mit dem Rohrstock bestraft werden⟩; **2.** *vt* mit Rohr überziehen ⟨to ~ the seat of a chair⟩ | mit einem Stock prügeln | *übertr* (etw.) einhämmern (**into s.o.** jmdm.); **'~ chair** *s* Korbsessel *m*; **'~ ,sug·ar** *s* Rohrzucker *m*; **'~work** *s* Rohrgeflecht *n*
ca·nic·u·lar [kə'nɪkjʊlə|-jə-] *adj* Hunds-; **,~ 'days** *s/pl* Hundstage *pl*
canine ['keɪnaɪn|'kæn-] **1.** *adj* Hunde-, Hunds-; **2.** *s*, *auch* **'~ tooth** *Med* Augenzahn *m*; **,~ dis'tem·per** *s Med* Hundestaupe *f*; **,~ 'madness** *s Med* Tollwut *f*
can·ing ['keɪnɪŋ] *s* Tracht *f* Prügel ⟨to give s.o. a ~ jmdm. e-e Tracht Prügel verabreichen⟩
can·is·ter ['kænɪstə] *s* Kanister *m*, Blechbüchse *f* | *auch* **'~ shot** *s Mil* Kartätsche(nschuß) *f(m)*
can·ker ['kæŋkə] **1.** *s Bot* Baumkrebs *m* | *Med* Soor *m*, Schwämmchen *n* | Rost *m*, Fraß *m* | *Bot* Brand *m* | *übertr* Krebsschaden *m*, Grundübel *n* ⟨the ~ in a society⟩; **2.** *vt* an-, zerfressen | *übertr* anstecken, vergiften; *vi* angefressen werden | *übertr* verderben; **'~ber·ry** *s Bot* Hagebutte *f*; **'can·kered** ['~d] *adj* angefressen | *Med* vom Krebs befallen | *übertr* bösartig; **~ous** ['~rəs] *adj Med* krebsartig | *übertr* fressend; **'~ rash** *s Med* Scharlach *m*; **'~ sore** *s Med* Mundgeschwür *n*; **'~ worm** *s* schädliche Raupe
can·na ['kænə] *s Bot* Canna *f*, Blumenrohr *n*
can·na·bis ['kænəbɪs] *s Bot* Hanf *m* | *Med* Haschisch *n*
canned [kænd] *adj* konserviert, Dosen-, Büchsen- ⟨~ milk⟩ | *umg* auf Tonband *od* Schallplatte aufgenommen, konserviert ⟨~ programme⟩ | *Am Sl* abgedroschen, stereotyp ⟨~ sayings⟩ | *Sl* betrunken
can·nel ['kænl] *s*, *auch* **'~ coal** Kännelkohle *f*
can·ner ['kænə] *s* Konservenfabrikant *m* | Arbeiter *m* in einer Konservenfabrik; **'can·ner·y** *s* Konservenfabrik *f*
can·ni·bal ['kænəbl] **1.** *s* Kannibale *m*, Menschenfresser *m*;

2. *auch* **~ic** [ˌkænəˈbælɪk] *adj* kannibalisch (*auch übertr*); **~ism** [ˈkænəbl̩ɪzm] *s* Kannibalismus *m*; **~ize** [ˈkænəbl̩aɪz] *vt* (Auto u. ä.) ausschlachten
can·ni·kin [ˈkænɪkɪn|-nə-] *s* Kännchen *n*
can·ning [ˈkænɪŋ] **1.** *s Tech* Canning *n*, Verkapselung *f*; **2.** *adj* Konserven-
can·non [ˈkænən] **1.** *s Mil selten* Kanone *f*, Geschütz *n* | *Flugw* Bordkanone *f* | *collect* Kanonen *f/pl* | *Brit* (Billard) Karambolage *f*; **2.** *vi Mil* feuern, schießen | *Brit* (Billard) karambolieren | rennen, stoßen (**against** gegen, **into** in); *vt Mil* beschießen | *Brit* (Billard) karambolieren; **~ade** [ˌkænəˈneɪd] **1.** *s Mil* Kanonade *f*, Beschießung *f*; **2.** *vt, vi* bombardieren; **ˈ~ ball** *s* Kanonenkugel *f*; **ˈ~ bone** *s* (Pferd) Sprungbein *n*; **~eer** [ˌ~ˈɪə] *s Mil* Kanonier *m*; **ˈ~ ˌfod·der** *s übertr* Kanonenfutter *n*; **ˈ~proof** *adj* bombensicher; **~ry** [ˈ~rɪ] *s collect* Geschütze *n/pl*, Artillerie *f* | Geschützfeuer *n*; **ˈ~ shot** *s* Kanonenschuß *m* | Schußweite *f* (e-s Geschützes)
can·not [ˈkænət|kɑːnt|ˈkænɒt] *neg von* [2]**can**
can·nu|la [ˈkænjʊlə|-jə-] *s* (*pl* **~lae** [ˈ~liː]) *Med* Kanüle *f*
cann·ny [ˈkænɪ] *adj* schlau, klug (bes. in Geldangelegenheiten) | vorsichtig, besonnen | sparsam | *dial* nett
ca·noe [kəˈnuː] **1.** *s* Kanu *n*, Paddelboot *n* ⟨to paddle one's own ~ *übertr* sein eigener Herr sein⟩; **2.** *vi, vt* in einem Kanu fahren; **caˈnoe·ist** *s* Paddler *m*, Kanute *m*; **ˈ~ ˌsla·lom** *s* Kanuslalom *m*
ca·ñon [ˈkænjən] = **canyon**
[1]**can·on** [ˈkænən] *s Rel* Kanonikus *m*, Dom-, Stiftsherr *m*
[2]**can·on** [ˈkænən] *s* Gesetz *n*, Vorschrift *f* | Grundsatz *m*, Prinzip *n* ⟨the ~s of good taste Regeln *f/pl* des guten Geschmacks⟩ | *Rel* Kanon *m*, Richtschnur *f*, Vorschrift *f* | *Rel* Heiligenverzeichnis *n* | *Jur, Typ, Mus* Kanon *m* | authentische Schriften *f/pl* (e-s Autors) ⟨the Chaucer ~⟩; **ca·non·ic** [kəˈnɒnɪk], **caˈnon·i·cal** *adj* kanonisch ⟨≈ books⟩ | anerkannt, gültig | vorschriftsmäßig ⟨≈ dress kirchliche Amtstracht⟩; **caˈnon·i·cate** [~kɪt|~keɪt] *s* Kanonikat *n*, Amt *n od* Würde *f* eines Kanonikers; **~i·za·tion** [ˌkænənaɪˈzeɪʃn] *s Rel* Kanonisation *f*, Heiligsprechung *f*; **ˈ~ize** *vt Rel* kanonisieren, heiligsprechen; **ˈ~ ˈlaw** *s Rel* kanonisches Recht, Kirchenrecht *n*; **~ry** [ˈ~rɪ], **ˈ~ship** *s* Kanonikat *n*
ca·noo·dle [kəˈnuːdl] *vt, vi Sl* (ab)knutschen
can o·pen·er [ˈkæn ˌəʊpn̩ə] *s Am* Büchsenöffner *m*
can·o·py [ˈkænəpɪ] **1.** *s* Baldachin *m* (*auch übertr*) ⟨the ~ of the heavens das Firmament; ~ of leaves Blätterdach *n*⟩ | *Arch* Vordach *n* | *Flugw* Kabinendach *n*; **2.** *vt* mit einem Baldachin überdachen; **ˌ~ ˈbed** *s* Himmelbett *n*
ca·no·rous [kəˈnɔːrəs] *adj* wohltönend, melodisch
canst [kænst] *poet, arch 2. sg präs von* [2]**can**
[1]**cant** [kænt] **1.** *s* Jargon *m*, Gaunersprache *f* ⟨thieves' ~⟩ | Berufs-, Fachsprache *f* | Phrase *f*, Schlagwort *n* | scheinheiliges Gerede, Heuchelei *f* | Scheinheiliger *m*, Heuchler *m*; **2.** *adj* Jargon- ⟨~ phrase Jargonausdruck *m*, Jargonismus *m*⟩; **3.** *vi* im Fachjargon reden | scheinheilig reden | mit weinerlicher Stimme reden; *vt* (etw.) im Fachjargon ausdrücken
[2]**cant** [kænt] **1.** *s* Schrägung *f*, schräge Lage | plötzlicher Stoß *od* Ruck; **2.** *vt* auf die Seite legen, (um)kippen | *Tech* abschrägen; *vi* sich auf die Seite legen
can't [kɑːnt] *umg für* **cannot**
can·ta·bi·le [kænˈtɑːbɪlɪ] *Mus* **1.** *adj* gesangartig, Gesangs-; **2.** *s* Kantabile *n*
can·ta·loup[e] [ˈkæntəluːp] *s Bot* Warzenmelone *f*
can·tan·ker·ous [kænˈtæŋkərəs] *adj* bösartig, streitsüchtig, giftig, mürrisch
can·ta·ta [kænˈtɑːtə] *s Mus* Kantate *f*
cant| dog [ˈkænt dɒg] *s Am Tech* Kanthaken *m*; **ˈ~ed** *adj* auf die Seite geneigt, schräg | *Tech* abgeschrägt
can·teen [kænˈtiːn] *s* Kantine *f* | *Mil* Feldküche *f* | Erfrischungsstand *m* | Kochgeschirr *n* | Besteckkasten *m* | *Am* Feldflasche *f*
can·ter [ˈkæntə] **1.** *s* Kanter *m*, kurzer, leichter Galopp ⟨to win in a ~ spielend *od* leicht gewinnen⟩; **2.** *vt* (Pferd) im Kanter laufen lassen ⟨to ~ one's horse sein Pferd in kurzen Galopp setzen⟩; *vi* im leichten Galopp reiten, kantern
can·ter·bur·y [ˈkæntəbr̩ɪ] *meist* ≗ *s* Noten-, Zeitschriftenständer *m*; **ˈ~ bell** *s Bot* Glockenblume *f*
can|tha·ris [ˈkænθərɪs] *s* (*pl* **~thar·i·des** [kænˈθærɪdiːz]) *Zool* Spanische Fliege, Pflasterkäfer *m*
cant hook [ˈkɑːnt hʊk] *s Tech* Kanthaken *m*
can·ti·cle [ˈkæntɪkl] *s Rel* Lobgesang *m*; **the ≗s** *s/pl bibl* das Hohelied Salomos, das Buch der Lieder
can·ti·le·ver [ˈkæntɪˌliːvə] **1.** *s Tech* hervorspringender Träger, Ausleger *m* | *Arch* Konsole *f*; **2.** *adj* freitragend; **ˈ~ beam** *s Arch* Frei-, Kragträger *m*; **ˈ~ bridge** *s* Auslegerbrücke *f*; **ˈ~ crane** *s Tech* Auslegerkran *m*; **ˈ~ ˌfash·ion** *s Arch* auskragende Bauart; **ˈ~ roof** *s Arch* Ausleger-, Kragdach *n*
cant·ing [ˈkæntɪŋ] *adj* scheinheilig, frömmlerisch | im Jargon redend | winselnd
can·tle [ˈkæntl] *s* Anschnitt *m* | Teil *m* | Bruchstück *n* | (Sattel) Hinterpausche *f*
can·to [ˈkæntəʊ] *s Lit* Gesang *m* | *Mus* Oberstimme *f*
can·ton [ˈkæntɒn|ˈkæntən] *s* (*bes.* Schweiz) Kanton *m*, Bezirk *m* ⟨~s of the league Urkantone *m/pl*⟩ | *Her* Feld *n*; [kænˈtɒn|kənˈtɒn] *vt* in Kantone einteilen | (etw.) in Abteilungen teilen | [kænˈtuːn|kənˈtuːn] *Mil* einquartieren; **~al** [ˈkæntənl] *adj* Kantons-, Kantonal-; **~ment** [kənˈtuːnmənt] *s Mil* Quartier *n*, Kantonnement *n*, Militärlager *n*
can·tor [ˈkæntɔː] *s* Kantor *m*
can·tus [ˈkæntəs] *s* (*pl* ~) *Mus* Gesang *m*
can·vas [ˈkænvəs] **1.** *s* Segeltuch *n* | *collect* Segel *n/pl* ⟨under full ~ mit vollen Segeln⟩ | *Mal* Leinwand *f* | Gemälde *n* | Zelt(e) *n(pl)* ⟨under ~ in Zelten⟩; **2.** *adj* Segeltuch-
can·vass [ˈkænvəs] **1.** *vt* erörtern | prüfen, untersuchen | *Pol* (Wahldistrikt) bearbeiten, werben um; *vi* diskutieren, debattieren | (Stimmen, Kunden u. ä.) werben (**for** für); **2.** *s* Diskussion *f*, Erörterung *f* | *Pol* (Stimmen-) Werbung *f* | *Wirtsch* Werbekampagne *f*; **ˈ~er** *s Pol* Stimmenwerber *m* | *Pol Am* Wahlstimmenprüfer *m* | Handelsreisender *m*
can·yon [ˈkænjən] *s* Cañon *m*, steilwandiges Tal, Gebirgsschlucht *f*
can·zo|ne [kænˈtsəʊnɪ|-nˈzəʊ-] *s* (*pl* **~ni** [~niː]) *Lit, Mus* Kanzone *f*; **~net** [ˌkænzəˈnet|-zəʊˈn-] *s Mus* Kanzonette *f*
caou·tchouc [ˈkaʊtʃʊk] *s* Kautschuk *m*, Gummi *m*; **ˈ~ tree** *s Bot* Gummibaum *m*
cap [kæp] **1.** *s* Kappe *f*, Mütze *f* | (Studenten-, Dienst-) Mütze *f* | *Brit* (Sport) (Mütze *f* als Symbol der) Aufnahme für die National- o. ä. repräsentative Mannschaft ⟨to gain one's country ~ in die Nationalmannschaft kommen⟩ | Repräsentative(r) *f(m)*, Nationalspieler(in) *m(f)* ⟨a new ~ was brought in⟩ | (Schwestern-) Haube *f* | (Flasche) Deckel *m*, Kapsel *f* ⟨bottle ~⟩ | *auch* **ˌDutch ˈ~** *Brit* Pessar *n* | *Am Sl* Rauschgiftkapsel *f* | *Arch* Aufsatz *m* | *Bergb* Zündhütchen *n* | *Mil* Zündkapsel *f* | *Geol* Deckschicht *f* | *Mar* Eselshaupt *n* ◇ **~ and bells** Narrenkappe *f*; **~ and gown** Universitätstracht *f*, Talar *m*; **~ in hand** *übertr* mit dem Hut in der Hand, unterwürfig, demütig; **if the ~ fits** wenn sich jmd. getroffen fühlt; **put one's thinking ~ on** *umg* über alles ernsthaft nachdenken, sich erst einmal alles durch den Kopf gehen lassen; **set one's ~ at s.o.** *umg* hinter jmdm. her sein, sich jmdn. angeln wollen, ein Auge werfen auf jmdn. (Mädchen, Frauen); **a feather in one's ~**

etw., worauf man stolz sein kann; **2.** (**capped, capped**) *vt* mit einer Kappe bedecken | (etw.) bedecken | (etw.) mit einem Deckel versehen | *Schott* (Universität) (jmdm.) einen akademischen Grad verleihen | grüßen ⟨to ~ s.o.⟩ | *übertr* übertreffen, -bieten, ausstechen ⟨to ~ the climax alles übertreffen; to ~ a story e-r Geschichte die Krone aufsetzen⟩ | *übertr* oben liegen auf, krönen | (Sport) (jmdn.) in die National- o. ä. repräsentative Mannschaft aufnehmen ⟨he's been ~ped 10 times er ist 10maliger Nationalspieler⟩; *vi* die Mütze abnehmen

ca·pa|bil·i·ty [ˌkeɪpəˈbɪlətɪ] *s* Fähigkeit *f* (**of s.th.** zu etw.; **of** *mit ger*, **to** *mit inf* zu *mit inf*) | Tauglichkeit *f* (**for** zu) | *pl* Begabung *f*, Anlagen *f/pl*; **ˈ~ble** *adj* fähig, begabt ⟨a ≈ teacher⟩ | fähig, imstande (**of s.th.** zu etw.; **of** *mit ger* zu *mit inf*) | tauglich (**of** zu) ⟨a man ≈ of brain-work⟩ | empfänglich (**of** für) | zulassend, fähig (**of** zu) ⟨to be ≈ of s.th. etw. zulassen; the situation is ≈ of improvement die Lage kann *od* läßt sich bessern⟩ | *Jur* berechtigt, befähigt

ca·pa·cious [kəˈpeɪʃəs] *adj* geräumig, weit (*auch übertr*) ⟨~ pockets; a ~ memory⟩

ca·pac·i·tate [kəˈpæsɪteɪt|-sə-] *vt* berechtigen, befähigen; **caˌpac·iˈta·tion** *s* Befähigung *f*

ca·pac·i·tor [kəˈpæsɪtə] *s El* (Mehrfach-) Kondensator *m*

ca·pac·i·ty [kəˈpæsətɪ] **1.** *s* Raum *m*, Geräumigkeit *f* ⟨filled to ~ ganz voll⟩ | Inhalt *m*, Kapazität *f*, Fassungsvermögen *n* ⟨the ~ of a ship; measure of ~ Hohlmaß *n*⟩ | *Kfz* Hubraum *m* | *Mar* Ladefähigkeit *f* | *El* Kapazität *f* | Leistungsfähigkeit *f*, Vermögen *n* (**of, for** zu; **to** *mit inf* zu *mit inf*) ⟨~ to pay Zahlungsfähigkeit *f*⟩ | *Wirtsch* Kapazität *f* | *übertr* Aufnahmefähigkeit *f*, Fassungsvermögen *n* ⟨to be within the ~ of verstanden werden von, verständlich sein für; the ~ of a pupil⟩ | Charakter *m*, Eigenschaft *f*, Funktion *f* ⟨in the ~ of in der Eigenschaft als; in his ~ as in seiner Funktion als⟩ | *Jur* Zuständigkeit *f* ⟨~ to act in law Geschäftsfähigkeit *f*⟩; **2.** *adj* äußerst ⟨~ yield Höchstertrag *m*⟩ | *Theat* voll, ausverkauft ⟨a ~ house⟩

cap-à-pie, cap-a-pie [ˌkæpəˈpiː] *lit adv* von Kopf bis Fuß ⟨armed ~⟩

ca·par·i·son [kəˈpærɪsn] **1.** *s arch* Pferdedecke *f*, Schabracke *f* | *übertr lit* Ausstattung *f*; **2.** *vt* mit einer Schabracke bedecken | *übertr arch* herausstaffieren

cap bolt [ˈkæp bəʊlt] *s Tech* Kopfschraube *f* (mit Mutter)

[1]**cape** [keɪp] *s* Cape *n*, Umhang *m*

[2]**cape** [keɪp] *s* Kap *n*, Vorgebirge *n* ⟨≗ of Good Hope Kap der Guten Hoffnung⟩; **ˈ≗ ˈDutch** *s Ling* Afrikaans *n*

cap·e·lin [ˈkæpəlɪn] *s Zool* Kapelan *m*, Dickmaul *n*

[1]**ca·per** [ˈkeɪpə] *s Bot* Kapernstrauch *m* | Kaper *f*

[2]**ca·per** [ˈkeɪpə] **1.** *s* Luft-, Freudensprung *m* ⟨to cut a ~, to cut ~s wie toll herumspringen; *übertr* Dummheiten machen⟩; **2.** *vi* Freudensprünge machen, hüpfen

cap·er·cail|lie [ˌkæpəˈkeɪljɪ], **~zie** [~ˈkeɪlzɪ] *s Zool* Auerhahn *m*

cap·ful [ˈkæpfʊl] *s* eine Mütze voll ⟨a ~ of wind *Mar* eine Mütze Wind, ein Windstoß⟩

ca·pi·as [ˈkeɪpɪəs|ˈkæp-] *s Jur* Haftbefehl *m*

cap·il·lar|i·ty [ˌkæpɪˈlærətɪ] *s Phys* Kapillarität *f*; **~y** [kəˈpɪlərɪ] **1.** *adj* haarförmig | haarfein, Haar- | Kapillar- ⟨≈ attraction Kapillaranziehung *f*⟩; **2.** *s* Kapillare *f*, Kapillargefäß *n*

[1]**cap·i·tal** [ˈkæpɪtl] **1.** *s* Hauptstadt *f* | Großbuchstabe *m* | *Wirtsch* Kapital *n* ⟨authorized ~ Stammkapital *n*; fixed ~ fixes Kapital; invested ~ Anlagekapital *n*; stock ~ Effektenkapital *n*; working / floating ~ Betriebskapital *n*⟩ | Kapitalisten *m/pl*, Unternehmer *m/pl* ⟨≗ and Labour⟩ | *übertr* Kapital *n*, Vorteil *m*, Nutzen *m* ⟨to make ~ out of s.th. aus etw. Kapital schlagen⟩; **2.** *adj Jur* kapital, Kapital-, Todes- ⟨a ~ crime ein Kapitalverbrechen *n*; ~ punishment Todesstrafe *f*⟩ | *Wirtsch* Kapital-, Stamm- ⟨~ fund⟩ | groß, Anfangs- ⟨~ letter⟩ | Haupt-, bedeutsamste(-r, -s) ⟨~ city⟩ | fatal, verhängnisvoll ⟨a ~ error⟩ | *umg* vorzüglich, großartig, Klasse- ⟨~ speech⟩; **3.** *interj Brit* hervorragend!

[2]**cap·i·tal** [ˈkæpɪtl] *s Arch* Kapitell *n* ⟨foliated ~ Blätterkapitell *n*⟩

cap·i·tal| bal·ance [ˌkæpɪtl ˈbæləns] *s Wirtsch* Bilanzsaldo *m*; **ˈ~ism** *s* Kapitalismus *m* ⟨≈ of monopoly Monopolkapitalismus *m*⟩; **ˈ~ist** *s* Kapitalist *m*; **ˌ~ˈis·tic** *adj* kapitalistisch; **ˌ~iˈza·tion** *s Wirtsch* Kapitalisierung *f* | Großschreibung *f*; **ˈ~ize** *vt Wirtsch* kapitalisieren | *Wirtsch* zum Vermögen schlagen | *Wirtsch* mit Kapital ausstatten | mit Großbuchstaben schreiben; *vi* Nutzen ziehen, Kapital schlagen (**on** aus) | einen Kapitalwert haben (**at** von); **ˌ~ ˈmar·ket** *s Wirtsch* Kapitalmarkt *m*; **ˌ~ ˈsen·tence** *s Jur* Todesurteil *n*; **ˈ~ ship** *s Mar* Großkampfschiff *n*; **ˈ~ ˈstock** *s Wirtsch* Aktien-, Stammkapital *n* | Aktien *f/pl*; **ˌ~ ˈtax** *s* Vermögenssteuer *f*; **ˌ~ ˈval·ue** *s Wirtsch* Kapitalwert *m*

cap·i·ta·tion [ˌkæpɪˈteɪʃn] *s* Kopfzählung *f* | Kopfsteuer *f* | (Mitglieds-) Beitrag *m* (entsprechend der Anzahl der Mitglieder)

ca·pit·u·late [kəˈpɪtʃʊleɪt] *vi Mil* kapitulieren (**to** vor), sich ergeben (*auch übertr*); **caˌpit·uˈla·tion** *s Mil* Kapitulation *f*, Übergabe *f* | Zusammenfassung *f*; **caˌpit·uˈla·tions** *pl Jur* Verträge *m/pl* über Exterritorialrechte

ca·pon [ˈkeɪpən] *s* Kapaun *m*; **ˈ~ize** *vt* kastrieren; **~ˈs-feath·er** [ˈ~zˌfeðə] *s Bot* Akelei *f*

ca·pot [kəˈpɒt] **1.** *s* Spiel *n od* Partie *f* (beim Pikett); **2.** *vt* (**caˈpot·ted, caˈpot·ted**) (jmdn.) durch eine Partie schlagen

cap·per [ˈkæpə] *s Am Sl* Abschluß *m*, Höhepunkt *m*

ca·pric·cio [kəˈprɪtʃɪəʊ] *s Mus* Capriccio *n*; **~so** [kəˌprɪtʃɪˈəʊzəʊ|-ˈəʊsəʊ] *adj, adv Mus* capriccioso, launisch

ca·price [kəˈpriːs] *s* Laune *f*, Kaprice *f*, Grille *f*; **ca·pri·cious** [kəˈprɪʃəs] *adj* unbeständig, launisch ⟨≈ weather⟩ | unberechenbar

Cap·ri·corn [ˈkæprɪkɔːn] *s Astr* Steinbock *m*

cap·ri·ole [ˈkæprɪəʊl] **1.** *s* Kapriole *f*, Luftsprung *m*; **2.** *vi* Kapriolen machen

cap screw [ˈkæp skruː] *s Tech* Kopfschraube *f*

cap·si·cum [ˈkæpsɪkəm] *s Bot* Spanischer Pfeffer

cap·size [kæpˈsaɪz] *Mar vi* kentern, umschlagen; *vt* (Schiff) kentern lassen

cap·stan [ˈkæpstən] *s Tech* Spill(winde) *n(f)* | *Mar* Gangspill *n*, Ankerwinde *f* | *Bergb* Göpel *m*, Fördermaschine *f* | *El* Tonwelle *f*; **ˈ~ ˌhan·dle** *s Tech* Drehkreuz *n*; **ˈ~ lathe** *s Tech* Revolverdrehbank *f*

cap·stone [ˈkæpstəʊn] *s Arch* Schlußstein *m*, Mauerkappe *f*

cap·su|lar [ˈkæpsjʊlə] *adj* Kapsel-, kapselförmig; **ˈ~late** [-lɪt], **ˈ~lat·ed** [-leɪtɪd] *adj* ver-, eingekapselt; **cap·sule** [ˈkæpsjuːl] **1.** *s* Kapsel *f* | *Flugw* (Raum-) Kapsel *f* | *Bot* Hülse *f*, Samenkapsel *f* ⟨seed ≈⟩ | *Chem* Schmelztiegel *m*, Schale *f* | (Arznei-) Kapsel *f* ⟨medicine ≈⟩ | (Metall-) Kappe *f* (als Flaschenverschluß); **2.** *vt* einkapseln; **~li·form** [ˈ~lɪfɔːm] *adj* kapselförmig

cap·tain [ˈkæptɪn] **1.** *s Mil* Hauptmann *m* | *Mar* Kapitän *m*, Kommandant *m* | *Hist* Rittmeister *m* | (Sport) Mannschaftskapitän *m*, Spielführer *m* | *Bergb* Obersteiger *m* | *übertr* Anführer *m* ◇ **~ of in·dus·try** *s* Großunternehmer *m*, Wirtschaftsboß *m*; **2.** *vt* anführen, leiten | (Sport) Spielführer sein von; **ˈ~cy, ˈ~ship** *s Mil* Rang *m od* Stelle *f* eines Hauptmanns | Führerschaft *f*

cap·tion [ˈkæpʃn] **1.** *s* Überschrift *f*, Titel *m*, Kopf *m* | Bildunterschrift *f* | *Film* Untertitel *m* ⟨a French film with English ~s⟩ | Schlagzeile *f* | *Jur* Präambel *f*; **2.** *vt* mit einem Titel u. ä. versehen, betiteln

cap·tious [ˈkæpʃəs] *adj* spitzfindig, kleinlich, krittelig ⟨a ~ critic⟩ | verfänglich ⟨a ~ question⟩

cap·ti|vate ['kæptɪveɪt] *vt übertr* gefangennehmen, fesseln, faszinieren ⟨to be ≈d with s.th. von etw. eingenommen sein⟩; **'~vat·ing** *adj* fesselnd; **,~'va·tion** *s* Bezauberung *f*; **'cap·tive 1.** *adj* gefangen ⟨to hold s.o. ≈ jmdn. gefangenhalten; to take s.o. ≈ jmdn. gefangennehmen⟩; Gefangenen-; **2.** *s* Gefangener *m (auch übertr)*; **cap·tive bal·loon** [,kæptɪv bə'lu:n] *s* Fesselballon *m*; **cap·tiv·i·ty** [kæp'tɪvətɪ] *s* Gefangenschaft *f* | *übertr* Knechtschaft *f*; **cap·tor** ['kæptə|-tɔ:] *s* Fänger *m* | *Mar* Kaper *m*; **cap·ture** ['kæptʃə] **1.** *vt* fangen | gefangennehmen ⟨to ≈ a soldier⟩ | *Mil* erobern ⟨to ≈ a city⟩ | erbeuten | *Mar* kapern | gewinnen ⟨to ≈ all the prizes⟩ | *übertr* fesseln ⟨to ≈ s.o.'s fancy jmdn. für sich gewinnen⟩; **2.** *s* Gefangennahme *f* | *Mil* Eroberung *f* | *Mar* Kapern *n* | Gefangener *m* | Beute *f*

cap·u·chin ['kæpjʊʃɪn|-tʃɪn] *s* Kapuze *f* | **≙** *Rel* Kapuzinermönch *m* | *auch* **,~ 'monkey** *Zool* Kapuzineraffe *m*

car [kɑ:] **1.** *s* Wagen *m*, Karren *m* | Auto(mobil) *n* ⟨by ~ mit dem Auto⟩ | Straßenbahnwagen *m* | Eisenbahnwagen *m* ⟨dining~ Speisewagen *m*; sleeping~ Schlafwagen *m*; *Am* freight~ Güterwaggon *m*⟩ | *Flugw* Gondel *f* | *poet* Wagen *m* | **≙** *Astr* Großer Wagen; **2.** *umg vt* (etw. *od* jmdn.) in einem Wagen befördern; *vi* in einem Wagen fahren

car·a·cal ['kærəkæl] *s Zool* Karakal *m*, Wüstenluchs *m*

ca·rafe [kə'ræf|-rɑ:f] *s* Karaffe *f*

car·a·mel ['kærəml|-mel] *s* Karamel *m*, gebrannter Zucker | Karamelle *f*, Sahnebonbon *n*

car·a·pace ['kærepeɪs] *s Zool* (Schildkröte, Krebs u. ä.) Rükkenschild *m*

car·at ['kærət] *s* Karat *n*

car·a·van ['kærəvæn|,kærə'væn] **1.** *s* Karawane *f* | Reisewagen *m* | *Brit* Caravan *m*, Wohnwagen, -anhänger *m*; **2.** *vi Brit* im Wohnwagen reisen *od* Urlaub machen; **'~ park**, *auch* **'~ site** *s Brit* Campingplatz *m* für Wohnwagen; **~sa·ry** [,~'vænsərɪ], **~se·rai** [,~'vænsəraɪ] *s* Karawanserei *f*, Herberge *f*

car·a·way ['kærəweɪ] *s Bot* Kümmel *m*; **'~ seeds** *s/pl* Kümmelkörner *n/pl*

car·bide ['kɑ:baɪd] *s Chem* Karbid *n*

car·bine ['kɑ:baɪn] *s Mil* Karabiner *m*

carbo- [kɑ:bə(ʊ)] ⟨*lat*⟩ *in Zus* Kohlenstoff-

car·bo·hy·drate [,kɑ:bəʊ'haɪdreɪt] *s Chem* Kohlenhydrat *n*

car|bo·lat·ed ['kɑ:bəleɪtɪd] *adj Chem* mit Karbolsäure getränkt; **~bol·ic ac·id** [kɑ:,bɒlɪk 'æsɪd] *s Chem* Karbolsäure *f*, Phenol *n*

car·bon ['kɑ:bən] *s Chem* Kohlenstoff *m* | *El* Kohlestift *m* | *auch* **'~ ,pa·per** Kohlepapier *n* | *auch* **,~ 'cop·y** Durchschlag *m*; **car·bo·na·ceous** [,kɑ:bə'neɪʃəs] *adj Chem* kohlenstoffhaltig, Kohlen-; **~ate** ['kɑ:bṇɪt] *Chem* **1.** *s* Karbonat *n* ⟨≈ of soda kohlensaures Natrium⟩; **2.** *vt* mit Kohlensäure sättigen | karbonisieren; **~a·tion** [,kɑ:bə'neɪʃn] *s Chem* Karbonisation *f*; **'~-,co·py** *vt* einen Durchschlag machen von; **'~-date** *vt Phys* (von etw.) das Alter mit Hilfe der Radiokohlenstoffmethode bestimmen; **,~ 'di·ox·ide** *s Chem* Kohlendioxid *n*; **,~ 'fil·a·ment** *s El* Kohlefaden *m*; **~ic** [kɑ:'bɒnɪk|kə-] *adj Chem* kohlenstoffhaltig, Kohlen-; **,~ic 'ac·id** *s Chem* Kohlensäure *f*; **~if·er·ous** [,kɑ:bə'nɪfərəs] *adj* Kohle enthaltend, Kohle- | *Geol* kohlehaltig ⟨≈ strata⟩; **≙if·er·ous** *Geol* **1.** *s* Karbon *n*; **2.** *adj* Karbon-; **~i·za·tion** [,kɑ:bṇaɪ'zeɪʃn] *s* Verkohlung *f* | *Tech* Verkokung *f* ⟨≈ plant Kokerei *f*⟩ | *Geol* Inkohlung *f*; **~ize** ['kɑ:bṇaɪz] *vt* verkohlen | *Tech* verkoken | *Chem* karbonisieren; **,~ mon'ox·ide** *s Chem* Kohlenmonoxid *n*

car·borne ['kɑ:bɔ:n] *adj* Auto- ⟨~ radio transmitter⟩ | autofahrend ⟨~ shoppers⟩

car·bo·run·dum [,kɑ:bə'rʌndəm] *s Tech* Karborundum *n*, Siliziumkarbid *n*

car·boy ['kɑ:bɔɪ] *s* Korbflasche *f*, Glasballon *m*

car bump·er ['kɑ: ,bʌmpə] *s Tech* Stoßstange *f*

car·bun|cle ['kɑ:bʌŋkl] *s Med* Karbunkel *m* | *Min* Karfunkel *m* | Dunkelrot *n*; **~cu·lar** [kɑ:'bʌŋkjʊlə|-kjə-] *adj Med* karbunkulös

car·bu·ret ['kɑ:bju:ret|-bə-|,kɑ:bju:'ret] ('~**ted**, '~**ted**) *vt Chem* mit Kohlenstoff verbinden | karburieren; **'~ted** *adj Chem* karburiert; **car·bu·re·tion** [,kɑ:bju:'reʃn] *s Chem* Karburierung *f*; **~tor** [,kɑ:bju:'retə|-bə-] *s Tech* Vergaser *m* | *Chem* Karburator *m*; **'~tor ,nee·dle** *s Tech* Schwimmernadel *f*; **car·bu·ri·za·tion** [,kɑ:bju:raɪ'zeɪʃn] *s Chem* Karburierung *f*; **car·bu·rize** ['kɑ:bjʊraɪz] *vt Chem* karburieren

car·case ['kɑ:kəs], **car·cass** ['kɑ:kəs] *s* (Tier-) Kadaver *m*, Aas *n* | *umg verächtl od scherzh* Leichnam *m*, Körper *m* ⟨move your ~ bewege deinen müden Körper⟩ | (ausgeweidetes) Tier, Rumpf *m* ⟨~ meat Frischfleisch *n* (*Ant* tinned/corned meat)⟩ | Skelett *n*, Gerippe *n* | Gerüst *n*, Rohbau *m* ⟨the ~ of a house⟩ | *Tech* (Reifen) Karkasse *f*, Leinwandkörper *m* | *Mil Hist* Karkasse *f*, Brandgranate *f* | *übertr verächtl* Überrest *m*, Wrack *n* ⟨the ~ of an old car⟩

car|cin·o·gen [kɑ:'sɪnədʒən] *s Med* Karzinogen *n*, krebserregender Stoff; **~ci·noid** ['~sɪnɔɪd] *adj Med* karzinoid; **~ci·nol·o·gy** [,~sɪ'nɒlədʒɪ] *s Med* Krebsforschung *f*; **~ci·no·ma** [,~sɪ'nəʊmə|-sə-] *s* (*pl* **~ci·no·ma·ta** [-tə], **~ci·no·mas** [-z]) *Med* Karzinom *n*; **~ci·nom·a·tous** [,~sɪ'nɒmətəs] *adj Med* karzinomatös

card [kɑ:d] *s* (Spiel-) Karte *f* ⟨playing ~ *förml* Spielkarte *f*; s.o.'s best / strongest ~ *umg übertr* jmds. stärkstes Argument, jmds. Trumpfkarte, jmds. großer Schachzug; a doubtful ~ *übertr* eine zweifelhafte Sache; game of / at ~s Kartenspiel *n*; house of ~s *übertr* Kartenhaus *n*; pack of ~s ein Spiel Karten; safe / sure ~ *übertr* sichere Sache; on (*Am* in) the ~s *umg* möglich, wahrscheinlich; to have a ~ up one's sleeve *übertr* noch e-n Trumpf in der Hand haben; to lay/put one's ~s on the table *übertr* mit offenen Karten spielen; to make a ~ *Kart* stechen, e-n Stich machen; to play [at] ~s Karten spielen; to play the/one's ~ e-e bestimmte Taktik einschlagen; to play one's ~s well s-e Trümpfe geschickt ausspielen; to throw up/show one's ~s die Karten aufdecken; to throw up one's ~s *übertr* etw. aufgeben⟩ | (Visiten-, Einladungs- u. ä.) Karte *f* ⟨*Am* calling ~, *Brit* visiting ~; to leave ~s on s.o. bei jmdm. seine Karten abgeben⟩ | Mitgliedskarte *f*, Ausweis *m* ⟨party ~ Parteidokument *n*; to get one's ~ *Brit übertr umg* seine Papiere bekommen *od* entlassen werden⟩ | Glückwunschkarte *f* ⟨New Year ~ Neujahrskarte *f*⟩ | (Renn- u. ä.) Programm *n* (zum Eintragen der Ergebnisse) ⟨a score ~⟩ | *umg* Kerl *m* ⟨he is a ~ er kann sich sehen lassen⟩ | *umg* Kauz *m* ⟨he is a queer ~ das ist ein komischer Vogel⟩

[2]**card** [kɑ:d] **1.** *s Tech* Kardätsche *f*, Karde *f*, Krempel *f*; **2.** *vt* (Wolle) kardätschen, krempeln

car·dan joint ['kɑ:dæn dʒɔɪnt] *s Tech* Kardangelenk *n*

card·board ['kɑ:dbɔ:d] *s* Pappe *f* ⟨~ box Pappschachtel *f*⟩

card-car·ry·ing ['kɑ:d,kærɪɪŋ] *adj Pol* regulär ⟨a ~ member⟩ | *übertr* typisch, charakteristisch ⟨a ~ representative⟩

card·ed yarn [,kɑ:dɪd 'jɑ:n] *s* Streichgarn *n*

card file [,kɑ:d 'faɪl] *s* Kartei *f*

car·di·ac ['kɑ:dɪæk] *Med* **1.** *adj* das Herz betreffend, Herz- | den Magengrund betreffend; **2.** *s* Herzmittel *n*; **,~ in'farc·tion** *s Med* Herzinfarkt *m*

car·di·gan ['kɑ:dɪgən] *s* Strick-, Wolljacke *f*

car·di·nal ['kɑ:dnl|-dɪnl] **1.** *adj* hauptsächlich, grundsätzlich, Haupt-, Grund- ⟨~ principles⟩ | *Rel* Kardinals- | scharlachfarben, hochrot; **2.** *s Rel* Kardinal *m* | Scharlachrot *n* | *Zool* Kardinal *m*; **~ate** ['kɑ:dɪnəleɪt|-də-] *s Rel* Kardinalat *n*, Kardinalswürde *f*; '~ ˌ**flow·er** *s Bot* Kardinalsblume *f*; ˌ~ '**num·ber**, '~ '**nu·mer·al** *s* Kardinal-, Grundzahl *f*; '~ **points** *s/pl* (Kompaß) Himmelsrichtungen *f/pl*; '~**ship** *s Rel* Kardinalrat *n*; ˌ~ '**vir·tues** *s/pl* Kardinaltugenden *f/pl*

card index ['kɑ:d ˌɪndeks] *s* Kartei(kasten) *f(m)*, Karthothek *f*

card·ing ['kɑ:dɪŋ] *s Tech* Kardätschen *n*, Krempeln *n*; '~ **ma·ˌchine** *s Tech* Krempelmaschine *f*

cardio- [kɑ:dɪə(v)] ⟨*griech*⟩ *in Zus* Herz-

car·di|o·gram ['kɑ:dɪəgræm] *s Med* Kardiogramm *n*; ~**ol·o·gist** [ˌ~'ɒlədʒɪst] *s Med* Kardiologe *m*, Herzspezialist *m*; ~**ol·o·gy** [ˌ~'ɒlədʒɪ] *s Med* Kardiologie *f*, Herzheilkunde *f*

card·punch ['kɑ:dpʌntʃ] *s Tech* Kartenlocher, -stanzer *m*

car driv·er ['kɑ: ˌdraɪvə] *s* Kraftfahrer *m*

card| room ['kɑ:d rum] *s* Spielzimmer *n*; ~**sharp·er** ['~ʃɑ:pə] *s* Falschspieler *m*; '~ˌ**sharp·ing** *s* Falschspielen *n*; '~ **vote** *s Pol* Abstimmung *f* durch Wahlmänner

care [kɛə] **1.** *s* Sorge *f*, Kummer *m* ⟨free from ~ sorgenfrei; ~s of Sorge *f* um⟩ | Sorgfalt *f*, Mühe *f*, Aufmerksamkeit *f*, Vorsicht *f* ⟨have a ~! *umg* gib acht!; to take ~ achtgeben *od* vorsichtig sein; with ~! Vorsicht!⟩ | Obhut *f*, Pflege *f*, Schutz *m* ⟨~ of per Adresse, zu Händen von; to leave in s.o.'s ~ jmdm. überantworten; to take ~ of/that achtgeben auf, *od* daß; to take ~ of s.o. sich jmds. annehmen; to be under the ~ of s.o. jmdm. unterstehen⟩; **2.** *vi* sich sorgen, besorgt sein (**about** um) | (*meist neg*) sich etw. machen aus (**about** *mit ger* zu *mit inf*; **if, whether** ob) ⟨for all I ~ meinetwegen *od* wenn es nach mir geht; I couldn't ~ less [about], *auch Am umg* I could ~ less [about] sich überhaupt keine Gedanken *od* keinen Kopf machen (wegen); I don't ~ if I do es ist mir gleich, es macht mir nichts aus; I don't ~ a damn / dash / fig *umg* ich mache mir nicht das geringste daraus; not to ~ about sich nichts machen aus; what do I ~? was geht das mich an?; who ~s? wer fragt schon danach?⟩ | (*oft neg*) Lust haben (**to** *mit inf* zu *mit inf*), es gern haben *od* sehen ⟨I don't ~ to be seen ich möchte nicht gesehen werden; would you ~ to read this? möchtest du es gerne lesen?⟩; ~ **for** sich kümmern um, sorgen für ⟨~d-for gepflegt⟩ | gern haben, Zuneigung empfinden ⟨to ≈ s.o. jmdn. gern haben; to ≈ s.th. sich etwas aus etw. machen⟩

ca·reen [kə'ri:n] **1.** *vt* (Schiff) kielholen; *vi Mar* krängen, sich auf die Seite legen | *Mar* kielholen | *übertr* schwanken; **2.** *s Mar* Kielholen *n*; **ca'reen·age** *Mar s* Krängen *n* | Kielholen *n* | Kielholplatz *m*

ca·reer [kə'rɪə] **1.** *s* Karriere *f*, Laufbahn *f* ⟨to enter upon a ~ e-e Laufbahn einschlagen; to make a ~ for o.s. Karriere machen⟩ | Stelle *f*, Arbeitsplatz *m* ⟨~s open to scientists freie Stellen *f/pl* für Wissenschaftler⟩ | schneller Lauf, Galopp *m* ⟨in full ~ in vollem Lauf; to stop (s.o.) in mid ~ (jmdn.) in vollem Lauf anhalten⟩; **2.** *adj bes Am* Berufs- ⟨~ diplomat⟩; **3.** *vi* galoppieren, rasen, jagen (**about** umher, **past** vorbei); *vt* (Pferd) galoppieren lassen; '~ **girl** *s* Frau, die ihren Beruf über alles stellt; '~**ist** [-rɪst] *s* Streber *m*, Karrierist *m*; '~**s** ˌ**gui·dance** *s Brit* Berufsberatung *f*; '~**s** ˌ**of·fi·cer** *s Brit* Berufsberater(in) *m(f)*

care·free ['kɛəfri:] *adj* sorgenlos, sorgenfrei

care|ful ['kɛəfl] *adj* (Person) besorgt (**about, of, for** um) | vorsichtig, achtsam (**of** bei, auf) ⟨be ≈ sei vorsichtig!, Vorsicht!; to be ≈ not to *mit inf* nicht vergessen zu *mit inf*; to be ≈ crossing the road beim Überqueren der Straße aufpassen⟩ | sorgfältig, gründlich ⟨a ≈ worker; a ≈ examination⟩ | *umg* knauserig, sparsam ⟨to be too ≈ with one's money⟩; '~ ˌ**la·bel** *s* Pflegehinweis *m*, Pflegeschild *n* (in Kleidungsstücken); '~ˌ**lad·en** *adj* sorgenvoll, bedrückt; '~**less** *adj* sorglos, gedankenlos (**of** um) | unachtsam, unüberlegt ⟨a ≈ remark; to be ≈ of nicht achten auf⟩ | unordentlich, nachlässig, liederlich ⟨a ≈ dress; to be ≈ as to / about wenig Sorgfalt verwenden auf⟩ | unbekümmert, vergnügt ⟨≈ little birds⟩ | unempfindlich (**of** gegenüber) ⟨to be ≈ of sich nicht beklagen über *od* wegen⟩

ca·ress [kə'res] **1.** *s* Liebkosung *f* | Kuß *m*; **2.** *vt* streicheln, tätscheln, liebkosen; küssen | freundlich behandeln; **ca'ress·ing** *adj* zärtlich

car·et ['kæret] *s* Einschaltungszeichen *n* | Auslassungszeichen *n*

care|tak·er ['kɛəˌteɪkə] **1.** *s* Hausverwalter *m*, Hausmeister *m* ⟨the school ≈⟩ | Wärter(in) *m(f)*; **2.** *adj* Übergangs-, sachwaltend, Interims- ⟨≈ government *Pol* Übergangsregierung *f*⟩ '~ˌ**tak·ing** *adj* sorgsam; '~**worn** *adj* abgehärmt, sorgenvoll

ca·rex ['kɛəreks] *s* (*pl* **car·i·ces** ['kærɪsi:z]) *Bot* Riedgras *n*

car|fare ['kɑ:fɛə] *s Am* (Eisenbahn u. ä.) Fahrgeld *n*; '~ ˌ**fer·ry** *s* Autofähre *f*

car·go ['kɑ:gəu] **1.** *s* (*pl* **car·goes, car·gos** ['~z]) (Schiffs-) Ladung *f*, Fracht *f*; **2.** *vt* beladen; '~ **boat** *s* Frachtschiff *n*; '~ **hold**, '~ **space** *s Mar* Laderaum *m*

Car·ib·be·an [ˌkærɪ'bi:ən] **1.** *adj* karibisch ⟨~ Islands Karibische Inseln *pl*, Kleine Antillen *pl*⟩; **2.** Karibik *f*, Karibisches Meer

car·i·ca|ture [ˌkærɪkə'tʃuə|-rə-|'kærɪkətʃə] **1.** *s* Karikatur *f*, Zerr-, Spottbild *n* (*auch übertr*) | Karikieren *n*; **2.** *vt* karikieren | *übertr* lächerlich machen; ~**tur·ist** [ˌkærɪkə'tʃuərɪst] *s* Karikaturist *m*, Karikaturenzeichner *m*

car·i|es ['kɛəri:z|-rɪz|-rɪi:z] *s Med* Karies *f*, Zahnfäule *f* ⟨dental ≈⟩ | Knochenfraß *m*; ~**ous** ['kɛərɪəs] *adj Med* kariös, angefault ⟨≈ tooth fauler Zahn⟩

car·il·lon ['kærɪljən|'kærɪɒ̃] *s Mus* Glockenspiel *n* | Melodie *f* eines Glockenspiels

car·jack ['kɑ:ˌdʒæk] *s Kfz* Wagenheber *m*, -winde *f*, (Wagen) Hebebock *m*

cark [kɑ:k] **1.** *vt* mit Sorge erfüllen; *vi* besorgt sein (**about** um); **2.** *selten* Sorge *f* ⟨by ~ and care durch Kummer und Sorgen⟩; '~**ing** *adj* kummervoll ⟨≈ care nagender Kummer)⟩

car line ['kɑ: laɪn] *s Am* Straßenbahnlinie *f*

car|load ['kɑ:ləud] *s* Wagenladung *f*; '~**man** *s* (*pl* '~**men**) Kraftfahrer *m* | *Am* (Straßenbahn- u. ä.) Schaffner *m od* Fahrer *m*

Car·mel·ite ['kɑ:məlaɪt] *Rel* **1.** *s* Karmelitermönch *m*; **2.** *adj* Karmeliter-

car·mine ['kɑ:maɪn] **1.** *s* Karminrot *n*; **2.** *adj* karminrot

car|nage ['kɑ:nɪdʒ] *s* Blutbad *n*, Gemetzel *n* ⟨the ≈ of war Krieg und Blutvergießen⟩; ~**nal** ['kɑ:nl] *adj* fleischlich | sinnlich, sexuell (*Ant* spiritual) ⟨≈ delight Sinneslust *f*; ≈ desire sinnliche Begierde⟩; ~**nal·i·ty** [~'nælətɪ] *s* Sinnlichkeit *f*; '~**nal·ize** *vt* sinnlich machen; ˌ~**nal** '**know·ledge** *s* in: **have ~nal knowledge of s.o.** geschlechtlichen Umgang mit jmdm. haben

car·na·tion [kɑ:neɪʃn] *s Bot* Nelke *f* | Fleischfarbe *f*, Blaßrosa *n*

car·nel·i·an [kɑ:'ni:ljən] *s Min* Karneol *m*

car·ni·val ['kɑ:nəvl|-nɪvl] *s* Karneval *m*, Fasching *m* | *Am* Jahrmarkt *m* | Ausstellungs-, Unterhaltungsprogramm *n* ⟨book ~ Buchschau *f*⟩ | *übertr* ausgelassenes Treiben; '~ ˌ**li·cence** *s* Narrenfreiheit *f*

car|ni·vore ['kɑ:nɪvɔ:] *s Zool* Fleischfresser *m*, Raubtier *n* | *Bot* fleischfressende Pflanze; ~**niv·o·rous** [~'nɪvərəs] *adj Zool, Bot* fleischfressend

car·ob ['kærəb] *s Bot* Johannisbrot *n* | *auch* '~ **tree** Johannisbrotbaum *m*

car·ol ['kærəl] **1.** *s* (Freuden-, Jubel-, Weihnachts-) Lied *n*

⟨Christmas ~⟩; **2.** *vt* besingen; *vi* singen ⟨to go ~ling Kurrende singen⟩ | (Vögel) jubilieren

car·o·tene ['kærəti:n] *s Chem* Karotin *n*

ca·rot·id [kə'rɒtɪd] *s Med* Karotis *f*, Halsschlagader *f*

car·o·tin ['kærətɪn] = **carotene**

ca·rous·al [kə'raʊzl] *s* Trinkgelage *n*; **ca·rouse** [kə'raʊz] **1.** *s* Trinkgelage *n* | Trinkspruch *m*; **2.** *vi* zechen; zutrinken (**to s.o.** jmdm.); *vt selten* trinken auf

car·[r]ou·sel [ˌkærə'sel] *s Am* Karussel *n*, Reitschule *f* | *übertr Am Flugw* (kreisförmiges) Transportband für die Gepäckausgabe | automatischer Dia-Projektor

[1]**carp** [kɑ:p] (*pl* ~ *od* ~**s**) *s* Karpfen *m*

[2]**carp** [kɑ:p] *vi* nörgeln, kritteln (**at** über, an)

-carp [kɑ:p] ⟨*griech*⟩ *in Zus* Frucht

car park ['kɑ:pɑ:k] *s Brit* Parkplatz *m*

car·pen|ter ['kɑ:pɪntə] **1.** *s* Zimmermann *m*; **2.** *vi, vt* zimmern; **~try** ['~trɪ] *s* Zimmerhandwerk *n* | Zimmereiarbeit *f*

car·pet ['kɑ:pɪt] **1.** *s* Teppich *m* (*auch übertr*) ⟨to beat a ~ e-n Teppich klopfen; to be on the ~ zur Diskussion stehen; *umg* heruntergeputzt werden⟩ | Belag *m*, Schicht *f* ⟨a ~ of moss⟩; **2.** *vt* mit einem Teppich belegen ⟨to ~ the stairs⟩; **'~bag** *s* Reisetasche *f*; **'~ˌbag·ger** *s Am umg Hist verächtl* (*bes* politischer) Schwindler, Abenteurer; **'~ ˌbeat·er** *s* Teppichklopfer *m*; **'~ ˌbomb·ing** *s* Bombenteppich(abwurf) *m*(*m*); **'~ing** *s* Teppichmaterial *n* | Fußbodenbelag *m*; **'~ knight** *s umg* Salonheld, -löwe *m*; **'~ rod** *s* Läuferstange *f*; **'~ ˌslip·pers** *s/pl förml* Pantoffeln *m/pl*; **'~ ˌsweep·er** *s* Teppichkehrmaschine *f*

carp·ing ['kɑ:pɪŋ] **1.** *s* Nörgelei *f*; **2.** *adj* nörgelig ⟨~ tongue *übertr* spitze Zunge; ~ criticism Krittelei *f*⟩

carpo- [kɑ:pə(ʊ)] ⟨*griech*⟩ *in Zus* Frucht-

car·pol·o·gy [kɑ:'pɒlədʒɪ] *s* Karpologie *f*, Fruchtlehre *f*

car| pool ['kɑ: pu:l] **1.** *s* Fahr(zeug)park *m*; **2.** *vi Am* (mehrere Autobesitzer) sich in ein Auto teilen, gemeinsam (nur) ein Auto benutzen, eine Fahrgemeinschaft bilden ⟨to ≈ daily to one's job⟩; **'~ port** *s* Behelfsgarage *f*, PKW-Unterstand *m*; **'~ ˌra·di·o** *s* Autoradio *n*

car|pus ['kɑ:pəs] *s* (*pl* **-pi** [-paɪ]) *Anat* Handgelenk *n*, -wurzel *f*

car·riage ['kærɪdʒ] *s* Wagen *m*, Kutsche *f* ⟨~ and pair Zweispänner *m*⟩ | *Brit* Eisenbahnwaggon *m* ⟨first class ~⟩ | *Mil* Lafette *f* ⟨gun ~⟩ | *Flugw, Tech* Fahrgestell *n* | *Tech* (Schreibmaschine u. ä.) Schlitten *m*, Wagen *m*, Laufwerk *n*, Support *m* | Transport *m*, Beförderung *f* ⟨~ of goods⟩ | Frachtgebühr *f*, Transportkosten *pl*, Rollgeld *n* | Aus-, Durchführung *f*, Leitung *f* | (Körper-) Haltung *f* ⟨graceful ~ anmutige Haltung *f*⟩; **'~a·ble** *adj* transportierbar; **ˌ~ 'bod·y** *s* Karosserie *f*; **ˌ~ 'door** *s* Wagentür *f*; **'~ drive** *s* Fahrweg *m*; **'~ 'for·ward** *s, adv Brit* (per) Nachnahme; **'~ 'free**, **'~-'paid** *adj, adv* portofrei, franko; **'~ horse** *s* Zugpferd *n*; **ˌ~ 'step** *s* Wagentritt *m*; **ˌ~ 'top** *s* Wagendach *n*; **'~way** *s Brit* Fahrweg *m*, -bahn *f*

car·ri·er ['kærɪə] *s* Überbringer *m*, Träger *m* ⟨*Am* mail ~ Briefträger *m*⟩ | Fuhrmann *m*, Spediteur *m* | *Mil* Träger(fahrzeug, -schiff u. ä.) *m*(*n*) ⟨aircraft ~ Flugzeugträger *m*; ~ of atomic arms Atomwaffenträger *m*; troop ~ Truppentransporter *m*⟩ | *Med* (Bazillen-) Träger *m* | *Chem* Katalysator *m* | *Foto* Halterahmen *m* | (Fahrrad, Auto u. a.) Gepäckträger *m* | *Tech* Zwischenrad *n* | *El* Trägerstrom *m*; **'~ bag** *s Brit* Tragetasche *f*, -beutel *m*; **ˌ~ 'broad·cast·ing ˌsys·tem** *s Rundf* Drahtfunk *m*; **ˌ~ 'cur·rent** *s El* Trägerstrom *m*; **'~ ˌfre·quen·cy** *s El* Trägerfrequenz *f*; **'~ ˌpi·geon** *s* Brieftaube *f*; **'~ ˌrock·et** *s Mil* Trägerrakete *f*; **'~ ship** *s Mar* Flugzeugträger *m*; **'~ transˌmis·sion** *s Rundf* Drahtfunk *m*; **'~ wave** *s El* Trägerwelle *f*

car·ri·on ['kærɪən] **1.** *s* Aas *n* | verdorbenes Fleisch | *übertr* Unrat *m*; **2.** *adj* aasfressend | verdorben, verfault | *übertr* ekelerregend; **'~ ˌbee·tle** *s Zool* Aaskäfer *m*; **'~ crow** *s Zool* Aaskrähe *f*

car·ron·ade [ˌkærə'neɪd] *s Mil Hist* Karronade *f*

car·rot ['kærət] *s Bot* Karotte *f*, Möhre *f* ⟨the stick and the ~ *übertr* Zuckerbrot *n* und Peitsche *f*⟩; **~in** ['~ɪn] = **carotene**; **'car·rots** *s/pl* (*sg konstr*) *umg* Rotkopf *m*; **'~y** *adj* möhrenfarben | (Haar) rötlich, rot

car·ry ['kærɪ] **1.** *vt* tragen, bringen, befördern ⟨to ~ s.o. to the hospital jmdn. ins Krankenhaus bringen⟩ | übermitteln, -bringen ⟨to ~ a message eine Botschaft überbringen⟩ | tragen ⟨to ~ a suitcase einen Koffer tragen⟩ | mitführen, bei sich haben ⟨to ~ an umbrella einen Regenschirm bei sich haben; to ~ s.th. in one's head etw. im Kopf haben⟩ | (Kind) erwarten, schwanger gehen mit ⟨to be ~ing a child schwanger sein⟩ | *umg* (Alkohol) vertragen ⟨he can't ~ more than one glass⟩ | vor-, übertragen ⟨to ~ a number eine Zahl übertragen; to ~ the war into another country den Krieg in ein anderes Land tragen⟩ | weitertragen, verbreiten ⟨seeds carried by the wind vom Wind weitergetragene Samen⟩ | (von Zeitung) bringen, abdrucken | *Rundf, Ferns* senden ⟨to ~ the news that die Nachricht verbreiten, daß⟩ | enthalten (Bericht u. a.) ⟨to ~ a warning; to ~ much weight große Bedeutung haben⟩ | weiter-, fortführen, -setzen ⟨to ~ s.th. to excess; to ~ (s.th.) too far (etw.) zu weit treiben⟩ | *übertr* nach sich ziehen, involvieren, bedeuten ⟨to ~ responsibility Verantwortung bedeuten; to ~ weight gewichtig sein, überzeugen⟩ | *übertr* fortreißen, -tragen ⟨to ~ the audience die Zuhörer mitreißen⟩ | (Geschäft u. ä.) führen, betreiben | tragen, stützen, halten ⟨to ~ an arch einen Bogen tragen⟩ | (in bestimmter Weise) tragen, halten ⟨to ~ one's head den Kopf halten; to ~ o.s. sich halten; to ~ o.s. badly eine schlechte Haltung haben⟩ | enthalten, führen ⟨to ~ silver⟩ | *Wirtsch* (Zinsen) tragen | *Wirtsch* auf Lager haben | *Mus* (Ton) tragen | *Mil* tragen ⟨to ~ arms Waffen führen⟩ | *Mil* (*meist imp*) (Gewehr) präsentieren | *Mar* (Segel) führen | *Mil* erobern, einnehmen, gewinnen (*auch übertr*) ⟨to ~ a fortress eine Festung erstürmen; to ~ the day siegreich sein *od* gewinnen, to ~ all/everything before one sich voll durchsetzen, auf der ganzen Linie gewinnen⟩ | *übertr* erhalten, erlangen ⟨to ~ a prize einen Preis gewinnen⟩ | *Pol* (Kandidat u. ä.) durchbringen | (*meist pass*) *Parl, Jur* (Antrag u. ä.) annehmen ⟨the law was carried by 300 votes⟩ ◇ **~ the ball** *umg übertr* alles machen müssen, den Hut aufhaben; **~ the can** *Brit umg übertr* alles ausbaden müssen, den Dummen machen; **~ about** umher-, herumtragen; **~ away** fort-, wegtragen, -schaffen, -führen | *Mar* wegreißen, abbrechen ⟨the rigging was carried away die Takelage wurde weggerissen⟩ | (*meist pass*) *übertr* mit sich fortreißen ⟨carried away by music⟩; **~ back** zurücktragen, -führen, -bringen (*auch übertr*); **~ down** hinuntertragen, -führen, -bringen; **~ forth** hinaustragen; (etw.) zur Schau tragen; **~ forward** *Wirtsch* (Konto) vor-, übertragen; **~ in** hineintragen, -schaffen; **~ off** fort-, wegtragen, -schaffen | (Preis, Sieg) davontragen, erringen | *übertr* (erfolgreich) bewältigen ⟨to ~ it off well mit Erfolg auftreten; es gut meistern⟩ | abführen ⟨to ~ s.o. off to prison⟩; **~ on** fortführen, -setzen | (Geschäft u. ä.) führen, betreiben; **~ out** hinaustragen, -bringen, ausführen; **~ over** = **~ forward**; **~ through** (etw.) aus-, durchführen ⟨to ~ through an undertaking ein Vorhaben bewältigen⟩ | (Schüler) durchbringen, -helfen ⟨to ~ s.o. through an examination⟩; **~ up** hinauftragen, -bringen | *Wirtsch* (Betrag u. ä.) vor-, übertragen; *vi* tragen ⟨to fetch and ~ apportieren⟩ | (Stimme) tragen; vernehmlich sein ⟨the singer's voice carries well⟩ | (Gewehr u. ä.)

schießen, reichen bis | (Pferd) den Kopf tragen | (Jagd) (Hund) die Spur verfolgen; ~ **on** *umg* weitermachen (**with s.th.** in, mit etw.) | *umg* sich aufregen, Theater machen | sich auffällig benehmen | *umg* ein Verhältnis haben (**with** mit); **2.** *s* (Gewehr u. ä.) Trag-, Schußweite *f* | (Fähre) Überfahrt *f* | Fährstelle *f* | *Wirtsch* Übertrag *m*; **'~all 1.** *s* Kremser *m* | *Am* Einkaufs-, Reisetasche *f*; **2.** *adj* Mehrzweck-, Allzweck- ⟨≈ bag Einholetasche *f*⟩; **'~cot** *s Brit* (Säuglings-) Tragetasche *f*; **ˌ~ 'for·ward** *s Wirtsch* Vor-, Übertrag *m*; **'~ing 1.** *adj* tragend, Trag- | Transport-; **2.** *s* Tragen *n* | Transport *m*; Fuhrwesen *n*; **ˌ~ing 'a·gent** *s* Spediteur *m*; **ˌ~ing ca'pac·i·ty** *s* Tragfähigkeit *f*; **ˌ~ings-'on** *s umg* Aufführen *n* ⟨scandalous ≈ schlimme Geschichten *f/pl*; **ˌ~ing 'rope** *s Tech* Tragseil *n*; **ˌ~ing 'trade** *s* Speditionsgeschäft *n* | Fuhrunternehmen *n*; **ˌ~-'on** *s umg* Theater *n*, Tamtam *n*, Getue *n* | *Brit* (kleine) Reisetasche; **'~out** *s Am, Schott* Speisen *od* Getränke *pl* zum Mitnehmen | Außer-Haus-Verkauf *m*; **'~-ˌo·ver** *s Wirtsch* (*meist sg*) (Konto u. ä.) Vor-, Übertrag *m* | Überbleibsel *n*, Rest(arbeit) *f* | *übertr* Einfluß *m*, Auswirkung (**to** auf) ⟨there's quite a ≈ from s.th. to s.th. else es wirkt sich etw. ziemlich auf etw. anderes aus⟩

car spring ['kɑ: sprɪŋ] *s Tech* Wagenfeder *f*

cart [kɑ:t] **1.** *s* Wagen *m*, Karren *m* ⟨coal ~ Hund *m*; to be in the ~ *Brit Sl* in der Patsche sitzen; to put the ~ before the horse *übertr* das Pferd beim Schwanz aufzäumen⟩ | zweirädriger (Personen-) Wagen *m* | *auch* **'hand-~** Handwagen *m*; **2.** *vt* (etw.) in einem Karren befördern; ~ **about** mit sich schleppen; ~ **away** ab-, wegfahren; *vi* karren; **'~age** *s* Karren *n*, Fahren *n* | Transportkosten *pl*, Fuhrlohn *m*, Rollgeld *n*

carte [kɑ:t] *s* (Fechten) Quart *f*

carte blanche [ˌkɑ:t 'blɑ:nʃ|'blɒnʃ|'blɒ̃ʃ|'blɔ̃ʃ|'blɔ:nʃ] *s* (*pl* **cartes blanches** [ˌ~s '~]) *Wirtsch* Blankett *n* | *übertr* unbeschränkte Vollmacht, Blankovollmacht *f*, Carte blanche *f*

car·tel [kɑ:'tel] *s Wirtsch* Kartell *n* ⟨conditional ~ Konditionskartell *n*; price ~ Preiskartell *n*; regional ~ Gebietskartell *n*; sales ~ Absatzkartell *n*⟩ | (Kriegsgefangenen-) Auslieferungsvertrag *m*; **~ism** [~ɪzm] *s* Kartellwesen *n*; **~i·za·tion** [kɑ:ˌtelaɪ'zeɪʃn] *s Wirtsch* Kartellierung *f*; **~ize** [~aɪz] *vt, vi* kartellieren

cart|er ['kɑ:tə] *s* Fuhrmann *m*; **'~horse** *s* Zugpferd *n*

Car·thu·sian [kɑ:'θju:zɪən|-'θu:-] **1.** *s Rel* Kartäusermönch *m*; **2.** *adj* Kartäuser-

car·ti|lage ['kɑ:tl̩ɪdʒ|-təl-|-tɪ-] *s Med, Zool* Knorpel *m*; **~la·gin·i·fi·ca·tion** [ˌkɑ:tɪləˌdʒɪnɪfɪ'keɪʃn|-nəfə-] *s Med, Zool* Verknorpelung *f*; **~lag·i·nous** [ˌkɑ:tɪ'lædʒɪnəs] *adj Med, Zool* knorpelig, Knorpel-

cart·load ['kɑ:tləʊd] *s* Fuder *n*, Fuhre *f*, Wagenladung *f* ⟨by ~s wagenweise; to come down on s. o. like a ~ of bricks *übertr umg* jmdn. fertigmachen *od* jmdn. gehörig abkanzeln⟩

car|tog·ra·pher [kɑ:'tɒgrəfə] *s* Kartograph *m*, Kartenzeichner *m*; **~to·graph·ic** [ˌ~tə'græfɪk], **ˌ~to'graph·i·cal** *adj* kartographisch; **~tog·ra·phy** [~'tɒgrəfɪ] *s* Kartographie *f*, Kartenkunde *f*

car·ton ['kɑ:tn] *s* Karton *m* | Pappschachtel *f* | weißes Zentrum der Schießscheibe

car·toon [kɑ:'tu:n] **1.** *s* Cartoon *m*, Karikatur *f*, Spottbild *n* | *Am* (Witz-) Bilderserie *f* (in Zeitungen) | *förml auch* **ˌan·i·mat·ed '~** Zeichentrickfilm *m* | *Mal* Karton *m*, Entwurf *m*, Vorlage *f* | Computerbild *n*, -zeichnung *f*; **2.** *vi* Karikaturen zeichnen; vt als Karikatur darstellen, karikieren; **car'toon·ist** *s* Karikaturist *m*

car·top ['kɑ:tɒp] *vi, vt Am* auf dem Verdeck eines Autos befördern

car·touch[e] [kɑ:'tu:ʃ] *s* Kartusche *f*, Ornament *n* | Sprengkapsel *f* | *Mil* Patronentasche *f*

car·tridge ['kɑ:trɪdʒ] *s* Patrone *f* ⟨ball ~ scharfe Patrone; blank ~ Platzpatrone *f*⟩ | *Foto Am* Filmhülse *f*, -patrone *f* | (Plattenspieler) Tonabnehmer *m*; **'~ bag** *s Mil* Patronentasche *f*; **'~ belt** *s Mil* Patronengurt *m*; **'~ box** *Mil s* Patronentasche *f* | Munitionskasten *m*; **'~ case** *s Mil* Patronenhülse *f*; **'~ clip** *s Mil* Ladestreifen *m*; **'~ ˌpa·per** *s* Zeichenpapier *n* | Kartuschpappe *f*

cart|wheel ['kɑ:twi:l] **1.** *s* Wagenrad *n* | (Sport) Rad *n* ⟨to do / turn ≈s radschlagen⟩ | *Am* Silberdollar *m* | *Am Sl* große Münze, Wagenrad *n*; **2.** *vi* (Sport) radschlagen | *Flugw* auf einem Flügelende landen; **~wright** ['~raɪt] *s* Stellmacher *m*, Wagenbauer *m*

car·un·cle ['kærəŋkl|kə'rʌŋkl] *s Med* Karunkel *m* | *Zool* Fleischauswuchs *m*; **ca·run·cu·lar** [kə'rʌŋkjʊlə | -kjə-], **ca·run·cu·lous** [kə'rʌŋkjʊləs | -kjə-] *adj Med* karunkulös

carve [kɑ:v] **1.** *vt* (aus)schnitzen, (aus)meißeln (**from, out of** aus) ⟨to ~ in stone⟩ | (Fleisch) zerlegen, tranchieren ⟨to ~ a goose⟩ | *auch* ~ **out** sich einen Weg bahnen ⟨to ~ out a career Karriere machen; to ~ out a fortune ein Vermögen machen⟩; *vi* schnitzen, meißeln; **2.** *s* Kerbe *f*; **'carv·en** *adj poet* geschnitzt; **'carv·er** *s* Bildhauer *m* | Holzschnitzer *m* | Vorlegemesser *n*; **carv·ers** ['~əz] *s/pl* Vorlegebesteck *n*; **'carv·ing** *s* Schnitzen *n* | Meißeln *n* | Schnitzerei *f* | Bildwerk *n* | Vorlegen *n*, Tranchieren *n*; **'carv·ing fork** *s* Tranchiergabel *f*; **'carv·ing knife** *s* (*pl* **'carv·ing knives**) Tranchier-, Vorlegemesser *n*

car·y·at|id [ˌkærɪ'ætɪd] *s* (*pl* **~i·des** [-tɪdi:z], **~ids** [-tɪdz]) *Arch* Karyatide *f*

cas·cade [kæs'keɪd] **1.** *s* Kaskade *f*, Wasserfall *m* | (Spitzen-) Volant *m* ⟨~ of lace⟩; **2.** *vi* in einer *od* als eine Kaskade *od* kaskadenartig herabfallen | *übertr* (Briefe u. ä.) hereinschneien; **'~ conˌnec·tion** *s El* Kaskadenschaltung *f*

¹case [keɪs] **1.** *s* Behälter *m*, Kasten *m* ⟨glass ~ Glas-, Schaukasten *m*; packing ~ Verpackungsbehälter *m*⟩ | Kiste *f* ⟨a ~ of wine e-e Kiste Wein⟩ | Hülle *f*, Futteral *n*, Etui *n* ⟨cigarette ~; jewel ~; dressing ~ Toilettenkästchen *n*⟩ | Scheide *f* ⟨sword ~⟩ | *Bot* Kapsel *f* ⟨seed ~⟩ | (Kissen-) Überzug *m* | *Tech* Besteckkasten *m* ⟨a ~ of instruments⟩ | *Arch* Einfassung *f* | *Buchw* Einbanddecke *f* | *Typ* Setzkasten *m* ⟨lower ~ Kleinbuchstaben *m/pl*; upper ~ Großbuchstaben *m/pl*⟩; **2.** *vt* in ein Gehäuse stecken, mit einer Hülle umgeben, in ein Futteral stecken | einhüllen (**in** in) | *Tech* ummanteln

²case [keɪs] *s* Fall *m*, Umstand *m*, Zustand *m*, Lage *f* ⟨as the ~ may be je nach den Umständen; as is the ~ with s. o. wie es bei jmdm. der Fall ist; in any ~ auf jeden Fall; in ~ falls; in ~ of für den Fall; in no ~ unter keinen Umständen; in that ~ in dem Fall⟩ | Sache *f*, Frage *f* ⟨~ of conscience Gewissensfrage *f*; that alters the ~ das ändert die Sache ; to come down to ~s *Brit umg* zur Sache kommen⟩ | *Jur* Prozeß *m*, Rechtsfall *m* | Hauptargument *n* ⟨leading ~ Präzedenzfall *m*; to have a good / strong ~ das Recht auf seiner Seite haben; to make out one's ~ sich gut verteidigen; nachweisen, daß man im Recht ist⟩ | *Med* (Krankheits-) Fall *m* | *Ling* Kasus *m*, Fall *m* ⟨dative ~⟩ | *umg* (Person) Fall *m* ⟨a hard ~ ein schwieriger Fall⟩ | *Am Sl* Flirt *m* ⟨they have a ~ on each other sie sind schrecklich ineinander verknallt⟩; **'~book** *s Med* Patientenbuch *n*

case·hard|en ['keɪsˌhɑ:dn] *vt Tech* (Metall) einsatzhärten; **'~en·ed** *adj übertr* abgehärtet, unempfindlich

case his·to·ry ['keɪs ˌhɪstr̩ɪ] *s Med* Anamnese *f*, Krankengeschichte *f* | *Jur* Vorgeschichte *f* (e-s Falles)

ca·se·in ['keɪsɪɪn] *s Chem* Kasein *n*

case law ['keɪs lɔ:] *s Jur* (Präzedenz-) Fallrecht *n* (*Ant* statute law)
case·mate ['keɪsmeɪt] *s Mil, Mar* Kasematte *f*
case·ment ['keɪsmənt] *s* Fensterrahmen m | *auch* '~ ˌ**window** Flügelfenster *n*
ca·se·ous ['keɪsɪəs] *adj* käsig, käseartig
ca·sern[e] [kə'zɜ:n] *s Mil* Kaserne *f*
case shot ['keɪs ʃɒt] *s Mil* Schrapnell *n*
case stud·y ['keɪs ˌstʌdɪ] *s* Fallstudie *f* ⟨~ method⟩
[1]case·work ['keɪswɜ:k] *s Typ* Handsatz *m*
[2]case·work ['keɪswɜ:k] *s* individuelle soziale Fürsorge
cash [kæʃ] **1.** *s* Bargeld n, Kasse *f* ⟨~ down, for ~ gegen bar; in ~ bar; ~ on delivery *Wirtsch* Auslieferung *f* gegen Kasse; ~ on deposit *Wirtsch* Festgeld *n*; to be in ~ bei Kasse sein; to be out of ~ nicht bei Kasse sein; to be short of ~ knapp bei Kasse sein⟩; **2.** *vt* einkassieren, einlösen ⟨to ~ a cheque⟩ | aus-, bezahlen; ~ **in** einlösen; ~ **up** einkassieren | bezahlen; *vi Am umg* bezahlen | *Sl* abkratzen, sterben; ~ **in** verdienen (**on** an); ~ **up** kassieren | bezahlen; **~able cheque** [ˌkæʃəbl 'tʃek] *s* Barscheck *m*; '~ **acˌcount** *s Wirtsch* Kassenkonto *n*; '~ **adˌvance** *s* Vorschuß *m*; '~ **and 'car·ry** *s* Billig-, Diskontladen *m*; '~ ˌ**bal·ance** *s Wirtsch* Kassensaldo *m*; '~ **bar** *s Am* (auf Konferenzen u. ä.) Imbiß-, Getränkestand *m* gegen Bezahlung; '**~book** *s* Kassabuch *n*; '~ **box** *s* Geldschatulle *f*, Kasse *f*
ca·shew ['kæʃu:] *s Bot* Kaschubaum *m*; '~ **nut** *s Bot* Kaschunuß *f*
cash·ier [kə'ʃɪə|kæ'-] **1.** *s* Kassierer *m*; **2.** *vt Mil, Mar* (jmdn.) kassieren, (in Unehren) entlassen; '**~'s** ˌ**of·fice** *s* Zahlstelle *f*, Kasse *f*
cash|less ['kæʃləs] *adj* bargeldlos ⟨≈ payment bargeldloser Zahlungsverkehr⟩; '~ ˌ**mar·ket** *s Wirtsch* Kassamarkt *m*
cash·mere ['kæʃmɪə] *s* Kaschmir(wolle) *m(f)* ⟨~ shawl⟩
cash| ˌ**pay·ment** ['kæʃ ˌpeɪmənt] *s* Barzahlung *f*; '~ **price** *s* Kassapreis *m*; ˌ~ '**pur·chase** *s* Barkauf *m*; '~ ˌ**reg·is·ter** *s Wirtsch* Registrierkasse *f*; ˌ~ '**sale** *s* Barverkauf *m*, Kassageschäft *n*; ˌ~ **sub'scrip·tion** *s* Bargründung *f* ⟨foundation by ≈⟩; ˌ~ **trans'ac·tion** *s Wirtsch* Kassageschäft *n*
cas·ing ['keɪsɪŋ] *s* Einhüllen *n* | Hülle *f*, Futteral *n* | (Fenster-, Tür-) Futter *n* | Holzverkleidung *f* | *Tech* Verschalungs-, Verkleidungsmaterial *n* | *Tech* (Reifen) Mantel *m* | *Tech* Futterrohr *n* | Wurstdarm *m* ⟨~s for sausages⟩; '~ ˌ**pa·per** *s* Packpapier *n*
ca·si·no [kə'si:nəʊ] *s* Kasino *n*
cask [kɑ:sk] **1.** *s* Faß *n* ⟨a ~ of wine ein Faß Wein⟩; **2.** *vt* in Fässer abfüllen
cas·ket ['kɑ:skɪt] **1.** *s* Kassette *f*, Schatulle *f*, Kästchen *n* | Urne *f* | *Am* Sarg *m* | *übertr* Schatzkästchen *n*; **2.** *vt* in einer Schatulle aufbewahren
casque [kæsk] *s poet* Helm *m*
cas·sa·tion [kæ'seɪʃn] *s Jur* Kassation *f*, Aufhebung *f* ⟨Court of ~ Kassationshof *m*⟩
cas·sa·va [kə'sɑ:və] *s Bot* Maniokstrauch *m* | Maniok *m*
cas·se·role ['kæsərəʊl] *s* Kasserolle *f*, Tiegel *m* | *Kochk* Schmortopf *m*
cas·sette [kə'set] **1.** *s* Kassette *f*, Kästchen *n* | *Foto* Kassette *f*, Patrone *f* | *Tech* (Band-) Kassette *f*; **2.** *vt Am* auf Kassetten aufnehmen ⟨to ~ a lesson⟩; '~ **deck** *s Tech* Kassettendeck *n*; '~ **reˌcord·er** *s* Kassettenrecorder *m*; '~ **te·leˌvi·sion** *s* Kassettenfernsehen *n*
cas·sia ['kæsɪə] *s Bot* Kassie *f*
cas·sis ['kæsi:s] *s Bot* Schwarze Johannisbeere
cas·sock ['kæsək] *s* Priesterrock *m*, Soutane *f*
cas·so·war·y ['kæzəˌwerɪ|-werɪ] *s Zool* Kasuar *m*
cast [kɑ:st] **1.** (~, ~) *vt poet* werfen | *übertr* werfen, schleudern ⟨to ~ anchor Anker (aus)werfen; to ~ dice würfeln; to be ~ in one's lot with s. o. mit jmdm. sein Schicksal teilen; to ~ lots for losen um; to ~ a spell on s. o. jmdn. behexen *od* bezaubern; to ~ s. th. in s. o.'s teeth *übertr* jmdm. etw. vorwerfen⟩ | (Haut u. ä.) abwerfen *od* verlieren ⟨to ~ one's skin⟩ | (Blick) werfen, richten, senden (*auch übertr*) (**at, [up]on** auf) ⟨to ~ an eye over mit dem Blick streifen; to ~ a new light on neues Licht werfen auf; to ~ a slur on *übertr* verdunkeln, verdüstern⟩ | (Tier) werfen, gebären | *Pol* (Stimme) abgeben ⟨to ~ one's vote⟩ | *Tech* gießen ⟨to ~ a bronze statue⟩ | *auch* ~ **up** zusammenzählen; aus-, berechnen | *Theat* (Rollen) verteilen (**to** an) ⟨the play is perfectly ~ das Stück ist ausgezeichnet besetzt; to be ~ for spielen⟩ | *Theat* einstudieren ⟨to ~ a play⟩; ~ **about** umherwerfen; ~ **aside** beiseite legen, verwerfen; ~ **away** wegwerfen | verschwenden | (*meist pass*) *Mar* verschlagen; ~ **back** zurückwerfen; ~ **down** niederwerfen | *übertr* (jmdn.) demütigen ⟨to be ≈ niedergeschlagen sein⟩ | (Stimmung) dämpfen; ~ **in** hineinwerfen; ~ **off** ab-, wegwerfen | (Sohn) verstoßen | (Strickmaschen) abnehmen; ~ **on** (Maschen) aufnehmen; ~ **out** hinauswerfen, verstoßen; ~ **up** hochwerfen | (Augen) aufschlagen | aus-, berechnen; *vi Tech* sich gießen lassen | *Mar* lavieren; ~ **about** herumsuchen (**for** nach) | *übertr* sinnen (**for** auf, **to** *mit inf* zu *mit inf*) | *Mar* (umher)lavieren; ~ **back** zurückgehen, -greifen (**to** auf); **3.** *s* Wurf *m* | Angelhaken *m* mit Köder | Wurfweite *f* | (Würfelspiel) Augen *n/pl* | Abgeworfenes *n*, abgestoßene Haut | falsche Blickrichtung, Augenfehler *m* ⟨to have a ~ in one's eye leicht schielen⟩ | Schattierung *f*, Färbung *f* (*auch übertr*) | Tendenz *f* | Form *f*, *Art f* ⟨~ of features Gesichtsschnitt *m*; ~ of mind Geistesart *f*⟩ | Berechnung *f*, Addition *f* | *Tech* Guß *m* | *Tech* (Guß-) Form *f*, Modell *n* | (Gips) Verband *m* ⟨plaster ~⟩ | *Theat* Besetzung *f* | *Theat* Rollenverteilung *f*, (erste) Einstudierung ⟨to start the ~ on Act Two mit der Probe für den 2. Akt beginnen⟩
cas·ta·net [ˌkæstə'net] *s* Kastagnette *f*
cast·a·way ['kɑ:stəweɪ] **1.** *s* Verstoßener *m*, Geächteter *m* | Schiffbrüchiger *m* (*auch übertr*); **2.** *adj* verworfen, verstoßen | schiffbrüchig, gestrandet, gescheitert
caste [kɑ:st] *s* Kaste *f* ⟨~ feeling Kastengeist *m*⟩ | *übertr* gesellschaftliche Stellung ⟨to lose ~ gesellschaftlich herabsinken⟩
cas·tel|lan ['kæstələn] *s* Kastellan *m*, Burgvogt *m*; '**~lat·ed** *adj* mit Zinnen *od* Türmen versehen | reich an Burgen | *übertr* gesichert ⟨≈ power and wealth⟩; ˌ**~lat·ed 'nut** *s Tech* Kronenmutter *f*
[1]cast·er ['kɑ:stə] *s Tech* Gießer *m* | Würfelspieler *m*
[2]cast·er ['kɑ:stə] = **[2]castor, [3]castor**
cas·ti|gate ['kæstɪgeɪt] *vt* züchtigen, streng bestrafen | *übertr* kritisieren | (Text) verbessern, emendieren; ˌ~'**ga·tion** *s* Züchtigung *f* | scharfe Kritik | (Text-) Korrektur *f*, Verbesserung *f*; '**~ga·tor** *s* Züchtiger *m*; **~ga·to·ry** ['~geɪtr̩ɪ] *adj* Züchtigungs-
cast·ing ['kɑ:stɪŋ] **1.** *adj* werfend, Wurf- | *übertr* entscheidend, den Ausschlag gebend ⟨~ vote entscheidende Stimme⟩; **2.** *s Tech* Gußstück *n*; Gießen *n* | *Theat, Film* Rollenverteilung *f* | Ausbringen *n* der Angel; '~ **box** *s Tech* Gießkasten *m*; '~ **net** *s* Wurfnetz *n*; '~ **pit** *s Tech* Gießgrube *f*; '~ **shop** *s Tech* Gießerei *f*
cast| i·ron [ˌkɑ:st 'aɪən] *s Tech* Gußeisen *n*; ˌ~-'**i·ron** *adj Tech* gußeisern | *übertr* hart ⟨≈ will unbeugsamer Wille⟩
cas·tle ['kɑ:sl] **1.** *s* Burg *f*, Schloß *n* ⟨~ in the air, ~ in Spain *übertr* Luftschloß *n*⟩ | (Schach) Turm *m*; **2.** *vt* mit *od* wie mit einer Burg umgeben | (Schach) (König und Turm) in der Rochade bewegen; *vi* (Schach) rochieren; '~ˌ**build·er** *s* Phantast *m*; '~ **nut** *s Tech* Kronenmutter *f*

cast-off ['kɑ:st ɒf] **1.** *adj* abgelegt, ausrangiert ⟨~ clothes⟩ | verstoßen; 2. *s* Abgelegtes *n* | Verstoßener *m*

¹cas·tor ['kɑ:stə] *s Zool* Biber *m* | *Med* Bibergeil *n*

²cas·tor ['kɑ:stə] *s* (Lauf-) Rolle *f* (unter Möbeln), Möbelröllchen *n*

³cas·tor ['kɑ:stə] *s* (Salz-) Streuer *m*, Streubüchse *f*

cas·tor oil [ˌkɑ:stə'rɔɪl] *s* Rizinusöl *n*

cas·tors ['kɑ:stəz] *s/pl* Menage *f*, Gewürzständer *m*

cas·tor sug·ar ['kɑ:stə ˌʃʊgə] *s* Puder-, Streuzucker *m*

cas|trate [kæs'treɪt|'kæ-] **1.** *vt* kastrieren, verschneiden | *übertr* (Buch) verstümmeln, (Textstellen) ausmerzen; **2.** *s* Kastrat *m*; **~'tra·tion** *s* Kastrierung *f* | *übertr* (Buch) Verstümmelung *f* | Ausmerzung *f*

cast steel [ˌkɑ:st 'sti:l] *s Tech* Gußstahl *m*

cas·u·al ['kæʒʊəl] *adj* zufällig ⟨a ~ meeting⟩ | gelegentlich ⟨~ expenses⟩ | unbestimmt, beiläufig ⟨a ~ remark⟩ | unregelmäßig, Gelegenheits- ⟨~ labour; ~ labourer Gelegenheitsarbeiter *m*⟩ | gleichgültig, nachlässig, gedankenlos ⟨a ~ person⟩ | zwanglos, bequem ⟨a dress for ~ wear; a ~ coat⟩; **2.** *s* Gelegenheitsarbeiter *m* | Freizeitsakko *m* | bequemes Kleid (für den Alltag) | Sportschuh *m* | *Brit* Unterstützungsempfänger *m*; **'~ism** *s Phil* Kasualismus *m*, Lehre *f* vom Zufall; **~ties** ['~tɪz|-ʒl-] *s/pl, bes Mil* Verluste *m/pl*; **~ty** ['~tɪ|-ʒl-] *s* Unglück *n*, Unglücksfall *m*, (tödlicher) Unfall | Unfallopfer *n* | *Mil* Toter *m* | *Mil* Verwundeter *m*, Vermißter *m*; **'~ty list** *s* Verlustliste *f*; **'~ ward** *s* Asyl *n*; **'~ ˌwork·er** *s* Gelegenheitsarbeiter *m*

cas·u|ist ['kæʒʊɪst|-zjʊ-] *s* Kasuist *m*; **ˌ~'is·tic, ˌ~'is·ti·cal** *adj* kasuistisch | spitzfindig; **~ist·ry** ['~ɪstrɪ] *s* Kasuistik *f* | Spitzfindigkeit *f*

¹cat [kæt] *s Zool* (Haus-) Katze *f* (*auch übertr*) ⟨he-~, male ~, tom~ Kater *m*; she-~, female ~ Katze *f*; domestic ~ Hauskatze *f*⟩ | (Tiger- u. ä.) Katze *f* | *verächtl* (Frau) Hexe *f*, Biest *n* | *Mar* Katt *f* | (*mit def art*) *umg* = **cat-o'-nine tails** Klopfpeitsche *f* ◇ **act like a ~ on hot bricks** *übertr* wie die Katze um den heißen Brei gehen; **let the ~ out of the bag** *übertr* die Katze aus dem Sack lassen; **live like ~ and dog** *übertr* wie Hund und Katze leben; **a cat-and-dog life** ein Leben wie Hund und Katze; **no room to swing a cat in** *umg* so eng, daß keine Stecknadel fallen kann; **to see how/which way the ~ jumps, wait for the ~ to jump** *übertr* sehen, wie der Hase läuft; **when the ~'s away the mice will play** *übertr* wenn die Katze nicht zu Hause ist, tanzen die Mäuse

²cat [kæt] ('~ted, '~ted) *vt* auspeitschen | (Anker) katten, aufwinden; *vi Brit Sl* kotzen

cat-, cata- [kæt | kætə] ⟨*griech*⟩ *präf mit der Bedeutung*: herab, nieder, weg, miß … | wider, gegen

ca·tab·o·lism [kə'tæbəlɪzm] *s Med, Biol* Katabolismus *m*, Stoffwechsel *m*

cat·a·chre·sis [ˌkætə'kri:sɪs] *s* Katachrese *f*

cat·a|clysm ['kætəklɪzm] *s Geol* Kataklysmus *m*, Überschwemmung *f* | *Rel* Sintflut *f* | *übertr* Umsturz *m*; **~clys·mal** [ˌ~'klɪzml], **~clys·mic** [ˌ~'klɪzmɪk] *adj* umwälzend ⟨≈ changes⟩

cat·a·comb ['kætəkəʊm], *Brit auch* [~ku:m] *s* Katakombe *f*

cat·a·falque ['kætəfælk] *s* Katafalk *m*, Leichengerüst *n*

cat·a·lase ['kætəleɪs] *s Chem* Katalase *f*

cat·a·lec·tic [ˌkætə'lektɪk] *adj Metr* katalektisch, unvollständig

cat·a·lep|sis [ˌkætə'lepsɪs], **~sy** ['kætəlepsɪ] *s Med* Katalepsie *f*, Gliederstarre *f*

cat·a|logue, *Am* **~log** ['kætəlɒg] **1.** *s* Katalog *m*, Verzeichnis *n* ⟨library ≈⟩ | Liste *f* ⟨≈ of prices⟩; **2.** *vt* katalogisieren, aufführen (*auch übertr*)

ca·tal·pa [kə'tælpə] *s Bot* Trompetenbaum *m*

ca·tal·y|sis [kə'tæləsɪs] *s* (*pl* **~ses** [~si:z]) *Chem* Katalyse *f*; **cat·a·lyst** ['kætəlɪst | -tl̩-] *s* Katalysator *m*; **cat·a·lyt·ic** [ˌkætə'lɪtɪk] *adj* katalytisch; **cat·a·lyze** ['kætəlaɪz | -tl̩-] *vt* katalysieren; **cat·a·lyz·er** ['kætəlaɪzə | -tl̩-] *s* Katalysator *m*

cat·a·ma·ran [ˌkætəmə'ræn] *s* Floß *n* | *Mar* Doppelboot *n* | *umg* Xanthippe *f* | *umg* Streithammel *m*

cat·am·ne·sis [ˌkætəm'ni:sɪs] *s Med* Katamnese *f*

cat·a·mount ['kætəmaʊnt] *s Zool* Wildkatze *f* | *Am Zool* Luchs *m*

cat·a·pho·re·sis [ˌkætəfə'ri:sɪs] *s Med, Chem* Kataphorese *f*

cat·a·pult ['kætəpʌlt] **1.** *s* Katapult *n*, Wurfmaschine *f* | *Brit* Wurfgabel *f* | *Flugw* Startschleuder *f*; **2.** *vt* mit einem Katapult treffen ⟨to ~ a window⟩ | mit einem Katapult (ab)schießen ⟨to ~ a stone⟩ | *übertr* schleudern, hoch werfen, katapultieren ⟨passengers were ~ed through the window⟩ | *Flugw* (von einem Schiff) katapultieren; *vi* mit einem Katapult schießen | *übertr* (blitzschnell) springen ⟨he ~ed through the window⟩ | *Flugw* (Pilot) den Schleudersitz benutzen ⟨to ~ from the cockpit sich aus der Kanzel katapultieren⟩

cat·a·ract ['kætərækt] *s* Katarakt *m*, Wasserfall *m* | Wolkenbruch *m* | *Med* Katarakt *m*, grauer Star

ca·tarrh [kə'tɑ:] *s Med* Katarrh *m*; **~al** [~rl] *adj Med* katarrhalisch

cat·ar·rhine ['kætəraɪn | -rɪn] *s Zool* Schmalnasenaffe *m*

ca·tas·ta|sis [kə'tæstəsɪs] *s* (*pl* **~ses** [~si:z]) *Lit* Katastase *f*, Höhepunkt *m*

ca·tas·tro|phal [kə'tæstrəfl] *adj* katastrophal; **~phe** [kə'tæstrəfɪ] *s Lit* Katastrophe *f* | *übertr* Verhängnis *n*, Katastrophe *f* | *Geol* Umwälzung *f*; **cat·a·stroph·ic** [ˌkætə'strɒfɪk], **ˌcat·a'stroph·i·cal** *adj* katastrophal, verhängnisvoll

cat·a·to·ni·a [ˌkætə'təʊnɪə] *s Med* Katatonie *f*, Spannungsirresein *n*

cat·boat ['kætbəʊt] *s Mar* Katboot *n*

cat·call ['kætkɔ:l] **1.** *s bes Theat* Pfiff *m*; Auspfeifen *n*; **2.** *vt, vi* (aus)pfeifen

catch [kætʃ] **1.** (**caught, caught** [kɔ:t]) *vt* (ein)fangen, (er)greifen, fassen ⟨to ~ a thief⟩ | auffangen, erhaschen ⟨to ~ a ball⟩ | (Krankheit) sich zuziehen, bekommen, holen ⟨to ~ [a] cold sich erkälten; to ~ one's death of cold sich auf den Tod erkälten⟩ | erfassen, ergreifen ⟨to ~ a bundle sich ein Bündel greifen⟩ | (Feuer) fangen ⟨to ~ fire⟩ | (Atem) anhalten ⟨to ~ one's breath⟩ | (jmdn.) treffen, schlagen ⟨to ~ s. o. a blow *umg* jmdm. eins versetzen⟩ | (jmdn.) einholen ⟨I caught him before he had gone far⟩ | (jmdn.) überraschen, erwischen, ertappen (**at, in s. th.** bei etw.) ⟨I caught him doing it; to be caught in the act auf frischer Tat ertappt werden⟩ | (Zug u. ä.) rechtzeitig erreichen, erwischen ⟨to ~ the bus; to ~ the post Post rechtzeitig vor der Leerung einstecken⟩ | hängenbleiben mit ⟨to ~ one's dress on a nail mit dem Kleid an e-m Nagel hängenbleiben; to ~ one's foot on a tree root über e-e Wurzel stolpern⟩ | sich einklemmen ⟨to ~ one's finger in the window⟩ | *übertr* fesseln, gefangennehmen | erhaschen ⟨to ~ a glimpse of, to ~ sight of erblicken; to ~ s. o.'s eye (Sache) jmdm. ins Auge fallen; (Person) jmds. Blick auffangen; to ~ the speaker's eye *Parl* das Wort erhalten; to ~ the spirit of an occasion die Gelegenheit beim Schopf packen⟩ | *übertr* begreifen, verstehen ⟨to ~ what is said; to ~ a melody⟩; **~ hold of** ergreifen; **~ it** *Sl* es kriegen, ausgeschimpft werden; **~ out** *Brit übertr* (jmdn.) erwischen; **~ up** schnell ergreifen | *übertr* (Gedanken) aufgreifen | unterbrechen, (jmdm.) ins Wort fallen; **~ up in** *übertr* fesseln durch, voll gefangen nehmen mit (**s. th.** etw.) ⟨I was caught up in conversation⟩; **~ up with** einholen (**s. o.** jmdn.), (mit jmdm.) aufschließen ⟨I'll ~ up with you later, *Brit auch* I'll ~ you up later⟩ | *übertr* erreichen, Anschluß finden (bei jmdm.), (mit jmdm.) mitkommen, gleichziehen (mit); *vi* fassen, greifen ⟨to ~ at greifen nach, ergreifen⟩ (*auch übertr*) | (Krankheit) anstecken, sich ausbreiten | sich entzünden | (Speisen) anbrennen | (Haustier) trächtig werden | (Schloß u. ä.) fassen, einschnappen ⟨the lock ~es⟩ | sich verfangen, hängenbleiben ⟨the kite caught in the trees⟩ | *Tech* einrasten; **~ on** *umg* Erfolg haben, Anklang finden | *bes Am* verstehen, *umg* kapieren; **~ up** aufholen, nachkommen; **2.** *s* Fangen *n* ⟨a good ~ geschickt gefangen⟩ | Fang *m*, Beute *f* ⟨a fine ~ of fish⟩ | *übertr* Vorteil *m*, Gewinn *m* | (Atem) Stocken *n* | Brocken *m*, Bruchstück *n* ⟨~es of a song Liedfetzen *m/pl*⟩ | *Tech* Haken *m*, Schnapper *m* | *übertr* Haken *m*, Kniff *m*, Falle *f* ⟨there's a ~ in it somewhere; ≁-22 ausweglose Situation, Schein-, Pseudoalternative *f*⟩ | *Mus* Rundgesang *m* | *umg* Partie *f*; **3.** *adj* ins Auge fallend, leicht zu behaltend ⟨a ~ question⟩; **'~a·ble** *adj* fangbar; **'~all** *s Am* Platz *m od* Behälter *m* für alles mögliche (*auch übertr*); **~-as-~-can** ['~ əz '~ 'kæn] *s* (Sport) Freistilringen *n*; **'~ drain** *s* Abzugsgraben *m*; **'~er** *s* Fänger *m*; (Baseball) Spieler *m*, der an der Fangstelle steht; **'~ing** *adj Med* ansteckend | veränderlich ⟨~ weather⟩ | anziehend, fesselnd (**to** für); **'~ment** *s* Fangen *n* | *Geol* Reservoir *n* | *auch* **'~ment ˌa·re·a, '~ment ˌba·sin** *s* Staubecken *n*; **'~ˌpen·ny 1.** *adj* Schund- ⟨a ≈ book⟩; **2.** *s* Schund *m*; **'~phrase** *s* Schlagwort *n*; **'~pole, '~poll** *s* Büttel *n*, Häscher *m*; **'~up** *s* in: **play ~up** *Am* (Sport) *Sl* durch riskantes Spiel gleichziehen | *übertr* alles auf eine Karte setzen; **'~weed** *s Bot* Labkraut *n*; **'~word** *s* Schlagwort *n* | *Theat, Typ* Stichwort *n*; **'~y** *adj* einschmeichelnd ⟨≈ music⟩ | verfänglich ⟨a ≈ question⟩ | unbeständig ⟨≈ weather⟩

cat·e|che·sis [ˌkætɪ'ki:sɪs] *s Rel* Katechese *f*; **~chet·ic** [ˌ~'ketɪk], **ˌ~'chet·i·cal** *adj* katechetisch

cat·e|chism ['kætəkɪzm] *s Rel* Katechismus *m* ⟨the Church ≉⟩ | *übertr* Reihe *f* von Fragen ⟨to put s. o. through his ≈ jmdn. bis ins letzte ausfragen⟩; **ˌ~'chis·mal = ~chistic; '~chist** *s Rel* Katechet *m*; **ˌ~'chis·tic, ˌ~'chis·ti·cal** *adj* katechetisch, Katechismus-; **'~chize** *vt Rel* katechisieren | ausfragen; **~chu·men** [ˌ~'kju:mən] *s Rel* Katechumene *m* | *übertr* Anfänger *m*

cat·e|gor·i·cal [ˌkætə'gɒrɪkl] *adj* kategorisch, bestimmt, unbedingt ⟨a ≈ denial⟩; **~go·ry** ['~gr̩ɪ|-tɪg-|'~gərɪ] *s Phil* Kategorie *f* | *übertr* Kategorie *f*, Klasse *f*, Ordnung *f*

ca·te|na [kə'ti:nə] *s Rel* Katene *f* | Reihe *f*, Kette *f*; **~nar·i·an** [ˌkætɪ'nεərɪən] *adj* kettenartig, Ketten-; **~na·ry** ['kætn̩rɪ] **1.** *s Math* Kettenlinie *f*; **2.** *adj* Ketten-; **~nate** ['kætɪneɪt] *vt* verketten; **ˌ~'na·tion** *s* Verkettung *f*

ca·ter ['keɪtə] *vi* Lebensmittel beschaffen *od* liefern ⟨to ~ for a party⟩ | sorgen (**for** für) | etwas bieten (**for/to s. o.** jmdm.), sich bemühen (**for, to** um) ⟨the film ~s to popular taste⟩ | schmeicheln (**for/to s. o.** jmdm.); **~er** ['~rə] *s* Lebensmittellieferant *m* (**for/of a club** e-s Klubs); Partylieferant *m* | Stadtkoch *m* | (Hotel, Restaurant) Gastronom *m*; **~ing** ['~rɪŋ] *s* Versorgung *f* mit Speisen und Getränken

cat·er·pil·lar ['kætəpɪlə] *s Zool* Raupe *f* | *Tech* Raupe *f*, Gleiskette *f* | *Tech* Raupenschlepper *m*, Gleiskettenfahrzeug *n* | *übertr arch* Parasit *m*; **ˌ~ 'trac·tor** *s Tech* Raupenschlepper *m*

cat·er·waul ['kætəwɔ:l] **1.** *vi* miauen, schreien | *übertr* schreien, jammern; **2.** *s* Miauen *n*, Katzengeschrei *n*, Schreien *n* | *übertr* Geschrei *n*

cat-eyed ['kæt aɪd] *adj* katzenäugig | im Dunkeln sehend

cat|fish ['kætfɪʃ] *s Zool* Katzenwels *m* ⟨electric ≈ Zitterwels *m*⟩ | Seewolf *m*; **'~ˌfoot·ed** *adj* (*Zool*) katzenfüßig | schleichend

cat·gut ['kætgʌt] *s* Darmsaite *f*

ca·thar|sis [kə'θɑ:sɪs] *s Med* Entschlackung *f*, Purgierung *f*, Abführen *n* | *Psych* Abreagieren *n*, seelische Entspannung | *Lit* Katharsis *f*, seelische Läuterung; **~tic** [~tɪk] **1.** *adj Med* abführend | reinigend | kathartisch; **2.** *s Med* Abführ-, Entschlackungsmittel *n*

ca·the|dra [kə'θi:drə] *s Rel* Bischofsstuhl *m* | *Rel* Bischofswürde *f* | Katheder *n*, Lehrstuhl *m*; **~dral** [kə'θi:drl] **1.** *s* Kathedrale *f*, Dom *m*; **2.** *adj* Dom-

cath·er·ine wheel ['kæθrɪn wi:l|-r̩-] *s* (Feuerwerks-) Rad *n* | *Arch* Radfenster *n* | (Sport) Rad *n* ⟨to turn ~s radschlagen⟩

cath·e·ter ['kæθɪtə|-θə-] *s Med* Katheter *m*

cath·e·tus ['kæθɪtəs] *s Math* Kathete *f* | Senkrechte *f*

cath·ode ['kæθəud] *s El* Kathode *f*; **ˌ~ 'ray** *s Phys, El* Kathodenstrahl *m* ⟨≈ tube Kathodenstrahlröhre *f*⟩; **ca·thod·ic** [kə'θɒdɪk] *adj Phys, El* kathodisch

cath·o·lic ['kæθl̩ɪk] **1.** *adj* allumfassend, universal, total ⟨a ~ war⟩ | großzügig, tolerant ⟨~ in one's interests/sympathies⟩ | vorurteilslos | ≁ *Rel* katholisch ⟨Roman ≁ römisch-katholisch⟩; **2.** *s* ≁ Katholik(in) *m(f)*; **Ca·thol·i·cism** [kə'θɒləsɪzm] *s* Katholizismus *m*; **cath·o·lic·i·ty** [ˌkæθə'lɪsətɪ] *s* Allgemeinheit *f*, Großzügigkeit *f*, Toleranz *f* | Vorurteilslosigkeit *f* | ≉ Katholizität *f*; **ca·thol·i·cize** [kə'θɒləsaɪz] *vt* katholisch machen; *vi* katholisch werden

cath·o·lyte ['kæθəlaɪt] *s Chem, Phys* Katholyt *m*

cat·i·on ['kætaɪən] *s Chem, Phys* Kation *n*

cat|kin ['kætkɪn] *s Bot* (Blüten-) Kätzchen *n*; **'~like** *adj* katzenartig, Katzen-; **'~ling** *s* Kätzchen *n* | *Med* feines Messer | Darmsaite *f*; **'~nap** *s* Nickerchen *n*; **~nep, ~nip** ['~nɪp] *s Bot* Katzenminze *f*; **~-o'ninetails** [ˌ~ ə 'naɪn teɪlz] *s* (Peitsche) neunschwänzige Katze

ca·top|tric [kə'tɒptrɪk] *Phys* **1.** *adj* katoptrisch, Reflexions-; **2.** = **~trics** *s/pl* (*sg konstr*) *Phys* Katoptrik *f*, Lehre *f* von der Reflexion

cat's| cra·dle ['kæts ˌkreɪdl] *s* Abnehme-, Schnurspiel *n*; **'~-eye** *s Min* Katzenauge *n* | Reflektor *m* (auf Verkehrszeichen); **'~-foot** *s* (*pl* **'~-feet**) *Bot* Katzenpfötchen *n*

cat| shark ['kæt ʃɑ:k] *s Zool* Katzenhai *m*; **'~-sleep** *s* Nickerchen *n*

cat's| paw ['kæts pɔ:] *s* Katzenpfote *f* | *übertr* (willenloses) Werkzeug ⟨to make a ≈ of s.o. sich von jmdm. die Kastanien aus dem Feuer holen lassen⟩; **'~ purr** *s* (Katzen-) Schnurren *n*

cat·suit ['kæt su:t] *s Brit* (einteiliger) Hosenanzug *m*

cat·sup ['kætsəp] *bes Am für* **ketchup**

cat·tail ['kætteɪl] *s Bot* Rohrkolben *m*

cat·tish ['kætɪʃ] *adj* katzenhaft | *übertr* falsch

cat·tle ['kætl] *s collect* (*meist pl konstr*) (Rind-) Vieh *n* ⟨many ~ viel Vieh; ten head of ~ zehn Stück *n* Vieh⟩ | *Brit* Haustiere *n/pl* | *verächtl* Viehzeug *n*; **'~ ˌbreed·er** *s* Viehzüchter *m*; **'~ ˌbreed·ing** *s* Viehzucht *f*; **'~ ˌdeal·er** *s* Viehhändler *m*; **'~ ˌlift·er** *s* Viehdieb *m*; **'~ plague** *s Vet* Rinderpest *f*; **'~ truck** *s Eisenb* Viehwagen *m*

cat·ty ['kætɪ] *adj* katzenhaft | falsch | gehässig ⟨~ gossip⟩

Cau·ca·sian [kɔ:'keɪzɪən|-'keɪʒn] **1.** *adj* kaukasisch; **2.** *s* Kaukasier(in) *m(f)*

cau·cus ['kɔ:kəs] *Pol* **1.** *s Brit* Wahlausschuß *m* | *Brit* Parteikomitee *n* | *Brit* örtlicher Parteiausschuß | *Am* Delegiertenversammlung *f*, Vorversammlung *f* für die Aufstellung von Kandidaten; **2.** *vt* durch Wahlversammlung beeinflussen; *vi* eine Wahlversammlung durchführen | beraten

cau|da ['kɔ:də] *s Zool* Schwanz *m*; **'~dal** *adj Zool* schwanzförmig, Schwanz-, Steiß-; **'~date, '~dat·ed** *adj Zool* geschwänzt

cau·dle ['kɔ:dl] *s* warmes gewürztes Getränk, Kräftigungsgetränk *n*

caught [kɔ:t] *prät* u. *part perf* von ↑ **catch**

caul [kɔ:l] *s* Haarnetz *n* | *Med* Amnion *n*

caul·dron ['kɔ:ldrən|'kɒl-] *s* Kessel *m*

cau·li·flow·er ['kɒlɪˌflaʊə] **1.** *s Bot* Blumenkohl *m*; **2.** *vt* (Ohr) (durch Boxschläge) verunstalten; '~ **ear** *s* (durch Boxhiebe) verunstaltetes Ohr

cau·line ['kɔ:lɪn|-laɪn] *adj* Stengel-

caulk [kɔ:k] *vt Mar* kalfatern, (ab)dichten; '**~er** *s Mar* Kalfaterer *m*

caus|a·ble ['kɔ:zəbl] *adj* bewirkbar; '**~al** *adj* kausal, ursächlich; **cau·sal·i·ty** [kɔ:'zæləti] *s* Kausalität *f*, Ursächlichkeit *f*, Kausalnexus *m* ⟨law of ≈ Kausal(itäts)gesetz *n*⟩; **cau·sa·tion** [kɔ:'zeɪʃn] *s* Verursachung *f* | Ursächlichkeit *f*; **~a·tive** ['~ətɪv] **1.** *adj* kausal, verursachend | *Ling* kausativ; **2.** *s Ling* Kausativum *n*

cause [kɔ:z] **1.** *s* Ursache *f*, Grund *m* (**of s.th.** e-r Sache) | Anlaß *m* (**for** zu, **to** *mit inf* zu *mit inf*) ⟨to give ~ for Anlaß geben zu; no ~ for complaint, no ~ to complain kein Grund zur Klage; without good ~ ohne triftigen Grund⟩ | Anliegen *n*, gute Sache ⟨in the ~ of world peace für die Sache des Weltfriedens; to make common ~ with gemeinsame Sache machen mit⟩ | *Jur* Sache *f*, Rechtsfall *m*, Prozeß *m*; **2.** *vt* verursachen ⟨to ~ s.o.'s death⟩ | veranlassen ⟨to ~ s.o. to do s.th. jmdn. veranlassen, etw. zu tun; to ~ s.th. to be done veranlassen, daß etw. geschieht⟩; '**cause·less** *adj* grundlos, unbegründet; '**cause list** *s Jur* Prozeßliste *f*

cau·se·rie [ˌkəʊzə'ri:] *s* Plauderei *f*, leichte Unterhaltung, Causerie *f* | *Lit* kurzer unterhaltsamer Essay

cause·way ['kɔ:zweɪ], *auch* **cau·sey** ['kɔ:zeɪ] **1.** *s* Damm *m* | erhöhter Fußweg **2.** *vt* mit einem Damm versehen | pflastern

caus·tic ['kɔ:stɪk|'kɒs-] **1.** *adj Chem* kaustisch, ätzend ⟨~ soda Ätznatron *n*⟩ | *übertr* kaustisch, beißend, sarkastisch ⟨~ remarks⟩; **2.** *s Chem* Ätzmittel *n*, Beize *f*; '~ **curve** *s Phys* Brennlinie *f*; **caus·ti·cism** ['kɔ:stɪsɪzm] *s* Sarkasmus *m*; **~i·ty** [kɔ:s'tɪsəti] *s* Beizkraft *f*, Schärfe *f* | *übertr* Sarkasmus *m*; '~ '**lime** *s Chem* Ätzkalk *m*

cau·ter|ant ['kɔ:tərənt] *Chem* **1.** *s* Ätzmittel *n*; **2.** *adj* ätzend, Ätz-, Beiz-; ˌ**~i'za·tion** *s* Ätzung *f*, Beizung *f* | Ätzen *n* | *Med* Kauterisation *f*; '**~ize** *vt Med* kauterisieren, (aus)brennen | *übertr* abtöten, abstumpfen ⟨to ≈ one's conscience sein Gewissen betäuben⟩; '**~y** *s* Brennen *n*, Kauterisieren *n* | *Med* Kauterium *n* | Brenneisen *n* ⟨chemical ≈ Ätzstift *m*⟩

cau·tion ['kɔ:ʃn] **1.** *s* Vorsicht *f*, Behutsamkeit *f* ⟨to proceed with ~ behutsam vorgehen; to use ~ vorsichtig verfahren⟩ | Warnung *f*, Verwarnung *f* ⟨~! Achtung!⟩ | Warnschild, -zeichen *n* | *Mil* Ankündigungskommando *n* | (*mit unbest. Art*) *Sl* komischer Kerl, Original *n* | *Sl* unheimlicher Bursche ⟨he is a ~ vor dem muß man sich in acht nehmen⟩ | *umg* komische *od* unbegreifliche Sache; **2.** *vt* warnen (**against** vor) ⟨to ~ s.o. not to *mit inf* jmdn. warnen, nicht zu *mit inf*⟩ | verwarnen; '**~ar·y** *adj* warnend, Warn-; '~ ˌ**mon·ey** *s* Kaution *f*

cau·tious ['kɔ:ʃəs] *adj* vorsichtig, behutsam ⟨~ of *mit ger*, ~ not to *mit inf* aus Angst zu *mit inf*, unter vorsichtiger Vermeidung von⟩ | achtsam (**of** an)

cav·al·cade [ˌkævl'keɪd] *s* Kavalkade *f*, Reiterzug *m* | Zug *m*

cav|a·lier [ˌkævə'lɪə] **1.** *s arch* Reiter *m* | Kavalier *m* | Liebhaber *m*; **~a·lier** *Hist* Kavalier *m*, Royalist *m* **2.** *adj* (gegenüber Frauen) lässig, ungezwungen | arrogant, hochmütig; **~a·lier** *Hist* Kavalier-, royalistisch; **3.** *vi* den Kavalier spielen | hochmütig sein; **~al·ry** ['~lrɪ] (*meist pl konstr*) **1.** *s Mil* Kavallerie *f*, Reiterei *f* ⟨400 ≈ 400 Kavalleristen *m/pl*⟩; **2.** *adj* Kavallerie- ⟨≈ soldier; ≈ officer⟩; '**~al·ry man** *s* (*pl* '**~al·ry men**) *Mil* Kavallerist *m*

ca·va·ti·na [ˌkævə'ti:nə] *s Mus* Kavatine *f*

cave [keɪv] **1.** *s* Höhle *f* | *Brit Pol* Sezession *f*, Absonderung *f*, Parteiaustritt *m* | *Brit Pol* (aus e-r Partei) ausgetretene Gruppe, Sezessionisten *m/pl* | *Tech* (Hochofen) Zugkanal *m*; **2.** *vt* aushöhlen; **~ in** (Hut u. ä.) eindrücken, eindellen; *vi* **~ in** einstürzen | *übertr* nachgeben, klein beigeben

ca·ve·at ['keɪvɪæt] **1.** *s Jur* Einspruch *m* ⟨to enter/file/put in a ~ against Einspruch erheben gegen⟩ | *Am* Patentanmeldung *f*; **2.** *vi Jur* Einspruch erheben

cave| bear ['keɪv bɛə] *s Zool* Höhlenbär *m*; '~ ˌ**dwell·er** *s* Höhlenbewohner *m*; '**~-in** *s* (Schacht u. ä.) Einsturz *m*; **~man** ['~ˌmæn] *s* (*pl* '~ˌ**men**) Höhlenbewohner *m* | *übertr* Neandertaler *m* | *Am Sl* ungehobelter Kerl, Bär *m* | *umg* stürmischer Liebhaber

cav·en·dish ['kævəndɪʃ] *s* Cavendish *m*, gesüßter, gepreßter Tabak

cav·ern ['kævən] **1.** *s* Höhle *f*; **2.** *vt* aushöhlen; **~ous** ['~əs] *adj* voller Höhlen | tiefliegend ⟨≈ eyes⟩ | dumpf ⟨a ≈ voice⟩ | *Med* kavernös; ˌ**~ous 'body** *s Med* Schwellkörper *m*

cav·es·son ['kævɪsən] *s* Kappzaum *m*

cav·i·ar[e] ['kævɪɑ:|ˌkævɪ'ɑ:] *s* Kaviar *m* ⟨~ to the general *scherzh od lit übertr* Kaviar fürs Volk, zu schade für die Masse⟩

cav|il ['kævl|-vɪl] **1.** ('**~illed**, '**~illed**) *vi* nörgeln, mäkeln (**about, at** über); *vt* nörgeln über; **2.** *s* Nörgelei *f*, Mäkelei *f* | Spitzfindigkeit *f*; **~il·ler** ['~ɪlə] *s* Nörgler *m*, Mäkler *m*; **~il·ling** ['~ɪlɪŋ] *adj* nörglerisch | spitzfindig

cav·i|ta·tion [ˌkævɪ'teɪʃn|-və-] *s Med* Kavernenbildung *f*; **~ty** ['kævəti] *s* Höhle *f*, Höhlung *f* ⟨mouth ≈ Mundhöhle *f*⟩ | Loch *n* ⟨a ≈ in a tooth⟩ | *Med* Kaverne *f*

ca·vort [kə'vɔ:t] *vi urspr Am umg* umhertollen, sich vergnügen

ca·vy ['keɪvɪ] *s Zool* Meerschweinchen *n*

caw [kɔ:] **1.** *vi* (Rabe u. ä.) krächzen; **~ out** *vt* krächzend hervorbringen, -stoßen; **2.** *s* Krächzen *n*

cay [keɪ|ki:] *s* Sandbank *f* | Riff *n*

cay·enne [pep·per] [ˌkeɪ'en (ˌpepə)] *s* Cayennepfeffer *m*

cay·man ['keɪmən] *s Zool* Kaiman *m*

cease [si:s] *vi* aufhören, enden, zu Ende gehen (**to** *mit inf* zu *mit inf*) | ablassen (**from** von, **from** *mit ger* zu *mit inf*); *vt* aufhören mit ⟨to ~ firing *Mil* das Feuer einstellen⟩; '**~ˌfire** *s Mil* Feuereinstellung *f*, Waffenruhe *f*; '**~less** *adj* unaufhörlich

ce·dar ['si:də] **1.** *s Bot* Zeder *f* ⟨~ of Lebanon Libanonzeder *f*, Echte Zeder⟩ | Zedernholz *n*; **2.** *adj* Zedern-

cede [si:d] *vt* (Land, Rechte u. ä.) abtreten, überlassen (**to s.o.** jmdm.) ⟨to ~ a province⟩

ce·dil·la [sə'dɪlə|sɪ-] *s Ling* Cedille *f*

ceil [si:l] *vt* (Zimmer) mit einer Decke versehen | (Decke) täfeln | verputzen; '**~ing** *s* (Zimmer-) Decke *f* | *übertr* Dach *n* ⟨the ≈ of the world⟩ | *übertr* Höchstgrenze *f* ⟨price ≈ (gesetzlicher) Höchstpreis⟩ | *Flugw* Gipfelhöhe *f* ⟨an aircraft with a ≈ of 30 000 feet ein Flugzeug, das bis auf eine Höhe von 30 000 Fuß steigen kann; absolute ≈ absolute Steighöhe; service ≈ Betriebsflughöhe *f*⟩ | *Met* Wolkenhöhe *f*, -untergrenze *f* ⟨unlimited ≈ unbegrenzte Wolkenhöhe *od* Schicht⟩

cel·a·don ['selədɒn] **1.** *adj* blaß-, mattgrün; **2.** *s* Blaß-, Mattgrün *n*

cel·an·dine ['seləndaɪn] *s Bot* Schöllkraut *n* | *auch* '**lesser** '~ *Bot* Scharbockskraut *n*, Feigwurz *f*

cel·a·nese [ˌselə'ni:z] *s* Azetatseide *f*

cel·e|brant ['seləbrənt|-lɪ-] *s Rel* Zelebrant *m*; **~brate** ['~breɪt] *vt* (Fest u. ä.) feiern ⟨to ≈ Christmas⟩ | (jmdn.)

feiern, verherrlichen ⟨to ≈ a pianist⟩ | *Rel* (Messe) zelebrieren; *vi* feiern | *Rel* zelebrieren; **ˈ~brat·ed** *adj* gefeiert, berühmt (**for** für, wegen, **as** als) | berüchtigt ⟨a ≈ criminal⟩; **ˌ~ˈbra·tion** *s* Feier *f* | Feiern *n* | Verherrlichung *f* | *Rel* Zelebrieren *n*; **ce·leb·ri·ty** [səˈlebrətɪ] *s* Berühmtheit *f*, berühmte Person, Persönlichkeit *f* | Ruhm *m*

ce·ler·i·ac [sɪˈlerɪæk|ˈselərɪæk] *s Bot* Knollensellerie *m*

ce·ler·i·ty [səˈlerətɪ|sɪ-] *s* Schnelligkeit *f*, Geschwindigkeit *f*

cel·e·ry [ˈselərɪ] *s Bot* Sellerie(pflanze) *m(f)* ⟨bunch/head of ~ Selleriestaude *f*; stick of ~ Selleriestengel *m od* -blatt *n*⟩

ce·les·ta [sɪˈlestə|sə-] *s Mus* Celesta *f*, Stahlplattenklavier *n*

ce·les·tial [səˈlestɪəl] **1.** *adj* himmlisch, göttlich, Himmels- ⟨~ light⟩ | *Astr* Himmels- ⟨a ~ globe⟩ | ∸ chinesisch ⟨the ∸ Empire Himmlisches Reich *n*, *arch* China *n*⟩; **2.** *s* Himmelsbewohner *m*, Seliger *m* | ∸ Chinese *m*, Chinesin *f*; **ˈ~ ˈbod·y** *s Astr* Himmelskörper *m*, Gestirn *n*; **ˈ~ ˈsphere** *s* Himmelskugel *f*

cel·i|ba·cy [ˈselɪbəsɪ] *s* Zölibat *n*, Ehelosigkeit *f*, Eheverzicht *m*; **~bate** [ˈ~bət] **1.** *adj* unverheiratet; **2.** *s* Unverheiratete(r) *f(m)*

cell [sel] *s* (Kloster-, Gefängnis-) Zelle *f* ⟨condemned ~ Todeszelle *f*⟩ | (Honigwabe) Zelle *f* | *Biol* Zelle *f* | *El* Zelle *f*, Element *n* | (Partei) Zelle *f*, Grundorganisation *f* | *poet* Grab *n*

cel·lar [ˈselə] **1.** *s* Keller *m* | Weinkeller *m* ⟨to keep a good ~ gute Weine haben⟩ | *Sport Am umg* letzter Platz (der Rangliste) ⟨to be in the ~ an letzter Stelle stehen; *übertr* am Ende sein, niedergeschlagen sein⟩; **2.** *vt*, *auch* ~ **in** einkellern, im Keller lagern | *übertr* aufbewahren; **~age** [ˈ~rɪdʒ] *s* Kellerräume *m/pl* | Kellermiete *f*; **~er** [ˈ~rə] *s* Kellermeister *m*; **~et** [ˌ~ˈret] *s* Flaschenspind *m* | Flaschenabteil *n*

cell| bod·y [ˌsel ˈbɒdɪ] *s Biol* Zellkörper *m*; **ˈ~ diˌvi·sion** *s Biol* Zellteilung *f*; **celled** *adj* -zellig; **cel·li·form** [ˈselɪfɔ:m|-lə-] *adj* zellförmig

cel|list [ˈtʃelɪst] *s Mus* Cellist *m*; **~lo** [ˈ~ləʊ] *s* (*pl* **~los** [-z], **~li** [ˈ~li:]) *Mus* (Violin-) Cello *n*

cel·lo·phane [ˈseləfeɪn] *s Tech* Zellophan *n*

cell| plasm [ˌsel ˈplæzm] *s Biol* Zellplasma *n*; **ˈ~ sap** *s Biol* Zellflüssigkeit *f*; **ˌ~ ˈther·a·py** *s Med* Zelltherapie *f*; **cel·lu·lar** [ˈ~jələ|-ljʊlə] *adj* zellular, -zellig, Zell-; **ˈcel·lu·lar en·giˈneer·ing** *s Med* Zelltechnik *f*, -technologie *f*; **cel·lu·lar·i·ty** [ˌ~jəˈlærətɪ] *s* zellulare Beschaffenheit; **ˌcel·lu·lar ˈshirt** *s* Netzhemd *n*; **ˌcel·lu·lar ˈther·a·py** = **ˌ~ ˈther·a·py**; **ˌcel·lu·lar ˈtis·sue** *s Biol* Zellgewebe *n*; **cel·lule** [ˈ~ju:l] *s* kleine Zelle; **cel·lu·li·tis** [ˌ~jəˈlaɪtɪs] *s Med* Zellgewebsentzündung *f*

cel·lu|loid [ˈseljəlɔɪd|-ljʊl-] *s Tech* Zelluloid *n*; **~lose** [ˈ~ləʊs] **1.** *s* Zellulose *f*, Zellstoff *m* | *auch* **ˌ~lose ˈac·e·tate** Zellulose *f*, Zelluloseazetat *n*; **2.** *adj* Zellulose-; **ˌ~lose ˈfin·ish** *s Tech* Zelluloselack *m*

cel·lu·lous [ˈseljələs|-ljʊl-] *adj* -zellig; **ˈcell wall** *s Biol* Zellwand *f*

ce·lo·si·a [sɪˈləʊʃɪə|-sɪə] *s Bot* Hahnenkamm *m*

Cel·si·us [ˈselsɪəs], *auch* **~ ther·mom·e·ter** [ˌ~ θəˈmɒmɪtə] *s Phys* Celsiusthermometer *n* ⟨25° Celsius 25° Celsius⟩

Celt [kelt|selt] *s* Kelte *m*, Keltin *f*; **ˈ~ic** **1.** *adj* keltisch; **2.** *s Ling* Keltisch *n*; **~i·cism** [ˈ~əsɪzm] *s* Keltizismus *m*; **~ol·o·gist** [~ˈɒlədʒɪst] *s* Keltologe *m*

cem·ba|list [ˈtʃembəlɪst|ˈsem-] *s Mus* Cembalist *m*; **~lo** [ˈ~ləʊ] *s Mus* Cembalo *n*

ce·ment [səˈment|sɪˈm-] **1.** *s* Zement *m* | Kitt *m* (*auch übertr*); **2.** *vt* zementieren, (ver)kitten | *übertr* fest verbinden, zusammenfügen, festigen ⟨to ~ a friendship⟩; *vi* (Zement) binden, (fest)halten; **ce·men·ta·tion** [ˌsi:mənˈteɪʃn|ˌsem-] *s* Zementieren *n*, Kitten *n* | Zementierung *f* | *Arch* Bodenstabilisierung *f*, chemische Baugrundverbesserung | *Tech* Aufkohlung *f*, Einsatzhärtung *f* | *übertr* feste Fügung | Festigung *f*; **ce·men·ti·tious** [ˌsi:mənˈtɪʃəs|ˌsem-] *adj* zementartig: **ˈ~ mill** *s* Zementwerk *n*

cem·e|te·ri·al [ˌsemɪˈtɪərɪəl] *adj* Friedhofs-; **~ter·y** [ˈsemətrɪ] *s* Friedhof *m* ⟨in the ≈ auf dem Friedhof⟩

cen·o·taph [ˈsenəta:f|-tæf] *s* Zenotaph *n*, Ehren(grab)mal *n*

ce·no·zo·ic [ˌsi:nəˈzəʊɪk|ˌsen-] *Geol* **1.** *s* Känozoikum *n*; **2.** *adj* känozoisch

cense [sens] *vt* beweihräuchern; **cen·ser** [ˈsensə] *s* Weihrauchfaß *n*

cen|sor [ˈsensə] **1.** *s* Zensor *m*, Aufsichtsbeamter *m* ⟨British Board of ∸s Britische Filmprüfungsstelle⟩ | *Hist* Zensor *m* | *Psych* Zensur *f*, innere Kontrolle; **2.** *vt* (Buch, Film u. ä.) zensieren; **~so·ri·ous** [~ˈsɔ:rɪəs] *adj* kritisch, streng ⟨to be ≈ of s.o. jmdn. heftig kritisieren⟩ | tadelsüchtig, krittelig; **ˈ~sor·ship** *s* Zensur *f* | Amt *n* eines Zensors; **~sur·a·ble** [ˈ~ʃərəbl] *adj* tadelnswert; **~sure** [ˈ~ʃə] **1.** *s* Verweis *m*, Tadel *m*, Rüge *f* ⟨to pass a vote of ≈ on s.o. *Parl* jmdm. ein Mißtrauensvotum aussprechen; to lay o.s. open to public ≈ sich der öffentlichen Mißbilligung aussetzen, sich öffentliche Mißbilligung zuziehen⟩ | Kritik *f* (**of** an); **2.** *vt*, *vi* tadeln, kritisieren, mißbilligen (**for** *mit ger* wegen *mit ger*)

cen·sus [ˈsensəs] *s* (*pl* **~es** [~ɪz]) *s* Zensus *m*, Volkszählung *f* ⟨to take a ~ e-e Volkszählung durchführen⟩ | Zählung *f*, Erfassung *f* ⟨a ~ of deer Wildzählung⟩

cent [sent] *s* Hundert *n*, *nur in*: **per ~** Prozent | *Am* Cent *m* ⟨not worth a ~ keinen roten Heller wert⟩

cen·taur [ˈsentɔ:] *s* Zentaur *m*

cen·tau·ry [ˈsentɔ:rɪ] *s Bot* Tausendgüldenkraut *n*

cen|te·nar·i·an [ˌsentəˈnɛərɪən] **1.** *adj* hundertjährig; **2.** *s* Hundertjährige(r) *f(m)*; **~te·na·ry** [~ˈti:nərɪ|-ˈten-] **1.** *adj* hundertjährig, Hundertjahr-; **2.** *s* Zeit *f* von hundert Jahren | Hundertjahrfeier *f*; **~ten·ni·al** [~ˈtenɪəl] **1.** *adj* hundertjährig; **2.** *s* Hundertjahrfeier *f*; **~tes·i·mal** [~ˈtesɪml|-sə-] *adj* zentesimal | hundertste(-r, -s)

cen·ter [ˈsentə] *Am* = *Brit* **centre**

centi- [sentɪ] ⟨*lat*⟩ *in Zus* hundert | hundertstel

cen·ti|grade [ˈsentɪgreɪd] *adj* hundertgradig ⟨≈ thermometer Celsiusthermometer *n*; 20 degrees ≈, 20 °C. 20 Grad Celsius⟩; **~gram[me]** [ˈ~græm] *s* Zentigramm *n*, hundertstel Gramm *n*; **~li·tre** [ˈ~ˌli:tə] *s* Zentiliter *n*, **~me·tre** [ˈ~ˌmi:tə] *s* Zentimeter *n*

cen·ti·pede [ˈsentɪpi:d] *s Zool* Tausendfüß[l]er *m*

cent·ner [ˈsentnə] *s* Zentner *m* ⟨double ~ Doppelzentner *m*⟩

cen·tral [ˈsentrl] **1.** *adj* zentral, Haupt-, Zentral- ⟨to be ~ im Mittelpunkt *od* zentral liegen; ~ idea Hauptgedanke *m*; ~ figure Hauptgestalt *f*⟩; **2.** *s* Zentrale *f* | *Am* Telefonzentrale *f*; **ˌ~ ˈcast·ing** *s Am Film* Hauptstudio *n* ◇ **straight from ~ casting** *übertr* klischeehaft, konventionell, über einen Leisten; **ˌ~ comˈmit·tee** *s Pol* Zentralkomitee *n*; **ˌ∸ ˌEu·roˌpe·an ˈtime** *s* mitteleuropäische Zeit; **ˌ~ ˈheat·ing** *s* Zentralheizung *f*; **ˈ~ism** *s Pol* Zentralismus *m* ⟨democratic ≈⟩; **ˈ~ist** *s Pol* Zentralist *m*; **~i·ty** [~ˈtrælətɪ] *s* Zentralität *f*; **~i·za·tion** [ˌsentrəlaɪˈzeɪʃn] *s* Zentralisierung *f*; **ˈ~ize** *vt* (*vi*) (sich) zentralisieren; **ˌ~ ˈner·vous ˌsys·tem** *s Med* Zentralnervensystem *n*; **ˌ~ ˈpoint** *s* Mittelpunkt *m*; **ˌ~ ˈsta·tion** *s* Hauptbahnhof *m* | *El* Zentrale *f*

cen·tre [ˈsentə] **1.** *s* Zentrum *n*, Mittelpunkt *m* (*auch übertr*) ⟨the ~ of New York; shopping ~ Einkaufszentrum *n*; ~ of interest Hauptinteresse *n*⟩ | (Person) Anziehungspunkt *m*; Hauptperson *f* | *Pol* Mitte *f*, Zentrum *n* | Zentrale *f*; **2.** *vt* in den Mittelpunkt stellen | den Mittelpunkt bilden von | konzentrieren, vereinigen (**in** in, **[up]on** auf) ⟨to be ~d upon sich konzentrieren auf⟩; *vi* im Mittelpunkt sein | sich konzentrieren (**in** in, **[up]on** auf, **round** um) | (Linie u. ä.) zusammenlaufen (**in** in) | beruhen (**on** auf); '**~ bit** *s Tech* Zentrumsbohrer *m*; '**~board** *s Mar* Mittel-, Kielschwert *n*; '**~ fold** *s Typ* herausklappbares Mittelblatt, Faltbild *n*; ˌ**~ 'for·ward** *s* (Fußball) Mittelstürmer *m*; ˌ**~ 'half** *s* (Fußball) Mittelläufer *m*; '**~ing** *s Arch* Lehrgerüst *n*; '**~ing lathe** *s Tech* Spitzendrehbank *f*; '**~ing maˌchine** *s Tech* Zentriermaschine *f*; '**~line** *s* Mittellinie *f*; ˌ**~ of at'trac·tion** *s Phys* Anziehungspunkt *m*; ˌ**~ of 'grav·i·ty** *s Phys* Schwerpunkt *m*, Schwerezentrum *n*; ˌ**~ of 'mass** *s Phys* Trägheitszentrum *n*; ˌ**~ of 'mo·tion** *s Phys* Drehpunkt *m*; '**~piece** *s* Mittelteil *m*, -stück *n*; **cen·tric** ['sentrɪk], '**cen·tri·cal** *adj* zentral, im Mittelpunkt befindlich; **cen·tric·i·ty** [sen'trɪsətɪ] *s* zentrale Lage

cen·trif·u·gal [sen'trɪfjʊgl|ˌsentrɪ'fju:gl] *adj* zentrifugal, vom Mittelpunkt wegstrebend; ˌ**~ 'drill** *s Tech* Schwungbohrer *m*; '**~ 'force**, *auch* '**~ 'ac·tion** *s Phys* Zentrifugal-, Fliehkraft *f*; '**~ maˌchine** *s Tech* Zentrifuge *f*; ˌ**~ 'pump** *s Tech* Zentrifugal-, Schleuderpumpe *f*; **cen·trif·u·gate** [sen'trɪfjʊgeɪt|-jə] = **centrifuge 1.**; **cen·tri·fuge** ['sentrɪfju:dʒ|-trə-] **1.** *vt* zentrifugieren, schleudern; **2.** *s* Zentrifuge *f*; **cen·trif·u·gence** [sen'trɪfjʊdʒəns|-jə-] *s* Zentrifugalkraft *f*

cen·tring ['sentrɪŋ] = **centreing**

cen·trip·e|tal [sen'trɪpɪtl|ˌsentrɪ'pi:tl] *adj* zentripetal, zum Mittelpunkt strebend; '**~tal 'ac·tion**, '**~tal 'force** *s Phys* Zentripetalkraft *f*; **~tence** [sen'trɪpɪtəns] *s* Zentripetalkraft *f*

cen·trist ['sentrɪst] *Pol* **1.** *s* Gemäßigter *m*, Zentrist *m*; **2.** *adj* zentristisch, gemäßigt

centro- ['sentrə(ʊ)] ⟨*lat, griech*⟩ *in Zus* zentral, mittel-

cen|trode ['sentrəʊd] *s Phys* Schwerpunktskurve *f*; **~troid** ['~trɔɪd] *s Phys* Schwer-, Massenmittelpunkt *m*

cen|trum ['sentrəm] *s* (*pl* **~tra** ['~trə]) (Erdbeben-) Zentrum *n* | *Zool* Wirbelkörper *m*

cen·tu|ple ['sentjʊpl], **~pli·cate** [sen'tju:plɪkɪt|-keɪt|-plə-] **1.** *adj* hundertfach; **2.** *s* das Hundertfache; [-keɪt] *vt* verhundertfachen

cen·tu·ri·on [sen'tjʊərɪən] *s Hist* Zenturio *m*

cen·tu·ry ['sentʃərɪ] *s* Jahrhundert *n* ⟨the 20th ~; centuries-old jahrhundertealt⟩ | (Kricket) hundert Läufe *m/pl*, Hundert *n* | (Sport) hundert Punkte *m/pl* | (Rennsport) hundert Meilen *f/pl* | *Sl* hundert Pfund (Sterling) | *Hist* Zenturie *f*, Hundertschaft *f* | *Typ* (Name einer) Schrift *f*

ce·phal·ic [se'fælɪk|sɪ-|sə-] *adj Anat, Zool* den Kopf betreffend, Schädel-

-cephalic [se'fælɪk|sɪ-|sə-] ⟨*griech*⟩ *in Zus* -köpfig ⟨bi~ zweiköpfig⟩

cephalo- [sefələ(ʊ)] ⟨*griech*⟩ *in Zus* Kopf-, Schädel-

ceph·a·lo|pod ['sefələpɒd] *s Zool* Kopffüßer *m*; **~tho·rax** [ˌ~'θɔ:ræks] *s Zool* Kopfbruststück *n*

-cephalous ['sefələs] = **-cephalic**

ce·ram|ic [sə'ræmɪk|sɪ-|se-] **1.** *adj* keramisch; **2.** = **~ics** [~ɪks] *s/pl* (*sg konstr*) Keramik *f*, Töpferkunst *f* | (*pl konstr*) Töpferwaren *f/pl*; **cer·a·mist** ['serəmɪst] *s* Keramiker *m*

ce·ras·ti·um [sə'ræstɪəm] *s Bot* Hornkraut *n*

ce·rate ['sɪəreɪt] *s Med* Wachssalbe *f*, -pflaster *n*

cerato- [serətə(ʊ)] ⟨*griech*⟩ *in Zus* Horn-

Cer·ber|us ['sɜ:bərəs] *s* (*pl* **~uses** ['~əsəz] *od* **~i** ['~i:]) Zerberus *m*

cere [sɪə] **1.** *s Zool* Wachshaut *f*; **2.** *vt* in Wachstuch einschlagen | *übertr* versiegeln

ce·re·al ['sɪərɪəl] **1.** *adj* Getreide-; **2.** *s* Zerealie *f*, Getreidepflanze *f* | *auch* '**breakfast** ˌ**~** (*meist pl*) Frühstücksspeise *f* (aus Getreide), Getreideflocken *f/pl*

cer·e·bel|la [ˌserɪ'belə] *Anat adj* zerebellar, Kleinhirn-; **~lum** ['~ləm] *s* (*pl* **~la** ['~lə]) Zerebellum *n*

cer·e|bral ['serəbrl] *adj* Gehirn- ⟨≈ death Gehirntod *m*; ≈ haemorrhage Gehirnblutung *f*⟩; **~brate** ['serɪbreɪt|-rə-] *vt, vi* (durch)denken; **~bra·tion** [ˌserɪ'breɪʃn|-rə-] *s* Denkprozeß *m* | Gedanke *m*; **~bro-** ['serɪbrə(ʊ)|-rə-] ⟨*lat*⟩ *in Zus* Gehirn-; **~brum** ['serɪbrəm|-rə-] *s* (*pl* **~brums** [-z], **~bra** [-brə]) *Anat* Zerebrum *n*, Gehirn *n*

cere|cloth ['sɪəklɒθ] *s* Wachstuch *n*, -leinwand *f* | Leichentuch *n*; '**~ment** *s* (*meist pl*) Leichengewand *n*

cer·e·mo|ni·al [ˌserə'məʊnɪəl] **1.** *adj* zeremoniell, feierlich, förmlich ⟨≈ dress Tracht *f*, Ornat *m*⟩; **2.** *s* Zeremoniell *n* ⟨the ≈s of religion⟩; **~ni·ous** [~nɪəs] *adj* feierlich | förmlich, steif ⟨a ≈ reception⟩; **~ny** ['serəmənɪ] *s* Zeremonie *f*, Feierlichkeit *f*, Festlichkeit *f* ⟨wedding ≈ Hochzeitsfeier *f*⟩ | Förmlichkeit *f* ⟨no ≈! keine Umstände!; without ≈ ohne Umstände; to stand on ≈ steif und förmlich sein⟩

ce·re·ous ['sɪərɪəs] *adj* wächsern

cer·iph ['serɪf] = **serif**

ce·rise [sə'ri:z|-ri:s] **1.** *adj* kirschrot; **2.** *s* Kirschrot *n*

cero- [sɪərə(ʊ)] ⟨*griech*⟩ *in Zus* Wachs-

ce·ro·type ['sɪərətaɪp] *s Typ* Wachsdruckverfahren *n*

cert [sɜ:t] *s Brit Sl für* ↑ **certainty** ⟨a ~ e-e todsichere Sache⟩; **cer·tain** ['sɜ:tn] *adj* (*nur präd*) (Sache) sicher, gesichert ⟨it is ≈ that⟩ | (*nur präd*) (Personen) sicher, gewiß, überzeugt (**of s.th.** von etw., **that** daß) ⟨to be ≈ of s.th. von etw. überzeugt sein⟩ | sicher, zuverlässig ⟨≈ remedy sicheres Mittel⟩ | berechtigt, begründet ⟨≈ hopes⟩ | (*nur attr*) bestimmt ⟨a ≈ day⟩ | (*nur attr*) gewisse(r, -s) ⟨a ≈ Mrs Brown e-e gewisse Mrs. Brown; under ≈ circumstances⟩ ◇ **for certain** mit Sicherheit; **make certain of s.th.** sich e-r Sache vergewissern | sich etw. sichern; '**cer·tain·ly** *adv* sicher, gewiß, zweifellos | (*in Antworten*) natürlich, (aber) ja ⟨≈ not bestimmt nicht, nein⟩; **cer·tain·ty** ['sɜ:tntɪ] *s* Sicherheit *f*, Bestimmtheit *f* ⟨for a ≈ ganz gewiß, bestimmt; to a ≈ sicher(lich), to bet on a ≈ mit unlauteren Mitteln wetten⟩ | (feste) Überzeugung *f* (**of** von), Gewißheit *f* (**of s.th.** e-r Sache, **that** daß)

cer·tes ['sɜ:tɪz] *adv arch* (traun) fürwahr, gewiß

cer|ti·fi·a·ble [ˌsɜ:tɪ'faɪəbl|'sɜ:tɪfaɪəbl] *adj* zu bescheinigend | *Med* (Krankheit) meldepflichtig ⟨a ≈ lunatic jmd., der vom Arzt als geistesgestört erklärt wird⟩; **~tif·i·cate** [sə'tɪfɪkət|-fəkɪt|-fɪkɪt] *s* Bescheinigung *f*, Attest *n*, Zeugnis *n*, Schein *m* (**to** für) ⟨birth ≈ Geburtsschein *m*; health ≈ Gesundheitszeugnis *n*; ≈ of death Totenschein *m*; ≈ of origin *Wirtsch* Ursprungszeugnis *n*⟩ | Zeugnis *n* ⟨school ≈ Schul-, Abgangszeugnis *n*⟩ | *Jur* Gutachten *n*; [sə'tɪfɪkeɪt] *vt* (etw.) bescheinigen, eine Bescheinigung ausstellen über | (jmdm.) eine Bescheinigung *od* ein Zeugnis geben; **~tif·i·cat·ed** [sə'tɪfɪkeɪtɪd] *adj* mit Abschlußzeugnis | diplomiert, geprüft ⟨a ≈ teacher⟩; **~ti·fi·ca·tion** [ˌsɜ:tɪfɪ'keɪʃn|-təfə-] *s* Bescheinigung *f*, Beglaubigung *f*; **~tif·i·ca·to·ry** [sə'tɪfɪkeɪtrɪ] *adj* bescheinigend, Beglaubigungs-; **~ti·fied** ['sɜ:tɪfaɪd] *adj* (*nur attr*) bescheinigt, beglaubigt ⟨≈ copy notariell beglaubigte Abschrift⟩; '**~ti·fied 'ac·count·ant** *s Am Wirtsch* Rechnungsprüfer *m*; '**~ti·fied 'cheque** *s Wirtsch* (als gedeckt) bestätigter Scheck; **~ti·fy** ['sɜ:tɪfaɪ] *vt* bescheinigen ⟨this is to ≈ that hiermit wird bescheinigt, daß⟩ | bezeugen (**s.th. to s.o.** jmdm. etw.; **that** daß) | erklären, feststellen ⟨to ≈ s.o. as insane jmdn. für geistesgestört erklären⟩; *vi* bestätigen, bescheinigen, bezeugen (**for, to** für) ⟨to ≈ to s.th. etw. bezeugen⟩

cer·ti·o·ra·ri [ˌsɜ:ʃɪɔ:'reəraɪ|-ʃɪə-] *s Jur* Aktenanforderung *f*

cer·ti·tude ['sɜ:tɪtju:d] *s* innere Gewißheit, Überzeugung *f*

ce·ru·le·an [sə'ru:lɪən] *poet* **1.** *adj* himmelblau; **2.** *s* Himmelblau *n*

ce·ru|men [sɪ'ru:men|sə-|-mən] *s Med* Zerumen *n*, Ohrenschmalz *n*; **~mi·nous** [sɪ'ru:mɪnəs|-mə-] *adj Med* zeruminös

ce·ruse ['sɪəru:s|sɪ'ru:s] *s Chem* Bleiweiß *n* | weiße Schminke
cer·vi·cal ['sɜ:vɪkl] *adj Med* Nacken-, Hals-; **cervico-** [sɜ:vɪkə(ʊ)|-və-] ⟨*lat*⟩ *in Zus* Hals-, Genick-
cer·vine ['sɜ:vaɪn|-vɪn] *adj* Hirsch-
cer|vix ['sɜ:vɪks] *s Med* (*pl* **~vi·ces** [sə'vaɪsi:z], **~ vix·es** ['~vɪksɪz]) Hals *m*, Genick *n* | *auch* **~vix u·te·ri** [ˌ~ 'ju:tərаɪ] Gebärmutterhals *m* | *auch* **~vix cor·nu** [ˌ~ 'kɔ:nju:] Zahnhals *m*
ces·sa·tion [se'seɪʃn] *s* Aufhören *n* | Stillstand *m* | Pause *f*
ces·ser ['sesə] *s Jur* Einstellung *f* (e-s Verfahrens), Ablauf *m* (e-r Zeit), Ende *n* (e-r Verpflichtung u. ä.)
ces·sion ['seʃn] *s* Abtretung *f* (**to** an) | Zession *f*, Verzicht *m* (**of** auf); **'~ar·y** *s* Zessionär *m*, Rechtsnachfolger *m*
cess|pit ['sespɪt], **'~pool** *s* Jauchen-, Senkgrube *f* | *übertr* Pfuhl *m*
ces·toid ['sestɔɪd] *s Zool* Band-, Eingeweidewurm *m*
ce·ta|cean [sɪ'teɪʃn] **1.** *s Zool* Wal *m*; **2.** *adj* Wal-; **~ceous** [~ʃəs] *adj* walartig, Wal-
ce·tane ['si:teɪn] *s Chem* Zetan *n*
Cey·lon [sə'lɒn] *s* Ceylon *n*; **~ese** [ˌseɪlə'ni:z] *adj* ceylonesisch
Chab·lis ['ʃæblɪ] *s* (Wein) Chablis *m*, weißer Burgunder
cha·cha[cha] ['tʃa:tʃa:('tʃa:)] *s* (Tanz) Chacha(cha) *m*
chac·ma ['tʃækmə] *s* (Affe) Tschakma *m*
chaeto- [ki:tə(ʊ)] ⟨*griech*⟩ *in Zus* Haar-, Borsten-
chafe [tʃeɪf] **1.** *vt* warm reiben ⟨to ~ one's hands⟩ | wund reiben *od* scheuern ⟨to ~ a rope ein Seil durchscheuern; to ~ one's neck am Hals reiben⟩ | *übertr* (jmdn.) ärgern, reizen; *vi* (sich) reiben, scheuern (**against** gegen, **on** an) | (Meer) branden (**against** gegen) | sich härmen, leiden ⟨to ~ under insults⟩ | toben, wüten ⟨to ~ at the delay⟩; **2.** *s* Abschürfung *f*, wundgescheuerte Stelle | Wut *f*, Ärger *m* ⟨in a ~⟩
chaf·er ['tʃeɪfə] *s Zool* (Mai-) Käfer *m*
[1]**chaff** [tʃɑ:f|tʃæf] **1.** *s* Spreu *f*, Häcksel *n*, Kaff *n* | *übertr* wertloses Zeug ⟨all else is ~ alles andere ist nicht viel wert⟩ | Häcksel *m, n* | *Flugw* Düppelstreifen *m*, Stanniolstreifen *m*, Radarstörfolie *f* ◇ **seperate the wheat from the ~** *übertr* die Spreu vom Weizen scheiden; **2.** *vt* (Heu, Stroh) häckseln, zu Häcksel schneiden
[2]**chaff** [tʃɑ:f|tʃæf] *umg* **1.** *vt* necken, aufziehen ⟨to ~ s.o. about s.th. jmdn. wegen etw. hänseln⟩; **2.** *s* Neckerei *f*
chaff·cut·ter ['tʃɑ:fkʌtə|tʃæf-] *s* Häckselschneider *m* | Häckselbank *f*
chaf·fer ['tʃæfə] **1.** *s* Handeln *n*, Feilschen *n*; **2.** *vi* handeln, feilschen, schachern (**with** mit, **about** um) (*auch übertr*) | schwatzen; **~er** ['-rə] *s* Händler *m*
chaf·finch ['tʃæfɪntʃ] *s Zool* Buchfink *m*
chaff·y ['tʃɑ:fɪ] *adj* voller Spreu | *übertr* wertlos, nichtig
chaf·ing ['tʃeɪfɪŋ] *s* Wärmen *n* | Reiben *n*, Wetzen *n*, Scheuern *n* | *übertr* Wut *f*; **'~ dish** *s* Wärmepfanne *f*
cha·grin ['ʃægrɪn] **1.** *s* Ärger *m*, Kummer *m*, Verdruß *m* ⟨much to s.o.'s ~ sehr zu jmds. Verdruß⟩; **2.** *vt* (ver)ärgern, kränken ⟨to be / feel ~ed at⟩
chain [tʃeɪn] **1.** *s* Kette *f* ⟨~ of office Amtskette *f*⟩ | *übertr* Kette *f*, Reihe *f* ⟨~ of events; ~ of mountains Gebirgskette *f*⟩ | *meist* **~s** *pl übertr* Kette *f*, Fesseln *f/pl* ⟨in ~s in Ketten, gefangen, eingekerkert; to break / shake off one's ~s seine Ketten abschütteln; to load with ~s in Fesseln legen⟩ | *Chem* Kette *f* | Meßkette *f* | Längenmaß *n* (20,11 m) | *El* Stromkreis *m*; **2.** *vt* (an)ketten | fesseln (**to** an) | *übertr* (jmdn.) ketten (**to** an); **~ up** (Hund) an die Kette legen, an die Leine nehmen; **'~ ˌar·mour** *s Hist* Kettenpanzer *m*; **'~ belt** *s Tech* Kettentransmission *f*; **'~ bridge** *s* Ketten-, Hängebrücke *f*; **'~ drive** *s Tech* Kettenantrieb *m*; **chained** *adj* angekettet, gefesselt; **'~ gang** *s* Trupp *m* von Kettensträflingen *m/pl*; **'~ gear** *s Tech* Kettenantrieb *m*; **'~less** *adj* kettenlos; **'~ ˌlet·ter** *s* Kettenbrief *m*; **ˌ~ 'mail** *s Hist* Kettenpanzer *m*; **ˌ~ re'ac·tion** *s Phys* Kettenreaktion *f*; **ˌ~re'ac·tor** *s Phys* Kernreaktor *m*; **'~ ˌsmok·er** *s* Kettenraucher *m*; **'~ stitch** *s* Kettenstich *m*; **'~ store** *s Am* Filiale *f*, Zweiggeschäft *n*; **'~ trade** *s* Kettenhandel *m*; **'~wale** *s Mar* Rüste *f*
chair [tʃɛə] **1.** *s* Stuhl *m* ⟨to take a ~ sich setzen⟩ | *arch* Sänfte *f* | *Am* elektrischer Stuhl | Lehrstuhl *m* ⟨professorial ~ Professur *f*; ~ of linguistics Lehrstuhl *m* für Sprachwissenschaft⟩ | Richterstuhl *m* | Vorsitz *m*, Ehrensitz *m* ⟨to be in the ~ den Vorsitz führen; to leave the ~ die Sitzung aufheben; to take the ~ den Vorsitz übernehmen⟩ | (*mit best art*) *Am* Vorsitzende(r) *f(m)*; **2.** *vt* (Raum) mit Stühlen ausstatten | (jmdn.) auf einen Stuhl setzen | (jmdn.) auf einen Lehrstuhl berufen | *Brit* (jmdn.) (als Ehrung) auf einem Stuhl herumtragen | den Vorsitz führen in, die Diskussion leiten ⟨to ~ a meeting⟩ | (jmdm.) den Vorsitz übergeben, (jmdm.) die Diskussionsleitung übergeben; **'~ frame** *s* Stuhlgestell *n*; **'~man** *s* (*pl* **'~men**) Vorsitzender *m*, Präsident *m* ⟨≈ by seniority *Parl* Alterspräsident *m*⟩ | Diskussionsleiter *m*; **'~man·ship** *s* Vorsitz *m*, Präsidentenschaft *f*; **'~ˌper·son** *s urspr Am* Vorsitzende(r) *f(m)*, Diskussionsleiter *m*; **'~ˌwo·man** *s* (*pl* **'~ˌwom·en**) Vorsitzende *f*
chaise [ʃeɪz] *s* Chaise *f*, Kalesche *f* | Postkutsche *f*; **~longue** [ˌ~'lɒŋ] *s* (*pl* **~s longues**, **~ longues** [~]) Chaiselongue *f*, Liege *f*
chal·ced·o·ny [kæl'sedənɪ] *s Min* Chalzedon *m*
chalco- [kælkə(ʊ)] ⟨*griech*⟩ *in Zus* Kupfer-
chal·cog·ra·pher [kæl'kɒgrəfə] *s* Kupferstecher *m*
chal·dron ['tʃɔ:ldrən] *s* englisches Kohlenmaß (1,16 cbm)
cha·let ['ʃæleɪ|-lɪ] *s* Sennhütte *f* | Ferien-, Sommerhäuschen *n*, Bungalow *m*
chal·ice ['tʃælɪs] *s poet* (Trink-) Becher *m* | *Rel* Kelch *m*
chalk [tʃɔ:k] **1.** *s* Kreide *f* ⟨red ~ Rötel *m*⟩ | Tafelkreide *f*, Kreidestift *m* ⟨coloured ~ Farb-, Buntstift *m*⟩ | Kreidelinie *f* ◇ **as like as ~ and cheese** verschieden wie Tag und Nacht; **(not) by a long ~** *Brit umg* bei weitem (nicht); **2.** *vt* (etw.) mit Kreide schreiben *od* zeichnen | (etw.) mit Kreide beschreiben | (etw.) mit Kreide behandeln | (etw.) mit Kreide mischen | weißen ⟨to ~ a wall⟩; **~ out** entwerfen; **~ up** *übertr* ankreiden, aufschreiben, notieren; **3.** *adj* Kreide-; **'~ˌcut·ter** *s* Kreidegräber *m*; **'~ˌdraw·ing** *s* Kreidezeichnung *f*; **'~stone** *s Med* Gichtknoten *m*; **'~y** *adj* kreidig | Kreide-, kreideweiß | gipsartig
chal|lenge ['tʃæləndʒ|-ɪndʒ] **1.** *s* Herausforderung *f* (**to** zu, für) | Aufforderung *f* (**to** an) | *Mil* Anruf *m* (e-s Postens) | Bedrohung *f*, Angriff *m* (**to** auf) | *Jur* Ablehnung *f* (e-s Geschworenen) | (Jagd) Anschlagen *n* (e-s Hundes); **2.** *vt* (jmdn., etw.) herausfordern ⟨to ≈ criticism⟩ | (jmdn.) auffordern (**to** zu) | *Mil* anrufen, stellen | beanspruchen, Anspruch erheben auf ⟨to ≈ attention⟩ | in Frage stellen, bestreiten ⟨to ≈ s.o.'s right to do s.th.⟩ | *Jur* (Geschworene) ablehnen; *vi* eine Herausforderung ergehen lassen | (Jagdhund) anschlagen; **'~lenge cup** *s* (Sport) Wanderpreis *m*; **~leng·er** ['~əndʒə] *s* (*auch* Sport) Herausforderer *m*, Konkurrent *m*; **'~lenge prize, '~lenge ˌtro·phy** *s* (Sport) Wanderpreis *m*; **~leng·ing** ['~əndʒɪŋ] *adj* aufsehenerregend, zur Diskussion herausfordernd, mutig ⟨a ≈ theory⟩ | faszinierend ⟨a ≈ personality⟩ | verlockend ⟨a ≈ smile⟩
cha·lyb·e·ate [kə'lɪbɪɪt] *adj Min* stahl-, eisenhaltig
cham·ber ['tʃeɪmbə] **1.** *s arch poet* Kammer *f*, Stube *f*, Gemach *n* | *Pol* Kammer *f*, Haus *n* ⟨Upper ≈; Lower ≈⟩ | *Wirtsch* Kammer *f*, Vereinigung *f* ⟨≈ of Industry and Commerce Industrie- und Handelskammer *f*; ≈ of Handicrafts Handwerkskammer⟩ | *Brit* Schatzamt *n* | *Anat* Kammer *f* | *Tech* Kammer *f*, Hohlraum *m* ⟨~ oven Kammerofen *m*;

combustion ~ Brennkammer *f*〉; **2.** *vt* mit Kammern versehen | aushöhlen; **3.** *adj* Kammer-; **'~ ˌcon·cert** *s* Kammerkonzert *n*; **'~ ˌcoun·sel** *s* Rechtsberater *m* (nur mit Privatpraxis); **~lain** ['~lɪn|'~leɪn] *s* Kämmerer *m* | Oberhofmeister *m* | Schatzmeister *m*; **'~maid** *s* Zimmer-, Stubenmädchen *n*; **'~ ˌmu·sic** *s* Kammermusik *f*; **'~ pot** *s* Nachtgeschirr *n*, -topf *m*; **'~ ˌprac·tice** *s Jur* Privatpraxis *f*; **~s** ['~z] *s/pl Brit* Richterzimmer *n/pl* | Junggesellenwohnung *f* | Geschäftsräume *m/pl*, Büro *n*

cha·me·le·on [kə'mi:lɪən] *s Zool* Chamäleon *n* | *übertr* wankelmütiger *od* unbeständiger Mensch; **~ic** [kəˌmi:lɪ'ɒnɪk] *adj* chamäleonähnlich | *übertr* wankelmütig, unbeständig

cham·fer ['tʃæmfə] **1.** *s Tech* Schrägkante *f*, -fläche *f*, Fase *f* | *Arch* Auskehlung *f*; **2.** *vt Tech* abschrägen, abfasen | *Arch* auskehlen

cham·ois ['ʃæmwɑ:] *s Zool* Gemse *f*; *auch* **~ leath·er** ['ʃæmɪ ˌleðə] *s* Sämischleder *n*

[1]**champ** [tʃæmp] *s urspr Am Sl für* **champion 1.**

[2]**champ** [tʃæmp] **1.** *vt* geräuschvoll kauen | (Pferd) beißen auf 〈to ~ the bit auf die Stange beißen〉; *vi* kauen | *übertr* unwirsch sein 〈to ~ with rage vor Wut schäumen〉 | vor Ungeduld brennen 〈to ~ to start vom Startfieber gepackt sein〉; **2.** *s* Kauen *n*

cham·pagne [ʃæm'peɪn] **1.** *s* Champagner *m*, Sekt *m* (*auch übertr*) | Champagnerfarbe *f*; **2.** *adj* champagnerfarben

cham·paign [ʃæm'peɪn] **1.** *s* flaches Land, Ebene *f*; **2.** *adj* flach, eben

cham·pi·gnon [tʃæm'pɪnjən|ʃæm-] *s Bot* Champignon *m*

cham·pi·on ['tʃæmpɪən] **1.** *s* Kämpfer *m*, *poet* Kämpe *m* | *übertr* Verfechter *m*, Verteidiger *m* 〈a ~ of the oppressed〉 | (Sport) Champion *m*, Meister *m*, Sieger *m* 〈boxing ~〉; **2.** *vt* verteidigen, beschützen; **3.** *adj* Meister-, Champion-, Preis- 〈a ~ team; a ~ jockey〉 | *übertr* unübertroffen | (*nur präd*) *umg* prima, Klasse 〈that's ~!〉; **'~ship** *s* Championat *n*, Meisterschaft *f* 〈to win a ≈ die Meisterschaft gewinnen *od* erringen〉 | Verteidigen *n*, Verfechten *n*

chance [tʃɑ:ns] **1.** *s* Zufall *m* 〈mere ~ reiner Zufall *m*; by ~ zufällig; by some ~ or other durch irgendeinen Zufall; on the ~ of / that für den Fall, daß〉 | Schicksal *n*, Los *n* 〈to take one's ~s es darauf ankommen lassen〉 | Möglichkeit *f*, Wahrscheinlichkeit *f* 〈to have no ~ / not much ~ of *mit ger* to *mit inf* keine Aussicht *od* Möglichkeit haben zu *mit inf*; to have / stand a good / fair ~ (of success) beste Aussicht (auf Erfolg) haben〉 | Chance *f*, gute Gelegenheit 〈a ~ to escape; the ~ of a lifetime die Chance des Lebens; the main ~ die Aussicht, Geld zu machen; *übertr* eigener Vorteil〉 | Risiko *n* 〈to take a ~ etw. riskieren〉; **2.** *vt* wagen, versuchen, riskieren 〈to ~ it *umg* es darauf ankommen lassen; to ~ one's arm *umg* etw. auf gut Glück versuchen〉; *vi unpers in*: **it ~ed** es traf sich, es geschah zufällig (**that** daß) | etw. zufällig sein (tun u. ä.) 〈I ~d to meet him ich traf ihn zufällig〉 | zufällig stoßen (**upon** auf); **3.** *adj* zufällig 〈~ likeness zufällige Ähnlichkeit〉; **'~ful** *adj* ereignisreich

chan·cel ['tʃɑ:nsl] *s Arch* Altarraum *m*, Chor *m*

chan·cel|ler·y ['tʃɑ:nsḷrɪ] *s* Kanzleramt *n* | Kanzlersitz *m* | Kanzlei *f* (e-r Botschaft u. ä.); **~lor** ['tʃɑ:nsḷə] *s* Kanzler *m* 〈candidate for ≈ Kanzlerkandidat *m*; Federal ≈ Bundeskanzler *m*〉 | (Gesandtschafts-, Botschafts- u. ä.) Sekretär *m* | *Brit* (Universität) Kanzler *m*, *Am* Rektor *m* 〈Vice-≈ *Brit* Rektor *m*〉 ◇ **'≈lor of the Ex·cheq·uer** *s Brit* Schatzkanzler *m*, Finanzminister *m*, **Lord ≈lor of England, Lord High ≈lor** *s Brit Jur* Groß-, Lordkanzler *m* (höchster Richter Englands); **'~lor·ship** *s* Kanzleramt *n*

chan·ce·ry ['tʃɑ:nsərɪ] *s* Kanzlei *f* | *Jur* Kanzleigericht *n* 〈bill in ~ *Jur* Klage *f* beim Kanzleigericht; ward in ~ Mündel *n* unter Aufsicht des Kanzleigerichts〉 | *Am* Billigkeitsgericht *n* | *Am* Billigkeitsgrundsätze *m/pl* | (Ringen) Schwitzkasten *m* ◇ **in ~** *übertr umg* in der Klemme

chan·cre ['ʃæŋkə] *s Med* Schanker *m*

chanc·y ['tʃɑ:nsɪ] *adj Schott* glücklich | glückbringend | *umg* unsicher, unberechenbar 〈as ~ as children〉 | *umg* gewagt, riskant 〈~ undertaking〉

chan·de·lier [ˌʃændə'lɪə|-dɪ'l-] *s* Armleuchter *m* | Kronleuchter *m*

chan·dler ['tʃɑ:ndlə] *s* Kerzenzieher *m* | Händler *m*; **~y** ['-rɪ] *s* Krämerladen *m* | Krämerwaren *f/pl*

change [tʃeɪndʒ] **1.** *vt* (ver)ändern, verwandeln 〈to ~ a baby ein Baby trockenlegen; to ~ beds die Betten frisch beziehen; to ~ hands den Besitzer wechseln; to ~ one's clothes die Kleider wechseln, sich umziehen; to ~ one's habits seine Gewohnheiten ändern, sich umstellen; to ~ one's mind *übertr* es sich anders überlegen, seinen Sinn *od* seine Pläne ändern; to ~ one's note/tune *umg* e-n anderen Ton anschlagen; to ~ places with den Platz wechseln mit; to ~ sides *übertr* zur anderen Seite übergehen; to ~ step den Schritt wechseln; to ~ trains umsteigen〉 | (um)tauschen 〈to ~ s.th. for s.th. else〉 | um-, verwandeln (**into** in) 〈to ~ iron into gold〉 | (um)wechseln 〈to ~ money〉 | *bes Tech* auswechseln | *Kfz* schalten 〈to ~ gear〉 | (Wache) ablösen; *vi* sich (ver)ändern, anders werden 〈to ~ for the better (worse) sich verbessern (verschlechtern)〉 | sich verwandeln (**into** in) | (ganz) übergehen (**from** von, **over to** zu) | *Eisenb* umsteigen (**from** von, **to** auf) 〈~ all! alles umsteigen!〉 | (Mond) wechseln | (Wind) sich drehen (**from** aus, **to** nach) | (Wetter) umschlagen | *umg* sich umziehen, Kleider wechseln 〈to ~ into s.th. more comfortable etw. Bequemeres anziehen; to ~ out of s.th. etw. ausziehen〉; **2.** *s* Wechsel *m*, Übergang *m*, Änderung *f* 〈~ of air Luftwechsel *m*; ~ of government Regierungswechsel *m*; ~ of opinion Meinungsumschwung *m*; ~ of the moon Mondwechsel *m*; ~ of voice Stimmwechsel, -bruch *m*; ~ in weather Witterungsumschlag *m*; structural ~ Strukturwandel *m*; ~ the for better Wandel *m* zum Guten, (Ver-) Besserung *f*〉 | Erneuerung *f*, etw. Neues *od* Frisches 〈I could do with a ~ ich könnte etw. Neues gebrauchen〉 | Kleidung *f* zum Wechseln | Umkleiden *n* 〈to make a quick ~ sich schnell umziehen〉 | *Eisenb* Wagenwechsel *m* | *auch* **'small '~** Kleingeld *n* 〈to have no [small] ~ kein Kleingeld haben〉 | Wechselgeld *n* 〈to give s.o. ~ for a five pound note jmdm. eine 5-Pfund-Note wechseln〉 | Differenzbetrag *m* zwischen gezahlter Summe und Preis 〈to get [one's] ~ Geld herausbekommen; to give [one's] ~ Geld herausgeben〉 | *Mus* (Tonart-, Takt-, Tempo-) Wechsel *m* | (Läuten) Wechselfolge *f* 〈to ring the ~s Wechselläuten; *Brit übertr* sich umstellen, sich etw. Neues einfallen lassen〉 | **≈** *Brit umg, auch* **Exchange** Börse *f* 〈on ≈ auf der Börse〉 | (*mit best art*) *auch* **the ~ of life** *Brit umg* (die) Wechseljahre *n(pl)* ◇ **for a ~** (einmal) zur Abwechslung; **get no ~ out of s.o.** *umg* von niemandem geholfen bekommen; **ˌ~a'bil·i·ty** *s* Veränderlichkeit *f* | Wankelmütigkeit *f*; **'~a·ble** *adj* veränderlich, unbeständig 〈≈ weather〉 | wankelmütig 〈a ≈ person〉 | (Stoff) changierend, schillernd 〈≈ silk〉; **'~ful** *adj* veränderlich; **ˌ~ 'gear** *s Tech* Wechselgetriebe *n*; **'~less** ['~ləs] *adj* unveränderlich; **'~ling** *s* Wechselbalg *m*, untergeschobenes Kind *n*; **'~ˌo·ver** *s* Umstellung *f*; **'~ ˌring·ing** *s* Wechselläuten *n*; **'chang·ing 1.** *adj* veränderlich, unbeständig; **2.** *s* Wechsel *m*; **'chang·ing room** *s* Umkleideraum *m*

chan·nel ['tʃænl] **1.** *s* Kanal *m* 〈the English ≈ der Ärmelkanal〉 | Flußbett *n* | Fahrrinne *f* | Rinne *f*, Gosse *f* | *El* Frequenzband *n* | *Ferns* Kanal *m* | *Arch* Hohlkehle *f* | *Tech* Rille *f*, Furche *f* | *übertr* Weg *m*, Kanal *m* 〈~s of trade

Handelswege *m/pl*; secret ~s of information⟩ | (Kommunikations-) Mittel *n* | (Gedanken u. ä.) Richtung *f*; **2.** ('**chan·nelled, 'chan·nelled**) *vt* rinnenförmig aushöhlen, auskehlen | durch einen Kanal befördern | in einen Kanal leiten | sich bahnen ⟨to ~ one's way⟩ | (Straße) mit Rinnen versehen | *Arch* auskehlen | *Tech* nuten | *übertr* lenken, ausrichten; '**~ ,i·ron** *s Tech* U-Eisen *n*, Rinneisen *n*; '**~ize** *vt* in einen Kanal leiten | durch einen Kanal befördern

chan·son [ʃɑ̃'sɔ̃] *s* Chanson *n*, Lied *n*

chant [tʃɑ:nt] **1.** *s* Gesang *m*, Weise *f* | *Rel* Psalm *m* | monotoner Gesang **2.** *vt* (Kirchenlieder u. ä.) singen | (Losungen u. ä.) rufen, wiederholen | besingen, preisen ⟨to ~ s.o.'s praises jmdm. ein Loblied singen⟩ | (herunter)leiern | *übertr* jmdn. ständig loben; *vi* singen; '**~er** *s* Sänger *m* | *Rel* Vorsänger *m* | *Mus* (Dudelsack) Diskantpfeife *f*

chan·te·relle [,tʃæntə'rel] *s Bot* Pfifferling *m*

chan·tey ['ʃæntɪ] = **shanty**

chan·ti·cleer ['tʃæntɪklɪə|,tʃæntɪ'klɪə|'tʃɑ:n-] *s poet* Hahn *m*

chan·try ['tʃɑ:ntrɪ] *s* Stiftung *f* von Seelenmessen | (gestiftete) Kapelle (in e-r Kirche)

chan·ty ['ʃæntɪ] = **shanty**

cha·os ['keɪɒs] *s Myth* Chaos *n* | *übertr* Chaos *n*, Durcheinander *n*; **cha·ot·ic** [keɪ'ɒtɪk], **cha'ot·i·cal** *adj* chaotisch, wirr

[1]**chap** [tʃæp] *s Brit umg* Kerl *m*, Junge *m* ⟨he's a nice ~ er ist ein netter Kerl; old ~ alter Junge⟩

[2]**chap** [tʃæp] *s* (Tier) Kinnbacke *f*, (*oft pl*) Maul *n*

[3]**chap** [tʃæp] **1.** (**chapped, chapped**) *vt* spalten ⟨to ~ wood⟩ | (Haut) rissig machen ⟨hands ~ped by cold weather von der Kälte aufgesprungene Hände⟩; *vi* (Haut) aufspringen, rissig werden; **2.** *s* (*bes* Haut) Riß *m*, Sprung *m*, Spalt *n*

chap·book ['tʃæpbʊk] *s* Volksbuch *n*

chape [tʃeɪp] *s Brit* Schlaufe *f* | *Mil Hist* Ortband *n*

chap·el ['tʃæpl] *s* Kapelle *f* | Betkapelle *f* (in e-r Kirche) | Gotteshaus *n* der nicht der englischen Hochkirche angehörenden Christen ⟨the Methodist ~; are you church or ~? gehören Sie der Hochkirche oder e-r der Freikirchen an?⟩ | Gottesdienst *m* ⟨to go to ~⟩ | *Typ* Druckerei *f*; **~ry** ['tʃæpl̩rɪ] *s Rel* Kirchensprengel *m*

chap·er·on ['ʃæpərəʊn] **1.** *s* Anstandsdame *f*; **2.** *vt* als Anstandsdame begleiten (*auch übertr*); '**~age** *s* Begleitung *f*, Schutz *m*

chap·fall·en ['tʃæpfɔ:lən] *adj* entmutigt, niedergeschlagen

chap·i·ter ['tʃæpɪtə] *s Arch* Kapitell *n*

chap·lain ['tʃæplɪn] *s* Kaplan *m*, Geistlicher *m* (e-r Kapelle) | Hausprediger *m* | *Mil* Feld-, Militärgeistlicher *m*; '**~cy**, '**~ship** *s* Kaplansamt *n*

chap·let ['tʃæplət|-lɪt] *s* Kranz *m* (zum Schmücken des Kopfes) | *Rel* Rosenkranz *m*; '**~ed** *adj* bekränzt

chap|man ['tʃæpmən] *s* (*pl* '**~men**) Händler *m*, Hausierer *m*

chapped [tʃæpt], **chap·py** ['tʃæpɪ] *adj* (Haut, Hände) aufgesprungen, rissig

chap·ter ['tʃæptə] **1.** *s* (Buch) Kapitel *n* | *übertr* Kapitel *n*, wichtige Episode ⟨a ~ of accidents eine Reihe von Unglücksfällen; ~ and verse genaue Angabe *f*, Beleg *m* für e-e Behauptung; to the end of the ~ *übertr* bis ans Ende, für immer⟩; **2.** *vt* in Kapitel einteilen; **~al** ['-rl] *adj Rel* Kapitel-; '**~ house** *s Rel* Domkapitel *n*, Stiftshaus *n* | *Am* Klubhaus *n* (e-r Vereinigung)

[1]**char** [tʃɑ:] *s Zool* Saibling *m*, Rotforelle *f*

[2]**char** [tʃɑ:] **1.** (**charred, charred**) *vt* verkohlen, schwarz brennen ⟨~red wood⟩ | versengen, anbrennen; *vi* ankohlen | verkohlen, zu Kohle werden; **2.** *s* Knochen-, Tierkohle *f*

[3]**char** [tʃɑ:] **1.** *s Brit* = '**~woman**; **2.** *vt* (Haus) scheuern; *vi* Reinigungsarbeiten verrichten ⟨to go out ~ring *umg* sauber machen, als Reinigungskraft arbeiten, *selten* scheuern gehen⟩

[4]**char** [tʃɑ:] *s Sl* Tee *m* ⟨a cup of ~⟩

char·a·banc, 'char-à-banc ['ʃærəbæŋ] *s* Kremser *m* | *Brit* Autobus *m* für Ausflüge

char·ac·ter ['kærɪktə] **1.** *s* charakteristisches Kennzeichen, Merkmal *n* ⟨specific ~s *Biol* Artmerkmale *n/pl*⟩ | Kennzeichen *n* | Schriftzeichen *n*, Buchstabe *m* ⟨Greek ~s⟩ | Ziffer *f*, Zahl *f* | Handschrift *f* | Gepräge *n* ⟨to set the ~ of s.th. e-r Sache das Gepräge geben; to have a ~ of one's own ein eigenes Gepräge haben⟩ | Charakter *m* ⟨man of weak ~ schwacher Charakter⟩ | Charakterstärke *f* ⟨man of ~ Mann mit Charakter⟩ | Persönlichkeit *f* ⟨a historical ~⟩ | *umg* Original *n*, komischer Kauz ⟨he is quite a ~ er ist ein richtiges Original⟩ | *umg* Typ *m* ⟨some ~ turned up⟩ | Rang *m*, Stand *m* ⟨in his ~ as an official person⟩ | *Lit, Theat* Person *f*, Figur *f* ⟨the ~s in/of a novel⟩ | Ruf *m*, Leumund *m* ⟨the ~ of a miser der Ruf e-s Geizhalses; to have a good ~ einen guten Ruf haben; to take away s.o.'s ~ jmdm. den guten Ruf stehlen⟩ | *bes Brit* (schriftliches) Zeugnis, Beurteilung *f* ⟨to give s.o. a good ~ jmdm. ein gutes Zeugnis ausstellen⟩ ◇ **in ~** in Übereinstimmung mit dem Charakter; der Rolle gemäß; **out of ~** im Widerspruch zum Charakter, nicht charakteristisch; **2.** *adj* Charakter-; '**~ ,ac·tor** *s* Charakterdarsteller *m*; **~is·tic** [,~'rɪstɪk] **1.** *adj* charakteristisch, typisch, bezeichnend ⟨to be ≈ of s.th. für etw. bezeichnend sein⟩; **2.** *s* (*oft pl*) Merkmal *n*, Kennzeichen *n*, charakteristische Eigenschaft | *Math* Kennziffer *f*; **~is·ti·cal·ly** [,~'rɪstɪkl̩ɪ] *adv* charakteristisch; **~i·za·tion** [,~raɪ'zeɪʃn] *s* Charakterisierung *f*, Kennzeichnung *f*; **~ize** ['~raɪz] *vt* charakterisieren, kennzeichnen, beschreiben | charakteristisch sein für; '**~less** *adj* charakterlos | ohne besondere Merkmale | gewöhnlich

cha·rade [ʃə'rɑ:d] *s* Scharade *f*, Silbenrätsel *n*

char·coal ['tʃɑ:kəʊl] **1.** *s* Holzkohle *f* ⟨animal ~ tierische Kohle⟩ | Zeichenkohle *f*, Kohlestift *m* | Kohlezeichnung *f* | Anthrazit(farbe) *n*(*f*); **2.** *vt* mit Kohle schreiben *od* zeichnen; '**~ ,burn·er** *s* Köhler *m*, Kohlenbrenner *m* | Holzkohleofen *m*; '**~ ,draw·ing** *s* Kohlezeichnung *f*

chard [tʃɑ:d] *s auch* '**Swiss** '**~** *Bot* Artischocke(nstiel) *f*(*m*) | *Bot* Mangold *n*

chare [tʃɛə] = [3]**char**; = **chore**

charge [tʃɑ:dʒ] **1.** *vt* laden, beladen | (auf)laden ⟨to ~ a battery; to ~ a gun⟩ | (Luft, Wasser u. ä.) anfüllen, anreichern (**with** mit) | (Herz, Gedächtnis) belasten ⟨~d with memories⟩ | aufbürden, zur Last legen (**on s.o.** jmdm.) | vorwerfen ⟨to ~ s.o. with negligence jmdn. der Nachlässigkeit bezichtigen⟩ | (jmdn.) beschuldigen, (jmdn.) anklagen ⟨to ~ s.o. with murder jmdn. des Mordes anklagen⟩ | *bes Am Wirtsch* belasten, in Rechnung stellen ⟨to ~ a sum to s.o.'s account jmds. Konto mit e-r Summe belasten⟩ | (Preis) fordern, berechnen (**for** für) ⟨to ~ [s.o.] two dollars⟩ | *Mil, Sport* angreifen, attackieren | (jmdm.) befehlen | (jmdn.) beauftragen, betrauen ⟨to ~ s.o. with an important mission⟩ | ermahnen, instruieren, belehren ⟨to ~ s.o. to *mit inf*⟩ | unterziehen ⟨to ~ o.s. with a task sich e-r Aufgabe unterziehen, sich e-e Aufgabe vornehmen⟩; *vi* angreifen, stürmen | fordern | (Hund) sich kuschen; **2.** *s* Ladung *f*, Fracht *f* | Last *f*, Belastung *f* (*auch übertr*) (**on** für) ⟨useful ~ Nutzlast *f*; to become a ~ on the public auf Fürsorge angewiesen sein, der Öffentlichkeit zur Last fallen⟩ | (Batterie, Geschütz u. ä.) Ladung *f* | abgeteilte Menge, Quantum *n* | Aufsicht *f*, Verantwortung *f* ⟨to be in ~ of beaufsichtigen; to be in/under the ~ of unter der Aufsicht stehen von, unterstehen; to give s.o. in ~ jmdn. in polizeilichen Gewahrsam geben; to take ~ of verantwortlich sein für, die Verantwortung übernehmen für⟩ | Obhut *f*, Schutz *m* ⟨to leave s.th. in s.o.'s ~ etw. jmds. Obhut anvertrauen⟩ | anvertrautes Gut | Schützling *m*, Pflegling *m*, Mündel *n* | kirchliche Gemeinde ⟨a lost ~ ein verlorenes Schaf⟩ | Auftrag *m*, Befehl *m* | *Jur*, *Rel* Ermahnung *f*, Belehrung *f* ⟨the judge's ~s to the jury feierliche Ermahnungsrede des Richters an die Geschworenen⟩ | Beschuldigung *f*, Anklage *f* ⟨to arrest s.o. on a ~ of s.th. jmdn. unter der Anklage e-r Sache verhaften; to bring a ~ of s.th. against s.o. jmdn. e-r Sache anklagen; to lay s.th. to s.o.'s ~ jmdm. etw. zur Last legen⟩ | *bes Am* (Konto) Belastung *f* | *Wirtsch* Preis *m*, Forderung *f*, in Rechnung gestellter Betrag ⟨to make a ~ for s.th. etw. berechnen⟩ | Kosten *pl*, Spesen *pl* ⟨extra ~ Nebenkosten *pl*; free of ~, no ~ kostenlos; hotel ~s; what is the ~? wie hoch sind die Kosten?⟩ | *Mil* Sturm *m*, Attacke *f* | *Her* Wappenbild *n*; **ˌ~a'bil·i·ty** *s* Anrechenbarkeit *f*; **'~a·ble** *adj* anrechenbar, anzurechnen(d) **(to s.o.** jmdm.) | zur Last zu legen(d) **(on s.o.** jmdm.) | besteuerbar, zu versteuernd | *Jur* (gerichtlich) belangbar, anzuklagen(d) ⟨to be ≈ with s.th. sich e-r Sache schuldig machen, sich gerichtlich belangbar machen, gerichtlich zu belangen sein⟩ | *Jur* gerichtlich zu belangend ⟨a ≈ offence ein (gerichtlich) zu belangendes Vergehen⟩; **'~ acˌcount** *s Am Wirtsch* laufendes Konto, Kredit *m*; **charged** *adj in Zus* (gefühls- u. ä.) -geladen, -stark, -intensiv ⟨emotionally-≈ stark emotional⟩ | brisant, umstritten ⟨a highly-≈ question e-e Frage, die die Gemüter bewegt⟩ | *El* (auf)geladen ⟨≈ conductor stromführender Leiter; ≈ particle geladenes Teilchen⟩

char·gé d'af·faires [ˌʃɑ:ʒeɪ dəˈfɛə|dæˈf-] *s* (*pl* **char·gés d'af·faires**) *Pol* Geschäftsträger *m*

charge nurse [ˈtʃɑ:dʒ nɜ:s] *s* Stationsschwester *f*

charg·er [ˈtʃɑ:dʒə] *s* Chargenpferd *n* | *poet* Schlachtroß *n* | (Hochofen) Gichtmann *m* | (Akkumulatoren-) Ladevorrichtung *f*, -gerät *n*

charge sheet [ˈtʃɑ:dʒ ʃi:t] *s* Polizeiregister *n*

charg·ing [ˈtʃɑ:dʒɪŋ] *s* Beladung *f* | *El* (Auf-) Ladung *f* | *Wirtsch* Belastung *f*; **'~ floor** *s Tech* Gichtbühne *f*

char·i·ot [ˈtʃærɪət] **1.** *s Hist*, *poet* (Sieges-, Kriegs-, Triumph-) Wagen *m* | leichter Wagen; **2.** *vt* (etw., jmdn.) in einem (Triumph-) Wagen *od* einer Kutsche befördern; *vi* in einem Triumphwagen *od* einer Kutsche fahren; **~eer** [ˌ-ˈtɪə] *s poet* Rosse-, Wagenlenker *m*

cha·ris|ma [kəˈrɪzmə] *s* (*pl* **~mas, ~ma·ta** [~mətə]) Charisma *n*, Ausstrahlung *f* ⟨to spread one's ~ over e-e starke Ausstrahlungskraft ausüben auf⟩ | *Rel* Charisma *n*, göttliche (Gnaden-) Gabe; **~ma·tic** [~ˈmætɪk] *adj* charismatisch ⟨a ≈ leader⟩ | *selten* von Gott auserwählt

char·i|ta·ble [ˈtʃærɪtəbl|-rt-] *adj* mild, barmherzig, wohltätig **(to** gegenüber, zu) ⟨≈ institution Wohltätigkeitsverein *m*⟩ | nachsichtig; **~ty** [ˈtʃærətɪ] *s* Mildtätigkeit *f*, Barmherzigkeit *f* ⟨≈ school *Hist* Armenschule *f*; the ≈ of the neighbours⟩ | (christliche) Nächstenliebe ⟨Sister (Brother) of ≈ Barmherzige(r) Schwester (Bruder); in/out of ≈ aus Nächstenliebe⟩ | milde Gabe, Almosen *n* ⟨to live on ≈ von Almosen leben⟩ | gutes Werk, Wohltat *f* | Nachsicht *f*, Güte *f* ⟨to judge s.o. with ≈ jmdn. nachsichtig beurteilen; to practise ≈ toward[s] Nachsicht üben gegenüber⟩ | Wohlfahrtseinrichtung *f* ◇ **~ begins at home** *Sprichw* die Nächstenliebe beginnt zu Hause; **(as) cold as ~** hart wie Stein

cha·ri·va·ri [ˌʃɑ:rɪˈvɑ:rɪ] **1.** *s* Katzenmusik *f* | Lärm *m*; **2.** *vt* (jmdm.) mit Katzenmusik ein Ständchen bringen

char·la·dy [ˈtʃɑ:leɪdɪ] *s Brit euphem* Raumpflegerin *f*

char·la·tan [ˈʃɑ:lətən] *s* Scharlatan *m*, Kurpfuscher *m*; **~ic** [ˌʃɑ:ləˈtænɪk], **ˌchar·laˈtan·i·cal** *adj* pfuscher-, stümperhaft; **'~ism** *s* Scharlatanerie *f*

Charles·ton [ˈtʃɑ:lstən] *s* Charleston *m* (Tanz)

char·lock [ˈtʃɑ:lək] *s Bot* Hederich *m*, Ackersenf *m*

charm [tʃɑ:m] **1.** *s* Reiz *m*, Charme *m*, Zauber *m* ⟨~ of manner charmante Art; feminine ~s weibliche Reize m/pl⟩ | Zauber *m* ⟨under a ~ (wie) verzaubert; like a ~ *übertr* zauberhaft; ausgezeichnet⟩ | Talisman *m* | Amulett *n* | Zauberformel *f* **2.** *vt* bezaubern, anziehen, entzücken ⟨sounds that ~ the ear; to be ~ed to *mit inf* sehr erfreut sein zu *mit inf*⟩ | verzaubern, behexen | bändigen ⟨to ~ a snake⟩ | durch Zauber beschützen ⟨to bear a ~ed life im Leben gegen alles gefeit sein⟩; **~ away** wegzaubern; *vi* zaubern | bezaubernd sein, Bezauberung erwecken; **'~ ˌbrace·let** *s* Amulett *n*; **'~er** *s* Zauberer *m* | Zauberin *f* | Charmeur *m*

char·meuse [ˈʃɑ:mɜ:z] *s* (Stoffart) Charmeuse *f*

charm·ing [ˈtʃɑ:mɪŋ] *adj* charmant, entzückend, bezaubernd, reizend; **'~ness** *s* Liebenswürdigkeit *f*

char·nel house [ˈtʃɑ:nl haʊs] *s* Leichenhaus *n*

char·ry [ˈtʃɑ:rɪ] *adj* kohlig

charred [tʃɑ:d] *adj* verkohlt; **ˌ~ 'leath·er** *s* Lederkohle *f*; **ˌ~ 'sponge** *s* Lederkohle *f*

chart [tʃɑ:t] **1.** *s* Schaubild *n*, Diagramm *n*, Tafel *f* | Karte *f* ⟨weather ~⟩ | *Mar* Seekarte *f* | Tabelle *f*; **2.** *vt* auf einer Karte einzeichnen | durch ein Diagramm darstellen | entwerfen, planen

char·ta [ˈkɑ:tə] *s Hist* Urkunde *f*, Charta *f* ⟨Magna ~ *Hist* Magna Charta⟩

char·ter [ˈtʃɑ:tə] **1.** *s* Charta *f*, Charte *f*, Urkunde *f* ⟨Atlantic-~⟩ | Gnadenbrief *m*, Privileg *n*, Freibrief *m* | Chartern *n* | *auch* **'~ ˌpar·ty** *Mar* Chartepartie *f*, Schiffsverfrachtungsvertrag *m*; **2.** *adj Flugw* Charter- ⟨~ flight⟩; **3.** *vt* privilegieren | *bes Mar Flugw* chartern, mieten ⟨to ~ a bus; ~ed aircraft Chartermaschine *f*⟩; **'~a·ble** *adj* charterbar; **'~age** *s* Charter *f*; **'char·tered** *adj* privilegiert, berechtigt; **ˌchar·tered acˈcount·ant** *s Brit* Rechnungsprüfer *m*

char·treuse [ʃɑ:ˈtrɜ:z] *s* Kartäuserlikör *m* | ~ Kartäuserkloster *n*

chart·room [ˈtʃɑ:trʊm] *s Mar* Navigationsraum *m*

charts [tʃɑ:ts] *s/pl*, *meist* **the ~** (Bestseller-, Schlager- u. ä.) (Hit-) Liste *f*, Verzeichnis *n* (der beliebteste Titel) ⟨to hit the ~ unter die ersten 10 (o. ä.) kommen; to be on the ~ every week jede Woche auf der Hitliste stehen⟩

char·wom·an [ˈtʃɑ:wʊmən] *s* Raumpflegerin *f*, Putzfrau *f*, Aufwartung *f*

char·y [ˈtʃɛərɪ] *adj* vorsichtig, behutsam **(in, of** bei) | wählerisch **(of** mit) | sparsam **(of** mit) ⟨~ of speech; to be ~ of doing s.th. etw. selten tun⟩

[1]**chase** [tʃeɪs] **1.** *vt* (nach)jagen, hetzen, verfolgen (*auch übertr*) ⟨to ~ rabbits⟩ | *übertr* verjagen, verscheuchen ⟨to ~ fears⟩; **~ after** *umg* (jmdm., e-r Sache) nachjagen, hinterherjagen; *vi umg* **~ about** herumhetzen, -jagen; **~ off** (weg)rennen; **2.** *s* Jagd **(after** nach) ⟨to give ~ to s.o. (s.th.) jmdn. (etw.) verfolgen; in ~ of auf der Jagd nach; wild goose ~ erfolglose Jagd, vergebliches Suchen⟩ | gejagtes Wild | (Person) Gejagter *m* | (*mit best art*) Jagd *f*

[2]**chase** [tʃeɪs] **1.** *s* Rinne *f*, Furche *f* | *Typ* Formrahmen *m*; **2.** *vt Tech* treiben, ziselieren ⟨~d silver⟩

chase·gun [ˈtʃeɪsgʌn] *s Mar* Buggeschütz *n*; [1]**chas·er** *s* Jäger *m* | Verfolger *m* | Jagdflugzeug *n* | *Sl* Schluck *m* zum Nachspülen

[2]**chas·er** [ˈtʃeɪsə] *s* Ziseleur *m*

chasm [ˈkæzm] *s* Spalt *m*, Abgrund *m*, Kluft *f* (*auch übertr*) **(between** zwischen) | Lücke *f*, Unterbrechung *f*; **'~y** *adj* zerklüftet

chas·sis [ˈʃæsɪ] (*pl* **~**) *s Kfz* Chassis *n*, Fahrgestell *n* | (Radio) Chassis *n*, Grundplatte *f*

chaste [tʃeɪst] *adj* keusch, züchtig, tugendhaft, rein | anständig ⟨~ words⟩ | rein, einfach, schmucklos ⟨~ style⟩; **chas·ten** ['tʃeɪsn] *vt* züchtigen, strafen | (Stil u.ä.) reinigen, verfeinern | *übertr* mäßigen, dämpfen

chas·tise [tʃæ'staɪz] *vt* züchtigen, hart strafen; **chas'tise·ment** *s* Züchtigung *f*, Strafe *f*

chas·ti·ty ['tʃæstətɪ] *s* Keuschheit *f*, Reinheit *f* | (Stil) Einfachheit *f*

chas·u·ble ['tʃæzjʊbl] *s Rel* Meßgewand *n*

chat [tʃæt] **1.** ('**~ted**, '**~ted**) *vi, vt* schwatzen, plaudern, plauschen; **~ away** plaudern; **2.** *s* Geplauder *n* ⟨to have a ~ with sich unterhalten mit⟩ | zwangloser Vortrag | *Sl* Frechheit *f*, Unverschämtheit *f* ⟨hold your ~!, none of your ~ halt's Maul!, keine Unverschämtheiten!⟩

châ|teau ['ʃætəʊ] *s(pl* **~teaux** ['~təʊz]) Chateau *n*, Schloß *n*

chat·e|lain ['ʃætəleɪn] *s* Kastellan *m*; **~laine** *s* Kastellanin *f* | (Schloß-) Herrin *f* | *selten* Chatelaine *f*, Gürtelkette *f*

cha·toy·ant [ʃə'tɔɪənt] **1.** *adj* schillernd; **2.** *s Min* Katzenauge *n*

chat show ['tʃæt ʃəʊ] *s Brit* Talkshow *f*

chat·tel [tʃætl] *s* Sklave *m*, Leibeigener *m* | *Jur* bewegliches Eigentum ⟨s.o.'s goods and ~s jmds. Hab und Gut *n*⟩

chat·ter ['tʃætə] **1.** *vi* plaudern, schwatzen | (Vogel u. ä.) zwitschern, schnattern | (Schreibmaschine, Zähne) klappern; *vt* (etw.) daherplappern, zusammenschwatzen; **2.** *s* Geschwätz *n*, Geplapper *n* | Gezwitscher *n* | Geschnatter *n* | Klappern *n*; '**~box** *s* Tratschmaul *n*; '**~er** *s Zool* Seidenschwanz *m* | Schwätzer *m*

chat·ty ['tʃætɪ] *adj* geschwätzig | plaudernd, unterhaltsam

chauf|feur ['ʃəʊfə|ʃəʊ'fɜ:] **1.** *s* Chauffeur *m*, Fahrer *m*; **2.** *vt* chauffieren, fahren; **~feuse** ['~fɜ:z|~'fɜ:z] *s* Fahrerin *f*

chau·vin|ism ['ʃəʊvɪnɪzm] *s* Chauvinismus *m* | *verächtl* Geschlechtsstolz *m* ⟨male ≈; female ≈⟩; '**~ist** *s* Chauvinist *m* | *übertr verächtl* Gegner(in) *m(f)* der Gleichberechtigung von Frau und Mann; ,**~'is·tic** *adj* chauvinistisch | *übertr* gegen die Gleichberechtigung eingestellt ⟨≈ husband⟩

chaw [tʃɔ:] *vulg* **1.** *vt* kauen; **~ up** *Am* (jmdn.) fertigmachen; *vi* kauen; **2.** *s* Kauen *n*; '**~ba·con** *s* Bauerntölpel *m*

cheap [tʃi:p] **1.** *adj* billig, preiswert ⟨as ~ as dirt *Sl* spottbillig⟩ | verbilligt ⟨~ trips; ~ tickets⟩ | wertlos | minderwertig ⟨~ and nasty billig und schlecht⟩ | *Wirtsch* niedrig im Kurs | *übertr* niedrig, schäbig ⟨~ behaviour; to hold s.th. ~ etw. verachten; to make o.s. ~ sich wegwerfen⟩ | *übertr* unaufrichtig, unecht, billig ⟨~ flattery⟩; **2.** *adv* billig ⟨to sell s.th. ~ etw. billig verkaufen⟩ ◇ **feel ~** *umg* sich unwohl fühlen; sich schämen; **get off ~** mit einem blauen Auge davonkommen; '**~en** *vt* verbilligen | *übertr* herabsetzen ⟨to ~ o.s. sich wegwerfen⟩; *vi* sich verbilligen, billiger werden; '**~-jack**, *auch* '**~-john 1.** *adj* minderwertig, primitiv ⟨≈ film⟩ | skrupellos, geldgierig ⟨≈ speculators⟩; **2.** *s* Händler *m*, Hausierer *m*, Ramschverkäufer *m* | Produzent *m* billiger Waren; '**~skate** *s bes Am verächtl* Knauser *m*, Knicker *m*, Geizhals *m* ⟨you ~!⟩; '**~ shot** *s Am Kan* unfairer Angriff, billiger Trick; '**~-shot 'art·ist** *s Am Kan* einer, der billige Tricks anwendet, unfairer Opponent

cheat [tʃi:t] **1.** *vt* betrügen, beschwindeln ⟨to ~ s.o. out of money jmdn. um Geld betrügen⟩ | entgehen, sich entziehen ⟨to ~ justice sich der Strafe entziehen⟩; *vi* betrügen, schwindeln | falsch spielen ⟨to ~ at cards⟩; **2.** *s* Betrug *m*, Schwindel *m* | Betrüger *m*, Schwindler *m*; '**~a·ble** *adj* leicht zu betrügen(d)

check [tʃek] **1.** *vt* hemmen, auf-, zurückhalten | (jmdm.) Schach bieten | *Tech* drosseln, bremsen | *übertr* zähmen, zügeln ⟨to ~ one's anger; to ~ o.s. innehalten, sich anders besinnen⟩ | kontrollieren, über-, nachprüfen ⟨to ~ a bill/figures⟩ | aufbewahren lassen, (an der Garderobe) abgeben ⟨to ~ one's coat⟩ | *Am* (Gepäck) (auf die Fahrkarte) aufgeben ⟨to ~ luggage⟩ | mit einem Karo versehen; **~ in** *bes Am* (Bücher u. ä.) (wieder) abgeben, zurückgeben ⟨to ~ in books at the library⟩; **~ off** abzählen, abhaken; **~ over** prüfen, kontrollieren; **~ through** *Flugw* (Gepäck) bis zur Endstation einer Reise abfertigen lassen; **~ up** kontrollieren, nachrechnen | vergleichen (**with** mit); **~ up on** Nachforschungen anstellen über; *vi arch* haltmachen, stocken | übereinstimmen | *Am* Nachforschungen anstellen | *Am* einen Scheck ausstellen | Schach bieten; **~ in** *urspr Am* (in e-m Hotel) ankommen, sich anmelden | *Flugw* einchecken, zum Abfertigungsschalter gehen, sich abfertigen lassen, abgefertigt werden | *Am umg* ins Gras beißen, sterben **~ out** *urspr Am* das Hotel verlassen, abreisen; **~ up** kontrollieren, nachprüfen; **2.** *s* Hindernis *n*, Hemmnis *n* ⟨to meet with a ~ auf ein Hindernis stoßen⟩ | Einhalt *m*, Unterbrechung *f* ⟨to hold s.o. in ~ jmdm. Einhalt gebieten⟩ | Kontrolle *f*, Über-, Nachprüfung *f* ⟨to keep a ~ on / upon s.th. etw. kontrollieren⟩ | Kontrollmarke *f* | *Am Schott* Kassenschein *m*, -bon *m* | Garderoben-, Aufbewahrungsmarke *f* | (Restaurant) Rechnung *f* ⟨to ask for the ~⟩ | Schach(stellung) *n(f)* | Schachbrett-, Karomuster *n* | karierter Stoff ⟨to wear a blue and white ~ ein blauweißes Karo tragen⟩ | *Am* für ↑ **cheque**; **3.** *adj* Kontroll- | kariert ⟨a ~ dress⟩; **4.** *interj* Schach! | *umg* einverstanden; '**~a·ble** *adj* kontrollierbar; **checked** *adj* kariert ⟨≈ material karierter Stoff⟩; '**~book** *s Am* Scheckbuch (*Brit* **cheque book**); '**~book 'jour·nal·ism** *s* geldgieriger Journalismus, Sensationsjournalismus *m*; '**~er** *s* Kontrolleur *m* | Damestein *m* | Karomuster *n*; Karo *n* | *Am für* ↑ **chequer**; '**~er·board** *s* Damebrett *n*; '**~ered** *Am für* ↑ **chequered**; '**~ers** *s/pl (sg konstr) Am* Damespiel *n*; '**~-in** *s urspr Am* (Hotel) Anreise *f*, Ankunft *f*; '**~ing ac,count** *s Am* Scheckkonto *n*; '**~ key** *s* Kontrolltaste *f*; '**~list** *s* Katalog *m*, Aufstellung *f*, Verzeichnis *n*; '**~mate 1.** *s* (Schach-) Matt *n übertr* Niederlage *f*; **2.** *vt* schachmatt setzen; **~ nut** *s Tech* Gegen-, Kontermutter *f*; '**~off** *s* (Gewerkschaftsbeitrag) Abzug *m* (vom Lohn) | *Am* Steuerspende *f* (für Parteien, Kampagnen u. ä.); '**~out** *s urspr Am* (Hotel) Abreise *f* | Zeit *f* für Räumung e-s (Hotel-) Zimmers ⟨≈ is at 10 a.m.⟩ | (erfolgreiche) Überprüfung der Betriebssicherheit e-s Raumfahrzeuges | Kasse *f* (in e-m Selbstbedienungsladen); '**~point** *s* Kontrollpunkt *f*, -stelle *f*; '**~rail** *s Eisenb* Gegen-, Zwangsschiene *f*; '**~rein** *s* (Pferd) Ausbindezügel *m*; '**~room** *bes Am* Garderobe *f* | *Eisenb* Gepäckaufbewahrung *f*; '**~up** *s Med* Nachuntersuchung *f*

Ched·dar ['tʃedə], *auch* '**~ cheese** *s* Cheddar(käse) *m(m)*

cheek [tʃi:k] **1.** *s* Wange *f*, Backe *f* ⟨in the ~ auf der Backe; ~ by jowl dicht aneinander; to say s.th. with one's tongue in one's ~ etw. ironisch *od* unaufrichtig sagen⟩ | *übertr* intim; | *übertr umg* Unverschämtheit *f* ⟨to have the ~ to *mit inf* die Stirn besitzen zu *mit inf*⟩ | *Tech* Backe *f*; **2.** *vt umg* frech sein gegen; '**~bone** *s* Backenknochen *m*; **~ed** *adj* (in *Zus*) -wangig ⟨rosy ≈ rotwangig⟩; '**~tooth** *s* (*pl* '**~teeth**) Backenzahn *m*; '**~y** *adj* unverschämt, frech ⟨a ≈ fellow frecher Kerl *m*⟩ | keck, keß

cheep [tʃi:p] **1.** *vi, vt* piepsen(d sprechen); **2.** *s* Piepsen *n*; '**~er** *s* junger Vogel

cheer [tʃɪə] **1.** *s* gute Stimmung, Fröhlichkeit *f* | Mahl *n*, Speise *f* ⟨good ~ gute Bewirtung; to make good ~ gut essen, schmausen⟩ | Ermutigung *f*, Trost *m* ⟨words of ~ aufmunternde Worte *n/pl*⟩ | Hoch-, Beifallsruf *m*, Ovation *f* ⟨to give three ~s for s.o. auf jmdn. ein dreifaches Hoch ausbringen⟩ ◇ **what ~?** wie geht's?; **2.** *vt, umg auch* **~ up** aufheitern, trösten | ermutigen, trösten | (jmdm.) Beifall spenden, zujubeln | jubeln über ⟨to ~ the news⟩; *vi* Hurra rufen, Beifall spenden; ~ **up** *umg* Mut fassen ⟨~ up! nur Mut!⟩; '**~ful** *adj* gutgelaunt, fröhlich, zufrieden | freundlich ⟨a ≈ face⟩; '**~ing** 1. *s* Beifall *m*, Beifallsrufe *m/pl*; 2. *adj* freudig, ermutigend ⟨≈ news⟩; **~i·o** [ˌ-rɪ'əʊ] *bes Brit umg interj* Auf Wiedersehen! | zum Wohl!, prost!; '**~less** *adj* traurig, ohne Freude | trostlos, düster; '**~y** *adj* (äußerlich) fröhlich, heiter, guten Mutes ⟨≈ smile⟩ | freundlich ⟨≈ greeting⟩

[1]**cheese** [tʃi:z] *s* Käse *m* ⟨green ~ Frischkäse *m*; bread and ~ einfache Kost; *übertr* die nackten Lebensbedürfnisse *n/pl*; hard ~! *übertr* Pech!; lean ~ Magerkäse *m*; rich ~ Fettkäse *m*⟩ | *Brit umg* Knicks *m*

[2]**cheese** [tʃi:z] *s Sl in*: **that's the ~, quite the ~** das ist die Masche, gerade das Richtige

[3]**cheese** [tʃi:z] 1. *vt Sl* aufhören ⟨~ it! hör auf!; to be ~d off *Sl* es satt *od* die Nase voll haben⟩; 2. *s in*: **get the ~** *Sl* enttäuscht werden

cheese|cake ['tʃi:zkeɪk] *s* Käse-, Quarkkuchen *m* | *auch* '**~cake ˌpic·ture** *Sl selten* Pin-up-girl *n*, (Foto, Reklame, Plakat u. ä.) leicht bekleidete Schönheit; '**~cake ˌac·tress** *s umg* Schauspielerin mit mehr Busen als Talent; '**~cloth** *s* Seihtuch *n* | Mull *m*; ˌ**~ 'fin·ger** *s* Käsestange *f*; '**~fly** *s Zool* Käsefliege *f*; '**~ ˌmag·got** *s Zool* Käsemade *f*; '**~ˌmon·ger** *s* Käsehändler *m*; '**~ˌpar·ing** 1. *s* Käserinde *f* | wertloses Stück | wertloser Brocken | *übertr* übertriebene Sparsamkeit, Knauserigkeit *f*; 2. *adj* knauserig, knickerig, geizig; '**~ straw** *s* Käsegebäck *n*; '**~y** *adj* käsig | *Am Sl* schlecht, minderwertig ⟨a ≈ comedy⟩

chee·tah ['tʃi:tə] *s Zool* Gepard *m*, Jagdleopard *m*

chef [ʃef] *s* Küchenchef *m*

chef d'œu·vre [ˌʃeɪ 'dɜ:vrə] *s* (*pl* **chefs d'œuvre** [~]) Meisterstück *n*, -werk *n*

cheiro- [kɪrə(ʊ)] ⟨*griech*⟩ *in Zus* Hand-

che|la ['ki:lə] *s* (*pl* **~lae** ['~li:] *Zool* (Krebs) Schere *f*; '**~late** [-leɪt] *adj Zool* mit Scheren (versehen)

che·lo·ni·an [kɪ'ləʊnɪən] *Zool* 1. *adj* schildkrötenartig; 2. *s* Schildkröte *f*

chem|ic ['kemɪk] 1. *adj arch* alchimistisch | chemisch; 2. *s arch* Alchimist *m*; '**~i·cal** 1. *adj* chemisch; 2. *s* (*oft pl*) Chemikalie *f*; '**~i·cal 'war·fare** *s* chemische Kriegführung *f*, Giftkrieg *m*; '**~i·cal 'wea·pons** *s/pl* chemische Waffen

che·mise [ʃə'mi:z] *selten* Damenhemd *n* | (Damen) Hemd-Höschen *n* | (Kleid) Hänger *m*; **chem·i·sette** [ˌʃemɪ'zet] *s* Chemisett *n*, Vorhemd *n*, Hemdeinsatz *m*

chem|ist ['kemɪst] *s* Chemiker *m* | *Brit* Drogist *m*; '**~is·try** ['~ɪstrɪ] *s* Chemie *f* | chemische Prozesse *m/pl* | *übertr* besonderes Wesen ⟨the ≈ of modern diplomacy⟩ | *übertr* Unruhe *f*, Unrast *f*; ˌ**~ist's 'shop** *s Brit* Drogerie *f*

chemo- [kemə(ʊ)] ⟨*griech*⟩ *in Zus* chemisch

chem·o·syn·the·sis [ˌkeməʊ'sɪnθəsɪs] *s Bot* Chemosynthese *f*

chem·o·ther·a|peu·tics [ˌkeməʊˌθerə'pju:tɪks] *s/pl* (*sg konstr*), **~py** [ˌkeməʊ'θerəpɪ] *s* Chemotherapie *f*

che·nille [ʃə'nɪl] *s* Chenille *f*, Schnur *f*

cheque [tʃek], *Am* **check** *s* Scheck *m*, Zahlungsanweisung *f* ⟨a ~ for £50 ein Scheck über £50; to pay by ~ mit Scheck zahlen⟩; '**~book** *s* Scheckbuch *n*; '**cheq·uer**, *Am* '**check·er** 1. *s* Karomuster *n* | buntes Muster; 2. *vt* karieren | mustern, bunt machen | *übertr* beleben, bewegt machen; '**cheq·uered**, *Am* '**check·ered** *adj* kariert | bunt | *übertr* wechselvoll, bewegt ⟨a ≈ career⟩

cher·ish ['tʃerɪʃ] *vt* (jmdn.) schätzen *od* hochhalten ⟨to ~ one's parents⟩ | pflegen, sorgen für | zärtlich lieben ⟨to ~ one's child⟩ | (Gefühl u. ä.) hegen *od* unterhalten ⟨to ~ hopes⟩

che·root [ʃə'ru:t] *s* (Zigarre) Stumpen *m*

cher·ry ['tʃerɪ] 1. *s Bot* Kirsche *f* | Kirschbaumholz *n* ⟨made of ~⟩ | Kirschrot *n* | *Sl* Jungfernschaft *f* ⟨to lose one's ~⟩ ◇ **a second/another bite at the ~** ein zweiter Versuch, zweite Chance; **take two bites at a ~** mit Kanonen auf Spatzen schießen 2. *adj* kirschrot, hellrot ⟨~ lips rote Lippen *f/pl*⟩; '**~ bird** *s Zool* Seidenschwanz *m*; '**~ˌblos·som** *s* Kirschblüte *f*; '**~ 'bran·dy** *s* Cherry Brandy *m*, Kirschlikör *m*; '**~ 'pie** *s Bot* Heliotrop *m* | Kirschtorte *f*; '**~-'red** *adj* kirschrot; '**~ stone** *s* Kirschkern *m*

cher|ub ['tʃerəb] *s* (*pl* **~u·bim** ['~əbɪm]) *Rel* Cherub *m* | *übertr* (*pl* **~ubs**) (Kind) Engel *m* | *Arch* geflügelter Engel(skopf) *m*; **~u·bic** [tʃə'ru:bɪk] *adj* cherubinisch, engelhaft, unschuldig | rosig

cher·vil ['tʃɜ:vɪl] *s Bot* Kerbel *m*

Chesh·ire cat [ˌtʃeʃə 'kæt] *s in*: **grin like a ~** fortwährend (dumm) grinsen, breitmäulig grinsen

chess [tʃes] *s* Schach(spiel) *n* ⟨a game of ~ e-e Partie Schach⟩; '**~board** *s* Schachbrett *n*; **~man** ['~mæn] *s* (*pl* **~men** ['~ˌmen]) Schachfigur *f*; '**~ˌplay·er** *s* Schachspieler *m*

chest [tʃest] 1. *s* Kasten *m*, Kiste *f*, Truhe *f* | Lade *f* ⟨~ of drawers Kommode *f*⟩ | (Transport-) Kiste *f* | (Maß) Kiste *f* ⟨a ~ of tea⟩ | Kasse *f* | Brust(kasten) *f*(*m*) ⟨to get s.th. off one's ~ *Sl* sich e-e Last von der Seele schaffen⟩; 2. *vt* in e-e Kiste verpacken; '**~ed** *adj* -brüstig ⟨narrow-≈⟩

ches·ter·field ['tʃestəfi:ld] *s* langer (einreihiger) Überzieher | Sofa *n*

chest·nut ['tʃesnʌt] 1. *s Bot* Kastanie *f* ⟨to pull the ~s out of the fire *übertr* die Kastanien aus dem Feuer holen⟩ | Kastanienholz *n* | Kastanienbraun *n* | *umg* Witz *m* mit Bart, uralter, abgedroschener Witz ⟨to tell a ~⟩ | (Pferd) dunkler Fuchs, Brauner *m*; 2. *adj* kastanienbraun

chest·y ['tʃestɪ] *adj Am Sl* arrogant, aufgeblasen

che·valglass [ʃə'væl glɑ:s] *s* Drehspiegel *m*

chev·a·lier [ˌʃevə'lɪə|ʃə'vælɪeɪ] *s* Ritter *m* | Kavalier *m*

chev·ron ['ʃevrən] *s Mil* (*auch* Polizei) (Uniform) Winkel *m* (Rangabzeichen)

chev·y ['tʃevɪ] 1. *s* (Hetz-) Jagd *f* | Barlaufspiel *n*; 2. *vt* hetzen, verfolgen | *übertr* belästigen | schikanieren ⟨to ~ s.o. about⟩; *vi Brit dial* rennen

chew [tʃu:] 1. *vt* (zer)kauen ⟨to ~ food; to bite off more than one can ~ *übertr* sich zuviel vornehmen *od* zumuten; to feel like a ~ed rag *Sl* todmüde *od* erschossen sein⟩ | *umg übertr* nachsinnen, -denken ⟨to ~ s.th. over etw. überdenken; to ~ the cud of reflection über etwas nachsinnen⟩ ◇ **~ the fat/rag** *Sl* alten Streit *od* Kram wieder ausgraben, auf einer alten Beschwerde herumreiten, schimpfen; *vi* kauen | *übertr* grübeln, sinnieren (**[up]on** über); 2. *s* Kauen *n* | Gekautes *n* | Priemen *n* ⟨a ~ of tobacco ein Stück *n* Priem⟩; '**~ing** 1. *adj* Kau-; 2. *s* Kauen *n* | Priemen *n*; '**~ing gum** *s* Kaugummi *m*

chi·a·ro·scu·ro [kɪˌɑ:rə'skjʊərəʊ|-'skʊər-] *s Mal* Chiaroscuro *n*, Helldunkel *n*

chi·as|mus [kaɪ'æzməs] *s* (*pl* **~mi** [~maɪ]) (Stil) Chiasmus *m*

chic [ʃi:k] *umg* 1. *s* Schick *m*, Eleganz *f*; 2. *adj* schick, elegant, modisch

Chi·ca|na [tʃɪ'kɑ:nə] *s* Chicana *f*, Mexikoamerikanerin *f*, Amerikanerin *f* mexikanischer Herkunft; **~no** [~nəʊ] *s* Chicano *m*, Amerikaner *m* mexikanischer Herkunft

chi·cane [ʃɪ'keɪn] 1. *s* Schikane *f*; 2. *vt* schikanieren | durch Tricks verleiten (**into** zu) | übervorteilen; **chi'can·er·y** [ʃɪ'keɪnərɪ] *s* Schikane *f*, Kniffe *m/pl* | Rechtsverdrehung *f*

chi·chi ['ʃi:ʃi:] 1. *adj umg* herausgeputzt | exklusiv | hochmodisch; 2. *s* etwas übertrieben Modisches

chick [tʃɪk] *s* Küken *n* | junger Vogel | *Sl* Käfer *m*, Mieze *f*; **~en** ['~ɪn] *s* Küken *n*, Hühnchen *n* ⟨to count one's ≈s before they are hatched *übertr* ungelegte Eier zählen, den

Tag vor dem Abend loben⟩ | Hühnerfleisch *n* | *umg* junges Mädchen | *Am Sl* Strichjunge *m*; **'~en-ˌbreast·ed** *adj* hühnerbrüstig; **'~en ˌfarm·er** *s* Hühnerzüchter *m*; **'~en feed** *s Am* Hühnerfutter *n* | *übertr Sl* Kleingeld *n*, geringe Summe ⟨to earn mere ≈ ein elendes Gehalt haben⟩; **ˌ~en-'heart·ed** *adj* feige; **~let, ~lette** ['tʃɪklɪt] *s Am Sl* (Mädchen) junges Gänschen; **'~pea** *s Bot* Kichererbse *f*; **'~en pox** *s Med* Windpocken *pl*; **'~weed** *s Bot* Vogelmiere *f*

chic·o·ry ['tʃɪkərɪ] *s Bot* Zichorie *f*

chid [tʃɪd] *prät* u. *part perf von* ↑ **chide**; **'~den** *part perf von* ↑ **chide**

chide [tʃaɪd] (**chid** [tʃɪd] *od* **chid·ed** ['~ɪd], **chid, chid·ed** *od* **chid·den** ['tʃɪdn]) *poet vt* auszanken, tadeln, schelten (**for** wegen) | zanken, tadeln, schelten

chief [tʃi:f] **1.** *s* Haupt *n*, Führer *m* | Chef *m*, Leiter *m* ⟨-in-~ oberster ..., commander-in-~ oberster Befehlshaber⟩ | Häuptling *m* ⟨Red Indian ~⟩ ◇ **in ~** vor allem, hauptsächlich; **2.** *adj* oberste(-r, -s), erste (-r, -s), (rang)höchste (-r, -s) ⟨the ~ priest⟩ | Haupt-, Ober- ⟨~ topic of conversation Hauptgesprächsthema *n*⟩; **ˌ~ 'con·sta·ble** *s Brit* Polizeipräsident *m*; **ˌ~ 'inˌspec·tor** *s Brit* (Polizei) Kommissar *m*; **'~ 'jus·tice** *s Jur* Oberrichter *m*; **'~less** *adj* führerlos; **'~ly** *adv* in erster Linie, hauptsächlich, vor allem | meistens; **'~ of 'staff** *s Mil* Stabschef *m*; **'~ su·per·in'ten·dent** *s Brit* leitender Polizeibeamter; **~tain** ['~tən] *s* Häuptling *m*, Anführer *m*; **'~tain·cy, '~tain·ship** *s* Häuptlingswürde *f*, -amt *n*

chif·fon ['ʃɪfɒn] *s* Chiffon *m*

chif·fo·nier [ˌʃɪfə'nɪə] *s Am* (Schmuck-) Schrank *m* (mit Spiegel) | Schranktisch *m*

chig·ger ['tʃɪgə] = **jigger**

chi·gnon ['ʃi:njɒn] *s* (Haar-) Kauz *m*, (Nacken-) Knoten *m*, Chignon *m*

chil·blain ['tʃɪlbleɪn] *s* Frostbeule *f*; **'~ed** *adj* voller Frostbeulen

child [tʃaɪld] **1.** *s* (*pl* **chil·dren** ['tʃɪldrən|'tʃʊl-|'tʃl-|-rn]) Kind *n* ⟨to be with ~ schwanger sein; to get with ~ schwängern⟩ | Kind *n*, Nachkomme *m* ⟨the children of Israel⟩ | *übertr* kindische Person, Kindskopf *m* ◇ **from a ~** von Kindheit an; **2.** *adj* Kindes-, Kinder- ⟨~ psychology⟩ | sehr jung ⟨a ~ wife⟩ | unmündig ⟨the ~ Queen⟩; **'~ a·buse** *s* Kindesmißhandlung *f*; **'~bear·ing** *s* Niederkunft *f*, Gebären *n*; **'~bed** *s* Kind-, Wochenbett *n* ⟨to be in ≈ in den Wochen sein⟩; **'~bed fe·ver** *s Med* Kindbettfieber *n*; **'~birth** *s* Niederkunft *f*, Entbindung *f*; **'~hood** *s* Kindheit *f* ⟨second ≈ Senilität *f*⟩; **'~ish** *adj* kindlich ⟨≈ games⟩ | kindisch ⟨≈ answer⟩; **ˌ~ 'la·bour** *s* Kinderarbeit *f*; **'~less** *adj* kinderlos; **'~like** *adj* kindlich, unschuldig; **ˌ~ 'prod·i·gy** *s* Wunderkind *n*; **'~proof** *adj* vor Kindern sicher ⟨≈ locks Schlösser *pl* mit Kindersicherung⟩

chil|dren ['tʃɪldrən|'tʃʊl-|'tʃl-|-rn] *pl von* child; **'~dren·ese** [ˌtʃɪldrəni:z] *s Am* Sprache *f* für den Umgang mit Kindern; **'~dren's al·low·ance** *s* Kinderbeihilfe *f*; **'~dren's hour** *s Rundf, Ferns* Kinderstunde *f*

child-re·sis·tant ['tʃaɪldrɪˌsɪstənt] *adj* kindersicher, vor Kindern geschützt ⟨~ packaging Verpackungen, die vor Kindern sicher sind⟩

child's play ['tʃaɪldz pleɪ] *s übertr* Kinderspiel *n*, (kinder)leichte Sache (**to** gegenüber) | etw. Harmloses *od* Unbedeutendes

child |wel·fare [ˌtʃaɪld 'welfɛə] *s* Jugendfürsorge *f*; **ˌ~ 'work·er** *s* Jugendpfleger *m*

chil·e, chil·i ['tʃɪlɪ] *Am für* **chilli**

Chi·le ['tʃɪli:] *s* Chile *n*; **~an** ['tʃɪlɪən] **1.** Chilene *m*, Chilenin *f*; **2.** *adj* chilenisch

chill [tʃɪl] **1.** *s* (*nur sg*) Frost *m*, Kälte *f* ⟨~ in the air eisige Luft; to take the ~ off erwärmen⟩ | Frösteln *n*, Kältegefühl *n* | *Med* Erkältung *f* ⟨to catch/contract/take a ~ sich erkälten: to have a ~ on s.th. sich etw. erkältet haben⟩ | (*nur sg*) *übertr* niedergedrückte Stimmung; kalte Dusche ⟨to cast/put ~ over aufschrecken; niederdrücken⟩ |*übertr* Kälte *f*, Lieblosigkeit *f*; **2.** *adj* (unangenehm) kalt, frostig ⟨a ~ wind⟩ | *übertr* frostig, unfreundlich ⟨a ~ welcome⟩; **3.** *vi* erkalten, kalt werden | *übertr* (Herz u. ä.) erstarren | sich erkälten; *vt* (ab)kühlen, kalt werden lassen | erkalten *od* frieren lassen ⟨to be ~ed to the bone *umg* bis auf die Knochen frieren, durchgefroren sein⟩ | *übertr* abkühlen, entmutigen ⟨to ~ s.o. hopes jmds. Hoffnungen zunichte machen⟩; **chilled** *adj* gekühlt ⟨≈ meat Gefrierfleisch *n*⟩

chil·li ['tʃɪlɪ] *s* spanischer Pfeffer

chill|ing ['tʃɪlɪŋ] **1.** *adj* kalt; **2.** *s* Abkühlung *f*; **'~out** *s Am* Heizungspanne *f*; **'~y** *adj* kalt, kühl (*auch übertr*) ⟨to feel ≈; ≈ manner kühles Benehmen⟩

[2]**chilly** ['tʃɪlɪ] *s* = **chilli**

[1]**chime** [tʃaɪm] **1.** *s* (*oft pl*) Glockenspiel *n*, Geläut *n* ⟨a ~ of bells; to ring the ~s⟩ | *übertr* Einklang *m*, Harmonie *f*; **2.** *vi* klingen, tönen ⟨the bells are chiming⟩ | (Uhr) schlagen | *Mus* einstimmen, einfallen; **~ in with** *übertr* übereinstimmen mit; **~ in** sich (zustimmend) einmischen (in ein Gespräch); *vt* (Glocken) läuten | (Ton) anschlagen ⟨to ~ out a tune e-e Melodie erklingen lassen⟩ | (Zeit) schlagen ⟨to ~ midnight⟩

[2]**chime** [tʃaɪm] *s* (Faß) Kimme *f*

chi|me·ra, ~mae·ra [ˌkaɪ'mɪərə| ˌkɪ-] *s* Schimäre *f*, Hirngespinst *n*; **~mer·ic** [~'merɪk], **~'mer·i·cal** *adj* schimärisch, phantastisch, grotesk, verrückt

chim·ney ['tʃɪmnɪ] *s* Schornstein *m*, Rauchfang *m* | Kamin *m* ⟨at the ~ am Kamin⟩ | (Lampe) Zylinder *m* | *Geol* Kamin *m*, Felsspalt *m*; **'~ ˌcor·ner** *s* Kaminecke *f*; **'~ flue** *s* Rauchfang *m*; **'~ piece** *s* Kaminsims *m*; **'~ pot** *s* Kaminkappe *f*, Zugröhre *f*; **'~ stack** *s* hoher Schornstein (mit mehreren Kaminröhren); **'~ ˌsweep[·er]** *s* Schornsteinfeger *m*; **'~ sweep·ing ˌrope** *s* Kehrleine *f*

chim·pan·zee [ˌtʃɪmpæn'zi:] *s Zool* Schimpanse

chin [tʃɪn] **1.** *s* Kinn *n* ⟨to keep one's ~ up *umg* den Kopf hoch halten, Mut fassen; to set ~s wagging ein Gerede aufbringen; up to the ~ *übertr* bis zu den Ohren⟩; **2.** *vt* (**chinned, chinned**) *Am* einen Klimmzug machen an ⟨to ~ the bar 10 times 10 Klimmzüge machen⟩ | *auch* **~ o.s.** Klimmzüge machen; *vi Am Sl* schwatzen, quasseln

[1]**China** ['tʃaɪnə] *s* China *n*

[2]**chi·na** ['tʃaɪnə] **1.** *s* Porzellan *n*; **2.** *adj* Porzellan-; **'~ 'clay** *s Min* Kaolin *n*; **'~ ˌclos·et** *s* Porzellanschrank *m*; **'~ ink** *s* Ausziehtusche *f*

Chi·na·man ['tʃaɪnəmən] *iron, verächtl s* Chinese *m* | *Am* Schlitzauge *n*

chi·na shop ['tʃaɪnə ʃɒp] *s* Porzellangeschäft *n* ⟨a bull in a ~ *umg übertr* ein Elefant im Porzellanladen⟩

Chi·na·town ['tʃaɪnə taʊn] *s* Chinatown *n*, chinesisches Stadtviertel

chi·na·ware ['tʃaɪnəwɛə] *s* Porzellanwaren *f/pl*

chin·chil·la [tʃɪn'tʃɪlə] *s Zool* Chinchilla *f*

chin-|chin [ˌtʃɪn 'tʃɪn] *Sl* **1.** *interj* (Gruß) 'Tag!, 'Wiedersehen! | Prost! **2.** *vi* (**ˌ~'chinned, ˌ~'chinned**) höflich bitten | salbungsvoll reden | schwatzen; **3.** *s* höflicher Gruß | salbungsvolles Gespräch

chine [tʃaɪn] 1. *s* Rückgrat *n*, Kreuz *n* | Kamm-, Lendenstück *n* | *Geol* Bergkamm *m*, Grat *m*; **2.** *vt* das Rückgrat (von e-m Tier) zerteilen | (Schlachttier, Fisch) zerteilen

Chi·nee [ˌtʃaɪ'ni:] *s umg* Chinese *m*; **Chi·nese** [ˌtʃaɪ'ni:z] **1.** *adj* chinesisch; **2.** *s* (*pl* ˌ**Chi'nese**) Chinese *m* | Chinesin *f* | *Ling* Chinesisch *n*; **'Chi·nese 'lan·tern** *s* Lampion *m*; **'Chi·nese 'puz·zle** *s* Geduldsspiel *n* (*auch übertr*); **'Chi-**

·nese 'red *s* Zinnoberrot *n*

[1]**chink** [tʃɪŋk] **1.** *s* Riß *m*, Spalt *m*; **2.** *vt* die Ritzen ausfüllen von

[2]**chink** [tʃɪŋk] **1.** *vi* klingen, klimpern; *vt* klingen *od* klimpern lassen ⟨to ~ money⟩; **2.** *s* Klingen *n*, Geklimper *n*

chink·y ['tʃɪŋkɪ] *adj* rissig

chi·nois [ʃi:n'wɑ:] *s* feines (Küchen-) Sieb, Haarsieb *n*

chin tur·ret ['tʃɪn ˌtʌrɪt] *s Mil Flugw* Bugkanone *f*

chintz [tʃɪnts] *s* Chintz *m*, Möbelkattun *m*

chin·wag ['tʃɪn wæg] *s Sl* Plauderei *f*; **'~ging** *s Sl* Quasseln *n*, Quatschen

[1]**chip** [tʃɪp] **1.** *s* Splitter *m*, Span *m* ⟨a ~ of wood ein Holzspan *m*; dry as a ~ *übertr* ledern; langweilig; to have a ~ on one's shoulder *umg* besonders empfindlich *od* aggressiv sein⟩ | (Holz-, Stroh-) Faser *f* (zum Flechten) | Glassplitter *m* | (Tasse u. ä.) ausgebrochene Stelle | Spielmarke *f*, Chip *m* ⟨to have plenty of ~s *übertr Am Sl* Zaster haben; to pass/cash in one's ~s *umg euphem* der Erde ade sagen; when the ~s are down *umg* wenn es um die Wurst geht⟩ | (Computer) Chip *m* | (Kartoffel- u. ä.) Schnitzel *n*, Scheibchen *n* | *übertr umg* Sproß *m*, Nachkomme *m* ⟨a ~ of the old block *umg* wie *od* ganz der Vater⟩ | *umg für* **bar·gain·ing ~** *s* Vorteil *m* (e-r Verwendung); **2.** (**chipped, chipped**) *vt* (Holz) schneiden (**from** von) | abhauen | (Rand, Ecken u. ä.) abschlagen (**out of** aus) | zurechthauen | *Brit* (Kartoffeln) schnitzeln, in Chips schneiden, zu Pommes frites verarbeiten | *umg* (etw.) beisteuern | *auch* **~ in** spenden; **~ a·way** ab-, wegbrechen, (allmählich) zerstören; **~ off** abbrechen ⟨to ~ off a piece⟩; *vi* abspringen, abbrechen, abbröckeln | (Tasse) ausbrechen; **~ a·way** nach und nach beseitigen *od* zerstören (**at s.th.** etw.); **~ in** *umg* (Gespräch) unterbrechen, einfallen, spenden; **~ off** abbrechen, abbröckeln

[2]**chip** [tʃɪp] **1.** *s* Trick *m* beim Ringkampf; **2.** *vt* (**chipped, chipped**) (jmdm.) ein Bein stellen

chip|board ['tʃɪpbɔ:d] *s* (Hart-) Faserplatte *f*; **'~ ˌbon·net** *s* Strohhut *m*; **~munk** ['~mʌnk] *s Zool* gestreiftes amerikanisches Eichhörnchen

[1]**chip·per** ['tʃɪpə] *adj Am umg* fröhlich, lebhaft

[2]**chip·per** ['tʃɪpə] *Am, dial vi* zirpen, zwitschern | schwatzen

chip|ping ['tʃɪpɪŋ] *s* Span *m*, Schnitzel *n* | Abbrechen *n*, Abbröckeln *n*; **'~pings** *s/pl Tech* Bohrspäne *m/pl*; **'~py 1.** *adj* rissig | voller Späne | (Geschirr) angeschlagen | *Am umg* angeschlagen, verkatert; **2.** *s Brit Sl* Fisch-und-Chips-Laden *m* | *Am Sl* Flittchen *n*, leichtes Mädchen | *umg* = **~munk**

chips [tʃɪps] *s pl Brit* Pommes frites ⟨fish and ~⟩

Chips [tʃɪps] *s umg* Schiffszimmermann *m*

chiro- [kɪrə(ʊ)|kaɪ-|ʃɪ-] ⟨*griech*⟩ *in Zus* Hand-

chi·rop·o·dist [kɪ'rɒpədɪst|ʃɪ'r-] *s* Spezialist(in) *m(f)* für Hand- und Fußpflege | Pediküre *f* | Fußpfleger(in) *m(f)*; **chi'rop·o·dy** *s* (Hand- und) Fußpflege *f*, (Maniküre und) Pediküre *f*; **chi·ro·prac·tor** ['kɪrə(ʊ)ˌpræktə] *s* Chiropraktiker *m*

chirp [tʃɜ:p] **1.** *vi*, *vt* zwitschern, zirpen; **2.** *s* Zwitschern *n*, Zirpen *n* ⟨the ~ of a sparrow⟩; **'~y** *adj umg* lustig, vergnügt

chir·rup ['tʃɪrəp] **1.** *vi* zwitschern | *übertr* schwirren (**by** vorbei) | mit der Zunge schnalzen | *Sl übertr* Beifall klatschen **2.** *s* Zwitschern *n* | *übertr* (durchdringendes) Pfeifen

chis|el ['tʃɪzl] **1.** *s* Meißel *m*, Stemmeisen *n*; **2.** *vt* (**'~elled, '~elled**) (aus)meißeln | *übertr* formen | *Sl* betrügen, beschwindeln; **'~elled** *adj* ausgemeißelt | *übertr* scharf geschnitten ⟨a ≈ face⟩; **'~el·ler** *s* Steinmetz *m* | *Sl* Betrüger *m*, Gauner *m*

[1]**chit** [tʃɪt] *umg s* Kind *n* ⟨a mere ~ of a child ein absolutes Kind⟩ | *verächtl* junges Mädchen, junges Ding ⟨a ~ of a girl e-e freche Göre⟩

[2]**chit** [tʃɪt] *s* Gutschein *m*, Bon *m* ⟨~ system Bonsystem⟩

[3]**chit** [tʃɪt] *vt umg* entkeimen, abkeimen, die Keime entfernen von ⟨to ~ potatoes⟩

chit-chat ['tʃɪt tʃæt] *s* Geplauder *n* | Tratsch *m*

chit·ter·lings ['tʃɪtəlɪŋz] *s/pl* Innereien *pl* (vom Schwein), Gekröse *n*

chit·ty ['tʃɪtɪ] *adj* klein | kindlich

chiv·al|ric ['ʃɪvlrɪk], **'~rous** *adj* ritterlich, großzügig; **'~ry** *s Hist* Rittertum *n* | *arch* Ritterschaft *f* | Ritterlichkeit *f*, Tapferkeit *f* | *übertr* ritterliches Benehmen (e-s Mannes gegenüber Frauen)

chive [tʃaɪv] *s Bot* Schnittlauch *m*

chiv·y ['tʃɪvɪ], **chiv·vy** = **chevy**

chlo|ral ['klɔ:rl] *s Chem* Chloral *n* | *auch* **ˌ~ral 'hy·drate** *s Chem* Chloralhydrat *n*; **~rate** ['~rɪt|-reɪt] *s Chem* Chlorat *n*; **'~ric** *adj Chem* chlorsauer, Chlor- ⟨≈ acid Chlorsäure *f*⟩; **~ride** ['~raɪd] *s Chem* Chlorid *n* ⟨≈ of lime Chlorkalk *m*⟩; **~rin** ['~ri:n] = **chlorine**; **~rin·ate** ['klɒrɪneɪt] *vt Chem* chlorieren | chloren ⟨≈d water⟩; **~rine** ['~ri:n] *s Chem* Chlor(gas) *m(n)*; **~ro·form** ['klɒrəfɔ:m] **1.** *s Chem* Chloroform *n*; **2.** *vt* chloroformieren | *übertr* betäuben

chlo·ro·phyll ['klɒrəfɪl] *s Bot* Chlorophyll *n*, Blattgrün *n*

chlo|ro·sis [klə'rəʊsɪs] *s Med* Chlorose *f*, Blutarmut *f*; **~rot·ic** [~'rɒtɪk] *adj Med* chlorotisch, bleichsüchtig

chlo·rous ['klɔ:rəs] *adj* chlorhaltig

chock [tʃɒk] **1.** *s* Hemm-, Bremsklotz *m* | Keil *m* | *Mar* (Boots-) Klampe *f* | *Mar* Tauführung *f*; **2.** *vt* festkeilen; **~ up** *umg* überladen (**with** mit); **3.** *adv* fest, dicht; **~-a·block** [ˌ~ə'blɒk] *adj*, *adv* eingekeilt, festgeklemmt | vollgepropft (**with** mit); **ˌ~-'full** *adj* übervoll (**of** an, von)

choc|o·late ['tʃɒklət|-lɪt] **1.** *s* Schokolade *f* ⟨a bar of ≈ e-e Tafel Schokolade⟩ | Trinkschokolade *f* | Schokoladenbraun *n*; **2.** *adj* Schokolade(n)- ⟨≈ biscuit Schokoladenplätzchen *n*⟩ | schokoladenfarben; **'~o·late cream** *s* gefüllte Schokolade, Praline *f*; **~o·lates** ['~ləts|'~lɪts] *s/pl* Pralinen *f/pl* ⟨a bar of ~olates ein Schokoladenriegel; a box of ≈ e-e Schachtel Pralinen⟩

choice [tʃɔɪs] **1.** *s* (Aus-) Wahl *f* ⟨at ~ nach Belieben; for ~ vorzugsweise, mit Vorliebe; to have the ~ wählen können, to make a careful ~ e-e sorgfältige Wahl treffen; to take one's ~ seine Wahl *od* eine Auswahl treffen⟩ | ausgewählte Personen *od* Sache *f* ⟨his ~ seine Auserwählte *f*⟩ | Möglichkeit *f*, Wahl *f* ⟨to have no ~ but keine andere Wahl haben als, nicht anders können als⟩ | (große Auswahl, Vorrat *m* ⟨the shop has a large ~ of dresses⟩ | Elite *f*, das Beste *n* ◇ **ˌHob·son's '~** gar keine Wahl ⟨to take ≈ keine Wahl haben; das nehmen, was übrig bleibt⟩; **2.** *adj* ausgesucht, ausgewählt, auserlesen ⟨~ fruit⟩; **'choic·y** *adj Am umg* wählerisch

choir ['kwaɪə] **1.** *s* (Kirchen-) Chor *m* | *Arch* Chor(raum) *m*; **2.** *vi*, *vt* im Chor singen; **'~boy** *s* Sängerknabe *m*; **'~mas·ter** *s* Chorleiter *m*

choke [tʃəʊk] **1.** *vt* (er)würgen ⟨to ~ s.o. to death⟩ | (Feuer) ersticken | *Tech* drosseln | *meist* **~ up** verstopfen ⟨~d up with dirt; a room ~d up with furniture ein mit Möbeln vollgestelltes Zimmer⟩ | *übertr* (Stimme, Worte) ersticken | *übertr* (Stimme, Worte) ersticken | *übertr* (Gefühle) erstikken, zurückhalten, unterdrücken; **~ back/down** unterdrücken, hinunterschlucken ⟨to ~ back one's tears; to ~ down one's feelings⟩; **~ off** *umg* (jmdn.) abschrecken | jmdn. (etw.) ausreden | (jmdn.) loswerden ⟨to ~ s.o. off⟩; *vi* würgen | ersticken (*auch übertr*) ⟨to ~with anger vor Wut ersticken⟩ | verstopfen; **2.** *s* Erstickungsanfall *m* | *Tech* Drossel *f* | *Kfz* Starterklappe *f*; **'~damp** *s Bergb* Ferch *m* | schlagendes Wetter; **'~point** *s* Gefahrenquelle *f*, Hindernis *n*; **'chok·er** *s* Würger *m* | *umg* Vatermörder *m* | enge Halskette | enges Halstuch; **'~ ˌthrot·tle** *s Kfz* Starterklappe *f*; **'chok·y** *adj* würgend, erstickend

chol[e] [kɒl] ⟨*griech*⟩ *in Zus* Galle-

chol·er ['kɒlə] *s poet, arch* Zorn *m* ⟨to raise s.o.'s ~ jmds. Zorn erregen⟩

chol·e·ra ['kɒlərə] *s Med* Cholera *f*

chol·er·ic ['kɒlərɪk] *adj* cholerisch, reizbar, jähzornig

cho·les·ter·ol [kə'lestərɒl] *s Chem* Cholesterin *n*

cho·line ['kɒlaɪn] *s Chem* Cholin *n*

choose [tʃu:z] (**chose** [tʃəʊz], **cho·sen** ['tʃəʊzn]) *vt* (aus)wählen (**s.o. as** jmdn. als; **s.o. for** jmdn. zum) | vorziehen, sich entscheiden für (**to** *mit inf* zu *mit inf*) | belieben, wollen, mögen; *vi* die Wahl haben (**between** zwischen), (aus)wählen (**from** aus) ⟨I cannot ~ but *mit inf* ich kann nicht umhin zu *mit inf*; to do as one ~s tun, was e-m gefällt⟩; **'choos·er** *s* Wähler *m*, Wählender *m* ⟨beggars must not be ≈s *Sprichw* in der Not frißt der Teufel Fliegen⟩; **choos·ey** = **choosy**; **'choos·ing** *s* Auswahl *f*; **'choos·y** *adj umg* wählerisch, anspruchsvoll

[1]**chop** [tʃɒp] **1.** (**chopped**, **chopped**) *vt* hacken, hauen ⟨to ~ wood⟩ | *oft* **~ up** zerhacken ⟨to ~ up meat⟩ | (Tennis) schneiden; **~ away** abhacken; **~ down** niederschlagen, fällen; **~ off** abhacken; *vi* hacken, schlagen | *übertr* sich einmischen (**[in]to** in); **~ at** behauen, herumhacken an | einschlagen auf; **~ in** ins Gespräch einfallen; **~ out/up** ans Licht kommen; **~ upon s.o.** jmdm. plötzlich begegnen; **2.** *s* Hauen *n*, Hacken *n* ⟨to take a ~ at einhacken auf⟩ | Schlag *m* | (Fleisch) Stück *n*, Portion *f* | (Hammel) Kotelett *n* ⟨a lamb ~⟩

[2]**chop** [tʃɒp] **1.** (**chopped**, **chopped**) *vt* (aus)tauschen ⟨to ~ logic pedantisch diskutieren; to ~ words with s.o. sich mit jmdm. streiten⟩; *vi*, *auch* **~ about/round** (Wind u. ä.) umschlagen; **~ and change** *übertr* unentschlossen sein; **~ back** einen Hacken schlagen; **2.** *s* **~s and changes** *pl* ständiger Wechsel

[3]**chop** [tʃɒp] *s*, *oft pl* (Kinn-) Backe(n) *f(pl)* ⟨to lick one's ~s sich die Lippen lecken⟩

[4]**chop** [tʃɒp] *s* (Indien, China) (Amts-) Stempel *m* | Erlaubnis-, Passierschein *m* | Handelsmarke *f* | *umg* Qualität *f* ⟨first ~ erste Sorte⟩

[5]**chop** [tʃɒp] = [2]**chap**

chop|-chop ['tʃɒp 'tʃɒp] *adv Sl* dalli, tempo; **'~-fal·len** *adj übertr* entmutigt, niedergeschlagen ⟨to be ≈ ein langes Gesicht machen⟩; **'~house** *s* billiges Restaurant; **'~per** **1.** *s* Hacker *m* | Hackmesser *n*, -beil *n* | Häckselmesser *n* | *Sl* Hubschrauber *m* | *Sl* Motorrad *n* | *El* Zerhacker *m*, elektromechanischer Modulator; **2.** *vi Sl* mit dem Hubschrauber fliegen; *vt* mit dem Hubschrauber befördern *od* transportieren; **'~pers** *s/pl Sl* (Zähne) Raffer *m/pl*; **'~ping** **1.** *adj* Hack-; **2.** *s* Zerhacken *n* | Wechsel *m* ⟨≈ and changing ewiges Hin und Her⟩; **'~ping block** *s* Holzklotz *m*; **'~ping board** *s* Hackbrett *n*; **'~py** *adj* bewegt, unstet ⟨a ≈ sea⟩ | böig ⟨≈ wind⟩; **'~stick[s]** *s* Eßstäbchen *n(pl)* (der Japaner, Chinesen); **'~ 'su·ey** [~su:ɪ] *s Am* chinesisches Mischgericht, Chop-Suey *n*

cho·ral ['kɔ:rl] **1.** *adj* Chor- ⟨~ service Singegottesdienst *m*; ~ society Gesangverein *m*; ~ concert Chorkonzert *n*; ~ symphony Symphonie *f* für Chor und Orchester⟩; **2.** *s* Choral *m*; **cho·rale** [kə'rɑ:l] *s* Choral *m*

[1]**chord** [kɔ:d] **1.** *s Mus* Saite *f* | *übertr* Ton *m* ⟨to strike a ~ e-n Ton anschlagen; to touch the right ~ *übertr* den richtigen Ton treffen *od* finden⟩ | *Math* Sehne *f* | *auch* **cord** *Med* Sehne *f*, Band *n* ⟨vocal ~s Stimmbänder *n/pl*⟩; **2.** *vt* mit Saiten beziehen

[2]**chord** [kɔ:d] *Mus* **1.** *s* Akkord *m*; **2.** *vi* zusammenklingen

chore [tʃɔ:] *s Am* Nebenarbeit *f* | Gelegenheitsarbeit *f* | unangenehme Aufgabe *od* Arbeit; **~s** [~z] *s/pl* Hausarbeit *f* | Routinearbeiten *f/pl* | täglich anfallende Arbeit(en) *f(pl)*

cho·re·a [kə'rɪə] *s Med* Chorea *f*, Veitstanz *m*

cho·re|og·ra·pher [ˌkɒrɪ'ɒgrəfə] *s* Choreograph *m*; **~o·graph·ic** [ˌkɒrɪə'græfɪk] *adj* choreographisch; **~og·ra·phy** [ˌkɒrɪ'ɒgrəfɪ] *s* Choreographie *f*

cho·ri|amb ['kɒrɪæmb] *s Metr* Choriambus *m*; **ˌ~'am·bic** *adj Metr* choriambisch

cho|ric ['kɒrɪk] *adj* Chor-; **'~rist** *s Theat* Chorsänger *m*; **'~ris·ter** *s* (Kirchen-) Chorsänger *m* | *Am* Kirchenchorleiter *m*

chor·tle ['tʃɔ:tl] **1.** *vi* frohlocken; **2.** *s* frohlockendes Lachen

cho·rus ['kɔ:rəs] **1.** *s* (*pl* **~es** ['~ɪz]) Chor *m* | gemeinsames Sprechen, Chor *m* ⟨in ~ im Chor⟩ | Chorgesang *m* | Chorwerk *n* | Rufe *m/pl* ⟨a ~ of approval allgemeine Rufe der Zustimmung⟩ | Refrain *m*, Kehrrein *m*; **2.** *vi*, *vt* im Chor singen *od* sprechen; **'~ girl** *s* Revuetänzerin *f*

[1]**chose** [ʃəʊz] *s Jur* Sache *f*

[2]**chose** [tʃəʊz] *prät von* ↑ **choose**; **cho·sen** ['tʃəʊzn] **1.** *part perf von* ↑ **choose**; **2.** *adj* ausgesucht, auserwählt

chough [tʃʌf] *s Zool* Dohle *f*

chouse [tʃaʊs] **1.** *vt umg* beschwindeln, betrügen ⟨to ~ s.o. [out] of s.th. jmdn. um etw. betrügen⟩; **2.** *s* Schwindel *m* | Schwindler *m*

[1]**chow** [tʃaʊ] *s Zool* (Hund) Chow-Chow *m*

[2]**chow** [tʃaʊ] *s urspr Am Sl* Fraß *m*, Futter *n*

chres·tom·a·thy [kres'tɒməθɪ] *s Lit* Chrestomathie *f*, Leseauswahl *f*

chrism ['krɪzm] *s Rel* Chrisam *n*, Salböl *n*

chris·om ['krɪzm] *s* Taufkleid *n*

Christ [kraɪst] *s Rel* Christus *m*; **chris·ten** ['krɪsn] *vt* taufen ⟨to be ≈ed John auf den Namen John getauft werden⟩ | (Schiff u. ä.) taufen, benennen; **'Chris·ten·dom** *s* Christenheit *f*; **'chris·ten·ing** *s* Taufe *f*; **Chris·tian** ['krɪstʃən|-stɪən] **1.** *s* Christ(in) *m(f)*; **2.** *adj* christlich | menschenfreundlich; **'Chris·tian 'E·ra** *s* christliche Zeitrechnung; **Chris·tian·ism** ['krɪstʃənɪzm|-stɪən-] *s* christliche Lehre; **Chris·ti·an·i·ty** [ˌkrɪstɪ'ænətɪ] *s* Christenheit *f* | christlicher Glaube; **Chris·tian·i·za·tion** [ˌkrɪstʃənaɪ'zeɪʃn|-stɪən-|-nɪ'z-] *s* Christianisierung *f*; **Chris·tian·ize** ['krɪstʃn̩aɪz|-stɪən-|-tʃən-] *vt* christianisieren; **Chris·tian·like** ['krɪstʃənlaɪk|-stɪən-], **Chris·tian·ly** ['krɪstʃənlɪ|-stɪən-] *adj* christlich; **'Chris·tian name** *s* Tauf-, Vorname *m*; **'Chris·tian 'Sci·ence** *s Rel* Christliche Wissenschaft (religiöse Gemeinschaft); **'Christ·less** *adj* unchristlich; **'Christ·like** *adj* Christus ähnlich

Christ·mas ['krɪsməs] *s* (*pl* **~es** ['~ɪz]) Weihnachten *f/pl* ⟨~ comes but once a year man lebt nur einmal, es ist nicht alle Tage Sonntag; Father ~ (der) Weihnachtsmann; to wish s.o. a merry ~ jmdm. frohe Weihnachen wünschen⟩;**'~ box** *s Brit* Weihnachtsgeschenk *n* (für Briefträger u. a.); **'~ cake** *s* (schwerer) Weihnachtskuchen (mit Früchten und Glasur); **'~ card** *s* Weihnachtskarte *f*; **ˌ~ 'car·ol** *s* Weihnachtslied *n*; **ˌ~ 'crack·er** *s* Knallbonbon *n*; **ˌ~ 'Eve** *s Heiligabend m*; **ˌ~ 'flow·er** *s Bot* Christrose *f*; **ˌ~ 'hol·i·days** *s* Weihnachtsfeiertage *m/pl*; **ˌ~ 'pud·ding** *s* (schwerer) Weihnachtspudding *m*; **ˌ~ 'stock·ing** *s* Strumpf *m* für Weihnachtsgeschenke; **'~ time**, *auch* **'~ tide** *s* Weihnachtszeit *f*; **'~ tree** *s* Weihnachts-, Christbaum *m*

chrom- [krəʊm] ⟨*griech*⟩ *in Zus* Chrom-

chro·mat|ic [krə'mætɪk] *adj* farbig, Farben betreffend- ⟨~ printing Farb[en]druck *m*⟩ | *Mus* chromatisch; **~ics** [~ɪks] *s/pl* (*sg konst*) Farbenlehre *f* | *Mus* Chromatik *f*; **chro·ma·tism** ['krəʊmətɪzm] *s* Chromatismus *m*

chromato- [krəʊmətə(ʊ)] ⟨*griech*⟩ *in Zus* Farbe(n)-

chro·ma|tol·o·gy [ˌkrəumə'tɒlədʒɪ] *s* Farbenlehre *f*; **~to·phore** ['~təfɔ:] *s Zool* Farbzelle *f* | *Bot* Chromatophor *n*, Farbstoffträger *m*

chrome [krəum] *s* Chromgelb *n*; **'~ 'steel** *s* Chromstahl *m*; **'chro·mic** *adj Chem* Chrom-; **chro·mi·um** ['krəumɪəm] *s Chem* Chrom *n*; **'chro·mi·um-ˌplate** *vt* verchromen

chro·mo|lith·o·graph [ˌkrəumə'lɪθəgrɑ:f|-græf] *s* Mehrfarbensteindruck *m*; **~pho·tog·ra·phy** [ˌ~fə'tɒgrəfɪ] *s* Farbfotografie *f*; **~some** ['~səum] *s Biol* Chromosom *n*

chron- [krɒn] ⟨*griech*⟩ *in Zus* Zeit-

chron|ic ['krɒnɪk] *adj* andauernd, (be)ständig ⟨a ≈ smoker⟩ | *Med* chronisch | *Sl* heftig | *Sl* miserabel, ekelhaft

chron|i·cle ['krɒnɪkl|-nəkl] **1.** *s* Chronik *f*, Zeitgeschichte *f*; **2.** *vt* (in chronischer Reihenfolge) aufzeichnen; **'~i·cler** *s* Chronist *m*, Geschichtsschreiber *m*

chrono- [krɒnə(ʊ)] ⟨*griech*⟩ *in Zus* Zeit-

chron·o|graph ['krɒnəgrɑ:f|-græf] *s* Chronograph *m*, Zeitmesser *m*; **~log·i·cal** [ˌ~'lɒdʒɪkl] *adj* chronologisch ⟨in ≈ order⟩; **chro·nol·o·gist** [krə'nɒlədʒɪst] *s* Chronologe *m*; **chro'nol·o·gize** *vt* chronologisch ordnen; **chro'nol·o·gy** *s* Chronologie *f*, Zeitbestimmung *f* | chronologische Anordnung; **chro·nom·e·ter** [krə'nɒmɪtə] *s* Chronometer *n*, Zeitmesser *m*; **~met·ric** [ˌ~'metrɪk], **ˌ~'met·ri·cal** *adj* chronometrisch; **chro·nom·e·try** [krə'nɒmətrɪ] *s* Chronometrie *f*, Zeitmessung *f*; **~scope** ['~skəup] *s* Chronoskop *n*, Zeitmesser *m*

chrys·a|lid ['krɪsəlɪd] **1.** *adj Zool* puppenartig; **2.** *s* (Schmetterlings-) Puppe *f*; **~lis** ['~lɪs] *s* (*pl* **~lis·es** ['~lɪsɪz], **chry·sa·li·des** [krɪ'sælɪdi:z]) *Zool* Puppe *f* (e-r Raupe)

chry·san·the·mum [krɪ'sænθəməm|-zæn-] *s Bot* Chrysanthemum *n*, Goldblume *f*

chrys·o·lite ['krɪsəlaɪt] *s Min* Chrysolith *m*

chrys·o·prase ['krɪsəpreɪz] *s Min* Chrysopras *m*

chtho·ni·an ['θəunɪən] *adj* chthonisch, unterirdisch, Unterwelt-

chub [tʃʌb] *s Zool* Döbel *m* | *Am Zool* Karpfenfisch *m*

chub·by ['tʃʌbɪ] *adj* rundlich, voll ⟨~ cheeks Pausbacken *f/pl*⟩ | pausbäckig ⟨a ~ child⟩

[1]**chuck** [tʃʌk] **1.** *Brit umg vt* (weg)werfen, schleudern ⟨to ~ s.o. out jmdn. hinauswerfen⟩ | *auch* **~ up** aufgeben, im Stich lassen ⟨to ~ a friend; ~ it *Sl* laß das sein!; to ~ s.o. under the chin jmdn. (unter dem Kinn) steicheln, liebkosen⟩; **2.** *s Sl* Rausschmeißen *n*, Hinausschmeißen *n* ⟨to get the ~ hinausgeschmissen werden; to give s.o. the ~ jmdn. hinausschmeißen⟩ | sanftes Streicheln unter dem Kinn

[2]**chuck** [tʃʌk] **1.** *vi* (Henne) glucken; **2.** *s* Glucken *n*; **3.** *interj* put!, put!

[3]**chuck** [tʃʌk] *Tech s* Spannfutter *n*, Futter *n* | Aufspannvorrichtung *f*

[4]**chuck** [tʃʌk] *s* (Rinds-, Kalbs-) Kamm *m* ⟨~ of beef⟩

chuck·er·out ['tʃʌkəraut] *s Brit Sl* Rausschmeißer *m*

chuck far·thing ['tʃʌk ˌfɑ:ðɪŋ] *s* Münzenwurfspiel *n*

chuck·le ['tʃʌkl] **1.** *vi* in sich hineinkichern, verschmitzt lachen, lächeln (**at, over** über) ⟨to ~ up one's sleeve sich ins Fäustchen lachen⟩; **2.** *s* leises Lachen, verschmitztes Lächeln

chuck·le·head ['tʃʌklhed] *s Am umg* Dummkopf *m*

chuff up ['tʃʌf əp] *vt Brit Sl* aufmuntern, Mut machen; **chuffed** [tʃʌft] *adj Brit Sl* angemacht, in Laune ⟨≈ and smiling lachend und ausgelassen⟩

chug [tʃʌg] **1.** (**chugged, chugged**) *vi* (Motor) puffen, knattern ⟨to ~ along unter Knattern und Puffen (dahin)fahren⟩; **2.** *s* Puffen *n*, Tuckern *n*

chuk·ker ['tʃʌkə] *s* (Polo) Spielachtel *n*

chum [tʃʌm] *umg* **1.** *s* Kumpel *m*, Freund *m* | *Am* Stubenkamerad *m* | *Austr* Neuankömmling *m*, Neueinwanderer *m*; **2.** (**chummed, chummed**) *vi* eng befreundet sein (**up with s. o.** mit jmdm.) | *Am* zusammenwohnen (**with** mit); **'~my** *adj umg* eng befreundet

chump [tʃʌmp] *s* Holzklotz *m* | großes Stück Fleisch | *Sl* Narr *m*, Dummkopf *m* | *Brit Sl* Birne *f*, Kopf *m* ⟨off one's ~ außer sich vor Aufregung; von Sinnen, verrückt⟩

chunk [tʃʌŋk] *s umg* (abgetrennter) Batzen *m* | Happen *m* | Klotz *m* (*auch übertr*) ⟨a ~ of bread ein dickes Stück Brot⟩; **'~y** *adj Am umg* dick, untersetzt | klumpig

chun·nel [tʃʌnl] *s Eisenb* Kanaltunnel *m*

church [tʃɜ:tʃ] **1.** *s* Kirche *f*, Gotteshaus *n* | (*ohne Art*) Gottesdienst *m*, Kirche *f* ⟨to attend ~ dem Gottesdienst beiwohnen; to go to ~ in die Kirche gehen; to be at/in ~ in der Kirche sein⟩ | (organisierte) christliche Gemeinschaft ⟨the ≈ die englische Staatskirche⟩ | Geistlichkeit *f* ⟨to enter the ≈ Geistlicher werden⟩; **2.** *vt* (jmdn. zur Taufe, zum Gottesdienst u. ä.) in die Kirche bringen; **3.** *adj* Kirchen-; **'~ˌgo·er** *s* Kirchgänger *m*; **'~ing** *s* Einsegnung *f*; **'~less** *adj* keiner Kirche angehörend; **'~man** *s* (*pl* **~men**) Geistlicher *m* | Mitglied *n* einer bestimmten Kirche; **'≈ of 'Eng·land** *s* anglikanische Kirche; **ˌ~ 'reg·is·ter** *s* Kirchenbuch *n*; **ˌ~'ward·en** *s* Kirch[en]vorsteher *m* | lange Tonpfeife; **'~yard** *s* Kirch-, Friedhof *m*

churl [tʃɜ:l] *s* Flegel *m*, Grobian *m* | Geizhals *m*; **'~ish** *adj* grob, ungehobelt | geizig

churn [tʃɜ:n] **1.** *s* Butterfaß *n* | *Brit* Milchkanne *f* | großes Gefäß; **2.** *vt* buttern, kirnen | zu Schaum schlagen | *auch* **~ up** (Wellen) aufwühlen, aufpeitschen; **~ out** *übertr* (gedankenlos, mechanisch) hervorbringen, ausstoßen; *vi* buttern | schäumen | aufwallen | (Magen) rebellieren | *Am Sl* (Anwalt, Arzt u. ä.) Geld absahnen (durch unnötige Dienstleistungen); **'~ing** *s* Buttern *n* | *Sl* Geldschneiderei *f*

chute [ʃu:t] **1.** *s* Stromschnelle *f* | Rinne *f*, Rutsche *f*, Gleitbahn *f* | Rohrpost *f* | Rodelbahn *f* | *umg* Fallschirm *m*; **2.** *vt* auf einer Rutsche u. ä. befördern; *vi* auf einer Rutschbahn fahren

chut·ney ['tʃʌtnɪ] *s* Chutney *n*, indische Würztunke

chutz|pah, *auch* **~pa** ['xu:tspɑ:|'hu:tspɑ:|'tʃʌtspɑ:] *s Am Sl* Frechheit *f*, Unverfrorenheit *f*

ci·bo·ri·um [sɪ'bɔ:rɪəm] *s Rel* Ziborium *n* | Monstranz *f*

ci·ca|da [sɪ'kɑ:də] *s* (*pl* **~dae** [~di:], **~das** [~dəz]) *Zool* Zikade *f*

cic·a|trice ['sɪkətrɪs], **~trix** ['~trɪks] *s* Narbe *f*

ci·ce·ro|ne [ˌtʃɪtʃə'rəunɪ|ˌsɪsə-] *s* (*pl* **~ni** [~ni:]) Cicerone *m*, Fremdenführer *m*

ci·cis·be|o [ˌtʃɪtʃɪz'berəu |sɪ'sɪsbɪəu] *s* (*pl* **~i** [sɪ'sɪsbɪi:], **~os** [ˌtʃɪtʃɪz'beɪəuz]) Cicisbeo *m*, Hausfreund *m*

ci·cu·ta [sɪ'kjutə] *s Bot* Schierling *m*

-cidal [saɪdl] ⟨*lat*⟩ *in Zus* tötend; **-cide** [saɪd] *suff zur Bildung von s mit der Bedeutung:* Mörder, Vernichter (*z. B.* **fratricide, pesticide**) | -mord (*z. B.* **suicide, matricide**)

ci·der ['saɪdə] *s* Apfelwein *m*; **'~press** *s* Apfelpresse *f*

ci·gar [sɪ'gɑ:] *s* Zigarre *f*; **~ box** [sɪ'gɑ: bɒks] *s* Zigarrenschachtel *f*

cig·a·rette [ˌsɪgə'ret] *s* Zigarette *f*; **'~ case** *s* Zigarettenetui *n*; **'~ hold·er** *s* Zigarettenspitze *f*

cig·gy, *auch* **cig·gie** ['sɪgɪ] *s umg* Zigarette *f*

cil·i·a ['sɪlɪə] *pl von* ↑ **cilium**

cil·i|ar·y ['sɪlɪərɪ] *adj Med* Wimpern-; **~ate** ['~ɪt|'~eɪt] **1.** *adj Bot, Zool* bewimpert; **2.** *s Zool* Wimpertierchen *n*; **~at·ed** ['~eɪtɪd] *adj Bot, Zool* bewimpert; **~um** ['~əm] *s* (*pl* **~a** ['~ə]) *Med, Bot, Zool* Wimper *f* | feines Haar

cinch [sɪntʃ] *Am Sl* **1.** *s* todsichere Sache ⟨it's a ~ that es ist todsicher, daß⟩ | Kinderspiel *n*, Leichtigkeit *f*; **2.** *vt* absolut sichern, garantieren

cin·cho·na [sɪnˈkəʊnə] *s* Chinarindenbaum *m* | Chinarinde *f*
cinc·ture [ˈsɪŋktʃə] **1.** *s Lit* Gürtel *m*, Gurt *m* | *Arch* (Säulen-) Kranz *m*; **2.** *vt* umgürten | umzäunen
cin·der [ˈsɪndə] **1.** *s* Zinder *m*, ausgeglühte Kohle ⟨burnt to a ~ verkohlt, verbrannt⟩ | *Tech* Schlacke *f* | Sinter *m*; **2.** *vt* verbrennen
Cin·der·el·la [ˌsɪndəˈrelə] *s* Aschenbrödel *n* (*auch übertr*)
cin|ders [ˈsɪndəz] *s/pl* Asche *f*; **ˈ~der track** *s Sport* Aschenbahn *f*; **ˈ~der·y** *adj* schlackig | schlackenartig
cin·e|cam·er·a [ˈsɪnɪkæmrə] *s* Filmkamera *f*; **ˈ~film** *s* Kinofilm *m*; **cin·e·ma** [ˈsɪnəmə] *s bes Brit* Kino *n*, Lichtspieltheater *n* | Film(kunst) *m(f)*; **~mat·ic** [ˌsɪnəˈmætɪk] *adj* Film-; **~ma·tize** [ˈsɪnəmətaɪz] *vt* (ver)filmen; *vi* filmen; **~mat·o·graph** [ˌ~ˈmætəgrɑ:f] *arch* **1.** *s* Kinematograph *m*; **2.** *vt* (ver)filmen; *vi* filmen; **~ma·tog·ra·pher** [ˌ~məˈtɒgrəfə] *s Film* Kameramann *m*; **~mat·o·graph·ic** [ˌ~ˌmætəˈgræfɪk] *adj* kinematographisch, Film-; **~ma·tog·ra·phy** [ˌ~məˈtɒgrəfɪ] *s* Lichtspielwesen *n*; **ˈ~pro·jec·tor** *s* (Film-) Vorführgerät *n*
Cin·e·ra·ma [ˌsɪnəˈrɑ:mə] *s* Breitwandfilm *m* | Raumbildverfahren *n*
cin·er|ar·y [ˈsɪnərərɪ] *adj* Aschen-; **ˌ~ar·y ˈurn** *s* Totenurne *f*; **ci·ne·re·ous** [sɪˈnɪərɪəs|sə-], **~i·tious** [ˌsɪnəˈrɪʃəs] *adj* aschig | aschfarben | eingeäschert
cin·na·bar [ˈsɪnəbɑ:] *s Min* Zinnober *m* | Zinnoberrot *n*
cin·na·mon [ˈsɪnəmən] **1.** *s Bot* Zimtbaum *m* | Zimt *m*; **2.** *adj* zimtfarben; **ˈ~ bark** *s* Zimtrinde *f*
cinque [sɪŋk] *s Kart* Fünf *f*; **ˈ~foil** *s Bot* Fünffingerkraut *n*
ci·pher [ˈsaɪfə] **1.** *s* (arabische) Ziffer, Zahl (von 1 bis 9) | Null *f* (*auch übertr*) ⟨to be a mere ~ e-e Null sein⟩ | Chiffre *f*, Geheimschrift *f* ⟨in ~ chiffriert⟩; **2.** *vt, vi* chiffrieren | *umg* rechnen | *auch* **~ out** (be)rechnen, rechnerisch lösen; **ˈ~ clerk** *s* Verschlüssler *m*; **ˈ~ code** *s* Codechiffre *f*; **ˈ~ key** *s* Codeschlüssel *m*
cir·ca [ˈsɜ:kə] **1.** *adv* zirka, ungefähr; **2.** *präp* ungefähr um ⟨~ 100 A. D.⟩
cir·ca·di·an [sɜ:ˈkeɪdɪən] *s* cirkadisch, im Wechsel von 24 Stunden ⟨~ rhythm 24-stündiger Biorhythmus⟩
cir·ce [ˈsɜ:sɪ] *s übertr* Circe *f*, Zauberin *f*, verführerische Frau; **~an** [sɜ:ˈsi:ən] *adj* verführerisch
cir·cle [ˈsɜ:kl] **1.** *s* Kreis *m* | Ring *m*, etwas Kreisförmiges *od* Rundes ⟨~ of trees⟩ | Ring *m*, Reif *m* | *Phil* Zirkel *m* ⟨vicious ~ Zirkelschluß *m*, -beweis *m*⟩ | Umkreis *m* | Zyklus *m*, Serie *f* ⟨the ~ of the seasons⟩ | *Astr* Bahn *f* | (Interessen-, Freundes- u. ä.) Kreis *m* ⟨a ~ of friends; business ~s⟩ | *Theat* Rang *m* ⟨upper ~ Rang *m*, Galerie *f*⟩; **2.** *vt* mit einem Kreis versehen, einen Kreis machen *od* ziehen um ⟨to ~ a word⟩ | einkreisen, umzingeln | umkreisen ⟨the moon ~s the earth⟩ | kreisförmig machen; *vi* kreisen; **~ round** kreisen (Nachricht u. ä.) zirkulieren; **ˈcir·cled** *adj* umringt, eingekreist | rund; **ˌ~ of ˈlat·i·tude** *s Geogr* Breitenkreis *m*; **ˌ~ of ˈlon·gi·tude** *s Geogr* Längenkreis *m*; **cir·clet** [ˈsɜ:klət|-lɪt] *s* kleiner Kreis | Ring *m*, Reif *m*; **cir·cling** *adj* kreisförmig | sich kreisförmig bewegend
cir·cuit [ˈsɜ:kɪt] **1.** *s* Kreislauf *m*, -bewegung *f*, Umdrehung *f* | Fläche *f* | Umfang *m* | Umkreis *m* | Runde *f* ⟨to make a ~ of die Runde machen um *od* durch⟩ | Umweg *m* ⟨to make the ~ of s. th. um etw. e-n Bogen machen⟩ | *Jur* Rundreise *f* ⟨to go on ~ die Assisen abhalten⟩ | *Jur* Gerichtsbezirk *m* | *Flugw* Rundflug *m* ⟨to do a ~ e-e Platzrunde fliegen⟩ | (Film) Theaterkonzern *m*, -ring *m* | *El* Schaltung *f*, Schaltsystem *n*, Stromkreis *m* ⟨to put in ~ anschließen; closed ~ geschlossener Stromkreis; (Betriebs-, Schul-) Fernsehen (über Kabel); short ~ Kurzschluß *m*⟩; **2.** *vt* umkreisen | umgehen; *vi* kreisen; **ˈ~ ˌbreak·er** *El s* Trennschalter *m* | Leistungsschalter *m*; **ˈ~ ˌdi·a·gram** *s El* Schaltbiid *n*; **cir·cu·i·tous** [sɜ:ˈkju:ɪtəs] *adj* *förml* weitverzweigt, Umwege machend ⟨a ≈ course⟩ | *übertr* weitschweifig, umständlich; **cir·cu·i·ty** [sɜ:ˈkju:ətɪ] *s* Umweg *m* | Weitschweifigkeit *f*
cir·cu·lar [ˈsɜ:kjələ|-jʊlə] **1.** *adj* zirkulär, kreisförmig ⟨~ building Rundbau *m*⟩ | Kreis- | umlaufend, Rund- | umständlich; **2.** *s* Rundschreiben *n*, Zirkular *n* | *Pol* Zirkularnote *f*; **ˌ~ ˈarc** *s Math* Kreisbogen *m*; **ˌ~ ˈa·re·a** *s Math* Kreisfläche *f*; **ˌ~ ˈcheque** *s* Reisescheck *m*; **ˌ~ ˈfile** *s Am Sl* Papierkorb *m*; **~ i·ty** [ˌsɜ:kjəˈlærətɪ|-jʊˈl-] *s* Kreisförmigkeit *f* | Umständlichkeit *f*; **ˈ~ize** *vt* Rundschreiben senden an | durch Rundschreiben werben für | in Rundschreiben befragen; **ˌ~ ˈlet·ter** *s* Rundschreiben *n*; **ˌ~ ˈline** *s Math* Kreislinie *f*; **ˌ~ ˈnote** *s* (Diplomatie) Zirkularnote *f* | *Wirtsch* Reisekreditbrief *m*; **ˌ~ ˈrail·way** *s* Rundbahn *f*; **ˌ~ ˈsaw** *s Tech* Kreissäge *f*; **ˌ~ ˈskirt** *s* Glockenrock *m*; **ˌ~ ˈtour** *s* Rundreise *f*; **cir·cu·late** [ˈsɜ:kjəleɪt|-jʊl-] *vi* zirkulieren, umlaufen (**in** in, **through** durch) ⟨blood ≈s in the body⟩ | *Wirtsch* (Geld) in Umlauf sein | die Runde machen ⟨news ≈ quickly⟩; *vt* zirkulieren lassen, in Umlauf setzen; **ˌcir·cu·lat·ing** [ˈsɜ:kjəleɪtɪŋ|-jʊl-] *adj* zirkulierend, umlaufend; **ˌcir·cu·lat·ing ˈfrac·tion** *s Math* periodischer Bruch; **ˈcir·cu·lat·ing ˌli·bra·ry** *s* Leihbibliothek *f*; **ˈcir·cu·lat·ing ˌme·di·um** *s Wirtsch* Umlaufmittel *n*, Geld *n*; **cir·cu·la·tion** [ˌsɜ:kjəˈleɪʃn|-jʊˈl-] *s* Zirkulation *f*, Kreislauf *m* ⟨≈ of the blood Blutkreislauf *m*⟩ | *Wirtsch* Umlauf *m*, Verkehr *m* ⟨currency in ≈ Geldumlauf *m*; ≈ of banknotes Notenumlauf *m*; note and coin ≈ Zahlungsmittelumlauf *m*; in ≈ in Umlauf; to put into ≈ in Umlauf setzen; out of ≈ außer Kurs; to withdraw from ≈ aus dem Verkehr ziehen⟩ | *Wirtsch* Absatz *m* | (Buch, Zeitschrift) Auflage *f* ⟨a daily ≈ of 100.000⟩ | (Wasser-) Durchfluß *m*; **cir·cu·la·tive** [ˈsɜ:kjəleɪtɪv|-jʊl-] *adj* zirkulierend; **cir·cu·la·tor** [ˈsɜ:kjəleɪtə|-jʊl-] *s* Verbreiter *m*; **cir·cu·la·to·ry** [ˈsɜ:kjələtrɪ | -jʊl-] *adj* zirkulierend
circum- [sɜ:kəm] ⟨*lat*⟩ *in Zus* um, herum
cir·cum·am|bi·ent [ˌsɜ:kəmˈæmbɪənt] *adj* umgebend, umschließend; **~bu·late** [-ˈæmbjʊleɪt|-jəl-] *vt* herumgehen um; *vi* herumgehen | *übertr* um etwas herumreden; **~bu·la·tion** [ˌ~ˌæmbjʊˈleɪʃn|-jəl-] *s* Herumgehen *n*
cir·cum|cise [ˈsɜ:kəmsaɪz] *vt* beschneiden | *übertr* reinigen; **~ci·sion** [ˌ~ˈsɪʒn] *s* Beschneidung *f* | *übertr* Reinigung *f*
cir·cum·fer|ence [sɜ:ˈkʌmfr̩ens|-r̩ns] *s Math* Umfang *m* | Umkreis *m*, Peripherie *f*; **~en·tial** [sɜ:ˌkʌmfəˈrenʃl] *adj* Umfangs-
cir·cum·flex [ˈsɜ:kəmfleks] **1.** *s Ling* Zirkumflex *m*; **2.** *adj Ling* mit einem Zirkumflex | *Med* gekrümmt, gebogen; **3.** *vt Ling* mit einem Zirkumflex versehen | biegen; **~ion** [ˌsɜ:kəmˈflekʃn] *s* Biegung *f*, Krümmung *f*
cir·cum|flu·ent [sɜ:ˈkʌmflʊənt] *adj* umfließend; **cirˈcum·flu·ous** *adj* umflutend | von Wasser umgeben; **~fuse** [ˌsɜ:kəmˈfju:z] *vt* umfließen, umspülen | *übertr* umgeben; **~fu·sion** [ˌsɜ:kəmˈfju:ʒn] *s* Umfließen *n* | *übertr* Umgeben *n*
cir·cum|lo·cu·tion [ˌsɜ:kəmləˈkju:ʃn|-ləʊˈk-] *s* Umschreibung *f* | Weitschweifigkeit *f* | Umschweif *m*; **~loc·u·to·ry** [ˌ~ˈlɒkjʊtr̩ɪ] *adj* umschreibend | weitschweifig
cir·cum·nav·i|gate [ˌsɜ:kəmˈnævɪgeɪt] *vt* (Welt) umschiffen, umsegeln; **ˌ~ˈga·tion** *s* Umschiffung *f*, Umsegelung *f*
cir·cum|scribe [ˈsɜ:kəmskraɪb] *vt* (etw.) durch eine Linie einschließen, umgrenzen | umschreiben, definieren | beschränken, einschränken ⟨to ≈ one's interests⟩; **~scrip·tion** [ˌ~ˈskrɪpʃn] *s* Umgrenzung *f* | Umschreibung *f* | Beschränkung *f*, Einschränkung *f* | (Münze) Inschrift *f*
cir·cum·so·lar [ˌsɜ:kəmˈsəʊlə] *adj* sich um die Sonne drehend
cir·cum|spect [ˈsɜ:kəmspekt] *adj* um-, vorsichtig, überlegt

⟨≈ in behaviour⟩; **~spec·tion** [ˌ~'spekʃn] *s* Vorsicht *f*; **ˌ~'spec·tive** *adj* umsichtig, vorsichtig

cir·cum|stance ['sɜ:kəmstæns|'~stəns] *s* Umstand *m*, Tatsache *f*, Einzelheit *f*, Begleitumstand *m* ⟨a fortunate ≈; to consider each ≈⟩ | *meist pl* (Sach)Lage *f*, Sachverhalt *m* ⟨extenuating ≈s *Jur* mildernde Umstände; in/under no ≈s unter keinen Umständen, keinesfalls; in/under the ≈s bei dieser Sachlage, unter diesen Umständen⟩ | *meist pl* Lebenslage *f*, (persönliche) Verhältnisse *n/pl* ⟨in easy (reduced) ≈s wohlsituiert (unter beengten bzw. beschränkten Verhältnissen)⟩ | Zeremoniell *n*, Formalität(en) *f(pl)*, (besondere) Umstände *m/pl* ⟨pomp and ≈ feierliches Zeremoniell; without any ≈ ohne großes Drum und Dran⟩; **~stan·tial** [ˌ~'stænʃəl] *adj förml* umständebedingt ⟨≈ developments⟩ | *förml* (Darstellung) detailliert, in allen Einzelheiten ⟨≈ accounts ausführliche Schilderungen⟩ | *Jur* auf Indizien beruhend, nebensächlich, indirekt ⟨≈ evidence Indizienbeweis *m*⟩

cir·cum|vent [ˌsɜ:kəm'vent] *vt* umgeben, umzingeln | (jmdn.) hintergehen, überlisten | (Gesetz u. ä.) umgehen | (Plan u. ä.) vereiteln; **~ven·tion** [ˌ~'venʃn] *s* Umzingelung *f* | Überlistung *f* | Umgehung *f* | Vereitelung *f*; **ˌ~'ven·tive** *adj* betrügerisch, überlistend

cir·cum·vo|lute [sɜ:'kʌmvəlju:t] *vt* umwickeln | umwälzen (*auch übertr*); **~lu·tion** [ˌsɜ:kəmvə'lu:ʃn] *s* Umdrehung *f* | Umwälzung *f* (*auch übertr*)

cir·cus ['sɜ:kəs] *s* Zirkus *m* | Zirkusvorstellung *f* | *umg* Trubel *m* | *Am Sl* Unterhaltung *f*, Spaß *m* | *Brit* runder Platz, Straßenknotenpunkt *m* ⟨Piccadilly ∸⟩

cirque [sɜ:k] *s Geol* Kar *n*, natürliches Amphitheater

cirrhi-, cirrho- [sɪrɪ|sɪrəʊ] ⟨*griech*⟩ *in Zus* Haar-, Feder-, Büschel-

cir·rho·sis [sɪ'rəʊsɪs] *s Med* Zirrhose *f*, Schrumpfung *f*

cirri- [sɪrɪ] = **cirrhi-**

cir·ri ['sɪraɪ] *pl von* ↑ **cirrus**

cirro- [sɪrəʊ] = **cirrho-**

cir·ro-|cu·mu·lus [ˌsɪrəʊ 'kju:mjʊləs|-jəl-] *s* Zirrokumulus *m*, Schäfchenwolke *f*; **~stra·tus** [ˌ~ 'streɪtəs] *s* Zirrostratus *m*, Schleierwolke *f*

cir·rus ['sɪrəs] *s* (*pl* **cir·ri** ['~raɪ]) Zirrus *m*, Federwolke *f* | *Bot* Ranke *f* | *Zool* Rankenfuß *m*

cis- [sɪs] *präf zur Bildung von adj mit der Bedeutung:* diesseits, nach (*Ant* trans-) (*z. B.* **cis-alpine**)

cis·sy ['sɪsɪ] = **sissy**

Cis·ter·cian [sɪs'tɜ:ʃn] **1.** *s* Zisterziensermönch *m*; **2.** *adj* zisterziensisch

cis·tern ['sɪstən] *s* Zisterne *f*, Wasserbehälter *m*

cit·a·del ['sɪtədl|-del] *s Mil* Zitadelle *f*

ci·ta|tion [saɪ'teɪʃn] *s* Zitieren *n* | Zitat *n* | *Mil* Belobigung *f* | *Jur* Vorladung *f*; **~to·ry** ['saɪtətrɪ] *adj* zitierend; **cite** [saɪt] *vt* zitieren, (als Beispiel) erwähnen | *Mil* lobend erwähnen | *Jur* vorladen; **'cite·a·ble** *adj* anführbar

cit·i·zen ['sɪtɪzn|-təzn] **1.** *s* Staatsbürger *m* ⟨~ of the U. S. amerikanischer Staatsbürger; ~ of the world Weltbürger *m*; fellow-~ Mitbürger *m*⟩ | Städter *m* | Einwohner *m*; **2.** *adj* bürgerlich, Bürger-; **~ry** ['~rɪ] *s* Bürgerschaft *f*; **'~ship** *s* Staatsbürgerschaft *f* | Bürgerrecht *n*

cit|re·ous ['sɪtrɪəs] *adj* zitronengelb; **~ric ac·id** ['~rɪk 'æsɪd] *s Chem* Zitronensäure *f*; **~rin** ['~rɪn] *s Chem* Zitrin *n*; **~rine** ['~rɪn] **1.** *adj* zitronenartig | zitronengelb; **2.** *s Chem* Zitrin *n* | Zitronengelb *n*; **~ron** ['~rən] *s Bot* Zitronenbaum *m* | Zitronat *n*; **~rus** ['~rəs] *s* Zitrusgewächs *n*

cit·y ['sɪtɪ] **1.** *s* Großstadt *f* ⟨the ∸ of Paris⟩ | *Brit* Stadt *f* (mit Kathedrale) | *Am* Stadt *f* | Stadtbevölkerung *f*; **the ∸** die City, die Altstadt von London; **2.** *adj* Stadt- ⟨~ centre Stadtzentrum *n*⟩; **ˌ~ 'coun·cil** *s* Stadtrat *m*; **ˌ∸ 'ed·i·tor** *Brit* Wirtschaftsredakteur *m*; **ˌ~ 'ed·i·tor** *s Am* Lokalredakteur *m*; **ˌ~ 'hall** *s Am* Rathaus *n*; **'~ man** *s* (*pl* **'~ men**) *Brit* Finanz-, Kaufmann *m*; **'~ state** *s* Stadtstaat *m*

civ·et ['sɪvɪt] *s* Zibet *m* | *auch* **'~ 'cat** *s Zool* Zibetkatze *f*

civ|ic ['sɪvɪk] *adj* bürgerlich, Bürger- ⟨≈ duties Bürgerpflichten *f/pl*⟩; **ˌ~ic 'centre** *s* Verwaltungsviertel *n*; **'~ics** *s/pl* (*sg konstr*) Staatsbürgerkunde *f*

civ·il ['sɪvl] *adj* bürgerlich, Staatsbürger- ⟨~ rights and duties bürgerliche Rechte u. Pflichten⟩ | zivil, Zivil- ⟨~ life⟩ (*Ant* military, political etc.) | zuvorkommend, höflich ⟨a ~ answer⟩; **ˌ~ de'fence** *s* Zivilverteidigung *f*, Luftschutz *m*; **ˌ~ dis·o'be·di·ence** ziviler Ungehorsam; **ˌ~ en·gi'neer** *s* Bauingenieur *m*; **ˌ~en·gi'neer·ing** *s* Ingenieurbau *m*, Tiefbau *m*; **ci·vil·ian** [sə'vɪlɪən] **1.** *s* Zivilist *m*; **2.** *adj* zivil, Zivil- ⟨≈ life⟩; **ci·vil·i·ty** [sə'vɪlətɪ] *s* Höflichkeit *f*, Zuvorkommenheit *f* ⟨in ≈ aus Höflichkeit⟩; **civ·i·liz·a·ble** ['sɪvḷaɪzəbl] *adj* zivilisierbar; **ˌciv·i·li'za·tion** *s* Zivilisation *f*, Kultur *f*; **'civ·i·lize** *vt* zivilisieren | erziehen; **'civ·i·lized** *adj* zivilisiert; höflich, zuvorkommend; **ˌ~ 'law** *s Jur* Zivilrecht *n*; **ˌ~ 'list** *s Pol* Zivilliste *f*; **ˌ~ 'mar·riage** *s* standesamtliche Trauung; **ˌ~ 'rights** *s/pl* Bürgerrechte *n/pl*; **ˌ~ 'ser·vant** *s*, *bes Brit* Staatsbeamter *m*; **ˌ~ 'serv·ice** *s* Zivil-, Staatsdienst *m*; **ˌ~ 'war** *s* Bürgerkrieg *m*

Civ·vy Street ['sɪvɪ stri:t] *s Brit Sl* Zivilistendasein *n*

clack [klæk] **1.** *vi* klappern ⟨~ing typewriters⟩ | plappern, schwatzen ⟨~ing tongues⟩; *vt* klappern lassen | schwatzen; **2.** *s* Klappern *n* | Geräusch *n* beim Zusammenstoßen | Geplapper *n*; **'~ box** *s Tech* Ventilbüchse *f*

clad [klæd] *lit* **1.** *prät* u. *part perf von* ↑ **clothe**; **2.** *adj* gekleidet

claim [kleɪm] **1.** *s* (Rechts-) Anspruch *m*, Anrecht *n* (**to** auf) ⟨to make a ~ to e-n Anspruch erheben auf; to lay ~ to beanspruchen; to put in a ~ for als Eigentum beanspruchen⟩ | (Rück-) Forderung *f* ⟨~ for compensation Ersatzanspruch *m*; to have a ~ on s. o. gegenüber jmdm. e-n Anspruch haben; to make a ~ e-e Forderung erheben; to place a ~ Schadenersatz beanspruchen⟩ | (Versicherung) Zahlungsforderung *f* | *Bergb* Grubenanteil *m* | zugeteiltes Stück Land (bes. zum Goldschürfen) ⟨to stake out a ~ ein Stück Land abstecken, (*auch übertr*)⟩; **2.** *vt* beanspruchen, in Anspruch nehmen | fordern ⟨to ~ damages *Jur* Schadenersatz verlangen⟩ | als Eigentum beanspruchen | behaupten (von Sachen) | sich berufen auf | verlangen, verdienen, brauchen, nötig haben ⟨it ~s our individed attention es bedarf unserer vollen Aufmerksamkeit⟩; **'~a·ble** *adj* zu beanspruchen(d); **'~ant, '~er** *s Jur* Beanspruchender *m*, Bewerber *m*, Anwärter *m* (**to** auf), Anspruchethebender *m* ⟨benefit ≈ Unterstützungsberechtigte(r) *f(m)*⟩

clair|au·di·ence [kleə'rɔ:dɪəns] *s* Hellhören *n*; **~voy·ance** [kleə'vɔɪəns] *s* Hellsehen *n* | Scharfsinn *m*; **~voy·ant** [kleə'vɔɪənt] **1.** *adj* hellseherisch; **2.** *s* Hellseher(in) *m(f)*

clam [klæm] **1.** *s Zool* (zweischalige) eßbare Muschel, Venusmuschel *f* | (*meist pl*) Muschelfleisch *n* | *Am übertr umg* schweigsamer Mensch; **2.** (**clammed, clammed**) *vi* Muscheln suchen; ~ **up** *Sl übertr* verstummen, keinen Ton mehr sagen; *vt* nach Muscheln absuchen

cla·mant ['kleɪmənt] *adj* laut, lärmend | *übertr* schreiend | *Schott* dringend

clam·ber ['klæmbə] **1.** *vt* (mit Händen und Füßen) erklettern ⟨to ~up / over a wall⟩; *vi* klettern; **2.** *s* (mühsames) Klettern; **'~er** *s* Kletterer *m* | *Bot* Kletterpflanze *f*

clam·my ['klæmɪ] *adj* klamm, feuchtkalt ⟨~ air⟩ | klebrig ⟨~ with sweat schweißklebend⟩ | *übertr* (gefühls)kalt, tot ⟨~ statistics⟩

clam·our ['klæmə] **1.** *s* Lärm *m*, Geschrei *n* | lautes Wehklagen; **2.** *vi* schreien (**for** nach) | beklagen (**against sth.** etw.), sich auflehnen, sich empören (**against** gegen); *vt* schreien, lärmend äußern ⟨to ~ s. o. down jmdn. niederbrüllen⟩; **~ous** ['~rəs] *adj* lärmend, schreiend ⟨≈ streets⟩ | schallend, widerhallend ⟨≈ metal⟩ | laut fordernd (**for** nach) | ungebührlich ⟨≈ demands⟩ | lauthals vorgebracht, beteuert ⟨≈ professions laute Beteuerungen *f/pl*⟩

¹clamp [klæmp] *s* Haufen *m* | *Brit* (Kartoffel- u. ä.) Miete *f*

²clamp [klæmp] *Tech* **1.** *s* Klammer *f*, Klampe *f* | Klemmschraube *f*, Zwinge *f* | Einschiebeleiste *f*; **2.** *vt* verklammern, festklammern, befestigen | strammen; *vi:* **~ down** *umg* einschreiten (**on** gegen) | Druck ausüben (**on** auf); **'~ bolt** *s Tech* Klemmbolzen *m*; **'~ ˌcoup·ling** *s Tech* Schalenkupplung *f*; **'~ing** *Tech* **1.** *s* Einspannen *n*; **2.** *adj* Klemm-

clan [klæn] *s Schott* Clan *m*, Stamm *m* ⟨the Macmillan ~⟩ | Sippe *f*, Geschlecht *n* | *übertr scherzh* Sippschaft *f*, Clique *f*

clan·des·tine [klæn'destın] *adj* heimlich, verstohlen ⟨a ~ marriage⟩ | geheim ⟨a ~ press⟩

clang [klæŋ] **1.** *vi* klingen | klirren | schallen; *vt* klingen *od* ertönen lassen ⟨to ~ a bell⟩; **2.** *s* Klang *m*, Geklirre *n* Klingeln *n*

clang·er ['klæŋə] *s Brit Sl* grober Schnitzer, Fauxpas *m* ◇ **drop a ~** ins Fettnäpfchen treten, sich daneben benehmen

clang|or, *Brit auch* **~our** ['klæŋə] *s* Klirren *n* | Geschmetter *n* | schriller Klang | anhaltendes Klingeln; **'~our·ous** *adj* klirrend, schrill, gellend

clank [klæŋk] **1.** *vt* (Schwerter) klirren mit, (Ketten) rasseln mit; **2.** *s* Klirren *n*, Rasseln *n*, Gerassel *n*

clan|nish ['klænıʃ] *adj* Clan-, Stammes- ⟨≈ pride⟩ | stammesverbunden, zusammenhaltend; **'~ship** *s* Clansystem *n*, Stammesverband *m* | Stammesverbundenheit *f*

¹clap [klæp] (*meist mit best art*) *s vulg* Tripper *m*

²clap [klæp] **1.** *s* (Hände-) Klatschen *n* | Schlag *m*, Klaps *m* | Krachen *n* ⟨~ of thunder Donnerschlag *m*⟩; **2.** (**clapped, clapped**) *vt* schlagen | klopfen ⟨to ~ s. o. on the back⟩ | klatschen ⟨to ~ one's hands in die Hände klatschen⟩ | hastig auf- *od* ab- *od* hinstellen, -setzen, -werfen ⟨to ~ s. o. in prison jmdn. ins Gefängnis werfen; to ~ spurs to a horse e-m Pferd die Sporen geben⟩; **~ to** (Tür) zuschlagen; **~ up** einsperren, ins Gefängnis werfen ◇ **~ eyes on s. o.** (*bes neg*) *umg* jmdn. zu Gesicht bekommen; *vi* klatschen, schlagen | Beifall klatschen; **'~board** *s Am* Schindel *f* | Faßdaube *f*; **ˌclapped-'out** *adj Brit Sl* (Person) fertig, kaputt | (Sache) abgetakelt, heruntergekommen; **'~per** *s* Klatschende(r) *f(m)* | Klatscher *m* | (Glocken-) Klöppel *m* | Klapper *f* | *Sl* (Mund) Klapper *f*, Schleuder *f*; **'~perboard** *s* (Film) Klappe *f*; **'~pers,** *in:* **like the ~pers** *Brit umg* furchtbar schnell, wie der Teufel ⟨to drive like the ≈⟩; **'~ping** *s* Applaus *m*, Beifall *m*, Klatschen *n*; **ˌ~o'me·ter** *s* Applausmesser *m*; **'~track** *s Rundf* künstlicher Applaus; **'~trap 1.** *s* Theaterkniff *m*, Effekthascherei *f* | Phrasendrescherei *f*; **2.** *adj* effekthaschend ⟨≈ eloquence⟩ | trügerisch

clar·et ['klærət] **1.** *s* Rotwein *m*; **2.** *adj* weinrot

clar·i|fi·ca·tion [ˌklærəfı'keıʃn|-rıf-] *s* (Wein) Abklärung *f*, Läuterung *f* | *übertr* (Er-) Klärung *f* | Aufhellung *f* | (Abwasser) Klärung *f*; **ˌ~fi'ca·tion plant** *s Tech* Kläranlage *f*; **~fy** ['klærəfaı] *vt* (Flüssigkeit) abklären, läutern | *übertr* erklären, verdeutlichen; *vi* (Wein) sich (ab)klären | *übertr* sich aufklären

clar·i·net [ˌklærı'net], *selten* **clar·i·o·net** [ˌklærıə'net] *s Mus* Klarinette *f*; **ˌclar·i' net·[t]ist** *s* Klarinettist *m*

clar·i·on ['klærıən] **1.** *s Mus Hist* hohe Solotrompete | schmetternder Ruf; **2.** *adj* (Stimme) laut, schmetternd ⟨a ~ call Weckruf *m*; ~ voice Trompetenstimme *f*⟩; **clar·i·o·net** *s* ↑ **clarinet**

clar·i·ty ['klærətı] *s* Klarheit *f*, Reinheit *f*

clar·y ['klɛərı] *s Bot* Scharlachkraut *n*

clash [klæʃ] **1.** *vt* klirren *od* rasseln mit | zusammenschlagen; *vi* klirren, rasseln | zusammenstoßen (**against** mit), stoßen (**against** gegen) | *übertr* zusammenfallen, sich überschneiden | *übertr* in Widerspruch stehen, *umg* sich beißen (**with** mit) ⟨~ing interests widersprüchliche Interessen⟩; **2.** *s* Geklirr *n*, Gerassel *n* ⟨~ of weapons⟩ | Zusammenstoß *m* | Zusammenfallen *n* (von Terminen u. ä.) | Widerspruch *m* ⟨a ~ of opinions heftige Meinungsverschiedenheit⟩ | Unvereinbarkeit *f* ⟨a ~ of colours⟩

clasp [klɑ:sp] **1.** *vt* an-, ein-, zuhaken, (fest)schnallen | drücken, festhalten, umklammern ⟨~ed in each other's arms fest umschlungen; to ~ one's hands die Hände falten; to ~ a knife in one's hand ein Messer führen; krampfhaft halten; to ~ s. o.'s hands jmdm. die Hände fest drükken⟩ | umarmen ⟨to ~ s. o. to one's breast jmdn. an sein Herz drücken⟩; *vi* anhaften, halten; **2.** *s* Haken *m*, Klammer *f*, Spange *f*, Verschluß *m* | Schnalle *f* | Ordensspange *f* | Umarmung *f* | Händedruck *m*; **'~er** *s* Schnalle *f* | *Bot* Ranke *f*; **'~ knife** *s* (*pl* **'~ knives**) Klapp-, Taschenmesser *n*; **'~ pin** *s* Sicherheitsnadel *f*

class [klɑ:s] **1.** *s* Klasse *f*, Sorte *f* | Güteklasse *f* ⟨first ~ erstklassig; in the same ~ with gleichwertig mit⟩ | (Eisenbahn) Klasse *f* | (Gesellschafts-) Klasse *f*; Schicht *f* ⟨upper, middle and lower ~es; working ~⟩ | Klasse *f* (von Schülern) ⟨to be at the top of one's ~ Klassenerste(r) sein⟩ | Kursus *m* ⟨~es in cookery⟩ | Unterrichtsstunde *f* (*oft pl*) ⟨to attend ~es am Unterricht teilnehmen⟩ | *Am* (Universität) Jahrgang *m* ⟨the ~ of 1960⟩ | *Mil* Rekrutenjahrgang *m* | *urspr Am umg* "Klasse" *f* ⟨no ~ minderwertig⟩; **2.** *vt* in Klassen einteilen | einordnen, einstufen ⟨to ~ s. th. among / with s. th.⟩; *vi* einer Klasse zugerechnet werden; **'~a·ble** *adj* klassifizierbar; **'~ book** *s Am* Klassenbuch *n*; **ˌ~-'con·scious** *adj Pol* klassenbewußt; **'~ day** *s Am* Schulabschlußfeier *f*; **'~ ˌfeel·ing** *s* Mißgunst *f* | Standesdünkel *m*; **'~ˌfel·low** *s* Mitschüler *m*; **ˌ~ 'ha·tred** *s Pol* Klassenhaß *m*

clas|sic ['klæsık] **1.** *adj* erstklassig, mustergültig ⟨a ≈ example⟩ | klassisch, berühmt, traditionell ⟨a ≈ race⟩ | klassisch, vollendet, harmonisch | klassisch, die griechisch-römische Antike betreffend ⟨≈ literature⟩; **2.** *s* Klassiker, klassischer Schriftsteller | Werk *n* der Klassik | Meisterwerk *n* ⟨modern ≈⟩ | klassisches Rennen; **~si·cal** ['~sıkl] *adj* klassisch ⟨≈ music⟩ | die Klassik betreffend, klassisch, humanistisch ⟨≈ education⟩ | klassisch gebildet ⟨a ≈ scholar⟩ | einfach, ungekünstelt ⟨a ≈ folk dance⟩ | klassisch, etabliert, traditionell ⟨≈ scientific ideas⟩; **~si·cism** ['~ısızm] *s* Klassizismus *m*; **~si·cist** ['~ısıst] *s* Kenner *m* der Klassik | Klassizist *m* | klassischer Philologe; **~si·cize** ['~ısaız] *vt* klassisch machen; **'~sics** *s pl* klassische Philologie

clas·si|fi·a·ble ['klæsıfaıəbl] *adj* klassifizierbar; **~fi·ca·tion** [ˌ~fı'keıʃn] *s* Klassifikation *f* | Eingruppierung *f*, Einstufung *f*; **~fi·ca·to·ry** ['~fıkeıtrı] *adj* klassenbildend; **~fied** ['~faıd | -səf-] **1.** *adj* klassifiziert ⟨≈ advertisement kleine (Zeitungs-) Anzeige unter einer bestimmten Rubrik; ≈ catalogue Sachkatalog *m*⟩ | unter die Geheimhaltevorschriften fallend ⟨≈ information matter Verschlußsache *f*⟩; **2.** *s* (*meist pl*) Kleinanzeige *f*; **~fy** ['~faı|-səf-] *vt* klassifizieren, einordnen, einstufen | *Tech* sortieren | *Mil, Pol* in eine Geheimhaltungsstufe einordnen, für geheim erklären

class|less ['klɑ:sləs] *adj* klassenlos ⟨≈ society⟩; **'~ list** *s Brit* (Universität) Benotungs-, Zensurenliste *f*; **'~mate** *s* Klassenkamerad *m*; **'~ ˌnum·ber** *s* (Bücherei) Signatur *f*;

~room ['~rʊm|-ru:m] *s* Klassenzimmer *n*

class| stand·point ['klɑ:s ˌstændpɔɪnt] *s Pol* Klassenstandpunkt *m*; **ˌ~ 'strug·gle** *s*; **ˌ~ 'war,** *auch* **ˌ~ ~ 'war·fare** *Pol* Klassenkampf *ms* Klassenkampf *m*

class·y ['klɑ:sɪ] *adj umg* erstklassig, schick ⟨~ clothes⟩

clat·ter ['klætə] **1.** *vi* klappern, klirren, rasseln | *übertr* plappern, schwatzen; *vt* klappern *od* rasseln mit ⟨to ~ the plates⟩; **2.** *s* Geklapper *n*, Gerassel *n*⟨the ~ of a typewriter⟩ | Getrampel *n* | Lärm *m*, Getöse *n* | *übertr* Plappern *n*, Geschwätz *n*

clause [klɔ:z] *s Ling* Satz *m*, Teilsatz *m* ⟨principal ~ Hauptsatz *m*; subordinate ~ Nebensatz *m*⟩ | *Jur* Klausel *f*, Vorbehalt *m* ⟨arbitration ~ Schiedsklausel *f*⟩

claus·tral ['klɔ:strl] *adj* klösterlich, Kloster-

claus·tro·pho·bi·a [ˌklɔ:strə'fəubɪə | ˌklɒs-] *s Med* Klaustrophobie *f*, krankhafte Angst vor geschlossenen Räumen

cla·vate ['kleɪveɪt] *adj* keulenförmig

clave [kleɪv] *arch prät von* ↑ **cleave**

clav·i·a·ture ['klævɪətʃə] *s Mus* Klaviatur *f*

clav·i·chord ['klævɪkɔ:d] *s Mus* Klavichord *n*

clav·i·cle ['klævɪkl] *s Anat* Schlüsselbein *n*; **cla·vic·u·lar** [klə'vɪkjələ] *adj* Schlüsselbein-

cla|vus ['kleɪvəs] *s* (*pl* **~vi** ['~vaɪ]) *Med* Hühnerauge *n*

claw [klɔ:] **1.** *s* Klaue *f*, Kralle *f*, Fang *m* (*auch übertr*) ⟨to get one's ~s into s.o. jmdn. heimtückisch überfallen; to pare/cut s.o.'s ~s jmdn. entwaffnen *od* unschädlich machen⟩ | (Schalentier) Schere *f* | *Tech* Haken *m*, Klaue *f*; **2.** *vt* (zer)kratzen, (zer)krallen | die Krallen schlagen in | *über* (heimtückisch) ausschlagen nach, herunterreißen | *übertr* gierig greifen nach; **~ back** *Brit* (Zuschläge) durch Steuererhöhungen wieder rückgängig machen; *vi* kratzen | (verzweifelt) greifen, langen (**for** nach) | *auch* **~ off** *Mar* vom Ufer abhalten, die hohe See gewinnen; **'~back** *s* Nachteil *m* | *Brit* erhöhte Steuern *pl*; **'~ ˌham·mer** *s Tech* Splitt-, Klauenhammer *m*

clay [kleɪ] **1.** *s* Ton *m*, Lehm *m* | *übertr* Erde *f*, Staub *m* | *übertr* der menschliche Körper; **2.** *vt* mit Ton *od* Lehm bedecken *od* verschmieren; **3.** *adj* tonig, lehmig ⟨~ soil⟩; **'~-col·oured** *adj* lehmfarben; **~ey** ['~ɪ], **'~ish** *adj* tonig, lehmig, Ton-, Lehm-

clay·more ['kleɪmɔ:] *s* altes zweischneidiges Schwert

clay| pi·geon ['kleɪ 'pɪdʒən] *s* Tontaube *f*; **'~ pit** *s* Lehmgrube *f*

clean [kli:n] **1.** *adj* rein, sauber ⟨~ hands; ~ air; ~ bomb *euphem* [saubere] Bombe, die keinen radioaktiven Niederschlag erzeugt⟩ | frisch gewaschen, neu, nicht gebraucht ⟨~ linen⟩ | (Papier) unbeschrieben, leer | (Tier) reinlich, stubenrein | *übertr* rein, schuldlos, sauber ⟨a ~ life; to keep a ~ tongue die Zunge im Zaum halten, nichts Unanständiges sagen; to make a ~ breast of it alles frei heraussagen⟩ | ordentlich ⟨a ~ worker⟩ | eben, glatt ⟨a ~ cut⟩ | gut geformt *od* ausgebildet ⟨~ limbs⟩ | geschickt ⟨a ~ trick⟩ | (Speise, Fleisch) rein, genießbar, einwandfrei (*Ant* unclean) | *umg* (Person) frei von Drogen *od* Alkohol, sauber; **2.** *adv* sauber ⟨to scrub the floor ~⟩ | völlig, gänzlich ⟨I ~ forgot about it ich habe es völlig vergessen⟩; **3.** *vt* reinigen, säubern ⟨to ~ one's hands sich die Hände waschen⟩ | *Kochk* ausnehmen ⟨to ~ fish⟩ | in Ordnung bringen; **~ down** gründlich reinigen; **~ off** abputzen; **~ out** ausleeren | säubern, aufräumen | (jmdn.) erschöpfen | *Sl* (jmdn.) ausnehmen, schröpfen ⟨to be ~ed out blank sein⟩; **~ up** gründlich säubern, reinigen | bereinigen | in Ordnung bringen | Ordnung schaffen in, aufräumen in ⟨to ~ up the city⟩ | *umg* (Geld) einheimsen ⟨to ~ up a fortune ein Vermögen machen⟩ | *Am Sl* fertigmachen ⟨to ~ s.o. up⟩; *vi* putzen | sich säubern lassen ⟨to ~ easiliy⟩; **~ up** aufräumen, allen Schmutz wegräumen | sich waschen, sich fertigmachen ⟨to ~ up for dinner⟩ | *umg* einen großen Gewinn einheimsen, das große Geld machen; **~ up on** *Am Sl* fertigmachen, fertigwerden mit; **4.** *s* Säubern *n* ⟨to give s.th. a good ~⟩; **'~a·ble** *adj* leicht zu reinigen(d); **'~-bred** *adj* reinrassig; **'~-cut** *adj* scharf geschnitten ⟨≈features scharfgezeichnete Gesichtszüge *m/pl*⟩ | klar, deutlich | anständig, sauber; **'~er** *s* Reinigungskraft *f* ⟨window-≈ Fensterputzer *m*⟩ | *auch* **dry ~er** (chemische) Reinigung ⟨to send a dress to the ≈s⟩ | Reinigungsmaschine *f* ⟨vacuum-≈ Staubsauger *m*⟩ | Reinigungsmittel *n* ◇ **send / take s.o. to the ~ers** *Am Sl übertr* jmdm. den letzten Heller abnehmen; **ˌ~'hand·ed** *adj* mit sauberen Händen | schuldlos; **'~ing 1.** *s* Reinemachen *n*; **2.** *adj* Reinigungs-, Putz- ⟨≈ room *Tech* Putzerei *f*⟩; **~ly** ['klenlɪ] *adj* sauber, reinlich; ['~lɪ] *adv* säuberlich, reinlich; **'~ room** *s* steriler Raum;

cleanse [klenz] *vt* reinigen, säubern (*auch übertr*) | *übertr* freisprechen (from von); **cleans·er** ['klenzə] *s* Reiniger *m* | Reinigungsmittel *n*; **cleans·ing** ['klenzɪŋ] *s* Reinigen *n* | Reinigung *f* | *übertr* Lossprechung *f*; **'~up** *s* Reinemachen *n* | *Mil* Säuberungsaktion *f* | *urspr Am Si* Riesengewinn *m*, Schlager *m*, Reibach *m*

clear [klɪə] **1.** *adj* hell, klar ⟨~ day⟩ | (Wetter) klar, heiter ⟨~ sky⟩ | hell, leuchtend ⟨~ fire⟩ | durchsichtig, rein ⟨~ water⟩ | (Schrift) gut leserlich | klar, deutlich ⟨~ photograph⟩ | (Holz) astfrei | (Stimme) hell ⟨~ tune⟩ | *übertr* deutlich, verständlich (**to s.o.** jmdn.) ⟨a ~ thought; to be ~ about / on s.th. sich über etw. im Klaren sein; to make o.s. ~ sich deutlich ausdrücken, sich verständlich machen⟩ | sicher, außer Zweifel (**that** daß) ⟨to be ~ on s.th. in e-r Sache sicher gehen, Gewißheit haben hinsichtlich e-r Sache ⟩ | *übertr* klar, scharfsichtig ⟨~ mind⟩ | unbehindert, frei (**of** von) ⟨road ~ of traffic⟩ | *übertr* schuldlos, rein, frei (**from** von) ⟨a ~ conscience reines Gewissen; to be ~ of debt keine Schulden haben⟩ | ganz, voll(ständig) ⟨two ~ days zwei ganze Tage⟩ | *Wirtsch* netto, ohne Abzug ⟨~ profit Reingewinn *m*⟩; **2.** *adv* klar, deutlich ⟨to speak ~⟩ | ganz, gänzlich, vollständig ⟨~ away / off / out⟩ | getrennt, weg, fort ⟨to get ~ of loskommen von; to keep ~ of sich fernhalten von, meiden; to stand ~ of sich wegstellen von⟩; **3.** *vt* er-, aufhellen | aufklären ⟨to ~ s.o.⟩ | (etw.) erklären, erläutern | reinigen, säubern (*auch übertr*) ⟨to ~ one's throat sich räuspern; to ~ a ship die Ladung löschen; to ~ the air klare Verhältnisse schaffen; to ~ the decks (Schiff) klarmachen zum Gefecht; *übertr umg* sich fertigmachen, darangehen⟩ | (jmdn.) entlasten, freisprechen (**of** von) | (etw.) (offiziell) genehmigen ⟨to ~ a plan⟩ | (Person) Ausreise- *od* Einreisegenehmigung erteilen | (Schiff, Flugzeug) Auslaufs- *od* Abflugs- ˌEinreise- *od* Anlauf- *od* Anflugsgenehmigung erteilen ⟨to ~ a plane for landing⟩ | für (politisch) unbedenklich erklären | (Tisch) abräumen, abdecken | wegräumen, wegschaffen ⟨to ~ the street of snow⟩ | (Land) roden; (Wald) roden, lichten | *Mar* (Tau) klaren, freimachen | (Ware) verzollen, deklarieren | (Wechsel) einlösen | (Konto) ausgleichen | als Reingewinn erzielen | (Hindernis) nehmen, passieren ⟨to ~ a hedge⟩; **~ off** wegräumen; **~ out** ausräumen | *Sl* (jmdn.) ausnehmen, schröpfen; **~ up** aufklären ⟨the mystery has been ~ed up⟩ | in Ordnung bringen; *vi* hell *od* klar werden | (Wetter, Himmel) sich aufklären, aufheitern | *Mar* klarkommen; **~ away** (Wolken) sich verziehen; **~ off** sich aufhellen | (Sturm) sich verziehen | *Sl* (Person) sich verziehen, abhauen; **~ out** *Sl* (Person) abhauen; **~ up** sich (auf)klären | (Wetter) sich aufheitern; **4.** *s* in: **in the ~** *umg* außer Gefahr | schuldenfrei; **'~a·ble** *adj* (auf)klärbar; **~ance** ['~rns] *s* Aufräumen *n* | Lichtung *f* | *Tech* Spielraum *m* | lichte Höhe | *Wirtsch* Tilgung *f* | *Wirtsch* Verrechnung *f* | *Mar* Ausklarierung *f*, Verzollung *f* | Zollschein *m* | Zollgebühr *f* | *Flugw* Freigabe *f* | *auch* **'~ance sale** *s* Räumungsausverkauf *m*; **,~-'cut** *adj* klar, eindeutig; **,~'head·ed** *adj* mit klarem Kopf; **'~ing** *s* (Auf-, Aus-) Räumen *n* | Säuberung *f* | Lichtung *f* | Clearing *n*, Verrechnungsverkehr *m* | Ausverkauf *m*; **'~ing ,busi·ness** *s* Giroverkehr *m*; **'~ing 'hos·pi·tal** *s Brit Mil* Feldlazarett *n*; **'~ing·house** *s* Clearinginstitut *n*, Girozentrale *f*, Berechnungskasse *f* | *übertr* geistiger Umschlagplatz; **'~ing 'sta·tion** *s Am Mil* Truppenverbandsplatz *m*; **'~ing sys·tem** *s Wirtsch* Clearingsystem *n*; **'~ly** *adv* deutlich, klar ⟨to speak ≈; to see ≈⟩ | (als Antwort) bestimmt, sicher(lich); **,~-'sight·ed** *adj* klar-, scharfsichtig; **'~starch** *vt* (Wäsche) stärken

cleat [kli:t] **1.** *s* (*oft pl*) Keil *m*; Pflock *m*, Bügel *m* | *Tech* Kreuzholz *n*, Querleiste *f* | *El* Isolierschelle *f* | *Mar* Klampe *f* (zum Belegen) | *Geol* Schlechte *f*, Ablösungs-, Schichtfläche *f*; **2.** *vt* mit Klampen versehen *od* befestigen

cleav|a·bil·i·ty [,kli:və'bɪlətɪ] *s* Spaltbarkeit *f*; **~a·ble** ['~əbl] *adj* spaltbar; **~age** ['~ɪdʒ] *s* Spalten *n* | Spaltung *f* (*auch übertr*) | Spalt(e) *m(f)* | *Min* Spaltbarkeit *f* | *Geol* Schieferung *f*

[1]**cleave** [kli:v] (**cleft** [kleft] *od* **cleaved** [~d], **cleft** [kleft] *od* **clove** [kləʊv], **cloven** ['kləʊvn] *od arch* **clove** [kləʊv]) *vi* sich spalten (lassen) ⟨to ~ easily⟩; *vt* (zer)spalten, (zer)teilen ⟨to ≈ wood⟩ | (sich) bahnen ⟨to ~ a way⟩ | *übertr* brechen ⟨to ~ s.o. 's heart⟩

[2]**cleave** [kli:v] (**cleaved**, **cleaved** *od arch* **clave** [kleɪv]) *vi* kleben, hängenbleiben (**to** an) | *übertr* treu bleiben (**to s.o.** jmdm.)

cleav·er ['kli:və] *s* Spaltmesser *n*, Hackmesser *n*, -beil *n* | Baumaxt *f*, -hacke *f*

clef [klef] *s Mus* Notenschlüssel *m*

cleft [kleft] **1.** *prät* u. *part perf von* ↑ **cleave**; **2.** *adj* gespalten; **3.** *s* (*bes* Boden-, Fels-) Spalt(e) *m(f)*, Riß *m*, Ritze *f*; **,~ 'pal·ate** *s* Gaumenspalte *f*, Wolfsrachen *m*; **,~ 'stick** *s* Klemme *f*, schwierige Lage ⟨to be in a ≈ in der Patsche sitzen⟩

clem·a·tis ['klemətɪs | klə'meɪtɪs] *s Bot* Klematis *f*, Waldrebe *f*

clem|en·cy ['klemənsɪ] *s* Nachsicht *f* | (Wetter) Milde *f*; **'~ent** *adj* nachsichtig, gütig | (Wetter) mild

clench [klentʃ] **1.** *vt* (Lippen) fest zusammenpressen ⟨to ~ one's fist die Faust ballen; to ~ one's teeth die Zähne zusammenbeißen⟩ | fest packen ⟨to ~ s.th. in / with one's hands⟩ | *übertr* (Nerven) anspannen | = **clinch**; *vi* sich fest zusammenpressen; **2.** *s* Zusammenpressen *n* | Ballen *n* (der Faust) | Fassen *n* | Griff *m*

clere·sto·ry ['klɪəstɔ:rɪ] *s Arch* Lichtgaden *m*, Fenstergeschoß *n*

cler·gy ['klɜ:dʒɪ] *s* (*pl konstr*) *Rel* Klerus *m*, Geistlichkeit *f*, Geistliche *m/pl*; **'~man** *s* (*pl* **'~men**) Geistlicher *m* (*bes* der Church of England)

cler|ic ['klerɪk] **1.** *s* Geistlicher *m* | *Pol* Klerikaler *m*; **2.** *adj* klerikal, geistlich; **'~i·cal 1.** *adj* klerikal, geistlich ⟨a ≈ dress⟩ | Schreib-, Büro- ⟨≈ error Schreibfehler *m*; ≈ staff Verwaltungspersonal *n*; ≈ work Büroarbeit *f*⟩; **2.** = **cleric 1.**; **'~i·cal·ism** *s Pol* Klerikalismus *m*; **'~i·cal·ist** *s Pol* Klerikaler *m*

cler·i·hew ['klerɪhju:] *s poet* humoristischer Vierzeiler

clerk [klɑ:k] **1.** *s* (Büro-) Angestellter *m*, Buchhalter *m* ⟨bank ~ Bankangestellter *m*; chief / head ~ Hauptbuchhalter *m*; signing ~ Prokurist *m*⟩ | Schriftführer *m*, Sekretär *m* ⟨the Town ~ Stadtarchivar *m*⟩ | *Brit* Vorsteher *m*, Leiter *m* ⟨the ~ of the Weather *übertr* der Wettergott, Petrus⟩ | *Wirtsch* Handlungsgehilfe *m* | *bes Am* Verkäufer(in) *m(f)* | Küster *m* | *arch* des Lesens und Schreibens Kundiger *m*; **2.** *vi Am* als Verkäufer tätig sein; **'~ly** *adj* Schreiber- | schönschreibend ⟨≈ hand saubere Handschrift⟩ | geistlich ⟨a ≈ privilege⟩; **'~ship** *s* Stellung *f* eines Buchhalters u. ä.

clev·er ['klevə] *adj* klug, gescheit, intelligent ⟨a ~ boy; how ~ of you wie klug von dir⟩ | begabt (**at s.th.** für etw.) | geschickt, gewandt, tüchtig ⟨a ~ labourer; ~ fingers⟩ | (Sache, Leistung) klug, geistreich ⟨a ~ speech; a ~ book⟩ | gerissen, schlau

clew [klu:] **1.** *s* (Garn-) Knäuel *m* | *Mar* Schothorn *n* | = **clue**; **2.** *vt* ~ **up** (Wolle u. ä.) aufwickeln | *Mar* aufgeien; **'~ ,gar·net** *s Mar* Geitau *n*

cli·ché ['kli:ʃeɪ] *s Typ* Klischee *n* | *übertr* Phrase *f*, Schlagwort *n*

click [klɪk] **1.** *s* Klicken *n*, Ticken *n* | (Schloß) Einschnappen *n* | Sperrhaken *m* | *Ling* Schnalzlaut *m*; **2.** *vi* klicken, ticken | (mit der Zunge) schnalzen | einschnappen ⟨the lock ~ ed⟩ | übereinstimmen (**with** mit) | *Sl* Erfolg *od* Glück haben | *Sl* (Sache) klappen | *Brit Sl* sich auf Anhieb verlieben ⟨the two ~ed⟩; *vt* klicken lassen, klirren mit ⟨to ~ one's glasses [together] anstoßen⟩ | schnalzen mit ⟨to ~ one's tongue mit der Zunge schnalzen⟩ | (Tür) einklinken | (die Hacken) zusammenschlagen ⟨to ~ one's heels⟩; **'~er** *s Brit Typ* Metteur *m*; **'~ hook** *s Brit* Fischhaken *m*

cli·ent ['klaɪənt] *s Jur* Klient *m* | *Wirtsch* Kunde *m*; **'~age** *s* Klientschaft *f*, Klientel *f*; **cli·en·tele** [,kli:ən'tel | ,kli:ɒ̃-] *s* Klientel *f* | *Wirtsch* (ständiger) Kundenkreis, Stammkundschaft *f* | (Theater) ständige Besucher *m/pl*; **'~ship** *s* Klientschaft *f*

cliff [klɪf] *s* Klippe *f*, Kliff *n* | *Am Sl* Gefängnis *n*; **'~ dwell·er** *s* Höhlen-, Felsenbewohner *m*; **cliffed**, *auch* **~y** *adj* felsig, zerklüftet; **'~hang** *vi* Wettbewerb (noch) unentschieden sein, auf Messers Schneide stehen | *Rundf, TV* gespannt auf die nächste Folge sein | *übertr* in der Luft hängen; **'~han·ger** *s* bis zum Schluß spannender Kampf *od* Wettbewerb | *Rundf, TV* spannende Szene (am Ende e-r Fortsetzungsfolge | *übertr* ungelöstes Problem

cli·mac·ter|ic [klaɪ'mæktərɪk|,klaɪmæk'terɪk] **1.** *adj* klimakterisch | entscheidend, kritisch ⟨≈ years⟩; **2.** *s* kritische Periode | *Med* Klimakterium *n*, Wechseljahre *pl*; **~i·cal** [klaɪmæk'terɪkl] = **climacteric 1.**

cli·mac·tic [klaɪ'mæktɪk] *adj Rhet* sich steigernd

cli|mate ['klaɪmɪt|-mət] *s* Klima *n*, Wetterbedingungen *f/pl* | Gebiet *n*, Gegend *f* ⟨warm ≈⟩ | *übertr* Klima *n*, Atmosphäre *f* ⟨≈ of opinion Einstellung *f*, Anschauungen *f/pl*, allgemeine Meinung⟩; **~mat·ic** [~'mætɪk] *adj* klimatisch, Klima-; **~ma·tol·o·gist** [,~mə'tɒlədʒɪst] *s* Klimatologe *m*; **,~ma'tol·o·gy** *s* Klimatologie *f*

cli·max ['klaɪmæks] **1.** *s Rhet* Klimax *f*, Steigerung *f* | *übertr* Gipfel *m*, Höhepunkt *m* ⟨to bring s.th. to a ~ etw. auf die Spitze treiben; to find / reach its ~ den Höhepunkt erreichen⟩; **2.** *vi* sich steigern | den Höhepunkt erreichen; *vt* steigern | auf den Höhepunkt bringen

climb [klaɪm] **1.** *vi* klettern | (Sonne) (hoch-, empor)steigen (*auch übertr*) (**to** zu) | (Pflanze) klettern, sich hinaufranken; **~ down** hinunterklettern | *umg* klein beigeben; **~ up** hinaufklettern; *vt* ersteigen, erklettern ⟨to ~ a ladder auf e-e Leiter steigen⟩; **2.** *s* Klettern *n* | Aufstieg *m*, Besteigung *f* ⟨hard ~ schwerer Aufstieg⟩; **'~a·ble** *adj* besteigbar; **'~-down** *s übertr umg* Rückzieher *m*; **'~er** *s* Kletterer *m* | Bergsteiger *m* | *Bot* Schling-, Kletterpflanze *f* | *umg* Aufsteiger *m*, Streber *m*, Karrieremacher *m* ⟨a social ≈⟩ | *auch* **~ing i·ron** ['klaɪmɪŋ aɪən] *s* Steigeisen *n*; **'~ing pole** *s* Kletterstange *f*; **'~ out** *s Flugw* Steilstart *m*

clime [klaɪm] *poet s* Landstrich *m* | *übertr* Atmosphäre *f*, Luft *f*

clinch [klɪntʃ] **1.** *vt Tech* um-, vernieten | fest fassen | (Boxen) clinchen, umklammern | entscheiden ⟨that ~es the matter damit ist die Sache entschieden⟩; *vi Tech* vernieten | (Boxen) sich umklammern, in den Clinch gehen; **2.** *s Tech* Vernietung *f* | fester Halt (*auch übertr*) (Boxen) Clinch *m*, Umklammerung *f* ⟨to get into a ~⟩; **'~er** *s Tech* Klammer *f*, Klampe *f* | *umg* treffendes Argument ⟨that's a ≈ das setzt dem Streit ein Ende⟩; **'~er tire**, **'~er tyre** *s Tech* Wulstreifen *m*

cline [klaɪn] *s* Progression *f*, Kontinuum *n*, Abstufung *f*

cling [klɪŋ] **1.** (**clung**, **clung** [klʌŋ]) *vi* festhalten, sich (an)klammern (**to** an) | haften (**to** an) | *übertr* nachhängen (**to s.th.** e-r Sache), hängen (**to** an); *vt* festklammern (**to** an); **2.** *s selten* Anklammern *n*; **'~ing clothes** *s/pl* hautenge, figurbetonte Kleidung; **'~stone** *s* (Pfirsich) am (Frucht-) Fleisch haftender Stein | Pfirsich *m* mit am Fleisch haftendem Stein; **'~y** *adj* haftend

clin|ic ['klɪnɪk] **1.** *s* Klinik *f* | Poliklinik *f* | Klinikum *n*; **2.** = **'clini·cal** *adj* klinisch; **,~i·cal ther'mom·e·ter** *s* Fieberthermometer *n*; **cli·ni·cian** [klɪ'nɪʃn] *s* Kliniker *m*

[1]**clink** [klɪŋk] *s Brit Sl* Gefängnis *n* ⟨to be in ~ sitzen; to put in the ~ einlochen⟩

[2]**clink** [klɪŋk] **1.** *vi* klingen | klirren; *vt* klingen *od* klirren lassen ⟨to ~ glasses anstoßen⟩; **2.** *s* (Gläser, Schlüssel) Klingen *n* | Klirren *n*; **'~er** *s* Klinker *m*, Hartziegel *m* | Schlacke *f* | *Sl* Prachtkerl *m*, -stück *n*; **'~er-built** *adj Mar, Tech* in Klinkerbauweise; **'~ing** *adj, adv umg* großartig ⟨≈ match; ≈ fine day⟩

clino- [klaɪnə(ʊ)] ⟨*griech*⟩ *in Zus* Neigungs-, geneigt

cli·nom·e·ter [klaɪ'nɒmɪtə] *s* Klinometer *n*, Neigungsmesser *m* | *Math* Winkelmesser *m*

[1]**clip** [klɪp] **1.** (**clipped**, **clipped**) *vt* ab-, aus-, beschneiden (*auch übertr*) ⟨to ~ s.th. out of a paper etw. aus e-r Zeitung ausschneiden; to ~ a hedge e-e Hecke schneiden; to ~ a bird's wings e-m Vogel die Flügel stutzen; to ~ s.o.'s wings *übertr* jmdm. die Flügel beschneiden⟩ | (Schaf) scheren | (Fahrschein) lochen | (Laut, Silbe) verschlucken | *umg* (jmdm.) einen Schlag versetzen ⟨to ~ s.o.'s ear⟩; *vi* schneiden | (Zeitungs-) Artikel ausschneiden | *Am* sausen; **2.** *s* Schneiden *n* | Schur *f* | *umg* Schlag *m* ⟨at one ~ auf einmal, auf e-n Schlag⟩ | *Am* scharfes Tempo ⟨to go at a good ~ e-e schnelle Gangart anschlagen⟩

[2]**clip** [klɪp] **1.** (**clipped**, **clipped** *od* **clipt**, **clipt**) *vt* festhalten | befestigen; **2.** *s* (Heft-, Büro-) Klammer *f* | *Tech* Klammer *f*; **'~board** *s* Klemmdeckel *m*

clip joint ['klɪp dʒɔɪnt] *s Sl verächtl* Nepplokal *n*

clip|per ['klɪpə] *s Sl* Prachtstück *n* | *Mar* Klipper *m*, Schnellsegler *m* | Transozeanflugzeug *n* | *meist* **'~pers** *pl* Schere *f* ⟨a pair of ≈ e-e Schere⟩ | *auch* **'hair ,~pers** Haarschneidemaschine *f*; **'~ping** *s* Zeitungsausschnitt *m* ⟨newspaper ≈s⟩

clique [kli:k] *s* Clique *f*; **'cli·quish** *adj* cliquenhaft; **'cli·quism** *s* Cliquenwirtschaft *f*

cli·to·ris ['klaɪtərɪs|'klɪ-] *s Anat* Klitoris *f*, Kitzler *m*

clo·a|ca [kləʊ'eɪkə] *s* (*pl* **~cae** [~ki:|~si:]) Kloake *f* | *übertr* Pfuhl *m* | *Zool, Med* Kloake *f*

cloak [kləʊk] **1.** *s* Mantel *m* | Decke *f* | *übertr* Deckmantel *m* ⟨to use s.th. as a ~ for; under the ~ of unter dem Vorwand von⟩; **2.** *vt* mit einem Mantel *od* einer Decke verhüllen | *übertr* bemänteln ⟨to ~ one's aims⟩; **'~room** *s* Garderobe *f* | Gepäckaufbewahrung *f* | *Brit euphem* Toilette *f*

[1]**clob·ber** ['klɒbə] *Sl vt* zusammenschlagen | schwer verwunden | überwältigen; *vi Flugw* bruchlanden

[2]**clob·ber** ['klɒbə] *Brit umg s* Kram *m*, Zeug *n* | Klamotten *pl*

cloche [kləʊʃ|klɒʃ] *s Gartenb* Glasglocke *f*, Glasschutz *m*

[1]**clock** [klɒk] **1.** *s* (Wand-, Turm-) Uhr *f* ⟨to put the ~ back die Uhr zurückdrehen; *übertr* den Fortschritt aufhalten; round the ~ rund um die Uhr, Tag und Nacht; two o'~ zwei Uhr; to set the ~ die Uhr stellen; to work against the ~ gegen die Uhr *od* unter Zeitdruck arbeiten⟩; **2.** *vt* (Arbeitszeit) registrieren | (Sport) *Sl* die Zeit stoppen von; *vi*, **~ in/on** die Arbeitszeit registrieren *od* die Kontrolluhr stechen; **~ off/out** den Arbeitsschluß registrieren

[2]**clock** [klɒk] *s* (Strumpf) eingewebte Verzierung

clock|card ['klɒkka:d] *s* Stechkarte *f*; **'~face** *s* Zifferblatt *n*; **'~mak·er** *s* Uhrmacher *m*; **'~tow·er** *s* Glockenturm *m*; *umg* **'~watch·er** *s umg verächtl* jmd., der bei der Arbeit ständig auf die Uhr schaut; **'~watch·ing** *s verächtl* ständiges Schauen auf die Uhr vor Arbeits- *od* Dienstschluß; **'~wise** *adj* in Uhrzeigerrichtung, im Uhrzeigersinn, rechtsläufig (*Ant* counter≈); **'~work** **1.** *s* Uhr-, Lauf-, Räderwerk *n*, Mechanismus *m* (*auch übertr*) ⟨like ≈ glatt, wie geschmiert⟩; **2.** *adj* exakt, genau, pünktlich | zum Aufziehen ⟨≈ toys mechanisches Spielzeug⟩

clod [klɒd] **1.** *s* (Erd-, Gras-, Ton-) Klumpen *m* | (Erd-, Gras-) Scholle *f* | *übertr* Klotz *m*, Tolpatsch *m*, Tölpel *m*; **2.** (**'~ded**, **'~ded**) *vt* mit Erde bewerfen, Erdklumpen werfen nach; **'~ded** *adj* klumpig; **'~dish** *adj* klumpig | tolpatschig, tölpelhaft; **'~dy** *adj* klumpig | plump; **'~,hop·per** *s* Tölpel *m* (vom Lande) | grobschlächtige, ungehobelte Person | *pl* schwerer, klobiger Schuh

clog [klɒg] **1.** *s* Holzklotz *m*, Pflock *m* | Holzschuh *m* | *übertr* Hemmschuh *m*, Hindernis *n* (**on** für); **2.** (**clogged**, **clogged**) *vt* verstopfen ⟨to ~ [up] with dirt⟩ | (be)hindern, belasten (**with** durch); *vi* sich verstopfen; **'~ dance** *s* Holzschuhtanz *m*; **'~gy** *adj* klumpend | haftend | verstopfend

cloi·son·né [klwɑ:'zɒneɪ] **1.** *s* Cloisonné *n*, Emailarbeit *f*; **2.** *adj* Cloisonné-, (Schmuck) Emaillier-

clois|ter ['klɔɪstə] **1.** *s* Kloster *n* | *meist pl Arch* Kreuzgang *m* | klösterliche Abgeschiedenheit, Klosterleben *n* ⟨the ≈⟩; **2.** *vt* ins Kloster sperren ⟨to ≈ o.s. sich von der Welt abschließen⟩; **'~ter·ed** *adj* Kloster-, abgeschieden ⟨to live a ≈ life⟩; **~tral** ['~trl] *adj* klösterlich, Kloster-

clone [kləʊn] **1.** *s Bot, Biol* Klon *m* | *übertr* Double *n*, Duplikat *n* | *übertr* Roboter *m*; **2.** *vt Biol* klonieren; **'clon·ing** *s Biol* Klonierung *f*

cloop [klu:p] **1.** *vi* knallen; **2.** *s* Knall *m*

close **1.** *adj* [kləʊs] geschlossen ⟨~ box⟩ | eingeschlossen, umgeben ⟨~ country⟩ | *Ling* geschlossen ⟨~ vowel⟩ | abgeschlossen, verborgen ⟨ to keep / lie ~ sich verborgen halten; to keep o.s. ~ sich abseits halten⟩ | begrenzt, nicht (für jeden) zugänglich, nicht öffentlich ⟨a ~ area; ~ scholarship Stipendium für e-e begrenzte Anzahl von Kandidaten⟩ | *übertr* verschlossen, zurückhaltend ⟨to be ~ about s.th. sich über etw. ausschweigen⟩ | geizig ⟨to be ~ with money knausern; to be as ~ as an oyster äußerst zugeknöpft sein⟩ | (Wetter) schwül, drückend | (Luft) dumpf, verbraucht, schlecht | eng, fest, dicht ⟨a ~ texture⟩ | gedrängt, kurz ⟨ ~ writing⟩ | eng, anliegend ⟨a ~ dress⟩ | nahe, vertraut ⟨a ~ friend⟩ | eng ⟨~ contact; ~ limits *Tech* enge Toleranz⟩ | stark ⟨to bear ~ resemblance to⟩ | genau, wörtlich ⟨a ~ translation⟩ | nah, dicht ⟨in ~ proximity in nächster Nähe⟩ | knapp ⟨a ~ shave *umg* knappes Einkommen⟩ | angestrengt, gespannt, eifrig ⟨a ~ observer⟩ | detailliert, bündig ⟨~ arguments; ~ reasoning⟩ | gewissenhaft, gründlich ⟨~ questioning eingehende Befragung; ~ argument lückenloser Beweis⟩ | streng, genau ⟨to keep a ~ watch on s.o.⟩ | streng bewacht ⟨a ~ prisoner⟩ | unentschieden, beinahe gleich ⟨a ~ contest⟩ ◇ **~ at hand** nicht weit weg; **~ by / to** nahe bei, in der Nähe von ⟨to live ~

by / to the school⟩; ~ **upon** fast ⟨to be ~ upon seventy⟩; **2.** *adv* unmittelbar, dicht, nahe ⟨to follow ~ behind s.o.; to stand (sit) ~ against s.th.⟩ ◇ **sail ~ to the wind** hart *od* scharf am *od* beim Wind segeln | *übertr* sich hart an der Grenze des Gesetzes bewegen; [kləuz] **1.** *s* (*nur sg*) Ende *n* (e-s Zeitabschnitts) ⟨at the ~ of the day⟩ | Ende *n*, (Ab-)Schluß *m* ⟨to bring/draw s.th. to a ~ etw. abschließen⟩ | Kampf *m*, Handgemenge *n* | *Mus* Schlußstück *n*, Kadenz *f*; **2.** *vt* (ab-, ein-, ver-, zu)schließen ⟨to ~ the door upon s.o. die Tür hinter jmdm. zumachen; *übertr* jmdn. verstoßen⟩ | abschließen, zu Ende bringen ⟨to ~ a discussion; to declare a discussion ~d e-e Diskussion für beendet erklären; to ~ a bargain ein Geschäft abschließen; to ~ accounts with abrechnen mit⟩ | aneinanderbringen ⟨to ~ the ranks die Reihen schließen⟩; ~ **about** umgeben; ~ **down** schließen; ~ **in** einschließen; ~ **up** (ver)schließen | aneinanderrücken; *vi* (sich) schließen | enden, aufhören, zu Ende gehen ⟨the conference ~d on Saturday⟩ | näherkommen; ~ **down** schließen | *Rundf* die Sendungen *od* das Programm beenden; ~ **in** (Dunkelheit, Feind) hereinbrechen (**upon s.o.** über jmdn.) | (Tag) kürzer werden; ~ **up** sich schließen | *Mil* die Reihen schließen; ~ **with** nahe herankommen an | handgemein werden mit | übereinkommen mit; ˌ~ ˈ**call** *s umg* knappes Entkommen; ˌ~ ˈ**com·bat** *s Mil* Nahkampf *m*; ˌ~-ˈ**cropped**, *auch* ˌ~-ˈ**cut** *adj* (Haar) kurzgeschoren

closed [kləuzd] *adj* geschlossen (**to** für) (*Ant* open) | exklusiv, geschlossen ⟨~ membership nicht für jedermann zugängliche Mitgliedschaft⟩ | *Ling* (Vokal) geschlossen | *Wirtsch* autark ⟨~ economy⟩; ˌ~ **acˈcount** *s Wirtsch* abgeschlossenes Konto | *übertr* abgeschlossene Sache; ˌ~ ˈ**book** *s übertr umg* Buch mit sieben Siegeln | etw. Erledigtes *od* Abgeschlossenes; ˌ~ ˈ**chain** *s Chem* Ring *m*; ˌ~ ˈ**cir·cuit** *s TV* geschlossener Stromkreis; ˌ~-ˌ**cir·cuit te·le·ˈvi·sion** *s* interne Fernsehanlage; ˌ~-ˈ**door** *adj umg* (Versammlung) nicht öffentlich, geschlossen; ˌ~-ˈ**loop** *adj El* mit geschlossenem Regelkreis ⟨≈ control Regelung *f* mittels Regelkreis; ≈ control system Regelkreis *m*⟩

close·down [ˈkləuz daun] *s Brit Rundf* Sendeschluß *m* | (Betrieb u. ä.) Stillegung *f* ⟨a ~ over Xmas⟩

closed shop [ˌkləuzd ˈʃɒp] *s urspr Am* Betrieb *m*, der nur Gewerkschaftsmitglieder beschäftigt

close|fisted [ˌkləusˈfɪstɪd] *adj* geizig; ˌ~ˈ**fitting** *adj* (Kleidung) eng anliegend, knapp; ˌ~-ˈ**grain·ed** *adj* feinkörnig; ˌ~-ˈ**hauled** *s Mar* hart am Wind; ˌ~-ˈ**knit** *adj übertr* eng verbunden, stabil, fest (verbunden) ⟨a ≈ family⟩; ˌ~-ˈ**lipped** *adj* schweigsam, zurückhaltend, verschlossen; ˌ~ ˈ**quar·ters** *s/pl* Handgemenge *n*, Nahkampf *m* ⟨to come to ≈ handgemein werden⟩ | Nähe *f* ⟨at ≈ aus nächster Nähe, in nächster Nähe⟩

ˈ**clos·er** [ˈkləuzə] *s* Schließer *m* | (Schuhfabrikation) Stepper *m* | *Tech* Verschlußvorrichtung *f* | *Arch* Schlußstein *m*, Kopfziegel *m*, Riemchen *n* | *übertr* letzte Programmnummer

close| season [ˈkləus ˌsi:zn] *s* (Wild, Fische) Schonzeit *f*; ˌ~-ˈ**set** *adj* eng (nebeneinander)stehend ⟨= houses⟩; ~ ˈ**shave**, *auch* ˌ~ ˈ**thing** *s übertr umg* knappe Sache, Gerade-noch-Davonkommen *n*, Rettung *f* in letzter Minute | *auch* ˌ~-**run** ˈ**thing** *s* außerordentlich knappes Ergebnis, etw., was beinahe verloren gewesen wäre

clos·et [ˈklɒzɪt|-zət] **1.** *s bes Am* (Wand-) Schrank *m*, Vorratsschrank, -raum *m* | *arch* Kabinett *n*, Geheimzimmer *n* | *auch* ˈ**water** ~ (Wasser-) Klosett *n*; **2.** *vt* (*meist pass*) einschließen ⟨to be ~ed [together] with s.o. mit jmdm. geheime *od* interne Beratungen abhalten⟩; **3.** *adj* geheim, versteckt, unerkannt; ˈ~ ˌ**dra·ma**, ˈ~ **play** *s* Lesedrama *n*

close-up [ˈkləus ʌp] *s Film*, *Foto* Großaufnahme *f* | *umg* intime Schilderung ⟨a ~ of life in New York⟩

clos·ing | **date** [ˈkləuzɪŋ deɪt] *s* End-, letzter Termin; ˈ~ **price** *s* (Börse) Schluß-, letzte Notierung; ˈ~ **scene** *s Theat* Schlußszene *f*; ˈ~ **time** *s* Feierabend *m*, Geschäftsschluß *m* | Polizeistunde *f*

clo·sure [ˈkləuʒə] **1.** *s* (Ver-) Schließen *n* | Verschluß *m* | *Tech* Verschlußhütchen *n* | *Parl* Schluß *m* der Debatte ⟨to apply the ~ to a debate, to move the ~ Antrag auf Beendigung der Debatte stellen⟩; **2.** *vi Brit Parl* die Debatte beenden

clot [klɒt] **1.** *s* (*bes* Blut-) Klumpen *m* ⟨~ of blood Blutgerinnsel *n*⟩; **2.** (ˈ**~ted**, ˈ**~ted**) *vi* gerinnen | klumpig werden; *vt* gerinnen lassen | klumpig machen

cloth [klɒθ] **1.** *s* (*pl* **cloths**) (*bes* Woll-) Tuch *n*, Stoff *m*, Gewebe *n* | Zeug *n* | Lappen *m* ⟨floor-~ Scheuerlappen *m*⟩ | *auch* ˈ**table·cloth** Tischtuch *n*, Decke *f* ⟨to lay the ~ den Tisch decken⟩ | Kleidung *f* (e-s Geistlichen) ⟨the ~ der geistliche Stand⟩ | *Mar* Segeltuch *n*; **2.** *adj* Tuch-; ˈ**~back** *s* gebundenes Buch (*Ant* hardback); ˈ~ **bind·ing** *s* (Buch) Leinen(ein)band *m*; ˈ~ **board** *s Buchw* Leinendeckel *m*; ˈ**~-cap** *adj Brit* Fabrik-, Arbeiter- ⟨≈ workers (*Ant* tophat)⟩; **clothe** [kləuð] (**clothed**, **clothed** *od* **clad**, **clad** [klæd]) *vt* ankleiden | einkleiden, mit Kleidung versorgen ⟨to ≈ a family⟩ | einhüllen, bedecken ⟨the trees were ≈d with snow⟩ | *übertr* um-, einhüllen, kleiden (**in** in) ⟨to ≈ thoughts in/with words⟩ | *übertr* ausstatten (**with** mit) ⟨to ≈ s.o. with authority⟩; ˈ**~-ˌeared** *adj* mit verstopften Ohren; ˈ~ **ears** *s/pl* Ohrenschützer *m/pl* | *übertr* verstopfte *od* taube Ohren ⟨to have ≈ taub sein⟩

clothes [kləuðz|kləuz] *s/pl* Kleider *n/pl*, Kleidung *f* ⟨to change one's ~ sich umziehen; to put on one's ~ sich anziehen; to take off one's ~ sich ausziehen⟩ | *auch* ˈ**bed** ~ Bettwäsche *f*; ˈ**~ˌbas·ket** *s* Wäschekorb *m*; ˈ**~brush** *s* Kleiderbürste *f*; ˈ**~horse** *s* Wäschetrockner *m*; ˈ**~line** *s* Wäscheleine *f*; ˈ~ **moth** *s Zool* Kleidermotte *f*; ˈ**~peg**, ˈ**~pin** *s* Wäscheklammer *f*; ˈ~ **post** *s* Wäschestange *f*; ˈ~ **tree** *s* Kleiderständer *m*

cloth|ier [ˈkləuðɪə] *s* Tuchhändler *m*; ˈ**~ing** s Kleidung *f* | Hülle *f*, Decke *f* | *übertr* äußere Hülle, typisches Äußeres, Gewand *n* | *Mar* Segel *n/pl*, Takelage *f*

clot|ted [ˈklɒtɪd], ˈ**~ty** *adj* klumpig

clo·ture [kləutʃə] *Am* = **closure** *Parl*

clou [klu:] *s* Clou *m*, Höhepunkt *m*

cloud [klaud] **1.** *s* Wolke *f* ⟨~ of dust Staubwolke *f*; to be/have one's head in the ~s *übertr umg* in höheren Regionen schweben; gedankenverloren sein⟩ | *übertr* Schwarm *m*, Masse *f*, Menge *f* ⟨a ~ of insects⟩ | *übertr* Schatten *m* ⟨to cast a ~ on s.th. auf etw. e-n Schatten werfen; to lift the ~ *übertr* Licht ins Dunkel bringen; under a ~ *übertr* in Ungnade; in Verruf⟩; **2.** *vt* bewölken | *übertr* verdunkeln, trüben, einen Schatten werfen auf ⟨to ~ the future⟩ | *übertr* trüben, verwirren ⟨to ~ the issue e-e Sache unklar machen⟩ | *Tech* (Stahl) flammen; *vi* sich bewölken | sich trüben; ˈ**~burst** *s* Wolkenbruch *m*; ˈ**~-capped** *adj* (Berge) wolkenbedeckt; ˈ~ ˌ**cham·ber** *s Phys* Nebel-, Wilsonkammer *f*; ˌ~-ˈ**cuck·oo-land** *s* Wolkenkuckucksheim *n*; ˈ**~ed** *adj* bewölkt, trübe | *übertr* getrübt ⟨≈ mind Geistesgestörtheit *f*⟩; ˈ**~land** *s* Wolkenkuckucksheim *n*, Traumland *n*; ˈ**~less** *adj* wolkenlos | ungetrübt; **~let** [ˈ~lət] *s* Wölkchen *n*; ˌ~ ˈ**nine**, *in*: **on ~ nine** *Am Sl übertr* im siebenten Himmel; ˈ**~y** *adj* bewölkt, wolkig | trübe, getrübt (**with** von) | (Stoff) moiriert | *übertr* düster, traurig ⟨≈ thoughts⟩

clout [klaut] **1.** *s* altes (Stück) Tuch, Lappen *m* ⟨dish ~ Aufwaschlappen *m*⟩ | (*meist pl*) *Brit Sl* (Kleidung) Fetzen *m*, Lappen *m* | (Bogenschießen) Mittelpunkt *m* der Zielscheibe | Treffer *m* | *Sl* Schlag *m* ⟨~ on the ear eins hinter die Ohren⟩ | *Am Sl Pol* Einfluß *m* ⟨to have a lot of ~ with s.o. mit jmdm. dicke Tinte sein⟩; **2.** *vt Sl* schlagen ⟨to ~ s.o.s head; to ~ s.o. on the head jmdm. eine verwinken⟩

[1]**clove** [kləʊv] *s Bot* Gewürznelke *f* ⟨oil of ~s Nelkenöl *n*⟩

[2]**clove** [kləʊv] *s Bot* Brut-, Nebenzwiebel *f*; Zehe *f* ⟨~ of garlic Knoblauchzehe *f*⟩

[3]**clove** [kləʊv] *prät von* ↑ [1]**cleave**

clove hitch ['kləʊv hɪtʃ] *s Mar* Schifferknoten *m*

clo·ven ['kləʊvn] **1.** *part perf von* ↑ [1]**cleave**; **2.** *adj* gespalten; ˌ**~ hoof** *s* Pferdefuß *m* (des Teufels) ⟨the ≈ der Teufel; to show the ≈ den Pferdefuß zeigen⟩

clove pink ['kləʊv pɪŋk] *s Bot* Gartennelke *f* | Nelkenrot *n*

clo·ver ['kləʊvə] *Bot s* Klee *m* ⟨to be / live in [the] ~ *übertr* im Wohlstand *od* im Überfluß leben⟩; '**~leaf** *s* (*pl* '**~leafs**, '**~leaves**) Autobahnkreuz *n*

clown [klaʊn] **1.** *s* Clown *m*, Hanswurst *m* | Tölpel *m*; **2.** *vi* sich wie ein Clown benehmen ⟨to ~ it den Clown machen⟩; '**~er·y** *s* Clownerie *f*; '**~ish** *adj* clownhaft, wie ein Clown | tölpelhaft, bäurisch

cloy [klɔɪ] *vt* übersättigen ⟨to be ~ed with pleasure Vergnügen haben an; to ~ the appetite sich den Appetit verderben⟩ | anekeln, anwidern; *vi* Übersättigung verursachen, jmdn. anwidern ⟨pleasures ~⟩

cloze [kləʊz] *s Päd* Weglaß- ⟨~ exercises; ~ test⟩; '**~ proˌce·dure** *s Päd* Lesetest *m* (mit weggelassenen Wörtern)

club [klʌb] **1.** *s* Keule *f* | (Gummi-) Knüttel *m* | (Sport) Schläger *m* ⟨Indian ~s Keulen *f/pl*⟩ | *Kart* Kreuz *n*, Eichel *f* ⟨the queen of ~s die Kreuzdame; to play a small ~ kleines Kreuz ausspielen⟩ | Klub *m*, Verein *m* ⟨tennis ~⟩ ◇ **in the ~** *Sl* (*bes* unverheiratete Frau) in anderen Umständen; **join the ~!** *Brit Sl* das trifft sich!; **2.** (**clubbed**, **clubbed**) *vt* mit einer Keule *od* mit einem Gewehrkolben schlagen ⟨to ~ s.o. to death jmdn. totschlagen⟩ | *auch* **~ together / up** (Geld u. ä.) zusammenlegen; *vi* sich (zu e-m Klub u. ä.) vereinigen; **~ together** sich zusammentun (**for** zu); '**~ba·ble** *adj* klubfähig | gesellig; **clubbed** *adj* keulenförmig; '**~by** *adj umg* gesellig; '**~ chair** *s* Klubsessel *m*; ˌ**~'foot** *s* (*pl* ˌ**~'feet**) *Med* Klumpfuß *m*; ˌ**~'foot·ed** *adj* klumpfüßig; '**~house** *s* Klubhaus *n*; '**~ land** *s Brit* Gesellschaftsviertel *n* von London; '**~ law** *s* Faustrecht *n*; '**~ moss** *s Bot* Bärlapp *m*; '**~room** *s* Klubraum *m*

cluck [klʌk] **1.** *vi* glucken; **2.** *s* Glucken *n*; '**~y** *adj* gluckend

clue [klu:] **1.** *s* Anhaltspunkt *m*, Fingerzeig *m* ⟨to find / get a ~ to s.th. für etw. e-n Lösungsweg finden; I haven't a ~ ich habe keine Ahnung⟩ | *übertr* Faden *m* (e-r Erzählung usw.); **2.** *vt* (*vi*) (sich) aufrollen; '**~less** *adj* ohne (jeden) Anhaltspunkt ⟨to be absolutely ≈ *umg* ich habe nicht den geringsten Schimmer⟩

clump [klʌmp] **1.** *s* Klumpen *m* | (Holz-) Klotz *m* | (Baum- u. ä.) Gruppe *f* ⟨to grow in ~s in Gruppen stehen⟩ | Doppelsohle *f*; **2.** *vi auch* **~ about** schwerfällig gehen | trampeln; *vt* anhäufen | in Gruppen anpflanzen | dick besohlen

clum·sy ['klʌmzɪ] *adj* schwerfällig, ungeschickt, unbeholfen ⟨a ~ excuse; ~ fingers⟩ | ungefügig, unpassend ⟨a ~ tool⟩ | plump ⟨a ~ girl⟩ | taktlos, unpassend ⟨~ praise⟩

clung [klʌŋ] *prät* u. *part perf von* ↑ **cling**

Clu·ny lace ['klu:nɪ leɪs] *s* Cluny-, Klöppelspitze *f*

clus·ter ['klʌstə] **1.** *s Bot* (Beeren u. ä.) Traube *f*, Büschel *n* | (Haar) Büschel *n* | Haufen *m*, Schwarm *m* ⟨a star ~; a ~ of bees⟩ | Gruppe *f* ⟨a ~ of houses⟩ | *Ling* Gruppe *f*, Häufung *f* ⟨consonant ~⟩; *vt* an-, zusammenhäufen; *vi Bot* in Büscheln wachsen | (Menschen u. ä.) sich (ver)sammeln (**round** um) | umgeben (**round s.th.** etw.), herumstehen (**round** um); '**clus·tered** *adj* büschel-, traubenförmig; '**~ bomb** *s Mil* Kugel-, Splitterbombe *f*; '**~ ˌhead·ache** *s Med* Kopfschmerzanfälle *m/pl*; '**~ pine** *s Bot* Strandkiefer *f*

[1]**clutch** [klʌtʃ] **1.** *vt* (er)greifen, packen *auch übertr* ⟨to ~ s.th. to one's breast etw. an die Brust drücken; to ~ power die Macht an sich reißen⟩ | *Kfz* kuppeln; *vi* (gierig, krampfhaft, schnell) greifen (**at** nach) | *Kfz* kuppeln; **2.** *s* Greifen *n* ⟨to make a ~ at greifen nach⟩ | Griff *m* | *übertr* Kralle *f* ⟨to get into (out of) the ~es of s.o. in jmds. Fänge geraten (jmds. Fängen entkommen)⟩ | *Kfz* Kupplung *f* ⟨to let in the ~ einkuppeln; to disengage / withdraw the ~ auskuppeln⟩

[2]**clutch** [klʌtʃ] *Zool* **1.** *s* Brut *f* | Gelege *n*; **2.** *vt* ausbrüten

clutch| cou·pling ['klʌtʃ ˌkʌplɪŋ] *s Kfz* Schaltkupplung *f*; '**~ disk** *s Kfz* Kupplungsscheibe *f*; '**~ ˌped·al** *s* Kupplungspedal *n*; '**~ plate** *s* Kupplungsscheibe *f*; '**~ shaft** *s* Kupplungswelle *f*

clut·ter ['klʌtə] **1.** *s* Wirrwarr *m*, Durcheinander *n*; **2.** *vt, meist* **~ up** durcheinanderbringen | anhäufen ⟨to ~ up a room with furniture e-n Raum mit Möbeln überladen⟩; *vi dial* durcheinanderrennen | lärmen; '**~ed** *adj* unaufgeräumt ⟨a ≈ desk; a ≈ room⟩

clys·ter ['klɪstə] *Med* **1.** *s* Klistier *n*, Einlauf *m*; **2.** *vt* einen Einlauf machen

co- [kəʊ] *präf zur Bildung von s, adj, adv und v mit der Bedeutung*: mit, gemeinsam, zusammen, gleich (*z. B.* **co-author** Mitautor *m*; **coequal** gleichrangig; **coexist** koexistieren)

coach [kəʊtʃ] **1.** *s* Kutsche *f*, Wagen *m* ⟨mail-~ Postkutsche *f*⟩ | *auch* '**motor ~** (Reise-) Omnibus ⟨to travel by ~⟩ | Eisenbahnwagen *m* | (Sport) Trainer *m* ⟨a football ~⟩ | *umg* Einpauker *m*, Nachhilfelehrer *m*; **2.** *vt* (jmdn.) kutschieren | üben mit, anleiten ⟨to ~ s.o. for an examination jmdn. auf e-e Prüfung vorbereiten⟩ | trainieren; *vi* kutschieren | als Nachhilfelehrer *od* Trainer arbeiten; **~-and-four** [ˌ~n'fɔ:] *s* Vierspänner *m*; '**~ box** *s* Kutscherbock *m*; '**~ horse** *s* Kutschpferd *n*; '**~man** *s* (*pl* '**~men**) Kutscher *m* | (Angeln) künstliche Fliege; '**~ screw** *s Tech* Holzschraube *f* mit Vierkantkopf; '**~ tour** *s* Bustour *f*

co·act [kəʊ'ækt] *vi* zusammenwirken, -arbeiten; **co·ac·tion** [-'ækʃn] *s* Zusammenarbeit *f*; **co'ac·tive** *adj* zusammenarbeitend, -wirkend

co·ad·ju·tor [kəʊ'ædʒətə] *s* Mitarbeiter *m*

co·ag·u·lant [kəʊ'ægjʊlənt] *s* Gerinnungsmittel *n*; **co'ag·u·late** *vi* (*vt*) (Flüssigkeit, *bes* Blut) gerinnen (lassen); **coˌag·u'la·tion** *s* Koagulation *f*; **co'ag·u·la·tive** *adj* das Gerinnen bewirkend; **co'ag·u·la·tor** *s* Gerinnungsmittel *n*

coal [kəʊl] **1.** *s* (*meist* Stein-) Kohle *f* ⟨brown ~ Braunkohle *f*; hard ~ Anthrazit *m*; soft ~ Fettkohle *f*⟩ | (Stück) Kohle *f* ⟨a live ~ e-e glühende Kohle; a hot ~ ein brennendes Stück Kohle⟩ | *übertr* (*meist pl*) Glut *f*, Feuer *n* ⟨to blow the ~s of passion e-e Leidenschaft entfachen⟩ ◇ **carry ~s to Newcastle** Eulen nach Athen tragen; **haul s.o. over the ~s** jmdm. die Hölle heiß machen; jmdn. abkanzeln; **heap ~s of fire on s.o.'s head** glühende Kohlen auf jmds. Haupt sammeln; **2.** *vt* mit Kohlen versehen, bekohlen; *vi* (Schiff) Kohlen auf- *od* einnehmen; '**~ bed** *s Geol* Kohlenlager *n*; '**~ black** *adj* kohlschwarz; '**~ dust** *s* Kohlenstaub *m*

co·a|lesce [ˌkəʊə'les] *vi* verschmelzen, sich verbinden; ˌ**~'les·cence** *s* Verschmelzung *f*; ˌ**~'les·cent** *adj* verschmelzend, sich verbindend

coal| field ['kəʊl fi:ld] *s* Kohlenrevier *n*; '**~fish** *s Zool* Köhler *m*; '**~ gas** *s Chem* Leuchtgas *n*; '**~ ˌheav·er** *s* Kohlenträger *m*; '**~ing ˌsta·tion** *s Mar* Kohlenbunker *m*, -hafen *m*

co·a·li·tion [ˌkəʊə'lɪʃn] *s* Koalition *f*, Bündnis *n*, Zusammenschluß *m* ⟨~ government Koalitionsregierung *f*; to form a ~ against sich verbünden gegen⟩

coal|mine ['kəʊlmaɪn] *s* Kohlengrube *f*, -zeche *f*; '**~ ˌmin·ing**

s Kohlenbergbau *m*; **'~ oil** *s Am* Petroleum *n*; **'~pit** *s* Kohlengrube *f*; **'~rake** *s* Schürhaken *m*; **'~scut·tle** *s* Kohleneimer *m*, -behälter *m*; **'~ seam** *s* Kohlenflöz *n*; **'~ tar** *s* Kohlenteer *m*; **'~y** *adj* kohlenartig, kohlig | kohlschwarz

coam·ing ['kəumɪŋ] *s Mar* Süll *m*, Lukenkimming *f*

co-an·chor ['kəu,æŋkə] *vt, vi Am Rundf, Ferns* gemeinsam moderieren

coarse [kɔ:s] *adj* rauh, grob ⟨~ material⟩ | (Sand, Zucker) grobkörnig ⟨~ sand⟩ | (Lebensmittel) minderwertig, gewöhnlich ⟨~ fish⟩ | *übertr* grob, ungeschliffen, vulgär, unfein ⟨~ manners rauhe Manieren⟩

coast [kəust] **1.** *s* Küste *f* ⟨on the ~ an der Küste⟩ | *Am, Kan* Rodelbahn *f* | *Am, Kan* (Rodel-) Talfahrt *f* ◇ **the ~ is clear** *übertr* die Luft ist rein; **2.** *vt* (Schiff) (an etw.) entlangfahren | (Fahrrad) im Freilauf fahren; *Kfz* im Leerlauf bergab fahren; (Fahrzeug) rollen lassen ⟨to ~ a car down a hill⟩; *vi* an der Küste entlangfahren | im Freilauf bzw. Leerlauf fahren | *Tech* (Maschine) auslaufen, -rollen | weiterlaufen | *Am, Kan* rodeln; **'~al** *adj* Küsten-; **'~er** *s* Küstenfahrer *m* | *Am* Rodelschlitten *m* | Glasuntersetzer *m*; **'~er brake** *s* (Fahrrad) Rücktrittbremse *f*; **'~guard** *s* Küstenwache *f*; **'~ing** *s* Küstenschiffahrt *f* | *Am* Rodeln *n*; **'~ing trade** *s* Küstenhandel *m*; **'~line** *s* Küsten(linie) *f*; **'~wise 1.** *adj* Küsten-; **2.** *adv* an der Küste entlang

coat [kəut] **1.** *s* (Herren-) Jackett *n*, Rock *m* ⟨to cut one's ~ according to one's cloth *übertr* sich nach der Decke strekken⟩ | *auch* **'over~** Mantel *m* ⟨to turn one's ~ *übertr* den Mantel nach dem Wind drehen; to trail one's ~ *übertr* jmdn. provozieren⟩ | (Damen-) Kostümjacke *f* ⟨~ and skirt Kostüm *n*⟩ | *übertr* Hülle *f*, Mantel *m* | (Tier-) Fell *n*, Pelz *m* ⟨the horses' ~s⟩ | Schale *f* ⟨the ~s of an onion⟩ (Farb-) Anstrich *m*, Auftrag *m*, Schicht *f*, Überzug *m*, Schutzschicht *f* ⟨a ~ of paint⟩ | *Mar* Kragen *m*; **2.** *vt* mit einem Mantel versehen | überstreichen, -ziehen | bedekken ⟨furniture ~ed with dust⟩; **'~ ,ar·mour** *s Her* (Familien-) Wappen *n*; **'~ dress** *s* Mantelkleid *n*; **'~ed** *adj* bekleidet | überzogen, bedeckt | *Med* belegt ⟨≈ tongue⟩; **~ee** [kəu'ti:] *s* (enganliegender) kurzer (Uniform-) Rock *m*, Mantel *m*; **'~ ,hang·er** *s* Kleiderbügel *m*

co·a·ti [kəu'ɑ:tɪ] *s Zool* Coati *n*, Rüssel-, Nasenbär *m*

coat|ing ['kəutɪŋ] *s* Anstrich *m* | Belag *m*, Lage *f*, Schicht *f*, Überzug *m* ⟨≈ of paint Farbanstrich *m*⟩ | Rock-, Mantelstoff *m*; **,~ of 'arms** *s* Wappenschild *n*; **,~ of 'mail** *s* Harnisch *m*; **'~ tail 1.** *s* Rockschoß *m*; **2.** *adj Am Pol* abhängig, begünstigt ⟨≈ prestige erborgtes Prestige⟩; **'~ tails** *s/pl Am Pol* Fähigkeit *f* schwächere Kandidaten mitzuziehen ⟨a politician with broad ≈⟩ ◇ **ride on s.o.'s ~ tails** *Am Pol* sich von jmdm. mittragen lassen, von jmds. Erfolg profitieren; **'~-,trail·ing 1.** *s Brit* Herausforderung *f*, Provokation *f*; **2.** *adj* aufreizend, herausfordernd

co-au·thor [kəu 'ɔ:θə] *s* Mitautor *m*

coax [kəuks] *vt* beschwatzen, überreden, gut zureden (**to do s.th., into doing s.th.** etw. zu tun) | erschmeicheln ⟨to ~ s.th. from / out of s.o. jmdm. etw. abschwatzen⟩; *vi* schmeicheln

co·ax·i·al [kəu'æksɪəl] *adj Math, Tech* gleichachsig, koaxial ⟨~ cable Koaxialkabel *n*⟩

coax·ing [kəuksɪŋ] *s* Schmeichelei *f*, gutes Zureden

cob [kɒb] *s* kleines Pferd | *Zool* männlicher Schwan | Klumpen *m* ⟨a ~ of coal⟩ | *auch* **'corn~** *Am* Maiskolben *m* ⟨corn on the ~⟩ | *auch* **~ nut** (große) Haselnuß

co·balt ['kəubɔ:lt|kəu'b-|-bɒlt] *s Min* Kobalt *m* | *auch* **'~ ,blue** Kobaltblau *n*; **'~ bomb** *s* Kobaltbombe *f*; **~ic** [kəu'bɔ:ltɪk] *adj* kobalthaltig; **~ous** [kəu'bɔ:ltəs] *adj* kobaltartig; kobalthaltig

cob·ber ['kɒbə] *s Austr umg* Kumpel *m*, Kamerad *m*

[1]**cob·ble** ['kɒbl] **1.** *s, auch* **'~stone** Kopfstein *m*; **2.** *vt* mit Kopfsteinen pflastern ⟨~d streets Straßen *f/pl* mit Kopfsteinpflaster⟩

[2]**cob|ble** ['kɒbl] *vt* (zusammen)flicken, -schustern; *vi* Schuhe flicken; **'~bler** *s* (Flick-) Schuster *m* | *übertr* Stümper *m* | *Am* Cobbler *m* ⟨whiskey ≈⟩ | *Am* Fruchtpastete *f*

cob·bles ['kɒblz] *s/pl* Kopfsteinpflaster *n* | Stückkohlen *f/pl*

cob·by ['kɒbɪ] *adj* klein und gedrungen ⟨a ~ horse⟩

cob coal ['kɒb kəul] *s* Nußkohle *f*

co·ble ['kəubl|'kɒbl] *s* flaches Fischerboot

co·bra ['kəubrə|'kɒbrə] *s Zool* Kobra *f*, Brillenschlange *f*

co·burg ['kəubɜ:g] *s* dünner Baumwoll- *od* Seidenstoff *m*

cob·web ['kɒbweb] **1.** *s* Spinnwebe *f*, Spinnengewebe *n* | feines Gewebe | *übertr* Netz *n*, Schlinge *f* | *meist pl übertr* Schleier *m* ⟨to blow away the ~s from one's brain sich e-n klaren Kopf schaffen⟩; **2.** *vt* mit Spinnweben überziehen; **'cob·webbed** *adj* voller Spinnweben; **'~ber·y** *s* Spinnweben *f/pl*; **'~by** *adj* wie Spinnweben

co·ca ['kəukə] *s Bot* Koka *f*; **co·caine** [kəu'keɪn] *s Chem* Kokain *n*; **co'cain·ism** *s Med* Kokainvergiftung *f*

-coccal [kɒkl], **-coccic** [kɒksɪk] ⟨*griech*⟩ *in Zus* kokkenartig, -kokkisch

coc·cid ['kɒksɪd] *s Zool* Schildlaus *f*

coc|cus ['kɒkəs] *s* (*pl* **~ci** ['~saɪ]) *Med* Kokkus *m*, Kugelbakterie *f* | *Bot* Kokke *f*

-coccus [kɒkəs] ⟨*griech*⟩ *in Zus* Kokkus-

coc|cyx ['kɒksɪks] *s* (*pl* **~cy·ges** [~'saɪdʒi:z]) *Anat* Steißbein *n* | *Zool* Schwanzfortsatz *m*

co·chair ['kəutʃɛə] *vt* gemeinsam den Vorsitz führen bei | als zweiter Vorsitzender amtieren bei ⟨to ~ a meeting⟩

coch·i·neal [,kɒtʃɪ'ni:l|'kɒtʃɪni:l] *s* Koschenillefarbstoff *m*, -rot *n*; **'~ ,in·sect** *s Zool* Koschenilleschildlaus *f*

coch·le|a ['kɒklɪə] *s* (*pl* **~ae** ['~i:]) *Anat* Cochlea *f*, (Ohr-) Schnecke *f*

[1]**cock** [kɒk] **1.** *s Zool* Hahn *m* ⟨to live like fighting ~s *übertr* wie Gott in Frankreich leben, üppig leben; that ~ won't fight *übertr umg* der Einwand zieht nicht⟩ | (Vogel) Männchen *n* | Wetterhahn *m* | Anführer *m* ⟨~ of the roost / school / walk Hahn *m* im Korbe⟩ | (Faß- u. ä.) Hahn *m* ⟨blow-off ~ Ablaßhahn *m*⟩ | Gewehrhahn *m* ⟨at half ~ entspannt; at full ~ gespannt⟩ | *vulg* Penis *m* | Augenzwinkern *n* | *Brit umg* **old ~!** alter Knabe!; **2.** *adj Zool* männlich ⟨~ sparrow⟩; **3.** *vt, oft* **~ up** (Ohren) aufrichten, spitzen | (Kopf, Nase) in die Höhe strecken ⟨to ~ one's nose die Nase rümpfen; to ~ one's eye at s.o. jmdm. zuzwinkern⟩ | (Hut) schief aufsetzen | (Gewehrhahn) spannen; *vi* protzen, angeben | hervorstehen, emporragen | den Gewehrhahn spannen

[2]**cock** [kɒk] **1.** *s* Heuhaufen, -schober *m*; **2.** *vt* (Heu) zusammenhäufen

cock·a·bon·dy [,kɒkə'bʌndɪ] *s* (Angeln) künstliche Fliege

cock·ade [kɒ'keɪd] *s* Kokarde *f*

cock-a-doo·dle-doo [,kɒk ə ,du:dl 'du:] *s* Kikeriki *n* | (Kindersprache) Kikeriki(hahn) *m*

cock-a-hoop [,kɒk ə 'hu:p] *adj, adv umg* prahlerisch, anmaßend | frohlockend, ausgelassen ⟨to be ~ in gehobener *od* beschwingter Stimmung sein⟩ | schief

Cock·aigne [kɒ'keɪn|kə'k-] *s* Schlaraffenland *n*

cock·a·lo·rum [,kɒkə'lɔ:rəm] *s* kleiner Hahn | *übertr* Gernegroß *m*

cock·a·ma|mie, ~my ['kɒkə,meɪmɪ] *Am Sl* **1.** *adj* un-, blödsinnig; **2.** *s* Quatsch *m*, Unsinn *m*, Schwachsinn *m*

cock-and-bull sto·ry [,kɒk ən 'bʊl ,stɔ:rɪ] *s* Lügengeschichte *f*; -märchen *n*

cock-and-hen ['kɒk ən 'hen] *adj Am umg* Männer und Frauen betreffend, für Männer und Frauen, gemischt ⟨a ~

party⟩

cock·a·too [ˌkɒkəˈtuː] *s Zool* Kakadu *m* | *Austr umg* kleiner Farmer

cock·a·trice [ˈkɒkətraɪs|-trɪs] *s Myth* Basilisk *m* | *übertr* Schlange *f*

Cock·ayne [kɒˈkeɪn|kəˈk-] = **Cockaigne**

cock|boat [ˈkɒkbəʊt] *s Mar* Beiboot *n*; **ˈ~-brained** *adj* unüberlegt, unbesonnen; **ˈ~ broth** *s* Hühnerbrühe *f*; **ˈ~ˌchaf·er** *s Zool* Maikäfer *m*; **ˈ~crow[ing]** *s* Hahnenschrei *m* | *übertr* Morgengrauen *n*; **cocked** *adj* nach oben gerichtet; **ˌcocked ˈhat** *s* Dreispitz *m* ⟨to knock (s.th.) s.o. into a ≈ *Sl* (etw.) jmdn. zu Brei schlagen, jmdn. windelweich schlagen; jmdn. völlig fertigmachen⟩

[1]**cock·er** [ˈkɒkə] *vt* verhätscheln

[2]**cock·er** [ˈkɒkə], *auch* **cock·er span·iel** [ˌ~ ˈspænɪəl] *s Zool* Cockerspaniel *m*, Schnepfenhund *m*

[3]**Cock·er** [ˈkɒkə] *s, nur in*: **according to ~** nach Adam Riese

cock·er·el [ˈkɒkrl] *s* junger Hahn | *übertr* Draufgänger *m*

cockeyed [ˈkɒk aɪd|kɒkaɪd] *adj* schielend | schieläugig | *Sl* schief | verworren, absurd ⟨a ~ scheme⟩ | betrunken

cock|fight [ˈkɒkfaɪt] *s* Hahnenkampf *m*; **ˌ~ˈhorse** *s* (Kindersprache) Schaukelpferd *n*, Knie *n* (zum Reiten) ⟨to ride a ≈ Hottehü reiten⟩ | zusätzliches Zugpferd; **ˈ~ing** *s* Hahnenkampf *m* ⟨that beats ≈ *umg* das schießt den Vogel ab⟩ | Schnepfenjagd *f*; **ˈ~ish** *adj umg* hahnartig | dreist, unverschämt

[1]**cock·le** [ˈkɒkl] *s Bot* Kornrade *f*

[2]**cock·le** [ˈkɒkl] *s Zool* (eßbare) Herzmuschel | *auch* **ˈ~shell** Muschelschale *f* | *übertr* sehr kleines Boot ◇ **rejoice/warm the ~s of s.o.'s heart** *umg* jmdn. erfreuen

[3]**cock·le** [ˈkɒkl] *s* Kachelofen *m* | Hopfendarre *f*

[4]**cock·le** [ˈkɒkl] **1.** *vi* sich kräuseln | faltig werden; *vt* kräuseln | falten | biegen; **2.** *s* Falte *f*, Runzel *f*

cock|loft [ˈkɒklɒft] *s* Dachkammer *f*; **ˈ~ ˌmet·al** *s Tech* Graumetall *n*

cock·ney [ˈkɒknɪ] **1.** *s* Cockney *m*; waschechter Londoner (*bes* aus dem East End) | Cockneydialekt *m*; **2.** *adj* Cockney- ⟨~ accent Londoner Stadtmundart⟩; **ˈ~ish** *adj* wie ein Cockney; **ˈ~ism** *s* Cockneyausdruck *m*

cock·pit [ˈkɒkpɪt] *s Flugw* Pilotenkanzel *f* | Hahnenkampfplatz *m* | *übertr* Kampfplatz *m*

cock·roach [ˈkɒkrəʊtʃ] *s Zool* Küchenschabe *f*

cocks·comb [ˈkɒkskəm] *s Bot, Zool* Hahnenkamm *m* | *s* Narrenkappe *f*

cock·sure [ˌkɒkˈʃʊə|~ˈʃɔː] *adj umg, oft verächtl* todsicher; überzeugt (**of, about** von)

cock·tail [ˈkɒkteɪl] *s Zool* Pferd *n* mit gestutztem Schweif | Halbblut(pferd) *n* | *Brit umg* Angeber *m* | (Alkohol, Frucht, Krabben u. ä.) Cocktail *m*; **ˈ~ ˌcab·i·net** *s Brit* Hausbar *f*; **ˈ~ lounge** *s* (Hotel) Bar *f*; **ˈ~ ˌpar·ty** *s* Cocktailparty *f*, Stehempfang *m*

cock-up [ˈkɒk ʌp] *s Brit vulg* Sauerei *f*, Sauladen *m* | *Brit Sl* Mischmasch *m*, Durcheinander *n* | *Typ* hochgestellter Buchstabe

cock·y [ˈkɒkɪ] **1.** *s* kleiner Hahn; **2.** *adj umg* frech, dreist

co·co [ˈkəʊkəʊ] *s Bot* Kokosnuß *f* | *auch* **ˈ~nut palm** Kokospalme *f* | *vulg* Birne *f*, Rübe *f*

co·coa [ˈkəʊkəʊ] *s* Kakao *m* | Kakaobraun *n*

co·co·nut [ˈkəʊkənʌt] *s* Kokosnuß *f*; **ˈ~ ˌmat·ting** *s* Kokosläufer *m*, -matte *f*; **ˈ~ milk** *s* Kokosmilch *f*; **ˈ~ palm**, **ˈ~ tree** *s Bot* Kokospalme *f*

co·coon [kəˈkuːn] **1.** *s Zool* Kokon *m*; **2.** *vt* (*vi*) (sich) in einen Kokon einspinnen | *Mil, Tech* (Flugzeug, Gerät) mit einer Plane, Schutzhülle u. ä. einhüllen, einmotten

co·cotte [kəʊˈkɒt|kəˈk-] *s* Kokotte *f*, leichtes Mädchen | *Am* Droschkenpferd *n*

[1]**cod** [kɒd] *s* (*pl* **~s**, *collect* ~) *Zool* Kabeljau *m*, Dorsch *m* ⟨cured ~ Klippfisch *m*; dried ~ Stockfisch *m*⟩

[2]**cod** [kɒd] (**ˈ~ded**, **ˈ~ded**) *vt, vi Brit Sl* foppen ⟨you're ~ding me! du willst mich wohl hochnehmen!⟩

cod·dle [ˈkɒdl] **1.** *vt* verhätscheln, verzärteln ⟨to ~ a child⟩; **2.** *s* Weichling *m*, Muttersöhnchen *n*

code [kəʊd] **1.** *s Jur* Kodex *m*, Gesetzbuch *n* ⟨penal ~ Strafgesetzbuch *n*⟩ | Regelsammlung *f*, Prinzipien *n/pl* ⟨moral ~ Moralgesetze *n/pl*; ~ of honour Ehrenkodex *m*⟩ | Zeichensystem *n*, Code *m* ⟨~ of signs; genetic ~⟩ | (Telegrafen-) Code *m*, Schlüssel *m*, Chiffre *f* ⟨in ~ verschlüsselt; Morse ~ Morseschrift *f*⟩; **2.** *adj* Kode-, Chiffre-, verschlüsselt ⟨~ message⟩; **3.** *vt* chiffrieren, kodieren | kodifizieren | kennzeichnen, signieren ⟨to ~ books⟩; *vi Biol* die genetische Basis abgeben *od* bilden (**for** für)

co-debt·or [kəʊˈdetə] *s* Mitschuldner *m* | Gesamtschuldner *m*

code da·ting [ˈkəʊd deɪtɪŋ] *s Wirtsch* (Warenkennzeichnung) Angabe *f* des Herstellungsdatums *od* der Verkaufsfrist *od* des Verbrauchsdatums, Verfallsangabe *f*

co·de·fend·ant [ˌkəʊdɪˈfendənt] *s Jur* Mitangeklagter *m*

co·de·ine [ˈkəʊdiːn|-dɪiːn] *s Chem* Kodein *n*

co·de·ter·mi·na·tion [ˌkəʊdɪˌtɜːmɪˈneɪʃn] *s Wirtsch* Mitbestimmung *f* ⟨parity ~ paritätische Mitbestimmung⟩

code|word, *auch* **~ word** [ˈkəʊdwɜːd] *s Am Pol* Sprachregelung *f*, Tarnbezeichnung *f*, harmloser Ausdruck ⟨≈s for racism⟩ | = **codon**

co·dex [ˈkəʊdeks] *s* (*pl* **co·di·ces** [ˈkəʊdɪsiːz]) Kodex *m*, alte Handschrift ⟨the Aztec codices⟩

cod·fish [ˈkɒdfɪʃ] *s* (*pl* **~es** [ˈ~ɪz], *collect* ~) = [1]**cod**

codg·er [ˈkɒdʒə] *s umg* Kerl *m* | *umg* (alter) Knacker, Knabe *m* ⟨a nice old ~⟩

co·di·ces [ˈkəʊdɪsiːz] *s/pl von* ↑ **codex**

cod·i·cil [ˈkəʊdəsɪl|-dɪs-] *s Jur* Kodizill *n*, Testamentsnachtrag *m* | nachträgliche Ergänzung (zu e-m Dokument)

cod·i|fi·ca·tion [ˌkəʊdɪfɪˈkeɪʃn] *s* Kodifizierung *f*; **ˈ~fy** *vt Jur* kodifizieren ⟨to ≈ the laws⟩ | klassifizieren, systematisieren, ordnen | (Nachricht) verschlüsseln

[1]**cod·ling** [ˈkɒdlɪŋ] *s* kleiner Kabeljau | kleiner Dorsch

[2]**cod·ling** [ˈkɒdlɪŋ] *s* grüner Apfel, Apfel *m* zum Kochen; **ˈ~ moth** *s Zool* Apfelwickler *m*

cod-liv·er oil [ˈkɒd lɪvər ˈɔɪl] *s* Lebertran *m*

co·don [ˈkəʊˌdɒn] *s Biol* Kodon *n*

co-driv·er [ˈkəʊ ˈdraɪvə] *s* Beifahrer *m*

cods·wal·lop [ˈkɒdzˌwɒləp] *s Brit Sl* Quatsch *m*, Blödsinn *m*, Heckmeck *m*

co-ed [ˌkəʊ ˈed] **1.** *s umg Am* Schülerin *f* einer Gemeinschaftsschule | *Am* Studentin *f*; **2.** *adj Am* = **coeducational** | Mädchen-, Studentinnen- ⟨a ~ hairdo e-e Frisur, wie sie Studentinnen tragen⟩ | für Männer und Frauen

co·ed·i|tion [ˌkəʊɪˈdɪʃn] *s* Koedition *f*, Gemeinschaftsausgabe *f*; **~tor** [ˌkəʊˈedɪtə] *s* Mitherausgeber *m*

co·ed·u·ca·tion [ˌkəʊˌedʒʊˈkeɪʃn|-ˌedjʊ-] *s* Koedukation *f*, Gemeinschaftserziehung *f* (beider Geschlechter); **ˌco-ˌed·uˈca·tion·al** *adj* Koedukations-, Gemeinschafts-

co·ef·fi·cient [ˌkəʊɪˈfɪʃnt] **1.** *adj* zusammenwirkend; **2.** *s Math, Phys* Koeffizient *m* ⟨~ of expansion Ausdehnungskoeffizient *m*; ~ of friction Reibungskoeffizient *m*⟩ | mitwirkender Umstand

coel- [siːl] ⟨*griech*⟩ *in Zus* hohl

-coele [siːl] ⟨*griech*⟩ *in Zus* Höhle, Kammer *f*

coe·len·ter|ate [sɪˈlentəreɪt|-rɪt] *s* (*pl* **~ata** [-ˈreɪtə]) *Zool* Hohltier *n*

coelo- [siːlə(ʊ)] ⟨*griech*⟩ *in Zus* hohl

coen[o]- [siːnə(ʊ)|senə(ʊ)] ⟨*griech*⟩ *in Zus* gemeinsam, allgemein

co·e·qual [kəʊ'i:kwl] **1.** *adj* gleichgestellt, ebenbürtig; **2.** *s* Ebenbürtiger *m*; **~i·ty** [ˌ-i:'kwɒlətɪ] *s* Ebenbürtigkeit *f*

co·erce [kəʊ'ɜ:s] *vt* (jmdn.) beherrschen, einschränken | (jmdn.) zwingen (**into** *mit ger* zu *mit inf*) | (etw.) erzwingen; **co'er·ci·ble** *adj* zu (er)zwingen(d); **co·er·cion** [kəʊ'ɜ:ʃn] *s* Zwang *m* ⟨under ≈⟩ | Zwangsgewalt *f*, -regierung *f*; **co'er·cion·ar·y**, **co'er·cive** *adj* Zwangs- ⟨≈ methods⟩

co·es·sen|tial [ˌkəʊɪ'senʃl|-ə's-] *adj* wesensgleich; **~ti·al·i·ty** [ˌ~sɪ'ælətɪ] *s* Wesensgleichheit *f*

co·e·ter·nal [ˌkəʊɪ'tɜ:nl] *adj bibl* gleichewig (**with** wie)

co·e·val [kəʊ'i:vl] **1.** *adj* gleichzeitig | gleichaltrig (**with** mit) | von gleicher Dauer; **2.** *s* Zeitgenosse *m* | Gleichaltriger *m*, Altersgenosse *m*

co·e|vo·lu·tion ['kəʊˌi:və'lu:ʃn] *s Biol* gleichzeitige Entwicklung (in Abhängigkeit voneinander); **~volve** ['kəʊɪ'vɒlv] *vi Biol* sich gleichzeitig entwickeln

co·ex·ec·u|tor [ˌkəʊɪg'zekjʊtə] *s Jur* Mittestamentsvollstrekker *m*; **~trix** [~trɪks] *s* Mittestamentsvollstreckerin *f*

co·ex·ist [ˌkəʊ ɪg'zɪst] *vi* koexistieren, gleichzeitig bestehen (**with** mit); **ˌco-ex'ist·ence** *s bes Pol* Koexistenz *f* ⟨pieceful ≈⟩; **ˌco·ex'ist·ent** *adj* koexistent, gleichzeitig vorhanden

co·ex|tend [ˌkəʊɪks'tend] *vt* (*vi*) (sich) (räumlich, zeitlich) gleich weit ausdehnen (**with** wie); **ˌ~'ten·sion** *s* gleiche Ausdehnung; **ˌ~'ten·sive** *adj* von gleichem Umfang, von gleicher Dauer (**with** wie)

cof·fee ['kɒfɪ] *s collect* Kaffee(bohne) *m*(*f*) ⟨ground ~ gemahlener Kaffee; roasted ~ gebrannter Kaffee⟩ | (Tasse *f*) Kaffee *m* ⟨two black ~s, one white ~ zwei Tassen schwarz, eine Tasse weiß⟩ | *Bot* Kaffee(baum, -strauch) *m* | Kaffeebraun *n*; **'~ bean** *s* Kaffeebohne *f*; **'~ break** *s* Kaffeepause *f*; **'~ cup** *s* Kaffeetasse *f*; **'~ grounds** *s/pl* Kaffeesatz *m*; **'~ house** *s* Café *n*; **'~ mill** *s* Kaffeemühle *f*; **'~pot** *s* Kaffeekanne *f*; **'~ set** *s* Kaffeeservice *n*; **'~ tree** *s Bot* Kaffeebaum *m*

cof·fer ['kɒfə] **1.** *s* (Geld- Schmuck-) Kasten *m*, Truhe *f*, Kassette *f* | *Arch* Deckenfeld *n*, Kassette *f* | *auch* **'~dam** *Tech* (Brückenbau) Fangdamm *m* | *Tech* (Schleusen-) Kammer *f*; **2.** *vt* in einer Truhe u. ä. aufbewahren; **'~s** *s/pl* Schatzkammer *f* | Schätze *m/pl* | Hilfsquellen *f/pl* ⟨the ≈ of a bank⟩

cof·fin ['kɒfɪn] **1.** *s* Sarg *m* ⟨to drive a nail into s.o.'s ~ *übertr* ein Nagel zu jmds. Sarg sein⟩ | *Typ* Karren *m*; **2.** *vt* einsargen; **'~ nail** *s* Sargnagel *m* | schlechte Zigarette

[1]**cog** [kɒg] **1.** *s Tech* (Rad-) Zahn *m*, Kamm *m* | *übertr* Rädchen *n*; **2.** *vt* (**cogged**, **cogged**) *Tech* mit Zähnen versehen

[2]**cog** [kɒg] (**cogged**, **cogged**) *vt*, *nur in*: **~ the dice** beim Würfeln betrügen ⟨~ged dice gefälschte Würfel *m/pl*⟩; *vi* betrügen, mit falschen Würfeln spielen

[3]**cog** [kɒg] *s Mar* Kogge *f*

co·gen·cy ['kəʊdʒənsɪ] *s* zwingende Kraft; **'co·gent** *adj* (Argument) zwingend, überzeugend

cogged [kɒgd] *adj Tech* gezahnt, Zahn- ⟨~ wheel Kammrad *n*⟩

cog·ging mill ['kɒgɪŋ mɪl] *s Tech* Blockwalzwerk *n*

cog·i·ta|bil·i·ty [ˌkɒdʒətə'bɪlətɪ] *s* Denkbarkeit *f*; **~ble** ['kɒdʒɪtəbl] *adj* denkbar; **cog·i·tate** ['kɒdʒɪteɪt] *vi* (nach)denken, (nach)sinnen (**[up]on** über); *vt* nachdenken über | ausdenken, ersinnen ⟨to ≈ mischief against s.o. Böses aushecken gegen jmdn.⟩; **ˌcog·i'ta·tion** *s* (Nach-) Denken *n*, (Nach-) Sinnen *n* ⟨after considerable ≈ nach erheblichem Nachdenken⟩ | Denken *n* ⟨capable of ≈ fähig zu denken⟩ | *meist pl* Gedanke *m* ⟨agreeable ≈s⟩

co·gnac ['kɒnjæk|'kəʊn-] *s* Kognak *m*, Weinbrand *m*

cog|nate ['kɒgneɪt] **1.** *adj förml* verwandt (*oft übertr*) (**with** mit) | *Ling* verwandt, gleichen Stammes ⟨≈ languages (stamm)verwandte Sprachen *f/pl*; ≈ object Objekt *n* des Inhalts⟩; **2.** *s* Verwandte(r) *f*(*m*) (mütterlicherseits) | *Ling* verwandtes Wort *n od* Morphem *n*; **~'na·tion** *s* (Bluts-) Verwandtschaft *f*

cog·ni|tion [kɒg'nɪʃn] *s Phil* Erkenntnis *f* | Erkennen *n* | Erkennungsvermögen *n* | Wahrnehmung *f* | Begriff *m* | Wissen *n*, Kenntnis *f*; **ˌcog'ni·tion·al**, **'~tive** *adj* Erkennungs-, Erkenntnis- (*Ant* emotional) ⟨≈ content⟩; **~za·ble** ['~zəbl|'kɒg'naɪzəbl] *adj* erkennbar, wahrnehmbar | *Jur* der Gerichtsbarkeit eines Gerichtes unterworfen; **~zance** ['kɒgnɪznz] *s* Erkenntnis *f* ⟨to take ≈ of zur Kenntnis nehmen⟩ | gerichtliche Erkenntnis | *Jur* Zuständigkeit *f* ⟨to fall within (go beyond) s.o.'s ≈⟩ | *Jur* Anerkennung *f* (e-r Klage) | *Her* Kennzeichen *n*; **~zant** ['kɒgnɪznt] *adj* kenntnishabend, wissend ⟨to be ≈ of s.th. etw. wissen⟩ | *Jur* zuständig; **'cog·nize** *vt Phil* erkennen

cog·no|men [kɒg'nəʊmən] (*pl* **~mi·na** [kɒg'nəʊmənə], **~mens** [~'nəʊmenz]) *s* Beiname *m* | Familien-, Zuname *m* ⟨the ≈ Smith⟩

cog·nos·ci·bil·i·ty [kɒgˌnɒsə'bɪlətɪ] *s* Erkennbarkeit *f*; **cog'nos·ci·ble** *adj* erkennbar

cog·no·vit [kɒg'nəʊvɪt] *s Jur* Anerkennung *f* einer Klage

cog|way ['kɒgweɪ] *s Tech* Zahnradbahn *f*; **'~wheel** *s Tech* Zahnrad *n* ⟨≈ drive Zahnradantrieb *m*⟩

co·hab|it [kəʊ'hæbɪt] *vi* zusammenleben (wie Mann und Frau) | *übertr* koexistieren; **ˌ~i'ta·tion** *s* Zusammenleben *n* (wie Mann und Frau)

co·heir [kəʊ'ɛə] *s* Miterbe *m*; **~ess** [kəʊ'ɛəres|-rɪs|-rəs] *s* Miterbin *f*

co·here [kəʊ'hɪə] *vi* zusammenhalten, -hängen, -kleben | *übertr* zusammenpassen, (logisch) übereinstimmen (**with** mit); **co'her·ence**, **co'her·en·cy** *s* Zusammenhang *m* | *Phys* Kohärenz *f* | Zusammenhalt *m* | Klarheit *f* ⟨≈ of ideas⟩ | *übertr* Übereinstimmung *f*; **co'her·ent** *adj* zusammenhängend | *Phys* kohärent | (Gedanke, Rede) klar, verständlich ⟨a ≈ argument⟩ | *arch* übereinstimmend

co·her·i·tor [kəʊ'herɪtə|-rə-] *s* Miterbe *m*

co·he|sion [kəʊ'hi:ʒn] *s* Zusammenhalt *m*, -hang *m* | *Phys* Kohäsion *f*; **~sive** [~sɪv|~zɪv] *adj* fest zusammenhängend | Kohäsions- | *übertr* bindend, Binde- ⟨≈ force⟩

co·hort ['kəʊhɔ:t] *s Hist Mil* Kohorte *f* | Gruppe *f*, Truppe *f*

coif [kɔɪf] **1.** *s Hist* Haube *f* | Nonnenhaube *f*; **2.** *vt* mit einer Kappe bekleiden | frisieren ⟨impeccably ~fed hair elegante Frisur⟩

coif|feur [kwɑ:'fɜ:|kwæ-] *s* Friseur *m*; **~·fure** [~'fjʊə] **1.** *s* Frisur *f*, Haartracht *f* | Kopfputz *m*; **2.** *vt* frisieren

coign[e] [kɔɪn] *s* Ecke *f*, Eckstein *m* ⟨~ of vantage vorteilhafte Stellung, günstige Warte⟩

[1]**coil** [kɔɪl] *s poet* Lärm *m* | Wirrwarr *m* | Mühsal *f* ⟨this mortal ~ die Mühsal des Lebens, die Wirren des Alltags⟩

[2]**coil** [kɔɪl] **1.** *vt*, *auch* **~ up** aufrollen, aufwickeln | *Mar* (Tau) aufschießen | spiralförmig winden; *vi*, *auch* **~ up** sich zusammenrollen | sich winden (**about, around** um); **2.** *s* Rolle *f* ⟨a ~ of rope⟩ | Windung *f* | (Garn u. ä.) Rolle *f* | Knäuel *m* | *El* Rolle *f*, Spule *f* | Haarlocke *f*; **ˌ~ ig'ni·tion** *s El* Abreißzündung *f*; **'~ spring** *s Tech* Spiralfeder *f*

coin [kɔɪn] **1.** *s* Münze *f*, Münzgeld *n* ⟨base / false ~ falsches Geld; small ~ *Hist* Scheidemünze; to pay s.o. [back] in his own ~ *übertr* jmdm. mit gleicher Münze heimzahlen⟩ | *Arch* Eckstein *m*; **2.** *vt* (Münzen) prägen, schlagen ⟨to be ~ing money *umg* Geld wie Heu machen⟩ | *übertr* (Wort) prägen; *vi* Geld prägen; **'~a·ble** *adj* prägbar; **'~age** *s* Prägen *n*, Münzen *n* | *collect* Münzen *f/pl* | Münzrecht *n* | Münzsystem *n* ⟨decimal ≈ Dezimalwährung *f*⟩ | *übertr* Prägung *f* (e-s Wortes) | *übertr* geprägtes Wort, Neuprägung *f*; '~ **box** *s* Geldautomat *m* | Münzfernsprecher *m*

co·in|cide [ˌkəʊɪn'saɪd] *vi* (räumlich, zeitlich) zusammentreffen, -fallen, sich decken (**with** mit) | (Ansichten u. ä.) übereinstimmen, harmonieren (**with** mit); **~ci·dence** [kəʊ'ɪnsɪdəns|-səd-] *s* Zusammentreffen *n* | Zufall *m* ⟨by mere ≈ rein zufällig ⟩ | Koinzidenz *f*, Zusammenfallen *n*; **~ci·dent** [kəʊ'ɪnsɪdənt|-səd-] *adj* zusammenfallend ⟨to be ≈ with zusammenfallen mit⟩ | genau entsprechend (**with s.th.** e-r Sache); **~ci·den·tal** [kəʊˌɪnsɪ'dentl|-sə'd-] *adj* übereinstimmend | zufällig; **~ci·den·tally** [-təlɪ] *adv* gleichzeitig (**with** mit)

coin|er ['kɔɪnə] *s* Münzer *m* | *Brit* Falschmünzer *m*; '**~ing** **1.** *adj* Münz-, Präge-; **2.** *s* Münzen *n*, Prägen *n*

co-in·hab·i·tant [ˌkəʊɪn'hæbɪtənt] *s* Mitbewohner(in) *m(f)*

co·in|sur·ance [ˌkəʊɪn'ʃʊərns|-'ʃɔ:r-] *s Wirtsch* Mitversicherung *f*; **~sure** [ˌ~'ʃʊə|-'ʃɔ:] *vt* mitversichern; *vi* eine Mitversicherung abschließen

coir [kɔɪə], *auch* '~ **fi·bre** *s* Kokosfaser *f*; '~ **mat** *s* Kokosmatte *f*

co·i·tion [kəʊ'ɪʃn], **co·i·tus** ['kəʊɪtəs] *s* Koitus *m*, Beischlaf *m*

[1]**coke** [kəʊk] **1.** *s* Koks *m*; **2.** *vi, vt Tech* verkoken (lassen)

[2]**coke** [kəʊk] *s Sl* Koks *m* (Kokain)

[3]**coke** [kəʊk] *s umg* Coca-Cola *n*

coke| breeze [ˌkəʊk 'bri:z] *Tech s* Grude *f*, Koksgrus *m*; '~ ˌ**ov·en** *s* Koksofen *m*; '**cok·e·ry** *s* Kokerei *f*; '~ **wharf** *s* Koks-, Abwurframpe *f*; '**cok·ing** *s* Verkokung *f*

co·ker·nut ['kəʊkənʌt] *s Brit* = **coconut**

col [kɒl] *s* Gebirgspaß *m* | *Met* Tief *n*

co·la ['kəʊlə] *s Bot* Kolabaum *m*

col·an·der ['kʌləndə|'kɒl-] **1.** *s* Sieb *n*, Durchschlag *m*; **2.** *vt* durchseihen, (durch)sieben

co·la nut ['kəʊlə nʌt] *s Bot* Kolanuß *f*

cold [kəʊld] **1.** *adj* kalt, frostig ⟨a ~ month⟩ | kühl, kälter als normal ⟨~ for July⟩ | (Empfindung) kalt, nicht warm ⟨to have ~ feet kalte Füße haben; *übertr umg* Angst haben; I am ~, I feel ~ ich friere, mich friert; to make s.o.'s blood run ~ *übertr* jmds. Blut erstarren lassen⟩ | (Speise) nicht gekocht, (kalt) zubereitet | *umg* (beim Spiel) weit weg vom Ziel, kalt ⟨you're getting ~er es wird immer kälter⟩ | *übertr* kalt, kühl ⟨a ~ greeting; as ~ as ice eiskalt⟩ | tot | *umg* bewußtlos ⟨knocked out ~⟩ | teilnahmslos, gleichgültig (**to** gegen) ⟨as ~ as charity hart wie Stein; to leave s.o. ~ jmdn. kaltlassen *od* gleichgültig lassen⟩ | nüchtern, leidenschaftslos, unpersönlich ⟨~ remarks; in ~ blood kaltblütig⟩ | (Frau) frigide, unbeteiligt, kühl | langweilig, fade ⟨a ~ jest⟩ | (Farbe u. ä.) kalt | *Am Sl* todsicher ⟨a ~ 1000 dollars⟩; **2.** *s* Kälte *f* ⟨severe ~ strenge Kälte; to be left out in the ~ *übertr* kaltgestellt sein, ignoriert *od* nicht beachtet werden; to come in from the ~ aus der Isolation *od* aus e-r anderen Welt kommen; in from the ~ *übertr* wieder anerkannt, rehabilitiert⟩ | Frost *m* ⟨ten degrees of ~⟩ | Kälte(gefühl) *f(n)* ⟨to shudder with the ~ sich vor Kälte schütteln⟩ | Erkältung *f*, Schnupfen *m* ⟨to catch / take a ~ sich erkälten; to have a ~ [in the head] Schnupfen haben⟩; ˌ**~-'blood·ed** *adj Zool, übertr* kaltblütig | *übertr* unbarmherzig; ˌ~ '**chi·sel** *s Tech* Kalt-, Hartmeißel *m*; ˌ~ '**com·fort** *s* schwacher Trost; '~ **cream** *s* Cold Cream *f*, Fettkrem *f*; '~ **cuts** *s Am s/pl* kalter Braten, Aufschnitt *m*; '**~-draw** *vt* (Metall, Kunstfaser) kaltziehen | (Öl) kaltpressen; '**~-drawn** *adj Tech* kaltgezogen ⟨≈ metal⟩ | kaltgepreßt ⟨≈ oil⟩; ˌ~ '**fish** *s übertr* Klotz *m*, wenig mitfühlender Mensch; '~ **frame** *s* Frühbeet *n*; ˌ~ '**front** *s Met* Kaltfront *f*; ˌ**~-'gal·va·nize** *vt Tech* galvanisch verzinken; ˌ**~-'heart·ed** *adj* kaltherzig; '**~ish** *adj* ziemlich kalt; '~ '**press** *s Tech* Kaltpresse *f*; '**~-'press** *vt Tech* kaltpressen; '**~-'roll** *vt Tech* kaltwalzen; '~ **saw** *s Tech* Kaltsäge *f*; ˌ~ '**shoul·der** *s übertr* kalte Schulter ⟨to get the ≈ from s.o. von jmdm. ignoriert werden⟩; '**~-'shoul·der** *vt* jmdm. die kalte Schulter zeigen, ignorieren; '~ **snap** *s Met* (kurze) Kältewelle; '~ **sore** *s Med* Lippen-, Mundbläschen *n*; '~ '**steel** *s* blanke Waffe; ˌ~ '**stor·age** *s* Kalt-, Kühllagerung *f* | *übertr* Auf-, Verschiebung *f* ⟨to put s.th. in ≈ etw. auf Eis legen⟩; ˌ~ '**sweat** *s* Angstschweiß *m*; **~-'tur·key** *vi, vt Am* eine Gewohnheit *od* Sucht plötzlich aufgeben; ˌ~ '**war** *s Pol* kalter Krieg; ˌ~ '**war·ri·or** *s Pol* kalter Krieger; '~ **wave** *s Met* Kältewelle *f* | Kaltwelle *f*

cole [kəʊl] *s Bot* (*meist in Zus*) Kohl *m*

co·le·op·ter|on [ˌkɒlɪ'ɒptərɒn] *s* (*pl* **~a** [~ə]) *Zool* Käfer *m*

cole|seed ['kəʊlsi:d] *Bot s* Raps *m*, Rübsen *m* | Rübsamen *m*; **~slaw** ['~slɔ:] *s urspr Am* Kohlsalat *m*; '**~wort** *s Bot* Grünkohl *m*

col|ic ['kɒlɪk] *s Med* Kolik *f*; '**~ick·y** *adj Med* kolikartig, Kolik-

co·li·tis [kə(ʊ)'laɪtɪs] *s Med* Kolitis *f*, Dickdarmkatarrh *m*

col·lab·o·rate [kə'læbəreɪt] *vi* zusammenarbeiten (**with** mit; **in s.th.** an e-r Sache; **on s.th.** auf e-m Gebiet) | sich vereinigen | *Pol* kollaborieren; **colˌlab·o'ra·tion** *s* Zusammenarbeit *f* ⟨in ≈ with gemeinsam mit⟩ | *Pol* Kollaboration *f*; **colˌlab·o'ra·tion·ist** *s Pol* Kollaborateur *m*; **col'lab·o·ra·tive** *adj* zusammenarbeitend; **col'lab·o·ra·tor** *s* Mitarbeiter *m* | *Pol* Kollaborateur *m*

col·lage [kə'lɑ:ʒ] *vt Mal* als Collage gestalten, zu einer Collage verarbeiten

col|lapse [kə'læps] **1.** *vi* zusammenbrechen ⟨the table ≈d under the weight der Tisch brach unter der Last zusammen⟩ | (Haus u. ä.) einstürzen | (Preis) stürzen | zusammenlegbar sein ⟨this chair ≈s dieser Stuhl läßt sich zusammenklappen⟩ | *übertr* (Plan u. ä.) mißlingen, fehlschlagen | *übertr* (Person) zusammenbrechen; **2.** *s* Einstürzen *n*, Zusammenbrechen *n* | *übertr* (Hoffnung, Plan u. ä.) Zusammenbruch *m*, Fehlschlag *m* | Sturz *m*, (Ab-) Fall *m* ⟨≈ of prices Preissturz *m* ⟩ | *Med* Kollaps *m* ⟨to suffer a nervous ≈ e-n Nervenzusammenbruch erleiden⟩; **~'laps·i·ble** *adj* zusammenklappbar, Falt- ⟨≈ boat Faltboot *n*⟩

col·lar ['kɒlə] **1.** *s* Kragen *m* ⟨to work against the ~ *übertr* sich mächtig anstrengen; stand-up ~ Stehkragen *m* ⟩ | (Hund u. ä.) Halsband *n* | Kummet *n* ⟨horse ~⟩ | Halskette *f*, Kollier *n* ⟨≈ of pearls Perlenkollier *n*⟩ | Ordenskette *f* | *Zool* Halsstreifen *m* | *Tech* Ring *m*, Bund *m*, Hals *m*, Manschette *f* | *Tech* Zapfenlager *n* | *Mar* Stagkragen *m* | *Arch* Ring *m*; **2.** *vt* mit einem Kragen versehen | (jmdn.) beim Kragen packen, festnehmen ⟨to ~ a thief⟩ | *umg* (unerlaubt) wegnehmen, sich aneignen | (Sport) (Gegner) aufhalten | (Fleisch) zusammenrollen; '~ **beam** *s Arch* Querbalken *m*; '**~bone** *s Anat* Schlüsselbein *n*; '~ **stud** *s Brit* Kragenknopf *m*

col·late [kə'leɪt|kɒ'l-] *vt* (Text u. ä.) kollationieren, vergleichen (**with** mit)

col·lat·er·al [kəˌlætrəl] **1.** *adj* seitlich, Seiten- | begleitend, Neben- ⟨~ circumstances Begleitumstände *m/pl*; ~ wife Nebenfrau *f*⟩ | untergeordnet, zusätzlich ⟨~ evidence⟩ | gleichzeitig auftretend | indirekt ⟨by ~ hand auf indirektem Wege⟩ | in der Seitenlinie verwandt; ˌ~ **se'cu·ri·ty** *s Wirtsch* Ausfallbürgschaft *f*; **2.** *s* Seitenverwandte(r) *f(m)* | *Jur* Nebenbürgschaft *f*

col·la|tion [kə'leɪʃn|kɒ'l-] *s* Kollation *f*, (Text-) Vergleich *m* | Angabe *f* der technischen Merkmale eines Buches | *Rel* Einsetzung *f* | *förml* Imbiß *m* (außerhalb der normalen Mahlzeiten) ⟨cold ≈⟩; **~tor** [kə'leɪtə|kɒ'l-] *s* (Text-) Vergleicher *m* | *Rel* (Pfründen-) Verleiher *m*

col·league ['kɒli:g] *s* Kollege *m*, Mitarbeiter *m*; '**~ship** *s* Kollegialität *f*

[1]**col·lect** ['kɒlekt] *s Rel* Kollekte *f*, Gebet *n*

[2]**col·lect** [kə'lekt] *vt* einsammeln, auflesen ⟨to ~ the letters den Briefkasten leeren⟩ | sammeln ⟨to ~ stamps; to ~ foreign coins⟩ | einkassieren, einziehen ⟨to ~ taxes Steuern erheben⟩ | (ab)holen ⟨to ~ one's passport⟩ | *übertr* (Gedanken u. ä.) sammeln, zusammennehmen ⟨to ~ o.s. sich fassen⟩; *vi* sich (ver)sammeln | sich (an)häufen; **'~a·bles**, *auch* **~i·bles** ['~ɪblz] *s/pl* Sammlerartikel *m/pl*, Liebhabergegenstände *m/pl*; **col'lect·ed** *adj* gesammelt ⟨≈ works⟩ | *übertr* (Person) gefaßt, gesammelt, ruhig; **col'lect·ing 1.** *adj* Sammel-; **2.** *s* (Ein-) Sammeln *n* | *Wirtsch* Inkasso *n*; **'~ing box** *s* Sammelbüchse *f*; **col·lec·tion** [kə'lekʃn] *s* Sammeln *n* | (Geld-) Sammlung *f*; *Rel* Kollekte *f* ⟨to make / take up a ≈⟩ | *Wirtsch* Inkasso *n* | Sammlung *f* ⟨≈ of stamps Briefmarkensammlung *f*⟩ | (Briefkasten-) Leerung *f* | Anhäufung *f* ⟨a ≈ of rubbish ein Haufen Abfall *m*⟩ | *übertr* Fassung *f*, Wiedererlangung *f* ⟨≈ of one's faculties⟩ | *Wirtsch* Kollektion *f*, Sortiment *n*

col·lec·tive [kə'lektɪv] **1.** *adj* gesammelt, vereint, Gemein-, kollektiv, Kollektiv- ⟨~ ownership of the land Gemeineigentum *n* an Boden⟩ | Sammel-; **2.** *s Ling* Kollektivum *n*, Sammelwort *n* | *Pol* Kollektiv *n*; **ˌ~ a·'gree·ment** *s Wirtsch* Kollektivvertrag *m*; **ˌ~ a'gree·ment right** *s Jur* Tarifrecht *n*; **ˌ~ 'bar·gain·ing** *s* Tarifverhandlung *f*; **ˌ~ 'con·tract** *Wirtsch* Kollektivvertrag *m*; **ˌ~ cul·pa'bil·i·ty** *s* Kollektivschuld *f*; **ˌ~ e'con·o·my** *s* Gemeinwirtschaft *f*; **ˌ~ 'farm** *s* Kolchose *f*, Kolchos *m*; **ˌ~ 'noun** *s Ling* Kollektivum *n*; **ˌ~ 'num·ber** *s Tel* Sammelnummer *f*; **ˌ~ 'prop·er·ty** *s* Gemeineigentum *n*; **ˌ~ 'wage aˌgree·ment** *s Wirtsch* Tarifvertrag *m*

col·lec·tiv|ism [kə'lektɪvɪzm] *s* Kollektivismus *m*; **~i·ty** [ˌkɒlek'tɪvətɪ] *s* Kollektivität *f*; **~i·za·tion** [kəˌlektɪvaɪ'zeɪʃn] *s* Kollektivierung *f*; **~ize** [kə'lektɪvaɪz] *vt* kollektivieren

col·lec·tor [kə'lektə] *s* Sammler *m* | Kassierer *m* | (Steuer- u. ä.) Einnehmer *m* ⟨tax-~; ticket-~ *Eisenb* Schaffner *m*⟩ | *El* Kollektor *m*, Stromabnehmer *m* | *Tech* Sammelapparat *m* | *auch* **ˌso·lar '~** *s* Sonnenbatterie *f*; **col'lec·tor·ship** *s* Bereich *m* (e-s Kassierers)

col|lege ['kɒlɪdʒ] *s Brit* (Lehrer, Studenten) College *n* ⟨the Oxford and Cambridge ≈s⟩ | (Gebäude) College *n* | *Brit* Universitätsinstitut *n* ⟨a ≈ of pharmacy⟩ | *Brit* (Spezial-) Hochschule *f* ⟨≈ of technology technische Hochschule⟩ | *Brit* Public School *f* ⟨Eton ≈⟩ | *umg Brit* Universität *f* ⟨to enter ≈ die Universität beziehen; to go to ≈, to be at ≈ studieren⟩ | *Am* höhere Lehranstalt | Kollegium *n* | Vereinigung *f* ⟨the ≈ of Cardinals Kardinalskollegium *n*⟩; **ˌ~ 'pud·ding** *s* kleiner Plumpudding mit Früchten; **~le·gi·al** [kə'li:dʒɪəl] *adj* College-; **~le·gi·an** [kə'li:dʒɪən|-dʒən] *s* Collegemitglied *n*, Student *m* eines College; **~le·gi·ate** [kə'li:dʒɪət|-dʒət] *adj* College-, akademisch ⟨≈ life⟩ | studentisch-, Studenten-, Kollegiums-; **~'le·gi·ate 'church** *s* Stiftskirche *f*

col·let ['kɒlɪt] **1.** *s* Metallring *m* | (Edelstein) Fassung *f*; **2.** *vt* (Stein) in einen Ring fassen

col·lide [kə'laɪd] *vi* kollidieren, zusammenstoßen (**with** mit) | *übertr* einander *od* sich widersprechen, im Widerspruch stehen (**with** zu); *vt Phys* zur Kollision bringen, aufeinandertreffen *od* -stoßen lassen ⟨to ~ particles⟩

col·lie ['kɒlɪ] *s Zool* Collie *m*, schottischer Schäferhund

col·lier ['kɒlɪə] *s bes Brit* Gruben-, Kohlenarbeiter *m*, Bergmann *m* | *Mar* Kohlendampfer *m* | Matrose *m* eines Kohlenschiffes; **~y** ['kɒljərɪ] *s* Kohlengrube *f*, Zeche *f*

col·li|gate ['kɒlɪgeɪt] *vt übertr* verbinden, vereinigen; **ˌ~'ga·tion** *s* Verbindung *f*

col·li|mate ['kɒlɪmeɪt] *vt* (Linien) parallel machen | (Teleskop) richten, (genau) einstellen; **ˌ~'ma·tion** *s Phys* Kollimation *f*, (genaues) Einstellen

col·li·sion [kə'lɪʒn] *s* Kollision *f*, Zusammenstoß *m* (**with** mit) ⟨to be in ~ with zusammenstoßen *od* kollidieren mit⟩ | *übertr* Widerspruch *m* ⟨to come into ~ with in Widerspruch geraten zu⟩

col·lo|cate ['kɒləkeɪt] *vt* zusammenstellen, ordnen; *vi Ling* zusammen vorkommen (**with** mit); **ˌ~'ca·tion** *s* Zusammenstellung *f*, Ordnung *f* | Platzanweisung *f* | *Ling* Kollokation *f*; (Rede-) Wendung *f*

col·loc·u·tor [kə'lɒkjətə|'kɒləkju:tə] *s* Gesprächspartner *m*

col·lo·di·on [kə'ləudɪən] *s Chem* Kollodium *n*; **'~ ˌcot·ton** *s* Schießbaumwolle *f*; **col'lo·di·on·ize** *vt* mit Kollodium behandeln *od* bestreichen

col|loid ['kɒlɔɪd] **1.** *s Chem* Kolloid *n*; **2.** *adj Chem*, *Med* kolloidal, gallertartig; **~loi·dal** [kə'lɔɪdl] *adj Chem* kolloidal

col·lop ['kɒləp] *s* Fleischschnitte *f* | Scheibe *f*

col·loque [kə'ləuk] *vi* sich unterhalten

col·lo·qui·al [kə'ləukwɪəl] *adj* umgangssprachlich, Umgangs- ⟨a ~ word⟩; **col'lo·qui·al·ism** *s* Ausdruck *m* der Umgangssprache, umgangssprachliches Wort | umgangssprachliche Wendung | Umgangsstil *m*

col·lo·qui|um [kə'ləukwɪəm] *s* (*pl* **~a** [~ə]) Kolloquium *n*, wissenschaftliches Gespräch

col·lo·quy ['kɒləkwɪ] *s förml* förmliche Unterhaltung, Gespräch *n* ⟨to engage in ~ with s.o. sich mit jmdm. ins Gespräch einlassen⟩

col·lo·type ['kɒlətaɪp] **1.** *s* Kollotypie *f* | Farbenlichtdruck *m*; **2.** *vt* im Lichtdruckverfahren herstellen

col|lude [kə'lu:d|-lju:d] *vi* im heimlichen Einverständnis stehen; **~lu·sion** [kə'lu:ʒn] *s* heimliches Einverständnis ⟨to act in ≈ with s.o.⟩ | *Jur* Verdunkelung *f*; **~lu·sive** [kə'lu:sɪv] *adj* heimlich verabredet, abgekartet ⟨≈ agreement⟩ | in heimlichem Einverständnis handelnd ⟨≈ parties⟩

col·lyr·i|um [kə'lɪrɪəm] *s* (*pl* **~a** [~ə], **~s** [-z]) *Med* Augenwasser *n*

colo- [kəulə(u)|kɒlə(u)] ⟨*griech*⟩ *in Zus* Dickdarm-

Co·lom·bi|a [kə'lʌmbɪə] *s* Kolumbien; **~an 1.** *adj* kolumbianisch; **2.** *s* Kolumbier (in) *m(f)*

[1]**co·lon** ['kəulən] *s* (*pl* **co·la** ['kəulə], **'co·lons**) *Anat* Kolon *n*, Dickdarm *m*

[2]**co·lon** ['kəulən] *s* Doppelpunkt *m*, Kolon *n*

colo·nel ['kɜ:nl] *s Mil* Oberst *m*; **'~cy** *s* Rang *m* eines Obersten

co·lo·ni·al [kə'ləunɪəl] **1.** *adj* kolonial, Kolonial- ⟨≈ Office *Brit* Kolonialamt *n*; ~ power Kolonialmacht *f*⟩; **2.** *s* Bewohner *m* einer Kolonie | Kolonist *m*; **co'lo·ni·al·ism** *s* Kolonialismus *m*, Kolonialsystem *n*

col·o·nist ['kɒlənɪst] *s* Kolonist *m*, Siedler *m*; **ˌcol·o·ni'za·tion** *s* Kolonisation *f*, Besiedlung *f*; **'col·o·nize** *vt* kolonisieren, besiedeln | (jmdn.) ansiedeln; **'col·o·niz·er** *s* Siedler *m*

col·on|nade [ˌkɒlə'neɪd] *s Arch* Kolonnade *f*, Säulengang *m*; **ˌ~'na·ded** *adj* mit Kolonnaden versehen

col·o·ny ['kɒlənɪ] *s* Kolonie *f* ⟨the Colonies die englischen Kronkolonien⟩ | *Zool*, *Bot* Gruppe *f*, Kolonie *f* ⟨a ~ of bees⟩ | *übertr* Kolonie *f*, Siedlung *f* ⟨the American ~ in Paris; penal ~ Strafkolonie *f*⟩

col·o·pho·ny ['kɒləfəunɪ|kə'lɒfənɪ] *s* Kolophonium *n*

Col·o·ra·do bee·tle [ˌkɒlə'rɑ:dəu 'bi:tl] *s Zool* Kartoffelkäfer *m*

col·o·ra·tu·ra [ˌkɒlərə'tuərə] **1.** *s Mus* Koloratur *f*; **2.** *adj* Koloratur- ⟨~ soprano Koloratursopran *m*; -sängerin *f*⟩

col·or·if·ic [ˌkʌlə'rɪfɪk] *adj* farbgebend | *arch* farbenfreudig

col·or·im·e·ter [ˌkʌlə'rɪmɪtə|-mə-] *s Phys* Kolorimeter *n*, Farbenmeßapparat *m*; **ˌcol·or'im·e·try** *s* Kolorimetrie *f*

co·los|sal [kə'lɒsl] *adj* kolossal, riesig, ungeheuer | *umg* unwahrscheinlich ⟨a ~ liar⟩; **~sus** [kə'lɒsəs] *s* (*pl* **~si** [~saɪ],

~sus·es [kəˈlɒsəsɪz]) Koloß *m*, Riese *m* | Monumentalstatue *f*
col·our [ˈkʌlə] **1.** *s* Farbe *f* | Farbstoff *m* ⟨fast ~ echte Farbe; fugitive ~ unechte Farbe⟩ | (gesunde) Gesichtsfarbe ⟨to change ~ sich verfärben, rot *od* blaß werden; to have a high ~ hochrot aussehen; to have very little ~ blaß sein; his ~ comes and goes er wird abwechselnd rot und blaß; to lose ~ blaß werden; off ~ *übertr umg* unwohl; niedergeschlagen⟩ | Kolorit *n* ⟨to give / lend ~ to s.th. etw. beleben; local ~ Lokalkolorit *n*; Detailtreue *f*⟩ | *Mus* Klangfarbe *f* | Stimmung *f*, Ton *m*, Charakter *m*, Art *f* ⟨to come out in one's true ~ sich im wahren Licht zeigen; to give a false ~ to entstellen, verfälschen⟩ | Anschein *m* ⟨~ of dignity⟩ | Vorwand *m*, Deckmantel *m* ⟨under the ~ of unter dem Vorwand von⟩ | (nichtweiße) Hautfarbe *f od* Rasse *f* ⟨man (woman) of ~ Neger(in) *m(f)*, Farbige(r) *f(m)*⟩; **2.** *vt* färben, kolorieren | anstreichen | *übertr* beschönigen ⟨~ed news entstellte *od* übertriebene Nachrichten *f/pl*⟩; ~ **in** ausmalen; *vi* (Laub u. ä.) sich (ver)färben | erröten; ˌ**~aˈbil·i·ty** *s* Färbbarkeit *f*; ˈ**~a·ble** *adj* färbbar | annehmbar | vorgetäuscht; ˌ**~ˈa·tion** *s* Färben *n* | Farbgebung *f* | *Zool, Bot* Färbung *f*; ˈ**~ bar** *s* Rassenschranke *f*, -diskriminierung *f*; ˈ**~-blind** *adj* farbenblind | *Pol* rassenunvoreingenommen; ˈ**~ box** *s* Malkasten *m*; ˈ**~ chart** *s* Farbskala *f*; ˈ**~-code** *s, auch* ˈ**~-key** *vt* durch Farben kennzeichnen; ˈ**col·oured** *adj* bunt gefärbt, -farben, koloriert ⟨flesh-≈ fleischfarben⟩ | (Person) farbig ⟨a ≈ man Farbiger *m*⟩ | (schön)gefärbt, beschönigend ⟨a ≈ report⟩; ˈ**~-fast** *adj* farbecht; ˈ**~ful** *adj* farbenprächtig; ˈ**~ing** **1.** *adj* färbend, Farb- ⟨≈ matter Farbstoff *m*⟩; **2.** *s* Färben *n* | Farbe *f*, Färbung *f* | Farbgebung *f*, Kolorit *n* (*auch übertr*) | Gesichtsfarbe *f* | *übertr* Anstrich *m*; ˈ**~less** *adj* farblos | bleich | *übertr* nichtssagend, fade ⟨a ≈ style⟩ | *übertr* neutral ⟨a ≈ decision⟩; ˈ**~man** *s* (*pl* ˈ**~men**) *Brit* Farbenhändler *m* | *Am Rundf, TV* besonders unterhaltsamer Kommentator; ˌ**~ phoˈtog·ra·phy** *s* Farbfotografie *f*; ˌ**~ ˈprint[ing]** *s Typ* Farbendruck *m*; ˈ**~s** *s/pl* (Sport, Schule) Farben *f/pl*, Abzeichen *n* ⟨the ≈ of a horse; to get / win one's ≈ (Sport) in die Mannschaft aufgenommen werden⟩ | *Mil* Fahne *f*, Standarte *f* ⟨to come off with flying ≈ großen Erfolg haben; to join the ≈ Soldat werden; to lower one's ≈ die Flagge streichen (*auch übertr*); to nail one's ≈ to the mast *übertr* standhaft bleiben; to stick to one's ≈s *übertr* hartnäckig seinen Standpunkt vertreten; to sail under false ≈ *übertr* unter falscher Flagge segeln; heucheln; to show one's [true] ≈ *übertr* Farbe bekennen⟩ | (*bes* Sport) (National-, Vereins- u. ä.) Farben *f/pl*, (Mannschafts-) Dreß *m*, Jersey *n*, Mütze *f* ⟨to see one's ≈s come first seine Mannschaft vorn *od* gewinnen sehen; to get/win one's ≈s in die Mannschaft aufgenommen werden, für den Klub spielen dürfen⟩; ˈ**~ scheme** *s* Farbgebung *f*, -kombination *f* ⟨the ≈ of a costume⟩; ˈ**~ ˌserv·ice** *s Mil* Wehrdienst *m*; ˌ**~ ˈtel·e·vi·sion** *s* Farbfernsehen *n*; ˈ**~ way** *s Brit* Farbmuster *n*, -skala *f*; ˈ**~y** *adj* farbenfreudig
¹**colt** [kəʊlt] **1.** *s* Fohlen *n*, Füllen *n* | *Sport* junger Hengst (bis vier bzw. fünf Jahre) | *übertr* Grünschnabel *m*, Anfänger *m* | *Mar* Tauende *n*; **2.** *vt* mit einem Tauende verprügeln; ˈ**~ish** *adj* ausgelassen, wild; ˈ**colts·foot** *s* (*pl* ˈ**colts·feet**) *Bot* Huflattich *m*
²**Colt** [kəʊlt] *s* Colt *m*, Revolver *m*
col·ter [ˈkəʊltə] *Am* = **coulter**
col·um·bar·y [ˈkɒləmbərɪ] *s* Taubenschlag *m*
¹**col·um·bine** [ˈkɒləmbaɪn] *s Bot* Akelei *f*
²**Col·um·bine** [ˈkɒləmbaɪn] *s Theat* Kolumbine *f*
col·umn [ˈkɒləm] *s Arch* Säule *f*, Pfeiler *m* ⟨triumphal ~ Siegessäule⟩ | *übertr* Säule *f* ⟨a ~ of smoke Rauchsäule *f*; spinal ~ Wirbelsäule *f*⟩ | senkrechte (Zahlen-) Folge *f*, Reihe *f* ⟨a ~ of figures⟩ | *Typ* Kolumne *f*, Spalte *f* ⟨advertising ~ Anzeigenspalte *f*⟩ | *urspr Am Ztgsw* regelmäßig erscheinender Artikel (e-s Autors) | *Mil* Kolonne *f* ⟨a ~ of soldiers; fifth ~ *übertr* fünfte Kolonne *f*⟩ | Schiffe *n/pl* in Kiellinie | *Tech* Karten-, Maschinenständer *m*; **co·lum·nar** [kəˈlʌmnə] *adj* säulenförmig, Säulen-; ˈ**col·umned** *adj* mit Säulen versehen; **col·um·nist** [ˈkɒləmɪst|-mnɪst] *s urspr Am* Leitartikelschreiber *m* ⟨a newspaper ≈⟩ | ständiger Kommentator ⟨a radio ≈⟩
co·lure [kəˈljʊə|ˈkəʊljʊə] *s Astr* Kolur *m*, Deklinationskreis *m*
col·za [ˈkɒlzə] *s Bot* Raps *m*; ˈ**~ oil** *s* Rapsöl *n*
com- [kɒm] ⟨*lat*⟩ *in Zus* gemeinsam, mit, zusammen
¹**co·ma** [ˈkəʊmə] *s* (*pl* **co·mae** [ˈkəʊmi:]) *Bot* Haarbüschel *n* | *Astr* Koma *f*
²**co·ma** [ˈkəʊmə] *s Med* Koma *n*, tiefe Bewußtlosigkeit ⟨to get into a ~ in ein Koma verfallen⟩ | Dämmerzustand *m*; **~tose** [ˈ~təʊs] *adj* komatös, bewußtlos
co·man·age·ment [kəʊˈmænɪdʒmənt] *s Wirtsch* Mitbestimmung *f*
comb [kəʊm] **1.** *s* Kamm *m* | Striegel *m* | *Tech* Hechel *f*, Kamm *m* | *Zool* Kamm *m* ⟨to cut s. o.'s ~ *übertr* jmdn. demütigen⟩ | (Berg, Welle u. ä.) Kamm *m*, Rücken *m* | Honigwabe *f* ⟨honey in the ~ Scheibenhonig *m*⟩; **2.** *vt* kämmen | (Pferd) striegeln | *Tech* (Wolle) krempeln | *Tech* (Flachs) hecheln | *übertr* durchkämmen, -suchen, absuchen; ~ **off** abkämmen | *übertr* beseitigen; ~ **out** auskämmen | *übertr* sieben, säubern, ausräumen | *Mil* ausmustern; *vi* (Wellen u. ä.) sich brechen, sich überstürzen
com·bat [ˈkɒbæt|-bət|ˈkʌm-] **1.** (ˈ**~ted,** ˈ**~ted**) *vi* kämpfen (**against** gegen; **with** mit; **for** um); *vt* bekämpfen, kämpfen gegen ⟨to ~ the enemy; to ~ error⟩; **2.** *s* Kampf *m* ⟨close ~ Nahkampf *m*; single ~ Einzel-, Zweikampf *m*⟩; **~ant** [ˈkɒmbətənt] **1.** *adj* kämpfend; **2.** *s* Kämpfer *m*, Streiter *m* ⟨non≈ Nichtkämpfer *m*⟩ | *Mil* Kombattant *m*; ˈ**~ car** *s Mil Am* Panzerkampfwagen *m*; ˈ**~ faˌtigue** *s Med* Kriegs-, Gefechtsneurose *f*; **com·ba·tive** [ˈkɒmbətɪv] *adj* kampflustig; Kampf-; ˈ**~ ˌor·der** *s* Gefechtsbefehl *m*; ˈ**~ team** *s Am* Kampfgruppe *f*; ˈ**~ zone** *s Mil* Kampfzone *f*
combe [ku:m] = **coomb**
comb·er [ˈkəʊmə] *s* Wollkämmer *m*, Krempler *m* | *Tech* Krempelmaschine *f* | Sturzwelle *f*, Brecher *m*
comb hon·ey [ˈkəʊm ˌhʌnɪ] *s* Scheibenhonig *m*
com|bin·a·ble [kəmˈbaɪnəbl] *adj* vereinbar | *Tech* verbindbar; **~bi·na·tion** [ˌkɒmbɪˈneɪʃn] *s* Kombination *f*, Verbindung *f*, Vereinigung *f*, Verknüpfung *f* ⟨to enter into ≈ with; in ≈ with⟩ | Zusammenstellung *f* | *Wirtsch* Bündnis *n*, Kartell *n* | Interessengemeinschaft *f* ⟨a commercial ≈⟩ | *Math* Kombination *f* | *Chem* Verbindung *f* | Motorrad *n* mit Beiwagen | *meist* ˌ**~biˈna·tions** *pl* Hemdhose *f* | *auch* **~biˈˈna·tion lock** *s* Sicherheitsschloß *n*; **~bi·na·tive** [ˈkɒmbɪneɪtɪv|-nət-] *adj* verbindend | Kombinations-; **~bine** [kəmˈbaɪn] *vt* verbinden, vereinigen, kombinieren | *Chem* verbinden; *vi* sich verbinden, sich vereinigen | *Chem* sich verbinden | zusammenwirken | eine Einheit bilden; ~ **against** sich verschwören gegen; [ˈkɒmbaɪn] *s Wirtsch, Pol* Verbindung *f*, Interessengemeinschaft *f*, Trust *m* | *Wirtsch* Kombinat *n* | *auch* ˌ**~bine ˈharvester** *Landw* Kombine *f* ⟨wheat ≈ Weizenmähdrescher *m*⟩; **~bined** [kəmˈbaɪnd] *adj* vereinigt, verbunden | verbündet | *Chem* verbunden; ˌ**~bined ˈa·e·ri·al** *s El* Gemeinschaftsantenne *f*; ˌ**~bined ˌop·erˈa·tions** *s/pl Mil* gemeinsame Operationen *f/pl* der Land-, Luft- und Seestreitkräfte; ˌ**~bined ˈworks** *s/pl* Kombinat *n*
comb·ing [ˈkəʊmɪŋ] *s* Kämmen *n*; ˈ**~s** *s/pl* ausgekämmte Haare *n/pl*

com·bo ['kɒmbəʊ] *s Mus umg* Combo *f*, kleine Band

comb-out ['kəʊm aʊt] *umg s* Auskämmen *n* ⟨to have a ~ sich das Haar kämmen lassen⟩ | *übertr* Durchkämmen *n*, Absuchen *n* ⟨~ of staff Einsparung *f* von Personal⟩

com·bus|ti·bil·i·ty [kəm,bʌstə'bɪlətɪ] *s* (Ver-) Brennbarkeit *f*; **com'bus·ti·ble 1.** *adj* brennbar | *übertr* leicht erregbar; **2.** *s* Brennstoff *m* ⟨nuclear ≈ Kernbrennstoff *m*⟩; **com'bus·tion** *s* Verbrennung *f*, Entzündung *f* ⟨≈ end Brennschluß *m* bei einer Rakete⟩ | *übertr* Erregung *f*; **'~tion cham·ber** *s Tech* Verbrennungskammer *f*; **'~tion ,en·gine** *s Tech* Verbrennungsmotor *m*, -maschine *f*; **com'bus·tive** *adj* Verbrennungs-, Brenn-, Entzündungs-

come [kʌm] (**came** [keɪm], **come**) *vi* (an-, heran-, herbei-, näher)kommen ⟨the day ~s der Tag kommt; ~ this way! komm hier lang!; ~, ~! na komm!; Moment mal!; they came running sie kamen gelaufen; generations to ~ zukünftige Generationen; to ~ and [to] see besuchen⟩ | an die Reihe kommen ⟨who ~s next? wer ist der Nächste?⟩ | (in e-n Zustand u. ä.) kommen, geraten ⟨to ~ into being / existence entstehen; to ~ into danger in Gefahr geraten; to ~ into use in Gebrauch kommen; to ~ into vogue / fashion in Gebrauch *od* Mode kommen, üblich werden; to ~ of age mündig werden; to ~ short of s. th. etw. versäumen; to ~ to an end zu Ende gehen; to ~ to harm zu Schaden kommen; to ~ to a head kritisch werden, zur Entscheidung kommen; to ~ to life wieder zur Besinnung kommen; *übertr* aufwachen; to ~ to light *übertr* ans Licht kommen; to ~ to nothing zu nichts führen; to ~ to rest zur Ruhe kommen⟩ | herkommen, abstammen (**of, from** von) | kommen, herrühren (**of** von) | nahekommen ⟨to ~ to an understanding ins Einvernehmen kommen⟩ | reichen, sich erstrecken ⟨beyond the hills ~s the sea⟩ | erscheinen, auftreten ⟨to ~ into view sichtbar werden⟩ | *umg* spielen, abgeben ⟨to ~ the bully over s. o. jmdn. tyrannisieren⟩ | sich ereignen, sich entwickeln, geschehen ⟨~ what may / will komme, was [da] wolle⟩ | sich herausstellen ⟨to ~ true⟩ | (*vor inf*) werden, dazu kommen, dahin kommen ⟨to ~ to believe glauben müssen; to ~ to know kennenlernen⟩; **~ about** geschehen | sich ereignen ⟨how does it ~ about that wie kommt es, daß⟩; **~ across** (Rede, Schauspieler u. ä.) ankommen; **~ across as** *umg* erscheinen, vorkommen als ⟨to ~ across (to s. o.) as quite nice (auf jmdn.) einen ganz netten Eindruck machen⟩; **~ across with** *Sl* blechen, (Geld) herausrücken, herausrücken mit | (etw.) verraten ⟨to ~ across with a couple of thousand pounds⟩; **~ across** *vt* zufällig finden, stoßen auf | überqueren | *übertr* (in den Sinn) kommen ⟨a thought came across my mind mir fiel etw. ein, mir kam ein Gedanke⟩; **~ after** nachkommen; **~ after** *vt* folgen | holen ⟨to ~ after a book ein Buch (ab)holen⟩; **~ again** wiederkommen ◇ **~ again!** *umg* sagen Sie das nochmal!, wie war das?; **~ along** mitkommen | *auch* **~ on** Fortschritte machen, vorankommen | *auch* **~ on** jmdm. (gesundheitlich) besser gehen ⟨he's coming along nicely⟩ | zufällig auftauchen, daherkommen ⟨take every chance that ~s along nutze jede sich gerade bietende Gelegenheit!⟩ | *auch* **~ on** (nach) folgen, später kommen ◇ **~ along!** *umg* mach hin!; hau ran!; **~ apart** zerbrechen, zerfallen; **~ around** = **~ round** | *Sl* (Frau) ihre Tage bekommen; **~ at** (jmdn.) angreifen | erlangen, erreichen; **~ away** weg-, loskommen | abgehen, abfallen, abbrechen | (Pflanze) durchkommen, gedeihen; **~ back** zurückkommen | wiederkommen, wieder in Mode kommen | wieder einfallen (**to s. o.** jmdm.) ⟨the facts came back to me⟩ | (in Worten) sich revanchieren (**at s. o.** bei jmdm., **with** mit); **~ before** behandelt werden | vorgehen vor, vorrangig sein gegenüber; **~ by** vorüberkommen, -gehen; **~ by** *vt* erreichen, bekommen ⟨money is hard to ~ by es ist schwer, zu Geld zu kommen⟩; **~ down** herunterkommen, -fallen | *übertr* herunterkommen, verlieren ⟨to ~ down in my opinion sozial absteigen⟩ | *umg* (Preise) sinken, heruntergehen | (Traditionen u. ä.) überliefert werden | aus einer Großstadt aufs Land kommen *od* fahren ⟨to ~ down from London⟩ | *Brit* von der Universität (*bes* Oxford *od* Cambridge) kommen | *umg* spendieren ⟨to ≈ handsomely sich nobel zeigen⟩ ◇ **to ~ down in favour of/on the side of s. o.** *or* **s. th.** sich für jmdn. *od* etw. entscheiden *od* aussprechen; **~ down to earth** den Boden der Tatsachen wiederfinden; **~ down [up]on** *umg* (jmdn.) heruntermachen, ausschimpfen ⟨the teacher came down on the boy⟩ | (jmdn.) bestrafen | (Geld u. ä.) fordern von, verlangen von ⟨they came down on us for payment⟩; **~ down to** hinauslaufen auf, beschränkt sein auf; **~ down with** *umg* erkranken an; **~ for** bedrohen, drohend zugehen auf; **~ forth** hervorkommen; **~ forward** hervortreten, sich erbieten | verfügbar *od* geeignet sein (**for** für); **~ in** hereinkommen, eintreten | (Flut) steigen | in Mode kommen | (Pferd u. ä.) ins Ziel kommen | *Pol* zur Macht kommen, gewählt werden | sich erweisen ⟨it may ~ in handy / useful es könnte sich als günstig *od* nützlich erweisen⟩ | einen Platz bekommen ⟨where do I ~ in? was wird aus mir?⟩; **~ in for** *umg* (etw.) bekommen ⟨to ~ in for trouble Scherereien bekommen⟩; **~ in on** *umg* mitmachen ⟨to ~ in on a project bei e-r Sache mit dabeisein⟩; **~ into** eintreten in; **~ in with** (etw.) unterbrechen mit, stören durch; **~ it** sein Ziel erreichen, es schaffen ⟨I couldn't ~ it⟩; **~ near** nahe kommen; **~ off** abgehen, sich lösen ⟨a button has ~ off⟩ | herunterkommen, absteigen (*übertr*) | abgehen von, aufgeben ⟨to ~ off the gold standard⟩ | (herunter)fallen ⟨to ~ off a wall⟩ | stattfinden, zustande kommen ⟨the marriage did not ~ off⟩; | Erfolg haben ⟨the plan came off well; who came off best? wer hat gewonnen?⟩ ◇ **~ off it!** *umg* laß das sein!; **~ on** folgen, nachkommen ⟨he'll ~ on later⟩ | sich entwickeln, vorankommen ⟨the work is coming on well die Arbeit schreitet gut voran⟩ | *Am Pol* groß herauskommen, Eindruck machen | *Brit umg* (Nacht, Regen, Krankheit) beginnen, an-, ausbrechen ⟨a cold coming on eine beginnende Erkältung⟩ | an die Reihe kommen, zur Diskussion stehen ⟨when does his case ~ on?⟩ | (Schauspieler) auftreten ⟨he came on 5 minutes late⟩ | *Theat* (Stück) auf dem Spielplan stehen, aufgeführt werden; **~ on** *vt* zufällig vorfinden, antreffen; **~ out** heraus-, hervorkommen, erscheinen ⟨the flowers are coming out; the stars came out⟩ | bekannt werden, sich herausstellen ⟨the truth came out die Wahrheit kam an den Tag⟩ | (Buch) erscheinen, veröffentlicht werden | *Foto* (Details) sichtbar werden; (Person) getroffen sein ⟨to ~ out well⟩ | (Arbeiter) streiken ⟨to ~ out on a strike in e-n Streik treten; to ~ out in support of s. o. in e-n Solidaritätsstreik für jmdn. treten⟩ | (Haare) ausgehen, ausfallen | (Flecke) herausgehen, sich entfernen lassen ⟨the ink won't ~ out⟩ | (Farbe) verblassen, verschwinden | (Aufgabe, Problem) aufgehen, gelöst werden ⟨to ~ out wrong (right) falsch (richtig) herauskommen⟩ | sich belaufen auf ⟨the sum came out at die Summe belief sich auf⟩ | (in der Prüfung) plaziert sein als ⟨he came out third⟩ | (junges Mädchen) in die Gesellschaft eingeführt werden | (Schauspieler) zum ersten Mal auftreten, debütieren; **~ out against** sich wenden gegen, ablehnen ⟨to ~ out against the project⟩; **~ out for** (öffentlich) eintreten für, unterstützen; **~ out in** *umg* übersät sein von, entwickeln ⟨to ~ out in spots lauter Flecke haben⟩; **~ out of** herauskommen aus; **~ out with** herausrücken mit, von sich geben; **~**

over (nach Großbritannien) herüberkommen | (kurz) besuchen | (Meinung) ändern, übertreten ⟨they came over to the socialist camp sie entschieden sich für das sozialistische Lager⟩ | (Einfluß, Gefühl) spüren, überkommen ⟨what has ~ over you? was ist mit dir los?⟩ | *umg* sich fühlen ⟨to ~ over queer / funny / dizzy sich durchgedreht fühlen⟩; **~ round** einen Umweg machen | vorbeikommen, vorsprechen | (Feiertag) wiederkehren, -kommen | (Ansicht u. ä.) ändern, sich bekehren (**to** zu) ⟨he has ~ round er ist einverstanden⟩ | wieder zu sich kommen | sich wieder beruhigen; **~ through** durchkommen, -machen ⟨to ~ through an illness eine Krankheit überstehen⟩; **~ to** wieder zu sich kommen | vor Anker gehen | betreffen, sich handeln um ⟨when it ~s to politics was die Politik angeht⟩ | erreichen, herankommen an ⟨when it came to my knowledge als es mir zu Ohren kam⟩ | (heran)reichen an ⟨the water came to my waist⟩ | *übertr* gelangen zu ⟨to ~ to money Geld erben; to ~ to one's senses again wieder zu sich kommen; *übertr* vernünftig werden⟩ | sich belaufen auf ⟨the bill came to £ 15 die Rechnung machte £ 15⟩ ◇ **~ to heel** (Hund) dem Herrn folgen; *übertr* (Person) gehorchen, einverstanden sein; **~ to o. s.** *übertr* sich wieder fangen, die Selbstkontrolle wiedererlangen; *förml* wieder zu sich kommen; **~ to pass** sich ereignen, geschehen; **what is s. th. (s. o.) coming to?** wohin soll das (mit jmdm.) noch führen?; **~ together** zusammenkommen; **~ under** zur Zuständigkeit gehören von | stehen unter, erhalten ⟨to ~ under fire; to ~ under s.o.'s influence unter jmds. Einfluß geraten⟩ | zu finden sein bei, stehen unter, gehören zu ⟨this ~s under a. o. b. das fällt unter Verschiedenes⟩ ◇ **to ~ under the hammer** unter den Hammer kommen, versteigert werden; **~ under the knife** *umg* unter das Messer kommen, operiert werden; **~ up** heraufkommen | *übertr* aufkommen, zur Sprache kommen ⟨the problem hasn't ~ up yet über das Problem ist noch nicht diskutiert worden⟩ | *umg* dran sein; (Zahl) gezogen werden ⟨my number came up⟩ | passieren ⟨if anything ~s up⟩ | *übertr* Erfolg haben ⟨to ~ up in the world es zu etwas bringen⟩ | wieder gut aussehen (*bes* nach Reinigung) ⟨the dress came up beautifully⟩ | (Pflanze) aufgehen, keimen | *Brit* nach London kommen *od* fahren; **~ up against** stoßen auf ⟨to ~ up against difficulties auf Schwierigkeiten stoßen⟩; **~ upon** (jmdm.) zustoßen ⟨fear came upon them Angst überfiel sie⟩ | zur Last fallen | (zufällig) vorfinden, stoßen auf; **~ upon s. o. for** von jmdm. verlangen; **~ up to** herantreten an ⟨to ~ up to s. o.⟩ | fahren zu, reisen nach ⟨to ~ up to town⟩ | reichen bis an | sich belaufen auf | *übertr* nahe-, gleichkommen ⟨to ~ up to s. o.'s expectations jmds. Erwartungen entsprechen⟩; **~ up with** *umg* (Plan, Antwort) ausdenken, parat haben; **~-at·a·ble** [~'ætəbl] *adj umg* erreichbar | *übertr* zugänglich; **'~back** *s* Comeback *n*, Rückkehr *f* (e-s Filmstars u. ä.) ⟨to make a ≈ ein Comeback erleben, Beliebtheit *od* Leistung *od* Macht wiedergewinnen⟩ | schlagfertige Antwort; **~-by-chance** [ˌ~baɪ'tʃɑ:ns] *s arch* uneheliches Kind

co·me|di·an [kə'mi:dɪən] *s* Schauspieler(in) *m(f)* (für komische Rollen) | Komiker *m* | Lustspieldichter *m* | *übertr* Spaßvogel *m*; **~di·enne** [kəˌmi:dɪ'en|-'meɪd-] *s* Schauspielerin *f* (für komische Rollen); **~dist** ['kɒmədɪst] *s* Lustspieldichter *m*

com·e|do ['kɒmədəʊ] *s* (*pl* **~do·nes** [~'dəʊni:z], **~dos** ['~dəʊz]) *Med* Mitesser *m*

come·down ['kʌmdaʊn] *umg s übertr* Fall *m*, Abstieg *m*, Niedergang *m* | Einbruch *m*, Reinfall *m*, Enttäuschung *f* ⟨the film was a ~⟩

com·e·dy ['kɒmədɪ] *s* Komödie *f*, Lustspiel *n* ⟨light ~ Schwank *m*; musical ~ Operette *f*⟩ | komisches Ereignis | Komik *f*, komischer Aspekt

come-hither [ˌkʌm 'hɪðə] *adj umg* verführerisch ⟨a ~ look; with ~ eyes⟩

come·ly [kʌmlɪ] *adj* (Person) anmutig, hübsch

come|-off ['kʌm ɒf] *s* Ende *n*, Ausgang *m* | *umg* Vorwand *m*; **'~-on** *s Am Sl* Köder *m*, Lockmittel *n* (für Käufer) | leichte Beute (eines Betrügers) ◇ **give s. o. the ~-on** *Sl* (Frau) jmdn. animieren, gegenüber jmdn. unzweideutig werden

com·er ['kʌmə] *s* (An-) Kommende(r) *f(m)* ⟨the first ~ der zuerst Kommende, wer zuerst kommt; all ~s jedermann⟩ | *Am Sl* der kommende Mann

-com·er ['kʌmə] *in Zus* -kommende(r) *f(m)* ⟨late~ jmd. der sich verspätet hat; new~ Neuankömmling *m*⟩

co·mes·ti·ble [kə'mestəbl] **1.** *förml adj* eßbar; **2.** *s, meist* **co'mes·ti·bles** *pl* Lebensmittel *pl*

come-up·pance [ˌkʌm 'ʌpəns] *s* (*meist sg*) *umg* (wohl)verdiente Strafe

com·et ['kɒmɪt] *s Astr* Komet *m*; **'~ar·y, ~ic** [kə'metɪk], **~i·cal** *adj* kometenähnlich, Kometen-, kometenhaft

com·fit ['kʌmfɪt|'kɒm-] *selten s* Konfekt *n* | kandierte Früchte

com·fort ['kʌmfət] **1.** *vt* trösten | erfreuen, erquicken; **2.** *s* Trost *m* (**to** für) ⟨to derive / take ~ from Trost finden in; be of good ~ Kopf hoch!; to be cold ~ schlechter Trost sein; what a ~! Gott sei Dank!⟩ | Wohltat *f*, Erquickung *f* ⟨public ~ station *Am* öffentliche Bedürfnisanstalt⟩ | Behaglichkeit *f*, Komfort *m* ⟨to live in ~; creature ~s leibliches Wohl⟩ | Tröster *m* | *Am* Steppdecke *f*; **'~a·ble** *adj* komfortabel, bequem, gemütlich ⟨a ≈ chair; make yourself ≈! machen Sie es sich bequem!⟩ | sorgenfrei ⟨to feel ≈ sich wohlfühlen⟩ | wohltuend, trostreich ⟨≈ words⟩ | ausreichend, einträglich ⟨a ≈ income⟩; **'~er** *s* Tröster *m* | warmes Halstuch *n* | *Am* Bettdecke *f* | *umg* Schnuller *m*; **'~ing** *adj* tröstlich; **'~less** *adj* trostlos | unbequem, unbehaglich ⟨a ≈ room⟩ | untröstlich

com·frey ['kʌmfrɪ] *s Bot* Schwarzwurz *f*

com·fy ['kʌmfrɪ] *adj fam* bequem, gemütlich

com|ic ['kɒmɪk] **1.** *adj* komisch, lustig, heiter ⟨a ≈ song Scherzlied *n*; ≈ opera komische Oper⟩ | Komödien-, Lustspiel- ⟨≈ writer Lustspieldichter *m*⟩; **2.** *s* Komiker *m* | Witzblatt *n*; **'~i·cal** *adj* komisch, spaßig | *umg* wunderlich, komisch ⟨a ≈ expression⟩; **'~ics,** *auch* **'~ic strips** *s/pl Am* Comics *pl*, witzige *od* abenteuerliche Bildergeschichten *f/pl* in Fortsetzungen

com·ing ['kʌmɪŋ] **1.** *adj* kommend, künftig ⟨the ~ year; a ~ man ein kommender Mann⟩; **2.** *s* Kommen *n*, Ankunft *f* ⟨~ of age Mündigwerden *n*⟩; **'~ and 'go·ing** *adj* ohne Ausweg, hilflos ausgeliefert ⟨he had her ≈ sie konnte ihm nicht entweichen⟩; **'~s and 'go·ings** *s/pl* Aktivität *f*, Hin *n* und Her *n*, Kommen *n* und Gehen *n*; **ˌ~ 'in** *s* (*pl* **ˌ~s 'in**) Anfang *m* / *meist pl* Einkommen *n*; **'~-'on 1.** *s* Anrücken *n*, Herannahen *n*; **2.** *adj* nachgebend, willfährig

com·i·ty ['kɒmɪtɪ|-ətɪ] *s förml* Höflichkeit *f*, gutes Einvernehmen ⟨*Jur* the ~ of nations das gute Einvernehmen der Völker untereinander⟩

com|ma ['kɒmə] *s* (*pl* **~mas, ~ma·ta** ['~ətə]) Komma *n*, Beistrich *m* ⟨inverted ~s An-, Ausführungsstriche *m/pl*⟩

com·mand [kə'mɑ:nd] **1.** *vt* befehlen (*auch Mil*) (**s. o. to** *mit inf* jmdm. zu *mit inf*) | *Mil* befehligen, das Kommando haben über | verlangen, fordern, gebieten ⟨to ~ silence Ruhe gebieten⟩ | (Gefühle) beherrschen, in der Gewalt haben ⟨to ~ one's temper sich beherrschen⟩ | verfügen über ⟨to ~ a large sum of money; yours to ~ (Brief) Ihr ergebener ...⟩ | beherrschen, überragen ⟨the house ~s the garden; to ~ a fine view e-e schöne Aussicht gestatten⟩ |

(Sympathie) auslösen, einflößen, gebieten ⟨to ~ respect Achtung gebieten⟩ | *Wirtsch* (Preis) einbringen, erzielen ⟨to ~ a high price hoch im Preis stehen⟩; *vi* befehlen, herrschen, gebieten (*auch Mil*); **2.** *s* Befehl *m* ⟨at / by s. o.'s ~ auf jmds. Befehl; by ~ auf Befehl; to be at s. o.'s ~ bereit sein, jmdm. zu gehorchen⟩ | *Mil* Befehlsgewalt *f*, Kommando *n* ⟨to be in ~ of das Kommando führen über; to be under the ~ of s. o. jmds. Kommando unterstehen; to have / take ~ of die Befehlsgewalt haben *od* übernehmen über⟩ | Kommando(bereich) *n*(*m*) ⟨Western ≈ Kommandobereich West *m*; Bomber ≈ Bomberkommando *n*⟩ | Herrschaft *f*, Beherrschung *f*, Gewalt *f* (*auch übertr*) (**of** über) ⟨~ of language Redegewandtheit *f*; ~ over o. s. Selbstbeherrschung *f*⟩ | Verfügung *f* ⟨to be at s. o.'s ~ jmdm. zur Verfügung stehen | *auch* **'~ paper** *Brit Parl* königlicher Erlaß ⟨~ performance *Theat* Aufführung *f* auf Geheiß *od* Wunsch des Herrschers⟩; **com·man·dant** [ˌkɒmən'dænt|-'dɑ:nt|'kɒməndænt] *s Mil* Kommandant *m*; **'~ mod·ule** *s* (Raumfahrt) Kommandokapsel *f*; **com·man·deer** [ˌkɒmən'dɪə] *vt* zum Militärdienst zwingen | requirieren | sich aneignen; **com'mand·er** *s Mil* Befehlshaber *m*, Kommandeur *m* | (Panzer, Flugzeug) Kommandant *m* | *Mil Mar* Fregattenkapitän *m* | Anführer *m* | *Hist* (Ordens-) Komtur *m*; **~er in chief** [kə'mɑ:ndərɪn'tʃi:f] *s* (*pl* **~ers in chief**) *Mil* Oberbefehlshaber *m*; **com'mand·er·ship** *s* Kommando *n*; **com'mand·er·y** *s* Komturei *f*; **com'mand·ing** *adj* befehlend, kommandierend ⟨≈ officer Kommandeur *m*⟩ | beherrschend | imponierend, eindrucksvoll ⟨≈ presence imponierendes Auftreten⟩ | (Blick) weit ⟨≈ view⟩; **com'mand·ment** *s* Befehl *m* | Vorschrift *f*, Gesetz *n* | *Rel* Gebot *n* ⟨the Ten ≈s⟩; **com·man·do** [kə'mɑ:ndəʊ] *s* (*pl* **com'man·dos, com'man·does**) (Truppen-) Kommando *n* | Expedition *f*; **'~ post** *s Mil* Gefechtsstand *m*

com·mem·o·rate [kə'meməreɪt] *vt* gedenken, (die Wiederkehr) feiern | erinnern an ⟨a monument to ≈ ein Denkmal *n* zur Erinnerung an⟩; **comˌmem·o'ra·tion** *s* Gedenken *n*, Erinnerung *f* ⟨in ≈ of zur Erinnerung an⟩ | Gedächtnisfeier *f*; **com'mem·o·ra·tive, com'mem·o·ra·to·ry** *adj* erinnernd (**of** an) | Gedächtnis-

com·mence [kə'mens] *förml vt* beginnen, anfangen, einleiten (**s. th.** etw.; **to** *mit ger* zu *mit inf*); *vi* beginnen, anfangen (**to** *mit inf* zu *mit inf*); **com'mence·ment** *s* Beginn *m*, Anfang *m* | *bes Am* (Universität) Abschlußfeier *f*, Diplomübergabe *f*

com·mend [kə'mend] *vt* empfehlen, loben (**upon** wegen, auf Grund; **to** gegenüber) | anvertrauen; **~ o. s.** *vr* gefallen, entsprechen, sich empfehlen ⟨this room does not ~ itself to me⟩; **com'mend·a·ble** *adj* empfehlenswert; **com·men·da·tion** [ˌkɒmen'deɪʃn] *s* Empfehlung *f*, Lob *n*; **com'mend·a·to·ry** *adj* empfehlend, lobend, Empfehlungs-

com·men·sal [kə'mensl] *s* Tischgenosse *m* | *Biol* Parasit *m*, Schmarotzer *m*

com·men·su|ra·bil·i·ty [kəˌmenʃərə'bɪlətɪ] *s* Kommensurabilität *f*, Meßbarkeit *f*; **com'men·su·ra·ble** *adj* kommensurabel, vergleichbar, mit gleichem Maße meßbar (**to, with** wie) | von gleichem Umfang *od* Maß; **~rate** [kə'menʃərət|-sjərət] *adj* von gleichem Umfang *od* Maß (**with** wie) | angemessen (**to / with s. th.** e-r Sache); **comˌmen·su'ra·tion** *s* Gleichmaß *n*

com|ment ['kɒment] **1.** *s* Bemerkung *f*, Erklärung *f*, Stellungnahme *f* (**on** zu) ⟨to make ≈s Bemerkungen machen; a good deal of ~ viel Rederei⟩ | Anmerkung *f*, Kommentar *m* | kritische Besprechung, Kritik *f*; **2.** *vi* kritische Anmerkungen machen (**on, upon** zu) | kritische Bemerkungen machen (**[up]on** über) | hinweisen (**on** auf); *vt* kommentieren, mit einem Kommentar versehen; **~men·tar·i·al** [ˌkɒmen'tɛərɪəl] *adj* kommentierend; **~men·tar·y** ['~əntrɪ] *s* Kommentar *m*, Anmerkungsapparat *m* (**on** zu) | Kommentar *m* | (fortlaufende) Darstellung ⟨running ≈ laufender Bericht⟩ | *Rundf* Funk-, Hörbericht *m* (**on** über); **~men·ta·tion** [ˌkɒmən'teɪʃn] *s* Kommentierung *f*; **~men·ta·tor** ['kɒmənteɪtə] *s* Kommentator *m* | Rundfunk-, Fernsehkommentator *m*

com|merce ['kɒmɜ:s] *s* (Außen-) Handel *m* ⟨Chamber of ≈ Handelskammer *f*⟩ | *übertr* Umgang *m*, Verkehr *m* (**with** mit) | *übertr* Beziehung *f* | Zusammenhang *m* (**between** zwischen); **~mer·cial** [kə'mɜ:ʃl] **1.** *adj* kommerziell, kaufmännisch, Handels-, Geschäfts- | handelsüblich ⟨≈ brass handelsübliches Messing⟩; **2.** *s Brit umg* Handlungsreisender *m* | *Am Rundf, TV* Reklamesendung *f*; **~ˌmer·cial 'ad·ver·tis·ing** *s* Wirtschaftswerbung *f*; **~ˌmer·cial 'a·gen·cy** *s* Handelsagentur *f*; **~ˌmer·cial 'ar·tist** *s* Gebrauchs-, Werbegraphiker *m*; **~ˌmer·cial 'broad·cast·ing** *s* Werbefunk *m*; **~mer·cial·ese** [kəˌmɜ:ʃə'li:z] *s verächtl* (schlechte) Wirtschaftssprache; **~'mer·cial·ism** *s* Handelsgeist *m* | Handelsgepflogenheit *f* | Handelsausdruck *m*; **~ˌmer·cial·i'zation** *s* Kommerzialisierung *f*; **~mer·cial·ize** [kə'mɜ:ʃ̩laɪz] *vt* kommerzialisieren, zum Geschäft machen ⟨to ≈ sport⟩ **~ˌmer·cial 'let·ter** *s* Geschäftsbrief *m*; **~ˌmer·cial 'school** *s* Handelsschule *f*; **~ˌmer·cial 'shape** *s* Handelsform *f*; **~ˌmer·cial 'tel·e·vi·sion** *s* Werbefernsehen *n*; **~ˌmer·cial 'trav·el·ler** *s* Handelsreisender *m*; **~ˌmer·cial 'trea·ty** *s* Handelsvertrag *m*; **~ˌmer·cial 've·hi·cle** *s* Nutzfahrzeug *n*

com·mie ['kɒmɪ] *s Sl verächtl* Kommunist *m*

com·mi·na|tion [ˌkɒmɪ'neɪʃn | -mə-] *s Rel* (göttliche) Strafandrohung; **~to·ry** ['kɒmɪnətrɪ] *adj* drohend | anklagend

com·min·gle [kə'mɪŋgl] *vt* vermischen, vermengen; *vi* sich vermischen

com·mis·er·ate [kə'mɪzəreɪt] *vt* bemitleiden (**on** wegen); *vi* Mitleid empfinden (**with** mit; **on** über); **comˌmis·er'a·tion** *s* Mitleid *n*, Sympathiekundgebung *f* (**for** für); **com'mis·er·a·tive** *adj* mitfühlend, mitleidsvoll

com·mis·sar ['kɒmɪsɑ:] *s* Kommissar *m*; **~i·at** [kɒmɪ'sɛərɪət| -ɪæt] *s* Kommissariat *n* | *Mil* Intendantur *f*; **~y** ['kɒmɪsrɪ | -məs-] *s* Kommissar *m*, Bevollmächtigter *m* | *Mil* Verpflegungs-, Intendanturbeamter *m* ⟨≈ general *Mil* Generalproviantmeister *m* ⟩ | *Mil* Verpflegungsausgabestelle *f*; **'~y·ship** ['kɒmɪsrɪʃɪp] *s* Kommissariat *n*

com·mis·sion [kə'mɪʃn] **1.** *s* Auftrag *m*, Bestellung *f* ⟨to be given the ~ den Auftrag erhalten, beauftragt werden⟩ | Vollmacht *f* ⟨on the ~ bevollmächtigt⟩ | *Mil, Mar* Offizierspatent *n* | Kommission *f*, Ausschuß *m* ⟨to be on the ~ in e-r Kommission sein; special ~ Sonderausschuß *m*⟩ | *Wirtsch* Kommission *f* ⟨on ~ in Kommission⟩ | *Wirtsch* Provision *f* ⟨on ~ gegen Provision; a ~ of five per cent⟩ | Verübung *f* (e-s Verbrechens u. ä.) ◇ **in ~** (Kriegsschiff) in den Dienst gestellt, einsatzbereit; **out of ~** (Kriegsschiff) aus dem Dienst gezogen; *übertr* außer Dienst, untauglich, nicht einsatzbereit ⟨the bicycle is out of ~ das Fahrrad fährt nicht⟩; **2.** *vt* beauftragen, bevollmächtigen | (jmdm.) ein Amt übertragen | in Auftrag geben, bestellen | *Mar* segelfertig machen, in den Dienst stellen; **'~ ˌa·gent** *s Wirtsch* Kommissionär *m*, Provisionsagent *m*; **~aire** [kəˌmɪʃn'nɛə] *s* (Hotel, Kino) Portier *m*, Türsteher *m*; **ˌ~ed 'of·fic·er** *s Mil* (durch Patent bestallter) Offizier; **com'mis·sion·er** *s* Kommissar *m*, Bevollmächtigter *m* | (Regierungs-) Beauftragter *m* | hoher Staatsbeamter ⟨High ≈ Gesandter *m* der britischen Dominien in London; Hochkommissar *m* ⟩ | Kommissionsmitglied *n* (*bes* von Regierungskommissionen) | *Wirtsch* Kommissionär *m*; **com'mis·sion·er·ship** *s* Kommissariat *n*; '~ ,**mer·chant** *s* Kommissionär *m*

com·mit [kə'mɪt] (**com'mit·ted, com'mit·ted**) *vt* begehen, verüben ⟨to ~ a crime; to ~ suicide⟩ | anvertrauen, übergeben (**to s. o.** jmdm.) ⟨to ~ to memory ins Gedächtnis einprägen; to ~ to paper / to writing niederschreiben⟩ | *Parl* (Gesetz) in einen Ausschuß geben, weiterreichen | *oft vr* festlegen (**on, to** auf), verpflichten (**to** zu) ⟨to ~ o. s. sich verpflichten, sich binden⟩ | kompromittieren ⟨to ~ o. s. sich kompromittieren⟩; **com'mit·ment** *s* Übergabe *f*, Auslieferng *f* (**to** an) | Verhaftung *f* | Begehung *f*, Verübung *f* | Verpflichtung *f* ⟨to undertake a ≈ e-e Verpflichtung eingehen⟩ | *Wirtsch* Obligo *n*; **com'mit·ta·ble** *adj* (Fehler u. ä.) leicht zu begehen(d); **com'mit·tal** *s* Verübung *f* | Übergabe *f* | Verhaftung *f* | Beerdigung *f*

com·mit·tee [kə'mɪtɪ] *s* Komitee *n*, Ausschuß *m*, Kommission *f* (**on** für) ⟨~ on projects Arbeitsausschuß *m*; select ~ Sonderausschuß *m*; standing ~ ständiger Ausschuß; to be / sit on a ~ einem Ausschuß angehören⟩

com·mode [kə'məʊd] *s* Kommode *f* | Nachtstuhl *m* | *Hist* Faltenhaube *f*

com|mo·di·ous [kə'məʊdɪəs] *adj* geräumig ⟨a ≈ house⟩ | geeignet; **~mod·i·ty** [kə'mɒdətɪ] *s* etwas Nützliches *n* | Ware *f* ⟨durable ≈⟩ | Handelsartikel *m* ⟨household ≈⟩; **~'mod·i·ty ,pa·per** *s Wirtsch* Dokumententratte *f*

com·mo·dore ['kɒmədɔ:] *s Mar, Flugw* Kommodore *m*

com·mon ['kɒmən] **1.** *adj* gemeinschaftlich, gemeinsam ⟨~ to all allen gemeinsam; to be on ~ ground with s. o. von den gleichen Grundlagen ausgehen wie jmd.; it was ~ knowledge jedermann wußte es; to make ~ cause with gemeinsame Sache machen mit⟩ | allgemein ⟨by ~ consent mit allgemeiner Zustimmung⟩ | öffentlich ⟨a ~ nuisance ein öffentliches Ärgernis⟩ | Stadt-, Gemeinde- ⟨~ land⟩ | alltäglich, gewöhnlich, normal ⟨the ~ man der Durchschnittsmensch, -bürger *m*; the ~ people die einfachen Menschen *m/pl*; a ~ sight ein vertrauter Anblick⟩ | *Bot* gemein ⟨~ fern gemeines Farnkraut⟩ | niedrig, ohne Rang ⟨a ~ soldier ein einfacher Soldat⟩ | (Person, Kleider, Gewohnheiten) *umg verächtl* gewöhnlich, gemein, ordinär, vulgär ⟨~ manners grobe Manieren; to look ~ gewöhnlich aussehen; ~ clothes unscheinbare Kleider; as ~ as muck/dirt sehr primitiv⟩ | *Math* gemeinsam ⟨~ factor⟩ | *Med* Stamm-; **2.** *s, auch* **~s** *pl* Gemeindeland *n*, Parkanlagen *f/pl* ⟨Wimbledon ∸⟩ | Gemeinsames *n* ⟨in ~ gemeinsam; in ~ with in Übereinstimmung mit; to have in ~ with gemein haben mit; above the ~, out of the ~ außergewöhnlich *od* über dem Durchschnitt⟩ ◇ ,**right of** '~ Nutzungsrecht *n*; '**~a·ble** *adj* Gemeinde-; '**~age** *s* gemeinsames Nutzungsrecht | Gemeindeland *n* | = **~al·ty** ['~l̩tɪ] *s* (*mit best Art*) Allgemeinheit *f*; '~ '**chord** *s Mus* Dreiklang *m*; '**~er** *s* Bürgerlicher *m*, Nichtadeliger *m*; '**∸er** *Brit Parl* Mitglied *n* des Unterhauses ⟨the First ∸er Sprecher *m* des Unterhauses⟩; '~ '**gen·der** *s Ling* gemeinsames Geschlecht; '~ '**gull** *s Zool* Sturmmöwe *f*; '~ **law** *s Jur* (England) (ungeschriebenes) Gewohnheitsrecht *n*; ,∸ '**Mar·ket** *s Pol* Gemeinsamer Markt; ,∸ **Mar·ket'eer** *s Brit* Verfechter *m* des (westeuropäischen) Common Market; '~ '**meas·ure,** *auch* '~ '**time** *s Mus* gerader Takt, (*meist*) Viervierteltakt *m*; '~ '**noun** *s Ling* Gattungsname *m*; '**~place 1.** *s* Gemeinplatz *m*, Binsenwahrheit *f* | Alltäglichkeit *f*; **2.** *adj* alltäglich, gewöhnlich, Alltags- | abgedroschen, platt; **3.** *vt* zum Gemeinplatz machen | in ein Sammelheft eintragen | Auszüge machen aus; '~ '**pleas** *s Jur Hist* Zivilrechtsklagen *f/pl*; '**~s** *s/pl* (*mit best Art*) die einfachen Menschen *m/pl*, das Volk (*Ant* the aristocracy, the nobility) | tägliche Kost, Essen *n* ⟨to be on short ≈ wenig zu essen haben⟩ ◇ **the** '**House of** '**∸s** *Brit* das Unterhaus; '~ **room** *s* Dozenten-, Lehrerzimmer *n*; '~ **school** *s Am* öffentliche Volksschule; ,~ '**sense** *s* gesunder Menschenverstand, Wirklichkeitssinn *m*; '**~-sense** *adj* vernünftig, verständig, praktisch; '~ '**shares** *s/pl Am Wirtsch* Stammaktien *f/pl*; '**~weal** *s* Gemeinwohl *n*; '**~wealth** *s* Gemeinwesen *n* | Staat *m* | Republik *f* | Staatenbund *m* ⟨the British ≉ of Nations, *auch* the ≉ das Commonwealth, der Britische Staatenbund; the ≉ of Australia der Australische Bund⟩ | (Interessen-) Gemeinschaft *f* ⟨≈ of artists Artistenwelt *f*⟩

com·mo·tion [kə'məʊʃn] *s* heftige Bewegung | Aufregung *f*, Verwirrung *f* ⟨in [a state of] ~⟩ | *Pol* Aufstand *m*, Tumult *m* | Aufsehen *n* ⟨to make a ~ about Aufsehen erregen *od* Verwirrung hervorrufen wegen⟩ |*Med* (Gehirn-) Erschütterung *f*

com·mu·nal ['kɒmjʊnl | kə'mju:nl] *adj* Kommunal-, Gemeinde- ⟨~ organization⟩ | Gemeinschafts- ⟨~ kitchens⟩ | Bürger-, Volks- ⟨~ disturbances öffentliche Unruhen *f/pl*⟩ | einfach, Volks- ⟨~ poetry⟩; '**~ism** *s* Kommunalismus *m*; '**~ist** *s* Kommunalist *m*; ,**~i 'za·tion** *s* Kommunalisierung *f*; **~ize** [kə'mjʊnl̩aɪz] *vt* kommunalisieren, eingemeinden

¹com·mune ['kɒmju:n] *s* Kommune *f*, Gemeinschaft *f* ⟨people's ~ *Pol* (China) Volkskommune *f*⟩ | Kommune *f*, Wohn- (und Arbeits-) Gemeinschaft *f*

²com·mune [kə'mju:n] **1.** *vi* sich unterhalten (**with** mit) ⟨to ~ with o. s. mit sich zu Rate gehen⟩ | sich in enger Berührung befinden, sich eins fühlen ⟨to ~ with nature⟩; **2.** *s* Unterhaltung *f*

com|mu·ni·ca·bil·i·ty [kə,mju:nɪkə'bɪlətɪ] *s* Erzählbarkeit *f* | Mitteilsamkeit *f*; **~'mu·ni·ca·ble** *adj* mitteilbar, erzählbar | übertragbar ⟨a ~ disease⟩; **~'mu·ni·cant 1.** *adj* mitteilend | übertragend; **2.** *s* (Person) Informant(in) *m(f)* | *Rel* Kommunikant(in) *m(f)*

com·mu·ni·cate [kə'mju:nɪkeɪt] *vt* mitteilen, aussagen (**s. th. to s. o.** jmdm. etw.) | *förml* (Krankheit) übertragen (**to** auf); *vi* in Verbindung stehen; sich in Verbindung setzen (**with** mit) | *förml* zusammenhängen ⟨rooms that ~, communicating rooms zusammenhängende Zimmer *n/pl*; Zimmer *n/pl* mit Verbindungstür⟩ | sich ausdrücken | Kontakt finden | Interesse erwecken (**with** bei), etwas sagen (**with s. o.** jmdm.) | sich besprechen | *Rel* kommunizieren

com|mu·ni·ca·tion [kə,mju:nɪ'keɪsn] *s* Nachricht *f*, Mitteilung *f* (**to** an) | Übertragung *f* (**to** auf) | Kommunikation *f*, Verständigung *f* durch Zeichen ⟨effective ≈⟩ | Gedankenaustausch *m*, Besprechung *f* | Verbindung *f* (durch Telefon) ⟨to be in ≈ with in Verbindung stehen mit; to break off all ≈ jeden Verkehr abbrechen; to get into ≈ with Verbindung aufnehmen mit⟩ | Nachrichtenweg *m* ⟨telegraphic ≈ between⟩ | Verkehrsweg *m* | Durchgang *m* ⟨a ≈ between two rooms⟩; **~mu·ni'ca·tion cord** *s Eisenb* Notbremse *f*; **~,mu·ni,ca·tion[s] ,en·gi·'neer·ing** *s* Fernmeldetechnik *f*; **~,mu·ni'ca·tion gear** *s Tech* Fernmeldegerät *n*; **~,mu·ni'ca·tions** *s/pl* Informationen *f/pl* | Nachrichtenverkehr *m*: **~,mu·ni'ca·tions ,sat·el·lite** *s* Nachrichtensatellit *m*; **~'mu·ni·ca·tive** *adj* mitteilsam, redselig | offenherzig; **~'mu·ni·ca·tive·ness** *s* Mitteilsamkeit *f*; **~'mu·ni·ca·tor** *s* Mitteilende(r) *f(m)*; **~'mu·ni·ca·to·ry** *adj* mitteilend

com·mun·ion [kə'mju:nɪən] *s* Gemeinbesitz *m* | Verkehr *m*, Austausch *m* ⟨~ with o. s. *übertr* Einkehr *f*; to hold ~ with o. s. Einkehr bei sich selbst halten, in sich gehen⟩ | Gemeinschaft *f* | Glaubensgemeinschaft *f* | *auch* **Holy ∸** *Rel* Kommunion *f*, heiliges Abendmahl ⟨to go to ≉ zum Abendmahl gehen⟩; '~ **cup** *s Rel* Abendmahlskelch *m*; '~ ,**service** *s Rel* Abendmahlsfeier *f*, -gottesdienst *m*

com·mu·ni·qué [kə'mju:nɪkeɪ] *s* Kommuniqué *n*, (amtliche)

Verlautbarung

com·mu|nism ['kɒmjʊnɪzm] *s* Kommunismus *m*; '**~nist 1.** *s* Kommunist *m*; **2.** = ˌ**~'nis·tic,** ˌ**~'nis·ti·cal** *adj* kommunistisch; '**~nist Man·i'fes·to** *s* Kommunistisches Manifest

com·mu·ni·ty [kə'mju:nətɪ] *s* Gemeinschaft *f* ⟨a religious ~⟩ | Gemeinde *f* | Gemeinwesen *n*, Staat *m* ⟨the ~ die Allgemeinheit; das Volk⟩ | Übereinstimmung *f*, Gemeinsamkeit *f* ⟨~ of goods Gütergemeinschaft *f*; ~ of interests Interessengemeinschaft *f*⟩; '**~** ˌ**centre** *s urspr Am* Volks-, Kulturhaus *n*, kulturelles Zentrum; '**~ chest** *s Am* (öffentlicher) Wohlfahrtsfond; '**~** ˌ**col·lege** *s Am*, '**~ home** *s Brit* (Erziehungs-) Heim *n*; ˌ**~ 'in·ter·ests** *s/pl* gemeinnützige Belange *m/pl*; ˌ**~ 'sing·ing** *s* Gemeinschaftssingen *n* | Singebewegung *f*

com·mu·ni·za·tion [ˌkɒmjʊnaɪ'zeɪʃn] *s* Kommunisierung *f*

com·mu·nize ['kɒmjʊnaɪz] *vt* zu Gemeingut machen

com|mut·a·bil·i·ty [kəˌmju:tə'bɪlətɪ] *s* Kommutierbarkeit *f*, Austauschbarkeit *f* | Ablösbarkeit *f*; **~'mut·a·ble** *adj* aus-, vertauschbar | (durch Geld) ablösbar; **~mu·tate** ['kɒmjʊteɪt] *vt* kommutieren, vertauschen | (Strom) wenden, umpolen; ˌ**~mu'ta·tion** *s* (Um-) Tausch *m* | Ablösung *f* (durch Geld) | *Jur* Strafherabsetzung *f* | *El* Kommutierung *f* | Stromwendung, -umschaltung *f*; **~mu'ta·tion tick·et** *s Am Eisenb u. ä.* Zeitkarte *f*; **~mu·ta·tive** [kə'mju:tətɪv | 'kɒmjʊteɪtɪv] *adj* kommutativ, austauschbar, auswechselbar, Ersatz- | gegenseitig | *Math* vertauschbar; **~mu·ta·tor** ['kɒmjʊteɪtə] *s El* Kommutator *m*, Stromwandler *m* | *El* Umschalter *m*; **~mute** [kə'mju:t] **1.** *vt* aus-, vertauschen (**for** für) | (Zahlungsverpflichtung) umwandeln (**into** in) | *Jur* (Strafe) herabsetzen, ablösen, mildern (**to** zu, **into** in) | *El* in Gleichstrom umwandeln | (Strom) kommutieren, umschalten; *vi* Ersatz leisten (**for** für) | *urspr Am* (vom Wohnort zur Arbeit) pendeln; **2.** *s Am* Pendelfahrt *f*; **~'mu·ter** *s urspr Am* Zeitkartenbenutzer *m*, Pendler *m* | *Pol* Grenzgänger *m*; '**~mu·ter belt** *s* Vorortgebiet *n* (von dem man täglich zur Arbeit fährt), Pendelbezirk *m*

[1]**com·pact** ['kɒmpækt] *s* Übereinkunft *f*, Abkommen *n*, Vertrag *m* ⟨by ~ laut Vertrag⟩

[2]**com·pact** [kəm'pækt] **1.** *adj* kompakt, dicht, fest | gedrungen | genau passend | *übertr* (Stil) knapp, gedrängt ⟨~ language⟩; **2.** *vt* fest verbinden | zusammendrängen, verdichten | zusammensetzen; ['kɒmpækt] *s* Puderdose *f*; ˌ**~ 'disk** *s* Kompaktschallplatte *f*

com·pa·ges [kɒm'peɪdʒi:z] *s* (*pl* ~) Gerüst *n* | System *n*, Ganzes *n* | *Geogr* (großes) Gebiet

[1]**com·pan·ion** [kəm'pænɪən] **1.** *s* Begleiter(in) *m(f)* (*auch übertr*) | Gefährte *m*, Gefährtin *f* | Genosse *m*, Genossin *f* ⟨~-at-arms, ~ in arms Waffengefährte *m*; ~s in misfortune Leidensgenossen *m/pl*⟩ | Gesellschafter(in) *m(f)* | Gegen-, Seitenstück *n* | (Handschuh u. ä.) andere(-r, -s) *f* (*m*, *n*) von zweien | Handbuch *n*, Ratgeber *m* ⟨The Oxford ∸ of English Literature⟩ | *Wirtsch* Kompagnon *m*; **2.** *adj* dazu passend *od* gehörend ⟨~ picture Pendant *n*, Gegenstück *n*⟩ | Ergänzungs-, Zweit- ⟨~ volume⟩; **3.** *vt* (jmdn.) begleiten; *vi* verkehren (**with** mit)

[2]**com·pan·ion** [kəm'pænɪən] *s Mar* Kajütstreppe *f* | *auch* '**~ hatch** Kajütklappe *f*

com·pan·ion|a·bil·i·ty [kəmˌpænɪənə'bɪlətɪ] *s* Geselligkeit *f*; **com'pan·ion·a·ble** *adj* gesellig, umgänglich; **~ate** [kəm'pænɪənət] *adj* kameradschaftlich; '**~ate 'mar·riage** *s* Kameradschaftsehe *f*; **com'pan·ion·ship** *s* Gesellschaft *f* ⟨to enjoy s.o.'s ≈⟩

com·pa·ny ['kʌmpənɪ|-pnɪ] **1.** *s* Begleitung *f*, Gesellschaft *f* ⟨for ~ zur Begleitung *od* Gesellschaft; in ~ with zusammen mit; to be good (poor) ~ ein guter (schlechter) Gesellschafter sein; to bear/keep s.o. ~ jmdm. Gesellschaft leisten; to part ~ with sich trennen von⟩ | Umgang *m*, Verkehr *m* ⟨to get into bad ~ in schlechte Gesellschaft geraten; to keep bad (good) ~ schlechten (guten) Umgang haben⟩ | gesellschaftliches Leben, Geselligkeit *f* ⟨to be fond of ~ die Geselligkeit lieben; to see much ~ viel in Gesellschaft gehen⟩ | Gast *m*, Besuch *m*, Gäste *m/pl* ⟨to expect ~ Gäste erwarten⟩ | Anzahl *f*, Menge *f* | *Wirtsch* Firma *f*, Handelsgesellschaft *f*, Genossenschaft *f* ⟨limited ~ Gesellschaft *f* mit beschränkter Haftung⟩ | *Theat* Truppe *f*, Gruppe *f* ⟨touring ~ Wandertruppe *f*⟩ | *Mil* Kompanie *f* | *Mar* Mannschaft *f* ⟨a ship's ~⟩ | *Hist* Zunft *f*, Innung *f* ◇ **the** ∸ *Am Sl* CIA; **2.** *vi* umgehen, sich abgeben (**with** mit); **3.** *adj umg* gesellschaftlich, Gesellschafts- ⟨~ manners steifes Benehmen, übertriebene Höflichkeit⟩ | *Mil* Kompanie- ⟨~ officer⟩ | *Wirtsch* von einem Unternehmen abhängig ⟨~ man Arbeiterverräter *m*; ~ town wirtschaftlich abhängige Stadt⟩

com|pa·ra·bil·i·ty [ˌkɒmprə'bɪlətɪ] *s* Vergleichbarkeit *f*; '**~pa·ra·ble** *adj* vergleichbar | ähnlich (**to, with** mit); **~par·a·tive** [kəm'pærətɪv] **1.** *adj* vergleichend ⟨≈ linguistics vergleichende Linguistik⟩ | relativ, verhältnismäßig ⟨to live in ≈ comfort⟩ | *Ling* komparativ, Komparativ-, steigernd; **2.** *s Ling* Komparativ *m*; **~pare** [kəm'pɛə] **1.** *vt* (im einzelnen) vergleichen (**with** mit) ⟨to ≈ notes Meinungen austauschen⟩ | gleichstellen, -setzen (**to** mit) ⟨not to be ≈d to / with nicht zu vergleichen mit⟩ | *Ling* steigern; *vi* sich vergleichen, einen Vergleich aushalten, wetteifern (**with** mit); **2.** *s* Vergleich *m* ⟨beautiful beyond / past / without ≈ unvergleichlich schön⟩; **~par·i·son** [kəm'pærɪsn] *s* Vergleich *m* (**between** zwischen; **of s.th. to s.th.** e-r Sache mit etw.) ⟨beyond all ≈ unvergleichlich; by ≈ zum Vergleich; in ≈ with im Vergleich mit *od* zu; to bear / challenge / stand ≈ e-n Vergleich aushalten; to draw / make a ≈ e-n Vergleich ziehen⟩ | Gleichnis *n* | *Ling* Komparativ *m*, Steigerung *f* ⟨degrees of ≈ Steigerungsstufen *f/pl*⟩

com·part|ment [kəm'pɑ:tmənt] **1.** *s* Abteilung *f*, (abgeteilter) Raum *m* | *Arch* Fach *n* | *Eisenb* Abteil *n* | *Mar* wasserdichte Abteilung | *Flugw* Kabine *f*; **2.** *vt* ein-, aufteilen; **~men·tal** [ˌkɒmpɑ:t'mentl] *adj* Abteilungs-; ˌ**~'men·tal·ize** *vt* (*auch übertr*) unterteilen, voneinander trennen

com·pass ['kʌmpəs] **1.** *s* Umkreis *m*, Umfang *m*, Ausdehnung *f* (*auch übertr*) ⟨beyond the ~ of jenseits von, außerhalb der Reichweite von; the ~ of the eye Gesichtskreis *m*; the ~ of imagination Vorstellungsbereich *m*⟩ | (Stimm-) Umfang *m* ⟨outside the ~ of his voice⟩ | *Tech* Kompaß *m* | *meist* **~es** *pl Tech* (Einsatz-) Zirkel *m* ⟨a pair of ~es⟩; **2.** *vt* herumgehen um ⟨to ~ the earth die Erde umsegeln⟩ | einschließen, umgeben, belagern ⟨~ed by the sea⟩ | *übertr* begreifen ⟨to ~ an idea⟩ | erzielen, zustande bringen | vollenden; '**~a·ble** *adj* erreichbar; '**~** ˌ**bear·ing** *s Mar* Kompaßpeilung *f*; '**~ box** *s* Kompaßgehäuse *n*; '**~ card** *s* Kompaßrose *f*

com·pas·sion [kəm'pæʃn] *s* Mitleid *n*, Erbarmen *n* (**for, with** mit) ⟨to have/take ~ [up]on s.o. Mitleid empfinden mit jmdm.; out of ~ aus Mitleid⟩; **~ate** [kəm'pæʃn̩ət] **1.** *adj* mitleidig, mitleidsvoll ⟨≈ allowance Härtezulage *f*; ≈ leave Urlaub *m* aus familiären Gründen⟩; **2.** *vt* bemitleiden

com·pass| nee·dle ['kʌmpəs ˌni:dl] *s* Kompaßnadel *f*; '**~ plant** *s Bot* Kompaßpflanze *f*; '**~ rose** *s Mar* Windrose *f*; '**~** ˌ**win·dow** *s Arch* Rundbogenfenster *n*

com·pat·i·bil·i·ty [kəmˌpætə'bɪlətɪ] *s* Vereinbarkeit *f* | Verträglichkeit *f*, Widerspruchsfreiheit *f* (**with** mit); Kompatibilität *f*; **com'pat·i·ble** *adj übertr* vereinbar | verträglich (**with** mit) | angemessen, Kompatibel (**with s. th.** e-r Sache)

com·pa·tri·ot [kəm'pætrɪət] **1.** *s* Landsmann *m*, -männin *f*;

2. *adj* landsmännisch

com·peer [kɒm'pɪə|kem-] *s förml* Standesgenosse *m*, Gleichgestellter *m* ⟨to have no ~ nicht seinesgleichen haben⟩ | Kamerad *m*

com·pel [kəm'pel] (**com'pelled, com'pelled**) *vt* (jmdn.) zwingen, nötigen (**to s.th.** zu etw.; **to** *mit inf*, **into** *mit ger* zu *mit inf*) | (etw.) erzwingen (**from** von) | unterwerfen; **com'pel·la·ble** *adj* zu zwingen(d) | erzwingbar; **com'pel·lant** *adj* zwingend; **com'pel·ling** *adj* zwingend | unwiderstehlich

com|pend ['kɒmpend] = **compendium**; **~pen·di·ous** [kəm'pendɪəs] *adj* kurz(gefaßt) | (Autor) informativ; **~pen·di·um** [kəm'pendɪəm] *s* (*pl* **~'pen·di·ums, ~pen·di·a** [-'pendɪə]) Kompendium *n*, Leitfaden *m*, Grundriß *m* | Auszug *m*, Zusammenfassung *f*

com·pen|sa·ble [kəm'pensəbl] *adj* ausgleichbar, ersetzbar; **~sate** ['kɒmpənseɪt] *vt* kompensieren, ausgleichen | (jmdn.) entschädigen (**for** für, **with** mit) | (etw.) ersetzen (**to s.o.** jmdm.) | *Am* (jmdn.) bezahlen | *Tech* ausbalancieren, auswuchten; *vi* kompensieren, wiedergutmachen (**for s.th.** etw.) | entschädigen (**for** für); **'~sat·ing** *adj* ausgleichend, Kompensations-; **'~sat·ing gear** *s Tech* Ausgleichsgetriebe *n*; **ˌ~'sa·tion** *s* Kompensation *f*, Ausgleich(ung) *m(f)* | Abfindung *f*, Ersatz *m*, Entschädigung *f* ⟨by way of ≈, in ≈ als Entschädigung; ≈ of salary *Wirtsch* Lohnausgleich *m*; ≈ for damages Schadenersatz *m*; to pay ≈ Schadenersatz leisten⟩ | *El, Tech, Jur, Psych* Kompensation *f* | *Am* Entgelt *n*, Lohn *m*; **ˌ~'sa·tion·al** *adj* Kompensations-, Ersatz-; **~sa·tive** ['kɒmpənseɪtɪv|kəm'pensətɪv] **1.** *adj* kompensierend, ausgleichend | entschädigend; **2.** *s* Ausgleich *m* | Entschädigung *f*; **'~sa·tor** *s* Ausgleicher *m* | *Tech* Kompensator *m*; **~sa·to·ry** [ˌkɒmpən'seɪtərɪ|-pen-|kəm'pensətərɪ] *adj* Entschädigungs-

com·père ['kɒmpeə] **1.** *s Brit* Conférencier *m*, Ansager *m*; **2.** *vt* ansagen

com|pete [kəm'pi:t] *vi* in Wettbewerb treten, sich (mit)bewerben (**for** um) | in Konkurrenz treten, konkurrieren, wetteifern (**for** um, **against, with** mit); **~pe·tence** ['kɒmpətəns|-pɪt-], **~pe·ten·cy** ['kɒmpətənsɪ|-pɪt-] *s* Kompetenz *f*, Befugnis *f*, Zuständigkeit *f*, (*auch Jur*) ⟨to be within (beyond) the ≈ of (nicht) in den Zuständigkeitsbereich fallen von⟩ | Befähigung *f* (**for** zu; **to** *mit inf* zu *mit inf*) | *bes* **~petency** *meist mit unbest art* Auskommen *n* ⟨to enjoy / have a small ≈ ein erträgliches Auskommen haben⟩; **~pe·tent** ['kɒmpətənt|-pɪt-] *adj* (Person) kompetent, zuständig (**for** für), befugt (**for** zu) ⟨to be ≈ to do s.th. etw. tun dürfen⟩ | qualifiziert (**to do s.th.** etw. zu tun) | leistungsfähig, tüchtig ⟨a ≈ teacher⟩ | (Eigenschaft) ausreichend | angemessen ⟨≈ knowledge⟩; **~pe·ti·tion** [ˌkɒmpə'tɪʃn|-pɪt-] *s* Wettbewerb *m*, -kampf *m* (**for** um, **with** mit) ⟨to be in ≈ with im Wettbewerb stehen mit; to enter a ≈ an e-m Wettkampf teilnehmen; rifle ≈ Preisschießen *n*⟩ | *Wirtsch* Konkurrenz *f* ⟨trade ≈⟩; **~pet·i·tive** [~'petətɪv] *adj* wetteifernd | Konkurrenz-; **~pet·i·tor** [~'petɪtə] *s* Mitbewerber(in) *m(f)*, Konkurrent(in) *m(f)* (**for** um) | *Wirtsch* Konkurrent *m* | (Sport) (Wettbewerbs-) Teilnehmer *m*; **~pet·i·to·ry** [~'petɪtrɪ] *adj* wetteifernd, Konkurrenz-

com|pi·la·tion [ˌkɒmpɪ'leɪʃn] *s* Zusammenstellen *n* | Kompilation *f*, Sammlung *f*; **~pil·a·to·ry** [kəm'paɪlətrɪ] *adj* zusammentragend; **~'pile** *vt* kompilieren, zusammenstellen, -tragen ⟨to ≈ a list⟩; **~'pil·er** *s* Kompilator *m* | *Tech* Compiler *m*, Programm *n*; **~'pil·ing** *s* (Computer) Programmwandlung, -übersetzung *f*

com·pla|cence [kəm'pleɪsns], *meist* **com'pla·cen·cy** *s* Selbstzufriedenheit *f*, -gefälligkeit *f* | Behagen *n*; **com'pla·cent** *adj* selbstzufrieden | selbstgefällig ⟨with a ≈ smile selbstgefällig lächelnd⟩ | bequem, lässig, unbeschwert ⟨a ≈ living⟩ | entgegenkommend ⟨to be ≈ wenig Umstände bereiten⟩

com·plain [kəm'pleɪn] *vi* sich beschweren, sich beklagen (**about, of** über; **to** bei) | klagen (**about, of** über) | *Wirtsch* reklamieren; **com'plain·ant** *s Jur* Kläger(in) *m(f)*; **com'plain·ing** *adj* klagend, Klage-; **com'plaint** *s* Klage *f*, Beschwerde *f* (**about** über) ⟨to make ≈s about Klage führen über, sich beschweren über⟩ | *Jur* Klage *f* (**against** gegen) ⟨to lodge a ≈ against verklagen⟩ | Beanstandung *f* | *Wirtsch* Reklamation *f* | *Med* Leiden *n*, Beschwerde *f* ⟨a heart ≈⟩

com·plai|sance [kəm'pleɪzns|-eɪsns] *s* Gefälligkeit *f*, Willfährigkeit *f*, Nachgiebigkeit *f*, Entgegenkommen *n*, Höflichkeit *f* ⟨to do s.th. out of ≈ etw. aus Gefälligkeit tun⟩; **~sant** [~znt] *adj* gefällig, zuvorkommend, entgegenkommend, höflich (**to** gegen)

com|ple·ment ['kɒmplɪmənt|-ləm-] **1.** *s* Ergänzung *f* | Vollkommenheit *f* | volle Anzahl *od* Menge | *Mar* volle Besatzung ⟨the ship's ≈⟩ | *Math* Komplement *n* | *Ling* Ergänzung *f*; **2.** *vt* vervollständigen | ergänzen; **ˌ~ple'men·tal, ˌ~ple'men·ta·ry** *adj* ergänzend, Komplementär- ⟨≈ colours Komplementärfarben *f/pl*; to be ≈ sich ergänzen⟩; **~plete** [kəm'pli:t] **1.** *adj* vollständig, -zählig, komplett, ganz ⟨≈ edition ungekürzte Ausgabe⟩ | vollendet, fertig ⟨the writing is ≈⟩ | perfekt, vollendet ⟨a ≈ triumph⟩ | völlig, vollkommen ⟨a ≈ stranger⟩; **2.** *vt* vervollständigen | zu Ende bringen, vollenden | *übertr* vervollkommnen, krönen; **~'plet·ing** *adj* abschließend, Schluß- ⟨≈ volume Schlußband *m*⟩; **~ple·tion** [kəm'pli:ʃn] *s* Abschluß *m*, Vollendung *f* ⟨on ≈ of nach Abschluß von (*mit gen*); to bring to ≈ zum Abschluß bringen⟩; **~'ple·tive, ~'ple·to·ry** *adj* vollendend, vervollkommnend ⟨to be ≈ of s.th. etw. vervollständigen⟩

com·plex ['kɒmpleks] **1.** *adj* zusammengesetzt ⟨~ sentence Satzgefüge *n*⟩ | *übertr* schwierig, kompliziert ⟨a ~ situation⟩ | *Math* komplex; **2.** *s* Komplex *m*, Gesamtheit *f* | *Psych* Komplex *m*

com·plex·ion [kəm'plekʃn] *s* Haut-, *bes* Gesichtsfarbe *f*, Teint *m* ⟨a dark (fair) ~⟩ | *übertr* Anstrich *m*, Charakter *m*, Gesicht *n* ⟨to put a fresh ~ on s.th. e-r Sache e-n neuen Zug verleihen; to put a false ~ on s.th. etw. entstellen⟩

com·plex·i·ty [kəm'pleksətɪ] *s* Kompliziertheit *f*, Schwierigkeit *f*, Verwicklung *f* | Komplikation *f* | *Math* Komplexität *f*

com·pli|a·ble [kəm'plaɪəbl] *adj* willfährig; **com'pli·ance** *s* Willfährigkeit *f* | Unterwürfigkeit *f* | Einwilligung *f*, Erfüllung *f* ⟨in ≈ with in Übereinstimmung mit, gemäß⟩; **com'pli·an·cy** *s* Willfährigkeit *f*; **com'pli·ant** *adj* willfährig, nachgiebig (**with** gegen[über])

com·pli|ca·cy ['kɒmplɪkəsɪ|-plə-] *s* Kompliziertheit *f*, Schwierigkeit *f*; **'~cate** [-kɪt] *adj* kompliziert, schwierig, verwickelt; [-keɪt] *vt* komplizieren, erschweren, verwickeln; **'~cat·ed** *adj* kompliziert, verwickelt; **ˌ~'ca·tion** *s* Verwicklung *f*, Verwirrung *f*, Komplikation *f* | *Med* Komplikation *f*; **~ca·tive** ['~kətɪv] *adj* komplizierend, erschwerend

com·plic·i·ty [kəm'plɪsətɪ] *s* Mitschuld *f* (**in** an), Mittäterschaft *f* (**in** bei)

com·pli|ment ['kɒmplɪmənt|-ləm-] *s* Kompliment *n*, Schmeichelei *f*, Artigkeit *f* ⟨to pay s.o. a ≈ on jmdm. ein Kompliment machen auf Grund von *od* wegen; jmdn. beglückwünschen zu; to pay a ≈ to s.o. jmdm. ein Kompliment machen⟩ | Lob *n* | Ehrenbezeigung *f* | *meist* **~ments** *pl* Gruß *m*, Empfehlung *f* ⟨my (best) ≈s to meine (besten) Empfehlungen an; with the ≈s of the season mit den besten Wünschen zum Fest, frohe Feiertage!⟩; [-ment] *vt* (jmdm.) ein Kompliment machen, gratulieren (**on** zu) |

beehren (**with** mit); **~men·ta·ry** [ˌ~'mentrɪ|-lə'm-] *adj* schmeichelhaft | höflich, Höflichkeits- | Ehren- ⟨≈ dinner Festessen *n*⟩ | Frei- ⟨≈ ticket Freikarte *f*⟩

com·ply [kəm'plaɪ] *vi* sich fügen, willfahren, einwilligen (**with** in) ⟨to refuse to ~ sich nicht fügen wollen⟩ | sich halten an, sich unterwerfen ⟨to ~ with the rules sich an die Regeln halten⟩

com·po ['kɒmpəʊ] = **composition** *s Tech* Zementmörtel *m*

com·po·nent ['kəm'pəʊnənt] **1.** *adj* zusammensetzend, einen Teil bildend *od* ausmachend ⟨~ part Einzelteil *n*⟩; **2.** *s* Bestandteil *m* | *Math, Phys* Komponente *f* | *Tech* Maschinenteil *n*, Werkstück *n*, Baugruppe *f*

com·port [kəm'pɔːt] *förml vr* sich benehmen, sich verhalten ⟨to ~ o.s. blamelessly sich ohne Tadel aufführen⟩; *vi* übereinstimmen (**with** mit) | entsprechen (**with s.th.** e-r Sache); **com'port·ment** *s* Benehmen *n*, Verhalten *n*

com|pose [kəm'pəʊz] *vt* (*meist pass*) zusammensetzen ⟨to be ≈d of bestehen aus; ≈d of many ingredients aus vielen Bestandteilen zusammengesetzt⟩ | ab-, verfassen ⟨to ≈ a speech⟩ | formen, bilden ⟨to ≈ a sentence e-n Satz bilden⟩ | *Mus* komponieren ⟨to ≈ a sonata⟩ | ordnen, schlichten, beilegen ⟨to ≈ a quarrel⟩ | unter Kontrolle bringen | beruhigen ⟨to ≈ one's passions s-e Leidenschaften zügeln; to ≈ one's features die Gesichtszüge glätten; to ≈ o.s. sich fassen⟩ | *Typ* setzen; **~pose o.s.** sich anschicken (**to** zu; **to** *mit inf* zu *mit inf*); *vi* schreiben, dichten | *Mus* komponieren | hineinpassen, sich einfügen ⟨the house ≈s well in the landscape das Haus fügt sich gut in die Landschaft ein⟩; **~'posed** *adj* ruhig, gelassen, gesetzt | *Mus* komponiert; **~'pos·er** *s* Komponist *m* | Verfasser *m*, Autor *m*, Dichter *m* | Ruhestifter *m*, Schlichter *m*; **~'pos·ing 1.** *adj* beruhigend, Beruhigungs-; **2.** *s* Dichten *n* | Komponieren *n* | *Typ* Setzen *n*; **~'pos·ing room** *s Typ* Setzersaal *m*

com·pos·ite ['kɒmpəzɪt] **1.** *adj* zusammengesetzt, gemischt (**of** aus); **2.** *s* Zusammensetzung *f*, Gemisch *n* | *Bot* Komposite *f*, Korbblütler *m*; **'~ ˌbear·ing** *s Tech* Verbundlager *n*, *bes* Kunstharzlager *n*; **'~ conˌstruc·tion** *s Arch* Verbundbauweise *f* | *Mar* Gemischtbauweise *f* (Holz und Stahl); **'~ ˌpho·to·graph** *s* Fotomontage *f*

com|po·si·tion [ˌkɒmpə'zɪʃn] *s* Zusammensetzen *n* | Verfassen *n* | Dichten *n* | Werk *n* | Dichtung *f* | Aufsatz *m* | *Mus, Mal* Komposition *f* | *Typ* Satz *m*, Setzen *n* | Zusammensetzung *f*, Verbindung *f* ⟨the ≈ of the soil⟩ | geistige Anlage, Konstitution *f*, Wesen *n* | *Jur, Wirtsch* Kompromiß *m*, Vergleich *m*; **~pos·i·tive** [~'pɒzɪtɪv] *adj* zusammensetzend; **~pos·i·tor** [~'pɒzɪtə] *s Typ* (Schrift-) Setzer *m*

com·pos men·tis [ˌkɒmpəs 'mentɪs] *adj präd* ⟨*lat*⟩ *Jur* normal, geistig gesund ⟨he's not quite ~ er ist nicht ganz richtig im Kopf⟩ | *umg* wohl, fit ⟨are you feeling ~ today?⟩

com·post ['kɒmpɒst] **1.** *s* Kompost *m*, Mischdünger *m*; **2.** *vt* düngen | zu Kompost verarbeiten; **'~ heap, '~ pile** *s* Komposthaufen *m*

com·po·sure [kəm'pəʊʒə] *s* Gemütsruhe *f*, Fassung *f*, Gelassenheit *f* ⟨with a serene ~ mit heiterer Gelassenheit⟩

com·pote ['kɒmpəʊt] **1.** *s* Kompott *n*, Eingemachtes *n*; **2.** *vt* zu Kompott verarbeiten

com·pound [kəm'paʊnd] *vt* zusammensetzen, mischen ⟨to ~ a medicine⟩ | (Schuld) tilgen | (Streit) friedlich beilegen | (Geldsumme) entrichten; *vi* sich vergleichen ⟨to ~ with s.o. jmdn. abfinden; to ~ with s.o. for s.th. sich mit jmdm. auf etw. einigen⟩; ['kɒmpaʊnd] *adj* zusammengesetzt ⟨a ~ word⟩ | *Med* kompliziert ⟨~ fracture komplizierter Bruch⟩ | *Tech* Verbund-, Kompound-; ['kɒmpaʊnd] *s* Zusammensetzung *f*, Mischung *f* | *Chem* Verbindung *f*, Gemenge *n*, Gemisch *n*, Masse *f* | *Ling* Kompositum *n* | (Asien) abgeschlossenes Grundstück | *Mil* (Truppen-, Gefangenen-) Lager *n*; **~a·ble** [kəm'paʊndəbl] *adj* zusammensetzbar, mischbar; **ˌ~ 'eye** *s Zool* Netz-, Facettenauge *n*; **ˌ~ 'fruit** *s Bot* Sammelfrucht *f*; **ˌ~ 'in·ter·est** *s Wirtsch* Zinseszins(en) *m(pl)*; **ˌ~ ma'chin·er·y** *s Tech* Aggregat *n*; **ˌ~ 'mo·tor** *s Tech* Verbund-, Doppelschlußmotor *m*; **ˌ~ 'noun** *s Ling* Kompositum *n*; **ˌ~ 'rest** *s Tech* Kreuzsupport *m*

com·pre|hend [ˌkɒmprɪ'hend] *vt* in sich fassen, einschließen | begreifen, erfassen, verstehen; *vi* begreifen; **~hen·si·bil·i·ty** [ˌ~ˌhensə'bɪlətɪ] *s* Verständlichkeit *f*; **ˌ~'hen·si·ble** *adj* verständlich, begreiflich, faßlich; **ˌ~'hen·sion** [-ʃn] *s* Umfang *m*, Einbeziehung *f*, Einschließung *f* ⟨the ≈ of many items within one book⟩ | Fassungs-, Erkenntnisvermögen *n* ⟨to be above/beyond s.o.'s ≈ jmds. Einsicht überschreiten, über jmds. Horizont gehen; to be slow/dull of ≈ langsam *od* schwer begreifen, schwer von Begriff sein⟩ | Verstehen *n*, Verständnis *n*; **ˌ~'hen·sive 1.** *adj* umfassend, komplett ⟨a ≈ report⟩ | *übertr* kenntnisreich, allseitig ⟨a ≈ head for s.th. jmd., der über etwas gut Bescheid weiß; a ≈ student of s.th. jmd., der sich umfassend mit etw. beschäftigt hat⟩; **2.** *s, auch* **ˌ~'hen·sive school** *Brit* Einheitsschule *f*, Gesamtschule *f*; **ˌhen·sive in'sur·ance** *s* Vollkasko *f*; **ˌ~'hen·sive 'fac·ul·ty** *s übertr* Fassungsvermögen *n*; **~'hen·si·vist** *s* Verfechter *m* einer breiten Allgemeinbildung | *Brit Päd* Befürworter *m* der Einheitsschule; **~hen·si·vi·za·tion** [-ˌhensɪvaɪ'zeɪʃn] *s Brit Päd* Reorganisierung *f* (des Schulwesens) nach dem Prinzip der Einheitsschule

com|press [kəm'pres] *vt* zusammendrücken, komprimieren | *übertr* (Gedanken) komprimieren, knapper *od* kürzer fassen; ['kɒmpres] *s Med* Kompresse *f*, Umschlag *m* ⟨a cold/hot ≈ Kompressionsbinde *f*⟩; **~'pressed** *adj* zusammengedrückt, -gepreßt, komprimiert | (Stil) gedrängt; **~'pressed 'air** *s* Druckluft *f*; **~ˌpress·i 'bil·i·ty** *s* Zusammendrückbarkeit *f*; **~'press·i·ble** *adj* zusammendrückbar; **~'pres·sion** [~preʃn] *s* Zusammendrücken *n* | Druck *m* (*auch Tech*) | *übertr* Zusammendrängung *f*, Komprimierung *f* ⟨≈ of ideas Straffung *f* der Gedanken⟩; **~'pres·sion ˌcoup·ling** *s Tech* Schalenkupplung *f*; **~'pres·sion ˌra·tio** *s Tech* Verdichtungsgrad *m*; **~'pres·sion spring** *s Tech* Druckfeder *f*; **~'pres·sive** *adj* zusammendrückend, Druck- ⟨≈ strength Druckfestigkeit *f*⟩; **~'pres·sor** *s Tech* Kompressor *m*, Verdichter *m* | *Anat* Schließmuskel *m* | *Med* Gefäßklemme *f*, Kompressorium *n*

com|pris·al ['kəm'praɪzl] *s* Einschließung *f* | Zusammenfassung *f*; **~prise** [~'praɪz] *vt* einschließen, in sich fassen, enthalten, bestehen aus | *pass mit* **of** bilden, ausmachen ⟨s.th. is ~prised of etw. setzt sich zusammen aus⟩

com·pro·mise ['kɒmprəmaɪz] **1.** *s* Kompromiß *m*, Vergleich *m* (*auch Jur*) ⟨to arrive at / effect a ~ e-n Kompromiß erzielen; to resort to a ~ zu e-m Kompromiß Zuflucht nehmen⟩; **2.** *vt* (Streit) durch einen Kompromiß beilegen | bloßstellen, kompromittieren ⟨to ~ one's reputation s-n guten Ruf aufs Spiel setzen; to ~ o.s. sich kompromittieren⟩ | gefährden ⟨to ~ national security⟩; *vi* sich vergleichen, übereinkommen (**on** über) | e-n [faulen] Kompromiß eingehen ⟨to ~ with one's principles s-n Prinzipien untreu werden⟩

comp·trol·ler [kən'trəʊlə] *s* Kontrolleur *m* ⟨~ of accounts Rechnungsprüfer *m*⟩

com·pul|sion [kəm'pʌlʃn] *s* Zwang *m* (*auch Psych*) ⟨to act under ≈⟩; **com'pul·sive** *adj* zwingend, zwangs- | zwangsmäßig, mechanisch, unter innerem Zwang; **com'pul·so·ry** [~sɪɪ|-sərɪ] **1.** *adj* zwingend, bindend, obligatorisch (**for** für) ⟨≈ subject Pflichtfach *n*; to be ≈ Pflicht sein⟩ | Zwangs-

⟨≈ measures⟩; **2.** *s* (Eislauf, Turnen u. ä.) Pflicht *f*

com·punc·tion [kəm'pʌŋkʃn] *s* Reue *f* ⟨≈s of conscience Gewissensangst *f*⟩ | Bedenken *n* ⟨without ≈⟩ | Gewissensbisse *pl* ⟨to show no ≈ keine Skrupel haben *od* zeigen⟩; **com'punc·tious** *adj* reuig, reuevoll, voller Reue (**for** über) ⟨≈ feelings Reuegefühle *n/pl*⟩

com·pur·ga·tion [ˌkɒmpɜː'geɪʃn] *s Jur* Rechtfertigung *f*

com|put·a·bil·i·ty [kəmˌpjuːtə'bɪlətɪ] *s Math* Berechenbarkeit *f*; **~'put·a·ble** *adj* berechenbar; **~pu·ta·tion** [ˌkɒmpjʊ'teɪʃn] *s* Rechnen *n* ⟨forms of ≈ Rechenarten *f/pl*⟩ | Berechnung *f* | Überschlag *m*, Schätzung *f* ⟨at the highest ≈ nach höchster Schätzung; beyond ≈ unschätzbar; by my ≈ meiner Schätzung nach⟩; **ˌ~pu'ta·tion·al** *adj* rechnerisch, Rechen- ⟨≈ linguistics Computerlinguistik⟩; **~'pute 1.** *vt* (be-, er-, aus)rechnen | schätzen (**at** auf) ⟨to be ≈d to be geschätzt werden auf⟩; *vi* rechnen (**by** nach); **2.** *s* Berechnung *f*, Schätzung *f* ⟨(*meist*) beyond ≈ unschätzbar⟩

com·put·er[kəm'pjuːtə]*s* Rechner *m* | Computer *m*, Rechner *m*, Rechenautomat *m*, ⟨electronic ≈ Elektronenrechner *m*⟩; **'~ crime** *s* kriminelle Manipulation eines Computers; **'~ ˌdat·ing** *s* Partnervermittlung *f* mit Hilfe von Computerdaten; **'~game** *s* Computerspiel *n*; **~ize** *vt* computerisieren, (elektronisch) speichern | (Verwaltungsprozesse u. ä.) über den Rechner gehen lassen, einen Rechner benutzen für ⟨to ≈ wages Lohnrechnung mit dem Computer vornehmen⟩; *vi* Computer benutzen, die Arbeit auf den Rechner umstellen ⟨we've ≈d years ago⟩

com·rade ['kɒmreɪd|-rɪd|'kʌm-] *s* Kamerad(in) *m(f)* | *übertr* Bruder *m* ⟨~-in-arms Waffenbruder *m*⟩ | *Pol* (Partei) Genosse *m* | (Gewerkschaft) Kollege *m*, Kollegin *f*; **'~ship** *s* Kameradschaft *f*, Freundschaft *f*

[1]**con** [kɒn] (**conned, conned**) *vt, auch* **~ over** fleißig studieren, auswendig lernen

[2]**con** [kɒn] *vt* (Schiff) führen, steuern

[3]**con** [kɒn] **1.** *adv Abk für* ↑ **contra** wider, gegen ⟨pro and ~ für und gegen⟩; **2.** *s*, **the ˌpros and '~s** das Für und Wider *n*

[4]**con** [kɒn] *urspr Am Sl* **1.** *adj Abk für* **confidence** Vertrauen erschleichend ⟨~ game Schwindel *m*; ~ man Betrüger *m*, Schwindler *m*⟩; **2.** *vt* (**conned, conned**) beschwindeln, bemogeln

con·cat·e|nate [kɒn'kætəneɪt] **1.** *adj* zusammenhängend, verkettet; **2.** *vt* verketten; **ˌ~nat·ed con'nec·tion** *s El* Kaskadenschaltung *f*; **~'na·tion** *s* Verkettung *f* (*auch übertr*)

con|cave [ˌkɒn'keɪv|'kɒnkeɪv] **1.** *adj* konkav, hohl, ausgehöhlt, Hohl- (*Ant* convex); **2.** *s* konkave Fläche, Höhlung *f*, Wölbung *f*; **3.** *vt* aushöhlen; **~cav·i·ty** [~'kævətɪ] *s* Konkavität *f*, Höhlung *f*, Wölbung *f*

con·ceal [kən'siːl] *vt* verbergen, verstecken (**from** vor) ⟨~ed turning unübersichtliche Kurve⟩ | verhehlen, verheimlichen (**from** vor); **con'ceal·ment** *s* Verbergen *n* | Verheimlichung *f* | Verborgenheit *f*, Versteck *n* ⟨to remain / stay in ≈ sich versteckt halten⟩

con·cede [kən'siːd] *vt* zugestehen, einräumen, gewähren ⟨to ~ s.o. a right; to ~ that zugeben, daß⟩ | überlassen ⟨to ~ a territory⟩ | (Sport) abgeben ⟨to ~ s.o. five points⟩ | nachgeben; *vi* nachgeben

con·ceit [kən'siːt] **1.** *s* Einbildung *f*, Dünkel *m*, Selbstgefälligkeit *f* ⟨in one's own ~ jmds. Meinung nach, in jmds. Augen; out of ~ with unzufrieden mit *od* über; to put s.o. out of ~ with jmdm. die Lust nehmen zu; to take the ~ out of s.o. jmdn. demütigen⟩ | Idee *f*, Einfall *m* | *arch Lit* überspitzter Gedanke | Konzetto *n*; **2.** *vt* (sich) schmeicheln | (sich) überschätzen; halten für ⟨to ~ o.s. sich einbilden; to ~ o.s. a poet sich einbilden, ein Dichter zu sein⟩; **con'ceit·ed** *adj* eingebildet, dünkelhaft (**about, of** auf, wegen)

con|ceiv·a·bil·i·ty [kənˌsiːvə'bɪlətɪ] *s* Denkbarkeit *f*; **~'ceiv·a·ble** *adj* denkbar, begreiflich (**to s.o.** jmdm.); **~'ceive** *vt* sich denken, sich vorstellen, begreifen (**that** daß) | etw. ausdenken, ersinnen ⟨to ≈ the idea of *mit ger* auf den Gedanken kommen zu *mit inf*⟩ | (Meinung) hegen ⟨to ≈ a dislike for s.o. jmdn. nicht leiden können⟩ | meinen, dafürhalten (**that** daß) | (Kind) empfangen ⟨to ~ a child⟩; *vi meist* **~ceive of** sich denken, sich vorstellen ⟨to ≈ of the author as a genius den Autor für ein Genie halten; to ≈ of *mit ger* sich erklären, daß⟩ | (Kind) empfangen

con·cen|trate ['kɒnsntreɪt] *vt* konzentrieren, zusammenziehen ⟨to ≈ troops⟩ | *Chem* sättigen | *Tech* (Erz) aufbereiten | *übertr* (Gedanken, Energie) konzentrieren, richten (**upon** auf); *vi* sich zusammenziehen | *übertr* sich konzentrieren (**upon** auf); **'~trat·ed** *adj* konzentriert, intensiv ⟨≈ study⟩ | stark, mächtig ⟨≈ passion⟩ | *Chem* gesättigt ⟨≈ solution⟩ | *Min* (Erz) reich ⟨≈ ore⟩; **~tra·tion** [ˌ~'treɪʃn] *s* Zusammenziehung *f*, Konzentration *f* | *Chem* Sättigung *f* | *Tech* Anreicherung *f* | *übertr* Konzentration *f*, Aufmerksamkeit *f*; **~'tra·tion camp** *s* Konzentrationslager *n*; **'~tra·tive** *adj* konzentrierend

con·cen|tric [kən'sentrɪk|kɒn-], **con'cen·tri·cal** *adj* konzentrisch, denselben Mittelpunkt habend (**with** mit); **~tric·i·ty** [ˌkɒnsən'trɪsətɪ] *s* Konzentrizität *f*

con|cept ['kɒnsept] *s Phil* (allgemeiner) Begriff | Begriff *m*, theoretische Vorstellung ⟨the ≈ of the atom⟩ | Konzept(ion) *n(f)*; **~cep·tion** [kən'sepʃn] *s* Begreifen *n* | Vorstellung *f*, Idee *f*, Begriff *m* ⟨in my ≈ nach meiner Auffassung⟩ | Fassungskraft *f*, Auffassungsvermögen *n* ⟨powers of ≈ Einbildungskraft *f*⟩ | Schöpfung *f*, Entwurf *m*, Plan *m* | *Med* Konzeption *f*, Empfängnis *f* ⟨≈ control Empfängnisverhütung *f*⟩; **~cep·tion·al** [kən'sepʃnl] *adj* begrifflich; **~'cep·tive** *adj* begreifend | *Med* empfängnisfähig; **~cep·tu·al** [kən'septjʊəl] *adj* begrifflich, Begriffs-

con|cern [kən'sɜːn] **1.** *vt* betreffen, sich beziehen auf, angehen ⟨as / so far as I am ≈ed was mich anbelangt; as ≈s bezüglich, was anbelangt, in bezug auf; to be ≈ed in beteiligt sein an *od* bei; to be ≈ed with sich befassen mit; to ≈ o.s. with sich befassen mit; those, to whom it ≈s an jene, die es angeht⟩ | *bes pass* (schmerzlich) berühren, leid tun ⟨I am ≈ed to *mit inf* es tut mir leid zu *mit inf*; to be ≈ed about s.o. sich um jmdn. sorgen *od* Sorgen machen; to be ≈ed about / for s.th. bedacht sein auf etw.; to be ≈ed that sich Sorgen darüber machen, daß⟩; **~cern o. s.** sich befassen *od* beschäftigen (**about, in, with** mit); **2.** *s* Angelegenheit *f*, Sache *f* ⟨it's no ≈ of mine die Sache geht mich nichts an; mind your own ≈s! mischen Sie sich nicht in anderer Leute Angelegenheiten!⟩ | Kummer *m*, Sorge *f*, Beunruhigung *f* (**about, at, for** wegen, um) ⟨filled with ≈ sorgenerfüllt; in ≈ besorgt, beunruhigt⟩ | Interesse *n*, Belang *m* ⟨to have a ≈ in Interesse haben an⟩ | Konzern *m*, Geschäft *n*, Firma *f*, Unternehmen *n* ⟨banking ≈ Bankkonzern *m*; paying ≈ rentables Unternehmen⟩ | *Wirtsch* Aktie *f*, Anteil *m* ⟨to have a ≈ in Miteigentümer sein von⟩ | *umg* Ding *n*; **~'cerned** *adj* beteiligt, interessiert ⟨those ≈ die Beteiligten *m/pl*⟩ | besorgt, bekümmert (**about, at, for** um, wegen) | *Pol* engagiert, problembewußt, um den gesellschaftlichen Fortschritt bemüht ⟨a ≈ politician⟩; **~'cern·ing** *präp* betreffend, betreffs, wegen, über, hinsichtlich; **~'cern·ment** *s* Angelegenheit *f*, Sache *f* | Sorge *f*, Teilnahme *f*

con|cert ['kɒnsət] **1.** *s* Konzert *n* (*auch übertr*) ⟨a ≈ of praise vielfaches Lob⟩ | *Mus* Einklang *m*, harmonische Übereinstimmung ⟨in ≈⟩ | *übertr* Übereinstimmung *f*, Harmonie *f*, Einverständnis *n* ⟨to act in ≈ with s.o. in gegenseitigem

Einvernehmen handeln⟩ ◇ **in** ≈ ein Konzert *od* Auftritt von (Sänger) mit Band *od* Orchester ⟨"The Rolling Stones" in ≈; Elton John in ≈⟩; **2.** *adj* Konzert-; [kən'sɜ:t] *vt* verabreden | (Kräfte) vereinen; *vi* zusammenarbeiten; **~cert·ed** [kən'sɜ:tɪd] *adj* vereint, gemeinsam ⟨≈ action⟩ | *Mus* mehrstimmig; **'~cert grand** *s Mus* Konzertflügel *m*; **'~cert hall** *s* Konzertsaal *m*; **~cer·ti·na** [ˌ~sə'ti:nə] *s Mus* Konzertina *f*, (e-e Art) Ziehharmonika *f*; **~cer·ti·no** [ˌkɒntʃə'ti:nəʊ] *s Mus* Concertino *n*, kleines Solokonzert; **~cer·to** [kən'tʃɜ:təʊ|-'tʃɛə-] *s Mus* Concerto *n*; **'~cert pitch** *s Mus* Kammerton *m* ⟨at ≈ *übertr* in Hochform; up to ≈ *übertr* auf der Höhe, in Form⟩

con·ces·sion [kən'seʃn] *s* Konzession *f*, Zugeständnis *n* ⟨to make ~s to s.o. jmdm. Konzessionen machen⟩ | Erlaubnis *f*, Genehmigung *f* | behördliche Zulassung, Gewerbeerlaubnis *f* | *Wirtsch* Konzession *f*, Exklusivrecht *n*, Privileg *n* ⟨oil ≈⟩; **ˌ~'aire** [~ɛə] *s* Konzessionär *m*; **con'ces·sion·ar·y** **1.** *adj* Konzessions-; **2.** *s Wirtsch* Konzessionär *m*; **con·ces·sive** [kən'sesɪv] *adj* Zugeständnisse machend | *Ling* einräumend, konzessiv ⟨≈ clause⟩

conch [kɒŋk|kɒntʃ] *s* (*pl* **~s** [kɒŋks], **~es** ['kɒntʃɪz]) *Zool* Seemuschel *f*; **con·cha** ['kɒŋkə] *s* (*pl* **con·chae** ['kɒŋki:]) *Anat, Zool* Ohrmuschel *f*

con·chie, *auch* **con·chy** ['kɒntʃɪ] *s Sl* Kriegsdienstverweigerer *m*

con·cin·ni·ty [kən'sɪnətɪ] *s* (Stil) Feinheit *f*, Ausgeglichenheit *f*

con·chol·o·gy [kɒŋ:kɒlədʒɪ] *s Zool* Muschelkunde *f*

con|cise [kən'saɪs] *adj* kurz, bündig, knapp | prägnant | (Person) sich kurz fassend; **~ci·sion** [~'sɪʒn] *s* Verstümmelung *f* | Beschneidung *f*

con·clave ['kɒnkleɪv] *s bes Rel* Konklave *n* ⟨to sit in ~ e-e geheime, geschlossene Sitzung abhalten⟩

con|clude [kən'klu:d] *vt* (ab-, be)schließen, beenden (**with** mit) ⟨to be ≈d Schluß folgt⟩ | abschließen ⟨to ≈ a peace treaty e-n Friedensvertrag abschließen⟩ | folgern, schließen (**from** aus) | *bes Am* sich entschließen, beschließen ⟨to ≈ to *mit inf*⟩ | *Jur* verpflichten; *vi* schließen, aufhören (**with** mit) | (schluß)folgern, schließen (**from** aus); **~'clud·ing** *adj* abschließend, Schluß- ⟨≈ word Schlußwort *n*⟩; **~'clu·sion** *s* (Ab-) Schluß *m*, Ende *n* ⟨in ≈ zum Schluß, schließlich, endlich; to bring to a ≈ beenden; to come to a ≈ enden⟩ | (Vertrags-) Abschluß *m* ⟨≈ of peace Friedensschluß *m*⟩ | Schlußfolgerung *f* ⟨a foregone ≈ eine abgemachte Sache; to come to the ≈ that zu dem Schluß kommen, daß; to draw a ≈ from den Schluß ziehen *od* schlußfolgern aus; to jump to ≈ voreilige Schlüsse ziehen; to jump to a wrong ≈ falsch *od* voreilig schließen⟩ | Beschluß *m* | *Jur* Verpflichtung *f* ◇ **try ~clusions with s.o.** sich *od* seine Kraft mit jmdm. messen; **~'clu·sive** *adj* abschließend, Schluß- | entscheidend, überzeugend, endgültig ⟨a ≈ evidence / proof of ein schlagender Beweis für⟩

con·cil·i|a·ble [kən'sɪlɪəbl] *adj* versöhnlich; **con'cil·i·ate** *vt* aus-, versöhnen; beschwichtigen | (Gunst, Achtung u. ä.) gewinnen; *vi* sich aussöhnen; **conˌcil·i·at·ing** *adj* versöhnlich; gewinnend; **con'cil·i'a·tion** *s* Aus-, Versöhnung *f* | Ausgleich *m*; **'~a·tion board** *s* Schlichtungskomitee *n*, Schiedsgericht *n*; **~'a·tion·ism** *s Pol* Versöhnlertum *n*; **~'a·tive, con'cil·i·a·to·ry** *adj* versöhnlich, Versöhnungs- ⟨a ≈ act⟩

con|coct [kən'kɒkt|kɒn'-] *vt* (Gericht u. ä.) zusammenbrauen | *übertr* ausdenken, ersinnen, aushecken ⟨to ≈ a story⟩ **~coc·tion** [~'kɒkʃn] *s* Zusammenbrauen *n* | Gebräu *n* | *Med* Mischung *f* | *übertr* Aushecken *n*

con·com·i·tance [kən'kɒmɪtəns], **con'com·i·tan·cy** *s förml* Zusammenbestehen *n*, Gleichzeitigkeit *f* | *Rel* Konkomitanz *f*; **con'com·i·tant 1.** *adj* begleitend ⟨≈ circumstances⟩; **2.** *s* Begleitumstand *m* | *übertr* Begleiter *m*

con·cord ['kɒŋkɔ:d] *s* Eintracht *f*, Einmütigkeit *f*, Übereinstimmung *f*, Harmonie *f* ⟨to live in ~ with einträchtig leben mit⟩ | *Mus* Zusammenklang *m*, Harmonie *f* | Übereinkommen *n*, Vertrag *m* | *Ling* Übereinstimmung *f*, Kongruenz *f*; **~ance** [kən'kɔ:dns] *s* Übereinstimmung *f* | *Rel, auch Lit* Konkordanz *f* ⟨a Bible ≈; a Chaucer ≈⟩; **~ant** [kən'kɔ:dnt] *adj* übereinstimmend (**with** mit) | *Mus* harmonisch; **con·cor·dat** [kɒn'kɔ:dæt] *s* Übereinkommen *n* | *Rel* Konkordat *n*

con·course ['kɒŋkɔ:s] *s* Zusammenlaufen *n*, -treffen *n* ⟨a ~ of circumstances⟩ | (Menschen-) Auflauf *m*, Ansammlung *f* | Menge *f* | *Am* Bahnhofshalle *f* | *Am* Versammlungsraum *m*

con|crete ['kɒŋkri:t] **1.** *adj* fest, kompakt, dicht, massig | betoniert, Beton- ⟨a ≈ bridge⟩ | *Phil, Ling* konkret, greifbar (*Ant* abstract) ⟨a ≈ term ein konkreter Begriff; ≈ noun Konkretum *n*⟩; **2.** *s* dichte Masse *f* | Beton *m*, Steinmörtel *m* ⟨reinforced ≈ Eisenbeton *m*; foam ≈ Schaumbeton *m*⟩ | *Phil, Ling* Konkretum *n*; [kən'kri:t] *vt* zu einer Masse verbinden | konkretisieren | *übertr* festigen | *Tech* betonieren ⟨to ≈ a road⟩; *vi* eine feste Masse bilden; **ˌ~crete con'struc·tion** *s Tech* Betonkonstruktion *f*; **~cre·tion** [kən'kri:ʃn] *s* Festwerden *n*, Verdichtung *f* | Zusammenwachsen *n* | feste Masse | *Med* Konkrement *n* | *Geol* Konkretion *f*; **~'cre·tion·al, ~'cre·tion·ar·y** *adj* Konkretions-; **~cret·ize** ['~kri:taɪz] *vt* konkretisieren

con·cu|bi·nage [kɒn'kju:bənɪdʒ] *s* Konkubinat *n*, wilde Ehe; **con'cu·bi·nar·y** *adj* Konkubinat(s)-; **~bine** ['kɒŋkjʊbaɪn] *s* Konkubine *f*, Nebenfrau *f*

con·cu·pis·cence [kən'kju:pɪsns] *s* Sinnlichkeit *f* | sinnliche Begierde; **con'cu·pis·cent, con'cu·pis·ci·ble** *adj* sinnlich | lüstern, begierig

con·cur [kən'kɜ:] (**con'curred, con'curred**) *vi* (Ereignisse) zusammenfallen, -treffen | zusammenwirken | die gleiche Ansicht *od* Meinung vertreten (**with** wie), übereinstimmen (**with** mit, **in** in) | mitwirken, beitragen (**to** zu); **~rence** [kən'kʌr(ə)ns] *s* Zusammenfallen *n*, -treffen *n* | Übereinstimmung *f* ⟨≈ of ideas⟩ | Einverständnis *n* | Mitwirkung *f* ⟨≈ in doing good gemeinsames gutes Handeln, gemeinsam bewirkte gute Taten *f/pl*⟩ | *Math* Schnittpunkt *m* | *Jur* Konflikt *m* ⟨≈ of rights miteinander kollidierende Rechte *n/pl*⟩; **~rent** [kən'kʌrnt] **1.** *adj* zusammenfallend | nebeneinanderbestehend, gleichzeitig (**with** mit) | *Jur* gleichberechtigt; gleich zuständig ⟨≈ jurisdiction⟩ | *Jur* gleichzeitig (ablaufend) ⟨three ≈ life times dreimal lebenslänglich⟩ | (Versicherung) gleichzeitig abgeschlossen ⟨≈ fire insurance⟩ | übereinstimmend (**with** mit) | mitwirkend | *Math* in einem Punkt zusammentreffend; **2.** *s* mitwirkender Umstand, Begleitumstand *m*, -faktor *m*

con|cuss [kən'kʌs] *vt meist übertr* heftig schütteln, erschüttern ⟨≈ed with uncertainty von Ungewißheit gequält⟩; **~cus·sion** [~'kʌʃn] *s* Erschütterung *f* | *auch* **~ˌcus·sion of the 'brain** *Med* Gehirnerschütterung *f*; **~'cus·sion·al** *adj* Erschütterungs-; **~'cus·sive** *adj* erschütternd

con|demn [kən'dem] *vt* verurteilen, verdammen, mißbilligen (**for** wegen) | schuldig sprechen (**of s.th.** e-r Sache) | *Jur* verurteilen (**to** zu) | *übertr* verurteilen, verdammen (**to** zu) | abschieben (**to** in) | (Kranken) für unheilbar erklären, aufgeben ⟨the doctor ≈ed him⟩ | (etw.) für unbrauchbar *od* untauglich erklären | *Jur* (Waren) beschlagnahmen, konfiszieren; **~'dem·na·ble** *adj* verdammenswert, zu verurteilen(d), verwerflich; **~dem·na·tion** [ˌkɒndem'neɪʃn|-dəm-] *s* Mißbilligung *f*, Tadel *m* | *bes Jur* Verurteilung *f*, Schuldigsprechung *f* | *Jur* Beschlagnahme *f* | Untauglichkeitserklärung *f*; ~'**dem·na·to·ry** *adj* verurteilend, verdammend, mißbilligend; ~,**demned 'cell** *s* Todeszelle *f*

con|den·sa·bil·i·ty [kən,densə'bılətı] *s* Kondensierbarkeit *f*; ~'**den·sa·ble** *adj* kondensierbar, verdichtbar; ~'**den·sate** [-eıt] *s* Kondensat *n*; ~**den·sa·tion** [,kɒnden'seıʃn|-dən-] *s* Kondensation *f*, Verdichtung *f* ⟨≈ of milk⟩ | *übertr* Zusammenfassung *f*; ~'**dense** [~dens] *vt* kondensieren, verdichten, verflüssigen | *Phys* (Gase u. ä.) niederschlagen | *Phys* (Lichtstrahlen) konzentrieren; *vi* sich verflüssigen, kondensiert werden ⟨steam ≈s to water⟩; ~'**dens·er** *s* Kondensator *m*, Kühler *m* | *El* Kondensator *m* | *Phys* Kondensatorlinse *f*; ~'**dens·er tube** *s Tech* Kondensrohr *n*; ~'**den·si·ble** *adj* kondensierbar; ~,**den·sing 'coil** *s Tech* Kühlschlange *f*; ~,**den·sing 'lense** *s Foto* Sammellinse *f*

con·de|scend [,kɒndı'send] *vi* sich herablassen (**to s.th.** zu etw., **to** *mit inf* zu *mit inf*) | geruhen (**to** *mit inf* zu *mit inf*) | Distanz wahren (**to** gegenüber) | leutselig sein (**to** gegen) | sich so weit erniedrigen (**to** *mit inf* daß), sich hergeben (**to** für); ,~'**scend·ence** *s* Herablassung *f* | Leutseligkeit *f*; ,~'**scend·ing** *adj* herablassend, gönnerhaft | leutselig; ,~'**scen·sion** *s* Herablassung *f*, Leutseligkeit *f*

con·dign [kən'daın|kɒn-'] *adj* verdient, angemessen ⟨~ punishment gerechte Strafe⟩

con·di|ment ['kɒndımənt] *s* Würze *f*, Gewürz *n*; ,~'**men·tal** *adj* würzig

con·di·tion [kən'dıʃn] **1.** *s* Bedingung *f* (**of** für) ⟨on / upon ~ that unter der Bedingung, daß; on this (that, what, no) ~ unter dieser (jener, welcher, keiner) Bedingung⟩ | *Jur* Vorbehalt *m* | Beschaffenheit *f*, Zustand *m* ⟨in good ~; to be in a ~ to *mit inf* in der Lage sein zu *mit inf*; to be in no ~ to *mit inf* unter keinen Umständen können *mit inf*; to change one's ~ *arch* heiraten⟩ | (*bes* Sport) Kondition *f*, Form *f* ⟨in ~ in [gesundheitlich] guter Verfassung; out of ~ nicht in Kondition, nicht in der [körperlichen] Verfassung⟩ | Stand *m*, Stellung *f*, Rang *m* ⟨persons of every ~⟩; **2.** *vt* zur Bedingung machen (**that** daß) | ausmachen, bestimmen, bedingen ⟨to be ~ed by abhängen von⟩ | in einen bestimmten Zustand bringen | *Sport* in Kondition bringen | (Fleisch) abhängen | *Wirtsch* (Seide u. ä.) prüfen, konditionieren; **con'di·tion·al 1.** *adj* bedingt (**[up]on** durch) ⟨to be ≈ on / upon abhängen von⟩ | Bedingungs- | *Wirtsch* freibleibend | *Ling* konditional ⟨≈ clause Konditionalsatz *m*⟩; **2.** *s Ling* Konditional *m*; **con,di·tion'al·i·ty** *s* Bedingtheit *f*; **con'di·tioned** *adj* bedingt ⟨≈ reflex⟩ | beschaffen ⟨air-≈ mit Klimaanlage, klimatisiert⟩; **con'di·tions** *s/pl* (wesentliche) Umstände *m/pl* ⟨≈ of exposure *Bergb* Bewetterungsverhältnisse *pl*⟩ | *Wirtsch* Konditionen *f/pl*

con·do ['kɒndəu] *s Kurzw* für **condominium**

con|do·la·to·ry [kən'dəulətrı] *adj* Beileids-; ~'**dole** *vi* kondolieren, sein Beileid aussprechen ⟨to ≈ with s.o. on / upon s.th. jmdm. sein Beileid zu etw. ausdrücken⟩; ~'**dole·ment**, ~'**do·lence** *s* Kondolenz *f*, Beileidsbezeigung *f* ⟨letter of ≈ Beileidsbrief *m*, -schreiben *n*; visit of ≈ Beileidsbesuch *m*; to accept s.o.'s ≈ jmds. Beileid entgegennehmen⟩

con·dom ['kɒndəm] *s Med* Kondom *n*, Präservativ *n*

con·do·min·ium [,kɒndə'mınıəm] *s Pol* Kondominium *n* | *Am* Eigentumswohnung *f* (in e-m Wohnblock)

con|do·na·tion [,kɒndəu'neıʃn] *s* Verzeihung *f*; ~**done** [kən'dəun] *vt* (von Personen) verzeihen, vergeben, nachsehen | (von Sachen) wettmachen, aufwiegen, vergessen lassen

con·dor ['kɒndɔ:|-də] *s Zool* Kondor *m*

con|duce [kən'dju:s] *förml vi* beitragen, dienen, führen (**to, towards** zu); ~'**du·cive** *adj* dienlich, nützlich ⟨to be ≈ to beitragen zu⟩

con·duct ['kɒndʌkt] *s* Führung *f*, Leitung *f* ⟨under the ~ of chance durch Zufall geleitet; the ~ of a war die Führung eines Krieges; safe ~ freies Geleit⟩ | *förml* Führung *f*, Verhalten *n*, Betragen *n* ⟨good (bad) ~; rules of ~ Verhaltensmaßregeln *f/pl*; disorderly ~ ungebührliches Betragen⟩ | Verwaltung *f*; [kən'dʌkt] *vt* (an)führen, begleiten ⟨~ed tour Gesellschaftsreise *f*; Führung *f*; to ~ s.o. in (out) jmdn. herein- (hinaus)führen *od* geleiten⟩ | verwalten ⟨to ~ a business enterprise ein Geschäftsunternehmen leiten⟩ | (Tätigkeit) aus-, durchführen ⟨to ~ a scientific experiment; to ~ war Krieg führen⟩ | *Mus* (Orchester) dirigieren | *Phys* (Elektrizität, Wärme) leiten | *Phys* (Wärme) abführen; *vr förml* sich benehmen, (auf)führen; *vi Phys* leiten | *Mus* dirigieren | als Schaffner arbeiten; **con'duct·ance** *s El* Leitfähigkeit *f*; Wirkleitwert *m*, Konduktanz *f*; **con,duct·i'bil·i·ty** *s Phys* Leitfähigkeit *f*; **con'duct·i·ble** *adj* leitfähig; **con'duct·ing** *adj Phys* Leit-, leitend ⟨≈ coat *El* leitende Schicht; ≈ surface *El* Leitfläche *f*; ≈ wire Leitungs-, Kupferdraht *m*⟩; **con·duc·tion** [kən'dʌkʃn] *s* Leitung *f*, Übertragung *f* (*auch El, Phys*); **con'duc·tive** *adj Phys* leitend ⟨≈ connection *El* Stromübergang *m*; ≈ pencil Graphitstift *m*⟩; **con·duc·tiv·i·ty** [,kɒndʌk'tıvətı] *s Phys El* Leitfähigkeit *f*, Leit(ungs)vermögen *n*; **con'duc·tor** *s* Führer *m*, Leiter *m* ⟨the ≈ of an expedition⟩ | *Mus* Dirigent *m* | *Am* Zugführer *m* | *El* Konduktor *m*, Leiter *m* ⟨≈ of heat Wärmeleiter *m*⟩ | *El* Blitzableiter *m*; **con'duc·tor ,en·gine** *s Tech* Fahrdrahtlokomotive *f*; **con'duc·tor rail** *s El* Stromschiene *f*, dritte Schiene; **con'duc·tor·ship** *s* Stellung *f* eines Leiters u. ä.; **con·duc·tress** [kən'dʌktrəs|-ıs] *s* Leiterin *f* | *Mus* Dirigentin *f* | (Bus, Straßenbahn) Schaffnerin *f*

con·duit ['kɒndıt|'kʌn-|-djuıt] *s* (Leitungs-) Röhre *f*, Rohr *n* | (Abzugs-, Kabel- u. ä.) Kanal *m* | *El* Rohrkabel *n*, Isolierrohr *n* | *El, Kfz* Metallschlauch *m*; ,~ '**bend** *s Tech* Normal-, Rohrbogen *m*, Bogenstück *n*, Krümmer *m*; ,~ '**box** *s El* Klemmkasten *m*, Verteilerdose *f*; ,~ '**clip** *El* Rohrschelle *f*; ,~ '**coup·ling** *El* Muffe *f*; ,~ '**fit·tings** *s/pl* Rohrleitungszubehör *n*; ,~ '**pipe** *s El* Leitungsrohr *n*; Röhrensystem *n*; ,~ '**wire** *s* Rohr-, Einziehdraht *m*

con·dyle ['kɒndıl] *s Anat* Kondylus *m*, Gelenkhöcker *m*, -knorren *m*

cone [kəun] **1.** *s Math* Kegel *m* | *Bot, Med* Zapfen *m* ⟨pine ~ Tannenzapfen *m*⟩ | (Eis-) Waffel *f* | *Tech* Konus *m* | (Garn) Spule *f* | (Hut) Stumpen *m* | *übertr* Kegel *m* ⟨~ of light, luminous ~ Lichtkegel *m*⟩; **2.** *vt* zu einem Kegel formen | *Tech* konisch machen; *vi Bot* Zapfen tragen; '~ ,**bear·ing** *s Tech* Zapfenlager *n*; '~ **belt** *s Tech* Keilriemen *m*; '**coned** *adj* kegelförmig | *Bot* zapfentragend; '~ ,**flow·er** *s Bot* Kegelblume *f*; '~**head** *s Bot* Zapfenblume *f*; '~ ,**pul·ley** *s Tech* Stufenscheibe *f*; '~ ,**stop·per** *s Tech* Gichtglocke *f*, -verschluß *m*; '~ **valve** *s Tech* Kegelventil *n*

co·ney ['kəunı] = **cony**

con·fab ['kɒnfæb] *umg* **1.** = **con·fab·u·late** [kən'fæbjəleıt] *vi* (vertraulich) plaudern, sich unterhalten (**with** mit); **2.** = **con·fab·u·la·tion** [kən,fæbjə'leıʃn] *s* Plauderei *f*

con|fect [kən'fekt] *vt* herstellen | zubereiten, mischen | einmachen | *übertr* fabrizieren, zusammenbasteln ⟨to ≈ a drama⟩; ~**fec·tion** [~'fekʃn] **1.** *s* Zubereitung *f*, Mischung *f* | Konfekt *n* | (Schneiderei) Konfektionsartikel *m*, -stück *n* | fertiges Damenkleid | *Med* Latwerge *f*; **2.** *vt* einmachen | (Kleidung) fabrikmäßig anfertigen; ~'**fec·tion·ar·y 1.** *adj* Konfekt-, Konditorei-; **2.** *s* Konfekt *n*; ~'**fec·tion·er** *s* Zukkerbäcker *m*, Konditor *m*; ~'**fec·tion·er's 'sug·ar** *s* Staub-, Puderzucker *m*; ~'**fec·tion·er·y** *s* Süßwaren *pl*, Konfekt *n* | Konditorei *f*

con·fed·er|a·cy [kən'fedrəsı] *s* Bündnis *n* | Konföderation *f*,

Staatenbund *m* ⟨the (Southern) ≈ *Am Hist* die Konföderation (der Südstaaten)⟩ | *Jur* Komplott *n*, Verschwörung *f*; **~ate** [kən'fedr̩ət] **1.** *adj* verbündet | Bundes- ⟨the ≈ States of America *Am Hist* die elf Südstaaten nach Austritt aus dem Bund⟩; **2.** *s* Verbündeter *m* | *Am Hist* Konföderierter *m*, Südstaatler *m* | *Jur* Komplize *m*, Helfershelfer *m*; [kən'fedəreɪt] *vi* sich verbünden (**with** mit); *vt* (Länder u.ä.) verbünden, zusammenschließen, zu einem Bund vereinigen; **con͵fed·er'a·tion** *s* Bund *m*, Bündnis *n* ⟨to enter into a ≈ ein Bündnis eingehen, e-m Bund beitreten; ≈ of trade unions Gewerkschaftsbund *m*⟩ | Staatenbund *m*; **con'fed·era·tive** *adj* Bundes-

con·fer [kən'fɜː] (**con'ferred, con'ferred**) *vt förml* (Recht, Titel u. ä.) verleihen, erteilen, übertragen (**[up]on s.o.** jmdm.) | (Gunst, Gefälligkeit) erweisen | *nur imp* vergleiche (*meist Abk* **cf.**); *vi* sich besprechen, sich beraten, konferieren (**with** mit, **on, about** über); **~able** *adj* = **confer[r]able**; **~ence** ['kɒnfrns] *s* Konferenz *f* Tagung *f*, ⟨to hold a ≈ e-e Konferenz abhalten⟩ | Besprechung *f*, Beratung *f* ⟨to be in ≈ e-e Besprechung haben⟩; **~en·tial** [͵kɒnfə'renʃl] *adj* Konferenz-; **con'fer·ment** *s* Verleihung *f* (**upon** an); **con'fer·[r]a·ble** *adj* übertragbar, verleihbar; **con'fer·ral** *s förml* Verleihung *f*

con|fess [kən'fes] *vt* bekennen, zugeben ⟨to ≈ a fault e-n Fehler eingestehen; to ≈ o.s. [to be] guilty s-e Schuld eingestehen⟩ | *Rel* (jmdm.) die Beichte abnehmen | *Rel* (etw.) beichten; *vi* ein Geständnis ablegen, gestehen ⟨the prisoner ≈ed⟩ | zugeben (**to s.th.** etw.; **to** *mit ger* zu *mit inf*) | sich bekennen (**to** zu) | *Rel* beichten (**to s.o.** jmdm.) | *Rel* eine Beichte abnehmen; **~fess·ed·ly** [~'fesɪdlɪ] *adv* zugestandenermaßen | offenbar; **~fes·sion** [~'feʃn] *s* Zugeständnis *n* | *Jur* Geständnis *n* ⟨a full ≈; by / on s.o.'s own ≈ nach jmds. eigenem Eingeständnis⟩ | Bekenntnis *n*, Konfession *f* ⟨≈ of faith Glaubensbekenntnis *n*⟩ | *Rel* Beichte *f* ⟨to go to ≈⟩; **~'fes·sion·al 1.** *adj* konfessionell, Konfessions- ⟨≈ schools Bekenntnisschulen *f/pl*⟩ | Beicht-; **2.** *s* Beichtstuhl *m*; **~'fes·sion·ar·y** *adj* Beicht-; **~'fes·sor** *s* Bekenner *m* | *Rel* Beichtvater *m*

con·fet·ti [kən'fetɪ] *s/pl* (*sg konstr*) ⟨*ital*⟩ Konfetti *n*, Papierschnitzel *n/pl* | Konfekt *n*

con|fi·dant [͵kɒnfɪ'dænt|'kɒnfɪdænt] *s* Vertrauter *m*, Mitwisser *m*; **~fi·dante** [͵~fɪ'dænt|'~fɪdænt] *s* Vertraute *f*, Mitwisserin *f*; **~fide** [kən'faɪd] *vi* vertrauen (**in s.o.** jmdm.) | sich anvertrauen (**in s.o.** jmdm.), sein Vertrauen setzen (**in** auf); *vt* (etw.) anvertrauen (**to s.o.** jmdm.) ⟨to ≈ to the care of der Obhut anvertrauen von⟩ | vertraulich mitteilen (**to s.o.** jmdm.); **'~fi·dence** [~fɪdəns] *s* Vertrauen *n*, Zutrauen *n* (**in** zu, auf) ⟨in (strict) ≈ (streng) vertraulich; to have / place / put ≈ in s.o. in jmdn. Vertrauen setzen; to give ≈ Vertrauen einflößen; to take s.o. into one's ≈ jmdn. ins Vertrauen ziehen⟩ | Zuversicht *f* ⟨≈ of success Aussicht *f* auf Erfolg; with ≈ zuversichtlich⟩ | Dreistigkeit *f* | vertrauliche Mitteilung, Vertraulichkeit *f*, Heimlichkeit *f* ⟨to exchange ≈s about⟩ | *Pol* Vertrauen *n* ⟨vote of ≈ Vertrauensvotum *n*; vote of no ≈ Mißtrauensvotum *n*⟩; **'~-fi·dence game,** *auch* **'~fi·dence trick** *s* Dummenfang *m*, Bauernfängerei *f* | Schwindel *m*; **~fi·dence man** ['~fɪdəns ͵mæn] *s* (*pl* **~fi·dence men** [-͵men]) Schwindler *m*; **~fi·dent** ['~fɪdənt] **1.** *adj* vertrauend, zuversichtlich, überzeugt ⟨to be ≈ of / in vertrauen auf; ≈ smile zuversichtliches Lächeln; to be / feel ≈ of *mit ger*, to feel ≈ that zuversichtlich sein, daß⟩ | dreist, keck; **2.** *s arch* Vertrauer *m*; **͵~fi'den·tial** [~denʃl] *adj* vertraulich, geheim ⟨a ≈ information⟩ | Vertrauens- ⟨≈ clerk / secretary Privatsekretär *m*⟩ | intim ⟨to be too ≈ with s.o. sich zu sehr einlassen mit jmdm.; jmdm. zu viel verraten⟩ | vertrauensvoll ⟨a ≈ voice; a ≈ look⟩; **~fid·ing** [kən'faɪdɪŋ] *adj* vertrauensvoll, zutraulich

con·fig|u·ra·tion [kən͵fɪgjə'reɪʃn|-gjʊr-] *s* Gestaltung *f*, Anordnung *f*, Struktur *f*, Bau *m* | *Astr* Aspekte *m/pl*; **~ure** [kən'fɪgə] *vt* gestalten, formen (*auch übertr*) (**to** nach)

con|finable [kən'faɪnəbl] *adj* zu begrenzen(d); **~'fine 1.** *vt* begrenzen, beschränken (**to** auf, **within** in) ⟨to ≈ o.s. sich beschränken⟩ | einsperren ⟨to be ≈d to one's room das Zimmer nicht verlassen können, krank sein; ≈d to one's bed ans Bett gefesselt⟩ | *nur pass* niederkommen (**of** mit), entbinden ⟨to be ≈d of a child von e-m Kind entbunden werden⟩; *vi selten* grenzen (**on, with** an); **2.** *s, meist* **~fines** ['kɒnfaɪnz] *pl* Grenze *f* (*auch übertr*) ⟨within the ≈s of innerhalb von; beyond the ≈s of *oft übertr* jenseits der Grenzen von⟩; **~'fine·a·ble** *adj* zu begrenzen(d); **~'fined** *adj* begrenzt, beschränkt ⟨a ≈ space⟩ | *Med* verstopft; **~'fine·ment** *s* Be-, Einschränkung *f* | Gewahrsam *m*, Gefangenschaft *f* ⟨≈ in a fortress Festungshaft *f*; close ≈ strenge Haft; solitary ≈ Einzelhaft *f*; to place under ≈ in Haft setzen⟩ | Bettlägerigkeit *f* | Wochenbett *n*, Niederkunft *f*, Entbindung *f* ⟨after her ≈⟩

con|firm [kən'fɜːm] *vt* bekräftigen, bestärken, bestätigen ⟨to ≈ s.o.'s opinions⟩ | (Richtigkeit u. ä.) bestätigen ⟨to ≈ a report; to ≈ a flight ticket⟩ | für gültig erklären, ratifizieren; ⟨to ≈ a treaty; to ≈ by oath beschwören⟩ | *Rel* konfirmieren; **~'firm·a·ble** *adj* zu bestätigend; **~fir·ma·tion** [͵kɒnfə'meɪʃn] *s* Festigung *f*, Bekräftigung *f* | Bestätigung *f* ⟨in ≈ of s.th. zur Bestätigung e-r Sache⟩ | Beweis *m* ⟨≈ of a theory⟩ | *Rel* Konfirmation *f*; **~'firm·a·tive, ~'firm·a·to·ry** *adj* bestätigend; **~'firmed** *adj* bestätigt | eingewurzelt, eingefleischt ⟨a ≈ bachelor ein eingefleischter Junggeselle⟩ | chronisch ⟨a ≈ disease; ≈ druncard Gewohnheitssäufer *m*; to be a ≈ invalid für immer Invalide sein⟩; **~fir·mee** [͵kɒnfə'miː] *s Rel* Konfirmand *m*, (katholisch) Firmling *m*

con·fis|cate ['kɒnfɪskeɪt] **1.** *adj* konfisziert, beschlagnahmt; **2.** *vt* konfiszieren, beschlagnahmen, einziehen; **͵~'ca·tion** *s* Konfiszierung *f*, Beschlagnahme *f* | beschlagnahmtes Gut; **~ca·to·ry** [kən'fɪskətrɪ] *adj* Beschlagnahme-

con·fi·ture ['kɒnfɪtʃʊə|-tjʊə] *s* Konfitüre *f*

con·fla|grant [kən'fleɪgrənt] *förml adj* brennend | *übertr* feurig; **~grate** ['kɒnfləgreɪt] *vt* (etw.) in Brand setzen, verbrennen (*auch übertr*); *vi* entbrennen (*auch übertr*); **͵~'gra·tion** *s* Feuersbrunst *f*, großer Brand (*auch übertr*)

con|flate [kən'fleɪt] *vt selten* verschmelzen | (zwei Lesarten) vereinigen (**into** in); **~'fla·tion** *s* Verschmelzung *f* zweier Lesarten zu einer

con|flict ['kɒnflɪkt] *s* Konflikt *m*, Zusammenstoß *m* ⟨a wordy ≈ ein Wortgefecht⟩ | Gegensatz *m*, Widerspruch *m*, -streit *m* ⟨≈ of laws Gesetzeskonflikt *m*; to come into ≈ with s.o. mit jmdm. in Streit geraten⟩; [kən'flɪkt] *vi* in Widerspruch stehen, kollidieren (**with** mit); **~flict·ing** [kən'flɪktɪŋ] *adj* gegensätzlich, entgegengesetzt ⟨≈ views⟩ | widerstreitend ⟨≈ passions⟩; **~flic·tion** [kən'flɪkʃn] *s* Widerstreit *m*

con·flu|ence ['kɒnfluəns] *s* Zusammenfluß *m* (zweier Flüsse) | (Menschen-) Auflauf *m* | Menge *f*; **'~ent 1.** *adj* zusammenfließend, sich vereinend; **2.** *s* Nebenfluß *m*; **con·flux** ['kɒnflʌks] = **confluence**

con|form [kən'fɔːm] *vt* anpassen (**to** an) ⟨to ≈ o.s. to s.th. sich e-r Sache anpassen⟩ | in Übereinstimmung bringen (**to** mit) | *Tech* prüfen, kontrollieren; *vi* sich richten (**to** nach) | übereinstimmen, entsprechen (**to s.th.** e-r Sache) | passen (**to** zu); **~͵form·a'bil·i·ty** *s* Übereinstimmung *f* (**to** mit); **~'form·a·ble** *adj* konform, übereinstimmend (**to,** *selten* **with** mit) ⟨≈ to reason der Vernunft entsprechend⟩ |

fügsam, nachgiebig ⟨≈ to s.o.'s wishes wunschgemäß⟩ | *Geol* gleichgelagert; **~'form·al** *adj Math* konform, winkeltreu; **~'form·ance** *s* Übereinstimmung *f* ⟨in ≈ with gemäß⟩ | Anpassung *f* (**to** an); **~for·ma·tion** [ˌkɒnfɔːˈmeɪʃn] *s* Angleichung *f*, Anpassung *f* (**to** an) | Gestaltung *f* | Fügsamkeit *f* (**to** gegen); **~'form·ist 1.** *s Brit, bes Rel* Konformist *m*; **2.** *adj* konformistisch; **~'form·i·ty** *s* Übereinstimmung *f* (**with** mit) ⟨in ≈ with gemäß; to be in ≈ with s.th. mit etw. übereinstimmen⟩ | Fügsamkeit *f* (**to** gegenüber), Anpassung *f*, Anlehnung *f* (**to / with s.th.** an e-e Sache) ⟨≈ to fashion Befolgung der Mode⟩ | Ähnlichkeit *f*, übereinstimmender Punkt ⟨~formities in style Stilähnlichkeiten *f/pl*⟩ | *Brit Rel* Konformität *f*, Zugehörigkeit *f* zur Staatskirche

con·found [kənˈfaʊnd] *vt* vermengen | verwechseln (**with** mit) | (jmdn.) verwirren, durcheinanderbringen ⟨to be ~ed to hear that bestürzt sein zu hören, daß⟩ | *selten* (etw.) vereiteln ◇ **~ it!, ~ you!** *umg* verdammt!; hol's der Teufel!; zum Henker!; **con'found·ed** *adj* verwirrt | *umg euphem* verflucht, verflixt; **con'found·ed·ly** *adv euphem* sehr, völlig, furchtbar ⟨a ≈ long time e-e verflixt lange Zeit⟩

con|fra·ter·ni·ty [ˌkɒnfrəˈtɜːnətɪ] *s* Brüderschaft *f* | *Rel* Bruderschaft *f*; Sekte *f*; **~frere, ~frère** [ˈ~frɛə] *s* Mitbruder *m* | Kollege *m*

con|front [kənˈfrʌnt] *vt* gegenüberstehen, begegnen ⟨to be ≈ed to / with s.th. e-r Sache gegenüberstehen; problems ≈ us wir stehen Problemen gegenüber; to ≈ danger mit der Gefahr fertig werden müssen⟩ | (e-r Sache) entgegensehen | *bes Jur* gegenüberstellen, konfrontieren (**with** mit) | gegenüberliegen ⟨a house ≈s the lake⟩; **~fron·ta·tion** [ˌkɒnfrənˈteɪʃn], **~'front·ment** *s* Konfrontation *f*, Gegenüberstellung *f*; **ˌ~fron'ta·tion·ist** *adj Pol* Konfrontations-, auf Konfrontation bedacht ⟨≈ politicians⟩ | sich gegen traditionelle Normen auflehnen ⟨≈ artists⟩; **ˌ~fron'ta·tion state** *s Pol* feindlicher Nachbarstaat

Con·fu·cian [kənˈfjuːʃn] **1.** *adj* konfuzianisch; **2.** *s* Konfuzianer(in) *m(f)*; **~ism** [-ˈfjuːʃənɪzm] *s* Konfuzianismus *m*

con|fuse [kənˈfjuːz] *vt* vermischen, vermengen (**with** mit) | durcheinanderbringen, verwechseln (**with** mit) | verwirren, bestürzt machen ⟨we got ≈d wir kamen ganz durcheinander⟩; **~'fused** *adj* konfus, verwirrt | bestürzt | undeutlich; **~fu·sion** [~ˈfjuːʒn] *s* Verwirrung *f* ⟨to cause ≈ Verwirrung anrichten⟩ | Unordnung *f* ⟨to be in ≈ durcheinander sein; to throw everything into ≈ alles durcheinanderbringen⟩ | Aufruhr *m* | Bestürzung *f*, Verlegenheit *f* ⟨to put s.o. to ≈ jmdn. in Verlegenheit bringen⟩ | Verwechslung *f* (**with** mit) | Bewußtseinstrübung *f* ⟨mental ≈⟩ ◇ **~fu·sion!** *interj* zum Teufel!; verflucht!

con|fut·a·ble [kənˈfjuːtəbl] *adj* widerlegbar; **~fu·ta·tion** [ˌkɒnfjʊˈteɪʃn] *s* Widerlegung *f*; **~fut·a·tive** [~ˈfjuːtətɪv] *adj* widerlegend; **~fute** [~ˈfjuːt] *vt* (etw.) widerlegen | (jmdn.) eines Irrtums überführen

con·gé [kɔ̃ˈʒe|ˈkɒnʒeɪ] *förml s* Abschied *m*, Entlassung *f* ⟨to give s.o. his ~ jmdn. verabschieden, jmdm. den Abschied geben⟩ | Aufbruch *m*, Abschied *m* ⟨to make one's ~ sich verabschieden⟩ | Verbeugung *f* (zum Abschied)

con·geal [kənˈdʒiːl] *vi* gerinnen, zusammenlaufen | sich verdicken | gefrieren | erstarren (*auch übertr*); *vt* zum Gerinnen *od* Erstarren bringen | gefrieren lassen | *Chem* koagulieren; **con'geal·a·ble** *adj* gefrierbar; **con'geal·ed** *adj* fest geworden, erstarrt, gefroren; **con'geal·ment, con·ge·la·tion** [ˌkɒndʒəˈleɪʃn] *s* Kristallieren *n*, Anschießen *n*, Gefrieren *n*, Gerinnen *n*, Erstarren *n* ⟨point of ≈ Gefrierpunkt *m*⟩ | gefrorene Masse

con·ge·ner [ˈkɒndʒənə] **1.** *s* Art-, Stammverwandte(r) *f(m)* | Gegenstück *n*; **2.** *adj* verwandt (**to** mit); **ˌcon·ge'ner·ic, ˌcon·ge'ner·i·cal** *adj* verwandt, gleichartig; **~ous** [kənˈdʒenərəs] *adj* gleichartig, verwandt | übereinstimmend (**with** mit)

con·gen·ial [kənˈdʒiːnɪəl] *förml adj* gleichartig, (geistes)verwandt, kongenial (**with** mit) | sympathisch (**to s. o.** jmdm.) | angemessen, entsprechend | zusagend | zuträglich, passend, angenehm ⟨a ~ climate⟩; **conˌgen·i'al·i·ty** [~ɪˈælɪtɪ] *s* Geistesverwandtschaft *f*, Kongenialität *f* | Angemessenheit *f* (**to** in bezug auf) | gutes Einvernehmen *n* (**between** zwischen)

con·gen·i·tal [kənˈdʒenɪtl] *adj Med* kongenial, ererbt, angeboren ⟨a ~ disease⟩

con·ger [ˈkɒŋgə], *auch* **ˌ~ 'eel** *s Zool* Meeraal *m*

con·ge·ri·es [kɒnˈdʒɪərɪiːz|kən-|-riːz] *s/pl* Anhäufung *f*, Komplex *m*, Masse *f*

con|gest [kənˈdʒest] *vt* verstopfen (**with** durch), überfüllen ⟨≈ed streets⟩ | (Gebiet) übervölkern ⟨≈ed area⟩ | *Med* mit Blut überfüllen; *vi* sich verstopfen | *Med* mit Blut überfüllt werden; **~'ges·tion** *s* Ansammlung *f*, Anhäufung *f* ⟨≈ of population Übervölkerung *f*; ≈ of traffic Verkehrsstokkung *f*⟩ | *Med* Kongestion *f*, Blutandrang *m* ⟨≈ of the brain Blutandrang nach dem Gehirn⟩; **~'ges·tive** *adj* Kongestion hervorrufend

con|glo·bate [ˈkɒŋgləbeɪt|kɒnˈgləʊbeɪt] **1.** *adj bes Geol* zusammengeballt, fest; **2.** *vt* (*vi*) (sich) zusammenballen; **~glo'ba·tion** *s* Zusammenballung *f*, Anhäufung *f*; **~globe** [kənˈgləʊb] *vt* (*vi*) (sich) zusammenballen

con·glom·er·ate [kənˈglɒmərət] **1.** *adj* zusammengeballt; **2.** *vt* zusammenballen | fest verbinden (**into** zu); *vi* sich zusammenballen; **3.** *s Geol* Konglomerat *n*, Trümmergestein *n* | *übertr* Anhäufung *f*, Gemisch *n* | *Wirtsch* Konzernriese *m*, (fusionierter) Riesenkonzern *m*; **conˌglom·er'a·tion** *s* Anhäufung *f* | Konglomerat *n*, Masse *f*, Gemisch *n*

Con·go [ˈkɒŋgəʊ] *s* Kongo; **~lese** [ˌ~ˈliːz] **1.** *adj* kongolesisch; **2.** Kongolese *m*, Kongolesin *f*

con·gou [ˈkɒŋguː] *s* chinesischer schwarzer Tee

con·grat·u|lant [kənˈgrætʃʊlənt] **1.** *adj* Gratulations-; **2.** *s* Gratulant(in) *m(f)*; **con'grat·u·late** *vt* (jmdm.) gratulieren, (jmdn.) beglückwünschen (**[up]on s. th.** zu etw.) ⟨to ≈ s.o. on the birth of a son⟩; **conˌgrat·u'la·tion** *s* Glückwunsch *m*, Gratulation *f* (**on** zu) ◇ **conˌgrat·u'la·tions** herzlichen Glückwunsch!; **con'grat·u·la·tor** *s* Gratulant(in) *m(f)*; **conˌgrat·u'la·tory** *adj* (be)glückwünschend, Gratulations- ⟨≈ telegram Glückwunschtelegramm *n*⟩

con·gre|gate [ˈkɒŋgrɪgeɪt] **1.** *vt* sammeln; *vi* sich (ver)sammeln (**round** um ... herum); **2.** *adj* angesammelt; **ˌ~'ga·tion** *s* Ansammlung *f* | *Rel* (versammelte) Gemeinde *f*; **ˌ~'ga·tion·al** *adj* gottesdienstlich | *Rel* Gemeinde- | **∸ga·tion·al** *Rel* independent, Kongregational-; **ˌ~'ga·tion·al·ism** *s Rel* Kongregationalismus *m*; **ˌ∸'ga·tion·al·ist** *s* Kongregationalist *m*

con|gress [ˈkɒŋgres] *s* Kongreß *m*, Tagung *f* ⟨people's ≈ Volkskongreß *m*⟩ | **∸** *Am Pol* Kongreß *m*; [kənˈgres] *vi* sich versammeln; **∸gress·man** [ˈ~grɪsmən] *s* (*pl* **'∸gress·men**) *Am Pol* Kongreßabgeordneter *m*; **∸gression·al** [kənˈgreʃnl] *adj* Kongreß-; **'∸gres·sion·al ˌme·dal** *s Am* Verdienstmedaille *f*; **'∸gressˌper·son** *s Am* Kongreßmitglied *n*; **'∸gressˌwo·man** *s* (*pl* **'∸gressˌwom·en**) *s Am Pol* Kongreßabgeordnete *f*

con·gru|ence [ˈkɒŋgrʊəns] *s* Übereinstimmung *f* (**with** mit, **between** zwischen) | *Math* Kongruenz *f*; **'~ent** *adj* übereinstimmend (**with** mit) | entsprechend | geeignet | *Math* kongruent; **~i·ty** [kənˈgruːətɪ] *s* Übereinstimmung *f* (**with** mit) | Angemessenheit *f* | Folgerichtigkeit *f* | *Math* Kongruenz *f* ⟨to be in ≈ kongruent sein⟩; **'~ous** *adj* übereinstimmend (**to, with** mit) | geeignet, passend | folgerichtig

co·ni ['kəʊnaɪ] *s/pl von* ↑ **conus**; **con·ic** ['kɒnɪk] **1.** *s Math* Kegelschnitt *m*; **2.** = **con·i·cal** ['kɒnɪkl] *adj* konisch, kegelförmig ⟨conic section *Math* Kegelschnitt *m*; conical form Konizität *f*, Kegelform *f*⟩; **co·nic·i·ty** [kə'nɪsətɪ] *s* Konizität *f*, Kegelform *f*

co·ni·fer ['kɒnɪfə|'kəʊ-] *s* (*pl* '**~s**, **co·nif·er·ae** [kə'nɪfəri:|-fr-]) *Bot* Konifere *f*, Nadelbaum *m*; **co·nif·er·ous** [kə'nɪfərəs|-fr-] *adj Bot* zapfentragend, Nadelholz- ⟨≈ wood Nadelwald *m*⟩

co·ni·form ['kəʊnɪfɔ:m] *adj* kegelförmig

con·jec·tur·a·ble [kən'dʒektʃərəbl] *adj* erratbar; **con'jec·tur·al** *adj* mutmaßlich; **con'jec·ture 1.** *s* Mutmaßung *f*, Vermutung *f* ⟨to be reduced to ≈s auf Mutmaßungen angewiesen sein⟩; **2.** *vt* mutmaßen, vermuten; *vi* Mutmaßungen anstellen

con|join [kən'dʒɔɪn|kɒn-] *vt* (*vi*) (sich) verbinden, (sich) vereinigen; **~'joined** *adj* zusammentreffend; **~'joint** *adj* verbunden, vereinigt, gemeinsam ⟨≈ action⟩

con·ju·gal ['kɒndʒʊgl] *adj* ehelich, Ehe- ⟨~ happiness Eheglück *n*; ~ rights eheliche Rechte *n/pl*⟩; **ˌcon·ju'gal·i·ty** [~'gælətɪ] *s* Ehestand *m*

con·ju|gate ['kɒndʒʊgeɪt] **1.** *vt Ling* konjugieren; *vi Ling* konjugiert werden | *Biol* sich paaren; **2.** *auch* [~gɪt] *adj* gepaart | *Ling* paronym, wurzelverwandt | *Math, Phys* einander zugeordnet; **3.** *auch* [~gɪt] *s Ling* Paronym *n*, wurzelverwandtes Wort; **ˌ~'ga·tion** *s Ling* Konjugation *f* | *Ling* Konjugationsklasse *f* | *Biol* Vereinigung *f*; **ˌ~'ga·tion·al** *adj* Konjugations-

con|junct [kən'dʒʌŋkt|'kɒndʒʌŋkt] **1.** *adj* verbunden, vereint (**with** mit); **2.** *s* Mitbeteiligter *m*; **~'junc·tion** *s* Verbindung *f*, Vereinigung *f*, Kombination *f* ⟨in ≈ with im Zusammenhang mit; taken in ≈ with zusammengenommen mit⟩ | *Ling* Konjunktion *f*, Bindewort *n* | *Astr* Konjunktion *f*; **~'junc·tion·al** *adj Ling* Konjunktions-

con·junc·ti|va [ˌkɒndʒʌŋk'taɪvə] *s* (*pl* **~vas** [-z], **~vae** [-i:]) *Anat* Konjunktiva *f*, Bindehaut *f*

con·junc·tive [kən'dʒʌŋktɪv] **1.** *adj* verbindend, Binde- | *Ling* konjunktivisch ⟨~ mood Konjunktiv *m*⟩; **2.** *s Ling* Konjuktiv *m*

con·junc·ti·vi·tis [kənˌdʒʌŋktɪ'vaɪtɪs] *s Med* Konjunktivitis *f*, Bindehautentzündung *f*

con·junc·ture [kən'dʒʌŋktʃə] *s* Konjunktur *f*, Zusammentreffen *n* (von Umständen) | Krise *f* | *Astr* Konjunktion *f*

con|ju·ra·tion [ˌkɒndʒʊə'reɪʃn] *s* Beschwörung *f*, Anruf *f*; **~jure** [kən'dʒʊə] *vt förml* (jmdn.) beschwören, inständig bitten ⟨to ≈ s.o.'s help um jmds. Hilfe bitten; to ≈ s.o. to *mit inf* jmdn. beschwören zu *mit inf*⟩; ['kʌndʒə] *vt* (hervor)zaubern; **~jure away** wegzaubern; **~jure up** (Geist) (herauf)beschwören, anrufen, (*auch übertr*) ⟨to ≈ up memories Erinnerungen wachrufen⟩ | erfinden, herbei-, hervorzaubern ⟨to ≈ up a meal⟩; *vi* zaubern, hexen | Einfluß *od* eine magische Kraft ausüben (**with** mit) ⟨he has a name to ≈ with er hat e-n Namen von gewaltigem Einfluß⟩; **~jur·er** ['kʌndʒərə] *s* Zauberer *m* ⟨he is no ≈ *übertr* er hat das Pulver nicht erfunden⟩ | Taschenspieler *m*; **'~jur·ing trick** *s* Zauberkunststück *n*; **~jur·or** *s* ['kʌndʒərə] Zauberer *m* | Taschenspieler *m* | [kɒn'dʒʊərə] *förml* Mitverschworener *m*

[1]**conk** [kɒŋk] *Sl* **1.** *s* Riecher *m*, Nase *f* ⟨to hit s.o. on the ~ jmdm. eins auf den Riecher hauen⟩; **2.** *vt* (jmdm.) einen Schlag auf den Kopf verpassen ◇ **~ s.o. one** jmdm. eins auf die Rübe *od* Birne hauen

[2]**conk** [kɒŋk] *s Bot* Holzfäule *f*; **'~y** *adj* angefault

[3]**conk** [kɒŋk] *vt Am Sl* (Haar) mit Pomade glätten

[4]**conk** [kɒŋk], *auch* **~ out** *Sl vi* (Maschine u. ä.) versagen, streiken ⟨the engine ~ed out der Motor blieb stehen *od* setzte aus⟩ | *Am* schlapp machen, zusammenklappen | *Am* abkratzen; **~ off** *Am Sl* einpennen; **ˌconked-'out** *adj Sl* abgetakelt, in miserablem Zustand ⟨a ≈ old car eine Autoruine⟩

con·man ['kɒnmən] *s umg* Schwindler *m*, (Trick-) Betrüger *m*; **~ner·ism** [ˌkɒn'mænərizm] *s Am* Trickbetrug, Vorgehen *n* eines Trickbetrügers; **'~ship** *s* Trickbetrügerei *f*

conn [kɒn] *vt Mar* (Schiff) steuern

con|nate ['kɒneɪt] *adj* angeboren | zur gleichen Zeit geboren (**with** mit) | *Med, Bot, Zool* verwachsen; **~na·tion** [kə'neɪʃn] *s* Verwachsung *f*; **~nat·u·ral** [kə'nætʃərl|-tʃrl] *adj* von gleicher Natur (**to** wie)

con|nect [kə'nekt] *vt* verbinden, verknüpfen | *übertr* (gedanklich) in Verbindung bringen, assoziieren (**with** mit) | *Tech* kuppeln | *El* anschließen, verbinden ⟨to ≈ in series *El* hintereinanderschalten⟩ | *Tel* verbinden (**with** mit); *vi* sich verbinden, in Verbindung treten *od* stehen | in logischem Zusammenhang stehen (**with** mit) | *Eisenb* Anschluß haben (**with** an); **~'nect·ed** *adj* verbunden | verwandt (**with** mit) ⟨to be well-≈ einflußreiche Verwandte haben⟩ | logisch zusammenhängend ⟨≈ speech⟩ | verwikkelt ⟨to be ≈ with s.th. in etw. verwickelt sein⟩ | *El* angeschlossen (**to** an) | *Tech* gekoppelt; **~ˌnect·ed 'load** *s El* Gesamtbelastung *f*, Anschlußwert *m*; **~'nec·ted·ly** *adv* zusammenhängend, logisch ⟨to think ≈ logisch denken⟩; **~'nect·ing** *adj* verbindend, Binde-; **~'nect·ing link** *s* Bindeglied *n*; **~'nect·ing plug** *s El* Stecker *m*; **~'nect·ing rod** *s Tech* Pleuelstange *f*; **~nec·tion**, *bes Brit auch* **~nex·ion** [~'nekʃn] *s* Verbindung *f* ⟨to be in ≈ with in Verbindung stehen mit⟩ | Zusammenhang *m* ⟨in this / that ≈ in diesem Zusammenhang, in dieser Hinsicht; in ≈ with in Einklang mit, im Zusammenhang mit; *umg* in bezug auf⟩ | Beziehung *f* | Verwandtschaft *f* | *Wirtsch* Kundschaft *f* ⟨to have a good ≈⟩ | persönliche Beziehung *f* | *meist* **~nec·tions** *pl* (gute) Beziehungen *f/pl*, Konnexionen *f/pl* | *Tech* Verbindungsstück *n*, -glied *n* ⟨to serve as a ≈ als Bindeglied dienen⟩ | *Tel* Anschluß *m* | *El* Schaltung *f*, Anschluß *m* ⟨loose / poor ≈ Wackelkontakt *m*; cable ≈ Anschlußkabel *n*⟩ | *Tech* Leitung *f* ⟨lighting ≈ *El* Lichtleitung *f*⟩ | *Eisenb* Anschluß *m* ⟨to miss one's ≈ den Anschluß verpassen *od* nicht mehr bekommen⟩ | *umg* Drogenumschlagplatz *m* | *Pol* geheime *od* konspirative Verbindung; **~'nec·tive 1.** *adj* verbindend | *Biol* Binde- **2.** *s Ling* Bindewort *n*; **~ˌnec·tive 'tis·sue** *s Med* Bindegewebe *n*; **~nec·tiv·i·ty** [ˌkɒnek'tɪvətɪ] *s* Zusammenhang *m*; **~'nec·tor** *s Tech* Verbindungsklemme *f* | *El* Stecker *m* ⟨round ≈ *El* Abzweigdose *f*⟩; **~'nec·tor box** *s El* Abzweigkasten *m*

con·ning tow·er ['kɒnɪŋ ˌtaʊə] *s Mar* (*bes* U-Boot) Kommandoturm *m*

con|niv·ance [kə'naɪvns] *s* Duldung *f*, stillschweigendes Einverständnis (**at / in / with s.th.** [mit] e-r Sache) | wissenschaftliches Gewährenlassen | *Jur* strafbares Einverständnis; **~'nive** *vi* dulden (**at s.th.** etw.), Nachsicht üben (**at** mit) | absichtlich übersehen (**at s.th.** etw.); **~'niv·ence** = **connivance**

con·nois·seur [ˌkɒnə'sɜ:|-nɪ's-|-'sjʊə] *s* Kenner *m* (**of / in s.th.** e-r Sache); **con·nois'seur·ship** *s* Kennerschaft *f*

con|no·ta·tion [ˌkɒnə'teɪʃn] *s* Mitbezeichnung *f* | *Ling* Nebenbedeutung *f*, Konnotation *f*; **~not·a·tive** [kə'nəʊtətɪv] *adj* mitbezeichnend | *Ling* konnotativ ⟨≈ meaning⟩; **~note** [ˌ~'nəʊt] *vt* mitbezeichnen, zugleich bedeuten, in sich schließen | als Nebenbedeutung haben

con·nu·bi·al [kə'nju:bɪəl] *adj* ehelich, Ehe- | verheiratet; **con·nu·bi·al·i·ty** [~'ælətɪ] *s* Ehestand *m* ⟨~ities eheliche Zärtlichkeiten *f/pl*⟩

con·quer ['kɒŋkə] *vt* erobern, erkämpfen ⟨to ~ a country⟩ | wegnehmen (**from s.o.** jmdm.) | besiegen, unterwerfen ⟨to

~ an enemy⟩ | *übertr* besiegen, bezwingen ⟨to ~ difficulties Schwierigkeiten überwinden; to ~one's passions seine Leidenschaften beherrschen⟩; *vi* Eroberungen machen ⟨to ~ or to die siegen oder untergehen⟩; **~a·ble** ['~rəbl] *adj* besiegbar, zu besiegen(d), überwindlich; **~ing** ['~rɪŋ] *adj* siegreich ⟨≈ hero⟩; **~or** ['~rə] *s* Eroberer *m*

con·quest ['kɒŋkwest] *s* Eroberung *f* ⟨the [Norman] ~ die normannische Eroberung⟩ | Sieg *m*, Errungenschaft *f* (*auch übertr*) | erobertes Gebiet *od* Land | *übertr* Eroberung *f* ⟨to make a ~ of s.o. jmdn. gewinnen⟩

con·san|guine [kɒn'sæŋgwɪn], **~guin·eous** [ˌkɒnsæŋ'gwɪnɪəs] *adj* blutsverwandt; ˌ**~'guin·i·ty** *s* Blutsverwandschaft *f* ⟨ties of ≈ Blutsbande *pl*⟩

con|science ['kɒnʃns] *s* Gewissen *n* ⟨a bad (clear, good, guilty) ≈ ein schlechtes (reines, gutes, schuldiges) Gewissen; a matter of ≈ eine Gewissenssache; for ≈'s sake um das Gewissen zu beruhigen; in all ≈ wahrhaftig, sicherlich; out of all ≈ unbillig, unverschämt; upon my ≈ auf mein Wort!; my ≈ mein Gott!; to have no ≈ gewissenlos sein, keine Gewissensbisse bekommen; to have the ≈ to *mit inf* die Frechheit *od* Stirn haben zu *mit inf*; to have s.o. (s.th.) on one's ≈ jmdn. (etw.) auf dem Gewissen haben; sich über jmdn. *od* etw. Gewissensbisse machen⟩; '**~science** ˌ**clause** *s Jur* Gewissensklausel *f*; '**~science·less** *adj* gewissenlos; '**~science** ˌ**mo·ney** *s* Reugeld *n* | freiwillige (anonyme) Steuernachzahlung; '**~science-**ˌ**smit·ten**, '**~science-**ˌ**strick·en** *adj* reuevoll, reuig; ˌ**~'sci·en·tious** *adj* Gewissens- ⟨≈ objector Kriegsdienstverweigerer *m*⟩ | gewissenhaft ⟨≈ worker⟩ | sorgfältig, exakt ⟨≈ work⟩

con·sci·en·ti·za·tion [ˌkɒnʃɪəntaɪ'zeɪʃn] *s Pol* Hebung *f* des politischen Bewußtseins (der unterdrückten Massen)

con·scious ['kɒnʃəs] *adj präd* im Besitz des Bewußtseins ⟨to be ~ to the last bis zur letzten Minute bei Bewußtsein sein⟩ | bewußt (**of s.th.** e-r Sache) ⟨to be ≈ of wissen; to be ~ that wissen, daß: to be/feel ~ of s.th. von etw. überzeugt sein⟩ | *attr* bewußt ⟨a ~ being⟩ | bewußt, absichtlich ⟨a ~ effort⟩; '**~ness** *s* Bewußtsein *n* ⟨to lose (recover) ≈ das Bewußtsein verlieren (wiedererlangen)⟩ | *Pol* Bewußtsein *n*, Ideologie *f* ⟨class ≈; to raise one's ≈⟩ | Gefühl *n*, vage Vorstellung, Empfinden *n* ⟨a ≈ that s.th. had happened⟩; '**~ness ex**ˌ**pand·ing** *adj* bewußtsein(s)erweiternd (Drogen); '**~ness** ˌ**rais·er** *s* jmd., der um die Hebung des (*bes* politischen) Bewußtseins bemüht ist; '**~ness** ˌ**rais·ing** *s* Hebung *f* des (*bes* politischen) Bewußtseins

con|scribe [kən'skraɪb] *vt Mil* einziehen, zwangsweise ausheben; **~script** [~'skrɪpt] *vt Mil* einberufen, eingezogen ⟨≈ soldiers⟩ | zwangszweise verpflichtet ⟨≈ labour⟩; ['kɒnskrɪpt] *s Mil* (Wehr-) Dienstpflichtiger *m*, ausgehobener Rekrut | Zwangsverpflichteter *m*; **~scrip·tion** [~'skrɪpʃn] *s* Wehrpflicht *f* ⟨universal ≈ allgemeine Wehrpflicht *f*⟩ | (Zwangs-) Aus-, Erhebung *f* | Dienstverpflichtung *f*

con·se|crate ['kɒnsɪkreɪt] 1. *vt Rel* weihen, einsegnen ⟨to ≈ a new church⟩ | heiligen | weihen, widmen ⟨to ≈ one's life to⟩; *vi Rel* konsekrieren; **2.** *adj* geweiht (**to s.th.** e-r Sache | geheiligt; ˌ**~'cra·tion** *s Rel* Weihe *f*, Weihung *f* ⟨the ≈ of a church die Einweihung e-r Kirche; the ≈ of a bishop die Bischofsweihe⟩ | Widmung *f* (**to s.th.** an e-e Sache); '**~cra·tive**, '**~cra·to·ry** *adj* weihend, Weih-

con|se·cu·tion [ˌkɒnsɪ'kju:ʃn] *s förml* (Aufeinander-) Folge *f*; **~sec·u·tive** [kən'sekjʊtɪv] *adj* aufeinanderfolgend ⟨on five ≈ days an fünf Tagen hintereinander⟩ | fortlaufend | konsekutiv ⟨≈ interpretation Konsekutivdolmetschen *n*⟩ | folgerichtig | *Ling* konsekutiv ⟨≈ clause Konsekutivsatz *m*⟩

con|sen·sus [kən'sensəs] *s* allgemeine Zu- *od* Übereinstimmung ⟨≈ of opinion einheitliche Meinung⟩; **~'sent 1.** *vi* zustimmen (**to** zu) | einwilligen (**to** in, **to** *mit inf*, *mit ger* zu *mit inf*, **that** daß); **2.** *s* Zustimmung *f* | Einwilligung *f* (**to** zu, in) ⟨age of ≈ *Jur* Mündigkeitsalter *n*; by common / general ≈ mit allgemeiner Billigung; silence gives ≈ wer schweigt, stimmt zu; with one ≈ einstimmig; with the ≈ of mit Genehmigung von⟩; **~sen·ta·ne·i·ty** [~ˌsentə'ni:ətɪ] *s* Einstimmigkeit *f*, Einmütigkeit *f*; **~sen·ta·ne·ous** [ˌkɒnsen'teɪnɪəs] *adj* übereinstimmend, zustimmend (**to** zu, **with** mit) | einmütig; **~sen·tience** [~'senʃns] *s* Übereinstimmung *f*; **~sen·tient** [~'senʃnt], **~'sen·tive** *adj* übereinstimmend, zustimmend (**to** zu) | einmütig

con·se|quence ['kɒnsɪkwəns] *s* Folge *f*, Resultat *n* ⟨in ≈ folglich, infolgedessen; in ≈ of infolge von; to take the ≈s die Folgen tragen⟩ | *Phil* Folgerung *f*, Schluß *m* | Wichtigkeit *f*, Bedeutung *f* ⟨to be of ≈ wichtig *od* bedeutend *od* von Bedeutung sein; to be of no ≈ unwichtig sein, nichts auf sich haben⟩; '**~quent 1.** *adj* folgend ⟨to be ≈ on die Folge sein von⟩ | folgerichtig; **2.** *s* Folge *f* | *Phil* Folgerung *f*, Schluß *m*; **~quen·tial** [ˌ~'kwenʃl] *adj* (er)folgend, nachfolgend ⟨to be ≈ on sich ergeben aus, resultieren aus⟩ | folgerichtig | mittelbar, indirekt ⟨≈ damage⟩ | folgenschwer, bedeutsam | wichtigtuend, überheblich; **~quen·ti·al·i·ty** [ˌ~ˌkwenʃɪ'ælətɪ] *s* Folgerichtigkeit *f* | Überheblichkeit *f*

con·ser·van·cy [kən'sɜ:vənsɪ] **1.** *s Brit* Aufsichts-, Kontrollbehörde *f* (*bes* für Wasserläufe) ⟨the Thames ~ Amt *n* zur Reinerhaltung der Themse⟩ | (*bes* Forst) Erhaltung *f* ⟨nature ~ Naturschutz *m*⟩; **2.** *adj* Erhaltungs- ⟨~ work⟩

con·ser·va·tion [ˌkɒnsə'veɪʃn] *s* Erhaltung *f*, Bewahrung *f* ⟨~ of energy; ~ of a work of art⟩ | (Natur-) Schutz *m* ⟨~ of forests; wild-life ~⟩ | Naturschutzgebiet *n*; **~al** *adj* bewahrend ⟨≈ measures⟩; **~ist** *s* Naturschützer *m*

con·serv·a·tism [kən'sɜ:vətɪzm] *s* Konservatismus *m*; **con'ser·va·tist** *s Pol* Konservativer *m*; **con'ser·va·tive 1.** *adj* erhaltend ⟨to be ≈ of s.th. etw. erhalten⟩ | konservativ (*auch Pol*); ⟨the ≈ Party⟩ | *umg* mäßig, vorsichtig ⟨a ≈ estimate e-e vorsichtige Schätzung⟩; **2.** *s Pol* Konservativer *m* | konservativ eingestellter Mensch

con·ser·va·toire [kən'sɜ:vətwɑ:] *s bes Brit* Konservatorium *n*

con|ser·va·tor ['kɒnsəveɪtə|kən'sɜ:vətə] *s* Konservator *m* | Museumsdirektor *m* | Erhalter *m*, Beschützer *m*; **~serv·a·to·ry** [kən'sɜ:vətrɪ] **1.** *s bes Brit* Treibhaus *n*, Wintergarten *m* | *Am* Konservatorium *n* | *Am* Kunstakademie *f*; **2.** *adj* erhaltend, bewahrend | konservativ

con·serve [kən'sɜ:v] **1.** *vt* erhalten, bewahren ⟨to ~ one's health⟩ | einmachen, konservieren ⟨to ~ fruit⟩; **2.** *s, meist* **~s** *pl* Eingemachtes *n*, Konserve *f*

con·sid·er [kən'sɪdə] *vt* (geistig) betrachten ⟨to ~ s.o. [to be] jmdn. halten für; it is ~ed bad taste es gilt als abgeschmackt; to ~ o.s. at home so tun, als ob man zu Hause wäre⟩ | erwägen, bedenken, berücksichtigen ⟨~ed wohlerwogen, überlegt; all things ~ed wenn man alles berücksichtigt; to ~ s.o.'s youth auf jmds. Jugend Rücksicht nehmen⟩ | reiflich überlegen, nachdenken über (*mit ger* zu *mit inf*) | schätzen, achten, respektieren ⟨to ~ s.o.'s works well jmds. Werke hoch einschätzen⟩ | denken, glauben; *vi* überlegen, nachdenken ⟨to pause a moment to ~ e-n Augenblick innehalten und nachdenken⟩; **con'sid·er·a·ble 1.** *adj* beträchtlich, ansehnlich ⟨a ≈ distance⟩ | *übertr* erheblich ⟨≈ trouble⟩ | bedeutend ⟨a ≈ writer⟩; **2.** *s Am umg* sehr viel, eine große Menge ⟨he has done ≈⟩; **~ate** [kən'sɪdr̩ət] *adj* rücksichtsvoll (**of** von, **to, towards** gegen); **con**ˌ**sid·er'a·tion** *s* Betrachtung *f*, Überlegung *f*, Erwägung *f* ⟨in ≈ of in Anbetracht von; on further ≈ bei weiterer Überlegung; on no ≈, under no ≈ unter keinen Umständen; that is a ≈ das ist ein Grund, das läßt sich hören; to be under ≈ erwogen werden; to bring before s.o.'s ≈ jmds. Erwägung anheimstellen⟩ | Rücksicht(nahme) *f* (**for, of** auf) | Berücksichtigung *f* ⟨to give s.th. one's ≈, to give ≈ to s.th. e-r Sache Beachtung schenken; lack of ≈ Rücksichtslosigkeit *f*; to leave out of ≈ außer acht lassen; out of ≈ for aus Rücksichtnahme auf; to take into ≈ berücksichtigen; with every ≈ bei aller Rücksicht⟩ | *selten* Wichtigkeit *f*, Bedeutung *f*, Ansehen *n* ⟨a person of ≈ e-e Person von Rang; of no ≈ at all völlig unwichtig, ohne Bedeutung⟩ | Entschädigung *f*, Entgelt *n* ⟨for a ≈ gegen Bezahlung⟩; **~ing** [kən'sɪdr̩ɪŋ] **1.** *präp* in Anbetracht (**s.th.** e-r Sache); **2.** *adv umg* den Umständen entsprechend ⟨to do well, ≈⟩; **3.** *conj umg* wenn man bedenkt, daß ⟨≈ he was new ...⟩

con|sign [kən'saɪn] *vt* übergeben, -liefern ⟨to ≈ goods⟩ | anvertrauen (**to s.o.** jmdm.) | *Wirtsch* (Waren) konsignieren, (über)senden (**to** an) | *Wirtsch* (Geld) hinterlegen; **~'sign·a·ble** *adj* zu überliefern(d); **~sig·na·tion** [ˌkɒnsɪg'neɪʃn] *s Wirtsch* Übersendung *f* | *Wirtsch* Überweisung *f* | *Jur* Hinterlegung *f*; **~sign·ee** [ˌkɒnsaɪ'ni:] *s Wirtsch* (Waren-) Empfänger *m*; **~'sign·ment** *s* Übergabe *f* | *Wirtsch* Lieferung *f*, Sendung *f* ⟨collective ≈ *Wirtsch* Sammelgut *n*, -ladung *f*⟩ | *Wirtsch* Verschickung *f*, Versendung *f* ⟨letter of ≈ Frachtbrief *m*⟩ | *Wirtsch* Hinterlegung *f* ⟨in ≈ in Kommission⟩; **~'sign·or** *s* Übersender *m* | *Wirtsch* (Waren-) Absender *m*, Verfrachter *m*

con|si·li·ence [kən'sɪlɪəns] *s* Zusammentreffen *n*; **~'sil·i·ent** *adj* zusammentreffend

con·sist [kən'sɪst] *vi* bestehen (**in** in, **of** aus) ⟨~ing of three parts dreiteilig⟩ | sich vertragen, vereinbar sein (**with** mit); **con'sist·ence, con'sist·en·cy** *s* Konsistenz *f*, Dichte *f*, Dichtigkeit *f* | Dickflüssigkeit *f* ⟨of medium ≈ plastisch⟩ | *nur* **con'sist·en·cy** *übertr* Beständigkeit *f* ⟨to lack ≈ unbeständig sein⟩ | Einheitlichkeit *f* ⟨≈ of style⟩; **con'sist·ent** *adj* konsistent, dicht | dickflüssig, viskos ⟨≈ grease *Tech* Staufferfett *n*⟩ | übereinstimmend, vereinbar (**with** mit) ⟨to be ≈ with übereinstimmen mit⟩ | (Person) konsequent | (Gedanken u. ä.) folgerichtig; **con'sist·ent·ly** *adj* im Einklang (**with** mit) | durchweg, als Ganzes

con·sis·to|ri·al [ˌkɒnsɪs'tɔ:rɪəl] *adj Rel* Konsistorial-; **~ry** [kən'sɪstərɪ] *s Rel* Konsistorium *n*, Kirchenrat *m* | Beratungssaal *m*

con|sol·a·ble [kən'səʊləbl] *adj* zu trösten(d); **~so·la·tion** [ˌkɒnsə'leɪʃn] *s* Trost *m* (**to s.o.** für jmdn.) ⟨poor / sorry ≈ schlechter *od* schwacher Trost⟩; Trösten *n* ⟨words of ≈ tröstende Worte *n/pl*; letter of ≈ Beileidsschreiben *n*⟩; **ˌ~so'la·tion prize** *s* Trostpreis *m*; **~sol·a·to·ry** [~'səʊlətrɪ|-'sɒl-] *adj* trostreich, tröstend, Trost-, Beileids- ⟨≈ letter⟩; [1]**~'sole** *vt* trösten ⟨to ≈ s.o. for jmdm. sein Beileid aussprechen zu; to ≈ o.s. with sich trösten mit⟩

[2]**con·sole** ['kɒnsəʊl] *s* Konsole *f*, Wandgestell *n* | *Arch* Kragstein *m* | *Tech* Stütze *f*, Stützeisen *n*, Pult *n* | *Tech* Regiepult *n* | *auch* '~ **reˌceiv·er** *s* Fernsehtruhe *f*; '~ **ˌta·ble** *s* Wandtischchen *n*

con·sol·i|date [kən'sɒlɪdeɪt] **1.** *vt* festigen, stärken ⟨to ≈ one's power⟩ | vereinigen, zusammenlegen ⟨to ≈ factories⟩ | *Wirtsch* (Schuld u. ä.) konsolidieren | *Tech* verdichten; *vi* sich verdichten, fest werden | *Wirtsch* sich vereinigen; **2.** = **con'sol·i·dat·ed** *adj* dicht, fest, kompakt | *Geol* erstarrt ⟨~dated lava⟩ | *Wirtsch* vereinigt, konsolidiert; **ˌ~dat·ed an'nu·i·ties** *s/pl Brit Wirtsch* = **consols**; **ˌ~dat·ed 'Fund** *s Brit Wirtsch* konsolidierter Staatsfonds; **conˌsol·i'da·tion** *s* Festigung *f*, Verdichtung *f* | *Geol* Festwerden *n*, Erstarrung *f* | Konsolidierung *f* (*auch*) *Tech* | *Wirtsch* Vereinigung *f*, Verschmelzung *f*, Fusion *f* | *Wirtsch* Konsolidierung *f* ⟨≈ of the national debt⟩

con·sols ['kɒnsɒlz|kən'sɒlz] *s/pl Wirtsch Brit* Konsols *pl*, konsolidierte Staatsanleihen *f/pl* | konsolidierte Aktien *f/pl*

con·som·mé [kən'sɒmeɪ] *s* klare Suppe, Fleischbrühe *f*

con·so|nance ['kɒnsənəns|-sn-] *s* Konsonanz *f*, Einklang *m*, Gleichklang *m* | *Mus* Konsonanz *f* | *übertr* Harmonie *f*, Übereinstimmung *f*; **~nant** ['~nənt|-sn-] **1.** *adj Mus* konsonant, harmonisch | *übertr* harmonisch, übereinstimmend (**with** mit) | passen (**to** zu) | gemäß, entsprechend (**to s.th.** e-r Sache) | *Ling* konsonantisch; **2.** *s Ling* Konsonant *m*, Mitlaut *m*; **~nan·tal** [ˌ~'næntl] *adj Ling* konsonantisch, Konsonanten-

con·sort ['kɒnsɔ:t] *s* Gemahl(in) *m(f)* (*bes* e-r Herrscherin *bzw.* e-s Herrschers) ⟨the prince ~ der Prinzgemahl; the queen ~ der Gemahl der Königin⟩ | *Mar* Begleitschiff *n*; [kən'sɔ:t] *vi* verkehren (**with** mit) | paktieren (**with** mit) | *übertr* übereinstimmen (**with** mit); *vt* vereinigen ⟨to ~ o.s. with verbunden werden mit⟩; **~er** [kən'sɔ:tə] *s* Gefährte *m*

con·sor·ti|um [kən'sɔ:tɪəm] *s* (*pl* **~ums, ~a** [~ə]) Konsortium *n*, Vereinigung *f*

con·spec·tus [kən'spektəs] *s* (*pl* **~es** [~ɪz]) allgemeine Übersicht | Zusammenfassung *f*, Konspekt *m*

con|spi·cu·i·ty [ˌkɒnspɪ'kju:ətɪ] *s* Augenfälligkeit *f*; **~'spic·u·ous** *adj* auffällig ⟨a ≈ necktie ein auffälliger Schlips; to make o.s. ≈ auffallen, sich verdächtig machen; to be ≈ by auffallen durch; to be ≈ by absence *iron* durch Abwesenheit glänzen⟩ | deutlich, in die Augen fallend ⟨a ≈ tower⟩ | bemerkenswert, hervorragend (**for** wegen) ⟨a ≈ statesman⟩

con|spir·a·cy [kən'spɪrəsɪ] *s* Verschwörung *f*, Komplott *n* (**against** gegen) ⟨≈ of silence verabredetes Stillschweigen; ≈ to murder s.o. Verschwörung *f* zum Mord an jmdm.⟩; **~spir·ator** [~'spɪrətə] *s* Verschwörer *m*; **~spire** [~'spaɪə] *vi* sich verschwören (**against** gegen) | sich vereinigen, sich zusammentun (**to** *mit inf*) | (Ereignisse) dazu beitragen, darauf hinauslaufen; *vt* planen, anzetteln ⟨to ≈ s.o.'s fall⟩; **~'spir·ing** *adj Tech* zusammenwirkend, in gleicher Richtung wirkend

con|sta·ble ['kʌnstəbl|'kɒn-] *s*, *auch* **ˌpolice '~stable** Polizist *m*, Schutzmann *m* ⟨Chief ≈ Polizeipräsident *m*; special ≈ Hilfspolizist *m*, Beauftragter *m*; to outrun the ≈ *übertr* Schulden machen; who pays the ≈? wer bezahlt?⟩ | *Hist* Konnetabel *m*, hoher Kronbeamter; **~stab·u·lar·y** [kən'stæbjʊlərɪ|-lr̩ɪ] **1.** *s* Polizei(truppe) *f*, Schutzmannschaft *f*; **2.** *adj* Polizei- ⟨≈ power Polizeigewalt *f*⟩

con|stan·cy ['kɒnstənsɪ] *s* Beständigkeit *f* ⟨≈ of purpose Zielstrebigkeit *f*⟩ | Dauer *f*, Bestand *m* ⟨≈ of meaning dauerhafte Bedeutung; for a ≈ auf die Dauer⟩ | *übertr* Treue *f*, Standhaftigkeit *f* ⟨≈ and devotion Treue *f* und Hingabe *f*⟩; **~stant** ['~stənt] **1.** *adj* konstant, fest, beständig, unveränderlich ⟨≈ speed⟩ | *lit* treu ⟨a ≈ friend⟩ | anhaltend, fortwährend, ständig (*auch übertr*) ⟨≈ sorrows; ≈ change⟩ | *Phys, Math* konstant, gleichbleibend; **2.** *s Phys, Math, Bot* Konstante *f*

con·stel|late ['kɒnstəleɪt] *vt* (Sterne) vereinigen (*auch übertr*) ⟨to be ≈d with reich sein an, glitzern von⟩; *vi* sich vereinigen (**around** um); **ˌ~'la·tion** *s Astr* Konstellation *f*, Sternbild *n* | *lit* glanzvolle Gruppe *f od* Versammlung (*bes* von Berühmtheiten) ⟨a ≈ of scientists⟩; **~la·to·ry** [kən'stelətrɪ] *adj* Sternbild-

con·ster|nate ['kɒnstəneɪt] *vt* bestürzt machen, verwirren; **ˌ~'na·tion** *s* Bestürzung *f* ⟨filled with ≈ voller Bestürzung; in ≈ bestürzt⟩

con·sti|pate ['kɒnstɪpeɪt] *vt Med* konstipieren, verstopfen; **'~pat·ed** *adj Med* verstopft; **ˌ~'pa·tion** *s Med* Verstopfung *f*

con|stit·u·en·cy [kən'stɪtʃʊənsɪ] *s* Wählerschaft *f* | Wahlkreis *m*, -bezirk *m* | *Wirtsch umg* Kundenkreis *m* | *umg* Leserkreis *m*; **~'stit·u·ent 1.** *adj* einen Teil ausmachend, Teil- ⟨≈ part Bestandteil *m*; ≈ sciences Einzelwissenschaften *f/*

pl⟩ | *Pol* wählend, Wahl- | *Pol* konstituierend, verfassunggebend ⟨≈ assembly verfassunggebende Versammlung⟩; **2.** *s* (wesentlicher) Bestandteil (*auch übertr*) | *Ling* Konstituente *f* ⟨immediate ≈ unmittelbare Konstituente⟩ | *Pol* Wähler *m* | *Wirtsch* Auftraggeber *m* | *Jur* Vollmachtgeber *m*; **~sti·tute** ['kɒnstɪtju:t|-tʃ-] *förml vt* ein-, errichten, konstituieren ⟨to ≈ a committee⟩ | einsetzen, ernennen ⟨to ≈ s.o. guide jmdn. als Führer einsetzen; to ≈ o.s. a judge sich zum Richter machen, sich als Richter aufspielen⟩ | in Kraft setzen, gesetzlich machen ⟨to ≈ regulations⟩ | ausmachen, bilden, darstellen ⟨twelve months ≈ a year; to be ≈d *übertr* beschaffen sein, von Natur sein⟩; **~sti·tu·tion** [ˌkɒnstɪ'tʃu:ʃn|-'tju:-] *s* Ein-, Errichtung *f*, Gründung *f* | Beschaffenheit *f* | Struktur *f*, Bau *m*, Zusammensetzung *f* (*auch übertr*) ⟨the ≈ of the sun; the ≈ of society; the ≈ of s.o.'s character jmds. Charakterzüge *od* -merkmale⟩ | Konstitution *f*, (Körper-) Beschaffenheit *f* ⟨a strong (weak) ≈⟩ | *Pol* Konstitution *f*, Verfassung *f* ⟨unwritten ≈⟩; **ˌ~sti'tu·tion·al 1.** *adj* konstitutionell, körperlich bedingt ⟨≈ weakness angeborene Schwäche⟩ | *Pol* Verfassungs-, verfassungsmäßig, konstitutionell ⟨≈ amendment Verfassungszusatz *m*; ≈ complaint Verfassungsbeschwerde *f*; ≈ law Verfassungsrecht *n*; ≈ liberty verfassungsmäßig verbürgtes Recht; ≈ monarchy konstitutionelle Monarchie; ≈ order verfassungsmäßige Ordnung; ≈ state Rechtsstaat *m*⟩; **2.** *s umg* Verdauungsspaziergang *m* ⟨to go for/take a ≈⟩; **ˌ~sti'tu·tion·al·ism** *s Pol* Konstitutionalismus *m*; **ˌ~sti'tu·tion·al·ist** *s Pol* Anhänger *m* der konstitutionellen Regierungsform; **~sti·tu·tion·al·i·ty** [ˌkɒnstɪˌtʃu:ʃə'nælətɪ|-ˌtju:-] *s* Verfassungsmäßigkeit *f*; **ˌ~sti'tu·tion·al·ize** *vt Pol* konstitutionell machen; *vi fam* einen Verdauungsspaziergang machen; **~sti·tu·tive** [~'stɪtʃʊtɪv] *adj* richtunggebend | grundlegend, wesentlich ⟨a ≈ factor; a ≈ property⟩ | konstituierend

con|strain [kən'streɪn] *vt* (jmdn.) zwingen, nötigen, drängen (*auch übertr*) (**to s.th.** zu etw., **to** *mit inf* zu *mit inf*) | (etw.) erzwingen ⟨to ≈ belief⟩ | hemmen, ersticken, an der Entfaltung hindern ⟨tensions ≈ their friendship⟩ | unterdrükken, niederhalten; *vi* Zwang auferlegen; **~'strained** *adj* gezwungen, unnatürlich, gehemmt ⟨a ≈ manner⟩; **~'straint** *s* Zwang *m*, Nötigung *f* ⟨external ≈s äußerer Zwang; under ≈ unter Zwang, gezwungenermaßen⟩ | Beschränkung *f*, Einschränkung *f* ⟨≈ of the government Bundeszwang *m* (in e-m Bundesstaat)⟩ | Haft *f* | Gezwungenheit *f* | Verlegenheit *f* | Befangenheit *f*, Zurückhaltung *f* ⟨to (feel) show ≈ befangen sein (sich gehemmt fühlen); to put a strong ≈ upon o.s. sich großen Zwang auferlegen, sich sehr zurückhalten⟩

con|strict [kən'strɪkt] *vt* zusammenziehen, -schnüren, ab-, ein-, zuschnüren, ein-, verengen; **~'strict·ed** *adj* zusammengezogen | *übertr* beschränkt, eng ⟨a ≈ outlook⟩ | *Bot* eingeschnürt; **~stric·tion** [~'strɪkʃn] *s* Zusammenziehung *f*, Kontraktion *f*, Ein-, Verengung *f* | Engegefühl *n*, Beengtheit *f* ⟨a ≈ in the throat⟩ | geistige Enge ⟨the ≈ of Puritanism⟩ | *Bot* Einkerbung *f*; **~'stric·tive** *adj* zusammenziehend, -pressend, ein-, verengend; **~'stric·tor** *s Med* Konstriktor *m*, Schließmuskel *m* | *auch* **'boa ~ˌstric·tor** *Zool* Riesenschlange *f*

con|stringe [kən'strɪndʒ] *vt Phys* zusammenziehen; **~strin·gen·cy** [~'strɪndʒənsɪ] *s* Zusammenziehen *n*; **~'strin·gent** *adj* zusammenziehend

con|struct [kən'strʌkt] *vt* konstruieren, entwerfen | bauen, errichten | herstellen | (Modell u. ä.) durchbilden | *Math, Ling* konstruieren | *übertr* bilden, formen, ausarbeiten ⟨to ≈ a method⟩; ['kɒnstrʌkt] *s Phil* Konstruktion *f* | Konstrukt *n*, Begriffsbildung *f* ⟨the ≈ of science⟩; **~'struct·i·ble** *adj Math* konstruierbar; **~struc·tion** [~'strʌkʃn] *s* Konstruktion *f*, Bau *m* ⟨≈ drawing Konstruktionszeichnung *f*; ≈ engineer Bauingenieur *m*; in / in course of / under ≈ im Bau⟩ | *übertr* Aufbau *m* ⟨≈ of socialism⟩ | Ausführung *f*, Gestaltung *f*, Bauart *f* | Gebäude *n*, Bauwerk *n* | Sinn *m*, Auslegung *f* ⟨to bear a ≈ eine Bedeutung haben; to put a bad (good, wrong) ≈ on s.th. etw. schlecht (gut, falsch) auslegen⟩ | *Math, Ling* Konstruktion *f*; **~'struc·tion·al** *adj* Konstruktions-, Bau- ⟨≈ defect Konstruktionsfehler *m*; ≈ steel Baustahl *m*; ≈ steelwork Stahlbau *m*⟩; **~'struc·tive** *adj* konstruktiv, aufbauend, schöpferisch, positiv ⟨≈ criticism⟩ | folgernd, schließend, gefolgert, angenommen ⟨a ≈ denial e-e indirekte Verneinung, so gut wie Verneinung; ≈ fraud *Jur* als Betrug zu ahndende Handlung⟩ | Bau-, Konstruktions- ⟨≈ element Bau-, Konstruktionsteil *n*⟩; **~'struc·tor** *s* Konstrukteur *m*, Erbauer *m* ⟨≈'s number Bau-, Werknummer *f*⟩

con·strue [kən'stru:] *vt* auslegen, auffassen, deuten ⟨to ~ wrongly⟩ | (wort)wörtlich übersetzen | *Ling* konstruieren (**with** mit); *vi* wörtlich übersetzen | *Ling* (Satz) sich konstruieren lassen, analysierbar sein ⟨this sentence won't ~⟩

con·sue|tude ['kɒnswɪtju:d] *s* Gewohnheit *f*; **~tu·di·nar·y** [ˌ~'tju:dɪnrɪ] *adj* gewohnheitsmäßig, Gewohnheits-

con|sul ['kɒnsl] *s* Konsul *m* ⟨elected ≈ Wahlkonsul *m*⟩; **~su·lar** ['~sjʊlə|-sjələ] *adj* konsularisch, Konsular-, Konsulats-; **~su·late** ['~sjʊlət|-sjəl-] *s* Konsulat *n* | Amtszeit *f* e-s Konsuls ⟨during his ≈⟩ | Konsulatsgebäude *n*; **ˌ~su·late 'gen·er·al** *s* (*pl* **ˌ~su·lates 'gen·er·al**) Generalkonsulat *n*; **ˌ~sul 'gen·er·al** *s* (*pl* **ˌ~suls 'gen·er·al**) Generalkonsul *m*; **'~sul·ship** *s* Konsulatsamt *n* | Amtszeit *f* eines Konsuls

con|sult [kən'sʌlt] *vt* konsultieren, um Rat fragen, zu Rate ziehen ⟨to ≈ a doctor; to ≈ one's pillow *übertr* etw. erst überschlafen⟩ | (Buch u. ä.) nachschlagen ⟨to ≈ (in) a dictionary⟩ | erwägen, berücksichtigen ⟨to ≈ s.o.'s convenience auf jmdn. Rücksicht nehmen; to ≈ s.o.'s wishes auf jmds. Wünsche Rücksicht nehmen⟩; *vi* (sich) beraten (**about** über, **with** mit); **~'sult·a·ble** *adj* konsultierbar; **~'sul·tant** *s* ärztlicher Berater; **~sul·ta·tion** [ˌkɒnsl'teɪʃn] *s* Konsultation *f*, Beratung *f*, Rücksprache *f* ⟨in ≈ with in Absprache mit; on ≈ with nach Rücksprache mit⟩ | Aussprache *f* (**on** über, **with** mit) | *Med* Konsultation *f*; **~sul'ta·tion hour** *s Med* Sprechstunde *f*; **~'sult·a·tive** *adj* konsultierend, beratend ⟨≈ assembly beratende Versammlung; ≈ committee beratender Ausschuß⟩; **~'sult·a·to·ry** = **consultative**; **~sul·tee** [ˌkɒnsl'ti:] *s* Ratgeber *m*; **~'sult·ing** *adj* beratend; **~'sult·ing en·giˌneer** *s* beratender Ingenieur; **~'sult·ing en·giˌneers** *s/pl* Ingenieurbüro *n*; **~'sult·ing room** *s* Sprechzimmer *n*

con|sum·a·ble [kən'sju:məbl|-'su:m-] **1.** *adj* zerstörbar; **2.** *s* Verbrauchsartikel *m*; **~'sume** *vt* zerstören, vernichten | *übertr* verzehren ⟨to be ≈d with erfüllt sein von; to be ≈d with grief sich vor Kummer verzehren⟩ | auf-, verbrauchen ⟨to ≈ energy⟩ | essen, trinken, konsumieren ⟨to ≈ food⟩ | verschwenden ⟨to ≈ one's money⟩; *vi, auch* **~sume away** abnehmen, sich verzehren (**with** vor); **~sum·ed·ly** [~'sju:mɪdlɪ|-'su:m-] *adv* ungeheuer, höchst; **~'sum·er** *s* Verbraucher *m*, Konsument *m*, Abnehmer *m* | Verschwender *m*; **~ˌsum·er 'cred·it** *s* Konsumentenkredit *m*; **~'sum·er goods**, *auch* **~'sum·er ˌi·tems** *s/pl* Konsumgüter *n/pl* (*Ant* capital goods); **~'sum·er·ism** *s* kritische Verbraucherhaltung; **~'sum·er·ist** *s* kritischer Verbraucher; **~'sum·er price** *s* Verbraucherpreis *m*; **~ˌsum·er re'sist·ance** *s Wirtsch* Kaufunlust *f*; **~'sum·er's goods** *s/pl* Konsum-, Verbrauchsgüter *pl*

con·sum|mate ['kɒnsəmeɪt|-sjʊm-] *förml. vt* vollenden, vervollständigen, vollkommen machen ⟨to ≈ s.o.'s happiness⟩ | *Jur* (Eheakt) vollziehen ⟨to ≈ a marriage⟩; *vi* sich vollziehen | *Jur* den Eheakt vollziehen; [kən'sʌmət|-ɪt] *adj* vollendet ⟨≈ skill⟩ | ausgemacht ⟨a ≈ rascal ein ausgemachter Schurke⟩; ˌ~'**ma·tion** *förml s* Vollendung *f*, Erfüllung *f* ⟨the ≈ of one's life's work⟩ | Ende *n* | Ziel *n* ⟨the ≈ of life⟩ | *Jur* (Ehe) Vollziehung *f* ⟨≈ of marriage Vollziehung *f* der ehelichen Verbindung⟩; ~'**ma·tive** *adj* vollendend

con·sump·tion [kən'sʌmpʃn] *s* Verzehren *n* | (Energie, Strom, Lebensmittel, Material) Verbrauch *m*, Bedarf *m* ⟨≈ of material Materialverbrauch *m*⟩ | *Med* Tuberkulose *f*, *arch* Auszehrung *f*; **con'sump·tive 1.** *adj* verzehrend | verschwendend | Verbrauchs- | *Med* tuberkulös, schwindsüchtig; **2.** *s Med* Schwindsüchtige(r) *f(m)*

con·tact 1. ['kɒntækt] *s* Berührung *f*, Fühlung *f*, Kontakt *m* ⟨to be in (out of) ~ with sich (nicht) berühren mit; to come in[to]/make ~ with in Kontakt *od* Berührung kommen mit; to keep in ~ with in Kontakt *od* Verbindung bleiben mit⟩ | Bekanntschaft *f* ⟨useful social ~s gesellschaftliche vorteilhafte Verbindungen *f/pl*; to make ~s Bekanntschaften anknüpfen⟩ | *El* Anschluß *m*, Kontakt *m* ⟨to make (break) ~ den Anschluß herstellen (unterbrechen)⟩ | (Nachrichten) Verbindung *f* ⟨radio ~ Funkverbindung *f*⟩ | *Math* Berührung *f* ⟨angle of ~ Berührungswinkel *m*⟩ | (Soziologie) Austausch *m*, Kontakt *m* | *Med* Kontaktperson *f*, Bazillenträger *m*; **2.** ['kɒntækt|-kən'tækt|kɒn-] *vt* sich in Verbindung setzen mit | *Am umg* Beziehungen aufnehmen mit; *vi bes El* Kontakt haben (**with** mit) | sich berühren | (Flugzeug) aufsetzen; '~ ˌ**a·gent** *s Chem, Phys* Kontaktmittel *n*; '~ **box** *s El* Anschlußdose *f*; '~ ˌ**break·er** *s El* Stromunterbrecher *m*; '~ **fuse** *s Mil* Aufschlagzünder *m*; '~ **lens** *s* Kontakt-, Haftschale *f*; '~ **light** *s Flugw* Aufsetz-, Eingangslicht *n*; '~ ˌ**mak·er** *s El* Einschalter *m*; '~ **point** *s Tech* Punkt(schweiß)elektrode *f*; '~ **reˌsist·ance** *s El* Übergangswiderstand *m*; '~ ˌ**sur·face** *s Tech* Dichtungsfläche *f* | Berührungsfläche *f* | Reibungsfläche *f*; '~ **switch** *s El* Kontaktschalter *m*; '~ ˌ**vis·it** *s* Kontakt-, Vorgespräch *n*; '~ **wire** *s El* Ober-, Fahr-, Stromleitung *f*

con·ta·gion [kən'teɪdʒən] *s Med* Ansteckung *f* (durch Kontakt) ⟨fear of ≈ Furcht *f* vor Ansteckung⟩ | Seuche *f* | Übel *n* (*auch übertr*) | Verseuchung *f* (*auch übertr*) | *übertr* Ausbreitung *f*, Welle *f*; **con'ta·gious** *adj Med* (Krankheit, Kranker) ansteckend (*auch übertr*) ⟨≈ diseases; ≈ persons; ≈ laughter⟩ **con'ta·gi·um** [-dʒɪəm] *s* (*pl* **con'ta·gi·a** [-ə]) *Med* Kontagium *n*, Ansteckungsstoff *m*

con·tain [kən'teɪn] *vt* enthalten, umfassen, einschließen ⟨to be ~ed in enthalten sein in⟩ | messen ⟨a yard ~s three feet⟩ | fassen, aufnehmen ⟨the bottle ~s one pint⟩ | *übertr* (Gefühl u.ä.) zügeln, zurückhalten ⟨to ~ o.s. (an) sich halten; sich zurückhalten; ~ your anger! mäßige dich!; nicht so heftig!⟩ | *Math* enthalten, restfrei teilbar sein durch | *Mil* (Kräfte) binden, festhalten | *übertr* (Gegner) in Schach halten, beherrschen; **con'tain·er** *s* Behälter *m*, Gefäß *n* | *Wirtsch* Container *m* ⟨≈ system Containerverkehr *m*⟩; **conˌtain·er·i'za·tion** *s* Containerbeförderung *f*, -transport *m*; '~**er·ize** *vt* (Schiff) für den Containertransport ausrüsten; '~**er port** *s* Containerhafen *m*; '~**er ship** *s* Containerschiff *n*; '~**er** ˌ**shi·p·ping** *s* Containerschiffahrt *f*; '~**ing** *adj* enthaltend, umfassend, -haltig ⟨≈ calcium kalkhaltig⟩ | umschließend ⟨≈ wall Außenmauer *f*⟩; **con'tain·ment** *s Pol* Eindämmung *f*, In-Schach-Halten *n* ⟨policy of ≈⟩ Eindämmungspolitik *f*

con·tam·i|nant [kən'tæmɪnənt|-mə-] *s, meist* **con'tam·i·nants** *pl Phys* Verseuchungsstoffe *m/pl*; **con'tam·i·nate** *vt* verunreinigen, beschmutzen (*auch übertr*) ⟨≈d by impurities verunreinigt; ≈d with s.th. verunreinigt durch etw.; ≈d by foreign ideas verdorben durch fremde Ideen⟩ | *Mil, Phys* verseuchen | *übertr* anstecken, beflecken, vergiften; **conˌtam·i'na·tion** *s* Verunreinigung *f*, Beschmutzung *f* | *übertr* Befleckung *f*, Besudelung *f* | *Mil, Phys* Verseuchung *f* ⟨radioactive ≈⟩ | *Ling* Kontamination *f*; ~'**na·tion** ˌ**ha·zard** *s* (radioaktive) Verseuchungsgefahr *f*; **con·tam·i·na·tive** [~nətɪv|-neɪt-] *adj* verunreinigend; **con'tam·i·nous** *adj* ansteckend

con·tan·go [kən'tæŋgəʊ] **1.** *s* (*pl* **con'tan·goes**) *Wirtsch* Report *m*, Aufgeld *n*; **2.** *vi* Reportgeschäfte tätigen

con·temn [kən'tem] *vt lit* verachten, verschmähen

con·tem|plate ['kɒntəmpleɪt] *vt* betrachten, beschauen ⟨to ≈ o.s. in the mirror⟩ | nachdenken über | beabsichtigen, planen, erwägen, für möglich halten (*mit ger* zu *mit inf*; **s.th.** etw.) | erwarten; *vi* nachdenken (**on** über); ˌ~'**pla·tion** *s* Betrachtung *f* | Nachdenken *n* (**on** über) | Kontemplation *f*, Meditation *f* ⟨lost in ≈ gedankenverloren⟩ | Absicht *f*, Vorhaben *n* ⟨to be in ≈ in Betracht gezogen werden; to have s.th. in ≈ etw. beabsichtigen⟩ | Erwartung *f*; ~**pla·tive** [kən'templətɪv] *adj* nachdenklich, gedankenvoll | beschaulich, kontemplativ ⟨the ≈ life⟩

con·tem·po|ra·ne·i·ty [kənˌtempərə'ni:ətɪ] *s* Gleichzeitigkeit *f*; ~**ra·ne·ous** [~'reɪnɪəs] *adj* gleichzeitig (**with** mit) ⟨≈ events in die gleiche Zeit fallende Ereignisse *n/pl*; to be ≈ with zusammenfallen mit, *auch übertr*⟩; ~**rar·y** [kən'tempṛɪ|-rərɪ] **1.** *adj* gleichzeitig (**with** mit) | zeitgenössisch ⟨≈ style; to be ≈ with Zeitgenosse sein mit, in die gleiche Zeit fallen wie⟩ | gleichaltrig | modern, fortgeschritten; **2.** *s* Zeitgenosse *m* | Altersgenosse *m* | zeitgenössische Zeitschrift *f*; **con'tem·po·rize** *vt* zeitlich zusammenfallen lassen (**with** mit); *vi* zeitlich zusammenfallen (**with** mit)

con·tempt [kən'tempt] *s* Verachtung *f*, Geringschätzung *f* ⟨to be beneath ~ nicht einmal der Verachtung wert sein; to feel ~ for s.o. jmdn. verachten; to hold s.o. in ~ jmdn. verachten *od* geringschätzen; to hold s.o. up to ~ jmdn. mißachten *od* mit Verachtung strafen⟩ | Schande *f*, Schmach *f* ⟨to bring s.o. into ~ jmdm. Schande machen; to fall into ~ in Schande geraten⟩ | Mißachtung *f* (**of s.th.** e-r Sache) ⟨in ~ of unter Mißachtung von; ~ of court *Jur* Mißachtung *f* des Gerichts; Nichterscheinen *n* vor Gericht⟩ ◇ **familiarity breeds ~** *Sprichw* allzu viel Vertraulichkeit schadet nur; **conˌtempt·i'bil·i·ty** *s* Verächtlichkeit *f* | Gemeinheit *f*; **con'tempt·i·ble** *adj* verächtlich | niederträchtig, gemein; ~**tu·ous** [~ʃʊəs] *adj* verächtlich, geringschätzig ⟨to be ≈ of s.th. etw. verachten; ≈ of ohne Rücksicht auf⟩

con·tend [kən'tend] *vi* streiten, kämpfen (**for** um, **with, against** mit) | debattieren, disputieren (**about** über) | ringen, wetteifern ⟨to ~ for a prize⟩; *vt* behaupten (**that** daß); **con'tend·er** *s* (Sport) Wettkämpfer(in) *m(f)* | Diskutant(in) *m(f)*; **con'tend·ing** *adj* streitend | widerstreitend ⟨≈ passions widerstreitende Leidenschaften *f/pl*⟩

[1]**con·tent** ['kɒntent|kən'tent] *s* Fassungsvermögen *n*, Volumen *n* ⟨the ~ of a cask⟩ | Umfang *m*, Größe *f* (*Ant* form) | *übertr* Gehalt *m*, Wesen *n* ⟨the ~ of a book⟩ | *meist* ~**s** *pl* Inhalt *m* ⟨the ~s of a bottle; table of ~s Inhaltsverzeichnis *n*⟩

[2]**con·tent** [kən'tent] **1.** *adj, nur präd* zufrieden (**with** mit) | bereit (**to** *mit inf* zu *mit inf*); **2.** *vt* befriedigen, zufriedenstellen ⟨to ~ o.s. with sich begnügen mit⟩; **3.** *s* Zufriedenheit *f*, Befriedigung *f* ⟨to live in peace and ~ zufrieden und in Frieden leben; to one's heart's ~ nach Herzenslust⟩

con·tent|-ad·dress·ab·le me·mo·ry ['kɒntent əˌdresəbl 'meməri] *s* (Computer) Speicher *m* mit adressierbarem Inhalt;

'~ a,na·ly·sis *s* Inhalts-, Propagandaanalyse *f*

con·tent·ed [kən'tentɪd] *adj* zufrieden (**with** mit) ⟨a ~ life⟩

con·ten·tion [kən'tenʃn] *s* (Wort-) Streit *m*, Zank *m* ⟨bone of ~ Zankapfel *m*⟩ | Streitpunkt *m* | Argument *n*, Behauptung *f* ⟨to support s.o.'s ~ jmds. These (unter)stützen⟩ | Wetteifer *m* ⟨in ~ with im Wettbewerb mit⟩; **con'ten·tious** *adj* streitsüchtig, zänkisch ⟨a ≈ nature⟩ | streitig, strittig ⟨a ≈ clause e-e umstrittene Klausel⟩ | *Jur* Streit- ⟨≈ jurisdiction *Jur* Gerichtsbarkeit *f* in Streitsachen⟩

con·tent·ment [kən'tentmənt] *s* Zufriedenheit *f*

con·ter·mi·nal [kən'tɜ:mɪnl] *adj* (an)grenzend; **con'ter·mi·nous** *adj* (an)grenzend (**to, with** an) ⟨to be ≈ e-e gemeinsame Grenze haben⟩ | (zeitlich) zusammenfallend | gleichbedeutend (**with** mit)

con|test ['kɒntest] *s* Streit *m*, Kampf *m* | Wettstreit *m* (**for** um) ⟨a ≈ of skill ein Geschicklichkeitswettkampf⟩ | Wortstreit *m*, Disput *m*; [kən'test] *vt* streiten um | bestreiten ⟨to ≈ a statement e-e Feststellung zurückweisen⟩ | *Jur* anfechten ⟨to ≈ a right⟩ | kämpfen *od* wetteifern um ⟨to ≈ a seat *Pol* für e-e Wahl kandidieren⟩; *vi* kämpfen, wetteifern (**against, with** mit; **for** um); **~test·ant** [kən'testənt] **1.** *s Jur* streitende Partei | Wettkampfteilnehmer *m*; **2.** *adj* (miteinander) im (Wett-) Streit liegend ⟨the ≈ parties *Jur* die streitenden Parteien⟩; **,~tes'ta·tion** *s* Streit *m*, Kampf *m* | Wortstreit *m*, Disput *m* ⟨in ≈ umstritten⟩

con|text ['kɒntekst] *s* Kontext *m*, Zusammenhang *m* ⟨in this ≈ in diesem Zusammenhang⟩; **~tex·tu·al** [kən'tekstʃʊəl] *adj* dem Zusammenhang entsprechend, aus dem Zusammenhang ersichtlich | *Ling* kontextuell ⟨≈ meaning⟩; **~'tex·tu·al·ize** *vt* kontextualisieren, in einen (größeren) Zusammenhang stellen; **~tex·ture** [kən'tekstʃə] *s* Gewebe *n*, Bau *m*, Struktur *f* | *Tech* Zusammenweben *n*

con·tig·na·tion [kɒntɪg'neɪʃn] *s* Balkenwerk *n*, Gebälk *n*, Zimmerung *f*

con|ti·gu·i·ty [,kɒntɪ'gju:ətɪ] *förml s* Angrenzen *n*, Aneinanderstoßen *n* (**to** an) | Berührung *f* (**with** mit) | Nähe *f*; **~tig·u·ous** [kən'tɪgjʊəs] *adj* angrenzend, anstoßend (**to** an) | sich berührend (**with** mit) | benachbart (**to s.th.** e-r Sache), nahe (**to** an) | fortlaufend

con·ti|nence ['kɒntɪnəns], *auch* **'~nen·cy** *s* Enthaltsamkeit *f*, Mäßigkeit *f* | Keuschheit *f*; [1]**'~nent** *adj* enthaltsam, mäßig | keusch

[2]**con·ti|nent** ['kɒntɪnənt] *s* Kontinent *m*, Erdteil *m* ⟨the ≈ das europäische Festland⟩; **~nen·tal** [,~'nentl] **1.** *adj* kontinental, Kontinental- ⟨a ≈ climate⟩ | *auch* **≈nen·tal** *Brit* das europäische Festland betreffend | fremd, nicht englisch ⟨≈ breakfast leichtes Frühstück; the ≈ Sunday typisch europäischer Sonntag; ≈ wars Kriege auf dem europäischen Kontinent⟩ | *Am* den nordamerikanischen Kontinent betreffend ⟨the ≈ United States does not include Hawai⟩; **2.** *s* Bewohner *m* des Festlandes | nichtbritischer Europäer; **,~,nen·tal 'drift** *s Geol* Kontinentalverschiebung *f*, Verschiebung *f od* Wanderung *f* der Erdteile; **,~'nen·tal·ism** *s* Kontinentalismus *m*; **,~'nen·tal·ist** *s* Festlandsbewohner *m*; **,~'nen·tal·ize**, *auch* **,≈'nen·tal·ize** *vt Brit* europäisieren, europäischen Charakter geben; **,~,nen·tal 'quilt** *s* Federbett *n*; **,~,nen·tal 'shelf** *s Geol* Festlands-, Kontinentalsockel *m*

con·tin|gen·cy [kən'tɪndʒənsɪ] *s* Zufälligkeit *f* | mögliches Eintreffen | Zufall *m*, Möglichkeit *f* | zufälliges Ereignis ⟨to be prepared for all ~gencies auf alle Eventualitäten vorbereitet sein⟩ | Zusammenhang *m* (**with** mit) | *Phil* Kontingenz *f* | **'~gen·cies** [~dʒənsɪz] *s/pl* unvorhergesehene Ausgaben *f/pl*; **con'tin·gent 1.** *adj* zufällig ⟨a ≈ event⟩ | möglich, eventuell | abhängig (**[up]on** von) ⟨≈ advantage bedingter Vorteil⟩ | *Phil* kontingent, nicht notwendig; **2.** *s* Kontingent *n* | Vertretung *f* ⟨the Soviet ≈ of Olympic athletes⟩ | *Mil* Truppenkontingent *n*; **'~gent line** *s Math* Berührungslinie *f*, Tangente *f*

con·tin·u·al [kən'tɪnjʊəl] *adj* fortwährend, ununterbrochen, kontinuierlich, anhaltend ⟨≈ rain⟩ | oft wiederholt, häufig ⟨≈ interruptions⟩; **con'tin·u·al·ly** *adv* unaufhörlich, immer wieder; **con'tin·u·ance** *s* Dauer *f*, Beständigkeit *f* ⟨of long (short) ≈⟩ | Anhalten *n*, Bleiben *n*, Fortdauer *f* ⟨the ≈ of prosperity der anhaltende Wohlstand⟩; **con'tin·u·ant 1.** *adj Ling* Dauer-; **2.** *s Ling* Dauerlaut *m* ⟨frictionless ≈ reibungsloser Gleitlaut ⟩; **con,tin·u'a·tion** *s* Fortdauer *f*, -bestand *m* | Weiterführung *f* ⟨the ≈ of study⟩ | Fortsetzung *f* ⟨the ≈ of a story⟩ | Erweiterung *f* ⟨the ≈ of a house⟩; **~'a·tion school** *s* Fortbildungsschule *f*; **con'tin·u·a·tive** *adj* fortsetzend, Fortsetzungs- | weiterführend; **con·tin·ue** [kən'tɪnju:] *vi* fortdauern | fortfahren (**in** in; **to** *mit inf* zu *mit inf*) ⟨≈ to be played weiter gespielt werden; to ≈ um fortzufahren⟩ | sich fortsetzen | (ver)bleiben ⟨to ≈ calm ruhig bleiben; to ≈ in a business ein Geschäft fortführen⟩ | verharren (**in** in); *vt* fortsetzen, -führen (*mit ger* zu *mit inf*) ⟨to ≈ reading weiterlesen; to be ≈d Fortsetzung folgt⟩ | verlängern | beibehalten, belassen ⟨to ≈ s.o. in office jmdn. im Amt lassen⟩; **con·ti·nu·i·ty** [,kɒntɪ'nju:ətɪ] *s* Zusammenhang *m* | Fortdauer *f*, Kontinuität *f* | stetiger Verlauf, Stetigkeit *f* (*auch Math*) | Fortsetzung *f* | *übertr* roter Faden, innerer Zusammenhang | *Film* Drehbuch *n*, Szenenfolge *f* ⟨≈ clerk, ≈ girl Ateliersekretär(in) *m(f)*⟩ | *Rundf* Zwischentext *m* | *Am* (Bild-) Text (von e-m Comic Strip); **con'tin·u·ous** [-jʊəs] *adj* fortdauernd ⟨≈ load Dauerlast *f*, bleibende Last; ≈ working Dauerbetrieb *m*⟩ | stetig (*auch Math*) ⟨≈ function⟩ | ununterbrochen, kontinuierlich ⟨≈ supply ständige Zuführung; ≈ performance durchgehende Vorstellung⟩; **con,tin·u·ous 'cur·rent** *s El* Dauerstrom *m*, (stationärer) Gleichstrom; **con,tin·u·ous 'line** *s Eisenb* Linienzug *m*; **con'tin·u·um** [~əm] *s* (*pl* **con'tin·u·ums, con'tin·u·a** [-ə]) etwas Zusammenhängendes | *Math* Kontinuum *n*, kontinuierliche Größe

con|tort [kən'tɔ:t] *vt* zusammendrehen, verdrehen, krümmen ⟨≈ed branches krumme Äste *m/pl*⟩ | (Gesicht) verziehen, verzerren ⟨a face ≈ed with pain ein schmerzverzerrtes Gesicht⟩ | *übertr* verzerren, entstellen ⟨to ≈ grammar sich an der Grammatik vergehen⟩; *vi* (Gesicht) sich verziehen, entstellt sein *od* werden ⟨to ≈ in a grimace sich zu e-r Grimasse verziehen; to ≈ with rage vor Wut entstellt sein⟩; **~tor·tion** [~'tɔ:ʃn] *s* Zusammenziehung *f*, Verdrehung *f*, Krümmung *f* | (Gesicht, Körper) Verzerrung *f*, Entstellung *f*; **~'tor·tion·ist** *s* Schlangenmensch *m*; **~'tor·tive** *adj* Verzerrungs-, entstellend

con·tour ['kɒntʊə] **1.** *s* Kontur *f*, Umriß *m* | Außen-, Umrißlinie *f*, Profil *n*; **2.** *vt* die Konturen angeben von | *Geogr* Höhenlinien einzeichnen auf | (Straße) einer Höhenlinie folgen lassen; **'~ chair** *s* Schalensessel *m*; **'~ ,chas·ing** *s Flugw* (ständiger) Flug in unmittelbarer Bodennähe ⟨≈ defeats radar defences⟩; **'~ing** [~rɪŋ] *s Tech* Nachformen *n* ⟨≈ operation Nachformdreharbeit *f*⟩; **'~ ,in·ter·val** *s Geogr* Höhenlinienabstand *m*; **'~ line** *s Geogr* (Höhen-) Schichtlinie *f* (einer Landkarte); **'~ map** *s Geogr* Höhenlinienkarte *f*, Schichtlinienplan *m*; **'~ saw** *s Tech* Kopiersäge *f*

con·tra ['kɒntrə] **1.** *präp, adv* gegen, wider ⟨pro and ~ für und wider⟩; **2.** *s* Wider *n* | *Wirtsch* Kreditseite *f* ⟨per ~ als Gegenleistung⟩

contra- [kɒntrə] *präf zur Bildung von v, adj, s mit der Bedeutung*: kontra, gegen, wider (*z. B.* **~dict** widersprechen; **~distinctive** gegensätzlich; **~diction** Widerspruch *m*)

con·tra·band ['kɒntrəbænd] **1.** *adj* Schmuggel- ⟨~ goods⟩;

2. *s* Bann-, Schmuggelware *f*, Konterbande *f* ⟨~ of war Kriegskonterbande *f*⟩ | *auch* ˌ~ ˈ**trade** Schleichhandel *m*; ˈ**~ism** *s* Schleich-, Schmuggelhandel *m*; ˈ**~ist** *s* Schmuggler *m*

con·tra·bass [ˈkɒntrəbeɪs] *s* Kontrabaß *m*; ˈ**~ist** *s Mus* Kontrabassist *m*

con·tra|cept [ˌkɒntrəˈsept] *vt* (Empfängnis) verhüten ⟨to ≈ babies⟩; **~cep·tion** [ˌkɒntrəˈsepʃn] *s Med* Kontrazeption *f*, Schwangerschaftsverhütung *f*; ˌ~ˈ**cep·tive** *Med* **1.** *adj* empfängnisverhütend; **2.** *s* empfängnisverhütendes Mittel, Schutzmittel *n*

con·tract [ˈkɒntrækt] **1.** *s* Vertrag *m* ⟨by ~ vertraglich; to be under ~ to s.o. jmdm. vertraglich verpflichtet sein; to bind o.s. by ~ sich vertraglich binden; breach of ~ Vertragsbruch *m*; to enter into / make a ~ with s.o. for s.th. mit jmdm. einen Vertrag schließen über etw.⟩ | Akkord *m* ⟨~ work Akkordarbeit *f*; to work by ~ im Akkord arbeiten⟩ | *Kart auch* ˌ~ ˈ**bridge** Kontrakt-, Plafondbridge *n*; **2.** *adj* Vertrags-, vertraglich ⟨~ date Vertragstermin *m*; ~ price vertraglich geregelter Preis⟩; [kənˈtrækt] *vt* zusammenziehen ⟨to ~ a muscle einen Muskel spannen; to ~one's forehead die Stirn runzeln⟩ | verengen, einengen (*auch übertr*) | *Tech* verjüngen, einziehen | *Ling* kontrahieren | annehmen ⟨to ~ a bad habit sich etwas Schlechtes angewöhnen⟩ | (Schulden) machen ⟨to ~ heavy debts große Schulden machen⟩ | sich zuziehen ⟨to ~ an illness⟩ | (Ehe, Bündnis u. ä.) eingehen, abschließen ⟨to ~ a marriage e-e Ehe eingehen; to ~ a friendship e-e Freundschaft knüpfen⟩; *vi* sich zusammenziehen, einschrumpfen | kleiner *od* enger werden | sich vertraglich verpflichten (**to** zu) | einen Vertrag *od* Geschäfte kontrahieren (**with s.o.** mit jmdm., **for s.th.** über etw.) | eine Ehe eingehen (**with** mit); **~ out** *bes Brit* sich freimachen *od* loslösen von ⟨to ~ out of war sich aus dem Krieg heraushalten⟩; **~ed** [kənˈtræktɪd] *adj* zusammengezogen ⟨a ≈ brow eine gerunzelte Stirn⟩ | verkürzt ⟨a ≈ rest period eine verkürzte Pause⟩ | *übertr* engherzig ⟨a ≈ mind⟩ | erhandelt, ausgehandelt ⟨a ≈ peace⟩; **conˌtract·iˈbil·i·ty** *s* Zusammenziehbarkeit *f*; **conˈtract·i·ble** *adj* zusammenziehbar; **con·trac·tile** [kənˈtræktaɪl] *adj* zusammenziehbar; **con·trac·til·i·ty** [ˌkɒntrækˈtɪlətɪ] *s* Zusammenziehbarkeit *f*; **conˈtract·ing** *adj* (sich) zusammenziehend | Vertrags-; **con·trac·tion** [kənˈtrækʃn] *s* Zusammenziehung *f*, Kontraktion *f* ⟨the ≈ of a muscle⟩ | Verkleinerung *f* ⟨≈ of volume Raumminderung *f*⟩ | Verengung *f*, Einschnürung *f* | Schwinden *n* | Abkürzung *f* | Zuziehung *f* ⟨the ≈ of a disease⟩ | Abschluß *m* (e-s Vertrages etc.) | Eingehen *n* (e-r Schuld) | *Ling* Kontraktion *f* | *Ling* kontrahierte Form; **conˈtrac·tive** *adj* zusammenziehend; ˌ~ ˈ**mar·riage** *s* Ehe *f* auf Zeit; **conˈtrac·tor** *s* Kontrahent *m*, Vertragschließender *m* | Unternehmer *m*, *bes* Bauunternehmer *m* ⟨≈s of overground workings Hochbauunternehmen *n*⟩ | *Anat* Kontraktor *m*, Schließmuskel *m* | *Wirtsch* Lieferant *m*; **con·trac·tu·al** [kənˈtrækʃʊəl|-tjʊəl] *adj* vertraglich, Vertrags-, vertragsmäßig ⟨≈ obligations vertragliche Verpflichtungen *f/pl*⟩

con·tra|dict [ˌkʌntrəˈdɪkt] *vt* (jmdm.) widersprechen | (etw.) als falsch hinstellen | (etw.) widerrufen, in Abrede stellen ⟨to ≈ a statement⟩ | (Fakten, Feststellungen u. ä.) im Widerspruch stehen zu, widersprechen ⟨to ≈ each other einander widersprechen⟩; *vi* Widerspruch erheben; ˌ~ˈ**dict·a·ble** *adj* widerlegbar, bestreitbar; **~dic·tion** [ˌ~ˈdɪkʃn] *s* Widerspruch *m* ⟨in ≈ to im Widerspruch zu; to be in ≈ with im Widerspruch stehen mit; spirit of ≈ Widerspruchsgeist *m*⟩ | Unvereinbarkeit *f* ⟨a ≈ in terms ein Widerspruch in sich selbst⟩ | Widerrede *f* | Bestreitung *f*; ˌ~ˈ**dic·tive**, ˌ~ˈ**dic·to·ry** **1.** *adj* direkt entgegengesetzt, widersprechend ⟨a ≈ report⟩ | sich widersprechend, widersprüchlich ⟨≈ statements⟩ | unvereinbar (**to** mit) | streitsüchtig ⟨an irritable ≈ nature⟩; **2.** *s* Widerspruch *m* (*auch Phil*)

con·tra·dis|tinct [ˈkɒntrədɪsˈtɪŋkt] *adj* gegensätzlich; **~tinc·tion** [ˌ~ˈtɪŋkʃn] *s* Gegensatz *m* ⟨in ≈ to im Gegensatz zu⟩; ˌ~ˈ**tinc·tive** *adj* gegensätzlich | unterscheidend; **~tin·guish** [ˌ~ˈtɪŋgwɪʃ] *vt* unterscheiden (**from** von)

con·trail [ˈkɒntreɪl] *s Flugw* Kondensstreifen *m*

con·tra·in·di|cate [ˈkɒntrəˈɪndɪkeɪt] *vt* kontraindizieren; ˌ**con·traˌin·diˈca·tion** *s Med* Kontraindikation *f*

con·tral·to [kənˈtræltəʊ] *Mus* **1.** *s* Alt *m*, Altstimme *f* | Altistin *f*; **2.** *adj* Alt- ⟨~ voice⟩

con·tra|pose [ˈkɒntrəˈpəʊz] *vt* gegenüberstellen; **~po·si·tion** [ˌ~pəˈzɪʃn] *s* Gegenüberstellung *f*

con·trap·tion [kənˈtræpʃn] *s umg* (*leicht verächtl*) technische Neuheit, komische Erfindung, (komplizierter) Apparat

con·tra·pun·tal [ˌkɒntrəˈpʌntl] *adj Mus* kontrapunktisch; ˌ**con·traˈpun·tist** *s Mus* Kontrapunktiker *m*

con|trar·i·ant [kənˈtrɛərɪənt] **1.** *adj* gegnerisch | entgegengesetzt; **2.** *s* Gegner *m* | Gegensatz *m*; **~tra·ri·e·ty** [ˌkɒntrəˈraɪətɪ] *s* Gegensätzlichkeit *f* | Widerspruch *m* (**to** zu) | Widrigkeit *f* ⟨~trarieties in nature Widrigkeiten *f/pl* der Natur⟩; **~tra·ri·wise** [~ˈtrɛərɪwaɪz] **1.** *adv* entgegengesetzt | im Gegenteil | umgekehrt; **2.** *adj* auf Widerspruch bedacht ⟨≈ conversation⟩; [1]**~tra·ry** [ˈkɒntr̩ɪ|-rərɪ] *adj* **1.** entgegengesetzt, konträr (**to** zu) ⟨to be ≈ to im Gegensatz stehen zu⟩ | (sich) widersprechen | (Wetter u. ä.) ungünstig, widrig ⟨≈ wind Gegenwind *m*⟩; **2.** *adv* im Gegensatz (**to** zu) ⟨≈ to zuwider, gegen; to go ≈ to s.th. e-r Sache zuwiderlaufen⟩; **3.** *s* Gegenteil *n* ⟨on the ≈ im Gegenteil; to the ≈ dagegen, im gegenteiligen Sinn; nothing to the ≈ nichts Gegenteiliges⟩ ◇ **by ~tra·ries** nicht wunschgemäß, entgegen den Vorstellungen ⟨to go ≈⟩; [2]**~tra·ry** [~ˈtrɛərɪ] **1.** *adj* widerspenstig, eigensinnig ⟨a ≈ child⟩

con·trast [ˈkɒntrɑːst] *s* Kontrast *m* (*auch Foto*), Gegensatz *m*, Unterschied *m* ⟨in ~ to im Gegensatz zu; by ~ with als Gegensatz zu, im Vergleich mit; to form / make a ~ to e-n Kontrast bilden zu⟩; [kənˈtrɑːst] *vt* gegenüberstellen, kontrastieren (**with** mit); *vi* sich abheben (**with** von) | abstechen (**with** gegen, von) ⟨to ~ badly with wenig im Einklang stehen mit⟩; **conˈtrast·a·ble** *adj* kontrastierbar; ˈ**~ bath** *s Med* Wechselbad *n*; **conˈtras·tive** *adj* kontrastierend ⟨≈ linguistics kontrastive Linguistik⟩

con·tra|vene [ˌkɒntrəˈviːn] *vt* zuwiderhandeln | (Gesetz u. ä.) übertreten | widersprechen, bestreiten ⟨to ≈ an argument⟩ | (Sachen) zuwiderlaufen, im Widerspruch stehen zu; *vi* sich einer Zuwiderhandlung schuldig machen; **~ven·tion** [ˌ~ˈvenʃn] *s* Zuwiderhandlung *f* (**of s.th.** gegen e-e Sache) ⟨in ≈ of s.th. e-r Sache entgegen *od* zuwider, im Widerspruch zu etw.⟩ | Übertretung *f* (**of sth.** e-r Sache)

con·tre·temps [ˈkɒntrətɑ̃-] *s* (*pl* ~) ⟨*frz*⟩ unglücklicher Zufall, widrige Situation

con|trib·ut·a·ble [kənˈtrɪbjʊtəbl] *adj* beitragbar; **~trib·ute** [~ˈtrɪbjuːt] *vt* beitragen, beisteuern (**to** zu) | spenden | (Artikel u. ä.) schreiben (**to** für); *vi* beitragen (**to, towards** zu, **to** *mit inf* zu *mit inf*) | spenden (**to** für) | mitwirken (**to** an) | schreiben (**to** für); **~tri·bu·tion** [ˌkɒntrɪˈbjuːʃn|-trəˈb-] *s* Beitrag *m*, Beisteuerung *f* (**to** zu) | Spende *f* (**to** für) | Beitrag *m* (für e-e Zeitschrift u. ä.) | Mitwirkung *f* (**to** an) | Kontribution *f*, Kriegssteuer *f* ⟨to lay a country under ≈ von e-m Land Kontributionen verlangen; to lay ≈ on s.th. etw. besteuern⟩; **~trib·u·tive** [~ˈtrɪbjʊtɪv|-bjə-] *adj* beitragend; **~trib·u·tor** [~ˈtrɪbjʊtə|-bjə-] *s* Beitragender *m* (**to** zu) | Mitarbeiter *m* (*bes* e-r Zeitschrift u. ä.) (**to** bei); **~ˈtrib·u·to·ry** **1.** *adj* beitragend (**to** zu) ⟨≈ factors Faktoren *m/pl*, die dazu beitragen⟩ | fördernd, unterstützend ⟨≈ negligence *Jur* mitwirkendes Verschulden⟩ | beitragspflichtig ⟨≈ pension plan Rentenversicherung *f*, die von Betrieb und Versicherten gemeinsam getragen wird⟩ | nachschußpflichtig; **2.** *s* Beitragender *m*; fördernder Umstand | Nachschußpflichtiger *m*

con|trite [ˈkɒntraɪt] *adj* zerknirscht, reuevoll; **~tri·tion** [kənˈtrɪʃn] *s* Reue *f*, Zerknirschung *f*

con|triv·a·ble [kənˈtraɪvəbl] *adj* erfindbar | ausführbar; **~ˈtriv·ance** *s* Erfindung *f* | Findigkeit *f* | Plan *m*, List *f*, Kniff *m* | Vorrichtung *f*, Mechanismus *m* | Apparat *m*; **~ˈtriv·an·cy** *s* Findigkeit *f*; **~ˈtrive** *vt* erfinden, ausdenken, ersinnen, sinnen auf | zuwegebringen, bewerkstelligen | es fertigbringen, es einrichten (**to** *mit inf* zu *mit inf*); *vi* Pläne machen | haushalten

con·trol [kənˈtrəʊl] **1.** (**conˈtrolled, conˈtrolled**) *vt* beherrschen, einschränken, zügeln, im Zaum halten ⟨to ~ one's anger seinen Zorn bezähmen, to ~ o.s. sich beherrschen⟩ | (Preise u. ä.) regulieren | (nach)prüfen, nachmessen | überwachen, beaufsichtigen, kontrollieren ⟨to ~ accounts Konten prüfen; to ~ an experiment⟩ | leiten, führen | *El*, *Tech* steuern, regeln | *Tech* (Gerät u. ä.) bedienen; **2.** *s* Herrschaft *f*, Macht *f*, Gewalt *f*, Kontrolle *f* (**of, over** über) ⟨to be beyond ~ außer Rand und Band sein; to get s.th. under ~ e-r Sache Herr werden; to keep under ~ im Zaum halten; to lose ~ of o.s. die Selbstbeherrschung verlieren; to lose ~ of s.th. e-r Sache nicht mehr Herr werden; out of ~ nicht mehr unter Kontrolle; under ~ im Griff; unter Kontrolle⟩ | Aufsicht *f*, Kontrolle *f* (**of, over** über) ⟨not subject to ~ nicht kontrollpflichtig; to be in ~ of s.th. etw. unter sich haben *od* befehligen; under ~ of the police unter Aufsicht der Polizei; without ~ unbeaufsichtigt⟩ | Lenkung *f*, Zwang *m* ⟨government ~s Anordnungen *f/pl* der Regierung⟩ | Vergleich(smaßstab) *m* ⟨to use as a ~ zum Vergleich heranziehen⟩ | (Autorennen) Kontrolle *f*, Kontrollstelle *f* | *Tech* Kontrollvorrichtung *f*, Regler *m* ⟨volume ~ Lautstärkeregler *m*⟩ | *El*, *Tech* Steuerung und Regelung *f* ⟨remote ~ Fernsteuerung *f*⟩ | *meist* **conˈtrols** *pl Flugw* Steuerung *f*, Leitwerk *n* ⟨the ~s of an aircraft Armaturenbrett *n*⟩; **ˈ~ board** *s Tech* Schaltbrett *n*; **ˈ~ ˌca·bin** *s Tech* Führerstand *m*; **ˈ~ ˌel·e·ment** *s El* Schaltelement *n*; **ˈ~ en·giˌneer** *s* Überwachungsingenieur *m*; **ˈ~ exˌper·i·ment** *s* Kontrollexperiment *n*, Gegenversuch *m*; **ˈ~ knob** *s Tech* Bedienungsknopf *m*; **conˈtrol·la·ble** *adj* beherrschbar | kontrollierbar, prüfbar | *Tech* steuerbar, regelbar; **conˈtrolled** *adj* kontrolliert, gesteuert ⟨≈ experiment; ≈ rocket Lenkrakete *f*⟩ | Zwangs- ⟨≈ movement *Tech* Zwangslauf *m*; ≈ materials plan *Am* Zwangsbewirtschaftung *f*⟩; **conˈtrol·ler** *s* Kontrolleur *m*, Aufseher *m* | *übertr* Leiter *m* | *El* Regler *m* | *Flugw* Leitoffizier *m* | *auch* **comptroller** (staatlicher) Rechnungsprüfer *m*; **conˈtrol·ler·ship** *s* Aufseheramt *n*; **conˈtrol·less** *adj* unbeaufsichtigt; **conˈtrol·ling** *adj* Steuer- ⟨≈ apparatus Steuermechanismus *m*, Steuerung *f*⟩; **ˈ~ ˌpan·el** *s* Bedienungspult *n*, Apparatetisch *m*; **ˈ~ ˌplat·form** *s* Steuerbühne *f*; **ˈ~ room** *s* Kontroll-, Abhörraum *m* | *Rundf* Regieraum *m*; **ˈ~ switch** *s El* Kontroll-, Steuerschalter *m*; **ˈ~ tow·er** *s Flugw* Kontrollturm *m*

con·tro|ver·sial [ˌkɒntrəˈvɛːʃl] *adj* streitig, umstritten, Streit- ⟨a ≈ question⟩ | streitsüchtig | polemisch; **ˌ~ˈver·sial·ist** *s* Polemiker *m*; **ˌ~ˈver·sial·ize** *vt* polemisieren; **~ver·sy** [ˈ~vɛːsɪ|kənˈtrɒvəsɪ] *s* Kontroverse *f*, Meinungsstreit *m* ⟨beyond ≈, without ≈ fraglos; to be beyond ≈ unumstritten sein; to carry on / hold a ≈ against / with s.o. about / on s.th. e-e lange Debatte führen mit jmdm. über etw.; to give rise to ≈ Anlaß zu einem Streit geben⟩ | *Jur* Rechtsstreit *m*; **~vert** [ˌ~ˈvɜːt|ˈ~vɜːt] *vt förml* (etw.) bestreiten, anfechten ⟨to ≈ an argument⟩ | (jmdm.) widersprechen | polemisieren über; *vi* diskutieren; **ˌ~ˈvert·er** *s* Polemiker *m*; **ˌ~ˈvert·i·ble** *adj* bestreitbar

con·tu·ma|cious [ˌkɒntjʊˈmeɪʃəs] *adj* widerspenstig | *Jur* ungehorsam; **~cy** [ˈkɒntjʊməsɪ] *s* Widerspenstigkeit *f*, Halsstarrigkeit *f* | *Jur* Kontumaz *f*, bewußtes Nichterscheinen vor Gericht, Versäumnis *n*

con·tu·me|li·ous [ˌkɒntjʊˈmiːlɪəs] *adj* schimpflich, schändlich | frech; **~ly** [ˈkɒntjuːmlɪ] *s* Schimpf *m*, Schmach *f* | Beschimpfung *f*, Beleidigung *f* | Hohn *m* | Verachtung *f*

con|tuse [kənˈtjuːz] *vt Med* (Haut) quetschen; **~tu·sion** [~ˈtjuːʒn] *s Med* Kontusion *f*, Quetschung *f*

co·nun·drum [kəˈnʌndrəm] *s* Scherzfrage *f* | Rätsel *n* ⟨to set ~s Rätsel aufgeben⟩ | *übertr* Problem *n*, Rätsel *n* ⟨political ~s⟩

con·ur·ba·tion [ˌkɒnɜːˈbeɪʃn] *s* Komplex *m* von Städten, Ballungsgebiet *n* ⟨the ~ of the Ruhr⟩

co·nus [ˈkəʊnəs] *s* (*pl* **co·ni** [ˈkəʊnaɪ]) Konus *m*, Kegel *m*

con·va|lesce [ˌkɒnvəˈles] *vi* genesen, gesund werden; **ˌ~ˈles·cence** *s* Genesung *f*, Rekonvaleszenz *f*; **ˌ~ˈles·cent 1.** *adj* genesend, rekonvaleszent, Genesungs- ⟨≈ home, ≈ hospital Genesungsheim *n*⟩; **2.** *s* Genesender *m*, Rekonvaleszent *m*

con·vec·tion [kənˈvekʃn] *s Phys*, *El* Konvektion *f*, Fortpflanzung *f* | *Phys* Konvektion *f*, Strahlung *f* ⟨ascending ~ thermischer Aufwind⟩ | Übertragung *f*, Transport *m*; **conˈvec·tion·al** *adj Phys*, *El* Konvektions-

con|vene [kənˈviːn] *vi* sich versammeln, zusammenkommen; *vt* versammeln, einberufen ⟨a conference was ≈d e-e Konferenz wurde veranstaltet; to ≈ a council⟩ | *Jur* vorladen (**before** vor); **~ˈven·er** *s bes Brit* Einberuf(end)er *m*, Einlad(end)er *m*; **~ven·ience** [~ˈviːnɪəns], *arch* **~ˈven·ien·cy** *s* Annehmlichkeiten *f*, Bequemlichkeit *f* ⟨at s.o.'s ≈ nach Belieben; gelegentlich; at your earliest ≈ baldmöglichst; for ≈ aus Bequemlichkeit; suit your own ≈ tun Sie ganz nach Ihrem Belieben; halten Sie es damit ganz, wie Sie wollen⟩ | Angemessenheit *f* | Vorteil *m* ⟨marriage of ≈ Vernunftehe *f*; to be a great ≈ von großem Vorteil sein; to make a ≈ of s.o. jmdn. (über Gebühr) ausnutzen⟩ | *Brit* Klosett *n* ⟨public ≈ Bedürfnisanstalt *f*⟩; **~ˈven·ience food** *s* vorbereitete Lebensmittel *n/pl*, Fertiggerichte *n/pl*; **~ven·iences** [~ˈviːnɪənsɪz] *s/pl* materielle Annehmlichkeiten *f/pl* *od* Bequemlichkeiten *f/pl*; **~ˈven·ient** *adj* bequem, passend (**for, to** für) ⟨a ≈ time; to be ≈ for s.o. jmdm. passen⟩ | geeignet, dienlich (**for** zu)

con·vent [ˈkɒnvənt|-vent] **1.** *s* (*bes.* Nonnen-) Kloster *n* ⟨to enter a ~ in ein Kloster gehen, Nonne werden⟩; **2.** *adj* Kloster- ⟨~ school⟩

con·ven·tion [kənˈvenʃn] *s* Versammlung *f*, Zusammenkunft *f* ⟨the Democratic national ~ *Am* der Parteitag der Demokraten⟩ | Vertrag *m*, Abkommen *n*, Übereinkommen *n* ⟨the ~ of Geneva, the Geneva ~s die Genfer Konvention⟩ | Konvention *f*, Sitte *f*, Herkommen *n* ⟨social ~s gesellschaftliche Gepflogenheiten *f/pl*⟩; **conˈven·tion·al** *adj* konventionell, üblich, herkömmlich, gewöhnlich ⟨≈ phrase herkömmliche Redensart; ≈ wisdom weitverbreitete Auffassung; ≈ weapons konventionelle Waffen *f/pl*; ≈ design Regel-, Normalausführung *f*⟩ | vertraglich, Vertrags- ⟨≈ penalty Konventionalstrafe *f*⟩ | traditionell ⟨≈ art⟩; **conˈven·tion·al·ism** *s* Konventionalismus *m*; **conˈven·tion·al·ist** *s* Anhänger *m* des Konventionalismus; **conˌven·tionˈal·i·ty** *s* Herkömmlichkeit *f*, Alltäglichkeit *f* | herkömmliche Gepflogenheit *f*; **conˈven·tion·al·ize** *vt* konventionell machen *od* darstellen; **conˈven·tion·a·ry** *adj* vertragsgemäß

con·ven·tu·al [kənˈventʃʊəl|-tjʊ-] **1.** *adj* klösterlich, Kloster-;

2. *s* Mönch *m* | Nonne *f*

con|verge [kən'vɜ:dʒ] *vi* konvergieren, zusammenlaufen, sich treffen ⟨~verging lense Sammellinse *f*⟩; *vt Math* konvergieren lassen; **con'ver·gence, con'ver·gen·cy** *s* Konvergenz *f* (*auch Biol, Math, Pol*); **con'ver·gent** *adj* konvergent

con·vers·a·ble [kən'vɜ:səbl] *adj* gesprächig, gesellig, unterhaltend

con·ver|sance [kən'vɜ:sns|'kɒnvəsns], *auch* **~san·cy** [~snsɪ|'kɒnvəsnsɪ] *s* Vertrautheit *f* (**with** mit); **~sant** [~snt|'kɒnvəsnt] *adj* vertraut, bekannt (**with** mit) | geübt, bewandert (**with** in)

con·ver·sa·tion [ˌkɒnvə'seɪʃn] *s* Konversation *f*, Unterhaltung *f*, Gespräch *n* ⟨by way of ~ gesprächsweise; casual ~ zwangloses Gespräch; to enter into a ~ with eine Unterhaltung beginnen mit; to make ~ Konversation machen, einfach nur plaudern⟩ | Umgang *m*, Bekanntschaft *f*, Verkehr *m* (**with** mit) | *Jur* Geschlechtsverkehr *m* ⟨criminal ~ Ehebruch *m*⟩; **ˌcon·ver'sa·tion·al** *adj* gesprächig | Konversations-, Unterhaltungs-, zwanglos, Umgangs- (sprachlich) ⟨≈ English Umgangsenglisch *n*; ≈ style Gesprächsstil *m*⟩; **ˌcon·ver'sa·tion·al·ist** *s* guter Unterhalter; **'~ piece** *s* (interessanter) Gesprächsgegenstand | *Theat* Konversationsstück *n*

con·ver·sa·zi·o|ne [ˌkɒnvəˌsætsɪ'əʊneɪ|-nɪ] *s* ⟨*ital*⟩ (*pl* **~nes** [-z], **~ni** [-nɪ]) Abendunterhaltung *f* | literarischer Abend, literarische Abendgesellschaft

[1]**con·verse** [kən'vɜ:s] *vi* sich unterhalten, sprechen (**with** mit, **about, on** über); ['kɒnvɜ:s] *s* Gespräch *n* | Umgang *m*, Verkehr *m*

[2]**con|verse** ['kɒnvɜ:s] **1.** *adj* gegenteilig, umgekehrt ⟨in the ≈ direction⟩; **2.** *s* Gegenteil *n*, Umkehrung *f auch Phil* (**of** von); **~ver·si·ble** [kən'vɜ:səbl] *adj* umkehrbar; **~ver·sion** [kən'vɜ:ʃn|-vɜ:ʒn] *s* Um-, Verwandlung *f* (**into** in) | *Tech, El* Umwandlung *f*, Umformung *f* | *übertr, Rel* Bekehrung *f* (**to** zu) | *Pol* Übertritt *m*, Meinungswechsel *m* | *Wirtsch* Konvertierung *f* ⟨≈ account Umstellungsverhältnis *n*⟩; **~'ver·sion·al, ~'ver·sion·ar·y** *adj* Umwandlungs-; **~'ver·sion ˌta·ble** *s Math* Umrechnungstabelle *f*; **~vert** [kən'vɜ:t] *vt* um-, verwandeln (**into** in, zu) | *Tech, El* umformen, umsetzen | umstellen (**to** auf) | *übertr, Rel* bekehren (**to** zu) | *Wirtsch* (Währung) konvertieren; *vi* sich um- *od* verwandeln (**in** zu) | *übertr* sich bessern | *Rel* konvertieren; ['kɒnvɜ:t] *s* Bekehrter *m* ⟨to become a ≈ to sich bekehren zu, Anhänger werden von⟩ | *Rel* Konvertit *m*; **~vert·ed** [kən'vɜ:tɪd] *adj* umgewandelt, umgeformt ⟨≈ timber Schnittholz *n*⟩ | ausgebaut ⟨≈ mews als Wohnung ausgebautes ehemaliges Stallgebäude⟩; **~'vert·er** *s* Bekehrter *m* | *Tech* Konverter(birne) *m(f)*; **~ˌvert·i'bil·i·ty** *s* Um-, Verwandelbarkeit *f* | *Wirtsch* Konvertierbarkeit *f*, Konvertibilität *f*; **~'vert·i·ble 1.** *adj* um-, verwandelbar | *Wirtsch* konvertierbar (**into** in) | bekehrbar (**to** zu) | gleichbedeutend ⟨≈ terms synonyme Termini *m/pl*⟩ | *Kfz* mit aufklappbarem Verdeck; **2.** *s umg* Kabriolett *n*

con·vex ['kɒnveks] *adj* konvex, erhaben ⟨~ lens Sammellinse *f*⟩; **~i·ty** [kən'veksətɪ] konvexe Gestalt *od* Form; Wölbung *f* | *Tech* Balligkeit *f*

con·vey [kən'veɪ] *vt* befördern, transportieren ⟨to ~ goods⟩ | übersenden, -mitteln, -geben (**to s.o.** jmdm.) ⟨to ~ a message⟩ | *Phys, El* übertragen, leiten | *übertr* (Eindruck) wecken, vermitteln ⟨to ~ one's feelings seinen Gefühlen Ausdruck verleihen⟩ | ausdrücken, sagen, andeuten | *Jur* (Land u. ä.) übertragen, abtreten (**to** an); **con'vey·a·ble** *adj* übertragbar; **con'vey·ance** *s* Transport *m*, Beförderung *f*, Übersendung *f*, Spedition *f* ⟨≈ by rail Eisenbahnbeförderung *f*; means of ≈ Beförderungsmittel *n*; letter of ~ Frachtbrief *m*⟩ | *Tech* Zuführung *f*; Speisung *f* ⟨≈ of steam Dampfüberführung *f*⟩ | *übertr* Über-, Vermittlung *f* ⟨≈ of new ideas⟩ | *Tech, El* Leitung *f* ⟨open air ≈ Freileitung *f*⟩ | *Phys* Übertragung *f* ⟨≈ of sound⟩ | *Jur* Übertragung(surkunde) *f* | *förml* Beförderungs-, Transportmittel *n* ⟨public ≈ öffentliches Verkehrsmittel⟩ | *Bergb* Fördergefäß *n*, -mittel *n*; **con'vey·ance·er** *s Jur* Notar *m* für Eigentumsübertragungen; **con'vey·er**, *auch* **con'vey·or** *s Tech* Förderanlage *f* | *auch* **'~er belt** *Tech* Förderband *n*; **'~er chain** *s Tech* Förderkette *f*; **'~ing bridge** *s Tech* Förderbrücke *f*; **'~ing caˌpac·i·ty** *s Tech* Förderleistung *f*, -menge *f*; **'~ing plant** *s Tech* Förder-, Transportanlage *f*; **'~or line** *s Tech* Montage-, Fließband *n* ⟨≈ assembly Fließbandmontage *f*⟩

con|vict [kən'vɪkt] *vt* (jmdn.) überführen *od* für schuldig erklären *bes Jur* (**of s.th.** e-r Sache); ['kɒnvɪkt] *s* Zuchthäusler *m*, Sträfling *m*; **~vic·tion** [~'vɪkʃn] *s* Überführung *f* | *Jur* Schuldigsprechung *f*, Verurteilung *f* | Überzeugung *f*, innere Gewißheit ⟨by ≈ aus Überzeugung; to be open to ≈ sich gern überzeugen lassen; to carry ≈ überzeugend sein, Überzeugungskraft haben *od* ausüben; to act up / live up to one's ≈s nach seinen Überzeugungen leben⟩; **~'vic·tion·al** *adj* Überzeugungs-; **~'vic·tive** *adj* überzeugend ⟨a ≈ answer⟩; **~vince** [~'vɪns] *vt* (jmdn.) überzeugen (**of** von, **that** daß); **~'vince·ment** *s* Überzeugung *f*; **~'vin·ci·ble** *adj* überzeugbar, zu überzeugen; **~'vinc·ing** *adj* überzeugend ⟨a ≈ argument⟩

con·viv·i·al [kən'vɪvɪəl] *adj* gastlich | festlich, Fest- ⟨a ~ evening⟩ | gesellig, lustig ⟨~ companions⟩; **con'viv·i·al·ist** *s* lustiger Gesellschafter; **conˌviv·i'al·i·ty** *s* Gastlichkeit *f* | Lustigkeit *f*

con·vo·ca·tion [ˌkɒnvə'keɪʃn] *s* Zusammenberufung *f*, Einberufung *f* | Versammlung *f*; **ˌcon·vo'ca·tion·al** *adj* Versammlungs-; **con·voke** [kən'vəuk] *vt förml* zusammenrufen, einberufen ⟨to ≈ Parliament⟩

con·vo|lute ['kɒnvəlu:t] *förml* **1.** *adj Bot* zusammengerollt, -gewickelt, ringelförmig; **2.** *s* etwas Zusammengerolltes; **3.** *vt (vi)* (sich) zusammenrollen; **'~lu·ted** *adj bes Bot* gewunden, spiralig; **ˌ~'lu·tion** *s* Zusammenrollung *f*, -wickelung *f* | Windung *f* ⟨the ≈s of a snake⟩ | *El* Umgang *m* der Wicklung

con·volve [kən'vɒlv] *vt (vi) förml* (sich) zusammenrollen

con·vul·vu|lus [kən'vɒlvjʊləs] *s* (*pl* **~lus·es** [~ləsɪz], **~li** [-|aɪ]) *Bot* Winde *f*

con·voy ['kɒnvɔɪ] **1.** *s* Begleitung *f*, Geleit *n* (zum Schutz) | Geleitzug *m* ⟨to sail under ~ im Geleitzug fahren⟩ | *Mar* Schleppzug *m* | *Mil* Eskorte *f* | *Mil* (Wagen-) Kolonne *f* | *Tech* Bremsklotz *m*; **2.** *vt* schützend geleiten, decken, eskortieren ⟨to be ~ed im Schutzgeleit fahren⟩

con|vulse [kən'vʌls] *vt* erschüttern, schütteln (*auch übertr*) ⟨to be ≈d by / with erschüttert werden durch *od* von; to be ≈d with laughter sich vor Lachen schütteln; ≈d with pain schmerzverzerrt; to be ≈d with pain sich vor Schmerzen krümmen⟩; **~'vul·sion** *s, meist pl* Zuckung *f*, Krampf *m* ⟨≈s of laughter Lachkrampf *m*⟩ | Bodenerschütterung *f*, Erdbeben *n* ⟨a ≈ of nature ein Naturbeben⟩ | *Pol* Erschütterung *f* ⟨a political ≈; civil ≈s Aufstände *m/pl*⟩; **~'vul·sive** *adj* krampfartig, krampfhaft ⟨≈ movements; a ≈ effort⟩ | *übertr* erschütternd ⟨≈ disorders erschütternde Unruhen *f/pl*⟩

co·ny ['kəunɪ] *s Am Zool* Kaninchen *n* | Kaninchen(fell) *n*, *bes* Sealkanin *n*

coo [ku:] **1.** *vi* (Tauben) girren, gurren | *übertr* zärtlich flüstern ⟨~ing and kisssing⟩; *vt* girrend *od* zärtlich flüstern ⟨to ~ one's words⟩; **2.** *s* Girren *n* | *übertr* zärtlicher Laut, zärtliches Wort

coof [ku:f] *Schott, dial* Dussel *m*, Tölpel *m*

cook [kʊk] **1.** *s* Koch *m*, Köchin *f* ⟨too many ~s spoil the broth *übertr* viele Köche verderben den Brei⟩; **2.** *vt* kochen, (mit Hitze) zubereiten | backen | braten, rösten ⟨~ed apples⟩ | *auch* ~ **up** *übertr* zusammenbrauen, aushecken ⟨to ~ up a story⟩ | (Bericht u. ä.) zurechtstutzen, frisieren ⟨to ~ accounts Konten fälschen⟩ | ruinieren, erledigen ⟨to ~ s.o.'s chances⟩ | *Brit* erschöpfen, auspumpen ⟨the runner was ~ed⟩ ◇ ~ **s.o.'s goose** *umg* jmdm. den Garaus machen, jmdn. erledigen; ~ **up** *bes Am umg* aushecken, erfinden, sich ausdenken; *vi* kochen ⟨what's ~ing? *umg* was ist los?⟩ | sich kochen lassen ⟨to ~ well schnell gar werden⟩; **'~book** *s Am* Kochbuch *n*; **'~er** *s* Kocher *m* | Kochgefäß *n* | Kochobst *n* | *übertr* Erfinder *m* ⟨a ≈ of stories⟩; **'~er·y** *s* Kochen *n* | Kochkunst *f*; **'~er·y book** *s Brit* Kochbuch *n*; **~ie** ['~ɪ] *s Am* Plätzchen *n*; **'~ing 1.** *adj* Koch-; **2.** *s* Kochen *n*; **'~ing plate** *s El* Kochplatte *f*; **'~ing stove** *s* Kochherd *m*, -ofen *m*; **'~-off** *s Am* Kochwettbewerb *m*; **'~out** *Am umg* Mahlzeit *f* im Freien, Picknick *n*; **~'s stove** *s Mar* Kombüse *f*; **'~-up** *s* Improvisation *f*, Erfindung *f*; [1]**'~y** = **cookie;** [2]**'~y** *s umg* Köchin *f*

cool [ku:l] **1.** *adj* kühl, frisch ⟨to get ~ sich abkühlen⟩ | kühlend ⟨a ~ dress ein leichtes Kleid⟩ | fieberfrei | *übertr* kühl, kaltblütig, gelassen ⟨as ~ as a cucumber die Ruhe selber; to keep ~ ruhig bleiben, sich nicht aufregen⟩ | kühl, leidenschaftslos, gleichgültig ⟨a ~ lover⟩ | unverfroren, frech ⟨a ~ customer ein frecher Patron⟩ | (Farbe) kalt | *umg* glatt, rund ⟨a ~ million dollars⟩; **2.** *vt* kühlen, abkühlen ⟨to ~ the air; to ~ one's heels *übertr* kalte Füße bekommen, lange warten müssen⟩ | *auch* ~ **down,** ~ **off** erfrischen, abkühlen ⟨a swim ~ed me off a little⟩ | *übertr* (Gefühl u. ä.) abkühlen, mäßigen ⟨to ~ s.o.'s anger⟩ ◇ ~ **it** ruhig bleiben, sich beruhigen | sich nicht einmischen, sich heraushalten; *vi* sich abkühlen, kühl werden | *auch* ~ **down,** ~ **off** *übertr* erkalten, nachlassen; **3.** *s* (*meist mit best art*) Kühle *f*, Frische *f* ⟨in the ~ of the morning⟩ | *übertr* Gelassenheit *f*, Selbstkontrolle *f* ⟨to blow/lose one's ~ sich aufregen *od* seine Ruhe verlieren; to keep one's ~ ruhig *od* gelassen bleiben, sich nicht aus der Ruhe bringen lassen⟩; **4.** *adv umg* in: **play it** ~ reg dich nicht auf, immer Ruhe!; **'~ant** *s Tech* Kühlmittel *n*; **'~er** *s* Kühler *m*, Kühlapparat *m* | *Tech* Kühlschiff *n*, -bottich *m* | *Sl* Kittchen *n* | *übertr* Dämpfer *m*; **ˌ~'head·ed** *adj* gelassen, kaltblütig | gleichgültig; **'~house** *s* Kühlhaus *n*

coo·lie ['ku:lɪ] *s* Kuli *m*, Lastträger *m*; **'~ ˌjack·et** *s* Stepp-, Wattejacke *f*

cool·ing ['ku:lɪŋ] **1.** *adj* kühlend, Kühl-; **2.** *s* (Ab-) Kühlung *f*; **'~ plant** *s* Kühlanlage *f*; **'~ room** *s* Kühlraum *m*; **'~ tank** *s* Kühlapparat *m*; **'~ ˌwater** *s* Kühlwasser *n*

coo·ly ['ku:lɪ] = **coolie**

coom, coomb[e] [ku:m] *s Brit* Talmulde *f*

coon [ku:n] *s Zool bes Am* Waschbär *m* | Waschbärfell *n* | *Am Sl verächtl* Neger(in) *m(f)* ⟨a ~ song ein typisches Negerlied⟩ ◇ **an old** ~ *Am Sl* ein schlauer Fuchs; **a gone** ~ *Am Sl* ein hoffnungsloser Fall *m*, eine aussichtslose Sache; **go to the whole** ~ *Am Sl* aufs Ganze gehen

coop [ku:p] **1.** *s* Hühnerkorb *m* | Hühnerauslauf *m* | *Sl* Kittchen *n*, Gefängnis *n*; **2.** *vt, oft* ~ **up** einsperren, gefangenhalten (*auch übertr*)

co-op ['kəʊ ɒp|kəʊ 'ɒp] *s umg Abk für* ↑ **co-operative**

coop·er ['ku:pə] **1.** *s* Böttcher *m*, Faßbinder *m* | *Brit* Weinprüfer *m*; **2.** *vt* (Fässer) binden; **'~age** [~rɪdʒ] *s* Böttcherei *f* | Böttcherhandwerk *n*

co-op·er|ant [kəʊ'ɒpərənt|-'ɔ:p-] *adj* zusammenarbeitend, -wirkend; **~ate** [kəʊ'ɒpəreɪt|~ɔ:p-] *vi* zusammenarbeiten, -wirken (**in s. th.** bei etw., **with s. o.** mit jmdm.) | mitwirken (**to** an) | dazu beitragen (**to** *mit inf* zu *mit inf*); **~a·tion** [kəʊ ˌɒpə'reɪʃn|-ˌɔ:p-] *s* Zusammenarbeit *f*, -wirken *n* ⟨in ≈ with in Zusammenarbeit mit⟩ | Mitwirkung *f*; **~a·tive** [kəʊ 'ɒprətɪv|-'ɔ:p-] **1.** *adj* mitwirkend | Konsum- ⟨≈ society Konsumgenossenschaft *f*; ≈ store Konsumverkaufsstelle *f*⟩; **2.** *s* Genossenschaft *f* ⟨agricultural ≈ landwirtschaftliche Produktionsgenossenschaft; production ≈ Produktionsgenossenschaft *f*; producer's ≈ Absatzgenossenschaft *f*⟩ | Konsum(genossenschaft) *m(f)* | Konsum(verkaufsstelle) *m(f)* ⟨at the ≈⟩; **~a·tor** [kəʊ 'ɒpəreɪtə|-'ɔ:p-] *s* Mitarbeiter *m* | Konsummitglied *n*

co-opt [kəʊ 'ɒpt] *vt* kooptieren, hinzuwählen | *Am* sich einverleiben, an sich reißen; *vi Am* andere kooptieren, sich erweitern; **co-op'ta·tion** *s* Kooptierung *f*; **co-op·ta·tive** [kəʊ'ɒptətɪv] *adj* kooptierend; **co-option** [kəʊ'ɒpʃn] *s* = **co-optation**

co-or·di|nate [kəʊ'ɔ:dɪneɪt] *vt* koordinieren, beiordnen, gleichstellen | aufeinander abstimmen, in Einklang bringen, in Ordnung bringen ⟨to ≈ one's movements richtige Bewegungen machen; to ≈ ideas Gedanken logisch ordnen⟩; *vi* sich einordnen; [kəʊ'ɔ:dɪnət] **1.** *adj* koordiniert, bei-, gleichgeordnet ⟨≈ clause beigeordneter Satz⟩ | gleichartig (**with** mit); **2.** *s* Bei-, Nebengeordnetes *n* | *Math* Koordinate *f* ⟨system of ≈s Achsen-, Koordinatenkreuz *n*⟩; **co-'or·di·nat·ed** [-neɪtɪd] *adj* koordiniert ⟨≈ economic group Verbundwirtschaft *f*⟩ | gut abgestimmt, harmonisch; **co-'or·di·nates** [-nəts] *s/pl* (Kleidung) Kombination *f*, zusammenpassendes (zweiteiliges) Kleidungsstück; **co-ˌor·di'nat·ing** *adj* Koordinierungs- ⟨≈ committee Koordinierungsausschuß *m*; ≈ line militärische Nahtstelle⟩; **co-'or·di·na·tion** *s* Bei-, Neben-, Gleichordnung *f*; **~na·tive** [~neɪtɪv|-dənə-] *adj* bei-, gleichordnend | zusammenfassend | *Ling* koordinierend, gleichgeordnet (*Ant* subordinative)

coot [ku:t] *s Zool* Wasserhuhn *n* ⟨bald ~ Bläßhuhn *n*; as bald as a ~ *übertr umg* ratzekahl⟩ | *umg* Tölpel *m*

[1]**cop** [kɒp] **1.** *s* (Spinnerei) Garnwickel *m*, Kötzer *m* | Haufen *m*; **2.** *vt* (Faden) aufwickeln

[2]**cop** [kɒp] *Sl* **1.** *s* Polizist *m* | Erwischen *n* ⟨it was a fair ~ auf frischer Tat ertappt⟩; **2.** *vt* (jmdn.) erwischen, schnappen (**at** bei) ⟨you'll ~ it dich wird es erwischen⟩ | festnehmen; *vi, meist* ~ **out** *Sl verächtl* Kneifen *n*, einen Rückzieher machen (**of** von, **on** bei) ⟨don't try to ~ out [of it]⟩ | versagen, seinen Prinzipien untreu werden

co·part·ner [kəʊ'pɑ:tnə] *s Wirtsch* Teilhaber *m*, Mitinhaber *m*; **co'part·ner·ship** *s* Teilhaberschaft | Mitbeteiligungssystem *n*

[1]**cope** [kəʊp] **1.** *s Rel* Chorrock *m* | *übertr* Decke *f*, Dach *n* ⟨~ of heaven Himmelszelt *n*⟩ | *Arch* Mauerkappe *f*; **2.** *vt* mit einem Chorrock bedecken | *Arch* abdecken, bedachen (*auch übertr*) | ausklinken

[2]**cope** [kəʊp] *vi* kämpfen, es aufnehmen, fertigwerden (**with** mit) | gewachsen sein (**with s.th.** e-r Sache) | *bes Brit* die Lage meistern, mit allem fertigwerden ⟨to lose the ability to ~ das Leben nicht mehr meistern können⟩ | *vt arch* es aufnehmen mit

co·peck ['kəʊpek|'kɒpek] *s* Kopeke *f*

cop·er ['kəʊpə] *s Brit* Pferdehändler *m*

Co·per·ni·can sys·tem [kəʊ'pɜ:nɪkən ˌsɪstəm] *s* kopernikanisches Weltsystem

cope·stone ['kəʊpstəʊn] *s Arch* Deck-, Kappenstein *m* | *übertr* Schlußstein *m*

co·pho·sis [kə'fəʊsɪs] *s Med* Schwerhörigkeit *f*

co-pi·lot [ˌkəʊ 'paɪlət] *s* zweiter Pilot, Kopilot *m*

cop·ing ['kəʊpɪŋ] *s Arch* Mauerkappe *f*, -krone *f*, -krönung *f*, Deckplatte *f* | (Dach) First *m*; **'~ brick** *s Arch* Deckstein *m*; **'~ saw** *s* Laubsäge *f*; **'~ stone** = **copestone**; **'~ tile** *s*

Arch Kappenziegel *m*

co·pi·ous ['kəʊpɪəs] *adj* reich(lich) ⟨a ~ amount⟩ | wortreich, weitschweifig ⟨a ~ writer ein Vielschreiber⟩ | *Geol* ergiebig

cop-out ['kɒpaʊt] *s Sl meist verächtl* Rückzieher *m* | Treu[e]bruch *m*

[1]**cop·per** ['kɒpə] **1.** *s* Kupfer *n* ⟨yellow ~ Messing *n*⟩ | Kupfermünze *f* | *meist Brit* Kupfer-, Wäschekessel *m* | *auch* ˌ~ **'red** Kupferrot *n*; **2.** *adj* kupfern, Kupfer-; **3.** *vt Tech* verkupfern | mit Kupfer beschlagen

[2]**cop·per** ['kɒpə] *s Sl* Polizist *m*

cop·per| al·loy [ˌkɒpər'ælɔɪ] *s* Kupferlegierung *f*; **'~as** *s Chem* Kupfervitriol *n*; ˌ~ **'beech** *s Bot* Blut-, Rotbuche *f*; ˌ~ **'blue** *s* Kupferblau *n*; ˌ~ 'cap *s Tech* Zündhütchen *n*; ˌ~ **'clor·ride** *s Chem* Kupferchlorid *n*; **'cop·pered** *adj* verkupfert; ˌ~ **en'grav·ing** *s* Kupferstich *m* | Kupferstecherkunst *f*; ˌ~ **'foil** *s* Blattkupfer *n*; '~ **'glance** *s Min* Kupferglanz *m*; **'~ˌhead** *s Zool* Mokassinschlange *f*; ˌ~ **'ore** *s Min* Kupfererz *n*; ˌ~ **'ox·ide** *s Chem* Kupferoxid *n*; **'~plate** *s* Kupferplatte *f* | Kupferstich *m* ⟨to write like ≈ *übertr* wie gestochen schreiben⟩; **'~-plate** *vt* kupferplattieren, verkupfern; **'cop·pers** *s/pl* Mund und Kehle ⟨*bes*: hot ≈ *übertr* Brand *m*, ausgedörrte Kehle; to cool one's ≈ *übertr* seinen Brand löschen⟩; **'~skin** *s Am* Rothaut *f*, Indianer *m*; **'~smith** *s* Kupferschmied *m*; **'~y** [-rɪ] *adj* kupfern, Kupfer- | kupferhaltig

cop·pice ['kɒpɪs] *s bes Brit* Unterholz *n*, Dickicht *n*

cop·ra ['kɒprə] *s* Kopra *f*

copro- [kɒprə(ʊ)] ⟨*griech*⟩ in *Zus* Kot-, Dung-, Mist-

cop·ro|lite ['kɒprəlaɪt] *s* Koprolith *m*, Kotstein *m*; **~lith** ['~lɪθ] *s Med* Darmstein *m*; **~lo·gi·cal** [ˌkɒprə'lɒdʒɪkl] *adj lit* skatologisch, obszön, schmutzig

cop·u|la ['kɒpjʊlə] *s* (*pl* **~las** ['~ləz], **~lae** ['~liː]) *Ling* Kopula *f*, Bindewort *n* | *Anat* Bindeglied *n* | *bes Jur* Beischlaf *m*; **'~lar** *adj Ling* Kopula-; **'~late** *vi* sich paaren, sich begatten (**with** mit); ['~lət|-lɪt] *adj* verbunden; ˌ**~'la·tion** *s* Verbindung *f* | Paarung *f*, Koitus *m*; **'~la·tive 1.** *adj* verbindend | *Ling* kopulativ; **2.** *s Ling* Kopula *f*; ˌ**~'la·to·ry** *adj Biol* Begattungs-

cop·y ['kɒpɪ] **1.** *s* Kopie *f*, Abschrift *f* ⟨clean/fair ~ Reinschrift *f*; rough ~ Erstentwurf *m*; true ~ wortgetreue Abschrift⟩ | Abdruck *m* | *auch* **'carbon** ˌ~ Durchschlag *m* | Muster *n*, Vorlage *f* ⟨painted from a ~ nach e-r Vorlage gemalt⟩ | (für Druck bzw. Veröffentlichung geeignet) Material *n*, Grundlage *f* ⟨to make good ~ sich gut eignen, wirkungsvoll sein⟩ | Reklametext *m* ⟨advertising ~⟩ | (Buch u. ä.) Exemplar *n* | (Zeitung) Nummer *f* | *Mal* Reproduktion *f* | *Jur* Abschrift *f* (e-r Urkunde); **2.** *vt* abschreiben, kopieren (**from** von) ⟨to ~ out ins reine schreiben⟩ | durchpausen | nachbilden, -ahmen; *vi* kopieren, abschreiben (**from** von) ⟨to ~ during an examination⟩; '~ **book 1.** *s* Schreibheft *n* ⟨to blot one's ≈ *übertr umg* ins Fettnäpfchen treten⟩; **2.** *adj* abgedroschen, Alltags- ⟨≈ maxims Gemeinplätze *m/pl*, Binsenwahrheiten *f/pl*⟩; **'~cat** *s* Person *f*, die alles nachmacht; Affe *m*); '~ **ˌed·i·tor** *s Brit* (Zeitungs-) Redakteur *m*; **'~hold** *s Brit Jur* Zinslehen-; '~ **ˌhold·er** *s Brit Jur* Besitzer *m* e-s Zinslehens; **'~ing 1.** *s* Kopieren *n*; **2.** *adj* Kopier-; **'~ing 'ink** *s* Kopiertinte *f*; **'~ing ˌpa·per** *s* Durchschlagpapier *n*; **'~ing ˌrib·bon** *s* (Schreibmaschinen-) Farbband *n*; **'~ist** *s* Kopist *m*, Abschreiber *m*; **'~ˌread·er** *s Am* (Zeitungs-) Redakteur *m* | Imitator *m*; **'~right 1.** *s* Copyright *n*, Urheberrecht *n*; **2.** *auch* **'~ˌright·ed** *adj* verlags- *od* urheberrechtlich geschützt; **3.** *vt* das Urheberrecht erwerben für

co·quet [kɒ'ket|kəʊ-] **1.** *adj* kokett; **2.** *vi* (**co'quetted, co'quetted**) kokettieren, flirten (**with** mit) | *übertr* spielen (**with** mit) ⟨to ~ with an idea⟩; **~ry** ['kɒkɪtrɪ|'kəʊ-] *s* Koketterie *f*, Gefallsucht *f* | Flirt *m* | *übertr* Spiel *n*, Tändelei *f*; **co·quette** [kɒ'ket|kəʊ-] *s* Kokette *f*, gefallsüchtige Frau; **~tish** [kə'ketɪʃ] *adj* kokett, gefallsüchtig ⟨≈ smiles⟩

co·qui·to [palm] [kə'iːtəʊ pɑːm] *s Bot* Koquito-, Honigpalme *f*

cor [kɔː] *s Mus* Horn *n*; **cor an·glais** [ˌkɔː'rɒŋgleɪ] *s* Englischhorn *n*

cor·al ['kɒrl] **1.** *s Zool* Koralle *f* | Korallenrot *n* | (Kinder-) Beißring *m*; **2.** *adj* Korallen- | *auch* '~ ˌ**red** korallenrot (*auch übertr*) ⟨~lips⟩; '~ **fish** *s* Korallenfisch *m*; ˌ~ **'is·land** *s* Koralleninsel *f*; **~lin[e]** ['kɒrl̥ɪn|-aɪn] **1.** *adj* Korallen- | korallenrot; **2.** *s Bot* Korallenalge *f* | *Chem* Corallin *n*; '~ **reef** *s* Korallenriff *n*; '~ **'root** *s Bot* Korallenwurz *f*; '~ **tree** *s Bot* Korallenbaum *m*

cor|bel ['kɔːbl] *Arch* Auskragen *n* Auskragung *f* | Kragstein *m*, Konsole *f*; **2.** (**'~belled, '~belled**) *vt* mit Kragstücken versehen; *vi* aus-, vorkragen | (wie ein Kragstein) hervorstehen; '~ **beam** *s* Frei-, Kragträger *m*; **'~bel·ling** *s Arch* Verkragung *f*

cor blimey [ˌkɔː 'blaɪmɪ] *interj Brit Sl* Mensch!; Mann!

cord [kɔːd] **1.** *s* Seil *n*, Schnur *f*, Strick *m* | Bindfaden *m* | Kordel *f* | *El* Leitungsschnur *f*, Litze *f* | *Anat* Schnur *f*, Band *n*, Strang *m* ⟨spinal ~ Wirbelsäule *f*; umbilical ~ Nabelschnur *f*; vocal ~s Stimmbänder *n/pl*⟩ | (Kord-) Rippe *f*, Streifen *m*, gerippter Stoff, Kord *m*, Kordsamt *m* ⟨~s Kord(samt)hose *f*⟩ | *meist pl übertr* Fessel *f*, Verlockung *f* ⟨the ~s of sin⟩ | (Holzmaß) Klafter *n*; **2.** *vt* (fest) ver-, zuschnüren, zu-, festbinden

cord|age ['kɔːdɪdʒ] *s* Seilerwaren *f/pl* | *Mar* Tauwerk *n*; **'~ed** *adj* geschnürt | gestreift ⟨≈ cloth⟩

cor·date ['kɔːdeɪt] *adj* herzförmig ⟨a ~ leaf⟩

cor·dial ['kɔːdɪəl] **1.** *adj* herzlich, warm, freundlich ⟨a ~ welcome⟩ | tief empfunden ⟨a ~ dislike e-e starke Abneigung⟩ | *Med* herzstärkend, belebend; **2.** *s Med* herzstärkendes Mittel | *übertr* Labsal *n*, Stärkung *f* | Likör *m*; **~i·ty** [ˌkɔːdɪ'ælətɪ] *s* Herzlichkeit *f*, Freundlichkeit *f*

cord·ite ['kɔːdaɪt] *s Mil* Kordit *n*

cord mak·er ['kɔːd ˌmeɪkə] *s* Seiler *m*

cor·don ['kɔːdn] **1.** *s* Litze *f*, Schnur *f* | Ordensband *n* | *Mil* Kordon *m*, Postenkette *f* | Polizeikordon *m*, Spalier *n*, Absperrung *f* ⟨a ~ of policemen; to form a ~ Spalier bilden; sanitary ~ Schutzgürtel *m*, bewachter Schutzstreifen⟩ | *Gartenb* Schnurspalierbaum *m* | *Arch* Mauerkranz *m*; **2.** *vt* absperren; ~ **off** durch Absperrketten zurückdrängen *od* -halten; ~ **bleu** [ˌkɔːdɒŋ'blɜː] *s* ⟨*frz*⟩ *umg scherzh* exzellenter Koch, exzellente Köchin | höchste Auszeichnung *f od* höchstes Lob (*bes* für einen Koch *od* eine Köchin)

cor·do·van ['kɔːdəvən], *auch* ˌ~ **'leather** *s* Korduan *n*

cord stitch ['kɔːd stɪtʃ] *s* Kettenstich *m*

cor·du·roy ['kɔːdərɔɪ|-djʊr-] **1.** *s* Kord-, Rippsamt *m* ⟨~s *pl* Kordsamthose *f*⟩; **2.** *adj* Kordsamt-; **3.** *vt urspr Am* einen Knüppeldamm legen über; '~ **road** *s Am* Knüppeldamm *m*

cord·wain·er ['kɔːdweɪnə] *s selten* Schuhmacher *m*

cord·y ['kɔːdɪ] *adj* strickartig | faserig

core [kɔː] **1.** *s* Kern *m*, Kerngehäuse *n*, Griebs *m* | *übertr* Innerstes *n*, Mark *n*, Kern *m* ⟨rotten to the ~ faul bis aufs Mark⟩ | *El* (Spulen-) Kern *m* | *El* (Kabel-) Ader *f*, Seele *f* | *Med* Eiterpfropf *m*; **2.** *vt* entkernen; '~ **drill** *s Tech* Kernbohrer *m*; ˌ**cored e'lec·trode** *El* Selenelektrode *f*

co-re·la·tion [ˌkəʊ rɪ'leɪʃn] = **correlation**

co-re·li·gion·ist [ˌkəʊ rɪ'lɪdʒənɪst] *s* Glaubensgenosse *m*, -genossin *f*

cor·er ['kɔːrə] *s* Fruchtentkerner *m*

co-re·si·dence ['kəʊˌresɪdəns] *s Brit* (Universität) Unterbringung *f* von Studentinnen und Studenten in einem Heim, Gemeinschaftsunterkunft *f*

co·re·spon·dent [ˌkəurı'spɒndənt] *s Jur* Mitbeklagte(r) *f(m)* (in Ehescheidungsverfahren)

corf [kɔ:f] *s* (*pl* **corves** [kɔ:vz]) *Brit Bergb* Förderkorb *m* | Fischkorb *m* (im Wasser)

co·ri·a·ceous [ˌkɒrı'eıʃəs] *adj* Leder- | lederartig, zäh

co·ri·an·der [ˌkɒrı'ændə] *s Bot* Koriander *m*

co·rinne [kə'rın] *s Zool* Gazelle *f*

Co·rin·thi·an [kə'rınθıən] **1.** *adj* korinthisch ⟨~ column⟩ | *übertr* schmückend, ausschweifend; **2.** *s* Korinther(in) *m(f)*

co·ri|um ['kɔ:rıəm] *s* (*pl* **~a** ['~ə]) *Anat* Corium *n*, Lederhaut *f*

cork [kɔ:k] **1.** *s* Kork *m*, Korkrinde *f* | Korken *m*, Stöpsel *m* ⟨to draw / pull out the ~⟩; **2.** *vt, auch* **~ up** zustöpseln, verkorken ⟨to ~ a bottle⟩ | *übertr* zurückhalten, eindämmen ⟨to ~ up one's feelings⟩ | (mit gebranntem Kork) schwärzen, schwarz schminken; **'~age** *s* Verkorken *n*, Zustöpseln *n* | Entkorken *n* | Korkengeld *n*; **'corked** *adj* verkorkt | (Wein u. ä.) nach dem Kork schmeckend; **'~er** *s Sl* prima Kerl *m* | *Sl* Lüge *f*; **'~ing** *adj Sl* prima; **'~ ˌjack·et** *s* Schwimmweste *f*; **'~ oak** *s Bot* Korkeiche *f*; **'~screw 1.** *s* Korkenzieher *m*; **2.** *adj* spiralförmig; **3.** *vt (vi) umg* (sich) spiralförmig bewegen; **ˌ~-'tipped** *adj* mit Korkmundstück ⟨≈ cigarettes⟩; **'~tree** *s Bot* Korkbaum *m*; **'~wood** *s* Korkholz *n*; **'~y** *adj* korkig, Kork- | zusammengeschrumpft | *umg* flatterhaft

corm [kɔ:m] *s Bot* Kormus *m*, beblätterter Sproß

cormo- [kɔ:mə(ʊ)] ⟨*griech*⟩ *in Zus* Stamm-

[1]**corn** [kɔ:n] *s* (Samen-, Getreide-) Korn *n* | *Brit collect* Getreide *n* (*bes* Weizen) ⟨a field of ~ ein Getreide- *od* Kornfeld; a sheaf of ~ eine Getreidegarbe⟩ | *auch* **Indian ~** *Am* Mais *m* | *übertr* Körnchen *n* | *Sl* Kitsch *m* ◇ **acknowledge the ~** *Am* Fehler *od* eine Schuld *od* Niederlage zugeben *od* eingestehen; **2.** *vt* (Land) mit Getreide besäen | (Fleisch u. ä.) einsalzen, pökeln ⟨~ed beef Rinderpökelfleisch *n*, Corned Beef *n*⟩; *vi* Korn *od* Körner ansetzen

[2]**corn** [kɔ:n] *s Med* Hühnerauge *n* ⟨to tread on s.o.'s ~s *übertr umg* jmdm. auf die Hühneraugen treten, jmdn. kränken⟩

corn|bind ['kɔ:nbaınd] *s Bot* Ackerwinde *f*; **'~ bread** *s Am* Maisbrot *n*; **'~cob** *s Am* Maiskolben *m*; **'~ cock·le** *s Bot* Kornrade *f*; **'~ crake** *s Zool* Wiesenknarre *f*, Wachtelkönig *m*; **'~ ˌdodger** *s Am dial* Maiskuchen, -kloß *m*

cor·ne|a ['kɔ:nıə] *s Anat* Kornea *f*, Hornhaut *f*; **'~al** *adj* Kornea-

cor·nel ['kɔ:nəl] *s Bot* Kornelkirsche *f*

cor·nel·ian [kɔ:'ni:lıən] *s Min* Karneol *m*

cor·ne·ous ['kɔ:nıəs] *adj* hornig, Horn-

cor·ner ['kɔ:nə] **1.** *s* Ecke *f*, Winkel *m* ⟨at / on the ~ an der Ecke; in the ~ in der Ecke; just round the ~ *umg* gleich in der Nähe; to cut off a ~ den Weg abschneiden; to turn the ~ um die Ecke gehen; *übertr* die Krise überstehen, über den Berg kommen; to have turned the ~ über den Berg sein⟩ | jedes (auch entfernte) Gebiet *n*, Ecke *f* ⟨all the ~s of the earth überall auf der Welt⟩ | versteckter Ort, Winkel *m* ⟨hidden in odd ~s an entlegenen *od* verborgenen Stellen versteckt⟩ | Kurve *f* ⟨to take a ~ e-e Kurve nehmen⟩ | *übertr* Klemme *f*, Verlegenheit *f* ⟨to drive / put s.o. into a ~ jmdn. in die Enge treiben; to be in a tight ~ in e-r argen Klemme stecken⟩ | *auch* **'~ kick** (Fußball) Ecke *f*, Eckball *m* | *Wirtsch* Spekulationsaufkauf *m* ⟨to make a ~ in leather die Ledervorräte aufkaufen⟩; **2.** *vt* in eine Ecke stellen | *übertr* in die Enge treiben | *Wirtsch* aufkaufen ⟨to ~ the grain market alles Getreide aufkaufen⟩; *vi Am* eine Ecke bilden | *Wirtsch* ein Kornergeschäft machen | *Am* (an den Ecken) zusammenlaufen *od* -stoßen, sich treffen ⟨the spot where three states ~⟩; **3.** *adj* Eck- | heimlich, Winkel- ⟨hole-and-~ methods hinterhältige Methoden *f/pl*⟩; **'~ boy** *s bes Ir* Straßenjunge *m*; **ˌ~ 'cup·board** *s* Eckschrank *m*; **'cor·nered** *adj* eckig, winkelig | -eckig; **'~ house** *s* Eckhaus *n*; **'~ ˌi·ron** *s Tech* Winkeleisen *n*; **ˌ~ 'pil·lar** *s Arch* Eckpfeiler *m*; **ˌ~ 'room** *s* Eckzimmer *n*; **ˌ~ 'shop** *s* Eckgeschäft *n*, Geschäft *n* an der Ecke; **'~stone** *s Arch* Eckstein *m* | *auch übertr* Grundstein *m* ⟨to lay the ≈ den Grundstein legen; the ≈ of our policy die Grundlage unserer Politik⟩; **'~ ˌta·ble** *s* Ecktisch *m*; **'~ tooth** *s* Eckzahn *m*; **'~ways, '~wise** *adv* eckig | diagonal

cor·net *s* ['kɔ:nıt] *s Mus* kleines Horn, Kornett *n* | (spitze) Papiertüte | *Brit* (Eis-) Waffeltüte *f* | *Brit* Tüte *f od* Portion Eis | Hörrohr *n* | *Mil, Hist* Kornett *m*, Fähnrich *m*; **'~cy** *s* Kornettstelle *f*; **~[t]ist** ['kɔ:nıtıst|'kɔ:netıst] *s Mus* Kornettist *m*

corn| ex·change ['kɔ:n ıksˌtʃeındʒ] *s* Getreidebörse *f*, -markt *m*; **'~ ˌfac·tor** *s Brit* Getreidehändler *m* | *Am* Maishändler *m*; **'~field** *s Brit* Getreidefeld *n* | *Am* Maisfeld *n*; **'~ flag** *s Bot* Gelbe Schwertlilie *f*; **'~flakes** *s/pl* Weizenflocken *f/pl* | *Am* Maisflocken *f/pl*; **'~flow·er** *s Bot* Kornblume *f*; **'~flour** *s* Mais-, Reismehl *n*; **'~ grass** *s Bot* Windhahn *m*; **'~ husk** *s Am* Maishülse *f*

cor·nice ['kɔ:nıs] **1.** *s Arch* Gesims *n*, Mauerbrüstung *f* | *Tech* Kehlung *f* | Schneewächte *f*; **2.** *vt Arch* mit einer Brüstung versehen

cor·ni·fi·ca·tion [ˌkɔ:nıfı'keıʃn] *s* Verhornung *f*

Cor·nish ['kɔ:nıʃ] **1.** *adj* kornisch, aus Kornwall; **2.** *s* Kornisch *n*, kornische Sprache; **'~man** (*pl* **'~men**) *s* Einwohner *m* von Kornwall; **ˌ~ 'pas·ty** *s* Pastete *f* (mit Fleisch und Kartoffeln)

corn|loft ['kɔ:n lɒft] *s* Getreidespeicher *m*; **'~ meal** *s Brit* Getreidemehl *n* | *Am* Maismehl *n*; **'~ mill** *s Brit* Getreidemühle *f*; **'~ mint** *s Bot* Ackerminze *f*; **'~ ˌmus·tard** *s Bot* Ackersenf *m*; **'~ ˌplas·ter** *s* Hühneraugenpflaster *n*; **'~pone** *s Am* Maisbrot *n*; **'~ ˌpop·py** *s Bot* Klatschmohn *m*; **'~stalk** *s Brit* Getreidehalm *m* | *Am* Maisstengel *m* | *umg* Hopfenstange *f*, langer Mensch; **'~starch** *s* Getreidestärke *f*

cor·nu·co·pi·a [ˌkɔ:njʊ'kəʊpıə] *s* Füllhorn *n* | *übertr* Überfluß *m* an **ˌcor·nu'co·pi·an** *adj* überreichlich

cor·nute [kɔ:'nju:t] *adj* gehörnt

cor·mo·rant ['kɔ:mərənt] **1.** *s Zool* Kormoran *m* | *übertr* gieriger Mensch, Vielfraß *m*; **2.** *adj* gierig, gefräßig

corn| wee·vil ['kɔ:n ˌwi:vl] *s Zool* Kornkäfer *m*; **'~ ˌwhis·k[e]y** *s Am* Maisschnaps *m*; [1]**'~y** *adj* körnig | kornreich | *Brit* Korn-, Getreide- | *Am* Mais- | *urspr Am Sl* sentimental ⟨≈ music Schnulze *f*⟩ | *urspr Am Sl* abgedroschen ⟨a ≈ joke ein fauler Witz⟩

[2]**corn·y** ['kɔ:nı] *adj Med* voller Hühneraugen

co·rol·la [kə'rɒlə] *s Bot* Blumenkrone *f*

cor·ol·lar·y [kə'rɒlərı] *s Math, Phil* Folgesatz *m*, Zusatz *m* | *übertr* (natürliche) Folge, Ergebnis *n* (**of, to** von) ⟨as a ~ to this als Folge hiervon⟩

co·ro|na [kə'rəunə] *s* (*pl* **~nas** [~nəz], **~nae** [~ni:]) *Astr* Korona *f*, Hof *m* | *Arch* Kranzleiste *f* | *Med* (Zahn-) Krone *f* | *Anat* Kranz *m* | *auch* **'~na disˌcharge** *s El* Koronaentladung *f*; **'~na ef·fect** *s El* Koronaeffekt *m*; **cor·o·nal** ['kɒrənl] **1.** *adj Anat* Scheitel-, Kranz-; **2.** *s* Diadem *n*, Reif *m* | (Blumen-) Kranz *m*; **cor·o·nar·y** ['kɒrənərı] *adj* kronenartig, Kronen-, Kranz- | *Anat* koronar; **ˌcor·o·nar·y 'ar·ter·y** *s Anat* Herzkranzarterie *f*; **ˌcoro·nar·y throm'bo·sis**, *umg auch* **cor·o·nar·y** *s Med* Koronarthrombose *f*; **'cor·o·nat·ed** *adj* gekrönt | *Bot, Zool* mit einem Kranz versehen; **ˌcor·o'na·tion** *s* Krönung *f* (*auch übertr*)

cor·o·ner ['kɒrənə] *s Jur* Coroner *m*, Leichenbeschauer *m* und Untersuchungsrichter *m*; **ˌ~'s 'court** [ˌ~z 'kɔ:t] *s Jur* Geschworenengericht *n* unter Vorsitz eines Coroners; **ˌ~'s**

ˈin·quest *s Jur* amtliche Totenschau, gerichtliche Feststellung der Todesursache; ˌ~'s ˈju·ry *s Jur* Leichenschaukommission *f*

cor·o·net [ˈkɒrənet|-nɪt|ˌkɒrəˈnet] *s* kleine Krone | Adelskrone *f* | Diadem *n* | *Arch* Ziergiebel *m* | *Zool* Kranz *m*; **~[t]ed** [ˈ~ɪd|-nɪt-] *adj* eine Krone *od* ein Diadem tragend | adlig, Adel-; **cor·o·noid** [ˈkɒrənɔɪd] *adj Anat* kronenartig, gekrümmt

cor·po·ra [ˈkɔːpərə] *s/pl von* ↑ **corpus**

[1]**cor·po·ral** [ˈkɔːprl] *adj förml* körperlich, leiblich ⟨~ punishment Prügelstrafe *f*; *Jur* Körperstrafe *f*⟩ | persönlich ⟨~ possession⟩ | Rumpf-, den Körper betreffend

[2]**cor·po·ral** [ˈkɔːprl] *s Mil* Korporal *m*, *Brit* Unteroffizier *m*, Maat *m* | *Am Mar* Obergefreiter *m*

cor·po|ral·i·ty [ˌkɔːpəˈrælətɪ] *s* Körperlichkeit *f*, körperliche Beschaffenheit; **~rate** [ˈ~rət] *adj* verbunden, korporativ, Körperschafts- ⟨≈ body, *auch* body ≈ Gebietskörperschaft *f*; juristische Person; ≈ property Körperschaftseigentum *n*⟩ | gemeinsam ⟨≈ action⟩; ˌ~ˈra·tion *s* Korporation *f*, Körperschaft *f* | *Brit* Stadtverwaltung *f* ⟨mayor and ≈⟩ | (Stadt-) Gemeinde *f* | *Wirtsch* Innung *f* | *Hist* Zunft *f*, Gilde *f* | *auch* ˈ**stock** ~ˌ**ration** *Am* Aktiengesellschaft *f* ⟨holding ≈ Dachgesellschaft *f*⟩ | *Sl* Schmerbauch *m*; ˈ**~ra·tive** *adj Wirtsch* korporativ, körperschaftlich; ˌ**~ra·tive** ˈ**state** *s Pol* Ständestaat *m*; **~re·al** [kɔːˈpɔːrɪəl] *adj förml* körperlich, leiblich | materiell, greifbar ⟨≈ property materielle Eigenschaft⟩; **corˌpo·reˈal·i·ty** *s* Körperlichkeit *f*, körperliche Beschaffenheit; **~re·al·i·za·tion** [kɔːˌpɔːrɪəlaɪˈzeɪʃn] *s* Verkörperlichung *f*; **corˈpo·re·al·ize** *vt* verkörperlichen, körperlich machen; **~re·i·ty** [ˌ~ˈriːətɪ] *s* Körperlichkeit *f*

cor·po·sant [ˈkɔːpəˌzænt] *s* Elmsfeuer *n*

corps [kɔː] *s* (*pl* ~ [kɔːz]) *bes Mil* Korps *n* (*auch übertr*) ⟨the Marine ~; the medical ~; the ~ Diplomatique das Diplomatische Korps; the press ~⟩ | *auch* **~ de ballet** [ˌ~ də ˈbæleɪ] *s* Ballettkorps *n*, -ensemble *n*, -gruppe *f*

corpse [kɔːps] *s* Leiche *f*, Leichnam *m*

cor·pu|lence [ˈkɔːpjʊləns], ˈ**~len·cy** *s* Korpulenz *f*, Beleibtheit *f*; ˈ**~lent** *adj* korpulent, beleibt

cor·pus [ˈkɔːpəs] *s* (*pl* **cor·po·ra** [ˈkɔːpərə]) Körper *m* | Gegenstand *m* ⟨the ~ of the dispute⟩ | *Anat* Körper *m* | *Ling* Korpus *m*, Materialgrundlage *f* | (Gesetzes- u. ä.) Sammlung *f* | Gesamtwerk *n*, -schriften *f/pl* ⟨the Dickens ~⟩ | Körperschaft *f*

cor·pus|cle [ˈkɔːpʌsl], **~cule** [kɔːˈpʌskjuːl] *s Phys, Chem* Korpuskel *n*, Elementarteilchen *n* | *Biol* (Blut-) Körperchen *n*; **~cu·lar** [kɔːˈpʌskjʊlə] *adj Phys, Chem* korpuskular, Korpuskular- ⟨≈ theory⟩

cor·pus de·lic·ti [ˈkɔːpəs dɪˈlɪktaɪ] *s* ⟨*lat*⟩ Jur Corpus *n* delicti, Beweisstück *n*, Tatbestand *m*

cor|ral [kəˈrɑːl|kɔːˈr-] **1.** *s* Umzäunung *f*, Gehege *n*, Pferch *m* | Wagenburg *f*; **2.** (**~ralled, ~ralled** [kəˈrɑːld]) *vt* ein-, zusammenpferchen | eine Wagenburg bilden aus | *Am umg* (auf e-m Platz) versammeln, zusammenbringen | *Am umg* sich sichern, (sich) beschaffen ⟨to ≈ new customers⟩ | *Am umg* (Feuer) eindämmen

cor|rect [kəˈrekt] **1.** *vt* korrigieren, verbessern ⟨to ≈ o.s. sich verbessern⟩ | zurechtweisen, tadeln, bestrafen ⟨to ≈ a child for s.th.⟩ | (Fehlerquelle) ausschalten | *Math, Phys* justieren, (richtig)stellen ⟨to ≈ a watch⟩ | *übertr* mildern, ausgleichen; **2.** *adj* korrekt, richtig, genau ⟨a ≈ answer; the ≈ time⟩ | (Benehmen u. ä.) korrekt, vorschriftsmäßig ⟨the ≈ dress for s.th.⟩; **~rec·tion** [kəˈrekʃn] *s* Korrektion *f*, Verbesserung *f*, Berichtigung *f* ⟨speak under ≈ unter Vorbehalt sprechen; subject to ≈ ohne Gewähr⟩ | Korrektur *f*, Fehlerverbesserung *f* | Tadel *m*, Verweis *m* | *euphem* Strafe *f* | Besserung *f* ⟨house of ≈ *arch* Besserungsanstalt *f*⟩ | *Phys, Tech* Korrektion *f* ⟨≈ of distortion Entzerrung *f*⟩; **~ˈrec·tion·al** *adj* berichtigend | Korrektur-; **~ˈrec·tion fluid** *s* Korrekturlack *m*; **~ˈrec·tion ˌof·fi·cer** *s euphem* Gefängnisaufseher, -wärter *m*; **~rec·ti·tude** [kəˈrektɪtjuːd] *s* Korrektheit *f* ⟨to behave with ≈ sich korrekt verhalten⟩; **~ˈrec·tive 1.** *adj* berichtigend, korrigierend ⟨≈ factor Berichtigungsbeiwert *m*, -faktor *m*⟩; **2.** *s Med* Korrektiv *n*, Gegenmittel *n* (**of, to** gegen) | *Med* (Geschmacks-) Korrigens *n* | Abhilfe *f*; **~ˈrec·tor** *s* Verbesserer *m* | Kritiker *m* | (Ver-) Besserungsmittel *n* | *auch* **~ˈrec·tor of the ˈpress** *Brit Typ* Korrektor *m*; **~ˈrec·tor ˌcir·cuit** *s Ferns* Ausgleichskreis *m*; **~ˈrec·tor ˌre·lay** *s Ferns* Gleichlaufrelais *n*

cor·re|late [ˈkɒrəleɪt|-rɪl-] **1.** *vt* in Wechselbeziehung bringen (**with** mit) | in Übereinstimmung bringen (**with** mit); *vi* sich aufeinander beziehen, in Wechselbeziehung stehen (**with, to** mit) | übereinstimmen (**with, to** mit); **2.** *adj* korrelat | übereinstimmend ⟨to be ≈ to entsprechen⟩; **3.** *s* Korrelat *n*, Ergänzung *f*; **~la·tion** [ˌ~ˈleɪʃn|-rɪˈl-] *s* Korrelation *f*, Wechselbeziehung *f* (**between** zwischen) | Übereinstimmung *f* (**with** mit); **cor·rel·a·tive** [kəˈrelətɪv] **1.** *adj* korrelativ, in Wechselbeziehung stehend (**with** mit) | entsprechend | *Ling* Korrelativ- ⟨≈ conjunctions⟩; **2.** *s* Korrelat *n*, Wechselbegriff *m* | *Ling* Korrelativum *n*; **corˌrel·aˈtiv·i·ty** = **correlation**

cor·re·spond [ˌkɒrɪˈspɒnd] *vi* entsprechen (**to s.th.** e-r Sache), passen (**to** zu) | übereinstimmen (**with** mit) | korrespondieren, im Briefwechsel stehen (**with** mit); ˌ**cor·reˈspond·ence** *s* Entsprechung *f* ⟨to bear ≈ to s.th. e-r Sache entsprechen⟩ | Übereinstimmung *f* (**with** mit, **between** zwischen) | Korrespondenz *f*, Briefwechsel *m* ⟨to be in ≈ with im Briefwechsel stehen mit; commercial ≈ Handelskorrespondenz *f*⟩; ˈ**~ence course** *s* Fernstudienlehrgang *m*, ˈ**~ence school** *s* Fernstudieneinrichtung *f*; ˌ**cor·reˈspond·en·cy** *s* Übereinstimmung *f* (**with** mit); ˌ**cor·reˈspond·ent 1.** *adj* entsprechend (**to s.th.** e-r Sache) | übereinstimmend (**with** mit); **2.** *s* etwas Entsprechendes *n*, Gegenstück *n* | Briefpartner(in) *m(f)* ⟨to be a good (bad) ≈⟩ | Korrespondent(in) *m(f)* ⟨foreign ≈ Auslandskorrespondent *m*⟩ | *Wirtsch* (*bes* ausländischer) Geschäftsfreund, Handelspartner *m*; ˌ**cor·reˈspond·ing** *adj* entsprechend | korrespondierend

cor·ri·dor [ˈkɒrɪdɔː|-də] *s* Korridor *m*, Flur *m*, Gang *m* | Galerie *f* | *Flugw* Luftkorridor *m* | *Eisenb* Gang *m*; ˈ**~ train** *s Eisenb* Durchgangszug *m*, Zug *m* mit getrennten Abteilen

cor·rie [ˈkɒrɪ] *s Schott* kleiner Talkessel

cor·ri·gen|dum [ˌkɒrɪˈdʒendəm] *s* (*pl* **~da** [~də]) Druckfehler *m*; **~da** [~də] *s/pl* Druckfehlerverzeichnis *n*

cor·ri·gi|bil·i·ty [ˌkɒrɪdʒəˈbɪlətɪ] *s* Korrigierbarkeit *f* | Besserungsfähigkeit *f*; **~ble** [ˈkɒrɪdʒəbl|-rdʒ-] *adj* korrigierbar | besserungsfähig | (Person) fügsam, lenkbar

cor·rob·o|rant [kəˈrɒbərənt] **1.** *adj* bekräftigend | *Med* stärkend, kräftigend; **2.** *s* Bekräftigung *f* | *Med* Stärkungsmittel *n*; **coˈrob·o·rate 1.** *vt* bekräftigen, bestätigen, erhärten ⟨to ≈ a statement (the truth)⟩; *vi* eine Bekräftigung *od* Erhärtung darstellen; **2.** *adj* bekräftigt, bestätigt; **corˌrob·o·ra·tion** *s* Bekräftigung *f*, Bestätigung *f*, Erhärtung *f* ⟨in ≈ of zur Bestätigung von⟩; **~ra·tive** [~rətɪv|-reɪt-] **1.** *adj* bestärkend; **2.** *s Med* Stärkungsmittel *n*; **corˈrob·o·ra·tor** *s* Bestätiger *m*; **corˈrob·o·ra·to·ry** *adj* bestärkend, bekräftigend, erhärtend

cor|rode [kəˈrəʊd] *vt* korrodieren, anätzen, anfressen | zerfressen | *Tech* beizen (**with** mit) | *übertr* schwächen, zerstören, zerrütten; *vi* ätzen, sich einfressen (**into** in) | (ver)rosten | *übertr* sich verzehren; ~ˌ**rod·iˈbil·i·ty** *s* Korrodierbarkeit *f*; ~ˈ**rod·i·ble** *adj* korrodierbar; **~ro·sion** [kəˈrəʊʒn] *s* Korrosion *f*, Zerfressung *f* | *Tech* Rostbildung *f* | *übertr*

Vernichtung *f*, Zerstörung *f*; **~'ro·sion proof** *adj Tech* korrosions-, rostbeständig; **~'ro·sion re'sist·ance** *s* Korrosions-, Rostbeständigkeit *f*; **~ro·sive** [kə'rəusɪv|-zɪv] **1.** *adj* korrodierend, ätzend, Ätz-, Rost- ⟨≈ power Beizkraft *f*⟩ | *übertr* nagend, quälend ⟨≈ care⟩ | *übertr* beißend, vernichtend ⟨≈ satire⟩; **2.** *s Tech* Beize *f* | Ätzmittel *n*, Korrosion verursachende Substanz

cor·ru|gate ['kɒrəgeɪt] **1.** *vt* runzeln ⟨to ≈ the forehead die Stirn runzeln⟩ | *Tech* riefen; *vi* sich runzeln | *Tech* sich wellen; **2.** *adj* gerunzelt, gefurcht | *Tech* gewellt ⟨≈ cardboard / paper Wellpappe *f*; ≈ metal / iron Wellblech *n*⟩; **ˌ~'ga·tion** *s* Runzeln *n*, Furchen *n* | *Tech* Riffeln *n*, Wellen *n* | Runzel *f*, Falte *f*

cor·rupt [kə'rʌpt) **1.** *adj* (Person, Handlung u. ä.) schlecht, verworfen, verdorben ⟨~ morals⟩ | korrupt, bestechlich ⟨a ~ judge; ~ practices Bestechung *f*⟩ | unrein ⟨~ air⟩ | faul, verdorben, schlecht ⟨~ food⟩ | (Text u. ä.) verderbt ⟨a ~ version⟩; **2.** *vt* verderben ⟨to ~ s.o.'s morals⟩ | korrumpieren, bestechen | (Text) verfälschen | *Ling* korrumpieren, stark verändern ⟨~ed form⟩; *vi* verderben, verfaulen (*auch übertr*); **corˌrupt·i'bil·i·ty** *s* Verderblichkeit *f* | Bestechlichkeit *f*; **cor'rupt·i·ble** *adj* bestechlich, käuflich ⟨≈ officials⟩ | verderblich; **cor·rup·tion** [kə'rʌpʃn] *s* Verfaulen *n*, Fäulnis *f* ⟨the ≈ of the body⟩ | Verderbtheit *f*, Verfall *m* | Korruption *f*, Bestechung *f* | (Text u. ä.) Verfälschung *f*; **cor'rup·tive** *adj* verderbend, demoralisierend | ansteckend

cor·sage [kɔ:'sɑ:ʒ|'kɔ:sɑ:ʒ] *s* Korsage *f*, Mieder *n* | *Am* Ansteckblume *f*, kleiner Blumenstrauß (zum Anstecken)

cor·sair ['kɔ:sɛə] *s Zool* Korsar *m* | *Hist* Korsar *m*, Seeräuber *m* | *Hist* Korsarenschiff *n*

corse [kɔ:s] *s arch, poet* Leichnam *m*

corse·let ['kɔ:slɪt] *s* Korselett *n* | *Hist* Brustharnisch *m*; **cor·set** ['kɔ:sɪt|-ət] **1.** *s* (*oft pl*) Korsett *n*; **2.** *vt* (jmdn.) mit einem Korsett einschnüren; **cor·set cloth** *s* Miedergewebe *n*; **cor·set·ed** ['~ɪtɪd|-ət-] *adj* geschnürt; **cor·set·ry** ['~ɪtrɪ|ət-] *s* Miederwaren *pl*; **cors·let** ['~lɪt] = **corselet**

cor·tège [kɔ:'teɪʒ], **cor·tege** *s förml* (Fürsten-) Zug *m*, Gefolge *n* | Leichenzug *m*

cor|tex ['kɔ:teks] *s* (*pl* **~ti·ces** ['~tɪsi:z]) *Bot, Zool, Med* Rinde *f* ⟨cerebral ≈ Großhirnrinde *f*⟩; **'~ti·cal** *adj Med* kortikal; **ˌ~ti'ca·tion** *s Bot* Rindenbildung *f*

cor·ti·sone ['kɔ:tɪsəun|-zəun|-tə-] *s Chem* Kortison *n*

co·run·dum [kə'rʌndəm] *s Min* Korund *m*

co·rus·cant [kə'rʌskənt] *förml adj* (auf)blitzend, funkelnd; **cor·us·cate** ['kɒrəskeɪt] *vi* (auf)blitzen, funkeln | *übertr* glänzen ⟨coruscating wit sprühender Geist⟩; **ˌcor·us'ca·tion** *s* Blitzen *n*, Funkeln *n*

cor·vée ['kɔ:veɪ|kɔ:'veɪ] *s Hist* Fronarbeit *f* | *übertr* Frondienst *m*, -arbeit *f*

corves [kɔ:vz] *s/pl von* ↑ **corf**

cor·vet[te] [kɔ:'vet] *s Mar* Korvette *f*

cor·vine ['kɔ:vaɪn] *adj* raben-, krähenartig | Raben-, Krähen-

cor·y·ban|tian [ˌkɒrɪ'bænʃn|-rə-], **~tic** [~tɪk], **~tine** [~tɪn|~taɪn] *adj* korybantisch, wild, ausgelassen

cor·ymb ['kɒrɪmb|-ɪm] *s Bot* Corymbus *m*, Ebenstrauß *m*, Doldentraube *f*; **~ose cyme** [kə'rɪmbəs ˌsaɪm] *s Bot* Doldenrispe *f*

cor·y·phae|us [ˌkɒrɪ'fi:əs|-rə-] *s* (*pl* **~i** [~aɪ]) *Hist* Koryphäe *m*, Chorführer *m* | *übertr* Führer *m* ⟨the ≈ of a party⟩

co·ry·za [kə'raɪzə] *s Med* Schnupfen *m*

cos' [kəz] *conj umg* weil

co·se·cant [kəu'si:kənt] *s Math* Kosekante *f*

cosh [kɒʃ] *Brit umg* **1.** *s* Knüppel *m*, Totschläger *m*; **2.** *vt* mit einem Knüppel *od* Totschläger schlagen *od* einschlagen auf; **'~-boy** *s Brit Sl* Schläger *m*

cosh·er ['kɒʃə], *auch* **~ up** *vt umg* verwöhnen, verhätscheln

co|sig·na·to·ry [ˌkəu'sɪgnətrɪ|-tərɪ] *s Jur* Mitunterzeichner *m*; **ˌ~-'sign·er** *s Jur* Bürgschaft *f*

co·sine ['kəusaɪn] *s Math* Kosinus *m*

cos|met·ic [kɒz'metɪk] **1.** *adj* kosmetisch, Kosmetik-, Schönheits-, Verschönerungs- ⟨≈ cream⟩ | *Med* Schönheits- ⟨≈ surgery Schönheits-, plastische Chirurgie⟩ | *verächtl* oberflächlich, kosmetisch ⟨≈ changes⟩ | *verächtl* verbrämend, schonend ⟨≈ disguise⟩; **2.** *s* Kosmetikum *n*, Schönheitsmittel *n* | Kosmetik *f* | *verächtl* äußerer Schein, Notbehelf *m* ⟨a ≈ of society ein Trostpflaster für die Gesellschaft⟩; **~me·ti·cian** [ˌ~mə'tɪʃn] *s* Kosmetiker(in) *m(f)*; **~me·tol·o·gy** [ˌ~mə'tɒlədʒɪ] *s* Kosmetik *f*, Schönheitspflege *f*

cos|mic ['kɒzmɪk] *adj* kosmisch ⟨≈ fallout kosmischer Staub; ≈ radiation kosmische Strahlung; ≈ speed kosmische Geschwindigkeit; ≈ rays kosmische Strahlen⟩ | *übertr* umfassend, unendlich ⟨≈ boredom maßlose Langeweile⟩; **'~mi·cal** *adj* kosmisch

cosmo- [kɒzmə(ʊ)] ⟨*griech*⟩ *in Zus* kosmisch, Kosmos-

cos|mog·o·ny [kɒz'mɒgənɪ] *s* Kosmogonie *f*, Lehre *f* von der Weltentstehung; **~mog·ra·pher** [~'mɒgrəfə] *s* Kosmograph *m*; **~mo'graph·ic** [ˌ~mə'græfɪk], **ˌ~mo'graph·i·cal** *adj* kosmographisch; **~mog·ra·phy** [~'mɒgrəfɪ] *s* Kosmographie *f*, Weltbeschreibung *f*; **~mo·log·ic** [ˌ~mə'lɒdʒɪk], **ˌ~mo 'log·i·cal** *adj* kosmologisch; **~mol·o·gist** [~'mɒlədʒɪst] *s* Kosmologe *m*; **~mol·o·gy** [~'mɒlədʒɪ] *s* Kosmologie *f*; **~mo·naut** ['~mənɔ:t] *s* Kosmonaut *m*, Weltraumfahrer *m*; **~mo·pol·i·tan** [ˌ~mə'pɒlɪtən|-tn] **1.** *adj* kosmopolitisch, weltbürgerlich ⟨≈ ideals⟩ | Welt-, international ⟨≈ gathering Welttreffen *n*⟩; **2.** *s* Kosmopolit *m*, Weltbürger *m*; **~mo·pol·i·tan·ism** [ˌ~mə'pɒlɪtnɪzm|-tən-] *s* Kosmopolitismus *m*, Weltbürgertum *n*; **~mop·o·lite** [~'mɒpəlaɪt] *s* Kosmopolit *m*, Weltbürger *m*; **~mop·o·lit·ism** [~'mɒpəlɪtɪzm] *s* Kosmopolitismus *m*; **~mos** ['~mɒs] *s* Kosmos *m*, Weltall *n* | wohlgeordnetes System, in sich geschlossene Welt ⟨≈ of ideas⟩

cos·set ['kɒsɪt] **1.** *vt, auch* **~ up** verwöhnen, verhätscheln; **2.** *s* gezähmtes Tier | *übertr* Liebling *m*

cost [kɒst] **1.** *s* (*nur sg*) Preis *m*, Kosten *f/pl* ⟨~ estimate Kostenvoranschlag *m*; ~ of living Lebenshaltungskosten *pl*; prime ~ Gestehungspreis *m*; to sell s.th. at ~ etw. zum Einkaufspreis verkaufen; without regard to ~ ohne Rücksicht auf die Kosten⟩ | Schaden *m*, Nachteil *m* ⟨at s.o.'s ~ auf jmds. Kosten; to one's ~s zu jmds. Schaden⟩ | Opfer *n*, Preis *m* ⟨at all ~s, at any ~ um jeden Preis; at heavy ~ unter schweren Opfern; to count the ~ sich die Folgen vorher überlegen⟩; **2.** *vi* (**cost, cost**) (*ohne pass*) kosten, zu stehen kommen ⟨to ~ dear teuer zu stehen kommen; to ~s.o. £ 5 jmdm. £ 5 kosten; to ~ time Zeit kosten⟩ | *übertr* kosten, Verluste verursachen ⟨to ~ s.o. his life jmdn. das Leben kosten⟩ | kosten, verursachen, einbringen ⟨to ~ a sleepless night⟩ | *Wirtsch* Preis[e] festsetzen

cos|ta ['kɒstə] *s Anat, Zool* Rippe *f*; **'~tal** *adj Anat, Zool* kostal, Rippen-

Cos·ta Ri|ca ['kɒstə 'ri:kə] *s* Kostarika; **~can 1.** *adj* kostarikanisch; **2.** *s* Kostarikaner(in) *m(f)*

co-star ['kəustɑ:] **1.** *s Film, Ferns* eine(r) der Hauptdarsteller; **2.** *vi, auch* **~[r]** eine Hauptrolle haben (**with** zusammen mit); *vt* (Film) als Hauptdarsteller haben ⟨the film ~s X and Y in dem Film spielen X und Y die Hauptrollen⟩

cost| clerk ['kɒst ˌklɑ:k], *auch* **'~ acˌcoun·tant** *s* Finanzbuchhalter *m*; **'~ acˌcoun·ting** *s* Kostenrechnung *f*

cost|-cov·er·ing ['kɒstˌkʌvərɪŋ] *s Wirtsch* kostendeckend; **'~-cut** *vt Wirtsch* (von einem Projekt u. a.) die Mittel beschneiden; **'~-efˌfec·tive** *auch* **'~-ˌef,fi·cient** *adj Wirtsch* kostengünstig, profitabel

cos·ter ['kɒstə] *Brit* **1.** *s, auch* **'~ˌmonger** Höker *m*, Obst-,

Gemüsehändler *m*; **2.** *vi* Obst *u. ä.* von einem Wagen verkaufen

cost| in·fla·tion [ˈkɒst ɪnˌfleɪʃn] *auch* **ˈ~-ˌpush** *s Wirtsch* Kosteninflation *f*, -auftrieb *m*

cost·ing [ˈkɒstɪŋ] **1.** *s Wirtsch* Kostenermittlung *f*, Preisfestsetzung *f*; **2.** *adj* Kosten-, Preis- ⟨~ department⟩

cos·tive [ˈkɒstɪv] *adj Med* verstopft | *übertr* geizig

cost·ly [ˈkɒstlɪ] *adj* kostbar | teuer, kostspielig | köstlich, prächtig ⟨a ~ summer⟩

costo- [kɒstə(ʊ)] ⟨*griech*⟩ *in Zus* Rippen-

cost price [ˌkɒst ˈpraɪs] *Wirtsch s* Selbstkostenpreis *m* | Einkaufspreis *m*

costs [kɒsts] *s/pl Jur* Gebühren *f/pl*, Gerichtskosten *pl* ⟨to have to pay the ~⟩

cos|tume [ˈkɒstʃu:m|-tj-] **1.** *s* (Damen-) Kostüm *n* | Kleidung *f* ⟨bathing ≈ Badeanzug *m*⟩ | Kostüm *n*, Tracht *f* ⟨historical ≈s⟩; **2.** *adj* Kostüm- ⟨≈ ball Kostümball *m*; ≈ movie historischer Film; ≈ piece/play Kostümstück *n*⟩ | zur Kleidung passend ⟨≈ handbag; ≈ jewellery Modeschmuck *m*⟩; **3.** *vt* kostümieren;**~ˈtum·er**, **~ tum·i·er** [~ˈtju:mɪə] *s* Theaterschneider *m* | Kostümverleiher *m*; **~tu·mey** [ˈkɒstju:mɪ] *adj Am* übertrieben elegant ⟨≈ clothes⟩

co·sy [ˈkəʊzɪ] **1.** *adj* bequem, behaglich, gemütlich; **2.** *s* Eier-, Kannenwärmer *m*

[1]**cot** [kɒt] *s Am* Feldbett *n* | *Am* leichte Bettstelle | *Brit* Wiege *f*; Kinderbett(chen) *n*

[2]**cot** [kɒt] **1.** *s* Stall *m* ⟨a sheep-~⟩ | *poet* Hütte *f*, Kate *f* | Fingerschutz *m*; **2.** (**ˈ~ted**, **ˈ~ted**) *vt* (Kleinvieh) in den Stall bringen | unterstellen

co·tan·gent [kəʊˈtændʒənt] *s Math* Kotangente *f*

cote [kəʊt] *s* (Vieh-) Schuppen *m*, Stall *m*, Verschlag *m* | Taubenschlag *m* | *Brit dial* Hütte *f*, Kate *f*

co·ten·ant [ˌkəʊˈtenənt] *s* Mitpächter *m*

co·te·rie [ˈkəʊtərɪ] *s* geschlossene Gesellschaft | Clique *f* | Klüngel *m*

co·til·lion, **co·til·lon** [kəˈtɪljən] *s* (Tanz, Musik) Kotillon *m*

cot·tage [ˈkɒtɪdʒ] *s* Kate *f*, Hütte *f* ⟨farm labourers' ~ Landarbeiterwohnung *f*⟩ | Landhaus *n*, -häuschen *n* ⟨Swiss~ Schweizerhaus *n*⟩ | *urspr Am* Sommerhaus *n*, -wohnung *f* (*bes* in e-r Feriengegend); **ˈ~ cheese** *s Am* Quarkkäse *m*; **ˌ~ ˈin·dus·try** *s* Heimarbeit *f*; **ˈ~ piˌa·no** *s* Pianino *n*; **ˈcot·tag·er** *s* Häusler *m*

cot·tar [ˈkɒtə] = [1]**cotter**

[1]**cot·ter** [ˈkɒtə] *s bes Schott* Häusler *m*, Kleinbauer *m*, Pachthäusler *m* | Bewohner *m* einer Hütte

[2]**cot·ter** [ˈkɒtə] *Tech* **1.** *s* Splint *m*, Querkeil *m*; **2.** *vt* versplinten; **ˈ~ bolt** *s Tech* Keilbolzen *m*; **ˈ~ pin** *s Tech* Vorsteckkeil *m*, -stift *m*, Verschließbolzen *m*

cot·ti·er [ˈkɒtɪə] *s* Häusler *m* | Kleinbauer *m*

cot·ton [ˈkɒtn] **1.** *s* Baumwolle *f* | *auch* **ˈ~ plant** *Bot* Baumwollstaude *f* | *auch* **ˈ~ yarn** Baumwollgarn *n* ⟨needle and ~ Nadel *f* und Zwirn⟩ | *auch* **ˈ~ cloth** Baumwollstoff *m*; **2.** *vi* **~ on** *umg* verstehen, kapieren (**to s.th.** etw.) ⟨I ~ed on to what he meant ich begriff allmählich, was er meinte⟩; **~ to**, *auch* **~ up to** *Am umg* sich heranmachen an, sich gut vertragen mit ⟨to ~ up [to] s.o. easily schnell gut Freund werden mit jmdn., sich schnell mit jmdm. gut stehen⟩; **ˈ~ belt** *s Am* Baumwoll(anbau)zone *f*; **ˈ~ cake** *s* Baumwollkuchen *m*; **ˌ~ ˈcan·dy** *s* Zuckerwatte *f*; **~ gin** *s Tech* Baumwollentkernungsanlage *f*, Baumwollkrätze *f*; **ˈ~ grass** *s Bot* Wollgras *n*; **ˈ~ ˌgrow·er** *s* Baumwollpflanzer *m*; **ˈ~ mouth** *s Am* Wassermokassinschlange *f*; **ˈ~ ˌpick·er** *s* Baumwollpflücker *m*; **ˌ~ ˈprint** *s* bedruckter Kattun; **ˈ~seed** *s* Baumwollsamen *m*; **ˈ~seed oil** *s Am* Baumwollsamenöl *n*; **ˈ~tail** *s Am* Kaninchen *n*; **ˌ~ ˈvel·vet** *s* Baumwollsamt *m*, Manchester *m*; **ˈ~ waste** *s Tech* Putzwolle *f*; **ˌ~ ˈwool** *s Brit* Watte *f* ⟨to keep in ≈ *übertr umg* in Watte wickeln, verhätscheln⟩; **ˈ~y** *adj* baumwollähnlich | Baumwoll- | weich

cot·y·le·don [ˌkɒtɪˈli:dn] *s Bot* Keimblatt *n* | *Bot* Nabelkraut *n*; **ˌcot·yˈle·don·al**, **ˌcot·yˈle·don·ar·y**, **ˌcot·yˈle·don·ous** *adj Bot* Keimblatt-

[1]**couch** [kaʊtʃ] **1.** *s* Couch *f*, Liege *f* | *poet* Bett *n* ⟨to retire to one's ~ sein Nachtlager aufsuchen⟩ | (Tier) Lager *n* | *Tech* Schicht *f*, Überzug *m* | *Tech* Grund(ierung) *m(f)*; **2.** *vt* (Lanze) senken, einlegen | (Rede) formulieren (**in** mit); kleiden (**in** in) | (Meinung u. ä.) äußern, ausdrücken | *Med* (Star) stechen | (*nur pass*) *poet* **be ~ed** liegen (**on** auf) ⟨~ed in slumber⟩; *vi* liegen | sich hinlegen | versteckt liegen | kauern, sich ducken

[2]**couch** [kaʊtʃ|ku:tʃ], *auch* **ˈcouch grass** *s Bot* Quecke *f*

cou·gar [ˈku:gə] *s Zool* Kuguar *m*, Puma *m*

cough [kɒf] **1.** *s* Husten *n* ⟨to give a ~ husten⟩ | Husten(krankheit, -leiden) *m(f, n)* ⟨to have a bad ~⟩; **2.** *vi* husten; *vt* **~ down** niederhusten, durch Husten zum Schweigen bringen; **~ out**, **~ up** aushusten; **~ up** *Sl* herausrücken mit ⟨~ it up! *Sl* heraus mit der Sprache!⟩ | *Sl* (Geld) blechen; **ˈ~ drop**, **ˈ~ loz·enge** *s* Hustenbonbon *n*

could [kʊd|kəd] *prät von* ↑ **can**; **couldn't** [ˈkʊdnt] *umg für* **could not**; **couldst** [kʊdst] poet, *arch* 2. *pers sg* von **could** ⟨thou ~⟩

cou·lee [ˈku:lɪ] *Am s* Schlucht *f* | trockenes Bachbett | *Geol* (erstarrter) Lavastrom

cou·lisse [ku:ˈli:s] *s Theat* Kulisse *f*

cou·loir [kuˈlwɑ:] *s* Bergschlucht *f* | schmaler Gang, Durchgang *m*

coul·ter [ˈkəʊltə] *s Tech* Pflugeisen *n*, -messer *n*, Voreisen *n*

coun·cil [ˈkaʊnsl] *s Rat*(sversammlung) *m(f)* ⟨city ~ Stadtverordnetenversammlung *f*; to be / meet in ~ beraten, zur Beratung zusammentreten⟩ | Rat *m*, (Verwaltungs-, Regierungs- u. ä.) Körperschaft *f* ⟨≈ of the Elders *Parl* Ältestenrat *m*; County ≈ *Brit* Grafschaftsrat *m*; *DDR* Bezirksrat *m*; ~ of Europe Europarat *m*; ~ of ministers Ministerrat *m*; ≈ of National Defense *Am* Nationaler Verteidigungsrat; ~ of physicians Ärztekollegium *n*; municipal ~ Gemeinderat *m*; ≈ of Mutual Economic Aid Rat *m* für Gegenseitige Wirtschaftshilfe; Privy ≈ *Brit* Geheimer Kronrat; ≈ of Workers and Soldiers Arbeiter- und Soldatenrat *m*; District ≈ *DDR* Rat *m* des Kreises; State ≈ *DDR* Staatsrat *m*; ≈ of State *Brit* Staatsrat *m*; ≈ of War Kriegsrat *m*⟩ | *Rel* Konzil *n*; **ˈ~ board** *s* Ratstisch *m*; **ˈ~ ˌcham·ber** *s* Ratsstube *f*, -zimmer *n*; **ˈ~ esˌtate** *s Brit* städtischer Baugrund | städtische Siedlung; **ˈ~ home** *s* städtische Wohnung, städtische Gemeindewohnung; **coun·cil·lor** [ˈkaʊns|ə|-sələ|-sɪlə], *Am* **ˈcoun·ci·lor** *s* Rat(sherr) *m* | Ratsmitglied *n*; **ˈcoun·cil·lor·ship** *s* Ratsherrnwürde *f*; **ˈcoun·cil·man** *s* Ratsmitglied *n* (*bes* Stadtverordneter *m*)

coun·sel [ˈkaʊnsl] **1.** *s* Beratung *f* ⟨to hold / take ~ with s.o. jmdn. konsultieren, sich mit jmdm. beraten; to take ~ together (sich) gemeinsam beraten⟩ | Rat *m*, Ratschlag *m* ⟨a ~ / ~s of perfection wohlgemeinter Ratschlag, frommer Wunsch; to ask ~ of s.o. jmdn. um Rat fragen; to hold / take ~ with s.o. jmdn. befragen, sich erkundigen bei jmdm.; to keep one's own ~ s-e Meinung für sich behalten; to take ~ of one's pillow e-e Nacht darüber schlafen⟩ | *Jur* Anwalt *m*, Rechtsberater *m* ⟨~ for the defence Verteidiger *m*; ~ for the prosecution Anklagevertreter *m*, Staatsanwalt *m*⟩ | *collect* (*pl konstr*) ~ *Jur* die Anwälte *m/pl*, die juristischen Berater *m/pl* ⟨to hear ~ die Rechtslage anhören; ~ are agreed that nach dem Gesetz besteht Übereinstimmung, daß⟩; **2.** (**ˈcoun·selled**, **ˈcoun·selled**) *vt* (jmdm.) raten, (**to** *mit inf* zu *mit inf*), (jmdm.) einen Rat erteilen | anraten, empfehlen (**s.th. to s.o.** jmdm. etw.); *vi*

Ratschläge erteilen; '~lor, *Am* 'coun·se·lor *s* Ratgeber *m* | *Am, Ir Jur* Anwalt *m*; '~lor·ship *s* Amt *n od* Würde *f* eines Ratsmitgliedes *usw.*

[1]**count** [kaʊnt] *s* (nichtenglischer) Graf

[2]**count** [kaʊnt] **1.** *s* Zählen *n*, Rechnen *n* ⟨to keep ~ sich nicht verzählen; to lose ~ sich verzählen; nicht mehr zählen; to take ~ of s.th. etw. zählen; to take the ~ (Boxen) ausgezählt werden; *übertr* sterben⟩ | (Be-) Rechnung *f* | Ergebnis *n*, Summe *f* ⟨the ~ came to die Endsumme belief sich auf⟩ | Notiz *f*, Beachtung *f* ⟨to take any (no, not much, some) ~ of s.th. e-r Sache irgendwelche (keine, nicht viel, einige) Beachtung schenken⟩ | *Jur* Klagepunkt *m* ⟨to find s.o. guilty on all ~s⟩ | *übertr* Punkt *m*, Hinsicht *f*, Frage *f* ⟨on a variety of ~s in e-r Reihe von Punkten⟩; **2.** *vt* (aus-, be-)rechnen, (zusammenzählen, nachzählen ⟨to ~ the cost die Kosten berechnen; *übertr* an die Folgen denken⟩ | in Rechnung stellen, einbeziehen | (jmdn.) betrachten, halten für ⟨to ~ o.s. happy sich glücklich schätzen; to ~ it an honour es sich als Ehre anrechnen⟩; ~ **against** anrechnen, anlasten ⟨to ~ s.th. against s.o.⟩; ~ **in** mitzählen, einrechnen ⟨~ me in *umg* ich bin dabei⟩; ~ **out** ab-, hinzählen ⟨to ~ out five £ 10 notes⟩ | auszählen, außer acht lassen ⟨to ~ out votes Stimmen nicht mitzählen; ~ me out! *umg* ich mache nicht mit!⟩ | *Brit Pol* (*meist pass*) (Unterhaus) vertagen ⟨to ~ out the House e-e Unterhaussitzung wegen mangelnder Anwesenheit vertagen⟩ | (Boxen) auszählen; ~ **over** nachzählen; ~ **up** zusammenzählen, addieren; *vi* zählen, rechnen ⟨to ~ from 1 to 10⟩ | von Wert sein, ins Gewicht fallen ⟨that does not ~ das hat nichts zu sagen⟩ | sich verlassen (**[up]on** auf) | gelten ⟨to ~ for much (little, nothing) viel (wenig, nichts) wert sein⟩; ~ **down** rückwärts (bis Null) zählen, die Startzählung vornehmen; '~a·ble *adj* zählbar, berechenbar ⟨a ≈ noun⟩; '~down *s* Countdown *m*, Zeitkontrolle *f*, Startzählung *f* (bei Raketenabschuß)

coun·te·nance ['kaʊntɪnəns] **1.** *s* Antlitz *n*, Gesicht *n* | Ausdruck *m*, Miene *f* ⟨to change [one's] ~ die Farbe wechseln; with a fierce ~ mit wütender Miene⟩ | Fassung *f*, Haltung *f* ⟨in ~ gefaßt, ruhig; out of ~ aus der Fassung; to keep s.o. in ~ jmdn. auf- *od* ermuntern; to keep one's ~ Haltung *od* eine ernste Miene bewahren; to put / stare s.o. out of ~ jmdn. aus der Fassung bringen⟩ | Unterstützung *f*, Gunst *f* ⟨to give / lend ~ to s.o. jmdm. Unterstützung angedeihen lassen⟩ | Glaubwürdigkeit *f* ⟨to give ~ to bestärken⟩; **2.** *vt* unterstützen, begünstigen | ermutigen | gutheißen, dulden, zulassen

[1]**count·er** ['kaʊntə] *s* Ladentisch *m* ⟨to sell under the ~ unter dem Ladentisch verkaufen; over the ~ ohne Rezept⟩ | (Post-) Schalter *m*, Zahltisch *m* | *Am* Theke *f* | *Mar* Gilling *f* | Zähler *m*, Zählapparat *m* | Spielmarke *f*

[2]**coun·ter** ['kaʊntə] **1.** *adv* in entgegengesetzter Richtung ⟨to run ~ *auch übertr* entgegenlaufen, widersprechen⟩ | *übertr* entgegen, im Widerspruch (**to** zu) ⟨to act ~ to s.o.'s plans jmds. Pläne durchkreuzen⟩; **2.** *adj* (*meist attr*) entgegengesetzt, Gegen-; **3.** *s* Gegenteil *n* | (Fechten, Boxen) Gegenschlag *m* | (Schuh) Fersenleder *n*; **4.** *vt* entgegenwirken, Maßnahmen treffen gegen | (Plan u. ä.) durchkreuzen | *Sport* mit einem Gegenschlag *od* -zug beantworten; *vi* entgegengesetzt handeln | widersprechen | *Sport* einen Gegenschlag *od* -zug ausführen, kontern

counter- [kaʊntə] *präf zur Bildung von v, s, adj, adv mit der Bedeutung*: (ent)gegen, Gegen- (*z. B.* ~**work** entgegenarbeiten, ~**part** Gegenstück *n*, ~**active** entgegenwirkend, ~**clockwise** in entgegengesetzter Richtung der Uhrzeiger)

coun·ter|act [ˌkaʊntə'rækt] *vt* entgegenwirken, -arbeiten, -handeln; (Absichten u. ä.) durchkreuzen, vereiteln | (Wirkung) aufheben ⟨to ≈ the effects of medicines⟩; ˌ~'**ac·tion** *s* Gegenwirkung *f* | Gegenmaßnahme *f* | Durchkreuzung *f*, Vereitelung *f*; ˌ~'**ac·tive 1.** *adj* entgegenwirkend, Gegen-; **2.** *s* Gegner *m* | Gegenmittel *n*

coun·ter·at·tack ['kaʊntərətæk] *s* Gegenangriff *m* (*auch übertr*); [ˌkaʊntərə'tæk] *vt* einen Gegenangriff richten auf; *vi* einen Gegenangriff unternehmen

coun·ter·at·trac·tion [ˌkaʊntərə'trækʃn] *s* gegenseitige Anziehungskraft

coun·ter·bal·ance ['kaʊntəˌbæləns] *s* Gegengewicht *n* (*auch übertr*) (**to** gegen); [ˌkaʊntə'bæləns] *vi* (*vt*) ein Gegengewicht bilden (zu)

coun·ter·blast ['kaʊntəblɑ:st] *s* Gegenstoß *m* | *übertr* kräftige Entgegnung

coun·ter·change [ˌkaʊntə'tʃeɪndʒ] *vt* aus-, vertauschen | abwechslungsreich gestalten

coun·ter·charge ['kaʊntətʃɑ:dʒ] *s Jur* Gegenklage *f* | *Mil* Gegenstoß *m*; [ˌkaʊntə'tʃɑ:dʒ] *vt Jur* eine Gegenklage erheben gegen (**with** wegen) | *Mil* einen Gegenstoß richten gegen

coun·ter·check ['kaʊntətʃek] *s* Gegenwirkung *f* | Gegenstoß *m* | *übertr* Hindernis *n* ⟨to be a ~ to s.th. e-r Sache Einhalt gebieten⟩ | (Schach) Gegenzug *m*; [ˌkaʊntə'tʃek] *vt* entgegenwirken | hindern

coun·ter·claim ['kaʊntəkleɪm] *s Wirtsch, Jur* Gegenanspruch *m* | *Jur* Gegen-, Widerklage *f*; [ˌkaʊntə'kleɪm] *vt* (Summe) als Gegenforderung beanspruchen; *vi* als Gegenforderungen verlangen (**for s.th.** etw.) | *Jur* Gegen-, Widerklage erheben

coun·ter·clock·wise [ˌkaʊntə'klɒkwaɪz] *adj, adv* in entgegengesetzter Richtung der Uhrzeiger, im umgekehrten Uhrzeigersinn

coun·ter|cul·tu·ral [ˌkaʊntə'kʌltʃərəl] *adj* gegen die herrschende Kultur gerichtet; ˌ~'**cul·ture** *s* Gegenkultur *f*; ˌ~'**cul·tu·rist** *s* Anhänger(in) *od* Vertreter(in) *m(f)* einer Gegenkultur

coun·ter·dem·on·stra·tion [ˌkaʊntəˌdemən'streɪʃn] *s* Gegendemonstration *f*

coun·ter·drug [ˌkaʊntə'drʌg] *s* Gegendroge *f*, Entwöhnungsmittel *n*

counter drug ['kaʊntə drʌg] *s* rezeptfreie Droge

coun·ter·ef·fect ['kaʊntərɪfekt|-əf-] *s* Gegenwirkung *f*

coun·ter·es·pi·o·nage [ˌkaʊntə'espɪənɑ:ʒ|-nɪdʒ] *s* Gegenspionage *f*

coun·ter·ev·i·dence ['kaʊntərevɪdəns] *s* Gegenbeweis *m*

coun·ter·feit ['kaʊntəfɪt|-fi:t] **1.** *adj* falsch, nachgemacht ⟨~ money falsches Geld⟩ | vorgetäuscht, vorgeheuchelt ⟨~ pain⟩; **2.** *s* Fälschung *f* | Falschgeld *n* | unerlaubter Nachdruck; **3.** *vt* (Handschrift, Geld u. ä.) fälschen, nachmachen ⟨to ~ s.o.'s voice jmds. Stimme nachahmen⟩ | heucheln, vortäuschen ⟨to ~ grief⟩; *vi* fälschen | heucheln; '~**er** *s* Nachmacher *m* | (Geld-) Fälscher *m* | Heuchler *m*, Betrüger *m*

coun·ter·foil ['kaʊntəfɔɪl] *s* (Scheck u. ä.) Kontrollabschnitt *m* | Quittung *f* | Kupon *m*, Abschnitt *m*

coun·ter·fort ['kaʊntəfɔ:t] *s Arch* Strebepfeiler *m*

coun·ter·in·sur|gen·cy [ˌkaʊntəɪn'sɜ:dʒənsɪ] *s* (militärische) Niederwerfung eines Aufstands | Gegenaufstand *m*; '~**gent** *s* Gegenaufständischer *m*

coun·ter·in·tel·li·gence [ˌkaʊntərɪn'telɪdʒəns] *s* (Spionage-) Abwehr *f*

coun·ter·in·tu·i·tive [ˌkaʊntərɪn'tju:ɪtɪv] *adj* der Intuition zuwiderlaufend *od* widersprechend

coun·ter·ir·ri·tant [ˌkaʊntə'rɪrɪtənt] *Med* **1.** *s* Gegen(reiz)mittel *n*; **2.** *adj* Gegenreiz erzeugend

coun·ter·love ['kaʊntəlʌv] *s* Gegenliebe *f*

coun·ter·mand [ˌkaʊntəˈmɑ:nd] *vt* (Befehl) widerrufen, rückgängig machen | *Wirtsch* (Auftrag) absagen, stornieren ⟨to ~ an order⟩; [ˈkaʊntəmɑ:nd] *s* Widerrufung *f*, Abbestellung *f* | *Jur* Annullierung *f*

coun·ter·march [ˈkaʊntəˈmɑ:tʃ] *s Mil* Rückmarsch *m* | *übertr* (Meinungs- *u. ä.*) Änderung *f*; [ˌkaʊntəˈmɑ:tʃ] *vi* (*vt*) zurückmarschieren (lassen)

coun·ter·mark [ˈkaʊntəmɑ:k] *s* Gegenzeichen *n*; [ˌkaʊntəˈmɑ:k] *vt* (etw.) gegenzeichnen

coun·ter·meas·ure [ˈkaʊntəmeʒə] *s* Gegenmaßnahme *f*

coun·ter·mine [ˈkaʊntəmaɪn] *s Mil* Gegenmine *f* | *übertr* Gegenanschlag *m*; [ˌkaʊntəˈmaɪn] *vt* unterminieren (*auch übertr*)

coun·ter·move [ˈkaʊntəmu:v] *s* Gegenzug *m*; [ˌkaʊntəˈmu:v] *vi* einen Gegenzug machen; **ˈ~ment** *s* Gegenbewegung *f*

coun·ter·of·fen·sive [ˌkaʊntərəˈfensɪv] *s Mil* Gegenoffensive *f*

coun·ter·of·fer [ˈkaʊntəˌrɒfə] *s* Gegenangebot *n*

coun·ter·pane [ˈkaʊntəpeɪn] *s* Bett-, Steppdecke *f*

coun·ter·part [ˈkaʊntəpɑ:t] *s* (*sg od pl*) Gegenstück *n* (**to** zu) | Kopie *f*, Duplikat *n* | *Mus* Gegenpart *m*

coun·ter·plot [ˈkaʊntəplɒt] *s* Gegenschlag *m*; [ˌkaʊntəˈplɒt] *vt* (jmdm.) entgegenarbeiten; *vi* einen Gegenschlag machen

coun·ter·point [ˈkaʊntəpɔɪnt] *s Mus* Kontrapunkt *m* | *übertr* Kontrast *m* , Gegenpol *m*, -stück *n* ⟨to serve as ~ to sich abheben von⟩

coun·ter·poise [ˈkaʊntəpɔɪz] **1.** *s* Gegengewicht *n* (**to** gegen, zu) | ausgleichende Kraft | Gleichgewicht *n*; **2.** *vt* als Gegengewicht wirken zu | ausgleichen; *vi* als Gegengewicht wirken

coun·ter·poi·son [ˈkaʊntəpɔɪzn] *s* Gegengift *n*

coun·ter·pres·sure [ˈkaʊntəpreʃə] *s* Gegendruck *m*; **~ valve** [ˌkaʊntəˈpreʃə vælv] *s Tech* Gegendruckventil *n*

coun·ter·pro·duc·tive [ˌkaʊntəprəˈdʌktɪv] *adj* produktionshemmend

coun·ter·rev·o·lu·tion [ˌkaʊntərevəˈlu:ʃn] *s Pol* Konterrevolution *f*; **ˌcoun·ter·rev·oˈlu·tion·a·ry 1.** *adj* konterrevolutionär; **2.** = **ˌcoun·ter·rev·oˈlu·tion·ist** *s* Konterrevolutionär *m*

coun·ter·shaft [ˈkaʊntəʃɑ:ft] *s Tech* Vorgelegewelle *f*, Zwischenvorgelege *n*

coun·ter|sign [ˈkaʊntəsaɪn] **1.** *s* Gegenzeichnung *f* | *Mil* Losungswort *n*, Parole *f* | Erkennungszeichen *n*; **2.** *vt* gegenzeichnen | bestätigen; **ˌ~ˈsig·na·ture** *s* Gegenzeichnung *f*

coun·ter|sink [ˈkaʊntəsɪŋk] *Tech* **1.** *s* Versenkbohrer *m*, Krauskopf *m* | Senkschraube *f* | (kegelige) Senkbohrung; **2.** (**~sunk**, **~sunk** *vt* [ˈ~sʌŋk]) (Loch) aussenken, -fräsen | (Schraubenkopf) versenken, (kegelig) aufsetzen | (Niet) einsenken; **ˈ~sink ˌbit** *s Tech* Holzversenkbohrer *m*

coun·ter|stroke [ˈkaʊntəstrəʊk] *s* Gegenschlag *m*, -stoß *m*; **ˈ~thrust** *s* Gegenstoß *m*

coun·ter·ten·or [ˌkaʊntəˈtenə] *s Mus* hoher Tenor

coun·ter·ter·ror [ˈkaʊntəˌterə] *s* Gegenterror *m*; **ˌcoun·terˈter·ror·ism** *s* Maßnahmen *f/pl* des Gegenterrors; **ˌcoun·terˈter·ror·ism** *s* Gegenterrorist(in) *m(f)*

coun·ter·trade [ˈkaʊntətreɪd] *s Wirtsch* Kompensationsgeschäft *n*

coun·ter·vail [ˌkaʊntəˈveɪl] *vt* aufwiegen, ausgleichen; *vi* stark genug sein, ausreichen (**against** gegen) ⟨~ing military power⟩; **ˈ~ing du·ty** *s Wirtsch* Ausgleichszoll *m*

coun·ter·vi·o·lence [ˌkaʊntəˈvaɪələns] *s* Anwendung *f* von Gegengewalt

coun·ter·vote [ˌkaʊntəˈvəʊt] *vt* stimmen gegen | überstimmen

coun·ter|weigh [ˌkaʊntəˈweɪ] *vt* ein Gegengewicht bilden zu | *übertr* aufwiegen; *vi* ein Gegengewicht bilden; **~weight** [ˈ~weɪt] *s* Gegengewicht *n* (*auch übertr*) (**to** gegen) | *Tech* Spanngewicht *n*; **ˈ~ˌweight·ed** *adj* ausgewogen, ausgeglichen

coun·ter·work [ˈkaʊntəwɜ:k] *s Mil* Gegenoperation *f* | *Mil* Abwehrbefestigung *f*; [ˌkaʊntəˈwɜ:k] *vi*, *vt* entgegenarbeiten

count|ess [ˈkaʊntes] *s* Gräfin *f* | Komtesse *f*; **ˈ~hood** *s* Grafenwürde *f*

count·ing [ˈkaʊntɪŋ] **1.** *s* Zählen *n*, Rechnen *n*; **2.** *adj* Rechen-; **ˈ~ frame** *s* Rechenbrett *n*; **ˈ~ house** *s Brit* Kontor *n*, Büro *n*; **ˈ~ maˌchine** *s* Rechenmaschine *f*; **ˈ~ rail** = **ˈcount·ing frame**; **ˈcount·less** *adj* zahllos

count-out [ˈkaʊntˌaʊt] *s Brit Parl* Vertagung *f* des Unterhauses wegen Beschlußunfähigkeit

count pal·a·tine [ˈkaʊnt ˈpælətaɪn] *s Hist* Pfalzgraf *m*

coun·tri·fied [ˈkʌntrɪfaɪd] *adj* bäuerlich, ländlich | bäurisch, tölpelhaft

coun·try [ˈkʌntrɪ] **1.** *s Geogr*, *Pol* Land *n* ⟨European countries europäische Länder *n/pl od* Nationen *f/pl*; native ~ Heimatland *n*; from all over the ~ aus allen Teilen des Landes⟩ | Vaterland *n* | *übertr* Gebiet *n* ⟨a ~ new to me⟩ | Geburtsland *n* ⟨to return to one's own ~ in s-e Heimat zurückkehren⟩ | (*sg mit best Art*) das Volk (e-s Landes), die ganze Nation *f* ⟨to go / appeal to the ~ das Volk befragen, allgemeine Wahlen abhalten⟩ | (*sg mit best art*) Land *n* (*Ant* town) ⟨in the ~ auf dem Lande⟩ | (*sg ohne art mit attr*) Gegend *f*, Landstrich *m* ⟨densely wooded ~ dicht bewaldetes Land; unknown ~ unbekanntes Land *auch übertr*⟩ | *auch* **ˈ~-and-ˌwestern** *s Mus* Country (-und Western) Musik *f*; **2.** *adj* Land-, Provinz- | bäurisch ⟨~ manners ungehobelte Manieren *pl*⟩ | *Mus* Country- ⟨~ hit; ~ rock⟩; **ˌ~ ˈair** *s* Landluft *f*; **ˈ~ club** *s* Gesellschafts- *od* Sportklub *m* (für Städter); **ˌ~ ˈcous·in** *s übertr* Unschuld *f* vom Lande; **ˌ~ ˈdance** *s* Volkstanz *m*, Ländler *m*; **ˈ~ ˈgent·le·man** (*pl* **~ gentlemen**) *s* Landedelmann *m* | Gutsbesitzer *m* | Mann *m* vom Lande; **ˈ~ ˌhouse** *s* Landhaus *n*; **ˌ~ ˈlife** *s* Landleben *n*; **ˈ~man** *s* (*pl* **ˈ~men**) Bauer *m*, Landmann *m* | Einwohner *m* | Landsmann *m*; **ˈ~ ˌpar·ty** *s* Bauernpartei *f*; **ˈ~ seat** *s* Landsitz *m*; **ˈ~side** *s* Land(strich) *n(m)* | Landschaft *f* ⟨the English ≈⟩ | Landbevölkerung *f*; **ˈ~wom·an** *s* (*pl* **ˈ~wom·en**) Bauersfrau *f*, Bäuerin *f* | Einwohnerin *f* | Landsmännin *f*

count·ship [ˈkaʊntʃɪp] *s* Grafenwürde *f*; **ˈcoun·ty** *s Brit* Grafschaft *f* ⟨the ≈ of York die Grafschaft York; the home counties die sechs Grafschaften um London⟩ | *Am* Bezirk *m*, Distrikt *m*; **ˌcoun·ty ˈbo·rough** *s Brit* Grafschaftsstadt *f* (über 50 000 Einwohner); **ˌcoun·ty ˈcol·lege** *s Brit* Fortbildungsschule *f*; **ˌcoun·ty ˈcoun·cil** *s* Grafschaftsrat *m*; **ˌcoun·ty ˈcourt** *s Brit* Amtsgericht *n* | *collect* (*sg mit best art*) *Brit* alle Adelsfamilien *f/pl* der Grafschaft ⟨the ≈⟩ | *collect* (*sg präd ohne art*) ⟨the Jameses were ~ die James' waren eine alteingesessene (Adels-) Familie⟩; **ˌcoun·ty ˈfam·i·ly** *s Brit* Adelsfamilie *f* | alteingesessene Familie; **ˌcoun·ty ˈtown** *s* Hauptstadt *f* e-r Grafschaft | *DDR* Bezirksstadt *f*

coup [ku:] *s* (*pl* **~s** [~z]) Coup *m*, Schlag *m*, Streich *m*; **~ d'é·tat** [ˌ~ deɪˈtɑ:] *s* Staatsstreich *m*; **~ de grâce** [ˌ~ də ˈgrɑ:s] *s* Gnadenstoß *m*

cou·pé [ˈku:peɪ] *s* Coupé, Zweisitzer *m*, geschlossene vierrädrige Kutsche | *auch* **coupe** [ku:p] *Kfz* Coupé *n*, zweisitzige Limousine

cou|ple [ˈkʌpl] **1.** *s* Paar *n* ⟨to go in ≈s zu zweit gehen; to hunt in ≈s mit zwei Hunden jagen⟩ | Koppel *n*, Riemen *m* | (*oft pl konstr*) Ehe-, Liebes-, Tanzpaar *n* ⟨courting ≈ Brautleute *pl*; married ≈ Ehepaar *n*⟩ | (*meist* **a ~ of**) *umg* ein paar, mehrere ⟨a ~ of girls mehrere Mädchen; a ~ of hours ein paar Stunden⟩; **2.** *vt* verbinden, (-)koppeln (**with** mit) | paaren | *umg* verheiraten | *Eisenb*, *Tech* (ver)kuppeln, zusammenkoppeln | *El* (mit Schalter) (an)schalten | *El* koppeln ⟨to ≈ to the battery an die Batterie schalten⟩ | (in Gedanken) verbinden, in Zusammenhang bringen (**with** mit); *vi* (Tiere) sich paaren (**with** mit) | sich ehelich verbinden, heiraten | *El* koppeln | sich vereinigen, sich zusammentun (*auch übertr*); **'~pled** *adj* gepaart | *Tech* gekoppelt; **'~pler** *s El* Koppler *m*; **'~pler plug** *s El* Gerätestecker *m*; **'~ple ˌskat·ing** *s* (Eislauf) Paarlaufen *n*

cou·plet ['kʌplət|-ɪt] *s Metr* Reimpaar *n* ⟨heroic ~ heroisches Verspaar⟩

cou·pling ['kʌplɪŋ] **1.** *s* Vereinigung *f* | Paarung *f* | *Tech, Eisenb* Kupplung *f* | *El* Kopplung *f*; **2.** *adj* Kuppel-, Kupplungs-; **'~ box** *s Tech* (Kupplungs-) Muffe *f*; **'~ chain** *s Tech* Kupplungs-, Zugkette *f*; **'~ coil** *s El* Kupplungsspule *f*; **'~ disk** *s Tech* Kupplungsscheibe *f*; **'~ hose** *s Eisenb* Kuppelschlauch *m*; **'~ rod** *s Tech* Kupplungsstange *f*

cou·pon ['ku:pɒn] *s* (Kontroll-) Abschnitt *m* | Kassenzettel *m* | Bon *m*, Gutschein *m* ⟨international reply ~ internationaler Gutschein für Rückporto⟩ | *Wirtsch* Kupon *m*, Dividendenschein *m*

cour·age ['kʌrɪdʒ] *s* Mut *m*, Tapferkeit *f*, Kühnheit *f* ⟨to have the ~ to do s.th. zu etw. Mut haben; to have Dutch ~ sich Mut angetrunken haben; to have the ~ of one's convictions / opinion den Mut haben, nach s-r Überzeugung zu handeln; to lose ~ den Mut verlieren; to take / pluck up / muster up ~ Mut fassen *od* aufbringen; to take one's ~ in both hands sich ein Herz fassen⟩; **cou·ra·geous** [kə'reɪdʒəs] *adj* tapfer, mutig, kühn, beherzt

cour·i·er ['kʊrɪə] *s* Kurier *m*, Eilbote *m* | Reiseleiter *m*, -führer *m* | Kurierflugzeug *n* | *Kan* Briefträger *m*

course [kɔ:s] **1.** *s* Lauf *m*, Gang *m*, Weg *m* (*auch übertr*) ⟨the ~ of a river Flußlauf *m*; the ~ of events der Gang der Dinge; the ~ of the argument der Verlauf der Diskussion; to run / take one's ~ seinen Weg nehmen *od* verfolgen⟩ | Fahrt *f*, Reise *f* | *Mar, Flugw* Kurs *m* ⟨to be on (off) one's ~ auf Kurs (vom Kurs ab) sein; to stand upon the ~ den Kurs halten⟩ | *Sport* Bahn *f*, Rennstrecke *f*, Laufbahn *f* ⟨golf ~ Golfplatz *m*; race-~ Rennbahn *f*; to stay the ~ *auch übertr* durchhalten⟩ | (Jagd) (*bes* Hasen-) Hetze *f* | Fahrbahn *f* | Fortschritt *m* | (Ab-, Ver-) Lauf *m* ⟨in ~ of während; in due ~ zu seiner Zeit; in the ~ of im Verlauf; in [the] ~ of time schließlich; in the ordinary ~ of things, in the ~ of nature wie zu erwarten war, wie üblich⟩ | Lebens-, Laufbahn *f*, Karriere *f* | Verfahren *n*, Art *f*, Weise *f* ⟨to adopt a ~ e-n Weg einschlagen⟩ | Gewohnheit *f*, Haltung *f*, Lebensweise *f* ⟨to take to evil ~s schlechte Gewohnheiten annehmen⟩ | Lehrveranstaltung *f*, Vorlesung *f* ⟨a linguistics ~⟩ | Turnus *m*, Reihe *f* ⟨a ~ of lectures e-e Vortragsreihe⟩ | *Brit* Studium *n* ⟨a 3-year ~⟩ | Kursus *m*, Lehrgang *m* ⟨the first ~ in Spanish der erste Spanischlehrgang⟩ | *Med* Kur *f* ⟨~ of waters Brunnenkur *f*⟩ | Gang *m*, Gericht *n* ⟨a dinner of five ~s, a five-~ dinner e-e Mahlzeit mit fünf Gängen⟩ | *Wirtsch* (Geld-) Kurs *m* | *Arch* Lage *f*, Schicht *f* | *Mar* Großsegel *n* | *Bergb* Ader *f*, Gang *m* ◇ **a matter of ~** etwas Selbstverständliches, eine Selbstverständlichkeit; **of ~** natürlich, selbstverständlich; **2.** *vt* (Wild, *bes* Hasen) hetzen, jagen | *übertr* verfolgen, jagen; *vi* jagen, rennen, eilen | (Flüssigkeit) pulsieren (**through** durch) (*auch übertr*); **'cours·er** *s poet* Rennpferd *n*; **'cours·ing** *s* Hetzjagd *f* (*bes* auf Hasen)

court [kɔ:t] **1.** *s, auch* **'~yard** (Innen-, Vor-) Hof *m* | großes Gebäude (mit Hof) | *Brit* Herrensitz *m*, Palais *n* ⟨Hampton ≁⟩ | *Sport* Spielplatz *m* ⟨tennis ~ Tennisplatz *m*⟩ | *oft* ≁ Hof *m*, Residenz *f* ⟨at ~ bei Hofe; to be presented at ~ bei Hofe vorgestellt werden; to hold ~ Hof halten⟩ | Hofgesellschaft *f* ⟨to hold a ~ e-e Cour abhalten⟩ | *übertr* Hof *m*, Cour *f* ⟨to pay [one's] ~ to s.o. jmdm. den Hof machen⟩ | *Jur* Gericht(shof) *n(m)* ⟨~ of law, ~ of justice Gerichtshof *m*; county ~ *Brit* Amtsgericht *n*; to appear in ~ vor Gericht erscheinen; to be ruled / put out of ~, to put o.s. out of ~ sich e-s Rechts begeben; to bring to ~ vor Gericht bringen; out of ~ *übertr* nicht zur Sache gehörig; to settle out of ~ e-n Vergleich schließen⟩ | *Pol* gesetzgebende Versammlung *f* ⟨the High ≁ of Parliament *Brit* Parlamentsversammlung *f*⟩; **2.** *vt* den Hof machen ⟨to ~ a girl; ~ing couple Liebespaar *n*⟩ | huldigen | werben *od* buhlen um ⟨to ~ the great⟩ | sich bemühen um, suchen ⟨to ~ support⟩ | verleiten (**to** *mit inf* zu *mit inf*) | (Unheil u. ä.) heraufbeschwören ⟨to ~ disaster mit dem Feuer spielen, das Schicksal herausfordern⟩; *vi* freien, umeinander werben | (Tier) beim Liebesspiel sein ⟨~ing birds⟩; **ˌ~ 'cal·en·dar** *s* Hofalmanach *m*; **'~ card** *s Kart* Bilderkarte *f*; **ˌ~ 'cir·cu·lar** *s* (täglicher) Hofbericht, Hofnachrichten *f/pl*; **'~ day** *s Jur* Termin *m*; **'~ dress** *s* Hofkleidung *f* | Richterrobe *f*; **cour·te·ous** ['kɜ:tɪəs|'kɔ:t-] *adj* höflich, freundlich, artig (**to** gegenüber) ⟨≈ manners⟩

cour·te·san [ˌkɔ:tɪ'zæn] *s* Kurtisane *f*, Dirne *f*

cour·te·sy ['kɜ:təsɪ] *s* Höflichkeit *f*, Freundlichkeit *f*, Artigkeit *f* ⟨by ~ aus Höflichkeit⟩ | Gefälligkeit *f* ◇ **by ~ of** mit Erlaubnis von, im Namen von, durch; **'~ call** *s* Höflichkeitsbesuch *m*

cour·te·zan [ˌkɔ:tɪ'zæn] = **courtesan**

court| guide ['kɔ:t gaɪd] *s* Adelskalender *m* | Liste *f* der bei Hofe vorgestellten Personen; **cour·ti·er** ['kɔ:tɪə] *s* Höfling *m*; **ˌ~ 'lady** *s* Hofdame *f*; **'~ly 1.** *adj* höflich | höfisch | schmeichlerisch; **2.** *adv* höflich; **~-mar·tial** [ˌkɔ:t'mɑ:ʃl] *Mil* **1.** *s* (*pl* **ˌ~s-'martial**) Kriegsgericht *n*; **2.** *vt* (**ˌ~-'mar·tialled, ˌ~-'mar·tialled**) vor ein Kriegsgericht stellen; **'≁ of 'Ap·peal** *s Jur* Berufungsgericht *n*; **'~ of ar·bi'tra·tion** *s Jur* Schiedsgericht *n*; **'~ of in'quir·y** *s* Untersuchungsausschuß *m*; **'~ of 'pro·bate** *s* Nachlaßgericht *n*; **'~ ˌplas·ter** *s* Heftpflaster *n*; **'~room** *s* Gerichtssaal *m*

court·ship ['kɔ:tʃɪp] *s* Hofmachen *n* | Werbung *f*, Liebeswerben *n* ⟨after a month's ~⟩

court·yard ['kɔ:tjɑ:d] *s* Hof(raum) *m*

cou·sin ['kʌzn] *s* Cousin *m*, Vetter *m* | Cousine *f*, Base *f* ⟨first ~, full ~-german leiblicher (leibliche) Cousin(e) *m(f)*; second ~ Cousin(e) *m(f)* zweiten Grades⟩ | (*auch übertr*) Verwandte(r) *f(m)* ⟨our American ~s unsere amerikanischen Brüder und Schwestern; to call ~s' with … sich auf die Verwandtschaft mit … berufen⟩; **'~hood** *s* Vetter(n)schaft *f*; **'~ly** *adj, adv* vetterlich ⟨≈ affection Vetternliebe *f*⟩; **'~ship** *s* Vetter(n)schaft *f*

[1]**cove** [kəʊv] **1.** *s* Bucht *f* | *übertr* Obdach *n*, Schlupfwinkel *m* | *Arch* Wölbung *f* | *Arch* Gewölbe *n*; **2.** *Arch vt* (über)wölben; *vi* sich wölben

[2]**cove** [kəʊv] *s Brit umg* Kerl *m* ⟨a queer ~ ein komischer Kauz⟩

cov·e·nant ['kʌvənənt|-vn̩-] **1.** *s Jur* Vertrag *m* ⟨breach of ~ Vertragsbruch *m*⟩ | Vertragsklausel *f* | *Rel* Bündnis *n*, Bund *m* | *Rel* Verheißung *f* ⟨the land of the ~ das Gelobte Land⟩; **2.** *vi* übereinkommen (**with** mit, **for** über, wegen) | sich verpflichten, gegenseitig geloben (**that** daß, **to** *mit inf* zu *mit inf*); *vt* (vertraglich) vereinbaren | (vertraglich) gewähren

Cov·en·try ['kɒvntrɪ|'kʌv-] *s in:* **to send s.o. to ~** *übertr* jmdn. schneiden, jmdn. gesellschaftlich boykottieren, jmdn. links liegenlassen

cov·er ['kʌvə] **1.** *s* Decke *f* | Deckel *m* | Stürze *f* | Umschlag *m*, Einband *m* ⟨from ~ to ~ von Anfang bis Ende⟩ | Platten-, Schutzhülle *f* | (Topf u. ä.) Deckel *m*, Verschluß *m* | Futteral *n*, Hülle *f* | Kuvert *n*, Briefumschlag *m* ⟨under this ~ in der *od* als Anlage, [e]inliegend; under ~ of per Adresse; under separate ~ mit getrenntter Post⟩ | Schutz *m*, Deckung *f* (*auch Mil*) ⟨to get under ~ Schutz suchen; to provide ~ Schutz bieten; to take ~ sich verstecken; Schutz suchen⟩ | *Mil* Fliegerunterstützung *f*, Luftsicherung *f* ⟨to give air ~⟩ | Gebüsch *n*, Dickicht *n* ⟨to break ~ aus dem Gebüsch hervorkommen⟩ | Deckmantel *m*, Vorwand *m* ⟨under ~ of⟩ | *Wirtsch* (Geld-) Deckung *f*, Sicherheit *f* | *Kochk* Gedeck *n*, Kuvert *n* | *Brit Kfz* (Lauf-) Mantel *m*, Decke *f* | *Philat* Ganzsache *f*; **2.** *vt* liegen, bedecken ⟨dust ~ed the table⟩ | bedecken ⟨to ~ one's head sich bedecken⟩ | *übertr* (sich) bedecken ⟨to ~ o.s. with glory (shame) sich mit Ruhm (Schande) bedecken⟩ | einschlagen, ein-, umwickeln, umhüllen (**in** in, **with** mit) | bewerfen, überwerfen (**with** mit) | *auch* ~ **up** verdecken, verhehlen | *übertr* verbergen ⟨to ~ one's fear⟩ | schützen, sichern (**from** vor, gegen) | *Mil* kontrollieren, decken, sichern ⟨to ~ s.o.'s retreat jmds. Rückzug abschirmen⟩ | *Mil* mit Feuer belegen *od* bestreichen, beherrschen ⟨to ~ a town⟩ | *Mil* zielen auf ⟨to ~ s.o. auf jmdn. zielen⟩ | (Radar) erfassen | *Wirtsch* decken, ausgleichen ⟨to ~ the costs⟩ | umfassen, einschließen, behandeln ⟨to ~ a subject⟩ | *urspr Am Ferns, Rundf* berichten über ⟨to ~ an event⟩ | (Strecke) zurücklegen ⟨to ~ twenty miles a day⟩ | (Tier) decken | *Sport* decken; ~ **in** einhüllen | zuschütten; ~ **over** überziehen, -decken; ~ **up** zudecken | verbergen, verheimlichen; ~ **up for** (jmdn.) decken, in Schutz nehmen ⟨to ~ up for a friend⟩; **'~ ad,dress** *s* Deckadresse *f*; **~age** ['~rɪdʒ|-vr-] *s* Verbreitungsbereich *m* | *Wirtsch* Deckung *f* | *urspr Am* Berichterstattung *f* (**of** über) ⟨television ~⟩; **'~ charge** *s Kochk* Gedeckpreis *m* | Programm-, Unterhaltungsaufschlag *m*, Extrapreis *m*; **'~ de,sign** *s* Umschlag-, Titelbild *n*; **'cov·ered** *adj* bedeckt, zugedeckt ⟨≈ goods wagon *Eisenb* geschlossener Güterwagen; ≈ market Markthalle *f*; ≈ wagon, ≈ van *Am* Planwagen *m*; ≈ walk Laubengang *m*, Arkade *f*⟩ | versteckt | geschützt, gesichert | *Wirtsch* gedeckt; **,cov·ered 'court** *s* (Tennis) Halle *f*; **~er** ['~rə|-vr-] *s Mil* Hintermann *m*; **'~ girl** *s* Mädchen *n* auf der Titelseite; **~ing** ['~rɪŋ|-vr-] **1.** *adj* Deck- | Schutz-; **2.** *s* Decke *f*, Abdeckung *f* | Hülle *f*, Futteral *n* | Deckel *m* | Überzug *m* | Bespannung *f* | Be-, Überdachung *f* ⟨leafy ≈ Blattdach *n*⟩ | *übertr* Deckmantel *m*; **,~ing 'let·ter** *s* Begleitbrief *m*; **'~ing ,par·ty** *s Mil* Begleitkommando *n* | Sicherungstrupp *m*

cov·er·let ['kʌvələt|-ɪt|-et] *s* (Zier-) Bettdecke *f*

co·ver| note ['kʌvə nəʊt] *s* Versicherungsquittung *f*, (vorläufige) Versicherungsbescheinigung; **'~ point** (Kricket) Spieler *m*, der den Point (rechts neben dem Schläger) deckt

cov·ert ['kʌvət] **1.** *adj* geschützt, verborgen ⟨a ~ nook ein stiller Winkel⟩ | heimlich, versteckt ⟨a ~ glance ein verstohlener Blick⟩ | *Jur* (Frau) verheiratet ⟨feme ~ verheiratete Frau⟩; **2.** *s* Schutz *m*, Deckung *f* | Versteck *n* | (Wild) Dickicht *n*, Lager *n* ⟨to draw a ~ Wildbau aufstöbern⟩; **'~ ,ac·tion**, *auch* **'~ op·e'ra·tion** *s* Geheimaktion *f*; **~ure** ['~jʊə] *s* (Schutz-) Decke *f*, Hülle *f* | Schutz *m*, Deckung *f* | *Jur* (Frau) verheirateter Stand, Familienstand *m* der Ehefrau

cov·et ['kʌvɪt|-ət] *vt bibl, verächtl* (meist unrechtmäßig) heftig begehren, lüstern sein nach ⟨never ~ wealth and power begehre nicht Reichtum noch Macht⟩; *vi* verlangen (**after, for** nach); **'~a·ble** *adj* begehrenswert; **'~ing 1.** *adj* begierig; **2.** *s* Begierde *f*; **'~ous** *adj verächtl* begierig, lüstern (**of** nach) | habsüchtig

cov·ey ['kʌvɪ] *s Zool* Brut *f* (von Rebhühnern u.ä.) | Volk *n* (von Rebhühnern) | *übertr* Trupp *m*, Schwarm *m*, Völkchen *n* ⟨a ~ of girls; by the ~ massenweise⟩

cov·in ['kʌvɪn] *s Jur* arglistige Täuschung

[1]**cow** [kaʊ] *s* (*pl* **cows**, *arch* **kine** [kaɪn]) Kuh *f* (*Ant* bull) | Rind *n*, Kuh *f* ⟨bring home the ~s⟩ | Elefantenkuh *f* | *Sl* Dirne *f* ◇ **the ~s with the iron tail** die Wasserpumpe zum Verwässern der Milch; **till the ~s come home** *umg* auf *od* für unbestimmte Zeit, auf *od* für immer, ewig

[2]**cow** [kaʊ] *vt* einschüchtern, entmutigen ⟨a ~ed look ein verängstigter Blick⟩ | unterdrücken, niederwerfen ⟨to ~ opposition⟩

cow·ard ['kaʊəd] **1.** *s* Feigling *m* ⟨to turn ~ zum Feigling werden⟩; **2.** *adj* feige, verzagt; **~ice** ['~ɪs] *s* Feigheit *f*; **'~ly 1.** *adj* feige | gemein ⟨a ≈ lie⟩; **2.** *adv* feige

cow|bane ['kaʊbeɪn] *s Bot* Wasserschierling *m*; **'~bell** *s* Kuhglocke *f*; **~ber·ry** ['~brɪ] *s* Preiselbeere *f*; **'~boy 1.** *s* Kuhjunge *m* | *Am* Cowboy *m*, Rinderhirt *m* | *Brit Sl* Rohling *m*, rücksichtsloser Kerl; **2.** *vi Am* als Cowboy sein Geld verdienen; **'~,catch·er** *s Am Eisenb* Gleis-, Schienenräumer *m* (an Lokomotive)

cow·er ['kaʊə] *vi, auch* **~er down** (nieder)kauern | sich dukken (vor Angst) | sich verkriechen ⟨to ~ under the table⟩

cow|girl ['kaʊgɜ:l] *s* weiblicher Cowboy, Cowgirl *n*; **'~hand** *s* Kuhjunge *m*; **'~heel** *s* Rinds-, Kalbsfußsülze *f*; **'~heart·ed** *adj* feige; **'~herd** *s* Kuh-, Rinderhirt *m*; **'~hide 1.** *s* Kuhhaut *f* | Rindleder *n* | Ochsenziemer *m*; **2.** *vt* (aus)peitschen

cowl [kaʊl] **1.** *s* Kapuze *f* | Mönchskutte *f* | Schornsteinkappe *f* | *Eisenb* Funkensieb *n* | *Kfz* Vorderteil *n* der Karosserie | = **cowling**; **2.** *vt* (jmdm.) die Mönchskutte anlegen, (jmdn.) zum Mönch machen | *übertr* einhüllen ⟨peaks ~ed in clouds in Wolken eingehüllte Gipfel *m/pl*⟩

cow·lick ['kaʊlɪk] *s* Schmachtlocke *f*

cowl·ing ['kaʊlɪŋ] *s Flugw* Haube *f*, Verkleidung *f*

cow|man ['kaʊmən] *s* (*pl* **'~men**) Kuhhirte *m* | Melker *m* | *Am* Rinderzüchter *m*

co-work [kəʊ 'wɜ:k] *vi* zusammenarbeiten; **,co-'work·er** *s* Mitarbeiter(in) *m(f)*

cow| pars·ley ['kaʊ ,pɑ:slɪ] *s Bot* Wiesenkerbel *m*; **'~,pars·nip** *s Bot* Bärenklau *m*, Herkuleskraut *n*; **'~pat** *s euphem* Kuhdreck *m*; **'~pea** *s Bot* Langbohne *f*; **'~pox** *s Med* Kuhpocken *pl*; **'~,punch·er** *s Am umg* Cowboy *m*

cow|rie, ~ry ['kaʊrɪ] *s Zool* Kauri(muschel) *m(f)* | Muschelgeld *n*

cow|shed ['kaʊʃed] *s* Kuhstall *m*; **~slip** ['~,slɪp] *s Bot Brit* Schlüsselblume *f*, Primel *f* | *Bot Am* Sumpfdotter-, Kuhblume *f*

cox [kɒks] = *umg* **coxswain**

cox|a ['kɒksə] *s* (*pl* **~ae** ['~i:]) *Anat* Hüfte *f*, Hüftbein *n*; **'~al** *adj Anat* Hüft-; **~al·gi·a** [~'ældʒɪə] *s Med* Koxalgie *f*, Hüftschmerz *m*

cox·comb ['kɒkskəʊm] *s* Geck *m*, Stutzer *m* | *Bot* Hahnenkamm *m* | *selten* Narrenkappe *f*; **~i·cal** [kɒks'kəʊmɪkl|-kɒm] *adj* geckenhaft, stutzerhaft; **'~ry** *s* Albernheit *f*, Geziertheit *f*

coxed four [,kɒkst 'fɔ:] *s* (Rudern) Vierer *m* (mit Steuermann)

cox·i·tis [kɒk'saɪtɪs] *s Med* Koxitis *f*, Hüftgelenkentzündung *f*

cox·swain ['kɒksn|'kɒksweɪn] **1.** *s* Steuermann *m*, Bootsführer *m* | (Rudern) Steuermann *m*, Kapitän *m*, **2.** *vt, vi* steuern

cox·y ['kɒksɪ] *adj Schott, dial* eingebildet | frech

coy [kɔɪ] *adj* (*bes* Mädchen) scheu, schüchtern, sittsam ⟨a ~ girl⟩ | geziert, versteckt kokett ⟨~ tricks⟩ | übertrieben zurückhaltend, übertrieben vorsichtig ⟨a politician ~ about his intentions⟩

coy·ote ['kɔɪəʊt|kɔɪ'əʊt|kɔɪ'əʊtɪ] *s Zool* Kojote *m*, Präriewolf, Steppenwolf *m*

coy·pu ['kɔɪpu:] *s* (*pl* **'~s**, *collect* ~ [~]) *Zool* Koipu *m*, Biberratte *f* | Nutriapelz *m*
coz·en ['kʌzn] *lit vt, vi* prellen (**of, out of** um) | betören, überreden, verleiten (**into** *mit ger* zu *mit inf*); **~age** ['kʌzn̩ɪdʒ] *s* Betrug *m*
co·zey, co·zie ['kəuzɪ] = **cosy 1.**
[1]**crab** [kræb] **1.** *s Zool* Krabbe *f* ⟨to catch / land a ~ *übertr Mar* krebsen⟩ | ∸ *Astr* Krebs *m* | *Tech* (Lauf-) Katze *f* | *Tech* Winde *f* | *Flugw* Schieben *n*; **2.** (**'crabbed, 'crabbed**) *vt Mar* abgetrieben werden; *vi* Krabben fischen *od* fangen
[2]**crab** [kræb] *s, auch* **'~ ˌapple** *Bot* Holzapfel *m* | *umg* Meckerer *m*, Miesmacher *m*
[3]**crab** [kræb] (**'crabbed, 'crabbed**) *vt* kratzen, krallen (der Falken) | *übertr umg* herabsetzen, bekritteln, nörgeln an ⟨to ~ s.o.'s conduct⟩ | *umg* verderben, -patzen ⟨to ~ a deal⟩ | *lit* verbittern ⟨to ~ s.o.'s nature⟩; *vi* (Falken) kratzen | *umg* nörgeln (**at, about** über); **'crab·bed** *adj* (Person) mürrisch, verdrießlich | herb | (Stil) verworren, unklar, schwer verständlich ⟨a ~ author⟩ | (Schrift) unleserlich ⟨a ~ handwriting⟩
[1]**crab ˌapple** *s* ↑ [2]**crab**
crab| grass ['kræb grɑ:s] *s Bot* Fingergras *n*; **'~ louse** *s* (*pl* **'~ lice**) *Zool* Filzlaus *f*
crack [kræk] **1.** *vt* knallen lassen, knallen mit ⟨to ~ a whip mit e-r Peitsche knallen; to ~ a joke e-n Witz reißen⟩ | (auf)knacken ⟨to ~ nuts⟩ | *übertr* entziffern ⟨to ~ a code⟩ | *umg* (auf)knacken, einbrechen in ⟨to ~ a safe; to ~ a crib *Brit Sl* in ein Haus einbrechen⟩ | (Ei) aufschlagen | zerbrechen, zersprengen, zerschmettern ⟨to ~ a window ein Fenster einschlagen; to ~ a bottle *übertr umg* e-r Flasche den Hals brechen⟩ | zerstören ⟨to ~ s.o.'s reputation⟩ | (Stimme) umschlagen lassen | (Öl) auflösen, kracken ⟨~ing plant *Tech* Krackanlage *f*⟩ | *Tech* abschrecken | verrückt machen; **~ up** (Flugzeug) beim Landen beschädigen | *umg* (jmdn., etw.) anpreisen ⟨to be ~ed up as herausgestrichen werden als; it isn't all it's ~ed up to be es ist gar nicht so toll, wie es immer heißt⟩ | *Am Sl* vor Lachen zum Platzen bringen ⟨that'll ~ you up⟩; *vi* krachen, knallen ⟨a ~ing noise; the rifle ~ed⟩ | knacken | platzen | knistern | zerbrechen, zerbersten, reißen, rissig werden, Risse bilden ⟨~ed skin aufgesprungene Haut⟩ | abbröckeln | (Splitter) abspringen | (Stimme) brechen | *Sl* nachlassen ◇ **get ~ing** *Brit umg* sich dazuhalten, rankrachen; **~ down** *urspr Am umg* scharf durchgreifen (**on** bei); **~ on** *Brit Sl* weitermachen, sich nicht aus der Ruhe *od* Fassung bringen lassen; **~ up** einstürzen, zusammenfallen | altersschwach werden | (nervlich) zusammenbrechen | *Flugw* bei der Landung beschädigt werden, bruchlanden | *Am Sl* vor Lachen platzen, sich totlachen; **2.** *s* Knacken *n* | Knall *m*, Krach *m*, Detonation *f* ⟨the ~ of thunder; the ~ of the pistol shot⟩ | Riß *m*, Sprung *m*, Spalt *m* ⟨a cup with a ~ in it e-e Tasse mit e-m Sprung; to paper / past over the ~s *Brit umg* Fehler *od* Widersprüche übertünchen⟩ | Spalt *m* ⟨to open just a ~ nur e-n Spalt öffnen⟩ | Stimmbruch *m* | *umg* derber Schlag ⟨a ~ on the head⟩ | (Sport) *umg* Kanone *f* | Verrücktheit *f* | *umg* Augenblick *m* ⟨in a ~ im Nu⟩ | *Sl* Einbruch *m* | *Sl* Versuch *m* ⟨to have a ~ at s.th.⟩ | *auch* **'wise ~** *Sl* dreiste Bemerkung ⟨a dirty ~⟩ | e-e freche Bemerkung ◇ **at the ~ of dawn** bei Anbruch der Dämmerung; **the ~ of doom** *scherzh* Weltuntergang *m*, -ende *n*; **a fair ~ of the whip** *Brit umg* e-e Chance *od* die Möglichkeit etw. fertigzubringen; **3.** *adj umg* erstklassig, hervorragend ⟨a ~ player ein Klassespieler; a ~ shot ein Meisterschütze⟩; **4.** *adv* krachend, mit einem Krach; **5.** *interj* krach!, bumm!; **ˌ~'brained** *adj* verrückt ⟨a ≈ idea⟩; **'~down** *s urspr Am* Blitzmaßnahme *f* (**on** gegen); **cracked** *adj* rissig, geborsten, geplatzt | (auf)gesprungen | *umg* verrückt, verdreht | (Stimme) rauh, gebrochen; **'~er** *s* Knacker *m* ⟨nut ≈⟩ | (Feuerwerk) Schwärmer *m*, Frosch *m*, Knallbonbon *n* | *urspr Am* (Salz-) Gebäck *n*, (ungesüßter) Keks, Cracker *m* | *Brit umg* attraktive Frau, tolles Weib | *Am umg verächtl* armer Weißer (der Südstaaten) | *Sl* Zusammenbruch *m*; **'~er jack** *Sl, bes Am* **1.** *s* prima Sache *f od* Person *f*; **2.** *adj* prima, erstklassig
crack·ers ['krækəz] *adj Brit umg* (*nur präd*) verrückt ⟨to be ≈; to drive s.o. ≈ jmdn. verrückt machen⟩ | wahnsinnig begeistert, verrückt ⟨to go ~ about s.o.⟩
crack·jaw ['krækdʒɔ:] **1.** *s* Zungenbrecher *m*; **2.** *adj* schwer auszusprechen ⟨a ~ name⟩
crack|le ['krækl] **1.** *vi* knattern, krachen, prasseln | knistern; **2.** *s* Knattern *n*, Krachen *n*, Prasseln *n* | Knistern *n* | Rißmuster *n* (in Glasur) | *auch* **'~le ˌchi·na, '~le ware** *s* Krakeleeporzellan *n*; **'~led** *adj* (Porzellan) mit gerissener Glasur; **'~le glass** *s* Eis-, Krakeleeglas *n*; **'~le ˌlac·quer** *s* Reißlack *m*; **'~ling** *s* Knattern *n*, Krachen *n*, Prassel *n* | Knistern *n* ⟨the ≈ of the fire⟩ | braune Kruste (des Schweinefleisches); **~nel** ['-nl] *s* Knusperkeks m; **'~nels** *s/pl* Schweinegrieben *f/pl*; **'~pot 1.** *s umg scherzh* komischer Kauz, Spinner *m*, Verrückter *m*; **2.** *adj* verrückt; **~up** ['-ʌp] *s umg* Zusammenstoß *m* | (gesundheitlicher) Zusammenbruch | *Flugw* Bruchlandung *f*
crack·y ['krækɪ] = **cracked**
-cracy [krəsɪ] ⟨*griech*⟩ *Wortelement zur Bildung von s mit der Bedeutung:* Herrschaft (*z. B.* **auto~** Autokratie *f*)
cra·dle ['kreɪdl] **1.** *s* Wiege *f* | *übertr* Kindheit *f*, Wiege *f*, Ursprung *m* ⟨from the ~ von Jugend auf; in the ~ in der Wiege; *übertr* in den ersten Anfängen; the ~ of our culture⟩ | *Tech* Wiege *f*, Wälztrommel *f*; Drehgestell *n*; Verschlag *m* | *Tech* Schwingtrog *m* | *Landw* Sensenkorb *m* | *Tech* Räderschlitten *m* | *Mar* Stapelschlitten *m* | *Mar* Rettungskorb *m* | *Med* Beinschiene *f* | *Tel* Gabel *f*; **2.** *vt* in die Wiege legen | (ein)wiegen | aufziehen | (Erde) im Schwingtrog waschen | (Getreide) mit Sensengerüst mähen | *Tel* (Hörer) auflegen | *Tech* aussteifen; *vi* (wie) in einer Wiege liegen | mit einem Sensengerüst mähen | (goldhaltiges Gestein u.ä.) in einem Schwingtrog waschen; **'~ song** *s* Wiegenlied *n*
[1]**craft** [krɑ:ft] **1.** *s* (Hand-) Fertigkeit *f*, Geschicklichkeit *f* | List *f* ⟨to be full of ~ gerissen sein; to get s.th. by ~ etw. durch List erhalten⟩ | Handwerk *n*, Gewerbe *n*, Kunst *f* ⟨the gentle ~ das Angeln; to learn the ~ of the potter das Töpferhandwerk erlernen⟩ | *collect* Handwerk *n*, Zunft *f* ⟨the jeweller's ~ die Juweliere *m/pl*, die Vertreter des Juweliergewerbes; the ~ die Freimaurer *m/pl*; to be one of the ~ *übertr* ein Mann vom Fach sein, einer der unsrigen sein⟩; **2.** *vt bes Am* mit Hand anfertigen ⟨~ed models handgearbeitete Modelle *n/pl*⟩ | *übertr* konstruieren ⟨a carefully ~ed story⟩
[2]**craft** [krɑ:ft] *s* (*pl* **~**) *Mar* Fahrzeug *n*, Schiff *n* ⟨a seaworthy ~ ein seetüchtiges Schiff⟩ | *collect Mar* Fahrzeuge *n/pl*, Schiffe *n/pl* ⟨all kinds of ~ alle Arten von Schiffen; three ~ drei Schiffe *n/pl*; small ~ kleine Wasserfahrzeuge⟩
crafts·man ['krɑ:ftsmən] *s* (*pl* **'crafts·men**) Handwerker *m* | Künstler *m*; **'~ship** *s* Kunstfertigkeit *f*, Fachtüchtigkeit *f*
craft un·i·on ['krɑ:ft ˌju:nɪən] *s* Handwerkergewerkschaft *f*
craft·y [krɑ:ftɪ] *adj* schlau, listig, verschlagen ⟨as ~ as a fox⟩
crag [kræg] *s* Klippe *f*, Felsenspitze *f*; **~ged, '~gy** *adj* schroff, felsig | uneben; **crags·man** ['~zmən] *s* (*pl* **'crags·men**)] erfahrener Bergsteiger
crake [kreɪk] **1.** *s Zool* Wiesenläufer *m*, Schnarre *f*; **2.** *vi* schnarren, krächzen
cram [kræm] **1.** (**crammed, crammed**) *vt* vollstopfen, an-

füllen (*auch übertr*) (**with** mit) ⟨to ~ a speech with hard words e-e Rede mit gelehrten Wörtern vollpacken⟩ | überfüttern | (Gans u. ä.) stopfen, mästen | hineinstopfen ⟨to ~ food into one's mouth sich den Mund vollstopfen; to ~ s.th. down s.o.'s throat *übertr umg* jmdm. etw. unter die Nase reiben⟩ | *auch* **~ up** *umg* (etw.) einpauken ⟨to ~ for an examination⟩ | *umg* (jmdm.) (Kenntnisse) einpauken ⟨to ~ a pupil⟩ | *Sl* (jmdn.) belügen; *vi* sich vollessen | *umg* büffeln, pauken | *Sl* lügen; **2.** *s* Gedränge *n* | *umg* Einpauken *n* | *Sl* Lüge *f*

cram·bo ['kræmbəʊ] *s* Reimspiel *n*

cram|-full ['kræm 'fʊl] *adj, adv* vollgestopft; '**~med** *adj* (Raum u. ä.) überfüllt, gedrängt voll; '**~mer** *s umg* Einpauker *m* | *Sl* Lüge *f* | *Sl* Lügner *m*

cramp [kræmp] **1.** *s Med* Krampf *m* ⟨writer's ~ Schreibkrampf *m*; to be seized with ~ e-n Krampf bekommen⟩ | *meist pl, auch* '**stomach ~s** Magenkrämpfe *m/pl*, Leibschmerzen *m/pl* | *auch* '**~ iron** *Tech* Krampe *f*, (Bau-) Klammer *f* | *auch* '**~ frame** *Tech* Schraubzwinge *f* | *Tech* Kropfeisen *n* | *übertr* Fessel *f*, Zwang *m*; **2.** *vt Med* (ver)krampfen | *Tech* (an-, ver)klammern ⟨to ~ a beam⟩ | *übertr* einzwängen, hemmen ⟨to be / feel ~ed for room sehr beengt wohnen, sich sehr beengt fühlen; to ~ s.o.'s style *umg* jmdn. behindern, jmdn. an der Entfaltung hindern; to ~ s.o.'s progress jmdn. am Fortkommen hindern⟩; **3.** *adj* verwickelt, verworren, unklar ⟨~ reason⟩ | eng, schmal ⟨a ~ corner⟩ | verkrampft, krampfhaft ⟨~ed handwriting⟩ | beengt

cramp·fish ['kræmpfɪʃ] *s Zool* Zitterrochen *m*

cram·pon ['kræmpən] *s* eiserne Klammer | *meist* **~s** *pl* Steigeisen *n*

cran [kræn] *s Brit* Maß für frische Heringe (170,5 l)

cran·age ['kreɪnɪdʒ] *s* Krangebühr *f*, -geld *n*

cran·ber·ry ['krænbr̩ɪ] *s Bot* Preiselbeere *f*, Moosbeere *f* | Preiselbeerstrauch *m*

crane [kreɪn] **1.** *s Zool* Kranich *m* | *Tech* Kran *m* ⟨hoisting ~ Hebekran *m*; travelling ~ Laufkran *m*⟩ | *Tech* Arm *m*, Ausleger *m*; **2.** *vt* (Hals) ausstrecken (**for** nach) ⟨to ~ one's neck to see s.th. sich recken, um etw. zu sehen⟩ | (mit e-m Kran) hochheben; *vi* sich strecken; den Hals ausrecken ⟨to ~ forward⟩ | *übertr* zögern, zaudern, zurückschrecken (**at** vor); '**~ bridge** *s Tech* Kranbrücke *f*; '**~ ˌdriv·er** *s Tech* Kranführer *m*; '**~ fly** *s Zool* Erdschnake *f*; '**~ jib** *s Tech* Kranausleger *m*, -arm *m*; **~man** ['~mæn] *s* Kranführer *m*; ˌ**~s and 'el·e·va·tors** *s/pl Tech* Hebezeuge *n/pl*; **crane's-bill**, *auch* **cranes-bill** ['kreɪnz bɪl] *s Bot* Storchschnabel *m*; '**~ ˌtrol·ley** *s* Kran(lauf)katze *f*; '**~ truck** *s Tech* Krankarren *m* | *Am Kfz* Abschleppfahrzeug *n*

cra·ni·a ['kreɪnɪə] *s/pl von* ↑ **cranium**

cranio- [kreɪnɪə(ʊ)] ⟨*griech*⟩ *in Zus* Schädel-

cra·ni|ol·o·gy [ˌkreɪnɪ'ɒlədʒɪ] *s* Kraniologie *f*, Schädelkunde *f*; **~um** ['~əm] *s* (*pl* **~ums** ['~əmz], **~a** ['~ə]) Cranium *n*, Schädel *m*

crank [kræŋk] **1.** *s Tech* (Hand-) Kurbel *f* | *Kfz* Tretkurbel *f* | Schwengel *m* | Wortspiel *n*, -verdrehung *f*, *meist in*: **quips and ~s** wunderliche Wortspiele *n/pl* | Laune *f*, Schrulle *f* | fixer Gedanke | *umg, oft scherzh* komischer Kauz, vernarrter Mensch, Fanatiker *m* ⟨a fresh air ~ einer, der verrückt auf frische Luft ist⟩ | *Am umg* Streithammel *m*; **2.** *vt* krümmen | *Tech* verkröpfen | *meist* **~ up** (Film u. ä.) andrehen, (Motor) ankurbeln; *vi* kurbeln | (Fluß u. ä.) sich winden, sich schlängeln; **3.** *adj* wacklig, locker | *Mar* rank, sich neigend; '**~case** *s Tech* Kurbelkasten *m*, -gehäuse *n*; '**~ disk** *s Tech* Kurbelscheibe *f*; **~ed** *adj Tech* gekröpft; '**~ gear** *s Tech* Kurbelgetriebe '**~ ˌhan·dle** *s Tech* Kurbelgriff *m*; '**~ pin** *s Tech* Kurbelzapfen *m*; '**~shaft** *s Tech* Kurbelwelle *f*; '**~shaft ˌbear·ing** *s Tech* Kurbel-, Hauptlager *n*; '**~y** *adj* wacklig, baufällig ⟨a ≈ house⟩ | (Person) launisch, reizbar | verschroben, wunderlich | *Brit dial* kränklich | *Brit dial* verrückt

cran|nied ['krænɪd] *adj* rissig; '**~ny** *s* Riß *m* | Ritze *f*, Spalte *f* | Versteck *n*

[1]**crap** [kræp] *urspr Am vulg* **1.** *s* Scheiße *f* | Scheißen *n*, Schiß *m* ⟨to have a ~⟩ | Käse *m*, Quatsch *m* ⟨a lot of ~ lauter Blödsinn⟩ | Dreck *m*, Mist *m* ⟨put the ~ away⟩; **2.** (**~ped, ~ped**) *vi* scheißen; **3.** *interj Sl* Mist!; Blödsinn!

[2]**crap** *s Am* (Würfeln) Fehlwurf *m* | = **craps**

crape [kreɪp] **1.** *s* Krepp *m* | Trauerflor *m*; **2.** *vt* mit einem Trauerflor versehen; ˌ**~ 'cloth** *s* Wollkrepp *m*

craps [kræps] *s* (*sg konstr*) *Am* Glücks-, Würfelspiel *n* (mit 2 Würfeln) ⟨to shoot ~ würfeln⟩; **crap·shoot·er** ['kræpʃu:tə] *s Am* Würfelspieler *m*; '**crapˌshoot·ing** *s* = **craps**

crap·u|lence ['kræpjʊləns], '**~len·cy** *s* Völlerei *f*, Sauferei *f* | Katzenjammer *m*, Kater *m*; '**~lent**, '**~lous** *adj* unmäßig (im Essen u. Trinken) | verkatert

[1]**crash** [kræʃ] *s* Leinendrillich *m* | Teppichschoner *m*

[2]**crash** [kræʃ] **1.** *vt* zerschmettern, zertrümmern ⟨to ~ a glass against the wall⟩ | krachen lassen | (Weg) mit Krachen bahnen ⟨to ~ one's way trough⟩ | (Flugzeug) zum Absturz bringen, abstürzen lassen | *auch* '**gate~** *urspr Am umg* sich hineindrängen in, hineinplatzen in ⟨to ~ a cocktail party⟩ | *auch* **~ the gate** *Am umg sich* (ohne Eintrittskarte) hineinschmuggeln (in); *vi* zerkrachen, zerbrechen zerschmettert werden | einstürzen, zusammenbrechen (*auch übertr*) | *Wirtsch* Bankrott machen | (Donner) krachen | krachend fallen (**to** auf) | (Auto) rasen ⟨to ~ into a tree⟩ | *Flugw* abstürzen | brechen, mit Gewalt den Weg bahnen (**through** durch) | *Sl* übernachten, sich hinhauen ⟨can I ~ on your floor tonight?⟩; **2.** *s* Krach(en) *m(n)* ⟨to fall with a ~⟩ | *Kfz* Zusammenstoß *m* ⟨car ~; train ~⟩ | *auch* '**aircraft ~** *Flugw* Absturz *m* | *übertr* (*bes Wirtsch*) Krach *m*, Zusammenbruch *m*, Ruin *m*; **3.** *urspr Am adj* Schnell-, Not-, Behelfs- ⟨a ~ programme; to do a ~ job of making changes schnellstens Veränderungen durchführen⟩; **4.** *adv* krachen ⟨to land ~ on s.o.'s head⟩; '**~ ˌbar·rier** *s Brit* Schutzgeländer *n* (zwischen zwei entgegengesetzten Fahrbahnen), Mittelplanke *f*; '**~ course** *s* Schnell-, Intensivkurs *m*, -lehrgang *m*; '**~ dive** *s Mil Mar* (Unterseeboot) Schnelltauchmanöver *n*; '**~-dive** *vi, vt* (U-Boot) schnell-, sturztauchen (lassen); '**~ ˌhel·met** *s* Sturzhelm *m*; '**~-land** *vi, vt Flugw* bruchlanden (lassen); '**~ ˌland·ing** *s Flugw* Bruchlandung *f*; '**~ pad** *s Am Sl* kostenlose Unterkunft; '**~ˌwor·thy** *adj Kfz* aufprallsicher

crass [kræs] *adj* derb, grob, ungebildet, ungehobelt ⟨~ behaviour⟩ | übertr kraß, grob ⟨~ ignorance⟩; **crass·si·tude** ['~ɪtju:d] *s* Dummheit *f*

-crat [-ˌkræt] ⟨*griech*⟩ *Wortelement zur Bildung von s mit der Bedeutung:* Anhänger einer Regierungsform (*z. B.* **democrat**); Angehöriger einer herrschenden Klasse *od* Gruppe (*z. B.* **bureaucrat, aristocrat**); **-crat·ic** [~'krætɪk] *suff in adj* -kratisch (*z. B.* **democratic**)

crate [kreɪt] **1.** *s* Lattenkiste *f*, Stiege *f*, Kasten *m* ⟨a milk ~; a ~ of apples; a ~ of beer⟩ | *auch* '**~ful** Inhalt *m* einer Stiege *od* eines Kastens | *umg, oft scherzh* Kiste *f* (Auto, Flugzeug) **2.** *vt* in einer Lattenkiste verpacken

cra·ter ['kreɪtə] *s Geol* Krater *m* | (Bomben-, Granat-) Trichter *m*; '**~al, ~i·form** ['~rɪfɔ:m|krə'ter-] *adj* Krater-

cra·vat [krə'væt] *s* Krawatte *f* | Halstuch *n*

crave [kreɪv] *vt* bitten um, flehen um ⟨to ~ mercy um Gnade flehen⟩ | (etw.) verlangen, begehren ⟨to ~ a drink⟩ | brauchen, dringend nötig haben ⟨to ~ fresh air⟩ | *förml* (jmdn.) ersuchen um ⟨to ~ s.o.'s pardon jmdn. um Ent-

schuldigung bitten⟩; *vi* sich sehnen (**after, for** nach)
cra·ven ['kreɪvən] **1.** *adj verächtl* feige; **2.** *s* Feigling *m*; **3.** *vt* verzagt machen
crav·ing ['kreɪvɪŋ] **1.** *s* Verlangen *n*, Sehnsucht *f*, heftige Begierde (**for** nach); **2.** *adj* sehnsüchtig
craw [krɔ:] *s Zool* (Vogel- u. ä.) Kropf *m* | (niederes Tier) Magen *m*
craw·fish ['krɔ:fɪʃ] **1.** *s bes Am für* **crayfish** | *Am Sl* Drükkeberger *m*; **2.** *vt, meist* **~ out** *Am Sl* (sich ver)kneifen, sich zurückziehen (aus)
[1]**crawl** [krɔ:l] *s* Krebsbehälter *m*, -reservoir *n*
[2]**crawl** [krɔ:l] **1.** *vi* kriechen, krabbeln ⟨a ~ing worm⟩ | schleichen | *übertr* (dahin)schleichen, langsam gehen ⟨the work ~ed⟩ | *umg übertr* kriechen (**to** vor) ⟨to ~ to s.o.'s boss⟩ | wimmeln (**with** von) *auch übertr* | (Haut) kribbeln ⟨it makes my flesh ~ ich bekomme davon Gänsehaut *od* es überläuft mich kalt⟩ | (Sport) kraulen; **2.** *s* (*meist mit indef art*) Kriechen *n*, Schleichen *n* ⟨to go at a ~ langsam dahinschleichen⟩ | (Sport) Kraul(en) *n* ⟨to swim ~ kraulen⟩; **'~er** *s* Kriechtier *n*, ausgeschlüpftes Insekt | Laus *f* | *übertr* Kriecher *m* | *Brit umg* leere Droschke | *Tech* Raupenschlepper *m* | *auch* **~s** *pl* Krabbelanzug *m* | Kraulschwimmer *m*; **'~ing** *adj* kriechend, schleichend | langsam | *übertr* kriecherisch
cray·fish ['kreɪfɪʃ] *Zool s* (Fluß-) Krebs *m* | Languste *f*
cray·on ['kreɪɒn|-ən] **1.** *s* Zeichenstift *m* | Bunt-, Pastellstift *m* | Pastellzeichnung *f*; **2.** *vt* mit Kreide zeichnen | skizzieren
craze [kreɪz] **1.** *vt* (*meist pass*) (jmdn.) verrückt *od* vernarrt machen ⟨to be ~ed about s.o. (s.th.) vernarrt sein in jmdn. (etw.)⟩ | (Töpferei) kraquelieren; *vi* verrückt werden; **2.** *s* Verrücktheit *f*, Fimmel *m* (**for** für, **for** *mit ger* zu *mit inf*) ⟨to be the ~ Mode sein; the latest ~ der letzte Schrei⟩ | Wahn *m* ⟨a ~ of pain wahnsinniger Schmerz⟩ | (Töpferei) Haarriß *m* | (Keramik) Glasurriß *m*; **cra·zy** ['kreɪzɪ] **1.** *adj* verrückt, wahnsinnig (**with** vor, **to** *mit inf* zu *mit inf*) ⟨to drive s.o. ≈ jmdn. verrückt machen; like ~ *Sl* wie verrückt⟩ | versessen, erpicht (**about** auf) ⟨boy-≈ mannstoll⟩ | rissig | baufällig, wacklig | *urspr Am* Flicken- ⟨≈ quilt Flickendecke *f*; *übertr* buntes Durcheinander⟩; **2.** *s* Exzentriker *m*, verrückter Mensch
creak [kri:k] **1.** *vi* knarren | quietschen | knirschen (mit); **~ along** *übertr* (Geschichte u. ä.) sich dahinquälen; *vt* knarren mit, zum Knarren bringen; **2.** *s* Knarren *n*, Quietschen *n*; **'~y** *adj* knarrend ⟨≈ floor⟩ | quietschend ⟨≈ shoes⟩
cream [kri:m] **1.** *s* Rahm *m*, Sahne *f* | Creme *f*, (Creme-) Speise *f* ⟨chocolate ~⟩ | *meist pl* Sahnebonbon *n* | Creme *f*, Salbe *f* ⟨nourishing ~ Nährcreme *f*⟩ | Creme *f*, Politur *f* ⟨furniture ~ Möbelpolitur *f*; shoe ~ Schuhcreme *f*⟩ | *übertr* Creme *f*, Auslese *f* ⟨the ~ of society; the ~ of the crop das Beste vom Besten⟩ | Kern *m*, Pointe *f* ⟨the ~ of the story⟩ | Cremefarbe *f*; **2.** *vi* Rahm ansetzen | schäumen; *vt* (Milch u. ä.) abrahmen | (Milch) aufrahmen | zu Creme schlagen | *auch* **~ off** *übertr* den Rahm *od* das Beste abschöpfen von | (Gericht, Kuchen u. ä.) mit Sahne zubereiten, (Kaffee) mit Sahne nehmen | (Gesicht u. ä.) eincremen; **3.** *adj* Sahne-, Creme- ⟨~ ice Sahneeis *n*⟩; **,~'cheese** *s* Rahm-, Frischkäse *m* | Sahnequark; **'~-'col·oured** *adj* cremefarben; **'~er** *s* Sahnegießer *m*; **'~er·y** *s* Molkerei *f* | Milchladen *m*; **'~-faced** *adj* blaß; **,~ 'horn** *s* Sahnehörnchen *n*; **'~ of 'tar·tar** *s* Weinstein *m*; **,~ 'puff** *s* Windbeutel *m* | *Am Sl* Waschlappen *m* | *Am Sl* Seifenblase *f*; **'~y** *adj* sahnig | sahneglatt | cremefarben
crease [kri:s] **1.** *s* Falte *f* | Bügelfalte *f* | Knitter *m* | Eselsohr *n* | (Kricket) Mallinie *f* | (Eishockey) Tor(raum) *n*(*m*); **2.** *vt* falten, kniffen | knittern; *vi* sich falten | knittern ⟨to ~ easily leicht knittern; it won't ~ es knittert nicht⟩; **'~-re,sist·ing** *adj* knitterfest ⟨≈ cloth⟩; **'creas·y** *adj* gefaltet | zerknittert
cre|ate [krɪ'eɪt] *vt* (er)schaffen, hervorbringen ⟨to ≈ a work of art; to ≈ a character⟩ | (Lage) verursachen ⟨to ≈ a new situation⟩ | (Meinung, Eindruck) hervorrufen ⟨to ≈ a bad impression⟩ | *Theat* kreieren, (auf neue Art *od* zum ersten Mal) gestalten ⟨to ≈ a part eine Rolle als erster spielen⟩ | (jmdn.) erheben zu, ernennen zu ⟨to ≈ s.o. a peer, to be ~ated a peer⟩; *vi* schaffen | *Brit Sl* viel Lärm *od* Theater machen (**about** um, wegen, über); **~'a·tion** *s* (Er-) Schaffung *f*, Hervorbringung *f* | (Kunst- u. ä.) Schöpfung *f*, Erzeugnis *n* | Schöpfung *f* ⟨the ≈ die göttliche Schöpfung⟩ | Modeschöpfung *f*, Creation *f* | Geschöpf *n*, Kreatur *f* | *Theat* Gestaltung *f* (e-r Rolle) | Ernennung *f*; **~'a·tive** *adj* schöpferisch, (er)schaffend, kreativ ⟨≈ work⟩ | Schöpfungs-; **~'a·tor** *s* Schöpfer *m*, Erzeuger *m* | Urheber *m* ⟨the ≈ Gott *m*⟩; **~'a·tor·ship** *s* Urheberschaft *f*; **crea·ture** ['krɪ:tʃə] *s* Geschöpf *n*, Kreatur *f* ⟨living ≈ Lebewesen *n*; a lovely ≈ e-e Schönheit, e-e schöne Frau, ein schönes Kind⟩ | (Tier) Kreatur *f* (*auch verächtl*) ⟨dumb ≈s stumme Kreaturen *f/pl*, Tiere *n/pl*; silly ≈ dummes Ding⟩ | *übertr* Werkzeug *n*, Sklave *m* ⟨a ≈ of habit *übertr* ein Gewohnheitstier⟩; **,cre·ature 'com·forts** *s/pl* Essen *n* und Trinken *n*, leibliches Wohl, leibliche Genüsse *m/pl*; **crea·ture·ly** ['kri:tʃəlɪ] *adj* Geschöpf, kreatürlich, menschlich ⟨≈ feelings⟩
crèche [kreɪʃ] *s Brit* Kinderkrippe *f*, -hort *m* | *Am Rel* (heilige) Krippe
cre|dence ['krɪ:dns] *s* Glaube *m* (**of** an) ⟨letter of ≈ Beglaubigungsschreiben *n*; to give / attach ≈ to s.th. e-r Sache Glauben schenken⟩; **'~dent** *adj* glaubwürdig | gläubig; **~den·tial** [krɪ'denʃl] *adj* Beglaubigungs-; **~'den·tials** *s/pl* Beglaubigungsschreiben *n*, Akkreditiv *n* | Empfehlungsschreiben *n* | Zeugnisse *n/pl* | Unterlagen *f/pl*, Ausweis *m*
cred·i|bil·i·ty [,kredə'bɪlətɪ] *s* Glaubwürdigkeit *f*; **~,bil·i·ty 'gap** *s Pol* mangelnde Glaubwürdigkeit; **~ble** ['kredəbl] *adj* glaubwürdig, zuverlässig ⟨a ≈ witness, to show ~bly *Jur* glaubhaft machen⟩
cred·it ['kredɪt] **1.** *s* Glaube *m* ⟨to gain ~ glaubwürdig werden; to give ~ to, to place ~ in Glauben schenken; to lend ~ to bestärken⟩ | Ruf *m*, Ansehen *n* ⟨to add to s.o.'s ~ jmds. Ansehen erhöhen; to be / stand in high ~ with s.o. bei jmdm. in hohem Ansehen stehen; to be based on s.o.'s ~ auf jmds. Autorität beruhen⟩ | Ehre *f* ⟨to be a ~ to s.o., to do s.o. ~ jmdm. Ehre machen *od* zur Ehre gereichen; with ~ ehrenvoll⟩ | Verdienst *n*, Anerkennung *f* ⟨to give s.o. ~ for s.th. jmdm. etw. als Verdienst anrechnen; jmdm. etw. zutrauen; to take ~ for s.th. sich etw. als Verdienst anrechnen⟩ | *Wirtsch* Vertrauen *n* | *Wirtsch* Kredit *m*, Borg *m* ⟨on ~ auf Kredit; to get ~ Kredit bekommen; to give s.o. ~ for jmdm. Kredit gewähren in Höhe von⟩ | *Wirtsch* Kredit *n*, Ziel *n*, Zeit *f* ⟨one month's ~ auf einen Monat Ziel⟩ | (Kredit-) Würdigkeit (*m*)*f* ⟨his ~ is good⟩ | *auch* **,letter of '~** *Wirtsch* Akkreditiv *n*, Kreditbrief *m* ⟨to open a ~ einen Kredit eröffnen⟩ | *Wirtsch* (Gut-) Haben *n* (*Ant* debit) ⟨to place a sum to s.o.'s ~ jmdm. einen Betrag gutschreiben; to have standing to s.o.'s ~ gut-, auf dem Konto haben⟩ | *auch* **'~ hour** *Am Päd* Wochenstundenzahl *f* (e-r für die Prüfung obligatorischen Lehrveranstaltung) | Schein *m* ⟨a 3-~ course⟩ | *Am Päd* Prüfungs-, Abgangszeugnis *n*; **2.** *vt* (jmdm.) glauben, Glauben schenken | (etw.) glauben ⟨to ~ a story⟩ | (jmdm.) trauen ⟨to ~ s.o. with s.th. jmdm. etw. zutrauen⟩ | *Wirtsch* (Summe) kreditieren, gutschreiben ⟨to ~ s.o. with an amount, to ~ an amount to s.o. jmdm. e-n Betrag gutschreiben⟩; **,~a'bil·i·ty** *s* Achtbarkeit *f*; **'~a·ble** *adj* achtbar, ehrenwert (**to** für) ⟨to

be ≈ to s.o. jmdm. Ehre machen⟩; '~ ac,count *s Wirtsch* Kreditkonto *n* (in e-m Geschäft); '~ ,bal·ance *s Wirtsch* Guthaben *n*; '~ card *s Wirtsch* Kreditkarte *f*; '~ ,lim·it *s Wirtsch* Kreditplafond *m*; '~ note *s Wirtsch* Kreditbescheinigung *f*, Warengutschein *m*; 'cred·i·tor *s* Gläubiger *m*; '~ sale *s Wirtsch* Verkauf *m* auf Kredit; '~ squeeze *s Pol, Wirtsch* Kreditbeschränkung *f*; '~ ,ti·tles *s/pl Film, Ferns* Vorspann *m* | Namen *m/pl* der Schauspieler u.s.w. e-s Stückes

cre·du·li·ty [krəd'ju:lətı] *s* Leichtgläubigkeit *f*; **cred·u·lous** ['kredjʊləs] *adj* leichtgläubig | leicht zu täuschen(d)

creed [kri:d] *s Rel* Kredo *n*, Glaubensbekenntnis *n* ⟨the ≈ der christliche Glaube⟩ | *übertr* Weltanschauung *f*, (politische) Überzeugung

creek [kri:k] *s Brit* Bucht *f* | *Brit* kleiner Hafen *m* | *Am, Kan, Austr* kleiner Fluß; '~y *adj Brit* buchtenreich | *Am* reich an kleinen Flüssen

creel [kri:l] *s* Weidenkorb *m* | Fischreuse *f* | *Tech* Rahmengestell *n*

creep [kri:p] **1.** (**crept, crept** [krept]) *vi* kriechen | schleichen (*auch übertr*) ⟨time crept on die Zeit verging langsam⟩ | *Bot* sich ranken, kriechen | *Tech* sich verziehen, sich dehnen | *übertr* kriechen, schmeicheln ⟨to ~ into s.o.'s favour sich bei jmdm. einschmeicheln⟩ | schau(d)ern ⟨it makes my flesh ~ es läßt mich erschauern, es schaudert mir, es überläuft mich eine Gänsehaut⟩; ~ **in** hineinkriechen; ~ **over / upon** (*auch übertr*) überziehen, -kommen; ~ **up** heranschleichen; **2.** *s* Kriechen *n* | *Geol* Rutsch *m* | *Tech* Schleifen *n*, Kriechen *n* | *meist* **creeps** *pl* Erschaudern *n*, Schauder *m* ⟨it gives me the ~s es läßt mich erschau[d]ern, es überläuft mich eiskalt⟩; '~**er** *s* Kriecher *m* | Kriechtier *n* | *Bot* Kletter-, Schlingpflanze *f* | Steigeisen *n* | *Kfz* Montageroller *m* | (*oft pl*) Krabbelanzug *m*; '~**hole** *s* Schlupfloch *n*; '~**y** *adj* kriechend | langsam | gruselig, schaurig | fröstelnd, schaudernd ⟨a ≈ feeling⟩; '~**y-,craw·ly** *s Brit umg* Krabbelkäfer *m* | *übertr* Ungeziefer *n*

creese [kri:s] = **kris**

cre|mate [krı'meıt] *vt* (Leiche) verbrennen, einäschern; ~'**ma·tion** *s* (Leichen-) Verbrennung *f*, Einäscherung *f*; **crem·a·to·ri·um** [,kremə'tɔ:rıəm] *s* (*pl* **crem·a·to·ri·ums, crem·a·to·ri·a** [~rıə]), *Am* ~**ma·to·ry** ['kremətrı] *s* Krematorium *n*

crème-de-menthe [,krem də 'mɒnθ] *s* Pfefferminzlikör *m*

cre|nate ['kri:neıt], '~**nat·ed** *adj Bot* gekerbt

cren|el ['krenəl] **1.** *auch* **cre·nelle** Schießscharte *f*; **2.** *vt* ('~**elled**, '~**elled**), '~**el·late** *vt* mit Schießscharten versehen; ,~**el'la·tion** *s* Zinne *f*

Cre·ole ['kri:əul] **1.** *s* Kreole *m* | Kreolin *f* | *Ling* Negerfranzösisch *n*, -spanisch *n*; **2.** *adj* kreolisch-, Kreolen-

cre·o·sote ['krıəsəut] *Chem* **1.** *s* Kreosot *n*; **2.** *vt* (Holz) mit Kreosot imprägnieren *od* tränken

crepe, crêpe [kreıp] **1.** *s* Krepp *m* | (Trauer) Flor *m* | Gewebe *n* für Trauerkleidung | Kreppapier *n* | Krepp(gummi) *m*; **2.** *vt* kreppen, kräuseln; ~ **de Chine** ['~ də 'ʃi:n] *s* Crêpe de Chine *m*, Chinakrepp *m*; ~ ,**pa·per** *s* Kreppapier *n*; ~ ,**rub·ber** *s* Krepp(gummi) *m*

crep·i|tant ['krepıtənt|-pə-] *adj* knisternd | knackend; '~**tate** *vi* knistern | knacken | knarren; ,~'**ta·tion** *s* Knistern *n* | Knirschen *n* | Rasseln *n*

crept [krept] *prät* u. *part perf* von ↑ **creep**

cre·pus|cle [krə'pʌsl] *s* Zwielicht *n*, Dämmerung *f* | *Zool* Dämmerungs-, Abend- ⟨≈ insect⟩; ~**cu·lar** [~kjulə] *adj* dämmrig, Dämmerungs-, Dämmer-; ~**cule** [~kju:l], ~**cu·lum** [~kjʊləm] = **crepuscle**

cres|cen·do [krə'ʃendəu] **1.** *s Mus, übertr* Crescendo *n*, zunehmende Stärke, Zunahme *f* ⟨a ≈ of irritation zunehmender Ärger; to reach one's ≈ seinen Höhepunkt erreichen⟩; **2.** *adj, adv* allmählich anschwellend, crescendo; **3.** *vi* stärker werden, steigen; ~**cent** ['kresnt|-znt] **1.** *adj* zunehmend ⟨the ≈ moon⟩ | halbmondförmig, Halbmond-; **2.** *s* Halbmond *m* | halbmondförmiger Gegenstand | *übertr* Islam *m* ⟨the Cross and the ≈ Christentum *n* und Islam *m*⟩ | *Mus* Schellenbaum *m* | *Am* Hörnchen *n*; '~**cive** *adj* zunehmend

cress [kres] *s Bot* Kresse *f* ⟨water ~ Brunnenkresse *f*⟩

cres·set ['kresıt] *s Hist* Stocklaterne *f*, Kohlen-, Pechpfanne *f* | *übertr* Fackel *f*, Leuchtfeuer *n*

crest [krest] **1.** *s Zool* (Hahnen-) Kamm *m* | (Vogel u. ä.) Schopf *m*, Haube *f* | (Pferd u. ä.) Mähne *f* | Helm-, Federbusch *m* | Helm *m* | Wappenschmuck *m*, -zeichen *n* (*auch übertr*) ⟨the family ~ (auf Siegel, Briefpapier u. ä.) das Familienzeichen, das Familienwappen⟩ | (Berg, Welle) Gipfel *m*, Kamm *m* ⟨on the ~ of the wave *übertr* auf dem Gipfel des Glücks⟩ | *Arch* Bekrönung *f*, Krone *f*; **2.** *vt* mit einem Kranz versehen | *übertr* krönen | (Bergkamm) erreichen; *vi* (Welle) sich erheben; '~**ed** *adj, meist in Zus Zool* Hauben-, Kamm- | mit Wappen ⟨≈ notepaper⟩; ~**fall·en** ['~fɔ:lən] *adj* niedergeschlagen

cre·ta·ceous [krı'teıʃəs] **1.** *adj* kreidig, Kreide-, kreidehaltig ⟨~ formations⟩; **2.** *s* ≈ *Geol* Kreideformation *f* | *auch* ~ **age** Kreidezeit *f*

Cre·tan ['kri:tən] **1.** *adj* kretisch, aus Kreta; **2.** *s* Kreter(in) *m(f)*; **Crete** [kri:t] *s* Kreta

cre·tin ['kretın] *s Med* Kretin *m*, Schwachsinniger *m* | *Sl* Schwachkopf *m*, Blödmann *m* ⟨you silly ~!⟩; '~**ism** *s Med* Kretinismus *m*; '~**ous** *adj* kretinhaft

cre·tonne [kre'tɒn | 'kretɒn] *s* (Textil) Kretonne *f*

cre·vasse [kre'væs] **1.** *s* Gletscherspalte *f* | *Am* Deichbruch *m*; **2.** *vt* aufreißen

crev|ice ['krevıs] *s* Spalte *f*, Sprung *m*, Riß *m* | Bruch *m*, Mauerspalte *f*; '~**iced** *adj* gesprungen, gespalten

[1]**crew** [kru:] *s* (Arbeits-) Gruppe, (Bau u. ä.) Trupp *m*, Kolonne, Belegschaft *f*, Personal *n* ⟨ground ~ Bodenpersonal *n*; repair ~ Reparaturtrupp *m*; stage ~ *Theat* Ensemble *n*, Besetzung *f*⟩ | *Mar, Flugw* Besatzung *f*, Crew *f* | Mannschaft *f* ⟨officers and ~⟩ | die Matrosen *m/pl* | (Rudern) Crew *f* | *umg* Meute *f*, Truppe *f* ⟨a happy ~⟩

[2]**crew** [kru:] *prät* von ↑ [1]**crow 2.**

crew| cut ['kru: kʌt] *auch* '~ **haircut** *s urspr Am* Bürstenschnitt *m*; '~**man** *s* (*pl* '~**men**), *auch* '~**member** Besatzungsmitglied *n*

crew·el ['kru:əl] *s* Stickgarn *n*; '~ **yarn** *s* Perlgarn *n*

crew haircut *s* ↑ **crew cut**

crib [krıb] **1.** *s* Kinderbett *n* | Hütte *f*, kleines Haus, Kate *f* | Pferch *m*, Stall *m* | Futterkrippe *f*, Raufe *f* | *Brit Rel* Krippe *f* | Kasten *m*, Vorratsbehälter *m* | *Sl* Bude *f* ⟨to crack a ~ *Sl* in ein Haus einbrechen⟩ | *Am Sl* Bordell *n* | *Tech* Holzgerüst *n* | *umg* Plagiat *n* | *umg* kleiner Diebstahl | *Brit umg* Eselsbrücke *f*; Klatsche *f* ⟨to use a ~ beim Übersetzen unerlaubte Hilfen benutzen⟩; **2.** (**cribbed, cribbed**) *vt* einsperren | einpferchen | mit Krippen versehen | *Tech* mit einem Holzgerüst versehen | *umg* abschreiben (**from** von, aus) | *umg* klauen, mausen; *vi umg* abschreiben; '~**bage** *s Kart* Cribbage *n*; '**bage board** *s* Markierbrett *n* für Cribbage; '~**ber** *s umg* Abschreiber *m*; ~**bit·er** ['~baıtə] *s* Krippensetzer *m* (Pferd); '~ **crime** *s Am Sl* Überfall *m* auf einen alten Menschen

crick [krık] *Med* **1.** *s* Krampf *m* ⟨a ~ in one's neck ein steifer Hals⟩; **2.** *vt* verrenken ⟨to ~ one's neck sich den Hals verrenken⟩

[1]**crick·et** ['krıkıt] *s Zool* Grille *f*, Heimchen *n* ⟨the chirping

of ~s das Zirpen der Grillen⟩

[2]**crick·et** ['krɪkɪt] **1.** *s* (Sport) Kricket *n* ◇ **play ~** *übertr* ehrlich spielen; **not ~** nicht fair *od* nicht anständig; **2.** *vi* Kricket spielen; **'~er** *s* Kricketspieler *m*; **'~ing** *s* Kricketspielen *n*; **'~ match** *s* Kricketpartie *f*, -spiel *n*

cried [kraɪd] *prät u. part perf* von ↑ **cry**

cri·er ['kraɪə] *s* Schreier *m* | Ausrufer *m* ⟨town-~ Stadtausrufer *m*⟩ | Marktschreier *m* | (Kind) Schreihals *m*

cri·key ['kraɪkɪ] *interj* herrje! ⟨by ~⟩

crime [kraɪm] **1.** *s* Verbrechen *n* ⟨capital ~ Kapitalverbrechen *n*; ~s against humanity Verbrechen *n/pl* gegen die Menschlichkeit; ~s against the security of the state Staatsverbrechen *n/pl*; to commit/perpetrate a ~ ein Verbrechen begehen; war ~s Kriegsverbrechen *n/pl*⟩ | *collect* die Verbrechen *n/pl* ⟨to detect and punish ~⟩ | Frevel *m*, Übeltat *f* | *umg* Schande *f*, Jammer *m* ⟨it's a ~not to go⟩; **2.** *vt, bes Mil* (jmdn.) anklagen, beschuldigen, überführen; **'~ fic·tion** *s* Kriminalromane *m/pl*

Cri·me·an [kraɪ'mɪən |kri:-] *adj* Krim- ⟨~ War Krimkrieg *m*⟩

crim·i·nal ['krɪmənl|-mnl|-mɪnl] **1.** *adj* kriminell, verbrecherisch ⟨a ~ offender ein Rechtsbrecher *m*⟩ | *Jur* Kriminal-, Straf- ⟨~ law *Jur* Strafrecht *n*; ~ record *Jur* Strafregister *n*⟩ | strafbar ⟨a ~ act e-e strafbare Handlung⟩; **2.** *s* Verbrecher *m*, Krimineller *m*; **~is·tics** [ˌkrɪmənə'lɪstɪks] *s/pl* (*sg konstr*) Kriminalistik *f*; **ˌcrim·i'nal·i·ty** *s* Kriminalität *f* | Strafbarkeit *f*, Schuld *f* | Verbrechertum *n*; **'crim·i·nate** *vt* anklagen, beschuldigen, inkriminieren | schuldig erklären; **ˌcrim·i'na·tion** *s* An-, Beschuldigung *f*, Anklage *f*; **'crim·i·na·tive, crim·i·na·to·ry** ['krɪmənəˌtɔ:rɪ] *adj* anklagend, beschuldigend, inkriminierend; **crim·i·nol·o·gist** [ˌkrɪmə'nɒlədʒɪst] *s* Kriminologe *m*; **ˌcrim·i'nol·o·gy** *s* Kriminologie *f*

[1]**crimp** [krɪmp] **1.** *s* Werber *m*; **2.** *vt* (Soldaten) gewaltsam anwerben, (zum Militärdienst) pressen

[2]**crimp** [krɪmp] **1.** *vt* kräuseln, kreppen, wellen | ⟨to ~ the hair⟩ | falten, fälteln | *Tech* bördeln, rändern | *Am Tech* (Blech) pressen, eindrücken; **2.** *s* Kräuseln *n*, Kräuselung *f*, Kreppen *n*, Wellen *n* | Falte *f* | *meist pl* (künstliche) Haarlocke, eingedrehtes Haar, Krause *f* ◇ **put a ~ in** *umg* behindern, hemmen ⟨to put a serious ~ in⟩; **ˌ~ 'crepe** *s* Kräuselkrepp *m*; **'~ cut** *s* Krüllschnitt *m*; **ˌ~ 'fa·brics** *s/pl* Kräuselstoffe *m/pl*; **'~ing efˌfect** *s Tech* Kräuselung *f*; **'~ sta·bil·i·ty** *s Tech* Kräuselungsbeständigkeit *f*; **'~y** *adj* gekräuselt, wellig

crim·son ['krɪmzn] **1.** *adj* karmesin, hochrot; **2.** *s* Karmesinrot *n*; **3.** *vt* karmesinrot färben; *vi* (hoch)rot werden, heftig erröten

crimson lake [ˌkrɪmzn 'leɪk] ↑ **lake**

cringe [krɪndʒ] **1.** *vi* sich ducken | *übertr* kriechen (**before, to** vor); **2.** *s* Kriecherei *f* | übertriebene Verbeugung ⟨to perform ~s katzbuckeln⟩; **'cring·ing** *adj* kriecherisch

crin|kle ['krɪŋkl] **1.** *vi* sich winden, sich krümmen | sich falten, Falten werfen; *vt* faltig machen ⟨≈d paper Kräuselpapier *n* ⟩ | (Haar) kräuseln | *Tech* (etw.) im Zickzack schneiden; **2.** *s* Biegung *f*, Windung *f* | Falte *f*; **~kle-cran·kle** ['~kl ˌkræŋkl] *s* Wellen-, Zickzacklinie *f*; **'~kly** *adj* faltig | (Haar) gekräuselt

crin·o·line ['krɪnəlɪn|-li:n|krɪnə'li:n] *s* Roßhaarstoff *m* | Krinoline *f*, Reifrock *m*

cripes [kraɪps] *interj vulg* verdammt! ⟨by ~!⟩

crip·ple ['krɪpl] **1.** *s* Krüppel *m*; **2.** *vt* zum Krüppel machen, körperlich schädigen | *übertr* schwächen, lähmen ⟨to ~ science⟩; *vi* lahmen, humpeln, hinken; **3.** *adj* verkrüppelt | lahm

cri|sis ['kraɪsɪs] *s* (*pl* **~ses** ['~si:z]) Krise *f* ⟨to bring s. th. to a ≈ e-e Entscheidungssituation für etw. herbeiführen; to come/draw to a ≈ sich zuspitzen; to reach a ≈ e-n Höhepunkt erreichen; world economic ≈ Weltwirtschaftskrise *f*⟩ | *Med* Krisis *f*, Wendepunkt *m*

crisp [krɪsp] **1.** *adj* kraus, gekräuselt, gewellt ⟨~ hair⟩ | knusprig ⟨~ toast⟩ | knirschend ⟨~ snow⟩ | saftig, frisch ⟨~ vegetables⟩ | frisch, scharf ⟨~ air⟩ | klar, lebendig ⟨a ~ style⟩ | treffend, schlagfertig ⟨a ~ answer⟩ | kurz, entschieden, bestimmt ⟨~ manners forsches Benehmen⟩; **2.** *s* etwas Knuspriges *n* | Knusprigkeit *f* | *meist* **crisps** *pl, auch* **poˌtato crisps** geröstete Kartoffelschnitzel *m/pl*; **3.** *vt* kräuseln | knusprig machen | *Tech* kraus sieden, kräuseln; *vi* sich kräuseln | knusprig werden; **cris'pa·tion** *s* Kräuseln *n*; **'~bread** *s* Knäckebrot *n*; **'~y** *adj* gekräuselt | knusprig | frisch

criss·cross ['krɪskrɒs] **1.** *adj* gekreuzt, kreuz und quer, Kreuz- ⟨a ~ pattern ein Netzmuster⟩ | *Brit* mürrisch; **2.** *adv* kreuz und quer (laufend), kreuzweise | umgekehrt; schief; **3.** *s Brit* Kreuzzeichen *n* (als Unterschrift) | Netzgewirr *n*, Wirrwarr *m* von Linien ⟨a ~ of streets ein Straßengewirr⟩; **4.** *vt* (mehrmals) (durch)kreuzen; *vi* sich kreuzen, sich überschneiden

cri·te·ri|on [kraɪ'tɪərɪən] *s* (*pl* **~a** [~ə], **~ons** [~ənz]) Kennzeichen *n*, Kriterium *n*, Merkmal *n* (**of, for** für)

crit|ic ['krɪtɪk] *s* Kritiker *m* ⟨a severe ≈⟩ | Kunstkritiker *m*, Rezensent *m* ⟨dramatic ≈ Theaterkritiker *m*; literary ≈ Literaturkritiker *m*; musical ≈ Musik-, Konzertkritiker *m*⟩ | Krittler *m*, Nörgler *m*; **'~i·cal** *adj* kritisch, tadelsüchtig (**of s. o.** jmdm. gegenüber) ⟨≈ remarks; a ≈ eye; to be ≈ of s. th. etw. kritisieren⟩ | kunstverständig ⟨≈ opinions⟩ | kritisch, entscheidend ⟨the ≈ moment⟩ | bedenklich, gefährlich ⟨the ≈ stage of an illness⟩ | *Tech* kritisch ⟨≈ altitude⟩ | *Phys* kritisch ⟨≈ mass⟩; **~i·cism** ['~ɪsɪzm] *s* Kritik *f* (**of** an, über) ⟨frank ≈ offene Kritik; to make a ≈ Kritik üben; above ≈ über jede Kritik erhaben; open to ≈ anfechtbar⟩ | kritische Meinung | Kritik *f*, Rezension *f*, Besprechung *f* | *Phil* Kritizismus *m*; **~i·ciz·a·ble** ['~ɪsaɪzəbl] *adj* zu tadeln(d) | anfechtbar, kritisierbar; **'~i·cize** *vt, vi* kritiseren (**s. o. for** *mit ger* jmdn., weil); rezensieren | bekritteln, tadeln; **cri·tique** [krɪ'ti:k] *s* Kritik *f*, Rezension *f* | Kunst der Kritik

crit·ter ['krɪtə] *s Am Sl für* **creature** Geschöpf *n*

croak [krəʊk] **1.** *vi* (Rabe) krächzen | (Frosch) quaken | krächzend sprechen | jammern | unken | *Sl* abkratzen; *vt* krächzend *od* jammernd äußern ⟨to ~ disaster Unglück verkünden⟩ | *Sl* abmurksen; **2.** *s* Gekrächze *n* | Gequake *n*; **'~er** *s* Krächzer *m* | *übertr* Unglücksrabe *m*; **'~y** *adj* krächzend, quakend, heiser ⟨a ≈ voice⟩

Cro|at ['krəʊæt] *s* Kroate *m*, Kroatin *f*; **~a·tian** [krəʊ'eɪʃn|-ʃɪən] **1.** *adj* kroatisch; **2.** *s* = **Croat** | *Ling* Kroatisch *n*

cro·chet ['krəʊʃeɪ | -ʃɪ] **1.** *s* Häkeln *n* | Häkelarbeit *f* | *Tech* Haken *m*; **2.** (**cro·cheted, cro·cheted** ['-ʃeɪd]) *vt, vi* häkeln; **'~ hook** *s* Häkelnadel *f*; **'~ thread** *s* Häkelgarn *n*

[1]**crock** [krɒk] *s* irdener Krug, Topf *m* | Tonscherbe *f*

[2]**crock** [krɒk] *Brit umg* **1.** *s* Kracke *f*, alter Gaul | altes Auto, Karre *f* | kranker Mensch, Krüppel *m* ⟨an old ~ ein alter Knacker⟩; **2.** *vi, meist* **~ up** zusammenbrechen; *vt, auch* **~ up** unfähig machen, ruinieren, zum Krüppel machen

crock·er·y ['krɒkərɪ] *s* Steingut *n*, Tonware *f*

croc·o|dile ['krɒkədaɪl] *s Zool* Krokodil *n* | Krokodilleder *n* | *Brit umg* Menschenschlange *f* ⟨to walk in ≈s (Schülerinnen) paarweise gehen⟩; **'~dile tears** *s/pl* Krokodilstränen *f/pl* ⟨to shed ≈ Krokodilstränen vergießen *od* weinen⟩; **~dil·i·an** [ˌ~'dɪlɪən] **1.** *adj Zool* Krokodil-, krokodilartig | falsch, unaufrichtig ⟨a ≈ grief ein geheuchelter Schmerz⟩; **2.** *s* Krokodil *n* | Reptil *n*

cro|cus ['krəʊkəs] *s* (*pl* **~cus·es** ['~kəsɪz], **~ci** ['~saɪ]) *Bot* Krokus *m*, Safran *m* | Safrangelb *n*

Croe·sus ['kri:səs] *s* Krösus *m* *(auch übertr)*

croft [krɒft] *s Brit bes Schott* kleines Stück Ackerland | kleine Landwirtschaft; **'~er** *s Brit* Kleinbauer *m*, -pächter *m*, Kätner *m*

crois·sant ['krwɑ:sɒŋ|krwɑ:'sɒŋ] *s* (Gebäck) Hörnchen *n*

crom·lech ['krɒmlek] *s* Kromlech *m*, druidischer Steinkreis | = **dolmen**

crone [krəʊn] *s* altes Weib, Hutzelweib *n*

cro·ny ['krəʊnɪ] *umg* **1.** *s* alter Bekannter, Intimus *m*; **2.** *vi* intim befreundet sein ⟨to ~ with s. o.⟩; **'~ism** *s Pol* Vetternwirtschaft *f*

crook [krʊk] **1.** *s* (Fluß, Weg) Krümmung *f*, Windung *f*, Biegung *f* | Haken *m*, Häkchen *n* | Hirtenstab *m* | *Rel* Krumm-, Bischofsstab *m* | *Sl* Schwindler *m*, Gauner *m* | *Sl* Betrügerei *f* ⟨on the ~ auf krummen Wegen⟩; **2.** *vt* krümmen, biegen ⟨to ~ one's arm⟩; *vi* sich krümmen, sich biegen | krumm sein; **'~back** *s* Bucklige(r) *f(m)*; **'~backed** *adj* bucklig; **'~ed** *adj* gekrümmt, gebogen, krumm ⟨a ≈ path⟩ | Krück- ⟨≈ stick Krückstock *m*⟩ | verwachsen, bucklig ⟨a ≈ man⟩ | falsch, unehrlich ⟨≈ politicians politische Intriganten *m/pl*⟩ | *umg* ergaunert ⟨≈ profits⟩ | *übertr* krumm ⟨≈ ways⟩

croon [kru:n] **1.** *vi* leise singen, summen ⟨to ~ to o. s. vor sich hinsingen⟩ | schmachtend singen | wimmern; *vt* summen ⟨to ~ a lullaby ein Wiegenlied singen⟩ | (jmdn.) einsingen ⟨to ~ a baby to sleep ein Kind in den Schlaf singen⟩ | schmachtend singen ⟨to ~ a hit song e-n Schlager singen⟩; **2.** *s* Summen *n* | Wimmern *n* | *auch* **~ song** Schnulze *f*; **'~er** *s selten od scherzh* Schnulzensänger *m*

crop [krɒp] **1.** *s* *(oft pl)* Getreide *n*, Feldfrucht *f* ⟨to get the ~s in Getreide einbringen⟩ | Ernte(ertrag) *f(m)* ⟨rice ~; a fine show and small ~ *übertr* viel Geschrei und wenig Wolle⟩ | *Landw* Kultivierung *f* ⟨in ~ bebaut; under ~ angebaut; out of ~ unbebaut⟩ | *übertr* Ausbeute *f*, große Menge, Haufen *m* ⟨a ~ of lies⟩ | (Vogel-) Kropf *m* | (Peitschen-) Stock *m od* Griff *m* | *auch* **hunt·ing** *od* **ri·ding ~** Reitpeitsche *f* | Stutzen *n* (des Haares) | kurzer Haarschnitt; geschorener Kopf ⟨a prison ~ Sträflingsschnitt *m*⟩; **2.** *adj* Ernte- ⟨~ failure Mißernte *f*⟩; **3.** (**cropped, cropped**, *selten* **cropt, cropt**) *vt* abschneiden | (Haar, Ohren) (ab)schneiden, stutzen ⟨to ~ s. o.'s feathers *übertr* jmdm. die Federn stutzen, jmdn. demütigen⟩ | (Tier) scheren | (Gras) abfressen, abweiden | abernten | (ab)mähen | pflücken | besäen, anbauen ⟨to ~ two acres with rye⟩; *vi* Frucht tragen ⟨to ~ well gut tragen⟩ | grasen, weiden | *meist* **~ out, ~ up** sich zeigen, plötzlich auftauchen | **~ out/up** *Geol* (Felsen) ausgehen, anstehen | *auch* **~ forth** *übertr* hervortreten; **'~ ˌdust·ing** *s* Schädlingsbekämpfungsmittel *n* | Ungeziefervernichtung *f*; **'~-eared** *adj* geschoren, mit gestutzten Ohren; **'~per** *s* Stutzender *m*, Ab-, Beschneider *m* | *Zool* Kropftaube *f* | *Am* Pächter *m* ⟨share≈ Teilpächter *m*⟩ | (Frucht-) Träger *m* ⟨a good (poor) ≈ einen guten (schlechten) Ertrag liefernde Pflanze⟩ | *umg* schwerer Sturz ⟨to come a ≈ schwer stürzen⟩ | *Sl* Reinfall *m*, Mißerfolg *m* ⟨to come a ≈ in an exam bei e-r Prüfung reinfallen⟩ | *Tech* Schermaschine *f*; **'~ping of 'ores** *s* (Bergbau) Zutageliegen *n*, -streichen *n*; **'~py** *s* Geschorener *m*; **'~ ˌspray·ing** *s* = **'~ ˌdust·ing; cropt** *selten prät u. part perf von* **crop 2.**

cro·quette [krəʊ'ket] *s* *(oft pl)* *Kochk* (Fisch, Fleisch) Krokette *f*, Bratklößchen *n*

Crore [krɔ:] *s Ind* Karor *m* (10 Millionen)

cro·sier, *auch* **cro·zier** ['krəʊʒə] *s Rel* Bischofs-, Krummstab *m*

cross [krɒs] **1.** *s* Kreuz *n* ⟨to mark with a ~ mit e-m Kreuz kennzeichnen; to make one's ~ s-e drei Kreuze setzen; on the ~ diagonal⟩ | Kruzifix *n*, Kreuz *n* ⟨the ~ das Kreuz Jesu⟩ | Ordenskreuz *n*, Ehrenzeichen *n* ⟨Grand ~ Großkreuz *n*; Victoria ~ Viktoriakreuz *n*⟩ | Gedenkkreuz *n* ⟨market ~⟩ | Querstrich *m* ⟨the ~ of a t⟩ | *Typ* Kreuzzeichen *n* ⟨to place a ~ against ein Kreuz setzen vor⟩ | Bekreuzigung *f* | *übertr* Kreuz *n*, Leiden *n* ⟨to bear one's ~, to take up one's ~ sein Kreuz auf sich nehmen⟩ | *Biol* Kreuzung *f* (**between** zwischen, aus) | *Sl* Schwindel *m*; **2.** *vt* kreuzen ⟨to ~ one's legs die Beine übereinanderschlagen; to ~ swords with *auch übertr* die Klinge(n) kreuzen mit; to ~ one's fingers, to keep one's fingers ~ed *übertr* den Daumen halten⟩ | das Kreuzzeichen machen auf ⟨to ~ o. s. sich bekreuzigen; to ~ one's heart [and hope to die] *Sl* bei Gott und allen Teufeln schwören; to ~ s. o.'s palm/hand with silver *oft scherzh* sich von jmdm. für Geld wahrsagen lassen, jmdn. bestechen⟩ | ankreuzen | *auch* **~ off, ~ out** durchstreichen ⟨to ~ s. o.'s name [off]; to ~ s. th. [out]; to ~ a cheque einen (Verrechnungs-) Scheck kreuzen; to ~ one's t's and dot one's i's *übertr* sich sehr in acht nehmen⟩ | gehen über, überschreiten ⟨to ~ the street über die Straße gehen; to ~ s. o.'s path *übertr* jmdm. über den Weg laufen; to ~ one's mind *übertr* jmdm. in den Sinn kommen⟩ | (Reisende) sich treffen mit, (Briefe) sich kreuzen mit | *Biol* kreuzen | behindern, vereiteln ⟨to ~ s. o. in s. th. jmdm. bei etw. in die Quere kommen; to be ~ed auf Widerstand stoßen; to be ~ed in love Unglück in der Liebe haben⟩; **~ over** *Mus* erreichen, ankommen bei ⟨to ~ over to the mass⟩ ◇ **don't ~ your bridges before you come to them** *Sprichw* kümmere dich nicht um ungelegte Eier; mach nicht die Pferde scheu; *vi* quer liegen | sich kreuzen | sich im Zickzack bewegen | *Biol* sich kreuzen | *meist* **~ over** hinübergehen, -fahren, übersetzen (**to** nach) | *Mus* den Stil wechseln; **3.** *adj* quer liegend, quer laufend | schräg | sich kreuzend | entgegengesetzt (**to s. th.** e-r Sache) | (Wind) widrig | wechselseitig | *umg* verdrießlich, ärgerlich ⟨a ~ word ein böses Wort; as ~ as two sticks *übertr* sehr verstimmt; to be ~ with s. o. mit jmdm. böse sein; to make s. o. ~ jmdn. aufbringen, jmdn. verärgern⟩ | *Sl* unehrlich; **4.** *adv* quer | entgegengesetzt | falsch ⟨to go ~ fehlgehen⟩; **'~a·ble** *adj* überquerbar; **ˌ~ 'ac·tion** *s Jur* Gegenklage *f*; **'~bar** *s* Querbalken *m* | *Arch* Riegel *m* | *Sport* Torlatte *f*; **'~beam** *s* Querbalken *m*; **'~-ˌbear·er** *s Rel, Tech* Kreuzträger *m* | Dulder *m*; **'~bench** *Parl Brit* **1.** *s* Querbank *f*, Bank *f* der Parteilosen; **2.** *adj* parteilos, unabhängig; **'~-ˌbencher** *s Parl Brit* Parteiloser *m*, Unabhängiger *m*; **'~bones** *s/pl* gekreuzte Knochen *m/pl* (unter dem Totenkopf); **'~bow** *s* Armbrust *f*; **'~bred** *adj* durch Kreuzung erzeugt ⟨≈ sheep⟩; **'~breed 1.** *s* Mischrasse *f*, Kreuzung *f*; **2.** (**'~bred, '~bred**) *vt* über Kreuz züchten; *vi* Hybriden züchten; **ˌ~ 'bun** *s* Kreuzsemmel *f*; **ˌ~'check** *vt, vi* (nach)kontrollieren, (auf e-e zweite Art) nachrechnen, -prüfen; **ˌ~-'country 1.** *adj* querfeldein | Gelände- | Überland- ⟨a ≈ flight⟩; **2.** *auch* **~-'country race** *s* Querfeldeinrennen *n* | *auch* **~-'coun·try flight** Überlandflug *m*; **~-'coun·try road** *s* Neben-, Landstraße *f* (zweiter Ordnung); **'~cut** *s* (Weg-) Abkürzung *f* | *Bergb* Querschlag *m* | *auch* **~cut saw** Quer-, Schrotsäge *f*

crosse [krɒs] *s* (Sport) (Lacrosse-) Schläger *m*

cross-exˌam·i'na·tion ['krɒsɪgˌzæmɪ'neɪʃn] *s Jur* Kreuzverhör *n*; **'~-ex'am·ine** *Jur vt* (jmdn.) ins Kreuzverhör nehmen; *vi* ein Kreuzverhör durchführen; **ˌ~-'eye** *s Med* Innenschielen *n*; **ˌ~-'eyed** *adj Med* nach innen schielend; **ˌ~-fer·ti·li'za·tion** *s Biol, Zool* Kreuz-, Fremdbefruchtung *f*; **ˌ~-'fer·ti·lize** *vt* *(vi)* *Biol* (sich) kreuzweise befruchten; **'~fire** *s Mil, übertr* Kreuzfeuer *n*; **ˌ~-'grained** *adj* quergefasert | *übertr* eigensinnig; **'~hatch** *vt* über Kreuz schraffieren; **'~head** *s*

Tech Kreuzkopf *m* | (Zeitung) Zwischenüberschrift *f*; ˌ~-ˈ**in·dex** *vt* (Buch) mit Querverweisen versehen; ˈ**~ing** *s* (Weg- u. ä.) Kreuzung *f* | Übergang *m*, -querung *f*, -fahrt *f* | (Bahn- u. ä.) Übergang *m* ⟨level ≈ *Brit*, grade ≈ *Am* Bahnübergang *m*; pedestrian/street ≈ Fußgängerübergang *m*⟩ | *Arch* Vierung *f* | (Textilien) Fadenkreuz *n* | *Eisenb* Herzstück *n* (e-r Weiche) | *Biol* Kreuzung *f* | Durchkreuzung *f* (auf e-m Schriftstück) | Widerstand *m*, Hindernis *n*; ˌ-ˈ**leg·ged** *adj* mit übereinandergeschlagenen Beinen; ˈ**~light** *s* Beleuchtung *f* von verschiedenen Seiten; ˈ**~line 1.** *adj Biol* Bastard-; **2.** *s* Querlinie *f*; ˈ**~ lode** *s Geol* Quergang *m*; ˈ**~-lots** *adv, adj Am umg* querfeldein; ˈ**~ˌo·ver** *s* Straßenübergang *m*, (Fußgänger-) Überweg *m* | Straßenüberführung *f* | *Mus* Stilwechsel *m* | *Mus* Crossover *m*, neuarrangierte Komposition; ˈ**~patch** *s Sl übertr scherzh* Brummbär *m*; ˈ**~piece** *s Tech* Querstück *n* | *Mar* Querholz *n*; ˈ**~ply tyre** *s Kfz* Gürtelreifen *m*; ˈ**~point** *s Brit Eisenb* Schienenkreuzung *f*; ˌ**~-ˈpol·li·nate** *vt Bot* durch Fremdbestäubung befruchten; **~-ˌpol·liˈna·tion** *s Bot* Fremdbestäubung *f*; ˌ**~[-]ˈpur·pose** *s* Gegenabsicht *f*, entgegengesetztes Ziel ⟨to be / talk at ≈s einander mißverstehen⟩; ˌ**~-ˈques·tion** *vt* ins Kreuzverhör nehmen; ˈ**~rail** *s Tech* Querbalken *m*, -schiene *f*; ˌ**~-reˈfer** *vt* durch Querverweis(e) angeben; *vi* Querverweise anbringen | verweisen (**from** von, **to** auf); ˌ**~-ˈref·er·ence** *s* Kreuz-, Querverweis *m*; ˌ**~ reˈla·tion** *s* Wechselbeziehung *f*; ˈ**~road** *s* Querstraße *f* | Seitenstraße *f* | *meist* ˈ**~roads** *pl* (*meist sg konstr*) Straßenkreuzung *f* | *übertr* Scheideweg *m* ⟨at the ≈s⟩; ˌ**~-ˈsec·tion** *s* Querschnitt *m* | *übertr* repräsentativer, typischer Querschnitt ⟨a ≈ of the population⟩; ˈ**~ ˌspi·der** *s Zool* Kreuzspinne *f*; ˈ**~-stitch 1.** *s* Kreuzstich *m*; **2.** *vi, vt* in Kreuzstich sticken; ˈ**~street** *s* Querstraße *f* | Seitenstraße *f*; ˈ**~-ˌsub·si·dize** *vi, vt Wirtsch* (weniger gewinnbringendes Projekt) durch Gewinne (aus anderen Bereichen) stützen *od* subventionieren; ˈ**~ talk** *s Tel* Über-, Nebensprechen *n*, Diaphonie *f* | (Konversation) Schlagabtausch *m*, -wechsel *m*, Rede *f* und Gegenrede *f* | *Brit Parl* Wortwechsel *m* (durch Zwischenrufe); ˈ**~tree** *s* (*oft pl*) *Mar* Quersaling *f*; ˈ**~ vault**, ˈ**~-vault·ing** *s Arch* Kreuzgewölbe *n*; ˈ**~ vein** *s Bergb* Kreuzflöz *n*, Quergang *m* | *Zool* Querader *f*

crotch [krɒtʃ] *s* Gabelung *f* ⟨the ~ of a tree⟩ | Beingabel *f* | (Hosen) Schritt *m*, Zwickel *m* | *Tech* Rohrverzweigung *f*, -gabelung *f*; **crotched** *adj* gegabelt

crotch·et [ˈkrɒtʃɪt | -ət] *s* Haken *m* | *Mus, bes Brit* Viertelnote *f* | Schrulle *f*, Grille *f* | verrückter Einfall, abwegige Vorstellung; ˈ**~y** *adj umg* schrullig ⟨a ≈ old man⟩ | verschroben, abwegig ⟨a ≈ style⟩

cro·ton [ˈkrəʊtən] *Bot s* Kroton *m* | Wunderstrauch *m*; ˈ**∸ bug** *s Zool* Küchenschabe *f*

crouch [krautʃ] **1.** *vi, auch* **~ down** sich bücken, sich dukken ⟨to be ~ed kauern⟩ | *übertr* sich demütigen (**to s. o.** gegenüber, vor jmdm.); *vt* ducken, beugen ⟨to ~ one's knee⟩; **2.** *s* Ducken *n*, Kauern *n* | *übertr* Unterwürfigkeit *f*

[1]**croup** [kru:p] *s Zool* Kruppe *f*, Kreuz *n* des Pferdes

[2]**croup** [kru:p] *Med s* Krupp *m* | Pseudokrupp *m*

crou·pade [kru:ˈpeɪd] *s* (Reitkunst) Kruppade *f*, Sprung *m* auf der Stelle

crou·pi·er [ˈkru:pɪə | -pɪeɪ] *s* Croupier *m*

crouse [kru:s] *adj, adv dial* lebhaft, dreist

crou·ton [ˈkru:tɒn] *s Kochk* Crouton *m*

[1]**crow** [krəʊ] **1.** *s Zool* Krähe *f* ⟨hooded ~ Nebelkrähe *f*; a white ~ *übertr* ein weißer Rabe, e-e Seltenheit; as the ~ flies, in a ~ line schnurgerade *od* in der Luftlinie; to eat ~ *Am umg* zu Kreuze kriechen, klein beigeben; to have a ~ to pick / pluck / pull with s. o. *übertr* mit jmdm. ein Hühnchen zu rupfen haben⟩ | Krähen *n* (des Hahnes) | Schreien *n*, Jauchzen *n*; **2.** (**crowed, crowed** *od* **crew** [kru:], **crowed**) *vi* (Hahn) krähen | (Kind) krähen, schreien | *verächtl* jauchzen, jubeln, Schadenfreude haben (**over** über) ⟨to ~ too soon zu früh frohlocken, den Tag vor dem Abend loben⟩ | prahlen; *vt* krähend äußern

[2]**crow** [krəʊ] *s Zool* Gekröse *n*

crow·bar [ˈkrəʊbɑ:] *s Tech* Brecheisen *n*, -stange *f*

crowd [kraud] **1.** *s* (Menschen) Menge *f*, Masse *f*, Haufen *m* ⟨~s of people Menschenmassen *f/pl*; that would pass in a ~ das ginge eben noch an⟩ | (*mit def art*) die Massen, die Leute, das gemeine Volk ⟨follow / go / move with the ~ der Mehrheit *od* der Masse *od* den anderen folgen; to rise o. s. / rise above the ~ sich von den anderen abheben, aus der Masse herausstechen⟩ | Menge *f*, Masse *f*, Anhäufung *f* ⟨a ~ of incidents⟩ | *umg* Klüngel *m*, Clique *f*, Truppe *f*, Gesellschaft *f* ⟨the Hollywood ~⟩; **2.** *vi* sich drängen, (zusammen)strömen (**[a]round** um, **through** durch) | *Am* eilen; **~ in** sich hineindrängen ⟨to ~ in upon s. o. *übertr* jmdn. bestürmen⟩; **~ out** sich hinausdrängen; **~ up** sich hinaufdrängen; *vt* (zusammen)drängen, (-)pressen, hineinpressen (**into** in) | (an)füllen, vollstopfen (**with** mit) ⟨to ~ a room with furniture⟩ | *auch* **~ on** *Mar* prangen, alle Segel setzen ⟨to ~ on sail⟩ | *Am umg* (be)drängen; **~ out** (*meist pass*) hinausdrängen ⟨to be ~ed out keinen Platz finden⟩ | *übertr* (Zeitungsartikel) keinen Platz lassen für | absetzen; **~ up** *Am* (Preise) hochschrauben; ˈ**~ed** *adj* voll, überfüllt ⟨≈ trains; ≈ streets verstopfte *od* verkehrsreiche Straßen; ≈ to overflowing zum Bersten voll *od* gefüllt; ≈ profession überlaufener Beruf; ≈ programme überreiches Programm⟩ | wimmelnd (**with** von) | zusammengepfercht, -gepreßt ⟨≈ into hineingepreßt in⟩ | beengt, zusammengedrängt, dicht beieinander | *übertr* (arbeits-, ereignis-)reich, (voll) ausgefüllt ⟨a ≈ life; a ≈ career⟩; ˈ**~ˌpul·ler** *s* Publikumsmagnet *m*

crow|flight [ˈkrəʊ flaɪt] *s* Luftlinie *f*; ˈ**~foot** *s* (*pl* **~s** [ˈ~futs] *od* ˈ**~feet**) *Bot* Hahnenfuß *m*; (*pl* ˈ**~feet**) *Mil* Fußangel *f* | *Mar* Hahnepot *f*

Crow Jim [ˌkrau ˈdʒɪm] *s Am* Vorurteil *n* gegenüber Weißen

crown [kraun] **1.** *s* (Königs-) Krone *f* (*auch übertr*) ⟨to succeed to the ~ den Thron besteigen; to wear the ~ König sein; herrschen; an officer of the ~ *Brit* ein Staatsbeamter *m*⟩ | (*mit def art*) die Krone, der König, die Königin ⟨the ∸⟩ | (Sieges-, Lorbeer- u. ä.) Kranz *m* | *Brit Hist* Crown *f*, Fünfschillingstück *n* ⟨a half-~, half a ~ *Brit* halbe Krone, zwei Schilling und sechs Pence⟩ | Krone *f* (Währungseinheit) | *Tech* Aufsatz *m*, Kranz *m*, Krone *f*, Kappe *f* | (Zahn-) Krone *f* | (Baum-) Krone *f* | *Arch* Bekrönung *f*, Gewölbekrone *f*, Scheitel *m* eines Bogens | Scheitel *m*, Wirbel *m* | Kopf *m* ⟨to break one's ~ sich den Schädel einschlagen, einrennen⟩ | (Vogel-) Schopf *m* | *Mar* Ankerkreuz *n* | *übertr* Krönung *f*, Gipfel-, Höhepunkt *m* ⟨the ~ of s. o.'s life⟩; **2.** *vt* (be)krönen, bekränzen ⟨to be ~ed king zum König gekrönt werden⟩ | die Krone *od* den Gipfel bilden von ⟨the hill is ~ed with a church⟩ | schmükken, zieren | *übertr* krönen ⟨~ed with glory / success von Ruhm *od* Erfolg gekrönt; to ~ it all als Krönung; um das Maß vollzumachen⟩ | *übertr* vollenden, erfolgreich abschließen ⟨to ~ a trip⟩ | *übertr* den Höhepunkt bilden von | *Med* (Zahn) mit einer Krone versehen | (Damespiel) (Stein) zur Dame machen ⟨to ~ a man⟩; ˈ**~ bit** *s Tech* Kronenbohrer *m*; ˌ**~ ˈcap** *s* (Flasche) Kronenkorkverschluß *m*; ˈ**∸ ˈCol·o·ny** *s Brit* Kronkolonie *f*; ˌ**~ ˈcourt** *s Brit* (Straf-) Gerichtshof *m*; **crowned head** [ˌkraund ˈhed] *s* gekröntes Haupt, Monarch(in) *m*(*f*), König *m od* Königin *f*; ˈ**~ glass** *s* Kron-, Mondglas *n*; ˈ**~ing 1.** *adj* krönend, höchst; **2.** *s* Krönung *f*, Vollendung *f*; ˈ**~ ˈjew·els** *s/pl* Kronjuwelen *n/*

pl; ˈ~ **land** *s* Kronland *n*; ˌ~ ˈ**law** *s Brit Jur* Strafrecht *n*; ˈ~ ˈ**prince** *s* Kronprinz *m*; ˈ~ ˈ**prin·cess** *s* Kronprinzessin *f*
crow-quill [ˈkrəʊ kwɪl] *s* Krähenfeder *f* | feine Stahlfeder; ˈ**crow's feet** *s/pl* Krähenfüße *pl*, Augenfältchen *n/pl*; ˈ**crow's nest** *s Mar* Krähennest *n*, Ausguck *m*
croy·don [ˈkrɔɪdn] *s* zweirädriger Wagen
cro·zier [ˈkrəʊʒə] = **crosier**
cru|ces [ˈkru:si:z] *s/pl* von ↑ **crux**; **~cial** [ˈ~ʃl] *adj* kritisch, entscheidend, schwerwiegend ⟨a ≈ decision; at the ≈ moment⟩ | schwierig, schwer, hart ⟨a ≈ experience; a ≈ question⟩
cru·cian [ˈkru:ʃn], *auch* ˌ~ ˈ**carp** *s Zool* Karausche *f*
cru·ci·ble [ˈkru:səbl] *s Tech* Schmelztiegel *m* | *übertr* Feuerprobe *f* ⟨~ of war⟩; ˈ~ ˌ**fur·nace** *s Tech* Tiegelofen *m*; ˈ~ **steel** *s Tech* Tiegelstahl *m*; ˈ~ **tongs** *s/pl* (*sg konstr*) *Tech* Band-, Tiegelzange *f*
cru·ci|fer [ˈkru:sɪfə] *s Rel* Kreuzträger *m* | *Bot* Crucifere *f*, Kreuzblütler *m*; **~fix** [ˈ~fɪks] *s Rel* Kruzifix *n*; **~fix·ion** [ˌ~-ˈfɪkʃn] *s* Kreuzigung *f* ⟨the ≈ *Rel* die Kreuzigung Jesu⟩ | *übertr* Qual *f*; **~form** [ˈ~fɔ:m] *adj* kreuzförmig; **~fy** [ˈ~faɪ] *vt* kreuzigen | *übertr* quälen
crude [kru:d] **1.** *adj* roh ⟨~ flesh⟩ | ungekocht | unverarbeitet, Roh- ⟨~ sugar; ~ oil⟩ | unreif, roh ⟨~ fruit⟩ | *übertr* unreif, nicht durchdacht ⟨~ ideas⟩ | *übertr* nackt, unverblümt, ungeschminkt ⟨~ facts⟩ | ungehobelt, grob, taktlos ⟨~ manners⟩ | (Farbe) grell; **2.** *s* Rohprodukt *n* | *auch* ˌ~ ˈ**oil** *s* Rohöl *n*; ˈ**cru·di·ty** *s* roher *od* unreifer Zustand | *übertr* Unreife *f*, Unfertigkeit *f* | Taktlosigkeit *f* | taktlose Bemerkung
cru·el [kruəl|ˈkru:l] *adj* (Person) grausam, rücksichtslos (**to** gegen) | hart, roh, unmenschlich ⟨a ~ master⟩ | (Sache) entsetzlich, unbarmherzig, grausam ⟨a ~ disease; a ~ war⟩; ˈ**~ty** *s* Grausamkeit *f* (**to** gegen) ⟨≈ to animals Tierquälerei *f*⟩ | Härte *f* | grausame Handlung
cru·et [ˈkruɪt] *s* (Essig- u. ä.) Fläschchen *n* | *auch* ˈ~ **stand** *s* Menage *f*
cruise [kru:z] **1.** *s* Kreuzen *n* | Kreuz-, Vergnügungsfahrt *f* ⟨round-the-world ~ Weltreise *f* zu Schiff; to go on for a ~ auf Kreuzfahrt gehen⟩; **2.** *vi Mar, Mil* kreuzen | eine Vergnügungsreise zu Schiff *od* im Flugzeug machen | (Auto, Flugzeug) Reisegeschwindigkeit einhalten ⟨to cruise at a speed of 500 miles an hour⟩; *vt Mar* kreuzen in ⟨to ~ the Pacific⟩ | (mit Flugzeug, Auto) Reisegeschwindigkeit einhalten ⟨to ~ a car at 70 miles an hour mit einem Auto ständig 70 Meilen in der Stunde fahren⟩; ˈ~ ˌ**mis·sile** *s Mil* Marschflugkörper *m*; Flügelrakete *f*; ˈ**cruis·er** *s Mar* Kreuzer *m* | *auch* ˌ**cab·in** ˈ**cruis·er** Vergnügungsdampfer *m* | Jacht *f* | Segler *m* | *Am umg* Streifenwagen *m* | *auch* ˈ**cruis·er weight** *umg* (Sport) Halbschwergewicht *n* | *Sl* Dirne *f*; ˈ**~way** *s Brit* Schiffahrtsstraße *f* (für Vergnügungsdampfer); ˌ**cruis·ing** ˈ**al·ti·tude** *s Flugw* Reiseflughöhe *f*; ˌ**cruis·ing** ˈ**range** *s Flugw* Aktionsradius *m*; ˌ**cruis·ing** ˈ**speed** *s Flugw* Reise-, Dauergeschwindigkeit *f*
crul·ler [ˈkrʌlə] *s Am* (Art Blätterteig-) Feingebäck *n*, Pfannkuchen *m*
crumb [krʌm] **1.** *s* Krume *f*, Brosame *f*, Brösel *m* | Krume *f*, (weiches inneres) Brot *n* außer Rinde (*Ant* crust) | *übertr* Bröckchen *n*, Bißchen *n* ⟨a ~ of comfort⟩ | *Am Sl* gemeiner Kerl; **2.** *vt Kochk* panieren | zerkrümeln | von Krumen säubern ⟨to ~ the table⟩; **crum·ble** [ˈ~bl] **1.** *vt* (Brot u. ä.) zerbröckeln, zerkrümeln, zerdrücken (*auch übertr*); *vi* krümeln | ab-, zerbröckeln ⟨crumbling walls⟩ | *übertr* zerfallen, schwinden ⟨hopes that ≈ to dust⟩ | zergehen, zusammenschmelzen (**into** in, zu); **2.** *s* etw. Zerfallendes *n* | Bröckchen *n/pl*, feiner Schutt; ˈ**crum·bly** *adj* krümelig, bröcklig | leicht bröckelnd ˈ**~y** *adj* weich, krümelig | voller Krümel

crum·my [ˈkrʌmɪ] *adj urspr Sl* mollig, drall ⟨a ~ girl⟩ | *Am Sl* dreckig, mies ⟨I've felt ~⟩ | *urspr Am Sl* billig, wertlos, unsinnig ⟨a ~ book; what a ~ idea!⟩
crump [krʌmp] **1.** *s* Knirschen *n* | *Brit* Krachen *n* | Knall *m* | schwerer Schlag | *Brit Mil Sl* schwerer Brocken, Granate *f*; **2.** *vt* (etw.) knirschend zerbeißen | (jmdn.) verhauen; *vi* (Granate u. ä.) krachen | (mit den Zähnen) knirschen
crum·pet [ˈkrʌmpɪt] *s bes Brit Kochk* runder Kuchen, Sauerteigfladen *m* | *Brit Sl, oft scherzh übertr* (Frau) Käfer *m*, Biene *f* ⟨ a nice piece of ~ ein üppiger Käfer⟩ | *Sl* Birne *f* ⟨to be barmy on the ~ *übertr* nicht alle Tassen im Schrank haben⟩
crum·ple [ˈkrʌmpl] **1.** *vt* zerknüllen, zerknittern ⟨to ~ one's clothes⟩ | (Fahrzeug-, Flugzeugteile u. ä.) (zer)knicken, (zer)brechen, demolieren | *übertr umg* (jmdn.) umwerfen, hart mitnehmen; **~ up** zusammenknüllen | *übertr* durcheinanderbringen, zersetzen ⟨to ~ up an opposing army⟩; *vi* sich knüllen, zerknüllt werden | faltig werden | (zer)brechen, (zer)knicken | *übertr umg* zusammenbrechen (**under** unter); **2.** *s* Falte *f* | Knick *m* | demoliertes Teil
crunch [krʌntʃ] **1.** *vt* knirschend (zer)kauen, zerbeißen ⟨to ~ a bone⟩ | knirschend niederdrücken, knirschen lassen ⟨our feet ~ the gravel unsere Schritte knirschen auf dem Kiesweg⟩ | zermalmen; *vi* knirschend kauen | (Schnee u. ä.) knirschen | sich (knirschend) bewegen; **2.** *s* Knirschen *n* | Zermalmen *n* | *übertr* Enge *f*, Druck *m*, Krise *f* ⟨to be caught in a ~ in die Enge getrieben werden, nicht aus noch ein können *od* wissen; the ~ ökonomischer Druck⟩ | (Ab-) Biß *m* | *umg* entscheidender *od* kritischer Moment ⟨when / if it comes to the ~ wenn es ganz ernst wird *od* wenn es hart auf hart kommt⟩; ˈ**~y** *adj* knirschend | knusprig; ˌ**~y-ˈcrisp** *adj umg* besonders knusprig
crup·per [ˈkrʌpə] *s* (Pferd) Schwanzriemen *m* | Kruppe *f*
cru·ral [ˈkrʊ(ə)rl] *adj Anat* krural, Schenkel-; **crus** [krʌs] *s* (*pl* **cru·ra** [ˈkrʊ(ə)rə]) *Anat* Unterschenkel *m* | Bein *n*
cru|sade [kru:ˈseɪd] **1.** *s* Kreuzzug *m* (*auch übertr*) (**against** gegen); **2.** *vi* einen Kreuzzug unternehmen (**against** gegen); **~ˈsad·er** *s* Kreuzfahrer *m* | *übertr* leidenschaftlicher Anhänger, Verfechter *m*
cruse [kru:z] *s* (Bibel) Krug *m*
crush [krʌʃ] **1.** *s* Zerschlagung *f*, Ruin *m* | *umg* (*nur sg*) Gedränge *n* ⟨there was a great ~ es gab ein dichtes Gedränge⟩ | *umg* große Gesellschaft, volles Haus | *urspr Am umg* Schwarm *m*, Vernarrtheit *f* ⟨to get / have a [terrible] ~ on s. o. in jmdn. ganz vernarrt *od* verknallt sein⟩ | *urspr Am Sl* angehimmelte Person, Schwarm *m* | Fruchtsaftgetränk *n* ⟨orange ~⟩; **2.** *vt* zerdrücken, zerquetschen, zermalmen, zerstampfen ⟨to ~ s. o. to death jmdn. totdrükken⟩ | zerknittern, aus der Form bringen | zusammen-, (hin)eindrücken ⟨to ~ people into a hall⟩ | (Weg) gewaltsam bahnen ⟨to ~ one's way through s. th.⟩ | (aus)quetschen, (aus)pressen ⟨to ~ grapes⟩ | *übertr* zer-, niederschmettern, vernichten ⟨our hopes have been ~ed unsere Hoffnungen wurden zunichte gemacht⟩ | *übertr* ganz klein erscheinen lassen, demütigen; **~ down** zerdrücken | *übertr* überwältigen, niederschlagen ⟨~ed down by grief⟩; **~ in** eindrücken; **~ out** (Saft u. ä.) ausdrücken, auspressen (**from** aus); **~ up** zermahlen, zerquetschen | zerknüllen; *vi* zusammengedrückt werden | sich falten, zerknittern; **~ into** sich drängen, stürzen auf *od* in | *Am Sl* flirten; ˈ**~ ˈbar·rier** *s* Schutzleine(n) *f*(*pl*), Zaun *m od* Gitter *n* gegen starken Andrang; ˈ**~er** *s Tech* Brecher *m*, Zerkleinerungsvorrichtung *f* | *Sl* Polizist *m*; ˈ**~ ˈhat** *s* Klapphut *m*; ˈ**~ing** **1.** *adj* zermalmend ⟨≈ blow⟩ | *Tech* Brech-, Mahl- ⟨≈ drum *Tech* Mahl-, Mühlstein *m*; ≈ mill *Tech* Quetsch-,

Walzwerk *n*⟩ | *übertr* niederschmetternd ⟨≈ news⟩ | *arch Sl* toll, umwerfend; **2.** *s Tech* Hartzerkleinerung *f*; '**~ room** *s Theat u. ä.* Foyer *n*

crust [krʌst] **1.** *s* (Brot u. ä.) Kruste *f*, Rinde *f* (*Ant* crumb) ⟨all ~ and no crumb *übertr* saure Arbeit und wenig Lohn⟩ | hartes Stück Brot | *Bot, Zool* Schale *f* | harte Schicht, Kruste *f* ⟨a ~ of ice⟩ | *Geol* (Erd-) Kruste *f* ⟨the earth's ~⟩ | *Med* Schorf *m*, Grind *m* | (Wein) Niederschlag *m* | *Tech* Kesselstein *m* | *übertr* Kruste *f*, ablehnende *od* abwehrende Haltung ⟨a ~ of indifference ein Mantel *m* der Gleichgültigkeit⟩ | *Sl* Frechheit *f* ⟨to have the ~ to *mit inf*⟩ ◇ **off one's ~** *Sl* verrückt, von Sinnen; **2.** *vt, auch* **~ over** mit einer Kruste überziehen; *vi, auch* **~ over** eine Kruste bekommen, verkrusten | (Schnee) verharschen, sich mit einer Eisdecke überziehen

crus·ta·cean [krʌ'steɪʃn] *Zool* **1.** *adj* Krebs-; **2.** *s* Krebs-, Krustentier *n*; **crus'ta·ceous** *adj* krustenartig | Krusten-

crust|ed ['krʌstɪd] *adj* verkrustet | überzogen (**with** von, mit) ⟨≈ with salt⟩ | (Wein) abgelagert ⟨≈ port⟩ | *übertr* alt, eingefleischt ⟨a ≈ conservative ein Erzkonservativer *m*⟩ | veraltet ⟨≈ habits⟩; '**~y** *adj* krustig | hart ⟨≈ bread⟩ | mürrisch ⟨a ≈ old fellow; to turn ≈ bocken⟩ | *übertr* schmutzig, gemein ⟨≈ jokes⟩

crutch [krʌtʃ] **1.** *s* Krücke *f* ⟨to go on ~es auf Krücken gehen⟩ | *Mar* Rudergabel *f* | *übertr* Stütze *f*, Hilfe *f* | *auch* **crotch** Beingabelung *f* | *auch* **crotch** (Hose) Zwickel *m*; **2.** *vt* stützen, Krücken leihen; *vi* auf Krücken gehen; '**crutched** *adj* auf Krücken gehend | Krück-

crux [krʌks] *s* (*pl* **~es** ['~ɪz], **cru·ces** ['kru:si:z]) *bes Her* Kreuz *n* | *übertr* (entscheidende) Schwierigkeit, ⟨the ~ of the matter der springende Punkt⟩

cry [kraɪ] **1.** *s* Schrei *m*, Ruf *m* (**for** nach) ⟨to give / raise / set up / utter a ~ e-n Ruf ausstoßen; a far / long ~ from e-e weite Entfernung von; *übertr* ein großer Unterschied zu; within ~ in Rufweite (**of** von)⟩ | Geschrei *n* ⟨to follow in the ~ dem Geschrei folgen, Mitläufer sein; to raise a hue and ~ Zeter und Mord[io] schreien; much ~ and little wool *übertr* viel Geschrei und nichts dahinter⟩ | Weinen *n*, Wehklagen *n* ⟨to have a good ~ sich ausweinen⟩ | dringende Bitte (**for** um) | Aus-, Zuruf *m* ⟨a war-~⟩ | Schlag-, Losungswort *n* | Gerücht *n* | (Jagd) Anschlagen *n* ⟨in full ~ mit lautem Gebell, in hitziger Verfolgung; *übertr* voller Forderungen⟩; **2.** *vi* schreien, rufen (**for** nach) ⟨to ~ for the moon *umg* Unmögliches verlangen⟩ | ausrufen, verkünden | weinen ⟨to ~ for joy vor Freude weinen⟩ | wehklagen, jammern ⟨to ~ against s. th. sich laut über etw. beklagen; to give s. o. s. th. to cry about *umg* dafür sorgen, daß sich jmd. nicht umsonst freut; it's no use ~ing over spilt milk *Sprichw* was vorbei ist, ist vorbei⟩ | (Jagd) anschlagen; **~ off** zurücktreten (**from** von); **~ out** laut schreien (**for** nach) | sich beschweren (**against** über); *vt* (etw.) schreien, rufen | ausrufen, ausschreien ⟨to ~ one's wares seine Ware anpreisen⟩ | weinen ⟨to ~ one's eyes (heart) out sich die Augen aus dem Kopf (das Herz aus dem Leib) weinen; to ~ o.s. to sleep sich in den Schlaf weinen⟩; **~ down** niederschreien | verbieten | heruntermachen; **~ off** (etw.) nicht einhalten; **~ out** ausrufen; **~ up** laut preisen, rühmen; **~ up** bejubeln, laut preisen; '**~ˌba·by** *s* kleiner Schreihals, Heulsuse *f*; '**~ing** *adj* schreiend | weinend | *übertr umg* (himmel)schreiend ⟨a ≈ shame⟩

cryo- [kraɪə(ʊ)] ⟨*griech*⟩ *in Zus* Kälte-, Eis-

cry·o|chem·is·try [ˌkraɪə'kemɪstrɪ] *s* Tieftemperatur-, Kältechemie *f*; **~gen** ['-dʒən] *s Chem* Kälte-, Kühlmischung *f*; **~gen·ic** [-'dʒenɪk] *adj* Kälte erzeugend; **~'gen·ics, ~ge·ny** [ˌkraɪ'ɒdʒənɪ] *s* Kryogenik *f*, Lehre *f* von der Kälteerzeugung

cry·o·lite ['kraɪəlaɪt] *s Min* Kryolith *m*, Eisstein *m*, flußspatsaure Tonerde

cry·o·stat ['kraɪəstæt] *s Phys, Chem* Kryostat *m*

crypt [krɪpt] *s* Krypta *f*, Gruft *f* | *Med* Krypta *f*; '**cryp·tic** *adj* geheim, verborgen ⟨a ≈ language e-e Geheimsprache⟩ | *übertr* dunkel, geheimnisvoll ⟨a ≈ remark⟩ | Schutz-, Tarn- ⟨≈ colouring⟩ | *Med* unerkannt | abgekürzt

crypto- [krɪptə(ʊ)] ⟨*griech*⟩ *in Zus* Geheim-, krypto-, Krypto-

cryp|to·gam ['krɪptəgæm] *s Bot* Kryptogame *f*, Sporenpflanze *f*; ˌ**~to'gam·ic, ~tog·a·mous** [~'tɒgəməs] *adj Bot* kryptogam; **~tog·a·my** [~'tɒgəmɪ] *s Bot* Kryptogamie *f*; **~to·gram** ['~təgræm] *s* Geheimtext *m*; **~to·graph** ['~təgræf] *s* Geheimschrift *f* | verschlüsselter Text | Kryptograph *m*, Geheimschriftapparat *m*; **~tog·ra·phy** [~'tɒgrəfɪ] *s* Kryptographie *f*

crys·tal ['krɪstl] **1.** *s* Kristall *m* | *Min* Kristall *m* ⟨rock ~ Bergkristall *m*; salt ~ Salzkristall *m*⟩ | Kristall(glas) *n(n)* | *El* Quarz *m* | *Am* Uhrglas *n*; **2.** *adj* kristallen, Kristall- ⟨~ ornaments Kristallschmuck *m*⟩ | kristallin | kristallklar; '**~ gaz·er** *s* Hellseher *m*; '**~ ˌgaz·ing** *s* Kristallsehen *n*, Hellsehen *n* aus einem Kristall; **~line** ['krɪstəlaɪn] *adj* = **crystal 2.**; **~liz·a·ble** ['krɪstəlaɪzəbl] *adj* kristallisierbar; ˌ**~li'za·tion** *s* Kristallisation *f*, Kristallbildung *f*, Anschießen *n*; '**~lize** *vi* (sich) kristallisieren, in Kristallen anschießen (*auch übertr*) (**into** zu); *vt* kristallisieren | (Obst) kandieren | *übertr* feste Form geben, artikulieren ⟨to ≈ one's thoughts⟩; **~log·ra·phy** [ˌkrɪstə'lɒgrəfɪ] *s* Kristallographie *f*, Lehre *f* von den Kristallen; **~loid** ['krɪstəlɔɪd] **1.** *adj* kristallförmig; **2.** *s* Kristalloid *n*; **~wort** ['~wɜ:t] *s Bot* Leberblümchen *n*

cten[o]- [kti:nə(ʊ)|ktenə(ʊ)] ⟨*griech*⟩ *in Zus* Kamm-

cub [kʌb] **1.** *s* Jungtier, Junges *n* (von Fuchs, Bär, Wolf, Löwe u. ä. Raubtieren) | *übertr* Anfänger *m*, Greenhorn *n* | junger unerfahrener Reporter ⟨unlicked ~ *übertr* e-r, der noch grün hinter den Ohren ist⟩ | *scherzh, verächtl* Bengel *m*, Flegel *m* | *auch* ˌ**~ 'scout** junger Pfadfinder; **2.** (**cubbed, cubbed**) *vi, vt* (Junge) werfen

Cuba ['kju:bə] *s Geogr* Kuba *n*

cub·age ['kju:bɪdʒ], **cu·ba·ture** ['kju:bətʃə] *s* Kubikinhalt *m*

Cu·ban ['kju:bən] **1.** *adj* kubanisch; **2.** *s* Kubaner(in) *m(f)*

cub·by ['kʌbɪ], *auch* '**~hole** *s* gemütliches Kämmerchen | kleines Zimmer *n* ⟨a little ~ of an office ein winziges Büro⟩ | Abstellraum *m* | Abstellschrank *m*

cube [kju:b] **1.** *s Math* Kubus *m*, Würfel *m* | Würfel *m* ⟨ice ~⟩ | *Math* Kubikzahl *f* ⟨the ~ of 5⟩ | Pflasterwürfel *m* | *auch* '**flash ~** *Foto* Blitz *m*; **2.** *adj* Kubik-; **3.** *vt Math* kubieren, in die dritte Potenz erheben ⟨5 ~d is 125⟩ | *Math* den Rauminhalt berechnen von | (mit Würfeln) pflastern | (Möhren u. ä.) in Würfel schneiden; '**~ 'root** *s Math* Kubikwurzel *f*; '**~ 'su·gar** *s* Würfelzucker *m*; '**cu·bic** *adj* kubisch, würfelförmig, Würfel- | Raum-, Kubik- ⟨≈ content Rauminhalt *m*⟩ | *Math* kubisch ⟨≈ equation kubische Gleichung⟩; '**cu·bi·cal** *adj* würfelförmig ⟨≈ box⟩

cu·bic·le ['kju:bɪkl] *s* Zimmerabteilung *f* | (Schlaf-) Nische *f* | (Bade-) Kabine *f* | *umg* kleines Zimmer, Kabuff(chen) *n(n)*

cu·bic meas·ure [ˌkju:bɪk 'meʒə] *s* Kubik-, Raummaß *n*; ˌ**~ 'me·tre**, *auch* ˌ**~ 'me·ter** *bes Am s* Kubik-, Raummeter *n*

cu·bi·form ['kju:bɪfɔ:m] *adj* würfelförmig

cub|ism ['kju:bɪzm] *s* (Kunst) Kubismus *m*; '**~ist 1.** *s* Kubist *m*; **2.** = **cu'bis·tic** *adj* kubistisch

cu·bit ['kju:bɪt] *s Hist* Elle *f*; '**cu·bi·tal** *adj Anat Zool* kubital, Ellenbogen-; **cu·bi·tus** ['~əs] *s* (*pl* **cu·bi·ti** ['~aɪ]) *Med* Ellenbogen *m*, Unterarm *m*

cu·boid ['kju:bɔɪd] **1.** *adj* würfelförmig; **2.** *s Med* Würfelbein *n* | *Math* Quader *m*
cub re·port·er [kʌb rɪ'pɔ:tə] *s* (noch unerfahrener) junger Reporter *od* Journalist
cuck·old ['kʌkəuld|'kʌkld] **1.** *s umg verächtl* Hahnrei *m*; **2.** *vt* (jmdm.) Hörner aufsetzen; **~dry** ['~rɪ] *s* Hörneraufsetzen *n*
cuck·oo ['kuku:] **1.** *s Zool* Kuckuck *m* | Kuckuck(sruf) *m(m)* | *übertr Sl* Trottel *m*; **2.** *vi* 'kuckuck' rufen; **3.** *adj urspr Am Sl* doof; '**~ clock** *s* Kuckucksuhr *f*; '**~ ˌflow·er** *s Bot* Wiesenschaumkraut *n*; **~pint** ['~pɪnt] *s Bot* Gefleckter Aronstab; '**~ spit** *s Zool* Kuckucksspeichel *m* | Schaumzikade *f*
cu·cul|lus [kju'kʌləs] *s* (*pl* **~li** [~laɪ]) *Bot, Zool* Kappe *f*
cu·cum·ber ['kju:kʌmbə] *s* Gurke *f* ⟨pickled ~ saure Gurke; as cool as a ~ *übertr umg* gelassen, nicht aus der Ruhe zu bringen, die Ruhe selber⟩; '**~ ˌslic·er** *s* Gurkenhobel *m*
cu·cur·bit [kju'kɜ:bɪt] *s Bot* Kürbis *m*
cud [kʌd] *s* wiedergekäutes Futter ⟨to chew the ~ wiederkäuen; *übertr umg* nachdenken, sich alles noch einmal überlegen *od* durch den Kopf gehen lassen⟩ | (ein Stück) Kautabak *m*, Kaugummi *m*
cud|dle ['kʌdl] **1.** *vt* umarmen, hätscheln, herzen; *vi* sich (aneinander)schmiegen, sich abdrücken | *auch* **~dle together, ~dle up** sich (im Bett) einmummeln, zusammenkuscheln ⟨to ≈ up to s. o. sich an jmdn. schmiegen; herankriechen an jmdn.⟩; **2.** *s* (enge) Umarmung; **~dle·some** ['~səm], '**~dly** *adj* herzig, zum Abdrücken ⟨a ~ girl⟩
cud·dy ['kʌdɪ] *s Mar* Kajüte *f* | kleiner Raum, Kammer *f*
cudg|el ['kʌdʒl] **1.** *s* Knüttel *m* ⟨to take up the ≈s for s. o. *übertr* jmdn. verteidigen, sich für jmdn. sehr einsetzen, um jmdn. kämpfen⟩; **2.** ('**~elled**, '**~elled**) *vt* (ver)prügeln ⟨to ≈ one's brains sich den Kopf zerbrechen (**about** über)⟩; **ˌ~el 'wood** *s* Knüppelholz *n*
cud·weed ['kʌdwi:d] *s Bot* Ruhrkraut *n*
[1]**cue** [kju:] **1.** *s Theat* Stichwort *n* ⟨to miss one's ~ sein Stichwort verpassen⟩ | Fingerzeig *m*, Wink *m* ⟨to give s. o. his ~ jmdm. die Worte in den Mund legen; to take the ~ *umg* e-n Wink befolgen *od* verstehn; to take one's ~ from s. o. *umg* sich nach jmdm. richten⟩ | Vorbild *n*, Orientierung *f*, Anhaltspunkt *m* ⟨to follow the ~ of s. o. jmdn. zum Vorbild nehmen⟩ | Rolle *f*, Aufgabe *f* ⟨it's s. o.'s ~ to *mit inf*⟩; **2.** *vt* das Stichwort geben; **~ in** (Szene, Bild u. ä.) einfügen, -schalten | (jmdn.) ins Bild setzen
[2]**cue** [kju:] **1.** *s* (Haar-) Zopf *m* | Queue *n*, Billardstock *m* | *auch* **queue** (Haar-) Zopf *m*; **2.** *vt* (Haar) zu einem Zopf flechten | (mit einem Billardstock) schießen, stoßen; '**~ball** *s* (Billard) Spiel-, Stoßball *m*; '**~ist** *s* Billardspieler *m*
[1]**cuff** [kʌf] *s* Manschette *f* ⟨shirt ~⟩ | (Ärmel-, Jackett-) Aufschlag *m* ⟨the ~s of a coat⟩ | *Am* (Hosen-) Aufschlag *m* | (Handschuh) Stulpe *f* | Handschelle *f* ◇ **off the ~** *urspr Am übertr* ohne Vorbereitung, aus dem Stegreif | ungezwungen, nicht förmlich; **on the ~** *Am* auf Kredit
[2]**cuff** [kʌf] **1.** *vt* (mit der Hand) knuffen, schlagen; **2.** *s* Knuffen *n* | Schlag *m* (mit der flachen Hand)
cuff| but·ton ['kʌf bʌtn], '**~ link** *s* (*meist pl*) Manschettenknopf *m*
cui|rass [kwɪ'ræs] **1.** *s Mil Hist* Küraß *m*, Panzer *m* | *Zool* Panzer *m*; **2.** *vt* panzern; **~ras·sier** [ˌ~rə'sɪə] *s Mil Hist* Kürassier *m*
cui·sine [kwɪ'zi:n] *s* Kochkunst *f*, Küche *f* ⟨French ~; the hotel's ~; an excellent ~⟩
cuisse [kwɪs] *s Mil* Beinschiene *f* | (*pl*) Beinharnisch *m*
cul-de-sac [ˌkul də 'sæk|'kʌl-] *s* (*pl* **culs-de-sac** [ˌkulz də 'sæk|'kʌl-] *od* **cul-de-sacs** [ˌkul də 'sæks|'kʌl-]) Sackgasse *f* (*auch übertr*)
cu·lex ['kju:leks] *s* (*pl* **cu·li·ces** ['kju:lɪsi:z]) *Zool* Stechmücke *f*

cu·li·nar·y ['kʌlɪnərɪ] *adj* kulinarisch, Koch- ⟨~ art Kochkunst *f*⟩ | zum Kochen geeignet, Speise- ⟨~ herbs⟩
cull [kʌl] **1.** *vt* pflücken ⟨to ~ flowers⟩ | *übertr* sammeln ⟨to ~ phrases⟩ | (als schlecht) auslesen, aussortieren | aus einer Herde das Merzvieh aussondern | *Tech* (Erze) scheiden, kutten; *vi* auslesen; **2.** *s* (*oft pl*) Merzvieh *n* | Ausschußholz *n* | Aussortieren *n*; **3.** *adj* ausgemerzt, Ausschuß-
cul·len·der ['kʌlɪndə] = **colander**
cul·let ['kʌlɪt] *s* Bruchglas *n* | Glasbruch *m*, Glasscherben *f/pl*
cul·ly ['kʌlɪ] *Sl s* Dummkopf *m* | Kumpel *m*
[1]**culm** [kʌlm] **1.** *s Bot* (Gras u. ä.) Halm *m*, Stengel *m*; **2.** *vi* einen Halm bilden
[2]**culm** [kʌlm] *s* Kohlengrus *m* | *Geol* Kulm *n*; '**~ coke** *s* Perlkoks *m*
cul·mi|nant ['kʌlmɪnənt] *adj Astr* kulminierend | *übertr* gipfelnd; '**~nate** *vi Astr* kulminieren | *übertr* gipfeln (**in** in), den Höhepunkt erreichen (**with** bei, mit) | zunehmen, sich steigern; *vt übertr* auf den Höhepunkt bringen; **ˌ~'na·tion** *s Astr* Kulmination *f* | *übertr* Höhepunkt *m* | *übertr* Gipfel *m*
cu·lottes [kju'lɒts] *s/pl* Hosenrock *m*
cul·pa|bil·i·ty [ˌkʌlpə'bɪlətɪ] *s* Strafbarkeit *f*, Schuldhaftigkeit *f* ⟨collective ≈ Kollektivschuld *f*⟩; '**~ble** *adj* strafbar, schuldhaft ⟨to hold s. o. ≈ jmdn. für schuldig halten; ≈ negligence sträfliche Vernachlässigung⟩
cul·prit ['kʌlprɪt] *Jur s* Angeklagter *m* | Schuldiger *m*
cult [kʌlt] *s, bes Rel* Kult *m*, Sekte *f*, Anhänger *m/pl* | *übertr* Kult(us) *m(m)* (**of** um) ⟨leadership ~ Führerkult *m*; personality ~ Personenkult *m*; the ~ of success die Anbetung des Erfolgs⟩ | (übertriebene) Mode; **ˌ~ 'fi·gure** *s* Kultfigur *f* (*auch übertr*); '**~ic** *adj* kultisch, Kult- ⟨a ≈ symbol⟩
cul·ti·gen ['kʌltɪdʒen] *s Bot* Kulturpflanze *f*
cul·ti|va·bil·i·ty [ˌkʌltɪvə'bɪlətɪ] *s* Kultivierbarkeit *f*; '**~va·ble** *adj* kultivierbar | anbaufähig, bestellbar ⟨≈ soil⟩; '**~vate** *vt* kultivieren | (Pflanzen) (an)bauen, ziehen, züchten | (Boden) bearbeiten, bestellen, bebauen | *übertr* entwickeln, verfeinern ⟨to ≈ one's mind sich weiterbilden⟩ | üben, betreiben ⟨to ≈ a sport⟩ | pflegen, hegen ⟨to ≈ s. o.'s friendship⟩ | Umgang pflegen mit, verkehren mit ⟨to ≈ certain people⟩; '**~va·ted** *adj* kultiviert, bebaut ⟨≈ land⟩ | zivilisiert | gebildet ⟨a ≈ man⟩; **ˌ~'va·tion** *s* Kultivierung *f*, Bebauung *f*, Bodenbearbeitung *f*, Urbarmachung *f* ⟨≈ of the soil; to be under ≈ bebaut werden; to go out of ≈ nicht mehr bebaut werden⟩ | (Pflanzen-) Zucht *f*, Züchtung *f* ⟨≈ of roses Rosenzucht *f*⟩ | Bildung *f* ⟨charm and ≈⟩ | Pflege *f* ⟨≈ of a friendship⟩; '**~va·tor** *s* Bebauer *m* | Landwirt *m* | Züchter *m* | *Landw* Kultivator *m*
cul|tur·al ['kʌltʃərl] *adj* kulturell, Kultur- ⟨≈ convention Kulturabkommen *n*; ≈ heritage Kulturerbe *n*⟩; '**~ture 1.** *s* Kultur *f*, Zucht *f*, Anbau *m* ⟨bee ≈ Bienenzucht *f*⟩ | *Med* Kultur *f* ⟨bacterial ≈ Bakterienkultur *f*⟩ | Bildung *f*, Kultur *f* ⟨a man of ≈; a centre of ≈⟩ | Kultur(stufe) *f(f)* ⟨Greek ≈; exotic ≈s⟩ | Weiterbildung *f*, Fortbildung *f*, Verfeinerung *f* ⟨physical ≈ Körperkultur *f*; ≈ of the mind⟩ | Kultur *f*, Pflege *f* ⟨voice ≈; beauty ≈⟩ '**~ture cen·tre** *s* Kulturzentrum *n*; '**~tured** *adj übertr* kultiviert, gebildet ⟨a ≈ person⟩; '**~ture ˌme·di·um** *s Biol* künstlicher Nährboden *m*; '**~ture pearl** *s* Zuchtperle *f*; '**~tur·ist** *s* Züchter *m*; **~tur·i·za·tion** [ˌkʌltʃəraɪ'zeɪʃn] *s* Einfluß *m* der Kultur
cul·tus ['kʌltəs] *s Rel* Kult(us) *m(m)* (*auch übertr*)
cul·ver ['kʌlvə] *s Zool* (*bes* Ringel-) Taube *f*
cul·ver·in ['kʌlvərɪn] *s Mil Hist* Feldschlange *f*
cul·vert ['kʌlvət] *s* Durchlaß(kanal) *m(m)*, Abzugskanal *m* |

unterirdische (Wasser-) Leitung | Leitungskanal *m*

-cum- [kʌm] *präp in Zus* mit, samt ⟨an intellectual-cum-political mecca ein Paradies für intellektuelle und politische Interessen; living-~-sleeping room kombiniertes Wohn- und Schlafzimmer; a printer-cum-copier ein (kombiniertes) Druck- und Kopiergerät⟩

cum·ber ['kʌmbə] **1.** *vt* beschweren, überladen ⟨to ~ the memory das Gedächtnis überladen⟩, belasten ⟨to ~ o.s. with sich belasten mit⟩ | hemmen, hindern ⟨~ed with parcels⟩; *vi* lästig sein; **2.** *s* Lästigkeit *f* | Last *f*; **~some** ['~sm] *adj* lästig, hinderlich ⟨to find s. th. ≈⟩ | schwerfällig, ungeschickt ⟨≈ technical terms⟩ | langsam, umständlich ⟨≈ procedures⟩; **cum·brance** ['kʌmbrns] *s* Last *f*; '**cum·brous** *adj* schwerfällig | lästig

Cum·bri·an ['kʌmbrıən] **1.** *adj* kumbrisch; **2.** *s* Bewohner(in) *m(f)* von Cumberland

cu·mic ac·id [ˌkju:mık 'æsıd] *s Chem* Cuminsäure *f*

cum·in ['kʌmın] *s Bot* Kreuzkümmel *m*

cum·mer ['kʌmə] *s Schott* Mädchen *n*, Frau *f* | Freundin *f*

cum·mer·bund ['kʌməbʌnd] *s* Schärpe *f*, Leibgurt *m*

cum·min ['kʌmın] = **cumin**

cu·mu|lant ['kju:mjʊlənt|-jəl-] **1.** *adj* anhäufend; **2.** *s Math* Kumulant *m*; '**~late 1.** *vt* (an)häufen; *vi* sich (an)häufen; **2.** *adj* (an)gehäuft; ˌ**~'la·tion** *s* (An-) Häufung *f*; '**~la·tive** *adj* kumulativ, Sammel- | hinzukommend, verstärkend | sich (an)häufend ⟨≈ evidence *Jur* zusammenfassendes Beweismaterial⟩ | sich steigern ⟨≈ effect; ≈ tension⟩ | Zusatz- ⟨≈ legacy *Jur* Zusatzvermächtnis *n*⟩ | *Wirtsch* kumulativ; **~lo·nim·bus** [ˌ~ləʊ'nımbəs] *s* Kumulonimbus *m*, dunkle Regenwolke; **~lus** ['~ləs] *s* (*pl* **~li** ['~laı]) Haufen *m* | *Met* Kumulus *m*, Haufenwolke *f*

cu·ne|al ['kju:nıəl], **~ate** ['~ıt|'~eıt], '**~at·ed** *adj* keilförmig, **~i·form** ['~ıfɔ:m|kju:'ni:ıfɔ:m] **1.** *adj* keilförmig, Keil- ⟨≈ characters Keilschriftzeichen *n/pl*; ≈ writing Keilschrift *f*⟩; **2.** *s* Keilschrift *f*

cun·ning ['kʌnıŋ] **1.** *adj* schlau, listig ⟨a ~ fox⟩ | *arch* geschickt *od* gut gemacht ⟨~ work⟩ | *Am umg* niedlich, anziehend, drollig, reizend ⟨a ~ child; a ~ smile⟩; **2.** *s* Schlauheit *f*, Verschmitztheit *f* | Verschlagenheit *f*, (Arg-) List *f* (**in** *mit ger*) | *arch* Geschicklichkeit *f* (**at** *mit ger*)

cup [kʌp] **1.** *s* Schale *f*, Becher *m*, Tasse *f* ⟨tea ~ Teetasse *f*; a ~ of tea e-e Tasse *f* Tee; that's not my ~ of tea das ist nicht nach meinem Geschmack⟩ | (Wein) Pokal *m* ⟨a ~ too low *übertr* nicht in Stimmung; to be in one's ~s *übertr* betrunken *od* bezecht sein; to be fond of the ~ *übertr* gern trinken⟩ | *Rel, Bot, übertr* Kelch *m* ⟨a bitter ~ ein bitteres Los; s.o.'s ~ of sorrow jmds. Maß an Leid(en); the ~ is full das Maß ist voll⟩ | (Sport) Cup *m*, Pokal *m* ⟨Davis ≁⟩ | (Büstenhalter) Körbchen *n* | *Mil* Hütchen *n* | *Med* (Gelenk-) Pfanne *f* | Talmulde *f* | (Golf) Loch *n*; **2.** (**cupped, cupped**) *vt Med* schröpfen | (Hand) hohl machen ⟨to ~ one's hands round s. th. die Hände um etw. wölben; ~ped in one's hand mit der Hand um ...⟩; *vi Med* schröpfen | hohl werden ◇ **~ and saucer** [ˌ~ ən 'sɔ:sə] *s* Tasse *f* und Untertasse *f* ⟨a ≈⟩; '**~ˌbear·er** *s* Mundschenk *m*; **~board** ['kʌbəd] *s* (Speise-) Schrank *m*, Anrichte *f* ⟨clothes/hanging ≈ Kleiderschrank *m*; kitchen ≈ Küchenschrank *m*⟩ ◇ **a skeleton in the ~board** *übertr* ein peinliches Familiengeheimnis; '**~board love** *s* berechnendes Entgegenkommen, Zuneigung *f* aus Berechnung; '**~ cake** *s* Napfkuchen *m*; ˌ**~ 'final** *s* (Sport) Pokalendspiel *n*; **~ful** ['~fʊl] *s* Tasse *f* (voll) ⟨two ≈s⟩

Cu·pid ['kju:pıd] *s* Kupido *m*, Amor *m* ⟨~'s bow⟩; ≁ *s* Amorette *f*

cu·pid·i·ty [kju:'pıdətı] *s* Habgier *f* | Begierde *f*, Gelüst *n*

cu·po·la ['kju:pələ] *s* Kuppel *f* | *Tech* Haube *f* | *Mil Mar* Panzerturm *m*; '**~ fur·nace** *s Tech* Kupolofen *m*, Schachtofen *m*

cup|ping ['kʌpıŋ] *s Med* Schröpfen *n* | *Tech* Tiefziehen *n*; '**~ping glass** *s Med* Schröpfglas *n*; '**~py** *adj* becherförmig | uneben

cu·pre·ous ['kju:prıəs] *adj* kupfern, Kupfer- | kupferhaltig | kupferfarben; '**cu·pric** *adj Chem* Kupfer-, Kupri-, (zweiwertiges) Kupfer enthaltend ⟨≈ oxide *s Chem* Kupferoxid *n*⟩; **cu·prif·er·ous** [kju:'prıfərəs] *adj Min* kupferhaltig, Kupfer-; '**cu·prous** *adj Chem Min* Kupfer- | *Chem* Kupro-, (einwertiges) Kupfer enthaltend ⟨≈ oxide *Chem* Kupferoxidul *n*⟩; **cu·prum** ['kju:prəm] *s Min Chem* Kupfer *n*

cup|tie ['kʌptaı] *s* Pokalspiel *n*, -wettkampf *m*; **~-tied** ['kʌptaıd] *adj Brit* im Pokalwettkampf an eine Mannschaft gebunden

cu·pule ['kju:pju:l] *s Bot* Cupula *f*, Fruchthülle *f*, -becher *m* | *Zool* Saugnapf *m*; **cu·pu·li·form** ['kju:pjʊlıfɔ:m] *adj* becherförmig

cur [kɜ:] *s* Köter *m* | Feigling *m*, Halunke *m*, Schweinehund *m*

cur·a|bil·i·ty [ˌkjʊərə'bılətı] *s* Heilbarkeit *f*; '**~ble** *adj* heilbar

cu·ra·cy ['kjʊərəsı] *s Rel* Kuratie *f*, Hilfspfarrer *f* | Kuratenamt *n*; **cu·rate** ['kjʊərət] *s Rel* Hilfspfarrer *m*; ˌ**cu·rate-in-'charge** *s Rel* stellvertretender Pfarrer; '**cu·rate's egg** *s Brit* zweifelhaftes Vergnügen ⟨to be like the ≈⟩; '**cu·rate·ship** *s* Kuratenamt *n*

cur·a·tive ['kjʊərətıv] **1.** *adj* heilend, Heil- ⟨~ effect Heilwirkung *f*⟩ | **2.** *s* Heilmittel *n*

cu·ra·tor [kjʊə'reıtə] *s Jur* Kurator *m* | (Museum u. ä.) Kustos *m*, Verwalter *m*, Pfleger *m*; **cu'ra·tor·ship** Amt *n* eines Kustos usw.

curb [kɜ:b] **1.** *s* Kinnkette *f*, Kandare *f* (*auch übertr*) ⟨to keep / put a ~ on one's anger seinen Zorn zügeln⟩ | *auch* '**~stone** Bord-, Prellstein *m*, steinerne Einfassung | Brunnenrand *m* | *Am* Bordkante *f* ⟨to stand at the ~⟩ | *Am Wirtsch* schwarze Börse; **2.** *vt* (Pferd) an die Kandare nehmen | mit Steinen einfassen | *übertr* zügeln, bändigen ⟨to ~ one's desires⟩; '**~ bit** *s* Kandarenstange *f*; '**~less** *adj* zügellos; '**~ roof** *s Arch* Mansardendach *n*; '**~stone 1.** *s* Steinbrüstung *f* | Brunneneinfassung *f* | Bordstein *m*; **2.** *adj Am Wirtsch* Straßen- ⟨≈ broker Straßenmakler *m*⟩ | zufällig, nicht offiziell, aufs Geratewohl ⟨≈ advice; ≈ opinion⟩ | nicht fachmännisch, Amateur- ⟨≈ engineer⟩

curd [kɜ:d] **1.** *s* (*oft pl*) Quark *m*, geronnene Milch *f* ⟨~s and whey Dickmilch *f*; to turn to ~s gerinnen⟩ | Weichkäse *m* | Geronnenes *n*, Gerinnsel *n*, Klumpen *m*; **2.** *vi, vt* gerinnen (lassen), (Milch) werden (lassen)

cur|dle ['kɜ:dl] *vi, vt* (Milch) gerinnen lassen, dick werden (lassen) | *übertr* erstarren (lassen) ⟨to ≈ the blood / to make the blood ≈ das Blut erstarren lassen; his blood ≈d das Blut erstarrte ihm in den Adern⟩; '**~dly** *adj* geronnen | leicht gerinnbar; '**curd soap** *s* Kernseife *f*; '**curd·y** *adj* geronnen | klumpig, dick

cure [kjʊə] **1.** *s* Heilung *f* ⟨past ~ unheilbar; to effect a ~ gründlich kurieren⟩ | *Med* Kur *f*, Heilverfahren *n* ⟨a ~ for e-e Kur gegen; to take a ~ e-e Kur machen⟩ | *Med, übertr* Heilmittel *n* (**for** gegen) | *Rel* Seelsorge *f* | Pfarre *f* ⟨to obtain (resign) a ~ eine Pfarrstelle bekommen (aufgeben)⟩ | (Fleisch, Fisch, Tabak, Häute u. ä.) Haltbarmachung *f*; **2.** *vt Med, übertr* heilen, kurieren (**of** von) ⟨to ~ a patient⟩ | *übertr* beseitigen, abschaffen ⟨to ~ ignorance⟩ | pökeln | räuchern | salzen | vulkanisieren | trocknen | (Tabak) beizen; *vi* geheilt werden | sich einer Kur unterziehen, sich kurieren lassen

cu·ré ['kjʊəreı] *s Am Rel* Geistlicher *m*

cure|-all ['kjʊər ɔ:l] *s, auch übertr* Allheilmittel *n*; ˌ**~d 'cod** *s* Klippfisch *m*; **'cur·ing plant** *s* Räucherei *f*, Räucheranlage *f*; **'~less** *adj* unheilbar

cu·ret·tage [kjʊə'retɪdʒ] *s Med* Kurettage *f*, Auskratzung *f*; **cu'rette 1.** *s* Kürette *f*, Auskratzer *m*; **2.** *vt* kurettieren, auskratzen

cur·few ['kɜ:fju:] *s Mil* Ausgehverbot *n*, Ausnahmezustand *m* ⟨to impose a ~ on Ausgehverbot verhängen über; to end / lift the ~ das Ausgehverbot aufheben⟩ | Polizeistunde *f* | *arch Hist* Abendläuten *n* | Zeit *f* des Abendläutens | *auch* **'~ bell** Abendglocke *f*

cu·ri|a ['kjʊərɪə] *s* (*pl* **~ae** ['~i:]), *auch* ≙ *Rel* (römische) Kurie *f* | *Hist* königlicher Gerichtshof

cu·ri·o ['kjʊərɪəʊ] *s* Kuriosität *f*, Seltenheit *f*; **~sa** [ˌkjʊərɪ'əʊsə] *s/pl* Kuriosa *pl*, Raritäten *f/pl*

cu·ri|os·i·ty [ˌkjʊərɪ'ɒsətɪ] *s* Neugier *f*, Wißbegierde *f* (**about** in bezug auf, hinsichtlich) ⟨out of ≈ aus Neugier(de); to be dying of (burning with) ≈ *übertr* vor Neugier sterben (brennen); ~ killed the cat⟩ | Kuriosität *f* | Merkwürdigkeit *f* | *umg* komischer Kauz; ˌ**~'os·i·ty shop** *s* Antiquitätenladen *m*; **'~ous** *adj* wißbegierig (**about** auf, **to** *mit inf* zu *mit inf*) | neugierig (**about** auf) ⟨a ≈ child⟩ | merkwürdig, sonderbar, seltsam ⟨≈-looking seltsam aussehend; a ≈ silence⟩ | *umg* komisch, wunderlich ⟨a ≈ figure⟩ | (Buch) pornographisch, erotisch | *arch* sorgfältig ⟨≈ workmanship⟩

cu·ri·um ['kjʊərɪəm] *s Chem* Curium *n*

curl [kɜ:l] **1.** *vt* (Haar) kräuseln, ringeln, locken, frisieren | drehen, winden | *auch* ˌ**~ 'up** rollen ⟨to ~ o.s. up in a chair sich in e-m Sessel räkeln *od* breitmachen⟩ | (Wasser) kräuseln | in Falten ziehen ⟨to ~ one's nose die Nase rümpfen⟩; **~ up** (Sport) *Sl* umwerfen; *vi* (Haar) sich locken, sich kräuseln | sich winden, sich drehen | (Wasser) sich kräuseln | *Tech* sich einrollen, kräuseln, am Rand zusammenlaufen | *auch* **~ up** sich zusammenrollen | (Sport) eisschießen; **~ up** die Beine hochnehmen, es sich gemütlich machen ⟨to ~ up in front of the fire⟩ | (Sport) *Sl* zusammenklappen, umfallen; **~ upwards** (Rauch) sich hochringeln, in Ringen nach oben steigen; **2.** *s* (Haar-) Locke *f* ⟨to come / go out of ~s (Locke) aufgehen; to fall in ~s⟩ | lokkiger Zustand ⟨to keep one's hair in ~⟩ | Windung *f* | (Rauch) Ring *m*, Kringel *n* ⟨a ~ of smoke⟩ | Kräuseln *n*, Aufwerfen *n*, Schürzen *n* ⟨a ~ of the lips⟩ | *Bot* Kräuselkrankheit *f* | *El* Curl *n*, Drehung *f*; **curled** *adj* lockig, gelockt, gekräuselt | *Tech* (Holz) gemasert ⟨≈ birch wood Birkenmaser *f*; ≈ spot Maser *f*; Flade *f*⟩; **'~er** *s* Lockenwickel *m* | *Tech* Ausfräsung *f*, ausgefräster Rand

cur·lew ['kɜ:lju:] *s Zool* Brachvogel *m*

cur·li·cue, *auch* **cur·ly·cue** ['kɜ:lɪkju:] *s* (Unterschrift u. ä.) Schnörkel *m*

curl|ing ['kɜ:lɪŋ] *s* Locken *n*, Kräuseln *n*, Frisieren *n* | Winden *n* | (Sport) Eisschießen *n*, Eiskegeln *n*; **'~ing ˌi·rons**, *auch* **'~ing tongs** *s/pl* Brenn-, Ondulierschere *f*; **'~ing ma·chine** *s Tech* Bördelmaschine *f*; **'~ing ˌpa·per** *s* Papierhaarwickel *m*; **'~ing pin** *s* Lockennadel *f*; **'~ing stone** (Sport) Eiskegel *m*; **'~ing tool** *s Tech* Rollwerkzeug *n*; **'~ing yarn** *s* Bouclégarn *n*; **'~y** *adj* lockig, gelockt, Locken- | sich kräuselnd

cur·mudg·eon [kɜ:'mʌdʒən] *umg s* Geizhals *m*, Brummbär *m*, Miesmacher *m*; **~ly** ['~lɪ] *adj* geizig | mürrisch

curn [kɜ:n] *s Schott* Körnchen *n*

cur·rant ['kʌrənt] *s* Johannisbeere *f* | Korinthe *f*

cur|ren·cy ['kʌrənsɪ] *s* Umlauf *m*, Verbreitung *f*, Zirkulation *f* ⟨to give ≈ to s.th. etw. in Umlauf bringen; to have ≈ in Umlauf sein; to gain ≈ verbreitet werden⟩ | *Wirtsch* Währung *f*, Valuta *f*; ⟨foreign ≈ Valuta *f*; gold ≈⟩ | *Wirtsch* Umlauf *m*, Kurs *m* ⟨≈ in circulation Geldumlauf *m*⟩ | *übertr* (Zeit) Lauf *m* | *übertr* Ausdrucksmittel *n*, Medium *n* ⟨ideas are his ≈⟩; **'~ren·cy re·form** *s* Währungsreform *f*; **'~ren·cy re·stric·tion** *s Wirtsch* Devisenbewirtschaftung *f*; **'~rent 1.** *adj* (Zeit) laufend ⟨the ≈ year⟩ | augenblicklich, gegenwärtig, aktuell ⟨≈ events aktuelle Ereignisse *n/pl*; ≈ problem Tagesproblem *n*⟩ | allgemein bekannt ⟨a ≈ word⟩ | üblich, geläufig, vorherrschend ⟨in ≈ use⟩ | umlaufend, kursierend ⟨≈ money *Wirtsch* Kurantgeld *n*⟩ | gültig ⟨to go / pass / run ≈ gültig sein, allgemein als echt *od* wahr angenommen werden⟩ | *Wirtsch* gängig ⟨≈ wares⟩; **2.** *s* Strom *m*, Zug *m* ⟨a ≈ of air ein Luftzug⟩ | Strömung *f* ⟨ocean ≈s⟩ | *El* Strom *m* ⟨direct ≈ Gleichstrom *m*; alternating ≈ Wechselstrom *m*; ≈ for power Kraftstrom *m*; public ≈ Netzstrom *m*⟩ | *übertr* Fluß *m* | Gang *m*, Lauf *m* ⟨the ≈ of the time; the ≈ of thought⟩ | *Arch* Neigung *f*; **'~rent acˌcount** *s Wirtsch* laufendes Konto, Giroscheck *m*, Girokonto *n*; ˌ**~rent 'as·sets** *s/pl Wirtsch* laufende Aktiva *pl*, Umlaufvermögen *n*; **'~rent cir·cuit** *s El* Stromkreis *m*; **'~rent ex'change** *s Wirtsch* Tageskurs *m* ⟨at the ≈⟩; **'~rent ˌim·pulse** *s El* Stromstoß *m*; **'~rent·less** *adj El* stromlos; **'~rent ˌme·ter** *s El* (Strom-) Zähler *m*; **'~rent poˌten·tial** *s El* Stromspannung *f*; **'~rent transˌfor·mer** *s El* Stromumformer *m*

cur·ri·cle ['kʌrɪkl] *s* zweirädrige Kutsche

cur·ric·u|lar [kə'rɪkjʊlə] *adj* Lehrplan-; **~lum** [~ləm] *s* (*pl* **~lums** [~ləmz], **~la** [~lə]) Lehrplan *m*; **~lum vi·tae** [kəˌrɪkjʊləm 'vaɪtɪ|'vi:taɪ|'wi:taɪ] *s förml* schriftlicher Lebenslauf

cur·rish ['kɜ:rɪʃ] *adj* (Hund) bissig (*auch übertr*)

[1]**cur|ry** ['kʌrɪ] **1.** *s* Curry *m* | *Kochk* Currygericht *n* ⟨chicken ≈ Hühnergericht *n*; ~ried chicken Curryhuhn *n*⟩; **2.** *vt* mit Curry würzen

[2]**cur·ry** ['kʌrɪ] *vt* (Pferd) striegeln | (Leder) zurichten | prügeln ◇ **~ favour with s.o.**, **~ s.o.'s favour** sich bei jmdm. einschmeicheln *od* lieb Kind machen; *vi* schmeicheln; **'~comb 1.** *s* Striegeln *m*; **2.** *vt* striegeln

cur·ry pow·der ['kʌrɪ ˌpaʊdə] *s* Curry *m/n*, Currypulver *n*

curse [kɜ:s] **1.** *s* Fluch *m* ⟨to lay s.o. under a ~; to lay a ~ upon s.o.; to call down ~s upon s.o. jmdn. verfluchen⟩ | *Rel* (Kirchen-)Bann *m*, Verdammung *f* | Fluch *m*, Verwünschung *f* ⟨not worth a [tinker's] ~ keinen Pfifferling wert; not give / care a tinker's ~ *Brit Sl* sich e-n Dreck machen aus⟩ | *übertr* Elend *n*, Fluch *m*, Unglück *n* (**to s.o.** für jmdn.) | *Sl* (*mit best art*) Periode (e-r Frau) ⟨to have the ~⟩ ◇ **~s come home to roost** *Sprichw* wer andern eine Grube gräbt, fällt selbst hinein; **2.** *vt* verfluchen, verdammen ⟨~ it! zum Teufel damit!⟩ | fluchen auf; (*meist pass*) strafen | quälen ⟨to be ~d with heimgesucht werden durch *od* von, gestraft sein mit⟩ | *Rel* exkommunizieren; *vi* fluchen | Flüche gebrauchen (**at** gegenüber); **curs·ed** [kɜ:st|'kɜ:sɪd] *adj* verdammt, verflucht ⟨a ≈ place⟩ | abscheulich, verhaßt | *umg* vermaledeit; **'curs·ing 1.** *adj* fluchend; **2.** *s* Fluchen *n*

cur·sive ['kɜ:sɪv] **1.** *adj* kursiv, Kursiv- ⟨~ script Kursivschrift *f*⟩; **2.** *s* Kursive *f*

cur·so·ry ['kɜ:sərɪ|-sr̩ɪ] *adj* flüchtig, oberflächlich, kursorisch ⟨a ~ glance ein flüchtiger Blick⟩

curst [kɜ:st] *adj dial* bösartig

curt [kɜ:t] *adj* kurz(gefaßt), knapp ⟨a ~ reply⟩ | kurz angebunden, grob, barsch (**to, with** gegen)

cur·tail [kɜ:'teɪl] *vt* ab-, verkürzen ⟨to ~ a speech⟩ | kürzen, herabsetzen ⟨to ~ wages Löhne herabsetzen⟩ | beschränken (**of** in) ⟨to ~ s.o. of his property jmdn. seines Eigentums berauben⟩; ˌ**~ed 'word** *s* Abkürzung *f*, Kürz-, Stützwort *n* ⟨bra is a ≈⟩: **cur'tail·ment** *s* Ab-, Verkürzung *f* Kürzung *f*, Herabsetzung *f* | Beschränkung *f*

cur·tain ['kɜ:tn] **1.** *s* Vorhang *m*, Gardine *f* ⟨to draw the

~[s] die Gardinen auf-, zuziehen; to draw a/the ~ over s.th. *übertr* etwas begraben, (den) Schlußstrich unter etwas ziehen⟩ | *Theat* Vorhang *m* ⟨the ~ falls der Vorhang fällt; the ~ rises der Vorhang geht hoch; to take a ~ Applaus bekommen, Beifall finden; she took 3 ~s sie hatte drei Vorhänge; to take one's last ~ zum letzten Male auftreten⟩ | *übertr* Vorhang *m*, Schleier *m* ⟨behind the ~ hinter den Kulissen; to lift the ~ den Schleier lüften⟩ | *übertr* Mauer *f* ⟨a ~ of mist e-e Nebelwand; iron ~ eiserner Vorhang⟩; **2.** *vt* mit Gardinen versehen | *auch* **~ off** durch Vorhänge abtrennen | *übertr* verschleiern, verhüllen; **'~ call** *s Theat* Vorhang *m* (Hervorruf); **'~fall** *s Theat* Niedergehen *n* des Vorhangs, Ende *n*; **'~ fire** *s Mil* Sperrfeuer *n*; **'~ ˌlec·ture** *s umg* Gardinenpredigt *f*; **'~ ˌrais·er** *s Theat, übertr* Vorspiel *n*; **'~ rod** *s* Gardinenstange *f*; **'cur·tains** *s/pl (sg konstr) urspr Am Sl, übertr* Aus *n*, Sense *f*, Ende *n* ⟨it was ≈ for him es war aus mit ihm⟩; **'~-up** *s Theat* Hochgehen *n* des Vorhangs, Beginn *m* der Vorstellung; **'~ wall** *s Arch* Zwischen-, Blendwand *f*

curt·s[e]y ['kɜ:tsɪ] **1.** *s* Knicks *m* ⟨to drop/make a ~ e-n Knicks machen; to make one's ~ to s.o. sich vor jmdm. verneigen⟩; **2.** *vi* knicksen (**to** vor)

cur|va·ceous, ~va·cious [kɜ:'veɪʃəs] *adj Sl* (Frau) wohlproportioniert, gut gebaut ⟨a ≈ girl⟩; **~vate** ['~veɪt|'~vɪt], **'~vat·ed** *adj* gebogen; **~va·ture** ['~vətʃe|-vətʃʊə] *s* Biegung *f*, Krümmung *f* ⟨≈ of space Raumkrümmung *f*; ≈ of the spine *Med* Rückgratverkrümmung *f*⟩; **curve** [kɜ:v] **1.** *s* Kurve *f*, Biegung *f*, Krümmung *f*, Windung *f* ⟨a ~ in the road; to go round / take a ~ e-e Kurve nehmen⟩ | *Am* (Baseball) Bogenwurf *m*, Effetball *m*; **2.** *vt* krümmen, biegen | schweifen; *vi* sich krümmen, sich biegen; ~ **[a]round** (Fluß) u. ä.) umschlängeln; **curve·some** ['kɜ:vsəm] *adj* kurvenreich; **'curve ball** *s Am übertr* Trick *m*, Täuschung *f*

cur·vet [kɜ:'vet|'kɜ:vɪt] **1.** *s* (Reitkunst) Kurvette *f*, Bogensprung *m* | Bock-, Luftsprung *m*, Posse *f*; **2.** (**cur'vet·ted, cur'vet·ted**, *od* **cur'vet·ed, cur'vet·ed**) *vt* (Pferd) kurbettieren lassen; *vi* kurbettieren | Luftsprünge machen

curvi- [kɜ:vɪ] ⟨*lat*⟩ *in Zus* krumm-, gekrümmt, gebogen ⟨~linear krummlinig⟩

cush·at ['kʌʃət] *s Zool* Ringeltaube *f*

cush·ion ['kʊʃn|-ʃɪn] **1.** *s* Kissen *n*, Polster *n* (*auch übertr*) | Haareinlage *f* | Nadelkissen *n* | Billardbande *f* | *Tech* Auflage *f*, Puffer *m*, Dämpfer *m*; **2.** *vt* mit Kissen versehen | durch Kissen schützen | polstern ⟨~ed seats⟩ | *Tech* dämpfen, abschwächen | *übertr* unterdrücken ⟨to ~ complaints⟩ | *übertr* verdecken, verhüllen; **'~ face** *s Tech* Aufschlagfläche *f*; **~ing** [-n̩ɪŋ|-ɪnɪŋ] *s* Polsterung *f* | *Tech* Prellvorrichtung *f*; **'~ing spring** *s Tech* Pufferfeder *f*; **'~y** *adj* weich, nachgiebig

cush·y ['kʊʃɪ] *adj Brit umg* leicht, angenehm, wenig anstrengend ⟨a ~ job⟩

cusp [kʌsp] *s* Spitze *f* | *Astr* Horn *n* (des Mondes) | *Zool* (Zahn) Höcker *m* | *Bot* Stachel *m* | *auch* **ˌcus·pi·dal 'point** *Math* (Kurve) Scheitel-, Umkehrpunkt *m* ⟨the ~ of a curve⟩; **cus·pid** ['~ɪd] *s Med* Augenzahn *m*; **ˌcus·pi·dal** *adj Math* Spitzen-, Rückkehr- ⟨≈ point⟩; **'cus·pi·date**, *auch* **'cus·pi·da·ted** *adj* Spitz-, zugespitzt, spitz | *Bot* zugespitzt, borstig, stachelig

cus·pi·dor ['kʌspɪdɔ:] *s Am* Spucknapf *m*

cuss [kʌs] *urspr Am Sl* **1.** *s* Fluch *m*, Verwünschung *f* ⟨not to care a [tinker's] ~ sich nichts daraus machen, e-m schnuppe sein⟩ | Kerl *m* ⟨a queer ~ ein komischer Kauz⟩; **2.** *vt, oft* **~ out** verfluchen; *vi* fluchen; **'~ed** *adj urspr Am Sl* verflucht, verdammt | boshaft; **'~word** *s Am umg* Schimpfwort *n*

cus·tard ['kʌstəd] *Kochk s* Eierkrem[e] *f*, Eierrahm *m*; **ˌ~ 'cream** *s* Eierrahm *m* mit Karamelsauce; **'~ ˌpow·der** *s* Eierkrempulver *n*; **ˌ~ 'tart** *s* Eierkrempastete *f*

cus·to|di·al [kə'stəʊdɪəl] **1.** *adj* Bewachungs- | Vormundschafts-; **2.** *s Rel* Reliquienkästchen *n*; **~di·an** [~dɪən]*n* Hüter *m*, Verwahrer *m* | Treuhänder *m* | Kustos *m* | Vormund *m*; **~dy** ['kʌstədɪ] *s* Obhut *f*, Schutz *m* ⟨to be in s.o.'s ≈ unter jmds. Schutz stehen; in safe ≈ unter sicherem Schutz, wohl bewacht⟩ | Aufsicht *f*, Vormundschaft *f* (**of** über) ⟨to be in the ≈ unter Aufsicht stehen; *Jur* als Vormund haben⟩ | *Jur* Haft *f*, Gewahrsam *m* ⟨to be in ≈ sich in polizeilichem Gewahrsam befinden; to give s.o. into ≈ jmdn. verhaften lassen *od* der Polizei übergeben; to take s.o. into ≈ jmdn. verhaften⟩

cus·tom ['kʌstəm] **1.** *s* (allgemeiner) Brauch *m*, Gewohnheit *f*, (generelle) Sitte *f* (**of** *mit ger* zu *mit inf*) ⟨~ requires … es ist üblich; a slave to ~ ein Sklave *m* der allgemeinen Gewohnheiten; it is the ~ es herrscht der Brauch, es ist gang und gäbe; it has become the ~ es ist üblich geworden⟩ | (besondere) Gewohnheit, Angewohnheit *f* ⟨to break a ~ sich etw. abgewöhnen; it is s.o.'s ~ to do s.th. jmd. tut etw. gewohnheitsmäßig *od* aus Gewohnheit, jmd. ist gewöhnt, etw. zu tun⟩ | *Jur* Gewohnheitsrecht *n* | *Wirtsch förml* Kundschaft *f* ⟨to lose a great deal of ~ einen großen Teil Kundschaft verlieren; to withdraw one's ~ from a shop in einem Geschäft nicht mehr einkaufen⟩; **2.** *adj* bestellt ⟨~-made nach Maß angefertigt; ~ suit Maßanzug *m*⟩ | Maß- ⟨~ tailor Maßschneider *m*⟩; **'~a·ble** *adj* zollpflichtig; **~ar·y** ['~ərɪ|-mrɪ] **1.** *adj* gewöhnlich, gebräuchlich, üblich ⟨as is ≈ wie es üblich ist; ≈ rate of interest *Wirtsch* landesüblicher Zins⟩ | Gewohnheits-; **2.** *s Jur* Gewohnheitsrecht *n*; **'~er** *s* Kunde *m* | Kundin *f* ⟨chance ≈ Laufkunde *m*⟩ | *umg* Kerl *m*, Bursche *m*, Kunde *m* ⟨a queer ≈ ein komischer Kerl⟩; **ˌ~-'free** *adj* zollfrei; **'~ house** *s* Zollamt *n*; **'~ ˌof·fi·cer** *s Brit* Zollbeamter *m*; **'cus·toms 1.** *s/pl* Zoll *m* ⟨to pay ≈ Zoll zahlen⟩ | *oft* **Cus·toms** Zollabfertigung *f*, -kontrolle *f* ⟨in the ≈ an der Zollabfertigung, beim Zoll; to pass / to get through the ≈ durch den Zoll abgefertigt werden⟩ | Brauchtum *n* ⟨manners and ≈ Sitten *f/pl* und Gebräuche *m/pl*⟩; **2.** *adj* Zoll- ⟨≈ formalities Zollabwicklung *f*⟩; **'cus·toms ˌclear·ance, 'cus·toms ˌclear·ing** *s* Zollabfertigung *f*; **'cus·toms dec·laˌra·tion** *s* Zolldeklaration *f*

cus|tos ['kʌstɒs] *s* (*pl* **~to·des** [~'təʊdi:z]) Kustos *m*, Hüter *m*, Aufseher *m*

cut [kʌt] **1.** (**~, ~**) *vt* (ab-, durch-, ein-, zer-)schneiden ⟨to ~ paper; to ~ one's finger sich in den Finger schneiden; to ~ o.s. sich schneiden⟩ | (zer)teilen (**into** in) ⟨to ~ in two / in half / into halves halbieren⟩ | (ab)hacken ⟨to ~ a tree e-n Baum fällen; to ~ wood Holz hacken⟩ | mähen ⟨to ~ hay⟩ | *übertr* (als Ernteertrag) (er)bringen ⟨to ~ one ton of hay⟩ | (Haar, Nägel) kürzen, stutzen | *Mar* kappen | (Zahn) durchbrechen lassen ⟨to ~ one's teeth zahnen, Zähne bekommen; to ~ one's eyeteeth / wisdom teeth *übertr* durch Erfahrung klug werden, durchschauen (**on s.th** etw.)⟩ | (Tier) verschneiden | (zurecht-)schneiden ⟨to ~ glass with a diamond; to ~ a record e-e Schallplatte herstellen *od* schneiden⟩ | (Kleid u.ä.) zuschneiden ⟨to ~ a coat e-n Mantel zuschneiden; to one's coat according to one's cloth *übertr* sich nach der Decke strecken⟩ | (Sport) (Ball) schneiden | schnitzen | schleifen ⟨to ~ a diamond⟩ | gravieren | ausgraben ⟨to ~ a ditch⟩ | bohren ⟨to ~ a tunnel⟩ | *Bergb* hauen | *übertr* kürzen, beschneiden ⟨to ~ a manuscript ein Manuskript kürzen; to ~ s.o. short jmdn. unterbrechen; to ~ a long story short e-e Geschichte kurz fassen; *übertr* um es kurz zu sagen⟩ | (Preise) drücken, herabsetzen | *übertr* (Weg) abkürzen ⟨to ~ a corner e-e Kurve schneiden⟩ | *übertr* (jmdn.) verletzen, kränken ⟨to ~ s.o. to the heart / to the bone jmdn. im Innersten verletzen⟩ | *übertr umg* (jmdn.) schneiden, ignorieren ⟨to ~ s.o. dead / cold in the street jmdn. auf offener Straße brüsk schneiden⟩ | *übertr umg* schwänzen ⟨to ~ classes den Unterricht schwänzen⟩ | (Karten) abheben | (Sport) (Rekord) brechen ◇ ~ **a caper** tanzen, einen Luftsprung machen; ~ **a [poor] figure** eine (armselige) Rolle spielen; ~ **a loss / one's losses** etw. aufgeben, ehe es zu spät ist; ~ **both ways** (Argument u. a.) sowohl dafür als auch dagegen sprechen; ~ **it fine** *umg* auf den (letzten) Drücker kommen, (Zug u. ä.) gerade eben noch erwischen *od* schaffen; ~ **no / not much ice with s. o.** *umg* jmdn. kalt *od* unbeeindruckt lassen; ~ **the ground from under s.o.['s feet]** jmdm. den Boden unter den Füßen wegziehen; ~ **to pieces** dezimieren, schwer anschlagen; ~ **s.th. loose** etw. lösen ⟨to ~ loose a boat / to ~ a boat loose; to ~ o.s. loose from one's family *übertr* sich von der Familie trennen, unabhängig leben; to ~ s.th. open etw. aufschlagen; to ~ one's head open⟩; ~ **across** quer gehen durch ⟨to ~ across a field⟩ | *übertr* sich überschneiden mit, hinausgehen über ⟨to ~ across old divisions⟩ | *übertr* in Widerspruch stehen zu ⟨to ~ across what had been said before⟩; ~ **after** nachhelfen, nachjagen; ~ **away** aus-, weg-, abschneiden; ~ **back** kürzen (*auch übertr*) ⟨to ~ back a word; to ~ back expenditure Ausgaben kürzen⟩; ~ **down** weg-, abschneiden | (Baum) fällen | niederschlagen ⟨to ~ down an enemy⟩ | *übertr* weg-, dahinraffen ⟨to be ~ down in the prime of life in der Blüte des Lebens dahingerafft werden⟩ | (ver)kürzen, einschränken (*auch übertr*) ⟨to ~ down a dress ein Kleid kürzer machen; to ~ down a speech nicht so lange sprechen⟩ | (Preise) senken ⟨to ~ down expenses Unkosten senken⟩; ~ **into** einschneiden in (*auch übertr*); ~ **off** abhauen, abschneiden ⟨to ~ off s.o.'s head jmdn. köpfen⟩ | stoppen (*auch übertr*) | (Wasser u. ä.) absperren ⟨to ~ off electricity⟩ | *Tel* trennen | absondern ⟨to ~ o.s. off from the world⟩ | (jmdn.) dahinraffen | enterben | (Weg) abschneiden, abkürzen ⟨to ~ off a corner⟩; ~ **out** ausschneiden | zuschneiden ⟨to ~ out a dress⟩ | aushauen, bahnen ⟨to ~ out a path in the jungle⟩ | *urspr Am* (Vieh) absondern, aussondern | *El* ausschalten | *Rundf* abstellen | *übertr* fernhalten | *übertr* (jmdn.) ausstechen | *urspr Am Sl* aufhören mit, weglassen ⟨to ~ out details Details auslassen; to ~ out coffee keinen Kaffee mehr trinken; ~ it out!, ~ that out! laß das!⟩; ~ **out** (*meist pass*) *übertr* befähigen ⟨to be ~ out for s.th. zu etw. in der Lage sein *od* für etw. geeignet sein *od* für etw. wie geschaffen sein; to have one's work ~ out for [one] genug zu tun haben⟩; ~ **through** durchschneiden (*auch übertr*); ~ **up** zerschneiden, zerhauen | *übertr* (Armee u. ä.) zerschlagen, niederwerfen | *übertr. umg* kritisieren, niedermachen | *umg* (*meist pass*) kränken, betrüben ⟨to be badly ~ up about/at/by s.th. schwer mitgenommen sein durch etw.⟩; *vi* schneiden (**in, into** in) ⟨to ~ well gut schneiden⟩ | sich schneiden lassen | (Stoff) sich zuschneiden lassen | *Kart* abheben | *umg* schwänzen | *Sl* abziehen, verduften ⟨now ~ nun fort mit dir!, hau ab!; to ~ and run *Sl* sich aus dem Staube machen⟩; ~ **at** ausschlagen nach | gerichtet sein gegen, zerstören; ~ **back** (Film u. ä.) zurückblenden; ~ **in** plötzlich hereinkommen | einfallen, ins Wort fallen, sich einmischen (in ein Gespräch) | (*Kfz*) Lücken springen; ~ **off** *Sl* abhauen, verduften; ~ **out** *Kart* ausschneiden | *Kfz* (Motor) aussetzen, wegbleiben; ~ **up** (Stoff, Speise u. ä.) ausreichen, langen (**into** für) ⟨to ~ up fat / well *übertr umg* ein großes Vermögen hinterlassen, reich sterben; to ~ up rough rauhbeinig werden, aufgebracht sein⟩; ~ **through** sich durchschlagen; **2.** *adj* be-, ge-, zugeschnitten | behauen | geschnitzt | (Edelstein) geschliffen | (Tier) kastriert | *Sl* betrunken ◇ ~ **and dried** / ~ **and dry** (Gedanken) fix und fertig | schablonenhaft; **3.** *s* Schnitt *m* | Hieb *m* ⟨to give a horse a ~ across the flank⟩ | Stich *m* (*auch übertr*) | (Heu) Schnitt *m* | (Schnitt-) Wunde *f* ⟨~s on the face⟩ | Ab-, Einschnitt *m* | Schnitte *f* | Stück *n* | Anschnitt *m* ⟨a ~ of meat ein Stück *n* Fleisch⟩ | Graben *m* | *Tech* Rinne *f*, Ritze *f*, Kerbe *f* | *Tech* Spanabhebung, Spanabnahme *f* | (Kleid) Schnitt *m*, Form *f* ⟨the ~ of a dress die Machart e-s Kleides; the ~ of s.o.'s jib *übertr* jmds. äußere Erscheinung, Aussehen *n*⟩ | Holzschnitt *m* | Kupferstich *m* | Kürzung *f* (*auch übertr*) ⟨to make a ~ in s.th. *übertr* etw. beschneiden⟩ | *auch* **short** ~ Wegabkürzung *f* | *Wirtsch* (Preise u. ä.) Senkung *f* ⟨a ~ in prices⟩ | *Film* Schnitt *m* | *El* (Strom-) Sperre *f*, (Teil-) Abschaltung *f* ⟨a power ~⟩ | *umg* Schneiden *n* ⟨to give s.o. the ~ direct jmdn. auffällig schneiden⟩ | *umg* Schwänzen *n* | *Kart* Abheben *n* ⟨it is your ~ Sie heben ab⟩ | Los *n* ⟨to draw ~s losen⟩ ◇ **a ~ above** *umg* eine Stufe höher ⟨to be a ~ above s.o. jmdm. überlegen sein; that's a ~ above me das ist mir zu hoch⟩; **'~-and-'come-a'gain** *s* Hülle und Fülle *f*; **,~ and 'thrust** *s* Hieb- und Stoßfechten *n* | Handgemenge *n* | *übertr* heftiges Hin und Her *n*

cu·ta·ne·ous [kju:'teɪnɪəs|kjʊ-] *adj Med* kutan, Haut-

cut|a·way ['kʌtəweɪ] *s*, *auch* ~ **'a·way coat** *s* Cut(away) *m*; **~back** ['~bæk] *s* Rückschnitt *m* | *Film u. ä.* Rückblende *f* | *übertr* (geplante) Reduzierung *f*, Kürzung *f*, Einschränkung *f*, Abstrich *m*

cute [kju:t] *adj umg* schlau, klug ⟨a ~ lawyer⟩ | *Am* (Personen) nett, reizend ⟨a ~ girl⟩ | (Sache) hübsch, attraktiv ⟨a ~ wristwatch⟩ | *auch* **~sy**, **~sie** ['-sɪ] *Am* affektiert, effektsüchtig

cut| flow·ers [,kʌt 'flaʊəz] *s/pl* Schnittblumen *f/pl*; **,~ 'glass** *s* Schliffglas *n*; **'~heal** *s Bot* Baldrian *m*

cu·ti·cle ['kju:tɪkl] *s Med*, *Bot* Oberhaut *f*; **cu·tis** ['kju:tɪs] *s Med* Kutis *f*, Lederhaut *f*

cut·lass ['kʌtləs] *s Mar* Entermesser *n* | Hirschfänger *m*, Jagd-, Waidmesser *n*

cut·ler ['kʌtlə] *s* Messerschmied *m* | Scherenschleifer *m*; **'~y** *s* Messerschmiedearbeit *f* | Eßbesteck *n* | *collect* Messerschmiede-, Schneidewaren *pl* | *collect* Stahlwaren *pl*

cut·let ['kʌtlət|-lɪt] *s Kochk* Kotelett *n*

cut|off ['kʌtɒf] *s* Seitenkanal *m* | *El* (Ab-)Sperrung *f* | *Tel* Unterbrechung *f* | *Am* Wegabkürzung *f*; **'~out** *s* Aus-, Abschnitt *m* | *El* Ausschalter *m* | *El* Sicherung *f* | *Kfz* Auspuffklappe *f* | *urspr Am* Ausschneidebild *n* | *Am Sl* Strohmann *m*, Deckadresse *f*; **'~purse** *s arch* Taschendieb *m*; **'~-rate** *adj* lohndrückend, ausbeuterisch; **,~ 'sug·ar** *s* Würfelzucker *m*; **'~ter** *s* (Zu-) Schneider *m* | *Tech* Schneide *f*, Messer *n* | *Tech* Schneidezeug *n*, -maschine *f* | *Bergb* Häuer *m* | *Bergb* Bohrkrone *f* | *Film* Cutter *m*, Schnittmeister *m* | *Mar* Kutter *m*; **'~throat 1.** *s* Meuchelmörder *m*, Halsabschneider *m* (*auch übertr*) | *auch* **'~throat ,ra·zor** *s* Rasiermesser *n*; **2.** *adj* halsabschneiderisch, mörderisch (*auch übertr*); **'~ting 1.** *adj* schneidend, Schneide-, Schnitt- | *übertr* beißend, scharf ⟨≈ remarks⟩ | *übertr* durchdringend; **2.** *s* Schneiden *n* | (Zeitungs-) Ausschnitt *m* ⟨press ≈s⟩ | Durch-, Einstich *m* | Abtrag *m* ⟨railway ≈⟩ | *Gartenb* Steckling *m*, Setzling *m*, Ableger *m*, Senker *m* ⟨to take a ≈ absenken⟩ | *Med* (Zahn-) Durchbruch *m* | *Rundf* Cuttern *n* | *Film* Lichtschnitt *m*; **'~ting edge** *s Tech* Schneide *f*; **'~ting ma,chine** *s Tech* Schneidmaschine *f* | *Bergb* Schrämmaschine *f* | *Tech* Papierschneidemaschine *f*; **'~ting room** *s Rundf* Cutterraum *m*; **'~ting sand** *s Tech* Schleif-, Poliersand *m*; **'~ting tool** *s Tech* Schneidewerkzeug *n*; **'~ting torch** *s Tech* Schneidbrenner *m*

cut·tle ['kʌtl] *s, auch* **'~fish** *Zool* Tintenfisch *m*
cut·ty ['kʌtɪ] *Schott* **1.** *adj* kurz geschnitten; **2.** *s* kurze Pfeife | Dirne *f*; **'~ stool** *s Schott* Schemel *m*
cut·worm ['kʌtwɜ:m] *s* (Kohlpflanzen zerfressende) Raupe *f*, Larve *f*
-cy [-sɪ] *suff zur Bildung von (abstrakten) s aus adj auf -t, -te, -tic, -nt (z. B.* **democracy**, **accuracy**, **expediency**); *suff zur Bildung von Rang bzw. Würde bezeichnenden s (z. B.* **magistracy**)
cy·an|am·id[e] [ˌsaɪə'næmɪd|-aɪd|saɪ'ænem-] *Chem s* Zyanamid *n* | Kalkstickstoff *m*; **cy·a·nate** ['saɪəneɪt] *s Chem* Zyanat *n*; **~ 'blue 1.** *adj* zyanblau; **2.** *s* Zyanblau *n*; **cy·a·ne·ous** [saɪ'eɪnɪəs] *adj* dunkelblau; **~ic** [saɪ'ænɪk] *adj* zyanblau | *Chem* Zyan-; **ˌ~ic 'ac·id** *s* Zyansäure *f*; **cy·a·nide** ['saɪənaɪd] *s Chem* Zyanid *n* ⟨≈ of potassium Zyankali *n*⟩
cyano- [saɪənə(ʊ)] ⟨*griech*⟩ *in Zus* dunkelblau, zyano-
cy·an·o|gen [saɪ'ænədʒən] *s Chem* Zyan *n* | Dizyan *n*; **~sis** [ˌsaɪə'nəʊsɪs] *s Med* Zyanose *f*, Blausucht *f*
cy·ber|ma·tic [ˌsaɪbə'mætɪk] *s Am* hochautomatisch ⟨≈ system⟩; **~ma·tion** [ˌ~'meɪʃn] *s Am* hochgradige Automatisierung, Automatisierung mit Hilfe von Computern ⟨the age of ≈⟩; **~nat·ed** = **~matic**; **~nation** = **~mation**
cy·ber·net|ic [ˌsaɪbə'netɪk] *adj* kybernetisch; **~i·cist** [~əsɪst] *s* Kybernetiker *m*; **~ics** [~ɪks] *s/pl (sg konstr)* Kybernetik *f*
cy·cad ['saɪkæd] *s Bot* Zykadee *f*, Farnpalme *f*
cy·cla·mate ['saɪkləmeɪt] *s Chem* Zyklamat *n*
cyc·la·men ['sɪkləmən] *s* Alpenveilchen *n*
cy·cle ['saɪkl] **1.** *s* Zyklus *m*, Kreislauf *m* ⟨the ~ of the year / solar ~⟩ | Periode *f* | *Phys* Schwingung *f*, Vollschwingung *f* ⟨~ per seconds Schwingung *f* in der Sekunde, Hertz *n*⟩ | Folge *f*, Reihe *f* (von Schriften) | *Lit* Zyklus *m* ⟨the Arthurian ~⟩ | *Chem* Ring *m* | *Math* Kreis *m* | *Tech* (Motor) Takt *m*, Arbeitsgang *m* ⟨~ of operations *Tech* vollständiger Arbeitsgang⟩ | *Abk* für **bicycle** (Fahr-) Rad *n*; **2.** *vi* sich zyklisch wiederholen | radfahren, radeln; **'~car** *s* Kleinstauto *n*, Kleinstwagen *m*; **'~ -race** *s* Radrennen *n*; **'~ ˌtrail·er** *s* Fahrradanhänger *m*; **'~way** *s Brit* Rad(fahr)weg *m*; **'cyc·li·an** ['sɪklɪən], **'cy·clic**, **'cy·cli·cal** *adj* zyklisch, periodisch, Zyklus- | Kreis-; **cy·cling** ['saɪklɪŋ] **1.** *adj* Radfahr-; **2.** *s* Radfahren *n* | Radrennsport *m* ⟨≈ race Radrennen *n*; ≈ track Radrennbahn *f*⟩; **'cy·clist** *s* Radfahrer *m*
cyclo- [saɪklə(ʊ)] ⟨*griech*⟩ *in Zus* kreisförmig, Kreis-
cy·cloid ['saɪklɔɪd] **1.** *adj* kreisförmig | *Zool, Psych* zykloid; **2.** *s Math* Zykloide *f*, Radlinie *f*; **cy'cloi·dal** *adj* = **cycloid 1.**; **cy·clom·e·ter** [saɪ'klɒmɪtə] *s Math, Tech* Zyklometer *n*; **cy·clom·e·try** [saɪ'klɒmətrɪ] *s Math* Zyklometrie *f*
cy·clone ['saɪkləʊn] *Met s* Zyklon *m*, Wirbelsturm *m* | Zyklone *f*, Tiefdruckgebiet *n*; **cy·clon·ic** [saɪ'klɒnɪk], **cy'clon·i·cal** *adj* zyklonisch
cy·clo·pae·di·a [ˌsaɪkləʊ'pi:dɪə|-klə-] *s* Enzyklopädie *f*; **ˌcy·clo'pae·dic**, **ˌcy·clo'pae·di·cal** *adj* enzyklopädisch, universal, umfassend
Cy·clo·pe·an [saɪ'kləʊpɪən] *adj* Zyklopen- | *übertr* riesig; **Cy·clops** ['saɪklɒps] *s (pl* **Cy·clo·pes** [saɪ'kləʊpi:z]) Zyklop *m*
cy·clo·ra·ma [ˌsaɪkləʊ'rɑ:mə|-klə'r-] *s* Zyklorama *n* | Rundgemälde *n*
cy·clo·style ['saɪkləstaɪl] **1.** *s* Zyklostyl *m*; **2.** *vt, vi* durch Zyklostyl vervielfältigen
cy·clo·thy·mic [ˌsaɪkləʊ'θaɪmɪk|-klə'θ] *adj Psych* zyklothym
cy·clo·tron ['saɪkləʊtrɒn|-klət-] *s Phys* Zyklotron *n*, (Teilchen-) Beschleuniger *m*
cy·der ['saɪdə] = **cider**
cy·e·sis [saɪ'i:sɪs] *s* Schwangerschaft *f*
cyg·net ['sɪgnɪt|-nət] *s* junger Schwan
cyl·in·der ['sɪlɪndə] **1.** *s Math* Zylinder *m* | *Tech* Zylinder *m*, Walze *f*, Trommel *f* ⟨working on all ~s *umg* auf vollen Touren, mit voller Kraft⟩ | *Tech* (Revolver) Trommel *f* | *Tech* Bohrung *f* | *Tech* (Gas-) Flasche *f*; **2.** *adj* zylindrig, Zylinder- ⟨four-~ engine Vierzylindermotor *m*⟩; **3.** *vt Tech* walzen; **'~ block** *s Tech* Zylinderblock *m*; **'~ bore** *s Tech* Zylinderbohrung *f*; **'~ed** *adj* zylindrig ⟨four-≈⟩; **'~ head** *s Tech* Zylinderkopf *m*; **cy·lin·dric** [sɪ'lɪndrɪk] *adj* zylindrisch, Zylinder- | *Tech* walzenförmig; **cy·lin·dri·form** [sɪ'lɪndrɪfɔ:m] *adj* walzenförmig; **cyl·in·droid** ['sɪlɪndrɔɪd] **1.** *adj* zylindroid; **2.** *s Math, Med* Zylindroid *n*
cym·bal ['sɪmbl] *Mus s* Zimbel *f* | Zymbalon *n*, Hackbrett *n*; **'~ist** *Mus s* Beckenschläger *m* | Hackbrettspieler *m*
cymo- [saɪmə(ʊ)] ⟨*griech*⟩ *in Zus* Welle, Wellen-
cym·ric ['kɪmrɪk] **1.** *adj* kymrisch, walisisch; **2.** *s* Kymrisch *n*
cyn|ic ['sɪnɪk] **1.** *s* Zyniker *m*, bissiger Spötter | **~ic** *Phil* Kyniker *m*; **2.** *adj Philos* kynisch; **'~i·cal** *adj* zynisch, bissig, spöttisch ⟨a ≈ smile⟩; **~ism** ['~ɪsɪzm] *s* Zynismus *m* | zynische Bemerkung
cyno- [sɪnə(ʊ)|saɪnə(ʊ)] ⟨*griech*⟩ *in Zus* Hund[e]-
cy·no·sure ['sɪnəzjʊə|-ʒʊə|-ʃʊə|'saɪne-] *s förml* Blickpunkt *m*, Anziehungspunkt *m*
cy·pher ['saɪfə] = **cipher**
cy·press ['saɪprəs] *Bot s* Zypresse *f* | Zypressenholz *n*; **'~ vine** *s Bot* Prunkwinde *f*
Cyp|rian ['sɪprɪən] **1.** *adj* zyprisch | *übertr* ausschweifend; **2.** *s* Zypriot *m* | Zypriotin *f* | Zyprisch *n* | Dirne *f*; **~ri·ot[e]** ['~rɪət] **1.** *adj* zyprisch; **2.** *s* Zypriot *m* | Zypriotin *f* | Zyprisch *n*; **~rus** ['saɪprəs] *s* Zypern
Cy·ril·lic [sɪ'rɪlɪk] *adj* kyrillisch ⟨~ alphabet⟩
cyst [sɪst] *s Med* Zyste *f* | *Bot* Kapselhülle *f*
cyst[i]- [sɪstɪ], **cysto-** [sɪstə(ʊ)] ⟨*griech*⟩ *in Zus* Zysten, Blasen
cyst|ic ['sɪstɪk] *adj Med* zystisch ⟨≈ kidney Zystenniere *f*⟩ | *Anat* (Gallen-, Harn-) Blasen-; **~i·tis** [sɪ'staɪtɪs] *s Med* Zystitis *f*, Blasenkatarrh *m*; **cys·to·ce·le** ['sɪstəˌsi:l] *s Med* (Harn) Blasenbruch *m*; **cys·to·scope** ['sɪstəˌskəʊp] *s Med* Zystoskop *n*, Blasenspiegel *m*; **cys·to·sco·py** [sɪ'stɒskəpɪ] *s Med* Zystoskopie *f*
cyto- [saɪtə(ʊ)] ⟨*griech*⟩ *in Zus* Zellen-
cy·to|blast ['saɪtəʊblæst|-təb-] *s Biol* Zytoplast *m*, Zellkern *m*; **cy·tol·o·gy** [saɪ'tɒlədʒɪ] *s Biol* Zytologie *f*, Lehre *f* von der Zelle; **~plasm** ['~plæzm] *s Biol* Zytoplasma *n*
czar [zɑ:] **s** Zar *m* | *übertr* Herrscher *m*; **cza·ri·na** [zɑ:'ri:nə] *s* Zarin *f*; **'~ism** *s* Zarismus *m*, Zarentum *n*
czar·das ['tʃɑ:dɑ:ʃ] *s* (Tanz) Csardas *m*
Czech [tʃek] **1.** *adj* tschechisch; **2.** *s* Tscheche *m* | Tschechin *f* | Tschechisch *n*; **~o·slo·vak** [ˌtʃekəʊ'sləʊvæk], *auch* **~o·slo·vak·i·an** [ˌtʃekəʊslə'vækɪən] **1.** *adj* tschechoslowakisch; **2.** *s* Tschechoslowake *m*, Tschechoslowakin *f*; **~o·slo·vak·i·a** [ˌtʃekəʊslə'vækɪə] *s Geogr* Tschechoslowakei *f*

D, d [di:] *s* (*pl* **D's, Ds, d's, ds**) D *n*, d *n* | *Mus* D *n* ⟨D flat Des, D sharp Dis⟩ | 500 (römische Zahl) | *Päd* D *n*, (Note) Genügend *n*, Vier *f*

d *Abk für* **died** ⟨d 1957⟩

'd [d] *Abk für* **had, would** (*nach* I, you, he, she, we, they) | *umg Abk für* **did** (*in Fragen nach* what, when, where u. ä.) ⟨where'd he go?⟩

[1]**dab** [dæb] *s Zool* Butt *m*, Plattfisch *m*, Scholle *f*

[2]**dab** [dæb) **1.** (**'dabbed, 'dabbed**) *vt* ab-, betupfen ⟨to ~ one's eyes⟩ | (ab)klopfen, antippen | (Farbe u. ä.) auftragen ⟨to ~ paint on a picture⟩ | (Fläche) bestreichen | *Typ* abklatschen, klischieren; *vi* tupfen | (leicht) schlagen, tippen; **2.** *s* Betupfen *n* | Tupfer *m* | Klaps *m*, leichter Schlag | Klecks *m*, Tupfen *m*, Spritzer *m* ⟨a ~ more butter etw. mehr Butter⟩ | *Typ* Farbballen *m*

[3]**dab** [dæb], *auch* ˌ~ **'hand** *s bes Brit Sl* Kenner *m*, Experte *m* ⟨to be a ~ at s.th. etw. aus dem Effeff beherrschen *od* kennen⟩

dab·ber ['dæbə] *s Typ* Filzwalze *f*

dab|ble ['dæbl] *vt* bespritzen, benetzen | betupfen; *vi* planschen, plätschern | *übertr* (hinein)pfuschen (**at, in** in) ⟨to ≈ in politics⟩ | *übertr* sich oberflächlich *od* aus Liebhaberei befassen (**at, in** mit) ⟨to ≈ in painting⟩; **'~bler** *s* Pfuscher *m*, Dilettant *m*

dab·chick ['dæbtʃɪk] *s Zool* kleiner Wasservogel (z. B. kleiner Seetaucher)

dabs [dæbz] *s/pl Brit Sl* Fingerabdrücke *m/pl*

da ca·po [ˌdɑ: 'kɑ:pəʊ] *s Mus* da capo, noch einmal

dace [deɪs] *s* (*pl* **dace**) *Zool* (eine Art) Weißfisch *m*

dachs·hund ['dækshʊnd] *s Zool* Dachshund *m*, Dackel *m*

da·coit [də'kɔɪt] *s* (Indien, Burma) Räuber *m*, Bandit *m*; **da'coity** *s* Raubüberfall *m* | Räuberunwesen *n*

dac·tyl ['dæktɪl] *s Metr* Daktylus *m* | *Zool* Finger *m* | Zehe *f*; **dac'tyl·ic** *Metr* **1.** *adj* daktylisch; **2.** *s* daktylischer Vers *m*; **dac·ty·lo·gram** [dæk'tɪləgræm] *s* Fingerabdruck *m*; **dac·ty·lo·graph·ic** [ˌdæktɪlə'græfɪk] *adj* daktylographisch; **dac·ty·log·ra·phy** [ˌdæktɪ'lɒgrəfɪ] *s* Daktylographie *f* | = **dactylology, dac·ty·lol·o·gy** [ˌdæktɪ'lɒlədʒɪ] *s* Daktylologie *f*, Fingersprache *f*; **dac·ty·lo·scop·ic** [ˌdæktɪlə'skɒpɪk] *adj* daktyloskopisch; **dac·ty·los·co·py** [ˌdæktɪ'lɒskəpɪ] *s* Daktyloskopie *f*, Lehre *f* von den Fingerabdrücken

dad [dæd] *s umg* Vater *m*, Paps *m*

Da·da·ism ['dɑ:dəɪzm] *s* Dadaismus *m*

dad·dy ['dædɪ] *s fam* (*bes Kindersprache*) Vati *m*, Papi *n*; ˌ~ **'long·legs** (*pl* ˌ~ **'long·legs**) *s Zool* Schnake *f*, langbeinige Mücke | Weberknecht *m*, Kanker *m* | Stelzenläufer *m*

da·do ['deɪdəʊ] **1.** *s* (*pl* **'da·does, 'da·dos**) *Arch* Postamentwürfel *m* | *Arch* (Wand-) Sockel *m*; **2.** *vt Arch* auskehlen, nuten

dae|dal ['di:dl] *adj* dädalisch, kunstvoll, sinnreich | *Poes* reich, abwechslungs-, formenreich; **~da·li·an** [di:'deɪlɪən] *adj* geschickt, erfinderisch, sinnreich | labyrinthisch, verwickelt

dae·mon ['di:mən] = **demon**

daf·fo·dil ['dæfədɪl] *s Bot* gelbe Narzisse, Osterglocke *f* | Kadmiumgelb *n*

daff·y ['dæfɪ] *adj Am umg* verrückt ⟨to go ~ over s.o. in jmdn. vernarrt sein⟩

daft [dɑ:ft] *adj bes Brit umg* blöd, doof, trottelig ⟨a ~ thing to do absoluter Blödsinn⟩ | albern, verrückt, geisteskrank ⟨a ~ person; don't be ~ spiel nicht den Verrückten⟩ | *Schott* wild, übermütig

dag·ger ['dægə] **1.** *s* Dolch *m* | *Typ* Anmerkungszeichen *n* (†); **'dag·gers** *s/pl* Feindschaft *f* ◇ **be at ~s drawn / drawing with s.o.** *übertr* jmdm. in offener Feindschaft gegenüberstehen, mit jmdm. auf Kriegsfuß stehen; **look ~s at s.o.** jmdn. mit Blicken durchbohren; **speak ~s** scharfe und verletzende Worte sprechen; **2.** *vt* erdolchen | *Typ* mit einem † versehen

dag·gle ['dægl] *vt* beschmutzen; *vi* durch den Schmutz waten | sich beschmutzen

da·go ['deɪgəʊ] *s* (*pl* **'~s, ~es** [~z]), *oft* ≁ *Am umg verächtl* Spanier *m* | Portugiese *m* | Italiener *m* | Südeuropäer *m*

da·guer·reo·type [də'gerətaɪp] **1.** *s* Daguerreotyp(ie) *f*; **2.** *vt* (**da'guer·reo·typed, da'guer·reo·typed**) daguerreotypieren

dahl·ia ['deɪlɪə] *s Bot* Dahlie *f*, Georgine *f*

dai·ly ['deɪlɪ] **1.** *adj* täglich | Tag(es)- ⟨~ wages Tag[e]lohn *m*; one's ~ bread das tägliche Brot, der Lebensunterhalt⟩ | *übertr* alltäglich, fortwährend; **2.** *adv* täglich, jeden Tag ⟨to appear ~⟩; **3.** *s* Tageszeitung *f* | *umg Brit* Aufwartung *f*; ˌ~ **'doz·en** *s* tägliche Gymnastik, Freiübungen *f/pl* ⟨to do one's ≈ jeden Tag Freiübungen machen⟩

dai·mon ['di:mən] = **demon**

dain·ty ['deɪntɪ] **1.** *adj* (Sache) delikat, köstlich, schmackhaft, erlesen | (Speise) lecker | (Person) zart, fein, zierlich, elegant ⟨a ~ girl⟩ | (Person, Tiere, Eigenschaften) wählerisch, verwöhnt, überkritisch ⟨a ~ taste ein verwöhnter Geschmack; to be ~ about übertriebene Ansprüche stellen bei⟩ | (Sache) leicht zerbrechlich, empfindlich ⟨~ cups and saucers leicht zerbrechliches Geschirr⟩; **2.** *s* Delikatesse *f*, Leckerbissen *m*, Näscherei *f*

daiqu·i·ri ['daɪkɪrɪ|'dæk-] *s* Daiquiri(cocktail) *m*

dair·y ['deərɪ] *s* Molkerei *f*, Milchwirtschaft *f* | Milchhandlung *f* | *auch* '~ ˌ**cattle** *collect* (Milch-) Kühe *f/pl*; '~ **barn** *s* Milchviehstall *m*; '~ **farm** *s* Meierei *f*, Molkerei *f*; '~ ˌ**farm·er** *s* Milcherzeuger *m*, -bauer *m*; '~ **house** *s* Milchkammer *f*; **'~ing** *s*, *auch* **'~ing** ˌ**farming** Milchwirtschaft *f*, Molkereiwesen *n*; **'~lunch** *s*, *auch* '~ **bar** *Am umg* Milchbar *f*; **'~maid** *s selten* Milchmädchen *n*; **'~man** *s* (*pl* **'~men**) Milchmann *m*, -händler *m* | Melker *m*, Schweizer *m*; '~ ˌ**pro·duce** *s* Molkereiprodukte *n/pl*; '~ ˌ**pro·duct** *s* Milchprodukt *n*

da·is ['deɪɪs] *s* (*pl* **'~es** [~ɪz]) (*meist sg*) Podium *n* | erhöhter Sitz | Laufsteg *m*

dai|sied ['deɪzɪd] *adj* voller Gänseblümchen; **'~sy 1.** *s Bot* Gänseblümchen *n*, Tausendschönchen *n* | *Sl* Prachtexemplar *n* ◇ **be as fresh as a ~sy** *übertr* sich quicklebendig fühlen; **be under the ~sies, push up [the] ~sies** *Sl* tot sein; **2.** *adj Sl* großartig, prima

dak [dɑ:k] *s* (Indien) Dak *f*, Post *f*, Relaistransport *m* ⟨~ boat Postboot *n*; ~ bungalow Rasthaus *n*⟩

dale [deɪl] *s poet, dial* Tal *n*; **'dales·man** *s* (*pl* **'dales·men** (Nordengland) Talbewohner *m*

dalles [dælz] *s/pl* Stromschnellen *f/pl*

dal|li·ance ['dælɪəns] *s* Tändelei *f*, Schäkerei *f* Trödelei *f*; **'~ly** *vi* tändeln, schäkern, liebeln (**with** mit) ⟨to ≈ with a woman mit e-r Frau nur flirten⟩ | liebäugeln (**with** mit) ⟨to ≈ with the idea mit dem Gedanken spielen⟩ | leichtfertig spielen *od* umgehen (**with** mit) ⟨to ≈ with danger mit der Gefahr spielen⟩ | herumtrödeln, Zeit vergeuden (**over** bei) ⟨to ≈ about herumspielen; to ≈ over one's work bei der Arbeit bummeln⟩; *vt* **~ly away** (Zeit) vergeuden, vertrödeln ⟨to ≈ one's time away⟩ | (Gelegenheit) verpassen, verscherzen

dal·ton·ism ['dɔ:ltənɪzm] *s* Daltonismus *m*, Farbenblindheit *f* | Rot-Grün-Blindheit *f*

[1]**dam** [dæm] *s Zool* Mutter(tier) *f(n)* | *verächtl* Alte *f*, Frau *f*

[2]**dam** [dæm] **1.** *s* Damm *m*, Deich *m* | Talsperre *f*, Wehr *n*; **2.** (ˈ**dammed**, ˈ**dammed**) *vt, auch* ~ **up** mit einem Damm versehen, (an)stauen, andämmen, stoppen (*auch übertr*) ⟨to ~ a stream; to ~ the flow of history den Lauf der Geschichte aufhalten⟩; ~ **back** zurückdämmen, -halten; ~ **in** eindämmen, eindeichen; ~ **out** abdämmen; ~ **up** rückstauen | *übertr* (Gefühle) unterdrücken ⟨to ~ up one's feelings⟩; *vi* einen Damm *od* Dämme errichten

dam·age [ˈdæmɪdʒ] **1.** *s* Schaden *m*, Beschädigung *f* ⟨to do ~ Schaden anrichten; to do ~ to s.th. etw. beschädigen⟩ | *Sl* Preis *m*, Kosten *pl*, Zeche *f* ⟨what's the ~? was kostet der Spaß?⟩; ˈ**dam·ages** *s/pl Jur* Schadenersatz *m* ⟨to claim £ 100 ~s £ 100 als Schadenersatz fordern; to pay ~s Schadenersatz leisten; to sue for ≈s auf Schadenersatz klagen⟩; **2.** *vt* (be)schädigen | Schaden zufügen, schädigen; *vi* Schaden erleiden, beschädigt werden ⟨to ~ easily leicht kaputt gehen⟩; ˈ**~a·ble** *adj* leicht zu beschädigen(d), empfindlich; ˈ**dam·aged** *adj* schadhaft, defekt ⟨in a ≈ condition in beschädigtem Zustand⟩

dam|a·scene [ˈdæməsi:n] **1.** *adj* damasziert; ˈ**≗a·scene** damaszenisch; **2.** *s* Damaszenerarbeit *f*; ˈ**≗a·scene** Damaszener *m*; **3.** *vt* damaszieren; **Da·mas·cus blade** [dəˈmæskəs bleɪd] *s* Damaszener Klinge *f*; **Daˈmas·cus sword** *s* Damaszener Schwert *n*; **~ask** [ˈ~əsk] **1.** *s* Damast *m* | (Stahl) Damaszierung *f* | Damastrosa *n*; **2.** *adj* Damaszener- | damasten | rosarot; **3.** *vt* (Stahl) damaszieren | (Stoff) damastartig weben | mit Damast schmücken | rosarot färben; ˈ**~ask rose** *s Bot* Damaszenerrose *f*; Portlandrose *f*; ˈ**~ask steel** *s* Damaststahl *m*

dame [deɪm] *s poet* Dame *f* | *übertr* alte Dame, Matrone *f* ⟨≗ Nature Mutter Natur; ≗ Fortune Fortuna *f*⟩ | ≗ niederer Adelstitel, Freifrau *f* | ≗ Titel *m* der weiblichen Mitglieder des British Empire-Ordens (stets mit dem Vornamen) ⟨≗ Edith Sitwell⟩ | Leiterin *f* des Eton Boarding House | *Am Sl* Frau *f*, Weibsbild *n* | *Hist* Lady *f* | (Schach) *selten* Königin *f* | *Schott* Mädchen *n*; ˈ**~ school** Privatschule unter Leitung einer Direktorin

damn [dæm] **1.** *vt arch Rel* verdammen | verurteilen, tadeln | verderben, ruinieren, in Verruf bringen | *Theat, Lit* ablehnen, verwerfen ⟨to ~ a play ein Stück durchfallen lassen; to ~ with faint praise nur zum Schein loben⟩ | verfluchen, verwünschen ⟨~!, ~ it [all]!; ~ me! *vulg* verflucht, verwünscht!; ~ you! *vulg* hol dich der Teufel!; ~ your impudence! *vulg* verdammte Frechheit!⟩; *vi* verdammen | fluchen; **2.** *s* Fluch *m* | *Sl* Kleinigkeit *f*, Dreck *m* ⟨I don't care a ~! das interessiert mich einen Dreck; not worth a ~ keinen Pfifferling wert⟩; **3.** *adj, adv, auch* **God ~** *Sl* verdammt, verflucht ⟨~ fool, ~ foolish, ~ fast⟩ ◇ **~ all** *Sl* überhaupt nichts ⟨you'll get ≈ out of him⟩; **dam·na·bil·i·ty** [ˌdæmnəˈbɪlətɪ] *s* Verdammungswürdigkeit *f*; **dam·na·ble** [ˈ~nəbl] *adj* verdammungswürdig, verdammenswert | verflucht | *umg* scheußlich ⟨≈ weather⟩; **dam·na·tion** [dæmˈneɪʃn] *s* Verdammen *n* | Verdammnis *f*, Verdammung *f* ⟨to suffer eternal ≈ auf ewig verdammt werden⟩ | *Theat* Ablehnung *f* ◇ **[may] damnation take you!** *Sl* verdammt noch mal!; **in damnation** *Sl intens* zum Teufel ⟨what in ≈ is it⟩; **dam·na·to·ry** [ˈ~nətərɪ] *adj* verdammend | Verdammungs-; ˈ**damned 1.** *adj* verdammt | *vulg* verwünscht, verflucht ⟨≈ fool elender Narr; I'll be ≈ if I will einen Dreck werde ich; I'll be ≈ if I'll go *umg* ich werde mich schwer hüten zu gehen; well, I'll be ≈ das haut mich um; the ≈ *Rel* die Verdammten *m, f/pl*⟩; **2.** *adv vulg* verdammt, schrecklich ⟨≈ funny (hot) furchtbar komisch (heiß)⟩; **damned·est** [ˈ~dɪst] *s in*: **do/try one's ~** *umg* (verdammt noch mal) sein allermöglichstes tun *od* versuchen

dam·ni|fi·ca·tion [ˌdæmnɪfɪˈkeɪʃn] *s* Schädigung *f*; ˈ**~fy** *vt, bes Jur* schädigen | beeinträchtigen

damn|ing [ˈdæmɪŋ] *adj* verdammenswert | schwer belastend ⟨≈ evidence erdrückendes Beweismaterial⟩; ˌ**~ ˈwell** *adv, auch* **damned well** *intens umg* verdammt gut, verdammt noch mal ⟨you know ≈⟩

Dam·o·cles [ˈdæməkli:z] *s in*: ˌ**sword of ˈ~** Damoklesschwert *n*

damp [dæmp] **1.** *adj* feucht, klamm, naß ⟨~ clothes feuchte Kleider *n/pl*⟩ | dunstig ⟨~ air⟩ | dumpfig ⟨a ~ cellar⟩; **2.** *s* Feuchtigkeit *f*, Dunst *m* | *auch* **fire~** *Bergb* Schwaden *m*, Wetter *n* | *übertr* Entmutigung *f*, Dämpfer *m* ⟨to cast / strike a ~ over (erheblich) dämpfen, lähmen, lähmend wirken auf⟩ | *arch* Niedergeschlagenheit *f*, Gedrücktheit *f*; **3.** *vt* feucht machen, an-, befeuchten | (Bügelwäsche) einsprengen | *auch* ˈ**dampen** *übertr* hemmen, dämpfen ⟨to ~ one's eagerness⟩ | auslöschen | *Mus El* dämpfen; **~ down** (Feuer) auslöschen, ersticken, (Ofen) regulieren | *übertr* dämpfen, reduzieren ⟨to ~ down s.o.'s enthusiasm⟩; **~ out** unterdrücken | *El* (Schwingungen) abdämpfen; *vi* feucht werden; **~ off** *Bot* welken und umfallen, an der Umfallkrankheit leiden; ˈ**~ course** *s, auch* ˈ**~-proof course** *Arch* Dämm-, Isolier-, Sperrschicht *f*; ˈ**~en** *vt* an-, befeuchten, benetzen | *übertr* dämpfen, niederschlagen, entmutigen; *vi* feucht werden; ˈ**~er** *s* (Ofen-) Klappe *f* | *Mus, Tech, übertr* Dämpfer *m* ⟨≈ pedal *Mus* Fortepedal *n*; to put a ≈ on *übertr* beeinträchtigen, hemmen, lähmen⟩ | *Brit Kfz* Stoßdämpfer *m* | *Brit* Anfeuchter *m* | *Am Sl* Registrierkasse *f*; ˈ**~ing** *s El* Dämpfung *f*; ˈ**~ing fac·tor** *s El* Dämpfungsfaktor *m*; ˈ**~ish** *adj* dumpfig, klamm; ˈ**~-proof** *adj* feuchtigkeitsbeständig, feuchtigkeitsgeschützt | feuchtigkeitsisolierend; ˈ**~ stain** *s* Stockfleck *m*

dam·sel [ˈdæmzl] *s poet, scherzh* Mädchen *n*, Fräulein *n*

dam·son [ˈdæmzn] *s Bot* Damaszenerpflaume *f*; ˌ**~ ˈcheese** *s* Pflaumenmus *n*

dance [dɑ:ns] **1.** *vi* tanzen ⟨to ~ after / to s.o.'s pipe / tune / whistle *übertr* nach jmds. Pfeife tanzen⟩ | hüpfen ⟨to ~ for joy vor Freude auf und nieder hüpfen; to ~ with pain⟩ | schaukeln, auf und ab bewegen ⟨to ~ on the waves; to ~ in the wind⟩; *vt* tanzen ⟨to ~ a waltz; to ~ attendance [up]on s.o. *übertr* um jmdn. herumtanzen *od* herumscharwenzeln⟩ | (Bären u. ä.) tanzen lassen | schaukeln, auf und ab bewegen ⟨to ~ a baby on one's knees ein Kind auf den Knien schaukeln⟩; **~ away / off** vertanzen | verscherzen ⟨to ~ away one's chance⟩; **2.** *s* Tanz *m* ⟨~ of death Totentanz *m*; to have a ~ with s.o. mit jmdm. tanzen; *übertr umg* ein Tänzchen haben mit jmdm.⟩ | *Mus* Tanzstück *n* | Ball *m*, Tanzvergnügen *n* ◇ **join the ~** *übertr* (den ganzen Tanz) mitmachen; **lead s.o. a [pretty/merry] ~** *übertr* jmdm. das Leben sauer machen; jmdn. zum Narren halten; ˈ**danc·er** *s* Tänzer(in) *m(f)*; ˈ**danc·ing 1.** *adj* tanzend, Tanz- ⟨a ≈ dervish⟩; **2.** *s* (*in Zus betont*) Tanzen *n*; ˈ**danc·ing floor** *s* Tanzdiele *f*; ˈ**danc·ing girl** *s* Tänzerin *f*; ˈ**danc·ing ˌles·son** *s* Tanzstunde *f*; ˈ**danc·ing ˌmas·ter** *s* Tanzlehrer *m*; ˈ**danc·ing ˌpart·ner** *s* Tanzpartner(in) *m(f)*; ˈ**danc·ing room** *s* Tanzsaal *m*; ˈ**danc·ing saˌloon** *s Am* Tanzlokal *n*; ˈ**danc·ing school** *s* Tanzschule *f*; ˈ**danc·ing shoes** *s* Tanzschuhe *m/pl*

dan·de·li·on [ˈdændɪlaɪən] *s Bot* Löwenzahn *m*

dan·der [ˈdændə] *s umg* Ärger *m*, gereizte Stimmung ⟨to get s.o.'s ~ up jmdn. auf die Palme bringen; to get one's ~ up aus der Haut fahren⟩

dan·di|fy [ˈdændɪfaɪ] *vt* (jmdn.) zum Stutzer machen, (jmdn.) stutzerhaft herausputzen; ˈ**~fied** *adj verächtl* stutzer-, geckenhaft ⟨≈ appearance geschniegeltes Aussehen⟩

dan·dle [ˈdændl] *vt* (Kind) schaukeln, wiegen | (ver)hätscheln

dan|driff ['dændrɪf], **~druff** [~drʌf] *s* (Kopf-) Schuppen *f/pl*
dan·dy ['dændɪ] **1.** *s* Stutzer *m*, Geck *m*, Dandy *m* | *Mar* (e-e Art) Kutter *m* | *auch* **'~ cart** leichter, gefederter Wagen | *Sl* große Klasse ⟨the ~ die Masche; the novel is a ~ der Roman hat Format⟩; **2.** *adj* stutzer-, geckenhaft | *umg* (*bes Am*) erstklassig, prima ⟨a ~ idea e-e tolle Idee; ~ weather Klassewetter *n*⟩ ◇ **fine and ~** *umg* in Ordnung! abgemacht!; **'~ish** *adj* stutzer-, geckenhaft; **'~ism** *s* Stutzerhaftigkeit *f*, Dandytum *n*
Dane [deɪn] *s* Däne *m*, Dänin *f* | *auch* **Great ~** *Zool* Dogge *f*; **'~geld, '~gelt** *s Brit Hist* Danegeld *n*; **'~law** *s Brit Hist* Dänenrecht *n* | Gebiet *n* unter dänischem Recht
dan·ger ['deɪndʒə] *s* Gefahr *f* (**to** für) ⟨a ~ to society eine Gefahr für die Gesellschaft; to be in ~ Gefahr laufen (**of** *mit ger* zu *mit inf*); in ~ of one's life in Lebensgefahr; out of ~ außer Gefahr; the signal was at ~ das Signal stand auf Achtung⟩ | *Eisenb* Warnsignal *n*; **'~ous** *adj* gefährlich, gefahrvoll (**to** für); **'~ ˌmoney** *s* Gefahrenzulage *f*; **'~ sign, '~ ˌsig·nal** *s* Gefahren-, Halt[e]-, Notsignal *n*; **'~ zone** *s Mil* Gefahren-, Sperrzone *f* | *Mar* Warngebiet *n*
dan·gle ['dæŋgl] **1.** *vi* baumeln, (herab)hängen (**from** von) | *meist* **~ about / after / round s.o.** *übertr* jmdm. nachfolgen, -laufen, sich hängen an; *vt* hin und her schlenkern, baumeln lassen, baumeln mit ⟨to ~ the keys mit den Schlüsseln klimpern *od* spielen⟩ | *übertr* vorgaukeln, verführerisch winken mit ⟨to ~ a well-paid job before/in front of s.o. jmdn. mit einem gut bezahlten Posten lokken; to keep s.o. dangling jmdn. im unklaren lassen, jmdn. auf die Folter spannen⟩; **2.** *s* Schlenkern *n*, Baumeln *n* | etw. Herabhängendes; **'~ˌdol·ly** *s Brit* Autopüppchen *n*; **'dan·gler** *s übertr* Schürzenjäger *m*
Dan·i·el ['dænɪəl] *s* (Bibel) Daniel *m* | *übertr* weiser Richter
Dan·ish ['deɪnɪʃ] **1.** *adj* dänisch; **2.** *s* Dänisch *n*; **ˌ~ 'pas·try** *s* Blätterteiggebäck *n*
dank [dæŋk] **1.** *adj* (unangenehm) dunstig, (ungesund) feucht, naßkalt ⟨~ walls⟩ | dumpfig, übel(riechend) ⟨~ smell⟩; **2.** *s* (unangenehme, ungesunde) Feuchtigkeit | feuchte Stelle
Da·nu·bi·an [dæ'nju:bɪən] *adj* Donau-
dap [dæp] (**'dapped, 'dapped**) *vi* (Ball) (auf und ab) springen | (Köder) sanft ins Wasser fallen lassen | (Ente) schnell untertauchen; *vt* Ball springen lassen
daph·ne ['dæfnɪ] *s*, *auch* **∸** *Bot* Seidelbast *m*
dap·per ['dæpə] *adj* (von kleinen Menschen) lebhaft, agil, flink ⟨a ~ person⟩ | flott, schmuck, adrett ⟨to look ~⟩ | herausgeputzt, aufgetakelt, (übertrieben) elegant ⟨a ~ appearance⟩
dap|ple ['dæpl] **1.** *vt* flecken, sprenkeln, tüpfeln, scheckig machen; *vi* bunt werden; **2.** *s* Scheckigkeit *f* | Buntheit *f* | scheckiger Fleck | (Tier) Schecke *m, f*; **'~pled** *adj* gesprenkelt, scheckig ⟨≈ deer Damwild *n*; ≈ sky leicht bewölkter Himmel; ≈ shade Halbschatten *m*⟩ | bunt; **ˌ~ple-'grey 1.** *adj* (Schimmel) graugetupft; **2.** *s*, *auch* **ˌ~pled 'horse** Apfelschimmel *m*
dar·bies ['dɑ: bɪz] *s/pl Brit umg* Handschellen *f/pl*
Dar·by and Joan [ˌdɑ:bɪ ən 'dʒəʊn] *s Brit* glücklich verheiratetes älteres Ehepaar; **~ club** *s Brit* Klub *m* für ältere Ehepaare
dare [dɛə] **1.** *vi* (**'dared**, *selten* **durst** [dɜ:st]) (*3. Pers präs sg* **dare**) den Mut haben, [es] wagen ⟨~ he do it? getraut er sich, es zu tun?; he ~ not / daren't do it er wagt es [sich] nicht zu tun⟩ | sich unterstehen, sich erkühnen, sich herausnehmen ⟨how ~ you! wie kannst du es wagen!⟩ ◇ **I ~ say**, *auch* **I ~say** Ich darf wohl behaupten, freilich, doch wohl ⟨he's tired, I ~ say er ist sicherlich müde⟩; **I ~ swear** ich bin sicher, ich kann schwören; *vt* (**dared, dared**) (etw.) wagen *od* unternehmen ⟨she ~d the title role sie wagte sich an die Hauptrolle⟩ | riskieren ⟨he did not ~ to go er getraute sich nicht zu gehen⟩ | (jmdn.) herausfordern ⟨I ~ you to say that again! wage dir, das noch mal zu sagen!; he dared me to climb the tree er behauptete, ich würde nicht auf den Baum klettern⟩ | (jmdm.) Trotz bieten ⟨to ~ any danger jeder Gefahr ins Auge schauen⟩; **2.** *s* Herausforderung *f*, Trotz *m* ⟨to give the ~ to s.o. jmdm. trotzen⟩; **'~dev·il 1.** *s* Wagehals *m*, Teufelskerl *m*; **2.** *adj* waghalsig, tollkühn; **'dar·ing** *adj* wagemutig, verwegen ⟨a ≈ person; a ≈ action⟩ | kühn, ungewöhnlich ⟨a ≈ idea; a ≈ plan⟩ | riskant, gewagt ⟨a ≈ film⟩ | unverschämt, dreist ⟨a ≈ thing to do eine Frechheit, ein tolles Stück⟩; **2.** *s* Wagemut *m*, Verwegenheit *f* ⟨to lose one's ≈ den Schneid verlieren⟩ | Dreistigkeit *f*
dark [dɑ:k] **1.** *adj* dunkel, düster, schwarz ⟨a ~ night⟩ | dunkelfarbig ⟨a ~ dress⟩ | (Hautfarbe) dunkel ⟨a ~ complexion ein dunkler Teint⟩ | *übertr* düster, trostlos, trübe, traurig ⟨the ~ side of things die Schattenseite der Dinge; to look on the ~ side of things schwarzsehen⟩ | unverständlich, unklar ⟨~ problems; to be ~ to s.o. jmdm. unerfindlich *od* ein Rätsel sein⟩ | unaufgeklärt, unwissend ⟨the ∸ Ages das Mittelalter⟩ | geheimnisvoll, verborgen ⟨to keep s.th. ~ etw. geheimhalten; to keep [o.s.] ~ sich verborgen halten, sich verstecken⟩ | böse, finster, dunkel ⟨a ~ deed⟩ | *dial* blind; **2.** *s* Dunkel(heit) *n(f)*, Finsternis *f* ⟨after ~ nach Einbruch der Dunkelheit; at ~ beim Dunkelwerden; before ~ vor Einbruch der Dunkelheit; in the ~ im Dunkeln⟩ | *bes Mal* dunkle Farbe, Schatten *m*, dunkle Stelle | *übertr* Unwissenheit *f*, Unkenntnis *f* | *übertr* Dunkel *n*, Ungewißheit *f*, das Ungewisse ⟨a leap in the ~ ein Sprung ins Ungewisse; to be in the ~ about s.th. im ungewissen sein über etw.; to keep s.o. in the ~ about s.th. jmdn. im dunkeln lassen über etw.⟩ ◇ **whistle in the ~** *übertr* sich nicht den Mut nehmen lassen; **3.** *vi, vt arch* = **'~en; ~ 'com·e·dy** *s Lit* schwarzer Humor; **'~en** *vi* dunkel werden | *übertr* sich verdüstern; *vt* dunkel machen, verdunkeln ⟨to ≈ a room; not to ≈ s.o.'s door again *übertr scherzh* jmds. Schwelle nicht wieder betreten⟩ | blind machen, blenden | (Sinn) verdunkeln, unklar machen | *übertr* verdüstern, trüben ⟨to ≈ s.o.'s joy⟩ | *Tech* abdunkeln, schwärzen; **ˌ~en·ing 'a·gent** *s Tech* Abdunkelungsmittel *n*; **'~ey** = **'~y**; **ˌ~ 'glass** *s* Sonnenblende *f*, Sonnen(schutz)glas *n*; **ˌ~ 'horse** *s* (Pferd) Außenseiter *m* | *Pol* überraschend erfolgreicher (Präsidentschafts-) Kandidat | *Am Sl* Nachtwächter *m*; **'∸ie = '∸y**; **'~ish** *adj* dunkel | dämmerig; **'~ ˌlan·tern** *s* Blendlaterne *f*;
dar·kle ['dɑ:kl] *vi* im Dunkeln lauern | dunkel werden | *übertr* verdüstern, sich verfinstern ⟨his face ≈d⟩; *vt* verdunkeln, finster machen; **'~ling 1.** *adj* dunkel, trübe; **2.** *adv, bes poet* im Dunkeln; **3.** *s* dunkle *od* böse Macht; **ˌ~-'mind·ed** *adj* bösartig; **'~room** *s* Dunkelkammer *f*; **'~some** *adj, bes poet* dunkel, trübe | böse, finster; **'~y** *s Sl* Nacht *f* | **'∸y** *verächtl* Schwarze(r) *f(m)*, Farbige(r) *f(m)*
dar·ling ['dɑ:lɪŋ] **1.** *s* Liebling *m*, Liebste(r) *f(m)*, Geliebte(r) *f(m)*; **2.** *adj* lieb, geliebt ⟨~ husband/wife/child *umg*⟩ | *umg* (Frauensprache) reizend, süß ⟨what a ~ dress!⟩
[1]**darn** [dɑ:n] **1.** *vt* (Loch, Kleidung) stopfen, ausbessern ⟨to ~ socks Socken stopfen⟩ | *Tech* ausnähen, (Stickerei) mit Stopfstich nähen; *vi* stopfen; **2.** *s* Stopfen *n* | gestopfte Stelle ⟨full of ~s über und über gestopft⟩
[2]**darn** [dɑ:n] *umg* (*euphem für* **damn**) **1.** *vt* verfluchen, verwünschen, verdammen ⟨~ it all zum Kuckuck [damit]!⟩; **2.** *adj, adv* = **darned**; **3.** *s* Dreck *m* ⟨not to give a ~ about/for s.th. sich einen Dreck um etw. scheren⟩; **darned** *umg* **1.** *adj* verdammt, verflixt ⟨he is a ≈ liar er ist ein

unverschämter Lügner!⟩; **2.** *adv* verdammt | ausnehmend, ausgesprochen, außerordentlich ⟨he's ≈ good⟩

darn|er ['dɑ:nə] *s* Stopfnadel *f* | Stopfmaschine *f* | Stopfei *n* | Stopfmeister *m*; **'~ing** *s* Stopfen *n* | Stopfarbeit *f*; **'~ing ball**, *auch* **'~ing egg** *s* Stopfei *n*; **'~ing nee·dle** *s* Stopfnadel *f* | *Zool* Libelle *f*; **'~ing wool** *s* Stopfwolle *f*; **ˌ~ing 'yarn** *s* Stopfgarn *n*

dart [dɑ:t] **1.** *s* Wurfspieß *m*, Pfeil *m* ⟨as straight as a ~ pfeilgerade⟩ | *Zool* Stachel *m* ⟨to leave a ~ behind one *übertr* einen Stachel hinter-, zurücklassen⟩ | Sprung *m* ⟨to make a ~ for losstürzen auf; with a ~ mit einem Satz⟩ | Abnäher *m*; **2.** *vt* (Speer) schleudern, werfen, schießen | *übertr* (Blicke) werfen, schleudern ⟨to ~ an angry look at⟩ | *arch* mit einem Speer durchbohren | Abnäher nähen; **~ out** herausschleudern | *vi* stürzen, schießen, schnellen ⟨to ~ at s.o. auf jmdn. losstürzen⟩ | *selten* einen Speer werfen; **~ away** davoneilen, -stürzen; **~ forth / out** hervorschießen; **'~board** *s* Zielscheibe *f*; **'~er** *s* Speerwerfer *m* | Pfeilschütze *m* | *Zool* Schlangenhalsvogel *m* | *Zool* Spritzfisch *m*; **ˌ~ing 'flame** *s* Stichflamme *f*; **darts** *s/pl* (Spiel) Pfeilwerfen *n* (nach einer Korkscheibe)

Dart·moor ['dɑ:tmʊə] *s* (Zuchthaus *n* von) Dartmoor *n*

dash [dæʃ] **1.** *vt* (zer)schlagen, (zer)schmettern ⟨to ~ to pieces in Stücke schlagen⟩ | *übertr* zerschlagen, vernichten, vereiteln ⟨to ~ s.o.'s hopes⟩ | stoßen gegen | schleudern (**against** gegen) | bespritzen, begießen, übergießen (*auch übertr*) ⟨to ~ mud over s.th. etw. beschmutzen⟩ | (ver)mischen (*auch übertr*) ⟨to ~ whisky with soda; joy ~ed with pain Freude mit Leid vermischt⟩ | entmutigen | verwirren | mit Gedankenstrichen versehen; **~ down** hinunterschleudern | *übertr* schnell hinwerfen; **~ off** *übertr* flüchtig hinwerfen *od* aufsetzen ⟨to ~ off a letter⟩; **~ out** *selten* ausstreichen ◇ **~ out one's brains** sich zu Tode stürzen; **~ s.o.'s brains out** jmdm. den Schädel einschlagen; *vi* rennen, stürzen, stürmen | sich werfen | (auf)prallen; (auf)schlagen (**against** gegen); **~ off** davonstürzen; **2.** *interj umg euphem für* **damn** ⟨~ it! verflixt!⟩; **3.** *s* Schlagen *n*, Aufschlag *m*, (Auf-) Prallen *n*, (Auf-) Klatschen *n* (**on** auf) | Schuß *m*, Spritzer *m* ⟨a ~ of brandy; a ~ of pepper⟩ | (Farbe) Stich *m* ⟨red with a ~ of purple⟩ | Anflug *m* ⟨without a ~ of pity ohne eine Spur (von) Mitleid⟩ | Sprung *m*, Vorstoß *m* ⟨at a ~ in flottem Tempo, zügig; at first ~ auf Anhieb; at one ~ in *od* mit e-m Zuge; to make a ~ at s.o. auf jmdn. losstürzen; to make a ~ for eiligst suchen⟩ | Federstrich *m* | Gedankenstrich *m* | Morsestrich *m* | Energie *f*, Kraft *f*, Elan *m* | glänzendes Auftreten ⟨to cut a ~ von sich reden machen, Aufsehen erregen⟩ | (Sport) Kurzstreckenlauf *m* ⟨the 100-metres ~⟩ | = **dashboard**; **4.** *adj umg für*: **dashed**; **'~board** *s Tech* Armaturenbrett *n* | Schmutz-, Spritzbrett *n*; **dashed** *adj umg* verflixt, verflucht | enttäuscht, entmutigt ⟨to look a bit ≈⟩; **'~ing** *adj* klatschend, schlagend ⟨≈ waves⟩ | stürmisch, mutig, verwegen, forsch ⟨a ≈ young officer⟩ | fesch, elegant ⟨a ≈ city, a ≈ car⟩; **'~light** *s* Armaturenbrettbeleuchtung *f*; **'~pot** *s Tech* (hydraulischer) Stoßdämpfer; Brems-, Dämpfungszylinder *m*, Puffer *m*; **'~y** *adj* auffallend, blendend | voller Gedankenstriche

das·tard ['dæstəd] **1.** *s* (gemeiner, heimtückischer) Feigling; **2.** *adj* feige, heimtückisch

da·ta ['deɪtə|'dɑ:tə] **1.** *s pl von* ↑ **datum** (*oft sg konstr*) Daten *n/pl*, Angaben *f/pl*, Unterlagen *f/pl*, Fakten *m/pl* ⟨the ~ is/are all ready; personal ~ Personalien *pl*⟩ | *Tech* Meß-, Versuchswerte *m/pl* | Kenngrößen *f/pl*; **2.** ('**~ed**, '**~ed**) *vt Am* (Personaldaten) elektronisch erfassen; **'~ bank 1.** *s* Datenbank; **2.** *vt* in eine Datenbank geben, in einer Datenbank speichern; **'~comˌput·er** *s* Datenverarbeitungsgerät *n*, -maschine *f*; **'~ link** *s* (elektronische) Datenverarbeitung; **~'ma·tion**, *auch* **ˌ~ 'pro·cess·ing** (elektronische) Datenverarbeitung

[1]date [deɪt] *s Bot* Dattel *f* | *auch* **'~ palm** *s Bot* Dattelpalme *f*

[2]date [deɪt] **1.** *s* Datum *n*, Zeitpunkt *m* ⟨at an early ~ bald; of early ~ alt; of late/recent ~ neu, modern⟩ | Datum *n*, Tag *m* ⟨~ of issue Ausgabedatum *n*⟩ | Zeitraum *m* ⟨at a long ~ auf lange Sicht⟩ | neuester Stand ⟨out of ~ veraltet, unmodern; to ~ bis heute; up to ~ zeitgemäß, modern⟩ | *Wirtsch* Termin *m*, Tag *m* ⟨~ of delivery Liefertermin *m*; to fix a ~ einen Termin festsetzen⟩ | *umg* Verabredung *f*, Stelldichein *n* ⟨to have a ~ with s.o. mit jmdm. verabredet sein⟩ | *umg, bes Am* Freund(in) *m*(*f*), mit dem (der) man sich trifft; **2.** *vt* datieren ⟨to ~ a letter⟩ | eine Zeit angeben für ⟨to ~ ahead vordatieren; to ~ back zurückdatieren⟩ | (etw.) zeitlich einordnen (**at** in) ⟨to ~ a poem of Byron⟩ | (etw.) herleiten (**from** von, aus) | (jmdn., etw.) als veraltet *od* überholt *od* unmodern kennzeichnen ⟨her clothes ~ her durch ihre Kleidung wirkt sie altmodisch⟩ | überleben | berechnen (**by** nach) | *bes Am umg* sich verabreden mit ⟨to ~ s.o. up sich mit jmdm. verabreden⟩; *vi* datieren, datiert sein (**from** von) | stammen, sich herleiten (**from** von, aus) | rechnen (**from** von) | veralten, sich überleben ⟨to begin to ~ allmählich aus der Mode kommen⟩; **~ back** zurückgehen, -reichen (**to** auf, bis); **'~a·ble** *adj, auch* **'dat·a·ble** altersmäßig bestimmbar, datierbar; **'dat·ed** *adj* datiert | veraltet, überholt; **'~ block** *s* Terminkalender *m*; **'~less** *adj* undatiert | unbestimmt, endlos | unsterblich, zeitlos ⟨≈ fame⟩ | uralt | *Am umg* frei, nicht verabredet; **'~ line** *s* Datumsgrenze *f* | (Zeitung, Brief) Datumszeile *f*; **'dates** *s/pl* Lebensdaten *n/pl*, Geburts- und Todesjahr *n*, -tag *m* ⟨Goethe's ≈ are 1749 to 1832⟩; **'dat·ing** *s* Datierung *f*

da·tive ['deɪtɪv] **1.** *adj Ling* dativisch, Dativ- | *Jur* verfügbar, vergebbar | *Jur* widerruflich; **2.** *auch* **ˌ~ 'case** *s Ling* Dativ *m*

da|tum ['deɪtəm] *s* (*pl* **~ta** ['~tə]) gegebene Größe *f od* Tatsache *f* | Voraussetzung *f* | Grundlage *f* | *Flugw* Meßwert *m* | *Math* gegebene Größe *f*; **'~tum lev·el** *s Tech, Math, Phys* Bezugsebene *f* | *Geogr* Normalnull *f* | *Flugw* Ausgangshöhe *f*; **'~tum line** *s Tech* Standlinie *f*, Basis *f* | Bezugslinie *f*; **'~tum mark** *s Tech* Höhenmarke *f*, Fest-, Fixpunkt *m*; **'~tum plane** *s Tech* Bezugsebene *f*; **'~tum point** *s Tech* Normalfixpunkt *m*

da·tu·ra [dæ'tjʊərə] *s Bot* Stechapfel *m*

daub [dɔ:b] **1.** *vt* (Farbe) grob auftragen, streichen (**on** auf, **with** mit) | (Wand) verputzen | (Loch) zuschmieren | *umg* ungeschickt malen, klecksen, schmieren | pfuschen (*auch übertr*) | beschmutzen, besudeln | *übertr* verhüllen, verdekken, bemänteln; *vi* klecksen | schmieren, sudeln | *dial* heucheln; **2.** *s* Lehmbewurf *m*, Putz *m* | Fleck *m*, Klecks *m* ⟨a ~ of paint Farbklecks *m*; a ~ of butter ein Klecks Butter⟩ | Schmiererei *f*, Kleckserei *f* (schlechtes Gemälde); **'~er** *s* Kleckser *m*, Schmierer *m*; **'~er·y** *s* Geschmiere *n*, Schmiererei *f*; **'~y** *adj* schmierig | gekleckst, geschmiert

daugh·ter ['dɔ:tə] **1.** *s* Tochter *f* (*auch übertr*) ⟨~-in-law Schwiegertochter *f*⟩; **2.** *adj* Tochter- | weiblich ⟨~ child weiblicher Nachkomme⟩; **'~ cell** *s Biol* Tochterzelle *f*; **'~ lan·guage** *s* Tochtersprache *f*; **'~ly** *adj* töchterlich, kindlich

daunt [dɔ:nt] *vt* erschrecken, einschüchtern | entmutigen ⟨nothing ~ed *förml* unverzagt⟩; **'~ing** *adj* furchteinflößend, beängstigend ⟨a ≈ taste⟩; **'~less** *adj* unerschrocken, mutig ⟨≈ courage⟩

dau·phin ['dɔ:fɪn], *oft* ≗ *s Hist* Dauphin *m*, französischer Kronprinz

dav·en·port ['dævnpɔ:t] *s* Schreibtisch *m*, Sekretär *m* | *Am* Diwan *m*, Sofa *n*, Schlafcouch *f*

da·vit ['dævɪt] *s*, (*meist* '**~s** *pl*) *Mar* Davit *m*, Bootskran *m*

[1]**da·vy** ['deɪvɪ] *s Sl* Eid *m* ⟨to take one's ~ schwören⟩

[2]**da·vy** ['deɪvɪ], *auch* '**∸ 'lamp** *s Bergb* Sicherheitslampe *f*

Da·vy Jones ['deɪvɪ 'dʒəunz] *s Mar* (Meeres-) Teufel *m*; ˌ**Da·vy Jones's 'lock·er** *s Mar* kühles Grab, Meeresgrund *m* ⟨to be sent / go to ≈ von der See verschlungen werden, den Tod zur See finden⟩

daw [dɔ:] *auch* '**jack~** *s Zool* Dohle *f*

daw·dle ['dɔ:dl] **1.** *vi* trödeln, herumbummeln, Zeit vergeuden; *vt, oft* ~ **away** (Zeit) totschlagen, vertrödeln ⟨to ~ away one's time⟩; **2.** *s* Trödelei *f*, Bummelei *f*; '**daw·dler** *s* Bummler *m*, Tagedieb *m*

dawn [dɔ:n] **1.** *vi* dämmern, tagen, grauen ⟨the morning ~s⟩ | *übertr* anfangen, sich entfalten, sich entwickeln, heraufdämmern, sich zeigen ⟨it ~ed [up]on me es kam mir zum Bewußtsein; the truth began to ~ [up]on us uns wurde allmählich klar⟩; **2.** *s* Dämmerung *f*, Tagesanbruch *m*, Morgengrauen *n* ⟨at ~ beim Morgengrauen⟩ | *übertr* Anbruch *m*, Beginn *m*, Erwachen *n* ⟨the ~ of love Liebeserwachen *n*; the ~ of civilization der Beginn der Zivilisation⟩; '**~ing** *s* Tagesanbruch *m* | *übertr* Anfang *m*, Erwachen *n*

day [deɪ] *s* Tag *m* (*Ant* night) ⟨all [the] ~ den ganzen Tag; before ~ vor Tagesanbruch; by ~ bei Tage⟩ | Tag *m* (24 Stunden) ⟨~ after ~, ~ in ~ out tagaus tagein; ~ and ~ about, every other/second ~ einen Tag um den anderen; ~ by ~ jeden Tag, Tag für Tag; ~-to-~ ununterbrochen, dauernd; at an early ~ bald; from ~ to ~ von Tag zu Tag; some ~ or other irgendwann einmal; one of these ~s demnächst; some ~ eines Tages, irgendwann einmal; the day after am nächsten Tag, tags darauf; the ~ after tomorrow übermorgen; the ~ before yesterday vorgestern; the other ~ neulich; these ~s heutzutage; this ~ week (fortnight) heute in einer Woche (in vierzehn Tagen); to a / the day auf den Tag genau; to this ~ bis heute; to ask s.o. the time of ~ jmdn. nach der Uhrzeit fragen; to fall on evil ~s *förml* ins Unglück geraten; to know the time of ~ *übertr* Bescheid wissen, wissen, was die Stunde geschlagen hat; to pass the time of ~ with s.o. jmdn. begrüßen, sich mit jmdm. kurz unterhalten⟩ | Empfangs-, Besuchstag *m* | Arbeitstag *m*; Arbeitszeit *f* ⟨by the ~ tageweise; eight-hour-~, five-~-week; to call it a ~ *umg* aufhören, Schluß machen⟩ | Zeit *f* ⟨in my day zu meiner Zeit; he's the man of the ~ er paßt genau in die Zeit⟩ | Erfolg *m*, großer Tag ⟨to have [had] one's ~ keinen Erfolg mehr haben, sich überlebt haben; every dog has his ~ *Sprichw* jedem lacht einmal das Glück; to make s.o.'s ~ *umg* jmdn. [über]glücklich machen⟩ | Termin *m* | Sieg *m* | (entscheidender) Tag ⟨~ of reckoning Tag *m* der Abrechnung⟩ | *oft* **days** *pl* Lebenszeit *f*, Tage *m/pl* ⟨in the ~s of old vorzeiten, einst; in those ~s damals; to begin one's ~s sein Leben beginnen *od* anfangen⟩ | *oft* **days** *pl* Blütezeit *f*; '**~book** *s* Tagebuch *n* | *Mar* Logbuch *n*; '**~boy** *s Brit* Schüler *m* einer Tagesschule; '**~break** *s* Tagesanbruch *m*, Morgengrauen *n*; '**~-care 1.** *adj* Tages(krippen)- ⟨≈ centre Tageskrippe *f*⟩; **2.** *vt Am* in einer Tageskrippe unterbringen; '**~dream 1.** *s* Wach-, Tagtraum *m*, Träumerei *f* | Phantasiegebilde *n*, Luftschloß *n*; **2.** *vi* (tag)träumen, mit offenen Augen träumen; '**~dream·er** *s* (Tag-) Träumer *m*; '**~fly** *s* Eintagsfliege *f*; '**~ ˌla·bour·er** *s* Tagelöhner(in) *m(f)*; '**~light 1.** *s* Tageslicht *n* ⟨by ≈ am Tage; in broad ≈ am hellichten Tag; to burn ≈ bei *od* am Tag[e] Licht brennen; to knock the ≈ out of s.o. *umg* jmdn. entsetzlich verhauen⟩ | Morgengrauen *n*, Dämmerung *f* ⟨at ≈ bei Tagesanbruch; before ≈ vor dem Morgengrauen⟩ | *übertr* Erleuchtung *f*, Klarheit *f* ⟨I see ≈ mir geht ein Licht auf; to throw ≈ into s.th. Licht in etw. bringen⟩ | Öffentlichkeit *f* ⟨to let ≈ into s.th. etw. ans Licht der Öffentlichkeit bringen⟩; **2.** *vi Am* am Tag arbeiten ⟨to ≈ in a supermarket⟩; ˌ**~light 'sav·ing time** *s Am* Sommerzeit *f*; '**~-long** *adj, adv* den ganzen Tag (dauernd); '**~ ˌnurs·er·y** *s* Kinderkrippe *f*; ˌ**~ re'lease course** *s Brit Päd* Lehrgang *n* an Arbeitstagen; ˌ**~ re'turn** *auch* '**~ tick·et** *s Brit Eisenb* Tagesrückfahrkarte *f*; '**~ room** *s* Tagesaufenthaltsraum *m*; **days** *adv bes Am* am Tage ⟨she works ≈⟩; '**~-ˌsail·er** *s Brit* Ausflugssegelboot *n* (für Tagesfahrten); '**~schol·ar** *s Päd* Externe(r) *f(m)*; **~ school** *s* Tagesschule *f* (*Ant* evening school) Schule *f* ohne Internat; '**~ shift** *s* Tagschicht *f* '**~star** *s* Morgenstern *m*; '**~'s work** *s* Tagewerk *n* ⟨it's all in a ≈ das gehört nun einmal [alles] dazu, das läßt sich nicht ändern⟩; '**~time 1.** *s* Tageszeit *f* ⟨in the ≈ bei *od* am Tage⟩; **2.** *adj* Tages- ⟨≈ flights *Flugw* Tagesflüge *m/pl*⟩; ˌ**~-to-'~** *adj* [all]täglich ⟨≈ difficulties⟩ | sorglos, in den Tag hinein, von einem Tag zum anderen ⟨a ≈ existence⟩; '**~work** *s* Tagarbeit *f*

daze [deɪz] **1.** *vt* betäuben | *übertr* verwirren | blenden; **2.** *s* Betäubung *f*, Benommenheit *f*, Verwirrung *f* (*auch übertr*) ⟨to be in a ~ benommen sein⟩; '**dazed** *adj* betäubt, verwirrt ⟨to feel ≈⟩ | geblendet; '**daz·ed·ly** *adv* wirr, verwirrt, benommen

daz|zle ['dæzl] **1.** *vi* (Augen) geblendet sein (**by, with** von, durch) ⟨eyes ~d with the light⟩ | *übertr* verwirrt sein (**by** durch) | *übertr* glänzen, Eindruck machen; *vt* blenden | *übertr* verwirren (**by** durch) | *übertr* verblüffen, überraschen | *selten* übertreffen | (Schiff) tarnen; **2.** *s* Blenden *n* | Tarnfarbe *f*; '**~ lamps**, '**~ lights** *s/pl* Blendlaterne *f*; '**~zle·ment** *s* Blenden *n* | Geblendetsein *n*; '**~zling** *adj* blendend, leuchtend ⟨≈ sunshine; ≈ diamonds⟩ | verwirrend ⟨≈prospects⟩

DC [di:'si:] *Abk El* Gleichstrom *m* | District of Columbia (Gebiet der amerikanischen Hauptstadt Washington)

D-day ['di:deɪ] *s Mil* Tag X *m* (*bes.* der Tag der Landung der Alliierten in der Normandie am 6. 6. 1944)

de- [di:] *präf mit der Bedeutung*: ab-, aus-, des-, ent-, ver- (*z. B.* **dethrone** entthronen; **defrost** abtauen, enteisen)

dea·con ['di:kən] **1.** *s* Diakon(us) *m* | (anglikanische Kirche) Geistlicher *m* dritten Weihegrades | (Freimaurerei) Logenbeamter *m*; **2.** *vt Am* (Psalm vor dem Singen) laut lesen | *umg* (Obst u. ä.) mit den schönsten Stücken nach oben verpacken | *übertr* betrügerisch umgehen mit ⟨to ~ wine Wein panschen⟩; **~ess** ['~ɪs] *s* Diakonissin *f*; '**~ry** *s Rel* Diakonie *f*; '**~ship** *s* Amt *n od* Stand *m* eines Diakons

de·ac·ti|vate [di:'æktɪveɪt] *vt* (Munition) entschärfen | (Einheit) auflösen; ˌ**~'va·tion** *s* Entschärfen *n* (von Munition) | Auflösen *n* (e-r Einheit)

dead [ded] **1.** *adj* tot, (ab)gestorben ⟨as ~ as a doornail mausetot; ~ men tell no tales Tote reden nicht; to shoot s.o. ~ jmdn. erschießen; to wait for a dead man's shoes erben wollen⟩ | tot, leblos ⟨~ matter⟩ | *umg* tot, kaputt, fertig ⟨I'm really ~⟩ | unempfänglich, gleichgültig, taub ⟨~ to reason⟩ | gefühl-, empfindungslos ⟨~ fingers⟩ | todähnlich, still, bewegungslos, (Schlaf u. ä.) tief ⟨~ sleep; ~ calm Totenstille *f*; ~ to the world bewußtlos, tief im Schlaf⟩ | (Sprache) tot, ausgestorben | erloschen ⟨~ vulcano, ~ fire⟩ | *Geol* taub ⟨~ ore⟩ | leer, öde, unfruchtbar ⟨~ soil⟩ | *Wirtsch* ruhig, flau, unbelebt ⟨~ market⟩ | *Wirtsch* tot(liegend) ⟨~ capital⟩ *El* spannungs-, stromlos, tot ⟨~ line⟩ | *Tech* erschöpft, ausgefallen | *Tech* unbeweglich, nichtdrehend | (Gleis u. ä.) tot ⟨to come to / reach a ~ end *übertr* auf dem Nullpunkt sein⟩ | (Farbe) matt, stumpf, glanzlos | (Stimme) dumpf, klanglos | (Fenster

u. ä.) blind | (Bier u. ä.) schal | (Blume) [ver]welk[t] | *Sport* (Ball) tot, nicht im Spiel | völlig, vollkommen, gleich ⟨on a ~ level nebeneinander, in gleicher Linie; to be in ~ earnest in vollem Ernst; to come to a ~ stop plötzlich anhalten⟩ | sicher, unfehlbar ⟨a ~ shot ein todsicherer Schuß; in the ~ centre genau in der Mitte⟩ | *Tech* absolut, konstant; **2.** *adv* plötzlich, abrupt ⟨to stop ~ schlagartig stehenbleiben⟩ | absolut, völlig ⟨~ slow Schritt fahren!; ~-tired todmüde⟩ | *umg* direkt, genau, gleich ⟨~ against genau gegenüber; ~ ahead unmittelbar davor; ~ centre genau in der Mitte⟩; **3.** *s* Totenstille *f* ⟨in the ~ of night mitten in der Nacht; in the ~ of winter im tiefsten Winter⟩ ◇ **the ~** der (die) Tote *m(f)* | die Toten *pl*; ˌ~ ˈ**air** *s Bergb* matte Wetter *pl*; ˌ~-ˈ**air space** *s* nicht *od* schlecht ventilierter Raum; ˌ**~-and-aˈlive** *adj umg* (Gegend, Veranstaltung u. ä.) tot, langweilig, öde; ˌ~ ˈ**ar·e·a** *s Mil* toter Schußwinkel; ˈ**~ball ˌline** *s* (Rugby) Auslinie *f*; ˌ~-ˈ**beat** *adj umg* todmüde, kaputt | *El* aperiodisch, schwingungsfrei; ˈ**~ beat** *Sl s* Null *f* | *Am* Faulenzer *m*, Nassauer *m* | *Austr* Habenichts *m*; ˌ~ ˈ**cen·tre** *s* Mittelpunkt *m* ⟨to hit the ≈⟩; ˌ~ ˈ**duck** *nur in*: **be a ~ duck** *übertr umg* passé sein ⟨politically he is a ≈ politisch hat er ausgespielt⟩; ˈ**~en** *vt* (ab)schwächen, dämpfen | *übertr* abstumpfen (**to** gegen); ˌ~ ˈ**end 1.** *s* Sackgasse *f* (*auch übertr*) ⟨to come to / reach a ≈ in eine Sackgasse geraten⟩ | *Eisenb* Abstellgleis *n*; **2.** *adj bes Am* verwahrlost, Slum- ⟨≈ kids⟩; ˈ**~eye** *s Mar* Jungfer(nblock) *f(m)*; ˈ**~ fire** *s* Elmsfeuer *n*; ˈ**~freight** *s* Ballast *m* | *Mar* Fehlfracht *f*; ˈ**~head** *umg* **1.** *s Theat* Freikarteninhaber *m* | *Eisenb* Freipassagier *m*, Freifahrtberechtigter *m* | Leerfahrzeug *n* | *Am übertr* Null *f*, wenig aktiver Mensch | *Tech* Gußkopf *m*; **2.** *adj* für Personalfahrten ⟨≈ trains⟩; **3.** *vi* keinen Eintritt bezahlen, frei fahren | leer fahren; *vt* keinen Eintritt bezahlen lassen, frei fahren lassen | eine Leerfahrt machen mit; ˌ**~ˈheart·ed** *adj* herzlos; ˌ~ ˈ**heat** *s* (Sport) totes Rennen; ˌ~ ˈ**horse** *s übertr verächtl* alter Hut ⟨to beat / flog a ≈ eine alte Platte immer wieder auflegen⟩; ˈ**~house** *s* Leichenhalle *f*; ˈ**~latch** *s* Schnappschloß *n*; ˌ~ ˈ**let·ter** *s übertr* toter Buchstabe | unzustellbarer Brief ⟨≈ office Abteilung *f* für unzustellbare (Post-) Sendungen⟩; ˈ**~lift** *s* Lastheben *n* (ohne mechanische Hilfe) | *übertr* schwere Anstrengung; ˈ**~line** *s* (letzter) Termin ⟨to meet the ≈ den Termin einhalten⟩ | Stichtag *m* | *übertr* äußerste Grenze | *Am* Sperrlinie *f* (um ein Gefängnis); ˈ**~ load** *s Tech* Eigengewicht *n*; ˈ**~lock 1.** *s* Sackgasse *f* (*bes übertr*) ⟨to break the ≈ aus der Sackgasse herauskommen; to have reached ≈ auf dem toten Punkt angelangt sein⟩; **2.** *vt* zum Stillstand bringen; ˈ**~ly 1.** *adj* tödlich ⟨≈ poison⟩ | totenähnlich, Todes- ⟨≈ paleness Todesblässe *f*⟩ | *übertr* tödlich, Tod-, unversöhnlich ⟨≈ hatred⟩ | *übertr* tief, entschieden ⟨≈ seriousness⟩ | *verächtl* entsetzlich, todlangweilig ⟨a ≈ conversation⟩ | *umg* schrecklich, groß ⟨≈ fear⟩; **2.** *adv* (*nur vor adj*) tödlich, totenähnlich ⟨≈ pale⟩ | sehr, äußerst ⟨≈ tired todmüde⟩; ˌ**~ly ˈnight·shade** *s Bot* Tollkirsche *f*; ˈ**~man** *s* (*pl* ˈ**~men**) *Tech* Ankerpflock *m* | (Zelt-) Hering *m*; ˌ**~man's ˈhan·dle** *s bes Eisenb* Sicherheitseinrichtung *f*, Totmannkurbel *f*; ˈ**~ march** *s* Trauermarsch *m*; ˌ~ ˈ**net·tle** *s Bot* Taubnessel *f*; ˌ~ ˈ**oil** *s Chem* Schweröl *n*; ˈ**~ pan** *s Am Sl* Schafsgesicht *n*; ˈ**~pan** *adj umg* ausdruckslos ⟨≈ humour trockener Humor; to look ≈ dumm dreinschauen⟩; ˌ~ ˈ**point** *s* toter Punkt | *Tech* Totpunkt *m*, Hubwechselpunkt *m*; ˌ~ ˈ**reck·on·ing** *s Mar Flugw* gegißtes Besteck, Besteckrechnung *f*, Gissung *f*, Koppeln *n* | Koppelkurs *m*; **~ˈris·ing line** *s Mar* Aufkimmung *f*; ˌ~ ˈ**set** *s* (Jagd) Stehen *n* (des Hundes) | *übertr* hartnäckiger Angriff ⟨to make a ≈ at s.o. jmdn. hartnäckig angreifen⟩; ˌ~ ˈ**shot** *s* Meisterschuß *m*; ˈ**~-stroke** *adj Tech* rückstoßfrei; ˌ~ ˈ**wa·ter** *s* stehendes Wasser | *Mar* Kielwasser *n*; Sog *m*; ˈ~ ˈ**weight** *s Tech* Eigenmasse *f*, -last *f*; totes Gewicht | *Kfz* Leer-, Eigengewicht *n*, Eigenmasse *f* | *Mar* Schwergut *n* | *übertr* Last *f*, Bürde *f*; ˌ~ ˈ**win·dow** *s Arch* Scheinfenster *n*; ˌ~ ˈ**wood** *s bes Brit* totes Holz, nutzloser Ballast | *übertr verächtl* inaktive Mitglieder, Ballast *m* | *Wirtsch* Ladenhüter *m*, Plunder *m* | *Mar* Totholz *n*

deaf [def] *adj* taub ⟨~ of an ear, ~ in one ear auf e-m Ohr taub; as ~ as an adder / a post stocktaub⟩ | schwerhörig | *übertr* unempfindlich, taub (**to** gegen) ⟨~ to all advice taub gegenüber allen Ratschlägen; to turn a ~ ear to nicht hören [wollen] auf; none so ~ as those that won't hear wem nicht zu raten ist, dem ist auch nicht zu helfen⟩; ˈ**~-aid** *s Brit umg* Hörapparat *m*; ˈ**~ and ˈdumb** *adj* taubstumm ⟨~-and-dumb language Taubstummensprache *f*⟩; ˈ**~en** *vt* taub machen, betäuben (**by, with** durch) | (Laute) dämpfen | *Arch* schalldicht machen, abdämpfen; ˈ**~en·ing** *adj* betäubend ⟨≈ cheers ohrenbetäubender Beifall *m*⟩; ˌ~-ˈ**mute 1.** *adj* taubstumm; **2.** *s* Taubstummer *m*; ˌ~-ˈ**mut·ism** *s* Taubstummheit *f*

[1]**deal** [di:l] **1.** *s bes Brit* Kiefern-, Tannenholz *n* | Brett *n* (aus Kiefern- *od* Tannenholz) | Bohle *f*, Diele *f*; **2.** *adj* Kiefern-, Tannen- | aus rohen Brettern ⟨a floor of ~ ein Bretterfußboden; a ~ table ein Tisch aus Kiefernholz; made of ~ aus Kiefernholz⟩

[2]**deal** [di:l] **1.** *s* (*nur mit attr adj*) Teil *m*, Menge *f* ⟨a good ~ ziemlich viel; a good ~ of money eine Menge Geld; a good ~ of trouble eine Menge Ärger; a great ~ sehr viel; not by a great ~ bei weitem nicht⟩; **2.** *adv umg* ziemlich viel, sehr viel ⟨a ~ better viel besser⟩

[3]**deal** [di:l] **1.** (**dealt, dealt** [delt]) *vt*, *oft* **~ out** ver-, austeilen (*auch übertr*) ⟨to ~ out justice Recht sprechen⟩ | (Schlag) versetzen ⟨to ~ s.o. a blow, to ~ a blow at s.o. jmdm. e-n Schlag versetzen⟩ | *Kart* geben, austeilen ⟨to ~ the cards⟩; *vi* handeln, Handel treiben (**in s.th.** mit etw., **with s.o.** mit jmdm.) | Geschäfte machen, Geschäftsverbindungen haben (**with** mit) | kaufen (**at, with** bei) | umgehen (**with** mit) ⟨he is easy (difficult) to ~ with mit ihm ist leicht (schwer) auszukommen, er ist leicht (schwer) zu behandeln⟩ | sich verhalten (**with** gegenüber) ⟨to ~ with criminal⟩ | sich beschäftigen, sich befassen (**with** mit) ⟨to ~ with a problem⟩ | handeln von, zum Inhalt haben ⟨a book ~ing with Africa⟩ | *Kart* geben, austeilen | kämpfen (**with** mit, gegen); **2.** *s* Abkommen *n* ⟨to do (*Brit*) / make (*Am*) a ~ ein Abkommen treffen⟩ | *Kart* Geben *n* ⟨it's my ~ ich muß geben⟩ | *umg* Handel *m*, Geschäft *n* ⟨a dirty ~ ein krummes Geschäft; a raw ~ eine unfaire Behandlung; to do a ~ with s.o. mit jmdm. ein Geschäft abschließen; to give s.o. a square ~ *umg* jmdn. gerecht behandeln; it's a ~ abgemacht!⟩ | *umg* System *n*, Verfahren *n* | meist ≁ (politischer *od* wirtschaftlicher) Kurs, Linie *f*, Politik *f* ⟨New ≁ Präsident Roosevelts neue Wirtschaftspolitik⟩ | *Am umg* Schiebung *f*, zweifelhaftes Geschäft

deal box [ˌdi:l ˈbɒks] *s* Spanschachtel *f*

deal|er [ˈdi:lə] *s* Händler *m* (**in** mit) ⟨a used-car ≈⟩ | *Brit* Börsenhändler *m* | *Kart* Geber *m* | jmd., der sich in einer bestimmten Weise verhält ⟨plain ≈ aufrichtiger Mensch⟩; ˈ**~ing** *s* Aus-, Verteilen *n* | Verfahren *n*, Vorgehen *n*, Handlungsweise *f* ⟨double ≈ doppeltes Spiel, Betrug *m*; fair ≈ Gerechtigkeit *f*, faires Handeln⟩ | *meist* ˈ**~ings** *pl* Verkehr *m*, Umgang *m* | *Wirtsch* Geschäfts-, Handelsbeziehungen *f/pl* ⟨to have ≈ with s.o. mit jmdm. verkehren *od* zu tun haben; *Wirtsch* mit jmdm. in Geschäftsverbindung stehen⟩

dealt [delt] *prät* u. *part perf* von ↑ [3]**deal 1.**

dean [di:n] *s Rel* Dechant *m*, Dekan *m*, Superintendent *m*

⟨rural ~ Landdekan *m*⟩| (Universität) Dekan *m* | (in Oxford und Cambridge) Fellow *m* mit besonderen Aufgaben | *Am* Vorstand *m*, Direktor *m* (eines College u. ä.) | *Am* Studentendekan *m*, -berater *m* ⟨~ of women Vorsteherin *f* der Studentinnen⟩ | Dienstältester *m*, Doyen *m* ⟨the ~ of the diplomatic corps⟩; **'~er·y** *s* Dekanswürde *f* | Dekanat *n* | *Rel* Dekanei *f*, Amtshaus *n* eines Dechanten | *Rel* Verwaltungsbezirk *m* eines Landdekans; **'~ship** *s* Amt *n* od. Stand *m* eines Dekans

dear [dɪə] **1.** *adj* teuer, lieb, wert (**to s.o.** jmdm.) ⟨to hold s.o. (s.th.) ~ jmdn. (etw.) sehr gern haben; for ~ life als wenn es ums Leben ginge; there's a ~ child! sei lieb!⟩ | (Briefanrede) sehr geehrt, wert, lieb ⟨~ Sir Sehr geehrter Herr!; ~ Mr Jones Werter Herr Jones!; ~ John Lieber John!⟩ | teuer, kostspielig ⟨a ~ shop⟩ | (Preis) teuer, hoch ⟨~ goods; ~ money viel Geld⟩ | tiefempfunden, innig ⟨s.o.'s ~est wish jmds. Herzenswunsch⟩ | *arch* ehrenvoll; **2.** *adv* teuer ⟨to cost s.o. ~ *übertr* jmdm. *od* jmdn. teuer zu stehen kommen; to sell ~ teuer verkaufen⟩; **3.** *s* Liebling *m*, Schatz *m* ⟨my ~s meine Lieben; isn't she a ~? ist sie nicht reizend?; there's a ~ sei (so) lieb⟩ | (Anrede, *oft iron*) Liebe(r) *f(m)* ⟨come, my ~⟩; **4.** *interj*, **oh ~!** ach je!; **~, ~!, ~ me!** du meine Güte!; **~est** ['~ɪst] *s* Liebste(r) *f(m)* ⟨my ≈⟩; **'~ie = '~y**; **'~ly** *adv* innig, herzlich, von ganzem Herzen ⟨to love s.o. ≈; ≈ beloved Anrede an Braut *od* Bräutigam⟩ | teuer, hoch ⟨to pay ≈⟩

dearth [dɜ:θ] *s nur sg* Mangel *m* (**of** an) ⟨a ~ of food Lebensmittelknappheit *f*⟩ | Teuerung *f* ⟨in time of ~ während der Teuerung⟩

dear·y ['dɪərɪ] *s fam* Liebling *m*, Schatz *m*, Schätzchen *n*

death [deθ] *s* Sterben *n*, Tod *m*, Todesfall *m* ⟨several ~s from drowning mehrere Todesfälle durch Ertrinken; hour of ~ Todesstunde *f*; at ~'s door am Rande *od* an der Schwelle des Todes; as sure as ~ todsicher; to the ~ bis zum Tode; to ~ zu Tode; sick to ~ of übersatt von; tired to ~ of todmüde von; bored to ~ zu Tode gelangweilt; to catch one's ~ of sich den Tod holen durch⟩ | Tod *m*, Tötung *f* ⟨to be in / at the ~ (Jagd) den Tod des Fuchses (durch die Hunde) sehen, *übertr* das Ende miterleben; to do to ~ töten; to put to ~ hinrichten; to sentence to ~ zum Tode verurteilen; to stone to ~ steinigen⟩ | Tod *m*, Todeszustand *m*, Totsein *n* ⟨to lie still in ~ unbeweglich *od* tot daliegen; united in ~ im Tode vereint; worse than ~ schlimmer als der Tod⟩ | Ende *n*, Untergang *m* ⟨the ~ of one's hopes⟩ | Tod *m*, Todesart *f* ⟨to die an easy ~ e-s leichten Todes sterben⟩ | Todesursache *f* ⟨to be the ~ of s.o. jmds. Tod sein (*auch übertr*); you'll be the ~ of me du wirst mich noch zugrunde richten, du wirst noch mein Tod sein; the Black ~ der Schwarze Tod, die Pest⟩ | *Rel* Tod *m* ⟨everlasting ~ ewige Verdammnis⟩; **'~ 'ag·o·ny** *s* Todeskampf *m*; **'~bed** *s* Sterbebett *n*; **'~ bell** *s* Sterbe-, Totenglocke *f*; **'~blow** *s* Todesstoß *m*, tödlicher Streich; **'~ cer,tif·i·cate** *s* Totenschein *m*; **'~ cup** *s* Todes-, Giftbecher *m*; **'~ dance** *s* Totentanz *m*; **'~day** *s* Todestag *m*; **'~ du·ty** *s* Erbschafts-, Nachlaßsteuer *f*; **'~ful** *adj* tödlich, Todes- | mörderisch | todesähnlich | *selten* sterblich; **'~ knell** *s* Totengeläute *n*, -glocke *f* (*auch übertr*); **'~less** *adj* unsterblich | *übertr* unvergänglich, ewig ⟨≈ fame⟩; **'~like** *adj* todähnlich ⟨≈ paleness Leichenblässe *f*; ≈ silence Totenstille *f*⟩; **'~ly** *adj, adv* Todes-, Toten- ⟨≈ stillness Totenstille *f*; ≈ pale leichen-, totenblaß⟩; **'~ mask** *s* Totenmaske *f*; **'~ ,pen·al·ty** *s* Todesstrafe *f*; **'~place** *s* Todesort *m*; **'~ rate** *s* Sterblichkeitsziffer *f*; **'~ ,rat·tle** *s* Todesröcheln *n*; **'~ roll** *s* (Krieg, Erdbeben u. a.) Gefallenen-, Verlustliste *f* | Zahl *f* der Toten; **'~'s-head** *s* Totenkopf *m* (*auch Zool*); **'~ squad** *s* Todesschwadron *f*; **'~trap** *s* Todesfalle *f*, Unfallschwerpunkt *m*; **'~ ,war·rant** *s Jur* Hinrichtungsbefehl *m* | *übertr* Todesurteil *n*; **'~watch** *s* Toten-, Leichenwache *f* | *auch* **,~watch 'bee·tle** *Zool* Totenuhr *f*, Klopfkäfer *m*; **'~wish** *s* Todeswunsch *m*, -sehnsucht *f*

deb [deb] *Abk* ↑ **débutante**

dé·bâ·cle [deɪ'bɑ:kl] *s Geol* Bodenfluß *m*, Murgang *m* | Eisgang *m* | *übertr* reißende Flut | wilde Massenflucht, *übertr* Debakel *n*, Zusammenbruch *m* ⟨the Wall Street ~ of 1929 der Börsenkrach von 1929⟩

de|bar [dɪ'bɑ:] (**~'barred, ~'barred**) *vt* ausschließen (**from** von) ⟨to be debarred from marriage nicht heiraten dürfen⟩ | hindern (**from** *mit ger* zu *mit inf*) | verbieten, verhindern, sperren ⟨a gate ≈s all passage eine Tür versperrt jeden Durchgang⟩

de|bark [dɪ'bɑ:k], *auch* **disembark** [ˌdɪsɪm'bɑ:k] *vt Mar* ausschiffen | ausladen; *vi* landen; **,~bar'ka·tion**, *auch* **,disem·bar'kation**, *selten* **~'bark·ment**, *auch* **,disem'barkment** *s* Ausschiffung *f* | Landung *f*

de·bar·ment [dɪ'bɑ:mənt] *s* Ausschließung *f* (**from** von)

de·base [dɪ'beɪs] *vt* verschlechtern, verderben ⟨to ~ o.s. by sich herabwürdigen durch; to ~ a style einem Stil schaden *od* abträglich sein⟩ | (Münzen) verschlechtern, verfälschen, Gold- bzw. Silbergehalt senken | *übertr verächtl* die Kaufkraft vermindern ⟨to ~ the coinage⟩; **'~ment** *s* Verschlechterung *f* | Verderbnis *f*, Verkommenheit *f* | Verfälschung *f* | Abwertung *f*, Wertminderung *f* | Entwürdigung *f*

de·bat·a·ble [dɪ'beɪtəbl] *adj* diskutabel ⟨~ topics Diskussionsgegenstände *m/pl*⟩ | fraglich | strittig, (heiß) umstritten ⟨~ ground/land umstrittenes Gebiet⟩ | **de'bate 1.** *vi* debattieren, diskutieren (**about** über, **whether** *mit inf* ob) | (zu Ende) diskutieren, entscheiden (**[up]on** über); *vt* diskutieren, erörtern, streiten über ⟨to ≈ a question⟩ | überlegen, erwägen; **2.** *s* Debatte *f*, Diskussion *f*, Wortstreit *m* ⟨after much ≈ nach großer Diskussion, beyond ≈ unbestreitbar; question under ≈ zur Diskussion stehende Frage; a warm ≈ lebhafte Debatte⟩; **de'bat·er** *s Parl* Redner *m* | Debattierer *m*, Redekünstler *m* Mitglied *n* einer Mannschaft in einem Debattierwettstreit; **de'bat·ing** *adj* Debattier- ⟨≈ club/society Debattierclub *m*⟩

de|bauch [dɪ'bɔ:tʃ] **1.** *vt* (moralisch) verderben | (Frau) verführen (**to s.th.** zu etw.); *vi* schlemmen, prassen | sich Ausschweifungen hingeben; **2.** *s* Schwelgerei, Prasserei *f* ⟨a drunken ≈ Trinkgelage *n*⟩ | Ausschweifung *f*, Orgie *f*; **~'bauched** *adj* ausschweifend, verdorben, verderbt, unzüchtig; **deb·au·chee** [dɪˌbɔ:'tʃi:] *s* Wüstling *m*; **~'bauch·er·ies** *s/pl* Orgien *f/pl*; **~'bauch·er·y** *verächtl s* Schwelgerei *f*, Prasserei *f* | Ausschweifung *f* ⟨a life of ≈ ein ausschweifendes Leben⟩ | Verleitung *f*, Verführung *f*; **~'bauch·ment** *s* Schwelgerei *f*, Prasserei *f* | Ausschweifung *f* | Verderbtheit *f* | Verführung *f*

de·ben|ture [dɪ'bentʃə] *s Wirtsch* Schuldschein *m*, -verschreibung *f*, Obligation *f* | Rückzollschein *m*; **'~ture bonds** *s/pl Wirtsch* Obligationen *f/pl*; **de'ben·tured** *adj Wirtsch* durch Schuldschein gesichert | Rückzoll- ⟨≈ goods⟩

deb·ile ['di:baɪl] *adj* schwach, kraftlos; **de·bil·i·tate** [dɪ'bɪlɪteɪt] *vt* schwächen, entkräften ⟨a debilitating climate ein ungesundes Klima⟩; **de,bil·i·ta·tion** *s* Schwächung *f*; **de·bil·i·ty** [dɪ'bɪlətɪ] *s* Schwäche *f* | Kraftlosigkeit *f* (bes. körperliche) ⟨to suffer from general ≈ an allgemeiner Schwäche leiden⟩

deb·it ['debɪt] *Wirtsch* **1.** *s* Debet *n*, Soll *n* | Schuldposten *m* | (Konto-) Belastung *f* ⟨to s.o.'s ~ zu jmds. Lasten⟩ | *auch* **'~ side** (Hauptbuch) Debetseite *f*; **2.** *vt* debitieren, belasten (**with** mit) | zur Last schreiben ⟨to ~ a sum to s.o.⟩ | (Konto) belasten ⟨to ~ £5 against s.o.'s account, to ~

s.o.'s account with £ 5 jmds. Konto mit £ 5 belasten⟩; **'~ ac·count** *s* Schuldkonto *n*; **'~ card** *s* Karte *f* zum automatischen Geldabheben; **'~ note** *s* Lastschriftzettel *m*

deb·o·nair [ˌdebəˈnɛə] *adj* (von Männern) charmant, liebenswürdig, höflich | lässig, nonchalant | *auch* heiter, fröhlich

de·bone [ˌdi:ˈbəʊn] *vt* (die) Knochen auslösen aus ⟨~d chicken ausgelöstes Hühnerfleisch, Huhn ohne Knochen⟩

de·bouch [dɪˈbaʊtʃ] *vi* (Fluß) sich ergießen, (ein)münden (**from** aus, **into** in) | *Mil* hervorbrechen, herauskommen, -marschieren; *vt* herauskommen, -treten lassen; **deˈbouch·ment** *s* Mündung *f* | *Mil* Ausfall *m*, Hervorbrechen *n*

de·brief [ˌdi:ˈbri:f] *vt* (Aktion, Einsatz, Reise) auswerten mit ⟨to ~ a pilot mit dem Piloten (nach dem Flug) eine Einsatzbesprechung durchführen; to ~ a minister einen Minister (z. B. nach einer Reise) berichten lassen⟩; **ˌdeˈbrief·ing** *s* Einsatzbesprechung *f*; Berichterstattung *f*

de·bris, *auch* **dé·bris** [ˈdeɪbri:] *s* Bruchstücke *n/pl*, Trümmer *pl* | *Geol* Schutt *m*, Aufschüttung *f*

debt [det] *s* Schuld *f* (*auch übertr*) ⟨active ~s Außenstände *m/pl*; ~ collector *Jur* Schuldeneintreiber *m*; ~ of gratitude Dankesschuld *f*; ~ of honour Ehrenschuld *f*; floating ~ schwebende Schuld; National ~ Staatsschuld *f*; in ~ verschuldet; out of ~ ohne Schulden; to fall / get / run into ~[s] Schulden machen, in Schulden geraten; to get out of ~[s] Schulden abzahlen, aus den Schulden herauskommen; to pay one's ~s seine Schulden bezahlen; to pay one's ~ to nature sterben⟩; **'~or** *s* Schuldner *m*, Debitor *m* | *auch* **'~or side** Debetseite *f*

de·bug [ˌdi: ˈbʌg] (**ˌdeˈbug·ged**, **ˌde ˈbug·ged**) *umg vt* Fehler *od* Mucken beseitigen aus ⟨to ~ a machine⟩ | Abhöranlagen entfernen aus ⟨to ~ a room⟩ | *Tech* entstören

de·bunk [di:ˈbʌŋk] *vt umg* entlarven, ins rechte Licht setzen, unerschrocken Kritik üben an, den Nimbus nehmen ⟨to ~ a myth eine Legende zerstören⟩

de·bus [di:ˈbʌs] (**deˈbus·sed**, **deˈbus·sed**) *vi* aus dem Bus aussteigen, den Bus verlassen

de·but, **dé·but** [ˈdeɪbju:|ˈdebju:] *s Theat* Debüt *n*, erstes Auftreten (*auch übertr*) ⟨to make one's ~ sein Debüt geben⟩ | Einführung *f* (einer jungen Dame) in die Gesellschaft | **deb·u·tant** [ˈdebjʊtɒnt|-ɑ̃:] *s* Debütant *m*; **deb·u·tante** [ˈdebjʊtɑ:nt|-ɑ̃:] *s* Debütantin *f* | *Brit* junge Dame, die bei Hofe vorgestellt wird

deca- [dekə] ⟨*griech*⟩ *in Zus* zehn-

dec|a·dal [ˈdekədl] *adj* dekadisch; **~ade** [ˈ~eɪd] *s* Dekade *f*, Jahrzehnt *n* ⟨the last ≈ of the 19th century⟩ | Reihe *f* von zehn, Zehnergruppe *f*

de·ca|dence [ˈdekədəns], **~den·cy** *s* Dekadenz *f*, Entartung *f*, Verfall *m*; **'~dent 1.** *adj* dekadent, entartet, verfallend; **2.** *s* dekadenter Mensch | (1890 in England und Frankreich) *Lit* Dekadenter *m*, Dekadenzdichter *m*, Symbolist *m*

dec·a|gon [ˈdekəgən] *s Math* Dekagon *n*, Zehneck *n*; **de·cag·o·nal** [deˈkægənl] *adj* dekagonal, zehneckig; **'~gram[me]** *s* Dekagramm *n*; **~he·dron** [ˌdekəˈhi:drɒn] *s* (*pl* **ˌ~ˈhe·drons**, **~he·dra** [ˌ~ˈhi:drə]) *Math* Dekaeder *n*, Zehnflächner *m*

de·cal [ˈdi:kl|ˈdɪ-|ˈde-] *Kurzw bes Am* Abziehbild *n*

de·cal·ci·fi·ca·tion [ˌdi:ˌkælsɪfɪˈkeɪʃn] *s* Entkalkung *f*; **de·cal·ci·fy** *vt* entkalken

de·cal·co·ma·ni·a [dɪˌkælkəˈmeɪnɪə] *s* Abziehbild *n* | Anbringen *n* von Abziehbildern

dec·a|li·tre [ˈdekəli:tə] *s* Dekaliter *n*; **~log[ue]** [ˈ~lɒg] *s Rel* Dekalog *m*, die Zehn Gebote *n/pl* ⟨the ≈⟩; **~me·tre** [ˈ~mi:tə], *Am* **ˈde·cam·e·ter** *s* Dekameter *n* (= 10 m)

de·cam·e·ter [dɪˈkæmɪtə] *s Metr* Dekameter *m*

de·camp [dɪˈkæmp] *vi Mil* das Lager abbrechen, abmarschieren | *umg* sich (heimlich) aus dem Staub machen, ausreißen; **deˈcamp·ment** *s Mil* Aufbruch *m*, Abmarsch *m*

dec·a·nal [dɪˈkeɪnl] *adj* Dekans-

de·cant [dɪˈkænt] *vt* (Wein u. ä.) dekantieren, vorsichtig abfüllen, abziehen, abklären | umfüllen | *Sl übertr* absetzen, abladen, verladen ⟨to ~ from a car; to ~ workers to another place Arbeiter (zeitweilig) woanders beschäftigen⟩; **de·can·ta·tion** [ˌdi:kænˈteɪʃn] *s* Dekantation *f*, Abfüllung *f* | Umfüllung *f*; **deˈcant·er** *s* Abklärgefäß *n* | Karaffe *f* | Dekantierer *m*

de·cap·i·tate [dɪˈkæpɪteɪt] *vt* köpfen, enthaupten | *Am umg* (aus politischen Gründen) entlassen | *Am umg* ausschalten, außer Gefecht setzen; **deˌcap·iˈta·tion** *s* Köpfen *n*, Enthauptung *f* | *Am umg* plötzliche Entlassung *f* (aus politischen Gründen)

dec·a·pod [ˈdekəpɒd] **1.** *s Zool* Zehnfüßer *m*; **2.** *adj* zehnfüßig

de·car·bon|i·za·tion [di:ˌkɑ:bənaɪˈzeɪʃn] *s Chem* Dekarbonisierung *f*, Entkohlung *f*; **deˈcar·bon·ize** *vt, vi* dekarbonisieren, entkohlen

de·car·bu|ri·za·tion [di:ˌkɑ:bjʊəraɪˈzeɪʃn] *s Chem* Entkohlung *f*; **deˈcar·bu·rize** *vi* entkohlen

de·car·tel·i·za·tion [di:ˌkɑ:təlaɪˈzeɪʃn] *s Wirtsch* Dekartellisation *f*, Entflechtung *f* (von Kartellen)

dec·a·syl·la·ble [ˈdekəsɪləbl] **1.** *adj* zehnsilbig | *Metr* aus zehnsilbigen Versen bestehend; **2.** *s Metr* Zehnsilbler *m*

de·cath|lete [dɪˈkæθˌli:t] *s Sport* Zehnkämpfer *m*; **~lon** [dɪˈkæθlɒn] *s Sport* Zehnkampf *m*

dec·a·tize [ˈdekətaɪz] *vt* (Stoff) dekatieren, krümpen, den Preßglanz nehmen

de|cay [dɪˈkeɪ] **1.** *vi* verfallen, in Verfall geraten | verfaulen, verwesen | (an Zahl, Umfang, Stärke) abnehmen, sinken | schwach werden | (Zahn) schlecht werden | *Phys* zerfallen; *vt* den Verfall verursachen von | (Zahn) zerstören; **2.** *s* Verfall *m*, Niedergang *m*, Ruin *m* ⟨to fall / go into ≈ in Verfall geraten⟩ | Baufälligkeit *f* ⟨to be in ≈ baufällig sein⟩ | Verfaulen *n*, Verwesung *f* | Abnahme *f*, Rückgang *m* | *übertr* Verblühen *n* | (Kräfte-) Schwund *m* | (Zahn-) Fäule *f*, Schlechtwerden *n* | *Phys* Zerfall *m* | *Geol* Verwitterung *f*; **~'cayed** *adj* verfallen ⟨≈ with age altersschwach⟩ | vermodert, morsch | *übertr* verblüht, verwelkt | heruntergekommen | (Zahn) schlecht, kariös | *Phys* zerfallen | *Geol* verwittert

de|cease [dɪˈsi:s] *förml Jur* **1.** *vi* sterben; **2.** *s* Tod *m*, Ableben *n* ⟨upon s.o.'s ≈ nach jmds. Ableben⟩; **~'ceased 1.** *adj* (*bes* jüngst) verstorben, gestorben; **2.** *s*, **the ~'ceased** der (die) (*bes* eben erst) Verstorbene(n) *m(pl)*

de·ce·dent [dɪˈsi:dənt] *Am Jur* **1.** *s* Verstorbene(r), *f(m)* Erblasser(in) *m(f)* ⟨~ estate Nachlaß *m*⟩; **2.** *adj* nachgelassen, hinterlassen

de·ceit [dɪˈsi:t] *s* Täuschung *f*, Betrug *m*, Betrügerei *f*, Lüge *f* ⟨wilful ~ arglistige Täuschung⟩ | Falschheit *f*, List *f*, Tücke *f* | Ränke *pl*; **deˈceit·ful** *adj* (Handlung u. ä.) betrügerisch ⟨≈ words; ≈ acting⟩ | (Person) tückisch, falsch, hinterlistig, ränkevoll

de·ceiv·a·bil·i·ty [dɪˌsi:vəˈbɪlətɪ] *s* Betrügbarkeit *f*, Täuschbarkeit *f*; **deˈceiv·a·ble** *adj* betrügbar, täuschbar; **deˈceive** [dɪˈsi:v] *vt* betrügen | täuschen, irreführen ⟨to be ≈d by s.o. sich durch jmdn. täuschen lassen; to be ≈d in s.o. sich in jmdm. täuschen; to ≈ s.o. into the belief that / into believing that jmdn. absichtlich in dem falschen Glauben wiegen; to ≈ o.s. sich selbst täuschen⟩; *vi* betrügen, täuschen

de·cel·er|ate [ˌdi:ˈseləreɪt] *vt* verzögern, verlangsamen | die Geschwindigkeit herabsetzen von; *vi* sich verlangsamen |

die Geschwindigkeit verringern, langsamer fahren; **~a·tion** [ˌdiseləˈreɪʃn] *s* Verzögerung *f*, Verlangsamung *f* | Geschwindigkeitsabnahme *f* | Herabsetzung *f* der Geschwindigkeit, Bremsung *f*; **~ˈa·tion ˌpar·a·chute** *s* Bremsfallschirm *m*

decem- [di:sem] ⟨*lat*⟩ *in Zus* zehn-

De·cem·ber [dɪˈsembə] *s* Dezember *m* ⟨in ~ im Dezember⟩

de·cen|cies [di:snsɪz] *s/pl* (*mit best art*) *selten* gute Sitten *f/pl*, Etikette *f* ⟨to observe the ≈ die Normen des Anstandes einhalten⟩; **ˈ~cy** *s* Anstand *m*, Schicklichkeit *f* ⟨an offence against ≈ Verletzung des Anstandes; to have the ≈ to do s.th. den Anstand haben, etw. zu tun⟩ | (Wohl-) Anständigkeit *f*, Sittsamkeit *f*

de·cen·ni|a [dɪˈsenɪə] *pl* von ↑ **~um**

de·cen·ni|al [dɪˈsenɪəl] **1.** *adj* zehnjährig | zehnjährlich; **2.** *s Am* Zehnjahrfeier *f*; **~um** [~əm] *s* (*pl* **deˈcen·ni·ums**, **~a** [~ə]) Dezennium *n*, Jahrzehnt *n*

de·cent [ˈdi:snt] *adj* anständig, geeignet, korrekt ⟨~ clothes⟩ | schicklich, dezent, gesittet ⟨~ language⟩ (*Ant* indecent) | bescheiden | *umg* anständig, nett, gehörig ⟨a very ~ fellow *umg* ein sehr netter Kerl; quite a ~ dinner ein recht anständiges Essen⟩

de·cen·tral·i·za·tion [ˌdi:ˌsentrəlaɪˈzeɪʃn] *s* Dezentralisierung *f*; **ˌdeˈcen·tral·ize** *vt* dezentralisieren

de·cep|tion [dɪˈsepʃn] *s* Täuschung *f*, Betrug *m*, Irreführung *f* ⟨to practice ≈ on s.o. jmdn. hinters Licht führen⟩ | *auch* **de·ceit** [dɪˈsi:t] List *f*, Trick *m*, Kniff *m* | Wahnvorstellung *f*, (Sinnes-) Täuschung *f*; **~tious** [~ʃəs], **deˈcep·tive** *adj* täuschend, irreführend, Trug- ⟨to be ≈ täuschen⟩

deci- [desɪ] ⟨*lat*⟩ *in Zus* Dezi-, Zehntel-

dec·i·bel [ˈdesɪbel] *s Phys* Dezibel *n*

de|cid·a·ble [dɪˈsaɪdəbl] *adj* entscheidbar, zu entscheiden(d); **~ˈcide** *vt* entscheiden ⟨to ≈ the question⟩ | bestimmen | veranlassen, bringen (**s.o. to** *mit inf* jmdn. [da]zu *mit inf*) | einsehen, zu dem Schluß kommen (**that** daß); *vi* sich entscheiden, sich entschließen (**against, between, in favour of, on s.th.** gegen, zwischen, zu Gunsten von, für etw.; **to** *mit inf*, **on** *mit ger* zu *mit inf*; **against** *mit ger*, **not to** *mit inf* nicht zu *mit inf*) | den Ausschlag geben; **~ˈcid·ed** *adj* entschieden, eindeutig, klar ⟨a ≈ difference⟩ | bestimmt, fest, entschlossen ⟨a ≈ opinion eine feste Meinung; to be [quite] ≈ about s.th. sich zu etw. (fest) entschlossen haben, von etw. nicht abgehen⟩; **~ˈcid·ed·ly** *adv* entschieden, zweifellos ⟨≈ angry ausgesprochen verärgert⟩ | sicher, bestimmt ⟨to speak ≈ mit Bestimmtheit sprechen⟩

de·cid·u·ous [dɪˈsɪdjuəs] *adj Bot, Zool* (Laub, Geweih) (jedes Jahr) abfallend ⟨~ leaves; ~ antlers; ~ tooth Milchzahn *m*; ~ tree Laubbaum *m*; ~ dentition Milchgebiß *n*⟩ | *übertr* vergänglich, vorübergehend

dec·i|gram[me] [ˈdesɪgræm] *s* Dezigramm *n*; **ˈ~li·tre**, *Am* **ˈ~li·ter** *s* Deziliter *n*

dec·i·mal [ˈdesɪml] **1.** *adj* dezimal, Dezimal-; **2.** *s* Dezimalzahl *f* | Dezimalstelle *f* | *auch* **ˌ~ ˈfrac·tion** *s* Dezimalbruch *m*; **ˈ~ism** *s* Dezimalsystem *n*; **ˈ~ize** *vt* auf das Dezimalsystem zurückführen; **ˌ~ ˈmeas·ure** *s* Dezimalmaß *n*; **ˌ~ ˈplace** *s* Dezimalstelle *f*; **ˌ~ ˈpoint** *s* Dezimalstrich *m*, Komma *n*; **ˌ~ ˈsys·tem** *s* Dezimalsystem *n*; **ˌ~ ˈweigh·ing maˌchine** *s* Dezimalwaage *f*

dec·i·mate [ˈdesɪmeɪt] *vt* dezimieren, töten, vernichten | Verheerung anrichten unter ⟨a population ~d by disease eine durch Krankheiten dezimierte Bevölkerung⟩ | den zehnten Teil nehmen von; **ˌdec·iˈma·tion** *s* Dezimierung *f*

dec·i|me·tre, *Am* **~me·ter** [ˈdesɪmi:tə] *s* Dezimeter *n*

de·ci·pher [dɪˈsaɪfə] **1.** *vt* (Text) dechiffrieren, entschlüsseln | *übertr* entziffern, enträtseln; **2.** *s* Dechiffrierung *f*, Entzifferung *f* (*auch übertr*); **deˈci·pher·a·ble** *adj* entzifferbar;

deˈci·pher·ment *s* Dechiffrierung *f*, Entzifferung *f* (*auch übertr*)

de·ci|sion [dɪˈsɪʒn] *s* Entscheidung *f* (**over** über) ⟨to arrive at / come to / reach / make a ≈ eine Entscheidung treffen⟩ | *Jur* Urteil *n*, Entscheidung *f* | Entschluß *m* (**to** *mit inf* zu *mit inf*) ⟨a great ≈⟩ | Entschlossenheit *f*, Entschlußkraft *f* ⟨to lack ≈ sich nicht entscheiden können, unentschlossen sein⟩; **ˈ~sion ˌmak·ing** *s* Entscheidungsfindung *f*; **ˈ~sion tree** *s* Entscheidungsdiagramm *n*; **~sive** [dɪˈsaɪsɪv] *adj* entscheidend, Entscheidungs- ⟨a ≈ battle⟩ | ausschlag-, maßgebend (**to** für) ⟨to be ≈ in maßgebend sein bei *od* in; to be ≈ of entscheiden⟩ | entschlossen, entschieden, fest ⟨a ≈ answer eine unmißverständliche Antwort⟩ | eindeutig ⟨a ≈ advantage⟩

deck [dek] **1.** *s Mar* (Ver-) Deck *n* ⟨on ~ auf Deck; below ~ unter Deck; all hands on ~! alle Mann an Deck!; to clear the ~s das Schiff klar zum Gefecht machen; *übertr* sich fertig machen, sich ernsthaft vorbereiten⟩ | (Bus) Stock(werk) *m*(*n*), Plattform *f* ⟨the top ~ das obere Stockwerk⟩ | *Am* Waggondach *n* | *bes Am Kart* Spiel *n*, Pack *n* ⟨a ~ of cards⟩ | *Flugw Sl* (Erd-) Boden *m* | *Tech* Deck *n* ⟨cassette ~⟩; **2.** *vt, auch* **~ out** (aus)schmücken, zieren, vornehm kleiden ⟨to be ~ed out in one's finest clothes aufs feinste gekleidet sein⟩ | *bes* **~ with** schmücken ⟨streets ~ed with flags fahnengeschmückte Straßen⟩ | *Mar* mit einem Deck versehen | *Kart* ablegen **ˈ~ beam** *s Mar* Deckbalken *m*; **ˈ~ ˌcabin** *s Mar* Deckkabine *f*; **ˈ~ chair** *s* Liegestuhl *m*, Deckstuhl *m*; **ˈ~er** *in Zus* -decker *m* ⟨double-~ Doppelstockbus *m*⟩; **ˈ~hand** *s Mar* gemeiner Matrose, Hilfsmatrose *m*

deck·le [ˈdekl] *s* (Papierherstellung) Schöpfrahmen *m*; **ˈ~ ˈedge** *s* (Papier) Büttenrand *m*; **ˌ~ ˈedged** *adj* mit Büttenrand, rauhkantig | (Buch) unbeschnitten

deck| log [ˈdek lɒg] *s Mar* Logbuch *n*; **ˈ~ of·fi·cer** *s Mar* Deckoffizier *m*; **ˈ~ ˌpas·sage** *s Mar* Deckpassage *f*, Reise *f* (ohne Kabine); **ˈ~ ˌpas·sen·ger** *s Mar* Deckpassagier *m*; **ˈ~ plank** *s Mar* Deck[s]planke *f*; **ˈ~ roof** *s Arch* flaches Dach (ohne Brüstung)

de·claim [dɪˈkleɪm] *vi, oft verächtl* deklamieren | öffentlich reden (**on** über) | eifern, losziehen, wettern (**against** gegen) | hochtrabend reden, Phrasen dreschen (**about** über); *vt* deklamieren, vortragen ⟨to ~ a quotation ein Zitat hersagen⟩; **deˈclaim·er** *s* Deklamator *m* | öffentlicher Redner | Phrasendrescher *m*; **dec·la·ma·tion** [ˌdekləˈmeɪʃn] *s, auch verächtl* Deklamation *f* | öffentlicher Vortrag, öffentliche Rede | schwungvolle Rede | Phrasendrescherei *f* | *Mus* Deklamation *f*; **de·clam·a·to·ry** [dɪˈklæmətərɪ] *adj* deklamatorisch, rednerisch, Rede- | bombastisch ⟨a ≈ style⟩

de·clar·a·ble [dɪˈklɛərəbl] *adj* steuer-, zollpflichtig; **dec·la·ra·tion** [ˌdekləˈreɪʃn] *s* Erklärung *f*, Aussage *f* ⟨≈ of war Kriegserklärung *f*, to make a ≈ eine Erklärung abgeben⟩ | Manifest *n* | (feierliche) Erklärung, Proklamierung *f* ⟨≈ of Independence *Am* Unabhängigkeitserklärung *f* vom 4. 7. 1776⟩ | *Wirtsch* Zollerklärung *f* ⟨to make a ≈ Waren deklarieren *od* verzollen⟩ | *Wirtsch* Steuererklärung *f* ⟨≈ of income Einkommensteuererklärung *f*⟩ | *Jur* Klageschrift *f* | *Kart* (Bridge) Ansage *f* | (Pferdesport) Zurückziehung *f* (eines genannten Pferdes); **de·clar·a·tive** [dɪˈklærətɪv] *adj* Erklärungs- ⟨to be ≈ of erklären⟩ | *Ling* Aussage- ⟨≈ sentence⟩; **de·clar·a·to·ry** [dɪˈklærətərɪ] *adj* erklärend, erläuternd ⟨to be ≈ of erläutern⟩ | *Jur* deklaratorisch, feststellend, Feststellungs-; **de·clare** [dɪˈklɛə] *vt* erklären, verkünden ⟨to ≈ o.s. to be innocent sich für unschuldig erklären; to ≈ s.th. open etw. für eröffnet erklären⟩ | proklamieren, verkünden ⟨to ≈ war against / on den Krieg erklären *mit* *dat*; to ≈ the results of an election die Wahlergebnisse bekanntgeben〉 | kundtun, aussagen, bekanntmachen (**that** daß) | *Wirtsch* deklarieren, verzollen 〈have you anything to ≈? haben Sie etwas zu verzollen?〉 | *Wirtsch* für die (Einkommen-) Steuer angeben | *Kart* (als Trumpf) ansagen | (Kricket) (Spiel) vorzeitig für beendet erklären | (Pferderennen) (Pferd) zurückziehen | ≈ **o.s.** *vr* sich erklären, seine Meinung offenbaren | seinen wahren Charakter zeigen, sich im wahren Licht zeigen | seine Liebe gestehen, eine Liebeserklärung machen | einer politischen Partei beitreten; *vi* eine Erklärung abgeben | sich erklären, sich entscheiden (**for** für, **against** gegen) | *Kart* (Trumpf) ansagen | (Kricket) ein Spiel vorzeitig abbrechen ◇ **(well,) I declare** ich muß (schon) sagen; aber, aber!; **declare off** absagen, zurücktreten (**from** von); **de·clared** [dɪˈklɛəd] *adj* offen, offen erklärt, zugegeben 〈a ≈ enemy ein erklärter Feind; ≈ objectives offen eingestandene Ziele *n/pl*; a ≈ supporter ein offener Befürworter〉

de·class [diːˈklɑːs] *vt* deklassieren, ausstoßen; **de·clas·sé[e]** [deklɑːˈseɪ] **1.** *adj* deklassiert; **2.** *s* Deklassierte(r) *f(m)*; **~i·fi·ca·tion** [ˌdiːˌklæsɪfɪˈkeɪʃn] *s* Deklassierung *f*

de·clas·si·fy [ˌdiːˈklæsɪfaɪ] *vt, urspr Am* (geheime Dokumente u. ä.) freigeben, die Geheimhaltungsstufe aufheben von 〈to ~ information〉

de·clen·sion [dɪˈklenʃn] *s* Neigung *f* | Abhang *m* | Abweichung *f* (**from** von) | Verfall *m* | *Ling* Deklination *f*, Deklinationsklasse *f*

de|clin·a·ble [dɪˈklaɪnəbl] *adj Ling* deklinierbar; **dec·li·na·tion** [ˌdeklɪˈneɪʃn] *s* Neigung *f*, Abschüssigkeit *f* | Abweichung *f* (*auch übertr*) | *übertr* Niedergang *m* | (höfliche) Ablehnung *f* | *Astr*, *Phys* Deklination; **~clin·a·to·ry** [dɪˈklaɪnətərɪ] *adj* abweichend | ablehnend; **~cline** [dɪˈklaɪn] **1.** *vi* sich neigen, sich senken, abfallen | abweichen (**from** von) | verfallen, abnehmen 〈~clining health〉 | sich verschlechtern, zurückgehen 〈business ≈s〉 | (Sonne) untergehen | zur Neige gehen 〈the day ≈s〉 | (Preise) sinken, fallen; *vt* ausschlagen, verweigern 〈to ≈ an invitation eine Einladung nicht annehmen〉 | abweisen, ablehnen 〈to ≈ with thanks dankend ablehnen; to ≈ *mit ger*, *inf* ablehnen zu *mit inf*〉 | ausweichen | *Ling* deklinieren, beugen; **2.** *s* Neigung *f*, Senkung *f* | Niedergang *m*, Verfall *m* 〈the ≈ of the Roman Empire der Niedergang des römischen Weltreichs〉 | Neige *f* 〈to be on the ≈ zur Neige *od* zurückgehen〉 | Verschlechterung *f*, Abnahme *f* 〈≈ in/of strength Nachlassen *n* der Kräfte〉 | (Preis-) Sturz *m*, Fallen *n* 〈a ≈ in prices〉 | *Med* Auszehrung *f*, Schwindsucht *f* 〈to fall into a ≈ Schwindsucht bekommen〉 | *Astr* Untergang *m*

de·cliv·i·tous [dɪˈklɪvɪtəs] *adj* geneigt, abschüssig, steil; **deˈcliv·i·ty** *s* geneigte Stellung *od* Lage, Abschüssigkeit *f* | Abhang *m*; **de·cli·vous** [dɪˈklaɪvəs] *adj* geneigt, abschüssig

de·clutch [ˌdiːˈklʌtʃ] *vi, vt Tech* auskuppeln, -rücken, entkuppeln

de|coct [dɪˈkɒkt] *vt* auskochen, absieden; **~coc·tion** [~ˈkɒkʃn] *s* Auskochen *n* | Abkochung *f*, Absud *m*

de|code [ˌdiːˈkəʊd] *vi, vt* dechiffrieren, entschlüsseln; **ˌ~ˈcod·er** *s* Entschlüßler *m*, Dekodierer *m*

dé·col·le|tage [ˌdeɪkɒlˈtɑːʒ] *s* Dekolleté *n* | dekolletiertes Kleid; **~té** [deɪˈkɒlteɪ] *adj* (Kleid) dekolletiert, (tief) ausgeschnitten | (Frau) dekolletiert

de·col·o·nize [ˌdɪːˈkɒlənaɪz] *vt* entkolonialisieren, (einer ehemaligen Kolonie) die politische Unabhängigkeit geben

de·col·our [ˌdiːˈkʌlə] *vt* entfärben, bleichen; **ˌdeˈcol·our·ant** **1.** *adj* entfärbend, bleichend; **2.** *s* Bleichmittel *n* | Entfärber *m*; **ˌdeˈcol·our·ate** *vt* entfärben | bleichen; **de·col·ourˈa·tion, deˌcol·our·iˈza·tion** *s* Entfärbung *f*, Bleichung *f*; **ˌdeˈcol·our·ize** *vt* entfärben, bleichen

de·com|pos·a·bil·i·ty [ˌdiːkəmˌpəʊzəˈbɪlətɪ] *s* Zerleg-, Zersetzbarkeit *f*; **ˌ~ˈpos·a·ble** *adj* zerlegbar, zersetzbar; **ˌ~ˈpose** *vt* zerlegen 〈to ≈ light Licht in seine Bestandteile zerlegen〉 | *übertr* analysieren, entwirren 〈to ~ the motives die Beweggründe erforschen〉 | zersetzen, der Verwesung aussetzen; *vi* sich zersetzen, verwesen | zerfallen (**into** in); **ˌ~ˈposed** *adj* verwest | verdorben 〈≈ food〉 | zerfallen; **~pos·ite** [diːˈkɒmpəzɪt] **1.** *adj* doppelt, mehrfach zusammengesetzt; **2.** *s* (etw.) mehrfach Zusammengesetztes | *Ling* mit einem Kompositum zusammengesetztes Wort; **~po·si·tion** [ˌdiːˌkɒmpəˈzɪʃn] *s* Zersetzung *f*, Fäulnis *f*, Verwesung *f* | *Phys*, *Chem* Abbau *m*, Zerfall *m* 〈≈ product Zerfallsprodukt *n*〉 | *Geol* Verwitterung *f*; **~pound** [~ˈpaʊnd] **1.** *vt* zerlegen | doppelt *od* mehrfach zusammensetzen; **2.** *adj* doppelt *od* mehrfach zusammengesetzt; **3.** *s* = **~pos·ite**

de·com|press [ˌdiːkəmˈpres] *vt Tech* den Druck wegnehmen; **ˌ~ˈpres·sion** *s Tech* Kompressionsverminderung *f*

de·con·tam·i·nate [ˌdiːkənˈtæmɪneɪt] *vt* entgiften, entseuchen | *Am euphem* geheimes *od* belastendes Material entfernen aus 〈to ~ documents〉; **ˌde·conˌtam·iˈna·tion** *s* Entgiftung *f*, Entseuchung *f*, Entgasung *f* 〈≈ agent Entgiftungsmittel *n*〉

de·con|trol [ˌdiːkənˈtrəʊl] **1.** (**ˌ~ˈtrolled, ˌ~ˈtrolled**) *vt* (Waren) freigeben, aus der Bewirtschaftung herausnehmen; *vi* die Kontrolle aufheben; **2.** *s* Aufhebung *f* der Zwangsbewirtschaftung

dé·cor [ˈdeɪkɔː] *s* Dekor *m*, Schmuck *m*, Verzierung *f* | *Theat* Ausstattung *f*; **dec·o·rate** [ˈdekəreɪt] *vt* (jmdn.) dekorieren, auszeichnen (**with** mit) 〈to ≈ s.o. for bravery jmdn. für Tapferkeit auszeichnen〉 | (aus)schmücken, verzieren (**with** mit) | renovieren 〈to ≈ a room〉; *vi* dekorieren; **ˈDec·o·rat·ed style** *s Arch* englische Hochgotik; **ˈdec·o·rat·ing art** *s* (Kunst) Ornamentik *f*; **ˌdec·oˈra·tion** *s* Dekoration *f*, Schmuck *m*, Verzierung *f* 〈Christmas ≈s Weihnachtsschmuck *m*〉 | Auszeichnung *f* | Orden *m*, Ehrenzeichen *n*; **dec·o·ra·tive** [ˈdekr̥ətɪv] *adj* dekorativ, schmückend, Schmuck-; **ˈdec·o·ra·tor** *s* Dekorateur *m* 〈window ≈ Schaufenstergestalter *m*〉 | Anstreicher und Tapezierer *m* 〈interior ≈ Wohnraumgestalter *m*〉 | Ornamentist *m*

dec·o·rous [ˈdekərəs] *adj* schicklich, anständig, geziemend

de·cor·ti·cate [dɪˈkɔːtɪkeɪt] *vt* entrinden, (ab)schälen | (Getreide) enthülsen | *Med* ausschälen; [dɪˈkɔːtɪkət] *adj* entrindet | schalenlos; **deˌcor·tiˈca·tion** *s* Entrindung *f*, (Ab-) Schälung *f* | Enthülsung *f* | *Med* Ausschälen *n*

de·co·rum [dɪˈkɔːrəm] *s* Dekorum *n*, Anstand *m*, Schicklichkeit *f* 〈to preserve ~ den Anstand wahren〉 | Etikette *f*; **deˈco·rums** *s/pl* Anstandsregeln *f/pl*, Feinheiten *f/pl* des guten Tons 〈to maintain one's ≈ streng auf den guten Ton bedacht sein〉

de·coy [ˈdɪkɔɪ] *s* Entenfalle *f* | Lockvogel *m* (*auch übertr*) | *Mil* Scheinanlage *f*, U-Boot-Falle *f*; [dɪˈkɔɪ] *vt* locken (**into** in), ködern | *übertr* verlocken, verleiten; *vi* in die Falle gehen; **ˈ~man** *s* (*pl* **ˈ~men**) Vogelsteller *m*

de·crease [dɪˈkriːs] *vi* sich verringern (**to** auf), sich vermindern, abnehmen (**in** an); *vt* verringern, vermindern, verkleinern; [ˈdiːkriːs] *s* Verringerung *f*, Verminderung *f*, Abnahme *f* (**in, of** an, von) 〈on the ~ im Abnehmen *od* Sinken begriffen〉

de·cree [dɪˈkriː] **1.** *s* Dekret *n*, Erlaß *m*, Verordnung *f*, Edikt *n* 〈to issue a ~ eine Verordnung erlassen; to rule by ~ durch Dekrete regieren〉 | *Jur* Urteil *n*, Entscheid *m* 〈~ absolute rechtskräftiges Urteil; a ~ of divorce (Ehe-) Scheidungsurteil *n*; a ~ in bankruptcy Konkursbescheid *m*〉 | *Rel* Ratschluß *m*, Bestimmung *f*; **2.** *vt* dekretieren, verordnen | *Jur* entscheiden, beschließen | *bes Am* gerichtlich anordnen (**that** daß) | *Rel* bestimmen; *vi* ein Dekret erlassen; ~ **ni·si** [ˌ~ 'naɪsaɪ] *s Jur Brit* vorläufiges Scheidungsurteil

dec·re·ment ['dekrɪmənt] **1.** *s* Verminderung *f,* Abnahme *f;* **2.** *vt* eine Verminderung anzeigen auf ⟨to ~ a bank card eine Kontoverringerung auf einer (elektronischen) Karte ausweisen⟩; **de·crem·e·ter** [dɪ'kremɪtə] *s El* Dämpfungsmesser *m*

de·crep|it [dɪ'krepɪt] *adj* altersschwach, hinfällig ⟨a ≈ horse ein alter Gaul⟩ | *übertr* klapprig, wurmstichig ⟨a ≈ chair⟩ | baufällig, verfallen ⟨≈ houses⟩; **~i·tude** [~ɪtju:d] *s* Altersschwäche *f,* Gebrechlichkeit *f,* Hinfälligkeit *f*

de|cre·scen·do [ˌdi:krɪ'ʃendəʊ] *Mus* **1.** *adj, adv* decrescendo, abnehmend; **2.** *s* Decrescendo *n,* Abnehmen *n;* **~cres·cent** [dɪ'kresnt] *adj* abnehmend ⟨≈ moon abnehmender Mond⟩

de·crim·i·nal·ize [di:'krɪmɪnḷaɪz] *vt Jur* straffrei machen, nicht mehr bestrafen *od* gesetzlich verfolgen ⟨to ~ the use of marijuana⟩

de·cruit [di:'kru:t] *vt Am Wirtsch* (Arbeiter, Angestellte) umsetzen

de·cry [dɪ'kraɪ] *vt* herabsetzen, in Verruf bringen, heruntermachen | (Münzen) für ungültig erklären

de·crypt [di:'krɪpt] *vt* dechiffrieren, entschlüsseln

dec·u·man ['dekjʊmən] *adj* (Wellen) riesig, ungeheuer ⟨a ~ wave⟩ | *Hist* zehnte(r, -s)

de·cum|bence [dɪ'kʌmbəns], *auch* **de'cum·ben·cy** *s* Liegen *n,* Lage *f;* **de'cum·bent** *adj* liegend, in liegender Stellung | *Bot* niederliegend | *Zool* (Haare u. ä.) anliegend

dec·u·ple ['dekjʊpl] **1.** *adj* zehnfach; **2.** *vt* verzehnfachen; **3.** *s* Zehnfaches *n*

de·cus|sate [dɪ'kʌseɪt] *vt* kreuzweise schneiden; *vi* sich kreuzweise schneiden; [dɪ'kʌsɪt] *adj* gekreuzt, kreuzweise | *Bot* dekussiert, kreuzständig; **~sa·tion** [ˌdi:kʌ'seɪʃn] *s* Kreuzung *f* | *Bot* Kreuzständigkeit *f*

ded·i|cate ['dedɪkeɪt] *vt* (ein)weihen ⟨to ≈ a new church⟩ | widmen ⟨to ≈ one's life to study⟩ | dedizieren, zueignen, widmen ⟨to ≈ a book to s.o.⟩ | *umg* feierlich eröffnen | *Jur* der Öffentlichkeit zur Verfügung stellen; **'~cat·ed** *adj* leidenschaftlich, hingebungsvoll ⟨≈ dancer⟩; **ˌ~'ca·tion** *s* Weihung *f* | Hingabe *f* | Zueignung *f,* Widmung *f* | *Jur* Überlassung *f* (zum allgemeinen Gebrauch); **'~ca·tive, ~ca·to·ri·al** [ˌdedɪkə'tɔ:rɪəl], **~ca·to·ry** ['~ˌkeɪtərɪ] *adj* widmend, Widmungs-

de|duce [dɪ'dju:s] *vt* ab-, herleiten (**from** von) ⟨to ≈ one's descent⟩ | *auch* ~ **the fact** folgern, schließen (**from** aus); **~ˌduc·i'bil·i·ty** *s* Ab-, Herleitbarkeit *f;* **~'duc·i·ble** *adj* ab-, herleitbar

de·duct [dɪ'dʌkt] *vt* (Steuer u. ä.) abziehen, absetzen, abrechnen (**from, out of** von); ⟨charges ~ed nach Abzug der Kosten; ~ing expenses abzüglich Unkosten⟩ | folgern, schließen (**from** aus); *vi* mindern, herabsetzen, sich nachteilig auswirken (**from** auf); ⟨to ~ from the value den Wert beeinträchtigen *od* mindern⟩; **de'duct·i·ble** *adj* abziehbar; **de·duc·tion** [dɪ'dʌkʃn] *s* Abziehen *n,* Abzug *m,* Abrechnung *f* (**from** von) ⟨≈s from pay Lohnabzüge *m/pl*⟩ | *Wirtsch* Rabatt *m* ⟨≈ from the price Preisnachlaß *m*⟩ | *Phil* Deduktion *f,* Folgerung *f,* Schlußfolgerung *f,* Schluß *m;* **de'duc·tive** *adj* ab-, herleitbar | deduktiv, Deduktions- | folgernd

deed [di:d] **1.** *s* Tat *f,* Handlung *f* ⟨to do a good ~ e-e gute Tat tun; in ~ and word in Wort und Tat⟩ | Heldentat *f* | Missetat *f* | *Jur* Urkunde *f,* Vertrag *m,* Dokument *n* ⟨~ of covenant Grundstücksurkunde *f;* ~ of donation Schenkungsurkunde *f*⟩ ◇ **in ~** in Wirklichkeit, in der Praxis; **in very ~** in der Tat, in Wahrheit; **2.** *vt Jur Am* urkundlich übertragen; **'~box** *s* Kassette *f;* **'~ poll** (*pl* **'~ polls** *od* **'~s poll**) *s Jur* einseitiges Rechtsgeschäft, nur von einer Partei ausgefertigte Urkunde

deem [di:m] *vi förml* denken ⟨to ~ well/highly of s.o. von jmdm. eine gute *od* hohe Meinung haben⟩ | (*nur in Parenthese*) glauben, meinen | *selten* hoffen; *vt* halten für, betrachten ⟨to ~ s.th. a joke etw. als einen Scherz ansehen; I ~ it right (my duty) to *mit inf* ich erachte es für richtig (für meine Pflicht) zu *mit inf*⟩ | glauben (**that** daß)

deep [di:p] **1.** *adj* tief ⟨~ water⟩ | tief hineingehend ⟨a ~ wound⟩ | tief, breit ⟨a ~ border ein breiter Rand; a ~-chested man ein Mann mit breiter Brust⟩ | tief gelegen, sich nach unten *od* innen *od* hinten erstreckend ⟨a hole two feet ~ ein zwei Fuß tiefes Loch; one's hands ~ in one's pockets die Hände tief in den Hosentaschen; a plot of land 100 feet ~ ein sich über 100 Fuß erstreckendes Landstück⟩ | tief, vollständig ⟨~ in peace in tiefem Frieden⟩ | tief, gründlich ⟨in a ~ sleep in tiefem Schlaf⟩ | tief, aus dem Innersten kommend ⟨a ~ sigh ein tiefer Seufzer⟩ | (Ton) tief ⟨in a ~ voice⟩ | (Farbe) dunkel ⟨a ~ blue⟩ | unergründlich, dunkel, geheimnisvoll ⟨a ~ secret⟩ | klug, weise ⟨~ plans⟩ | tief, innig ⟨~ affection⟩ | schwer, bitter ⟨~ sorrow⟩ | mächtig, stark ⟨~ influence⟩ | ganz konzentriert auf, ergriffen, vertieft ⟨~ in thought (study, a book)⟩ | tief (verwickelt), tief (steckend) ⟨to be ~ in debt tief in Schulden stecken; ~ in love über beide Ohren verliebt⟩ | gründlich, scharfsinnig, nicht oberflächlich ⟨a ~ thinker; a ~ insight⟩ | schlau ⟨a ~ one *Sl* ein schlauer Fuchs⟩ | *Psych* unbewußt | *Med* subkutan; **2.** *adv* tief ⟨~ into the night bis tief in die Nacht hinein; still waters run ~ *Sprichw* stille Wasser sind tief⟩ | stark ⟨to drink ~⟩; **3.** *s* Tiefe *f* ◇ **the ~** *s Poes* die See *f;* **'~ ˌcov·er** *s* sichere Tarnung, (strengste) Geheimhaltung ⟨to keep under ≈⟩; **'~-'draw·ing** *s Tech* Tiefziehen *n;* **'~en** *vt* vertiefen, tiefer machen | (Farbe) dunkler machen | (Gefühl) verstärken | *Tech* austiefen, ausschachten; *vi* sich vertiefen, tiefer werden | (Farbe) nachdunkeln | (Gefühl) sich vertiefen, stärker werden; **'~ ˌend** *s* (*mit best art*) *übertr* schwierigster Teil, dickes Ende ⟨thrown in at the ≈ in plötzlichen Schwierigkeiten, in größter Verlegenheit; to go off the ≈ *Sl* aus der Haut fahren⟩; **ˌ~ 'fat** *s* schwimmendes Fett; **'~-felt** *adj* tiefempfunden; **ˌ~ 'freeze** *s* Tiefkühltruhe *f* | *übertr* Wartezustand *m* ⟨to keep a bill in ≈ eine Gesetzesvorlage auf Eis legen⟩; **ˌ~-'freeze** *vt* tiefkühlen ⟨~-frozen fish Gefrierfisch *m*⟩ | *Parl* eine Gesetzesvorlage auf Eis legen; **'~ fry** *vt* in schwimmendem Fett backen; **ˌ~-'laid** *adj* verborgen | schlau (angelegt) ⟨≈ plans⟩; **ˌ~-'mined** *adj* (Kohle) Gruben- (*Ant* open-cast); **ˌ~-'read** *adj* sehr belesen; **ˌ~-'root·ed** *adj* tief verwurzelt | *übertr* eingefleischt; **'~-'sea** *s* Tiefsee *f* ⟨≈-fishing Hochseefischerei *f*⟩; **ˌ~-'set** *adj* tiefliegend ⟨≈ eyes⟩; **ˌ~-'seat·ed** *adj* fest-, tiefsitzend ⟨≈ illness⟩ | unerschütterlich, zu einer festen Gewohnheit geworden ⟨≈ traditions fest verwurzelte Traditionen⟩; **'~-ˌwa·ter** *adj* Tiefsee- | Hochsee-; **'~ 'wa·ters** *s übertr* schwieriger Abschnitt, Kompliziertheit *f* ⟨in ~ water[s] *übertr* in Schwierigkeiten, in großer Verlegenheit⟩

deer [dɪə] *s* (*pl* ~) *Zool* Hirsch *m* | *Zool* Dam- *od* Rotwild *n* | *umg* Reh *n* | ins Graue gehendes Gelbbraun; **'~hound** *s* Jagdhund *m;* **'~hunt** *s* Rotwildjagd *f;* **'~ park** *s* Wildpark *m;* **'~ pass** *s* Wildwechsel *m;* **'~skin** *s* Hirsch- *od* Rehleder *n;* **'~ ˌstalk·er** *s* Pirscher *m,* Pirschjäger *m* | *auch* **ˌ~ stalk·er 'hat** Jagdmütze *f;* **'~ ˌstalk·ing** *s* Rotwildpirsch *f;* **'~stand** *s* (Jagd) Hochsitz *m,* Anstand *m*

de-es·ca|late [ˌdi:'eskəleɪt] *vt Mil* deeskalieren, einschränken ⟨to ≈ the bombing⟩; *vi* Kriegshandlungen einschränken; **ˌ~'la·tion** *s* Deeskalierung *f;* **ˌ~'la·to·ry** *adj* Deeskalierungs-, auf Deeskalierung abzielend ⟨≈ move⟩

de·face [dɪ'feɪs] *vt* entstellen, verunstalten | ausstreichen, unleserlich machen | (Briefmarken) entwerten; **de'face·ment** *s* Entstellung *f*, Verunstaltung *f* | Ausstreichen *n*, Unleserlichmachen *n* | Entwertung *f*

de fac·to [ˌdeɪ 'fæktəʊ] ⟨*lat*⟩ *adj*, *adv* de facto, tatsächlich ⟨~ recognition De-facto-Anerkennung *f*⟩

de·fal|cate [dɪ'fælkeɪt] *förml vi* Unterschlagungen machen, Veruntreuungen begehen; *vt*, *selten* unterschlagen, veruntreuen; **~ca·tion** [ˌdi:fæl'keɪʃn] *s* Unterschlagung *f*, Veruntreuung *f* | (*oft pl*) unterschlagene Summe | *selten* Kürzung *f* | Versagen *n*, Nichterfüllung *f*

def·a·ma·tion [ˌdefə'meɪʃn] *s* Verleumdung *f*, Schmähung *f*, Beleidigung *f* ⟨~ of character Ehrabschneidung *f*⟩; **de·fam·a·to·ry** [dɪ'fæmətr̩ɪ] *adj* verleumderisch, schmähend, Schmäh- ⟨to be ≈ of s.o. jmdn. verleumden⟩; **de·fame** [dɪ'feɪm] *vt* verleumden, beleidigen; **de'fam·ing** *adj* verleumderisch

de·fault [dɪ'fɔ:lt] **1.** *s* Säumigkeit *f*, (Pflicht-) Versäumnis *n*, Unterlassung *f*, Verzug *m* ⟨to be in ~ in Verzug sein; in ~ whereof *Jur* widrigenfalls⟩ | *Wirtsch* Nichterfüllung *f*, Nichtzahlung *f* (**on a debt** e-r Schuld) ⟨on ~ of payment wegen Nichtzahlung⟩ | *Jur* Nichterscheinen *n* (vor Gericht) ⟨to be sentenced by/in ~ in Abwesenheit verurteilt werden; to make ~ nicht erscheinen⟩ | *Sport* Nichtantreten *n* ⟨to win a game by ~ e-n Wettkampf durch Nichtantreten des Gegners gewinnen⟩ | Mangel *m*, Fehler *m* ⟨in ~ of in Ermangelung von⟩; **2.** *vi* im Verzug sein, seinen Verpflichtungen nicht nachkommen ⟨to ~ on a contract vertragsbrüchig werden⟩ | *Jur* (vor Gericht) nicht erscheinen | *Sport* nicht antreten; *vt* nicht erfüllen, unterlassen | nicht bezahlen ⟨to ~ a loan eine Anleihe nicht zurückzahlen⟩ | *Jur* wegen Nichterscheinens verurteilen | *Sport* nicht antreten zu; **de'fault·er** *s* säumiger Mensch | Schuldner *m* | Zahlungsunfähiger *m* | *Jur* (vor Gericht) Nichterscheinende(r) *f*(*m*) | *Brit Mil* Delinquent *m*

de·fea·sance [dɪ'fi:zəns] *s Jur* Aufhebung *f*, Annullierung *f*, Nichtigkeitserklärung *f od* -klausel *f*; **de'fea·sanced** *adj Jur* aufhebbar, annullierbar; **deˌfea·si'bil·i·ty** *s* Aufhebbarkeit *f*, Annullierbarkeit *f*; **de'fea·si·ble** *adj* aufhebbar, annullierbar

de·feat [dɪ'fi:t] **1.** *s* Niederlage *f* ⟨to inflict a ~ on s.o. jmdm. eine Niederlage beibringen; to suffer ~ eine Niederlage erleiden⟩ | Niederwerfung *f* | Vereitelung *f* ⟨a ~ of s.o.'s plans⟩ | *Jur* Annullierung *f*; **2.** *vt* besiegen, niederschlagen ⟨to ~ an army⟩ | vereiteln, zunichte machen ⟨to ~ s.o.'s hopes⟩ | *Jur* annullieren; **de'feat·ism** *s* Defätismus *m*, Schwarzseherei *f*; **de'feat·ist 1.** *adj* defätistisch; **2.** *s* Defätist *m*, Miesmacher *m*

de·fea·ture [di:'fi:tʃə] *vt* unkenntlich machen, entstellen

def·e|cate ['defɪkeɪt] *förml vt* (Flüssigkeit) läutern, abklären, reinigen (**of** von) (*auch übertr*) | ausscheiden | *Tech* (Zukkerflüssigkeit) scheiden; *vi* (Darm) entleeren, ausleeren; **~ca·tion** [ˌdefə'keɪʃn] *s* Reinigung *f*, Klärung *f* | Abwässerreinigung *f* | Darmentleerung *f*; **ˌ~'ca·tor** *s* Kläranlage *f*

de|fect ['di:fekt|dɪ'fekt] *s* Defekt *m*, Fehler *m*, Mangel *m* ⟨≈ of form Formfehler *m*⟩ | Schwäche *f*, Gebrechen *n* ⟨≈ of memory Gedächtnisschwäche *f*; hearing ≈ Hörfehler *m*⟩; [dɪ'fekt] *vi* abfallen (**from** von) | treulos werden | fliehen (**to** nach); **~fec·tion** [dɪ'fekʃn] *s* Abfall *m* (**from** von) ⟨≈ from a party Austritt *m* aus e-r Partei⟩ | Treubruch *m* | Flucht *f* (**to** nach) | Versagen *n* | Mangel *m*; **~'fec·tive 1.** *adj* defekt, beschädigt, fehlerhaft, mangelhaft ⟨to be ≈ in mangeln an⟩ | *Ling* defektiv, unvollständig ⟨a ≈ verb⟩ | schwächlich, gebrechlich ⟨mentally ≈ geistesschwach⟩; **2.** *s* etwas Schadhaftes *od* Fehlerhaftes *n* | Gebrechlicher *m*; **ˌ~'o·lo·gy** *s Med* Defektologie *f*, Behindertenforschung *f*

de·fence [dɪ'fens] *s* Schutz *m*, Verteidigung *f* ⟨a ~ against the cold ein Schutz vor Kälte; national ~ Landesverteidigung *f*; weapons of offence and ~ Angriffs- und Verteidigungswaffen *f/pl*; in ~ of zum Schutze von; in ~ of life in Notwehr; to make a good ~ eine gute Verteidigung abgeben⟩ | *Jur* Einwand *m*, Einrede *f* | *Jur collect* Verteidigung *f* ⟨to conduct one's own ~ sich selbst verteidigen; counsel for the ~ *Jur* Verteidiger *m*; to make a good ~ sich gut verteidigen; in one's own ~ zu seiner Rechtfertigung⟩ | *Mil* Verteidigungsanlage(n) *f*(*pl*) ⟨coastal ~ Küstenschutz *m*⟩ | *Sport* Verteidigung *f*; **de'fence·less** *adj* schutzlos | hilflos | unbefestigt; **ˌ~ 'coun·sel** *s Jur* Verteidiger *m*

de·fend [dɪ'fend] *vt* verteidigen (**against** gegen) | schützen (**from** vor) | *Jur* (jmdn.) verteidigen | *Jur* (Klage) anfechten | *selten* verbieten, untersagen; *vi* sich verteidigen; **de'fend·a·ble** *adj* verteidigungsfähig; **de'fend·ant** *s Jur* Angeklagter *m*, Beklagter *m* (*Ant* plaintiff); **de'fend·er** *s* Verteidiger *m*, Beschützer *m* ⟨≈ of the Faith Verteidiger *m* des Glaubens⟩

de·fen·es·tra·tion [di:ˌfenɪ'streɪʃn] *s* Fenstersturz *m*

de·fense [dɪ'fens] *Am* = **defence**

de·fen·si·bil·i·ty [dɪˌfensə'bɪlətɪ] *s* Verteidigungsfähigkeit *f*; **de'fen·si·ble** *adj* verteidigungsfähig, haltbar, zu verteidigen[d]; **de'fen·sive 1.** *adj* defensiv, schützend, Verteidigungs-, Schutz-, Abwehr- ⟨≈ measures Schutz- *od* Verteidigungsmaßnahmen *f/pl*⟩ (*Ant* offensive) | *verächtl* (Sprache, Verhalten) entschuldigend, abwehrend ⟨to be ≈ about sich getroffen fühlen wegen⟩; **2.** *s* Defensive *f*, Verteidigung *f* ⟨to be/stand on the ≈ sich in der Defensive befinden *od* halten⟩; **de'fen·sive post** *s Mil* Widerstandsnest *n*; **de'fen·sive ˌsys·tem** *s Mil* Verteidigungssystem *n*; **de'fen·sive war** *s* Defensiv- *od* Verteidigungskrieg *m*

¹de|fer [dɪ'fɜ:] (**~'ferred**, **~'ferred**) *vt* auf-, verschieben (*mit ger* zu *mit inf*) ⟨to ≈ action; to ≈ military service⟩ | zögern (*mit inf*, *ger* zu *mit inf*) | *Am* (jmdn.) vom Militär(dienst) zurückstellen; *vi* zögern

²de|fer [dɪ'fɜ:] (**~'ferred**, **~'ferred**) *vt* anbieten, abtreten ⟨to ≈ one's job to s.o. seine Aufgabe e-m anderen übertragen⟩ | verweisen (**to** an); *vi* nachgeben (**to s.o.** jmdm.) ⟨to ≈ to s.o.'s opinions sich der Meinung e-s anderen fügen⟩, sich beugen (**to** vor); **def·er·ence** ['defr̩əns] *s* Ehrerbietung *f*, Achtung *f*, Rücksicht *f* (**to** vor) ⟨in ≈ to aus Achtung vor, mit Rücksicht auf; out of ≈ to s.o. aus Rücksicht gegen jmdn.; with all due ≈ to s.o. bei aller Hochachtung vor jmdm.; to pay/show ≈ to s.o. jmdm. Achtung entgegenbringen⟩ | Nachgiebigkeit *f* (**to s.o.** gegen jmdn.) ⟨to treat s.o. with ≈ jmdn. mit Nachsicht *od* nachsichtig behandeln⟩

def·er·ent ['defərənt] *adj* ableitend, Ableitungs-, (hin)ausführend, deferent (*auch Med*) ⟨~ arteries⟩ | *Anat* Samenleiter-

def·er|en·tial [ˌdefə'renʃl], *auch* **'~ent** ['defərənt] *adj* ehrerbietig, respektvoll ⟨with ≈ attention mit respektvoller Aufmerksamkeit⟩ | rücksichtsvoll

de·fer·ment [dɪ'fɜ:mənt] *s* Aufschub *m* | Verzögerung *f* | *Am* Zurückstellung *f* (vom Militär); **de'fer·[r]a·ble** *adj* aufschiebbar | *Am* zurückstellbar (vom Militär); **de'ferred** *adj* hinausgeschoben, ausgesetzt ⟨a ≈ telegramme ein (verbilligtes) Telegramm, das später ausgegeben wird; ≈ payment, payment on ≈ terms *Wirtsch* Ratenzahlung *f*⟩

de·fi·ance [dɪ'faɪəns] *s* Herausforderung *f* | Trotz *m* ⟨in ~ of trotz, ungeachtet; in ~ of s.o. jmdm. zum Trotz; to bid ~ to Trotz bieten, zum Kampf stellen, herausfordern; to set s.o. (s.th.) at ~ jmdn. (etw.) mißachten, herausfordern⟩; **de'fi·ant** *adj* herausfordernd | trotzig

de·fi|cien·cy [dɪ'fɪʃnsɪ] *s* Unzulänglichkeit *f*, Unvollkommenheit *f*, Schwäche *f* | Mangel *m*, Fehlen *n* ⟨≈ of blood

Blutarmut *f*; ≈ of food Mangel *m* an Nahrung⟩ | Fehler *m*, schwache Stelle ⟨the ~ciencies in his plan die Mängel *f/pl* seines Plans; the ~ciencies of nature die Fehler *f/pl* der Natur⟩ | Manko *n*, Fehlbetrag *m*, Defizit *n* ⟨a ≈ of £3; a ≈ in weight Gewichtsmanko *n*⟩ | *Psych* Schwachsinn *m*; **'~cien·cy dis,ease** *s Med* Mangelkrankheit *f*; Avitaminose *f*; **'~cien·cy goods** *s/pl* Mangelware(n) *f/pl*; **de'fi·cient 1.** *adj* mangelhaft, unzulänglich, unzureichend ⟨to be ≈ in Mangel haben an; he is ≈ in courage ihm (er)mangelt es an Mut; mentally ≈ geistesschwach⟩; **2.** *s Psych* Schwachsinniger *m*

def·i·cit ['defəsɪt] *s* Defizit *n*, Ausfall *m*, Unterbilanz *f* ⟨~ in/of rain Regenmangel *m*⟩ | Defizit *n*, Fehlbetrag *m* | Nachteil *m* ⟨in spite of a ~ of fewer runs trotz des Nachteils von weniger Läufen⟩

def·i·lade [ˌdefɪ'leɪd] *Mil* **1.** *vt* defilieren, (gegen Feuer) tarnen; **2.** *s* Defilement *n*, Tarnung *f* | Tarnen *n*

[1]**de·file** ['di:faɪl] **1.** *s* Engpaß *m*, Hohlweg *m* | *Mil* Defilieren *n*; **2.** *vi* defilieren, vorbeimarschieren; *vt* defilieren lassen, vorbeimarschieren lassen

[2]**de·file** [dɪ'faɪl] *vt* verunreinigen, beschmutzen (*auch übertr*) ⟨rivers defiled by waste durch Abfälle verunreinigte Flüsse *m/pl*; to ~ one's mind moralisch verdorben werden⟩ | besudeln | *Rel* entweihen | *arch* (Frau) schänden, entehren; **de'file·ment** *s* Verunreinigung *f*, Beschmutzung *f* (*auch übertr*) | Besudelung *f* | *Rel* Entweihung *f* | *arch* Schändung *f*, Entehrung *f* (e-r Frau)

de·fin·a·bil·i·ty [dɪˌfaɪnə'bɪlətɪ] *s* Definierbarkeit *f*, Erklärbarkeit *f*; **de'fin·a·ble** *adj* definierbar, erklärbar, genau bestimmbar; **de'fine** *vt* definieren, erklären, die Bedeutung angeben ⟨to ≈ a word⟩ | erläutern ⟨to ≈ s.o.'s duties jmdm. seine Aufgaben erläutern⟩ | kennzeichnen (**as** als) | festlegen, umreißen ⟨≈d by law gesetzlich klar umrissen⟩ | ab-, um-, begrenzen ⟨to be ≈d against, to ≈ o.s. against sich deutlich abheben von⟩; *vi* definieren; **def·i·nite** ['defənɪt] *adj* bestimmt, präzise, eindeutig ⟨a ≈ answer; a ≈ idea⟩ | deutlich, klar, unmißverständlich ⟨a ≈ policy⟩ | (genau) festgelegt, festgesetzt ⟨to set ≈ standards genaue Vorschriften machen⟩ | fest entschlossen ⟨≈ people Menschen *m/pl*, die wissen, was sie wollen; ≈ behaviour entschlossenes Handeln⟩ | *Ling* bestimmt ⟨the ≈ article der bestimmte Artikel; the past ≈ das einfache Präteritum⟩; **def·i·nite·ly** ['defnətlɪ] *adv* entschieden, klar | *umg* (als Antwort) ja, unbedingt ◇ **ˌdef·i·nite·ly 'not** *umg* (als Antwort) ganz bestimmt nicht; **def·i·ni·tion** [ˌdefə'nɪʃn] *s* Definition *f*, Erklärung *f*, Begriffsbestimmung *f* | Deutlichkeit *f*, Genauigkeit *f*, Präzision *f* | *Foto* Bildschärfe *f*; **de·fin·i·tive** [dɪ'fɪnətɪv] **1.** *adj* definitiv, endgültig ⟨a ≈ offer; a ≈ answer⟩ | klar umrissen, genau festgelegt ⟨a ≈ law⟩ | autoritativ, Standard-, maßgeblich ⟨the ≈ book on s.th.⟩ | *Biol* voll ausgebildet ⟨a ≈ organ⟩; **2.** *s Ling* Bestimmungswort *n*

def·la|grate ['defləgreɪt] *vt Chem* deflagrieren, schnell abbrennen; *vi* rasch verbrennen, verpuffen; **'~grat·ing spoon** *s Chem* Abbrennlöffel *m*; **ˌ~'gra·tion** *s Chem* Deflagrierung *f*, Abbrennen *n*, Verpuffen *n*

de|flate [dɪ'fleɪt|di:] *vt, vi* Gas *od* Luft entweichen lassen (aus) | *Wirtsch* den Zahlungsmittelumlauf einschränken (**to** auf) | *übertr* reduzieren, mindern, ernüchtern ⟨to ≈ a reputation e-m Ruf *od* Ansehen Abbruch tun; ≈d hopes gesunkene Hoffnungen *f/pl*⟩; **~'fla·tion** *s* (Luft-) Entleerung *f* | *auch* **ˌdis·in'fla·tion** *Wirtsch* Deflation *f*; **~'fla·tion·ar·y** *adj, auch* **ˌdis·in'fla·tion·ar·y** *adj* Deflations-

de|flect [dɪ'flekt] *vt* ablenken ⟨to ~ s.th. from its course etw. aus der Bahn bringen⟩; *vi* abweichen (*auch übertr*) (**from** von); **~flec·tion** [dɪ'flekʃn] *s* Ablenkung *f*, Abweichung *f* (**from** von) (*auch übertr*) | Biegung *f*, Krümmung *f* | *Tech* Durchbiegung *f* | (Zeiger) Ausschlag *m* | *Mil* Seitenabweichung *f*; **~'flec·tive** *adj* ablenkend, abweichend; **~'flec·tor** *s* Ablenker *m* | *Tech* Ablenk-, Auslenkvorrichtung *f* | *Tech* Ablenkblech *n*, -fläche *f*, -platte *f* | *Flugw* Leitfläche *f*; **~flex·ion** [dɪ'flekʃn] = **~'flec·tion**

de·flo·rate [dɪ'flɔ:rɪt] *adj Bot* abgeblüht; ['di:flɔ:ˌreɪt] = **de'flow·er**; **ˌdef·lo'ra·tion** *s* Defloration *f*, Entjungferung *f* | Plünderung *f*, Schändung *f* | *übertr* Blütenlese *f*

de·flow·er [dɪ'flaʊə] *lit vt* deflorieren, entjungfern, entehren | *übertr* schänden

de·fo·li·ant [ˌdi:'fəʊlɪənt] *s* Entlaubungsmittel *n*; **ˌde'fo·li·ate** *vt Bot* ab-, entblättern; *vi Bot* die Blätter verlieren; **ˌde'fo·li'a·tion** *s Bot* Blätter- *od* Laubfall *m*, Entblätterung *f*

de·for·est [di:'fɒrɪst] *vt* abholzen; **deˌfor·est'a·tion** *s* Abholzung *f*

de·form [dɪ'fɔ:m] *vt* deformieren, verunstalten, entstellen | *Tech* verspannen; *vi* sich verformen; **deˌform·a'bil·i·ty** *s* (Ver-) Formbarkeit *f*; **de'form·a·ble** *adj* (ver)formbar; **de·for·ma·tion** [ˌdi:fɔ:'meɪʃn] *s* Entstellung *f*, Verunstaltung *f* | Verformung *f*; **de'formed** *adj* entstellt, mißgestaltet ⟨a ≈ foot; ≈ by disease⟩ | verzerrt, häßlich, gräßlich, entartet ⟨a ≈ imagination eine verzerrte Phantasie⟩ | *Tech* deformiert, verformt; **de'form·i·ty** *s* Mißbildung *f* ⟨a slight ≈⟩ | Mißgestalt *f* | Häßlichkeit *f* ⟨~ities of style stilistische Entstellungen *f/pl*⟩ | Schlechtigkeit *f* ⟨≈ of character verderbter Charakter⟩

de|fraud [dɪ'frɔ:d] *vt* betrügen (**of** um) ⟨to ≈ the revenue die Steuern hinterziehen⟩; **~frau·da·tion** [ˌdi:frɔ:'deɪʃn] *s* Betrug *m* | Unterschlagung *f* ⟨≈ of revenue Steuerhinterziehung *f*⟩

de·fray [dɪ'freɪ] *vt förml* bestreiten, bezahlen ⟨to ~ the expenses die Unkosten tragen⟩; **de'fray·al, de'fray·ment** *s* Bezahlung *f*, Deckung *f od* Tragen *n od* Bestreiten *n* (der Kosten)

de·frock [ˌdi:'frɒk] *vt Rel* (jmdm.) das Priesteramt entziehen, (jmdn.) als Priester absetzen | *Am* (aus einem Berufsstand) ausstoßen

de|frost [di:'frɒst] *vt* auftauen ⟨to ≈ meat⟩ | abtauen, enteisen ⟨to ≈ a fridge⟩; *vi* auftauen ⟨s.th. ≈s quickly⟩; **~'frost·er** *s* Entfroster *m*

deft [deft] *adj* gewandt, flink, geschickt, fingerfertig ⟨a ~ performance⟩

de·funct [dɪ'fʌŋkt] **1.** *adj förml, Jur* verstorben | eingegangen ⟨~ organs⟩ | *übertr* überholt, ehemalig ⟨~ ideas⟩; **2.** *s* (*mit best art*) *förml, Jur* Verstorbene(r) *f(m)* ⟨the ~ der Verstorbene (von dem die Rede ist)⟩

de·fuse [ˌdi:'fju:z] *vt* (Sprengkörper) entschärfen, unschädlich machen | (Krisensituation) entschärfen, lösen

de·fy [dɪ'faɪ] **1.** *vt* trotzen, sich widersetzen (**s.o.** jmdm.) ⟨to ~ the law sich über das Gesetz hinwegsetzen⟩ | unmöglich machen, nicht zulassen ⟨to ~ solution unlösbar sein⟩ | auf-, herausfordern ⟨to ~ s.o. to do s.th. jmdn. herausfordern, etw. (Unmögliches) zu tun; I ~ anyone to do it ich möchte den sehen, der das tut⟩; *vi* Trotz bieten; **2.** *s Am Sl* Herausforderung *f*

de·gas [di:'gæs] (**de'gassed, de'gassed**) *vt* entgasen; **deˌgas·i·fi'ca·tion** *s* Entgasung *f*; **de'gas·i·fy** *vt* entgasen

de·gauss [ˌdi:'gaʊs] *vt* entmagnetisieren

de·gen·er·a·cy [dɪ'dʒenərəsɪ] *s* Degeneration *f*, Entartung *f*; **de·gen·er·ate** [dɪ'dʒenərət] **1.** *adj* degeneriert, entartet, verderbt; **2.** *s* degenerierte Person; [dɪ'dʒenəreɪt] *vi* degenerieren, entarten (**in[to]** zu, in) | schlechter werden, sich verschlechtern (**from** von, **into** zu); **deˌgen·er'a·tion** *s* Degeneration *f*, Entartung *f* | *Med* Gewebeentartung *f*; **de·gen·er·a·tive** [dɪ'dʒenəreɪtɪv] *adj* Entartungs-, entartend

de|germ [di:'dʒɜ:m], **~'ger·mi·nate** *vt* entkeimen

deg·ra·dat·ion [ˌdegrəˈdeɪʃn] *s* Degradierung *f*, Herabsetzung *f* | *Biol* Entartung *f*, Degeneration *f* | *Chem* Abbau *m* | *Geol* Zerfall *m*, Erosion *f* | Schwächung *f* | Erniedrigung *f*, Entwürdigung *f* ⟨to live in ~ unter unwürdigen Verhältnissen leben⟩ | *Ling* Bedeutungsverschlechterung *f*

de·grad·a|bi·li·ty [dɪˌgreɪdəˈbɪlɪtɪ] *s Chem* Abbaufähigkeit *f*; **ˈ~ble** *adj Chem* abbaufähig ⟨biologically ≈⟩

de|grade [dɪˈgreɪd] *vt* degradieren, ab-, herabsetzen ⟨to ≈ an officer⟩ | reduzieren, vermindern, herabsetzen ⟨to ≈ prices⟩ | korrumpieren, verderben ⟨≈d manners⟩ | entwürdigen, entehren, erniedrigen (**[in]to** zu) ⟨to ≈ o.s. by cheating sich zu gemeinem Betrug herablassen⟩ | *Geol* abtragen, erodieren; *vi* entarten, degenerieren (*bes Biol*); **~ˈgrad·ed** *adj* degradiert | entwürdigt | *Biol* degeneriert

de·gres|sion [di:ˈgreʃn] *s* Degression *f*, Absteigen *n* (der Steuer); **deˈgres·sive** *adj* degressiv, absteigend

de|hisce [dɪˈhɪs] *vi Bot* aufplatzen; **~ˈhis·cence** *s Bot* Aufplatzen *n* (*auch übertr*); **~ˈhis·cent** *adj* aufplatzend

de|horn [ˌdi:ˈhɔ:n], *auch* **ˌdisˈhorn** *vt* (von Rindern) die Hörner entfernen

de·gree [dɪˈgri:] **1.** *s* Grad *m*, Stufe *f* ⟨~ of priority Dringlichkeitsgrad *m*; by ~s stufenweise, allmählich; by slow ~s langsam; in no small ~ in nicht geringem Grade; in the highest ~ in höchstem Grade; not in the slightest ~ nicht im geringsten; of high ~ hochgradig; of low ~ geringen Grades; to a ~ *umg* in hohem Maße; to a certain ~ bis zu einem gewissen Grade, ziemlich; to a high ~ in hohem Maße; to the last ~ bis ins letzte; to what ~ wieweit, wie sehr; murder of the first ~ *Am Jur* Mord *m*; murder of the second ~ *Am Jur* Totschlag *m*; third ~ strenges Verhör⟩ | *leicht arch* Rang *m*, Stand *m* ⟨of high ~ vornehmen Standes; of low ~ niedrigen Standes⟩ | Verwandtschaftsgrad *m* ⟨a relation in the third ~ Verwandtschaft *f* dritten Grades⟩ | akademischer Grad ⟨~ course Pflichtfach *n* für ein Diplom; to study for a ~ sich um einen akademischen Grad bewerben; to take one's ~ graduieren, einen akademischen Grad erwerben; doctor's ~ Doktorwürde *f*, -grad *m*⟩ | *Math* (Winkel-) Grad *m* ⟨an angle of 20 ~s⟩ | (Thermometer) Grad *m* ⟨at 20 ~s bei 20 Grad⟩ | *Ling* Steigerungsstufe *f* ⟨superlative ~⟩ | *Mus* Tonstufe *f*; **2.** *vt umg* einen akademischen Grad verleihen

de·hu·man·i·za·tion [ˌdi:ˌhju:mənaɪˈzeɪʃn] *s* Entmenschlichung *f*; **ˌdeˈhu·man·ize** *vt* entmenschlichen

de·hu·mid·i·fier [ˌdɪ:hju:ˈmɪdɪfaɪə] *s* Trockenmittel *n*, Lufttrockner *m* | Luftentfeuchtungsanlage *f*; **ˌde·huˈmid·i·fy** *vt* (Luft) entfeuchten

de·hy·drate [ˌdi:ˈhaɪdreɪt] *vt Chem* dehydrieren, trocknen ⟨~d eggs Eipulver *n*; ~d vegetables Trockengemüse *n*⟩ | *übertr verächtl* trocken machen, mit wenig Leben erfüllen, (e-r Sache) die Vitalität nehmen ⟨~d style⟩ | austrocknen; **ˌde·hyˈdra·tion** *s* Dehydration *f*, Trocknung *f*, Entwässerung *f*

de|ice [ˌdi:ˈaɪs] *vt Tech* enteisen; **ˌ~ˈic·er** [ˌdi:ˈaɪsə] *s Flugw* Enteisungsanlage *f*

deic·tic [ˈdaɪktɪk] *adj Phil* deiktisch, direkt beweisend | *Ling* deiktisch, hinweisend

de·i|fi·ca·tion [ˌdeɪɪfɪˈkeɪʃn] *s* Vergötterung *f*, Vergöttlichung *f*, Apotheose *f*; **~form** [ˈdeɪɪfɔ:m] *adj* göttlich; **ˈ~fy** *vt* vergöttern | vergöttlichen, zu einem Gott machen *od* erklären

deign [deɪn] *vi oft verächtl* sich herablassen (**to** *mit inf* zu *mit inf*); *vt* sich herablassen zu, gewähren ⟨to ~ [s.o.] no reply sich [gegenüber jmdm.] zu keiner Antwort herablassen *od* bequemen⟩

de·in·sti·tu·tion·a·lize [di:ˌɪnstɪˈtju:ʃnl̩aɪz] *vt* (Kirche, Krankenhaus, Schule u. ä.) entstaatlichen, vom Staat trennen *od* unabhängig machen | *Jur* (Strafgefangene) nicht (mehr) im Gefängnis einsperren | (Patienten) nicht (mehr) im Krankenhaus behandeln

de·i·on·i·za·tion [di:ˌaɪənaɪˈzeɪʃn] *s Phys* Entionisierung *f*; **deˈi·on·ize** *vt Phys* entionisieren

de|ism [ˈdi:ɪzm] *s* Deismus *m*; **ˈ~ist** *s* Deist *m*; **~ˈis·tic**, **~ˈis·ti·cal** *adj* deistisch; **~i·ty** [ˈdeɪətɪ] *s* Gottheit *f*

déjà vu [ˌdeɪʒɑ: ˈvju:|ˌ~ˈvu:] *s* Déja-vu-Gefühl *n*, Einbildung *f*, daß man etw. schon erlebt hat

de|ject [dɪˈdʒekt] *vt* mutlos machen, entmutigen; **~ˈject·ed** *adj* mutlos, niedergeschlagen ⟨to look ≈⟩; **~ˈjec·tion** *s* Mutlosigkeit *f*, Niedergeschlagenheit *f* | *Med* Stuhlgang *m*, Kot *m*

de ju·re [ˌdeɪ ˈdʒʊərɪ] *adv* ⟨*lat*⟩ de jure, von Rechts wegen ⟨the ~ king, king ~ der rechtmäßige König⟩

dek·ko [ˈdekəʊ] *Brit Sl* **1.** *s* kurzer Blick, *bes in*: **have a ~** kurz gucken; **2.** *vt* angucken ⟨to ~ the front page⟩

de|late [dɪˈleɪt] *vt*, *bes Schott* denunzieren, anzeigen | bekanntmachen, melden; **~ˈla·tion** *s* Denunziation *f*, Anzeige *f*

de·lay [dɪˈleɪ] **1.** *vt* verzögern, verschieben ⟨to ~ a trip eine Reise aufschieben⟩, hinausschieben (*mit ger* zu *mit inf*) ⟨to ~ paying one's debts⟩ | aufhalten, hindern ⟨to be ~ed by aufgehalten werden durch; to be ~ed 2 hours (Zug) 2 Stunden Verspätung haben⟩; *vi* zögern | sich absichtlich Zeit nehmen, bummeln, trödeln ⟨don't ~ halte dich nicht auf⟩; **2.** *s* Verzögerung *f*, Aufschub *m* ⟨without ~ sofort, ohne Aufschub⟩ | Verspätung *f*, Zeitverlust *m* ⟨after a ~ of 2 hours nach 2 Stunden Verspätung⟩; **deˌlayed-ˈac·tion bomb** *s* Zeitzünderbombe *f*

del cred·er·e [delˈkrederɪ] *Wirtsch* **1.** *s* Delkredere *n*, Bürgschaft *f* ⟨to stand ~ Bürgschaft leisten⟩; **2.** *adj* Bürgschafts-

de·le [ˈdi:lɪ] **1.** *s Typ* Deleatur(zeichen) *n*; **2.** *vt* tilgen; *vi* Tilgungszeichen setzen

de·lec·ta·bil·i·ty [ˈdɪˌlektəˈbɪlətɪ] *s* Annehmlichkeit *f*; **deˈlec·ta·ble** *adj* erfreulich, ergötzlich (*oft iron*) ⟨≈ food köstliche Speisen *f/pl*⟩; **deˈlec·tate** *vt* erfreuen, ergötzen; **ˌde·lecˈta·tion** *s* Ergötzen *n*, Vergnügen *n* ⟨for his ≈ zu seinem Vergnügen⟩

del·e|ga·cy [ˈdelɪgəsɪ] *s* Delegation *f*, Abordnung *f*; **~gate** [ˈ~gət] **1.** *s* Delegierter *m*, Abgeordneter *m*; **2.** *adj* delegiert, abgeordnet; [ˈ~geɪt] *vt* delegieren, abordnen | bevollmächtigen ⟨to ≈ s.o. to perform s.th. jmdn. ermächtigen, etw. zu tun⟩ | übertragen ⟨to ≈ rights to s.o. jmdm. Rechte übertragen⟩; **ˌ~ˈga·tion** *s* Delegation *f*, Abordnung *f* | Delegierung *f* | Bevollmächtigung *f* | Übertragung *f*; **~ga·to·ry** [ˈ~geɪtərɪ] *adj* delegiert, abgeordnet | bevollmächtigt

del·e·te·ri·ous [ˌdeləˈtɪərɪəs] *adj förml* verderblich, schädlich, giftig ⟨~ plants Giftpflanzen *f/pl*; ~ effects negative *od* nachteilige Folgen *f/pl*⟩

de·lete [dɪˈli:t|di:-] *vt*, *vi* streichen, ausradieren (**from** von) ⟨to ~ a word⟩

de·le·tion [dɪˈli:ʃn|di:-] *s* Streichung *f*, Streichen *n* | Streichung *f*, Gestrichenes *n*

delft [delft] *s*, *auch* **delf** [delf] *od* **ˈdelft·ware**, *oft* ∸ (Delfter) Fayence *f*, (blaues) Steinzeug, glasiertes Steingut

de·lib·er|ate [dɪˈlɪbr̩ət] *adj* (wohl)überlegt, geplant ⟨≈ action⟩ | bewußt, absichtlich ⟨a ≈ lie⟩ | bedachtsam, bedächtig, besonnen, vorsichtig ⟨≈ steps; to be ≈ in one's actions vorsichtig, umsichtig handeln⟩ | [dɪˈlɪbəreɪt] *vt* reiflich überlegen, erwägen ⟨to ≈ a question⟩; *vi* überlegen, nachdenken | sich beraten (**[up]on** über); **~a·tion** [dɪˌlɪbəˈreɪʃn] *s* Überlegung *f* ⟨after long ≈⟩ | Bedachtsamkeit *f*, Behutsamkeit *f*, Vorsicht *f* ⟨with great ≈⟩; **~a·tive** [dɪˈlɪbr̩ətɪv] *adj* überlegend | vorsichtig | beratend ⟨≈ assembly beratende Versammlung⟩

del·i|ca·cy [ˈdelɪkəsɪ] *s* (Gesichtszüge, Aussehen u. ä.) Zierlichkeit *f*, Zartheit *f* | (Haut u. ä.) Empfindlichkeit *f* | Schwierigkeit *f*, Sorgfalt erfordernde Lage *f* ⟨the ≈ of the problem⟩ | Schwächlichkeit *f* | Eleganz *f*, Feinheit *f*, Nuancierung *f* | Takt *m*, Feingefühl *n* ⟨≈ of mind Zartgefühl *n*⟩ | Schmackhaftigkeit *f* | Delikatesse *f*, Leckerbissen *m* ⟨a great ≈⟩; **'~cate** [~kət] *adj* zierlich, zart ⟨a ≈ lace⟩ | empfindlich, schwächlich, anfällig, zerbrechlich ⟨≈ health; in a ≈ condition in anderen Umständen⟩ | bedenklich, heikel ⟨a ≈ situation⟩ | fein, elegant ⟨a ≈ dress⟩ | fein, empfindlich ⟨a ≈ sense of smell; ≈ instruments⟩ | feinfühlig, taktvoll ⟨≈ manners⟩ | schmackhaft, delikat, köstlich ⟨≈ food⟩

del·i·ca·tes·sen [ˌdelɪkəˈtesn] *s* Feinkosthandlung *f*, Delikateßgeschäft *n* | (*pl konstr*) Feinkost *f*, Delikatesse(n) *f(pl)*

del·i·cious [dɪˈlɪʃəs|də-] *adj* köstlich, wohlschmeckend, herrlich (*auch übertr*) ⟨a ~ cake; what a ~ joke!⟩

de·lict [ˈdiːlɪkt] *s Jur* Delikt *n*, Vergehen *n*

de·light [dɪˈlaɪt|də-] **1.** *s* Freude *f*, Wonne *f*, Vergnügen *n*, Ergötzen *n* (**to s.o.** für jmdn., **of** *mit ger* zu *mit inf*); ⟨to the ~ of zum Ergötzen von; to take ~ in s.th. an etw. Freude haben⟩; **2.** *vt* erfreuen, entzücken, ergötzen ⟨to ~ s.o.⟩ | (*nur pass*) (aus Höflichkeit) sich freuen, entzückt sein (**at, with** über) ⟨I shall be ~ed mit dem größten Vergnügen!⟩; *vi* sich (er)freuen (**in** an, **to** *mit inf* zu *mit inf*), schwelgen; **deˈlight·ed** *adj* erfreut, entzückt ⟨to be ≈ with s.th. über etw. hocherfreut sein; to be ≈ to do s.th. etw. mit dem größten Vergnügen tun⟩; **deˈlight·ful** *adj* köstlich, herrlich, entzückend ⟨a ≈ holiday⟩

de·lim|it [ˌdiːˈlɪmɪt], **~i·tate** [~ɪteɪt] *vt* ab-, begrenzen; **ˌdeˌlim·iˈta·tion** *s* Ab-, Begrenzung *f*; **~i·ta·tive** [~ɪˌteɪtɪv] *adj* ab-, begrenzend

de·lin·e|ate [dɪˈlɪnɪeɪt] *vt* entwerfen, skizzieren, zeichnen | schildern, beschreiben; **deˌlin·eˈa·tion** *s* Entwurf *m*, Skizzierung *f*, Zeichnung *f* | Schilderung *f*, Beschreibung *f*; **~a·tive** [~ˌeɪtɪv], **~a·to·ry** [~ətərɪ] *adj* skizzierend | schildernd, beschreibend

de·lin·quen·cy [dɪˈlɪŋkwənsɪ] *s* Verfehlung *f*, Vergehen *n* | Pflichtvergessenheit *f* | *förml* Verbrechen *n*, Kriminalität *f* ⟨juvenile ≈ Jugendkriminalität *f*⟩; **deˈlin·quent 1.** *adj* pflichtvergessen | verbrecherisch; **2.** *s* (*bes* jugendlicher) Delinquent, Verbrecher *m*

del·i|quesce [ˌdelɪˈkwes] *vi förml* wegschmelzen, zerfließen (*auch Chem*) | *Bot* sich verästeln; **ˌ~ˈques·cence** *s* Wegschmelzen *n*, Zerfließen *n* (*auch Chem*) | *Bot* Verästelung *f*; **ˌ~ˈques·cent** *adj förml* wegschmelzend, zerfließend (*auch Chem*) ⟨to become ≈ feucht werden⟩ | *Bot* sich verästelnd

de·lir·i|ous [dɪˈlɪrɪəs|də-] *adj* phantasierend, irreredend | *Med* delirös ⟨to become ≈ in Fieberwahn verfallen; a ≈ speech eine vom Wahn gezeichnete Rede⟩ | *übertr* wahnsinnig ⟨≈ with joy vor Freude toll⟩; **~um** [~əm] *s* (*pl* **~ums** [~əmz], **~a** [~ə]) Delirium *n*, Wahn *m* | *übertr* Raserei *f*, Tollheit *f*; **~um tre·mens** [ˌ~ ˈtremenz] *s Med* Delirium *n* tremens, Säuferwahnsinn *m*

de·liv·er [dɪˈlɪvə|də-] *vt* befreien (**from** von) | erlösen, erretten (**from** von) | *oft* **~ up, ~ over** übergeben, überreichen, überliefern, einhändigen (**to s.o.** jmdm.) | (Brief u. ä.) zustellen, austragen | *Wirtsch* (Waren) (aus)liefern (**to** an) | äußern, von sich geben | vortragen ⟨to ~ a speech eine Rede halten; to ~ o.s. of an opinion eine Meinung äußern *od* zum Besten geben⟩ | (Urteil) aussprechen | (Stimmen, Einfluß) bringen, verschaffen ⟨to ~ s.o. one's support jmdm. seine Unterstützung gewähren⟩ | (Schlag) versetzen, austeilen ⟨to ~ one's blow losschlagen⟩ | *Mil* abfeuern | (Frau) entbinden, Geburtshilfe leisten bei ⟨they ~ed the woman⟩ | (*nur pass*) entbinden, gebären ⟨to be ~ed of a child *förml* ein Kind zur Welt bringen; a child ~ed by forceps Zangengeburt *f*⟩ ◇ **~ the goods!** *Sl* halte dein Wort!; *vi* befreien | ein Urteil abgeben | vortragen ⟨to ~ beautifully glänzend vortragen⟩ | *Am* gut sein, sich bewähren ⟨to ~ spectecularly⟩ | gebären, Kind(er) bekommen | (Versprechen) halten ⟨to ~ on one's promise⟩ | *Sl* spuren | *Sl* (etw.) schaukeln, es schaffen ◇ **stand and ~!** *Hist* (Räuber) Geld oder Leben!; **deˈliv·er·a·ble** *adj Wirtsch* lieferbar, zu liefern(d); **~ance** [dɪˈlɪvrns] *s förml* Befreiung *f* | Erlösung *f*, Errettung *f* (**from** von, aus) | Äußerung *f*, Verkündung *f*, (öffentliche) Erklärung, Meinungsäußerung *f* | *Jur* Übergabe *f*, Übertragung *f*; **deˈliv·er·er** *s förml* Befreier *m* | Erretter *m*, Erlöser *m* | Überbringer *m*, Austräger *m*; **~y** [dɪˈlɪvrɪ] *s* Übergabe *f*, Aushändigung *f* | *Wirtsch* Lieferung *f* ⟨prompt ≈ unverzügliche Lieferung; bill of ≈ Lieferschein *m*; cash on ≈ *Brit* Zahlung gegen Nachnahme; on ≈ bei Lieferung⟩ | Aus-, Ablieferung *f* | (Post) Zustellung *f* ⟨by the first ≈ mit der ersten Post⟩ | *Jur* Übergabe *f* | (*nur sg*) Vortrag *m* ⟨poor ≈ schlechter Vortrag⟩ | Äußerung *f* | *förml* Befreiung *f*, Freilassung *f* (**from** aus) | *förml* Errettung *f*, Erlösung *f* (**from** von, aus) | Entbindung *f*, Niederkunft *f* | *Tech* Abteilung *f*; **'~y boy** *s* Laufjunge *m*; **'~y car** *s* Lieferwagen *m*; **'~y charge** *s* (Post-) Zustellgebühr *f*; **'~y desk** *s* (Bücherei) Ausleihschalter *m*; **'~y·man** *s* Bote *m* | Lieferant *m*; **'~y note** *s Wirtsch* Lieferschein *m*; **'~y ˌor·der** *s Wirtsch* Lieferauftrag *m*; **'~y room** *s* Kreißsaal *m* | (Bücherei) Ausleihe *f*; **'~y van**, *Am* **'~y truck** *s* Möbelwagen *m*

dell [del] *s* schmales (von Bäumen eingesäumtes) Tal

de·louse [ˌdiːˈlaʊs|-z] *vt* entlausen

Del|phi·an [ˈdelfɪən], **'~phic 1.** *adj* delphisch ⟨the ≈ oracle⟩ | *lit übertr* dunkel, doppelsinnig, rätselhaft ⟨≈ words⟩; **2.** *s* Bewohner *m* von Delphi

del·phin·i·um [delˈfɪnɪəm] *s Bot* Rittersporn *m*

del·ta [ˈdeltə] *s* Delta *n* | (Fluß-) Delta *n* ⟨the Nile ≈⟩; **'~ conˌnec·tion** *s El* Dreieckschaltung *f*; **~ic** [delˈteɪɪk] *adj* deltaförmig, Delta-; **'~ ˌwind·ing** *s El* Dreieckwicklung *f*; **ˌ~ 'wing** *s Flugw* Deltaflügel *m*; **ˌ~-'wing·ed** *adj Flugw* mit deltaförmigen Tragflächen (versehen); **del·toid** [ˈdeltɔɪd] **1.** *s Anat* Deltamuskel *m* | *Math* Deltoid *n*; **2.** *adj* deltaförmig, deltoid

de·lude [dɪˈluːd|-ˈljuːd] *vt* irreführen, täuschen, betrügen (**with** durch) ⟨to ~ o.s. sich Illusionen hingeben, sich etw. vormachen⟩ | verleiten (**into** *mit ger* zu *mit inf*) ⟨to ~ o.s. into believing that sich in dem falschen Glauben wiegen, daß⟩

del·uge [ˈdeljuːdʒ] **1.** *s* Überschwemmung *f* ⟨the ≈ die Sintflut⟩ | *übertr* Flut *f*, Menge *f* ⟨a ~ of mail⟩ | starker Regen, Regenguß *m*; **2.** *vt förml* überschwemmen, überfluten (*auch übertr*) ⟨to be ~d with s.th. von *od* mit etw. überschüttet werden⟩

de·lu·sion [dɪˈluːʒn|-lj-] *s* Täuschung *f* | Wahn *m*, Einbildung *f*, Verblendung *f* ⟨under the ~ in dem Wahne (**that** daß)⟩ | *Psych* Wahn *m* ⟨~ of grandeur Größenwahn *m*; to suffer from ~s unter Wahnvorstellungen leiden⟩; **deˈlu·sion·al** *adj* wahnhaft, Wahn-; **deˈlu·sive**, *auch* **deˈlu·so·ry** *adj* täuschend, irreführend, trügerisch ⟨≈ person Blender *m*; ≈ act Täuschungsakt *m*⟩ | eingebildet, Wahn- ⟨≈ belief Irrglaube *m*⟩

de luxe [dɪ ˈlʌks] **1.** *adj* luxuriös, Luxus- ⟨~ **model** Luxusausführung *f*; hotel ~ Luxushotel *n*⟩; **2.** *adv* luxuriös, (hoch)elegant ⟨to travel ~ vornehm, Luxusklasse reisen⟩

delve [delv] **1.** *vt arch* graben | *übertr* forschen, angestrengt suchen (**into** in, **for** nach) ⟨to ~ for information into old books⟩ | *übertr* sich eingraben (**into** in); **2.** *s selten* Graben *m*, Grube *f*

de·mag·net·i·za·tion [ˌdi:ˌmægnɪtaɪˈzeɪʃn] *s* Entmagnetisierung *f*; ˌ**deˈmag·net·ize** *vt* entmagnetisieren

dem·a·gog|ic [ˌdeməˈgɒdʒɪk], ˌ**dem·aˈgog·i·cal** *adj* demagogisch, aufhetzend; **~ism** [ˈdeməgɒgɪzm] *s* Demagogie *f*, Volksverhetzung *f*; **dem·a·gogue** [ˈdeməgɒg] *s* Demagoge *m*; **~y** [ˈdeməgɒgɪ|ˈdeməgɒdʒɪ], ˈ**dem·a·gogu·e·ry** [ˈdeməgɒgərɪ] *s* Demagogie *f*

de·man [di:ˈmæn] *vi* Arbeitskräfte einsparen; *vt* wegrationalisieren | *Am* entmannen

de·mand [dɪˈmɑ:nd] **1.** *vt* fordern, verlangen (**s.th. of** *od* **from s.o.** etw. von jmdm.) ⟨to ~ to know wissen wollen⟩ | erfordern, erwarten, verlangen, nötig haben ⟨to ~ an apology⟩ | *Jur* beanspruchen | *Jur* vorladen; *vi* fordern, verlangen (**of** von); **2.** *s* Forderung *f*, Verlangen *n* (**for** nach, **on s.o.** an jmdn., **that** daß, **to** *mit inf* zu *mit inf*) ⟨on ~ auf Verlangen⟩ | *auch* ˈ**~ note,** ˌ**~ for ˈpayment** Zahlungsaufforderung *f* | Inanspruchnahme *f* | *Jur* Rechtsanspruch *m* | *Wirtsch* Nachfrage *f*, Bedarf *m* ⟨supply and ~ Angebot *n* und Nachfrage *f*; in [great] ~ (sehr) gefragt; the ~ for fish die Nachfrage nach Fisch⟩ | *El* (Strom-) Verbrauch *m*; **deˈmand·a·ble** *adj* zu fordernd; **deˈmand·ant** *s* Forderer *m* | *Jur* Kläger *m*; ˈ**~ bill** *s Wirtsch* Sichtwechsel *m*; **deˈmand·er** *s* Käufer *m*, Kunde *m*; **deˈmand·ing** *adj* anstrengend, hart ⟨to be very ≈ viel verlangen⟩; ˈ~ ˌ**me·ter** *s El* (Strom-) Zähler *m*

de·mar|cate [ˈdi:mɑ:keɪt] *vt* ab-, begrenzen (**from** gegen) (*auch übertr*); ˌ**~ˈca·tion** [ˌdi:mɑ:ˈkeɪʃn] *s* Ab-, Begrenzung *f* (*auch übertr*) ⟨line of ≈ *Pol* Demarkationslinie *f*; *übertr* Scheidelinie *f*⟩ | *Wirtsch* strenge Abgrenzung *f* nach Berufsgruppen ⟨≈ problems in industry; ≈ dispute Zuständigkeitsstreit *m* zwischen Gewerkschaften über bestimmte Berufsgruppen⟩

dé·marche [ˈdeɪmɑ:ʃ] *s Pol* diplomatischer Schritt, Demarche *f*

de·ma·te·ri·al·i·za·tion [ˌdi:məˌtɪərɪəlaɪˈzeɪʃn] *s* Entmaterialisierung *f*; ˌ**de·maˈte·ri·a·lize** *vt* entmaterialisieren; *vi* sich entmaterialisieren

[1]**de·mean** [dɪˈmi:n] *vt förml* erniedrigen, degradieren (**by** *mit ger*, **to** *mit inf* zu *mit inf*) ⟨it ~s you es ist deiner nicht würdig; to ~ o.s. sich erniedrigen⟩

[2]**de·mean** [dɪˈmi:n] *vt refl förml* **~ o.s.** sich benehmen, sich betragen; **deˈmean·our** [~ə] *s förml* Benehmen *n*, Betragen *n*

de·ment [dɪˈment] **1.** *vt* wahnsinnig machen; *vi* wahnsinnig werden, den Verstand verlieren; **2.** *adj selten* wahnsinnig; **3.** *s* Wahnsinnige(r) *f(m)*; **deˈment·ed** *adj* wahnsinnig

dé·men·ti [demɑ̃ˈtɪ] *s* Dementi *n*, Widerruf *m*

de·men·ti·a [dɪˈmenʃɪə] *s Med* Demenz *f*, Schwachsinn *m* | Wahnsinn *m*

dem·e·ra·ra sug·ar [ˌdeməˌrɛərə ˈʃʊgə] *s* brauner (Rohr-) Zucker

de·mer|it [ˌdi:ˈmerɪt] *s* Verschulden *n*, Schuld *f* | *auch* ˌ**~it ˈmark** *Päd* Minuspunkt *m* | Fehler *m*, Nachteil *m* ⟨merits and ≈s Vor- und Nachteile *m/pl*⟩; **~i·to·ri·ous** [ˌ~ɪˈtɔ:rɪəs] *adj* tadelnswert, zu tadeln(d)

de·mesne [dɪˈmeɪn] *s Jur* Land-, Grundbesitz *m* ⟨to hold land in ~ eigenen Grund und Boden besitzen; Royal ~ Kronland *n*⟩ | *Jur* Domäne *f*, Erbgut *n* | *übertr, oft scherzh* Domäne *f*, Gebiet *n*

demi- [demɪ] ⟨*lat*⟩ *in Zus* halb-, Halb-

dem·i·bath [ˈdemɪbɑ:θ] *s* Sitzbad *n*

dem·i|god [ˈdemɪgɒd] *s* Halbgott *m*; ˈ**~god·dess** *s* Halbgöttin *f*

dem·i·john [ˈdemɪdʒɒn] *s* große Korbflasche, (Glas-) Ballon *m*

de·mil·i·ta·ri·za·tion [ˌdi:ˌmɪlɪtəraɪˈzeɪʃn] *s* Entmilitarisierung *f*; ˌ**deˈmil·i·ta·rize** *vt* entmilitarisieren

dem·i|mon·daine [ˌdemɪˌmɔ̃ˈdeɪn] *s* Halbweltdame *f*; **~monde** [~ˈmɔ̃d] *s* Halbwelt *f*

dem·i·of·fi·cial [ˌdemɪəˈfɪʃl] *adj* halbamtlich

dem·i·re·lief [ˌdemɪrɪˈli:f] *s* Halbrelief *n*

de|mis·a·ble [dɪˈmaɪzəbl] *adj Jur* übertragbar, verpachtbar; **~ˈmise** *Jur* **1.** *s* Ableben *n*, Tod *m* | *übertr* Eingang *m*, Eingehen *n* (*auch scherzh*) ⟨the ≈ of a journal⟩ | (Grund-) Übertragung *f* | (Herrschafts-) Übertragung *f* ⟨≈ of the Crown Übertragung der Krone⟩; **2.** *vt* (Land) übertragen, verpachten (**to s.o.** jmdm.) | (Krone u. ä.) übertragen, vermachen; *vi* auf den Thron verzichten | übergehen (**to** an, auf) | sterben

de|mis·sion [dɪˈmɪʃn] *s* Demission *f*, Rücktritt *m* | Abdanken *n*, Niederlegen *n* (e-s Amtes); **~ˈmit** (**~ˈmit·ted, ~ˈmit·ted**) *vt, bes Schott* (Amt) niederlegen; *vi* abdanken

de·mi·sem·i [ˈdemɪˌsemɪ] *adj verächtl* halb, ungenügend ⟨the ~ educated die weniger als Halbgebildeten *m/pl*⟩

de·mist [ˌdi:ˈmɪst] *vt Kfz* (Windschutz-, Frontscheibe u. ä.) von Beschlag säubern; ˌ**deˈmist·er** *s* Klarsichtmittel *n*; ˌ**deˈmist·ing** Verhindern *n* des Beschlagens

de·mi·world [ˌdemɪˈwɜ:ld] *s* Halbwelt *f*

de·mo [ˈdeməʊ] *umg s Kurzw* für **demonstration** Protestdemonstration *f* | Demonstrationsmodell *n*

demo- [demə] ⟨*griech*⟩ *in Zus* Volk-, Bevölkerungs-

de|mob [dɪˈmɒb] *bes Brit umg* **1.** *vt* = **demobilize**; **2.** *s* aus dem Wehrdienst Entlassener *m*; **~mo·bi·li·za·tion** [dɪˌməʊbḷaɪˈzeɪʃn] *s* Demobilisierung *f*, Abrüstung *f*; **~ˈmo·bi·lize** [dɪˈməʊbḷaɪz] *vt* demobilisieren, abrüsten | (aus dem Wehrdienst) entlassen

de·moc·ra·cy [dɪˈmɒkrəsɪ] *s* Demokratie *f* | demokratisch regiertes Land *n* | ≗ *Am* Demokratische Partei | ≗ *Am* Politik *f* der Demokratischen Partei; **dem·o·crat** [ˈdeməkræt] *s* Demokrat *m* | **Dem·o·crat** *s Am* Mitglied *n* der Demokratischen Partei | *auch* ˌ**dem·o·crat ˈwagon** *Am* leichter vierrädriger Wagen; **dem·o·crat·ic** [ˌdeməˈkrætɪk], ˌ**dem·oˈcrat·i·cal** *adj* demokratisch ⟨the Democratic Party⟩; **de·moc·ra·tism** [dɪˈmɒkrətɪzm] *s* Demokratismus *m*; **de·moc·ra·ti·za·tion** [dɪˌmɒkrətaɪˈzeɪʃn] *s* Demokratisierung *f*; **de·moc·ra·tize** [dɪˈmɒkrətaɪz] *vt* demokratisch machen, demokratisieren; *vi* demokratisch werden

dé·mo·dé [deɪˈməʊdeɪ] *adj* altmodisch, veraltet (*auch übertr*)

de|mog·ra·pher [dɪˈmɒgrəfə] *s* Demograph *m*; **~mo·graph·ic** [ˌdeməˈgræfɪk], ˌ**~moˈgraph·i·cal** *adj* demographisch, bevölkerungskundlich; **~mog·ra·phy** [dɪˌmɒgrəfɪ] *s* Demographie *f*, Bevölkerungskunde *f*

dem·oi·selle [ˌdemwɑ:ˈzel] *s* Fräulein *n* | *Zool* Jungfernkranich *m*

de·mol·ish [dɪˈmɒlɪʃ] *vt* demolieren, ein-, niederreißen, zerstören (*auch übertr*) ⟨to ~ an old building; to ~ s.o.'s arguments jmds. Argumente zunichte machen⟩ | *Sl* (Essen) wegputzen ⟨to ~ a whole chicken⟩; **deˈmol·ish·ment, dem·o·li·tion** [ˌdeməˈlɪʃn] *s* Demolierung *f*, Ein-, Niederreißen *n*, Zerstörung *f* | Abbruchstelle *f*

de·mon [ˈdi:mən] **1.** *s* Dämon *m*, böser Geist | *Myth* Dämon *m* | *umg* Teufelskerl *m* ⟨a ~ for work ein von seiner Arbeit Besessener⟩; **2.** *adj* dämonisch | *umg* Wunder-, phantastisch ⟨a ~ player⟩

de·mon·e·ti·za·tion [ˌdi:mɒnɪtaɪˈzeɪʃn] *s* Außerkurssetzung *f*, (Geld-) Entwertung *f*; ˌ**deˈmon·e·tize** *vt* (Gold u. ä.) nicht mehr als Währung benutzen ⟨to ≈ gold⟩ | (Geld) entwerten, außer Kurs setzen

de·mo·ni|ac [dɪˈməʊnɪæk] **1.** *adj* dämonisch ⟨≈ powers⟩ | vom Teufel besessen; **2.** *s* Besessener *m*; **~a·cal** [ˌdeməˈnaɪəkl] *adj* dämonisch ⟨≈ energy⟩ | teuflisch ⟨≈ cruelty⟩ | besessen; **~a·cism** [ˌdeməˈnaɪəsɪzm] *s* Dämonie *f*; **de·mon·ic** [di:ˈmɒnɪk] *adj* dämonisch, teuflisch; **de·mon·ism** [ˈdi:mənɪzm] *s* Dämonenglaube *m*

de·mon·stra|bil·i·ty [dɪˌmɒnstrəˈbɪlətɪ] *s* Demonstrierbarkeit *f*; **~ble** [dɪˈmɒnstrəbl|ˈdemənstrəbl] *adj* demonstrierbar, nachweisbar ⟨≈ truth⟩; **dem·on·strant** [dɪˈmɒnstrənt] *s* Demonstrant *m*; **dem·on·strate** [ˈdemənstreɪt] *vt* demonstrieren, beweisen | (vor)zeigen | (Waren) vorführen; *vi* demonstrieren, an einer Demonstration teilnehmen (**against** gegen, **for** für); **dem·on·stra·tion** [ˌdemənˈstreɪʃn] *s* Demonstration *f*, Vorführung *f* (**to s.o.** für jmdn.) | anschauliche Darlegung *f* ⟨to teach s.th. by ≈ etw. anschaulich lehren⟩ | Beweisführung *f*, deutlicher Beweis (**of** von) ⟨to ≈ überzeugend⟩ | Demonstration *f*, Äußerung *f* ⟨a ≈ of affection eine Liebesbezeugung⟩ | Demonstration *f*, Kundgebung *f* ⟨to make a ≈ eine Demonstration veranstalten⟩ | *Mil* Scheinangriff *m*, Scheinmanöver *n*; **~tive** [dɪˈmɒnstrətɪv] **1.** *adj* anschaulich, überzeugend ⟨to be ≈ of beweisen⟩ | (Person) die Gefühle zeigend, offen, gefühlvoll, gefühlsbetont | demonstrativ, auffällig ⟨a ≈ action⟩ | *Ling* demonstrativ, hinweisend ⟨≈ pronoun Demonstrativpronomen *n*⟩; **2.** *s Ling* Demonstrativum *n*, hinweisendes Fürwort; **dem·on·stra·tor** [ˈdemənstreɪtə] *s* Demonstrant *m* | Erklärer *m* | *Wirtsch* Vorführer *m* | *Brit* (Universität) Demonstrator *m*, Assistent *m*, Prosektor *m*; **~to·ry** [dɪˈmɒnstrətərɪ] *adj* beweisend | anschaulich

de·mor·al|i·za·tion [dɪˌmɔ:r̥laɪˈzeɪʃn] *s* Demoralisierung *f*, Sittenverderbnis *f* | Auflösung *f*, Zersetzung *f*; **deˈmor·al·ize** *vt* demoralisieren, sittlich verderben | zersetzen | entmutigen; **deˈmor·al·iz·ing** *adj* demoralisierend, verderblich (**to** für) ⟨≈ effects⟩ | zersetzend

de|mote [ˌdi:ˈməʊt] *vt*, *bes Am* degradieren; **~ˈmo·tion** *s*, *bes Am Mil* Degradierung *f* | *bes Am Päd* Zurückversetzung *f*

de·mot·ic [dɪˈmɒtɪk] *adj förml* demotisch, volkstümlich ⟨~ English⟩

de·mount [di:ˈmaʊnt] *vt* abmontieren | zerlegen; **deˈmount·a·ble** *adj* abmontierbar | zerlegbar

de·mul·cent [dɪˈmʌlsənt] **1.** *adj* lindernd; **2.** *s Med* Demulgens *n*, Linderungsmittel *n*; **deˈmul·ci·fy** *vt Chem* (Emulsion) demulgieren, brechen

de|mur [dɪˈmɜ:] *förml* **1.** *vi* (**~ˈmurred, ~ˈmurred**) Bedenken äußern, sich wehren (**at, to** gegen) | Schwierigkeiten machen; **2.** *s* Bedenken *n*, Zweifel *m*, Einwand *m* ⟨without ≈ ohne Einwände, ohne Widerrede; no ≈ kein Einwand; to make ≈ to bezweifeln, Einwände erheben gegen⟩

de·mure [dɪˈmjʊə] *adj* gesetzt, ernst | sittsam, zurückhaltend ⟨a ~ young lady⟩ | übertrieben, geziert ⟨~ behaviour; a ~ smile⟩

de·mur·rage [dɪˈmʌrɪdʒ] *Wirtsch s* Lager-, Liegegeld *n* | *Eisenb* Wagenstandgeld *n* | *Mar* Überliegezeit ⟨to be on the ~ die Liegezeit überschritten haben; standgeldpflichtig sein⟩

de·mur·ral [dɪˈmʌrəl] *s* Hinausschieben *n*, Verzögerung *f*; **deˈmur·rer** [dɪˈmɜ:rə] *s Jur* Rechtseinwand *m*, Einspruch *m* (**to** gegen) ⟨≈ to action prozeßhindernde Einrede⟩ | Einwand *m* | Einspruchererhebende(r) *f*(*m*)

de·my [dɪˈmaɪ] *s* (in Oxford) Stipendiat *m* | (englisches) Papierformat (17½ × 22½ Zoll)

de·mys·ti|fy [ˌdi:ˈmɪstɪfaɪ] *vt* enträtseln, auf-, erklären | vereinfachen, vereinfacht darstellen; **ˌ~fiˈca·tion** *s* Auf-, Erklärung *f* | Vereinfachung *f*

den [den] **1.** *s* (Tier) Lager *n*, Bau *m*, Höhle *f* ⟨lion's ~ *übertr* Höhle *f* des Löwen⟩ | *übertr* Loch *n*; Schlupfwinkel *m*, geheimes Versteck *n* ⟨opium ~ Opiumhöhle *f*; ~ of thieves Diebesnest *n*⟩ | *umg* Zimmer *n*, Bude *f*; **2.** (**denned, denned**) *vi* (wie) in einer Höhle leben; **~ up** *Am* sich zum Winterschlaf zurückziehen; *vt* in einer Höhle unterbringen

de·nar·i·us [dɪˈnɛərɪəs] *s Hist* (römischer) Denar; **den·a·ry** [ˈdi:nərɪ] *adj* Zehn- | Dezimal-

de·na·tion·al|i·za·tion [ˌdi:ˌnæʃnəlaɪˈzeɪʃn] *s* Entstaatlichung *f*, Reprivatisierung *f*; **ˌdeˈna·tion·al·ize** *vt* entstaatlichen, reprivatisieren | (jmdm.) die Staatsangehörigkeit aberkennen

de·nat·u·ral|i·za·tion [ˌdi:ˌnætʃrəlaɪˈzeɪʃn] *s* Denaturalisierung *f* | Ausbürgerung *f*; **deˈnat·u·ral·ize** *vt* denaturalisieren, das Heimatrecht entziehen, ausbürgern | unnatürlich machen

de·na·tur·ant [di:ˈneɪtʃərənt] *s Chem* Denaturier(ungs)-, Vergällungsmittel *n*; **deˌna·turˈa·tion** *s Chem* Denaturierung *f*, Vergällung *f*; **ˌdeˈna·ture** *vt Chem* denaturieren, vergällen ⟨≈d alcohol ungenießbar gemachter Alkohol⟩ | (Eiweiß) in den (natürlichen) Eigenschaften verändern | *Tech* (spaltbares Material) für militärische Zwecke unbrauchbar machen ⟨≈d nuclear fuel denaturierter Kernbrennstoff⟩

de·na·zi·fi·ca·tion [di:ˌnɑ:tsɪfɪˈkeɪʃn] *s Pol* Entnazifizierung *f*; **deˈna·zi·fy** *vt Pol* entnazifizieren

dendro- [dendrə] ⟨*griech*⟩ *in Zus* Baum-

den·dro·log·ic [ˌdendrəˈlɒdʒɪk], **ˌden·droˈlog·i·cal** *adj* dendrologisch; **den·drol·o·gist** [denˈdrɒlədʒɪst] *s* Dendrologe *m*; **den·drol·o·gy** [denˈdrɒlədʒɪ] *s* Dendrologie *f*, Gehölzkunde *f*; **den·drom·e·ter** [denˈdrɒmɪtə] *s* Dendrometer *n*, Baummesser *m*

dene [di:n] *s Brit* Sanddüne *f*

de·ni·a·ble [dɪˈnaɪəbl] *adj* abzuleugnen(d); **deˈni·al** *s* Ablehnung *f*, Absage *f*, Verweigerung *f*, abschlägige Antwort ⟨≈ of justice Rechtsverweigerung *f*; ≈ of a request Zurückweisung *f* e-s Ansinnens⟩ | Verneinung *f*, (Ab-) Leugnung *f* ⟨official ≈ Dementi *n*; to give a ≈ to s.th. etw. in Abrede stellen, e-r Sache entgegentreten⟩ | Selbstverleugnung *f* ⟨a life of ≈ ein opferreiches Leben⟩

den·i·er [ˈdenɪə] *s* (*oft in Zus*) Denier *n*, den (Garnnummer) ⟨30-~ stockings⟩

den·i|grate [ˈdenɪgreɪt] *vt förml* schwarz machen, schwärzen | *übertr* anschwärzen, verunglimpfen ⟨to ≈ s.o.'s memory jmds. Andenken schänden⟩; **ˌ~ˈgra·tion** *s* Schwarzmachen *n*, Schwärzung *f* | *übertr* Anschwärzung *f*, Verunglimpfung *f*

den·im [ˈdenɪm] *s* Drillich *m*; **ˈden·ims** *s/pl* Drillichanzug *m*, Drillichzeug *n* | Jeans(hosen) *pl* ⟨blue ≈s⟩

de·ni|trate [ˌdi:ˈnaɪtreɪt] *Chem vt* denitrieren; **ˌ~ˈtra·tion** *s* Denitrierung *f*; **~tri·fi·ca·tion** [ˌdi:ˌnaɪtrɪfɪˈkeɪʃn] *s* Denitrifikation *f*; **ˌdeˈni·tri·fy** *vt* denitrifizieren

den·i·zen [ˈdenɪzn] **1.** *s lit* od. *scherzh* Bürger *m*, Bewohner *m* (*auch übertr*) | Tier *n*, Pflanze *f* ⟨~ of the sea Meeresbewohner *m*⟩ | eingebürgerter Ausländer | eingebürgertes Wort; **2.** *vt* einbürgern (*auch übertr*) | bevölkern

Den·mark [ˈdenmɑ:k] *s* Dänemark

de·nom·i·na·ble [dɪˈnɒmɪnəbl] *adj förml* (be)nennbar; **deˈnom·i·nate 1.** *vt förml* (be)nennen, bezeichnen (als); **2.** *adj Math* benannt; **deˌnom·iˈna·tion** *s förml* Benennung *f*, Bezeichnung *f* | Name *m* | Klasse *f*, Kategorie *f* | *Rel* Konfession *f*, Sekte *f* ⟨the Protestant ≈⟩ | (Geld) Nennwert *m* ⟨coin of the lowest ≈ kleinste Münze; shares of a small ≈ Aktien *f/pl* in kleiner Stückelung⟩ | *Math* (Maß-) Einheit *f*; **deˌnom·iˈna·tion·al** *adj Rel* konfessionell, Konfessions- ⟨a ≈ school⟩; **deˌnom·iˈna·tion·al·ism** *s* Sektierertum *n* | Konfessionsschulsystem *n*; **deˌnom·iˈna·tion·al·ist** *s* Sektierer *m* | Anhänger *m* von Konfessionsschulen; **deˈnom·i·na·tive 1.** *adj förml* benennend, Nenn- | *Ling* von einem Nomen abgeleitet; **2.** *s* benennender Ausdruck | *Ling* Denominativum *n*, von einem Nomen abgeleitetes Wort; **deˈnom·i·na·tor** *s Math* Nenner *m* (*auch übertr*)

⟨common ≈ Generalnenner *m*; to reduce s.th. to a common ≈ etw. auf einen gemeinsamen Nenner bringen⟩

de·no·ta|tion [ˌdi:nəʊˈteiʃn] *s* Bezeichnung *f* | *Ling* (denotative) Bedeutung, Denotation *f* ⟨the ≈ of a word⟩ | *Phil* Begriffsumfang *m*; **~tive** [ˌdi:nəʊˈteɪtɪv|dɪˈnəʊtətɪv] *adj* bezeichnend, bedeutend ⟨to be ≈ of s.th. etw. bedeuten⟩ | denotativ; **de·note** [dɪˈnəʊt] *vt* be-, kennzeichnen, benennen (**by** durch) | anzeigen, angeben ⟨the clock ≈s the hour⟩ | bedeuten ⟨a sign ≈s s.th.⟩ | *Ling* denotieren, als denotative Bedeutung haben ⟨a word ≈s s.th.⟩

dé·noue·ment [deɪˈnu:mɑ̃], **de·noue·ment** [ˌdeɪnu:ˈmɑ̃] *s Lit* Lösung *f* der Verwicklung (in einem Drama u. ä.) | Ausgang *m*, Entscheidung *f*

de·nounce [dɪˈnaʊns] *vt* denunzieren, anzeigen (**to** bei) | öffentlich bloßstellen, brandmarken (**as** als) | *arch* (Strafe) androhen | kündigen ⟨to ~ a treaty⟩; **deˈnounce·ment** *s* Denunziation *f*, Anzeige *f* | öffentliche Bloßstellung, Brandmarkung *f* | Androhung *f* | Kündigung *f*

dense [dens] *adj* dicht, gedrängt, undurchdringlich (*auch übertr*) ⟨a ~ crowd; ~ print enger Druck; ~ writing informationsüberladene Darstellung⟩ | dick ⟨~ fog⟩ | *übertr* eigensinnig, extrem, verbohrt ⟨~ stupidity ausgesprochene Dummheit⟩ | *übertr* dumm, beschränkt, schwerfällig ⟨a ~ mind; a ~ boy⟩ | *Foto* dicht, gut belichtet ⟨too ~ überbelichtet⟩; **den·sim·e·ter** [denˈsɪmɪtə] *n* Dichtemesser *m*; **ˈden·si·ty** *s* Densität *f*, Dichtheit *f*, Dichte *f* (*auch Chem, Phys*) ⟨≈ of population Bevölkerungsdichte *f*⟩ | *übertr* Eigensinnigkeit *f*, Verbohrtheit *f* | *übertr* Dummheit *f*, Beschränktheit *f* | *Foto* Schwärzung(sdichte) *f* | *Arch* Bebauungsdichte *f*

dent [dent] **1.** *s* Kerbe *f*, Einschnitt *m*, Beule *f* ⟨a ~ in one's car⟩ | *übertr* Einbuße, Schaden *m* | Loch *n* ⟨a ~ in one's pride gekränkter Stolz⟩ | *Tech* Zahn *m* ◇ **make a ~ in** *umg übertr* ein erstes Stück vorankommen mit, ersten Erfolg haben mit; **2.** *vt* einkerben, einbeulen ⟨badly ~ed stark verbeult⟩; *vi* sich einbeulen, sich (leicht) verbeulen

den·tal [ˈdentl] **1.** *adj Ling* dental, Dental-, Zahn- ⟨a ~ sound⟩ | *Med* dental, Zahn- ⟨~ decay⟩; **2.** *s*, *auch* ˌ**~ ˈcon·so·nant** *Ling* Dental *m*, Zahnlaut *m*; ˌ**~ ˈplate** *s* Zahnprothese *f*, Platte *f*; ˌ**~ ˈsur·geon** *s förml* Zahnarzt *m*; **ˈden·tate** *adj Bot, Zool* gezähnt; **denˈta·tion** *s Zool* Bezahnung *f* | *Bot* Zähnung *f*

denti- [dentɪ], *auch* **dento-** [dentə-] ⟨*lat*⟩ *in Zus* dental, Zahn-

den·ti·care [ˈdentɪkɛə] *s Kan* (staatliches) Zahnbehandlungsprogramm (für Kinder)

den|ti·cle [ˈdentɪkl] *s* Zähnchen *n*; **~tic·u·lar** [denˈtɪkjʊlə] *adj* zahnförmig; **~ˈtic·u·late** *adj Bot* gezähnelt; ˌ**~tic·uˈla·tion** *s Bot* Zähnelung *f* | Auszackung *f*; **ˈ~ti·form** *adj* zahnförmig; **~ti·frice** [ˈ~tɪfrɪs] *vt förml* Zahnpflegemittel *n*; **~tig·er·ous** [denˈtɪdʒərəs] *adj* zähnetragend; **~til** [ˈ~tɪl] *s Arch* Zahnschnitt *m*; **~tile** [ˈ~taɪl] *s Zool* Zähnchen *n*; **~tine** [ˈ~ti:n] *s Anat* Dentin *n*, Zahnbein *n*; **ˈ~tist** *s* Zahnarzt *m*; **ˈ~tist·ry** *s* Zahnheilkunde *f*; **~ˈti·tion** *s Med, Zool* Zahnsystem *n*, Gebiß *n* | Zahnen *n* (der Kinder)

den|toid [ˈdentɔɪd] *adj* zahnförmig; **~ture** [ˈdentʃə] *s förml* Gebiß *n* ⟨artificial ≈ künstliches Gebiß⟩; **ˈ~tures** *s/pl* (Voll-) Gebiß *n*, Zahnprothese *f*

de·nu·cle·ar·ize [di:ˈnju:klɪəraɪz] *s Pol* entnuklearisieren, von Kernwaffen frei machen ⟨≈d zone⟩; **deˌnu·cle·ar·izˈa·tion** *s* Kernwaffenfreimachung *f*

den·u·date [dɪˈnju:deɪt] *vt* entblößen (**of** von) | *Geol* abtragen | *übertr* berauben (**of s.th.** einer Sache); [dɪˈnju:dɪt] *adj* bloß, entblößt; ˌ**~ˈda·tion** *s* Entblößung *f* | *Geol* Abtragung *f*; **deˈnude** *vt* entblößen (**of** von) | *Geol* abtragen, denudieren | *übertr* berauben (**of s.th.** einer Sache) ⟨≈ of all pride jeglichen Stolzes berauben⟩; **deˈnud·ed** *adj* entblößt von, ohne ⟨trees ≈ of leaves Bäume, die ihr Laub verloren haben⟩

de·nun·ci·a·ble [dɪˈnʌnsɪəbl] *adj Jur* klagbar; **deˈnun·ci·ant** *adj* denunzierend, anzeigend; **deˈnun·ci·ate** *vt* denunzieren, anzeigen | öffentlich bloßstellen, brandmarken | (Vertrag) kündigen; **deˌnun·ciˈa·tion** *s* Denunziation *f*, Anzeige *f* | öffentliche Bloßstellung *f*, Brandmarkung *f* | (Vertrag u. ä.) Kündigung *f*; **deˈnun·ci·a·tive, deˈnun·ci·a·to·ry** *adj* denunzierend | bloßstellend, brandmarkend

de·ny [dɪˈnaɪ] *vt* verneinen, negieren, in Abrede stellen (*Ant* affirm) ⟨to ~ s.th. as true⟩ | (ab)leugnen, abstreiten (**that** daß; **s.th.** etw.; **s.th. to be** daß etw. ist; *mit ger* zu *mit inf*) ⟨it cannot be denied, there is no ~ing es läßt sich nicht leugnen⟩ | (Bitte) ablehnen, abschlagen ⟨to ~ admittance den Zutritt verwehren; to ~ s.o. s.th. jmdm. etw. verweigern⟩ | nicht anerkennen, verleugnen, verwerfen ⟨to ~ the signature e-e Unterschrift nicht als die eigene anerkennen; to ~ patentability die Patentfähigkeit aberkennen; to ~ o.s. sich verleugnen lassen⟩ | (jmdn.) abweisen ⟨to ~ callers⟩ | (e-r Neigung u. ä.) widerstehen *od* entsagen ⟨to ~ o.s. all one's life sich im Leben alles versagen⟩; *vi* verneinen, dementieren | leugnen

de·o·dor·ant [ˌdi:ˈəʊdərənt] **1.** *adj* desodorierend, unangenehme Gerüche beseitigend; **2.** *s* Deodorant *n*, Geruchsbeseitiger *m*; **deˌo·dor·iˈza·tion** *s* Desodorierung *f*, Geruchsbeseitigung *f*; ˌ**deˈo·dor·ize** *vt* desodorieren, von unangenehmen Gerüchen befreien | desinfizieren; ˌ**deˈo·dor·iz·er** *s* = **deodorant** | Desinfektionsmittel *n*

de·on·tol·o·gy [ˌdi:ɒnˈtɒlədʒɪ] *s* Deontologie *f*, Sittenlehre *f*

de·ox·i·di·za·tion [di:ˌɒksɪdaɪˈzeɪʃn] *s Chem* Desoxydation *f*, Sauerstoffentzug *m*; **deˈox·i·dize** *vt Chem* desoxydieren, Sauerstoff entziehen

de·part [dɪˈpɑ:t] **1.** *vi förml* weggehen, abreisen, abfahren (**from** von) | (Zug) abfahren, abgehen | *Flugw* abfliegen, starten | *Mar* auslaufen | *selten* hin-, verscheiden, sterben ⟨to ~ from life aus dem Leben gehen, sterben⟩ | abweichen, ablassen (**from** von) ⟨to ~ from one's plan seinen Plan ändern⟩; *vt arch* verlassen ⟨to ~ this life *euphem* dahinscheiden⟩; **2.** *s arch* Hinscheiden *n*, Tod *m*; **deˈpart·ed** *adj euphem* verschieden, gestorben | vergangen ⟨≈ glories einstiger Ruhm⟩ ◇ **the ~ed** *s euphem* der (die) Verstorbene(n) *m*, *f*(*pl*)

de·part·ment [dɪˈpɑ:tmənt] *s* Abteilung *f* | Dienststelle *f*, Amt *n* ⟨health ~ Gesundheitsamt *n*⟩ | (Universität) Institut *n*, Fachrichtung *f*, Sektion *f* ⟨the English ~, the ~ of English⟩ | Geschäftszweig *m*, Branche *f* ⟨accounting ~ Buchhaltung *f*; shipping ~ Versandabteilung *f*; furniture ~ Möbelabteilung *f*⟩ | (außer Großbritannien u. USA) Departement *n*, Verwaltungsbezirk *m* | *bes Am* Ministerium *n* ⟨≈ of Defense Verteidigungsministerium *n*; ≈ of State Außenministerium *n*; ≈ of the Air Force Luftwaffenministerium *n*; ≈ of the Army Heeresministerium *n*; ≈ of the Interior Innenministerium *n*; ≈ of the Navy Marineministerium *n*; ≈ of the Treasury Finanzministerium *n*⟩ | *Brit umg übertr* Zweig *m*, Linie *f*, Gebiet *n* ⟨that's your ~ das fällt in dein Fach⟩; ˌ**de·partˈmen·tal** *adj* Abteilungs-, eine Abteilung betreffend ⟨≈ head Abteilungsleiter *m*⟩ | Bezirks- | *Am* ministeriell, Ministerial-; **ˈ~ store** *s* Warenhaus *n*

de·par·ture [dɪˈpɑ:tʃə] *s* Weggang *m* ⟨to take one's ~ *förml* sich verabschieden, gehen⟩ | Abreise *f* (**for** nach) | (Zug) Abfahrt *f* ⟨~ platform Bahnsteig *m*; time of ~ Abfahrtszeit *f*⟩ (*Ant* arrival) | *Flugw* Abflug *m* ⟨~message Startmeldung *f*⟩ | *Mar* Auslaufen *n* | *übertr* Anfang *m* ⟨a new ~⟩ | *übertr* Abweichung *f* (**from, of** von) | *übertr* Aufgeben *n* (**from, of s.th.** einer Sache)

de·pas·ture [diːˈpɑːstʃə] *vt* (Gras) abweiden, abfressen | (Vieh) weiden | *vi* weiden, grasen

de·pau·per|ate [ˌdiːˈpɔːpəreɪt] *vt* arm machen | entkräften | verringern; [~ət] *adj Bot* verkümmert; **deˌpau·perˈa·tion** *s* Verarmung *f* | Entkräftung *f*; **ˌdeˈpau·per·ize** *vt* der Armut entreißen

de·pend [dɪˈpend] *vi* abhängen, abhängig sein ([**up**]**on** von) ⟨to ~ on s.o. auf jmdn. angewiesen sein; that [all] ~s, it all ~s je nachdem, das kommt darauf an; it ~s whether es hängt davon ab, ob⟩ | sich verlassen, vertrauen ([**up**]**on** auf) ⟨to ~ [up]on s.o. to do s.th. sich darauf verlassen, daß jmd. etw. tut; ~ upon it (*am Satzanfang* u. *-ende*) verlaß dich darauf, ganz bestimmt⟩ | *Jur* schweben, unentschieden sein; **deˌpend·aˈbil·i·ty** *s* Verläßlichkeit *f*, Zuverlässigkeit *f*; **deˈpend·a·ble** *adj* verläßlich, zuverlässig; **depˈen·dant** = **dependent**; **deˈpen·dence** *s* Abhängigkeit *f* ([**up**]**on** von) | Bedingtsein *n* ([**up**]**on** durch) | Vertrauen *n*, Verlaß *m* ([**up**]**on** auf) ⟨to place / put a lot of ≈ on viel Vertrauen setzen in⟩ | *Jur* Schwebe *f* | Dependance *f*, Nebengebäude *n* (e-s Hotels); **deˈpend·en·cy** *s Pol* abhängiges Gebiet, Kolonie *f*, Dependenz *f*; **deˈpen·dent 1.** *adj* abhängig ([**up**]**on** von) | angewiesen ([**up**]**on** auf) | bedingt ([**up**]**on** durch) | sich verlassend ([**up**]**on** auf) | nicht selbständig | *Bot* (herab)hängend | *Ling* untergeordnet ⟨≈ clause Nebensatz *m*⟩; **2.** *s* abhängige Person | *arch* Bedienstete(r) *f(m)* | *Hist* Vasall *m*

de·per·son·al·i·za·tion [diːˌpɜːsənəlaɪˈzeɪʃn] *s Psych* Entpersönlichung *f*; **deˈper·son·al·ize** *vt* unpersönlich machen, entpersönlichen

de·phased [ˈdiːˌfeɪsd] *adj El* außer Phase, phasenverschoben

de|pict [dɪˈpɪkt] *förml vt* malen, zeichnen | schildern, beschreiben; **~pic·tion** [~ˈpɪkʃn] *s* Malen *n*, Zeichnen *n* | Schilderung *f*, Beschreibung *f*; **~ˈpic·tive** *adj* beschreibend; **~ˈpic·ture 1.** *vt* = **~pict** | vorstellen **2.** *s* Schilderung *f*, Beschreibung *f*

dep·i|late [ˈdepɪleɪt] *vt* enthaaren; **ˌ~ˈla·tion** *s* Depilation *f*, Enthaarung *f*; **de·pil·a·to·ry** [dɪˈpɪlətrɪ] **1.** *adj* enthaarend, Enthaarungs-; **2.** *s* Haarentfernungsmittel *n*

de·plane [ˌdiːˈpleɪn] *vt* aus einem Flugzeug ausladen; *vi* aus einem Flugzeug (aus)steigen

de·plen·ish [dɪˈplenɪʃ] *vt* entleeren, räumen

de|plete [dɪˈpliːt] *vt* (ent)leeren (*auch Med*) (**of s.th.** *mit gen*) | *übertr* (Land) ausbeuten, (Vorräte) erschöpfen, (Kräfte) schwächen ⟨a ≈d mine ein erschöpftes Bergwerk; an army ≈d by desertion eine durch Desertion stark geschwächte Armee; ≈d children ausgemergelte Kinder *n/pl*⟩; **~ˈple·tion** *s* Entleerung (*auch Med*) | *übertr* Ausbeutung *f*, Erschöpfung *f*, Schwächung *f*; **~ˈple·tive**, **~ˈple·to·ry** *adj* (ent)leerend (*auch Med*) | *übertr* ausbeutend, erschöpfend

de·plor·a·bil·i·ty [dɪˌplɔːrəˈbɪlətɪ] *s* Bedauerlichkeit *f* | Kläglichkeit *f*; **deˈplor·a·ble** *adj* bedauerlich, bedauernswert ⟨a ≈ accident ein bedauerlicher Unfall⟩ | kläglich, jämmerlich, erbärmlich ⟨≈ conduct erbärmliches Verhalten⟩; **deˈplore** *vt* bedauern, beklagen, beweinen ⟨to ≈ many casualties⟩ | mißbilligen, ernsthaft bedauern ⟨to ≈ such bad behaviour⟩; *vi, selten* klagen, weinen

de·ploy [dɪˈplɔɪ] **1.** *vt Mil* (Truppen, Schiffe) Kampfaufstellung einnehmen lassen, formieren | (Raketenbasen) errichten, (Raketen) aufstellen, stationieren ⟨to ~ a missile system ein Raketensystem errichten⟩ | *übertr* aufbieten, einsetzen ⟨to ~ all one's skill sein ganzes Können in die Waagschale werfen⟩; **2.** *s Mil* Aufmarschieren *n* in Linie; **deˈploy·ment** *s Mil* Aufmarschieren *n* in Linie ⟨≈ zone Aufmarschgebiet *n*⟩ | Aufstellen *n*, Errichtung *f* ⟨≈ of missiles Raketenstationierung *f*⟩

de·po·lar·i·za·tion [ˌdiːˌpəʊləraɪˈzeɪʃn] *s Phys* Depolarisation *f*; **ˌdeˈpo·lar·ize** *vt Phys* depolarisieren | *übertr* (Glauben u. ä.) erschüttern

de·pol·lute [ˌdiːpəˈluːt] *vt* von Umweltverschmutzung befreien *od* frei machen ⟨to ~ a river⟩

de·po·nent [dɪˈpəʊnənt] *s Jur* Deponent *m*, vereidigter Zeuge *od* Sachverständiger *m*

de·pop·u·late [ˌdiːˈpɒpjʊleɪt] *vi, vt* (sich) entvölkern, **ˌdeˌpop·uˈla·tion** *s* Entvölkerung *f*

de|port [dɪˈpɔːt] *vt* deportieren, verbannen, des Landes verweisen; **~port o.s.** *förml* sich benehmen ⟨to ≈ o.s. with dignity würdevoll auftreten⟩; **ˌ~porˈta·tion** *s* Deportation *f*, Verbannung *f*, Ausweisung *f*; **~ˈport·ment** *s förml, bes Am* Benehmen *n*, Betragen *n* ⟨≈ and manners Auftreten *n* und Manieren *f/pl*⟩ | *bes Brit* (Körper-) Haltung *f* ⟨lessons in ≈⟩

de·pose [dɪˈpəʊz] *vt* (jmdn. e-s Amtes) entheben, absetzen; (Herrscher) entthronen | *förml* behaupten ⟨to ~ the contrary⟩ | *Jur* unter Eid aussagen (**that** daß, **s.th.** etw.); *vi Jur* unter Eid aussagen (**to s.th.** etw., **to** *mit ger* zu *mit inf*); **deˈpos·er** *s Jur* Zeuge *m* unter Eid

de·pos·it [dɪˈpɒzɪt] **1.** *vt* niederlegen, -setzen, -stellen | *Chem, Geol* absetzen, ablagern | (Eier) legen | (Geld) deponieren, einzahlen, hinterlegen (**in** in, **with** bei) | (Geld) anzahlen ⟨to ~ a quarter of the price⟩; *vi Chem, Geol* sich ablagern; **2.** *s Geol* Ablagerung *f* ⟨a ~ of mud Schlammschicht *f*⟩ | Lagerstätte *f* ⟨new ~s of tin neue Zinnlagerstätten *f/pl*⟩ | *Chem* Niederschlag *m*, Ablagerung *f* | Deponierung *f*, Einzahlung *f*, Hinterlegung *f* (von Geld) ⟨money on ~ deponiertes, nicht sofort verfügbares Geld⟩ | (Geld-) Anzahlung *f* ⟨to make / pay a ~ eine Anzahlung leisten⟩ | Pfand *n*; **ˈ~ acˌcount** *s Wirtsch* Depositenkonto *n*; **deˈpos·i·tar·y** *s* Depositar *m*, Verwahrer *m* | Depositorium *n*, Verwahrungsort *m*; **ˈ~ bank** *s* Depositenbank *f*; **ˌ~ ˈcap·i·tal** *s Wirtsch* Einlagekapital *n*; **dep·o·si·tion** [ˌdepəˈzɪʃn] *s* Absetzung *f* | Entthronung *f* | *Chem, Geol* Ablagerung *f* | Behauptung *f* | *Jur* Aussage *f* unter Eid; **deˈpos·i·tor** *s Wirtsch* Hinterleger *m* | Einzahler *m* | Bankkunde *m*; **deˈpos·i·to·ry** *s* Depositorium *n*; Hinterlegungsort *m* | (Waren u. ä.) Niederlage *f*, Lager *n* | Depositar *m*, Verwahrer *m*

de·pot [ˈdepəʊ] *s* Depot *n*, Niederlage *f*, Lagerhaus *n* | *Mil* Depot *n*; [ˈdiːpəʊ] *Am* Bahnhof *m*

dep·ra·va·tion [ˌdeprəˈveɪʃn] *s* Verderbtheit *f* | Demoralisierung *f*, moralische Entartung; **de·prave** [dɪˈpreɪv] *vt* demoralisieren, moralisch verderben; **deˈpraved** *adj* entartet, korrupt, (moralisch) verdorben, verworfen, lasterhaft ⟨≈ persons; ≈ tastes⟩; **de·prav·i·ty** [dɪˈprævətɪ] *s* Verdorbenheit *f*, Verworfenheit *f*, Lasterhaftigkeit *f* ⟨sunk in ≈ moralisch tief gesunken⟩ | Schlechtigkeit *f*, gemeine Tat, unmoralische Handlung

dep·re|cate [ˈdeprəkeɪt|-rɪ-] *vt* verwerfen, verurteilen, ablehnen ⟨hasty action is to be ≈d voreiliges Handeln schadet nur⟩ | durch Bitten abzuwenden suchen ⟨to ~ s.o.'s anger jmdn. in seinem Ärger umzustimmen (ver)suchen⟩; **ˈ~cat·ing** *adj* abwehrend ⟨a ≈ smile⟩; **ˌ~ˈca·tion** *s* Verurteilung *f*, Ablehnung *f* | flehentliche Bitte | *arch* Fluch *m*; **~ca·tive** [ˈ~keɪtɪv], **~ca·to·ry** [ˈ~keɪtərɪ] *adj* verurteilend, ablehnend ⟨≈ words against s.o. mißbilligende Worte gegenüber jmdm.⟩ | bittend, flehend ⟨a ≈ smile⟩ | reumütig, Entschuldigungs- ⟨≈ gesture⟩

de·pre·ci|ate [dɪˈpriːʃɪeɪt] *vt* herab-, heruntersetzen | (Preis) herabsetzen | *Wirtsch* (Wert) abschreiben | geringschätzen, unterschätzen, verachten; *vi* (Preis) fallen, sinken | (Wert) abgeschrieben werden | im Wert sinken, an Wert verlieren; **deˈpre·ci·at·ing** *adj* geringschätzend, verächtlich; **deˌpre·ciˈa·tion** *s* Herab-, Heruntersetzung *f* | *Wirtsch* Abschreibung *f* | Entwertung *f* ⟨≈ of currency Geldentwertung *f*⟩ | Wertverlust *m* (durch Abnutzung) | Geringschätzung *f*, Unterschätzung *f*, Verachtung *f*; **~a·tive** [~ˌeɪtɪv], **~a·to·ry** [dɪˈpriːʃətərɪ] *adj* geringschätzig, verächtlich ⟨≈ remarks⟩

dep·re|date [ˈdeprədeɪt] *vi, vt förml* plündern; **ˌ~ˈda·tion** *s* (*meist pl* **ˌ~ˈda·tions**) Plünderung *f*, Verwüstung *f* (*auch übertr*); **ˌ~ˈda·tor** *s* Plünderer *m*, Räuber *m*; **~da·to·ry** [dɪˈpredətərɪ] *adj* plündernd, verwüstend

de·press [dɪˈpres] *vt förml* herunter-, niederdrücken, senken ⟨to ~ a lever einen Hebel niederdrücken; to ~ the eyes die Augen niederschlagen⟩ | (Stimme) senken | (Preis u. ä.) herabsetzen | (Handel) einschränken, vermindern | *übertr* niederdrücken, deprimieren ⟨the weather ~ed him; to ~ s.o.'s spirits jmds. Stimmung verderben⟩ | *Math* reduzieren; **deˈpres·sant** *Med* **1.** *adj* dämpfend, beruhigend; **2.** *s* Sedativum *n*, Beruhigungsmittel *n*; **deˈpressed** *adj* (Preis, Wert) herabgesetzt, gesenkt | (Niveau) niedrig | (Handel) flau | (Stimme) gesenkt | (Fläche u. ä.) eingedrückt, vertieft | flach, niedrig ⟨≈ cactus⟩ | *übertr* (Stimmung u. ä.) niedergedrückt, deprimiert ⟨≈ spirits⟩; **deˌpressed ˈa·re·a** *s* Notstandsgebiet *n*; **deˌpressed ˈclas·ses** *s* unterdrückte Klassen *f/pl*, gesellschaftlich benachteiligte (Bevölkerungs-) Schichten *f/pl*; **deˈpress·i·ble** *adj* niederzudrücken(d); **deˈpress·ing** deprimierend, niederdrückend ⟨≈ news niederschmetternde Nachrichten *f/pl*⟩; **deˈpres·sion** [-ʃ-] *s* Herabsetzung *f*, Senkung *f* | Herab-, Niederdrückung *f* | *Geol* Depression *f*, Landsenke *f* | Vertiefung *f* ⟨a ≈ in the road⟩ | *Wirtsch* Depression *f*, Krise *f*, Tiefstand *m* ⟨the Great ≈ die Weltwirtschaftskrise⟩ | *Wirtsch* (Preis) Fallen *n*, Sinken *n*, Senkung *f* | *übertr* Depression *f*, Niedergeschlagenheit *f* ⟨a fit of ≈ ein Anfall *m* von Depression⟩ | *Met* Depression *f*, Tief(druckgebiet) *n* ⟨a ≈ over Iceland⟩ | *Med* Schwäche *f*, Entkräftung *f* | *Math* Reduktion *f*; **deˈpres·sive** *adj* deprimierend, niederdrückend

dep·ri|vate [ˈdeprɪveɪt] *vt* = **de·prive**; **ˌ~ˈva·tion** *s* Beraubung *f*, Entzug *m* (**of s.th.** e-r Sache) ⟨≈ of one's rights as a citizen Entzug *m* der Bürgerrechte⟩ | (empfindlicher) Verlust *m*, Entbehrung *f* ⟨to suffer from ≈s⟩ | *Rel* Deprivation *f*, Absetzung *f* eines Geistlichen; **de·prive** [dɪˈpraɪv] *vt* (jmdn.) berauben (**of s.th.** e-r Sache), (jmdm.) entziehen, vorenthalten (**of s.th.** etw.) (*auch übertr*) ⟨to ≈ of light das Licht wegnehmen; to ≈ the criminal of his rights dem Straftäter seine Rechte entziehen; to ≈ s.o. of the pleasure jmdn. des Vergnügens berauben⟩ | ausschließen, fernhalten (**of s.th.** von etw.) | *Rel* (Geistlichen) absetzen

depth [depθ] *s* Tiefe *f* ⟨the ~ of a river, at a ~ of ten feet in zehn Fuß Tiefe; ten feet in ~ zehn Fuß tief⟩ | Weite *f*, Höhe *f* ⟨the ~ of the sky⟩ | *Foto* Tiefenschärfe *f* | (Ton-) Tiefe *f* ⟨the ~ of his voice⟩ | (Farbe) Kraft *f*, Sattheit *f* | (*mit best art*) *übertr* Tiefe *f*, Mitte *f*, Zentrum *n* ⟨in the ~ of night mitten in der Nacht; in the ~ of the country im Innern des Landes, in the ~ of one's heart im innersten Herzen⟩ | *übertr* Tiefe *f*, Abgrund *m* ⟨in the ~s of despair in tiefster Verzweiflung⟩ | *übertr* Tiefe *f*, Tiefgründigkeit *f*, Scharfsinn *m* ⟨~ of thought Gedankentiefe *f*⟩ | *übertr* Intensität *f*, Ausmaß *n* ⟨the ~ of his feeling⟩ | *übertr* Tiefe *f*, Unklarheit *f*, Dunkelheit *f* (von Worten u. ä.) | *Psych* Unterbewußtsein *n* ◇ **go/get out of/beyond one's ~** (im Wasser) den Boden unter den Füßen verlieren (*auch übertr*); **be out of one's ~** *übertr* sich einer zu schwierigen Aufgabe gegenübersehen ⟨I'm out of my ~ das geht über meine Kräfte, das übersteigt meine Fähigkeiten⟩; **in ~** ein ganzes Stück, sich weit erstreckend) | *Mil* in der Tiefe ⟨defence ≈ tiefgestaffelte Verteidigung⟩ | *übertr* gründlich, tiefgründig ⟨to make a study ≈ of, *auch* to make an in-~ study of⟩; **ˈ~ bomb**, **ˈ~ charge** *s* Unterwasserbombe *f*; **ˈ~-bomb**, **ˈ~-charge** *vt* mit Wasserbomben angreifen *od* vernichten; **ˈ~ feed** *s Tech* Senkrecht-, Tiefenvorschub *m*; **ˈ~ ˌin·ter·view** *s Psych* ausführliches Interview; **ˈ~less** *adj* flach | *übertr* unergründlich | unendlich; **ˌ~ psyˈchol·o·gy** *s* Tiefenpsychologie *f*

dep·u|rate [ˈdepjʊəreɪt] *Chem vt* reinigen, läutern; *vi* gereinigt *od* geläutert werden; **ˌ~ˈra·tion** *s Chem Med* Reinigung *f*, Läuterung *f*

dep·u|ta·tion [ˌdepjuˈteɪʃn] *s* Deputation *f*, Abordnung *f* | Deputation *f*, Delegation *f*; **de·pute** [dɪˈpjuːt] *förml vt* deputieren, beauftragen, bevollmächtigen (**s.o. to** *mit inf* jmdn. zu *mit inf*) | (etw.) übertragen (**to s.o.** jmdm.) ⟨to ≈ authority Vollmacht delegieren⟩; **ˈ~tize** *vt* delegieren, abordnen | *Am* als Stellvertreter einsetzen; *vi* als Abgeordneter wirken | *Am* Stellvertreter sein; **ˈdep·u·ty 1.** *s* Bevollmächtigter *m* | Stellvertreter *m* ⟨to act as [a] ≈ Stellvertreter *m* sein für⟩ | *Pol* Abgeordneter *m*, Deputierter *m* | *auch* **ˈ~ ˌsher·iff** *Am* Stellvertreter *m* des Sheriffs; **2.** *adj* stellvertretend; Vize- ⟨≈ chairman Vizepräsident *m*⟩

de·rac·i|nate [dɪˈræsɪneɪt] *vt förml* ausrotten, entwurzeln (*auch übertr*); **~na·tion** [diːˌræsɪˈneɪʃn] *s* Ausrottung *f* (*auch übertr*)

de·rail [dɪˈreɪl|diː-] *vt* (*meist pass*) (Zug) zum Entgleisen bringen ⟨to be ~ed entgleisen, entgleist sein⟩; *vi* entgleisen; **deˈrail·ment** *s* Entgleisung *f*

de·range [dɪˈreɪndʒ] *vt* durcheinanderbringen, in Unordnung bringen ⟨to ~ s.o.'s plans⟩ | (Maschinen, Organe u. ä.) stören (*auch übertr*) | wahnsinnig machen; **deˈranged** *adj* durcheinander | wahnsinnig, geistesgestört ⟨mentally ≈⟩; **deˈrange·ment** *s* Durcheinander *n*, Unordnung *f* | Wahnsinn *m*, Geistesgestörtheit *f*

Der·by [ˈdɑːbɪ] *s, mit best art* (Pferdesport) Zuchtrennen *n* der Dreijährigen *Brit* in Epsom, *Am* in Churchill, Kentucky ⟨~ day; the Epsom ~; the Kentucky ~⟩ | *Am* steifer Filzhut

der·e|lict [ˈderəlɪkt] **1.** *adj* (*bes* Schiff) verlassen, aufgegeben, herrenlos ⟨≈ ship; ≈ land⟩ | *bes Am* nachlässig, pflichtvergessen, unverantwortlich ⟨≈ behaviour⟩; **2.** *s* herrenloses Gut | *Mar* (treibendes) Wrack | *bes Am* hoffnungslos heruntergekommener Mensch, menschliches Wrack ⟨useless ≈s of society Strandgut *n od* Opfer *pl* der Gesellschaft⟩ | *bes Am* pflichtvergessener Mensch | *Jur* trockengelegtes Land; **~lic·tion** [ˌ~ˈlɪkʃn] *s* Aufgeben *n*, Verlassen *n* | Versäumnis *n*, Unterlassung *f* ⟨≈ of duty Pflichtvergessenheit *f*⟩ | *Jur* Besitzaufgabe *f* | *Jur* trockengelegtes Land, Verlandung *f*

de·req·ui·si·tion [ˌdiːrekwɪˈzɪʃn] *Brit* **1.** *s* Freigabe *f*; **2.** *vt* freigeben; *vi* die Beschlagnahmung aufheben

de·ride [dɪˈraɪd] *vt* verlachen, verspotten, verhöhnen (**as** als) | verächtlich behandeln

de ri·gueur, *selten* **de ri·geur** [dəriːˈgɜː] *adj* ⟨*frz*⟩ erforderlich, gefordert, unerläßlich, (von der Etikette) gefordert, Pflicht, Zwang ⟨tie is ~ Krawatte ist Pflicht; it is ~ to pay man hat zu zahlen; ~ clothing geforderte Kleidung⟩

de|ris·i·ble [dɪˈrɪzəbl] *adj* lächerlich; **~ri·sion** [dɪˈrɪʒn] *s* Verlachen *n*, Verspotten *n*, Verhöhnen *n* | Hohn *m*, Spott *m* ⟨to be in ≈; to become an object of ≈ verspottet werden; to bring s.o. (s.th.) into ≈; to hold s.o. (s.th.) in ≈ jmdn. (etw.) verspotten⟩ | Zielscheibe *f* des Spottes ⟨to become the ≈⟩; **~ri·sive** [~ˈraɪsɪv], **~ri·so·ry** [~ˈraɪsərɪ] *adj* spottend, höhnisch, verächtlich, Hohn- ⟨≈ laughter⟩ | lächerlich, nicht ernst zu nehmen ⟨a ≈ offer⟩

de·riv·able [dɪˈraɪvəbl] *adj* herleitbar, zu erhalten(d) (**from** von, aus); **deˈriv·al**, **der·i·va·tion** [derɪˈveɪʃn] *s* Herleitung *f* (**from** von, aus) | Abstammung *f*, Herkunft *f* (**from** von) ⟨a word of Latin ≈⟩ | *Ling* Wortbildung *f*; Ableitung *f*; **de-**

·riv·a·tive [dɪˈrɪvətɪv] **1.** *adj* ab-, hergeleitet (**from** von) | sekundär | *Mal verächtl* nach fremdem Vorbild, nachahmend ⟨≈ paintings⟩; **2.** *s* Her-, Ableitung *f* | etw. Abgeleitetes *n* | *Ling* Ableitung *f*, abgeleitetes Wort *n* | *Chem* Derivat *n* | *Math* Differentialquotient *m*; **de'rive** *vt* ab-, herleiten (**from** von) | *Ling* (Wort) derivieren, her-, ableiten (**from** von) | *Chem, Math, El* ableiten | (etw.) bekommen, erhalten, gewinnen (**from** von); ⟨to ≈ pleasure from Freude haben an; to ≈ profit from Nutzen haben von *od* ziehen aus⟩ | (etw.) verdanken (**from s.o.** jmdm.); *vi* ab-, herstammen | sich ab-, herleiten, ausgehen (**from** von)

-derm [dɜ:m] ⟨*griech*⟩ *in Zus* Haut-, -haut

derm [dɜ:m], **der·ma** [ˈ~ə] *s Anat, Zool* Haut *f*; **ˈder·mal** *adj Anat* dermal, Dermal-, Haut-; **der·mat·ic** [dəˈmætɪk] *adj Anat* dermatisch, Haut-; **der·ma·ti·tis** [ˌdɜ:məˈtaɪtɪs] *s Med* Dermatitis *f*, Hautentzündung

dermat[o]- [dɜ:mət(ə)] ⟨*griech*⟩ *in Zus* Haut-

der·ma|to·log·i·cal [ˌdɜ:mətəˈlɒdʒɪkl] *adj* dermatologisch; **~tol·o·gist** [ˌdɜ:məˈtɒlədʒɪst] *s* Dermatologe *m*, Hautarzt *m*; **ˌ~ˈtol·o·gy** *s* Dermatologie *f*; **~to·sis** [~ˈtəʊsɪs] *s* Dermatosis *f*, Hautkrankheit *f*; **der·mic** [ˈdɜ:mɪk] *adj Anat* dermatisch, Haut-; **der·mis** = **derm**

dermo- [dɜ:mə] ⟨*griech*⟩ *in Zus* Haut-

der·o|gate [ˈderəgeɪt] *vi förml* schmälern, beeinträchtigen (**from s.th.** e-e Sache), schaden, Abbruch tun (**from s.o.** jmdm.) ⟨to ≈ from s.o.'s fame jmds. Ansehen nicht förderlich sein⟩ | sich herablassen, sich erniedrigen ⟨to ≈ from o.s. sich etw. vergeben, sich s-r unwürdig verhalten⟩; **ˌ~ˈga·tion** *s förml* Schmälerung *f*, Beeinträchtigung *f* (**from/of s.th.** e-r Sache) | Schaden *m*, Nachteil *m* (**to** für) ⟨without ≈ to his high rank ohne daß seine hohe Stellung darunter leidet⟩ | Entwürdigung *f* | *Jur* (Gesetz) teilweise Aufhebung (**of / to a law** e-s Gesetzes); **de·rog·a·tive** [dɪˈrɒgətɪv] *adj förml* nachteilig, abträglich ⟨to be ≈ of / to s.th. einer Sache abträglich sein⟩; **de·rog·a·to·ry** [dɪˈrɒgətr̩ɪ] *förml adj* nachteilig, abträglich ⟨to be ≈ from / to, *selten* of s.th. e-r Sache schaden⟩ | geringschätzig, abfällig ⟨a ≈ remark⟩ | herabsetzend, entwürdigend ⟨≈ to o.s. seiner unwürdig⟩

der·rick [ˈderɪk] **1.** *s Tech* Bohrturm *m* | *auch* **ˈ~ crane** Derrick(kran) *m*, Mastenkran *m* | *Mar* Ladebaum *m*; **2.** *vt, vi* mit einem Derrickkran verladen; **ˈ~man** *s* (*pl* **ˈ~men**) Kranführer *m*

der·ring-do [ˌderɪŋˈdu:] *s leicht arch, scherzh* Tollkühnheit *f*, Verwegenheit *f* ⟨deeds of ~ tollkühne Taten *f/pl*⟩ | *Wirtsch* Unternehmungsgeist *m*

derv [dɜ:v] *s Brit* Diesel (Kraftstoff) *m*

der·vish [ˈdɜ:vɪʃ] *s Rel* Derwisch *m* ⟨dancing/whirling ~es tanzende Derwische *m/pl*; howling ~es heulende Derwische *m/pl*⟩ | *übertr* etw., das *od* jmd., der sich wild und heftig bewegt ⟨snow ~es heftiger Flockenwirbel⟩

de·sal·i·nate [di:ˈsælɪneɪt], *auch* **deˈsal·i·nize** *vt* entsalzen ⟨to ≈ sea water⟩; **deˌsal·iˈna·tion**, *auch* **deˌsal·i·niˈza·tion** *s* Entsalzung *f*

de·scale [ˌdi:ˈskeɪl] *vt* (Heizungsrohre u. ä.) ausputzen, säubern | *Tech* entzundern

des·cant [ˈdeskænt] *s Mus* Diskant *m* | *Mus* Melodie *f*, Variation *f* | *förml übertr* Bemerkung *f* (**on** zu); [desˈkænt] *vi Mus* diskantieren | *förml übertr* ausführlich reden (*bes* lobende) Bemerkungen machen, sich (lobend) auslassen (**[up]on** über)

de·scend [dɪˈsend] *vi oft förml* herab-, hinab-, herunter-, hinuntergehen, -steigen, -fallen, -sinken, -fließen (**from** von, **in** in) | *Bergb* einfahren | *Flugw* niedergehen, landen | *Mus* tiefer werden | *Astr* sinken, fallen | (*pass*) *übertr* abstammen ⟨to be ~ed from⟩ | *übertr* übergehen, sich vererben (**to** auf) | *übertr* eingehen, zu sprechen kommen (**to** auf) ⟨to ~ to particulars zu den Einzelheiten übergehen⟩ | *übertr* herfallen (**[up]on** über), sich stürzen (**[up]on** auf) | (plötzlich) auftauchen *od* jmdn. heimsuchen ⟨the whole family ~ed on us at Xmas⟩ | *übertr* sich erniedrigen *od* herablassen (**to** zu); *vt förml* herab-, herunter-, hinuntergehen, -fahren, -steigen ⟨to ~ the stairs (a ladder)⟩; **deˈscend·a·ble** *adj* vererbbar (**to** auf); **deˈscend·ance** = **deˈscend·ence**; **deˈscend·ant** = **deˈscend·ent**; **deˈscend·ence** *s* Abstammung *f*; **deˈscend·ent 1.** *adj* herab-, hinab-, hinuntersteigend | abstammend (**of** von); **2.** *s* Nachkomme *m* (**of** von); **deˌscend·iˈbil·i·ty** *s* Vererbbarkeit *f*; **deˈscend·i·ble** *adj* vererbbar (**to** auf)

de·scent [dɪˈsent] *s* Fallen *n*, Sinken *n* ⟨gradual ~ allmählicher Abfall⟩ | Hinab-, Hinuntersteigen *n*, Abstieg *m* ⟨parachute ~ Fallschirmabsprung *m*; the ~ of the mountain der Abstieg vom Gipfel⟩ | *übertr* Niedergang *m*, Abstieg *m* | Abhang *m* | *Astr* Fall *m* | *Bergb* Einfahrt *f* | Einfall *m*, Überfall *m* (*auch übertr*) (**[up]on** in, auf) | Abstammung *f*, Herkunft *f* ⟨of German ~ deutscher Abstammung; to trace one's ~ from abstammen von, zurückgehen auf⟩ | Vererbung *f*

de|scrib·a·ble [dɪˈskraɪbəbl] *adj* beschreibbar; **~ˈscribe** *vt* beschreiben, schildern (**to s.o.** jmdm.) | hinstellen (**as** als) ⟨to ≈ o.s. as sich ausgeben als⟩ | *Math* (Kreis) beschreiben ⟨to ≈ a circle⟩; **~scrip·tion** [dɪˈskrɪpʃn] *s* Beschreibung *f*, Schilderung *f* ⟨beyond / past all ≈ unbeschreiblich; to beggar ≈ sich nicht in Worten beschreiben lassen; to defy ≈ jeder Beschreibung spotten⟩ | *umg* Art *f*, Sorte *f* ⟨cars of every ≈ / of all ≈s Autos *n/pl* verschiedenster Typen; a man of that ≈ ein derartiger Mann, so ein Mann⟩; **~scrip·tive** [dɪˈskrɪptɪv] *adj* beschreibend, schildernd, darstellend, Darstellungs-, deskriptiv ⟨≈ geometry darstellende Geometrie; ≈ power Darstellungsvermögen *n*; ≈ writer Schriftsteller *m* mit großer Darstellungsgabe; to be ≈ of s.th. etw. beschreiben⟩ | anschaulich, aussagekräftig, vielsagend ⟨a ≈ story⟩ | ausführlich, detailliert ⟨a ≈ catalogue; a ≈ list⟩ | *Ling* deskriptiv, beschreibend ⟨a ≈ adjective; ≈ grammar⟩

de·scry [dɪˈskraɪ] *vt lit* erspähen, ausfindig machen, entdecken (*auch übertr*)

des·e|crate [ˈdesəkreɪt] *vt* entheiligen, entweihen | *übertr* profanieren, schänden | (Haus u. ä.) aufgeben, verfallen lassen; **ˌ~ˈcra·tion** *s* Entheiligung *f*, Entweihung *f* (*auch übertr*)

de·seg·re·gate [ˌdi:ˈsegrɪgeɪt] *vt urspr Am* (in öffentlichen Einrichtungen) die Rassentrennung aufheben ⟨to ≈ the schools⟩; *vi* die Rassentrennung aufheben; **ˌdeˌseg·reˈga·tion** *s urspr Am* Aufhebung *f* der Rassentrennung

de·sen·siti·za·tion [di:ˌsensɪtaɪˈzeɪʃn] *s Foto* Desensibilisierung *f* | *Med* Desensitisierung *f*, Immunisierung *f*; **deˈsen·si·tize** *vt Foto* desensibilisieren, lichtunempfindlich machen | *Med* desensitieren, immunisieren (**to** gegen) | *Psych* von Neurosen befreien | abstumpfen (**to** gegenüber)

[1]de·sert [dɪˈzɜ:t] *s* (*oft pl* **deˈserts**) Verdienst *n* | Wert *m*, Verdienst *n* ⟨to have a reputation below one's ~ e-n schlechteren Ruf haben, als man verdient⟩ | *übertr* Lohn *m*, verdiente Strafe ⟨to get one's ~s, to meet with one's ~s⟩

[2]des·ert [ˈdezət] **1.** *s* Einöde *f*, Wüste *f* (*auch übertr*) ⟨the Sahara ~ die Wüste Sahara⟩; **2.** *adj* öde, wüst, Wüsten- ⟨a ~ area⟩ | unbewohnt ⟨a ~ island⟩

[3]de·sert [dɪˈzɜ:t] *vt* verlassen ⟨the streets were ~ed⟩ | verlassen, im Stich lassen (*auch übertr*) ⟨to ~ a friend; his courage ~ed him⟩ | *Jur* (Ehegatten) böswillig verlassen | *Mil, Mar* desertieren ⟨to ~ one's colours fahnenflüchtig werden⟩; *vi, bes Mil* desertieren, fahnenflüchtig werden, überlaufen (**to** zu); **deˈsert·ed** *adj* verlassen, wie ausgestorben, menschenleer ⟨≈ streets⟩, unbewohnt ⟨≈ houses⟩ |

(Person) verlassen, einsam; **de'sert·er** *s Mil, Mar* Deserteur *m*, Fahnenflüchtiger *m*; **de·ser·tion** [dɪ'zɜ:ʃn] *s* Verlassen *n*, Imstichlassen *n* | Verlassenheit *f* | *Jur* böswilliges Verlassen (e-s Ehegatten) | *Mil, Mar* Desertion *f*, Fahnenflucht *f* | *übertr* Abfall *m*

de|serve [dɪ'zɜ:v] *vt* würdig sein, verdienen, verdient haben ⟨to ≈ an order e-r Auszeichnung würdig sein; to ≈ to be punished Strafe verdient haben; to ≈ s.o.'s help verdienen, daß jmd. hilft; to ≈ mention Erwähnung verdienen⟩; *vi förml* sich verdient machen ⟨to ≈ well of s.o. (s.th.) sich um jmdn. (etw.) verdient machen, sich jmdn. zu Dank verpflichten; to ≈ ill of s.o. (s.th.) jmdm. (e-r Sache) e-n schlechten Dienst erweisen⟩; **~'served** *adj* (wohl)verdient; **~'serv·ed·ly** [-vɪd-] *adv* verdientermaßen, mit Recht ⟨to be ≈ punished zu Recht bestraft werden⟩; **~'serv·ing** **1.** *adj förml* würdig, wert (**of s.th.** e-r Sache) ⟨to be ≈ of s.th. etw. verdienen, e-e Sache wert sein⟩ | (Person) verdienstvoll ⟨≈ workers⟩ | (Tat, Sache) verdienstlich | (*bes* finanziell) bedürftig ⟨the ≈ poor; ≈ students⟩; **2.** *s* Verdienst *n*

dés·ha·billé [ˌdeɪzæ'bi:eɪ|ˌdezə'bi:leɪ] = **dishabille**

des·ic|cate ['desɪkeɪt] *vt, vi förml* austrocknen; **'~cat·ed** *adj* getrocknet | Trocken- ⟨≈ fruit Dörrobst *n*; ≈ milk Trockenmilch *f*⟩; **ˌ~'ca·tion** *s* (Aus-) Trocknung *f*; **~ca·tive** [de'sɪkətɪv] **1.** *adj* (aus)trocknend; **2.** *s* Sikkativ *n*, austrocknendes Mittel *n*; **'~ca·tor** *s Chem* Exsikkator *m*, Trockenapparat *m*; **~ca·to·ry** [dɪ'sɪkətr̩ɪ] *adj* (aus)trocknend

de·sid·er|a·ta [dɪˌzɪdə'reɪtə] *förml s/pl* von **~atum**; **de'sid·er·ate** *vt* brauchen, bedürfen, nötig haben | ersehnen; **deˌsid·er'a·tion** *s* Bedürfnis *n*; **~a·tive** [dɪ'zɪdəreɪtɪv] **1.** *adj* bedürfend ⟨to be ≈ of s.th. etw. brauchen⟩ | *Ling* desiderativ, ein Verlangen ausdrückend; **2.** *s Ling* Desiderativum *n*; **~a·tum** [dɪˌzɪdə'reɪtəm] *s* (*pl* **~a·ta** [~'reɪtə]) Bedürfnis *n*, Erfordernis *n* | das Gewünschte, Desideratum *n*

de|sign [dɪ'zaɪn] **1.** *vt* zeichnen, entwerfen ⟨to ≈ a dress⟩ | konstruieren | beabsichtigen, planen (**s.th.** etw., **to** *mit inf*, **to** *mit ger* zu *mit inf*) | ausdenken, ersinnen ⟨to ≈ the perfect crime⟩ | bestimmen, vorsehen (**for** für) ⟨to be ≈ed as gedacht sein als⟩; *vi* entwerfen, skizzieren; **2.** *s* Entwurf *m*, Plan *m*, Skizze *f* ⟨≈s for a dress⟩ | Konstruktion *f*, Ausführung *f* ⟨the ≈ of a machine⟩ | Dessin *n*, Muster *n* ⟨a ≈ of flowers ein Blumenmuster *n*; registered ≈ Gebrauchsmuster *n*⟩ | Absicht *f*, Plan *m* ⟨by accident or ≈ durch Zufall oder Absicht⟩ | Ziel *n*, Zweck *m* | *meist pl* Anschlag *m* ⟨to have ≈s against / [up]on s.o. gegen jmdn. etw. im Schilde führen⟩

des·ig·nate ['dezɪgneɪt] **1.** *vt* designieren, bestimmen, ernennen (**for, to** für) | be-, kennzeichnen ⟨to ~ boundaries Grenzen ziehen⟩ | *förml* (jmdn.) bezeichnen (**as** als) ⟨to ~ s.o. a murderer jmdn. als Mörder bezeichnen⟩; **2.** [~|-nət] *adj* (*nach s*) designiert, vorgesehen ⟨the governor ~ designierter Gouverneur⟩; **ˌdes·ig'na·tion** *s* Designation *f*, Bestimmung *f*, Ernennung *f* | *förml* Be-, Kennzeichnung *f*, Benennung *f*, Name *m*; **des·ig·na·tive** ['~ˌneɪtɪv], **des·ig·na·to·ry** ['~ˌneɪtərɪ] *adj förml* be-, kennzeichnend ⟨to be ≈ of s.th. etw. be-, kennzeichnen⟩

de·signed [dɪ'zaɪnd] *adj* absichtlich; **de'sign·er** **1.** *s* Zeichner *m*, Konstrukteur *m* | Musterzeichner *m*; Designer *m*, Formgestalter *m* | *Am* Bühnenbildner *m* | Intrigant *m*; **2.** *adj* Modell-, besonders entworfen ⟨≈ jeans; ≈ cars⟩; **de'sign·ful** *adj* absichtlich | intrigant; **de'sign·ing** **1.** *adj verächtl* intrigant, ränkevoll ⟨a ≈ woman⟩ | umsichtig ⟨a ≈ manager⟩; **2.** *s* Intrigen *f/pl* | Entwerfen *n*, Skizzieren *n*

de·sip·i·ence [dɪ'sɪpɪəns] *s förml* Albernheit *f*; **de'sip·i·ent** *adj* albern, töricht

de·sir·a·bil·i·ty [dɪˌzaɪərə'bɪlətɪ] *s* Wünschenswertes *n*, Erwünschtheit *f* | wünschenswerter Zustand; **de'sir·a·ble** *adj* wünschenswert, erwünscht ⟨it is ≈ to do s.th.⟩ | begehrenswert ⟨a ≈ woman⟩ | angenehm; **de'sire** **1.** *vt* wünschen, begehren, verlangen (**s.th. of s.o.** etw. von jmdm.; **s.o. to do s.th.** daß jmd. etw. tut; **s.th. to be done** daß etw. getan wird) ⟨as ≈d wie gewünscht; if ≈d falls gewünscht; to leave much to be ≈d viel zu wünschen übrig lassen⟩ | (sexuell) begehren | (jmdn.) ersuchen, bitten ⟨it is ≈ed that es ist erwünscht, daß⟩; *vi* Wünsche hegen; **2.** *s* Wunsch *m*, Begehren *n*, Verlangen *n* (**for** nach, **to** *mit inf* zu *mit inf*) | Bitte *f* ⟨at s.o.'s ≈ auf jmds. Bitte; to express a ≈ e-n Wunsch äußern⟩ | Sehnsucht *f*, Verlangen *n* (**for** nach) | (sexuelle) Begierde | Erwünschtes *n* ⟨to get all one's ≈s alle Wünsche erfüllt bekommen, alles bekommen, was man sich wünscht; your heart's ≈ dein Herzenswunsch, was dein Herz begehrt⟩; **de'sir·ous** *adj* begierig (**of** nach) | verlangend, wünschend (**of s.th.** etw., **to** *mit inf/ger* zu *mit inf*) ⟨to be ≈ of wünschen, verlangen; to be strongly ≈ that nachdrücklich wünschen, daß⟩

de·sist [dɪ'zɪst] *vi förml* abstehen, ablassen (**from** von), aufhören (**from** mit); **de'sist·ance, de'sist·ence** *s* Abstehen *n*, Ablassen *n* (**from** von)

desk [desk] **1.** *s* Schreibtisch *m*, -pult *n* | Lese-, Notenpult *n* | *übertr umg* Person *f* hinterm Schreibtisch; **2.** *adj* Schreib-, Büro-; **'~ clerk** *s, Am* **re'cep·tion ~** (Hotel-) Portier *m*; **'~ pad** *s* Schreibunterlage *f*; **'~ set** *s* Schreibzeug *n*; **'~ ˌstudy** *s Brit* Schreibtischstudie *f*, Literaturanalyse *f*; **'~ work** *s oft verächtl* Schreibtischarbeit *f*, schriftliche Arbeiten *f/pl*

des·o|late ['desələt] *adj* (Ort) öde, wüst ⟨a ≈ place⟩ | (Person) einsam, verlassen, allein, trostlos ⟨a ≈ life⟩; ['desəleɪt] *vt* verwüsten, verheeren ⟨to ≈ the country⟩ | verlassen | (*meist pass*) traurig *od* betrübt machen ⟨to be ≈d by untröstlich sein wegen⟩; **ˌ~'la·tion** *s* Einöde *f* | Verwüstung *f*, Verheerung *f* | Einsamkeit *f*, Verlassenheit *f* | Traurigkeit *f*, Elend *n*, Trostlosigkeit *f*

de·spair [dɪ'speə] **1.** *vi* verzweifeln (**of** an) | die Hoffnung aufgeben (**of s.th.** auf etw.); **2.** *s* Verzweiflung *f* (**at** über, **of** *mit ger* zu *mit inf*), Hoffnungslosigkeit *f* ⟨to drive s.o. to ~ jmdn. zur Verzweiflung bringen; to be filled with ~ voller Verzweiflung sein⟩ | Gegenstand *m* der Verzweiflung ⟨to be the ~ of s.o. jmdn. zur Verzweiflung bringen⟩; **de'spair·ing** *adj* verzweifelt, verzweifelnd ⟨a ≈ cry⟩

des·patch [dɪ'spætʃ] = **dispatch**

des·per·a|do [ˌdespə'rɑ:dəu] (*pl* **ˌdes·per'a·does**, *Am auch* **ˌdes·per'a·dos**) *s* Desperado *m*, Verbrecher *m*

des·per|ate ['despr̩ət] *adj* verzweifelt, tollkühn, verwegen ⟨≈ deed Verzweiflungstat *f*⟩ | verzweifelt, hoffnungslos, ausweglos, sehr ernst ⟨the situation is ≈⟩ | verzweifelt, wenig Erfolg versprechend ⟨≈ remedies⟩ | *umg, dial* schrecklich, sehr ⟨it's all too ≈ da hört sich doch alles auf⟩; **ˌ~'a·tion** *s* Verzweiflung *f*, Hoffnungslosigkeit *f* ⟨to rise in ≈ against sich aus Verzweiflung erheben gegen⟩ | *umg* Raserei *f*, Wut *f* ⟨to drive s.o. to ≈ jmdn. zur Raserei bringen⟩

des·pi·ca|bil·i·ty [dɪˌspɪkə'bɪlətɪ] *s* Verachtungswürdigkeit *f*, Verächtlichkeit *f*; **des'pi·ca·ble** *adj* verachtungswürdig, verachtenswert, verächtlich

de|spise [dɪ'spaɪz] *vt* verachten, geringschätzen ⟨to be not to be ≈ed nicht zu verachten sein, ausgezeichnet sein⟩; **~'spis·ing** *adj* verächtlich

de·spite [dɪ'spaɪt] **1.** *präp, auch* **~ of** *förml* trotz, ungeachtet; ⟨in ~ of s.o. jmdm. zum Trotz; in ~ of myself ohne es zu wollen⟩; **2.** *arch s* Schimpf *m*, Beschimpfung *f*, Beleidigung *f* | Bosheit *f*, Haß *m* | Trotz *m*, Herausforderung *f* | *förml* Schaden *m*, Nachteil *m* ⟨in its own ~ wenn es zum eigenen Schaden gereicht⟩; **'~ful** *arch adj* schimpflich, beleidigend | tückisch, boshaft | trotzig herausfordernd

de·spoil [dɪ'spɔɪl] *vt förml* plündern, berauben (**s.o. of s.th.** jmdn. e-r Sache); **de·spo·li·a·tion** [dɪˌspəʊlɪ'eɪʃn], **de'spoil·ment** *s* Plünderung *f*, Beraubung *f*

de·spond [dɪ'spɒnd] *vt* verzagen, verzweifeln (**of** an) ⟨to ~ of the future⟩; **de'spond·ence, de'spond·en·cy** *s* Verzagtheit *f*, Verzweiflung *f* ⟨to fall into ≈ in Verzweiflung verfallen⟩; **de'spond·ent** *adj* verzagt, verzweifelt ⟨to become ≈ verzweifeln⟩

des·pot ['despɒt] *s* Despot *m*, Alleinherrscher *m* | *übertr* Tyrann *m*; **~ic** [dɪ'spɒtɪk], **des'pot·i·cal** *adj* despotisch, tyrannisch; **~ism** ['despətɪzm] *s* Despotie *f*, Tyrannei *f*, Absolutismus *m* | *übertr* Gewaltherrschaft *f*; **~ize** ['despətaɪz] *vi* als Tyrann auftreten; *vt* tyrannisieren

des·sert [dɪ'zɜ:t] *s* Dessert *n*, Nachtisch *m* | Kompott *n*; **'~spoon** *s bes Brit* Kompottlöffel *m*

des|ti·na·tion [ˌdestɪ'neɪʃn] *s* Bestimmungsort *m*, Reiseziel *n* | Adresse *f* | Bestimmung *f*; **~tine** ['destɪn] *vt* (*meist pass*) bestimmen, vor-, ausersehen (**for** für, **to** zu); **'~tined** *adj* bestimmt, unterwegs (**for** nach); **'~ti·ny** *s* Schicksal *n*, Geschick *n*, Los *n* ⟨it was his ≈ to es war ihm beschieden zu, es war sein Schicksal, daß; to be reconciled to one's ≈ sich mit seinem Schicksal abfinden⟩ | unabänderliche Notwendigkeit ⟨by ≈⟩ | *meist* **'~tiny** (personifiziertes) Schicksal ⟨≈ is often cruel; the ~tinies die Schicksalsgöttinnen, die Parzen *f/pl*

des·ti|tute ['destɪtju:t] **1.** *adj* hilf-, mittellos, verarmt ⟨to be left ≈ mittellos dem eigenen Schicksal ausgeliefert sein⟩ | ohne, ermangelnd (**of s.th.** e-r Sache) ⟨to be ≈ of sympathy kein Mitgefühl aufbringen⟩ | entblößt (**of** von); **2.** *vt* berauben, entblößen (**of** von) | *selten* verwüsten; **3.** *s* Hilf-, Mittelloser *m*; **ˌ~'tu·tion** [ˌ~'tju:ʃn] *s* große Armut, Not *f*, Elend *n* ⟨reduced to ≈ dem Elend preisgegeben⟩ | Mangel *m* (**of** an)

de·sto ['destəʊ] *adj* lebhaft

de·stroy [dɪ'strɔɪ] *vt* zerstören, vernichten, verwüsten, ruinieren | *euphem* (Tier) töten | (Gesundheit) zerrütten | (Pläne u. ä.) zunichte machen; **de'stroy·a·ble** *adj* zerstörbar; **de'stroy·er** *s* Zerstörer *m* (*auch Mar*)

de·struct·i|bil·i·ty [dɪˌstrʌktə'bɪlətɪ] *s* Zerstörbarkeit *f*; **de'struct·i·ble** zerstörbar; **de·struc·tion** [dɪ'strʌkʃn] *s* Zerstörung *f*, Vernichtung *f*, Verwüstung *f* | Tötung *f* | *übertr* Verderben *n*; **de'struc·tive** *adj* zerstörend, vernichtend, schädlich, verderblich (**to** für) ⟨to be ≈ of s.th. etw. zerstören; a ≈ storm⟩ | *übertr* destruktiv, zerstörerisch ⟨≈ criticism⟩ | zur Zerstörung neigend *od* aufgelegt ⟨≈ children⟩; **de·struc·tiv·i·ty** [ˌdi:strʌk'tɪvətɪ] *s* zerstörende Wirkung | Verderblichkeit *f*; **de'struc·tor** *s* Zerstörer *m* | *Tech* Müllverbrennungsofen *m*

des·ue·tude ['deswɪtju:d|dɪ'su:ɪtju:d] *s förml* Ungebräuchlichkeit *f* ⟨to fall into ~ außer Gebrauch kommen, aus der Mode kommen⟩

de·sul·fur [dɪ'sʌlfə], **de'sul·fu·rate, de'sul·fu·rize** *vt Chem* entschwefeln; **deˌsul·fu·ri'za·tion** *s Chem* Entschwefelung *f*

des·ul·to·ry ['desltr̩ɪ] *förml adj* planlos, ziellos, unregelmäßig ⟨a ~ motion⟩ | unzusammenhängend, zerfahren ⟨~ talk⟩ | unmethodisch, unsystematisch ⟨a ~ lecture⟩ | abschweifend, nicht zum Thema gehörend ⟨a ~ remark⟩ | unbeständig, flatterhaft ⟨a ~ mind⟩

de·tach [dɪ'tætʃ] *vt* abtrennen, absondern, loslösen (**from** von) | *Mil, Mar* detachieren, abkommandieren; *vi* sich absondern, sich loslösen; **deˌtach·a'bil·i·ty** *s* Abtrennbarkeit *f*; **de'tach·a·ble** *adj* abtrennbar, loslösbar (**from** von) | *Tech* ab-, herausnehmbar; **de'tached** *adj* abgetrennt, abgesondert, losgelöst, lose ⟨to become ≈ sich (los)lösen⟩ | einzeln, alleinstehend ⟨a ≈ house⟩ | *Mil, Mar* detachiert, abkommandiert | *übertr* objektiv, unparteiisch ⟨a ≈ report; to take a ≈ view einen unparteiischen Standpunkt einnehmen⟩ | *übertr* gleichgültig ⟨in a ≈ mood⟩; **de·tach·ed·ly** [dɪ'tætʃɪdlɪ] *adv* objektiv, unvoreingenommen; **de'tach·ment** *s* Abtrennung *f*, Absonderung *f*, Loslösung *f* (**from** von) | *Mil, Mar* Detachement *n*, Kommando *n*, Abteilung *f* | *übertr* Losgelöstsein *n*, (inneres) Freisein | *übertr* Objektivität *f* ⟨to answer with an air of ≈ auf unvoreingenommene Weise antworten⟩ | *übertr* Gleichgültigkeit *f* (**from** gegen), Unbeteiligtsein *n* ⟨with ≈ unbeteiligt⟩

de·tail ['di:teɪl] **1.** *s* Detail *n*, Einzelheit *f* ⟨[down] to the smallest ~ bis ins kleinste Detail; to go / enter into ~[s] ins Detail gehen; in ~ ausführlich⟩ | Nebensache *f* | (Kunst) Detailbehandlung *f*, -darstellung *f* ⟨too much ~⟩ | *Mil* kleine Abteilung *f*, Sonderkommando *n*; **2.** [~|dɪ'teɪl] *vt selten* detaillieren, in allen Einzelheiten beschreiben ⟨to ~ a story to s.o.⟩ | *Mil* abkommandieren; *vi* ins einzelne gehen; **'de·tailed, de'tailed** *adj* eingehend, ausführlich, genau | umständlich

de·tain [dɪ'teɪn] *vt* (jmdn.) hindern, auf-, zurückhalten | (jmdn.) warten lassen | *Jur* in Haft halten | *Päd* nachsitzen lassen; **~ee** [ˌdi:teɪ'ni:|dɪˌteɪ'ni:] *s* Häftling *m*; **de'tain·er** *s Jur* widerrechtliche Vorenthaltung | Haft *f* | *auch:* **ˌwrit of '~er** Haftverlängerungsbefehl *m*; **de'tain·ment** *s* Verzögerung *f* | Aufhalten *n* | Zurückhaltung *f* | *Jur* Inhaftierung *f*, Festnahme *f* | Haft *f* | (Schule) Nachsitzen *n*

de·tect [dɪ'tekt] *vt* entdecken, herausfinden, ausfindig machen | entlarven, enthüllen | aufdecken ⟨to ~ a crime⟩ | *selten* bloßlegen, zeigen; **de'tect·a·ble, de'tect·i·ble** *adj* aufdeckbar, nachweisbar; **de·tec·tion** [dɪ'tekʃn] *s* Entdeckung *f*, Ermittlung *f*, Ausfindigmachung *f* ⟨to escape ≈ unbemerkt bleiben, entkommen⟩ | Entlarvung *f*, Enthüllung *f* | Aufdeckung *f* ⟨the ≈ of a crime⟩; **de'tec·tive 1.** *adj* Detektiv-, Kriminal- ⟨≈ story / novel Kriminalroman *m*; ≈ police Kriminalpolizei *f*⟩; **2.** *s* Detektiv *m*, Kriminalbeamter *m*; **de'tec·tor** *s* Entdecker *m* | *Tech* Indikator *m*, Anzeigevorrichtung *f* | *El* Detektor *m*, Gleichrichter *m* | *Mil, Phys, Chem* Spürgerät *n* ⟨lie ≈ Lügendetektor *m*⟩

de·tent [dɪ'tent] *s Tech* Arretierung *f*

dé·tente ['deɪtɒnt|deɪ'tɒnt] *s Pol* Entspannung *f*

de·ten·tion [dɪ'tenʃn] *s* Verzögerung *f* | Zurückhaltung *f* | (Schule) Nachsitzen *n* | *Jur* Inhaftierung *f*, Festnahme *f* | Haft *f* ⟨~ pending trial Untersuchungshaft *f*⟩; **'~ ˌcol·o·ny** *s* Strafkolonie *f*

de|ter [dɪ'tɜ:] *vt* (**~'terred, ~'terred**) abhalten, ab-, zurückschrecken (**from** von) | hindern (**from** an)

de|terge [dɪ'tɜ:dʒ] *vt* reinigen ⟨to ≈ an ulcer⟩; **~'ter·gent 1.** *adj* reinigend; **2.** *s, bes Med* Reinigungsmittel *n* | Putz-, Waschmittel *n* ⟨synthetic ≈s⟩

de·te·ri·o|rate [dɪ'tɪərɪəreɪt] *vt, vi* sich verschlechtern; **deˌte·ri·o'ra·tion** *s* Verschlechterung *f*, Verschlimmerung *f* | *Wirtsch* Verschleiß *m*, Wertminderung *f*; **~ra·tive** [~ˌreɪtɪv] *adj* verschlechternd

de·ter·ment [dɪ'tɜ:mənt] *s* Abschreckung f (**from** gegen) | Abschreckungsmittel *n*

de·ter|mi·na·bil·i·ty [dɪˌtɜ:mɪnə'bɪlətɪ] *s* Bestimmbarkeit *f*, Entscheidbarkeit *f*; **de'ter·mi·na·ble** *adj* bestimmbar, entscheidbar, festsetzbar; **de'ter·mi·nant 1.** *adj* bestimmend, entscheidend; **2.** *s* das Bestimmende, das Entscheidende | *Math, Biol* Determinante *f* | *Ling* Bestimmungswort *n*; **~mi·nate** [dɪ'tɜ:mɪnət] *adj* bestimmt | entschieden, entschlossen, resolut; **deˌter·mi'na·tion** *s* Bestimmung *f*, Feststellung *f* | Entschluß *m*, Entscheidung *f* ⟨to come to the ≈ zu dem Entschluß kommen; a man of ≈ ein entschlossener Mann⟩ | Beschluß *m* | Lösung *f*, Schluß *m* | Entschlossenheit *f* ⟨with ≈ mit Entschiedenheit; with an air of ≈ mit entschlossener Miene⟩ | Ziel *n*, feste Absicht | Richtung *f* | Tendenz *f* ⟨≈ of blood *Med* Blutandrang *m*⟩ | *Jur* Ablauf *m*, Ende *n* ⟨the ≈ of a contract⟩; **deˈter·mi·na·tive 1.** *adj* entscheidend, bestimmend, Bestimmungs- ⟨to be ≈ of s.th. etw. bestimmen, etw. entscheiden⟩; **2.** *s* etw. Bestimmendes *n* | *Ling* Determinativum *n*; **~mine** [dɪˈtɜːmɪn] *vt* bestimmen, festsetzen ⟨to ≈ a date to e-n Termin festlegen auf⟩ | entscheiden ⟨to ≈ s.o. to *mit inf* jmdn. bewegen *od* veranlassen zu; to ≈ s.o. against s.th. jmdn. gegen etw. eingenommen machen⟩ | (etw.) feststellen, ergründen ⟨to ≈ the speed of light⟩ | bedingen (**by** durch); *vi* sich entscheiden, sich entschließen (**to** *mit inf*, **on** *mit ger* zu *mit inf*) | *Jur* enden, erlöschen; **deˈter·mined** *adj* bestimmt, entschieden ⟨a ≈ answer⟩ | entschlossen ⟨to be ≈ to know unbedingt wissen wollen⟩ | festgelegt ⟨a ≈ course⟩; **deˈter·miner** *s Ling* Bestimmungswort *n*, Determinator *m*; **deˈter·min·ism** *s Phil* Determinismus *m*; **deˈter·min·ist** *Phil* **1.** *s* Determinist *m*; **2.** = **deˌter·minˈis·tic** *adj* deterministisch

de·ter·rence [dɪˈterəns] *s* Abschreckung *f* (**from** von) ⟨nuclear ~⟩; **deˈter·rent 1.** *adj* abschreckend, Abschreckungs- ⟨≈ principle Abschreckungsprinzip *n*⟩; **2.** *s* (*bes Mil*) Abschreckungsmittel *n* ⟨nuclear ≈⟩

de·test [dɪˈtest] *vt* verabscheuen; **deˌtest·aˈbil·i·ty** *s* Verabscheuungswürdigkeit *f*, Abscheulichkeit *f*; **deˈtest·a·ble** *adj* abscheulich, verabscheuungswürdig, hassenswert; **de·test·ta·tion** [ˌdiːteˈsteɪʃn] *s* Abscheu *m*, Verabscheuung *f* (**of** vor, **for** gegen) ⟨to have / hold s. o. in ≈ jmdn. verabscheuen⟩ | hassenswerte Person *od* Sache

de·throne [ˌdiːˈθrəʊn] *vt* entthronen (*auch übertr*); **deˈthrone·ment** *s* Entthronung *f*

det·i·nue [ˈdetɪnjuː] *s Jur* Vorenthaltung *f* ⟨action of ~ Vindikationsklage *f*⟩

det·o|nate [ˈdetəneɪt] *vi, vt* detonieren (lassen); **ˈ~nat·ing** *adj* Detonations-, Spreng-; **ˌ~ˈna·tion** *s* Detonation *f*, Explosion *f*, Knall *m*; **ˈ~na·tor** *s* Zünd-, Sprengkapsel *f*, Zünder *m* | *Eisenb* Knallsignal *n*

de·tour [ˈdiːtʊə] **1.** *s* Umweg *m* ⟨to make a ~⟩ | *übertr* Umschweif *m*, Ablenkung(smanöver) *f*(*n*); **2.** *vi* einen Umweg machen (**round** um)

de·tox·i|cate [ˌdiːˈtɒksɪkeɪt] *vt* entgiften; **deˈtox·i·cant 1.** *adj* entgiftend, Entgiftungs-; **2.** *s* Entgiftungsmittel *n*; **deˌtox·iˈca·tion** *s* Entgiftung *f*

de|tract [dɪˈtrækt] *vt* ab-, entziehen, wegnehmen ⟨this ≈s much of its beauty⟩ | *selten* herabsetzen ⟨to ≈ the work of another⟩ | ablenken ⟨to ≈ attention⟩; *vi* herabsetzen, schmälern, mindern (**from s.th.** etw.); **~trac·tion** [~ˈtrækʃn] *s* Herabsetzung *f*, Verleumdung *f*, Schmälerung *f* (**from s.th.** e-r Sache); **~ˈtrac·tive** *adj* verleumderisch ⟨to be ≈ from herabsetzen⟩; **~ˈtrac·tor** *s* Verleumder(in) *m*(*f*) | Lästerer *m*; **~ˈtrac·to·ry** = **detractive**

de·train [ˌdiːˈtreɪn] *Eisenb förml vt* (Truppen u. ä.) aussteigen lassen, absetzen, ausladen; *vi* aussteigen; **deˈtrain·ment** *s* Aussteigen *n*

de·trib·al·ize [ˌdiːˈtraɪblaɪz] *vt* aus dem Stamm ausschließen | die Stammessitten ausrotten von; **deˌtrib·al·iˈza·tion** *s* Stammesausschluß *m* | Auflösung *f* der Stammessitten

det·ri|ment [ˈdetrɪmənt] *s* Nachteil *m*, Schaden *m* ⟨to the ≈ of s.o.; to s.o.'s ≈ zu jmds. Nachteil; without ≈ to ohne Schaden für⟩ | Gefahr *f* (**to** für); **ˌ~ˈmen·tal** *adj* nachteilig, schädlich ⟨to be ≈ to s.th. für etw. schädlich sein⟩

de·tri|tion [dɪˈtrɪʃn] *s Geol* Abtragung *f* | Abnützung *f*; **~tus** [dɪˈtraɪtəs] *s Geol* Detritus *m*, Schutt *m*, Geröll *n* | *übertr* Rest *m*, Überbleibsel *n*

de trop [də ˈtrəʊ] *präd adj* ⟨*frz*⟩ *förml* zuviel, überflüssig, unerwünscht, von Übel

[1]**deuce** [djuːs] *s Kart* (Würfelspiel) Zwei *f* | (Sport) Gleichstand *m* | (Tennis) Einstand *m*

[2]**deuce** [djuːs] *s Sl* Pech *n* | *Sl euphem* Teufel *m* ⟨~ a bit nicht im geringsten; ~ knows der Teufel weiß; ~ take it hol's der Kuckuck!; how (what / where / who) the ~ wie (was / wo / wer) zum Teufel?; to play the ~ with s.o. mit jmdm. Schindluder treiben⟩ ◇ **the ~ of a/an** *Sl euphem* Mords- ⟨they had the ~ of a fight sie kamen in einen Mordsstreit, sie kamen sich mörderisch in die Haare⟩; **the ~ to pay** *Sl euphem* Riesen-, Mordsärger *m*; -skandal *m*; **the ~ you will (won't) do s.th.** *Sl euphem* zum Kuckuck noch mal wirst du das (nicht) tun; **ˈdeu·ced** [-st|-sɪd] *adj Sl euphem* verflucht, verteufelt ⟨in a ≈ hurry verflucht eilig⟩; **ˈdeu·ced·ly** [-sɪdlɪ] *adv Sl euphem* verflucht | überaus ⟨≈ uncomfortable verdammt unbequem⟩

deu·te·ri·um [djuːˈtɪərɪəm] *s Chem* Deuterium *n*, schwerer Wasserstoff; **ˈ~ ˈox·ide** *s* Deuteriumoxid *n*, schweres Wasser

deutero- [djuːtərə] ⟨*griech*⟩ *in Zus* zweite, zweit-

deu·ter·on [ˈdjuːtərɒn] *s Phys* Deuteron *n*

Deu·te·ron·o·my [ˌdjuːtəˈrɒnəmɪ] *s bibl* Deuteronomium *n*, Fünftes Buch Mose

deuto- [djuːtə] ⟨*griech*⟩ *in Zus* zweite, zweit-

de·val·u·ate [ˌdiːˈvæljʊeɪt] *vt Wirtsch* ab-, entwerten ⟨to ~ the pound⟩; **ˌdeˌval·uˈa·tion** *s Wirtsch* Ab-, Entwertung *f*; **de·val·ue** [ˌdiːˈvæljuː] = **devaluate**

dev·as|tate [ˈdevəsteɪt] *vt* verwüsten, verheeren, vernichten; **ˈ~ta·ting** *adj* verheerend ⟨a ≈ storm⟩ | *übertr* niederschmetternd ⟨a ≈ argument⟩ | *Sl* grandios ⟨a ≈ race⟩; **ˌ~ˈta·tion** *s* Verwüstung *f*, Verheerung *f*; **ˈ~ta·tive** *adj* verheerend

de·vel·op [dɪˈveləp] *vt* entwickeln, entfalten (**into** zu, **out of** aus) ⟨to ~ a disease eine Krankheit bekommen⟩ | (Methode) ausarbeiten, entwickeln | *übertr* fördern, stärken ⟨to ~ one's mind; to ~ o. s. sich entwickeln⟩ | (Bodenschätze, Gelände) er-, aufschließen | *Bergb* (Mine) aufschließen | *Math* ab-, entwickeln | *Foto* entwickeln | *Mus* (Thema) entwickeln; *vi* sich entwickeln (**from** aus, **into** zu) | deutlich werden, sich zeigen; **deˈvel·op·a·ble** *adj* entwicklungsfähig, zu entwickeln(d) | *Foto* entwickelbar; **deˈvel·op·er** *s Foto* Entwickler *m*, -flüssigkeit *f* | Grundstücksplaner *m* | Baufirma *f*; **ˌ~ing ˈcoun·try**, *auch* **ˌ~ing ˈna·tion** *s* Entwicklungsland *n*; **deˈvel·op·ment** *s* Entwicklung *f*, Entfaltung *f*, Ausarbeitung *f*, Darlegung *f* (e-r Methode) | *übertr* Förderung *f*, Stärkung *f* | (Land) Er-, Aufschließung *f* | *Bergb* Aufschließung *f* | *Math* Ab-, Entwicklung *f* | *Foto, Mus* Entwicklung *f* | Stadium *n*, Entwicklung(setappe) *f* ⟨the latest ≈s⟩; **deˌvel·opˈmen·tal** *adj* Entwicklungs-, Wachstums-

de·vi|ance [ˈdiːvɪəns], *auch* **ˈ~an·cy** *s* Abweichung *f*, Entartung *f* ⟨sexual ≈⟩; **ˈ~ant 1.** *adj* (vom Durchschnitt) abweichend, abnorm ⟨≈ children⟩; **2.** *s* (vom Durchschnitt) abweichendes Individuum; abnormes Exemplar

de·vi|ate [ˈdiːvɪeɪt] *vi* abweichen (**from** von) ⟨to ≈ from a rule eine Regel verletzen; to ≈ from the truth nicht die Wahrheit sein⟩; **ˌ~ˈa·tion** *s* Abweichung *f* (**from** von) ⟨≈s from the rules Regelwidrigkeiten *f/pl*⟩ | *Flugw, Mar* Deviation *f*, Abweichung *f*, Abmaß *n* | *Tech* Ausschlag *m*, Ablenkung *f* ⟨ method of ≈ Ablenkungsmethode *f*⟩; **ˌ~ˈa·tion·ism** *s Pol* Abweichlertum *n*, Abweichen *n* vom (offiziellen) Kurs; **ˌde·viˈa·tion·ist** *s* Abweichler(in) *m*(*f*)

de·vice [dɪˈvaɪs] *s* Gerät *n*, Apparat *m* ⟨nuclear ~ Anlage *f* zur Kernspaltung⟩ | Vor-, Einrichtung *f* ⟨testing ~ Prüfvorrichtung *f*⟩ | Erfindung *f* | Plan *m*, Entwurf *m* | *selten* Einfall *m*, Trick *m*, Kniff *m* | Motto *n*, Devise *f* | *Her*

Sinnbild *n*; **de·vices** [~ɪz] *s/pl* Neigung *f* ⟨to leave s.o. to his own ≈ jmdn. sich selbst überlassen⟩

dev·il ['devəl] **1.** *s* Teufel *m* ⟨between the ~ and the deep [blue] sea *umg* zwischen Scylla und Charybdis; ~ a bit *umg* ganz und gar nicht; ~ a one *umg* kein einziger; to give the ~ his due einem jeden Recht angedeihen lassen; go to the ~! *Sl* scher dich zum Teufel! like the ~ wie der Teufel, wie wild; talk of the ~ and he will appear *Sprichw* wenn man den Teufel nennt, kommt er gerennt; that's the ~ of it! da liegt der Hund begraben!; the ~! zum Teufel!; the ~ you will (won't) *Sl* der Teufel soll dich holen, wenn du das (nicht) tust; the ~ is in it da hat der Teufel seine Hand im Spiel; the ~ of a mess *Sl* eine verfahrene Sache; the ~ take it! *Sl* der Teufel soll's holen!; *Sprichw* [the] ~ take the hindmost den letzten beißen die Hunde; there's the ~ to pay *Sl* das dicke Ende kommt noch; what the ~ *Sl* was zum Teufel! to go to the ~ zum Teufel *od* kaputtgehen; to play the ~ with s.o. *umg* jmdn. auf den Hund bringen; to whip the ~ round the stump *übertr* jmdm. ein Schnippchen schlagen⟩ | Dämon *m*, böser Geist | *übertr* Teufel *m* (von einem Menschen) ⟨a ~ in petticoats, a she-~ *umg* ein Teufelsweib *n*⟩ | *umg* Kerl *m*, Teufel *m* ⟨poor ~ armer Schlucker *od* Teufel; lucky ~ Glückspilz *m*⟩ | Draufgänger *m*, Teufel *m* ⟨be a ~ sei kein Frosch!; to be a ~ with the ladies Hahn im Korb sein; a ~ of a fellow Teufelskerl *m*⟩ | *übertr umg* Feuer *n*, Mut *m*, Schneid *m* | Laster *n*, Übel *n* ⟨the ~ of drink⟩ | Handlanger *m* | *Jur* Hilfsanwalt *m* | *Tech* Reißwolf *m* | *Kochk* stark gewürztes Gericht; **2.** *vt* (**'dev·illed, 'dev·illed**) (jmdn.) plagen, piesacken, (jmdm.) in den Ohren liegen | *Tech* (Wolle u. ä.) zerreißen, wolfen | *Kochk* scharf würzen ⟨devilled eggs⟩; *vi Jur* als Hilfsanwalt tätig sein | Handlangerdienste leisten (**for** für); **'~fish** *s Zool* Teufelsfisch *m*; **'~ish 1.** *adj* teuflisch, grausam ⟨a ≈ plan⟩; **2.** *adv Sl* sehr, verteufelt ⟨≈ hot⟩; **'~ish·ly** *adv umg* verteufelt, sehr ⟨≈ hard work⟩ | auf teuflische Weise; **'~kin** [-kən] *s* Teufelchen *n*; **ˌ~-may-'care** *adj* leichtsinnig | verwegen | rücksichtslos; **'~ment** *auch* **'~ry** *s* Teufelei *f*, Schelmerei *f* ⟨full of ≈ voller Unfug⟩ | Unheil *n*, Unglück *n*; **ˌ~'s 'ad·vo·cate** *s übertr* Advocatus *m* diaboli, Teufelsanwalt *m*; **'~'s ˌbones** *s/pl* Würfel *m/pl*; **'~'s ˌmilk** *s Bot* Wolfsmilch *f*; **~try** ['~trɪ] = **~ry**; **'~ ˌwor·ship** *s* Teufelsanbetung *f*

de·vi·ous ['di:vɪəs] *adj* abgelegen ⟨~ coasts⟩ | nicht gerade, Umweg- ⟨to take a ~ route einen Umweg wählen⟩ | geschlängelt, gewunden ⟨a ~ path⟩ | irrig, falsch, vom rechten Weg abschweifend ⟨~ step Fehltritt *m*⟩ | exzentrisch, ungewöhnlich ⟨~ clothes⟩ | *verächtl* falsch, unaufrichtig, heimtückisch ⟨a ~ person; by ~ ways hintenherum⟩

de|vis·a·ble [dɪ'vaɪzəbl] *adj* (er)denkbar | *Jur* vererbbar; **~'vise 1.** *vt* er-, ausdenken, ersinnen ⟨to ≈ a scheme einen Plan schmieden; to ≈ how to do s.th. überlegen, wie etw. zu tun ist⟩ | *Jur* (bes. Grund und Boden) vererben, hinterlassen ⟨to ≈ and bequeath⟩; **2.** *s Jur* Hinterlassung *f* | *Jur* Testament *n*; **~vi·see** [ˌdevɪ'zi:] *s Jur* Testamentserbe *m*, Vermächtnisnehmer *m*; **~'vis·er** *s* Erfinder *m*; **~vi·sor** [ˌdevɪ'zɔ:|dɪ'vi:zə] *s Jur* Erblasser *m*

de·vi·tal·i·za·tion [ˌdi:ˌvaɪtḷaɪ'zeɪʃn] *s* Schwächung *f*, Entkräftung *f*; **ˌde'vi·tal·ize** *vt* schwächen, entkräften

de·void [dɪ'vɔɪd] *adj förml in*: **~ of** frei von, leer an, ohne ⟨~ of ornament schmucklos; ~ of pity erbarmungslos⟩

dev·o·lu·tion [ˌdi:və'lu:ʃn|-'lju:-] *s* Ab-, Verlauf *m* | Übertragung *f*, -gang *m* ⟨~ of rights⟩ | *Brit Pol* Devolution *f*, Erhöhung *f* der Selbständigkeit Schottlands und Wales' | *Jur* Erbfolge *f* | *Biol* Degeneration *f*, Entartung *f*; **de·volve** [dɪ'vɒlv] *vt* (Macht u. ä.) übertragen, ab-, weitergeben (**[up]on s.o.** an jmdn.) | nach unten rollen | *Brit Pol* Devolution *od* größere Selbständigkeit gewähren; *vi* (Pflichten u. ä.) übergehen (**to, [up]on** auf) | zu-, anheimfallen (*auch Jur*) | nach unten rollen

De·vo·ni·an [de'vəʊnɪən] **1.** *s* Einwohner *m* von Devonshire | *Geol* Devon *n*; **2.** *adj Geol* devonisch ⟨~ formation⟩

de|vote [dɪ'vəʊt] *vt* widmen, weihen (**to s.o.** jmdm., **to s.th.** einer Sache) | hingeben, opfern, widmen ⟨to ≈ o. s. to science; to be ~voted to s.o. jmdn. abgöttisch lieben⟩ | sich beschäftigen (**to** mit), bestimmt sein (**to** für) ⟨the journal is ~voted to literature⟩; **~'vot·ed** *adj* gewidmet, geweiht | hingebungsvoll, treu, loyal ⟨a ≈ lover; a ≈ subject⟩; **dev·o·tee** [ˌdevə'ti:] *s* Verehrer m, Anbeter *m* | begeisterter Anhänger ⟨a ≈ of sport⟩ | Fanatiker *m*; **~'vote·ment** *s* Widmung *f*, Hingebung *f*; **~'vo·tion** *s* Widmung *f*, Weihung *f* | Hingabe *f*, Aufopferung *f* ⟨≈ to the cause Hingabe *f* für die Sache⟩ | aufopferungsvolle Liebe ⟨the ≈ of a mother for her children⟩ | Verehrung *f* | Treue *f* ⟨≈ to duty Pflichttreue *f*⟩ | *Rel* Andacht *f*, Frömmigkeit *f*, Hingabe *f* (**to** an) | Eifer *m*; **~'vo·tion·al** *adj* andächtig, Andachts-; **~'vo·tions** *s/pl Rel* Gebet *n* ⟨to be at one's ≈s ins Gebet vertieft sein⟩

de·vour [dɪ'vaʊə] *vt* verschlingen, verzehren (*auch übertr*) | *übertr* wegraffen; **de'vour·ing** *adj* verschlingend, verzehrend ⟨≈ curiosity brennende Neugierde⟩

de·vout [dɪ'vaʊt] *adj* andächtig, gläubig, fromm ⟨a ~ family⟩ | innig, inbrünstig ⟨a ~ prayer⟩ | herzlich, aufrichtig ⟨~ wishes⟩ | eifrig ⟨to be a ~ supporter etw. eifrig unterstützen⟩

dew [dju:] **1.** *s* Tau *m* ⟨wet with ~ taufrisch⟩ | *übertr* Frische *f*, Glanz *m* | *Brit scherzh* tropfende Nase; **2.** *vt* mit Tau bedecken, benetzen, befeuchten; *vi* (nieder)tauen; **'~drop** *s* Tautropfen *m* | *übertr* Tränen *f/pl* | *übertr* Schweiß *m* | *Bot* Zwergbrombeere *f*; **'~fall** *s* Taufall *m*; **'~grass** *s Bot* Sonnentau *m*; **'~lap** *s Zool* Wamme *f* | Hautlappen *m* | *umg* Doppelkinn *n*; **'~ point** *s Phys* Taupunkt *m*; **'~y** *adj* tauig, betaut, taufrisch, feucht

dex·ter ['dekstə] *adj* rechts, rechtsseitig | *Her* links vom Beschauer aus; **~i·ty** [ˌdek'sterətɪ] *s* Geschicklichkeit *f*, Gewandtheit *f* ⟨≈ comes by experience Übung macht den Meister⟩ | Rechtshändigkeit *f*; **~ous** ['dekstrəs] *adj* gewandt, geschickt | rechtshändig; **dextral** ['dekstrl] *adj* rechts gelegen; **dex·tral·i·ty** [dek'strælətɪ] *s* rechtsseitige Lage | Rechtshändigkeit *f*

dex·trin ['dekstrɪn] *s Chem* Dextrin *n*

dextro- [dekstrə] ⟨*lat*⟩ *in Zus* rechtsseitig, nach rechts

dex·trose ['dekstrəʊz] *s Chem* Dextrose *f*, Traubenzucker *m*

dex·trous ['dekstrəs] = **dexterous**

dho·bi, dho·by ['dəʊbɪ] *s Ind* (Eingeborener) Wäscher *m*

dho·ti, dho·ty ['dəʊtɪ] *s Ind* Lendentuch *n*

d[h]ow [daʊ] *s Mar* D[h]au, (arabisches) Segelboot

di- [daɪ] *präf mit der Bedeutung:* zwei, doppelt (*z. B.* **diatomic, dichloride**)

dia- [daɪə] (*vor Vok* **di-** [daɪ]) *präf mit der Bedeutung:* vollständig, gründlich; durch, (hin)durchgehend | auseinandergehend | entgegengesetzt (*z. B.* **diagnosis; dioptrics; dialysis; diamagnetism**)

di·a|be·tes [ˌdaɪə'bi:ti:z|-ɪs] *s Med* Diabetes *m*, Zuckerkrankheit *f*; **~bet·ic** [ˌdaɪə'betɪk] **1.** *adj* diabetisch ⟨≈ coma Koma diabeticum *n*⟩; **2.** *s* Diabetiker(in) *m(f)*, Zuckerkranke(r) *f(m)*

di·a·bol|ic [ˌdaɪə'bɒlɪk], *selten* **ˌdi·a'bol·i·cal** *adj* diabolisch, teuflisch, Teufels- | *meist* **ˌdi·a'bol·i·cal** böse, grausam | *umg* gemein, entsetzlich ⟨it's really ≈ es ist wirklich zum Auswachsen⟩; **di·ab·o·lism** [daɪ'æbəlɪzm] *s* Teufelswerk *n*, Teufelei *f*, Hexerei *f* | Teufelskult *m*; **di·ab·o·lize** [daɪ'æbəlaɪz] *vt* teuflisch machen, als Teufel darstellen;

di·ab·o·lo [daɪ'æbələʊ] *s* Diabolo(spiel) *n*

di·a·caus·tic [ˌdaɪə'kɔ:stɪk] **1.** *adj* diakaustisch; **2.** *s* Diakaustik *f*

di·ac·o|nal [daɪ'ækənl] *adj Rel* Diakons-; **~nate** [~nɪt] *s Rel* Diakonat *n*

di·a·crit·ic [ˌdaɪə'krɪtɪk] **1.** *adj* diakritisch, unterscheidend; **2.** *s Phon* diakritisches Zeichen; **ˌdi·a'crit·i·cal** *adj* diakritisch, unterscheidend ⟨≈ marks diakritische Zeichen *n/pl*⟩

di·a·dem ['daɪədem] **1.** *s* Diadem *n*, Kopfschmuck *m* | *übertr* Herrschaft *f*, Hoheit *f*; **2.** *vt* mit einem Diadem schmücken; **'~ spi·der** *s Zool* Kreuzspinne *f*

di·aer·e|sis, di·e·re|sis [ˌdaɪ'ɪərəsɪs] *s* (*pl* **~ses** [-si:z]) *Ling* Diäresis *f*, Diärese *f*

di·ag|nose [ˌdaɪəg'nəʊz|'daɪəgˌnəʊz] *Med vt* (Krankheit) bestimmen, diagnostizieren ⟨to ≈ the illness as die Krankheit diagnostizieren als, diagnostizieren auf⟩; *vi* eine Diagnose stellen; **~no·sis** [~'nəʊsɪs] *s* (*pl* **~no·ses** [~'nəʊsi:z]) *Med* Diagnose *f* (*auch übertr*) ⟨to make a ≈ eine Diagnose stellen⟩; **~nos·tic** [~'nɒstɪk] **1.** *adj* diagnostisch | charakteristisch, symptomatisch (**of** für) ⟨to be ≈ of die Diagnose gestatten auf⟩; **2.** *s Med* Symptom *n*; **~nos·ti·cate** [~'nɒstɪkeɪt] = **diagnose; ~nos·ti·cian** [~nɒ'stɪʃn] *s Med* Diagnostiker *m*; **~nos·tics** [~'nɒstɪks] *s/pl* Diagnostik *f*

di·ag·o·nal [daɪ'ægənl] **1.** *adj* diagonal, schräg, Diagonal- | schräg gerippt, gemasert; **2.** *s Math* Diagonale *f*

di·a|gram ['daɪəgræm] **1.** *s* Diagramm *n*, Schau-, Kurvenbild *n*; **2.** ('**~gram[m]ed,** '**~gram[m]ed**) *vt* graphisch darstellen; **~gram·mat·ic** [ˌdaɪəgrə'mætɪk], **ˌ~gram'mat·i·cal** *adj* graphisch, zeichnerisch

di·al [daɪəl] **1.** *s* (Uhr) Zifferblatt *n* | *Tel* Wählscheibe *f*, Nummernscheibe *f* | *Rundf* Skala *f* | *Tech* (Meß-) Skala *f* | *auch* '**sun~** Sonnenuhr *f* | *Sl* Visage *f*; **2.** *vt* ('**di·alled,** '**di·alled,** *Am* '**di·aled,** '**di·aled**) (Nummer) wählen ⟨to ~ 999; to ~ London; to ~ the police station⟩ | (Sender) einstellen ⟨to ~ a programme⟩; *vi Tel* wählen ⟨to ~ into a discourse sich in ein Gespräch einschalten⟩ | *Rundf* einstellen ⟨to ~ out aus-, abstellen⟩; **'~-a-** [daɪələ-] *in Zus* Telefondienst *m* ⟨≈bus telefonische Autobusvermittlung; ≈meal Gerichte per Telefon⟩

di·a|lect ['daɪəlekt] **1.** *s* Dialekt *m* ⟨the Yorkshire ≈⟩ | Mundart *f* ⟨a play written in ≈ ein Mundartstück *n*⟩ | Sprechweise *f*; **2.** *adj* Dialekt- ⟨≈ atlas Sprachatlas *m*; ≈ words Dialektausdrücke *m/pl*⟩; **ˌ~'lec·tal** *adj* dialektal, Dialekt- | mundartlich

di·a·lec|tic [ˌdaɪə'lektɪk] **1.** *adj Phil* dialektisch | *Ling* dialektal, Dialekt- | spitzfindig; **2.** *s Phil* Dialektik *f* | Dialektiker *m* | Spitzfindigkeit *f*; **ˌdi·a'lec·ti·cal** *adj Phil* dialektisch | *Ling* dialektal, Dialekt- | spitzfindig; **'~ti·cal ma'te·ri·al·ism** *s Phil* dialektischer Materialismus; **~ti·cian** [ˌdaɪəlek'tɪʃn] *s Phil* Dialektiker *m*; **~tics** [~tɪks] *s/pl* (*sg konstr*) *Phil* Dialektik *f*; **~to·lo·gist** [ˌdaɪəlek'tɒlədʒɪst] *s* Dialektologe *m*; **ˌ~'tol·o·gy** *s* Dialektologie *f*, Mundartforschung *f*

di·al·ling| code ['daɪəlɪŋ kəʊd] *s Tel* Ortsnetzkennzahl *f*, Vorwahlnummer *f*; **'~ tone** *s Tel* Wählzeichen *n*

di·a·log·ic [ˌdaɪə'lɒdʒɪk], **ˌdi·a'log·i·cal** *adj* Dialog-, dialogisch; **di·a·logue,** *Am* **di·a·log** ['daɪəlɒg] **1.** *s* Dialog *m*, Zwiegespräch *n* | Unterhaltung *f*, Gespräch *n* | *Lit* Werk *n* in Dialogform | *Lit* die dialogischen Partien *f/pl* ⟨the ≈ is poor die Dialoge sind schlecht⟩; **2.** *vt* (etw.) in Dialogform ausdrücken; *vi* am Gespräch teilnehmen

di·al sys·tem ['daɪəl ˌsɪstəm] *s* Selbstwählbetrieb *m* | Selbstwählanlage *f*; **ˌ~ 'tel·e·phone** *s* Selbstwähler *m*, Selbstwählanschluß *m*

di|al·y·sis [daɪ'æləsɪs] *s Chem, Med* Dialyse *f* | *Ling selten* Diärese *f*; **~a·lyt·ic** [ˌdaɪə'lɪtɪk] *adj Chem* dialytisch; **~a·ly·za·tion** [ˌdaɪəlaɪ'zeɪʃn] *s Chem* Dialyse *f*

di·am·e|ter [daɪ'æmɪtə] *s Math* Diameter *m*, Durchmesser *m* ⟨3 inches in ≈ 3 Zoll im Durchmesser; to magnify 10 ≈s zehnfach vergrößern⟩; **~tral** [~trl], **di·a·met·ric** [ˌdaɪə'metrɪk], **ˌdi·a'met·ri·cal** *adj* diametrisch | *übertr* diametral, entgegengesetzt ⟨≈ opposites⟩; **ˌdi·a'met·ri·cal·ly** *adv* diametral | völlig, vollkommen ⟨≈ opposed views gänzlich entgegengesetzte Ansichten *f/pl*⟩

di·a·mond ['daɪəmənd] **1.** *s Min* Diamant *m* ⟨a rough ~ ein ungeschliffener Diamant; *übertr umg* ein Mensch *m* mit rauher Schale, aber gutem Kern⟩ | *Tech* (Glaser-) Diamant *m*, Glasschneider *m* | *Math* Rhombus *m* | *Kart* Karo *n* ⟨the eight of ≈s Karo Acht *f*⟩ | *Typ* Diamant(schrift) *f(f)* | *Sport* Malquadrat *n* ◇ **~ cut ~** *übertr* List *f* gegen List, Kampf *m* hart auf hart; **2.** *vt* (wie) mit Diamanten schmücken; **3.** *adj* diamanten, Diamant- | *Math* rhombisch; **'~back** *s auch* **'~back 'rat·tle snake** Diamantklapperschlange *f* | *auch* **'~back 'ter·ra·pin** Salzsumpfschildkröte *f*; **'~ ˌcut·ter** *s* Diamantschleifer *m*; **'~ drill** *s* Diamantbohrer *m*; **'~ field** *s* Diamentenfeld *n*; **ˌ~ 'ju·bi·lee** *s* 60. Wiederkehr *f* (e-s wichtigen Ereignisses); **ˌ~ 'saw** *s Tech* Diamantsäge *f*; **ˌ~ 'wed·ding** *s* diamantene Hochzeit

di·a·pa·son [ˌdaɪə'peɪsn|-zn] *s Mus* Melodie *f* | *Mus* (Instrument, Stimme) Tonumfang *m* | (Orgel) Prinzipal *n*, Register *n* ⟨open ~ Orgelstimme *f*, Prinzipal *n*; stopped ~ Gedeckt(prinzipal) *n*⟩

di·a·per ['daɪəpə] **1.** *s* Diaper *m* | *auch* **'~ ˌpat·tern** rautenförmiges Muster *n* (bes. auf Damast) | *Am* (Baby-) Windel *f*; **2.** *vt* mit einem rautenförmigen Muster versehen | *Am* (Baby) trockenlegen

di·a·pha·ne·i·ty [ˌdaɪəfə'ni:ətɪ] *s* Durchsichtigkeit *f*; **di·aph·a·nous** [daɪ'æfənəs] *adj* diaphan, durchsichtig

di·a·phon·ic [ˌdaɪə'fɒnɪk] *adj* diaphonisch

di·a·pho|re·sis [ˌdaɪəfə'ri:sɪs] *s Med* Diaphorese *f*, Schweißabsonderung *f*; **~ret·ic** [~'retɪk] **1.** *adj Med* schweißtreibend; **2.** *s* schweißtreibendes Mittel

di·a·phragm ['daɪəfræm] **1.** *s Anat, Zool* Diaphragma *n*, Zwerchfell *n*, Scheidewand *f* | *Phys, Tech* Membran[e] *f* | *Foto* Blende *f* | *Med* Pessar *n*; **2.** *vt Foto* abblenden

di·a·pos·i·tive [ˌdaɪə'pɒzətɪv] *s Foto* Diapositiv *n*

di·arch·y ['daɪɑ:kɪ] *s* Diarchie *f*, Doppelherrschaft *f*

di·ar·ist ['daɪərɪst] *s* Tagebuchschreiber(in) *m(f)*; **'di·a·rize** *vt* (etw.) in ein Tagebuch schreiben; *vi* ein Tagebuch führen

di·ar|rhoe·a, *auch* **~rhe·a** [ˌdaɪə'rɪə] *s Med* Diarrhöe *f*, Durchfall *m*

di·a·ry ['daɪərɪ] **1.** *s* Tagebuch *n* ⟨to keep a ~ Tagebuch führen⟩ | Taschen-, Notizkalender *m*; **2.** *adj selten* eintägig, Eintags- | täglich

Di·as·po·ra [daɪ'æspərə] *s* (*mit best art*) *bibl* Diaspora *f* (außerhalb Palästinas lebende Juden) | **~** *übertr* Gebiet *n*, in dem eine konfessionelle Minderheit lebt | **~** *übertr* (nationale) Minderheit (im Ausland)

di·a|stase ['daɪəsteɪs] *s Chem* Diastase *f*; **ˌ~'sta·sic** [~stæsɪk], **~sta·tic** [ˌ~'stætɪk] *adj Chem* diastatisch

di·as|to·le [daɪ'æstəlɪ] *s Med* (Herz-) Diastole *f*; **~tol·ic** [ˌdaɪə'stɒlɪk] *adj Med* diastolisch

di·as·tro·phism [daɪ'æstrəfɪzm] *s Geol* Veränderung *f* der Erdoberfläche | *übertr* Umwälzung *f*

di·a·ther|mic [ˌdaɪə'θɜ:mɪk] *adj* diatherman, wärmedurchlässig | *Med* diathermisch; **ˌdi·a'ther·mize** *vt Med* diathermisch behandeln; **~mo·ther·a·phy** [ˌdaɪəˌθɜ:mə'θerəpɪ] *s Med* Diathermie *f*; **ˌdi·a'ther·mous = ˌdi·a'ther·mic, 'di·a·ther·my** *s Med* Diathermie *f*, Thermopenetration *f*

di·a|tom ['daɪətəm|~ˌtɒm] *s Bot* Diatomee *f*, Kieselalge *f*; **~to·ma·ceous** [daɪətə'meɪʃəs] *adj* Diatomeen- ⟨≈ earth Kieselgur *f*⟩

di·a|tom·ic [ˌdaɪəˈtɒmɪk] *Chem adj* zweiatomig | zweiwertig; **~to·mic·i·ty** [ˌ~təˈmɪsətɪ] *Chem s* Zweiatomigkeit *f* | Zweiwertigkeit *f*

di·a·ton·ic [ˌdaɪəˈtɒnɪk] *adj Mus* diatonisch ⟨~ scale diatonische Tonleiter⟩

di·a·tribe [ˈdaɪətraɪb] **1.** *förml s* Diatribe *f*, Schmähschrift *f*, -rede *f* (**on** auf) | Schmähung *f* (**against** gegen); **2.** *vt* schmähen

diazo- [daɪæzə] ⟨*griech*⟩ *in Zus Chem* Diazo-

dib [dɪb] *s* Spielmünze *f*, -marke *f*

di·bas·ic [daɪˈbeɪsɪk] *adj Chem* zweibasisch

dib·ber [ˈdɪbə] *s* = **dibble 1.**

dib·ble [ˈdɪbl] **1.** *s* Dippelstock *m*, Pflanz-, Setzholz *n*; **2.** *vt* mit dem Setzholz pflanzen, säen | (Boden) mit einem Dippelstock bearbeiten; *vi* dibbeln, mit einem Pflanzstock arbeiten

dibs [dɪbz] *s/pl Brit* Steinchen-, Knöchelspiel *n* (der Kinder) | *Sl* Moneten *pl*, Geld *n*

di·car·bon·ate [daɪˈkɑːbəneɪt] *s Chem* Dikarbonat *n*

dice [daɪs] **1.** *s/pl* von ↑ **¹die; 2.** *vt* würfeln, erwürfeln (**into s.th.** etw.) | verspielen (**out of s.th.** etw.) ⟨to ~ o. s. out of a large fortune durch Würfeln ein Vermögen verspielen⟩ | würfeln (mit jmdm.) (**for** um) ⟨I'll ~ you for it⟩ | (Brot u. ä.) in Würfel schneiden | mit einem Würfel- *od* Karomuster verzieren; **~ away** beim Würfeln verspielen ⟨to ~ away all one's money⟩ | *übertr* (Zeit) mit Würfeln vertun; *vi* würfeln, knobeln (**for** um, **with** mit) ⟨dicing and drinking; to ~ for drinks; to ~ with death *übertr* mit dem Schicksal spielen⟩; **ˈ~box** *s* Würfel-, Knobelbecher *m*

di·cen·tra [daɪˈsentrə] *s Bot* Tränendes Herz

di·ceph·a|lous [daɪˈsefələs] *adj* zweiköpfig; **~lus** [~ləs] *s Med* Dicephalus *m*, Doppelkopf *m*

dic·ey [ˈdaɪsɪ] *adj umg* riskant, auf der Kippe

di·chlo·rid[e] [daɪˈklɔːraɪd] *s Chem* Dichlorid *n*

dicho- [daɪkə] ⟨*griech*⟩ *in Zus* entzwei-, in zwei Teilen, paarig

di·cho·gam·ic [ˌdaɪkəˈgæmɪk], **di·chog·a·mous** [daɪˈkɒgəməs] *adj Bot* dichogam; **diˈchog·a·my** *s Bot* Dichogamie *f*

di·chot·o|mal [daɪˈkɒtəml], **di·cho·tom·ic** [ˌdaɪkəˈtɒmɪk] *adj Bot, Phil* dichotomisch; **~mi·za·tion** [daɪˌkɒtəmaɪˈzeɪʃn] *s* Dichotomie *f*, Zweiteilung *f* | *Zool* Gabelung *f* | *Phil* Zweiteilung *f*; **diˈchot·o·mize** *vt* in zwei *od* mehrere Teile teilen, aufspalten; **diˈchot·o·my** *s* Dichotomie *f*, Zweiteilung *f* (**between** zwischen) | *Zool* Gabelung *f* | *Phil* Zweiteilung *f*, Zweigliederung *f*, Dichotomie *f*

di·chro|mate [daɪˈkrəʊmeɪt] *s Chem* Dichromat *n*; **~mat·ic** [ˌdaɪkrəˈmætɪk] **1.** *adj* dichromatisch, zweifarbig | *Med* farbenblind; **2.** *s Med* Farbenblinde(r) *f(m)*; **~ma·tism** [~mətɪzm] *s* Zweifarbigkeit *f* | *Med* Dichroma(top)sie *f*, partielle Farbenblindheit

¹dick [dɪk] *s Brit Sl* Bursche *m*, Kerl *m*, ⟨he's a queer ~ er ist ein komischer Kauz⟩ | Detektiv *m*, Schnüffler *m* ⟨a house ~ in a hotel⟩ | *vulg* Penis *m*

²dick [dɪk] *s Brit Sl* (*Kurzw für* **declaration**) *in*: **take one's ~ that** schwören, daß

dick·ens [ˈdɪkɪnz] *s umg* Teufel *m*, Kuckuck *m* ⟨what the ~! was zum Teufel!; where the ~? wo zum Teufel?⟩

dick·er [ˈdɪkə] **1.** *s* Zählmaß *n* (bes. Dutzend) | *Hist* Decker *m* (zehn Stück) | *Am* Tauschhandel *m*; **2.** *umg vt* verschachern; *vi* schachern; kaupeln (**with s.o.** mit jmdm., **for s.th.** um etw.)

¹dick·ey [ˈdɪkɪ] *auch* **dick·y, dick·ie** [~] *s Brit dial* Esel *m* | *auch* **ˈ~bird** (Kindersprache) kleiner Vogel, Piepmatz *m* ⟨not say a dickybird *umg* keinen Mucks sagen⟩ | Vorhemd *n* | Schürze *f* | *Am umg* Hemdkragen *m* | Bluseneinsatz *m* | *auch* **ˈ~ box** *bes Brit Kfz* Führersitz *m* | *auch* **ˈ~ seat** *Kfz* Notsitz *m*

²dick·ey [ˈdɪkɪ], **dick·y** *adj Brit umg* wacklig, klapprig ⟨a ~ leg⟩ | ungenügend, schlecht ⟨in a ~ state⟩

di·cou·ma·rin [daɪˈkuːmərɪn] *s Chem* Dicumarin *n*, Dicumarol *n*

dic·ta [ˈdɪktə] *s/pl* von ↑ **dictum**

dic·ta·phone [ˈdɪktəfəʊn] *s* Diktaphon *n*, Diktiergerät *n*

dic·tate [dɪkˈteɪt] *vt* diktieren (**to s. o.** jmdm.) | diktieren, vorschreiben, befehlen, anordnen, auferlegen (**to s.o.** jmdm.; **for s.o. to do s.th.** daß jmd. etw. tun soll) | (*meist pass*) anstellen, zwingen (**s.th. to s.o.** jmdn. zu etw.) ⟨I refuse to be ~d to ich lasse mich nicht zwingen⟩ | eingeben, einflößen (**s.th. to s.o.** etw. jmdm.); *vi* diktieren, befehlen, Befehle geben (**to s.o.** jmdm.); [ˈdɪkteɪt] *s meist pl* Diktat *n*, Befehl *m*, Gebot *n* ⟨the ≈s of common sense die Forderungen *f/pl* des gesunden Menschenverstandes⟩ | Eingebung *f* ⟨the ≈s of one's conscience Stimme *f* des Gewissens⟩; **dicˈta·tion** [-ʃ-] *s* Diktat *n* | Diktieren *n* ⟨from ≈ nach Diktat⟩ | Gebot *n*, Befehl *m* ⟨at s.o.'s ≈ auf jmds. Geheiß⟩; **dicˈta·tor** *s* Diktierender *m* | *Pol* Diktator *m*, Gewalt-, Machthaber *m*; **dic·ta·to·ri·al** [ˌdɪktəˈtɔːrɪəl] *adj* diktatorisch, gebieterisch, absolut, unumschränkt ⟨≈ government; a ≈ manner diktatorisches Auftreten⟩; **dicˈta·tor·ship** *s* Diktatur *f*, Gewaltherrschaft *f*

dic·tion [ˈdɪkʃn] *s* Diktion *f*, Ausdrucksweise *f*, Schreibart *f*, Stil *m* ⟨poetic ~ Dichtersprache *f*⟩ | (mündlicher) Vortrag *m*, (gesprochene) Sprache ⟨training in ~ Vortragsschulung *f*⟩ | *Am* Aussprache *f* ⟨good ~⟩

dic·tion·ar·y [ˈdɪkʃnrɪ] *s* Wörterbuch *n* ⟨a pronouncing ~⟩ | *Ling* Wortschatz *m* (e-r Sprache) | Lexikon *n* ⟨a science ~; a walking / living ~ *übertr umg* ein wandelndes Lexikon⟩

dic·to·graph [ˈdɪktəgrɑːf] *s Tel* Abhörgerät *n*

dic·tum [ˈdɪktəm] *s* (*pl* **dic·ta** [ˈdɪktə] *od* **~s**) Spruch *m*, Motto *n* | *Jur* richterliche Meinung

did [dɪd] *prät* von ↑ **²do**

di·dac|tic [dɪˈdæktɪk], **diˈdac·ti·cal** *adj* didaktisch, lehrhaft, Lehr- ⟨≈ poem Lehrgedicht *n*⟩ | schulmeisterhaft; **~tics** [~tɪks] *s/pl (sg konstr)* Didaktik *f*, Unterrichtslehre *f*

di·dap·per [ˈdaɪdæpə] = **dabchick**

did·n't [ˈdɪdnt] *umg* für **did not**

did|dle [ˈdɪdl] *vt umg* (jmdn.) betrügen, behumsen (**out** um) | (jmdn.) hineinlegen; *vi umg* Zeit vertrödeln; **ˈ~dler** *s* Schwindler *m*

di·do [ˈdaɪdəʊ] *s* (*meist pl* **~[e]s** [~z]) *Am umg* Luftsprung *f*, Kapriole *f*, Kinkerlitzchen *n* (*auch übertr*) ⟨to cut / dance ~es Dummheiten machen⟩ | Tand *m*, Klimbim *m*

didst [dɪdst] *arch, poet 2. pers sg prät* von **²do 1.**

di·dy [ˈdaɪdɪ] *s umg* Windel *f*

¹die [daɪ] **1.** *s* (*sg arch, meist pl* **dice** [daɪs]) Würfel *m* ⟨the ~ is cast *übertr* die Würfel sind gefallen; to play dice würfeln; to venture all on the cast of a ~ alles auf einen Wurf (*übertr* auf eine Karte) setzen⟩ | (*pl* **dies**) *Tech* Gußform *f*, Kokille *f* | *Tech* Schnitt-, Stanz-, Unterwerkstück *n* | *Tech* Ziehdüse *f*, -eisen *n*; **2.** *vt Tech* formen | *Tech* (Draht) ziehen

²die [daɪ] *vi* (**died, died** [daɪd] *part präs* **dying** [ˈdaɪɪŋ]) sterben (**by** durch; **for** für; **from** an, infolge; **of, with** an, vor) ⟨to ~ an early death einen frühen Tod sterben; to ~ a martyr als Märtyrer sterben; to ~ by one's own hand Selbstmord begehen; to ~ by violence e-s gewaltsamen Todes sterben; to ~ game bis zum letzten kämpfen; to ~ hard nicht leicht sterben, ein zähes Leben haben (*auch übertr*); to ~ in harness / with one's boots on in den Sielen *od* mitten in der Arbeit sterben; to ~ in one's [own] bed e-s natürlichen Todes sterben; to ~ in one's shoes e-s plötzlichen Todes sterben; to ~ in the last ditch bis zum letzten aushalten; never say ~! nur nicht nachgeben!〉 | (Pflanze u. ä.) eingehen | (Tier) krepieren | *übertr* aufhören, vergehen, dahinschwinden 〈his fame will never ~ sein Ruhm wird nicht untergehen〉 | *meist* **be dying** *übertr* schmachten, innig verlangen, sich verzehren, vergehen (**for, to** *mit inf* nach, vor) 〈I'm dying for a drink; we're dying to know it〉; ~ **away** (Wind) sich legen | (Ton) verklingen | schwinden, vergehen; ~ **back** (Pflanzen) (über der Wurzel) absterben; ~ **down** (ver)schwinden | (Feuer) schwächer brennen | (Pflanzen) absterben | *übertr* (Erregung u. ä.) nachlassen; ~ **off** (nacheinander) aussterben; ~ **out** aussterben | (Flamme) erlöschen; **'~-a,way** *adj* ersterbend | dahinschwindend | schmachtend

die cast·ing ['daɪˌkɑːstɪŋ] *Tech s* Spritz-, Dauerform-, Druck-, Preß-, Kokillenguß *m* | Dauerformgußstück *n*

die·hard ['daɪhɑːd] **1.** *s* Dickkopf *m* | *Pol* Reaktionär *m* 〈the ≈s of the cold war die unverbesserlichen Verfechter *m/pl* des kalten Krieges〉; **2.** *adj* dickköpfig, hartnäckig, unbelehrbar | *Pol* reaktionär

di·e·lec·tric [ˌdaɪɪ'lektrɪk], **ˌdi·e'lec·tri·cal 1.** *adj* dielektrisch, nichtleitend; **2.** *s* Dielektrikum *n*, Nichtleiter *m*

di·e·re·sis [ˌdaɪ'ɪərəsɪs] = **diaeresis**

dies·el ['diːzl] **1.** *s* = **'~ ˌengine**; **2.** *adj* diesel- 〈~-electric locomotive dieselelektrische Lokomotive〉; **'~ ˌengine** *s* Dieselmotor *m*; **'~ ˌfuel** *s* Dieselkraftstoff *m*; **'~ oil** *s* Dieselöl *n*

di·es non ['daɪiːz 'nɒn] *s Jur, Wirtsch* gerichts-, geschäftsfreier Tag | *übertr* Tag *m*, der nicht zählt

[1]**di·et** ['daɪət] *s Pol* Land-, Reichstag *m* 〈the ~ of Worms〉 | (außer in England u. USA) Parlament *n* 〈the Japanese ~〉 | Tagung *f*

[2]**di·et** ['daɪət] **1.** *s* Speise *f*, Nahrung *f*, Kost *f* 〈full ~ reichliche Kost; low ~ magere Kost; too rich a ~ zu viele fette Speisen *f/pl*〉 | Ernährung *f* | *Med* Diät *f*, Schonkost *f* 〈to be on a ~ Diät essen; to put s.o. on a ~ jmdn. auf Diät setzen〉; **2.** *vt* (jmdn.) auf Diät setzen 〈to ~ o.s. nach Diät leben〉; *vi* diät leben, Diät halten; **'di·e·tar·y 1.** *s* Diätzettel *m*, -kochbuch *n* | Ration *f* (in Gefängnissen etc.); **2.** *adj* diätetisch, Diät-; **di·e·tet·ic** [ˌdaɪə'tetɪk], *selten* **ˌdi·e'tet·i·cal** *adj* diätetisch, Diät- 〈≈ studies Diätlehre *f*〉; **di·e·tet·ics** [ˌdaɪə'tetɪks] *s/pl* (*sg konstr*) *Med* Diätetik *f*, Diätkunde *f*; **di·e·ti·tian, di·e·ti·cian** [ˌdaɪə'tɪʃn] *s* Diätspezialist *m*

dif·fer ['dɪfə] *vi* differieren, verschieden sein, sich unterscheiden (**from** von, **in** in, **in** *mit ger* dadurch, daß) | nicht übereinstimmen (**with s.o.** mit jmdm., **about, on, over** in, hinsichtlich, in bezug auf) 〈to ~ from o.s. sich selbst widersprechen〉 | anderer Meinung sein (**from s.o.** als jmd.) 〈I beg to ~ *förml* ich bin (leider) anderer Ansicht〉 ◇ **agree to ~** sich mit den Meinungsverschiedenheiten abfinden, einander nicht die Meinung aufzwingen wollen; **~ence** ['dɪfr̥əns] **1.** *s* Unterschied *m* 〈to make a great deal of / a great (any, no, not much, some) ≈ eine Menge *od* sehr viel (irgend etwas, nichts, nicht viel, etw.) ausmachen; to make a ≈ between unterschiedlich behandeln〉 | Unterschied *m*, Verschiedenheit *f* 〈≈ of opinion Meinungsverschiedenheit *f*〉 | (Summe u. ä.) Differenz *f*, Unterschied *m* | *Math* Differenz *f*, Rest *m* | Unterscheidungsmerkmal *n* | Streit(punkt) *m*, Differenz *f*, Meinungsverschiedenheit *f* 〈to settle a ≈ einen Streit beilegen〉 ◇ **split the ~ence** sich in die Differenz teilen; *übertr* zu einem Kompromiß kommen; **2.** *vt* unterscheiden, differenzieren (**from** von) | *Math* differenzieren; **~ent** ['dɪfr̥ənt] *adj* verschieden(artig), abweichend, anders (**from, to, than** von, als) | andere(r, -s) 〈a ≈ time ein anderes Mal〉 | besondere(r, -s) 〈three ≈ times dreimal gesondert〉 | *umg* anders, ungewöhnlich, besonders, speziell 〈it's really ≈〉; **~en·ti·a** [ˌdɪfə'renʃɪə] *s* (*pl* **~en·ti·ae** [~'renʃɪiː]) *Phil* charakteristischer Unterschied; **~en·ti·a·bil·i·ty** [ˌdɪfəˌrenʃɪə'bɪlətɪ] *s* Differenzierbarkeit *f*; **ˌ~'en·ti·a·ble** *adj* differenzierbar; **~en·tial** [ˌdɪfə'renʃl] **1.** *adj* unterscheidend, Unterscheidungs-, gestaffelt, Differential- 〈≈ rents gestaffelte Mieten *f/pl*〉; **2.** *s Math, Tech* Differential *n* | *Wirtsch* (Lohn-, Fahrpreis-) Differenz *f* 〈wage ≈〉 | = **~'en·tial gear; ~'en·tial 'cal·cu·lus** *s Math* Differentialrechnung *f*; **~'en·tial co·ef'fi·cient** *s Math* Differentialquotient *m*; **~'en·tial e'qua·tion** *s Math* Differentialgleichung *f*; **~'en·tial 'gear** *s Tech* Differentialgetriebe *n*; **~'en·tial 'tar·iff** *s Wirtsch* Staffeltarif *m*

dif·fer|en·ti·ate [ˌdɪfə'renʃɪeɪt] *vt* unterscheiden (**from** von, **between** zwischen) | scheiden, zerlegen, teilen (**into** in) | differenzieren 〈to be ≈d sich differenzieren, sich verschieden entwickeln〉; *vi* sich differenzieren, sich unterscheiden (**from** von) | differenzieren, Unterschiede machen; **ˌ~ˌen·ti'a·tion** *s* Differenzierung *f*, Unterscheidung *f*

dif·fi·cile ['dɪfɪsiːl] *adj förml* diffizil, schwierig

dif·fi|cult ['dɪfɪklt] *adj* schwer, schwierig, beschwerlich 〈≈ of access schwer zugänglich; ≈ to pronounce schwer aussprechbar〉 | eigensinnig 〈a ≈ child〉; **'~cul·ty** *s* Schwierigkeit *f* 〈to find great ≈ in s.th. bei etw. große Schwierigkeiten haben; with (without, without any, without much) ≈ mit (ohne, ohne jede, ohne viel) Mühe〉 | *oft* **'~cul·ties** *pl* schwierige Lage *f*, Verlegenheit *f* 〈in ≈ in Geldverlegenheit; to work under ≈ unter Erschwernis(sen) arbeiten; to make/raise ≈ Schwierigkeiten bereiten *od* machen〉

dif·fi|dence ['dɪfɪdəns] *s* mangelndes (Selbst-) Vertrauen (**in** zu) | Schüchternheit *f* (**in** *mit ger* zu *mit inf*); **'~dent** *adj* schüchtern, scheu zaghaft 〈to be ≈ (**about, in** *mit ger* sich scheuen zu *mit inf*)〉

dif|fract [dɪ'frækt] *vt Phys* (Licht) beugen, brechen; **~frac·tion** [dɪ'frækʃn] *s Phys* Diffraktion *f*, Beugung *f*, Brechung *f*; **~'frac·tive** *adj Phys* beugend

dif|fuse [dɪ'fjuːz] **1.** *vt* aus-, vergießen, aussenden 〈to ≈ light (heat, an odour)〉 | *übertr* verbreiten 〈to ≈ knowledge〉 | *übertr* vergeuden, zersplittern 〈to ≈ one's strength〉 | *Phys, Chem* diffundieren, durchdringen, vermischen mit; *vi* sich verstreuen, sich verbreiten | *Phys, Chem* diffundieren, sich vermischen; **2.** *adj* diffus, weitschweifig, langatmig 〈a ≈ style〉 | *Med, Phys, Chem* diffus 〈≈ light〉; **~ˌfus·i'bil·i·ty** *s* Verbreitbarkeit *f* | *Phys, Chem* Diffusionsvermögen *n*; **~'fus·i·ble** *adj* verbreitbar | *Phys, Chem* diffusionsfähig; **~'fu·sion** [-ʒ-] *s* Aus-, Verbreitung *f*, Ausstreuung *f* (*auch übertr*) 〈the ≈ of knowledge〉 | (Stil u. ä.) Weitschweifigkeit *f* | *Phys, Chem* Diffusion *f* 〈the ≈ of gases and liquids〉; **~'fu·sive** *adj* ausgebreitet | sich weit verbreitend | *Phys, Chem* Diffusions-; **ˌ~fu'siv·i·ty** *s Phys, Chem* Diffusionsvermögen *n*

dig [dɪg] **1.** *s umg* Ausgrabungsort *m* | (Aus-) Grabung *f* 〈to go on a ~ an einer Ausgrabung teilnehmen〉 | Stoß *m*, Knuff *m* 〈to give s.o. a ~ jmdn. (kurz) anstoßen〉 | sarkastische Bemerkung (**at** gegen) | *Am Päd* Büffler *m*, eifriger Student; **2.** (**dug, dug** [dʌg]) *vt*, *oft* ~ **up** um-, ausgraben 〈to ~ the ground; to ~ a pit for s.o. *übertr* jmdm. eine Falle stellen; to ~ one's way sich einen Weg bahnen (*auch übertr*)〉 | *übertr* ausgraben, herausholen 〈to ~ facts from books〉 | *umg* stoßen, puffen 〈to ~ s.o. in the ribs〉 | anspornen, anstacheln 〈to ~ a horse〉 | *urspr Am Sl* bewundern, vernarrt sein in 〈to ~ jazz〉 | *Am Sl* verstehen, schätzen 〈I don't ~ him aus ihm mach ich mir gar nichts〉; ~ **in** eingraben, mit Erde vermischen; ~ **o.s. in** sich verschanzen *übertr umg* sich fest einnisten, sich eine sichere Stellung verschaffen 〈to ~ o.s. in very quickly schnell heimisch werden〉 ◇ ~ **one's heels in** *umg übertr* sich auf die Hinterbeine stellen, nicht mitmachen; ~ **into** stoßen, stechen in ⟨to ~ a fork into the meat⟩ | sich anpassen an, sich vertraut machen mit ⟨to ~ o.s. into a new job⟩; **~ out** ausgraben (*auch übertr*); **~ over** *umg* durch den Kopf gehen lassen ⟨to ~ over a difficult question⟩; **~ up** ausgraben | umgraben | *übertr umg* (Geld u. ä.) zusammenkriegen, -bringen ⟨to ~ up enough money⟩; *vi* graben (**for** nach) ⟨to ~ for information⟩ | *umg Brit* wohnen | *oft* **~ away** *umg* büffeln, ochsen; **~ in** *Mil* sich verschanzen | *umg* festen Fuß fassen; **~ into** *umg* reinhauen in, sich (tüchtig) halten an ⟨to ~ into a pie⟩ | sich hineinvertiefen, -wühlen ⟨to ~ into a book⟩; **~ out** *Am* (Tier) schnell laufen, eilen (**for** nach, zu) | *Kan* (Straßen, Stadt) von Schnee geräumt werden, wieder passierbar sein; **~ up** *Am umg* blechen, zahlen

di·gest [daɪˈdʒest|dɪ-] *vt* (Nahrung) verdauen | *Med* (etw.) verdauen helfen | *übertr* verdauen, weiterverarbeiten | *übertr* durchdenken | *übertr* ertragen | ordnen, klassifizieren, in ein System bringen ⟨to ~ measures⟩ | *Chem* digerieren, auflösen; *vi* verdauen | sich verdauen lassen ⟨to ~ well⟩ | *Chem* sich auflösen; [ˈdaɪdʒest] *s* Auszug *m*, Abriß *m*, Auslese *f* | Auswahl *f* ⟨a news ~⟩ | Gesetzessammlung *f* ⟨a ~ of Roman laws; the ~ *Jur* die Pandekten *n/pl*⟩; **~er** [daɪˈdʒestə] *s Med* verdauungsförderndes Mittel | Dampfkochtopf *m* | *Tech* Autoklav *m*; **~i·bil·i·ty** [dɪˌdʒestəˈbɪlətɪ] *s* Verdaulichkeit *f*; **~i·ble** [dɪˈdʒestəbl] *adj* verdaulich; **di·ges·tion** [daɪˈdʒestʃən] *s* Verdauung *f* | Verdauungstätigkeit *f* | *übertr* innere Verarbeitung | *Chem* Digestion *f*; **diˈges·tive 1.** *adj* digestiv, verdauungsfördernd, Verdauungs- ⟨the ≈ system⟩; **2.** *s* verdauungsförderndes Mittel | leicht verdauliches Gebäck

dig·ger [ˈdɪgə] *s* (Gold-) Gräber *m*, Erdarbeiter *m* | (Kartoffel-) Roder *m*, Kartoffelrodemaschine *f* | *Tech* (Löffel-) Bagger *m* | *Sl* Australier *m* (bes. Soldat im 1. Weltkrieg) | *meist* ~, *auch* ˌ~ **ˈIn·di·an** *Am* Angehörige(r) *m(f)* eines bestimmten Indianerstammes; **ˈ~ging** *s* Graben *m*; **ˈ~gings** *s/pl* Schürfstelle *f* | *umg selten* Bude *f*, Wohnung *f*

dig|it [ˈdɪdʒɪt] *s Zool* Finger *m*, Zehe *f* | Fingerbreite *f* | *Math* einstellige Zahl, Ziffer *f* ⟨the number 325 contains three ≈s⟩ | *Math* Dezimalzahl *f*; **~i·tal** [~ɪtl] **1.** *adj* digital, Finger- | Digital-, in Ziffern ⟨≈ clock/watch Digitaluhr *f*; ≈ display Digitalanzeige *f*⟩; **2.** *s Mus* Taste *f*; ˌ**~i·tal comˈput·er** *s* Digitalrechner *m*, **~i·ta·lis** [ˌdɪdʒɪˈteɪlɪs] *s Bot* Fingerhut *m*; **ˈ~i·tate**, **ˈ~i·tat·ed** *adj Zool* gefingert | *Bot* fingerförmig; **~i·ti·grade** [ˈ~ɪtɪgreɪd] *Zool* **1.** *adj* auf den Zehen gehend; **2.** *s* Zehengänger *m*; **~i·tule** [ˈ~ɪtju:l] *s Zool* Fingerchen *n*; ˌ**~it·iˈza·tion** *s* Digitalisierung *f*

dig·ni|fied [ˈdɪgnɪfaɪd] *adj* würdevoll, würdig ⟨a ≈ old lady; a ≈ manner (*Ant* undignified)⟩; **~fy** [ˈ~faɪ] *vt* ehren, auszeichnen (**by** durch, **with** mit) | zieren, schmücken | beschönigen, umschreiben ⟨to ≈ thievery by calling it kleptomania⟩; **~tar·y** [ˈ~tr̩ɪ] **1.** *s* Würdenträger *m* | *Rel* Prälat *m*; **2.** *adj* Würden-; **~ty** [ˈdɪgnətɪ] *s* Würde *f*, Ehre *f* ⟨beneath one's ≈ unter jmds. Würde; to stand [up]on one's ≈ auf seiner Würde bestehen, etw. als unter der *od* jmds. Würde ablehnen⟩ | würdevolle, erhabene Art, Erhabenheit *f*, seriöser Stil ⟨to lose one's ≈ die Haltung verlieren⟩ | Adel *m*; hoher Rang, (hohe) Stellung ⟨the ≈ of a peerage der Adelstitel⟩ | Würdenträger *m*

di·graph [ˈdaɪgrɑ:f] *s* Digraph *m*, Verbindung *f* von zwei Buchstaben für einen Laut

di|gress [daɪˈgres] *vi*, *meist übertr* abweichen, abschweifen (**from** von, **into** in); **~ˈgres·sion** [-ʃn] *s*, *meist übertr* Abschweifung *f*; **~ˈgres·sion·al**, **~ˈgres·sion·ar·y** *adj* abschweifend; **~ˈgres·sive** [-sɪv] *adj* abschweifend | abwegig

digs [dɪgz] *s/pl Brit Sl* Bude *f*, Wohnung *f* ⟨to move into ~ eine (eigene) Bude beziehen⟩

[1]**dike** [daɪk] **1.** *s* Deich *m*, Damm *m* | Graben *m* | Barrikade *f* | *übertr* Schutzwall *m* | *Geol* Eruptivgang *m* | *Schott* Wall *m*, Mauer *f* (um ein Feld); **2.** *vt* (Land) eindämmen, eindeichen; *vi* Gräben anlegen, Deiche schaufeln

[2]**dike** [daɪk] *s Sl* lesbische Frau, Lesbierin *f*

di·lap·i·date [dɪˈlæpɪdeɪt] *vt* verfallen lassen, in Verfall geraten lassen | vergeuden, verschwenden; *vi* verfallen; **diˈlap·i·dat·ed** *adj* verfallen, baufällig ⟨a ≈ old house⟩ | schäbig ⟨a ≈-looking car⟩; **diˌlap·iˈda·tion** *s* Verfall *m*, Baufälligkeit *f* | Verfallenlassen *n* | Vergeudung *f*, Verschwendung *f* | *Geol* Verwitterung *f*

di|lat·a·bil·i·ty [daɪˌleɪtəˈbɪlətɪ] *s Phys* (Aus-) Dehnbarkeit *f*; **~ˈlat·a·ble** *adj Phys* (aus)dehnbar; ˌ**dil·aˈta·tion** [ˌdaɪ-|ˌdɪ-] *s Phys* Dilatation *f*, Ausdehnung *f* | *Med* Dilatation *f*, Erweiterung *f* ⟨≈ of the heart Herzerweiterung *f*⟩; **~ˈlate** [daɪ-|dɪ-] *vt* ausdehnen, erweitern ⟨air ~s the lungs⟩ | *selten* ausführlich *od* weitschweifig erzählen; *vi* (Pupillen u. ä.) sich ausdehnen, sich verbreitern | *übertr* sich weitläufig verbreiten (**[up]on** über); **~ˈla·tion = ~latation**; **~ˈla·tive** *adj* sich (aus)dehnend; **~ˈla·tor** *s Med* ausdehnender Muskel;

dil·a·to·ry [ˈdɪlətrɪ] *adj* dilatorisch, verzögernd, hinhaltend, Verzögerungs- ⟨a ≈ policy⟩ | langsam, säumig ⟨≈ payment; it is ≈ of s.o. not to do s.th. jmd. hat versäumt, etw. zu tun⟩

dil·do [ˈdɪldəʊ] *s* künstlicher Penis

di·lem|ma [dɪˈlemə|daɪ-] *s* Dilemma *n*, schwierige Lage, Klemme *f* ⟨to be in a ≈ sich in e-m Dilemma befinden, in der Klemme sitzen; to put s.o. in[to] a ≈ jmdn. in e-e schwierige Lage bringen; on the horns of a ≈ in e-r Zwickmühle⟩ | *Phil* Wechselschluß *m*; **~mat·ic** [ˌdɪləˈmætɪk], ˌ**~ˈmat·i·cal** *adj* dilemmatisch, in einer Zwangslage befindlich

dil·et·tan|te [ˌdɪlɪˈtæntɪ] **1.** *s* (*pl* **~ti** [~tɪ], **~tes** [~tɪz]) Dilettant(in) *m(f)* | Kunstliebhaber *m*; **2.** *adj* dilettantisch, stümperhaft; **3.** *vi* einer Liebhaberei nachgehen; ˌ**dil·etˈtant·ism** *s* Dilettantismus *m*

dil·i·gence [ˈdɪlɪdʒəns] *s* Eifer *m*, Fleiß *m* | *arch* Postkutsche *f*; **ˈ~gent** *adj* fleißig, sorgsam, emsig ⟨a ≈ worker⟩

dill [dɪl] *s Bot* Dill *m*

dil·ly [ˈdɪlɪ] *s umg* gelbe Narzisse *f*

dil·ly·dal·ly [ˌdɪlɪ ˈdælɪ] *umg vi* trödeln, Zeit verschwenden | zaudern

dil·u·ent [ˈdɪljʊənt] *bes Med* **1.** *adj* verdünnend; **2.** *s* Verdünnungsmittel *n*; **di·lute** [daɪˈlju:t] **1.** *vt* (etw.) verdünnen ⟨to ≈ wine with water⟩ | *übertr* mildern, abschwächen, verwässern (**with** durch) ⟨to ≈ an effect e-e Wirkung mindern; to ≈ skilled labour ungelernte Arbeiter einstellen⟩; *vi* sich verdünnen; **2.** *adj* verdünnt | *übertr* abgeschwächt, verwässert; **di·lut·ee** [ˌdaɪlju:ˈti:] *s* ungelernter Arbeiter; **di·lu·tion** [daɪˈlju:ʃn] *s* Verdünnung *f* | *übertr* Abschwächung *f*, Verwässerung *f* | (wäßrige) Lösung

di·lu·vi|al [daɪˈlu:vɪəl], **~an** [~ən] *adj Geol* diluvial, eiszeitlich, Eiszeit-; **~um** [~əm] *s* (*pl* **~a** [~ə]) *Geol* Diluvium *n*

dim [dɪm] **1.** *adj* dunkel, düster ⟨to take a ~ view of s.th. *übertr umg* etw. mit ziemlicher Skepsis betrachten⟩ | schwach, undeutlich, trübe (*auch übertr*) ⟨~ lights; ~ outlines; ~ memories⟩ | trübe, blaß ⟨~ colours⟩ | (Auge) trübe, (Sehkraft) schwach ⟨~ with tears von Tränen getrübt⟩ | *umg* (Person) schwer von Begriff, begriffsstutzig; **2.** (**dimmed, dimmed**) *vt* verdunkeln, verdüstern | trüben | (Licht) abblenden; *vi* sich verdunkeln, sich verdüstern | trübe werden | verblassen

dime [daɪm] *s Am*, *Kan* Zehncentstück *n* ◇ **a ~ a dozen** *Am umg Wirtsch* nachgeworfen, ganz billig; *übertr* alltäglich; **ˈ~ ˌnov·el** *s Am* billiger Schundroman

di·men·sion [daɪˈmenʃn|dɪ-] **1.** *s* Dimension *f*, Ausmaß, Ausdehnung *f* (*auch übertr*) | (*meist pl*) Größe *f*, Umfang *m*

⟨a building of great ~s⟩ | *Math* Dimension *f*; **2.** *vt* abmessen; **di'men·sion·al** *adj* dimensional ⟨two-≈⟩ | ausgedehnt
dime store ['daɪm ˌstɔ:] *s Am umg* (billiges) Warenhaus
di·meth·yl [daɪ'meθɪl] *s Chem* Äthan *n*
di·mid·i·ate [dɪ'mɪdɪɪt] **1.** *vt* halbieren; **2.** *adj Bot, Zool* halbiert; **diˌmid·i'a·tion** *s* Halbierung *f*
di·min·ish [dɪ'mɪnɪʃ] *vt* vermindern, verringern | verkleinern | schwächen | herabsetzen, reduzieren | *übertr* herabsetzen | *Arch* verjüngen | *Mus* (Notenwert u. ä.) verkleinern ⟨~ed interval vermindertes Intervall⟩; *vi* sich vermindern, sich verkleinern | abnehmen (**in** an); **di'min·ish·a·ble** *adj* reduzierbar, herabsetzbar; **di·min·u·en·do** [dɪˌmɪnjʊ'endəʊ] *adj, adv Mus* diminuendo, abnehmend; **dim·i·nu·tion** [ˌdɪmɪ'nju:ʃn] *s* Verminderung *f*, Verringerung *f* | Verkleinerung *f* | Herabsetzung *f*, Reduktion *f* ⟨≈ in income Einkommensverschlechterung *f*; ≈ in taxes Steuersenkung *f*⟩ | *übertr* Herabsetzung *f* | *Arch* Verjüngung *f* | *Mus* Verkleinerung *f*; **di·min·u·tive** [dɪ'mɪnjətɪv] **1.** *adj* klein, winzig | *Ling* diminutiv, verkleinernd, Diminutiv- ⟨≈ suffix Verkleinerungsendung *f*⟩; **2.** *s Ling* Diminutivum *n*, Verkleinerungsform *f*
dim·i·ty ['dɪmətɪ] *s* Köperbaumwolle *f*
dim·mer ['dɪmə] *s* Verdunklungs-, Abblendvorrichtung *f*; '**~ switch** *s* Abblendschalter *m*; '**dim-out** *s Mil* Verdunklung *f*
dim|ple ['dɪmpl] **1.** *s* Grübchen *n* | Vertiefung *f* | (Wasser) Kräuselung *f*; **2.** *vt* Grübchen machen (**in** auf) | (Wasser) kräuseln; *vi* sich kräuseln; '**~pled**, '**~ply** *adj* voll Grübchen | gekräuselt
dim·wit ['dɪmwɪt] *s umg* Dummkopf *m*; ˌ**dim-'wit·ted** *adj* dämlich
din [dɪn] **1.** *s* Lärm *m*, Getöse *n* ⟨to kick up/make a ~ Lärm machen⟩ | *übertr* Durcheinander *n*; **2.** (**dinned, dinned**) *vt übertr* durch Lärm betäuben | *übertr umg* (etw.) dauernd vorhalten, ständig einhämmern (**into s.o.** jmdm.); *vi* lärmen | tönen, schallen ⟨to ~ in one's ears e-m in den Ohren dröhnen⟩ | rasseln
dine [daɪn] *vi förml* essen, speisen, dinieren (**with** [zusammen] mit, **at** bei) ⟨to ~ with s.o. bei jmdm. essen; mit jmdm. essen gehen⟩; **~ in** zu Hause essen; **~ off (s.o.)** auf (jmds.) Kosten essen | *auch* **~ on (s.th.)** (etw.) zur Mahlzeit essen | = **~ out on**; **~ out** essen gehen, außer Haus essen; **~ out on** *übertr* zehren von, immer wieder auftischen, leben von ⟨to ~ out on a story eine Geschichte immer wieder zum besten geben⟩ ◇ **~ with Duke Humphrey** nichts zu essen *od* beißen haben; ohne Essen bleiben; *vt* (jmdn.) speisen, bewirten, (Gesellschaft) abspeisen ⟨to wine and ~ s.o. jmdm. Essen und Trinken auftragen, jmdn. bestens bewirten⟩ | (Gäste) fassen ⟨this room ~s 50⟩; '**din·er** *s* Tischgast *m* | *Am* Speisewagen *m* | *Am* kleine Gaststätte (in Form eines Eisenbahnwagens), Imbißbaracke *f*
di·nette [daɪ'net] *s Am* kleines Speisezimmer, Eßnische *f* | Möbel *n/pl* für eine Eßnische
ding [dɪŋ] **1.** *vi* (er)tönen, (er)klingen | *Schott* (Regen u. ä.) trommeln (**on** auf); *vt* ertönen *od* erklingen lassen | *übertr* vorpredigen, einhämmern (**s.th. into s.o.** jmdm. etw.); **2.** *s* Klingeln *n*; **~dong** [ˌ~'dɒŋ] **1.** *s* Klingklang *n*, Bimbam *n* ⟨to ring ≈ läuten, bimmeln⟩; **2.** *adj* bimmelnd, klingend | *umg* heftig, heiß, wechselvoll ⟨a ≈ fight ein hin und her wogender Kampf⟩; **3.** *adv* mit Klingklang ⟨the bell goes ≈⟩ | *umg* ernsthaft ⟨to work ≈⟩; **4.** *vi* bimbam läuten; *vt übertr* ständig wiederholen
din|ghy ['dɪŋgɪ] (*pl* **~ies** [-z]), *auch* '**~gey** [~] (*pl* **~eys** [-z]) *s Mar* Ding[h]i *n*, Beiboot *n* | *Flugw* Schlauchboot *n*
din·gle ['dɪŋgl] *s* (enges) bewaldetes Tal, (Wald-) Schlucht *f*
din|go ['dɪŋgəʊ] *s* (*pl* **~goes** [-z]) Dingo *m*, australischer Wildhund
din·gy ['dɪndʒɪ] *adj* schäbig | schmutzig ⟨to get ~ anschmutzen⟩ | trübselig | anrüchig ⟨a ~ plan⟩
din·ing| car ['daɪnɪŋ ˌkɑ:] *s* Speisewagen *m*; '**~ room** *s* Speise- *od* Eßzimmer *n*; '**~ ˌtable** *s* Eßtisch *m*
dink [dɪŋk] *s* leichter Tennisschlag, der knapp übers Netz geht
din·kum ['dɪŋkəm] *Austr umg adj* echt, wahr ⟨~ oil die Wahrheit⟩ | ehrlich ⟨fair ~ offen und ehrlich⟩
dink|y ['dɪŋkɪ] **1.** *adj Brit umg* (bes. Frauensprache) nett, niedlich ⟨a ~ little hat⟩ | *Am verächtl* unbedeutend, mickrig ⟨a ~ room⟩; **2.** *auch* **~ey** *s Am* kleine Lokomotive
din·ner ['dɪnə] *s* (Mittag-, Abend-) Essen *n*, Hauptmahlzeit *f* ⟨after ~ nach Tisch; at ~ bei Tisch; for ~ zum Essen; school ~ Schulessen; to ask s.o. to ~ jmdn. zum Essen bitten; to have ~ essen; to cook ~ das Essen zubereiten; to stay for ~ zum Mittagessen bleiben⟩ | Diner *n*, Festessen *n* ⟨at a ~ auf *od* bei einem Diner; to give/hold a ~ ein Essen geben *od* veranstalten⟩; '**~ bell** *s* Glockenzeichen *n* (zum Essen), Gong *m*; '**~ card** *s* Tischkarte *f*; '**~ ˌjack·et** *s* Smoking(jacke) *m*(*f*); '**~ ˌpar·ty** *s* Tisch- *od* Abendgesellschaft *f*; '**~ ˌserv·ice**, '**~ set** *s* Tafelgeschirr *n*; '**~ ˌta·ble** *s* Speisetisch *m* ⟨at the ≈ beim Essen⟩; '**~ ˌtime** *s* Tischzeit *f*; '**~ ˌwag·on** *s Am* fahrbarer Serviertisch, Servierwagen *m*
di·no·saur ['daɪnəsɔ:] *s Zool* Dinosaurier *m*
dint [dɪnt] **1.** *s* Kraft *f*, Macht *f*, *nur in*: **by ~ of** vermittels, kraft ⟨by ~ of hard work dank harter Arbeit⟩ | = **dent** *poet* Beule *f*, Delle *f* | *übertr* Eindruck *m*; **2.** *vt* einbeulen
di|oc·e·san [daɪ'ɒsɪsn] **1.** *adj* Diözesan-; **2.** *s* Diözesanbischof *m*; **~o·cese** ['daɪəsɪs] *s* Diözese *f*, Kirchensprengel *m*
di·ode ['daɪəʊd] *s El* Diode *f*
di·op|ter [daɪ'ɒptə] *s Phys* Dioptrie *f*; **~tric** [~trɪk] *Phys* **1.** *adj* dioptrisch; **2.** *s* Dioptrie *f*; **di'op·tri·cal** *adj Phys* dioptrisch; **~trics** [~trɪks] *s/pl* (*meist sg konstr*) *Phys* Dioptrik *f*, Brechungslehre *f*
di·o|ra·ma [ˌdaɪə'rɑ:mə] *s* Diorama *n*, Schaubild *n*; **~ram·ic** [~'ræmɪk] *adj* dioramisch
di·o·rite ['daɪəraɪt] *s Min* Diorit *m*
di·ox·id[e] [daɪ'ɒksaɪd] *s Chem* Dioxid *n*
dip [dɪp] **1.** (**dipped, dipped**) *vt* (ein)tauchen | *poet* anfeuchten, benetzen | *auch* **~ up** schöpfen (**from, out of** aus) | *Kfz* (Licht) abblenden ⟨to ~ the headlights⟩ | *Mar* dippen ⟨to ~ the flag die Flagge auf- und niederholen⟩ | (Kerzen) ziehen ⟨to ~ candles⟩ | färben ⟨to ~ a garment⟩ | in Desinfektionslösung waschen, desinfizieren ⟨to ~ sheep⟩; *vi* ein-, untertauchen (**in[to]** in; **under** unter) | (Sonne u. ä.) sich neigen, sich senken | (Preise) leicht fallen | *Geol* ab-, einfallen, einsinken | *übertr* hineingreifen ⟨to ~ into one's pocket purse in die Tasche greifen; to ~ into one's savings die Ersparnisse angreifen⟩ | vorausschauen ⟨to ~ into the future den Blick vorauswerfen⟩ | *übertr* sich flüchtig beschäftigen (**in[to]** mit) ⟨to ~ into a book⟩; **~ in** zulangen, zugreifen; **2.** *s* (Ein-, Unter-) Tauchen *n* | *umg* kurzes Bad *n* ⟨to have / go for a ~⟩ | Tauchbad *n* ⟨sheep ~⟩ | (süße) Sauce | Versinken *n* | *Mar* Flagge *f* in eingeholter Stellung ⟨at the ~⟩ | *Geol* Abfall *m*, Einfallen *n* ⟨a ~ in the road⟩ | *Mar* Kimm *f*, Depression *f* | *Mar* Tiefgang *m* | *übertr* flüchtiger Blick
diph·the|ri·a [dɪf'θɪərɪə] *s Med* Diphtherie *f*; **~rit·ic** [ˌdɪfθə'rɪtɪk] *adj Med* diphtherisch
diph|thong ['dɪfθɒŋ|'dɪp-] *s Ling* Diphthong *m*; **~thon·gal** [dɪf'θɒŋgl] *adj* diphthongisch; **~thon·ga·tion** [ˌdɪfθɒŋ'geɪʃn], **~thong·i·za·tion** [ˌdɪfθɒŋgaɪ'zeɪʃn] *s* Diphthongierung *f*; **~thong·ize** ['dɪfθɒŋgaɪz] *vt* diphthongieren; *vi* diphthongiert werden

dipl[o] [dɪplə] ⟨*griech*⟩ *in Zus* doppelt, zweifach-

di·plo|ma [dɪ'pləʊmə] **1.** *s* (*pl* **~mas** [~məz], *selten* **~ma·ta** [~mətə]) Diplom *n*, Urkunde *f* | Universitätsdiplom, -zeugnis *n* ⟨a ≈ in linguistics⟩ | Staatsdokument *n*, Charte *f*; **2.** *vt* (jmdm.) ein Diplom verleihen (*meist als part prät* **di'plo·maed** diplomiert, mit Diplom)

di·plo·ma·cy [dɪ'pləʊməsɪ] *s* Diplomatie *f* (*auch übertr*); **dip·lo·mat** ['dɪpləmæt] *s* Diplomat *m* (*auch übertr*); **ˌdip·lo'mat·ic 1.** *adj* diplomatisch ⟨≈ relations⟩ | *übertr* diplomatisch, taktvoll (*Ant* undiplomatic) | paläographisch, urkundlich ⟨a ≈ edition e-e genau dem Original folgende Ausgabe⟩; **2.** *s* Diplomat *m* | Urkundenlehre *f*; **ˌdip·lo'ma·ti·cal** *adj* diplomatisch; **ˌdip·lo'mat·ics** *s/pl* (*meist sg konstr*) Diplomatik *f*, Urkundenlehre *f* | Diplomatie *f*; **di·plo·ma·tism** [dɪ'pləʊmətɪzm] *s* Diplomatie *f*; **di'plo·ma·tist** = **diplomat**; **di'plo·ma·tize** *vi übertr* als Diplomat tätig sein | diplomatisch sein; *vt* (etw.) diplomatisch behandeln | ein Diplom verleihen

di|po·lar [daɪ'pəʊlə] *adj Phys* zweipolig; **~pole** ['daɪpəʊl] *s Phys, El* Dipol *m*; **'~pole 'aer·i·al** *s El* Stabantenne *f*

dip·per ['dɪpə] *s* Schöpfgefäß *n*, Schöpflöffel *m* | Wiedertäufer *m* | *Zool* Wasseramsel *f* | *Am Tech* Schwimmer *m* ◇ *Am* **the Big (Lit·tle)** ∸ *Astr* der Große (Kleine) Bär; **'~ gourd** *s Bot* Flaschenkürbis *m*

dip·ping ['dɪpɪŋ] *Tech s* Eintauchen *n* | Tauchbad *n*; **'~ drum** *s Tech* (Ein-) Tauchtrommel *f*; **'~ ˌneedle** *s Mar* Inklinationsnadel *f*; **'~ ˌvar·nish** *s* Tauchlack *m*; **'~ vat** *s Tech* Schöpf-, Tauchbütte *f*

dip·py ['dɪpɪ] *Am Sl adj* (Person) vernarrt, verrückt ⟨to feel ~ about s.o. verrückt sein auf jmdn.⟩ | (Plan u.ä.) verrückt, verstiegen ⟨a ~ plan; a ~ hat ein unmöglicher Hut⟩

dip·so·ma·ni|a [ˌdɪpsə'meɪnɪə] *s Med* Dipsomanie *f*, Trunksucht *f*; **~ac** [~æk] *s Med* Dipsomane *m*; **~a·cal** [ˌdɪpsəmə'naɪəkl] *adj Med* dipsomanisch

dip|stick ['dɪpˌstɪk] *s* (Öl- usw.) Meßstab *m*; **'~ˌswitch** *s Brit Kfz* Abblendschalter *m*

dip·tych ['dɪptɪk] *s* Diptychon *n*, (antike zusammenklappbare) Schreibtafel, Altargemälde *n*

dire ['daɪə] *adj* schrecklich, entsetzlich ⟨~ events⟩ | unheilvoll ⟨~ signs⟩ | tödlich, unheilbringend ⟨~ news⟩ | äußerst (groß), höchst ⟨to be in ~ need of s.th. etw. ganz dringend benötigen⟩

di·rect [dɪ'rekt|daɪ-|də-] **1.** *vt* den Weg zeigen, geleiten (**to** nach, zu) | (jmdn.) verweisen (**to** an, zu) | (Brief, Worte) adressieren, richten (**to** an) | (Arbeit, Orchester) leiten, dirigieren | (Schritte, Aufmerksamkeit) lenken, richten (**to[wards]** auf, nach) | (jmdm.) befehlen (**to** zu *mit inf*); *vi* befehlen, anordnen (**that** daß) | *Mus* dirigieren; **2.** *adj* direkt, gerade (*auch übertr*) ⟨a ~ line⟩ | direkt, unmittelbar ⟨to be in ~ contact with s.o. mit jmdm. in enger Verbindung stehen; a ~ descendant ein direkter Nachfahre⟩ | genau ⟨the ~ opposite⟩ | ehrlich, offen, ohne zu zögern ⟨a ~ answer⟩; **3.** *adv* direkt, gerade, auf geradem Wege (ohne Unterbrechung) ⟨to go ~ den direkten Weg nehmen⟩ | unmittelbar ⟨to write to s.o. ~ direkt an jmdn. schreiben⟩; **ˌ~ 'ac·tion** *s Pol* direkte Aktion, Kampfmaßnahme *f* (*bes* der Arbeiterklasse); **ˌ~ 'cur·rent** *s El* Gleichstrom *m*; **ˌ~ 'hit** *s Mil* Volltreffer *m*

di·rec·tion [dɪ'rekʃn|daɪ-] *s* Richten *n* | Richtung *f* ⟨in all ~s nach allen Richtungen; in the ~ of in der Richtung nach; sense of ~ Richtungssinn *m*, Orientierung *f*; from all ~s von allen Seiten⟩ | Leitung *f*, Lenkung *f* ⟨under s.o.'s ~⟩ | *Mus* Dirigieren *n*, Dirigat *n* | Adressieren *n* | (*oft pl*) Adresse *f* | (*oft pl*) Befehl *m*, Anordnung *f*, Anweisung *f*, Hinweise *m/pl* ⟨by ~ of auf Anweisung von; to give s.o. full ~s jmdm. genau erklären; ~s about Anleitung über *od* zu; to follow the ~s die Angaben beachten⟩ | *Theat, Film* Regie *f* ⟨under the ~ of⟩ | *übertr* Gebiet *n*; **di'rec·tion·al** *adj* Richt-, Richtungs- ⟨≈ aerial Richtantenne *f*⟩; **di'rec·tion ˌfind·er** *s El* Funkpeiler *m*; **di'rec·tion ˌfind·ing** *s El* Funkpeilung *f*; **di'rec·tion ˌin·di·ca·tor** *s Kfz* Blinker *m*, Fahrtrichtungsanzeiger *m*; **di·rec·tive** [dɪ'rektɪv|daɪ-] **1.** *adj* richtunggebend, leitend, anweisend ⟨≈ influence⟩; **2.** *s* Direktive *f*, Anordnung *f*

di·rect·ly [dɪ'rektlɪ|daɪ-] **1.** *adv* direkt, gerade, in gerader Richtung (*Ant* in~) ⟨to look ~ at s.o.⟩ | *bes Brit* unmittelbar ⟨~ opposite unmittelbar gegenüber⟩ | sofort ⟨to answer ~⟩ | *umg* schnell, in kurzer Zeit, bald ⟨to be there ~ schnell hinkommen⟩; **2.** *auch* ['drektlɪ] *conj, Brit umg* sobald, als ⟨he came ~ I told him⟩

di·rect ob·ject [dɪˌrekt 'ɒbdʒɪkt|daɪ-] *s Ling* direktes Objekt, Akkusativobjekt *n*

di·rec·tor [dɪ'rektə|daɪ-] *s* Direktor *m*, Leiter *m*, Vorsteher *m* ⟨∸ of Public Prosecutions *Brit Jur* Leiter *m* der Anklagebehörde⟩ | *Theat, Film* Regisseur *m* | *Wirtsch* Mitglied *n* eines Aufsichtsrates ⟨board of ~s Aufsichtsrat *m*⟩ | *Rel* Beichtvater *m*; **di'rec·to·ral** [-ərl] *adj* Direktor-; **di·rec·to·rate** [~ərət] *s* Direktorat *n*; Direktorium *n* (*auch Wirtsch*); **di·rec·to·ri·al** [ˌdɪrek'tɔ:rɪəl] *adj* direktorial, Direktor-; **di'rec·tor·ship** *s* Direktorat *n* | Amt *n* eines Direktors; **di'rec·to·ry 1.** *s* Direktion *f* | Adreßbuch *n* | Fernsprechverzeichnis *n* ⟨a telephone ≈⟩ | *Rel* Leitfaden *m*; **2.** *adj* leitend, führend | beratend | anweisend; **di'rec·tress** [~rəs] *s* Direktorin *f*, Leiterin *f*, Direktrice *f*; **di'rec·trix** [~rɪks] *s* (*pl* **di'rec·trix·es, di'rec·tri·ces** [~rɪsi:z]) *selten* Direktorin *f* | *Math* Direktrix *f* | *Mil* Nullstrahl *m*

di·rect| speech [dɪˌrekt|daɪ- 'spi:tʃ] *s Ling* direkte *od* wörtliche Rede; **ˌ~ 'tax** *s Wirtsch* direkte Steuer

dire·ful ['daɪəfl] *adj lit* schrecklich, entsetzlich, grauenvoll ⟨~ cries⟩

dirge [dɜ:dʒ] *s* Trauerklage *f*, Grabgesang *m* | *Rel* Requiem *n* | *verächtl* Jammergesang *m*; **'~ful** *adj* trauernd, klagend

dir·i·gi|bil·i·ty [ˌdɪrɪdʒə'bɪlətɪ] *s* Lenkbarkeit *f*; **~ble** ['dɪrɪdʒɪbl] **1.** *adj* lenkbar; **2.** *s* lenkbares Luftschiff

dirk [dɜ:k] **1.** *s* Dolch *m*; **2.** *vt* erdolchen

dirn·dl ['dɜ:ndl] *s* Dirndlkleid *n* | Dirndlrock *m*, weiter Rock

dirt [dɜ:t] *s* Schmutz *m*, Dreck *m* | Erde *f* | *übertr* Schund *m* | *übertr* (moralischer) Schmutz ⟨as cheap as ~ spottbillig; *übertr* (Frau) billig, leicht (zu haben); to fling / throw ~ at s.o. jmdn. in den Schmutz ziehen; to treat s.o. like ~ jmdn. wie (den letzten) Dreck behandeln⟩; **'~ band** *s Geol* Geröllfeld *n*; **'~'cheap** *adj umg* spottbillig; **'~ ˌfarm·er** *s Am* Farmer, der selbst auf dem Feld arbeiten muß; **'~ road** *s Am* unbefestigte Straße; **'~ track** *s Sport* Aschenbahn *f*; **'~y 1.** *adj* schmutzig, dreckig ⟨≈ clothes⟩ | schmutzig ⟨≈ washing⟩ | Schmutz verursachend; *übertr* niedrig ⟨≈ job⟩ | *umg* (Wetter) regnerisch, häßlich ⟨a ≈ night⟩ | schmutzig, obszön ⟨≈ words⟩ | *übertr umg* gemein, niederträchtig ⟨to do the ≈ on s.o. *Brit umg* jmdn. gemein behandeln; to give s.o. a ≈ look *umg* jmdn. mit einem verächtlichen Blick strafen; to play a ≈ trick on s.o. *umg* jmdm. übel mitspielen⟩ | (Atombombe) schmutzig, starken radioaktiven Niederschlag verursachend; **2.** *vt* beschmutzen; *vi* schmutzen

dis- [dɪs] *präf zur Bildung von v, s, adj mit der Bedeutung*: auseinander-; ab-; dis-; ent-; un-; zer- (*z. B.* **~connect**; **~order**; **~similar**)

dis·a|bil·i·ty [ˌdɪsə'bɪlətɪ] *s* Unfähigkeit *f*, Unvermögen *n* (**to** *mit inf*, **for s.th.** zu *mit inf*) | *Jur* Rechtsunfähigkeit *f* | *Mil* Kampfunfähigkeit *f* | Körperbehinderung *f*, Invalidität *f*; **~'bil·i·ty ˌpen·si·on** *s* Invaliden-, Versehrtenrente *f*; **~ble** [dɪs'eɪbl] *vt* unbrauchbar *od* unfähig machen (**to** *mit inf*,

from *mit ger* zu *mit inf*) | *Jur* rechtsunfähig machen | *übertr* ruinieren; **dis'a·bled** *adj* dienstunfähig, invalide, körperbehindert ⟨≈ ex-service man Kriegsversehrter *m*⟩ | unbrauchbar; **dis'a·ble·ment** *s* (Arbeits-, Erwerbs-) Unfähigkeit *f*, Invalidität *f* | *Mil* Kampfunfähigkeit *f* | Unbrauchbarkeit

dis·a·buse [ˌdɪsə'bju:z] *vt förml* (jmdn.) von einem Irrtum befreien, erleichtern (**of** von, über) ⟨to ~ o.s. / one's mind of s.th. sich von etwas befreien⟩

dis·ac·cord [ˌdɪsə'kɔ:d] **1.** *vi* nicht übereinstimmen (**with** mit); **2.** *s* Nichtübereinstimmung *f* (**with** mit) | Mißverständnis *n*, Widerspruch *m*; ˌ**dis·ac'cord·ance** *s* Nichtübereinstimmung *f*; ˌ**dis·ac'cord·ant** *adj* nicht übereinstimmend

dis·ac·cus·tom [ˌdɪsə'kʌstəm] *vt* abgewöhnen ⟨to ~ s.o. to s.th. jmdm. etw. abgewöhnen, jmdn. von etw. entwöhnen; to be ~ed to nicht gewöhnt sein an⟩

dis·ac·quaint·ance [ˌdɪsək'weɪntəns] *s* Entfremdung *f* (**with** von)

dis·ad·van|tage [ˌdɪsəd'vɑ:ntɪdʒ] **1.** *s* Nachteil *m*, Schaden *m*, Verlust *m* (**to** für) (*Ant* advantage) ⟨at a ≈ im Nachteil; to s.o.'s ≈ zu jmds. Nachteil; to put s.o. at a ≈ jmdn. benachteiligen; to take s.o. at a ≈ jmds. ungünstige Lage ausnutzen⟩; **2.** *vt* benachteiligen; **~ta·geous** [ˌdɪsˌæd-vən'teɪdʒəs] *adj* nachteilig, schädlich (**to** für) ⟨in a ≈ position⟩

dis·af·fect [ˌdɪsə'fekt] *vt förml* (jmdn.) verstimmen, verärgern; ˌ**dis·af'fect·ed** *adj* verstimmt, unzufrieden (**to** mit) | abgeneigt, nicht einverstanden (**to[wards]** mit) ⟨≈ to[wards] the government gegen die Regierung eingestellt⟩; **dis·af·fec·tion** [ˌdɪsə'fekʃn] *s* Abgeneigtheit *f* | *Pol* Unzufriedenheit *f*, Unruhe *f*, mangelnde Loyalität

dis·af·fil·i·ate [ˌdɪsə'fɪlɪeɪt] *vi* sich trennen, sich (los)lösen (**from** von), brechen (**from** mit); *vt* (sich) trennen ⟨to ≈ o.s. from an organization⟩

dis·af·for|est [ˌdɪsə'fɒrɪst] *vt* entwalden, abholzen, abforsten; **~es·ta·tion** [ˌdɪsəˌfɒrɪ'steɪʃn] *s* Abforstung *f*

dis·a·gree [ˌdɪsə'gri:] *vi* nicht übereinstimmen (**with** mit); im Widerspruch stehen (**with** zu) | uneinig sein (**on** über) | sich streiten (**about** über) | (Nahrung, Klima) nachteilig sein, ungeeignet sein (**with** für); ˌ**dis·a'gree·a·ble** *adj* unangenehm, unfreundlich ⟨≈ weather⟩ | unleidig, wenig umgänglich ⟨≈ fellow⟩; ˌ**dis·a'gree·ment** *s* Nichtübereinstimmung *f* ⟨to be in ≈ with s.o. (s.th.) mit jmdm. (etw.) nicht übereinstimmen *od* nicht einverstanden sein; in ≈ from im Unterschied zu, abweichend von⟩ | Widerspruch *m* (**between** zwischen) | Meinungsverschiedenheit *f* | (leichter) Streit

dis·ag·gre·gate [dɪs'ægrɪgeɪt] *vt* zerlegen; *vi* sich auflösen; **disˌag·gre'ga·tion** *s* Zerlegung *f* (in Bestandteile), Auflösung *f*

dis·al·low [ˌdɪsə'laʊ] *förml vt* nicht gestatten, verweigern | nicht gelten lassen, verwerfen

dis·ap·pear [ˌdɪsə'pɪə] *vi* verschwinden (**from** von, aus; **to** nach) | verlorengehen; **~ance** [~rns] *s* Verschwinden *n* | *Tech* Schwund *m*

dis·ap·point [ˌdɪsə'pɔɪnt] *vt* enttäuschen ⟨to be ~ed enttäuscht sein (**at/of/with s.th.** über etw.; **in s.o.** über jmdn.)⟩ | (Hoffnung u. ä.) vereiteln; ˌ**dis·ap'point·ment** *s* Enttäuschung *f* (**at s.th.** über etw.; **in s.o.** über jmdn.) ⟨≈ in love Liebesenttäuschung *f*; in great ≈ mit großer Enttäuschung; to meet with ≈ e-e Enttäuschung erleben; to s.o.'s ≈ zu jmds. Enttäuschung⟩ | Fehlschlag *m* | Vereitelung *f*

dis·ap·pro·ba·tion [ˌdɪsˌæprə'beɪʃn] *s* Mißbilligung *f*

dis·ap·pro·pri|ate [ˌdɪsə'prəʊprɪeɪt] *vt* enteignen; **~a·tion** [ˌdɪsəˌprəʊprɪ'eɪʃn] *s* Enteignung *f*

dis·ap|prov·al [ˌdɪsə'pru:vl] *s* Mißbilligung *f* (**of s.th.** e-r Sache) ⟨in ≈ mißbilligend, ablehnend⟩ | Mißfallen *n* (**of** über) ⟨to s.o.'s ≈ zu jmds. Ärger *od* Mißfallen⟩; ˌ**~'prove** *vt* mißbilligen | tadeln; *vi* sein Mißfallen ausdrücken ⟨to ≈ of s.th. etwas mißbilligen⟩

dis|arm [dɪs'ɑ:m] *vt* entwaffnen | (Munition) entschärfen | *übertr* entwaffnen, entschärfen, den Wind aus den Segeln nehmen ⟨to ≈ all oppositions⟩; *vi Mil* abrüsten; **~ar·ma·ment** [~'ɑ:məmənt] *s* Entwaffnung *f* | *Mil* Abrüstung *f* ⟨≈ conference; proposals for ≈ Abrüstungsvorschläge *m/pl*⟩; **~'arm·ing** *adj übertr* entwaffnend, besänftigend ⟨a ≈ gesture⟩

dis·ar·range [ˌdɪsə'reɪndʒ] *vt* durcheinanderbringen, in Unordnung bringen, verwirren; ˌ**dis·ar'range·ment** *s* Unordnung *f*, Verwirrung *f*

dis·ar·ray [ˌdɪsə'reɪ] **1.** *vt* verwirren | *poet* (jmdn.) entkleiden (*auch übertr*) (**of s.th.** e-r Sache); **2.** *s* Verwirrung *f*, Unordnung *f* ⟨with one's clothes in ~ in ungeordneter Kleidung, (nur) halb angezogen⟩

dis·as·sem·ble [ˌdɪsə'sembl] *vt* auseinandernehmen, zerlegen; ˌ**dis·as'sem·bly** *s* Zerlegung *f*

dis·as·sim·i·late [ˌdɪsə'sɪmɪleɪt] *vt Med* dissimilieren, abbauen; ˌ**dis·asˌsim·i'la·tion** *s Med* Abbau *m*

dis·as·so·ci·ate [ˌdɪsə'səʊʃɪeɪt] *vt* trennen, (los)lösen, absondern (**from** von)

dis·as|ter [dɪ'zɑ:stə] *s* Unheil *n*, Unglück *n* ⟨to bring s.o. to ≈ jmdn. ins Unglück bringen⟩; **'~ter film** *s* Katastrophenfilm *m*; **dis'as·trous** *adj* unheilvoll, unglücklich, schlimm, schrecklich (**to** für) ⟨a ≈ mistake; ≈ results⟩

dis·a·vow [ˌdɪsə'vaʊ] *vt* ableugnen, nicht wahrhaben wollen | abrücken von; ˌ**dis·a'vow·al** *s* Ableugnen *n*, Ableugnung *f* | Dementi *n*, Widerruf *m*

dis·band [dɪs'bænd] *vt* (Truppen) auflösen, entlassen; *vi* sich auflösen, auseinandergehen; **dis'band·ment** *s Mil* Auflösung *f*

dis·bar [dɪs'bɑ:] *vt* (*oft pass*) *Jur* aus dem Anwaltsstand ausschließen; **dis'bar·ment** *s* Ausschluß *m* aus dem Anwaltsstand *m*

dis·be|lief [ˌdɪsbɪ'li:f] *s* Unglaube *m*, Zweifel *m* (**in** an); **~lieve** [~'li:v] *vt* (etw., jmdm.) nicht glauben; *vi* nicht glauben (**in** an), ablehnen (**in s.th.** etw.)

dis·bud [ˌdɪs'bʌd] *vt* von (überschüssigen) Knospen *od* Schößlingen befreien

dis·bur·den [dɪs'bɜ:dn] *vt* entlasten, befreien (**from, of** von) ⟨to ~ o.s. / one's heart of a secret sich eines Geheimnisses entledigen, sein Gewissen um ein Geheimnis erleichtern⟩ | (Wut u. ä.) entladen | (Herz) ausschütten ⟨to ~ one's mind to s.o.⟩ | (Kummer u. ä.) abladen (**upon** auf, bei); *vi* sich von einer Last befreien

dis·burse [dɪs'bɜ:s] *förml vt* (Geld) auslegen, ausgeben | (aus e-m Fonds) auszahlen; *vi* Geld auslegen | Ausgaben haben; **dis'burse·ment** *förml s* Ausgabe *f*, Auslage *f* ⟨to make various small ≈s verschiedene kleinere Auslagen haben⟩ | Auszahlung *f* ⟨after the ≈ of £ 20⟩; **dis'burs·ing ˌof·fi·cer** *s Mil* Zahlmeister *m*

disc, *bes Am* **disk** [dɪsk] **1.** *s* Scheibe *f* | runde Fläche | runder Gegenstand (*auch übertr*) | *Tech* Dreh-, Signalscheibe *f* | *Tel* Nummern-, Wählscheibe *f* | *Sport* Diskus *m*, Wurfscheibe *f* | Schallplatte *f* | *Anat* Scheibe *f* ⟨slipped ~ Bandscheibenschaden *m*⟩; **2.** *vt* zu Scheiben schneiden | *Am* auf Schallplatten aufnehmen

dis·card [dɪ'skɑ:d] *vt Kart* ablegen, abwerfen | (Kleider) ablegen, nicht mehr anziehen | (Gewohnheit u. ä.) ablegen, aufgeben | (jmdn.) entlassen; *vi* Karten ablegen, Karten abwerfen; ['dɪskɑ:d] *s Kart* Ablegen *n*, Abwerfen *n* | abge-

legte *od* abgeworfene Karte
disc brake ['dɪsk breɪk] *s Kfz* Scheibenbremse *f* | *El* Wirbelstrombremse *f*
dis·cern [dɪ'sɜ:n] *vt* sinnlich wahrnehmen, erkennen ⟨to ~ a figure⟩ | geistig erfassen | unterscheiden ⟨to ~ the truth; to ~ right and wrong⟩; *vi* unterscheiden (**between** zwischen, **from** von); **dis'cern·i·ble** *adj* erkennbar, wahrnehmbar; **dis'cern·ing** *adj* urteilsfähig, scharfsinnig, kritisch, anspruchsvoll ⟨a ≈ mind; the ≈ wer unterscheiden kann⟩; **dis'cern·ment** *s* Erkennen *n* | Wahrnehmungsfähigkeit *f* | Urteilskraft *f* | Unterscheiden *n* | Unterscheidungsfähigkeit *f*
dis·charge [dɪs'tʃɑ:dʒ] **1.** *vt* entladen, entleeren | (Fracht) ausladen, löschen; (Passagiere) absetzen | (Gewehr u. ä.) abfeuern, entladen ⟨to ~ a gun⟩ | (Gas, Wasser u. ä.) ablassen, ausströmen lassen ⟨to ~ smoke Rauch entweichen lassen; the river ~s itself into der Fluß mündet *od* ergießt sich in⟩ | *El* entladen | (Ärger) auslassen ⟨to ~ abuse on s.o. jmdn. beschimpfen⟩ | (jmdn.) befreien, entbinden (**of** von) | (jmdn.) entlassen, freilassen ⟨to ~ prisoners⟩ | (jmdn.) aus dem Dienst entlassen | (Seeleute) abmustern ⟨to ~ a crew⟩ | *Jur* entlasten, freisprechen | *Jur* tilgen, bezahlen | (Wechsel) einlösen | (Schulden) bezahlen | (Pflicht) nachkommen | (Versprechen) erfüllen; *vi* sich entladen | (Fluß) sich ergießen, münden | *Med* eitern | *El* sich entladen; **2.**, *auch* ['dɪstʃɑ:dʒ] *s* Entladung *f* | (Fracht) Löschen *n*, Ausladen *n* | (Geschoß) Abfeuern *n*, Abschießen *n* | Abfluß *m*, Ausströmen *n* | *El* Entladung *f* | Befreiung *f*, Entbindung *f*, Entlastung *f* (von Pflichten u. ä.) | *Jur* Freilassung *f* | *Jur* Freisprechung *f* (**from** von) | Dienstentlassung *f* | Bezahlung *f* | (Wechsel) Einlösung *f* | *Med* Auswurf *m*; **dis'charge·a·ble** *adj* ent-, ausladbar; **'~ cock** *s Tech* Ablaßhahn *m* **,~d 'bank·rupt** *s Jur* entlasteter Gemeinschuldner; **'~ pipe** *s Tech* Abflußrohr *n*; **dis'charg·er** *s* Entlader *m* (*auch El*) | *Flugw* Abwurfbehälter *m*; **dis'charg·ing ,cur·rent** *s El* Entladestrom *m*
disc har·row ['dɪsk ,hærəu] *s Landw* Scheibenegge *f*
dis·ci·ple [dɪ'saɪpl] *s Rel* Jünger *m*; Apostel *m* | Schüler *m*, Anhänger *m*; **dis'ci·ple·ship** *s* Anhängerschaft *f*
dis·ci|plin·a·ble ['dɪsəplɪnəbl] *adj* gelehrig, folgsam | strafbar; **~pli·nal** [~plɪnl] *adj* Disziplin-; **~pli·nar·i·an** [,dɪsəplɪ'nɛərɪən] **1.** *s* Zucht-, Exerziermeister *m* | Lehrer *m* | e-r, der auf Disziplin sieht ⟨a good (poor) ≈⟩; **2.** = **~pli·nar·y** [~plɪnr̩ɪ] *adj* erzieherisch | Disziplin- ⟨≈ action Disziplinarverfahren *n*⟩; **~pline** [~plɪn] **1.** *s* Disziplin *f*, Zucht *f*, Ordnung *f* ⟨military ≈; school ≈; to maintain ≈; ≈ of vote *Pol* Fraktionsdisziplin *f*⟩ | Gehorsam *m* | Bestrafung *f*, Züchtigung *f* | Schulung *f*, Ausbildung *f* ⟨a good ≈ for the memory eine gute Gedächtnisschule⟩ | Disziplin *f*, Unterrichtsfach *n* ⟨a modern ≈⟩; **2.** *vt* an Disziplin gewöhnen ⟨to ≈ one's children⟩ | schulen, erziehen ⟨to ≈ o.s.⟩ | bestrafen, züchtigen ⟨to ≈ a worker einen Arbeiter disziplinarisch belangen, zurechtweisen⟩
disc jock·ey ['dɪsk ,dʒɒkɪ] *s umg Rundf, Ferns* Diskjockey *m*, Ansager *m* bei Schallplattensendungen, Schallplattenunterhalter *m*
dis·claim [dɪ'skleɪm] *vt* (ab)leugnen | zurückweisen, ablehnen | verzichten auf, entsagen; *vi* verzichten, Verzicht leisten; **dis'claim·er** *s* Dementi *n*, Widerruf *m* ⟨to issue / send s.o. a ≈⟩ | Verzichtender *m* | Verzichtleistung *f* ⟨≈ to the throne Thronverzicht *m*⟩; **dis·cla·ma·tion** [,dɪsklə'meɪʃn] *s* Verzichtleistung *f* | Dementi *n*
dis|close [dɪ'skləuz] *vt* aufdecken, enthüllen, offenbaren, eröffnen ⟨to ≈ the contents; to ≈ one's intentions⟩; **~clo·sure** [dɪ'skləuʒə] *s* Aufdeckung *f*, Enthüllung *f*, Offenbarung *f*, Eröffnung *f* | das Enthüllte | Enthüllung *f* | Verlautbarung *f*, Bekanntgabe *f*
disco- [dɪskə] ⟨*griech*⟩ *in Zus* Scheiben-
dis|co ['dɪskəu] **1.** *s* (*pl* **~cos**) (*Kurzw* für **discotheque**) *umg* Disko *f* | Diskomusik *f*; **2.** *vi* zu Diskomusik tanzen | in die Disko gehen
dis·cog·ra·phy [,dɪs'kɒgrəfɪ] *s* Schallplattenverzeichnis *n*
dis|coid ['dɪskɔɪd], **~'coi·dal** *adj* scheibenförmig
dis·col·our [dɪ'skʌlə] *vt* verfärben, entfärben | *übertr* entstellen; *vi* sich verfärben | verblassen, verschießen; **dis,col·our'a·tion** *s* Verfärbung *f* | Fleck *m*; **dis'col·oured** *adj* verfärbt | verschossen, fleckig; **dis'col·our·ment** = **dis,col·our'a·tion**
dis·com|fit [dɪ'skʌmfɪt] *förml vt* in die Flucht schlagen, besiegen | (Pläne u. ä.) vereiteln, zunichte machen | *übertr* verwirren, aus der Fassung bringen; **~fi·ture** [~fɪtʃə] *s* Niederlage *f* (*auch übertr*) | Vereitelung *f* | *übertr* Verwirrung *f*, Verlegenheit *f*
dis·com·fort [dɪ'skʌmfət] **1.** *s* Unannehmlichkeit *f*, Unbequemlichkeit *f*, Beschwernis *f*, Belastung *f* ⟨~ of camping; ~s of travel⟩ | Unbehagen *n*, Unruhe *f*, Sorge *f* ⟨with ~ aus Ängstlichkeit⟩ | (körperliche) Beschwerde ⟨~s of a bad cold⟩; **2.** *vt* (jmdm.) Unbehagen verursachen | beunruhigen; **dis'com·fort·ed** *adj* mißvergnügt | besorgt, beunruhigt
dis·com·mode [,dɪskə'məud] *förml, lit vt* (jmdm.) Unbequemlichkeiten machen, (jmdn.) belästigen, inkommodieren
dis·com|pose [,dɪskəm'pəuz] *förml vt* durcheinanderbringen, verwirren, beunruhigen; **~po·sure** [~'pəuʒə] *s* Fassungslosigkeit *f* | Verwirrung *f* | Unruhe *f*
dis·con·cert [,dɪskən'sɜ:t] *vt* (*oft pass*) verwirren, bestürzen, beunruhigen | (Hoffnung u. ä.) zunichte machen, vereiteln; **,dis·con'cert·ed** *adj* verwirrt, bestürzt, beunruhigt; **,dis·con'cer·tion, ,dis·con'cert·ment** *s* Verwirrung *f*, Bestürzung *f*, Unruhe *f*
dis·con|nect [,dɪskə'nekt] *vt* loslösen, trennen (**from, with** von) | *Tel* trennen | *El* unterbrechen, ab- *od* ausschalten ⟨≈ing switch Trennschalter *m*⟩ | *Tech* auskuppeln; **~'nect·ed** *adj* losgelöst (**from** von) | (Vortrag u. ä.) zusammenhanglos, unzusammenhängend; **~'nec·tion**, *Brit auch* **~nex·ion** [~'nekʃn] *El* Unterbrechung *f*, Abschaltung *f*
dis·con·so·late [dɪ'skɒnsələt] *adj* untröstlich, unglücklich, verzweifelt (**about, at** über); **dis,con·so'la·tion** *s* Untröstlichkeit *f*, Verzweiflung *f*
dis·con·tent [,dɪskən'tent] **1.** *s* Unzufriedenheit *f* (**at, with** über); **2.** *adj* (*präd*) unzufrieden (**with** mit); **3.** *vt* unzufrieden machen; **,dis·con'tent·ed** *adj* unzufrieden (**with** mit); **,dis·con'tent·ment** *s* Unzufriedenheit *f*
dis·con·tin|u·ance [,dɪskən'tɪnjuəns], **~u·a·tion** [,dɪskən,tɪnju'eɪʃn] *förml s* Unterbrechung *f* | Aufhören *n* | *Jur* (Verfahrens-) Einstellung *f*; **~ue** [~ju:] *vt förml* unterbrechen | aufhören (*mit ger* zu *mit inf*) | *Jur* (Verfahren) einstellen | abbestellen ⟨to ≈ a newspaper⟩; *vi* aufhören; **dis·con·ti·nu·i·ty** [,dɪs,kɒntɪ'nju:ətɪ] *s* Diskontinuität *f*, Unstetigkeit *f* | Sprung *m* | *förml* Zwischenraum *m*; **~u·ous** [~juəs] *adj* diskontinuierlich, unstet ⟨≈ line gestrichelte *od* unterbrochene Linie⟩ | sprunghaft
dis·cord ['dɪskɔ:d] *s* Nichtübereinstimmung *f* ⟨to be at ~ with im Widerspruch stehen mit *od* zu⟩ | Zwietracht *f*, Uneinigkeit *f* | Streit *m* | *Mus* Dissonanz *f*, Mißton *m* | *übertr* Mißklang *m*, Mißton *m*; [dɪ'skɔ:d] *vi* nicht übereinstimmen (**with** mit) | uneins sein (**with** mit); **dis'cord·ance, dis'cord·an·cy** *s* Nichtübereinstimmung *f* | Dissonanz *f*, Mißklang *m* | *Geol* Diskordanz *f*; **dis'cord·ant** *adj* abweichend ⟨≈ opinions⟩ | nicht übereinstimmend (**from, to, with** mit) | *Mus* dissonant, mißtönend | *Geol* diskordant
dis·count ['dɪskaunt] *s Wirtsch* Rabatt *m*, Skonto *n* ⟨to al-

low / give ~ Rabatt gewähren⟩ | *Wirtsch* Diskont *m*, Abzug *m* ⟨at a ~ unter Pari; *übertr förml* unbeliebt, nicht gefragt, in Mißkredit; to sell at a ~ mit Verlust verkaufen⟩; [dɪ'skaʊnt] *vt Wirtsch* (Wechsel) diskontieren | *Wirtsch* abziehen, abrechnen | *übertr* verringern, beeinträchtigen | *übertr* (etw.) nur zur Hälfte glauben, mit Vorsicht hinnehmen ⟨to ~ s.o.'s report⟩; *vi Wirtsch* diskontieren; **dis'count·a·ble** *adj Wirtsch* diskontierbar; **'~ ˌbro·ker** *s Wirtsch* Diskont-, Wechselmakler *m*

dis·coun·te·nance [dɪ'skaʊntɪnəns] *förml vt* beschämen | verwirren | mißbilligen | nicht unterstützen

dis·count| house ['dɪskaʊntˌhaʊs] *s* Geschäft *n*, das Waren zu herabgesetzten Preisen anbietet; **'~ rate** *s Wirtsch* Diskontsatz *m*; **'~ store = '~ house**

dis·cour·age [dɪ'skʌrɪdʒ] *vt* entmutigen | abschrecken, abhalten (**from** von; **from** *mit ger* zu *mit inf*) | (etw.) vereiteln, -hindern | mißbilligen, verurteilen; **dis'cour·age·ment** *s* Entmutigung *f* | Abschreckung *f* | Abschreckungsmittel *n* | Hindernis *n* | Verurteilung *f*; **dis'cour·ag·ing** *adj* entmutigend

dis·co·theque ['dɪskətekˌdɪskə'tek] *s* Diskothek *f*

dis|course ['dɪskɔ:s] *förml s* Vortrag *m*, Vorlesung *f* | Predigt *f* | Abhandlung *f* | Unterhaltung *f*, Gespräch *n* ⟨to hold ≈ with s.o. sich mit jmdm. unterhalten; in ≈ with ins Gespräch vertieft mit⟩ | Fähigkeit *f* zu logischem Denken | *Ling* Diskurs *m*, Text *m*; [dɪ'skɔ:s] *förml vi* einen Vortrag halten | predigen (**[up]on** über) | sich (ausführlich) unterhalten (**[up]on** über); *vt poet* (Musik) vortragen, spielen; **'~course aˌnal·y·sis** *s Ling* Diskurs-, Gesprächsanalyse *f*; **~cours·ive** [dɪs'kɔ:sɪv] *adj* Diskurs-, Gesprächs-

dis·cour·te|ous [dɪ'skɜ:tɪəs] *adj förml* unhöflich ⟨it is ≈ of you es ist unhöflich von dir⟩; **~sy** [~təsɪ] *förml s* Unhöflichkeit *f* | unhöfliche Handlung

dis·cov·er [dɪ'skʌvə] *vt* entdecken | aufdecken, ausfindig machen (*auch übertr*); **dis'cov·er·a·ble** *adj* auffindbar | wahrnehmbar | feststellbar; **dis'cov·er·er** *s* Entdecker *m*; **dis'cov·er·y** *s* Entdeckung *f* ⟨scientific ≈⟩ | Entdecken *n* | Fund *m* ⟨≈ of oil Ölfund *m*⟩ | *Jur* zwangsweise Mitteilung *od* Offenbarung von Tatsachen ⟨bill of ≈ Ausmittelungsklage *f*⟩

disc plough ['dɪsk plaʊ] *s Landw* Scheibenpflug *m*

dis·cred·it [dɪ'skredɪt] **1.** *vt* in Mißkredit bringen (**with** bei) | bezweifeln, keinen Glauben schenken; **2.** *s* Mißkredit *m*, schlechter Ruf ⟨to bring ~ [up]on s.o., to bring s.o. into ~ jmdn. in Mißkredit bringen⟩ | (*sg mit unbest art*) Schande *f* ⟨a ~ to the school eine Schande für die Schule⟩ | Zweifel *m*, Mißtrauen *n* ⟨to cast / throw ~ on s.th. etw. zweifelhaft erscheinen lassen⟩; **dis'cred·it·a·ble** *adj* schimpflich, entehrend ⟨≈ conduct schändliches Verhalten⟩

dis·creet [dɪ'skri:t] *adj* umsichtig, besonnen | diskret, taktvoll

dis·crep·an·cy [dɪ'skrepənsɪ] *s* Diskrepanz *f*, Nichtübereinstimmung *f*, Widerspruch *m*; **dis'crep·ant** *adj* diskrepant, nicht übereinstimmend | abweichend (**from** von)

dis|crete [dɪ'skri:t] **1.** *adj förml* einzeln, gesondert, getrennt ⟨≈ spots einzelne Flecken⟩ | *Math* diskret, unstetig | *Phil* abstrahiert, getrennt; **2.** *s Tech* Einzelteil *n*; **~cre·tion** [dɪ'skreʃn] *s* Diskretion *f*, Takt *m* | Umsicht *f*, Besonnenheit *f* ⟨to show ≈ umsichtig vorgehen; age / years of ≈ mündiges Alter (ab 14 Jahre); ≈ is the better part of valour *Sprichw* Vorsicht ist besser als Nachsicht⟩ | Ermessen *n*, Belieben *n* ⟨at ≈ nach Gutdünken; to be at / within s.o.'s ≈ von jmds. Gutdünken abhängig sein, jmdm. freistehen; to have full ≈ to *mit inf* völlig ermächtigt sein zu *mit inf*; to surrender at ≈ *Mil* sich auf Gnade und Ungnade ergeben; to use one's [own] ≈ nach Gutdünken handeln, selbst entscheiden⟩; **~'cre·tion·ar·y** *adj förml* beliebig, willkürlich ⟨≈ powers umumschränkte Vollmacht⟩

dis·crim·i·na·ble [dɪ'skrɪmɪnəbl] *adj* unterscheidbar; **dis'crim·i·nant** *s Math* Diskriminante *f*; **dis'crim·i·nate** *vt* unterscheiden (**from** von) | absondern (**from** von); *vi* einen Unterschied machen, (scharf) unterscheiden (**between** zwischen) ⟨to ≈ against s.o. jmdn. benachteiligen; to ≈ in favour of s.o. jmdn. begünstigen⟩; [~nɪt] *adj* (scharf) unterscheidend; **dis'crim·i·nat·ing** *adj* unterscheidend | umsichtig, urteilsfähig ⟨a ≈ critic⟩ | *Wirtsch* Differential- ⟨≈ duty Differentialzoll *m*⟩; **disˌcrim·i'na·tion** *s* Diskriminierung *f*, Herabsetzung *f* (**against s.o./s.th.** jmds. *od* einer Sache) ⟨racial ≈ Rassendiskriminierung *f*⟩ | Unterscheidung *f* | Unterschied *m* | Urteilsfähigkeit *f*, -kraft *f*, Einsicht *f*; **dis'crim·i·na·tive, dis'crim·i·na·to·ry** *adj* unterscheidend, charakteristisch | einen Unterschied machend | *verächtl* diskriminierend

disc saw ['dɪsk sɔ:] *s Tech* Kreissäge *f*

dis·cur·sive [dɪ'skɜ:sɪv] *adj* (Person) unstet, unbeständig | abschweifend, ständig das Thema wechselnd ⟨~ style⟩ | *Phil* diskursiv, schlußfolgernd

dis|cus ['dɪskəs] *s* (*pl* **~cus·es** [~kəsɪz], **~ci** [~kaɪ]) *Sport* Diskus *m* | *auch* **'~cus throw** Diskuswerfen *n*; **'~cus ˌthrow·er** *s* Diskuswerfer(in) *m(f)*

dis|cuss [dɪ'skʌs] *vt* diskutieren, besprechen, erörtern ⟨to ≈ a matter über e-e Sache beraten⟩ | sprechen über (**with** mit) ⟨to ≈ s.o. über jmdn. reden⟩ | untersuchen, prüfen | *umg* (Essen) genießen, zu Gemüte führen | *Jur* ausklagen; **~'cuss·i·ble** *adj* diskutabel; **~'cus·sion** [~'kʌʃn] *s* Diskussion *f*, Besprechung *f*, Erörterung *f* (**about** über) ⟨to be under ≈ zur Diskussion stehen; to come up for ≈ zur Diskussion gestellt werden, zur Debatte stehen⟩ | Untersuchung *f*, Prüfung *f* | *umg* Genuß *m* | *Jur* Ausklagung *f*

dis·cus·sion point [dɪ'skʌʃn pɔɪnt] *s* Verhandlungs-, Tagesordnungspunkt *m*

dis·dain [dɪs'deɪn] **1.** *vt* verachten | verschmähen, (für) unter seiner Würde halten (**s.th.** eine Sache; **to** *mit inf*, *mit ger* zu *mit inf*); *vi* Verachtung empfinden; **2.** *s* Verachtung *f*, Geringschätzung *f* ⟨in ~ geringschätzig; to treat with ~ verächtlich behandeln⟩; **dis'dain·ful** *adj* verächtlich, geringschätzig ⟨to be ≈ of verachten⟩

dis|ease [dɪ'zi:z] *s* Krankheit *f*, Leiden *n* (*auch übertr*); **~'eased** *adj* krank ⟨≈ plant⟩ | krankhaft ⟨≈ imagination krankhafte Phantasie⟩

dis·em·bark [ˌdɪsɪm'bɑ:k] *vt* ausschiffen, landen; *vi* landen, an Land gehen; **dis·em·bar·ka·tion** [ˌdɪsˌembɑ:'keɪʃn], **ˌdis·em'bark·ment** *s* Ausschiffung *f*, Landung *f*

dis·em·bar·rass [ˌdɪsɪm'bærəs] *vt* aus einer Verlegenheit befreien | befreien, erlösen (**of** von) ⟨to ~ o.s. of sich freimachen von⟩ | loslösen, befreien, herausziehen (**from** aus); **ˌdis·em'bar·rass·ment** *s* Befreiung *f* (aus Verlegenheit)

dis·em·bod·ied [ˌdɪsɪm'bɒdɪd] *adj* (Seele) entkörperlicht ⟨~ spirit von körperlicher Hülle befreiter Geist⟩ | geisterhaft, aus dem Nichts kommend ⟨~ voices⟩; **ˌdis·em'bod·i·ment** *s* Entkörperlichung *f* | *Mil selten* Auflösung *f* (einer Einheit); **ˌdis·em'bod·y** *vt* entkörperlichen | *Mil selten* (Einheit) auflösen | *übertr* (Idee) entkonkretisieren

dis·em·bogue [ˌdɪsɪm'bəʊg] *vi* (Wasser) sich ergießen, münden (**into** in); *vt* fließen (**through** durch, **into** in) *od* münden (**into** in)

dis·em·bos·om [ˌdɪsɪm'bʊzəm] *vt* enthüllen ⟨to ~ o.s. sich offenbaren⟩; *vi* sich offenbaren (**to s.o.** jmdm.)

dis·em·bow·el [ˌdɪsɪm'baʊl] *vt* (**ˌdis·em'bow·elled, ˌdis·em'bow·elled**, *Am* **ˌdis·em'bow·eled, ˌdis·em'bow·eled**) ausweiden, die Eingeweide entfernen | (jmdm.) den Bauch aufschlitzen; **ˌdis·em'bow·el·ment** *s* Ausweidung *f* |

(Bauch) Aufschlitzung *f*

dis·em·broil [ˌdɪsɪm'brɔɪl] *vt förml* (jmdn.) (aus einer schwierigen Lage) befreien, herausholen (**from** aus) (*auch übertr*)

dis·en·chant [ˌdɪsɪn'tʃɑ:nt] *vt* entzaubern, ernüchtern, desillusionieren (**with** von); **dis·en'chant·ment** *s* Ernüchterung *f*

dis·en·cum·ber [ˌdɪsɪn'kʌmbə] *vt förml* befreien (**of, from** aus), entlasten, freimachen (**of, from** von) (*auch übertr*)

dis·en·dow [ˌdɪsɪn'daʊ] *vt* (Kirche) der Pfründe berauben

dis·en·fran·chise [ˌdɪsɪn'fræntʃaɪz] *vt* (jmdm.) das Wahlrecht entziehen

dis·en|gage [ˌdɪsɪn'geɪdʒ] **1.** *vt* freimachen, befreien, lösen (**from** aus, von) (*auch übertr*) | entbinden, entlasten (**from** von) ⟨to ≈ s.o. from an oath⟩ | *Tech* aus-, entkuppeln, ausrücken; *vi* sich freimachen, sich befreien, sich lösen (**from** aus, von) | *Mil* (sich) absetzen | sich entloben | *Chem* entweichen, sich verflüchtigen | (Fechten) täuschen; **2.** *s* (Fechten) Finte *f*; ˌ**~'gaged** *adj förml* frei, unbeschäftigt ⟨is the minister ≈? ist der Minister zu sprechen?⟩| (Taxi) dienstbereit | *Tel* frei, nicht besetzt; ˌ**~'gage·ment** *s* Freimachung *f*, Befreiung *n*, Loslösung *f* (**from** aus, von) | Losgelöstsein *n* | Muße *f* | Entlobung *f* | *Chem* Ausscheidung *f* | (Fechten) Finte *f* | *Pol* Disengagement *n* | *Mil* Absetzen *n*

dis·en·tan·gle [ˌdɪsɪn'tæŋgl] *vt* befreien, entwirren (**from** aus, von) | (Knoten, Haar u. ä.) entknoten, entflechten | *übertr* (Wahrheit u. ä.) herausfinden; *vi* sich befreien, sich freimachen (**from** von); ˌ**dis·en'tan·gle·ment** *s* Auflösung *f* | *übertr* Befreiung *f*, Entwirrung *f*

dis·en·throne [ˌdɪsɪn'θrəʊn] *vt* entthronen; ˌ**dis·en'throne·ment** *s* Entthronung *f*

dis·en·tomb [ˌdɪsɪn'tu:m] *vt* exhumieren, (wieder) ausgraben | *übertr* wieder hervorholen, ausgraben

dis·e·qui·lib·ri·um [ˌdɪsˌɪkwɪ'lɪbrɪəm] *s förml* Ungleichgewicht *n*, Mangel *m* an, fehlendes Gleichgewicht

dis·es·tab·lish [ˌdɪsɪ'stæblɪʃ] *vt* (etw.) abschaffen, aufheben | (Kirche) entstaatlichen, vom Staat trennen; ˌ**dis·es'tab·lish·ment** Abschaffung *f*, Aufhebung *f* | (Kirche) Entstaatlichung *f*, Trennung *f* vom Staat

dis·fa·vour [dɪs'feɪvə] **1.** *s* Mißgunst *f*, Mißfallen *n* ⟨to regard s.th. with ~⟩ | Ungnade *f* ⟨to fall into ~ with s.o. / to incur s.o.'s ~ bei jmdm. in Ungnade fallen⟩ | Gehässigkeit *f*; **2.** *vt* ungnädig behandeln | geringschätzen | mißbilligen

dis·fea·ture [dɪs'fi:tʃə] *vt* entstellen; **dis'fea·ture·ment** *s* Entstellung *f*

dis·fig|u·ra·tion [dɪsˌfɪgjʊə'reɪʃn] = **~urement**; **~ure** [dɪs'fɪgə] *vt* entstellen, verunstalten (**with** durch); **~ure·ment** [dɪs'fɪgəmənt] *s* Entstellung *f*, Verunstaltung *f*

dis·for·est [dɪs'fɒrɪst] *vt* abforsten, abholzen

dis·fran·chise [dɪs'fræntʃaɪz] *vt* (jmdm.) die Bürgerrechte entziehen | (jmdm.) das Wahlrecht entziehen | (Stadt) die Vorrechte entziehen | entrechten; **~ment** [~mənt|-tʃɪz-] *s* Entzug *m* der Bürgerrechte | Entzug *m* des Wahlrechts | Entrechtung *f*

disfrock [ˌdɪs'frɒk] = **unfrock**

dis·gorge [dɪs'gɔ:dʒ] *vt* ausspeien | entladen (**into** in) | *umg* (unfreiwillig) wieder herausgeben; *vi* sich ergießen, sich entladen (**into** in); **dis'gorge·ment** *s* Ausspeien *n* | Entladen *n*

dis·grace [dɪs'greɪs] **1.** *s* Schande *f*, Schmach *f* ⟨to bring ~ on s.o. jmdm. Schande machen⟩ | Ungnade *f* ⟨to be in ~ with s.o. bei jmdm. in Ungnade stehen; to fall into ~ with s.o. bei jmdm. in Ungnade fallen⟩ | *sg mit unbest art* Schande *f*, Schandfleck *m*, Schandtat *f* ⟨to be a ~ to e-e Schande sein für⟩; **2.** *vt* schänden, entehren, beschmutzen | in Ungnade fallen lassen ⟨to be ~d in Ungnade fallen⟩| in Schande entlassen; **dis'grace·ful** *adj* entehrend, schmachvoll, schändlich ⟨≈ behaviour⟩

dis·grun·tle [dɪs'grʌntl] *vt bes Am* verärgern, verstimmen; **dis'grun·tled** *adj* ärgerlich, verstimmt (**at s.th.** über *od* wegen etw.) | unzufrieden, verärgert (**with s.o.** mit, über jmdn.); **dis'grun·tle·ment** *s* Ärger *m*, Verstimmung *f*

dis·guise [dɪs'gaɪz] **1.** *vt* verkleiden ⟨to ~ o.s. as⟩ | (Stimme u. ä.) verstellen | (Plan u. ä.) verbergen ⟨there is no disguising the fact that es läßt sich nicht verheimlichen, daß⟩; **2.** *s* Verkleidung *f* ⟨in ~ verkleidet, maskiert; in the ~ of verkleidet als⟩ | Verstellung *f*, Vorwand *m*, Schein *m* ⟨to make no ~ of s.th. mit etw. nicht hinter dem Berg halten; under the ~ of unter dem Vorwand⟩

dis·gust [dɪs'gʌst] **1.** *vt* (an)ekeln ⟨it ~s me es ekelt mich; to be ~ed Ekel *od* Widerwillen empfinden (**at, by** über, **with** vor); to ~ s.o. with s.th. jmdm. etw. zuwider machen⟩ | mit Ärger *od* Abscheu erfüllen | auf die Nerven gehen ⟨to be ~ed with s.o. über jmdn. empört sein⟩; **2.** *s* Ekel *m*, Widerwille *m* (**at** über, vor; **for** gegen) ⟨to fill with ~ anekeln; to s.o.'s great ~ zu jmds. größter Empörung; in ~ vor Ekel; to take a ~ at s.th. vor etw. Ekel bekommen⟩; **dis'gust·ful** *adj oft scherzh* eklig; **dis'gust·ing** *adj* ekelhaft, widerlich, abscheulich (**to s.o.** jmdm.) ⟨≈ smell⟩; **dis'gust·ing·ly** *adv* ekelhaft | *umg* entsetzlich, schrecklich ⟨≈ curious⟩

dish [dɪʃ] **1.** *s* Schüssel *f*, Platte *f* | *meist* **~es** *pl* Geschirr *n* ⟨to wash up the dishes⟩ | Speise *f*, Gericht *n* ⟨meat ~ Fleischgericht *n*; ~ of fish Fischgericht *n*; a side ~ ein Zwischengericht *n*; standing ~ Stammgericht *n*; *übertr* alte Leier⟩ | *Tech* (gewölbte) Scheibe; Reflektor *m* | *umg* (Männersprache) hübsches Mädchen; Puppe *f* ⟨she's quite a ~⟩; **2.** *vt, meist* **~ up** anrichten, auftragen, servieren (*auch übertr*) ⟨to ~ [up] the dinner; to ~ up an argument⟩ | *umg Brit* (jmdn.) erledigen, fertigmachen ⟨to ~ s.o.'s opponents; to ~ s.o.'s hopes jmds. Hoffnung zunichte machen⟩; **~ out** austeilen, servieren | *übertr* verteilen, spenden ⟨to ~ out good advice⟩

dis·ha·bille [ˌdɪsə'bi:l] *s* Negligé *n*, Morgenrock *m* | leichte *od* nachlässige Bekleidung ⟨in ~ (meist Frau) nachlässig *od* nur leicht bekleidet⟩

dis·har·mo|ni·ous [ˌdɪshɑ:'məʊnɪəs] *adj* disharmonisch, mißtönend; **~ny** [dɪs'hɑ:mənɪ] *s* Disharmonie *f*, Dissonanz *f*, Mißklang *m*

dish| cloth ['dɪʃklɒθ], '**~ clout** *s* Spüllappen *m* | Geschirrtuch *n*

dis·heart·en [dɪs'hɑ:tn] *vt* entmutigen ⟨to be ~ed sich entmutigen lassen⟩; **dis'heart·en·ing** *adj* entmutigend; **dis'heart·en·ment** *s* Entmutigung *f*

di·shev|el [dɪ'ʃevl] *vt* (**~elled, ~elled**, *Am* **~eled, ~eled**) (Haar u. ä.) zerzausen; **~elled** *adj* (Haar, Kleidung) zerzaust, wirr | unordentlich | ungekämmt; **di'shev·el·ment** *s* Zerzaustheit *f*

dis·hon·est [dɪs'ɒnɪst] *adj* unehrlich, unredlich, betrügerisch ⟨by ≈ means⟩ | unanständig, unsauber; **dis'hon·es·ty** *s* Unehrlichkeit *f*, Betrug *m*

dis·hon·our [dɪs'ɒnə] **1.** *s* Schmach *f*, Schande *f*, Schimpf *m* ⟨to be a ~ to eine Schande sein für; to bring ~ on Schande bringen über⟩ | *Wirtsch* Nichteinlösung *f*, Zahlungsverweigerung *f*; **2.** *vt* entehren, schänden | beleidigen | *Wirtsch* (Wechsel) nicht honorieren, nicht akzeptieren | (Wort, Versprechen u. ä.) nicht einlösen; **~a·ble** [dɪs'ɒnərəbl] *adj* entehrend, schimpflich, schändlich | niederträchtig, gemein

dish| pan ['dɪʃˌpæn] *s* Abwaschschüssel *f*; '**~** ˌ**tow·el** *s* Geschirrtuch *n*; '**~**ˌ**wash·er** *s* Tellerwäscher *m* | Geschirrspülmaschine *f*; '**~**ˌ**wa·ter** *s* Abwasch-, Spülwasser *n*; '**~y** *adj umg* attraktiv ⟨a ≈ man⟩

dis·il·lu·sion [ˌdɪsɪˈlu:ʒn] **1.** *s* Desillusion *f,* Ernüchterung *f,* Enttäuschung *f;* **2.** *vt* desillusionieren, ernüchtern; **ˌdis·il'lu·sioned** *adj* enttäuscht (**with** über); **ˌdis·il'lu·sion·ize** *vt* desillusionieren; **ˌdis·il'lu·sion·ment** *s* Desillusionierung *f* | Desillusion *f,* Ernüchterung *f,* Enttäuschung *f* (**with** über); **ˌdis·il'lu·sive** *adj* desillusionierend, ernüchternd

dis·in·cen·tive [ˌdɪsɪnˈsentɪv] *s Wirtsch* hemmender Faktor, Abschreckungsmittel *n* (to für)

dis·in|cli·na·tion [ˌdɪsɪnklɪˈneɪʃn] *s* Abneigung *f* (**for, to** gegen; **to** *mit inf* zu *mit inf*); **~cline** [ˌdɪsɪnˈklaɪn] *vt* (jmdn.) abgeneigt machen (**for, to** gegen; **to** *mit inf* zu *mit inf*) ⟨to be ≈d abgeneigt sein⟩; *vi* Abneigung empfinden; **ˌ~'clined** *adj* abgeneigt (**for** gegen; **to** *mit inf* zu *mit inf*)

dis·in|fect [ˌdɪsɪnˈfekt] *vt* desinfizieren, entseuchen, keimfrei machen; **ˌ~'fect·ant 1.** *s* Desinfektionsmittel *n;* **2.** *adj* desinfizierend; **~fec·tion** [~ˈfekʃn] *s* Desinfektion *f,* Entseuchung *f;* **ˌ~'fec·tive** *adj* desinfizierend; **ˌ~'fec·tor** *s* Desinfektor *m,* Entseuchungsgerät *n*

dis·in·fest [ˌdɪsɪnˈfest] *vt* von Ungeziefer befreien; **ˌ~fes'ta·tion** *s* Ungeziefervertilgung *f*

dis·in·fla·tion [ˌdɪsɪnˈfleɪʃn] *s Wirtsch* Deflation *f;* **ˌdis·in'fla·tion·a·ry** *adj Wirtsch* deflationistisch

dis·in·form [ˈdɪsɪnfɔ:m] *vt* desinformieren, fehlinformieren, falsch informieren; **ˌdis·in·form'a·tion** *s* Desinformation *f*

dis·in·gen·u|i·ty [ˌdɪsɪndʒəˈnu:ətɪ] *s* Unaufrichtigkeit *f,* Unehrlichkeit *f;* **~ous** [ˌdɪsɪnˈdʒenjuəs] *adj* unehrlich, nicht aufrichtig ⟨it was ~ of him⟩ | verschlagen

dis·in·her·it [ˌdɪsɪnˈherɪt] *vt* enterben; **ˌdis·in'her·i·tance** *s* Enterbung *f*

dis·in·te·gra·ble [dɪsˈɪntɪgrəbl] *adj* aufspaltbar | zerfallbar; **dis'in·te·grate** [-greɪt] *vt* auflösen | aufspalten | zersetzen (*auch übertr*); *vi* sich auflösen, sich aufspalten | sich zersetzen | verfallen | *Geol* verwittern; **disˌin·te'gra·tion** *s* Auflösung *f* | Aufspaltung *f* | Zersetzung *f* | Zerfall *m* (*auch übertr*) | *Geol* Verwitterung *f;* **dis'in·te·gra·tive** *adj* auflösend | zersetzend; **dis'in·teˌgra·tor** *s Tech* Desintegrator *m,* Zerkleinerer *m,* Schleudermühle *f;* **dis'in·teˌgra·to·ry** *adj* auflösend | zersetzend; **dis'in·te·grous** *adj* aufgelöst, zusammenhanglos

dis·in|ter [ˌdɪsɪnˈtɜ:] *vt* (**ˌ~'terred, ˌ~'terred**) *förml* ausgraben (bes. aus e-m Grab) | *übertr* an den Tag bringen

dis·in·ter·est [dɪsˈɪntrəst] **1.** *s* Gleichgültigkeit *f,* Interesselosigkeit *f* | Selbstlosigkeit *f* | Nachteil *m;* **2.** *vt* (jmdm.) das Interesse nehmen; **dis'in·ter·est·ed** *adj* selbstlos | objektiv, unparteiisch ⟨a ≈ judge⟩ | *Am umg* gleichgültig, uninteressiert (**in** an)

dis·in·ter·ment [ˌdɪsɪnˈtɜ:mənt] *s förml* Ausgrabung *f* | das Ausgegrabene

dis·join [dɪsˈdʒɔɪn] *vt* trennen, auflösen; *vi* sich trennen, sich auflösen

dis|joint [dɪsˈdʒɔɪnt] **1.** *vt* trennen | auseinandernehmen, zerlegen ⟨to ≈ a chicken⟩ | *übertr* aus den Fugen bringen; *vi* zerfallen, auseinandergehen | *übertr* aus den Fugen gehen; **2.** *arch* = **~'joint·ed** *adj* zertrennt, auseinandergenommen | aus den Fugen geraten | unzusammenhängend ⟨≈ speech⟩

dis·junc·tion [dɪsˈdʒʌŋkʃn] *s* Trennung *f;* **dis'junc·tive 1.** *adj* trennend | *Ling, Phil* disjunktiv ⟨≈ conjunction⟩; **2.** *s Ling* disjunktive Konjunktion *f* | *Phil* Disjunktivsatz *m;* **dis'junc·ture** *s* Trennung *f*

disk [dɪsk] *Am* = **disc**

disk·ette [ˈdɪsˌket|dɪsˈket] *s* (Computer) Diskette *f*

dis·like [dɪsˈlaɪk] **1.** *vt* nicht leiden können, nicht mögen (*mit ger* zu *mit inf*) ⟨to get / make o.s. ~d sich unbeliebt machen⟩; **2.** *s* Abneigung *f,* Widerwille *m* (**of, for, to** gegen) ⟨to have a ~ of / for s.th. sich aus etw. nichts machen; to take a ~ to s.o. gegen jmdn. eingenommen werden⟩ ◇ **likes and dislikes** Neigungen *f/pl* und Abneigungen *f/pl* ⟨to be full of ≈ viele Wünsche dafür u. dagegen hegen, sowohl dafür als auch dagegen sein⟩

dis·lo|cate [ˈdɪsləkeɪt] *vt* verrücken | *Med* aus-, verrenken ⟨to ≈ one's shoulder sich die Schulter verrenken⟩ | *übertr* (Verkehr, Wirtschaft u. ä.) durcheinanderbringen; **ˌ~'ca·tion** *s* Verrückung *f* | *Med* Aus-, Verrenkung *f* | *Geol* Verwerfung *f* | *übertr* Verwirrung *f*

dis·lodge [dɪsˈlɒdʒ] *vt* (Stein u. ä.) wegrücken, entfernen (**from** von) | (Feind u. ä.) vertreiben, verjagen | (Wild) aufstöbern ⟨to ~ a deer⟩; *vi* wegziehen, sich entfernen; **dis'lodge·ment** *s* Wegrückung *f,* Entfernung *f* | Vertreibung *f,* Verjagung *f*

dis·loy·al [dɪsˈlɔɪəl] *adj* treulos, ungetreu (**to** gegen) | verräterisch | *Jur* illoyal; **dis'loy·al·ty** *s* Untreue *f,* Treulosigkeit *f* | verräterische Handlung | verräterrischer Gedanke

dis·mal [ˈdɪzml] **1.** *adj* elend, traurig, kläglich, niederdrükkend ⟨a ~ story⟩ | (Wetter) trübe, trostlos ⟨~ weather⟩ | schrecklich, gräßlich ⟨a ~ deed⟩; **2.** *s* niedergeschlagene Person | traurige Angelegenheit | *pl* (*mit best art*) Trübsinn *m,* Niedergeschlagenheit *f* ⟨to be in the ~s niedergeschlagen sein⟩

dis·man·tle [dɪsˈmæntl] *vt* entblößen, entkleiden (**of s.th.** e-r Sache) | abbauen, demontieren | (Schiff) abtakeln | (Festung) schleifen | (Haus) ausräumen; **dis'man·tle·ment** *s* Entblößung *f,* Entkleidung *f* | Abbau *m,* Demontage *f* | *Pol* Demontage *f* | (Schiff) Abtakelung *f* | Ausräumung *f* | (Festung) Zerstörung *f*

dis·mast [dɪsˈmɑ:st] *vt Mar* entmasten

dis·may [dɪsˈmeɪ] **1.** *vt* erschrecken, entsetzen, bestürzen ⟨to be ~ed at entsetzt sein über⟩; **2.** *s* Schreck *m,* Entsetzen *n,* Bestürzung *f* ⟨to be filled / struck with ~ bestürzt sein; in [blank] ~ in hellem Entsetzen⟩

dis·mem·ber [dɪsˈmembə] *vt* zergliedern, zerstückeln, zerreißen | *übertr* (Land) aufteilen, zerstückeln; **dis'mem·ber·ment** *s* Zerstückelung *f* ⟨the ≈ of a country⟩

dis·miss [dɪsˈmɪs] *vt förml* entlassen, verabschieden (**from** aus) ⟨to be ~ed from the army for s.th. aus der Armee entlassen werden wegen etw.; to be ~ed from the service aus dem Dienst entlassen werden⟩ | weg-, fortschicken ⟨to ~ a pupil einen Schüler nach Hause schicken *od* gehen lassen; ~! *Mil* wegtreten!⟩ | (Thema u. ä.) fallen lassen, als erledigt betrachten ⟨to ~ a topic; to ~ s.th. as unimportant⟩ | (Frage) unbeantwortet lassen | verbannen, aufgeben, abtun, über (etw.) hinwegsehen ⟨to ~ a thought from one's mind⟩ | ablehnen ⟨to ~ a proposal⟩ | *Jur* (Berufung, Klage) abweisen | (Kricket) zum Ausscheiden zwingen; **dis'miss·al** *s* Entlassung *f,* Verabschiedung *f* (**from** aus) | Verwerfung *f,* Aufgabe *f* | Ablehnung *f* | *Jur* Abweisung *f;* **dis'miss·i·ble** *adj* entlaßbar

dis·mount [dɪsˈmaʊnt] **1.** *vi* absitzen, absteigen (vom Pferd *od* Fahrrad) (**from** von) | *poet* herabsteigen; *vt* vom Pferde werfen, aus dem Sattel heben | absteigen von | *Mil* aus der Lafette heben | demontieren, abbauen | auseinandernehmen, zerlegen; **2.** *s* Absteigen *n* | Abwerfen *n* | Abmontieren *n* | Demontage *f;* **dis'mount·a·ble** *adj* zerlegbar

dis·o|be·di·ence [ˌdɪsəˈbi:dɪəns] *s* Ungehorsam *m,* Gehorsamsverweigerung *f* (**to** gegen); **ˌ~'be·di·ent** *adj* ungehorsam (**to** gegen); **~bey** [~ˈbeɪ] *vt* (jmdm.) nicht gehorchen, ungehorsam sein gegen | (Befehl u. ä.) nicht befolgen, verletzen, übertreten; *vi* nicht gehorchen

dis·o|blige [ˌdɪsəˈblaɪdʒ] *förml vt* (jmdn.) verletzen, kränken | ungefällig sein gegen; **ˌ~'blig·ing** *adj* ungefällig, unhöflich ⟨it was very ≈ of him es war alles andere als entgegenkommend von ihm⟩ | verletzend

dis·or·der [dɪs'ɔ:də] **1.** *s* Unordnung *f*, Durcheinander *n*, Verwirrung *f* ⟨in [great] ~⟩ | *Pol* Aufruhr *m*, Unruhe *f*, Tumult *m* | *Med* Krankheit *f*, Störung *f* ⟨stomach ~ Magenverstimmung *f*; mental ~ / ~s of the mind Geistesstörung *f*, Geistesgestörtheit *f*⟩; **2.** *vt* in Unordnung bringen, durcheinanderbringen, verwirren | krank machen, durcheinanderbringen, zerrütten ⟨~ed imagination zerrüttete Phantasie; to ~ one's stomach sich den Magen verderben⟩; **dis'or·der·ly 1.** *adj* unordentlich, verwirrt ⟨a ≈ room⟩ | aufrührerisch ⟨a ≈ mob⟩ | *Jur* gesetz-, ordnungswidrig ⟨≈ conduct ungebührliches Benehmen *n*⟩ | verworren, durcheinander; **2.** *s auch* **ˌ~ly 'per·son** *Jur* Ruhestörer *m*; **3.** *adv* unordentlich | verworren; **4.** *adj* unordentlich; **ˌ~ly 'house** *s Jur* Bordell *n* | Spielhölle *f*

dis·or·gan·i·za·tion [ˌdɪsˌɔ:gənaɪ'zeɪʃn] *s* Desorganisation *f*, Auflösung *f* | Durcheinander *n*, Verwirrung *f*; **dis'or·gan·ize** *vt* desorganisieren, auflösen | durcheinanderbringen, verwirren

dis·o·ri·ent [dɪ'sɔ:rɪənt] = *bes Am* **dis'o·ri·en·tate** *vt* desorientieren, verwirren | in die Irre führen; **dis'o·ri·en·ta·ted** *adj* psychisch gestört, labil; **disˌo·ri·en'ta·tion** *s* Desorientierung *f*, Verwirrung *f* (*auch Psych*) | Unsicherheit *f*

dis·own [dɪs'əʊn] *vt* ablehnen | (jmdn.) verleugnen, nicht (als sein eigen) anerkennen ⟨his father ~ed him sein Vater hat ihn verstoßen⟩ | (Autorität) nicht anerkennen

dis·par·age [dɪ'spærɪdʒ] *vt* in Verruf bringen | verachten, geringschätzen; **dis'par·age·ment** *s* Verruf *m* | Verachtung *f*, Geringschätzung *f* ⟨no ≈; without ≈ to you ohne Ihnen [zu] nahe treten zu wollen⟩; **dis'par·ag·ing** *adj* verächtlich, geringschätzig ⟨≈ remarks⟩

dis|pa·rate ['dɪspərət] **1.** *adj* unvereinbar | ungleichartig | *Phil* disparat; **2.** *s*, *meist pl* Unvergleichbares *n* | grundverschiedene Dinge *n/pl*; **~par·i·ty** [dɪ'spærətɪ] *s* Unvereinbarkeit *f*, Ungleichheit *f* (**between** zwischen; **in, of** hinsichtlich, in bezug auf) ⟨≈ in age Altersgegensatz *m*⟩

dis·pas·sion [dɪ'spæʃn] *s* Leidenschaftslosigkeit *f*; **dis'pas·sion·ate** *adj* leidenschaftslos, kühl, ruhig | unparteiisch, unvoreingenommen

dis·patch [dɪ'spætʃ] **1.** *vt* (ab-, ver-) senden, (ab)schicken, befördern ⟨to ~ a letter⟩ | *Mil* in Marsch setzen ⟨to ~ a cruiser *Mar* e-n Kreuzer senden⟩ | *euphem* töten ⟨to ~ a prisoner⟩ | schnell erledigen, rasch ausführen ⟨to ~ business⟩ | *umg* (Essen) wegputzen, hinunterschlingen ⟨to ~ a meal⟩ | *selten* entlassen, wegschicken, loswerden ⟨to ~ a petitioner⟩; **2.** *s* Absendung *f*, Beförderung *f*, Abfertigung *f* | *euphem* Tötung *f*, Töten *n* ⟨happy ~ Harakiri *n*⟩ | schnelle Erledigung | Eile *f* ⟨with [great] ~ eiligst⟩ | *meist pl* Depesche *f*, Telegramm *n* ⟨by ~ durch Eilboten⟩ | offizielle Verlautbarung; *Brit* (amtlicher) Kriegsbericht; **'~ box** *s* Depeschentasche *f*; **dis'patch·er** *s* Dispatcher *m* | *Eisenb* Fahrdienstleiter *m*; **'~ goods** *s/pl* Eilgut *n*; **'~ ˌrid·er** *s Mil* Melder *m*, Meldefahrer *m*

dis|pel [dɪ'spel] (**~'pelled, ~'pelled**) *vt* zerstreuen, verjagen (*auch übertr*) ⟨to ≈ the fog; to ≈ s.o.'s doubts⟩; *vi* sich zerstreuen, verschwinden

dis·pen·sa|bil·i·ty [dɪˌspensə'bɪlətɪ] *s* Entbehrlichkeit *f*; **dis'pen·sa·ble** *adj* entbehrlich | erläßlich; **dis'pen·sa·ry** *s* Apotheke *f* | Dispensaire *f*, ärztliche Beratungsstelle | *Mil* Krankenrevier *n*; **ˌdis·pen'sa·tion** *s* Aus-, Ver-, Zuteilung *f* (*auch übertr*) ⟨the ≈ of food⟩ | Ordnung *f*, Einrichtung *f*, Fügung *f* (**to** für) ⟨a ≈ of Providence *Rel* göttliche Fügung⟩ | *Rel* (göttliche) Ordnung | *Rel* Dispensation *f*, Erlassung *f* (**from, with** von); **~to·ry** [dɪ'spensətr̩ɪ] *s* Arzneibuch *n* | = **~ry**; **dis·pense** [dɪ'spens] *vt* aus-, ver-, zuteilen (*auch übertr*) ⟨to ≈ one's favours seine Gunst schenken; to ≈ justice Recht sprechen⟩ | (Medizin) dispensieren, nach Rezept herstellen ⟨to ≈ a prescription ein Rezept zubereiten; dispensing chemist Apotheker *m*⟩ | lossprechen, befreien (**from** von); *vi* Dispensation erteilen | Medizin verabreichen; **dispense with** auskommen ohne, verzichten auf | überflüssig *od* nicht mehr notwendig machen, nicht mehr erfordern; **dis'pens·er** *s* Apotheker *m* | Apothekenhelfer *m* | *Tech* Spender *m* ⟨a ≈ for liquid soap; a softdrink ≈⟩

dis·peo·ple [dɪs'pi:pl] *vt* entvölkern; **dis'peo·ple·ment** *s* Entvölkerung *f*

dis|per·sal [dɪ'spɜ:sl] *s* Zerstreuung *f* | Ver-, Ausbreitung *f* (**over** über … hin) | Zersplitterung *f*, Auflösung *f*; **~'perse** *vt* zerstreuen (**over** über) | ver-, ausbreiten (**over** über) | *Phys* (Licht) streuen, zerlegen | (Polizei u. ä.) verteilen, (überall) aufstellen | (Truppen) auflockern, auseinandersprengen ⟨~persed formation aufgelockerte Formation⟩; *vi* sich zerstreuen, zerstreut werden | auseinandergehen; **~'per·sion** *s* (Zer-) Streuung *f* (bes. von Licht) | Aus-, Verbreitung *f* ◇ **the ≈persion** *s Rel* Diaspora *f* (der Juden); **~'per·sive** *adj* zerstreuend | Dispersions-, Streuungs-

dis·pir·it [dɪ'spɪrɪt] *vt* (*meist part perf*) entmutigen, niederdrücken; **dis'pir·it·ed** *adj* entmutigt, deprimiert ⟨to look ≈⟩

dis·place [dɪ'spleɪs] *vt* versetzen, verschieben, verrücken | *Med* (Knochen) verrenken | ersetzen, jmds. Stelle einnehmen (**as** als) | entlassen, absetzen (**from** von, aus) | verschleppen, deportieren ⟨~d person Verschleppter *m*; ausländischer Zwangsarbeiter⟩; **dis'place·a·ble** *adj* verschiebbar | ersetzbar | absetzbar; **dis'place·ment** *s* Versetzung *f*, Verschiebung *f*, Dislozierung *f* | Entlassung *f*, Absetzung *f* | (Wasser-) Verdrängung *f* ⟨a ship of 5.000 tons ≈⟩ | Ersetzung *f* | Verschleppung *f* | *Psych* Ersatzbefriedigung *f* | *Geol* Dislokation *f*, Versetzung *f*

dis·play [dɪ'spleɪ] **1.** *vt* entfalten, ausbreiten | (Waren) ausstellen | zur Schau stellen, protzen mit | zeigen, bekunden, verraten, bemerken lassen ⟨to ~ one's true feelings sein wahres Gesicht zeigen; to ~ one's ignorance⟩; **2.** *s* Entfaltung *f*, Ausbreitung *f* | Ausstellung *f* ⟨fashion ~ Modenschau *f*; on ~ (öffentlich) ausgestellt⟩ | Zurschaustellung *f* ⟨to make a ~ of one's affection s-e Liebe zur Schau stellen⟩ | Zeigen *n*, Beispiel *n* ⟨a fine ~ of courage ein schönes Beispiel an Tapferkeit; a ~ of bad temper Wutausbruch *m*⟩ | *Typ* Hervorhebung *f*, Auszeichnung *f* | (Computer) Anzeige *f*, Display *n*; **'~ case** *s* Schaukasten *m*; **'~ ˌu·nit** Anzeige-, Display-Einheit *f*

dis|please [dɪ'spli:z] *vt* (jmdm.) mißfallen ⟨to ≈ s.o.'s friend⟩ | unzufrieden sein mit ⟨to be ≈ed with s.o. for *mit ger* mit jmdm. böse sein wegen; to be ~ed at s.o.'s conduct mit jmds. Verhalten nicht einverstanden sein⟩ | (Auge u. ä.) beleidigen, (Gefühl) verletzen; *vi* mißfallen; **~'pleas·ing** *adj* unangenehm (**to** für) | mißfällig; **~plea·sure** [dɪ'spleʒə] *s* Mißfallen *n* (**of** über) ⟨to incur s.o.'s ≈ sich jmds. Mißfallen zuziehen⟩ | Verdruß *m*, Unwille *m* (**at, over** über)

dis·port [dɪ'spɔ:t] **1.** *vr*, **~ o.s.** sich vergnügen; *vi* sich belustigen, sich vergnügen; **2.** *s* Vergnügen *n*, Belustigung *f*

dis·pos|a·bil·i·ty [dɪˌspəʊzə'bɪlətɪ] *s* Verfügbarkeit *f*; **dis'pos·a·ble 1.** *adj* verfügbar ⟨≈ [personal] income Nettoeinkommen *n*⟩ | zum Wegwerfen, Wegwerf- ⟨≈ paper cups⟩; **2.** *s Am* Wegwerfartikel *m*; **dis'po·sal** *s* Erledigung *f* (**of s.th.** e-r Sache) | Entsorgung *f*; Beseitigung *f* ⟨the ≈ of rubbish⟩ | Verteilung *f*, Einsatz *m* ⟨the ≈ of the troops⟩ | Übergabe *f*, Übertragung *f* ⟨≈ of property⟩ | Verkauf *m* | Macht *f*, Verfügung(srecht) *f(n)* (**of** über) ⟨to be at s.o.'s ≈ jmdm. zur Verfügung stehen; to place / put s.th. at s.o.'s ≈ jmdm. etw. zur Verfügung stellen⟩; **dis'pose** *vt* verteilen, anordnen | bestimmen | (jmdn.) bewegen, verleiten, beeinflussen, geneigt machen (**to** zu, **to** *mit inf* zu *mit inf*); *vi* ordnen, lenken ⟨man proposes, God ≈s *Sprichw* der Mensch denkt, Gott lenkt⟩ | entscheiden, verfügen; **dis'pose of** verfügen über | veräußern ⟨to ≈ of the land⟩ | beseitigen, aus dem Weg schaffen (*auch übertr*) ⟨to ≈ of rubbish Müll beseitigen; to ≈ of s.o.'s arguments mit jmds. Argumenten fertig werden⟩; **dis'posed** *adj* geneigt, bereit (**to** zu, **to** *mit inf* zu *mit inf*) | gelaunt, gestimmt ⟨to be ill-(well-)≈ towards ablehnend (aufgeschlossen) eingestellt sein gegenüber etw., zu etw. negativ (positiv) stehen⟩; **dis·po·si·tion** [ˌdɪspəˈzɪʃn] *s* Charakter *m*, Veranlagung *f* ⟨a cheerful ≈⟩ | Hang *m*, Neigung *f* ⟨a ≈ to quarrelling⟩ | Laune *f* | Anordnung *f*, Einrichtung *f* ⟨the ≈ of furniture in a room⟩ | Erledigung *f* | *Jur* Entscheidung *f* (**of** über) | Übergabe *f*, Übertragung *f* | Leitung *f*, Lenkung *f* | Verfügung *f*, Verfügungsgewalt *f* (**of** über) ⟨at s.o.'s ≈ zu jmds. Verfügung⟩ | *Jur* Vorschrift *f* ⟨facultative ≈ Kann-Vorschrift *f*; obligatory ≈ Mußvorschrift *f*⟩; **dis·po'si·tions** *s/pl* Dispositionen *f/pl*, Vorkehrungen *f/pl* ⟨to make ≈ Vorkehrungen treffen⟩

dis·pos|sess [ˌdɪspəˈzes] *förml vt* enteignen | vertreiben (**of** von) | berauben (**of s.th.** e-r Sache) | befreien (**of** von) | (Vorurteil) austreiben; **ˌ~'sessed** *adj förml* besitzlos, enteignet (**of** *mit gen*) ⟨the ≈ die Besitzlosen *pl*⟩; **ˌ~'ses·sion** *s förml* Enteignung *f* | Vertreibung *f* (**from** von) | Beraubung *f* | Befreiung *f*

dis·proof [dɪˈspruːf] *s* Widerlegung *f* | gegenteiliger Beweis

dis·pro·por·tion [ˌdɪsprəˈpɔːʃn] **1.** *s* Disproportion *f*, Mißverhältnis *n*, Nichtübereinstimmung *f* ⟨~ in age krasser Altersunterschied⟩; **2.** *vt* in ein Mißverhältnis bringen; **~ate** [~ət] *adj* disproportioniert, unverhältnismäßig klein *od* groß (**to** für, gegenüber) ⟨to be ≈ to zu hoch *od* zu niedrig sein für⟩ | übertrieben ⟨a ≈ report⟩

dis|prov·a·ble [dɪˈspruːvəbl] *adj* widerlegbar; **~'prov·al** *s* Widerlegung *f*; **~'prove** *vt* widerlegen, als falsch erweisen

dis|pu·ta·bil·i·ty [dɪˌspjuːtəˈbɪlətɪ] *s* Strittigkeit *f*; **~'pu·ta·ble** *adj* strittig, fraglich; **~'pu·tant** **1.** *förml Jur adj* streitend | diskutierend; **2.** *s förml Jur* Disputant *m*, Streiter *m*; **~pu·ta·tion** [ˌ~pjʊˈteɪʃn] *s förml Jur* Disputation *f*, Streitgespräch *n*, Diskussion *f*; **~pu·ta·tious** [ˌ~pjʊˈteɪʃəs], **~'put·a·tive** *adj* streitsüchtig | *selten* strittig; **~pute** [dɪˈspjuːt] *vi* diskutieren, disputieren (**on** über, **against, with** mit) | sich streiten (**about** um); *vt* diskutieren, erörtern | anfechten, in Zweifel ziehen ⟨to ≈ a will⟩ | streiten um, sich (etw.) streitig machen, sich bemühen um ⟨to ≈ the victory um den Sieg kämpfen⟩ | (jmdm.) widerstehen, Widerstand leisten ⟨to ≈ an attack⟩; [dɪˈspjuːt|ˈdɪspjuːt] *s* Disput *m*, Diskussion *f*, Erörterung *f* | Streit *m* ◇ **beyond / past / without [all] ~pute** unstreitig, zweifellos, fraglos; **in ~pute** umstritten; **a matter of ~pute** eine strittige Angelegenheit

dis·qual·i|fi·ca·tion [ˌdɪskwɒlɪfɪˈkeɪʃn] *s* Disqualifikation *f*, Disqualifizierung *f*, Untauglichkeit(serklärung) *f* | Nachteil *m* (**for** für) | *Sport* Disqualifikation *f*, Ausschluß *m*; **~fy** [dɪˈskwɒlɪfaɪ] *vt* untauglich erklären (**for** für) | unfähig machen (**for** zu) | *Sport* disqualifizieren, ausschließen ⟨to ≈ s.o. from driving jmdm. die Fahrerlaubnis entziehen⟩

dis·qui|et [dɪˈskwaɪət] **1.** *vt* beunruhigen; **2.** *s* Unruhe *f*, Angst *f*, Bestürzung *f*; **3.** *adj selten* unruhig; **dis'qui·et·ing** *adj* beunruhigend ⟨≈ news⟩; **~e·tude** [~ətjuːd] *s förml* Unruhe *f*

dis·qui·si·tion [ˌdɪskwɪˈzɪʃn] *s* (oft zu lange) Abhandlung *od* Rede (**on** über) | Untersuchung *f*; **ˌdis·qui'si·tion·al** *adj* erklärend | ausführlich, eingehend; **dis·quis·i·tive** [dɪˈskwɪzɪtɪv], **dis·quis·i·to·ry** [dɪˈskwɪzɪtərɪ] *adj* prüfend, untersuchend | neugierig

dis·re·gard [ˌdɪsrɪˈgɑːd] **1.** *vt* nicht beachten, nicht achten auf, ignorieren | mißachten ⟨to ~ a warning eine Warnung in den Wind schlagen⟩; **2.** *s* Nichtbeachtung *f* (**of, for s.th.** e-r Sache) | Mißachtung *f* (**of, for s.th.** e-r Sache) | Gleichgültigkeit *f* (**for s.o.** gegenüber jmdm.); **ˌdis·re'gard·ful** *adj* nichtachtend, unachtsam (**of** auf) ⟨to be ≈ of mißachten, vernachlässigen⟩

dis·relish [dɪsˈrelɪʃ] *förml* **1.** *vt* Abneigung empfinden vor *od* gegenüber; **2.** *s* Abneigung *f*, Widerwille *m* (**for** gegen)

dis·re·mem·ber [ˌdɪsrɪˈmembə] *vt, vi Am, Ir* vergessen

dis·re·pair [ˌdɪsrɪˈpɛə] *s* Baufälligkeit *f*, schlechter Zustand ⟨to be in bad ~ dringend reparaturbedürftig sein; to fall into ~ verfallen⟩

dis·rep·u·ta·bil·i·ty [dɪsˌrepjʊtəˈbɪlətɪ] *s* schlechter Ruf *m*; **dis'rep·u·ta·ble** *adj* verrufen, von schlechtem Ruf | schmutzig, gemein | abträglich ⟨to be ≈ to schaden, diskreditieren, in Verruf bringen⟩; **dis·re·pute** [ˌdɪsrɪˈpjuːt] *s* schlechter Ruf ⟨to be in ≈ verrufen sein; to fall into ≈ e-n schlechten Ruf bekommen⟩ | Schande *f*

dis·re·spect [ˌdɪsrɪˈspekt] **1.** *s* Mißachtung *f*, Respektlosigkeit *f* (**to** gegen) ⟨to show ~ for s.o. / to treat s.o. with ~ gegenüber jmdm. respektlos *od* unehrerbietig sein⟩ | Unhöflichkeit *f*, Taktlosigkeit *f* (**to** gegen[über]); **2.** *vt* nicht achten, sich respektlos verhalten zu; **dis·reˌspect·a'bil·i·ty** *s* Unehrbarkeit *f*; **dis·re'spect·a·ble** *adj* nicht angesehen, unehrbar; **dis·re'spect·ful** *adj* respektlos | frech ⟨to be ≈ to s.o. sich rücksichtslos aufführen gegen jmdn.⟩

dis·robe [dɪsˈrəʊb] *förml vi* sich entkleiden, sich entblößen | ablegen (*bes* feierliche Gewänder) | *übertr* sich entledigen, befreien (**of** von); *vt* entkleiden, entblößen; **dis'robe·ment** *s* Entkleidung *f*

dis|rupt [dɪsˈrʌpt] **1.** *vt* zer-, auseinanderbrechen, sprengen | unterbrechen, (ernstlich) behindern ⟨to ≈ rail services⟩ | zerstören; *vi* zer-, auseinanderbrechen | *El* durchschlagen; **2.** *adj* zerbrochen | zerspalten; **~rup·tion** [~ˈrʌpʃn] *s* Zerbrechen *n* | Bruch *m*, Spaltung *f* | Unterbrechung *f*, Störung *f*; **~'rup·tive** *adj* zerbrechend, zerrüttend ⟨≈ forces zerstörende Kräfte *f/pl*⟩ | Bruch- | *Tech* Durchschlags- | *El* disruptiv ⟨≈ charge plötzliche Entladung; ≈ voltage Überschlagsspannung *f*⟩

dis·root [dɪsˈruːt] *vt* ausreißen, entwurzeln | *übertr* vertreiben

dis·sat·is|fac·tion [dɪˌsætɪsˈfækʃn] *s* Unzufriedenheit *f* (**at, over, with** über, mit); **~fac·to·ry** [~ˈfæktərɪ] *adj* unbefriedigend; **~fied** [dɪˈsætɪsfaɪd] *adj* unbefriedigt, unzufrieden (**with** mit, **at** *mit ger* daß); **~fy** [dɪˈsætɪsfaɪ] *vt* (*meist pass*) (jmdn.) unzufrieden machen, nicht befriedigen | (jmdm.) mißfallen

dis|sect [dɪˈsekt] *vt* zerlegen, zerschneiden, zergliedern | *Med* sezieren | *übertr* zergliedern, analysieren ⟨to ≈ s.o.'s motives⟩; **~'sect·ing** *adj* zerlegend | *Med* Sezier-, Sektions- ⟨≈ utensils Präparierbesteck *n*⟩; **~'sec·tion** *s* Zerlegung *f*, Zerschneidung *f*, Zergliederung *f* | *Med* Sektion *f* | *Med* Sezieren *n* | *übertr* Zergliederung *f*, Analyse *f*; **~'sec·tor** *s Ferns* (Bild-) Zerleger *m* | *Med* Sezierer *m*; **~'sec·tor tube** *s Ferns* Aufnahmeröhre *f*

[1]**dis·sem·blance** [dɪˈsembləns] *s* Unähnlichkeit *f*, Verschiedenheit *f*

[2]**dis·sem·blance** [dɪˈsembləns] *s* Verstellung *f*, Heuchelei *f* | Vortäuschung *f*

dis·sem·ble [dɪˈsembl] *vt* verbergen, verhehlen ⟨to ≈ one's emotions⟩ | *selten* vortäuschen, vorgeben ⟨to ≈ sleep⟩ | *arch* ignorieren, unbeachtet lassen; *vi* sich verstellen, heucheln; **dis'sem·bler** *s* Heuchler *m* | Simulant *m*; **dis'sem·bling** *adj* heuchlerisch

dis·sem·i·nate [dɪˈsemɪneɪt] *förml vt* (Saat) ausstreuen | *übertr* verbreiten ⟨to ≈ ideas⟩; *vi* (aus)streuen; **disˌsem-**

·iˈna·tion *s* Ausstreuung *f* | *übertr* Verbreitung *f*; **disˈsem·i·na·tive** *adj* sich verbreitend

dis|sen·sion [dɪˈsenʃn] *s* Nichtübereinstimmung *f*, Meinungsverschiedenheit *f* | heftiger Streit, Zwist *m*; **~sent** [dɪˈsent] **1.** *vi* nicht übereinstimmen (**from** mit), anderer Meinung sein (**from** als) | *Rel* von der Landeskirche (bes. der anglikanischen) abweichen, die Landeskirche (Church of England) nicht anerkennen; **2.** *s* Nichtübereinstimmung *f*, Meinungsverschiedenheit *f* | *bes Am auch* **dis,sent·ing oˈp·in·ion** *Jur* abweichende Auffassung eines Richters (gegenüber allen anderen Richtern) | ∸ *Rel* Dissent *m*, Abweichung *f* von der Landeskirche | die Dissenters *m/pl*; **~ˈsent·er** *s Rel* (*meist* ∸) Dissident *m*, Andersgläubiger *m* | Dissenter *m*, Nonkonformist *m*; **~sen·tience** [~ˈsenʃɪəns] *s* Nichtübereinstimmung *f*; **~sen·tient** [~ˈsenʃɪənt] **1.** *adj* nicht übereinstimmend, andersdenkend ⟨without a ≈ voice ohne Gegenstimme, einstimmig⟩; **2.** *s* Andersdenkender *m* | *Parl* Gegenstimme *f*; **~ˈsent·ing** *adj* = **~sen·tient** | *bes* **∸sent·ing** abweichend (bes. von der anglikanischen Kirche), nonkonformistisch ⟨a ≈ minister ein nonkonformistischer Geistlicher⟩

dis·ser|tate [ˈdɪsəteɪt] *vi förml* (wissenschaftlich) darlegen, eine Abhandlung schreiben (**[up]on** über); **ˌ~ˈta·tion** *s* (wissenschaftliche) Abhandlung, Dissertation *f*, Graduierungsarbeit *f* (**[up]on, concerning** über) ⟨doctoral ≈⟩

dis|serve [dɪˈsɜːv] *vt* (jmdm.) schaden; **~serv·ice** [~ˈsɜːvɪs] *s* Schaden *m*, schlechter Dienst ⟨to do s.o. a ≈ jmdm. e-n schlechten Dienst erweisen; to be of great ≈ to sehr schädlich sein für⟩

dis·sev·er [dɪˈsevə] *förml vt* trennen, absondern (**from** von) | zertrennen, zerlegen (**into** in); *vi* sich trennen; **disˈsev·er·ance, disˈsev·er·ment** *s* Trennung *f*, Absonderung *f*

dis·si|dence [ˈdɪsɪdəns] *s* Nichtübereinstimmung *f*, Meinungsverschiedenheit *f*; **~dent** [~dənt] **1.** *adj* nichtübereinstimmend, andersdenkend | abweichend (**from** von); **2.** *s* Andersdenkender *m* | *Rel, Pol* Dissident *m* | *Rel* Dissenter *m*

dis·sim·i|lar [dɪˈsɪml̩ə] *adj* verschieden (**to,** *selten* **from, with** von), ungleichartig; **~lar·i·ty** [dɪˌsɪməˈlærətɪ] *s* Verschiedenheit *f* | Unterschied *m*; **dis·si·mil·i·tude** [ˌdɪsɪˈmɪlɪtjuːd] *s förml* Verschiedenartigkeit *f*

dis·sim·u|late [dɪˈsɪmjʊleɪt] *förml vt* (Gefühl) verbergen, verstecken; *vi* sich verstellen, heucheln; **~la·tion** [dɪˌsɪmjʊˈleɪʃn] *s* Verstellung *f*, Heuchelei *f*; **~la·tive** [~leɪtɪv] *adj* heuchlerisch

dis·si|pate [ˈdɪsɪpeɪt] *vt* (Nebel, Wolken u. ä.) auflösen, zerstreuen | *übertr* (Furcht u. ä.) vertreiben, verscheuchen ⟨to ≈ doubt Zweifel zerstreuen⟩ | (Geld, Zeit u. ä.) verschwenden ⟨to ≈ one's efforts sich umsonst anstrengen⟩ | *Phys* (Wärme) ableiten, (Energie) abgeben, verlieren; *vi* sich auflösen, sich zerstreuen; **ˈ~pat·ed** *adj* ausschweifend, liederlich; **ˌ~ˈpa·tion** *s* Auflösung *f*, Zerstreuung *f* (*auch übertr*) | (Geld u. ä.) Verschwendung *f* | Ausschweifung *f*, Zügellosigkeit *f* | *Phys* Dissipation *f* ⟨≈ of heat Wärmeableitung, -abstrahlung *f*⟩ | *El* Verlustleistung *f*; **ˈ~pa·tive** *adj* auflösend, zerstreuend, verschwenderisch | *Phys* dissipativ ⟨≈ force⟩

dis·so·ci|a·ble [dɪˈsəʊʃɪəbl] *adj* dissoziierbar, trennbar | unsozial; **disˈso·cial** *adj* unsozial; **dis,so·ciˈal·i·ty** *s* unsoziales Verhalten; **~ate** [~eɪt] *vt übertr* trennen, absondern (**from** von) ⟨to ≈ s.o. from s.th. jmdn. nicht mit etw. (anderem) in Verbindung bringen; to ≈ o.s. from sich lossagen, distanzieren *od* abrücken von⟩ | *Chem, Psych* dissoziieren; *vi* sich trennen, sich (los)lösen | *Chem* dissoziieren; **dis,so·ciˈa·tion** *s* Dissoziation *f*, Trennung *f*, Absonderung *f* | *Chem, Psych* Dissoziation *f*; **~a·tive** [~eɪtɪv] *adj* trennend | Dissoziations-

dis·sol·u|bil·i·ty [ˌdɪˌsɒljʊˈbɪlətɪ] *s* Lösbarkeit *f*; **~ble** [dɪˈsɒljʊbl] *adj* lösbar | trennbar

dis·so·lute [ˈdɪsəluːt|-ljuːt] *adj* ausschweifend, zügellos ⟨a ~ life⟩

dis·sol·u|tion [ˌdɪsəˈluːʃn] *s* Auflösung *f*, Trennung *f* ⟨≈ of marriage⟩ | *übertr* Vernichtung *f*, Tod *m* | *Parl* Aufhebung *f* ⟨≈ of parliament Parlamentsauflösung *f*⟩ | *Wirtsch* Liquidation *f* | *Chem* (Auf-) Lösung *f*; **~tive** [ˈdɪsəluːtɪv] *adj* (auf)lösend, (Auf-) Lösungs-

dis|solv·a·bil·i·ty [dɪˌzɒlvəˈbɪlətɪ] *s* (Auf-) Lösbarkeit *f*; **~ˈsolv·a·ble** *adj* (auf)lösbar; **~ˈsolve 1.** *vt* (auf)lösen, löslich machen (*auch übertr*) ⟨water ≈s salt; to ≈ salt in water; to be ≈d in tears in Tränen aufgelöst sein⟩ | (Ehe, Versammlung u. ä.) aufheben, auflösen ⟨to ≈ a partnership auseinandergehen, sich trennen⟩ | *Jur* annullieren, für ungültig erklären | *Film* (Bild) überblenden; *vi* sich auflösen, verschwinden (*auch übertr*) ⟨the fog ≈d; salt ≈s in water; his strength ≈d seine Kraft schwand⟩ | (Versammlung u. ä.) auseinandergeben, sich auflösen | *Film* überblenden; **2.** *s Film* Überblendung *f*; **~ˈsol·vent 1.** *adj* (auf)lösend; **2.** *s Chem* Lösemittel *n* (*auch übertr*) ⟨to act as a ≈ upon s.th. auf etw. auflösend wirken⟩; **~ˈsolv·er** *s* Lösemittel *n*; **~ˈsolv·ing** *adj* auflösend; **~ˈsolv·ing ˌpow·er** *s* (Auf-) Lösungsvermögen *n*; **~ˈsolv·ing ˌshut·ter** *s Foto* Überblendungsblende *f*, Überblendungsverschluß *m*

dis·so|nance [ˈdɪsənəns], **ˈ~nan·cy** *s* Dissonanz *f*, Mißklang *m* | *übertr* Uneinigkeit *f*; **ˈ~nant** *adj* dissonant, mißtönend | abweichend (**from, to** von)

dis|suade [dɪˈsweɪd] *vt* (jmdn.) abbringen (**from** von) | (jmdm.) abraten (**from** von, **from** *mit ger* zu *mit inf*); **~sua·sion** [~ˈsweɪʒn] *s* Abraten *n* (**from** von); **~sua·sive** [~ˈsweɪsɪv] *adj förml* abratend

dis·sym|met·ric [dɪsɪˈmetrɪk], **ˌ~ˈmet·ri·cal** *adj* asymmetrisch; **~me·try** [dɪˈsɪmɪtrɪ] *s* Asymmetrie *f*

dis·taff [ˈdɪstɑːf] **1.** *s selten* Spinnrocken *m*, Kunkel *f* | *übertr* Frauenarbeit *f*; **2.** *adj übertr* weiblich, Frauen- ⟨~ applicants weibliche Bewerber *m/pl*⟩; **ˈ~ side** *s* die mütterliche Linie *f* (der Familie) ⟨on the ≈ mütterlicherseits⟩ | *Sport* Damen *f/pl*, weibliche Teilnehmer *m/pl*

dis·tal [ˈdɪstl] *adj Anat* distal, körperfern

dis|tance [ˈdɪstəns] **1.** *s* Entfernung *f* ⟨a ≈ of 3 miles; a great ≈ off weit weg; at a ≈ von fern; at a ≈ of im Abstand von; in the ≈ weit weg; from a ≈ aus einiger Entfernung; to be some ≈ to ziemlich weit sein bis; long-≈ call *Tel* Ferngespräch *n*⟩ | Abstand *m*, Zwischenraum *m* ⟨the middle ≈ *Mal* die Mitte⟩ | *Sport* Strecke *f*, Distanz *f* ⟨[long-]≈ runner Langstreckenläufer *m*; to go the ≈ (die ganze Strecke, bis zum Ende) durchhalten, -stehen⟩ | *Mus* Intervall *n* | *übertr* Zeitraum *m* ⟨a ≈ of five years⟩ | *übertr* Distanz *f*, Abstand *m*, Zurückhaltung *f* ⟨to keep s.o. at a ≈ sich jmdn. vom Leibe halten, Distanz wahren; to keep one's ≈ zurückhaltend sein⟩ ◇ **take ~tance** *umg* verschwinden; **2.** *vt* sich distanzieren von, hinter sich lassen | *Sport* distanzieren | *übertr* überflügeln, übertreffen; **ˈ~tant** *adj* entfernt, fern, weit (**from** von) | entfernt, weitläufig ⟨a ≈ cousin⟩ | undeutlich, schwach ⟨a ≈ resemblance⟩ | zurückhaltend, kühl ⟨a ≈ behaviour⟩; **ˌ~tant conˈtrol** *s* Fernsteuerung *f*; **ˌ~tant ˈzone** *s Tel* Fernzone *f*

dis·taste [dɪsˈteɪst] *s* Widerwille *m*, Abscheu *m*, Ekel *m* (**for** gegen) ⟨in ~ vor Abscheu⟩ | Abneigung *f* ⟨a ~ for hard work⟩; **disˈtaste·ful** *adj* ekelhaft, widerwärtig, zuwider (**to s.o.** jmdm.) | unangenehm schmeckend, widerlich

[1]**dis·tem·per** [dɪˈstempə] **1.** *s* Tempera-, Wasserfarbe *f* ⟨to paint in ~ in Tempera malen⟩ | Leimfarbe *f* | Temperamalerei *f*; **2.** *vt* (mit Temperafarbe) malen ⟨to ~ the walls

red⟩ | (Farben) nach Tempera-Art mischen

²**dis·tem·per** [dɪ'stempə] **1.** *s* Verstimmung *f*, schlechte Laune | Krankheit *f* (bes. von Tieren) | *Vet* Staupe *f* | Unruhe *f*, Tumult *m*, Aufruhr *m*; **2.** *vt* (*meist part perf*) (jmdn.) verstimmen | krank machen; **dis'tem·pered** *adj* unpäßlich | verstimmt, schlecht gelaunt | *arch* (geistes)gestört, wirr ⟨a ≈ mind⟩

dis|tend [dɪ'stend] *förml vt* (aus)dehnen | aufblasen ⟨to ≈ a bladder⟩; *vi* sich (aus)dehnen, anschwellen (*auch übertr*) ⟨to ≈ with joy (Herz) vor Freude anschwellen⟩; **~'tend·ed** *adj* geschwollen ⟨≈ stomach⟩; **~ten·si·bil·i·ty** [~ˌtensə'bɪlətɪ] *s* (Aus-) Dehnbarkeit *f*; **~'ten·si·ble** *adj* (aus)dehnbar; **~'ten·sion, ~'ten·tion** *s* (Aus-) Dehnung *f* | Ausdehnen *n*, Aufblasen *n* | Aufblähung *f*

dis·tich ['dɪstɪk] *s Metr* Distichon *n*

dis|til [dɪ'stɪl] (**~'tilled, ~'tilled**) *vt Chem* destillieren | abziehen; brennen | herabtropfen lassen ⟨flowers that ≈ nectar⟩ | niederschlagen (**on** auf) ⟨to be ≈led on sich niederschlagen auf⟩; *vi Chem* destillieren | herabtropfen | rinnen, rieseln; **~'till·a·ble** *adj Chem* destillierbar; **~til·late** ['dɪstɪlɪt] *s Chem* Destillat *n*; **ˌ~til'la·tion** *s Chem* Destillieren *n*, Destillation *f* | Abziehen *n*, Brennen *n* | *Chem* Destillat *n* | *übertr* Extrakt *m*, Auszug *m*; **~til·la·to·ry** [dɪ'stɪlətrɪ] *adj Chem* Destillier-, **~'till·er** *s Chem* Destilliergerät *n*; **~'till·er·y** *s* Branntweinbrennerei *f*; **~'til[l]·ment** *s Chem* Destillation *f*

dis|tinct [dɪ'stɪŋkt] *adj* unterschieden, verschieden (**from** von) | getrennt, einzeln ⟨to keep two things ≈ zwei Dinge auseinanderhalten⟩ | verschiedenartig, ungleich ⟨≈ characters⟩ | klar, deutlich, eindeutig ⟨a ≈ pronunciation e-e deutliche Aussprache; a ≈ smell⟩ | *poet* geschmückt; **~tinc·tion** [dɪ'stɪŋkʃn] *s* Unterscheidung *f* | Unterschied *m* ⟨in ≈ from zum Unterschied von; to draw / make a ≈ between e-n Unterschied machen zwischen; a ≈ without a difference ein Unterschied, der in Wirklichkeit keiner ist⟩ | Unterscheidungsmerkmal *n* | Distinktion *f*, hoher Rang ⟨a novel of ≈ ein ausgezeichneter Roman⟩ | Vornehmheit *f* ⟨≈ of manner vornehme Manieren *f/pl*⟩ | Auszeichnung *f*, Ruhm *m*, Ehre *f* ⟨academic ≈s akademische Grade *m/pl*; highest ≈s höchste Ehren *f/pl*; to confer a ≈ upon s.o. jmdn. auszeichnen; to win ≈s for ausgezeichnet werden für *od* wegen⟩ | ausgezeichnete Leistung | Klarheit *f*, Deutlichkeit *f* | (Stil u. ä.) Individualität *f* ⟨an author of ≈⟩; **~'tinc·tive** *adj* unterscheidend, Unterscheidungs- ⟨≈ characteristic Unterscheidungsmerkmal; ≈ badge Namensschildchen *n*; ≈ sign Erkennungszeichen n⟩ | spezifisch, charakteristisch (**of** für) ⟨≈ touch typisches Merkmal; to be ≈ of s.th. etw. kennzeichnen; für etw. typisch sein⟩ | besonders (ausgeprägt), hervorstechend ⟨≈ clothes⟩; **~ˌtinc·tive 'fea·ture** *s Ling* distinktives Merkmal; **~'tinct·ly** *adv* einzeln | klar, deutlich | *intens* wirklich, recht, ausnehmend ⟨≈ interesting; ≈ absorbing⟩; **~tin·gué[e]** [dɪstæŋ'geɪ] *adj* distinguiert, vornehm

dis·tin·guish [dɪ'stɪŋgwɪʃ] *vt* unterscheiden (**from** von) | wahrnehmen, sehen, bemerken ⟨to ~ a light⟩ | kennzeichnen, charakterisieren, abheben (**from** von, gegenüber) ⟨speech ~es man from the animals⟩ | einteilen ⟨to ~ sounds into high and low⟩ | auszeichnen ⟨to ~ o.s. sich auszeichnen; to be ~ed by s.th. sich durch etw. auszeichnen⟩; *vi* einen Unterschied machen; **dis'tin·guish·a·ble** *adj* unterscheidbar (**from** von) | einteilbar (**into** in), wahrnehmbar; **~ed** *adj* unterschieden (**by** durch) | kenntlich (**by** an) | ausgezeichnet, hervorragend ⟨a ≈ career⟩ | berühmt (**for** wegen) | distinguiert, vornehm ⟨a ≈ guest⟩; **dis'tin·guish·ing** *adj* unterscheidend, Unterscheidungs- ⟨≈ characteristic⟩ | charakteristisch ⟨≈ feature⟩

dis|tort [dɪ'stɔ:t] *vt* verdrehen, verbiegen ⟨to ≈ the body⟩ | (Gesicht) verzerren ⟨≈ed by pain schmerzverzerrt; ≈ed with rage wutverzerrt⟩ | *Tech* verformen, verbiegen | *übertr* (Tatsachen u. ä.) verdrehen, entstellen ⟨to ≈ the facts⟩; **~tor·tion** [dɪ'stɔ:ʃn] *s* Verdrehung *f*, Verbiegung *f* | Verzerrung *f* (*auch El*) | *Tech* Verformung *f*, Verziehung *f*, Verzug *m*, Verwerfung *f* | *übertr* Verdrehung *f*, Entstellung *f*; **~tor·tion·ist** [dɪs'tɔ:ʃ(ə)nɪst] *s* Schlangenmensch *m*

dis·tract [dɪ'strækt] *vt* (Blick, Gedanken u. ä.) ablenken (**from** von) | verwirren, beunruhigen ⟨to be ~ed with pain von Schmerz gequält werden⟩ | (*meist part perf*) (jmdn.) wahnsinnig machen ⟨to be ~ed at / by / with s.th. über etw. außer sich sein; to drive s.o. ~ed jmdn. zur Raserei bringen⟩; **dis'tract·ed** *adj* (Person) verwirrt, beunruhigt, gequält ⟨a ≈ look⟩; **dis'tract·i·ble** *adj* ablenkbar; **dis·trac·tion** [dɪ'strækʃn] *s* Ablenkung *f* | Störung *f* ⟨noise is a ≈⟩ | Zerstreutheit *f* | Zerstreuung *f*, Erholung *f*, Ablenkung *f* ⟨plenty of ≈s⟩ | Verwirrung *f*, Bestürzung *f* | Wahnsinn *m*, Raserei *f* ⟨to ≈ bis zur Raserei; to drive s.o. to ≈ jmdn. zum Wahnsinn treiben; to love to ≈ wahnsinnig lieben⟩; **dis'trac·tive** *adj* ablenkend | beunruhigend

dis·train [dɪ'streɪn] *Jur vt* (jmdn., Grundbesitz u. ä.) pfänden; *vi* pfänden (**[up]on s.o.** jmdn., **for** wegen) | beschlagnahmen (**on s.th.** etw.); **dis'train·a·ble** *adj Jur* pfändbar; **~ee** [ˌdɪstreɪ'ni:] *s Jur* Gepfändeter *m*; **dis'train·er** *s Jur* Pfänder *m*; **dis'train·ment** *s Jur* Pfändung *f*; **~or** [~ə|ˌdɪstreɪ'nɔ:] *s Jur* Pfänder *m*; **dis'traint** *s Jur* Pfändung *f*, Zwangsvollstreckung *f*, Beschlagnahme *f*

dis·trait [dɪ'streɪ] *adj* ⟨*frz*⟩ (Person) zerstreut, durcheinander

dis·traught [dɪ'strɔ:t] *adj* verwirrt, bestürzt, beunruhigt | zerrüttet (**with** von) | wahnsinnig, toll (**with** vor)

dis·tress [dɪ'stres] **1.** *s* großer Kummer, Sorge *f* (**to** für) | Schmerz *m*, Pein *f*, Erschöpfung *f* | Not *f*, Elend *n*, Bedrängnis *f* ⟨to relieve ~ Not lindern⟩ | Notstand *m*, Notlage *f* | Seenot *f*, Gefahr *f* ⟨~ call/signal SOS-Ruf *m*⟩ | *Jur* Pfändung *f* | gepfändeter Gegenstand; **2.** *vt* betrüben, beunruhigen ⟨to ~ o. s. about sich beunruhigen über⟩ | (jmdn.) in eine Notlage bringen | erschöpfen | *Jur* pfänden; **dis'tressed** *adj* besorgt, bekümmert (**about** um) ⟨to be much ≈ to *mit inf* mit tiefer Betroffenheit *mit inf*⟩ | unglücklich, notleidend, bedrängt ⟨≈ area *Brit* Notstandsgebiet *n*⟩; **dis'tress·ful** *adj* schmerzlich | unglücklich, elend, notleidend; **dis'tress·ing** *adj* schmerzlich | bedrückend

dis·trib|ut·a·ble [dɪ'strɪbjʊtəbl] *adj* ver-, austeilbar; **~u·tar·y** *s* Flußabzweigung *f*, Deltaarm *m*; **~ute** [~ju:t] *vt* ver-, austeilen (**among** unter, **to** an); verteilen, ausstreuen ⟨to ≈ fertilizer⟩ | ein-, zuordnen, klassifizieren ⟨to ≈ animals into classes⟩ | *Typ* (Satz) ablegen | *Mil* (Truppen) gliedern; **~u·tee** [dɪˌstrɪbjʊ'ti:] *s Jur* Intestaterbe *m*; **dis·tri·bu·tion** [dɪstrɪ'bju:ʃn] *s* Ver-, Austeilung *f* ⟨≈ of the profits Gewinnausschüttung *f*; ≈ key Verteilerschlüssel *m*⟩ | Ver-, Ausbreitung *f* ⟨the ≈ of population; a wide ≈⟩ | Ausgeteiltes *n*, Spende *f* ⟨charitable ≈s Spendengaben *f/pl*⟩ | Klassifizierung *f*, Einteilung *f* (**into** in) | (Dünger u. ä.) Ausstreuen *n* | *Wirtsch* Verteilung *f* der erzeugten Güter an die Konsumenten | *Typ* (Satz) Ablegen *n* | *Mil* Gliederung *f* (von Truppen) | *Ling* Distribution *f*; **dis·tri·bu·tion·al** [ˌdɪstrɪ'bju:ʃ(ə)nl] *adj* Verteilungs- | Verbreitungs- | *Ling* distributionell; **dis'trib·u·tive** **1.** *adj* aus-, zu-, verteilend, Verteilungs- ⟨≈ justice ausgleichende Gerechtigkeit⟩ | *Ling* distributiv, Distributiv-; **2.** *s Ling* Distributivum *n*; **dis'trib·u·tor** *s* Verteiler *m* | *Tech* Streugerät *n* ⟨manure ≈ Düngerstreumaschine *f*⟩ | *Kfz* Verteiler *m*

dis·trict ['dɪstrɪkt] **1.** *s* (Verwaltungs-) Bezirk *m*, Distrikt *m* ⟨rural and urban ~s; the ~ of Columbia Washington, Sitz m der Bundesregierung⟩ | Gegend *f* ⟨a mountainous ~ eine gebirgige Gegend⟩ | Kreis *m* | *Am* Wahlbezirk *m* ⟨electoral/election ~⟩ | *Brit* Pfarrbezirk *m* | *Brit* Grafschaftsbezirk *m* | Stadtbezirk *m* ⟨the London postal ~s⟩; **2.** *vt* in Bezirke einteilen; **ˌ~ 'at·tor·ney** *s Am Jur* (Bezirks-) Staatsanwalt *m*; **ˌ~ 'court** *s Jur Am* Bezirksgericht *n*; **ˌ~ 'heat·ing** *s* Fernheizung *f*; **ˌ~ 'judge** *s Jur Am* Bezirksrichter *m*; **ˌ~ 'rate** *s* Kommunalsteuer *f*

dis·trust [dɪ'strʌst] **1.** *s* Mißtrauen *n* (**of** gegen) ⟨with ~ mißtrauisch⟩; **2.** *vt* (jmdm.) mißtrauen ⟨to ~ one's own eyes seinen eigenen Augen nicht trauen⟩; **dis'trust·ful** *adj* mißtrauisch (**of** gegen) ⟨to be ≈ of s.o. jmdm. mißtrauen; to be ≈ of o. s. gehemmt sein⟩

dis·turb [dɪ'stɜ:b] *vt* bewegen, in Bewegung bringen ⟨to ~ the water⟩ | stören, unterbrechen ⟨to ~ s.o. in his work; to ~ o. s. sich stören lassen⟩ | (jmdn.) beunruhigen, auf-, erregen ⟨that does not ~ me das bringt mich nicht aus der Ruhe; to be ~ed to *mit inf* bestürzt sein zu *mit inf*⟩ | verwirren, durcheinanderbringen ⟨to ~ s.o.'s plans⟩ | *Jur* (Ruhe) stören ⟨to ~ the peace die öffentliche Ordnung stören⟩; **dis'turb·ance** *s* Störung *f* ⟨continual ≈ ständige Störung⟩ | Beunruhigung *f*, Auf-, Erregung *f* | Verwirrung *f*, Durcheinander *n* ⟨to cause a great ≈ große Aufregung stiften⟩ | *bes Pol* Aufruhr *m*, Tumult *m* | *Jur* Störung *f*, Behinderung *f* ⟨≈ of franchise Behinderung *f* in der Ausübung des Wahlrechts; ≈ of the peace öffentliche Ruhestörung⟩; **dis'turbed** *adj* (geistig) gestört, (emotional) belastet ⟨the emotionally ≈ gefühlskranke Menschen *m/pl*⟩; **dis'turb·ing** *adj* störend, Stör- | beunruhigend (**to** für) ⟨≈ news⟩

dis|un·ion [dɪs'ju:nɪən] *s* Trennung *f*, Spaltung *f* | Uneinigkeit *f*; **~u·nite** [ˌdɪsju'naɪt] *vt* trennen, spalten (**from** von) | *übertr* entzweien; *vi* sich trennen; **~u·ni·ty** [dɪs'ju:nɪtɪ] *s* Uneinigkeit *f*

dis|use [dɪs'ju:s] *s* Nichtgebrauch *m* ⟨to fall into ≈ außer Gebrauch kommen; rusty from ≈ verrostet, weil nicht benutzt⟩; [~'ju:z] *vt* (*meist part perf*) nicht mehr gebrauchen ⟨a golf course long ≈d⟩; **~used** [~'ju:zd] *adj bes Brit* ungebräuchlich, veraltet ⟨a ≈ word⟩

di·syl·lab·ic [ˌdaɪsɪ'læbɪk|ˌdɪ-] *adj* zweisilbig; **di·syl·lab·le** [dɪ'sɪləbl|daɪ-] *s* zweisilbiges Wort

ditch [dɪtʃ] **1.** *s* Graben *m* ⟨to be in the last ~ *übertr* in einer Notlage sein; to die in the last ~ *übertr* bis zum letzten Atemzug kämpfen⟩ | Wasser-, Dräniergraben *m* | Festungs-, Burggraben *m*; **2.** *vt* (Land) mit Gräben versehen | einen Graben reinigen *od* in Ordnung bringen | in einen Graben werfen, (Auto) in den Graben fahren | *Flugw* auf dem Wasser notlanden, -wassern ⟨to ~ a plane⟩ | *urspr Am Sl* (jmdn.) in der Patsche sitzen lassen, abschütteln; *vi* einen Graben *od* Gräben anlegen; **'~er** *s* Grabenbauer *m* | Grabenbagger *m*; **'~ˌwa·ter** *s* abgestandenes Wasser ⟨as dull as ≈ *umg* stinklangweilig⟩

dith|er ['dɪðə] **1.** *vi arch* zittern | *umg* verdattert sein | unschlüssig sein (**about** wegen); **2.** *s* Zittern *n* | *umg* Tatterich *m* ⟨to be all of a ≈/in a ≈, to have the ≈s *umg* völlig verdattert sein⟩ ◇ **the ~ers** *bes Brit umg* Aufregung *f* ⟨to get the ≈s about s.th. wegen etw. ganz aus dem Häuschen sein⟩

dith·y|ramb ['dɪθɪræm] *s* Dithyrambe *f*, Lobeshymne *f*; **ˌ~'ram·bic 1.** *adj* dithyrambisch, mitreißend, enthusiastisch; **2.** *s* Dithyrambe *f* | Verfasser *m* von Dithyramben

dit·to ['dɪtəʊ] **1.** *s* Dito *n*, dasselbe, das Besagte ⟨one pair at £ 1, ~ at £ 2 ein Paar zu £ 1, das andere zu £ 2⟩ | *umg* das Gleiche, das Ähnliche | *umg* Duplikat *n* ⟨~s/~ suit/a suit of ~s zusammengehörige Kleidungsstücke, Anzug *m* aus dem gleichen Stoff⟩ ◇ **say ~ to s.o.** jmdm. beipflichten; **2.** (**'dit·toed, 'dit·toed**) *vt umg* das Passende finden zu; *vi* dasselbe tun *od* sagen; **3.** *adv* dito, desgleichen; **'~ marks** *s/pl* Wiederholungszeichen *n/pl* (")

dit·ty ['dɪtɪ] *s* einfaches Liedchen

dit·ty | bag ['dɪtɪ bæg], *auch* **'~ box** *s bes Mar* Nähbeutel *m*, -kasten, -zeug *n* | Utensilienkästchen *n*

di·u|re·sis [ˌdaɪju:ə'ri:sɪs] *s Med* Diurese *f*; **~ret·ic** [ˌdaɪju:ə'retɪk] **1.** *adj* diuretisch, harntreibend ⟨≈ tea Blasentee *m*⟩; **2.** *s* Diuretikum *n*, harntreibendes Mittel; **ˌ~'ret·i·cal** *adj* diuretisch

di·ur·nal [daɪ'ɜ:nl] **1.** *förml adj* einen Tag andauernd *od* umfassend (*Ant* annual) | Tag[es]-, bei Tage (*Ant* nocturnal); **2.** *s Zool* Tagfalter *m* | *Rel* Diurnal[e] *n*

di·va|gate ['daɪvəgeɪt] *förml vi* herumstreifen, -wandern | *übertr* abschweifen; **ˌ~'ga·tion** *s* Herumwandern *n* | *übertr* Abschweifung *f*

di·van [dɪ'væn] *s* Diwan *m*, Liege *f* | Rauchzimmer *n* | (im Orient) Empfangsraum *m* | (im Orient) Staatsrat *m* | Gedichtsammlung *f* ⟨the ~ of Hafiz⟩; **ˌ~ 'bed** *s* Schlafcouch *f*

di·var·i|cate [daɪ'værɪkeɪt|dɪ-] *förml vi* sich gabeln, sich (auf)spalten; *vi* spreizen, gabeln; [~kɪt] *adj* (Ast, Flügel) gegabelt, gespreizt; **~'ca·tion** *s* Gabelung *f*, Spreizstellung *f*, weites Auseinanderstehen | *übertr* Meinungsdifferenz *f*, Spaltung *f*

dive [daɪv] **1.** *vi* (mit dem Kopf zuerst) ins Wasser springen ⟨to ~ from the bridge⟩ | (unter)tauchen ⟨to ~ for pearls⟩ | *Mar* tauchen ⟨the submarine ~d⟩ | (mit der Hand) schnell greifen (**into** in) | *Flugw* einen Sturzflug machen | schnell verschwinden ⟨to ~ into a hole⟩ | *Sport* einen Kunstsprung machen | *übertr* tief eindringen (**into** in) | sich schnell in etw. hineinstürzen, schnell mit etw. anfangen ⟨he just ~d in er fing sofort damit an⟩; *vt* (jmdn.) ins Wasser stoßen, (unter)tauchen; **2.** *s* (Unter-) Tauchen *n*; Kopfsprung *m* ⟨to take a ~ e-n Kopfsprung machen; *übertr Sl* (*bes* Boxen) einen Wettkampf absichtlich verlieren⟩ | Sturzflug *m* | *Sport* Kunstsprung *m* | *übertr* plötzliches Verschwinden *n* | *übertr* tiefes Eindringen (**into** in) | *Brit* Keller(laden) *m* ⟨an oyster ~⟩ | *umg* Spelunke *f*; **'~-bomb** *vt* im Sturzflug bombardieren *od* angreifen; *vi* im Sturzflug Bomben werfen; **'~ˌ-bomb·er** *s* Sturzkampfflugzeug *n*; **'div·er** *s* Taucher *m* (*auch Zool*) | Kunstspringer *m* | *Sl* U-Boot *n* | *Brit Sl* Taschendieb *m*

di|verge [daɪ'vɜ:dʒ|dɪ-] *vi* divergieren, auseinanderlaufen, -gehen, abweichen (**from** von) (*auch übertr*); *vt* divergieren lassen | ablenken; **~'ver·gence, ~'ver·gen·cy** *s* Divergenz *f*, Auseinandergehen, -laufen *n* | Abweichung *f* (**from** von) (*auch übertr*); **~'ver·gent** *adj* divergent, divergierend, abweichend (**from** von)

di|vers ['daɪvəz] *adj arch, scherzh* diverse, mehrere; **~verse** [daɪ'vɜ:s] *adj* verschieden, ungleich ⟨≈ interests⟩ | abweichend (**from** von) | mannigfaltig; **di'verse·ly** *adv oft förml* in anderer Hinsicht, andererseits; **~ver·si·fi·ca·tion** [daɪˌvɜ:sɪfɪ'keɪʃn|dɪ-] *s* Veränderung *f* | Mannigfaltigkeit *f* | Diversifikation *f*; **~ver·si·fied** [daɪ'vɜ:sɪfaɪd], **~ver·si·form** [daɪ'vɜ:sɪfɔ:m] *adj* verschiedenartig | mannigfaltig; **~ver·si·fy** [daɪ'vɜ:sɪfaɪ] *vt* verändern, variieren

di·ver·sion [daɪ'vɜ:ʃn|dɪ-] *s* Ablenkung *f* (**from** von) | *bes Mil* Ablenkungsmanöver *n* ⟨to create / make a ~⟩ | Umleitung *f* ⟨the ~ of a stream⟩ | *Brit* (Verkehrs-) Umleitung *f* ⟨traffic ~s⟩ | *übertr* Zerstreuung *f*, Zeitvertreib *m*, Erholung *f*; **di'ver·sion·al, di'ver·sion·ar·y** *adj* Ablenkungs-

di|ver·si·ty [daɪ'vɜ:sɪtɪ|dɪ-] *s* Verschiedenheit *f* | Mannigfaltigkeit *f* | Abwechslung *f*; **~vert** [daɪ'vɜ:t|dɪ-] *vt* ablenken, ableiten (**from** von, **to** nach) ⟨to ≈ a river⟩ | *Brit* (Verkehr) umleiten | *übertr* zerstreuen, unterhalten, belustigen (**with** mit)

di·ver·ti·men|to [dɪvɜːtɪˈmentəʊ] *s* (*pl* **~ti** [~tɪ]) *Mus* Divertimento *n*

di·vert·ing [daɪˈvɜːtɪŋ] *adj* unterhaltsam, belustigend

di·ver·tisse·ment [dɪˈvɜːtɪsmənt] *s* Unterhaltung *f*, Zerstreuung *f* | *Mus* Divertimento *n*, Divertissement *n*

di·vest [daɪˈvest] *vt förml* entkleiden (**of s.th.** e-r Sache) | *übertr* berauben (**of s.th.** e-r Sache) | (*refl*) loswerden, aufgeben (**o. s. of s.th.** etw.), verzichten ⟨to ~ o. s. of s.th. auf etw. verzichten; to ~ o. s. of a right sich eines Rechts begeben⟩ | *Jur* (Recht u. ä. entziehen ⟨to ~ s.o. of power⟩; **diˈves·ti·ble** *adj Jur* entziehbar, aufhebbar; **~i·ture** [~ɪtʃə], **diˈvest·ment** *s förml* Entkleidung *f* | *übertr* Beraubung *f*

di|vid·a·ble [dɪˈvaɪdəbl] *adj* teilbar; **~ˈvide 1.** *vt* (ein)teilen (**into** in) | trennen (**from** von) | ver-, austeilen (**among, between** unter) | dividieren ⟨to ~ six by three sechs durch drei dividieren⟩ | *übertr* entzweien | *Parl* abstimmen lassen (**on** über); *vi* sich teilen | sich trennen (**from** von) | sich auflösen (**into** in) | *Parl* abstimmen | *Math* sich teilen, sich dividieren lassen ⟨six ≈s by three⟩ | *übertr* anderer Meinung sein (**[up]on** über); **2.** *s umg* (Auf-) Teilung *f* | *bes Am* Wasserscheide *f* ◇ **the Great ≈vide** die Rocky Mountains; *übertr* entscheidende Phase, Krise *f*

div·i·dend [ˈdɪvɪdənd] *s Math* Dividend *m*, Teilungszahl *f* | *Wirtsch* Dividende *f*, Gewinnanteil *m* | *Jur* (Konkurs-) Quote *f*

di|vid·er [dɪˈvaɪdə] *s* (Ver-) Teiler *m* | (innere) Trennwand; **~ˈvid·ers** *s/pl Tech* Spitzenzirkel *m*; **~ˈvid·ing** *adj* Trennungs-, Scheidungs- ⟨≈ line Trennlinie *f*⟩; **~vid·u·al** [~ˈvɪdjʊəl] *adj* getrennt, einzeln

div·i·na·tion [ˌdɪvɪˈneɪʃn] *s* Weissagung *f*, Prophezeiung *f* | (Vor-) Ahnung *f*, Voraussicht *f*; **diˈvin·a·to·ry** *adj* prophezeiend

[1]**di·vine** [dɪˈvaɪn] *vt* ahnen, erraten ⟨to ~ another's wishes⟩ | vorausahnen ⟨to ~ evil⟩; *vi* prophezeien, wahrsagen | Ahnungen haben | vermuten ⟨to ~ rightly⟩

[2]**di·vine** [dɪˈvaɪn] **1.** *adj* göttlich, Gottes- | fromm, heilig | *übertr* himmlisch, göttlich | *umg* herrlich, prächtig ⟨~ weather⟩; **2.** *s* Geistlicher *m*, Theologe *m* | *selten* Priester *m* | *arch* Wahrsager *m*

di·vin·er [dɪˈvaɪnə] *s* Wahrsager *m* | Rutengänger *m*

di·vine| right [dɪˌvaɪn ˈraɪt] *s* Gottesgnadentum *n* ⟨the ≈ of kings⟩ ◇ **by ~ right** durch Gottes Gnaden; *übertr verächtl* als müßte es so sein; **ˌ~ ˈser·vice** *s* Gottesdienst *m*

div·ing [ˈdaɪvɪŋ] *s* Kunstspringen *n*; **ˈ~ bell** *s* Taucherglocke *f*; **ˈ~board** *s* Sprungbrett *n*; **ˈ~ dress, ˈ~ suit** *s* Taucheranzug *m*; **ˈ~ ˌtow·er** *s* Sprungturm *m*

di·vin·ing rod [dɪˈvaɪnɪŋ ˌrɒd] *s* Wünschelrute *f*

di·vin·i·ty [dɪˈvɪnətɪ] *s* Göttlichkeit *f* | Gottheit *f* | (*mit best art*) Gott *m*; **div·i·ni·za·tion** [ˌdɪvɪnaɪˈzeɪʃn] *s* Vergöttlichung *f*; **ˈdiv·i·nize** *vt* vergöttlichen

di·vis·i·bil·i·ty [dɪˌvɪzəˈbɪlətɪ] *s* Teilbarkeit *f*; **diˈvis·i·ble** *adj* teilbar; **di·vi·sion** [dɪˈvɪʒn] *s* Teilung *f* | Aus-, Verteilung *f* | Einteilung *f* (**into** in) | *Math, Mil* Division *f* | *Parl* (namentliche) Abstimmung | Trennlinie *f* | Uneinigkeit *f*, Spaltung *f* | Abteilung *f* | (Wahl-) Bezirk *m*, (Wahl-) Kreis *m* | *Bot, Zool* Klasse *f*, Gruppe *f* | *Sport* Spielklasse *f*; **diˈvi·sion·al** *adj* Teilungs-, Trenn- | Bezirks-; **diˈvi·sion bell** *s Parl* Abstimmungsglocke *f*; **diˈvi·sion mark** *s* Teilungsmarke *f*; **diˌvi·sion of ˈla·bour** *s Wirtsch* Arbeitsteilung *f*; **diˈvi·sion sign** *s Math* Divisionszeichen *n*; **di·vi·sive** [dɪˈvaɪsɪv] *adj* teilend; **di·vi·sor** [dɪˈvaɪzə] *s Math* Divisor *m*, Teiler *m* | *Math* Nenner *m*; **diˈvi·so·ry** *adj* Teilungs-

di|vorce [dɪˈvɔːs] **1.** *s Jur* Ehescheidung *f* ⟨to obtain a ≈ geschieden werden; to sue for a ≈ Scheidungsklage erheben⟩ | *übertr* Scheidung *f*, Trennung *f* (**from** von, **between** zwischen); **2.** *vt Jur* (jmds.) Ehe scheiden ⟨to ≈ o. s. from s.o. sich von jmdm. scheiden lassen; to be ≈d from geschieden sein von⟩; sich trennen von, sich scheiden lassen von ⟨to ≈ one's wife⟩ | *selten* (Ehe, Verbindung u. ä.) auflösen | *übertr* trennen (**from** von) ⟨a word ≈d from its context ein aus dem Zusammenhang gerissenes Wort⟩; **3.** *adj* Scheidungs- ⟨≈ court⟩; **~vor·cee** [dɪˌvɔːˈsiː] *s* Geschiedene(r) *f*(*m*); **~ˈvorce·ment** *s* Ehescheidung *f*

di|vul·gate [dɪˈvʌlgeɪt] *förml vt* bekanntmachen, enthüllen; **div·ul·ga·tion** [ˌdɪvʌlˈgeɪʃn] *s* Enthüllung *f*; **~vulge** [daɪˈvʌldʒ] *vt* bekanntmachen, enthüllen ⟨to ≈ a secret to s.o. jmdm. ein Geheimnis ausplaudern *od* preisgeben⟩; **~ˈvul·gence, ~ˈvulge·ment** *s* Bekanntmachung *f*, Enthüllung *f*, Preisgabe *f*

[1]**div·vy** [ˈdɪvɪ], *auch* **~ up** *vt umg* (auf)teilen

[2]**div·vy** [ˈdɪvɪ] *s Brit Sl* Dividende *f* | (Konsum) Jahresendvergütung *f*

dix·ie [ˈdɪksɪ] *s* Feldkessel *m*, Gulaschkanone *f* | *Mil Sl* Kochgeschirr *n*

Dix·ie [ˈdɪksɪ], *auch* **ˈ~land** *s Am umg* Dixieland *n*, amerikanischer Süden; **ˈdix·ie·land**, *auch* **ˌdix·ie·land ˈjazz** *s* Dixieland(musik) *m*(*f*)

diz·en [ˈdaɪzn] *vt* herausputzen, ausstaffieren (*auch* **~ out/up**)

diz·zy [ˈdɪzɪ] **1.** *adj* schwindlig | benommen, verwirrt | unbesonnen | schwindelerregend ⟨a ~ height⟩ | schwindelnd hoch | *umg, dial* verrückt; **2.** *vt* schwindlig machen | verwirren

djinn [dʒɪn] = **genie**

[1]**do** [dəʊ] *s Mus* Do *n*

[2]**do** [duː] **1.** (**did** [dɪd], **done** [dʌn]) *vt* machen, tun ⟨to ~ better Besseres leisten, sich verbessern; to ~ business *umg* Geschäfte machen; to ~ one's best sein möglichstes tun; to ~ one's hair sich die Haare machen; to ~ right (wrong) (un)recht tun; what can I ~ [for you]? was kann ich [für Sie] tun?⟩ | ausführen, vollbringen ⟨well done! gut gemacht!⟩ | an-, verfertigen ⟨to ~ a portrait⟩ | einbringen, gewähren, erweisen ⟨to ~ s.o. credit; to ~ credit to s.o.⟩ | (Sache) jmdm. Ehre einbringen; (Person) jmdm. Ehre erweisen⟩ | (Essen) zubereiten, kochen, braten ⟨the meat is not done yet das Fleisch ist noch nicht gar⟩ | ordnen, aufräumen ⟨to ~ a room⟩ | abwaschen ⟨to ~ the dishes⟩ | schmücken ⟨to ~ the porch⟩ | (Aufgaben) lösen ⟨to ~ a sum addieren⟩ | übersetzen ⟨to ~ s.th. from Latin into German etw. aus dem Lateinischen ins Deutsche übersetzen⟩ | (Weg) zurücklegen | *Theat* (Rolle) spielen, (Figur) darstellen ⟨to ~ Hamlet den Hamlet spielen⟩ | imitieren, nachahmen ⟨she does Mrs Thatcher very well⟩ | *umg* besichtigen ⟨to ~ Greece in two weeks⟩ | *umg* erschöpfen, ermüden | *Sl* prellen, reinlegen ⟨to ~ s.o. badly jmdn. tüchtig reinlegen⟩ | *Sl* (Strafe) absitzen ◇ **~ it yourself** *umg* selbst ist der Mann; **~ or die** *förml* bestehen oder untergehen, sein Möglichstes tun; **~ [o. s.] proud** *umg* sich hervortun, Erfolg haben; **~ s.o. proud** jmdm. alles Erdenkliche angedeihen lassen; **~ one's own thing** *Sl* seinen eigenen Kram machen; **~ o. s. well** es sich gut gehen lassen, sich gütlich tun; **make ~ with s.th. / make s.th. ~** auskommen (müssen) mit etw.; **that does it!** nun reicht es!, das genügt (aber nun)!;

~ away with abschaffen | *umg* töten, umbringen; **~ by** *umg* (jmdn.) behandeln ⟨to ~ well by gut behandeln; ~ as you would be done by behandle andere, wie du selbst behandelt werden willst!; hard done by mißhandelt; ~ s.th. by halves etw. nur halb tun⟩; **~ down** *Brit umg* beschummeln, reinlegen | blamieren | (jmdn.) schlechtmachen; **~ for** *umg* (jmdn.) den Haushalt führen | fertigmachen, rui-

nieren ⟨done for erschöpft; *übertr* erledigt⟩ | *Brit Sl* töten, umbringen ◇ **what will you ~ for s.th.?** wie steht es mit etw.?, was machst du mit etw.? ⟨what will you ~ for food when you're camping?⟩; **~ in** *Sl* umbringen | *umg* (völlig) erschöpfen, erledigen ⟨to be really done in völlig fertig sein⟩; **~ out** *Brit umg* (Wohnung) (gründlich) reinemachen; **~ out of** (*meist pass*) *umg* (jmdn.) einer Sache berauben, (jmds. Rechte u. ä.) beschneiden; **~ over** (Zimmer) renovieren, (Wand) malen | *Am* erneuern | *Am* wiederholen | *Sl* (jmdn.) niedermachen; **~ up** (Kragen) aufschlagen | (Haar) hochbinden | (Kleidung) zumachen, zuknöpfen ⟨~ up a button; ~ up a dress⟩ | (Paket) einschlagen, einwickeln | herrichten, zurechtmachen ⟨to ~ up a house ein Haus reparieren; to ~ o. s. up sich schön machen⟩ ◇ **done up** *umg* ganz erschöpft; **~ with** gebrauchen können, benötigen ⟨I could ~ with a cup of tea; it could ~ with a cleaning es könnte wieder mal gereinigt werden⟩ | (*neg*) aushalten, ertragen ⟨I can't ~ with loud music⟩ | auskommen mit ⟨you'll have to ~ with it⟩ | (*nach* **have, be**) fertig sein mit ⟨have/are you done with the newspaper? bist du mit der Zeitung fertig?⟩ ◇ **have/be to ~ with** zu tun haben mit, zusammenhängen mit;
vi handeln, tun | sich verhalten, sich benehmen ⟨~ as you're told! tu, was man dir sagt!; when in Rome, do as the Romans do (man muß) mit den Wölfen heulen⟩ | aufhören ⟨have done! hör auf!⟩ | ausreichen, passen, genügen ⟨that will ~ [for me] das genügt mir; that won't ~ das geht nicht⟩ ◇ **how ~ you ~?** guten Tag!; **how are you ~ing** *umg, bes Am* wie geht's?; **nothing ~ing** *umg* da spielt sich nichts ab; **be up and ~ing** *umg* auf dem Damm *od* aktiv sein; **what ~ you ~ [for a living]?** was tun Sie [beruflich]?;
2. *va bei Fragen* ⟨~ you know him? kennen Sie ihn?⟩ | *bei Verneinungen* ⟨I ~ not know him ich kenne ihn nicht; don't! bloß nicht!⟩ | *intens* ⟨~ help me! hilf mir doch!⟩ | *an Stelle von vorausgegangenen Verben* ⟨Did he tell you? He did. Hat er es Ihnen gesagt? Ja.; He lives in London, doesn't he? Er lebt in London, nicht wahr?⟩; **3.** *s* (*pl* **dos** *od* **do's** [du:z]) *umg* Schwindel *m*, Gaunerei *f* ⟨the whole thing was a ~⟩ | *umg Brit* Party *f*, Feier *f* | *dial* Lärm *m*, Aufruhr *m* ◇ **dos and don'ts** Gebote *pl* und Verbote *pl*, Verhaltensregeln *pl*; **fair dos!** *Brit Sl* kein Betrug!, nicht schummeln!

do·a·ble ['du:əbl] *adj* ausführbar, zu tun

dob·bin ['dɒbɪn] *lit s* Arbeits- *od* Zugpferd *n* | (brave) Mähre | kleine Tasse

doc [dɒk] *s Kurzw* für **doctor** *umg* Doktor *m*

doch·mi|ac ['dɒkmɪæk] *Metr* **1.** *adj* dochmisch; **2.** *s* dochmischer Vers; **~us** [~əs] *s* (*pl* **~i** [~aɪ]) *Metr* Dochmius *m*

doc·ile ['dəusaɪl] *adj* willig, fügsam, gefügig, brav ⟨a ~ child; a ~ horse⟩ | unterdrückt, hilflos ⟨~ masses⟩ | gelehrig; **do·cil·i·ty** [dəu'sɪlətɪ] *s* Fügsamkeit *f* | Gelehrigkeit *f*

[1]**dock** [dɒk] *Mar* **1.** *s* Dock *n* ⟨dry ~/graving ~ Trockendock *n*; floating ~ Schwimmdock *n*; wet ~ Dockhafenbassin *n*; to be in ~ im Dock liegen⟩ | *Am* Kai *m*, Ladeplatz *m*; **2.** *vt* (Schiff) ins Dock bringen, docken | mit Docks versehen | (Raumschiff) ankoppeln; *vi* docken, ins Dock gehen

[2]**dock** [dɒk] *s* (*meist sg*) *Jur* Anklagebank *f* ⟨to be in the ~ auf der Anklagebank sitzen⟩

[3]**dock** [dɒk] *s Bot* Ampfer *m*

[4]**dock** [dɒk] **1.** *s* Stutzschwanz *m*, Stumpf *m* | Schwanzriemen *m*; **2.** *vt* (Schwanz, Haar) stutzen | *übertr* (Lohn u. ä.) kürzen, senken (**off, from s.th.** etw.) ⟨to ~ s.o.'s wages; ~ £ 10 of s.o.'s wages⟩ | (jmdm.) abnehmen (**of s.th.** etw.), (jmdn.) bringen (**of s.th.** um etw.) ⟨to ~ s.o. of £ 5 von jmdm. £ 5 kassieren⟩; *übertr* (jmdn.) berauben (**of s.th.** e-r Sache), (jmdm.) nicht zugute kommen lassen (**of s.th.** etw.) | *Jur* aufheben, zunichte machen

[1]**dock·age** ['dɒkɪdʒ] *s* Dock-, Hafengebühren *f/pl* | Docken *n*

[2]**dock·age** ['dɒkɪdʒ] *s* Kürzung *f*, Abzug *m*

dock| dues ['dɒk dju:z] *s/pl* Dockgebühren *f/pl*; **'~er** *s Brit* Dock-, Hafenarbeiter *m*

dock·et ['dɒkɪt] **1.** *s Am Jur* Prozeßliste *f* | *Brit Jur* Verzeichnis *n* von Urteilssprüchen | *förml* (Akten) Inhaltsverzeichnis *n*, Vermerk *m* | Etikett *n* | Adreßzettel *m* | *Brit* Lieferschein *m* | *Brit* Zollquittung *f*; **2.** *vt Jur Am* in die Prozeßliste eintragen | *Brit Jur* in das Verzeichnis der Urteilssprüche eintragen | *förml* (Akten u. ä.) mit einer Inhaltsangabe versehen | (Waren, Pakete) mit Adreßzettel versehen

dock·ing ['dɒkɪŋ] *s* (Raumfahrt) Kopplungsmanöver *n*

dock|ize ['dɒkaɪz] *vt* Docks anlegen; **'~land** *s* Hafenviertel *n*; **'~,mas·ter** *s* Dockmeister *m*; **,~ 'sor·rel** *s Bot* Sauerampfer *m*; **'~ ,war·rant** *s Mar* Dockschein *m*; **'~yard** *s* Werft *f*

doc·tor ['dɒktə] **1.** *s* Doktor *m*, Arzt *m* ⟨woman ~ Ärztin *f*; to be under the ~ [for] in ärztlicher Behandlung sein (wegen)⟩ | Doktor *m*, Inhaber *m* eines Doktortitels ⟨~ of Laws Doktor *m* der Rechtswissenschaften; to take one's ~'s degree promovieren⟩ | Medizinmann *m* | *Tech* Duktor *m*, Schaber *m*; **2.** *vt* ärztlich behandeln | (jmdm.) den Doktorgrad verleihen | (jmdn.) als Doktor anreden | *umg* herumdoktern an, zurechtflicken | *umg* (Dokumente u. ä.) fälschen, (widerrechtlich) verändern | *Päd* (Tonband) adaptieren | (Speisen, Getränke) verdünnen, minderwertiger machen | *vi umg* als Arzt praktizieren | *umg* sich ärztlich behandeln lassen | *euphem* (Tier) kastrieren; **'~al** *adj* Doktor- ⟨≈ degree Doktorgrad *m*⟩; **~ate** [~rət] *s* Doktorat *n*; **doc·to·ri·al** [dɒk'tɔ:rɪəl] *adj* Doktor- | doktorhaft; **'~ship** *s* Doktorat *n* | Gelehrsamkeit *f*

doc·tri|naire [,dɒktrɪ'nɛə] **1.** *s* Prinzipienreiter *m*; **2.** *adj* doktrinär, starr an einer Doktrin festhaltend; **~nair·ism** [-'nɛərɪzm] *s* Doktrinarismus *m*, Prinzipienreiterei *f*; **'~nal** *adj* lehrmäßig, Lehr- | dogmatisch; **~na·ri·an** [-'nɛərɪən] *selten* = **~naire; ~'na·ri·an·ism** *selten* = **~nairism; doc·trine** ['dɒktrɪn] *s* Doktrin *f*, Lehre *f*, Lehrmeinung *f* | *Pol* Grundsatz *m* ⟨Monroe ~⟩; **'doc·trin·ism** *s* Doktrinarismus *m*

doc·u|ment ['dɒkjumənt] **1.** *s* Dokument *n*, Urkunde *f*, Schriftstück *n* | Beleg *m*; **2.** *vt* beurkunden ⟨to be well ≈ed urkundlich gut belegt sein⟩ | mit Dokumenten versehen; **,~'men·tal** *adj* dokumentarisch, Dokumentar-; **,~'men·tal·ist** *s* Dokumentalist *m*; **,~'men·ta·ry 1.** *adj* dokumentarisch, Dokumentar- ⟨≈ evidence Beweis *m* durch Dokumente⟩; **2.** *s auch* **,~men·ta·ry 'film** Dokumentar-, Kulturfilm *m*; **,~men'ta·tion** *s* Dokumentation *f* | Benutzung *f* von Urkunden | Nachweisführung *f* (**of** über); Ausstattung *f* mit Dokumenten; **'~ments** *s/pl Wirtsch* Verladepapiere *pl* | *Wirtsch* Schiffspapiere *pl* ⟨≈ against payment Bezahlung *f* gegen Dokumente⟩

[1]**dod·der** ['dɒdə] *s Bot* (Flachs-) Seide *f*, Teufelszwirn *m*

[2]**dod·der** ['dɒdə] *vi umg* zittern, schwanken ⟨to ~ along dahinwanken⟩ | wackeln; **'~er** *s umg* Wackelgreis *m*; **'~ing** *umg adj* schwankend | zittrig; **'~ing grass** *s Bot umg* Zittergras *n*; **'~y** *adj umg* zitternd, schwankend

dod·dle ['dɒdl] *s* (*meist sg*) *Brit umg* Kinderspiel *n*, Klacks *m* ⟨it was a real ~ es war kinderleicht⟩

dodec[a]- [dəudek(ə)] ⟨*griech*⟩ *in Zus* zwölf-

do|dec·a·gon [dəu'dekəgən] *s Math* Dodekagon *n*, Zwölfeck *n*; **~de·cag·o·nal** [~də'kægənl] *adj Math* dodekagonal, zwölfeckig; **~dec·a·he·dral** [,dəudekə'hi:drl] *adj Math* dodekaedrisch, zwölfflächig; **~dec·a·he·dron** [,dəudɪkə'hedrən] *s* (*pl* **~dec·a·he·drons, ~dec·a·he·dra** [~drə]) *Math*

Dodekaeder *n*, Zwölfflächner *m*

do·de·cath·e·on ['dəudɪ'kæθɪɒn] *s Bot* Götterblume *f*

dodge [dɒdʒ] **1.** *vi* zur Seite springen, wegspringen, ausweichen ⟨to ~ behind a tree sich hinter e-m Baum verstekken⟩ | *übertr* sich drücken, Winkelzüge machen; *vt* (jmdm., e-r Sache) ausweichen ⟨to ~ a blow; to ~ the traffic⟩ | vermeiden (**to** *mit ger* zu *mit inf*) | hin und her bewegen | (jmdn.) irreführen | *umg* sich drücken vor ⟨to ~ a question; to ~ military service⟩; **2.** *s* Seitensprung *m*, Ausweichen *n* | *umg* Trick *m*, Schlich *m* ⟨to be up to all the ~s mit allen Wassern gewaschen sein⟩ | *umg* Hilfsmittel *n*, Plan *m* (**for** zu)

dod·gem ['dɒdʒəm], *auch* '~ **car** *s umg* Scooter(auto) *m*(*n*) (auf Jahrmärkten)

dodg·er ['dɒdʒə] *s* verschlagener Mensch | Schwindler *m* ⟨tax ≈ Steuerbetrüger *m*⟩ | Drückeberger *m* | *Am, Austr* Handzettel *m*, Flugblatt *n*, Reklameprospekt *n* | *auch* **'corn** ~ *Am* kleiner Maiskuchen | Zwieback *m*, Keks *m*; **'dodg·er·y** [-rɪ] *s* Trick *m* | Schwindelei *f*; **'dodg·y** *bes Brit umg adj* verschlagen, gerieben ⟨≈ person⟩ | riskant ⟨≈ plan⟩ | wack(e)lig, nicht sicher ⟨≈ chair⟩

do|do ['dəudəu] *s* (*pl* '**~does**, '**~dos**) *Zool* Dodo *m*, Dronte *f* | *umg* altmodische Person, (alter) Knacker ⟨old ≈⟩ ◇ **[as] dead as a ~do** *übertr umg* mausetot, keinen Heller mehr wert, passé

doe [dəu] *s Zool* Hirschkuh *f*, (weibliches) Reh | (Kaninchen u. ä.) Weibchen *n*

do·er ['du:ə] *s umg* jmd., der etwas ausführt | Handelnder *m* ⟨he is a ~, not a talker er handelt u. redet nicht⟩ | *Sl* Betrüger *m*

-do·er ['du:ə] *in Zus* -täter ⟨evil~ Missetäter *m*; wrong~ Übeltäter *m*⟩

does [dəz|dʌz] *3. Pers sg präs* von **²do**

doe·skin ['dəuskɪn] *s* Rehfell *n* | Rehleder *n* | Doeskin *m*

does·n't ['dʌznt] *umg* für **does not**

do·est ['du:ɪst] *arch 2. Pers sg präs* von **²do**

do·eth ['du:ɪθ] *arch 3. Pers sg präs* von **²do**

doff [dɒf] *lit vt* (Mantel) ablegen, (Hut) abnehmen | *übertr* (Gewohnheit u. ä.) ablegen | *übertr* loswerden; *arch vi* die Kleider ablegen | den Hut abnehmen

dog [dɒg] **1.** *s* Hund *m* | Rüde *m* | *übertr* Schurke *m*, Hund *m* ⟨a crafty ~ ein gerissener Fuchs⟩ | *umg* Bursche *m*, Kerl *m* ⟨a sly ~ ein schlauer Fuchs; a lucky ~ ein Glückspilz⟩ | **≁**, *auch* **≁ Star** *Astr* Hundsstern *m*, Sirius *m* | *Tech* Greifhaken *m*, (Bau-) Klammer *f*, Klaue *f* | *Tech* Bock *m*, Gestell *n* | *Bergb* Hund *m*, Förderwagen *m* ◇ **a ~ in the manger** *übertr* einer, der anderen keine Freude gönnt ⟨to play the ~ in the manger den Neidhammel spielen⟩; **be top ~** *übertr* die Macht haben; anordnen, befehlen (können); **be under ~** immer nur gehorchen müssen; ausgebeutet werden; **~ does not eat ~** eine Krähe hackt der anderen kein Auge aus; **die a ~'s death/die like a ~** *übertr* elend umkommen; **dressed up like a ~'s dinner** *Brit umg* herausgeputzt wie ein Pfau; **every ~ has his / its day** jeder hat im Leben einmal Glück; **give a ~ a bad name and hang him** *übertr* jmdn. durch Verleumdung ruinieren; **go to the ~s** *übertr* vor die Hunde gehen, umkommen; **help a lame ~ over the stile** *übertr* jmdm. aus der Not helfen; **lead a ~'s life** *übertr* ein Hundeleben fristen; **lead s.o. a ~'s life** *übertr* jmdm. das Leben zur Hölle machen; **let sleeping ~s lie** *übertr* laß den Hund begraben; man soll den schlafenden Löwen nicht wecken; **love me, love my ~** *übertr* meine Freunde sind auch deine Freunde; **not a ~'s chance** *übertr* nicht die Spur einer Chance; **put on the ~** *Sl* den großen Max markieren; **you can't teach an old ~ new tricks** für etw. zu alt sein; was Hänschen nicht lernt, lernt Hans nimmer; **throw s.th. to the ~s** *übertr* etw. wegwerfen; *übertr* etw. opfern; **treat s.o. like a ~** *umg* jmdn. wie einen Hund behandeln; **2.** (**dogged, dogged**) *vt* (jmdm.) auf dem Fuße folgen, verfolgen *auch übertr* ⟨to ~ a thief; ~ged by misfortune vom Mißgeschick verfolgt⟩ | *Tech* mit *od* an einer Klammer befestigen; **3.** *adj* Hunds-, Hunde- | männlich ⟨a ~ wolf⟩ | unecht ⟨~ Latin Küchenlatein *n*⟩; '**~ber·ry** *s Bot* Hundsbeere *f*; '**~ ˌbis·cuit** *s* Hundekuchen *m*; '**~cart** *s* Dogcart *m*, Gig *n*; '**~ ˌcatch·er** *s* Hundefänger *m*; '**~ clutch** *s* Klauenkupplung *f*; '**~ ˌcol·lar** *s* (Hunde-) Halsband *n* | *scherzh* Kollar *n*, (steifer, hoher) Kragen (e-s Geistlichen); '**~ days** *s/pl* Hundstage *m/pl*

doge [dəudʒ] *s* Doge *m*; '**~dom** *s* Dogentum *n*; '**~ship** *s* Dogenamt *n*

dog|-eared ['dɒgɪəd] = **dog's-eared;** ˌ**~-eat-'~** *adj* rücksichtslos, brutal ⟨≈ world⟩; '**~fight 1.** *s* Handgemenge *n* | *Mil Sl* (Panzer-) Nahkampf *m* | *Sl* Luftkampf *m*; **2.** *vi* kämpfen; '**~ˌfish** *s* kleiner Hai ⟨spiny ≈ Gemeiner Dornhai; smooth ≈ Hundshai *m*⟩; **~ged** ['dɒgɪd] *adj* zäh, verbissen, hartnäckig ⟨≈ efforts⟩

dog·ger ['dɒgə] *s Mar* Dogboot *n*, Dogger *m*

dog·ger·el ['dɒgərl] **1.** *adj* Knüttel-; **2.** *s, auch* '**~ rhyme** *Metr* Knüttelvers *m*

dog|gie ['dɒgɪ] = **~gy 1.**; '**~gish** *adj* hündisch, Hunde- | *übertr* bissig, mürrisch | *umg* protzig, aufgeputzt

dog·go ['dɒgəu] *adv Brit Sl meist in:* **lie ~** regungslos liegen | sich verborgen halten

dog|gone ['dɒgɒn] **1.** *vt Am Sl euphem* verdammen ⟨≈ it verflixt nochmal!⟩; **2.** *adj, interj Am Sl euphem* verdammt!; '**~grass** *s Bot* Hundsquecke *f*; '**~gy 1.** *s* Hündchen *n*; **2.** *adj* Hunde- | *umg* hundeliebend | *umg* protzig, aufgedonnert; '**~gy bag** *s Am* etw. zum nach Hause mitnehmen (*urspr* für den Hund); '**~head** *s* (Gewehr-) Hahn *m*; '**~house** *s* Hundehütte *f* ⟨in the ≈ *urspr Am umg* in Ungnade⟩

do|gie, *auch* **-gey, -gy** ['dəugɪ] *s Am* mutterloses Kalb (in einer Herde) | minderwertiges (erwachsenes) Tier

dog| Latin ['dɒg 'lætn] *s* Küchenlatein *n*; '**~ lead** *s* Hundeleine *f*; '**~leg** *s* (Straße, Golfplatz, Rennbahn) scharfe Kurve *od* Krümmung; '**~ ˌli·cence** *s* Hundesteuer *f*; '**~-like** *adj* hundeähnlich | hündisch ⟨≈ devotion⟩

dog|ma ['dɒgmə] *s* (*pl* '**~mas, ~ma·ta** [~mətə]) Dogma *n*, Glaubenssatz *m* | Grundsatz *m*; **~mat·ic** [dɒg'mætɪk], **~'mat·i·cal** *adj* dogmatisch ⟨≈ theology⟩ | entschieden ⟨a ≈ statement⟩ | gebieterisch, anmaßend ⟨a ≈ person⟩; '**~ma·tism** *s* Dogmatismus *m*; '**~ma·tist** *s* Dogmatiker *m*; ˌ**~ma·ti'za·tion** *s* Dogmatisierung *f*; '**~ma·tize** *vi* dogmatisieren, sich dogmatisch äußern (**on** über); *vt* mit Bestimmtheit behaupten, zum Dogma machen

dog net·tle ['dɒgˌnetl] *s Bot* Rote Taubnessel *f*

do·good|er [ˌdu:'gudə] *s* (*pl* **-ers**) *s meist verächtl* Weltverbesserer *m*

dog| pad·dle ['dɒg ˌpædl] *s* (*meist sg*) *umg* Hundepaddeln *n*; '**~rose** *s Bot* Hunds-, Heckenrose *f*; '**~-ear 1.** *s* Eselohr *n*; **2.** *vt* Eselohren machen; '**~'s-eared** *adj* mit Eselohren; **dogs** *s/pl* (*mit best art*) Hunderennen *n* ⟨at the ≈⟩ | *Sl scherzh* Füße *m/pl* ⟨my ≈ are killing me meine Füße tun furchtbar weh⟩ *auch* **fire dogs** Feuer-, Kaminbock *m*; **'dogsˌbo·dy** *s Brit umg* jmd., der ausgenutzt wird *od* für alles herhalten muß, Dummer *m*; '**~ shark** *s* Hundshai *m*; '**≁ Star** *s* Hundsstern *m*, Sirius *m*; '**~ tax** *s* Hundesteuer *f*; ˌ**~'tired** *adj* hundemüde; '**~tooth** *s* Karomuster *n*; '**~ tooth** *s Arch* Zahnornament *n*; ˌ**~-'trot** *s* (*meist sg*) Laufschritt *m*; ˌ**~ 'vi·o·let** *s Bot* Hundsveilchen *n*; '**~ watch** *s Mar* Hundswache *f*, kurze Halbwache (16–18 Uhr bzw. 18–20 Uhr); '**~ whip** *s* Hundepeitsche *f*; '**~wood** *s Bot* Hartriegel *m* | Hartriegelholz *n*

doh [dəʊ] = ¹**do**

doi·ly ['dɔɪlɪ] *s* Deckchen *n*, Teller-, Tassenunterlage *f*

do·ing ['du:ɪŋ] **1.** *s* Tun *n*, Tat *f* ⟨it's all your ~ (that) du bist schuld daran (daß)⟩; **2.** *adj* handelnd | *Sl* vor sich gehend ⟨what is ~ tonight? was ist heute abend los?⟩ | '**~s** *pl umg* Handlungen *f/pl*, Vorfälle *m/pl* ⟨fine ≈ these! das sind ja schöne Geschichten!⟩ | *Brit umg* Dings *n*, Zeug *n* ⟨put the ≈ on the table⟩

doit [dɔɪt] *s übertr* Deut *m* (*auch übertr*) ⟨not to care a ~ sich keinen Deut darum scheren; not worth a ~ keinen Heller *od* Pfifferling wert⟩

do-it-your·self [ˌdu:ɪt jə'self] **1.** *s* Selbstanfertigen *n*; **2.** *adj* Selbstanfertigungs-, Heimwerker-, Bastel- ⟨~ book Bastelbuch *n*; ~ shop Bastlerladen *m*⟩; '**~er** *s* Bastler *m*, Heimwerker *m*; '**~er·y** *s* Basteln *n*, Heimwerken *n*; '**~ism** *s* Sitte *f* des Alles-Selbst-Machens

dol|ce ['dɒltʃɪ] **1.** *adj Mus* süß, sanft; **2.** *s* (*pl* '**~ci**) sanfte Musik | etwas Süßes | süßes Dessert; **~ce far niente** [ˌdəʊltʃeɪ fɑ: 'nɪentə] *s* Dolcefarniente *n*, süßes Nichtstun; **~ce vi·ta** ['dəʊltʃeɪ 'vi:tɑ:], *auch* **la ~ce vi·ta** [lɑ: -] süßes Leben, Luxusleben *n*

dol·drums ['dɒldrəmz] *s/pl Geogr* Kalmenzone *f*, Kalmen *pl*, windstille Zone | Langeweile *f* | Depression *f*, Niedergeschlagenheit *f* ⟨in the ~ *umg* mißgestimmt, niedergeschlagen; inaktiv, träge⟩

dole [dəʊl] **1.** *s* Almosen *n*, milde Gabe | Austeilung *f* | Arbeitslosenunterstützung *f* ⟨to be on the ~ stempeln gehen; to go on the ~ entlassen werden, stempeln gehen müssen⟩; **2.** *vt*, *auch* **~ out** als Almosen verteilen (**to s.o.** an jmdn.) | austeilen | *übertr* (Lob u. ä.) spärlich *od* widerwillig spenden

dole·ful ['dəʊlfl] *adj* traurig | klagend | mißmutig

dol·er·ite ['dɒləraɪt] *s Min* Dolerit *m*

dole|some ['dəʊlsm] = **~ful**

dol·i·cho|ceph·al [ˌdɒlɪkə'sefəl] *Anat s* (*pl* **~ceph·a·li** [~'sefəlaɪ]) Dolichozephale *m*, Langschädel *m*; **~ce·phal·ic** [~sə'fælɪk] *adj* langschädelig

do·little ['du:lɪtl] *s umg* Faulpelz *m*

doll [dɒl] **1.** *s* Puppe *f* ⟨~'s house Puppenstube *f*; *auch übertr*⟩ | *umg* (dumme) Puppe | *Sl* (hübsche *od* tolle) Puppe | *Am Sl* Schatz *m*, guter Kumpel ⟨you're a real ~!⟩; **2.** *vi*, *vt*, *auch* **~ up**, *bes Am Sl* (sich) aufputzen ⟨to be all ~ed up for the party⟩

dol·lar ['dɒlə] *s* (USA, Kanada, Australien, Neuseeland, Hongkong etc.) Dollar *m* | (mexikanischer) Peso | *Hist* Taler *m* | *übertr* Mammon *m* ⟨the almighty ~⟩ ◇ **feel like a million ~s** *übertr umg* bei bester Gesundheit sein

doll·ish ['dɒlɪʃ] *adj* puppenhaft | hübsch, aber dumm

dol·lop ['dɒləp] *umg s* Klumpen *m* ⟨a ~ of earth⟩ | Menge *f* ⟨a ~ of alcohol Schwapp *m* Alkohol⟩ | *übertr* Spur *f* ⟨not a single ~ of pity nicht die geringste Spur von Mitleid⟩

doll·y ['dɒlɪ] **1.** *s* Püppchen *n*, Puppe *f* | *Tech* Vorhalter *m*, Nietstock *m* | *Tech* fahrbares Montagegestell | *Film* Kamerawagen *m* | (Wäsche-) Stampfer *m*; **2.** *adj* puppenhaft; '**~ bird** *s Brit umg* (Mädchen) hübscher Käfer; '**~ tub** *s* Waschfaß *n*, -zuber *m*

dolman ['dɒlmən] *s* capeartiger Damenmantel ⟨~ sleeve Capeärmel *m*⟩ | Dolman *m*, Husarenjacke *f*

dol·men ['dɒlmən] *s* Dolmen *m*, Steingrabmal *n*

dol·o|mite ['dɒləmaɪt] *s Min* Dolomit *m*; **~mit·ic** [ˌdɒlə'mɪtɪk] *adj Min* Dolomit-

do|lour ['dɒlə] *s poet* Leid *n*, Gram *m*; **~lo·ro·so** [ˌdɒlə'rəʊsəʊ] *adj Mus* doloroso, schmerzlich; '**dol·or·ous** *adj poet* schmerzlich, traurig

dol·phin ['dɒlfɪn] *s Zool* Delphin *m* | *Zool* Goldmakrele *f* | *Mar* Dalbe *f*, Anlegepfahl *m*

dolt [dəʊlt] *verächtl s* Tölpel *m*, Dummkopf *m*; '**~ish** *adj* tölpelhaft, dumm

-dom [dəm] *suff zur Bildung von s mit der Bedeutung*: -heit, -schaft, -tum (*z. B.* **freedom, earldom, kingdom**) | -gebiet (*z. B.* **Anglo-Saxondom**)

do·main [dəʊ'meɪn] *s* Landeigentum *n* | Domäne *f*, Staatsgut *n* | Herrschaft *f*, Gebiet *n* | *übertr* Gebiet *n*, Bereich *m* ⟨the ~ of science⟩

dome [dəʊm] **1.** *s* Dom *m*, Kuppel *f*, Dach *n* | *poet* stattliches Gebäude | *Arch* Dom *m* | *Sl* Glatze *f*; **2.** *vt* mit einer Kuppel versehen | wie eine Kuppel formen; *vi* sich wie eine Kuppel wölben; '**domed** *adj* gewölbt ⟨a ≈ forehead e-e gewölbte Stirn⟩

Domes·day ['du:mzdeɪ] *s*, *auch* '**~ Book** *Hist* (englisches) Reichsgrundbuch

do·mes|tic [də'mestɪk] **1.** *adj* (*Ant* social) häuslich ⟨a very ≈ sort of woman e-e Frau, die ihr Zuhause liebt⟩; Haus- ⟨≈ service Hausarbeit *f*, -wirtschaft *f*⟩ | Familien- ⟨≈ scene Familienidyll *n*⟩ | Privat- ⟨≈ life⟩ | bürgerlich ⟨≈ drama⟩ | (*Ant* foreign) einheimisch, inländisch, Inlands- ⟨≈ news Lokalnachrichten *f/pl*⟩ | Innen-, Binnen- ⟨≈ trade⟩ | selbsterzeugt, -gemacht ⟨≈ wine⟩ | (*Ant* wild) zahm, Haus- ⟨≈ animals⟩; **2.** *s* Hausangestellte(r) *f*(*m*); **do'mes·ti·ca·ble** *adj* zähmbar; **do'mes·ti·cate** *vt* an häusliches Leben gewöhnen ⟨to be ≈d gern zu Hause sein, gern Hausarbeit machen⟩ | domestizieren, (Tiere) zähmen | (Pflanzen) zu Kulturpflanzen machen | heimisch machen, einbürgern, naturalisieren ⟨to ≈ a foreign word⟩; *vi* häuslich werden; **doˌmes·ti'ca·tion** *s* Gewöhnung *f* an häusliches Leben | Zähmung *f* (von Tieren) | (Pflanzen) Kultivierung *f* | Einbürgerung *f*; ˌ**~'tic·i·ty** *s* Häuslichkeit *f*, häusliches Leben ⟨the ~ticities die häuslichen Angelegenheiten *f/pl*⟩; **do'mes·tics** *s/pl Wirtsch* Landesprodukte *n/pl*; ˌ**~tic 'sci·ence** *s* Hauswirtschaftslehre *f*

dom·i·cal ['dəʊmɪkl] *adj* kuppelartig, Kuppel-, Dom-

dom·i|cile ['dɒmɪsaɪl] *förml* **1.** *s* Domizil *n* | *Jur* (ständiger) Wohnsitz | *Jur* Gerichtsstand *m* | *Wirtsch* Zahlungsort *m*; **2.** *vt* wohnhaft *od* ansässig machen, ansiedeln ⟨to be ~ciled in ansässig sein in⟩ | *Wirtsch* (Wechsel) domizilieren, auf einen bestimmten Ort ausstellen; *vi* wohnhaft *od* ansässig sein; **~cil·i·a·ry** [ˌdɒmɪ'sɪlɪərɪ] *adj* Haus-, Wohnungs- ⟨≈ visit Hausdurchsuchung *f*⟩; **~cil·i·ate** [dɒmɪ'sɪlɪeɪt] *vt* ansiedeln; *vi* wohnen; ˌ**~ˌcil·i'a·tion** *s* Ansiedlung *f* | *Wirtsch* Domizilierung *f*

dom·i|nance ['dɒmɪnəns], *auch* '**~nan·cy** *s* (Vor-) Herrschaft *f*, Vorherrschen *n* | *Biol* Dominanz *f*; '**~nant 1.** *adj* dominierend, (vor)herrschend ⟨a ≈ trend⟩ | hochragend, emporragend ⟨≈ hills⟩ | (ein Teil von paarigen Körperteilen) stärker (ausgeprägt), dominierend ⟨the right hand is ≈⟩ | *Biol* dominant ⟨a ≈ factor⟩ | *Mus* Dominant-; **2.** *s Biol* dominierende Eigenschaft | *Mus* Dominante *f*; **~nate** [~neɪt] *vt* (be)herrschen (*auch übertr*) | überragen ⟨≈d by mountains in Berge eingebettet⟩; *vi* dominieren, (vor-)herrschen; **~nate over** herrschen über; ˌ**~'na·tion** *s* (Vor-)Herrschen *n* | (Vor-)Herrschaft *f*; '**~na·tive** *adj* dominierend; **~neer** [ˌdɒmɪ'nɪə] *vi* despotisch herrschen (**over** über) | sich aufspielen (**over** gegenüber) | emporragen (**above, over** über); *vt* (jmdn.) tyrannisieren | emporragen über, überragen; ˌ**~'neer·ing** *adj* despotisch, herrisch, tyrannisch | anmaßend ⟨≈ manner⟩

do·min·i·cal [də'mɪnɪkl] *adj Rel* des Herrn ⟨in the ~ year im Jahre des Herrn⟩ | sonntäglich, Sonntags-

Do·min·i·can [də'mɪnɪkən] **1.** *adj* dominikanisch, Dominikaner-; **2.** *s Rel* Dominikaner *m*

dom·i·nie ['dɒmɪnɪ] *s Schott* Schulmeister *m* | *Am umg* Geistlicher *m*, Pfarrer *m*

do·min|ion [də'mɪnɪən] *s* (Ober-) Herrschaft *f*, Gewalt *f* (**over** über) | (Herrschafts-) Gebiet *n* | *meist* **≈ion** *Brit arch Pol* Dominion *n* ⟨the ≈ of Canada; ≈-status Rang *m* einer selbständigen Kolonie⟩ | *auch* **~i·um** [~ɪəm] *Jur* Besitzrecht *n* (**over** über)

dom·i|no ['dɒmɪnəʊ] *s* (*pl* **'~noes**, **'~nos**) Domino *m* | Dominokostüm *n* | Dominostein *m* | **~nos** *pl* (*sg konstr*) Dominospiel *n*; **'~no ˌthe·o·ry** *s Pol* Dominotheorie *f*

dompt [dɒm(p)t] *vt* zähmen, bändigen; **domp·teuse** [dɔ̃'tɛ̃z] *s* Dompteuse *f*, Tierbändigerin *f*

[1]**don** [dɒn] *s*, ≈ Don *m* (spanischer Titel) | Grande *m* | Fachmann *m*, Kenner *m* ⟨a ~ at s.th. ein Fachmann *m* für *od* in etw.⟩ | *umg* (bes. in Oxford u. Cambridge) Collegeleiter *m*, Don *m*, rangälterer Dozent | *Brit umg* (Universitäts-) Lehrer *m*, Don *m*

[2]**don** [dɒn] *lit vt* (*Ant* doff) (Hut) aufsetzen | (Mantel u. ä.) anziehen

do|na·tary [dəʊ'neɪtərɪ] *s* Spendenempfänger *m*, Beschenkter *m*; **~'nate** *vt bes Am* schenken, spenden | verleihen (**to s.o.** jmdm.); *vi* schenken, spenden; **~'na·tion** *s* Schenkung *f*, Gabe *f* | Spende *f* (**to** für); **don·a·tive** ['dɒnətɪv] **1.** *s* Schenkung *f*, Geschenk *n*; **2.** *adj* geschenkt, Schenkungs-; **~na·tor** [də'neɪtə|'dəuneɪtə] *s* Spender *m*, Schenker *m*

done [dʌn] *part perf* von ↑ [2]**do**; *adj* fertig, erledigt ⟨when you have/are ~, come back!⟩ | *Jur* ausgefertigt | (gar)gekocht, gebraten ⟨under~ halbroh⟩ ◇ **~!** einverstanden! in Ordnung!; **have ~ (with it)** *förml* (etw.) zu Ende bringen, abschließen; **(it's) easier said than ~** (es ist) leichter gesagt als getan; **no sooner said than ~** wie gesagt, so getan; **over and ~ with** erledigt, hinter sich gebracht, vorbei; **that isn't ~** das macht *od* tut man (einfach) nicht; **what's ~ cannot be un~** was geschehen ist, ist geschehen; zu spät, ist zu spät

don·jon ['dʌndʒən] *s* Donjon *m*, Burg-, Hauptturm *m*

don·key ['dɒŋkɪ] *s Zool* Esel *m* | *übertr* Esel *m*, Dummkopf *m* ◇ **argue/talk the hind-leg off a ~** *umg* sich den Mund fusselig reden; **'~ ˌen·gine** *s Tech* (Schiffs-) Hilfsmotor *m*; **'~ ˌjack·et** *s* (dicke) Kutte; **'~ pump** *s Tech* Hilfspumpe *f*; **'~'s years** *umg* sehr lange Zeit, Ewigkeit *f*; **'~ work** *s Brit umg* Plackerei *f* ⟨to do the ≈ sich abplagen, die Dreckarbeit tun⟩

don·nish ['dɒnɪʃ] *adj bes Brit* steif, gravitätisch | pedantisch, weltfremd

do·nor ['dəʊnə] *s* Schenker *m*, Spender *m* | *auch* **'blood ˌ~** *Med* Blutspender *m*

do·noth·ing ['du:nʌθɪŋ] **1.** *s umg* Faulenzer(in) *m*(*f*), Nichtstuer(in) *m*(*f*); **2.** *adj* faul

don't [dəʊnt] **1.** *umg* für **do not** | *bes Am Sl, dial* für **does not** ⟨it ~ matter⟩; **2.** *s umg* Verbot *n* | ↑ [2]**do 3.**

doo·dad ['du:dæd] *s Am umg* Kinkerlitzchen *n*; kleine Verzierung | Dingsda *n*

doo·dle ['du:dl] *umg* **1.** *s* Gekritzel *n*; **2.** *vi* (unaufmerksam, gedankenlos) (dahin)kritzeln; *vt* bekritzeln; **'~bug** *s Brit umg* V-1-Rakete *f*

doom [du:m] **1.** *s* (*meist sg*) Schicksal *n*, Geschick *n*, Los *n* | Verderben *n*, Untergang *m* ⟨the crack of ~ der Anfang vom Ende; to go to one's ~ s-m Verderben entgegengehen; to send s.o. to his ~ jmdn. ins Verderben schicken⟩ | Urteilsspruch *m* ⟨to pronounce s.o.'s ~ *übertr* jmdn. verurteilen⟩ | *Rel* Jüngstes Gericht | *Hist* Gesetz *n*; **2.** *vt* verurteilen, verdammen (**to** zu, **to** *mit inf* zu *mit inf*); ⟨to ~ to death zum Tode verurteilen; to ~ to die zum Untergang verurteilen; to ~ to oblivion der Vergessenheit preisgeben⟩ | (jmdn.) bestimmen (**to** zu, **to** *mit inf* zu *mit inf*); **'~ful** *adj* schicksalsschwer, verhängnisvoll; **dooms·day** ['~zdeɪ], *auch* **≈s·day** *s* das Jüngste Gericht ⟨till ≈ bis zum Jüngsten Tag, bis in alle Ewigkeit⟩; **'dooms,day·er**, *arch* **'~ster** *s* schlimmer Prophet; **'~watch** *s* Warnung *f* vor einer negativen Entwicklung, Unkenruf *m* ⟨political ≈ politische Schwarzmalerei *f*⟩; **'~ˌwatch·er** *s* Schwarzmaler *m*

door [dɔ:] *s* Pforte *f*, Tor *n* | Tür *f* ⟨at death's ~ *übertr* am Rande des Grabes; back ~ Hintertür *f*; by the back ~ *übertr* durch die Hintertür, heimlich; from ~ to ~ von Haus zu Haus; front ~ Haupteingang *m*; in~[s] zu *od* im Hause; next ~ nebenan; out of ~s außer Haus, im Freien; within ~s zu *od* im Hause; to answer the ~ *umg* (die Tür) aufmachen; to shut/bang/close the ~ on s.th. *übertr* etwas vereiteln; to close/shut one's ~ against s.o. jmdm. die Tür verschließen; to lay s.th. at s.o.'s ~ *übertr* jmdm. etwas zur Last legen; to open the ~ to s.o. jmdm. öffnen, jmdn. hereinlassen; to see s.o. to the ~ jmdn. zur Tür begleiten; to show s.o. the ~ jmdm. die Tür weisen; to throw the ~ open to s.th. *übertr* einer Sache Tür und Tor öffnen; two (three) ~s off zwei (drei) Häuser weiter; within ~s *förml* nicht im Freien, im Hause⟩ | *übertr* Zugang *m*, Weg *m* ⟨a ~ to success⟩ | *Mar* Luke *f* | *Bergb* Wettertür *f*; **'~ bell** *s* Türklingel *f*; **'~case**, **'~frame** *s* Türrahmen *m*; **'~ ˌhan·dle** *s* Türklinke *f*; **'~ˌkeep·er** *s* Pförtner *m*; **~knob** ['dɔ:nɒb] *s* Türknopf *m*, -griff *m*; **'~knock·er** *s* Türklopfer *m*; **~man** ['-mæn|-mən] *s* (*pl* **'~men**) Pförtner *m* | Türsteher *m*; **'~mat** *s* (Fuß-) Abtreter *m*; **'~ ˌmon·ey** *s* Eintrittsgeld *n*; **'~nail** *s* Türnagel *m* ⟨dead as a ≈ *übertr* mausetot⟩; **'~plate** *s* Türschild *n*; **'~post** *s* Türpfosten *m* ⟨deaf as a ≈ *übertr* stocktaub⟩; **'~ˌscrap·er** *s* Fußabstreicher *m* (aus Metall); **'~sill**, **'~step 1.** *s* Türschwelle *f*; **2.** *adj Wirtsch* ins Haus kommend ⟨≈ salesman⟩ | *Pol* Hauswerber-, Haustür- ⟨≈ propaganda⟩; **3.** *vi Pol* von Haus zu Haus gehen | *übertr* ständig werben müssen; **'~ˌstep·per** *s Pol* Hauswerber *m*, Agitator *m*; **'~ˌstop·per**, *auch* **'~stop** *s* Anschlag *m* | *Tech* Türschließer *m*; **'~way** *s* Torweg *m*, Eingang *m* ⟨to stand in the ≈ am Eingang *od* an der Tür stehen⟩ | *übertr* Weg *m*, Mittel *n* (**to** zu) ⟨a ≈ to good health e-e Methode, um gesund zu bleiben⟩

dope [dəʊp] **1.** *s* dicke Flüssigkeit | *Tech* Lack *m*, Firnis *m* | *Flugw* Spannlack *m* | *Sl* Rauschgift *n* | *Am Sl* Rauschgiftsüchtiger *m* | *Sport Sl* (unerlaubtes) Mittel, Narkotikum *n* | *urspr Am Sl* Geheimtip *m* ⟨to get the ~ on s.th. sich über etw. informieren, über etw. informiert werden⟩ | *urspr Am Sl* Dummkopf *m* ⟨a pretty slow ~ ein schöner Dummkopf⟩; **2.** *vt Tech* lackieren | *umg* (jmdm.) Rauschgift geben | *umg* Rauschgift mischen in ⟨to ~ a drink⟩ | *Sport Sl* dopen, unerlaubte Mittel geben, aufpulvern ⟨to ~ a horse⟩ | *meist* **~ out** *Am Sl* herauskriegen, ausfindig machen | *Am Sl* (jmdn.) hinters Licht führen; **'~ paint** *s Tech* Lacküberzug *m*; **'~y** *adj umg* benommen ⟨to feel ≈⟩ | *Sl* blöd, dumm; **'dop·ing** *s Sport Sl* Doping *n*

dor[·bee·tle] ['dɔ:(ˌbi:tl)] *s Zool* Maikäfer *m* | *Zool* Mistkäfer *m*

Do·ri·an ['dɔ:rɪən] **1.** *adj* dorisch; **2.** *s* Dorier(in) *m*(*f*); **Dor·ic** ['dɔ:rɪk] **1.** *adj* dorisch ⟨≈ order *Arch* dorische (Säulen-) Ordnung⟩ | bäurisch, grob ⟨a ≈ dialect⟩; **2.** *s* Dorisch *n* | grober englischer Dialekt

dorm [dɔ:m] *s umg Kurzf* für **dormitory**

dor|man·cy ['dɔ:mənsɪ] *s* Schlafzustand *m*, Ruhe *f*; **'~mant** *adj* schlafend | *Zool* Winterschlaf haltend | *übertr* ruhend, untätig ⟨a ≈ volcano⟩ | *übertr* unbenutzt, nicht gebraucht ⟨≈ titles⟩ | *übertr* schlummernd, geheim ⟨≈ passions geheime Leidenschaften *f/pl*⟩ | *Jur* ruhend ⟨≈ claims nicht in Anspruch genommene Rechte⟩ | *Wirtsch* tot ⟨≈ capital totes Kapital⟩

dor·mer [win·dow] ['dɔ:mə (ˌwɪndəʊ)] *s Arch* Giebelfenster *n*

dor·mi·to·ry ['dɔ:mɪtrɪ] **1.** *s* Schlafsaal *m* | *bes Am* Studentenheim *n*; **2.** *adj* Schlaf-, Wohn- ⟨~ town Pendlerstadt *f*, Ort *m*, an dem Menschen, die anderswo arbeiten, nur wohnen⟩; ˌ~ **'suburb** Wohnvorstadt *f*

dor|mouse ['dɔ:maʊs] *s* (*pl* **~mice** [~maɪs]) Haselmaus *f*

dor·sal ['dɔ:sl] **1.** *adj Anat, Zool* dorsal, Rücken- ⟨~ fin Rükkenflosse *f*⟩; **2.** *s Anat* Rückenwirbel *m* | *Zool* Rückenflosse *f*

dorsi- [dɔ:sɪ], **dorso-** [dɔ:sə] *in Zus* ⟨*lat*⟩ Dorsal-, Rücken-

dort·y ['dɔ:tɪ] *Schott adj* mürrisch | unverschämt

[1]**do·ry** ['dɔ:rɪ] *s* (kleines) Fischerboot

[2]**do·ry** ['dɔ:rɪ], *auch* ˌ**John** '~ *s Zool* Heringskönig *m*

dos·age ['dəʊsɪdʒ] *s* Dosierung *f* | Dosis *f*; **dose** [dəʊs] **1.** *s* Dosis *f*, Portion *f* ⟨a lethal ≈ e-e tödliche Dosis⟩ | *übertr umg* Dosis *f*, kleine Menge, Spur *f* ⟨≈s of truth⟩ | (Pflicht) Pensum *n*, Packen *m* (von etw. Unangenehmen) ⟨a ~ of hard work⟩ | *vulg* Tripper *m*; **2.** *vt* (jmdm.) eine Dosis verschreiben *od* verabreichen | Arznei geben ⟨to ≈ o.s. with quinine Chinin nehmen⟩ | (etw.) vermischen (**with** mit); *vi* Arznei einnehmen; **dose out** *vt* verabreichen (**to s.o.** jmdm.)

doss [dɒs] *Brit Sl* **1.** *s* Bett *n*, Falle *f* (in billiger Pension) | (kurzes) Pennen ⟨to have a ~ sich kurz auf die Ohren hauen⟩; **'~-down** *s Sl* billige Schlafstatt; **'~house** *s Sl* billiges Logierhaus, billige Pension

dos·si·er ['dɒsɪeɪ] *s* Dossier *n*, Akten *f/pl* ⟨to keep a ~ on s.o.⟩

dos·sy ['dɒsɪ] *adj Brit umg* (Kleidung) herausgeputzt, aufdringlich

dost [dʌst] *Poes 2. Pers sg präs* von [2]**do**

[1]**dot** [dɒt] **1.** *s* Punkt *m*, Pünktchen *n*, Tüpfelchen *n* ⟨to a ~ *umg übertr* aufs Haar; on the ~ *umg übertr* pünktlich auf die Minute⟩ | *Mus* Punkt *m* | (Morsen) Punkt *m* ⟨~s and dashes⟩ | *übertr* etwas Winziges, Knirps *m* ⟨a ~ on the horizon; a ~ of a child⟩ ◇ **the year ~** *Brit Sl, oft verächtl* vor ewig langer Zeit; **2.** ('**~ted**, '**~ted**) *vt* punktieren, mit Punkten bezeichnen ⟨~ted line punktierte Linie *od* Zeile *f*; to sign on the ~ted line *übertr* ohne Zögern und Einwände zustimmen; to ~ and carry *umg übertr* Schritt für Schritt vorgehen; to ~ the i's and cross the t's *umg übertr* alles bis ins Detail darlegen, sich peinlich genau ausdrücken⟩ | tupfen, tüpfeln | *übertr* wie mit Tupfen übersäen ⟨~ted with flowers mit Blumen übersät; ~ted about bunt verstreut ⟩ | *Mus* (Noten) punktieren; *vi* Punkte machen

[2]**dot** [dɒt] *s Jur* Aussteuer *f*, Mitgift *f*

dot·age ['dəʊtɪdʒ] *s* (geistige) Altersschwäche ⟨to be in one's ~ alt *od* schwach werden⟩ | Vernarrtheit *f* | Produkt *n* der Altersschwäche; seniler Erguß

do·tal ['dɒtl] *adj* zur Aussteuer gehörend, Aussteuer-

dot-and-dash ['dɒt ən 'dæʃ] *adj* Morse-, Strichpunkt-

do·tard ['dəʊtəd] **1.** *s* Schwachsinnige(r) *f(m)* | kindischer Greis; **2.** *adj* schwachsinnig | altersschwach, senil

do·ta·tion [dəʊ'teɪʃn] *s* Aussteuer *f* | Dotierung *f*

dote [dəʊt] *vi* kindisch sein *od* werden, schwachsinnig sein *od* werden | schwärmen (**[up]on** für), vernarrt sein (**[up]on** in)

doth [dʌθ] *Poes 3. Pers sg präs* von ↑ [2]**do**

dot·ing ['dəʊtɪŋ] *adj* kindisch, schwachsinnig, senil | vernarrt, verliebt (**on** in) ⟨a ~ husband⟩ | (Baum u. ä.) kraftlos, saftlos

dot·ted ['dɒtɪd] *adj* punktiert, getüpfelt

dot·ter·el ['dɒtrəl] *s Zool* Regenpfeifer *m* | *dial* Gimpel *m*

dot·tle ['dɒtl] *s* Tabakrest *m* (in der Pfeife)

dot·ty ['dɒtɪ] *adj* punktiert, gepunktet, getüpfelt | *umg* schwach | *umg* verrückt, schwachsinnig

dou·ble ['dʌbl] **1.** *adj* doppelt, zweifach, zweimal so(viel, groß u. ä.), Doppel- ⟨~ the sum die doppelte Summe; to give a ~ knock zweimal klopfen; ~ width (Stoff) zweimal die Breite⟩ | zweiteilig, Doppel- ⟨~ windows⟩ | Doppel-, für zwei Personen ⟨~ bed⟩ | verdoppelt, verstärkt ⟨~ beer Starkbier *n*; a ~ advantage; a ~ purpose⟩ | *Bot* doppelt, gefüllt ⟨~ blossoms⟩ | *Mus* um eine Oktave tiefer, Kontra- | zweideutig ⟨a ~ meaning⟩ | falsch, unaufrichtig, heuchlerisch ⟨a ~ character⟩; **2.** *adv* doppelt ⟨to see ~ doppelt sehen; to cost ~ noch einmal soviel kosten⟩ | noch einmal | paarweise, zu zweit ⟨to sleep ~⟩ | falsch, zweideutig; **3.** *s* das Doppelte ⟨4 is the ~ of 2; ~ or quits alles oder nichts⟩ | Duplikat *n* | Gegenstück *n* | Doppelgänger *m* | Seitensprung *m*, Haken(schlag) *m* | *übertr* Trick *m* | *Film* Double *n* | (Alkohol) Doppelter *m* ⟨a ~ (Scotch)⟩ | Starkbier *n* | *Astr* Doppelstern *m* | (Rennsport) Zweierwette *f* ⟨daily ~⟩ | (Bridge) Doppeln *n*; Karte, die Doppeln ermöglicht | *Mil* Laufschritt *m* ⟨at the ~ im Laufschritt; *übertr* auf der Stelle⟩ ◇ **on the ~** *umg* schnell, rasch, zügig; **4.** *vt* verdoppeln, verzweifachen ⟨to ~ a sum⟩ | *auch* **~ back/up** falten, einschlagen, kniffen, umlegen, doppelt zusammenlegen ⟨to ~ the leaf of a book⟩ | *auch* **~ up** (Faust) ballen | Haken schlagen | umgehen, ausweichen (**s.th.** e-r Sache) | *Mar* umsegeln, umschiffen ⟨to ~ the Cape⟩ | *Mus* verdoppeln | *Film* (jmdn.) als Double vertreten | (Rolle) als Double spielen | *Sl* einquartieren (**with** bei); **~ down** umbiegen, umfalten; **~ in** einbiegen; **~ up**, *auch* **~ over** zusammenlegen, -falten | *übertr* zusammenkrümmen (**with** vor) | *übertr umg* erledigen, abtun; *vi* sich verdoppeln | einen Haken schlagen, schnell kehrtmachen | *Film* als Double spielen ⟨to ~ as the father für den Vater das Double abgeben⟩ | *Mil* im Laufschritt marschieren ⟨Quick march ~! im Laufschritt, marsch, marsch!⟩; **~ back** kehrtmachen und zurücklaufen (**to** zu); **~ up** sich falten, sich biegen, umschlagen | *auch* **~ over** *übertr* sich (zusammen)krümmen (**with** vor) ⟨to ~ up / over with pain/ laughter sich vor Schmerz winden *od* sich vor Lachen krümmen⟩ | zusammenklappen, -brechen | ein (Hotel-) Zimmer teilen | *umg* heiraten; ˌ**~-'bar·relled** *adj* doppelläufig, Doppel- ⟨≈ gun Doppelflinte *f*⟩ | *übertr umg* (Rede) zweischneidig, zweideutig | *Brit* (Name) Doppel-, zweiteilig (*z. B.* Armstrong-Jones); ˌ**~ 'bass** *s Mus* Kontrabass *m*; ˌ**~ 'beam** *s Arch* Doppelbalken *m*; ˌ**~-'bed·ded** *adj* Zweibett-; ˌ**~ 'bluff** *s* Doppeltrick *m*; ˌ**~-'breast·ed** *adj* (Anzug u. ä.) zweireihig; ˌ**~-'check** *vt* zweimal testen | (Schach) mit zwei Figuren gleichzeitig Schach bieten; ˌ**~ 'chin** *s* Doppelkinn *n*; ˌ**~ 'cross** *s Sl* Betrug *m*; ˌ**~-'cross** *vt Sl* betrügen, beschwindeln, anschmieren; ˌ**~-'cross·er** *s Sl* Betrüger *m*, Verräter *m*; ˌ**~ 'cur·ren·cy** *s Wirtsch* Doppelwährung *f*; ˌ**~ 'date** *s Am umg* Rendezvous *n* zweier Paare; ˌ**~ 'deal** *vi* betrügen, hinters Licht führen; ˌ**~-'deal·er** *s* Betrüger *m*; ˌ**~-'deal·ing** **1.** *adj* betrügerisch, falsch; **2.** *s* Betrug *m*, Falschheit *f*, Doppelzüngigkeit *f* ⟨to engage in ≈ doppeltes Spiel treiben⟩; ˌ**~-'deck·er** *s Mar* Doppeldecker *m* | *umg* Doppelstockbus *m*, -zug *m*; *umg Flugw* Doppeldecker *m*; ˌ**~-de'clutch** *vi* (beim Schalten) zweimal kuppeln; ˌ**~-'di·git** *adj Am* (Prozent) zweistellig ⟨≈ inflation zweistellige Inflationsrate⟩; ˌ**~ 'Dutch**, *auch* ˌ**~ 'dutch** *s umg* Kauderwelsch *n*; ˌ**~-'dyed** *adj* zweimal gefärbt | *übertr* mit allen Wassern gewaschen, eingefleischt, Erz- ⟨≈ villain Erzgauner *m*⟩; '**~ 'ea·gle** *s Her* Doppeladler *m*; ˌ**~-'edged** *adj* zweischneidig (*auch übertr*); **~ en·ten·dre** [ˌdu:blɒn'tɒndrə] *s* Doppelsinn *m*; Zweideutigkeit *f*; ˌ**~ 'en·try** *s* doppelte Buchführung; ˌ**~-'faced** *adj* falsch, heuchlerisch; ˌ**~ 'fault** *s* (Tennis) Doppelfehler *m*; ˌ**~ 'fea·ture** *s Film* Doppelprogramm *n*; ˌ**~ 'first** *s Brit* (Universität) (Absolvent mit) sehr gut in zwei Fächern *n(m)*; ˌ**~ 'fi·gure** *adj Brit* (Prozent) zweistellig ⟨≈ inflation zweistellige Prozentrate⟩; '~ˌ**gang·er** [~gæŋə] *s* Doppelgänger *m*; ˌ~-'**glaze** *vt* (Fenster) doppelt verglasen; ˌ~-'**heart·ed** *adj* falsch, unaufrichtig; ˌ~-'**joint·ed** *adj* mit Gummigelenken; ˌ~ '**march** *s Mil* Laufschritt *m*; '~-'**mean·ing** **1.** *adj* doppelsinnig; **2.** *s* Doppelsinn *m*; ˌ~-'**mind·ed** *adj* falsch, unaufrichtig | unentschlossen; ˌ~ '**nelson** *s Sport* Doppelnelson *m*; '~ ˌ**nick·el** *s Am Sl* Geschwindigkeitsbegrenzung *f* auf 55 Meilen (auf der Autobahn); ˌ~-'**park** *Kfz vt* durch falsches Parken blockieren; *vi* falsch parken, den Verkehr behindern; ˌ~-'**quick** **1.** *adv, adj* sehr schnell; **2.** *s Mil* Laufschritt *m*; **dou·bles** *s* (*pl* ~) (Tennis) Doppel *n* ⟨men's/women's/mixed ≈⟩; '~ '**salt** *s* Doppelsalz *n*; '~ '**star** *s Astr* Doppelstern *m*; '~-'**stop** *Mus* **1.** *s* Doppelgriff *m*; **2.** *vt* (ˌ~-'**stopped**, ˌ~-'**stopped**) Doppelgriffe nehmen auf; ˌ~ '**switch** *s Eisenb* Doppelweiche *f*

dou·blet ['dʌblət] *s Hist* Wams *n* | Dublette *f* | Paar *n* | *Ling* Dublette *f*, Doppelform *f*; '~**s** *s/pl* (Würfelspiel) Pasch *m*

dou·ble| take [ˌdʌbl 'teɪk] *bes Am umg s* Spätzündung *f* ⟨to do a ≈ *übertr* Spätzündung haben, erst stutzen⟩ | zweiter Blick; '~-**talk** *umg s* zweideutige Reden *f/pl* | *Pol* Propagandatrick *m*, -manöver *n*; '~ˌ**think** *s verächtl* Zwiedenken *n*, das eine sagen und das andere denken; ˌ~ '**thread** *s Tech* Doppelgewinde *n*; '~ **time** *s Mil* Eilschritt *m* | *umg* Laufen *n*, Rennen *n* | *umg* doppelter Lohn; '~-**time** *Mil vi, vt* im Eilschritt marschieren (lassen); ˌ~-'**tongued** *adj* falsch; ˌ~ '**tooth** *s* Backenzahn *m*; '~ '**track** *s Eisenb* Doppelgleis *n*; '**dou·bling** *s* Verdoppelung *f* | Ausweichen *n*, Seitensprung *m* | Kniff *m*, Winkelzug *m* | *Bot* Blütenfüllung *f*; '**doub·ly** *adv* (*vor adj*) doppelt, noch einmal so ... ⟨to be ≈ interesting⟩

dou·bloon [ˌdʌ'blu:n] *s Hist* Dublone *f*

doubt [daʊt] **1.** *vi* zweifeln (**of** an; **whether, if** ob; **that** daß) | zögern, schwanken, Bedenken haben; *vt* bezweifeln, in Zweifel ziehen ⟨to ~ the truth of a story⟩ | (jmdm.) mißtrauen ⟨to ~ s.o.'s words⟩; **2.** *s* Zweifel *m* (**about** über, **of** an, **that** daß) ⟨beyond [a] ~ / without ~ / beyond / past all ~ ohne Zweifel, ganz gewiß; in ~ im Zweifel; if in ~ im Zweifelsfalle; to be in ~ im Zweifel sein; to have no / not a ~ of nicht zweifeln an; to have no ~ that nicht zweifeln, daß; to leave s.o. in no ~ about s.th. jmdn. über etw. nicht im Zweifel lassen; to make no ~ keinen Zweifel hegen, sicher sein; no ~ bestimmt; *umg* wahrscheinlich; to throw ~ upon anzweifeln, Zweifel hegen gegenüber⟩ | Bedenken *n* (**about** wegen) ⟨to raise ~s Bedenken erregen⟩ | Ungewißheit *f* ⟨the matter is in ~ die Sache ist noch ungewiß; to give s.o. the benefit of the ~ im Zweifelsfalle von jmdm. das Beste annehmen⟩; '~**a·ble** *adj* fraglich; '~**ful** *adj* zweifelnd, unsicher, unschlüssig ⟨to be ≈ of / about s.th. an etw. zweifeln⟩ | zweifelhaft, ungewiß, unsicher ⟨a ≈ issue⟩ | fragwürdig, verdächtig ⟨a ≈ agent⟩ | dunkel, unklar ⟨a ≈ phrase⟩; '~**ing** *adj* zweifelnd, ungläubig ⟨≈ Thomas *scherzh* ungläubiger Thomas⟩; '~**less** **1.** *adv* sicherlich, zweifellos | *umg* wahrscheinlich; **2.** *adj arch* unzweifelhaft

douche [du:ʃ] **1.** *s* Dusche *f* (*auch übertr*) ⟨like a cold ~ *umg* wie eine kalte Dusche⟩ | Duschbad *n*; **2.** *vt* (jmdn.) duschen; *vi* sich duschen

dough [dəʊ] **1.** *s* Teig *m* | *Am Sl* Moneten *pl*, Kies *m*, Geld *n* ⟨to make ~ Geld machen⟩; **2.** *vt* zu Teig kneten; ~ **in** (Brauerei) einmaischen; *vi* einen Teig herstellen; '~**boy** *s Brit* Kloß *m* | *Am Sl* Landser *m*; '~ **day** *s Am Sl* Zahltag *m*; '~**nut** *s* Krapfen *m*, Pfannkuchen *m*

dough·ty ['daʊtɪ] *adj, arch, oft scherzh* wacker, tapfer

dough·y ['dəʊɪ] *adj* teigig, weich | nicht durchgebacken | *übertr* bleich, wächsern ⟨a ~ complexion⟩

dour [dʊə] *adj* mürrisch, finster ⟨~ looks; ~ silence⟩ | *Schott* streng, ernst | *Schott* hartnäckig, stur

douse [daʊs] **1.** *vt* (etw.) begießen (**with** mit) | in Wasser tauchen | *umg* auslöschen ⟨to ~ the light⟩ | (ein Segel) laufen lassen; *vi* ins Wasser fallen, eingetaucht werden; **2.** *s dial* Schlag *m* | *dial* Eintauchen *n*

dove [dʌv] *s* Taube *f* ⟨turtle ~ Turteltaube *f*; ~ of peace Friedenstaube *f*; as gentle as a ~ ganz zärtlich *od* sanft⟩ | *übertr* Täubchen *n*, Liebling *m* | *Pol* Taube *f*, verständigungsbereiter Politiker (*Ant* hawk) | ≈ *Rel* Heiliger Geist; '~ˌ-**col·oured** *adj* taubengrau; ~**cot[e]** ['-kəʊt|-kɒt] *s* Taubenschlag *m* ⟨to flutter the ≈s *übertr scherzh* selbstzufriedene Leute aufschrecken, ein Spießbürgerschreck sein⟩; '~-**eyed** *adj* sanftäugig; '~'**s-foot** *s Bot* Storchschnabel *m*; '~**tail** **1.** *s* taubenschwanzförmiger Gegenstand | *Arch* Schwalbenschwanz *m*; **2.** *adj* schwalbenschwanzförmig ⟨a ≈ plane⟩; **3.** *vt Arch* durch Schwalbenschwanz verbinden, verzinken | einfügen, eingliedern (**into** in) | *übertr* fest verbinden; *vi* genau passen (**into** in) | *übertr* fest verbunden sein (**with** mit), ergänzen (**with** einander), genau passen (**with** zu); '~**tailed** *adj* schwalbenschwanzförmig; **do·vish,** *auch* **dove·ish** ['dʌvɪʃ] *adj Pol* verhandlungsbereiter Politiker (*Ant* hawkish)

dow·a·ger ['daʊɪdʒə] *s Brit Jur* Witwe *f* (aus vornehmen Stand) ⟨queen ~ Königinwitwe *f*⟩ | *umg* würdevolle ältere Dame

dow·dy ['daʊdɪ] *verächtl* **1.** *adj* schlampig, nachlässig ⟨~ clothes⟩ | unmodern ⟨a ~ dress⟩ | schlampig, schäbig gekleidet ⟨a ~ person⟩; **2.** *s* Schlampe *f*, schlampige Frau; '~**ish** *adj* schlampig

dow|el ['daʊl] *Tech* **1.** *s* Dübel *m*, Holzpflock *m* | Zapfen *m*; **2.** *vt* ('~**elled**, '~**elled**) verdübeln

dow·er ['daʊə] **1.** *s Jur* Wittum *n*, Witwengedinge *n* | *lit* Mitgift *f* | *lit* (natürliche) Gabe, Talent *n*; **2.** *förml, lit vt* mit einer Mitgift ausstatten | *übertr* ausstatten (**with** mit)

dow·las ['daʊləs] *s* Dowlas *n*, grobe Leinwand

[1]**down** [daʊn] *s* Daune *f*, Flaumfeder *f*

[2]**down** [daʊn] *s* Düne *f* | offenes, höher gelegenes Land

[3]**down** [daʊn] **1.** *adv* nieder, nach unten, her-, hinab, herunter ⟨~ to herab zu, bis zu; ~ with the king! nieder mit dem König!; up and ~ auf und ab, auf und nieder, hinauf und hinunter; ~ and out kampfunfähig; *übertr* erledigt; ~ to the ground *umg* ganz und gar, vollständig; to be ~ on s.o. *umg übertr* jmdn. nicht ausstehen können; *umg* jmdn. erkannt haben; to come ~ herunterkommen, aufgestanden sein; to go ~ (Sonne u. ä.) untergehen, sinken; (Nahrung) verspeist werden, herunterrutschen; that won't go ~ with me *übertr* das sehe ich nicht ein, das glaube ich nicht; to knock ~ niederschlagen; to lie ~ niederlegen⟩ | stromabwärts | nach Süden, südwärts ⟨~ to London; ~ under *Brit umg* nach Australien *od* Neuseeland⟩ | *Brit* von London *od* einer Universität weg ⟨to send s.o. ~ jmdn. relegieren⟩ | zur Küste hin(unter) | *bes Am* zu einer größeren Stadt hin | an Stärke, Größe u. ä. abnehmend ⟨the fire is burning ~⟩ | von früherer Zeit her ⟨~ to date bis auf den heutigen Tag, modern⟩ | dünner, schwächer, kleiner, kürzer ⟨to boil s.th. ~ etw. abkochen; to water s.th. ~ etw. verwässern; to wear s.th. ~ etw. abtragen; to get s.th. ~ to etw. kürzen auf⟩ | sauber ⟨to wash (hose) the car ~ das Auto sauber waschen (spritzen)⟩ | ernsthaft ⟨to get ~ to work sich ernsthaft an die Arbeit machen⟩ | in niedrigem Rang, von geringerer Sorte u. ä. ⟨~ to the last soldier⟩ | heruntergekommen ⟨to have come ~ in the world einmal bessere Tage gesehen haben⟩ | bettlägerig, im Bett (**with** wegen) ⟨to be ~ with darniederliegen mit⟩ | niedergeschlagen, am Ende, down, deprimiert | *Wirtsch* bar ⟨to pay ~ in bar bezahlen⟩ ◇ ~ **to the ground** *umg* vollkommen, völlig ⟨that suits me ≈ das paßt mir haargenau⟩; **2.** *adj* unten, am Bo-

den | (Sonne) untergegangen | nach unten *od* abwärts gerichtet, Abwärts- ⟨the road ~; the ~ stairs⟩ | (Feuer) heruntergebrannt | niedergeschlagen, deprimiert ⟨to feel ~⟩ | *Wirtsch* (Preis) gesunken, gefallen | *Brit* von London wegfahrend ⟨~ platform Abfahrtsbahnsteig *m*; ~ train der Zug aus London⟩ | *Am* nach einer größeren Stadt hin | *Am* zur Stadtmitte | *Sport* in Rückstand (**by** mit, um) ◇ ~ **for** (an)gemeldet für; ~ **on** *umg* abgeneigt gegen, verstimmt über; **3.** *präp* hin-, herab, hin-, herunter ⟨~ by the riverside am Fluß entlang; ~ the wind mit dem Wind; ~ the river flußabwärts; ~ town in die Stadt⟩ | (Zeit) durch ..., hindurch ⟨~ the ages durch die Jahrhunderte⟩; **4.** *s* Abstieg *m* ⟨the ups and ~s of life die Wechselfälle *m/pl* des Lebens⟩ | (amerikanischer Fußball) Angriffsaktion *f* ◇ **have a ~ on s.o.** *umg* jmdn. nicht ausstehen können; **5.** *vt umg* (jmdn.) niederwerfen, -schlagen, fertigmachen (*auch übertr*) | herunterholen | niederlegen ⟨to ~ tools *Brit* streiken⟩ | (Bier u. ä.) hinunterstürzen ⟨to ~ a glass of whisky⟩; **6.** *präf (vor v)* nieder-, herunter-, ab- (z. B. **~grade**) | (*vor s*) -herab, -unter, hinab, -unter (z.B. **~hill**) ˌ**~-and-ˈout 1.** *adj* (Person) erledigt, restlos fertig | *übertr* heruntergekommen; **2.** *s* (*pl* **~-and-outs**) (Person) Wrack *n*, Abgebrannte(r) *f(m)*, heruntergekommener Mensch; ˌ**~-at-ˈheel** *adj* (Schuh) abgetreten, abgelaufen | (Person) abgerissen, schäbig; ˈ**~beat 1.** *s Mus* erster Schlag (eines Taktes) | Niederschlag *m* (beim Dirigieren) | *übertr* Rückgang *m*, Flaute *f*; **2.** *adj Am* traurig, pessimistisch; ˈ**~cast 1.** *adj* (Person) niedergeschlagen, deprimiert, entmutigt | (Augen) niedergeschlagen, gesenkt; **2.** *s* niedergeschlagener Blick *m*; ˈ**~ˌcy·cle** *s Wirtsch* Abschwung *m*; **~draught** [ˈdaʊndrɑ:ft] *s Tech* Abwind *m*; ˈ**~er** *umg s Med* Dämpfungsmittel *n* | trübe Erfahrung *f*, Dämpfer *m* | deprimierter Mensch; ˈ**~fall** *s* (Herab-)Fallen *n*, Einsturz *m* | *übertr* Fall *m*, Niedergang *m*, Ruin *m* | (heftiger) Regen, Schauer *m*; ˈ**~ˌfall·en** *adj* herabgefallen, -gestürzt | *übertr* gefallen, gestürzt; ˈ**~grade 1.** *s* Gefälle *n* | *übertr* Verfall *m*, Niedergang *m*; **2.** *vt* herabsetzen, degradieren | *Mil* die Geheimhaltungsstufe herabsetzen von; ˌ**~ˈheart·ed** *adj* niedergeschlagen, deprimiert; ˈ**~hill 1.** *adj* abschüssig ⟨a ≈ road; ≈ race (Ski-) Abfahrtslauf *m*⟩ | *übertr* (kinder)leicht ⟨the rest is ≈⟩; **2.** *adv* nach unten, abwärts, bergab (*auch übertr*); **3.** *s* Abhang *m* ⟨the ≈ of life *übertr* die absteigende Lebenshälfte⟩; ˈ**~ˌhill·er** *s Sport* Abfahrtsläufer(in) *m(f)*

Down·ing Street [ˈdaʊnɪŋ stri:t] *s* Downing Street *f* (in London) | *übertr* Britische Regierung *f*, Kabinett *n*

down|-lead [ˈdaʊnli:d] *s El* Niederführung *f*; ˌ**~-ˈmar·ket 1.** *adj Brit* billig, qualitativ zweitrangig (*auch übertr*) ⟨≈ imports⟩; **2.** *adv* minderwertig ⟨to go ≈ schlecht werden⟩; ˈ**~most** *adj, adv* (zu)unterst; ˈ**~ ˌpay·ment** *s Wirtsch* Barzahlung *f*; ˈ**~pour** *s* Regenguß *m*, Platzregen *m* (*auch übertr*) ⟨to be caught in a ≈ von einem Platzregen überrascht werden⟩; ˈ**~right** *umg* **1.** *adj* offen, ehrlich, gerade ⟨a ≈ answer eine ehrliche Antwort; in a ≈ manner auf ehrliche Art⟩ | richtig, völlig ⟨a ≈ lie eine glatte Lüge; ≈ nonsense völliger Unsinn⟩; **2.** *adv* ausgesprochen, gehörig, gänzlich, durch und durch ⟨≈ lovely; ≈ stupid⟩ | offen, geradeheraus (to go ≈ to one's task sich geradewegs an seine Arbeit machen⟩; ˈ**~size** *vt Am* (Auto) kleiner bauen; ˈ**~stage 1.** *adv Theat* zum *od* im Vordergrund der Bühne (≈ right auf der Bühne vorn rechts⟩; **2.** *adj* im Vordergrund der Bühne (befindlich *od* sich ereignend) ⟨≈ action⟩; ˈ**~stairs 1.** *adv* unten; die Treppe hinunter ⟨to come ≈⟩| im unteren Stockwerk ⟨to be ≈⟩; **2.** *oft* ˈ**~stair** *adj* unten (im Haus) befindlich, im unteren Stockwerk gelegen ⟨the ≈ part⟩; **3.** *s* unteres Stockwerk *n* ⟨the ≈ is cold⟩; ˈ**~stream 1.** *adv* stromabwärts, nach der Flußmündung zu; **2.** *adj* stromabwärts gelegen; ˈ**~ stroke** *s Tech* Abwärtshub *m*; ˌ**~-to-ˈearth** *adj* realistisch, praktisch ⟨≈ plan⟩; ˌ**~ˈtown** *bes Am* **1.** *adv* im Geschäftsviertel *od* in der Innenstadt gelegen ⟨≈ streets⟩ | Geschäfts-, City- | im Geschäftsviertel tätig ⟨a ≈ shopgirl⟩; **2.** *s* Geschäftsviertel *n*, Stadtmitte *f*; ˈ**~ˌtrod[den]** *adj lit* unterdrückt | mißhandelt; ˈ**~ward 1.** *adj* abwärts-, nach unten gerichtet, sich neigend, absteigend, Abwärts- (*auch übertr*) ⟨≈ movement; the ≈ path to ruin⟩; **2.** *auch* ˈ**~wards** *adv* herab, nach unten, abwärts ⟨his head was hanging ≈ sein Kopf hing nach unten⟩ | (Zeit) von ... an ⟨≈ from the eighteenth century vom 18. Jahrhundert an⟩ | stromabwärts | *übertr* bergab, abwärts ⟨he went ≈ in life mit ihm ging es bergab⟩; ˈ**~wind 1.** *Flugw* Fallwind *m*; **2.** *adj, adv* mit dem Wind, windwärts, windwärtig

[1]**down·y** [ˈdaʊnɪ] *adj* flaumig | Daunen- | *übertr* weich, sanft | *Sl* schlau, gerissen

[2]**down·y** [ˈdaʊnɪ] *adj* hügelig, sanft gewellt

dow·ry [ˈdaʊərɪ] *s* Mitgift *f* | *übertr* Talent *n*, Gabe *f*

[1]**dowse** [daʊs] = **douse**

[2]**dowse** [daʊz] *vi* mit der Wünschelrute suchen (**for** nach); ˈ**dows·er** *s* Wünschelrute *f* | Rutengänger *m*; ˈ**dows·ing rod** *s* Wünschelrute *f*

dox·ol·o·gy [dɒksˈɒlədʒɪ] *s* liturgische Hymne (zur Lobpreisung Gottes)

[1]**dox·y** [ˈdɒksɪ] *s* (*Kurzw von* **orthodoxy**) *umg, scherzh* Meinung *f* (über etw. Religiöses)

[2]**dox·y** [ˈdɒksɪ] *s umg* Flittchen *n*, Nuttchen *n* | *arch* Freundin *f*, Mätresse *f* | *dial* Geliebte *f*, Schatz *m*

doy|en [ˈdɔɪən] *s* Doyen *m*, Sprecher *m* (des diplomatischen Korps); **~enne** [dɔɪˈen] *s* Doyenne *f*, Sprecherin *f*

doy·l[e]y [ˈdɔɪlɪ] = **doily**

doze [dəʊz] **1.** *vi* dösen, schlummern; ~ **off** eindösen; *vt, oft* ~ **away** (Zeit) verdösen; **2.** *s* Dösen *n*, Schlummer *m*

doz·en [ˈdʌzn] *s* (*pl* ~ nach Zahlwörtern u. ä.) Dutzend *n* ⟨two ~ zwei Dutzend; several ~ mehrere Dutzend; some ~s Dutzende; by the ~ / in ~s zu Dutzenden, dutzendweise; ~s and ~s *umg* dutzend und aberdutzend; ~s of times dutzendmal, oft; to talk nineteen to the ~ *Brit übertr* das Blaue vom Himmel herunterschwatzen⟩

doz·y [ˈdəʊzɪ] *adj* schläfrig, träge ⟨a ~ boy⟩ | faul, verfault ⟨~ fruit⟩ | *Brit umg* dämlich, dumm

D Phil [ˌdi:ˈfɪl] *s* Dr. phil. *m(f)*

Dr *Abk* Dr.

[1]**drab** [dræb] **1.** *s* Gelbbraun *n* | gelbbraunes Tuch | *übertr* Eintönigkeit *f*; **2.** *adj* gelb-, graubraun, schmutzfarben | *übertr* eintönig, düster, monoton ⟨a ~ existence⟩

[2]**drab** [dræb] *arch verächtl* **1.** *s* Schlampe *f* | Dirne *f*, Prostituierte *f*; **2.** *vi* (**drabbed, drabbed**) (herum)huren, sich mit Dirnen einlassen

drab·bet [ˈdræbɪt] *s Brit* grobes Leinen

drab·ble [ˈdræbl] *vt* beschmutzen ⟨to ~ a coat⟩; *vi* naß und schmutzig werden | (im Schmutz) waten, gehen (**through** durch)

drabs [dræbz] ↑ **dribs**

drachm [dræm] *s* Dram *n* (3,888 g Apothekergewicht, 1,772 g Handelsgewicht) | Quentchen *n* | = **drach·ma** [ˈdrækmə] *s* (*pl* ˈ**drach·mas, drach·mae** [-i:], **drach·mai** [-maɪ]) *s* Drachme *f*

dra|co·ni·an [drəˈkəʊnɪən], *auch* **~co·ni·an, ~con·ic** [-ˈkɒnɪk], *auch* **~con·ic** *adj* drakonisch, hart, streng ⟨≈ laws⟩

draff [dræf] *s* Bodensatz *m*, Biertreber *pl* | *übertr* Unrat *m*; ˈ**~y** *adj* Abfall- | *übertr* wertlos

draft [drɑ:ft] **1.** *s* Konzept *n*, Entwurf *m*, Skizze *f* ⟨a ~ for a speech; a ~ for a bill Gesetzesentwurf *m*⟩ | *Wirtsch* Tratte *f*, Wechsel *m* ⟨~ at sight Sichtwechsel *m*; to make out a ~ on s.o. auf jmdn. einen Wechsel ziehen⟩ | *übertr* Inanspruchnahme *f* ⟨a ~ upon one's patience eine Geduldsprobe; to make a ~ on s.o.'s friendship jmds. Freundschaft in Anspruch nehmen⟩ | *Mil* Nachschub *m* | *Mil* Abordnung *f*, Abkommandierung *f* | *Am Mil* Wehrpflicht *f* | *Am Mil* Rekruten *m/pl* | *Am* Windzug *m*; **2.** *vt* entwerfen, abfassen ⟨to ~ a bill eine Gesetzesvorlage einbringen⟩ | (Vertrag u. ä.) aufsetzen | *Mil* abordnen, abkommandieren | *Am Mil* ausheben (**into** in); **'~ board** *s Am* Wehrdienstkommando *n*; **'~ call** *s Am Mil* Einberufung *f*; **ˌ~ ˌcon·sti'tu·tion** *s* Verfassungsentwurf *m*; **~ee** [draf'ti:] *s Am* Wehrdienstpflichtiger *m*; **'~ing** *s* Entwurf *m*, Abfassung *f*; **'~s·man** *s* (technischer) Zeichner | (Urkunden) Entwerfer *m* | für eine Gesetzesvorlage Verantwortlicher *m*; **ˌ~ 'treat·y** *s* Vertragsentwurf *m*

drag [dræg] **1.** *s Tech* Blockwagen *m* | *auch* **'~net** Schleppnetz *n*, Dregge *f* | Schleppseil *n* | *Tech* Baggerschaufel *f* | *Tech* Bremse *f*, Hemmschuh *m* | *Landw* schwere Egge | *übertr* Hindernis *n*, Hemmschuh *m* (**[up]on** für), Widerstand *m* | schleppende Bewegung | *Sl* etw. Schleppendes *od* Langweiliges ⟨the party was a ~ die Party war stinklangweilig⟩ | (Wild-) Fährte *f*, Witterung *f* | *auch* **'~ hunt** Schleppjagd *f* | *Am Sl* Einfluß *m* (**with** auf) | *Sl* Zug *m* (aus der Zigarette); Paffer *m* | *Sl* (von einem Mann getragene) Frauenkleider *n/pl* ⟨in ~ in Fummel⟩; **2.** (**dragged, dragged**) *vt* schleifen, schleppen, zerren, ziehen ⟨to ~ one's feet / heels mit den Füßen schlurfen *od* schlurren; *übertr* sich Zeit nehmen; alles verschleppen; to ~ o.s. along sich dahinschleppen; to ~ the anchor den Anker schleppen, vor Anker treiben⟩ | *Landw* eggen | mit einem Schleppnetz absuchen ⟨to ~ the river⟩ | ausbaggern | *übertr* (jmdn.) hineinziehen (**into** in) | *übertr* absuchen ⟨to ~ one's brains for an answer sich den Kopf nach einer Antwort zerbrechen⟩ | *Mus* (Tempo) verlangsamen; **~ down** (jmdn.) schlapp *od* müde machen | (sozial) sinken lassen; **~ in** *bes übertr* (etw.) anbringen, hineinziehen; **~ on** hin-, verschleppen; **~ out** hinschleppen, ausdehnen | (Wahrheit u. ä.) herauskriegen, herausquetschen ⟨to ~ the truth out of the man⟩; **~ up** *Brit umg* (Kind) unsanft *od* ohne Fürsorge erziehen | (einem Kind) keine (guten) Manieren beibringen | (Thema u. ä.) hervorkramen, aufs Tapet bringen; *vi* schleppen, schleifen, zerren, ziehen | geschleppt werden | *übertr* (Zeit, Arbeit, Unterhaltung) sich (dahin)schleppen, langweilig werden | *Mus* nachklappen, zu langsam spielen; **~ on** sich (dahin)schleppen; **'~ ˌan·chor** *s* Treib-, Schleppanker *m*; **'~bar** *s Eisenb* Kuppelstange *f*; **'~ chain** *s* Hemmkette *f* | *übertr* Hindernis *n* (**upon** für); **'~ging 1.** *adj* schleppend, schleifend, zerrend, ziehend ⟨≈ pains ziehende Schmerzen⟩ | *übertr* langweilig; **2.** *s* etwas Langweiliges

drag|gle [drægl] *vt* durch Schmutz *od* nasses Gras schleifen | beschmutzen; *vi* im Schmutz geschleift werden | (nach)schleifen | langsam nachfolgen, nachhinken | zurückbleiben; **'~gled** = **~gly**; **'~gle·tail** *s* schmutziges Frauenzimmer, Schlampe *f*; **'~gle·tailed** *adj* schmutzig, schlampig; **'drag·gly** *adj* beschmutzt, unsauber

drag|line ['dræglaɪn] *s Tech* Schleppkette *f*, -seil *n* | *auch* **ˌ-line 'excavator** *Tech* Dragline *m*, Schaufelbagger *m*, Schrapper *m* | *Flugw* Schleppseil *n*; **'~ link** *s Tech* Führungsstange *f*

drag·o|man ['drægəmən|-gəʊ-] *s* (*pl* **~mans, ~men**) Dragoman *m*, Führer *m*, Dolmetscher *m*

drag·on ['drægən] *s Myth* Drache *m* | *übertr* Untier *n* ⟨the old ~ der Satan⟩ | *auch* **flying ~** *Zool* Fliegender Drache | *Astr* Drache *m* | *übertr* Drache *m*, böses Weib | *übertr* Drache *m*, Anstandsdame *f*; **~et** ['~ɪt] *s* Spinnenfisch *m*; **'~fly** *s* Libelle *f*, Wasserjungfer *f*; **'~head** *s Bot* Drachenkopf *m*; **'~ish** *adj* drachenartig; **'~ plant** *s Bot* Drachenbaum *m*; **ˌ~'s 'blood** *s Bot* Drachenblut *n*; **ˌ~'s 'teeth**, *auch* **ˌ~ 'teeth** *s/pl Mil* Panzerhöcker *m* | *übertr* Drachensaat *f*, Zank *m*, Uneinigkeit *f* ⟨to sow ≈⟩; **'~ tree** *s Bot* Drachenbaum *m*

dra·goon [drə'gu:n] **1.** *s Mil* Dragoner *m* | roher Kerl; **2.** *vt Mil* durch Dragoner *od* Truppen verfolgen *od* unterdrükken | (jmdn.) schinden | (jmdn.) zwingen (**into** zu) ⟨to ~ s.o. into working⟩

drag| rope ['dræg ˌrəʊp] *s* Schlepp-, Zugseil *n*; **'~ spring** *s* Sperrfeder *f*

drags·ville ['drægzvɪl] *s Am Sl* etw. Langweiliges ⟨that's just ~ das ist viel zu langweilig⟩

drain [dreɪn] **1.** *vt* (Flüssigkeit) abfließen lassen, ableiten | trockenlegen, dränieren, entwässern ⟨to ~ land⟩ | austrocknen lassen | (Glas u. ä.) austrinken, leeren | filtrieren | *übertr* erschöpfen, aufbrauchen ⟨to ~ s.o.'s energy⟩ | *übertr* berauben ⟨to ~ a country of its wealth⟩ ◇ **~ the cup** *lit* den (bitteren) Becher bis zur Neige leeren, alles bis zu Ende durchstehen; **~ away/off** abziehen, ab-, wegleiten; *vi*, *auch* **~ away/off** (langsam) ab-, wegfließen | *übertr* (Leben) dahinschwinden | sickern (**into** in, **through** durch) | leerlaufen | entwässert werden | austrocknen | (Geschirr) trocknen; **2.** *s* Abfließen *n* | Entwässern *n* | Austrocknen *n* | Ablaß-, Abzugskanal *m* | Rinne *f*, Gosse *f*, Entwässerungsgraben *m* | *übertr* Abfluß *m* ⟨foreign ~ Kapitalabwanderung *f*⟩ | *übertr* Inanspruchnahme *f*, Belastung *f* (**on** für), Schwächung *f*, Verlust *m* (**on s.th.** e-r Sache) ⟨a great ~ on one's purse eine schwere finanzielle Belastung⟩ | *umg* Schlückchen *n* ◇ **down the ~** *umg* dahin, vergeudet, verplempert; **laugh like a ~** *Brit Sl* sich vor Lachen ausschütten; **'~a·ble** *adj* entwässerbar; **'~age** *s* Dränage *f*, Trockenlegung *f*, Entwässerung *f* | Kanalisation *f* | Entwässerungsanlage *f* | Abwasser *n*; **'~age ˌba·sin** *s Geogr* (Strom-) Einzugsgebiet *n*; **ˌ~ 'dry** *vt* abtrocknen lassen | *übertr* auslaugen ⟨to feel ~ed dry⟩; *vi* abtrocknen, abtropfen, austropfen; **'~er** *s* Ableiter *m* | *auch* **'~ing board** Abtropfbrett *n*, -schale *f*; **'~ing ˌen·gine** *s* Dräniermaschine *f*; **'~less** *adj* nicht entwässerbar | *Poes* unerschöpflich; **'~ pipe** *s* Abflußrohr *n*; **'~s** *s/pl* Kanalisation *f*

[1]**drake** [dreɪk] *s arch* Drache *m* | *Hist Mil* Feldschlange *f* | *auch* **'~ fly** (Angeln) Fliege *f*, Köder *m*

[2]**drake** [dreɪk] *s* Enterich *m*, Erpel *m*

dram [dræm] **1.** *s* = **drachm** | Schluck *m* Alkohol ⟨to be fond of a ~ gern einen Schluck trinken⟩; **2.** (**drammed, drammed**) *vi* (Alkohol) trinken; *vt* (jmdm.) Alkohol geben

dra|ma ['drɑ:mə] *s* Drama *n*, Schauspiel *n* (*auch übertr*) | Dramatik *f* | Schauspielkunst *f* ⟨a student of ≈⟩; **~mat·ic** [drə'mætɪk], *selten* **~'mat·i·cal** *adj* dramatisch, Dramen-, Theater-, Schauspiel- ⟨≈ rights Bühnenrechte *n/pl*⟩ | bühnenfähig | *übertr* spannend, handlungsreich ⟨a ≈ story⟩ | aufregend, auffallend ⟨a ≈ woman⟩; **~'mat·ics** *s/pl* (*sg konstr*) Theaterwissenschaft *f* | (*pl konstr*) Werke *n/pl*, dramatische Darbietungen *f/pl* ⟨amateur ≈⟩ | Theatralik *f*; **dram·a·tis per·so·nae** [ˌdræmətɪs pɜ:'səʊnaɪ|pə'səʊni:] *Theat s/pl* Darsteller *m/pl*, Personen (e-s Stückes) *f/pl*; **dram·a·tist** ['dræmətɪst|'drɑ:m-] *s* Dramatiker *m*, Bühnenschriftsteller *m*; **dram·a·ti·za·tion** [ˌdræmətaɪ'zeɪʃn|ˌdrɑ:m-] *s* Dramatisierung *f*; **dram·a·tize** ['dræmətaɪz] *vt* dramatisieren (*auch übertr*); **dram·a·turge** ['dræmətɜ:dʒ] = **dramaturgist**; **ˌdram·a'tur·gic, ˌdram·a'tur·gi·cal** *adj* dramaturgisch | Theater-; **'dram·a·tur·gist** *s* Dramaturg *m* | Dramatiker *m*; **'dram·a·tur·gy** *s* Dramaturgie *f*

drank [dræŋk] *prät von* ↑ **drink**

drape [dreɪp] **1.** *vt* drapieren, (mit Stoff, Fahnen u. ä.) schmücken, behängen ⟨to ~ curtains over a window; to ~ a building⟩ | in Falten legen ⟨to ~ a dress⟩; *vi* drapieren;

2. *s* (*meist sg*) Faltenwurf *m*, Arrangement *n* ⟨a beautiful ~⟩ | (Kleidung) Schnitt *m*, Paßform *f* ⟨a fashionable ~⟩ | *bes Am* Draperie *f*, Vorhang *m*, Behang *m*; **'drap·er** *s* Tuchhändler *m*, Textilkaufmann *m*; **'dra·per·y 1.** *s* Draperie *f* | Drapierung *f*, Faltenwurf *m* | Tuch *n*, Stoff *m*; **2.** *adj* Stoff-, Textil- ⟨a ≈ business Textilgeschäft *n*, Textilhandel *m*⟩

dras·tic [dræstɪk] *adj Med* drastisch, kräftig wirkend ⟨a ~ medicine⟩ | energisch, gründlich, durchgreifend ⟨~ measures⟩

drat [dræt] *vt umg euphem* (*meist imp*) verfluchen ⟨~ it all! verflixt!; ~ that man! verflixter Kerl!⟩; **'~ted** *adj umg* verdammt!

draught, *Am meist* **draft** [drɑ:ft] *s* (Luft) Zug *m* ⟨there's a ~ es zieht; to sit in a ~ im Zug sitzen⟩ | (Ofen-, Schornstein) Zug *m* | Schluck *m*, Zug *m* ⟨at a ~ mit einem Schluck, auf einen Zug; a ~ of beer ein Schluck *m* Bier⟩ | *lit* Trunk *m*, Arzneitrank *m* ⟨a sleeping ~ ein Schlaftrunk *m*⟩ | *Mar* Tiefgang *m*, Tauchung *f* | Abziehen *n* (aus einem Faß) ⟨beer on ~ Bier *n* vom Faß⟩ | *in Zus* Zug- ⟨~ horse Zugpferd *n*⟩ | = **draughtsman**; **'~board** *s* Damebrett *n*; **draughts** *s/pl* (*sg konstr*) Dame(spiel) *n*; **'draughtsman** *s* (*pl* **draughtsmen**) Damestein *m*; **'draughty,** *Am* **'drafty** *s* zugig ⟨a ≈ room⟩

draw [drɔ:] **1.** (**drew** [dru:], **drawn** [drɔ:n]) *vt* ziehen, zerren, auf-, zuziehen ⟨to ~ a curtain; to ~ the blinds die Jalousien hoch- *od* runterziehen⟩ | anziehen, spannen ⟨to ~ the rein die Zügel anziehen⟩ | fort-, wegziehen ⟨to ~ s.o. aside jmdn. beiseite nehmen; to ~ one's thoughts from s.th. seine Gedanken von etw. ablenken⟩ | einziehen, inhalieren ⟨to ~ breath Atem holen⟩ | (ein)saugen ⟨to ~ blood⟩ | weg-, herunterziehen ⟨to ~ the cloth das Tischtuch wegnehmen, abräumen⟩ | *Mar* Tiefgang haben von ⟨to ~ 6 feet⟩ | aus-, herunterziehen, extrahieren ⟨to ~ a tooth⟩ | ziehen, zücken ⟨to ~ the sword das Schwert ziehen; *übertr* Krieg erklären⟩ | ausdärmen, ausnehmen ⟨to ~ a chicken⟩ | *Kart* ziehen, abheben ⟨to ~ trumps Trümpfe bekommen⟩ | *Tech* ziehen, walzen | *Sport* (Spiel u. ä.) unentschieden beenden | (Flüssigkeit) schöpfen, abzapfen | (Los) ziehen | (durch Los) gewinnen ⟨to ~ a prize; to ~ a blank eine Niete ziehen⟩ | (Lohn) beziehen, empfangen ⟨to ~ one's salary⟩ | (Geld) abheben ⟨to ~ money from a bank⟩ | (Ware u. ä.) beziehen | (ein)bringen ⟨to ~ interest Zinsen abwerfen⟩ | *übertr* herleiten ⟨to ~ a moral from s.th. aus etw. die Moral ziehen⟩ | *übertr* anziehen, anlocken ⟨to ~ a crowd eine Menge anlocken; to ~ s.o.'s attention to jmds. Aufmerksamkeit lenken auf⟩ | (jmdn.) überreden (**[in]to** zu, **to** *mit inf* zu *mit inf*) | (Nachricht, Geheimnis u. ä.) herausholen (**from s.o.** aus jmdm.), entlocken (**from s.o.** jmdm.) ⟨to ~ applause Beifall hervorrufen; to ~ tears from s.o. jmdm. Tränen entlocken⟩ | (Linie) ziehen, zeichnen, (Bild) entwerfen ⟨to ~ a picture⟩ | *übertr* ziehen, ansetzen, machen ⟨to ~ a line / distinction between einen Unterschied machen zwischen; to ~ a parallel between eine Parallele ziehen zu; to ~ the line at s.th. etw. nicht mitmachen⟩ | schildern, darstellen ⟨to ~ a character⟩ | (Schriftstück) abfassen, formulieren | *Wirtsch* (Wechsel u. ä.) ausstellen ⟨to ~ a bill of exchange on s.o. auf jmdn. einen Wechsel ziehen; to ~ a cheque on a bank einen Scheck auf eine Bank ausstellen⟩; **~ away** fort-, wegziehen | (Gedanken u. ä.) ablenken (**from** von); **~ back** zurückziehen; **~ down** herunterziehen | (Unheil u. ä.) heraufbeschwören ⟨ to ≈ blame on s.o. jmdm. mit Schande beflecken⟩; **~ forth** hervorziehen | *übertr* heraus-, entlokken; **~ in** (Luft) einziehen; **~ into** hineinziehen, verwikkeln; **~ off** abziehen | abzapfen | *förml* ausziehen | *übertr* (Gedanken u. ä.) ablenken; **~ on** *förml* (Kleid) anziehen, überziehen | anziehen, anlocken (**with** mit) | herbeiführen, veranlassen; **~ out** (hin)ausziehen, in die Länge ziehen (to ≈ a wire; to ≈ a speech⟩ | (Geld) abheben (**of** von) | entlocken (**of** aus) ⟨to ~ a story out of s.o.⟩ | *übertr* (jmdn.) ermuntern, ins Gespräch ziehen | *übertr* zur Entfaltung bringen, entwickeln ⟨to ≈ s.o.'s best qualities⟩ | *übertr* entwerfen, skizzieren ⟨to ≈ a plan⟩ | *Mil* detachieren, aufstellen; **~ together** zusammenziehen; **~ up** (hin)aufziehen | aufrichten ⟨to ~ o.s. up⟩ | (*meist pass*) *Mil* (Truppen) aufstellen | aufsetzen, ab-, verfassen ⟨to ≈ a document⟩;
vi ziehen ⟨the horse ~s well⟩ | (Waffe) ziehen, richten (**on** auf) | bedrohen (**on s.o.** jmdn.) | (Tee) ziehen | (Kamin) ziehen | zeichnen ⟨he ~s well⟩ | *übertr* ziehen, Anziehungskraft haben ⟨the play continues to ~ das Stück zieht immer noch⟩ | losen (**for** um) | *Wirtsch* (Wechsel u. ä.) ziehen, trassieren (**on** auf) | beanspruchen, (aus)nutzen (**on s.o.** jmdn.) ⟨to ~ on s.o. (s.th.) jmdn. (etw.) in Anspruch nehmen; to ~ on all one's money sein ganzes Geld angreifen⟩ | *Sport* unentschieden spielen | *Mar* Tiefgang haben; **~ apart** sich voneinander entfernen, auseinandergehen (*auch übertr*); **~ away** sich abwenden (**from** von) | einen Vorsprung gewinnen (**from** vor) | sich lösen (**from** von); **~ back** sich zurückziehen | sich zurückhalten (**from** von) | sich entfernen (**from** von) | *übertr* Abstand nehmen (**from** von) | sich heraushalten (**from** aus); **~ in** abnehmen, kürzer werden ⟨days begin to ≈ die Tage werden kürzer⟩ | (bestimmter Tag) sich neigen, zu Ende gehen | (Zug, Fahrzeug) einfahren, ankommen | (Fahrzeug) an die (Straßen-) Seite (heran)fahren; **~ near** herankommen, sich nähern ⟨holidays are ~ing near⟩; **~ off** abziehen, sich entfernen; **~ on** herankommen, sich nähern; **~ out** (Tag) länger werden | *Sport* vorgehen | *Eisenb* (Zug) abfahren; **~ up** (an)halten, heranfahren (**to** zu) | *bes Sport* aufholen ⟨to ≈ with s.o. jmdn. überholen⟩;
2. *s* Ziehen *n* | (Waffe) Abzug *m*, Drücker *m* ⟨quick/fast on the ~ *umg* schnell/fix mit dem Abdrücken, schnell mit dem Finger am Abzug⟩ | Zug *m* | (Los-) Ziehung *f*, Verlosung *f* | *Sport* unentschiedenes Spiel *n*, Unentschieden *n* ⟨to end in a ~ unentschieden ausgehen⟩ | verfängliche Bemerkung *f* | *übertr* Zugkraft *f* | etw. Zugkräftiges *n*, Attraktion *f*, (Kassen-) Schlager *m* | *Tech* Ziehen *n*, Walzen *n*; **'~a·ble** *adj* ziehbar; **'~back** *s* Beeinträchtigung *f*, Nachteil *m* (**to** für) | Abzug *m* (**from** von) | *Wirtsch* (Steuer, Zoll u. ä.) Rückvergütung *f* | Zurücknahme *f*, Abziehen *n* ⟨a ≈ of missiles⟩; **'~bridge** *s* Zugbrücke *f*; **'~down** *s Am* Reduzierung *f* ⟨≈ of troops⟩; **~ee** [ˌdrɔ:'i:] *s Wirtsch* Trassat *m*, Bezogener *m*; **'~er** *s* Schubfach *n*, -lade *f* ⟨chest of ≈s Kommode *f*; (not) out of the top ≈ *umg übertr* (nicht) von der besten Sorte *od* Qualität⟩ | Zeichner *m* | *Wirtsch* Trassant *m*, Zieher *m*; **'~ers** *pl*, *auch* **pair of ~ers** Unterhose *f*; *arch* (lange) Damenschlüpfer *m*; **'~head** *s Tech* Kupplungsbolzen *m*; **'~ing** *s* Ziehen *n* | Zeichnen *n* ⟨good at ≈ gut im Zeichnen; out of ≈ verzeichnet⟩ | Zeichnung *f*, Entwurf *m* | (Lotterie-) Ziehung *f*; **'~ing acˌcount** *s Wirtsch* Girokonto *n*; **'~ing block** *s* Zeichenblock *m* | *Tech* Zieheisen *n*; **'~ing board** *s* Reiß-, Zeichenbrett *n* ⟨to go back to the ≈ *umg* noch mal von vorn anfangen, einen zweiten Versuch machen⟩; **'~ing ink** *s* Ausziehtusche *f*; **'~ing ˌmas·ter** *s* Zeichenlehrer *m*; **'~ing pen** *s* Zeichen-, Reißfeder *f*; **'~ing ˌpen·cil** *s* Zeichenstift *m*; **'~ing pin** *s Brit* Reißzwecke *f*; **'~ing room** *s förml* gute Stube | Salon *m*, Gesellschaftszimmer *m* | *förml* Empfang *m* ⟨to hold a ≈ einen Empfang geben⟩ | Zeichensaal *m* | *Am Eisenb* Salonabteil *n*; **'~ing set** *s* Reißzeug *n*; **'~ing ˌta·ble** *s* Ausziehtisch *m*

drawl [drɔ:l] **1.** *vt, vi auch* **~ out** (Worte) langsam *od* gedehnt (aus)sprechen; **2.** *s* schleppende Sprechweise ⟨American ~

schleppende Redeweise der Amerikaner⟩

drawn [drɔ:n] **1.** *part perf* von **draw**; **2.** *adj* (Gesicht) verzogen, verzerrt (**with** vor) | *Tech* gezogen | *Sport* unentschieden ⟨a ~ game; the match was ~⟩ | ˌ~ ˈ**bonds** *s/pl Wirtsch* gezogene Wertpapiere *n/pl*, ausgeloste Schuldverschreibungen *f/pl*; ˌ~ ˈ**work** *s* Hohlsaumarbeit *f*

draw|plate [ˈdrɔ:pleɪt] *s Tech* Zieheisen *n*; ˈ~ˌ**string** *s* (*oft pl*) Zugschnur *f*; ˈ~ **well** *s* Ziehbrunnen *m*; ˈ~ **winch** *s Tech* Zugwinde *f*

dray [dreɪ] **1.** *s, auch* ˈ~ **cart** Bier-, Rollwagen *m*; **2.** *vt* (etw.) auf einem Rollwagen befördern; *vi* einen Rollwagen fahren; ˈ~ **horse** *s* Lastpferd *n*; ˈ~**man** *s* (*pl* ˈ~**men**) Rollkutscher *m*, Bierfahrer *m*

dread [dred] **1.** *vt* (etw., jmdn.) fürchten, sich fürchten vor | fürchten (**to** *mit inf, ger* zu *mit inf*; **that** daß); *vi* sich fürchten; **2.** *s* große Furcht, Angst *f*, Grauen *n* (**of** vor; **of** *mit ger* zu *mit inf*) ⟨to be in ~ of s.th. (s.o.) etw. (jmdn.) fürchten⟩ | Gegenstand *m* der Angst; **3.** *lit adj* furcht-, schreckenerregend, schrecklich ⟨a ~ disease⟩ | erhaben ⟨~ majesty⟩; ˈ~**ed** *adj* gefürchtet; ˈ~**ful 1.** *adj* furchtbar, schrecklich, fürchterlich ⟨a ≈ storm⟩ | erhaben, Ehrfurcht gebietend | kolossal, furchtbar groß; (Zeit) entsetzlich lang | *umg* ekelhaft, furchtbar ⟨what ≈ weather!⟩ | *nur in*: ˌ**penny** ˈ**dread·ful** (billiger) Schundroman, Zweigroschenroman *m*; ˈ~**less** *adj* furchtlos; ~**nought**, *auch* ~**naught** [ˈ~nɔ:t] *s* großes Schlachtschiff | Wagehals *m* | wetterfester Stoff *od* Mantel *m*

dream [dri:m] **1.** *s* Traum *m*, Traumzustand *m* ⟨to have a ~ about s.th. von etw. träumen; to awake from a ~ aus einem Traum aufwachen; waking ~ Wachtraum *m*⟩ | Einbildung *f*, Träumerei *f* ⟨ to live in a ~ wie im Traum leben⟩ | *übertr* Traum-, Zukunftsbild *n*, Ideal *n* ⟨the ~s of youth⟩ | *umg* traumhaft schöne Person *od* Sache ⟨a perfect ~ einfach ein Traum, ein Wunder *n* an Schönheit⟩; **2.** (**dreamt, dreamt** [dremt], *bes Am* **dreamed, dreamed**) *vi* träumen (**of, about** von) | träumerisch sein | *neg* sich (nicht) träumen lassen, (nicht) im Traum daran denken (**of** an; **of** *mit ger* zu *mit inf*; **that** daß) ⟨I wouldn't ~ of doing that⟩; *vt* (etw.) träumen ⟨to ~ a dream einen Traum haben⟩ | sich träumen lassen, erträumen; ~ **away** verträumen ⟨to ≈ one's life⟩; ~ **up** *Sl verächtl* erdichten | erfinden; ˈ~**boat** *s Sl* Schwarm *m*, Ideal *n*; ˈ~ **book** *s* Traumbuch *n*; ˈ~**er** *s* Träumer(in) *m(f)* | Phantast *m*; ˈ~ ˌ**fac·to·ry** *s* (Hollywood) Traumfabrik *f*; ˈ~**ful** *adj* träumerisch; ˈ~**land** *s* Märchenland *n* ⟨to live in [a] ≈⟩; ˈ~**like** *adj* traumhaft; ˈ~ **maˌchine** *s* Traummaschine *f* (Fernsehindustrie); ˈ~**scape** *s* traumhafte Schilderung; **dreamt** [dremt] *prät* u. *part perf* von ↑**dream**; ˈ~ **world** *s* Traumwelt *f* | Traum-, Märchenland *n*; ˈ~**y** *adj* voller Träume | träumerisch, verträumt ⟨≈ eyes; ≈ music⟩ | traumhaft, unklar, verschwommen ⟨a ≈ recollection⟩

drear·y [ˈdrɪərɪ], *poet* **drear** [drɪə] **1.** *adj* düster, trübe ⟨a ~ day⟩ | *umg* uninteressant, langweilig, deprimierend ⟨a ~ evening; ~ work⟩; **2.** *vt umg* langweilig *od* uninteressant machen

[1]**dredge** [dredʒ] **1.** *s* Schwimmbagger *m*, Baggerboot *n* | *Mar* Dredge *f*, Schleppnetz *n*; **2.** *vt, auch* ~ **away / out / up** ausbaggern ⟨to ~ [up] mud; to ~ a harbour⟩ | *Mar* mit dem Schleppnetz fangen | *übertr* gründlich durchsuchen; ~ **up** herausholen, ausschaufeln | *umg übertr* aufstochern, zutage fördern ⟨to ≈ the sad facts⟩ | *übertr umg* wieder aufwärmen, (wieder) hervorholen ⟨to ≈ an old quarrel⟩; *vi* baggern | mit dem Schleppnetz fischen (**for** nach)

[2]**dredge** [dredʒ] *vt* (Fleisch u. ä. mit Mehl) bestreuen | (Mehl, Zucker) streuen (**over** über) | panieren

[1]**dredg|er** [ˈdredʒə] *s* Baggerer *m*, Erdarbeiter *m* | *auch* ˈ~**ing maˌchine** Bagger(maschine) *m(f)* | Schleppnetzfischer *m*, Dregger *m*

[2]**dredg·er** [ˈdredʒə] *s* Streubüchse *f*, Streuer *m*

dreg [dreg], *meist* ~**s** *pl s* Bodensatz *m*, Treber *m* ⟨to the ~s bis auf den Grund⟩ | *übertr* Hefe *f*, Abschaum *m* ⟨the ~s of humanity⟩ | kleiner Rest | kleine Menge; ˈ~**gy** *adj* trübe, schlammig | hefig

drench [drentʃ] **1.** *vt* einweichen, durchnässen ⟨~ed with rain; ~ed to the skin bis auf die Haut durchnäßt⟩ | *Vet* (Medizin) einflößen; **2.** *s* Durchnässen *n* | (Regen-) Guß *m* | Trunk *m*; ˈ~**er** *s* Regenguß *m*; ˈ~**ing** *s* gründliche Dusche ⟨to get a ≈ gründlich durchnäßt werden⟩

Dres·den chi·na [ˈdrezdən ˈtʃaɪnə] *s* Meißner Porzellan *n*

dress [dres] **1.** *s* Kleidung ⟨to care about ~; evening ~ Abendanzug *m*, -toilette *f*; in full ~ in Gala(kleidung), im Gesellschaftsanzug⟩ | (Frauen-) Kleid *n* | (Frauen-) Toilette *f* ⟨evening ~⟩ | *Zool* Federkleid *n* | *übertr* Gewand *n*, äußere Form; **2.** *vt* be-, ankleiden ⟨to ~ o.s. sich anziehen; to be dressed gekleidet sein⟩ | *übertr* einkleiden, unterhalten ⟨to ~ one's family⟩ | (an)putzen, schmücken ⟨to ~ one's hair with flowers; to ~ a Christmas tree⟩ | (Schaufenster) dekorieren | (Speisen) zubereiten | (Salat) anmachen | (Haar) kämmen, frisieren | (Pferd) striegeln | (Stein u. ä.) behauen | (Erz) aufbereiten | (Zimmer) herrichten | (Wunde) behandeln | (Leder) gerben, zubereiten | (Land) bestellen | *Mil* ausrichten; ~ **down** striegeln | *übertr umg* (jmdm.) eine Standpauke halten, (jmdn.) herunterputzen; (jmdn.) durchprügeln; ~ **out** aufputzen; ~ **up** herausputzen, vornehm kleiden | *übertr* (Tatsachen u. ä.) verbrämen (**in** mit), beschönigen, verkleiden (**as** als) | *übertr* (Idee u. a.) ins rechte Licht setzen; *vi* sich ankleiden, sich anziehen ⟨to ~ badly (well) sich geschmacklos (gut) anziehen⟩ | sich gut anziehen, Abendkleidung anlegen, sich umziehen ⟨to ~ for dinner; we've just time to ~ wir haben gerade noch Zeit zum Umziehen⟩ | *Mil* sich (aus)richten ⟨~! richt euch!; to ~ to the left sich nach links ausrichten⟩; ~ **down** sich unauffällig anziehen, sich nicht groß herausputzen; ~ **out** sich herausputzen; ~ **up** sich anputzen, verkleiden | sich gut anziehen; **dress·age** [ˈdresɑ:ʒ] *s* (Pferde) Dressur *f*; ˌ~ ˈ**cir·cle** *s Theat u. ä.* erster Rang; ˈ~ **coat** *s* Frack *m* | *Mil Mar* Paraderock *m*; ˈ~ **form** *s* Schneiderpuppe *f*; [1]ˈ~**er** *s* (*nach best adj*) jmd., der sich auf eine bestimmte Weise kleidet ⟨fashionable ≈ jmd., der modische Kleidung trägt⟩; [2]ˈ~**er** *s* Ankleider(in) *m(f)* | Friseuse *f* | *Theat* Kostümier *m* | Schaufensterdekorateur *m* | Operationsgehilfe *m* | *Tech* Zurichter *m* | *Brit* Küchen-, Geschirrschrank *m* | *Am* Frisierkommode *f*; ˈ~**ing** *s* Ankleiden *n* | Kleidung *f* | Zurichten *n*, Zubereitung *f* | *Tech* Appretur *f* | *Kochk* Füllung *f* | *Kochk* Dressing *n*, Marinade *f*, Sauce *f* | Dünger *m* | Düngung *f* | (Wund-) Verband *m*; ˈ~**ing case** *s* Toilettenkästchen *n*, Reisenecessaire *n*; ˌ~**ing-**ˈ**down** *umg s* Strafpredigt *f* ⟨to give s.o. a ≈ jmdm. die Leviten lesen⟩ | Prügel *f*; ˈ~**ing gown** *s* Morgen-, Schlafrock *m*; ˈ~**ing room** *s* An-, Umkleidezimmer *n*; ˈ~**ing** ˌ**ta·ble** *s* Toilettentisch *m*; ˈ~ˌ**mak·er** *s* Damenschneiderin *f*; ˈ~ˌ**mak·ing** *s* Damenschneiderei *f*; ˈ~ ˌ**pat·tern** *s* Schnittmuster *n*; ˈ~ **reˈhears·al** *s* Generalprobe *f*; ˈ~ **shirt** *s* Frackhemd *n*; ˈ~ ˈ**suit** *s* Abendanzug *m*; ˈ~**y** *adj* aufgeputzt | *umg* modisch, schick

drew [dru:] *prät* von ↑**draw**

drib|ble [ˈdrɪbl] **1.** *vi* tröpfeln (*auch übertr*) ⟨~bling fuel Auslaufen *n* von Kraftstoff; our money is ~bling away unser Geld ist im Nu alle⟩ | (Säugling) geifern, sabbern | *Sport* dribbeln; *vt* tröpfeln lassen | (Ball) dribbeln; **2.** *s* Tröpfeln *n* | *übertr* Tropfen *m*, kleine Menge | *umg* Nieseln *n* | *Sport* Dribbeln *n*; ˈ~**let** *s* kleine Menge | Tropfen *m* ⟨in ≈s, by ≈s tropfenweise, in kleinen Mengen⟩

dribs, *in*: **~ and drabs** ['drɪbz ən 'dræbz] *s umg* kleine Beträge *m/pl* ⟨to pay s.o. in ≈ jmdn. kleckerweise bezahlen⟩
dried [draɪd] *prät* u. *part perf* von ↑**dry**; ˌ**~ 'fruit** *s* Trocken-, Dörrobst *n*; ˌ**~ 'milk** *s* Trockenmilch *f*; ˌ**~-'up** *adj* (Gesicht u. ä.) vertrocknet, vom Alter gezeichnet
dri·er ['draɪə] = **dryer**
drift [drɪft] **1.** *s* Treiben *n*, Antrieb *m*, treibende Kraft | Getriebenwerden *n* | (Fluß u. ä.) Lauf *m*, Richtung *f* | *Mar, Flugw* Abtrift *f* | *Geol* Geschiebe *n* | (Regen-) Schauer *m* | (Schnee-) Gestöber *n* ⟨~ of snow⟩ | Schneewehe *f* ⟨snow-~⟩ | Haufen *m* ⟨a ~ of dead leaves⟩ | (Vieh-) Trift *f* | *Bergb* Strecke *f*, Stollen *m* | *Tech* Lochhammer *m* | *Radio* Schwinden *n* ⟨free from ~⟩ | *übertr* Strömung *f*, Tendenz *f*, Neigung *f* ⟨the ~ of affairs⟩ | Sichtreibenlassen *n*, Inaktivität *f* ⟨a policy of ~⟩ | *übertr* Absicht *f*, Zweck *m* ⟨the ~ of the argument⟩ | *übertr* (allgemeiner) Gedankengang *m* | Bedeutung *f* ⟨to catch / get the ~ of s.th. hinter etw. kommen⟩; **2.** *vi* getrieben werden, treiben ⟨to ~ in a canoe; smoke ~ed from the chimney Rauch stieg aus der Esse⟩ | *übertr* sich treiben lassen, getrieben werden ⟨to ~ from job to job; to ~ apart sich auseinanderleben⟩ | sich (auf)häufen | *Radio* schwinden *n* (Sender) | *El* weglaufen (Frequenz); *vt* (vor sich her)treiben, aufhäufen, zusammentreiben ⟨the wind ~ed the snow⟩ | mit Haufen bedekken; **'~age** *s* Treiben *n* | Abtreiben *n*, Abtrieb *m*, Abdrift *f* | Treibgut *n*; **'~ ˌan·chor** *s* Treibanker *m*; **'~er** *s oft verächtl* Mensch *m* ohne Ziel | Drifter, Treibnetzfischerboot *n*; **'~ ice** *s* Treibeis *n*; **'~less** *adj* ziel-, zwecklos; **'~ ˌmin·ing** *s* *Bergb* Strecken-, Stollenbetrieb *m*; **'~net** *s* Treibnetz *n*; **'~sand** *s* Flugsand *m*; **'~wood** *s* Treibholz *n*; **'~y** *adj* voll Verwehungen | treibend
[1]**drill** [drɪl] **1.** *s* Bohrer *m*; Bohrmaschine *f* ⟨dentist's ~ Zahnbohrer *m*; road ~ Straßenbohrmaschine *f*; twist ~ Spiralbohrer *m*⟩ | Bohrklinge *f* | *Mil* Drill *m*, Exerzieren *n* ⟨at ~ beim Exerzieren⟩ | *übertr* Drillen *n*, strenge Schulung, hartes Training ⟨phonetic ~s / ~s in phonetics phonetische Übungen *f/pl*; Swedish ~ *Sport* Freiübungen *f/pl*⟩ | (Schutz-) Übung *f* ⟨fire ~⟩ | (*mit best art*) *Brit umg* Routine *f*, Prozedur *f* ⟨to know the perfect ~ ganz genau Bescheid wissen⟩; **2.** *vt* (Loch) bohren, drillen ⟨to ~ s.o.'s teeth jmdn. an den Zähnen bohren; to ~ through durchbohren; to ~ [up] the road die Straße aufbohren⟩ | *Mil* drillen, ausbilden | *übertr* (ein)drillen, üben ⟨to ~ sounds⟩; **~ in[to]** (etw.) einhämmern; *vi* bohren ⟨to ~ for oil nach Öl bohren⟩ | *Mil* gedrillt werden | *übertr* gedrillt werden, trainieren
[2]**drill** [drɪl] **1.** *s* Rille *f*, Furche *f* | *Landw* Drill-, Sämaschine *f*; **2.** *vt* (Saat) in Reihen säen | (Land) in Reihen besäen; *vi* drillen, in Reihen säen
[3]**drill** [drɪl] *s* Drillich *m*, Drell *m* ⟨~ trousers⟩
[4]**drill** [drɪl] *s Zool* Drill *m*
drill| chuck ['drɪl tʃʌk] *s* Bohrfutter *n*; **'~er** *s* Bohrmaschine *f* | *Mil* Ausbilder *m*; **'~ ground** *s* Exerzierplatz *m*; [1]**'~ing** *s* Bohren *n* | *Mil, übertr* Drillen *n*
[2]**drill·ing** ['drɪlɪŋ] *s Landw* Drillen *n*
drill·ing| bit ['drɪlɪŋ bɪt] *s* Bohrspitze *f*; **'~ caˌpac·i·ty** *s* Bohrleistung *f*; **'~ ˌham·mer** *s* Bohrhammer *m*; **'~ maˌchine** *s* Bohrmaschine *f*
drill plough ['drɪl plaʊ] *s* Saatpflug *m*
drill| press ['drɪl pres] *s* (Tisch-) Bohrmaschine *f*; **'~ steel** *s* Bohrstahl *m*
dri·ly ['draɪlɪ] *auch* **dryly** *adv* von **dry**
drink [drɪŋk] **1.** (**drank** [dræŋk], **drunk** [drʌŋk]) *vt* trinken ⟨to ~ milk; to ~ one's fill sich satt trinken; to ~ the waters (in e-m Kurort) Brunnen trinken⟩ | saufen (Tier) | (Alkohol) trinken ⟨to ~ o.s. drunk sich betrinken; to ~ o.s. to death sich zu Tode trinken; to ~ s.o. under the table jmdn. unter den Tisch trinken⟩ | anstoßen auf ⟨to ~ a toast einen Toast ausbringen; to ~ s.o.'s health (success) to s.o. auf jmds. Gesundheit (Erfolg) trinken; to ~ success to s.th. auf den Erfolg von etw. trinken⟩ | (Feuchtigkeit) aufsaugen, absorbieren | (Luft) einatmen, einschlürfen | *übertr* in sich aufnehmen; **~ away** vertrinken ⟨to ~ away one's time seine Zeit mit Trinken verbringen⟩; **~ in** aufsaugen | *übertr* in sich aufnehmen, verschlingen ⟨to ~ in s.o.'s words⟩; **~ down** (jmdn.) nieder-, unter den Tisch trinken; **~ off / up / down** (Glas) aus-, niedertrinken; *vi* trinken (**out of** aus, *Poes* **of** von) | saufen (Tier) | (übermäßig Alkohol) trinken, saufen | anstoßen ⟨to ~ to s.o.'s health (success)⟩; **2.** *s* (geistiges) Getränk, Drink *m*, Alkohol *m* ⟨to be on the ~ *umg* dem Suff ergeben; in ~ betrunken; to drive s.o. to ~ jmdn. zum Trinker werden lassen; to have / take a ~ with s.o. mit jmdm. ein Glas trinken; to stand s.o. a ~ jmdm. einen ausgeben; to take to ~ sich dem Trinken *od* dem Trunk ergeben; to be the worse for ~/to be under the influence of ~ unter Alkoholeinfluß stehen⟩ | *collect* Getränke *n/pl* ⟨food and ~ Speise *f* und Trank *m*; bottled ~s Flaschengetränke *n/pl*⟩ | Zug *m*, Schluck *m* ⟨a ~ of water⟩; **'~a·ble** *adj* trinkbar; **'~-ˌdrive** *adj* einen Kraftfahrer unter Alkohol betreffend ⟨≈ problem; ≈ legislation Gesetzgebung *f* gegen Fahrer unter Alkoholeinfluß⟩; **'~-ˌdriv·er** *s* Fahrer *m* unter Alkohol; **'~-ˌdriv·ing** *s* Fahren *n* unter Alkoholeinfluß ⟨a campaign against ≈⟩; **'~er** *s* (starker) Trinker, Säufer *m* ⟨a heavy ≈⟩; **'~ing 1.** *s* Trinken *n* | Trinkerei *f*, Gelage *n* | Trunk *m* ⟨given to ≈ dem Trunk ergeben⟩; **2.** *adj* trinkend | dem Trunk ergeben, trinkfreudig ⟨a ≈ driver ein (Kraft-) Fahrer, der Alkohol getrunken hat; I'm not a ≈ man / woman ich trinke nicht⟩ | Trink-, Trunk-; **'~ing bout** *s* Zechgelage *n*; **'~ing cup** *s* Trinkbecher *m*; **'~ing ˌfoun·tain** *s* Trinkbrunnen *m*; **'~ing song** *s* Trinklied *n*; **'~ing ˌwa·ter** *s* Trinkwasser *m*; **'~ ˌof·fer·ing** *s* Trankopfer *n*; **'drinks ˌcab·i·net** *s* Hausbar *f*
drip [drɪp] **1.** (**dripped, dripped** *od* **dript, dript**) *vt* tropfen lassen, tröpfeln lassen | triefen von ⟨to ~ sweat; his foot is ~ping blood von seinem Fuß tropft Blut⟩; *vi* tropfen, tröpfeln ⟨the rain was ~ping from the trees⟩ | triefen (**from** aus; **with** von) ⟨sentimentality ~s from every page jede Seite ist voller Rührseligkeiten; a uniform ~ping with decorations eine mit Orden behängte Uniform⟩; **2.** *s* Tropfen *n*, Tröpfeln *n* ⟨~ coffee *Am* Filterkaffee *m*⟩ | tröpfelndes Geräusch ⟨the ~ of the rain⟩ | Wasserablaufrinne *f* | *Med* Tropf *m* | *Sl* Nulpe *f*, langweiliger Kerl | *Sl* langweiliges Zeug, Quark *m*; ˌ**~-'dry 1.** *adj* bügelfrei, -arm, bequem waschbar ⟨≈ shirt⟩; **2.** *s* bequemes Waschen, Aufhängen *n* und Tragen *n*; **3.** *vt* (Spezialtextilien) waschen und trocknen, daß sie sofort getragen werden können; **'~-ˌfeed** *Brit* **1.** *s* künstliche Ernährung ⟨to be on a ≈⟩; **2.** *adj* künstliche Ernährung betreffend ⟨≈ bottle⟩; **'~ping 1.** *s, auch* **'~ings** *pl* Tropfen *n*, Tröpfeln *n* ⟨≈s from the roof⟩ | Bratenfett *n*; **2.** *adj* tropfend, tröpfelnd | triefend, durchnäßt ⟨≈ wet triefend naß⟩; **'~ping pan** *s* Bratpfanne *f*; **'~py** *adj* tropfend, tröpfelnd | regnerisch
driv·a·ble ['draɪvəbl] *adj* befahrbar
drive [draɪv] **1.** (**drove** [drəʊv], **driven** ['drɪvn]) *vt* (an)treiben ⟨to ~ cows to pasture Kühe auf die Weide treiben; to ~ s.o. into a (tight) corner *übertr* jmdn. (völlig) in die Enge treiben⟩ | (Nagel) eintreiben, einschlagen | zusammentreiben | (Ball) schlagen | forttreiben (**from** von) | (Wild) hetzen, jagen, treiben, (schnell) (fort)bewegen ⟨the wind ~s the clouds⟩ | (Tunnel u. ä.) treiben, graben | *Tech* (an)treiben ⟨to ~ machinery by steam, (*oft pass*) the ma-

chinery is ~n by steam⟩ | (Auto u. ä.) fahren, lenken | (jmdn. *od* etw. im Wagen) fahren, bringen (**to** nach) | *übertr* (jmdn.) (dahin) bringen, treiben, veranlassen (**[in]to** zu; **to** *mit inf* zu *mit inf*) ⟨to ~ s.o. to despair/to ~ s.o. to desperation; to ~ s.o. mad jmdn. zum Wahnsinn treiben⟩ | *übertr* (jmdn.) zwingen, nötigen (**to, into** zu; **to** *mit inf* zu *mit inf*) | *übertr* (jmdn.) einengen, treiben ⟨to ~ hard in die Enge treiben; to ~ s.o. to despair jmdn. zur Verzweiflung treiben⟩ | *übertr* überanstrengen | *übertr* (Gewerbe) (energisch) betreiben ⟨to ~ a roaring trade einen blühenden Handel betreiben⟩ | (Geschäft) abschließen ⟨to ~ a good bargain ein gutes Geschäft abschließen⟩ | *umg* aufschieben, zögern ⟨to ~ s.th. to the last minute⟩ ◇ **~ s.th. home** *übertr* etw. klarstellen (**to s.o.** bei jmdm.), etwas absolut deutlich machen (**to s.o.** jmdm.); **~ away** vertreiben, verjagen ⟨to ~ all care away⟩; **~ back** zurücktreiben | zurückfahren; **~ in** (Vieh u. ä.) ein-, hineintreiben | (Nagel) einschlagen | *übertr* einhämmern; **~ into** *übertr* einhämmern, klar und deutlich machen (jmdm.); **~ off** vertreiben; **~ on** vorwärtstreiben; **~ out** austreiben, verjagen | (jmdn.) spazierenfahren; **~ up** (Preise) in die Höhe treiben; *vi* (dahin)treiben | getrieben werden | eilen, fegen, jagen, stürzen | (in einem Wagen) fahren | (Wagen) fahren ⟨to ~ with caution vorsichtig fahren⟩ | spazierenfahren | *übertr* stoßen, schlagen (**against** gegen) ⟨to let ~ at losschlagen auf⟩; **~ at** *übertr* zielen auf, hinauswollen auf; **~ away** wegfahren; **~ back** zurückfahren; **~ off** (Golf) den ersten Schlag tun; **~ on** weiterfahren; **~ out** aus-, spazierenfahren; **~ up** vorfahren (**to** vor); **2.** *s* Fahrt *f*, Spazierfahrt *f* ⟨~ back Rückfahrt *f*; to take a ~/to go for a ~ eine Spazierfahrt machen⟩ | Zusammentreiben *n* | Treibjagd *f* | getriebene Tiere *n/pl*, Herde *f* | *Brit, Am auch* **'~way** Fahrweg *m*, Auffahrt *f* | Stoß-, Triebkraft *f* | *Sport* Schlag *m* | Druck *m*, Anstrengung *f* | *übertr* Energie *f*, Elan *m* ⟨~ and enthusiasm Schwung *m* und Begeisterung *f*⟩ | Neigung *f*, Tendenz *f* ⟨a ~ for perfection Streben *n* nach Vollkommenheit⟩ | *Psych* Trieb *m* ⟨sexual ~⟩ | *Mil* Offensive *f* | *urspr Am übertr* Kampagne *f*, Feldzug *m* (**against** gegen; **for** für) ⟨membership ~⟩ | *Mus* Drive *m*, rhythmische Kraft | (Kartenspiel) Turnier *n* | *Sport* Vorstoß *m* | (Flößerei) Talfahrt *f* | *Tech* Antrieb *m* ⟨front (rear) ~ Vorder-, (Hinter)radantrieb *m*⟩; **3.** *adj Tech* Treib- | Trieb-, Antriebs-; **'~-in** *s Am* Autokino *n*; Autogaststätte *f*; Bankschalter *m* für motorisierte Kunden

driv|el ['drɪvl] **1.** (**'~elled, '~elled**) *vi* geifern, sabbern | faseln, dummes Zeug reden (**about** von, über) | *vt* (Speichel) ausfließen lassen | (etw.) zusammenfaseln | *auch* **~el away** vertändeln, vergeuden; **2.** *s* ausfließender Speichel | Faselei *f*, Geschwätz *n* | Unsinn *m*, Quatsch *m*; **'~el·ler** *s* Schwätzer *m* | Narr *m*

driv|en ['drɪvn] *part perf* von ↑ **drive**; **~er** ['draɪvə] *s* Treiber *m* ⟨slave ≈ Antreiber *m*⟩ | Fahrer *m* ⟨taxi ≈; bus ≈⟩ | Fuhrmann *m*, Kutscher *m* | *Tech* Treibrad *n* | *Tech* Treibhammer *m* | *Tech* Ramme *f* | *Sport* (Golf) Driver *m*; **'~er's li·cense** *s Am Kfz* Führerschein *m*; **'~er's seat** *s* Fahrersitz *m* | *übertr* Machtposition *f*, Vormachtstellung *f*; **'drive shaft** *s Tech* Antriebswelle *f*; **'drive·way** *s Am* Auffahrt *f*, Fahrweg *m* | Straße *f* | *Brit* Garagenauffahrt *f*; **~ing** ['draɪvɪŋ] **1.** *adj* treibend | *Tech* Treib-, Trieb-, Fahr-; **2.** *s* Treiben *n* | Autofahren *n* ⟨he is good at ≈ in heavy traffic⟩; **'~ing belt** *s Tech* Treibriemen *m*; **'~ing box** *s* Kutschersitz *m*; **'~ing crank** *s Tech* Treibkurbel *f*; **'~ing gear** *s Tech* Antrieb(swerk) *m(n)*, Getriebe *n*; **'~ing les·son** *s* Fahrstunde *f*; **~ing li·cence** *s Brit Kfz* Fahrerlaubnis *f*, Führerschein *m*; **'~ing mir·ror** *s Kfz* Rückspiegel *m*; **'~ing pow·er** *s Tech* Antriebskraft *f*; **'~ing pro·pul·sion** *s* (Rakete) Antriebsbahn *f*; **'~ing test** *s Kfz* Fahrprüfung *f*; **'~ing wheel** *s Tech* Antriebsrad *n*

driz|zle ['drɪzl] **1.** *vi* nieseln, fein regnen ⟨it ~zles⟩; *vt* mit kleinen Tropfen besprühen; **2.** *s* Niesel-, Sprühregen *m*; **'~zly** *adj* nieselnd, fein regnend, regnerisch | neblig-feucht ⟨≈ weather⟩

drogue [drəʊg] *s* See-, Treibanker *m* | *Flugw* Wasseranker *m* | *Flugw* Schleppscheibe *f*, -sack *m* | *Flugw* Windsack *m*; **'~ par·a·chute** *s* Bremsfallschirm *m*

droit [drɔɪt] *Jur s* Recht *n* ⟨~s civils Zivilrecht *n*⟩ | Abgabe *f*, Gebühr *f*

droll [drəʊl] *adj* komisch, drollig; **'~er·y** *s* spaßige Sache | ulkige Geschichte | *Theat* Schwank *m* | Posse *f* | Komik *f*; **'~ish** *adj* lächerlich, komisch

drome [drəʊm] *Abk* für **aerodrome**

drom·e·dar·y ['drɒmədərɪ] *s Zool* Dromedar *n*

¹drone [drəʊn] **1.** *s Zool, auch* **'~ bee** Drohne *f*, männliche Honigbiene | *übertr verächtl* Drohne *f*, Faulenzer *m*; **2.** *vi* faulenzen; *vt* (Zeit u. ä.) vertrödeln

²drone [drəʊn] **1.** *vi* summen | *übertr* leiern, eintönig sprechen *od* lesen; **~ away, ~ on** ständig daherreden, fortwährend reden (**about** über) | (Sitzung u. ä.) sich dahinschleppen, sich hinziehen; *vt* (etw.) (herunter)leiern; **2.** *s* Summen *n* | *übertr* Geleier *n*, monotone Rede | monotoner Redner ⟨a boring old ~ ein langweiliger alter Schwätzer⟩

drone fly ['drəʊn flaɪ] *s Zool* Drohnenfliege *f*

drool [dru:l] *verächtl* **1.** *vi* geifern, sabbern | quatschen, dummes Zeug reden | anhimmeln (**over, about s.o.** jmdn.), vernarrt sein (**over, about s.o.** in jmdn.) ⟨to ~ over a popsinger⟩; **2.** *s* Unsinn *m*, dummes Gerede | Anhimmelei *f*

droop [dru:p] **1.** *vi* sich senken | (kraftlos) (herab)hängen | ermüden, ermatten, erschlaffen (**with** vor) | (Pflanzen) (ver)welken, (Blumen) die Köpfe hängen lassen | *übertr* (Mut, Hoffnung u. ä.) sinken ⟨his spirits ~ed er wurde traurig⟩; *vt* hängenlassen ⟨to ~ one's head⟩; **2.** *s* (Herab-)Hängen *n* | Ermatten *n* | Senken *n*; **'~y** *adj* schlaff, matt | niedergeschlagen

drop [drɒp] **1.** *s* Tropfen *m*, Tröpfchen *n* (*auch übertr*) ⟨a ~ of rain ein Regentropfen; only a/a mere ~ in the bucket/ocean *übertr* nur ein Tropfen auf den heißen Stein⟩ | *meist* **drops** *pl* Medizin *f* ⟨by ~s/in ~s/~ by ~ tropfenweise⟩ | *übertr* Kleinigkeit *f* | tropfenförmiger Gegenstand | Fruchtbonbon *n* | *auch* **'ear-~s** Ohrringe *m/pl* | kleine Menge einer Flüssigkeit (meist Alkohol) ⟨to take a ~ einen trinken; to take a ~ too much ein Glas über den Durst trinken⟩ | Tropfen *n* | (Herab-) Fallen *n*, Sturz *m* ⟨a ~ in the temperature; at the ~ of a hat wie auf ein Signal; sofort, bereitwillig⟩ | Abfall *m*, Abhang *m*, Senkung *f* ⟨a ~ of 10 feet⟩ | *Wirtsch* Sinken *n* ⟨a ~ of prices Preissturz⟩ | Fallvorrichtung *f* | Falltür *f*, -klappe *f* | *bes Am* (Brief-) Einwurf *m* ⟨mail ~⟩ | Abwurf *m*, Abgeworfenes *n* ⟨a ~ of food⟩ ◇ **get the ~ on s.o.** *Sl* auf jmdn. die Kanone richten; jmdn. ausstechen; vor jmdn. den Fuß in die Tür stellen; **2.** (**dropped, dropped**) *vi* tropfen | herab-, herunterfallen (**from** von, **out of** aus) | umfallen, zu Boden sinken ⟨to ~ dead tot umfallen⟩ | sich legen, aufhören ⟨the wind has ~ped⟩ | (Temperatur) sinken, fallen | (Preise) sinken, fallen | (Stimme) sich senken ⟨his voice ~ped to a whisper⟩ | sinken, (ver)fallen ⟨to ~ asleep einschlafen; to ~ into the habit of *mit ger*⟩ | aufhören, zu einem Ende kommen ⟨the affair ~ped⟩; **~ across** zufällig treffen *od* finden; **~ astern** *Mar* zurückbleiben; **~ away** nacheinander abfallen; **~ back/behind** zurückbleiben, -fallen; **~ down** herabfallen | niedersinken; **~ in** hereinschneien, zufällig kommen ⟨to ~ in to tea; to ~ in for a visit⟩; **~ off** abfallen | *umg* einschlafen | *umg* sterben | *auch* **~ away** (Interesse u. ä.) nachlassen, geringer werden; **~ out** aus-, fortfallen | (Sport) ausscheiden | aufgeben, nicht mehr mitmachen, aussteigen; **~ through** *übertr* durchfallen; *vt* tropfen *od* tröpfeln lassen | fallenlassen ⟨to ~ a stitch eine Masche fallen lassen; to ~ a handkerchief ein Taschentuch fallen lassen⟩ | (Tier) werfen | (Passagiere) absetzen | (Brief) einwerfen | nebenbei bemerken, fallen lassen ⟨to ~ a remark⟩ | gelegentlich senden ⟨to ~ a line/note⟩ | (Anker) auswerfen | (Augen) senken, niederschlagen | (Stimme) senken | zu Fall bringen | aufgeben, fallenlassen ⟨to ~ a subject; ~ it! laß das!⟩ | nichts mehr zu tun haben wollen mit | (Buchstaben) auslassen | *Am* entlassen ◇ **~ a brick/clanger** *Brit umg* eine Taktlosigkeit begehen, sich daneben benehmen; **~ s.th. like a hot potato/coal** *umg* etw. erschreckt fallen lassen, etw. wie der Teufel das Weihwasser fürchten; **~ in on** (jmdn.) plötzlich besuchen; **~ off** *umg* (jmdn.) (mit dem Auto) absetzen, mitnehmen bis; **'~ box** *s Am* Briefkasten *m*; **'~ ˌcur·tain** *s Theat* (Pausen) Vorhang *m*; **'~-forge** *vt Tech* gesenkschmieden; **'~ ˌham·mer**, *auch* **'~ press** *s Tech* Fallhammer *m*; **'~-in 1.** *s* zufälliger *od* plötzlich auftauchender Besucher | (häufiger) Treffpunkt ⟨a ≈ for students⟩; **2.** *adj Tech* einsetzbar | einlegbar ⟨a ≈ film cartridge⟩; **'~kick** (Fußball, Rugby) **1.** *s* Dropkick *m*, Halbvolleyschuß *m* | Fallabstoß *m*; **2.** *vi* einen Dropkick schlagen; *vt* (Ball) Volley schlagen; **'~let** *s* Tröpfchen *n*; **'~ ˌlet·ter** *s* postlagernder Brief | *Kan Typ* Brief *m* im Ortsverkehr; **'~out** *s* vorzeitiger Schulabgänger | exmatrikulierter Student | (sozialer) Aussteiger; **'~per** *s* Tropfenzähler *m* | Flasche *f* mit Tropfenzähler; **'~ping** *s* Tropfen *n*, Tröpfeln *n* ⟨constant ≈ wears the stone *Sprichw* steter Tropfen höhlt den Stein⟩ | Sinken *n*; **'~pings** *s/pl* Tierexkremente *n/pl*, Mist *m*, Dung *m*; **'~ping ˌbot·tle** *s Med* Tropfflasche *f*; **'~ seat** *s* Klappsitz *m*

drop|si·cal ['drɒpsɪkl] *adj Med* wassersüchtig; **'~sy** *s Med* Wassersucht *f*

drop ta·ble ['drɒp ˌteɪbl] *s* Klapptisch *m*

drosh·ky ['drɒʃkɪ] *s* Droschke *f*

dro·soph·i|la [drə'sɒfɪlə] *s* (*pl* **~lae** [~liː]) *Zool* Taufliege *f*

dross [drɒs] *s* Abfall *m* | *Tech* Schlacke *f* | *übertr* wertloses Zeug; **'~y** *adj* schlackig | *übertr* wertlos

drought [draʊt] *s* Trockenheit *f*, Dürre *f*; **'~y** *adj* trocken, dürr | *bes dial* durstig

¹drove [drəʊv] **1.** *prät* von ↑ **drive**

²drove [drəʊv] **1.** *s* (Vieh-) Herde *f* | (Menschen-) Menge *f*, langer Zug von Menschen | *Tech* breiter Meißel; **2.** *Brit vt* (Vieh über weite Strecke) treiben | *Tech* (Stein) rauhbehauen; *vi* Vieh treiben | mit Vieh handeln | *Tech* Stein mit breitem Meißel bearbeiten; **'dro·ver** *s* Viehtreiber *m* | Viehhändler *m*

drown [draʊn] *vi* ertrinken ⟨a ~ing man ein Ertrinkender⟩; *vt* (Tier u. ä.) ertränken, ins Wasser eintauchen ⟨to ~ o.s. sich ertränken⟩ | überschwemmen, -strömen ⟨~ed by the floods überflutet; to be ~ed in tears in Tränen gebadet sein; to be ~ed in sleep in tiefen Schlaf gesunken sein⟩ | *auch* **~ out** (Stimme) übertönen | *übertr* ersticken, betäuben ⟨to ~ one's cares in wine⟩; **~ out** durch Überschwemmung vertreiben ⟨to be ~ed out obdachlos sein⟩

drowse [draʊz] **1.** *vi* schläfrig sein | schlummern, (dahin)dösen | *übertr* phlegmatisch sein; *vt* schläfrig machen | *auch* **~ away** (Zeit) verschlafen, verdösen; **~ off** einschlummern; **2.** *s* Schlummer *m*, Halbschlaf *m*; **'drow·sy** *adj* schläfrig | einschläfernd ⟨a ≈ smell⟩ | *übertr* verschlafen ⟨a ≈ village⟩ | träge, (geistig) unbeweglich ⟨a ≈ mode of life⟩

drub [drʌb] **1.** (**drubbed, drubbed**) *umg vt* trommeln auf (mit den Füßen, mit einem Stock) | (ver)prügeln | *übertr* (etw.) einhämmern (**into s.o.** jmdm.) | *übertr* (etw.) austreiben (**out of s.o.** jmdm.); *vi* trommeln, stampfen; **2.** *s* Schlag *m*; **'~bing** *s* Tracht *f* Prügel ⟨to give s.o. a good ~⟩

drudge [drʌdʒ] **1.** *s* Plackerei *f*, Schufterei *f* | *übertr* Packesel *m*, Sklave *m*, Arbeitstier *n* ⟨to be the ~ das Aschenbrödel machen⟩; **2.** *vi* schuften, sich abplacken (**at** *mit ger* mit etw.); **'drudg·er·y** *s* Schufterei *f*, Schinderei *f*

drug [drʌg] **1.** *s* Droge *f*, Arzneimittel *n* | Rauschgift *n* ⟨~ addict Rauschgiftsüchtiger *m*; the ~ habit Rauschgiftsucht *f*; ~ traffic Rauschgifthandel *m*⟩ | *Wirtsch* schwer absetzbare Ware ⟨a ~ in/on the market Ladenhüter *m*⟩; **2.** (**drugged, drugged**) *vt* mit (schädlichen) Drogen versetzen *od* verfälschen | (mit Drogen) vergiften, betäuben | *übertr* übersättigen | *vi* Rauschgift nehmen; **'~gist** *s Brit* Drogist *m* | *Am* Besitzer *m* eines Drugstore | *Am* Apotheker *m*; **'~gy** *s Am* Fixer *m*; **'~ ˌpush·er** *s* Dealer *m*; **~ster** [~stə] *s* Fixer *m*, Drogensüchtiger *m*; **'~store** *s Am* Drugstore *m*, Drogerie *f* mit Tabak-, Schreibwaren- und Bücherverkauf sowie Schnellimbiß | *Am* Drogerie *f*, Apotheke *f*

Dru·id ['druːɪd] *s* Druide *m*; **~ess** ['~əs] *s* Druidin *f*; **dru'id·ic, dru'id·i·cal** *adj* druidisch, Druiden-

drum [drʌm] **1.** *s Mus* Trommel *f* ⟨to beat the ~ die Trommel rühren; tight as a ~ *übertr umg* sternhagelvoll⟩ | *auch* **beat of ~** Trommelschlag *m* | *Tech* Trommel *f* | *Tech* Walze *f*, Zylinder *m* | trommelförmiger Behälter | *Anat* Trommelhöhle *f* | *Arch* Trommel *f* | *Mus* Tamburin *n*; **2.** (**drummed, drummed**) *vt* (Melodie) trommeln | trommeln auf ⟨to ~ the table⟩; **~ into** *übertr umg* (Idee u. ä.) hineintrommeln, einpauken; **~ out** (Botschaft) hinaustrommeln, durch Trommeln verkünden | hinauswerfen, entlassen (**of** aus); **~ up** *übertr umg* (Leute) zusammentrommeln | (etw.) auf die Beine stellen, (für etw.) werben | (etw.) sich einfallen lassen, sich ausdenken ⟨to ≈ a new method⟩; *vi Mus* trommeln | (rhythmisch) schlagen *od* klopfen ⟨to ~ at/on the door⟩; **'~beat** *s* Trommelschlag *m*; **'~fire** *s Mil* Trommelfeuer *n*; **'~fish** *s Zool* Trommelfisch *m*; **'~head** *s Mus, Anat* Trommelfell *n*; **ˌ~-head court-'mar·tial** *s Mil* Standgericht *n*; **'~-head ˌserv·ice** *s Mil* Feldgottesdienst *m*; **ˌ~ 'ma·jor** *s Mil* Tambourmajor *m* | *Am* Anführer *m* einer (marschierenden) Musikkapelle; **~ maj·or·ette** [ˌ~meɪdʒə'ret] *s Am* Tambourmajorin *f*; **'~mer** *s Mus* Trommler *m* | *Mus* Schlagzeuger *m* | *Am Sl Wirtsch* Handlungsreisender *m*, Vertreter *m*; **'~my** *adj* trommelförmig; **'~stick** *s* Trommelstock *m*; **'~ ˌwind·ing** *s El* Trommelwicklung *f*

drunk [drʌŋk] **1.** *adj* (*meist präd*) betrunken ⟨to be beastly / blind / dead ~ *umg* total betrunken *od* sternhagelvoll sein; to get ~ on sich betrinken mit, betrunken werden durch; ~ and disorderly *Jur* Alkoholeinfluß *m*; ~ as a lord *umg* sinnlos betrunken; ~ with joy *übertr* freudetrunken⟩; **2.** *part perf von* ↑ **drink**; **3.** *s Sl* Sauferei *f*, Zechgelage *n* | *verächtl* Betrunkener *m*; **~ard** ['~əd] *s verächtl* Säufer *m*, Alkoholiker *m*; **ˌ~-'driven** *adj* Fahren unter Alkohol betreffend ⟨a ≈ episode⟩; **'~en** [~ən] *adj* (*meist attr*) betrunken ⟨a ≈ man Betrunkener *m*⟩ | trunksüchtig, dem Trunk ergeben | Trinker-, Trunk- ⟨≈ habits Trinkerleidenschaft *f*; ≈ homes Trinkerfamilien *f/pl*⟩ | von Trunkenheit herrührend ⟨a ≈ quarrel ein Streit in betrunkenem Zustand; ≈ stupor Alkoholrausch *m*⟩

drupe [druːp] *s Bot* Steinfrucht *f*

druse [druːz] *s Min* Druse *f*

dry [draɪ] **1.** *adj* trocken ⟨~ clothes; [as] ~ as a bone *umg* knochenhart⟩ | trocken, niederschlagsarm ⟨a ~ climate⟩ |

ausgetrocknet ⟨a ~ river⟩ | dürr, ausgedörrt ⟨~ land⟩ | (Tier) keine Milch gebend ⟨the cow is ~ die Kuh steht trocken⟩ | trocken, tränenlos ⟨with ~ eyes ungerührt⟩ | durstig ⟨to feel ~ durstig sein⟩ | durstig machend ⟨~ work⟩ | trocken, ohne Butter ⟨~ bread⟩ | (Wein) herb, trocken | *umg* unter Alkoholverbot stehend ⟨a ~ state ein Staat, in dem Alkoholverbot besteht; to go ~ Alkoholverbot einführen⟩ | trocken, rauh ⟨a ~ cough ein trockener Husten⟩ | *Med* trocken ⟨a ~ catarrh⟩ | *Arch, Mal* nüchtern, kühl | (Tatsachen) nüchtern, nackt | (Humor) trocken, sarkastisch ⟨~ words⟩ | langweilig ⟨as ~ as dust *umg* äußerst langweilig⟩; **2.** *vt* (ab)trocknen ⟨to ~ one's hands sich die Hände trocknen; to ~ o.s. sich abtrocknen⟩ | *meist* **~ up** austrocknen | *übertr* erschöpfen; **~ out** (jmdn.) trocken machen, vom Alkohol wegbringen | (völlig) austrocknen; *vi* trocknen, trocken werden | *oft* **~ up** (Kuh) trocken stehen; **~ up** aus-, eintrocknen, versiegen (*auch übertr*) | *übertr Sl* nichts mehr zu sagen haben ⟨~ up! halt den Mund!⟩ | *Sl, bes Theat* (in der Rolle) steckenbleiben; **3.** *s* Trockenheit *f*, -zeit *f*, Dürre *f*, trockenes Wetter | etwas Trockenes | trockener Zustand ⟨to arrive in the ~ trocken ankommen⟩ | *meist* **drys** *pl Am umg* Alkoholgegner *m/pl*

dry·ad ['draɪəd] *s Myth* Dryade *f*

dry| bat·ter·y ['draɪ ˌbætrɪ] *s El* Trockenbatterie *f*; **'~ cell** *s El* Trockenelement *n*; **ˌ~-'clean** *vt* chemisch reinigen; **ˌ~ 'clean·ing** *s* chemische Reinigung; **ˌ~ 'clean·er's** *s* (Laden) Chemische Reinigung; **~-cleanse** [ˌ~'klenz] = **~-clean**; **'~ dock** *Mar* **1.** *s* Trockendock *n*; **2.** *vt* ins Trockendock bringen; *vi* ins Trockendock kommen; **'~er** *auch* **'drier** *s Chem* Sikkativ *n*, Trockenmittel *n* | Trockenapparat *m* ⟨an electric hair ≈ Föhn *m*; clothes-≈ Wäschetrockner *m*⟩; **'~ ˌfarm·ing** *s Land* Trockenfarmen *n*; **'~ goods** *s/pl Am* Textilien *pl*, Schnittwaren *pl*; **ˌ~ 'grind·ing** *s Tech* Trockenschleifen *n*; **ˌ~ 'ice** *s* Trockeneis *n*; **'~ing** *adj* trocknend, Trocken-; **'~ing ˌcham·ber** *s* Trockenkammer *f*; **'~ing oil** *s Tech* Sikkativ *n*; **'~ing plant** *s Tech* Trockenanlage *f*; **'~ing ˌpro·cess** *s Tech* Trockenprozeß *m*; **'~ing room** *s Tech* Darre *f*; **'~ing stove** *s Tech* Trockenofen *m*; **'~ing yard** *s* Trockenplatz *m*, Bleiche *f*; **'~ish** *adj* ziemlich trocken; **ˌ~ 'land** *s* nicht überschwemmtes Gebiet ⟨to get onto ≈ das Hochwasser hinter sich lassen⟩; **'~ ˌmeas·ure** *s* Trockenmaß *n*; **ˌ~ 'nurse** *s* Säuglingsschwester *f*; **'~-nurse** *vt* bemuttern (*auch übertr*); **'~point** *s Kunst* (Kupferstecherei) Kaltnadel *f* | Kaltnadelradierung *f*; **ˌ~ 'rot** *s* Holz-, Trokkenfäule *f* | *übertr* (unsichtbarer) Verfall; **'~ˌsalt·er** *s Brit* Farben- und Chemikalienhändler *m*, Drogist *m*; **'~ˌsalt·er·y** *s Brit* Farben- und Chemikalienhandlung, Drogerie *f*; **ˌ~ 'sham·poo** *s* Trockenshampoon *n*; **ˌ~-'shod** *adj, adv* mit trockenen Schuhen | ohne die Schuhe naß zu machen; **ˌ~ 'wall** *s Arch* Trockenmauer *f*; **ˌ~ 'wal·ling** *s* Errichten *n* von Steinwällen (ohne Mörtel); **'~ wash** *s* Trockenwäsche *f*; **ˌ~ 'weight** *s* Trockengewicht *n*

d t's [di: 'ti:z] *s Abk* für *förml* **delirium tremens** Weiße Mäuse *f/pl* (Säuferwahn *m*)

du·al ['dju:l̩] **1.** *adj* zweifach, doppelt, Zwei- | *Tech* Doppel-, Zwillings- ⟨~ control *Flugw* Doppelsteuerung *f*⟩; **2.** *s Ling* Dual(is) *m*, Zweiheit *f*; **ˌ~ 'car·riage-way** *s Brit* Autobahn *f*; **ˌ~ ig'ni·tion** *s Tech* Doppelzündung *f*; **'~ism** *s* Dualismus *m*, Zweiheit *f*; **ˌ~'is·tic** *adj* dualistisch; **~i·ty** [dju:'ælətɪ] *s* Dualität *f*, Zweiheit *f*; **ˌ~ ˌna·tion'al·i·ty** *s* doppelte Staatsangehörigkeit; **ˌ~ 'tires** *s pl* Zwillingsbereifung *f*, -reifen *m/pl*

[1]**dub** [dʌb] *s Am Sl* Dummkopf *m*, Esel *m*

[2]**dub** [dʌb] *vt* (**dubbed, dubbed**) *arch, lit* zum Ritter schlagen | (jmdn.) betiteln, titulieren, (mit einem Namen be)nennen ⟨a region ~bed Switzerland of Saxony⟩ | *scherzh* (jmdm.) einen Spitznamen geben ⟨he was ~bed Doggie⟩ | *Tech* (Mauerwerk) abputzen | *Tech* glätten, zurichten | *Tech* (Leder) einfetten | (Golf) (Ball) schlecht treffen | *Film* (nach)synchronisieren | (Schallplatte) nachkopieren | (verschiedene Tonquellen) mischen | *auch* **~ in** (Ton, Effekte) (nachträglich) einsetzen

[3]**dub** [dʌb] **1.** (**dubbed, dubbed**) *vt* stoßen | (Trommel) schlagen; *vi* stoßen | trommeln; **2.** *s* Trommelschlag *m*

dub·bing ['dʌbɪŋ] *s* Titulierung *f* | Ritterschlag *m* | Lederfett *n* | *Film* Synchronisation *f*

du·bi|e·ty [dju:'baɪətɪ], **~os·i·ty** [ˌdju:bɪ'ɒsətɪ] *förml s* Zweifelhaftigkeit *f*, Ungewißheit *f*, Fragwürdigkeit *f* ⟨the ~eties of his position seine berufliche Problematik⟩ | Unschlüssigkeit *f*; **~ous** ['dju:bɪəs] *adj* zweifelhaft, ungewiß, unsicher, im Zweifel (**about, of, over** über) | unentschlossen | zweifelhaft, unzuverlässig ⟨a ≈ character⟩ | verdächtig, zweideutig, zweifelhaft ⟨a ≈ answer; a ≈ compliment⟩; **~ta·ble** ['dju:bɪtəbl] *förml adj* anzweifelbar | zweifelhaft; **ˌ~'ta·tion** *s förml* Zweifeln *n*, Zögern *n*; **~ta·tive** ['dju:bɪteɪtɪv] *adj förml* zweifelnd, zögernd

du·cal ['dju:kl] *adj* herzoglich, Herzogs-

duc·at ['dʌkət] *s Hist* Dukaten *m*

duch·ess ['dʌtʃɪs] *s* (*oft* ≗) Herzogin *f* | Matrone *f*

du·chesse [dʊ'ʃes] *s* Duchesse *f*

duch·y ['dʌtʃɪ] *s* (*oft* ≗) Herzogtum *n* ⟨the ≗ of Cornwall⟩

[1]**duck** [dʌk] *s* (*pl* **~s**, *collect* **~**) *Zool* Ente *f* ⟨wild ~ Wildente *f*; dead ~ *übertr umg* alter Hut; lame ~ *übertr umg* lahme Ente, krankes Huhn; like a ~ in a thunderstorm *übertr umg* erschreckt; like water off a ~'s back *übertr umg* unbeeindruckt, ohne jede Wirkung; sitting ~ *übertr umg* leichte Beute; to take s.th. like a ~ to water *übertr umg* sich sehr schnell an etw. gewöhnen, anpassen, etw. ohne Zögern tun⟩ | (weibliche) Ente (*Ant* **drake**) | *bes Brit umg* (Männer über Kinder, Frauen über jedermann) Liebling *m*, Schatz *m* ⟨a ~ of a girl ein süßes Mädchen; a sweet old ~ eine treue alte Seele⟩ | *Am Sl* Kerl *m*, Bursche *m* | (Kricket) Null *f* ⟨out for a ~ ohne Punkt aus (dem Spiel)⟩ ◇ **break one's ~** *Sport* den ersten Punkt machen, den ersten Erfolg davontragen

[2]**duck** [dʌk] **1.** *vi* schnell untertauchen | sich schnell bücken | sich ducken (**to** vor) (*auch übertr*); **~ out** *urspr Am umg* sich dünnmachen, sich drücken, verduften (**of** vor) ⟨to ~ out of *mit ger* sich drücken zu *mit inf*⟩; *vt* schnell ins Wasser (ein)tauchen, tauchen ⟨he ~ed the boy⟩ | ducken ⟨to ~ one's head den Kopf ducken⟩ | *Am umg* sich drücken vor ⟨to ~ all responsibilities⟩; **2.** *s* schnelles (Ein-, Unter-) Tauchen | Ducken *n* | schnelles Bücken

[3]**duck** [dʌk] *s* Segeltuch *n*

duck| bill ['dʌk bɪl], *auch* **ˌ~-ˌbilled 'plat·y·pus** [~ 'plætɪpəs] *s Zool* Schnabeltier *n*; **'~ boards** *s pl* Laufbretter, -planken *n, f/pl*; **'~ call** *s* (Jagd) Entenpfeife *f*; **'~['s] egg** *s* Entenei *n* | *Sport Sl* Null *f*; **'~er** *s* Entenzüchter *m* | *Am* Entenjäger *m* | *Zool* Taucher *m*; [1]**'~ing** *s* Entenjagd *f*

[2]**duck·ing** ['dʌkɪŋ] *s* (Ein-, Unter-) Tauchen *n* ⟨to give s.o. a ~ jmdn. untertauchen; to get a ~ naß werden⟩

duck|ling ['dʌklɪŋ] *s* Entlein *n* ⟨ugly ≈ *übertr* häßliches Entlein⟩; **'~pond** *s* Ententeich *m*

ducks [dʌks] *s pl umg* Segeltuchhosen *f/pl* ⟨dressed in white ~⟩

ducks and drakes ['dʌks ən 'dreɪks] *s* Hüpfsteinwerfen *n* Jungfern *n* ◇ **play ~ with** *umg* vergeuden, verschwenden ⟨to play ~ with one's money *übertr* sein Geld zum Fenster hinauswerfen⟩

duck| weed ['dʌk wi:d] *s Bot* Wasserlinse *f*, Entengrütze *f*; **'~y 1.** *s Brit umg* (*bes* Frauensprache) Herzchen *n*, Liebling *m*; **2.** *adj* lieb, süß

duct [dʌkt] *s Anat Bot* Gang *m*, Kanal *m* ⟨tear ~s⟩ | Röhre *f*, Röhrenleitung *f* | *Tech* Kanal *m*, Schacht *m* | *El* Leitungskanal *m* | *El* Kabelrohr *n* | *Tech* Kühlluftführung *f*; **duc·tile** ['~aɪl] *adj* (Metalle u. ä.) dehnbar, streckbar, biegsam | *lit* (Person) leicht lenkbar, beeinflußbar, fügsam ⟨a ≈ mind⟩; **duc·til·i·ty** [dʌk'tɪlətɪ] *s* Dehn-, Streckbarkeit *f* | *lit übertr* Lenkbarkeit *f*, Fügsamkeit *f*; **'~less** *adj* ohne Kanal *od* Gang; **,~less 'gland** *s Anat* endokrine Drüse

dud [dʌd] *Sl* **1.** *s* Niete *f*, Versager *m* | *Mil* Blindgänger *m*; **2.** *adj* schlapp, kraftlos, energielos; **,~ 'cheque** *s Sl* geplatzter Scheck

dud|die, ~dy ['dʌdɪ] *adj Schott* zerlumpt

dude [dju:d] *s Am Sl* Stutzer *m*, Dandy *m* | *Am Sl* (Weststaaten) Oststaatler *m*, Stadtfrack *m* | *Am Sl* Kerl *m*, Bursche *m*; **'~ ranch** *s Am* Ranch *f* (für Erholungssuchende), Ferienfarm *f*

dudg·eon ['dʌdʒən] *s förml* Ärger *m*, Zorn *m* ⟨in high ~ äußerst aufgebracht⟩

duds [dʌdz] *s/pl, meist dial* Lumpen *pl*, Klamotten *f/pl* | *Sl* Siebensachen *pl*

due [dju:] **1.** *adj* (*nur präd*) fällig ⟨to become/fall ~ˈfällig werden⟩ | zeitlich festgelegt, erwartet ⟨the train is ~ at eight der Zug soll um acht Uhr ankommen *od* abfahren; to be ~ for a promotion zur Beförderung anstehen⟩ | verpflichtet ⟨to be ~ to do tun müssen *od* sollen⟩ | veranlaßt, verursacht (**to** durch), zurückzuführen (**to** auf) ⟨the accident was ~ to careless driving⟩ | *förml* (*attr, präd*) gebührend, geziemend ⟨with ~ care and attention mit der nötigen Sorgfalt und Beachtung; with ~ respect mit gebührender Hochachtung; to be ~ to s.o. jmdm. gebühren *od* zustehen; it is ~ to him to say zu seiner Entschuldigung muß man sagen⟩ | *förml* angemessen, passend ⟨after ~ consideration nach reiflicher Überlegung⟩ | passend, richtig, genau, vorgesehen ⟨in ~ course/in ~ time zur rechten Zeit⟩; **2.** *adv* direkt, genau ⟨~ east genau nach Osten⟩; **3.** *s* (*nur sg*) (rechtmäßig) Zustehendes *n*, Anspruch *m*, Recht *n* ⟨to give s.o. his ~ jmdm. Gerechtigkeit widerfahren lassen; give the devil his ~ *Sprichw* Ehre, wem Ehre gebührt⟩ | *meist* **dues** *pl* Gebühren *f/pl*, Zoll *m* ⟨harbour ≈ Hafengebühren *f/pl*⟩; **,~ 'date** *s Wirtsch* Fälligkeitstermin *m*

du·el ['dju:l̩] **1.** *s* Duell *n*, Zweikampf *m* (*auch übertr*) ⟨to fight a ~ sich duellieren⟩; **2.** *vi, vt* (**'du·elled, 'du·elled**) sich duellieren (mit); **'~ling 1.** *s* Duellieren *n*; **2.** *adj* Duell-; **'~list** *s* Duellant *m*

du·en·na [dju:'enə] *s selten* Anstandsdame *f* | (*bes* Spanien, Portugal) Erzieherin *f*

du|et [dju:'et] **1.** *s Mus* Duett *n* ⟨to play a ~; to play ~s vierhändig spielen⟩ | *übertr* Dialog *m* | *übertr* Paar *n*, Zweigespann *n*; **2.** *vi* (**~'et·ted, ~'et·ted**) *Mus* Duett spielen, im Duett singen

[1]**duff** [dʌf] *vt Sl* herausstaffieren, aufpolieren | (Golf) (Ball) verfehlen

[2]**duff** [dʌf] *s dial* ↑ **dough** | Mehlpudding *m*

duf·fel ['dʌfl] **1.** *s* Düffel *m* (Wollstoff) | *Am umg* (Camping u. ä.) Ausrüstung *f*, Zubehör *n*; **2.** *adj* Düffel-; **'~ bag** *s Mil* Kleider-, Seesack *m*; **'~ coat** *s* Düffelmantel *m*, Dufflecoat *m*

duf·fer ['dʌfə] *s Brit* Betrüger *m*, Schwindler *m* | *umg* Dummkopf *m* ⟨a ~ at games jmd., der ein Spiel schwer begreift⟩ | *Sl* Schund *m*, wertloses Zeug | wertlose Münze

duf·fle ['dʌfl] = **duf·fel**

[1]**dug** [dʌg] *s* Euter *n* | Zitze *f*

[2]**dug** [dʌg] *prät* u. *part perf* von ↑ **dig**; **'~out** *s* Kanu *n* | Höhlenwohnung *f* | *Mil* Unterstand *m* | (Baseball) kleiner Unterstand | *Brit Sl* reaktivierter Offizier *od* Beamter

[1]**duke** [dju:k] *s oft* ≗ Herzog *m*; **'~dom** *s* Herzogtum *n* | Herzogswürde *f*; **'duk·er·y** *s* Herzogswürde *f* | Herzogssitz *m*

[2]**duke** [dju:k] *Am Sl* (*auch übertr*) *vi* sich kampeln; *vt* sich kampeln mit ◇ **~ it out** etw. auskämpfen; **'~-out** *s* Kampelei *f*, Faustkampf *m*; **dukes** *s/pl Sl* Fäuste *pl* ⟨put your ≈ up zeig deine Fäuste!⟩; **dukes-up** ['dju:ksʌp] *adj* kampflustig, kampfbereit, streitsüchtig

dul·cet ['dʌlsɪt] *lit adj* (Ton) melodisch, harmonisch | angenehm ⟨~ to the eye⟩

dul·ci|fi·ca·tion [ˌdʌlsɪfɪ'keɪʃn] *lit s* Besänftigung *f*; **~fy** ['dʌlsɪfaɪ] *vt* besänftigen | *arch* versüßen

dul·ci·mer ['dʌlsɪmə] *s Mus* Hackbrett *n* | Schlagzither *f*, Zimbel *f*

dul·cin·e·a [ˌdʌlsɪ'nɪə] *s scherzh* Geliebte *f*

dull [dʌl] **1.** *adj* schwer von Begriff, dumm, beschränkt ⟨a ~ pupil; ~ of mind stumpfsinnig⟩ | schwerfällig, langsam, träge ⟨a ~ horse; ~ of hearing schwerhörig⟩ | unempfindlich, stumpf, teilnahmslos ⟨a ~ man⟩ | untätig, leblos ⟨a ~ brain⟩ | dumpf, undeutlich ⟨a ~ pain⟩ | langweilig, eintönig, uninteressant ⟨a ~ book⟩ | gelangweilt ⟨to feel ~ sich langweilen⟩ | *Wirtsch* flau, lustlos ⟨trade is ~⟩ | (Waren) nicht gefragt, nicht absetzbar ⟨~ goods⟩ | (Feuer) schwach, matt | (Farbe) matt, dunkel | (Auge u. ä.) matt, leblos | (Messer) stumpf | (Spiegel) blind | (Wetter) trübe ⟨a ~ day⟩; **2.** *vt* stumpf machen | matt *od* glanzlos machen ⟨to ~ a mirror⟩ | *übertr* abstumpfen, trüben, schwächen ⟨eyes and ears ~ed by age⟩ | *übertr* unempfindlich machen gegen, vermindern ⟨drugs ~ pain⟩; *vi* stumpf werden | matt *od* glanzlos werden | *übertr* sich abschwächen | *übertr* abstumpfen | sich legen (*auch übertr*); **~ard** ['~əd] *s* Dummkopf *m*; **'~-eyed** *adj* trübe, schwermütig; **'~ish** *adj* ziemlich langweilig | ziemlich träge; **dulls·ville** ['dʌlzvɪl], *auch* **Dulls·ville 1.** *s Am Sl* Öde *f*, absolute Langeweile, etw. furchtbar Langweiliges *od* Ödes; **2.** *adj* furchtbar langweilig, öde; **'~wit·ted** *adj* dumm

du·ly ['dju:lɪ] *adv* ordnungsmäßig, -gemäß, gehörig ⟨to be ~ noted entsprechend zur Kenntnis genommen werden⟩ | rechtzeitig ⟨~ paid⟩ | schicklich, passend ⟨~ ornamented⟩

dumb [dʌm] **1.** *adj* stumm ⟨the deaf and ~ die Taubstummen *m, f/pl*⟩ | ohne Sprache ⟨~ animals/~brutes stumme Geschöpfe *n/pl*⟩ | schweigsam, nicht zum Reden geneigt ⟨to remain ~ nicht zum Sprechen zu bewegen⟩ | *übertr* stumm, sprachlos ⟨struck ~ with horror vor Schrecken sprachlos⟩ | *urspr Am umg* dumm, blöd; **2.** *vt* (etw.) zum Verstummen bringen; **,~ 'barge** *s Brit Mar* Schute *f*; **'~bell 1.** *s Sport* Hantel *f* | *Am Sl* Dummkopf *m*, Idiot *m*; **2.** *vi, vt Sport* hanteln; **~'found**, *auch* **dum'found** *vt* verblüffen, sprachlos machen; **~'found·ed**, *auch* **dum'found·ed** *adj* verblüfft, sprachlos; **'~head** *s Am Sl* Dummkopf *m*; **'~ show** *s* Pantomime *f* | Gebärdenspiel *n*; **,~'wait·er** *s urspr Am* Speisenaufzug *m* | *bes Brit* (drehbarer) Serviertisch

dum·dum ['dʌmdʌm] *auch* **'~ ˌbul·let** *s* Dumdum(geschoß) *n*

dum·my ['dʌmɪ] **1.** *s* Attrappe *f* | Kleider-, Schaufensterpuppe *f* | Schneiderpuppe *f* | *Wirtsch, Jur, Kart* Strohmann *m* | *Theat* Statist *m* | *Brit* Schnuller *m*, Gummilutscher *m* | Speisenaufzug *m* | *Typ* Blindband *m* | *Med* (Zahn-) Brücke *f* | *Am umg* Verkehrsampel *f* | *Am umg* Dummkopf *m*; **2.** *adj* Schein-, blind ⟨~ grenade Übungshandgranate *f*; ~ warhead blinder Gefechtskopf⟩ | unecht, falsch ⟨a ~ watch⟩; **,~ 'gun** *s* Holz-, Spielzeuggewehr *n*

[1]**dump** [dʌmp] **1.** *vt* abladen, ablagern ⟨to ~ rubbish⟩ | entladen, entleeren, umkippen, (heftig) ab-, niederstellen | (geräuschvoll) fallen lassen | (Waren) zu Schleuderpreisen (meist im Ausland) verkaufen | (ungebetenen) Gast loswerden, wegschicken | (Einwanderer) abschieben | *Mil* lagern; *vi* hinfallen, hinplumpsen; **2.** *s* dumpfer Fall,

Plumps *m* | Abladeplatz *m*, Schutthaufen *m* | *Sl* Nest *n* | *Bergb* Halde *f* | *Mil* Depot *n* ⟨an ammunition ~⟩ | *Sl verächtl* heruntergekommener Ort, verwahrlostes Nest | *Am Sl verächtl* Spelunke *f*; **3.** *adj* Kipp- ⟨~ trailer Kippanhänger *m*⟩

²**dump** [dʌmp] *s bes Brit* Klumpen *m* | *umg* untersetzte Person | *Sl* kleine Münze ⟨not worth a ~ keinen Heller wert⟩

dump| cart ['dʌmpˌkɑ:t] *s* Kippwagen *m*; **'~er** *s* Dumper *m*, Kippwagen *m*; **'~ing** *s* Umkippen *n* | Schutthaufen *m* | *Wirtsch* Dumping *n*, Unterbieten *n* der Preise ⟨customs ≈ Zolldumping *n*⟩; **'~ing ground** *s Am* Schuttabladeplatz *m*; **'~ing price** *s Wirtsch* Kampfpreis *m*; **'~ing truck** *s, auch* **'~er truck**, *Am* **'~ truck** Kipplastwagen *m*

dump·ish ['dʌmpɪʃ] *adj* dumm | niedergeschlagen

dump·ling ['dʌmplɪŋ] *s* Kloß *m* (mit Fleisch) | (süßer) Kloß, Pastete *f* ⟨apple ~ Apfelknödel *m*⟩ | *umg* dicke Person, Mops *m*

dumps [dʌmps] *umg s/pl* schwermütige Stimmung ⟨[down] in the ~ niedergeschlagen⟩; ¹**dump·y** ['dʌmpɪ] *adj* niedergeschlagen

²**dump·y** ['dʌmpɪ] *umg* **1.** *adj* dick, untersetzt; **2.** *s* untersetzte Person

¹**dun** [dʌn] **1.** *vt* (**dunned**, **dunned**) ungestüm *od* ständig mahnen ⟨a ~ning letter Mahnbrief *m*⟩ | belästigen, bedrängen (**with** mit); **2.** *s* ungestümer Mahner *od* Gläubiger | Zahlungsaufforderung *f*

²**dun** [dʌn] **1.** *s* Graubraun *n* | schwarzbraunes Pferd, Brauner *m*; **2.** *adj* grau-, schwarzbraun, schwärzlichbraun

dunce [dʌns] *s* Dummkopf *m* | schwerfälliger, lernfauler Schüler; **'~ cap**, *auch* **'~'s cap** *s arch* Narrenkappe *f* (für schlechte Schüler)

dunch [dʌntʃ] *s Schott, dial* Puff *m*, Stoß *m*

dun crow [ˌdʌn 'krəʊ] *s Zool* Nebelkrähe *f*

dun·der·head ['dʌndəhed] *s* Dummkopf *m*; **'~ed** *adj* dumm

dune [dju:n], *auch* **'sand ˌdune** *s* Düne *f*; **'~ ˌbug·gy** *s* Strandauto *n*

dung [dʌŋ] **1.** *s* Dung *m*, Dünger *m*, Mist *m* | *übertr* Schmutz *m*; **2.** *vi, vt* düngen

dun·ga·ree [ˌdʌŋgə'ri:] *s* grobes indisches Kattunzeug; **~s** *s/pl* grobe Arbeitskleidung, Arbeitsanzug *m*

dung| bee·tle ['dʌŋ ˌbi:tl] *s Zool* Mistkäfer *m*; **'~ cart** *s* Mistkarren *m*

dun·geon ['dʌndʒən] **1.** *s* Kerker *m*, Verließ *n*; **2.** *vt, auch* **~ up** einkerkern

dung| fly ['dʌŋ ˌflaɪ] *s Zool* Mistfliege *f*; **'~ fork** *s* Mistgabel *f*; **'~ˌhill 1.** *s* Misthaufen *m* ⟨cock on one's own ≈ *übertr* Herr *m* im Haus⟩ | *übertr* elende Lage; **2.** *adj übertr* niedrig, gemein; **'~hill fowl** *s* Hausgeflügel *n*; **'~y** *adj* mistig | *übertr* gemein

dunk [dʌŋk] *vt, vi umg* (Speise) eintauchen, eintunken (**in** in) | (in Wasser) (unter)tauchen

dun·lin ['dʌnlɪn] *s Zool* Alpen-, Strandläufer *m*

dun·nage ['dʌnɪdʒ] **1.** *s Mar* Stauholz *n*; **2.** *vt* mit Stauholz füllen

dun·no [də'nəʊ|'dʌnəʊ] *umg* für **do not know**

dun·nock ['dʌnək] *s Zool* Heckenbraunelle *f*

dunt [dʌnt] **1.** *s Schott, dial* (dumpfer) Schlag; **2.** *bes Schott* (heftig *od* dumpf) (auf)schlagen

duo- [dju:ə] ⟨*lat*⟩ *in Zus* zwei, Zwillings-

du|o ['dju:əʊ] *s* (*pl* **~os**, **~i** [~i:]) *Mus* Duo *n* | *umg* Paar *n*, Duo *n*

du·o·dec·i|mal [ˌdju:ə'desɪml] *Math* **1.** *adj* duodezimal; **2.** *s*, *meist* **~mals** *pl* Duodezimalsystem *n*; **~mo** [~məʊ] **1.** *s* (*pl* **~mos**) *Typ* Duodez *n*; **2.** *adj* Duodez-

du·o·de|nal [ˌdju:ə'di:nl] *adj Anat* duodenal, Zwölffingerdarm-; **du·o'den·a·ry** *adj Math* zwölffach; **~num** *s* (*pl* **~na** [~nə]) *Anat* Duodenum *n*, Zwölffingerdarm *m*

du·o·logue ['dju:əlɒg] *s* Zwiegespräch *n*

du·o·tone ['dju:ətəʊn] *s* Zweifarbendruck *m*

dup·a|bil·i·ty [ˌdju:pə'bɪlətɪ] *s förml* Leichtgläubigkeit *f*; **'~ble** *adj* leichtgläubig, vertrauensselig, einfältig; **dupe** ['dju:p] **1.** *s* Leichtgläubiger *m*, Gimpel *m* | Opfer *n* einer Täuschung ⟨to be the ≈ of sich täuschen lassen von⟩; **2.** *vt* (jmdn.) täuschen, anführen ⟨to ≈ s.o. into *mit ger* jmdn. durch Tricks dazu bringen, daß⟩; **'dup·er·y** *s* Täuschung *f*

du·ple ['dju:pl] *adj* doppelt, zweifach; **'~ time** *s Mus* Zweiertakt *m*

du·plex ['dju:pleks] **1.** *adj* zweifach, doppelt, Doppel- | *El, Tech* Duplex-; **2.** *Am s* Zwei-Etagen-Wohnung *f* | *auch* **'~ 'house** Zweifamilienhaus *n* | *Tel* Duplex-, Gegensprechverkehr *m*; **ˌ~ 'gas ˌburn·er** *s* Doppelgasbrenner *m*; **ˌ~ 'print[ing]** *s Text* beiderseitiger Druck *od* Farbauftrag; **'~ set** *s Tel* Gegensprechschaltsatz *m*

du·pli|cate ['dju:plɪkɪt] **1.** *adj* doppelt, zweifach, Doppel- ⟨a ≈ copy⟩ | genau entsprechend ⟨≈ key Nachschlüssel *m*⟩; **2.** *s* Duplikat *n*, zweites Exemplar, Zweitschrift *f* | doppelte Ausführung ⟨in ≈s in zweifacher Ausführung⟩ | (Kunstwerk) Dublette *f* | *Wirtsch* Duplikatwechsel *m*; ['dju:plɪkeɪt] *vt* verdoppeln | im Duplikat herstellen, kopieren ⟨to ≈ s.th. etw. abschreiben⟩ | vervielfältigen; *vi* sich verdoppeln; **ˌ~cate 'cur·ren·cy** *s Wirtsch* Parallelwährung *f*; **ˌ~'ca·tion** *s* Verdoppelung *f*, Verdoppeln *n* | Vervielfältigung *f* | Duplikat *n*, Zweitschrift *f*; **'~ca·tor** [~keɪtə] *s* Vervielfältigungsapparat *m*

du·plic·i·ty [dju:'plɪsətɪ] *s* Duplizität *f*, Zweiheit *f* | *übertr* Doppelzüngigkeit *f*, Falschheit *f*, Betrug *m*

du·ra|bil·i·ty [ˌdjʊərə'bɪlətɪ] *s* Dauerhaftigkeit *f*; **'~ble** *adj* dauerhaft, fest, haltbar (*auch übertr*) ⟨≈ clothing; a ≈ peace⟩; **ˌ~ble 'goods** *s/pl Wirtsch* Gebrauchsgüter *n/pl*; **ˌ~ble 'press 1.** *s* Bügelfreimachung *f*, bügelfreie Appretur; **2.** *adj* bügelfrei ⟨≈ shirt⟩

du·ra·men [djʊə'reɪmən] *s Bot* Kernholz *n*

dur·ance ['djʊərəns] *s förml* Haft *f* ⟨in ~ vile hinter Schloß und Riegel⟩

du·ra·tion [djʊ'reɪʃn] *s* Dauer *f* ⟨~ flight Dauerflug *m*; for the ~ auf unbestimmte Zeit, für lange Zeit; *übertr umg* für die Dauer des Krieges; for the ~ of für die Dauer von; ~ of life Lebensdauer *f*; of short ~ von kurzer Dauer⟩ | *Pol, Wirtsch* (Vertrag, Wechsel) Laufzeit *f*; **dur·a·tive** ['djʊərətɪv] **1.** *adj* dauernd | *Ling* durativ; **2.** *s Ling* Durativ *m*, Dauerform *f*

dur·bar ['dɜ:bɑ:] *s Ind* **1.** (Prinzen)Hof *m* | Gala(empfang) *f(m)*

du·ress[e] [djʊ'res] *s* Druck *m* | *Jur* Zwang *m*, Nötigung *f* ⟨to act under ~ unter Zwang handeln⟩ | *Jur* Freiheitsberaubung *f*, Einkerkerung *f* ⟨to be under ~ in Haft sein⟩

dur·ex ['djʊəreks] *s oft* ≈ *Brit* Gummischutz *m*, Kondom *n*

du·ri·an ['djʊərɪən] *s Bot* Durian *m*, Zibetbaum *m*

dur·ing ['djʊərɪŋ] *präp* während, im Laufe von ⟨~ the night im Laufe der Nacht, in der Nacht⟩

dur·mast ['dɜ:mɑ:st] *s Bot* Steineiche *f*

durn [dɜ:n] = ²**darn**

du·rom·e·ter [djʊə'rɒmɪtə] *s Tech* Härtemesser *m*

dur·ra ['durə] *s Bot* Durra *f*, indische Hirse

durst [dɜ:st] *dial prät* von ↑ **dare**

dusk [dʌsk] **1.** *s* Halbdunkel *n*, Dämmerung *f* ⟨at ~ bei Einbruch der Dunkelheit⟩; **2.** *adj* dunkel, dämmerig, düster; **3.** *vt* dunkel machen, verdunkeln; *vi* dunkel werden; **'~y** *adj* dunkel, dämmerig, trübe (*auch übertr*) | schwärzlich

dust [dʌst] **1.** *s* Staub *m* (*auch übertr*) ⟨to bite the ~ *übertr umg* ins Gras beißen; to drag s.th. in the ~ *übertr* etw. in den Schmutz ziehen; to kick up/raise a ~ *übertr umg* viel

Staub aufwirbeln; to shake the ~ off one's feet *übertr umg* entrüstet aufbrechen *od* fortgehen; to throw ~ in s.o.'s eyes *übertr umg* jmdm. Sand in die Augen streuen; in ~ and ashes *übertr* in Sack und Asche; when the ~ has settled *übertr umg* wenn sich der Staub gelegt hat, wenn der Aufruhr vorbei ist⟩ | Staubwolke *f* ⟨to raise a ~⟩ | Schmutz *m*, Kehricht *m*, Müll *m* | *Bot* Blütenstaub *m* | *Sl* Moos *n*, Geld *n* | *übertr lit* sterbliche Überreste *m/pl* ⟨buried with the ~ of in dem gleichen Grabe liegen mit⟩ | Durcheinander *n*, Lärm *m* ⟨the ~ and heat of the day die Last *f* des Tages⟩ | *übertr* Erniedrigung *f* ⟨[humbled] in[to] the ~ tief gedemütigt; to rise from the ~ of past defeat die Schmach der Niederlage überwinden⟩; **2.** *vt* abstauben ⟨to ~ the furniture; to ~ s.o.'s jacket *übertr* jmdn. verhauen, verprügeln⟩ | staubig machen | bestäuben, bestreuen (**with** mit, **over** über) ⟨to ~ sugar on a cake; to ~ s.o.'s eyes *übertr* jmdm. Sand in die Augen streuen⟩; ~ **off** *übertr* aufpolieren; *vi* staubig werden | abstauben | *Am Sl* sich aus dem Staub machen; ~ **around** *Am umg* herumstreunen; **'~ bin** *s Brit* Mülleimer *m*; **'~bin,man** *s* (*pl* **'~bin,men**) *Brit* Müllräumer *m*; **'~ bowl** *s* staubiger Landstrich, öde Gegend; **'~cart** *s* Müllwagen *m*; **'~cloth** *s* Staublappen *m* | (Möbelschutz-) Überzug *m*; **'~coat** *s* Staubmantel *m*; **'~ ,cov·er** *s* (Buch-) Schutzumschlag *m*; **'~ ,dev·il** *s* Windhose *f*; **'~er** *s* Staublappen *m* ⟨feather ≈ Staubwedel *m*⟩ | *Am* Staubmantel *m* | (Salz- u. ä.) Streudose *f* | *Tech* Siebmaschine *f*; **'~ hole** *s* Aschengrube *f*; **'~ing** *s* Abstauben *n* | *Sl* Tracht *f* Prügel; **'~ ,jack·et** *s* (Buch-) Schutzumschlag *m*; **'~man** *s* (*pl* **'~men**) Müllabfuhrmann *m* | *übertr* Sandmännchen *n*; **'~pan** *s* Kehrschaufel *f*; **'~ storm** *s* Sandsturm *m*; **'~-'tight** *adj* staubdicht; **'~ whirl** *s* Staubwirbel *m*; **'~y** *adj* staubig, bestaubt | staubförmig | staub-, sandfarben | *übertr* langweilig | *übertr* schlecht ⟨not so ≈ *Brit umg* gar nicht so übel⟩; **,~y 'an·swer** *s* ungenaue *od* unbefriedigende Antwort

Dutch [dʌtʃ] **1.** *adj* holländisch, niederländisch | *Hist* deutsch ◇ **go** ~ *umg* für sich selbst zahlen, getrennte Kasse machen ⟨to go ~ with s.o. mit jmdm. die Zeche teilen⟩; **2.** *s* Holländisch *n*, Niederländisch *n* ⟨the ~ *collect* die Holländer *m, f/pl*, das holländische Volk⟩ ◇ **'double ~** Kauderwelsch *n* ⟨to talk double ~ Kauderwelsch reden⟩; **in ~** *Am Sl* schlecht angeschrieben ⟨to put s.o. in ~ with jmdn. in Ungnade fallen lassen bei⟩; **one's ~** *Brit* (London) *scherzh* (Ehe-) Frau *f*, Alte *f*; **beat the ~** *umg* es schaffen ⟨that beats the ~ das haut dem Faß den Boden aus⟩; **,~ 'auc·tion** *s Wirtsch* Niederländische Auktion (Preisabschlag, bis sich ein Käufer findet) ⟨to put up for ≈, to sell by ≈ (mit Abschlag) verauktionieren, versteigern⟩; **,~ 'barn** *s* Feldscheune *f*; **,~ 'bond** *s Arch* Kreuzverband *m*; **,~ 'cap** *s Med* Pessar *n*; **,~ 'clo·ver** *s Bot* Weißer Klee; **,~ 'cour·age** *s umg* angetrunkener Mut; **,~ 'foil, ,~ 'gold** *s* Rauschgold *n*; **'~man** *s* (*pl* **'~men**) Holländer *m*, Niederländer *m* ⟨the Flying ≈ der Fliegende Holländer⟩ ◇ **if … (then) I'm a ~man** *übertr* wenn …, dann will ich Meier heißen; **or I'm a ~man** oder ich laß mich hängen; **'~man's-'pipe** *s Bot* Pfeifenkraut *n*; **,~ 'ov·en** *s* Röstblech *n* (vor offenem Feuer) | eiserne Grillpfanne | Backstein-, Ziegelofen *m*; **,~ 'treat** *s* Essen *n od* Vergnügen *n*, bei dem jeder selbst zu bezahlen hat; **,~ 'un·cle** *s umg* strenger Kritiker ⟨to talk to s.o. like a ≈ jmdn. hart ins Gebet nehmen⟩; **'~wom·an** *s* (*pl* **'~wom·en**) Holländerin *f*, Niederländerin *f*

du|te·ous ['dju:tɪəs] *adj förml* pflichttreu, gehorsam | ehrerbietig; **'~ti·a·ble** *adj* (Waren) steuer-, zollpflichtig ⟨tobacco is ≈⟩; **'~ti·ful** *adj* gehorsam ⟨a ≈ child⟩ | ehrerbietig | pflichtgemäß

du·ty ['dju:tɪ] **1.** *s* Pflicht *f*, Schuldigkeit *f* (**to[wards]** gegenüber) ⟨breach of ~ by s.o. Pflichtverletzung *f* an jmdm.; to do one's ~ seine Pflicht tun; in ~ bound pflichtschuldig⟩ | Dienst *m* ⟨to be on ~ Dienst haben; to be off ~ dienstfrei haben; to do ~ for *übertr* dienen als, benutzt werden als; to take s.o.'s ~ jmds. Dienst übernehmen⟩ | Ehrerbietung *f* (**to** gegen) | (*oft pl*) *Wirtsch* Steuer *f*, Zoll *m*, Abgabe *f*, Gebühr *f* (**on** auf) ⟨~ on exports Ausfuhrzoll *m*; customs ~ Einfuhrzoll *m*; estate ~ Erbschaftssteuer *f*; excise ~ Gewerbesteuer *f*; free of ~ zollfrei; liable to ~ zollpflichtig⟩ | *Tech* Nutzleistung *f* (einer Maschine) ⟨heavy ~ hohe Leistungskraft; heavy ~ tyres Qualitätsreifen *m/pl*⟩; **2.** *adj* Pflicht- ⟨~ call Höflichkeitsbesuch *m*; ~ copy Pflichtexemplar *n*⟩; **,~-'free** *adj* zoll-, steuerfrei; **,~ 'paid** *adj* verzollt; **,~ so'lic·i·tor** *s Brit Jur* Pflichtanwalt *m*, -verteidiger *m*

du·vet, *Brit auch* **du·vay** ['du:veɪ] *s* Federbett *n*

du·ve|tyn[e], *auch* **~tine** ['dju:vɪti:n] *s* Duvetine *m*, wildlederartiger Baumwollstoff

dwale [dweɪl] *s Bot* Belladonna *f*, Tollkirsche *f*

dwarf [dwɔ:f] **1.** *s* Zwerg *m* (*auch übertr*); **2.** *adj*, *bes Bot* klein, Zwerg- ⟨a ~ apple⟩; **3.** *vt* in der Entwicklung hindern | verkleinern | klein erscheinen lassen | *übertr* in den Schatten stellen; *vi* klein werden, sich verkleinern | verkrüppeln, zusammenschrumpfen; **'~ish** *adj* zwergenhaft, klein | *Med* unterentwickelt; **,~ 'palm** *s Bot* Zwergpalme *f*; **'~ 'star** *s Astr* Zwergstern *m*

dwell [dwel] **1.** *vi* (**dwelt, dwelt**, *auch* **dwelled, dwelled**) *lit, arch* wohnen, hausen | bleiben, verweilen ⟨to ~ in s.o.'s memory jmdm. im Gedächtnis bleiben⟩ | Nachdruck legen, sich auslassen (**[up]on** auf, über) | zögern; **2.** *s arch* Pause *f*, Zögern *n*; **'~er** *s* Bewohner *m* ⟨town ≈; cliff ≈; cave ≈⟩ | *Sport* Pferd *n*, das vor Hindernissen stutzt *od* zögert; **'~ing** *s* Aufenthalt *m* | *förml* Wohnung *f*, Wohnsitz *m* ⟨≈ house Wohnhaus *n*; ≈ place Wohnort *m*; ≈ unit Wohneinheit *f*⟩; **dwelt** *prät* u. *part perf* von ↑ **dwell**

dwin·dle ['dwɪndl] *vi* schwinden, abnehmen | verfallen, degenerieren, ausarten (**into** zu); ~ **away** dahinschwinden; *vt* schwinden lassen, vermindern

dy·ad ['daɪæd] **1.** *s* Dyas *f*, Zweiheit *f*, Paar *n* | *Mus* Zweiklang *m*; **2.** *adj*, *auch* **dy'ad·ic** Zweier-, dyadisch

dy·ar·chy ['daɪɑ:kɪ] *s Am* **diarchy**

dy·as ['daɪæs] *s Geol* Dyas *f*

d'ye [djɪ] *umg* für **do you**

dye [daɪ] **1.** *s* Farbstoff *m* | Farbe *f*, Färbung *f* ⟨fast ~ echte Farbe, fugitive ~ unechte Farbe; of the deepest/blackest ~ *übertr* von der übelsten Sorte⟩; **2.** (**dyed, dyed**) *vt* färben ⟨to ~ a dress blue; to ~ in the wool / in grain waschecht färben⟩ | *übertr Poes* (ver)färben; *vi* färben | sich färben lassen ⟨the material does not ~ well⟩; **'~a·ble** *adj* färbbar; **,dyed-in-the-'wool** *adj* wollecht gefärbt | *übertr oft verächtl* waschecht, eingefleischt, gründlich | *Pol* fanatisch ⟨a ≈ Republican⟩; **'dye·ing** *s* Färben *n* | Färbereigewerbe *n*; **'dy·er** *s* Färber *m*, Farbstoff *m*; **'dy·er's woad** *s Bot* Waid *m*; **'~stuff** *s* Farbstoff *m*; **'~works** *s* (*pl* **'~works**) Färberei *f*

dy·ing ['daɪɪŋ] **1.** *adj* sterbend ⟨a ~ man ein Sterbender; to be ~ im Sterben liegen⟩ | letzte(r, -s), Sterbe-, Todes- ⟨~ wish⟩ | zu Ende gehend ⟨the ~ day⟩ | (Blick) schmachtend; **2.** *s* Sterben *n*, Tod *m*; **'~ day** *s* Todestag *m*

dyke [daɪk] = [2]**dike**

dy·nam·e·ter [daɪ'næmɪtə] *s Phys* Dynameter *n*

dy·nam|ic [daɪ'næmɪk] **1.** *adj* dynamisch, wirksam, bewegend | (Person) dynamisch, kräftig, aktiv; **2.** *s förml* wirkende Kraft, Dynamik *f* | *meist* **dy'nam·ics** (*sg konstr*) Dynamik *f* (*auch übertr*); **dy'nam·i·cal** *adj* dynamisch; **,~i·cal po'si·tion·ing** *s Mar* elektronische Kursbestimmung; **dy·na·mism** ['daɪnæmɪsm] *s* Dynamik *f*, dynamische Kraft |

Phil Dynamismus *m*

dy·na|mite ['daɪnəmaɪt] **1.** *s* Dynamit *n* | *übertr umg* Dynamit *n*, Zündstoff *m*; **2.** *vt* mit Dynamit sprengen; **'~mit·er** *s* Sprengstoffattentäter *m*; **~mit·ic** [ˌdaɪnə'mɪtɪk], **ˌ~'mit·i·cal** *adj* Dynamit-

dynamo- [daɪnəmə] ⟨*griech*⟩ *in Zus* Kraft-

dy·na|mo ['daɪnəməʊ] *s* (*pl* **'~mos**) *El* Dynamo *m*, Lichtmaschine *f* | *übertr* (Mensch) Maschine *f*, unablässiger Arbeiter

dy·na·mo·e·lec·tric [ˌdaɪnəməɪ'lektrɪk] *adj Phys* dynamoelektrisch

dy·na·mom·e·ter [ˌdaɪnə'mɒmɪtə] *s Tech, Phys* Dynamometer *n*, Kraftmesser *m*

dy|nast ['dɪnəst] *s* Dynast *m*, Herrscher *m*; **~nas·tic** [dɪ'næstɪk], **~'nas·ti·cal** *adj* dynastisch; **'~nas·ty** *s* Dynastie *f*, Herrschergeschlecht *n* ⟨the Tudor ≈⟩

dyne [daɪn] *s Phys* Dyn *n*, Einheit *f* der Kraft

dys- [dɪs] *präf mit der Bedeutung*: schwierig, schlecht | *Med* schlecht, abnorm (*z. B.* **dyspepsia** schlechte Verdauung)

dys·ar·thri·a [dɪs'ɑ:θrɪə] *s Med* Dysarthrie *f*, Sprachstörung *f*

dys·en·ter|ic [ˌdɪsn'terɪk] *adj Med* dysenterisch, Dysenterie-; **~y** ['dɪsntrɪ] *s Med* Dysenterie *f*, Ruhr *f*

dys·func·tion [dɪs'fʌŋkʃn] *s Med* Funktionsstörung *f*

dys·lex·i·a [dɪs'leksɪə] *s Med* Dyslexie *f*, Wortblindheit *f*, Leseschwäche *f*

dys·lo|gis·tic [ˌdɪslə'dʒɪstɪk] *adj förml* abfällig, herabsetzend; **'~gy** *s* Tadel *m*

dys·pep·si·a [dɪs'pepsɪə], **dys'pep·sy** *s Med* Dyspepsie *f*, Verdauungsstörung *f*; **dys'pep·tic 1.** *adj Med* dyspeptisch, magenkrank | *übertr* mißmutig, mürrisch; **2.** *s* Dyspeptiker *m*

dys|pho·ria [dɪs'fɔ:rɪə] *s Med* Dysphorie *f*, Unruhe *f*; **~phor·ic** [~'fɒrɪk] *adj Med* unruhig, nervös

dysp|noe·a [dɪsp'ni:ə] *s Med* Dyspnoe *f*, Atemnot *f*; **~noe·al** [~'ni:əl], **~noe·ic** [~'ni:ɪk] *adj Med* dyspnoisch, kurz-, schweratmig

dys·tro|phi·a [dɪs'trəʊfɪə], **~phy** ['dɪstrəfɪ] *s Med* Dystrophie *f*, Ernährungsstörung *f*

dys·u·ri·a [dɪs'jʊərɪə] *s Med* Dysurie *f*, Harnzwang *m*; **dys'u·ric** *adj Med* Dysurie-

E

E, e [i:] *s* (*pl* **E's, Es, e's, es**) E *n*, e *n* | *Mus* E *n* ⟨E flat Es *n*, E sharp Eis *n*⟩

each [i:tʃ] **1.** *adj* jede(r, -s) (aus e-r bestimmten Zahl) ⟨~ man jeder⟩; **2.** *pron* jede(r, -s); eine jede, ein jeder, ein jedes ⟨~ went his way ein jeder ging seiner Wege⟩ ◇ **~ other** einander; **~ and all** jeder einzelne; **~ way** (Rennsport) Platz *m* ⟨to put £ 1 ≈ on a horse ein Pferd £ 1 auf Platz spielen⟩; **3.** *adv* pro Stück, je ⟨they cost six dollars ~⟩

ea·ger ['i:gə] *adj* begierig (**about, after, for** nach; **to** *mit inf* zu *mit inf*), erpicht (**for** auf) ⟨~ for success; I'm ~ for you to meet him ich möchte sehr gern, daß du ihn kennenlernst⟩ | ungeduldig (**about** auf) | lebhaft, eifrig ⟨~ with attention⟩ | *förml* bedacht (**that** darauf, daß)

ea·gle ['i:gl] *s* Adler *m* | Adlerfahne *f*, -wappen *n*, -siegel *n* ⟨the Roman ~⟩ | *Am* (goldenes) Zehndollarstück; ∸ *Astr* Adler *m*; **ˌ~-'eyed** *adj* adleräugig, scharfsichtig | *übertr* ganz genau, wie ein Luchs ⟨to watch ≈⟩ | *übertr* penibel, auf alles achtend ⟨an ≈ employer⟩ | (Golf) Eagle *n*, zwei Schläge unter dem Durchschnitt; **'ea·gles** *pl Am Mil* Rangabzeichen (e-s Obersten); **'~ 'owl** *s* Uhu *m*; **ea·glet** ['i:glət] *s* junger Adler

ea·gre ['eɪgə] *s* Springflut *f*, Flutwelle *f*

-ean [ɪən] *suff zur Bildung von adj u. s mit der Bedeutung*: gehörig zu, gleich (*z. B.* **European** europäisch)

[1]**ear** [ɪə] **1.** *s* Ähre *f*; **2.** *vi* (Getreide) Ähren ansetzen

[2]**ear** [ɪə] *s* Ohr *n* | *übertr* Gehör *n* ⟨by ~ nach dem Gehör; correct ~ feines Gehör; quick ~ scharfes Gehör; to have an ~ for music ein musikalisches Gehör haben⟩ | *übertr* Aufmerksamkeit *f* ⟨to catch/gain s.o.'s ~ jmds. Aufmerksamkeit erlangen; to give/lend an ~ to s.o. jmdm. Gehör schenken⟩ | Henkel *m* | Öse *f*; Öhr *n* ◇ **all ~s** *umg* ganz Ohr; **a word in your ~** ein Wort im Vertrauen; **be all ~s** ganz Ohr sein; **be by the ~s** sich bei den Haaren kriegen; **set by the ~s** gegeneinander aufhetzen; **over (head and) ~s, up to the ~s** *umg* bis über beide Ohren; **my ~s are burning** mir klingen die Ohren; **not believe one's ~s** seinen Ohren nicht trauen; **turn a deaf ~ to s.th.** für etw. taube Ohren haben; **my words fell on deaf ~s** meine Worte stießen auf taube Ohren; **it goes in at one ~ and out at** (*od* **of**) **the other** es geht zu dem einen Ohr hinein und zum anderen hinaus; **bring s.th. about one's ~s** *umg* sich etw. auf den Hals laden; **come/get to s.o.'s ~s** jmdm. zu Ohren kommen; **fall (pleasantly) on the ~s** sich (angenehm) anhören; **have/keep an/one/one's ~ to the ground** *umg* (genau) aufpassen (was vorgeht); *bes. Am* **meet the ~** hörbar werden; **be out on one's ~** *Sl* (plötzlich) auf dem Trockenen sitzen, aufgeschmissen sein; **play it by ~** *umg* von Fall zu Fall entscheiden, nach der Eingebung gehen, improvisieren; **prick up one's ~s** *umg* gut aufpassen, die Ohren spitzen; **send s.o. away with a flea in his ~** jmdm. die nackte Wahrheit sagen; **wet behind the ~s** *umg* noch grün hinter den Ohren; **'~ache** *s* Ohrenschmerzen *m/pl*; **'~ ˌcat·cher** *s umg* Ohrwurm *m*; **'~ conch** *s* Ohrmuschel *f*; **'~ˌdeaf·en·ing** *adj* ohrenbetäubend; **'~drop** *s* Ohrgehänge *n*; **'~drum** *s Med* Trommelfell *n*; Mittelohr *n*; **eared** [ɪəd] *adj* mit Ohren ⟨≈ seal⟩ | mit zwei runden Griffen, ohrig ⟨≈ pitcher⟩ | (Gras) mit Ähren; **-eared** (*in Zus*) -ohrig (*auch übertr*) ⟨pink-≈; sharp-≈ besonders aufmerksam⟩ | *Bot* mit Ähren ⟨full-≈⟩; **'~ flap** *s* Ohrläppchen *n* | *Am* Ohrenschützer *m*; **'~ful** *s umg* etw. zu hören ⟨to get an ≈ from s.o. sich von jmdm. etw. anhören müssen⟩

earl [ɜ:l] *s* Graf *m*

ear·lap ['ɪəlæp] *s* Ohrläppchen *n* | *Am* Ohrenschützer *m*

earl·dom ['ɜ:ldəm] *s Hist* Grafschaft *f* | Grafenwürde *f*

ear·li·est ['ɜ:lɪəst] (*sup von* **early**) ◇ **at the ~** frühestens

ear·lobe ['ɪələʊb] *s* Ohrläppchen *n*

ear·ly ['ɜ:lɪ] **1.** *adv* früh, frühzeitig ⟨~ in the morning frühmorgens; ~ in the day früh am Tage⟩ | *übertr* früh, weit zurückliegend ⟨~ in life früh im Leben; as ~ as 1500⟩ ◇ **~ on** *bes Brit* sehr früh, zu Beginn ⟨≈ in history ganz zu Beginn der Geschichte⟩; **~ to bed and ~ to rise makes a man healthy, wealthy and wise** *Sprichw* Morgenstund' hat Gold im Mund; **2.** *adj* frühzeitig, früh ⟨~ riser Frühaufsteher *m*; to keep ~ hours zeitig aufstehen und zeitig zu Bett gehen; ~ vegetable Frühgemüse *n*⟩ | jung, Jugend- ⟨in ~ life in jungen Jahren⟩ | Anfangs-, Früh-, erst ⟨~ history Frühgeschichte *f*; ∸ English *Arch* englische Frühgotik⟩ | baldig(st) ⟨an ~ reply eine baldige Antwort; at your earliest convenience so früh wie möglich; ~ return rascher Umsatz⟩; ˌ~ ˈclos·ing, *auch* ˌ~ ˈclos·ing day *s Wirtsch* Früh-, Mittagsschließtag *m*; ˌ~ ˈwarn·ing ˌsys·tem *s Mil* Frühwarnsystem *n*

ear|mark [ˈɪəmɑ:k] **1.** *s* (Tier) Ohrmarke *f* | Kennzeichen *n* (*auch übertr*) | *übertr* Eselsohr *n*; **2.** *vt* markieren, kennzeichnen | *Wirtsch* (für einen bestimmten Zweck) bereitstellen; vorsehen, bestimmen ⟨≈ed funds zweckbestimmte Mittel *n/pl*; to ≈ goods for export Güter für den Export vorsehen⟩ | Eselsohren (*in ein Buch*) machen; **ˈ~ˌmind·ed** *adj Psych* akustisch eingestellt, auditiv; **ˈ~ muff** *s* Ohrenschützer *m*

earn [ɜ:n] *vt* erwerben, verdienen ⟨to ~ one's living seinen Lebensunterhalt verdienen⟩ | (Lob u.ä.) ernten | (etw.) einbringen ⟨it ~ed him a title es brachte ihm e-n Titel ein⟩; **~ back** (Kosten u.ä.) wieder einbringen; **ˌ~ed ˈin·come** *s* Arbeitseinkommen *n*; **ˈ~er** *in Zus* -verdiener(in) *m(f)* ⟨salary ≈ Gehaltsempfänger(in) *m(f)*⟩

[1]**ear·nest** [ˈɜ:nɪst] **1.** *adj* ernst | eifrig, emsig ⟨~ attempt⟩ | ernstlich, ernstgemeint ⟨real and ~⟩; **2.** *s* Ernst *m* ⟨in ~ im Ernst; in good/dead ~ in vollem Ernst; to be in ~ about s.th. es mit etw. ernst meinen; to be in ~ for s.th. etw. ernstlich wollen *od* erstreben; are you in ~? ist das dein Ernst?⟩

[2]**ear·nest** [ˈɜ:nɪst] *s*, *auch* **ˈ~ ˌmon·ey** *Jur* An-, Auf-, Handgeld *n*, Anzahlung *f* (**of** auf) | *übertr* Vorbote *m*, Vorgeschmack *m*

earn·ing [ˈɜ:nɪŋ] *s* Verdienen *n*, Erwerb *m*; **ˈearn·ings** *pl* Einkommen *n*, Lohn *m*, Gehalt *n* | *Wirtsch* Gewinn *m*, Ertrag *m*; **ˌearn·ings-reˈla·ted** *adj bes Brit* einkommensbezogen, progressiv(steigend) ⟨≈ pension⟩

ear| phone [ˈɪə fəʊn] *s* Kopfhörer *m*; **ˈ~piece** *s* (Telefon-) Hörer *m*; **ˈ~ˌpierc·ing** *adj* ohrenbetäubend; **ˈ~plug** *s* Ohropax *n* | *Rundf* Ohrhörer *m*; **ˈ~ring** *s* Ohrring *m*; **ˈ~ shot** *s* Hörweite *f*; **ˈ~ˌsplit·ting** *adj* ohrenbetäubend

earth [ɜ:θ] **1.** *s* Erde *f* ⟨the ~ Erdball *m*; on ~ auf Erden⟩ | *übertr* Welt *f*, irdisches Dasein | Erdboden *m* ⟨to come back to ~ *übertr* aus allen Wolken fallen; to fall to (the) ~ zu Boden fallen; to sink into the ~ *übertr* in den Boden versinken⟩ | Erde *f*, Schmutz *m* ⟨to fill with ~⟩ | *Chem* Erde *f* ⟨rare ~s⟩ | (Tier-, bes Fuchs-) Bau *m* ⟨to run to ~ (Tier) im Bau aufstöbern; *übertr* (etw., jmdn.) ausfindig machen⟩ | *El* Erdung *f*, Erdschluß *m*; ≗ (Planet) Erde *f*; ◇ **of the ~** natürlich, urwüchsig; **what on ~?** *umg* was in aller Welt; **why on ~?** *umg* warum in aller Welt?; **down to ~** nüchtern, realistisch **2.** *vt* mit Erde bedecken | (Fuchs) in den Bau treiben | *El* erden; **~ up** anhäufeln; *vi* (Tier) in den Bau kriechen | sich eingraben **ˈ~born** *adj* erdgeboren, irdisch | sterblich; **ˈ~ ˌclos·et** *s* Trockenklosett *n*; **ˈ~-conˌnect·ed** *adj El* geerdet; **ˈ~ ˌcur·rent** *s El* Erdstrom *m*

earth·en [ˈɜ:θn] *adj* irden, tönern, Ton-; Erd-; **ˈ~ware 1.** *s* Steingut *n*; **2.** *adj* tönern; Steingut-; Ton-

earth|fill [ˈɜ:θfɪl] *s* Erdaufschüttung; **ˈ~free** *adj El* erdschlußfrei; **ˈ~ling** *s Lit* Erdenbürger *m*; **ˈ~ly** *adj* irdisch, weltlich | *umg* denkbar, möglich ⟨no ≈ doubt nicht der geringste Zweifel; no ≈ reason kein denkbarer Grund⟩ ◇ **have an ~ly** (*neg*) *umg* Spur *f* einer Chance (Hoffnung, Idee) ⟨no, he hasn't an ≈ nein, er hat nicht die geringste Ahnung⟩; **ˈ~ly-ˌmind·ed** *adj* weltlich gesinnt; **ˈ~nut** *s* Erdnuß *f* | Erdeichel *f* | Trüffel *f*; **ˈ~quake** *s* Erdbeben *n* | *übertr* Erschütterung *f*; **~ward** [ˈ~wəd] *adj, adv* erdwärts; **ˈ~wards** *adv* erdwärts; **ˈ~ watch** *s* weltweites Warnsystem gegen Umweltverschmutzung; **ˈ~ wave** *s* Bodenwelle *f*; **ˈ~work** *s* Erdarbeit *f*, Ausgrabung *f* | *Mil* Feldschanze *f*; **ˈ~worm** *s* Regenwurm *m* | *übertr* Wurm *m*, gemeiner Mensch; **ˈ~y** *adj* erdig, Erd- | erdfarben | irdisch | *übertr* grob, robust ⟨≈ person⟩ | natürlich ⟨≈ speech⟩

ear| trum·pet [ˈɪə ˌtrʌmpɪt] *s Med* Hörrohr *n*; **ˈ~wax** *s Med* Ohrenschmalz *n*; **ˈ~wig** *s Zool* Ohrwurm *m*

ease [i:z] **1.** *s* Behaglichkeit *f*, Bequemlichkeit *f* ⟨to be at ~ sich wie zu Hause fühlen⟩ | Gemütsruhe *f*, Seelenfriede *m* ⟨~ of mind Seelenruhe *f*; ill at ~ unruhig, nervös; to put/set s.o. at ~ jmdn. beruhigen⟩ | Mühelosigkeit *f* ⟨with ~ spielend, mühelos, mit Leichtigkeit *f*⟩ | Ungezwungenheit *f* ⟨~ of manner ungezwungenes Auftreten; to take one's ~ es sich bequem machen⟩ | Sorglosigkeit *f* | Erleichterung *f* (**from** von) ⟨to give s.o. ~ jmdm. Erleichterung verschaffen⟩ ◇ **at ~!** *Mil* rührt Euch!; **2.** *vt* erleichtern, bequem(er) machen ⟨to ~ o.s./to ~ one's mind sich befreien⟩ | beruhigen, mildern, lindern ⟨to ~ the pain⟩ | (Tau u.ä.) locker machen, entspannen | *auch* **~ away/off** *Mar* abfieren, lose geben ⟨~ her! *Mar* langsam!⟩; **~ down** lockern; *vi* leichter werden; **~ off/up** nachlassen | *übertr* sich entspannen | weniger streng sein (**on** mit) | *Wirtsch* (Kurs, Preis) fallen, abbröckeln; **~ful** [ˈ~fʊl] *adj* behaglich | ruhig | erleichternd

ea·sel [i:zl] *s Mal* Staffelei

ease·ment [ˈi:zmənt] *s* Erleichterung *f* | Befreiung *f* | *Jur* Realservitut *n*, Grunddienstbarkeit *f*

eas·i·ly [ˈi:zɪlɪ] *adv* leicht | ohne Zweifel, bestimmt

east [i:st] **1.** *s* (*oft* ≗) Osten *m* ⟨to the ~ of östlich; ~ by north *Mar* Ost zu Nord⟩; ≗ Orient *m* ◇ **the ≗** *Am* Oststaaten (der USA) | *Pol* der Osten, Osteuropa *n*; **2.** *adj* Ost-, östlich; **back ≗** *Am* in den Oststaaten (der USA); **out ≗** *Brit* in Asien; **3.** *adv* ostwärts, östlich ⟨to go ~⟩; **ˈ~bound** *adj* in östlicher Richtung fahrend ⟨an ≈ ship⟩; **ˌ≗ ˈEnd** *s Brit* (Londoner) Eastend *n*, Osten *m*; **ˌ≗ ˈEnd·er** *s Brit* Bewohner *m* des Londoner Eastends

East·er [ˈi:stə] *s* Ostern *n od pl* ⟨at ~ zu Ostern⟩ | Osterfest *n*; **ˈ~ egg** *s* Osterei *n*; **ˌ~ ˈeve** *s* Ostersonnabend *m*; **ˈ~ ˌflow·er** *Bot s* Kuhschelle *f*

east·er·ly [ˈi:stəlɪ] **1.** *adj* Ost-, östlich; **2.** *adv* ostwärts

East·er Mon·day [ˌi:stə ˈmʌndɪ] *s* Ostermontag *m*

east·ern [ˈi:stən] **1.** *adj* (*nur attr*) östlich; orientalisch, morgenländisch; ostwärts gerichtet; östlich (gelegen), Ost- ⟨~ England⟩; **2.** *s meist* ≗ Orientale *m*; **ˈ≗ ˈChurch** *s* morgenländische Kirche; **ˈ~er** *s* Ostländer *m*; **ˈ≗er** *Am* Oststaatler *m*; **ˈ~most** *adj förml* östlichste(r, -s)

East·er|tide [ˈi:stətaɪd], **ˈ~ time** *s* Osterzeit *f*

East| In·di·a Com·pa·ny [ˈi:st ˈɪndɪə ˌkʌmpənɪ] *s Hist* Ostindische Gesellschaft; **ˈ~ ˈIn·di·an 1.** *adj* ostindisch; **2.** *s* Ostinder(in) *m(f)*

east·ing [ˈi:stɪŋ] *s Mar* zurückgelegter östlicher Kurs | Ostrichtung *f* (des Windes)

East Side [ˈi:st saɪd], *auch* **ˈLow·er ~** *s Am* Eastside *f* (von New York), Südostseite *f* Manhattans

east·ward [ˈi:stwəd] **1.** *adj* ostwärts, östlich; **2.** *adv* ostwärts; **ˈeast·wards** *adv* ostwärts, nach Osten

eas·y [ˈi:zɪ] **1.** *adj* leicht, einfach ⟨an ~ task⟩ | bequem ⟨an ~ chair Lehnstuhl *m*⟩ | gemächlich, gemütlich ⟨an ~ walk⟩ | unbeschwert, sorglos, ruhig, unbesorgt (**about** um) ⟨~ in one's mind unbekümmert; in ~ circumstances in guten Verhältnissen⟩ | frei von Schmerzen | (Kleidung) bequem sitzend, leicht, angenehm ⟨an ~ fit ein loser Sitz⟩ | ungezwungen, natürlich ⟨an ~ style ein flüssiger Stil⟩ | formlos, frei ⟨free and ~ ohne Formalitäten⟩ | *arch* (Moral u.ä.) locker ⟨of ~ virtue von leichtfertiger Moral⟩ | *Wirtsch* (Absatz) flau | (Ware) wenig gefragt ◇ **by ~ stages** (Reise) mit häufigen Unterbrechungen; **~ on the ear/eye** *umg* leicht eingängig *od* schön anzusehen; **~ victim/mark** leichte Beute (**of** für); **I'm ~** *umg Brit* ich mach alles mit, ich bin dabei; **on ~ terms** *Wirtsch* unter günstigen Bedingungen; **2.** *adv* leicht, bequem ⟨~! *Mar* langsam!; ~ all! (beim Rudern) halt!; ~ come, ~ go wie gewonnen, so zerronnen; ~ does it *umg* nimm dir Zeit, immer mit der Ruhe!; stand ~! *Mil* rührt Euch!; easier said than done leichter gesagt als getan; go ~ es sich leicht machen; to go ~ on (s.o.) (jmdn.) schonen; to take s.th./things ~ etw. *od* alles nicht so genau nehmen, etw. nicht zu schwer nehmen⟩; **3.** *s* (beim Rudern) Pause *f*; ˌ~'**go·ing** *adj* bequem | unbekümmert | (Pferd) leicht gehend; ˌ~ '**meat** *s Brit Sl* leichte Beute | *übertr* Kinderspiel *n*, Klacks *m*

eat [i:t] (**ate** [et|eɪt], **eaten** [i:tn]) *vt* (Mensch) essen, zu sich nehmen, verzehren ⟨to ~ one's dinner; to ~ o.s. sick sich krank essen⟩ | (Tier) fressen | (zer)fressen, nagen ⟨to ~ holes into⟩ | *meist* ~ **up** *Sl* (etw.) hinnehmen müssen | *Am Sl* quälen ◇ ~ **one's head off** *umg* wie ein Scheunendrescher reinhauen; ~ **one's heart out (for)** sich verzehren (nach); ~ **one's terms/dinners** *Jur* seine Studienzeit an den ↑ **Inns of Court** absolvieren; ~ **one's words** *übertr* seine Worte widerrufen; sich für das Gesagte entschuldigen; ~ **s.o. out of house and home** *übertr* jmdn. arm essen *od* zu Grunde richten; **don't ~ me!** *übertr* friß mich nicht gleich auf!; **what's ~ing him?** *Sl* was ist ihm über die Leber gelaufen?; ~ **away** zerfressen | *übertr* vernichten; ~ **up** aufessen, verzehren; *übertr* aufsaugen ⟨to be ~en up by/with sich verzehren nach, vergehen vor⟩; *vi* essen, (eine) Mahlzeit einnehmen ⟨to ~ well einen guten Appetit haben⟩ ◇ ~ **out of s.o.'s hand** *übertr umg* jmdm. aus der Hand fressen; ~ **into** *übertr* angreifen, (stark) in Anspruch nehmen ⟨it has ~en into our savings⟩; ~ **through** *übertr* sich durchfressen; '**~a·ble** *adj* (*oft neg*) eßbar, genießbar; '**~a·bles** *s/pl* Eßwaren *pl*, (unzubereitete) Lebensmittel *pl*; '**~er** *s* Esser(in) *m(f)* ⟨to be a great/poor ≈ ein guter *od* schlechter Esser sein⟩ | *umg* Apfel *m* (zum Essen); '**~ing** **1.** *s* Essen *n*; **2.** *adj* Eß-; '**~ing-house**, *auch* '**~ing-place** *s* Restaurant *n*; **eats** *s/pl umg* (zubereitete) Speisen *pl* ⟨good ≈ Gutes zu essen⟩

eau de co·logne [ˌəʊ də kə'ləʊn] *s* ⟨*frz*⟩ Kölnischwasser *n*

eaves [i:vz] *s/pl* Dachrinne *f*, Traufe *f*; '**~drop** *vi* heimlich horchen *od* lauschen (**on** bei); '**~ˌdrop·per** *s* Lauscher(in) *m(f)* ⟨to play the ≈⟩

ebb [eb] **1.** *s* Ebbe *f* ⟨~ and flow Ebbe und Flut⟩ | *übertr* Abnahme *f*, Verfall *m* ⟨at a low ~ auf einem Tiefstand⟩; **2.** *vi* verebben, zurückfluten, -gehen ⟨to ~ and flow steigen u. fallen (*auch übertr*)⟩ | *auch* ~ **away** *übertr* abnehmen, versiegen | *übertr* verfallen, schwinden; ˌ~ '**tide** *s* Ebbe *f* (*auch übertr*) ⟨on the ≈ bei Ebbe⟩

E-boat ['i:bəʊt] *s Brit* Schnellboot *n*

eb·on ['ebən] *s Poes* Ebenholz *n* | *auch* ~ **tree** Ebenholzbaum *m*; '**~ite** *s* Ebonit *n*, Hartgummi *m*; '**~ize** *vt* schwarz (wie Ebenholz) färben; '**~y** **1.** *s Bot* Ebenholz *n*; **2.** *adj* Ebenholz- | schwarz

e·bul|lience [ɪ'bʌlɪəns], *auch* **e'bul·lien·cy** *lit s* Überkochen *n* | *übertr* Überschäumen *n*, Überschwenglichkeit *f* ⟨state of ≈ überschwenglicher Zustand⟩; **e'bul·ient** *adj* siedend, kochend | *übertr* sprudelnd (**with** von); **~li·tion** [ˌebə'lɪʃn] *s* Aufwallen *n*, Sieden *n* | *übertr* Ausbruch *m* ⟨an ≈ of feeling⟩; **e'bul·li·tive** *adj* aufwallend (*auch übertr*)

EC *Abk* für **European Community** EG *f*

ec·cen|tric [ɪk'sentrɪk] **1.** *adj* exzentrisch, seltsam, sonderbar ⟨an ≈ person⟩ | *Math* nicht zentral, nicht durch den Mittelpunkt gehend | *Tech* Exzenter-; außermittig ⟨≈ turning Außermittedrehen *n*⟩; **2.** *s* exzentrische Person, Sonderling *m* | *Tech* Exzenter *m*; **ec'cen·tri·cal** = **ec'cen·tric 1.**; **~tric·i·ty** [ˌeksen'trɪsətɪ] *s* Exzentrizität *f*, Wunderlichkeit *f*, Überspanntheit *f* | *Math Phys* Exzentrizität *f*; '**~tric 'rod** *s Tech* Exzenterstange *f*, Schwingenstange *f*; '**~tric 'wheel** *s Tech* Exzenterrad *n*

ec·chy·mo·sis [ˌekɪ'məʊsɪs] *s Med* Ekchymose *f*, flächenhafter Bluterguß

ec·cle·si·as|tic [ɪˌkli:zɪ'æstɪk] **1.** *s* Geistlicher *m*; **2.** *auch* **ecˌcle·si'as·ti·cal** *adj* ekklesiastisch, kirchlich, geistlich ⟨≈ music⟩; ˌ**~tic 'cal·en·dar** *s* Kirchenkalender *m*; **~ti·cism** [~tɪsɪzm] *s* Kirchentum *n*; **ec·cle·si·ol·o·gy** [ɪˌkli:zɪ'ɒlədʒɪ] *s* Kirchenbaukunde *f*

ec·dys·i·ast [ek'dɪzɪæst] *s*, *bes scherzh für* Stripteasetänzerin *f*; **ec·dy·sis** ['ekdɪsɪs] *s* (Schlange) Häutung *f*

ECG, *Am auch* **EKG** *Abk* für **electrocardiogram** EKG *n* ⟨he had an ~⟩ | *Abk* für **electrocardiograph** EKG-Apparat *m*

ech·e·lon ['eʃəlɒn] **1.** *s Mil* Staffel *f*, -aufstellung *f* | Staffelflug *m* | Rang *m*, Stufe *f* ⟨higher ~s Spitzen *pl*, höhere Kreise *m/pl*⟩; **2.** *adj* Staffel-, gestaffelt; **3.** *vt* in Staffeln aufstellen; *vi* sich staffelweise aufstellen

e·chid·na [e'kɪdnə] *s Zool* Ameisenigel *m*

e·chi|no·coc·cus [ɪ'kaɪnəˌkɒkəs] *s Zool* Blasenwurm *m*; **~no·derm** [~nəˌdɜ:m] **1.** *s Zool* Stachelhäuter *m*; **2.** *adj* stachelhäutig; **~nus** [e'kaɪnəs] *s* (*pl* **~ni** [e'kaɪnaɪ]) *Zool* Seeigel *m*

ech·o ['ekəʊ] **1.** *s* (*pl* '**~es**) Echo *n*, Widerhall *m*, Anklang *m* (*auch übertr*) ⟨to the ~ *arch* laut⟩ | genaue Nachahmung | *übertr* Nachahmer *m*, -beter *m* | (Radar) Schattenbild *n*; **2.** *vi* widerhallen (**with** von), tönen; *vt* (Schall) zurückwerfen | *übertr* (Worte) nachsprechen | nachahmen; **e'cho·ic** *adj* echoartig, Echo- | *Ling* onomatopoetisch, lautmalend; '**ech·o·ism** *s Ling* Onomatopöie *f*, Lautmalerei *f*; '~ ˌ**sound·er** *s Mar* Echolot *n*; '~ ˌ**sound·ing** *s Mar* Echolotung *f*

é·clair [eɪ'klɛə] *s* Eclair *n* ⟨chocolate ~⟩

ec·lamp·si·a [ɪ'klæmpsɪə] *s Med* Eklampsie *f*, eklamptische Krämpfe *m/pl*

é·clat ['eɪklɑ:] *s* ⟨*frz*⟩ Eklat *m*, durchschlagender Erfolg | Eklat *m*, (öffentliches) Aufsehen | Beifall *m* ⟨with great ~ unter großem Beifall⟩ | *übertr* Auszeichnung *f* | Glanz *m*, Pomp *m*, Prunk *m*

ec·lec|tic [ɪ'klektɪk] **1.** *s Phil* Eklektiker *m*; **2.** *auch* **ec'lec·ti·cal** *adj* eklektisch, auswählend | aus verschiedenen Quellen schöpfend; **~ti·cism** [~tɪsɪzm] *s Phil* Eklektizismus *m*

e·clipse [ɪ'klɪps] **1.** *s Astr* Eklipse *f*, Finsternis *f*, Verfinsterung *f* ⟨partial (total) ~ partielle (totale) Finsternis⟩ | Verdunk[e]lung *f* | *übertr* Verdüsterung *f*, Abstieg *m* ⟨in ~ im Sinken, im Schwinden⟩; **2.** *vt Astr* verdunkeln, verfinstern ⟨the moon ~s the sun⟩ | *übertr* verdunkeln, in den Schatten stellen | *übertr* überragen; **e·clip·tic** [ɪ'klɪptɪk] **1.** *s Astr* Ekliptik *f*; **2.** *auch* **e'clip·ti·cal** *adj Astr* ekliptisch

ec·logue ['eklɒg] *s Lit* Ekloge *f*, Hirtengedicht *n*

ec·o [i:kəʊ|-ˌi:kə] *in Zus* Öko-, ökologisch, Umwelt(schutz) betreffend (z. B. **ecocrisis, econiche**)

ec·o·log|ic [ˌi:kə'lɒdʒɪk], ˌ**ec·o'log·i·cal** *adj* ökologisch, Umwelt- ⟨~ical study Umweltstudie *f*; ~ically beneficial umweltfreundlich; ~ically harmful umweltfeindlich⟩; **e·col·o·gist** [i:'kɒlədʒɪst] *s* Ökologe *m*, Umweltforscher *m*; **e'col·o·gy** *s Biol* Ökologie *f*, Umweltlehre *f* | *übertr* Harmonie *f*, Zusammenspiel *n* der Kräfte

e·con·o·met·rics [ˌekənə'metrɪks] *s* Ökonometrie *f*

e·co·nom|ic [ˌi:kə'nɒmɪk] *adj* ökonomisch, Wirtschafts-, volkswirtschaftlich ⟨≈ conditions Wirtschaftssituation; ≈ development wirtschaftliche Entwicklung⟩ | wirtschaftlich, kosten-, ökonomisch günstig ⟨an ≈ rent⟩ | praktisch, angewandt ⟨≈ entomology⟩ | *selten* sparsam; ˌ**e·co'nom·i·cal** *adj* sparsam (**of** mit), wirtschaftlich, haushälterisch; ˌ**e·co'nom·ics** *s/pl* (*sg konstr*) Ökonomie *f*, Volkswirtschaft *f*, Volkswirtschaftslehre *f* | Ökonomik *f*, ökonomisches Wirken; **e·con·o·mist** [i:'kɒnəmɪst] *s* Ökonom *m*, Volkswirtschaftler *m* ⟨political ≈ Politökonom *m*⟩ | guter Haushälter, sparsamer Wirtschafter; **eˌcon·o·mi'za·tion** *s* Sparsamkeit *f* | sparsame Wirtschaft; **e'con·o·mize** *vt* sparsam wirtschaften mit | ausnutzen (für Industrie); *vi* sparen | sich einschränken (**on** in) | sparsam umgehen; **e·con·o·my** [ɪ'kɒnəmɪ] *s* Sparsamkeit *f* | (Zeit, Platz u. ä.) Ausnutzung *f* ⟨≈ of time⟩ | Sparmaßnahme *f* | Ökonomie *f*, Wirtschaft *f* ⟨planned ≈ Planwirtschaft⟩ | Organisation *f*, organisches System | *Rel* göttliche Ordnung

e·co|sys·tem ['i:kəʊˌsɪstəm] *s Biol* Ökosystem *n*; **'~type** *s Biol* Ökotyp(us) *m(m)*

ec·ru, *auch* **é·cru** ['ekru:|'eɪkru:] ⟨*frz*⟩ **1.** *adj* ekrü-, naturfarben, ungebleicht; **2.** *s* Naturfarbe *f*, Ekrü *n*

ec·sta|size ['ekstəsaɪz] *vt* in Ekstase bringen; *vi* in Ekstase geraten; **'~sy** *s* Ekstase *f*, Raserei *f* ⟨in an ≈ of grief außer sich vor Schmerz; in an ≈ of delight rasend vor Freude⟩ | Verzückung *f* ⟨to be in ~sies over s.th. über etw. hocherfreut sein⟩ | *Med* Ekstase *f*, krankhafte Erregung; **ec·stat·ic** [ɪk'stætɪk] *auch* **ec'stat·i·cal** *adj* ekstatisch, überschwenglich | *übertr* verzückt, begeistert | *übertr* hinreißend

ECT *Brit Abk* für **electro-convulsive therapy** *Med* Elektroschocktherapie *f*

ecto- [ektə] ⟨*griech*⟩ *in Zus* außen, äußere(r, -s); **ec·to|derm** ['ektədɜ:m] *s Zool* Ektoderm *n*, äußeres Keimblatt; **'~plasm** *s Biol* Ektoplasma *n* | *übertr* Geist(ererscheinung) *m(f)*

Ec·ua|dor ['ekwədɔ:] *s* Ekuador; **~'do·ri·an 1.** *adj* ekuadorianisch; **2.** *s* Ekuadorianer(in) *m(f)*

e·cu·men·i·cal [ˌi:kjʊ'menɪkl] *adj* ökumenisch ⟨~ council Weltkirchenrat *m*⟩; **ˌe·cu'men·i·cal·ism** *s* Ökumene *f*

ec·ze·ma ['eksɪmə] *s Med* Ekzem *n*, Ausschlag *m*

-ed [d|ɪd|t], *nach Vokalen auch* **-d** *suff zur Bildung des prät und des part perf* von *v* (**seemed, wanted, asked**) | *adj* von *s* (**minded, whole-hearted**)

e·da·cious [ɪ'deɪʃəs] *adj förml* gefräßig; **e·dac·i·ty** [ɪ'dæsətɪ] *s* Gefräßigkeit *f*

E·dam ['i:dəm|ˌ-dæm], *auch* **ˌE·dam 'cheese** *s* Edamer (Käse) *m(m)*

ed·dy ['edɪ] **1.** *s* Strudel *m*, Wirbel *m* (*auch übertr*); **2.** *vi* wirbeln | *übertr* wimmeln, strömen ⟨the crowd eddied about die Menge wogte auf und ab⟩

e·del·weiss ['eɪdlvaɪs] *s* ⟨*dt*⟩ *Bot* Edelweiß *n*

e·de·ma [ɪ'di:mə] *s Med* Ödem *n*, Wassersucht *f*

E·den ['i:dn] *s bibl* (Garten *m*) Eden *n* | *übertr* Eden *n*, Paradies *n*

e·den·tate [ɪ'denteɪt] **1.** *adj Bot, Zool* zahnarm | zahnlos; **2.** *s Zool* zahnarmes Tier

edge [edʒ] **1.** *s* Schneide *f* ⟨a weapon's ~; the knife has no ~ das Messer schneidet nicht; to put an ~ on schärfen⟩ | Kante *f*, Ecke *f* | Zacke *f* | Rand *m*, Saum *m* | Grat *m* (e-s Berges) | Grenze *f*, Grenzlinie *f* | (Buch) Schnitt *m* ⟨gilt ~s Goldschnitt⟩ | *übertr* Schärfe *f*, Spitze *f* ⟨to give an ~ to s.th. etw. verschärfen; to take the ~ off s.th. e-r Sache die Spitze *od* Wirkung nehmen⟩ ◇ **on the ~ of** *übertr* kurz vor, im Begriff zu; **be on ~** *übertr* nervös sein (**over** über); **have the ~ on/over s.o.** *übertr umg* jmdm. gegenüber im Vorteil sein; **have an ~ on s.o.** *Am übertr* jmdm. grollen; **put s.o. on ~** *übertr* jmdn. reizen; **set s.o.'s teeth on ~** *übertr* jmdn. nervös machen; **2.** *vt* schärfen, schleifen | umsäumen | abkanten, einfassen (**with** mit) | (langsam) schieben, drängen ⟨to ~ one's way⟩ | *übertr* schärfen, zuspitzen | (Ski) kanten | (Kricket) (Ball) mit der Kante (des Schlägers) treffen *od* schlagen; **~ down** *Mar* zuhalten (**on** auf); **~ in** (Wort) einwerfen; **~ off** abschaben; **~ on** *übertr* antreiben, anstacheln; **~ out** hinausdrängen | jmdn. knapp besiegen *od* schlagen; *vi* sich (vor)drängen, sich seitlich heranbewegen; **~ away** wegrücken, sich absetzen; **~ in** sich (hin)eindrängen; **~ off** hinwegschleichen; **~ out** sich hinausstehlen; **-edged** *adj in Zus* -schneidig ⟨sharp-≈ scharf; 2-≈ zweischneidig⟩; **'~ ˌi·ron** *s Tech* Winkeleisen *n*; **'~less** *adj* stumpf; **'~ tool** *s* Schneidewerkzeug *n*; **'~ways, '~wise**

adv seitwärts | von der Seite | hochkantig ◇ **not get a word in '~wise** *umg* nicht zu Wort kommen können; **'edg·ing** *s* Schärfen *n* | Rand *m*, Borte *f*; **'edg·ing shears** *s* Gartenschere *f*; **'edg·y** *adj* kantig, eckig, scharf | *übertr umg* nervös, gereizt

ed·i|bil·i·ty [ˌedə'bɪlətɪ] *s* Eßbarkeit *f*; **~ble** ['edɪbl] *adj* eßbar; **'~bles** *s* Eßwaren *f/pl*

e·dict ['i:dɪkt] *s* Edikt *n*, Erlaß *m* | *übertr* Befehl *m*

ed·i·fi·ca·tion [ˌedɪfɪ'keɪʃn] *s förml übertr* Erbauung *f*

ed·i|fice ['edɪfɪs] *förml s* Gebäude *n*; **~fy** [~faɪ] *vt übertr* erbauen, bessern (*bes.* moralisch); **'~fy·ing** *adj* erbauend, belehrend ⟨≈ books Erbauungsschriften *pl*⟩

ed·it ['edɪt] *vt* (Buch) herausgeben, edieren | (Text) redigieren | (Film) fertig machen; **~ out** redaktionell kürzen; **e·di·tion** [ɪ'dɪʃn] *s* Ausgabe *f* (e-s Buches), Veröffentlichung *f* ⟨pocket ≈ Taschenausgabe *f*⟩ | Format *n*, Auflage *f* ⟨first ≈⟩ | *übertr* Auflage *f*, Abklatsch *m*; **e'di·tion·al·ize** *vi* mehrere Auflagen drucken; **'ed·i·tor** *s* Herausgeber *m* (e-s Buches) | (Chef-) Redakteur *m*, Schriftleiter *m* ⟨sports ≈ Sportredakteur *m*⟩; **ed·i·to·ri·al** [ˌedɪ'tɔ:rɪəl] **1.** *adj* redaktionell, Redaktions- ⟨≈ staff Redaktion(skollegium) *f(n)*⟩ | Herausgeber-; **2.** *s* Leitartikel *m*; **ˌed·i'to·ri·al·ize** *vt* zu einem Leitartikel machen | in einem Leitartikel darstellen; *vi* sich in einem Leitartikel auslassen, die Meinung der Redaktion ausdrücken (**about, on** über); **'ed·i·tor·ship** *s* Schriftleitung *f*, Redaktion *f* | Amt *n* eines Herausgebers, Herausgeberschaft *f*; **'ed·i·tress** [~rəs] *s* Herausgeberin

ed·u|ca·ble ['edʒʊkəbl|-djə-] *adj* erziehbar; **~cate** [~keɪt] *vt* erziehen, unterrichten, (aus)bilden | (Fähigkeiten) entwickeln; **~cat·ed** [~keɪtɪd] *adj* gebildet | kultiviert

ed·u·ca·tion [ˌedʒʊ'keɪʃn] *s* Erziehung *f*, (Aus-) Bildung *f* ⟨adult ~ Erwachsenenbildung *f*; primary ~ Grundschulbildung *f*⟩ | Bildungsgang *m* | Pädagogik *f*; **ˌed·u'ca·tion·al** *adj* erzieherisch, Erziehungs- ⟨≈ film Lehrfilm *m*; ≈ system Bildungswesen *n*⟩; **ˌed·u'ca·tion·al·ist, ˌed·u'ca·tion·ist** *s* Erzieher(in) *m(f)*, Pädagoge *m*, Pädagogin *f*

ed·u·ca·tive ['edʒʊˌkeɪtɪv] *adj* erzieherisch, Erziehungs- | Bildungs-; **'~ca·tor** *s* Erzieher(in) *m(f)* | Bildungsmittel *n*; **'~ca·to·ry** *adj* erzieherisch, Erziehungs- | bildend, Bildungs-

e·duce [ɪ'dju:s|i:-] *förml vt* (Fähigkeiten) herausholen | (Begriff) ableiten | entwickeln | *Chem* isolieren, darstellen; **e'duc·i·ble** *adj* ableitbar, zu entwickeln(d); **e·duct** ['i:dʌkt] *s Chem* Edukt *n*, Auszug *m* | *übertr, bes. Phil* Ableitung *f*; **e·duc·tion** [ɪ'dʌkʃn] *s* Herausholen *n* | *übertr* Ableitung *f* | *Chem* Isolieren *n*; **e'duc·tion pipe** *s Tech* Abzugsrohr *n*; **e'duc·tion valve** *s* Abzugsventil *n*; **e'duc·tive** *adj übertr* herausholend | ableitend | *Chem* eduzierend

-ee [i:] *suff zur Bildung von s mit meist passivischer Bedeutung*: jmd., der Objekt einer Handlung ist, der sich einer Handlung unterzieht (*z. B.* **employee**) | von *s mit aktivischer Bedeutung*: jmd., der etw. tut oder ist (*z. B.* **refugee, absentee**) | von *dimin s* (*z. B.* **bootee**)

EEC [ˌi:i:'si:] *Abk* für **European Economic Community** EWG *f*

eel [i:l] *s Zool* Aal *m* ◇ **as slippery as an ~** *übertr* aalglatt

e'en [i:n] *adv Poes, dial für* **even**

-eer [-ɪə] *suff zur Bildung von s und v mit verächtl Bedeutung* (*z. B.* **profiteer, to profiteer**)

e'er [ɛə] *adv Poes, dial für* **ever**

ee·rie, ee·ry ['ɪərɪ] *adj* unheimlich | furchtsam, ängstlich (aus Aberglauben)

ef·face [ɪ'feɪs] *vt* (Schrift u. ä.) auslöschen, tilgen, streichen (*auch übertr*) ⟨to ~ the memory of⟩ | in den Schatten stellen ⟨a self-effacing person jmd., der sich nicht in den

Vordergrund drängt; to ~ o.s. sich zurückhalten⟩; **ef'face·a·ble** *adj* auslöschbar, tilgbar; **ef'face·ment** *s* (Aus-) Löschung *f*, Tilgung *f*

ef·fect [ɪ'fekt|ə-] **1.** *s* Wirkung *f* (**on** auf) ⟨cause and ~ Ursache *f* und Wirkung *f*; to be of ~ wirken; to give ~ to s.th. etw. verwirklichen⟩ | Ergebnis *n*, Folge *f* ⟨of no ~ erfolglos, ohne Wirkung, to no ~ umsonst⟩ | Effekt *m*, Eindruck *m* (**on, upon** auf) ⟨to have an ~ on sich auswirken auf⟩ | Inhalt *m*, Sinn *m* ⟨to the ~ dem Sinne nach; to the same ~ desselben Inhalts; to this/that ~ diesbezüglich⟩ | Kraft *f*, Gültigkeit *f* ⟨to take/come/go into ~ in Kraft treten; to carry into/ to give/bring to ~ ausführen⟩ | *Tech* Leistung *f* (e-r Maschine) ◇ **in ~** in Wirklichkeit; *Jur* in Kraft **2.** *vt* verursachen, bewirken | durchführen, erledigen, vollziehen ⟨to be ~ed ausgeführt werden⟩ | *Wirtsch* (Vertrag u. ä.) abschließen; **ef'fect·i·ble** *adj* ausführbar

ef·fec·tive [ɪ'fektɪv] *adj* wirksam | erfolgreich | wirkungsvoll ⟨to be ~ in Kraft treten, erfolgreich sein⟩ | (Gesetz) gültig | eindrucksvoll | tatsächlich, wirklich, Effektiv-, ⟨~ money Bargeld *n*⟩ | *Mil* einsatzbereit, kampffähig | *Tech* effektiv, Nutz- ⟨~ capacity Nutzleistung *f*⟩; **~ly** *adv* effektiv, wirkungsvoll | in der Tat, in Wirklichkeit; **ef'fec·tives** *s/pl Am* einsatzfähige Streitkräfte *f/pl*

ef·fect|less [ɪ'fektləs] *adj* wirkungslos, ergebnislos

ef·fects [ɪ'fekts|ə-] *s/pl* Effekten *pl*, Vermögensstücke *pl* | Habe *f*, Barbestand *m*, Aktiva *pl* | Bankguthaben *n* ⟨no ~ (Scheck) ohne Deckung⟩

ef·fec·tu·al [ɪ'fektʃʊəl] *adj* wirksam, kräftig ⟨to be ~ wirken; to take ~ steps⟩; **ef'fec·tu·ate** *vt* verwirklichen, bewerkstelligen; **ef·fec·tu'a·tion** *s* Verwirklichung *f*, Ausführung *f*

ef·fem·i|na·cy [ɪ'femɪnəsɪ|ə-] *s* Verweichlichung *f*, Unmännlichkeit *f*, Schwächlichkeit *f*; **~nate** [~nət] *förml adj* verweichlicht | weibisch, unmännlich | überempfindlich; [~neɪt] *vt* verweichlichen; *vi* weichlich werden; [~nət] *s* Weichling *m*, weibischer Mensch, Muttersöhnchen *n*

ef·fer·ent ['efərənt] *Anat* **1.** *adj* efferent, nach außen führend, wegführend ⟨~ nerve⟩; **2.** *s* efferentes Organ

ef·fer|vesce [ˌefə'ves] *vi* (Getränk) (auf)brausen, schäumen | *übertr* (über)sprudeln, aufbrausen; **ˌ~'ves·cence** *s* Aufbrausen *n*, Moussieren *n* | *übertr* Überschäumen *n*; **ˌ~'ves·cent**, **ˌ~'vesc·ing** *adj* aufbrausend ⟨~vescent powder Brausepulver *n*⟩ | überschäumend (*auch übertr*) ⟨≈ mind sprühender Geist⟩

ef·fete [ɪ'fi:t|e-] *adj* verbraucht | entkräftet, unfruchtbar | = **effeminate**

ef·fi|ca·cious [ˌefɪ'keɪʃəs] *förml adj* wirksam, wirkungsvoll; **~ca·cy** ['efɪkəsɪ] *s* Wirksamkeit *f*; **~cien·cy** [ɪ'fɪʃnsɪ|ə-] *s* Leistungsfähigkeit *f*, Tüchtigkeit *f* | Tauglichkeit *f* | *Tech* Wirkungsgrad *m*, Nutzeffekt *m* ⟨≈ expert/engineer Rationalisierungsfachmann *m*; principle of ≈ Leistungsprinzip *n*⟩

ef·fi·cient [ɪ'fɪʃnt|ə-] **1.** *adj* leistungsfähig, gut eingespielt *od* funktionierend, tüchtig ⟨~ team⟩ | rationell, wirtschaftlich ⟨~ methods⟩ | brauchbar, tauglich | bewirkend ⟨~ cause wirkende Ursache⟩; **2.** *s Mil* (Dienst-) Tauglicher *m*

ef·fi·gy ['efɪdʒɪ] *s förml* Bild(nis) *n*(*n*), Statue *f* | Nachbildung *f* ◇ **burn/ hang s.o. in ~** jmds. Bild verbrennen *od* jmdn. symbolisch hängen

ef·flo|resce [ˌeflə'res] *vi förml* aufblühen, sich entfalten (*auch übertr*) | *Chem* auskristallisieren, ausblühen, auswittern; **ˌ~'res·cence** *s* Aufblühen *n*, Blütezeit *f* (*auch übertr*) | *Chem* Effloreszenz *f*, Ausblühen *n*, Auswittern *n*; **ˌ~'res·cent** *adj* (auf)blühend (*auch übertr*) | *Chem* effloreszierend, auskristallisierend, auswitternd

ef·flu|ence ['efluəns] *förml s* Ausfließen *n*, Ausströmen *n*, Ausfluß *m*; **'~ent 1.** *adj* ausfließend; **2.** *s* Aus-, Abfluß *m*; **~vi·al** [e'flu:vɪəl] *adj* Ausdünstungs-; **~vi·um** [e'flu:vɪəm] *s* (*pl* **~vi·a** [-vɪə]) (meist unangenehme) Ausdünstung; **ef·flux** ['eflʌks], *auch* **ef·flux·ion** [ɪ'flʌkʃn] *s* Ausströmen *n* | Ausfluß *m* | Erguß *m* | *übertr* Ablauf *m*, Vergehen *n*, Ende *n*

ef·fort ['efət] *s* Anstrengung *f* (**for s.o. to** *mit inf* für jmdn. zu *mit inf*), Mühe *f* ⟨to spare no ~ keine Mühe scheuen; to make every ~ sich alle Mühe geben; with an ~ mühsam⟩ | Bemühung *f* (**at, for, towards** um) | (angestrengter) Versuch ⟨a last ~⟩ | *umg* Leistung *f* ⟨a fine ~⟩ | Vorhaben *n* (the war ~); **'~ful** *adj* mühsam, mühevoll; **'~less** *adj* mühelos | müßig, passiv

ef·fron·ter·y [ɪ'frʌntərɪ|ə-] *s* Frechheit *f*, Unverschämtheit *f*

ef·fulge [ɪ'fʌldʒ] *lit vi* strahlen, glänzen; **ef'ful·gence** *s* Glanz *m*; **ef'ful·gent** *adj* strahlend, glänzend

ef·fuse [e'fju:z] *förml vt* aus-, vergießen (*auch übertr*) | (Licht) ausstrahlen | (Gas u. ä.) ausströmen lassen; *vi* sich ergießen, ausströmen; **ef·fu·sion** [ɪ'fju:ʒn] *s* Aus-, Vergießen *n* | Ausgießung *f* | *Phys* Effusion *f* | *übertr verächtl* Erguß *m* | *Med* Erguß *m* ⟨≈ of blood Bluterguß *m*⟩; **ef·fu·sive** [ɪ'fju:sɪv] *adj übertr oft verächtl* überschwenglich ⟨≈ welcome⟩ | überströmend | *Geol* effusiv ⟨≈ rock Effusivgestein *n*⟩

eft [eft] *s Zool* Wassermolch *m*

e.g. [fə'rɪnstəns] *Abk* für ⟨*lat*⟩ **exempli gratia** zum Beispiel, z. B.

e·gad [ɪ'gæd] *interj umg* bei Gott!, (bei) meiner Treu!, wahrhaftig

e·gal·i·tar·i·an [ɪˌgælɪ'tɛərɪən] **1.** *s* Egalitarier *m* | Verfechter *m* des Gleichheitsprinzips; **2.** *adj* egalitarisch, die Gleichheit aller vertretend

[1]**egg** [eg] **1.** *s* Ei *n* | *Biol* Ei(zelle) *n*(*f*) | *Mil Sl* Sprengkörper *m*, *meist* Fliegerbombe *f* ◇ **a bad ~** *Sl* eine faule Sache; ein übler Bursche; **a good ~** *Sl* eine prima Sache; ein prächtiger Bursche; **good ~!** *Sl* prima!; **old ~** *Sl* altes Haus; **in the ~** *übertr* im Anfangsstadium, in der Wiege; latent; **as full as an ~** vollgepfropft; **as sure as ~s are/is ~s** *Sl* so sicher wie das Amen in der Kirche; **have ~ on one's face** *Brit umg übertr* alt aussehen; **have/put all one's ~s in one basket** *umg* alles auf eine Karte setzen; **know one's ~s** *Sl* Bescheid wissen; **tread upon ~s** sich in acht nehmen müssen; **teach your grandmother to suck ~s** *Sl* mir kannst du nichts weismachen!; **(with) ~ on one's face** *umg* (in) peinliche(r) Verlegenheit; **2.** *vt* (Speisen) mit Ei zubereiten ⟨to ~ and crumb panieren⟩

[2]**egg** [eg] *vt, meist* **~ on** aufreizen, anstacheln

egg| and an·chor ['eg ənd 'æŋkə], **'~ and 'dart, '~ and 'tongue** *Arch* Eierstab(ornament) *m*(*n*); **'~-and-'spoon race** *s* Eierlaufen *n* (Kinderspiel); **'~ ˌbeat·er** *s Am* Schneebesen *m*; **'~ ˌco·zy** *s Brit* Eierwärmer *m*; **'~ cup** *s* Eierbecher *m*; **~ 'cus·tard** *s* Eierkrem *f*; **'~ dance** *s* Eiertanz *m* (*auch übertr*); **'~ flip** *s* Eierflip *m*; **'~head** *s Am umg verächtl* Intellektueller *m*; **ˌ~'nog** *s* Eierpunsch *m*; **'~plant** *s Bot* Eierfrucht *f*, Aubergine *f*; **'~-shaped** *adj* eiförmig; **'~-shell 1.** *s* Eierschale *f*; **2.** *adj übertr* zerbrechlich; **'~ spoon** *s* Eierlöffel *m*; **'~ ˌti·mer** *s* Eieruhr *f*; **'~ whisk** *s Brit* Schlag-, Schneebesen *m*

e·gis ['i:dʒɪs] = **aegis**

eg·lan·tine ['egləntaɪn] *s Bot* Heckenrose *f*

e·go ['egəʊ|-'i:gəʊ] *s* Ich *n*, Selbst *n* | *umg* Stolz *m*, Egoismus *m* | *Psych* Ego *n*; **~cen·tric** [ˌegəʊ'sentrɪk|ˌi:gəʊ-] **1.** *verächtl adj* egozentrisch; **2.** *s* egozentrische Person; **~cen·tric·i·ty** [ˌegəʊsen'trɪsətɪ|ˌi:gəʊ-], **ˌe·go'cen·trism** *s* Egozentrizität *f*; **'~ism** *s verächtl* Egoismus *m*, Selbstsucht *f*; **'~ist** *s* Egoist *m* (*auch Phil*) selbstsüchtiger Mensch; **~is·tic** [ˌegəʊ'ɪstɪk|ˌi:gəʊ-], **ˌ~'is·ti·cal** *adj* egoistisch, selbstsüchtig;

~ma·ni·a [ˌegəʊˈmeɪnɪə] *s* krankhafte Selbstgefälligkeit; **~tism** [ˈegətɪzm] *s verächtl* Egoismus *m*, Selbstgefälligkeit *f*, Ich-Betonung (*bes* im Sprachgebrauch); **ˈ~tist** *s verächtl* Egoist *m*, selbstgefälliger Mensch; **ˌe·goˈtis·tic, ˌe·goˈtis·ti·cal** *adj* egoistisch, selbstgefällig; **~tize** [ˈegətaɪz] *vi* ständig von sich reden; **ˈ~ trip** *s Sl* Egotrip *m*, Akt *m* der Selbstbestätigung, Stärkung *f* des Selbstgefühls

e·gre·gious [ɪˈgriːdʒɪəs] *adj verächtl* unerhört, entsetzlich ⟨an ~ lie e-e schreiende Lüge; ~ mistake krasser Fehler⟩ | *arch* großartig

e·gress [ˈiːgres] *förml* **1.** *s* Weggehen *n* | Ausgang *m* | Ausfluß *m* | Ausgangserlaubnis *f* | *übertr* Ausweg *m* | *Astr* Austritt *m*; **2.** *vi* heraustreten; **e·gres·sion** [ɪˈgreʃn] *s* Austritt *m*

e·gret [ˈiːgret] *s Zool* Silberreiher *m* | Reiherfeder *f* | *Bot* Federkrone *f*

E·gypt [ˈidʒɪpt] *s* Ägypten

E·gyp·tian [ɪˈdʒɪpʃn] **1.** *adj* ägyptisch | *scherzh* Zigeuner-; **2.** *s* Ägypter(in) *m(f)* | Ägyptisch *n* | Zigeuner *m*; **ˌ~ ˈprint·ing type** *s* Egyptienne *f*, Blockschrift *f*

eh [eɪ] *interj umg* was?, wie? | he?, nicht wahr? | sieh da!

ei·der [ˈaɪdə] *auch* **ˈ~ ˈduck** *s Zool* Eider(gans) *f(f)* | *auch* **ˈ~ down** *umg* Eiderdaunen *f/pl* | *umg* Daunendecke *f*

ei·det·ic [aiˈdetɪk] *Psych* **1.** *adj* eidetisch, anschaulich nachempfindend; **2.** *s* Eidetiker *m*

eight [eɪt] **1.** *adj* acht; **2.** *s* Acht *f* | *Sport* Achter(mannschaft) *m(f)* ◇ **have/be one over the ~** *Sl* ein Glas über den Durst trinken, betrunken sein; **ˈ~ ball** *Am Mil Sl* Pechvogel *m*, Niete *f* ◇ **be behind the ~ ball** *Am Sl* in der Patsche sitzen; **~een** [eɪˈtiːn] **1.** *adj* achtzehn; **2.** *s* Achtzehn *f*; **~eenth** [eɪˈtiːnθ] **1.** *adj* achtzehnt(er, -e, -es); **2.** *s* Achtzehntel *n*; **eighth** [eɪtθ] **1.** *adj* acht(er, -e, -es); **2.** *s* Achtel *n* ⟨~ note Achtelnote *f*; the ~ wonder das achte Weltwunder⟩; **~i·eth** [ˈeɪtɪəθ] **1.** *adj* achtzigst(er, -e, -es); **2.** *s* Achtzigstel *n*; **ˈ~y 1.** *adj* achtzig; **2.** *s* Achtzig *f* ⟨the eighties die achtziger Jahre (e-s Jahrhunderts)⟩; **ˌ~y-ˈsix,** *auch* **86** *vt Am Sl* (Restaurant) (jmdm.) die Bedienung verweigern

ei·ther [ˈaɪðə] **1.** *adj* (irgend)ein(er, -e, -es) (von zweien) ⟨at ~ end of the table am oberen *od* unteren Ende des Tisches⟩ | jed(er, -e, -es) (von zweien), beide ⟨in ~ case in beiden Fällen, on ~ way auf die e-e oder andere Art⟩; **2.** *pron* (irgend)ein(er, -e, -es) (von zweien) ⟨~ of you e-r von euch⟩ | beides ⟨~ is true beides stimmt⟩; **3.** *conj* entweder ⟨~ … or entweder … oder, ~ … or (*neg*) weder … noch⟩; **4.** *adv* (*neg nach* **and, or, nor**) auch, nicht, noch ⟨I didn't see it. – Nor I ~.⟩; **ˌ~-ˈor** *s, adj* (*pl* **~-ors**) *umg* Entweder-Oder *n*, das eine oder das andere ⟨an ≈ decision⟩

e·jac·ulate [ɪˈdʒækjʊleɪt] *vt* (Worte u. ä.) ausstoßen | *Med* (Samen) ejakulieren; *vi Med* ejakulieren; **eˌjac·uˈla·tion** *s* Ausruf *m* | *Med* Ejakulation *f*; **eˈjac·u·la·tive, eˈjac·u·la·to·ry** *adj* ausstoßend | Stoß- ⟨≈ prayer Stoßgebet *n*⟩

e·ject [ɪˈdʒekt] *vt* hinauswerfen, vertreiben (**from** von) | entlassen (aus e-m Amt) | *Jur* exmittieren; **eˈjec·tion** *s* Vertreibung *f* (**from** aus, von) | Entlassung *f* | *Jur* Exmission *f*, Ausweisung *f*; **eˈjec·tive** *adj* ausstoßend, Ausstoß- | *Psych* nur gefolgert; **eˈject·ment** *s* Ausstoßung *f* | *Jur* Vertreibung *f*; **eˈjec·tor** *s* Vertreiber *m* | *Tech* Ejektor *m*; **eˈjec·tor seat** *auch* **eˈjec·tion seat** *s Brit Flugw* Schleudersitz *m*

eke [iːk] *vt, meist* **~ out** verlängern, ergänzen (**with** mit, durch) | *übertr* sich durchschlagen ⟨~ out a living sich mit schwerer Arbeit sein Brot verdienen⟩ | *arch* vergrößern

e·lab·o|rate [ɪˈlæbr̩ət|-ɪt] *adj* sorgfältig ausgearbeitet | vollendet | kunstvoll; [ɪˈlæbəreɪt] *vt* bis ins einzelne ausarbeiten | (Theorie u. ä.) aufstellen, entwickeln | mühsam erarbeiten; *vi* sich verbreiten (**on, upon** über) | sich vervollkommnen, sich entwickeln; **~ra·tion** [ɪˌlæbəˈreɪʃn] *s* (sorgfältige) Ausarbeitung *f* | weitere Entwicklung | Vervollkommnung *f*; **~ra·tive** [ɪˈlæbərətɪv] *adj* ausarbeitend, entwickelnd ⟨to be ≈ of s.th. etw. entwickeln⟩

é·lan [eɪˈlɒn|eˈlɑ̃] *s* ⟨*frz*⟩ Elan *m*, Schwung *m* ⟨with great ~⟩

e·lapse [ɪˈlæps|ə-] *vi förml* (Zeit) vergehen, verstreichen

e·las|tic [ɪˈlæstɪk] **1.** *adj* elastisch, dehnbar (*auch übertr*) ⟨≈ rules dehnbare Regeln *pl*; an ≈ conscience ein zu weites Gewissen⟩ | *übertr* geschmeidig, anpassungsfähig ⟨with ≈ grace geschmeidig und graziös⟩ | *übertr* spannkräftig, unverwüstlich | (Gefühl) heiter, lebhaft ⟨cheerful and ≈ freundlich und heiter⟩ | Gummi- ⟨≈ cable Gummiseil *n*⟩; **2.** *s auch* **~tic ˈband** Gummiband *n*, -zug *m*; **~tic·i·ty** [ˌelæˈstɪsətɪ|ˌiː-] *s* Elastizität *f*, Dehnbarkeit *f* | Spannkraft *f* | *übertr* Spannkraft *f*

e·late [ɪˈleɪt] **1.** *vt* (*meist pass*) ermutigen, freudig erregen | stolz machen ⟨I'm elated by your success dein Erfolg macht mich stolz⟩; **2.** *adj* freudig erregt, in gehobener Stimmung (**at** über, **with** vor); **eˈlat·ed** *adj* freudig erregt, in gehobener Stimmung (**at** durch) | hochmütig, stolz; **eˈla·tion** *s* freudige Erregung, gehobene Stimmung | Hochmut *m*, Stolz *m* (**at** über)

el·bow [ˈelbəʊ] **1.** *s* Ellbogen *m* | Krümmung *f*, Biegung *f* | *Tech* Knie *n*, Winkel *m* ◇ **at one's/the ~** an der Seite, in der Nähe; **out at ~s** (Kleidung) schäbig, abgetragen; (Person) *übertr* heruntergekommen; **up to the ~s** *übertr* bis über die Ohren; **have s.th. at one's ~** *übertr* etw. zur Hand haben; **lift/bend/raise/crook one's ~** *übertr umg* einen heben; **2.** *vt* (mit dem Ellbogen) stoßen, drängen (*auch übertr*) ⟨to ~ s.o. out jmdn. verdrängen (*auch übertr*); to ~ one's way through sich durchdrängen⟩; *vi* sich mit den Ellbogen Platz machen | *übertr* die Ellbogen gebrauchen; **ˈ~ˌchair** *s* Arm-, Lehnstuhl *m*; **ˈ~ grease** *s umg scherzh* Armschmalz *n*, Energie *f*; **ˈ~ pipe** *s* Knierohr *n*; **ˈ~room** *s* Spielraum *m*, Platz *m*, Bewegungsfreiheit *f*

[1]**eld·er** [ˈeldə] **1.** *adj* (bei Angehörigen e-r Familie) älter(er, -e, -es) ⟨my ~ brother⟩ | (Rang) älter ⟨~ officer⟩ | *Poes* früher ⟨in ~ times⟩ | erfahren ⟨~ statesmen⟩; **2.** *s* Ältere(r) *f(m)* ⟨my ~s ältere Leute *pl* als ich; ~s and betters Respektspersonen *f/pl*⟩ | (Kirchen-) Ältester *m*

[2]**el·der** [ˈeldə], *auch* **ˈ~ tree** *s Bot* Holunder *m*; **ˈ~ber·ry** *s* Holunderbeere *f*; **ˈ~ blow,** *auch* **ˈ~ ˌflow·er** *s* Holunderblüte *f*

eld|er·ly [ˈeldəlɪ] *adj* ältlich | älter ⟨an ≈ gentleman⟩; **~est** [ˈeldɪst] *adj* ältest(er, -e, -es) ⟨the ≈ born der Erstgeborene; ≈ hand *Kart* Vorhand *f*⟩

el·der states·man [ˌeldə ˈsteɪtsmən] *s* erfahrener Politiker (der nicht mehr im Amt ist)

el·dest [ˈeldɪst] *adj, s* älteste(r, -s) Tochter (Sohn, Kind) ⟨his ~ is ten⟩

El Do·ra·do [ˌel dəˈrɑːdəʊ], *auch* **∸** *s* (El) Dorado *n*, Wunderland *n*, Paradies *n*

e·lect [ɪˈlekt|ə-] **1.** *vt* (aus)wählen (**as** als; **to** für, in); **~ s.o. [to be] s.th.** jmdn. wählen als *od* zu ⟨we ~ed him to be our chairman⟩ | *förml* sich entschließen (**to** *mit inf* zu); **2.** *adj förml* (aus)gewählt, designiert ⟨bride ~ Braut *f*, Verlobte *f*; president ~ zukünftiger Präsident⟩ | *Rel* auserwählt; **3.** *s* **the ~** *collect* die Auserwählten *m, f/pl*; **e·lec·tion** [ɪˈlekʃn|ə-] *s Pol* Wahl *f* ⟨≈ meeting Wahlversammlung *f*, ≈ returns Wahlergebnisse *n/pl*⟩; **e·lec·tion·eer** [ɪˌlekʃnˈɪə] *vi* (für eine Wahl) agitieren; **eˌlec·tionˈeer·ing** *s* Wahlpropaganda *f*; **eˈlec·tive 1.** *adj* gewählt, Wahl- ⟨≈ franchise Wahlrecht *n*⟩ | wählend | *Chem* Wahl- ⟨≈ attraction/affinity Wahlverwandtschaft *f* (*auch übertr*)⟩; **2.** *s Am Päd* Wahlfach *n*; **eˈlec·tor** *s* Stimm-, Wahlberechtigter *m* | *Am* Wahlmann *m* (bei der Präsidentenwahl) | *Hist* Kurfürst *m*; **eˈlec·tor·al** *adj* Wahl-, Wähler- ⟨≈ college *Am* Wahlmänner *m/pl* (bei der Präsidentenwahl), ≈ register/roll Wählliste *f*⟩ | *Hist* kurfürstlich, Kurfürsten-; **eˈlec·tor·ate** [~ərət] s Wahlkreis m, Wahlbezirk m | Wähler(schaft) m(f) | *Hist* Kurwürde f, Kurfürstentum n; **e'lec·tor·ship** s Stand m eines Wählers; **e'lec·tress** [~rəs] s Stimm- od Wahlberechtigte f | *Hist* Kurfürstin f

e·lec|tric [ɪ'lektrɪk|ə-] **1.** adj elektrisch, Elektro- ⟨≈ clock; ≈ power⟩ | *übertr* (wie) elektrisiert ⟨≈ effect⟩; **2.** s elektrischer Körper | elektrisch betriebenes Fahrzeug (Straßenbahn, Zug u. ä.); **e'lec·tri·cal** adj Elektrizitäts- ⟨≈ fault Schaden m in der Elektrik⟩ | Elektro- ⟨≈ apparatus Elektrogerät n⟩; **ˌ~tri·cal ˌen·gi'neer** s Elektroingenieur m; **ˌ~trical ˌen·gi·neer·ing** s Elektrotechnik f; **ˌ~tric ['warm·ing] 'blan·ket** s Heizdecke f; **ˌ~tric 'blue** s Stahlblau n; **ˌ~tric 'chair** s elektrischer Stuhl; **ˌ~tric 'charge** s *Phys* elektrische Ladung; **ˌ~tric 'cir·cuit** s elektrischer Kreis, Stromkreis m; **ˌ~tric 'cur·rent** s elektrischer Strom; **ˌ~tric 'cush·ion** s Heizkissen n; **'~tric 'eel** s *Zool* Zitteraal m; **ˌ~tric 'eye** s umg magisches Auge; **ˌ~tric 'fence** s elektrischer Zaun (Weide); **ˌ~tric 'furnace** s Elektroofen m; **~tri·cian** [ɪˌlek'trɪʃn] s Elektriker m; **~tric·i·ty** [ɪˌlek'trɪsətɪ] s Elektrizität f ⟨≈ cut Stromsperre f⟩; **ˌ~tric 'light** s elektrisches Licht; **ˌ~tric ma·'chine** s Elektrisiermaschine f; **ˌ~tric 'me·ter** s Stromzähler m; **ˌ~tric 'news flash** s Lichtzeitung f, Leuchtschrift f; **ˌ~tric 'pad** s Heizkissen n; **ˌ~tric 'plant** s Elektroanlage f; **ˌ~tric 'shock** s elektrischer Schlag; **ˌ~tric 'shock ˌther·a·py,** auch **~tro·conˌvul·sive 'ther·a·py** s *Med* Elektroschocktherapie f; **ˌ~tric 'stor·age store** s Elektrospeicherofen m; **ˌ~tric 'torch** s elektrische Taschenlampe; **~tri·fi·ca·tion** [ɪˌlektrɪfɪ'keɪʃn] s Elektrisierung f (auch *übertr*) | Elektrifizierung f; **e'lec·tri·fy** vt elektrisieren, elektrisch machen od aufladen ⟨~trified wires⟩ | elektrifizieren ⟨to ≈ the railway system⟩ | *übertr* begeistern, hinreißen, verblüffen; **~tri·za·tion** [ɪˌlektrɪ'zeɪʃn] s Elektrisierung f | *übertr* Begeisterung f; **e'lec·trize** vt elektrisieren

electro- [ɪlektrəʊ|-ə] ⟨*griech*⟩ in Zus elektro-, elektrisch | elektromagnetisch

e·lec·tro|car·di·o·gram [ɪˌlektrəʊ'kɑːdɪəʊɡræm] s *Med* Elektrokardiogramm n; **ˌ~'car·di·o·graph** s *Med* Elektrokardiograph m; EKG-Gerät n; **ˌ~'chem·is·try** s Elektrochemie f

e·lec·tro·cute [ɪ'lektrəkjuːt] vt auf dem elektrischen Stuhl hinrichten, durch Elektrizität töten; **eˌlec·tro'cu·tion** [-ʃ-] s Hinrichtung f durch elektrischen Strom

e·lec·trode [ɪ'lektrəʊd] s Elektrode f

e·lec·tro|dy·nam·ic [ɪˌlektrəʊdaɪ'næmɪk] adj elektrodynamisch; **ˌ~dy'nam·ics** s/pl (meist sg konstr) Elektrodynamik f; **ˌ~ki'net·ics** s/pl (sg konstr) Elektrokinetik f; **e·lec·trol·y·sis** [ɪˌlek'trɒləsɪs] s *Phys* Elektrolyse f; **~lyte** [ɪ'lektrɒlaɪt] s Elektrolyt m; **~ly·za·tion** [ɪˌlektrɒlaɪ'zeɪʃn] s Elektrolysierung f; **e'lec·tro·lyze** vt elektrolysieren; **ˌ~'mag·net** s Elektromagnet m; **e·lec·trom·e·ter** [ɪlek'trɒmɪtə] s Elektrometer n; **~mo·tive** [ɪˌlektrəʊ'məʊtɪv] **1.** adj elektromotorisch ⟨≈ force elektromotorische Kraft⟩; **2.** s Elektrolok f; **ˌ~'mo·tor** s Elektromotor m

e·lec·tron [ɪ'lektrɒn] s Elektron n ⟨~ tube Elektronenröhre f⟩

e·lec·tro·neg·a·tive [ɪˌlektrəʊ'neɡətɪv] adj elektronegativ, negativ elektrisch geladen

e·lec·tron·ic [ɪˌlek'trɒnɪk] adj elektronisch, Elektronen- ⟨~ brain, ~ computer Elektronengehirn n, Rechenautomat m⟩; **eˌlec'tron·ics** s/pl (sg konstr) Elektronik f; **e·lec·tron mi·cro·scope** [ɪ'lektrɒn ˌmaɪkrəskəʊp] s Elektronenmikroskop n

e·lec·tro|op·tics [ɪˌlektrəʊ'ɒptɪks] s/pl (sg konstr) Elektrooptik f; **'~plate** vt galvanisieren, elektroplattieren; **'~plat·ing** s Elektroplattierung f, Galvanotechnik f; **'~'pos·i·tive** adj elektropositiv, positiv elektrisch; **'~scope** s Elektroskop n; **'~shock** s *Med* Elektroschock m; **ˌ~'stat·ic, ˌ~'stat·i·cal** adj elektrostatisch; **ˌ~'stat·ics** s/pl (sg konstr) Elektrostatik f; **ˌ~'steel** s Elektrostahl m; **ˌ~'tech·nic, ˌ~'tech·ni·cal** adj elektrotechnisch; **ˌ~tech'ni·cian** s Elektrotechniker m; **ˌ~'tech·nics** s/pl (sg konstr) Elektrotechnik f; **'~ther·aˌpeu·tics** s/pl (auch sg konstr), **ˌ~'ther·a·py** s *Med* Elektrotherapie f; **ˌ~'ther·mal, ˌ~'ther·mic** adj *Phys* elektrothermisch; **ˌ~'ther·mics** s/pl (sg konstr) Elektrothermik f; **'~ˌtype** **1.** s galvanischer Druck, Klischee n; **2.** adj galvanoplastisch, Galvano-; **3.** vt (galvanisch) klischieren; **'~typ·y** s Galvanoplastik f, Elektrotypie f

e·lec·trum [ɪ'lektrəm] s Elektrum n, Goldsilber(legierung) n(f)

e·lec·tu·ar·y [ɪ'lektʊərɪ] s *Med* Latwerge f

el·ee·mos·y·nar·y [ˌelɪiː'mɒsɪnərɪ] adj förml Almosen-, Wohltätigkeits- ⟨~ corporation Wohltätigkeitsverein m⟩

el·e|gance ['elɪɡəns|-lə-] s Eleganz f, Feinheit f | (Stil) Gewähltheit f | Anmut f; **'~gant** adj elegant, geschmackvoll | (Stil) gewählt ⟨an ≈ speech⟩ | anmutig, schick, fein ⟨≈ manners⟩ | (Theorie) formvollendet, gekonnt ⟨an ≈ scientific proof⟩ | *Am Sl* erstklassig

el·e·gi·ac [ˌelɪ'dʒaɪək] auch **ˌel·e'gi·a·cal** **1.** adj elegisch ⟨~ couplet elegisches Distichon⟩ | schwermütig, klagend; **2.** s elegischer Vers (bes. Pentameter); **ˌel·e'gi·acs** s/pl elegisches Gedicht; **'el·e·gize** vt eine Elegie schreiben auf; vi eine Elegie schreiben (**upon** auf); **el·e·gy** ['elədʒɪ] s Elegie f, Klagegedicht n | *Mus* Trauermarsch m

el·e·ment ['eləmənt|-lɪ-] s Element n, Urstoff m ⟨the four ~s die vier Elemente n/pl⟩ | *Phys, Chem* Element n, Grundstoff m | *El* Zelle f | *Mil* Einheit f | Grundlage f, wesentlicher Umstand ⟨~ of uncertainty Unsicherheitsfaktor m⟩ | *übertr* Körnchen n ⟨an ~ of truth ein Körnchen Wahrheit⟩ | *übertr* gewohnte Umgebung, Sphäre f ◇ **be in one's ~** *übertr* in seinem Element sein; **ˌel·e'men·tal** **1.** adj elementar, natürlich | gewaltig | wesentlich; **2.** s (Natur-) Geist m; **ˌel·e'men·ta·ry** adj elementar, einfach | Anfangs- | *Chem* rein, nicht zerlegbar; **el·eˌmen·ta·ry ed·u'ca·tion** s Grundschulbildung f; **el·eˌmen·ta·ry 'par·ti·cle** s *Phys* Elementarteilchen n; **el·eˌmen·ta·ry 'school** s Grundschule f; **'el·e·ments** pl Anfangsgründe pl, Grundlagen f/pl ⟨the ≈ of geometry⟩ | Elemente pl ⟨the war of the ~ das Toben der Elemente⟩ | *Rel* Brot n und Wein m (beim Abendmahl)

el·e·phant ['eləfnt|-lɪ-] s Elefant m | *Am* Symbol n der Republikanischen Partei | *Am übertr* Republikanische Partei ◇ **white ~** umg kostspieliges, aber lästiges Wertstück; **see the ~** *Am Sl* das Leben od die Welt kennenlernen; **'~ grass** *Bot* Elefantengras n; **el·e·phan·ti·a·sis** [ˌelɪfæn'taɪəsɪs] s *Med* Elefantiasis f, Elefantenkrankheit f; **el·e·phan·tine** [ˌelə'fæntaɪn] adj elefantenartig, Elefanten- | *übertr* riesig | plump

eleuthero- [ɪl'juːθərə] ⟨*griech*⟩ in Zus frei, Freiheit(s)-

el·e|vate ['eləveɪt|-lɪ-] förml vt erhöhen | (auf-, empor)heben ⟨to ≈ the voice die Stimme erheben, lauter sprechen⟩ | *übertr* erheben, aufrichten ⟨~vating books⟩ | *übertr* beleben, erheitern ⟨the subject ~vated him das Thema stimmte ihn heiter⟩ ◇ **~vate s.o. to the peerage** jmdn. zum Peer machen od in den Adelsstand erheben; **'~vat·ed** **1.** adj hoch | (Stil) erhaben | erhöht | umg angeheitert; **2.** s *Am* Hochbahn f; **ˌ~vat·ed 'rail·road** s *Am* Hochbahn f; **'~vat·ing** adj *Tech* Hebe-, Aufzugs- | *übertr* erhebend; **'~vat·ing gear** s *Tech* Höhenrichtmaschine f; **ˌ~'va·tion** s Erhöhung f | (Auf-, Empor-) Heben n | Erhabenheit f | *Arch* Aufriß m | *Mil* Richthöhe f | *Astr* Höhe f | *übertr* Erhebung f, Beförderung f; **'~va·tor** s *Tech* Elevator m, Aufzug m | *Anat* Hebemuskel m | *Flugw* Höhensteuer n | *Am* Fahrstuhl m; **'~va·to·ry** adj emporhebend, Hebe-

e·lev|en [ɪ'levn|ə-] **1.** adj elf; **2.** s Elf f | (Kricket usw.) Elf(ermannschaft) *f(f)*; ˌ**~en-ˈplus ex·am·iˈna·tion** *s Brit* nach dem elften Lebensjahr abzulegende Prüfung *f*, die die weitere Schulbildung festlegt; **~en·ses** *s/pl Brit umg* leichter Imbiß am späten Vormittag; **~enth** [ɪˈlevnθ] **1.** *adj* elft(er, -e, -es); **2.** *s* Elftel *n* ◇ **at the ~enth hour** in letzter Stunde *f*

elf [elf] *s* (*pl* **elves** [elvz]) Elf(e) *m(f)* | Kobold *m* | Zwerg *m* | *übertr* (kleine) boshafte Person, Racker *m*; **ˈ~ child** *s* Elfenkind *n* | Wechselbalg *m*; **ˈ~ fire** *s* Irrlicht *n*; **ˈ~in 1.** *adj* elfenhaft, Elfen-; **2.** *s* Elf *m*; **ˈ~ish** *adj* elfenartig, Elfen- | schalkhaft | boshaft; **ˈ~lock** *s, meist pl* verfilztes Haar; **ˈ~-ˌstrick·en, ˈ~-struck** *adj* verhext

e·lic|it [ɪˈlɪsɪt|ə-] *förml vt* entlocken, hervorrufen (**from** aus) ⟨to ≈ sounds from an instrument⟩ | ans Licht bringen ⟨to ≈ the truth⟩ | entnehmen, ableiten (**from** von) | auslösen ⟨to ≈ a response⟩; **~·i·ta·tion** [ɪˌlɪsɪˈteɪʃn] *s* Hervorlocken *n* | Hervorrufen *n* | Ableitung (**from** von) | *übertr* Aufdekkung *f* (e-r Wahrheit etc.) | *Psych* Abfragen *n* ⟨≈ experiment Fragetest *m*⟩

e·lide [ɪˈlaɪd] *vt* elidieren, ausstoßen, auslassen ⟨to ~ a vowel⟩ | ignorieren, außer acht lassen | einschränken | *Jur* annullieren; **eˈlid·i·ble** *adj* elidierbar

el·i·gi|bil·i·ty [ˌelɪdʒəˈbɪlətɪ] *s* Wählbarkeit *f* | Eignung *f* (für e-e) Auswahl | Vorzug *m*; **~ble** [ˈelɪdʒəbl] *adj* wählbar (**for** für) | passend, geeignet ⟨an ≈ young man; an ≈ place for s.th.⟩ | erwünscht, vorteilhaft (**as** als) | *Wirtsch* diskontfähig

e·lim·i·na·ble [ɪˈlɪmɪnəbl] *adj* eliminierbar; **eˈlim·i·nate** *vt* eliminieren, beseitigen, entfernen, tilgen ⟨to ≈ mistakes⟩ | ausstoßen, ausschließen, ausschalten (**from** aus) | *umg euphem, scherzh* umbringen, beseitigen, eliminieren | *übertr* (aus)streichen | übergehen, ignorieren | *Math* eliminieren | *Med* ausscheiden | *Chem* ab-, ausscheiden; **eˌlim·iˈna·tion** *s* Eliminierung *f*, Aussonderung *f*, Ausmerzung *f* | Ausscheidung *f* | *Math* Elimination *f* | *Med* Ausscheidung *f* | *Chem* Aus-, Absonderung *f*; **eˈlim·i·na·tive** *adj Med* Ausscheidungs-; **eˈlim·i·na·tor** *s El* Sieb-, Sperrkreis *m*

e·li·sion [ɪˈlɪʒn] *s Ling* Elision *f*, Ausstoßung *f*, Auslassung *f*, Verschleifung *f* (e-s Lautes) | *übertr* Auslassung *f*, Streichung *f*

e·lite [eɪˈliːt], *förml auch* **é·lite** *s* Elite *f*, Auslese *f*, Oberschicht *f* | *Mil* Elitetruppe *f*; **eˈlit·ism** *s* Elitismus *m*, Elitetum *n* | Bewußtsein *n*, einer Elite anzugehören; **eˈlit·ist** *s* Angehöriger *m* einer Elite | jmd., der glaubt, etw. Besseres zu sein

e·lix·ir [ɪˈlɪksə] *s* Elixier *n* ⟨~ of life Lebenselixier *n*⟩ | Zaubertrank *m*, Allheilmittel *n* | *übertr* Quintessenz *f* | (Alchimie) Mittel *n* zur Verwandlung von (unedlen) Metallen in Gold

E·liz·a·be·than [ɪˌlɪzəˈbiːθn|ə-] **1.** *adj* Elisabethanisch; **2.** *s* Elisabethaner(in) *m(f)*

elk [elk] *s* (*pl collect* ~) *Zool* (in Europa) Elch *m*, Elentier *n* | (in Nordamerika) Elk *m*, Wapiti *m* | *auch* **smoked ˈ~** Elchleder *n* | *Am* ∸ Mitglied *n* eines der größeren amerikanischen Wohltätigkeitsorden; **ˈ~hound** *s* (schwedischer) Elchhund *m*

[1]**ell** [el] *s Hist* Elle *f* (engl. Längenmaß = 45 Zoll = 114,3 cm) ◇ **give him an inch and he will take an ~** *übertr* wenn man ihm den kleinen Finger gibt, nimmt er die ganze Hand

[2]**ell** [el] *s Am, Brit dial* (im rechten Winkel angebauter) Flügel (e-s Hauses)

el·lipse [ɪˈlɪps|ə-] *s Math* Ellipse *f*; **el·lip·sis** [ɪˈlɪpsɪs] *s* (*pl* **el·lip·ses** [ɪˈlɪpsiːz]) *Ling* Ellipse *f*; *Typ* Auslassung *f* (…); **el·lips·oid** [ɪˈlɪpsɔɪd] *s Math, Phys* Ellipsoid *n*; **el·lip·tic** [ɪˈlɪptɪk], **elˈlip·ti·cal** *adj Math* elliptisch, Ellipsen- | *Ling* elliptisch, unvollständig

elm [elm], *auch* **ˈ~ tree** *s Bot* Ulme *f*, Rüster *f* | Rüster(holz) *f(n)*; **ˈ~y** *adj* voller Ulmen, Ulmen-

el·o·cu·tion [ˌeləˈkjuːʃn] *s* Vortrag(sweise) *m(f)* | Vortrag(skunst) *m(f)* | *verächtl* (Rede) Schwulst *m*; ˌ**el·oˈcu·tion·ar·y** *adj* rednerisch, Vortrags-, künstlerisch ⟨≈ recital⟩; ˌ**el·oˈcu·tion·er,** ˌ**el·oˈcu·tion·ist** *s* Vortragskünstler *m* | Sprecherzieher *m*

e·lon|gate [ˈiːlɒŋgeɪt] *vt* verlängern, strecken (*auch übertr*) ⟨to ≈ one's face ein langes Gesicht machen⟩; *vi Bot* sich verlängern, an Länge zunehmen; sich verjüngen; [~gɪt] *adj* länglich; **ˈ~gated** *adj* verlängert, sehr lang; ˌ**~ˈga·tion** *s* Verlängerung *f* | (Längen-) Ausdehnung *f* | Verlängerung(sstück) *f(n)* | *Phys* Elongation *f* | *Tech* Dehnung *f* | *Astr* Elongation *f*

e·lope [ɪˈləʊp|ə-] *vi* (Frau) mit einem Mann durchbrennen, sich entführen lassen ⟨she ~d with her lover⟩ | (Mann und Frau) heimlich heiraten, von zu Hause entfliehen, ausreißen; **eˈlope·ment** *s* Entlaufen *n*, Entführung *f* | heimliche Heirat | Flucht *f*

el·o|quence [ˈeləkwəns] *s* Beredsamkeit *f*, Eloquenz *f*, Ausdruckskraft *f* | beredte Worte *n/pl*; **ˈ~quent** *adj* (Person) beredt, redegewandt | *übertr* ausdrucksvoll ⟨≈ looks⟩ | überzeugend (**of** für)

else [els] **1.** *adv* sonst, außerdem ⟨anything ~? sonst noch (et)was?⟩ | ander(er, -e, -es) ⟨everybody ~ jeder andere; anyone ~ irgendein anderer⟩ ◇ **or ~** oder, sonst, wenn nicht ⟨pay £ 10 ≈ you have to go to prison⟩; **2.** *pron arch* etwas anderes; **~ˈwhere,** *auch* **ˈ~where** *adv* anderswo(hin); **ˈ~wise** *adv* andernfalls, sonst

ELT *Abk* für **English Language Teaching** Englischunterricht *m*

e·lu·ci·date [ɪˈluːsɪdeɪt] *förml vt* aufhellen, aufklären, erläutern; **eˌlu·ciˈda·tion** *s* Aufhellung *f*, Erklärung *f*, Erläuterung *f*; **eˈlu·ci·date, eˈlu·ci·da·to·ry** *adj* erläuternd, erklärend

e·lude [ɪˈluːd] *vt* geschickt umgehen ⟨to ~ payment⟩ | ausweichen, sich entziehen | (*auch übertr*) entgehen ⟨to ~ observation⟩ | *übertr* sich nicht fassen lassen ⟨to ~ s.o.'s understanding jmdm. unverständlich sein⟩; **e·lu·sion** [ɪˈluːʒn] *s* Umgehung *f* | Ausflucht *f* (**of** vor) | Kniff *m*; **eˈlu·sive** *adj* nicht zu fassen(d) ⟨an ≈ person jmd., der schwer zu erreichen ist⟩ | undefinierbar, unbestimmbar | unzuverlässig | ausweichend (**of** vor, **of s.th.** e-r Sache) ⟨an ≈ answer⟩; **eˈlu·so·ry** *adj* trügerisch, illusorisch

elves [elvz] *pl* von ↑ **elf**; **elv·ish** = **elfish**

E·ly|sian [ɪˈlɪzɪən] *adj* elysisch | *übertr* himmlisch, herrlich; ˌ**~sian ˈfields** = **~si·um** [~zɪəm] *s* (*pl* **~si·ums** [~zɪəmz], **~si·a** [~zɪə]) Elysium *n* | Paradies *n*

EM *Abk* für **electron microscope/microscopy** Elektronenmikroskop *n od* Elektronenmikroskopie *f*

em- [ɪm-|əm-] *präf* ↑ **en** *vor b, m, p* (*z. B.* **embitter**)

em [em] *s* M *n* | *Typ* (Einheit) Geviert *n*, Quadrätchen *n*

'em [əm] *umg dial* für unbetontes ↑ **them**

e·ma·ci|ate [ɪˈmeɪʃɪeɪt|-s-] *vt* ausmergeln, abzehren | (Boden) auslaugen; *vi* abmagern; **eˈma·ci·at·ed** *adj* abgemagert | (Boden) ausgelaugt; **eˌma·ciˈa·tion** *s* Abmagerung *f*, Verzehrung *f* | (Boden) Auslaugung *f*

em·a|nate [ˈeməneɪt] *vi förml* ausfließen, ausströmen (**from** aus, von) | *übertr* herrühren, ausgehen (**from** von); *vt* ausstrahlen, aussenden; ˌ**~ˈna·tion** *s* Ausfließen *n*, Ausströmen *n* | Ausdünstung *f*, Ausstrahlung *f* (**from** von) | (*auch übertr*) Auswirkung *f*, Folge *f* | *Phys, Chem* Emanation *f*; ˌ**~ˈna·tion·al, ˈ~na·tive** *adj* abfließend, ausströmend | Ausstrahlungs-

e·man·ci·pate [ɪˈmænsɪpeɪt] *vt* emanzipieren, befreien, selbständig machen, gleiche Rechte einräumen ⟨to ≈ o.s. from sich freimachen von⟩; **e'man·ci·pat·ed** *adj* frei | emanzipiert | vorurteilslos; **e,man·ci'pa·tion** *s* Emanzipation *f*, Gleichberechtigung *f* | Befreiung *f* (*auch übertr*) ⟨≈ Proclamation *Hist* Proklamation *f* der Sklavenbefreiung⟩; **e,man·ci'pa·tion·ist 1.** *s* Fürsprecher *m* der Gleichberechtigung | *Am Hist* Verfechter *m* der Sklavenbefreiung; **2.** *adj* die Gleichberechtigung *od* Sklavenbefreiung vertretend; **e'man·ci·pa·tor** *s* Befreier *m* ⟨the Great ≈ Beiname Abraham Lincolns⟩; **e'man·ci·pist** *s Austr* entlassener Sträfling

e·mas·cu·late [ɪ'mæskjʊleɪt] *vt*, *Med* entmannen, kastrieren | *übertr* schwächen, verweichlichen; [~lɪt] *adj* kastriert | *übertr* unmännlich, weichlich, kraftlos; **e,mas·cu'la·tion** *s* Kastrierung *f* | *übertr* Verweichlichung *f*, Schwächung *f* | Verstümmelung *f* (z. B. e-s literarischen Werkes); **e'mas·cu·la·to·ry, e'mas·cu·la·tive** *adj* verweichlichend, schwächend

em·balm [ɪm'bɑ:m] *vt* (ein)balsamieren | *übertr* vor Vergessenheit bewahren | (jmds. Andenken) hegen; **em'balm·er** *s* Tierpräparator *m*; **em'balm·ment** *s* Einbalsamierung *f*

em·bank [ɪm'bæŋk] *vt* eindämmen; eindeichen; **em'bank·ment** *s* Eindämmung *f*, Eindeichung *f* | (Eisenbahn-) Damm *m* | Kai *m*

em·bar|go [ɪm'bɑ:gəʊ] **1.** *s* (*pl* **~goes** [~gəʊz]) Embargo *n*, Hafensperre *f*, Handelssperre *f*, -verbot *n* (**on** auf, für) ⟨to be under an ~go unter Beschlagnahme stehen; to lay s.th. under an ~go etw. mit einem Embargo belegen; to lay an ~go on (Schiff) beschlagnahmen; (Hafen) sperren; to take off/lift the ~go die Beschlagnahmung *od* Sperre aufheben⟩ | *übertr* Hindernis *n*, Verbot *n*; **2.** *vt* (**em'bar·goed, em'bar·goed**) (Hafen, Handel) sperren | (Schiff) beschlagnahmen

em·bark [ɪm'bɑ:k] *vt Mar* einschiffen, verladen (**for** nach); *vi* sich einschiffen (**for** nach) | *übertr* sich einlassen (**in** in, **upon** auf) ⟨to ~ upon s.th. etw. in Angriff nehmen⟩; **,em·bar'ka·tion, em'bark·ment** *s Mar* Einschiffung *f*, Verladung *f*; **,em·bar'ka·tion ,pa·pers** *s/pl Mar* Bordpapiere *pl*

em·bar·ras de ri·chesse [ɑ̃bə,rɒ də ri:'ʃes] *s* ⟨*frz*⟩ Qual *f* der Wahl

em·bar·rass [ɪm'bærəs] *vt* verwirren, in Verlegenheit setzen | in Geldverlegenheiten bringen | (be)hindern, erschweren | komplizieren; **em'bar·rassed** *adj* bestürzt, verwirrt | in finanziellen Schwierigkeiten | in Verlegenheit (**by** über, wegen) | schwierig; **em'bar·rass·ing** *adj* peinlich, ungelegen; **em'bar·rass·ment** *s* Verwirrung *f* | Bestürzung *f*, Verlegenheit *f* | Geldverlegenheit *f*, Klemme *f* | Verwicklung *f* | Schwächung *f* | Hindernis *n* | *Med* Störung *f* (e-r Funktion)

em·bas·sa·dor [em'bæsədə] *arch* = **ambassador**

em·bas·sy ['embəsɪ] *s* Botschaft(s-), Gesandtschaft(spersonal) *f(n)* | Botschafts-, Gesandtschaftsgebäude *n* | Entsendung *f* von Botschaftern und Gesandten ◇ **on an** ~ in diplomatischer Mission

em·bat·tle [ɪm'bætl] *vt Mil* in Schlachtordnung aufstellen | befestigen, (Stadt u. ä.) zur Festung ausbauen | mit Schießscharten versehen; **em'bat·tled** *adj* von Gegnern umgeben | (Person) belästigt, bedrängt

em·bed [ɪm'bed] (**em'bed·ded, em'bed·ded**) *vt* (*meist pass*) einbetten, lagern, einlassen, verankern (*auch übertr*) ⟨to be ~ded in lagern in; ~ded sentence eingebetteter Satz; ~ded with jewels mit Edelsteinen besetzt; ~ded in s.o.'s memory tief in jmds. Gedächtnis⟩ | fest einmauern, verankern (in) ⟨firmly ~ded fest verankert (*auch übertr*) | eingraben, umgeben; **em'bed·ment** *s* Einbettung *f*, Lagerung *f* | Verankerung *f*

em·bel·lish [ɪm'belɪʃ] *vt* verschönern (**with** durch) | *übertr* (Geschichte u. ä. durch Erdichtungen) (aus)schmücken; **em'bel·lish·ment** *s* Verschönerung *f*, Schmuck *m* | *übertr* (künstliche) Ausschmückung | *Mus* Verzierung *f*

[1]**em·ber** ['embə] *s*, *meist* **'em·bers** *pl* glühende Kohlen *f/pl* | Glutasche *f* | *übertr* Funken *m/pl*

[2]**em·ber** ['embə] *adj Rel* Quatember-; **'≈ days** *s/pl* Quatember *m*, die vier Fastenzeiten *f/pl* im Jahr; **'≈ week** *s* Fastenwoche *f*

em·bez·zle [ɪm'bezl] *vt* veruntreuen, unterschlagen; **em'bez·zler** *s* Veruntreuer *m*; **em'bez·zle·ment** *s* Veruntreuung *f*, Unterschlagung *f*

em·bit·ter [ɪm'bɪtə] *vt* bitter(er) machen, verbittern (*auch übertr*) (**by** durch) | *übertr* verschlimmern; **em'bit·ter·ment** *s* Verbitterung *f* (*auch übertr*) | *übertr* Verschlimmerung *f*, Erschwerung *f*

em·bla·zon [ɪm'bleɪzn] *vt* mit Wappen bemalen *od* schmükken | im Wappen darstellen | schmücken, verzieren (**with** mit, **on** auf) | *übertr* verherrlichen | *übertr* ausposaunen; **em'bla·zon·ment, em'bla·zon·ry** *s* Wappenschmuck *m* | Verzierung *f*, Ausschmückung *f*

em·blem ['embləm] **1.** *s* Emblem *n*, Sinnbild *n*, Abzeichen *n* | Kennzeichen *n*, Verkörperung *f*; **2.** *vt* versinnbildlichen, symbolisieren; **~·at·ic** [,emblə'mætɪk], **,em·blem'at·i·cal** *adj* emblematisch, sinnbildlich ⟨to be ≈ of versinnbildlichen⟩ | charakteristisch (**of** für); **~a·tize** [em'blemətaɪz] *vt* versinnbildlichen

em·ble·ments ['emblmənts|-blə-] *s/pl Jur* Ernte(ertrag) *f(m)* | Feldfrüchte *f/pl*

em·bod·i·ment [ɪm'bɒdɪmənt] *s* Verkörperung *f* | Darstellung *f* | Einverleibung *f*; **em'bod·y** *vt* verkörpern, personifizieren, darstellen | (Ideen u. ä.) verwirklichen, konkrete Form geben | (Land) einverleiben (**in** in) | umfassen, umschließen, (in sich) einigen ⟨to be embodied in enthalten sein in⟩

em·bold·en [ɪm'bəʊldn] *vt* ermutigen

em·bo|lec·to·my [,embə'lektəmɪ] *s Med* Embolektomie *f*; **em·bol·ic** [em'bɒlɪk] *adj Med* embolisch; **'~lism** *s Med* Embolie *f*; **~lus** ['embələs] *s* (*pl* **~li** [~laɪ]) *Med* Embolus *m* | Embolie *f*

em·bon·point [,ɑ̃bɔ̃'pwæ̃] *s* ⟨*frz*⟩ *euphem* Bäuchlein *n*, leichte Rundung

em·bos·om [ɪm'bʊzm] *poes vt* umarmen, ans Herz drücken | *übertr* ins Herz schließen | *übertr* verbergen, einhüllen, ⟨~ed in/with/among umgeben von, eingehüllt in *od* mit⟩

em|boss [ɪm'bɒs] *vt Tech* bossieren, erhaben ausarbeiten, prägen, (mit dem Hammer) treiben, hämmern (**with** mit, **on** auf) | mit erhabener Arbeit schmücken | reich verzieren; **em'bossed** *adj Tech* getrieben, bossiert, erhaben, gearbeitet, geprägt ⟨≈ print Prägedruck *m*⟩; **em'boss·ment** *s* Reliefarbeit *f* | Erhebung *f*, Erhabenheit *f*, Wulst *f*

em·bou·chure [,ɒmbʊ'ʃʊə] *s* (Fluß-) Mündung *f* | (Blasinstrument) Mundstück *n*

em·bow·el [ɪm'baʊl] *vt* (**em'bow·elled, em'bow·elled**, *bes Am* **em'bow·eled, em'bow·eled**) ausweiden

em·bow·er [ɪm'baʊə] *poet vt* (wie) mit einer Laube umgeben, schützen (**in, among** durch, von); *vi* sich (wie) in einer Laube verbergen

em·brace [ɪm'breɪs] **1.** *vt* umarmen, in die Arme schließen | *Bot* umranken | *übertr* einschließen, umfassen, in sich schließen ⟨to ~ various subjects⟩ | *förml übertr* (Idee u. ä.) sich zu eigen machen, (Gelegenheit) nutzen | (Angebot u. ä.) bereitwillig annehmen ⟨to ~ an offer⟩ | (Beruf) einschlagen *od* ergreifen | (Glauben) annehmen | *Jur* bestechen, zu bestechen suchen; *vi* sich umarmen; **2.** *s* Umarmung *f*; **em'brace·ment** *s* Umarmung *f* | bereitwillige Annahme; **em'brac·er·y** *s Jur* Bestechung(sversuch) *f(m)* (gegenüber e-m Gericht); **em'brac·er, em'brac·or** *s Jur* Bestecher *m* (von Geschworenen)

em·branch·ment [ɪm'brɑ:ntʃmənt] *s* Gabelung *f*, Abzweigung *f*, Zweig *m* (*auch übertr*)

em·bran·gle [em'bræŋgl] *vt* verwirren | verwickeln; **em'bran·gle·ment** *s* Verwirrung *f* | Verwicklung *f*

em·bra·sure [ɪm'breɪʒə] *s Hist* Schießscharte *f* | *Arch* (Fenster- u. ä.) Leibung *f*

em·bro·cate ['embrəkeɪt] *vt Med* einreiben; **ˌ~'ca·tion** *s* Einreibemittel *n*

em·broi·der [ɪm'brɔɪdə] *vt* (Muster) sticken | besticken | *übertr* (Erzählung u. ä.) ausschmücken; *vi* sticken; **em'broid·er·ing** *s* Stickerei *f* ⟨≈ machine Stickmaschine *f*⟩; **em'broi·der·y** *s* Stickerei *f* ⟨to do ≈ sticken⟩ | *übertr* Ausschmückung *f*; **'~ ˌcot·ton** *s* Stickgarn *n*; **'~y frame** *s* Stickrahmen *m*

em·broil [ɪm'brɔɪl] *vt* verwirren | (in Streit) verwickeln (**with** mit) ⟨~ed in a war in e-n Krieg verwickelt⟩; **em'broil·ment** *s* Verwirrung *f* | Verwicklung *f*, Streit *m*

em·brown [ɪm'braʊn] *vt* braun machen, bräunen; *vi* bräunen, braun werden

em·bry|o ['embrɪəʊ] **1.** *s* (*pl* **~os** [~z]) Embryo *m*, Fruchtkeim *m* | *übertr* Anfangsstadium *n* ⟨in ≈ im Keim⟩; **2.** *adj* keimend; **~o·nal** ['embrɪənl], **~on·ic** [ˌembrɪ'ɒnɪk] *adj* Embryo- | *übertr* unentwickelt

em·bus [ɪm'bʌs] (**em'bussed, em'bussed**) *vt* (Truppen u. ä. auf Kraftfahrzeuge) verladen; *vi* (in ein Kraftfahrzeug) einsteigen

e·mend [ɪ'mend] *vt* verbessern, korrigieren (bes. Texte); **e'mend·a·ble** *adj* korrigierbar; **e·men·date** ['i:məndeɪt] *vt* verbessern, korrigieren; **ˌe·men'da·tion** [ˌi:m-] *s* Verbesserung *f*, Berichtigung *f* ⟨a list of ≈s Korrekturverzeichnis *n*⟩; **e'men·da·to·ry** [ɪ'm-] *adj* Verbesserungs-

em·er·ald ['emərld] **1.** *s* Smaragd *m* | *Brit Typ* Insertie *f*, englische Druckschrift; **2.** *adj* smaragdgrün; **ˌ~ 'green** *s* Smaragdgrün *n*; **'~-'green** *adj* smaragdgrün; **ˌ~ 'Isle** *s Poes* Grüne Insel (Irland)

e·merge [ɪ'mɜ:dʒ] *vi* auftauchen (*auch übertr*) (**out of** aus) | *übertr* (Frage u. ä.) sich erheben | herauskommen, hervorgehen (**from** aus) (*auch übertr*) | *übertr* sich entwickeln (**into** zu), in Erscheinung treten, sich herausstellen; **e'mer·gence** *s* Auftauchen *n*, Hervor-, Herauskommen *n*

e·mer·gen·cy [ɪ'mɜ:dʒensɪ] **1.** *s* Not(stand) *f*(*m*), kritische Lage ⟨in an ~; in case of ~ notfalls, im Ernstfall⟩ | *selten* Auftauchen *n*, Hervorkommen *n*; **2.** *adj* Notstands-, Behelfs-; **'~ brake** *s* Notbremse *f*; **'~ call** *s Tel* dringendes Gespräch; **ˌ~ de'cree** *s* Notverordnung *f*; **'~ ˌex·it** *s* Notausgang *m*; **'~ ˌland·ing** *s* Notlandung *f*; **'~ˌman** *s* (*pl* **'~ˌmen**) Helfer *m*; *Sport* Reservemann *m*; **'~ ˌmeas·ure** *s* Not(stands)maßnahme *f*; **'~ ˌra·tion** *s Mil* eiserne Ration; **'~ ward** *s Med* Unfallstation *f*

e·mer·gent [ɪ'mɜ:dʒənt] **1.** *adj* entstehend | auftauchend, emporkommend | dringend; **2.** *s* Ergebnis *n*; **e'mer·ging** *adj* Entwicklungs- ⟨≈ nations junge Nationalstaaten *m/pl*⟩

e·mer·i·tus [ɪ'merɪtəs] *adj* emeritiert, in den Ruhestand versetzt ⟨~ professor⟩

e·mersed [ɪ'mɜ:st] *adj* vorspringend, herausragend; **e·mer·sion** [ɪ'mɜ:ʃn] *s* Auftauchen *n*, Hervorkommen *n* | *Astr* Emersion *f*, Austritt *m*

em·er·y ['emərɪ] **1.** *s* Schmirgel *m* ⟨to rub with ~ abschmirgeln⟩; **2.** *vt* (ab)schmirgeln; **'~ cloth** *s* Schmirgelleinwand *f*; **'~ ˌpa·per** *s* Schmirgelpapier *n*; **'~ wheel** *s* Schmirgelscheibe *f*

em·e·sis ['emɪsɪs] *s Med* Erbrechen *n*; **e·met·ic** [ɪ'metɪk] *Med* **1.** *adj* erbrechend; **2.** *s* Brechmittel *n*

em·i|grant ['emɪgrənt] **1.** *s* Emigrant(in) *m*(*f*); **2.** *adj* emigrierend, Auswanderungs-; **'~grate** *vi* emigrieren, auswandern (**from** aus, von; **to** nach) | *umg* umziehen; *vt* (jmdn.) zum Auswandern veranlassen | (jmdm.) beim Auswandern helfen; **ˌ~'gra·tion** *s* Emigration *f*, Auswanderung *f*; **ˌ~'gra·tion·al, '~gra·to·ry** *adj* Auswanderungs-

é·mi·gré ['emɪgreɪ] *s* ⟨*frz*⟩ Emigrant *m*

em·i·gree ['emɪgreɪ] *s* Ausgewiesene(r) *f*(*m*), Landesverwiesene(r) *f*(*m*)

em·i|nence ['emɪnəns] *s förml* Höhe *f*, Anhöhe *f* | Würde *f*, Rang *m* ⟨to rise to ≈ zu Rang und Würden kommen⟩ | (Titel) Eminenz *f*; **'~nent** *adj* erhaben, vornehm | hervorragend, berühmt, ausgezeichnet (**in** in, **for** durch) | (Gebirge u. ä.) hochragend; **'~nent do'main** *s Jur* Enteignungsrecht *n* des Staates; **'~nent·ly** *adv* in hohem Maße, ganz besonders

e·mir [e'mɪə] *s* Emir *m*; **e'mir·ate** [-reɪt|-rɪt] *s* Emirat *n*

em·is|sar·y ['emɪsr̩ɪ] *s* Sendbote *m*, Emissär *m*; **~sion** [ɪ'mɪʃn] *s*, *bes. Phys* Aussenden *n*, Emission *f*, Ausstrahlung *f* (*auch übertr*) | *Med* (Samen-) Erguß *m*, Ausfluß *m* | *Wirtsch* Emission *f*, Ausgabe *f*; **~sive** [ɪ'mɪsɪv] *adj* ausstrahlend ⟨to be ≈ of s.th. etw. ausstrahlen⟩; **em·is·siv·i·ty** [ˌemɪ'sɪvətɪ] *s Phys* Strahlungskraft *f*

e·mit [ɪ'mɪt] *vt* (**e'mit·ted, e'mit·ted**) (Licht u. ä.) ausstrahlen, aussenden | (Laut u. ä.) von sich geben, äußern | (Verfügung u. ä.) erlassen | *Wirtsch* emittieren, in Umlauf setzen

Em·men·t[h]a·ler ['eməntɑ:lə] *s* Emmenthaler (Käse) *m*(*m*), Schweizerkäse *m*

e·mol·li·ent [ɪ'mɒlɪənt] *Med, Chem* **1.** *adj* erweichend | *übertr* besänftigend ⟨~ words⟩; **2.** *s* erweichendes Mittel | Linderungsmittel *n* ⟨an ≈ against sunburn⟩

e·mol·u·ment [ɪ'mɒljʊmənt] *förml s* (Neben-) Verdienst *m*; **e'mol·u·ments** *pl* Einkünfte *f/pl*, Diäten *pl*, Amtsvergütung *f*

e·mote [ɪ'məʊt] *vi umg* (absichtlich) Gefühle zeigen, sich gehen lassen ⟨the actress was emoting die Schauspielerin hat dick aufgetragen⟩

e·mo·tion [ɪ'məʊʃn] *s* (Gemüts-) Bewegung *f*, Erregung *f*, Rührung *f*, Emotion *f* | Gefühl *n*; **e'mo·tion·a·ble** *adj* erregbar; **e'mo·tion·al** *adj* emotional, gefühlsmäßig, -bedingt | Gefühls- | gefühlvoll, empfindsam, gerührt; **e'mo·tion·al·ism** *s* Gefühlsbetontheit *f* | Gefühlsausbruch *m*; **e'mo·tion·al·ist** *s* Gefühlsmensch *m*; **eˌmo·tion'al·i·ty** *s* gefühlvolles Wesen | Gefühlsbetontheit *f*, Empfindsamkeit *f*; **e'mo·tion·less** *adj* ungerührt | gefühllos; **e'mo·tive** *adj* emotional, gefühlsmäßig ⟨≈ word expressives Wort⟩; gefühlvoll; **eˌmo'tiv·i·ty** *s* Gefühlsbetontheit *f*

em·pan·el [ɪm'pænl] (**em'pan·elled, em'pan·elled**, *Am* **em'pan·eled, em'pan·eled**) *vt Jur, förml* (jmdn.) als Geschworenen einsetzen, eintragen (**as** als, **for** für) | (Jury) einsetzen

em|path·ic [em'pæθɪk] *adj* Einfühlungs- | einfühlend; **~pa·thy** ['empəθɪ] *s Psych* Einfühlung(svermögen) *f*(*n*) (**with** in, mit)

em·per·or ['empr̩ə] *s* Kaiser *m* (**of** von); **ˌ~ 'bo·a** *s Zool* Kaiserboa *f*; **ˌ~ 'moth** *s Zool* kleines Nachtpfauenauge; **ˌ~ 'pen·guin** *s Zool* Kaiserpinguin *m*; **'~ship** *s* Kaisertum *n* | kaiserliche Würde

em·pha|sis ['emfəsɪs] *s* (*pl* **~ses**) [~si:z]) *übertr* Nachdruck *m*, Gewicht *n*, Betonung *f* ⟨to add ≈ to Nachdruck legen auf; to lay/put/place ~sis on s.th. etw. besonders hervorheben; with ≈ nachdrücklich⟩ | *Rhet* Emphase *f*, Betonung *f* | *Phon* Ton *m*, Akzent *m* (**on** auf) | *Mal* Schärfe *f*; **'~size** *vt* nachdrücklich betonen | Wert legen auf; **em·phat·ic** [ɪm'fætɪk] *adj* nachdrücklich, emphatisch, deutlich ⟨to be ≈ that betonen, daß⟩ | (Vorstellung) entschieden, bestimmt ⟨an ≈ opinion e-e feste Meinung⟩ | (Ereignis) eindeutig, klar ⟨an ≈ victory⟩

em·phy·se|ma [ˌemfɪ'si:mə] *s* (*pl* **~ma·ta** [~mətə]) *Med* Emphysem *n*, Wundgeschwulst *f* ⟨pulmonary ≈ Lungenemphysem⟩

em·pire ['empaɪə] **1.** *s* (Kaiser-) Reich *n*, Imperium *n* ⟨the [British] ∸ das Britische Weltreich⟩ | Herrschaft *f*, Gewalt *f* (**over** über) | ∸ Empirestil *m*; **2.** *adj* Reichs-, Empire- | ∸ (Stil) Empire- ⟨∸ furniture⟩

em·pir·ic [em'pɪrɪk] **1.** *s Phil* (antiker) Empiriker | Empirist *m* | *arch* Quacksalber *m*; **2.** *auch* **em'pir·i·cal** *adj Phil* empirisch, erfahrungsgemäß, Erfahrungs-; **em'pir·i·cism** *s Phil* Empirismus *m* | *arch* Quacksalberei *f*; **em'pir·i·cist** *s Phil* Empiriker *m*, Empirist *m*

em·place [ɪm'pleɪs] *vt* aufstellen | *Mil* (Geschütz) in Aufstellung bringen; **em'place·ment** *s* Aufstellung *f* | Lage *f* | *Mil* Geschützstellung *f*, Bettung *f* (von Geschützen)

em·plane [em'pleɪn] *Flugw förml vt* in ein Flugzeug (ver)laden; *vi* an Bord (eines Flugzeuges) gehen

em·ploy [ɪm'plɔɪ] *förml* **1.** *vt* (jmdn.) beschäftigen | einstellen | an-, verwenden, gebrauchen (**in, on** bei, **for** für, zu) | *förml* Zeit widmen ⟨to ~ o.s. sich beschäftigen (**with** mit)⟩; **2.** *s* (nur in Verbindungen) *förml* Beschäftigung *f* ◇ **in** ~ beschäftigt; **out of** ~ arbeitslos, ohne Beschäftigung; **in the ~ of** angestellt bei; **em'ploy·a·ble** *adj* brauchbar, anwendbar (**for** für, zu); **em'ployed** *adj* berufstätig | angestellt | beschäftigt (**in** *mit ger*, **on s.th.** mit etw.); **~ee** [ɪm'plɔɪ'i:|ˌem-] *selten* **~é** [ɒm'plɔɪeɪ] *s* Beschäftigte(r) *f(m)* | Arbeiter(in) *m(f)* | Lohn- *od* Gehaltsempfänger(in) *m(f)* | Angestellte(r) *f(m)*, Arbeitnehmer(in) *m(f)* ⟨≈s *pl* Personal *n*, Angestellte *f, m/pl*⟩; **em'ploy·er** *s* Unternehmer *m* | Arbeitgeber *m*; **em'ploy·ment** *s* Arbeit(sverhältnis) *f(n)*, Dienst *m*, Beruf *m*, Stellung *f* ⟨to seek ≈ Arbeit suchen; to be in (full) ≈ (voll) arbeiten, beschäftigt sein; to be out of ≈ arbeitslos sein⟩ | *förml* Beschäftigung *f*, Zeitvertreib *m* | *förml* Anwendung *f*, Gebrauch *m*; **'~ment ˌa·gen·cy, '~ment ˌbu·reau** *s* Stellenvermittlungsbüro *n*; **'~ment exˌchange** *s Brit förml* Arbeitsamt *n*; **'~ment ˌmar·ket** *s* Stellenmarkt *m*

em·poi·son [ɪm'pɔɪzn] *vt übertr* vergiften, verbittern | *arch* vergiften

em·po·ri|um [em'pɔ:rɪəm] *s* (*pl* **~a** [~ə] *od* **~ums** [~əmz]) *förml* Handels-, Stapelplatz *m* | Handelszentrum *n* | *Am* Warenhaus *n*, Magazin *n* | *vulg* Laden *m*, Bude *f*

em·pow·er [ɪm'paʊə] *förml vt* ermächtigen, bevollmächtigen (**to** *mit inf* zu *mit inf*) | befähigen (**for** zu); **em'pow·er·ment** *s* Ermächtigung *f*, Befähigung *f*

em·press ['emprəs] *s* Kaiserin *f* | *übertr* Herrscherin *f*

emp·ty ['emptɪ] **1.** *adj* leer | unbeladen | (Haus u. ä.) unbewohnt, unbesetzt | *übertr* leer, bar ⟨to be ~ of s.th. etw. entbehren, e-r Sache ermangeln; ~ of bar *mit gen*⟩ | *übertr verächtl* hohl, eitel, nichtig ⟨~ promises leere Versprechungen *f/pl*; ~ talk nichtiges Gerede⟩ | *umg* hungrig, nüchtern ⟨on an ~ stomach auf nüchternen Magen; to feel ~ Hunger haben⟩; **2.** *vt* (aus)leeren, entleeren | ausräumen | um-, verladen (**into** in, **upon** auf) | *übertr* berauben, entziehen (**of s.th.** e-r Sache) | befreien (**of** von); *vi* sich leeren, leer werden | (Fluß) sich ergießen, münden (**into** in); **3.** *s pl* Leergut *n*, leere Fässer *n/pl*; **ˌ~-'hand·ed** *adj* mit leeren Händen; **ˌ~-'head·ed** *adj umg* hohlköpfig, dumm; **ˌ~ 'set** *s Math* Nullmenge *f*, leere Menge

em·pur·ple [ɪm'pɜ:pl] *lit vt* purpurrot färben; **em'pur·pled** *adj* purpurn

em·py·re|al [ˌempɪ'ri:əl|-paɪ-] *adj lit* empyreisch, himmlisch, Himmel-; **~an** [ˌempɪ'ri:ən|-paɪ-] **1.** *s oft* **∸an** Empyreum *n*, (höchster) Himmel | *übertr* Firmament *n*; **2.** *adj* = **empyreal**

e·mu ['i:mju:] *s Zool* Emu *m*

e·mu|late ['emjʊleɪt] *vt* wetteifern mit, nacheifern | nachahmen; **ˌ~'la·tion** [ˌemjʊ'leɪʃn] *s* Wettbewerb *m* | Wetteifer *m* ⟨in ≈ of im Wetteifer mit, nacheifernd⟩; **'~la·tive** *adj* nacheifernd ⟨to be ≈ of s.o. jmdm. nacheifern⟩; **'~la·tor** *s* Nacheiferer *m*, -ahmer *m*; **'~lous** *adj* wetteifernd (**of** mit) | begierig (**of** nach) | eifersüchtig (**of** auf)

e·mul·si|fi·a·ble [ɪ'mʌlsɪfaɪəbl] *adj* emulgierbar; **~fi·ca·tion** [ɪˌmʌlsɪfɪ'keɪʃn] *s* Emulgierung *f*, Emulsifizierung *f*; **e'mul·si·fy** *vt, vi* emulgieren; **e'mul·sion** [-ʃ-] **1.** *s Chem, Med, Foto* Emulsion *f*; **2.** *vt, vi umg* mit Mischfarben streichen; **emul·sion·ize** [ɪ'mʌlʃn̩aɪz] *vt* emulgieren; **eˌmul·sion 'paint** *s* Mischfarbe *f*, Emulsionsfarbe *f*

en [en] *s* (Buchstabe) N *n* | *Typ* Maßeinheit *f*

en- [ɪn] **1.** *präf zur Bildung von v aus s und adj mit der Bedeutung*: hinein-, ein-, in einen bestimmten Zustand bringen, (zu etw.) machen (*z. B.* **enslave, endanger, enclose**); **2.** *präf von v mit intens Bedeutung* (*z. B.* **enkindle, enwrap**)

-en [n] **1.** *suff zur Bildung inchoativer v aus adj u. s mit der Bedeutung:* machen, werden (*z. B.* **harden, lengthen**); **2.** *suff zur Bildung von adj mit der Bedeutung* aus ... (bestehend) (*z. B.* **earthen, leaden**) *od* wie ... (*z. B.* **golden, flaxen**)

en·a·ble [ɪ'neɪbl] *vt* (jmdn.) befähigen, in den Stand setzen (**to** *mit inf* zu *mit inf*) | berechtigen, ermächtigen (**to** *mit inf* zu *mit inf*) | ermöglichen (**s.th.** etw.) | erlauben (**s.th.** etw.); **en'a·bling** *adj Jur* Ermächtigungs- ⟨≈ clause Ermächtigungsklausel *f*⟩

en·act [ɪ'nækt] *vt Jur* verfügen, anordnen ⟨be it further ~ed that ... hiermit wird verfügt, daß⟩ | Gesetzeskraft verleihen | (Gesetz) erlassen | *Theat* (Rolle) spielen, darstellen (*auch übertr*) ⟨to ~ Hamlet; to be ~ed sich abspielen, stattfinden⟩; **en·ac·tion** [ɪ'nækʃn] *s* Verfügung *f*; **en'ac·tive** *adj* Verfügungs-; **en'act·ment** *s* gesetzliches Verfügen | Verordnung *f*, Erlaß *m*, gesetzliche Verfügung ⟨to pass an ≈⟩ | *Theat* Spiel *n*, Darstellung *f* ⟨≈ of a scene⟩

en·am|el [ɪ'næml] **1.** *s* Emaille *f* | Glasur *f* | Emailgeschirr *n* | *Kunst* Emailarbeit *f* | *Tech* Lack *m* | *Anat* (bes. Zahn-) Schmelz *m* | *Poes* Schmelz *m*; **2.** *vt* (**en'am·elled, en'am·elled**, *Am* **en'am·eled, en'am·eled**) emaillieren | glasieren | lackieren | mit Farben schmücken; **en'am·el·ler**, *Am* **en'am·el·er** *s* Emailleur *m*, Schmelzarbeiter *m*; **en'am·el·ling**, *Am* **en'am·el·ing** *s* Emaillierung *f*; **'~el ˌpaint·ing** *s* Emailmalerei *f*; **'~el·ware** *s* Emailgeschirr *n*

en·am·our [ɪ'næmə] *vt* (*meist pass*) verliebt machen ⟨to be ~ed of verliebt sein in⟩ | *übertr* fesseln, bezaubern (**with** mit)

en·cage [ɪn'keɪdʒ] *vt* einsperren, einschließen

en·camp [ɪn'kæmp] *vt Mil* ein Lager beziehen ⟨to be ~ed ein Lager beziehen⟩; *vi* sich lagern, ein Lager aufschlagen; **en'camp·ment** *s* Lagern *n* | Lager *n*

en·cap·su·le [en'kæpsjʊl], **en'cap·su·late** *vt* ein-, verkapseln; *vi* sich verkapseln

en·case [ɪn'keɪs] *vt* einschließen | umgeben; **en'case·ment** *s* Einhüllung *f* | Hülle *f*, Gehäuse *n*

en·cash [ɪn'kæʃ] *vt Brit* einkassieren, einziehen | in Geld umsetzen; **en'cash·ment** *s Brit* Inkasso *n*, Barzahlung *f* | (Wechsel) Bareinlösung *f*

en·caus·tic [ɪn'kɔ:stɪk] *Mal* **1.** *adj* enkaustisch, eingebrannt; **2.** *s* Enkaustik *f*, Wachsfarbenmalerei *f*; **~ 'paint·ing** *s* enkaustische Malerei; **ˌ~ 'tile** *s* glasierte Kachel

-ence, *auch* **-ance** [~əns] *suff zur Bildung von s aus v* (z. B. **existence, reference**)

en·ce·phal·ic [ˌensɪ'fælɪk] *Med adj* Gehirn-; **en·ceph·a·li·tis** [enˌsefə'laɪtɪs] *s* Enzephalitis *f*, Gehirnentzündung *f*

encephalo- [ensefələʊ] ⟨*griech*⟩ *in Zus* Gehirn-

en·chain [ɪn'tʃeɪn] *vt* anketten | *übertr* fesseln; **en'chain·ment** *s* Ankettung *f* | *übertr* Verkettung *f*

en·chant [ɪn'tʃɑ:nt] *vt* verzaubern, behexen (**by** mit) | *übertr* bezaubern, berücken ⟨to be ~ed entzückt sein (**at** über, **with** von)⟩; **en'chant·ed** *adj* Zauber- ⟨≈ castle⟩; **en'chant·er** *s* Zauberer *m*; **en'chant·ment** *s* Bezauberung *f* | Zauber *m* (*auch übertr*) ⟨to lay an ≈ on mit einem Zauber belegen; to fill s.o. with ≈ jmdn. bezaubern⟩; **en'chant·ress** *s* Zauberin *f*

en·chase [ɪn'tʃeɪs] *vt* ziselieren, gravieren (**on** auf) | (Edelstein) (ein)fassen | *übertr* schmücken (**with** mit); **en'chas·er** *s* Metallstecher *m*, Graveur *m*

en·ci·pher [en'saɪfə] *vt* chiffrieren, verschlüsseln

en·cir·cle [ɪn'sɜ:kl] *vt* umfassen, umschließen | einkreisen | *Mil* einkesseln; **en'cir·cle·ment** *s* Umfassung *f* | *Pol* Einkreisung *f* | *Mil* Einkesselung *f*

en·clasp [ɪn'klɑ:sp] *vt* umfassen, umschließen

en·clave [en'kleɪv] *vt* umfassen, einschließen; ['enkleɪv] *s* Enklave *f*; **en'clave·ment** *s* Einschließung *f*

en·close [ɪn'kləʊz] *vt* einschließen, einfassen (**in** in, **with** mit) | umzäunen (**with** mit) | in sich schließen, enthalten | beilegen, beifügen (e-m Brief u. ä.) ⟨~d in der Anlage⟩ | *Math* einschließen | umringen; **en·clo·sure** [ɪn'kləʊʒə] *s* Einschließung *f* | Umzäunung *f*, Zaun *m* | Beilage *f*, Anlage *f* | *Hist* Einhegung *f*

en·clothe [ɪn'kləʊð] *vt* bekleiden, bedecken

en·cloud [ɪn'klaʊd] *vt* umwölken | *übertr* überschatten

en·code [ɪn'kəʊd] *vt* chiffrieren, verschlüsseln, kodieren; **en'code·ment** *s* verschlüsselter Text, Chiffre *f*

en·co·mi·ast [ɪn'kəʊmɪæst] *lit s* Lobredner *m*,Schmeichler *m*; **en,co·mi'as·tic, en,co·mi'as·ti·cal** *adj* lobend, (lob)preisend; **~um** [~əm] *s* (*pl* **~ums** [~əmz] *od* **~a** [~ə]) *förml* Lobrede *f*, -lied *n*

en·com·pass [ɪn'kʌmpəs] *förml vt* einschließen, umgeben (*auch übertr*) (**with** mit, von) ⟨to ~ a town; ~ed by doubts von Zweifeln bestürmt⟩ | *übertr* enthalten, fassen; **en'com·pass·ment** *s* Einschließung *f*

en·core ['ɒŋkɔ:] **1.** *interj* da capo!, noch einmal!; **2.** *s* Dakapo(ruf) *n(m)*; Zugabe *f*; **3.** *vt* eine Wiederholung *od* Zugabe verlangen von ⟨to ~ an actress⟩ | nochmals verlangen ⟨to ~ a scene⟩

en·coun·ter [ɪn'kaʊntə] *förml* **1.** *vt* (jmdn.) treffen (bes. unerwartet) | zusammenstoßen mit, -treffen mit (bes. feindlich) (*auch übertr*) ⟨to ~ difficulties Schwierigkeiten begegnen⟩ | (jmdm.) entgegentreten; *vi* sich begegnen, sich treffen (*bes.* im Kampf); **2.** *s* (bes. unerwartete) Begegnung *f*, Zusammentreffen (**with** mit) | *Psych* Gruppengespräch *n* | Kampf *m*, Widerstreit *m*, Gefecht *n*; **'~ group** *s Psych* Gruppe *f*, Gemeinschaft *f* (Therapie)

en·cour·age [ɪn'kʌrɪdʒ] *vt* ermutigen, aufmuntern (**to** zu, **to** *mit inf* zu *mit inf*) | antreiben, anreizen (**to** zu, **to** *mit inf* zu *mit inf*) | (jmdn.) unterstützen, bestärken (**in** in) | (etw.) fördern; **en'cour·age·ment** *s* Ermutigung *f*, Aufmunterung *f*, Ermunterung *f* (**to** für) ⟨by way of ≈ zur Aufmunterung⟩; **en'cour·ag·ing** *adj* ermutigend | hoffnungsvoll | entgegenkommend

en·croach [ɪn'krəʊtʃ] *vi* (unberechtigt) eindringen (**[up]on** in), eingreifen (**[up]on** in, auf) | schmälern, beeinträchtigen ⟨to ~ on/upon s.o.'s rights jmds. Rechte verletzen *od* schmälern⟩ | sich anmaßen (**[up]on s.th.** etw.) | mißbrauchen, über Gebühr ausnützen ⟨~ [up]on s.o.'s kindness jmds. Güte mißbrauchen⟩; **en'croach·ment** *s* Eingriff *m* (**[up]on** in); Übergriff *m* (**[up]on** in, auf) ⟨≈ on s.o.'s rights Verletzung von jmds. Rechten⟩ | Anmaßung *f* | Übergreifen *n*, Vordringen *n*

en·crust [ɪn'krʌst] *vt* mit einer Kruste überziehen | schmükken (**with** mit) | *übertr* verhüllen; *vi* eine Kruste bilden; **,en·crus'ta·tion** *s* Verkrustung *f*

en·crypt [ɪn'krɪpt] *vt* (Text) chiffrieren, verschlüsseln; **en·cryp·tion** [en'krɪpʃn] *s* Verschlüsselung *f*

en·cul·tur·a·tion [en,kʌltə'reɪʃn] *s* Enkulturation *f*, kulturelle Anpassung

en·cum·ber [ɪn'kʌmbə] *vt* (be)hindern, belasten (**with** mit) | beladen (**with** mit) | (Zimmer) überladen | versperren, blockieren | verwickeln, erschweren | (mit Schulden) belasten ⟨to ~ with mortgages mit Hypotheken belasten⟩; **en'cum·ber·ment** *s* Behinderung *f*, Belastung *f*; **en'cum·brance** *s* Last *f*, Belastung *f*, Hindernis *n* ⟨≈ in walking Behinderung beim Gehen⟩ | *Jur* Belastung *f*, Hypothekenlast *f* | abhängige Person (bes. Kind) ⟨without ≈ ohne Anhang⟩; **en'cum·branc·er** *s Jur* Hypothekengläubiger *m*

-en·cy, *auch* **-an·cy** [~ənsɪ] *suff von s* (*z. B.* **constituency, clemency**)

en·cy|clic [en'sɪklɪk] **en'cy·cli·cal** *Rel* **1.** *adj* enzyklisch, Rund-; **2.** *s auch* **,~cli·cal 'let·ter** (päpstliche) Enzyklika

en·cy·clo·p[a]e·di·a [ɪn,saɪklə'pi:dɪə] *s* Enzyklopädie *f*, Konversationslexikon *n*; **en,cy·clo'pa[e]·dic, en,cy·clo'pa[e]·di·cal** *adj* enzyklopädisch, universal; **en,cy·clo'pa[e]·dist** *s* Mitarbeiter *m* an einer Enzyklopädie | Mensch *m* mit enzyklopädischem Wissen | **En,cy·clo'pa[e]·dist** *Hist* Enzyklopädist *m*; **en,cy·clo'pa[e]·dize** *vt* enzyklopädisch darstellen

en·cyst [en'sɪst] *vt* (*meist pass od refl*) *Biol, Zool* in einer Kapsel *od* Blase einschließen, eingekapselt werden; **,en·cys'ta·tion,** *auch* **en'cyst·ment** *s Biol, Zool* Ein-, Verkapselung *f*

end [end] **1.** *s* Ende *n*, Schluß *m* (**of s.th.** e-r Sache) ⟨the ~ of a story/book/film⟩ | (*räumlich, zeitlich, übertr*) Ende *n*, Endpunkt *m* ⟨~ of a rope Seilende; ~ of the year Jahresende *n*; at the ~ (of) am Ende (von); at the deep ~ *übertr* am schwierigsten Punkt, an der schwersten Stelle; to go off the deep ~ *übertr* die Fassung *od* Beherrschung verlieren, wütend werden; ~ on mit den Enden aneinander; to collide ~ on aufeinander auffahren; ~ to ~ (mit den Enden) aneinander; in the ~ am Ende, schließlich, letztendlich; no ~ of *umg* unendlich *od* irrsinnig viel, endlos; on ~ hochkant; (Haar) zu Berge stehend; [to be] at a loose ~, *Am* at loose ~s *übertr* nichts (Wichtiges) zu tun (haben), untätig (sein); to begin/start at the wrong ~ am falschen Ende anfangen; *übertr* das Pferd beim Schwanz[e] aufzäumen; to come to an ~ zu Ende gehen, zum Ende kommen, enden; to have/get one's ~ away *Brit vulg euphem* einen wegstecken, einen stoßen; to keep one's ~ up steifhalten; die Zähne zusammenbeißen, durchhalten; to make an ~ of s.th. einer Sache ein Ende setzen; to put an ~ to s.th. etw. beenden *od* abschließen, e-r Sache ein Ende setzen⟩ | Ende *n*, Grenze(n) *f(pl)* ⟨the ~s of the earth das Ende der Welt; die entlegensten Gebiete der Welt; to reach the ~ of the line/road *übertr* ans Ende gelangen, die Grenze erreichen, nicht weiterkommen⟩ | (Sport) Seite *f* ⟨to change ~s die Seiten wechseln⟩ | (*oft pl*) (übriggebliebenes) Ende, Rest *m* ⟨candle ~s Kerzenstummel *m/pl*, -reste *m/pl*; cigarette ~s (Zigaretten-) Kippen *f/pl*; the [absolute] ~ *umg* das (absolut) Letzte⟩ | *euphem* Ende *n*, Tod *m* ⟨a peaceful ~ ein sanfter Tod; to meet one's ~ den Tod finden⟩ | Zweck *m*, Ziel *n*, Absicht *f* ⟨the ~ justifies the means der Zweck heiligt die Mittel; to win/achieve one's ~s sein Ziel erreichen, erreichen, was man will; to no ~ umsonst, zwecklos; to what ~? zu welchem Zweck, weshalb?⟩ | *Wirtsch* Abteilung *f* ⟨the advertising ~⟩; **2.** *vi* enden, zum Ende *od* Schluß kommen ⟨to ~ soon⟩; **~ in** resultieren in, enden in, führen zu ⟨to ~ in a fight⟩; **~ up** enden, landen ⟨to ~ up [as] a teacher schließlich Lehrer werden; to ~ up doing s.th. schließlich etw. tun; to ~ up in trouble schließlich *od* am Ende (noch) Ärger bekommen⟩; *vt* (etw.) beenden, (ab)schließen, (mit etw.) Schluß machen ⟨to ~ a speech/quarrel⟩; **~ off** (etw.) beenden, schließen (**by, with** mit), aufhören (mit etw.) ⟨to ~ off a talk einen Vortrag schließen⟩; **3.** *adj* End-, Schluß-, Final- ⟨~ game (Schach) Endspiel *n*, -kampf *m*; ~ result Endergebnis *n*⟩

en·dam·age [ɪn'dæmɪdʒ] *vt* (jmdm., e-r Sache) schaden | (jmds. Ruf) schädigen; **en'dam·age·ment** *s* Schädigung *f*

en·dan·ger [ɪn'deɪndʒə] *vt* gefährden, in Gefahr bringen, aufs Spiel setzen; **en'dan·gered** *adj* (Tierart) vom Aussterben bedroht ⟨≈ species⟩; **en'dan·ger·ment** *s* Gefährdung *f*, Gefahr *f* (**to** für)

end|-con·sum·er ['endkən,sju:mə], *auch* **'~-,us·er** *s Wirtsch* Endverbraucher *m*

en·dear [ɪn'dɪə] *vt* teuer *od* lieb machen ⟨to ~ o.s. to s.o. jmds. Zuneigung gewinnen; sich bei jmdm. lieb Kind machen⟩; **en'deared** *adj* teuer, lieb; **en'dear·ing** *adj* teuer, lieb ⟨≈ remarks liebe Worte⟩ | zärtlich ⟨≈ smile⟩ | reizend; **en'dear·ment** *s* Zuneigung *f*, Liebe *f* | Beliebtheit *f* | Zärtlichkeit *f*, Liebkosung *f* ⟨term of ≈ Kosewort *n*; to whisper ≈s to s.o. jmdm. Zärtlichkeiten zuflüstern⟩

en·deav·our [ɪn'devə] *förml* **1.** *vi* sich bemühen, streben (**after** nach) | (ver)suchen (**to** *mit inf* zu *mit inf*); **2.** *s* Anstrengung *f*, Bemühung *f*, Bestreben *n* (**to** *mit inf*, **at** *mit ger* zu *mit inf*) ⟨in the ~ in dem Bestreben; to do one's best ~s sich alle Mühe geben; to make no ~ keine Anstrengung unternehmen⟩

en·dem·ic [en'demɪk|ɪn-] **1.** *adj* endemisch | örtlich, einheimisch; **2.** *s Med* endemische Krankheit; **en'dem·i·cal** *adj* endemisch | örtlich

en·der·mic [en'dɜ:mɪk] *adj Med* endermal, intrakutan, auf die Haut wirkend

end| game ['endgeɪm] *s* (Schach) Endkampf *m*, Schlußphase *f* | *übertr* letzte Phase eines Kampfes

end·ing ['endɪŋ] *s* Ausgang *m*, Schluß *m*, Ende *n* ⟨the ~ of a book / film / play; a happy ~ ein glückliches Ende⟩ | *Ling* Endung *f* ⟨grammatical ~⟩

en·dive ['endɪv] *s Bot* Endivie *f*

end|less ['endləs] *adj* endlos, unendlich, unzählig ⟨an ≈ journey e-e Reise ohne Ende; ≈ attempts endlose Versuche; ≈ patience unendliche Geduld⟩ | *Tech* endlos ⟨≈ belt Endlosband, endloser Riemen *od* endloses Transmissionsband; ≈ grate Bandrost *n*; ≈ saw Bandsäge *f*; ≈ winding geschlossene Wicklung⟩; **'~line** *s Sport* Grundlinie *f*; **~-man** ['~,mæn] *s* (*pl* **~men** ['~,men]) *Sport* Schlußmann *m* (e-r Reihe); **'~most** *adj* entferntest, hinterst

endo- [endəʊ] ⟨*griech*⟩ *in Zus* innen, inwendig, endo-

en·do|blast ['endəblæst] *s Biol* Entoblast *n*, inneres Keimblatt; **,~car·di·tis** [~kɑ:'daɪtɪs] *s Med* Endokarditis *f*, Herzinnenhautentzündung *f*; **,~'car·di·um** [~'kɑ:dɪəm] *s Med* Endokard *n*, Herzinnenhaut *f*; **'~carp** [~kɑ:p] *s Bot* Endokarp *n*, | innerste Fruchthaut; **~cen·tric** [,endə'sentrɪk] *adj Ling* endozentrisch; **'~crane** [~kreɪn] *s Anat* Endokranium *n* | Schädelinnenfläche *f*; **'~crine** [~kraɪn] *Med* **1.** *s auch* **,~crine 'gland** Drüse *f* mit innerer Sekretion *f* | innere Sekretion; **2.** *adj* endokrin, mit innerer Sekretion; **~cri·nol·o·gy** [,endəkraɪ'nɒlədʒɪ] *s Med* Endokrinologie *f*; **'~derm** [~dɜ:m] *s Bot* Endodermis *f*; **en·dog·a·my** [en'dɒgəmɪ] *s* Endogamie *f*, Verwandtenehe *f*; **en·dog·e·nous** [en'dɒdʒənəs] *adj Biol, Geol* endogen

endo·plasm ['endəplæzm] *s Biol* Endoplasma *n*

end or·gan ['end ,ɔ:gən] *s Anat* Nervenendorgan *n*

en·dors·a·ble [ɪn'dɔ:səbl] *adj Wirtsch* indossierbar, girierbar; **en·dorse** [ɪn'dɔ:s] *förml vt* gutheißen, billigen | beipflichten ⟨to ~ an opinion e-r Meinung beipflichten⟩ | (etw.) auf der Rückseite (e-s Dokumentes u. ä.) beschreiben, vermerken (**on** auf) | (Dokument u. ä.) auf der Rückseite beschreiben ⟨to ~ a licence *Brit* Führerschein bei (Vergehen) stempeln⟩ | (Scheck) indossieren, girieren (**on s.o.** auf jmdn.); **en·dor·see** [,endɔ:'si:] *s Wirtsch* Indossat *m*, Wechselübernehmer *m*; **en'dors·er** *s Wirtsch* Indossant *m*, Überträger *m*; **en'dorse·ment** *s* Bestätigung *f* | Bekräftigung *f*, Billigung *f* | Aufschrift *f*, Vermerk *m* (**on** auf) | *Wirtsch* Indossament *n*, Giro *n*

en·do|scope ['endəskəʊp] *s Med* Endoskop *n*; **en·dos·co·py** [en'dɒskəpɪ] *s Med* Endoskopie *f*; **'~sperm** [-spɜ:m] *s Bot* Endosperm *n*; **~the·li·um** [,endə'θi:lɪəm] *s Anat* Endothel *n*

en·dow [ɪn'daʊ] *vt* ausstatten, aussteuern | subventionieren; stiften, gründen ⟨to ~ a school⟩ | ausrüsten, ausstatten, begaben (**with** mit); *vi* (Versicherungspolice) ablaufen, fällig werden; **en'dowed** *adj* dotiert, subventioniert | Stiftungs- | ausgestattet, begabt (**with** mit); **en'dow·ment** *s* Ausstattung *f* | Dotation *f*, Stiftung *f* | *meist* **en'dow·ments** *pl* Begabung *f*, Talent *n*, Gabe *f*; **en'dow·ment in,sur·ance** *auch* **en'dow·ment ,pol·i·cy** *s* Lebensversicherung *f* auf den Erlebensfall

end|pa·per ['end,peɪpə] *s* (*meist pl*) *Typ* Innenspiegel *m*, Schutzblatt *n*; **'~ ,pro·duct** *s Wirtsch* Finalprodukt *n*

en·due [ɪn'dju:] *förml vt* (Kleidung) anziehen | *meist übertr* bekleiden (**with** mit, **in** in) | begaben (**with** mit) | ausstatten (**with** mit)

en·dur·a·ble [ɪn'djʊərəbl] *adj* erträglich, leidlich; **en'dur·ance** **1.** *s* Dauer *f*; Ertragen *n*, Aushalten *n* | Geduld *f*, Ausdauer *f* ⟨beyond/past ≈ nicht mehr zu ertragen, unerträglich⟩ | Dauerhaftigkeit *f* | *Flugw* Maximalflugzeit *f*; **2.** *adj* Dauer- ⟨≈ run Dauerlauf *m*; ≈ test Dauertest *m*⟩; **en·dure** [ɪn'djʊə] *vt* aushalten, durchmachen ⟨not to be ≈d unerträglich⟩ | *übertr* (nur *neg*) ausstehen, leiden ⟨I can't ≈ him ich kann ihn nicht ausstehen⟩; *vi förml* (aus-, fort-) dauern ⟨his work will ≈ sein Werk wird fortbestehen⟩ | ausharren, durchstehen ⟨he couldn't ≈ any longer⟩; **en'dur·ing** *adj* ausdauernd | fortdauernd ⟨≈ memories of bleibende Erinnerungen an⟩ | *Tech* widerstandsfähig

end|ways ['endweɪz] *auch* **'~wise** *adv* mit dem Ende zuerst, von hinten (*Ant* frontwise) | mit den Enden aneinander | gerade, aufrecht | hintereinander

en·e|ma ['enəmə] (*pl* **~mas** [~məz] *od* **~ma·ta** [e'nemətə]) *s Med* Enema *n*, Klistier *n* | Klistierspritze *f*

en·e·my ['enəmɪ] **1.** *s* Feind *m*, Gegner *m* (*auch Mil, übertr*) ⟨the ~ das feindliche Heer; to be one's own ~ sich selbst Schaden zufügen; to make an ~ of s.o. sich jmdn. zum Feind machen; how goes the ~? *umg* wie spät ist es?⟩ ◇ **the ~**, *auch* **the old ~** *Rel* der Widersacher, der Teufel; **2.** *adj* feindlich, Feindes- ⟨~ country⟩

en·er·get·ic [,enə'dʒetɪk], **en·er'get·i·cal** *adj* energisch, tatkräftig | nachdrücklich | wirksam; **,en·er'get·ics** *s/pl* (*sg konstr*) *Phys* Energetik *f*; **'en·er·gize** *vi* wirken, tätig sein; *vt* Energie verleihen, energisch machen, anspornen | *El* unter Strom setzen; **'en·er·gy** *s* Energie *f*, Kraft *f* (*auch Phys*) ⟨to lose all ≈; atomic ≈⟩ | Tatkraft *f*, Wirksamkeit *f*, Nachdruck *m* ⟨the ≈ of an argument die Überzeugungskraft einer Argumentation⟩ | *oft pl* Kraft *f*, Einsatz *m* ⟨to devote all one's ≈ to seine ganze Kraft einsetzen für⟩; **'en·er·gy ,cri·sis** *s* Energiekrise *f*

en·er|vate ['enəveɪt] **1.** *vt* entnerven, ermüden, schwächen; **2.** [~vɪt] *adj* schwach, abgespannt; **,~'va·tion** *s* Schwächung *f* | Entkräftung *f*, Schwäche *f*

en·fa·mille [ˌɒn fæ'mi:] ⟨*frz*⟩ *adv* zu Hause, bei sich, in der Familie

en·fant ter·ri·ble [ˌɒnfɒn te'ri:bl] ⟨*frz*⟩ *s* (*pl* **en·fants ter·ri·bles** [ˌɒnfɒn te'ri:bl] Enfant terrible *n*, jmd., der durch Unverfrorenheit schockiert | unausstehliches Kind

en·fee·ble [ɪn'fi:bl|en-] *vt* (*oft pass*) entkräften, schwächen; **en'fee·ble·ment** *s* Schwächung *f*

en·feoff [ɪn'fef] *Jur vt* belehnen (**with** mit); **en'feoff·ment** *s* Belehnung *f* | Lehnsbrief *m*

en·fi·lade ['enfɪleɪd|-lɑ:d] **1.** *s Mil* Flankenfeuer *n* | Zimmerflucht *f*; **2.** *vt Mil* mit Flankenfeuer bestreichen | (Bäume, Zimmer u. ä.) in einer Reihe *od* Flucht anordnen

en·fold [ɪn'fəʊld] *förml vt* einhüllen (**in** in, **with** mit), umfassen | falten

en·force [ɪn'fɔ:s] *vt* geltend machen, vollstrecken ⟨to ~ a judgement⟩ | erzwingen, durchsetzen (**upon** von, bei) ⟨to ~ a law⟩ | aufzwingen (**[up]on o.s.** jmdm.) ⟨to ~ one's will⟩ | durch Zwang einziehen ⟨to ~ payment⟩; **en'force·a·ble** *adj* vollstreckbar | durchführbar | geltend zu machen(d); **en'force·ment** *s* Vollstreckung *f* ⟨≈ by writ Zwangsvollstreckung *f*; ≈ of a judgement Urteilsvollstrekkung *f*⟩ | Erzwingung *f* | Geltendmachung *f*

en·fran·chise [ɪn'fræntʃaɪz] *vt* (*oft pass*) (aus Sklaverei) befreien, für frei erklären | (jmdm.) das Wahlrecht erteilen ⟨to be ~d das Wahlrecht erhalten⟩ | (e-r Stadt) politische Rechte verleihen | *übertr* einbürgern; **~ment** [ɪn'fræntʃɪzmənt] *s* Befreiung *f* | Verleihung *f* (des Wahlrechts) | *übertr* Einbürgerung *f*

en·gage [ɪn'geɪdʒ] *vt* verpflichten, binden (**to** zu, **to** *mit inf* zu *mit inf*, **that** daß) ⟨to ~ o.s. sich verpflichten⟩ | verloben (**to** mit) ⟨to become ~d/to get ~d sich verloben⟩ | (jmdn.) beschäftigen, anstellen, heuern, dingen ⟨to ~ a new secretary⟩ | (Droschke u. ä.) mieten | (Platz) bestellen | (Zimmer) belegen | (*meist pass*) in Anspruch nehmen, beschäftigen (**in, up[on]** mit) ⟨to be ~d in beschäftigt sein mit; to be ~d besetzt *od* verabredet sein; to be ~d upon a new profession einen neuen Beruf beginnen⟩ | *übertr* ansprechen, fesseln, verwickeln ⟨to ~ s.o.'s attention jmds. Aufmerksamkeit in Anspruch nehmen; to ~ s.o. in a conversation⟩ | *Mil* angreifen | (Truppen) einsetzen | *Tech* (Kupplung) einlegen, einrücken ⟨to ~ a gear e-n Gang einlegen, schalten⟩; *vi* sich binden, sich verpflichten (**to** *mit inf* zu *mit inf*, **that** daß) | sich einlassen (**in** in, auf) sich abgeben (**in** mit), sich beteiligen (**in** an) | *förml* Gewähr leisten, garantieren, bürgen (**for** für, **that** daß) | *Mil* binden, angreifen, ins Gefecht kommen ⟨to ~ in battle den Kampf eröffnen⟩ | *Tech* ineinandergreifen; **en'gaged** *adj* verpflichtet | verlobt ⟨an ≈ couple⟩ | beschäftigt | *Tel* besetzt | bestellt, reserviert | *Tech* eingerückt, eingerastet; **en'gage·ment** *s* Verpflichtung *f* (**to s.o.** jmdm. gegenüber) ⟨to be under an ≈ vertraglich verpflichtet sein, to meet one's ≈s seinen Verpflichtungen nachkommen⟩ | Verlobung *f* (**to** mit) ⟨to break off an ≈ e-e Verlobung auflösen⟩ | Verabredung *f*, Einladung *f* | Beschäftigung *f*, Stellung *f* | *Theat* Engagement *n* | *Mil* Gefecht *n* | *Tech* Eingriff *m*, Verzahnung *f*; **'~ment book** *s* Merkbuch *n*; **'~ment ring** *s* Verlobungsring *m*; **en'gage·ments** *s/pl Wirtsch* Zahlungsverpflichtungen *f/pl*; **en'gag·ing** *adj übertr* einnehmend, gewinnend ⟨≈ smile⟩ | verpflichtend | *Tech* Ein-, Ausrück- ⟨≈ gear Einrückeinrichtung *f*; ≈ lever Einrück-, Rasthebel *m*; ≈ piece Mitnehmer *m*⟩

en·gen·der [ɪn'dʒendə] *förml vt* erzeugen, hervorbringen, -rufen ⟨to ~ disease; hatred ~s violence Haß zieht Gewalt nach sich⟩; *vi* entstehen; **en'gen·der·ment** *s* Erzeugung *f*, Hervorbringung *f*

en·gine ['endʒɪn] *s* (Kraft-) Maschine *f*, mechanisches Werkzeug, Gerät *n* | *Flugw* Triebwerk *n* | *Tech* Motor *m* | *Eisenb* Lokomotive *f* | *auch* **'fire ~** Feuerspritze *f* | *Hist* Sturmbock *m* | *Hist* Folterwerkzeug *n*; **'~ beam** *s Tech* Schwebebalken *m*; **'~ ˌbon·net** *s* Motorhaube *f*; **'~ ˌbreak·down** *s* Motorpanne *f*; **'~ ˌbuild·er** *s* Maschinenbauer *m*; **'~ ˌbuild·ing** *s* Maschinenbau *m*; **'~ ca ˌpac·i·ty** *s* Motorenleistung *f*; **'~ case** *s* Motorengehäuse *n*; **'~ ˌcom·pa·ny** *s Am* (Feuer-) Löschzug *m*; **-ˌen·gined** *in Zus* -motorig ⟨2-≈ zweimotorig⟩; **'~ ˌdriv·er** *s Brit* Lokomotivführer *m*

en·gi·neer [ˌendʒɪ'nɪə] **1.** *s* Ingenieur *m*, Techniker *m* ⟨chief ~ Oberingenieur *m*; civil ~ Bauingenieur *m*; mechanical ~ Maschinen(bau)ingenieur *m*⟩ | *bes Brit* Maschinenbauer *m* ⟨~s Union Maschinenbauergewerkschaft *f*⟩ | *bes Mar* Maschinist *m* | *Am* Lokomotivführer *m* | *Mil* Pionier *m*; **2.** *vt* (er)bauen, konstruieren | einrichten | in Gang setzen, durchführen | *übertr* bewerkstelligen | *umg* deichseln; *vi* als Ingenieur tätig sein; **ˌen·gi'neer·ing** *s* Maschinenbau(kunst) *m(f)* ⟨civil ≈ Technik *f*; chemical ≈ Chemieanlagenbau *m*; marine ≈ Schiffbau *m*; mechanical ≈ Maschinenbau *m*; railway ≈ Eisenbahnbau *m*; ≈ department Konstruktionsbüro *n*⟩ | Konstruktion *f*, Bauweise *f* ⟨to admire the ≈ of the bridge⟩ | technische Abteilung, Technik *f* ⟨≈ specialist Fachingenieur *m*⟩ | *Mil* Pionierwesen *n* | *übertr* Tricks *m/pl*, Manipulationen *f/pl*; **ˌen·gi'neer·ship** *s* Tätigkeit *f* eines Ingenieurs

en·gine| fit·ter ['endʒɪn ˌfɪtə] *s* Maschinenschlosser *m*; **'~house** *s* Maschinenhaus *n* | (Feuerwehr) Spritzenhaus *n*; **'~ room** *s* Maschinenraum *m*; **en·gine·ry** ['endʒɪnrɪ] *s collect* Maschinen *f/pl* | *bes. übertr* Maschinerie *f*; **'~ speed** *s* Motordrehzahl *f*; **'~ ˌtrou·ble** *s* Motorpanne *f*, -defekt *m*

en·gird [ɪn'gɜ:d] (**en'gird·ed, en'gird·ed** *od* **en'girt, en'girt**), **en'gir·dle** *vt* umgürten, umgeben (**with** mit)

Eng·land ['ɪŋglənd] *s* England

Eng·lish ['ɪŋglɪʃ] **1.** *adj* englisch | (*präd*) Engländer *m* ⟨he is ~⟩; **2.** *s* Englisch *n* ⟨in ~ auf englisch, the King's/Queen's ~ Englisch *n* der Gebildeten, gepflegtes Englisch; standard ~ (grammatisch) korrektes Englisch⟩ | **the ~** die Engländer *m/pl* | *Typ* Mittelantiqua *f* | (Billard) Effet(stoß) *n(m)* ◇ **in plain ~** auf gut deutsch, mit einfachen Worten; **3.** *selten vt* ins Englische übersetzen | anglisieren; **ˌ~ 'break·fast** *s* englisches Frühstück; **ˌ~ 'horn** *s Mus* Englischhorn *n*; **'~man** *s* (*pl* **'~men**) Engländer *m*; **ˌ~ 'set·ter** *s Zool* englischer Setter; **'~wo·man** *s* (*pl* **'~wom·en**) Engländerin *f*

en·gorge [ɪn'gɔ:dʒ] *vt* gierig verschlingen | *auch Med* überfüllen (**with** mit) ⟨to be ~d with voll, verstopft von⟩; *vi* (Tier) gierig fressen, (Mensch) schlingen; **en'gorge·ment** *s* Übersättigung *f*, Überessen *n* | *Med* Überfüllung *f*, Kongestion *f*

en·graft [ɪn'grɑ:ft] *vt* (Pflanzen) (ein)pfropfen (**into** in, **[up]on, onto** auf) | *übertr* fest einpflanzen, einprägen (**in** in); **en·graf'ta·tion** *s* Pfropfen *n* | *übertr* Einprägen *n*

en·grail [ɪn'greɪl] *vt* (Wappen) auszacken | (Münze) rändeln

en·grain [ɪn'greɪn] *vt* tief färben | *übertr* (*meist part perf*) fest einprägen (**in s.o.** jmdm.), in Fleisch und Blut übergehen

en·gram ['engræm] *s Psych, Biol* Engramm *n*, bleibender Eindruck, Reizspur *f*

en·grave [ɪn'greɪv] *vt* eingraben, gravieren, stechen, ziselieren (**[up]on** in, auf; **with** mit) | *übertr* fest einprägen; **en'grav·er** *s* Graveur *m* ⟨≈ on copper Kupferstecher *m*; ≈ on wood Holzschneider *m*, Xylograph *m*⟩; **en'grav·ing** *s* Gravieren *n* ⟨≈ establishment Gravieranstalt *f*⟩ | gravierte Platte ⟨photographic ≈ Fotogravüre *f*⟩ | (Kupfer-) Stich *m* | Radierung *f* | Holzschnitt *m*

en·gross [ɪn'grəʊs] *vt* in großer Schrift *od* ins reine schreiben ⟨to ~ a document e-e Urkunde aufsetzen, e-e Urkunde ins reine schreiben⟩ | *Wirtsch* an sich reißen, monopolisieren | *übertr* ganz (für sich) in Anspruch nehmen ⟨to ~ the conversation das große Wort führen⟩; **en'grossed** *adj* vertieft, versunken | (voll) in Anspruch genommen (**in** von); **en'gross·ing** *adj* fesselnd, spannend | (voll) in Anspruch nehmend, voll beschäftigend; **ˌ~ing 'hand** *s* Kanzleischrift *f*; **en'gross·ment** *s* Reinschrift *f* | Urkunde *f* | Aufkauf *m* | Inanspruchnahme *f* (**of, with** durch)

en·gulf [ɪn'gʌlf] *vt* (in e-n Abgrund) stürzen | verschlingen | *übertr* (völlig) in Anspruch nehmen | überwältigen; **en'gulf·ment** *s* Absturz *m* | Verschlingen *n* | *übertr* Vertieftsein *n* | Untergehen *n*

en·hance [ɪn'hɑ:ns] *vt* (etw.) vergrößern, steigern (*auch übertr*) ⟨to ~ the value; to ~ the beauty⟩ | (Qualität) verbessern | (Preise) erhöhen | (Strafe) verschlimmern | *übertr* übertreiben; *vi* sich vergrößern; **en'hance·ment** *s* Vergrößerung *f*, Erhöhung *f* | *übertr* Übertreibung *f*; **en'han·cive** *adj* (*intens*) vergrößernd, steigernd ⟨to be ≈ of erhöhen⟩

e·nig|ma [ɪ'nɪgmə] *s* Rätsel *n* | rätselhafte Sache *od* Person *f*; **~mat·ic** [ˌenɪg'mætɪk], **ˌ~'mat·i·cal** *adj* rätselhaft, dunkel; **e'nig·ma·tize** *vi* in Rätseln sprechen; *vt* (etw.) verschleiern

en·jamb[e]·ment [ɪn'dʒæmmənt] *s Metr* Enjambement *n*, Zeilensprung *m*

en·join [ɪn'dʒɔɪn] *förml vt* (etw.) auferlegen, vorschreiben, zur Pflicht machen (**on s.o.** jmdm.) | (jmdm.) einschärfen (**to** *mit inf* zu *mit inf*) | bestimmen, Anweisung erteilen (**that** daß) | *Am Jur* gerichtlich verbieten, untersagen (**s.o. from** *mit ger*)

en·joy [ɪn'dʒɔɪ] *vt* sich erfreuen an, Gefallen finden an (**s.th.** etw., *mit ger* zu *mit inf*) ⟨to ~ one's meal es sich gut schmecken lassen; ~ travelling gern reisen⟩ | genießen ⟨to ~ o.s. sich amüsieren, sich gut unterhalten⟩ | (etw.) (inne)haben, besitzen ⟨to ~ a bad reputation e-n schlechten Ruf haben; to ~ good health sich e-r guten Gesundheit erfreuen⟩; **en'joy·a·ble** *adj* genieß-, brauchbar | angenehm, erfreulich ⟨≈ afternoon⟩; **en'joy·ment** *s* Genuß *m*, Freude *f*, Vergnügen *n* (**of** an, **to** für) | Genuß *m* (e-s Besitzes) | *Jur* Ausübung *f* (e-s Rechtes) ⟨≈ of civil rights⟩

en·kin·dle [ɪn'kɪndl] *lit vt* anzünden | *übertr* entflammen

en·lace [ɪn'leɪs] *förml vt* verstricken, verflechten | fest umschlingen | *übertr* umgeben; **en'lace·ment** *s* Verflechtung *f* | Umschlingung *f*

en·large [ɪn'lɑ:dʒ] *vt* erweitern, ausdehnen | *Foto* vergrößern; *vi* sich erweitern, sich ausdehnen | *übertr* sich auslassen *od* verbreiten (**[up]on** über); **en'larged** *adj* erweitert ⟨≈ edition erweiterte Ausgabe⟩ | weitherzig | frei, befreit; **en'large·ment** *s* Erweiterung *f*, Ausdehnung *f*, Vergrößerung *f* (*auch übertr*) | *Foto* Vergrößerung *f*; **en'larg·er** *s Foto* Vergrößerungsapparat *m*

en·light|en [ɪn'laɪtn] *vt übertr* erleuchten, aufklären, belehren | informieren, benachrichtigen (**on, as to** über) | *Poes od Rhet* erhellen; **en'light·ened** *adj* erleuchtet | *übertr* aufgeklärt (**on** über) | vernünftig, verständig ⟨to hold ≈ opinions vernünftig denken⟩; **en'light·en·ment** *s übertr* Erleuchtung *f*; *Phil* Aufklärung *f* ⟨the Age of ≈ das Zeitalter der Aufklärung⟩

en·list [ɪn'lɪst] *vt* (Soldaten) ausheben | anwerben | *übertr* (jmdn.) heranziehen, gewinnen (**for/in s.th.** für etw., **with s.o.** für jmdn.) ⟨to ~ s.o.'s help in s.th. jmds. Unterstützung bei etw. bekommen⟩; *vi Mil* sich freiwillig melden | Soldat werden | sich anwerben lassen | *übertr* eintreten (**in** für); **en'list·ed** *adj Am Mil* einen Dienstgrad unterhalb dem eines Offiziers innehabend ⟨~ed men Unteroffiziere und Mannschaften *pl*⟩; **en'list·ment** *s Mil* Einziehung *f* | Militärdienst(zeit) *m(f)* | Anwerbung *f*, Einstellung *f* | *übertr* Gewinnung *f*, Hinzuziehung *f* | Teilnehmerzahl *f*

en·liv·en [ɪn'laɪvn] *vt* beleben, anfeuern, ermuntern

en masse [ˌɒn 'mæs] ⟨*frz*⟩ *adv* in Menge(n) | alles zusammen | als Ganzes

en·mesh [ɪn'meʃ] *vt* umgarnen, verstricken; **en'mesh·ment** *s* Verstrickung *f*, Verwicklung *f*

en·mi·ty ['enmətɪ] *s* Feindschaft *f*, Haß *m*, Feindseligkeit *f* (**against, of** gegen) ⟨to be at/in ~ with verfeindet sein mit, feindlich gegenüberstehen; to bear no ~ against nichts nachtragen gegen; to feel ~ towards verfeindet sein mit⟩

en·no·ble [ɪ'nəubl] *vt* adeln, in den Adelsstand erheben | *übertr* erhöhen, veredeln; **en'no·ble·ment** *s* Erhebung *f* in den Adelsstand | *übertr* Veredelung *f*

en·nui [ɒn'wi:] **1.** *s* Langeweile *f*; **2.** *vt* (*nur prät* und *part perf*) (**en'nuied** *od* **en'nuyed**) langweilen; **en·nuy·é[e]** [ɒnˌwi:'eɪ] *adj* gelangweilt

e·nor·mi·ty [ɪ'nɔ:mətɪ] *s* Übermäßigkeit *f* | Ungeheuerlichkeit *f* | Frevel *m*, Greuel *m*; **e'nor·mous** *adj* ungeheuer, enorm, sehr groß | *arch* abscheulich

e·nough [ɪ'nʌf|ə-] **1.** *adj* genug, ausreichend ⟨~ apples / apples ~ genug Äpfel; fool ~ dumm genug; that is ~ for me das genügt *od* reicht mir; to be man ~ Manns genug sein⟩; **2.** *s, pron* Genüge *f*, ausreichende Menge ⟨to have ~ to do genügend zu tun haben; not ~ nicht genug; to have ~ of s.th. von etw. genug haben; ~ of that Schluß damit; ~ of a fool dumm genug; ~ of a man Manns genug; more than ~ mehr als genug, zu viel; to cry ~ aufhören; ~ and to spare mehr als genug⟩; **3.** *adv* genug, hinlänglich ⟨be kind ~ to *mit inf* sei so gut und *mit imp*; safe ~ durchaus sicher; sure ~ natürlich, aber sicher; freilich, gewiß; true ~ nur zu wahr; well ~ ganz leidlich; recht gut⟩; **4.** *interj* genug!, aufhören!

e·nounce [ɪ'nauns] *förml vt* ankündigen, verkünden | feststellen, erklären | aussprechen; **e'nounce·ment** *s* Ankündigung *f* | Erklärung *f* | Äußerung *f*

en pas·sant [ˌɒn 'pæsɑ̃] ⟨*frz*⟩ *adv* en passant, beiläufig, nebenher

en·plane [ɪn'pleɪn] *vt, vi Am förml* = **implane**

en·quire [ɪn'kwaɪə] = **inquire**; **en'quir·y** = **inquiry**

en·rage [ɪn'reɪdʒ] *vt* wütend *od* rasend machen, aufbringen; **en'raged** *adj* wütend, rasend (**about, by, at s.th.** über; **with** auf); **en'rage·ment** *s* Verärgerung *f*, Erzürnung *f* | Wut *f*, Zorn *m*, Rage *f*

en·rank [ɪn'ræŋk] *vt* einordnen, rangmäßig ordnen, in Reihe(n) aufstellen

en·rapt [ɪn'ræpt] *adj* hingerissen, entzückt; **en'rap·ture** *vt* hinreißen, entzücken ⟨to be ≈d by / with hingerissen sein von⟩

en·rich [ɪn'rɪtʃ] *vt* bereichern, reich machen | (Boden) fruchtbar machen | (etw.) verzieren, schmücken (**by** durch, **with** mit) | *übertr* bereichern ⟨to ~ the mind with knowledge⟩ | *Tech* (Metall u. ä.) anreichern | (Lebensmittel u. ä.) anreichern | (Lehrplan) erweitern, ergänzen; **en'rich·ment** *s* Bereicherung *f* | Verzierung *f* | *Tech* Anreicherung *f* | Erweiterung *f*, Vertiefung *f*

en·robe [ɪn'rəub] *vt förml* bekleiden (*auch übertr*) (**with** mit)

en·rol[l] [ɪn'rəul] *vt* (**en'rolled, en'rolled**) (in e-e Liste) eintragen, einschreiben | immatrikulieren (**as** als, **in** in) | *Mil* ausheben | *Mil* anwerben | *Mar* anheuern | (in e-n Verein) aufnehmen ⟨to ~ o.s. sich als Mitglied eintragen⟩ | protokollieren, amtlich aufzeichnen | *Jur* gerichtlich niederlegen | *übertr* aufzeichnen, verewigen; *vi Am* sich melden für, sich einschreiben lassen (**in** in); **en'rol[l]·ment** *s* Eintragung *f*, Einschreibung *f* | *Mil* Aushebung *f* ⟨≈ for the draft Aushebung zum Militärdienst⟩ | *Mil* Anwerbung *f* | *Mar* Anheuerung *f* | Beitrittserklärung *f* | Immatrikulation *f* | Immatrikulationszahl *f* (**of** von)

en route [ɒn 'ru:t|,ɔ̃ 'ru:t] ⟨*frz*⟩ *adv* unterwegs (**from** von), auf dem Wege (**for, to** nach)

en·san·guined [ɪn'sæŋgwɪnd] *adj lit* blutbedeckt, -überströmt

en·sconce [ɪn'skɒns] *förml vt* bequem *od* sicher unterbringen | *meist refl* (gut) verbergen ⟨to ~ o.s. sich verstecken⟩ | *refl umg scherzh* sich bequem niederlassen ⟨to ~ o.s. in a comfortable chair sich auf einem bequemen Stuhl breitmachen⟩

en·sem·ble [ɒn'sɒmbl|,ɑ̃'sɑ̃bl] **1.** *s, auch* **tout ~** [,tu:t~] Ganzes *n*, Gesamtheit *f* | (Damenkleidung) Komplet *n* | Garnitur *f* | Gesamteindruck *m* (e-s Kunstwerkes) | *Mus* Ensemblespiel *n*, Harmonie *f* | *Theat* Ensemble *n*, Gruppe *f* ⟨~ acting Ensemblespiel *n*⟩ | *Math* Aggregat *n*; **2.** *adv, auch* **,tout '~** alle(s) zusammen

en·shrine [ɪn'ʃraɪn] *förml vt* (in e-n Schrein) einschließen | (als *od* wie ein Heiligtum) ver- *od* bewahren | als Schrein dienen für; **en'shrine·ment** *s* Einschließung *f*

en·shroud [ɪn'ʃraʊd] *vt förml* (ein-, ver-)hüllen (*auch übertr*)

en·sign ['ensaɪn] *s* Fahne *f*, Banner *n* | Standarte *f* ⟨to dip one's ~ to s.o. vor jmdm. die Fahne senken⟩ | Amts-, Ehrenzeichen *n*, Sinnbild *n* | ['ensn] *Brit Hist* Fähnrich *m* | ['ensn] *Am Mar* Leutnant zur See *m*; **'~ ,bear·er** *s* Bannerträger *m*; **~cy** ['ensnsɪ], **~ship** ['ensnʃɪp] *s Am Mar* Leutnantsrang *m*

en·si·lage ['ensɪlɪdʒ] **1.** *s* Silage *f*, Siloaufbewahrung *f* von Grünfutter | Silofutter *n*; **2.** *vt* = **en·sile** [en'saɪl] *vt* (Grünfutter) in Silos einlagern

en·slave [ɪn'sleɪv] *vt* versklaven, zu einem Sklaven machen, unterjochen | *übertr* fesseln (**to** an) ⟨to be ~ed verstrickt sein⟩; **en'slave·ment** *s* Versklavung *f*, Sklaverei *f*, Unterjochung *f* | *übertr* sklavische Bindung (**to** an)

en·snare [ɪn'snɛə] *vt* (mit e-r Schlinge) (ein)fangen | *übertr* umgarnen, verstricken, verführen (**by** durch, **in[to]** in); **en'snare·ment** *s* Verstrickung *f*, Verführung *f*

en·sor·cell [en'sɔ:sl] *vt förml* behexen, verzaubern

en·soul [ɪn'səʊl] *vt förml* beseelen

en·sue [ɪn'sju:] *förml vi* nachfolgen, darauffolgen ⟨the ~ing ages die Nachwelt; the ~ing consequences die sich daraus ergebenden Folgen⟩ | sich ergeben, folgen (**from** aus, **[up]on** auf); **en'sued** *adv* hintereinander, in Folge

en·sure [ɪn'ʃʊə] *vt* sichern, schützen (**against** gegen, **from** vor) ⟨to ~ o.s. sich sichern *od* schützen⟩ | dafür sorgen, garantieren (**that** daß) ◇ **a good conscience ~s sound sleep** ein gutes Gewissen ist ein sanftes Ruhekissen

-ent, *auch* **-ant** [-ənt] *suff zur Bildung von adj von v* (*z.B.* **different, existent**)

en·tab·la·ture [en'tæblətʃə] *s Arch* Hauptgesims *n*, Gebälk *n* (über e-r Säule)

en·tail [ɪn'teɪl] **1.** *vt Jur* (Grundbesitz) als Erblehen vererben (**[up]on** auf) ⟨~ed property unveräußerlicher Grundbesitz⟩ | als unveräußerlichen Besitz übertragen (**[up]on** auf) | mit sich bringen, zur Folge haben ⟨to ~ expenses Kosten verursachen⟩ | aufbürden (on s.o. jmdm.) | *Phil* zur Folge haben, implizieren; **2.** *s Jur* Umwandlung *f* eines Grundbesitzes in ein Erblehen | unveränderliche Erbfolge ⟨to break / cut off an ~ die Erbfolge aufheben⟩ | Erblehen *n* | Fideikommiß *n* | *übertr* unveräußerliches Erbe; **en'tail·ment** *s* Übertragung *f* eines Fideikommiß | *Phil* Enthaltensein *n*, Folgerung *f*, Implikation *f*

en·tan·gle [ɪn'tæŋgl] *vt* (Wolle u. ä.) verwickeln, verfitzen (*auch übertr*) (**among** zwischen, **in** in, **with** mit) ⟨to ~ o.s. in s.th. sich in etw. verwickeln⟩ | kompromittieren ⟨to become ~d with sich kompromittieren mit⟩ | verwirren, in Verlegenheit bringen, verworren machen; **en'tan·gled** *adj* verwickelt, verfitzt ⟨to get ≈ hängenbleiben⟩ | *übertr* umgarnt | verwirrt; **en'tangle·ment** *s* Verwicklung *f*, Verwirrung *f* (*auch übertr*) ⟨to unravel an ≈ e-e Verwicklung lösen⟩ | *übertr* Verlegenheit *f* | Liebschaft *f*, Liaison *f* | *übertr* Fallstrick *m* | *oft pl Mil* Drahtverhau *m*

en·tente [ɒ̃'tɒ̃t|ɒn'tɒnt] *s* ⟨*frz*⟩ Bündnis *n*, Entente *f*

enter ['entə] **1.** *vt* herein- (*od* hinein-)gehen in, -kommen in, eintreten in ⟨to ~ the body in den Körper eindringen; to ~ a country in ein Land einreisen; to ~ harbour in den Hafen einlaufen (Schiff); to ~ one's head in den Sinn kommen; to ~ a road in eine Straße einbiegen; to ~ a room ein Zimmer betreten⟩ | (Organisation, Institution) beitreten, Mitglied werden in ⟨to ~ a club einem Klub beitreten; to ~ the army zur Armee gehen; to ~ the Church Geistlicher werden; to ~ a profession einen Beruf ergreifen; to ~ s.o.'s service in jmds. Dienst treten; to ~ the university ein Studium an der Universität aufnehmen⟩ | eintragen, einschreiben, (Sport) [an]melden ⟨to ~ one's name sich eintragen; to be ~ed *übertr* immatrikuliert werden; to ~ an action *Jur* eine Klage einreichen; to ~ a protest *übertr* Protest erheben; to ~ s.th. to s.o.'s credit jmd. etw. gutschreiben⟩; **~ up** eintragen, notieren ⟨to ~ up £ 10⟩; **2.** *vi* herein- (*od* hinein-) gehen; -kommen; eintreten ⟨~! Herein!⟩ | *Theat* auftreten ⟨~ Hamlet. Hamlet tritt auf. (Regieanweisung) ⟩ | sich [an]melden, einschreiben (**for s.th.** für *od* zu etw.) ⟨to ~ for a competition sich zu einem Wettkampf melden⟩; **~ into** (etw.) beginnen ⟨to ~ into a contract with a firm einen Vertrag mit einer Firma schließen⟩ | eingehen in ⟨to ~ into the calculations *übertr* in die Berechnungen einfließen; to ~ into details ins Detail gehen; to ~ into negotiations with Verhandlungen aufnehmen mit⟩ | verstehen, Anteil nehmen an ⟨to ~ into s.o.'s feelings *übertr* sich in jmdn. hineinversetzen; to ~ into the spirit of s.th. hinter eine Sache kommen, den Sinn von etw. erfassen⟩; **~ [up]on** *förml* beginnen, in Angriff nehmen ⟨to ~ [up]on another term of office eine weitere Amtsperiode antreten; to ~ [up]on a new career einen neuen Beruf einschlagen; to ~ [up]on a topic ein Thema anschneiden⟩ | Besitz ergreifen von, in Besitz nehmen ⟨to ~ on a large fortune ein großes Vermögen vererbt bekommen; to ~ upon one's inheritance *übertr* eine Erbschaft antreten⟩

en·ter·ic [en'terɪk] *adj Anat* enterisch, Darm-; **'~ 'fe·ver** *s Med* Unterleibstyphus *m*

en·ter·ing ['entərɪŋ] **1.** *adj* Eintritts- | eintretend; **2.** *s* Eintreten *n*, Eintritt *m* | Antritt *m* | Eintragung *f*, Buchung *f*

en·ter·i·tis [,entə'raɪtɪs] *s Med* Enteritis *f*, Darmkatarrh *m*

entero- [entərəʊ] ⟨*griech*⟩ *in Zus* Darm-, Unterleib[s]-

en·ter|og·e·nous [,entə'rɒdʒənəs] *adj Anat* enterogen; **~ol·o·gy** [,entə'rɒlədʒɪ] *s Med* Eingeweidelehre *f*; **~ot·o·my** [,entə'rɒtəmɪ] *s Med* Enterotomie *f*, Darmschnitt *m*

en·ter|prise ['entəpraɪz] *s Wirtsch* Unternehmen *n*, Betrieb *m* ⟨private ≈ Unternehmertum *n*, Privatwirtschaft *f*⟩ | Unternehmen *n*, Unternehmung *f* ⟨a bold ≈; a military ≈⟩ | Wagnis *n* | *Wirtsch* Spekulation *f* | Unternehmungsgeist *m* ⟨to show ≈⟩; **'~pris·ing** *adj* unternehmend, unternehmungslustig | wagemutig, kühn

en·ter·tain [,entə'teɪn] *vt* angenehm unterhalten | *auch iron* (Person) unterhalten, amüsieren | (Gäste) bewirten (**at** mit) ⟨to be ~ed at / to dinner Gast zum Abendessen sein bei⟩ | bei sich aufnehmen | (Gefühle u. ä.) hegen ⟨to ~ doubts⟩ | in Betracht ziehen, erwägen, eingehen auf ⟨to ~ an idea⟩ | (Korrespondenz u. ä.) aufrechterhalten; *vi* Gäste empfangen, Gastfreundschaft üben ⟨they ~ a great deal sie geben oft Gesellschaften⟩; **,en·ter'tain·er** *s* Wirt *m*, Gastgeber *m* | Unterhalter *m*; **,en·ter'tain·ing** *adj* unterhaltsam, ergötzend ⟨an ≈ story⟩; **,en·ter'tain·ment** *s* Unterhaltung *f* ⟨for s.o.'s ≈ zu jmds. Unterhaltung; to my ≈ zu meinem Vergnügen; place of ≈ Vergnügungslokal *n*⟩ | Vorstellung *f*, Aufführung *f* ⟨≈ tax Vergnügungssteuer *f*; ≈ film Spielfilm *m*⟩ | Aufnahme *f*, Bewirtung *f*, Verpflegung *f* ⟨≈ allowance Aufwandsentschädigung *f*⟩ | Gastmahl *n* | *förml übertr* Erwägung *f*

en·thral[l] [ɪn'θrɔ:l] *vt* (**en'thralled, en'thralled**) unterjochen | *übertr* bezaubern, fesseln; **en'thrall·ing** *adj* fesselnd, entzückend; **en'thral[l]·ment** *s* Bezauberung *f* | Fesselung *f* | Unterjochung *f*, Versklavung *f*

en·throne [ɪn'θrəʊn] *vt* auf den Thron setzen | (Bischof) einsetzen | *übertr* erhöhen ⟨to be ~d thronen⟩; **en'throne·ment, en,thron·i'za·tion** *s* Erhebung *f* auf den Thron | Einsetzung *f* (e-s Bischofs); **en·thron·ize** [ɪn'θrəʊnaɪz|'enθrənaɪz] *vt* = **enthrone**

en·thuse [ɪn'θju:z] *umg vt* begeistern; *vi* sich begeistern | schwärmen (**about, over** für); **en'thu·si·asm** *s* Enthusiasmus *m*, Begeisterung *f* (**about** über, **for** für) | Schwärmerei *f*; **en'thu·si·ast** *s* Enthusiast(in) *m(f)*, Schwärmer(in) *m(f)*; **en,thu·si'as·tic**, *selten* **en,thu·si'as·ti·cal** *adj* enthusiastisch, begeistert (**about, at** über)

en·tice [ɪn'taɪs] *vt* an-, verlocken, weglocken (**away** von, **from** von) | verleiten, verführen (**into s.th.** zu etw., **to** *mit inf od* **into** *mit ger* zu *mit inf*); **en'tice·ment** *s* Reiz *m* ⟨to have a great ≈ for s.o. jmdn. sehr reizen⟩ | *oft pl* Verlokkung *f*, Verführung *f*; **en'tic·er** *s* Verführer(in) *m(f)*; **en'tic·ing** *adj* verlockend, verführend, verführerisch

en·tire [ɪn'taɪə] *adj* ganz, ungeteilt ⟨the ~ sum⟩ | Gesamt- ⟨~ proceeds Gesamtertrag *m*⟩ | vollkommen, -ständig ⟨his ~ ignorance seine krasse Unkenntnis; to be an ~ stranger to s.o. jmdm. völlig fremd sein⟩ | unbeschädigt | (Tier) nicht kastriert ⟨an ~ horse ein Hengst⟩ | *übertr* voll, ungeteilt, uneingeschränkt ⟨~ affection; ~ devotion⟩ | *Jur* ungeteilt ⟨~ tenancy Pachtung *f* in e-r Hand⟩ | *Bot* ganzrandig, ungezackt ⟨an ~ leaf⟩; **en'tire·ly** *adv* völlig, gänzlich, durchaus ⟨≈ wrong ganz und gar falsch⟩ | lediglich, bloß; **~ty** [ɪn'taɪərətɪ] *s förml* das Ganze, Ganzheit *f*, Ungeteiltheit *f* ⟨the ≈ of the population die Bevölkerung in ihrer Gesamtheit; in its ~ty als Gesamtheit, als Ganzes⟩

en·ti·ta·tive ['entɪtətɪv] *adj förml* bestehend, existierend | *Phil* wesentlich

en·ti·tle [ɪn'taɪtl] *vt* (Buch u. ä.) mit einem Titel versehen *od* betiteln, benennen | (jmdn.) titulieren, mit einem Titel anreden | (jmdn.) berechtigen ⟨to ~ s.o. to s.th. jmdm. e-n Anspruch geben auf; to be ~d to s.th. zu etw. berechtigt sein, Rechtsanspruch haben auf; to be ~d to do das Recht haben, etw. zu tun⟩; **en'ti·tle·ment** *s* Bezeichnung *f* | Betitelung *f* | Berechtigung *f*

en·ti·ty ['entətɪ] *s Phil* Wesen *n*, Entität *f* | (reales) Ding, Gebilde *n* | Wesenheit *f* | *Jur* Rechtsperson *f* ⟨legal ~ juristische Person⟩

ento- [entəʊ] ⟨*griech*⟩ *in Zus* inner-

en·to·blast ['entəblæst] *s Biol* Entoblast *n*, inneres Keimblatt

en·tomb [ɪn'tu:m] *förml, lit vt* begraben, beerdigen | (wie) in ein Grab aufnehmen | einschließen, vergraben (**in** in) | verschütten; **en'tomb·ment** *s* Begräbnis *n*, Beerdigung *f*

entomo- [entəmə] ⟨*griech*⟩ *in Zus* Insekten-

en·to·mo·log·ic [,entəmə'lɒdʒɪk], **,en·to·mo'log·i·cal** *adj* entomologisch; **en·to·mol·o·gist** [,entə'mɒlədʒɪst] *s* Entomologe *m*, Insektenkundiger *m*; **,en·to'mol·o·gy** *s* Entomologie *f*, Insektenkunde *f*

en·to|phyte ['entəfaɪt] *s Bot* Schmarotzerpflanze *f*; **~phyt·ic** [,entə'fɪtɪk] *adj Bot* Innenschmarotzer-

en·tou·rage ['ɒntʊrɑ:ʒ|,ɒntʊ'rɑ:ʒ] ⟨*frz*⟩ *s* Umgebung *f* | Begleitung *f* | Gefolge *n*

en·tr'acte, *auch* **en·tracte** ['ɒntrækt|'ɒ̃trækt] ⟨*frz*⟩ *s* Zwischenakt *m* | Zwischenspiel *n* | Zwischenaktmusik *f*

en·trails ['entreɪlz] *s/pl* Eingeweide *n/pl* | innere Organe *n/pl* | *übertr* das Innere *n* ⟨the ~ of the earth⟩

en·train [ɪn'treɪn] *vt Mil* (Truppen) in einen Zug verladen | *Biol* den Biorhythmus verändern von; *vi* in den Eisenbahnzug einsteigen | *Biol* den Biorhythmus verändern; **en'train·ment** *s* Verladung *f*

en·tram·mel [ɪn'træml] *vt nur übertr* verwickeln, hemmen, fesseln

[1]**en·trance** ['entrns] *s* Eintreten *n*, Eintritt *m* (**into** in) ⟨to make one's ~ eintreten, Einzug halten⟩ | Einfahrt *f*, Eingang *m*, Einzug *m* ⟨at the ~ am Eingang⟩ | Einlaß *m*, Eintrittserlaubnis *f* (*auch übertr*) ⟨to have free ~ freien Eintritt haben; no ~! Eintritt verboten!⟩ | *auch* **'~ ,mon·ey** *od* **'~ fee** Eintrittsgeld *n* | *übertr* Antritt *m* (e-r Stelle) ⟨~ into/upon (an) office e-s Amtes⟩ | *Theat* Auftreten *n*, Auftritt *m* | *Mar* Hafeneinfahrt *f* | *Mar* Einlaufen *n*

[2]**en·trance** [ɪn'trɑ:ns] *vt* hinreißen, überwältigen (**with** vor) ⟨to be ~d with joy freudetrunken sein⟩ | entzücken | in Trance versetzen

en·trance ex·am·i·na·tion ['entrns ɪgzæmɪ,neɪʃn] *s* Aufnahmeprüfung *f*

en·trance·ment [ɪn'trɑ:nsmənt] *s* Verzückung *f* | Bezauberung *f*; **en'tranc·ing** *adj* entzückend, bezaubernd

en·trant ['entrənt] *s* Besucher *m*, Eintretender *m* | (neues) Mitglied, (neuer) Angehöriger (eines Berufs) | *Sport* Teilnehmer *m*, Bewerber *m* (**for s.th.** an etw.)

en·trap [ɪn'træp] *förml vt* (**en'trapped, en'trapped**) (ein)fangen | *übertr* (jmdn.) bestricken, verführen, verleiten (**into/to s.th.** zu etw., **into** *mit ger* zu *mit inf*)

en·treat [ɪn'tri:t], *förml vt* (jmdn.) dringend ersuchen, bitten, anflehen (**to** *mit inf* zu *mit inf*, **that** daß) | (etw.) erbitten (**of** von); *vi* bitten ⟨to ~ s.o. to do s.th. jmdn. bitten, etw. zu tun⟩; **en'treat·ing** *adj* flehentlich; **en'treat·y** *s* dringende Bitte, Ersuchen *n*, Gesuch *n* ⟨at s.o.'s ≈ auf jmds. Bitte⟩

en·tre·cote ['ɒntrə,kəʊt] ⟨*frz*⟩ *Kochk* Rippenstück *n*

en·tree, en·trée ['ɒntreɪ|'ɒ̃treɪ] ⟨*frz*⟩ *s* Eintritt *m*, Zutritt *m* (**into/of s.th.** zu etw.) | *Kochk Brit* Zwischengericht *n*, -gang *m* | *Am* Hauptgericht *n* (außer Braten) | *Mus* Einleitung *f* | *Mus* Auftrittslied *n*

en·trench [ɪn'trentʃ] *vt Mil* mit Schützengräben verschanzen ⟨to ~ o.s. sich verschanzen, sich festsetzen (*auch übertr*)⟩; *vi selten* ein-, übergreifen (**upon s.th.** auf etw.) | sich aneignen; **en'trenched** *adj* (Recht, Gewohnheit) fest verankert | *Mil* (Stellung) (be)festigt; **en'trench·ment** *s* Verschanzung *f* | Schützengräben *pl*

en·tre·pôt ['ɒntrəpəʊ] ⟨*frz*⟩ *s Wirtsch* Niederlage *f*, Stapelplatz *m*, Speicher *m* | Transitlager *n*

en·tre·pre·neur [,ɒntrəprə'nɜ:|,ɒ̃trəprə'nɜ:] ⟨*frz*⟩ *s Wirtsch* Unternehmer *m* | *bes Theat* Veranstalter *m*

en·tre·sol ['ɑntrəsɑl] *s Arch* Zwischenstockwerk *n*, Halbgeschoß *n*

en·tro·py ['entrəpɪ] *s Phys* Entropie *f*, Wärmegewicht *n*

en·trust, *auch* **in'trust** [ɪn'trʌst] *vt* (etw.) anvertrauen (**to s.o.** jmdm.) | (jmdn.) betrauen (**with** mit) | (etw.) an-, zuweisen (**to s.o.** jmdm.)

en·try ['entrɪ] *s* Eintreten *n*, Eintritt *m* (**into** in) | Eingang *m* | Einzug *m* | *Jur* Antritt *m* (**upon** in) | *Theat* Auftritt *m* ⟨to make one's ~ auftreten⟩ | *Jur* Besitzergreifung *f* | Eintrag(ung) *m(f)* ⟨vocabulary ~ Stichwort *n*⟩ | Notiz *f* | *Wirtsch* Buchung *f* ⟨to make an ~ of s.th. etw. buchen; credit ~ Gutschrift *f*; double (single) ~ doppelte (einfache) Buchführung (von Geldern usw.); upon ~ nach Eingang⟩ | Zolldeklaration *f* ⟨~ inwards (outwards), Einfuhr-

(Ausfuhr-)deklaration *f*⟩ | *Sport* Nennung *f*, Meldung *f* (für Rennen u. ä.) | *Sport* Bewerber *m* (**for** für) | (*mit best art*) *collect* in Dressur befindliche Hunde *m/pl* | (*mit best art*) *übertr* die junge Generation; **'~ door** *s* Eingangstür *f*; **'~ fee** *s Sport* Nenngebühr *f*; **'~ form** *s* Anmeldeformular *n*; **'~ ,per·mit** *s* Einreiseerlaubnis *f*; **'~ ,vi·sa** *s* Einreisevisum *n*; **'~ way** *s* Zugang *m*

en·twine [ɪn'twaɪn] *vt* umschlingen, verflechten (**[a]round** um(einander), **in** in(einander), **with** mit) (*auch übertr*) ⟨~d by ivy efeuüberwachsen, von Efeu umschlungen; to ~ a crown of roses einen Kranz aus Rosen flechten; to ~ o.s. sich winden; closely ~d eng miteinander verbunden⟩ | umfassen, umarmen (*auch übertr*) ⟨to ~ one's fingers sich einhaken⟩; *vi* sich herumwinden; **en'twine·ment** *s* Verflechtung *f* (*auch übertr*)

en·twist [ɪn'twɪst] *vt* umwinden, verflechten, verknüpfen (**with** mit)

e·nu·cle·ate [ɪ'nju:klɪeɪt] *vt Med* (Geschwulst) ausschneiden, (her)ausschälen, bloßlegen ⟨to ≈ a tumour⟩ | *arch* (Theorie u. ä.) deutlich machen, erklären; **e,nu·cle'a·tion** *s* Auf-, Erklärung *f* | *Med* Enukleation *f*

e·nu·mer·ate [ɪ'nju:məreɪt] *vt* aufzählen | spezifizieren | (listenmäßig) aufführen; **e,nu·mer'a·tion** *s* Aufzählen *n* | Aufzählung *f* | Liste *f*; **e'num·er·a·tive** *adj* aufzählend ⟨to be ≈ of aufzählen⟩

e·nun·ci·ate [ɪ'nʌnsɪeɪt] *förml vt* formulieren | behaupten, aufstellen ⟨to ≈ a theory⟩ | verkünden, erklären | aussprechen, von sich geben ⟨to ≈ words⟩; *vi* (deutlich) (aus)sprechen ⟨to ≈ correctly⟩; **e,nun·ci'a·tion** *s* Ausdruck *m* | Formulierung *f* | Erklärung *f*, Behauptung *f*, Feststellung *f* | Aussprache *f*, Vortragsweise *f*; **e'nun·ci·a·tive** *adj* erklärend ⟨to be ≈ of erklären⟩; **e'nun·ci·a·tor** *s* Sprecher *m*

en·ure [ɪ'njʊə] = **inure**

en·u|re·sis [enjʊ'ri:sɪs] *s Med* Enuresis *f*, Blasenschwäche *f* | Bettnässen *n*; **~ret·ic** [~'retɪk] *adj* enuretisch

en·vel·op [ɪn'veləp] *vt* einschlagen, -wickeln (**in** in, **with** mit) | ein-, um-, verhüllen, umgeben (*auch übertr*) | *Mil* (Feind) umklammern; **en·ve·lope** ['envələʊp] *s* Decke *f*, Hülle *f* (*auch übertr*) | Briefumschlag *m* | *Flugw* Ballonhülle *f* | *Bot* Kelch *m* | *Mil* Vorwall *m*; **en'vel·op·ment** *s* Einhüllung *f* (*auch übertr*) | *Mil* Umklammerung *f*; Umfassungsangriff *m*

en·ven·om [ɪn'venəm] *lit vt* vergiften | *übertr* verbittern, verschärfen

en·vi|a·ble ['envɪəbl] *adj* beneidenswert; **'~er** *s* Neider(in) *m(f)*; **'~ous** *adj* neidisch (**of** auf) ⟨to be ≈ of s.o. because of s.th. jmdn. um etw. beneiden⟩ | mißgünstig (**of** gegen)

en·vi·ron [ɪn'vaɪərən] *vt förml* (*meist pass*) umgeben, -ringen (**by** von, **with** mit) ⟨~ed by/with woods waldumstanden⟩ | umzingeln, belagern (*auch übertr*); **'~ment** *s* Umgebung *f* | Milieu *n*, Umwelt *f* | *Bot* Standort *m*; **,~'men·tal** *adj* Umgebungs- | Umwelt- ⟨≈ factors Umwelteinflüsse *m/pl*⟩; **,~'men·tal·ist** *s* Gegner *m*, der Umweltverschmutzung | Ökologe *m*; **,~'men·tal·ism** *s* Kampf *m* gegen Umweltverschmutzung; **en·vi·rons** ['envɪrənz|ɪn'vaɪərənz] *s/pl* Umgebung *f* ⟨in the ≈ of Leeds⟩ | Umgegend *f* (eines Ortes), Vororte *m/pl*

en·vis·age [ɪn'vɪzɪdʒ] *vt* (Tatsachen u. ä.) sich gegenübersehen, ins Auge sehen | sich vorstellen, sich Gedanken machen über | in Betracht ziehen

en·vi·sion [en'vɪʒn] *vt* sich vorstellen, sich ausmalen | *Am* = **envisage**

[1]**en·voy** ['envɔɪ] *s* Gesandter *m* | Bevollmächtigter *m* | Bote *m*; **'~ship** *s* Gesandtenrang *m*, -würde *f*

[2]**en·voy**, *auch* **en·voi** ['envɔɪ] *s* Zueignungs-, Schlußstrophe *f*

en·vy ['envɪ] **1.** *s* Neid *m* (**of s.o.** auf jmdn., **at/of s.th.** über etw.) ⟨to feel ~ neidisch sein; to be eaten up / perish / burst with ~ vor Neid platzen; to be green with ~ vor Neid blaß sein⟩ | Gegenstand *m* des Neides *od* der Mißgunst ⟨to be the ~ of s.o. jmds. Neid darstellen⟩; **2.** *vt* beneiden (**s.o. s.th.** jmdn. um etw.); (jmdm. etw.) mißgönnen; **'en·vies** *pl* Mißgunst *f*

en·wind [ɪn'waɪnd] *vt* umwinden

en·womb [ɪn'wu:m] *vt* einschließen

en·wrap [ɪn'ræp] *vt* (**en'wrapped**, **en'wrapped** *od* **en'wrapt**, **en'wrapt**) einwickeln, ein-, umhüllen (**in** in) | *übertr* in Gedanken versenken ⟨~ped in thought gedankenversunken⟩

en·wreathe [ɪn'ri:ð] *vt* umkränzen | umschlingen, umwinden

en·zyme ['enzaɪm] *s Chem* Enzym *n*, Ferment *n*

eo- [i:əʊ] ⟨*griech*⟩ *in Zus* früh, alt, urzeitlich

E·o|cene ['i:əsi:n] *s Geol* Eozän *n*; **~lith** ['i:əlɪθ] *s* Eolith *m*, Steinwerkzeug *n*; **,~'lith·ic** *adj* frühsteinzeitlich

e·on ['i:ən] = **aeon**

e·o·sin ['i:əsɪn] *s Chem* Eosin *n*

E·o·zo·ic [i:ə'zəʊɪk] **1.** *s Geol* Eozoikum *n*; **2.** *adj* eozoisch

e·pact ['i:pækt] *s Astr* Epakte *f*

ep·au·let[te] [,epə'let] *s Mil* Epaulette *f*, Schulterstück *n* ◇ **win one's ~s** zum Offizier befördert werden

é·pée ['epeɪ] *s Sport* (Fecht-) Degen *m*; **é'pée·ist** *s* Fechter *m*

e·pergne [ɪ'pɜ:n] *s* Tafelaufsatz *m*

e·phed·rin[e] ['efɪdri:n] *s Chem, Med* Ephedrin *n*

e·phem·er|a [ɪ'femərə] *s* (*pl* **~ae** [~i:]) *Zool* Eintagsfliege *f* (*auch übertr*); **e'phem·er·al** *adj* ephemer(isch), eintägig | *übertr* kurzlebig, flüchtig, vergänglich; **~is** [ɪ'femərɪs] *s* (*pl* **~i·des** [,efɪ'merɪdi:z]) *Astr* Ephemeriden *f/pl*; **~on** [~ɒn] *s* (*pl* **~a** [~ə]) = **ephemera**

epi- [epɪ] ⟨*griech*⟩ *präf mit der Bedeutung*: auf, an, bei, daran (*z. B.* **epiphyte**); dazu, danach (*z. B.* **epilogue**)

ep·i·blast ['epɪblæst] *s Biol* Epiblast *n*, äußeres Keimblatt

ep·ic ['epɪk] **1.** *adj* episch, Epos- | *übertr* heldenhaft, heldisch, heroisch ⟨~ achievements Heldentaten *f/pl*; ~ laughter homerisches Gelächter⟩; **2.** *s*, *auch* **,~ 'poem** Epos *n*, Heldengedicht *n* ⟨national ~ Nationalepos *n*⟩ | Epiker *m*; **'ep·i·cal** *adj* episch

ep·i·carp ['epɪkɑ:p] *s Bot* Epikarp *n*, äußere Fruchthaut

e·pi·cen·tre ['epɪsentə] *s* (Erdbeben-) Epizentrum *n* | *übertr* Mittelpunkt *m*

ep·i|cure ['epɪkjʊə] *s* Feinschmecker *m*, Genießer *m*; **~cu·re·an** [,epɪkjʊ'rɪən] **1.** *adj Phil* epikureisch | *übertr* sinnenfreudig, genußsüchtig, sinnlich | feinschmeckerisch; **2.** *s Phil* Epikureer *m* | Genußmensch *m* | Feinschmecker *m*; **,~cu're·an·ism**, *auch* **'~cur·ism** *s Phil* Epikureismus *m* | **~cu·re·an·ism** *übertr* Genußsucht *f*

ep·i·cy|cle ['epɪ,saɪkl] *s Astr, Math* Epizykel *m*, Epikreis *m*; **,ep·i'cy·clic** *adj* epizyklisch; **,~clic 'gear** *s Tech* Planeten-, Umlaufgetriebe *n*

ep·i·dem·ic [,epɪ'demɪk] **1.** *adj Med* epidemisch, seuchenartig | *übertr* grassierend; **2.** *s Med* Epidemie *f*, Seuche *f* (*auch übertr*); **,ep·i'dem·i·cal** *adj Med* epidemisch

ep·i|der·mal [,epɪ'dɜ:ml] *Anat adj* Epidermis-; **,~'der·mic**, **,~'der·mi·cal** *adj* Epidermis-; **,~'der·mis** *s* Epidermis *f*, Oberhaut *f*

ep·i·di·a·scope [,epɪ'daɪəskəʊp] *s Tech* Epidiaskop *n*

ep·i|gen·e·sis [,epɪ'dʒenəsɪs] *s Biol* Epigenesis *f*; **~glot·tis** [~'glɒtɪs] *s* (*pl* **~glot·ti·des** [~'glɒtɪdi:z]) *Anat* Epiglottis *f*, Kehldeckel *m*

ep·i|gone ['epɪgəʊn] *s* Epigone *m*, (unschöpferischer) Nachahmer *m*; **~gon·ic** [,epɪ'gɒnɪk] *adj* epigonisch

ep·i·gram ['epɪgræm] *s* Epigramm *n*, Sinngedicht *n*; **~mat·ic**

[ˌepɪgrəˈmætɪk], ˌ~ˈmat·i·cal *adj* epigrammatisch | *übertr* schlagkräftig, kurz und treffend; ~ma·tize [ˌepɪˈgræmətaɪz] *vt* epigrammatisch ausdrücken | kurz und treffend ausdrücken; *vi* Epigramme verfassen

ep·i·graph [ˈepɪgrɑːf] *s* Epigraph *n*, In-, Aufschrift *f*, Motto *n*; **e·pig·ra·phy** [eˈpɪgrəfɪ] *s* Inschriftenkunde *f*

ep·i·lep·sy [ˈepɪlepsɪ] *s Med* Epilepsie *f*, Fallsucht *f*; **ˌep·iˈlep·tic** **1.** *adj* epileptisch; **2.** *s* Epileptiker *m*

ep·i·logue [ˈepɪlɒg] *s* Epilog *m*, Nachwort *n*, Schlußrede *f* | Schlußredner *m*

ep·i·neph·rine [ˌepɪˈnefrɪn] *s Chem* Adrenalin *n*

E·piph·a·ny [ɪˈpɪfənɪ] *s Rel* Epiphanienfest *n*, Dreikönigstag *m*

ep·i·phyte [ˈepɪfaɪt] *s Bot* Epiphyt *m*, Scheinschmarotzer *m*

e·pis·co|pa·cy [ɪˈpɪskəpəsɪ] *s Rel* Episkopat *n*, bischöfliche Verfassung; **eˈpis·co·pal** *adj Rel* episkopal, bischöflich; **~pa·li·an** [ɪˌpɪskəˈpeɪlɪən] *adj Rel* bischöflich; **∸ˈpa·li·an** *s* Anhänger *m od* Mitglied *n* der (engl.) Episkopalkirche; **~pate** [~pɪt] *s Rel* Episkopat *n* | Bischofsamt *n* | Bischofswürde *f* | Bistum *n* | Gesamtheit *f* der Bischöfe; **eˈpis·co·pize** *vt Rel* zum Bischof weihen; *vi* als Bischof handeln

ep·i|sode [ˈepɪsəʊd] *s* Episode *f*, Nebenereignis *n* | *lit* Neben-, Zwischenhandlung *f* (e-s Dramas etc.); **~sod·ic** [ˌepɪˈsɒdɪk], ˌ**~ˈsod·i·cal** *adj* episodisch

e·pis·ta·sis [ɪˈpɪstəsɪs] *s Med* Blutstillung *f* | (Flüssigkeiten) Oberflächenbelag *m* | *Biol* Epistasie *f*

ep·i·stax·is [ˌepɪˈstæksɪs] *s Med* Epistaxis *f*, Nasenbluten *n*

e·pis·te|mo·log·i·cal [ɪˌpɪstəməˈlɒdʒɪkl] *adj Phil* epistemologisch, erkenntnistheoretisch; **~mol·o·gy** [ɪˌpɪstəˈmɒlədʒɪ] *s Phil* Epistemologie *f*, Erkenntnistheorie *f*

e·pis|tle [ɪˈpɪsl] *s förml od scherzh* Epistel *f*, langer Brief | **∸tle** *bibl* Brief *m*, Sendschreiben *n* ⟨≙ to the Romans Römerbrief *m*⟩; **~to·lar·y** [ɪˈpɪstələrɪ] *adj förml* brieflich, Brief-

e·pis·tro·phe [ɪˈpɪstrəfɪ] *s Rhet* Epistrophe *f* | *Mus* Refrain *m*

ep·i·taph [ˈepɪtæf|-tɑːf] **1.** *s* Epitaph *n*, Grabschrift *f* | Totengedicht *n*; **2.** *vt* ein Epitaph verfassen für | in einer Grabschrift verewigen; *vi* ein Epitaph verfassen

ep·i·the·li|al [ˌepɪˈθiːlɪəl] *Anat adj* Epithel-; **~um** [~əm] *s* (*pl* **~ums** [~əmz] *od* **~a** [~ə]) Epithel(ium) *n*(*n*)

ep·i·thet [ˈepɪθet] *s* Epitheton *n*, (schmückendes) Beiwort ⟨strong ~ Kraftausdruck *m*; to use strong ~s sich drastisch ausdrücken⟩ | Attribut *n* | Beiname *m*; **ˌep·iˈthet·ic, ep·iˈthet·i·cal** *adj* Beiwort- | reich an Beiwörtern

e·pit·o·me [ɪˈpɪtəmɪ] *s* Inbegriff *m* ⟨to be the ≈ of⟩ | *selten* Auszug *m*, Abriß *m* | Inhaltsangabe *f* ⟨in ≈ in verkürzter Form, auszugsweise⟩; **eˈpit·o·mize** *vt* einen Auszug machen aus *od* von, abkürzen | zusammenfassen | gedrängt darstellen; *vi* Auszüge anfertigen

ep·i·zo·ot·ic [epɪzəˈɒtɪk] **1.** *adj* epizoisch, epidemisch, seuchenartig; **2.** *s Vet* Viehseuche *f*, Epizootie *f*

e plu·ri·bus u·num [iːˈplʊrɪbəs ˈjuːnəm] ⟨*lat*⟩ *s* Einigkeit macht stark (Motto der USA)

ep·och [ˈiːpɒk] *s* Epoche *f* ⟨to make an ~ bahnbrechend sein⟩ | (neuer) Zeitabschnitt *m* ⟨to mark an ~ e-n Markstein bilden⟩ | *Geol* Epoche *f*; **~al** [ˈepɒkl] *adj* Epochen- | epochemachend; **ˈ~ˌmak·ing, ˈ~ˌmark·ing** *adj* epochal, epochemachend, bahnbrechend

ep·ode [ˈepəʊd] *s Metr* Epode *f* | *Mus* Kehrzeile *f*, Refrain *m*

ep·o|nym [ˈepənɪm] *s* Eponym *m*, Stammvater *m* | bezeichnendes Beiwort; ˌ**~ˈnym·ic** *adj* eponymisch; **~ny·mous** [ɪˈpɒnɪməs] *adj* namengebend ⟨≈ hero Titelheld⟩; **~ny·mism** [ɪˈpɒnɪmɪzm] *s* Benennung *f* nach Personen

ep·o·pee [ˈepəpiː] *s* Epopöe *f*, episches Gedicht

ep·os [ˈepɒs] *s* Epos *n*, Heldengedicht *n*

ep·som|ite [ˈepsəmaɪt] *s Min* Epsomit *n*; ˌ**∸ ˈsalt[s]** *s(pl) Med* (Epsomer) Bittersalz *n*

ep·u·lis [eˈpjuːlɪs] *s Med* Epulis *f*, Zahnfleischgeschwulst *f*

ept [ept] *adj umg* effektiv, klug, fähig; **ep·ti·tude** [ˈeptɪtjuːt] *s umg* Fähigkeit *f*, Effektivität *f*, Fitness *f*

eq·ua|bil·i·ty [ˌekwəˈbɪlətɪ] *s* Gleichmut *m* | Gleichförmigkeit *f*; **~ble** [ˈekwəbl] *adj* (Temperatur, Klima) gleichmäßig, gleich(förmig) | *übertr* (Charakter) gleichmütig, ruhig, ausgeglichen ⟨calm and ≈ ruhig und ausgeglichen⟩

e·qual [ˈiːkwəl] **1.** *adj* gleich (an Größe, Rang) (**in** in bezug auf, **to s.th.** e-r Sache) ⟨to be ~ to gleichen, gleich sein; twice two is ~ to four *Math* zweimal zwei ist gleich vier; ~ in size gleich groß⟩ | gleichförmig | *übertr* gleichmütig, ruhig ⟨an ~ mind Gleichmut *m*⟩ | gleichmäßig ⟨an ~ movement⟩ | plan, eben ⟨an ~ surface⟩ | angemessen, gemäß ⟨to be ~ to a thing e-r Sache entsprechen; ~ to the occasion für den Ernstfall⟩ | gleichwertig, ebenbürtig ⟨~ in courage gleich an Mut; on ~ terms unter gleichen Bedingungen, auf gleicher Basis⟩ | *übertr* fähig, imstande ⟨to be ~ to s.th. e-r Sache gewachsen sein; to be ~ to anything zu allem fähig sein⟩ | geneigt, aufgelegt (zu) ⟨~ to a drink⟩ | gerecht ⟨~ laws⟩; **2.** *s* Gleichgestellter *m*, Gleichberechtigter *m* ⟨among ~s unter Gleichgestellten; ~s in age Altersgenossen *m/pl*; with one's ~s mit seinesgleichen; to be the ~ of s.o. jmdm. ebenbürtig sein; to have no ~s nicht seinesgleichen haben, seinesgleichen suchen⟩ | *Math* gleiche Anzahl; **3.** *vt* (**e·qualled, e·qualled,** *Am* **e·qualed, e·qualed**) *Math* gleich sein ⟨"x = 10" means x ~s 10⟩ | (jmdm., e-r Sache) gleichen, gleichkommen, gleich sein (**in** an) ⟨none ~s her in beauty; not to be ~led nicht seinesgleichen haben⟩ | *übertr* es aufnehmen mit; **~i·ty** [ɪˈkwɒlətɪ] *s* Gleichheit *f* (**between/with s. o.** in, mit jmdm. in) ⟨to be on an ≈ with s.o. mit jmdm. auf gleicher Stufe stehen; ≈ of votes Stimmengleichheit *f*; perfect ≈ *Math* Kongruenz *f*; sign of ≈ Gleichheitszeichen *n*⟩ | *Math* Gleichförmigkeit *f* | Ebenheit *f*; **~i·za·tion** [ˌiːkwəlaɪˈzeɪʃn] *s* Gleichmachung *f*, -stellung *f* | Ausgleich(ung) *m*(*f*); **ˈ~ize** *vt* gleichmachen (**to, with** mit) | kompensieren; *vi Sport umg* egalisieren, gleichziehen; **ˈ~iz·er** *s* Ausgleicher *m* | *Brit Sport* Ausgleichstor *n* | *Tech* Stabilisator *m* | *El* Entzerrer *m* | *Sl* Revolver *m*; **ˈ~iz·ing bar** *s* Ortscheit *n*; **ˈ~iz·ing gear** *s Tech* Ausgleichsgetriebe *n*; **ˈ~iz·ing reˌpeat·er** *s Tel* entzerrender Verstärker; **ˈ~iz·ing spring** *s Tech* Dämpfungsfeder *f*; **ˈ~iz·ing ˌvolt·age** *s El* Kompensationsspannung *f*; **ˈ~ly** *adv* gleich, ebenso ⟨≈ pretty⟩| zu gleichen Teilen ⟨to share s.th. ≈ between⟩ | gleichzeitig, andererseits ⟨… but ≈, we must take into account⟩; ˌ**~ op·porˈtu·nity** *s* Chancengleichheit *f* (bes im Beruf)

e·qua·nim·ity [ˌekwəˈnɪmətɪ] *s* Gleichmut *m*, Gelassenheit *f* ⟨with ~ mit Gleichmut⟩; **e·quan·i·mous** [ɪˈkwænɪməs] *adj* gleichmütig, gelassen

e·quate [ɪˈkweɪt] *vt* (etw., jmdn.) gleichsetzen, -machen, -stellen (**to, with** mit) ⟨to be ~d with s.o. mit jmdm. auf die gleiche Stufe gestellt werden⟩ | *übertr* als gleichwertig betrachten *od* behandeln; *vi* gleich sein, gleichen; **e·qua·tion** [ɪˈkweɪʒn|-ʃ-] *s* Gleichstellung *f* | Ausgleichung *f* | *Math, Phys* Gleichung *f* ⟨≈ of state *Phys* Zustandsgleichung *f*; simple ≈ Gleichung *f* ersten Grades⟩ | *Astr* Gleichung *f* | Gleichgewicht *n* | zu berücksichtigender Faktor *m od* zu berücksichtigende Faktoren ⟨personal ≈ subjektive Fehlerquelle; human ≈ zu berücksichtigender Faktor Mensch⟩; **eˈqua·tion·al** *adj* Gleichungs- | ausgleichend | *El, Tech* Ausgleichs-

e·qua|tor [ɪˈkweɪtə] *s Astr, Geogr* Äquator *m*; **~to·ri·al** [ˌekwəˈtɔːrɪəl] **1.** *adj* Äquator- | äquatorial; **2.** *s* Äquatorial *n* | Refraktor *m*; **~ˌto·ri·al ˈcir·cle** *s Astr* Äquatorial *n*, Stundenkreis *m*; ~ˌ**to·ri·al** ˈ**tel·e·scope** *s Astr* Refraktorteleskop *n*

eq·uer·ry [ɪˈkwerɪ|ˈekwərɪ] *s* Stallmeister *m* | *Brit* Adjutant *m* (an e-m königlichen Hofe)

e·ques·tri|an [ɪˈkwestrɪən] **1.** *adj* Reit-, Reiter- ⟨~ statue Reiterstandbild⟩; **2.** *s* (Kunst-) Reiter *m*; **~enne** [ɪˌkwestrɪˈen] *s* (Kunst-) Reiterin *f*

equi- [iːkwɪ|ek~] ⟨*lat*⟩ *in Zus* gleich- (*z. B.* **equilateral**)

e·qui·an·gu·lar [ˌiːkwɪˈæŋgjʊlə|ˌek~] *adj* gleichwink(e)lig

e·qui·dis|tance [ˌiːkwɪˈdɪstəns|ˌek~] *s* gleichweiter Abstand ⟨at ≈ from in gleicher Entfernung von⟩; **~tant** *adj* gleich weit entfernt (**from** von) | längen-, abstandstreu

e·qui|lat·er·al [ˌiːkwɪˈlætərl|ˌek~] *adj Math* gleichseitig; **e·quil·i·brant** [ɪˈkwɪlɪbrənt] *s Phys* Kraft *f* | (Gleichgewicht erzeugendes) Kräftesystem; **~li·brate** [~ˈlaɪbreɪt] *vt* ins Gleichgewicht bringen | im Gleichgewicht halten; *vi* das Gleichgewicht halten (**with** mit); ˌ**~liˈbra·tion** *s* Gleichgewicht (**to** zu, **with** mit); **e·quil·i·brist** [iːˈkwɪlɪbrɪst|ˌek~] *s* Seiltänzer *m*, Akrobat *m*; **~lib·ri·um** [ˌ~ˈlɪbrɪəm] *s* (*pl* ˌ**~ˈlib·ri·ums** *od* **~lib·ri·a** [-rɪə]) *Phys* Gleichgewicht *n* (*auch übertr*) ⟨to be in ≈ im Gleichgewicht sein⟩

e·quine [ˈiːkwaɪn|ˈek-] *adj* Pferde-, pferdeartig | *s* Pferd *n*

e·qui|noc·tial [ˌiːkwɪˈnɒkʃl|ˌek~] **1.** *adj* äquinoktial, Äquinoktial- | äquatoriale Gegenden *od* Klimata betreffend; **2.** *s auch* ~ˌ**noc·tial** ˈ**cir·cle** Äquatorialkreis *m* | *auch* **~nocˌtial** ˈ**line** Äquinoktiallinie *f* | Äquinoktialsturm *m*; **~nox** [ˈiːkwɪnɒks|ˈek~] *s Astr* Äquinoktium *n*, Tag- und Nachtgleiche *f* ⟨vernal, autumnal ≈⟩ | Äquinoktialpunkt *m*

e·quip [ɪˈkwɪp] *vt* (**eˈquipped, eˈquipped**) ausrüsten, ausstaffieren (**with** mit) (*auch übertr*) | *Mil, Mar* ausrüsten | *Tech* versehen, ausrüsten; **eq·ui·page** [ˈekwɪpɪdʒ] *s Mil* Ausrüstung *f* | Equipage *f*, Kutsche *f* | Besteck *n*, Service *n* (aus Porzellan); **eˈquip·ment** *s Mil, Mar* Ausrüstung *f*, Ausstattung *f* | *Tech* Einrichtung *f*, Apparatur *f* | (Maschinen-) Anlage *f* | *übertr* geistiges Rüstzeug, Voraussetzungen *f/pl* | *meist* **eˈquip·ments** *pl* Ausrüstungsgegenstände *m/pl*, Material *n*

e·qui|poise [ˈekwɪpɔɪz] **1.** *s* Gleichgewicht *n* (*auch übertr*) | Gegengewicht *n* (**to** zu); **2.** *vt* aufwiegen | im Gleichgewicht halten; **~pol·lence** [ˌiːkwɪˈpɒləns|ˌek~] *s* Gleichheit *f* | *Phil* Gleichwertigkeit *f*; ˌ**~ˈpol·lent** **1.** *adj* gleichstark | gleichwertig (**with** mit) | gleichbedeutend; **2.** *s* Äquivalent *n*, Gleichwertiges *n*; **~pon·der·ance** [ˌiːkwɪˈpɒndərəns|ˌek~] *s* Gleichgewicht *n*; ˌ**~ˈpon·der·ant** *adj* gleichschwer | gleich(ge)wichtig (*auch übertr*); ˌ**~ˈpon·der·ate** *vi* gleich schwer sein (**with/to** wie); *vt* aufwiegen, im Gleichgewicht halten

eq·ui·se·tum [ˌekwɪˈsiːtəm] *s Bot* Schachtelhalm *m*

eq·ui·table [ˈekwɪtəbl] *adj* gerecht, ⟨~ division⟩ | billig, unparteiisch | *Jur* das Billigkeitsrecht betreffend | *auch* ˈ**eq·ua·ble** (Klima, Temperatur) gleichmäßig

eq·ui·ta·tion [ˌekwɪˈteɪʃn] *s* Reiten *n* | Reitkunst *f*

eq·ui·ty [ˈekwətɪ] *s* Gerechtigkeit *f*, Billigkeit *f*, Unparteilichkeit *f* | *auch* ˈ**~ law** *Jur* Billigkeitsrecht *n* ⟨≈ Court Billigkeitsgericht *n*⟩ | ≈ *Brit* Schauspielergenossenschaft *f* | *meist* ˈ**eq·ui·ties** *pl*, *auch* ˈ**~ seˌcu·ri·ty** *Wirtsch* Wert-, Dividendenpapier(e) *n(pl)*

e·quiv·a·lence [ɪˈkwɪvl̩əns], **eˈquiv·a·len·cy** *s* Gleichwertigkeit *f* | gleiche Geltung *od* Bedeutung | *Chem* Äquivalenz *f*; **eˈquiv·a·lent** **1.** *adj* äquivalent, gleichbedeutend (**to** mit), gleichwertig (**to s.th.** e-r Sache) ⟨an ≈ amount⟩ | *Chem* von gleicher Wertigkeit; **2.** *s* Äquivalent *n* (**of** für) | Gegen-, Seitenstück *n* (**of** zu) | gleicher Wert | Gegenwert (**in**)

e·quiv·o|cal [ɪˈkwɪvəkl] *adj* zweideutig, doppelsinnig ⟨an ≈ attitude⟩ | zweifelhaft, fragwürdig ⟨an ≈ success⟩ | ungewiß | verdächtig ⟨an ≈ person⟩; **eˌquiv·oˈcal·i·ty** [~ˈkælɪtɪ] *s*

Zweideutigkeit *f*, Doppelsinn *m*; **eˈquiv·o·cate** *vi* zweideutig reden | Ausflüchte gebrauchen; **eˌquiv·oˈca·tion** *s* Zweideutigkeit *f*, Ausflucht *f* | Wortverdrehung *f*; **eq·ui·voque** *auch* ˈ**eq·ui·voke** [ˈekwɪvəʊk], *s* Zweideutigkeit *f* | Wortspiel *n*

[1]**er** [ɜː|ə] *interj* ä(h) ⟨he – er – she said – er – nothing⟩

[2]**-er** [ə] **1.** *suff zur Bildung von s aus v* (*z. B.* **dancer** Tänzer(in); **receiver** Empfänger; **cooker** Kochapfel; **to be a good packer** etw. vom Packen verstehen; **the disease is a killer** die Krankheit ist tödlich); **2.** *suff zur Bildung von s aus s* (*z. B.* **glover** Handschuhmacher, **Londoner**, **teenager**, **2-seater**, **stenographer**)

[3]**-er** [ə] *suff zur Bildung des comp von adj u. adv* (*z. B.* **bigger**, **smaller**, **faster**)

e·ra [ˈɪərə] *s* Ära *f*, Zeitrechnung *f*, Zeitalter *n* ⟨the Christian ~ die christliche Zeitrechnung⟩ | neuer Zeitabschnitt, Epoche *f* ⟨an ~ of progress; to mark an ~ e-e neue Epoche einleiten⟩

e·ra·di·ate [ɪˈreɪdɪeɪt] *vt* ausstrahlen; *vi* strahlen, leuchten; **eˌra·diˈa·tion** *s* Ausstrahlung *f*

e·rad·i·ca·ble [ɪˈrædɪkəbl] *adj* ausrottbar; **eˈrad·i·cate** *vt* entwurzeln, mit *od* an der Wurzel zerstören ⟨to ≈ weeds⟩ | *übertr* ausrotten, gänzlich beseitigen ⟨to ≈ crime⟩; **eˌrad·iˈca·tion** *s* Entwurzelung *f*, Ausrottung *f*, Abschaffung *f*; **eˈrad·i·ca·tor** *s Chem* Tintenkiller *m*

e·ras·a·ble [ɪˈreɪzəbl] *adj* vertilgbar, auslöschbar; **eˈrase** *vt* ab-, auskratzen, ausreiben | ausradieren, ausstreichen | (Tonband) löschen | auslöschen, austilgen (*auch übertr*) (**from** von) | *Am* (Tafel) abwischen; **eˈras·er** *s förml od Am* Radiergummi *m*, -messer *n* ⟨pencil (ink) ~er Radiergummi für Bleistift (Tinte)⟩ | *auch* ˈ**black board ~er** *Am* Tafellappen *m*, -schwamm *m*; **e·ra·sion** [ɪˈreɪʒn] *s* Ausstreichung *f* | *Med* Auskratzung *f*; **e·ra·sure** [ɪˈreɪʒə] *s* Ausstreichen *n*, Ausradieren *n* (**of s.th.** von etw., **from** aus, von) | (Tonband-) Löschung *f* | Entfernung *f* (**from** aus, von) | radierte Stelle ⟨an exercise full of ≈s Schulaufgabe, in der viel radiert wurde⟩ | *übertr* Auslöschung *f*, Zerstörung *f*

er·bi·um [ˈɜːbɪəm] *s Chem* Erbium *n*

ere [ɛə] *poet* **1.** *conj, dial* ehe, bevor | lieber, eher als; **2.** *präp* vor ⟨~ this schon vorher; ~ now vormals⟩

e·rect [ɪˈrekt] **1.** *adj* aufrecht, gerade ⟨to sit ~⟩ | zu Berge stehend ⟨~ hair⟩ | *übertr* standhaft, fest ⟨to stand ~ standhalten⟩ | *Bot* aufrecht ⟨an ~ stem⟩; **2.** *vt* aufrichten, aufstellen ⟨to ~ o.s. sich aufrichten⟩ | errichten, bauen ⟨to ~ a house⟩ | einrichten, gründen ⟨to ~ an institution⟩ | *Tech* aufstellen, montieren ⟨to ~ a machine⟩ | *übertr* aufstellen ⟨to ~ a theory⟩; **eˈrect·a·ble** *adj* aufstellbar, aufrichtbar; **e·rec·tile** [~aɪl] *adj* aufrichtbar | hochstehend | *Biol* anschwellbar, erektil ⟨≈ tissue Schwellgewebe *n*⟩; **e·rec·til·i·ty** [ɪˌrekˈtɪlətɪ] *s* Aufrichtbarkeit *f*; **eˈrect·ing** *s Tech* Montage *f*, Aufbau *m* ⟨≈ shop Montagehalle *f*; ≈ crane Montagekran *m*⟩; **e·rec·tion** [ɪˈrekʃn] *s* Auf-, Errichtung *f* | Bau *m*, Gebäude *n* | Gründung *f*, Stiftung *f* | *Tech* Montage *f* | *Biol* Erektion *f*; **eˈrec·tive** *adj* aufrichtend; **eˈrect·ness** *s* Gradheit *f*, aufrechte Haltung (*auch übertr*); **eˈrec·tor** *s* Erbauer *m* | *Anat* Aufrichtmuskel *m*

ere·long [ɛəˈlɒŋ] *adv poet* bald, binnen kurzem

er·e|mite [ˈerɪmaɪt] *s* Eremit *m*, Einsiedler *m*; **~mit·ic** [ˌerɪˈmɪtɪk], ˌ**~ˈmit·i·cal** *adj* eremitisch, Einsiedler-

er·e·thism [ˈerəθɪzm] *s Med* Erethismus *m*, Reizzustand *m*

erg [ɜːg] *s Phys* Erg *n*

er·go [ˈɜːgəʊ] **1.** ⟨*lat*⟩ *adv*, oft *scherzh* also, ergo, folglich; **2.** *s Phil* Ergo *n*, abgeleiteter Schluß

er·go·nom·ics [ˌɜːgəˈnɒmɪks] *s* Ergonomik *f*

er·got [ˈɜːgət] *s Bot* Mutterkorn *n* | *Bot* Brand *m*; ˈ**~ism** *s*

Med Ergotismus *m*, Mutterkornvergiftung *f*; **'~ize** *vt* mit Mutterkorn behaften

er·is·tic [e'rɪstɪk] **1.** *adj* eristisch, Streit-; **2.** *s* Eristiker *m*, Polemiker *m*

er·mine ['ɜ:mɪn] *s Zool* Hermelin *n* | Hermelinpelz *m* | *Jur* Hermelinmantel *m* (des Richters) | *übertr Jur* Richteramt *n*, -würde *f*

erne *Am* **ern** [ɜ:n] *s Zool* Seeadler *m*

e·rode [ɪ'rəʊd] *vt* zer-, wegfressen, ätzen | benagen | *Geol* auswaschen, erodieren; *vi auch* ~ **away** erodieren, verfallen, abbröckeln; **e'rod·ed** *adj* weggefressen | *Biol* zernagt, ausgezackt | *Geol* ausgewaschen; **e'rod·ent 1.** *adj* (zer)fressend; **2.** *s* ätzendes Mittel

e·ro·ge·nous [ɪ'rɒdʒənəs] *adj Biol* erogen ⟨~ zones⟩

e·ro·sion [ɪ'rəʊʒn] *s* Zerfressen *n*, Zerfressung *f* | *übertr* Abbau *m*, Niedergang *m*, (allmähliche) Zerstörung | *Med* Krebs *m* | *Geol* Erosion *f*, Auswaschung *f* | *Tech* Verschleiß *m*; **e'ro·sion·al** *adj* Erosions-; **e'ro·sive** [~sɪv] *adj* zerfressend, ätzend

e·rot·ic [ɪ'rɒtɪk] **1.** *adj* erotisch, sinnlich ⟨~ art⟩ | Liebes- ⟨~ poem⟩; **2.** *s* erotisches Gedicht; **e·rot·i·ca** [ɪ'rɒtɪkə] *s/pl* Erotika *n/pl*, erotische Schriften *f/pl*; **e'rot·i·cal** *adj* erotisch; **e·rot·i·cism** [ɪ'rɒtɪsɪzm] *s* Erotik *f*; **e'rot·i·cist** *s Brit Psych* Triebbesessene(r) *f(m)* | Hersteller *m od* Vertreiber *m* von Erotika; **er·o·tism** ['erətɪzm] *s Biol* geschlechtliche Erregung, Begierde *f* | *Psych* Erotik *f*; **er·o'to·lo·gy** [-'tɒl-] *s* erotische Literatur *od* Kunst

err [ɜ:] *förml vi* (sich) irren (**in s.th., in** *mit ger* in) ⟨to ~ is human Irren ist menschlich⟩ | (Meinung) falsch sein, fehlgehen | (moralisch) abirren, fehlen, sündigen ⟨to ~ on the side of s.th. sich in bezug auf etw. falsch verhalten⟩

er·rand ['erənd] *s* Botschaft *f* | Botengang *m*, Besorgung *f* ⟨a fool's ~ ein vergeblicher Gang; to go on an ~ ein vergeblicher Gang; to go on an ~ e-n Botengang machen *od* etw. ausrichten; to run ~s/to go on ~s for Wege besorgen für⟩; **'~ boy** *s* Laufbursche *m*

er·rant ['erənt] **1.** *adj* wandernd, fahrend ⟨knight ~ fahrender Ritter⟩ | *übertr* abenteuerlich | (ab)irrend ⟨~ husband Ehemann, der anderen Frauen nachläuft; ~ daughter von zu Hause weggelaufene Tochter⟩ | abweichend, irrig; **2.** *s* fahrender Ritter | Verirrter *m*; **'~ry** *s* Umherschweifen *n*, -wandern *n* | fahrendes Rittertum | Irrfahrt *f*

er·ra·ta [e'rɑ:tə|~'reɪ~] *s/pl, pl von* **erratum** | Druckfehlerverzeichnis *n*, Errata *pl*

er·rat·ic [ɪ'rætɪk] **1.** *adj* umherirrend, -wandernd (*auch übertr*) ⟨~ pains wandernde Schmerzen *m/pl*⟩ | regel-, ziellos, sporadisch | sprunghaft, ungleichmäßig | *übertr* unberechenbar, launenhaft | *Geol* erratisch; **2.** *s, auch* **'~ block** *Geol* erratischer Block, Findling *m*; **er'rat·i·cal** *adj* = **erratic 1.**

er·ra|tum [e'rɑ:təm|-'reɪ-] *s* (*pl* **~ta** [~tə]) (Druck-) Fehler *m*

err·ing ['ɜ:rɪŋ] *adj* sündig | ehebrecherisch ⟨an ~ wife⟩ | straffällig ⟨~ use⟩ | abweichend, irrig, falsch

er·ro·ne·ous [ɪ'rəʊnɪəs] *adj* irrig, irrtümlich | falsch

er·ror ['erə] *s* Irrtum *m*, Fehler *m*, Versehen *n* ⟨in ~ im Irrtum *od* irrtümlicherweise; to be / stand in ~ sich irren; to make / commit an ~ e-n Fehler machen; ~s expected *Wirtsch* Irrtümer vorbehalten; ~ of judgment Fehlschluß *m*, -urteil *n*; margin of ~ Fehlergrenze *f*⟩ | *Jur* Formfehler *m* ⟨writ of ~ Revisionsbefehl *m* (wegen e-s Formfehlers); clerical ~ Schreibfehler *m*⟩ | Sünde *f*, Vergehen *n* | Fehltritt *m* ⟨to see the ~ of one's way seinen Fehler einsehen⟩ | *Tech* Fehlweisung *f*, -anzeige *f* | *Astr* Abweichung *f* | (Briefmarke) Fehldruck *m*; **,~ in 'fact** *s Jur* Tatbestandsirrtum *m*; **,~ in 'law** *s Jur* Rechtsbestandsirrtum *m*

er·satz ['ɛəzæts] ⟨*dt*⟩ **1.** *s* Ersatz *m*, Surrogat *n* (*auch übertr*); **2.** *adj* Ersatz- ⟨~ coffee⟩

Erse [ɜ:s] **1.** *s* Gälisch *n*; **2.** *adj* gälisch

erst [ɜ:st] *adv arch* ehedem, vormals; **'~while 1.** *adv arch* ehedem, erst; **2.** *adj* ehemalig, früher

er·u·bes·cence [,erʊ'besns] *förml s* Rotwerden *n*, Erröten *n*; **,er·u'bes·cent** *adj* errötend

e·ruct [ɪ'rʌkt], *auch* **e'ruc·tate** *förml vi* aufstoßen, rülpsen; *vt* (Gase u. ä.) hochbringen | (Lava u. ä.) ausstoßen; **e·ruc·'ta·tion** *s* Aufstoßen *n*, Rülpsen *n* | *übertr* (Vulkan u. ä.) Ausbruch *m*

er·u|dite ['erʊdaɪt] *adj* gelehrt | belesen; **~di·tion** [,erʊ'dɪʃn] *s* Gelehrsamkeit *f* | Belesenheit *f*

e·rupt [ɪ'rʌpt] *vi* (Vulkan) ausbrechen | (Zahn) durchbrechen | *übertr* heraus-, hervorstürzen (**from** aus); *vt* (Lava) ausstoßen; **e·rup·tion** [ɪ'rʌpʃn] *s* (Vulkan) Eruption *f*, Ausbruch *m* (*auch übertr*) | (Zahn) Durchbruch *m* | *Med* Hautausschlag *m*; **e'rup·tive 1.** *adj* ausbrechend | eruptiv, Eruptiv- | *Med* ausschlagartig | *übertr* losbrechend, stürmisch, explosiv; **2.** *auch* **e,rup·tive 'rock** *s* Eruptivgestein *n*

-ery [ərɪ] *suff zur Bildung von s mit der Bedeutung:* Beruf, Beschäftigung (**archery, grocery**); Einrichtung, Ort (**bakery**); Warenart (**drapery**); Verhalten, Einstellung (**snobbery, foolery**); Kollektiva (**finery**); Zustand, Bedingung (**slavery**)

e·ryn·go [ɪ'rɪŋgəʊ] *s Bot* Männertreu *n*

er·y|sip·e·las [,erɪ'sɪpɪləs] *s Med* Erysipel *n*, (Wund-) Rose *f*, Rotlauf *m*; **~the·ma** [~'θi:mə] *s* (*pl* **~the·ma~ta** [~'θi:mətə]) *Med* Erythem *n*, Hautrötung *f*; **e·ryth·ro·cyte** [e'rɪtrɒ,saɪt] *s Med, Zool* Erythrozyte *f*, rotes Blutkörperchen

es·ca·drille [,eskə'drɪl] *s Mar* Geschwader *n* | *Flugw* Staffel *f*

es·ca·lade [,eskə'leɪd] **1.** *s Mil Hist* Eskalade *f*, Ersteigung *f* mit Sturmleitern | *übertr* Erstürmung *f*; **2.** *vt* mit Sturmleitern ersteigen | *übertr* erstürmen

es·ca|late ['eskəleɪt] *vi* mit *od* auf der Rolltreppe fahren *od* befördern | *übertr, bes Mil* eskalieren, Krieg stufenweise ausdehnen, (Preise u. ä.) ständig ansteigen; *vt* mit *od* auf der Rolltreppe befördern | *übertr* (Krieg) eskalieren, stufenweise ausdehnen | (Preise u. ä.) hochtreiben; **,~'la·tion** *s Wirtsch* (Preise u. ä.) Angleichung *f* | *Mil* Eskalation *f*, stufenweise Ausweitung *f* eines Krieges; **'~la·tor** *s* Rolltreppe *f* | *auch* **'~la·tor clause** *s Wirtsch* Lohngleitklausel *f*, Lohnausgleich(sgarantie) *m(f)*

es·cap·a·ble [ɪ'skeɪpəbl|ə-] *adj* entrinnbar; **es·ca·pade** [,eskə'peɪd] *s* Flucht *f*, Ausbrechen *n* | toller Streich; **es·cape** [ɪ'skeɪp|ə-] **1.** *vt* entschlüpfen, entrinnen, entgehen (*auch übertr*) ⟨to ≈ s.o.⟩ | (e-r Sache) entgehen ⟨to ≈ punishment⟩ | (jmdm.) entfallen ⟨the date ≈d me⟩ | nicht einleuchten, entgehen ⟨the idea ≈s me⟩; (Wort) entschlüpfen, entfahren; *vi* entkommen, entrinnen (**from** aus, von) ⟨to ≈ from prison; to ≈ scot-free ungestraft davonkommen⟩ | (Gas u. ä.) entweichen, ausströmen (**from** aus) | *Bot* verwildern; **2.** *s* Entrinnen *n*, Flucht *f* (**from** aus, von) ⟨to have a narrow (hairbreadth) ≈ mit knapper Not (um Haaresbreite) entkommen; to make one's ≈ sich davonmachen⟩ | *übertr* Ablenkung *f*; (Mittel der) Entspannung *f od* Zerstreuung *f* | Wirklichkeitsflucht *f* ⟨literature as an ≈⟩ | Entweichen *n*, Ausströmung *f*, Ausfluß *m* (*auch übertr*) | Mittel *n* zum Entkommen ⟨rope ≈ Seilrettungsgerät *n*⟩ | *Bot* verwilderte Pflanze; Kulturflüchtling *m*; **3.** *adj* Abfluß-, Auslaß- ⟨≈ cock *Tech* Ablaßhahn *m*⟩ | Befreiungs-; **es'cape·ment** *s* Entkommen *s* | (Uhr) Hemmung *f*, Stoßwerk *n* | *Tech* Schaltung *f* | *Tech* Auslösemechanismus *m* | (Schreibmaschine) Vorschub *m*; **es'cape·ment wheel** *s* (Schreibmaschine) Schaltrad *n* | (Uhr) Hemmungsrad *n*; **es'cape pipe** *s Tech* Abflußrohr *n*; **es-**

ˈcape shaft *s* Rettungsschacht *m*; **esˈcape valve** *s* Sicherheitsventil *n*; **esˈcape veˌlo·ci·ty** *s Tech* Ausströmungsgeschwindigkeit *f* | (Raumfahrt) zweite kosmische Geschwindigkeit, **esˈcap·ism** *s* Eskapismus *m*, Flucht *f* aus der Wirklichkeit; **esˈcap·ist** *s* Mensch *m* (bes. Schriftsteller), der den Realitäten ausweicht; **2.** *adj* der Wirklichkeit entfliehend, wirklichkeitsfremd ⟨≈ literature⟩; **es·ca·pol·o·gist** [ˌeskeɪˈpɒlədʒɪst] *s* Entfesselungskünstler(in) *m(f)*; **es·caˈpol·o·gy** *s* Entfesselungskunst *f*

es·carp [ɪˈskɑ:p] *Mil* **1.** *s* Böschung *f*, Abdachung *f*; **2.** *vt* mit einer Böschung versehen, abdachen; **esˈcarp·ment** *s Mil* Böschung *f*, Abdachung *f* | *Geol* Steilabfall *m*, Landstufe *f*

esch·a·lot [ˈeʃəlɒt] = **shallot**

es·char [ˈeskɑ:] *s Med* Schorf *m*, Grind *m*, Kruste *f*

es·cha·tol·o|gi·cal [ˌeskətəˈlɒdʒɪkl] *Rel adj* eschatologisch; **~gist** [ˌeskəˈtɒlədʒɪst] *s* Eschatologe *m*; **ˌes·chaˈtol·o·gy** [~ˈtɒlə~] *s* Eschatologie *f*

es·cheat [ɪsˈtʃi:t] *Jur* **1.** *s* Heimfall *m* (an Staat, Lehnsherrn usw.) | heimgefallenes Gut; **2.** *vt* konfiszieren | als Heimfallsgut einziehen; *vi* anheimfallen

es·chew [ɪsˈtʃu:|es-] *vt förml* (etw.) scheuen, fliehen, (ver)meiden, unterlassen

es·cort [ˈeskɔ:t] *s* Eskorte *f*, Gefolge *n* | Begleitperson *f* | Geleit *n* (*auch übertr*) | *Flugw* Geleitschutz *m*; [ɪˈskɔ:t] *vt* (jmdn.) eskortieren, geleiten, begleiten (*auch übertr*); **ˈ~ ˌa·gen·cy** *s* Agentur, die Begleiter(innen) vermittelt; **ˈ~ ˌfight·er** *s Flugw* Begleitjäger *m*; **ˈ~ sloop** *s Mar* Flottenbegleiter *m*

es·cri·toire [ˌeskrɪˈtwɑ:] *s* Schreibpult *n*

es·crow [ˈeskrəʊ] *Jur s* Übertragungsurkunde *f* | bedingte Ausstellung und Hinterlegung *f* einer Urkunde

es·cu·do [esˈkju:dəʊ] *s* Gold- *od* Silbermünze *f* (in spanisch *od* portugiesisch sprechenden Ländern) | Eskudo *m* (portugiesische Währungseinheit)

es·cu·lent [ˈeskjʊlənt] **1.** *adj* eßbar; **2.** *s* Nahrungsmittel *n*

es·cutch·eon [ɪˈskʌtʃən] *s Hist* Wappen *n*, Wappenschild *n* | *übertr* Ehre *f*, Ruf *m* ⟨a blot on one's ≈ *förml* ein Makel auf jmds. Namen *od* Ruf⟩ | *Tech* Schlüssel(loch)schild *n*, Rosette *f* | Namensschild *n*; **esˈcutch·eoned** *adj* mit Schildern verziert

-ese [ˈi:z] *betontes suff zur Bildung von adj und s mit der Bedeutung:* Sprache, Ort, Nationalität, literarischer Stil (*z. B.* **Japanese, Dickensese**) *verächtl* Jargon (**newspaperese, journalese**)

Es·ki|mo [ˈeskɪməʊ] *s* (*pl* **~moes** [~məʊz]) Eskimo *m* | Eskimosprache *f*; **ˈ~mo dog** *s* Schlittenhund *m*

ESL [ˈesəl] *Abk* für **English as a second language** Englisch *n* als zweite Sprache, Englisch *n* für Ausländer

eso- [esə] ⟨*griech*⟩ *in Zus* innen-

ESOL [ˈesəl] *Am, Kan Abk* für **English for speakers of other languages** Englisch *n* für Nichtmuttersprachler

e·soph·a·gus [ɪˈsɒfəgəs] *s Med* Ösophagus *m*, Speiseröhre *f*

es·o·ter·ic [ˌesəʊˈterɪk] **1.** *auch* **ˌes·oˈter·i·cal** *adj* esoterisch, für Eingeweihte bestimmt | auserlesen | geheim | *übertr* tief, dunkel | *Biol* den inneren Organismus betreffend; **2.** *s* Esoteriker *m*, Eingeweihter *m*; **ˌes·oˈter·i·cs** *pl* Esoterik *f*

ESP [ˌi:esˈpi:] *Abk* für *Psych* extrasensorische Perzeption, außersinnliche Wahrnehmung | *Ling* fachsprachliches Englisch ⟨~ research⟩

esp. [esp] *Abk* (für **especially**) insbes. (insbesonders), spez. (speziell), v. a. (vor allem)

es·pal·ier [ɪˈspælɪeɪ|~lɪə] ⟨*frz*⟩ **1.** *s* Spalier(baum) *n(m)*; **2.** *vt* spalieren, zu Spalieren ziehen | mit einem Spalier versehen

es·pe·ci·al [ɪˈspeʃl | ə-] *adj förml* besonder(er, -e, -es), hauptsächlich, Haupt-, speziell | vertraut, lieb ⟨an ≈ friend⟩; **esˈpe·ci·al·ly** *adj* besonders, hauptsächlich, vor allem | speziell

Es·pe·ran·to [ˌespəˈræntəʊ] *s* Esperanto *n*

es·pi|al [ɪˈspaɪəl] *s* Spähen *n*; **esˈpi·al·er** *s* Späher *m*; **~o·nage** [ˈespɪənɑ:ʒ] *s* Spionage *f*, Spionieren *n* ⟨industrial ≈⟩

es·pla·nade [ˈespləneɪd | -ɑ:d] *s* Esplanade *f*, freier Platz, (meist Strand-) Promenade *f* | *Mil* Glacis *n*

es·pous·al [ɪˈspaʊzl] *förml s* Eintreten *n*, Parteinahme *f* (**of** für) | Annahme *f* (**of s.th.**) | *meist* **esˈpous·als** *pl, arch* Vermählung *f*; **esˈpouse** *vt* heiraten (bes. vom Manne gebraucht) | *selten* (Mädchen) verheiraten, versprechen (**to s.o.** jmdm.) | *übertr* eintreten für, Partei ergreifen für ⟨to ≈ a cause⟩

es·pres·so [eˈspresəʊ] *s* (*pl* **esˈpres·sos**) Kaffeemaschine *f* | Espressokaffee *m* | *auch* **ˈ~ bar** Espressobar *f*, Kaffeestube *f*

es·prit [ˈespri:] ⟨*frz*⟩ *s* Esprit *m*, Geist *m*; **~ de ·corps** [eˌspri: də ˈkɔ:] ⟨*frz*⟩ *s* Korpsgeist *m*, Zusammengehörigkeitsgefühl *n*

es·py [ɪˈspaɪ] *förml vt* erspähen | (Fehler) entdecken

Esq. *Abk* für **esquire; esquire** [ɪˈskwaɪə] **1.** *s Brit* (nachgestellt auf Briefen) Hochwohlgeboren *m*, Herr *m* ⟨John Knox, Esq. Herrn John Knox⟩ | *Hist* Schildknappe *m* | *arch Brit* = **squire**; **2.** *vt* (jmdn.) mit Esquire anreden | (jmdm.) den Titel Esquire verleihen, in den niederen Adelsstand erheben

-esque [-esk] *suff zur Bildung von adj mit der Bedeutung:* im Stil von (*z. B.* **Kiplingesque**) | wie (*z. B.* **statuesque, picturesque**)

-ess [əs] *suff zur Bildung weiblicher s* (*z. B.* **lioness, authoress**) *od abstrakter s aus adj* (*z. B.* **duress**)

es·say [ˈeseɪ] *s förml* Versuch *m* (**at** mit, **at** *mit ger* zu *mit inf*) | Essay *m*, Aufsatz *m*, Abhandlung *f* (**in, on** über); [ɪˈseɪ] *vt förml* probieren, versuchen; *vi* versuchen; **ˈ~ist** *s* Essayist *m*

es·sence [ˈesns] *s* Geist *m*, Wesen *n* (e-r Sache) ⟨the very ~ of the matter der eigentliche Kern der Sache⟩ | Wesentliches *n* ⟨in ~ in der Hauptsache; of the ~ von entscheidender Bedeutung⟩ | Essenz *f*, Extrakt *m*, Auszug *m* (*auch übertr*) | Parfüm *n* ⟨~ of roses⟩; **es·sen·tial** [ɪˈsenʃl] **1.** *adj* wesentlich, wichtig (**to, for** für) | *Chem* rein, destilliert ⟨≈ oil ätherisches Öl⟩; **2.** *s, oft* **esˈsen·tials** *pl* das Wesentliche *n*, Hauptsache *f* (**to** für); **esˌsen·tiˈal·i·ty** [~ʃɪˈælɪtɪ] *s* Wesentlichkeit *f*, Hauptsache *f*; **esˌsen·tiˈal·i·ties** *pl* Wesensmerkmale *n/pl*; **esˈsen·tial·ly** *adv* in der Hauptsache, im Prinzip | notwendigerweise ⟨not ≈ unbedingt⟩

es·tab·lish [ɪˈstæblɪʃ] *vt* festsetzen, anlegen, ansiedeln ⟨to ~ o.s. sich niederlassen⟩ | gründen, errichten, bilden ⟨to ~ a government⟩ | (jmdn. in Amt, Geschäft u. ä.) einsetzen, unterbringen | (Ruhm) begründen | (etw.) erringen, durchsetzen ⟨to ~ a belief⟩ | (etw.) beweisen ⟨to ~ a theory⟩ | (Rekord) aufstellen | schaffen, herstellen ⟨to ~ order für Ordnung sorgen⟩ | aufnehmen ⟨to ~ diplomatic relations⟩ | (Kirche) verstaatlichen; **esˈtab·lish·ment** *s* Festsetzung *f* | Gründung *f*, Stiftung *f*, Ein-, Errichtung *f* | Niederlassung *f*, (großer) Haushalt ⟨to have a separate ≈ sich e-e Geliebte mit Wohnung halten; to keep up a large ≈ ein großes Haus führen⟩ | Feststellung *f*, Nachweis *m* (e-r Theorie) ⟨≈ of paternity Vaterschaftsnachweis *m*⟩ | Aufnahme *f* | *Wirtsch* Firma *f*, Geschäft *n*, Unternehmen *n* | Anstalt *f*, Institut *n* | *Mar, Mil* (Mannschafts-) Bestand *m*, Stärke *f* ⟨military ≈ stehendes Heer; peace ≈ Friedensstärke *f*; war ≈ Kriegsstärke *f*⟩; **Esˈtab·lish·ment** (*mit best art*) staatskirchliche Verfassung, Staatskirche *f* | **Esˈtab-**

·lish·ment (*mit best art*) *Brit Pol übertr* herrschendes *od* etabliertes gesellschaftliches System (mit allen seinen staatlichen, kulturellen u. ä. Einrichtungen) ⟨to fight the ≈⟩ | *oft* **Es'tab·lish·ment** (*mit best art*) maßgebliches System, tonangebende Vertreter *pl* ⟨the musical ≈ die Leute, die in der Musik den Ton angeben | (*mit best art*) (institutsorientierte) Organisation ⟨the military ≈ das Militär; the civil ≈ die Beamtenschaft⟩

es·tam·i·net [e'stæmɪneɪ] ⟨*frz*⟩ *s* kleines Café, Bistro *n*

ˌes·tate [ɪ'steɪt] *s* Grundstück *n*, (Land-) Gut *n* ⟨~ agent Grundstücksmakler *m od* Gutsverwalter *m*⟩ | *Brit* bebautes Land, Bauten *pl* ⟨housing ~ Wohngrundstücke *pl*, Wohnsiedlung *f*; industrial ~ Industriebauten *pl*, Industriegrundstück *n*⟩ | *Jur* Besitz(recht) *m*(*n*) ⟨personal ~ Mobiliarvermögen *n*, bewegliche Habe; real ~ Immobilien *pl*, unbewegliche Habe⟩ | (Erbschafts-, Konkurs-) Masse *f*, Nachlaß *m* ⟨~ duty/~ tax Erbschaftssteuer *f*⟩ | *Pol arch* Stand *m*, Klasse *f* ⟨the three ~s⟩ | *arch* Lebensumstände *pl* ⟨man's ~ Mannesalter *n*⟩ | *selten* Rang *m*, Würde *f*; '~ **car** *Kfz* Kombiwagen *m*

es·teem [ɪ'sti:m] *förml* **1.** *vt* (hoch)achten, (hoch)schätzen ⟨to be much ~ed⟩ | halten für, erachten als *od* für ⟨to ~ it an honour es sich als Ehre anrechnen; to ~ s.o. to be worthy of trust jmdn. für vertrauenswürdig erachten⟩; **2.** *s* Wertschätzung *f*, Achtung *f* (**for, of** für) ⟨to hold in ~ achten⟩

es·thete = *Am* **aesthete**

es·ti|ma·ble ['estɪməbl] *adj* achtungs-, schätzenswert; '**~mate** *vt* (ab)schätzen, veranschlagen (**at** auf, zu) | *übertr* bewerten, beurteilen; *vi* abschätzen; [~mət] *s* (Ab-) Schätzung *f*, (Kosten-) Voranschlag *m* ⟨fair (rough)≈ reiner (grober) Überschlag⟩ | *übertr* Bewertung *f*, Beurteilung *f* ⟨to form an ~ of einschätzen, beurteilen; at a rough ≈ grob gesprochen⟩; **ˌ~'ma·tion** *s* (Ab-) Schätzung *f*, Veranschlagung *f* | Meinung *f*, Ansicht *f* ⟨in my ≈ nach meiner Ansicht⟩ | Schätzung *f*, (Hoch-) Achtung *f* ⟨to be in ≈ Achtung genießen; to hold in ≈ hochschätzen⟩; '**~ma·tor** *s* Schätzer *m*

es·ti|val ['estɪvl|ˌes'taɪvl|'i:st-] *adj förml* Sommer-, sommerlich; '**~vate** *vi Bot, Zool* übersommern, Sommerschlaf halten; **ˌ~'va·tion** *s Zool* Sommerschlaf *m* | *Bot* Knospendekkung *f*

Es·to·ni·an [e'stəunɪən] **1.** *s* Este *m*, Estin *f* | Estnisch *n*; **2.** *adj* estnisch

es·trade [e'strɑ:d] *s* Estrade *f*, erhöhter Platz

es·trange [ɪ'streɪndʒ] *vt* fernhalten, entfremden (**from s.o.** von jmdm.) | (etw.) seinem Zweck entfremden; **es'trange·ment** *s* Entfremdung *f* (**from** von, **with, between** zwischen) | *Jur* Getrenntleben *n* (von Mann und Frau)

es·tray [e'streɪ] *s Jur* entlaufenes *od* verirrtes Haustier | *übertr* Verirrter *m* | *Biol* etwas, was sich nicht an seinem normalen Platz befindet

es·treat [ɪ'stri:t] **1.** *Jur vt* (jmd.) eine Geldstrafe auferlegen | (Geld) einfordern, eintreiben | (von einem Urteil) Protokollauszüge ausfertigen; **2.** (beglaubigte) Abschrift

es·tro·gen = *Am* **oestrogen**

es·tu·ar·y ['estʃuərɪ] *s* (den Gezeiten ausgesetzte) Fluß-, Seemündung | Meeresbucht *f*, -arm *m*

e·su·ri·ence [ɪ'sjuərɪəns] *förml s* Hunger *m*, Gier *f*; **e'su·ri·ent** *adj* hungrig, gierig

ETA *Abk* von **estimated time of arrival** voraussichtliche Ankunftszeit

et al. [ˌet 'æl] ⟨*lat*⟩ *oft scherzh* et al., und die anderen ⟨John, Jack, et al. John, Jack und die ganze Truppe⟩

etc. *Abk* für **et cet·er·a** [ɪt'setrə] und so weiter; **et 'cet·er·as** *s/pl* Kleinigkeiten *f/pl*, Extraausgaben *f/pl*

etch [etʃ] *vt Tech* (Metall, Glas u. ä.) ätzen | (etw.) radieren, mattschleifen | (Kupfer) stechen | *übertr* (etw.) (ins Gedächtnis) eingraben ⟨~ed for ever in s.o.'s memory⟩; ~ **out** wegfressen; *vi* ätzen (**on** auf); '**~er** *s* Kupferstecher *m*, Radierer *m*; '**~ing** *s* Ätzen *n* | Radierung *f*, Kupferstich *m* | *Tech* Beize *f*; '**~ing ˌnee·dle** *s* Radiernadel *f*

e·ter·nal [ɪ'tɜ:nl] **1.** *adj* immerwährend, ewig ⟨The ~ City die Ewige Stadt (Rom); the ~ triangle *übertr* das uralte Dreiecksverhältnis⟩ | *umg* unaufhörlich, andauernd; **2.** *s* **the** ≈ der Allmächtige (Gott); **e'ter·nal·ize** *vt* verewigen; **e'ter·ni·ty** *s* Ewigkeit *f* ⟨to all ≈ bis in alle Ewigkeit; to blow to ≈ in den Tod jagen⟩ | *übertr* Ewigkeit *f*, sehr lange Zeit; **e'ter·nize** *vt* verewigen, unsterblich machen | (Zustand) verlängern

eth·ane ['eθeɪn] *s Chem* Äthylwasserstoff *m*, Äthan *n*

e·ther [i:θə] *s Poes* Äther *m*, Himmel *m* | *Chem* Äther *m* ⟨ethylic ~ Äthyläther *m*⟩ | *Phys* (Licht) Äther *m* ⟨~ waves Ätherwellen⟩; **e·the·re·al** [ɪ'θɪərɪəl] *adj poet* ätherisch, himmlisch ⟨the blue ≈ sky⟩ | zart, vergeistigt | *Chem* ätherartig; **eˌthe·re'al·i·ty** *s* ätherisches Wesen; **e'the·re·al·ize** *vt übertr* ätherisch machen, vergeistigen | *Chem* ätherisieren; **e·the·re·ous** [ɪ'θerɪəs], **e'ther·ic** *adj* ätherisch, Äther-; **~i·fy** [ɪ'θerɪfaɪ] *vt Chem* in Äther verwandeln; '**~ize** *vt Chem* in Äther verwandeln | *Med* mit Äther betäuben

eth|ic ['eθɪk] *adj, selten für* '**~i·cal** *adj* ethisch ⟨an ≈ question⟩ | moralisch, sittlich (gut) ⟨to behave ≈ly sich moralisch korrekt verhalten⟩; '**~ics** *pl* Ethik *f*, Sittenlehre *f*, Moral *f*

E·thi·o|pi·an [ˌi:θɪ'əupɪən] **1.** Äthiopier(in) *m*(*f*); **2.** *adj* äthiopisch; **~pic** [ˌi:θɪ'ɒpɪk] **1.** *s Ling* (altes) Äthiopisch | äthiopische Sprachgruppe; **2.** *adj* äthiopisch

eth|nic ['eθnɪk] **1.** *adj* ethnisch, Volks- ⟨≈ group⟩ | *bes Am* exotisch, ursprünglich, fremdartig ⟨≈ music⟩; **2.** *s bes Am* Angehörige(r) *f*(*m*) einer ethnischen Minderheit; '**~ni·cal** = **ethnic 1.**; '**~ni·cism** *s* (Über-)Betonung *f* des Ethnischen, ethnischer Separatismus; **~'ni·ci·ty** *s* Ethnizität *f*; '**~nics** *s/pl* (*sg konstr*) ethnischer Hintergrund, ethnische Grundlage

ethno- [eθnəu] ⟨*griech*⟩ *in Zus* Volks-, Ethno- (*z. B.* **~cide** Auslöschung einer ethnischen Gruppe; **~-political**)

eth|nog·ra·pher [eθ'nɒgrəfə] *s* Ethnograph *m*, Völkerkundler *m*; **~no·graph·ic** [ˌeθnə'græfɪk], **ˌ~no'graph·i·cal** *adj* ethnographisch, völkerkundlich; **~nog·ra·phy** [eθ'nɒgrəfɪ] *s* Ethnographie *f*, Völkerkunde *f*; **~no·log·ic** [ˌeθnə'lɒdʒɪk], **ˌ~no'log·i·cal** *adj* ethnologisch; **~nol·o·gist** [eθ'nɒlədʒɪst] *s* Ethnologe *m*, Völkerkundler *m*; **~'nol·o·gy** *s* Ethnologie *f*; **~no·ma·ni·ac** [ˌeθnə'meɪnɪæk] *s* Chauvinist *m*

e·thog·ra·phy [ɪ'θɒgrəfɪ] *s* Ethographie *f*, Sittenschilderung *f*; **eth·o·log·ic** [ˌi:θə'lɒdʒɪk], **eth·o'log·i·cal** *adj* ethologisch; **e·thol·o·gist** [ɪ'θɒlədʒɪst] *s* Ethologe *m*; **e'thol·o·gy** *s* Ethologie *f*, Sittenlehre *f*

e·thos ['i:θɒs] *s* Ethos *n*, Geist *m*, sittlicher Gehalt | Ethos *n*, sittliche Grundsätze *m/pl* | ethischer *od* sittlicher Wert (*z. B.* eines Kunstwerks)

e·ti·o|late ['i:tɪəleɪt] *vt Landw* etiolieren, (durch Lichtentzug) bleichen | *übertr* schwächen, verkümmern lassen; *vi* bleichsüchtig werden; **ˌ~'la·tion** *s* Bleichen *n*, Bleichwerden *n*

eth·yl ['eθɪl] *s Chem* Äthyl *n* ⟨~ alcohol Äthylalkohol *m*⟩; **~ene** [~i:n] *s Chem* Äthylen *n*; **e·thyl·ic** [ɪ'θɪlɪk] *adj* Äthyl-

et·i·quette ['etɪket] *s* Etikette *f*, (bes. Hof-) Sitte *f* | Etikette *f*, Umgangsform *f*

et·na ['etnə] *s* (eine Art) Spirituskocher *m*

E·ton| col·lar ['i:tn ˌkɒlə] *s* breiter, steifer Kragen (über Mantel); '~ **ˌcrop** *s* Pagen-, Herrenschnitt *m* (bei Damenfrisur);

-ette ['et] *betontes suff zur Bildung von dimin s (z. B.* **kitchenette**); *von s mit der Bedeutung:* -imitation (*z. B.* **leatherette**), *von s mit der Bedeutung* weiblich (*z. B.* **usherette, suffragette**)

é·tude [eɪ'tju:d] ⟨*frz*⟩ *s Mus* Etüde *f*, Übungsstück *n*

e·tui, *auch* **e·twee** [e'twi:|eɪ'twi:] *s* Etui *n*

et·y·mo·log·ic [ˌetɪmə'lɒdʒɪk], **ˌet·y·mo'log·i·cal** *adj* etymologisch, wortgeschichtlich; **et·y·mol·o·gist** [ˌetɪ'mɒlədʒɪst] *s* Etymologe *m*, Wortforscher *m*; **ˌet·y'mol·o·gize** *vt* (Wort) etymologisch untersuchen; *vi* sich mit Etymologie beschäftigen; **ˌet·y'mol·o·gy** *s* Etymologie *f*, Wortforschung *f*; **et·y·mon** ['etɪmɒn] *s* (*pl* **'et·y·mons** *od* **et·y·ma** ['etɪmə]) Etymon *n*, Grund-, Stammwort *n*

eu- [ju:] ⟨*griech*⟩ *in Zus* gut-, wohl-

eu·ca·lyp|tus [ˌju:kə'lɪptəs] *s* (*pl* **~ti** [~taɪ] *od* **~tus·es** [~təsɪz]) *Bot* Eukalyptus *m*

Eu·cha·rist ['ju:kərɪst] *s Rel* Abendmahl *n*

eu·chre ['ju:kə] **1.** *s* (e-e Art) Kartenspiel *n*; **2.** *vt* (jmdn.) im Euchrespiel besiegen | *Am übertr umg* schlagen, betrügen, ausstechen

Eu·clid ['ju:klɪd] *s* (euklidische) Geometrie; **~e·an,** *auch* **~i·an** [-~'klɪdɪən] euklidisch ⟨≈ geometry⟩

eu·gen·ic [ju:'dʒenɪk] *adj* eugenisch | auf besonders gesunde Nachkommen bedacht ⟨an ≈ marriage⟩ **eu'gen·ics** *s/pl* (*sg konstr*) Eugenik *f*

eu·lo|gist ['ju:lədʒɪst] *s* Lobredner *m*; **ˌ~'gis·tic, ˌ~'gis·ti·cal** *adj* lobend, lobpreisend ⟨a ≈ speech⟩; **~gi·um** [ju:'ləʊdʒɪəm] *s* (*pl* **~gi·a** [-ɪə] *od* **~gi·ums** [-ɪəmz]) Lobpreisung *f*; **'~gize** *vt* loben, preisen; **'~gy** *s* Lobpreisung *f* | Lobrede *f* (**on** auf)

eu·nuch ['ju:nək] *s* Eunuch *m*, Haremswächter *m*, Verschnittener *m* | *übertr* Schwächling *m*

eu·pa·thy ['ju:pəθɪ] *s Phil* Eupathie *f*, Wohlbefinden *n*

eu·pep·sia [ju:'pepsɪə] *s Med* Eupepsie *f*, gute Verdauung; **eu'pep·tic** *adj Med* gut verdauend

eu·phe|mism ['ju:fəmɪzm] *s* Euphemismus *m*, verhüllende Umschreibung, beschönigender Ausdruck (**for** für); **~mis·tic** [ˌju:fə'mɪstɪk], **ˌ~'mis·ti·cal** *adj* euphemistisch, verhüllend, beschönigend; **'~mize** *vt* (etw.) euphemistisch ausdrücken; *vi* Euphemismen gebrauchen

eu·phon·ic [ju:'fɒnɪk], **eu'phon·i·cal** *adj* euphonisch, wohlklingend; **eu·pho·ni·ous** [ju:'fəʊnɪəs] *adj* wohlklingend; **eu·pho·ni·um** [ju:'fəʊnɪəm] *s Mus* Euphonium *n*; **eu·pho·ny** ['ju:fənɪ] *s* Euphonie *f*, Wohlklang *m* | *Ling* angenehme Aussprache

eu·phor·bi·a [ju:'fɔ:bɪə] *s Bot* Wolfsmilch *f*

eu·pho|ri·a [ju:'fɔ:rɪə] *s Med* Euphorie *f*, Wohlbefinden *n* (von Schwerkranken) | *übertr* gehobene Stimmung, Hochgefühl *n*; **~ric** [ju:'fɒrɪk] *adj* das Wohlbefinden fördernd; **~ry** ['-fərɪ] = **euphoria**

eu·phra·sy ['ju:frəsɪ] *s Bot* Augentrost *m*

eu·phu|ism ['ju:fju:ɪzm] *s* Euphuismus *m*, gezierte Ausdrucksweise, Schwulst *m*; **~is·tic** [ˌju:fju'ɪstɪk], **ˌ~'is·ti·cal** *adj* euphuistisch, geziert, schwülstig

Eu·ra·sian [jʊə'reɪʒn|-ʃn] **1.** *adj* eurasisch; **2.** Eurasier(in) *m(f)*

eu·re·ka [jʊ'ri:kə] ⟨*griech*⟩ *interj scherzh* heureka!, ich hab's (gefunden)!

eu·r[h]yth|mic [ju:'rɪðmɪk] **eu'ryth·mi·cal** *adj* eurhythmisch, harmonisch ⟨≈ exercises⟩; **eu'ryth·mics** *s/pl* (*sg konstr*) rhythmische Übungen *pl*. (mit Musik) | Ausdruckstanz *m*; **eu'rhyth·mics** *s* Eurhythmie *f* | *Med* regelmäßiger Puls

Eu·ro ['jʊərəʊ] *in Zus* Euro-

Eu·ro·crat ['jʊərəʊkræt] *s* Beamter *m* der EG, Eurokrat *m*

Eu·ro·dol·lar ['jʊərəʊˌdɒlə] *s Wirtsch* Eurodollar *m*

Eu·rope ['jʊ(ə)rəp] *s* Europa *n*

Eu·ro·pe·an [ˌjʊərə'pɪən] **1.** *adj* europäisch | *Brit* (Hautfarbe) weiß; **2.** *s* Europäer(in) *m(f)*; **ˌ~ 'Com·mu·ni·ty** *s Pol* Europäische Gemeinschaft (EG)

eu·ro·pi·um [jʊ'reʊpɪəm] *s Chem* Europium *n*

Eu·sta·chi·an tube [ju:ˌsteɪʃn 'tju:b] *s Anat* Eustachische Röhre, Ohrtrompete *f*

eu·tha|na·si·a [ˌju:θə'neɪzɪə] *s Med* Euthanasie *f*; **ˌ~'na·sic** *adj* euthanatisch ⟨≈ crime Euthanasieverbrechen⟩; **'~nize** *vi* euthanasieren

e·vac·u·ant [ɪ'vækjʊənt] *Med* **1.** *adj* abführend; **2.** *s* Abführmittel *n*

e·vac·u|ate [ɪ'vækjʊeɪt] *vt* entleeren, ausräumen | (Personen) evakuieren, aus-, umsiedeln | (Land) räumen | *Med* abführen; *vi* evakuiert werden | *Mil* sich zurückziehen | *Med* sich entleeren; **eˌvac·u'a·tion** *s* Entleerung *f*, Ausräumung *f* | Evakuierung *f*, Aus-, Umsiedlung *f* | Räumung *f* | *Med* Ausleerung *f*, Stuhlgang *m*; **~ee** [ɪˌvækjʊ:'i:|-jʊ'i:] *s* Evakuierter *m*

e·vad·a·ble [ɪ'veɪdəbl] *adj* vermeidbar; **e'vade** *vt* (Schlag u. ä.) ausweichen | (Frage) umgehen, sich drücken vor *od* um | erschweren ⟨to ≈ definition⟩ | sich entziehen (*mit ger mit gen*); *vi* ausweichen, Ausflüchte machen

e·val·u·ate [ɪ'væljʊeɪt] *vt* ausrechnen, zahlenmäßig bestimmen | auswerten, einschätzen; **eˌval·u'a·tion** *s* Auswertung *f*, Berechnung *f* | Abschätzung *f*

ev·a|nesce [ˌevə'nes] *förml vi* (dahin)schwinden | *übertr* in Vergessenheit geraten; **~'nes·cence** *s* (Dahin)schwinden *n*, Vergänglichkeit ; **~'nes·cent** *adj* (dahin)schwindend, vergänglich ⟨≈ triumph⟩ | *Math* infinitesimal

E·van·gel [ɪ'vændʒəl] *s Rel* Evangelium *n* (*auch übertr*) | *Rel* Evangelist *m*; **ˌe·van'gel·ic** [ˌi:v~] *adj bibl* die 4 Evangelien betreffend, Evangelien-; **ˌe·van'gel·i·cal 1.** *adj* evangelisch, protestantisch; **2.** *s* Mitglied *n* einer evangelischen Kirche; **ˌe·van'gel·i·cal·ism** *s* evangelischer Glaube; **e'van·gel·ism** [ɪ'v~] *s* Verkündigung *f* des Evangeliums; **e'van·gel·ist** *s* (Bibel) Evangelist *m* | Wanderprediger *m*; **eˌvan·ge'list·ic** *adj* evangelistisch, Evangelien-; **e'van·ge·lize** *vt* (jmdm.) das Evangelium predigen | (zum Christentum) bekehren; *vi* das Evangelium predigen, evangelisieren

e·van·ish [ɪ'vænɪʃ] *förml vi* verschwinden, vergehen; **e'van·ish·ment** *s* Verschwinden *n*

e·vap·o·rate [ɪ'væpəreɪt] *vt* zur Verdampfung bringen, verdunsten *od* verdampfen lassen | (Milch) evaporieren ⟨≈d milk Kondensmilch *f*⟩ | *übertr* schwinden lassen; *vi* verdunsten, verdampfen | *übertr* (ver)schwinden; **eˌvap·o'ra·tion** *s* Verdunstung *f*, Verdampfung *f* | *Tech* Eindampfen *n* | Ausdünstung *f* | *übertr* Verfliegen *n*; **e'vap·o·ra·tive** *adj* Verdunstungs-, Verdampfungs-; **e'vap·o·ra·tor** *s Tech* Abdampfvorrichtung *f*, Verdampfungsgerät *n*

e·va·sion [ɪ'veɪʒn] *s* Umgehung *f* | Ausweichen *n* (**of** vor) ⟨≈ of responsibility⟩ | Ausflucht *f* ⟨≈ of tax Steuerhinterziehung *f*⟩; **e'va·sive** [~s~] *adj* ausweichend ⟨≈ answer; to be ≈ of ausweichen; to take ≈ action *förml* Vorbeugungsmaßnahmen treffen⟩ | schwer feststellbar *od* faßbar, schwierig erkennbar ⟨≈ ideas⟩

[1]**eve** [i:v] *s poet* Abend *m* | Vorabend *m* (*auch übertr*) ⟨on the ~ of unmittelbar vor⟩ | *meist* ≈ Tag *m od* Nacht *f* vor einem Feiertag ⟨New Year's ~ Silvester *m*⟩

[2]**Eve** [i:v] *s bibl* Eva *f* ⟨daughter of ~ Evastochter *f*⟩

[1]**e·ven** ['i:vn] *adv* (vor dem *intens* Satzteil) selbst, sogar, auch ⟨~ Mary was absent; he worked ~ on a Sunday⟩ | (*nach neg*) (nicht) einmal, (ohne) auch nur ⟨not ~ today nicht einmal heute, sogar heute nicht; with not ~ a smile ohne auch nur zu lächeln; she didn't ~ answer sie hat

nicht (ein)mal geantwortet⟩ | (vor *comp adj*) (sogar) noch ⟨~ warmer; it's ~ better⟩ | *intens* (ja) geradezu, nahezu, richtig(gehend) ⟨she was interested, ~ enthusiastic; she looked happy, gay ~⟩ ◇ **~ as** genau *od* gerade als; genau *od* gerade in dem Moment, als ⟨she left ≈ I entered⟩; **~ if/though** auch wenn, selbst wenn, sogar wenn ⟨≈ you have no money ...⟩; **~ now/so/then** trotzdem, dennoch ⟨he heard me, but ~ he didn't understand⟩

²**e·ven** ['i:vn] **1.** *adj* (Fläche u. ä.) eben, flach, glatt, abschließend (**with** mit) ⟨~ ground; to make s.th. ~ etw. ebnen, glätten⟩ | gleichmäßig, regelmäßig, ausgeglichen ⟨an ~ temperature; his work is not ~ seine Leistung schwankt⟩ | gleich, identisch, gleichwertig ⟨the score is ~ es steht unentschieden, es ist Gleichstand; to be an ~ match einander ebenbürtig sein; to get ~ with s.o. *übertr* mit jmdm. gleichziehen; *übertr* es jmdm. heimzahlen; to break ~ *übertr* sein Geld wieder herausbekommen; nichts einbüßen⟩ | (Zahl u. ä.) gerade ⟨~ page Seite *f* mit gerader Zahl; to end ~ *Typ* mit voller Zeile abschließen⟩ | rund, voll ⟨an ~ sum⟩ | exakt, genau ⟨an ~ dozen genau ein Dutzend⟩; **2.** *vt auch* **~ out** eben machen, glätten; **~ out** (Preis u. ä.) ausgleichen | (Last o. ä.) gleichmäßig verteilen ⟨to ~ things out *übertr* miteinander ins reine kommen; that should ~ things out damit dürfte alles wieder im Lot sein⟩; **~ up** aufrunden | ausgleichen ⟨that will ~ things up damit ist alles wieder ausgeglichen⟩; *vi, auch* **~ out** sich ausgleichen; **~ out** sich einpendeln (Preise u. ä.) | sich gleichmäßig verteilen (Chancen u. ä.); **~ up** abrechnen, Schulden begleichen (**with** mit, bei) ⟨we'll ≈ later⟩

³**e·ven** ['i:vn] *s poet* Abend *m*

e·ven chanc·es [ˌi:vn 'tʃɑ:nsɪz] *s/pl* gleiche Chancen *pl*, gleicher Vorteil ⟨it's ~ that *umg* es steht fifty-fifty, daß⟩

e·ven·fall ['i:vnfɔ:l] *s poet* Hereinbrechen *n* des Abends

e·ven|hand·ed ['i:vn'hændɪd] *adj* unparteiisch, gerecht, fair

eve·ning ['i:vnɪŋ] **1.** *s* Abend *m* ⟨this ~ heute abend; in the ~ am Abend, abends; on the ~ of ... am Abend (e-s bestimmten Tages; one ~ eines Abends⟩ | geselliger Abend | Lebensabend *m*, **2.** *adj* abendlich, Abend- ⟨an ~ paper⟩; '**~ ˌdress** *s* Abendkleid *n* | Abend-, Gesellschaftsanzug *m*; '**~ 'prim·rose** *s Bot* Nachtkerze *f*; '**eve·nings** *adv Am* abends, (jeden) Abend ⟨to work ≈⟩; ˌ**~ 'shirt** *s* Frackhemd *n*; '**~ 'school** *s* Abendschule *f*; ˌ**~ 'star** *s* Abendstern *m*

e·ven|-mind·ed ['i:vn 'maɪndɪd] *adj* gleichmütig, gelassen; '**e·vens,** *auch* ˌ**~ 'odds** *s umg* gleiche Chancen *f/pl*, 1:1-Chance *f*

e·ven·song ['i:vnsɒŋ], *auch* ˌ**eve·ning 'pray·er** *s* Abendgottesdienst *m*

e·vent [ɪ'vent] *s* Ereignis *n*, Vorfall *m*, Begebenheit *f* ⟨in the natural / normal course of ~s nach dem gewöhnlichen Lauf der Dinge, normalerweise; quite an ~ wichtiges Ereignis⟩ | Ausgang *m*, Ergebnis *n* | *Sport* Veranstaltung *f*, (Programm-) Nummer *f*, Wettkampf *m* ⟨athletic ~s Leichtathletikkämpfe *m/pl*⟩ | Fall *m* ⟨at all ~s auf alle Fälle; in any ~ auf jeden Fall; in either ~ wie dem auch sei; in that ~ dann (aber); in the ~ schließlich; in the ~ of im Falle (*mit ger*) | **e'vent·ful** *adj* ereignisreich, bedeutsam, wichtig, abwechslungsreich ⟨≈ life⟩

e·ven tem·pered [ˌi:vn 'tempəd] *adj* gleichmütig, nicht aus der Ruhe zu bringen, gelassen

e·ven·tide ['i:vntaɪd] *s poet* Abendzeit *f*

e·vent·ing [ɪ'ventɪŋ] *s Brit Sport* Reiterwettbewerb *m*, -wettkampf *m*

e·ven·tu·al [ɪ'ventʃʊəl] *adj* nachfolgend, schließlich, endlich ⟨~ successor; ~ victory⟩ | *arch* etwaig, möglich, eventuell; **eˌven·tu'al·i·ty** [~'æl~] *s* Möglichkeit *f*, Eventualität *f* | mögliches Ereignis; **e'ven·tu·al·ly** *adv* schließlich, endlich; **e'ven·tu·ate** *förml vi* ausfallen, endigen (**in** in) ⟨to ≈ well gut ausgehen⟩ | sich ereignen; **eˌven·tu'a·tion** *s förml* Ausgang *m*

ever ['evə] *adv* immer, ständig, fortwährend, unaufhörlich ⟨for ~ für immer (und ewig); for ~ and ~ / for ~ and a day bis in alle Ewigkeit; ~ and again immer wieder; ~ and any dann und wann⟩ | *neg, interrog, condit* je(mals) ⟨seldom if ~ / hardly ~ (äußerst) selten; never ~ nie(mals); have you ~ been to London? Sind Sie schon einmal in London gewesen?; as far as ~ schnell wie eh und je; as fast as ~ so schnell wie (nur) möglich; faster than ~ schneller denn je; the biggest ~ *umg* größer als je zuvor; did you ~! *umg* hat man so etwas je erlebt!⟩ | *bes interrog* eigentlich, überhaupt ⟨what ~ do you mean? Was meinst du [denn] eigentlich?; how ~ did he manage? Wie hat er das fertiggebracht?⟩ ◇ **~ since,** *auch* **~ after(wards)** seitdem, von der Zeit an; **~ so** *umg* sehr, ganz ⟨≈ simple ganz einfach; ≈ much eine ganze Menge; ≈ long *übertr* eine Ewigkeit, unendlich lange⟩; **~ such** *umg intens* so ⟨≈ a nice girl⟩; **Yours ~ / ≈ yours** *umg* (Briefschluß) stets Dein(e) *od* Ihr(e)

ev·ery ['evrɪ] *adj* jeder, jede, jedes ⟨~ word; ~ one jeder (einzelne)⟩ | jede(r, -s) (zeitlich *od* periodisch wiederkehrend) ⟨~ 10th day; ~ 10000 miles; ~ time jedes Mal⟩ | alles mögliche ⟨~ confidence alles nur mögliche Vertrauen; ~ hope alle Hoffnung⟩ | (*nach poss*) *förml* jede(r, -s) ⟨his ~ action jede seiner Handlungen; Jane's ~ effort Janes ganze Kraft⟩ | jede(r, -s) ohne Ausnahme (aus e-r großen Anzahl) ⟨~ minute aber auch jede Minute, die ganze Zeit; ~bit of, *Am auch* ~ last bit of s.th. alles (restlos); ~ [single] one of you [aber] auch jeder von euch⟩ ◇ **~ other** jede(r, -s) zweite ⟨≈ day⟩ | alle anderen ⟨≈ girl of a group alle anderen Mädchen der Gruppe⟩; **~ bit as** (*vor adj, adv*) ebenso, genauso ⟨≈ bright⟩; **in ~ way** in jeder Hinsicht, generell; '**~bod·y,** *auch* '**~one** *pron* jeder(mann) *m*, alle *pl* ⟨≈ knows that das weiß doch jeder, das wissen (doch) alle; ≈ else jeder andere, alle anderen⟩; '**~day** *adj* Alltags-, alltäglich ⟨≈ clothes Kleidung *f* für den Tag, Alltagskleider *pl*; ≈ language Umgangssprache *f*⟩; '**~thing** *pron* alles ⟨≈ is over alles ist vorbei; she knows ≈ sie weiß alles⟩ | (*nach v*) alles, das Wichtigste (**to** für) ⟨horses are ≈ to her Pferde sind ihr ein und alles; money isn't ≈ Geld ist nicht alles⟩ ◇ **and ~thing** *umg* und so weiter, und alles andere, und so ⟨he's happy about the house ≈ er ist glücklich über das Haus und alles Drum und Dran⟩; '**~where,** *Am auch* '**~place** *adv* überall(hin) ⟨to look ≈ überall hinschauen; from ≈ von überall; ≈ else but überall außer⟩; ˌ**~'which way** *adv Am umg* (*nach v der Bewegung*) überallhin, in alle(n) Richtungen ⟨they ran ≈ sie rannten kreuz und quer⟩

e·vict [ɪ'vɪkt] *vt Jur* (Person, bes. Mieter) exmittieren, ausweisen (**from** aus); **e·vic·tion** [ɪ'vɪkʃn] *s Jur* Emission *f* | Vertreibung *f*, Exmittierung *f*; **e'vic·tion ˌor·der** *s Jur* Exmittierungsbefehl *m*

evi|dence ['evɪdəns] **1.** *s* (*nur sg*) Klarheit *f*, Offenkundigkeit *f*, Evidenz *f* ⟨to bear/show ≈ of Beweis sein für⟩ | *Jur coll* Beweismaterial *n*, Beweise *m/pl*, Zeugnisse *n/pl* (**of, for** für) ⟨external ≈; convincing ≈; a piece of ≈ ein Beweisstück *n*; to offer in ≈ als Beweis vorlegen; to be (much) in ≈ (deutlich) in Erscheinung treten⟩ | *Jur* Zeugnis *n* ⟨to call s.o. in ≈ jmdn. als Zeugen anrufen; to give ≈ als Zeuge aussagen; to give ≈ of s.th. von etw. Zeugnis ablegen; to turn King's/Queen's/State's ≈ Kronzeuge sein⟩; '**~dences** *pl* einzelne Anzeichen *n/pl* ⟨≈ of Spuren von⟩; **2.** *vt selten* augenscheinlich machen, beweisen, zeigen; '**~dent** *adj* augenscheinlich, offenbar, klar; ˌ**~'den·tial** [ˌ-'denʃl], **~den·tia·ry** [ˌevɪ'denʃərɪ] *adj Jur* Zeugnis- ⟨to be ≈

of beweisen⟩; '~dent·ly *adv* offensichtlich, augenscheinlich, offenbar

e·vil ['i:vl] *förml* **1.** *adj* böse, schlecht, übel ⟨~ thoughts; for good and ~ auf Gedeih und Verderb; an ~ deed e-e böse Tat; ~ tongue Lästermaul *n*⟩ | gottlos, bösartig ⟨an ~ woman; the ~ One der Teufel⟩ | unglücklich ⟨an ~ day ein Unglückstag; in an ~ hour in einer glücklosen Stunde; to fall on ~ days Unglück *od* viel Pech haben⟩; **2.** *adv, nur in*: **speak ~ of s.o.** von jmdm. schlecht reden; **3.** *s* das Böse, Übel *n* (*Ant* good) (*auch Rel*) ⟨deliver us from ~ erlöse uns von dem Bösen; of two ~s choose the less von zwei Übeln wähle das kleinere; to do ~ Böses tun, sündigen⟩ | Sünde *f*, Gottlosigkeit *f* | Unglück *n* ⟨to wish s.o. ~ jmdm. Unglück wünschen⟩; **,~'do·er** *s förml* Übeltäter *m*, Bösewicht *m*; **'~ 'eye** *s* böser Blick ⟨to look with an ≈ upon s.o. jmdn. scheel ansehen⟩; **,~-'eyed** *adj* mit bösem Blick behaftet | neidisch; **,~-'mind·ed** *adj* übelgesinnt, boshaft; **,~-'speak·ing** *adj* verleumderisch; **,~'tem·pered** *adj* übelgelaunt, schlecht gelaunt

e·vince [ɪ'vɪns] *förml vt* bekunden ⟨the child ~s intelligence⟩ | zeigen ⟨to ~ interest⟩ | be-, erweisen (**s.th.** etw., **that** daß); **e'vin·ci·ble** *adj* beweisbar; **e'vin·cive** *adj* beweisend, bezeichnend (**of** für) ⟨to be ≈ of s.th. etw. beweisen⟩

e·vis·cer|ate [ɪ'vɪsəreɪt] *förml vt* (Tiere) ausnehmen, ausweiden | (Sache) wesentlicher Bestandteile berauben; **e,vis·cer'a·tion** *s* Ausweidung *f* | *übertr* Vernichtung *f*, Zerstükkelung *f*, Verstümmelung *f*

ev·i·ta·ble ['evɪtəbl] *adj* vermeidbar

ev·o·ca·ble [ɪ'vəukəbl] *adj* hervorrufbar; **,ev·o'ca·tion** *s* Geisterbeschwörung *f* | *übertr* Hervorrufung *f*; **e·voc·a·tive** [ɪ'vɒkətɪv] *adj* (im Geiste) hervorrufend ⟨≈ words Worte, die Erinnerungen, Gefühle usw. hervorrufen; to be ≈ of s.th. an etw. erinnern⟩; **e'voke** *vt* (Geist Verstorbener) beschwören | (Bewunderung, Erinnerungen u. ä.) wach-, hervorrufen

ev·o|lute ['i:vəlu:t] **1.** *vi, vt Am umg* (sich) entwickeln; **2.** *s Math* Evolute *f*; **~lu·tion** [,i:və'lu:ʃn|,evə-] *s* Evolution *f*, Entwicklung *f*, Entfaltung *f* | Reihe *f*, Folge *f* (von Vorfällen) | *Biol* Evolution *f* ⟨doctrine/theory of ≈ Entwicklungslehre *f*⟩ | *Math* Wurzelziehen *n*, Radizieren *n* | (Tanz u. ä.) vorgeschriebene Bewegung | *Mil* taktische Bewegung, Schwenkung *f* | *Mil* Manöver *n* | *Tech* Umdrehung *f* ⟨to perform an ≈⟩ | *Chem* (Gase u. ä.) Entwicklung *f*; **,~'lu·tion·al** *adj* Entwicklungs-; **,~'lu·tion·ar·y** [~'lu:ʃnərɪ] *adj* Entwicklungs- | *Mil* Schwenkungs-, Manövrier-; **,~'lu·tion·ist** *s* Anhänger *m* der Entwicklungslehre *f*

e·volv·a·ble [ɪ'vɒlvəbl] *adj* ableitbar; **e'volve** *vt* (Fähigkeiten usw.) entwickeln, entfalten, herausarbeiten | *Chem* ausscheiden | hervorrufen, erzeugen (**from** aus, von); *vi* sich entwickeln, entfalten (**into** zu, in) | entstehen (**from** aus); **e'volve·ment** *s* Entwicklung *f*, Entfaltung *f*

ewe [ju:] *s* Mutterschaf *n*; **,~ 'lamb** *s* Schaflamm *n* | *übertr* kostbares Gut

ew·er [juə] *s* Wasserkanne *f*, -krug *m*

[1]**ex** [eks] *präp Wirtsch* (Preisberechnung) ab, von ⟨~ factory⟩ | (Börse) ohne, exklusive ⟨~ all ausschließlich aller Rechte; ~ dividend⟩

[2]**ex** [eks] *s umg* Ex-Mann *m od* Ex-Frau *f*, Ehemalige(r) *f*(*m*)

ex- [eks] *Vorsilbe mit der Bedeutung*: Ex-, ehemalig, früher (**ex-minister**) | aus, heraus (**exclude**)

ex·ac·er·bate [ɪg'zæsəbeɪt] *förml vt* (Krankheit) verschlimmern | (Schmerz u. ä.) verstärken, steigern | (Person) verbittern; **ex,ac·er'ba·tion** *s Med* Verschlimmerung *f* | Verbitterung *f*

ex·act [ɪg'zækt] **1.** *adj* genau, exakt ⟨an ~ description; the ~ sciences⟩ | pünktlich ⟨~ payment⟩ | genau, richtig ⟨the ~ date⟩ | sorgfältig, gewissenhaft ⟨~ work⟩ ◇ **the ~ same person/thing** *Sl* ganz genau derselbe *od* dasselbe; **2.** *förml vt* (Zahlung) eintreiben, einfordern (**from** von) | (Gehorsam u. ä.) erzwingen, bestehen auf | (Sorgfalt usw.) erfordern, nötig machen; **ex'act·a** [~ə] *s Am* (Pferdesport) Einlaufwette *f*; **ex'act·a·ble** *adj* eintreibbar; **ex'act·ing** *adj* streng ⟨an ≈ master⟩ | anspruchsvoll | mühsam; **ex·ac·tion** [ɪg'zækʃn] *s* Eintreibung *f*, Erpressung *f* | Forderung *f* | Tribut *m*, erpreßte Abgabe; **~i·tude** [~ɪtju:d] *s* Exaktheit *f*, Genauigkeit *f*, Richtigkeit *f* | Pünktlichkeit *f*; **ex'act·ly** *adj* exakt, genau | (Antwort) ganz recht ◇ **not ex'act·ly** nicht gerade ⟨she's ≈ beautiful⟩ | (als Antwort) eigentlich nicht, genau genommen nicht

ex·ag·ger·ate [ɪg'zædʒəreɪt] *vt* übermäßig vergrößern | übertreiben | verstärken, verschlimmern | *lit* zu stark betonen; *vi* übertreiben; **ex'ag·ger·at·ed** *adj* übertrieben; **ex,ag·ger'a·tion** *s* Übertreibung *f*; **ex'ag·ger·a·tive, ex'ag·ger·a·to·ry** *adj* übertreibend, übertrieben

ex·alt [ɪg'zɔ:lt] *förml vt* (Rang u. ä.) erhöhen, erheben (**to** zu) | erheben, ermutigen | preisen ⟨to ~ to the skies in den Himmel heben⟩ | veredeln, beleben; **,ex·al'ta·tion** *s* Erhöhung *f*, Erhebung *f* | (innere) Erregung, Verzücktheit *f* ⟨≈ of mind Gemütserregung *f*; to fill with ≈ in Verzückung versetzen⟩; **,ex'alt·ed** *adj* erhaben, hoch | exaltiert | begeistert, verzückt, überschwenglich ⟨in an ≈ state voller Begeisterung⟩

ex·am [ɪg'æm] *s umg* Prüfung *f*

ex·am·i·na·tion [ɪg,zæmɪ'neɪʃn] *s* Prüfung *f*, Untersuchung *f* (**of, into s.th.** e-r Sache) ⟨on/upon ~ bei näherer Prüfung; post mortem ~ Leichenöffnung *f*⟩ | Besichtigung *f* | Examen *n*, Prüfung *f* ⟨oral (written) ~ mündliche (schriftliche) Prüfung; to fail in an ~ bei e-r Prüfung durchfallen; to sit for/take/undergo an ~ sich e-r Prüfung unterziehen; to pass an ~ e-e Prüfung bestehen⟩ | *Jur* Vernehmung *f*, Verhör *n* ⟨to be under ~ unter Verhör stehen⟩; **ex,am·i'na·tion·al** *adj* Prüfungs-; **'~ board** *s* Prüfungskommission *f*; **'~ ,pa·per** *s Päd* Prüfungsarbeit *f*; **ex'am·ine** *vt* prüfen, untersuchen | *Med* untersuchen ⟨to ≈ a patient; he needs his head ≈d *umg* er muß wohl verrückt sein⟩ | examinieren, prüfen (**in/on a subject** in e-m Fach) | *Jur* vernehmen, verhören | besichtigen, revidieren; *vi* prüfen, untersuchen (**into s.th.** etw.); **ex·am·i·nee** [ɪg,zæmɪ'ni:] *s* Prüfungskandidat *m*; **ex'am·i·ner** *s Päd* Prüfer *m* ⟨board of ≈s Prüfungsausschuß *m*; external ≈ Außenprüfer *m* (von e-r anderen Schule *od* Universität)⟩ | *Jur* beauftragter Richter, Vernehmer *m* | *Jur, Wirtsch* Revisor *m*, Vorprüfer *m*

ex·am·ple [ɪg'zɑ:mpl] **1.** *s* Beispiel *n* (**of** für) ⟨beyond/without ~ beispiellos; by way of ~ um ein Beispiel zu geben; for ~ zum Beispiel; to give/set a good (bad) ~ ein gutes (schlechtes) Beispiel geben; to hold up as an ~ als Beispiel hinstellen; to take ~ by sich ein Beispiel nehmen an⟩ | Vorbild *n*, Muster *n* | warnendes Beispiel, Warnung *f* (**to** für) ⟨let this be an ~ to you möge dir dies e-e Warnung sein!; to make an ~ of s.o. an jmdm. ein Beispiel statuieren⟩ | Exemplar *n*, Probe *f* | *Math* Exempel *n*, Aufgabe *f*

ex·an·the|ma [,eksæn'θi:mə] *s* (*pl* **~ma·ta** [~mətə]) *Med* Exanthem *n*, Hautausschlag *m*

ex·as·per·ate [ɪg'zæspəreɪt|-'zɑ:-] *vt* (jmdn.) verbittern, verärgern | provozieren | *übertr* verschlimmern, verschärfen; **ex'as·per·at·ed** *adj* erzürnt; **ex'as·per·at·ing** *adj* ärgerlich ⟨an ≈ day ein Tag zum Verzweifeln⟩; **ex'as·per·at·ing·ly** *adj* furchtbar, entsetzlich ⟨≈ slow⟩; **ex,as·per'a·tion** *s* Verbitterung *f*, Ärger *m* ⟨in ≈ vor Verbitterung⟩ | Verzweiflung *f* ⟨in a state of ≈⟩ | Verschlimmerung *f*

ex ca·the·dra [,eks kə'θi:drə] **1.** *adv* excathedra **2.** *adj* autoritativ

ex·ca|vate ['ekskəveɪt] *vt* aushöhlen, ausgraben, ausschachten, zu Tage fördern | *Tech* schürfen, abtragen; ,~'**va·tion** *s* Aushöhlung *f*, Ausgrabung *f*, Ausschachtung *f* | *Tech* Schürfen *n*, Ausbaggern *n*; '~**va·tor** *s* Ausgraber *m* | Erdarbeiter *m* | *Tech* Bagger *m* | *Med* Exkavator *m*

ex·ceed [ɪk'si:d] *vt* (Ufer) überschreiten, hinausgehen über ⟨to ~ in height an Größe übertreffen⟩ | *übertr* (Vorschrift u. ä.) übertreten | (Erwartungen u. ä.) übertreffen (**in** an, in); *vi* größer sein | sich auszeichnen (**in** durch) | übermäßig essen *od* trinken; **ex'ceed·ing** *adj* übermäßig, außerordentlich; **ex'ceed·ing·ly** *adv* außerordentlich, überaus

ex·cel [ɪk'sel] (**ex'celled, ex'celled**) *vt* übertreffen, -ragen (**in s.th.** *od* **in** *mit ger* in, mit etw.) ⟨not to be ~led nicht zu überbieten⟩; *vi* sich auszeichnen, hervorragen (**in, at** in, **as** als); ~**lence** ['eksələns] *s* Güte *f*, Vortrefflichkeit *f*, vorzügliche Leistung (**in, at** in) | Talent *n*, starke Seite; '~**len·cy** *s* (Titel) Exzellenz *f* (Your ≈ Eure Exzellenz) | = ~**lence**; '~**lent** *adj* vortrefflich, vorzüglich

ex·cel·si·or [ek'selsɪɔ:] **1.** *adj Wirtsch* (qualitätsmäßig) ausgezeichnet, prima; **2.** *s Typ* Brillant *f* | *Am* Holzwolle *f*

ex·cept [ɪk'sept] **1.** *präp* außer, mit Ausnahme von, ausgenommen ⟨~ me; ~ Sunday⟩ ◇ ~ **for** bis auf, abgesehen von ⟨~ for the spelling⟩; **2.** *conj* außer, daß | es sei denn, daß ⟨~ he be born again⟩ ◇ **except that** außer, daß; **3.** *vt* ausnehmen, ausschließen (**from, out of** von, aus) ⟨present company ~ed Anwesende ausgeschlossen⟩ | vorbehalten ⟨errors ~ed Irrtümer vorbehalten⟩; *vi* Einwände machen, Einspruch erheben (**against, to** gegen); **ex'cept·ing** *präp* (*bes nach*: **all, always, not, nothing, without**) außer, ausgenommen, mit Ausnahme von ⟨always ≈ John; not/without ≈ Jack Jack nicht ausgenommen⟩; **ex·cep·tion** [ɪk'sepʃn] *s* Ausnahme *f*, Ausschließung *f* ⟨by way of ≈ ausnahmsweise; with the ≈ of mit Ausnahme von, ausgenommen; to admit of no ≈(s) keine Ausnahme zulassen⟩ | Ausnahme *f*, Ausgeschlossenes *n* ⟨an ≈ to the rule e-e Ausnahme von der Regel; the ≈ proves the rule die Ausnahme bestätigt die Regel; there is no rule without ≈s keine Regel ohne Ausnahme; without ≈ ausnahmslos⟩ | Einwand *m*, Einwendung *f* (**to** gegen) ⟨to take ≈ to s.th. gegen etw. Einwendungen machen, an etw. Anstoß nehmen; above/beyond ≈ unanfechtbar⟩ | *Jur* Vorbehalt *m*, Einrede *f*; **ex'cep·tion·a·ble** *adj* anfechtbar | Anstoß erregend; **ex'cep·tion·al** *adj* außergewöhnlich | Sonder- | Ausnahme-; **ex,cep·tion'al·i·ty** *s* außergewöhnlicher Zustand; **ex'cep·tion·al·ly** *adj* außergewöhnlich | ausnahmsweise; **ex'cep·tive** *adj* eine Ausnahme machend, Ausnahme- | überkritisch

ex·cerpt [ek'sɜ:pt] *vt* exzerpieren, einen Auszug machen (**from** aus); ['eksɜ:pt] *s* Exzerpt *n*, Auszug *m* (**from** aus); **ex·cerp·tion** [ek'sɜ:pʃn] *s* Exzerpieren *n*, Auszug *m*

ex·cess [ɪk'ses|'ekses] **1.** *s* Übermaß *n*, Überfluß *m* (**of** an) ⟨in ~ of mehr als; to be in ~ of übersteigen⟩ | Exzeß *m*, Übertreibung *f* ⟨in ~ übermäßig; to drink to ~ übermäßig trinken; to carry s.th. to ~ etw. übertreiben⟩ | Exzeß *m*, Unmäßigkeit *f*, Ausschweifung *f* | (*meist pl*) Exzeß *m*, Ausschreitung *f* ⟨to commit the worst ~es schlimme Ausschreitungen begehen⟩ | *Wirtsch* Mehrbetrag *m* (**over** über) | *Math* Überschuß *m*, Mehrsumme *f*; **2.** *Eisenb vt* mehr zahlen für; Zuschlag erheben auf ⟨to ~ a ticket⟩ | *Am* (Lehrer, Beamte) beurlauben; *vi* einen Zuschlag zahlen; ['ekses] *adj* Über-, Mehr- ⟨~ charges Mehrgebühren *f/pl*⟩; ,~ '**fare** *s* (Fahrpreis-) Zuschlag *m*; ,~ '**freight** *s* Überfracht *f*; **ex'ces·sive** *adj* übermäßig, übertrieben ⟨≈ interest Wucherzinsen *m/pl*⟩ | *Math* überhöht; ,~ '**post·age** *s* Strafporto *n*, Nachgebühr *f*; ,~ '**pres·sure** *s Tech* Überdruck *m*; ,~ '**prof·it** *s* Wuchergewinn *m*; ,~ '**volt·age** *s El* Überspannung *f*; ,~ '**weight** *s Wirtsch* Über-, Mehrgewicht *n*

ex·change [ɪks'tʃeɪndʒ] **1.** *vt* aus-, ein-, umtauschen (**for** gegen, mit) | (Geld) umwechseln (**for** gegen) | (Gedanken) austauschen (**with** mit) ⟨to ~ letters korrespondieren; to ~ contracts *Brit* einen (Ver-) Kauf perfekt machen⟩ | (Schläge) abtauschen, wechseln ⟨to ~ blows⟩ | (etw.) ersetzen (**for** durch); *vi* tauschen | wert sein (**for s.th.** etw.); **2.** *s* (Aus-, Ein-, Um-) Tausch *m* ⟨in ~ for gegen; ~ of letters Schriftwechsel *m*; ~ of views Meinungsaustausch *m*; ~ of blows Schlagabtausch *m*⟩ | *Wirtsch* (bes. Geld-) Wechsel *m*, Wechseln *n* | *Wirtsch, meist* '**bill of** '~ Wechsel *m*, Tratte *f* | *Wirtsch, auch* ,**course/**,**rate of** '~ *od* '~ **rate** Wechselkurs *m*, Umtauschrate *f* ⟨at the ≈ of zum Kurs von⟩ | Gegenwert *m* ⟨foreign ~ Devisen *pl*⟩ | *auch* ≈ *Wirtsch* Börse *f* ⟨at the ~ auf der Börse⟩ | *auch* '**tel·e·phone** ,~ *Tel* Zentrale *f*, Fernsprechamt *n* | *auch* '**la·bour** ,~ *Brit* Arbeitsamt *n*; **ex,change·a'bil·i·ty** *s* Austauschbarkeit *f* | *Math* Vertauschbarkeit *f*; **ex'change·a·ble** *adj* austauschbar (**for** gegen) | Tausch- ⟨≈ value Tauschwert *m*⟩ | *Math* vertauschbar | Tausch-; '~ ,**clear·ing** *s Wirtsch* Devisenclearing *n*; '~ **em,bar·go** *s* Devisensperre *f*; '~ **list** *s Wirtsch* Kurszettel *m*; '~ ,**of·fice** *s* Wechselstube *f*; '~ ,**stu·dent** *s* Austauschstudent *m*

ex·cheq·uer [ɪks'tʃekə] *s* (in England) Staatskasse *f*, Fiskus *m* ⟨the ≈ Finanzministerium *n*; Chancellor of the ≈ *Brit* Finanzminister *m*⟩ | *Wirtsch* Geldvorrat *m*, Finanzen *pl* | *umg* Geld(quelle) *n*(*f*); '~ **bond** *s Brit* Staatsobligation *f*

[1]**ex·cise** [ɪk'saɪz] *vt Med* ab-, aus-, herausschneiden | *förml übertr* beseitigen

[2]**ex·cise** ['eksaɪz] **1.** *s* Akzise *f*, (Verbrauchs-) Steuer *f*; **2.** *vt* besteuern, mit Verbrauchssteuer belegen; '~ ,**li·cence** *s* Schankkonzession *f*; '~**man** *s* (*pl* '~**men**) Steuereinnehmer *m*; '~ ,**of·fice** *s* Steueramt *n*

ex·ci·sion [ɪk'sɪʒn] *s Med* Exzision *f*, Ausscheidung *f* (**of** *mit gen*) | *übertr* Ausrottung *f*, Ausscheidung *f* (**from** aus)

ex·cit·a|bil·i·ty [ɪk,saɪtə'bɪlətɪ] *s* Reizbarkeit *f*; **ex'cit·a·ble** *adj* reizbar; **ex·cit·ant** ['eksɪtənt] **1.** *adj* reizend; **2.** *s Med* Stimulans *n*, Reizmittel *n*; ,**ex·ci'ta·tion** *s* An-, Erregung *f*, Reizung *f* | *Biol* Reiz *m*, Stimulus *m* | *El* Erregung *f*; ~**tive** [ek'saɪtətɪv], **ex'cit·a·to·ry** *adj* an-, erregend; **ex·cite** [ɪk'saɪt] *vt* (Gefühl) erregen ⟨to ≈ hatred⟩ | verursachen, hervorrufen ⟨to ≈ curiosity⟩ | (jmdn.) an-, aufregen ⟨to ≈ o.s./to get ≈ed sich aufregen⟩ | *Med* (Nerv) reizen, erregen, stimulieren | *Foto* (Film) lichtempfindlich machen | *Phys* (Kern) anregen; **ex'cite·ment** *s* Erregung, Aufregung *f* (**over** über) | *Med* Reizung *f*; **ex'cit·er** *s* Erreger *m* | Reizmittel *n* (**of** für) | *El* Erregermaschine *f*; **ex'cit·ing** *adj* an-, erregend | aufregend, gefährlich | spannend | *El* Erreger-; **ex'ci·tor** *s Med* Reizmittel *n* | Reiznerv *m*

ex·claim [ɪk'skleɪm] *vt* (etw.) (aus)rufen | verwundert rufen ⟨he ~ed how late it was er war überrascht, wie spät es ist⟩; *vi* (aus)rufen, schreien | sich überrascht äußern (**at** über) | eifern, wettern (**against** gegen); **ex·cla'ma·tion** [,ekskla'meɪʃn] *s* Ausrufen *n* | Geschrei *n* | Ausruf *m* ⟨mark/note of ≈ Ausrufezeichen *n*⟩; **ex·clam·a·to·ry** [ɪk'sklæmətrɪ] *adj* ausrufend | Ausrufungs- | eifernd | geräuschvoll

ex·clave ['eksklеɪv] *s Pol* Exklave *f*, außerhalb der Grenzen eines Landes liegendes Gebiet

ex·clude [ɪk'sklu:d] *vt* (jmdn., etw.) ausschließen (**from** von) ⟨not excluding myself mich nicht ausgeschlossen⟩ | ausstoßen | eliminieren; **ex'clud·ed** *adj* ausgeschlossen; **ex·clu·sion** [ɪk'sklu:ʒn] *s* Ausschließung *f*, Ausschluß *m* (**from** von) ⟨to the ≈ of unter Ausschluß von⟩ | *Tech* Ab-, Ausschluß *m*, Entfernung *f*, Ausschaltung *f* ⟨≈ of air Luftabschluß *m*⟩; **ex'clu·sive** **1.** *adj* ausschließend ⟨to be ≈ of s.th. etw. ausschließen; ≈ of abgesehen von, ohne⟩ | ausschließlich, Allein- ⟨≈ rights⟩ | einzig | sich abschließend, exklusiv, vornehm ⟨an ≈ club⟩ | Spezial- ⟨≈ shop⟩; **2.** *s Ztgsw* Exklusivartikel *m* | *Wirtsch* Exklusivartikel *m*, -ware *f* ⟨a Woolworth ≈ e-e Woolworthspezialität⟩

ex·cog·i|tate [eks'kɒdʒɪteɪt] *vt förml* ausdenken, ersinnen | *scherzh* aushecken, sich einfallen lassen; **ˌ~'ta·tion** *s* Aus-, Nachdenken *n* (**of** über) | Erfindung *f*

ex·com·mu·ni·cate [ˌekskə'mju:nɪkeɪt] *vt Rel* mit dem Kirchenbann belegen, exkommunizieren (*auch übertr*); **ˌex·comˌmu·ni'ca·tion** *s Rel* Kirchenbann *m*, Exkommunikation *f* (*auch übertr*); **ˌex·com'mu·niˌca·tive** *adj* Exkommunikations-

ex·co·ri·ate [ɪk'skɔ:rɪeɪt] *vt Med* (Haut) abschürfen, wund reiben | (jmdm.) die Haut abziehen | *förml übertr* brandmarken, scharf kritisieren; **exˌco·ri'a·tion** *s* Abschälen *n*, Abschürfen *n* | Wundreibung *f* | *Med Exkoriation f*

ex·cre|ment ['ekskrəmənt] *förml s, oft* **'~ments** *pl* Exkremente *n/pl*, Auswurf *m*, Kot *m*; **ˌex·cre'men·tal, ˌex·cre·men'ti·tious** [~'tɪʃəs] *adj* kotartig, Kot-

ex·cres·cence [ɪk'skresns] *förml s* Gewächs *n* | Auswuchs *m* (*auch übertr*) | abnorme Entwicklung; **ex'cres·cent** *adj* auswachsend | überflüssig | *Ling* (Laut) eingeschoben

ex·cre·ta [ɪk'skri:tə] *s/pl Med, Biol* Ausscheidungen *f/pl*, Auswurfstoffe *m/pl*; **ex'crete** *förml vt, vi* absondern, ausscheiden; **ex'cre·tion** [~'kri:ʃn] *förml s* Ausscheidung *f*, Absonderung *f* | Auswurf *m*; **ex'cre·tive, ex'cre·to·ry** *adj* ausscheidend, absondernd, Ausscheidungs-

ex·cru·ci·ate [ɪk'skru:ʃɪeɪt] *vt* martern, foltern, quälen (*auch übertr*); **ex'cru·ci·at·ing** *adj* qualvoll, quälend, peinigend; **exˌcru·ci'a·tion** *s* Marter(n) *f(n)*, Qual *f* (*auch übertr*)

ex·cul|pate ['ekskʌlpeɪt] *vt* rechtfertigen, freisprechen ⟨to ≈ from a charge von e-m Vorwurf freisprechen⟩; **ˌ~'pa·tion** *s* Rechtfertigung *f*, Freispruch *m*; **ex'cul·pa·to·ry** *adj* rechtfertigend

ex·curse [ɪk'skɜ:s] *vi, förml übertr* abschweifen | einen Ausflug machen; **ex'cur·sion** [ɪk'skɜ:ʃn] *s* Ausflug *m* (**to** nach) | Abstecher *m* | *übertr* Abschweifung *f* | *Phys* Schwingung *f*; **ex'cur·sion·ist** *s* Ausflügler *m*; **ex'cur·sion ˌtick·et** *s* Urlauberfahrkarte *f*; **ex'cur·sion train** *s* Sonder-, Ferien-, Urlauberzug *m*; **ex'cur·sive** *förml adj* abschweifend | sprunghaft

ex·cus·a·bil·i·ty [ɪkˌskju:zə'bɪlətɪ] *s* Entschuldbarkeit *f*; **ex'cus·a·ble** *adj* entschuldbar, verzeihbar; **ex'cus·a·to·ry** *adj* entschuldigend; **ex'cuse** [ɪk'skju:z] *vt* (Person) entschuldigen, verzeihen ⟨≈ me Verzeihung!; ≈ me for being late/≈ my being late entschuldigen Sie, daß ich zu spät komme; to ≈ o.s. sich entschuldigen⟩ | (etw.) entschuldigen, rechtfertigen ⟨to ≈ a fault⟩ | (*meist pass*) (Person) entheben, entbinden (**from** von) ⟨he was ≈ed from s.th. er wurde von etw. befreit; may I be ≈d? (Schulkind) darf ich austreten?⟩ | (jmdm. etw.) erlassen, schenken ⟨to ≈ a fee⟩; [ɪk'skju:s] *s* Entschuldigung *f*, Rechtfertigung *f* ⟨in ≈ of als *od* zur Entschuldigung; there is no ≈ for it dafür gibt es keine Entschuldigung; to make/offer an ≈ to s.o. sich bei jmdm. entschuldigen; to make one's (s.o.'s) ≈s (jmdn.) entschuldigen⟩ | Ausrede *f*, Vorwand *m* ⟨not on any ≈ unter keinem Vorwand; to make ≈s Ausflüchte gebrauchen⟩

ex-di·rec·to·ry [ˌeksdɪ'rektərɪ] *adj Tel* (Anschluß) nicht im Fernsprechverzeichnis enthalten, nicht öffentlich bekannt ⟨to go ~ seine Nummer nicht ins Fernsprechbuch aufnehmen lassen⟩

ex·e·at ['eksɪæt] ⟨*lat*⟩ *s, Brit* (Universität) (Studien) Urlaub *m*, Freistellung *f*

ex·e|cra·ble ['eksɪkrəbl] *adj* abscheulich, scheußlich; **'~crate** *vt* verabscheuen | verfluchen; *vi* fluchen; **ˌex·e'cra·tion** *s* Abscheu *m* ⟨to hold s.o. in ≈ jmdn. verabscheuen⟩ | Ver-

fluchung *f*, Fluch *m*; **'~ˌcra·tive, '~ˌcra·to·ry** *adj* verwünschend, verfluchend, Fluch-

ex·e|cut·a·ble ['eksɪkju:təbl] *adj* ausführbar, vollziehbar; **ex·ec·u·tant** [ɪg'zekjʊtənt] *s, bes Mus* Ausführender *m*; **~cute** ['eksɪkju:t] *vt* (Plan u. ä.) aus-, durchführen, verwirklichen | (Amt) ausüben | *Mus, Theat* vortragen, spielen | *Jur* rechtskräftig machen | (Urteil) vollziehen, -strecken | (Testament) vollstrecken | (Person) hinrichten | *Jur* ausfertigen; **ˌex·e'cu·tion** [~ʃn] *s* Aus-, Durchführung *f*, Realisierung *f* ⟨to carry/put in[to] ≈ ausführen, vollziehen⟩ | wirksames Handeln ⟨a man of ≈ ein tatkräftiger Mann⟩ | zerstörende Wirkung ⟨to do ≈ (Waffe) Schaden anrichten; *übertr* Herzen brechen⟩ | *Mus, Theat* Spiel *n*, Ausführung *f* | *Jur* Vollziehung *f*, Vollstreckung *f* ⟨writ of ≈ Vollstreckungsbefehl *m*⟩ | Hinrichtung *f*; **ˌex·e'cu·tion·er** *s* Vollzieher *m* | Scharfrichter *m*; **ex·ec·u·tive** [ɪg'zekjʊtɪv] **1.** *adj* vollziehend, ausübend, Exekutiv-, Ausführungs-, Vollstreckungs- | zur Leitung geeignet, Leitungs- ⟨≈ abilities⟩ | Luxus-, Sonder- ⟨≈ housing superelegante Wohnungen⟩; **2.** *s* Exekutive *f*, Vollstreckungsgewalt *f*, ausübende Gewalt (e-s Staates) | leitender Angestellter | *Am* Geschäftsführer *m* | *Am* Gouverneur *m*; **exˌec·u·tive com'mit·tee** *s* Vorstand *m*; **exˌec·u·tive 'head of [the] 'State** *s Am* Staatsoberhaupt *n*; **ex·ec·u·tor** [ɪg'zekjʊtə] *s* (Testaments-) Vollstrecker *m*; **ex·ec·u·to·ri·al** [ɪgˌzekjʊ'tɔ:rɪəl] *adj* vollziehend | Vollstreckungs-; **ex·ec·u·tor·ship** [ɪg'zekjʊtəʃɪp] *s* Amt *n* eines (Testaments-) Vollstreckers; **ex·ec·u·to·ry** [ɪg'zekjʊtərɪ] *adj* vollziehend, -streckend, exekutiv | Ausführungs-, Vollstreckungs-; **ex'ec·u·trix** [-trɪks] *s* (Testaments-) Vollstreckerin *f*

ex·e·ge|sis [ˌeksɪ'dʒi:sɪs] *s* (*pl* **~ses** [-zi:z]) *bibl* Exegese *f*

ex·em·plar [ɪg'zemplə] *s* Muster *n*, -beispiel *n*, Vorbild *n* | typisches Beispiel (**of** für) | Exemplar *n* | Type *f*, Urbild *n*; **ex'em·pla·ry** *adj* muster-, beispielhaft, vorbildlich ⟨≈ conduct⟩ | typisch | Muster- | exemplarisch, abschreckend ⟨≈ punishment⟩

ex·em·pli|fi·ca·tion [ɪgˌzemplɪfɪ'keɪʃn] *s* Erläuterung *f* durch Beispiele ⟨in ≈ of zur Erläuterung von⟩ | Beispiel *n*, Muster *n* | *Jur* beglaubigte Abschrift *f*; **ex·em·pli·fi·ca·tive** [ɪg'zemplɪfɪˌkeɪtɪv] *adj* durch Beispiele erklär- *od* belegbar; **ex'em·pli·fy** *vt* durch Beispiele erläutern *od* belegen, veranschaulichen | als Beispiel dienen für | eine beglaubigte Abschrift machen von, kopieren

ex·empt [ɪg'zempt] **1.** *vt* (jmdn.) befreien, ausnehmen, freistellen (**from** von) ⟨to be ~ed from s.th. von etw. ausgenommen werden *od* sein⟩; **2.** *adj* (*nur präd*) befreit, ausgenommen, frei (**from** von) ⟨~ from postage portofrei⟩; **3.** *s* Befreiter *m* (**from** von); **ex'empt·i·ble** *adj* befreibar; **ex'emp·tion** *s* Befreiung *f* (**from** von) ⟨≈ from taxes Steuerfreiheit *f*⟩ | Freistellung *f* (vom Wehrdienst)

ex·en·ter·ate [ek'sentəreɪt] *vt Med* (Organ) entfernen | *übertr* (Buch u. ä.) ausziehen

ex·e·qua·tur [ˌeksɪ'kweɪtə] *s Jur, Pol* Exequatur *n*

ex·e·quies ['eksɪkwɪz] *s/pl* Leichenbegängnis *n*, Totenfeier *f*

ex·er|cis·a·ble ['eksəsaɪzəbl] *adj* ausübbar; **'~cise** [~saɪz] **1.** *s* (Aus-) Übung *f*, Gebrauch *m* ⟨in ≈ of a profession in Ausübung e-s Berufes; the ≈ of imagination die Nutzung der Phantasie⟩ | (körperliche u. geistige) Bewegung, Übung *f* ⟨to take ≈ sich Bewegung machen *od* laufen *od* spazierengehen; ≈ of memory Gedächtnisübung *f*⟩ | *Päd* (Übungs-) Aufgabe *f*, Übung(sarbeit) *f(f)*, Exerzitium *n* | (Waffen-) Übung *f*, Exerzieren *n* | *meist* **'~cis·es** *pl Am* Prüfungsaufgaben *f/pl* | *meist* **'~cis·es** *pl Am* Feierlichkeiten *f/pl* ⟨commencement ≈ Abschlußfeier *f*⟩; **2.** *vt* (Beruf, Recht u. ä.) ausüben, gebrauchen | (Körper, Geist) schulen, üben |

(etw.) einexerzieren | (jmdn.) drillen, trainieren | (jmdn.) in Bewegung halten | beschäftigen ⟨to ≈ one's mind sich geistig beschäftigen⟩ | *förml* (*meist pass*) quälen, beunruhigen ⟨to be ≈d about sich Sorgen machen um⟩; *vi* sich üben, sich Bewegung machen | *Sport* trainieren | *Mil* exerzieren; **~ci·ta·tion** [eg,zɜːsɪˈteɪʃn] *förml s* Tätigkeit *f* | Übung *f*, Vortrag *m* | *Lit* Untersuchung *f*

ex·ert [ɪgˈzɜːt] *vt* (Einfluß u. ä.) ausüben, geltend machen ⟨to ~ pressure on Druck ausüben auf; to ~ o.s. sich anstrengen, sich bemühen (**for** um, für; **to** *mit inf* zu *mit inf*)⟩; **exˈer·tion** *s* Ausübung *f*, Anwendung *f* (**of** von) | Bemühung *f*, Streben *n* ⟨to use every ≈ sich alle Mühe geben⟩

ex·e·unt [ˈegzɪənt] ⟨*lat*⟩ *pl* von [2]**exit** *Theat* (sie gehen) ab ⟨~ omnes alle ab⟩

ex·fo·li·ate [eksˈfəʊlɪeɪt] *vi* (Baumrinde u. ä.) sich abblättern, abschälen; sich abschuppen | *übertr* sich entwickeln; *vt* (Schuppen) abwerfen, (Haut) abschuppen | (Knochen) absplittern | *übertr* entwickeln; **ex,fo·liˈa·tion** *s* Abschuppung *f*, Häutung *f*, Abblätterung *f*

ex gra·tia [,eks ˈgreɪʃə] ⟨*lat*⟩ *adj, adv Jur* zusätzlich, nicht gesetzlich vorgesehen ⟨~ pension payment⟩

ex·hal·a·ble [eksˈheɪləbl] *adj* verdunstend; **ex·ha·la·tion** [,ekshəˈleɪʃn] *s* Aus-, Verdunstung *f*, Ausatmung *f* | Nebel *m*, Dunst *m* | *Med* Blähung | *übertr* Ausbruch *m* ⟨≈ of anger⟩; **ex·hale** [eksˈheɪl|ɪgˈzeɪl] *vt* (etw.) ausdünsten (**from, out of** aus) ⟨to be ≈d ausdunsten⟩ | (Luft) ausatmen | *übertr* (Leben u. ä.) aushauchen | *übertr* (Gefühl u. ä.) Luft machen, entladen; *vi* ausströmen (**from** aus) | exhalieren

ex·haust [ɪgˈzɔːst] **1.** *vt* (Brunnen u. ä.) ausschöpfen, auspumpen, entleeren | (Boden u. ä.) aussaugen ⟨to ~ the land Raubbau treiben⟩ | *Chem, Phys* (Luft u. ä.) herausziehen (**from** aus) | *übertr* erschöpfen, ermüden, auspumpen ⟨to ~ one's strength; to be ~ed erschöpft sein⟩ | *übertr* (Thema u. ä.) erschöpfen(d behandeln) ⟨to ~ a subject⟩ | *Med* entkräften; *vi* (Dampf u. ä.) entweichen, ausströmen; **2.** *s Tech, auch* **ˈ~ pipe** Auslaß *m*, Auspuff *m* | Auspuffgase *n/pl*; **ˈ~ box** *s Tech* Auspufftopf *m*; **ˈ~ ,cut-out** *s Tech* Auspuffklappe *f*; **exˈhaust·ed** *adj* erschöpft, verbraucht | *Buchw* (Auflage) vergriffen; **exˈhaust·er** *s Tech* Exhaustor *m*, Entlüfter *m*; **ex,haust·iˈbil·i·ty** *s* Erschöpfbarkeit *f*; **exˈhaust·i·ble** *adj* erschöpfbar; **exˈhaust·ing** *adj* ermüdend, anstrengend | *Tech* Auspump-; **exˈhaus·tion** [~ʃn] *s* Entleerung *f*, Erschöpfung *f* (*auch übertr*) | *Tech* Auspumpen *n*, Entleerung *f* | Aufsaugung *f* | *Math* Exhaustion *f*, Approximation *f* | *Med* Entkräftung *f*; **exˈhaus·tive** *adj* erschöpfend, umfassend, gründlich (*auch übertr*) ⟨to be ≈ of s.th. etw. erschöpfend behandeln⟩ | schwächend; **exˈhaust·less** *adj* unerschöpflich; **ˈ~ pipe** *s Tech* Auspuff(rohr) *m(n)*; **ˈ~ steam** *s Tech* Abdampf *m*; **ˈ~ valve** *s Tech* Auspuffventil *n*

ex·hib·it [ɪgˈzɪbɪt] **1.** *vt* zur Schau stellen, auslegen, ausstellen ⟨to ~ samples⟩ | darbieten, zeigen, entfalten, an den Tag legen ⟨to ~ intelligence⟩ | *Jur* (Urkunde, Beweisstück) vorlegen, beibringen; *vi* ausstellen, eine Ausstellung veranstalten; **2.** *s* Ausstellung *f* | Ausstellungsgegenstand *m* | *Jur* Beweisurkunde *f*, -stück *n*; **ex·hi·bi·tion** [,eksɪˈbɪʃn] *s* Ausstellung *f*, Schau *f* ⟨trade ≈; to come on ≈ ausgestellt werden⟩ | Darlegung *f*, Zeigen *n*, Bekundung *f* ⟨an ≈ of bad manners; to make an ≈ of o.s. sich zum Gespött machen⟩ | (öffentliche) Vorführung ⟨≈ flying Schaufliegen *n*⟩ | *Jur* (Urkunde) Eingabe *f* | (in Großbritannien) (mehrjähriges) Stipendium; **ex·hiˈbi·tion·er** *s* (in Großbritannien) Stipendiat *m*; **ex·hiˈbi·tion·ism** *s Psych* Exhibitionismus *m*; **ex·hiˈbi·tion·ist** *s Psych* Exhibitionist *m*; Entblößer *m*; **ex·hi·bi·tive** [ɪgˈzɪbɪtɪv] *adj* zur Schau stellend, darstellend ⟨to be ≈ of s.th. etw. darstellen⟩; **exˈhi·bi·tor** *s* Aussteller *m*; **exˈhi·bi·tory** *adj* darlegend

ex·hil·a·rant [ɪgˈzɪlərənt] *adj* aufheiternd, belebend; **exˈhil·a·rate** *vt* auf-, erheitern; **exˈhil·a·ra·ted** *adj* heiter | angeheitert; **exˈhil·a·ra·ting** *adj* erheiternd | erfreulich ⟨an ≈ news⟩; **ex,hil·aˈra·tion** *s* Erheiterung *f* | Heiterkeit *f*; **exˈhil·a·ra·tive, exˈhil·a·ra·to·ry** *adj* erheiternd

ex·hort [ɪgˈzɔːt] *förml vt* ermahnen | antreiben (**to** zu; **to** *mit inf* zu *mit inf*) | (etw.) dringend raten, empfehlen; **ex·hor·ta·tion** [,eksɔːˈteɪʃn] *s* Ermahnung *f* | *übertr* Predigt *f*, Ermahnungsrede *f*; **exˈhor·ta·tive, exˈhor·ta·to·ry** *adj* ermahnend

ex·hu·ma·tion [,eksjʊˈmeɪʃn] *förml s* Exhumierung *f*, Wiederausgrabung *f* (e-r Leiche); **ex·hume** [ɪgˈzjuːm] *vt* (Leiche) exhumieren, ausgraben | *übertr* (etw.) ans Tageslicht bringen

ex·i|gence [ˈeksɪdʒəns], **ˈ~gen·cy** (*oft pl*) *s* Dringlichkeit *f*, dringender Fall, Notlage *f* ⟨in this ≈⟩ | dringendes Bedürfnis, Erfordernis *n* ⟨the ~gencies of party politics⟩; **ˈ~gent** *adj* dringend, dringlich ⟨to be ≈ of dringend brauchen⟩ | anspruchsvoll; **ˈ~gi·ble** *adj* eintreibbar, zu verlangen(d) (**from** von)

ex·i·gu·i·ty [,eksɪˈgjʊətɪ] *förml s* Unerheblichkeit *f* | Kleinheit *f*, Spärlichkeit *f* | Geringfügigkeit *f*; **ex·ig·u·ous** [egˈzɪgjʊəs] *adj* unbedeutend, klein ⟨an ≈ meal eine winzige Mahlzeit⟩

ex·ile [ˈeksaɪl] **1.** *s* Exil *n* ⟨to go into ~ ins Exil gehen⟩ | Verbannung *f* ⟨to send into ~ in die Verbannung schicken⟩ | *übertr* Abgeschiedenheit *f* | Verbannter *m*; **2.** *vt* verbannen, verweisen (**from** aus) | *übertr* trennen; **ex·il·i·an** [egˈzɪlɪən], **exˈil·ic** *adj* exilisch, Exil-

ex·hil·i·ty [egˈzɪlətɪ] *s förml* Schwachheit *f*, Feinheit *f* (*auch übertr*)

ex·ist [ɪgˈzɪst] *vi* existieren, dasein, vorhanden sein ⟨to ~ as existieren in Form von⟩ | leben, vegetieren ⟨to ~ on very little mit Wenigem zum Leben auskommen⟩ | dauern, bestehen; **exˈist·ence** *s* Existenz *f*, Dasein *n* ⟨to be in ≈ existieren; to call into ≈ ins Leben rufen; to come into ≈ entstehen; in ≈ vorhanden; struggle for ≈ Kampf *m* ums Dasein⟩ | Dauer *f*, Fortbestehen *n* ⟨≈ of a state of war Dauer *f* des Kriegszustandes⟩ | Existenz *f*, Wesen *n* ⟨real ≈⟩; **exˈist·ent** *adj* existierend, bestehend, vorhanden ⟨the only ≈ copy die einzige noch existierende Kopie⟩ | augenblicklich lebend; **ex·is·ten·tial** [,egzɪˈstenʃl] *adj* Existenz- | *Phil* existentiell, Existential-; **,ex·isˈten·tial·ism** *s Phil* Existentialismus *m*, Existenzphilosophie *f*

[1]**ex·it** [ˈeksɪt] **1.** *s Theat* Abgang *m* ⟨to make one's ~ abgehen, abtreten; *übertr* sterben⟩ | (Kino u. ä.) Ausgang *m* | *Tech* Auslaß(öffnung) *m(f)* | *übertr* Tod *m* | Ausreise *f* ⟨~ permit Ausreisegenehmigung *f*⟩; **2.** *vi* abgehen, abtreten | *übertr* sterben

[2]**ex·it** [ˈeksɪt] ⟨*lat*⟩ *Theat* (geht) ab ⟨~ Hamlet⟩

exo- [eksəʊ] ⟨*griech*⟩ *in Zus* außerhalb | außen-, äußerlich

ex·o·crine [ˈeksəkraɪn] *adj Med, Biol* exokrin, nach außen sezernierend

ex·o·dus [ˈeksədəs] *s*, ∸ *bibl* Auszug *m* (der Juden), Exodus *m* | *übertr* Abwanderung *f*, Flucht *f* ⟨~ of capital *Wirtsch* Kapitalflucht *f*; rural ~ Landflucht *f*⟩ | *umg* Aufbruch *m*, Weggehen *n* ⟨general ~ allgemeiner Aufbruch⟩

ex of·fi·ci·o [,eks əˈfɪʃɪəʊ] ⟨*lat*⟩ **1.** *adv* ex officio, von Amts wegen, offiziell; **2.** *adj* amtlich, offiziell ⟨an ~ member of a committee⟩

ex·o·gam·ic [,eksəˈgæmɪk], **ex·og·a·mous** [ekˈsɒgəməs] *Biol adj* exogam(isch); **ex·og·a·my** [ekˈsɒgəmɪ] *s* Exogamie *f*, Fremdheirat *f* | Kreuzungsbefruchtung *f*

ex·og·e·nous [ekˈsɒdʒɪnəs] *adj Biol* exogen, außen entstehend | *Geol* außenbürtig

ex·on·er·ate [ɪg'zɒnəreɪt] *vt* (jmdn.) entlasten, befreien, entheben (**from** von) ⟨to ~ s.o. from a charge jmdn. von e-r Anschuldigung befreien⟩ | entbinden ⟨to ~ s.o. from a duty⟩; **ex,on·er'a·tion** *s* Befreiung *f* (**from** von); **ex'on·er·a·tive** *adj* befreiend, entlastend

ex·oph·thal·mus [,eksɒf'θælməs] *s Med* Exophthalmus *m*, Glotzauge *n*

ex·or·bi·tance [ɪg'zɔ:bɪtəns], **ex'or·bi·tan·cy** *s* Übermaß *n*, Maßlosigkeit *f*; **ex'or·bi·tant** *adj* exorbitant, übermäßig, maßlos ⟨≈ ambition; ≈ price Wucherpreis *m*⟩

ex·or|cism ['eksɔ:sɪzm] *s* Exorzismus *m*, Geisterbeschwörung *f*; **'~cist** *s* Geisterbeschwörer *m*; **'~cize** *vt* (Geister) austreiben (**from, out of** aus, von) | *übertr* (Gefühl u. ä.) vertreiben | (Person, Ort) reinigen, befreien (von bösen Einflüssen)

ex·or·di|al [ek'sɔ:dɪəl] *förml adj* einleitend, Eingangs-; **ex'or·di·um** [-əm] *s* (*pl* **~ums, ~a** [~ə]) Einleitung *f*, (Rede, Vortrag u. ä.) Anfang *m*

ex·o·ter|ic [,eksəʊ'terɪk] **1.** *adj* exoterisch, öffentlich, gemein verständlich; **2.** *s* Außenstehender *m*; **~i·cal** = **~ic**

ex·ot·ic [ɪg'zɒtɪk] **1.** *adj* exotisch, fremdländisch ⟨an ~ plant⟩ | *übertr* ungewöhnlich, selten ⟨an ~ experience⟩ | *umg* abwegig; **2.** *s* Exot *m*, etw. Ausländisches (Gewächs, Gegenstand, Wort); **ex·ot·i·cism** [ɪg'zɒtɪsɪzm] *s* das Exotische | ausländisches Idiom

ex·pand [ɪk'spænd] *vt* ausbreiten, ausspannen | ausdehnen, weiten ⟨heat ~s metal⟩ | erweitern | entwickeln (**into** zu) | in allen Einzelheiten darlegen; *vi* sich ausbreiten *od* ausdehnen | (Fluß u. ä.) sich verbreitern | sich weiten, schwellen (*auch übertr*) ⟨s.o.'s heart ~s with joy jmds. Herz schwillt vor Freude⟩ | sich entwickeln (**into** zu) | sich auslassen (**on, upon** über) | freundlich *od* entgegenkommend werden | übergehen, sich verwandeln (**in** in) ⟨his face ~ed in a smile⟩; **ex'pand·a·ble** *adj* dehnbar; **ex'pand·er** *s Sport* Expander *m*, Muskelstrecker *m* | *Tech* Rohrdichter *m*

ex·panse [ɪk'spæns] *s* Ausdehnung *f*, Weite *f* ⟨a broad ~ of brow e-e sehr hohe Stirn⟩ | weiter Raum; **ex,pan·si'bil·i·ty** *s* Dehnbarkeit *f*; **ex'pan·si·ble** *adj* dehnbar; **ex'pan·sile** [~aɪl] *adj* dehnbar, Ausdehnungs-; **ex'pan·sion** [~ʃn] *s* Ausdehnung *f*, Ausbreitung *f* | *Phys* Ausdehnung *f*, Expansion *f* ⟨≈ due to heat Wärmeausdehnung *f*⟩ | weiter Raum | Erweiterung *f* (*auch übertr*) | *Wirtsch* Geschäftserweiterung *f* | *Wirtsch* Zunahme *f* ⟨≈ of currency Banknotenzunahme *f*⟩ | *Pol, Tech* Expansion *f*; **ex'pan·sion gear** *s Tech* Spannungshebel *m*; **ex'pan·sion·ism** *s Pol* Expansionspolitik *f*; **ex'pan·sion stroke** *s Tech* Ausdehnungshub *m*; **ex'pan·sive** *adj* expansiv, Expansions- | ausdehnbar | weit, umfassend | *Psych* größenwahnsinnig | *übertr* mitteilsam, freundlich | *übertr* überschwenglich

ex par·te [,eks 'pɑ:tɪ] ⟨*lat*⟩ *adj adv Jur* seitens einer Partei, einseitig

ex·pa·ti·ate [ɪk'speɪʃɪeɪt] *förml vi* sich weitläufig auslassen (**on, upon** über); **ex,pa·ti'a·tion** *s* weitläufige Ausführung | Geschwätz *n* | umfassende Darstellung; **ex'pa·ti·a·tory** *adj* langatmig redend ⟨to be ≈ weitschweifig darlegen⟩

ex·pa·tri·ate [ek'spætrɪeɪt] *vt* (jmdn.) (aus dem Vaterland) ausweisen, ausbürgern ⟨to ≈ o.s. auswandern⟩; *vi* seine Staatsbürgerschaft aufgeben, auswandern, seine Heimat verlassen; **ex,pa·tri'a·tion** *s* Verbannung *f*, Ausweisung *f* (aus dem Vaterland) | Auswanderung *f*

ex·pect [ɪk'spekt] *vt* hoffen, erwarten ⟨I ~ to be back; I ~ him to come/I ~ that he will come ich hoffe, daß er kommt⟩ | (e-r Sache) entgegensehen, rechnen auf ⟨to ~ payment⟩ | erwarten, sich versprechen (**of** von) ⟨I ~ too much of him⟩ | verlangen ⟨I ~ you to be punctual⟩ | *umg* denken, annehmen (**that** daß) ⟨I ~ so ich nehme an⟩; **ex'pect·ance, ex'pect·an·cy** *s* Erwartung *f* ⟨after long ~ance nach langem Warten; in ~ancy of s.th. in Erwartung e-r Sache; life ~ancy Lebenserwartung *f*⟩ | Aussicht *f*; **ex'pect·ant 1.** *adj* erwartend ⟨to be ≈ of s.th. etw. erwarten⟩ | erwartungsvoll | *Med* abwartend | schwanger ⟨an ≈ mother e-e werdende Mutter⟩ | *umg* üblich ⟨to be ≈ zu erwarten sein, angenommen werden können, normal sein⟩; **2.** *s* Anwärter *m* (für ein Amt u. ä.); **ex·pec·ta·tion** [,ekspek'teɪʃn] *s* Erwartung *f*, Erwarten *n* ⟨against/contrary to ≈(s) wider Erwarten; beyond (all) ≈(s) über (alles) Erwarten; in ≈ of in Erwartung; to fall short of s.o.'s ≈s jmds. Erwartungen enttäuschen⟩ | *meist pl* Gegenstand *m* der Erwartung | *meist pl* mutmaßliche Erbschaft | *oft pl* (gute) Zukunftsaussichten ⟨great ≈s⟩ | Aussicht *f* ⟨≈ of life vermutliche Lebensdauer, Lebenserwartung⟩ | Abwarten *n*; **ex'pect·a·tive** *adj* ab-, erwartend; **ex'pect·ing** *adj umg euphem* schwanger ⟨to be ≈⟩

ex·pec·to·rant [ɪk'spektərənt] **1.** *adj Med* schleimlösend; **2.** *s Med* schleimlösendes Mittel; **ex'pec·to·rate** *vt* (Schleim) aushusten, ausspeien; *vi euphem* (aus)spucken, speien; **ex,pec·to'ra·tion** *s* Ausspeien *n* | *Med* Sputum *n*

ex·pe·di|ence [ɪk'spi:dɪəns], **ex'pe·di·en·cy** *s* Zweckmäßigkeit *f*, -dienlichkeit *f* | Schicklichkeit *f*, Tunlichkeit *f* | *verächtl* (bloße) Berechnung, Selbstinteresse *n*; **ex'pe·di·ent 1.** *adj* (*meist präd*) zweckmäßig, -dienlich | schicklich, tunlich ⟨to think it ≈ es für tunlich halten⟩ | *verächtl* berechnend, selbstsüchtig, dem eigenen Vorteil gereichend; **2.** *s* Ausweg *m*, Ausflucht *f* ⟨to hit upon an ≈ einen Ausweg finden⟩ | (Not-) Behelf *m* ⟨by way of ≈ behelfsmäßig⟩; **ex,pe·di'en·tial** [~'enʃl] *adj* Zweckmäßigkeits-

ex·pe|dite ['ekspɪdaɪt] *förml vt* beschleunigen, fördern | schnell ausführen | expedieren, befördern; **,ex·pe'di·tion** [~'dɪʃn] *s förml* Eile *f*, Geschwindigkeit *f*, Gewandtheit *f* ⟨with ≈ in Eile⟩ | Reise *f*, Expedition *f* ⟨on an ≈ auf e-r Expedition; hunting ≈⟩ | *Mil* Kriegs-, Feldzug *m*, Unternehmen *n* | (Mitglieder e-r) Expedition *f*; **,ex·pe'di·tion·ar·y** *adj* Expeditions; **,ex·pe'di·tious** [~dɪʃəs] *förml adj* schnell, geschwind | geschäftig

ex|pel [ɪk'spel] *vt* (**~'pelled, ~'pelled**) (hin)ausstoßen, vertreiben (**from** aus, von) | verbannen (**from** von) | ausschließen, relegieren ⟨to ~ from [the] school von der Schule ausschließen⟩ | *Chem* (Dämpfe) abtreiben; **~'pel·lant, ~'pel·lent** *adj* (aus)treibend | Stoß-

ex·pend [ɪk'spend] *vt* (Zeit, Energie) aufwenden (**in, on** s.th. für etw.) | (Geld) verbrauchen, ausgeben | (Geld u. ä.) aufbrauchen ⟨to ~ o.s. *übertr* sich verausgaben⟩; **ex'pend·a·ble** *euphem* **1.** *adj* verbrauchbar, Verbrauchs- | *Mil* (Truppen) einsetzbar, aufbietbar, aufopferbar; **2.** *s, meist* **ex'pend·a·bles** *pl Mil* Verbrauchsgüter *n/pl* | *pl Mil* verlorener Haufe, aufgeopferte Nachhut; **ex·pen·di·ture** [ɪk'spendɪtʃə] *förml s* Ausgabe *f*, Verausgabung *f* | Aufwand *m* | Verbrauch *m* (**of** an) ⟨≈ of time Zeitaufwand *m*; ≈ of material Materialverbrauch *m*⟩ | Aufwendungen *f/pl*, Kosten *pl*, Kostenaufwand *m* ⟨estimate of ≈s Kostenanschlag *m*⟩

ex·pense [ɪk'spens] *s* Ausgabe *f*, Auflage *f* ⟨to put s.o. to great ~ jmdm. große Kosten verursachen, jmdn. in große Kosten stürzen; to spare no ~ keine Kosten scheuen⟩ | Ausgeben *n*, Verausgabung *f* | Aufwand *m*, Verbrauch *m* ⟨at an ~ of mit einem Aufwand von⟩ | *übertr* Kosten *pl*, Schaden *m* ⟨at the ~ of auf Kosten von, zum Schaden (*mit gen*); to go to the ~ of (*mit ger*) sich Mühe machen zu (*mit inf*); to laugh at s.o.'s ~⟩; **'~ ac,count** *s Wirtsch* Spesenkonto *n*; **ex'penses** *pl* (Un-) Kosten *pl*, Spesen *pl* ⟨≈ covered kostenfrei; ≈ of production Herstellungskosten *f*; calculation of ≈ Kostenberechnung *f*; fixed/running ≈

laufende Ausgaben *od* Kosten *f/pl*; living ≈ Lebenshaltungskosten *pl*; to bear [the] ≈ die Kosten tragen⟩; **ex'pen·sive** *adj* teuer, kostspielig

ex·pe·ri|ence [ɪk'spɪərɪəns] **1.** *s* Erfahrung *f* ⟨by/from one's own ≈ aus eigener Erfahrung; to know (s.th.) by ≈ (etw.) aus Erfahrung wissen; to learn by ≈ aus der Erfahrung lernen⟩ | Praxis *f*, (praktische) Kenntnisse *pl* ⟨≈ in s.th.; to lack ≈ keine Praxis haben⟩ | Erlebnis *n* ⟨it was quite an ≈ es war ein ganz schönes Erlebnis⟩ | *Phil* Empirie *f*; **2.** *vt* erfahren | aus Erfahrung wissen | erleben | (Schicksal) erleiden, durchmachen ⟨to ≈ pleasure Vergnügen empfinden⟩ | stoßen auf ⟨to ≈ difficulties⟩; **ex'pe·ri·enced** *adj* erfahren (**in** in); **'~ence ˌta·ble** *s* Sterblichkeitstabelle *f*; **exˌpe·ri'en·tial** [-'enʃl] *adj Phil* erfahrungsmäßig, empirisch; **exˌpe·ri'en·tial·ism** *s Phil* Empirismus *m*

ex·per·i|ment [ɪk'sperɪmənt] *s* Experiment *n*, Versuch *m*, Probe *f* ⟨≈ on animals Tierversuch *m*; to make/carry out an ≈ in economics; to learn s.th. by ≈⟩; [~ment] *vi* experimentieren, Versuche machen (**on, upon** an; **with** mit) ⟨to ≈ with s.th. etw. versuchen⟩; **exˌper·i'men·tal** [-'mentl] *adj* auf Erfahrung gegründet | Erfahrungs- | Erlebnis- | *Phys* Experimental-, praktisch ⟨≈ error Versuchsfehler *m*; ≈ plot *Landw* Versuchsfeld *n*⟩; **exˌper·i'men·tal·ist** *s* Experimentator *m*; **exˌper·i'men·tal·ize** *vi* experimentieren, Versuche machen (**on, upon** an); **exˌper·i·men'ta·tion** *s* Experimentieren *n*; **ex'per·i·men·ter** *s* Experimentator *m*

ex·pert ['ekspɜ:t] *präd auch* [ɪk'spɜ:t] **1.** *adj* erfahren, kundig | fachmännisch ⟨according to ~ advice/opinions⟩ | geschickt, gewandt (**at, in** *mit ger* in) ⟨an ~ driver⟩; **2.** *s* Experte *m*, Sachverständiger *m* (**at, in** *mit ger* in; **on s.th.** in e-r Sache) | Fachmann *m*, Kenner *m* ⟨a language ~⟩; **ex·per·tise** [ˌekspɜ:'ti:z] *s Wirtsch* Einschätzung *f* | *bes Brit* (Sachverständigen-) Gutachten *n* | Gutachtertätigkeit *f* | Sachkenntnis *f* | fachmännisches Geschick

ex·pi|a·ble ['ekspɪəbl] *adj* sühnbar; **'~ate** [~eɪt] *vt* sühnen, büßen ⟨to ≈ a crime⟩; **ˌex·pi'a·tion** *s* Sühne *f*, Buße *f* ⟨at the ≈ of nach Ablauf⟩ | *Hist* Sühnopfer *n*; **'ex·pi·a·tory** [-trɪ] *adj* sühnend, Sühn-, Buß- ⟨to be ≈ of s.th. etw. sühnen; Sühne für etw. sein⟩

ex·pi·ra·tion [ˌekspɪ'reɪʃn] *s* Ausatmen *n*, Ausatmung *f* | *übertr* Tod *m*, Ende *n* | *Wirtsch* (Wechsel) Fälligwerden *n* ⟨at the time of ~ zur Verfallszeit⟩; **ex·pir·a·to·ry** [ɪk'spaɪərətərɪ] *adj* ausatmend, aushauchend | Atem- ⟨≈ organ Atemorgan *n*⟩; **ex·pire** [ɪk'spaɪə] *vt* (Luft) aushauchen, ausatmen (**from** aus); *vi* ausatmen, aushauchen | *lit* sterben | (Zeitperiode) zu Ende gehen, verstreichen | (Feuer) erlöschen, aufhören | (Patent) ungültig werden, verfallen | *Wirtsch* fällig werden; **ex'pir·ing** *adj* sterbend | Todes- | letzter(-e, -es); **ex'pi·ry** *s* Ablauf *m*, Ende *n*

ex·plain [ɪk'spleɪn] *vt* erklären, erläutern (**s.th. to s.o.** jmdm. etw.) ⟨to ~ how to do s.th. erklären, wie man etw. macht⟩ | (Bedeutung) verständlich machen, auseinandersetzen ⟨to ~ s.o.'s behaviour; to ~ o.s. a little sich etw. deutlicher ausdrücken⟩ | (Verhalten) begründen, rechtfertigen ⟨to ~ o.s. sich rechtfertigen⟩; **~ away** Ausreden finden für, entschuldigen; *vi* (den Sachverhalt) erklären, eine Erklärung abgeben; **ex'plain·a·ble** *adj* erklärbar, erklärlich; **ex·pla·na·tion** [ˌeksplə'neɪʃn] *s* Erklärung *f*, Erläuterung *f* ⟨by way of ≈ zur Erklärung; in ≈ of als Erläuterung für; to give an ≈ of s.th. etw. erklären; to make some ≈ e-e Erklärung abgeben, sich erklären⟩ | Begründung *f*, Rechtfertigung *f* | Auslegung *f* | Auseinandersetzung *f*, Verständigung *f* ⟨to come to an ≈ with s.o. sich mit jmdm. verständigen⟩; **ex·plan·a·tive** [ɪk'splænətɪv], **ex'plan·a·to·ry** [-nətrɪ] *adj* erklärend, erläuternd

ex·plant [eks'plɑ:nt] *Biol* **1.** *vt* (Gewebe) verpflanzen; **2.** *s* verpflanztes Gewebestück; **ˌex·plan'ta·tion** *s Biol* Explantation *f*

ex·ple·tive [ɪk'spli:tɪv] **1.** *adj* (Satz) ausfüllend, Ausfüll-; **2.** *s Ling* Füllwort *n* | Füllsel *n*, Lückenbüßer *m* | Fluch *m*; **ex'ple·to·ry** *adj* ausfüllend

ex·pli|ca·ble ['eksplɪkəbl] *adj* erklärbar, erklärlich; **'~cate** *vt* (Prinzip u. ä.) entwickeln | erläutern, erklären; **ˌ~'ca·tion** *s* Entwicklung *f*, Explikation *f* (e-r Idee) | Erklärung *f*, Erläuterung *f*; **'~ca·tive**, **'~ca·to·ry** *adj* erklärend, erläuternd

ex·plic·it [ɪk'splɪsɪt] *adj* bestimmt, klar, deutlich, ausdrücklich ⟨to be ~ about s.th. über etw. keinen Zweifel lassen⟩ | (Person) offen, freimütig | *Math* explizit

ex·plode [ɪk'spləʊd] *vt* zur Explosion bringen, explodieren lassen | *übertr* (Theorie) verwerfen, in Verruf bringen, zum Platzen bringen ⟨to be ~d überlebt sein⟩; *vi* explodieren, in die Luft fliegen, losgehen | *übertr* (Gefühl u. ä.) ausbrechen ⟨his anger ~d⟩ | (Person) platzen ⟨to ~ with anger vor Wut platzen; to ~ with laughter sich totlachen⟩; **ex'plod·ed 'view** *s Tech* auseinandergezogene Darstellung; **ex'plod·er** *s* Sprengmittel *n*, Zünder *m*

ex·ploit ['eksplɔɪt] *s* (Helden-) Tat *f* ⟨the ~s of Columbus⟩; [ɪk'splɔɪt] *vt* in Betrieb nehmen, benutzen | (Bergwerk u. ä.) ausbeuten, ausnutzen | (Person) ausnutzen, ausbeuten; **~a·ble** [ɪk'splɔɪtəbl] *adj* (aus)nutzbar; **ex·ploi·ta·tion** [ˌeksplɔɪ'teɪʃn] *s* Inbetriebnahme *f* | Abbau *m*, Ausbeutung *f* ⟨wasteful ≈ Raubbau *m*⟩ | *Wirtsch* Verwertung *f* | *übertr* Ausbeutung *f* ⟨capitalist ≈⟩ | *Am* Reklame *f* ⟨≈ campaign⟩; **~a·tive** [ɪk'splɔɪtətɪv] *adj* ausnutzend; **~er** [ɪk'splɔɪtə] **1.** *s* Ausbeuter *m*; **2.** *Am vt* ausbeuten

ex·plo·ra·tion [ˌeksplə'reɪʃn] *s* Erforschen *n*, Erforschung *f* (e-s Landes) | Untersuchung *f* | *Bergb* Schürfen *n*; **ex·plor·a·tive** [ɪk'splɔ:rətɪv], **ex'plor·a·to·ry** [-ətrɪ] *adj* (er)forschend | Forschungs- | untersuchend ⟨≈ incision *Med* Probeinzision *f*⟩ | informatorisch, Informations-; **ex·plore** [ɪk'splɔ:] *vt* (Gebiet) erforschen, auskundschaften | (Probleme, Möglichkeiten u. ä.) untersuchen | (Patient) untersuchen | (Wunde) sondieren | *Tech* aufschließen; *vi* forschen | (systematisch) suchen nach ⟨to ≈ for oil⟩; **ex'plor·er** *s* Forscher *m*, Forschungsreisender *m* | *Med* Sonde *f*

ex·plo|sion [ɪk'spləʊʒn] *s* Explosion *f*, Knall *m* ⟨a loud ≈⟩ | *übertr* Ausbruch *m* ⟨an ≈ of laughter⟩ | *übertr* gewaltige Zunahme ⟨population ≈⟩; **ex'plo·sive** [~s~] **1.** *adj* explosiv | Spreng-, Explosions- ⟨≈ materials⟩ | *übertr* aufbrausend ⟨≈ temper⟩; **2.** *s* Sprengstoff *m* ⟨high ≈s hochexplosive Sprengstoffe *m/pl*⟩ | *Ling* Verschlußlaut *m*; **ˌ~sive 'cot·ton** *s Tech* Schießbaumwolle *f*; **ˌ~sive 'flame** *s Tech* Stichflamme *f*

Ex·po ['ekspəʊ] *s* Weltausstellung *f*

ex·po|nent [ɪk'spəʊnənt] *s* Erklärer *m* | Exponent *m*, Repräsentant *m*, Verfechter *m* ⟨an ≈ of science⟩ | *Math* Exponent *m*; **~nen·tial** [ˌekspə'nenʃl] *Math* **1.** *adj* Exponential-; **2.** *s* Exponentialgröße *f*

ex·port [ɪk'spɔ:t] *vt* exportieren, ausführen; ['ekspɔ:t] *s* Export *m*, Ausfuhr *f* ⟨~s Gesamtausfuhr *f*; invisible ~s unsichtbarer Export⟩ | Exportartikel *m* ⟨chief ~s Hauptexportgüter *n/pl*⟩; **ex'port·a·ble** *adj* ausführbar, Ausfuhr-; **ex·por·ta·tion** [ˌekspɔ:'teɪʃn] *s* Export *m*, Ausfuhr *f* | Exportartikel *m*; **'~ ˌdu·ty** *s* Ausfuhrzoll *m*; **ex'port·er** *s* Exporteur *m*; **'~ ˌli·cence** *s* Ausfuhrgenehmigung *f*; **'~ trade** *s* Außenhandel *m*

ex·pose [ɪk'spəʊz] *vt* aussetzen (e-r Einwirkung, Wetter u. ä.) | (Kind) aussetzen | entblößen ⟨to ~ o.s. sich (sexuell) entblößen⟩ | *übertr* (jmdn., etw.) aussetzen, unterwerfen (**to s.th.** e-r Sache) ⟨to ~ o.s. to ridicule sich lächerlich machen⟩ | *übertr* bloßstellen ⟨to ~ o.s. sich bloßstellen⟩ | (Betrug, Verbrechen) aufdecken, entlarven |

(Geheimnis) enthüllen | (Waren) ausstellen, auslegen | *Foto* exponieren, belichten; **ex'posed** *adj* exponiert, ungeschützt; **ex·po·sé** [ek'spəuzeɪ] ⟨*frz*⟩ *s* Exposé *n*, Darlegung *f*, Bericht *m* | Enthüllung *f*; **ex·po·si·tion** [ˌekspə'zɪʃn] *s* Aussetzung *f* (e-s Kindes u. ä.) | Darlegung *f*, Erklärung *f* | (öffentliche) Ausstellung ⟨an industrial ≈⟩ | *Lit, Mus* Exposition *f* | *Foto* Belichtung *f*; **ex·pos·i·tive** [ɪk'spɒzɪtɪv] *adj* erklärend, erläuternd ⟨to be ≈ of erklären⟩; **ex·pos·i·tor** [ɪk'spɒzɪtə] *s* Erklärer *m*; **ex'pos·i·to·ry** *adj* erklärend, erläuternd

ex post fac·to [ˌeks pəust 'fæktəu] ⟨*lat*⟩ *adj, adv* rückwirkend ⟨~ law⟩

ex·pos·tu|late [ɪk'spɒstʃuleɪt] *förml vi* Vorhaltungen machen (**with s.o.** jmdm.; **about, on, upon** über, wegen) | protestieren (**against** gegen) | zurechtweisen, zur Rede stellen (**with s.o.** jmdn.); **exˌpos·tu'la·tion** *s* Vorhaltung *f* | Zank *m* | Klage *f*, Protest *m*; **ex'pos·tu·la·tive, ex'pos·tu·la·to·ry** *adj* Vorhaltungen machend | Beschwerde-, Protest-

ex·po·sure [ɪk'spəuʒə] *s* Aussetzung *f* (bes. e-s Kindes) | Aussetzen *n*, Ausgesetztsein *n* (**to s.th.** e-r Sache) ⟨death by ~ Tod durch Erfrieren⟩ | (Ware) Ausstellung *f*, Feilhalten *n* | *Med* Exposition *f*, Bloßlegung *f* | *Foto* Belichtung(szeit) *f(f)* | *Foto* Aufnahme *f* | *übertr* Bloßstellung *f*, Enthüllung *f* ⟨the ~ of a criminal⟩ | Lage *f* ⟨a house with a southern ~⟩; **'~ ˌme·ter** *s* Belichtungsmesser *m*

ex·pound [ɪk'spaund] *vt* (Theorie u. ä.) erklären, darlegen, erläutern ⟨to ~ one's view to s.o.⟩ | auslegen ⟨to ~ the Scriptures die Bibel auslegen⟩

ex·press [ɪk'spres] **1.** *adj* ausdrücklich, eindeutig ⟨an ~ command⟩ | Express-, Eil- ⟨~ letter Eilbrief *m*; ~ train Schnellzug *m*⟩ | genau, gleich ⟨he is an ~ image of his father er gleicht genau seinem Vater⟩ | besonde(r, -s) ⟨an ~ purpose⟩; **2.** *adv* expreß, durch Eilboten ⟨to send ~⟩ | eigens; **3.** *s Brit* Eilbote *m* | Eilbrief *m* | Eilbotschaft *f* | Eilbeförderung *f* ⟨by ~⟩ | Eilgut *n* | *bes Am* Expressdienst *m* ⟨an ~ company⟩ | *auch* ˌ**~ 'train** Schnellzug *m* | *Am auch* Eilgüterzug *m* | *Am* private Beförderung; **4.** *vt* (Gedanken u. ä. in Worten) äußern, ausdrücken ⟨to ~ o.s. in English⟩ | (Gefühle) zeigen, offenbaren ⟨to ~ o.s. sich offenbaren⟩ | (Dank) aussprechen | bezeichnen, vor-, darstellen | als Expreßgut befördern | (Saft u. ä.) auspressen, ausdrücken (**from, out of** aus); **ex'press·age** *s Am* Expreßtransport *m* | Expreßgebühr *f*; **ex'press·i·ble** *adj* ausdrückbar

ex·pres·sion [ɪk'spreʃn] *s* Ausdruck *m* ⟨beyond (all)/past ~ unaussprechlich, unbeschreibbar; to find ~ in (Gefühl) sich ausdrücken *od* zeigen in; to give ~ to s.th. einer Sache Ausdruck verleihen; to play with ~ mit viel Ausdruck spielen⟩ | Redensart *f*, Wendung *f* ⟨a slang ~⟩ | Ausdrucksweise *f* | (Gesichts-) Ausdruck *m* | Betonung *f*, Tonfall *m* | *Math* Formel *f*, Terminus *m* | (Öl) Auspressung *f*; **ex'pres·sion·al** *adj* Ausdrucks-; **ex'pres·sion·ism** *s Kunst* Expressionismus *m*; **ex'pres·sion·ist 1.** *s* Expressionist *m*; **2.** *adj* expressionistisch; **exˌpres·sion'is·tic** *adj* expressionistisch; **ex'pres·sion·less** *adj* ausdruckslos; **ex'pres·sive** *adj* ausdrückend ⟨to be ≈ of s.th. etw. ausdrücken; looks ≈ of despair verzweifelte Blicke⟩ | ausdrucksvoll ⟨an ≈ face⟩

ex·press|ly [ɪk'spreslɪ] *adv* ausdrücklich ⟨to tell s.o. ≈⟩ | eigens, speziell ⟨≈ for you⟩ **'~man** *s* (*pl* **'~men**) Angestellter *m* des Expreßdienstes; **'~ ˌof·fice** *s Am* Paketannahmestelle *f*; **'~ ˌwag·on** *s Am* Transportwagen *m* | *Am* Kinderwägelchen *n*; **'~way** *s Am* Schnell(verkehrs)straße *f*, Autobahn *f*

ex·pro·bra·tion [ˌekspro'breɪʃn] *s* Vorwurf *m*

ex·pro·pri·ate [eks'prəuprɪeɪt] *vt* expropriieren, enteignen (**from s.th.** e-r Sache); **exˌpro·pri'a·tion** *s* Expropriierung *f*, Enteignung *f*

ex·pul·sion [ɪk'spʌlʃn] *s* Aus-, Vertreibung *f* (**from** von) ⟨≈ order Ausweisungsbefehl *m*⟩ | Ausstoßung *f*, Entfernung *f* (**from** von) | *Med* Abführen *n*; **ex'pul·sive** *adj* aus-, vertreibend | Stoß- | *Med* abführend

ex·punc·tion [ɪk'spʌŋkʃn] *förml s* Ausstreichung *f*, Tilgung *f* (*auch übertr*); **ex·punge** [ɪk'spʌndʒ] *vt* aus-, durchstreichen | radieren ⟨to ≈ from a list⟩ | *übertr* entfernen, vernichten, auslöschen ⟨to ~ s.o.'s shame⟩

ex·pur|gate ['ekspəgeɪt] *vt* (Buch von Anstößigem) säubern, reinigen (*auch übertr*) (**from** von) ⟨≈d edition (von anstößigen Stellen) gereinigte Ausgabe⟩; ˌ**~'ga·tion** *s* Säuberung *f*, Reinigung *f* | Streichung *f*; **~ga·to·ry** [ek'spɜ:gətərɪ] *adj* säubernd, reinigend

ex·qui·site [ɪk'skwɪzɪt|'eks~] **1.** *adj* auserlesen, köstlich, vorzüglich, exquisit ⟨~ workmanship⟩ | (Gehör) fein | (Freude, Schmerz) heftig, stark, groß | empfindlich ⟨~ sensibility Feingefühl *n*⟩; **2.** *s* Stutzer *m*

ex·san·gui·nate [ek'sæŋgwɪneɪt] *vt Med* schröpfen; **ex'san·guine** *adj* blutarm, -leer

ex·scind [ek'sɪnd] *vt* aus-, herausschneiden | *übertr* ausstoßen, entfernen

ex·sert [ek'sɜ:t] *vt Bot* vortreiben ⟨to be ~ed hervorstehen⟩; **ex·ser·tion** [ek'sɜ:ʃn] *s* Hervorstehen *n*

ex·serv·ice [ˌeks 'sɜ:vɪs] *bes Brit adj* aus ehemaligen Armeebeständen ⟨~ goods⟩; **'~man** (*pl* **'~men**) ehemaliger Kriegsteilnehmer

ex·sic·cate ['eksɪˌkeɪt] *vt* austrocknen; ˌ**ex·sic'ca·tion** *s* Austrocknung *f* | Dürre *f*

ex·tant [ɪk'stænt] *adj* (Manuskripte u. ä.) (noch) vorhanden, (noch) existierend ⟨the earliest ~ manuscripts⟩

ex·tem·po|ra·ne·ous [ɪkˌstempə'reɪnɪəs] *adj* extemporiert, unvorbereitet, aus dem Stegreif (gesprochen) ⟨in an ≈ manner⟩; **~rar·y** [ɪk'stempərərɪ] *adj* aus dem Stegreif, improvisiert; **~re** [ɪk'stempərɪ] **1.** *adv* improvisiert, unvorbereitet ⟨to speak ≈ frei sprechen⟩; **2.** *adj* extemporiert, Stegreif-, aus dem Stegreif ⟨an ≈ address e-e unvorbereitete Rede⟩; **3.** *s* Extempore *n*, Improvisation *f* | unvorbereitete Rede; **~ri·za·tion** [~raɪ'zeɪʃn] *s* Extemporieren *n*, Improvisation *f*; **ex'tem·po·rize** *vt* (etw.) extemporieren, aus dem Stegreif dichten *od* darbieten, improvisieren; *vi* extemporieren; **ex'tem·po·riz·er** *s* Improvisator *m*

ex·tend [ɪk'stend] *vt* (Körper, Glieder) (aus)dehnen, (aus)recken | *Wirtsch* (Frist u. ä.) verlängern | *übertr* (Macht u. ä.) ausdehnen, vergrößern, erweitern | (Hand u. ä.) ausstrecken ⟨to ~ one's arm⟩ | *Tech* längen, dehnen, führen, ziehen ⟨to ~ a rope⟩ | *Flugw* (Fahrgestell) ausfahren | *förml übertr* (Gunst u. ä.) gewähren, erweisen (**to, towards s.o.** jmdm.) ⟨to ~ hospitality Gastfreundschaft erweisen; to ~ a warm welcome to s.o. jmdn. herzlich willkommen heißen; to ~ s.o. credit *Wirtsch* jmdm. Kredit gewähren⟩ | (Wort) voll ausschreiben | (Kurzschrift) in Langschrift übertragen | (Land, Besitz) gerichtlich abschätzen| (Besitz) pfänden | (*meist pass*) *Sport* (Pferde u. ä.) (bis zum äußersten) anstrengen ⟨without being fully ~ed ohne voll gefordert zu werden⟩; *vi* sich ausdehnen, sich erstrecken, reichen (**to** bis, **over** über) | hinausgehen (**beyond** über)

ex·ten·si·bil·i·ty [ɪkˌstensɪ'bɪlətɪ] *s* Ausdehnbarkeit *f*; **ex'ten·si·ble, ex·ten·sile** [ɪk'stensɪl|-ˌsaɪl] *adj* (aus)dehnbar

ex·ten·sion [ɪk'stenʃn] *s* Ausdehnen *n* | Ausdehnung *f* (*auch übertr*) (**to** auf) ⟨the ~ of influence⟩ | Erweiterung *f* ⟨~ of knowledge⟩ | *Brit* Externen-, Abendstudium *n*, Volkshochschule *f* ⟨University ~; ~ courses⟩ | Verlängerung *f* ⟨~ of holidays⟩ | Aufschub *m* ⟨to get an ~ of time⟩ | *Arch* Aus-, Anbau *m* | *Med* Streckung *f* | *Tel* (Neben-) Anschluß *m* | *Phys* Ausdehnung *f* (eines Körpers) | *Phil* Umfang *m* (eines Begriffes), Extension *f*; **'~ cord** *s* Verlängerungsschnur *f*; **'~ ˌlad·der** *s* Ausziehleiter *f*; **'~ line** *s Tel* Nebenanschluß *m*; **'~ spring** *s* Spannfeder *f*; **ex'ten·si·ty** *s* Ausdehnung *f*, Ausdehnungsgrad *m*, Ausdehnungsmöglichkeit *f* | *Phys* Räumlichkeit *f*; **ex'ten·sive** *adj* weitreichend ⟨an ≈ view⟩ | ausgedehnt, umfassend ⟨≈ inquiries umfangreiche Nachforschungen⟩ | *Landw* extensiv; **ex·ten·som·eter** [ˌeksten'sɒmɪtə] *s Phys* Dehnungsmesser *m*

ex·ten·sor [ɪk'stensə] *s Anat* Streckmuskel *m*

ex·tent [ɪk'stent] *s* Ausdehnung *f* ⟨three miles in ~ drei Meilen lang⟩ | Größe *f*, Weite *f*, Umfang *m* (*auch übertr*) ⟨to the full ~ in vollem Umfang, völlig⟩ | Grad *m*, Maß *n* ⟨to a certain ~ bis zu einem gewissen Grade, gewissermaßen; to a great ~ in hohem Grade, beträchtlich; to the ~ of bis zur Höhe, bis zum Betrag von; to some ~ einigermaßen; to such an ~ in einem solchen Maße, so sehr *od* stark⟩ | *Jur* (Land) Beschlagnahme *f*, Pfändung *f*

ex·ten·uate [ɪk'stenjʊeɪt] *vt* (Fehler u. ä.) (ab)schwächen, mildern, beschönigen ⟨~ating circumstances mildernde Umstände *m/pl*⟩; **exˌten·u'a·tion** *s* Abschwächung *f*, Milderung *f*, Beschönigung *f* ⟨in ≈ of s.th. um etw. zu mildern, zur Entschuldigung⟩; **ex'ten·u·a·tive, ex'ten·u·a·tory** *adj* mildernd, beschönigend

ex·te·ri·or [ɪk'stɪərɪə] **1.** *adj* äußer(er, -e, -es) | äußerlich, Außen-, außerhalb, auswärtig, von außen kommend ⟨~ to s.th. abseits von etw., außerhalb e-r Sache; ~ policy auswärtige Politik; ~ causes⟩; **2.** *s* das Äußere ⟨the ~ of der äußere Anschein von⟩ | (Film) Außenaufnahme *f*; **~i·ty** [ekˌstɪərɪ'ɒrətɪ] *s* das Äußere, Außenseite *f* | Äußerlichkeit *f*; **ex'te·ri·or·ize** *vt* veräußerlichen, äußerlich darstellen | *Psych* exteriorisieren, nach außen projizieren | *Med* (zeitweilig) nach außen verlegen

ex·ter·mi·nant [ɪk'stɜ:mɪnənt] *s* Schädlingsbekämpfungsmittel *n*; **ex'ter·mi·nate** *vt* (Insekten u. ä.) ausrotten, vertilgen | *übertr* auslöschen | *Math* eliminieren; **exˌter·mi'na·tion** *s* Ausrottung *f*, Vertilgung *f* (*auch übertr*) | *Math* Elimination *f*; **ex'ter·mi·na·tive** *adj* ausrottend; **ex'ter·mi·na·tor** *s* Zerstörer *m* | Kammerjäger *m* | Insektizid *n*; **ex'ter·mi·na·to·ry** *adj* ausrottend, Ausrottungs-

ex·ter·nal [ɪk'stɜ:nl] **1.** *adj* äußere(r, -s) | Außen- ⟨~ aerial Außenantenne *f*⟩ | äußerlich, außerhalb befindlich ⟨~ to außerhalb von⟩ | *Päd* extern ⟨~ student Externe(r) *f*(*m*); ~ examiner Prüfer *m* von einer anderen Universität⟩ | *übertr* äußerlich, oberflächlich ⟨~ evidence⟩ | sichtbar, wahrnehmbar, Erscheinungs- ⟨~ world⟩ | *Med* äußerlich ⟨an ~ remedy; for ~ use zum äußerlichen Gebrauch⟩ | *Math* Außen- | ausländisch, Außen- ⟨~ property Auslandsvermögen *n*⟩; **2.** *s*, *meist* **ex'ter·nals** *pl* das Äußere ⟨to judge s.o. by ~s jmd. nach dem Äußeren beurteilen⟩ | Äußerlichkeiten *f/pl* | Gebräuche *pl*, Erscheinungsformen *f/pl* ⟨~s of religion⟩ | Nebensächlichkeiten *f/pl*; **ex'ter·nal·ism** *s* Neigung *f* zu den Äußerlichkeiten | *Phil* Lehre *f* von den äußeren Erscheinungen; **~ity** [ˌekstɜ:'nælətɪ] *s* Äußerlichkeit *f* | äußere Eigenschaft | äußerer Gegenstand; **~i·za·tion** [ɪkˌstɜ:nlaɪ'zeɪʃn] *s Phil* Verkörper(lich)ung *f*; **ex'ter·nal·ize** *vt Phil* verkörperlichen | objektivieren, veräußerlichen | *Psych* nach außen projizieren, als objektiv empfinden; **ex'ter·nal·ly** *adv* außen, äußerlich | extern ⟨to study ≈⟩

ex·ter·ri·to·ri·al [ˌeksterɪ'tɔ:rɪəl] *adj* exterritorial, den Landesgesetzen nicht unterworfen; **ˌex·ter·riˌto·ri'al·i·ty** [-'ælɪ-] *s* Exterritorialität *f*

ex·tinct [ɪk'stɪŋkt] *adj* (Feuer, Vulkan) ausgelöscht, erloschen (*auch übertr*) | (Familie, Tierart) ausgestorben, tot, untergegangen ⟨to become ~ aussterben, untergehen⟩ | (Einrichtung) veraltet | (Gesetz) abgeschafft, aufgehoben;

ex·tinc·tion [ɪk'stɪŋkʃn] *s* Aus-, Erlöschen *n* | Auslöschung *f* | Vernichtung *f*, Aussterben *n* | Tilgung *f*, Löschung *f*, Abschaffung *f*; **ex'tinc·tive** *adj* aus-, erlöschend, vernichtend, tilgend

ex·tin·guish [ɪk'stɪŋgwɪʃ] *förml vt* (Feuer) auslöschen, zum Erlöschen bringen | *übertr* (Leben, Gefühl) auslöschen, ersticken, töten | *übertr* (jmdn.) in den Schatten stellen | *übertr* (jmdn.) zum Schweigen bringen | (Schuld) tilgen | (Amt) aufheben | vernichten, zerstören; **ex'tin·guish·able** *adj* auslöschbar, tilgbar; **ex'tin·guish·er** *s* Licht-, Löschhütchen *n* ⟨fire ≈ Feuerlöscher *m*⟩ | Rauchtöter *m*; **ex'tin·guish·ment** *s* Auslöschung *f* | Erlöschen *n* | Vernichtung *f*, Tilgung *f*, Abschaffung *f* | *Jur* Aufhebung *f*

ex·tir|pate ['ekstəpeɪt] *förml vt* (Unkraut, Volk) ausrotten, vernichten | *übertr* ausrotten ⟨to ≈ a social evil⟩ | *Med* exstirpieren, ausschneiden; **ˌ~'pa·tion** *s* Ausrottung *f*, Vernichtung *f* | *Med* Exstirpation *f*, Ausschneidung *f*; **'~pa·tive** *adj* ausrottend | *Med* Exstirpations-; **'~pa·tor** *s* Ausrotter *m*

ex·tol[l] [ɪk'stəʊl] *vt* (**ex'tolled, ex'tolled**) *förml* loben, erheben, preisen ⟨to ~ s.o. as jmdn. feiern als; to ~ s.o.'s merits jmds. Verdienste hervorheben; to ~ s.o. to the skies *übertr* jmdn. in den Himmel heben⟩

ex·tort [ɪk'stɔ:t] *vt* (Geld, Geständnis u. ä. gewaltsam) erpressen, erzwingen, abringen (**from** von) | (Sinn von Worten u. ä.) mit Gewalt herauslesen; **ex·tor·tion** [ɪk'stɔ:ʃn] *s* Erpressung *f* | Wucher *m*; **ex'tor·tion·ary** *adj* Erpressungs-; **ex·tor·tion·ate** [ɪk'stɔ:ʃn̩ət] *adj* erpresserisch; **ex'tor·tion·er** *s* Erpresser *m* | Wucherer *m*; **ex'tor·tive** *adj* erpresserisch

ex·tra ['ekstrə] **1.** *adj* zusätzlich ⟨without ~ charge⟩ | außergewöhnlich, -ordentlich ⟨it is nothing ~ es ist nichts Besonderes⟩ | besondere(r, -es), Extra-, Sonder-, Neben- ⟨~ edition Sonderausgabe *f*; ~ pay Zulage *f*; ~ busses Einsatzwagen *m/pl*⟩; **2.** *adv* extra, besonders, ungewöhnlich ⟨~ special edition (Zeitung) Spätausgabe *f*; ~ fine quality⟩ | zusätzlich ⟨to be charged ~ extra zu berechnen; packing and postage ~⟩; **3.** *s* Zuschlag *m*, Sonder-, Extraberechnung *f* ⟨heating and light are ~s Strom und Licht werden extra berechnet⟩ | *Film* Statist *m* | *Am* (Zeitung) Extraausgabe *f*; **'ex·tras** *pl* Sonder-, Nebenausgaben *f/pl* | zusätzliche Einnahmen *f/pl*, Vergünstigungen *f/pl*

extra- [ˌekstrə] ⟨*lat*⟩ *in Zus* außerhalb, jenseits (**extraofficial**)

ex·tra bold [ˌekstrə 'bəʊld] *s Typ* Fettdruck *m*

ex·tract [ɪk'strækt] *vt* (Zahn u.ä. gewaltsam) heraus-, ausziehen | (Frucht) auspressen | (Saft) gewinnen | *Chem* extrahieren, auslaugen | *Tech* gewinnen | *übertr* (Geld, Geständnis) herauslocken, -holen (**from** aus) | *Math* (Wurzel) ziehen ⟨to ~ the root of a number⟩ | exzerpieren, ausziehen (aus e-m Buch) | (Lehre u.ä.) ab-, herleiten; ['ekstrækt] *s* Extrakt *m* ⟨beef ~ Fleischextrakt *m*⟩ | Auszug *m*, Zitat *n*, Ausschnitt *m* ⟨~ from a book⟩; **ex'tract·a·ble, ex'tract·i·ble]** *adj* ausziehbar; **ex'tract·ing** *adj* Gewinnungs-; **ex·trac·tion** [ɪk'strækʃn] *s* Extraktion *f*, Aus-, Herausziehen *n* | Herkunft *f*, Abstammung *f* ⟨of French ≈⟩ | *Chem* Ausscheidung *f*, Auslaugen *n* | *Math* Radizieren *n* | *Tech* Gewinnung *f* | *übertr* Herauslocken *n*; **ex'trac·tive 1.** *adj* (her)ausziehend | ausziehbar; **2.** *s Chem* Extraktivstoff *m*; **ex'trac·tor** *s* Auszieher *m* | Werkzeug *n* zum Ausziehen | *Med* Zange *f*

ex·tra·cur·ric·u·lar [ˌekstrəkə'rɪkjʊlə] *adj* außerunterrichtlich ⟨~ activity⟩ | außerhalb des Lehrplanes ⟨≈ pastime Freizeit *f*⟩

ex·tra|dit·a·ble ['ekstrəˌdaɪtəbl] *adj* auslieferbar; **'~dite** *vt* (flüchtige ausländische Verbrecher) ausliefern; **ˌ~'di·tion** [-'dɪʃn] *s* Auslieferung *f* ⟨request for ≈ Auslieferungsantrag *m*⟩

ex·tra·ju·di·cial [ˌekstrədʒuːˈdɪʃl] *adj* außergerichtlich
ex·tra·mar·i·tal [ˌekstrəˈmærɪtl] *adj* außerehelich ⟨to have ~ relations Ehebruch begehen⟩
ex·tra·mun·dane [ˌekstrəˈmʌndeɪn] *adj* außerweltlich
ex·tra·mu·ral [ˌekstrəˈmjʊərəl] *adj* außerhalb der Mauern (einer Stadt *od* Organisation) ⟨~ basilica Kirche außerhalb der Stadt; ~ care (medizinische) Behandlung außerhalb des Krankenhauses⟩ | *Päd* nicht für Direktstudenten ⟨≈ course Hochschulfernkurs *m*; ≈ department Fernstudiumsabteilung; ≈ lecture öffentliche Vorlesung⟩ | von außerhalb der Universität kommend ⟨≈ student Gasthörer *m*, Fernstudent *m*⟩ | außerehelich ⟨an ≈ affair⟩ | *Am* (Sport) zwischen verschiedenen Universitäten ⟨≈ football game⟩
ex·tra·ne·ous [ɪkˈstreɪnɪəs] *adj* von außen kommend ⟨~ causes | äuße(r, -s) | Außen- | fremd, nicht zugehörig ⟨to be ~ to nicht gehören zu⟩ | unwesentlich (**to** für) ⟨~ events Randereignisse *n/pl*⟩
ex·tra·or·di·nar|i·ly [ɪkˈstrɔːdnrɪlɪ] *adv* sehr seltsam ⟨to behave ≈⟩ | außergewöhnlich ⟨an ≈ long time⟩; **exˈtra·or·di·nar·y** [ɪkˈstrɔːdnrɪ] *adj* außerordentlich ⟨a man of ≈ genius⟩ | seltsam, ungewöhnlich, außergewöhnlich ⟨≈ weather⟩ | besonders, Sonder-, Extra- | (*nachgestellt*) *Jur* außerordentlich, Hilfs- ⟨envoy ≈ außerordentlicher Gesandter⟩
ex·trap·o·late [ɪkˈstræpəleɪt] *vt Math* extrapolieren; **exˌtrap·oˈla·tion** *s Math* Extrapolation *f*, Weiterführung *f*
ex·tra·sen·so·ry [ˌekstrəˈsensərɪ] *adj* den Sinnen nicht zugänglich; **~ perception** *auch* **ESP** außersinnliche Wahrnehmung, Hellsehen *n*
ex·tra·ter·res·tri·al [ˌekstrətəˈrestrɪəl] **1.** *adj* außerirdisch ⟨~ life⟩; **2.** *s* außerirdisches Wesen
ex·tra·ter·ri·to·ri·al [ˌekstrəˌterɪˈtɔːrɪəl] exterritorial; **ˌex·tra·ter·riˌto·riˈal·i·ty** *s* Exterritorialität *f*
ex·tra time [ˈekstrəˈtaɪm] *s Sport* Verlängerung(szeit) *f(f)* ⟨a period of ~ Verlängerung *f*⟩ | Verlängerungsspiel *n*
ex·trav·a|gance [ɪkˈstrævəgəns], **exˈtrav·a·gan·cy** *s* Extravaganz *f*, Übertriebenheit *f*, -spanntheit *f* | Verschwendung *f* | Zügellosigkeit *f*; **exˈtrav·a·gant** *adj* extravagant, übertrieben, -spannt ⟨an ≈ idea⟩ | verschwenderisch ⟨an ≈ man; ≈ habits üppige Sitten *f/pl*⟩ | zügellos, ausschweifend ⟨≈ behaviour⟩; **~gan·za** [ɪkˌstrævəˈgænzə] *s Theat* Posse *f*, Burleske *f* | Ausstattungsstück *n* | Überspanntheit *f*; **exˈtrav·a·gate** *vi, arch* umherschweifen, abweichen (**from** von) | zu weit gehen
ex·trav·a|sate [ɪkˈstrævəseɪt] *vt* (*meist pass*) *Med* (Blut) aus den Gefäßen treiben; *vi* (aus den Gefäßen) (her)austreten | *Geol* (Lava u. ä.) hervorbrechen; **exˌtrav·aˈsa·tion** *s* Erguß *m* ⟨≈ of blood⟩ | *Med* Extravasat *n* | *Geol* (Lava) Ausfließen *n*, Ausbruch *m*
ex·tra·vert [ˈekstrəvɜːt] = **extrovert**
ex·treme [ɪkˈstriːm] **1.** *adj* äußerste(r, -s) ⟨the ~ edge⟩ | weiteste(r, -s) ⟨~ distance⟩ | letzte(r, -s) ⟨~ unction *Rel* Letzte Ölung⟩ | außerordentlich ⟨~ danger; ~ kindness⟩ | außergewöhnlich ⟨in ~ cases in Härtefällen; in ~ old age in außerordentlich hohem Alter; ~ penalty of the law Todesstrafe *f*⟩ | *Pol* extrem, radikal ⟨the ~ right; to hold ~ opinions⟩ | sehr streng, härteste(r, -s) ⟨~ measures; ~ penalty strengste Strafe⟩; **2.** *s* äußerster Teil ⟨at the other ~ am entgegengesetzten Ende⟩ | das Äußerste ⟨to go/be driven to ~s bis zum Äußersten gehen⟩ | Übermaß *n*, -treibung *f* ⟨annoying in the ~ mehr als ärgerlich *od* äußerst ärgerlich; in the ~/to an ~ übermäßig⟩ | Extrem *n*, Gegensatz *m* ⟨to fly to the opposite ~ in das entgegengesetzte Extrem verfallen; to go from one ~ to the other aus einem Extrem ins andere fallen⟩ | äußerste Maßnahme; **exˈtreme·ly** *adv* sehr, außerordentlich ⟨I'm ≈ sorry⟩; **exˈtrem·ism** *s* Extremismus *m*; **exˈtrem·ist** *s* Extremist *m*, Fanatiker *m*; **ex·trem·i·ty** [ɪkˈstremɪtɪ] *s* äußerstes Ende | das Äußerste ⟨to the last ≈ bis zum Äußersten; to be reduced to extremities in äußerster Not sein; to drive s.o. to extremities jmdn. zum Äußersten treiben⟩ | *meist pl* Extremität *f*, Hand *f*, Fuß *m* ⟨lower (upper) extremities untere (obere) Extremitäten *f/pl*⟩ | äußerster Grad | äußerste Verlegenheit | äußerste Maßnahme ⟨to go/proceed to extremities die äußersten Maßnahmen ergreifen (**against s.o.** gegen jmdn.)⟩
ex·tri|ca·ble [ˈekstrɪkəbl|ekˈstrɪkəbl] *adj* herausziehbar (**from** aus); **~cate** [ˈekstrɪkeɪt] *vt* (jmdn., etw.) herauswinden, freimachen (**from** von) ⟨to ≈ o.s. from a difficulty sich aus e-r schwierigen Lage befreien⟩ | *Chem* (Gas u. ä.) freimachen; **~ca·tion** [ekˈstrɪˈkeɪʃn] *s* Herauswinden *n*, Befreiung *f*
ex·trin·sic [ekˈstrɪnsɪk] *förml adj* äußerlich | von außen wirkend | nicht gehörend (**to** zu) | unwesentlich
ex·tro|vert [ˈekstrəvɜːt] **1.** *adj* extra-, extrovert | *Psych* extra-, extrovertiert | *übertr* weltoffen; **2.** *s Psych* Extraverter *m*, Extra-, Extrovertierte(r) *f(m)*; **ˌ~ˈver·sion** [~ˈvɜːʃn] *s* Extraversion *f* | *Psych* Extravertiertsein *n*
ex·trude [ɪkˈstruːd] *vt* (jmdn., etw.) ausstoßen, verdrängen (**from** aus, von) | *Tech* strangpressen, ziehen; *vi* (her)vorstehen | *Tech* sich strangpressen lassen; **ex·tru·sion** [ɪkˈstruːʒn] *s* Ausstoßung *f*, Vertreibung *f* | *Tech* Ziehen *n* ⟨≈ press Strangpresse *f*⟩ | *Geol* Extrusion *f*; **exˈtru·sive** *adj* Stoß- ⟨≈ rocks *Geol* Ergußgesteine *m/pl*⟩ | *Tech* stranggepreßt, gezogen
ex·u·ber|ance [ɪgˈzjuːbərəns], **exˈu·ber·an·cy** *s* Überfluß *m*, Fülle *f* ⟨≈ of vegetation üppige Vegetation⟩ | *übertr* Überschwenglichkeit *f* ⟨≈ of feeling Gefühlsüberschwang *m*⟩ | (Rede-) Schwall *m*; **exˈu·ber·ant** *adj* (Wachstum u. ä.) reich, üppig ⟨≈ crops⟩ | *übertr* überschwenglich ⟨≈ spirits ausgelassene Stimmung⟩ | *übertr* fruchtbar; **exˈu·ber·ate** *vi* strotzen (**with** von), schwelgen (**in** in)
ex·u|date [ˈeksjuːdeɪt] *Chem, Med s* Exsudat *n*; **~da·tion** [ˌeksjuːˈdeɪʃn] *s* Exsudation *f*, Ausschwitzung *f*; **~da·tive** [ɪgˈzjuːdətɪv] *adj* exsudativ; **ex·ude** [ɪgˈzjuːd] *vt* (Feuchtigkeit u. ä.) ausschwitzen; *vi* hervorkommen (**from** aus)
ex·ult [ɪgˈzʌlt] *vi* frohlocken (**at, in, over** über; **that** daß), triumphieren (**over** über; **that** daß); **exˈult·an·cy** *s* Frohlocken *n*; **exˈult·ant** *adj* frohlockend, jauchzend; **ex·ul·ta·tion** [ˌegzʌlˈteɪʃn] *s* Frohlocken *n*, Jubel *m*; **exˈult·ing** *adj* frohlockend, jauchzend
ex·u·vi|ae [ɪgˈzjuːvɪiː] *s/pl, Zool* abgeworfene Häute *f/pl od* Schalen *f/pl* (von Tieren) | fossile Überreste *pl* (*auch übertr*); **exˈu·vi·al** *adj Zool* abgeworfen, abgelegt | *übertr* alt; **exˈu·vi·ate** *vt* (Haut) abwerfen; *vi* sich häuten (*auch übertr*); **exˌu·viˈa·tion** *s* Häutung *f*
ex-works [ˌeksˈwɜːks] *adv Brit Wirtsch* (direkt) ab Werk
-ey [-ɪ] *Suff zur Bildung von adj* (*bes auf* **~y**) *aus s* (*z. B.* **clayey**)
eye [aɪ] **1.** *s* Auge *n*, Augapfel *m* ⟨he lost an ~; glass ~s; an ~ for an ~ *übertr* Auge um Auge; to cry one's ~s out sich die Augen ausweinen⟩ | (sichtbares) Auge ⟨brown ~s; a sight for sore ~s ein komischer *od* unmöglicher Aufzug, verrückt gekleidet; mind your ~ *Brit umg* paß auf!, sieh dich vor!; one in the ~ for s.o. *umg* enttäuschend *od* blamabel für jmdn.; to give s.o. a black ~ / to black s.o.'s ~ jmdm. ein blaues Auge zufügen *od* schlagen; to do s.o. in the ~ *Brit umg* jmdn. übers Ohr hauen; to throw dust in s.o.'s ~s jmdm. Staub in die Augen streuen, jmdm. etw. vormachen; to have ~s in the back of one's head Augen hinten am Kopf haben, alles sehen; up to the / one's ~s (in work) bis über die Ohren beschäftigt *od* in Arbeit; with

the naked ~ mit bloßem Auge; ohne Fernglas⟩ | Auge *n*, Blick *m*, Sehkreis *m*, Gesichtsfeld *n* ⟨all ~s mit gespanntem Blick, ganz Auge, höchst aufmerksam; ~s right (left/front)! *Mil* Augen rechts (links, geradeaus)!, the painter's ~ das Auge des Malers; in one's mind's ~ vor jmds. geistigem Auge; in the ~[s] of the law vor dem Auge des Gesetzes, vor dem Gesetz; in the public ~ vor (den Augen) der Öffentlichkeit; in the ~s of s.o./in s.o.'s ~s in jmds. Augen, nach jmds. Meinung; under/before one's very ~s direkt vor jmds. Augen; to catch s.o.'s ~ jmdm. ins Auge fallen; jmds. Aufmerksamkeit auf sich ziehen; easy on the ~[s] *Sl* ein Blickfang, eine Augenweide; to close/shut one's ~s (to) die Augen verschließen (vor); nicht hinsehen, darüber hinwegsehen; to get / keep one's ~ in *Brit Sport* den Ball genau berechnen *od* beurteilen; to have an ~ for ein Auge *od* einen Blick haben für; to have an ~ to s.th. etw. vorhaben *od* beabsichtigen; to have a keen ~ ein scharfes Auge *od* einen scharfen Blick haben; to keep an ~ on *umg* ein Auge werfen auf; to keep an ~ out for s.o. (s.th.) auf jmdn. (etw.) achten *od* achtgeben, sich jmdn. (etw.) (gut) merken; to keep one's ~s open (*Brit auch* skimmed) (*Am auch* peeled) *umg* scharf aufpassen, auf der Hut *od* auf dem Kien sein; to look s.o. in the ~ jmdm. ins Auge sehen, jmdn. (richtig) ansehen; to make (sheep's) ~s at s.o. jmdm. (verliebte) Augen machen; to make s.o. open his ~s jmdm. die Augen öffnen, jmdn. überraschen; more than meets the ~ *umg* mehr als man denkt, mehr als es einem vorkommt; not be able to believe one's ~s seinen Augen nicht trauen können, etw. nicht für möglich halten; not take one's ~s off nicht wegsehen, den Blick nicht abwenden; only have ~s for nur Augen haben für; to open s.o.'s ~s (for) jmdm. die Augen öffnen (für), jmdm. (etw.) enthüllen; to see ~ to ~ (with s.o.) (mit jmdm.) völlig übereinstimmen *od* einer Meinung sein; to set / clap / lay ~s on *umg* erblicken, zu Gesicht bekommen; with an ~ to mit dem Vorsatz *od* der Absicht zu; with one's ~s open *umg* mit offenen Augen, in vollem Bewußtsein; with half an ~ ohne richtig hinzusehen⟩ | Öhr *n* ⟨the ~ of a needle⟩ | Öse *f* ⟨hooks and ~s Haken und Ösen⟩ | (Kartoffel) Auge *n* | *Tech* Schauloch *n* | (Sturm) Auge *n* ⟨the ~ of a hurricane⟩ ◇ **my ~!** *umg* das gibt's doch nicht!; **2.** *vt* (jmdn.) (genau) ansehen, beäugen; **~ up** (jmdn.) anstarren, mustern, begutachten; **'~ball** *s* Augapfel *m* ◇ **~ball to ~ball (with s.o.)** *umg, scherzh* direkt gegenüber, von Angesicht zu Angesicht; **,~ball-to-'~ball** *adj* unmittelbar ⟨an ≈ confrontation eine direkte Konfrontation⟩; **'~bath** *s* Augenbad *n* | *Brit* Augenbadewanne *f*; **'~brow** *s* Augenbraue *f* ⟨to raise one's ≈ at *meist übertr* die Augenbrauen hochziehen über; that will raise some ≈s das wird einige überraschen, da werden sich einige wundern; up to one's ≈s (in work) bis *od* über beide Ohren (in Arbeit)⟩; **'~brow ,pen·cil** *s* Augenbrauenstift *m*; **'~,catch·er** *s umg* Blickfänger *m* ⟨to be quite an ≈ alle Blicke auf sich ziehen⟩; **'~-,catch·ing** *adj* auffallend, ins Auge springend ⟨an ≈ sign⟩; **'~cup** *s Am* Augenbadewanne *f*; **-eyed** [aɪd] *in Zus* -äugig ⟨green-≈⟩ ◇ **s.o.'s blue-eyed boy** jmds. Liebling *od* Günstling; **'~ful** *s umg* etw. schön Anzuschauendes ⟨to have/get an ≈ etw. (Schönes) zu sehen bekommen; to be quite an ≈ wunderbar *od* schön aussehen, attraktiv ausschauen⟩; **'~glass** *s arch* Augenglas *n* | Brillenglas *n*; **'~glass·es** *s/pl* Brille *f* ⟨a pair of ≈ eine Brille⟩; **'~lash** *s* Augenwimper *f*; **'~let** *s* Öse *f*, Durchziehloch *n*, Lötöse *f* | *Mar* Gatt(chen) *n*(*n*); **'~lid** *s* Augenlid *n* ◇ **hang on by one's ~lids** *umg* mit allerletzter Kraft durchhalten, äußerst gefährdet sein; **'~,lin·er** *s* Eyeliner *m*; **'~,o·pen·er** *s umg* Offenbarung *f*, (überraschende) Enthüllung; **'~piece** *s Tech* Okular *n*; **'~shade** *s* Augenblende *f*, Schild *n*; **'~shot** *s* Sichtweite *f* ⟨beyond / out of ≈ außer Sichtweite; (with)in ≈ in *od* auf Sichtweite⟩; **'~sight** *s* Sehkraft *f*, -vermögen *n* ⟨to have good (poor) ≈ gute (schlechte) Augen haben; to lose one's ≈ nicht mehr sehen können⟩; **'~sore** *s* Schandfleck *m* ⟨to be an ≈ das Auge beleidigen⟩; **'~strain** *s* Ermüdung *f od* Überanstrengung des Auges *od* der Augen; **'~tooth** *s Anat* (*pl* **'~teeth**) Augenzahn *m*; **'~wash** *s Med* Augenwasser *n*, -bad *n* | *umg verächtl* Augenwischerei *f*; Täuschung *f*, Humbug *m*; **'~,wit·ness** *s* Augenzeuge *m*, -zeugin *f* (**to, of s.th.** von etw.)

eyre [ɛə] *s Jur Hist* Herumreisen *n* ⟨justices in ~ umherreisende Richter *m/pl*⟩

ey|rie ['ɪərɪ|'aɪərɪ|'ɛərɪ], **-ry** = **aerie**

F

F, f [ef] *s* (*pl* **F's, Fs, f's, fs**) F *n*, f *n* | *Mus* F *n* ⟨f flat Fes *n*, F sharp Fis *n*⟩ | *Abk* Fahrenheit ⟨water boils at 212°F⟩

fa [fɑ:] *s Mus* fa *n*

fab [fæb] *adj umg* für **fabulous**

Fa·bi·an ['feɪbɪən] **1.** *adj* fab(ian)isch, zaudernd, unentschlossen ⟨~ tactics Verzögerungstaktik *f*⟩ | *Brit Pol Hist* die Fabier betreffend ⟨~ Society Gesellschaft *f* der Fabier⟩ **2.** *s* Fabier(in) *m*(*f*); **'~ism** *s* Fabianismus *m*; **'~ist** *s* Fabier(in) *m*(*f*)

fa·ble ['feɪbl] **1.** *s* (Tier-) Fabel *f* ⟨Aesop's ~s⟩ | Märchen *n* | *collect* Legenden *f/pl* | *übertr* Geschwätz *n*, Erdichtung *f* ⟨to sort out fact from ~ Wahres von Falschem trennen⟩ | *übertr* Lüge *f*; **2.** *vt arch, Poes* ausdenken, erdichten | (Geschichten) erfinden; *vi* Fabeln dichten *od* erzählen | lügen; **'fa·bled** *adj* erdichtet, sagenhaft | legendär

fab|ric ['fæbrɪk] *s* Gewebe *n*, Stoff *m* ⟨silk ≈s; ≈ gloves Stoffhandschuhe *m/pl*⟩ | *übertr* Bau *m*, Gerüst *n*, System *n* ⟨the ≈ of society⟩ | Fabrikat *n* | *Geol* Textur *f* | Gebäude *n*; **'~ri·cate** *vt selten* fabrizieren, herstellen, anfertigen | *übertr* (etw.) erfinden, ersinnen ⟨to ≈ lies⟩ | *übertr* (Dokument) fälschen; **,~ri'ca·tion** *s selten* Fabrikation *f*, Herstellung *f* | *übertr* Erfindung *f*, Lüge *f* | *übertr* Fälschung *f*, Betrug *m*; **'~ri,ca·tor** [~tə] *s* Hersteller *m*, Fabrikant *m* | *übertr* Erfinder *m* (von Lügen) | *übertr* Fälscher *m*

fab·u|list ['fæbjʊlɪst|-jəl-] *s* Fabeldichter *m* | Schwindler *m*; **~los·i·ty** [,fæbjʊ'lɒsətɪ|-jəl-] *s* Fabelei *f*, Erdichtung *f*; **'~lous** ['fæbjʊləs|-jəl-] *adj* sagen-, legendenhaft ⟨a ≈ hero⟩ | Fabel- | *übertr* ungeheuer, unglaublich ⟨≈ wealth⟩ | *umg* großartig ⟨a ≈ view e-e herrliche Aussicht⟩; **'~lous·ly** *adv* unwahrscheinlich, traumhaft ⟨≈ beautiful⟩

fa·cade [fæ'sɑ:d | fə'sɑ:d] *s Arch* Fassade *f* (*auch übertr*)

face [feɪs] **1.** *s* Gesicht *n*, Antlitz *n* ⟨a pretty ~; the expression on s.o.'s ~ der Ausdruck in *od* auf jmds. Gesicht; before s.o.'s ~ in jmds. Gegenwart; ~ to ~ (with s.o./s.th.) Aug in Aug (mit jmdm.), gegenüber (etw.), von Angesicht zu Angesicht; in [the] ~ of s.th. angesichts e-r Sache; trotz e-r Sache; to s.o.'s ~ jmdm. ins Gesicht; to fly in the ~ of s.o. *übertr* sich jmdm. offen widersetzen; to have the ~ (to do s.th.) die Frechheit *od* Unverfrorenheit besitzen, zu *mit inf*; to look s.o. in the ~ jmdm. (offen) ins Gesicht sehen *od* schauen; to set one's ~ against s.th. sich gegen etw. aussprechen; to show one's ~ sich sehen *od* blicken lassen; to shut the door in s.o.'s ~ jmdm.die Tür vor der Nase zumachen⟩ | (Gesichts-) Ausdruck *m*, Miene *f* ⟨a sad ~ eine traurige Miene; to keep a straight ~ keine Miene verziehen; to make/pull a ~, *auch* to pull ~s Grimassen ziehen; to make/pull a long ~ ein langes Gesicht machen; to put a bold ~ on s.th. e-r Sache entgegensehen; to put a good/brave ~ on s.th. gute Miene zum bösen Spiel machen⟩ | Aussehen *n*, Ruf *m* ⟨to save (lose) one's ~ das Gesicht wahren (verlieren); loss of ~ Gesicht-, Prestigeverlust *m*⟩ | Anschein *m*, Äußeres *n* ⟨on the ~ of it auf den ersten Blick; to put a new ~ on s.th. etw. in anderem Licht erscheinen lassen⟩ | Oberfläche *f*, Außenfläche *f*, -seite *f*, Vorderseite *f* ⟨~ of the earth Erdoberfläche *f*; ~ of a clock Zifferblatt *n*; ~ of a card Bildseite *f*; ~ of a coin Vorderseite der Münze; ~s of a dice Flächen *od* Seiten *pl* eines Würfels⟩ | *Bergb* Wand *f*, Streb *n* ⟨at the ~ vor Ort; coal ~ Kohlenflöz⟩; **2.** *vt* gegenüberliegen, -stehen ⟨the window ~s the street das Fenster geht auf die Straße; to ~ the park auf den Park hinaus gehen; to ~ the south zum Süden hin liegen⟩ | *übertr* sich stellen (e-r Sache, jmdm.), sich auseinandersetzen (mit etw., mit jmdm.) ⟨to be ~d with s.th. e-r Sache gegenüberstehen, konfrontiert sein mit etw.; to ~ criticism der Kritik ausgesetzt sein; to ~ the enemy dem Feind die Stirn bieten; to ~ the facts die Tatsachen hinnehmen; to ~ the music *umg* die Sache auslöffeln; to ~ it out e-e Sache durchstehen⟩ | (jmdn.) bedrängen, konfrontieren ⟨difficulties ~ us Schwierigkeiten machen uns zu schaffen⟩ | verblenden, verkleiden, überziehen (*auch Tech*) (**with** mit) ⟨to ~ a wall with concrete eine Wand mit Beton verkleiden; to ~ a coat with silk einen Mantel mit Seide einfassen⟩ | umdrehen, nach oben legen ⟨to ~ the cards; to ~ the cloth das Gewebe auf die andere Seite wenden⟩; **~ out** durchstehen; **~ up·to** ins Gesicht sehen, bewältigen, zu tun haben mit; *vi* liegen (Haar, Zimmer u. ä.) (**away from** weg von, **towards** zu, auf zu) ⟨to ~ onto the road nach der Straße zu liegen; to ~ towards the north nach dem Norden zu liegen⟩; **~ about** *bes Am Mil* kehrtmachen ⟨left ≈ ! links um!⟩ **3.** *adj* Gesichts- ⟨~ ache Gesichtsschmerz *m*; ~ card Bilderkarte *f*⟩; '**~ brick** *s Arch* Verblendstein *m*; '**~cloth** *s* Gesichts-, Waschlappen *m*; '**~ cream** *s* Gesichtskrem *f*; **-faced** *in Zus* -gesichtig, mit ... Gesicht red-≈ rotgesichtig, mit rotem Gesicht⟩; '**~ ˌfun·gus** *s scherzh* Bart *m*; '**~-lift** *s Med* Gesichts(haut)straffung *f*, Facelift(ing) *n*(*n*) | *Arch* Verschönerung *f*, Rekonstruktion *f*; '**~ pack** *s* Gesichtsmaske *f*; '**~ ˌpow·der** *s* Gesichtspuder *n*; '**~-ˌsav·er** *s* Ausrede *f* (um das Gesicht zu wahren); '**~-ˌsav·ing** *adj* entschuldigend, das Gesicht wahrend ⟨a ≈ remark⟩

fac|et ['fæsɪt|-et-|-ət-] **1.** *s* Facette *f* | Schleiffläche *f* (an Edelsteinen) | *Anat* Gelenkfläche *f* | *übertr* Seite *f*, Aspekt ⟨one ≈ of the question⟩; **2.** *vt* (Edelsteine) facettieren; **~e·ted** ['fæsɪtɪd|-et-|-ət-] *adj* facettiert, Facetten-

fa·ce·tiae [fə'siːʃiiː] *s/pl* Fazetien *pl*, Witze *m/pl* | *euphem* Erotika *pl*; **fa'ce·tious** [-ʃəs] *adj* (gewollt) witzig, spaßig, drollig ⟨a ≈ remark e-e witzige Bemerkung; a ≈ young man ein zum Scherzen aufgelegter junger Mann⟩

face|-to-face [ˌfeɪs tə 'feɪs] *adj* persönlich, direkt, von Angesicht zu Angesicht ⟨ a ≈ talk⟩; ˌ**~ 'val·ue** *s Wirtsch* Nenn-, Nominalwert *m* | *übertr* Schein *m*, Wert *m*, wie er sich auf den ersten Blick anbietet ⟨at s.th.'s ≈ unbesehen; to take s.th. at ≈ etw. für bare Münze nehmen⟩

fa·ci·a ['feɪʃə] = **fascia**

fa·cial ['feɪʃl] **1.** *adj* Gesichts-; **2.** *s, auch* '**~ 'mas·sage** Gesichtsmassage *f*; '**~ 'ar·ter·y** *s Anat* Gesichtsschlagader *f*; '**~ 'nerve** *s Anat* Fazialis *m*, Gesichtsnerv *m*

fa·cient ['feɪʃənt] *s Math* Faktor *m*, Multiplikator *m*

-facient [ˌfeɪʃənt] *suff zur Bildung von adj mit der Bedeutung:* machend, bewirkend (*z. B.* **somnifacient** einschläfernd)

fac·ile ['fæsaɪl] *adj* leicht (zu tun, zu erwerben) ⟨a ~ victory⟩ | (Personen) gewandt ⟨a ~ liar⟩ | gekonnt | *übertr* umgänglich ⟨~ manners⟩ | *übertr* leichtgläubig

fa·cil·i·tate [fə'sɪlɪteɪt] *vt* (Subjekt, nie Person) erleichtern, ermöglichen | fördern, unterstützen ⟨to ~ economic recovery⟩; **faˌcil·i'ta·tion** *s* Erleichterung *f* | *Am* Förderung *f*, Unterstützung *f*

fa·cil·i·ty [fə'sɪlətɪ] *s* Leichtigkeit *f*, Gewandtheit *f*, Geschicklichkeit *f* ⟨to have ~ in doing s.th. etw. geschickt verrichten; with ~ geschickt, gewandt⟩ | Zugänglichkeit *f* | Nachgiebigkeit *f* | *meist pl* günstige Gelegenheit, Möglichkeit *f* (**for** für, zu; **for** *mit ger* zu *mit inf*) | *meist pl* Einrichtungen *f/pl*, Anlagen *f/pl* ⟨sports facilities Sportanlagen *f/pl*⟩ | *meist pl* Erleichterungen *f/pl*, Vorteile *m/pl* ⟨facilities of payment Zahlungserleichterungen *f/pl*⟩; '**~ trip** *s* kostenlose Reise, (von Unternehmen u. ä.) finanzierte Reise

fac·ing ['feɪsɪŋ] *s Arch* (Wand-) Verkleidung *f*, Verblendung *f* | *Tech* Einfassung *f*, Bekleidung *f*, Belag *m* ⟨~ cut Planschnitt *m*⟩ | *meist pl* (Kleidung) Aufschläge *m/pl*, Besatz *m* | *Mil* Wendung *f*, Wendeübung *f* ⟨to go through one's ~s seine Fähigkeiten beweisen müssen; to put s.o. through his ~s jmdn. auf Herz u. Nieren prüfen⟩; '**~ brick** *s* Verblendziegel *m*; '**~ sand** *s Tech* Formsand *m*; '**~ slip** *s Am* (Paket-) Aufkleber *m*; '**~ tool** *s Tech* Plandrehstahl *m*

fac·sim·i·le [fæk'sɪməlɪ|-mɪlɪ] **1.** *s* Faksimile *n*, getreue Nachbildung, originalgetreue Reproduktion ⟨reproduced in ~ originalgetreu⟩ | Bildtelegramm *n*; **2.** *adj* Faksimile-, originalgetreu; **3.** *vt* in Faksimile reproduzieren

fact [fækt] *s* Tatsache *f*, Faktum *n* ⟨hard ~s nackte Tatsachen *f/pl*⟩ | *Jur* Tatbestand *m*, Sachverhalt *m* ⟨in ~ and law in tatsächlicher und rechtlicher Hinsicht; the ~s (of the case) der Tatbestand, die Tatumstände, der Sachverhalt⟩ | (*ohne art und pl*) Wirklichkeit *f* ⟨~ and fiction Dichtung *f* und Wahrheit *f*⟩ | Untat *f*, Verbrechen *n nur in*: **after (before) the ~** nach (vor) begangener Tat⟩ ◇ **as a matter of / in (actual) / in point of ~** in der Tat, tatsächlich, wirklich; **a matter of ~** e-e feststehende Tatsache; **facts of life** *s/pl euphem* die Entstehung des Lebens ⟨to tell one's children the ≈ seine Kinder aufklären⟩; '**~ ˌfin·der** *s* Ermittler *m*, jmd., der um die Klärung eines Sachverhaltes bemüht ist; '**~-ˌfind·ing** *adj* Untersuchungs-, Erkundungs- ⟨≈ commission; ≈ tour Informationsreise *f*⟩

fac·tion ['fækʃn] *s bes Pol* (abgespaltene) Fraktion, Faktion *f*, Clique *f* ⟨spirit of ~ Fraktionsgeist *m*⟩ | Parteisucht *f* | Zwietracht *f*, Uneinigkeit *f* | Tatsachenroman *m*, dokumentarischer Roman; '**~al** *adj* Fraktions-, Faktions-, Partei- | eigensüchtig; **~al·ism** ['fækʃn̩əlɪzm] *s* Parteigeist *m*; '**~al·ize** *vt* in Fraktion (auf)spalten; **~ar·y** ['fækʃn̩ərɪ] **1.** *adj* parteiisch, Spalter-; **2.** *s, auch* **~ist** ['fækʃn̩ɪst] Spalter *m*, Parteigänger *m*; **fac·tious** ['fækʃəs] *adj* faktiös, spalterisch ⟨≈ arguments⟩ | aufrührerisch

fac·ti·tious [fæk'tɪʃəs] *adj* bewußt gezüchtet ⟨~ demand for goods⟩ | künstlich, nachgemacht ⟨~ enthusiasm künstliche Begeisterung⟩ | konventionell

fac·ti·tive ['fæktɪtɪv] *adj Ling* faktitiv, kausativ ⟨a ~ verb⟩

fac·toid ['fæktɔɪd] *s* Quasitatsache *f*, Halbwahrheit *f*; **fac'toid·al** *adj* halbwahr, nur zum Teil auf Fakten beruhend

fac·tor ['fæktə] **1.** *s* Faktor *m*, Umstand *m*, Moment *m*, Einfluß *m* ⟨the determining ~ of/in s.th. der bestimmende Faktor in e-r Sache; ~ of safety *Tech* Sicherheitsgrad *m*⟩ | *Math* Faktor *m* ⟨~ analysis Faktorenanalyse *f*⟩ | *Biol* Erbfaktor *m* | *Wirtsch* Faktor *m*, Agent *m*, Geschäftsführer *m*, Vertreter *m* | *Schott* (Guts-) Verwalter *m*; **2.** *vt* = **factorize**; **'~a·ble** *adj Math* zerlegbar; **'~age** [~rɪdʒ] *s Wirtsch* Kommissionsgebühr *f*; **fac·to·ri·al** [fæk'tɔ:rɪəl] **1.** *adj Math* einen Faktor betreffend; **2.** *s Math* Fakultät *f* ⟨the ≈ of 6 6 Fakultät = 6!⟩; **ˌ~i'za·tion** *s Math* Zerlegung *f* in Faktoren; **'~ize** *vt Math* in Faktoren zerlegen; **'~ship** *s* Geschäft *n od* Tätigkeit *f* eines Faktors

fac·to·ry ['fæktrɪ|-tr̩ɪ] *s* Fabrik(gebäude) *f*(*n*) | Faktorei *f*, Handelsniederlassung *f*; **'~ farm** *s* industrieller Tierzuchtbetrieb; **'~ ˌfarm·ing** *s* industrielle Mast; **'~ hand, '~ ˌwork·er** *s* Fabrikarbeiter *m*

fac·to·tum [fæk'təutəm] *s* Faktotum *n* | *übertr* Stütze *f*, rechte Hand

fac·tu·al ['fæktʃuəl] *adj* wirklich, tatsächlich ⟨~ sense Tatsachensinn *m*⟩ | auf Tatsachen beruhend ⟨a ~ report ein Tatsachenbericht *m*⟩

fac·ul·ta·tive ['fækltətɪv] *adj* fakultativ, wahlfrei ⟨~ subject *Päd* Wahlfach *n*⟩ | möglich | gelegentlich | potentiell | *Biol* zufällig

fac·ul·ty ['fæklti] *s* Fähigkeit *f* (**of, for** *mit ger* zu *mit inf*) ⟨the mental faculties geistige Fähigkeiten *f/pl*; the ~ of speech Sprechfähigkeit *f*⟩ | *bes Am* Geschicklichkeit *f*, Gewandtheit *f* | Anlage *f*, Talent *n* | Fakultät *f* ⟨the ~ of Law Juristenfakultät⟩ | Mitglieder *n/pl* einer Fakultät ⟨~ meetings⟩ | Berufsstand *m* ⟨the medical ~ die Mediziner *m/pl*⟩ | *Am* Lehrkörper *m* ⟨an excellent mathematics ~⟩ | *Jur* Erlaubnis *f*, Ermächtigung *f*, Befugnis *f* (**for** zu, für) | *Rel* Befreiung *f* von einer Verpflichtung, Dispens(ation) *m*(*f*)

fad [fæd] *s* Modetorheit *f*, Marotte *f* ⟨to have a ~ for verrückt nach; a passing ~ e-e vorübergehende Laune ⟩ | Schrulle *f*; **'~dish** *adj* schrullig, launisch; **'~dist** *s* Fex *m*, Modenarr *m* | Sonderling *m*; **'~dy** *adj* launisch, empfindlich ⟨≈ about food wählerisch beim Essen; to be ≈ about s.th. Faxen machen wegen etw.⟩

fade [feɪd] *vi* (Blumen) (ver)welken | (Farben) verblassen, verschießen | (Töne) verhallen | (ver)schwinden (**from** aus) | *auch* ~ **away** vergehen, dahinschwinden (*auch übertr*) | *Rundf* schwinden, schwach werden; *vt* verwelken *od* verblassen lassen; ~ **in**, *auch* ~ **up** *Film, Rundf, Ferns* aufblenden ⟨to ~ one scene into another von e-r Szene in e-e andere überblenden⟩; ~ **out** *Film, Ferns* aus-, abblenden ⟨to ≈ a conversation ein Gespräch langsam ausblenden lassen⟩; **'fad·ed** *adj* verblichen, verwelkt, welk (*auch übertr*); **'~less** *adj* farbecht | *übertr* unauslöschlich, unvergänglich; **'fad·ing 1.** *adj* verwelkend | *übertr* verblühend | *übertr* vergänglich; **2.** *s* (Radio) Fading *n*, Lautstärkeschwankungen *f/pl*

fae|cal ['fi:kl] *adj Med* fäkal, Fäkal-, Kot-; **~ces** ['fi:si:z] *s förml* Exkremente *n/pl*, Fäkalien *pl*, Stuhl(gang) *m*(*m*) | Rückstände *m/pl*

fa·er|ie, ~y ['fɛərɪ] *bes arch* für ↑ **fairy**

[1]**fag** [fæg] *auch* ˌ**~ 'end** *od* **'~ end** *s, bes Brit* Glimmstengel *m* (billige Zigarette)

[2]**fag** [fæg] **1.** (**fagged, fagged**) *vi, auch* ~ **away** *Brit* sich abarbeiten, sich placken (**at s.th., at** *mit ger* mit etw.) | *Brit* (Internatsschule) älteren Schülern Dienste leisten ⟨to ~ for a senior⟩ | (Tau) sich aufdrehen; *vt, auch* ~ **out** ermüden, erschöpfen ⟨to be ~ged out erschöpft sein; to look ~ged erschöpft aussehen⟩ | (jmdn.) zu Diensten zwingen | *Brit* (Internatsschule) sich bedienen lassen von; **2.** *s Brit umg* schwere Arbeit, Plackerei *f* ⟨what a ~! so eine Schinderei!⟩ | Erschöpfung *f* ⟨brain ~⟩ | *Brit* (Internatsschule) Schüler *m*, der älteren Schülern Dienste leistet | *übertr* Packesel *m*, Arbeitspferd *n* | (Stoff) Knotenfehler *m* | *auch* **fag·got** *Am Sl* Homosexueller *m*

fag end [fæg 'end | 'fæg end] *s* Salband *n*, Webkante *f* | aufgedrehtes Tauende | Ende *n*, Schluß *m*, letzter Teil ⟨the ~ of the day was vom Tag noch übrig ist; the ~ of the term der letzte Teil des Semesters; to arrive at the ~ *übertr umg* fünf Minuten vor der Angst kommen⟩ | schäbiger Rest | *bes Brit Sl* (Zigaretten-) Stummel *m*, Kippe *f*

fag·got, *auch* (*bes Am*) **fag·ot** ['fægət] **1.** *s* Holz-, Reisigbündel *n* | Bündel *n* Stahlstangen | Paket *n* Eisenstäbe |*Hist* Scheiterhaufen *m* | Schlampe *f*, alte Vettel | *Am Sl* Homosexueller *m*; **2.** *vt* bündeln, zusammenbinden; *vi* Bündel binden; **'~ry** *s Sl* Homosexualität *f*; **'~y**, *auch* **'fag·gy** *adj* homosexuell

fag·[g]ot·ing ['fægətɪŋ] *s* Ajourarbeit *f*

fa·got|to [fə'gɒtəu] *s* (*pl* **~ti** [-tɪ]) *Mus* Fagott *n*

Fahr·en·heit ['færənhaɪt|'fɑ:r-] *s* Fahrenheit (-Thermometersystem *n*) ($t°F = \frac{5}{9}(t-32)°$ Celsius)

fai·ence [faɪ'ɑ:ns|-'ɒns] *s* Fayence *f* | Steingut *n*

fail [feɪl] **1.** *vi* mißlingen, fehlschlagen ⟨our plans ~ed⟩ | (Prüfungskandidat) durchfallen ⟨to ~ in an exam⟩ | zu Ende gehen, aufhören, nachlassen, ausbleiben, versiegen ⟨the supplies ~ed die Vorräte gingen zu Ende⟩ | (Stimme u. ä.) stocken, versagen | (Kraft u. ä.) abnehmen, schwächer werden ⟨she was ~ing quickly sie wurde rapide immer weniger⟩ | *Wirtsch* Bankrott machen ⟨many firms ~ed⟩ | (*immer mit inf*) unterlassen, vergessen, nicht tun ⟨he never ~s to write er schreibt immer⟩; ~ **in** fehlen an, ermangeln ⟨he ~s in perseverance ihm fehlt es an Ausdauer⟩ | mißlingen; *vt* fehlen, ausgehen ⟨words ~ed him⟩ | (jmdn.) verlassen, im Stich lassen ⟨his friends ~ed him⟩ | (jmdn.) in einer Prüfung durchfallen lassen | nicht bestehen, durchfallen in ⟨to ~ a test⟩; **2.** *s, nur noch in:* **without** ~ unfehlbar, ganz gewiß; **'~ing 1.** *adj* (er)mangelnd, ausbleibend ⟨never ≈ nie versagend; nie versiegend⟩; **2.** *s* Versagen *n* | Schwäche *f* ⟨little ≈s kleine Schwächen *f/pl*⟩ | Fehler *m*, Mangel *m* ⟨one big ≈ ein großes Manko⟩; **3.** *präp* in Ermangelung, mangels, ohne ⟨≈ instructions I did nothing da ich keine Anweisungen hatte, tat ich gar nichts; ≈ an answer wenn keine Antwort eingeht; ≈ Charles wenn Charles nicht da ist⟩ | im Falle des Ausbleibens ⟨≈ this wenn nicht …, andernfalls; ≈ which widrigenfalls⟩; **ˌ~-safe 1.** *adj* vollkommen sicher; bruchsicher; **2.** *vt* pannensicher machen; **~ure** ['~jə] *s* Versagen *n*, Fehlschlag *m* | Mißerfolg *m* ⟨crop ≈ Mißernte *f*⟩ | Mangel *m* (**of** an) | Schwäche *f* ⟨heart ≈⟩ | *Tech* Versagen *n* ⟨engine ≈⟩ | *Wirtsch* Bankrott *m*, Konkurs *m* | (*mit inf*) Unterlassung *f*, Versäumnis *n* ⟨his ≈ to help daß er nicht geholfen hat …⟩ | (Person) Versager *m*

fain [feɪn] **1.** *adj* (*nur präd*) froh ⟨I'm ~ to do⟩ | genötigt; **2.** *adv* gern ⟨I would ~ do ich möchte gern tun⟩

faint [feɪnt] **1.** *adj* schwach, matt ⟨a ~ light⟩ | *übertr* undeutlich, blaß ⟨a ~ recollection; not the ~est idea nicht die geringste Vorstellung⟩ | *übertr* schwach, nachlassend, wirkungslos, kraftlos, matt (**with** vor) ⟨a ~ attempt; ~ hope schwache Hoffnung⟩ | (Personen) erschöpft ⟨~ with hunger⟩ | zaghaft, furchtsam, feige ⟨~ heart⟩ | (Luft) drückend | (Stimme) leise ◇ ~ **heart never won fair lady** *Sprichw* wer nicht wagt, gewinnt nicht; **2.** *vi poet* schwach werden (**with** vor) | ohnmächtig werden (**from** vor) | immer schwächer werden (**with** aus) | *auch* ~ **away** verblassen, ver-, dahinschwinden | *arch* verzagen; **3.** *s* Ohnmacht *f* ⟨dead ~ tiefe Ohnmacht; to go off in a ~ das Bewußtsein verlieren⟩; **'~heart** *s* Feigling *m*; **ˌ~'heart·ed** *adj* feige, verzagt, mutlos; **'~ing** *s* Ohnmacht *f*; **'~ish** *adj* schwächlich, schwach

[1]**fair** [fɛə] *s* Jahrmarkt *m*, Rummelplatz *m*, Vergnügungspark *m* ⟨fun ~ Vergnügungspark *m*; the ~ was on/there

was a ~ on es war Jahrmarkt; (a day) after the ~ *übertr* (e-n Tag) zu spät⟩ | Messe *f*, Ausstellung *f* ⟨at the Leipzig ~ auf der Leipziger Messe⟩ | Basar *m* (meist für Wohltätigkeitszwecke) | Markt *m* (bes. für Schlachtvieh)

[2]**fair** [fɛə] **1.** *adj* anständig, ehrlich, offen, fair, gerecht ⟨by ~ means auf ehrliche Weise; ~ decision gerechte Entscheidung; give s.o. a ~ share of s.th. jmdm. etw. gerecht zuteilen⟩ | annehmbar, angemessen ⟨~ price angemessener Preis⟩ | ziemlich, leidlich gut *od* groß, ordentlich ⟨pretty ~ ganz gut⟩ | *Päd* genügend | schön, hübsch, nett, attraktiv ⟨two ~ daughters; our ~ city⟩ | (Haut, Haar) hell, blond ⟨~ hair⟩ | (Himmel) klar, wolkenlos ⟨~ weather beständiges Wetter⟩ | rein, klar ⟨~ water⟩ | deutlich, leserlich ⟨a ~ manuscript; ~ copy Reinschrift *f*⟩ | günstig ⟨a ~ wind; be in a ~ way to *mit inf* auf dem besten Wege sein zu *mit inf*⟩ | (Ruf u. ä.) unbescholten, rein, tadellos | *iron* gefällig, schön ⟨~ promises schöne Worte *pl*⟩ | *Arch* bündig, glatt; **2.** *adv* schön, freundlich, höflich ⟨~ and softly sachte; speak s.o. ~ jmdm. schöne Worte sagen⟩ | gerecht, fair ⟨fight (play) ~ fair kämpfen (spielen); *übertr* ehrliches Spiel treiben⟩ | günstig, *nur in*: **bid ~** sich gut anlassen | direkt, gerade(wegs) ⟨~ on the nose⟩ ◇ **~ and square** offen und ehrlich ⟨deal ≈ with s.o. jmdn. absolut fair behandeln⟩; direkt, genau ⟨hit s.o. ≈ on the head⟩; **3.** *vt Tech* zurichten, verkleiden; *vi, auch* **~ off, ~ up** (Himmel) aufklaren, sich aufheitern

fair-faced ['fɛəfeɪst] *adj* von heller Haut- *od* Gesichtsfarbe | schön | *Brit* (Ziegel) unverputzt

fair game [fɛə'geɪm *s* jagdbares Wild | *übertr* Freiwild *n*

fair·ground ['fɛəgraʊnd] *s* Messegelände *n* | Rummelplatz *m*

fair-haired [ˌfɛə'hɛəd] *adj* blond, hellhaarig

[1]**fair·ing** ['fɛərɪŋ] *s* Jahrmarkts-, Meßgeschenk *n*

[2]**fair·ing** ['fɛərɪŋ] *s, bes Flugw* Verkleidung *f*

fair|ish ['fɛərɪʃ] *adj* ziemlich, leidlich; '**~ly** *adv* ehrlich, rechtmäßig ⟨to treat s.o. ≈; to come by s.th. ≈ etw. rechtmäßig erwerben⟩ | den Regeln entsprechend ⟨to play the game ≈⟩ | leidlich, ziemlich ⟨a ≈ large book⟩ | gänzlich, völlig ⟨≈ beside o.s. ganz außer sich⟩; ˌ**~-'mind·ed** *adj* aufrichtig, ehrlich; '**~-'play** (bes. Sport) *s* ehrliches *od* faires Spiel | anständiges Verhalten, faire Behandlung; '**~-'spoken** *adj* freundlich, höflich; ˌ**~'sex** *s* (*mit best art*) (das) schöne Geschlecht, die Frauen; ˌ**~ 'trade** *s Wirtsch* Freihandel *m* (auf Gegenseitigkeitsbasis) | *Am* Handel *m* mit Preisbindung; ˌ**~-'trade** *adj* Preisbindungs- ⟨≈ agreement⟩; '**~ way** *s Mar* Fahrwasser *n*, -rinne *f* | (Golf) (kurz geschnittene) Bahn; '**~-ˌweath·er** *adj* Schönwetter (*bes übertr*) ⟨≈ friend unzuverlässiger Freund⟩

fair·y ['fɛərɪ] **1.** *s* Fee *f*, Elf(e) *m(f)*, Zauberin *f* | *urspr Am umg* warmer Bruder, Schwuler *m*, Homosexueller *m*; **2.** *adj* feenhaft, schön, zart ⟨a ~ shape; a ~ voice⟩ | winzig ⟨~ footsteps⟩ | Feen-, Zauber-; '**~ ˌfin·gers** *s/pl Bot* Roter Fingerhut *m*; '**~ lamp** *s* kleine bunte Laterne; '**~land** *s* Märchen-, Elfenland; '**~ light** *s* (bunte) (Christbaum-) Kerze; '**~tale,** *auch* '**~ ˌsto·ry,** *auch* '**~ tale** *s* Märchen *n* (*auch übertr*); '**~-tale** *adj* Märchen- (*auch übertr*)

fait ac·com·pli [ˌfeɪt ə'kɒmplɪ] ⟨*frz*⟩ *s* vollendete Tatsache

faith [feɪθ] *s* Vertrauen *n*, Glaube(n) *m(m)* (*auch Rel*) (**in** an) ⟨on the ~ of im Vertrauen auf; to have ~ in s.o. zu jmdm. Vertrauen haben; to have / put ~ in s.th. an etw. glauben⟩ | Glaubensbekenntnis *n* ⟨the Christian ~⟩ | Treue *f*, Redlichkeit *f* ⟨in ~!/upon my ~! auf Ehre!, meiner Treu!; in bad ~ in betrügerischer *od* böser Absicht; in good ~ auf Treu u. Glauben; breach of ~ Treuebruch *m*⟩ | Versprechen *n*, (gegebenes) Wort ⟨to break / violate (one's) ~ (sein) Wort, Versprechen brechen; to give / pledge one's ~ sein Wort geben; to keep one's ~ sein Wort halten⟩; '**~ cure** *s* Gesundbeten *n*

faith|ful ['feɪθfl] **1.** *adj* (ge)treu, loyal, ergeben (**to s.o.** gegenüber jmdm.) ⟨a ≈ servant⟩ | gewissenhaft, ehrlich ⟨≈ in word and deed in jeder Hinsicht zuverlässig⟩ | glaubwürdig, wahr ⟨a ≈ account⟩ | exakt, genau (original)getreu ⟨a ≈ copy⟩ | gläubig; **2.** *s* **the ~ful** *pl Rel* die Gläubigen *m/pl* (*bes.* Mohammedaner); '**~ful·ly** *adv* ergeben ⟨Yours ≈ (Briefschluß) Ihr ergebener, hochachtungsvoll⟩ | *umg* nachdrücklich ⟨to promise ≈ hoch und heilig versprechen⟩

faith| heal·ing ['feɪθhi:lɪŋ] *s* Gesundbeten *n*; '**~less** *adj* ungläubig | treulos, unzuverlässig

fake [feɪk] **1.** *s* Schwindel *m* | Fälschung *f*, Imitation *f* | Schwindler *m*; **2.** *vt* zurechtmachen, aufputzen | fälschen; nachmachen, imitieren | *auch* **~ up** *umg* vortäuschen, erfinden ⟨to ~ illness⟩ | *Sport* täuschen ⟨to ~ a ball⟩; **3.** *adj* nachgemacht, imitiert ⟨a ~ picture⟩ | vorgetäuscht ⟨a ~ promise⟩; '**~ment** *s umg* Schwindel *m*; '**fak·er** *s umg* Schwindler *m* | Fälscher *m*

fa·kir ['feɪkɪə | 'fækɪə | 'fɑ:kɪə | fæ'kɪə] *s* Fakir *m*

fal·ba·la ['fælbələ] *s* Falbel *f*, Rüsche *f*

fal·cate ['fælkeɪt] *adj Anat, Bot, Zool* sichel-, hakenförmig, gekrümmt

fal·chion ['fɔ:ltʃən] *s* Pallasch *m*, Krummschwert *n*

fal·ci·form ['fælsəfɔ:m] = **falcate**

fal·con ['fɔ:lkən] *s Zool* Falke *m* ⟨peregrine ~ Wanderfalke *m*⟩ | Jagdfalke *m*; '**~er** *s* (Jagd) Falkner *m*; '**~ry** *s* Falknerei *f* | Falkenbeize *f*

fald·stool ['fɔ:ldstu:l] *s* Betpult *n* | Bischofsstuhl *m*

fall [fɔ:l] **1.** *s* Fall *m*, Sturz *m* (*auch übertr*) ⟨to have / suffer a ~ from s.th. von etw. (herunter)fallen, -stürzen; to head / ride for a ~ ins Verderben rennen; a ~ of many yards ein Fall von vielen Metern; a ~ from grace in Ungnade fallen, ein Sündenfall *m*⟩ | *Mil* Fall *m*, Niederlage *f*, Einnahme *f* ⟨the ~ of Berlin⟩ | Herabfallendes, -stürzendes *n*, Niederschlag *m* ⟨~ of rocks Steinschlag *m*; ~ of rain Niederschlag *m*, Regenfälle *pl*; ~ of snow Schneefall *m*⟩ | (*oft pl*) (Wasser-) Fall *m* ⟨the Niagara ~s⟩ | Abfall *m*, Nachlassen *n*, Nieder-, Rückgang *m* ⟨~ in demand *Wirtsch* sinkende Nachfrage; ~ of prices Preisrückgang *m*; Preisverfall *m*; ~ in temperature Temperaturrückgang *m*; ~ in wind Nachlassen *n* des Windes⟩ | Neigung *f*, Abfall *m*, Schräge *f* ⟨~ of ground Geländeabfall *m*; ~ of the roof Dachschräge *f*⟩ | *Sport* (Ringen) Schultersieg *m* | *Am* Herbst *m* ⟨in the ~⟩; **2.** *vi* (**fell** [fel], **fal·len** ['fɔ:lən]) fallen, stürzen ⟨to ~ badly schwer stürzen; to ~ to one's death sich zu Tode stürzen, tödlich (ab)stürzen; to ~ a great height von großer Höhe (herunter)stürzen; to ~ to one's knees hinknien, in die Knie fallen⟩ | abfallen, sinken (Stimme, Temperatur u. ä.) | fallen, (herunter)hängen (Haar, Kleidung) | (im Krieg) fallen, sterben ⟨to ~ in battle⟩ | *Mil* fallen, erobert werden (Stadt u. ä.) | gestürzt werden (Regierung, Herrscher) | abfallen, sich neigen (Land) ⟨to ~ towards the river zum Fluß hin abfallen⟩ | *arch* fallen, sündig werden ⟨a fallen woman; when Adam fell nach Adams Sündenfall⟩ | einen enttäuschten *od* traurigen (Gesichts-) Ausdruck bekommen ⟨his face fell er machte ein langes Gesicht⟩ | hereinfallen, eintreten (Nacht) | fallen, liegen (Tag, Termin) (**on** auf) | fallen, geäußert werden (Worte) ⟨the remarks she let ~ die Bemerkungen, die sie fallen ließ *od* äußerte⟩ | werden, übergehen zu ⟨to ~ apart auseinanderfallen; to ~ asleep einschlafen, in Schlaf verfallen; to ~ in love with sich verlieben in⟩ ◇ **~ flat** keine Wirkung haben, verpuffen ⟨the joke fell flat der Witz kam nicht an⟩; **~ foul of** stürzen in *od* auf *od* gegen, Schaden nehmen an *od* bei, geraten in ⟨to ≈ a large rock sich an einem großen Stein stoßen⟩ |

übertr in Konflikt geraten mit, sich (heftig) anlegen mit ⟨to ≈ the police⟩; ~ **prey / victim to (s.o./s.th.)** zum Opfer fallen *od* eine Beute werden (jmdm. *od* e-r Sache); ~ **short** nicht erreichen, zurückbleiben hinter (**of s.th.** etw.) ⟨to ≈ of one's aim sein Ziel verfehlen⟩;
~ **about** *umg* sich nicht halten können (vor) ⟨to ~ laughing, to ≈ with laughter sich (bald) krank lachen⟩; ~ **away** abfallen (Land, Boden) | abbröckeln, abbrechen (**from** von) | *übertr* weichen (Sorgen u. ä.) (**from** von) | abfallen, abtrünnig werden (**from** von) ⟨to ≈ from the church der Kirche untreu werden⟩; ~ **back** zurückweichen; ~ **back [up]on** zurückgreifen, -kommen auf, (wieder) in Anspruch nehmen ⟨to ≈ on old methods⟩; ~ **behind** zurückbleiben | *übertr* in Versuchung geraten (**with** mit); ~ **down** hinfallen (Person); herunterfallen (Sache), einstürzen (Turm u. ä.); (Treppe) hinunterfallen | *übertr umg* versagen, scheitern (Plan u. ä.); ~ **for** hereinfallen auf (jmdn.), zum Opfer fallen (e-r Sache), auf den Leim gehen (jmdm.) | *umg* sich verknallen ⟨he fell for her⟩; ~ **in** (hinein)fallen in ⟨to ~ in[to] the water⟩ | einfallen, -stürzen (Haus u. ä.) | *Mil* (in Reih und Glied) antreten, sich formieren ⟨≈! antreten!⟩ | *Wirtsch* ablaufen, auslaufen (Vertrag, *bes* Mietvertrag) | *Wirtsch* fällig werden (Schuld) ◇ ~ **in beside / alongside s.o.** sich jmdm. anschließen; *vt Mil* antreten lassen ⟨to ~ the soldiers in⟩; ~ **into** *übertr* beginnen mit ⟨to ≈ conversation with s.o. mit jmdm. e-e Unterhaltung aufnehmen⟩ | sich teilen in, sich aufteilen lassen in, zerfallen in; ~ **in with** sich anschließen (jmdm., e-r Sache) mitmachen bei | geraten in (etw.) ⟨to ≈ bad company⟩ | *übertr* unterstützen (etw.) ⟨to ≈ an idea e-r Idee zustimmen; to ≈ s.o. jmdm. beipflichten⟩; ~ **off** herunter-, hinunterfallen | *übertr* zurückgehen, sich verringern, nachlassen ⟨membership has ~en off die Mitgliedschaft ist kleiner geworden⟩; ~ **on** fallen über, stolpern über | herfallen über ⟨to ≈ the food sich über das Essen hermachen⟩ | *übertr* zufallen, zukommen (Verantwortung u. ä.) | *übertr* stoßen auf ⟨to ≈ hard times schwere Zeiten durchmachen müssen, verarmen⟩; ~ **out** herausfallen aus | *Mil* wegtreten ⟨≈, men! alles weggetreten!⟩ | sich (ver)streiten, sich in den Haaren liegen (**with** mit) | sich ergeben, passieren ⟨s.th. has ~en out differently etw. ist anders ausgegangen; it fell out that es ergab sich, daß⟩; ~ **over** einfallen, stürzen (Person); umfallen, umkippen (Sache) | stolpern, stürzen über ⟨to ≈ o.s. über seine eigenen Füße stolpern⟩ ◇ ~ **over backwards,** *auch* ~ **over o.s. to do s.th.** *übertr* sich fast umbringen *od* sich förmlich überschlagen, etw. zu tun; ~ **through** *übertr* ins Wasser fallen, mißlingen (Plan u. ä.); ~ **to** *umg* sich (da)ranmachen an ⟨to ≈ eating ins Essen reinhauen⟩ | beginnen zu ⟨he fell to thinking er fing an nachzudenken⟩ | *übertr* zufallen, obliegen (Verantwortung u. ä.) ⟨to ≈ s.o. to do s.th. jmdm. zukommen, etw. zu tun⟩; ~ **upon** = ~ **on**

fal·la|cious [fə'leɪʃəs] *adj* täuschend, trügerisch, irreführend | (logisch) falsch, irrig; **~cy** ['fæləsɪ] *s* Trugschluß *m*, Irrtum *m* ⟨a popular ≈ ein weitverbreiteter Irrtum; to fall into the ≈ of den gleichen Fehler machen wie⟩ | Unlogik *f* ⟨a statement based on ≈ e-e logisch nicht haltbare Feststellung⟩ | Täuschung *f*

fall|en ['fɔ:lən] **1.** *part perf* von ↑ **fall 2.**; **2.** *adj* gefallen, entehrt ⟨a ≈ woman⟩ | abgedankt ⟨a ≈ statesman ein abgedankter Politiker⟩; '**~ guy** *s Am Sl* Dumme(r) *f(m)*, jmd., der immer den Dummen macht, Lackierte(r) *f(m)* | *übertr* Sündenbock *m*; unschuldig Verurteilter

fal·li|bil·i·ty [ˌfælə'bɪlətɪ] *s* Fehlbarkeit *f*; '**~ble** *adj* fehlbar | trügerisch, irrig

fall·ing ['fɔ:lɪŋ] **1.** *adj* fallend, abnehmend; **2.** *s* Fallen *n*; '**~ a'way** *s* Abfall *m* | Abmagerung *f*; '**~ ˌsick·ness** *s arch* Fallsucht *f*; ˌ**~ 'star** *s* Sternschnuppe *f*; ˌ**~ 'stone** *s* Meteorit *m*

Fal·lo·pi·an tube [fəˌləupɪən 'tju:b] *s Anat* Fallopische Röhre, Eileiter *m*

fall·out ['fɔ:l aut] *s Phys* (radioaktiv) Niederschlag *m*, Fallout *m* | *übertr* (unerwartetes) Nebenprodukt ⟨technological ~ from space research⟩; '**~-out** *adj* Ausfall-, Verlust-, Aufgabe- ⟨≈ rate Ausfallziffer *f*, Zahl *f* derjenigen, die mit etw. aufgehört haben⟩

¹fal·low ['fæləu] **1.** *adj* (Land) brach, unbebaut ⟨to be / lie ~ brachliegen⟩; **2.** *s* Brache *f*, Brachfeld *n*; **3.** *vt* brachen, (Brachland) pflügen

²fal·low ['fæləu] *adj* fahl, falb, rötlichgelb ⟨~ deer Damwild *n*⟩

false [fɔ:ls | fɒls] **1.** *adj* falsch, unwahr, unrichtig ⟨a ~ accusation⟩ | verräterisch, treulos (**to** gegen) ⟨a ~ friend⟩ | täuschend, irreführend ⟨to give a ~ impression; a ~ bottom doppelter Boden⟩ | unehrlich, unecht ⟨~ tears; to be ~ to one's word sein Wort nicht halten; to sail under ~ colours unter falscher Flagge segeln; *übertr* sich als etw. ausgeben, was man nicht ist⟩ | unecht, falsch, gefälscht ⟨~ teeth; a ~ acacia eine falsche Akazie⟩ | ungesetzlich ⟨~ imprisonment⟩; **2.** *adv, nur in*: **play s.o.** ~ mit jmdm. ein falsches Spiel treiben; ˌ**~ a'larm** *s* Falschmeldung *f*, blinder Alarm; ˌ**~ 'bot·tom** *s* falscher Boden; '**~ ˌcoin·er** *s* Falschmünzer *m*; '**~ ˌface** *s* Maske *f*; '**~ˌfaced** *adj* heuchlerisch; '**~ ga'le·na** *s Min* Zinkblende *f*; ˌ**~'heart·ed** *adj* falsch, treulos; '**~hood** *s* Falschheit *f*, Unaufrichtigkeit *f* ⟨to be guilty of ≈ sich einer Unwahrheit schuldig machen⟩ | Lüge *f*, falsche Aussage ⟨to utter ≈s lügen⟩; '**~ 'hoof** *s Zool* Afterklaue *f*; ˌ**~ 'key** *s* Nachschlüssel *m*, Dietrich *m*; '**~ 'mem·brane** *s Med* Pseudomembran *f*; ˌ**~ pre'ten·ces** *s/pl* falscher Vorwand ⟨to act under ≈⟩; ˌ**~ re'port** *s* Falschmeldung *f*; ˌ**~ 'start** *s* Fehlstart *m*; Frühstart *m* (*auch übertr*); ˌ**~ 'step** *s* Fehltritt *m*; ˌ**~ 'take-off** *s Flugw* Fehlstart *m*; ˌ**~ 'teeth** *s umg* Gebiß *n*; '**~ to'paz** *s Min* Gelbquarz *m*

fal·set·to [fɔ:l'setəu|fɒl-] **1.** *s* Falsett *n*, Fistelstimme *f* | Falsettist *m*; **2.** *adj* Falsett-, Fistel- ⟨in a ~ tone mit hoher Fistelstimme⟩ | *übertr* künstlich, affektiert, gezwungen ⟨~ sentiment⟩

false| vam·pire ['fɔ:ls 'væmpaɪə] *s* Zool Fledermaus *f*; '**~work** *s Tech* Lehrgerüst *n*

fals·ies ['fɔ:lsɪz] *s/pl umg* Schaumgummi(einlagen) *m/sg* (*f/pl*) (im Büstenhalter) | falsche Brust, Gummibrust *f*

fal·si|fi·ca·tion [ˌfɔ:lsɪfɪ'keɪʃn|ˌfɒl-] *s* (Ver-) Fälschung *f*; **~fy** ['fɔ:lsɪfaɪ|'fɒlsɪfaɪ] *s vt* (Dokument u. ä.) fälschen | verfälschen ⟨to ≈ a report⟩ | (Hoffnung u. ä.) zunichte machen, enttäuschen; (Plan) vereiteln; **~ty** ['fɔ:lsətɪ|'fɒl-] *s* Falschheit *f*, Unrichtigkeit *f* | Lüge *f*

falt·boat ['fɑ:ltbəut] *s, auch* **foldboat** ['fəuldbəut] Faltboot *n*

fal·ter ['fɔ:ltə|'fɒl-] *vi* straucheln, stolpern | stammeln, stottern | (Stimme) stocken | zögern, zaudern, schwanken, unsicher werden | (Gedächtnis u. ä.) versagen; *vt* (Worte) stammeln; ~ **out** stammelnd hervorbringen; '**~ing** [~tṛɪŋ] *adj* stolpernd | stammelnd, stotternd ⟨a ≈ speech⟩ | zögernd

fame [feɪm] **1.** *s* Ruhm *m*, Berühmtheit *f*, Ruf *m* ⟨to find ~ zu Ruhm kommen; ill ~ schlechter Ruf⟩ | *arch* Gerücht *n*; **2.** *vt* (*nur pass*) **be ~d** bekannt sein (**as, for** wegen); **famed** *adj* berühmt, bekannt (**for** wegen, für)

fa·mil·iar [fə'mɪlɪə] **1.** *adj* vertraut, intim ⟨a ~ friend⟩ | (wohl)bekannt, vertraut (**with** mit) ⟨to be ~ with gut kennen; to make o.s. ~ with s.o. sich mit jmdm. bekannt machen⟩ | gut bekannt (**to s.o.** jmdm.) | gewohnt, gewöhnlich ⟨a ~ practice eine altbekannte Methode⟩ | familiär, ungezwungen, frei ⟨~ conversation; ~ style; to be on ~ terms with s.o. mit jmdm. viel verkehren⟩ | aufdringlich, anmaßend ⟨~ behaviour⟩ | *arch* leutselig | (Tier) zutraulich, zahm; **2.** *s* Vertrauter *m* | Bekannter *m*; **fa·mil·i·ar·i·ty** [fəˌmɪlɪ'ærətɪ] *s* Vertrautheit *f* (**with** mit); Kenntnis *f* ⟨≈ with other languages Kenntnis anderer Sprachen⟩ | Vertraulichkeit *f* ⟨to treat s.o. with ≈ jmdn. mit Vertraulichkeit behandeln; ≈ breeds contempt zuviel Vertraulichkeit schadet nur⟩ | Ungezwungenheit *f* | *verächtl* Aufdringlichkeit *f*. Intimität *f* | (sexuell) intime Beziehung ⟨affectionate familiarities intime Vertraulichkeiten⟩; **~i·za·tion** [feˌmɪlɪəraɪ'zeɪʃn] *s* Gewöhnung *f* (**with** an) | Propagierung *f*; **fa'mil·iar·ize** *vt* vertraut machen (**with** mit) ⟨to ≈ o.s. with the rules of a game sich mit den Spielregeln vertraut machen⟩ | bekanntmachen, propagieren; **'~ly** *adv* ungezwungen, freund(schaft)lich, nett; **ˌ~ 'spirit** *s* Haus-, Schutzgeist *m* | Totengeist *m*

fam·i·ly ['fæmḷɪ|-məlɪ] **1.** *s* Familie *f*, Haushalt *m* (*sg konstr*) | Familie(nmitglieder) *f(f/pl)* ⟨my ~ are early risers unsere Familie steht früh auf; to run in a ~ für mehrere Mitglieder der Familie typisch sein⟩ | Kinder *n/pl*, Familie *f* ⟨to have a large ~ viele Kinder haben; to start a ~ e-e Familie gründen, sich Kinder anschaffen; has he any ~? hat er Kinder?⟩ | Stamm *m*, Sippe *f*, Vorfahren *m/pl*, Geschlecht *n* | *bes Brit* Abkunft *f* ⟨of good ~ aus gutem Hause⟩ | *Bot, Zool* Familie *f*, Gattung *f* ⟨cat ~⟩ | *Ling* Sprachfamilie *f* | *Chem* Gruppe *f* (von Elementen) | *Am* (Mafia) Familie *f*, Sippe *f*; **2.** *adj* Familien-, Haus- ◇ **a ~ likeness** eine Ähnlichkeit in der Familie; **in a ~ way** ungezwungen; **in the ~ way** *umg* in anderen Umständen; **ˌ~ al'low·ance** *s* Kinderzulage *f*; **ˌ~ 'cir·cle** *s* engste Familie | *Theat* zweiter Rang; **ˌ~ 'doc·tor** *s umg* Hausarzt *m*; **'~ ho·tel** *s* Hotel *n* mit verbilligten Preisen für Familien; **ˌ~ 'jew·els** *s/pl Am Sl* illegale Praktiken (*bes* des Geheimdienstes CIA) *f/pl*; **'~ man** [-ˌmæn] *s* (*pl* **'~ men** [-ˌmen]) Familienvater *m* | häuslicher Mensch; **'~ name** *s* Familienname *m*, Zuname *m*; **ˌ~ 'plan·ning** *s* Familienplanung *f*, Geburtenkontrolle *f*, -regelung *f*; **'~ ˌprac·tice** *s* Hausarztsystem *n*; **'~ pracˌti·tion·er** *s* Hausarzt *m*; **ˌ~'skel·e·ton** *s* schwarzer Fleck, Makel *m*, Schande *f* der Familie; **'~ 'tree** *s* Stammbaum *m*; **'~ ˌvault** *s* Familiengruft *f*

fam·ine ['fæmɪn] *s* Hungersnot *f* ⟨during a ~⟩ | Hunger *m* ⟨to die of ~⟩ | Mangel *m*, Knappheit *f* ⟨water ~⟩

fam·ish ['fæmɪʃ] *arch, selten vt* (*meist pass*) (jmdn.) (ver)hungern lassen, darben lassen ⟨~ed for food fast verhungert⟩; *vi* (ver)hungern, darben, schmachten (**for** nach) ⟨I'm ~ing *umg* ich verhungere fast⟩; **'~ment** *s* Verhungern *n*

fa·mous ['feɪməs] *adj* berühmt (**for** wegen) ⟨a ~ singer; ~ for his paintings⟩ | *umg, selten* famos, erstklassig ⟨~ weather⟩

¹fan [fæn] **1.** *s* Fächer *m* | *Tech* Ventilator *m* | (Korn-) Schwinge *f* | *Tech* Flügel *m* (e-r Schraube) | Schwanz *m* (e-s Vogels u. ä.) | fächerartiger Gegenstand; **2.** (**fanned, fanned**) *vt* (Korn) schwingen | fächeln, wedeln ⟨to ~ o.s. sich fächeln⟩ | anfachen ⟨to ~ a fire⟩ | *übertr* an-, entfachen ⟨to ~ s.o.'s rage; to ~ the flame Gefühle aufwühlen⟩; *vi* (Wind) leicht wehen über; **~ out** (fächerförmig) ausschwärmen, nach allen Seiten gehen

²fan [fæn] **1.** *s umg* (Sport u. ä.) Fan *m*, Fanatiker *m*, begeisterter Liebhaber ⟨a football ~⟩; **2.** *adj* Verehrer- ⟨~ mail Post *f* von begeisterten Anhängern⟩

fa·nat·ic [fə'nætɪk] **1.** *s* Fanatiker *m*, Schwärmer *m* (**for** für) ⟨boating ~ Wassersportfanatiker *m*⟩; **2.** *auch* **fa'nat·i·cal** *adj* fanatisch ⟨≈ beliefs fanatischer Glaube⟩ | schwärmerisch; **fa'nat·i·cism** *s* Fanatismus *m*; **fa'nat·i·cize** *vt* (jmdn.) fanatisch machen, aufhetzen (**against** gegen); *vi* fanatisch sein, Fanatiker sein

fan belt ['fænbelt] *s Kfz* Keilriemen *m*

fan·ci·er ['fænsɪə] *s bes in Zus* (Hunde- u. ä.) Liebhaber *m*, Züchter *m* ⟨rose ~⟩

fan·cies ['fænsɪz] *s/pl umg* feines Gebäck, Törtchen *n/pl*

fan·ci|ful ['fænsɪfl] *adj* phantasievoll ⟨a ≈ writer⟩ | launisch, neckisch, schrullig ⟨a ≈ mind⟩ | seltsam, kurios ⟨≈ drawings⟩ | phantastisch, unrealistisch ⟨a ≈ scheme ein abwegiger Plan⟩; **'~less** *adj* phantasielos

fan·cy ['fænsɪ] **1.** *s* Phantasie *f*, Einbildung(skraft) *f(f)* ⟨a lively ~ eine lebhafte Phantasie; the power of ~ die Fähigkeit der Einbildung⟩ | Idee *f*, Einfall *m* ⟨I have a ~ that ich denke *od* ahne fast, daß⟩ | Laune *f*, Schrulle *f* ⟨a passing ~⟩ | Vorliebe *f*, Liebhaberei *f*, Neigung *f* (**for s.th.** für etw.; **for** *mit ger*, **to** *mit inf* zu tun) ⟨to catch/take s.o.'s ~ jmds. Interesse wecken *od* jmdm. gefallen; to take a ~ to sich nicht mehr trennen können von, gern haben⟩ | (Liebhaber-) Zucht *f* (von Tieren u. ä.) ⟨pigeon ~ Taubenzucht *f*⟩ | (*mit best art*) die Fans *m/pl* (*bes Boxen*); **2.** *adj* (*nur attr*) Phantasie-, Einbildungs- ⟨~ portrait Phantasieporträt *n*⟩ | (Preis) übertrieben, exorbitant | außergewöhnlich, Luxus-, Mode- ⟨~ article⟩ | Edel-, Zucht- ⟨a ~ horse⟩ | Delikateß-, von besonderer Qualität ⟨~ cakes Konditorgebäck *n*; ~ crab meat Delikateßkrebsfleisch *n*⟩ | *Sport* Kunst- ⟨~ skating Eiskunstlauf *m*⟩ | (grell) bunt, (auffällig) gemustert ⟨it's too ~ for me das ist mir zu auffällig; a ~ cloth gemustertes Gewebe, Bildgewebe⟩; **3.** *vt* sich vorstellen ⟨~ that! stell dir das (mal) vor!; to ~ o.s. [as] an artist sich vorstellen, ein Künstler zu sein; to ~ s.o.'s doing s.th. sich vorstellen, daß jmd. etw. tut⟩ | sich einbilden ⟨to ~ (that) annehmen (daß); to ~ s.o. (to be dead) jmdn. (für tot) halten; to ~ o.s. very important sich sehr wichtig vorkommen⟩ | gern haben ⟨to ~ s.th. for dinner etw. gern zum Essen haben wollen; ~ a swim? hast du Lust auf ein Bad?⟩ | (Tiere u. ä.) (aus Liebhaberei) züchten ◇ (*nur imp*) **~!, just ~!** denken Sie nur!; **ˌ~ 'dress** *s* Maskenkostüm *n* ⟨≈ ball Maskenball *m*⟩; **ˌ~-'free** *adj* frei und ledig | nicht verliebt; **'~ goods** *s/pl* Mode-, Galanteriewaren *f/pl*; **'~ man** [-ˌmæn] *s* (*pl* **'~ men** [-ˌmen]) Liebhaber *m* | *Sl selten* Zuhälter *m*; **'~ 'price** *s oft scherzh* Liebhaberpreis *m*; **'~ ˌwom·an** *s* (*pl* **'~ ˌwomen**) Geliebte *f*; **'~ 'woods** *s/pl* Edelhölzer *n/pl*; **'~work** *s* feine Handarbeit

fan·dan·go [fæn'dæŋgəʊ] *s* Fandango *m*, spanischer Nationaltanz

fan·fare ['fænfεə] *s Mus* Fanfare(nstoß) *f(m)* | Tusch *m* ⟨to sound a ~ e-n Tusch blasen⟩ | *übertr* Trara *n*, Theater *n*; **fan·fa·ron·ade** [ˌfænfærə'nɑ:d] *s* Großsprecherei *f*, Prahlerei *f*

fang [fæŋ] **1.** *s Zool* Fangzahn *m*, Hauer *m* | *Zool* Giftzahn *m* | Zahnwurzel *f* | *Tech* Klaue *f*, Dorn *m*; **2.** *vt selten* (mit den Fängen) packen | (Pumpe) anziehen lassen, mit Wasser füllen; **fanged** *adj Zool* mit Fängen *od* Hauern versehen

fan|gle ['fæŋgl] *s, in*: **ˌnew '~gled** läppische Neuheit, Mode *f*; **'~gled** *adj, in*: **ˌnew '~gled** überspannt, auffallend

fan|light ['fænˌlaɪt] *s* Oberlicht *n*; **~ner** ['fænə], **'~ning maˌchine** *s* Kornschwinge *f*, Futtermühle *f* | *Bergb* (Gruben-) Ventilator *m*, Wettermaschine *f*

fan·ny ['fænɪ] *s Brit vulg* Möse *f* | *Am Sl* Popo *m*, Hintern *m*

fan| palm ['fæn pɑ:m] *s* Fächerpalme *f*; **'~-shaped** *adj* fächerförmig; **'~tail** *s* Fächerschwanz *m* | Pfau(en)taube *f*

fan·tan [ˌfæn'tæn] *s* Kartenspiel *n* | Münzenraten *n* (chinesisches Wettspiel)

fan·ta·si·a [fæn'teɪzɪə|ˌfæntə'zɪə] *Mus s* Phantasie *f* | Potpourri *n*

fan·ta·size ['fæntəsaɪz] *vi* phantasieren *(auch Mus)* | *Psych*

Phantasievorstellungen haben (**about** über)

fan|tast ['fæntæst] *s* Phantast *m*, Träumer *m*; **~'tas·tic,** *selten* **~'tas·ti·cal** *adj* exzentrisch, launisch, wunderlich ⟨a ≈ person⟩ | bizarr, grotesk ⟨≈ costumes⟩ | absurd, phantastisch, eingebildet, unbegründet ⟨≈ fears⟩; **~ˌtas·ti'cal·i·ty** *s* das Phantastische, phantastische Art *od* Eigentümlichkeit; **~ta·sy** ['fæntəsɪ|-əzɪ] **1.** *s* Phantasie *f*, Einbildung(skraft) *f(f)* | Trugbild *n*, Hirngespinst *n* | Laune *f* | *Mus* Fantasie *f* | *Psych* Wachtraum *m*, Wahnvorstellung *f* | Scheinmünze *f*, (fragwürdige) Sammlermünze; **2.** *vi Mus* phantasieren, improvisieren; *vt* sich einbilden, sich vorstellen

fan·toc·ci·ni [ˌfæntɒ'tʃi:nɪ] *s/pl* Marionetten *f/pl* | Puppenspiel *n*

fan work ['fæn wɜ:k] *s* Fächerwerk *n*

far [fɑ:] (**~ther** ['~ðə], **~thest** ['~ðɪst|-əst] *od* **fur·ther** ['fɜ:ðə], **fur·thest** ['fɜ:ðɪst|-əst]) **1.** *adv* (*räumlich, zeitlich meist interrog* u. *neg*) weit(hin), fern ⟨how ~ did you go?; we didn't go ~; as/so ~ as so weit wie, bis; ~ and near nah und fern; ~ and wide weit u. breit; from ~ von weitem; from ~ away von weit her; to go ~ weit gehen *od* reichen⟩ | *übertr* weit, bei weitem, um vieles ⟨as/in ~ as that goes was das anbelangt; ~ better weit besser; ~ and away mit Abstand; so ~ from *mit ger* anstatt *od* weit davon entfernt zu *mit inf*; ~ from it weit gefehlt; ~ the worst weitaus am schlimmsten; ~ wrong weit gefehlt; in so ~ as insofern als; not so ~ as I am aware nicht, daß ich wüßte; so ~ so weit, bis zu einem gewissen Punkt; bis jetzt; so ~, so good soweit ganz gut; thus ~ so weit; to carry/take s.th. too ~ etw. zu weit treiben; to go ~ weit gehen *od* treiben; weit kommen, es weit treiben; to go ~ towards *mit ger* / to go ~ to *mit inf* erheblich beitragen zu; to go too ~ zu weit gehen⟩ ◇ **by ~** bei weitem; **2.** *adj lit* weit, fern (weit) entfernt (*auch übertr*) ⟨a ~ country; ~ be it from me *mit inf* es liegt mir fern⟩ | *Geogr* fern ⟨the ~ East⟩ | *auch* **far·ther** weiter weg liegend, entfernter ⟨at the ~ end am anderen Ende; the ~ side die andere Seite⟩ | *übertr* fortgeschritten, weit vorgerückt ⟨~ in years⟩ ◇ **a ~ cry** ein großer Unterschied (**from** gegenüber)

far|ad ['færəd] *s El* Farad *n*; **'~a·day,** *auch* ≈ *s El* Faraday *n*; **ˌ~ad·ay's 'law** *s El* Induktionsgesetz *n*

far-a·way [ˌfɑ:rə'weɪ|'fɑ:rəweɪ] *adj* weit entfernt ⟨~ places; ~ times⟩ | *übertr* verträumt | geistesabwesend

farce [fɑ:s] **1.** *s Theat* Farce *f*, Posse *f*, Schwank *m* | *übertr* Farce *f*, Possenspiel *n* | Ausflucht *f*, Schwindel *m* | *Kochk* Fleischfarce *f*; **2.** *vt* (Rede mit witzigen Bemerkungen etc.) würzen | *arch Kochk* farcieren, füllen; **~ceur** [fɑ:'sɜ:] *s* Farcendichter *m* | Witzbold *m*; **'far·ci·cal** *adj* possenhaft, Farcen-; **ˌfar·ci'cal·i·ty** [-'kæl-] *s* Posse *f*

far·cy ['fɑ:sɪ] *s Vet* Rotz *m* (bei Pferden) ⟨~ bud/~ button Rotzgeschwür *n*⟩

fare [fɛə] **1.** *s* Fahrgeld *n* | (Taxi u. ä.) Fahrgast *m*, Passagier *m* | Verpflegung *f*, Kost *f* (*auch übertr*) ⟨good ~ gutes Essen; ordinary ~ Hausmannskost *f*; slender ~ magere Kost; bill of ~ Speisekarte *f*; literary ~ literarische Kost⟩; **2.** *förml vi* (er)gehen, Fortschritte machen ⟨I ~d well es ist mir gut gegangen; ~ thee/you well *poet* möge es dir gut gehen; it has ~d well with him er hat Glück gehabt; to ~ alike das gleiche erleben, genauso ergehen; to ~ badly schlecht behandelt werden, (jmdm.) schlecht gehen⟩ | essen | *poet* reisen, gehen, fahren ◇ **you may go farther and ~ worse** *Sprichw* allzuviel ist ungesund; **~ forth** aufbrechen; **~ out** in die Welt ziehen; **'~ pay·ments** *s/pl* Wegegelder *n/pl*; **'~-stage** *s Brit Eisenb u. ä.* Fahrpreiszone *f*; **ˌ~'well 1.** *interj förml* lebe(n Sie) wohl! ⟨≈ to …! Schluß mit …, nie wieder …!⟩; **2.** *s* Lebewohl *n*, Abschied *m* ⟨to bid s.o. ≈ jmdm. Lebewohl sagen; to take one's ≈ Abschied nehmen⟩; **3.** *adj* Abschieds- ⟨a ≈ performance⟩

far|fetched [ˌfɑ:'fetʃt] *adj* weit hergeholt, gesucht ⟨a ≈ example ein an den Haaren herbeigezogenes Beispiel⟩; **ˌ~-'flung** *adj* (weit) ausgedehnt ⟨≈ trade connections⟩ | (weit) entfernt | entlegen ⟨≈ cities⟩; **ˌ~-'gone** *adj umg* fertig, voll (betrunken), schlimm d(a)ran | halb verrückt (vor Liebe) | fast tot

fa·ri·na [fə'raɪnə] *s* (feines) Mehl | Stärkepuder *m*, -mehl *n*; **~ceous** [ˌfærɪ'neɪʃəs] *adj* stärkehaltig ⟨≈ diet; ≈ food Teigwaren *pl*⟩ | Mehl- | mehlig ⟨a ≈ surface eine sich mehlig anfassende Oberfläche⟩

farm [fɑ:m] **1.** *s* Farm *f*, Landwirtschaft *f*, Bauerngut *n* ⟨working on the ~ in der Landwirtschaft arbeiten⟩ | Gutshaus *n* | Zucht *f* ⟨poultry-~ Geflügelfarm *f*⟩ ◇ **buy the ~** *Am Mil Sl* abkratzen; **2.** *vt* bebauen ⟨to ~ 200 acres⟩ | pachten | *auch* **~ out** (Gut u. ä.) verpachten (**to** an) | (Land) bebauen, bewirtschaften | (Leute) verdingen; **~ out** (Kinder) in Pflege geben (**on** bei) | *Wirtsch* (Aufträge) weitergeben, vergeben (**to** an) ⟨to ≈ work to small manufacturers⟩; *vi* Landwirtschaft betreiben; **'~er** *s* Farmer *m*, Landwirt *m*, Bauer *m* | Steuerpächter *m* | Betreuer *m*; **'~ hand** *s bes Am* Landarbeiter *m*; **'~house** *s* Bauern-, Farm-, Gutshaus *n*; **'~ing 1.** *s* Landwirtschaft *f*, Ackerbau *m* | Zucht *f* ⟨sheep ≈ Schafzucht *f*⟩ | Verpachtung *f*; **2.** *adj* landwirtschaftlich, Acker-; **'~land** *s* Ackerland *n*; **'~stead** *s Brit* Gehöft *n*; **'~ ˌtrac·tor** *s* Ackerschlepper *m*; **'~yard** *s* Gutshof *m*

far·o ['fɛərəʊ] *s Kart* Phar[a]o *n*

far|-off [ˌfɑ:r 'ɒf|~ɔ:f] *adj* weit entfernt | *übertr* (geistes)abwesend; **ˌ~-'out** *umg adj* sehr weit entfernt ⟨a ≈ planet⟩ | außergewöhnlich, seltsam, leicht abwegig ⟨≈ clothes; ≈ ideas⟩ | toll, phantastisch ⟨it was simply ≈⟩ | ganz weg *od* hin ⟨he was ≈⟩; **ˌ~-'out·er** *s* jmd., der sich nicht an die Norm hält, Nonkonformist *m*

fa·rouche [fə'ru:ʃ] *adj* mürrisch ⟨~ manners mürrisches Gebaren⟩ | scheu

far·ra|go [fə'rɑ:gəʊ] *s* (*pl* **~goes**) (bunte) Mischung | Mischmasch *m*, Durcheinander *n* ⟨≈ of nonsense sinnloses Durcheinander, lauter Unsinn⟩

far-reach·ing [ˌfɑ: 'ri:tʃɪŋ] *adj* weitreichend ⟨~ forests riesige Wälder *m/pl*⟩ | *übertr* schwerwiegend, tiefgreifend ⟨~ decisions⟩

far·ri·er ['færɪə] *s Brit* Hufschmied *m* | *Mil* Beschlagmeister *m*; **'~y** [~rɪ] *s* Hufschmiede(handwerk) *f(n)*

far·row ['færəʊ] **1.** *s* Wurf *m* Ferkel ⟨ten at a ~ zehn mit e-m Wurf; with ~ trächtig⟩; **2.** *vi* ferkeln; *vt* (Ferkel) werfen

far|'see·ing [ˌfɑ: 'si:ɪŋ], **ˌ~'sight·ed** *adj bes Am* weitsichtig | *übertr* umsichtig, weitblickend

fart [fɑ:t] *vulg* **1.** *s* Furz *m*; **2.** *vi* furzen; **~ about/around** *Brit* herumblödeln, nichts als Mist machen

far|ther ['fɑ:ðə] (*comp* zu **far**) **1.** *adv* (räumlich) ferner, weiter ⟨to go ≈ into the forest⟩ | weiter(hin), außerdem; **2.** *adj* ferner, weiter ⟨at the ≈ end of the street am anderen Ende der Straße⟩ | = **further** (*intens*) weiter, mehr ⟨to go ≈ (ahead) with a plan einen Plan weiter durchsetzen⟩; **~thest** [-ðɪst|-əst] (*sup* zu **far**) **1.** *adv* weitestens, spätestens ⟨to swim ≈⟩; **2.** *adj* fernst, weitest ⟨at [the] ≈ höchstens, spätestens; the ≈ (away) from town die am weitesten von der Stadt (weg)wohnen⟩

far·thing ['fɑ:ðɪŋ] *s Hist* Farthing *m* (= $\frac{1}{4}$ Penny-Kupfermünze) | *übertr* Kleinigkeit *f*, Heller *m* ⟨to care not a ~ for sich nicht im geringsten scheren um⟩

far·thin·gale ['fɑ:ðɪŋgeɪl] *s Hist* Reifrock *m*, Krinoline *f*

fas·ci|a ['fæʃɪə] *s* (*pl* **~ae** [~i:]) *Arch* Band *n*, Gurtsims *m* | Schriftfeld *n* (über einem Schaufenster), Firmen-, Ladenschild *n* | *Anat* Faszie *f* | *Med* Binde *f* ⟨abdominal ≈ Bauchbinde *f*⟩ | *Zool* (Farb-) Streifen *m* | *Kfz selten* Armaturenbrett *n*; **~at·ed** ['fæʃɪˌeɪtɪd] *adj Zool* gestreift | *Bot* zusammengewachsen; ˌ~ˈ**a·tion** *s Zool* Bänderung *f* | *Bot* Fasziation *f*

fas·ci|cle [ˈfæsɪkl] *s* Bündel *n* | *Bot* Büschel *n* | *Buchw* Faszikel *m*, (Teil-) Lieferung *f*, (Einzel-) Heft *n*; ˈ**~cled** *adj* gebündelt, gebüschelt

fas·ci|nate [ˈfæsɪneɪt|-sn̩-] *vt* faszinieren, begeistern, bezaubern, hinreißen | hypnotisieren, in den Bann ziehen; **~na·tion** [ˌfæsɪˈneɪʃn|-sn̩] *s* Faszination *f* | Faszinieren *n* | Zauber *m*, Reiz *m*; **~na·tor** [ˈfæsɪneɪtə|-sn̩-] *s* Zauberer *m* | bezaubernde Person | (gehäkeltes) Kopftuch, Theaterschal *m*

fas·cine [fæˈsiːn] *s Mil* Faschine *f*, Reisigbündel *n*

fas|cism, *auch* ˈ**-cism** [ˈfæʃɪzm] *s Pol* Faschismus *m*; ˈ**~cist,** *auch* ˈ**-cist 1.** *s* Faschist *m*; **2.** *adj* faschistisch

fash·ion [ˈfæʃn] **1.** *s* Mode *f* ⟨in [the] ~ modisch; out of ~ unmodern; it is the ~ es ist Mode; the latest ~ die neueste Mode; to be all the ~ sehr verbreitet sein; to be in [the] ~ Mode sein; to bring into ~ in Mode bringen; to come into ~ Mode werden; to follow the ~ Mode sein; to lead/set the ~ in Mode bringen; *übertr* den Ton angeben⟩ | Gestalt *f*, Form *f*, Machart *f*, Fasson *f*, Schnitt *m* | Art *f*, Weise *f*, Manier *f*, Sitte *f* ⟨after a ~ einigermaßen, mehr schlecht als recht, so lala; after their ~ auf ihre Weise; after the ~ of im Stil von, nach der Art von, so wie; in summary ~ summarisch, insgesamt (gesehen); in a warlike ~ nach Kriegsbrauch⟩ | Sorte *f* ⟨men of all ~s⟩ | *arch* feine Lebensart, Vornehmheit *f* ⟨a man of ~ ein Mann *m* von Lebensart⟩; **2.** *vt* bilden, formen, gestalten, machen (**after** nach; **out of, from** aus; **into, to** in, zu) | (Kleid u. ä.) an-, verfertigen | anpassen (**to** an); **-~** *in Zus* nach Art von, nach der Mode von ⟨to eat Chinese ~; to dress school-boy-~⟩; **~a·ble** [ˈfæʃnəbl|-n-] *adj* modern, modisch | Mode- | elegant, fein, vornehm; ˈ**~ deˌsign** *s* Modegestaltung *f* | modisches Dessin: ˈ**~ deˌsign·er** *s* Modezeichner *m*; ˈ**~less** *adj* formlos; ˈ**~ paˌrˈade** *s* Modenschau *f*; ˈ**~ plate** *s* Modezeichnung *f* | *übertr* Modepuppe *f*; ˈ**~ show** *s* Modenschau *f*; ˈ**~ wear** *s* modische Kleidung

[1]**fast** [fɑːst] **1.** *adj* schnell, geschwind ⟨~ train Schnellzug *m*⟩ | hohe Geschwindigkeit erlaubend, schnell ⟨~ lane Überholspur *f*; a ~ car⟩ | (Uhr) vorgehend ⟨10 minutes ~⟩ | *Foto* (Objektiv) lichtstark | *Foto* lichtempfindlich ⟨a ~ film⟩ | *übertr selten* flott, leichtlebig ⟨a very ~ set eine sehr muntere Truppe⟩ | *arch* (Frau) locker⟨a ~ woman⟩ | fest, starr, unbeweglich ⟨hard and ~ rules unverrückbare Regeln *f/pl*; to make ~ befestigen⟩ | fest (zupackend usw.) ⟨a ~ grip; to take ~ hold of s.th. etw. ergreifen⟩ | *übertr* tief, fest ⟨a ~ sleep⟩ | standhaft, beständig, fest ⟨a ~ friendship⟩ | (Farbe) waschecht ◇ **~ and furious** (Spiel, Vergnügen) toll und aufregend; **pull a ~ one on s.o.** *Sl* jmdn. reinlegen; **2.** *adv* fest ⟨to hold ~ festhalten; to stand ~ nicht weichen, nicht nachgeben; to stick ~ nicht nachgeben, festsitzen, nicht weiterkommen⟩ | tief, fest ⟨~ asleep/to sleep ~⟩ | stark ⟨to rain ~⟩ | schnell ⟨to live ~ sich schnell verbrauchen; ausschweifend leben⟩ | *poet* nahe ⟨~ beside/~ by nahe bei⟩ ◇ **~ bind, ~ find** was man festhält, wird man auch behalten; sicher ist sicher; **play ~ and loose with** leichtfertig spielen mit, Schindluder treiben mit

[2]**fast** [fɑːst] **1.** *vi* fasten; **2.** *s* Fasten *n* ⟨a ~ of three days drei Fastentage⟩ | Fastentag *m* | Fastenwoche *f*; ˈ**~ day** *s* Fastentag *m*

fast·back [ˈfɑːstbæk] *s Kfz* Fließheck *n*

fas·ten [ˈfɑːsn] *vt* festmachen, -binden, befestigen (**to** an; **on, upon** auf) | *auch* **~ up** fest verschließen, zumachen, abriegeln | zusammenfügen, verbinden, verkitten | *übertr* (Augen u. ä.) heften, richten (**on** auf) | *übertr* beilegen ⟨to ~ a nickname upon s.o.⟩ | *übertr* vorwerfen ⟨to ~ an offence upon s.o. jmdn. beschuldigen⟩; *vi* (Tür u. ä.) schließen | (Kleidung u. ä.) zugehen, sich schließen lassen ⟨the dress ~s down the back das Kleid läßt sich hinten schließen *od* ist hinten zu knöpfen⟩ | sich stürzen auf, verfolgen, sich heften (**upon** an, auf) | *übertr* sich klammern, sich halten (**upon** an); ˈ**~er** [~n̩ə] *s* Befestiger *m* | *Tech* Verschluß *m*, Riegel *m* ⟨zip ≈ Reißverschluß *m*⟩; ˈ**~ing** [~n̩ɪŋ] **1.** *s* Verschluß *m*, Riegel *m*, Schloß *n*; **2.** *adj* Verschluß-

fast-food [ˈfɑːstfʊd] *adj Am* (Schnell-) Imbiß- ⟨~ counter⟩

fas·tid·i·ous [fəˈstɪdɪəs] *adj* anspruchsvoll, wählerisch, verwöhnt, penibel (**about** hinsichtlich, in bezug auf)

fast·ing [ˈfɑːstɪŋ] **1.** *adj* fastend, Fasten-; **2.** *s* Fasten *n* | Hungerkur *f*

fast·ness [ˈfɑːstnəs] *s* Festigkeit *f*, Beständigkeit *f*, Widerstandsfähigkeit *f*

fat [fæt] **1.** *adj* fett(ig), ölig ⟨~ meat fettes Fleisch⟩ | dick, beleibt ⟨a ~ man⟩ | (Tier) feist | gut gefüllt, prall ⟨a ~ pocketbook eine dicke Brieftasche⟩ | *übertr* fruchtbar ⟨~ soil⟩ | einträglich, reich ⟨a ~ crop⟩ | *übertr* dumm, selbstgefällig, träge ⟨a ~ smile⟩ ◇ ˌ**~ ˈcat** *Am Pol umg* reicher Geldgeber; **a ~ lot** *Sl verächtl* eine ganze Menge ⟨a ≈ you care Sie kümmern sich um rein gar nichts⟩; **2.** *s* Fett *n* ⟨vegetable ~ Pflanzenfett *n*⟩ | Fettansatz *m* ⟨to run to ~ Fett ansetzen⟩ | *übertr* das Beste *n* ⟨to live on the ~ of the earth/land wie (der) Herrgott in Frankreich leben⟩ | *Theat* Glanzstelle, *f*, Paradestück *n* (einer Rolle) ◇ **the ~ is in the fire** der Teufel ist los; **chew the ~** sich gemeinsam beraten; sich beschweren; **3.** *vt* (**fatted, fatted**), *oft* **~ out, ~ up** (Tier) fett machen, mästen ◇ **to kill the ~ted calf** *übertr* das gemästete Kalb schlachten, den verlorenen Sohn mit Freuden wiederempfangen, einen Willkommensschmaus veranstalten; *vi* fett werden

fa·tal [ˈfeɪtl] *adj* tödlich, todbringend ⟨a ~ wound⟩ | unheilvoll, gefährlich (**to** für) | schicksalhaft, schicksalsschwer ⟨a ~ day⟩; **~ism** [ˈfeɪtl̩ɪzm] *s* Fatalismus *m*, Schicksalsglaube *m*; **~ist** [ˈfeɪtl̩ɪst] *s* Fatalist *m*; **~is·tic** [ˌfeɪtl̩ˈɪstɪk] *adj* fatalistisch; **~i·ty** [fəˈtælətɪ] *s* Schicksal *n*, Verhängnis *n* | Fatalität *f* | Unglück *n*, Todesfall *m*; **~ize** [ˈfeɪtl̩aɪz] *vt* (etw.) vom Schicksal abhängig machen; *vi* an Fatalismus glauben, sich dem Schicksal ergeben

Fa·ta Mor·ga·na [ˌfætə mɔːˈgɑːnə] *s* Fata Morgana *f*, Luftspiegelung *f*

fat ci·ty [ˌfæt ˈsɪtɪ] *Am Sl s übertr* Himmel *m*, Paradies *n* | Gosse *f*, elender Zustand

fate [feɪt] **1.** *s* Schicksal *n*, Schicksalsmacht *f* ⟨as sure as ~ mit absoluter Sicherheit | Los *n*, Geschick *n* ⟨to accept one's ~ sein Schicksal auf sich nehmen; to decide/seal s.o.'s ~ jmds. Schicksal entscheiden, besiegeln; to suffer a ~ worse than death schlimmsten Anfeindungen ausgesetzt sein; *arch* geschändet werden (Frau)⟩ | Verhängnis *n*, Verderben *n*, Untergang *m*, Tod *m* ⟨to meet one's ~ getötet werden, umkommen⟩; **2.** *vt* (*meist pass*) vorherbestimmen (**to** zu, **that** daß) ⟨to be ~d vom Schicksal bestimmt sein⟩; ˈ**fat·ed** *adj* vom Schicksal bestimmt | dem Untergang geweiht, zum Scheitern verurteilt, unglückselig ⟨to be ≈ unter e-m ungünstigen Stern stehend⟩; ˈ**~ful** *adj* schicksalhaft, Schicksals- ⟨a ≈ hour⟩ | verhängnisvoll, schicksalsschwer, entscheidend ⟨a ≈ event⟩ | prophetisch, unheilverkündend, ominös ⟨≈ words⟩; **Fates** *s/pl Myth* (die drei) Schicksalsgöttinnen *f/pl*, Parzen *f/pl*

fat·head [ˈfæthed] *s Zool* (e-e Art) Lippfisch *m* | *umg* Dummkopf *m*; ˈ**~ed** *adj* dumm

fa·ther [ˈfɑːðə] **1.** *s* Vater *m* ⟨~ and mother; adoptive ~ Adoptivvater *m*; like ~ like son der Apfel fällt nicht weit vom Stamm; the child is ~ to the man *übertr* aus Kindern werden Leute; the wish is ~ to the thought der Wunsch ist der Vater des Gedankens⟩ | Vorfahr *m*, Stammvater *m* ⟨our ~s unsere Vorfahren; to rest/sleep with one's ~s *übertr* in der Familiengruft liegen⟩ | Gründer *m*, Urheber *m* ⟨the ~ of English poetry⟩ | *(meist pl)* Stadtvater, Ältester *m*, Beschützer *m* ⟨~ to the poor Beschützer *m* der Armen⟩ | *meist* ~ *Rel* (Gott-) Vater *m* | Kirchenvater *m* | Priester, Pater *m* | ~, *auch* **The Holy** ~ Papst *m*; **2.** *vt, oft scherzh* (Kind) zeugen, Vater werden von | adoptieren | wie ein Vater behandeln | sich als Vater ausgeben *od* bekennen | verantwortlich sein für ⟨to ~ a plan⟩ | *übertr* hervorrufen, ins Leben rufen | *übertr* (etw.) zuschreiben (**on, upon s.o.** jmdm.); **'~ 'Christ·mas** *s Brit* Weihnachtsmann *m*; **,~ con'fes·sor** *s* Beichtvater *m*; **'~ ,fig·ure** *s* Vaterfigur *f*, Vorbild *n*; **'~hood** *s* Vaterschaft *f* | Vaterwürde *f*; **~-in-law** ['fɑ:ðr ɪn ,lɔ:] *s* (*pl* **~s-in-law**) Schwiegervater *m*; **'~land** *s* Vaterland *n*; **'~less** *adj* vaterlos; **'~ly** *adj* Vater-, väterlich ⟨≈ love⟩ | wie ein Vater; **'~ship** *s* Vaterschaft *f*

fath·om ['fæðəm] **1.** *s* (*pl nach Maßzahl oft* ~) *Mar* Faden *m* (= 1,83 m) ⟨five ~[s] deep⟩ | Klafter *m od n auch f* (Holzmaß); **2.** *vt* loten, sondieren | *(meist neg) übertr* begreifen ⟨I can't ~ his meaning ich weiß nicht, was er meint⟩ | *auch* ~ **out** *übertr* ergründen, (gründlich) erforschen, eindringen in ⟨to ~ the universe das Weltall erforschen⟩; *vi* sondieren; **'~a·ble** *adj* meßbar | *übertr* ergründbar; **fa·thom·e·ter** [fæ'ðɒmɪtə, *auch* **Fa·thom·e·ter** *Mar* Echolot *n*; **'~less** *adj* unergründlich ⟨≈ depths of the ocean⟩ | unermeßlich ⟨≈ energy⟩ | unverständlich ⟨≈ ignorance⟩; **'~-line** *s Mar* Lotleine *f*; **'~-wood** *s* Klafterholz *n*

fa·tid·ic [feɪ'tɪdɪk], **fa'tid·i·cal** *adj* prophetisch; **fa·tif·er·ous** [feɪ'tɪfərəs] *adj selten* schicksalhaft | tödlich

fat·i·ga·ble [,fə'tɪgəbl] *adj* leicht ermüdend; **fa·tigue** [fə'ti:g] **1.** *s* Ermüdung *f*, Ermattung *f* | schwere Arbeit, Strapaze *f* ⟨the ≈s of the day⟩ | *auch* **fa,tigue 'du·ty** *Mil* (Arbeits-) Dienst *m* ⟨to be on ≈ (Küchen-, Stuben-) Dienst haben⟩ | *Landw* (Boden) Erschöpfung *f* | *auch* **'me·tal fa,tigue** (Metall) Ermüdung *f*; **2.** *adj meist Mil* Arbeits- ⟨≈ clothes Arbeitskleidung *f*; ≈ party *Mil* Arbeitskommando *n*; ≈ uniform *Am Mil* Drillichanzug *m*⟩; **3.** (**fa'tigued, fa'tigued**) *vt, förml* ermüden, erschöpfen, schwächen ⟨to feel ≈d sich erschöpft fühlen; fatiguing work ermüdende Arbeit⟩; *vi* geschwächt werden | *Mil* (Arbeits-) Dienst ableisten | *Tech* altern; **fa'tigue·less** *adj* unermüdlich; **fa'tigue strength** *s Tech* (Wechsel-) Beanspruchungsfestigkeit *f*; **fa'tigue test** *s Tech* Ermüdungsprobe *f*

fat|less ['fætləs] *adj* mager, ohne Fett; **'~ling** *s* junges Masttier; **'~ly** *adv* reichlich | fett, unbeholfen; **'~ten** *vt auch* **~ten up** mästen ⟨to ≈ cattle⟩ | fett machen | (Land) fruchtbar machen, düngen; *vi* dick werden | *übertr* sich bereichern (**on** an); **'~-mouth** *vi Am Sl* schwafeln, schwadronieren; **'~ty 1.** *adj* fettig, Fett- ⟨≈ bacon fetter Schinkenspeck; ≈ tissue Fettgewebe *n*; ~ty acid Fettsäure *f*⟩; **2.** *s umg verächtl* Dicker(chen) *m(n)*

fa·tu·i|tous [fə'tju:ɪtəs] *adj* albern, einfältig; **~ty** [fə'tju:ətɪ] *s* Albernheit *f*, Einfältigkeit *f*, Dummheit *f*; **fat·u·ous** ['fætʃʊəs|-tju-] *adj* dumm, albern ⟨a ≈ remark⟩ | sinnlos, illusorisch

fau|cal ['fɔ:kl] *Anat adj* Rachen-, Kehl-; **~ces** ['fɔ:si:z] *s/pl* Rachen *m*; **'~cial** *adj* = **~cal**

fau·cet ['fɔ:sɪt|-sət] *Am s* Wasserhahn *m* | (Faß-) Zapfen *m*

fau·ci·tis [fɔ:'saɪtɪs] *s Med* Rachenentzündung *f*

faugh [fɔ:] *interj* pfui!

fault [fɔ:lt|fɒlt] **1.** *s* Mangel *m*, Fehler *m*, Defekt *m*, Makel *m* | Vergehen *n*, Versehen *n*, Fehler *m* ⟨to be at ~ sich irren; to commit a ~ e-n Fehler machen, sich versehen; to find ~ with s.o. jmdn. tadeln⟩ | Schuld *f*, Verschulden *n* ⟨it's my ~ ich bin schuld; the ~ lies with Schuld hat ...; to be in ~ schuldig sein⟩ | *El* Defekt *m*; *Tech* Störung *f* | *Geol* Verwerfung *f*, Bruch *m* | (Tennis u. ä.) Fehler *m* | (Jagd) verlorene Spur ◇ **to a** ~ (etw. Positives) bis zum Übermaß ⟨to be generous (almost) ≈ (fast) zu freigebig sein⟩; **2.** *vt* tadeln, (jmdm. etw.) vorwerfen | *Am* einen Fehler machen bei ⟨to ~ a performance bei einem Auftritt versagen⟩ | *Geol* verwerfen; *vi* einen Fehler machen | *Geol* sich verwerfen, brechen; **'~,find·er** *s* Nörgler *m*; **'~,find·ing 1.** *adj* krittelnd, nörgelnd; **2.** *s* Krittelei *f*, Nörgelei *f*; **'~ing** *s Geol* Verwerfung *f*; **'~less** *adj* fehlerfrei, -los, untadelig; **faults·man** ['fɔ:ltsmən] *s* (*pl* **faults·men**) *Tech* Störungssucher *m*; **'~y** *adj* fehler-, mangel-, schadhaft, schlecht, Fehl-

faun [fɔ:n] *s Myth* Faun *m*

fau|na ['fɔ:nə] *s* (*pl* **~nas** ['~nəz], **~nae** ['~ni:]) *s Zool* Fauna *f*, Tierwelt *f* | systematische Darstellung einer Tierwelt; **'~nal** *adj* Fauna-; **'~nist** *s* Tierkundler *m*

fau·teuil ['fəʊtɜ:ɪ] *s* Fauteuil *m*, Lehnsessel *m* | *Theat* Sperrsitz *m*

faux pas [,fəʊ 'pɑ:|'fəʊ pɑ:] *s* (*pl* ~ [,fəʊ 'pɑ:z]) ⟨*frz*⟩ Fauxpas *m*, Mißgriff *m*, Fehltritt *m* ⟨to commit a ~⟩

fa·vour ['feɪvə] **1.** *s* Gunst *f*, Wohlwollen *n* ⟨in ~ beliebt, gefragt; out of ~ in Ungnade; to be/stand high in s.o.'s ~ bei jmdm. gut angeschrieben sein; to find ~ with/to find ~ in s.o.'s eyes jmdm. gefallen; to look with ~ on s.o. jmdn. mit Wohlwollen betrachten; to win s.o.'s ~ jmdn. für sich gewinnen; with ~ wohlwollend⟩ | Hilfe *f*, Unterstützung *f* ⟨in s.o.'s ~ zu jmds. Vorteil⟩ | Begünstigung *f*, Vorrecht *n*, Privileg *n* ⟨to show too much ~ to s.o. jmdn. über Gebühr bevorzugen⟩ | Gefälligkeit *f* ⟨to ask s.o. a ~/to ask a ~ of s.o. jmdn. um e-n Gefallen bitten; to do s.o. a ~/to do a ~ for s.o./to grant s.o. a ~ jmdm. e-n Gefallen erweisen⟩ | Gunstbezeigung *f* (e-r Frau) | Vorliebe *f* | Bandschleife *f*, Rosette *f* | *arch Wirtsch* Schreiben *n* ⟨received your ~ of erhielt Ihr Schreiben vom ⟩ ◇ **by ~ of** überreicht von; **by your ~** wenn Sie gestatten; **in ~ of** *Wirtsch* zu Gunsten von ⟨a cheque made out ≈ s.o. ein Scheck zahlbar an jmdn.⟩; **under ~ of** *förml* im Schutze von; **2.** *vt* unterstützen, geneigt sein ⟨fortune ~s the brave dem Tapferen lacht das Glück⟩ | erleichtern, ermöglichen ⟨the weather ~ed our voyage⟩ | begünstigen, bevorzugen | *förml* beehren (**with** mit) | ähnlich sehen ⟨the child ~s its father⟩; **~a·ble** ['feɪvr̩əbl] *adj* günstig, positiv ⟨a ≈ report⟩ | günstig gesinnt, geneigt, freundlich, gewogen (**to s.o.** jmdm.) | vorteilhaft, günstig (**to** für) | vielversprechend; **'fa·voured** *adj* begünstigt, geschätzt ⟨highly ≈ sehr begünstigt; most ≈ meistbegünstigt (**of** von); most ≈ (nation) clause *Wirtsch* Meistbegünstigungsklausel *f*⟩ | *in Zus* -geartet, -aussehend ⟨ill-≈ häßlich; well-≈ gutaussehend⟩; **~ing** ['feɪvr̩ɪŋ] *adj* günstig; **~ite** ['feɪvr̩ɪt|-rət] **1.** *s* etwas Bevorzugtes | Liebling *m* ⟨to be the ≈ of/with s.o. von jmdm. bevorzugt werden⟩ | Günstling *m*; | *(mit best art) Sport* Favorit *m* ⟨to back the ≈ (Rennsport) auf den Favoriten setzen⟩; **2.** *adj* begünstigt, Lieblings- ⟨a ≈ child⟩; **,~ite 'son** *s Am Pol* Präsidentschaftskandidat *m* (eines Staates); **~it·ism** ['feɪvrɪtɪzm|-rət-] *s* Günstlingswirtschaft *f*

fa|vus ['feɪvəs] *s* (*pl* **~vi** ['~vaɪ]) *Med* Favus *m*, Kopfgrind *m*

[1]**fawn** [fɔ:n] **1.** *s* Kitz *n*, Rehkalb *n* im ersten Jahre ⟨in ~ trächtig⟩ | *auch* **,~ 'col·our** Rehfarbe *f*; **2.** *adj* fahl, rehfarben, hellbraun; **3.** *vt* (Rehkalb) setzen; *vi* Junge werfen

[2]**fawn** [fɔ:n] *vi* (Hund) (herum)schwänzeln, wedeln | *übertr* schmeicheln, kriechen (**on, upon** bei, vor); **'~er** *s* Kriecher *m*; **'~ing** *adj* kriecherisch, schmeichlerisch

fay [feɪ] *s poet* Fee *f*, Elfe *f*

faze [feɪz] *vt Am umg* stören, aus der Ruhe *od* Fassung bringen

FBI [ˌefbi:'aɪ] *Am Abk* für **Federal Bureau of Investigation** FBI *m*, Kripo *f*

fe·al·ty ['fi:l̩tɪ] *s Hist* Lehnstreue *f* ⟨to swear ~ to s.o., to take an oath of ~ jmdm. Lehnstreue schwören⟩ | *übertr* Loyalität *f*, Treue *f* (**to** zu)

fear [fɪə] **1.** *s* Furcht *f*, Angst *f* ⟨~ of death Todesangst *f*; from/for ~ of aus Furcht vor; for ~ that (lest) aus Furcht, daß (daß nicht); out of ~, through ~ aus Angst; no ~! keine Angst!; to be in ~ of s.o. sich vor jmdm. fürchten; in ~ and trembling vor Angst zitternd⟩ | Besorgnis *f*, Angst *f* ⟨to be in ~ of Furcht haben; there is no ~ of it das ist nicht zu befürchten⟩ | (Ehr-) Furcht *f* ⟨the ~ of God Gottesfurcht *f*; *übertr* gewaltiger Respekt; to put the ~ of God into s.o. *übertr* jmdm. furchtbare Angst einjagen⟩ | Risiko *n*, (Gefahren) Wahrscheinlichkeit *f* ⟨no ~! *umg* sicherlich nicht; not much ~ of keine große Wahrscheinlichkeit, daß⟩ ◇ **without ~ or favour** unparteiisch, ohne jmdn. zu benachteiligen; **2.** *vt* fürchten, Angst haben vor ⟨to ~ death den Tod fürchten⟩ | scheuen, zögern (**to** *mit inf* zu *mit inf*) | Ehrfurcht haben vor ⟨to ~ one's teacher⟩ | etw. befürchten ⟨to ~ the worst das Schlimmste befürchten⟩ | *refl arch* (sich) fürchten ⟨I ~ myself⟩ ◇ **I ~** es tut mir leid (zu sagen), daß ⟨it's true, ≈; ≈ so es ist leider so⟩; *vi* sich fürchten, Angst haben ⟨never ~! keine Angst!, seien Sie unbesorgt!; to ~ for one's life um sein Leben bangen⟩; **'~ful** *adj* furchtsam, ängstlich (**of** vor; **of** *mit ger*, **to** *mit inf* zu *mit inf*; **that, lest** daß) | furchtbar, fürchterlich, furchterregend ⟨a ≈ accident ein entsetzlicher Unfall⟩ | ehrfürchtig besorgt (**for** um)| *umg* schrecklich, gräßlich ⟨a ≈ waste eine wahnsinnige Verschwendung⟩; **'~less** *adj* furchtlos, unerschrocken (**of** vor) | harmlos; **'~nought** *s* Wagehals *m*, unerschrockener Mensch | flauschähnlicher Stoff; Rock *m* (aus diesem Gewebe); **fears** *s/pl* Befürchtungen *f/pl* ⟨to have ≈ besorgt sein⟩; **'~some** *adj oft scherzh* schrecklich, fürchterlich ⟨a ≈ sight ein schlimmer Anblick⟩ | furchtsam, ängstlich

fea·si|bil·i·ty [ˌfi:zə'bɪlətɪ] *s* Durchführbarkeit *f*, Möglichkeit *f*; **~ble** ['fi:zəbl] *adj* durchführbar, real, möglich, tunlich | *umg* geeignet, passend ⟨a road ≈ for travel⟩ | wahrscheinlich, denkbar ⟨ a ≈ theory⟩

feast [fi:st] **1.** *s* (kirchliches) Fest | Kirmes *f* | Festessen *n*, Gastmahl *n* ⟨to have a ~ ein Festessen geben⟩ | *übertr* Lekkerbissen *m*, Labsal *n*, Hochgenuß *m* ⟨a ~ of reason ein geistig anspruchsvolles Ereignis⟩; **2.** *vi* schmausen, schlemmen ⟨to ~ all evening⟩ | *auch* **~ away** durchfeiern ⟨to ~ away the night⟩ | *übertr* sich ergötzen, sich weiden (**on** an) ◇ **~ o.s.** sich gütlich tun; *vt* (jmdn.) festlich bewirten | *förml übertr* ergötzen, unterhalten ⟨to ~ one's eyes on seine Augen weiden an⟩; **'~ day** *s* Festtag *m*; **'~ful** *adj* festlich | ausgelassen, fröhlich

feat [fi:t] *s* (Helden-) Tat *f* ⟨to perform ~s of valour Heldentaten vollbringen⟩ | Kunst-, Bravourstück *n* | *Tech* Leistung *f* ⟨a brilliant ~ of engineering e-e großartige technische Leistung⟩

feath·er ['feðə] **1.** *s* Feder *f* ⟨as light as a ~ federleicht⟩ | Gefieder *n* | Federbusch *m* | Hutfeder *f* ⟨a ~ in s.o.'s cap *übertr* e-e Auszeichnung; fine ~s make fine birds *übertr* Kleider machen Leute; that is a fine ~ in his cap *übertr* darauf kann er stolz sein⟩ | Vogelart *f* | federähnlicher Gegenstand | hochstehendes Haarbüschel | (Wellen) Schaumkrone *f* | (Rudern) Federn *n* | *Tech* Feder *f* | *übertr* Art *f*, Schlag *m* ⟨of a ~ von gleicher Art; birds of a ~ flock together gleich u. gleich gesellt sich gern⟩ | *übertr* Stolz *m* ⟨to crop s.o.'s ~s jmdn. demütigen⟩ | *übertr* Stimmung *f*, Laune *f* ⟨in fine/high ~ in gehobener Stimmung⟩ | *übertr* Kleinigkeit *f*, Leichtigkeit *f* ⟨with a ~ mit Leichtigkeit⟩ ◇ **show the white ~** *übertr* Angst bekunden, Furcht verraten; **2.** *vt* mit Federn versehen *od* schmücken | befiedern | (Vogel) anschießen | (Rudern) Riemen flach drehen ⟨to ~ one's oar abscheren⟩ ◇ **~ one's nest** *übertr* sein Schäfchen ins Trockene bringen; *vi* federn, Federn bekommen | sich federnd *od* zitternd bewegen | (Rudern) federn, flach liegen; **ˌ~ 'bed** *s* Unterbett *n* | *übertr* angenehme Lage | *Am umg Wirtsch* Arbeitskräftepolster *n*; **ˌ~-'bed** *vt* (**ˌ~-'bed, ˌ~-'bed**) (übertrieben reichlich) unterstützen, subventionieren | verwöhnen, verhätscheln | *Am umg Wirtsch* (für ein Vorhaben) mehr Arbeitskräfte als unbedingt nötig beschäftigen; **ˌ~-'bed·ding** *s Am Wirtsch* Forderung *f* (an Unternehmer), mehr Arbeitskräfte als absolut nötig einzustellen; **ˌ~'brain** *s* Dummkopf *m*; **ˌ~'brained** *adj* schwachköpfig | leichtsinnig; **'feath·ered** *adj* be-, gefiedert | *übertr* beflügelt, schnell; **'~ grass** *s Bot* Federgras *n*; **'~head** *s* Dummkopf *m*; **'~ˌhead·ed** *adj* schwachköpfig, albern; **'~ing** *s Zool* Befiederung *f* | Gefieder *n* | *Mus* leichtes kurzes Streichen (beim Violinspiel); **'~ palm** *s Bot* Fiederpalme *f*; **'~stitch 1.** *s* (Stickerei) Grätenstich *m*; **2.** *vi, vt* im Zickzack nähen, zickzack nähen; **'~weight** *s* (Boxen) Federgewicht *n*; **'~y** *adj* gefiedert | federleicht, flaumig ⟨≈ pastry Luftgebäck *n*⟩

fea·ture ['fi:tʃə] **1.** *s* (Gesichts-) Zug ⟨oriental ~s⟩ | hervorstechender *od* charakteristischer Zug *m*; Merkmal *n* ⟨distinctive ~ Unterscheidungsmerkmal *n*⟩ | Grund-, Haupt- ⟨a front-page ~ ein Artikel auf der ersten Seite⟩ | Attraktion *f* ⟨to make a ~ of besondere Aufmerksamkeit schenken⟩ | *auch* **'~ film** Spiel-, Hauptfilm *m* ⟨a two-~ programme ein Doppelprogramm⟩ | *Rundf, Ferns, Ztgsw* Feature *n*; aktuelle Sendung; **2.** *vt* charakterisieren, kennzeichnen | *umg* (etw.) vorrangig darstellen, (etw.) besonders herausstellen | (Film) in der Hauptrolle zeigen; **'fea·tured** *adj* gestaltet, geformt ⟨well-≈ hübsch, wohlgestaltet, ill-≈ häßlich⟩ | hervorgehoben, betont; **'~less** *in Zus* ausdruckslos, uninteressiert | *Wirtsch* flau; **'~ly** *adj* charakteristisch, ausgeprägt; **'fea·tures** *s/pl* Gesicht *n* ⟨handsome ≈ ein hübsches Gesicht⟩

fe|brif·u·gal [ˌfebrɪ'fju:gl] *adj Med* fiebersenkend; **feb·ri·fuge** ['febrɪfju:dʒ] **1.** *s Med* Fiebermittel *n*; **2.** *adj* fiebersenkend; **~brile** ['fi:braɪl] *adj Med* fiebernd, fiebrig, Fieber-; **~bril·i·ty** [fi:'brɪlətɪ] *s Med* Fieberhaftigkeit *f*

Feb·ru·ar·y ['februərɪ|-bjʊ-|-br̩ɪ] *s* Februar *m*

feck·less ['fekləs] *adj* (Person) unfähig, schwach | vergeblich, wirkungslos

fec·u|la ['fekjʊlə] *s* (*pl* **~lae** ['~li:]) *Chem* Satz-, Stärkemehl *n*; **'~lence** *s* Schmutzigkeit *f*, Schlammigkeit *f* | Bodensatz *m*, Hefe *f* | Schmutz *m* (*auch übertr*); **'~lent** *adj* schmutzig, unrein | kotartig | eklig

fe·cund ['fi:kənd|'fekənd] *adj* fruchtbar (*auch übertr*); **'fe·cun·date** *vt* befruchten | fruchtbar machen; **fe·cun·da·tion** [ˌfi:kən'deɪʃn|ˌfek-] *s* Befruchtung *f*; **fe·cun·da·tive** [fɪ'kʌndəti:v] *adj* befruchtend; **fe·cun·di·ty** [fɪ'kʌndətɪ] *s* Fruchtbarkeit *f*

fed [fed] *prät* u. *part perf* von ↑ **feed**

fed·er|a·cy ['fedr̩əsɪ] *s* Föderation *f*, Bund *m*; **~al** ['fedrl] **1.** *adj* föderativ, Bundes-; **2.** *s* Föderalist *m*; **'~al** *s Am Hist* Föderalist *m*, Unionist *m*; **~al ˌBu·reau of In·ves·ti·'ga·tion** *s Am* Bundeskriminalbehörde *f*; **'~al·ism** *s Pol* Föderalismus *m*; **'~al·ist 1.** *adj* föderalistisch; **2.** *s* Föderalist *m*; **ˌ~al'is·tic** *adj* föderalistisch; **~al·i·za·tion** [ˌfedr̩aɪ'zeɪʃn] *s* Föderalisierung *f*; **~al·ize** ['fedr̩aɪz] *vt* föderalisieren; **ˌ~al Re·'pub·lic** *s* Bundesrepublik *f*; **~ate** ['fedr̩ɪt] *adj* verbündet | föderiert; ['fedəreɪt] *vt* zu einem Bund vereinigen | auf Bundesebene durchführen, auf Bundesebene organisieren; *vi* sich verbünden; **~a·tion** [ˌfedə'reɪʃn] *s* Bund *m*, Verband *m* | Bündnis *n*; **~a·tive** ['fedṛətɪv] *adj* föderativ

fe·do·ra [fe'dɔ:rə] *s Am* weicher Filzhut (für Herren)

fed up [ˌfed 'ʌp] *präd adj umg* bedient, müde, über (**about, with** wegen) ⟨I'm ~ ich habe es satt; to be ~ with/about s.th. etwas über haben, einer Sache müde sein; to be ~ that sehr verärgert sein, daß⟩

fee [fi:] **1.** *s* Vergütung *f*, Honorar *n* ⟨a doctor's ~; to charge a ~ for e-e Gebühr verlangen für⟩ | *auch* **ad'mis·sion ~** Eintrittsgeld *n* ⟨at a ~ of zum Eintritt von⟩ | Gebühr *f*, Taxe *f* ⟨a sheriff's ~⟩ | Trinkgeld *n* ⟨a porter's ~⟩ | *meist* **fees** *pl* Schulgeld *n* | Besitz *m* ⟨to hold land in ~ Land besitzen⟩ | *Jur* Erb-, Lehnsgut *n* ⟨~ simple volles Eigengut; ~ farm Erbpacht *f*⟩ | *Hist* Lehen *n*; **2.** *vt* (**feed, feed; fee'd, fee'd**) *Jur, arch* eine Gebühr zahlen an, honorieren | für eine Gebühr beschäftigen ⟨to ~ a barrister e-n Anwalt nehmen⟩ | *Sl* schmieren

fee·ble ['fi:bl] *adj* (körperlich) schwach ⟨a ~ old man⟩ | kraftlos ⟨a ~ step⟩ | (intellektuell, charakterlich) schwach ⟨a ~ mind⟩ | leise, undeutlich ⟨a ~ voice⟩ | wirkungslos, unbedeutend ⟨~ arguments⟩; **ˌ~'mind·ed** *adj* schwachsinnig, debil; **'fee·blish** *adj* schwächlich

feed [fi:d] **1.** (**fed, fed** [fed]) *vt* (Tier, Baby, Kranke) füttern (**on, with** mit) | (jmdn.) speisen, (er)nähren | (Nahrung) reichen, füttern (**to s.o.** jmdm.) | (Material u. ä.) zuführen | (Feuer) unterhalten | *Tech* (Maschine, Ofen) speisen, beschicken | (Auge) weiden (**with** an) | (Hoffnung u. ä.) nähren, hegen | (jmdn.) (ver)trösten; **~ down** abweiden; **~ on** sich ernähren von (Tiere); **~ up** mästen ⟨he needs ~ing up er muß dicker werden⟩; *vi* fressen, weiden | (Tier) leben, sich ernähren (**[up]on** von) | *umg scherzh* sich (er)nähren, leben (**[up]on** von); **2.** *s* Futter *n*, Nahrung *f* | Futterration *f* | Füttern *n* Mästung *f*, Mast *f* | *umg, scherzh* Essen *n* | *Tech* Zuführung *f*, Beschickung *f* | *Tech* Ladung *f*; **'~back** *s El, Phys* Rückkopplung *f*, -wirkung *f* (*auch übertr*); **'~ bag** *Am* Hafer-, Futtersack *m*; **'~er** *s* Fütterer *m* | *Am* Viehmäster *m* | (außer Tier) *umg, scherzh* Esser *m*, Fresser *m* | *Tech* Zuführungsvorrichtung *f*, Zuleitung *f* | *Tech* Wassergraben *m*, Vorfluter *m* | *Geol* Nebengang *m* | *Geogr* Nebenfluß *m* | *Typ* Bogenan-, Bogeneinleger *m* | (Kinder-) Lätzchen *n*; **'~er ˌair·line** *s Flugw* Zubringer(flug)gesellschaft *f*; **'~er ˌbus** *s* Zubringerbus *m*; **'~er ˌlin·er** *s Flugw* Zubringermaschine *f*; **'~er ˌroad** *s* Zubringerstraße *f*; **'~ing 1.** *adj* (er)nährend | Futter- | *übertr* zunehmend; **2.** *s* Fütterung *f* | Mästung *f* | Nähren *n* ⟨bottle ≈ Flaschennahrung *f*⟩ | (Vieh-) Weide *f* | *Tech* Beschickung *f*, Vorschub *m*; **'~ing ˌbot·tle** *s* Saugflasche *f*; **'~ing crane** *s Eisenb* Wasserkran *m*; **'~ing cup** *s* Schnabeltasse *f*; **'~ing stuff** *s* Futtermittel *n*; **'~pipe** *s Tech* Zuleitungsrohr *n*; **'~ ˌwa·ter** *s Tech* Speisewasser *n*

feel [fi:l] **1.** (**felt, felt** [felt]) *vt* (be-, an-)fühlen ⟨to ~ the quality die Qualität prüfen⟩ | *übertr* vorsichtig vorgehen, sich in acht nehmen ⟨to ~ one's way sich vorwärtstasten *auch übertr*⟩ | fühlen, spüren, merken, empfinden ⟨to ~ one's heart beating sein Herz schlagen hören⟩ | sich halten für, sich empfinden als ⟨he felt such a fool⟩ | *Mil* (Gegend) erkunden; **~ out** abtasten; *übertr* erkunden; *vi* fühlen, tasten | sich fühlen ⟨I ~ fine ich fühle mich wohl *od* mir geht es gut; to ~ cold frieren; to ~ equal/*umg auch* ~ up to s.th. sich einer Sache gewachsen fühlen; to ~ free to do s.th. sich erlauben, etw. zu tun (*meist imp*); to ~ funny sich komisch fühlen *od* ein seltsames Gefühl haben; to ~ like *mit ger* Lust haben zu *mit inf*; to ~ small sich schämen, verlegen sein⟩ | Empfindungen, Gefühle haben ⟨she doesn't say much but she ~s⟩ | Mitleid haben (**with** mit) | (Gegenstand) sich anfühlen (**like** wie) | das Gefühl haben, glauben (**that** daß) ⟨I ~ as if (as though) mir ist, als ob (als wenn)⟩; **~about, ~ around** tasten, mühsam suchen (**for** nach); **~ for** mitfühlen mit; **2.** *s* Gefühl(ssinn) *n*(*m*), Tastsinn *m* | Gefühl *n*, Empfindung *f* ⟨to like the ~ of s.th. etw. gern anfühlen⟩ | Gefühl *n*, Eindruck *m* ⟨let me have a ~! laß (mich) mal fühlen!; to get the ~ of s.th. *übertr* ein Gefühl für etw. bekommen, sich an etw. gewöhnen⟩; **'~er** *s Zool* Fühler *m*, Fühlhorn *n* | *übertr* Fühler *m* ⟨put/throw out a ≈, put out ≈s *übertr umg* vorfühlen⟩ | *Mil* Späher *m*; **'~ing 1.** *adj* fühlend | mitfühlend ⟨a ≈ remark⟩ | lebhaft; voll Gefühl, vielsagend ⟨a ≈ look⟩; **2.** *s* Gefühl(ssinn) *n*(*m*) ⟨loose all ≈ alle Gefühle verlieren, nichts mehr fühlen⟩ | Gefühl(szustand) *n*(*m*) ⟨a ≈ of joy⟩ | Vorgefühl *n*, Ahnung *f* ⟨a ≈ of danger⟩ | Gefühl(seindruck) *n*(*m*) ⟨I have a ≈ that⟩ | Erregung *f*, Aufregung *f* ⟨bad/ill ≈ Ärger *m*, Groll *m*, böses Blut, Ressentiment *n*; to arouse (provoke) strong ≈ ziemlichen Unwillen erzeugen (erregen)⟩ | Mit-, Taktgefühl *n* ⟨good ≈ Entgegenkommen *n*⟩ | Empfindsamkeit *f*, Gefühl *n* ⟨to play the piano with ≈⟩ | (*meist pl*) Gefühl *n*, Gesinnung *f*, Ansicht *f*, Einstellung *f*, Empfindung *f* ⟨have very strong ≈s on s.th. sehr empfindlich sein in etw.; hurt s.o.'s ≈s jmdn. verletzen; have no hard ≈s *umg* nicht schlecht (über etw.) denken⟩

fee-pay·ing ['fi:ˌpeɪŋ] *adj* (Schulgeld, Beiträge) zahlend ⟨~ students; ~ members⟩ | (Schulgeld, Beiträge) verlangend, fordernd ⟨a ~ school⟩

feet [fi:t] *s pl* von ↑ **foot**

feign [feɪn] *vt* vorgeben, vortäuschen, heucheln ⟨to ~ illness; to ~ o.s. mad, to ~ that one is mad sich wahnsinnig stellen; to ~ to do etw. zu tun vorgeben⟩ | erfinden ⟨to ~ an excuse⟩ | nachahmen ⟨to ~ s.o.'s voice⟩; *vi* sich verstellen, heucheln; **feigned** *adj* verstellt, falsch | Schein-, | vorgeblich; **'feigned·ly** *adv* zum Schein; **'~er** *s* Heuchler *m*

[1]**feint** [feɪnt] **1.** *s förml* Finte *f*, Verstellung *f*, Vorwand *m* ⟨to make a ~ of doing s.th. etw. zu tun vorgeben⟩ | *Mil* Scheinangriff *m*; **2.** *vi* einen Scheinangriff durchführen (**against, at, upon** gegen) | (einen Schlag) täuschen ⟨to ~ with one's right⟩

[2]**feint**, *auch* **faint** [feɪnt] **1.** *adj Typ* undeutlich, schwach ⟨~ lines⟩; **2.** *adv* undeutlich, schwach

feld|spar ['feldspɑ:] *s Min* Feldspat *m*; **~spath·ic** [~'spæθɪk], **~spath·ose** ['~spæθəʊs] *adj* Feldspat-

fe·li·cif·ic [ˌfi:lɪ'sɪfɪk] *adj förml* beglückend

fe·lic·i|tate [fə'lɪsɪteɪt] *förml vt* beglückwünschen (**on, upon** zu); **feˌlic·i'ta·tion** *s* Glückwunsch *m* (**on, upon** zu); **fe'lic·i·ˌta·tor** *s* Gratulant *m*; **fe'lic·i·tous** *adj* (Worte) glücklich, gut gewählt, treffend; **fe'lic·i·ty** *s* Glück(seligkeit) *n*(*f*) | glücklicher Gedanke *od* Einfall | Gefälligkeit *f*, Geschick *n*, glückliche Wahl ⟨to express o.s. with ≈ sich treffend ausdrücken⟩ | treffender Ausdruck

fe·lid ['fi:lɪd] *s Zool* Katzentier *n*; **fe·line** ['fi:laɪn] **1.** *adj Zool* Katzen- | katzenartig, -haft ⟨to walk with ≈ grace sich mit katzenartiger Gewandtheit bewegen⟩ | *übertr* falsch | schleichend; **2.** *s Zool* Katze *f*; **fe·lin·i·ty** [fɪ'lɪnətɪ] *s* Katzenhaftigkeit *f*

[1]**fell** [fel] *s förml* (Tier) Balg *m*, (Tier-) Fell *n* | (Tier-) Haut *f* | *übertr* (Menschen-) Haut *f* | wirres Haar

[2]**fell** [fel] *s* (in englischen Eigennamen) Hügel *m* | Moorland *n* (in Nordengland)

[3]**fell** [fel] *adj poet* grausam, unmenschlich, wild ⟨a ~ disease e-e grausame Krankheit; with one ~ blow mit e-m brutalen Schlag⟩

[4]**fell** [fel] **1.** *vt* (Baum) fällen | *förml* (jmdn.) niederschlagen (*auch übertr*) | (Stoffrand) umnähen, einsäumen; **2.** *s* Fällen *n* | Menge *f* gefällten Holzes | (Nähen) Saum *m*

[5]**fell** [fel] *prät* von ↑ **fall**

fell·age ['felɪdʒ] *s* Holzschlag *m*

fel|lah ['felə] *s* (*pl* **~lahs** ['feləz], **~la·hin, ~la·heen** [ˌfelə'hi:n]) Fellache *m*

fel·la·ti·o [fə'leɪʃɪəʊ], *auch* **fel·la·tion** [fə'leɪʃn] *s* Fellatio *f*

[1]**fell·er** ['felə] *s* Holzfäller *m* | (Nähen) Stepper(in) *m(f)*

[2]**fell·er** ['felə] *s umg* = **fellow**

fell·ing ['felɪŋ] *s* (Forstwesen) Schlag *m* ⟨clear ~ Kahlschlag *m*; ~s of wood Holzeinschlag *m*⟩; '**~ axe** *s* Baumaxt *f*, -hacke *f*; '**~ maˌchine** *s Tech* Holzfällermaschine *f*; '**~ roˌta·tion** *s Tech* Hiebfolge *f*, -umlauf *m*

fell·mon·ger ['felˌmʌŋgə] *s* Fellhändler *m* | Fellzubereiter *m*

fel·loe ['feləʊ] *s* (Rad-) Felge *f*

fel·low ['feləʊ] **1.** *s umg* Freund *m*, Kerl *m*, Kumpel *m* ⟨a fine ~, a good ~ ein netter Kerl; a jolly ~ ein fideles Haus; dear old ~ alter Junge!; my dear ~ mein lieber Freund!; poor ~! armer Kerl!⟩ | *meist* '**fel·lows** *pl* Kamerad *m*, Gefährte *m*, Genosse *m* ⟨~s at school Schulkameraden *m/pl*; ~s in arms Waffenbrüder *m/pl*; ~s in misery Leidensgenossen *m/pl*; to be hail-~-well-met with s.o. versuchen, sich bei jedermann anzubiedern⟩ | Mitmensch *m*, Zeitgenosse *m* ⟨to be kind to one's ~s⟩ | (in Oxford und Cambridge) Fellow *m*, verdientes Mitglied des Lehrkörpers | Mitglied *n* einer gelehrten Gesellschaft etc. ⟨~ of the Royal Society⟩ | *Am* Forschungsstipendiat *m* | Gegenstück *n*, gleiches Stück ⟨where is the ~ to this shoe? wo ist der andere Schuh?⟩ | *in Zus* -gefährte *m* ⟨school~⟩; **2.** *adj* Mit- ⟨~ student Studienkollege *m*; ~ feeling Mitgefühl *n*⟩; **3.** *vt* gleichstellen (**with** mit); ˌ**~ 'be·ing** *s* Mitmensch *m*; ˌ**~ 'cit·i·zen** *s* Mitbürger *m*; ˌ**~ 'coun·try·man** *s* (*pl* ˌ**~ 'coun·try·men**) Landsmann *m*; ˌ**~ 'crea·ture** *s* Mitmensch *m*; ˌ**~ 'pas·sen·ger** *s* Mitreisende(r) *f(m)*; '**~ship** **1.** *s* Kameradschaft *f*, Verbundenheit *f* ⟨to offer s.o. the [right] hand of ≈ jmdm. die Freundeshand reichen *od* bieten; ≈ with great men enge Beziehungen zu bedeutenden Persönlichkeiten⟩ | (Religions- u. ä.) Gemeinschaft *f* | Körperschaft *f* | Mitgliedschaft *f* ⟨admitted to ≈ als Mitglied zugelassen⟩ | (Oxford und Cambridge) Stellung *f* eines Fellow | Stipendium *n*, Forschungsbeihilfe *f*; **2.** ('**~ship[p]ed,** '**~ship[p]ed**) *Am umg vt* in eine religiöse Sekte aufnehmen; *vi* zur gleichen Sekte gehören; ˌ**~ 'stu·dent** *s* Studienkollege *m*, -kollegin *f*, Kommilitone *m*, Kommilitonin *f*; ˌ**~ 'trav·el·[l]er** *s* Reisegefährte *m* | *Pol* Gesinnungsgenosse *m*, mit den Zielen einer Partei Sympathisierender | *Pol* Mitläufer *m*

[1]**fel·ly** ['felɪ] = **felloe**

[2]**fel·ly** ['felɪ] *adv* grausam

fel·on ['felən] **1.** *s* Schwerverbrecher *m* | *selten* Schurke *m*; **2.** *adj poet* grausam, böse | schurkisch, verräterisch; **fe·lo·ni·ous** [fɪ'ləʊnɪəs] *adj Jur* verbrecherisch, verräterisch | *poet* schurkisch; '**~ry** *s collect* Verbrechertum *n* | Strafkolonie *f*; '**fel·o·ny** *s Jur Hist* Felonie *f* | *Jur* (schweres) Verbrechen, Kapitalverbrechen *n* ⟨murder is ≈; guilty of ≈ murder Mord *m* in Tateinheit mit einem anderen Verbrechen⟩

fel·spar ['felspɑ:] = **feldspar**

[1]**felt** [felt] **1.** *s* Filz *m* | Gegenstand *m* aus Filz, bes. Filzhut *m*; **2.** *adj* Filz- ⟨~ hat Filzhut *m*; ~ slippers Filzpantoffeln *m/pl*⟩; **3.** *vt* filzen, zu Filz machen | mit Filz überziehen; *vi* (sich) verfilzen

[2]**felt** [felt] *prät* u. *part perf* von ↑ **feel**

felt-tip [ˌfelt 'tɪp], *auch* ˌ**felt-tipped 'pen** *od* ˌ**~ 'pen** *s* Filzstift *m*

fe·luc·ca [fe'lʌkə] *s Mar* Feluke *f*

fe·male ['fi:meɪl] **1.** *adj* weiblich ⟨a ~ child ein Mädchen; a ~ slave e-e Sklavin *f*; the ~ form *Ling* die weibliche Form⟩ | Frauen- ⟨~ suffrage Frauenwahlrecht *n*; ~ operatives Arbeiterinnen *f/pl*⟩ | *Bot* fruchttragend | *Tech* Hohl-, Schraub- ⟨a ~ screw e-e Schraubenmutter; ~ coupling Schraubverschluß *m* (e-s Schlauches u. ä.)⟩; **2.** *s* (Tier) Weibchen *n* | *umg* Frau *f* ⟨a young ~⟩ | *verächtl* Weib *n*; **fe·mal·i·ty** [fi:'mælətɪ] *s* Weiblichkeit *f*

feme [fi:m] *s Hist, Jur* Frau *f*; **feme cov·ert** ['fi:m 'kʌvət] *s* verheiratete Frau; **feme sole** ['fi:m 'səʊl] *s* ledige Frau (*Ant* **feme covert**) | verheiratete Frau in Gütertrennung

fem·i|na·cy ['femɪnəsɪ] *s* weibliches Wesen; **~nal·i·ty** [ˌfemɪ'nælətɪ] *s* Weiblichkeit *f*; **~nine** ['femənɪn] **1.** *adj* weiblich, für Frauen charakteristisch ⟨≈ pursuits and hobbies typische Frauenbeschäftigungen und -interessen *f/pl*; ≈ curiosity weibliche Neugier⟩ | *Ling, Metr* weiblich ⟨≈ rhyme⟩ | zart, sanft | weibisch; **2.** *s Ling* Femininum *n* ◇ **the ~nine** das Weibliche; **~nin·i·ty** [ˌfemə'nɪnətɪ] *s* Weiblichkeit *f* | weibliches Wesen | Unmännlichkeit *f*, Weichlichkeit *f* | *collect* Frauen *f/pl*, die Weiblichkeit; **~nism** ['femɪnɪzm] *s* Frauenrechtlertum *n* | Feminismus *m*; **~nist** ['femɪnɪst] **1.** *s Hist* Frauenrechtlerin *f* | Feminist(in) *m(f)*; **2.** *adj* feministisch; **~n·i·ty** [fe'mɪnətɪ] *s* = **~ninity; ~ni·za·tion** [ˌfemɪnaɪ'zeɪʃn] *s* Verweiblichung *f*; '**~nize** *vt* weiblich machen; *vi* weiblich werden | *übertr* verweichlichen

femme de cham·bre [ˌfæm də 'ʃɑ:brə|'ʃɑ:mbə] *s* ⟨*frz*⟩ (Zimmer-) Mädchen *n*; Zofe *f*

femme fa·tale [ˌfæm fə'tɑ:l] *s* ⟨*frz.*⟩ Femme fatale *f*, Frau, die Männer unwiderstehlich anzieht

fem·o·ral ['femrl] *Anat adj* Oberschenkel-; **fe·mur** ['fi:mə] *s* (*pl* **fe·murs** ['fi:məz], **fem·o·ra** ['femərə]) Oberschenkelbein *n*

fen [fen] *s Brit* Fenn *n*, Sumpf-, Marschland *n*; '**~ber·ry** *s Bot* Moosbeere *f*

[1]**fence** [fens] **1.** *s* Zaun *m*, Einzäunung *f* ⟨a wooden ~; a garden ~⟩ | Hecke *f*; Gehege *n* (*auch übertr*) ⟨to come down on one side or the other of the ~ *übertr* die eine oder andere Seite unterstützen; to come down on the right side of the ~ sich der Partei des Siegers anschließen; to look after / mend one's ~ *Am Sl* seine politischen Interessen wahren; to ride / stand / sit on the ~ zuschauen; *übertr verächtl* unentschlossen sein, abwarten⟩ | Hindernis *n* | *Sport* Hürde *f* | *Tech* Schutzvorrichtung *f* (einer Maschine) | **2.** *vt* schützen, sichern (**against, from** gegen) | einzäunen, -hegen (**with** mit) | **~ about** umgeben (**with** mit); **~ in** einzäunen (**with** mit); **~ off** (durch Zaun) abtrennen, nicht zugänglich machen ⟨to ≈ the lake⟩; **~ round/up** umzäunen (**with** mit) | schützen, sichern (**against, from** gegen); *vi Sport* die Hürde nehmen

[2]**fence** [fens] **1.** *s* Fechtkunst *f* | *übertr* Debattierkunst *f*; **2.** *vi* fechten | *übertr* parieren, abwehren, Ausflüchte machen ⟨to ~ with a question e-r Frage ausweichen⟩; *vt* **~ off** abwehren, vermeiden (*auch übertr*) ⟨to ~ off consequences die Folgen verhindern⟩

[3]**fence** [fens] *Sl* **1.** *s* Hehler *m* | Hehlernest *n*; **2.** *vi* hehlen

fence|less ['fensləs] *adj* uneingezäunt, offen | *poet* wehrlos; '**~ month** *s Brit* (Jagd) Schonzeit *f*; [1]'**fenc·er** *s* (Pferd) Springer *m*

[2]'**fenc·er** *s Sport* Fechter *m*

fence sea·son ['fens ˌsi:zn] *s Brit* (Jagd) Schonzeit *f*; **fen·ci·ble** ['fensəbl] **1.** *adj Schott* verteidigungsfähig; **2.** *s Hist* Landwehrsoldat *m* ⟨the ≈s Miliz *f*, Landwehr *f*⟩; [1]'**fenc·ing** ['fensɪŋ] *s* Einhegung *f* | *collect* Zäune *m/pl*

[2]**fenc·ing** ['fensɪŋ] **1.** *s* Fechten *n*, Fechtkunst *f* | *übertr* Wortgefecht *n*; **2.** *adj* Fecht-; '**~ foil** *s* Stoßrapier *n*; '**~ loft** *s* Fechtboden *m*

fend [fend] *vt, auch* **~ off** (Schläge u. ä.) abhalten, abwehren | parieren (*auch übertr*) | *arch, poet* verteidigen | *Mar* (Schiff) abfenden; *vi* sich wehren | *umg* sich sorgen ⟨to ~ for o.s. sich durchschlagen; auf sich selbst aufpassen⟩; '**~**

beam *s Mar* Reibholz *n* | *Eisenb* Prellbock *m*; **'~er** *s Tech* Schutzvorrichtung *f*, -blech *n* | Kamingitter *n* | (Schutz-) Schwelle *f* | *bes Brit* (Lokomotive, Straßenbahn) Stoßfänger *m* | *Am Kfz* Kot-, Schutzblech *n* | *Mar* Fender *m*

fen fire ['fen faıə] *s* Irrlicht *n*

fen·nec ['fenek] *s Zool* Fennek *m*, Wüstenfuchs *m*

fen·nel ['fenl] *s Bot* Fenchel *m*; **'~ˌflow·er** *s Bot* Schwarzkümmel *m*

fen·ny ['fenı] *adj* sumpfig, Sumpf-, Moor-

feoff [fi:f] = **fief**; **~ee** [fe'fi:] *s Jur* Belehnter *m* ⟨≈ in / of trust Treuhänder *m*⟩; **'~ment** *s Jur* Belehnung *f*; **'feof·for** *s Jur* Lehnsherr *m*

fe·ra·cious [fə'reıʃəs] *adj* fruchtbar; **fe·rac·i·ty** [fə'ræsətı] *s* Fruchtbarkeit *f*

fe·ral ['fıərl] *adj förml* (Tier) wild (lebend) | *übertr* brutal, barbarisch

fer-de-lance [ˌfɛə də 'lɑ:ns] *s Zool* Lanzenschlange *f*

fer·e·to·ry ['ferıtərı] *s* Reliquienschrein *m* | Reliquienkapelle *f* | *selten* Bahre *f*

fe·rine ['fıəraın] = **feral**; **fer·i·ty** ['ferətı] *s* Wildheit *f*

fer·ment ['fɜ:ment] *s* Ferment *n*, Gärungsstoff *m* | Gärung *f* | *übertr* Aufruhr *m*, Unruhe *f* ⟨in a ~ im Aufruhr⟩; [fə'ment] *vi* gären (*auch übertr*); *vt* in Gärung bringen | *übertr* in Aufruhr versetzen; **fer·men·ta·bil·i·ty** [fəˌmentə'bılətı] *s* Gärfähigkeit *f*; **~a·ble** [fə'mentəbl] *adj* gärungsfähig; **fer·men·ta·tion** [ˌfɜ:men'teıʃn] *s* Fermentation *f*, Gärung(sprozeß) *f(m)* | *übertr* Gärung *f*, Aufruhr *m*; **~a·tive** [fɜ:'mentətıv] *adj* gärend, Gärungs-; **~ing** [fə'mentıŋ] *adj* gärend, Gärungs-

fern [fɜ:n] *s Bot* Farn(kraut) *m(n)* | *collect* Farngewächse *n/pl*; **'~er·y** *s* Farnkrautpflanzung *f*, -schonung *f*; **'~y** *adj* voller Farnkraut ⟨a ≈ bank ein farnbewachsenes Ufer⟩ | Farn- | farnartig

fe·ro·cious [fə'rəʊʃəs|fı-] *adj* wild, grausam (*auch übertr*) ⟨~ animals; ~ punishment⟩; **fe·roc·i·ty** [fə'rɒsətı|fı-] *s* Wildheit *f*, Grausamkeit *f* | grausame Tat

-ferous [fərəs] *suff zur Bildung von adj mit der Bedeutung*: -tragend, -haltend (*z. B.* **coniferous** zapfentragend, **auriferous** goldhaltig)

fer·re·ous ['ferıəs] *adj* eisenhaltig, Eisen-

[1]**fer·ret** ['ferıt|-ət] **1.** *s* Frettchen *n* | *übertr* Spürhund *m*, Spitzel *m*; **2.** *vi* (Jagd) mit Frettchen jagen, frettieren; **~ about** (herum)suchen (**for** nach); **~ into** herumstöbern in ⟨to ~ into people's pasts⟩; *vt* mit Frettchen erjagen; **~ away/out** (Tier) (aus dem Versteck) herausjagen; **~ out** aufstöbern, auskundschaften, ans Licht bringen (*auch übertr*) ⟨to ≈ the facts⟩

[2]**fer·ret** ['ferıt|-ət] *s* Baumwoll-, Seidenband *n*

ferri- ['ferı] ⟨*lat*⟩ *in Zus* Eisen-, Ferri-

fer·ri·age ['ferııdʒ] *s* Überfahrt *f* in einer Fähre | Fährgeld *n*

fer|ric ['ferık] *adj Chem* Eisen-, Ferri- ⟨~ric oxide Eisenoxid *n*⟩; **~rif·er·ous** [fe'rıfərəs] *adj Chem* eisenhaltig

Fer·ris wheel ['ferıs wi:l] *s* Riesenrad *n*

ferro- ['ferəʊ] ⟨*lat*⟩ *in Zus* Eisen-, Ferro-

fer|ro·con·crete [ˌferəʊ'kɒŋkri:t] *s* Stahlbeton *m*; **ˌ~ro'mag·net·ism** *s Phys* Eisenmagnetismus *m*; **~ro·type** ['ferɒtaıp] *s* Ferrotypie *f*; **~rous** ['ferəs] *adj Chem* eisenhaltig, Eisen- ⟨≈ metals⟩; **~ru·gi·nous** [fe'ru:dʒınəs] *adj* eisenhaltig, Eisen- | rostfarbig, rotbraun; **~rule** ['feru:l] **1.** *s Tech* Metallring *m*, -kappe *f* | Eisenring *m* | Zwinge *f*; **2.** *vt* (etw.) mit einem Metallring versehen

fer·ry ['ferı] **1.** *s* Fähre *f*, Fährstelle *f* ⟨at the ~⟩ | *auch* **'~-·boat** Fährschiff *n*, -boot *n* | *Jur* Fährrecht *n*; **2.** *vt* (jmdn.) (in e-r Fähre) überführen, -setzen | (mit e-m Kfz *od* Flugzeug) befördern ⟨aircraft ~ing motorcars between England and France; to ~ s.o. in one's car⟩ | (Flugzeug) von der Fabrik zum Flugplatz fliegen; *vi* in einer Fähre fahren; **~ across** übersetzen; **'~boat** *s* Fährschiff *n*, -boot *n*; **'~ bridge** *s* Trajekt *m*, Eisenbahnfähre *f* | Landungsbrücke *f*; **'~house** *s* Fährhaus *n*; **'~man** *s* (*pl* **'~men**) Fährmann *m*

fer|tile ['fɜ:taıl] *adj* fruchtbar, reich (*auch übertr*) (**in, of** an) ⟨≈ fields; ≈ imagination schöpferische Phantasie; ≈ in excuses voller Ausreden⟩ | *Bot* fortpflanzungsfähig ⟨≈ seeds⟩; **~til·i·ty** [fə'tılətı] *s* Fruchtbarkeit *f*, Reichtum *m* *auch übertr* (**of** an); **~ti·li·za·tion** [ˌfɜ:tḷaı'zeıʃn] *s* Fruchtbarmachung *f* | Befruchtung *f* | *Landw* Düngung *f* | *Bot* Bestäubung *f*; **'~ti·lize** *vt* fruchtbar machen ⟨to ≈ the soil⟩ | befruchten | *Landw* düngen | (Blüte) bestäuben; **'~ti·liz·er** *s* Düngemittel *n*, (Kunst-) Dünger *m* | Befruchter *m*

fer·u|la ['ferʊlə] *s* (*pl* **~lae** [-li:]) *Bot* Steckenkraut *n* | Zuchtrute *f* | *Hist* Papst-, Bischofszepter *n*

fer·ule ['feru:l] **1.** *s* (Zucht-) Rute *f*, Lineal *n*; **2.** *vt* (jmdn.) züchtigen

fer|ven·cy ['fɜ:vənsı] *s* Glut *f*, Inbrunst *f*; **'~vent** *adj* glühend, inbrünstig, heiß ⟨≈ love⟩ | leidenschaftlich ⟨a ≈ lover⟩; **'~vid** *adj poet* heiß, heftig, leidenschaftlich ⟨a ≈ orator ein glühender Redner⟩; **~vour** ['fɜ:və] *s* Hitze *f* | *übertr* Inbrunst *f*, Leidenschaft *f*

fes·tal ['festl] *adj förml* festlich, Fest- ⟨~ music feierliche Musik; a ~ occasion ein festlicher Anlaß⟩

fes·ter ['festə] **1.** *vi* schwären, eitern | verfaulen, verwesen | *übertr* um sich fressen, nagen, verbittern; *vt* zum Eitern bringen, schwären machen | *übertr* zerfressen, -nagen; **2.** *s* Geschwür *n*, Schwäre *f*, eiternde Wunde *f*; **ˌ~ing 'sore** *s* *übertr* Eiterbeule *f*

fes|ti·val ['festıvl] **1.** *s* Fest *n*, Festtag *m* ⟨a week of ≈ e-e Festwoche; a church ≈ ein kirchlicher Feiertag⟩ | Festspiele *n/pl* ⟨the Edinburgh ≈ die Edinburgher Festspiele *n/pl*; World Youth ≈ Weltjugendfestival *n*⟩; **2.** *adj* festlich, Fest-, Festival-; **'~tive** *adj* festlich, Fest-, fröhlich, gesellig ⟨≈ board Festtafel *f*; a ≈ season Feiertage *m/pl*⟩; **~'tiv·i·ty** *s* Festlichkeit *f* ⟨wedding ~tivities Hochzeitsfeier *f*⟩ | festliche Stimmung, Fröhlichkeit *f*

fes·toon [fe'stu:n] **1.** *s* Girlande *f*, Feston *n*; **2.** *vt* mit Girlanden schmücken | ausschmücken (**with** mit) | (Blumen u. ä.) (als Schmuck) befestigen, aufhängen ⟨to ~ roses round a picture⟩

fe·tal ['fi:tl] = **foetal**

fetch [fetʃ] **1.** *vt* holen ⟨to ~ a doctor⟩ | (Preis) erzielen, bringen | (Laute) ausstoßen ⟨to ~ a groan⟩ | *umg* reizen, fesseln, anziehen ⟨to ~ the audience⟩ | *umg* (Schlag u. ä.) versetzen ⟨to ~ s.o. a slap jmdm. einen Schlag versetzen⟩ | (Bewegung u. ä.) machen, ausführen ⟨to ~ a leap springen⟩ | *Mar, dial* ankommen in, erreichen | (Jagd) apportieren ⟨~! faß!⟩; **~ up** (Kind) aufziehen | (Verlust u. ä.) ein-, aufholen | (etw.) ausspeien; *vi* holen gehen ⟨to ~ and carry for s.o. Handlangerdienste verrichten, sich abmühen für jmdn.⟩ | *Mar* Kurs nehmen | (Jagd) apportieren; **~ up** zum Stehen kommen | *umg* enden, landen; **2.** *s* Holen *n*, Bringen *n* | Kniff *m*, Trick *m* | Doppelgänger *m*; **'~ing** *adj umg* reizend ⟨a ≈ smile ein bezauberndes Lächeln; to look very ≈ sehr anziehend aussehen⟩

fete, fête [feıt] **1.** *s* Fest *n*, Festlichkeit *f* | *auch* **'~ day** Namenstag *m*; **2.** *vt* (*meist pass.*) (etw., jmdn.) feiern | festlich bewirten; **~ cham·pê·tre** [ˌfeıt ʃɑ̃:'pɜtə] ⟨*frz*⟩ *s* Gartenfest *n*, Fest im Freien

fe·tich ['fetıʃ|'fi:-] = **fetish**

fet·id ['fetıd|'fi:-] *adj* (Wasser) stinkend

fe·tif·er·ous [fi:'tıfərəs] *adj Biol* tragend, trächtig

fe·tish ['fetıʃ|'fi:-] *s* Fetisch *m*, Götzenbild *n* (*auch übertr*) ⟨to make a ~ of *übertr* e-n Fetisch machen aus⟩; **'~ism** *s Psych* Fetischismus *m* | Götzenverehrung *f*; **'~ist** *s* Fetischist *m*;

ˌ~'is·tic *adj* Götzen-
fet·lock ['fetlɒk] *s* (Pferd) Kötenhaar *n* | Fessel(gelenk) *f(n)*
fe·tor ['fi:tə] *s* Gestank *m*, übler Geruch
fet·ter ['fetə] **1.** *s* Fessel *f* (e-s Fußes) | *meist pl übertr* Fessel(n) *f(n)*, Zwang *m* | *meist pl* Gefangenschaft *f*; **2.** *vt* fesseln | *übertr* zügeln, zurückhalten; '**~less** *adj* ohne Fesseln | zwanglos; '**~lock** = **fetlock**
fet·tle ['fetl] *s* Zustand *m*, Form *f*, Verfassung *f* ⟨in good / fine ~ in Form⟩
fe·tus ['fi:təs] = **foetus**
[1]**feud** [fju:d] *s* Fehde *f*, Streit *m* ⟨to be at ~ with s.o. mit jmdm. in Fehde liegen⟩
[2]**feud** [fju:d] *s Jur* Lehen *n*, Lehensgut *n*; **feu·dal** ['fju:dl] *adj* feudal, Lehens- ⟨≈ system Feudalismus *m*⟩ | *umg* übertrieben vornehm; '**feu·dal·ism** *s* Feudalismus *m*; '**feu·dal·ist** *s* Feudalist *m*; Feudaler *m*; **feu·dal'is·tic** *adj* feudalistisch; **feu'dal·i·ty** [~'dæl~] *s* Lehnbarkeit *f* | Lehnsverfassung *f*; '**feu·dal·ize** *vt* lehnbar machen; '**feu·da·to·ry** **1.** *adj* lehnspflichtig; **2.** *s* Lehnsmann *m*, Vasall *m*
feuil·le·ton ['fu:ıtɒn|'fɜ:ıtɔ̃:] *s* Feuilleton *n*; **~is·tic** [ˌfu:ıtə'nıstık|ˌfɜ:ıtənıstık] *adj* feuilletonistisch
fe·ver ['fi:və] **1.** *s* Fieber *n* ⟨to have a ~ Fieber haben⟩ | *Med* fieberhafte Krankheit ⟨intermittent ~ Wechselfieber *n*; nervous ~ Nervenfieber *n*; yellow ~ gelbes Fieber⟩ | *übertr* Fieber *n*, Aufregung *f*, Erregung *f* ⟨in a ~ in fieberhafter Erregung; in a ~ of impatience in fieberhafter Ungeduld⟩; **2.** *vi* fiebern, Fieber haben; *vt* (jmdn.) in Fieber versetzen; '~ ˌ**blis·ter** *s Med* Fieberbläschen *n*; '**fe·vered** *adj* fiebernd, fieberhaft | *übertr* aufgeregt ⟨a ≈ imagination fieberhafte Erregung⟩; '**~few** *s Bot* Mutterkraut *n*; '~ **heat** *s Med* Fieberhitze *f* | *übertr* fiebernde Erregung; '**~ish** *adj* fiebrig, Fieber- ⟨to be ≈ Fieber haben; ≈ dreams Fieberträume *m/pl*⟩ | fiebererregend | *übertr* fieberhaft; '~ **pitch** *s übertr* Höhepunkt *m*, Gipfel *m* ⟨to rise to ≈ den Höhepunkt erreichen⟩; '**~weed** *s Bot* Mannstreu *f*
few [fju:] **1.** *adj* wenig(e) ⟨~ people; every ~ minutes alle paar Minuten; so ~ people so wenig Leute; no ~er than 1 000 nicht weniger als 1 000; some ~ einige wenige; too ~ cars zu wenig Autos; a man of ~ words ein Mensch, der wenig Worte macht⟩ | (*mit unbest art*) einige, wenige ⟨a ~ ein paar; a ~ days; a ~ more; a good ~ / quite a ~ e-e beträchtliche Anzahl, ziemlich viele; not a ~ *förml* nicht wenige⟩ | *präd förml* wenig, selten, gering ⟨we are very ~; the chances are ~ die Aussichten sind gering⟩ ◇ ~ **and far between** selten, spärlich gesät; **2.** *adv Sl* **a ~** sehr viel; **3.** *s* **the** ~ die Minderheit
fey [feı] *adj verächtl* (Person, *bes* Frau, Verhalten) affektiert
fez [fez] *s* (*pl* **~[z]es** [~ız]) Fes *m*
fi·a·cre [fı'ɑ:kə] *s* Fiaker *m*
fi·an·cé [fı'ɒnseı] *s* ⟨*frz*⟩ Verlobter *m*; **fi·an·cée** [fı'ɒnseı] *s* Verlobte *f*
fi·as|co [fi:'æskəʊ] *s* (*pl* **~cos, ~coes** [-z]) Fiasko *n*, Fehlschlag *m* | Blamage *f*
fi·at ['faıæt|-ət] **1.** *s Jur* Zustimmung *f*, Erlaubnis *f* | *förml* Fiat *n*, Befehl *m*, (göttlicher) Machtspruch; **2.** *vt* bestätigen, gutheißen
fib [fıb] **1.** *s* Notlüge *f*, Flunkerei *f*, Schwindelei *f* ⟨to tell a ~ flunkern⟩; **2.** *vi* (**fibbed, fibbed**) schwindeln, flunkern; '**~ber** *s* Lügner *m*, Schwindler *m*
fi·bre [faıbə] *s* Fiber *f*, Faser *f* ⟨synthetic ~s Kunstfasern *f/pl*⟩ | Faserstoff *m* | *collect* Fasergewebe *n* ⟨cotton ~ Baumwollgewebe *n*⟩ | *übertr* Struktur *f* ⟨of coarse ~ grobschlächtig⟩ | Charaktereigenschaft *f* ⟨a person of strong moral ~ ein Mensch von hoher sittlicher Verantwortung⟩; '**~board** *s Tech* Holzfaserplatte *f*, Preßspanplatte *f*; '**~glass** *s* Fiberglas *n*, Glas(faser)gespinst *n*, Glaswolle *f*, -watte *f*; '**~less** *adj* faserlos | *übertr* charakterlos, willenlos; '~ ˌ**op·tics** *s* Faseroptik *f*; '**~-tip pen** *s Brit* Faserstift *m*; **fi·bri·form** ['faıbrıfɔ:m] *adj* faserig, faserförmig
fi·bril ['faıbrıl] *s* Fäserchen *n*, Fibrille *f*; **~la** [-lə] *s* (*pl* **~lae** [-li:]) *Anat, Bot* Fibrille *f*, Fäserchen *n*; '**~lar**, '**~lar·y** *adj* fibrillär, feinfaserig; **~late** ['~ıt] *adj* faserig; ˌ**~'la·tion** s Faserbildung *f*, Fasermasse *f* | *Med* (Herz) Flimmern, Flattern *n*; **~li·form** [faı'brılıfɔ:m] *adj* faserförmig, Faser-; **~lose** ['~əʊs], **~lous** ['~əs] *adj* faserig, befasert
fi·brin ['faıbrın] *s Chem* Fibrin *n*, Blutfaserstoff *m*; **~o·gen** [faı'brınədʒən] *s Chem* Fibrinogen *n*; '**~ous** *adj* fibrinartig, fibrinös, Fibrin-
fi·broid ['faıbrɔıd] **1.** *adj* faserartig, Faser-, Bindegewebs-; **2.** *s Med* Fasergeschwulst *f*; **fi·bro·ma** [faı'brəʊmə] *s* (*pl* **fi'bro·mas, fi'bro·ma·ta**) *Med* Fibrom *n*, Fasergeschwulst *f*; **fi·bro·sis** [faı'brəʊsıs] *s Med* Fibrosis *f*; **fi·bro·si·tis** [ˌfaıbrə'saıtıs|-təs] *s Med* Bindegewebsentzündung *f*; **fi·brous** ['faıbrəs] *adj* fibrös, faserig, faserartig ⟨≈ tissue Fasergewebe *n*⟩
fib·u|la ['fıbjʊlə] *s* (*pl* **~lae** [-li:], **~las** [-ləz]) *Anat* Wadenbein *n*
-fic [fık] *suff zur Bildung von adj mit der Bedeutung*: machend, hervorrufend, verursachend (*z. B.* **horrific** schreckenerregend; **prolific** fruchtbar, produktiv)
-fication [fı'keıʃn] *suff zur Bildung von s aus v auf* **-fy** *mit der Bedeutung*: Machen, Hervorrufen, Erzeugen (*z. B.* **deification** Vergöttlichung; **reification** Verdinglichung)
fiche [fi:ʃ] *s* ⟨*frz*⟩ Karteikarte *f* | Mikrofiche *n*
fich·u ['fi:ʃu:] *s* Fichu *n* , Hals-, Busentuch *n*
fick·le ['fıkl] *adj* (Laune, Wetter u. ä.) wankelmütig, unbeständig ⟨~ fortune unstetes Glück; a ~ lover ein unbeständiger Liebhaber⟩
fic·tile ['fıktıl] *adj* tönern, irden, Ton-, Töpfer- ⟨~ art Keramik *f*; ~ ware Steingut *n*⟩ | formbar | geformt
fic·tion ['fıkʃn] *s* Fiktion *f*, (Er-) Dichtung *f*, Erfindung *f* | *Jur, Phil* Fiktion *f*, Annahme *f* | *collect* Prosa-, Romanliteratur *f* ⟨a work of ~ ein Roman⟩ | *collect* Romane *m/pl*; '**~al** *adj* erdichtet, erfunden ⟨a ≈ accident⟩ | Roman-; ˌ**~al·i'za·tion** *s* literarische Darstellung, romanhafte Gestaltung ⟨the ≈ of history⟩; '**~ist** *s* Romanschriftsteller *m*; **fic·ti·tious** [fık'tıʃəs] *adj* unecht, falsch ⟨≈ name Deckname *m*⟩ | scheinbar, vermutlich, erdichtet, erfunden | Roman- | *Jur, Phil* fiktiv, fingiert; **ficˌti·tious 'per·son** *s Jur* juristische Person; **fic·tive** ['fıktıv] *adj* erdichtet, erfunden, fiktiv, angenommen ⟨≈ sympathy gespieltes Mitgefühl⟩ | Erfindungs-, Erzähler-, schöpferisch ⟨≈ art⟩
fid·dle ['fıdl] **1.** *s* Fiedel *f*, Geige *f* ⟨to play [on] the ~ Geige spielen, to play first (second) ~ [to] *übertr* erste (zweite) Geige spielen, e-e (un)bedeutendere Rolle spielen als; fit as a ~ *umg* kerngesund; quietschvergnügt; to have a face as long as a ~ *scherzh* ein langes Gesicht ziehen, betrübt dreinschauen⟩ | *Brit umg* Manipulation *f*, Schiebung *f*; (Steuer-) Betrug *m*; **2.** *vi umg* fiedeln, geigen | *auch* ~ **about/around** herumtändeln, spielen (**with** mit) | sich vergreifen (**with** an); *vt umg* (Melodie) fiedeln | *Sl* (Steuern u. ä.) hinterziehen ⟨to ~ one's income tax; to ~ an account falsche Zahlen vorlegen⟩ | *meist* ~ **away** *Sl* (Zeit) verplempern; '~ **bow** *s* Geigenbogen *m*; '~ **case** *s* Geigenkasten *m*; **~-de-dee** ['-dı'di:] *interj* Unsinn!; **~-fad·dle** ['~ˌfædl] *umg* **1.** *s* Lappalie *f* | Unsinn *m* | Schwätzer *m* | Geschwätz *n*; **2.** *adj* läppisch | geringfügig | nichtssagend | geschwätzig; **3.** *interj* Unsinn!; **4.** *vi* (herum)tändeln | trödeln; '**fid·dler** *s* Geiger *m*, Spielmann *m* | Müßiggänger *m* | *Sl* (Steuer-) Betrüger *m*; **~stick** *s* Geigenbogen *m* | *übertr* nichtige Sache; '**~ˌsticks** *interj selten* Unsinn!
fi·del·i·ty [fı'deləti] *s* Treue (to gegen) | Aufrichtigkeit *f*,

Ehrlichkeit *f* | Exaktheit *f* ⟨to translate with the greatest ~ mit höchster Genauigkeit übersetzen⟩ | *Tech, Rundf* genaue Wiedergabe ⟨high ~ gramophone Grammophon *n* mit größtmöglicher Klangtreue⟩

fidg·et ['fɪdʒɪt|-ət] *umg* **1.** *s, oft* **'fidg·ets** *pl* nervöse Unruhe | Zappeln *n* ⟨to give s.o. the ~s jmdm. keine Ruhe lassen; to get the ~s nervös werden; to have the ~s kein Sitzfleisch haben⟩ | nervöser *od* unruhiger Mensch; **2.** *vt* (jmdn.) nervös machen; *vi* nervös *od* unruhig sein ⟨to begin/start to ~ es nicht mehr aushalten können, nervös werden⟩ | zappeln; **'~y** *adj umg* nervös, unruhig, zappelig ⟨a ≈ child; to feel more and more ≈ immer nervöser werden⟩

fid·i·bus ['fɪdɪbəs] *s Brit* Fidibus *m*

fi·du|cial [fɪ'dju:ʃjəl] *adj Phys u. a.* Vergleichs- | vertrauend, vertrauensvoll; **fi'du·ci·ar·y** [~ʃərɪ] *Jur* **1.** *s* Vertrauensmann *m*, Treuhänder *m*; **2.** *adj* Treuhänder- | anvertraut | *Wirtsch* (Bank[noten]) fiduziär, ungedeckt

fie [faɪ] *interj arch, scherzh* pfui! ⟨~ upon you! schämen Sie sich!⟩

fief [fi:f] *s Jur* Lehen *n*, Lehngut *n*

field [fi:ld] **1.** *s* Feld *n* (*auch übertr*) ⟨~ of wheat Weizenfeld *n*; ~ of snow Schneefläche *f*; ~ of vision *übertr* Gesichtskreis *m*, -feld *n*, Horizont *m*⟩ | *Mil* Schlachtfeld *n* ⟨to hold the ~ against das Feld behaupten gegen; to lose the ~ den Kampf verlieren; to take the ~ ins Feld rücken⟩ | *Sport* Spielfeld *n*, -platz *m* ⟨football ~⟩ | *Sport* (Teilnehmer-) Feld *n* | *Min* Flöz *n* | *übertr* Arbeitsfeld *n*, Bereich *m*, Fach *n*, Gebiet *n* ⟨~ for/of study Studienfach *n*⟩ | *übertr* Feld *n*, Praxis *f* ⟨in the ~ in der Praxis *od* Realität⟩ | *Wirtsch* Außendienst *m* ⟨in the ~⟩ | *Math, Phys* Feld *n* ⟨magnetic ~ magnetisches Feld⟩ | *Tech* (Prüf-) Feld *n* | *Ferns* Rasterbild *n*, Feld *n*; **2.** *vt* (Kricket u. ä.) (Ball) fangen und zurückgeben | *Sport* ins Spiel nehmen, aufs Feld bringen | *Mil* in die Schlacht führen; *vi* (Kricket u. ä.) den Ball fangen, Fänger sein; **3.** *adj übertr Mil* Feld-; **'~ day** *s Mil* Felddienstübung *f* | *übertr* großer Tag | *Am* (Schul-) Sportfest *n*; **'~ dog** *s* Jagdhund *m*; **'~er** *s* (Kricket) Fänger *m*; **'~ e,vents** *s/pl* Sprung- und Wurfdisziplinen *f/pl*; **'~ ,glass·es** *s/pl* Feldstecher *m*; **'~ gun** *s* Feldkanone *f*; **'~ hand** *s Am* Landarbeiter *m*; **'~ ,hock·ey** *s* (Rasen-) Hockey *n*; **'~ ,hos·pi·tal** *s Mil* Feldlazarett *n*; **'~ ,kitch·en** *s Mil* Feldküche *f*; **'~ lark** *s Zool* Feldlerche *f*; **'~ ,mar·shal** *s* Feldmarschall *m*; **'~ mouse** *s* (*pl* **'~ mice**) Feldmaus *f*; **'~ ,of·fi·cer** *s* Stabsoffizier *m* (Major bis Oberst); **'~ ,ser·vice** *s* Außendienst *m*; **'~ ,sports** *s/pl Sport* technische Disziplinen *f/pl* | *übertr* Sport *m* im Freien; **'~-test** *s* Feldversuch *m*, praktischer Versuch | *Tech* Baustellenprüfung *f*; **'~work** *s* Feldarbeit *f*, empirisch wissenschaftliche Arbeit (z. B. Informationsbefragung) | *Wirtsch* Außendienst *m* | *Mil* Feldschanze *f*; **'~,wor·ker** *s* Wissenschaftler *m*, der Befragungen durchführt | *Wirtsch* Außendienstarbeiter *m*, Mitarbeiter *m* im Außendienst

fiend [fi:nd] *s meist* ∸ Satan *m*, Teufel *m* | böser Geist, Unhold *m* | *umg* Narr *m*, Besessener *m*, Fanatiker *m* ⟨a golf ~⟩; **'~ish** *adj* teuflisch, unmenschlich ⟨≈ cruelty⟩ | *umg* raffiniert, gerissen ⟨a ≈ plan⟩ | (Schwierigkeit *od* Raffinesse) unheimlich ⟨≈ difficulty⟩; **'~like** *adj* teuflisch

fierce [fɪəs] *adj* wild, grimmig ⟨a ~ dog ein wütender Hund; to look ~ wild aussehen⟩ | heftig, stark ⟨~ heat; a ~ wind⟩ | hitzig, leidenschaftlich ⟨~ hatred⟩ | *Tech* hart | *Sl* fies, widerlich ⟨a ~ character ein widerlicher Mensch⟩

fi·er·y ['faɪərɪ] *adj* brennend, feurig; glühend (*auch übertr*) ⟨~ eyes⟩ | feuergefährlich | *übertr* feurig, hitzig, leidenschaftlich ⟨a ~ temper⟩ | *Med* entzündet | *Bergb* schlagwetterführend

fi·es·ta ⟨*span*⟩ [fɪ'estə] *s* Fiesta *f*, Festtag *m*

fife [faɪf] **1.** *s Mus* (Quer-) Pfeife *f* ⟨drum and ~ band Spielmannszug *m*⟩; **2.** *vt* (Melodie) (auf der Querpfeife) pfeifen; *vi* (auf der Querpfeife) pfeifen

fif|teen [,fɪf'ti:n] **1.** *adj* fünfzehn; **2.** *s* Fünfzehn *f* | *umg* Rugby-Mannschaft *f*; **~teenth** [~θ] **1.** *adj* fünfzehnt(er, -e, -es); **2.** *s* Fünfzehntel *n*

fifth [fɪfθ] **1.** *adj* fünft(er, -e, -es); **2.** *s* Fünftel *n* | *Mus* Quinte *f*; **,fifth 'col·umn** *s Pol* Fünfte Kolonne *f*

fif·ty ['fɪftɪ] **1.** *adj* fünfzig ⟨to tell s.o. ~ things *übertr* vom Hundertsten ins Tausendste kommen⟩; **2.** *s* Fünfzig *f* ⟨in the fifties in den fünfziger Jahren⟩; **,~-'~** *adj, adv umg* fifty-fifty, halb und halb, zu gleichen Teilen ⟨to go ≈ with s.o. mit jmdm. halbe-halbe machen; on a ≈ basis halbpart⟩

[1]**fig** [fɪg] *s auch* **'~ tree** *Bot* Feige(nbaum) *f(m)* | *übertr* Pfifferling *m*, Kleinigkeit *f* ⟨a ~ for was kümmert's mich!; to care/give not a ~ for s.th. für etw. keinen Heller geben⟩

[2]**fig** [fɪg] **1.** *s umg* Kleidung *f*, Anzug *m* ⟨in full ~ in Gala⟩ | *umg* Zustand *m*, Kondition *f* ⟨in fine ~ for in bester Verfassung für⟩; **2.** *vt* (**figged, figged**) *meist* **~ out** *od* **up** kleiden | ausstaffieren, herausputzen | (Pferd) munter machen

fig·ger·y ['fɪgərɪ] *s* Aufputz *m*, Schmuck *m*

fight [faɪt] **1.** *s* Kampf *m*, Gefecht *n*, Treffen *n* ⟨~ against disease Kampf gegen Krankheit; sham ~ Scheingefecht *n*; single ~ Zweikampf *m*; to make a ~ kämpfen (**for** um); to put up a (good) bad ~ (tapfer) lustlos kämpfen⟩ | Schlägerei *f*, Streit *m* | *auch* **'~ing ,spir·it** Kampflust *f* ⟨to show ~ sich zur Wehr setzen; to take the ~ out of s.o. jmdm. den Schneid nehmen⟩; **2.** (**fought, fought** [fɔ:t]) *vt* (Kampf) austragen, (Krieg) führen (**against** gegen, **with** mit) | (jmdn., etw.) bekämpfen, bekriegen, kämpfen gegen ⟨to ~ the invadors die Invasoren bekämpfen; I can't ~ any man here ich komme hier gegen keinen an⟩ | zu verhindern suchen, sich auflehnen gegen ⟨to ~ a fire; to ~ a disease; to ~ a strike⟩ | erkämpfen ⟨to ~ one's way sich durchschlagen⟩ | (Hunde u. ä.) kämpfen lassen | *übertr* kommandieren, ins Gefecht führen ⟨to ~ a ship ein Schiff ins Gefecht führen⟩; **~ down** niederkämpfen, unterdrücken ⟨to ≈ a feeling⟩; **~ off** (jmdn.) abwehren; **~ out** ausfechten ⟨to ≈ one's differences seine Meinungsverschiedenheiten aus der Welt schaffen; ~ it out rauft euch zusammen!⟩; *vi* kämpfen, fechten, sich schlagen (**against** gegen, **with** mit, **over** um; **for s.o.** für jmdn.; **for** wegen, um) ⟨to ~ in the war; they are always ~ing; to ~ to a finish bis zur Entscheidung kämpfen⟩ ◇ **~ shy of** sich heraushalten aus; **~ on** weiterkämpfen; **'~back** *s Brit Mil* Gegenangriff *m* (*auch übertr*); **'~er** *s* Kämpfer *m*, Fechter *m*, Streiter *m* | Raufbold *m* | *auch* **'fight·er plane** *Flugw* Jagdflugzeug *n* ⟨≈ pilot Jagdflieger *m*⟩; **'~er-'bomb·er** *s Flugw* Jagdbomber *m*; **'~ing 1.** *s* Gefecht *n*, Kampf *m* ⟨street ≈ Straßenkampf *m*⟩; **2.** *adj* Kampf-; **'~ing 'chance** *s* Erfolgschance *f* bei höchstem Einsatz; **,~ing cock** *s* Kampfhahn *m*; **'~ing force** *s Mil* Kampftruppe *f*

fig|leaf ['fɪg li:f] *s* (*pl* **~leaves** ['~li:vz]) Feigenblatt *n* (*auch übertr*)

fig·ment ['fɪgmənt] *s* Erdichtung *f* ⟨~s of the imagination Produkte *n/pl* der Einbildung⟩ | *verächtl* Märchen *n*, (pure) Erfindung

fig tree ['fɪg tri:] *s* Feigenbaum *m*

fig·u|rant ['fɪgjʊrənt] *s Theat* Statist *m* | Ballettänzer *m*; **~rante** [,fɪgjʊ'rænt] *s Theat* Statistin *f* | Ballettänzerin *f*

fig·ur·a|tion [,fɪgjʊ'reɪʃn] *s* Gestaltung *f* | Form *f*, Gestalt *f* | bildliche Darstellung | *Mus* Figuration *f*, Verzierung *f*; **~tive** ['fɪgrətɪv] *adj* figürlich, bildlich, übertragen ⟨≈ language; in a ≈ sense⟩ | bilderreich ⟨a ≈ description⟩ | sinnbildlich, symbolisch ⟨≈ art⟩

fig·ure ['fɪgə] **1.** *s* Zahl *f*, Ziffer *f* ⟨the ~ five⟩ | Betrag *m*;

Preis *m* ⟨to get s.th. at a low ~ etw. billig bekommen⟩ | Form *f*, Umriß *m* ⟨round in ~⟩ | Figur *f*, Gestalt *f*, Aussehen *n* ⟨a slender ~; to be a ~ of distress e-e klägliche Figur abgeben; to keep one's ~ auf seine Figur bedacht sein⟩ | Darstellung *f* einer menschlichen Figur, Statue *f* ⟨a group of ~s eine Figurengruppe⟩ | *übertr* Figur *f* ⟨to cut/make (a poor/sorry) brilliant/fine ~ (e-e armselige Figur abgeben) e-e großartige Rolle spielen⟩ | wichtige Person ⟨the greatest ~ of his era⟩ | Symbol *n* | *auch* ˌ**~ of ˈspeech** *Rhet* Redewendung *f*, Stilfigur *f* | (Stoff) Muster *n* | (Eiskunstlauf u. ä.) Figur *f* | *Mus* Figur *f*, Phrase *f* | *Math* Diagramm *n*, Zeichnung *f* ⟨a geometrical ~⟩ | *Phil* Schlußfigur *f* ⟨syllogistic ~s⟩; **-~** *in Zus* -stellig ⟨a 5-~ income⟩ **2.** *vt* berechnen, kalkulieren | mit Figuren, Bildern u. ä. schmücken | vorstellen ⟨to ~ to o.s. sich vorstellen⟩ | symbolisch darstellen | mustern; **~ in** *Am* einbeziehen ⟨to ≈ the cost of s.th.⟩; **~ out** *Am umg* ausrechnen | erklären, herausbekommen | (jmdn.) verstehen ⟨I can't ~ him out⟩; **~ up** addieren; *vi* rechnen | erscheinen, auftreten, eine Rolle spielen (**as** als; **in** in) ⟨to ~ in history⟩; **~ on** *bes Am* einplanen, rechnen mit ⟨to ≈ a pay increase eine Gehaltszulage einkalkulieren⟩ | sich verlassen auf ⟨to ≈ s.o. to pay⟩ | vorhaben ⟨to ≈ going home⟩; ˈ**fig·ured** *adj* geformt, gestaltet | bildlich, bilderreich | gemustert, geblümt ⟨a ≈ dress⟩ | Figuren- ⟨≈ dance⟩ | *Mus* geschmückt, verziert ⟨≈ bass Generalbaß *m*⟩; ˈ**~head** *s Mar* Galionsfigur *f*, Bugschmuck *m* | Strohmann *m*, Repräsentationsfigur *f* ⟨a mere ≈⟩; **fig·ures** *s/pl* Zählen *n*, Rechnen *n* ⟨to be poor at ≈ schlecht rechnen können⟩; ˈ**~ ˌskat·ing** *s Sport* Eiskunstlauf *m* ⟨≈ by pairs Paarlaufen *n*⟩; **fig·ur·ine** [ˈfɪgjʊriːn] *s* Figurine *f*, kleine Statue, kleine (Ton-, Stein-) Figur | *Theat* Kostümzeichnung *f*

fil·a·ment [ˈfɪləmənt] *s* Fäserchen *n*, Fädchen *n* | *El* (Heiz-, Glüh-) Faden *m* ⟨~ lamp Glühlampe *f*⟩ | *Tech* Einzel-, Endlosfaden *m* | *Bot* Staubfaden *m*; ˌ**fil·aˈmen·ta·ry**, ˌ**fil·aˈmen·tous** *adj* faserig, Fasern- | fadenförmig

fil·bert [ˈfɪlbət] *s* Haselnuß(strauch) *f(m)*

filch [fɪltʃ] *vt, vi umg* klauen, stibitzen (**from** von); ˈ**~er** *s* Dieb *m*

[1]**file** [faɪl] **1.** *s* (Akte, Briefe u. ä.) Ordner *m* ⟨personal ~ Personalakte *f*; on ~ aktenkundig; to keep/have a ~ on eine Akte anlegen über; to place on ~ zu den Akten legen *od* einordnen⟩ | Stoß *m* (von Papieren), Akte *f*, Aktenbündel *n* | Aufreihfaden *m*, -draht *m* | Zeitungshalter *m* | Rolle *f*, Liste *f*, Verzeichnis *n* | Reihe *f* ⟨in ~ in Reih und Glied; in single/Indian ~ im Gänsemarsch; rank and ~ *Mil* Mannschaften *f/pl*; *übertr* die breite Masse⟩ | *Mil* Rotte *f*; **2.** *vt* (Akten u. ä.) ablegen, abheften, registrieren, einordnen | aufreihen (auf e-n Faden u. ä.) | (Klage u. ä.) einreichen ⟨to ~ an appeal Berufung einlegen⟩ | (Soldaten) in Reihe marschieren lassen; *vi* in Reihe marschieren | *Mil* defilieren | sich bewerben (**for** als); **~ away** *od* **off** in Reihe *od* im Gänsemarsch abmarschieren; **~ in** *od* **out** in Reihe ein- *od* ausmarschieren

[2]**file** [faɪl] **1.** *s* Feile *f* ⟨to bite/gnaw a ~ *übertr* sich die Zähne ausbeißen⟩ | *Brit Sl* schlauer Fuchs ⟨a deep/old ~ ein schlauer *od* alter Fuchs⟩; **2.** *vt* feilen, glätten ⟨to ~ smooth glattfeilen⟩; **~ away/down/off** ab-, wegfeilen | (Stil) glätten, feilen | zurechtfeilen, formen (**into** zu); ˈ**~ ˌcut·ter** *s Tech* Feilenhauer *m*; ˈ**~fish** *s Zool* Hornfisch *m*

fil·e·mot [ˈfɪlɪmɒt] **1.** *adj* braungelb; **2.** *s* Braungelb *n*

fil·er [ˈfaɪlə] *s* (*bes. Am*) Ordner *m*

file sig·nal [ˈfaɪl ˌsɪgnl] *s* Kartenreiter *m*

fi·let [ˈfɪleɪ] **1.** *s* Filet *n*, Netzarbeit *f* | *Am Kochk* Filet *n*; **2.** *adj* Filet- ⟨~ net⟩

fil·i|al [ˈfɪlɪəl] *adj* kindlich, Kindes- ⟨≈ duty Pflichten *f/pl* gegenüber den Eltern⟩ | *übertr, Tech* Tochter-; ˌ**~ˈa·tion** *s* Kindschaft *f* | Abstammung *f* | Abzweigung *f*, Zweig *m* | *Jur* Feststellung *f* der Vaterschaft

fil·i·bus·ter [ˈfɪlɪbʌstə] **1.** *s Hist* Freibeuter *m*, Seeräuber *m* | *Am Pol* Obstruktion *f* | *Am Pol* Filibuster *m*, Obstruktionist *m*, Verschleppungstaktiker *m*; **2.** *vi Hist* Freibeuterei betreiben | *Am Pol* Obstruktion(spolitik) betreiben

fil·i·cide [ˈfɪləsaɪd] *s Jur* Kindesmord *m* | *Jur* Kindesmörder(in) *m(f)*

fil·i·gree [ˈfɪlɪgriː] **1.** *s* Filigran(arbeit) *n(f)*; **2.** *adj* Filigran- ⟨~ brooch Filigranbrosche *f*⟩; **3.** *vt* in Filigran arbeiten | mit Filigran schmücken

fil·ing [ˈfaɪlɪŋ] *s* Aktenablegen *n* ⟨~ cabinet Aktenschrank *m*; ~ clerk *bes Brit* Registrator *m*⟩ | Einreichen *n* (von Klagen u. ä.)

fil·ings [ˈfaɪlɪŋz] *s/pl* Feilspäne *m/pl*

Fil·i·pi·no [ˌfɪlɪˈpiːnəʊ] **1.** *s* Philippiner *m*; **2.** *adj* philippinisch

fill [fɪl] **1.** *vt* füllen, anfüllen, aus-, voll- ⟨to ~ a hole⟩ | (voll)stopfen | sättigen | (Zahn) plombieren | (Stelle u. ä.) bekleiden, einnehmen, ausfüllen ⟨to ~ an office⟩ | (Formular) ausfüllen ⟨to ~ a form⟩ | (Auftrag) erledigen, ausführen ⟨to ~ a task eine Aufgabe erfüllen; to ~ a prescription eine (ärztliche) Anweisung ausführen⟩ | *Mar* (Segel mit Wind) füllen | *Tech* auffüllen, planieren | *Bergb* versetzen ◇ **~ the bill** den Ansprüchen genügen, allen Erfordernissen entsprechen; **~ in** eintragen, einschreiben ⟨to ≈ one's name⟩ | *Brit* (Liste u. ä.) ausfüllen | (Zeit u. ä.) an-, ausfüllen ⟨to ≈ the day⟩ | (jmdn.) informieren (**on** über) ⟨to ~ s.o. in on what happened⟩; **~ out** ausdehnen, strekken | *Am* ausfüllen ⟨to ≈ a bill⟩; **~ up** vollfüllen | ausfüllen, ausstopfen | vollgießen | *Brit Sl* (Formular) ausfüllen; *vi* voll werden, sich füllen (**with** mit) | schwellen, sich ausdehnen (*auch übertr*) | einschenken; **~ away** *Mar* vollbrassen; **~ in** aushelfen (**for** für), vertreten (**for s.o.** jmdn.); **~ out** vollwerden | sich ausdehnen | *umg* dick *od* rund werden; **~ up** sich anfüllen; **2.** *s* Fülle *f*, Genüge *f* ⟨to drink (eat) one's ~ genug trinken (sich satt essen); to have one's ~ of s.th. von etw. genug haben; to weep one's ~ sich ausweinen⟩ | Füllung *f* ⟨a ~ of tobacco eine Pfeife voll Tabak⟩; ˈ**~er** *s* (Auf-) Füller *m* | *Tech* Füllvorrichtung *f*, Trichter *m* | *Tech* Sprengladung *f* | *Tech* Füllmasse *f*, -material *n*, -mittel *n*, -stoff *m* | (Zigarren) Einlage *f* | *Mal* Grundierfirnis *m* | *Ling* Flick-, Füllwort *n* | Lückenbüßer *m* | *Mil* Ersatzmann *m*

fil·let [ˈfɪlɪt] **1.** *s* Haar-, Stirnband *n* | Band *n*, Streifen *m* (von Metall u. ä.) | *Buchw* Zierstreifen *m* | *Arch* Band *n*, Leiste *f* | *Kochk* Filet *n*, Lendenstück *n* | Fischfilet *n* ⟨~ of plaice Schollenfilet *n*⟩; **2.** *vt* mit einem Haarband schmücken | *Buchw* mit Zierstreifen versehen | *Arch* mit einer Leiste schmücken | (Fleisch *od* Fisch) in Filets schneiden ⟨~ed sole Seezungenfilet *n*⟩

fill·ing [ˈfɪlɪŋ] *s* (Auf-) Füllung *f* | Füllmasse *f*, Einlage *f*, Füllsel *n*, Füllung *f* | Plombieren *n* | (Weben) Einschlag *m* | *Tech* Füllmaterial *n*; ˈ**~ ˌsta·tion** *s* Tankstelle *f*

fil·lip [ˈfɪlɪp] **1.** *s* Schnippchen *n*, Schnippen *n* (mit Daumen u. Finger) | Klaps *m*, Nasenstüber *m* | Kleinigkeit *f*, Lappalie *f* | *übertr* Anregung *f* ⟨to give a ~ Anstoß geben; a big ~ for business ein Anreiz für ein großes Geschäft⟩; **2.** *vt* (jmdm.) einen Nasenstüber geben | (etw.) mit dem Finger anstoßen | *übertr* anregen; *vi* schnippen, schnellen

fil·lis·ter [ˈfɪlɪstə] *s Tech* Falzhobel *m*

fil·ly [ˈfɪlɪ] *s* weibliches Fohlen | *Sl* ausgelassenes Mädchen

film [fɪlm] **1.** *s* Häutchen *n*, dünne Schicht, Membran *f* ⟨a ~ of dust ein Staubfilm *m*⟩ | *Foto* Film *m* ⟨a fast ~ ein lichtempfindlicher Film⟩ | *bes Brit* Film(werk) *m(n)* ⟨to shoot a ~ einen Film drehen⟩ | dünner Faden | *Med* Trübung *f* des Auges, Nebelschleier *m*; **2.** *vt* mit einem Häutchen überziehen | (ver)filmen, drehen; *vi auch* ~ **over** sich mit einem Film *od* Häutchen überziehen | filmen | sich zum Filmen eignen ⟨he ~s well⟩; **'fil·ma·ble** *adj* für den Film geeignet; **'~ ˌcam·er·a** *s* Filmkamera *f*; **'~ dis·triˌbu·tion** *s* Filmverleih *m*; **'~ fan** *s* leidenschaftlicher Kinobesucher; **'~ feed** *s Foto* Filmtransport *m*; **'~let** *s* Kurzfilm *m*; **'~ ˌmag·a·zine** *s Foto* Filmkassette *f*; **'~ pack** *s Foto* Filmpack *m*; **'~ ˌprem·i·ère** *s* Filmpremiere *f*, Uraufführung *f*; **'~ proˌduc·er** *s* Filmproduzent *m*, Herstellungsleiter *m*; **'~ reel** *s Foto* Filmspule *f*; **'~ star** *s* Filmstar *m*; **'~ stock** *s* unbelichtetes (Film-) Material; **'~strip** *s Päd* Bildstreifen *m*, Stehfilm *m* (mit Text); **'~ test** *s* Filmtest *m*; **'~ ˌver·sion** *s* Verfilmung *f*; **'~y** *adj* mit einem dünnen Film *od* Häutchen bedeckt, häutchenartig | trübe | *übertr* duftig, hauchdünn ⟨a ≈ dress⟩

fil·ter ['fɪltə] **1.** *s* Filter *m*, Seiher *m*, Durchschlag *m* | *Foto, Phys* Filter *m* | *El* Saugkreis *m*; **2.** *vt* filtern, filtrieren, durchseihen | reinigen | *Mil* (Nachrichten) auswerten | *Brit* (Verkehr) sich einordnen (vor Kreuzungen); *vi* durchlaufen, -sickern (**through** durch, **into** in) | *übertr* (Nachricht u. ä.) durchsickern, langsam bekanntwerden; **~ out** (her)ausfiltern; **ˌ~a'bil·i·ty** *s* Filtrierbarkeit *f*; **'~a·ble** *adj* filtrierbar; **'~ bed** *s* Rieselfeld *n*, Kläranlage *f*; **'~ ˌcir·cuit** *s El* Siebkreis *m* | *Flugw* Sperrkreis *m*; **'~ing** *s Tech* Filtrieren *n*, Filtrier-; **'~ ˌpa·per** *s* Filtrierpapier *n*; **'~ tip** *s* Filterzigarette *f*; **~-tipped** ['~tɪpt] *adj* mit Filter

filth [fɪlθ] *s* Schmutz *m*, Dreck *m*, Kot *m* | *übertr* Schmutz *m*, Obszönität *f* | *dial* gemeiner Kerl; **'~y** *adj* schmutzig, dreckig, kotig | *übertr* unflätig, obszön ⟨≈ pictures⟩ | *übertr* (Wetter u. ä.) scheußlich, ekelhaft; **ˌ~y 'lu·cre** *s* schnöder Mammon, Schweinegeld *n*

fil|trate ['fɪltreɪt] **1.** *vt, vi* filtrieren; **2.** *s* Filtrat *n*; **ˌ~'tra·tion** *s* Filtrierung *f*, Filtern *n* ⟨≈ plant Filteranlage *f*⟩

fim·bri|a ['fɪmbrɪə] *s Zool, Bot* Zotte *f*, Franse *f*; **'~ate** [~ɪt|~eɪt], **'~at·ed** [~eɪtɪd] *adj Zool, Bot* befranst

fin [fɪn] **1.** *s Zool* Flosse *f* | *Mar* Kiel-, Ruderflosse *f* | *Flugw* Steuerflosse *f*, Leitfläche *f* | *Tech* Gußnaht *f* | *Sl* Flosse *f*, Hand *f*; **2.** (**finned, finned**) *vt* (Fisch) zerlegen; *vi* mit den Flossen schlagen

fi·na·ble ['faɪnəbl] *adj Jur* einer Geldstrafe unterliegend ⟨a ~ offence⟩

fi·na·gle [fɪ'neɪgl] *Am umg vt* (sich) erschwindeln | (jmdn.) hinters Licht führen; *vi* schwindeln, mogeln

fi·nal ['faɪnl] **1.** *adj* letzt(er, -e, -es), schließlich(er, -e, -es) ⟨~ chapter⟩ | End-, Schluß- ⟨~ examination Abschlußprüfung *f*; ~ assembly *Tech* Endmontage *f*; ~ score *Sport* End-, Schlußstand *m*⟩ | endgültig, entscheidend ⟨a ~ decision⟩ | Absichts-, Final-; **2.** *s* Schluß *m*, Ende *n* | *Brit Mus* Grundton *m* | *umg* (Zeitung) Spätausgabe *f* ⟨late night ~ Nachtausgabe *f*⟩ | *meist* **'fi·nals** *pl Sport* Endspiel *n*, Schlußrunde *f* ⟨the Cup ~ Pokalendspiel *n*; tennis ~s Tennisfinale *n*⟩ | *oft* **'fi·nals** *pl* Abschlußprüfung *f* ⟨the law ~[s] juristisches Examen; to take one's ~s die Abschlußprüfung machen⟩; **fi·na·le** [fɪ'nɑ:lɪ|-leɪ] *s Mus* Finale *n*, Schlußsatz *m* | *Theat* Schlußszene *f*; **~ism** ['faɪnḷɪzm] *s Phil* Finalismus *m*; **~ist** ['faɪnḷɪst] *s Sport* Endspielteilnehmer *m*; **~i·ty** [faɪ'nælətɪ|fɪ'n-] *s* Endgültigkeit *f*, Unwiderruflichkeit *f* | Entschiedenheit *f* | Finalität *f*; **'~ize** *vt* (etw.) vollenden, beschließen ⟨to ≈ a plan⟩; **'~ly** *adv* schließlich, endlich ⟨≈ he left⟩ | endgültig, unwiderruflich

fi|nance ['faɪnæns|fɪ'næns|faɪ'n-] **1.** *s* Finanzwesen *n*, Geldwirtschaft *f* ⟨an expert in ≈ ein Finanzfachmann *m*; the Minister of ≈ Finanzminister *m*⟩; **2.** *förml vt* finanzieren, mit Kapital ausrüsten; *vi* Geldgeschäfte machen | *meist* **fi·nances** *pl* Finanzen *pl*, Einkünfte *pl* ⟨public ≈s Staatsfinanzen *pl*⟩; **'~nance bill** *s Pol* Steuervorlage *f*; **~nan·cial** [faɪ'nænʃl|fɪ'n-] *adj* finanziell, Finanz-, Fiskal- ⟨in ≈ difficulties in Zahlungsschwierigkeiten; ≈ year Geschäfts-, Rechnungsjahr *n*; ≈ interrelation Kapitalverflechtung *f*; ≈ paper Börsenblatt *n*⟩; **~'nan·cial·ly** *adv* in finanzieller Hinsicht; **fin·an·cier** [faɪ'nænsɪə|fɪ'n-] **1.** *s* Finanzier *m*, Geldmann *m* | Finanzbeamter *m*; **2.** *vi* Geldgeschäfte machen; *vt* finanzieren | *selten* betrügen ⟨to ≈ money away Geld auf die Seite schaffen; to ≈ s.o. out of his money jmdn. um sein Geld betrügen⟩; **~'nanc·ing** *s Wirtsch* Finanzierung *f* ⟨direct ≈ Barfinanzierung *f*⟩

finch [fɪntʃ] *s Zool* Fink *m* ⟨green ~ Grünfink *m*⟩

find [faɪnd] **1.** (**found, found** [faʊnd]) *vt* finden, stoßen auf, begegnen ⟨I can't ~ it; they found him in the kitchen⟩ | suchen und finden, beschaffen, rufen, holen ⟨please ~ my hat bringen Sie mir bitte meinen Hut; ~ me a taxi rufen Sie mir ein Taxi⟩ | auffinden, heraus-, entdecken ⟨to ~ a fault with etw. auszusetzen haben an; to ~ one's way sich zurechtfinden; to ~ o.s. sich selbst sehen, seine Berufung erkennen; to ~ one's level seine Grenzen erkennen⟩ | erlangen, erreichen ⟨the bullet found its mark die Kugel traf ins Ziel; to ~ o.s. in a hospital sich in e-m Krankenhaus befinden⟩ | bemerken, erkennen, spüren ⟨to ~ o.s. at a loss in Verlegenheit kommen ⟩ | *bes Jur* erklären, befinden für ⟨to ~ s.o. guilty jmdn. für schuldig erklären⟩ | liefern, stellen, versorgen (**in** mit) ⟨all found freie Station; to ~ one's own tools seine eigenen Werkzeuge mitbringen, für seine Ausrüstung verantwortlich sein; to ~ s.o. in clothes für jmdn. die Kleidung stellen; to ~ o.s. sich selbst versorgen *od* beköstigen⟩ | (wieder)gewinnen, (wieder)erlangen ⟨to ~ one's tongue/voice die Sprache wiederfinden⟩ ◇ **~ it in one's heart to** (*meist interrog, neg* mit **can, could**) etw. übers Herz bringen; **take s.th./s.o. as one ~s it/him** *od* **her** etw. *od* jmdn. nehmen wie es *od* er/sie ist; **~ out** herausfinden, entdecken ⟨to ≈ for o.s. etw. selbst finden⟩ | ertappen ⟨he was found out at last⟩ | *Am* (jmdn.) (herauszufinden) suchen ⟨to ≈ one's relatives⟩; *vi Brit* Wild aufspüren | *Jur* für Recht erklären, (be)finden ⟨to ~ for the defendant für den Angeklagten befinden⟩; **2.** *s* Fund *m* ⟨a real ~⟩; **'~a·ble** *adj* auffindbar; **'~er** *s* Finder *m*, Entdecker *m* | *Foto* Sucher *m* ⟨view ≈⟩ | *Phys* Peilgerät *n*

fin de si·èc·le [ˌfæn də 'sjeklə] ⟨*frz*⟩ **1.** *s* Fin de siècle *n*; **2.** *adj* dekadent ⟨~ ideas⟩

find·ing ['faɪndɪŋ] *s* Fund *m*, Entdeckung *f* | Finden *n* | Resultat *n*, Ergebnis *n*, Herausgefundenes *n* ⟨the ~s of modern science⟩ | *Jur* Urteil *n*; **'find·ings** *pl Am* Handwerkszeug *n*, Zutaten *f/pl*

[1]**fi·ne** ['fi:ne] *s Mus* Ende *n*

[2]**fine** [faɪn] **1.** *s* Geldstrafe *f*, -buße *f* ⟨to impose a ~ on s.o. jmdn. mit e-r Geldstrafe belegen⟩; **2.** *vt* (jmdn.) zu einer Geldstrafe verurteilen ⟨to ~ s.o. twenty pounds jmdn. zu 20 Pfund Geldstrafe verurteilen; to ~ s.o. for an offence jmdn. wegen e-s Vergehens mit Geldstrafe belegen⟩

[3]**fine** [faɪn] **1.** *adj* fein, verfeinert, zart, dünn ⟨a ~ thread⟩ | fein (aus kleinen Teilchen bestehend) ⟨~ sand⟩ | spitz, scharf ⟨a ~ edge⟩ | fein, leicht, aus feinem Gewebe ⟨~ linen⟩ | (Metall) rein ⟨gold eighteen carats ~ achtzehnkarätiges Gold⟩ | subtil, fein ⟨a ~ distinction⟩ | (Sportler u. ä.) gut ausgebildet, gut trainiert ⟨a ~ sprinter⟩ | elegant ⟨a ~ lady⟩ | vornehm ⟨~ manners⟩ | gut, schön, trefflich, ausgezeichnet ⟨a ~ work of art; a ~ view⟩ | hübsch ⟨a ~ face⟩ | schön, klar ⟨~ weather⟩ | *iron* nett, fein, schön ⟨you are a ~ fellow! du bist mir ein feiner Kerl!; these are ~ doings das sind mir schöne Geschichten!⟩ | schmeichelhaft, verhüllend ⟨to call s.th. by ~ names⟩ | *umg* glänzend, großartig, prima ⟨a ~ day⟩ | *umg* beliebig ⟨one ~ day e-s schö-

nen Tages; one of these ~ days wenn der Tag gekommen ist⟩ ◇ **not to put too ~ a point on it** um es klar *od* frei heraus zu sagen; **2.** *adv umg, dial* gut, nett, elegant ⟨to talk ~ gebildet sprechen; that will suit me ~ das kommt mir zupasse⟩ | knapp ⟨to cut/run it ~ die Zeit zu knapp berechnen⟩; **3.** *s* Schönwetter *n* ⟨in rain or ~ bei Regen oder schönem Wetter⟩; **4.** *vt, auch* **~ away** *od* **down** fein(er) *od* dünn(er) machen, verfeinern, abschleifen | *auch* **~ down** (Wein u. ä.) reinigen, filtrieren, läutern, klären; *vi* sich klären, sich setzen

fi·nea·ble ['faɪnəbl] = **finable**

fine| art [ˌfaɪn'ɑ:t] *s* Kunst(gegenstände) *f(m/pl)*; **ˌ~ 'arts** *s/pl* die schönen Künste *f/pl*; **'~-bore** *vt Tech* präzisionsbohren; **'~ cut** *s* (Tabak) Feinschnitt *m*; **~ 'darn·ing** *s* Kunststopfen *n*; **ˌ~-'draw** (**ˌ~-'drew, ˌ~-'drawn**) *vt Tech* fein ausziehen; **ˌ~-'drawn** *adj* sehr dünn (ausgezogen); **'~ 'gold** *s* Feingold *n*; **'~-ˌlook·ing** *adj* stattlich; **ˌ~ 'print** *s* Kleingedrucktes *n* ⟨in ≈ kleingedruckt⟩ | (*mit best art*) verklausulierte Formulierungen, Kleingedrucktes; **'fin·er·y** *s* Putz *m*, Staat *m*, Glanz *m* ⟨Sunday ≈ Sonntagsstaat *m*; in summer ≈ in sommerlicher Pracht⟩ | *Tech* Frischofen *m*

fine|-spo·ken [ˌfaɪn'spəʊkən] *adj* unaufrichtig, heuchlerisch; **ˌ~-'spun** *adj* fein gesponnen | *übertr* gut ausgeklügelt, gut durchdacht

fines herbes [ˌfi:n 'ɛəb] *s/pl* ⟨*frz*⟩ feine (getrocknete) Gewürze *n/pl*

fi·nesse [fɪ'nes] **1.** *s* Finesse *f* ⟨to show ~ in dealing with people geschickt mit Leuten umgehen können⟩ | Spitzfindigkeit *f*, List *f* | *Kart* Schneiden *n*, Impaß *m*; **2.** *vt Kart* schneiden, impassieren; *vi* Kniffe anwenden

fine thread ['faɪn 'θred] *s Tech* Feingewinde *n*; **ˌ~-tooth 'comb**, *auch* **ˌ~-'tooth comb** *s* Staubkamm *m* ◇ **go over s.th. with a ~-tooth comb** *übertr* etw. ganz genau unter die Lupe nehmen; **'~-ˌtune** *vt Rundf* feinabstimmen

fin·ger ['fɪŋgə] **1.** *s* Finger *m* | (Handschuh) Finger *m* | Fingerbreit *m* | *dial* (Uhr-) Zeiger *m* ◇ **not to stir a ~** keinen Finger rühren; **s.o.'s ~s are all thumbs** jmd. hat zwei linke Hände *od* jmd. ist ungeschickt; **s.o.'s ~s itch** jmds. Finger jucken, jmd. verlangt es (**to** *mit inf* zu *mit inf*); **with a wet ~** mit Leichtigkeit, mit dem kleinen Finger; **burn one's ~s, get one's ~s burnt** sich die Finger verbrennen; **have a ~ in every pie** die Hand (überall) im Spiel haben; **keep one's ~s crossed** *umg* den Daumen drücken; **lay a ~ on s.o.** jmdm. ein Härchen krümmen; **lay one's ~s on s.th.** auf etw. genau hinweisen; **number on the ~s** an den Fingern abzählen; **not lift/raise/stir a ~** keinen Finger rühren; **pull one's ~s out** *Sl* ranklotzen; **put the ~ on s.o.** *urspr Am Sl* jmdn. verpetzen; **slip through one's ~s** jmdm. entgehen; **turn/twist/wind s.o. round one's (little) ~** jmdn. um den (kleinen) Finger wickeln; **work one's ~s to the bone** *umg* sich die Finger wund arbeiten; **2.** *vt* befingern, betasten, befühlen | (Instrument) mit den Fingern spielen | (Noten) mit Fingersatz versehen *od* spielen; *vi* herumfingern (**at** an), spielen (**with** mit); **'~ ˌal·pha·bet** *s* Taubstummensprache *f*; **'~board** *s* (Geige) Griffbrett *n* | Klaviatur *f*; **'~ bowl** *s* Fingerschale *f*; **-fin·gered** ['fɪŋgəd] *in Zus* fing(e)rig ⟨long-≈; 5-≈⟩; **'~-end** *s* Fingerspitze *f* ⟨to have s.th. at one's ≈s *übertr* etw. aus dem Effeff beherrschen, etw. wie am Schnürchen beherrschen⟩; **'~fern** *s Bot* Streifenfarn *m*; **'~ˌflow·er** *s Bot* Roter Fingerhut; **'~ glass** *s* Fingerschale *f*; **'~ hole** *s Mus* Griffloch *n*; **'~ing** *s* Betasten *n* | *Mus* Fingersatz *m*; **'~mark 1.** *s* Finger-, Schmutzfleck *m*; **2.** *vt* (etw.) mit den Fingern beschmutzen; **'~nail** *s* Fingernagel *m* ⟨to the ≈s bis in die Fingerspitzen⟩; **'~-paint** *vt/vi* mit den Fingern malen; **'~plate** *s* Türschoner *m*; **'~post** *s* Wegweiser *m*; **'~print 1.** *s* Fingerabdruck *m* ⟨to take s.o.'s ≈s jmds. Fingerabdrücke nehmen⟩ | *übertr* persönliche Note, charakteristischer Ausdruck; **2.** *vt* Fingerabdruck nehmen; **'~stall** *s* Fingerling *m*; **'~tip** *s* Fingerspitze *f* ⟨to have at one's ≈s mit etw. gut vertraut sein; to the/one's ≈s vollständig, völlig, durchaus⟩

fin·i·cal ['fɪnɪkl] *adj* geziert | übertrieben | wählerisch ⟨~ taste⟩; **~i·ty** [ˌfɪnɪ'kæləti] *s* Geziertheit *f* | Zimperlichkeit *f*; **'fin·ick·ing, 'fin·i·kin** = **finical**; **'fin·i·cky** = **finical**

fi·nis ['fɪnɪs] *s* (*nur sg*) Ende *n*, Schluß *m* (e-s Buches u. ä.)

fin·ish ['fɪnɪʃ] **1.** *vt* (be)endigen, vollenden, fertigmachen | abschließen | aufhören mit | *umg* fertig machen | vervollkommnen, veredeln | *Tech* fertig(bearbeit)en, appretieren, polieren | *Chem* garen | *meist* **~ off/up** ganz aufessen *od* austrinken | *umg* erledigen, den Rest geben; *vi* enden, aufhören, Schluß machen | *auch* **~ up** *umg* landen, eintreffen (**in** in); **~ up with** aufhören mit; **~ with** nicht mehr brauchen *od* benötigen | nichts mehr zu tun haben (wollen) mit (jmdm.); **2.** *s* Ende *n*, Schluß *m* | *Sport* Finish *n*, Endspurt *m* ⟨to be in at the ~ in die Endausscheidung kommen⟩ | Entscheidung *f* ⟨to fight to the ~⟩ | Vollendung *f*, feine Ausführung ⟨with ~ in Vollendung⟩ | Takt *m*, Schliff *m* ⟨his manners lack ~ ihm fehlt es an Takt⟩ | *Tech* Glanz *m*, Politur *f*, Appretur *f*, Fertigbearbeitung *f* | *Arch* Verputz *m*; **'~ed** *adj* zu Ende, aus, auseinander ⟨it's ≈ between us⟩ | fertig, beendet, abgeschlossen ⟨half-≈ products Halbfabrikate *n/pl*; ≈ goods Fertigwaren *f/pl*⟩ | vollkommen, vollendet ⟨a ≈ gentleman⟩ | *übertr* fertig, erschöpft, erledigt ⟨I'm ≈⟩; **'~er** *s* Fertigmacher *m* | *Tech* Appretierer *m* | *umg* entscheidender Schlag; **'~ing 1.** *s* Fertigmachen *n* | Veredelung *f* | *Tech* Appretur *f* | *Tech* Nachbearbeitung *f* | *Buchw* Verzierung *f*; **2.** *adj* vollendend ⟨to give the ≈ touch den letzten Schliff geben; to put the ≈ hand/stroke to [die] letzte Hand anlegen an⟩; **'~ing ˌa·gent** *s Chem* Appreturmittel *n*; **'~ing line** *s Sport* Ziellinie *f*, -strich *m*; **'~ing mill** *s* (Walzwerk) Fertigstraße *f*; **'~ing point, '~ing post** *s Sport* Ziel *n*; **'~ing school** *s* Mädchenpensionat *n*

fi·nite ['faɪnaɪt] **1.** *adj* endlich, begrenzt (*Ant* infinite) ⟨a ~ number; ~ speed⟩ | *Ling* finit ⟨~ verb Verbum finitum; non-~ form infinite Form⟩; **2.** *s* **the ~** das Endliche

fink [fɪŋk] *Am Sl* **1.** *s* Streikbrecher *m* | Denunziant *m*, Spitzel *m*; **2.** *vi* als Streikbrecher handeln | denunzieren ⟨to ~ on s.o. jmdn. denunzieren *od* jmdn. bespitzeln⟩ | *auch* **~ out** sich dünnemachen, die Kurve kratzen; **'~ out** *s Am Sl* (Sich-) Verdrücken *n*, Verdünnisierung *f*, Drückebergerei *f*

Fin·land ['fɪnlənd] *s* Finnland; **Finn** [fɪn] *s* Finne *m*, Finnin *f*

fin·nan| had·die [ˌfɪnən'hædɪ] *auch* **ˌ~ 'had·dock** *s* geräucherter Schellfisch

finned [fɪnd] *adj* mit Flossen versehen | *Tech* gerippt ⟨~ pipe Rippenrohr *n*; ~ rocket flügelstabilisierte Rakete⟩

Finn·ic ['fɪnɪk] = **Finn·ish** ['fɪnɪʃ] **1.** *adj* finnisch; **2.** *s* Finnisch *n* | **the ~** (*pl konstr*) die Finnen *pl*

Finn·ish ['fɪnɪʃ] **1.** *adj* finnisch | (Sprache) finnisch; **2.** *s/pl* (*mit best art*) Finnen *pl* | *Ling* Finnisch *n*

fin·ny ['fɪnɪ] *adj* Flossen- | Fisch-

fiord, *auch* **fjord** [fjɔ:d] *s* Fjord *m*

fir [fɜ:] *s Bot* Tanne *f* | *fälschl* Fichte *f* ⟨Scotch ~ Föhre *f*, Kiefer *f*⟩ | Tannenholz *n*; **'~ cone** *s* Tannenzapfen *m*

fire ['faɪə] **1.** *s* Feuer *n*, Flamme *f* ⟨between two ~s zwischen zwei Feuern (*auch übertr*); no smoke without ~ *übertr* kein Rauch ohne Feuer; von nichts kommt nichts; to add fuel to the ~ *übertr* Öl ins Feuer gießen; to be on ~ brennen *od* in Brand stehen; *übertr* Feuer u. Flamme sein; to catch/take ~ Feuer fangen; *übertr* sich ereifern; to go through ~ and water *übertr* durchs Feuer gehen; to set the Thames on ~ (*meist neg*) *übertr* e-e große Tat vollbringen; to strike ~ Funken schlagen⟩ | Brand *m*, Feuersbrunst *f*

⟨to set ~ to s.th./to set s.th. on ~ etw. in Brand stecken⟩ | Glut *f* | (Edelstein) Glanz *m*, Feuer *n* | *Mil* Feuer *n*, Beschuß *m* ⟨to come under ~ unter Beschuß geraten; *übertr* heftig angegriffen werden; to hang ~ (Gewehr) schwer losgehen, verzögern; *übertr* (Plan u. ä.) sich verzögern, stekkenbleiben; to open (cease) ~ das Feuer eröffnen (einstellen)⟩ | *Med* Hitze *f*, Fieber *n* | *übertr* Leidenschaft *f*, Begeisterung *f* ⟨full of/filled with ~ voller Leidenschaft; to lack ~ leidenschaftslos sein; to set s.o. on ~ jmdn. entflammen⟩; **2.** *vt* an-, entzünden, in Brand stecken | (Ofen) feuern, anheizen | (Ziegel) brennen | (Tabak) beizen | röten, beleuchten | *oft* **~ off** *Mil* abfeuern (**at, on, upon** auf) | *übertr* anfeuern, begeistern ⟨to ~ s.o.'s imagination jmds. Begeisterung anfachen⟩ | *übertr* beleben (**with** durch) | *umg* entlassen; *vi* Feuer fangen (*auch übertr*) | sich röten | *Mil* feuern, schießen (**at, on** auf; **into** in) | *Landw* (Getreide) brandig werden; **~ away** hintereinanderfeuern | verschießen | *übertr umg* anfangen, losschießen; **~ up** *übertr* sich erregen, hochfahren (**at** über) ⟨to ≈ at the least things sich über jede Kleinigkeit aufregen⟩; **ˈ~ aˌlarm** *s* Feueralarm *m* | Feuermelder *m*; **ˈ~arm** *s* (*meist pl*) Feuer-, Schußwaffe *f*; **ˈ~ball** *s* Feuerkugel *f* | Feuerball *m* | Meteor *m*; **ˈ~base** *s Mil* Feuerstellung *f*; **ˈ~bell** *s* Feuerglocke *f*; **ˈ~ blight** *s Bot* Feuerbrand *m*; **ˈ~bomb 1.** *s Mil* Brandbombe *f*; **2.** *vt* Brandbomben werfen auf; **ˈ~box** *s* (Lokomotive u. ä.) Feuerraum *m*; **ˈ~brand** *s* brennendes Holzscheit | *übertr* Aufwiegler *m*; **ˈ~break** *s* Feuerschutzstreifen *m* | Brandschutzwand *f* | *Mil* Schranke *f* zwischen konventionellen und nuklearen Kriegen; **ˈ~brick** *s Tech* Schamottestein *m*; **ˈ~ briˌgade** *s Brit* Feuerwehr *f* | *Am Mil Sl* (mobiles) Einsatzkommando; **ˈ~bug** *s umg* Brandstifter *m*; **ˈ~ clay** *s Tech* Schamotte *f*; **ˈ~ ˌcom·pa·ny** *s Am* Feuerwehr *f* | *Brit* Feuerversicherungsgesellschaft *f*; **ˈ~ conˈtrol** *s Mil* Feuerleitung *f*; **ˈ~ˌcrack·er** *s* (Feuerwerks)Frosch *m*; **ˈ~damp** *s Bergb* schlagende Wetter *n/pl*, Grubengas *n*; **ˈ~ deˌpart·ment** *s Am* Feuerwehr *f*; **ˈ~dog** *s* (Kamin) Feuerbock *m*; **ˈ~ drill** *s* Brandschutzübung *f*; **ˈ~-ˌeat·er** *s* Feuerschlucker *m* | *übertr* Raufbold *m*; **ˈ~ ˌen·gine** *s Tech* Feuerspritze *f*; **ˈ~ esˈcape** *s* Feuerleiter *f* | Notausgang *m*; **ˈ~ exˈtin·guish·er** *s Tech* Feuerlöschapparat *m*; **ˈ~ ˌfight·er** *s* Feuerwehrmann *m* | (Wald-) Brandbekämpfer *m*; **ˈ~fly** *s Zool* Leuchtkäfer *m*; **ˈ~guard** *s* Kamingitter *n*, Feuerschirm *m* | Brand-, Feuerwache *f*, -wart *m*; **ˈ~ hose** *s* Feuerwehrschlauch *m*; **ˈ~house** *s* Spritzenhaus *n*; **ˈ~ inˌsur·ance** *s* Feuerversicherung *f*; **ˈ~ i·rons** *s* Feuer-, Ofen-, Kamingeräte *n/pl*; **ˈ~kiln** *s* Brennofen *m*; **ˈ~ lane** *s* Feuerschneise *f*; **ˈ~less** *adj* feuerlos, ohne Feuer (*auch übertr*); **ˈ~ light** *s* Feuerschein *m* (des Kamins) ⟨to sit in the ≈ im Schein des Kaminfeuers sitzen⟩; **ˈ~-ˌlight·er** *s Brit* Kohlenanzünder *m*; **ˈ~lock** *s Hist* Flintenschloß *n* | Muskete *f*; **ˈ~man** *s* (*pl* **ˈ~men**) Feuerwehrmann *m* | Heizer *m* | *Bergb* Wetterwart *m*; **ˈ~ ˌof·fice** *s Brit* Feuerversicherungsanstalt *f*; **ˈ~place** *s* Kamin *m* | *Tech* Heizraum *m*; **ˈ~plug** *s Tech* Hydrant *m*; **ˈ~ˌpow·er** *s Mil* Feuerkraft *f*; **ˈ~proof 1.** *adj* feuerfest; **2.** *vt* feuerfest machen; **ˈ~ pump** *s* Feuerlöschpumpe *f*; **ˈ~-rais·ing** *s Brit* Brandstiftung *f*; **ˈ~ risk** *s* Feuergefahr *f*; **ˈ~ screen** *s* Ofenschirm *m*; **ˈ~side 1.** *s* Kamin *m* ⟨to sit at the ≈ am Kamin sitzen⟩ | *übertr* Häuslichkeit *f*, Zuhause *n*; **2.** *adj* häuslich ⟨a ≈ scene⟩; **ˈ~ ˌsta·tion** *s* Feuerwache *f*; **ˈ~stone** *s* Feuerstein *m*; **ˈ~storm** *s* glühender Wind | Feuer-; **ˈ~ tongs** *s/pl* Feuerzange *f*; **ˈ~ tow·er** *s* Leuchtturm *m* | Feuersignalbeobachtungsturm *m*; **ˈ~trap** *s* feuergefährdetes Gebäude; **ˈ~ˌwalking** *s* Gang *m* über glühende Kohlen; **ˈ~ˌwatch·er** *s Brit* Brand-, Luftschutzwart *m*; **ˈ~ˌwa·ter** *s umg scherzh* Feuerwasser *n*, Branntwein *m*; **ˈ~wood** *s* Brennholz *n*; **ˈ~work** *s* Feuerwerkskörper *m*; **ˈ~works** *s/pl* Feuerwerk *n* (*auch übertr*) | *übertr* Wutausbruch *m*

fir·ing [ˈfaɪərɪŋ] *s* Heizung *f* | Feuerung *f*, Zündung *f* | *Mil* Feuern *n*; **ˈ~ line** *s Mil* Front *f*, Feuerlinie *f* (*auch übertr*) ⟨to be in (*Am* on) the ≈ *übertr* im Zentrum der Kritik stehen⟩; **ˈ~ ˌpar·ty** *s* Ehrenkompanie *f* | Exekutionskommando *n*; **ˈ~ point** *s Mil* Geschützstand *m*; **ˈ~ squad** *s Mil* Erschießungskommando *n*; **ˈ~ wire** *s* Sprengkabel *n*

fir·kin [ˈfɜːkɪn] *s* Viertelfaß *n* (Flüssigkeit = 40,9 l; Butter = 56 Pfund)

[1]firm [fɜːm] *s* Firma *f*, Unternehmen *n*, Handelshaus *n* ⟨the ~ of M. die Firma M.⟩

[2]firm [fɜːm] **1.** *adj* fest, hart ⟨~ ground fester Boden; as ~ as rock *übertr* felsenfest; to be on ~ ground *übertr* sich seiner Sache sicher sein⟩ | haltbar, stabil ⟨a ~ house⟩ | unwandelbar, standhaft, beständig ⟨a ~ faith; ~ in / of purpose zielbewußt; to be ~ in one's beliefs seinen Überzeugungen treu bleiben; to be ~ with s.o. unnachsichtig sein mit jmdm.; to keep a ~ hand on streng kontrollieren; to take ~ measures strenge Maßnahmen treffen⟩ | fest und sicher ⟨to keep a ~ hand on s.o. jmdn. fest und sicher halten⟩ | ruhig, sicher ⟨a ~ glance; a ~ voice; with ~ steps sicheren Schrittes⟩ | *Wirtsch* (Kurs, Preise) beständig; **2.** *adv* fest, treu ⟨to hold/stand ~ to one's beliefs seinen Überzeugungen treu bleiben⟩; **3.** *vt* fest *od* hart machen; **~ up** (Preise) stabil halten | fest *od* hart werden

fir·ma·ment [ˈfɜːməmənt] *s* Firmament *n*, (Himmel)sgewölbe *m(n)*

fir·ry [ˈfɜːrɪ] *adj* Tannen- | Kiefern- | Föhren- | tannenreich

first [fɜːst] **1.** *adj* erste(r, -s) ⟨at the ~ opportunity bei der ersten besten Gelegenheit; at ~ hand direkt; at ~ sight/at ~ view auf den ersten Blick; they were the ~ people sie waren die ersten; in the ~ place erstens; not know the ~ thing about it nicht das geringste darüber wissen⟩ | erstklassig, vorzüglich ⟨~ quality⟩ | hauptsächlich, Haupt- ⟨of the ~ importance; ~ things ~ das Wichtigste (kommt) zuerst⟩; **2.** *adv* erstens, zuerst, zunächst ⟨to come in ~ Sieger sein; head ~ kopfüber; ~ come, ~ served wer zuerst kommt, mahlt zuerst; ~ or last früher oder später; ~ and last alles in allem⟩ | zum ersten Mal ⟨when we met ~⟩ | anfangs, früher ⟨when I ~ lived here⟩ | eher, lieber ⟨he would leave ~⟩ ◇ **~ of all** zuerst, zunächst (einmal), zuallererst; **~ off** *umg* zunächst mal, vor allem; **3.** *s* Erste *m, f, n* ⟨to be the (very) ~ der (aller)erste sein; one of the ~; among the ~; the ~ few items die ersten paar Artikel; King Edward the ~⟩ | (Monat) der Erste ⟨the ~ of May⟩ | *Mus* Oberstimme *f* | Erstausgabe *f* | (Prüfung) sehr gute Note ⟨to get a ~ in Latin; to get a double ~ Sehr gut in zwei Fächern bekommen⟩ | ausgezeichneter Schüler, Student ◇ **at ~** zuerst; **from the (very) ~** von (allem) Anfang an; **from ~ to last** immerfort; **firsts** *pl* erste Qualität; **ˌ~ ˈaid** *s* Erste Hilfe *f* ⟨~ aid kit Verbandzeug *n*; ~ aid man Sanitäter *m*⟩; **ˈ~born 1.** *adj* erstgeboren(er, -e, -es); **2.** *s* Erstgeborene(r, -s) *f, m, n*; **ˈ~-ˈchop** *adj umg, Wirtsch* erstklassig, prima; **ˌ~-ˈclass 1.** *adj* erstklassig, prima ⟨≈ work ausgezeichnete Arbeit⟩; **2.** *adv Eisenb* erster Klasse ⟨to travel ≈⟩; **ˌ~ ˈclass** *s* Eilpost *f* | *Eisenb* erste Klasse; **ˈ~ ˈcost** *s Wirtsch* Selbstkosten-, Einkaufspreis *m*; **ˌ~ ˈcous·in** *s* Cousin(e) *m(f)* ersten Grades; **ˌ~-ˈde·gree** *adj* ersten Grades ⟨≈ burns⟩; **ˌ~ ˈfloor** *s Brit* erster Stock | *Am* Erdgeschoß *n*; **ˈ~ fruits** *s/pl* Erstlinge *m/pl* (erste Früchte) | *übertr* Erstlingswerk *n*; **ˈ~ ˈgrade** *s Am* erste Grundschulklasse *f*; **ˌ~ˈhand 1.** *adj* direkt, aus erster Hand ⟨≈ information⟩; **2.** *adv* direkt ⟨to learn s.th. ≈ etw. aus erster Quelle erfahren⟩; **ˌ~ ˈla·dy** *s Am* Frau *f* des Präsidenten der USA *od* des Gouverneurs eines Staates; **ˌ~ lieuˈten·ant** *s* Oberleutnant *m*; '~**ling** *s* Erstling *m*; '~**ly** *adv* erstens; '~ **me'rid·i·an** *s* Nullmeridian *m*; ˌ~ '**name** *s* Vorname *m*; ˌ~ '**night** *s* Erstaufführung *f*; ˌ~'**night·er** *s* jmd., der regelmäßig Premieren besucht; ˌ~ **of'fend·er** *s Jur* erstmalig Straffälliger, nicht vorbestrafter Angeklagter; ~ '**per·son** *s, adj, Ling* erste Person ⟨≈ present singular; ≈ pronoun⟩ | Erzähler(perspektive) *m(f)*; ˌ~'**rate** **1.** *adj* erstklassig, ausgezeichnet, ersten Ranges ⟨≈ acting ausgezeichnetes Spiel⟩; **2.** *adv umg* großartig, prima ⟨to get on ≈ glänzend vorankommen⟩; '~-**strike** *adj Mil* Erstschlags- ⟨≈ weapons⟩; ˌ~ '**thing** *adv* sehr früh (am Morgen) ⟨≈ on Monday als allererstes am Montag früh; ≈ in the morning ganz früh; ≈ tomorrow als erstes morgen früh⟩

firth [fɜθ:] *s* Förde *f*, Mündung *f*, Meeresarm *m*

fir|tree ['fɜ:tri:] *s Bot* Tannenbaum *m*; '~ **wood** *s* Nadelwald *m*

fisc [fɪsk] *s Hist* Fiskus *m*, Staatskasse *f*; '**fis·cal** **1.** *adj* Fiskal-, Finanz- ⟨≈ year Haushaltsjahr *n*⟩; **2.** *s* Steuer-, Justizbeamter *m*

fish [fɪʃ] **1.** *s* (*pl* ~**es** ['~ɪz] *od collect* ~) Fisch *m* ⟨two ~es zwei Fische *m/pl*; a lot of ~ viele Fische *m/pl*⟩; **the** ≁**(es)** *Astr* die Fische *pl* | Fischgericht *n* ⟨a ~ dinner; ~ and chips gebackener Fisch mit Pommes frites⟩ | *umg* Kerl *m*, Mensch *m* ⟨an odd ~ / a queer ~ ein komischer Kauz⟩ ◇ **all's ~ that comes to his net** *übertr* er nimmt alles, was ihm unter die Hände kommt; **a pretty kettle of ~** *übertr* eine schöne Bescherung!; **be / feel like a ~ out of water** *übertr* nicht in seinem Element sein; **be neither ~ nor flesh/fowl** *übertr* weder Fisch noch Fleisch; **be neither ~ nor flesh, nor good red herring** *übertr* nichts Halbes und nichts Ganzes sein; keinen Mumm in den Knochen haben *od* keinen festen Vorsatz haben; **drink like a ~** *übertr umg* wie ein Loch trinken; **have other ~ to fry** *übertr* etw. Besseres zu tun haben; **there's as good ~ in the sea as ever came out of it** *Sprichw* es gibt noch mehr davon auf der Welt; es gibt keinen, der nicht ersetzbar wäre; **2.** *vt* (Fische) fangen, fischen, angeln | (Wasser) abfischen, befischen (**for** nach) ⟨to ~ a river⟩ | *auch* ~ **out/out of/up** herausholen (*auch übertr*); *vi* fischen, Fische fangen, angeln ⟨~ for trout Forellen fischen *od* fangen; to go ~ing auf Fischfang gehen⟩; ~ **for** *übertr* haschen, auf etw. aus sein ⟨to ≈ information; to ≈ compliments nach Komplimenten angeln⟩ ◇ ~ **in troubled waters** *übertr* im trüben fischen; '~ **ball** *s Kochk* Fischklops *m*; '~ ˌ**bas·ket** *s* (Fisch-) Reuse *f*; '~ **bone** *s* (Fisch-) Gräte *f*; '~**cake** *s* Fischklößchen *n*; '~ ˌ**carv·er** *s* Fischvorlegebesteck *n*; '~ ˌ**cul·ture** *s* Fischzucht *f*; '~ **day** *s Rel* Fastentag *m*; '~**er** *s selten* Fischer *m* | *Zool* Fischfänger *m*; '~**er·man** *s* (*pl* '~**er·men**) Fischer *m*, Angler *m* ⟨≈'s bend *Mar* Seemannsknoten *m*⟩; '~**er·y** *s* Fischerei *f*, Fischfang *m* | Fischereigebiet *n* ⟨salmon ≈ Lachsfanggebiet *n*⟩ | Fischereirecht *n*; ˌ~ '**fin·ger**, *Am* '~ **stick** *s Brit* Fischstäbchen *n*; '~ **flour** *s* Fischmehl *n*; '~**hook** *s* Angelhaken *m* | *Mar* Fischhaken *m*

fish·ing ['fɪʃɪŋ] *s* Fischen *n*, Angeln *n* | Fischereigebiet *n*; '~ **boat** *s* Fischereifahrzeug *n*; '~ **grounds** *s/pl* Fangplätze *m/pl*, Fischgrund *m*; '~ **line** *s* Angelschnur *f*; '~ **net** *s* Fischnetz *n*; '~ **pole**, '~ **rod** *s* Angelrute *f*; '~ ˌ**tack·le** *s* Angelgerät *n*

fish|kill ['fɪʃkɪl] *s* Fischsterben *n* (durch Wasserverschmutzung); '~ **knife** (*pl* '~ **knives**) *s* Fischmesser *n*; '~**line** *s Am* Angelschnur *f*; '~**monger** *s Brit* Fischhändler *m*; '~ **moth** *s* Silberfischchen *n*; '~**plate** *s Tech* (Fuß-, Schienen-) Lasche *f*; '~ **roe** *s* Rogen *m*; '~ **scale** *s* Fischschuppe *f*; '~**wife** *s* (*pl* '~**wives**) Fischweib *n*, -händlerin *f* | Lästerweib *n*; '~**worm** *s* Angelwurm *m*; '~**y** *adj* fischreich | fischig, fischartig | ausdruckslos, trübe ⟨≈ eyes⟩ | *umg* verdächtig, faul, unzuverlässig

fis|sile ['fɪsaɪl] *adj* spaltbar ⟨≈ wood⟩ | *Phys* spaltbar; ~**sil·i·ty** [fɪ'sɪlətɪ] *s* Spaltbarkeit *f*; '~**sion** [~ʃn] *s Phys* Spaltung *f*, Teilung *f* | *Bot* Spaltung *f* | *Zool* Teilung *f*; '~**sion·a·ble** [~ʃn] *adj Phys* spaltbar ⟨≈ material⟩; '~**sion bomb** *s Mil* Atombombe *f*; '~**sion** ˌ**prod·ucts** *s/pl Phys* Spaltprodukte *n/pl*; ~**sip·a·rous** [fɪ'sɪpərəs] *adj* fissipar, sich durch Spaltung vermehrend ⟨≈ cells⟩

fis·sure ['fɪʃə] **1.** *s* Spalte *f*, Ritz *m* | *übertr* Spaltung *f* | *Med* Fissur *f* | *Anat* Spalte *f*; Furche *f*; **2.** *vt* spalten; *vi* sich spalten; Risse bekommen

fist [fɪst] **1.** *s* Faust *f* ⟨to clench one's ~ die Faust ballen; to shake one's ~ jmdn. mit der Faust bedrohen⟩ | *umg* Hand *f* ⟨to give s.o. one's ~⟩ | *umg* Klaue *f*, Handschrift *f* ⟨he writes a good ~⟩; **2.** *vt* mit der Faust schlagen | mit der Faust anpacken, fest greifen nach | (Segel) handhaben; ~**i·cuff** ['~ɪkʌf] **1.** *s* Faustschlag *m*; **2.** *vt, vi* mit den Fäusten schlagen; ~**i·cuffs** ['~ɪkʌfs] *s/pl arch, scherzh* Faustkampf *m*, Schlägerei *f*; '~ **law** *s* Faustrecht *n*

fis·tu|la ['fɪstʃʊlə] *s Med* Fistel *f* | *Mus* Rohrflöte *f*; '~**lous** *adj Med* fistelartig | rohrförmig

[1]**fit** [fɪt] *s Med* Ausbruch *m* einer Krankheit, (Krankheits-) Anfall *m* ⟨fainting ~ Ohnmachtsanfall *m*; ~ of coughing Hustenanfall *m*; ~s of laughter Lachausbrüche *m/pl*⟩ | Paroxysmus *m* | *Med* (epileptischer u. ä.) Anfall ⟨to fall down in a ~ e-n Anfall bekommen⟩ | *übertr* Anfall *m*, völliges Durcheinander ⟨to beat s.o. into ~s/to give s.o. ~s *umg* jmdn. überrumpeln; to give s.o. a ~ *umg* jmdn. aus dem Häuschen bringen; to have a ~ *übertr umg* fast e-n Anfall bekommen⟩ | *übertr* Anwandlung *f*, Ausbruch *m* ⟨a ~ of energy; a ~ of jealousy; by/in ~s [and starts] unregelmäßig, von Zeit zu Zeit, dann und wann⟩ | *übertr* Laune *f*, Stimmung *f* ⟨when the ~ was on him for s.th. wenn er zu etw. richtig aufgelegt war⟩

[2]**fit** [fɪt] **1.** *adj* geeignet, passend (**for** für) ⟨to be ~ for taugen für⟩ | schicklich, geziemend ⟨to see / think ~ es für richtig halten (**to** *mit inf* zu *mit inf*)⟩ | tauglich, fähig ⟨not ~ for work arbeitsunfähig; not ~ to travel nicht reisefähig⟩ | *Sport* in (guter) Form ⟨to keep ~⟩ | gesund, kräftig, fit ⟨~ as a fiddle *umg* quietschvergnügt⟩ | geeignet, bereit (**for** zu, für; **to** *mit inf* zu *mit inf*) | *umg* geneigt, nahe daran ⟨~ to drop zum Umfallen erschöpft; to laugh ~ to burst vor Lachen fast platzen; to run ~ to burst rennen, daß einem die Puste ausgeht⟩; **2.** ('~**ted**, '~**ted**) *vt* passen für ⟨the key ~s the lock der Schlüssel paßt ins Schloß⟩ | (jmdm.) passen ⟨the coat ~s me⟩ | anpassen ⟨to ~ a dress⟩ | passend *od* geeignet machen, vorbereiten (**for, to** *mit inf* für, zu) | *Tech* zurichten, einpassen ⟨to ~ a new door⟩ | versehen, ausrüsten (**with** mit) | vorbereiten, ausbilden (**s.o. for s.th.** jmdn. für etw.) ⟨to ~ s.o. to *mit inf* jmdn. vorbereiten auf⟩ ◇ ~ **the bill** recht *od* angenehm sein, (jmdm.) behagen ⟨will wine ≈?⟩; ~ **in** einpassen | in Einklang bringen (**with** mit) | (jmdn.) bestellen ⟨the doctor will ~ you in on Tuesday⟩; ~ **on** anprobieren; ~ **out** ausstatten, einrichten (**for** für); ~ **up** ausrüsten, ausstaffieren (**with** mit) | *umg* (jmdn.) unterbringen, übernachten lassen ⟨to ~ s.o. up at home⟩; *vi* passen ⟨shoes that ~ well Schuhe, die gut passen⟩ | (Kleid) sitzen | sich schicken ◇ **if the** (*Brit*) **cap/** (*Am*) **shoe ~s, wear it** ein offenes Wort hat noch nie geschadet; ~ **in** übereinstimmen (**with** mit); **3.** *s* (*meist sg mit unbest art u. adj*) (Kleid) Sitz *m* ⟨it is a bad ~ es sitzt schlecht⟩ | Anpassen *n*

fitch·ew ['fɪtʃu:] *s Zool* Iltis *m*

fit|ful ['fɪtfl] *adj* Anfällen unterworfen | launenhaft | krampfartig | unregelmäßig, böig ⟨a ≈ breeze⟩; '~**ment** *s* Einrichtungsgegenstand *m*; '~**ments** *s/pl* Einrichtung *f* ⟨kitchen ≈

Kücheneinrichtung *f*⟩; '**~ness** *s* Gesundheit *f*, Fitneß *f*, Kondition *f* | Geeignetheit *f*, Eignung *f* | Angemessenheit *f*; **~out** ['fɪtaʊt] *s* Ausrüstung *f*; Ausstattung *f*; '**~ted** *adj* ausgestattet, geliefert (**with** mit) | passend gemacht ⟨≈ carpet (Teppich) Auslegeware *f*⟩; '**~ter** *s* Monteur *m*, Installateur *m* | Einrichter *m* | Zuschneider *m* | Schneider *m* (in e-m Warenhaus); '**~ting 1.** *adj* passend, geeignet | *förml* schicklich, geziemend; **2.** *s* Montage *f* | Anpassen *n* | Anprobe *f* | *Brit* (Strumpf- u. ä.) Größe *f*; '**~tings** *s/pl* Einrichtung *f* (e-r Wohnung) ⟨office ≈ Büroeinrichtung *f*⟩ | Armaturen *f/pl* | Beschläge *m/pl* | Installation *f* ⟨gas and electric ≈ Gas- u. Lichtleitungen *f/pl*⟩ | Kupplungsstück *n*, Rohrverbindung *f* ⟨pipe ≈⟩ ◇ **~tings and fixtures** *s/pl* fest installierte Teile *n/pl* der Wohnungseinrichtung; '**~ting shop** *s* Montagewerkstatt *f*; '**~-up** *s Theat Brit umg* Wanderbühne(neinrichtung) *f* ⟨≈ company Wandertruppe *f*⟩

five [faɪv] **1.** *adj* fünf; **2.** *s* Fünf *f* | *Brit* Fünfpfundnote *f* | *Am umg* Fünfdollarnote *f* ◇ **take ~** *Sl* mal Pause machen; '**~-day 'week** *s* Fünftagewoche *f*; '**~fold** *adj* fünffach; '**fiv·er** *s Sl Brit* Fünfpfundnote *f* | *Am* Fünfdollarnote *f*; '**~-o'clock 'tea** *s* Fünfuhrtee *m*; '**~-Year 'Plan** *s* Fünfjahrplan *m*

fix [fɪks] **1.** *vt* befestigen, anheften | (Augen) richten, heften (**on, upon** auf) | (Personen) fixieren, starr anblicken | (Aufmerksamkeit) fesseln, auf sich ziehen ⟨to ~ attention⟩ | (Termin) bestimmen, festsetzen ⟨to ~ a date⟩ | *übertr* schieben, laden ⟨to ~ the blame/crime on s.o.⟩ | *Chem* erstarren lassen, fest werden lassen | *Foto* fixieren | (etw.) präparieren | *umg* herrichten, in Ordnung bringen ⟨to ~ it die Sache in Ordnung bringen⟩ | *urspr Am umg* machen ⟨to ~ a watch e-e Uhr reparieren; to ~ a drink e-n Drink mixen; to ~ the beds die Betten machen⟩ | *meist* **~ up** *urspr Am Sl* (jmdm.) heimzahlen, sich rächen an | *umg* versorgen ⟨to ~ s.o. up with a job⟩ | *umg* Unterkunft gewähren, unterbringen ⟨to ~ s.o. up for the night⟩ | schlichten ⟨to ~ up a quarrel e-n Streit schlichten⟩ | herrichten ⟨to ~ a room up as a study einen Raum als Arbeitszimmer einrichten⟩ | *Sl* (Drogen) eine Spritze verpassen; *vi* befestigt werden | *Chem* fest werden, erstarren | sich niederlassen | beschließen, sich entschließen (**on, upon** zu, für); **~ up** *Am umg* sich herausputzen; **2.** *s umg* Klemme *f*, Patsche *f* ⟨to be in a ~ in der Klemme sitzen; to get o.s. into a bad ~ sich in e-e schwierige Lage bringen⟩ | *urspr Am Sl* abgekartetes Spiel | *Sl* (Drogen-) Spritze *f* | *Am übertr umg* Sucht *f*, Droge *f* | *Tech* Peilung *f* | *Math* Schnittpunkt *m*

fix|a·ble ['fɪksbl] *adj* fixierbar | verdichtbar; '**~ate** *vt, bes Psych* (Eindrücke u. ä.) fixieren, festhalten | (Augen) richten (**on** auf) | (etw.) ständig im Auge behalten; *vi* fixiert werden | steckenbleiben; **~'a·tion** *s* Festmachen *n*, Befestigen *n* | Bestimmung *f*, Festsetzung *f* | *Foto* Fixierung *f* | *Psych* Komplex *m*, Bindung *f* ⟨mother ≈; to have a ≈ on fixiert sein auf⟩ | *Chem* Verdichtung *f*; '**~a·tive 1.** *adj* Fixier-; **2.** *s* Fixativ *n*, Fixiermittel *n*; **~a·ture** ['~ətʃə] *s* Fixativ *n* | Haarpomade *f*

fixed [fɪkst] *adj* fest (*auch Chem*) | starr, festgelegt, feststehend, bestimmt ⟨a ~ idea e-e fixe Idee⟩ | (be)ständig, stetig ⟨~ expenses laufende Ausgaben⟩ | *Tech* fest, eingebaut | *umg* erledigt, in Ordnung gebracht; '**~ly** ['fɪksɪdlɪ] *adv* starr ⟨to look ≈ at s.o. jmdn. starr anblicken⟩; ˌ**~ 'odds** *s/pl* (Rennsport) feste Quoten *f/pl*; ˌ**~ 'price** *s Wirtsch* Festpreis *m*; **~ 'star** *s Astr* Fixstern *m*

fix|er ['fɪksə] *s* Fixierbad *n* | *Sl* Rauschgifthändler *m*; '**~ing** *s* Befestigen *n*, Festmachen *n* | Niederlassen *n* | Festlegung *f* | *Foto* Fixieren *n* ⟨≈ bath Fixierbad *n*⟩ | *Tech* Montieren *n*; '**~ings** *s/pl Am umg Kochk* Zutaten *f/pl*, Beilage *f*, Garnierung *f* | Zubehör *n*; '**~i·ty** *s* Festigkeit *f*; '**~ture** [~tʃə] *s* feste Anlage | fest angebrachtes Zubehörteil ⟨bathroom ≈s Badezimmereinrichtung *f*⟩ | *Brit Sport* Termin *m* einer Veranstaltung, Ansetzung *f* | *Jur* (festes) Inventar, Ausstattung *f* (ohne Möbel)

fiz·gig ['fɪzgɪg] *arch* **1.** *s* leichtfertiges Mädchen, Kokotte *f* | Knallfeuerwerk *n* | Kreisel *m*; **2.** *adj* leichtfertig, flatterhaft

fizz [fɪz] **1.** *vi* zischen, sprudeln, sprühen; **2.** *s* Zischen *n*, Sprudeln *n*, Sprühen *n* | *umg Brit* Sekt *m*; '**fiz·zle 1.** *vi* (auf)zischen, sprühen | verpuffen | *meist* '**~le out** *umg* versagen, mißglücken; **2.** *s* (Auf-) Zischen *n* ⟨to have a ≈ zischen⟩ | *umg* Mißerfolg *m*, Pleite *f*, Fiasko *n*; '**~y** *adj* zischend, sprühend ⟨≈ drinks sprudelnde Getränke *n/pl*; ≈ lemonade Brause *f*⟩

fjord [fjɔ:d] = **fiord**

flab·ber·gast ['flæbəgɑ:st] *vt* (*meist pass*) *umg* verblüffen ⟨to be ~ed platt sein⟩

flab·by ['flæbɪ] *adj* schlaff, schlapp (*auch übertr*) ⟨~ muscles; ~ will⟩

flac·cid ['flæksɪd] *adj* (Muskel u. ä.) schlaff, schlapp, weich | *übertr* kraftlos; **flac'cid·i·ty** *s* Schlaffheit *f* | *übertr* Schwäche *f*

flack [flæk] *vi Am Sl* als Pressesprecher fungieren (**for** für)

fla·con [flæ'kɔ̃:] *s* Flakon *m*, Flasche *f*

[1]**flag** [flæg] **1.** *s* Flagge *f*, Fahne *f* (*auch übertr*), Banner *n* ⟨national ~ Nationalflagge *f*; ~ of convenience *Mar* Billigflagge *f*; ~ of truce Parlamentärflagge *f*; black ~ Seeräuberflagge *f*; yellow ~ Quarantäneflagge *f*; to hoist (dip) the ~ die Fahne hissen (niederholen); to keep the ~ flying *übertr* die Fahne hochhalten, bei der Stange bleiben; to lower/strike one's ~ die Flagge streichen *od* sich ergeben; to show the ~ *umg* seine Anwesenheit demonstrieren; to show the white ~ die weiße Flagge hissen, sich ergeben; under the ~ *Mil* unter der Fahne, im Armeedienst; im Schutze (**of** von)⟩ | (Fuchs u. ä.) Fahne *f* | *Mus* (Note) Schwanz *m*; **2.** (**flagged, flagged**) *vt* beflaggen | durch Flaggen signalisieren | *Sport* (durch Flaggensignal) starten *od* stoppen, abwinken; **~ down** (Fahrzeug) halten lassen ⟨to ≈ a taxi eine Taxe heranwinken⟩

[2]**flag** [flæg] *s Bot* Schwertlilie *f*

[3]**flag** [flæg] **1.** *auch* '**~stone** *s* Steinplatte *f*, Fliese *f*; **flags** *s/pl* Fliesenbelag *m* | gepflasterter Gehweg *m*; **2.** (**flagged, flagged**) *vt* (Fußboden) mit Fliesen belegen, kacheln | pflastern, mit (Gehweg-) Platten belegen

[4]**flag** [flæg] (**flagged, flagged**) *vi* ermatten, schlaff herunterhängen, nachlassen | *übertr* (Mut u. ä.) sinken ⟨his interest ~ged sein Interesse ließ nach⟩ | *übertr* langweilig werden

flag| cap·tain ['flæg ˌkæptɪn] *s Brit Mar* Flaggkapitän *m*, Kapitän *m* des Flaggschiffes; '**~ day** *s Brit* Opfertag *m* (Durchführung von Straßensammlungen) | *oft* '**~ Day** *Am* Flag Day *m*, Tag *m* des Sternenbanners (14. Juni)

flag·el|lant ['flædʒɪlənt] **1.** *s* Geißler(in) *m(f)* | *Rel* Flagellant *m*; **2.** *adj* geißelnd; '**~late 1.** *vt förml* geißeln, schlagen, peitschen; **2.** *adj* Geißel- | *Bot* Schößlings-; **3.** *s Zool* Flagellat *m*, Geißeltierchen *n*; ˌ**~'la·tion** *s* Geißelung *f*; **~li·form** [flə'dʒelɪfɔ:m] *adj Bot, Zool* geißel-, peitschenförmig; **~lum** [flə'dʒeləm] *s* (*pl* **~la** [-lə], **lums** [-ləmz]) *Zool* Flagellum *n*, Geißel *f* | *Bot* Schößling *m* | *Hist* Geißel *f*

flag·eo·let [ˌflædʒə'let] *s Mus* Flageolett *n*

[1]**flag·ging** ['flægɪŋ] *s collect* Pflastersteine *m/pl*, Fliesen *f/pl* | gepflasterter Gehweg

[2]**flag|ging** ['flægɪŋ] *adj* erlahmend, nachlassend ⟨his ≈ interest in s.th.⟩; '**~gy** *adj, arch* schlaff, schlapp, weich

fla·gi·tious [flə'dʒɪʃəs] *förml adj* schändlich, abscheulich | skandalös

flag|man ['flægmən] *s* (*pl* '**~men**) *s* Winker *m*, Signalgeber *m* | *Sport* Starter *m*; '**~ ˌof·fi·cer** *s Mar* Flaggoffizier *m*

flag·on ['flægən] *s* (Deckel-) Kanne *f* | Karaffe *f* | Weinkrug *m*

flag·pole ['flægpəʊl] *s* Flaggenmast *m*

fla|gran·cy ['fleɪgrənsɪ] *s* Abscheulichkeit *f*, Schändlichkeit *f*; '**~grant** *adj* abscheulich, schändlich ⟨a ≈ offence ein skandalöser Rechtsbruch⟩ | schamlos ⟨a ≈ coward ein gemeiner Feigling⟩

flag|ship ['flægʃɪp] **1.** *s* Flaggschiff *n* | *übertr* Prunkstück *n*, Paradeexemplar *n*; **2.** *adj übertr* tonangebend, Muster-, Spitzen-; '**~ˌsig·nal** *vt* durch Flaggen signalisieren; '**~staff** *s* Fahnenstange *f*, -stock *m*; '**~ ˌsta·tion** *s Eisenb* Bedarfshaltestelle *f*; '**~stone** *s* Fußbodenfliese *f* | Gehwegplatte *f*; '**~ ˌwav·er** *s* Fahnenschwenker *m*, Signalgeber *m* | *übertr* Aufwiegler *m* | *umg* Chauvinist *m*; '**~ˌwav·ing** *verächtl s* billige Agitation, Aufwiegelei *f* | *umg* Chauvinismus *m*

flail [fleɪl] **1.** *s* Dreschflegel *m*; **2.** *vt, vi* dreschen | (mit den Armen *od* Beinen) schwenken ⟨to ~ one's arms at s.o.; his legs ~ed in the water er strampelte mit den Beinen im Wasser⟩

flair [flɛə] **1.** *s* Flair *n*, Spürsinn *m*, feine Nase (**for** für) ⟨~ for languages Talent *n* für Sprachen⟩ | (Jagd) Witterung *f*; **2.** *vt* wittern

flak [flæk] *s* (*pl* ~) *Mil* Flak *f*, Flakfeuer *n*, -beschuß *m*

[1]**flake** [fleɪk] *s Tech* Hürde *f*, Trockengestell *n*, Gerüst *n*

[2]**flake** [fleɪk] **1.** *s* Flocke *f* ⟨snow~; soap~⟩ | (Feuer-) Funke *m* | Schuppe *f*, Schicht *f*, Blättchen *n* ⟨a ~ of ice e-e Eisscholle *f*; ~s of rust Rostblättchen *n/pl*⟩ | (Fels-, Stein-) Splitter *m* ⟨~ of rock⟩ | *Bot* Gestreifte Gartennelke; **2.** *vt* mit Flocken bedecken | zu Flocken ballen | abblättern; *vi* sich flocken | *meist* ~ **off** abblättern, absplittern | *Tech* verzundern; ~ **out** *Sl* nicht mehr seiner Sinne mächtig sein, weg sein | abhauen, sich verziehen; **flaked** *adj* flockig, schuppig; **flaked 'oats** *s/pl* Haferflocken *f/pl*; '**~ white** *s* Bleiweiß *n*; '**flak·y** *adj* flockig, schuppig | blättrig ⟨pastry Blätterteig *m*⟩ | *Am Sl* exzentrisch, verrückt

[1]**flam** [flæm] **1.** *s* Schwindel *m*, Lüge *f* | Humbug *m*; **2.** (**flammed, flammed**) *vt, vi* täuschen, betrügen, (be)schwindeln; **3.** *adj* falsch

[2]**flam** [flæm] *s Mus* Trommelwirbel *m*

flam·beau ['flæmbəʊ] *s* (*pl* **~s, ~x** [~z]) Fackel *f* | Leuchter *m*, Lüster *m* | Flambeau *m*

flam·boy|ance [flæm'bɔɪəns] *s* Extravaganz *f* | Üppigkeit *f* | Großartigkeit *f*; **flam'boy·ant 1.** *adj* grell, flammend ⟨≈ advertising grelle Reklame; ≈ colours schreiende Farben *f/pl*⟩ | (Person) angeberisch | *Arch* wellenförmig ⟨≈ style Flammenstil *m*⟩; **2.** *s Bot* Flamboyant *m* | *Arch* Flamboyant *n*, Flammenstil *m*

flame [fleɪm] **1.** *s* Flamme *f*, Feuer *n* ⟨to be (all) in a ~/in ~s (ganz) in Flammen stehen; to burst into ~[s] in Flammen ausbrechen⟩ | Leuchten *n*, leuchtende Farbe ⟨the ~s of sunset strahlender Sonnenuntergang⟩ | *übertr* Hitze *f*, Leidenschaft *f* ⟨~ of anger Zornesröte *f*⟩ | *meist* **old ~** *umg* Flamme *f* ⟨an old ~ of his e-e seiner früheren Freundinnen⟩; **2.** *vt* durch Flammenzeichen signalisieren | *Tech* flammen | *poet* entflammen | erleuchten; *vi* flammen, lodern | glänzen, leuchten | *übertr* glühen, aufbrausen ⟨to ~ with indignation vor Entrüstung hochgehen⟩; ~ **out** aufflammen (*auch übertr*) ⟨his anger ~ed out sein Zorn brach hervor⟩; ~ **up** aufleuchten | *übertr* in Zorn geraten

fla·men|co [flə'meŋkəʊ] *s* (*pl* **fla'mencos**) (Tanz) Flamenco *m*

flame|proof ['fleɪmpru:f] *adj* feuerfest; '**~ ˌthrow·er** *s Mil* Flammenwerfer *m*; '**flam·ing** *adj* sehr heiß, brennend, flammend ⟨a ≈ sun glühende Sonne⟩ | *übertr* brennend, leidenschaftlich ⟨≈ enthusiasm glühende Begeisterung⟩ | *übertr* überschwenglich ⟨a ≈ description⟩ | *Sl intens* verrückt, blöd ⟨you ≈ fool!⟩; '**~-out** *s Am* Auslöschen *n* | *übertr* Ende *n*, Niederlage *f* | Versager *m*, Gescheiterter *m*

fla·min·go [flə'mɪŋgəʊ] *s* (*pl* **~s, ~es** [~z]) *Zool* Flamingo *m*

flam·ma|bil·i·ty [ˌflæmə'bɪlətɪ] *s Tech* Entflammbarkeit *f*; '**~ble** *adj* brennbar (*Ant* non-≈) | leicht entzündlich; **flam·y** ['fleɪmɪ] *adj* flammend, feurig | flammenartig

flan [flæn] *s* (Käse-, Obst-, Kuchen-) Törtchen *n* | *Tech* Münzplatte *f*, -metall *n*

flange [flændʒ] **1.** *s Tech* Flansch *m*, Muffenstück *n* | hervorspringender Rand, Kragen *m*, Kante *f* | *Tech* Spurkranz *m* (e-s Rades) | *Biol* Krempe *f*; **2.** *vt Tech* flanschen, krempen; *vi Tech* vorspringen; '**~ ˌcoup·ling** *s Tech* Scheibenkupplung *f*; '**~ edge** *s Tech* Bördelrand *m*; '**~ groove** *s Tech* Spurrille *f*; '**~ tube** *s Tech* Stutzen *m*; **flang·ing** ['flændʒɪŋ] *s Tech* Bördeln *n*

flank [flæŋk] **1.** *s* (Tier) Flanke *f*, Weiche *f* | (Person) Seite *f* | (Haus, Berg) Seite *f* | *Mil* Flanke *f* ⟨to attack the left ~⟩; **2.** *adj* Flanken- ⟨to make a ~ attack⟩; **3.** *vt* (*oft pass*) seitlich begrenzen *od* stehen, säumen, flankieren ⟨~ed with trees von Bäumen eingefaßt; to ~ s.th. seitlich um etw. herumgehen⟩ | *Mil* die Flanke decken von | *Mil* in der Flanke angreifen; *vi, auch* ~ **on** grenzen an; '**~ vault** *s Sport* Flanke *f*

flan|nel ['flænl] **1.** *s* Flanell *m* ⟨a yard of ≈⟩ | *Am* (rauher) Baumwollstoff | *Brit* Waschlappen *m* ⟨face ≈ Gesichtslappen *m*⟩ | *Brit umg* schöne Worte *pl*, Darumherumreden *n*, Blabla *n*; '**~nels** *s/pl* Flanellunterwäsche *f* | Flanellhose *f* | *Brit* (Sport) Dreß *m*; **2.** *adj* Flanell- ⟨≈ trousers⟩; **3.** ('**~nelled, '~nelled**) *vi* mit Flanell bekleiden; *vi Brit umg* schöne Worte machen, darumherumreden, bluffen; **~nel·ette** [ˌflænl'et] *s* Baumwollflanell *m*

flap [flæp] **1.** *s* Flattern *n* | Schlag *m*, Klaps *m* | (Hut-) Krempe *f* | (Taschen-) Patte *f* | (Tisch-) Klappe *f* | (Flügel-) Schlag *m* | Klappe *f* | (Schuh-) Lasche *f* | Rockschoß *m* | Ohrläppchen *n* | *Tech* Manschette *f* | *Flugw* Landeklappe *f* | *umg* Durcheinander *n*, Aufregung *f* ⟨to be in a (get into) a ~ ganz durcheinander sein (in Aufregung geraten)⟩; **2.** (**flapped, flapped**) *vt* klappen, klatschen, schlagen ⟨to ~ the flies off Fliegen jagen⟩; *vi* flattern | baumeln | mit den Flügeln schlagen | lose herabhängen | *Sl* durcheinandergeraten; ~ **at** *od* **against** schlagen *od* klatschen gegen; **~ˌdoo·dle** *s* Unsinn *m*, Quatsch *m*; '**~-eared** *adj* schlappohrig, mit Hängeohren; '**~-hat** *s* Schlapphut *m*; '**~jack** *s* Pfannkuchen *m* | *Brit* Puderdose *f* | (e-e Art) Schildkröte *f*; '**~pable** *adj* nervös, leicht erregbar; '**~per** *s* Fliegenklatsche *f* | Klappe *f* | breite Flosse | *umg* junge Wildente | *Sl arch* Backfisch *m* | *Sl* Pfote *f*, Hand *f*; '**~per-ˌbrack·et** *s umg Kfz* Soziussitz *m*

flare [flɛə] **1.** *s* flackerndes Licht | Lichtsignal *n* | *Mar* Leuchtfeuer *n* | *Phys* Flimmern *n* | (Kleid u. ä.) Aufbauschung *f* | (Schiff u. ä.) Ausbauchung *f* | *übertr* Aufbrausen *n*, (plötzlicher) Ausbruch ⟨a ~ of temper⟩; **2.** *vt* flackern lassen | scheinen lassen | durch Licht signalisieren | hell erleuchten | blenden mit; *vi* flackern, lodern | *auch* ~ **up** (Kleid u. ä.) sich aufbauschen; ~ **out** (Flamme) herauslodern; ~ **up** aufflammen | *übertr* (Unruhe u. a.) aufkommen, laut werden ⟨trouble may ≈⟩ | *übertr* aufbrausen, in Zorn ausbrechen; '**flared** *adj* (Hose) mit Schlag; (Rock) ausgestellt; '**~-up** *s* Aufflammen *n* | *übertr* Aufbrausen *n* | *übertr* kurzer Erfolg | *übertr* vorübergehende Mode; **flar·ing** ['flɛərɪŋ] *adj* (auf)flammend, lodernd | (sich) aufbauschend | *übertr* grell, protzig, auffallend ⟨a ≈ advertisement ein grelles Reklameschild⟩ | *Biol* spreizend

flash [flæʃ] **1.** *s* Blitz *m* | Aufblitzen *n* ⟨~ of lightning Blitzstrahl *m*⟩ | Auflodern *n*, Aufflammen *n* | *übertr* Aufflammen *n*, Ausbruch *m* ⟨a ~ of wit Geistesblitz *m*; a ~ of hope ein Hoffnungsstrahl *m*; a ~ in the pan ein Schlag ins Wasser *od* ein mißlungener Versuch; quick as a ~ nicht auf den Mund gefallen⟩ | *übertr* Augenblick *m* ⟨in a ~ im Nu⟩ | *Sl* kurzer (Drogen-) Rausch *m* | Nachrichtentelegramm *n*, Kurznachricht *f*, Schlagzeile *f* | *Foto* Blitzlicht *n* | *Sl* Entblößung *f* | *Brit Mil* Uniformabzeichen *n* | *Sl* Gaunersprache *f* | *Chem* Entflammung *f* | *Tech* Gußnaht *f* | *Tech* (Raffinerie) Couleur *f*; **2.** *vt* (auf)leuchten *od* blitzen lassen ⟨to ~ a light at s.o./in s.o.'s eyes jmdn. blenden⟩ | (Blick u. ä.) zuwerfen ⟨to ~ a smile at s.o.⟩ | durch Funk u. ä. senden ⟨to ~ news across the world⟩ | (wie Feuer) leuchten (*auch übertr*) ⟨his eyes ~ed fire; his eyes ~ed defiance seine Augen funkelten vor Trotz⟩ | ganz kurz (vor)zeigen (**at s.o.** jmdm.); (blitzartig) projizieren (**at s.th.** auf etw.) | *Tech* (Glas) überfangen; **~ around** (mit Geld) protzen; *vi* (auf)blitzen, (auf)leuchten, aufblinken, zucken | funken | telegrafieren | flitzen (**by** vorbei) | *übertr* plötzlich auftauchen; durchzucken ⟨the idea ~ed into/through his mind⟩ | *Am Sl* die erste Phase des (Drogen-) Rausches erleben | *Sl* sich entblößen, als Entblößer auftreten; **~ back** (in Gedanken) sich erinnern (**to** an); **~ on** *Sl* sofort hin sein bei ⟨to ~ on a tune⟩; **3.** *adj* unecht, falsch ⟨~ jewelry⟩ | gerissen, Vagabunden-, Gauner- ⟨~ language⟩ | auffällig, protzig, aufgedonnert ⟨a ~ car; ~ people⟩; **'~back** *s Film* Rückblende *f*; **'~bulb** *s Foto* Blitzlicht(lampe) *n(f)* **'~cube** *s Foto* Blitzwürfel *m*; **'~er** *s* Blinkleuchte *f*, Signalgeber *m* | *Sl* Entblößer *m*; **ˌ~-'for·ward** *s Film* Vorausblende *f*; **'~gun** *s Foto* Blitzleuchte *f*; **'~ing** *adj* aufleuchtend, -blinkend ⟨≈ light *Mar* Blinkfeuer *n*⟩; **'~ lamp** *s Foto* Blitzlichtlampe *f*; **'~light** *s* Blinkfeuer *n* | *Foto* Blitzlicht *n* | *bes Am* Taschenlampe *f*; **'~ pack** *s Brit Wirtsch* Sonderangebot *n*; **'~ point**, *auch* **'~ing point** *s Phys* Flammpunkt *m* | *übertr* entscheidende (Vor-) Stufe ⟨near the ≈ of war unmittelbar vor Ausbruch des Krieges⟩; **'~ ˌweld·ing** *s Tech* Abbrennschweißung *f*; Abschmelzschweißen *n*; **'~y** *adj* blendend | *übertr* heftig, ungeduldig ⟨a ≈ temper⟩ | *übertr* grell, protzig, auffällig ⟨a ≈ dress⟩

flask [flɑ:sk] *s* (Bauch-) Flasche *f* | Taschenflasche *f* | *auch* **'ther·mos ~** Thermosflasche *f* | *Tech* Kolben *m* | *Tech* Form-, Gießkasten *m*

[1]**flat** [flæt] **1.** *adj* flach, eben, platt ⟨a ~ table; ~ tyre Reifenschaden *m*⟩ | flach, nicht tief ⟨a ~ dish⟩ | am Boden (liegend) ⟨to lie down ~⟩ | stumpf ⟨a ~ surface⟩ | klar, unmißverständlich ⟨a ~ decision; ~ denial/refusal eindeutige Ablehnung; and that's ~ *umg* so ist es und nicht anders⟩ | *übertr* glatt ⟨a ~ lie⟩ | *Wirtsch* flau ⟨a ~ market⟩ | geschmacklos, schal ⟨a ~ drink⟩ | klanglos, undeutlich ⟨a ~ voice⟩ | monoton, fade ⟨a ~ conversation⟩ | wirkungslos, matt ⟨~ efforts⟩ | *Foto* kontrastlos | *Mal* glanzlos, ohne Glanz ⟨a ~ tint durchgängige Farbe⟩ | *El* (Batterie) erschöpft, nieder | *Mus* (Note) erniedrigt ⟨A ~ As *n*⟩; **~ out** (*präd*) *umg* erschöpft; **2.** *adv* direkt, rundweg, völlig ⟨~ broke *Sl* völlig pleite; ~ opposite völlig entgegengesetzt; to fall ~ der Länge lang hinfallen; *umg übertr* danebengehen, verpuffen, mißglücken; to tell s.o. ~ jmdm. unumwunden erklären⟩ | (nach Zeitangaben) genau (und nicht mehr) ⟨in five minutes ~⟩ | *Wirtsch* ohne Zinsen | *Mus* um einen halben Ton niedriger ⟨to sing ~⟩; **~ out** *umg* mit aller *od* voller Kraft ⟨to work ~ out voll aus sich herausgehen; to do 100 miles ~ out (Auto) 100 Meilen Spitze schaffen⟩ | (Rede) geradeheraus ⟨tell him ≈⟩; **3.** *s* Fläche *f*, Ebene *f* ⟨on the ~ in der Ebene, ohne Berge; the ~ of the land das Flachland⟩ | flache Seite ⟨the ~ of the sword Breitseite *f* des Schwertes⟩ | Flachland *n* | Untiefe *f*, Sandbank *f* | *Mus* Halbton *m* | *Mus* B *n* | *Theat* Kulisse *f* | *Mar* *Brit* Leichter *m* | *Mar* Plattform *f* | *Tech* Flacheisen *n* | *umg* Plattfuß *m* | *bes Am Kfz* Reifenpanne *f*, Platter *m* | *Sl* Flachkopf *m*, Simpel *m*; **4.** (**'~ted, '~ted**) *vt* flach *od* platt machen, glätten | *Mus* um einen halben Ton erniedrigen; *vi* flach *od* eben werden

[2]**flat** [flæt] *s* (Miet-) Wohnung *f* ⟨block of ~s Wohnblock *m*; ~-dweller (Wohnungs-) Mieter *m*⟩ | *Brit selten* Stockwerk *n* | *pl* Mietshaus *n* ⟨to live in ~s zur Miete wohnen⟩

flat|boat ['flætˌbəʊt] *s Mar* Prahm *f*, Flachboot *n*; **ˌ~-'bot·tomed** *adj Mar* ohne Kiel; **'~ car** *s Am Eisenb* Plattformwaggon *m*; **'~fish** *s Zool* Plattfisch *m*; **'~foot** *s* (*pl* **'~feet**) Platt-, Senkfuß *m* | *Am Sl* Polizist *m*; **ˌ~-'foot·ed** *adj* plattfüßig | *urspr Am umg* entschlossen, kompromißlos; **'~i·ron** **1.** *s* Plätteisen *n*; **2.** *vt* plätten, bügeln

flat·let ['flætlɪt] *s* Klein(st)wohnung *f*

flat| price ['flæt 'praɪs] *s Wirtsch* Einheitspreis *m*; **'~ race** *s Sport* Flachrennen *n*; **'~ rate** *s Wirtsch* Einheitspreis *m* | (Gebühr) Einheitssatz *m*; **'~ 'shore** *s* Flachküste *f*

flat·ten ['flætn] *vt* flach *od* eben machen, abflachen, ebnen | strecken | *Mus* um einen halben Ton vermindern | *Mal* matt machen | *Tech* plätten | *übertr* abstumpfen, entmutigen; **~ out** abflachen, glatt machen; *vi* flach *od* eben werden | *übertr* schal, matt werden; **~ out** *Flugw* ausschweben

flat·ter ['flætə] *vt* schmeicheln, den Hof machen | Komplimente machen | schönfärben, (jmdm.) schmeicheln ⟨the photo ~s him⟩ | Hoffnung machen ◇ **~ o.s.** sich (etwas nur) einbilden ⟨you ≈ yourself das bildest du dir nur ein⟩; **~ o.s. that** sich gefallen in, sich einreden, daß; *vi* schmeicheln; **'~ing** [~tɪŋ] *adj* schmeichlerisch, schmeichelhaft; **'~y** *s* Schmeichelei *f* (**of** gegenüber) | schmeichelhafte Bemerkung *od* Rede

flat|ting ['flætɪŋ] *s Tech* Platthämmern *n*; **'~ting mill** *s Tech* Walzwerk *n*; **~top** ['flætɒp] *s Am Mil selten* Flugzeugträger *m* | *Am umg* Bürstenschnitt *m*

flat·u|lence ['flætjʊləns], **'~len·cy** *s Med* Flatulenz *f*, Blähung *f*, Blähsucht *f* | *übertr* Nichtigkeit *f*, Eitelkeit *f*; **'~lent** *adj Med* blähend | *übertr* nichtig, leer, eitel | schwülstig;

fla·tus ['fleɪtəs] *s Med* Blähung *f*

flat|ways ['flætweɪz], **'~wise** [~waɪz] *adv* der Länge nach, platt

flat·worm ['flætwɜ:m] *s Zool* Plattwurm *m*

flaunt [flɔ:nt] **1.** *vt verächtl* (Kleidung, Reichtum u. ä.) zur Schau stellen, prunken mit ⟨to ~ a fur coat mit einem Pelzmantel angeben; to ~ one's charms den Charmeur spielen⟩; *vi* herumstolzieren | (Fahnen u. ä.) wehen, flattern; **2.** *s* Prunken *n*

flau·tist ['flɔ:tɪst] *s Mus* Flötist *m*

fla·ves·cent [fleɪ'vesnt] *förml adj* gelb werdend | gelblich

fla|vour ['fleɪvə] **1.** *s* Geschmack *m* ⟨to have little ≈ nach nichts schmecken⟩ | Aroma *n*, Geschmacksrichtung *f* ⟨various ≈s in ice creams⟩ | Duft *m* | Würze *f* | (Wein) Blume *f* | *übertr* Beigeschmack *m*, Einschlag *m* ⟨a ≈ of romance romantischer Beigeschmack⟩; **2.** *vt* schmackhaft machen, würzen ⟨to ≈ a sauce with eine Tunke abschmekken mit⟩; *vi, übertr* riechen (**of** nach) ⟨to ≈ of treason nach Verrat aussehen⟩; **'~voured** *adj* schmackhaft, würzig | stark, schwer; **-ˌ~voured** *in Zus* mit … Geschmack ⟨orange-≈ mit Apfelsinengeschmack⟩; **'~vouring** **1.** *adj* Würz-; **2.** *s* Würze *f*, Aroma *n*, Essenz *f*; **'~vour·less** *adj* geschmack-, geruchlos, fade; **'~vour·some** *adj* schmackhaft, würzig

[1]**flaw** [flɔ:] **1.** *s* Sprung *m*, Riß *m*, Bruch *m* | Fleck *m* ⟨a ~ in a jewel⟩ | Fehler *m*, Makel *m* ⟨a ~ in an argument eine schwache Stelle in der Argumentation⟩ | *Jur* Formfehler *m* ⟨~s in a contract⟩; **2.** *vt* (zer)brechen, beschädigen | *übertr* entstellen ⟨to ~ s.o.'s beauty jmds. Schönheit beeinträchtigen⟩; *vi* brechen

[2]**flaw** [flɔ:] *s* Bö *f*, Windstoß *m*

flaw|less ['flɔ:ləs] *adj* fehlerlos, makellos; **~y** ['flɔɪ] *adj* rissig | fehlerhaft

flax [flæks] **1.** *s Bot* Flachs *m*, Lein *m* | Flachsfasern *f/pl* | Leinen *n*; **2.** *adj* Flachs-; '**~ comb** *s Tech* Flachshechel *f*; '**~en** *adj* Flachs- | flachsartig | flachsen ⟨≈-haired flachsblond⟩; '**~ mill** *s Tech* Flachsspinnerei *f*; '**~ weed** *s Bot* Leinkraut *n*; '**~y** = **flaxen**

flay [fleɪ] *vt* die Haut abziehen ⟨to ~ an ox⟩ | *lit* schinden | *übertr* heftig kritisieren, heruntermachen | *übertr* ausplündern ◇ **~ a flint** *übertr* das Letzte aus etw. herausholen, auf den kleinsten Vorteil aus sein; '**~er** *s* Schinder *m*

flea [fli:] *s Zool* Floh *m* ◇ **[with] a ~ in one's ear** entmutigt, niedergeschlagen; **send s.o. off/away with a ~ in his/her ear** *übertr umg* jmdm. gehörig den Kopf waschen, jmdn. abfahren lassen; '**~bag** *s Sl selten* Flohkiste *f*, Schlafsack *m* | *Am* schäbiges Hotel | schmuddelige Person; '**~bite** *s* Flohbiß *m* | *übertr* Kleinigkeit *f*, Lappalie *f*; '**~louse** *s* (*pl* '**~lice**) Blattfloh *m*; '**~ ˌmar·ket** *s* Floh-, Trödelmarkt *m*

fleam [fli:m] *s Med, Vet* Lanzette *f*, Fliete *f*

flea|pit ['fli:pɪt] *s umg* heruntergekommenes Kino *od* Theater; '**~wort** *s Bot* Flohkraut *n*

fleck [flek] **1.** *s* Fleck *m* ⟨~s of colour Farbtupfen *m/pl*; ~s of sunlight sonnige Stellen *f/pl*⟩ | Sommersprosse *f* | Teilchen *n*; **2.** *vt* (*oft pass*) flecken, sprenkeln, tüpfeln ⟨flecked with sunlight sonnengesprenkelt⟩; '**~er** = **fleck 2.**; '**~y** *adj* gefleckt, gesprenkelt | gewellt

flec·tion ['flekʃn] = **flexion**

fled [fled] *prät* u. *part perf* von ↑ **flee**

fledge [fledʒ] *vt* (Pfeil) befiedern | mit Federn versehen ⟨to ~ a nest⟩ | (Vogel) bis zum Flüggewerden aufziehen; *vi* flügge werden; **fledged** *adj* befiedert, flügge ⟨full-≈ flügge, erwachsen, *übertr* fertig, ausgereift⟩; '**~ling**, *auch* '**fledgling** *s* eben flügge gewordener Vogel | Küken *n* | *übertr* unerfahrener Mensch, Grünschnabel *m*

flee [fli:] (**fled, fled** [fled]) *vi* fliehen, flüchten (**before, from** vor; **from** von, aus; **to** nach) | *übertr* sich fernhalten, sich entziehen | *übertr* abweichen, ausweichen | *auch* **~ away** *übertr* ver-, entschwinden; *vt* fliehen von, meiden | schnell verlassen ⟨to ~ the country sich im Ausland verbergen⟩

fleece [fli:s] **1.** *s* Vlies *n* ⟨a coat lined with ~ ein pelzgefütterter Mantel⟩ | Schur *f*, geschorene Wolle ⟨~ wool Schurwolle *f*⟩ | etw. Vliesähnliches (Schäfchenwolke; weich fallender Schnee) ⟨~ of hair Haarschopf *m*⟩; **2.** *vt* scheren | *übertr umg* bestehlen, ausplündern, ausnehmen, berauben (**of s.th.** e-r Sache) | überziehen; '**fleec·er** *s* Erpresser *m*; '**fleec·y** *adj* wollig, weich ⟨≈ clouds Schäfchenwolken *f/pl*⟩

fleer [flɪə] *dial* **1.** *s* Hohn(lachen) *m*(*n*), hämischer Blick; **2.** *vi* grinsen, hämisch lachen; *vt* verspotten, verhöhnen, hohnlachen (**at** über)

[1]**fleet** [fli:t] *s* (*meist* Kriegs-) Flotte *f* | Geschwader *n* | Gruppe *f* von Schiffen, Fahrzeugen, Flugzeugen, die für einen bestimmten Zweck eingesetzt werden ⟨whaling ~ Walfangflotte *f*⟩ | (Wagen-) Park *m* ⟨a ~ of taxis⟩

[2]**fleet** [fli:t] **1.** *adj bes poet* flink, geschwind ⟨~ of foot/~-footed schnellfüßig⟩ | vergänglich, flüchtig | *dial* seicht; **2.** *adv* nicht tief ⟨to plough ~⟩; **3.** *vi* schnell vergehen, flitzen, fliehen | *Mar* die Position wechseln; *vt* (Zeit) verbringen | *Mar* verschieben, zusammenrücken

[3]**fleet** [fli:t] *s* Bucht *f*, Bai *f*

fleet| ad·mi·ral [ˌfli:t 'ædmr̩l] *s Am Mar* Großadmiral *m*; '**~ in 'be·ing** *s* (generische) Flotte als einzubeziehender Faktor

fleet·ing ['fli:tɪŋ] *adj* flüchtig, vergänglich ⟨a ~ look ein flüchtiger Blick; to pay a ~ visit jmdm. e-n kurzen Besuch abstatten; ~ happiness kurzes Glück⟩

Fleet Street ['fli:t stri:t] *s übertr* Londoner Pressezentrum *n* (Sitz in der Londoner Fleet Street) | *übertr* Londoner Presse *f*, Journalisten *m/pl*

Flem|ing ['flemɪŋ] *s* Flame *m*, Flamin *f*; '**~ish** **1.** *adj* flämisch, flandrisch; **2.** *s* Flämisch *n* | Flamen *pl*

flench [flentʃ], **flense** [flens] *vt* (Wal, Seehund) flensen, häuten, aufschneiden

flesh [fleʃ] **1.** *s* Fleisch *n* (von Menschen, Tieren) ⟨it makes my ~ creep ich bekomme eine Gänsehaut⟩ | Fruchtfleisch *n* | Fleisch *n* (als Nahrungsmittel) (*Ant* fish) | Fett *n*, Gewicht *n* ⟨to lose ~ abmagern; to put on / run to ~ dick werden, zunehmen; to wear the ~ off one's bones *übertr* sich abrackern; in ~ fett, korpulent⟩ | Körper *m* (*Ant* soul) ⟨the spirit is willing, but the ~ is weak⟩ | Menschengeschlecht *n*, menschliche Rasse | menschliche Natur ⟨to go the way of all ~ sterben⟩ | Fleischeslust *f* ⟨pleasures/sins of the ~⟩ | Verwandtschaft *f*, Stamm *m* ⟨my own ~ and blood mein Fleisch und Blut, meine Verwandten⟩ | *auch* '**~ side** *Tech* (Leder) Aas-, Fleischseite *f* ◇ **~ and fell** Haut und Haar; **in the ~** lebendig, leibhaftig, höchstpersönlich; **proud ~** *Med* wildes Fleisch; **become one ~** ein Leib und eine Seele werden; **demand/have one's pound of ~** *übertr* unerbittlich *od* grausam auf sein Recht pochen; **press the ~** *Am* die Hände schütteln; **2.** *vt* (Jagdhund) Fleisch kosten lassen | (Messer, Zähne) in das Fleisch bohren ⟨to ~ one's knife into s.o.'s arm⟩ | *übertr* (zum ersten Male) im Kampf üben ⟨to ~ one's sword; to ~ one's pen e-e angriffslustige Feder führen⟩ | *übertr* kampflüstern machen | *übertr* (jmdn.) begierig machen | mit Fleisch bedecken | (Tierhaut) vom Fleisch befreien; **~ out** *übertr* ausfüllen, anreichern (**with** mit) ⟨to ≈ a plan with details⟩ | (Garten) gedeihen lassen; *vi, auch* **~ up** Fleisch ansetzen, fleischig werden; '**~-brush** *s* Körperbürste *f*; '**~-ˌcol·oured** *adj* fleischfarben; '**~ fly** *s Zool* Fleischfliege *f*; '**~ful** *adj* fleischig, plump; '**~ings** *s/pl* fleischfarbenes Trikot; '**~ly** *adj lit* körperlich, sinnlich; '**~pot** *s* Fleischtopf *m*; '**~pots** *s/pl übertr* Fleischtöpfe *m/pl*, üppiges Leben; '**~tights** = **~ings;** '**~worm** *s Zool* Fleischwurm *m* | Zool Trichine *f*; '**~ wound** *s* Fleischwunde *f*; '**~y** *adj* fleischig, dick, plump, korpulent | fleischähnlich | (Frucht u. ä.) fleischig

fleur-de|lis, ~lys [ˌflɜ: də 'li:] *s* (*pl* **fleurs-de|-lis, fleurs-de--lys** [ˌflɜ: də 'li:s]) *Her* Lilie *f* | *Hist* Lilienbanner *n*, königliches Wappen von Frankreich | *Bot* Schwertlilie *f*

flew [flu:] *prät* von ↑ [2]**fly**

flews [flu:z] *s/pl* Lefzen *f/pl*

[1]**flex** [fleks] **1.** *vt* biegen, beugen ⟨to ~ the arm; to ~ one's muscles *übertr* in die Hände spucken, die Ärmel hochkrempeln (und sich an die Arbeit machen)⟩; *vi* biegen; **2.** *s* Biegen *n*, Beugung *f* | *Math* Wendung *f*

[2]**flex** [fleks] *s El, bes Brit* Litze *f*, Kontaktschnur *f*

flexed [flekst] *adj* gebeugt; **flex·i·bil·i·ty** [ˌfleksə'bɪlətɪ] *s* Biegsamkeit *f* | *übertr* Anpassungsfähigkeit *f* ⟨the ≈ of s.o.'s mind geistige Anpassungsfähigkeit⟩; **flex·i·ble** ['fleksəbl] **1.** *adj* biegsam | geschmeidig | nachgiebig | *Tech* (frei) beweglich ⟨≈ axle Lenkachse *f*⟩ | *übertr* anpassungsfähig | *übertr* fügsam; **2.** *s* etw. Biegsames | = [2]**flex**; ˌ**flexi·ble 'time,** *auch* **flex[i]time** *s Wirtsch* gleitende Arbeitszeit; **flex·ile** ['fleksɪl|~aɪl] *adj* biegsam | nachgiebig | geschmeidig; **flex·ion** ['flekʃn] *s* Biegung *f* | *auch* **inflexion** [ɪn'flekʃn] *Ling* Flexion *f*, Beugung *f*; **flex·or** ['fleksə] *s Anat* Beugemuskel *m*; **flex·u·ose** ['fleksjʊəʊs] *adj* gekrümmt | *Bot, Zool* sich schlängelnd, gewunden; **flex·u·os·i·ty** [ˌfleksjʊ'ɒsətɪ] *s* Biegung *f*; **flex·u·ous** ['fleksjʊəs] = **flexuose; flex·ure** ['flekʃə] *s* Biegung *f*, Krümmung *f* | Biegen *n*, Beugen *n* | *Geol* Flexur *f*

flib·ber·ti·gib·bet [ˌflɪbətɪ'dʒɪbɪt] *s umg* Schwätzer *m* | flatterhafte und leichtsinnige Person (bes. e-e Frau) | Kobold *m*

flick [flɪk] **1.** *s* leichter Schlag | Knall *m*, Schnalzer *m* | Spritzer *m*; **2.** *vt* leicht schlagen ⟨to ~ s.o. a blow on the face jmdn. leicht auf den Kopf schlagen; to ~ a horse with a whip/to ~ the whip at the horse ein Pferd mit der Peitsche antreiben; to ~ the flies away/off Fliegen ver-, wegjagen⟩ | (mit dem Finger) fortschnellen, -schnipsen | klappen ⟨to ~ the knife open das Messer aufklappen⟩; *vi* flattern | sich abschnellen | sich schnell bewegen ⟨to ~ from side to side sich schnell hin und her bewegen⟩

[1]**flick·er** ['flɪkə] **1.** *s* (Licht, Flamme) Flackern *n* | (Vogel) Flattern *n* | (Auf-) Zucken *n* | *übertr* Schimmer *m*, Funken *m* ⟨a ~ of hope ein Hoffnungsschimmer⟩ | *meist* **'flick·ers** *pl Sl* Film *m*; **2.** *vi* (Feuer, Hoffnung u. ä.) flackern (*auch übertr*) | (Schatten) huschen, (Lider) zucken | flattern; *vt* flackern lassen | flattern lassen

[2]**flick·er** ['flɪkə] *s Zool* nordamerikanischer Buntspecht

flick|er·ing ['flɪkərɪŋ] **1.** *adj* flackernd | *übertr* ungewiß, schwach; **2.** *s* Flackern *n* | *meist* **~er·ings** *pl übertr* Anzeichen *n/pl* ⟨≈s of unrest aufkeimende Unruhe⟩; **'~er·y** *adj* flackernd | flatternd; **'~y** *adj umg* wankelmütig, unstet

flick| knife ['flɪknaɪf] *s* (*pl* **'~ knives**) *Brit* Schnappmesser *n*

flicks [flɪks] *s/pl Brit umg* Kintopp *m*, Kino *n* ⟨to go to the ~ ins Kino gehen⟩

fli·er ['flaɪə] = **flyer**

flies [flaɪz] *s/pl Theat* Soffitten *f/pl* | Hosenschlitz *m*

[1]**flight** [flaɪt] **1.** *s* Flug *m*, Fliegen *n* ⟨in ~ beim Fluge⟩ | Flug(reise) *m(f)* ⟨non-stop ~⟩ | *Flugw* (vorgesehene) Maschine, Flug *m* ⟨~ Number 77⟩ | (Vögel, Insekten) Schwarm *m*, Schar *f* ⟨in the highest ~ an der Spitze⟩ | *übertr* schnelles Vergehen, Verfliegen *n* ⟨~ of time⟩ | *übertr* Aufschwung *m*, Höhenflug *m* ⟨~ of the imagination⟩ | *Arch* Treppenflucht *f* ⟨three ~s of stairs drei Treppen⟩; **2.** *vt* (Vogel) im Flug schießen; *vi* (Vögel) in einem Schwarm fliegen

[2]**flight** [flaɪt] *s* Flucht *f* (*auch übertr*) ⟨to put s.o. to ~ jmdn. in die Flucht schlagen; to take [to] ~ die Flucht ergreifen; ~ of capital *Wirtsch* Kapitalflucht *f*⟩

flight| at·tend·ant ['flaɪt əˌtendənt] *s Flugw* Steward(ess) *m(f)*; **'~ 'conˌtrol** *Flugw s* Flugüberwachung *f* | Flugüberwachungsgeräte *n/pl*; **'~ deck** *s Mar* Flugdeck *n* (eines Flugzeugträgers) | *Flugw* Bordkabine *f*; **'~ en·giˌneer** *s* Bordingenieur *m*; **'~ inˌstruc·tor** *s* Fluglehrer *m*; **'~less** *adj* (Vogel) flugunfähig; **ˌ~ lieu·'ten·ant** *s Brit* Fliegerhauptmann *m*; **'~ meˌchan·ic** *s Flugw* Bordmechaniker *m*; **'~ ˌser·geant** *s Brit Flugw* Oberfeldwebel *m*; **'~ reˌcord·er** *s Flugw* Flugschreiber *m*; **'~ wor·thy** *adj* (Person) flugtauglich | (Material) flugsicher

flight·y ['flaɪtɪ] *adj* launisch | schwärmerisch, voller Phantasie | (Pferd) aufgedreht

flim|flam ['flɪmflæm] *umg* **1.** *s* Unsinn *m* | Schwindel *m*; **2.** *adj* unsinnig | betrügerisch; **3.** *vt* (**'~flammed, '~flammed**) beschwindeln, betrügen; **'~ˌflam·mer** *s umg* Schwindler *m* | jmd., der Unsinn macht

flim|sy ['flɪmzɪ] **1.** *adj* dünn, zart ⟨≈ cloth⟩ | schwach, leicht zerbrechlich ⟨≈ walls⟩ | locker, frivol | *übertr* schwach, nichtig ⟨a ≈ excuse e-e fadenscheinige Ausrede⟩; **2.** *s* etw. Schwaches oder Zartes | Durchschlagpapier *n* | *Am* (Abzug e-r) Agenturmeldung *f* | *Brit Sl* Banknote *f*; **'~sies** [~zɪz] *s/pl umg* zarte Damenunterwäsche *pl*

[1]**flinch** [flɪntʃ] **1.** *vi* zurückweichen, -schrecken (**from** vor) | zucken ⟨without ~ing ohne zu zucken⟩; *vt, meist in:* **~ the flagon** sich des Trinkens enthalten; **2.** *s* Zurückschrecken *n*, (Zusammen-) Zucken *n*

[2]**flinch** [flɪntʃ] = **flense**

flin·ders ['flɪndəz] *s/pl* Splitter *m/pl*, Stückchen *n*

fling [flɪŋ] **1.** (**flung, flung** [flʌŋ]) *vt* werfen, schleudern (**at** auf, nach) ⟨to ~ caution to the winds alle Vorsicht in den Wind schlagen; to ~ one's clothes on schnell die Kleider überwerfen; to ~ o.s. into s.th. *übertr* sich in etw. stürzen; to ~ s.th. into s.o.'s teeth *übertr* jmdm. etw. an den Kopf werfen; to ~ the past in s.o.'s face jmdm. seine Vergangenheit vorwerfen⟩ | aussenden, ausstrahlen ⟨to ~ a scornful look e-n verärgerten Blick werfen⟩ | stürzen ⟨to ~ o.s. sich stürzen⟩ | *übertr* zu Fall bringen, stürzen; **~ away** wegwerfen | *übertr* vergeuden, verschleudern; **~ back** hastig entgegnen; **~ off** abschütteln; **~ out** hinauswerfen; **~ up** hochwerfen ⟨to ≈ one's hands in horror vor Entsetzen die Hände über dem Kopf zusammenschlagen⟩; *vi* eilen, stürzen | (Pferd) ausschlagen, sich herumwerfen | *übertr* schimpfen, fluchen; **~ off** wegstürzen, weglaufen; **2.** *s* Wurf *m*, Schleudern *n* | *übertr* spöttische Bemerkung, Stichelei *f* ⟨to have a ~ at s.o. gegen jmdn. sticheln⟩ | *umg* Versuch *m* ⟨to have a ~ at s.th. sich in etw. versuchen, probieren⟩ | (Pferd) Ausschlagen *n* | heftige Bewegung | (lebhafter) schottischer Tanz ⟨the Highland ~⟩ | *übertr* Austoben *n* ⟨to have one's ~ sich austoben⟩ ◇ **at full ~** in vollem Tempo; mit aller Macht

flint [flɪnt] **1.** *s* Flint *m*, Kiesel *m* | Feuerstein *m* | *übertr* etw. Hartes, Stein *m* ⟨a heart of ~ ein Herz aus Stein⟩ | *selten* Geizhals *m* ◇ **~ and steel** Feuerzeug *n*; **set one's face like a ~** *übertr* entschlossen sein; **skin/flay a ~** *übertr* jeden Pfennig ein paarmal umdrehen (bevor man ihn ausgibt); **wring water from a ~** *übertr* Wunder vollbringen; **2.** *vt* mit einem Feuerstein versehen; **'~age** *s* Steinzeit *f*; **ˌ~-'dry** *adj* (Leder) volltrocken; **'~ glass** *s* Flint-, Kristall-, Quarzglas *n*; **'~ˌheart·ed** *adj* hartherzig; **'~lock** *s* Steinschloß *n*; **'~ ware** *s* Steinzeug *n*; **'~y** *adj* kieselartig | Kiesel- | kieselhaltig | *übertr* hart, unbarmherzig ⟨a ≈ heart⟩

[1]**flip** [flɪp] **1.** *s* Klaps *m*, leichter Schlag | Ruck *m* | *Sl Brit* Vergnügungsflug *m* | *umg* (Kunstspringen) Salto *m*; **2.** (**flipped, flipped**) *vt* schnipsen | leicht schlagen | hin-, hochwerfen ⟨to ~ a pancake; to ~ a coin⟩; **~ through** (Buch) überfliegen; *vi* schnippen, schnipsen | *Sl* verrückt werden | *auch* **~ out** *Sl* ausflippen, außer sich sein, ganz toll beeindruckt sein

[2]**flip** [flɪp] *s* Flip *m* (alkoholisches Getränk) ⟨egg ~⟩

[3]**flip** [flɪp] *umg* **1.** *adj* keck, frech ⟨a ~ remark⟩; **2.** *s* kecke Person

flip|-flap ['flɪp flæp], *auch* **'~-flop** [~flɒp] **1.** *s* klatschendes Geräusch | *Sl* Purzelbaum *m* | *Sl* Feuerwerkskörper *m*, Schwärmer *m* | *Brit* Karussell *n* | *meist pl* Pantolette *f*; **2.** (**'~-flapped, '~-flapped**) *vi* klatschen; **3.** *adv* klatschend ⟨to go ≈ sich klatschend hin- und herbewegen⟩

flip|pan·cy ['flɪpənsɪ] *s* Frechheit *f*, vorlautes Wesen | Frivolität *f*, frivole Bemerkung | Leichtfertigkeit *f*; **'~pant** *adj* respektlos, vorlaut ⟨a ≈ answer e-e freche Antwort⟩ | frivol | leichtfertig; **'~pant·ly** *adv* leichthin

flip·per ['flɪpə] *s Zool* Flosse *f* | *Sl* Flosse *f*, Hand *f*; **'flip·pers** *s/pl* (Taucher) Gummiflossen *f/pl*

flip·ping ['flɪpɪŋ] *adj, adv intens Brit euphem* vermaledeit, verflixt, dämlich

flip·side ['flɪpsaɪd] *s* Rückseite *f* einer Schallplatte (mit weniger bekannten Titeln)

flirt [flɜːt] **1.** *vt* schnellen, plötzlich werfen | schnell bewegen ⟨to ~ the tail⟩; *vi* springen, flattern | flirten, kokettieren (**with** mit) | *übertr* spielen, liebäugeln ⟨to ~ with an idea⟩ | *übertr* spaßen (**with** mit), auf die leichte Schulter nehmen ⟨to ~ with danger⟩; **2.** *s* schnelle Bewegung, Ruck *m* | Flirt *m* | Kokette *f* | Schwerenöter *m*; **flir'ta·tion** *s* Flirt *m*, Liebelei *f* ⟨to carry on a ≈ flirten⟩; **flir'ta·tious**

adj (gern) flirtend ⟨a ≈ young girl⟩ | Flirt- | kokett, gefallsüchtig ⟨≈ behaviour⟩; '~y *adj* sich schnell *od* auf und ab bewegend | = **flirtatious**

flit [flɪt] **1.** ('~**ted**, '~**ted**) *vi* huschen, flitzen | (Wolke) wandern, vorbeiziehen | (Vogel) flattern | (Zeit) vorübergehen | *übertr* durchzucken ⟨to ~ through one's mind plötzlich in den Sinn kommen⟩ | *dial, Schott* um-, wegziehen; ~ **about** herum-, umherflattern; **2.** *s* Huschen *n* | Flattern *n* | *dial, Schott* Umzug *m*, Wohnungswechsel *m* ⟨to do a (moonlight) ~ *Brit* heimlich ausziehen, ohne die Miete zu bezahlen⟩

flitch [flɪtʃ] **1.** *s* Speckseite *f* | (Räucherfisch-) Schnitte *f*, Stück *n* | (Holz-) Schwarte *f*; **2.** *vt* in Scheiben schneiden

flit·ter ['flɪtə] **1.** *vi* (Vogel) flattern | *übertr* (Gedanke) zukken, flackern; **2.** *s* (Metall) Flimmer *m* | Glitzer *m*, Glanzstreifen *m*

flit·ting ['flɪtɪŋ] *adj* flitzend | flatternd

fliv·ver ['flɪvə] *Am* **1.** *s Sl* kleines billiges Auto, Kiste *f* | *Sl* Ramsch *m* | *Sl* Pleite *f* | *Sl* Versager *m*; **2.** *vi* in einem alten Auto fahren | mißlingen

float [fləʊt] **1.** *vi* obenauf schwimmen, treiben, fluten ⟨to ~ down the river⟩ | gleiten, schweben ⟨to ~ in the air⟩ | ziellos wandern, umherziehen ⟨to ~ from town to town⟩ | *oft* ~ **about/around** sich irgendwo befinden | *Wirtsch* in Umlauf sein | *Wirtsch* gegründet *od* in Gang gesetzt werden | (Währung) floaten, ständigen Kursschwankungen unterworfen sein; *vt* flößen, schwimmen *od* treiben lassen | (Schiff) flottmachen | überschwemmen, bewässern | unter Wasser setzen, überfluten (*auch übertr*) | *übertr* (vor)schweben | *übertr* in Gang setzen | *übertr* hochbringen ⟨to ~ s.o. to power jmdn. an die Macht bringen⟩ | *Wirtsch* gründen, finanziell stützen ⟨to ~ a new business⟩ | *Wirtsch* in Umlauf bringen, auf den Markt bringen ⟨to ~ a loan e-e Anleihe auflegen⟩ | *Wirtsch* (Währung) floaten ⟨to ~ the Pound⟩; **2.** *s* Floß *n* | etw. auf dem Wasser Treibendes | (Angel, Netz) Schwimmer *m* | Schwimmring *m* | *Flugw* Schwimmer *m*, Schwimmgestell *n*, -körper *m* | Fisch-, Schwimmblase *f* | Plattformwagen *m* (bes. für Festumzüge) | flacher Karren | *Wirtsch* Reservefonds *m* | *Brit Wirtsch* Wechselgeld *n* | *Theat, oft* **floats** *pl* Rampenlicht *n*; '~**a·ble** *adj* schwimmfähig | flößbar; '~**age** *s* Schwimmen *n* | Strandgut *n* | Schwimmkraft *f*; ~'**a·tion** *s* Schwimmen *n*, Schweben *n* | *Wirtsch* Gründung *f* | *übertr* Ingangbringen *n*; '~ **board** *s Tech* (Rad-) Schaufel *f*; '~**er** *s* Schwimmendes *n* | Flößer *m* | Gründer *m* | *Am Pol* käuflicher Wähler | *Am umg* Gelegenheitsarbeiter *m* | *Brit Wirtsch* Darlehenspapier *n* | *Tech* Schwimmer *m*, Pegel *m*; '~**ing 1.** *adj* schwimmend, treibend | schwebend (*auch übertr*) | fluktuierend ⟨the ≈ population⟩ | *Wirtsch* zirkulierend ⟨≈ money⟩ | *Wirtsch* flüssig ⟨≈ capital Umlaufkapital *n*⟩ | *Wirtsch* (Kurs) flexibel, nicht amtlich festgesetzt | *Med* Wander- ⟨≈ kidney⟩ **2.** *s* Schwimmen *n*, Treiben *n* | Schweben *n*; ˌ~**ing 'an·chor** *s* Treibanker *m*; ˌ~**ing 'bridge** *s* Schiffs-, Floß-, Pontonbrücke *f*; ˌ~**ing 'crane** *s Tech* Schwimmkran *m*; ˌ~**ing 'debt** *s* schwebende Schuld; ˌ~**ing 'dock** *s Mar* Schwimmdock *n*; ˌ~**ing 'ice** *s* Treibeis *n*; ˌ~**ing 'light** *s Mar* Leucht-, Feuerschiff *n* | *Mar* Leuchtboje *f*; ˌ~**ing 'mine** *s Mil* Treibmine *f*; ˌ~**ing 'point** *s Mus* Gleitkomma *n*, gleitendes *od* bewegliches Komma; ˌ~**ing 'ribs** *s Med* fliegende Rippen *f/pl*; ˌ~**ing 'vote** *s Pol* nicht von vornherein auf eine bestimmte Partei festgelegte Wählerstimme; ˌ~**ing 'vot·er** *s Pol* Wechselwähler *m*; '~ **plane** *s* Wasserflugzeug *n*; '~**y** *adj* schwimmfähig | leicht

floc|cose ['flɒkəʊs] *adj, Bot, Zool* flockig, wollig; '~**cu·lar** [~jʊlə] *adj* flockig; '~**cu·late** [~juleɪt] **1.** *vt* (*vi*) *Chem* (aus)flocken, koagulieren; **2.** *adj* mit Haarbüscheln versehen; ~**cu·la·tion** [ˌflɒkjə'leɪʃn] *s* Flockenbildung *f* | Ausflockung *f* | *Chem* Ausfällung *f*; '~**cu·la·tor** *s Chem* Flokkenbildner *m*, Flockungsmittel *n*; '~**cule** [~ju:l] *s* Flöckchen *n*; '~**cu·lence** [~jʊləns] *s* flockiger Zustand; '~**cu·lent** *adj* wollig, flockig; '~**cu·lus** [~jʊləs] *s* (*pl* '~**cu·li** [~jʊlaɪ]) Flöckchen *n*, Wölkchen *n* | Büschel *n*; '~**cus** [~əs] *s* (*pl* '~**ci** [~sɪ]) Flocke *f* | *Bot, Zool* Haarbüschel *n* | (Vögel u. ä.) Flaum *m*

[1]**flock** [flɒk] **1.** *s* (bes. Schaf-) Herde *f* ⟨~s and herds Schaf- und Rinderherden⟩ | (Vögel) Flug *m* | *umg* Schar *f*, Menge *f* ⟨to come in ~s in Scharen herbeiströmen ⟩ | *Rel* Herde *f*, Gemeinde *f* | *übertr* Sammlung *f* ⟨a ~ of poetry⟩; **2.** *vi* zusammen-, hineinströmen (**in, into** in); ~ **out** hinausströmen (**to** nach); ~ **to s.o.** jmdm. zuströmen; ~ **together** sich zusammenscharen

[2]**flock** [flɒk] **1.** *s* (Woll-) Flocke *f* | (Haar-) Büschel *n* | *auch* **flocks** *pl* Wollabfall *m* (zum Polstern); **2.** *vt* (Bett u. ä.) mit Wolle vollstopfen | (Papier u. ä.) mit Flockenmuster versehen; '~ **bed,** '~ˌ**mat·tress** *s* Wollmatratze *f*; '~ ˌ**pa·per** *s* Flock-, Samttapete *f*; **flocks** *s/pl Chem* flockiger Niederschlag; '~**y** *adj* flockig

floe [fləʊ] *s* (*oft pl*) treibendes Eis(feld) | Eisscholle *f*

flog [flɒg] **1.** *vt* (**flogged, flogged**) peitschen | züchtigen, prügeln | antreiben ⟨to ~ a horse⟩ | (Gewässer) abangeln ◇ ~ **a dead horse** *übertr* offene Türen einrennen; ~ **to death** *übertr umg* (durch ständiges Wiederholen) zu Tode reiten; **2.** *s* Peitschen *n* | Klatschen *n* (von Schlägen); '~**ging** *s* Prügeln *n* | Prügelstrafe *f* ⟨to give s.o. a ≈ jmdn. (durch)prügeln⟩

flood [flʌd] **1.** *s* Hochwasser *n*, Überschwemmung *f* ⟨a river in ~ ein über die Ufer getretener Fluß; the ≈/Noah's ≈ Sintflut *f*⟩ | *poet* Strom *m*, Meer *n* | *auch* '~ '**tide** *Mar* Flut *f* (*Ant* Ebbe) ⟨the tide is at the ~ es ist Flut⟩ | *übertr* Flut *f*, Erguß *m*, Strom *m*, Schwall *m* ⟨~s of rain; a ~ of words⟩; **2.** *vt* überschwemmen, -fluten (*auch übertr*) ⟨to ~ with light mit Licht überfluten; to ~ with requests mit Bitten überhäufen; to ~ the market den Markt überschwemmen⟩ | mit Wasser füllen, bewässern; ~ **out** (*meist pass*) durch Hochwasser vertreiben; *vi* überfließen | strömen, sich ergießen | *auch* ~ **in** *übertr* sich häufen, in großen Mengen kommen ⟨to ~ in upon s.o. jmdn. überschwemmen⟩; '~ **disˌas·ter** *s* Hochwasserkatastrophe *f*; '~**gate** *s* Flutschleuse *f*, Schleusentor *n* ◇ **open the ~gates** *übertr* alle Hemmungen beseitigen, Tür und Tor öffnen; '~**ing** *s Med* Gebärmutterblutung *f*; '~**light 1.** *s* Flutlicht, Scheinwerferlicht *n*, **2.** *vt* ('~**light·ed** *od* '~**lit**) durch Flutlicht beleuchten, mit Scheinwerfern anstrahlen; '~**light match** *s Sport* Flutlichtspiel *n*; '~**lights** *s/pl* Scheinwerfer *m/pl*; '~**mark** *s* Hochwasserstandszeichen *n*; '~ **tide** *s Mar* Flut(zeit) *f*(*f*)

floor [flɔ:] **1.** *s* Fußboden *m*, Diele *f* | Stockwerk *n* ⟨first ~ *Brit* erster Stock; *Am* Erdgeschoß *n*⟩ | *Tech* Plattform *f* (zum Arbeiten etc.) | Tenne *f* | *Parl u. ä.* Sitzungssaal *m* | *Pol* Wort *n* (Recht zu sprechen) ⟨to get (have) the ~ *Parl* das Wort erhalten (haben); to take the ~ *Parl* das Wort ergreifen, zur Diskussion sprechen⟩ | *Bergb* Sohle *f* | (Meer u. ä.) Boden *m*, Grund *m* | *Wirtsch* Minimum *n* (*Ant* ceiling) ⟨price ~; wage ~⟩ ◇ **wipe the ~ with** *Pol umg* völlig besiegen; **2.** *vt* mit einem Fußboden ausstatten, dielen | (Korn u. ä.) auf dem Fußboden ausbreiten | zu Boden schlagen | *übertr* mundtot machen, besiegen ⟨to ~ an opponent⟩ | *übertr umg* aus der Fassung bringen | *Päd* (Schüler) wieder setzen lassen (weil er nichts weiß); '~**board** *s* Dielenbrett *n*; '~**cloth** *s* Fußbodenbelag *m* (bes. Linoleum) | Scheuerlappen *m*; '~ ˌ**cros·sing** *s Parl* Wahlunterstützung *f* durch Stimmen aus der Gegenpartei, Schützenhilfe *f* |

Überwechseln *n* zur Gegenpartei; '**~er** *s* Dielenleger *m* | heftiger Schlag ⟨a ≈! (Kegeln) alle neune!⟩ | *übertr* Schlag *m* (ins Kontor), böse Überraschung | *übertr Sl* schwer zu beantwortende Frage; '**~ing** *s* Fußboden *m* | Fußbodenbelag *m*; '**~ lamp** *s* Standleuchte *f*; '**~ ˌlead·er** *s Am Pol* Fraktionsführer *m*; '**~ ˌman·ag·er** *s* (Warenhaus) Abteilungsleiter *m*; '**~ plan** *s Tech* Grundriß *m*; '**~ show** *s* (Nachtklub) Programm *n*; '**~ space** *s Wirtsch* Lagerfläche *f*; '**~-through** *s Am* Etagenwohnung *f*; '**~ˌwalk·er** *s urspr Am* Aufsicht *f* (in e-m Kaufhaus); '**~ wax** *s* Bohnerwachs *n*

floo|zy, *auch* '**~sy** ['flu:zɪ] *s Sl* Nutte *f*

flop [flɒp] **1.** (**flopped, flopped**) *vi, auch* **~ about** *umg* auf- und nieder schlagen, baumeln | *umg* sich (hin)plumpsen (lassen) ⟨to ~ down into a chair⟩ | *umg Am* umschwenken ⟨to ~ to the other party⟩ | *umg* (Theaterstück, Buch u. ä.) durchfallen, danebengehen; *vt umg* (mit den Flügeln) schlagen | ungeschickt fallen *od* plumpsen lassen ⟨to ~ o.s. down⟩; **2.** *s* Plumps(en) *m*(*n*) | *umg* Schlapphut *m* | *Sl* Niete *f*, Versager *m* | *umg* (Buch, Theaterstück) Mißerfolg *m*, Durchfaller *m*, Reinfall *m* | *Am Sl* Falle *f*, Bett *n* | *arch* Schlag *m*; **3.** *adv* plumps(en) ⟨to fall ~ into the water⟩; **4.** *interj* plumps!; '**~house** *s Am Sl* billiges, drittklassiges Hotel (meist für Männer); '**~per** *s Am Pol umg* Überläufer *m* | *Am Sl* Versicherungsbetrüger *m* | junger Wildvogel, *bes* junge Wildente; '**~py** *adj* schlaff, schlapp | *umg* schwächlich | plump | *umg* liederlich; ˌ**~py 'disk,** *auch* ˌ**~py 'disc** *s* (Computer) Floppydisk *f*, flexible Magnetscheibe; Diskette *f*

flo|ra ['flɔ:rə] *s* (*pl* **~ras** [~rəz], *auch* **~rae** [~ri:]) *Bot* Flora *f*, Pflanzenwelt *f* | *Med* Flora *f* ⟨intestinal ≈ Darmflora *f*⟩; '**~ral** *adj* Blumen-, Blüten- ⟨≈ design Blumenmuster *n*⟩ | zur Flora gehörend; **~res·cence** [flɔ:'resns] *s* Blüte *f* | Blütezeit *f* (*auch übertr*); **~'res·cent** *adj* blühend; '**~ret** [~rɪt] *s Bot* Blümchen *n* | *Bot* Blütchen *n*; ˌ**~ri'a·tion** *s* Blumenschmuck *m*; '**~riˌcul·ture** *s* Blumenzucht *f*; **flor·id** ['flɒrɪd] *adj* blühend, rot ⟨a ≈ countenance eine frische Gesichtsfarbe⟩ | *verächtl* blumenreich, überladen ⟨a ≈ style⟩ | *selten* blütenreich ⟨a ≈ bush⟩ | *selten* kräftig, gesund ⟨a ≈ girl⟩; **~rid·i·ty** [flɒ'rɪdətɪ] *s* Frische *f* | blumenreicher Stil | Blumenpracht *f*; **~ri·fi·ca·tion** [ˌflɔ:rɪfɪ'keɪʃn] *s Bot* Blütezeit *f*; **~ri·le·gi·um** [ˌflɔ:rɪ'li:dʒɪəm] *s* (*pl* **~ri·le·gi·a** [-dʒɪə]) Blütenlese *f* | *übertr* Auswahl *f* | *Lit* Anthologie *f*

flor·in ['flɒrɪn] *s Hist* englisches Zweischillingstück

flo|rist ['flɒrɪst] *s* Blumenhändler *m* | Blumenzüchter *m*, -liebhaber *m*; **~'ris·tics** *s/pl* (*sg konstr*) Floristik *f*

[1]**floss** [flɒs] *s Brit* Bach *m*, Flüßchen *n*

[2]**floss** [flɒs] **1.** *s* Rohseide *f* | ungezwirnte Seidenfäden *m/pl* | seidenartiges Material ⟨dental ~ Zahnseide *f*⟩ | *Bot* (Maiskolben) Narbenfäden *m/pl*; **2.** *vt, vi* mit Seidengarn (aus)sticken; '**~y** *adj* roh | seidenweich, seidig | *Am Sl* protzig, aufgedonnert

flo·ta·tion [fləʊ'teɪʃn] = **floatation**

flo·til·la [flə'tɪlə|fləʊ-] *s Mar* Flottille *f*

flot·sam ['flɒtsəm] *s Mar* Treibgut *n*, Wracktrümmer *pl*, Strandgut *n* (*auch übertr*) ◇ **~ and jet·sam** *s* Strandgut *n*; *übertr* Überbleibsel *pl*, Reste *pl*

[1]**flounce** [flaʊns] **1.** *vi* stürzen, stürmen ⟨to ~ out of the room aus dem Zimmer stürzen⟩ | sich herumwerfen | plötzliche *od* krampfartige Bewegungen machen; **2.** *s* plötzliche *od* krampfhafte Bewegung | Ruck *m*

[2]**flounce** [flaʊns] **1.** *s* Volant *m*, Falbel *f*; **2.** *vt* mit Volants besetzen; '**flounc·ing** *s* Material *n* für Volants | Volant *m*, Besatz *m*

[1]**floun·der** ['flaʊndə] *s* (*pl* '**~s**) *Zool* Flunder *f*, Scholle *f*

[2]**floun·der** ['flaʊndə] **1.** *vi* zappeln | sich abmühen, sich (ab)quälen (*auch übertr*) ⟨to ~ through the snow sich mit Mühe durch den Schnee kämpfen⟩ | sich verheddern, sich verhaspeln, aus dem Konzept kommen ⟨to ~ through a speech sich in e-r Rede oft verhaspeln⟩; *vt arch* zappeln lassen; **2.** *s* Gezappel *n*, Zappeln *n*

flour ['flaʊə] **1.** *s* (feines) Mehl | feines Pulver ⟨~ of sulphur Schwefelpulver *n*⟩; **2.** *vt* mit Mehl bestreuen | bestäuben | *Am* zu Mehl vermahlen, zerstäuben; *vi Tech* (Quecksilber u. ä.) sich in kleine Kügelchen *od* Teilchen auflösen

flour·ish ['flʌrɪʃ] **1.** *vi* blühen, üppig wachsen, gedeihen, florieren (*auch übertr*) ⟨they are ~ing es geht ihnen gut⟩ | (Kunst u. ä.) in der Blütezeit stehen | (Schriftsteller etc.) erfolgreich sein | prahlen, aufschneiden | sich geziert ausdrücken, schwülstig reden | Schnörkel machen *od* in Floskeln reden | *Mus* phantasieren, improvisieren | *Mus* einen Tusch blasen; *vt* mit Blumen *od* Blumenornamenten schmücken | (Schwert u. ä.) kühn schwingen | (Fahne) schwenken | *Mus* (Tusch) blasen; **2.** *s* Blüte *f*, Höhepunkt *m* ⟨in full ~ in voller Blüte⟩ | Zurschaustellung *f* ⟨with a ~ mit kühnem Schwung⟩ | (Schwert u. ä.) Schwingen *n*, Schwenken *n* | Schnörkel *m* | Floskel *f* | *Mus* bravouröse Passage *f* | *auch* **~ of trum·pets** *Mus* Trompetenstoß *m*, Tusch *m*; '**~y** *adj* schnörkelig

flour| mill ['flaʊə mɪl] *s* Mühle *f*; '**~y** *adj* mehlig ⟨≈ potatoes⟩ | mit Mehl bestreut, voller Mehl ⟨≈ hands⟩

flout [flaʊt] **1.** *vt* verspotten, verhöhnen ⟨to ~ s.o.'s advice sich über jmds. Rat lustig machen⟩; *vi* spotten, sich lustig machen (**at** über); **2.** *s* Spott *m*, Gespött *n*, Hohn *m*; '**~er** *s* Spötter *m*; '**~ing** *adj* spöttisch

flow [fləʊ] **1.** *vi* fließen, strömen ⟨to ~ in hereinströmen; to ~ together zusammenfließen⟩ | fluten, dahinfließen, -gleiten | *Mar* fluten, steigen | wallen, herabhängen ⟨~ing locks⟩ | entströmen, entspringen (**from** von, aus) | *übertr* sich ergeben, entspringen, entstehen (**from** aus) | *übertr selten* (Gefühl u. ä.) überschäumen; *vt* fließen lassen | (Land) überfluten, -schwemmen | mit Farbe bespritzen, dick bestreichen; **2.** *s* Fließen *n*, Strömen *n* | Strom *m*, Fluß *m* | *Mar* Flut *f* (*Ant* ebb) | Zufluß *m*, Zustrom *m* (*auch El*, Gas) | Abfluß *m* | Überschwemmung *f* | Wogen *n*, Wallen *n* | Produktionsmenge *f* | *übertr* Flut *f*, Erguß *m* | Schwall *m* ⟨a ~ of words; a ~ of spirits ausgelassene Stimmung⟩; '**~ chart,** *auch* '**~ ˌdi·a·gram** *s Tech* Flußbild *n*, -diagramm *n*

flow·er ['flaʊə] **1.** *s* Blume *f* ⟨cut ~s Schnittblumen *pl*⟩ | Blüte(zeit) *f*(*f*) (*auch übertr*) ⟨in ~ in Blüte⟩ | *übertr* Schmuck *m*, Zierde *f* | *übertr* der Kern, das Beste ⟨in the ~ of one's strength im Vollbesitz der Kräfte⟩ | *auch* **~ of speech** *übertr* Redeblüte *f* | Blumenornament *n* | *Typ* Vignette *f*; **2.** *vi* blühen, in Blüte sein (*auch übertr*) | *auch* **~ out** *übertr* sich entfalten (**into** zu); *vt* (Blumen) zur Blüte bringen | mit Blumen *od* Blüten schmücken; **3.** *adj* Blumen- | Blüten-; '**~age** *s* Blütenstand *m* | Blüten *f/pl* | Blütenreichtum *m* | Blumenornament *n*; '**~bed** *s* Blumenbeet *n*; '**~ ˌchild·ren** *s/pl umg* Blumenkinder *pl*; '**flow·ered** *adj* blühend | mit Blumen geschmückt | (Muster) geblümt; '**~et** *s* Blümchen *n*, kleine Blume; '**~ ˌgar·den** *s* Blumenbeete *n/pl*; '**~ girl** Blumenmädchen *n*; '**~ing 1.** *s* (Auf-)Blühen *n*(*n*) | Blüte(zeit) *f*(*f*) (*auch übertr*); **2.** *adj* blühend | Blüte-, Blumen-; '**~less** *adj* blütenlos; '**~ piece** *s Mal* Blumenstück *n*; '**~pot** *s* Blumentopf *m*; '**~ ˌpow·er** *s umg* Freundlichkeit statt Haß, Macht *f* der Blumenkinder, Flowerpower *n*; '**~s** *s/pl Chem* pulveriger Niederschlag *m* ⟨≈ of sulphur Schwefelblumen *f/pl*⟩; '**~ show** *s* Blumenausstellung *f*; '**~y** [~rɪ] *adj* blumig | Blumen-, Blüten- | blütenreich | geblümt | *übertr* blumenreich, geziert ⟨a ≈ style⟩

flow heat·er ['fləʊ ˌhi:tə] *s* Durchlauferhitzer *m*

flow·ing ['fləuɪŋ] **1.** *adj* fließend, strömend | *übertr* fließend, glatt, geläufig, gewandt | lose (herab)hängend | wallend, wogend | flatternd | *Mar* steigend; **2.** *s* Fließen *n*, Fluß *m*
flown [fləun] *part perf* von ↑ ²**fly**
flu [flu:] *s umg* Grippe *f*, Influenza *f*, Erkältung *f*
flub·dub ['flʌb,dʌb], *auch* **~be·ry** [-ərɪ] *s Am Sl* Geschwafel *n*, leeres Gerede
fluc·tu|ant ['flʌktʃuənt] *adj* fluktuierend, schwankend; '**~ate** *vi* fluktuieren, schwanken *auch übertr* ⟨~ating prices; to ≈ between hope and despair zwischen Hoffnung und Verzweiflung schwanken⟩ | steigen und fallen; *vt* in Bewegung versetzen | wogen lassen; ,~'**a·tion** *s* Fluktuation *f*, Schwankung *f*, Schwanken *n* (*auch übertr*) ⟨≈s of temperature Temperaturschwankungen *f/pl*⟩ | Fluktuieren *n* (bes. *Wirtsch*)
¹**flue** [flu:] *s* Fischernetz *n*
²**flue** [flu:] *s* Flaum *m* | Flocke *f*
³**flue** [flu:] *s* Kamin *m*, Rauchfang *m* | *Tech* (Feuer-) Zug *m*, Luftkanal *m* | Heiz-, Flammenrohr *n* | *Mus* Spalt *m* (e-r Orgelpfeife); '**~ ash** *s* Flugasche *f*; '**~ gas** *s* Abgas *n*
flu|en·cy ['flu:ənsɪ] *s* (Redner u. ä.) Gewandtheit *f*, Flüssigkeit *f* | (Rede-) Fluß *m*; **~ent** ['flu:ənt] *adj* gewandt, flüssig, fließend ⟨to speak ≈ English fließend Englisch sprechen; a ≈ speaker⟩
flue·y ['flu:ɪ] *adj* flaumig
fluff [flʌf] **1.** *s* Flaum *m* | Staub-, Federflocke *f* | Fussel *f* | (Haar) Flaum *m* | *Am übertr* (Buch u. ä.) leichte Kost, anspruchsloses Werk | *Sl Theat* schlecht vorgetragene Rolle | *Am Sl* Schnitzer *m* ◇ **a bit of ~** *Brit Sl* ein junges hübsches Mädchen; **2.** *vt* zu Flaum *od* Werg machen | *Sport umg* falsch machen, danebengehen lassen ⟨to ~ the catch den Ball nicht fangen, danebengreifen⟩ | *Theat umg* (Rolle) verpatzen ⟨to ~ one's lines seinen Text schmeißen⟩; **~ out** *od* **up** aufplustern | (Haar) hochbürsten; **~ o.s. up** *übertr* sich aufplustern; *vi* flaumig werden | sich leicht bewegen | sich sanft niederlassen; '**~y** *adj* flaumig, flockig | locker, weich ⟨a ≈ summer dress ein duftiges Sommerkleid⟩ | *übertr* seicht, unbedeutend ⟨a ≈ comedy⟩ | *Theat* stümperhaft | *Brit Sl* betrunken
flu·id ['flu:ɪd] **1.** *adj* flüssig | gasförmig | *Wirtsch* flüssig ⟨~ capital⟩ | *übertr* fließend, geläufig ⟨a ~ speech⟩ | nicht fixiert, nicht fest umrissen ⟨a ~ idea⟩ | veränderlich, flexibel ⟨~ plans⟩; **2.** *s* Flüssigkeit *f* | *Tech* fließendes Medium (Flüssigkeit *od* Gas) | *Bot, Biol* Saft *m*, Sekretion *f*; '**~al** *adj Geol* Fluidal- | Flüssigkeits-; ,**~ 'cou·pling** *s Tech* Flüssigkeitskupplung *f*, hydraulische Kupplung; ,**~ 'dram** *s* Hohlmaß *n* (*Brit* 3,55 ccm, *Am* 3,69 ccm); ,**~ 'fu·el** *s* nichtfester Energieträger; '**~ic** *adj* flüssig | Flüssigkeits-; '**~ics** *s Phys* Fluidik *f*, Strömungslehre *f*; **flu,id·i·fi'ca·tion** *s* Flüssigmachen *n*; **flu·id·i·fy** [flu:'ɪdɪ faɪ] *vt* flüssig machen, verflüssigen; **flu'id·i·ty** *s* flüssiger Zustand, Flüssigkeit *f* | *übertr* Veränderlichkeit *f*, Unbeständigkeit *f*; ,**~ 'ounce** *s* Hohlmaß *n* (*Brit* 28,4 ccm, *Am* 29,57 ccm)
¹**fluke** [flu:k] *s Mar* Ankerschaufel *f*, -hand *f* | Widerhaken *m*
²**fluke** [flu:k] *s Zool* Plattfisch *m*, Flunder *f*
³**fluke** [flu:k] *s Zool* Saugwurm *m*, Leberegel *m*
⁴**fluke** [flu:k] *s* (Billard) Fuchs *m* (glücklicher Stoß) | *Sl* Glücksfall *m* ⟨by a ~ durch e-n glücklichen Zufall⟩; '**fluk·[e]y** *Sl adj* Glücks-, Zufalls- ⟨a ≈ shot ein Glückstreffer *m*⟩ | unsicher
flume [flu:m] **1.** *s* Kanal *m*, künstlicher Wasserlauf | *Am* Klamm *f*, Bergschlucht *f* ◇ **be/go up the ~** *Sl* erledigt sein; sterben; **2.** *vi* einen Kanal anlegen; *vt* in einem Kanal befördern
flum·mer·y ['flʌmərɪ] *s arch Kochk* Flammeri *m* | *übertr verächtl* leeres Gewäsch, Humbug *m*
flum·mox ['flʌməks] *vt Brit umg* verblüffen, aus der Fassung bringen
flump [flʌmp] **1.** *vt* krachend (nieder)fallen *od* (hin)plumpsen lassen; *vi* krachend (hin)fallen, plumpsen | sich schwerfällig bewegen; **2.** *s* Plumps *m*
flung [flʌŋ] *prät* u. *part perf* von ↑ **fling**
flunk [flʌŋk] **1.** *bes Am umg* (Prüfung) verhauen, verpatzen | (Kandidat) durchfallen lassen | *bes* **~ out** (aus College u. ä.) hinauswerfen, relegieren; *vi, auch* **~ out** durchfallen | sich drücken | (Vortrag u. ä.) steckenbleiben; **2.** *s* (Vortrag u. ä.) Steckenbleiben *n* | *Am Sl* Blamage *f* | *Am Sl* Drückebergerei *f*
flunk|ey ['flʌŋkɪ], *Am auch* **~y** *s* (*bes. verächtl.*) Diener (in Livree) *m*, Lakai *m* | *übertr* Kriecher *m*, Speichellecker *m*; '**flunk·ey·dom** *s* Dienerschaft *f*; '**flunk·ey·ism** *s* Unterwürfigkeit *f*, Kriecherei *f*
flu|or ['fluɔ:] *s Min* Flußspat *m*; **~o·resce** [fluə'res] *vi Chem, Phys* fluoreszieren, schillern; **~o·res·cence** [fluə'resns] *s Chem, Phys* Fluoreszenz *f*; **~o'res·cent** [fluə'resnt] *adj* fluoreszierend, schillernd ⟨≈ lamp Leuchtstofflampe *f*, -röhre *f*; ≈ screen Leuchtschirm *m*⟩; **~o·ri·date** ['fluərɪdeɪt] *s* (Wasser) fluorieren; ,**~o·ri'da·tion** *s* Fluorisierung *f*; '**~o·ride** *s Chem* Fluorid *n*; '**~o·rine** *s Chem* Fluor *m*; '**~o·rite** = **~or**; **~or·o·scope** ['fluərəskəup] *s* Fluoroskop *n*, Röntgenbildschirm *m*; **~or·os·co·py** [fluə'rɒskəpɪ] *s* Röntgendurchleuchtung *f*
flur·ry ['flʌrɪ] **1.** *s* heftige *od* plötzliche kurze Luftbewegung ⟨~ of wind Windstoß *m*⟩ | Schauer *m*, Guß *m* ⟨~ of rain; ~ of snow Schneegestöber *n*⟩ | (Wal) Todeskampf *m* | *Wirtsch* (Börse u. ä.) kurze Belebung | *übertr* Aufregung *f*, Unruhe *f*, Verwirrung *f* ⟨in a ~ aufgeregt; in a ~ of alarm in unruhiger Hast⟩; **2.** *vt* nervös machen, beunruhigen ⟨to get flurried sich verwirren lassen⟩; *vi* sich hastig bewegen
¹**flush** [flʌʃ] **1.** *vi* (er)glühen | sich ergießen, steigen ⟨the blood ~ed into her face⟩ | ausströmen | *auch* **~ up** erröten, rot werden ⟨to ~ crimson krebsrot anlaufen⟩; *vt* (Wangen u. ä.) röten | erhitzen | *übertr* erregen, beleben ⟨to ~ with success durch Erfolg beflügeln; ~ed with joy freudetrunken⟩ | bewässern, überschwemmen | (aus)spülen, auswaschen; **~ out** vertreiben, herausjagen (**of** aus) ⟨to ~ the criminals out; to ~ s.o. out of his hiding place⟩; **2.** *s* Erguß *m*, Wasserstrahl *m*, -zufluß *m* | Spülung *f* ⟨to give the pipe a ~ das Rohr durchspülen⟩ | *Tech* (WC) Spüler *m* | (Pflanze) Wachstum *n* ⟨the first ~ of spring die ersten Anzeichen *n/pl* des Frühlings⟩ | Erröten *n*, Röte *f*, Glühen *n*, Glut *f* | Kraft *f* ⟨in the first ~ of youth in der ersten Blüte der Jugend⟩ | Überfluß *m* | (Gefühl) Aufwallung *f*, Sturm *m* ⟨~ of anger Wutausbruch *m*; in the first ~ of victory in der ersten Freude über den Sieg⟩
²**flush** [flʌʃ] **1.** *adj* (über)voll | (*meist präd*) reich, reichlich versehen (**of, with** mit) ⟨~ with money gut bei Kasse⟩ | wohlhabend, verschwenderisch (**with** mit) | kräftig, frisch | gerötet | voll, direkt ⟨a ~ statement⟩ | (flucht)eben, in gleicher Ebene ⟨doors ~ with the walls die Türen sind mit den Wänden bündig⟩; **2.** *adv* eben, glatt ⟨to fit ~ genau passen⟩ | *umg* voll, direkt ⟨~ in the face⟩; **3.** *vt* eben *od* glatt machen
³**flush** [flʌʃ] **1.** *vt* (Vogel) aufscheuchen, aufjagen (**from** aus) (*auch übertr*); *vi* auffliegen; **2.** *s* aufgescheuchter Vogelschwarm
⁴**flush** [flʌʃ] *Kart* **1.** *s* lange Farbe, Flöte *f* ⟨royal ~⟩; **2.** *adj* von einer Farbe ⟨a ~ hand lange Farbe⟩
flush|box ['flʌʃbɒks] *s* Spülkasten; '**~ing** *s* Spülung; '**~ ,toi·let** *s* Spülklosett *n*
flus·ter ['flʌstə] **1.** *vt* betrunken machen | aufregen, verwir-

ren | (Worte u. ä.) stammeln; *vi* aufgeregt *od* nervös sein | sich erhitzen; **2.** *s* Er-, Aufregung *f*, Verwirrung *f* ⟨all in a ~ ganz durcheinander⟩

flute [flu:t] **1.** *s Mus* Flöte *f* | *Arch* Rille *f*, Rinne *f*, Hohlkehle *f* | (Plissee- u. ä.) Falte *f*; **2.** *vt Mus* (Stück) auf der Flöte spielen | flöten, zart singen | leise pfeifen | *Arch* auskehlen, riefeln | (Stoff u. ä.) kräuseln, in Falten legen; *vi* auf der Flöte spielen | flöten, leise singen; **'flut·ing,** *auch* **'flut·ings** *s Tech* Auskehlung *f*, Riefelung *f*, Riffelung *f*, Kannelierung *f* | (Besatz) Krausen *pl* und Rüschen *pl*; **'flut·ist** *s bes Am* Flötist *m*

flut·ter ['flʌtə] **1.** *vi* (Vogel) flattern | sich unruhig hin und her bewegen ⟨to ~ about the room erregt im Zimmer auf und ab gehen; to ~ into life sich wieder regen⟩ | (Fahne) flattern, wehen | (Puls, Herz) flattern | zittern, aufgeregt sein; *vt* flattern lassen | hin und her bewegen | winken mit ⟨to ~ one's handkerchief⟩ | zucken mit ⟨to ~ one's eyelids⟩ | beunruhigen, aufregen; **2.** *s* (*meist sg*) Geflatter *n*, Flattern *n* ⟨the ~ of wings⟩ | (*sg mit unbest art*) *übertr* Unruhe *f*, Aufregung *f* ⟨in a ~ aufgeregt; to cause/make a ~ Unruhe stiften⟩ | *umg* (Spiel-) Wette *f*, Spekulation *f* ⟨to have a ~ sein Glück versuchen, spekulieren⟩ | *Flugw* Vibrieren *n*, Flattern *n* ⟨wing ~ Flattern *n* der Tragfläche⟩ | *Tech* Flattern *n* ⟨tape ~ Flattern *n* des Tonbandes⟩; **'~y** *adj* flatternd | *Flugw* vibrierend

flut·y ['flu:tɪ] *adj* flötend | flötenartig | sanft, weich

flu·vi·al ['flu:vɪəl] *adj* Fluvial-, Fluß- | fluvial

flux [flʌks] **1.** *s* Fließen *n*, (Aus-) Fluß *m*(*m*) | Strom *m* | Flut *f* ⟨~ and reflux Ebbe *f* und Flut *f*⟩ | *Med* (Aus-) Fluß *m* ⟨bloody ~ rote Ruhr⟩ | *Tech* Fluß-, Schmelzmittel *n*; Löt(fluß)mittel *n* | *übertr* beständiger Wechsel ⟨in ~ im Fluß; in a state of ~ im Zustand des ständigen Wandels⟩ | *übertr* Flut *f*, Schwall *m* ⟨~ of talk Redeschwall *m*⟩; **2.** *vt* flüssig machen, schmelzen; *vi* flüssig werden, schmelzen | *arch* ausströmen; **~ion** ['flʌkʃn] *s* Fließen *n*, Fluß *m*, Fluxion *f* | *übertr* Schwankung *f* | *Math* Fluxion *f*, Differential *n*; **'~ion·al** *adj Math* Differential- | variabel, inkonstant; **'~ion·ar·y** *adj Math* Differential- | fließend

[1]**fly** [flaɪ] *s Zool* Fliege *f* | (Angeln) (künstliche) Fliege ⟨~-fishing Angeln *n* mit künstlichen Fliegen⟩ ◇ **a ~ in the ointment** *übertr* ein Haar in der Suppe; **a ~ in amber** *übertr* eine Rarität; **there are no flies on him** ihm kann man nichts vormachen, er weiß alles; **not harm/hurt a ~** *übertr* keiner Fliege etw. zuleide tun

[2]**fly** [flaɪ] **1.** (**flew** [flu:], **flown** [fləʊn]) *vi* fliegen (*auch übertr*) ⟨to ~ high hoch hinaus wollen⟩ | in einem Flugzeug fliegen ⟨to ~ to Moscow⟩ | (Fahne) flattern, im Winde wehen | stürzen, stürmen (*auch übertr*) ⟨to ~ into a rage/temper in Wut geraten; to ~ to arms zu den Waffen eilen; we must ~ wir müssen uns sehr beeilen⟩ | (Zeit) (vorüber)eilen | (Geld, Vermögen) zerrinnen ⟨to make the money ~ schnell Geld vertun⟩ | (Glas u. ä.) zerbrechen, zerspringen ⟨to ~ to bits/pieces in tausend Stücke zerbrechen⟩ | (Tür) auffliegen ⟨the door flew open die Tür wurde aufgerissen⟩ | (*nur präs, inf u. part präs*) fliehen, flüchten; **~ about** herumfliegen | sich verbreiten; **~ around** *Am umg* geschäftig sein; **~ at/upon** herfallen über; **~ away** fortfliegen; **~ off** fortfliegen | forteilen; **~ out** hinausstürzen | hinausfliegen ◇ **~ out at s.o.** auf jmdn. losgehen; *vt* fliegen lassen | (Drachen) steigen lassen ⟨to ~ a kite⟩ | (Fahne) führen | *Flugw* fliegen über ⟨to ~ the Pacific⟩ | (Flugzeug, Fracht, Passagiere) fliegen, führen, steuern | fliegen mit ⟨to ~ Interflug⟩ | fliehen (aus), meiden ⟨to ~ the country⟩; **2.** *s* Fliegen *n*, Flug *m* ⟨to have a ~ *Flugw* fliegen; on the ~ im Fluge; in Bewegung⟩ | (Uhr) Unruhe *f* | *Brit* Droschke *f*, Einspänner *m* | *Tech* Windfang *m* | Hosenschlitz *m* | Patte *f* | Zeltklappe *f* | *Am* (Baseball) Flugball *m*; **3.** *adj umg bes Brit* gerissen, raffiniert ⟨a ~ customer ein gewitzer Bursche⟩; **'~a·ble** *adj Flugw* zum Fliegen geeignet ⟨≈ weather Flugwetter *n*⟩; **'~a·way 1.** *adj* flatternd | flatterhaft, leichtfertig | (Kleidung) locker, frei | *Flugw* flugbereit ⟨a ≈ plane⟩ | *Flugw* transportbereit ⟨≈ goods⟩; **2.** *s* flatterhafte Person

fly|bane ['flaɪbeɪn] *s Zool* Leimkraut *n*; **'~blow 1.** *s* Fliegenschmutz *m*, -made *f*, -ei *n*; **2.** (**'~blew, '~blown**) *vi* (Fliege) Eier ablegen; *vt* beschmeißen | *übertr* beschmutzen; **'~blown** *adj* (Fleisch, Fenster) von Fliegen beschmutzt | *verächtl* heruntergekommen, elend, mies ⟨a ≈ old chair⟩ | abgedroschen ⟨a ≈ old joke⟩

fly|by ['flaɪbaɪ] *s Flugw Am* Vorbeiflug *m*; **'~-by-ˌnight** *verächtl* **1.** *adj* (Geschäft) riskant, unverantwortlich; **2.** *s* (*pl* **'~-by-ˌnights**) *auch* **ˌ~-by-'night·er** durchgebrannter Schuldner, unsicherer Kunde | Nachtschwärmer *m*

flycatch·er ['flaɪˌkætʃə] *s* Fliegenfänger *m* | *Zool* Fliegenschnäpper *m*

fly|-cruise ['flaɪ 'kru:z] *s* kombinierte Flug- und Schiffsreise; **'~-'drive** *s* kombinierte Flug- und PKW-Reise

fly·er ['flaɪə] *s* (Vögel) Flieger *m* ⟨a high ~ ein hochfliegender Vogel⟩ | schnellaufendes Tier *od* Fahrzeug | (Pferd) Flieger *m* | Flugzeug *n* | Flieger *m*, Pilot *m* | Flüchtling *m* | *Arch* Strebebogen *m* | *Sl* (Börse) riskante Spekulation

fly·flap ['flaɪflæp] *s* Fliegenklatsche *f*

fly·ing ['flaɪɪŋ] **1.** *adj* fliegend | (Flug) flatternd, wehend ⟨~ flags⟩ | *übertr* im Umlauf befindlich ⟨~ rumours⟩ | schnell, eilig, hastig ⟨a ~ visit ein kurzer Besuch⟩ | fliehend, flüchtig ◇ **knock/send s.o. ~** jmdn. glatt umstoßen *od* umwerfen; in die Luft werfen *od* stoßen; **2.** *s* Fliegen *n* | Flugwesen *n*; **'~ 'ash·es** *s/pl* Flugasche *f*; **'~ boat** *s Flugw* Flugboot *n*; **'~ bomb** *s Mil* fliegende Bombe; Rakete *f*; **ˌ~ 'but·tress** *s Arch* Strebepfeiler *m*; **ˌ~ 'col·ours** *s* Siegerfahnen *pl* ◇ **pass s.th./come off with ≈** etw. glänzend bestehen, ausgezeichnet abschneiden; **'~ ˌcol·umn** *s Mil* fliegende Kolonne *f*; **ˌ~ ex·hi'bi·tion** *s* Wanderausstellung *f*; **'~ field** *s* Flugplatz *m*; **'~ fish** *s Zool* Fliegender Fisch; **ˌ~ 'fox** *s Zool* Fliegender Hund; **'~ maˌchine** *s* Flugzeug *n*; **'~ ˌOf·fi·cer** *s Brit Flugw* (R.A.F.) Oberleutnant *m*; **ˌ~ 'sau·cer** *s* Fliegende Untertasse; **'~ speed** *s* Fluggeschwindigkeit *f*; **'~ squad** *s* Überfallkommando *n*; **ˌ~ 'start** *s Sport* fliegender Start | *übertr* ausgezeichneter Start ⟨to get off to a ≈ e-n glänzenden Anfang haben⟩; **'~ time** *s* Flugzeit *f*

fly| leaf ['flaɪ li:f] *s* (*pl* **~ leaves** [~ li:vz]) *Typ* Vorsatzblatt *n*; **'~man** *s* (*pl* **'~men**) Droschkenkutscher *m* | *Theat* Soffittenarbeiter *m*; **'~-off** *s Am* Flugschau *f*; **'~over** *s Brit* Straßenüberführung *f* | *Brit auch* **'~past** *s Flugw* Vorbeiflug *m*; **'~post** *vt Brit* (heimlich) Flugblätter kleben in ⟨to ≈ an area⟩; **'~ rod** *s* Angelrute *f*; **'~ sheet** *s* Flugblatt *n* | Gebrauchsanweisung *f*, Anleitung *f*; **'~ ˌsnap·per** *s Zool* Fliegenschnäpper *m*; **'~speck** *s* Fliegendreck *m*; **'~ˌswat·ter** *s* Fliegenklatsche *f*; **'~trap** *s Bot* Fliegenfänger *m*; **'~under** *s Brit* Straßenunterführung *f*; **'~weight** *s Sport* Fliegengewicht(ler) *n*(*m*); **'~wheel** *s Tech* Schwungrad *n*

FM [ˌef'em] *Abk Rundf* Frequenzmodulation *f* ⟨an ~ radio ein Rundfunkgerät mit UKW-Empfang⟩

FO [ˌef'əʊ] *Abk Brit* Außenministerium *n*

foal [fəʊl] **1.** *s Zool* Fohlen *n*, Füllen *n* ⟨in/with ~ tragend⟩; **2.** *vi* abfohlen; *vt* Fohlen werfen; **~foot** ['~fʊt] *s* (*pl* **'~foots**) *Bot* Huflattich *m*

foam [fəʊm] **1.** *s* Schaum *m* ⟨~-crested schaumgekrönt⟩ | *auch* **~ rubber** Schaumgummi *m*; **2.** *vi* schäumen (*auch übertr*) ⟨~ing waves Gischt *f*; to ~ with rage *übertr* vor Wut schäumen⟩ | *übertr* vor Wut schäumen (**at** über) | schäumend fließen (**into** in); *vt* zum Schäumen bringen; **'~**

ex'tin·guish·er *s Tech* Schaum(feuer)löscher *m*; **ˌ~ 'rub·ber** *s* Schaumgummi *m*; **'~y** *adj* schaumig, schäumend | Schaum- | schaumartig

[1]**fob** [fɒb] **1.** *s* Uhrtasche *f* (in der Hose) | *auch* **'~ chain** Uhrkette *f* | Uhranhänger *m*; **2.** *vt* **(fobbed, fobbed)** in die Uhrtasche stecken

[2]**fob** [fɒb] *vt* **(fobbed, fobbed)** foppen, betrügen; **~ off** beiseite schieben, nicht beachten; **~ off on** (etw. jmdm.) aufhängen ⟨to ~ the faulty thing on the poor customer⟩; **~ off with** (etw.) abladen bei ⟨to ~ s.th. off with s.o. jmdm. etw. andrehen⟩ | (jmdn.) abspeisen mit ⟨to ~ s.o. off with a story⟩

f.o.b. [ˌefəʊ'bi:] *Abk Wirtsch* Fob *n*, frei an Bord

fob watch ['fɒb wɒtʃ] *s* Taschenuhr *f*

fo·cal ['fəʊkl] *adj Phys, Math* fokal, den Brennpunkt betreffend; **ˌ~ 'dis·tance,** *auch* **ˌ~ 'length** *s Phys, Foto* Brennweite *f* | *Math* Brennpunktabstand *m*; **ˌ~ 'line** *s Phys* Brennlinie *f*; **'~-plane ˌshut·ter** *s Foto* Schlitzverschluß *m*; **'~ point** *s Phys* Brennpunkt *m* | *übertr* Mittelpunkt *m*, Brennpunkt *m*; **'~ize** *vt* in den Brennpunkt rücken | *Med* lokalisieren; *vi* (Krankheit) sich lokalisieren **(in** in)

fo'c'sle, *förml auch* **fore·castle** ['fəʊksl] *s Mar* Vorderdeck *n*, Back *f*

fo|cus ['fəʊkəs] **1.** *s* (*pl* **~cuses** [~ɪz], **'~ci** [~saɪ]) Brennpunkt *m* ⟨out of ≈ unscharf; to bring s.th. into ≈ etw. in den Brennpunkt rücken⟩ | *übertr* Zentrum *n*, Mittelpunkt *m* ⟨≈ of attention Blickpunkt *m* der Aufmerksamkeit⟩ | *Med* Herd *m* ⟨the ≈ of a disease⟩; **2.** **(~cus[s]ed, ~cus[s]ed)** *vt Foto* in den Brennpunkt rücken, richtig einstellen | *übertr* konzentrieren ⟨to ≈ one's efforts on alle Kraft richten auf⟩; *vi Phys* sich in einem Brennpunkt vereinigen | *umg* klar denken, sich konzentrieren; **'~cus·sing scale** *s Foto* Entfernungsskala *f*; **'~cus·sing screen, '~cus·sing glass** *s Foto* Mattscheibe *f*

fod·der ['fɒdə] **1.** *s* (Trocken-) Futter *n* | *scherzh* Futter *n*, Essen *n* | *übertr* Futter *n*, Material *n* ⟨cannon ~⟩; **2.** *vt* (Vieh) füttern; **'~ plant** *s* Futterpflanze *f*

foe [fəʊ] *s*, *bes poet* Feind *m*, Widersacher *m*, Gegner *m* ⟨to be a ~ to s.th. e-r Sache schaden⟩; **'~man** *s* (*pl* **'~men**) *arch* Feind *m*

foe|tal ['fi:tl], *auch* **fe|tal** *adj* fötal | Fötus-; **~'ta·tion** *s Med* Bildung *f* eines Fötus; **'~ti·cide** *s Jur* illegale Abtreibung; **'~tus** *s* Fötus *m*, Leibesfrucht *f*

[1]**fog** [fɒg] **1.** *s* (dichter) Nebel | Nebelperiode *f* | Rauch *m* | Dunst *m* | *Foto* Schleier *m* | *übertr* Verworrenheit *f*, Umnebelung *f* ⟨in a ~ *umg* verwirrt, verlegen⟩; **2.** **(fogged, fogged)** *vt* umnebeln, in Nebel hüllen | verdunkeln, verdüstern | *Foto* einen Schleier ergeben auf | (*meist pass*) *übertr* verwirren, umnebeln ⟨to be a bit ~ged etw. verwirrt sein⟩; *vi* neblig werden | düster werden | *Foto* verschleiern | *Brit Eisenbahn Sl* Nebensignale geben

[2]**fog** [fɒg] **1.** *s* Grummet *n* | Wintergras *n*; **2.** *vt* **(fogged, fogged)** Wintergras stehen lassen auf | (Tiere) mit Wintergras füttern

fog|bank ['fɒgbæŋk] *s* Nebelbank *f*; **'~bound** *adj* (Flugzeug, Schiff) von Nebel aufgehalten, durch Nebel behindert ⟨≈ travellers durch Nebel an der Weiterreise gehinderte Passagiere⟩

fo·gey ['fəʊgɪ], *bes Am* **fo·gy** *s*, *meist* **old ~** komischer alter Kauz | Erzkonservativer *m*; **'~ish** *adj* altmodisch; stockkonservativ, philisterhaft; **'~ism** *s* Philistertum *n*

fog|gy ['fɒgɪ] *adj* neblig ⟨≈ weather⟩ | düster, dunstig | *Foto* verschleiert | *übertr* wirr, verworren, nebelhaft, unklar ⟨a ≈ idea; I haven't the ~giest idea ich habe nicht die leiseste Ahnung⟩; **'~horn** *s* Nebelhorn *n* (*auch übertr*) ⟨to have a voice like a ≈ *verächtl* ein unangenehm lautes Organ haben, schreien⟩; **'~ ˌsig·nal** *s* Nebelsignal *n*

foi·ble ['fɔɪbl] *s übertr* Schwäche *f*, schwache Seite

foie gras [ˌfwɑ: 'grɑ:] *s* ⟨*frz*⟩ *Kochk umg* Gänseleberpastete *f*

[1]**foil** [fɔɪl] **1.** *s* Folie *f*, Blattmetall *n* ⟨tin ~ Zinnfolie *f*, Silberpapier *n*⟩ | (Spiegel-) Belag *m* | Glanzblättchen *n* | Einfassung *f*, Unterlage *f* | *Arch* (gotisches) Maßwerk, Blattverzierung *f* | *übertr* Folie *f*, Kontrast *m*, Hintergrund *m* **(for, to** für, zu) ⟨to act/serve as a ~ to, to form a ~ to s.o. jmdm. als Folie dienen, einen Kontrast abgeben für jmdn.⟩; **2.** *vt Tech* mit Metallfolie belegen | mit Blattverzierung schmücken | *übertr* durch Kontrast besonders hervorheben

[2]**foil** [fɔɪl] **1.** *vt* vereiteln, zunichte machen ⟨to ~ s.o.'s plans⟩ | hindern, entgegentreten ⟨to ~ s.o. in an action⟩ | *selten* überwinden | (Jagd) (Spur) verwischen, zertrampeln; **2.** *s* (Jagd) Spur *f* | *arch* Niederlage *f*

[3]**foil** [fɔɪl] *s* Florett *n*; **'foils·man** *s* (*pl* **'foilsmen**) Florettfechter *m*

foist [fɔɪst] *vt*, *auch* **~ in[to]** (heimlich) (hin)einschmuggeln | unterschieben; **~ on** (jmdm. etw.) aufladen, aufbürden, aufdrängen, (jmdn. mit etw.) belasten ⟨he ~ed himself on them er hat sich ihnen aufgedrängt; to ~ one's company on s.o.⟩ | in die Schuhe schieben ⟨to ~ an idea on s.o. jmdm. einen Gedanken unterstellen⟩; **~ off on** an-, aufdrehen, aufschwatzen ⟨to ~ off s.th. on s.o. jmdm. etw. aufhalsen⟩

[1]**fold** [fəʊld] **1.** *s* Pferch *m*, (Schaf-) Hürde *f* | *übertr Rel* Schoß *m* der Kirche, Gemeinde *f* der Gläubigen ⟨to return to the ~ heimkehren (*meist* in den Schoß der Kirche)⟩; **2.** *vt* (Schafe) einpferchen | (Land) mit Schafdung düngen

[2]**fold** [fəʊld] **1.** *vt* falten | falzen, kniffen, einbiegen | *Tech* bördeln | (Hände) falten ⟨to ~ one's hands⟩ | (Arme) kreuzen ⟨to ~ one's arms die Arme verschränken⟩ | einhüllen, einschließen (*auch übertr*) **(in** in) ⟨to ~ s.th. [up] in paper etw. in Papier einwickeln; to ~ s.o. in one's arms jmdn. umarmen⟩; **~ back** zurückschlagen ⟨to ≈ the bedclothes die Bettdecke aufschlagen⟩; **~ down** umkniffen; **~ in** *Kochk* einrühren, unterziehen ⟨≈ 3 eggs⟩; **~ s.th. round** etw. einschlagen; **~ up** zusammenfalten, -schlagen, -legen ⟨to ≈ a newspaper⟩; *vi* sich falten | sich schließen | sich zusammenlegen lassen; **~ back** sich zurückschlagen lassen; **~ up** *übertr umg* zusammenbrechen | *Wirtsch* bankrott machen; **2.** *s* Falte *f* | Knitter *m* | Umschlag *m* ⟨to put s.th. into the ~ of a newspaper etw. in eine gefaltete Zeitung legen⟩ | Falz *m*, Kniff *m*, Bruch *m* | (Fluß) Windung *f* | *Geol* Falte *f*, Senkung *f* | *Tech* Bördel *m* | *Typ* Bogen *m*

-fold [fəʊld] *suff zur Bildung von adj mit der Bedeutung*: -fach, -faltig (*z. B.* **fourfold**; **manifold)**

fold|a·way ['fəʊldəweɪ] *adj* zusammenklappbar ⟨≈ box⟩ | einklappbar ⟨≈ door⟩; **'~boat** *s* Faltboot *n*; **'~er** *s* Falzer *m* | *Tech* Falzbein *n*, -maschine *f* | kleine Broschüre, Prospekt *m* | Aktendeckel *m*, Schnellhefter *m*, Mappe *f*; **'~ers** *s/pl* (Klapp-) Kneifer *m*, Lorgnette *f*; **'~ing** **1.** *s* Falten *n*; **2.** *adj* zusammenlegbar | Falt- | Klapp- | Falz-; **'~ing 'bed** *s* Klapp-, Feldbett *n*; **'~ing 'boat** *s* Faltboot *n*; **'~ing 'chair** *s* Klappstuhl *m*; **'~ing 'doors** *s/pl* Flügeltür *f* | Harmonikatür *f*; **'~ing 'mon·ey** *s urspr Am Sl* Papiergeld *n*, **'~ing 'screen** *s* spanische Wand; **'~ing 'seat** *s Kfz* Notsitz *m*; **'~ing 'stool** *s* Klapp-, Feldstuhl *m*; **'~ing 'ta·ble** *s* Klapptisch *m*

fo·li·a ['fəʊlɪə] *s/pl* von ↑ **folium**

fo·li|a·ceous [ˌfəʊlɪ'eɪʃəs] *adj Bot, Arch* blattförmig | beblättert | Blatt-, Blätter-; **~age** ['fəʊlɪɪdʒ] *s* Laub-, Blattwerk *n* ⟨≈ plant Blattpflanze *f*⟩; **'~aged** *adj* belaubt; **'~ar** *adj* Blatt-; **~ate** ['fəʊlɪɪt] *adj* blattförmig | belaubt; ['fəʊlɪeɪt] *vt Arch* mit Blattverzierung schmücken | *Tech* mit Folie belegen | *Tech* zu Blättern schlagen | *Buchw* paginieren; *vi Bot* Blätter treiben | sich in Blättchen spalten; ˌ~ˈ**a·tion** *s Bot* Blattbildung *f*, -stellung *f*, Belaubung *f* | *Arch* Blätterschmuck *m* | *Tech* Belegen *n* (mit Folie) | *Buchw* Paginieren *n* | *Geol* Schieferung *f*; ˌ~ˈ**a·ture** *s* Laub-, Blattwerk *n*

fo·lio [ˈfəulıəu] **1.** *s* Blatt *n* | *Buchw* Folio(blatt) *n*, Folioformat *n* | nur auf der Vorderseite numeriertes Blatt | Foliant *m* | *Wirtsch* zwei gegenüberliegende Seiten *f/pl* des Hauptbuches | *Jur* Einheitswortzahl *f* (e-s Dokumentes) (*Brit* 72 *od* 90, *Am* 100 Wörter); **2.** *adj* Folio- ⟨~ edition⟩; **3.** *vt* (Buch) (nach Blättern) paginieren | mit Seitenzahlen versehen; **fo·li·um** [ˈfəulıəm] *s* (*pl* **fo·li·a**) *selten* Blatt *n*, Blättchen *n* | Lamelle *f* | *Geol* dünne Schicht

folk [fəuk] *s collect* (*pl konstr*) Volk *n*, Nation *f* | Leute *pl* ⟨country ~ Leute *pl* vom Land⟩ | Gefolge *n*, Dienerschaft *f* | *auch* **folks** *pl umg* Leute *pl* ⟨~s say man sagt⟩; **folks** *pl umg* Verwandte *pl*, bes. Eltern *pl* ⟨the old ~s at home meine Leute⟩ | *umg* (Anrede) Freunde *m/pl* ⟨well, ~s⟩; ˈ~ **dance** *s* Volkstanz *m*; ˌ~ **et·yˈmol·o·gy** *s Ling* Volksetymologie *f*; ˈ~**lore** *s* Folklore *f*, Volkskunde *f*; ˈ~ ˌ**mu·sic** *s* Volksmusik *f*; ˈ~ **song** *s* Volkslied *n*; ˈ~ ˌ**sto·ry**, ˈ~ **tale** *s* Volkssage *f*; ˈ~**sy** *adj iron* volkstümelnd, volkstümlerisch, sich anbiedernd ⟨a ≈ commentator⟩ | kitschig, Volkskunst imitierend ⟨a ≈ teapot⟩ | einfach, simpel, volkstümlich ⟨a ≈ composition⟩ | *umg* gesellig; ˈ~**way** *s* (*meist pl*) traditionelle Lebensart, -weise

fol·li·cle [ˈfɒlıkl] *s Anat* Follikel *m* | *Bot* Fruchtbalg *m*

fol·low [ˈfɒləu] **1.** *vt* folgen (auf) ⟨to ~ close auf dem Fuße folgen⟩ | begleiten ⟨to ~ a friend⟩ | nachfolgen, ver-; nachgehen ⟨to ~ a road⟩ | (Vergnügen, Arbeit u. ä.) nachgehen ⟨to ~ a trade einem Handwerk nachgehen⟩ | (Rat) befolgen ⟨to ~ s.o.'s advice⟩ | sich halten an ⟨to ~ the fashion⟩ | nachahmen ⟨to ~ suit es jmdm. gleichtun⟩ | verstehen ⟨do you ~ me? können Sie mir folgen?; to ~ an argument ein Argument verstehen⟩ | gehorchen, dienen | (Ziel) erstreben | folgen aus, die Folge sein von ⟨famine ~d drought auf die Dürre folgte e-e Hungersnot⟩ | verfolgen, beobachten ⟨to ~ a play⟩; ~ **a·bout/a·round** (jmdm.) überall(hin) folgen ⟨she always ~s her mother about⟩; ~ **out** durchführen, befolgen ⟨to ≈ an enterprise ein Unternehmen zu Ende führen⟩ | *auch* ~ **home** (Idee, Vorschlag u. ä.) zu Ende denken ⟨he didn't ~ it home⟩; ~ **up** eifrig verfolgen, auf den Fersen bleiben | (etw.) ausnutzen ⟨to ≈ an advantage sich e-n Vorteil zunutze machen⟩ | reagieren auf, beantworten (**with** mit) ⟨to ≈ a letter with a visit⟩; *vi* folgen ⟨as ~s wie folgt⟩ | später folgen, nachfolgen ⟨letter to ~ Brief folgt⟩ | zeitlich folgen (**on, upon** auf) | sich ergeben, notwendigerweise folgen (**from** aus) ⟨it ~s that daraus folgt, daß⟩; ~ **on** weitergehen; ~ **through** *Sport* durchschwingen, einen Schlag durchziehen; ~ **up** *Mil* nachstoßen; **2.** *s* Folgen *n* | (Billard) Nachläufer *m*; ˈ~**er** *s* Verfolger *m* | Anhänger *m*, Schüler *m*, Jünger *m* | Diener *m* | *Hist* Gefolgsmann *m* | Begleiter *m* | *Sl* Mitläufer *m* | *Brit umg* Verehrer *m* (bes. e-s Dienstmädchens); ˈ~**ers** *pl* Gefolge *n*; ˈ~**ing 1.** *s* Gefolge *n*, Gefolgschaft *f* | *Pol* Anhängerschaft *f*; **2.** *adj* folgend | *Flugw* Rücken- ⟨≈ wind⟩ ◇ **the ~ing** folgendes, die folgenden; **3.** *präp* nach ⟨≈ the visit there will be others⟩; ˌ~**-my-ˈlead·er** *s* (Kinderspiel) Nachmachen *n* von Bewegungen; ˌ~**-ˈon** *s* Nachfolge *f*, Fortsetzung *f*; ˌ~ˈ**through** *s Sport* (Schlag) Durchziehen *n*; ˌ~**-up 1.** *s* Weiterverfolgen *n*, Weiterverfolgung *f* (einer Sache) | Auswertung *f* | *Med* Nachbehandlung *f* | *Mil* Nachdrängen *n*, -stoßen *n*; **2.** *adj* weiter(er, -e, -es), Weiter-, weiterführend ⟨≈ letter Nachlaßschreiben *n*; ≈ file Wiedervorlagemappe *f*; ≈ order *Wirtsch* Anschlußauftrag *m*; ≈ treatment *Med* Nachbehandlung *f*⟩

fol·ly [ˈfɒlı] *s förml* Torheit *f*, Narrheit *f*, Dummheit *f* | unsinniger Gedanke | (*oft pl*) törichtes Unterfangen, verrückte Handlung | unsinniges Bauwerk

fo·ment [fəˈment|fəu-] *vt Med* bähen, mit warmen Umschlägen behandeln, warm baden | *übertr* anstiften, erregen ⟨to ~ discontent Unzufriedenheit erzeugen⟩; ˌ**fo·menˈta·tion** *s Med* Bähen *n*, Warmwasserbehandlung *f*, feuchte Umschläge | *übertr* Anfeuern *n*, Anstiften *n*

fond [fɒnd] *adj*, *präd* in: **be ~ of s.o./s.th.** jmdn. *od* etw. gern haben ⟨to be ~ of music; to be too ~ of talking gern viel reden⟩ | lieb, liebevoll ⟨a ~ wife⟩ | zärtlich ⟨~ looks⟩ | vernarrt ⟨a ~ mother⟩ | illusionär, übertrieben zuversichtlich ⟨~ hopes⟩

fon·dant [ˈfɒndənt] *s* Fondant *n*, Zuckerzeug *n*

zärteln ⟨to ~ a baby⟩; *vi* lieb sein, sich anschmiegen

fond·ly [ˈfɒndlı] *adj* naiverweise, leichtfertig, unrealistisch-

fond·ly [ˈfɒndlı] *adj* naiverweise, leichtfertig, unrealistisch (erweise) ⟨to ~ imagine s.th. sich in etw. steigern⟩ | lieb, freundlich, herzlich

fond·ness [ˈfɒndnəs] *s* Zärtlichkeit *f*, Verliebtheit *f* | Vorliebe *f*, Hang *m* (**for** für) | Leichtgläubigkeit *f* | übertriebene Zärtlichkeit, Vernarrtheit *f*

fon·du[e] [ˈfɒndju:] *s Kochk* Fondue *f*

[1]**font** [fɒnt] *s* Taufbecken *n*, -stein *m* | Weihwasserbecken *n* | (Lampe) Ölbehälter *m*; ˈ~**al** *adj* ursprünglich | Tauf-, Ur-

[2]**font** [fɒnt] *Am* = **fount**

food [fu:d] *s* Speise *f*, Nahrung *f*, Essen *n* | Lebens-, Nahrungsmittel *n/pl* ⟨~ rationing Lebensmittelrationierung *f*⟩ | Futter *n* | *übertr* Nahrung *f*, Stoff *m* ⟨~ for meditation Stoff *m* zum Nachdenken⟩; ˈ~ ˌ**poi·son·ing** *s* Lebensmittelvergiftung *f*; ˈ~ **proˌces·sor** *s* Küchenmaschine *f*; ˈ~ ˌ**sci·ence** *s* Ernährungswissenschaft *f*; ˈ~ **stamp** Lebensmittelgutschein *m*; ˈ~**stuff** *s* Nahrungsmittel *n* | Nährstoff *m*; ˈ~ **supˌply** *s* Lebensmittelversorgung *f*; ˈ~ ˌ**val·ue** *s* Nährwert *m*

fool [fu:l] **1.** *s* Narr *m*, Tor *m*, Dummkopf *m* | Hanswurst *m* | *Hist* Hofnarr *m* | Gimpel *m* | *selten* Idiot *m*, Schwachsinniger *m* ◇ **a ~ and his money are soon parted** ein Narr behält sein Geld nicht lange *od* gibt sein Geld im Nu aus; **All ~'s Day** der 1. April; **there's no ~ like an old ~** Alter schützt vor Torheit nicht; **be a ~ to s.o.** gegen jmdn. ein Waisenknabe sein; **be no/nobody's ~** sich nicht zum Narren halten lassen; **be ~ to o.s./for one's pains** den Dummen machen; **make a ~ of o.s.** sich lächerlich machen; **make an April ~ of s.o.** jmdn. in den April schikken; **play the ~** Unsinn machen; **[the] more ~ you/him/them** du mußt *od* er muß ein Narr sein, sie müssen verrückt sein; **2.** *vt* (jmdn.) zum Narren halten, hänseln | täuschen, betrügen (**out of** um) | (jmdn.) verleiten (**into** *mit ger* zu *mit inf*); ~ **away** *umg* (etw. törichterweise) verschwenden, vergeuden; *vi* Faxen machen, Possen treiben | *auch* ~ **about** spielen (**with** mit) | *umg* Zeit vertrödeln (**with** mit); ~ **around** *bes übertr* herumspielen (**with** mit) | leichtfertig spielen (**with** mit) ⟨to ≈ with a girl e-m Mädchen leichtfertig Versprechungen machen⟩; **3.** *adj Am umg* dumm, verrückt; ˈ~**er·y** *verächtl s* Narrheit *f*, Torheit *f* | leichtfertige Handlung; ˈ~**har·dy** *adj* tollkühn; ˈ~**ish** *adj* töricht, albern, dumm ⟨a ≈ thing to do etw. ganz Dummes⟩ | lächerlich ⟨a ≈ answer⟩; ˈ~**proof** *adj* einfach, simpel, narrensicher ⟨a ≈ plan⟩ | *Tech umg* betriebssicher ⟨a ≈ machine eine Maschine, bei der man nichts falsch machen kann⟩; **fools·cap** [ˈ~skæp] *s* Kanzleipapier *n* | Folioformat *n*; **fool's cap** [ˈfu:lz kæp] *s* Narrenkappe *f*; ˌ~**'s ˈer·rand** *s* sinnlose Anstrengung, *bes* in: **go on a ˌ~'s ˈer·rand** sich vergeblich (ab)mühen; **send s.o. on a ˌ~'s ˈer·rand** jmdm. eine aussichtslose Aufgabe stellen; ˌ~**'s ˈgold** *s Chem* Katzengold *n* (Schwefelkies); ˌ~'s 'mate *s* (Schach) Schäfermatt *n od* Schustermatt *n*; ˌ~'s 'par·a·dise *s* Wolkenkuckucksheim *n*, *bes in*: **be/live in a ˌ~'s 'par·a·dise** sich Illusionen hingeben, in einem (verhängnisvollen) Irrtum befangen sein

foot [fʊt] **1.** *s* (*pl* **feet** [fi:t]) Fuß *m* | Fuß *m* (= 0,3048 m) ⟨a three-~-wide wall; 3 feet make one yard⟩ | (Strumpf) Füßling *m* | *Mil* Infanterie *f* | *Hist* Fußvolk *n* | (Tisch, Bett u. ä.) Fuß *m*, unteres Ende | Gang *m*, Schritt *m* ⟨swift of ~ schnellfüßig⟩ | *Metr* Versfuß *m* | *Mus* Refrain *m* | (*pl* **~s**) (Gerberei) Bodensatz *m*, Hefe *f* ◇ **on ~** zu Fuß; im Gange; **a ~ in both camps** *übertr* unentschiedene Haltung; **a ~ in the door** *übertr* ein Fuß in der Tür; **be on one's feet** auf den Beinen sein; *übertr* (wieder) bei Kräften sein; *übertr* finanziell auf eigenen Füßen stehen, unabhängig sein; **die on one's feet** *übertr* zusammenbrechen; **fall on one's feet** *übertr umg* stets Glück haben; **find one's feet** (Kind) laufen können; *Brit übertr* selbständig handeln; **have one ~ in the grave** *übertr* mit einem Fuß im Grabe stehen, altersschwach sein; **get a ~ in** *übertr umg* mitmischen können bei; **get to one's feet** aufstehen, sich erheben; **have got one's feet in** *übertr umg* sich hineingedrängt haben in; **have/get cold feet** *übertr* kalte Füße *od* Angst haben *od* bekommen; **keep one's feet** nicht ausrutschen; **know the length of s.o.'s feet** *Brit Sl* jmds. schwache Seiten kennen; **my ~!** das glaube ich nicht!; **put one's ~ down** *umg* protestieren; sich nicht abbringen lassen; *Brit Sl* Gas geben, rasen; **put one's foot up** *umg* sich ausruhen; **put one's ~ in it** *umg* ins Fettnäpfchen treten; **put a ~ wrong** (*neg*) *übertr* etw. Falsches sagen ⟨he never puts a ~ wrong⟩; **put/set one's best ~ foremost** *umg* sein Bestes tun; einen guten Eindruck machen; **set ~ in a country** ein Land betreten; **set s.o. (s.th.) on his (its) feet** *übertr* jmdn. (etw.) unabhängig machen; etw. in Gang bringen; **set s.th. on foot** *übertr* in Gang bringen; **sweep/carry s.o. off his feet** *übertr* jmdn. überwältigen, jmdn. begeistern; **under ~** am Boden, auf der Erde ⟨wet under ~ nasser Boden⟩; **2.** *vi, meist* **~ it** tanzen | *meist* **~ it** *umg* zu Fuß gehen, tippeln | (Schiff u. ä.) sich bewegen | insgesamt ergeben ⟨to ~ up to sich belaufen auf⟩; *vt* betreten, treten auf | tanzen auf | mit den Fängen *od* Krallen ergreifen | (Füßling) anstricken | *auch* **~ up** zusammenrechnen ⟨to ~ a bill eine Rechnung begleichen⟩ | *übertr* bewerkstelligen, auf die Beine bringen; **'~age** *s* Länge *f* (in Fuß) | *Film* abgedrehter Film, Filmlänge *f*; belichtetes Material; **ˌ~-and-'mouth disˌease** *s Vet* Maul- und Klauenseuche *f*; **'~ball** *s* Fußball(spiel) *m*(*n*) | *Am* (e-e Art) Rugby *n* | *verächtl* Spielball *m* ⟨a political ≈⟩; **'~ball pools** (Fußball-) Toto *n*; **'~bath** *s* Fußbad *n*; **'~board** *s* Trittbrett *n*; **'~boy** *s* (Hotel- u. ä.) Boy *m* | *Hist* Page *m*; **'~ brake** *s* Fußbremse *f*; **'~bridge** *s* Fußgängerbrücke *f*, Steg *m*; **'~ conˌtrol** *s* Fußsteuerung *f*; **'~ed** *adj* (*in Zus*) -füßig ⟨4-≈; flat-≈⟩; **'~er** *s Brit umg selten* Fußball(spiel) *m*(*n*) | (*in Zus*) ... Fuß große Person ⟨a 6-≈ ein über 1,80 m großer Mensch⟩ | etw., das ... Fuß hoch, lang *od* breit ist ⟨an 80 ≈ ein 80 Fuß weiter Wurf⟩; **'~fall** *s* (Geräusch eines) Schritt(es) *m*, Tritt *m*; **'~ fault** (Tennis) **1.** *s* Fußfehler *m*; **2.** *vi* einen Fußfehler machen; **'~ gear** *s* Schuhwerk *n*; **'~guards** *s/pl Brit Mil* Gardeinfanterie *f*, Fußgarde *f*; **'~hill**, *meist* **'~hills** *s/pl* Vorgebirge *n*, Vorberge *m/pl*; **'~hold** *s* fester Stand, Halt *m*, Stütze *f* (*auch übertr*); **ˌ~-in-'mouth** *adj umg* unverfroren, unbekümmert, unüberlegt ⟨a ≈ statement⟩; **ˌ~-in-ˌmouth di'sease** *s umg* Unverfrorenheit *f*, Ungeschicklichkeit *f*; **'~ing** *s* Platz *m* zum Stehen | Halt *m*, Stand *m* ⟨to lose one's ≈ ausgleiten⟩ | *übertr* Stellung *f* ⟨to get a ≈ in society von der Gesellschaft akzeptiert werden⟩ | Auftreten *n* der Füße, Schritt *m* | *Arch, Tech* Fuß *m*, Fundament *n* | *übertr* Situation *f*, Zustand *m* ⟨to be on a friendly ≈ with s.o. mit jmdm. Freundschaft halten; on a peacetime ≈ im Friedenszustand⟩ | Einstand(sgeld) *m*(*n*) | Gesamtsumme *f* | *übertr* Stützpunkt *m*, Basis *f*

foot·le ['fu:tl] *umg* **1.** *s* Unsinn *m*, Albernheit *f*; **2.** *vi* dumm daherreden ⟨to ~ about herumalbern⟩; *vt, meist* **~ away** verschwenden ⟨to ~ away one's time die Zeit verplempern⟩

foot|less ['fʊtləs] *adj* ohne Füße, fußlos | *Am übertr umg* ungeschickt, tolpatschig, dumm; **'~lights** *s/pl Theat* Rampenlicht *n* | *Theat* Rampe *f* ⟨to get across the ≈ beim Publikum ankommen⟩ | *übertr* Schauspieler(stand) *pl*(*m*) ⟨to dream of the ≈ träumen, einmal auf der Bühne zu stehen⟩

foot·ling ['fu:tlɪŋ] *adj verächtl* albern | unbedeutend ⟨~ amateurs Pfuscher *m/pl*⟩

foot|loose ['fʊtlu:s] *adj* frei, unbekümmert, unbeschwert ◇ **~loose and fancy-free** frei und ohne Sorgen

foot|man ['fʊtmən] *s* (*pl* **'~men**) Lakai *m*, Bedienter *m*; **'~mark** *s* Fußspur *f*; **'~note 1.** *s* Fußnote *f*; **2.** *vt* mit Fußnoten versehen; **'~pace** *s* langsamer Schritt; **'~pad** *s arch* Straßenräuber *m*; **'~ ˌpas·sen·ger** *s* Fußgänger *m*; **'~path** *s* Pfad *m*, Feldweg *m* | (ungepflasterter) Fußweg; **'~plate** *s Eisenb* Plattform *f* für Lokomotivführer und Heizer ⟨≈ workers Lokomotivpersonal *n*⟩; **ˌ~-'pound** *s Phys* Fußpfund *n*; **'~print** *s* Fußstapfe *f*; **'~race** *s* Wettlauf *m*; **'~ rest** *s* Schemel *m*, Fußbank *f*; **'~ rot** *s* (Schaf) Fußfäule *f* | *Bot* Stengelkrankheit *f*; **'~ rule** *s Tech* Zollstock *m*; **~sie** ['fʊtsɪ], *in*: **play ~sie** *Brit umg* (unter dem Tisch) mit den Füßen spielen (**with s.o.** mit jmdm.) | *Am Sl* unter einer Decke stecken (**with** mit); **'~slog** *vi Sl* latschen; **'~ˌslog·ger** *s Sl* Fußlatscher *m*, Infanterist *m*; **'~ ˌsol·dier** *s Mil* Infanterist *m*; **'~sore** *adj* fußkrank; **'~stalk** *s* Stengel *m*, Stiel *m*; **'~stall** *s Arch* Piedestal *n*, Säulenfuß *m* | Damensteigbügel *m*; **'~ ˌstart·er** *s Kfz* Fußstarter *m*, Tretanlasser *m*; **'~step** *s* Fußstapfe *f*, -spur *f* | Schritt *m*, Tritt *m* ⟨to follow in s.o.'s ≈s *übertr* in jmds. Fußstapfen treten⟩; **'~stool** *s* Fußbank *f*; **'~sure** *adj* sicher, ohne zu stolpern; **'~wear** *s* Schuhwerk *n*, Fußbekleidung *f*; **'~work** *s Sport* Beinarbeit *f*; **'~worn** *adj* aus-, abgetreten | (fuß)wund

fop [fɒp] *s* Geck *m*, Stutzer *m*; **'~per·y** *s* Geckenhaftigkeit *f*, Ziererei *f*; **'~pish** *adj* geckenhaft, geziert, stutzerhaft

[1]**for** [fə|fɔ:] **1.** *präp* für, zu (Zweck, Absicht) ⟨a book ~ John; books ~ children Kinderbücher *pl*; destined ~ posterity für die Nachwelt bestimmt; eager ~ work arbeitshungrig; to work ~ one's living s-n Lebensunterhalt verdienen; what is this ~? wofür ist das?, wozu dient das?; it's ~ pleasure es ist zum Vergnügen; ~ fun zum Spaß; a room ~ living ein Raum zum Wohnen; it will do ~ a knife es geht als Messer; a bag ~ carrying e-e Tasche zum Tragen, e-e Tragetasche⟩ | nach, zu (Zielort) ⟨the train ~ Brighton der Zug nach Brighton; a ticket ~ Leeds e-e Fahrkarte nach Leeds; to run ~ shelter Schutz *od* Unterschlupf suchen; to swim ~ the shore Richtung Ufer schwimmen; to set off ~ school zur Schule aufbrechen⟩ | für (Zeit) ⟨to invite s.o. ~ 8 o'clock jmdn. für 8 Uhr einladen; ~ the 3rd of March für den *od* zum 3. März; ~ the last time zum letzten Mal⟩ | für Vertreter ⟨three German words ~ an English word; the MP ~ Stoke der Abgeordnete für Stoke⟩ | für, an Stelle von ⟨to do it ~ s.o.; I speak ~ you; change ~ a pound Wechselgeld *n* für ein Pfund⟩ | für, zu, als (Repräsentant, Teil von) ⟨to take s.o. ~ a fool jmdn. für e-n Narren halten; goose ~ dinner Gans *f* zum Essen; I ~ one was mich betrifft; ~ a change zur Abwechslung; ~ example/instance zum Beispiel, beispielsweise⟩ | für, zugunsten von, im Sinne von ⟨to be ~ s.o. (s.th.) sein *od* sich einsetzen

für jmdn. (etw.); ~ or against (da)für *od* (da)gegen; to vote ~ s.th. für etw. stimmen, etw. wählen⟩ | für, (zur Abhilfe) gegen ⟨a medicine ~ your cold ein Mittel für *od* gegen deine Erkältung; an operation ~ a disease e-e Operation gegen e-e Krankheit⟩ | auf, zu (um zu erhalten *od* haben) ⟨to wait ~ a bus auf e-n Bus warten *od* warten bis ein Bus kommt; to write ~ details Einzelheiten anfordern; to go ~ a walk spazierengehen; to run ~ one's life um sein Leben laufen; here's ~ your health auf daß Sie gesund bleiben!⟩ | betreffend, bezüglich, was anbelangt ⟨~ my part was mich betrifft; as ~ you was dich *od* Sie angeht⟩ | für, wegen, vor, aus (Ursache) ⟨~ this reason deshalb, aus diesem Grund(e); ~ his work für s-e Arbeit; ~ his performance für *od* wegen s-r Arbeit; to weep ~ joy vor Freude weinen; ~ fear aus Furcht⟩ | für, gegenüber (Betreff, Hinsicht) ⟨an ear ~ music ein Ohr für Musik; famous ~ s.th. berühmt für etw. *od* wegen e-r Sache; to be all right ~ money mit dem Geld zurechtkommen, genügend Geld haben; respect ~ s.o. Hochachtung *f* für jmdn.; to be o.k. ~ shoes mit dem Schuhwerk zurechtkommen; ~ all I know soweit ich weiß; unfortunately ~ her ... zum Unglück für sie ...⟩ | für, zu (Eignung) ⟨ready ~ action bereit zum Kampf (*auch übertr*); the right person ~ the job der Richtige *od* die Richtige für den Posten; it's not ~ you to do this es gehört sich nicht *od* es ist nicht deine Aufgabe, daß du das tust⟩ | für, zu, anläßlich, angelegentlich ⟨~ s.o.'s birthday zu jmds. Geburtstag; ~ Easter zu Ostern⟩ | (*nach comp*) nach, wegen, auf Grund von ⟨it's worse ~ wear es ist stark abgenützt *od* abgetragen; you're much better ~ your experience auf Grund deiner Erfahrung bist du (jetzt) viel besser⟩ | für, in Anbetracht von ⟨small ~ a elephant klein für e-n Elefanten; too hot ~ spring zu heiß für den Frühling⟩ | *meist* ~ **all** trotz ⟨~ all his money trotz s-s vielen Geldes, mit all s-m Geld⟩ | für, zum Preis von ⟨~ £ 2; not ~ anything nimmermehr, not ~ the world um keinen Preis (der Welt), nicht um alles in der Welt⟩ | (als Preis, Lohn) für ⟨to pay £ 1 ~ it ein Pfund dafür bezahlen; good marks ~ s.o. gute Noten für jmdn.⟩ | für (Menge, Wert), in Höhe von ⟨a cheque ~ £ 100; good ~ 20 performances gültig für 20 Vorstellungen⟩ | (vor **each, every**, Zahlen) für, bei, gegenüber (*oft* kontrastierend) ⟨~ every win für jeden Gewinn; ~ 100 passes there were only 5 failures gegenüber 100 bestandenen Prüfungen gab es nur fünfmal "Nicht bestanden"⟩ | (Entfernung) weit, lang ⟨to walk ~ a mile e-e Meile (weit) laufen; ~ mile upon mile meilenweit; to stretch ~ many miles sich meilenweit *od* -lang erstrecken⟩ | (Zeitraum) lang ⟨to talk ~ hours stundenlang reden; it lasts ~ 20 minutes es dauert 20 Minuten (lang); to be out ~ long lange draußen *od* wegbleiben⟩ | (*nach präs perf*) seit (Zeitraum) ⟨I haven't seen you ~ years ich habe dich seit Jahren *od* jahrelang nicht gesehen⟩

(*vor s, pron + v im inf* für e-n Nebensatz): (*vor s als Subjekt*) für; daß, wenn ⟨~ a young mother to smoke is dangerous für e-e junge Mutter ist es gefährlich, zu rauchen; es ist gefährlich, wenn e-e junge Mutter raucht⟩; (*nach* be) daß ⟨our idea was ~ John to go ahead unsere Vorstellung war, daß John vorausgehen *od* abfahren sollte⟩; (*nach adj, adv, oft mit* **too, enough** für; wenn, daß ⟨it's bad ~ him to lose es ist schlecht für ihn, zu verlieren; es ist schlecht, wenn er verliert; it's all right/all very well ~ you to say that du hast gut reden; she walks too fast ~ him to follow sie läuft zu schnell für ihn; sie läuft so schnell, daß er ihr nicht folgen kann; is this cheap enough ~ you to buy? ist das billig genug für dich, (um es) zu kaufen; ist das billig genug, daß du es kaufen kannst?⟩; (*nach s*) für, daß ⟨there's no time ~ you to read it du hast keine Zeit, es zu lesen; it's a house ~ you to live in es ist ein Haus für dich, wo du wohnen kannst⟩; (*nach v*) daß, wenn ⟨I can't bear ~ her to be hurt ich kann es nicht ertragen, daß *od* wenn sie sich verletzt⟩; (*nach* than) als daß ⟨there was nothing better than ~ him to leave das Beste, was er tun konnte, war zu gehen; ihm blieb nur zu gehen⟩; falls, wenn, daß ⟨his trainer must have done a lot ~ him to perform so well sein Trainer muß eine Menge getan haben, daß er so gut war⟩; damit, um zu ⟨I've brought it ~ you to look at ich habe es mitgebracht, damit du es dir anschaust *od* für dich zum Anschauen; the time came ~ the plants to grow die Zeit kam, daß die Pflanzen wuchsen; the bell rang ~ the race to begin die Glocke läutete, damit das Rennen losgehen konnte; die Glocke läutete das Rennen ein; ~ the roses to blossom the sun had to be warmer damit die Rosen blühen konnten, mußte die Sonne wärmer werden; he did it, as if ~ the others to accept him er tat es, damit ihn die anderen akzeptierten⟩ | *förml, Am* nach, zu Ehren von ⟨named ~ a former king nach e-m früheren König benannt⟩

◇ **be ~ it** *Brit umg* dran sein, bestraft werden ⟨you'll be ~ it if they find out wenn es (he)rauskommt, bist du dran⟩; **~ all that** trotz allem, trotz alledem ⟨a man's a man, ~ all that ein Mensch ist ein Mensch, trotz allem (Burns)⟩; obwohl, trotz der Tatsache, daß ⟨~ all that he's a good swimmer, he couldn't save her obwohl er ein guter Schwimmer ist, konnte er sie nicht retten⟩; **if it weren't/hadn't been ~ ...** wenn nicht ... gewesen wäre; **that's ... ~ you** *oft verächtl* das ist typisch für ... ⟨not answering letters, that's Jim ~ you keine Briefe zu beantworten, das ist typisch für Jim⟩; **there's ... ~ you** *iron, verächtl* das ist genau das Gegenteil von ..., das nenne ich ... ⟨there's hospitality ~ you das ist mir eine schöne Gastfreundschaft⟩

2. *conj* (immer nach dem Hauptsatz) *förml, lit* denn, weil ⟨he told the truth, ~ he couldn't otherwise er sprach die Wahrheit, denn er konnte nicht anders⟩ | (am Satzanfang) fürwahr, wirklich ⟨~ he's a jolly good fellow⟩

[2]**for** *Abk von* **foreign**

for·age ['fɒrɪdʒ] **1.** *s* Fourage *f*, Futter *n* | Futtersuche *f* | *Am* Futterpflanze *f*; **2.** *vi* Futter suchen | *auch* **~ about** *übertr* herumstöbern (**for** nach) | einen Streifzug machen; *vt Mil* plündern | mit Futter versorgen; '**~ cap** *s Brit umg* Feldmütze *f*

for·as·much [fərəz'mʌtʃ] *conj, bibl, Jur* nur in: **~ as** insofern als, da

for·ay [fɒreɪ] **1.** *s* räuberischer Einfall, Beutezug *m* ⟨to go on/make a ~⟩; **2.** *vt* plündern, verheeren; *vi* (aus)räubern | einfallen (**into** in)

for|bad [fə'bæd], **~bade** [fə'beɪd] *prät von* ↑ **forbid**

[1]**for·bear** ['fɔːbɛə] = **forebear**

[2]**for|bear** [fɔː'bɛə] (**~bore** [fɔː'bɔː], **~borne** [fɔː'bɔːn]) *vt* unterlassen, Abstand nehmen von, sich (e-r Sache) enthalten ⟨to ≈ a joke sich e-n Spaß verkneifen; I cannot ≈ *mit ger* ich kann nicht umhin zu *mit inf*; I ≈ to go into details ich möchte keine Einzelheiten anführen; to ≈ a suit *Jur* Klageerhebung unterlassen⟩ | ertragen, erdulden ⟨he could not ≈ to cry er konnte das Weinen nicht unterdrücken⟩; *vi* abstehen (**from** von) ⟨I cannot ≈ from asking you ich kann mich nicht enthalten, Sie zu fragen⟩ | nachsichtig sein; **~bear·ance** [fɔː'bɛərns] *s* Geduld *f* ⟨to show ≈ towards Nachsicht üben gegen; to show ≈ in *mit ger* Nachsicht zeigen in; to treat s.o. with ≈ jmdn. nachsichtig behandeln⟩ | (Schulden) Stundung *f*; **~'bear·ing** *adj* nachsichtig, geduldig ⟨a ≈ nature⟩

for|bid [fə'bɪd] *vt* (**~bad** [~'bæd] *od* **~bade** [~'beɪd], **~bid·den**

[~'bɪdn]) verbieten, hindern (**s.o. s.th.** jmdm. etw., **to** *mit inf* zu *mit inf*) ⟨God ~ that Gott bewahre, daß⟩ | (Sachen) unmöglich machen ⟨the circumstances ~ die Umstände lassen nicht zu⟩; **~'bid·dance** *s* Verbot *n*; **~'bid·den** *adj* verboten, untersagt ⟨≈ city; ≈ fruit; ≈ degrees nahe Blutsverwandtschaft, innerhalb derer eine Heirat verboten ist⟩ | *part perf von* ↑ **forbid; ~'bid·ding** *adj* verbietend | bedrohlich, gefährlich | abstoßend, abschreckend ⟨a ≈ sight⟩ | unangenehm ⟨a ≈ day⟩

for|bore [fɔ:'bɔ:] *prät* von ↑ [2]**forbear**; **~'borne** *part perf* von ↑ [2]**forbear**

force [fɔ:s] **1.** *s* Stärke *f*, Kraft *f* (*auch übertr*) ⟨the ~ of a blow die Wucht e-s Schlages; by main ~ mit aller Kraft; durch bloße Gewalt; ~ of character Charakterstärke *f*⟩ | Macht *f*, Gewalt *f* ⟨the ~s of nature die Naturgewalten *f/pl*; by ~ gewaltsam; by ~ of vermittels⟩ | Zwang *m*, Druck *m* | Nachdruck *m* | *Jur* Gültigkeit *f* ⟨to come into ~ in Kraft treten; to put a law into ~ ein Gesetz in Kraft setzen⟩ | Einfluß *m* | Bedeutung *f* ⟨the ~ of a word der exakte Bedeutungsumfang e-s Wortes⟩ | Truppe *f* ⟨the police ~ die Polizei; in ~ in großer Zahl⟩ | *oft* **'forces** *pl Mil* Heer *n*; Streitkräfte *f/pl*, Truppen *f/pl* ⟨the armed ≈ die Streitkräfte *pl*; to join ≈ with *übertr* die Kräfte vereinigen mit⟩; **2.** *vt* zwingen, nötigen ⟨to ~ s.o.'s hand jmdn. unter Druck setzen; to ~ s.o. to work hard jmdn. zwingen, schwer zu arbeiten; to ~ s.o. into doing s.th. jmdn. zwingen, etw. zu tun⟩ | erzwingen (**from** von) ⟨to ~ a confession from / out of s.o. von jmdm. ein Geständnis erzwingen⟩ | aufzwingen, aufdrängen (**upon s.o.** jmdm.) ⟨to ~ war upon s.o. jmdm. Krieg aufzwingen⟩ | erobern, erstürmen | Gewalt antun, schänden | *Bot, Biol* hochzüchten, künstlich zur Reife bringen | *übertr* schnell fördern ⟨to ~ a pupil⟩ | beschleunigen, forcieren ⟨to ~ one's pace Tempo zulegen; to ~ s.o.'s pace jmdn. antreiben; to ~ the ~ zu schnell machen⟩ | Preise (hoch)treiben | mühsam hervorbringen, -pressen ⟨to ~ a smile gezwungen lächeln; to ~ the top notes die hohen Töne quetschen⟩; **~ back** zurücktreiben; **~ down** *Flugw* zum Landen zwingen; **~ on** antreiben; **~ open** aufbrechen; **~ through** durchsetzen; **forced** *adj* er-, gezwungen | Zwangs- ⟨≈ labour Zwangsarbeit *f*; ≈ landing *Flugw* Notlandung *f*; ≈ loan Zwangsanleihe *f*; ≈ march Gewaltmarsch *m*; ≈ sale Zwangsversteigerung *f*⟩; **'~ 'feed** *s Tech* Druckschmierung *f*; **'~-feed** *vt* mästen, überfüttern (*auch übertr*) | zwangsernähren ⟨to ≈ a prisoner⟩; **,~-feed 'oil·er** *s Tech* Ölspritzkanne *f*; **'~ful** *adj* kräftig, energisch | eindringlich | gewaltsam; **,~-'land** *vi Flugw* notlanden; **'~less** *adj* kraftlos; **~ ma·jeure** [,fɔ:s mæ'ʒɜ:] *s* ⟨*frz*⟩ höhere Gewalt; **'~meat** *s Kochk* Farce *f*, gehacktes Füllfleisch, Füllsel *n*

for|ceps ['fɔ:seps] *s* (*pl* **~ceps, ~ci·pes** ['fɔ:sə,pi:z]) *Med, Zool* Zange *f*, Pinzette *f* ⟨≈ delivery Zangengeburt *f*⟩

for·ci|ble ['fɔ:səbl] *adj* gewaltsam ⟨a ≈ entry gewaltsames Eindringen⟩ | kräftig, wirksam | überzeugend ⟨a ≈ speaker ein eindringlicher Redner⟩; **,~'bil·i·ty** *s* Gewaltsamkeit *f* | Wirksamkeit *f*

forc·ing ['fɔ:sɪŋ] *s* Zwingen *n*, Treiben *n*; **'~ house** *s Brit* Treibhaus *n*

ford [fɔ:d] **1.** *s* Furt *f* | *poet* Strom *m*, Fluß *m*; **2.** *vt, vi* (durch)waten; **'~a·ble** *adj* durchwatbar

fore [fɔ:] **1.** *adj* vorder, Vorder- ⟨in the ~ part of the train⟩; **2.** *adv, bes Mar* vorn ⟨~ and aft *Mar* vorn und hinten, über das ganze Schiff hin⟩; **3.** *s* (*nur sg konstr*) Vorderteil *n*, -seite *f* | *Mar* Fockmast *m* ◇ **to the ~** verfügbar, vorhanden, zur Hand ⟨he is never ≈ er steht nie zur Verfügung⟩ | voran; nach vorn ◇ **be (well) to the ~** (sehr) im Vordergrund stehen; **come to the ~** ans Ruder kommen (*bes übertr*); **4.** *präp* (in Flüchen) bei (~ George! bei Gott!); **5.** *interj* (Golf) Achtung!

[1]**fore|arm** ['fɔ:rɑ:m] *s* Vorder-, Unterarm *m*; [2]**~'arm** *meist pass vt* im voraus bewaffnen ⟨to be ~warned is to be ≈ed gewarnt sein heißt gewappnet sein⟩

fore·bear ['fɔ:bɛə] *s* (*meist pl*) Vorfahr *m*

fore|bode [fɔ:'bəʊd] *vt* bedeuten, nach sich ziehen, ankündigen ⟨the clouds ≈d rain⟩ | (meist Schlimmes) ahnen, voraussehen ⟨to ≈ disaster Unheil vorausahnen⟩; *vi* weissagen; **~'bod·ing** *s* Vorhersage *f*, Prophezeiung *f* | (meist böse) Ahnung | Omen *n*; **~cast** ['fɔ:kɑst] **1.** *s* Vorher-, Voraussage *f* ⟨weather ≈⟩; **2.** ('**~cast, '~cast** *od* **'~cast·ed, '~cast·ed**) *vt* vorhersehen | voraussagen | vorausberechnen, planen; *vi* voraussehen; **~cas·tle** ['fəʊksl], *auch* **fo'c'sle** *s Mar* Vorderdeck *n* | Logis *n*; **~'cit·ed** *adj* oben erwähnt; **~'close** *vt* ausschließen, hindern (**from, of** von, an) | *Jur* präkludieren, abweisen | (Hypothek) für verfallen erklären; *vi* eine Hypothek für verfallen erklären; **~'close on** (Hypothek) für verfallen erklären; **~'clo·sure** [~ʃə] *s Jur* Ausschließung *f*, Präklusion *f*, Verfall *m* des Rechts auf Einlösung | Verfallserklärung *f*; **'~court** *s* Vorhof *m*; **'~deck** *s Mar* Vorderdeck *n*; **~doom** [fɔ:'du:m] *vt* (*meist pass*) vorher verurteilen *od* bestimmen (**to** zu, für) ⟨≈ed to failure zum Scheitern verurteilt⟩; **'~,fa·ther** *s* Vorfahr *m*, Ahn *m*; **'~,fin·ger** *s* Zeigefinger *m* | *Zool* Vorderfinger *m*; **'~foot** *s* (*pl* **'~feet**) *Zool* Vorderfuß *m*; **'~front** *s* Vorderseite *f* | vorderste Reihe ⟨to be/stand in the ≈ of s.th. in vorderster Reihe von etw. stehen⟩; **'~gift** *s Brit* Vorausbezahlung *f*, Angeld *n*; **~'go** (**~'went, ~'gone**) *selten vt* voran-, vorhergehen; *vi* vorhergehen; **~'go·ing** *adj förml* vorausgehend, bereits erwähnt; **'~gone** *adj* von vornherein feststehend | vorausgehend | vorgefaßt ⟨a ≈ conclusion e-e ausgemachte Sache⟩; **'~ground** *s* Vordergrund *m* (*auch übertr*) ⟨to keep o.s. in the ≈ immer im Blickpunkt stehen⟩; **'~,ham·mer** *s Tech* Vorschlaghammer *m*; **'~hand 1.** *s* (Tennis) Vorhand *f* | (Pferd) Vorderhand *f*; **2.** *adj* Vorhand-; **~head** ['fɒrɪd|'fɔ:hed] *s* Stirn *f* | Vorderseite *f*

for·eign ['fɒrən|-ɪn] *adj* fremd, ausländisch ⟨~ language Fremdsprache *f*; ~ country fremdes Land⟩ | fremd, unbekannt ⟨lying is ~ to his nature Lügen ist ihm fremd⟩ | seltsam | Fremd-, von außen eingedrungen ⟨~ body Fremdkörper *m*⟩; **,~ af'fairs** *s/pl* auswärtige Angelegenheiten *f/pl*; **'~er** *s* Ausländer(in) *m(f)* | Fremder *m*; **'~ ex'change** *s* Devisen(kurs) *pl(m)*; **'~ism** *s* fremdes Idiom | Nachahmung *f* von Fremdem; **,~ 'le·gion** *s Mil* Fremdenlegion *f*; **'~ ,Of·fice** *s Brit Pol* Außenministerium *n*; **,~ 'trade** *s Wirtsch* Außenhandel *m*

fore|judge [fɔ:'dʒʌdʒ] *vt* im voraus entscheiden | voreilig (be)urteilen; **~'know** *vt* (**~'knew, ~'known**) vorherwissen, -sehen; **~'know·a·ble** *adj* vorauszusehen(d); **~'knowl·edge** *s* Vorhersehen *n*, -wissen *n*; **'~land** [~lənd] *s* Vorgebirge *n*, Vorland *n*, Kap *n*, Landspitze *f*; **'~leg, '~limb** *s Zool* Vorderbein *n*, -fuß *m*; **'~lock** *s* Stirnhaar *n*, -locke *f* ⟨to take time/occasion by the ≈ *übertr* die Gelegenheit beim Schopfe fassen⟩; **'~man** *s* (*pl* **'~men**) Vorarbeiter *m*, Werkmeister *m* | *Jur* Obmann *m*, Sprecher *m* (der Geschworenen) | *Mar* Vormann *m*; **'~mast** *s Mar* Fockmast *m*; **~'men·tioned** *adj* vorher erwähnt; **'~most 1.** *adj* vorderst, erst | bedeutendst ⟨the ≈ writer of his period der bedeutendste Schriftsteller seiner Epoche⟩; **2.** *adv* zuerst, an erster Stelle ⟨first and ≈ zuallererst⟩; **'~name** *s* (offiziell auf Formularen usw.) Vorname *m*; **'~noon** *s* Vormittag *m*

fo·ren|sic [fə'rensɪk|-z-] *adj* gerichtlich, Gerichts- ⟨≈ skill Gewandtheit *f* (e-s Anwaltes) vor Gericht⟩ | *Med* forensisch ⟨≈ medicine Gerichtsmedizin *f*⟩; **~sics** *s/pl* (*sg u. pl konstr*) Redekunst *f*, Polemik *f*

fore|or·dain [ˌfɔːrɔːˈdeɪn] *vt Rel* vorherbestimmen (**to** zu); ˌ**~orˈdain·ment** *s Rel* Vorausbestimmung *f*; ˌ**~or·diˈna·tion** *s Rel* Vorherbestimmung *f*; ˈ**~part** *s* Vorderteil *n*; ˈ**~play** *s* (sexuelles) Vor-, Reizspiel *n*; **~ˈrun** *vt* (**~ˈran**, **~ˈrun**) voran-, vorausgehen | *übertr* überholen; ˈ**~ˌrun·ner** *s* Vorläufer *m*, Vorgänger *m* | *Hist* Herold *m* | Vorbote *m*; ˈ**~said** *adj förml* vorhergenannt, besagt; ˈ**~sail** *s Mar* Focksegel *n*; **~ˈsee** *vt* (**~ˈsaw**, **~ˈseen**) vorher-, voraussehen ⟨to ≈ trouble Schwierigkeiten *f/pl* voraussehen⟩; **~ˈsee·a·ble** *adj* voraussehbar ⟨in the ≈ future in absehbarer Zeit⟩; **~ˈshad·ow** *vt* andeuten, ahnen lassen; **~ˈshad·ow·ing** *s* Vorausahnung *f*; ˈ**~ship** *s Mar* Vorderschiff *n*; ˈ**~shore** *s* Gestade *n*, (Küsten-) Vorland *n*; **~ˈshort·en** *vt* verkürzen | verkürzt zeichnen; **~ˈshort·en·ing** *s* Zeichnung *f* in Verkürzung, Verkürzung *f*; **~ˈshow** *vt* (**~ˈshowed**, **~ˈshown**) vorher anzeigen | voraussagen; ˈ**~sight** *s* Voraussicht *f* | Vorsicht *f* | Fürsorge *f* | Korn *n* (am Gewehr); ˈ**~ˌsight·ed** *adj* voraussehend, vorsorglich; ˈ**~skin** *s Anat* Präputium *n*, Vorhaut *f*

for·est [ˈfɒrɪst] **1.** *s* Wald *m*, Forst *m* | Jagdgebiet *n* | *übertr* Wald *m*, Menge *f*, Masse *f* ⟨a ~ of masts⟩; **2.** *vt* aufforsten; ˈ**~al** *adj* Wald-, Forst-

fore·stall [fɔːˈstɔːl] *vt* (etw.) vorwegnehmen | (jmdm.) zuvorkommen ⟨to ~ a competitor e-n Konkurrenten ausstechen⟩ | (Ware) vorher aufkaufen ⟨to ~ the market durch Aufkauf den Markt beherrschen⟩

for·est|a·tion [ˌfɒrɪstˈeɪʃn] *s* Aufforsten *n*; ˈ**~ed** *adj* bewaldet; ˈ**~er** *s* Förster *m* | Waldarbeiter *m* | Waldbewohner *m*; ˈ**~ry** *s* Forstwesen *n*, -wirtschaft *f* | Forstwissenschaft *f* | Waldgebiet *n*

fore|swear [fɔːˈswɛə] = **forswear**; ˈ**~taste 1.** *s* Vorgeschmack *m* (**of** von); **2.** *vt* einen Vorgeschmack haben von | ahnen; **~ˈtell** (**~ˈtold**, **~ˈtold**) *vt* vorher-, voraussagen ⟨to ≈ s.o.'s future jmdm. die Zukunft voraussagen⟩ | vorbedeuten; *vi* weissagen; ˈ**~thought** *s* Vorbedacht *m*, Vorsorge *f* | Vorwegnahme *f*; ˌ**~ˈthought·ful** *adj* vorsorglich; ˈ**~time** *s* Vor-, Frühzeit *f* | Vergangenheit *f*; ˈ**~ˌto·ken 1.** *s* An-, Vorzeichen *n*, Vorbote *m*; **2.** *vt* vorbedeuten, anzeigen | ein Vorbote sein für; ˈ**~top** *s Mar* Fockmars *m*; **~ˈtold** *prät, part perf* von ↑ **~tell**

for·ever [fəˈrevə], *auch* **forev·er** *adj* für immer ⟨~ and ever *intens* für alle Zeiten⟩ | (*mit part präs*) ständig, dauernd ⟨he's ~ asking silly questions⟩

fore|warn [fɔːˈwɔːn] *vt* vorher warnen (**of** vor); ˈ**~ˌwom·an** *s* (*pl* ˈ**~ˌwom·en**) Vorarbeiterin *f*, Aufseherin *f*, Direktrice *f*; ˈ**~word** *s* Vorwort *n*, Einführung *f*

for·feit [ˈfɔːfɪt] **1.** *s* Verwirkung *f* (von Rechten u.ä.) | Strafe *f*, Buße *f*, Reugeld *n* (*auch übertr*) ⟨to pay the ~ of one's life in the cause of science sein Leben der Wissenschaft opfern⟩ | Pfand *n* ⟨to pay a ~ ein Pfand geben; to play ~s ein Pfänderspiel machen⟩; **2.** *adj* verwirkt; **3.** *vt* (als Pfand) einbüßen, verlieren | verlieren ⟨to ~ one's life⟩ | verscherzen, einbüßen ⟨to ~ the good opinions of one's friends sich seinen guten Ruf verscherzen⟩; ˈ**~a·ble** *adj* verwirkbar; ˈ**for·fei·ture** *s* Verwirkung *f* | Verlust *m*, Einbuße *f*

for·fend [fɔːˈfend] *vt bes Am* schützen, sichern | *arch* abwehren ◇ **God ~!** Gott behüte!

for·gath·er [fɔːˈgæðə] *vi* zusammenkommen, sich versammeln | zufällig zusammentreffen ⟨to ~ with s.o. jmdn. zufällig treffen⟩ | verkehren (**with** mit)

for·gave [fəˈgeɪv] *prät* von ↑ **forgive**

[1]**forge** [fɔːdʒ] **1.** *s* Schmiede *f* | *Tech* Esse *f* | Eisen-, Hüttenwerk *n*; **2.** *vt* schmieden, hämmern | formen | *übertr* (Plan u.ä.) ersinnen, aushecken | (Unterschrift, Geld u.ä.) fälschen ⟨to ~ a signature⟩; *vi* schmieden | fälschen

[2]**forge** [fɔːdʒ] *vi, auch* **~ ahead** sich mühsam vorwärtsbewegen | sich gewaltsam Bahn brechen

forge·a·ble [ˈfɔːdʒəbl] *adj* schmiedbar; ˈ**forged** *adj* geschmiedet | gefälscht; ˈ**forg·er** *s* (Grob-) Schmied *m* | Fälscher *m* | Falschmünzer *m* | Erdichter *m*, Erfinder *m*; ˈ**for·ger·y** *s* Fälschung *f* | Betrug *m*

for|get [fəˈget] (**~got** [-ˈgɒt], **~got·ten** [-ˈgɒtn]) *vt* vergessen ⟨to ≈ s.o.'s name⟩ | vergessen, versäumen ⟨to ≈ to do s.th.⟩ | verlernen ⟨to ≈ a language⟩ | vernachlässigen ⟨to ≈ one's friends⟩; **~get about** (etw.) vergessen, nicht mehr zurückkommen auf ⟨let's ≈ about it wir wollen nicht mehr darüber reden⟩ | versäumen, verbummeln ⟨to ≈ (all) about it⟩; *vr* **~get o.s.** sich vergessen, die Beherrschung verlieren | sich selbst zurückstellen, nur an andere denken ◇ **not ~get·ting** nicht zu vergessen, und auch ⟨≈ my friend Tom⟩; *vi* vergessen, sich nicht mehr entsinnen ⟨I ≈ *umg* ich habe (es) vergessen, ich weiß nicht mehr⟩; **~ˈget·ful** *adj* vergeßlich ⟨to be ≈ of s.th. etw. vergessen⟩ | nachlässig, sorglos; **~ˈget-me-not** *s Bot* Vergißmeinnicht *n*; **~ˈget·ta·ble** *adj* (leicht) zu vergessen(d)

forg·ing [ˈfɔːdʒɪŋ] *s* Schmieden *n* | Schmiedearbeit *f* | *Tech* Warmverformung *f* | Fälschen *n*

for|giv·a·ble [fəˈgɪvəbl] *adj* verzeihbar, -lich; **~ˈgive** (**~gave**, **~giv·en**) *vt* vergeben, verzeihen (**s.o. s.th.**, **s.o. for** *mit ger* jmdm. etw.) | (Strafe u.ä.) erlassen; *vi* vergeben, verzeihen; **~ˈgiv·en** *part perf* von ↑ **~give**; **~ˈgive·ness** *s* Vergebung *f* ⟨to ask for ≈ um Vergebung bitten⟩; **~ˈgiv·ing** *adj* verzeihend | versöhnlich, nachsichtig, mild ⟨a ≈ nature ein versöhnlicher Charakter⟩

for|go [fɔːˈgəʊ] *vt* (**~ˈwent**, **~ˈgone**) *oft scherzh* verzichten auf, abstehen von | sich (e-r Sache) enthalten, (etw.) aufgeben ⟨to ≈ pleasure auf Vergnügen verzichten⟩

for|got [fəˈgɒt] *prät* von ↑ **~get**; **~ˈgot·ten** *part perf* von ↑ **~get**

for·judge [fɔːˈdʒʌdʒ] *vt Brit* enteignen, aberkennen (**s.o. of** *od* **from s.th.** jmdm. etw.)

[1]**fork** [fɔːk] **1.** *s* (Eß-) Gabel *f* | Heu-, Mistgabel *f*, Forke *f* | Gabelung *f*, Abzweigung *f* | Nebenfluß *m* | Nebenstraße *f* | Stimmgabel *f*; **2.** *vt* mit einer Gabel aufnehmen *od* aufladen | gabeln; **~ out** (Geld) blechen, herausrücken; *vi* (Straße) sich gabeln, abzweigen ⟨the road ~s⟩ | (Person) abzweigen ⟨to ~ right sich nach rechts wenden⟩; **~ out, ~ up** *umg* (Geld) zusammen-, aufbringen, blechen; **forked** *adj* gegabelt ⟨≈ road Straßengabelung *f*⟩ | Gabel-, gabelförmig | gespalten ⟨a ≈ lightning ein gezackter Blitz; a ≈ tongue e-e gespaltene Zunge⟩; ˈ**~ ˈend** *s Tech* Gabelgelenk *n*; ˈ**~ful** *s* (eine) Gabel voll ⟨a few ≈s of salad eine Gabel voll Salat⟩; ˈ**~ing** *s* Gabelung *f*; ˈ**~ ˌlift**, *auch* ˌ**~lift** ˈ**truck** *s Tech* Gabelstapler *m*; ˈ**~ ˌlunch·eon** *s* Imbiß *m*, Stehempfang *m*; ˈ**~y** *adj* gegabelt

for·lorn [fəˈlɔːn] *adj* verloren, verlassen, einsam | verzweifelt, unglücklich | aussichts-, hoffnungslos ⟨~ hope *Mil* verlorener Posten; aussichtsloses Unternehmen⟩

-form [fɔːm] *suff zur Bildung von adj mit der Bedeutung*: -förmig (*z. B.* **cruciform** kreuzförmig)

form [fɔːm] **1.** *s* Form *f*, Gestalt *f* ⟨to take ~ Gestalt annehmen⟩ | allgemeine Anordnung, Formel *f*, Schema *n* ⟨in due ~ vorschriftsmäßig; without ~ formlos⟩ | Struktur *f*, Existenzform *f* ⟨the ~s of government⟩ | *Ling* Form *f* ⟨tense ~ Zeitform *f*⟩ | Form *f*, Modell *n* | Anstand *m*, Benehmen *n* ⟨that is bad ~ das schickt sich nicht; to do s.th. for ~'s sake etw. der Form halber tun⟩ | Formalität *f* ⟨a mere matter of ~ eine bloße Formalität⟩ | Formblatt *n*, Formular *n* ⟨~ of application Anmeldeformular *n*; telegraph ~ Telegrammformular *n*; to fill in/out/up a ~⟩ | *auch* ˈ**~ ˌletter** Rundschreiben *n* | Zustand *m*, Verfassung *f* ⟨to be in (out of) ~ *umg* in (nicht in) Form sein; on ~ unter Berücksichtigung der Form⟩ | Laune *f*, Stimmung *f* ⟨in great ~ in Hochform, in Glanzlaune⟩ | *Brit* (Schul-) Bank *f* | *Brit* (Schul-) Klasse *f* ⟨to go into the first ~; ~master Klassenlehrer *m*⟩ | *Brit Sl* Vorstrafen *pl*, kriminelle Vergangenheit; **2.** *vt* formen, gestalten, bilden (**after, upon** nach; **into** zu) ⟨to ~ a child's character⟩ | entwerfen, ersinnen, erdenken ⟨to ~ a plan⟩ | aus-, heranbilden | formieren, aufstellen ⟨to ~ a Ministry ein Kabinett bilden⟩ | darstellen, bilden ⟨to ~ the basis of die Grundlage darstellen für⟩ | *Ling* bilden ⟨to ~ a word⟩ | *Mil* formieren ⟨to ~ into line zur Reihe formieren; to ~ fours Viererreihen bilden⟩; **~ o.s. into** sich konstituieren als; *vi* sich bilden, sich gestalten, Form annehmen | *auch* **~ up** sich formieren, sich aufstellen (*auch Mil*)

for·mal ['fɔ:ml] *adj* formal, herkömmlich ⟨to pay a ~ call on s.o. jmdm. e-n Anstandsbesuch abstatten; ~ dress Gesellschaftskleidung *f*⟩ | Gesellschaftskleidung verlangend ⟨a ~ dance; a ~ dinner⟩ | formell, förmlich ⟨~ receipt formelle Quittung⟩ | regelmäßig, symmetrisch, geometrisch angeordnet ⟨~ gardens⟩ | äußerlich, scheinbar ⟨a ~ resemblance äußerliche Ähnlichkeit⟩ | umständlich, steif, zeremoniell | (Stilebene) förmlich, gewählt ⟨~ language⟩ | *Phil* Form-, formal

for|mal·de·hyde [fɔ:'mældəhaɪd] *s Chem* Formaldehyd *n*; **~ma·lin** ['fɔ:məlɪn] *s Chem* Formalin *n*

form·al|ism ['fɔ:məlɪzm] *s* Formalismus *m* | Förmlichkeit *f*; **'~ist** *s* Formalist *m* | förmlicher Mensch | **ˌ~'ist·ic** *adj* formalistisch

for·mal|i·ty [fɔ:'mælətɪ] *s* Formalität *f*, Äußerlichkeit *f* ⟨legal ~ities juristische Details *n/pl*; a mere ≈ e-e bloße Formalität⟩ | Förmlichkeit *f*, Regelzwang *m* ⟨without ~ities ohne Umstände⟩; **'~ize** *vt* formen, feste Form geben | formalisieren, zur Formsache machen; *vi* förmlich sein | förmlich handeln

for|mat ['fɔ:mæt] **1.** *s* Format *n* (eines Buches) | *übertr* (allgemeiner) Plan, Aufbau *m*, Arrangement *n*, Prinzip *n* ⟨the ≈ of the tests die Anordnung der Tests⟩; **2.** *vt* anordnen, spezifizieren, das Format festlegen für; **~'ma·tion** *s* Formung *f*, Bildung *f*, Gestaltung *f* | Gebilde *n* | Struktur *f*, Bau *m* | *Mil, Geol* Formation *f* ⟨in battle ≈ zum Kampf formiert; rock ≈ Gesteinsformation *f*; to fly in ≈ im Verband fliegen⟩; **'form·a·tive 1.** *adj* formativ ⟨≈ influence on formende Einflüsse auf; a ≈ effect⟩ | Formungs-, Bildungs- | beeinflußbar ⟨the ≈ years⟩; **2.** *s Ling* Formativ *n*

form·book ['fɔ:mbʊk] *s Sport* Form(angabe) *f(f)* ⟨according to the ~ nach der Form⟩

¹form·er ['fɔ:mə] *s* Former *m*, Gestalter *m*; Urheber *m* | *Tech* Gießer *m*, Dreher *m*, Former *m* | *Tech* Form *f*, Schablone *f*

²form·er ['fɔ:mə] **1.** *adj* früher, ehemalig ⟨*umg* ~ teacher; in ~ times⟩ | erstere(r, -s), erstgenannte(r, -s); **2.** *s* (*mit best Art*) erstere(r, -s)

-form·er (*in Zus*) *Brit* Schüler(in) *m(f)* der ... Klasse ⟨a 6th~ ein Schüler der letzten *od* der Abschlußklasse⟩

form·er·ly ['fɔ:məlɪ] *adv* früher

for·mi·ca [fɔ:'maɪkə] *s*, *auch* ~ Formica (Kunststoffplatte) *n(f)*; Sprelacart *n*

for|mic ac·id [ˌfɔ:mɪk 'æsɪd] *s Chem* Ameisensäure *f*; **~mi·car·i·um** [ˌfɔ:mɪ'kɛərɪəm] *s* (*pl* **ˌ~mi'car·i·a**), **~mi·car·y** ['fɔ:mɪkərɪ] *s* Ameisenhaufen *m*, -nest *n*; **'~mi·cate 1.** *vi* wimmeln (**with** von); **2.** *adj* Ameisen-, ameisenartig; **ˌ~mi'ca·tion** *s Med* Ameisenlaufen *n*, Kribbeln *n*

for·mi·da|bil·i·ty [ˌfɔ:mɪdə'bɪlətɪ] *s* Furchtbarkeit *f*; **~ble** ['fɔ:mɪdəbl|fə'mɪdəbl] *adj* furchtbar, schrecklich ⟨a ≈ sight⟩ | ungeheuer, gewaltig ⟨a ≈ obstacle ein schwieriges Hindernis⟩

form·less ['fɔ:mləs] *adj* formlos ⟨a ~ creature⟩ | (Kleidung) aus der Form gekommen, unförmig ⟨a ~ old dress⟩ | *verächtl* unzusammenhängend, stümperhaft ⟨the concert was ~⟩

for·mu|la ['fɔ:mjʊlə] **1.** *s* (*pl* **~las** [-ləz], **~lae** [-li:]) Formel *f*, Phrase *f*, feste Wendung | *Chem, Math* Formel *f* | *Rel* (Gebets-) Formel *f* | *Med* Rezept(ur) *n(f)* | *übertr* logische Konsequenz ⟨to be a ≈ for unweigerlich führen zu⟩ | *übertr* Formel *f*, Prinzip *n*, Weg *m* (**for** für, zu) ⟨to seek/work out a ≈ for eine gemeinsame Formel suchen *od* erarbeiten für⟩; **2.** *adj* (Autorennsport) Formel- ⟨a ≈ one car; a ≈ three race⟩; **~la·ic** [ˌ-'eɪɪk] *adj* formelhaft, aus Formeln bestehend; **'~lar** *adj* Formel-, formeln-; **ˌ~lari·'za·tion** *s* Formulierung *f*; **'~lar·ize** *vt* formulieren | auf eine Formel bringen; **'~lar·y 1.** *adj* formelhaft, förmlich | vorgeschrieben; **2.** *s* Formelsammlung *f*, -buch *n* | Arzneimittelbuch *n*; **'~late** *vt* formulieren, in einer Formel ausdrücken | klar ausdrücken ⟨to ≈ a doctrine⟩ | auf eine Formel bringen; **ˌ~'la·tion** *s* Formulierung *f*; **'~lism** *s* Formelwesen *n* | Formelkram *m*; **ˌ~'lis·tic** *adj* formelhaft; **'~lize** = **~larize**

for·ni|cate ['fɔ:nɪkeɪt] *vi bibl* Unzucht treiben | huren | *Jur* ungesetzlich Geschlechtsverkehr ausüben; **ˌ~'ca·tion** *s bibl* Unzucht *f*, Hurerei *f* | Ehebruch *m* | *Jur* ungesetzlicher Geschlechtsverkehr

for·ra·der ['fɒrədə] *adv, bes Brit umg* weiter, voran ⟨I'm not much ~ ich hab noch nicht viel geschafft; to get no ~ nicht vom Fleck kommen⟩

for|sake [fə'seɪk] *vt* (**~sook** [~'sʊk], **~sak·en** [~'seɪkn]) aufgeben ⟨to ≈ bad habits schlechte Gewohnheiten aufgeben⟩ | verlassen, im Stich lassen ⟨to ≈ one's wife⟩; **~'sak·en 1.** *part perf* von ↑ **~sake** ⟨≈ of God and men von Gott und aller Welt verlassen⟩; **2.** *adj* verlassen ⟨to have a ≈ look ganz verlassen aussehen⟩; **~'sook** *prät* von ↑ **forsake**

for·sooth [fə'su:θ] *adv arch, iron* wahrlich, fürwahr

for|swear [fɔ:'swɛə] (**~swore** [~'swɔ:], **~sworn** [~'swɔ:n]) *vt* abschwören ⟨to ≈ smoking dem Rauchen abschwören⟩ | (e-r Sache) unter Eid entsagen ⟨to ≈ o.s. einen Meineid leisten⟩; *vi* falsch schwören; **~swore** *prät* von ↑ **forswear**; **~sworn 1.** *part perf* von ↑ **forswear**; **2.** *adj* meineidig

for·syth·ia [fɔ:'saɪθjə] *s Bot* Forsythie *f*

fort [fɔ:t] *s Mil* Fort *n*, Feste *f*, Bastion *f* (*auch übertr*); **for·ta·lice** ['fɔ:təlɪs] *s Mil* kleines Fort, Festungsvorwerk *n*

¹forte ['fɔ:teɪ] *s* (Säbel) Stärke *f* der Klinge | *übertr* Stärke *f*, besondere Begabung ⟨to have a ~ for writing schriftstellerisch begabt sein; singing is my ~ Singen ist meine starke Seite⟩

²for·te ['fɔ:teɪ] *Mus* **1.** *s* Forte *n*; **2.** *adj, adv bes Mus* forte, laut, kräftig

forth [fɔ:θ] *adv meist lit* vorwärts, weiter, fort ⟨and so ~ und so weiter; from that day ~ von diesem Tag an; back and ~ vorwärts und rückwärts⟩ | heraus, hinaus ⟨to sail ~ *Mar* auslaufen⟩ | hervor ⟨to bring ~ hervorbringen⟩ ◇ **so far ~ [as]** insoweit [wie]; **ˌ~'com·ing 1.** *adj* herauskommend, erscheinend, in Vorbereitung ⟨a ≈ book ein demnächst erscheinendes Buch⟩ | bevorstehend ⟨a ≈ event⟩ | (*nur präd*) bereit, verfügbar ⟨the money was not ≈ das Geld stand nicht zur Verfügung; the help was not ≈ die Hilfe erreichte uns nicht⟩ | (*meist neg*) *umg* entgegenkommend, hilfsbereit ⟨to be not very ≈⟩; **2.** *s* (Buch u.ä.) Erscheinen *n*; **'~right 1.** *adj* gerade | offen, ehrlich; **2.** *adv* geradeaus | sofort; **~with** [fɔ:θ'wɪθ|-'wɪð] *adv lit* sofort, sogleich, unverzüglich

for·ti·eth ['fɔ:tɪəθ] **1.** *adj* vierzigste(r, -s); **2.** *s* Vierzigstel *n* | Vierzigste(r, -s) *f(m, n)*

for·ti·fi|a·ble ['fɔ:tɪˌfaɪəbl] *adj* zu befestigen(d); **ˌ~'ca·tion** *s* Befestigung *f* | *Mil* (*meist pl*) Festungswerk *n* | Verstärken *n* (durch Alkoholzusatz) | *übertr* Stärkung *f* ⟨I need a little

≈⟩; '**~er** *s* Stärkungsmittel *n;* '**for·ti·fy** *vt Mil* befestigen | (Wein mit Alkohol) verstärken | *übertr* moralisch stärken, ermutigen ⟨to ≈ o.s. against s.th. sich gegen etw. wappnen, sich stärken⟩; *vi Mil* Befestigungen anlegen

for·tis·si·mo [fɔːˈtɪsɪməʊ] *adj, adv, Mus* fortissimo, sehr laut

for·ti·tude [ˈfɔːtɪtjuːd] *s* Mut *m,* Standhaftigkeit *f,* Seelenstärke *f*

fort·night [ˈfɔːtnaɪt] *s* 14 Tage *m/pl* ⟨a ~'s holiday ein 14tägiger Urlaub; a ~ ago yesterday gestern vor 14 Tagen; in a ~ in 14 Tagen; this day ~ heute in *od* vor 14 Tagen; this ~ seit 14 Tagen⟩; '**~ly** **1.** *adj* vierzehntäglich, alle 14 Tage (erscheinend usw.) ⟨≈ sailings to Schiff nach ... verkehrt alle 14 Tage⟩; **2.** *adv* alle 14 Tage ⟨to go ≈ alle 14 Tage gehen⟩

for·tress [ˈfɔːtrɪs|-əs] **1.** *s Mil* Fort *n,* Festung *f;* **2.** *vt Mil* befestigen | *bes poet* schützen

for·tu·i|tous [fɔːˈtjuːɪtəs] *adj* zufällig ⟨a ≈ meeting ein zufälliges Zusammentreffen⟩ | *umg* glücklich ⟨a ≈ occasion ein glücklicher Anlaß⟩; **forˈtu·i·ty** *s* Zufälligkeit *f,* Zufall *m*

for·tu·nate [ˈfɔːtʃʊnət|-tʃə-] **1.** *adj* glücklich ⟨to be ~ Glück haben (**in s.th.**, **in** *mit ger* bei etw.; **to** *mit inf* daß)⟩ | glückbringend ⟨a ~ news⟩ | günstig (**for** für); **2.** *s* Glückskind *n*

for·tune [ˈfɔːtʃʊn|-ən] **1.** *s* Glück *n* ⟨to have ~ on one's side Glück haben; by good ~ durch glückliche Umstände⟩ | Glücksfall *m,* Zufall *m* | Schicksal *n* ⟨good ~ Glück *n;* bad/ill ~ Unglück *n;* to seek one's ~ sein Heil suchen; to tell s.o. his ~ jmdm. wahrsagen; to try one's ~ sein Glück versuchen⟩ | Reichtum *m,* Vermögen *n* ⟨a man of ~ ein reicher Mann; to come/step into a ~ ein Vermögen erben; to make a ~ reich werden; to marry a ~ e-e reiche Frau heiraten, e-e gute Partie machen; to spend a (small) ~ on s.th. *umg* für etw. ein (kleines) Vermögen ausgeben⟩; **2.** *vi* geschehen; '**~ ˌhunt·er** *s* Mitgiftjäger *m;* '**~-ˌtell·er** *s* Wahrsager *m;* '**~-ˌtell·ing** *s* Wahrsagen *n,* Wahrsagerei *f*

for|ty [ˈfɔːtɪ] **1.** *adj* vierzig ◇ **~ty winks** *s umg* Nickerchen *n* ⟨to have ≈ ein Nickerchen machen⟩; **2.** *s* Vierzig *f* ⟨a man of ≈ ein Vierziger *m;* the ~ties die Vierziger (Lebensjahre) ⟩ | die vierziger Jahre *n/pl* (e-s) Jahrhunderts; **ˌ~ty-ˈfive** *umg s auch* **45** kleine Pistole, 45er *f* (0,45 Zoll) | *auch* **45** 45-er Schallplatte *f;* **ˌ~ty-ˈnin·er** *s Am* Goldgräber *m* (1849 in Kalifornien)

fo·rum [ˈfɔːrəm] *s* Forum *n* | *Jur* Tribunal *n,* Gericht *n* (*auch übertr*) ⟨the ~ of conscience die Stimme des Gewissens⟩

for·ward [ˈfɔːwəd|-ʊd] **1.** *adj* vordere(r, -es) ⟨~ staircase Vordertreppe *f*⟩ | vorn befindlich | nach vorwärts gerichtet ⟨~ planning Vorausplanung *f*⟩ | Vorwärts- ⟨~ movement; ~ strategy⟩ | zeitig, früh, frühreif ⟨a ~ child; a ~ spring ein zeitiger Frühling⟩ | bereit(willig) ⟨~ to help hilfsbereit⟩ | vorschnell, voreilig ⟨to be too ~⟩ | dreist, keck, direkt ⟨a ~ woman⟩ | *Pol* fortschrittlich, vorausschauend ⟨a ~ statesman⟩; **2.** *selten auch* **forˌwards** *adv* vorwärts, nach vorn ⟨to rush ~ vorwärts stürzen; to think ~ vorausschauen; from this time ~ von jetzt an; to go ~ Fortschritte machen; brought/carried ~ Übertrag *m;* backward and ~ hin u. her, vor u. zurück⟩ | vor, hervor ⟨to bring ~ vorschlagen; to come ~ sich melden⟩ | *Wirtsch* Voraus-, auf Ziel ⟨~ price Vorauspreis *m;* ~ contract Vorausvertrag *m;* ~ buying auf Ziel kaufen⟩; **3.** *s Sport* Stürmer *m;* **4.** *vt* (be)fördern, begünstigen ⟨to ~ s.o.'s plans⟩ | nachsenden, -schikken ⟨to be ~ed nachsenden!; please ~ to bitte nachsenden an⟩ | spedieren, versenden ⟨to ~ goods to Waren verschikken nach⟩ | beschleunigen; '**~er** *s* Spediteur *m* | Absender *m;* '**~-based** *adj* (Raketen) Kurzstrecken-; '**~ing** *s* Versendung *f,* Spedition *f* ⟨≈ note *Am* Frachtbrief *m*⟩; '**~-ˌlook·ing** *adj* vorausschauend; '**~ly** *adv* (sehr) direkt, dreist; **forwards** = **forward 2.**

for·went [fɔːˈwent] *prät* von ↑ **forgo**

for·zan·do [fɔːtˈsɑːndəʊ] *adj, adv, Mus* forzando, stärker werdend

foss[e] [fɒs] *s* Kanal *m,* Graben *m* (*bes Mil*) | *Anat* Grube *f,* Höhlung *f*

fos·sick [ˈfɒsɪk] *Austr vi* (in alten Minen) nach Gold suchen | *übertr* herumstöbern, -suchen (**for** nach); *vt* aufstöbern, (krampfhaft) suchen (nach); '**~er** *s Austr* Goldgräber *m,* -sucher *m*

fos·sil [ˈfɒsl] **1.** *s* Fossil *n,* Versteinerung *f* ⟨to hunt for ~s nach Fossilien graben⟩ | *umg* verknöcherter Mensch ⟨an old ~⟩ | *umg* überholte Sache; **2.** *adj* fossil, versteinert ⟨~ bones Knochenfossilien *n/pl;* ~ plants⟩ | Versteinerungs- | *umg* verknöchert, rückständig, veraltet ⟨~ thoughts⟩; '**~ coal** *s* Steinkohle *f;* **ˌ~ˈif·er·ous** *adj* Fossil- | Versteinerungen enthaltend; '**~ist** *s* Fossilienkundiger *m;* **ˌ~iˈza·tion** *s* Versteinerung *f;* '**~ize** *vt* versteinern | *übertr* leblos machen; *vi* versteinern | *übertr* verknöchern; '**~ wax** *s* Erdwachs *n*

fos·ter [ˈfɒstə] **1.** *vt* pflegen ⟨to ~ a sick⟩ | aufziehen ⟨to ~ a child⟩ | begünstigen, fördern ⟨to ~ an enterprise⟩ | nähren, hegen ⟨to ~ a feeling⟩; **2.** *adj* Pflege- ⟨~ parents⟩ | Adoptiv- ⟨~ brother⟩; '**~age** [~rɪdʒ] *s* Pflege *f,* Aufziehen *n* | Förderung *f;* '**~er** [~rə] *s* Pflegevater *m* | Amme *f* | Förderer *m;* '**~ling** *s* Pflegekind *n* | Schützling *m;* '**~ ˌmoth·er** *s* Pflegemutter *f* | *Tech* Brutapparat *m;* **fos·tress** [ˈfɒstrɪs|-əs] *s* Pflegerin *f,* Erhalterin *f*

fought [fɔːt] *prät* und *part perf* von ↑ **fight**

foul [faʊl] **1.** *adj* widerwärtig, ekelhaft ⟨a ~ taste⟩ | stinkend, übelriechend, verpestet ⟨~ air⟩ | unrein, schmutzig, verschmiert ⟨~ clothes⟩ | verrußt ⟨a ~ chimney⟩ | verstopft ⟨a ~ gun-barrel⟩ | faulig, verdorben ⟨~ water⟩ | *Sl* armselig, dürftig ⟨a ~ dinner⟩ | *Mar* unklar ⟨a ~ rope⟩ | ungünstig, schlecht ⟨~ weather⟩ | widrig ⟨~ winds⟩ | falsch, regelwidrig, unehrlich ⟨a ~ play⟩ | ruchlos, gemein ⟨a ~ deed⟩ | zotig, unanständig, ordinär ⟨~ language⟩ ◇ **fall/run ~** *Mar* zusammenstoßen (**of** mit); in Streit geraten (**of** mit); herfallen (**of s.o.** über jmdn.); **fall ~ of the law** sich gegen das Gesetz vergehen; **by fair means or ~** auf Biegen u. Brechen; **2.** *adv* unehrlich, regelwidrig ⟨to play s.o. ~ jmdn. hintergehen⟩; **3.** *s* Zusammenstoß *m* | *Sport* Foul *n,* Regelverstoß *m* ◇ **through fair and ~** durch dick u. dünn; **4.** *vt* be-, verschmutzen ⟨to ~ the air⟩ | *übertr* beflecken, besudeln ⟨to ~ one's name seinem Namen Unehre machen⟩ | zusammenstoßen mit | *Sport* foulen, regelwidrig angreifen *od* behindern | *bes Mar* sich verwickeln mit, hemmen; **~ up** *umg* vermasseln, verhauen ⟨to ≈ a chance; to ~ things up⟩; *vi* schmutzig werden | zusammenstoßen | *Sport* regelwidrig spielen | *Mar* sich verwikkeln, unklar sein; **ˌ~-ˈmouthed** *adj verächtl* gemeine Reden führend; **ˌ~ ˈplay** *s* falsches Spiel, Foul *n* | Verräterei *f* | Mord *m,* Verbrechen *n* ⟨a case of ≈⟩; **ˌ~-ˈspo·ken** = **ˌ~-ˈmouthed**; **ˌ~-ˈtongued** *adj* zotige Reden führend

fou·lard [ˈfuːlɑːd] *s* Foulard *m,* Krawattenseide *f*

foul-up [ˈfaʊlʌp] *umg s* Schlamassel *m,* (wüstes) Durcheinander | *Tech* Stopp *m,* Zusammenbruch *m*

fou·mart [ˈfuːmɑːt] *s Zool* Iltis *m*

[1]**found** [faʊnd] *prät* und *part perf* von ↑ **find**

[2]**found** [faʊnd] *vt Tech* schmelzen, gießen | *Tech* durch Guß formen

[3]**found** [faʊnd] *vt* errichten, erbauen ⟨to ~ a house⟩ | stiften ⟨to ~ a school⟩ | (be)gründen ⟨to ~ a family⟩ | *übertr* (auf)bauen, stützen (**in, on, upon** auf) ⟨to ~ s.th. on facts⟩; *vi* sich stützen, gegründet sein (**on, upon** auf) ⟨to be ~ed on beruhen auf⟩; **founˈda·tion** *s* Gründung *f* | Stiftung *f* ⟨the Ford ≈⟩ | *oft* **founˈda·tions** *Arch* Fundament *n* | Grundlage *f,* Basis *f* (*auch übertr*) ⟨without ≈ unhaltbar⟩

| *Landw* Mutterboden *m* | Korsage *f*; **foun'da·tion cream** *s* Tageskrem *f*; **foun'da·tion ˌgar·ment** *s* Korsett *n*, Mieder *n* | Miederwaren *pl*; **foun'da·tion stone** *s* Grundstein *m* ⟨to lay the ≈⟩; **[1]'~er** *s* Gründer *m*, Stifter *m* ⟨≈ member Gründungsmitglied *n*⟩

[2]**found·er** ['faʊndə] *s* Gießer *m*, Schmelzer *m*

[3]**foun·der** ['faʊndə] **1.** *vi* straucheln, stolpern | (Tier) stekkenbleiben | (Pferd) stürzen, niederbrechen | *Mar* sinken, untergehen | (Gebäude) nachgeben, absacken | *übertr* (Plan) mißlingen, scheitern; *vt* (mit einem Pferd) niederbrechen | (Pferd) lahmreiten | (Schiff) zum Sinken bringen | (Golf) (Ball) in den Boden schlagen; **2.** *s Vet* Hufentzündung *f*, Lahmheit *f*; **'~ous** *adj* holprig, voll Löcher ⟨a ≈ road⟩ | morastig

found·ling ['faʊndlɪŋ] *s* Findling *m*; **'~-stone** *s Geol* Findling *m*

found·ress ['faʊndrɪs|-əs] *s* Gründerin *f*, Stifterin *f*

found·ry ['faʊndrɪ] *s* Gießerei *f*; **'~man** *s* (*pl* **~men**) Gießer *m*; **'~ 'i·ron, '~ 'pig** *s* (Gießerei-) Roheisen *n*; **'~ proof** *s Typ* Revisionsabzug *m*

fount [faʊnt] *s Tech* Gießen *n* | *Tech* Guß *m* | *Typ* Schriftsatz *m*, -sorte *f*, -type *f* | *poet* Quell(e) *m(f)* ⟨a ~ of wisdom⟩ | (Füllfederhalter) Tintenraum *m* | Ölbehälter *m*

foun·tain ['faʊntɪn] *s* Springbrunnen *m*, Fontäne *f* | *poet* Quelle *f* | (Flüssigkeits-) Behälter *m* | *Tech* Reservoir *n* | *übertr* Quelle *f*, Ursprung *m*, Herkunft *f*; **'~head** *s lit* Quelle *f*, Urquell *m*, eigentliche Quelle; **'~ pen** *s* Füll(feder)halter *m*

four [fɔː] **1.** *adj* vier ⟨a child of ~ vierjähriges Kind⟩ ◇ **a coach and ~** Vierspänner *m*; **the ~ corners of the earth** die entlegensten Gebiete *n/pl* der Welt; **the ~ hundred** *Am* die oberen Zehntausend *pl*; **the ~ freedoms** die vier Freiheiten *f/pl* (Rede-, Religionsfreiheit, Freiheit von Not u. Furcht); **an income of ~ figures** vierstelliges Einkommen; **scattered to the ~ winds** in alle Winde zerstreut; **2.** *s* Vier *f* | *Kart* vier Spieler *pl* ⟨to make up a ~ 4 Mann sein (zum Spiel)⟩ | *Sport* Vierer(boot u. ä.) *m(n)* ◇ **in ~s** zu vieren; **on all ~s** auf allen vieren; **'~eyes** [~r~] *s umg scherzh* Brillenträger(in) *m(f)*; **'~ˌflush·er** *Am Sl* Angeber *m*, Hochstapler *m*; **'~fold** *adj* vierfach; **ˌ~-'hand·ed** *adj Mus, Zool* vierhändig; **ˌ~-in-'hand** *s* Vierspänner *m* | *Am* lange Krawatte; **ˌ~-leaved 'clo·ver,** *auch,* **ˌ~-leaf 'clo·ver** vierblättriges Kleeblatt; **ˌ~-let·ter 'word** *s euphem* obszöner Ausdruck, unflätiges Wort; **'~-part** *adj Mus* vierstimmig; **'~pen·ny** *adj* 4-Penny- ⟨≈ stamp⟩ ◇ **a ~penny one** *Brit umg* ein Hieb ⟨I'll give you a ≈ ich versetz dir eins⟩; **'~-place** *adj Math* vierstellig; **ˌ~-'post·er** *s* Himmelbett *n*; **ˌ~'score** *adj* achtzig; **'~some 1.** *s* (Golf) Viererspiel *n*; **2.** *adj* aus vieren, zu viert; **ˌ~'square** *adj, adv* viereckig, quadratisch | *übertr* fest, standhaft (**to** gegen); **'~stroke** *adj Tech* viertaktig | Viertakt- ⟨≈ engine Viertaktmotor *m*⟩; **'~teen 1.** *adj* vierzehn; **2.** *s* Vierzehn *f*; **ˌ~'teenth 1.** *adj* vierzehnte(r, -s); **2.** *s* Vierzehntel *n*; **fourth** [fɔːθ] **1.** *adj* vierte(r, -s); **2.** *s* Viertel *n* | *Mus* Quarte *f*; **ˌfourth di'men·sion** *s* (*mit best art*) vierte Dimension, Zeit *f*; **ˌfourth es'tate** *lit s* Presse *f* | *collect* Journalisten *m/pl*; **ˌ~-'wheel[ed]** *adj* vierräderig ⟨≈ drive *Tech* Vierradantrieb *m*⟩; **~-'wheel·er** *s Brit umg* vierräderige Droschke

fowl [faʊl] **1.** *s* (*pl* **~s,** *collect* **~**) Geflügel *n* ⟨to keep ~s Hühner halten; water ~ Wasservögel *m/pl*⟩ | Huhn(fleisch) *n(n)* ⟨to roast ~ ein Huhn braten⟩ | *arch, bibl* Vogel *m* ⟨the ~s of the air⟩; **2.** *vi* Vögel fangen *od* schießen; **'~er** *s* Vogelfänger *m*, -steller *m*; **'~ing** *s* Vogelfang *m*, ~jagd *f*; **'~ing piece** *s* Vogelflinte *f*; **'~ pest** *s Vet* Hühnerpest *f*; **'~ pox** *s Vet* Geflügelpocken *pl*; **'~ run** *s* (Hühner-) Auslauf *m*

fox [fɒks] **1.** *s Zool* Fuchs *m* ⟨she ~ Füchsin *f*; (Jagd) Fähe *f*⟩ | Fuchspelzkragen *m* | *übertr* (schlauer) Fuchs, Schlaumeier *m* ⟨cunning / sly ~; crazy like a ~ *Am Sl* raffiniert, gerissen⟩ ◇ **~ and geese** (Brettspiel) Fuchs und Schafe; **set the ~ to keep the geese** *übertr* den Bock zum Gärtner machen; **with ~es one must play the ~** *übertr* mit den Wölfen muß man heulen; **2.** *vt* (jmdn.) betäuben, berauschen | *Sl* (jmdn.) betrügen, überlisten | (Buchseite u. ä.) stockfleckig machen | (Bier) säuern | (Schuhe) mit neuem Oberleder versehen; *vi umg* sich verstellen ⟨he's just ~ing er tut bloß so⟩ | (Bier) sauer werden | (Buch) stockfleckig werden | *Am* auf Fuchsjagd gehen; **'~-brush** *s* Fuchsschwanz *m*; **'~ earth** *s* Fuchsbau *m*; **'~glove** *s Bot* (e-e Art) Fingerhut *m*; **'~hole** *s* Fuchsbau *m* | *Mil* Schützenloch *n*; **'~hound** *s* Fuchshund *m*; **'~ˌhunt[ing]** *s* Fuchsjagd *f*; **'~tail** *s* Fuchsschwanz *m*; **'~ saw** *s Tech* Fuchsschwanz *m*; **ˌ~ 'ter·ri·er** *s Zool* Foxterrier *m*; **'~trot 1.** *s* Fox(trott) *m(m)*; **2.** *vi* (**'~trotted, '~trotted**) Foxtrott tanzen; **'~y** *adj* fuchsartig | fuchsrot, fuchsig | *verächtl* schlau, listig ⟨a ≈ face⟩ | stockfleckig, modrig | (Wein) sauer, übelriechend | *Am Sl* (Mann *od* Frau) attraktiv, sexy

foy·er ['fɔɪeɪ] *s* Foyer *n*, Wandel-, Empfangshalle *f*

Fr *Abk Rel* Pater *m* | (Währung) Franc *m* | Frankreich *n* | Französisch *n*

fra·cas ['frækɑː] *s* (*pl* **'~,** *Am* **'~es**) Lärm *m*, Radau *m*, Spektakel *m*

frac·tion ['frækʃn] **1.** *s Math* Bruch *m* ⟨common / vulgar ~ gemeiner Bruch; ~ line Bruchstrich *m*⟩ | Bruchteil *m*, -stück *n*, Fragment *n* ⟨not a ~ nicht ein bißchen; by a ~ of an inch *übertr* um ein Haar⟩ | Brechen *n*; **2.** *vt* brechen | *Math* in Brüche teilen; **'~al** *adj* gebrochen, Bruch- ⟨≈ numbers⟩ | *Chem* fraktioniert ⟨≈ destillation⟩ | *übertr* klein, unbedeutend; **'~al·ist** *s Pol* Spalter *m*; **'~al·ize** *vt* in Brüche zerlegen; **'~al·ly** *adv* in Bruchteilen, ganz wenig, minimal; **'~ar·y** *adj* gebrochen | Bruch-; **'~ate** *vt Chem* fraktionieren; **ˌ~'a·tion** *s* Fraktionierung *f*; **'~ize** *vt* in Teile trennen, in Stücke brechen

frac·tious ['frækʃəs] *adj* reizbar, verdrießlich ⟨a ~ child⟩ | widerspenstig, störrisch ⟨a ~ horse⟩ | *Tech* unberechenbar ⟨rockets may be ~⟩

frac|tur·al ['fræktʃrl] *adj* Bruch-; **~ture** [~tʃə] **1.** *s Med* Fraktur *f*, Knochenbruch *m* ⟨simple ≈ einfacher Bruch⟩ | *Med* Riß *m* ⟨kidney ≈ Nierenriß *m*⟩ | Brechen *n* | *übertr* Bruch *m*, Zerwürfnis *n* | *Min* Bruch(fläche) *m(f)* | *Ling* Brechung *f*; **2.** *vt* (zer)brechen | *Med* (Knochen) brechen ⟨to ≈ one's leg sich das Bein brechen⟩; *vi* (zer)brechen ⟨bones that ≈ easily bruchempfindliche Knochen *m/pl*⟩

frag·ile ['frædʒaɪl] *adj* zerbrechlich ⟨~ China zerbrechliches Porzellan⟩ | schwach, zart ⟨~ health⟩ | *übertr* (moralisch) schwach | unbeständig ⟨~ happiness⟩ | *scherzh* in schlechter Verfassung ⟨I'm feeling rather ~⟩ | *Tech* brüchig, bröckelig; **fra'gil·i·ty** *s* Zerbrechlichkeit *f* | Schwäche *f*, Zartheit *f* | *übertr* Schwachheit *f* | *Tech* Brüchigkeit *f*

fra|grance ['freɪgrəns], **'~gran·cy** *s* Wohlgeruch *m*, Duft *m*; **'~grant** *adj* wohlriechend, duftend ⟨≈ flowers; to be ≈ with duften nach⟩ | *übertr* angenehm ⟨≈ thoughts⟩

frag|ment ['frægmənt] **1.** *s* Fragment *n*, Bruchstück *n* (*auch übertr*) ⟨≈s of conversation Gesprächsfetzen *m/pl*⟩; **2.** *vi* (in Stücke) zerbrechen, auseinanderbrechen; *vt, bes übertr* zerbrechen, zunichte machen ⟨to ≈ s.o.'s plans⟩; **'~men·tal; ˌ~'men·tar·y** *adj* fragmentarisch, unvollständig, bruchstückartig; **ˌ~men'ta·tion** *s* Zerstückelung *f*, Aufsplitterung *f* | *Mil* Splitterwirkung *f* | *Biol* Fragmentation *f*, Spaltung *f*; **ˌ~men'ta·tion bomb** *s Mil* Splitterbombe *f*; **'~ment·ed** *adj* desorganisiert, inkohärent, bruchstückhaft ⟨a ≈ memory; a ≈ policy⟩

[1]**frail** [freɪl] *s Brit* Binsenkorb *m* (für Feigen u. ä.) | Korb *m* (voll Rosinen u. ä.) (ca. 75 Pfund) ⟨a ~ of raisins⟩

[2]**frail** [freɪl] *adj* schwach, zart ⟨a ~ child⟩ | zerbrechlich, unsicher ⟨a ~ support e-e schwache Stütze⟩ | gebrechlich, hinfällig ⟨a ~ old man; ~ hands kraftlose Hände *pl*⟩ | vergänglich ⟨~ happiness⟩ | *übertr* schwach, minimal, gering ⟨a ~ chance; a ~ excuse⟩ | *euphem* (moralisch) schwach, unkeusch ⟨a ~ woman⟩; **'~ty** *s* Zartheit *f* | Zerbrechlichkeit *f* | *übertr* (moralische) Schwäche, Schwachheit *f* | Fehltritt *m*

[1]**fraise** [freɪz] **1.** *s Tech selten* Fräse *f*; **2.** *vt* fräsen

[2]**fraise** [freɪz] **1.** *s Mil* Palisade *f*, Pfahlwerk *n*; **2.** *vt Mil* durch Palisaden schützen

frame [freɪm] **1.** *s* Rahmen *m* | Gerüst *n*, Gestell *n* | Gestalt *f*, Figur *f*, Körperbau *m* ⟨a slender ~ e-e schlanke Gestalt; to shake s.o.'s ~ jmdn. [durch]schütteln⟩ | Gebälk *n* | *übertr* Rahmen *m*, Hintergrund *m* ⟨to make a good ~ einen guten Hintergrund abgeben⟩ | Treibbeet *n* | *Tech* Gehäuse *n*, Einfassung *f* | *Ferns* Rasterbild *n* | *Film* (einzelnes) Bild | *oft* **'~work** Gefüge *n*, Bau *m* (*auch übertr*) ⟨~ of society Aufbau *m* der Gesellschaft⟩ ◇ **,~ of 'mind** *übertr* (Geistes-, Gemüts-) Verfassung *f od* Zustand *m*; **,~ of 'reference** Gesichtspunkt *m*, Bezugssystem *n*; **2.** *vt* bilden, formen, gestalten ⟨to ~ a sculpture⟩ | einrahmen ⟨to ~ a picture⟩ | bauen, konstruieren ⟨to ~ a ship⟩ | zusammenpassen, -setzen ⟨to ~ furniture⟩ | sprechen, äußern ⟨to ~ one's words⟩ | *übertr* erfinden, ersinnen, ausdenken ⟨to ~ a plan⟩ | sich vorstellen | *umg* intrigieren gegen, verleumden | *oft* **~ up** *Sl* (etw.) aushecken, einfädeln, schaukeln, drehen ⟨to ~ a match ein Spiel vorher arrangieren; to ~ a charge eine falsche Beschuldigung erheben⟩; *vi selten* sich entwickeln, sich herausbilden (**as** als) | sich entwickeln, sich gut anlassen ⟨the plans ~ well die Pläne sind vielversprechend⟩; **3.** *adj* zusammengefügt, Fachwerk- ⟨a ~ house⟩; **'~ ,ae·ri·al** *s Tech* Rahmenantenne *f*; **'~ ,count·er** *s Foto* Bildzähler *m*; **'framed** *adj* zusammengesetzt | gerahmt | Fachwerk-; **'~ house** *s* Holzhaus *n* | Fachwerkhaus *n*; **'fram·er** *s* Rahmenmacher *m*; **'~-up** *s umg* abgekartetes Spiel, ausgemachte Sache; **'~work** *s* Fachwerk *n* | Gestell *n*, Gerüst *n* | *übertr* Rahmen *m*, Bau *m*, System *n* ⟨the ≈ of society⟩ | = **~ of reference; 'fram·ing** *s* (Ein-)Rahmen *n* | Einfassung *f*, Einrahmung *f* | Gerüst *n*, Gestell *n* | *Ferns* Bildeinstellung *f*

franc [fræŋk] *s* (belgischer *od* französischer) Franc | (Schweizer) Franken *m*

France [frɑ:ns] *s* Frankreich

fran·chise ['fræntʃaɪz] *s Pol* Wahl-, Stimmrecht *n* | *Wirtsch* Konzession *f* | *bes Am Jur* Privileg *n*, Vorrecht *n* | *Am übertr* Monopol(stellung) *n(f)*, Entscheidungsgewalt *f* ⟨an exclusive ~ on foreign policy⟩ | *Hist* Gerechtsame *f*

Fran·co(-) ['fræŋkəʊ] *in Zus* Franko-, französisch ⟨~phile; ~-Canadian⟩ | Franko-, französisch und … ⟨~-German⟩

Fran|co ['fræŋkəʊ] *s* (*pl* **'~cos**) *Kan* Frankokanadier(in) *m(f)*, französisch sprechender Kanadier

franc·ti·reur [,frɔ̃:tɪ'rɜ:] *s* (*pl* **francs·ti·reurs**) Freischärler *m*

fran·gi|bil·i·ty [,frændʒɪ'bɪlətɪ] *s* Zerbrechlichkeit *f*; **'~ble** *adj* zerbrechlich

Frank [fræŋk] *s* Franke *m*, Fränkin *f*

frank [fræŋk] **1.** *adj* offen, aufrichtig, freimütig ⟨a ~ look ein offener Blick; a ~ confession ein volles Geständnis; to be quite ~ with s.o. about s.th. mit jmdm. über etw. offen sprechen⟩ | *selten* großzügig, freigebig; **2.** *s* Portofreiheit *f* | Frankovermerk *m*; **3.** *vt* (Brief) frankieren, freimachen | (jmdm.) das Kommen erleichtern | (jmdn.) kostenlos reisen lassen | (jmdn.) befreien (**against, from** von) | (jmdm.) Zugang verschaffen; **'~a·ble** *adj* frei zu machen(d)

frank·furt·er ['fræŋkfɜ:tə] *s* (Frankfurter, warme) Würstchen *n/pl*

frank·in·cence ['fræŋkɪnsens] *s Bot, Rel* Weihrauch *m*

frank·ing ma·chine ['fræŋkɪŋ mə,ʃi:n] *s* Frankiermaschine *f*

Frank·ish ['fræŋkɪʃ] **1.** *adj* fränkisch; **2.** *s* Fränkisch *n*

frank·lin ['fræŋklɪn] *s Brit Hist* Freisasse *m*

frank·ly ['fræŋklɪ] *adv* freimütig, offen | offen gesagt, ehrlich ⟨~, I don't think so⟩

fran·tic ['fræntɪk] *adj* wild, toll, wütend, rasend (**with** vor) ⟨~ cries verzweifelte Schreie *m/pl*; to drive s.o. ~ jmdn. verrückt machen ⟩ | *umg* verrückt, krampfhaft, verzweifelt ⟨a ~ search⟩ | *arch* wahnsinnig

frap·pé ['fræpeɪ] **1.** *s* gefrorene Fruchtsaftmischung; **2.** *adj* (Wein) eisgekühlt; **3.** *vt* auf Eis gefrieren lassen | *übertr* (ab)kühlen

fra·ter|nal [frə'tɜ:nl] *adj* brüderlich | Bruder- ⟨≈ love Bruderliebe *f*⟩ **fra'ter·nal·ism** *s* Brüderlichkeit *f*; **fra'ter·ni·ty** *s* Brüderlichkeit *f* | Bruderschaft *f* | Vereinigung *f*, Verbindung *f* ⟨the ≈ of the Press die Presse; the medical ≈⟩ | *Am* Studentenverbindung *f*; **,~ni'za·tion** *s* Verbrüderung *f*; **~nize** ['frætənaɪz] *vi* sich verbrüdern | brüderlich verkehren; *vt* brüderlich vereinigen

frat·ri|cid·al [,frætrɪ'saɪdl] *adj* brudermörderisch ⟨≈ war Bruderkrieg *m*⟩; **'~cide** *s* Brudermord *m* | Brudermörder *m*

fraud [frɔ:d] *s* Schwindel *m*, Betrug *m* | Unterschlagung *f* ⟨to get money by ~ Geld unterschlagen ⟩ | List *f*, Trick *m* | *umg verächtl* Schwindler *m*, Betrüger *m* | *umg verächtl* (Ding) Betrug *m*, Gemeinheit *f*, Witz *m* ⟨the place is a ~⟩; **~u·lence** ['~jʊləns], **'~u·len·cy** *s* Betrug *m*, Betrügerei *f*; **'~u·lent** *adj* betrügerisch, unehrlich ⟨≈ gains durch Betrug erworbene Gewinne⟩

fraught [frɔ:t] **1.** *adj poet* (*nur präd*) beladen, voll, versehen (**with** mit) | *übertr* voller, voll (**with** von); verbunden (**with** mit) ⟨~ with danger gefahrvoll; ~ with mischief unheildrohend⟩ | *umg* mitgenommen, angegriffen ⟨you're looking very ~⟩; **2.** *vt arch* beladen

[1]**fray** [freɪ] *lit s* Schlägerei *f* | *übertr* Kampf *m* ⟨eager for the ~ kampflustig⟩

[2]**fray** [freɪ] *vt* (Seil, Stoff, Kleidung) abnutzen, durchscheuern, abtragen ⟨~ed cuff durchgescheuerter Ärmelsaum⟩ | *übertr* (Nerven) stark beanspruchen, reizen; *vi* sich abnutzen, sich abtragen, sich durchscheuern ⟨the wire is ~ing⟩ | (Stoffkante) ausfransen | *übertr* stark beansprucht werden ⟨tempers begin to ~ die Gemüter erhitzen sich⟩; **'~ing** *s* Abnutzen *n* | (Hirschgeweih) abgefegter Bast

fraz·zle ['fræzl] *urspr Am* **1.** *vt* zerreißen, zerfetzen; *vi* zerreißen | *übertr umg* müde werden, ermüden; **2.** *s* Fetzen *m* | *übertr* Erschöpfung *f* ⟨to be beaten/worn to a ~ völlig am Ende sein⟩

[1]**freak** [fri:k] **1.** *s* Fleck *m*, Streifen *m*; **2.** *vt poet* (*meist part perf*) fleckig machen, sprenkeln

[2]**freak** [fri:k] **1.** *s* Einfall *m*, Laune *f* | Launenhaftigkeit *f* ⟨out of mere ~ aus purer Laune⟩ | ausgefallene Sache | (Geschöpf) Abnormität *f*, Monstrum *n*, Mißgeburt *f* ⟨a ~ of nature; the animal was a ~⟩ | abnormes Ereignis ⟨by some strange ~ durch eine ungewöhnliche Fügung⟩ | *umg* Sonderling *m* | *Sl* Fanatiker *m* ⟨a radio ~⟩; **2.** *adj* ungewöhnlich, seltsam ⟨~ shape ausgefallene Gestalt; ~ weather abnormes Wetter⟩; **3.** *umg, meist* **~ out** *vi* im Rausch sein (*bes* durch Drogen); *vt* in einen (*bes* Drogen)Rausch versetzen; **'~ish** *adj* launisch, grillenhaft ⟨≈ spirit Launenhaftigkeit *f*⟩ | außergewöhnlich, grotesk ⟨a ≈ person ein mißgestalteter Mensch⟩; **'~-out** *umg s* (Drogen)Rausch *m* | jmd., der unter Drogen steht; **'~y 1.** *adj Sl* verrückt, rauschbesessen; **2.** *s* Verrückte(r) *f(m)*, Aussteiger *m*

freck|le ['frekl] **1.** *s oft pl* Sommersprosse *f* | Fleckchen *n* (*bes Bot*); **2.** *vt* sommersprossig machen | sprenkeln; *vi* Sommersprossen bekommen ⟨to ≈ easily leicht Sommersprossen bekommen⟩; '~**led** *adj* sommersprossig ⟨a ≈ nose⟩ | fleckig, gesprenkelt

free [fri:] **1.** *adj* (Person) frei, in Freiheit ⟨a ~ man, not a slave; to be born ~ in Freiheit geboren⟩ | *Pol* frei, unabhängig ⟨a ~ country; the land of the ~; ~ elections⟩ | (Mensch, Tier) frei, ungebunden, nicht eingesperrt ⟨to set (s.o.) an animal ~ (jmdn. befreien) e-m Tier die Freiheit schenken; wild animals who are ~ wilde Tiere, die in Freiheit leben⟩ | (Person) frei, ohne Verpflichtung ⟨I'm not ~ today; a ~ day; little ~ time wenig Freizeit⟩ | frei, gratis, kostenlos ⟨a ~ gift ein Geschenk; a ~ ticket e-e Freifahrkarte; one drink is ~ ein Getränk ist umsonst; post ~ portofrei⟩ | frei, unkontrolliert, unbeschränkt ⟨~ access freier Zugang *od* Zutritt; a ~ translation e-e freie *od* nicht wörtliche Übersetzung; of one's own ~ will aus freien Stücken; to give s.o. ~ play jmdm. freie Hand lassen *od* geben⟩ | (Bewegung u. ä.) natürlich, anmutig, ungezwungen ⟨~ movement to music natürliche Bewegung zur Musik; in ~ folds in schwingenden Falten⟩ | frei, unbefestigt ⟨the ~ end⟩ | frei, unbesetzt, leer ⟨a ~ seat; a ~ space ein freier Platz *od* ein leerer Raum⟩ | frei, offen, ungehindert ⟨the way is ~; a ~ passage; a ~ flow of information ein ungehinderter Informationsfluß⟩ | frei(zügig), großzügig, freigebig (**with** mit) ⟨to be ~ with one's money spendierfreudig *od* spendabel sein; ~ with advice auskunftsbereit⟩ | frei, zwanglos, ungezwungen ⟨a ~ manner ein freies Auftreten⟩ | *verächtl* (zu) frei, sehr frei, direkt, dreist, unverblümt ⟨she was rather ~ sie benahm sich ziemlich frei; a bit too ~ etwas zu direkt⟩ | frei, unbelastet, befreit (**from** von) ⟨~ from pain schmerzfrei; ~ from dirt ohne Schmutz; ~ from mistakes fehlerlos⟩ | frei, befreit (**of** von), ohne ⟨~ of tax steuerfrei; ~ of charge gebührenfrei; ohne Bezahlung⟩ | frei, fern, ungestört (**of** von) ⟨~ of crowds ohne große Massen; ~ of the harbour außerhalb des Hafens⟩ | frei, befreit, erlöst (**of** von) ⟨to be ~ of s.o. jmdn. loshaben⟩ | willig, bereit (**to** zu) ⟨~ to confess⟩ | berechtigt, in der Lage (**to** zu *mit inf*) ⟨to be ~ to leave gehen dürfen; you're ~ to come Sie können gern kommen⟩ | *Wirtsch* frei verfügbar ⟨~ assets; ~ bonds⟩ | *Chem, Phys* frei, ungebunden, unbesetzt ⟨~ atom⟩ ◇ **~ and easy** unbeschwert, sorgenfrei; unbekümmert; **for ~** umsonst; **have one's hands ~** nichts in der Hand haben; *übertr* freie Hand haben; **make ~ with** unbekümmert verfahren mit, sich Freiheiten herausnehmen gegenüber ⟨to ≈ s.o.'s books jmds. Bücher wie s-e eigenen behandeln; to make too ~ with s.o. jmdn. respektlos behandeln, jmdm. frech kommen⟩; **make s.o. ~ of s.th.** *förml* jmdm. (frei) über etw. verfügen lassen, jmdn. das Recht über etw. einräumen;
2. *adv* frei, ungebunden ⟨to let the dog run ~ den Hund ohne Leine laufen lassen⟩ | frei, gratis, kostenlos ⟨to travel ~⟩ | frei, lose, locker, offen, auf ⟨the screw worked itself ~ die Schraube hat sich gelockert *od* ist herausgefallen; the door swung ~ die Tür flog auf⟩;
3. *vt* (**freed, freed** [fri:d]) (Gefangenen, Tier) freilassen | (Sklaven) befreien (**from** aus), losbinden, -machen, lösen (**from** von, aus) | befreien, säubern (**of** von); *übertr* befreien, freimachen (**for, of** von) ⟨to ~ s.o. from a duty jmdm. eine Pflicht abnehmen, jmdn. von e-r Aufgabe entbinden⟩; **-free** *in Zus* -frei (*auch übertr*) ⟨egg-~; tax-~; pain-~⟩; ˌ~ **'a·gent** *s* freier *od* unabhängiger Mensch; ˌ~ **as·so·ci'a·tion** *s Psych* freie Assoziation

free|bie, *auch* **~bee** ['fri:bi:] *s Am Sl* etw. Geschenktes, etw. Kostenloses

free|board ['fri:bɔ:d] *s Mar* Freibord *n*; '~ˌ**boot·er** *s* Freibeuter *m*; ˌ~**'born** *adj* frei geboren; ˌ~ **'Church** *s Rel* Freikirche *f*; ˌ~ **colˌlec·tive 'bar·gain·ing** *s Wirtsch* Tarifautonomie *f*

freed|man ['fri:dmæn|-mən] *s* (*pl* '~**men**) befreiter *od* freigelassener Sklave; '~ˌ**wom·an** *s* (*pl* '~ˌ**wom·en**) *s* befreite *od* freigelassene Sklavin

free·dom ['fri:dəm] *s* Freiheit *f* ⟨the slaves got their ~; to enjoy one's ~⟩ | *Pol* Freiheit *f* (**of** zu) ⟨~ of speech Redefreiheit; ~ of press Pressefreiheit; ~ of action Handlungsfreiheit; ~ to chose one's religion Freiheit der Religionswahl; ~ of movement Bewegungsfreiheit⟩ | Freiheit *f*, Befreitsein *n* (**from** von) ⟨~ from fear Freiheit von Angst; ~ from pain Freisein *n* von Schmerz⟩ | Offenheit *f*, Freimütigkeit *f* ⟨to speak with ~ offen sprechen⟩ | *verächtl* Dreistigkeit *f*, (plumpe) Vertraulichkeit ⟨to take ~s with s.o. sich Freiheiten herausnehmen gegenüber jmdm.⟩ | Vorrecht *n*, Privileg *n* ⟨the ~ of the city die Ehrenbürgerschaft (e-r Stadt); to give s.o. the ~ of one's house jmdm. sein Haus überlassen *od* benützen lassen⟩; '~ ˌ**fight·er** *s Pol* Freiheitskämpfer(in) *m(f)*

free| en·ter·prise [fri: 'entəpraɪz] *s Wirtsch* freies Unternehmertum, Privatwirtschaft *f*; Kapitalismus *m*; ˌ~ **'fall** *s Phys* freier Fall | *Flugw* freier Fall (vor Öffnung des Fallschirms); ˌ~ **'fight** *s umg* allgemeine Schlägerei; ˌ~**-'float·ing** *adj* nicht (in e-r bestimmten Richtung) festgelegt, unentschlossen ⟨≈ views⟩; ˌ~**-for-'all** *s umg* Durcheinander *n* der Meinungen, Meinungsstreit; ungebundene Diskussion | Gerangel *n*, Schlägerei *f*; '~**hand** **1.** *adj Kunst* Freihand- ⟨≈ drawing⟩; **2.** *adv* freihand, an der Hand ⟨to draw ≈⟩; ˌ~**'hand·ed** *adj* großzügig, freigebig; '~**hold** **1.** *s* freier Grundbesitz ⟨to buy ≈ on the house das Haus kaufen⟩ | *Hist*, Freisassengut *n*; **2.** *adj* in freiem Grundbesitz ⟨≈ property (freier) Grundbesitz; to buy s.th. in ≈ etw. frei erwerben; to own s.th. ≈ etw. besitzen⟩; '~ˌ**hold·er** *s* (freier) Grundeigentümer, -besitzer | *Hist* Freisasse *m*; ˌ~ **'house** *auch* '~ **house**, *auch* ˌ~**'house** *s Brit* Wirtschaft *f od* Gaststätte *f* (die nicht an e-e Brauerei gebunden ist); ˌ~ **'kick** *s* (Sport) Freistoß *m*; ˌ~ **'la·bour** *s* gewerkschaftlich nicht organisierte Arbeiter *pl*; '~**lance** [-lɑ:ns] 1. *s* Freiberufler(in) *m(f)*, freier Mitarbeiter, freie Mitarbeiterin (*bes Ztgsw*); **2.** *adj* freiberuflich, -schaffend ⟨a ≈ journalist⟩; **3.** *adv* freiberuflich, -schaffend ⟨to work ≈⟩; *vi* freiberuflich, -schaffend arbeiten *od* tätig sein; ˌ~**-'liv·er** *s* Genießer *m*, Schlemmer *m*; ˌ~**-'liv·ing** **1.** *s* (Leben *n* in) Saus und Braus, Schlemmerleben *n*; **2.** *adj* schlemmerisch | *Zool* (Tier) freilebend; '~**load** *vi Am umg* schmarotzen, nassauern (**on** von, bei); '~ˌ**load·er** *s Am umg* Schmarotzer *m*, Nassauer *m* ˌ~ **'love** *s arch* freie Liebe

free·ly ['fri:lɪ] *adv* bereitwillig ⟨to admit ~⟩ | freimütig, offen ⟨to speak ~⟩ | frei, ungehindert ⟨to move ~⟩ | freigebig, reichlich, großzügig ⟨to give ~⟩ | stark, heftig ⟨to bleed ~⟩; ˌ~ **sup'port·ed** *adj Tech* beweglich gelagert, frei aufliegend; ˌ~ **sus'pend·ed** *adj Tech* frei aufgehängt

free|man ['fri:mən] *s* (*pl* '~**men**) Freier *m* | Ehrenbürger *m* ⟨a ≈ of a city⟩; **~ma·son** ['fri:ˌmeɪsn] Freimaurer *m*; **~ma·son·ry** ['fri:ˌmeɪsnrɪ] *s* Freimaurerei *f* | *übertr* heimliche Übereinkunft (unter Gleichgesinnten)

free on board [ˌfri: ən 'bɔ:d] *s Wirtsch* frei an Bord ↑ **f.o.b.**

free| par·don [ˌfri: 'pɑ:dn] *s Jur* Begnadigung *f*; ˌ~ **'pass** *s* Freifahrkarte *f*; ˌ~ **'port** *s* Freihafen *m*; '~**post** *s Brit wirtsch* portofreie Sendung; ˌ~**-'range** *adj Brit* Land-, Bauern-, Farm-, Hof- ⟨≈ eggs; ≈ hens⟩; ˌ~ **'rein** *s übertr* freies Spiel, *bes in*: **to give ~ rein to s.th.** e-r Sache freien Lauf lassen

free·si·a ['fri:zɪə] *s Bot* Freesie *f*

free| speech [ˌfri: 'spi:tʃ] *s* Redefreiheit *f*; ˌ~**'spo·ken** *adj* freimütig, offen; ˌ~**'stand·ing** *adj* freistehend ⟨a ≈ tree⟩;

'~stone *s Arch* Mauer-, Hausstein *m*, Quader *m*; '~ˌ**style** *Sport* **1.** *s* (Schwimmen) Freistil *m*; (Eiskunstlauf) Kür *f*; **2.** *adj* Frei-, Kür-; ˌ~'**think·er** *s* Freidenker *m*, Freigeist *m*; ˌ~'**think·ing** *adj* freidenkerisch, freigeistig; ˌ~ '**thought** *s* Freidenkerei *f*, undogmatische Religion; ˌ~ '**trade** *s* Freihandel *m*; ˌ~'**trad·er** *s* Freihändler *m*, Verfechter *m* des Freihandels; ˌ~ '**verse** *s lit* freie Rhythmen *pl*; '~**way** *s bes Am* Autobahn *f*; ˌ~'**wheel 1.** *vi* im Freilauf fahren; **2.** *s* Freilauf *m* (Fahrrad); ˌ~'**wheel·ing** *adj* unbekümmert ⟨≈ grammar sich nicht an Regeln der Grammatik haltend; in a ≈ style auf ziemlich großzügige Weise⟩; ˌ~'**will** *adj* freiwillig ⟨≈ offering ein spontanes Angebot⟩; '~ ˌ**will** *s Phil* freier Wille

freez|a·ble ['fri:zəbl] *adj* gefrierbar; **freeze** [fri:z] **1.** (**froze** [frəuz], **froz·en** ['frəuzn]) *vi* fest(ge)frieren, zu-, einfrieren ⟨water ~es⟩ | (*unpers*) gefrieren, eisig kalt sein ⟨it ≈s⟩ | heftig frieren ⟨I'm ~ing⟩ | erfrieren ⟨to ≈ to death erfrieren⟩ | *übertr* erstarren, sich nicht rühren | *übertr* erkalten, erstarren ⟨to make one's blood ≈ das Blut erstarren lassen⟩ | (Tier) bewegungslos sein; **freeze on to** *Sl* (etw.) ganz festhalten; **freeze over** überfrieren; **freeze up** *umg* (Schauspieler) (vor Nervosität) erstarren, nicht mehr weiterkönnen; *vt* gefrieren lassen, zum Gefrieren bringen, einfrieren ⟨to ≈ food⟩ | heftig frieren lassen, starker Kälte aussetzen | (Hafen, Straßen u. ä.) durch Eis blockieren | erfrieren lassen, durch Gefrieren (ab)töten | *übertr* erstarren lassen ⟨to ≈ one's blood das Blut erstarren lassen⟩ | *übertr umg* lähmen, kaltstellen | (Kapital) einfrieren lassen, sperren | (Preise, Löhne, Stellen) einsparen, einfrieren, stoppen; **freeze in** einfrieren; **freeze out** *umg* kaltstellen | *Am* wegen Kälte ausfallen lassen *od* verhindern ⟨the meeting was frozen out⟩; **2.** *s* (Ge)Frieren *n* | Frost *m* | Stopp *m* ⟨wage ≈ Lohnstopp *m*⟩ | *nur in:* ˌ**deep** '**freeze** Tiefkühlfach *n*; '~**er** *s* Eismaschine *f* ⟨ice cream ≈⟩ | Frostschrank *m* | Tiefkühlfach *n*; '~**ing 1.** *adj* eisig | *übertr umg* kalt, eisig; **2.** *s* Gefrieren *n* | Frost *m* | *umg* Gefrierpunkt *m* ⟨below ≈⟩ | *Wirtsch* Einfrierung *f* | *Med* Vereisung *f*; '~**ing** ˌ**mix·ture** *s* Kältemischung *f*; '~**ing point** *s Phys* Gefrierpunkt *m*; '~**ing** ˌ**proc·ess** *s* Tiefkühlverfahren *n*

freight [freɪt] **1.** *s* Schiffsfracht *f* | *Am, Kan* Fracht *f* | Frachtgeld *n* | *Mar* Fracht *f*, Ladung *f* ⟨to take in ~ Ladung aufnehmen⟩ | *auch* '~ **train** *Am* Güterzug *m* | Frachtgut *n*, Speditionsgüter *n/pl*; **2.** *vt* verfrachten, als Frachtgut befördern, (Schiff) beladen | *Am, Kan* beladen | mieten, heuern | *übertr* beladen; '~**age** *s* Fracht *f*, Ladung *f* | Transport *m* | Frachtgeld *n*; '~ **car** *s Am* Güterwagen *m*; '~**er** *s* Verlader *m*, Befrachter *m* | *Mar* Frachter *m*, Frachtschiff *n*; '~ˌ**lin·er** *s* Spezialgüterzug *m*, Containerzug *m*; '~ ˌ**sta·tion** *s Am* Güterbahnhof *m*; '~ **train** *s Am* Güterzug *m*

French [frentʃ] **1.** *adj* französisch ⟨he is ~ er ist Franzose⟩; **2.** *s* Französisch *n* | (*mit best Art*) (die) Franzosen *pl*; ˌ~ '**beans** *s/pl* grüne Bohnen; ˌ~ '**bread** *s* französisches Brot; ˌ~ '**chalk** *s* Schneiderkreide *f* | Talkum *n*; ˌ~ '**door** *s* Glastür *f*; ˌ~ '**dress·ing** *s* Salatwürze *f*; ˌ~-**fried po**ˌ**ta·toes** *s/pl* Pommes frites *pl*; ˌ~ '**horn** *s Mus* Waldhorn *n*; '~**i·fy** *s* französieren; ˌ~ '**kiss** *s* Zungenkuß *m*; ˌ~ '**knick·ers** *s/pl* Schlüpfer *m* (mit weitem Bein); ˌ~ '**leave** *s* heimliche Abreise ⟨to take ≈ heimlich abreisen⟩; ˌ~ '**let·ter** *s Brit umg* Pariser *m* (Kondom); ˌ~ '**loaf** *s* Baguette *f*; '~**man** *s* (*pl* '~**men**) Franzose *m*; ˌ~ '**mar·i·gold** *s Bot* Studentenblume *f*; ˌ~ '**pol·ish** *s* Möbelpolitur *f*; ˌ~ '**roll** *s* Semmel *f*; ˌ~ '**roof** *s* Mansardendach *n*; ˌ~ '**toast** *s Kochk* arme Ritter *pl*; ˌ~ '**win·dow** *s* (bis zum Boden reichendes) Flügelfenster | Balkon-, Verandatür *f*; '~ˌ**wom·an** *s* (*pl* '~ˌ**wom·en**) Französin *f*

fre·net·ic [frə'netɪk] **1.** *adj* frenetisch, wahnsinnig; **2.** *s* Wahnsinnige(r) *f*(*m*)

fren|zied ['frenzɪd] *adj* hektisch, toll ⟨≈ applause⟩ | wahnsinnig, wild ⟨a ≈ look⟩; '~**zy 1.** *s* Wahnsinn *m*, Raserei *f* ⟨to rouse s.o. to a ≈ jmdn. zur Raserei bringen⟩ | starke Erregung, Manie *f* ⟨in a ≈ of enthusiasm in rasender Begeisterung⟩; **2.** *vt* wahnsinnig *od* rasend machen

fre|quence ['fri:kwəns], *auch* '~**quen·cy** *s* Häufigkeit *f*

fre|quen·cy ['fri:kwənsɪ] *s El, Phys* Frequenz *f*, Schwingungszahl *f* ⟨high ≈ Hochfrequenz *f*⟩; ~**quent** ['fri:kwənt] *adj* häufig | regelmäßig; [fri:'kwent] *vt* häufig be- *od* aufsuchen; ˌ~**quen'ta·tion** *s* häufiger Besuch, Verkehr *m*; ~'**quent·er** *s* regelmäßiger Besucher

fres|co ['freskəu] **1.** *s* (*pl* ~**cos**, ~**coes**) Fresko(gemälde) *n* | Freskomalerei *f* ⟨a painting in ≈⟩; **2.** *vt* in Fresko malen

fresh [freʃ] **1.** *adj* neu, frisch ⟨~ fruit; ~ paint noch feuchte Farbe; ~ paint! *Am* frisch gestrichen!⟩ | neu, unbekannt ⟨a ~ customer; to break ~ ground neu anfangen⟩ | neu, zusätzlich ⟨a ~ start; to throw ~ light on ein neues Licht werfen auf⟩ | ungesalzen, frisch ⟨~ water⟩ | unverdorben, frisch ⟨~ meat⟩ | lebhaft, frisch ⟨~ breeze frische Brise⟩ | kräftig, gesund, blühend ⟨a ~ boy⟩ | jugendlich ⟨a ~ face⟩ | rein, kühl, erfrischend ⟨~ air⟩ | *übertr* unerfahren, unreif ⟨a ~ girl⟩ | *Am Sl* frech, unverfroren, dreist ⟨to be ~ with s.o. *auch Brit* sich jmdm. gegenüber dreist benehmen; to get ~ with s.o. *auch Brit* sich gegenüber jmdm. (zu)viel herausnehmen⟩; **2.** *adv* kühl, frisch ⟨it blows ~ es weht ein frisches Lüftchen⟩ | *umg* neu, kürzlich; **3.** *s* (Morgen-) Kühle *f* | (Tag- u. ä.) Anfang *m* | (*in Zus*) frisch ⟨~ painted doors frischgestrichene Türen *f/pl*⟩; '~**en** *vt* frisch machen, auffrischen, beleben | Salz entziehen | *Mar* auffieren; ~**en up** frisch machen, kurz waschen | munter machen, auf neu machen; *vi* frisch werden | kalben; ~**en up** sich frisch machen; '~**er** *s umg* = '~**man**; '~**et** *s* Hochwasser *n*, Überschwemmung *f* | Süßwasserzufluß *m* (*ins Meer*) | *übertr* Flut *f*, Schwall *m*; '~**man** *s* (*pl* '~**men**) Student *m* im ersten Semester | Neuling *m*, Anfänger *m*; '~ˌ**wa·ter** *adj* Süßwasser- ⟨a ≈ fish⟩ | *übertr* noch nicht zur See gefahren | *Am umg* ländlich | klein, unbedeutend ⟨a ≈ college ein Provinzcollege *n*⟩

[1]**fret** [fret] **1.** *s*, *oft* **frets** *pl* (Saiteninstrument) Griff *m*, Bund *m*; **2.** *vt* mit Griffleiste versehen ⟨~ted instrument Zupfinstrument *n*⟩

[2]**fret** [fret] **1.** *s* verflochtene *od* durchbrochene Verzierung | *Arch* Reliefverzierung *f* | *Hist* Haarnetz *n*; **2.** *vt* ('~**ted**, '~**ted**) gitterartig verzieren | bunt machen | *Arch* mit Schnitzwerk verzieren

[3]**fret** [fret] **1.** ('~**ted**, '~**ted**) *vt* an-, zerfressen, zernagen | (Wasser) kräuseln | *übertr* ärgern, aufregen (**over, at** wegen) ⟨to ~ one's life away sich zu Tode grämen⟩; *vi* nagen, sich einfressen | (Wasser) sich kräuseln | *übertr* sich ärgern | sich (ab)härmen, sich grämen; ~ **about** sich herumärgern; ~ **through** (Fluß) sich durchfressen; **2.** *s* Zerfressen *n* | *übertr* Aufregung *f*, Ärger *m*, Verdruß *m* ⟨to be on the ~ verärgert *od* in Sorge sein⟩; '~**ful** *adj* ärgerlich, mürrisch, verdrießlich

fret| saw ['fret sɔ:] *s* Laubsäge *f*; '~**ted**, [1]'~**ty** *adj* gitterartig verziert

[2]**fret·ty** ['fretɪ] *adj* ärgerlich, verdrießlich | *umg* entzündet ⟨a ~ wound⟩

fret·work ['fretwɜ:k] *s* (geschnitztes) Gitterwerk *n* | Laubsägearbeit *f*

Freud·i·an ['frɔɪdɪən] *adj Psych* Freudsche(r, -s) ⟨~ slip Freudscher Versprecher⟩ | *umg* geheime Gedanken verratend, auf Unterbewußtes deutend ⟨~ remarks; a bit too ~⟩

Fri *Abk* von **Friday**

fri·a|bil·i·ty [ˌfraɪə'bɪlətɪ] *s* Bröckligkeit *f*; '~**ble** *adj* bröcklig, mürbe, zerreibbar

fri·ar ['fraɪə] *s* (Bettel-) Mönch *m*, (Kloster-) Bruder *m*; **'~'s 'lan·tern** *s* Irrlicht *n*; **'~y** [~rɪ] *s* Mönchskloster *n* | (Bettel-) Mönchsorden *m*

frib·ble ['frɪbl] **1.** *vi, vt* (ver)tändeln, (ver)trödeln; **2.** *s* Schwätzer *m*, Fasler *m* | Geschwätz *n*, Faselei *f* | Frivolität *f*, Leichtfertigkeit *f*

fric|an·deau ['frɪkəndəʊ] *s Kochk* Frikandeau *n*; **~as·see** [ˌfrɪkə'si:|'frɪkəsi:] **1.** *s Kochk* Frikassee *n*; **2.** *vt* frikassieren

fric·a·tive ['frɪkətɪv] **1.** *adj Ling* frikativ, Reibe- ⟨~ sound⟩; **2.** *s* Frikativ-, Reibelaut *m*

fric·tion ['frɪkʃn] *s* Reibung *f* | *Med* Friktion *f*, Einreibung *f* | *übertr* Differenz *f*, Reibung *f* ⟨political ~ (between zwischen)⟩; **'~al** *adj* Friktions-, Reibungs-, Schleif-; **'~ ball** *s Tech* Kugel *f* (in e-m Kugellager); **'~ ˌbear·ing** *s* Gleitlager *n*; **'~ force** *s* Reibungswiderstand *m*; **'~less** *adj* reibungsfrei, -los; **'~ ˌsur·face** *s Tech* Lauffläche *f*

Fri·day ['fraɪdɪ|-deɪ] *s* Freitag *m* ⟨Good ~ Karfreitag *m*⟩

fridge [frɪdʒ] *s bes Brit umg* Kühlschrank *m*

fried [fraɪd] *prät* und *part perf* von ↑ **fry**

friend [frend] **1.** *s* Freund *m*, Freundin *f* ⟨to be a good ~ to s.o. jmds. guter Freund sein; to be ~s with s.o. mit jmdm. befreundet sein ; to make ~s again sich wieder vertragen; to make ~s with s.o. sich mit jmdm. anfreunden⟩ | Bekannter *m*, Gefährte *m*, Begleiter *m* ⟨who's your ~? wen haben Sie (da) mitgebracht?⟩ | *förml* (Anrede) Kollege *m* ⟨my honourable ~ *Parl* mein Herr Kollege; our ~ (who said) *Parl* mein Herr Vorredner *m*; my learned ~ *Jur* (mein) verehrter Herr Kollege⟩ | *bes Schott* Verwandter *m* | Freund *m*, Helfer *m*, Förderer *m* ⟨a ~ of the arts ein Kunstfreund⟩ | *iron* Freundchen *n* ⟨listen, my ~ hör zu, mein Lieber!⟩ | ⁓ Quäker *m* ⟨the Society of ⁓s⟩ | *übertr* Hilfe *f* | *umg* Liebste(r) *f(m)* ◇ **a ~ in need is a ~ indeed** *Sprichw* in der Not erkennt man seine Freunde; **2.** *vt poet* zu Freunden machen | *übertr* helfen; **'~less** *adj* ohne Freunde, freundlos, verlassen; **'~ly 1.** *adj* freundlich, freundschaftlich ⟨a ≈ game / match *Sport* Freundschaftsspiel *n*; to be ≈ with s.o. sich mit jmdm. gut stehen; to be on ≈ terms with s.o. mit jmdm. auf freundschaftlichem Fuße stehen⟩ | hilfsbereit | günstig | fördernd (**to** für) ⟨⁓ Society Wohltätigkeitsverein *m*; to be ≈ to a cause e-r Sache aufgeschlossen gegenüberstehen⟩; **2.** *adv* freundlich, freundschaftlich; **'~ship** *s* Freundschaft *f* | Freundschaftlichkeit *f*

fri·er ['fraɪə] = **fryer**

[1]**frieze** [fri:z] *s* Fries *m* (grober Wollstoff)

[2]**frieze** [fri:z] **1.** *s Arch* Fries *m* | (Tapeten-) Leiste *f*; **2.** *vt* mit einem Fries schmücken

frig a·round [frɪg ə'raʊnd] *vi umg euphem* die Zeit vertändeln

frig(e) [frɪdʒ] = **fridge**

frig·ate ['frɪgət|-ɪt] *s Mar, Hist* Fregatte *f*; **'~ bird** *s Zool* Fregattvogel *m*

frig·ging ['frɪgɪŋ] *adj, adv vulg* verdammt

fright [fraɪt] **1.** *s* Schreck(en) *m(m)*, Furcht *f* ⟨to get / have a ~ erschrecken; to give s.o. a ~ jmdn. in Schrecken versetzen; to take ~ at / in s.th. über etw. erschrecken⟩ | *umg* lächerliche Gestalt, Schreckgespenst *n*, Fratze *f* ⟨to look a perfect ~ einfach verboten aussehen⟩; **2.** *vt poet* erschrekken; **'~en** *vt* erschrecken ⟨to ≈ s.o. into doing s.th. jmdn. durch Einschüchterung zu etw. bewegen; to ≈ s.o. out of doing s.th. jmdn. durch Einschüchterung von etw. abbringen; to ≈ s.o. out of his wits jmdn. vor Schrecken ganz außer sich bringen; to ≈ s.o. to death jmdn. zu Tode erschrecken⟩; **~en away** *od* **off** verscheuchen; **~ened** *adj* erschreckt ⟨to be ≈ at / of bange sein vor⟩; **'~ful** *adj* schrecklich, furchtbar ⟨a ≈ accident⟩ | häßlich, entsetzlich ⟨what a ≈ hat! was für ein unmöglicher Hut!⟩; **'~ful·ly** *adv* schrecklich | *umg* furchtbar, sehr ⟨I'm ≈ sorry es tut mir schrecklich leid⟩

frig·id ['frɪdʒɪd] *adj* kalt, eisig ⟨a ~ climate; the ⁓ Zone der Polarkreis *m*⟩ | *übertr* gefühlskalt, kühl ⟨a ~ welcome ein kühler Empfang⟩ | *übertr* steif ⟨a ~ style⟩ | (Frau) frigid

frig·id·aire [ˌfrɪdʒɪ'dɛə] *s selten* Kühlschrank *m*

fri·gid·i·ty [frɪ'dʒɪdətɪ] *s* Kälte *f* | *Psych* Frigidität *f* | *übertr* Kälte *f*, Steifheit *f*; **frig·o·ther·a·py** [ˌfrɪgə'θerəpɪ] *s Med* Frigotherapie *f*, Kältebehandlung *f*

frill [frɪl] **1.** *s* Rüsche *f*, Krause *f* | *Zool* Gekröse *n* | *Foto* Kräuseln *n*; **2.** *vt* mit Rüsche(n) *od* Spitze besetzen | kräuseln; *vi* sich kräuseln (*auch Foto*); **frilled** *adj* mit Rüschen besetzt ⟨a ≈ skirt Falbelrock *m*⟩; **'~er·y** *s* Krausen *f/pl*, Volantbesatz *m*; **'~ing** *s* Kräuseln *n* | Stoff *m* für Volants; **~ies** *s/pl Brit* Reizwäsche *f*; **frills** *pl* Schmuck *m*, Tand *m* | schönes Gerede, Palaver *n* ⟨to put on ≈ *übertr* sich aufspielen⟩; **'~y** *adj* mit vielen Rüschen *od* Spitzen ⟨a ≈ dress⟩ | *verächtl* (Sprache) blumenreich, bombastisch ⟨a ≈ style⟩

fringe [frɪndʒ] **1.** *s* Franse *f* | Saum *m*, Rand *m* | Besatz *m* | Ponyfrisur *f* | *übertr* Grenze *f*, Rand(zone, -gebiet) *m(f, n)* ⟨the outer ~s die Randbezirke *pl*⟩ | Randgruppe *f*, (besondere) Klasse *f* ⟨the criminal ~ Gruppe *f* der Kriminellen⟩ | *Zool* Haarfranse *f*; **2.** *vt* mit Fransen versehen *od* schmücken | besetzen | einfassen ⟨to ~ with trees⟩ | um-, einzäunen; *vi* Fransen machen; **'~ ˌar·e·a** *s Rundf, Ferns* Randbezirk *m* (mit schlechtem Empfang); **'~ ˌben·e·fit** *s* (*meist pl*) *Wirtsch* (zusätzliche) Sozialleistung *f* ⟨≈s of a job mit einer Stelle verbundene Extras⟩; **fringed** *adj* gefranst; **'~ group** *s* Randgruppe *f*; **'~ ˌthe·at·re** *s Brit* unkonventionelles Theater; **'~ time** *s Ferns* Randzeit *f*; **'fring·y** *adj* fransig, Fransen-

frip·per·y ['frɪpərɪ] **1.** *s* Flitterkram *m*, Plunder *m* | Prahlerei *f* | (*meist pl*) *übertr* Blendwerk *n*, Tand *m*; **2.** *adj* wertlos, unbedeutend | Flitter-

Fris·bee ['frɪzbɪ] *s Sport* Wurfscheibe *f*

Fri·sian ['fri:zɪən] **1.** *adj* friesisch; **2.** *s* Friese *m* | Friesisch *n* | *bes Brit* friesisches Rind(vieh) *n(n)*

frisk [frɪsk] **1.** *vi* hüpfen, springen, tanzen; *vt* (etw.) lebhaft bewegen | *umg* (jmdn.) (nach verborgenen Waffen u. ä.) durchsuchen, filzen | *Sl* (jmdm. etw.) aus der Tasche klauen; **2.** *s* Hüpfen *n*, Springen *n* ⟨to have a ~ herumspringen⟩ | Ausgelassenheit *f* | *arch* Luftsprung *m* | *Sl* Durchsuchen *n*, Filzen *n*; **'~y** *adj* munter, lebhaft | ausgelassen ⟨as ≈ as a kitten ausgelassen wie ein junges Fohlen⟩

fris·son ['fri:sɔ̃] *s* ⟨*frz*⟩ (Angst *od* Freude) Schauer *m* ⟨a ~ of fear; a ~ of surprise⟩

frit [frɪt] **1.** *s Chem* Fritte *f*, Glasmasse *f*; **2.** *vt* fritten, schmelzen, sintern, zusammenbacken; **'~ ˌfur·nace** *s Tech* Fritteofen *m*

frith [frɪθ] = **firth**

frit·ter ['frɪtə] **1.** *vt* zerstückeln, zerschneiden, zerbrechen | *meist* **~ away** (Zeit) verschwenden, vergeuden; **2.** *s* Fetzen *m*, Rest *m* | Fettgebackenes *n*, Krapfen *m*

friv|ol ['frɪvl] (**'~olled, '~olled**, *Am* **'~oled, '~oled**) *umg vi* leichtsinnig sein, trödeln; *vt* **~ol away** vergeuden, verplempern; **fri·vol·i·ty** [frɪ'vɒlətɪ] *s* Frivolität *f*, Leichtsinn *m* | frivole Bemerkung | billiges Vergnügen ⟨to enjoy a few ~olities billigen Vergnügungen nachgehen⟩ | Geringfügigkeit *f*, Nichtigkeit *f*; **friv·o·lous** ['frɪvl̩əs] *adj* (Person) frivol, leichtfertig | (Person) unseriös | (Sache) geringfügig, nichtig, wertlos

[1]**friz[z]** [frɪz] **1.** *vt umg* (Haare) kräuseln, eindrehen | (Tuch) kräuseln | (Leder) glatt reiben; *vi* (Haare) sich kräuseln; **2.** *s* Kräuselung *f* | *umg* Kraushaar *n* ⟨a ~ of black hair ein

schwarzer Wuschelkopf⟩
[2]**frizz** [frɪz] *vi* brutzeln, zischen
[1]**friz·zle** ['frɪzl] **1.** *umg vt, auch* ~ **up** (Haare) kräuseln, eindrehen; *vi* (Haare) sich kräuseln; **2.** *s* (Haare) Gekräusel *n*, Kraushaar *n*
[2]**friz·zle** ['frɪzl] *umg vi* brutzeln, zischen; *vt* knusprig braten, rösten | versengen, verbrennen (*auch übertr*)
friz|zly ['frɪzlɪ], '**~zy** *umg adj* kraus, gekräuselt
fro [frəu] *adv, nur in*: **to and ~** hin und her, auf und ab ⟨journeys to and ~ between London and Paris⟩
frock [frɒk] **1.** *s selten* (Frauen-) Kleid *n* | Kittel *m* | (Kinder-) Spielhöschen *n* | Gehrock *m* | *Mil Brit* Waffenrock *m* | wollener Seemannsrock | Mönchskutte *f* | Geistlicher *m* | Politiker *m*, Abgeordneter *m*; **2.** *vt* in einen Rock kleiden | (jmdn.) als Geistlichen einsetzen | (jmdn.) mit einem Amt bekleiden; ˌ**~ 'coat** *s* Gehrock *m*
[1]**frog** [frɒg] **1.** *s Zool* Frosch *m* | *umg* Frosch *m*, Heiserkeit *f* ⟨to have a ~ in the/one's throat heiser sein⟩ | **≁** *verächtl* Franzose *m*; **2.** *vi* (**frogged, frogged**) Frösche fangen
[2]**frog** [frɒg] *s Eisenb* (Schiene) Kreuzungs-, Herzstück *n* | *El* Oberleitungsweiche *f*
[3]**frog** [frɒg] **1.** *s* Schnurverschluß *m* (e-s Mantels) | *Mil* Bajonettschlaufe *f* | *Mil* Säbeltasche *f*; **2.** (**frogged, frogged**) *vt* (Rock u. ä.) mit e-m Schnürverschluß versehen
[4]**frog** [frɒg] *s Zool* Gabel *f*, Strahl *m* (am Pferdehuf)
frog|eat·er ['frɒgˌi:tə] *s* Froschesser *m*; **≁** *verächtl* Franzose *m*; '**~gy 1.** *adj* froschreich | froschartig; **2.** *s* Fröschlein *n*; **≁gy** *verächtl* Froschesser *m* (Franzose); '**~man** *s* (*pl* '**~men**) Froschmann *m*; '**~march** *vt* (jmdn.) (mit dem Kopf nach unten) zu viert fortschleppen | (Gefangene u. a.) mit den Händen auf dem Rücken abführen; '**~ pond** *s* Froschteich *m*; '**~ spawn** *s Zool* Froschlaich *m* | *Bot* (e-e Art) Grünalge *f*
frol|ic ['frɒlɪk] **1.** *s* Fröhlichkeit *f*, Ausgelassenheit *f* | Lustbarkeit *f* | Scherz *m*, Posse *f*; **2.** *vi* ('**~icked,** '**~icked**) ausgelassen sein | Possen treiben, scherzen, spaßen; '**~ic·some** *adj* ausgelassen, lustig, fröhlich
from [frəm|frɒm] *präp* von, aus, von ... aus *od* her *od* weg, aus ... heraus, von *od* aus ... herab (Herkunft) ⟨~ far aus der Ferne, von weit her; ~ home von zu Hause; ~ school aus der Schule; where is he ~? woher kommt er?; ~ a building aus e-m Haus heraus; ~ the roof vom Dach (herab *od* herunter); ~ house to house; to flee ~ the enemy vor dem Feind fliehen⟩ | (Entfernung) von ⟨2 miles ~ the village zwei Meilen vom Dorf (entfernt); to stay away ~ school der Schule fernbleiben⟩ | von, von ... an, seit ab (Zeit) ⟨~ 1917 seit 1917; ~ last week von vergangener Woche an, seit voriger Woche; ~ childhood von Kindheit an; ~ day to day tagein, tagaus; ~ beginning to the end von Anfang bis Ende; ~ Tuesday ab Dienstag⟩ | von (Sender) ⟨~ my mother; tell her ~ me richte ihr von mir aus⟩ | von, aus (Quelle) ⟨~ where did you hear it? wo hast du das gehört?; ~ the English aus dem Englischen; ~ Shakespeare von Shakespeare; to drink ~ the bottle aus der Flasche trinken⟩ | nach, auf der Basis von, auf Grund von ⟨~ appearance auf Grund des Aussehens *od* nach dem Aussehen, nach dem Augenschein; ~ experience aus Erfahrung; ~ s.o.'s looks nach jmds. Aussehen; ~ what we have heard nach dem, was wir gehört haben; ~ what you see wie sie sehen können⟩ | nach (Modell) ⟨to paint ~ nature nach der Natur malen; ~ a painting nach e-m Gemälde⟩ | von, aus (Ursache) ⟨~ conviction aus Überzeugung; ~fatigue aus Müdigkeit *od* Erschöpfung; ~starvation aus Hunger⟩ | von, zu, als (Unterschied) ⟨different ~ her anders als sie; to tell blue ~ green blau von grün unterscheiden⟩ | von, ab (Veränderung) ⟨~ bad to worse immer schlimmer; ~ £ 10 to £ 20 von 10 bis 20 Pfund⟩ | aus, von (Material) ⟨made ~ flour aus Mehl hergestellt; made ~ steel stahlgefertigt⟩ ◇ **~ above** von oben; **~ over / across s.th.** von oben (quer); **~ among** zwischen ... (herum); **~ before** aus der Zeit vor; **~ below / under[neath]** von unten; **~ beyond** von drüben (her) ⟨~ beyond the grave aus dem Jenseits⟩; **~ out of s.th.** von etw. heraus; **~ within** von innen (heraus); **~ without** von außen (her)
frond [frɒnd] *s Bot* (Farn-) Wedel *m*; '**~age** *s* Blattwerk *n*, Laub *n*, Blätter *n/pl*
front [frʌnt] **1.** *s* (*meist mit best art*) Vorderseite *f*, Fassade *f* ⟨the ~ of a house; at the ~ an der Vorderseite⟩ | Strandseite *f* ⟨a house on the ~ ein Haus mit Seeblick⟩ | *Mil* Front *f*, Kampflinie *f* ⟨at the ~ an der Front; to go to the ~ an die Front gehen⟩ | *Pol* Front *f* ⟨people's ~ Volksfront⟩ | Vordergrund *m* ⟨in ~ vorn (*Ant* behind); in ~ of vor; *übertr* in Gegenwart von; to the ~ nach vorne, voraus, voran; to come to the ~ *übertr* in den Vordergrund treten, sich auszeichnen⟩ | Hemdbrust *f*, Vorhemd *n* | (falscher) Scheitel | *Met* (Wetter-) Front *f* ⟨a cold ~⟩ | *Theat* Zuschauerraum *m* ⟨out ~ unter den Zuschauern, im Publikum⟩ | *poet* Stirn *f*, Antlitz *n* | *übertr* Frechheit *f*, Unverschämtheit *f* ⟨to have the ~ to do s.th. die Stirn haben etw. zu tun⟩ | *übertr* Mut *m*, Kühnheit *f* ⟨to present / show a bold ~ mutig auftreten; to put on a bold ~ Mut vortäuschen⟩ | *umg* Fassade *f*, Schein *m* ⟨to use as a ~ for als Vorwand benutzen für⟩; **2.** *adj* vorder(er, -e, -es), Front-, Vorder- ⟨~ window; ~ tooth⟩ | *Ling* Vorderzungen- ⟨~ vowels⟩ | *umg* Abschirm-, Vorwand-, Schein- ⟨a ~ man ein Strohmann⟩; **3.** *vt* an der Vorderseite versehen mit | mit der Vorderseite liegen an ⟨the house ~s the street⟩ | gegenüberstehen, -liegen | *arch* (jmdm.) gegenübertreten, die Stirn bieten | mit einer Vorderseite versehen | *Mil* eine Front bilden lassen | *Ling* mit der Vorderzunge artikulieren; *vi* mit der Vorderseite liegen, grenzen (**on** an), gerichtet sein (**on, to, towards** nach, zu) | *umg* als Strohmann auftreten (**for** für); **4.** *adv* nach vorn, geradeaus ⟨eyes ~!⟩; '**~age** *s Arch* Vorderfront *f* | Hausfront *f* | Straßenfront *f* | *Mil* Frontabschnitt *m*, -breite *f*; '**~ag·er** *s* Vorderhausbesitzer *m* | *selten* Vorderhausbewohner *m*; '**~age road** *s Am* Parallelstraße *f* zu einer Autobahn (mit Tankstellen, Motels usw.); '**fron·tal 1.** *adj* Stirn-, Front(al) ⟨≈ attack⟩ | Vorder-, die Vorderseite betreffend, von vorn ⟨≈ views Vorderansicht *f*⟩ | *Meteor* Fronten- ⟨≈ system⟩ | *Anat* Stirn-, Gesichts- ⟨≈ bone Stirnbein *n*⟩; **2.** *s Rel* Altardecke f, Frontal(e) *n* | *Arch* Fassade *f* | *Arch* Giebel *m*; ˌ**~ 'ax·le** *s Tech* Vorderachse *f*; ˌ**~ 'bench** *s Brit Parl* eine der ersten beiden Sitzreihen *f/pl* (für Regierungsmitglieder u. Oppositionsführer); ˌ**~-'bench·er** *s Brit Parl* führender Abgeordneter *od* Politiker *m*; ˌ**~ 'door** *s* Haustür *f* | Haupteingang *m*; ˌ**~ 'gar·den** *s* Vorgarten *m*
fron·tier ['frʌntɪə] **1.** *s* Grenze *f*, Grenzgebiet *n* ⟨on the ~ an der Grenze⟩ | *Am Hist* Grenze *f* zum Westen der USA | *Am Hist* das am weitesten westlich besiedelte Gebiet | *übertr* Grenze *f*, Rand *m* ⟨the ~s of knowledge die Grenzen *f/pl* des Wissens⟩; **2.** *adj* Grenz- ⟨a ~ town⟩; '**fron·tiers·man** *s* (*pl* '**fron·tiers·men**) Grenzbewohner *m*
fron·tis·piece ['frʌntɪspi:s] *s Buchw* Frontispiz *n*, Titelbild *n* (gegenüber dem Titelblatt) | *Arch* Vorder-, Giebelseite *f* | *Theat* Proszenium *n*
front lens ['frʌnt 'lens] *s Foto* Vorsatzlinse *f*
front|less ['frʌntləs] *selten adj* ohne Front | *arch übertr* schamlos; '**~let** *s* Stirnbinde *f* | schmales Tuch über der Altardecke; '**~line** *s Mil* Kampffront *f*, vorderste Linie; '**~-page** *umg* **1.** *adj* wichtig, bedeutungsvoll ⟨≈ news⟩; **2.** *vt* auf der ersten Seite (einer Zeitung) berichten; ˌ**~**

'**rank** *s* erste Reihe, Vorderposition *f* (*bes übertr*) ⟨to be in the ≈ ganz vorn stehen⟩; '~,**rank** *adj* erstklassig ⟨a ≈ actor⟩; ,~-'**run·ner** *s Sport* Spitzenreiter *m* | *übertr* chancenreichster Kandidat; ,~ '**stairs** *s* Freitreppe *f*; ,~ ,**steer·ing** *s Kfz* Vorderradlenkung *f*; '~**track** Spurweite *f* vorn; '~ '**view** *s Tech* Stirn-, Frontseite *f*, Aufriß *m*, '~**wheel** *s* Vorderrad *n*; '~-**wheel** *adj* Vorderrad- ⟨≈ drive Vorderradantrieb *m*⟩
frore [frɔ:] *adj arch* gefroren | *poet* eisig, kalt
frost [frɒst] **1.** *s* Frost *m* ⟨black ~ trockener Frost; ten degrees of ~ zehn Grad Kälte⟩ | Frost(periode) *m(f)* ⟨early ~s; a late ~⟩ | Reif *m* ⟨glazed ~ Glatteis *n*; hoar/white ~ Rauhreif *m*; covered with ~ frostbedeckt, -überzogen⟩ | *übertr* Kühle *f*, Kälte *f* | *Sl* Reinfall *m* ⟨the party was a ~⟩; **2.** *vt* mit Reif bedecken | durch Frost zerstören *od* vernichten | *Kochk* glasieren | mit Puderzucker bestreuen | *Tech* (Glas) mattieren, milchig machen | (Hufeisen) rauh *od* scharf machen | *übertr* (durch eisiges Verhalten) abstoßen; *vi*, ~ **over** sich mit Reif überziehen; '~**bite 1.** *s Med* Frostbeule *f* | Erfrierung *f*; **2.** *vt* ('~**bit**, '~**bit·ten**) durch Frost schädigen; '~**bit·ten** *adj* erfroren | *übertr* eiskalt; '~-**blite** *s Bot* Melde *f* | *Bot* Weißer Gänsefuß *m*; '~**bound** *adj* (Boden) gefroren, frosthart | *übertr* frostig; '~**ed** *adj* bereift, überfroren ⟨≈ window panes gefrorene Fensterscheiben *f/pl*⟩ | *Kochk* glasiert | (Glas, Metall) mit rauher Oberfläche, matt(iert) ⟨≈ glass Milchglas *n*⟩ | *Med* erforen; '~**ing** *s Kochk* (Zucker-) Guß *m*, Glasur *f* | *Tech* Glasur *f*, matte Oberfläche | feines Glaspulver (mit Leim etc.) zum Verzieren; '~**proof** *adj* frostfest; '~ **valve** *s Tech* Frostschutzventil *n*; '~**weed** *s Bot* Aster *f*; '~**work** *s* Eisblumen *f/pl* (am Fenster) | mattiertes Glas *od* Papier u. ä.; '~**y** *adj* eisig, frostig (*auch übertr*) ⟨≈ weather; a ≈ smile⟩ | bereift | *übertr* grau, ergraut ⟨≈ hair⟩
froth [frɒθ] **1.** *s* Schaum *m* | *Med* Speichel *m* | Ausfluß *m* | *übertr verächtl* Schaumschlägerei *f*, leeres Gerede ⟨~ of words leerer Wortschwall⟩; **2.** *vt* mit Schaum bedecken | zum Schäumen bringen | *auch* ~ **up** *umg* verbrämen; *vi* schäumen, Schaum bilden | *übertr* Schaum schlagen; '~**ing** *s* Schaumbildung *f*; '~**y** *adj* schäumend, schaumig | *übertr* seicht, leer ⟨≈ talk⟩
frou·frou ['fru: ,fru:] *s* Rascheln *n*, Knistern *n* (e-s Kleides)
frouz·y ['frauzɪ] = **frowzy**
fro·ward ['frəuəd] *adj selten* eigensinnig, launisch, trotzig
frown [fraun] **1.** *vi* die Stirn runzeln | finster dreinschauen (**at, on, upon** auf) | *übertr* Mißfallen bekunden (**on, upon** über) | *übertr* (Dinge) drohen, gefährlich aussehen ⟨mountains ~ down Berge blicken drohend; ~ing cliffs unheilvolle Klippen⟩; *vt* durch finsteren Blick ausdrücken | mit einem finsteren Blick rügen ⟨to ~ s.o. down jmdn. durch e-n finsteren Blick einschüchtern⟩; **2.** *s* Stirnrunzeln *n*, finsterer Blick | Ausdruck *m* des Mißfallens ⟨~ of disapproval mißbilligende Miene⟩
frowst [fraust] *umg, bes Brit* **1.** *s* Mief *m*, stickige, verbrauchte Luft; **2.** *vi, Brit* (es) in der schlechten Luft aushalten (müssen) ⟨~ing in the office⟩; '~**y** *adj umg verächtl* muffig, stickig
frowz·y ['frauzɪ] *verächtl adj* schmutzig, schlampig | muffig, moderig, übelriechend | abstoßend, beleidigend ⟨~ words⟩
froze [frəuz] *prät* von ↑ **freeze**
fro·zen ['frəuzn] **1.** *part perf* von **freeze**; **2.** *adj* (eis)kalt ⟨the ~ north⟩ | (zu)gefroren ⟨a ~ river⟩ | eingefroren ⟨~ pipes⟩ | *übertr* gefühllos, hartherzig | *übertr* frigide, kühl | *Am umg* hart, kalt ⟨it's the ~ limit! das ist die Höhe!⟩ | *Wirtsch* eingefroren, festliegend ⟨~ capital⟩; ,~ '**frame** *s Film* Standbild *n*; ,~ '**meat** *s* Gefrierfleisch *n*
FRS *Abk* für **Fellow of the Royal Society** Mitglied *n* der Royal Society

fruc|tif·er·ous [frʌk'tɪfərəs] *adj Bot* fruchttragend; ,~**ti·fi'ca·tion** *s Bot* Befruchtung *f* | Fruchtstand *m* | Befruchtungsorgane *n/pl*; '~**ti·fi·ca·tive** *adj* befruchtungsfähig; '~**ti·form** *adj* fruchtähnlich; '~**ti·fy** *förml vi* Früchte tragen *od* bringen (*auch übertr*); *vt* befruchten (*auch übertr*)
fruc·tose ['frʌktəuz] *s Chem* Fruchtzucker *m*
fruc·tu·ous ['frʌktjuəs] *adj* fruchtbar | *übertr* erfolgreich
fru·gal ['fru:gl] *adj* sparsam ⟨to be ~ of sparsam umgehen mit, haushalten mit⟩ | bescheiden, genügsam, mäßig | spärlich ⟨a ~ meal e-e frugale Mahlzeit⟩; **fru'gal·i·ty** [~'gæl-] *s* Sparsamkeit *f* | Bescheidenheit *f*, Genügsamkeit *f*, Mäßigkeit *f*
fru·giv·o·rous [fru:'dʒɪvərəs] *adj Zool* fruchtfressend
fruit [fru:t] **1.** *s collect* Obst *n*, Früchte *f/pl* ⟨dried ~ Trockenobst *n*; small ~s Beerenobst *n*⟩ | Früchte *f/pl* ⟨summer ~s; the ~s of the earth⟩ | *Bot* Frucht *f* | *übertr meist* **fruits** *pl* Ertrag *m*, Lohn *m*, Erfolg *m*, Ergebnis *n* ⟨the ~s of industry der Lohn des Fleißes; to bear ~ Früchte tragen, erfolgreich sein, sich lohnen⟩; **2.** *vi* Früchte tragen ⟨to ~ well (Baum u. ä.) gut tragen⟩ | reifen; *vt* zur Reife bringen; '~**age** *s* (Frucht-) Tragen *n* | Fruchternte *f* | *übertr* Ertrag *m*; ~**ar·i·an** [fru:'tɛərɪən] *s* Rohköstler *m*; '~ **bat** *s Zool* fliegender Hund; '~**cake** *s* Früchtekuchen *m*, englischer Kuchen ◇ **as nutty as a ~cake** *scherzh* wie eine verrückte Nudel; ,~ '**cock·tail** *s bes Am* Obstcocktail *m*; '~**er** *s Brit* Obstzüchter *m* | fruchttragender Baum | *Mar* Fruchtschiff *n*; '~**er·er** *s Brit* Obsthändler *m*; '~ **fly** *s Zool* Obstfliege *f*; '~**ful** *adj* fruchtbar, ergiebig (*bes übertr*) ⟨a ≈ soil ein fruchtbarer Boden; a ≈ career e-e erfolgreiche Laufbahn⟩ | *arch* fruchtbar, kinderreich; **fru·i·tion** [fru:'ɪʃn] *s* (Voll-) Genuß *m* | Erfüllung *f*, Erreichen *n* ⟨to bring to ≈ zur Ausführung bringen; to come to ≈ realisiert werden, sich realisieren⟩; '~ **juice** *s* Obstsaft *m*; '~ **knife** *s* ('~ **knives** *pl*) Obstmesser *n*; ~**less** *adj* unfruchtbar | *übertr* zwecklos, vergeblich; '~ **ma,chine** *s Brit* Glücksautomat *m*; ,~ '**sal·ad** *s bes Brit* Obstsalat *m*; *Am* Obstgelee *n* | *Am umg* Lametta *n*, Ordenspracht *f*; '~ ,**sug·ar** *s Chem* Fruchtzucker *m*; '~ **tree** *s* Obstbaum *m*; '~**y** *adj* fruchtartig | fruchtig, würzig | *Am Sl* kinderleicht | *übertr Brit Sl* saftig, derb ⟨a ≈ joke⟩ | *umg* (Stimme) voll, sonor ⟨a ≈ voice⟩
fru·men|ta·tious [,fru:mən'teɪʃəs] *adj* Getreide-; ~**ty** ['fru:məntɪ] *s Kochk* Grießpudding *m* (mit Früchten)
frump [frʌmp] *s* altmodisch gekleidete Person, Vogelscheuche *f*, alter Kauz; '~**ish**, '~**y** *adj* altmodisch, kauzig
frus|trate [frʌ'streɪt] **1.** *vt* (Plan) vereiteln, zunichte machen, durchkreuzen ⟨to ≈ a plan; to ≈ s.o. in his plans jmds. Pläne durchkreuzen⟩ | (jmdn.) enttäuschen; **2.** *adj selten* zwecklos, vergeblich | *arch* vereitelt; ~'**trat·ed** *adj* vereitelt ⟨to be ≈ in gehindert werden an⟩ | enttäuscht ⟨≈ hopes⟩ | *Psych* gehemmt, frustriert, verkrampft; ~'**tra·tion** *s* Vereitelung *f* | Enttäuschung *f* | *Psych* Frustration *f*, Hemmung *f*, Verkrampfung *f*; ~'**tra·tive**, '~**tra·to·ry** *adj* trügerisch, enttäuschend
[1]**fry** [fraɪ] *s* Fischbrut *f* | Fischrogen *m* ◇ **small ~** *umg* unbedeutende Person, kleiner Fisch
[2]**fry** [fraɪ] **1.** *vt, vi* (**fried, fried**) (in Fett) braten, backen, rösten ⟨fried eggs Spiegeleier *n/pl*; fried potatoes Bratkartoffeln *pl*⟩ ◇ **have other fish to ~** *übertr* etw. Besseres zu tun haben; **2.** *s* Gebratenes *n*; '~**er**, *auch* '**fri·er** *s* Brathühnchen *n*, Broiler *m* | (*meist in Zus*) Bratpfanne *f* ⟨fish ≈⟩; '~**ing pan**, *Am auch* '~**pan** *s Brit* Bratpfanne *f* ⟨out of the ≈ into the fire *übertr* vom Regen in die Traufe⟩; '~ **pan** *s Am* Bratpfanne *f*; '~,**up** *Brit umg s* (schnelles) Bratgericht ⟨to do/have a ≈ (sich) schnell etw. braten⟩
ft *Abk* für **foot** *od* **feet**

fub·sy ['fʌbzɪ] *adj Brit* rund und dick, pummelig, plump
fuch·sia ['fju:ʃə] *s Bot* Fuchsie *f*
fuck [fʌk] *vulg* **1.** *vi* ficken, bumsen; ~ **a·bout/a·round** *Brit vulg* Mist machen, Scheißdreck anrichten; ~ **off** *vulg* Leine ziehen, sich verduften, sich aus dem Staub machen | sich nicht einmischen, wegscheren | *Am* Mist machen; *vt* (jmdn.) ficken, bumsen; ~ **up** *vulg* vermasseln, versauen; **2.** *s* Ficken *n*, Bumsen *n* | (Person) Fick *m* ⟨to be a good ~⟩ ◇ **not care/give a ~** sich einen Scheißdreck kümmern; **3.** *interj, auch* **~ing hell** Scheiße! **'~er** *s vulg* Idiot *m*, Scheißkerl *m*; **'~ing** *adj vulg intens* verdammt, ekelhaft, gemein ⟨you ≈ fool!⟩ | *euphem* (ohne spezielle Bedeutung) verdammt, verflucht ⟨take off your ≈ foot from that ≈ chair nimm deinen dreckigen Fuß von dem elenden Stuhl!⟩
fu·coid ['fju:kɔɪd] **1.** *s* Tang *m*; **2.** *adj* tangartig; **fu·cus** ['fju:kəs] *s* (*pl* **fu·ci** ['fju:saɪ], **fu·cus·es** ['fju:kəsɪz]) *Bot* Blasentang *m*
fud|dle ['fʌdl] *umg* **1.** *vt* betrunken machen, berauschen ⟨to ≈ o.s. with gin sich mit Gin betrinken⟩ | durcheinanderbringen; *vi* sich betrinken, saufen; **2.** *s* Sauferei *f*, Gelage *n* | Durcheinander *n* ⟨to get into a ≈⟩; **'~dled** *adj* betrunken, beschwipst ⟨in a ≈ state in betrunkenem Zustand⟩
fud·dy-dud·dy ['fʌdɪ ˌdʌdɪ] *umg verächtl* **1.** *s* altmodischer Mensch | Meckerer *m*; **2.** *adj* altmodisch, konservativ | nörglerisch
fudge [fʌdʒ] **1.** *vt auch* ~ **up** zurechtmachen, zusammenpfuschen | fälschen, frisieren ⟨to ~ an issue ein Problem entstellen, um eine Sache herumreden⟩; *vi* Unsinn (daher)reden, Blech reden | *Am Sl* mogeln; **2.** *s* Unsinn *m* | *Am Sl* Schwindel *m* | allerletzte (Zeitungs-) Meldung | (weiches) Zuckerwerk, Fondant *n*; **3.** *interj* Unsinn!; **'fudg·y** *adj Brit* unruhig, ruhelos | widerspenstig | geschäftig | *Am* linkisch, ungeschickt
fu·el ['fju:l] **1.** (**'fu·elled, fu·elled**, *Am* **'fu·eled, 'fu·eled**) *vt* mit Brennstoffen versorgen ⟨to ~ a ship⟩ | *übertr* unterstützen, fördern ⟨to ~ the development⟩; ~ **up** auftanken; *vi* tanken | bunkern | Brennmaterial aufnehmen *od* sammeln; **2.** *s* Feuerung *f*, Brennmaterial *n* | Brenn-, Kraft-, Treibstoff *m* | *übertr* Nahrung *f* ⟨to add ~ to the fire/flames Öl ins Feuer gießen⟩; **'~ oil** *s* Heizöl *n*; **'~ pump** *s Kfz* Kraftstoffpumpe *f*
fug [fʌg] *Brit umg* **1.** *s* (*meist sg*) Mief *m*, schlechte Luft ⟨what a ~! so ein Mief!⟩ | Staub *m*; **2.** *vi* ein Stubenhocker sein
fu·ga ['fju:gə] *s Mus* Fuge *f*
fu|ga·cious [fju:'geɪʃəs] *adj förml* flüchtig, vergänglich | *Bot* kurzlebig; **~'gac·i·ty** *s* Flüchtigkeit *f*, Vergänglichkeit *f* | *Chem* Fugazität *f*
fu·gal ['fju:gl] *adj Mus* fugal, fugenartig | Fugen-
fug·gy ['fʌgɪ] *adj umg* stickig, muffig, modrig ⟨~ air⟩
fu·gi·tive ['fju:dʒɪtɪv] **1.** *adj* flüchtig, entflohen, geflohen (**from** aus) ⟨a ~ soldier⟩ | wandernd, sich herumtreibend ⟨a ~ vagabond⟩ | unbeständig, unecht ⟨~ colours⟩ | *übertr* flüchtig, kurzlebig ⟨a ~ idea⟩; **2.** *s* Flüchtling *m*
fu·gle ['fju:gl] *vi umg* den Wortführer machen | *übertr* als Muster dienen; **'~man** [-mæn] *s* (*pl* **'~men**) Anführer *m*, Sprecher *m*, Wortführer *m* | *übertr* rechte Hand | *Mil selten* Flügelmann *m*
fugue [fju:g] **1.** *s Mus* Fuge *f* ⟨the art of ~⟩; **2.** *vt, vi Mus* fugieren; **'fu·guist** *s* Fugenkomponist *m*
[1]**-ful** [-fl] *suff zur Bildung von adj aus s mit der Bedeutung*: voll(er) (z. B. **joyful**) | reich an (**eventful**) | charakterisiert durch (**peaceful**) | -artig, -haft (**masterful**)
[2]**-ful** [-fl] *suff zur Bildung von s aus s mit der Bedeutung* (Verhältnis) voll (von) ⟨*z. B.* 3 cupfuls of water⟩ | (Platz) voll (von) ⟨*z. B.* a shelfful of books⟩ | so viel, wie erfaßt werden kann ⟨*z. B.* a handful of leaves; a mouthful of wine⟩
ful|crum ['fʌlkrəm] *s* (*pl* **~crums, ~cra** [-krə-]) *Phys, Tech* Gelenk-, Hebel-, Stütz-, Dreh-, Ruhepunkt *m* | *Biol* Beuge *f*; **'~crum pin** *s Tech* Drehbolzen *m*; **'~crum stud** *s Tech* Gelenkzapfen *m*
ful|fil [fʊl'fɪl] *vt* (**~'filled, ~'filled**) erfüllen, vollbringen, zufriedenstellen ⟨to ≈ s.o.'s wishes; to ≈ conditions *Tech* Bedingungen genügen⟩ | ausführen ⟨to ≈ an order⟩ | (*meist pass*) erfüllen, wahr machen, sich bewahrheiten ⟨an old belief was ~filled⟩ | realisieren, in die Tat umsetzen ⟨to ≈ an ambition⟩ | verwirklichen ⟨to ≈ o.s. sich selbst verwirklichen⟩ | *selten* beenden, schließen; **~'fil·ment** *s* Erfüllung *f*, Vollendung *f*, Befriedigung *f* | Verwirklichung *f*
ful·gent ['fʌldʒnt] *adj poet* glänzend
ful·gu|rant ['fʌlgjʊərənt] *adj* funkelnd, aufblitzend; **'~rate** *vi* (auf)blitzen, blitzartig aufleuchten | *Med* ausbrennen; **ˌ~'ra·tion** *s Tech* (Treiben des Silbers) Blick(en) *m*(*n*) | *El* Elektrosikkation *f* | *Med* Fulguration *f*, Ausschorfung *f*; **'~rite** *s Min* Fulgurit *m*, Blitzröhre *f*; **'~rous** *adj* blitzartig
fu·lig·i·nous [fju:'lɪdʒɪnəs] *adj* rußig, rauchig (*auch übertr*) | Ruß-
[1]**full** [fʊl] **1.** *adj* voll, gefüllt ⟨a ~ glass⟩ | vollständig, vollkommen ⟨a ~ report⟩ | (an)gefüllt (**of** mit) | *umg, auch* ~ **up** satt | voll, besetzt ⟨a ~ hotel⟩ | dick, rund, plump ⟨a ~ body⟩ | (Kleidung) weit, reichlich ⟨a ~ skirt⟩ | echt ⟨a ~ friend⟩ | höchste(r, -s) ⟨at ~ speed; in ~ blossom in voller Blüte⟩ | kräftig, intensiv ⟨~ colours⟩ | *Mus* stark, wohlklingend | stark, schwer ⟨a ~ wine⟩ | (Tier) trächtig; **2.** *adv* völlig, ganz, gänzlich | gerade, genau, direkt ⟨~ in the face; ~ six miles genau sechs Meilen⟩ | sehr, gar ⟨~ often⟩; **3.** *vt* (Kleid) raffen; **4.** *s* Fülle *f* | Ganzes *n* | Höhepunkt *m* ⟨at ~ auf dem Höhepunkt⟩ ◇ **in ~** völlig, gänzlich; **pay in ~** voll bezahlen; **to the ~** vollständig, bis ins kleinste; *übertr* voll und ganz ⟨to enjoy s.th. ≈⟩
[2]**full** [fʊl] *vt Tech* (Wolltuch) walken, pressen
full| age ['fʊl eɪdʒ] *s* Volljährigkeit *f*; **'~back** *s Sport* Verteidiger *m*; **'~ blood** *s* Vollblut *n*; **ˌ~'blood·ed** *adj Biol* reinrassig | kräftig, stark | durch und durch, typisch ⟨a ≈ socialist⟩; **ˌ~'blown** *adj lit* voll erblüht | (Segel) voll | *übertr* ausgewachsen, gehörig ⟨a ≈ scandal ein Skandal, der sich gewaschen hat; a ≈ war ein heißer Krieg⟩; **ˌ~ 'board** *s* (Hotel u. ä.) Vollverpflegung *f*; **ˌ~'bod·ied** *adj* kräftig, schwer | beleibt | *übertr* bedeutsam ⟨to play a ≈ role⟩; **ˌ~ 'cir·cle** *adv* zum Ausgangspunkt zurück, *bes in*: **come ~ cir·cle** wieder neu anfangen; **ˌ~ 'dress** *s* Gesellschaftsanzug *m* | *Mil* Paradeanzug *m*; **ˌ~'dress** *adj* Gala- ⟨≈ uniform Paradeuniform *f*⟩ | umfassend, in aller Form, mit allen Details, gründlich ⟨≈ rehearsal Generalprobe *f*; a ≈ debate e-e bedeutsame Parlamentsdebatte; a ≈ investigation e-e gründliche Untersuchung⟩
full·er ['fʊlə] *s Tech* Walker *m* | runder Setzhammer *m od* -stempel *m*; **ˌ~'s 'earth** *s Min* Füller-, Bleicherde *f*; **'~y** *s Tech* Walkerei *f*
full|-face [ˌfʊl 'feɪs] *adj, adv* in Vorderansicht, von vorn ⟨≈ drawing Porträtzeichnung *f*; to draw s.o. ≈ jmds. Gesicht von vorn zeichnen⟩; **ˌ~'faced** *adj* pausbäckig | *Typ* fett; **ˌ~'fash·ioned** *Am* = **fully-fashioned**, **ˌ~'fledged** *Am* = **ˌfully-'fledged**; **'~ 'gal·lop** *s* gestreckter Galopp; **ˌ~'grown** *adj* ausgewachsen ⟨a ≈ animal⟩ | *Anat* (Mensch) voll entwickelt | *Bot* hochstämmig | reif; **ˌ~'heart·ed** *adj* vollständig ⟨≈ support rückhaltlose Unterstützung⟩; **ˌ~ 'house** *s Theat* ausverkauftes Haus | *Sport* volles Stadion | *Kart* (Poker) Fullhouse *n* (drei gleiche Karten und ein Paar)
full·ing ['fʊlɪŋ] *s Tech* Walken *n*; **'~ mill** *s Tech* Walkmühle *f*
full| length [ˌfʊl 'leŋθ] *adv* in voller Länge ⟨to fall ≈ der

Länge lang hinfallen⟩; ,~-'**length** *adj* in voller Größe ⟨at ≈ in Lebensgröße; ≈ film Hauptfilm *m*⟩; ,~ '**moon** *s* Vollmond *m*; '~**ness** *s förml* Fülle *f*, Vollkommenheit *f* ⟨in the ≈ of one's joy in der Überfülle seiner Freude⟩ | *Med* Völlegefühl *n* ◇ **in the ~ness of time** *förml* zu gegebener Zeit, wenn es soweit ist; ,~-'**page** *adj* ganzseitig ⟨a ≈ article⟩; ,~ '**pay** *s* voller Arbeitslohn; ,~-'**scale** *adj* in natürlicher Größe ⟨a ≈ model⟩ | (all)umfassend, erschöpfend ⟨a ≈ description⟩ | (Tätigkeit) gründlich, total, unbeschränkt ⟨a ≈ war⟩ | alles einsetzend, mit ganzer Kraft ⟨a ≈ attack⟩; ,~ '**sight** *s Mil* Vollkorn *n*; ,~ '**speed** *s* Vollgas *n* | *Mar* Volldampf *m*; ,~ '**stop** *s* Punkt *m* ⟨to come to a ≈ ins Stocken geraten, plötzlich stillstehen⟩; ,~-'**time 1.** *adj* vollbeschäftigt ⟨≈ job Ganztagsbeschäftigung *f*; *übertr umg* etw., das einen voll in Anspruch nimmt⟩ | hauptberuflich ⟨≈ teacher⟩ | Voll- ⟨≈ student⟩; **2.** *adv*, voll, hauptberuflich ⟨to work ≈⟩; ,~ '**time** *s Sport* volle Spielzeit ⟨at ≈ nach der vollen Spielzeit⟩; ,~ '**toss** *s, auch* ,~ '**pitch** (Kricket) Direktball *m*, -stoß *m*

ful·ly ['fʊlɪ] *adv* voll, völlig ⟨~ convinced⟩ | Voll- | ausführlich ⟨to explain ~⟩ | ganz, fast ⟨~ two days⟩; ,~-'**fash·ioned** *adj* (Pullover u. ä.) fully-fashioned, mit (voller) Paßform, formgerecht; ,~-'**fledged** *adj* (Vogel) flügge | voll ausgewachsen, fertig, voll ausgebildet ⟨a ≈ sailor⟩ | *übertr* echt, richtig, vollkommen ⟨a ≈ proposal⟩; ,~'**grown** *adj bes Brit* = **full-grown**

ful·mar ['fʊlmə] *s Zool* Fulmar *m*, Eissturmvogel *m*

ful·mi|nant ['fʌlmɪnənt] *adj* krachend, donnernd | plötzlich ausbrechend ⟨a ≈ disease⟩; '~**nate 1.** *vi* krachen, knallen, explodieren | *übertr* losdonnern, wettern, (Flüche) schleudern (**against** gegen); **2.** *s Chem* Fulminat *n*, Knallpulver *n*; '~**nat·ing** *adj* explodierend, knallend | Knall-; '~**nat·ing** ,**cot·ton** *s* Schießbaumwolle *f*; ,~'**na·tion** *s* Explosion *f*, Knall *m* | *übertr* schwere Drohung, Fluch *m* | *Rel* Bannstrahl *m*; ~**na·to·ry** ['fʌlmɪnətərɪ] *adj* krachend, donnernd | Droh-; **ful·min·ic** [fʌl'mɪnɪk] *adj* Chem knallsauer; **ful,min·ic 'ac·id** *s Chem* Knallsäure *f*; '~**nous** *adj* donnernd

ful·some ['fʊlsəm] *adj* widerlich, ekelhaft, abscheulich ⟨≈ language⟩ | unaufrichtig, falsch ⟨≈ praise⟩ | umfassend, abgerundet ⟨a ≈ view⟩

ful·vous ['fʌlvəs] *adj* gelbbraun, lohfarben

fu·made [fju:'meɪd), **fu·ma·do** [fju:'meɪdəʊ] *s* geräucherte Sardine

fu·ma·role ['fju:mərəʊl] *s* Fumarole *f*, vulkanische Wasserdampfquelle *od* Gasaustrittsstelle

fu·ma·to·ry ['fju:mətərɪ] **1.** *adj* Rauch- | Räucher-; **2.** *s* Räucherkammer *f*

fum|ble ['fʌmbl] **1.** *vi* (mit den Händen) (herum)fummeln, abtasten, umhergreifen, -tasten (**at** an; **for** nach) | *übertr* krampfhaft suchen (**for** nach) ⟨to ≈ for the right word⟩ | *Sport* (Ball) ungeschickt fangen | *Sport* fummeln | murmeln; *vt* (etw.) ungeschickt betasten *od* handhaben | *umg* befummeln | *Sport* (Ball) vermasseln, fallen lassen | undeutlich aussprechen, murmeln ⟨to ≈ an excuse⟩; **2.** *s* Herumtasten *n* | stümperhafter Versuch | *Sport* Fallenlassen (des Balles); '~**bler** *s* Tölpel *m*, ungeschickter Mensch *m* | *Sport* Fummler *m*; '~**bling** *adj* linkisch, täppisch

fume [fju:m] **1.** *s*, *meist* **fumes** *pl* Dunst *m*, Dampf *m*, Rauch *m* ⟨petrol ~s Benzindämpfe *m/pl*⟩ | *übertr* Ausbruch *m*, Erregung *f*, Ärger *m*, Zorn *m*, Wut *f* ⟨to be in a ~ aufgebracht sein⟩; **2.** *vt* räuchern | (Holz) brennen ⟨~d oak gebrannte Eiche⟩ | mit Dampf behandeln | verdampfen *od* verdunsten lassen | *selten* beräuchern ⟨to ~ incense mit Weihrauch beräuchern⟩ | *übertr* schmeicheln, lobreden; *vi* (ver)dampfen, (ver)dunsten, (ver)rauchen | *übertr* aufgebracht sein, sich aufregen (**at, about, over** über) ⟨to ~ with anger vor Wut kochen; to ~ and fret vor Wut toben⟩

fu·mi·gate ['fju:mɪgeɪt] *vt* (durch-, aus)räuchern | desinfizieren ⟨to ~ a room; to ~ with sulphur ausschwefeln⟩; ,**fu·mi'ga·tion** *s* Fumigation *f*, (Aus-) Räucherung *f* | Desinfektion *f*; '**fu·mi·ga·tor** *s* Desinfizierer *m* | Räucherapparat *m*; '**fu·mi·ga·to·ry** *adj* Räucher-

fu·mi·to·ry ['fju:mɪtərɪ] *s Bot* Erdrauch *m*

fum·y ['fju:mɪ] *adj* rauchig, dunstig

fun [fʌn] **1.** *s* Scherz *m*, Spaß *m*, Vergnügen *n* ⟨for ~ aus Spaß; for the ~ of it/the thing spaßeshalber; in ~ im Scherz; it is ~ es macht Spaß; like ~ *umg* wie verrückt; to be great ~ sehr amüsant sein; to get one's ~ out of s.th. seinen Spaß daran haben; to have capital/good ~ sich glänzend amüsieren; to make ~ of s.o./to poke ~ at s.o. sich über jmdn. lustig machen, jmdn. verlachen; not to see the ~ of s.th. für etw. keinen Sinn haben, etw. nicht einsehen; ~ and games *oft iron* Spaß und Spiel, Gaudi *n*⟩; **2.** *vi* (**funned, funned**) *umg scherzh* scherzen, spaßen

fu·nam·bu·late [fju:'næmbjʊleɪt] *vi* auf dem Seil tanzen; **fu,nam·bu'la·tion** *s* Seiltanz *m*; **fu'nam·bu·list** *s* Seiltänzer *m*

func·tion ['fʌŋkʃn] **1.** *s* Funktion *f* ⟨the ~s of a judge die Tätigkeitsmerkmale e-s Richters⟩ | (Amts-) Verrichtung *f* | Tätigkeit *f* | Dienst *m*, Beruf *m*, Amt *n* | Obliegenheit *f*, Pflicht *f*, Aufgabe *f* ⟨to attend a ~ sich e-r (offiziellen) Aufgabe entledigen⟩ | *umg* Feier(lichkeit) *f*(*f*), Fest *n* ⟨dressed for some ~ angezogen für e-n besonderen Anlaß⟩ | Zeremonie *f* | *Med* Funktion *f* ⟨the ~ of the lungs⟩ | *Ling, Math* Funktion *f*; **2.** *vi* eine Funktion ausüben ⟨to ~ as⟩ | *Tech* funktionieren, arbeiten, laufen, in Betrieb sein; '~**al** *adj* funktional ⟨≈ style Funktionalstil *m*; *Mal* Stil *m* der neuen Sachlichkeit⟩ | amtlich, dienstlich ⟨≈ arm Funktionalorgan *n*⟩ | zweckdienlich, nützlich ⟨≈ training Ausbildung *f* für einen bestimmten Zweck⟩ | *Med* funktionell ⟨≈ disorder Funktions-, funktionelle Störung⟩; '~**al·ism** *s Arch* Funktionalismus *m*, Zweckstil *m*; '~**ar·y 1.** *s* Beamter *m* | Funktionär *m*; **2.** *adj* amtlich, dienstlich | Funktions-

fund [fʌnd] **1.** *s* Fonds *m*, Kapital *n* ⟨relief ~ Unterstützungsfonds *m*; secret ~ Geheimfonds *m*; original ~s Stammkapital n⟩ | *übertr* Anhäufung *f*, Vorrat *m* ⟨a ~ of stories⟩; **2.** *vt Brit* (Geld) anlegen | (Schuld) fundieren, in Kapital umwandeln | anhäufen, sammeln | finanzieren ⟨to ~ research⟩; **funds** *s/pl* Geldmittel *pl*, Gelder *pl* ⟨to be in ≈ gut bei Kasse sein; to be out of ≈ mittellos sein; for lack of ≈ mangels Kasse; no ≈ *Wirtsch* (Wechsel u. ä.) ohne Deckung; without ≈ unbemittelt, nicht vermögend⟩ | (*mit best art*) *Brit* Staatspapiere *n/pl*, -schulden *f/pl*

fun·da|ment ['fʌndəmənt] *s* Fundament *n*, Basis *f* (*auch übertr*) *scherzh, euphem* Gesäß *n*; ,~'**men·tal 1.** *adj* fundamental, grundlegend, wesentlich (**to** für) | Haupt-, Grund- ⟨≈ idea Grundbegriff *m*⟩ | *Mus* Fundamental- | *Phys* Fundament-, Haupt-; **2.** *s*, *meist* **fundaments** *pl* Fundament *n*, Grundlage *f*, -prinzip *n* ⟨the ≈ of mathematics die Grundlagen der Mathematik⟩ | *Mus* Fundamentalbaß *m* | *Mus* Grundton *m* | *Phys* Fundamentaleinheit *f*; ,~'**men·tal·ism** *s bes Am Rel* Fundamentalismus *m* | Buchstabentreue *f*, Bibelglaube *m*; ,~'**men·tal·ist** *s* Anhänger *m* des Fundamentalismus; ,~**men'tal·i·ty** *s* Fundamentalität *f*, das Wesentliche; ,~'**men·tal·ly** *adv* im Grunde | im wesentlichen ⟨≈ wrong grundfalsch⟩

fund|holder ['fʌnd,həʊldə] *s Brit* Inhaber *m* von Staatspapieren | Aktionär *m*; '~,**rais·er** *s Am* Veranstaltung *f* (z. B. Bankett) zur Finanzierung von Vorhaben

fu·ner|al ['fju:nṛəl] **1.** *s* Bestattung *f*, Beerdigung *f*, Begräbnis *n* ⟨≈ march Trauermarsch *m*⟩ | *auch* '~**al pro,ces·sion** Leichenzug *m* | *Am* Grabrede *f* | *umg* Sorge *f*, Problem *n*, Sache *f* ⟨it's your [own] ≈ das ist deine Hochzeit⟩; **2.** *adj* Grab-, Begräbnis-, Trauer-, Leichen- ⟨≈ allowance Sterbegeld *n*⟩; **'~al di,rec·tor** *s förml* Bestattungsbeamter *m*; **'~al home, '~al ,parlour** *s Am* Beerdigungsinstitut *n*; **'~al pile, '~al pyre** *s* Scheiterhaufen *m*; **'~ar·y** *adj* Begräbnis-; **fu·ne·re·al** [fju:'nɪərɪəl] *adj* Beerdigungs-, Leichen- | traurig, düster ⟨a ≈ expression on one's face ein düsterer Gesichtsausdruck⟩

fun|fair ['fʌn fɛə] *s bes Brit* Jahrmarkt *m*, Vergnügungspark *m*, Rummelplatz *m*; **'~ fur** *s* billiger Pelz

fun|gal ['fʌŋgl] **1.** *adj* pilzartig | Pilz-; **2.** *s Bot* Pilz *m*; **'~gate** *vi* sich pilzförmig entwickeln

fun·gi ['fʌngaɪ|-gɪ|'fʌndʒaɪ] *s pl* von ↑ **fungus**

fun·gi·ble ['fʌndʒɪbl] *Jur* **1.** *adj* (Sache) vertretbar; **2.** *s* Gattungsware *f*

fun|gi·cide ['fʌŋgɪsaɪd] *s* Fungizid *n*, Mittel *n* gegen Pilze; **~gi·form** ['fʌndʒɪfɔ:m] *adj* pilz-, schwammförmig; **~goid** ['fʌŋgɔɪd], **'~gous** *adj* pilz-, schwammartig | *Med* fungös; **~gus** ['fʌŋgəs] **1.** *s* (*pl* **~gi** ['fʌŋgaɪ|-gɪ|'fʌndʒaɪ], **~guses** ['fʌŋgəsɪz]) *Bot* Pilz *m*, Schwamm *m* ⟨≈ disease Pilzkrankheit *f*⟩ | *Med* schwammartige Geschwulst; **2.** *adj* schwammig; **3.** *vi* sich pilzartig entwickeln; **~gus·y** ['fʌŋgəsɪ] *adj Med* fungös

fu·nic·u|lar [fju:'nɪkjʊlə] **1.** *s, auch* **,~lar 'rail·way** Drahtseilbahn *f*; **2.** *adj Bot, Anat* funikulär, faserig | Band-, Seil-; **~lus** [~ləs] *s* (*pl* **~li** [~laɪ]) *Bot* Samenstrang *m* | *Biol* Keimgang *m* | *Anat* Faser *f*, Strang *m*

funk [fʌŋk] *umg* **1.** *s* Mordangst *f*, Bammel *m* ⟨to be in a ~ Heidenangst haben; to be in a blue ~ riesigen Dampf haben⟩ | Feigling *m*, Angsthase *m*; **2.** *verächtl, vi auch* **~ out** sich fürchten, sich drücken; *vt* Angst haben vor | sich drücken von; **'~er** *s umg* Drückeberger *m*; **'~ hole** *s Mil* Unterstand *m* | *übertr* Druckposten *m*; **'~y** *Sl adj* feige | stikkig, übelriechend | *Am Sl* (Kleidung u. ä.) toll, super

fun|nel ['fʌnl] **1.** *s* Trichter *m* | Schornstein *m*, Rauchfang *m* | *Tech* Schlot *m*, Kamin *m* | *Tech* Luftschacht *m* | *Tech* Gießloch *n* | *Mar* S-Trommel *f*; **2.** *vt* mit dem Trichter gießen (**into** in) ⟨to ≈ oil⟩ | (mit den Händen) einen Trichter bilden ⟨to ≈ one's hands⟩ | (Nachrichten) schleusen, kanalisieren; *vi auch* **'~nel out** einzeln herauskommen, -strömen; **'~nelled** *adj* trichterförmig | mit einem Schornstein versehen ⟨two-≈ mit zwei Schornsteinen⟩; **'~nel ,breast, '~nel ,chest** *s Med* Trichterbrust *f*

fun|nies ['fʌnɪz] *s/pl bes Am* = **comics** | *Ztgsw* Witzseite *f*; **'~ni·ment** *s scherzh* Spaß *m*, Scherz *m*; **'~ny** *adj* spaßig, lustig, ulkig ⟨a ≈ story⟩ | *umg* komisch, sonderbar | *umg* komisch, unbehaglich ⟨to feel a bit ≈⟩ | *umg* nicht ganz beieinander, leicht verrückt ⟨he went rather ≈ er war nicht mehr ganz normal⟩ | *umg* nicht ganz astrein ⟨there is s.th. ≈ about the affair an der Sache stimmt etwas nicht⟩ | *umg* raffiniert, gerissen, unehrlich ⟨to get ≈ with s.o. jmdn. anschmieren⟩; **'~ny bone** *s* Musikantenknochen *m* (am Ellenbogen); **'~ny ,busi·ness** *s umg* faule Sache, krumme Tour | blödes *od* dummes Getue; **'~ny farm** *s scherzh bes Am* Klapsmühle *f*

fur [fɜ:] **1.** *s* Pelz *m*, Fell *n*, Balg *m* ⟨to hunt ~ auf Hasenjagd gehen⟩ | Pelzwerk *n*, -mantel *m*, -kragen *m* ⟨to wear expensive ~s teure Pelze tragen⟩ | Pelzbesatz *m* | *collect* Pelztiere *n/pl* ⟨~ and feather *förml* Pelztiere *n/pl* u. Vögel *m/pl*⟩ | Belag *m* | *Med* (Zungen-) Belag *m* | Kesselstein *m* ◇ **make the ~ fly** Aufregung *od* Durcheinander hervorrufen, Unruhe stiften; **2.** (**furred, furred**) *vt* mit Pelz kleiden *od* besetzen *od* füttern *od* verbrämen | *Med* (Zunge) mit Belag überziehen | mit Kesselstein überziehen | Kesselstein entfernen von; *vi* sich (mit Belag) überziehen

fur·be·low ['fɜ:bɪləʊ] **1.** *s* (*meist pl*) Falbel *f*, Faltenbesatz *m*; **2.** *vt* mit Falbeln besetzen; **fur·be·lows** *s/pl* Putz *m*, Staat *m*

fur·bish ['fɜ:bɪʃ] *vt* putzen, polieren; **~ up** renovieren, auf neu machen ⟨to ~ up one's house⟩ | *übertr* auffrischen ⟨to ~ up one's knowledge⟩

fur|cate ['fɜ:keɪt] **1.** *adj* gegabelt; **2.** *vi* sich gabeln, sich teilen; **~'ca·tion** *s* Gabelung *f*

fur|fur ['fɜ:fɜ:] *Med s* Kopfgrind *m*, Schorf *m*; **~fu·ra·ceous** [,fɜ:fjʊ'reɪʃəs] *adj* schuppig | Schorf-

fu·ri·o·so [,fjʊərɪ'əʊzəʊ] *adj, adv Mus* furioso, sehr erregt

fu·rious ['fjʊərɪəs] *adj* zornig ⟨to be ~ with s.o. at s.th. jmdm. heftig zürnen wegen e-r Sache⟩ | wild, ungestüm ⟨a ~ struggle⟩ | unbändig ⟨fast and ~ wild u. toll⟩ | heftig ⟨a ~ wind⟩ | *übertr* ausgelassen, wild; **'~ly** *adv* heftig, furchtbar ⟨to shout ≈; ≈ angry⟩ ◇ **give s.o. ~ly to think** jmdm. erhebliches *od* ziemliches Kopfzerbrechen bereiten

furl [fɜ:l] **1.** *vt* (Segel) festmachen, zusammenrollen | (Schirm) zumachen, schließen | (Fahne) aufrollen | (Fächer) zusammenklappen | (Vorhang) aufziehen; *vi* zusammengerollt *od* -gefaltet werden | (Schirm u. ä.) sich schließen lassen; **2.** *s* Zusammenrollen *n*, -legen *n* | Schließen *n* | Rolle *f*

fur·long ['fɜ:lɒŋ] *s* Achtelmeile *f* (= 201,168 m = 220 Yard)

fur·lough ['fɜ:ləʊ] **1.** *s Mil* Urlaub *m* ⟨6 month's ~; to go home on ~ auf Heimaturlaub gehen⟩; **2.** *vt, bes Mil* beurlauben

fur·nace ['fɜ:nɪs] **1.** *s* Schmelz-, Hochofen *m* | *auch* **'blast ,~** *Tech* Hochofen *m* | Heiz-, Kesselraum *m* | Feuerung *f* | *übertr* extrem heißer Raum, Backofen *m*; **2.** *vt* in einem Ofen erhitzen; **'~ charge** *s Tech* Satz *m*, Gicht *f*; **'~ coke** *s* Hochofenkoks *m*; **'~ ,feed·er** *s* Heizer *m* | *Tech* Brennstoffzuführungseinrichtung *f*; **'~ gas** *s Tech* Gichtgas *n*; **'~ ,mak·er** *s* Ofenbauer *m*; **'~ man** *s* (*pl* **'~ men**) Ofenarbeiter *m* | Heizer *m* | Gießer *m*; **'~ ,mouth** *s Tech* Ofengicht *f*; **'~ steel** *s Tech* Schmelzstahl *m*, Mock *m*; **'~ throat, '~ top** *s Tech* Gicht *f*

fur·nish ['fɜ:nɪʃ] *vt förml* versehen, versorgen, ausstatten (**with** mit) | (Zimmer) einrichten, möblieren, mit Möbeln ausstatten ⟨~ed room möbliertes Zimmer⟩ | *förml* beschaffen, liefern (*auch übertr*) ⟨we ~ everything wir beschaffen *od* liefern alles; to ~ to the right answer mit der richtigen Antwort aufwarten⟩; **'~er** *s* Lieferant *m* | Möbelhändler *m*; **'~ing** *s* Einrichtung *f*, Ausstattung *f*; **'~ings** *pl* Einrichtungsgegenstände *m/pl*, Möbel *n/pl*, Mobiliar *n* | *Am* Kleidungsstücke *n/pl* | *Tech* Zubehör *n*

fur·ni·ture ['fɜ:nɪtʃə] *s* (*sg konstr*) Möbel *n/pl*, Hausrat *m* ⟨a set of ~ Möbelgarnitur *f*⟩ | Ausrüstung *f* | (Pferde-) Geschirr *n* | *Tech* Zubehör *n* | *Mar* Betakelung *f*, Takelage *f* | *übertr arch* Wissen *n* ⟨~ of mind⟩; **'~ van** *s* Möbelwagen *m*

fu·ro·re [fjʊ'rɔ:rɪ] *s* Wut *f*, Raserei *f* | Begeisterung *f*, Erregung *f* | Furore *f*, Aufsehen *n* ⟨to make/create a ~ Aufsehen erregen, Furore machen⟩

fur·ri·er ['fʌrɪə] *s* Kürschner *m*, Pelzhändler *m*; **'~y** [~rɪ] *s* Kürschnerei *f* | Pelzwerk *n*, Rauchwaren *pl*; **fur·ring** ['fɜ:rɪŋ] *s* Abfüttern *n* mit Pelz | Pelzfutter *n* | (Zunge) Belag *m* | *Tech* Kesselstein(bildung) *m(f)* | (Schiff) Bekleidung *f*

fur·row ['fʌrəʊ] **1.** *s* (Erd-) Furche *f*, Rinne *f* | *Anat, Zool* Spalte *f*, Vertiefung *f* | *Tech* Rille *f*, Nut(e) *f* | *Arch* Holzkehle *f* | *übertr* Furche *f*, Runzel *f*; **2.** *vt* (Erde) furchen, pflügen | *Tech* auskehlen, riffeln | *übertr* (Gesicht) runzeln ⟨a ~ed forehead gefurchte Stirn⟩; *vi* Furchen machen, pflügen; **'~y** *adj selten* gefurcht, runzelig

furs [fɜ:z] *s/pl* Rauchwaren *pl*; **fur·ry** ['fɜ:rɪ] *adj* pelzig | Pelz- | *Am Sl* haarsträubend

fur·ther ['fɜ:ðə] **1.** *adj* weiter, ferner, entfernter ⟨on the ~ side of the street⟩ | weiter, nachfolgend ⟨a ~ performance noch eine *od* eine weitere Vorstellung; until ~ notice bis auf weiteres⟩ | weitere(r, -s), zusätzlich ⟨~ questions; ~ information⟩; **2.** *adv* weiter, ferner ⟨to go ~⟩ | *auch* **~more** außerdem, weiterhin, überdies, zusätzlich ◇ **see s.o. ~ [first]** *umg intens* gar nicht daran denken, (jmdm. einen Gefallen zu tun), jmdm. was husten; **wish s.o. ~** jmdn. satt haben; **3.** *vt* fördern, unterstützen, beistehen ⟨to ~ the cause of peace für die Sache des Friedens eintreten⟩; **'~ance** [~rəns] *förml s* Förderung *f*, Unterstützung *f* ⟨for the ≈ of zum Wohle von; in ≈ of s.th. um etw. zu fördern⟩ | Fortschritt *m*; **ˌ~ ed·u'ca·tion** *s Brit* Erwachsenen-, Weiterbildung *f*; **ˌ~'more** *adv* ferner, außerdem, überdies, darüber hinaus; **'~most** *adj* fernste(r, -s), weiteste(r, -s); **ˌ~'some** *adj* förderlich; **'~ to** *präp förml* im Anschluß an ⟨≈ our letter of March 5th⟩; **fur·thest** ['fɜ:ðɪst|-əst] **1.** *adj* fernste(r, -s), weiteste(r, -s); **2.** *adv* am fernsten, am weitesten

fur·tive ['fɜ:tɪv] *adj* heimlich, verstohlen ⟨~ glances heimliche Blicke; to be ~ in s.th. etw. heimlich tun⟩ | hinterhältig, verschlagen | *selten* gestohlen

fu·run|cle ['fjʊərʌŋkl] *s Med* Furunkel *m*; **~cu·lar** [fjʊ'rʌŋkjʊlə] *adj Med* furunkulös; **~cu·lo·sis** [fjʊˌrʌŋkjʊ'ləʊsɪs] *s Med* Furunkulose *f*; **~cu·lous** [fjʊ'rʌŋkjʊləs] *adj Med* furunkulös

fu·ry ['fjʊərɪ] *s* Zorn *m*, Wut *f*, Raserei *f* ⟨to be in a ~ wütend sein; to fly into a ~ in heftige Wut geraten; like ~ *umg* wie verrückt⟩ | Heftigkeit *f*, Toben *n* | zornige Person (bes. Frau) | *meist* **fu·ries** *pl Myth* Furie *f*

furze [fɜ:z] *s Bot* Stechginster *m*; **'fur·zy** *adj* reich an Stechginster

fus·cous ['fʌskəs] *adj* dunkelbraun, dunkelfarbig

fuse [fju:z] **1.** *s* Zünder *m* ⟨time ~ Zeitzünder *m*⟩ | Zündschnur *f*, Lunte *f* ⟨~ cord Abreißschnur *f*⟩ | *El* (Strom) Sicherung *f* ⟨the ~ is gone/out, the ~ has blown die Sicherung ist durchgebrannt⟩ | *umg* Kurzschluß *m*, Kurzer ⟨there's a ~ somewhere⟩ ◇ **have a short ~** *Am Sl* (Person) (leicht) hochgehen; **2.** *vt* schmelzen, zum Schmelzen bringen ⟨to ~ the lights/iron *El* einen Kurzen produzieren⟩ | *übertr* vereinigen, vermischen, verbinden; **~ together** zusammenschmelzen; *vi* schmelzen | (Sicherung) durchbrennen ⟨the light has ~d die Sicherung ist durchgebrannt⟩ | *übertr* sich vereinigen; **'~ box** *s* Sicherungsdose *f*; **'~ cap** *s* Zündhütchen *n*; **'fused** *adj El* (Draht) abgesichert | *Tech* (Metall) schmelzflüssig

fu·see [fju:'zi:] *s* (Uhr) Schnecke *f* | Sturm(streich)holz *n* | *Am Eisenb* (Licht-) Warnsignal *n*

fu·se·lage ['fju:zḷɑ:ʒ] *s* Flugzeugrumpf *m*

fu·sel oil ['fju:zḷ 'ɔɪl] *s Chem* Fuselöl *n*

fuse wire ['fju:z waɪə] *s El* Sicherungsdraht *m*

fu·si|bil·i·ty [ˌfju:zə'bɪlətɪ] *s* Schmelzbarkeit *f*; **'~ble** *adj* schmelzbar, Schmelz- ⟨≈ alloy leicht schmelzbare Legierung⟩; **'~ble glass** *s* Emailglas *n*

[1]**fu·sil** ['fju:zɪl] *s Mil Hist* Muskete *f*, Steinschloßflinte *f*

[2]**fus·il** ['fju:zɪl] *s Her* Raute *f*

[3]**fu·sil[e]** ['fju:zɪl|-sɪl|-saɪl] *adj* geschmolzen, Schmelz-

fu·sil|ier [ˌfju:zɪ'lɪə] *s Mil* Füsilier *m*; **ˌ~'lade 1.** *s* Salve(nfeuer) *f(n)* | *übertr* Flut *f*, Hagel *m* ⟨a ≈ of curses ein Hagel von Flüchen⟩; **2.** *vt* beschießen | füsilieren, niederschießen

fus·ing ['fju:zɪŋ] *s El* Schmelzen *n*, Durchbrennen *n* | *Tech* Schmelzen *n* | *Tech* Schmelzschweißen *m*; **'~ point** *s Tech* Schmelzpunkt *m*

fu·sion ['fju:ʒn] *s Tech* Schmelzen *n*, Schmelzvorgang *m*, -prozeß *m* ⟨~ curve Schmelzkurve *f*⟩ | *auch* **nuclear '~** *Phys* (Kern-) Fusion *f* | *übertr* Fusion *f*, Vereinigung *f* ⟨a ~ of races Rassenmischung *f*⟩ | *Pol* Koalition *f*; **'~ bomb** *s* Wasserstoffbombe *f*; **'~ism** *s Pol* Fusionismus *m*; **'~ist** *s Pol* Fusionist *m*, Koalitionsanhänger *m*; **'~ point** *s Tech* Schmelzpunkt *m*

fuss [fʌs] **1.** *s* Lärm *m*, Aufregung *f*, nervöse Hast ⟨to get into a ~ sich übermäßig aufregen; to kick up a ~ Krach schlagen; don't make so much ~! regen Sie sich nicht so künstlich auf⟩ | Getue *n*, übertriebene Aktivität, Wind *m* ⟨to make a (great) ~ about/of s.th. von etw. (viel) Aufhebens machen⟩ | *Am* Pedant *m*; **2.** *vi* sich aufregen (**about** wegen) | viel Aufhebens machen (**about, over** um, wegen) ⟨to ~ over s.th. e-r Sache übertrieben viel Aufmerksamkeit schenken⟩; *vt umg* aufregen, nervös machen ⟨don't ~ him bring ihn nicht durcheinander; I'm not fussed das ist mir egal; not be fussed about s.th. sich um etw. keinen Kopf machen⟩; **~ up** *Am* herausputzen; **'~ˌbudg·et** *s* Kleinigkeitskrämer *m*; **'~y** *adj* aufgeregt (**about** wegen) | (*neg*) (Person) betroffen ⟨I'm not ≈ es läßt mich kalt, es stört mich nicht⟩ | (Person) umständlich, pedantisch | übertrieben, geziert | (Kleid, Stil u. ä.) überladen

fus·tian ['fʌstɪən] *selten* **1.** *s* (Köper-) Barchent *m* | *übertr verächtl* (Stil) Bombast *m*, Schwulst *m*; **2.** *adj* Barchent- | *übertr* bombastisch, schwülstig | *übertr* wertlos

fus·ti|gate ['fʌstɪgeɪt] *vt* prügeln, durchhauen; **ˌ~'ga·tion** *s* Prügeln *n*

fust·y ['fʌstɪ] *verächtl adj* modrig, muffig, stockig, schimmelig | altmodisch, verstaubt, weltfremd

fu|tile ['fju:taɪl] *adj* unnütz | wirkungs-, zweck-, nutzlos ⟨a ≈ attempt⟩ | (Personen) nichts zustande bringend, vergeblich, unproduktiv, ungeschickt ⟨a ≈ young man⟩ | nichtig, leer, oberflächlich ⟨≈ talk⟩; **~'til·i·ty** *s* Nutz-, Zwecklosigkeit *f* | Nichtigkeit *f*

fu|ture ['fju:tʃə] **1.** *s* Zukunft *f* ⟨for the ≈; in [the] ≈ in Zukunft; in the distant ≈ in ferner Zukunft; in the near ≈ baldigst; in the not too distant ≈ umgehend⟩ | *auch* **'~ture tense** *Ling* Futurum *n*; **2.** *adj* zukünftig ⟨his ≈ wife⟩; **'~ture·less** *adj* ohne Zukunft; **'~tures** *s/pl Wirtsch* Termingeschäfte *n/pl* | Terminwaren *f/pl*; **'~tur·ism** *s Kunst* Futurismus *m*; **'~tur·ist** *s* Futurist *m*; **~'tu·ri·ty** [fjʊ'tʃʊərətɪ] *s* Zukunft *f* | zukünftiges Ereignis

fuzz [fʌz] **1.** *s* feiner Flaum, Fussel *f* | (*sg od pl konstr*) *Sl* Polyp, Bulle *m*; **2.** *vi* fusseln, fasern | sich auflösen, zerfasern; **'~ball** *s Bot* Bovist *m*; **'~box** *s Mus* Verzerrer *m*; **'~y** *adj* faserig, fusselig | struppig ⟨≈ hair⟩ | *Mus* undeutlich, verschwommen | unscharf | *Ling* fuzzy ⟨≈ set; ≈ logic⟩; **~y-wuzz·y** ['fʌzɪ ˌwʌzɪ] *s* Wuschelkopf *m*, Krauskopf *m*

-fy [faɪ] *suff zur Bildung von v mit der Bedeutung*: zu … machen (*z. B.* **citify** zur Stadt machen) | (er)füllen mit … (*z. B.* **terrify** erschrecken) | *umg scherzh od verächtl* produzieren (*z. B.* **speechify** Worte drechseln)

G

G, g [dʒi:] *s* (*pl* **G's, Gs, g's, gs**) *G n*, g *n* | *Mus* G *n* ⟨G flat Ges *n*, G sharp Gis *n*⟩
gab [gæb] *umg* **1.** *vi* (**~bed, ~bed**) schwatzen; **2.** *s* Geschwätz *n* ◇ **the gift of the ~** ein gutes Mundwerk; **stop your ~!** halt den Mund!
gab·ble [gæbl] **1.** *vi* plappern, undeutlich sprechen | (Gänse u. ä.) schnattern; **~ away** daherschwatzen; **~ on** weiterplappern, dahinbrabbeln; *vt* daherplappern, zu schnell sprechen, *auch* **~ out** herausplappern; **2.** *s* Geplapper *n*, Geschnatter *n* | Geschwätz *n*; **'gab·by** *adj umg* geschwätzig
gab·er·dine [ˌgæbə'di:n|'gæbədi:n] *s* Kittel *m* | Kaftan *m* | *meist* **gab·ar·dine** [~] Gabardine *m*
ga·ble ['geɪbl] **1.** *s* Giebel *m*; **2.** *vt* mit einem Giebel versehen; **'ga·bled** *adj* gieblig; **'~ end** Giebelwand *f*
ga·by ['geɪbɪ] *s umg, dial* Trottel *m*
[1]**gad** [gæd] *s Hist* Pfeil-, Speerspitze *f*
[2]**gad** [gæd] *interj* Gott! ◇ **by ~** meiner Treu!
[3]**gad** [gæd] **1.** *vi* ('**~ded, '~ded**), *meist* **~ about/around** *umg* sich herumtreiben | *Bot* wuchern; **2.** *s* Herumtreiben *n* ⟨to be [up]on the ~ *umg* sich herumtreiben⟩; **'~a·bout** *s umg* Herumtreiber(in) *m(f)* | jmd., der häufig ausgeht
gad·fly ['gædflaɪ] *s* (Vieh-) Bremse *f* | *übertr* Störenfried *m*
gadg·et ['gædʒɪt] *s umg* (moderne) Vorrichtung, Apparat *m*, Gerät *n* | Zubehörteil *n* (e-r Maschine) | *übertr* Kleinigkeit *f* | Kniff *m*; **'~ry** *s umg, oft verächtl* modernes Zeug, Apparaturen *f/pl* ⟨full of ≈ voller neumodischer Geräte⟩
ga·droon [gə'dru:n] *s* Zierleiste *f*
Gael·ic ['geɪlɪk|'gælɪk] **1.** *s* Gälisch *n*; **2.** *adj* gälisch; **ˌ~ 'coffee** Kaffee *m* mit Whisky
[1]**gaff** [gæf] **1.** *s* Fischhaken *m* | *Mar* Gaffel *f* | *Am Sl* Anstrengung *f* ◇ **stand/take the ~** *Am Sl* sich nicht unterkriegen lassen; **2.** *vt* mit einem Fischhaken fangen
[2]**gaff** [gæf] *Sl* **1.** *s* Unsinn *m* ◇ **blow the ~** *übertr* petzen, alles ausplaudern; **2.** *vi* quatschen
[3]**gaff** [gæf] *s Brit Sl* Bumslokal *n* | *auch* **'pen·ny ~** Schmierenvarieté *n*
gaffe [gæf] *s* Indiskretion *f* | Fauxpas *m*
gaf·fer ['gæfə] *s* Alterchen *n*, Väterchen *n* | *Brit Sl* Vorarbeiter *m* | *Brit Sl* Kneipier *m*, Chef *m*
gag [gæg] **1.** (**~ged, ~ged**) *vt* knebeln | *übertr* mundtot machen | *Theat* improvisieren | zum Brechen reizen | *Sl* täuschen; *vi bes Am* würgen, sich beinahe erbrechen müssen, verschlucken (**on s.th.** etw.) | *Theat* improvisieren; **2.** *s* Knebel *m* | *übertr* Knebelung *f* | *Pol* Schluß *m* einer Debatte | *Theat* Gag *m*, Ulk *m*, Improvisation *f* | *Sl* Schwindel *m*
ga·ga ['gɑ:gɑ:] *adj* senil, plemplem ⟨a ~ old man; to become ~⟩ | *umg* vernarrt (**about** in), verrückt (**over** über) ⟨to go ~ over a dress von einem Kleid gar nicht mehr wegkommen⟩
[1]**gage** [geɪdʒ] **1.** *s* Pfand *n*, Bürgschaft *f* | Fehdehandschuh *m*; **2.** *vt übertr arch* verpfänden, wetten; *vi* sich verbürgen (**that** daß)
[2]**gage** [geɪdʒ] = ↑ **gauge**
gag·gle ['gægl] **1.** *vi* (Gänse) schnattern, gackern (*auch übertr*); **2.** *s* Geschnatter *n* (*auch übertr*)
gai·e|ty ['geɪətɪ] *s* Fröhlichkeit *f* | *meist* **'~ties** *pl* Lustbarkeit(en) *f(pl)*, Vergnügungen *n/pl* | *übertr* Putz *m*, Pracht *f* ⟨~ty of dress⟩
gai·ly ['geɪlɪ] *adv* von **gay**
gain [geɪn] **1.** *vt* gewinnen ⟨to ~ the prize⟩ | erreichen, erlangen ⟨to ~ strength⟩ | verdienen (**by** durch) ⟨to ~ one's bread⟩ | einbringen ⟨to ~ s.o. s.th.⟩ | *förml* (Ort) (mit Mühe) erreichen, gelangen zu ⟨to ~ the mountains⟩ ◇ **~ ground** *übertr* Boden gewinnen, sich durchsetzen; **~ s.o. over** jmdn. für sich gewinnen; **~ the day** *übertr* siegen; **~ the upper hand** (die) Oberhand gewinnen; *vi* gewinnen (**in** an) | (Uhr) vorgehen; **~ [up]on** näherkommen an; übergreifen auf; **2.** *s* Gewinn *m*, Vorteil *m* (*auch übertr*) (**to** für) | **~s** *pl* Einnahmen *f/pl*, Profit *m* ⟨clear ≈ Reingewinn *m*; extra ≈ Mehrverdienst *m*⟩; **'~a·ble** *adj* erreichbar; **'~ful** *adj förml* einträglich, gewinnbringend, profitabel; **'~ings** *s/pl* Einkünfte *pl*, Gewinn *m*; **'~ly** *adj* taktvoll | *arch* hübsch
gain|say [geɪn'seɪ] *vt* (**~'said, ~'said**) *meist neg lit* (jmdm.) widersprechen | (etw.) leugnen ⟨there's no ≈ing her beauty ihre Schönheit kann niemand abstreiten⟩
gait [geɪt] **1.** *s* Gang(art) *m(f)*, Haltung *f* ⟨the ~ of a cowboy⟩ | **~s** *pl* (bes. Pferd) Gangart *f*; **2.** *vt* (Pferd) zügeln
gai·ter ['geɪtə] *s* Gamasche *f* | *Am auch* (Herren-) Slipper *m* | Stiefelette *f*
gal [gæl] *s scherzh* Mädchen *n*
ga·la ['gɑ:lə|'geɪlə] **1.** *s* Festlichkeit *f* | Festkleidung *f*; **2.** *adj* festlich, Gala- ⟨~ night Galaabend *m*⟩
ga·lac·tic [gə'læktɪk] *adj Astr* Milchstraßen-; **gal·ax·y** ['gæləksɪ] *s* Milchstraße *f*, Galaxie *f* | *übertr* glänzende Versammlung ⟨a ≈ of beauties⟩
gale [geɪl] *s* Sturm *m* | *Mar* steife Brise | *bes Am* Aufregung *f*, Taumel *m* | (*meist pl*) Ausbruch *m*, Sturm *m* ⟨~s of laughter Lachstürme⟩; **'~ force** Sturmstärke *f*; **'~ warn·ing ˌser·vice** *s* Sturmwarnungsdienst *m*
[1]**gall** [gɔ:l] *s* (Tier) Galle *f* (bes. von Ochsen) | *auch* **'~ ˌblad·der** Gallenblase *f* | *übertr* Erbitterung *f* | *Sl* Frechheit *f* ⟨to have the ~ to do s.th. sich erdreisten, etw. zu tun⟩ ◇ **dip one's pen in ~/write in ~** *übertr* seine Feder in Galle tauchen, Galle verspritzen
[2]**gall** [gɔ:l] *s* Gallapfel *m* | *Bot* Mißbildung *f*
[3]**gall** [gɔ:l] **1.** *vt* scheuern, (wund)reiben | *übertr* ärgern, quälen, reizen; *vi* wund sein *od* werden | *Tech* sich festklemmen, sich festfressen; **2.** *s* wundgeriebene Stelle (*bes* bei Pferden) | *Med* Wolf *m* | kahle Stelle | *übertr* Pein *f*, Qual *f*
gal·lant ['gælənt] **1.** *adj* tapfer, mutig | stattlich ⟨a ~ horse⟩ | *arch* (Kleider) prunkvoll | *auch* [gə'lænt] höflich, galant ⟨~ manners⟩ | Liebes-; **2.** *s*, *auch* [gə'lænt] Kavalier *m*, ritterlicher Mann | Galan *m*, Liebhaber *m*; **3.** *vt* (Dame) galant behandeln ⟨to ~ a girl mit einem Mädchen flirten⟩; *vi* den Kavalier spielen; **'~ry** *lit s* Tapferkeit *f*, Mut *m* | Höflichkeit *f* | Aufmerksamkeit *f* (gegenüber Frauen)
gal·le·on ['gælɪən] *s Mar Hist* Galeone *f*
gal·ler·y ['gælərɪ] *s* Galerie *f* | Korridor *m* | Balkon *m* | *Am* (Südstaaten) Veranda *f* | *Kirche* Empore *f* | *Bergb* Stollen *m*; Strecke *f* | *Theat* Galerie *f* ⟨to play to the ~ die Gunst des Publikums suchen; ~ hit Publikumsschlager *m*⟩ | *Sport* Zuschauer *m/pl* | (Kunst-) Galerie *f* ⟨picture ~ Gemäldegalerie *f*⟩ | *Am* Vergnügungsstand *m*, -zelt *n* ⟨shooting ~ Schießbude *f*⟩
gal·ley ['gælɪ] *s Mar* Galeere *f* | *Mar* Kombüse *f* | *Flugw* Bordküche *f* | *Typ* Setzschiff *n* | (*meist pl*) *Typ* Fahne *f*; **'~proof** *s Typ* Fahnenabzug *m*, Korrekturfahne *f*; **'~ slave** *s* Galeerensklave *m*
Gal·lic ['gælɪk] *adj* gallisch | *bes scherzh* französisch ⟨~ charm⟩; **'~ism** [~sɪzm] *s Ling* Gallizismus *m*
gal·li·na·ceous [ˌgælɪ'neɪʃəs] *adj* Hühner-, hühnerartig
gal·ling ['gɔ:lɪŋ] **1.** *s Tech* Abnutzung *f* durch Reiben; **2.** *adj übertr* ärgerlich, empörend, kränkend ⟨to be ≈ to s.o. jmdn. wurmen⟩; **'~ marks** *s Tech* (Metall) Reibspuren *f/pl*
gal·li·pot ['gælɪpɒt] *s* Salben-, Medikamententopf *m*
gal·li·um ['gælɪəm] *s Chem* Gallium *n*

gal·li·vant ['gælɪvænt] *umg vi* schäkern, flirten (**with** mit) | sich herumtreiben, sich amüsieren (**with** mit) ⟨to go ~ing⟩

gall nut ['gɔ:l nʌt] *s Bot* Gallapfel *m*

gal·lon ['gælən] *s* Gallone *f* (Hohlmaß; in Großbritannien 4,54 l, in den USA 3,785 l)

gal·loon [gə'lu:n] *s* Borte *f*, Tresse *f*

gal·lop ['gæləp] **1.** *vt* (Pferd) galoppieren lassen; *vi* (Pferd) galoppieren | im Galopp reiten | *meist* ~ **over/through** schnell lesen *od* sprechen | *übertr* schnell fortschreiten ⟨~ing consumption galoppierende Schwindsucht⟩; **2.** *s* Galopp *m* ⟨full ~ gestreckter Galopp, at a ~ im Galopp; *übertr* in großer Eile⟩

gal·lows ['gæləuz] *s/pl* (*sg konstr*, *neuer pl* **~es**) Galgen *m* ◇ **come to the ~** gehängt werden; **have the ~ in one's face** *übertr* böse aussehen; '**~ bird** *s umg* Galgenvogel *m*; '**~ ˌhu·mour** *s lit* Galgenhumor *m*; '**~ tree** *s* Galgen *m*

gall·stone ['gɔ:l stəun] *s Med* Gallenstein *n*

Gal·lup poll ['gæləp pəul] *s* Meinungsumfrage *f*

gal·op ['gæləp] **1.** *s* Galopp *m* (Tanz); **2.** *vi* einen Galopp tanzen

ga·lore [gə'lɔ:] **1.** *adv umg* in Menge, im Überfluß ⟨money ~ Geld wie Heu; friends ~ Freunde in Hülle und Fülle⟩

ga·losh, *auch* **golosh** [gə'lɒʃ] *s*, *meist pl* Galosche *f*, Gummi-, Überschuh *m*

ga·lumph [gə'lʌmf] *vi* herumhüpfen | einherstolzieren

gal·van·ic [ˌgæl'vænɪk] *adj El* galvanisch | *übertr* plötzlich, stark und plötzlich ⟨a ~ effect⟩; **ˌ~ 'bat·te·ry** *s El* galvanische Batterie, Primärbatterie *f*; '**~ pile** *s El* Voltasche Säule; '**gal·va·nism** *s El* Galvanismus *m* | *Med* Galvanotherapie *f*; **ˌgal·va·ni'za·tion** *s* Galvanisation *f*; '**gal·va·nize** *vt* galvanisieren | mit galvanischem Strom behandeln | *Tech* verzinken | *übertr* beleben, anspornen (**to** zu) ⟨to ≈ to new life zu neuem Leben erwecken⟩; **gal·va·nom·e·ter** [ˌgælvə'nɒmɪtə] *s El* Galvanometer *n*; **gal·va·no·plas·tic** [ˌgælvənəu'plæstɪk] *adj* galvanoplastisch; **ˌgal·va·no'plas·tics** *s Tech* Galvanostegie *f*, Galvanoplastik *f*

gam·bit ['gæmbɪt] *s* (Schach) Gambit *n* | *übertr* Einleitung *f*, Gesprächseröffnung *f* | *übertr* gewagter Schritt, sprachlicher Trick

gam·ble ['gæmbl] **1.** *vi* (um hohen Einsatz) spielen ⟨to ~ at cards⟩ | (Börse u. ä.) spekulieren | *übertr* setzen (**on** auf), rechnen (**on s.th.** mit etw.), aufs Spiel setzen (**with s.th.** etw.); *vt*, *meist* ~ **away** verlieren, verspielen; **2.** *s umg meist übertr* Glücksspiel *n*, Wagnis *n*; '**gam·bler** *s* Spieler *m* | Hasardeur *m*; '**gam·bling** *s* Spielen *n*, Spiel- ⟨≈ debt Spielschuld *f*; ≈ hell/house Spielhölle *f*⟩

gam·boge [gæm'bəudʒ] *s* sattes Gelb | *Chem* Gummigutt *n*

gam|bol ['gæmbl] **1.** *vi* ('**~boled,** '**~boled,** *bes Brit* '**~bolled,** '**~bolled**) (freudig) hüpfen, tanzen; **2.** *s* (*meist pl*) Luft-, Freudensprung *m*

[1]**game** [geɪm] *adj* (Glied) lahm ⟨a ~ leg⟩

[2]**game** [geɪm] **1.** *s* Spiel *n*, Zeitvertreib *m* ⟨children's ~s⟩ | Spielgerät *n* | Spiel *n* (nach Regeln) ⟨a ~ of ball ein Ballspiel *n*; a ~ of chance ein Glücksspiel *n*; to play a good (poor) ~ gut (schlecht) spielen⟩ | Partie *f*, (einzelnes) Spiel ⟨a ~ of chess eine Partie Schach⟩ | Spaß *m* ⟨what a ~! so ein Spaß!⟩ | Spott *m* ⟨to make ~ of s.o. sich über jmdn. lustig machen⟩ | *übertr* Plan *m*, Absicht *f* ⟨to know s.o.'s [little] ~ jmds. Schliche kennen; the same old ~ der alte Trick⟩ | Spielregel *f* ⟨the ~ of diplomacy⟩ | Wild *n* ⟨big ~ Großwild *n*; fair ~ jagdbares Wild; *übertr* leichte Beute, lohnendes Ziel⟩ | *collect* Wildbret *n* | *übertr* Beute *f*, Freiwild *n* ⟨to be easy ~ for⟩ ◇ **be on/off one's ~** gut *od* schlecht spielen; **the ~ is up** das Spiel ist aus *od* verloren; **give the ~ away** *übertr* alles verraten; **have the ~ in one's hands** *übertr* das Spiel in der Hand haben, sicher gewinnen; **play a double ~** doppeltes Spiel treiben; **play the ~** ehrlich spielen (*auch übertr*); **two can play at that ~** das kann ich auch!; **2.** *adj* Jagd-, Wild- ⟨~ licence Jagdschein *m*⟩ | mutig, entschlossen (**to** zu) | aufgelegt (**for/to do** zu); **3.** *vi lit* (um Einsatz) spielen; *vt*, *meist* ~ **away** verspielen

game|cock ['geɪmˌkɒk] *s* Kampfhahn *m*; '**~ˌkeep·er** *s* Förster *m*, Wildhüter *m*; '**~ law[s]** *s/pl* Jagdgesetz *n*; '**~ness** *s* Mut *m*, Entschlossenheit *f*; '**~ park** *s* (Natur-) Wildpark *m*; **games** [geɪmz] *s Päd* (Fach) Spiele *n/pl* | Sportspiele *n/pl* ⟨Olympic ≈; Commonwealth ≈⟩; **~s·man·ship** ['geɪmzmənʃɪp] *s* Spielwitz *m*, spielerisches Können; '**~sˌmas·ter** *s* Sportlehrer *m*; '**~sˌmis·tress** *s* Sportlehrerin *f*; '**~some** *adj* heiter, ausgelassen; **~ster** ['geɪmstə] *s* Spieler(in) *m(f)* (um Geld); '**~-ten·ant** *s* Jagdpächter *m*

gam·ete [gæ'mi:t] *s Bot, Zool* Gamet *m*, Geschlechtszelle *f*, Keimzelle *f*

gam·ey = **gamy**

gam·ing ta·ble ['geɪmɪŋ teɪbl] *s* Spieltisch *m*

gam·ma ['gæmə] *s* Gamma *n*; **~ glob·u·lin** [ˌ~ 'glɒbjulɪn] *s Med* Gammaglobulin *n*; '**~ ray** *s Phys* Gammastrahl *m*

gam·mer ['gæmə] *kontr von* ↑ **grandmother** *s* Gevatterin *f*, Mütterchen *n*

[1]**gam·mon** ['gæmən] **1.** *s* geräucherter Schinken | unteres Stück einer Speckseite; Endstück *n* eines Schinkens; **2.** *vt* (Schinken) räuchern

[2]**gam·mon** ['gæmən] *umg* **1.** *s* Unsinn *m*, Schwindel *m*; **2.** *interj* Unsinn!; **3.** *vi* Unsinn reden | schwindeln; *vt* betrügen, täuschen

[3]**gam·mon** ['gæmən], *auch* '**back~** **1.** *s* Puffspiel *n* | Doppelgewinn *m* (beim Puffspiel); **2.** *vt* (jmdn.) zweimal schlagen

gam·mon steak ['gæmən steɪk] *s* (Steak aus) Schinkenfleisch *n*, (Vorder-) Schinkensteak *n*

gam·my ['gæmɪ] *umg* = [1]**game**

gamp [gæmp] *s Brit scherzh* (großer) Regenschirm

gam·ut ['gæmət] *s Mus* Tonleiter *f* | Ton-, Stimmumfang *m* | *übertr* Skala *f* ⟨the whole ~ of s.th. der ganze Umfang einer Sache⟩

gam·y ['geɪmɪ] *adj* (Fleisch) angegangen | nach Wild riechend | *übertr* mutig, schneidig

gan·der ['gændə] *s* Gänserich *m* | *übertr* Dummkopf *m* | *umg* kurzer Blick ⟨to have a ~ at s.th. einmal schnell schauen auf etw.⟩ ◇ **sauce for the goose is sauce for the ~** was dem einen recht ist, ist dem andern billig

gang [gæŋ] **1.** *s* Trupp *m*, Kolonne *f*, Brigade *f* | (Diebes-) Bande *f* ⟨a ~ of thieves⟩ | *Tech* Satz *m* (von Werkzeugen); **2.** *vi*, *oft* ~ **up** *umg verächtl* eine Bande bilden, sich zusammenrotten (**against, on** gegen); *vt* sich zu einer Gruppe *od* Bande zusammentun | *umg* in einer Bande angreifen ◇ ~ **one's gait** *übertr* seiner Wege gehen; '**~-bang** *s Am Sl* Gruppenvergewaltigung *f*; '**~-board** *s* Laufplanke *f*; '**~er** *s Brit* Aufseher *m*, Vorarbeiter *m*

gan|gle ['gæŋgl] *vi* wie ein Schlangenmensch laufen; '**~gling** *adj* spindeldürr ⟨≈ legs⟩

gan·gli|on ['gæŋglɪən] *s* (*pl* **~a** ['~ə] **~ons**) *s* Ganglion *n*, Nervenknoten *m* | *Med* Überbein *n*, *übertr* Knoten-, Mittelpunkt *m*; '**~on cell** *s* Ganglionzelle *f*

gang·plank ['gæŋ plæŋk] *s Mar* Laufsteg *m*

gan·grene ['gæŋgri:n] **1.** *s Med* Gangrän *n*, Brand *m* | *übertr* Fäulnis *f*; **2.** *vt* brandig machen; *vi* brandig werden; **gan·gre·nous** ['gæŋgrɪnəs] *adj* brandig

gangs|man ['gæŋzmən] *s* (*pl* **~men**) Dockarbeiter *m* | Vorarbeiter *m*

gang·ster ['gæŋstə] *s* Gangster *m*, (Verbrecher-) Bandenmitglied *n*; '**~ play** *s* Krimi(nalstück) *m(n)*

gangue [gæŋ] *s Bergb* Gangart *f*, Ganggestein *n*

gang·way ['gæŋweɪ] **1.** *s* Durchgang *m* | *Brit* (Bus, Theater) Mittelgang *m* | (im brit. Unterhaus) Quergang *m* ⟨to sit below the ~ zur zweiten Garnitur der Abgeordneten gehören⟩ | *Mar* Fallreep *n* | Gangway *f*, Laufplanke *f* | *Bergb* Strecke *f* | *Tech* Laufbühne *f*; **2.** *interj* Platz (frei)!

gan·net ['gænɪt] *s Zool* Tölpel *m*

gan·try ['gæntrɪ] *s Tech* Gerüst *n*, Krangerüst *n*; '~ **crane** *Tech* Brückenkran *m*; '~ **lathe** *s Tech* Prismendrehmaschine *f*; '~ **post** *s Tech* Pendelstütze *f*, -säule *f*, -pfeiler *m*; '~ **rail** *s Tech* Kranbahnschiene *f*

gaol [dʒeɪl] = *Brit* **jail**

gap [gæp] **1.** *s* Spalte *f*, Lücke *f*, Riß *m*, Kluft *f* (*auch übertr*) ⟨to bridge/fill/stop/supply a ~ *übertr* eine Lücke ausfüllen; **2.** *vt* (**gapped, gapped**) eine Öffnung *od* einen Spalt machen

gape [geɪp] **1.** *vi* den Mund weit aufreißen (vor Hunger, Müdigkeit etc.), gähnen | starren, gaffen ⟨to ~ at s.o. jmdn. angaffen⟩ | sich öffnen | klaffen ⟨to ~ open auseinanderklaffen⟩; **2.** *s* Gähnen *n* | Gaffen *n* | Öffnung *f*; '**gapes** *s/pl* (Vögel) Schnabelkrankheit *f* | plötzliches Gähnen; '**gap·er** *s* Gaffer *m*

gap·py ['gæpɪ] *adj* voller Lücken, klaffend, weit offen ⟨a ~ hedge⟩ | *übertr* lückenhaft ⟨~ history⟩

gap-toothed [ˌgæp'tu:θt] *adj* mit *od* voller Zahnlücken

ga·rage ['gærɑ:ʒ|'gærɑ:dʒ|'gærɪdʒ] **1.** *s* Garage *f* | Reparaturwerkstatt *f*; **2.** *vt* (Auto) in Garage einstellen | in eine Reparaturwerkstatt bringen, reparieren lassen

garb [gɑ:b] **1.** *s lit od scherzh* Kleidung *f*, Tracht *f* | *übertr* Hülle *f*, Form *f*; **2.** *vt* (an)kleiden (*auch übertr*) ⟨to ~ o.s. in black⟩

gar·bage ['gɑ:bɪdʒ] *s* Abfall *m* | *Am* Müll *m* | *übertr* Schund *m* (*bes lit*) | Unsinn *m*, Quatsch *m* | *Tech* Ausschuß *m*; '~ **can** *s Am* Müllkasten *m*; '~ **colˌlec·tor** *s Am* Müllräumer *m*; '~ **chute** *s Am* Müllschlucker *m*; '~ **truck** *s Am* Müllräumfahrzeug *n*

gar·ble ['gɑ:bl] **1.** *vt* (Tatsachen u. ä.) verstümmeln, zurechtstutzen ⟨~d account gefälschtes Konto⟩ | *selten* eine Auslese treffen; **2.** *s* Verstümmelung *f*

gar·den ['gɑ:dn] **1.** *s* Garten *m* | (*oft pl*) Gartenanlagen *f/pl* ⟨the zoological ~s⟩ | *übertr* fruchtbare Gegend ◇ **lead s.o. up the ~ path** *übertr* jmdn. täuschen; **2.** *adj* Garten- ⟨~ hose Gartenschlauch *m*; ~ stuff Gemüse *n*⟩; **3.** *vi* Gartenbau treiben; *vt* als Garten anlegen *od* kultivieren; ˌ~ '**cit·y** *s* Gartenstadt *f*, grüner Vorort, Parkviertel *n*; '**~er** *s* Gärtner *m*; '~ **frame** *s* Mistbeet(fenster) *n*(*n*); '~ **glass** *s* Glasglocke *f*

gar·den·i·a [gɑ:'di:nɪə] *s Bot* Gardenie *f*

gar·den|ing ['gɑ:dnɪŋ] *s* Gartenbau *m* | Gartenarbeit *f*; '~ ˌ**Lat·in** *s* Küchenlatein *n*; '~ ˌ**par·ty** *s* Gartenfest *n*

gar·gan·tu·an [gɑ:'gæntʃuən] *adj* riesig, gewaltig ⟨a ~ meal⟩

gar·gle ['gɑ:gl] **1.** *vt* (Mund) ausspülen (**with** mit) | *übertr* gurgelnd hervorstoßen; *vi* gurgeln; **2.** *s* Gurgeln *n* | Gurgelwasser *n*

gar·goyle ['gɑ:gɔɪl] *s Arch* Wasserspeier *m*

gar·ish ['gɛərɪʃ] *adj* grell, auffallend, prunkend ⟨~ colours⟩

gar·land ['gɑ:lənd] **1.** *s* Girlande *f*, Kranz *m* | *übertr* Siegespreis *m*; **2.** *vt* bekränzen | *selten* (Blumen) zu einer Girlande winden

gar·lic ['gɑ:lɪk] *s* Knoblauch *m*

gar·ment ['gɑ:mənt] *förml* **1.** *s* Kleidung(sstück) *f*(*n*), Gewand *n* (*auch übertr*); **2.** *vt* bekleiden (**in** mit), kleiden (**in** in) (*auch übertr*); '~ **rack** *s* Kleiderablage *f*

garn [gɑ:n] *interj, vulg* Quatsch!, Unsinn!

gar·ner ['gɑ:nə] **1.** *s* (Getreide-) Speicher *m*, Kornkammer *f* | *übertr poet* Reich *n*, Speicher *m*, Sammlungsort *n* ⟨~ of mortality Ort *m* alles Sterblichen⟩ | *übertr* Vorrat *f*, (An-) Sammlung *f*; **2.** *vt* (auf)speichern, sammeln, aufheben (*auch übertr*)

gar·net ['gɑ:nɪt] **1.** *s Min* Granat *m*; **2.** *adj* granatrot; **~ber·ry** ['~berɪ] *s* rote Johannisbeere

gar·nish ['gɑ:nɪʃ] **1.** *vt* zieren, schmücken (**with** mit) | *Kochk* garnieren | *Jur* (jmdn.) vorladen | *Jur* Beschlagnahmebefehl zustellen; **2.** *s auch* '**~ing** *s* Verzierung *f*, Schmuck *m* (*auch übertr, bes lit*) | *Kochk* Garnierung *f* | *Jur* Beschlagnahme *f*; **~ee** [ˌ~'i:] *Jur* **1.** *vt* vorladen | (Forderungen *od* Gelder eines Schuldners) bei einem Dritten beschlagnahmen; **2.** *s* Vorgeladener *m* | Drittschuldner *m*; '**~ee ˌor·der** *s* Beschlagnahmungsbefehl *m*

gar·ni·ture ['gɑ:nɪtʃə] *s* Verzierung *f*, Schmuck *m*, Zubehör *n* (*auch übertr*) | *Kochk* Garnierung *f*

gar·ret ['gærət] *s* Bodenkammer *f* | *Sl* Kopf *m*, Oberstübchen *n* ◇ **be wrong in the ~/to have one's ~ unfurnished** *übertr Sl* nicht alle Tassen im Schrank haben

gar·ri·son ['gærɪsn] **1.** *s Mil* Garnison *f*, Besatzung *f* (e-r Stadt u. ä.) | *bes Am* Festung *f*; **2.** *vt Mil* mit einer Besatzung *od* Garnison belegen, besetzen | in Garnison legen | *übertr* mit Beschlag belegen

gar·ro[t]te [gə'rɒt] **1.** *s* Garrotte *f* | Erdrosselung *f*; **2.** *vt* garrottieren, erdrosseln

gar·ru|li·ty [gæ'ru:lətɪ] *s* Geschwätzigkeit *f*; **~lous** ['gærələs] *adj* geschwätzig | weitschweifig | *übertr* (Bach) munter plätschernd

gar·ter ['gɑ:tə] **1.** *s.* Strumpfband *n* | Sockenhalter *m* | **∻**, *auch* **Or·der of the ∻** (Abzeichen *n* des) Hosenbandorden(s); **2.** *vt* mit einem Strumpfband *od* Sockenhalter befestigen | (jmdm.) den Hosenbandorden verleihen

gas [gæs] **1.** *s* Gas *n* ⟨to turn on (down/off/out) the ~ das Gas an-, (ab)stellen⟩ | *Bergb* Grubengas *n*, Methan *n* | *Mil* Giftgas *n* ⟨laughing ~ Lachgas⟩ | *Am umg* = **gasoline** Benzin *n*, Kraftstoff *m* ⟨to step on the ~/*umg* to give her the ~ Gas geben (*auch übertr*)⟩ | leeres Geschwätz *n* | *Am Sl* Gaudi *n*, Riesenspaß *m* ⟨it's a real ~⟩; **2.** (**gassed, gassed**) *vt* mit Gas versehen | *Mil* vergasen | *Sl* (jmdm.) etw. vorschwatzen; *vi* schwatzen; '**~bag** *s umg* Schwätzer *m*; '~ ˌ**burn·er** *s* Gasbrenner *m*; '**~ˌburn·ing** *s* Gasfeuerung *f*; '~ ˌ**cham·ber** *s* Gaskammer *f* (KZ)

gas·con·ade [ˌgæskə'neɪd] **1.** *s* Aufschneiderei *f*; **2.** *vi* aufschneiden, prahlen

gas|cook·er ['gæsˌkʊkə] *s* Gaskocher *m*; '~ ˌ**cut·ting** *s Tech* Brennschneiden *n*, autogenes Trennen; '~ **deˌtec·tor** *s Tech* Gasspürgerät *n*; '~ **duc·ting** *s Tech* Gasleitung *f*

gas·e·ous ['gæsɪəs|'geɪ-|'geɪz-] *adj* gasförmig, Gas- | *übertr* aufgeblasen

gas|fir·ing ['gæsˌfaɪərɪŋ] *s* Gasfeuerung *f*; '~ ˌ**fit·ter** *s* Gasinstallateur *m*; '~ **grid** *s* Gasnetz *n*; '~ ˌ**guzz·ler** *s Am, Kan* Pkw *m* mit hohem Benzinverbrauch; '**~ˌguzz·ling** *adj* enorm viel Benzin verbrauchend

gash [gæʃ] **1.** *s* klaffende Wunde | Riß *m*; **2.** *vt* (jmdm.) eine klaffende Wunde beibringen | zerschlitzen

gas|hold·er ['gæsˌhəʊldə] *s Brit* Gasbehälter *m*, -sammler *m*; **~i·fi·ca·tion** [ˌgæsɪfɪ'keɪʃn] *s* Vergasung *f*; **~i·fi·er** ['gæsɪfaɪə] *s Tech* Vergasungsanlage *f*; '~ **jet** *s* Gasflamme *f*, -brenner *m*

gas|le·ver ['gæsli:və] *s Kfz* Gashebel *m*; '**~ˌlight** *s* Gaslicht *n* | Gasbrenner *m*; '**~light·er** *s* Gasanzünder *m*; **~man** ['~ˌmæn] *s* (*pl* **~men** ['-ˌmen]) Gasinstallateur *m* | Gasmann *m*, -kassierer *m*; '**~man·tle** *s* Glühstrumpf *m*; '~ **mask** *s* Gasmaske *f*; '~ ˌ**meter** *s* Gasuhr *f*, Gasmesser *m*; **~o·line** ['gæsəli:n] *s Am* Benzin *n*, '**~o·line pump** *s Am* Tankstelle *f*; **~om·e·ter** [gæ'sɒmɪtə] *s Tech* Gasometer *m*

gas·ket ['gæskɪt] *Tech s* Dichtung *f* | *auch* '~ ˌ**ring** Dichtungsring *m* | Manschette *f* | Packung *f* | Unterlegscheibe *f*

gasp [gɑ:sp] **1.** *vi* keuchen | *auch* ~ **for breath** nach Luft schnappen | schwer atmen | *übertr* sich sehnen, schmachten (**after, for** nach) | (vor Schreck) die Luft anhalten ⟨he ~ed with surprise ihm stockte vor Überraschung der Atem⟩; *vt, oft* ~ **away/forth/out** ausatmen, hervorstoßen ⟨to ~ one's life away/out sterben⟩; **2.** *s* Keuchen *n* | schwerer Atemzug ⟨at one's last ~ in den letzten Zügen⟩
gas| ring ['gæs rɪŋ] *s Tech* Kolbenring *m*, Dichtungskragen *m*; '~ **seal** *s Tech* Gasverschluß *m*; '~ ˌ**sta·tion** *s Am* Tankstelle *f*; '~ **stove** *s* Gasofen *m*; '~**sy** *adj* gashaltig | *Bergb* schlagwetterführend | *übertr Sl* geschwätzig
gas|tric ['gæstrɪk] *adj Med* gastrisch, Magen- ⟨≈ juice Magensaft *m*⟩; ~**tri·tis** [gæ'straɪtɪs] *s* Gastritis *f*, Magenentzündung *f*; ~**tro·en·te·ri·tis** [ˌgæstrəʊˌəntə'raɪtɪs] *s* Gastroenteritis *f*; ~**trol·o·gy** [gæ'strɒlədʒɪ] *s* Gastrologie *f*
gas·tron·o·my [gæ'strɒnəmɪ] *s* Gastronomie *f*, Kochkunst *f*
gas|-war[fare] ['gæs'wɔ:fɛə] *s* Gaskrieg *m*; '~**works** *s/pl* (*meist sg konstr*) Gaswerk *n*
gat [gæt] *s Am Sl* Schießeisen *n*, Revolver *m*
gate [geɪt] **1.** *s* Tor *n*, Pforte *f* | Schranke *f*, Sperre *f* | *übertr* Weg *m* | *Tech* Schleusentor *n* | *Tech* Gußloch *n* | *Sport* Besucher(zahl) *m/pl(f)* | *auch* '~ ˌ**mon·ey** *Sport* Eintrittsgeld(er) *n(pl)* | *Am umg* Entlassung *f* ⟨to get the ~ entlassen werden⟩; **2.** *vt* (an englischen Universitäten) (Studenten) das Verlassen des College verbieten; '~**crash** *umg vi* uneingeladen erscheinen; *vt* sich eindrängen *od* einschmuggeln bei ⟨to ≈ a party⟩; '~ ˌ**crash·er** *s umg* Eindringling *m*; '~**house** *s* Pförtnerhaus *n*; '~ˌ**keep·er** *s* Pförtner *m*; ˌ~**leg/**ˌ~**legged** '**ta·ble** *s* Klapptisch *m*; '~**post** Tor-, Türpfosten *m* ◇ **between you and me and the ~-post** *umg* unter uns gesagt; '~**way** *s* Torweg *m*, Einfahrt *f* | *übertr* Zugang *m*
gath·er ['gæðə] **1.** *vt* (ein)sammeln | versammeln | pflücken ⟨to ~ flowers⟩ | ernten ⟨to ~ grain⟩ | erwerben, ansetzen ⟨to ~ speed Geschwindigkeit aufnehmen; to ~ strength zu Kräften kommen⟩ | nehmen ⟨to ~ s.o. into one's arms⟩ | auslesen, auswählen | (Stoff) raffen, einhalten | (etw.) folgern, schließen (**from** von, aus; **that** daß) ⟨I ~ ich nehme an, daraus schließe ich⟩ ◇ **be ~ed to one's fathers** *euphem* sterben, dahinscheiden; ~ **up** aufsammeln | *übertr* zusammenfassen ⟨to ~ o.s. up sich aufraffen⟩; *vi* sich versammeln | sich ansammeln | größer werden | *Med* reifen, eitern; **2.** *s* (*meist* ~**s** *pl*) (Kleid) Kräuseln *pl*, Falten *f/pl*; '~**er** *s* Sammler *m* | Schnitter *m* | Steuereinnehmer *m*; '~**ing** *s* Sammeln *n* | Versammlung *f* | Kräuseln *n* | Geschwür *n* | *Buchw* Lage *f*
gau·che [gəʊʃ] ⟨*frz*⟩ *adj* ungeschickt, linkisch | taktlos; **gau·che·rie** ['gəʊʃərɪ] *s* Taktlosigkeit *f* | Ungeschicklichkeit *f*
gau·cho ['gaʊtʃəʊ] *s* Gaucho *m*, (Südamerika) Viehhirt *m* | *meist pl* weite Knöchelhose
gaud [gɔ:d] *s* Tand *m*, billiger Schmuck, Flitter(kram) *m(m)* | (*meist pl*) Prunk *m*, Pomp *m*; '**gau·dy** *adj* bunt, (farben)prächtig ⟨≈ colours⟩ | aufgeputzt, protzig, überladen, auffällig ⟨≈ costumes⟩
gauge [geɪdʒ], *selten* **gage** [geɪdʒ] **1.** *vt* (ab-, aus)messen | eichen, kalibrieren | *übertr* abschätzen, beurteilen (**by** nach); **2.** *s* (Eich-) Maß *n* | Meßgerät *n* | Lehre *f* | Manometer *n* | Zollstock *m* | Pegel *m* | Umfang *m*, Fassungsvermögen *n* | *Eisenb* Spurweite *f* | *Mar* Tiefgang *m*, Pegel *m* ◇ **take the ~ of** *übertr* ab-, einschätzen, taxieren; '~**a·ble** *adj* meßbar; '~ **door** *s Bergb* Wettertür *f*; '~ **lathe** *s Tech* Präzisionsdrehbank *f*; '**gaug·er** *s* Eichmeister *m*; '~ **ring** *s Tech* Paßring *m*; '~ **rod** *s Tech* Spurstange *f* | *Mar* Peilstock *m*; '**gaug·ing** *s* Eichung *f*, Eich- ⟨≈ office Eichamt *n*; ≈ rod Eichmaß *n*⟩
gaunt [gɔ:nt] *adj* dürr, ausgemergelt, hager ⟨a ~ figure⟩ | verlassen, unheimlich, finster ⟨a ~ place⟩
[1]**gaunt·let** ['gɔ:ntlət|-lɪt] *s Hist* Panzerhandschuh *m* | Reit-, Fechthandschuh *m* | *übertr* Fehdehandschuh *m* ⟨to fling / throw down the ~ jmdm. den Fehdehandschuh hinwerfen, jmdn. zum Kampf herausfordern; to pick / take up the ~ die Herausforderung annehmen⟩
[2]**gaunt·let** ['gɔ:ntlət|-lɪt] *s Hist* Spießrutenlaufen *n* ⟨to run the ~ Spießruten laufen (*auch übertr*)⟩
gauze [gɔ:z] *s* Gaze *f* ⟨aseptic ~ Verbandmull *m*; ~ bandage Gaze-, Mullbinde *f*; ~ plug Gazetupfer *m*⟩ | Flor *m* | feines Drahtgeflecht ⟨wire ~ Drahtgaze *f*⟩ | *übertr* dünner Nebel *m*; **1.** '**gauz·y** *adj* gazeartig | duftig, dünn
gave [geɪv] *prät* von ↑ **give 1.**
gav·el ['gævl] *s* kleiner Hammer (bei Versammlungen und Auktionen)
ga·votte [gə'vɒt] *s Mus* Gavotte *f*
gawk [gɔ:k] **1.** *s* Tölpel *m* | Schlacks *m*; **2.** *vi urspr Am umg* dumm glotzen *od* starren (**at** auf); '~**y 1.** *adj* einfältig, dumm | tölpelhaft, linkisch; **2.** *s* Tölpel *m*
gay [geɪ] *adj* lustig, fröhlich | bunt glänzend ⟨to be ~ with glänzen von, widerhallen von⟩ | lebenslustig, flott ⟨~ dog Schwerenöter⟩ | ausschweifend ⟨to lead a ~ life⟩ | *Am Sl* frech (**with** gegen) | *umg* homosexuell, schwul
gay·e·ty ['geɪətɪ] = **gaiety**
gaze [geɪz] **1.** *vi* starren (**at, on, up[on]** auf); ~ **up at** hinaufstarren, ~ **down upon** *übertr* herabblicken auf; **2.** *s* fester *od* starrer Blick, Anstarren *n* ⟨to stand at ~ gaffen⟩
ga·ze·bo [gə'zi:bəʊ] *s* (*pl* **ga'ze·bos**) Pavillon *m*, Aussichtsterrasse *f*, Gartenhäuschen *m*
ga·zelle [gə'zel] *s Zool* Gazelle *f*
ga·zette [gə'zet] **1.** *s* Zeitung *f* | Amtsblatt *n*, Anzeiger *m*; **2.** *vt* in einem Amtsblatt veröffentlichen (*bes. pass*); **gaz·et·teer** [ˌgæzə'tɪə] *s* Journalist *m*, Zeitungsschreiber *m* | geographisches Lexikon
ga·zump [gə'zʌmp] *Brit Sl* **1.** *vt, vi* (von jmdm.) für ein Haus einen höheren Preis (als ursprünglich vereinbart) verlangen, überteuern; **2.** *s* Preistreiberei (bei Grundstücken)
GB *Abk* von **Great Britain**
GCE *Abk* von **General Certificate of Education** (Oberschulabschlußzeugnis)
gear [gɪə] **1.** *s Tech* Getriebe *n*, Übersetzung *f*, Gang *m* ⟨bottom/low (high, top) ~ niedriger, (hoher, höchster) Gang; first (etc.) ~ erster (usw.) Gang; in top ~ mit höchster Geschwindigkeit; to go into low ~ den ersten Gang einlegen⟩ | *Mar* Gerät *n*, Ausrüstung *f*, Habe *f* | *Brit Sl* Klamotten *f/pl* | *Brit Sl* Glosse *f*, Stil *m* | (Pferde) Geschirr *n* ◇ **in** ~ mit eingelegtem Gang; *übertr* in Betrieb, in Ordnung; **out of** ~ ausgekuppelt; *übertr* außer Betrieb, in Unordnung ⟨to throw ≈ auskuppeln, -rücken; *übertr* durcheinanderbringen⟩; **2.** *vt* mit einem Getriebe versehen, in Gang setzen | anschirren | *übertr* abstimmen, in Einklang bringen (**to** mit), ⟨to ~ s.th. to s.o.'s needs⟩; ~ **down (up)** herunter- (hoch)schalten; *vi* ineinandergreifen | in Gang kommen | *übertr* zusammenpassen; ~ **into** *Tech* genau eingreifen in; '~**box**, '~**-case** *s* Getriebe-, Zahnradkasten *m*; '~ **change** *s* Gangschaltung *f*; ˌ**geared** '**up** *adj* erpicht (**for** auf); '~**ing** *s Tech* Getriebe *n*, Übersetzung *f* | Umschaltung *f*, Schalten *n*; '~ ˌ**le·ver** *s* Schalthebel *m*; '~ **shaft** *s* Getriebewelle *f*; '~ **shift** *s* (Gang-) Schaltung *f* | *Am* Schalthebel *m*; '~ **stick** = ~ **lever**; '~ **wheel** *s* Getriebe-, Zahnrad *n*
geck·o ['gekəʊ] *s* (*pl* '~**os**, '~**oes**) *Zool* Gecko *m*
gee [dʒi:] *interj, auch* ˌ~ '**up** (bei Pferden) hü! (vorwärts!) | hott! (rechts!) | *auch* ˌ~ '**whiz** *Am umg* (du) liebe Güte!, herrje(mineh)!, Donnerwetter!

gee·gee ['dʒi:dʒi:] *s Sl, scherzh* Pferd *n* | (Kindersprache) Hotta (Pferdchen) *n(n)*
geep [gi:p] *s Zool* Kreuzung *f* zwischen Ziege und Schaf
geese [gi:s] *pl* von ↑ **goose**
gee·ser *auch* **gee·zer** [gi:zə] *s Sl* komischer Kauz ⟨old ~⟩
Gei·ger count·er ['gaɪgə ˌkaʊntə] *s Phys* Geigerzähler *m*
gei·sha ['geɪʃə], *auch* '~ **girl** *s* Geisha *f*
gel·a·tin[e] ['dʒelətiːn] *s* Gelatine *f* | Gallert(e) *n(f)* | Knochenleim *m*; **ge·lat·i·nize** [ˌdʒɪ'lætɪnaɪz] *vt* gelatinieren, zu Gallerte machen; *vi* gelatinieren, zu Gallerte werden; **ge·lat·i·nous** [ˌdʒɪ'lætɪnəs] *adj* gelatinös, gallertartig, Gallert-
gel [dʒel] **1.** *s Phys, Chem* Gel *n*; **2.** *vi* ('**gelled,** '**gelled**) ein Gel bilden, erstarren, gelieren | *Brit übertr* (Idee u. ä.) (feste) Gestalt annehmen
geld [geld] *vt* ('**~ed,** '**~ed** *od* **gelt, gelt** [gelt]) (Tiere) kastrieren, verschneiden; '**~ing** *s* Kastrieren *n* | kastriertes Tier, *bes* Wallach *m*
gel·id ['dʒelɪd] *adj* eiskalt
gel·ig·nite ['dʒelɪgnaɪt] *s* Sprenggelatine *f*, Gelatinedynamit *n*, Sprenggummi *m*
gelt [gelt] *prät* u. *part perf* von ↑ **geld**
gem [dʒem] **1.** *s* Edelstein *m* | Gemme *f* | *übertr* Prachtstück *n*, Perle *f* | *Am* Brötchen *n*; **2.** *vt* ('**gemmed,** '**gemmed**) mit Edelsteinen schmücken *od* besetzen
gem·i|nate ['dʒemɪneɪt] *vt* verdoppeln, wiederholen; *vi* sich verdoppeln; [~nɪt] *adj* Doppel-, paarweise; ˌ~'**na·tion** *s* Verdoppelung *f*, Wiederholung *f* | *Ling* Gemination *f*
Gem·i·ni ['dʒemɪnɪ|-naɪ] *s/pl Astr* Zwillinge *m/pl*
gem|like ['dʒemlaɪk], '**~my** *adj* edelsteinartig, glänzend
gen [dʒen] *Brit Sl* **1.** *s* (*meist mit best art*) genaues Bild, vollste Information ⟨to give s.o. all the ~ on s.th. jmdn. über das kleinste Detail informieren⟩; **2.** *meist* **~ up** *vt* ins Bild setzen, genau informieren; *vi* sich ein genaues Bild machen (**on** über)
gen·der ['dʒendə] *s Ling* Genus *n*, Geschlecht *n* ⟨masculine (feminine, neuter) ~ männliches (weibliches, sächliches) Geschlecht⟩ | *umg* (Person) Geschlecht *n* ⟨the female and male ~s⟩
gene [dʒi:n] *s Biol* Gen *n*, Erbeinheit *f*
gen·e·a·log·i·cal [ˌdʒi:nɪə'lɒdʒɪkl] *adj* genealogisch ⟨~ tree Stammbaum *m*⟩; **ge·ne·al·o·gist** [ˌdʒi:nɪ'ælədʒɪst] *s* Genealoge *m*, Stammbaumforscher *m*; **gen·e·al·o·gy** [ˌdʒi:nɪ'ælədʒɪ] *s* Genealogie *f* | Stammbaum *m*
gene bank ['dʒi:n bæŋk] *s* Genbank *f*
gen·er·a ['dʒenərə] *pl* von ↑ **genus**
gen·e·ral ['dʒenr̩əl] **1.** *adj* allgemein ⟨~ interest⟩ | gewöhnlich, üblich ⟨as a ~ rule üblicherweise, meistens; the ~ practice das übliche Verfahren⟩ | allumfassend, nicht begrenzt, nicht spezialisiert ⟨~ education⟩ | unbestimmt, vage ⟨~ impressions⟩ | nicht spezialisiert ⟨~ shop⟩ | (nachgestellt in Titeln) Haupt-, General- ⟨Director ~⟩; **2.** *s Mil* General *m* | Feldherr *m* ◇ **in ~** im allgemeinen, im großen und ganzen | (*nach pl*) die meisten ⟨people in ~ die meisten Leute⟩; ˌ~ '**deal·er** *s* Gemischtwarenhändler *m*; ˌ~ **de'liv·er·y** *s Am* postlagernd(e Sendung); ˌ~ **e'lec·tion** *s Brit* allgemeine Parlamentswahlen *f/pl*; **~i·ty** [dʒenə'rælətɪ] *s* allgemeine *od* unbestimmte Feststellung | allgemeines Prinzip | allgemeiner Charakter | allgemeines Gesetz | *lit* Mehrheit *f*, -zahl *f* (von Leuten) ⟨the ≈ of men⟩; '**~ize** *vt* verallgemeinern | auf eine allgemeine Formel bringen | allgemein machen; *vi* verallgemeinern, allgemeine Schlüsse ziehen (**from** aus); '**~ly** *adv* meistens | gewöhnlich | im allgemeinen ⟨≈ speaking allgemein gesprochen, im allgemeinen⟩ | von den meisten, allseits ⟨≈ accepted allgemein anerkannt⟩; '~ **pa'ral·y·sis** *s Med* progressive Paralyse; ˌ~ '**post of·fice** *s* Hauptpostamt *n*; ˌ~ '**prac·tice** *s* (ärztliche) Allgemeinpraxis *f*; ˌ~ **prac'ti·tion·er** *s* praktischer Arzt; ˌ~-'**pur·pose** *adj* Mehrzweck-; '**~ship** *s Mil* Generalswürde *f* | Feldherrnkunst *f* | Leitung *f*; ˌ~ '**staff** *s Mil* Generalstab *m*; ˌ~ '**strike** *s* Generalstreik *m*
gen·er|ate ['dʒenəreɪt] *vt förml* erzeugen, hervorbringen ⟨to ≈ light⟩ (*auch übertr*) ⟨~ating station Kraftwerk *n*; ~ating set Stromaggregat *n*⟩ | *Ling* generieren ⟨to ≈ a sentence⟩; ˌ~'**a·tion** *s* Generation *f*, Geschlecht *n* ⟨the rising ≈ die heranwachsende Generation⟩ | Menschenalter *n* | Zeugung *f*, Fortpflanzung *f* | Erzeugung *f*; ˌ~'**a·tion** ˌ**gap** *s* Generationsunterschied *m*; **~a·tive** ['dʒenərətɪv] *adj* Zeugungs- ⟨≈ power Zeugungskraft *f*⟩ | fruchtbar | *Ling* generativ ⟨≈ grammar⟩; '**~a·ti·vist** *s Ling* Generativist *m*; '**~a·tor** *s* Dynamo-, Lichtmaschine *f* | Gasgenerator *m* | *Mus* Grundton *m*
ge·ner·ic [dʒɪ'nerɪk], **ge'ner·i·cal** *adj* generisch, Gattungs-, allgemein
gen·er|os·i·ty [ˌdʒenə'rɒsətɪ] *s* Freigiebigkeit *f* | Großmut *f* | Großzügigkeit *f* | (*meist pl*) edle Tat; '**~ous** *adj* freigebig (**with** mit) | großmütig | großzügig | reichlich, üppig ⟨≈ amount; ≈ mouth volle Lippen *pl*⟩ | (Boden) fruchtbar | (Wein) stark, würzig, voll
gen·e·sis ['dʒenɪsɪs] *s* Genese *f*, Entstehung *f* | ≗ *bibl* erstes Buch *n* Mosis, Genesis *f*
ge·net|ic [dʒɪ'netɪk], **ge'net·i·cal** *adj* genetisch, Entwicklungs- | Genetik- ⟨≈ code⟩; ˌ**~ic en·gi'neer·ing** *s* Gentechnik *f*; '**~i·cist** *s* Genetiker(in) *m(f)*; **~ics** *s/pl* (*sg konstr*) Genetik *f*
[1]**ge·ni·al** [dʒɪ'naɪəl] *adj Anat* Kinn-
[2]**gen·i·al** ['dʒi:nɪəl] *adj* herzlich, freundlich | (Wetter) warm, mild | anregend, belebend | *arch* Ehe- ⟨the ~ bed⟩; **~i·ty** [ˌdʒi:nɪ'ælətɪ] *s* Herzlichkeit *f*, Freundlichkeit *f* | (Klima) Milde *f* | (*meist pl*) freundlicher Akt; '**~ize** *vt* freundlich(er) machen
gen·ic ['dʒenɪk] *adj Biol* Gen *od* Gene betreffend
ge|nie ['dʒi:nɪ] *s* (*pl* '**~nies, ~nii** [-nɪaɪ]) Geist *m*, Kobold *m*
ge·ni·i ['dʒi:nɪaɪ] *pl* von ↑ **genius**
ge·nis·ta [dʒɪ'nɪstə] *s Bot* Ginster *m*
gen·i|tal ['dʒenɪtl] *adj* Genital-, Geschlechts-; '**~tals,** *auch* **~ta·li·a** [-'teɪlɪə] *s/pl* Genitalien *n/pl*, Geschlechtsteile *n/pl*
gen·i|ti·val [ˌdʒenɪ'taɪvl] *adj Ling* genitivisch; **~tive** ['dʒenɪtɪv], *auch* ˌ**~tive 'case** *s Ling* Genitiv *m*
gen·ius ['dʒi:nɪəs] *s* (*pl* '**~es**) Genie *n* | genialer Mensch | Begabung *f* (**for** für) | Geist *m* | (*pl* **ge·ni·i** ['dʒi:nɪaɪ]) (Schutz-) Geist *m* (*auch übertr*) ⟨good / evil ~⟩ | Genius *m* | Dämon *m* | (*abstr, ohne pl*) Genie *n* ⟨a man of ~⟩ | das Geniale ⟨a flash of ~⟩; **~ lo·ci** [ˌdʒi:nɪəs 'ləʊsaɪ] *s* ⟨*lat*⟩ Genius loci *m*, Schutzgeist *m* | *übertr* Atmosphäre *f* (eines Ortes)
genned-up [ˌdʒend 'ʌp] *s Brit Sl* bewandert, auf dem laufenden, vollinformiert (**about, on** über)
gen·o·cide ['dʒenəsaɪd] *s* Genozid *m*, Rassen-, Völkermord *m*
gen·re ['ʒɒnrə] *s* Genre *n*, Art *f*, Stil *m*; '~ ˌ**painting** *s* Genremalerei *f*
gent [dʒent] *s Sl scherzh* für **gentleman**
gen·teel [dʒen'ti:l] *adj* (*meist iron*) vornehm, fein, elegant | geziert, affektiert | *arch* artig, wohlerzogen
gen·tian ['dʒenʃn] *s Bot* Enzian *m*
gen·tile ['dʒentaɪl] **1.** *s* Nichtjude *m*, *bes* Christ *m* | Heide *m*, Heidin *f*; **2.** *adj* heidnisch | nicht jüdisch
gen·til·i·ty [dʒen'tɪlətɪ] *s, meist iron* Vornehmheit *f* | *selten* vornehme Abstammung
gen·tle ['dʒentl] **1.** *adj* freundlich, sanft, liebenswürdig ⟨~ words; ~ reader geneigter Leser⟩ | leicht, mäßig ⟨a ~ wind⟩ | gemäßigt, allmählich ⟨a ~ slope⟩ | zart ⟨the ~ sex

das zarte *od* schwache Geschlecht⟩ | ehrbar, geachtet ⟨a ~ family⟩ | *arch* adlig, vornehm ⟨of ~ birth⟩ | zahm ⟨a ~ animal⟩ | ruhig ⟨the ~ craft Angeln⟩ | ⟨~ weather⟩; **2.** *s* Made *f* (zum Angeln); **'~folk(s)** *s/pl* vornehme Leute *pl*; **'~-'heart·ed** *adj* gütig

gen·tle·man ['dʒentlmən] *s* (*pl* **'~men**) Gentleman *m*, Ehrenmann *m* | *arch* vornehmer Mann, Mann *m* von Rang *od* Bildung | (höflich) Herr *m* ⟨who is this ~?; gentlemen! meine Herren!; gentlemen *Am* (Briefanrede) Sehr geehrte Herren!⟩; **,~-at-'arms** ['-mən ət 'ɑ:mz] *s* (*pl* **,gen·tle·men-at-'arms**) (königlicher) Leibgardist; **,~ 'farm·er** *s* vornehmer Gutsbesitzer; **'~like, '~ly** *adj* vornehm, gebildet, ehrenhaft; **,~'s 'a·gree·ment** *s* Übereinkommen *n* auf Treu und Glauben, formlose Abmachung; **,~'s 'gen·tle·man** *s* vornehmer Diener

gen·tle|ness ['dʒentlnəs] *s* Güte *f*, Liebenswürdigkeit *f* | Sanftheit *f* | Vornehmheit *f*; **gen·tles = ~folks; '~wom·an** *s* (*pl* **'~wom·en**) Dame *f*, vornehme *od* gebildete Frau | *arch* Hofdame *f*

gen·try ['dʒentrɪ] *s* (in Großbritannien) niederer Adel | gebildete und besitzende Stände ⟨landed ~ Landadel *m*⟩ | *verächtl, scherzh* Leute *pl*

Gents, auch **Gents'** [dʒents] *s Brit umg* Herren, Männer (Toilette)

gen·u·al ['dʒenjʊəl] *adj Anat* Knie-

gen·u|flect ['dʒenjʊflekt] *vi* die Knie beugen (zur Andacht); **,~'flec·tion** *s* Kniebeugung *f* | *übertr* Verbeugung (**before** vor)

gen·u·ine ['dʒenjʊɪn] *adj* echt, unverfälscht ⟨~ gold⟩ | wahr, authentisch, aufrichtig ⟨~ feelings⟩

ge·nus ['dʒi:nəs] *s* (*pl* **gen·e·ra** ['dʒenərə]) *Bot, Zool* Geschlecht *n*, Gattung *f* | Klasse *f*, Art *f*

geo- [dʒi:ə(ʊ)] ⟨*griech*⟩ *in Zus* geo-, Erde-, Land-, Welt-

ge·o|cen·tric [,dʒi:əʊ'sentrɪk], **,~'cen·tri·cal** *adj* geozentrisch; **,~'chem·is·try** *s* Geochemie *f*; **~des·ic** [,~'desɪk], **,~'des·i·cal** *adj* geodätisch, Geodäsie-; **ge·od·e·sist** [dʒɪ'ɒdɪsɪst] *s* Geodät *m*; **ge'od·e·sy** *s* Geodäsie *f*; **~det·ic** [,~'detɪk], **,~'det·i·cal** *adj* geodätisch; **ge·og·ra·pher** [dʒɪ'ɒgrəfə] *s* Geograph *m*; **~graph·ic** [dʒɪə'græfɪk], **~'graph·i·cal** *adj* geographisch; **ge·og·ra·phy** [dʒɪ'ɒgrəfɪ] *s* Geographie *f*, Erdkunde *f* | *umg* Lage *f*, Beschaffenheit *f* ⟨the ≈ of the place⟩; **ge·oid** ['dʒi:ɔɪd] *s* Geoid *n* (Gestalt der Erde); **~log·ic** [dʒɪə'lɒdʒɪk], **~'log·i·cal** *adj* geologisch; **ge·ol·o·gist** [dʒɪ'ɒlədʒɪst] *s* Geologe *m*; **ge'ol·o·gize** *vi* geologische Studien betreiben; *vt* geologisch untersuchen; **ge'ol·o·gy** *s* Geologie *f*; **,~mag'net·ic** *adj* geomagnetisch; **ge·om·e·ter** [dʒɪ'ɒmɪtə] *s* Geometer *m*; **~met·ric** [dʒɪə'metrɪk], **~'met·ri·cal** *adj* geometrisch, **~,metric[al] pro'gression** *s* geometrische Reihe; **ge·om·e·try** [dʒɪ'ɒmɪtrɪ] *s* Geometrie *f*; **'ge·om·e·try set** *s* Reißzeug *n*; **,~'mor·phol·o·gy** *s* Geomorphologie *f*; **,~'phys·i·cal** *adj* geophysikalisch; **,~'phys·i·cist** *s* Geophysiker *m*; **,~'phys·ics** *s/pl* Geophysik *f*; **,~'pol·i·tic, ,~'po·lit·i·cal** *adj* geopolitisch; **,~'pol·i·tics** *s/pl* Geopolitik *f*

Geor·gette [dʒɔ:'dʒet], *auch* ≁ *s* Georgette *m*, dünner Seidenstoff

Georg·ian ['dʒɔ:dʒən|-dʒɪən] **1.** *adj* georgisch (Sowjetunion) | *selten* Georgia (USA) betreffend | *Arch Brit* georgianisch, aus der Zeit von 1714–1811 ⟨~ architecture⟩ | *Lit* (Lyrik) aus der Zeit Georgs V. *od* VI. (1912–1952), aus der ersten Hälfte des 20. Jahrhunderts; **2.** Georgier(in) *m(f)* | Einwohner(in) *m(f)* von Georgia | *Arch* georgianischer Stil

ge·ra·ni·um [dʒɪ'reɪnɪəm] *s Bot* Geranie *f* | Storchschnabel *m*

ger·ent·o·crat·ic [,dʒerəntə'krætɪk] *adj* Manager-, Verwaltungs-

ger·fal·con ['dʒɜ:fɔ:lkən] *s* Gierfalke *m*

ge·ri|at·ric [,dʒerɪ'ætrɪk] *Med* **1.** *adj* geriatrisch; **2.** *s* Alterspatient(in) *m(f)*; **~a·tri·cian** [,dʒerɪə'trɪʃn] *s* Arzt *m* für Geriatrie; **~at·rics** [,dʒerɪ'ætrɪks] *s/pl* (*sg konstr*) Geriatrie *f*, Altersheilkunde *f*

germ [dʒɜ:m] **1.** *s* Keim *m* (*auch übertr*) | *auch* **'~ cell** Keimzelle *f*; **2.** *vi* keimen

[1]**Ger·man** ['dʒɜ:mən] **1.** *adj* deutsch; **2.** *s* Deutsche(r) *f(m)* | Deutsch *n*

[2]**ger·man** ['dʒɜ:mən] *adj* (nachgestellt) (Verwandtschaft) leiblich, ersten Grades ⟨brother ~; cousin ~⟩ | *selten* = **germane**

Ger·man clock [,dʒɜ:mən 'klɒk] *s* Schwarzwälder Uhr

ger·mane [dʒɜ:'meɪn] *adj, nur präd* betreffend, zur Sache gehörig (**to** zu) ⟨to be ~ to gehören zu⟩

Ger·man flute ['dʒɜ:mən 'flu:t] *s Mus* Querflöte *f*, große Flöte

Ger·man|ic [dʒə'mænɪk] **1.** *adj* germanisch; **2.** *s Ling* Germanisch *n*; **~ism** ['dʒɜ:mənɪzm] *s* Germanismus *m*; **'~ize** **1.** *vt* germanisieren, eindeutschen; **2.** *vi* deutsch werden

Ger·man| mea·sles [,dʒɜ:mən 'mi:zlz] *s/pl* Röteln; **'~ 'O·cean** *s* Nordsee *f*; **,~ 'shep·herd [dog]** *s* Schäferhund *m*; **'~ 'sil·ver** *s* Argentan *n*, Alpaka *n*, Neusilber *n*; **'~ stitch** *s* Kreuzstich *m*; **'~ 'text** *s Typ* Fraktur(schrift) *f(f)*

germ| car·ri·er ['dʒɜ:m kærɪə] *s* Bazillenträger *m*; **'~ cell** *s* Keim-, Geschlechtszelle *f*; **ger·men** ['dʒɜ:men] *s* Fruchtknoten *m*; **'~free** *adj* keimfrei, steril; **'~ gland** *s* Keim-, Geschlechtsdrüse *f*; **ger·mi·cide** ['~ɪsaɪd] **1.** *adj* keimtötend; **2.** *s* keimtötendes Mittel; **'ger·mi·na·ble** *adj* keimfähig; **ger·mi·nal** ['~ɪnl] *adj* Keim- | *übertr* Früh-; **'~ger·mi·nant** ['~ɪnənt] *adj* keimend, sprossend; **ger·mi·nate** ['~ɪneɪt] *vi* keimen (*auch übertr*); *vt* keimen lassen | *übertr* entwickeln; **,ger·mi'nation** *s* Keimen *n* (*auch übertr*); **ger·mi·na·tive** ['~ɪnətɪv] *adj* keimfähig; **'~ plasm** *s* Keimplasma *n*; **'~proof** *adj* keimfrei; **'~ 'war·fare** *s* bakteriologische Kriegsführung

ger·on·tol·o·gy [,dʒerɒn'tɒlədʒɪ] *s Med* Gerontologie *f*

ger·ry·man·der ['dʒerɪmændə|,dʒerɪ'mændə] **1.** *vt* durch Manipulationen irreleiten | *urspr Am Pol* (Wahl) durch Einteilung der Wahlkreise beeinflussen; **2.** *s urspr Am Pol* (Wahl-) Schiebung *f*, Wahlkreiseinteilung *f* zu Gunsten einer Partei

ger·und ['dʒerənd] *Ling s* Gerundium *n*; **ge·run·di·al** [dʒɪ'rʌndɪəl|dʒə-] *adj* Gerundial-; **ge·run·dive** [dʒɪ'rʌndɪv|dʒə-] *s* Gerundivum *n*

ge·stalt [gə'stɑ:lt] *s* ⟨*dt*⟩ *Psych* Gestalt *f*, *bes* **,≁ psy'cho·lo·gy** Gestaltpsychologie *f*

ge·state ['dʒesteɪt] *vt Med* (im Mutterleib) tragen; **ges·ta·tion** [dʒe'steɪʃn] *s Med* Gestation *f*, Schwangerschaft *f* | (Tier) Trächtigkeit *f* | *auch* **ges'ta·tion ,pe·ri·od** *s* Schwangerschaftsperiode *f*, -zeit *f* | *übertr* Reifezeit *f*, Heranreifen *n* (einer Idee)

ges·tic·u|late [dʒɪ'stɪkjʊleɪt] *vi* gestikulieren, Gebärden machen; *vt* (durch Gestikulieren) zum Ausdruck bringen; **~'la·tion** *s* Gestikulation *f*, Gebärdenspiel *n*; **~la·to·ry** [-'stɪkjʊlətrɪ], **~la·tive** [-'stɪkjʊlətɪv] *adj* gestikulierend

ges·ture ['dʒestʃə] **1.** *s* Geste *f*, Gebärde *f* | *übertr* Geste *f*, Zeichen *n* ⟨a ~ of friendship eine freundschaftliche Geste; a mere ~ eine bloße Geste⟩; **2.** *vi* gestikulieren, Gebärden machen; *vt* (durch Gesten) zum Ausdruck bringen

get [get] **1.** (**got, got** [gɒt], **gotten** [gɒtn] *arch, Am*) *vt* bekommen, erhalten ⟨to ~ a letter⟩ | erringen, erzielen, gewinnen, erwerben, verdienen, ⟨to ~ one's living sich seinen Lebensunterhalt erwerben⟩ | sich aneignen, (er)lernen ⟨to ~ by heart auswendig lernen⟩ | verschaffen, besorgen ⟨to ~ money⟩ | fertigbringen, erreichen ⟨to ~ one's way⟩ | (*mit part perf*) (veran)lassen ⟨to ~ one's hair cut sich die Haare schneiden lassen⟩ | (*mit inf*) (jmdn.) überreden, bewegen, zu etw. bringen ⟨to ~ s.o. to laugh⟩ | vorbereiten, fertigmachen ⟨to ~ breakfast⟩ | machen, in einen Zustand bringen ⟨to ~ s.o. nervous jmdn. nervös machen; to ~ s.o. with child jmdn. schwängern; to ~ s.th. under control etw. unter Kontrolle bringen⟩ | (Tier) zeugen | fassen, ergreifen, erlegen ⟨to ~ the game⟩ | sich (etw.) zuziehen, bekommen ⟨to ~ a disease⟩ | erfahren, erleiden ⟨to ~ one's wrist dislocated sich das Armgelenk ausrenken⟩ | schaffen, bringen, befördern (**from** von, aus; **out of** aus; **into** in; **through** durch) ⟨to ~ s.th. through a door etw. durch eine Tür bringen⟩ | *Bergb* fördern, gewinnen ⟨to ~ coal⟩ | *umg* kriegen, bekommen ⟨to ~ s.th. into one's head sich etw. in den Kopf setzen; to ~ it es kriegen; etw. abkriegen, bestraft werden⟩ | *umg* geärgert werden, gereizt sein durch *od* von ⟨to ~ s.o. on one's nerves / on the brain jmdn. nicht ausstehen können⟩ | *umg* (*bes Am*) verstehen ⟨I ~ you⟩ | *umg* zu sich nehmen, essen ⟨to ~ dinner⟩ | *Am Sl* töten, umbringen | *umg* (jmdm.) zu schaffen machen ⟨that ~s me das schafft mich⟩ | *umg* (*im perf*) müssen ⟨I have got to do s.th.⟩ | *umg* (*im perf*) haben, besitzen ⟨to have not got a penny⟩;

~ **across** klarmachen, übermitteln; ~ **along** vorwärtsbringen; ~ **around** umgehen, vermeiden | *umg* sich drücken vor; ~ **at** erreichen | entdecken, (auf)finden (*auch übertr*) | (*mit ing-Form*) meinen, sagen wollen ⟨what are you ~ting at? worauf willst du hinaus?⟩ | *Brit umg* bestechen (wollen) | *umg* (*bes mit ing-Form*) (jmdn.) angreifen, (jmdm.) zusetzen ⟨stop ~ting at me!⟩; ~ **away** fortschaffen, -bringen; ~ **back** zurückbekommen; ~ **back at** (jmdm.) etw. heimzahlen; ~ **behind** *Sl* unterstützen; ~ **down** hinunterbringen, -holen | herunterschlucken | aufschreiben, notieren | (jmdn.) deprimieren, schaffen ⟨it's ~ting me down es macht mich fertig⟩; ~ **down to** *übertr* sich auseinandersetzen mit; ~ **in** hineinbringen | (Ernte) einbringen | (ins Haus) holen, rufen ⟨to ~ the doctor in⟩ | (Bemerkung) einwerfen | (jmdn.) unterbringen, einen Platz sichern; ~ **into** hineinkommen in | *umg* (Schuhe u. ä.) anziehen; ~ **off** wegbringen, -schaffen | losmachen | lernen | (Brief) abschicken | (Waren) absetzen | (Kleider) ausziehen | zum Schlafen bringen | aussteigen aus, absteigen von | (Rede) *umg* vom Stapel lassen; ~ **off on** *Am Sl* sich berauschen an, sich begeistern an; ~ **off with** *Brit umg* sich verlieben in, etw. haben mit; ~ **on** vorwärtsbringen | (Kleider) anziehen | (Pferd) besteigen | (Verkehrsmittel) einsteigen in | *übertr* mitmachen bei, einsteigen in; ~ **on for** *Brit* (mit ing-Form) fast erreichen, zugehen auf ⟨he's ~ting on for 90⟩; ~ **onto** *umg* sich wenden an | hinter (jmdm.) her sein ⟨the police got onto him⟩ | gewählt werden in, kommen, in ⟨to ~ onto the Council⟩ | anfangen mit, sich machen an | einsteigen in; ~ **out** hinausbringen, -schaffen | herausholen (*auch übertr*) | (Buch) herausbringen, -geben | (Worte) hervorbringen; ~ **out of** (jmdn.) heraushalten aus | aufhören mit ⟨to ≈ a habit⟩ | herauspressen aus | haben von ⟨he ~s nothing out of it⟩; ~ **over** hinüberbringen | *übertr* beenden, überwinden, hinter sich bringen | sich erholen (von einer Krankheit) | (Strecke) zurücklegen | (jmdn.) auf seine Seite bringen; ~ **over with** *umg* hinter sich bringen; ~ **round** = **get around**; ~ **through** durchbringen (*auch übertr*) | durchkommen durch, überstehen, fertigwerden mit (Arbeit) | aufbrauchen (Geld, Lebensmittel u. ä.) | (etw.) kundtun, vermitteln (**to s.o.** jmdm.); ~ **together** zusammenbringen; ~ **under** unterkriegen; ~ **up** hinaufbringen | einrichten | veranstalten | herausputzen | vorbereiten | *Brit* einstudieren | (Wäsche) waschen | (Wäsche) plätten | erhöhen ⟨to ≈ speed⟩ ◇ ~ **up steam** *Tech* Dampf aufmachen; *übertr* in Schwung kommen; *übertr* in Wut kommen; ~ **s.o.'s back up** *umg* jmdn. aufbringen *od* in Rage bringen; ~ **up to** erreichen, kommen bis *od* zu; *vi* kommen, gelangen; gehen, sich begeben (**from** von; **into** in; **out of** aus; **to** nach; **over** (her)über; **as far as** bis nach) ⟨to ~ home nach Hause kommen⟩ | werden, in einen Zustand kommen ⟨to ~ hot; to ~ married (sich ver)heiraten; to ~ better sich erholen; to ~ ready sich fertig machen⟩ | (*mit inf*) dahinkommen, Gewohnheiten annehmen ⟨one soon ~s to like it⟩ | (*mit part präs*) anfangen, beginnen ⟨to ~ going sich in Bewegung setzen⟩;

~ **about / abroad** herumkommen | unter die Leute kommen, bekannt werden; ~ **across** *umg* Erfolg haben; ~ **along** vorankommen (*auch übertr*); ~ **along with s.o.** mit jmdm. auskommen ◇ ~ **along with you!** *umg* hör auf!; Unsinn!; scher dich fort!; ~ **away** fort-, wegkommen | entkommen (**from** von) | (*im imp*) geh weg! ◇ ~ **away with it** *umg* Erfolg haben; (gut) davonkommen; ~ **back** zurückkommen; ~ **behind** zurückbleiben | in Schulden geraten; ~ **by** auskommen, leben (**on** mit) | (Leistung) genügen, gerade gut genug sein; ~ **down** herunterkommen | absteigen | (Kinder) vom Tisch aufstehen; ~ **home** begriffen werden (**to s.o.** von jmdm.); ~ **in** hineinkommen | einsteigen | *Pol* gewählt werden; ~ **off** davonkommen (**with** mit) | aufbrechen | *Flugw* loskommen, aufsteigen | absteigen (**from** von) | aussteigen (**from** aus) | einschlafen können | (mit der Arbeit) aufhören ◇ **tell s.o. where he can ~ off / where he ~s off / where to ~ off** *Brit umg* jmdm. sagen, wie *od* daß er sich benehmen soll; ~ **on** vorankommen (*auch übertr*) ⟨to ≈ in life es zu etw. bringen⟩ | älter werden; ~ **out** aussteigen | entkommen | fortgehen | bekannt werden | (Feuer) ausbrechen; ~ **over** hinüberkommen; ~ **through** durchkommen (*auch übertr*) | (Prüfung) bestehen | *Tel* Verbindung bekommen | fertigwerden (**with** mit) | (Gesetz) passieren; ~ **together** zusammenkommen | *Am umg* sich einigen; ~ **up** aufstehen | (Pferd) aufsitzen, aufsteigen (*auch übertr*) | (Wind u. ä.) heftig werden | (Preise) steigen;

2. *s* (Tier) Nachkommen *m/pl* | (Tennis) Rückschlag *m*

get|-at-a·ble [ˌget'ætəbl] *adj* erreichbar | zugänglich; **'~a·way** **1.** *s umg* Flucht *f* | *Sport* Start *m*; **2.** *adj* Flucht- ⟨≈ car⟩; **'~-off** *s Flugw* Start *m*; **'~ta·ble** *adj* erreichbar; **'~ter** *s* Zeuger *m* (von Pferden) | *Bergb* Häuer *m*; **'~ting** *s* Erwerben *n* | Gewinn *m* | (Tier) Zeugung *f*; **'~-toˌgeth·er** *s* Treffen *n*, Zusammensein *n*; **'~up** *s umg* Ausstattung *f*, Aufmachung *f* ⟨the ≈ of a book⟩ | Kleidung *f*, Anzug *m* | *Am umg* Unternehmungsgeist *m*

ge·um ['dʒi:əm] *s Bot* Nelkenwurz *f*

gew|gaw ['gju:gɔ:] **1.** *s* Tand *m*, Spielerei *f*; **'~gaws** *s/pl* Kinkerlitzchen *n/pl*; **2.** *adj* nichtig, unbedeutend

gey·ser ['gi:zə] *s* Geysir *m*, (heiße Spring-) Quelle | Warmwasserspender *m* (für Bad) | (Gas-) Badeofen *m*

ghar·ry ['gærɪ] *s Ind* Pferdekutsche *f*

ghast·ly ['gɑ:stlɪ] **1.** *adj* gräßlich, grausig | bleich, totenblaß | gespensterhaft | *umg* schauderhaft, entsetzlich, haarsträubend ⟨a ~ dinner⟩; **2.** *adv* entsetzlich | toten- ⟨~ pale totenblaß⟩

ghat, *auch* **ghaut** [gɔ:t] *s Ind* Gebirgspaß *m* | Gebirgszug *m* | Ufertreppe *f* | *auch* **'burn·ing ~** Totenverbrennungsstätte *f*

ghee, *auch* **ghi** [gi:] *s Ind* (geschmolzene) Butter aus Büffelmilch

gher·kin ['gɜ:kɪn] *s* (kleine) Pfeffergurke

ghet|to ['getəʊ] *s* (*pl* **'~tos**) Ghetto *n*

ghost [gəʊst] **1.** *s* Geist *m* (von Toten), Gespenst *n* ⟨to lay (raise) a ~ einen Geist bannen (heraufbeschwören)⟩ | *arch* Seele *f*, Geist *m* ⟨to give up the ~ *euphem* den Geist aufgeben, sterben; the Holy ~ der Heilige Geist⟩ | *übertr* Spur *f*, Schatten *m* ⟨not the ~ of a chance nicht die geringste Chance⟩ | *Ferns* Geisterbild *n* | *umg für* '~ ˌ**writer** *s Lit* Ghostwriter *m*; **2.** *vt* (Person) heimsuchen | *Lit* für jmdn. schreiben ⟨to ~ s.o. 's memoirs⟩; *vi* spuken | *Am umg* eine Geschichte erfinden; '**~ly** *adj* gespenstisch ⟨a ≈ light⟩ | *lit, arch* geistlich ⟨≈ adviser⟩; '~ ˌ**sta·tion** *s Brit* verwaister *od* nicht mehr benutzter Bahnhof; '~ **town** Geisterstadt *f*, verlassene Stadt; '**~write** ('**~wrote,** '**~writ·ten**) *vi, vt* für einen anderen schreiben | in eine Geisterstadt verwandeln

ghoul [gu:l] *s* (orientalischer) Dämon | Grabschänder *m* | Unhold *m*; '**~ish** *adj* dämonisch | makaber

GHQ *Abk* für **General Headquarters**

ghyll [gɪl] *s dial* (waldige) Schlucht

GI [ˌdʒi: 'aɪ] *s* (*pl* **~s, ~'s**) US-Soldat *m* (*bes* im 2. Weltkrieg); ˌ~ '**bride** *s* Soldatenbraut *f*, mit einem amerikanischen Soldaten verheiratete Nichtamerikanerin | ˌ~ '**Joe** *s* Landser *m*, typischer US-Soldat

gi·ant ['dʒaɪənt] **1.** *s* Riese *m* (*auch übertr*) | riesiges *od* besonders großes Exemplar; **2.** *adj* riesig, Riesen- (*auch übertr*) ⟨~ size Supergröße *f*⟩; '**~ess** *s* Riesin *f*; '**~ism** *s Med, Bot* Gigantismus *m*; ˌ~ '**pan·da,** *auch* '**pan·da** *s Zool* Riesenpanda *m*; ˌ~ '**sla·lom** *s Sport* Riesenslalom *m*; '**~[s] stride** *s* (Turngerät) Rundlauf *m*; ˌ~ '**swing** *s* (Turnen) Riesenwelle *f*

gib [dʒɪb] *s Tech* Führungs-, Nachstelleiste *f* | Haken-, Nasenkeil *m* | (Kran) Ausleger *m*

gib·ber ['dʒɪbə] **1.** *vi* (Affen, Menschen) plappern, Kauderwelsch reden (*auch übertr*) **2.** *auch* '**~ish** *s* Geplapper *n*, Kauderwelsch *n*

gib·bet ['dʒɪbɪt|-ət] **1.** *s* Galgen *m* | *Tech* Kranbalken *m*; **2.** *vt* (er)hängen | *übertr* anprangern

gib·bon ['gɪbən] *s Zool* Gibbon *n*

gib|bos·i·ty [gɪ'bɒsətɪ] *s* Buckel *m*, Höcker *m* | Wölbung *f*; '**~bous** *adj* bucklig, höckerig | gewölbt | dreiviertelvoll

gibe, *auch* **jibe** [dʒaɪb] **1.** *vt* verspotten, verhöhnen; *vi* spotten, höhnen (**at** über); **2.** *s* Spott *m*, Hohn *m* | höhnische Bemerkung (**about s.th.** über etw., **at s.o.** gegenüber jmdm.)

gib·let ['dʒɪblət|-lɪt] *s, meist pl* Enten-, Gänse-, Hühnerklein *n*; Geflügelklein *n*

gid·dy ['gɪdɪ] **1.** *adj* (Person) schwind(e)lig (**with** von, vor) ⟨to feel ~⟩ | schwindelerregend ⟨a ~ climb⟩ | *übertr* flatterhaft, leichtsinnig, unbesonnen ⟨a ~ girl⟩ | *übertr* verrückt, ausgelassen ⟨a ~ show⟩; **2.** *vt* schwindlig machen; *vi* schwindlig werden

gift [gɪft] **1.** *s* Geschenk *n*, Gabe *f* ⟨to make a ~ of schenken; a ~ from the Gods *übertr* ein Geschenk Gottes, ein glücklicher Umstand; a free ~ etw., was man gratis bekommt; I wouldn't have it as a ~ das nähme ich nicht einmal als Geschenk, das will ich überhaupt nicht⟩ | (*meist sg*) *Sl* etw. Geschenktes ⟨at £ 3 it's a ~ mit £ 3 ist das geschenkt⟩ | *Jur* Schenkung *f* ⟨deed of ~ Schenkungsurkunde *f*⟩ | *übertr* Talent *n* (**for** für), Begabung *f*, Gabe *f* (**of** *mit ger* zu *mit inf*⟩; **2.** *vt* (be)schenken (**with** mit); '**~ed** *adj* begabt, talentiert; '~ **horse** *s, in*: **not to look a ~ horse in the mouth** einem geschenkten Gaul nicht ins Maul schauen; '~ **shop** *s* Laden *m* für Geschenkartikel

[1]**gig** [gɪg] **1.** *s* Gig *n* (zweirädriger Einspänner) | *Mar* Gig *n* | (Renn-) Ruderboot *n*; **2.** *vi* in einem Gig fahren

[2]**gig** [gɪg] *s Sl* Auftritt *m*, Konzert *n*, Spiel *n* ⟨he had a few ~s er hatte ein paar Auftritte, er gab mehrere Konzerte⟩

gi·gan|te·an [ˌdʒaɪgæn'tɪ:ən], **~tic** [dʒaɪ'gæntɪk] *adj* gigantisch, riesenhaft, Riesen-; '**~tism** *s Med, Bot* Gigantismus *m*

gig|gle [gɪgl] **1.** *vi* kichern; *vt* kichern(d sprechen); **2.** *s* Gekicher *n* ⟨to have the ≈s das Kichern bekommen, kichern müssen; to do s.th. for a ≈ *umg* etw. aus Jux tun *od* machen⟩; '**~gling·ly** *adj* kichernd; '**~gly** *adj* zum Kichern neigend, ständig kichernd

gig·o|lo ['ʒɪgələʊ] *s* (*pl* '**~los**) Eintänzer *m* | *verächtl* Mann *m*, der sich von einer Frau aushalten läßt

[1]**gild** [gɪld] = **guild**

[2]**gild** [gɪld] *vt* (**~ed, ~ed** [~ɪd] *od* **gilt, gilt** [gɪlt]) vergolden (*auch übertr*) | *übertr* beschönigen ⟨to ~ a lie⟩ | übertünchen ⟨to ~ the pill die bittere Pille versüßen⟩; '**~ed** *adj* vergoldet, golden | *übertr* verschönt | beschönigt | reich, glücklich ⟨≈ youth Jeunesse dorée *f*⟩; '**~ing** *s* Vergolden *n* | Goldfarbe *f* | *übertr* Vergoldung *f*, Verschönerung *f* | *übertr* Beschönigung *f*

[1]**gill** [gɪl] **1.** *s* Kieme(n) *f*(*pl*) | (Pilz) Lamelle *f* | *Sl* Vatermörder *m* | *umg scherzh* Doppelkinn *n*, Unterkinn *n* ◇ **rosy/red about the ~s** *umg* alkoholisiert, rot im Gesicht (durch Alkohol); **green about the ~s** *umg* grün im Gesicht, wie ausgespuckt aussehen; **white in/about the ~s** *umg* von Schreck gezeichnet, angsterfüllt aussehen; **stewed about the ~s** *Sl* total besoffen; **2.** *vt* (Fisch) säubern *od* ausnehmen | (Fische) fangen

[2]**gill** [dʒɪl] *s* Viertelpinte *f* (Raummaß) (in Großbritannien 0,142 l; in den USA 0,118 l) | Gefäß *n* (dieser Größe)

gil|lie, *auch* **~ly** ['gɪlɪ] *s Schott* Jagdgehilfe *m* | Diener *m*

gil·ly·flow·er ['dʒɪlɪflaʊə] *Bot s* Levkoje *f* | Goldlack *m* | Gartennelke *f*

gilt [gɪlt] **1.** *adj* vergoldet | Gold- | *Sl* erstklassig; **2.** *s* Vergoldung *f* | Goldfarbe *f* | *Sl* Geld *n* | *Brit umg übertr* Reiz *m* ⟨to take the ~ off the gingerbread *übertr* einer Sache den Reiz nehmen⟩; '~ **edge** *s* Goldschnitt *m*; '**~-edged 1.** *adj* mit Goldschnitt | *übertr* erstklassig, hoch im Kurs | *übertr* mündelsicher ⟨≈ security⟩; **2.** *s, auch* **~edged** (mündelsicheres) Wertpapier

gim·bals ['dʒɪmbəlz] *s/pl* kardanische Aufhängung (Uhren, Kompaß auf Schiffen)

gim·crack ['dʒɪmkræk] *umg* **1.** *s* Tand *m*, Spielerei *f*; **2.** *adj* wertlos, nichtig; '**~er·y** *s* Tand *m*, Plunder *m*

gim·let ['gɪmlət|-lɪt] **1.** *s* Holz-, Nagelbohrer *m* | *übertr nur in*: **eyes like ~s** bohrender Blick; **2.** *vt* ('**~ted,** '**~ted**) mit einem Bohrer (durch)bohren

gim·mick ['gɪmɪk] *s umg bes Am* Zauberkasten *m* | Dreh *m*, Kniff *m* ⟨it's just a ~⟩ | (Reklame) Knüller *m*, Masche *f*, Aufhänger *m* ⟨advertising ~⟩; '**~y** *adj umg* auf billige Wirkung bedacht, effekthaschend ⟨a ≈ idea⟩

gimp [gɪmp] **1.** *s* Gimpe *f*, Besatzschnur *f*; **2.** *vt* mit (einer) Schnur besetzen

[1]**gin** [dʒɪn] *s* Gin *m*, Wacholderschnaps *m*

[2]**gin** [dʒɪn] **1.** *s* (Jagd) Fallstrick *m*, Schlinge *f* | *auch* '**cotton** ~ (Spinnerei) Entkörnungsmaschine *f* | *Tech* Hebezeug *n*, Winde *f* | *Tech* Göpel *m*, Fördermaschine *f*; **2.** *vt* ('**~ned,** '**~ned**) (mit e-r Falle *od* Schlinge) fangen | (Baumwolle) entkörnen

gin-fizz ['dʒɪn fɪz] *s Am umg* Gin *m* mit Selters

gin·ger ['dʒɪndʒə] **1.** *s Bot* Ingwer *m* | *übertr umg* Feuer *n*, Schneid *m* ⟨to put some ~ into s.th. Dampf hinter etw. machen⟩; **2.** *adj* Ingwer- | *übertr umg* feurig, lebhaft | mutig; **3.** *vt* mit Ingwer würzen | *auch* ~ **up** *übertr* anfeuern; ˌ~ '**ale,** ˌ~ '**beer** *s* Ingwerbier *n*; ˌ~ '**pop** *s* limonadenähnliches Ingwergetränk; '**~bread 1.** *s* Ingwer-, Pfeffer-, Lebkuchen *m* | *Sl* Geld *n*; **2.** *adj* flitterhaft | wertlos | überladen; '~ **group** *s Pol* Scharfmachergruppe *f*; '**~ly** *adj, adv* behutsam, sachte | zimperlich; '**~nut** *s* Pfeffernuß *f*; '**~snap** *s bes Am* Ingwerplätzchen *n*; '**~y** *adj* Ingwer- | scharf gewürzt | gelblich-braun | *übertr* hitzig

ging·ham ['gɪŋəm] *s* gestreifter *od* karierter Baumwollstoff *m* | *umg* Regenschirm *m* (aus Baumwolle)

gin·gi|val [dʒɪn'dʒaɪvl|'dʒɪndʒɪvl] *adj Anat* Zahnfleisch-; **~vi·tis** [ˌdʒɪndʒɪ'vaɪtɪs] *s* Gingivitis *f*, Zahnfleischentzündung *f*

gink·go, *auch* **ging·ko** ['gɪŋkəʊ] (*pl* '~ **goes**) *s Bot* Ginkgo *m*

gin| liv·er ['dʒɪn lɪvə] *s* Trinkerleber *f*; '~ **mill** *s Am umg* Kneipe *f*; '~ ˌ**pal·ace** *s arch verächtl* (aufwendig ausgestattete) Schenke

gin·seng ['dʒɪnseŋ] *s Bot* Ginseng *m*

gin|shop ['dʒɪnʃɒp] *s* Branntweinschenke *f*; '~ **trap** *s Sl* Klappe *f* (Mund); '~ **voice** *s* (rauhe) Trinkerstimme

[1]**gip** [dʒɪp] = [1]**gyp**

[2]**gip** [dʒɪp] *vt* (Fisch) ausnehmen

gip·py tum·my [ˌdʒɪpɪ 'tʌmɪ] = **gyppy tummy**

gip·sy ['dʒɪpsɪ] **1.** *s* Zigeuner(in) *m(f)* (*auch übertr*) | Zigeunersprache *f*; **2.** *adj* Zigeuner-, zigeunerhaft; **3.** *vi* (herum)zigeunern, wie Zigeuner leben; '**~dom**, '**~hood** *s* Zigeunertum *n* | *collect* Zigeuner *m/pl*

gi·raffe [dʒɪ'rɑːf|-'ræf] *s Zool* Giraffe *f*

gir·an·dole ['dʒɪrəndəʊl] *s* Armleuchter *m* | (Feuerwerk) Feuergarbe *f*

gir·a·sol[e] ['dʒɪrəsɒl|-səʊl] *s Min* Heliotrop *m*

[1]**gird** [gɜːd] *vt* ('**~ed**, '**~ed** *od* **girt**, **girt** [gɜːt]) *lit, förml* (jmdn.) (um)gürten ⟨to ~ o.s. [up] / one's loins [up] *übertr* sich gürten, sich bereitmachen⟩ | (Kleid) gürten, mit Gürtel halten | umgeben (**with** mit) | ausstatten (**with** mit); **~ on** *lit* (Gürtel, Schwert) umlegen, sich umgürten mit; **~ up** (Kleid) hochschlagen

[2]**gird** [gɜːd] **1.** *vi* höhnen, sticheln (**at** über); **2.** *s arch* Hohn *m*, Spott *m*, Stichelei *f*

gird·er ['gɜːdə] *s Tech, Arch* Tragbalken *m*, Träger *m*

gir·dle ['gɜːdl] **1.** *s* Gürtel *m*, Gurt *m* | Hüfthalter *m* | *lit übertr* Ring *m*, Kreis *m* | (Baum) Gürtelring *m*; **2.** *vt* umgürten | umgeben

girl [gɜːl] **1.** *s* Mädchen *n* | Tochter *f* | junge unverheiratete Frau | weibliche Arbeiterin *od* Angestellte ⟨office ~s Sekretärinnen *pl*; shop ~ Ladenmädchen *n*⟩ | *selten* (Dienst-) Mädchen *n*, Gehilfin *f* ⟨a ~ for the house⟩ | (*meist mit poss pron*) *selten* (meine) Liebe | ehemalige Schülerin | *umg* Geliebte *f* | *umg* Frau *f* ◇ **old ~** *Brit* Schatz *m*; Alte *f*; **poor old ~** die Ärmste; **2.** *adj* Mädchen-, mädchenhaft | weiblich ⟨~friend Freundin *f*⟩; ˌ~ '**Fri·day** *s* (*meist mit poss pron*) rechte Hand (im Büro); ˌ~ '**guide** *s* (in Großbritannien) Pfadfinderin *f*; '**~hood** *s* Mädchenzeit *f*, -jahre *n/pl* | *collect* Mädchen *n/pl*; '**~ie**, *auch* **~y** ['gɜːlɪ] *adj umg* Akt-, Nackedei- ⟨≈ magazine Aktmagazin *n*⟩; '**~ish** *adj* mädchenhaft, Mädchen- ⟨≈ laughter⟩; ˌ~ '**scout** *s* (in USA) Pfadfinderin *f*; '**~y** *adj* = **~ish**; '**~y-'~y** *adj* albern

gi·ro ['dʒaɪərəʊ] *s Brit Wirtsch* Giroverkehr *m*, *auch* ˌ**Na·tion·al** '~ Postscheckdienst *m*

girt [gɜːt] **1.** *prät* u. *part perf* von [1]**gird**; **2.** *vt* = [1]**gird**; **3.** *vi* messen ⟨the pole ~s five inches die Stange hat einen Umfang von fünf Zoll⟩; **4.** *s* Umfang *m*

girth [gɜːθ] **1.** *s* Umfang *m* ⟨the ~ of a tree; his ~ is increasing er wird dicker⟩ | Gurt *m*, Gürtel *m* | Tragriemen *m*; **2.** *vt* (mit einem Gurt) an-, festschnallen | umgeben | im Umfang messen

gist [dʒɪst] *s* Hauptpunkt *m*, Kern *m* ⟨the ~ of an argument⟩ | *Jur* Grundlage *f*

give [gɪv] **1.** (**gave** [geɪv], **giv·en** ['gɪvn]) *vt* geben, schenken ⟨to ~ s.o. a present⟩ | übergeben, überreichen ⟨to ~ s.o. a letter⟩ | übermitteln, mitteilen ⟨to ~ advice Rat erteilen; to ~ a description eine Beschreibung geben; to ~ s.o. a piece of one's mind *übertr* jmdm. seine Meinung sagen⟩ | zuteilen, zuweisen ⟨to ~ s.o. a room⟩ | gewähren ⟨to ~ s.o. satisfaction jmdm. Genugtuung geben⟩ | geben, versetzen ⟨to give s.o. a blow⟩ | eingeben ⟨to ~ s.o. medicine⟩ | (zu)werfen ⟨to ~ s.o. a look jmdm. einen Blick zuwerfen⟩ | übertragen, anstecken mit ⟨to ~ s.o. a cold jmdn. mit einer Erkältung anstecken⟩ | (an)bieten ⟨to ~ s.o. the time of the day *übertr* jmdm. seinen Gruß entbieten; to ~ s.o. one's hand jmdm. die Hand geben⟩ | übergeben, einliefern ⟨to ~ s.o. into custody jmdn. in Schutzhaft nehmen lassen⟩ | erlauben ⟨to ~ o.s. a rest sich eine Pause gönnen⟩ | verursachen ⟨to ~ o.s. trouble sich Mühe geben; to ~ o.s. airs vornehm tun⟩ | zutrinken ⟨I ~ you the ladies ich trinke auf das Wohl der Damen⟩ | von sich geben ⟨to ~ a cry einen Schrei ausstoßen⟩ | geben, veranstalten ⟨to ~ a party⟩ | rezitieren, vortragen ⟨to ~ a poem⟩ | (er)geben ⟨to ~ a result⟩ | hin-, hergeben, opfern ⟨to ~ one's life⟩ | gewähren, leisten, spenden ⟨to ~ aid Hilfe leisten; to ~ light Licht spenden⟩;

~ away fortgeben, verschenken ⟨to ≈ all one's money⟩ | (Frau) verheiraten ⟨to ≈ the bride Brautvater sein⟩ | verraten, preisgeben ⟨to ~ o.s. away *umg* sich verraten; to ~ the game/show away alles (vorher) verraten⟩ | leichtfertig verschenken, verlieren ⟨to ≈ one's chance⟩; **~ back** zurückgeben | (Licht, Ton) zurückwerfen, reflektieren; **~ forth** von sich geben | herausgeben, veröffentlichen; **~ in** eingeben, einreichen; **~ off** (Flüssigkeit, Gas, Geruch) aussenden, austreten lassen; **~ out** ausgeben, austeilen | (Nachricht u. ä.) bekanntmachen | (Geräusch) aussenden ◇ **~ o.s. out to be** sich ausgeben als; **~ over** übergeben, überlassen (**to** an) | *Brit umg* aufhören mit ⟨≈ doing this⟩; **~ over to** (Zeit, Ort) bestimmen für, dienen (einer Sache) ⟨the building was given over to the club; the day was given over to the celebrating⟩ ◇ **~ o.s. over to**, *auch* **~ o.s. up to** sich ergeben, sich widmen ⟨to ~ o.s. over to one's work sich ganz der Arbeit hingeben; ~ o.s. over to drinking dem Trinken verfallen⟩; **~ up** (Personen, Gewohnheiten u. ä.) aufgeben | (Geist) aufgeben | ausliefern, übergeben | sich überlassen ◇ **~ o.s. up** sich ergeben (**to** jmdm.); **~ up on** *umg* die Hoffnung aufgeben für

vi geben, spenden, schenken ⟨to ~ generously⟩ | nachgeben, weichen | schwächer *od* schlaff werden, nachlassen | führen (**into** in; **onto, [up]on** auf) ⟨the window ~s on[to] the street das Fenster liegt zur Straßenseite⟩; **~ in** nachgeben; **~ out** zu Ende gehen, aufhören | versagen; **~ over** aufhören; **~ up** aufgeben; **2.** *s* Nachgeben *n* | Elastizität *f*

give|-and-take [ˌgɪv ən 'teɪk] **1.** *s* (Meinungs-) Austausch *m* | Kompromiß *m*; **2.** *adj* Ausgleichs-, Kompromiß-; '**~a·way** *s* (unabsichtliches) Verraten, Verplappern *n* ⟨to be a (dead) ≈ alles (glatt) verraten⟩ | *Am* Preis *m*, Werbegeschenk *n* ⟨≈ show *Rundf, Ferns* öffentliches Preisraten⟩;

giv·en ['gɪvn] **1.** *part perf* von ↑ **give; 2.** *adj* gegeben, festgesetzt ⟨≈ name Vorname *m*⟩ | *Math* bekannt, gegeben | unter der Voraussetzung, vorausgesetzt ⟨[if] ≈ the chance wenn die Möglichkeit besteht⟩ | *förml* ausgefertigt ⟨≈ on the 5th day of March⟩ | **given to** (*präd*) ergeben, verfallen (einer Sache) ⟨≈ drink⟩ | gewöhnt an ⟨≈ jogging⟩; **3.** *s* Tatsache *f*, etw. Gegebenes

giz·zard ['gɪzəd] *s* (Vogel-) Magen *m* | *übertr* Magen *m* ⟨to fret one's ~ *übertr* sich ärgern; s.th. sticks in s.o.'s ~ *übertr* jmdm. liegt etw. schwer im Magen⟩

gla·cé ['glæseɪ] ⟨*frz*⟩ **1.** *adj Kochk* gefroren | glaciert | kandiert | (Leder, Seide) glänzend; **2.** *vt Kochk* glacieren | kandieren

gla·cial ['gleɪʃl] *adj* eisig, Eis-, Glacial-, Gletscher- | eiszeitlich, Eiszeit ⟨~ epoch Eiszeit(alter) *f(n)*⟩ | *umg* furchtbar kalt; **gla·ci·ate** ['glæsɪeɪt|'gleɪs-] *vt* vereisen, vergletschern; **gla·ci·a·tion** [ˌglæsɪ'eɪʃn|gleɪs-] *s* Vereisung *f*, Vergletscherung *f*; **gla·cier** ['glæsɪə] *s* Gletscher *m*; **gla·ci·ol·o·gist** [ˌglæsɪ'ɒlədʒɪst|ˌgleɪs-] *s* Glaziologe *m*, Gletscherforscher *m*;

gla·ci·ol·o·gy [ˌglæsɪ'ɒlədʒɪ|gleɪs-] *s* Glaziologie *f*, Gletscherkunde *f*

glad [glæd] **1.** *adj* (*präd*) froh, erfreut (**about, at, of** über; **of** *mit ger*; **to** *mit inf* zu *mit inf*) ⟨I am ~ to hear es freut mich zu hören; [I'm] ~ to meet you angenehm (bei Begrüßung)⟩ | froh, fröhlich, heiter ⟨~ feelings⟩ | angenehm ⟨~ news⟩ | schön ⟨~ clothes / rags Sonntagsstaat⟩ ◇ **give s.o. the ~ eye** *übertr* jmdm. schöne Augen machen; **give s.o. the ~ hand** *umg übertr* jmdn. herzlich willkommen heißen; **2.** *vt* (**'~ded, '~ded**) *arch* erfreuen; **'~den** *vt* erfreuen

glade [gleɪd] *s lit* Lichtung *f*, Schneise *f* | *Am* Sumpfland *n*

glad-hand·er ['glæd 'hændə] *s Am umg* geselliger Mensch

glad·i·a·tor ['glædɪeɪtə] *s Hist* Gladiator *m*; **~i·al** [ˌglædɪə'tɔ:rɪəl] *adj* Gladiatoren-, Kampf-

glad·i·o|la [ˌglædɪ'əʊlə], **~lus** [ˌ~'əʊləs] *s* (*pl* **~li** [ˌ~'əʊlaɪ] *od* **~lus·es** [ˌ~'əʊləsɪz]) *Bot* Gladiole *f*

glad|ly ['glædlɪ] *adv* (höflich) gern, mit Vergnügen; **'~ness** *s* Freude *f*; **'~some** *adj* freudig, fröhlich | erfreulich

Glad·stone ['glædstən], *auch* **'~ bag** *s* Handkoffer *m*, Reisetasche *f*

glair [glɛə] **1.** *s* Eiweiß *n* | Eiweißüberzug *m*; **2.** *vt* mit Eiweiß überziehen; **'~e·ous, '~y** [-r-] *adj* Eiweiß- | klebrig, schleimig

glam·our ['glæmə] **1.** *s* Zauber *m*, Reiz *m* ⟨the ~ of a foreign country⟩ | (betörender) Charme ⟨to cast a ~ over s.o. *übertr* jmdn. bezaubern⟩; **2.** *vt* bezaubern (**by** durch); **'~ girl** (Reklame-, Film-) Schönheit *f*; **'~ize** *vt* (durch Reklame) anpreisen | beschönigen, verherrlichen ⟨to ≈ the war⟩; **'~ous** *adj* bezaubernd, betörend; **'~ spot** *s umg* Sehenswürdigkeit *f*

¹**glance** [glɑ:ns] **1.** *s Min* Glanz *m*, Blende *f* ⟨lead ~ Bleiglanz *m*⟩; **2.** *vt Tech* glänzend machen, polieren

²**glance** [glɑ:ns] **1.** *vi* flüchtig blicken (**at** auf; **down** auf; **into** in) ⟨to ~ over schnell überfliegen; to ~ through schnell durchschauen⟩ | blitzen, glänzen ⟨to ~ in the light⟩ | anspielen (**at** auf) | (Rede) abschweifen (**from, off** von) | *meist* **~ aside / off** (Geschoß) abprallen; vorbeigehen; *vt* flüchtig blicken | erblicken ⟨to ~ one's eye at das Auge werfen auf; to ~ one's eye over/through mit dem Auge streifen *od* überfliegen⟩ | *meist* **~ back** (Strahl) zurückwerfen; **2.** *s* schneller *od* flüchtiger Blick (**at** auf; **into** in; **over** über) ⟨to take a ~ at etw. flüchtig betrachten; at a ~, at first ~ auf den ersten Blick⟩ | Schimmer *m*, (Auf-) Blitzen *n* | Abprallen *n*; **'glanc·ing** *adj* (Schlag) abgleitend, abprallend ⟨a ≈ blow⟩

¹**gland** [glænd] *s Tech* Flansch *m*

²**gland** [glænd] *s Med, Biol* Drüse *f*; **glan·dered** ['~əd], **glan·der·ous** ['~ərəs] *adj Vet* rotzkrank; **glan·ders** ['~əz] *s/pl* (*sg konstr*) *Vet* Rotzkrankheit *f*; **glan·du·lar** ['~jʊlə] *adj* Drüsen-, glandulär; **glan·du·lous** ['~jʊləs] *adj* Drüsen-, glandulös

glare [glɛə] **1.** *vi* (grell) leuchten, funkeln, glänzen | blenden | (wild) blicken, starren ⟨to ~ at / upon s.o. jmdn. anstarren⟩; *vt* (etw.) durch starren Blick ausdrücken; **2.** *s* grelles Licht | wilder *od* starrer Blick; **'glar·ing** *adj* grell, leuchtend | (Sonne) prall | *übertr* grell, schreiend | *übertr* (Fehler) offenkundig, krass ⟨a ≈ error⟩; **'glar·y** *adj* grell (*auch übertr*)

glass [glɑ:s] **1.** *s* Glas *n* ⟨stained ~ buntes Glas; plate ~ Spiegelglas *n*⟩ | Trinkglas *n* | *auch* **~ful** (ein) Glas voll | Opernglas *n* | Fernglas *n* | *auch* **'magnifying ~** Lupe *f* | Mikroskop *n* | *Brit umg* (*förml* **'looking ~**) Spiegel *m* | Barometer *n* | *auch* **pane of ~** Glasscheibe *f* | *auch* **sand~** *s* Sanduhr *f*, Stundenglas *n*; **'~es** *s/pl*, *auch* **'eye·~es / a pair of ~es** Brille *f* | Trunk *m* ⟨to have / take a ~ with; s.o. has had a ~ too much jmd. hat zuviel getrunken⟩; **2.** *vt* mit Glas ab-, bedecken | *poet* (wider)spiegeln ⟨trees ~ themselves in the lake⟩; **~ in** verglasen; **3.** *adj* gläsern, Glas-; **'~ˌblow·er** *s* Glasbläser *m*; **'~ blow·ing** *s* Glasbläserei *f*; **'~ˌfib·re** *s* Glasfaser *f*; **'~house** *s* Glashaus *n*, Gewächshaus *n* | *Brit Mil Sl* Bau *m*; **'~i·ness** *s* glasiges Aussehen | *übertr* Durchsichtigkeit *f*; **'~ware** *s* Glaswaren *f/pl*; **ˌ~ 'wool** *s* Glaswolle *f*; **'~works** *s/pl* (*sg konstr*) Glashütte *f*; **'~y** *adj* gläsern | *übertr* glasig, starr ⟨≈ eyes⟩ | durchsichtig, glatt ⟨a ≈ surface⟩

glau|co·ma [glɔ:'kəʊmə] *s Med* Glaukom *n*, grüner Star; **'~cous** *adj* graugrün | *Bot* mit weißlichem Flaum bedeckt

glaze [gleɪz] **1.** *vt* verglasen ⟨to ~ in einglasen⟩ | *Kochk* glasieren | polieren | *Mal* glasieren, lasieren | (Papier) satinieren, kalandrieren | (Stoff) lüstrieren, mit Glanz pressen; *vi auch* **~ over** (Auge) gläsern *od* glasig werden | *übertr* leblos erscheinen; **2.** *s* Glasur *f* | Glanz *m* | *Mal* Lasur *f* | (Papier) Satinierung *f*; **'glazed** *adj* Glas- ⟨≈ veranda Glasveranda *f*⟩ | Glanz- ⟨≈ cardboard Preßpappe *f*⟩ | (Augen) glasig, verschleiert | *Mal* lasiert | (Papier) satiniert; **gla·zier** ['~ɪə|'gleɪʒə] *s* Glaser *m*; **'gla·zier·y** *s* Glaserei *f*; **'gla·zing** *s* Verglasen *n* | Glasfenster *n* ⟨double ≈ Doppelfenster *n*, doppelte Verglasung⟩

gleam [gli:m] **1.** *s* Schimmer *m*, Schein *m* (*auch übertr*) ⟨~s of sunshine Sonnenstrahlen *m/pl*; not a ~ of hope kein Hoffnungsschimmer⟩; **2.** *vi* schimmern, scheinen, glänzen (*auch übertr*); **'~y** *adj* schimmernd, glänzend

glean [gli:n] *vt* (Ähren) (nach)lesen | *übertr* sammeln, zusammentragen ⟨to ~ facts⟩; *vi* Ähren lesen; **'~er** *s* Ährenleser(in) *m*(*f*) *m*; **'~ing** *s* Ährenlesen *n* | *übertr* Sammeln *n*; **'glean·ings** *s/pl* Nachlese *f* (*auch übertr*), Blütenlese *f*

glebe [gli:b] *s poet* Scholle *f*, Erde *f* | *auch* **'~land** *Rel* Pfarrland *n*

glee [gli:] *s* Fröhlichkeit *f*, Freude *f* ⟨to dance with ~⟩ | drei- *od* mehrstimmiger Wechselgesang (ohne Begleitung); **'~ club** *s* Gesangverein *m*; **'~ful** *adj* heiter, fröhlich; **'~man** *s* (*pl* **'~men**) *arch* Barde *m*, Sänger *m*; **'~some = ~ful**

glen [glen] *s* enge Bergschlucht

glen·gar·ry [glen'gærɪ], *auch* **'~ cap/ˌbon·net** *s* (Bänder-) Mütze *f* (der Hochlandschotten *od* schottischer Soldaten)

glib [glɪb] *adj* leicht, gewandt | flüssig, zungenfertig ⟨a ~ speaker⟩ | geölt, glatt ⟨a ~ speech⟩ | *selten* glatt, schlüpfrig

glide [glaɪd] **1.** *vi* (Schiff u. ä.) gleiten, dahingleiten (*auch übertr*) | übergehen (**in** in; **out of** aus) | geraten (**into** in) | einen Gleitflug machen | *Flugw* segeln; *vt* gleiten lassen; **2.** *s* Gleiten *n* (*auch übertr*) | Gleitflug *m* | *Ling* Gleitlaut *m*; **'glid·er** *s* Segelflugzeug *n* | Segelflieger *m*; **'glid·ing** *s* Gleiten *n* | Gleit-, Segelflug *m*

glim·mer ['glɪmə] **1.** *vi* schimmern, glimmen | flackern; **2.** *s* Glimmen *n*, Schimmer *m*, Schein *m* (*auch übertr*) ⟨a ~ of hope⟩ | Flackern *n* | *Min* Glimmer *m*; **'~ings** *s pl* Schimmer *m* ⟨~ of interest leichte Anzeichen *pl* von Interesse⟩

glimpse [glɪmps] **1.** *vt* flüchtig sehen; *vi* flüchtig (er)blicken (**at** auf) | plötzlich auftauchen; **2.** *s* flüchtiger Blick (**of** auf, von) | Schimmer (*auch übertr* ⟨to get / catch a ~ of flüchtig zu sehen bekommen, einen kurzen Blick werfen auf; to afford a ~ of Einblick gewähren in⟩

glint [glɪnt] **1.** *vi* schimmern, glitzern, funkeln, strahlen, blitzen; *vt* erleuchten; **~ back** (Licht u. ä.) zurückstrahlen; **2.** *s* Schimmer *m*, Glanz *m*, Glitzern *n*

glis·sade [glɪ'sɑ:d|-'seɪd] **1.** *s* (Ab-) Rutschen *n*, Abfahrt *f* (im Schnee) (*auch übertr*) | (Ballett) Glissade *f*, Schleifschritt *m*; **2.** *vi* gleiten, rutschen, abfahren

glis·san|do [glɪ'sændəʊ] *Mus* **1.** *s* (*pl* **~di** [-daɪ], **~dos**) Glissando *n*; **2.** *adj, adv* glissando, gleitend

glis·ten ['glɪsn] **1.** *vi* glitzern, glänzen, gleißen; **2.** *s* Glitzern *n*, Glanz *m*, Gleißen *n*

glis·ter ['glɪstə] *vi Bibl, arch* = **glitter**

glit·ter ['glɪtə] **1.** *vi* glitzern, glänzen, funkeln | *übertr* erstrahlen ◇ **all that ~s is not gold** *Sprichw* es ist nicht alles Gold, was glänzt; **2.** *s* Glitzern *n*, Glanz *m*, Funkeln *n* | *übertr* Erstrahlen *n*; '**~ing** *adj übertr* glänzend, berühmt ⟨a ≈ filmstar⟩

glitz [glɪts] *s Am, Kan* Flimmer *m* ⟨~ and glitter Glanz *m* und Schimmer *m*⟩; '**~y** *adj Am, Kan* glitzernd, glänzend, strahlend, glanzvoll ⟨a ≈ film festival⟩

gloam·ing ['gləʊmɪŋ] *s lit* Abenddämmerung *f*

gloat [gləʊt] **1.** *vi meist* **~ at, over, [up]on** sich hämisch freuen über, sich weiden an, sich ins Fäustchen lachen über; **2.** *s* Schadenfreude *f*, Lust *f*, Wonne *f*; '**~ing** *adj* schadenfroh

glob·al ['gləʊbl] *adj* kugelförmig | global, weltumfassend, Welt- ⟨a ~ problem⟩ | Gesamt-, umfassend ⟨a ~ view⟩; **glo·bate** ['gləʊbeɪt] *adj* kugelförmig; **globe** [gləʊb] **1.** *s* Kugel *f* | *meist* **the ~** die Erde, Erdkugel *f* | Planet *m*, Himmelskörper *m* | Globus *m* | Kugelleuchte *f* | (rundes) Fischglas | runder Gegenstand ⟨the ≈ of the eye der Augapfel⟩; **2.** *vt* kugelförmig machen; *vi* kugelförmig werden; ˌ**~ 'ar·ti·choke** *s Bot* Artischoke *f*; '**~fish** *s* Kugelfisch *m*; '**~ˌflow·er** *s* Trollblume *f*; '**~ˌtrot·ter** *s umg* Globetrotter *m*, Weltreisender *m*; **glo·bose** ['gləʊbəʊs|gləʊ'b-] *adj* kugelförmig; **glo·bos·i·ty** [gləʊ'bɒsətɪ] *s* Kugelform *f*; **glo·bous** ['gləʊbəs] *adj* kugelförmig; **glob·u·lar** ['glɒbjʊlə] *adj* kugelförmig, Kugel-; **glob·ule** ['glɒbju:l] *s* Kügelchen *n*

glock·en·spiel ['glɒkn̥spi:l] *s* ⟨*dt*⟩ *Mus* Glockenspiel *n* (Instrument)

glom·er·ate ['glɒmərət] *adj* knäuelförmig zusammengeballt

gloom [glu:m] **1.** *s* Dunkel(heit) *n(f)*, Düsternis *f* | *übertr* Trübsinn *m*, Melancholie *f* | trüber *od* finsterer Blick; **2.** *vi* finster *od* traurig blicken | melancholisch sein | (Himmel) dunkel *od* trübe werden; *vt* verdunkeln, verdüstern; '**~y** *adj* dunkel, düster, trübe (*auch übertr*) | schwermütig | verdrießlich

Glo·ri·a ['glɔ:rɪə] *s Rel* Gloria *n* (zweiter Teil der Heiligen Messe)

glo·ri|fi·ca·tion [ˌglɔ:rɪfɪ'keɪʃn] *s* Glorifizierung *f*, Verherrlichung *f* | Lobpreisung *f*; '**~fy** *vt* verherrlichen | verklären | (lob)preisen; **~ole** ['~əʊl] *s* Glorien-, Heiligenschein *m*; '**~ous** *adj* glorreich, ruhmvoll ⟨a ≈ victory⟩ | wunderbar, herrlich, köstlich, prächtig ⟨≈ holidays⟩ | *iron* gehörig, schön ⟨a ≈ muddle⟩; '**glo·ry 1.** *s* Ruhm *m*, Ehre *f* ⟨covered in ≈ ruhmbedeckt; crowned with ≈ ruhmgekrönt⟩ | Zier[de] *f* ⟨to be the ≈ of s.th.⟩ | Herrlichkeit *f*, Pracht *f* ⟨the ≈ of a summer day die Schönheit eines Sommertages⟩ | Höhepunkt *m* ⟨at one's ≈ auf dem Höhepunkt; to be in one's ≈ in Ekstase sein; *umg* überglücklich sein⟩ ◇ **go to ~** *umg euphem* in die ewigen Jagdgründe eingehen; **send to ~** *umg euphem* in den Himmel befördern; **2.** *vi* stolz sein (**in** auf), sich freuen, sich gefallen, frohlocken (**in** über; **to** *mit inf* zu *mit inf*; **that** daß); '**glo·ry hole** *s umg* Rumpelkammer *f*; Ramschkiste *f*

[1]**gloss** [glɒs] **1.** *s* (oberflächlicher) Glanz, Anstrich *m*(*auch übertr*) ⟨high ~ painting Schleiflack *m*; ~ politeness höfliche Tünche⟩; **2.** *vt* glänzend machen, polieren | *meist* **~ over** *übertr* beschönigen, übertünchen

[2]**gloss** [glɒs] **1.** *s* Glosse *f*, Anmerkung *f* | Glossar *n* | Mißdeutung *f*; **2.** *vt* (Text) glossieren, mit Anmerkungen versehen | (negativ) auslegen | wegdeuten, willkürlich deuten; *vi* Bemerkungen machen; **glos·sar·i·al** [glɒ'seərɪəl] *adj* Anmerkungs-, Wort- ⟨≈ index⟩; '**glos·sa·ry** *s* Glossar *n*, (Spezial-) Wörterbuch *n* | Anmerkungsapparat *m*, ~teil *m*

gloss·er ['glɒsə] *s* Lip-Gloss(-Stift) *n(m)*

glos·si·tis [glɒ'saɪtɪs] *s Med* Glossitis *f*, Zungenentzündung *f*

gloss[o]- [glɒs(ə)-] ⟨*griech*⟩ *in Zus* Glosso-, Sprach- | *Anat, Zool* Zunge- (*z. B.* **glos·sot·o·my** [glɒ'sɒtəmɪ] *s Med* Zungenschnitt *m*)

gloss|y ['glɒsɪ] *adj* glänzend, blank (**with** von) ⟨≈ cover Glanzeinband *m*⟩ | *übertr* glatt, glänzend; ˌ**~ 'ma·ga·zine**, *auch* ˌ**~y 'ma·ga·zine**`*umg* bunte Illustrierte

glot|to·chro·nol·o·gy [ˌglɒtəʊkrə'nɒlədʒɪ] *s* Glottochronologie *f*; '**~tal** *adj Anat* Glottis-, Stimmritzen- ⟨≈ stop *Ling* Knacklaut *m*, Kehlkopfverschlußlaut *m*⟩; **~tis** ['~ɪs] *s Anat* Glottis *f*, Stimmritze *f*

glove [glʌv] **1.** *s* Handschuh *m* ⟨to fit like a ~ *übertr* wie angegossen passen; to handle with kid ~s *übertr* mit Glacéhandschuhen behandeln; to take the ~s off *übertr* ernst machen; with ~s off unsanft, derb⟩ | Boxhandschuh *m* | Fehdehandschuh *m* ⟨to throw down the ~s to s.o. *übertr* jmdn. herausfordern⟩; **2.** *vt* mit Handschuhen versehen; '**~ comˌpart·ment** *s Kfz* Handschuhfach *n*; '**~ fight** *s* Faustkampf *m* mit Handschuhen; '**glov·er** *s* Handschuhmacher *m* | Handschuhverkäufer *m*

glow [gləʊ] **1.** *vi* leuchten, glühen | (Farbe) glänzen, strahlen | *übertr* glühen, (ent)brennen, erröten, rot werden (**with** vor) ⟨to ~ with indignation wutentbrannt sein⟩; **2.** *s* Glühen *n*, Glut *f* ⟨in a ~ glühend⟩ | (Farbe) Helle *f*, Glanz *m* | *übertr* Glut *f*, Wärme *f* | Röte *f*

glow·er ['glaʊə] **1.** *vi* finster blicken | stieren, glotzen ⟨to ~ at s.o. jmdn. anstieren⟩; **2.** *s* stierer *od* finsterer Blick

glow|ing ['gləʊɪŋ] *adj* glühend (rot) | (Farbe) strahlend | *übertr* lebendig ⟨a ≈ story⟩; '**~ lamp** *s El* Glimmlampe *f*; '**~ plug** *s Kfz* Glühkerze *f*; '**~ wire** *s El* Glühdraht *m*; '**~-worm** *s Zool* Glühwürmchen *n*

glox·in·i·a [glɒk'sɪnɪə] *s Bot* Gloxinie *f*

gloze [gləʊz] **1.** *vt, meist* **~ over** beschönigen, vertuschen | hinwegsehen über; *vi arch* Glossen machen; **2.** *s selten* Schmeichelei *f*

glu·ci·num [glu:'saɪnəm] *s Chem* Beryllium *n*

glu·cose ['glu:kəʊs] *s Chem* Glykose *f*, Glukose *f*, Traubenzucker *m*; **glu·co·side** ['glu:kəsɪd] *s Chem* Glykosid *n*

glue [glu:] **1.** *s* Leim *m* (*auch übertr*) | *Am Sl* Pinke *f*; **2.** *vt* (**~d, ~d**) leimen, kleben (**on** auf; **to, unto** an) | (Auge, Ohr) heften (**to** an, auf) ⟨eyes ~d to the keyhole; to ~ o.s. to sich klemmen hinter⟩; '**~ ˌsnif·fer** *s umg* Leimschnüffler *m*; '**~y** *adj* klebrig, zähflüssig | voller Leim

glum [glʌm] *adj* mürrisch, verdrießlich ⟨to look very ~ sehr niedergeschlagen aussehen⟩

glume [glu:m] *s Bot* Spelze *f*

glump·y ['glʌmpɪ] *adj umg* = **glum**

glut [glʌt] **1.** ('**~ted, '~ted**) *vt* (über)sättigen, überfüllen ⟨to ~ o.s. with/on sich vollschlagen mit⟩ | *übertr* sättigen, befriedigen ⟨to ~ one's desire sein Verlangen stillen⟩ | *Wirtsch* überschwemmen ⟨to ~ the market⟩; *vi* sich satt essen; **2.** *s* (Über-) Sättigung *f*, Überfüllung *f* | *übertr* Überfluß *m* (**of** an) | *Wirtsch* Überangebot *n* ⟨a ~ in the market⟩

glu|tam·ic acid [glu:'tæmɪk 'æsɪd] *s Chem* Glutaminsäure *f*; **~ta·min[e]** ['glu:təˌmi:n] *s Chem* Glutamin *n*

glu|ten ['glu:tən] *s* Gluten *n*, Kleber *m*; '**~te·nous** *adj* klebrig, glutenartig; '**~ti·nize** *vt* klebrig machen; **~ti·nos·i·ty** [ˌ~tɪ'nɒsətɪ] *s* Klebrigkeit *f*; '**~ti·nous** *adj* klebrig

glut·ton ['glʌtn] *s* Schlemmer *m* (**of** in) | Vielfraß *m* | *übertr* Schwelger *m* | *umg* eine von Gier (**for** nach) erfüllte Person ⟨a ~ for punishment jmd., der alles auf sich nimmt; a ~ for work ein Arbeitstier *n*⟩ | *Zool* Vielfraß *m*; '**~ize** *vt, vi* gierig verschlingen; '**~ous** *adj* gefräßig, gierig (*auch übertr*) (**of** nach); '**~y** *s* Schlemmerei *f*, Gefräßigkeit *f*, Gierigkeit *f*

gly·cer·ic [glɪ'serɪk|'glɪserɪk] *adj Chem* Glyzerin- ⟨~ acid Glyzerinsäure *f*⟩; **glyc·er·in[e]** [ˌglɪsəˈriːn|ˈglɪsəriːn] *s Chem* Glyzerin *n*

glyco- [glɪkə(ʊ)|glaɪkə(ʊ)] ⟨*griech*⟩ *in Zus* glyko-, süß- (*z. B.* **gly·co·gen** [ˈglɪkəʊdʒen|ˈglaɪkəʊ-] *s Chem* Glykogen *n*, Leberstärke *f*)

glyp|tic [ˈglɪptɪk] *adj* Steinschneide- ⟨≈ art⟩; ˈ**~tics** *s/pl* (*sg konstr*) Glyptik *f*, Steinschneidekunst *f*; **~tog·ra·phy** [~ˈtɒgrəfɪ] *s* Glyptographie *f*, Steinschneidekunst *f*

gm *Abk* für [2]**gram**

G-man [ˈdʒiːˌmæn] *s* (*pl* **G-men** [ˈdʒiːˌmen]) *Am umg* FBI-Agent *m*

G.M.T. *Abk* für ↑ **Greenwich Mean Time**

gnarl [nɑːl] **1.** *s* (Baum-) Knorren *m*, Ast *m*; **2.** *vt* krümmen, verdrehen; **~ed**, ˈ**~y** *adj* (Baum) knorrig (*auch übertr*)

gnash [næʃ] **1.** *vi* knirschen (mit den Zähnen); *vt* knirschen ⟨to ~ one's teeth mit den Zähnen knirschen⟩; **2.** *s* (Zähne-) Knirschen *n*

gnat [næt] *s* Mücke *f* ⟨biting ~ Stechmücke *f*⟩ | *übertr* Kleinigkeit *f* ⟨to strain at a ~ *übertr* kleinlich sein⟩ ◇ **strain at a ~ and swallow a camel** *übertr* im kleinen genau sein und im großen schludern; ˈ**~-bite** *s* Mückenstich *m*

gnath·ic [ˈnæθɪk] *adj Med* Kiefer-, alveolar

gnaw [nɔː] (**gnawed**, **gnawed** *od* **gnawed**, **gnawn**) *vt* zernagen | zerfressen | *übertr* quälen, zermürben; *vi* nagen (**at**, **on** an); **~ into** sich einfressen | *übertr* zermürben; ˈ**~er** *s Zool* Nagetier *n*; ˈ**~ing 1.** *adj* nagend (*auch übertr*) ⟨≈ hunger; ≈ anxiety⟩; **2.** *s* Nagen *n* | *übertr* Qual *f*, Pein *f*

gneiss [naɪs] *s Min* Gneis *m*; ˈ**~ic** *adj* Gneis-

[1]**gnome** [nəʊm] *s* Gnom *m*, Kobold *m* | Gartenzwerg *m* (Figur) ◇ **the ~s of Zurich** *umg* die einflußreichen Schweizer Banken

[2]**gnome** [nəʊm|ˈnəʊmiː] *s* Gnome *f*, Sinnspruch *m*, Aphorismus *m*; ˈ**gno·mic**, ˈ**gno·mi·cal** *adj* gnomisch

gnom·ish [ˈnəʊmɪʃ] *adj* gnomenhaft

gno·mol·o·gy [nəʊˈmɒlədʒɪ] *s* Aphorismensammlung *f*

gno·mon [ˈnəʊmɒn|ˈ-mən] *s* Sonnenzeiger *m* | *Math* Gnomon *m*

gno·sis [ˈnəʊsɪs] *s Phil, Rel* Gnosis *f*, Erkenntnis *f*; **Gnos·tic** [ˈnɒstɪk] *s* (*meist pl*) Gnostiker *m*; ˈ**gnos·tic**, ˈ**gnos·ti·cal** *adj* gnostisch, Erkenntnis-; ˈ**Gnos·ti·cism** *s* Gnostizismus *m*; ˈ**Gnos·ti·cize** *vi* gnostische Anschauungen haben; *vt* gnostisch deuten

GNP *Abk* für ↑ **Gross National Product** Bruttosozialprodukt *n*

gnu [nuː] *s* (*pl* **~**, **~s**) *Zool* Gnu *n*

go [gəʊ] **1.** *s* (*pl* **goes** [gəʊz]) Gehen *n*, Gang *m*, Bewegung *f* (*oft übertr*) ⟨it's all ~ *übertr umg* es ist immer was los, es geht ständig rund; on the ~ *umg* in Bewegung, auf Achse; beim Aufbrechen *od* Fortgehen; im Abflauen; to keep s.o. on the ~ *umg* jmdn. auf Trab halten; to have two things on the ~ zwei Dinge auf einmal tun; all systems ~ *Tech* alle (Betriebs-) Systeme startklar⟩ | *umg* Schwung *m*, Elan *m* ⟨to be full of ~; to have plenty of [get up and] ~ voller Energie stecken⟩ | *umg* Versuch *m* ⟨at one ~ auf Anhieb, auf einen Schlag; have a ~ [at it] probier's doch mal!; it was a near ~ das ging gerade noch mal (gut aus); *umg* fifth ~ mein fünftes Glas *od* meine fünfte Portion; to have a ~ at s.o. *übertr* jmdn. herunterputzen *od* kritisieren; to miss one ~ (Spiel) einmal aussetzen; it's my ~ ich bin dran; from the word ~ *übertr* von Anfang an⟩ | *übertr* Abmachung *f*, Sache *f*, Angelegenheit *f* ⟨here's a pretty ~ das ist ja eine schöne Geschichte!; it's a ~ abgemacht!; no ~ nichts zu machen, aussichtslos⟩ | Erfolg *m*, große Sache ⟨to be all the ~ ein Hit *od* große Mode sein; to make a ~ of s.th. etw. zu einem Erfolg machen⟩ | *umg* Anfall *m* ⟨a ~ of flu⟩;

2. *vi* (**went** [went], **gone** [gɒn]) gehen, sich begeben, sich (fort)bewegen ⟨I must ~; to ~ and get s.th. etw. holen; to ~ for a walk spazierengehen; to ~ for the doctor den Arzt holen; to let o.s. ~ *übertr* sich gehenlassen; to ~ on foot zu Fuß gehen; to ~ to the Court *übertr* vor Gericht gehen; who ~es there? *Mil* Wer da?⟩ | reisen, fahren ⟨to ~ by bus mit dem Bus fahren; to ~ to England nach England reisen; to ~ by plane fliegen⟩ | eine Bewegung machen ⟨she went like this sie machte es *od* bewegte sich so; his hand went to his head seine Hand fuhr zum Kopf⟩ | vergehen, ablaufen ⟨how time ~es wie die Zeit vergeht!; a week to ~ noch eine Woche; it's gone es ist verschwunden⟩ | (nach **must**, **can**, **have to**) verschwinden, loswerden ⟨apartheid must ~ weg mit der Apartheid!; he has to ~ er muß gehen, er wird entlassen; the old car can ~ das alte Auto kann weg⟩ | nachlassen, verbraucht sein ⟨her voice has gone ihre Stimme hat gelitten; his mind is ~ing er läßt geistig nach⟩ | bewußtlos werden ⟨he went out⟩ | sterben ⟨after he went, she moved house nach seinem Tod zog sie um⟩ | ausgegeben werden (**in**, **on** für) ⟨his money ~es on records er gibt sein Geld für Platten aus; our time ~es on watching TV wir vertun unsere Zeit mit Fernsehen; to ~ far weit reichen; to ~ a long way lange reichen⟩ | übergehen auf, zufallen ⟨the prize ~es to der Preis geht an; the money ~es to the eldest daughter das Geld geht auf die älteste Tochter über⟩ | (zur Bearbeitung) gehen, geschickt werden ⟨to ~ before a committee an einen Ausschuß gehen; to ~ direct to the factory direkt in die Produktion kommen⟩ | ausfallen, ausgehen, verlaufen ⟨how does the play ~? welchen Erfolg hat das Stück?; the decision went against him die Entscheidung fiel gegen ihn aus; you know the way things ~ Sie wissen ja, wie das so ist⟩ | gehen, funktionieren, arbeiten ⟨the clock doesn't ~ die Uhr geht nicht; this ~es by electricity das funktioniert elektrisch; to ~ slow langsam arbeiten; *übertr* in Bummelstreik treten; to make (get) things ~(ing) etw. in Gang bringen; to be ~ing strong *übertr* noch (gut) bei Kräften sein, noch voll da sein; to keep s.th. ~ing etw. in Gang halten; *übertr* weitermachen (mit etw.); to keep s.o. ~ing in s.th. *übertr* jmdn. mit etw. versorgen⟩ | (ver)laufen, führen ⟨to ~ down to the river; the road ~es to London; the roots ~ deep die Wurzeln reichen tief⟩ | *übertr* reichen, gehen ⟨to ~ very far es (sehr) weit bringen, weit gehen mit etw.; to ~ further einen gewissen Punkt überschreiten, weitergehen; to ~ as far as to do s.th. soweit gehen, etw. zu tun; as far as it ~es in gewisser Weise⟩ | abgehen, verkauft werden ⟨butter ~es cheap today die Butter ist heute billig; ~ing, ~ing, gone! zum ersten, zum zweiten, zum dritten!⟩ | (hin)gehören, passen zu ⟨the colours ~ together die Farben stimmen; the books ~ on the shelf die Bücher gehören *od* passen ins Regal⟩ | anfangen, beginnen ⟨~ to it mach dich d[a]ran!; here we ~ again jetzt geht das schon wieder los; auf ein neues; just ~ and try it versuch doch mal; ready, steady, ~! auf die Plätze fertig los!⟩ | teilbar sein, sich teilen lassen (**into** durch) ⟨4 into 12 ~es 3 4 geht dreimal in zwölf, zwölf durch vier ist drei; 3 into 2 won't ~ zwei läßt sich nicht durch drei teilen⟩ | werden, (in einen Zustand) übergehen ⟨to ~ broke bankrott gehen, Pleite machen; to ~ cold kalt werden; to ~ labour zur Labourparty überwechseln; to ~ flat schal werden; to ~ grey graue Haare bekommen, ergrauen; to ~ mad verrückt werden, aus der Haut fahren; to ~ sour sauer werden; to ~ to sleep einschlafen⟩ | sich (gewöhnlich) in einem Zustand befinden, bleiben ⟨as things ~ wie die Dinge liegen; to ~ armed bewaffnet sein; to ~ hungry hungern; to ~ unnoticed unbemerkt bleiben; to ~ in fear of one's life um sein Leben bangen *od* zittern⟩ | bedeuten, gelten, akzeptiert werden ⟨anything ~es alles ist erlaubt *od* möglich; to ~ for everybody für alle gelten *od* gültig sein; it ~es without saying es versteht sich von selbst⟩ | lauten (Worte, Melodie) ⟨how do the words ~? wie lauten die Worte?; the story ~es that es heißt, daß; es geht das Gerücht, daß⟩ | ertönen (Glocke), schlagen (Uhr) ⟨the bell ~es es klingelt⟩ | dienen, beitragen zu ⟨the money ~es to help the poor das Geld soll den Armen helfen; this ~es to show das zeigt, daran erkennt man⟩ | machen, erzeugen ⟨to ~ bang knallen, peng machen; to ~ great pains (to do s.th.) *übertr* (sich) große Umstände machen (etw. zu tun)⟩

◇ **be ~ing** da sein (zum Vertun) ⟨is there any food ~ing? gibt es etw. zu essen?⟩ | zu verkaufen sein ⟨there were hats ~ing at £10 es gab Hüte für £10⟩; **be ~ing to** gehen, fahren werden *od* wollen ⟨we're ~ing to Berlin wir fahren nach Berlin; I'm ~ing to the seaside ich will *od* fahre an die See (auf Urlaub)⟩; **be ~ing to** *mit inf* im Begriff sein *od* vorhaben (zu *mit inf*), werden *mit inf* (Person) ⟨I'm ~ing to tell him ich werde es ihm sagen⟩ | (mit Bestimmtheit) werden; (Sache, Ereignis) eintreten ⟨it's ~ing to rain es wird bestimmt regnen; I'm ~ing to be sick ich werde bestimmt krank; she's ~ing to have a baby sie bekommt ein Baby⟩; **~ and** *umg* gehen, um zu, gehen (*mit inf*) ⟨he went and bought a new hat er ging, sich einen neuen Hut zu kaufen; it's time you went and saw a doctor es wird Zeit, daß du deinen Arzt aufsuch(te)st⟩ | *Brit umg emph* tatsächlich, doch wirklich ⟨he went and won the race er hat doch tatsächlich das Rennen gewonnen; you're gone and done it now! du hast das doch wirklich fertiggebracht *od* verbrochen!, das ist doch der Gipfel!⟩; **to ~** *Am* (Mahlzeit, Essenportion) zum Mitnehmen ⟨two noodles ≈ zweimal Nudeln zum Mitnehmen!⟩; **~ to the country** *Brit Pol* Wahlen ausschreiben; **~ it** sich in etw. hineinknien; **~ it alone** *umg* alles allein machen; sich selbständig machen; **~ about** herumlaufen, -ziehen (**with** mit) | herumkommen (auf Reisen) | *Mar* wenden | *übertr* umgehen (Gerücht) | (etw.) anpacken, beginnen ⟨to ≈ carefully sorgsam vorgehen; to ≈ one's [own] business *übertr* sich um seine eigenen Dinge kümmern⟩; **~ across** überqueren, (hin)übergehen ⟨to ≈ the sea über das Wasser reisen nach; to ≈ the river den Fluß überqueren; to ≈ to the enemy *Mil* zum Feind überlaufen⟩; **~ after** nachgehen, -laufen (*auch übertr*) ⟨to ≈ a criminal e-n Verbrecher jagen, hinter e-m Verbrecher her sein; to ≈ a girl *umg* e-m Mädchen nachlaufen; to ≈ a job e-n Arbeitsplatz *od* Arbeit suchen⟩; **~ against** sich widersetzen, opponieren, sein gegen (jmdn., e-e Sache) ⟨to ≈ one's parents⟩ | ungünstig sein *od* verlaufen für ⟨opinion is ~ing against you die öffentliche Meinung steht gegen dich; it may ≈ you es kann dir Schaden *od* Nachteil bringen⟩ | widersprechen, zuwiderlaufen ⟨to ≈ s.o.'s principles⟩; **~ ahead** (räumlich) vorangehen, fortschreiten, (zeitlich) vorangehen, vorausfahren (Fahrzeug) (**of s.o.** vor jmdm.), an die Spitze gehen (Läufer) | machen, durchführen ⟨≈! *umg* na los! fang an!; to ≈ and do s.th. etw. einfach tun, mit etw. keine Umstände machen⟩; **~ along** (entlang) gehen ⟨as one ~es along unterwegs; to ≈ with s.o. jmdn. begleiten, mit jmdm. mitgehen⟩ | *übertr* fortfahren, (planmäßig) weitermachen | *umg* unterstützen (**with s.o.** jmdn.), zustimmen (**with s.o.** jmdm.) ⟨I'll ≈ with you ich bin dabei, ich mache mit; to ≈ with s.o.'s idea jmds. Vorschlag beipflichten⟩ | (gut) vorankommen ⟨how does your work ≈? wie kommst du mit deiner Arbeit vorwärts?⟩ ◇ **~ along with you** *umg* zieh ab!, zieh Leine!; komm mir nicht damit; das glaub ich niemals!; **~ [a]round** *umg* umgehen (Krankheit) | herumkommen | verkehren (**with** mit) | (aus)reichen, langen ⟨not enough handouts to ≈ nicht genügend Handzettel⟩; **~ at** angreifen, losgehen auf (*auch übertr*) ⟨the dog went at the stranger der Hund fiel den Fremden an; to ≈ one's meal sich über das Essen (her)machen⟩ | büffeln für, bimsen (etw.) ⟨the pupils were ~ing at their studies⟩ | *auch* **~ for** *Wirtsch* abgehen für ⟨to ≈ £1 a piece⟩; **~ away** weggehen, -fahren ⟨to ≈ for a holiday verreisen, in Urlaub fahren; durchbrennen mit; the smell hasn't gone away der Geruch ist immer noch nicht weg⟩ ◇ **~ away** *interj umg* mach dich nicht lächerlich!, geh mir weg damit!; **~ back** zurückgehen, -kommen ⟨to ≈ home wieder nach Hause gehen; to ≈ to the beginning wieder von vorn anfangen; there is no ~ing back now jetzt gibt es kein Zurück mehr⟩ | (in der Rede) zurückkommen, wieder zu sprechen kommen (**to** auf) ⟨let's ≈ to what John said⟩ | zurückgehen, -reichen (Datum u. ä.) ⟨to ≈ to the 12th century⟩ | *Bot* zurückbleiben, schlecht wachsen (Blumen u. ä.), hinterhersein; **~ back on** (Versprechen u. ä.) nicht einhalten, (Vereinbarung) rückgängig machen, zurücknehmen | (jmdn.) im Stich lassen, (jmdm.) untreu werden ⟨he went back on his friend er ließ seinen Freund sitzen⟩; **~ before** vorangehen, vor jmdm. erscheinen (*auch übertr*); **~ behind** nachgehen | *übertr* überprüfen; **~ below** *Mar* unter Deck gehen; **~ beyond** hinausgehen über | *übertr* (Hoffnung) übertreffen; **~ by** (örtlich, zeitlich) vorbeigehen ⟨as time ~es by mit der Zeit; to let a chance ≈ eine Chance verpassen⟩ | sich richten nach ⟨to ≈ the book sich an die Vorschriften halten⟩ | urteilen nach ⟨to ≈ her clothes wenn man ihre Kleider in Betracht zieht, nach ihrer Kleidung zu urteilen; that's not much to ≈ das will nicht viel heißen *od* bedeuten⟩ ◇ **~ by the name of** den Namen … führen, … genannt werden ⟨he ~es by the name of Skipper er nennt sich Skipper⟩; **~ down** hinunter-, niedergehen, sinken (Wasser, Preise u. ä.) ⟨the curtains ≈ *Theat* der Vorhang fällt; the standard of work has gone down die Qualität der Arbeit ist schlechter geworden; apples ≈ Äpfel werden billiger⟩ | nachlassen, schwächer werden (Wind, Welle), untergehen, sinken (Schiff, Sonne) | abschwellen (Knöchel u. ä.) | runtergehen, sich entladen (Batterie) | im Prestige absinken, sich verschlechtern, sozial absinken ⟨our street has gone down unsere Gegend hat verloren⟩ | ankommen, Wirkung zeigen (**with s.o.** bei jmdm.) ⟨your joke went down well⟩ | (in die Geschichte) eingehen ⟨to ≈ in history⟩ | gehen, reichen (**to** bis) ⟨to ≈ to the bottom of the page bis zum Ende der Seite lesen, mit der Seite fertig werden⟩ | *Brit* die Universität verlassen ⟨to ≈ for vacation in die Semesterferien gehen; to ≈ without a degree nicht zu Ende studieren, ohne Abschluß aufhören; to ≈ to the country in die Provinz gehen⟩ | unterliegen (**before s.o.** jmdm.) ⟨to ≈ before the enemy dem Gegner zum Opfer fallen; to ≈ on one's knees in die Knie gehen; *übertr* sich entschuldigen⟩; **~ far** *übertr* weit kommen, es zu etw. bringen ⟨to ≈ in one's job⟩ | (*neg*) (aus)reichen (Nahrung u. ä.); **~ for** *oft umg* holen | losgehen auf, herziehen über | aussein auf ⟨to ≈ a prize; to ≈ a job Arbeit suchen⟩ | haben wollen, greifen nach ⟨to ≈ the biggest⟩ | scharf sein auf, stehen auf ⟨to ≈ rock music⟩ | betreffen, sich beziehen auf ⟨that ~es for the rest too das trifft auch für den Rest zu⟩ | *Wirtsch* weggehen für, verkauft werden für ⟨oranges ≈ £1; ≈ a song *übertr* fast nichts kosten⟩ ◇ **~ for nothing** *übertr umg* für die Katz sein; **~ forth** *arch, lit* hingehen (Person) ⟨≈ into battle in den Kampf ziehen⟩ | *übertr* ergehen (Verordnung u. ä.); **~ forward** vorangehen (Arbeit) | vorgelegt werden (Vorschlag u. ä.) | *übertr* in die Tat umsetzen, durchführen (**with s.th.** etw.); **~ in** hineingehen | (Kricket) nach innen gehen | von Wolken verdeckt werden (Sonne) | hineingehen, -passen (Schlüssel u. ä.) ◇ ~ **in and win** auf in den Kampf!; ~ **in for** teilnehmen an ⟨I ≈ next year's examination ich lasse mich nächstes Jahr prüfen⟩ | sich interessieren *od* Interesse haben für, zu haben sein für ⟨he ~es in for stamp collecting er sammelt gern Briefmarken; to ≈ sports Sport treiben⟩; ~ **into** gehen in ⟨to ≈ town⟩ | *übertr* gehen in *od* zu ⟨to ≈ the army; to ≈ politics; to ≈ films⟩ | hineinfahren in, zusammenstoßen mit ⟨to ≈ a car; to ≈ the wall⟩ | fallen in, bekommen ⟨to ≈ a coma; to ≈ a fit of laughter e-n Lachanfall bekommen, laut loslachen⟩; *vt* eingehen auf ⟨to ≈ details auf Einzelheiten eingehen⟩ | sich (eingehend) befassen mit ⟨the police are ~ing into the case now; I don't want to ≈ that now das möchte ich jetzt nicht näher beleuchten⟩; ~ **in with** sich zusammenschließen *od* verbinden mit; ~ **off** weggehen, -fahren ⟨to ≈ to another country in ein anderes Land gehen; to ≈ the stage *Theat* abgehen, die Bühne verlassen⟩ | ausgehen (Licht) | wegbleiben (Strom u. ä.); nicht funktionieren (Telefon) | losgehen, explodieren (Bombe u. ä.); ausgelöst werden, klingeln (Alarm, Wecker) | schlecht werden (Lebensmittel) ⟨the milk has gone off die Milch ist sauer; the butter will ≈ die Butter wird ranzig⟩ | *übertr* nachlassen, sich verschlechtern, abbauen (Schüler, Sportler u. ä.) | schlechter werden (Buch, Leistung u. ä.) | weggehen, verschwinden (Schmerz u. ä.) | ausgehen, verlaufen (Plan u. ä.) ⟨to ≈ well (bad) gut (schlecht) ausgehen⟩ | einschlafen; das Bewußtsein verlieren; *vt* das Interesse verlieren an, nicht mehr mögen ⟨to ≈ coffee keinen Kaffee mehr trinken; she's gone off him sie macht sich nichts mehr aus ihm⟩ | absehen von ⟨to ≈ the gold standard⟩; ~ **off with** durchbrennen mit; ~ **on** weitergehen, -laufen, -fahren | passen (auf) ⟨my glove won't ≈ ich komme nicht in den Handschuh⟩ | angehen (Strom u. ä.) | vorankommen (Arbeit u. ä.) | fortsetzen (**with s.o.** etw.), fortfahren (**with s.th.** mit etw.) | ständig weitermachen ⟨if he ~es on like this … wenn er immer so weitermacht …⟩ | vergehen (Zeit) | stattfinden, passieren, vor sich gehen ⟨what's ~ing on here? was geht hier vor?⟩ | nörgeln (**at** über), kritisieren (**at s.o.** jmdn.), herumhacken (**at** auf) ⟨he's always ~ing on at his colleagues er hat ständig an seinen Kollegen etw. auszusetzen⟩ | *umg* reden, wie ein Buch reden ⟨she does ≈ sie kann den Mund einfach nicht halten⟩ | *verächtl umg* sich aufführen ⟨what a way to ≈ wie kann man sich nur so benehmen!⟩ | *Theat* auftreten | *Brit umg* auskommen, Leben können, sich ernähren ⟨how did you ≈? wie bist du durchgekommen?; to ≈ with / be ~ing on with für den Moment, damit du zunächst hinkommst⟩ | fahren, reiten auf ⟨to ≈ a bus; to ≈ the donkey⟩ | gehen nach, sich verlassen auf ⟨we've nothing to ≈ wir haben nichts, auf das wir uns stützen können⟩ | zugehen auf, bald sein ⟨to ≈ sixty auf die sechzig zugehen⟩ ◇ ~ **on the dole** stempeln gehen; ~ **on short time** kurzarbeiten; ~ **on a diet** eine Diätkur machen; ~ **on the pill** *umg* die Pille nehmen; ~ **on for** fast ergeben, zugehen auf ⟨there were ~ing on for a hundred people es hatten sich an die hundert Leute eingefunden⟩; ~ **out** weg-, ausgehen (*auch übertr*) ⟨to ≈ for a walk auf einen Spaziergang gehen; to ≈ of the room aus dem Zimmer gehen; to ≈ all the time ständig ausgehen; to ≈ for a meal essen gehen⟩ | *auch* ~ **out together** (*meist* **be ~ing out together**) gehen, sich häufig treffen (**with** mit) ⟨John has been ~ing out with Jane for several weeks⟩ | fahren, reisen ⟨they went out to Central-Asia⟩ | hinausgehen, veröffentlicht werden (Ankündigung u. ä.) | *Radio, Ferns* ausgestrahlt werden | *lit* enden (Zeit) ⟨June went out with too much rain⟩ | ausgehen, verlöschen (Feuer, Licht) | *übertr* einschlafen; das Bewußtsein verlieren | zurückgehen (Flut) | *Pol* abgelöst werden; zurücktreten (Regierung) | aus der Mode kommen, unmodern werden ⟨hats went out⟩ | *übertr* gehen, wandern (**to** zu) (Gedanken, Gefühle) ⟨our thoughts went out to all our friends mit unseren Gedanken waren wir bei all unseren Freunden⟩ | außer Haus arbeiten, (zur *od* auf Arbeit) gehen (*bes* Frau) ⟨many married women ≈ to work; to ≈ as a servant als Dienstmädchen arbeiten⟩ | *Am Pol* antreten für | *Sport* spielen für ◇ ~ **out on strike** streiken; ~ **all out for s.th.** sich mächtig für etw. ins Zeug legen; ~ **over** (hin)übergehen (**to** zu) | *übertr* übergehen (**to** zu), annehmen ⟨to ≈ to a habit e-e Gewohnheit annehmen⟩ | ankommen, wirken (Vorstellung u. ä.) ⟨his speech went over well⟩ | *Pol, Rel* überwechseln (**to** zu) ⟨to ≈ to the Tories; to ≈ to the other side⟩ | *Radio, Ferns* umschalten | umkippen (Fahrzeug); *vt* durchgehen, untersuchen ⟨to ≈ the books; to ≈ the luggage das Gepäck durchsuchen⟩ | (Haus u. ä.) ansehen, besichtigen | wiederholen, proben ⟨to ≈ a lesson; to ≈ s.th. in one's mind sich etw. durch den Kopf gehen lassen; etw. (nochmals) überdenken⟩ | schnell saubermachen, überholen, gehen über ⟨to ≈ the windows⟩ | (Linien) nachzeichnen | mehr betragen als (Betrag, Rechnung) ⟨it ~es over £50 es kostet über £50⟩; ~ **past** vorbeigehen, -fahren; ~ **round** herumgehen, sich drehen ⟨my head is ~ing round *übertr* mir dreht sich alles⟩ | (her)umfahren um, außen herumgehen | herumkommen, reisen ⟨he ~es round a lot er ist viel unterwegs⟩ | besuchen, vorbeigehen bei | umgehen (Krankheit); *übertr* herumgehen, ständig präsent sein (Worte, Ideen, Melodien) ⟨s.th. is ~ing round [in] my head⟩ | (aus)reichen ⟨not enough books to ≈ nicht genügend Bücher für alle⟩; ~ **through** (hin)durchgehen (*auch übertr*) ⟨the plan went through der Plan wurde beschlossen⟩; *vt* erdulden, erleiden ⟨to ≈ pains; to ≈ a war⟩ | durchgehen durch; passieren ⟨to ≈ Parliament; to ≈ several stages mehrere Stadien durchlaufen⟩ | absolvieren, mitmachen, durchziehen ⟨to ≈ a ceremony an einer Feierlichkeit teilnehmen⟩ | überprüfen, durchsuchen ⟨to ≈ a file; to ≈ the luggage⟩ | aufbrauchen, -essen, (Kleidung) abnützen; (Auflagen) erleben (Buch); ~ **through with** durchziehen, durchstehen ⟨he couldn't ≈ it er brachte es nicht fertig; to ≈ a crime ein Verbrechen ausführen; to ≈ a plan e-n Plan durchziehen⟩; ~ **to** *übertr* sich schaffen *od* machen, *bes in* ~ **a lot of / great trouble** sich eine Menge *od* großen Ärger machen *od* bereiten; ~ **to great / considerable expense** eine Menge *od* ziemliche Unkosten in Kauf nehmen; ~ **to great / some / considerable lengths** sich nicht im geringsten *od* keinerlei Mühe scheuen ◇ ~ **to it!** *umg* Los, ran!, auf geht's!; ~ **together** zusammenpassen, harmonieren (Farben u. ä.) | zusammen auftreten (Bedingungen u. ä.) | = ~ **out together**; ~ **under** untergehen (Schiff) | scheitern unterliegen (**to s.o.** jmdm.) ⟨to ≈ to a disease e-r Krankheit zum Opfer fallen⟩ | *Wirtsch* bankrott machen, kaputtgehen (Firma) | durchgehen unter, passen unter ◇ ~ **under the name [of]** bekannt sein als; ~ **up** (an)steigen (Preis, Temperatur u. ä.) | hinauf-, hochsteigen auf (Berg, Leiter, Baum u. ä.) | hochfahren (Lift), aufsteigen (Ballon), hochgehen (Vorhang) | (nach Norden) fahren; (nach London) fahren | (auf die Universität) gehen ⟨to ≈ to university⟩ | *auch* ~ **down** reichen (**to** bis) | aufgehen ⟨to ≈ in flames; to ≈ in smoke verbrennen⟩ | *Theat* beginnen ⟨what time does the curtain ≈ to? wann beginnt die Vorstellung? | teuer werden ⟨to ≈ in prices⟩; ~ **with** gehen mit | *übertr* Hand in Hand gehen mit, einhergehen mit, gemeinsam vorkommen *od* auftreten ⟨happiness does not always ≈ money⟩ | *übertr* gehören zu, passen zu ⟨work doesn't ≈ pleasure⟩ | zusammenpassen mit, passen zu, harmonieren mit ⟨this dress ~es with a hat; blue ~es with her eyes⟩ | *umg* verkehren ⟨she ~es with many men⟩ ◇ ~ **with the crowd / the stream** *übertr* mit dem Strom schwimmen; ~ **with the time** mit der Zeit (mit)gehen; ~ **without** nicht haben, entbehren ⟨to ≈ breakfast nicht frühstücken; to have to ≈ s.th. ohne etw. auskommen müssen⟩ | verzichten ⟨I rather ≈ ich verzichte lieber⟩

goad [gəʊd] **1.** *s* Stachelstock *m* | *übertr* Stachel *m*, Ansporn *m*; **2.** *vt* antreiben | *übertr* antreiben, an-, aufstacheln (**to s.th.** zu etw.; **to** *mit inf*, **into** *mit ger* zu *mit inf*); ~ **on** (jmdn.) antreiben, aufmuntern, bei Laune halten

go·a·head ['gəʊəhed] **1.** *adj*, *urspr Am* zielstrebig, unternehmungslustig; **2.** *s umg* Startsignal *n*, grünes Licht ⟨to get the ~⟩ | *Am* Unternehmungsgeist *m*

goal [gəʊl] *s* Mal *n*, Ziel *n* (*auch übertr*) | *Sport* Ziel *n*, Tor *n* | *Sport* Torschuß *m* ⟨to get / make / score / shoot a ~ ein Tor schießen⟩; '~ ˌ**keep·er** *umg auch* **~ee, ~ie** ['~iː] *s Sport* Tormann *m*; '~ **line** *s* Torlinie *f*; '**~mouth** *s* Torinneres *n*, Tor(innen)raum *m*; '~ **post** *s* Torpfosten *m*

go-as-you-please [ˌgəʊəzjʊ'pliːz] *adj umg* bequem, wenig anstrengend, ungebunden, zwanglos

goat [gəʊt] *s* Ziege *f* ⟨billy ~ Ziegenbock *m*; nanny ~ Ziege *f*; the ~ *Astr* Steinbock *m*⟩ | *übertr* geiler Mensch ⟨an old ~⟩ | Narr *m*, Tölpel *m* ⟨to act / play the [giddy] ~ sich tölpelhaft benehmen⟩ | *Sl* (Mann) Bock *m* | *Am Sl* Sündenbock *m* ◇ **get s.o.'s** ~ *umg* jmdn. hochbringen *od* in Rage bringen; **~ee** [~'iː] *s* Spitzbart *m*; '**~herd** *s* Ziegenhirt *m*; '**~ish** *adj* ziegenartig, bockig | *übertr* geil; '**~skin** *s* Ziegenfell *n*; '~ˌ**suck·er** *s Zool* Ziegenmelker *m*; '**~y** *adj* = '**~ish**

[1]**gob** [gɒb] *s Bergb* Hohlraum *m* (nach Abbau) | alter Mann | *Bergb* taubes Gestein

[2]**gob** [gɒb] *s Brit Sl* Maul *n* ⟨shut your ~!⟩

[3]**gob** [gɒb] *s* Klumpen *m* | Auswurf *m* | (*meist pl*) *Am Sl* Masse *f* ⟨~s of money Geld *n* wie Heu⟩

[4]**gob** [gɒb] *s Am Sl* Matrose *m*

gob·bet ['gɒbɪt] *s umg* Brocken *m* (bes. von Fleisch) | *Sl* Prüfungstext *m*

[1]**gob·ble** ['gɒbl] *vt* gierig verschlingen | *Am Sl* an sich reißen; *vi* schlingen

[2]**gob·ble** ['gɒbl] **1.** *vi* (Truthahn) kollern (*auch übertr*); **2.** *s* Kollern *n*

[3]**gob·ble** ['gɒbl] *s* (Golf) schneller Schlag *m* ins Loch

gob·ble|de·gook ['gɒbldɪgʊk], *auch* '**~dy·gook** *s* (Amts-) Jargon *m*, Kauderwelsch *n*

[1]**gob·bler** ['gɒblə] *s* Vielfraß *m*

[2]**gob·bler** ['gɒblə] *s* Truthahn *m*

Gob·e·lin ['gɒbəlɪn|'gəʊ-] **1.** *adj* Gobelin-; **2.** *s* Gobelin *m*

go-bet·ween ['gəʊ bɪtˌwiːn] *s* Vermittler(in) *m(f)* | Verbindungsstück *n*

gob·let ['gɒblət|-lɪt] *s* Stielglas *n*

gob·lin ['gɒblɪn] *s* Kobold *m*, Elf *m*

go-by ['gəʊ'baɪ] *s Brit umg* Übergehen *n* | (Pferderennen) Überholen *n* ◇ **give s.o. the** ~ *übertr* jmdn. schneiden; **give s.th. the** ~ etw. nicht mitmachen, etw. auslassen

go·cart ['gəʊkɑːt] *s* (Kinder-) Laufgestell *n* (mit Rädern) | Handwagen *m*

gock [gɒk] *s Sl* Dreck *m*, Mist *m*, Müll *m*

god [gɒd] *s* Gott *m*, Gottheit *f* | Götze *m* | *übertr* Abgott *m* ⟨to make a ~ of vergöttern⟩ | *Rel* ~ Gott *m* ◇ **the ~s** *Theat umg* die Galerie, der Olymp; **by** ~ bei Gott; **oh / my / good ~!** (du) lieber Himmel!; **~'s truth** *übertr* die reine Wahrheit; ~ **bless you!** Gesundheit! (beim Niesen u. ä.); ~ **forbid!** Gott bewahre!; ~ **grant that** gebe Gott, daß; ~ **[alone] knows** weiß Gott; ~ **willing** so Gott will; **thank ~!** Gott sei Dank!; **for ~'s sake** um Gotteswillen; '~ˌ**child** *s* (*pl* '~ˌ**chil·dren**) Patenkind *n*; '**~damn**, *auch* '**~dam**, *Brit meist* '**~damned** *adj*, *adv Sl* gottverdammt; '~ˌ**daugh·ter** *s* Patentochter *f*; '**~dess** *s* Göttin *f* (*auch übertr*); '~ˌ**fa·ther** **1.** *s* Taufzeuge *m*, Pate *m* (*auch übertr*), Gevatter *m* ⟨to stand ≈ to s.o. bei jmdm. Pate stehen⟩; **2.** *vt* Pate stehen bei (*auch übertr*); '~ˌ**fear·ing** *adj* gottesfürchtig; '**~for·sak·en** *adj* (Ort) gottverlassen, miserabel; '**~head** *s* Gottheit *f*; '**~hood** *s* göttlicher Charakter, göttliches Wesen; '**~less** *adj* gottlos; '**~like** *adj* göttlich | göttergleich; '**~ly** *adj förml* gottesfürchtig, fromm | göttlich; '~ˌ**moth·er** **1.** *s* Patin *f*, Taufzeugin *f*, Gevatterin *f*; **2.** *vt* Patin stehen bei

go·down ['gəʊdaʊn] *s* (Asien) (Hafen-) Speicher *m*

god|par·ent ['gɒdˌpɛərənt] *s* Pate *m*, Patin *f*; **~'s a·cre** *s* Gottesacker *m*, Friedhof *m*; ~ **Save the 'Queen/'King** *s Brit umg* (britische) Nationalhymne; '~ **send** *s* Gottesgeschenk *n*, Segen *m*; '**~son** *s* Patensohn *m*; ˌ~'**speed** *s nur in*: **wish/bid s.o. ~speed** *arch* jmdm. eine gute Reise wünschen

go·er ['gəʊə] *s* Geher(in) *m(f)*, Läufer(in) *m(f)* ⟨to be a good (slow) ~ (bes. Pferd) gut (schlecht) gehen⟩ | *umg* jmd., der stets zu etw. Neuem aufgelegt ist; **goes** [gəʊz] *3. Pers sg präs* von ↑ **go 2.** | *s/pl* von ↑ **go 1.**

go·fer ['gəʊfə] *s Am Sl* Bürogehilfe *m*, Bürogehilfin *f*

gof·[f]er ['gɒfə] **1.** *vt* kräuseln, plissieren; **2.** *s Tech* Tolleisen *n* | Plissee *n*

go-get·ter [ˌgəʊ'getə|'~ˌ~] *s urspr Am umg* Draufgänger *m* | jmd., der weiß, was er will

gog|gle ['gɒgl] **1.** *vt* die Augen rollen | glotzen; *vt* (Augen) rollen; **2.** *adj* (Augen) hervorstehend, glotzend ⟨~ eyes Glotzaugen *n/pl*⟩; **3.** *s* (*mit best art*) *Brit Sl* Glotze *f*, Röhre *f*; '**~gle·box** *s Brit Sl* Flimmerkiste *f*; ˌ**~gle-'eyed** *adj* glotzäugig; '**~gles** *s/pl* Schutz-, Sonnenbrille *f* | *Sl* Augen *n/pl*

go-go ['gəʊgəʊ] *urspr Am* **1.** *adj* Vortänzer-, Kabarett-, rhythmisch (tanzend), Go-Go ⟨~girls Go-Go-Girls *n/pl*, Tanzmädchen *n/pl*; ~ dancing Diskotanzen *n*⟩ | *übertr* aktiv, unternehmungslustig ⟨a ~ man⟩ | *übertr* modisch, schick ⟨very ~⟩ | *Wirtsch* Spekulations-, riskant ⟨~ fund spekulative Kapitalanlage⟩; **2.** *s* Disko(tanz) *f(m)* | *Wirtsch* spekulative Kapitalanlage

go·ing ['gəʊɪŋ] **1.** *s* (Weg-) Gehen *n*, Abreise *f* ⟨~s and comings Kommen *n* und Gehen *n*⟩ | Bodenbeschaffenheit *f*, Straßenzustand *m* ⟨the ~ was bad⟩ | Vorankommen *n* ⟨slow ~ langsames Fortkommen, geringer Fortschritt; while the ~ is good rechtzeitig, solange alles (noch) gut läuft⟩; **2.** *adj* (Maschinen u. ä.) gehend, in Betrieb, im Gange ⟨a ~ business ein gut gehendes Geschäft; to set [a]~ in Gang bringen⟩ | *umg* vorhanden ⟨the greatest sportsman ~ der größte Sportler, den es gibt; the finest car ~ das beste Auto auf dem Markt⟩ | *Wirtsch* gängig, gegenwärtig gültig ⟨the ~ price der aktuelle Preis⟩ ◇ **~, ~, gone!** (Auktion) zum ersten, zum zweiten, zum dritten!; '**~s-'on** *s/pl umg* Umtriebe *pl*, Vorgänge *m/pl*

-go·ing *in Zus* -besuch, -gang (*z. B.* **church~** Kirchgang *f*; **theatre~** Theaterbesuch *m*)

go·ing-o·ver [ˌgəʊɪŋ 'əʊvə] *s* (*pl* ˌ**go·ings-'o·ver**) *umg* Untersuchung *f*, Inspektion *f*, Behandlung *f* ⟨to give the car a ~ das Auto e-r Durchsicht unterziehen⟩ | *umg* Abreibung *f* ⟨to give s.o. a real ~ jmdm. eine Gardinenpredigt verpassen⟩

goi·tre ['gɔɪtə] *s Med* Kropf *m*; '**~d**, '**goi·trous** *adj* Kropf-, kropfartig

go-kart ['gəʊkɑːt] *s Brit* Klein(st)rennwagen *m*

gold ['gəʊld] **1.** *s* Gold *n*, Goldmünze *f* | Goldfarbe *f*, -glanz *m* | *übertr* Geld *n*, Reichtum *m* | *übertr* Kostbarkeit *f* | Goldstandard *m* ⟨countries on ~ Länder *n/pl* mit Goldwährung⟩ ◇ **as good as ~** *übertr* sehr artig, musterhaft; **of**

~ *übertr* (Herz u. ä.) golden, goldig; **s.th. is worth its weight in ~** etw. ist nicht mit Gold aufzuwiegen; **all that glitters is not ~** *Sprichw* es ist nicht alles Gold, was glänzt; **2.** *adj* golden, Gold- ⟨a ~ watch⟩ | goldfarben; **'~ bar** *s* Goldbarren *m*; **'~ˌbeat·er** *s Tech* Goldschläger *m*; **'~ brick** *s Am Sl* Talmi *n* | *Am umg* Drückeberger *m*; **'~bug** *s* Schildkäfer *m* | *Am Sl* Plutokrat *m* | *Am Sl* Verfechter *m* des Goldstandards; **'~crest** *s Zool* Goldhähnchen *n*; **'~-ˌdig·ger** *s* Goldgräber *m* | *übertr Sl* Vamp *m*; **'~ dust** *s* Goldstaub *m* | *Am Sl* Kokain *n*

gold·en ['gəʊldn] *adj* golden, Gold- ⟨a ~ crown⟩ | goldfarben, glänzend ⟨~ hair⟩ | *übertr* kostbar, wertvoll | *übertr* günstig, einmalig ⟨~ opportunity⟩; **ˌ~ 'age** *s* Goldenes Zeitalter; **~-'bell** *s* Forsythie *f*, Goldglöckchen *n*; **ˌ~ 'Fleece** *s* Goldenes Vlies; **ˌ~ 'hand·shake** *s* Treuegeld *n*; **ˌ~ 'ju·bi·lee** *s* Fünfzigjahrfeier *f*; **ˌ~ 'mean** *s* goldene Mitte; **ˌ~ ˌop·por'tu·ni·ty** *s* einmalige Chance; **ˌ~ 'o·ri·ole** *s* Pirol *m*; **ˌ~ 'pheas·ant** *s* Goldfasan *m*; **~'rod** *s Bot* Goldrute *f*; **ˌ~ 'rule** *s Math* goldene Regel; **ˌ~ 'sec·tion** *s Math* Goldener Schnitt; **ˌ~ 'wed·ding** *s* goldene Hochzeit

gold|fe·ver ['gəʊldfi:və] *s* Goldfieber *n*; **'~field** *s* Goldfeld *n*; **'~-'filled** *adj Tech* vergoldet; **'~ˌfinch** *s* Stieglitz *m* | Goldammer *f* | *Sl* Goldstück *n*; **'~ˌfish** *s* Goldfisch *m*; **'~ 'foil** *s* Blattgold *n*; **'~ˌham·mer** *s* Goldammer *f*; **'~ie** *s Am* Goldene Schallplatte *f*; **'~ 'lace** *s* Goldtresse *f*; **ˌ~ 'leaf** *s* (*pl* **ˌ~ 'leaves**) Blattgold *n*; **'~mine** *s* Goldmine *f* | *übertr* Goldgrube *f*; **ˌ~ 'plate** *s* Doublé *n* | Tafelgold *n*; **ˌ~ 'plat·ed** *adj* Doublé, vergoldet; **'~ rush** *s* Goldjagd *f*; **'~smith** *s* Goldschmied *m*; **'~ ˌstand·ard** *s* Goldwährung *f*, -standard *m*

golf [gɒlf] **1.** *s* Golf(spiel) *n*; **2.** *vi* Golf spielen ⟨to go ~ing⟩; **'~ club** *s* Golfschläger *m* | Golfklub *m*; **'~ course** *s* Golfplatz *m*; **'~er** *s* Golfspieler(in) *m(f)*; **'~ links** *s/pl* (*manchmal sg konstr*) Golfplatz *m*

Gol·go·tha ['gɒlgəθə] *s* Golgatha *n* | *übertr* Schädelstätte *f*, Leidensort *m*

Go·li·ath [gə'laɪəθ] *s übertr* Goliath *m*, Riese *m*; **goˌli·ath 'crane** *s Tech* Riesenkran *m*

gol·li·wog[g], gol·ly·wog ['gɒlɪwɒg], *auch* **'gol·ly** *s* häßliche Puppe | *übertr* Popanz *m*

gol·ly ['gɒlɪ], *auch* **by ~!** *interj umg* du lieber Himmel!

go|lop·tious, *auch* **~lup·tious** [gə'lʌpʃəs] *adj Sl od scherzh* köstlich, herrlich

go·losh [gə'lɒʃ] = **galosh**

-gon [-gən] *in Zus* -gon, -winklige Figur (*z. B.* **hexagon**)

gon·ad ['gɒnæd] *s Biol* Gonade *f*, Keimdrüse *f*; **go'nad·ic** *adj* Gonaden-, Keimdrüsen-; **gon·a·do·trop[h]·ic** [ˌgɒnədə'trɒpɪk|-fɪk] *adj* gonadotrop, die Keimdrüsen anregend

gon·do|la ['gɒndələ] *s* Gondel *f* (*auch Tech, Flugw*) | *Am* Frachtboot *n* | *auch* **'~la car** *s Am Eisenb* offener Güterwagen *m*, Niederbordwagen *m*; **'~la wall** *s Am* Bordwand *f* (eines Güterwagens); **~lier** [ˌgɒndə'lɪə] *s* Gondoliere *m*

gone [gɒn] **1.** *part perf* von ↑ **go 2.**; **2.** *adj* verloren, hoffnungslos ⟨a ~ case⟩ | fortgeschritten | (*nur präd*) vergangen, dahin | vergeben, besetzt | schwanger ⟨3 months ~⟩ | Schwäche- ⟨a ~ feeling⟩ | *euphem* tot | *umg* verliebt (**[up]on** in) ◇ **far ~** *übertr* sterbend; tief verwickelt (in e-e Sache); **~ off** *Am Sl* aus der Mode; **'gon·er** *s Sl* verlorener Mensch, Todgeweihter *m*, Todeskandidat *m* | hoffnungsloser Fall

gon·fa·lon ['gɒnfələn], **gon·fa·non** ['gɒnfənən] *s Hist* Banner *n*

gong [gɒŋ] **1.** *s* Gong *m* | *Brit Sl* Orden *m*, Medaille *f*; **2.** *vt* (Fahrzeug) durch Gongsignal anhalten; **'~ bell** *s* Glocke *f*

gonio- [gəʊnɪə(ʊ)] ⟨*griech*⟩ *in Zus* Winkel- (*z. B.* **goniometer** Winkelmesser *m*)

go·ni·tis [gəʊ'naɪtɪs] *s Med* Gonitis *f*, Kniegelenkentzündung *f*

gonna ['gɒ:nə] *Am Sl* = **going to** ↑ **go**

gono- [gɒnə(ʊ)] ⟨*griech*⟩ *in Zus* gono-, Geschlechts-

gon·o|coc·cus [ˌgɒnə'kɒkəs] *s* (*pl* **~coc·ci** [ˌ~'kɒksaɪ]) *Med* Gonokokkus *m*; **'~cyte** ['~saɪt] *s Biol* Gonozyte *f*, Keimzelle *f*; **gon·or·rhoe·a** [ˌ~'rɪə] *s Med* Gonorrhöe *f*, Tripper *m*

goo [gu:] *umg s* klebrige Masse | *übertr* Schmalz *m*, Schmus *m*

goo·ber ['gu:bə], *auch* **'~ pea** *s Am* Erdnuß *f*

good [gʊd] **1.** (**bet·ter** ['betə], **best** [best]) *adj* (charakterlich) gut, redlich ⟨a ~ man⟩ | (qualitätsmäßig) gut, ausgezeichnet, frisch ⟨~ food⟩ | gütig, freundlich, nett, liebenswürdig ⟨be so ~ as / be ~ enough to *mit inf* seien Sie so gut und *mit inf*; how ~ of you! wie nett von Ihnen!; to do s.o. a ~ turn / office jmdm. etw. Gutes tun⟩ | (Kind) artig, brav ⟨be a ~ boy⟩ | *auch iron* verehrt, lieb ⟨my ~ friend⟩ | ehrbar, anständig, ⟨of ~ family aus guter Familie⟩ | angenehm, gut, erfreulich ⟨~ afternoon guten Tag!; ~ day (evening, morning) guten Tag (Abend, Morgen)!; have a ~ time! viel Vergnügen!⟩ | nützlich, heilsam ⟨~ for one's health⟩ | günstig, vorteilhaft ⟨~ news; things are in ~ train es steht gut; to say a ~ word for s.o. für jmdn. ein gutes Wort einlegen; to take s.th. in ~ part etw. gut aufnehmen⟩ | passend, richtig, recht ⟨in ~ time zur rechten Zeit⟩ | geschickt (**at** in), fähig, klug, tüchtig ⟨a ~ manager⟩ | echt, unverfälscht ⟨~ money⟩ | gültig, annehmbar ⟨~ reasons⟩ | sicher, zuverlässig ⟨on ~ authority aus guter Quelle⟩ | *Wirtsch* zahlungsfähig | voll, ganz, reichlich ⟨a ~ day's journey eine gute Tagesreise⟩ | genügend, ausreichend ⟨a ~ meal⟩ | ziemlich, beträchtlich ⟨a ~ deal ziemlich viel; a ~ many ziemlich viele⟩ | tüchtig, gehörig ⟨a ~ beating eine ordentliche Tracht Prügel⟩ ◇ **as ~ as** *adv* so gut wie, im Grunde ⟨the work is as ~ as done die Arbeit ist so gut wie fertig; to be as ~ as one's word sein Wort halten⟩; **be ~ for** gut sein für, (aus)reichen für ⟨to ≈ a laugh man kann dabei wenigstens lachen; he's ~ for a few pounds ein paar Pfund kann er zahlen⟩; **~ for you!** *Brit* gut gemacht!; **make ~** (*vt*) (Kosten) vergüten, ersetzen, wettmachen | (Versprechen) erfüllen, halten | (Ziel, Zweck) erreichen | (Stellung) behaupten | (Behauptung, Anschuldigung) beweisen; (*vi*) sich bewähren; **stand ~** gültig bleiben | haften, bürgen (**for** für); **2.** *adv umg* gut ⟨he learns ~⟩ | (*vor adj*) *intens* sehr ⟨a ~ long time sehr lange⟩; **3.** *interj* gut!, ausgezeichnet!; **4.** *s* das Gute, das Beste ⟨to be to the ~ / to come to ~ sich zum Guten wenden; to be up to no ~ nichts Gutes im Schilde führen; to do s.o. ~ jmdm. Gutes tun; in ~ with *umg bes Am* im guten Einvernehmen mit⟩ | *collect* die Guten *pl* ⟨the ~ and the bad⟩ | *Phil* das Gute *n* | Vorteil *m*, Nutzen *m* ⟨it is no (not much) ~ *mit ger* es hat keinen (wenig) Zweck zu *mit inf*; to be no ~ zu nichts nütze sein; what ~ is it?, what is the ~ of it? / what ~ will it do? was nützt es?, was hat es für einen Zweck?⟩ ◇ **for ~** für *od* auf immer; **for ~ and all** ein für allemal; **~ and evil** gut und böse

good| breed·ing [ˌgʊd 'bri:dɪŋ] *s* gute Erziehung, (feine) Lebensart; **~bye** [ˌ~'baɪ|gə'baɪ] **1.** *s* Lebewohl *n* ⟨to bid / say ≈ to s.o.⟩; **2.** *interj* auf Wiedersehen!, leb wohl!; **~-for-noth·ing** ['~ fə nʌθɪŋ], **~-for-nought** ['~ fə ˌnɔ:t] **1.** *s* Taugenichts *m*; **2.** *adj* nichtsnutzig; **'~ 'Fri·day** *s* Karfreitag *m*; **ˌ~'heart·ed** *adj* gutherzig, gutmütig; **~ 'hu·mour** *s* gute Laune; **ˌ~-'hu·moured** *adj* gut aufgelegt | gutmütig; **'~ish** *adj* reichlich, ziemlich groß *od* weit *od* lang u. ä. ⟨a ≈ sum eine ganz schöne Summe⟩ | leidlich gut; **ˌ~ 'look·er** *s* gutaussehende(s) Frau (Mädchen); **ˌ~-'look·ing** *adj* gutaussehend, hübsch; **ˌ~ 'looks** *s* Schönheit *f*, gutes Aussehen; **'~ 'luck 1.** *s* Glück *n*; **2.** *interj* viel Glück!; **'~ly** *adj* | anmutig, hübsch | reichlich, beträchtlich, stattlich ⟨a ≈ number⟩ | passend, geeignet (*oft iron*); ˌ~-ˈ**na·tured** *adj* gutmütig, freundlich; ˈ**~ness** *s* Tugend *f* | Güte *f*, Freundlichkeit *f* ⟨have the ≈ to *mit inf* seien Sie so freundlich zu *mit inf*⟩ | (in Ausrufen) Gott *m* ⟨for ≈' sake um Himmels willen; ≈ gracious! du lieber Himmel!; ≈ knows weiß Gott; thank ≈! Gott sei Dank!⟩; ˌ~ ˈ**of·fic·es** *s/pl* gute Dienste *m/pl* ⟨through the ≈ of s.o. durch jmds. gute Dienste⟩

goods [gʊdz] *s/pl* Habe *f*, bewegliches Vermögen ⟨~ and chattels *Jur* Hab und Gut *n*, bewegliche Sachen *pl*, Mobiliargut *n*⟩ | *Wirtsch* Güter *n/pl*, Waren *f/pl* ⟨~ for consumption / consumer ~s Konsumgüter *n/pl*; ~ for sale (ver)käufliche Ware; ~ on commission Kommissionswaren *f/pl*⟩ | Güter *n/pl*, Fracht *f* | *Am* Stoff *m* | *umg* Versprochenes *n*, Erwartetes *n* ⟨to deliver the ~ den Erwartungen entsprechen⟩ ◇ **the ~** *Brit Sl* das Erstrebenswerte, ideale Person *od* Sache ⟨she thinks she's the ~⟩; ˈ**~ ˌa·gent** *s* Bahnspediteur *m*; ˈ**~ ˌsta·tion** *s* Güterbahnhof *m*; ˈ**~ ˌtrain** *s* Güterzug *m*

good sense [ˌgʊd ˈsens] *s* Vernunft *f*; ˌ~ ˈ**tem·per** *s* Gutmütigkeit *f*, Ausgeglichenheit *f*; ˌ~-ˈ**tem·pered** *adj* gutmütig, ausgeglichen; ˌ~ˈ**will** *s* Wohlwollen *n*, Freundlichkeit *f*, Entgegenkommen *n* | Bereitwilligkeit *f* | Zuneigung *f* (**to** zu) | *Wirtsch* guter Ruf (e-r Firma) | Kundschaft *f* ⟨≈ gift Werbegeschenk *n*⟩

good·y [ˈgʊdɪ] **1.** *adj, auch* ˌ~-ˈ~ scheinheilig | superbrav **2.** *s umg* Bonbon *n* | etw. Gutes und Schönes | *auch* ˈ~-ˌ~ (*pl* ˈ~-ˌ**goodies**) jmd., der seine Tugend hervorkehrt, Tugendbold *m*; **3.** *interj* (Kindersprache) prima!, fein!; ˈ**goodies** *s/pl* Süßigkeiten *f/pl*

goo|ey [ˈgu:ɪ] *adj* (**-ier, -iest**) *Sl* klebrig, leimartig | übersüß | *übertr* süßlich, sentimental, schnulzig

goof [gu:f] **1.** *s Sl* komischer Mensch, Tropf *m* | *Am Sl* dummer Fehler ⟨to make a ~⟩; **2.** *Am vi* (einen dummen) Fehler machen | *Sl* Zeit vertrödeln, Unsinn treiben ⟨to ~ around sich herumtreiben⟩; *vt* meist **~ up** *Am Sl* verpatzen, verhauen, vermasseln ⟨to ~ up a situation; to ~ things up good alles gründlich verderben⟩

goog·ly [ˈgu:glɪ] *s* (Kricket) gedrehter Ball

goon [gu:n] *s Am Sl* Schlägertyp *m* | *Sl* Depp *m*, Dussel *m*

goose [gu:s] **1.** *s* (*pl* **geese** [gi:s]) Gans *f* | Gänsefleisch *n* | *übertr* Gans *f*, Dummkopf *m* ⟨silly little ~ dummes Gänschen⟩ | (*pl* ˈ**~s**) Schneiderbügeleisen *n* ◇ **all his geese are swans** *umg* er übertreibt; **he can't say boo to a ~** er hat Angst vor der eigenen Courage; **the ~ hangs high** *Am Sl* alles in Butter; **cook s.o.'s ~** *Sl* jmdm. seine Pläne vermasseln; **kill the ~ that lays the golden eggs** *übertr* das Huhn schlachten, das die goldenen Eier legt; **2.** *vt* **~**, *auch* **~ up** *Sl* Propaganda machen für, hochpäppeln | anheben, erhöhen, etw. zugeben zu; ˈ**~beak** *s* Delphin *m*; **~ber·ry** [ˈgʊzbrɪ] *s* Stachelbeere *f* ◇ **be found under a ~berry bush** *scherzh* vom Klapperstorch gebracht worden sein; **play ~berry** *bes Brit übertr* Anstandsdame spielen; **play old ~berry with s.o.** *übertr* jmdn. arg zurichten *od* mitnehmen; ˈ**~flesh** *s* Gänsefleisch *n* | *übertr* Gänsehaut *f*; ˈ**~herd** *s* Gänsehirt *m*; ˈ**~neck** *s Tech* S-Bogen *m*, Schwanenhals *m*; ˈ**~necked** *adj* S-förmig, gekröpft, gekrümmt; ˈ**~ pim·ples** *s übertr bes Am* Gänsehaut *f* ⟨to come out in ≈ Gänsehaut bekommen; that gives me ≈ dabei bekomme ich eine Gänsehaut⟩; ˈ**~ quill** *s* (Gänse-) Federkiel *m*; ˈ**~skin** *s* Gänsehaut *f* (*auch übertr*); ˈ**~ step** *s Mil* Parade- *m*, Stechschritt *m*; ˈ**~-step** (ˈ**~-stepped**, ˈ**~-stepped**) *vi* im Paradeschritt marschieren | auf der Stelle treten; **goos·ey** [ˈ~ɪ] *s übertr* (dummes) Gänschen; ˈ**goos·ish** = ˈ**goos·y** *adj* gänseähnlich | *übertr* dumm | *Am* kitzlig

[1]**go·pher** [ˈgəʊfə] *s Am* Erdeichhörnchen *n* | Gopherschildkröte *f* | Goffer *m*, Taschenratte *f*

[2]**go·pher** [ˈgəʊfə] = **goffer**

Gor·di·an [ˈgɔ:dɪən] *adj* gordisch | *übertr* verwickelt ⟨to cut the ~ knot *übertr* den gordischen Knoten lösen⟩

[1]**gore** [gɔ:] **1.** *lit s* (geronnenes) Blut ◇ **dabble in ~** *Am Sl* in der Patsche sitzen; **2.** *vt* aufspießen, mit den Hörnern durchbohren ⟨gored to death by a bull durch die Hörner eines Stiers tödlich verletzt⟩

[2]**gore** [gɔ:] **1.** *s* Gehre *f*, Zwickel *m*, Keil *m* (in Kleidungsstücken); **2.** *vt* keilförmig zuschneiden | einen Zwickel einsetzen ⟨~d skirt Bahnenrock *m*⟩

gorge [gɔ:dʒ] **1.** *s arch* Kehle *f*, Schlund *m* | Fressen *n* | Verschlungenes *n* | Widerwillen *m*, Ekel *m* ⟨my ~ rises at es wird mir übel bei⟩ | Fels-, Bergschlucht *f* | *Tech* Rille *f* | *Arch* Hohlkehle *f*; *vi* (voll)fressen, schlingen (**on** an, **with** mit); *vt* gierig verschlingen | vollstopfen, vollpropfen ⟨to ~ o.s. on/with sich vollstopfen mit; to be gorged sich reichlich vollgegessen *od* gesättigt haben; (Tier) sich vollgefressen haben (**with** an)⟩

gor·geous [ˈgɔ:dʒəs] *adj* glänzend, (Farben) prächtig ⟨~ costumes⟩ | *umg* großartig, blendend, sagenhaft ⟨a ~ meal ein tolles Essen⟩ | (Schönheit) hinreißend ⟨a ~ girl⟩

gor·get [ˈgɔ:dʒɪt] *s Hist* Halsberge *f*, Ringkragen *m* | Brusttuch *n*

gor|gon [ˈgɔ:gən] *s* böses altes Weib, Drachen *m* | **~gon** *s Myth* Gorgo *f*, Meduse *f*; **~go·ni·an** [gɔ:ˈgəʊnɪən] *adj* gorgonenhaft, grauenerregend; **~gon·ize** [ˈgɔ:gənaɪz] *vt* versteinern | mit Gorgonenblick ansehen

Gor·gon·zo·la [ˌgɔ:gənˈzəʊlə] *s* (Käse) Gorgonzola *m*

go·ril·la [gəˈrɪlə] *s* Gorilla *m* | *übertr* Unmensch *m* | Mörder *m*

gor·mand·ize [ˈgɔ:məndaɪz] = **gour·mand·ize**

gorm·less [ˈgɔ:mləs] *adj Brit umg* doof, dämlich

gorse [gɔ:s] *Brit s* Stechginster *m*; ˈ**gors·y** *adj* voll Stechginster

gor·y [ˈgɔ:rɪ] *adj lit* blutig, blutbefleckt | *übertr* blutrünstig ⟨a ~ film; the ~ details die grausamen Details *n/pl*; *übertr* die peinlichsten Einzelheiten *f/pl*⟩

gosh [gɒʃ] *interj, auch* **by ~!** *umg* bei Gott!, Donnerwetter!

gos·hawk [ˈgɒshɔ:k] *s* Hühnerhabicht *m*

go·shen [ˈgəʊʃn] *s bibl* Land *n* der Hülle und Fülle *od* des Überflusses

gos·ling [ˈgɒzlɪŋ] *s Bot* Küchenschelle *f* | Gänschen *n* | *übertr* Grünschnabel *m*

go-slow [ˌgəʊˈsləʊ], *auch* ˌ~ ˈ**strike** *s* Bummelstreik *m*

gos·pel [ˈgɒspl] **1.** *s* Evangelium *n* (*auch übertr*) ⟨to take s.th. as / for ~ etw. für bare Münze nehmen⟩ | Gospelmusik *f*; **2.** *adj* Evangelien-; ˌ~ ˈ**truth** *s umg* absolute Wahrheit *f*; etw. Unfehlbares

gos·sa·mer [ˈgɒsəmə] **1.** *s* Altweibersommer *m*, Sonnenfäden *m/pl* | feine Gaze | leichte Seide; **2.** *auch* ˈ**~y** [ˈgɒsəmrɪ] *adj* zart, hauchdünn | *übertr* leer

gos|sip [ˈgɒsɪp] **1.** *s* Klatsch *m*, Tratsch *m*, Geschwätz *n* | Klatschbase *f* | *arch* Pate *m*; **2.** (ˈ**~siped**, ˈ**~siped**) *vi* klatschen, schwatzen | plaudern; ˈ**~sip ˌcol·umn** *s Ztgsw* Klatschspalte *f*; ˈ**~sip·ing** *s* Klatschen *n* | Plaudern *n*; ˈ**~sip·y** *adj* geschwätzig | *übertr* seicht, alltäglich

got [gɒt] *prät* u. *part perf* von ↑ **get**

Goth [gɒθ] *s Hist* Gote *m* | *übertr* Barbar *m*, Wandale *m*; ˈ**~ic** **1.** *adj* gotisch | *übertr* barbarisch, roh | *Lit* (schauer)romantisch ⟨≈ novel *Lit* Schauerroman *m*⟩; **2.** *s Ling* Gotisch *n* | *Arch* Gotik *f* ⟨early ≈ Frühgotik *f*; florid ≈ Spätgotik *f*⟩ | *Typ* Fraktur *f*

got·ta [ˈgɒtə] *Sl* für **have/has got to** ↑ **get** ⟨you ~ go du mußt gehen⟩

got·ten [ˈgɒtn] *Am part perf* von ↑ **get**

gouache [gu'ɑːʃ|gwɑːʃ] *s* Gouachemalerei *f* | Gouachegemälde *n* | Gouache-, dunkle Deckfarbe

Gou·da *s* ['gaudə|'guːdə] *s* Gouda(käse) *m(m)*

GP *Abk* für ↑ **general practitioner**

GPO *Abk* für ↑ **General Post Office**

gouge [gaudʒ] **1.** *s* Hohlmeißel *m* | Aushöhlung *f* | *Am* Schwindler *m*; **2.** *vt, meist* ~ **out** ausmeißeln, aushöhlen | (Auge) herausdrücken | *Am umg* betrügen

gou·lash ['guːlæʃ] *s* Gulasch *n*

gourd [guəd|gɔːd] *s* Kürbis *m* | Kürbisflasche *f* | *Am Sl* Schädel *m*

gour·mand ['guəmənd] **1.** *s* Feinschmecker *m*; **2.** *adj* gefräßig; '**~ism** *s* Gefräßigkeit *f* | Schlemmerei *f*; '**~ize** *lit, übertr* **1.** *vi* schlemmen, prassen | fressen; **2.** *s* Schlemmerei *f*, Prasserei *f*; **gour·met** ['guəmeɪ|'gɔːmeɪ] *s* Feinschmecker *m*

gout [gaut] *s* (*mit best art*) *Med* Gicht *f*, Podagra *n* | (e-e Art) Weizenkrankheit *f* | *arch od poet* (bes. Blut) Tropfen *m od* Klumpen *m*; '**~y** *adj* gichtisch, Gicht-; ˌ**~y con'cre·tion** *s Med* Gichtknoten *m*

gov·ern ['gʌvn] *vt* regieren, beherrschen (*auch übertr*) | leiten, verwalten, lenken | *übertr* zügeln, kontrollieren | *Ling* regieren | *Tech* steuern, regulieren; *vi* herrschen, regieren; '**~a·ble** *adj* regierbar | *übertr* lenk-, folgsam; '**~ance** *s* Regierungsgewalt *f* (**of** über) | *übertr* Herrschaft *f*, Kontrolle *f* (**of, over** über) | Regime *n*; **~ess** ['gʌvənɪs|-əs] **1.** *s* Gouvernante *f*, Erzieherin *f*, (Haus-) Lehrerin *f*; **2.** *vi* als Erzieherin wirken; '**~ing** *adj* leitend, Vorstands- ⟨≈ body Leitung, Vorstand⟩; **~ment** ['gʌvmənt|'gʌvəmənt] *s* Regierung *f* | Leitung *f*, Herrschaft *f* (**of** über) | Regierungsform *f*, -system *n* | **∸ment** (*meist pl konstr*) Ministerium *n*, Kabinett *n* ⟨the ≈ have decided⟩ | Gouvernement *n*, Regierungsbezirk *m* | *Ling* Rektion *f*; '**gov·er·nor** *s* Herrscher *m* | Statthalter *m* | *Am* Gouverneur *m* | *Mil* Kommandant *m* (e-r Festung) | *Brit* Direktor *m*, Präsident *m*, Leiter *m* (e-r Bank etc.) | *Sl* Alter *m* (Vater, Chef) | *Tech* Regulator *m*, Regler *m* | (e-e Art) Angelfliege *f*; ˌ**gov·er·nor 'gen·er·al** *s* (*pl* ˌ**gov·er·nors 'gen·er·al** *od* ˌ**go·ver·nor 'gen·er·als**) Generalgouverneur *m*; '**gov·er·nor·ship** *s* Statthalterschaft *f*

gow [gau] *Am Sl s* Rauschgift *n* | Opium *n* ⟨to hit the ~ Opium rauchen⟩; '**~-head**, *auch* **gowster** ['gaustə] *s* Morphinist *m*

gown [gaun] **1.** *s* (Frauen-) Kleid *n* ⟨evening ~ Abendkleid *n*; dressing ~ Morgenmantel *m*⟩ | (Richter-, Professoren-) Robe *f*, Talar *m*, Amtstracht *f* ⟨cap and ~ Amtsstaat *m*⟩ | *collect* Professoren und Studenten *m/pl* ⟨town and gown Bürger *pl* und Universität⟩; **2.** *vt* mit einem Talar bekleiden; *vi* einen Talar anlegen; '**~s·man** *s* Talarträger *m* | Universitätsangehöriger *m* (*Ant* townsman) | Zivilist *m* (*Ant* soldier)

grab [græb] **1.** (**grabbed, grabbed**) *vt* packen, an sich reißen (*auch übertr*) | *Sl* (jmdm.) imponieren; *vi* grapsen, greifen (**at** nach); **2.** *s* Zupacken *n* | plötzlicher Griff ⟨to make a ~ at greifen nach⟩ | *übertr* unrechtmäßiges Ansichreißen | *Tech* Baggerkorb *m*, Greifer *m*, Kranschaufel *f* ◇ **up for ~s** *umg* (für jedermann) frei, verfügbar, bereit; '**~ bag** *s Am* Losschachtel *f*; '**~ber** *s* Habgierige(r) *f(m)*; '**~ble** *vi* herumtasten | (herum)kriechen (**for** nach); '**~ ˌdredger** *s* Greifbagger *m*; '**~ rope** *s Mar* Fang-, Sicherheitsleine (des Rettungsbootes)

grace [greɪs] **1.** *s* Grazie *f*, Charme *m*, Anmut *f* ⟨the ~ of youth⟩ | Anstand *m*, Schicklichkeit *f* ⟨to have the ~ to do s.th. etw. anständigerweise tun; with a good (bad) ~ bereit- (wider)willig; to do s.th. with a good ~ gute Miene zum bösen Spiel machen⟩ | (göttliche) Gnade ⟨in a state of ~ im Zustand der Gnade; in the year of ~ im Jahre des Heils⟩ | Gunst *f*, Gnade *f* ⟨to be in s.o.'s good (bad) ~s in jmds. Gunst stehen (bei jmdm. in Ungnade sein); in ~ of zugunsten⟩ | Barmherzigkeit *f*, Milde *f* ⟨act of ~ *Jur* Gnadenakt *m*; by the ~ of God von Gottes Gnaden⟩ | (Universität) Vergünstigung *f*, Befreiung *f* | Beschluß *m* ⟨by ~ of the senate durch Senatsbeschluß⟩ | (Gnaden-) Frist *f* ⟨days of ~ *Wirtsch* (Wechsel) Respekttage *m/pl*⟩ | Tischgebet *n* ⟨to say ~ das Tischgebet sprechen⟩ | (Titel) Hoheit *f*; Exzellenz *f* ⟨Your ∸ Euer Gnaden⟩ | *Mus* Verzierung *f*; **2.** *förml vt* zieren, schmücken | (be)ehren ⟨to be ~d with the presence of s.o. durch die Anwesenheit von jmdm. geehrt sein⟩ | begünstigen, auszeichnen; '**~ful** *adj* graziös, anmutig | schicklich, geziemend; '**~less** *adj* unhöflich, taktlos | verdorben | schamlos | ungraziös; '**Grac·es** *s/pl* (*mit best art*) *Myth* Grazien *f/pl*; **grac·ile** ['græsɪl|-aɪl] *adj* zart, grazil | schlank, dünn; **gra·cil·i·ty** [græ'sɪlətɪ] *s* Schlankheit *f* | *übertr* (Stil u. ä.) Schlichtheit *f*; **gra·cious** ['greɪʃəs] **1.** *adj förml* (Gott, Herrscher) gnädig, huldvoll ⟨our ≈ Lord; our ≈ Queen⟩ | *Poes* gütig, freundlich | (Persönlichkeiten) herablassend | *arch* anmutig | kultiviert ⟨≈ living kulturvolles Wohnen; Luxusleben *n*⟩; **2.** *interj umg* für ~ **God** ⟨good ~!, my ~!, ~ me!, ~ goodness! du meine Güte!, du lieber Himmel!⟩

grack·le ['grækl] *s Zool* (e-e Art) Star *m* | Predigerkrähe *f*

gra·date [grə'deɪt] *vi* (Farben) (ineinander) übergehen (**into** in); *vt* (ab)stufen (**into** in) | abtönen; **gra·da·tion** [greɪ'deɪʃn|grə-] *s, meist pl* Abstufung *f*, Abtönung *f* | Reihenfolge *f* | Stufen *f/pl*, Phasen *f/pl* | *auch* '**vow·el graˌda·tion** *Ling* Ablaut *m*

grade [greɪd] **1.** *s* Grad *m*, Rang *m*, Stufe *f*, Klasse *f* | Güte *f*, Qualität *f* | *Am* (Schule) Klasse *f* | *Am* Note *f*, Zensur *f* | *bes Am* Abhang *m*, Neigung *f* (*auch übertr*) ⟨to be on the down (up) ~ im Niedergang (Aufstieg) sein⟩ | *Zool* Kreuzung *f* ◇ **make the ~** *übertr* es schaffen, Erfolg haben; **at ~** *Am* auf gleicher Ebene, zu ebener Erde; **2.** *vt* abstufen | sortieren, einteilen, ordnen | (Straße u. ä.) ebnen, planieren | *oft* ~ **up** (Vieh) kreuzen | (*meist pass*) *Ling* ablauten; *vi* (allmählich) übergehen (**into** in) | nach unten gleiten | eingestuft werden als ⟨to ~ low nicht viel gelten⟩; '**~ ˌcross·ing** *s Am* Bahnübergang *m*; '**grad·er** *s Tech* Planiermaschine *f* | *Tech* Sortiermaschine *f*; '**~ school** *s Am* Grundschule *f*

gra·di·ent ['greɪdɪənt] **1.** *s* (Straße u. ä.) Neigung *f*, Gefälle *n* | *Math, Phys* Gradient *m* | (Barometer) Gefälle *n*; **2.** *adj* (stufenweise) steigend *od* fallend | gehend

grad·u·al ['grædʒuəl] *adj* allmählich, stufenweise fortschreitend ⟨~ change⟩; '**grad·u·al·izm** *s* Lehre *f od* Grundsatz *m* vom stufenweisen Fortschreiten; '**grad·u·al·ly** *adv* nach und nach | allmählich; **grad·u·ate** ['grædʒueɪt] *vt bes Am* graduieren, promovieren, einen akademischen Grad verleihen | graduieren, mit einer Gradeinteilung versehen | ein-, abstufen | *Chem* gradieren; *vi bes Am* graduieren, promovieren, einen akademischen Grad erhalten (**from** an) | *Am* die Abschlußprüfung ablegen | sich abstufen | allmählich übergehen (**into** in); ['grædʒuɪt] **1.** *adj* graduiert ⟨~ course postgradualer Kurs; a ~ student Student(in) *m(f)* mit abgeschlossenem Studium; ~ school Hochschuleinrichtung *f*, an der ein zweiter akademischer Grad erworben werden kann⟩; **2.** *s* Graduierte(r) *f(m)*, Promovierte(r) *f(m)* | Hochschulabsolvent(in) *m(f)* | *Am* Schulabgänger(in) *m(f)* ⟨high school ~ Abiturient(in) *m(f)*⟩; **grad·u·a·tion** [ˌgrædʒu'eɪʃn] *s* Graduierung *f*, Gradeinteilung *f* | Abstufung *f* | *Chem* Gradierung *f* | Promotion *f* | Hochschulabschluß *m* | *Am* (Schul-) Abschluß *m* | Abschlußfeier *m*

Grae·cism ['griːsɪzm] *s* Gräzismus *m*, griechisches Idiom | griechischer Geist, griechischer Stil *od* dessen Nachahmung *f*

graf·fi·ti [græ'fi:tɪ] *s/pl* Wandschmierereien *f/pl*

[1]**graft** [grɑ:ft] **1.** *s Bot* Pfropfreis *n* | *Bot* Pfropfen *n*, Veredeln *n* | *Med* Transplantat *n* | *Med* Transplantation *f* (von Geweben); **2.** *vt Bot* (Zweig) pfropfen (**in** in; **[up]on** auf) | *Med* (Gewebe) transplantieren, übertragen | *übertr* (ein)impfen, übertragen | unlöslich verbinden; *vi Bot* (Pflanzen) verpfropft *od* veredelt werden | *Med* (Gewebe) verpflanzt werden; sich verpflanzen lassen

[2]**graft** [grɑ:ft] *Am umg* **1.** *vi* schieben, schwindeln; *vt* erschieben, erschwindeln; **2.** *s* Schiebung *f*, Schwindelei *f*, Bestechung *f*; '**~er** *s* Halunke *m*, Gauner *m*, Schieber *m*

graft·ing ['grɑ:ftɪŋ] *s Bot* Veredelung *f*, Pfropfung *f* | *Med* Transplantation *f*; '**~ wax** *s* Baumwachs *n*

gra·ham ['greɪəm] *adj* Weizenschrot-

grail [greɪl] *s* Gral *m* ⟨the Holy ∸⟩

grain [greɪn] **1.** *s* (Getreide-, Samen-) Korn *n* | *collect* Getreide *n*, Korn *n* | Körnchen *n* (*auch übertr*) ⟨not a ~ of hope nicht die geringste Hoffnung⟩ | (Gewicht) Gran *n* (0,06 g) | Gefüge *n*, Struktur *f* | (Holz) Maserung *f* | (Papier) Korn *n* | (Leder) Narbe *f* | (Film) Körnigkeit *f*, Körnung *f* | (Tuch) Faser *f*, Strich *m* ⟨against the ~ *übertr* gegen den Strich; in the ~ *übertr* echt, gründlich; eingefleischt; to dye in the ~ in der Wolle *od* echt färben⟩; **2.** *vt* körnen, granulieren | gründlich färben | (Leder, Papier) narben | (Fell) enthaaren | masern, marmorieren; *vi* zu Körnern werden; '**~ ˌleath·er** *s* genarbtes Leder; '**~y** *adj* körnig | (Leder) gemasert | Oberfläche gekörnt | (Film) (grob)körnig

[1]**gram** [græm] *s* Kichererbse *f* | Pferdebohne *f*

[2]**gram** [græm] *Am für Brit* ↑ **gramme**

-gram [græm] ⟨*griech*⟩ *in Zus* -schrift, -bild (*z. B.* **di·a·gram** *s* Diagramm *n*, graphische Darstellung)

gram·i·na·ceous [ˌgreɪmɪ'neɪʃəs|græ-], **gra·min·e·ous** [ˌgreɪ'mɪnɪəs|grə-] *adj* grasartig, Gras-; **gram·i·niv·o·rous** [ˌgræmɪ'nɪvərəs|grə-] *adj Zool* grasfressend

gram·ma·logue ['græməlɒg] *s* (Stenographie) Kürzel *n*

gram·mar ['græmə] *s* Grammatik *f* | Sprachlehre *f* | *auch* '**~book** Grammatikbuch *n* | Sprachnorm *f*, -regeln *f/pl* ⟨he knows his ~ er beherrscht seine Sprache⟩ | *übertr* Grundbegriffe *m/pl* ⟨the ~ of an art⟩; **~i·an** [grə'mɛərɪən] *s* Grammatiker(in) *m(f)*; '**~ school** *s Hist* Lateinschule *f* | *Brit* Gymnasium *n* | *Am* (e-e Art) Mittelschule *f*; **~mat·i·cal** [grə'mætɪkl] *adj* grammatisch, die Grammatik betreffend ⟨≈ structure⟩ | grammat(ikal)isch korrekt ⟨a ≈ sentence⟩; **~mat·i·cal·i·ty** *s* Grammatikalität *f*

gramme, *auch* **gram** [græm] *s* Gramm *n*

gram|-mo·lec·u·lar weight [ˌgræmə'lekjʊlə ˌweɪt], *auch* **~ mol·e·cule** [ˌ~ 'mɒləkju:l] *s Phys* Grammolekül *n*, Grammolekulargewicht *n*

Gram|my ['græmɪ] *s* (*pl* '**~mys**, '**~mies**) *Am* Goldene Schallplatte (Preis)

gram-neg·a·tive [ˌgræm'negətɪv] *adj* (Bakterien) gramnegativ, gramfrei

gram·o·phone ['græməfəʊn] **1.** *s* Grammophon *n*; **2.** *vt* durch Grammophon wiedergeben; '**~ ˌnee·dle** *s* Grammophonnadel *f*; '**~ ˌpick-up** *s* Tonabnehmer *m*; '**~ ˌrec·ord** *s* Schallplatte *f*

gram-pos·i·tive [ˌgræm'pɒzətɪv] *adj* (Bakterien) grampositiv, gramfest

gram·pus ['græmpəs] *s Zool* Schwertwal *m* | Rundkopfdelphin *m* | *übertr* stark schnaubende *od* prustende Person ⟨to blow/wheeze like a ~ *umg* wie ein Walroß schnaufen⟩

gran·a·ry ['grænərɪ] *s* Getreidespeicher *m*, Kornkammer *f* (*auch übertr*); '**~ ˌwee·vil** *s Zool* Kornkäfer *m*

grand [grænd] **1.** *adj* großartig, eindrucksvoll, imposant ⟨~ mountain scenery⟩ | stattlich, majestätisch, würdevoll ⟨a ~ funeral⟩ | erhaben ⟨~ style⟩ | (geistig) groß, grandios ⟨~ ideas⟩ | wichtig, bedeutend ⟨~ personages⟩ | vornehm, hochstehend ⟨~ air Vornehmheit *f*⟩ | (in Titeln) Groß- ⟨∸ Duke⟩ | bewunderungswürdig ⟨a ~ old man⟩ | endgültig, gesamt, vollständig, ⟨~ total Gesamtsumme *f*⟩ | Haupt- ⟨~ entrance⟩ | *Jur* groß, Haupt- ⟨~ jury großes Geschworenengericht⟩ | *umg* herrlich, prima, großartig ⟨~ weather⟩ | (Verwandtschaft) Groß- ⟨~father⟩; '**gran·dad** = **~dad**; '**~boy** *Am* Enkel *m*; '**~ˌchild** *s* (*pl* '**~ˌchil·dren**) Enkel(in) *m(f)*, Enkelkind *n*; **~dad[·dy]** ['grændæd(ɪ)] *s umg* Opa *m*; **~daugh·ter** ['grænˌdɔ:tə] *s* Enkelin *f*, Enkeltochter *f*

gran·dee [græn'di:] *s* Grande *m*

gran·deur ['grændʒə|-djʊə] *s* Macht *f*, Größe *f* | Herrlichkeit *f* | Hoheit *f* | Erhabenheit *f*, Glanz *m*

grand·fa·ther ['grændˌfɑ:ðə] *s* Großvater *m*; '**~ 'clock** *s* Standuhr *f*

gran·dil·o·quence [græn'dɪləkwəns] *s* (Rede) Bombast *m* | Großsprecherei *f*; **gran'dil·o·quent** *adj* bombastisch, schwülstig | großsprecherisch

gran·di·ose [ˌgrændɪ'əʊs|-z|'grændɪəʊs] *adj* grandios, großartig | pompös, prunkvoll | schwülstig | *Psych* größenwahnsinnig; **gran·di·os·i·ty** [ˌgrændɪ'ɒsətɪ] *s* Großartigkeit *f* | Schwulst *m*

grand||lar·ce·ny [ˌgrænd'lɑ:snɪ] *s Jur* schwerer Diebstahl; **~ma** ['grænmɑ:|-ndmɑ:], **~mam·ma** ['grænməˌmɑ:|-nd-] *umg* **1.** *s* Oma *f*; **2.** *vt* verhätscheln; *vi* sich wie eine Großmutter benehmen; '**~ 'march** *s* Polonäse *f*; '**~ˌmoth·er** *s* Großmutter *f*; ˌ**∸ 'Na·tion·al** *s* (Pferdesport) Grand National *n*, schwerstes britisches Jagdrennen; ˌ**~ 'op·e·ra** *s* große Oper; **~pa** ['grænpɑ:|-ndpɑ:], **~pa·pa** ['grænpəˌpɑ:|-nd-] *s* Opa *m*; '**~ˌpa·rent** *s* Großelternteil *m*, Großvater *m od* -mutter *f*; '**~ˌpa·rents** *s/pl* Großeltern *pl*; ˌ**~ pi'a·no** *s Mus* Flügel *m*; **∸ Prix** [ˌgrɒn 'pri:] *s* (*pl* **∸s** [-'pri:]) *s* (Motorsport) Grand Prix *m*, großer Preis; **~sir[e]** ['grænˌsaɪə|-nds-] *s* (Tier) Stammvater *m*; **~son** ['-sʌn|-nsʌn] *s* Enkel *m*, Enkelsohn *m*; ˌ**~ 'slam** *s* (Sport) Sieg *m* in Serie | *Kart* Großschlemm *m*; '**~stand** *s Sport* Haupttribüne *f*; ˌ**~ 'tour** *s Hist* Bildungsreise *f* (durch Europa)

grange ['greɪndʒ] *s* (kleiner) Bauern-, Gutshof | *arch* Scheune *f*; **∸** *s Am* Landwirtschaftsverein *m*; '**grang·er** *Am s* Farmer *m* | Angehöriger *m* des Landwirtschaftsvereins

grang·er·ize ['greɪndʒəraɪz] *vt* (Buch) übermäßig illustrieren

gra·nif·er·ous [grə'nɪfərəs] *adj Bot* körnertragend; **gran·i·form** ['grænɪˌfɔ:m] *adj* kornartig

gran·ite ['grænɪt] **1.** *s Min* Granit *m* ◇ **bite on ~** *übertr* auf Granit beißen; **2.** *adj* Granit- | granitartig | *übertr* hart, unnachgiebig; ˌ**~ 'drill** *s Tech* Hartgesteinsbohrer *m*; **gra'nit·ic** *adj* granitartig | Granit- | *übertr* hart, unbeugsam

gran·i·vore ['grænɪvɔ:] *s Zool* Körnerfresser *m*; **gra·niv·o·rous** [græ'nɪvərəs] *adj* körnerfressend

gran·nie, gran·ny ['grænɪ] **1.** *s umg* Oma *f*; Großmutter *f* (*auch übertr*) | *Am* Hebamme *f*; **2.** *adj* im Großmutterstil ⟨~ gowns Großmutterkleider *n/pl*; ~ glasses Nickelbrille *f*⟩; ˌ**gran·ny an'nexe** *s Brit* (Haus)Ausbau *m* (für Eltern), Omazimmer *n*; '**gran·ny's knot** *s Mar* (eine Art) Seemannsknoten *m*

grant [grɑ:nt] **1.** *vt förml* (etw.) bewilligen; gewähren (**s.th.** etw.; **that, s.o. to** *mit inf* jmdm. zu *mit inf*) ⟨he was ~ed a holiday ihm wurde ein Tag Urlaub gewährt; God ~ that … gebe Gott, daß …⟩ | geben, erteilen ⟨to ~ permission⟩ | *Jur* übertragen, überlassen ⟨to ~ s.o. a right jmdm. ein Recht übertragen⟩ | zugeben, einräumen ⟨I ~ you that ich gebe zu, daß; it was not ~ed to them to *mit inf* es war ihnen nicht vergönnt zu *mit inf*⟩ ◇ **~ed that** zugegeben *od* angenommen, daß; **take s.th. for ~ed** etw. als selbstverständlich annehmen; **~ing this to be true** angenommen, das ist wahr; **2.** *s* Bewilligung *f*, Gewährung *f* | Verleihung *f*, Erteilung *f* (**to** an) | Beihilfe *f*, Zuschuß *m* (bes. von Geld) ⟨government ~; ~s-in-aid Notstandsbeihilfe *f*⟩ | *Päd* Stipendium *n* | *Jur* (urkundliche) Übertragung (**to** auf) | *Bergb* Konzession *f* | *Hist* übereignetes Land; **'~a·ble** *adj* verleihbar, übertragbar (**to** auf); **~ee** [-'ti:] *s Jur* Privilegierter *m*, Konzessionär *m*; **~or** [-'tɔ:] *s Jur* Verleiher *m*, Zedent *m*; **'grants·man** *s* Mittel-, Fondsbeschaffer *m*

Gran Tu·ris·mo [græn tʊ'rɪsməʊ] *s* ⟨*ital*⟩ Tourenwagen *m*

gran·u·lar ['grænjʊlə], *auch* **~y** *adj* körnig | granuliert; **~i·ty** [grænjʊ'lærətɪ] *s* Körnigkeit *f*; **'gran·u·late** *vt* körnen, granulieren; *vi* sich körnen, körnig werden; **'gran·u·lat·ed** *adj* körnig, gekörnt | granuliert (*auch Med*); **ˌgran·u'la·tion** *s* Körnen *n*, Granulieren *n* | *Med* Granulation *f* | wildes Fleisch (bei Wunden); **gran·ule** ['grænju:l] *s* Körnchen *n*; **gran·u·lous** ['grænjʊləs|-jə-] *adj* körnig

grape [greɪp] *s*, (*meist pl*) Weinbeere *f*, -traube *f* ⟨a bunch of ~s Weintraube; the ~s are sour *übertr* die Trauben sind sauer; sour ~s *übertr* Mißgunst *f*⟩; **'~fruit** *s Bot* Pampelmuse *f*; **'~ juice** *s* Traubensaft *m*; **grapes** *s/pl Vet* Mauke *f*, Rindertuberkulose *f*; **'~shot** *s Mil* Kartätsche *f*; **'~ stone** *s* Weintraubenkern *m*; **'~ sug·ar** *s* Dextrose *f*, Traubenzucker *m*; **'~vine** *s* Weinstock *m* | (eine) Eiskunstlauffigur | *auch* **ˌ~vine 'tel·e·graph** *urspr Am umg* **1.** *s* heimliches Verbreiten von Nachrichten ⟨to hear s.th. on the ≈ etw. hintenherum hören⟩ | Gerücht *n* ⟨it's just a ≈⟩; **2.** *vt* (Gerücht) verbreiten; *vi* (Gerücht) sich verbreiten

graph [græf|grɑ:f] **1.** *s* graphische Darstellung *f*, Diagramm *n*, Kurvenbild *n*; **2.** *vt* graphisch darstellen

-graph [græf|grɑ:f] ⟨*griech*⟩ *in Zus* -schreiber *m* | -aufzeichnung *f* (*z. B.* **seis·mo·graph** *s* Seismograph *m*, Erdbebenaufzeichner *m*)

graph|ic ['græfɪk], *selten* **'~i·cal** *adj* graphisch ⟨≈ arts⟩ | Schreib- ⟨≈ error⟩ | Schrift-, Zeichen, ⟨~ic recorder Schreiber *m*; ~ic symbol Schriftzeichen⟩ | (Beschreibung u. ä.) lebhaft, anschaulich ⟨~ic description⟩; **'~ics** *s/pl* (*sg konstr*) Graphik *f* | technisches Zeichnen | graphische Darstellung(en) *f(pl)*, Zeichnungen *pl*

graph·ite ['græfaɪt] *s Min* Graphit *m*; **gra·phit·ic** [grə'fɪtɪk] *adj Min* graphithaltig | Graphit-, graphitisch

grapho- [ˌgræfə(ʊ)] ⟨*griech*⟩ *in Zus* schreiben(d), Schrift-

gra·pho·lo|gist [græ'fɒlədʒɪst] *s* Graphologe *n*, Graphologin *f*; **~gy** [græ'fɒlədʒɪ] *s* Graphologie *f*, Handschriftendeutung *f*

graph pa·per ['græf ˌpeɪpə] *s* Millimeterpapier *n*

grap·nel ['græpnl] *s Mar* Enterhaken *m* | Dregganker *m*, Dregge *f*

grap·ple ['græpl] **1.** *s Mar* Enterhaken *m* | *Tech* Greifer *m*, Greifzange *f* | Griff *m* | Ringen *n*, Handgemenge *n* (**with** mit); **2.** *vt Mar* entern | *Mar* verankern | festhalten | fest ergreifen | festmachen (**to** an) | ringen, kämpfen, sich raufen mit; *vi* festmachen (Schiff); **~ with** ringen *od* kämpfen mit | *übertr* sich herumschlängeln, sich auseinandersetzen mit; **'grap·pler** *s* Ringer *m*; **'grap·pling hook, 'grap·pling iron** *s Mar* Enterhaken *m*

grasp [grɑ:sp] **1.** *vt* (er)greifen, packen, fassen, begreifen (*auch übertr*) ◇ **~ the nettle** etw. Schwieriges in Angriff nehmen; **~ all, loose all** *Sprichw* alles oder nichts; *vi* gierig greifen; **~ at** ergreifen; **2.** *s* Griff *m* (*auch übertr*) | *übertr* Gewalt *f* ⟨in a strong ~ mit festem Griff; within one's ~ greifbar nahe; to take a ~ on o.s. sich fest im Griff haben; to have a good ~ of s.th. etw. gut beherrschen⟩ | *übertr* Verständnis *n*, Fassungskraft *f*, Reichweite *f* ⟨to be within/beyond one's ~ verstehen können *od* über jmds. Verstand hinausgehen⟩; **'~ing** *adj verächtl* habgierig, geizig

grass [grɑ:s] **1.** *s* Gras *n* ⟨blade of ~ Grashalm *m*; to go to ~ verwildern, von Gras überwuchert werden; to hear the ~ grow *übertr* das Gras wachsen hören; not to let the ~ grow under one's feet etw. nicht auf die lange Bank schieben⟩ | Wiese *f*, Rasen *m* ⟨to walk on the ~ auf dem Rasen laufen⟩ | Weide *f* ⟨to be [out] at ~ (Vieh) weiden; *übertr* nicht mehr arbeiten können *od* dürfen; to put/send out to ~ auf die Weide treiben; *übertr* (aufs Abstellgleis) abschieben⟩ | *Sl* Boden *m* ⟨to go to ~ zu Boden gehen⟩ | *Sl* Gras *n*, Marijuana *n* | *Brit Sl* Spitzel *m*, Singvogel *m*; **2.** *vt*, *auch* **~ over** (Boden) mit Gras besäen, Rasen anlegen auf | (Wäsche) auf Rasen bleichen | (Gegner) niederwerfen | (Vogel) abschießen; *vi Brit Sl* singen ⟨to ~ on s.o. jmdn. verpfeifen⟩; **'~-blade** *s* Grashalm *m*; **'~cut·ter** *s* Grasschneidemaschine *f*; **'~ 'green** *adj* grasgrün; **'~-grown** *adj* grasbewachsen; **'~ˌhop·per** *s* Heuschrecke *f*, Grashüpfer *m* | (Feuerwerk) Knallfrosch *m* ◇ **knee-high to a ~hopper** *umg* (bes. Kind) wie ein Knirps; **'~i·ness** *s* Grasreichtum *m*; **'~land** *s* Weideland *n*; **'~plot** *s* Rasenplatz *m*; **ˌ~ 'roots** **1.** *s/pl* Volk *n*, Basis *f*, Fußvolk *n* | *übertr* wirkliche Fakten *od* Wurzeln ⟨to go back to the ≈ den Dingen auf den Grund gehen⟩; **2.** *adj* an der Basis, (von) unten ⟨≈ movement Bürgerinitiative *f*; ≈ opinion Meinung *f* des kleinen Mannes⟩; **'~ snake** *s* Ringelnatter *f*; **ˌ~ 'wid·ow** *s* Strohwitwe *f*; **ˌ~ 'wid·ow·er** *s scherzh* Strohwitwer *m*; **'~y** *adj* grasreich, grasig | grasartig | grasfarben

[1]grate [greɪt] **1.** *s* (Kamin-) Gitter *n* | (Feuer-) Rost *m* | Kamin *m*; **2.** *vt* vergittern | mit einem Rost versehen

[2]grate [greɪt] *vt* raspeln, schaben, (zer)reiben | (Zähne) knirschen ⟨to ~ the teeth⟩ | *übertr* kränken, verletzen; *vi* knirschen, knarren (**against, [up]on** an, auf); **~ [up]on** *übertr* verletzen ⟨to ~ on one's nerves (einem) auf die Nerven fallen⟩

grate·ful ['greɪtfl] *adj* (Person) dankbar (**to s.o.** jmdm.; **for s.th.** für etw.) | (Sache) angenehm, wohltuend (**to s.o.** jmdm.)

grat·er ['greɪtə] *s* Reibeisen *n*, Reibe *f* | Raspel *f*

grat·i|fi·ca·tion [ˌgrætɪfɪ'keɪʃn] *s* Befriedigung *f*, Genugtuung *f* (**at** über) | Freude *f* | Genuß *m* | *förml, arch* Gratifikation *f*, Belohnung *f*; **'~fy** *vt* entlohnen | (*meist pass*) erfreuen ⟨to be ~fied at / by / with s.th. über etw. erfreut sein; to be ~fied to hear mit Genugtuung hören⟩ | befriedigen ⟨to ≈ a wish einem Wunsch nachgeben⟩ | *arch* bestechen; **'~fy·ing** *adj* erfreulich, befriedigend (**to** für)

gra·tin ['grætn] *Kochk s* Panieren *n* | panierte Speise, paniertes Fleisch | Kruste *f* eines Bratens

[1]grat·ing ['greɪtɪŋ] *s* Vergittern *n* | Gitter(werk) *n* | *Phys* Draht- *od* Reflexionsgitter *n* (von Gitterspektren) | *Ferns* Bildraster *m* | *Mar* Gräting *f*

[2]grat·ing ['greɪtɪŋ] *s* schrill, kratzend | *übertr* unangenehm (**to** für)

gra·tis ['grætɪs|'greɪtɪs|'grɑ:tɪs] **1.** *adj* gratis, unentgeltlich; **2.** *adv* umsonst, kostenlos

grat·i·tude ['grætɪtju:d|-tʃu:d] *s* Dankbarkeit *f* ⟨in ~ for aus Dankbarkeit für⟩

gra·tu·i·tous [grə'tju:ɪtəs] *adj* unentgeltlich, frei | unverdient | unberechtigt, grundlos ⟨a ~ insult⟩ | *Jur* ohne Gegenleistung; **gra·tu·i·ty** [grə'tju:ətɪ] *s* Trinkgeld *n* | *bes Brit* Gratifikation *f*, Zuwendung *f*

grat·u·late ['grætʃʊleɪt] *arch, poet* = **congratulate**

gra·va|men [grə'veɪmən] *s* (*pl selten* **~min·a** [grə'veɪmɪnə]) *Jur* Beschwerde *f*, Klagepunkt *m* | *Jur* Hauptlast *f* (einer Anklage)

[1]grave [greɪv] **1.** *s* Grab *n*, Gruft *f* | Grabhügel *m* | *übertr* Grab *n*, Ende *n*, Tod *m* ⟨from the cradle to the ~ von der Wiege bis zur Bahre; silent as the ~ still wie ein Grab; to be s.o.'s ~ jmds. Tod sein; to dig one's own ~ sich das eigene Grab schaufeln; to have one / be with one foot in the ~ mit einem Fuß im Grabe stehen; to turn in one's ~ sich im Grabe umdrehen; s.o. is walking on my ~ mich überläuft es heiß und kalt⟩; **2.** (**graved, graved** *od* **grav·en**) *vt übertr* einprägen (**on, into s.o.'s mind** ins Bewußtsein) | *lit* schnitzen, eingraben (**on** auf)

[2]**grave** [greɪv] **1.** *adj* ernst ⟨a ~ situation⟩ | wichtig, bedeutungsvoll ⟨~ thoughts⟩ | feierlich, gemessen ⟨a ~ ceremony⟩ | *Mus* (Ton) tief | *Ling* grave, fallend (*Ant* acute) ⟨a ~ accent Accent grave *m*⟩ | (Farbe) dunkel, gedämpft; **2.** *s Ling* Gravis *m*

grave|clothes ['greɪv kləʊðz] *s* Sterbegewand *n*; **'~ˌdig·ger** *s* Totengräber *m*

grav·el ['grævl] **1.** *s* Kies *m* | *Med* (Harn-, Nieren-) Grieß *m*; **2.** (**'~led, '~led**) *vt* mit Kies bedecken | *Brit übertr* in Verlegenheit bringen, verwirren; **3.** *adj* Kies-; **'~ly** *adj* kiesig, sandig | (Stimme) rauh | *Med* Grieß-; **'~ pit** *s* Kiesgrube *f*; **'~stone** *s* Kieselstein *m*; **'~voiced** *adj* heiser

grave-mound ['greɪv maʊnd] *s* Grabhügel *m*

grav·en ['greɪvn] **1.** *part perf* von ↑ [1]**grave 2.**; **2.** *adj* geschnitzt | graviert ⟨~ image Götzenbild *n*, Idol *n*⟩

grav·er ['greɪvə] *s Tech* Stechmeißel *m*, Stichel *m* | *arch* Kupferstecher *m*

Graves' dis·ease ['greɪvz dɪˌzi:z] *s Med* Basedowsche Krankheit

grave|side ['greɪvsaɪd] *s* Grabesrand *m*, ⟨at the ≈ of am Grabe von⟩; **'~stone** *s* Grabstein *m*; **'~yard** *s* Friedhof *m*, Kirchhof *m*

grav·id ['grævɪd] *förml adj* gravid, schwanger | (Tier) trächtig; **gra'vid·i·ty** *s* Schwangerschaft *f* | Trächtigkeit *f*

grav·ing ['greɪvɪŋ] **1.** *s* Gravieren *n*; **2.** *adj* Gravier- ⟨~ tool Grabstichel *m*⟩

grav·ing dock ['greɪvɪŋ dɒk] *s Mar* Trockendock *n*

grav·i|tate ['grævɪteɪt] *vi* gravitieren, (hin)streben (**to[wards]** zu, nach) | sinken, fallen | (gefühlsmäßig) an-, hingezogen werden (**to[wards]** zu); **~tate between** hin- und herpendeln, schwanken zwischen; *vt* gravitieren lassen; **ˌ~'ta·tion** *s Phys* Gravitation *f*, Schwerkraft *f* | Sinken *n* | *übertr* Neigung *f*, Vorliebe *f*; **ˌ~'ta·tion·al** *adj* Gravitations- ⟨≈ constant Gravitationskonstante *f*; ≈ field Schwerefeld *n*; ≈ pull Anziehungskraft *f*⟩; **'~ty** *s* Ernst *m* | Wichtigkeit *f*, Bedeutung *f* ⟨centre of ≈ Schwerpunkt *m*⟩ | Feierlichkeit *f* | *Phys* Gravitation *f*, Schwerkraft *f* ⟨law of ≈⟩ | *Phys* Gewicht *n* ⟨specific ≈ spezifisches Gewicht⟩ | *Mus* (Ton) Tiefe *f*

gra·vure [grə'vjʊə] *s* Gravüre *f*

gray [greɪ] = *bes. Am* für **grey**; **ˌ~-'col·lar** *adj Am* Dienstleistungs-, Reparatur- ⟨≈ worker⟩

gra·vy ['greɪvɪ] *s* Fleischsaft *m* | Bratensoße *f* | *urspr Am Sl* etw. Lukratives, unverhoffter Gewinn, Profit *m* ⟨it's pure ~ es wirft eine Masse ab⟩ | Schmiergelder *pl*; **'~ boat** *s* Sauciere *f*, Soßenschüssel *f*; **'~ train** *s in*: **get on the ~ train** *Sl* auch ein Stück vom Kuchen abbekommen, mit absahnen

gray·ling ['greɪlɪŋ] *s Zool* Äsche *f*

[1]**graze** [greɪz] *vi* (Tier) weiden, grasen; *vt* abweiden, abgrasen | (Tier) weiden lassen | (Vieh) hüten

[2]**graze** [greɪz] **1.** *vt* streifen, leicht berühren | abschürfen ⟨to ~ one's knee sich das Knie aufschürfen; to ~ o.s. sich aufschürfen⟩; *vi* streifen; **2.** *s* flüchtige Berührung | *Mil* Streifschuß *m* | *Med* (leichte) Schramme; (Haut-) Abschürfung *f*

gra·zier ['greɪzɪə|-ʒə] *s* Viehzüchter *m*; **'graz·ing** *s* Weiden *n*, Grasen *n* | Weideland *n*

grease [gri:s] **1.** *s* Fett *n*, Schmalz *m* | *Tech* Schmier-, Staufferfett *n*; Schmiere *f* | Pomade *f* | (Wild) Feist *n* ⟨in ~ feist, fett; ~ season/time Jagdzeit *f*⟩; **2.** *vt auch* [gri:z] *Tech* (ab-, ein)schmieren, (ein)ölen, fetten | *übertr Sl* bestechen, schmieren ⟨to ~ s.o.'s palm jmdm. etw. zustecken⟩; **'~ box** *s Tech* Schmierbüchse *f*; **ˌgreased 'light·ning**, *in*: **like greased lightning** wie ein geölter Blitz; **'~ gun** *s Tech* Fettspritze *f*; **'~ paint** *s Theat* (Fett-) Schminke *f*; **'~ ˌpen·cil** *s* Fettstift *m*; **'~proof** *adj* fettdicht ⟨≈ paper Butterbrotpapier *n*⟩; **greas·er** ['gri:sə|-zə] *s* Abschmierer *m* | *Tech* Schmiervorrichtung *f* | *Am vulg verächtl* Mexikaner *m*; **'~wood** *s Bot* Fettholz *n*; **greas·y** ['gri:sɪ|-zɪ] *adj* schmierig, beschmiert, fettig (**with** von) | Fett- ⟨≈ stain Fettfleck *m*⟩ | (Boden) schlüpfrig, glatt, rutschig; **ˌgreas·y 'spoon** *s Am scherzh, verächtl* billiges Freßlokal

great [greɪt] **1.** *adj* (Umfang, Anzahl) groß, beträchtlich ⟨a ~ fire; a ~ many sehr viele; the ~ majority die meisten, in ~ detail in allen Einzelheiten⟩ | *Geogr* Groß- ⟨≁ Britain⟩ | (Zeit) lang ⟨a ~ while eine lange Zeit⟩ | (Alter) hoch ⟨a ~ age ein hohes Alter⟩ | (vor *adj* der Größe) riesen-, besonders ⟨a ~ big tree⟩ | bedeutend, wichtig ⟨~ issues⟩ | Haupt- ⟨~ hall⟩ | berühmt, überragend ⟨Alexander the ≁⟩ | vornehm, reich ⟨a ~ noble⟩ | großmütig, edel, erhaben ⟨~ thoughts⟩ | *umg* eng, intim ⟨~ friends⟩ | tüchtig, bewunderungswürdig ⟨a ~ statesman⟩ | außergewöhnlich ⟨~ popularity⟩ | (bei Verwandtschaftsbezeichnungen) Groß- (*z. B.* **'~-aunt**), Ur- (*z. B.* **ˌ~-'grandfather**) | (vor Titeln) Groß- (*z. B.* **≁-Duke**) | (*nur präd*) gut, geschickt, bewandert (**at, in, on** in) | *umg* eifrig, geschickt ⟨a ~ dancer⟩ | *umg* großartig, wunderbar ⟨to have a ~ time sich bestens amüsieren⟩; **2.** *s* (Person) Größe *f*, jmd. Prominentes | (*mit best art*) die Großen *pl*, die Vornehmen *pl* ◇ **~ and small** groß und klein; **'~ 'as·size** *s Rel* Jüngstes Gericht; **ˌ≁ 'Bear** *s Astr* Großer Bär; **ˌ≁ 'Be·yond** *s* was nach dem Tod kommt; **'~coat** *s Brit* Überzieher *m*, (schwerer) Wintermantel; **ˌ≁ 'Dane** *s* Deutsche Dogge; **ˌ≁ 'Dog** *s Astr* Großer Hund; **'~en** *arch vt* vergrößern; *vi* größer werden; **'≁er** *adj Bot, Zool* Großer | (vor Ortsnamen) Groß- ⟨≈ London⟩; **'~ 'go** *s* Haupt-, Schlußexamen *n* (für B. A. in Cambridge); **ˌ~'heart·ed** *adj* großmütig, hochherzig | furchtlos; **'~ly** *adv* sehr, höchst | in hohem Maße | großmütig, edel; **'≁ 'Pow·ers** *s/pl Pol* Großmächte *f/pl*; **Greats** *s/pl* (Oxford) Abschlußexamen *n* (in klassischer Philologie); **ˌ~ 'seal** *s* Staatssiegel *n*; **'~ 'tit[mouse]** *s* (*pl* **'~ 'tit·mice**) *Zool* Kohlmeise *f*; **'≁ 'War** *s* (erster) Weltkrieg; **'≁ 'Week** *s Rel* Karwoche *f*

[1]**greaves** [gri:vz] *s/pl Hist* Beinschienen *f/pl*

[2]**greaves** [gri:vz] *s/pl* (Fett-) Grieben *f/pl*

grebe [gri:b] *s Zool* (See) Taucher *m*

Gre·cian ['gri:ʃn] *adj* griechisch

Gre·co, *auch* **Grae·co** ['gri:kəʊ|'grekəʊ] *in Zus* Gräko-

greed [gri:d] *verächtl s* Gier *f* (**of** nach) | Habgier *f*, Habsucht *f*; **'~y** *adj* gefräßig | (be)gierig (**for** auf, nach; **to** *mit inf*) | habgierig; **'~y-guts** *s Brit umg* Nimmersatt *m*, Vielfraß *m*

Greek [gri:k] **1.** *s* Grieche *m*, Griechin *f* | Griechisch *n* ◇ **that is [all] ~ to me** *umg* das sind mir böhmische Dörfer; **2.** *adj* griechisch ⟨~ Church⟩; **'~ 'fret** *s Arch* Mäander *m*

green [gri:n] **1.** *adj* (Farbe) grün | (Winter) mild; grün, schneefrei ⟨a ~ Christmas⟩ | frisch ⟨a ~ tree⟩ | (Obst) unreif, grün | (Gesichtsfarbe) grün, verfärbt, blaß ⟨~ with envy blaß vor Neid; ~ envy der blasse Neid⟩ | eifersüchtig ⟨~ eye Eifersucht *f*⟩ | frisch, neu ⟨a ~ wound⟩ | roh, ungekocht, ungesalzen, ungeräuchert ⟨~ meat⟩ | (Leder) ungegerbt | (Ziegel) ungebrannt | *übertr* frisch ⟨~ recollections; ~ old age blühendes Greisenalter⟩ | *übertr umg* unreif, unerfahren, jung ⟨~ in years jung an Jahren⟩; **2.** *s*

Grün *n*, grüne Farbe | Rasen *m*, Anger *m* | (Golf) Gelände *n* | *übertr* Frische *f*, Jugendkraft *f* ⟨in the ~ in voller Frische⟩ **3.** *vt* grün färben | mit Grün bedecken | *Sl* (jmdn.) aufziehen; *vi* grünen, grün werden; **'~back** *s Am arch* Dollarnote *f* | Laubfrosch *m*; **'~ belt** *s* Grüngürtel (um eine Stadt) *m*; **'~-'blind** *adj Med* grünblind; **'~ 'cheese** *s* Kräuterkäse *m*; **'~ crop** *s* Grünfutter *n*; **'~er·y** *s* Gewächshaus *n*; **'~-ˌeyed** *adj* grünäugig | *übertr* eifersüchtig, neidisch; **'~-finch** *s*, *Zool* Grünfink *m*; **ˌ~ 'fin·gers** *s/pl* gärtnerisches Geschick ⟨to have ≈ Glück mit Pflanzen haben⟩; **'~fly** *s* (*pl* **~fly, ~flies**) Blattlaus *f*; **'~gage** *s* Reineclaude *f*; **'~ˌgro·cer** *s* Gemüsehändler *m*; **'~ˌgro·cer·y** *s* Gemüsehandlung *f*; **'~ hand** *s umg* Neuling *m*; **'~horn** *s umg* Grünschnabel *m*, Anfänger *m* | Tölpel *m*; **'~house** *s* Gewächs-, Treibhaus *n*; **'green·ing** *s* grüne Apfelsorte | *übertr* Erneuerung *f*, Neugeburt *f* ⟨the ≈ of America⟩; **ˌ~ 'light** *s übertr umg* freie Bahn ⟨to give (s.o.) the ≈ (jmdm.) grünes Licht geben⟩; **'≈ ˌPa·per** *s Brit* Diskussionspapier *n*; **ˌ~ 'pep·per** *s* Grüner Pfeffer; **'~room** *s Theat* Schauspielerzimmer *n* ⟨to talk ≈ über das Theater klatschen⟩ | Lagerraum *m* für frische Ware; **greens** *s/pl* Gemüse *n* | *Am* grüne Zweige *pl* | *Pol* Grüne *pl*; **'~sick** *adj Med* bleichsüchtig; **'~sick·ness** *s* Bleichsucht *f*; **'~stall** *s* Gemüsestand *m*; **'~stone** *s Min* Grünstein *m*; **'~stuff** *s* Grünfutter *n* | Gemüse *n*; **'~sward** *s* Rasen *m*; **'~ 'ta·ble** *s* Spieltisch *m*; **ˌ~ 'tea** *s* grüner Tee; **ˌ~ 'thumb** = *Am* für **~ fingers**; **ˌ≈wich 'Mean Time** [ˌgrɪnɪtʃ 'mi:n taɪm], *auch* **'≈wich time** *s* Greenwicher Zeit, Mittlere Zeit Greenwich; **'~wood** *s lit* grüner Wald (im Sommer) ⟨to go to the ≈ *übertr* als Geächteter leben⟩; **'~ 'woodˌpeck·er** *s* Grünspecht *m*; **'~y** *adj* grünlich

greet [gri:t] *vt* (Person) (be)grüßen (**with** mit, durch) | (Anblick, Geräusch) treffen, begegnen ⟨to ~ the eye ins Auge fallen⟩; **'~ing** *s* Gruß *m*, Begrüßung *f* | *Am* Briefanrede *f*; **'greet·ings** *s/pl* Grüße *m/pl*, Glückwunsch *m*, Glückwünsche *pl*

gre·gar·i·ous [grɪ'gɛərɪəs] *adj* (Tier) in Herden lebend, Herden- | (Mensch) gesellig | *Bot* in Trauben *od* Büscheln wachsend

Gre·go·ri·an [grɪ'gɔ:rɪən] *adj* gregorianisch ⟨~ calender; ~ chant Gregorianischer Gesang⟩

grem·lin ['gremlɪn] *s umg* Kobold *m*, *bes.* unsichtbarer Unheilstifter in Flugzeugen

gre·nade [grɪ'neɪd|grə-] *s Mil* (Hand-, Gewehr-) Granate *f* | Glasbehälter *m*; **gren·a·dier** [ˌgrenə'dɪə] *s* Grenadier *m* ⟨≈ Guards Grenadiergarde *f* (am englischen Hof)⟩ | *Zool* Webervogel *m*

[1]**gren·a·dine** [ˌgrenə'di:n|'grenəˌdi:n] *s* Grenadine *f* (leichter Kleiderstoff aus Wolle *od* Seide)

[2]**gren·a·dine** [ˌgrenə'di:n|'grenəˌdi:n] *s* Granatapfel-, Johannisbeersirup *m*

grey [greɪ] **1.** *adj* grau | grauhaarig | düster, trübe | *übertr* hoffnungslos ⟨~ prospects⟩ | *übertr* uralt, erfahren; **2.** *s* Grau *n* | graue Farbe ⟨dull ~s dunkle Grautöne *m/pl*⟩ | graue Kleidung, grauer Stoff ⟨dressed in ~ grau gekleidet⟩ | Grauschimmel *m*; **3.** *vt* grau machen; *vi* grau werden, ergrauen; **'~back** *s* Nebelkrähe *f* | *Am Hist* Graurock *m* (Soldat der Südstaaten im Bürgerkrieg); **'~beard** *s* Graubart *m*, weiser alter Mann | irdener Krug; **'~fish** *s* (e-e Art) Haifisch *m*; **'≈ 'Fri·ar** *s* Franziskanermönch *m*; **'~-ˌhead·ed** *adj* grauhaarig | *übertr* erfahren; **'~hen** *s Zool* Birk-, Haselhuhn *n*; **'~hound** *s* Windhund *m* | *Am* Überlandbus *m*; **'~ish** *adj* graugetönt, grau-; **'~lag** *s* Wild-, Graugans *f*; **'~ ˌmat·ter** *s Med* graue (Gehirn-) Substanz *od* Masse | *umg* Verstand *m*, Grips *m*; **'≈ 'Monk** *s* Zisterziensermönch *m*; **'~ 'owl** *s Zool* Waldkauz *m*; **'~ 'stone** *s Min* Graustein *m*

grew [gru:] *prät* von ↑ **grow**

grid [grɪd] *s* Gitter *n* | Rost *m* | *Tech* Raster *m*, Gitternetz *n* | *Geogr* (Gitter-) Netz *n* | *Math* Koordinatennetz *n* | (Eisenbahn-, Straßen-) Netz *n* ⟨road ~⟩ | *El Brit* Verbundnetz *n*, Verteilernetz *n*, Überland(leitungs)netz *n* | *Theat* Schnürboden | (Motorsport) Start(platz) *m* | *Am* (Fußball) Spielfeld *n*; **'~ ˌac·tion** *s El* Gittersteuerung *f*; **'~ base** *s El* Gitterspannung *f*; Aussteuerungsbereich *m*; **'~ bi·as** *s El* Gitterspannung *f*; **'~ ˌcir·cuit** *s El* Gitterkreis *m*; **'~ ˌcur·rent** *s El* Gitterstrom *m*; **'~der** *s umg Am* Fußballer *m*; **grid·le** ['grɪdl] **1.** *s* Kuchenblech *n* | *Tech* Drahtsieb *n*; **2.** *vt* auf einem Blech backen | *Tech* sieben; **'~ cake** *s* (flacher) Pfannkuchen

gride [graɪd] **1.** *vi* knirschen, kratzen (**along, through**), scheuern (**against**) | schneiden (**through**); **2.** *s* Kratzen *n*, Knirschen *n*

grid|i·ron ['grɪdaɪən] *s* Bratrost *m* | Gitter(rost) *n*(*n*) | *Mar* Balkenrost *m*, Kielbank *f* | Netzwerk *n* (von Leitungen, Bahnlinien u. ä.) | *Am umg* Fußballplatz *m*; **'~ leak** *s El* Gitterwiderstand *m*; **'~ ˌra·ti·o** *s El* Rasterverhältnis *n*; **'~ 'ref·er·ence** *s Mil* Planquadratangabe *f*; **'~ tank** *s El* Gitterschwingkreis *m*; **'~ wire** *s* (Flugkompaß) Richtdraht *m*

grief [gri:f] *s* Gram *m*, Kummer *m* ⟨good ~! du lieber Schreck; to my great ~ zu meinem großen Bedauern; to bring to ~ zu Fall bringen, zugrunde richten; to come to ~ in Schaden *od* in Schwierigkeiten kommen; (Sache) schiefgehen, versagen⟩; **'~-ˌstrick·en** *adj* untröstlich, gramgebeugt, schmerzerfüllt

griev·ance ['gri:vns] *s* Grund *m* zur Klage | Beschwerde *f* ⟨to air one's ~s sich offen beschweren, sich beklagen⟩ | Miß-, Übelstand *m* ⟨public ~⟩ | Groll *m* ⟨to have / nurse a ~ against s.o. jmdn. nicht leiden können, Groll hegen gegen jmdn. to harbour a ~ against s.o. for s.th. jmdm. etw. übelnehmen⟩; **grieve** ['gri:v] *vt* (jmdn.) kränken, betrüben, (jmdm.) weh tun; *vi* sich kränken, sich grämen (**about, at, over** über; **for** um), **grieve after** sich sehnen nach; **'griev·ous** *adj* kränkend, schmerzlich ⟨≈ loss⟩ | schwer, bitter, schlimm ⟨a ≈ mistake⟩ | schmerzhaft ⟨a ≈ wound⟩; **ˌgrie·vous bo·di·ly 'harm** *s Jur* schwere Körperverletzung

grif|fin ['grɪfɪn], *auch* **~fon** ['~ən] *s* (Vogel) Greif *m*

grig [grɪg] *s* kleiner Aal | Grille *f* | Heuschrecke *f* ◇ **as merry/lively as a ~** kreuzfidel; **ˌmerry '~** *umg* fideler Knopf

grill [grɪl] **1.** *s* Bratrost *m*, Grill *m* | Grillen *n*, Rösten *n* | Rostbraten *m*, gegrilltes Fleisch ⟨mixed ~ gemischte Grillplatte⟩ | *auch* **'~room** *s* Grill(bar) *m*(*f*); **2.** *vt* (Fleisch) grillen, grillieren, (auf dem Rost) braten | *übertr* quälen | *umg* (jmdn.) in die Zange nehmen, ausquetschen; *vi* braten, rösten, schmoren (*auch übertr*); **gril·lage** ['grɪlɪdʒ] *s Arch* Pfahlrost *m*, Unterbau *m*; **grille** [grɪl] *s* Gitter *n* (an Tür *od* Fenster), Gitterfenster *n*, Sprechgitter *n*, Schalteröffnung *f*; **'~ed** *adj* mit einem Gitter versehen; **'~room** *s* Grillbar *f*; **'~work** *s* Gitterwerk *n*

grilse [grɪls] *s* (*pl* **~**, *selten* **~s** ['~ɪz]) *Zool* junger Lachs

grim [grɪm] *adj* grimmig, schrecklich ⟨~ news schlimme Nachricht⟩ | finster ⟨a ~ smile⟩ | grausam ⟨~ humour Galgenhumor *m*⟩ | *umg* unangenehm, schlecht ⟨a ~ day⟩ ◇ **hold on/hang on (to s.th.) like ~ death** (sich) verbissen (an etw.) festhalten, unter keinen Umständen lockerlassen

gri·mace [grɪ'meɪs|'grɪməs] **1.** *s* Grimasse *f*, Fratze *f* ⟨a ~ of pain ein schmerzverzerrtes Gesicht; to make ~s Grimassen schneiden⟩; **2.** *vi* Grimassen schneiden | das Gesicht verziehen (**at** über, wegen); **'gri·mac·er**, *auch* **gri'mac·er** *s* Grimassenschneider *m*

gri·mal·kin [grɪ'mælkɪn] *s* alte Katze | *übertr* Kratzbürste

grime [graɪm] **1.** *s* Schmutz *m*, Ruß *m*; **2.** *vt* beschmutzen (**with** mit); **'grim·y** *adj* schmutzig, rußig

grin [grɪn] **1.** (**grinned, grinned**) *vi* grinsen, feixen ⟨to ~ at s.o. jmdn. angrinsen, jmdn. anlächeln; to ~ and bear it *umg* gute Miene zum bösen Spiel machen; to ~ like a Cheshire cat *übertr* breit *od* übers ganze Gesicht grinsen, wie ein Honigkuchenpferd strahlen; to ~ from ear to ear über das ganze Gesicht strahlen⟩; *vt* durch Grinsen ausdrücken; **2.** *s* Grinsen *n* ⟨to be on the [broad] ~ übers ganze Gesicht grinsen; take/wipe that ~ off your face! hör auf, so zu grinsen, grinse nicht so!⟩

grind [graɪnd] **1.** (**ground, ground** [graʊnd]) *vt* (zer)reiben, zermahlen, zerstoßen | (Kaffee) mahlen | (Getreide) schroten ⟨to ~ small fein zermahlen⟩ | (Messer) schleifen, schärfen⟩ | (Glas) schleifen | knirschen mit ⟨to ~ one's teeth mit den Zähnen knirschen⟩ | *übertr* schinden, quälen, ⟨to ~ the faces of the poor die Armen aussaugen⟩ | *umg* pauken, büffeln | einbleuen ⟨to ~ s.o. in English⟩ | (Leierkasten) drehen, leiern; ~ **down** (Menschen) niederhalten, zermürben; ~ **into** (hin)eintrichtern; ~ **out** *verächtl* herunterleiern | sich abquälen, mühsam hervorbringen; *vi* mahlen, reiben | sich mahlen lassen | knirschend reiben (**against** gegen; **on** an) | *auch* ~ **away** *umg* pauken, büffeln (**at s.th.** etw.; **for s.th.** für etw.); ~ **on** unaufhaltsam weitergehen *od* fortfahren | *übertr* nicht aufzuhalten sein, unaufhaltsam sein ◇ ~ **to a halt** (quietschend) zum Stehen kommen; *übertr* stocken, sich festfahren, zum Erliegen kommen; **2.** *s* (Zer-) Mahlen *n* | Knirschen *n*, Kratzen *n* | Schleifen *n* | *Sl* Schinderei *f* ⟨the daily ~ der tägliche Trott; it's a bit of a ~ es ist ganz schön hart⟩ | *umg* Pauken *n*, Büffeln *n* | *Am Sl* Streber *m*; **'~er** *s* (Scheren-, Glas-) Schleifer *m* | Schleifstein *m* | *Tech* Schleifmaschine *f* | *Anat* Backenzahn *m* | *Brit Sl* Einpauker *m*; **grind·ers** *s/pl Sl* Zähne *m/pl*; **'~ing 1.** *s* Mahl-, Schleif- | Schleifen *n* | Mahlen *n*; **2.** *adj* mahlend, schleifend | *übertr* bedrückend; **'~mill** *s* Schleifmühle *f* | Mehlwalzwerk *n*; **'~stone** *s* Mühl-, Schleifstein *m* ◇ **hold / keep one's nose to the ~stone** *übertr umg* sich schinden müssen, hart ranmüssen

grin·go ['grɪŋgəʊ] *verächtl s* (in Lateinamerika) Nordamerikaner *m* | (in Spanien *od* Lateinamerika) Ausländer *m* (*bes* Engländer *od* US-Amerikaner)

grip [grɪp] **1.** *s* Griff *m*, Anpacken *n* ⟨a firm ~ ein fester Griff⟩ | *übertr* Herrschaft *f*, Gewalt *f* (**of, on** über) ⟨to keep a ~ on o.s. sich beherrschen; to have a ~ on in der Gewalt *od* Kontrolle haben; to lose one's ~ on s.o. über jmdn. die Herrschaft verlieren; in the ~ of in den Klauen von⟩ | Verständnis *n*, Begreifen *n* ⟨to have a good ~ of s.th. etw. gut beherrschen *od* kennen⟩ | Händedruck *m* | (Hand-) Griff *m* (eines Koffers) | (Haar) Klemme *f* | (Stoff) Griffigkeit *f* | *Am* = **'~sack** | *Tech* Verbindungsstück *n*, Kupplung *f* | *Theat* Bühnenarbeiter *m* ◇ **be at ~s with** im Kampf liegen mit; *übertr* sich auseinandersetzen mit; **come to ~s with** jmdn. zu fassen bekommen; *übertr* sich auseinandersetzen mit; **2.** (**'gripped, 'gripped** *od selten* **gript, gript**) *vt* packen, ergreifen | *übertr* fesseln, in der Gewalt haben | *übertr* verstehen; *vi* fassen | *übertr* packen, fesseln; **'~brake** *s* Handbremse *f*; **'~ end** *s Tech* Manipulator *m*; **'~ feed** *s Tech* Greifer-, Zangenzuführung *f*

gripe [graɪp] **1.** *vt* (er)greifen, packen | (Leib) drücken, zwicken, Schmerzen verursachen ⟨to be ~d Leibschmerzen haben⟩ | *übertr* bedrücken, quälen | *Am Sl* aufregen, fuchsen; *vi* zwicken | *umg Sl* meckern ⟨to ~ at s.o. jmdn. anmeckern⟩ | sich beklagen; **2.** *s* Ergreifen *n*, Packen *n* | *übertr* Druck *m*, Elend *n* | *übertr* Gewalt *f* | *Mar* Greep *n* | *Am Sl* Meckerei *f*, Murren *n* ⟨any more ~s? sonst was zu meckern?⟩ | *Sl* Beschwerde *f*, Einwand *m* ⟨my main ~ is … vor allem paßt mir nicht, daß⟩; **gripes** [graɪps] *s/pl* Bauchweh *n*, Bauchgrimmen *n*, Bauchschmerzen *pl*; **'grip·ing 1.** *s Med* Kolik *f*; **2.** *adj* drückend, zwickend

grip|pal ['grɪpl] *adj Med* Grippe-; **grippe**, *auch* **grip** [grɪp] *s Med* Grippe *f*

grip|per ['grɪpə] *s Tech* Greifer *m*; **'~ping 1.** *adj* packend, spannend, fesselnd ⟨a ≈ film⟩ | *Tech* (Ein-) Spann-, Klemm-, Greif- ⟨≈ device Einspannvorrichtung *f*, Spannkopf *m*; ≈ pliers Haltezange *f*; ≈ tool Spannwerkzeug *n*⟩; **2.** *s* Greifen *n*; **'~sack** *s Am umg* Reisetasche *f*, Handköfferchen *n*

grit [grɪt] **1.** *s* (grober) Sand, Grus *m* | Grit *m*, Sandstein *m* | *Min* Struktur *f* (des Gesteins) | *übertr umg* Mut *m*, Entschlossenheit *f*, Mumm *m*; **2.** (**'~ted, '~ted**) *vt* knirschen mit ⟨to ~ one's teeth die Zähne zusammenbeißen⟩ | (Straße u. ä.) (mit Kies be)streuen; *vi* knirschen, kratzen; **grits** *s/pl Am* Haferschrot *m*, Grütze *f* | grobes Maismehl; **'~stone** *s* Sandstein *m*; **'~ty** *adj* sandig | *übertr umg* mutig, entschlossen, fest ⟨a ≈ character⟩ | unverblümt, ätzend, bissig ⟨≈ realism⟩

¹griz·zle ['grɪzl] **1.** *s* Grau *n*, graue Farbe | graues Haar; **2.** *adj* grau, farblos; **3.** *vt* grau machen; *vi* grau werden, ergrauen

²griz·zle ['grɪzl] *Brit umg vi* (Kind) (ständig) winseln, quengeln | nörgeln, sich aufregen (**about, at** über) | heulen, jammern

griz|zled ['grɪzld] *adj* grau(haarig); **'~zly 1.** *adj* grau(haarig), Grau-; **2.** *auch* **'~zly bear** *s Zool* Grisly-, Grizzlybär *m*

groan [grəʊn] **1.** *vi* stöhnen, seufzen, ächzen (**under** unter; **with** vor) | (Tür) knarren | *übertr* heftig verlangen (**for** nach); *vt* stöhnend hervorstoßen; ~ **down** durch Knurren zum Schweigen bringen; **2.** *s* Stöhnen *n*, Seufzen *n*

groat [grəʊt] *s Brit Hist* (Silber-) Groschen *m*

groats [grəʊts] *s/pl* (Hafer-) Grütze *f*

gro|cer ['grəʊsə] *s* Krämer *m*, Lebensmittelhändler *m*; **~cery** ['~sərɪ|'~srɪ] *s* Lebensmittelhandel *m* | *Am* Gemischtwarenhandlung *f*; **'~cer·ies** *s/pl* Lebensmittel *pl*; **~ce·te·ri·a** [ˌ~sə'tɪərɪə] *s* Selbstbedienungsladen *m* für Lebensmittel

grog [grɒg] **1.** *s* Grog *m* ⟨~ blossom *umg* Schnapsnase *f*⟩; **2.** (**grogged, grogged**) *vi* Grog trinken; **'~gy** *adj umg* schwach auf den Beinen, groggy, schwankend | betrunken | kränklich, anfällig | *Sport* angeschlagen | *Brit* (Sachen) nicht fest, wackelig, lose

grog·ram ['grɒgrəm] *s* Grogram *m* (grober Kleiderstoff)

groin [grɔɪn] **1.** *s* Leiste *f*, Leistengegend *f* ⟨to kick s.o. in the ~ jmdm. in den Unterleib treten⟩ | *Arch* Rippe *f*; **2.** *vt Arch* mit Rippen versehen, mit Kreuzgewölbe bauen ⟨~ed vault Kreuzgewölbe *n*⟩

grom·met ['grɒmɪt] *Tech s* (Metall-) Öse *f* | Gummiring(dichtung) *m(f)* | Unterlegscheibe *f*

groom [gru:m|grʊm] **1.** *s* Reit-, Stallknecht *m* | *bes Am* Bräutigam *m* | *arch* Diener *m* ⟨~ of the [Great] Chamber königlicher Kammerdiener⟩; **2.** *vt* (Pferde) versorgen, pflegen, striegeln, putzen | *urspr Am Pol* vorbereiten, lancieren ⟨to ~ s.o. for a big career jmdn. groß herausbringen⟩; **'~ed** *adj, bes* **ˌwell-'~ed** (Personen) elegant; **'~s·man** *s* (*pl* **'~s·men**) Brautführer *m*

groove [gru:v] **1.** *s* Rinne *f*, Furche *f* | *übertr* richtiges Fahrwasser, Schwung *m* ⟨in the ~ (Jazz) perfekt gespielt⟩ | *Sl* etw. Tolles *od* Wunderbares | *Tech* Nut(e) *f* | *Tech* Falz *m* | *Tech* Hohlkehle *f* | *Tech* Rille *f* | *Med* Furche *f* | *übertr* altes Gleis, gewohnter Gang, Routine *f* ⟨to fall into a ~ in Routine verfallen; to flow in the same [old] ~ im gewohnten Geleise bleiben⟩; **2.** *vt* Rillen machen in, rillen (Sand u. ä.) | Furchen machen in, furchen (Gesicht u. ä.) | *Tech* nuten, falzen | *Tech* auskehlen | *Tech* riefen, riffeln | *Sl* erfreuen, anmachen; *vi Sl* sich amüsieren | *Sl* großartig sein; **'groov·y** *adj* gefurcht | *übertr* routinemäßig | *Sl* stark, umwerfend, irre

grope [grəʊp] **1.** *vi* tasten, tappen; ~ **about** herumtasten, -tappen, (**after, for** nach) (*auch übertr*); *vt* tastend suchen ⟨to ~ one's way seinen Weg tastend suchen⟩; **2.** *s* (Umher-) Tasten *n*, -Tappen *n*; **'gro·ping·ly** *adv* tastend, unsicher

gros·beak ['grəʊsbi:k] *s Zool* Kernbeißer *m*

gros·grain ['grəʊgreɪn] *s* grob geripptes Seidentuch, -band

[1]**gross** [grəʊs] *s* (*pl* ~) Gros *n* (= 12 Dutzend) ⟨a great ~ 12 Gros⟩

[2]**gross** [grəʊs] **1.** *adj* dick, stark, massiv, schwer ⟨a ~ pillar⟩ | unförmig, plump, fett ⟨a ~ man⟩ | üppig, dicht ⟨~ vegetation⟩ | grob ⟨~ powder⟩ | dicht, schwer ⟨~ vapours⟩ | (*Ant* net) gesamt, Gesamt-, brutto ⟨~ profits Bruttoeinnahmen *f/pl*; ~ sum Gesamtsumme *f*; ~ weight Bruttogewicht *n*; £100 ~ £100 brutto⟩ | offenkundig, ungeheuerlich, grob ⟨a ~ error⟩ | grob, unfein, roh ⟨~ feelings⟩; **2.** *s förml* Gros *n*, Gesamtheit *f*, Masse *f* ⟨in [the] ~ im ganzen, im großen und ganzen, in Bausch und Bogen⟩; **3.** *vt* einen Bruttogewinn haben von, verdienen, brutto einnehmen ⟨to ~ £ 10.000⟩; ˌ~ **doˌmes·tic 'prod·uct** *s Wirtsch* im Lande verfügbares Nationaleinkommen; ˌ~ ˌ**na·tion·al 'prod·uct** *s Wirtsch* Bruttosozialprodukt *n*; '~ **'reg·is·ter[ed] 'ton** *s Mar* Bruttoregistertonne *f* (= 1,016 t)

grot [grɒt] *s poet* Grotte *f*

gro·tesque [grəʊ'tesk] **1.** *adj* grotesk, übersteigert | wunderlich, seltsam | absurd, lächerlich; **2.** *s* Groteske *f*, etw. Groteskes | (*mit best art*) das Groteske, grotesker Stil | *Typ* Grotesk(schrift) *f*

grot|to ['grɒtəʊ] *s* (*pl* '**~toes** *od* '**~tos**) Grotte *f*

grouch [graʊtʃ] *umg* **1.** *s* Klage *f* ⟨to have a ~ about herummeckern an ⟩ | schlechte Laune | *Am* Muffel *m*, Griesgram *m*; **2.** *vi* nörgeln; '**~y** *adj urspr Am umg* mürrisch, schlecht gelaunt

[1]**ground** [graʊnd] **1.** *s* (Erd-) Boden *m*, Erde *f* ⟨stony ~ steiniger Boden⟩ | Fläche *f*, Gebiet *n*, Strecke *f* (*auch übertr*) | *El* Erde *f* | *meist pl* Anlage *f*, Garten-, Parkanlage *f*, Ländereien *pl* | *meist pl* Gelände *n od* Gebiet *n* (für einen bestimmten Zweck) ⟨fishing ~s Fischgründe *pl*; hunting ~s Jagdgebiet *n*⟩ | *meist pl Sport* Platz *m* ⟨baseball ~s⟩ | Grundbesitz *m*, Grund und Boden *m* ⟨in its own ~ auf eigenem Grund und Boden⟩ | *meist pl übertr* Grundlage *f*, Basis *f*, Motiv *n* ⟨~s for a discussion; on the ~[s] of *übertr* auf Grund; on the ~[s] that *übertr* mit der Begründung, daß⟩ | *meist pl* (Boden-) Satz *m* ⟨coffee ~s⟩ | Meeresboden *m*, -grund *m* (*meist übertr*) ⟨to strike / take ~ *Mar* auflaufen, stranden⟩ | *auch* **grounds** *pl Mal* Untergrund *m* | *Mal* Grundierung *f* | Standort *m*, Stellung *f* | *übertr* Standpunkt *m*, Meinung *f* ⟨to take a ~ einen Standpunkt einnehmen⟩ ◇ **break fresh/new ~** *übertr* in Neuland vorstoßen; **cover [the] ~** eine (bestimmte) Strecke zurücklegen; *übertr* ein Gebiet umreißen *od* umfassend behandeln; **cut the ~ from under s.o.'s feet** *übertr* jmdn. in die Enge treiben, jmdm. den Boden unter den Füßen wegziehen; **fall to the ~** zu Boden fallen; *übertr* scheitern *od* hinfällig werden; **gain ~** (an) Boden gewinnen; *übertr* sich durchsetzen; **get off the ~** *übertr* in Fahrt *od* Schwung kommen, loslegen; **give ~** *Mil* zurückweichen; *übertr* nachgeben; **go to ~** (Fuchs) im Bau verschwinden; (Person) untertauchen; **hold/keep both/one's feet on the ~** *übertr* vernünftig bleiben, sich an die Tatsachen halten; **hold one's ~** die Position halten; *übertr* auf seiner Meinung beharren; **lose ~** (an) Boden verlieren; *übertr* zurückweichen; **shift one's ~** *übertr* seine Haltung *od* Position ändern; **stand/keep one's ~** nicht zurückweichen; *übertr* auf seiner Meinung beharren; **suit s.o. down to the ~** *Brit umg übertr* jmdm. genau in den Kram passen; **touch ~** *übertr* zur Sache kommen; **2.** *vt* niederlegen ⟨to ~ arms die Waffen strecken⟩ | (Schiff) stranden lassen | gründen, errichten | (jmdm.) Grundkenntnisse beibringen (**in s.th.** in etw.) | *Mal* grundieren | *Am El* erden | (Pilot) Startverbot erteilen, (Flugzeug) nicht starten lassen ⟨to be ~ed Startverbot haben⟩ | *übertr* (be)gründen (**in, on** auf); *vi Mar* auflaufen, stranden (**on** auf)

[2]**ground** [graʊnd] **1.** *prät* u. *part perf* von ↑ **grind 1.**; **2.** *adj* (Glas) mattgeschliffen ⟨~ glass Mattglas *n*; Glaspulver *n*; *Foto* Mattscheibe *f*⟩

ground·age ['graʊndɪdʒ] *s Mar* Ankergeld *n*, Hafengebühren *f/pl*

ground| a·lert ['graʊnd əˌlɜ:t] *s Flugw* Alarm-, Startbereitschaft *f*; '**~ atˌtack** *s Flugw* Tiefangriff *m*; '**~ bait** *s* Grundköder *m*; '**~ bass** *s Mus* Grundbaß *m*; '**~ cloth** *s Am für* '**~ sheet**; '**~ ˌcol·our** *s Mal* Grundfarbe *f*; '**~ conˌnec·tion** *s El* Erdung *f*; ˌ**~-con·trolled ap'proach ˌsys·tem** *s Flugw* GCA-Anfluganlage *f*, (Radar-) Blindlandesystem *n*; '**~ crew** *s Flugw* Bodenpersonal *n*; '**~er** *s Sport* flacher Ball, Bodenroller *m*; '**~ fish·ing** *s* Grundangeln *n*; ˌ**~ 'floor** *s* Erdgeschoß *n*, Parterre *n* ◇ **get / be in the ~ floor** *übertr umg* von unten anfangen; von Anfang an dabeisein; '**~ fog** *s* Bodennebel *m*; ˌ**~-'~** *s Mil* Boden-Boden-Rakete *f*; '**~ ice** *s* Grundeis *n*; '**~ing** *s* Fundament *n* | *übertr* Grundlage *f* | *Mal* Grundierung *f* | *Mar* Auflaufen *n* | Anfangsunterricht *m* | *übertr* Grundwissen *n* (**in** in); '**~ ˌi·vy** *s Bot* Gundermann *m*; '**~ ˌland·lord** *s* Grundeigentümer *m*; '**~less** *adj* grundlos | *übertr* unbegründet; '**~ line** *s Math* Grundlinie *f*; '**~ling** *s Hist Theat* Parterrezuschauer *m* | Gründling *m* | *übertr* ungebildete Person; '**~man** *s bes Brit* (*pl* '**~men**) Erdarbeiter *m* | *Sport* Platzwart *m*; '**~nut** *s* Erdnuß *f*; '**~ plan** *s Arch* Grundriß *m*; '**~ plate** *s Arch* Schwelle *f*, Grundplatte *f*; '**~plot** *s Arch* Basis *f*, Fundament *n* | Grundriß *m*; '**~ rent** *s* Grundrente *f*, Bodenzins *m*; '**~ rule** (*meist pl*) *s bes Am* (Sport) Regel, die für eine bestimmte Anlage gilt, Platzvorschrift *f* | *übertr* Grund-, Verfahrensregel *f*

[1]**ground·sel** ['graʊndsl] *s Arch* Schwelle *f*

[2]**ground·sel** ['graʊnsl] *s Bot* Kreuzkraut *n*

ground·sheet ['graʊndʃi:t] *s* Zelt(boden)plane *f*

grounds·man ['graʊndzmən] = **groundman**

ground| speed ['graʊnd spi:d] *s Flugw* Grundgeschwindigkeit *f*; '**~ staff** *s Flugw* Bodenpersonal *n*; '**~swell** *s* Dünung *f* | *übertr* Anwachsen *n*, Zunahme *f*, rasche Verbreitung ⟨a ≈ of interest ein steigendes Interesse⟩; '**~ ˌwa·ter** *s* Grundwasser *n*; '**~ wave** *s Phys* Bodenwelle *f*; '**~work** *s Arch* Grundmauern *f/pl*, Fundament *n* | *Mal* Grundierung *f* | *übertr* Grundlage *f*

group [gru:p] **1.** *s* Gruppe *f* (*auch übertr*), Anzahl *f* | Völkergruppe *f* | *Ling* Sprachengruppe *f* | *Mil* Kampfgruppe *f* | *Flugw* Kommando *n* | (Kunst) (Figuren-) Gruppe *f* | *Chem* Gruppe *f*, Radikal *n*; **2.** *vt* gruppieren, anordnen (**into** in); ~ **to·geth·er** zusammentun (**in**), in Gruppen einteilen; *vi* eine Gruppe bilden | sich (ein)gruppieren (**in** in) | passen (**with** zu); '**~age** *s* Gruppierung *f*; ˌ**~ 'cap·tain** *s Flugw* Oberst *m* (der Royal Air Force); '**~ dyˌnam·ics** *s/pl* (*sg konstr*) Gruppendynamik *f*; **~ie** ['gru:pɪ] *s Sl* Groupie *m*; '**~ing** *s* Gruppierung *f* | *Pol* Gruppenbildung *f*; ˌ**~ 'prac·tice** *s Med* Gemeinschaftspraxis *f*; ˌ**~ 'ther·a·py** *s Med Psych* Gruppentherapie *f*; '**~-ˌthink 1.** *s* kollektives Nachdenken; **2.** *adj* kollektiv erdacht, durch gemeinsames Nachdenken (ermittelt)

[1]**grouse** [graʊs] *s* (*pl* ~) *Schott, umg* (Moor-) Schneehuhn *n* | Waldhuhn *n* ◇ ˌ**black** '**~** Birkhuhn *n*; '**willow ~** Moorschneehuhn *n*

[2]**grouse** [graʊs] *umg* **1.** *vi* murren, nörgeln (**about** über); **2.** *s*

Murren *n*; **'grous·er** *s umg* Nörgler *m*, Meckerer *m*

grout [graʊt] **1.** *s* dünner Mörtel, Fugenkitt *m* | *arch* Schrotmehl *n*; **2.** *vt* (Zement) ver-, untergießen | vergipsen; **~ in** (mit Mörtel) verstreichen *od* ausfüllen | (Mörtel) einpressen; **~ up** (Spannbeton) auspressen; **~ with** ausgießen mit (Zement); **~ing** *s* Einpressen *n*, Vermörteln *n* ⟨≈ of the ground Zementieren *n*, Versteinern *n*; ≈ with liquid cement Zementeinpressung *f*⟩ | Füllmaterial *n*; **'~ing hole** *s Tech* (Turbine) Eingußloch *n*

grove [grəʊv] *s* Hain *m*, Gehölz *n*

grov|el ['grɒvl] (**'~elled, '~elled** *od Am* **'~eled, '~eled**) *vi meist übertr* kriechen, sich erniedrigen (**at, before, to** vor) | (gern) im Schmutz wühlen; **'~el·ler,** *Am* **'~el·er** *s* Kriecher *m* | Schmutzfink *m*; **'~el·ling,** *Am* **'~el·ing** *adj meist übertr* kriecherisch | gemein | schmutzig

grow [grəʊ] (**grew** [gru:], **grown** [grəʊn]) *vi* wachsen, gedeihen ⟨to ~ into one/ together zusammenwachsen; to ~ wild wild wachsen⟩ | zunehmen (**in** an) | sich entwickeln, entstehen (**from** aus) | *übertr* (allmählich) werden ⟨to ~ fat dick werden; to ~ like s.o. jmdm. zunehmend ähneln; to ~ to like s.o. jmdn. nach und nach gern haben, jmdn. lieben lernen; to ~ out of use außer Gebrauch kommen; to ~ into fashion Mode werden; to ~ old alt werden⟩; **~ away from** sich (jmdm.) entfremden; **~ down** nach unten wachsen | kleiner werden; **~ into** werden zu | hineinwachsen in | sich gewöhnen an; **~ on** Einfluß *od* Macht gewinnen über; **~ out of** herauswachsen aus (Kleider) | (Gewohnheit) ablegen | *übertr* erwachsen aus; **~ up** aufwachsen, heranreifen | *übertr* (Gebrauch u. ä.) sich einbürgern | sich entwickeln ◇ **~ up!** benimm dich!; **~ [up]on** Einfluß gewinnen auf; *vt* zum Wachsen bringen, anbauen ⟨to ~ corn⟩, ziehen | wachsen lassen ⟨to ~ a beard sich einen Bart stehen lassen⟩; **'~a·ble** *adj* kultivierbar; **'~er** *s* wachsende Pflanze ⟨a fast/quick ≈ eine schnell wachsende Pflanze⟩ | Pflanzer *m*, Züchter *m* ⟨wine ≈ Weinbauer *m*⟩; **'~ing** *adj* Wachstums-, wachsend; **'~ing pains** *s Med* Wachstumsschmerzen *m/pl* | *übertr* Kinderkrankheiten *f/pl*; **'~ing ˌsea·son** *s* Vegetationszeit *f*

growl [graʊl] **1.** *vi* (Hund) knurren, (Bär) brummen (*auch übertr*) | (Donner) rollen; *vt auch* **~ out** (etw.) brummen; **2.** *s* Knurren *n*, Brummen *n* (*auch übertr*) | Rollen *n*, Grollen *n*; **'~er** *s* knurriger Hund | *übertr* Brummbär *m* | *Brit umg* vierrädrige Droschke | *Am Sl* Bierkrug *m* | *El* Ankerprüfgerät *n*

grown [grəʊn] **1.** *part perf* von ↑ **grow**; **2.** *adj* gewachsen ⟨full-~ ausgewachsen; ill-~ schlecht gewachsen⟩ | bewachsen ⟨grass-~; ~-over überwuchert (**with** von)⟩ | erwachsen, reif ⟨a ~ man⟩; **ˌ~-'up** *adj* erwachsen ⟨a ≈ son; to put on ≈ airs sich wie ein Erwachsener benehmen⟩; **'~-up** *s* (*pl* **'~-ups**) Erwachsene(r) *f(m)*

growth [grəʊθ] *s* Wachsen *n* (*auch übertr*), Wachstum *n* ⟨full ~ entwickeltes Wachstum⟩ | Größe *f*, Wuchs *m* | Vergrößerung *f*, Anstieg *m* ⟨membership ~ Anwachsen *n* der Mitgliederzahlen⟩ | Erzeugung *f*, Anbau *m*, Züchtung *f* | Produkt *n*, Erzeugnis *n* | *Med* Gewächs *n*, Wucherung *f* ◇ **be not of one's own ~** nicht von jmdm. selbst stammen; **ˌ~ 'in·dus·try** *s* Wachstumsindustrie *f*, blühender Wirtschaftszweig; **ˌ~ 'stocks** *s Wirtsch* Wachstumsaktien *f/pl*

groyne, *auch* **groin** [grɔɪn] *s* Buhne *f*

[1]grub [grʌb] *s* Made *f*, Raupe *f*, Larve *f* | *übertr* Schlampe *f* | Flegel *m* | *übertr* Arbeitstier *n* | *Sl* Fraß *m*

[2]grub [grʌb] (**~bed, ~bed**) *vi* graben, wühlen | *auch* **~ along/away/on** sich abplagen, sich schinden; **~ about** herumwühlen, -kramen (**in** in) | *Sl* futtern; *vt* (um)graben | *auch* **~ out/up** ausgraben (*auch übertr*) | ausjäten, ausroden; **'~ axe, '~ hoe, '~ hook** *s* Rodehacke *f*; **'~by** *adj* schmutzig | schlampig | verwahrlost, verlottert | madig; **'~ Street 1.** *s übertr* armselige Literaten *m/pl*, Schreiberlinge *m/pl* | billiges Geschreibsel; **2.** *adj* (Literatur) minderwertig ⟨a ≈ hack ein drittklassiger Autor⟩

grudge [grʌdʒ] **1.** *vt* neiden, mißgönnen ⟨to ~ s.o. s.th. jmdm. etw. nicht gönnen⟩ | widerwillig tun (**to** *mit inf*) | ungern erlauben *od* gewähren (**s.th.** etw.; **to** *mit inf*) ⟨to ~ no pains keine Mühe scheuen, sich nicht verdrießen lassen; not to ~ doing nicht ungern tun⟩; *vi* murren, trotzen; **2.** *s* Widerwille *m* | Groll *m* ⟨to bear/owe s.o. a ~; to have a ~ against jmdm. grollen *od* übelwollen; jmdm. etw. nachtragen; to pay off a ~ eine alte Rechnung begleichen⟩; **grudg·ing** *adj* neidisch | ungern gegeben | widerwillig

gru·el [gru:l|gruəl] **1.** *s* Haferschleim *m* ◇ **get/have one's ~** *umg* sein Teil bekommen, sein Fett kriegen; **2.** (**~led, ~led**) *vt Brit* erschöpfen | (etw. jmdm.) besorgen, heimzahlen; (jmdm.) sein Teil geben; **'~ling 1.** *adj* erschöpfend, anstrengend; **2.** *s* Anstrengung *f*, Strapaze *f*

grue·some ['gru:səm] *adj* grausam, schrecklich | abstoßend

gruff [grʌf] *adj* mürrisch, verdrießlich | barsch, grob ⟨a ~ manner⟩ | rauh, heiser ⟨a ~ voice⟩

grum·ble ['grʌmbl] **1.** *vi* brummen, murren, nörgeln (**about, at, over** über, wegen) | (Donner) rollen | (Hund u. ä.) knurren; *vt, auch* **~ out** murrend äußern; **2.** *s* Murren *n*, Nörgeln *n* | Knurren *n*; **'grum·bler** *s übertr* mürrischer Mensch, Brummbär *m*; **'grumb·ling** *adj* (Blinddarm) gereizt ⟨≈ appendix⟩

grume [gru:m] *s* Klümpchen *n* (von Blut u. ä.) | Schleim *m*; **'gru·mous** *adj* geronnen, klumpig

grump|y ['grʌmpɪ] **1.** *adj, auch* **'~ish** mürrisch, verdrießlich | reizbar; **2.** *s* Griesgram *m*, mürrischer Mensch

Grun·dy ['grʌndɪ], *meist* **Mrs. ~** *Brit s* die öffentliche Meinung ◇ **what will Mrs. ~ say?,** was werden die Leute sagen?; **'~ism** *s* Prüderie *f* | Engstirnigkeit *f*; **'~ist, '~ite** *s* Sittenrichter *m*

grunt [grʌnt] **1.** *vi* (Schwein u. ä.) grunzen, murren (**at** über, **with** vor) (*auch übertr*); *vt* grunzend äußern, brummen; **2.** *s* Grunzen *n*; **'~er** *s* Grunzer *m*, Schwein *n*

Gru·yère ['gru:jɛə|gru:'jɛə|gri:-] *s, auch* **'~ ˌcheese** Schweizerkäse *m*, Gruyère *m*

gryph·on ['grɪfən] = **griffin**

G-string ['dʒi:strɪŋ] *s Mus* G-Saite | Minislip *m*

gua·na ['gwɑ:nɑ:] *s* große Eidechse, Leguan *m* | = **iguana**

gua·no ['gwɑ:nəʊ] **1.** *s* Guano *m*; **2.** *vt* mit Guano düngen

guar·an|tee [ˌgærən'ti:] **1.** *s Wirtsch* Garantie(schein) *f(m)* ⟨to carry/have a one-year ≈ ein Jahr Garantie haben; under ≈ unter Garantie⟩ | *umg* Garantie *f*, Sicherheit *f* | Bürgschaft *f* (**of, for** für) | Pfand *n*, Kaution *f* | Bürge *m* | Gläubiger *m*; **2.** *vt Wirtsch* Garantie leisten *od* gewähren (**for** für, auf) | bürgen für | garantieren | sich dafür verbürgen (**that** daß) | schützen, sichern (**against** gegen, **from** vor); **~tor** [ˌ-'tɔ:|'-tɔ:] *s Jur* Bürge *m*, Garant *m* | Gewährsmann *m*; **'~ty 1.** *s Jur* Bürgschaft *f*, Sicherheit *f*, Garantie *f* (*auch übertr*) | Garantiegewährung *f* | Kaution *f*; **2.** *vt* = **garantee 2.**

guard [gɑ:d] **1.** *vt* bewachen, beaufsichtigen | (be)schützen (**against** gegen; **from** vor), (be)hüten (**from** vor) | *übertr* beherrschen, unter Kontrolle halten ⟨to ~ o.s. sich hüten; to ~ one's tongue seine Zunge im Zaum halten⟩; *vi* sich hüten (**against** vor), wachsam sein, Vorkehrungen treffen (**against** gegen) | Schutz bieten | Wache stehen; **2.** *s* Wächter *m*, Aufseher *m*, Wache *f*, (Wach-) Posten *m* | *Mil* Wachmannschaft *f* ⟨life~ Leibwache *f*; advanced ~ *Mil* Vorhut *f*; rear ~ *Mil* Nachhut *f*⟩ | Aufsicht *f*, Bewachung *f* ⟨to mount (keep, relieve) ~ Wache beziehen (halten, ablösen)⟩ | Vorsicht *f*, Wachsamkeit *f* ⟨to be on one's ~ auf der Hut sein; to be off one's ~ unachtsam sein; to throw s.o. off his ~ jmdn. aus der Fassung bringen⟩ | *Brit Eisenb* Schaffner *m*, Zugführer *m* | *Am* Bahnwärter *m* | (Boxen u. ä.) Abwehrstellung *f* | Verteidigung *f* (*auch übertr*) ⟨his ~ was up (down) er war gedeckt (ungedeckt); *übertr* er paßte genau auf (war unaufmerksam)⟩ | *Tech* Schutzvorrichtung *f*, -gitter *n* | *Buchw* Falz *m* | (*meist pl*) Garde(soldat) *f*(*m*) ⟨a Horse ∸ ein Angehöriger der Königlichen Wache; the ∸s die Garde, das Garderegiment⟩; **'~ boat** *s Mar* Wachboot *n*; **'~ brush** *s El* Stromabnehmer *m*; **'~ chain** *s* Sicherheitskette *f*; **'~ed** *adj* beaufsichtigt, bewacht | geschützt, gesichert | vorsichtig, behutsam ⟨to be ≈ in one's speech sich vorsichtig ausdrücken⟩; **'~house** *s Mil* Wachlokal *n* | Wache *f*, Arrestlokal *n*; **'~i·an** *s* Wächter *m*, Wärter *m*, Kustos *m* | *Jur* Vormund *m* ⟨≈ of the poor Armenpfleger *m*; ≈ angel Schutzengel *m*⟩; **'~i·an·ship** *s* Vormundschaft *f* | Wächteramt *n* | *übertr* Schutz *m*, Obhut *f*; **'~ lock** *s* Sicherheitsschloß *n*; **'~ plate** *s Tech* Schutzblech *n*, -platte *f*; **'~rail** *s Eisenb* Sicherheitsschiene *f* | Schutzgeländer *n*; **'~room** *s Mil* Wachstube *f* | Arrestzelle *f*; **'~s·man** *s* (*pl* **'~s·men**) Wächter *m* | *Mil* Gardist *m* | *Am* Mitglied *n* der Nationalgarde *f*; **'~'s van** *s Brit Eisenb* Schaffner-, Dienstabteil *n*

gua·va ['gwɑ:və] *s Bot* Guavenbaum *m* | Guajava(frucht) *f*

gu·ber·na·to·ri·al [ˌgju:bənə'tɔ:rɪəl] *adj bes Am Pol* Regierungs-, Gouverneurs-

[1]**gudg·eon** ['gʌdʒən] **1.** *s Zool* Gründling *m* | *übertr* Tropf *m*, Einfaltspinsel *m* | Köder *m*; **2.** *vt* betrügen

[2]**gudg·eon** ['gʌdʒən] *s Tech* Bolzen *m*, Zapfen *m* | *Arch* Haken *m* | *Mar* Ruderöse *f*

guel·der·rose ['geldərəuz] *s Bot* Schneeball *m*

gue·non [gə'nɔ̃] *s Zool* Meerkatze *f*

guer·don ['gɜ:dən] **1.** *s poet* Lohn *m*; **2.** *vt* belohnen

gue[r]·ril·la [gə'rɪlə] *s Mil* Guerilla(kämpfer) *m*(*m*), Partisan *m*; **'~ 'war[fare]** *s Mil* Guerilla-, Kleinkrieg *m*

guess [ges] **1.** *vt* (ab)schätzen ⟨to ~ the age of s.o. at jmds. Alter schätzen auf⟩ | (er)raten ⟨to ~ a riddle⟩ | vermuten, ahnen ⟨I can't ~ ich habe keine Ahnung⟩ | *Am* denken, meinen, glauben ⟨I ~ I can come ich glaube, ich kann kommen⟩; *vi meist* **~ at** mutmaßen, schätzen ⟨I ~ he will come er kommt vermutlich; to ~ at a distance eine Entfernung schätzen⟩ | (herum)raten (**about, at** an) ◇ **keep s.o. ~ing** jmdn. im Ungewissen lassen; **2.** *s* Vermutung *f*, Mutmaßung *f* ⟨at a ~/by ~ schätzungsweise; it's anybody's ~ da kann man nur raten; to have/make a ~ raten, schätzen; your ~ is as good as mine ich weiß auch nicht mehr⟩; **'~work** *s* Mutmaßung(en) *f*(*pl*), Raterei *f*

guest [gest] **1.** *s* Gast *m* ⟨paying ~ (Pensions-) Gast *m*; to be s.o.'s ~ eingeladen sein; be my ~! *umg* bedienen Sie sich!⟩ | *Zool, Bot* Parasit *m*; **2.** *selten vt* als Gast aufnehmen *od* bewirten; *vi* Gast sein; **~ on** *bes Am* als Gast auftreten in ⟨~ing on a new show⟩; **'~ ˌcham·ber** *s* Fremdenzimmer *n*; **'~house** *s* Pension *f*; **'~room** *s* Fremdenzimmer *n*; **'~night** *s* Veranstaltung *f od* Party *f*, wo Gäste mitgebracht werden können; **'~ rope** *s Mar* Boots-, Schlepptau *n*; **'~ ˌwork·er** *s* Gastarbeiter(in) *m*(*f*)

guff [gʌf] *s Am Sl* Quatsch *m*

guf·faw [gə'fɔ:] **1.** *s* schallendes Gelächter; **2.** *vi* schallend *od* wiehernd lachen

gug·gle ['gʌgl] **1.** *vt* (Flüssigkeit) glucksend gießen *od* trinken; **~ up** hervorsprudeln; *vi*, *auch* **gur·gle** ['gɜ:gl] glucksen, gurgeln; **2.** *s Sl* Gurgel *f*

guhr [guə] *s Min* Gur *f*

guid|able ['gaɪdəbl] *adj* lenksam; **'~ance** *s* Führung *f*, Leitung *f* | *Päd* Beratung *f*, Lenkung *f* | Belehrung *f* ⟨for your ≈ zu Ihrer Orientierung⟩

guide [gaɪd] **1.** *vt* führen, leiten | steuern, lenken | *übertr* belehren, anleiten; **2.** *s* (Berg-) Führer *m* (**to** für) | Weg(markierungs)zeichen *n* | Reiseführer *m* | *Brit* Pfadfinderin *f* | Leitfaden *m*, Handbuch *n* ⟨a ~ to French literature⟩ | *übertr* Richtschnur *f* | *Tech* Führungsvorrichtung *f*; **'~ beam** *s Flugw* Leitstrahl *m*; **'~board** *s* Wegweisertafel *f*; **'~book** *s* Reiseführer *m*; **'~ dog** *s* Blindenhund *m*; **ˌguid·ed 'mis·sile** *s* ferngelenktes Geschoß, ferngelenkter *od* Lenkflugkörper; **'~lines** *s/pl* Hinweise *m/pl*, Richtlinien *f/pl*; **'~post** *s* Wegweiser *m*; **'~ rail** *s Tech* Führungsschiene *f*; **'~ rope** *s Flugw* Schleppseil *n*

gui·don ['gaɪdən] *s Mil* Standarte *f* | Wimpel *m* | *Mil* Fähnrich *m*

guild [gɪld] *s* Zunft *f*, Innung *f*, Gilde *f* | Verein *m*

guil·der ['gɪldə] *s* (holländischer) Gulden

guild·hall [ˌgɪld 'hɔ:l|'gɪld hɔ:l] *s* Zunfthaus *n* ◇ **the ∸** Rathaus *n* von London; **'guilds·man** *s* (*pl* **'guilds·men**) Innungsmitglied *n*

guile [gaɪl] *förml s* Arglist *f*, Tücke *f* ⟨to have a great ~/to be full of ~ voller List und Tücke *od* ganz arglistig sein; to be without ~ ohne Arg *od* Falsch sein⟩; **'~ful** *adj* arglistig, tückisch; **'~less** *adj* arglos, aufrichtig, ohne Falsch ⟨a ≈ look⟩

guil·le·mot ['gɪlɪmɒt] *s Zool* Lumme *f*, Seetaucher *m*

guil·lo·tine ['gɪləti:n|ˌgɪlə'ti:n] **1.** *s* Guillotine *f*, Fallbeil *n* | *Tech* Papierschneidemaschine *f* | *Brit Parl* Festsetzung *f* eines Abschlußtermins für die Diskussion eines Gesetzentwurfes (in den Ausschüssen); **2.** *vt* mittels Guillotine hinrichten, guillotinieren | *Brit Parl* die Debatte über einen Gesetzentwurf beschränken *od* befristen

guilt [gɪlt] *s* Schuld *f*, Strafbarkeit *f* ⟨to incur ~ straffällig werden⟩ | Schuld(bewußtsein) *f*(*n*) ⟨to show ~⟩ | Schuld *f*, Verantwortung *f* ⟨the ~ lies with him es ist ihm zuzuschreiben⟩; **'~less** *adj* unschuldig (**of** an) | unkundig, unberührt (**of** in, von); **'~y** *adj* schuldig ⟨≈ of a crime; to find s.o. (not) ≈ jmdn. für (un)schuldig erklären⟩ | strafbar, verbrecherisch ⟨a ≈ intent strafbare Absicht⟩ | schuldbeladen, schuldbewußt ⟨a ≈ conscience ein schlechtes Gewissen⟩

guin·ea ['gɪnɪ] *s* Guinee *f* (= 21 Schilling *bzw* £ 1.05) | *Brit Hist* Guinee *f* (Goldmünze); **'~ fowl** *s* Perlhuhn *n*; **'~ hen** *s* weibliches Perlhuhn; **'~ pig** *s* Meerschweinchen *n* | *übertr* Versuchskaninchen *n*

gui·pure [gɪ'pjuə] *s* Gipüre *f*; **ˌ~ 'lace** *s* Luftspitzen *f/pl*

guise [gaɪz] **1.** *s förml* (äußere) Erscheinung *f*, Gestalt *f*, Aufmachung *f* ⟨in a (certain) ~ in (bestimmter) Aufmachung; in the ~ of in Gestalt von⟩ | *übertr* Maske *f*, Mantel *m* ⟨under the ~ unter dem Vorwand⟩ | *arch* Kleidung *f*; **2.** *vt arch* (ver)kleiden

gui·tar [gɪ'tɑ:] **1.** *s* Gitarre *f*; **2.** *vi* Gitarre spielen; **'~ist** *s* Gitarrenspieler(in) *m*(*f*)

gulch [gʌltʃ] *s Am* tiefe Schlucht

gul|den ['guldən] *s* (*pl* **'~den, '~dens**) Gulden *m*

gules [gju:lz] *s Her* Rot *n*

gulf [gʌlf] **1.** *s* Golf *m*, Meerbusen *m* ⟨the Persian ∸⟩ | Abgrund *m*, Schlund *m* (*auch übertr*) | *übertr* Kluft *f* | Wirbel *m*, Strudel *m* (*bes übertr*); **2.** *vt* (in e-n Abgrund) hinunterreißen; verschlingen (*auch übertr*); **'∸ Stream** *s* Golfstrom *m*; **'~y** *adj* voller Strudel | abgrundtief, wie ein Schlund

[1]**gull** [gʌl] *s* Möwe *f* ⟨black-headed ~ Lachmöwe *f*; herring ~ Silbermöwe *f*⟩

[2]**gull** [gʌl] **1.** *vt* täuschen, betrügen, übertölpeln ⟨to ~ s.o. into s.th. jmdn. durch Trick zu etw. bringen; to ~ s.o. out of s.th. jmdm. etw. ablisten *od* abluchsen⟩; **2.** *s* Tölpel *m* | jmd., der an der Nase herumgeführt wird

Gul·lah ['gʌlə] *s* Gullah(neger) *m* (in den USA) | nordamerikanischer Negerdialekt

gul·let ['gʌlɪt] *s Anat* Speiseröhre *f*, Schlund *m* | *übertr* Gurgel *f*, Kehle *f* ⟨to stick in s.o.'s ~ jmdm. (völlig) gegen den Strich gehen⟩ | Wasserrinne *f*, -kanal *m* | (Säge) Zahnlücke *f* | Zahngrund *m* | *Tech* (Durch-, Ein-) Stich *m*; '~ **tooth** *s Tech* Kransägezahn *m*; '~ **tooth ˌsys·tem** *s Tech* Wolfszahnung *f*

gul·li|bil·i·ty [ˌgʌlɪ'bɪlətɪ] *s* Leichtgläubigkeit *f*; **~ble** ['gʌləbl] *adj* leichtgläubig, einfältig, leicht zu täuschen

gul·ly, *auch* **gul·ley** ['gʌlɪ] **1.** *s* Schlucht *f* (e-s Gießbachs), Wasserrinne *f* | Abzugskanal *m* | *auch* '~ **hole** *Tech* Gully *m*, Abfluß-, Sinkloch *n*, -kasten *m*; **2.** *vt*, *auch* **~ out** Wasserrinnen *od* Abzugskanäle bilden *od* anbringen; '~ **drain** *s* Abflußrohr *n*; '~ **trap** *s* Geruchsverschluß *m*

gulp [gʌlp] **1.** *vt*, *auch* **~ down** (gierig) (ver)schlucken, hinunterschlucken (*auch übertr*) | *übertr* (Schmerz, Gefühl) unterdrücken ⟨to ~ down a sob⟩; *vi* schlucken, würgen (*auch übertr*); **2.** *s* Schlucken *n* | Schluck *m*, Zug *m* ⟨at one ~ auf einen Zug⟩ | Würgen *n*

[1]**gum** [gʌm] *s*, *meist pl* **gums** Zahnfleisch *n*

[2]**gum** [gʌm] **1.** *s* Gummi *m*, Pflanzenharz *n*, Kautschuk *m* ⟨soft ~ Baumharz *n*⟩ | *auch* '~ **tree** Gummibaum *m* | *auch* '**chewing** ~ Kaugummi *m* | Gummibonbon *n* ⟨wine ~ saures Gummibonbon⟩ | Gummilösung *f*, Klebstoff *m* | (Briefmarke u. ä.) Gummierung *f* | Appretur(mittel) *f*(*n*) | *Med* Augenbutter *f* | (*meist pl*) *Am* Gummischuh *m*; **2.** (**~med, ~med**) *vt* gummieren | (zu)kleben | (mit Gummi) versteifen | *Am Sl* leimen, übertölpeln; **~ down** aufkleben; **~ together** zusammenkleben; **~ up** *umg* stoppen, unmöglich machen; *vi* Gummi ausscheiden; **~ up** gehemmt *od* gehindert werden; '~ '**ac·id** *s* Harzsäure *f*; ˌ~ **ar'a·bic** *s* Gummiarabikum *n*

gum·bo ['gʌmbəʊ] *s Bot Am* eßbarer Eibisch, Gumbo *m*, Rosenpappel *f* | Gumboschote *f* | mit Gumboschoten eingedickte Suppe

gum·boil ['gʌmbɔɪl) *s Med umg* (kleines) Zahngeschwür

gum|boot ['gʌmbu:t] *s* Gummistiefel *m*; '**~drop** *s Am* Gummibonbon *m*

gum| e·las·tic ['gʌmɪlæstɪk] *s* Kautschuk *m*; '**~my** *adj* gummiartig | gummireich | klebrig

gump [gʌmp] *s Am*, *dial* Einfaltspinsel *m*

gump·tion ['gʌmpʃn] *s umg* gesunder Menschenverstand, Grips *m* | Initiative *f*

gum| res·in ['gʌm ˌrezɪn] *s* Gummiharz *n*; '**~shoe** *Am s* Galosche *f* | Turnschuh *m* | *Sl* Spitzel *m*; *vi Am Sl* heimlich vorgehen; '~ **tree** *s* Gummibaum *m* | *Austr* Eukalyptusbaum *m* ◇ **up a ~ tree** *übertr umg* in der Klemme; '~ **wood** *s* Eukalyptusholz *n*

gun [gʌn] **1.** *s* Gewehr *n*, Büchse *f*, Flinte *f* | Geschütz *n*, Kanone *f* | *übertr* Kanone *f*, großes Tier ⟨a great/big ~ eine große Kanone; to bring up one's big ~s die schweren Geschütze auffahren⟩ | *Am umg* Pistole *f*, Revolver *m* | Kanonenschuß *m*, Salut *m* ◇ **son of a ~** Teufelskerl *m*; **blow great ~s** *Mar* (Sturm) heulen; **jump the ~** (Sport) Frühstart produzieren *od* machen; *übertr* voreilig sein *od* handeln; **spike s.o.'s ~s** *übertr umg* jmds. Vorhaben durchkreuzen; **stand/stick to one's ~s.** *übertr* aushalten, fest bleiben; **as sure as a ~** todsicher; **2.** (**~ned, ~ned**) *vi* (mit Gewehr) jagen (**for** nach) | schießen (**for** nach) | *übertr* suchen (**for** nach) ⟨to ~ for help⟩; *vt Am umg* erschießen; **~ down** niederschießen; '~ ˌ**bar·rel** *s* Gewehrlauf *m*; '**~boat** *s* Kanonenboot *n*; ˌ**~boat di'plo·ma·cy** *s Pol* Kanonenbootdiplomatie *f*, Politik der militärischen Drohungen; '~ ˌ**cap·tain** *s Mil* Geschützführer *m*; '~ ˌ**car·riage** *s Mil* Lafette *f*; '~ ˌ**cot·ton** *s* Schießbaumwolle *f*; '~ **dog** *s* Jagdhund *m*; '**~down** *s umg* Schießerei *f*; '**~fire** *s* Geschütz-, Artilleriefeuer *n*

gunge [gʌndʒ] *s Brit Sl* klebriges *od* schmieriges Zeug; '**gung·y** *adj Sl* klebrig, schmierig

gun li·cence ['gʌn ˌlaɪsəns] *s bes Am* Waffenschein *m*; '**~lock** *s* Gewehrschloß *n*; '**~man** *s* (*pl* '**~men**) Schütze *m* | *umg* Bandit *m*, bewaffneter Verbrecher; '~ ˌ**met·al** *s* Rotguß *m*, Geschützmetall *n* | *auch* ˌ**~met·al** '**grey** (metallisches) Blaugrau; '~ **mount** *s* Lafette *f*; '**~ner** *s* Kanonier *m* | *Mar* Geschützführer *m* | *Mil*, *Flugw* Bordschütze *m* | Jäger *m*; '**~ner·y** *s Mil collect* Geschütze *n/pl* | Geschützwesen *n* | Artillerieeinsatz *m*; '**~ning** *s* Jagd *f* ⟨to go ≈ auf die Jagd gehen⟩

gun·ny ['gʌnɪ] *s* Sackleinwand *f* | *auch* '~ **bag,** '**~sack** Jutesack *m*

gun pit ['gʌn pɪt] *s* Geschützstand *m* | *Flugw* Kanzel *f*; '**~point**, *in*: **at ~point** mit vorgehaltener Pistole ⟨to hold s.o. at ≈ jmdn. mit der Pistole *od* dem Gewehr bedrohen⟩; '~ˌ**pow·der** *s* Schießpulver *n*; '~ˌ**run·ner** *s* Waffenschmuggler *m*; '~ˌ**run·ning** *s* Waffenschmuggel *m*; '**~ship** *s* Kampfhubschrauber *m*; '**~shot** *s* Schuß *m* | Schußweite *f* (*auch übertr*) ⟨in (out of) ≈ in (außer) Schußweite⟩; '**~shy** *adj* (Hund) flintenscheu; '**~smith** *s* Büchsenmacher *m*; '**~stock** *s* Gewehrschaft *m*, -kolben *m*

gun·ter ['gʌntə] *s Math* (Gunterscher logarithmischer) Rechenschieber *m* ◇ **according to ~** *Am* nach Adam Riese

gun| tur·ret ['gʌn tʌrət] *s Mil* Geschützturm *m*; **~wale,** *auch* **gun·nel** ['gʌnl] *s Mar* Schan[z]deck *n*, -deckel *m*

gup·py ['gʌpɪ] *s Zool* Guppy *m* | *Mil Sl* Flugzeug *n* mit Radargerät | *Mil Sl* U-Boot *n* mit Schnorchel

gur·gle ['gɜ:gl] **1.** *vi* (Wasser) glucksen, gurgeln; *vt* glucksend äußern; **2.** *s* Glucksen *n*, Gurgeln *n*

gu·ru ['guru:] *s* Guru *m* | *umg*, *oft scherzh* Leitfigur *f*, Idol *n*

gush [gʌʃ] **1.** *vi* (heftig) (er)gießen, strömen | überfließen (**with** von) | *übertr* sich ergießen (**over** über) | überschwenglich reden, schwärmen (**about, over** von) | *übertr* ausbrechen ⟨to ~ into tears in Tränen ausbrechen⟩; **~ forth/out** hervorströmen (**from** aus); *vt* ausströmen, verströmen, ausstoßen; **2.** *s* Strom *m*, (Er-) Guß *m* | *übertr* (Rede-) Schwall *m* ⟨a ~ of words⟩ | *übertr* Schwärmerei *f*, Überschwenglichkeit *f* | (Gefühls-) Erguß *m*, Ausbruch *m* ⟨a ~ of enthusiasm ein Begeisterungsausbruch⟩; '**~er** *s* Schwärmer *m* | *Am* sprudelnde Ölquelle | *Am übertr* Ausbruch *m*; '**~ing** *adj* (über)strömend | *übertr* überschwenglich ⟨≈ talk⟩ | überschwenglich, schwärmerisch

gus·set ['gʌsɪt] **1.** *s* (Stoff-) Zwickel *m*, Keil *m* | *Tech* Winkel(stück) *m*(*n*), Eckblech *n*; **2.** *vt* mit einem Zwickel versehen | *Tech* mit einem Winkel(stück) *od* Eckblech versehen

[1]**gust** [gʌst] *s* Windstoß *m*, Bö *f* | *übertr* (leidenschaftlicher) Ausbruch *m* ⟨a ~ of anger Wutanfall *m*⟩

[2]**gust** [gʌst] *s* Aroma *n* | Genuß *m* ⟨to have a ~ of Geschmack finden an⟩; **gus'ta·tion** *s* Geschmack(ssinn) *m*(*m*); '**gus·ta·tive,** '**gus·ta·to·ry** *adj* Geschmacks- ⟨≈ nerve⟩; **gus·to** ['~əʊ] *s* Gusto *m*, Geschmack *m* (**for** an), Vorliebe *f*, Sinn *m* (**for** für) | Lust *f*, Wohlbehagen *n* ⟨with ≈⟩

gust·y ['gʌstɪ] *adj* stürmisch, böig | *übertr* ungestüm

gut [gʌt] **1.** *s* Darm *m* ⟨blind ~ Blinddarm⟩ | (präparierter) Darm (für Saiten u. ä.) | enger Durchgang | (*meist pl*) (*bes* Tier-) Eingeweide *n*; *übertr* Inneres *n* ⟨the ~s of a car⟩ | Gehalt *m* ⟨it has no ~s in it⟩ | *Sl* Mumm *m*, Mut *m* ⟨to have ~s⟩; **2.** ('**~ted,** '**~ted**) *vt* (totes Tier) ausnehmen, ausweiden | (Haus) ausbrennen ⟨~ted houses⟩ | (etw.) ausplündern, ausräumen | *übertr* (Buch) exzerpieren; *vi vulg* sich vollfressen; **3.** *adj umg* tiefsitzend, nicht loszuwerdend ⟨a ~ feeling⟩; '~ˌ**fight·er** *s Am Sl* unbarmherziger Kämpfer;

'~less *adj umg* ohne Mumm, feige; '~ re,ac·tion *s* gefühlsmäßige Reaktion; '~sy *umg adj* voller Mumm, rasant ⟨a ≈ player⟩ | verfressen

gut·ta ['gʌtə] *s Chem* Gutta *n*; **~-per·cha** [ˌ~'pɜ:tʃə] *s Bot, Tech* Guttapercha *f*

gut·ter ['gʌtə] **1.** *s* Gosse *f*, Straßengraben *m*, Rinnstein *m* | (*mit best art*) *übertr* Schmutz *m*, Gosse *f* ⟨language of the ~ Gassensprache *f*⟩ | Dachrinne *f* | *Tech* Rinne *f*, Rille *f*, Hohlkehle *f*; **2.** *vi* rinnen, triefen | (Kerze) tropfen; *vt* furchen, aushöhlen, auskehlen | mit Rinnsteinen *od* einer Dachrinne versehen; '~ **press** *s verächtl* Boulevard-, Skandalpresse *f*; '**~snipe** *s* Gassenjunge *m*, -kind *n* | *Am* Straßenmakler *m*

gut|tle ['gʌtl] *vi, vt* gierig fressen; '**~tler** *s* Schlemmer *m*, Freßsack *m*

gut·tur·al ['gʌtərl||gʌtrl] **1.** *adj* guttural, Kehl-; **2.** *s Ling* Guttural *m*, Kehllaut *m*; **~i·za·tion** [ˌ~laɪ'zeɪʃn] *s Ling* Velarisierung *f*; '**~ize** *vt Ling* velarisieren, guttural aussprechen

gutturo- [gʌtərə(ʊ)] *in Zus* guttural, Kehl- (*z. B.* **gut·tu·ro·na·sal** *adj* guttural und nasal)

guv [gʌv], *auch* **guv·nor, gov'nor** ['gʌvnə] *s Brit Sl* für **governor**

[1]**guy** [gaɪ], *auch* '~ **rope**, **1.** *s* Abspannung *f*, Abspannseil *n* | Halteseil *n*, Führungskette *f* | *Mar* Gei(tau) *n*, Backstag *m*; **2.** *vt* mit einem Tau sichern *od* führen

[2]**guy** [gaɪ] **1.** *s Am umg* Kerl *m*, Kumpel *m* ⟨a nice ~⟩ | *Brit* Spottfigur *f* des Guy Fawkes | *übertr* Vogelscheuche *f*, Popanz *m* | *Brit Sl* Ausreißen *n* ⟨to do a ~ *Brit Sl* türmen; to give the ~ to s.o. *Brit Sl* jmdm. ausreißen⟩ ◇ **a penny for the ~** e-e Spende *n* für das Feuerwerk (am 5. November)!; **2.** *vt* (jmdn.) lächerlich machen; *vi Brit Sl* abhauen, ausreißen; '**~er** *s umg* Spötter *m*; ≁ **Fawkes Day** [ˌgaɪ 'fɔ:ks deɪ] *s Brit* Jahrestag *m* der Pulververschwörung, 5. November; ˌ≁ '**Fawkes Night** *s* Feuerwerk *n* am 5. November

guz|zle ['gʌzl] **1.** *vi* schlürfen, saufen; *vt, auch* ~ **away** (Geld, Zeit) verschwenden *od* versaufen; **2.** *s* Gelage *n*, Fresserei *f*; '**~zler** *s* Prasser *m*, Säufer *m* ⟨gas ≈ *umg* (Motor) Benzinfresser *m*⟩

gybe [dʒaɪb] *Mar* **1.** *vi* (Segel) giepen, sich umlegen; *vt* umlegen | (Segel) durchkaien; **2.** *s* Umlegen *n* | Durchkaien *n*

gym [dʒɪm] *umg Kurzw* für **gymnasium** *od* **gymnastics**; '~ **class** *s umg* Sportstunde *f*

gym·kha·na[dʒɪm'kɑ:nə] *s Brit* (Sport) (örtliches) Reiterfest

gym·na·si|um [dʒɪm'neɪzɪəm] *s* (*pl* **~a** [-'neɪzɪə], **~ums** [-'neɪzɪəms]) Turnhalle *f* | Turnplatz *m* | Gymnastik- *od* Sportschule *f*; ≁**um** [gɪm'nɑ:zɪʊm] *s* Gymnasium *n*; **gym·nast** ['dʒɪmnæst] *s* Turnlehrer *m* | Sportler *m*; **gym'nas·tic** *adj* gymnastisch | Turn- ⟨≈ display Schauturnen *n*⟩ | Gymnastik-; **gym'nas·tics** *s/pl* (*meist sg konstr*) Gymnastik *f* | gymnastisches Können | Übung *f* | Denkübung *f* ⟨mental ≈ Gehirnakrobatik *f*, geistige Klimmzüge *m/pl*⟩

gymno- [dʒɪmnə(ʊ)] ⟨*griech*⟩ *in Zus* nackt-, frei-, unbedeckt (*z. B.* **gym·no·sper·mous** *adj Bot* nacktsamig)

gym|shoe ['dʒɪmʃu:] *s Brit* Turnschuh *m*; '**~slip** *s Brit* (Schuluniform) Trägerrock *m*; '~ˌ**teach·er** *s Brit* Sportlehrer *m*

gynaeco- [gaɪnɪkə(ʊ)] ⟨*griech*⟩ *in Zus* Gynäko-, Frauen-

gyn·ae|co·log·ic [ˌgaɪnɪkə'lɒdʒɪk], ˌ**~co'log·i·cal** *adj Med* gynäkologisch; **~col·o·gist** [ˌ~'kɒlədʒɪst] *s* Gynäkologe *m*; ˌ**~'col·o·gy** *s* Gynäkologie *f*

gyno- [gaɪnə(ʊ)] = **gynaeco-**

-gynous [-dʒɪnəs|-dʒə-] ⟨*griech*⟩ *in Zus* Frauen-, weiblich

[1]**gyp** [dʒɪp] *Am Sl* **1.** (**~ped, ~ped**) *vi* schwindeln; *vt* betrügen, ausnehmen; **2.** *s* Gauner(ei) *m(f)* | *Brit Hist* (Universität) Zimmerdiener *m*

[2]**gyp** [dʒɪp] *s Brit Sl in:* **give s.o. ~** jmdn. bestrafen, jmdn. verprügeln, jmdm. übel mitspielen

gyp·py tum·my [ˌdʒɪpɪ 'tʌmɪ] *s Brit Sl* Reisekrankheit *f*, Darminfektion *f*, Durchfall *m*

gyps [dʒɪps] = **gypsum**; **gyp·se·ous** ['dʒɪpsɪəs], **gyp·sous** ['dʒɪpsəs] *adj* gipshaltig | Gips-; **gyp·sum** ['dʒɪpsəm] **1.** *s Min* Gips *m*; **2.** *vt* gipsen (düngen)

gyp·sy ['dʒɪpsɪ] *bes Am* für **gipsy**; '~ **cab** *s Am* illegales Taxi, Schwarztaxe *f*

gy·rale ['dʒaɪərl] *adj* sich im Kreise drehend | *Anat* Gehirnwindungs-; **gy·rate** [dʒaɪ'reɪt] *vi* kreisen, sich drehen; ['dʒaɪreɪt] *adj* gekrümmt; ˌ**gy'ra·tion** *s* Drehung *f*, Kreisbewegung *f* | Windung *f* | (*meist pl*) Verdrehung *f* (beim Tanz); '**gy·ra·to·ry** *adj* sich drehend | Kreis- | Wirbel- | *Brit* (Verkehr) Kreis-, Rund-; **gyre** ['dʒaɪə] **1.** *s poet* Kreisbewegung *f*, Windung *f*; **2.** *vt* drehen, im Kreis bewegen; *vi* sich drehen, wirbeln

gyro- [dʒaɪərə(ʊ)] ⟨*griech*⟩ *in Zus* Drehungs-, Kreis-, Gyro-

gy·ro|com·pass ['dʒaɪərəˌkʌmpəs] *s Mar, Phys* Kreiselkompaß *m*; '**~graph** *s Tech* Tourenzähler *m*; **gy·rom·e·ter** [dʒaɪə'rɒmɪtə] *s Phys* Gyrometer *n*; '**~pi·lot** *s Flugw* Kurssteuerung *f*, automatisches Steuergerät; '**~plane** *s Flugw* Tragschrauber *m*; '**~scope** *s Phys* Gyroskop *n*; **~scop·ic** [ˌ~'skɒpɪk] *adj* gyroskopisch; ˌ**~'sta·bi·lyz·er** *s Flugw, Mar* (Stabilisierungs-) Kreisel *m*; **~stat** ['~ˌstæt] *s Phys* Gyrostat *m*; ˌ**~'stat·ic** *adj* gyrostatisch; ˌ**~'stat·ics** *s/pl* (*meist sg konstr*) *Phys* Gyrostatik *f*

gyve [dʒaɪv] *Poes* **1.** *s*, *meist* **gyves** *pl* Fessel(n) *f/pl*; **2.** *vt* fesseln

H

H, h [eɪtʃ] *s* (*pl* **H's, Hs, h's, hs**) H *n*, h *n* ⟨to drop one's h's das H im Anlaut nicht mitsprechen, ungebildet sprechen⟩; '**H-ˌarmature** *s Tech* Doppel-T-Anker *m*; '**H-bomb** *s* H-Bombe *f*, Wasserstoffbombe *f*; '**H-hour** *s Mil* Stunde *f* X (Stunde des Angriffs)

ha [hɑ:] *interj* ha! | was?, wie?

ha·be·as cor·pus [ˌheɪbɪəs 'kɔ:pəs] ⟨*lat*⟩ *Jur s* Habeaskorpusakte *f*, Recht *n* auf schriftliche Anklageerhebung | *auch* **writ of ~** *Jur* Vorführungsbefehl *m* (zwecks Haftüberprüfung)

hab·er·dash·er ['hæbədæʃə] *s* Kurzwarenhändler(in) *m(f)* | *Am* Inhaber *m* eines Geschäftes für Herrenartikel; '**~y** *s* Kurzwarengeschäft *n* | Kurzwaren *f/pl* | *Am* Geschäft *n* für Herrenartikel | *Am* Herrenartikel *m/pl*

ha·bil·i·ment [hə'bɪlɪmənt] *s*, *meist* **ha'bil·i·ments** *pl förml* (Amts-, Fest-) Kleidung *f*

ha·bil·i|tate [hə'bɪlɪteɪt] *vt* (Bergbauunternehmen) finanzieren; *vi* (Universität) sich habilitieren | sich (für ein Amt u. ä.) qualifizieren; **~'ta·tion** *s* Finanzierung *f* (für Bergbauunternehmen) | Habilitation *f*

hab·it ['hæbɪt] *s* (An-) Gewohnheit *f* ⟨a bad ~ eine schlechte Gewohnheit; out of/by ~ aus Gewohnheit; to act from (force of) ~ (der Macht) der Gewohnheit nachgeben; to be in the ~ of *mit ger* die Angewohnheit haben zu *mit inf*; to break o.s. (s.o.) of a ~ sich (jmdm.) etw. abgewöhnen; to get/fall into a bad ~ eine schlechte Gewohnheit annehmen; to make a ~ of s.th. etw. zur Gewohnheit werden lassen⟩ | Beschaffenheit *f*, Verfassung *f* ⟨~ of mind geistige Verfassung; of corpulent ~ beleibt, korpulent⟩ | *Bot, Zool* Wachstumsart *f* ⟨of a twining ~ von windendem Wuchs⟩ | Lebensweise *f* | *Am* Sucht *f*

hab·it|a·bil·i·ty [ˌhæbɪtəˈbɪlətɪ] *s* Bewohnbarkeit *f*; **ˈ~a·ble** *adj* bewohnbar; **ˈ~ant** *s* Bewohner(in) *m(f)*, Einwohner(in) *m(f)*; **hab·i·tat** [ˈ~æt] *s Bot, Zool* Verbreitungsgebiet *n* | Heimat *f* | Fundort *m*; **ˌhab·iˈta·tion** *s* Wohnen *n* | Wohnung *f* | Wohnort *m*, Aufenthaltsort *m*

ha·bit·u|al [həˈbɪtʃʊəl] *adj* üblich, gewohnheitsmäßig, Gewohnheits- ⟨≈ criminal Gewohnheitsverbrecher *m*⟩; **haˈbit·u·ate** *vt* gewöhnen (**to** an) ⟨to ≈ o.s. to sich gewöhnen an⟩ | *Am umg* häufig besuchen; **ˌ~ˈa·tion** *s* Gewöhnung *f* (**to** an); **hab·i·tude** [ˈhæbɪtjuːd] *s* (An-) Gewohnheit *f*; Art *f*, Wesen *n* | Neigung *f*; **~é** [həˈbɪtʃʊeɪ] *s* regelmäßiger Besucher, Stammgast *m* ⟨a ≈ of the theatre; a Hollywood ≈ jmd., der in Hollywood ständig zu Hause ist⟩

ha·chure [hæˈʃʊə] ⟨*frz*⟩ **1.** *s* (*meist pl*) (Zeichenkunst) Schraffe *f*, Schraffur *f*, Schraffierung *f* | (auf Landkarten) Bergstrich *m*; **2.** *vt* schraffieren | (Karte) schraffen

ha·ci·en·da [ˌhæsɪˈendə] *s* Hazienda *f*, (Land) Gut *n*

[1]**hack** [hæk] **1.** *s* Haue *f*, Hacke *f*, Pickel *m* | *Min* Keilhaue *f*, Spitzhammer *m* | Kerbe *f*, Einschnitt *m* | Hieb *m* ⟨to make a ~ at s.th. auf etw. hacken⟩ | *Sport* Stoß-, Trittwunde *f* | Stottern *n*, Stocken *n* | trockener Husten; **2.** *vi* einhauen (**at** auf) | herumhacken (**at** auf) | hacken (**at** nach) | trocken und stoßweise husten ⟨a ~ing cough ein trockener Husten⟩ | *Sport* stoßen, treten; *vt* (zer)hacken | einkerben | (Boden) (auf)hacken | (Erdreich) zerkleinern | behauen | *Sport* stoßen, treten

[2]**hack** [hæk] **1.** *s* Mietpferd *n* | Klepper *m*, Gaul *m*, Mähre *f*, gewöhnliches Reitpferd | *Brit* Ausritt *m* | *Am* Droschke *f*, Mietkutsche *f* | *Am umg* Taxi *n* | Gelegenheitsarbeiter *m* | Schreiberling *m*, Lohnschreiber *m*, literarischer Tagelöhner *m*; **2.** *adj* Miet(s)-, gemietet; bezahlt, Lohn- ⟨~ writer Lohnschreiber *m*; ~ attorney Winkeladvokat *m*⟩ | abgenutzt, abgedroschen; **3.** *vi* ein Mietpferd reiten | im gewöhnlichen Gang reiten | *Am* Taxi fahren | im Tagelohn *od* als Lohnschreiber arbeiten; *vt* (Pferd) als Reittier, -pferd benutzen | abnutzen | vermieten (bes. Pferd) | als Lohnschreiber anstellen

[3]**hack** [hæk] **1.** *s* (Falknerei) Futterbrett *n* | Trockengestell *n* (bes. für Ziegelsteine) | Futtergestell *n*, Raufe *f* | *Tech* Schutzgitter *n*, Reuse *f*; **2.** *vt* auf einem Gestell trocknen

[1]**hack·le** [ˈhækl] **1.** *s* Hechel *f* | Rohseide *f* | (Angeln) Federfüße *m/pl* | (Angeln) künstliche Fliege | (*meist pl*) (Federvieh) lange Halsfeder(n) *f(pl)* ⟨to have / get one's ~s up in Wut sein *od* geraten (*auch übertr*); with one's ~s up böse, angriffslustig (*auch übertr*)⟩; **2.** *vt Tech* hecheln | beim Angeln an künstlicher Fliege Federfüße anbringen | (Angel) mit künstlicher Fliege versehen

[2]**hack·le** [ˈhækl] *vt* zerhacken, zerstückeln | zerfleischen

hack·ney [ˈhæknɪ] **1.** *s* gewöhnliches Reitpferd | Mietpferd *n* | Droschke *f* | Tagelöhner *m*; **2.** *adj* Miet(s)-, Lohn- | gewöhnlich; **3.** *vt* abschinden | abnutzen | *übertr* abdreschen | abstumpfen; **ˈhack·neyed** *adj* gewöhnlich, gemein | abgedroschen, abgenutzt ⟨a ~ed phrase eine abgedroschene Phrase; ~ed in gewöhnt an; erfahren in⟩; **ˈ~ ˌcar·riage** *s*, **ˈ~ coach** *s* Mietskutsche *f*, Fiaker *m*

hack·saw [ˈhæk sɔː] *s* Eisen-, Metallsäge *f*

hack·work [ˈhækwɜːk] *s* eintönige (Lohn-) Arbeit

had [həd|-əd|-d|hæd] **1.** *prät* u. *part perf von* ↑ **have; 2.** *va* würde, täte (*in Verbindung mit* **rather, better, best** *usw.*) ⟨I ~ better go es wäre besser, wenn ich ginge, ich täte gut daran zu gehen; I ~ rather go ich möchte lieber gehen⟩ ◇ be ~ *umg* zum Narren gehalten werden; ~ **I (you)** hätte ich (hättest du)

had·dock [ˈhædək] *s Zool* Schellfisch *m*

hade [heɪd] **1.** *s Geol* Fallwinkel *m* (e-r Verwerfung); **2.** *vi* von der Vertikallinie abweichen

Ha·des [ˈheɪdiːz] *s Myth* Hades *m*

hadn't [ˈhædnt|ˈædnt] Kontraktion von **had not**

haem-, haema- [hiːm|hem, hiːmə|hemə] ⟨*griech*⟩ *in Zus* Blut-

hae·mal [ˈhiːml] *adj* Blut-

hae·mat·ic [hiːˈmætɪk] **1.** *s Med* blutbildendes Mittel | blutbeeinflussendes Mittel; **2.** *adj Med* Blut- | blutbildend | blutbeeinflussend | blutfarbig

haem·a·tin[e] [ˈhemətɪn|ˈhiː-] *s Med, Chem* Hämatin *n*

haemat(o)- [hemət(ə)|hiː-] ⟨*griech*⟩ *in Zus* Blut-

hae·mo|glo·bin [ˌhiːməˈgləʊbɪn] *s Med* Hämoglobin *n*; **~phil·i·a** [ˌ~ˈfɪlɪə] *s* Hämophilie *f*, Bluterkrankheit *f*; **haem·or·rhage** [ˈhemərɪdʒ] *s* Blutung *f*, Blutsturz *m* | Aderlaß *m* (*auch übertr*); **haem·or·rhoids** [ˈhemərɔɪdz] *s/pl* Hämorrhoiden *pl*; **ˈ~stat** [ˈ~stæt|ˈhem-] *s Med* Gefäß-, Arterienklemme *f* | blutstillendes Mittel

haf·ni·um [ˈhæfnɪəm|ˈhɑːf-] *s Chem* Hafnium *n*

haft [hɑːft] **1.** *s* Heft *n*, Griff *m*; **2.** *vt* mit einem Griff versehen

hag [hæg] *s* Hexe *f* | (böses) altes Weib

hag·gard [ˈhægəd] **1.** *s* ungezähmter Falke; **2.** *adj* hager, mager, abgehärmt | (Blick) wild, verstört | (Falke) ungezähmt

hag|gis [ˈhægɪs] *s* (*pl* **ˈ~es, ˈ~**) *Schott* Art Fleischpudding *m*, schottische Spezialität, mit einer Farce aus gehackten Schafsinnereien und Hafermehl; gefüllter, gekochter Schafsmagen

hag·gish [ˈhægɪʃ] *adj* hexenhaft, häßlich

hag·gle [ˈhægl] **1.** *s* Feilschen *n* | Gezanke *n*; **2.** *vi* handeln, feilschen | herumstreiten, -zanken (**about, over** um, wegen; **with** mit)

hagio- [hægɪə(ʊ)] ⟨*griech*⟩ *in Zus* hagio-, Heiligen-; **hag·i·og·ra·phy** [ˌhægɪˈɒgrəfɪ] *s* Heiligenleben *n*, -geschichte *f*

hag·rid·den [ˈhæg rɪdn] *adj lit* (vom Alpdruck) gequält, verfolgt

hah [hɑː] *interj* ha!

[1]**ha-ha** [hɑːˈhɑː] **1.** *s* Haha *n*; **2.** *vi* laut lachen; **3.** *interj* haha!

[2]**ha-ha** [ˈhɑːˌhɑː] *s* verdeckter Grenzzaun

[1]**hail** [heɪl] **1.** *s* Hagel *m* (*auch übertr*) ⟨a ~ of curses ein Hagel von Flüchen⟩; **2.** *vi* hageln ⟨it's ~ing es hagelt⟩ | *auch* **~ down** *übertr* (nieder)hageln, (nieder)prasseln (**upon** auf); *vt übertr* (nieder)hageln lassen

[2]**hail** [heɪl] **1.** *s* Gruß *m*, Zuruf *m* ⟨within ~ in Rufweite⟩; **2.** *interj* Heil! ⟨~ Mary Ave Maria *n*⟩; **3.** *vi bes Am* (her)stammen, (her)kommen (**from** von, aus); *vt* mit Namen rufen, grüßen ⟨to ~ s.o. in the street jmdn. auf der Straße einen Gruß zurufen⟩ | (jmdm.) zujubeln als ⟨to ~ s.o. king⟩ | willkommen heißen, begrüßen (**as** als) | (Schiff, Taxi) anrufen, stoppen ◇ **within ~ing distance** auf Rufweite

hail|fel·low [ˈheɪlˌfeləʊ]; **~-fel·low-well-met** [ˌ~feləʊ wel ˈmet] **1.** *s* guter Kamerad | Allerweltsfreund *m*; **2.** *adj, adv* (sehr) vertraut, (sehr) intim ⟨he is ~-fellow-well-met with everyone er steht mit jedem auf du und du⟩

hail|stone [ˈheɪlstəʊn] *s* Hagelkorn *n*, Schloße *f*; **ˈ~storm** *s* Hagelwetter *n*, -schauer *m*, -sturm *m*

hain't [heɪnt] *vulg für* **have not, has not**

hair [hɛə] *s* (einzelnes) Haar ⟨by a ~ *übertr* um Haaresbreite; to a ~ haarscharf; not a ~ out of place *übertr* wie aus dem Ei gepellt; to split ~s *übertr* Haare spalten; not to touch a ~ of s.o.'s head *übertr* jmdm. kein Haar krümmen; not turn a ~ *übertr* nicht mit der Wimper zucken, ganz gelassen bleiben⟩ | *collect* Haar *n*, Haare *n/pl* (*auch übertr*) ⟨to do one's ~ sich die Haare machen, sich frisieren; to do/put up one's ~ sich die Haare hoch- *od* aufstekken; against the ~ *übertr* gegen den Strich; to comb s.o.'s hair for him/her *übertr* jmdm. gehörig den Kopf waschen; to get in s.o.'s ~ *übertr umg* jmdn. aufbringen *od* in Rage bringen; to get/have s.o. by the short ~s *übertr umg* jmdn. im Zaume halten *od* beherrschen; to let one's ~ down sein Haar aufmachen *od* lösen; *übertr* aus sich herausgehen; to lose one's ~ die Haare verlieren; *übertr* aus der Haut fahren; to make s.o.'s ~ curl *übertr umg* jmdn. schockieren; to make s.o.'s ~ stand on end *auch übertr* das Haar zu Berge stehen lassen; to tear one's ~ *übertr* sich die Haare ausraufen⟩ | Haare *n/pl*, Behaarung *f* ⟨body ~ Körperhaare *pl*, Körperbehaarung *f*⟩ | *Zool* Haar *n*, Borste *f* ⟨the ~ of the dog that bit you *übertr* ein Gläschen gegen den Kater⟩ | *Bot* Härchen *n*

hair|breadth ['hɛəbretθ|-dθ] *od* **~'s-breadth** ['~z bretθ|-dθ] **1.** *s übertr* Haaresbreite *f*; **2.** *adj* sehr knapp, mit knapper Not ⟨a ≈ escape eine Flucht mit Mühe und Not; by a ≈ um Haaresbreite⟩; **'~brush** *s* Haarbürste *f*; **'~cord** *s* Haargarnteppich *m*; **'~ ˌcurl·er** *s* Haar-, Lockenwickel *m*; **'~ˌcurl·ing** *adj* haarsträubend, schreckenerregend; **'~cut** *s* Haarschnitt *m* ⟨to give s.o. a ≈ jmdm. die Haare schneiden⟩; **'~do** *s* (*pl* **'~dos**) *umg* Frisur *f*; **'~ˌdress·er** *s* Haarschneider *m*; Friseur *m*; **'~ˌdry·er** *s* Haartrockner *m*, Fön *m*; **'~-dye** *s* Haarfärbemittel *n*; **'~ed** *adj* behaart | -haarig ⟨dark-≈ dunkelhaarig⟩; **'~grip** *s* Haarklemme *f*; **'~i·ness** *s* Behaartheit *f*; **ˌ~ im'plant** *s Med* künstlich eingepflanztes Haarteil; **'~lace** *s* Haarband *n*; **'~less** unbehaart | haarlos; **'~line** *s* Haar-, Skalenstrich *m* | (Stoff) feiner Streifen | fein gestreifter Stoff | Haaransatz *m* | Haarseil *n* | *auch* **ˌ~line 'crack** Haarriß *m*; **'~'mat·tress** *s* Roßhaarmatratze *f*; **'~net** *s* Haarnetz *n*; **'~piece** *s* Haarteil *n* | Toupet *n*; **'~pin** *s* Haarnadel *f*; **ˌ~pin ˌbend** *s* Haarnadelkurve *f*; **'~ˌrais·er** *s umg* schauerliche Geschichte; **'~ˌrais·ing** *adj übertr* haarsträubend; **'~ˌre·stor·er** *s* Haarwasser *n*; **'~shirt** *s* härenes Gewand; **'~ slide** *s* Haarspange *f* (aus Horn u. ä.); **'~ˌsplit·ting** *s* Haarspalterei *f*; **'~spring** *s* (feine) Uhr-, Spiralfeder *f*; **'~stripe** *s* Nadelstreifen *m*; **'~-stroke** *s* Haarstrich *m*; **ˌ~ trans'plant** *s Med* künstliche Haarverpflanzung; **'~ˌtrig·ger** *s* Stecher *m* (am Gewehr); **'~y** *adj* behaart, haarig ⟨≈ legs⟩ | (Oberfläche) haarig, rauh | *Sl* brenzlig, riskant, gefährlich

Hai|ti ['heɪtɪ:] *s* Haiti; **'~tian** [~ʃn] **1.** *adj* haitianisch; **2.** *s* Haitianer(in) *m(f)*

haj·ji ['hædʒɪ] *s* Had(d)schi *m* (Ehrentitel der Mekkapilger)

hake [heɪk] *s Zool* See-, Meerhecht *m*

ha·la·tion [hə'leɪʃn] *s Foto* Lichtfleck *m*, Lichthof *m*

hal·berd ['hælbəd] *s Hist* Hellebarde *f*

hal·cy·on ['hælsɪən] **1.** *s* Eisvogel *m*; **2.** *adj lit, poet* ruhig, friedlich ⟨~ days glückliche Tage *pl*⟩

hale [heɪl] *adj* gesund | rüstig ⟨~ and hearty gesund und munter⟩

half [hɑ:f] **1.** *s* (*pl* **halves** [hɑ:vz]) Hälfte *f* | Hälfte *f*, Teil *m* ⟨his better ~ seine bessere Hälfte (seine Frau)⟩ | *Päd* Halbjahr *n*, Semester *n* | *Jur* Seite *f*, Partei *f* | *Sport* Halbzeit *f*, Spielhälfte *f* | *Mus* halbe Note *f* | kleines Bier, Halbes | *Schott* einfacher Whisky; ◇ **in ~, in halves** entzwei; **be too clever by ~** *umg* zu schlau sein, sehr raffiniert sein; **by halves** zur Hälfte, halb; *übertr* unvollkommen ⟨to do s.th. ≈ etw. nur halb tun, etw. nicht ordentlich machen⟩; **go halves with s.o.** etw. mit jmdm. teilen *od* halbe-halbe machen; **2.** *adj* halb, zur Hälfte, unvollkommen ⟨~ a dozen/a ~ dozen ein halbes Dutzend; ~ hour halbe Stunde; ~ knowledge Halbwissen; ~ an apple ein halber Apfel; ~ the boys die Hälfte der Jungen; ~ the battle

übertr der schwierigste Teil einer Sache *od* eines Problems; at ~ the price zum halben Preise; to have ~ a mind beinahe Lust haben⟩; **3.** *adv* halb, zur Hälfte ⟨~ cooked halb roh; ~ dead halbtot; ~ as much halb so viel⟩; (Uhrzeit) halb nach ⟨~ [past] seven halb acht⟩ ◇ **not ~** *Brit umg* sehr ⟨not ~ good sehr gut; not ~ windy ziemlich windig; not ~ big enough längst nicht groß genug; he didn't ~ like it er fand es gar nicht so übel; he didn't ~ swear er fluchte fürchterlich⟩; **not ~ bad** *umg* gar nicht schlecht

half|back ['hɑ:f bæk], *auch* **~** *s* (Fuß- u. Handball) Läufer *m*; **'~-'baked** *adj* halbfertig gebacken, nicht gar | *übertr* unvollständig | unverdaut | unerfahren, unreif ⟨a ≈ theory eine unausgegorene Theorie⟩; **'~-ˌbind·ing** *s* Halbfranz-, Halblederband *m*; **'~ blood** *s* Halbblut *n*; **'~-bred 1.** *s* (Tier) Halbblut *n*; **2.** *adj* Halbblut-, halbblütig; **'~-breed** *s oft verächtl* Halbblut *n*, Mulatte *m*, Mischling *m*; **'~-ˌbroth·er** *s* Halb-, Stiefbruder *m*; **'~-caste** *verächtl* **1.** *s* Mischling *m*, Mulatte *m*; **2.** *adj* Halbblut-, halbblütig; **'~cloth** *s Buchw* Halbleinen *n*; **'~ cock** *in*: **go off [at] ~ cock** *umg* ein Reinfall sein, ein Schuß in den Ofen sein; **'~-cocked** *adj umg* mißlungen, verhauen; **ˌ~ 'crown,** *auch* **~ a crown** *s* Halbkronenstück *n* (englische Münze = 2 s. 6 d.); **'~ 'ea·gle** *s Am* Fünfdollarstück *n*; **'~-ˌhar·dy** *adj Bot* nicht streng frostbeständig; **ˌ~-'heart·ed** *adj* kleinmütig, verzagt | gleichgültig, lau; **ˌ~ 'hol·i·day** *s* freier Nachmittag; **'~ 'hose** *s* Halb-, Kniestrümpfe *m/pl* | Socken *f/pl*; **'~-length 1.** *s* Brustbild *n*; **2.** *adj* in Halbfigur ⟨a ≈ portrait ein Brustbild; ≈ coat halblanger Mantel⟩; **'~ life** *s Phys* Halbwertzeit *f*; **ˌ~-'mast 1.** *s* Halbmast *m*; **2.** *vt* auf Halbmast flaggen; **'~ 'meas·ure** *s* halbe Sache, Kompromiß *m*; **ˌ~-'moon 1.** *s* Halbmond *m*; **2.** *adj* Halbmond-, halbmondförmig; **'~ note** *s Mus Am* halbe Note; **ˌ~-'pay** *s* halbes *od* herabgesetztes Gehalt ⟨on ≈ außer Dienst, pensioniert⟩; **~pence** ['heɪpəns] *s/pl* zu: **'~penny** ⟨three ≈ eineinhalb Pennies⟩ ◇ **more kicks than ~pence** *Brit umg* mehr schlecht als recht; **~pen·ny** ['heɪpnɪ] **1.** *s* halber Penny | (*pl* **~pen·nies**) Halbpennystück *n* ◇ **not have two ~pennies to rub together** *übertr* keinen müden Heller besitzen; **2.** *adj* einen halben Penny wert | wertlos; **'~-ˌsis·ter** *s* Stiefschwester *f*; **ˌ~ 'term** *s* (Schule) Kurzferien *pl*; **ˌ~-'tim·bered** *adj* Fachwerk-; **'~ time** *s* Halbzeit *f*; **ˌ~-'time** *adj* Halbzeit- ⟨≈ job Halbtagsbeschäftigung *f*⟩; **ˌ~-'tim·er** *s* (in England) Werkschüler(in) *m(f)*; **ˌ~'tone** *adj Foto* Halbtonbild | *Mus Am* Halbton *m*; **ˌ~-'track 1.** *s Tech* Halbkettenantrieb *m* | *Mil* Schützenpanzerwagen *m*; **2.** *adj Tech* mit Halbkettenantrieb; **ˌ~-'way** *adj, adv* auf halbem Wege (liegend), halbwegs, teilweise ⟨≈ point Hälfte *f* eines Weges; to meet s.o. ≈ *übertr* jmdm. entgegenkommen; to meet trouble ≈ *übertr* Schwierigkeiten zuvorkommen⟩; **ˌ~way 'home** Notunterkunft *f*; **'~'way ˌhouse** Herberge *f*, Raststätte *f*; **'~-wit** *s verächtl* Schwachkopf *m*; **ˌ~-'wit·ted** *adj verächtl* einfältig, beschränkt, blöd; **ˌ~-'year·ly** *adj, adv* halbjährlich

hal·i·but ['hælɪbət] *s* (*pl* ~) *Zool* Heilbutt *m*

hal·i·to·sis [ˌhælɪ'təʊsɪs] *s Med* (schlechter) Mundgeruch

hall [hɔ:l] **1.** *s* Halle *f*, Saal *m* | Vorhalle *f* | Flur *m* | Versammlungssaal *m* | Zunfthaus *n* | öffentliches Gebäude | Herrenhaus *n*, Gutsgebäude *n* | (Universität) Studiengebäude *n* ⟨Darwin ≈⟩ | *auch* **ˌ~ of 're·si·dence** Internat *n* ⟨to live in ~⟩ | (in Colleges) Speisesaal *m* ⟨to eat in ~⟩ | (gemeinsam eingenommene) Mahlzeit | *Am* wissenschaftliche Vereinigung, Institut *n*; **2.** *vi Sl* (Universität) im Speisesaal essen

hall|boy ['hɔ:lbɔɪ] *s Am* Boy *m*, Laufbursche *m*; **'~ clock** *s* Standuhr *f*

hal·le·lu·ja [ˌhælɪˈlu:jə] *Rel* **1.** *s* Halleluja *n*; **2.** *interj* halleluja

hall·mark [ˈhɔ:lmɑ:k] **1.** *s* (Gold) Feingehaltsstempel *m* | *übertr* Stempel *m*, Merkmal *n* (der Echtheit); **2.** *vt* (ab)stempeln | kennzeichnen | *übertr* stempeln, mit dem Zeichen der Echtheit versehen

hal·lo [həˈləʊ|he-|hæ-] *Brit* = **hello**

hal·lo[a] [həˈləʊ] = **hollo**

hal·loo [həˈlu:] **1.** *s* Hallo *n*; **2.** *vi* hallo rufen *od* schreien; *vt* antreiben, (bes. Hunde) hetzen | schreien | (an)rufen ◇ **do not ~ until you are out of the wood** *Sprichw* man soll den Tag nicht vor dem Abend loben

hal·low [ˈhæləʊ] *vt* heiligen, weihen, heilig machen | als heilig verehren

Hal·low·e'en [ˌhæləʊˈi:n] *s* Tag *m* vor Allerheiligen (31. Oktober)

hall-port·er [ˈhɔ:lˌpɔ:tə] *s* Portier *m*; **ˈ~stand** *s* Flurgarderobe *f*; **ˈ~ tree** *s Am* Kleider-, Garderobenständer *m*; **ˈ~way** *s Am* Flur *m*, Vorsaal *m*

hal·lu·ci|nate [həˈlu:sɪneɪt] **1.** *vi* an Halluzinationen leiden | einer Sinnestäuschung unterliegen; *vt* in Sinnestäuschungen versetzen; **halˌlu·ciˈna·tion** *s* Halluzination *f*, Sinnestäuschung *f*; **halˈlu·ci·na·to·ry** *adj* halluzinatorisch, durch Sinnestäuschung bedingt ⟨≈ image Trugbild *n*; ≈ drugs Halluzinationen hervorrufende Drogen *f/pl*⟩; **~gen·ic** [həˌlu:sɪnəˈdʒenɪk] *adj* halluzinogen, Halluzinationen erzeugend ⟨LSD is ≈⟩

halm [hɔ:m] = **haulm**

hal·ma [ˈhælmə] *s* Halma(spiel) *n(n)*

ha|lo [ˈheɪləʊ] **1.** *s* (*pl* **~lo[e]s**) *s* Heiligenschein *m*, Glorienschein *m* (*auch übertr*) | *Astr* Hof *m*, Halo *m*; **2.** *vi* einen Halo *od* Heiligenschein bilden; *vt* mit einem Hof *od* Heiligenschein umgeben

halo- [hælə(ʊ)] ⟨*griech*⟩ *in Zus* Salz-

hal·o·gen [ˈhælədʒən|ˈheɪ-] *s Chem* Halogen *n*, Salzbildner *m*

[1]**halt** [hɔ:lt] **1.** *s* Halt *m*, Rast *f* ⟨to come to a ~/to make a ~ haltmachen⟩ **2.** *vi* Rast einlegen, haltmachen ⟨to ~ on a journey auf einer Reise haltmachen⟩; *vt* zum (An-) Halten veranlassen | anhalten

[2]**halt** [hɔ:lt] **1.** *vi* zögern, schwanken ⟨to ~ between two opinions zwischen zwei Meinungen schwanken⟩ | *übertr* nicht stimmen, hinken ⟨a ~ing argument ein falsches Argument⟩; **2.** *s* (*mit best art*) *pl konstr bibl* die Krummen ⟨the ~ and the lame die Krummen und die Lahmen⟩

hal·ter [ˈhɔ:ltə] **1.** *s* Halfter *n* | Schlinge *f*, Strick *m* (zum Hängen) | *übertr* Henkerstod *m* | *auch* **ˈ~neck** (Damenbekleidung) rückenfreies Oberteil mit Nackenband; **2.** *vt* (Pferd) anhalftern | (er)hängen | *übertr* zügeln, im Zaume halten; **ˈ~neck** *adj* rückenfrei (mit Nackenverschluß)

halt·ing [ˈhɔ:ltɪŋ] *adj* (Gang) zögernd, unsicher | (Stimme) stockend | (Gedicht) holprig

halve [hɑ:v] *vt* halbieren, in zwei gleiche Teile teilen | um die Hälfte verringern | (Golf) ein Loch mit der gleichen Anzahl von Schlägen erreichen | (Tischlerei) an-, über-, verblatten, zusammenblatten

halves = *pl* von **half**

hal·yard, *auch* **hal·liard** [ˈhæljəd] *s Tech* Aufzugsseil *n*

ham [hæm] **1.** *s* Schenkel *m* | *Kochk* Schinken *m* | *Anat* Gesäßbacke *f* | *auch* **ˈradio ~** Funkamateur *m* | *Theat umg* Schmierenschauspieler *m*; **2.** *vi, vt Theat umg* chargieren, stümperhaft spielen ⟨to ~ a part⟩; **~ up** *vt* (etw.) übertreiben, -ziehen; **3.** *adj Am Sl* schlecht, stümperhaft; **ˈ~ ˌpi·lot** *s Am Sl* Bruchpilot *m*

ham·a·dry|ad [ˌhæməˈdraɪəd] *s* (*pl* **~ads, ~a·des** [-əˌdi:z]) *Myth* Baumnymphe | *Zool* Königskobra *f* | *Zool* Mantelpavian *m*

ham·burg·er [ˈhæmbɜ:gə] *s Am* Hackfleisch *n* | Fleischklops *m*, Boulette *f* | mit Fleischklops belegtes Brötchen; **ˈ~ steak** Hacksteak *n*, Deutsches Beefsteak

ham|-fist·ed [ˈhæmˌfɪstəd] *auch* **ˈ~-ˌhand·ed** *adj* ungeschickt, linkisch, mit zwei linken Händen

ham·let [ˈhæmlət|-lɪt] *s* Weiler *m*, Flecken *m*, kleines Dorf

ham·mer [ˈhæmə] **1.** *s* Hammer *m* ⟨~ and sickle Hammer *m* und Sichel *f*; knight of the ~ Schmied *m*⟩ | *Sport* Wurfhammer *m* ⟨throwing the ~ Hammerwerfen *n*⟩ | *Anat* Hammer *m* (Gehörknöchelchen) | (Gewehr-) Hahn *m*, Spannstück *n* | (Klavier u. ä.) Hammer *m* ◇ **~ and tongs** *umg* mit aller Kraft; **come / go under the ~** unter den Hammer kommen, versteigert werden; **2.** *vi* hämmern, schlagen (**at** an; **on** auf) | *übertr* mühsam arbeiten (**at** an); wiederholt versuchen | (Motor) klopfen; *vt* hämmern, (mit dem Hammer) schlagen *od* treiben (**into** in) | *umg* schlagen, verdreschen | (Börse) für zahlungsunfähig erklären; **~ away** drauflos hämmern *od* schlagen (**at** auf); **~ down** festnageln; **~ in** *übertr* (etw.) einhämmern; **~ into** (jmdm.) einhämmern, einbleuen, eintrichtern ⟨to ~ an idea into s.o.⟩; **~ out** (Metall) hämmern, formen | ausbeulen | *übertr* ersinnen, ausdenken, zurechtschmieden

ham·mer|blow [ˈhæməbləʊ] *s* Hammerschlag *m*; **ˈ~-drill** *s Tech* Bohrhammer *m*; **ˈ~ mill** *s* Hammerschmiede *f*; **ˈ~ toe** *s Med* Hammerzehe *f*; **ˈ~ ˌthrow·er** *s* (Sport) Hammerwerfer *m*

ham·mock [ˈhæmək] *s* Hängematte *f*; **ˈ~ chair** *s* Liegestuhl *m*

[1]**ham·per** [ˈhæmpə] *s* Pack-, Eßkorb *m* | *Am* Wäschekorb *m*

[2]**ham·per** [ˈhæmpə] **1.** *s* Hemmnis *n*, Hindernis *n*; **2.** *vt* (be)hindern, hemmen (*auch übertr*) | verstricken, verwikkeln

ham·shackle [ˈhæmʃækl] *vt* (Tier) fesseln | *übertr* zügeln | binden, festhalten

ham·ster [ˈhæmstə] *s Zool* Hamster *m*

ham·string [ˈhæmstrɪŋ] **1.** *vt* (Tier) lähmen (durch Zerschneiden der Kniesehnen) | *übertr* lähmen, einengen; **2.** *s Anat* Kniesehne *f* | *Zool* Achillessehne *f*

hand [hænd] **1.** *s* Hand *f* ⟨~s off! Hände weg!; ~s up! Hände hoch!; ~'s turn *umg* Handschlag; a helping ~ *übertr* eine helfende *od* hilfreiche Hand; to ask for s.o.'s ~ um jmds. Hand anhalten; to clap ~s in die Hände klatschen; to shake ~s sich die Hand geben; to shake ~s with s.o./to shake s.o. by the ~ jmdm. die Hand geben *od* schütteln; to wave one's ~ (mit der Hand) winken⟩ | (Tier) Vorderfuß *m* | *übertr* Herrschaft *f*, Macht *f*, Gewalt *f* ⟨it is in my ~s es steht in meiner Macht; to fall in s.o.'s ~s jmdm. in die Hände fallen⟩ | gute Hand, Geschick *n*, Fähigkeit *f*, Fertigkeit *f* ⟨to have a good ~ for sich verstehen auf; to try one's ~s at s.th. etw. versuchen, es mit etw. probieren⟩ | Hand *f*, Einfluß *m*, Wirken *n*, Fügung *f* ⟨the ~ of God die Hand Gottes; hidden ~ geheime Machenschaften *pl od* Hand⟩ | Hilfe *f* ⟨to lend a ~ mit zupacken, helfen⟩ | (*meist in Zus*) Arbeiter *m*, Mann *m* ⟨farm ~⟩ | Matrose *m* ⟨all ~s on deck! alles an Deck!⟩ | Kenner *m* ⟨an old ~ ein alter Hase; a good ~ at geschickt *od* geübt sein mit⟩ | Handschrift *f* ⟨a running ~ eine fließende *od* zügige Handschrift⟩ | Applaus *m* ⟨a big ~ starker Applaus⟩ | Handbreite *f* (4 Zoll) | (Uhr) Zeiger *m* ⟨the second (minute, hour) ~ der Sekunden-, (Minuten-, Stunden) Zeiger⟩ | *Kart* Handkarten *f/pl*, Blatt *n* ⟨a good ~ ein gutes Blatt; to show one's ~ *übertr* seine *od* die Karten aufdecken⟩ | (*meist pl*) *Mil* Mannschaft *f*, Belegschaft *f* ⟨all ~s⟩ | *übertr* Schutz *m*, Obhut *f* ⟨to be in good ~s⟩ | Besitz *m*, Besitzer *m* ⟨to change ~s/to pass through many ~s durch viele Hände gehen, den Besitzer oft wechseln⟩ | Handlungsweise *f* ⟨with a heavy ~ *übertr* hart, erbarmungslos, bedrückend; with a high ~ *übertr* selbstherrlich; an iron ~ *übertr* eine eiserne Zucht⟩ | Seite *f*, Richtung *f* (*auch übertr*) ⟨on either ~ auf beiden Seiten; on every ~ überall, ringsum; on the one ~ einerseits; on the other ~ and(e)rerseits; [up]on all ~s überall, von allen Seiten, allgemein⟩ ◇ **at ~** zur Hand; *übertr* nahe bevorstehend; **at first ~** *übertr* aus erster Hand; **by ~** mit der Hand; *übertr* künstlich; **(raise) by ~** mit der Flasche (aufziehen); **by the ~ of** durch, vermittels; **from ~ to ~** von Hand zu Hand; **from ~ to mouth** von der Hand in den Mund; **not a ~'s turn** nicht das geringste; **in ~** in der Hand; *übertr* unter Kontrolle; vorrätig, zur Verfügung; **on ~** auf Lager, vorrätig; bevorstehend; *Am* zur Stelle; **out of ~** sofort; unbeherrscht; **well in ~** im Gange sein; **be ~ in glove with s.o.** *übertr* mit jmdm. ein Herz und eine Seele sein; **to come to ~** sich bieten; **go ~ in ~ with s.o.** (*auch übertr*) mit jmdm. Schritt halten; **have a ~ in** beteiligt sein an; **have s.o. on one's ~s** *umg* jmdn. auf dem Halse haben; **hold o.s. in ~** *übertr* sich beherrschen; **join ~s** sich verbünden; **keep one's ~ in** in Übung bleiben; **take in ~** unternehmen; übernehmen; **wash one's ~s of s.th.** bei etw. seine Hände in Unschuld waschen, mit etw. nichts zu tun haben wollen; **win ~s down** spielend gewinnen; **2.** *vt* ein-, aushändigen, übergeben, -reichen ◇ **have to ~ it to s.o.** es jmdm. lassen *od* zugeben müssen, jmdm. eingestehen; ~ **(a)round** herumreichen; ~ **back** zurückgeben; ~ **down** herunterreichen, -langen (**from** von) | hinuntergeleiten, -führen (**to** zu) | überliefern (**to** an) | vererben (**to** auf) | *Am* (öffentlich) bekanntgeben, mitteilen; ~ **in** hineinreichen | einhändigen | (Gesuch u. ä.) einreichen | (Postsendung) aufgeben, einliefern; ~ **on** weiterreichen, -geben (**to** an) | überliefern (**to** an); ~ **out** ausgeben, verteilen (**to** an) (*auch übertr*); ~ **over** übergeben (**to** an) | überlassen | weitergeben (**to** an); ~ **up** hinaufreichen, -langen (**to** zu)

hand|bag ['hændbæg] *s* Handtasche *f*; '**~ball** *s Sport* Handball *m*; '**~ˌbarrow** *s* Tragbahre *f*, Trage *f* | Schubkarre *f*; '**~bell** *s* Tisch-, Handglocke *f*; '**~bill** *s* Handzettel *m* | Reklamezettel *m* | Flugblatt *n*; '**~book** *s* Handbuch *n* | Reiseführer *m* | (Buchmacher) Wettbuch *n*; '**~brake** *s* Handbremse *f*; '**~breadth** *s* Handbreit *f*; '**~cart** *s* Handkarren *m*; '**~clap** *s* (Beifall) Klatschen *n* ⟨a slow ≈ verhaltenes Klatschen⟩; '**~cuff 1.** *s, meist pl* '**~cuffs** Handschellen *f/pl*; **2.** *vt* Handschellen anlegen; '**~ drill** *s Tech* Handbohrmaschine *f*; '**~-ed** *adj in Zus* -händig, mit den Händen ⟨right-≈⟩; '**~flag** *s* Signal-, Winkerflagge *f*; '**~ful** *s* eine Hand voll (*auch übertr*) ⟨a ≈ of letters; a ≈ of people⟩ | *umg* lästige Person *od* Sache, Plage *f* ⟨to be a ≈ for s.o. *übertr* jmdm. sehr zu schaffen machen⟩; '**~-ˌgal·lop** *s* Handgalopp *m*, kurzer Galopp; '**~ 'gen·er·a·tor** *s El* Kurbelinduktor *m*; '**~ glass** *s* Handspiegel *m* | Leselupe *f* | *Gartenb* Glasglocke *f*; '**~ greˌnade** *s Mil* Handgranate *f*; '**~grip** *s* Griff *m* mit der Hand | Händedruck *m* | (Schwert u. ä.) Griff *m* ⟨to come to ≈s handgreiflich werden⟩; '**~gun** *s Am* Pistole *f*, Revolver *m*; '**~hold** *s* Halt *m* (in Felsen, Wand u. ä.) | *übertr* Anhaltspunkt *m*, Orientierung *f* ⟨to give s.o. a ≈ in s.th. jmdm. konkrete Hinweise geben für etw.⟩

hand·i|cap ['hændıkæp] **1.** *s Sport* Handicap *n* | Ausgleich(srennen) (*m*) *n* | Vorgabe *f* | *übertr* besondere Belastung | Benachteiligung *f* | Hindernis *n*; **2.** *vt* ('**~capped, '~capped**) (Pferd) extra belasten | *übertr* belasten, (be)hindern, hemmen ⟨his age ~caps him sein Alter hindert ihn, er ist durch sein Alter benachteiligt⟩; '**~capped** *adj* benachteiligt, behindert (**by** durch); '**~ ˌcap·per** *s Sport* Handikapper *m*, Ausgleicher *m*

hand·i·craft ['hændıkra:ft] *s* handwerkliche Geschicklichkeit | (Kunst) Handwerk *n*; Handarbeit *f* | Werken *n*, Bastelarbeit *f*; '**~ed** *adj* handgearbeitet

hand·i|ly ['hændılı] *adv* günstig (gelegen) | *Am* mit Leichtigkeit (gewinnen); '**~ness** *s* Geschick(lichkeit) *n(f)* | günstige Lage | Nützlichkeit *f*

hand·i·work ['hændıwɜ:k] *s* Handarbeit *f* | Werk *n*, Schöpfung *f*

hand|ker·chief ['hæŋkətʃıf|-tʃi:f] *s* Taschentuch *n* | *arch* Halstuch *n* ◇ **throw the ~kerchief to s.o.** *übertr* jmdm. sein Wohlwollen zu erkennen geben

han·dle ['hændl] **1.** *s* Griff *m*, Handgriff *m* | Stiel *m* | Henkel *m* (eines Topfes) | (Tür-) Klinke *f*, Drücker *m* | (Pumpe) Schwengel *m* | *Tel* Kurbel *f* | *vulg* Zinken (Nase) | *übertr* Handhabe *f*, Anhaltspunkt *m* | Vorwand *m*, Gelegenheit *f* ⟨to have / get a ~ on *Am* unter Kontrolle haben *od* bekommen⟩ | *umg* Titel *m* ⟨to have a ~ to one's name ein "von und zu" sein⟩ ◇ **fly off the ~** *umg* aus der Haut fahren, an die Decke gehen; **2.** *vt* anfassen, berühren ⟨do not ~ the goods Waren nicht berühren!; ~ with care! Vorsicht!⟩ | handhaben, hantieren mit ⟨to ~ a tool⟩ | (Ruder u. ä.) führen, lenken | (Thema) behandeln, sich befassen mit ⟨to ~ the situation⟩ | (Person) behandeln ⟨to ~ s.o. without gloves jmdn. nicht mit Glacéhandschuhen anfassen⟩ | (Güter) befördern, (weiter)transportieren | erledigen, durchführen | Handel treiben mit, handeln mit ⟨to ~ certain kinds of books bestimmte Bücher führen⟩; *vi* sich handhaben lassen, funktionieren | sich anfühlen; '**~bars** *s/pl* (Fahrrad) Lenkstange *f* | *Kfz* Lenker *m*; '**han·dler** *s* (Boxen) Trainer *m* | Abrichter *m* (von Hunden u. ä.) | Töpfer *m*; '**han·dling** *s* Handhabung *f*, Gebrauch *m* | Ausführung *f*, Durchführung *f* | Behandlung *f* (e-s literarischen Stoffes) | *Sport* (Ball) Führung *f* | *Tech* Handhabung *f*

hand|loom ['hændlu:m] *s Tech* Handwebstuhl *m*; '**~ ˌlug·gage** *s* Handgepäck *n*; **ˌ~'made** *adj* handgemacht, mit der Hand gemacht ⟨≈ paper Büttenpapier *n*⟩; '**~maid[·en]** *s arch, übertr* Magd *f*, Dienerin *f*; '**~-me-ˌdown 1.** *adj* Fertig-, Konfektions-, von der Stange gekauft | billig | (ab)getragen, alt | abgedroschen ⟨a ≈ slogan eine abgedroschene Losung⟩; **2.** *s* fertig gekauftes Kleidungsstück | billiges *od* getragenes Kleidungsstück; '**~ ˌor·gan** *s* Drehorgel *f*; '**~out** *s Am umg* Almosen *n*, Gabe *f* | Broschüre *f*, Prospekt *m* | Handzettel *m* | Kommuniqué *n*; **ˌ~'pick** *vt* sorgfältig aussuchen, auswählen | mit Hand ernten; '**~press** *s Tech* Handpresse *f*; '**~ rail** *s* Geländer *n* | Geländerstange *f*; '**~saw** *s Tech* Fuchsschwanz *m*, Handsäge *f*; '**~scrub** *s Am* Nagelbürste *f*

hand·sel ['hænsl] **1.** *s* Neujahrsgeschenk *n* | Handgeld *n* | (Geschäft) erste Einnahme | *übertr* Vorgeschmack *m*; **2.** *vt* ein Neujahrsgeschenk machen | ein Handgeld geben | einweihen | zum ersten Mal versuchen *od* ausprobieren

hand|set ['hændset] **1.** *s Tel* Handapparat *m*, Hörer *m* | Mikrotelefon *n*; **2.** *vt Typ* (von Hand) setzen; '**~shake 1.** *s* Händedruck *m*; **2.** *vi Am umg* unterwürfig schmeicheln, katzbuckeln; '**~ˌshak·ing** *s* Händeschütteln *n*

hand·some ['hænsəm] *adj* (*bes* Mann, Junge) hübsch, schön, gutaussehend | (Frau) ansehnlich, stattlich | beträchtlich | großzügig, nobel ⟨a ~ sum⟩ | bequem, leicht (zu handhaben) | *Am umg* geschickt ◇ **~ is as/that ~ does** edel ist, wer edel handelt; **do the ~ thing** *Am umg* sehr höflich sein

hand|s-on ['hændzɒn] *adj* praktisch, zum Mitmachen ⟨≈ training⟩; '**~spike** *s Mar Tech* Handspake *f*, Hebestange *f*, Hebebaum *m*; '**~spring** *s Sport* Handstandüberschlag *m*; '**~stand** *s* Handstand *m*; **ˌ~-to-'hand** *adj* Mann gegen Mann ⟨≈ combat/≈ fighting Nahkampf *m*, Handgemenge *n*⟩; **ˌ~-to-'mouth** *adj* von der Hand in den Mund (lebend), ungesichert, unsicher; **'~wheel** *s Tech* Handrad *n*, Stellrad *n*; **'~work** *s* Handarbeit *f*; **'~write** *Am* **1.** (**'~wrote, '~written**) *vt, vi* mit der Hand schreiben; **2.** *s* Handschrift *f*; **'~ˌwrit·ing** *s* Schrift *f* | Handschrift *f* | *arch* Manuskript *n*

hand|y ['hændɪ] *adj* zur Hand, bei der Hand, greifbar | handlich, bequem | nützlich | (Person) praktisch, geschickt, gewandt | (*präd*) *umg* nahe, günstig (gelegen) ⟨the place is quite ≈⟩ | *arch* mit der Hand ausgeführt ◇ **come in ~y** gelegen kommen, gut zu gebrauchen sein, zupassekommen; **han·dy·man** ['hændɪˌmæn] *s* (*pl* **'han·dy·men**) Mann *m* für alles, Faktotum *n* | Gelegenheitsarbeiter *m*

hang [hæŋ] **1.** *s* Hang *m* (*auch übertr*), Abhang *m* | (Kleider) Fall *m*, Sitz *m* | (Maschine) Gang *m* | Bedeutung *f*, Sinn *m* ⟨to get the ~ of s.th. *übertr umg* etw. mitbekommen⟩; **2.** (**hung, hung** [hʌŋ]) *vt* (auf)hängen (**from** an, **on** auf) ⟨well hung (Wild) gut abgehangen⟩ | (Tür) einhängen | behängen, (Tapeten) anbringen, ankleben | (Bilder) ausstellen | (**hanged, hanged**) (Mensch) (auf)hängen ⟨to ~ a criminal; to ~ o.s. sich (auf)hängen⟩ | *übertr umg* verdammen, zum Teufel schicken ⟨I'll be hanged if … das müßte mit dem Teufel zugehen, wenn …, den Teufel werde ich; ~ it (all)! verdammt (noch mal)! zum Teufel! verflixter Mist!; ~ him! zum Kuckuck mit ihm!; to let s.th. go ~ sich den Teufel um etw. kümmern⟩ ◇ **~ fire** das Feuer einstellen (Geschütz); warten, zögern (Person); ausfallen, verschoben werden (Sachen); **~ on·to** behalten | festhalten an (*auch übertr*); **~ out** heraus-, aushängen; **~ up** aufhängen | *übertr* aufschieben | unentschieden lassen | *Austr* (Pferd) an-, festbinden ◇ **be hung up on/about** *Sl* sich verrückt machen mit *od* wegen, eine fixe Idee haben von; *vi* hängen, hangen (**by, on** auf, **over** über, **to** an) | baumeln, schweben (*auch übertr*) ⟨to ~by a thread *übertr* an einem Faden hängen; to ~ in the balance *übertr* in der Schwebe *od* unentschieden sein⟩ | gehängt werden | sich neigen, abfallen | zögern, unentschlossen sein | *Am* (Geschworene) keine Einigung erzielen ◇ **~ loose** *Am Sl* sich nicht aufregen, locker bleiben; **~ tough** *Am Sl* festbleiben, nicht lockerlassen; **~ about** *Brit umg* herumlungern, sich herumtreiben | trödeln | warten, nicht fortgehen ⟨≈, I'll be coming⟩; **~ around** warten, herumstehen; **~ back** zögern, sich sträuben; **~ behind** zurückbleiben; **~ down** herabhängen, herunterhängen (**from** von); **~ in there** *Am* durchhalten; **~ off** sich zurückhalten | loslassen; **~ on** festhalten, sich anklammern (**to** an) | *Tel* am Apparat bleiben ⟨[just] ≈ Moment mal!⟩ | *übertr* ausharren, nicht aufhören *od* nachlassen; **~ [up]on** hängen an, sich klammern an ⟨to ~ on every word jedes Wort verschlingen, an jedem Wort hängen; to ~ on s.o.'s lips an jmds. Lippen hängen, jmdm. aufmerksam zuhören⟩; **~ out** heraushängen | *Sl* hausen | *Sl* sich herumtreiben ◇ **let it all ~ out** *Sl* machen, was einem paßt, sich einen Dreck um alles scheren; **~ together** *übertr* zusammenhalten, -hängen; **~ up** *Tel* (den Hörer) auflegen, aufhängen (**on s.o.** bei jmdm.)

hang·ar ['hæŋə] *s* Schuppen *m* | *Flugw* Hangar *m*, Flugzeughalle *f*

hang|dog ['hæŋdɒg] **1.** *s* Schuft *m*, Lump *m*, gemeiner Mensch; **2.** *adj* gemein, niedrig gesinnt | hündisch, kriecherisch; **'~er** *s* Aufhänger *m*, Schlaufe *f* | Haken *m* | *auch* **'coat/'clothes ˌ~er** Kleiderbügel *m* | Hirschfänger *m*, Weidmesser *n* | *Tech* Hängeeisen *n* | *Tech* Traversenträger *m*; **~er-on** [ˌ~ər'ɒn] *s* (*pl* **'~ers-on**) *übertr* (lästiges) Anhängsel, Schmarotzer *m*, Klette *f* | Nachläufer *m*; **'~ ˌglid·er** *s Flugw* Gleitsegler *m*; **'~ing 1.** *s* Hängen *n* | Aufhängen *n*, (Er-) Hängen *n*, Henken *n*; **2.** *adj* (herab)hängend | niedergeschlagen ⟨a ≈ face ein niedergeschlagenes Gesicht⟩ | Hänge-; Stütz- | den Tod durch Erhängen verdienend ⟨a ≈ crime ein Verbrechen, das die Todesstrafe verdient⟩; **'~ings** *s/pl* Wandbehang *m*, Wandbekleidung *f* | Tapete *f* | Vorhang *m*; **'~man** *s* (*pl* **'~men**) Henker *m*; **'~nail** *s* Neidnagel *m*; **'~out** *s urspr Am Sl* Bude *f*, Wohnung *f* | Stammlokal *n* | Schlupfwinkel *m*; **'~o·ver** *s umg* Rest *m*, Überbleibsel *n* | *übertr* Kater *m*, Katzenjammer *m*; **'~up** *s Sl* Komplex *m* (**about** wegen), Fimmel *m*, Marotte *f*

hank [hæŋk] *s* Knäuel *m* | Strähne *f* | Docke *f* | *Mar* Legel *m*

han·ker ['hæŋkə] *vi umg* sich sehnen, verlangen (**after, for** *od inf* nach); **'~ing** *s umg* (brennende) Sehnsucht, Verlangen *n* (**after, for** nach)

han|kie, *auch* **~ky** ['hæŋkɪ] *s umg* Taschentuch *n*

han·ky-pan·ky [ˌhæŋkɪ 'pæŋkɪ] *s umg* Hokuspokus *m* | Betrug *m*

Han·sard ['hænsɑ:d] *s* (in England) amtliches Parlamentsprotokoll

han·som ['hænsəm], *auch* **'~ cab** *od* **ˌ~ 'cab** *s* zweirädrige Droschke

hap [hæp] *s arch* Glück *n*

hap·haz·ard [hæp'hæzəd] **1.** *s* Zufall *m* ⟨at ~ aufs Geratewohl⟩; **2.** *adj, adv* zufällig | ziel-, wahllos

hap·less ['hæpləs] *adj* unglücklich

hap·pen ['hæpn] *vi* sich ereignen, geschehen, vorfallen ⟨an accident has ~ed ein Unfall ist geschehen⟩ | passieren, zustoßen (**to** *mit inf*) ⟨if anything should ~ to me falls mir etw. zustoßen sollte⟩ | sich zufällig ergeben ⟨it ~ed that es ergab sich, daß; as it ~s wie es sich trifft, zufällig⟩ | (etw.) zufällig (tun), zufällig (*mit inf*) ⟨I ~ed to see her ich sah sie zufällig⟩; **~ in[to]** *Am* zufällig auftauchen in ⟨he ~ed in[to] the room er kam plötzlich hereingeschneit⟩; **~ [up]on** (jmdn.) zufällig treffen, auf (jmdn.) zufällig stoßen ⟨to ~ [up]on an old friend⟩; **'~ing** *s* Ereignis *n* | Zusammentreffen *n* | *Am* Happening *n*

hap·py ['hæpɪ] *adj* glücklich | beglückt, erfreut (**about, at** über) ⟨we are ~ to hear es freut uns zu hören⟩ | angenehm, erfreulich ⟨~ news⟩ | gut ⟨a ~ idea⟩ | treffend, passend ⟨a ~ reply⟩ | geschickt, gewandt | *umg* angeheitert | *in Zus* verrückt, begeistert ⟨trigger-~ schießwütig; gold-~ goldgierig⟩ ◇ **~ you!** Sie Glücklicher!; **the ~ mean** die goldene Mitte; **ˌ~ New 'Year** Glückliches *od* Frohes Neues Jahr; **ˌ~ 'Birth·day** alles Gute zum Geburtstag!; **hap·py-go-luck·y** [ˌhæpɪ gəʊ 'lʌkɪ] *adj, adv* unbekümmert, sorglos; **ˌ~ 'me·dium** *s* (*meist sg*) goldener Mittelweg

har·a·ki·ri [ˌhærə'kɪrɪ] *s* Harakiri *n*

ha·rangue [hə'ræŋ] **1.** *s* (leidenschaftliche) Rede, (feierliche) Ansprache *f* | Tirade *f*; **2.** *vi* eine Ansprache halten | eine Rede schwingen; *vt* feierlich anreden

har·ass ['hærəs] *vt* belästigen, quälen | *Mil* stören; **'~ment** *s* Belästigung *f* ⟨sexual ≈ Belästigung *f* von Frauen⟩

har·bin·ger ['hɑ:bɪndʒə] *lit* **1.** *s* Vorläufer *m* | *übertr* Vorbote *m*; **2.** *vt* ankündigen

har·bour ['hɑ:bə] **1.** *s* Hafen *m* | Herberge *f*, Zufluchtsort *m*; **2.** *vi* (Schiff) anlegen, im Hafen ankern; *vt* beherbergen, Obdach gewähren | verbergen, verstecken ⟨to ~ a criminal⟩ | *übertr* (Gefühle) hegen ⟨to ~ a grudge einen Groll hegen⟩; **'~age** *s* Hafen *m* | Schutz *m* | Unterkunft *f*, Herberge *f*; **'~-dues** *s/pl* Hafengebühren *f/pl*; **'~less** *adj* ohne Hafen | obdachlos, ohne Schutz

hard [hɑ:d] **1.** *adj* hart, fest (*auch übertr*) | *übertr* schwierig, mühsam, anstrengend | schwer zu bewältigen(d) (*Ant* easy) ⟨~ work schwere Arbeit; ~ labour Zwangsarbeit *f*; ~ to please schwer zufriedenzustellen(d)⟩ | hart, intensiv, angestrengt ⟨~ study⟩ | fleißig, tüchtig ⟨a ~ worker⟩ | heftig, stark ⟨~ rain⟩ | hart, streng ⟨a ~ winter⟩ | unfreundlich ⟨~ feelings⟩ | rauh ⟨a ~ climate⟩; hart, gefühllos, streng ⟨a ~

master⟩ | kühl, unsentimental | hart, drückend, schlimm ⟨~ times⟩ | unumstößlich ⟨the ~ facts⟩ | hart, grell ⟨~ colours⟩ | *umg* unverbesserlich, verrufen ⟨a ~ character⟩ | *dial* geizig | *urspr Am* hochprozentig, stark ⟨~ drinks; ~ drinker starker Trinker⟩ | kräftig, heftig ⟨a ~ fight⟩ | hart, kalkhaltig ⟨~ water⟩ | (Droge) hart, suchterzeugend (*Ant* soft) ◇ **~ of hearing** schwerhörig; **~ up** knapp (**for** an), ohne (**for s.th.** etw.) ⟨to be ≈ [for money] *umg* auf dem trocknen sitzen, in Geldverlegenheiten sein⟩; **the ~ way** von der Pike auf; **no ~ feeling!** *umg* nichts für ungut!; **be ~ on** (Schuhe u. ä.) schnell abtragen; **be ~ on s.o.** übertrieben streng mit jmdm. sein, jmdm. hart zusetzen; **have a ~ head** *übertr* einen nüchternen Sinn haben; **play ~ to get** schwer herumzukriegen sein; **take some ~ knocks** Probleme haben; **take a ~ look at** sich (etw.) genau ansehen; **try one's ~est** sich aufs äußerste anstrengen; **2.** *adv* hart, fest ⟨to boil ~⟩ | kräftig, energisch, mit großer Anstrengung ⟨to work ~; to hit ~⟩ | fest, konzentriert ⟨to look ~⟩ | stark heftig ⟨to rain ~; to be ~ hit by schwer getroffen sein durch, schwer leiden unter⟩ | schnell ⟨to drive ~⟩ | übermäßig ⟨to drink ~⟩ | schwer, mühsam ⟨~-earned sauer verdient; to die ~ *übertr* nur schwer vergehen⟩ | nahe, dicht ⟨~ after dicht hinter; ~ by nahebei, ganz in der Nähe; ~ on nahe, dicht an; ~ on nonsense⟩ ◇ **be ~ put [to it] to do s.th.** große Schwierigkeiten (damit) haben, etw. zu tun; **be ~ done by** unfair behandelt worden sein durch; **it goes ~ with s.o.** jmdn. trifft es schwer; **~ at it** mit ganzem Einsatz; **take [it] ~** es sich (schwer) zu Herzen nehmen

hard|-and-fast [ˌhɑ:d n ˈfɑ:st] **1.** *adj* fest, bindend, streng ⟨≈ rules⟩; **2.** *adv* fest und sicher; **ˈ~back 1.** *s* gebundenes Buch, Buch *n* mit festem Einband; **2.** *auch* **ˈ~backed** *adj* (Buch) gebunden; **ˈ~bake** *s* Mandel-Karamelle *f*, Krokant *m*; **ˌ~-ˈbit·ten** *adj* verbissen, hartnäckig; **ˈ~board** *s* Hartfaserplatte *f*; **ˌ~-ˈboiled** *adj* hartgekocht | *umg* hartgesotten, kalt berechnend | nüchtern | zäh; realistisch, unsentimental ⟨≈ literature⟩; **ˌ~ ˈcash** *s* Bargeld *n* | klingende Münze; **ˈ~ ˈcoal** *s* Anthrazit *m*, Steinkohle *f*; **ˈ~-ˌcore** *adj oft verächtl* unnachgiebig, stur ⟨≈ opposition⟩ | pornographisch ⟨≈ magazine⟩; **ˌ~ ˈcore** *s* Schotter *m* | *verächtl* harter Kern | harter Porno; **ˌ~ ˈcourt** (Tennis) Hartplatz *m*; **ˌ~ ˈcur·ren·cy** *s Wirtsch* harte *od* frei konvertierbare Währung

hard·en [ˈhɑ:dn] *vi* hart werden | *übertr* (Herz, Geist) verhärten, gefühllos werden (**to** gegenüber) | sich abhärten | (Kurs) sich festigen *od* stabilisieren | (Preise) steigen, anziehen | *vt* härten, hartmachen | verstärken, intensivieren ⟨to ~ one's hold fester halten⟩ | abhärten | gefühllos *od* unempfindlich machen ⟨to ~ one's heart to s.o. sein Herz gegenüber jmdm. verhärten, hart bleiben gegenüber jmdm.; to ~ one's mind against seinen Geist *od* seine Sinne feien vor⟩; **ˈ~er** *s* Härtemittel *n*, Metallhärter *m*; **ˈ~ing** *s* Härten *n* | *Tech* Härtung *f* | Härtemittel *n*

hard|-fea·tured [ˌhɑ:d ˈfi:tʃəd] *adj* mit harten Gesichtszügen; **ˌ~ ˈfeel·ings** *s/pl* (*neg*) Nachtragen *n* ⟨to bear no ≈ nichts übelnehmen *od* nachtragen⟩; **ˌ~ˈfist·ed** *adj* knauserig, geizig; **ˌ~ˈhand·ed** *adj* mit harten Händen | *übertr* streng; **ˈ~head** *s* nüchterner *od* praktischer Mensch | Dummkopf *m*; **ˌ~ˈhead·ed** *adj* gefühllos, kalt; **ˌ~ˈheart·ed** *adj* hartherzig, ohne Gefühl

har·di|hood [ˈhɑ:dɪhʊd] *s* Kühnheit *f*, Tapferkeit *f*

hard| la·bour [ˌhɑ:d ˈleɪbə] *s* Zwangsarbeit *f*; **ˌ~ ˈline** *s Pol* harter Kurs, starre Haltung ⟨to take a ≈⟩; **ˈ~-line** *adj* starr, unbeweglich, unnachgiebig; **ˈ~ˌlin·er** *auch*, **~-ˈlin·er** *s* Verfechter *m* eines harten *od* starren Kurses; **ˌ~ ˈluck 1.** Pech *n*; **2.** *interj* Pech!, schade!; **ˌ~ ˈluck ˌsto·ry** *s umg* Jammergeschichte *f*, Lamento *n*

hard·ly [ˈhɑ:dlɪ] *adv* kaum, fast nicht | schwer, mit Mühe ⟨~ ever fast nie; ~ had he … when … gerade hatte er … als⟩

hard|mouthed [ˌhɑ:dˈmaʊðd] *adj* (Pferd) hartmäulig | *übertr* hartnäckig, starrköpfig, widerspenstig; **ˌ~-ˈnosed** *adj umg* hartnäckig, stur; **ˌ~ ˈnut** *s übertr umg* (Person, Sache) harte Nuß ⟨a ≈ to crack eine verflixte Sache; ein schwieriger Bursche⟩; **ˈ~-on** *s vulg* Steifer *m* (Penis); **ˈ~ ˌsci·ence** *s* Naturwissenschaft *f*; **ˌ~ ˈsci·en·tist** *s* Naturwissenschaftler *m*; **ˌ~ ˈsell** *s Wirtsch* aggressives Verkaufsgebaren; **ˌ~-ˈsell** *adj* Hardsell- ⟨≈ methods⟩; **ˌ~-ˈset** *adj* bedrängt | starr, stur | unbeugsam; **ˈ~-shell** *adj* hartschalig | *Am umg* streng | kompromißlos; **ˈ~ship** *s* Härte *f*, Not *f* | Mühsal *f*; **ˌ~ ˈshoulder** *s Brit* (Straße) befestigter Rand-, Seitenstreifen; **ˈ~ ˈsoap** *s* Kernseife *f*; **ˈ~ tack** *s* Schiffszwieback *m*; **ˈ~ top [car]** *s* Limousine *f*; **ˈ~ware** *s* Metall-, Eisenwaren *pl* | Beschläge *pl*, Kleineisenzeug *n* | (Computer) Handware *f*, Bauelemente, (elektronische) Bausteine *pl* (*Ant* software); **ˈ~ware·man** *s* Eisenwarenhändler *m*; **ˌ~-ˈwear·ing** *adj Brit* (Kleidung) strapazierfähig; **ˈ~wood 1.** *s* Hartholz *n* (*Ant* softwood); **2.** *adj* Hartholz-; **ˈ~ˌwork·ing** *adj* fleißig, arbeitsam, hart arbeitend

har·dy [ˈhɑ:dɪ] *adj* kühn, kräftig | abgehärtet | verwegen | *Gartenb* winterfest; **ˌ~ ˈan·nu·al** *s* winterharte Pflanze *f* | *übertr* jedes Jahr wiederkehrender Gesprächsgegenstand *m*

hare [hɛə] **1.** *s* (Feld-) Hase *m* ◇ **~ and hounds** Schnitzeljagd; **a ~ has been through the mill, a ~ is an old hand, a ~ knows a trick or two, a ~ knows every trick, a ~ knows the ropes** *umg* mit allen Hunden gehetzt, in allen Schlichen erfahren; **first catch your ~ [then cook him]** man soll das Fell nicht verkaufen, ehe man den Bären hat; **hold/run with the ~ and run/hunt with the hounds** es mit beiden Seiten halten; **mad as a March ~** *umg* geil wie ein Märzhase, toll; **start a ~** e-n Hasen aufscheuchen; *übertr* vom Thema ablenken; **2.** *vi* jagen, flitzen, sausen; **~ away/off** *Brit umg* sich auf die Socken machen; **ˈ~bell** *s* Glockenblume *f*; **ˌ~ˈbrained** *adj* zerfahren, gedankenlos, unbeständig; **ˌ~ˈlip** *s Med* Hasenscharte *f*

har·em [ˈhɛərəm|ˈhɑ:ri:m|hɑ:ˈri:m] *s* Harem *m*

hare's|-beard [ˈhɛəzbɪəd] *s* Königskerze *f*; **ˈ~skin** *s* Hasenbalg *m*

har·i·cot [ˈhærɪkəʊ] *s*, *auch* **ˌ~ ˈbean** weiße Bohne | Hammelragout *n*; **ˌ~ bean ˈsoup** *s* Bohnensuppe *f*

hark [hɑ:k] **1.** *s* Hetzruf *m* (für Hunde); **2.** *vi lit* lauschen, horchen (**to** auf); **~ back** (Jagd) zurückgehen, um die Fährte neu aufzunehmen | *übertr* zurückgehen, zurückgreifen (**to** auf) | *übertr umg* (wieder) aufwärmen (**to s.th.** etw.), wieder anfangen (**to s.th.** mit etw.); *vt arch* lauschen | (Jagd) (Hunde) rufen; **~ at** *Brit umg* anhören ⟨≈ him hör nur den an!⟩; **~ on** antreiben; **ˈ~-back** *s übertr* Rückkehr (**to** zu) | Rückverweis, -bezug (**to** auf)

har·le·quin [ˈhɑ:ləkwɪn] **1.** *s Theat* Harlekin *m*, Hanswurst *m*; **2.** *adj* buntscheckig; **~ade** [ˌ~ˈeɪd] *s Theat* Harlekinade *f*, Posse *f*, komische Szene | *übertr* Spaß *m*, Posse *f*

Har·ley Street [ˈhɑ:lɪ stri:t] *s* Londoner Ärzteviertel *n* | angesehene Mediziner *pl*, ärztliche Fachwelt

har·lot [ˈhɑ:lət] **1.** *s arch* Dirne *f*, Metze *f* | *verächtl* leichtes Mädchen; **2.** *adj* unzüchtig, geil, schmutzig; **ˈ~ry** *s* Prostitution *f*, Hurerei *f*

harm [hɑ:m] **1.** *s* Schaden *m*, Verletzung *f*, Leid *n* ⟨there is no ~ in it es ist nicht böse gemeint; es kann nichts schaden; to do s.o. ~ jmdm. Schaden *od* Leid zufügen; to keep out of ~'s way sich vorsehen; to come to ~ sich verletzen; no ~ came to him er ist nicht zu Schaden gekommen⟩ | Unrecht *n*, Übel *n*, Böses *n* ⟨to mean no ~ nichts Böses im Sinne haben⟩; **2.** *vt* schaden | schädigen, verletzen | Leid zufügen ⟨he wouldn't ~ a fly er kann keiner Fliege ein

Leid zufügen⟩; **'~ful** *adj* nachteilig, schädlich (**to** für); **'~less** *adj* harmlos ⟨a ≈ question⟩ | unschädlich ⟨to render s.th. ≈ etw. unschädlich machen⟩ | unschuldig ⟨a ≈ creature⟩

har·mon|ic [hɑ:'mɒnɪk] **1.** *s, auch* **~ics** *pl od* **~ic tone** *Mus, Phys* Oberton *m* | Oberschwingung *f*; **2.** *adj Mus, Phys* harmonisch, Harmonie-, Harmonik- | zusammenstimmend, übereinstimmend, wohlklingend (*auch übertr*); **~i·ca** [hɑ:'mɒnɪkə] *s* Glas-, Hammer-, Mundharmonika *f*; **har'mon·ics** *s/pl* Harmonik *f*, Harmonielehre *f*; **har·mo·ni·ous** [hɑ:'məʊnɪəs] *adj* harmonisch, zusammenstimmend, übereinstimmend, wohlklingend (*auch übertr*); **har·mo·ni·um** [hɑ:'məʊnɪəm] *s* Harmonium *n*; **har·mo·nize** ['hɑ:mənaɪz] *vi Mus* harmonieren | *umg* mehrstimmig singen *od* spielen | harmonieren, zusammenpassen, übereinstimmen (**with** mit); *vt Mus* harmonisieren | mehrstimmig setzen | harmonisieren, in Übereinstimmung bringen, versöhnen (**with** mit); **'har·mo·ny** *s Mus* Harmonie *f*, Zusammenklang *m* | Wohlklang *m* (*auch übertr*) ⟨in ≈ with im Einvernehmen mit; out of ≈ with im Streit mit⟩ | *übertr* (schöne) Ordnung, Ebenmaß *n*

har·ness ['hɑ:nɪs] **1.** *s* (Pferde-) Geschirr *n* ⟨double ~ Geschirr *n* für zwei Pferde; to go/run/work in double ~ *übertr* zusammenarbeiten, sich verheiraten, als Mann und Frau leben⟩ | *arch* Harnisch *m* | Anschnallgurt *m* | *Flugw* (Fallschirm-) Gurtewerk *n* | (Webstuhl) Schaft *m* | *übertr* Ausrüstung *f* | *Am Sl* Kluft *f* ◇ **die in ~** *übertr* in den Sielen *od* über der Arbeit sterben; **2.** *vt* (Pferde u. ä.) anschirren | anspannen | *übertr* einspannen (**to** in) | (Wasserkraft u. ä.) nutzbar machen; **'~ horse** *s* Zugpferd *n*; **'~-ˌmak·er** *s* Sattler *m*; **'~ ˌrac·er** *s Am* Traber(pferd) *m(n)*

harp [hɑ:p] **1.** *s* Harfe *f* | *Astr* Leier *f*; **2.** *vi* Harfe spielen | **~ [up]on** *übertr* herumreiten auf, dauernd reden *od* sprechen von ⟨to be always ~ing on the same string immer wieder die alte Leier anstimmen⟩; **'~ist** *s* Harfenspieler(in) *m(f)*

har·poon [hɑ:'pu:n] **1.** *s* Harpune *f*; **2.** *vt* harpunieren

harp·si·chord ['hɑ:psɪkɔ:d] *s* (Clavi-) Cembalo *n*, Spinett *n*

har·py ['hɑ:pɪ] *s Myth* Harpyie *f* | *übertr* (Person) Geier *m*, Blutsauger *m*, Vampyr *m* (Frau)

har·ri·dan ['hærɪdən] *s* alte Vettel, Drache *m*

har·ri·er ['hærɪə] *s* Bracke *m* (Jagdhund für Hasen) | *Sport* Waldläufer *m*, Geländeläufer *m*; **'har·ri·ers** *pl* Hasenhundmeute *f* mit Jägern

[1]**har·row** ['hærəʊ] **1.** *s Landw* Egge *f*; ◇ **under the ~** *übertr* in großer Not; **2.** *vi* eggen | sich eggen lassen; *vt* eggen | *übertr* quälen, martern | (Gefühl) verletzen ⟨to ~ s.o.'s feelings⟩

[2]**har·row** ['hærəʊ] *vt* plündern | verwüsten

har·row·ing ['hærəʊɪŋ] *adj* entsetzlich, grausam, schlimm ⟨a ~ experience ein furchtbares Erlebnis⟩

har·ry ['hærɪ] *vt* plündern, ausrauben | (jmdm.) zusetzen (**for** wegen) | verheeren, verwüsten | (Person) quälen, verfolgen ⟨to ~ s.o. out of the country jmdn. aus dem Land vertreiben⟩

harsh [hɑ:ʃ] *adj* hart, rauh ⟨a ~ voice⟩ | herb, bitter ⟨~ taste⟩ | rauh | grell ⟨~ colours⟩ | unangenehm, hart ⟨a ~ treatment⟩ | (Person) streng, grausam

hars·let ['heɪzlɪt] = **haslet**

hart [hɑ:t] *s bes Brit* (Rot-) Hirsch *m* ⟨a ~ of ten ein Zehnender *m*⟩

har·tal ['hɑ:tɑ:l] *s Ind* Schließung *m* der Geschäfte (aus Protest)

har·te·beest ['hɑ:tɪbi:st] *s* (Südafrika) *Zool* Kuhantilope *f*

har·um-scar·um [ˌhɛərəm 'skɛərəm] **1.** *adj umg* zerfahren, fahrig | leichtsinnig; **2.** *adv* Hals über Kopf; **3.** *s* zerstreuter Mensch | Flatterhaftigkeit *f* | Kopflosigkeit *f*

har·vest ['hɑ:vɪst] **1.** *s* Ernte *f* ⟨to help with the ~ in *od* bei der Ernte helfen⟩ | Erntezeit *f* ⟨at (the) ~ zur Ernte(zeit)⟩ | Ernteertrag *m* ⟨a good/large ~; the ~ of plums die Pflaumenernte ⟩ | *übertr* Gewinn *m*, Ernte *f*, Ertrag *m*, Ausbeute *f*, Frucht *f*, Früchte *pl* ⟨the ~ of our efforts die Früchte unserer Anstrengungen; a ~ of letters eine (reiche) Ausbeute an Briefen⟩ ◇ **make a long ~ for a little corn** *Sprichw* aus einer Mücke einen Elefanten machen, sich mit Kleinigkeiten lange aufhalten; **2.** *vi* ernten, die Ernte einbringen; *vt* ernten, (Ernte) einbringen | abernten | *übertr* ernten | aufspeichern; **'~er** *s* Schnitter(in) *m(f)* | Erntearbeiter(in) *m(f)* | Mähmaschine *f*, Erntemaschine *f* ⟨combine ≈ Mähdrescher *m*⟩ | *Zool* Weberknecht *m*; **ˌ~ 'festival** *s Brit Rel* Erntedankfest *n*; **ˌ~ 'home** *Brit s* Ernten *n* | Erntezeit *f* | Erntefest *n* | Lied *n* zum Erntedank; **'~man** *s* (*pl* **'~men**) Schnitter(in) *m(f)*, Erntearbeiter(in) *m(f)* | *Zool* Weberknecht *m*; **ˌ~ 'moon** *s* Erntemond *m*, Septembervollmond *m*; **'~ mouse** *s* Feldmaus *f*

has [həz|əz|z|s|hæz] *3. Pers sg präs von* ↑ **have**; **~-been** ['hæz bi:n] *s umg* ausrangierte Sache | Person, die ausgespielt hat, Vergangene(r) *f(m)*, Gewesene(r) *f(m)*, jmd., der der Vergangenheit angehört

[1]**hash** [hæʃ] **1.** *s Kochk* Haschee *n* | *übertr* Wiederaufgewärmtes *n*, alter Kohl | Durcheinander *n*, Kuddelmuddel *m* ⟨to make a ~ of s.th. *umg* etw. verpfuschen; to settle s.o.'s ~ *umg* jmdm. e-n Strich durch die Rechnung machen, jmdm. alles verderben; jmdn. erledigen (umbringen)⟩ **2.** *vt, auch* **~ up** (Fleisch) zerhacken, haschieren; **~ out** *umg* auseinanderklamüsern, klären; **~ up** *übertr* verpfuschen

[2]**hash** [hæʃ] *s umg* Hasch *n*; **~ish** ['hæʃi:ʃ|'~ɪʃ] *s* Haschisch *m, n*

hash·up ['hæʃʌp) *s Brit Sl verächtl* Neuaufguß *m*, Neuauflage *f*

has·let ['heɪzlɪt] *s* Innereien *f/pl* | Geschlinge *n*

has·n't ['hæznt] *kontr von:* **has not**

hasp [hæsp] **1.** *s Tech* Haspe *f*, Schließhaken *m* | Haspel *f*, Garndocke *f*; **2.** *vt* mit einer Haspe verschließen, zuhaken

has·sle ['hæsl] *Am umg* **1.** *s* Streitpunkt *m* | Auseinandersetzung *f*, Theater *n*, Zirkus *m* ⟨all this ~ about s.th. das ganze Hin und Her mit etw.⟩; **2.** *vi* streiten, sich anlegen (**with** mit) ⟨to ~ back and forth ständig miteinander wörteln⟩ | verspotten, verhöhnen

has·sock ['hæsək] *s* Knie-Betkissen *n* | Grasbüschel *n*

hast [hæst] *arch 2. Pers sg präs von* **have**

haste [heɪst] **1.** *s* Hast *f*, Eile *f*, Schnelligkeit *f* ⟨to be in great ~ in großer Eile sein; to make ~ sich beeilen; ~ makes waste blinder Eifer schadet nur; [the] more ~, [the] less/[the] worse speed Eile mit Weile⟩

has·ten ['heɪsn] *vi* eilen ⟨to ~ home⟩ | sich beeilen ⟨to ~ to add schnell hinzufügen⟩; *vt* (zur Eile) antreiben, beschleunigen ⟨to ~ one's steps schneller gehen, einen Schritt zulegen⟩; **'hast·y** *adj* hastig, eilig ⟨a ≈ line eine Zeile in Eile; a ≈ meal eine eilige Mahlzeit; don't be too ≈! nicht so hastig!⟩ | vorschnell, unüberlegt ⟨he's a bit ≈ in his decision er entscheidet (etwas) zu schnell⟩; **ˌhast·y 'bridge** *s Mil* Behelfsbrücke *f*; **ˌhast·y 'pud·ding** *s* Mehlbrei *m* | *Am* Maismehlbrei *m*

hat [hæt] **1.** *s* Hut *m* ⟨with one's ~ on mit dem Hute auf (dem Kopf); to put one's ~ away (straight) den Hut schief (gerade) aufsetzen⟩ | *auch* **'cardinal's ~, red '~** Kardinalshut *m* | *übertr* Kardinalswürde *f* | *Am Sl* Bestechungsgeld *n* ◇ **my ~!** *Sl* na, ich danke!; **a bad ~** *Sl* ein übler Bruder, eine anrüchige Person; **as black as my ~** pechschwarz; **at the drop of a ~** plötzlich, im Nu; **~ in hand** mit dem Hut in der Hand, respektvoll; **I'll eat my ~ if** *Sl* ich freß einen

Besen, wenn ...; **that's old ~** *übertr* das ist ein alter Hut, das sind olle Kamellen; **under one's ~** *Sl* im Kopf, für sich, geheim; **go round with the ~, to pass/send round the ~** mit dem Hut herumgehen, Geld (ein)sammeln; **hang up one's ~** den Hut an den Nagel hängen, (zu arbeiten) aufhören; sich wie zu Hause fühlen, sich häuslich niederlassen; **keep s.th. under one's ~** *Sl* etwas für sich behalten; **raise/touch one's ~ to s.o.** seinen Hut vor jmdm. ziehen, jmdm. den Vortritt lassen; **talk through one's ~** *umg* faseln, Unsinn reden; **throw one's ~ in the ring** *umg* sich zum Kampf stellen; **2.** *vt* mit einem Hut bekleiden *od* bedecken | den Kardinalshut verleihen

hat·a·ble ['heɪtəbl] *adj, bes Am* hassenswert

hat|band ['hætbænd] *s* Hutband *n* | Trauerflor *m*; **'~block** *s Tech* Hutmacherform *f*; **'~box** *s*, **'~case** *s* Hutschachtel *f*

[1]**hatch** [hætʃ] *s* Halbtür *f* | Durchreiche *f*, Durchreichfenster *n* | *Mar* Luke *f* | *Flugw* Einsteigluke *f* | *Tech* Schleuse ◇ **under [the] ~es** unter Deck; *übertr* in Arrest, eingesperrt; *umg* in Schwierigkeiten; *Sl* erledigt, tot; **down the ~!** *umg* hoch die Tassen!

[2]**hatch** [hætʃ] **1.** *s* Brüten *n*, Ausbrüten *n* (von Tieren) | Brut *f* | Ausschlüpfen *n* | *übertr* Aushecken *n*; **2.** *vi* ausgebrütet werden | Junge ausbrüten | *übertr* sich entwickeln; *vt* ausbrüten | *übertr* ausdenken, ersinnen, ausbrüten, aushecken ◇ **count one's chickens before they are ~ed** *Sprichw* die Rechnung ohne den Wirt machen

[3]**hatch** [hætʃ] **1.** *s* Schraffur *f* (schraffierte) Linie; **2.** *vt* schraffieren, stricheln | mit Linien gravieren

hatch·back ['hætʃbæk] *s Kfz* Hecktür *f* | Hecktürmodell *n*

hatch·er ['hætʃə] *s* Bruthenne *f* | Brüter *m* ⟨a good ~⟩ | Brutapparat *m*; **'~y** *s* Brutplatz *m* | Fischbrutanstalt *f* | *übertr* Brutstätte *f*

hatch·et ['hætʃɪt] *s* Beil *n* | Tomahawk *m*, Kriegsbeil *n* ⟨to bury (dig up) the ~ *übertr* das Kriegsbeil begraben (ausgraben), Frieden (Krieg) machen; to throw the ~ *übertr umg* angeben, aufschneiden⟩; **'~ face** *s* Adlergesicht *n*, scharfgeschnittenes Gesicht (mit langer Nase); **'~ man** *s* (*pl* **'~ men**) *Am* gedungener Mörder; gekaufter Verleumder | *übertr* Vollstreckungsbeamter *m*

hatch·ing ['hætʃɪŋ] *s* Schraffierung *f*, Schraffur *f* | Brüten *n* | *Bergb* selbsttätige Bremsvorrichtung

hatch·way ['hætʃweɪ] *s Mar* Luke *f* | Bodenluke *f* | Kellerluke *f*

hate [heɪt] **1.** *s* Haß *m* (**for, of, towards** gegen, auf) ⟨with ~ voller Haß; s.o.'s pet ~ *umg* etw., das jmd. für den Tod nicht ausstehen kann⟩; **2.** *vi* hassen; *vt* hassen ⟨to ~ one's enemies s-e Feinde hassen⟩ | *umg* verabscheuen, nicht mögen ⟨he ~s fish⟩ | *umg* nicht gern tun *od* haben (*mit ger od inf*); **'hat·ed** *adj* verhaßt; **'~ful** *adj* abscheulich, unausstehlich; **'~ mail** *s* verleumderische Briefe *pl*

hath [hæθ] = *arch, bibl* für **has**

hat|less ['hætləs] *adj* ohne Hut; **'~ˌlin·ing** *s* Hutfutter *n*; **'~pin** *s* Hutnadel *f*; **'~rack, '~shelf** *s* Hutständer *m*, Hutablage *f*

ha·tred ['heɪtrɪd] *s* Haß *m* (**of, against, for, toward[s]** gegen, auf) | Abscheu *m* (**of, for, against, toward[s]** vor) | Feindschaft *f*

hat|stand ['hætstænd] *s* Hutständer *m*; **'~ter** *s* Hutmacher *m* ◇ **as mad as a ~ter** *umg* fuchsteufelswild, übergeschnappt; **'~ tree** *s bes Am* Hutständer *m*; **'~ trick** *s Sport* Hattrick *m*

hau·berk ['hɔ:bɜ:k] *s Mil Hist* Kettenhemd *n*

haugh·ty ['hɔ:tɪ] *adj förml, verächtl* stolz, hochmütig, überheblich

haul [hɔ:l] **1.** *s* Ziehen *n*, Schleppen *n* | Fischzug *m* | *übertr* Fang *m*, Beute *f* ⟨to make a big ~ reichen Fischzug (*übertr* guten Fang) machen⟩ | Transport *m*, Beförderung *f* | Transportweg *m*, -strecke *f* ⟨a long ~ eine lange Strecke (zu tragen)⟩; **2.** *vi* ziehen, zerren (**at, on** an) | mit dem Schleppnetz fischen | den Kurs ändern; **~ off** *Mar* abdrehen | *übertr* sich zurückziehen | *Am Sl* (mit dem Arm) ausholen; **~ round** (Wind) umspringen; **~ up** *Mar* an den Wind gehen; haltmachen; *vt* ziehen, zerren, schleppen | (mit Fahrzeug) transportieren, befördern | *Bergb* fördern | heraufziehen, (mit einem Netz) fangen | *Mar* den Kurs (eines Schiffes) ändern, (Schiff) herumholen, anluven ⟨to ~ a boat into the wind an den Wind gehen⟩; **~ down** (Fahne) niederholen; **~ in** *Mar* (Tau) einholen; **~ up** hochziehen, -schleppen | (Fahne) hissen | (an Bord) hieven, aufholen | *übertr* (jmdn.) tadeln, zitieren (**before** vor) ⟨to ~ s.o. up before the court jmdn. vor Gericht bringen⟩ ◇ **~ s.o. over the coals** *übertr* jmdn. abkanzeln; **'~age** *s* Ziehen *n*, Schleppen *n* | Transport *m*, Beförderung *f* | *Bergb* Förderung *f* | Transportkosten *pl*; **~ier** ['-ɪə] *Brit* Fuhrunternehmer *m* | *Bergb* Schlepper *m*; **'~ing** *s* Ziehen *n*, Schleppen *n* | Transport *m* | *Bergb* Förderung *f*; **'~ing bridge** *s Bergb* Förderbrücke *f*; **'~ing ˌcable** *s Tech* Zugseil *n*; **'~ing load** *s* Anhängelast *f*; **'~ing plant** *s Bergb* Förderanlage *f*

haulm [hɔ:m] *s* Halm *m*, Stengel *m* | *collect* Halme *m/pl*, Stengel *m/pl* | Stroh *n*

haunch [hɔ:ntʃ] *s* Hüfte *f*, Lende *f*, Keule *f* ⟨a ~ of beef Rindslende⟩ | *pl* Gesäß *n* | *arch* Schenkel *m*

haunt [hɔ:nt] **1.** *s* häufig besuchter Ort, Schlupfwinkel *m* | Stammlokal *n*, Lieblingsort *m* | Lager *n* (von Tieren) | Futterplatz *m*; **2.** *vi* häufig erscheinen | spuken, umgehen; *vt* häufig besuchen, frequentieren | heimsuchen | umgehen in, spuken ⟨this room is ~ed in diesem Zimmer spukt es⟩ | *übertr* verfolgen, belästigen | quälen, plagen ⟨to be ~ed by memories von Erinnerungen gequält werden⟩; **'~ing** *adj* (Zweifel) quälend | (Bilder) eindringlich | (Musik) schwermütig

hau·sen ['hɔ:zn] *s Zool* Hausen *m*

haut|bois, *auch* **~boy** ['həubɔɪ|'əu-] ⟨*frz*⟩ *s* (*pl* **~bois/~boys** ['-bɔɪz]) *Mus arch* Oboe *f*

have [əv|v|hæv] **1.** (**had, had**) *vt, auch* **~ got** haben, besitzen ⟨to ~ a car⟩ | *auch* **~ got** haben, erleben, genießen ⟨to ~ a good time⟩ | *auch* **~ got** erhalten, bekommen ⟨to ~ no news⟩ | *auch* **~ got** (*mit inf*) müssen ⟨to ~ to do⟩ | *auch* **~ got** behalten, im Sinn haben, fühlen, hegen ⟨to ~ doubts⟩ | *auch* **~ got** vorbringen (**on s.o.** gegen jmdn.) ⟨they've got nothing on me gegen mich liegt nichts vor⟩ | haben, erhalten, bekommen, kriegen ⟨I had a letter ich bekam einen Brief; to ~ a win einen Gewinn haben, gewinnen; he wouldn't ~ it er wollte es nicht haben⟩ | zu Besuch haben ⟨we're having guests⟩ | (Tier) haben, halten ⟨to ~ a cat⟩ | (Kind) bekommen, zur Welt bringen ⟨to ~ a baby⟩ | einnehmen, essen, trinken ⟨to ~ breakfast⟩ | haben, ausführen, ausüben, unternehmen ⟨to ~ the care of s.o. sich um jmdn. kümmern; to ~ a party eine Party organisieren⟩ | haben, erleben ⟨I had a good time mir gefiel es großartig; a good time was had by all allen gefiel *od* ging es glänzend⟩ | *auch* **~ sex with** *umg* schlafen mit ⟨to ~ a woman⟩ | gehört *od* erfahren haben (**from** von) | behaupten, ausdrücken ⟨rumour has it that es geht das Gerücht, daß⟩ | sagen, feststellen ⟨as Byron has it⟩ | *arch* können, beherrschen ⟨to ~ Greek⟩ | zulassen, haben wollen ⟨he won't ~ children in his house; I won't ~ bad behaviour⟩ | haben, einwenden (**against** gegen) | *umg* in der Gewalt haben, erwischt haben ⟨he has you there er hat dich (an deiner schwachen Stelle) erwischt⟩ | *Sl* bemogeln, hereinlegen ⟨s.o. not easily had einer, der sich nicht leicht hereinlegen läßt⟩ | (*mit obj. u. part perf*) lassen, bewirken ⟨to ~ s.th. done etw. machen lassen; I had my hair cut⟩ | (*mit obj. u. inf*) es erfahren, erleben, daß ⟨I had s.o. turn against me ich habe es erlebt, daß sich jmd. gegen mich wandte⟩ | (*bes nach* **will** *od* **would**) haben, erlauben, zulassen, gestatten ⟨I will not ~ it⟩ ◇ **~ done!** hör auf!; **~ done with s.th.** *umg* etw. erledigt *od* geschafft haben; mit etw. nichts mehr zu tun haben; **~ a down on (s.o.)** *Brit Sl* (jmdn.) nicht verknusen können; **be not having any** *umg* sich hüten, es sein lassen; **~ it** *umg* etw. abkriegen, den Dummen machen; **let him ~ it!** gib's ihm ordentlich!; **~ had it** *Sl* umkommen | Pech haben ⟨he has had it *Sl* den hat's erwischt; er hat Pech gehabt⟩; **~ what it takes** das Zeug dazu haben;

~ back zurückerhalten, -bekommen; **~ in,** *auch* **~ got in** führen, verkaufen, auf Lager haben | zu Hause *od* vorrätig haben | (Person) hereinbitten, hereinholen | (jmdn.) einladen ⟨to ~ some friends in⟩ | (Handwerker) haben ⟨to ~ the plumber in⟩ ◇ **~ it in for s.o.** *übertr* jmdn. heruntermachen, *umg* zum besten haben; **~ it in one to do s.th.** imstande sein, etw. zu tun; **~ on,** *auch* **~ got on** (Kleidungsstück) anhaben | *auch* **~ got on** (Hut) aufhaben | *auch* **~ got on** (etw.) vor *od* zu tun haben ◇ **~ nothing on** *umg* gar nichts sein gegenüber; **~ off** (ab)malen, treffen | *arch* bringen, gelernt haben ⟨he had the whole song off already er konnte schon das ganze Lied auswendig⟩ ◇ **~ it off away with** *Brit Sl* es treiben mit (jmdm.); **~ out** sich (etw.) herausnehmen lassen, (Zahn) ziehen lassen | fordern (zu einem Duell) | Streit austragen (**with** mit) ⟨to ~ it out with s.o. sich mit jmdm. auseinandersetzen⟩ | *Brit* (jmdn.) gewähren lassen ⟨to let s.o. ~ his sleep out jmdn. ausschlafen lassen⟩; **~ over,** *auch* **~ got over** *umg* besser sein als, (jmdm. etw.) voraus haben ⟨I ~ it over him that; what's she got over him?⟩; **~ up** heraufkommen lassen | heraufholen; ◇ **~ s.o. up** jmdn. vor Gericht belangen (**for** wegen);

vi eilen ⟨~ after s.o. jmdm. nacheilen⟩; **~ at s.o.** jmdn. angreifen; *va* haben ⟨I ~ seen⟩; (*bei vi*) sein ⟨I ~ come⟩ ◇ **~ done** hör auf; **2.** *s umg* Trick *m*, Besitzende(r) *f(m)* ⟨the ~s and the ~-nots die Reichen und die Armen⟩

ha·ven ['heɪvn] **1.** *s selten* Hafen *m* | *übertr* Zufluchtsort *m*, -stätte *f*; **2.** *vt* schützen

have-not ['hævnɒt] *s* (*bes pl*) *umg* Habenichts *m*

have·n't ['hævnt] *kontr von* **have not**

ha·ver·sack ['hævəsæk] *s Mil* Brotbeutel *m* | Rucksack *m* ⟨~ ration Marschverpflegung *f*⟩

hav·oc ['hævək] **1.** *s* Verwüstung *f*, Verheerung *f* ⟨to cause ~ Verwüstung anrichten; to make ~ of, to play ~ among/with, to work/wreak ~ upon verwüsten, verheeren⟩; **2.** *vt* (**'~ked, '~ked**) verwüsten, verheeren

[1]**haw** [hɔ:] *s Bot* Mehlbeere *f*, Mehlfäßchen *n*

[2]**haw** [hɔ:] **1.** *s* Äh *n*, Hm *n*; **2.** *vi* sich räuspern, stockend sprechen; **3.** *interj* äh! | hm!

[3]**haw** [hɔ:] **1.** *s* Hü *n*; **2.** *vi* (Pferde) nach links gehen; *vt* nach links lenken; **3.** *interj* hü!

haw-haw ['hɔ:hɔ:] **1.** *s* Haha *n*, lautes Lachen; **2.** *vi* laut lachen; **3.** *interj* haha!

[1]**hawk** [hɔ:k] **1.** *s* Habicht *m*, Falke *m* | *Pol* Falke *m* ⟨the ~s and the doves die Falken und die Tauben⟩ | *übertr* Gauner *m*, Halsabschneider *m* ◇ **know a ~ from a handsaw** *übertr* die Spreu vom Weizen trennen (können); **2.** *vi* mit Falken jagen, Beizjagd betreiben | Jagd machen (**at** auf); *vt* jagen

[2]**hawk** [hɔ:k] **1.** *s* Räuspern *n*; **2.** *vi* sich räuspern; *vt* **~ up** aushusten

[3]**hawk** [hɔ:k] *vi* hökern, hausieren gehen; *vt* verhökern, hausieren mit (*auch übertr*) ⟨to ~ one's meat *umg* mit seinen Reizen hausieren gehen⟩; **~ about** *umg* überallhin verbreiten, herumerzählen, breittratschen

hawk|bit ['hɔ:kbɪt] *s* Kuhblume *f*; **'~er** *s* Höker(in) *m(f)*, Hausierer(in) *m(f)*; **'~-eyed** *adj* adleräugig, scharfsichtig | (*auch übertr*) ⟨to be ≈ Adleraugen haben⟩; **'~ish** *adj* kriegslüstern; **'~ism** *s* Kriegslüsternheit *f*; **'~nose** *s* Adlernase *f*; **'~shaw** *s Am* Detektiv *m*; **'~weed** *s Bot* Habichtskraut *n*

hawse [hɔ:z] *s Mar* Klüse *f*; **'haw·ser** *s Mar* Trosse *f*

haw·thorn ['hɔ:θɔ:n] *s* Hagedorn *m*, Weißdorn *m*

hay [heɪ] **1.** *s* Heu *n* ⟨to make ~ Heu machen⟩ ◇ **make ~ of s.th.** *übertr* etw. durcheinanderwerfen; **make ~ while the sun shines** *Sprichw* das Eisen schmieden, solange es heiß ist; **hit the ~** *umg* sich aufs Ohr legen, ins Bett gehen; **2.** *vi* heuen, Heu machen; *vt* zu Heu machen | mit Heu versehen

hay|box ['heɪbɒks] *s* Heukochkiste *f*; **'~cart** *s* Heuwagen *m*; **'~cock** *s* Heuschober *m*, -haufen *m*; **'~ ˌfe·ver** *s* Heufieber *n*, -schnupfen *m*; **'~fork** *s* Heugabel *f*; **'~loft** *s* Heuboden *m*; **'~ˌmak·er** *s* Heumacher(in) *m(f)*, Mäher(in) *m(f)* | *Tech* Heuwender *m* | *Am* gewaltiger Schlag, Schwinger *m*; **'~ˌmak·ing** *s* Heuernte *f*; **'~rack** *s* Heuraufe *f* | Heuleiter *f* | Heuschleppe *f*; **'~rick** *s*, **'~stack** *s* Heuschober *m* ◇ **a needle in a ~stack** *übertr* eine Nadel im Heuhaufen; **'~seed** *s* Grassamen *m* | Heuabfälle *m/pl* | *Am Sl* Bauerntölpel *m*; **'~wire 1.** *s* Ballendraht *m* (zum Heubinden) | *Sl* Durcheinander *n*; **2.** *adj Sl* (*präd*) kläglich, durcheinander, unordentlich | wild ⟨to be (all) ~wire (völlig) im Eimer sein; to go ~wire (Person) durchdrehen; (Sache) aus dem Leim gehen; (Maschine) verrückt spielen⟩

haz·ard ['hæzəd] **1.** *s* Gefahr *f*, Risiko *n* ⟨at all ~s unter allen Umständen; at the ~ of one's life unter Lebensgefahr, unter Einsatz seines Lebens; to be on the ~ auf dem Spiel stehen; to run a ~ etw. riskieren⟩ | Zufall *m* ⟨by ~⟩ | (eine Art) Würfelspiel *n*, Glücksspiel *n* | (Golf) Hindernis *n* | (Billard) Versuch *m* ⟨losing ~ Verläufer *m*; winning ~ Treffer *m*⟩ | *meist pl* (Wetter) Laune *f*; **2.** *vt* aufs Spiel setzen ⟨to ~ one's reputation⟩ | zu sagen wagen, riskieren ⟨to ~ a statement⟩ | (Gefahr) sich aussetzen, wagen; **'~ous** *adj* gewagt, gefährlich, riskant, unsicher

[1]**haze** [heɪz] **1.** *s* Dunst *m*, feiner Nebel ⟨a ~ of smoke ein (feiner) Rauchschleier⟩ | Trübung *f* | *übertr* Unklarheit *f*, verschwommenes Gefühl ⟨a ~ of tiredness ein leichtes Müdigkeitsgefühl; to be in a ~ about nur eine unklare Vorstellung haben von⟩; **2.** *vi* dunstig *od* diesig sein; *vt* dunstig *od* diesig machen

[2]**haze** [heɪz] *Am vt* schikanieren, quälen | durch schwere Arbeit bestrafen | *Mar* schinden

ha·zel ['heɪzl] **1.** *s* Haselnußstrauch *m* | Haselnuß *f*; **2.** *adj* (hasel)nußbraun ⟨~ eyes⟩; **'~nut** *s* Haselnuß *f*; **'~wort** *s* Haselwurz *f*

haz·ing ['heɪzɪŋ] *s Am* Schikanieren *n* | *Mar* Schinden *n*

ha·zy ['heɪzɪ] *adj* dunstig, diesig, neblig | *übertr* unklar, verschwommen ⟨to be ~ about s.th. *übertr* sich unklar ausdrücken⟩ | *umg* benebelt, beschwipst

he [hɪ|ɪ|hi:|i:] **1.** *pron* er | derjenige, jeder ⟨~ who derjenige, welcher, wer⟩ | es ⟨who is this man? ~ is Mr. A⟩; **2.** *adj* männlich | *in Zus* (Tier) -männchen ⟨~-goat Ziegenbock *m*⟩ | *Am* Männer-, (besonders) männlich, maskulin ⟨~-man jmd., der seine Männlichkeit hervorkehrt, männlicher Typ⟩; **3.** *s* Mann *m*, männliches Wesen ⟨~s and shes Männer und Frauen⟩ | (Tier) männliches Tier, Männchen *n* ⟨it's a ~⟩

head [hed] **1.** *s* Kopf *m*, Haupt *n* | Kopf *m*, Verstand *m* ⟨to have a [good] ~ for mathematics für Mathematik begabt sein⟩ | höchste Stelle, Kommandostelle *f*, ⟨to take the ~

die Führung übernehmen⟩ | Autorität *f*, Führer *m*, Anführer *m* | Leiter *m*, Vorsteher *m*, Direktor *m* ⟨the ~ of the department⟩ | (Sachen, Tiere) Kopf *m*, oberes Ende, oberer Teil *od* Rand ⟨the ~ of the page⟩ | (Auto u. ä.) Dach *n*, Verdeck *n* ⟨the ~ of a car⟩ | Kopf *m*, Spitze *f*, vorderes Ende, Vorderteil *n* | *Mar* Bug *m* | (Personen) Haupt *n*, Kopf *m* ⟨wise ~s⟩ | (einzelne) Person ⟨per ~ pro Kopf⟩ | (*pl* ~) Stück *n* ⟨ten ~ of cattle⟩ | Krisis *f*, Höhepunkt *m* ⟨to bring to a ~⟩ | Stärke *f*, Macht *f* | Kopfhaar *n*, Haupthaar *n* ⟨~ of hair Haarschopf *m*; to comb s.o.'s ~⟩ | *Bot* Kopf *m* ⟨a ~ of lettuce⟩ | Krone *f*, Wipfel *m* ⟨the ~ of a tree⟩ | *Anat* Kopf *m* | *umg* Kopfschmerz *m* ⟨I've got a bad ~⟩ | Durchbruchstelle *f* | Vorgebirge *n*, Kap *n* | Kopf(länge) *m(f)* ⟨to win by a ~; by a short ~ *Sport* um e-e Nasenlänge⟩ | (Tier) Geweih *n*, Gehörn *n* | (Bier u. ä.) Schaum(krone) *m(f)* | Quelle *f* ⟨the ~ of a river⟩ | Kopfbild *n* | Überschrift *f* | (Münze) Vorderseite *f* ⟨~s or tails? Wappen oder Zahl?⟩ | *Tech* Druckhöhe *f* | Gefälle *n* | Staudamm *m* | Bohrkopf *m* | *auch* **mag,net·ic** '~ Tonkopf *m* ◇ **by the ~ and ears, by ~ and shoulders** an den Haaren; *übertr* mit Gewalt, gewaltsam; **[down] by the ~** *übertr* angeheitert; **~ and shoulders above the rest** *übertr* den andern haushoch überlegen; **~ first/foremost** kopfüber (*auch übertr*); **~ over heels** *übertr* Hals über Kopf; **from ~ to foot** vom Scheitel bis zur Sohle, von oben bis unten; über und über; **off one's ~** *übertr* übergeschnappt, verrückt; **on that/this ~** in dieser Hinsicht, in diesem Punkt; **out of one's own ~** von sich aus, aus eigenem Antrieb; **over s.o.'s ~** über jmds. Kopf hinweg; **argue/eat/shout/talk one's ~ off** *umg* das Blaue vom Himmel herunterschwatzen; **beat s.o.'s ~ off** *übertr* es jmdm. zeigen, jmdn. bei weitem übertreffen; **bury one's ~ in the sand** *übertr* seinen Kopf im Sand vergraben; **break one's ~** *übertr* sich den Kopf zerbrechen; **come to a ~** eitern; *übertr* sich zuspitzen, zur Entscheidung kommen; **enter one's ~/get into one's ~** jmdm. einfallen | jmdm. zu Kopfe steigen; **gather/get ~** stärker werden, überhandnehmen; **give s.o. his ~** *übertr* jmdm. freien Lauf lassen; **go over s.o.'s ~** *übertr* über jmds. Kopf hinweggehen; **go to s.o.'s ~** *übertr* jmdm. zu Kopfe steigen; **have a ~** *umg* e-n Brummschädel haben; **have a ~ like a sieve** *übertr* ein Gedächtnis wie ein Sieb haben; **keep one's ~** *übertr* die Fassung behalten, kaltes Blut bewahren; **keep one's ~ above water** sich über Wasser halten (*auch übertr*); **knock s.th. on the ~** *übertr* etw. zerstören *od* vereiteln; **they lay/put their ~s together** *übertr* sie stecken die Köpfe zusammen; **lie on s.o.'s ~** *übertr* jmdm. zur Last gelegt werden; **lose one's ~** den Kopf verlieren; sich vergessen; **make ~** rasch vorankommen; **make ~ against s.o.** *übertr* jmdm. die Stirn bieten; **make ~ or tail of s.th.** *übertr* aus e-r Sache klug werden; **put s.th. into s.o.'s ~** *übertr* jmdm. etw. in den Kopf setzen; **put s.th. out of one's ~** *übertr* sich etw. aus dem Kopf schlagen; **run in s.o.'s ~** *übertr* jmdm. im Kopfe herumgehen; **do s.th. standing on one's ~** *übertr* etw. im Schlafe tun; **suffer from swelled ~** *übertr* an Größenwahn leiden; **take s.th. into one's ~** *übertr* sich etw. in den Kopf setzen; **turn s.o.'s ~** *übertr* jmdm. in den Kopf steigen; jmdm. den Kopf verdrehen;
2. *adj* Kopf-, Spitzen-, Vorder- ⟨the ~ part⟩ | von vorn kommend ⟨~ wind Gegenwind *m*⟩ | Haupt-, Ober-, Chef- ⟨~ physician Chefarzt *m*⟩; **3.** *vt* an der Spitze (von etw.) stehen *od* gehen; (einer Sache) vorangehen, vorhergehen ⟨to ~ a procession⟩ | führen, anführen, befehligen ⟨to ~ a government; to ~ an army⟩ | (Person) übertreffen, überragen, schlagen | überholen | lenken, steuern (**towards** in Richtung auf, nach) | mit Kopf *od* Titel versehen ⟨to ~ a letter auf dem Briefkopf stehen⟩ | (jmdm.) entgegentreten, entgegenkommen | (Feind u. ä.) den Weg verstellen, aufhalten | *Sport* (Ball) köpfen, mit dem Kopf spielen; **~ back** zurückdrängen; **~ off** abwehren | *übertr* ablenken | *übertr* verhindern, vermeiden; *vi* (mit der Front) liegen *od* schauen nach ⟨to ~ south⟩ | sich bewegen (**for** auf) | losgehen, lossteuern (**for** auf) (*auch übertr*) | *Mar, Flugw* Kurs nehmen (**for** auf) | (Gemüse u. ä.) e-n Kopf bilden *od* ansetzen | sich entwickeln | *Am* (Fluß) entspringen

head|ache ['hedeɪk] *s* Kopfweh *n*, Kopfschmerz(en) *m(pl)* ⟨to have a ≈ Kopfweh haben⟩ | *übertr umg* Kopfzerbrechen bereitendes Problem; '**~ach·y** *adj umg* an Kopfweh leidend | Kopfschmerzen verursachend; '**~band** *s* Kopfband *n*, Stirnband *n* | *Buchw* Kapitäl *n* | *Arch* Bandgesims *n*; '**~board** *s* (Bett) Kopfteil *n*; '**~cheese** *s Am* Preßkopf *m*; '**~dress** *s* Kopfputz *m* | Frisur *f*; '**~ed** *adj* -köpfig ⟨long-~ed⟩; '**~er** *s Tech* Kopfdreher *m* | *Arch* Kopfstück *n*, Schlußstein *m* | *Landw* Ährenköpfmaschine *f* | *Sport* Kopfball *m* | *umg* Kopfsprung *m* ⟨to take a ≈ e-n Kopfsprung machen⟩; '**~fire** *s Am* Lauffeuer *n*; ,**~'first**, ,**~'fore·most** *adv* kopfüber, mit dem Kopf zuerst | *übertr* Hals über Kopf, unüberlegt | ungestüm; '**~gate** *s Tech* Schleusentor *n*; '**~gear** *s* Kopfbedeckung *f* | (Pferde) Kopfgeschirr *n*, Zaumzeug *n* | *Bergb* Kopfgestell *n*; '**~,hunt·er** *s* Kopfjäger *m* | *übertr* Abwerber *n* (bes. fähiger Arbeitskräfte)

head·ing ['hedɪŋ] *s* Titelkopf *m*, Rubrik *f* ⟨to fall under the ~ unter die Rubrik gehören⟩ | Überschrift *f*, Titel *m* | *Wirtsch* Rechnungsposten *m* | *Tech* Kopfstück *n* | *Sport* Köpfen *n* | *Bergb* (Abbau) Strecke *f* | (Tunnelbau) Stollen *m*, Quertrieb *m* | *Mar, Flugw* Kompaßkurs *m*, Steuerkurs *m* ⟨to hold ~ Kurs halten⟩

head|lamp ['hedlæmp] *s* (Auto u. ä.) Scheinwerfer *m*; '**~land** ['~lənd] *s* Vorgebirge *n*; '**~less** *adj* ohne Kopf, kopflos | *scherzh* ohne (An-) Führer, führerlos; '**~light** *s* (Auto u. ä.) Scheinwerfer *m* ⟨to turn the ≈s on aufblenden⟩ | *Mar* Mastlicht *n* | *Flugw* Buglicht *n*; '**~line 1.** *s* (Zeitung) Schlagzeile *f* | (*meist pl*) (Rundfunk) Nachrichtenübersicht *f* ⟨s.o. makes / hits the ≈s jmd. liefert Schlagzeilen⟩; **2.** *vt* mit einer Schlagzeile versehen, überschreiben | als Schlagzeile melden, zu einer Schlagzeile machen ⟨to ≈ an event⟩; '**~,lin·er** *Am s Ztgsw* Schlagzeilenverfasser *m* | Hauptperson *f* | *Theat* Hauptdarsteller(in) *m(f)*; '**~long 1.** *adj* mit dem Kopf voran ⟨a ≈ fall⟩ | *übertr* unüberlegt, unbesonnen | ungestüm; **2.** *adv* kopfüber, mit dem Kopf zuerst | *übertr* Hals über Kopf, unüberlegt | ungestüm; **~-man** ['~mən] *s* (*pl* **~men** ['~mən]) Führer *m* | Häuptling *m* | Henker *m*; ['~'mæn] Vorarbeiter *m*; ,**~'mas·ter** *s* (Schule) Direktor *m*; ,**~ 'min·er** *s Bergb* Steiger *m*; ,**~ 'mis·tress** *s* (Schule) Direktorin *f*; '**~ ,mon·ey** *s* Kopfgeld *n* | ausgesetzte Belohnung; '**~most** *adj* vorderst; ,**~-'on** *adj* mit dem Kopfende voran ⟨≈ attack Frontalangriff *m*; ≈ crash Frontalzusammenstoß *m*⟩; '**~phone** *s* Kopfhörer *m*; '**~piece** *s* Kopfbedeckung *f* | *Mil* Helm *m* | *übertr* Kopf *m*, Verstand *m* | *Buchw* Titelvignette *f* | Zierleiste *f* | (Pferdehalfter) Stirnband *n*; ,**~'quar·ters**, *auch* '**~,quar·ters** *s/pl Mil* Hauptquartier *n* | Stab *m* | Polizeidirektion *f* | Hauptsitz *m*, Zentrale *f*, Hauptgeschäftsstelle *f* | Hauptaufenthaltsort *m*; '**~rest** *s* Kopflehne *f*; '**~ re,straint** *s Kfz* Kopfstütze *f*; '**~room** *s* lichte Höhe; '**~set** *s bes Am Tech* Kopfhörer *m/pl*; '**~ship** *s* oberste Leitung, Vorsitz *m*; '**~ ,shrink·er** *s scherzh* Seelendoktor *m*, -masseur *m* (Psychiater) | Indianerstamm *m*, der Trophäen in Form geschrumpfter Köpfe aufbewahrt

heads|man ['hedzmən] *s* (*pl* '**~men**) Scharfrichter *m* | Leiter *m* | *Bergb* Schlepper *m*

head|spring ['hedsprɪŋ] *s* Hauptquelle *f* (*auch übertr*) | *Sport* Kopfstandüberschlag *m*; '**~stall** (Pferde) Zaumzeug *n*;

'**~stand** *s Sport* Kopfstand *m*; ˌ~ '**start** *s, auch* **start** Anfangsvorteil *m* (**over, on** gegenüber); '**~stock** *s* Werkzeughalter *m* | Spindelstock *m*; '**~stone** *s Arch* Grundstein *m* | Eckstein *m* | Grabstein *m*; '**~stream** *s* Oberlauf *m* (e-s Flusses); '**~strong** *adj* halsstarrig, hartnäckig, eigensinnig; '~ ˌ**teach·er** *s Brit* erster Fachlehrer, erste Fachlehrerin; ˌ~ '**wait·er** *s* Oberkellner *m*; '~ˌ**wa·ter** *s* Oberlauf *m* (eines Flusses) | Quellgebiet *n*; '**~way** *s bes Mar* Fahrt *f*, Vorankommen *n* | *übertr* Fortschritt(e) *m(pl)* ⟨to make ≈ against Fortschritte machen gegenüber⟩ | *Bergb* Hauptstollen *m*; ˌ~'**wind**, *auch* '**~wind** *s* Wind *m* von vorn, Gegenwind *m*; '**~word** *s* Stichwort *n* (im Wörterbuch); '~ˌ**work** *s* geistige Arbeit, Denkarbeit *f*, Kopfarbeit *f* | *Tech* Wasserkontrollanlage *f*; '**~work·er** *s* Kopf-, Geistesarbeiter *m*

head·y ['hedɪ] *adj* unbedacht, zu impulsiv, ungestüm, jäh, hitzig ⟨~ opinions⟩ | berauschend, zu Kopfe steigend ⟨a ~ perfume⟩ | *Am* umsichtig, berechnend ⟨a ~ player⟩

heal [hi:l] *vi, oft* **~ up/over** (zu)heilen; *vt* (jmdn.) heilen, gesund machen | *übertr* heilen | versöhnen, ausgleichen | beilegen ⟨to ~ a quarrel⟩ | reinigen, läutern; '**~-all** *s* Allheilmittel *n*; '**~er** *s* Heiler(in) *m (f)* | Heilmittel *n* (*auch übertr*) ⟨time is a great ≈ die Zeit heilt viele Wunden⟩; '**~ing 1.** *s* Heilung *f*, Heilen *n* | Genesung *f*; **2.** *adj* heilsam, heilend | genesend

health [helθ] **1.** *s* Gesundheit *f* ⟨Ministry of ~ Gesundheitsministerium *n*⟩ | Gesundheitszustand *m* ⟨to be in good (poor) ~ gesund (krank) sein; in the best of ~ bei bester Gesundheit⟩ | Heilkraft *f* | Toast *m*, Wohl *n* ⟨your [good] ~! auf Ihr Wohl!; to drink/pledge s.o.'s ~/to drink ~ to s.o. auf jmds. Wohl trinken; here is to the ~ of! es lebe ...!⟩; '~ **cen·tre** *s* Ärztezentrum *n*; '~ **cerˌti·fi·cate** *s* Gesundheitszeugnis *n*; '~ **[food] shop** *s Am* Reformhaus *n*; '**~ful** *adj* gesund, heilsam (**to** für); '~ **inˌsur·ance** *s* Krankenversicherung *f*; '~ ˌ**of·fi·cer** *s* Angestellter *m* des Gesundheitsamtes | *Mar* Hafenarzt *m*; '~ **reˌsort** *s* Kurort *m*; '~ ˌ**unit** *s* Gesundheitsberatungsstelle *f*

health·y ['helθɪ] *adj* gesund | heilsam, bekömmlich | *übertr* ratsam, empfehlenswert | gesund, natürlich, normal ⟨a ~ dislike of eine ganz natürliche Abneigung gegen⟩ | *umg* kräftig ⟨~ profits⟩

heap [hi:p] **1.** *s* Haufe(n) *m* ⟨in ~s haufenweise⟩ | *umg* großer Haufen, Menge *f* ⟨a ~ of people; ~s of time viel Zeit; ~s of times viele Male⟩ ◇ **~s better / longer / more** (sehr) viel besser *od* länger *od* mehr; **be struck all of a ~** *umg* platt *od* sprachlos sein; **2.** *vt* häufen ⟨a ~ed spoonful ein gehäufter Löffel (voll)⟩ | beladen | *übertr* überhäufen, überschütten ⟨to ~ blessings upon s.o.⟩; **~ together** zusammenhäufen, -tragen; **~ up** aufhäufen, aufstapeln ⟨to ≈ riches / to ≈ praises [up]on s.o. voll des Lobes sein über jmdn., jmdn. über den grünen Klee loben⟩; *vi* sich (auf)häufen

hear [hɪə] (**heard, heard** [hɜ:d]) *vt* hören ⟨to ~ say/tell *umg* sagen hören; s.o. has ~d tell of it *umg* jmd. hat davon sprechen hören⟩ | anhören, zuhören | hören, erfahren (**about, of** über, von) ⟨I ~d that he was ill⟩ | hören auf, Rat annehmen | abhören, überhören | (Bitte u.ä.) erhören | *Jur* verhören | *Jur* (Fall) verhandeln ⟨to ~ a case⟩; **~ out** (jmdn.) (ganz) ausreden lassen; *vi* hören ⟨he can't ~ well nicht gut hören⟩ | zuhören | hören, Nachrichten erhalten (**from** von; **about, of** über, von) ◇ **~!~!** hört! hört!; **make o.s. ~d** sich Gehör verschaffen, sich hörbar machen; **~ say/tell** *umg* sagen hören; **s.o. has ~d tell of it** *umg* jmd. hat davon sprechen hören; **he will not/would not ~ of it** er will nichts davon hören *od* wissen; er läßt es nicht zu, er ist ganz dagegen; **you will ~ of this!** sie werden sich dafür zu verantworten haben; '**~ing** *s* Hören *n* ⟨at first ≈ beim ersten Hinhören, zuerst; in s.o.'s ≈ in jmds. Gegenwart⟩ | Gehör *n*, Hörvermögen *n* ⟨hard of ≈ schwerhörig⟩ | Hörweite *f* ⟨with in (out of) ≈ in (außer) Hörweite⟩ | Audienz *f* | Anhörung *f*, Hearing *n* ⟨to give/grant s.o. a ≈ jmdn. anhören; to gain/get/ obtain a ≈ *übertr* sich Gehör verschaffen, angehört werden⟩ | Verhör *n* | *Jur* Verhandlung *f*, Termin *m* ⟨to fix a ≈ einen Termin anberaumen⟩; '**~ing aid** *s* Hörapparat *m*, Hörgerät *n*

hear·ken ['hɑ:kn] *vi lit* horchen, lauschen (**to** auf)

hear·say ['hɪəseɪ] **1.** *s* Hörensagen *n* ⟨by ~ vom Hörensagen⟩ | Gerede *n*, Gerücht *n* ⟨mere ~ bloßes Gerede⟩; **2.** *adj* Hörensagen- ⟨~ evidence Beweis vom Hörensagen⟩

hearse [hɜ:s] **1.** *s* Leichenwagen *m* | Leuchter *m* | *Hist* Katafalk *m* | *arch* Bahre *f*; **2.** *vt* in e-m Leichenwagen befördern | einsargen | begraben; '**~cloth** *s* Leichentuch *n*

heart [hɑ:t] **1.** *s* Herz *n* ⟨a smoker's ~ ein Raucherherz *n*⟩ | *übertr* Herz *n*, Seele *f* ⟨to die of a broken ~⟩ | Zuneigung *f*, Liebe *f* ⟨to win the ~ of s.o.⟩ | Mitgefühl *n*, Mitleid *n* ⟨s.o. has no ~⟩ | Stärke *f*, Mut *m* ⟨to have the ~ to do s.th. (den) Mut haben, etw. zu tun; to take (lose) ~ Mut fassen (verlieren)⟩ | Herz *n*, Brust *f* ⟨to clasp s.o. to one's ~⟩ | (Bäume) innerster Teil, Kern *m* ⟨~ of oak Eichenkernholz *n* ⟩ | *übertr* Kern *m*, wesentlicher Teil ⟨the very ~ of the matter⟩ | (Boden) Fruchtbarkeit *f*, Zustand *m* ⟨out of ~ in schlechtem Zustand⟩ | *lit* Herzchen *n*, Liebling *m*, Schatz *m* ⟨yes, my ~!; dear ~⟩ | Herz *n*, herzförmiger Gegenstand ⟨a card with a ~ on it⟩ | *Kart* Herz *n* ⟨queen of ~s Herzdame; ~s are trumps Herz ist Trumpf⟩ ◇ **~ and hand** *übertr* mit Herz und Hand; **~ and soul** *übertr* mit ganzer Seele, mit ganzem Herzen, begeistert; **~-to-~** *übertr* (Gespräch) offen, ehrlich, rückhaltlos; **after one's own ~** nach jmds. Wunsch *od* Geschmack, wunschgemäß; **at ~** im Herzen, in Wahrheit; **by ~** auswendig; **for one's ~** ums Leben gerne; **from full ~, from one's ~** von Herzen, offen, ehrlich, frei von der Leber weg; **in one's ~ [of ~s]** insgeheim, im Grunde seines Herzens; **in ~** guten Mutes; **out of ~** mutlos; **to one's ~'s content/desire** nach Herzenslust; **with all my ~ / with my whole ~** von ganzem Herzen, mit Leib und Seele; **with a heavy ~** schweren Herzens; **his ~ is in it** er ist mit dem Herzen dabei; **bless my ~!** ach, du lieber Himmel!; **break s.o.'s ~** *übertr* jmdm. das Herz brechen; **cry one's ~ out** *übertr* sich die Augen ausweinen; **eat one's ~ out** *übertr* sich (vor Sehnsucht) verzehren; **give one's ~ to s.o.** *übertr* jmdm. sein Herz schenken; **go to s.o.'s ~** *übertr* jmdm. zu Herzen gehen; **have s.th. at ~** *übertr* etw. auf dem Herzen haben; **have one's ~ in one's mouth** *übertr* zu Tode erschrocken sein, große Angst haben; **have a ~ of iron/steel** *übertr* ein Herz aus Stein haben; **lay/take to ~** *übertr* sich zu Herzen nehmen; **lose one's ~ to s.o.** *übertr* sein Herz an jmdn. verlieren; **open one's ~ to s.o.** *übertr* jmdm. sein Herz ausschütten; **pluck up [one's] ~** *übertr* sich ein Herz fassen; **pour out one's ~ to s.o.** *übertr* jmdm. sein Herz ausschütten; **set s.o.'s ~ at rest** *übertr* jmdn. beruhigen; **set one's ~ on** *übertr* sein Herz hängen an; **wear one's ~ [up]on one's sleeve** *übertr* sein Herz auf der Zunge tragen, seine Gefühle zur Schau tragen; **what the ~ thinketh, the mouth speaketh** *Sprichw* wes das Herz voll ist, des gehet der Mund über; **2.** *vt arch* ermutigen

heart|ache ['hɑ:t eɪk] *s* Kummer *m*, Herzweh *n*; '~ **atˌtack** *s Med* Herzanfall *m*; '**~beat** *s* Herzschlag *m* | seelische Erregung; '**~break** *s* Herzeleid *n*, großer Kummer ⟨it was a ≈ for him⟩; '~ˌ**break·ing** *adj* herzzerreißend, herzzerbrechend ⟨a ≈ cry⟩ | unglücklich (machend), vergeblich ⟨a ≈ job eine Arbeit, die (jmdn.) kaputtmacht⟩; '~ˌ**bro·ken** *adj* gebrochenen Herzens, untröstlich ⟨to be ≈ about s.th.

über etw. todunglücklich sein⟩; '~**burn** *s* Sodbrennen *n*; '~ˌ**burn·ing** *s* Neid *m* | Eifersucht *f*; '~ **disˌease** *s* Herzkrankheit *f*, Herzleiden *n*; -'**heart·ed** *in Zus* -herzig ⟨hard-≈⟩; '~**en** *vt* ermutigen, anfeuern; *vi*, *oft* ~**en up** Mut fassen; '~**en·ing** *adj* herzerquickend; '~ ˌ**fail·ure** *s* Herzversagen *n* | *übertr* Schwächeanfall *m*; '~**felt** *adj* tiefempfunden, herzlich, innig; '~-**free** *adj* frei, ungebunden

hearth [hɑ:θ] *s* Herd *m* | Herdplatte *f* | *übertr* Heim *n*, Haus *n* | Schmiedeherd *m* | *Tech* Schmelzraum *m* | (Hochofen) Gestell *n*

hearth|rug ['hɑ:θrʌg] *s* Kaminvorleger *m*; '~**stone** *s* Herdplatte *f* | *übertr* Herd *m*, Heim *n* | Scheuerstein *m*

heart·i·ly ['hɑ:tɪlɪ] *adv* herzlich ⟨to laugh ~⟩ | herzhaft, kräftig ⟨to eat ~⟩ | sehr, äußerst ⟨to be ~ tired/sick of s.th. etw. gründlich satt *od* über haben⟩

heart|less ['hɑ:tləs] *adj übertr* herzlos, grausam, unbarmherzig; '~ˌ**rend·ing** *adj* herzzerreißend

heart's blood [ˌhɑ:ts 'blʌd|'~ ~] *s übertr* Herzblut *n*, Leben *n* ⟨to give one's ~ for s.o. sein Leben für jmdn. geben, alles Mögliche für jmdn. tun⟩; **hearts·ease**, **heart's-ease** ['hɑ:tsi:z] *s übertr* Seelenfriede *m* | *Bot* wildes Stiefmütterchen

heart|-shaped ['hɑ:t ʃeɪpt] *adj* herzförmig; '~**sick** *adj* gemütskrank; unglücklich; '~**sore** *adj* betrübt | kummervoll; '~-ˌ**strick·en** *adj* tief getroffen; '~**strings** *s pl* Herzfasern *f/pl* | *übertr* Herz *n*, Innerstes *n* ⟨to tug/pull at s.o.'s ≈ *übertr* jmdm. das Herz zerreißen⟩; '~**throb** *s* Herzschlag *m* | *übertr* leidenschaftliches Gefühl | *Sl* (Mann) Schwarm *m*; '~ˌ**warm·ing** *adj* herzerfreuend; '~**whole** *adj* frei | nicht verliebt | aufrichtig, herzlich; '~**wood** *s* Kernholz *n*

heart|y ['hɑ:tɪ] **1.** *adj* herzlich, innig, warmherzig ⟨≈ greetings⟩ | freundlich ⟨a ≈ welcome⟩ | tiefempfunden, aufrichtig, echt ⟨≈ sympathy⟩ | *Brit umg* laut und herzlich, animiert, ausgelassen ⟨a ≈ laugh⟩ | stark, gesund ⟨hale and ≈ gesund und munter⟩ | kräftig, nahrhaft ⟨a ≈ dinner⟩ | fruchtbar ⟨≈ soil⟩; **2.** *s* tapferer *od* tüchtiger Bursche ⟨my ~ies Kumpel!⟩ | Matrose *m* | (englische Universität) Sportsmann *m*

heat [hi:t] **1.** *s* Hitze *f* | *Phys* Wärme *f* ⟨~ of combustion Verbrennungswärme *f*⟩ | (Körper) Wärme *f*, Erhitztsein *f* | Hitzeempfindung *f* ⟨prickly ~ prickelnde Hitze⟩ | heiße Jahreszeit, Hitzeperiode *f* | (Fieber-)Hitze *f* | *übertr* Hitze *f*, Erregtheit *f*, Eifer *m* ⟨in the ~ of the moment im Eifer *od* in der Hitze des Gefechtes⟩ | *umg* Druck *m*, Dampf *m* ⟨to put the ~ on s.o. jmdn. unter Druck setzen⟩ | einmalige Anstrengung ⟨at a / one ~ in e-m Zug⟩ | Brunst *f*, Brunstzeit *f* ⟨at/in/*Am* on ~ brünstig, in der Brunst; a bitch on ~ eine läufige Hündin⟩ | *Sport* Lauf *m*, Durchgang *m* Ausscheidungsrennen *n*, Vorlauf *m* ⟨the final ~ Schlußlauf *m*, letzte Ausscheidungsrunde⟩ **2.** *vi* heiß werden, sich erhitzen (*auch übertr*); *vt* heiß machen, erhitzen, erwärmen | heizen | glühen | *übertr* entflammen, erhitzen, erregen ⟨~ed with erhitzt *od* erregt von⟩; '~ **ac·cu·muˌla·tion** *s* Wärmestau *m*; '~ '**ap·o·plex·y** *s* Hitzschlag *m*; '~ ˌ**bar·ri·er** *s Flugw* Hitzebarriere *f*, -grenze *f*, -mauer *f*; '~**ed** *adj übertr* erregt, ärgerlich ⟨≈ arguments⟩; ˌ~ '**en·gine** *s Tech* Wärmekraftmaschine *f*; '~**er** *s* Heizgerät *n*, Heizkörper *m* | *El* Heizfaden *m*; '~ **flash** *s* Hitzeblitz *m*

heath [hi:θ] *s* Heideland *n*, Heide *f* | Heidekraut *n*; '~ **bell** *s* Heideblüte *f*; ~**ber·ry** ['~brɪ] *s* Heidelbeere *f* | schwarze Krähenbeere; '~ **cock** *s* Birkhahn *m*

hea·then ['hi:ðn] **1.** *s* Heide *m*, Heidin *f* | *umg* unzivilisierter Mensch ⟨you ~ du ungehobelter Kerl!⟩; **2.** *adj* heidnisch, Heiden- | *umg* unzivilisiert, primitiv; '~**dom** *s* Heidentum *n* | (die) Heiden *m/pl*

heath·er ['heðə] **1.** *s* Heide *f*, Heidekraut *n* ◇ **take to the** ~ *Schott* als (ein) Geächteter leben, in die Wälder gehen; **2.** *adj* (Stoff) bunt, gesprenkelt; '~ **bell** *s* Glockenheide *f*; '~ **hen** *s* Präriehuhn *n*; '~-ˌ**mix·ture** *s Brit* (rot)gesprenkelter Stoff (Tweed)

heat·ing ['hi:tɪŋ] **1.** *s* Heizung *f* | Erhitzung *f* (*auch übertr*) | *Phys* Erwärmung *f* | *Tech* Beheizung *f* | Heißlaufen *n*; **2.** *adj* heizend, erwärmend | Heiz-; '~ **en·giˌneer** *s* Heizungsinstallateur *m*; '~ ˌ**fur·nace** *Tech s* Glühofen *m* | Warmhalteofen *m*; '~ **pad** *s* Heizkissen *n*

heat| light·ning ['hi:t ˌlaɪtnɪŋ] *s* Wetterleuchten *n*; '~**proof**, '~-**reˌsist·ing** *adj* feuerfest, wärmebeständig; '~ **pump** *s* Wärmepumpe *f*; '~ **rash** *s* Hitzeausschlag *f*, Hitzepocken *pl*; '~ **shield** *s* Wärmeschutz(schirm) *m*(*m*) | (Raumfahrt) Hitzeschild *n*; '~ **spot** *s* Hitzebläschen *n*; '~**stroke** *s* Hitzschlag *m*, Sonnenstich *m*; '~-**treat** *vt Tech* warmarbeiten; '~ ˌ**u·nit** *s Phys* Wärmeeinheit *f*; '~ **wave** *s* Hitzewelle *f*

heave [hi:v] **1.** (**heaved**, **heaved** *Mar* **hove**, **hove** [həʊv]) *vi* sich heben und senken, wogen ⟨to ~ and set (Schiff) stampfen⟩ | schwer atmen, keuchen ⟨to ~ for breath nach Atem ringen⟩ | *auch* ~ **up** sich übergeben, Brechreiz haben, (Magen) sich krümmen | sich (er)heben | *Mar* treiben ⟨to ~ in sight in Sicht kommen, auftauchen (*umg auch übertr*)⟩ | *Mar* hieven, ziehen (**at** an); ~ **to** *Mar* beidrehen ◇ ~ **ahead!** *umg* (nun mal) weiter!); '~-'**ho** *interj* hau ruck!; *vt* (etw. Schweres) hoch- *od* emporheben, hochziehen | (aus)dehnen, zum Anschwellen bringen | *Mar* winden, (ein)hieven ⟨to ~ the anchor den Anker lichten⟩ | hervorstoßen ⟨to ~ a sigh (auf)seufzen; to ~ a groan (auf)stöhnen⟩ | *umg* schleudern, schmeißen ⟨to ~ a brick⟩ | *Mar* wenden ⟨to ~ anchor den Anker lichten; to ~ the lead loten⟩ | *Geol* (horizontal) verschieben; ~ **down** *Mar* (Schiff) kielholen | (Tau) ablaufen lassen, *Sl* aufgeben, abgewöhnen; ~ **in** *Mar* einhieven; ~ **on** (Seil) anziehen; ~ **out** *Mar* (Segel) losmachen; ~ **up** hochhieven, hochstemmen, hochwuchten | (her)ausbrechen, (er)brechen; **2.** *s* Heben *n*, Hub *m*, Ruck *m* ⟨one more ~! noch einmal!⟩ | Aufwinden *n* | Anschwellen *n*, Weiten *n* | Übelkeit *f* | Wurf *m* | Auf und Ab *n*, Wogen *n* ⟨~ of the sea *Mar* Seegang *m*⟩ | (Ringen) Hebegriff *m* | *Geol* Verwerfung *f*

heav·en ['hevn] *s* Himmel(reich) *m*(*n*) | *meist pl* Himmelsgewölbe *n*, Firmament *n* | Himmelskreis *m* ⟨the seventh ~/the ~ of ~s der siebte Himmel⟩ | *Theat* (Bühnen-) Himmel *m* | (*oft* ≁) Himmel *m*, Gott *m*, Vorsehung *f* ⟨the ≁s die himmlischen Mächte⟩ | *übertr umg* Himmel *m*, Paradies *n* ⟨~ on earth Himmel auf Erden; it was ~ es war himmlisch⟩ | (*oft* ≁) (in Ausrufen) Himmel *m* ⟨by ~!, [good] ≁s! du lieber Himmel!; for ~'s sake! um [des] Himmels *od* um Gottes willen!; ≁ forbid! Gott behüte!; thank ~! Gott *od* dem Himmel sei Dank!⟩ ◇ **go to** ~ in den Himmel kommen; **move ~ and earth** *übertr* Himmel und Hölle in Bewegung setzen; '~-**born** *adj* vom Himmel stammend, himmlisch

heav·en|ly ['hevnlɪ] *adj* Himmels-, himmlisch ⟨≈ bodies Himmelskörper *pl*⟩ | *übertr* göttlich, erhaben | *umg* himmlisch, herrlich ⟨≈ weather⟩; ˌ~-'**sent** *adj* ideal, gottgesandt ⟨a ≈ opportunity eine Gelegenheit wie gerufen⟩; '~**ward** *Am* **1.** *adj* gen Himmel gerichtet; **2.** *adv* gen Himmel, himmelwärts; '~**wards** *adv* gen Himmel, himmelwärts

heav·er ['hi:və] *s* Heber *m*, Ablader *m* | *Tech* Hebebaum *m*

heav·i·ly ['hevl̩ɪ] *adv* schwer ⟨a ~ loaded car⟩ | drückend ⟨s.th. weighs ~ upon s.o.⟩ | stark, heftig ⟨to suffer ~⟩ | dicht ⟨~ wooded land reichbewaldetes Land⟩ | schwerfällig, träge ⟨to walk ~⟩

Heav·i·side lay·er ['hevɪsaɪd ˌleɪə] *s Phys* Heavisideschicht *f*

heav·y ['hevɪ] **1.** *adj* schwer ⟨a ~ weight⟩ | groß, stark, reich, ergiebig ⟨a ~ crop⟩ | *Phys*, *Chem* schwer, ein hohes spezifisches Gewicht besitzend ⟨~ metal Schwermetall *n*⟩ | breit, grob, dick ⟨~ lines⟩ | überdurchschnittlich schwer, Schwer- ⟨~ freight⟩ | massig, groß, schwer ⟨~ weapons⟩ | schwer, drückend, hart ⟨~ taxes⟩ | stark, heftig ⟨~ rain⟩ | trübe, bedeckt ⟨~ sky⟩ | streng ⟨a ~ frost⟩ | schwer, mühsam, schwierig ⟨a ~ task; to find s.th. ~ going etw. (zu) kompliziert finden⟩ | übermäßig, stark ⟨a ~ drinker; a ~ smoker⟩ | beladen (**with** mit) ⟨air ~ with moisture⟩ | betrübt, niedergeschlagen ⟨a ~ heart⟩ | ungeschickt, schwerfällig ⟨a ~ style⟩ | laut, tief ⟨a ~ sound⟩ | betäubend ⟨a ~ smell⟩ | traurig ⟨~ news⟩ | fade, langweilig ⟨a ~ play⟩ | unwegsam, aufgeweicht ⟨a ~ path⟩ | pappig, schliff(ig) ⟨~ bread⟩ | schwerverdaulich ⟨~ food⟩ | schwanger | trächtig ⟨a ~ cow⟩ | schwergebaut ⟨a ~ horse⟩ | schläfrig, benommen, träge (**with** von) ⟨~ with sleep schlaftrunken⟩ | *Theat* ernst, düster ⟨a ~ part⟩ | *Sl* schwierig, schwer, kompliziert ⟨~ stuff⟩ | *umg* streng (**on** mit) (*Ant* light) ⟨to do the ~ father den gestrengen Vater herauskehren; to be ~ on s.th. jmdn. streng (he)rannehmen⟩ | *umg* viel verbrauchend ⟨to be ~ on petrol viel Benzin fressen⟩ | *Am Sl* mulmig, riskant, gefährlich ⟨it's a ~ scene⟩; **2.** *adv* (*bes in Zus*) schwer- ⟨~-laden schwer beladen (*auch übertr*)⟩ ◇ **lie / hang ~ on s.o.** schwer lasten auf jmdm., nur sehr schwer *od* langsam vorbeigehen ⟨time hung ~ on his hands die Zeit war für ihn wie eine Ewigkeit⟩; **3.** *s Theat* Schurke *m* | *umg* Schläger(typ) *m(m)* | *Mil* schweres Geschütz | *Sport umg* Schwergewichtler *m* | (*meist pl*) (in England) Gardedragoner *m/pl* | (*oft pl*) *Am* warme Unterwäsche

heav·y|-armed [ˌhevɪ ˈɑ:md] *adj Mil* schwerbewaffnet; **ˌ~ ˈcur·rent** *s* Starkstrom *m*; **ˌ~-ˈdu·ty** *adj* hoch besteuert | (Stoffe) strapazierfähig, *Tech* (Reifen) dauerhaft, (Maschinen) Hochleistungs-, (Fahrzeuge) Schwer(last)-; **ˌ~ gymˈnas·tics** *s* Geräteturnen *n*; **ˌ~-ˈhand·ed** *adj* ungeschickt | gewalttätig; **ˌ~ˈhearted** *adj* betrübt, niedergeschlagen, melancholisch; **ˌ~ ˈhy·dro·gen** *s Chem* schwerer Wasserstoff, Deuterium *n*; **ˌ~ ˈin·dus·try** *s* Schwerindustrie *f*; **ˌ~-ˈlad·en** *adj* schwer beladen | *übertr* bedrückt; **ˈ~ ˈoil** *s* Schweröl *n*; **ˌ~ ˈpet·ting** *s* Intimspiel *n*; **ˌ~-ˈset** *adj* (Person) grobschlächtig; **ˈ~ ˈspar** *s Chem* Baryt *m*, Schwerspat *m*; **ˈ~ ˈswell** *s umg* Angeber *m*; **ˈ~ type** *s Typ* Fettdruck *m*; **ˌ~ ˈwa·ter** *s Chem* schweres Wasser; **ˈ~weight** *s* übergewichtiger Mensch | *Sport* Schwergewichtsklasse *f* | Schwergewichtler *m* | *umg* einflußreiche *od* gewichtige Person, großes Tier ⟨literary ≈s literarische Größen *pl*⟩

heb·dom·a|dal [hebˈdɒmədl], **~dar·y** [~drɪ] *adj* wöchentlich, Wochen-

heb·e·tate [ˈhebɪteɪt] *vi* abstumpfen; *vt* abstumpfen

He·bra·ic [hi:ˈbreɪɪk] *adj* hebräisch

He·brew [ˈhi:bru:] **1.** *s* Hebräer(in) *m(f)* | Israelit(in) *m(f)* | Jude *m*, Jüdin *f* | Hebräisch *n* | *umg* Kauderwelsch *n*; **2.** *adj* hebräisch, israelitisch, jüdisch

hec·a·tomb [ˈhekətəʊm|-tu:m|-təm] ⟨*lat*⟩ *lit s* Hekatombe *f* | *übertr* Massenmord *m*

heck [hek] *Sl euphem* **1.** *s* Hölle *f* ⟨a ~ of a mess *umg* eine verdammte Geschichte; what in the ~! was zum Teufel!⟩; **2.** *interj* verflucht!, (zum) Teufel! ⟨oh, ~!⟩

heck·le [ˈhekl] **1.** *vt* (Flachs u. ä.) hecheln | *übertr* quälen, plagen | ins Kreuzverhör nehmen | durch Zwischenrufe unterbrechen *od* stören; *vi* Zwischenrufe machen; **2.** *s* Hechel *f*; **ˈheck·ler** *s* Zwischenrufer *m*

hec·tare [ˈhektɑ:] *s* Hektar *n*

hec·tic [ˈhektɪk] **1.** *adj* hektisch, schwindsüchtig ⟨~ fever Schwindsucht *f*; ~ flush hektische Röte⟩ | *umg* aufgeregt, hektisch, ruhelos, aufregend ⟨a ~ day⟩; **2.** *s* hektisches Fieber, Schwindsucht *f* | hektische Röte | Schwindsüchtige(r) *f(m)*

hecto- [hektə(ʊ)] ⟨*griech*⟩ *in Zus* hekto-, hundert

hec·to|gram[me] [ˈhektəgræm] *s* Hektogramm *n* (= 100 Gramm); **~graph** [ˈ~grɑ:f|ˈ~græf] **1.** *s* Hektograph *m* | Hektographie *f*; **2.** *vt* hektographieren, vervielfältigen; **~graph·ic** [ˌ~ˈgræfɪk] *adj* hektographisch; **hec·tog·ra·phy** [hekˈtɒgrəfɪ] *s* Hektographie *f*; **ˈ~li·tre** *s* Hektoliter *n* (= 100 l); **ˈ~me·tre** *s* Hektometer *m* (= 100 m)

hec·tor [ˈhektə] **1.** *s* Prahler *m* | Tyrann *m*; **2.** *vi* prahlen, renommieren; *vt* tyrannisieren, quälen

he'd [hɪd|ɪd|hi:d] *Kontr von* **he had** *u.* **he would**

hedge [hedʒ] **1.** *s* Hecke *f*, Heckenzaun *m* | *übertr* Mauer *f*, Barriere *f*, Schutz *m* (**against** vor, gegen) | Absicherung *f*, vorsichtige Ausdrucksweise | (Polizei) Kette *f* ◇ **that doesn't grow on every ~** *übertr* das findet man nicht alle Tage; **look upon a ~** *umg* sich seitwärts in die Büsche schlagen; **sit on the ~** *übertr* warten, wie der Hase läuft; **2.** *adj* Hecken-; **3.** *vi* Hecken anlegen | sich sichern | sich verbergen | seine Meinung zurückhalten, zurückweichen, kneifen | sich unklar ausdrücken; *vt* mit einer Hecke umgeben | *Wirtsch* (Anlage) absichern ◇ **~ one's bets** sich genau absichern, auf Nummer Sicher gehen; **~ about, ~ around** (Garten u. ä.) einzäunen, umgeben (*bes übertr*) (**with** mit) ⟨hedged about with difficulties voller Schwierigkeiten, problemüberladen⟩; **~ in** einfassen, umzingeln; **~ off** durch eine Einzäunung abtrennen; **~ up** hindern, versperren (*auch übertr*) ⟨to be ~d [up] by difficulties von Schwierigkeiten bedrängt werden⟩

hedge|-bill [ˈhedʒ bɪl] *s* Gartenmesser *n*; **ˈ~ bird** *s übertr* Landstreicher *m*; **ˈ~hog** *s* Igel *m* | *Am* Stachelschwein *n* | *Mil* Igelstellung *f* | *Mar* Wasserbombenwerfer *m* | *übertr* Rauhbein *n*; **ˈ~hop** *vi Flugw* heckenspringen, sehr tief fliegen; *vt* (Flugzeug) heckenspringen, sehr tief fliegen lassen; **ˈ~nut** *s* Stechapfel *m*; **ˈ~row** *s* Baumhecke *f*; **ˈ~school** *s Ir* Schule *f* im Freien; **ˈ~ ˌspar·row** *s Zool* Heckenbraunelle *f*; **ˈ~ˌta·per** *s* Königskerze *f*; **ˈ~ vine** *s* Waldrebe *f*

hedg·y [ˈhedʒɪ] *adj* reich an Hecken, voller Hecken

he·don|ic [hi:ˈdɒnɪk] *adj* hedonisch, Lust-; **~ism** [ˈhi:dənɪzm] *s* Hedonismus *m*; **ˌhe·doˈnis·tic** *adj* hedonistisch

hee·bie jee·bies [ˌhi:bɪ ˈdʒi:bɪz] *s pl urspr Am umg* Aufregung *f*, Gänsehaut *f*, Zustände *pl* ⟨to give s.o. the ~ jmdm. Angst machen⟩ | Antipathie *f*, starke Abneigung

heed [hi:d] *förml* **1.** *vt* achtgeben auf, beachten; *vi* achtgeben; **2.** *s* Aufmerksamkeit *f*, Sorgfalt *f* ⟨to give/pay ~ to achtgeben auf; to take ~ of s.th. vor etw. auf der Hut sein⟩; **ˈ~ful** *adj* achtsam, aufmerksam (**of** auf); **ˈ~less** *adj* achtlos | unbesonnen

hee·haw [ˈhi:hɔ:] **1.** *s* Iah *n* (Eselsschrei) | *übertr* Gewieher *n*, wieherndes Lachen; **2.** *vi* iahen | *übertr* wiehern

[1]**heel** [hi:l] **1.** *s* Ferse *f* ⟨~ of the hand Handballen *m*⟩ | (Tier) Hinterfuß *m* | (Strumpf) Ferse *f* ⟨a hole in the ~⟩ | (Schuh) Absatz *m*, Hacken *m* ⟨to wear high ~s hohe Absätze haben⟩ | (Rugby) Stoß *m* mit dem Absatz | vorspringender Teil | (Brot) Kanten *m* | *Am Sl* Lump *m*, Schuft *m* | *selten* Rest *m* ◇ **~ of Achilles, Achilles' ~** *übertr* Achillesferse, verwundbare Stelle; **by the ~ and toe** von allen Seiten; **to ~** (Hund) bei Fuß; *übertr* folgsam; **under the ~ of s.o.** *übertr* unter jmds. Gewalt; **be/follow at s.o.'s ~s** jmdm. dicht auf den Fersen folgen; **be carried with the ~s foremost** tot weggetragen werden; **be down at [the] ~** schiefe Absätze haben; *übertr* verwahrlost sein; **bring s.o. to ~** *übertr* jmdn. gefügig machen; **cool / kick one's ~s** *umg* warten (müssen), Däumchen drehen; sich die Beine in den Bauch stehen; **come to ~** folgen, sich fügen | (Hund) bei Fuß gehen; **have the ~s of s.o.** jmdn. überholen; **kick up one's ~s** *umg* abkratzen; *Am Sl* sich amüsieren; **lay / clap s.o. by the ~s** *Brit umg* jmdn. ins Gefäng-

nis stecken; **show a clean pair of ~s / take to one's ~s** *umg* Fersengeld geben; **tread upon s.o.'s ~s** jmdm. auf die Hacken treten (*auch übertr*); **turn on one's ~s** kehrtmachen; **2.** *vi* auf den Fersen folgen | mit den Fersen den Boden berühren ◇ **~!** (Hund) Fuß!; *vt* (jmdm.) auf den Fersen folgen, (jmdn.) verfolgen | (Schuhe) Absätze anbringen an | Fersen anstricken an | (Rugby) (Ball) mit dem Absatz zuspielen, hakeln

[2]**heel** [hi:l] **1.** *vi, vt auch* ~ **over** (Schiff u. ä.) (sich) auf die Seite legen | *Mar* krängen; **2.** *s* Neigung *f* | *Mar* Krängung *f* ⟨to give a ~ sich zur Seite legen⟩

heel|-and-toe walk ['hi:l ən 'təʊ wɔ:k] *s Sport* Gehen *n*, Gehenrennen *n*; **'~ball** *s* Fersenballen *m* | Polierwachs *n*; **'~piece** *s* Absatzfleck *m* | *übertr* Schlußteil *m*, Ende *n*; **'~tap** *s* Absatzfleck *m* | Neige *f*, Rest *m* ⟨no ≈s! (beim Trinken) ex!⟩

heft [heft] **1.** *s* Gewicht *n* | *übertr* Schwere *f* | *arch* (Auf-) Heben *n*; **2.** *vt* (auf- *od* empor)heben (**to** zu) | (Gewicht) (ab)schätzen; **'hef·ty** *adj umg* schwer (zu bewegen) ⟨a ≈ weight⟩ | stark, kräftig, muskulös ⟨a ≈ man ein ziemlicher Koloß; a ≈ woman eine dralle Frau⟩ | heftig, saftig ⟨≈ blow⟩ | (Argument) durchschlagend

heg·e·mon·ic [ˌhi:dʒɪ'mɒnɪk|ˌhe-], **ˌheg·e'mon·i·cal** *adj* hegemonisch, herrschend; **he·gem·o·ny** [hɪ'gemənɪ|'hedʒɪmənɪ|'hegɪ-] Hegemonie *f*, Oberherrschaft *f*

He·gi·ra ['hedʒɪrə|hɪ'dʒaɪərə] *s* Hedschra *f*

he-goat ['hi: 'gəʊt] *s* Ziegenbock *m*

heif·er ['hefə] *s* Färse *f*, junge Kuh

heigh [heɪ] *interj* he!; **~-ho** [ˌ~ 'həʊ] *interj* ach! | nanu!

height [haɪt] *s* Höhe *f* ⟨ten feet in ~ zehn Fuß hoch; at a ~ of ten feet zehn Fuß Höhe; ~ above sea level Höhe *f* über Meeresspiegel⟩ | Größe *f* ⟨my ~ is … ich bin … groß⟩ | Anhöhe *f*, Erhebung *f* ⟨from a great ~ von sehr hoch⟩ | *übertr* Höhepunkt *m*, Gipfel *m* ⟨it's the ~ of madness es ist der reine Wahnsinn; to come to a ~ den Höhepunkt erreichen⟩ | *arch* Stolz *m*; **'~en** *vi* höher werden, sich erhöhen | *übertr* zunehmen; *vt* höher machen, vergrößern (*auch übertr*) | verstärken | hervorheben; **'~ ˌfind·er** *s* Höhenmesser *m*; **'~ gain** *s El* Höhenzunahme *f*; **'~ gauge** *s Tech* Höhenmaß (-stab) *n(m)* | Höhenreißer *m*, Reißmaß *n*

hei·nous ['heɪnəs] *adj lit* hassenswert, verrucht, abscheulich

heir [ɛə] **1.** *s* Erbe *m* (*auch Jur*) (**of, to s.o.** jmds.) ⟨~ apparent gesetzmäßiger Erbe; ~-at-law gesetzlicher Nachfolger; ~ general Universalerbe *m*; ~ presumptive mutmaßlicher Erbe; ~ to the throne Thronfolger *m*⟩; **2.** *vt* erben; **'~dom** *s* Erbe *n* | Erbschaft *f* | Erbfolge *f*; **~ess** ['ɛəres|-rɪs|-rəs] *s* (reiche) Erbin; **~loom** ['ɛəlu:m] *s* Erbstück *n* | Familienschmuck *m*

He·ji·ra = **Hegira**

held [held] *prät* u. *part perf* von ↑ **hold**

hel·i·bus ['helɪbʌs] *s* Lufttaxi *n*, Hubschrauber *m* für Personenbeförderung

hel·i·cal ['helɪkl] *Tech adj* schrauben-, spiralenförmig ⟨~ aerial Spiral-, Wendelantenne *f*⟩ | Schnecken-, Schrägverzahnungs-; **ˌ~ 'blow·er** Schrauben(rad)gebläse *n*, Schneckengebläse *n*, **ˌ~ 'gear** Schneckengetriebe *n*, Schrägzahnstirnrad *n*

hel·i·ces ['helɪsi:z] *pl von* ↑ **helix**

hel·i|cop·ter ['helɪkɒptə] *s* Hubschrauber *m*; **'~cop·ter ˌter·mi·nal, ~drome** ['~drəʊm] *s* Hubschrauberlandeplatz *m*

helio- [hi:lɪə(ʊ)] ⟨*griech*⟩ *in Zus* helio-, Sonnen-

he·li·o|cen·tric [ˌhi:lɪəʊ'sentrɪk], **ˌ~'cen·tri·cal** *adj Astr* heliozentrisch; **'~chromy** ['~ˌkrəʊmɪ] *s* Heliochromie *f*, Farbfotografie *f* **~graph** ['~grɑ:f] **1.** *s* Heliograph *m* | Heliographie *f*, Lichtdruck *m* | *Tech* Spiegeltelegraph *m*; **2.** *vi, vt* heliographieren | fotogravieren; **~graph·ic** [ˌ~'græfɪk], **ˌ~'graph·i·cal** *adj* heliographisch; **he·li·og·ra·phy** [ˌhi:lɪ'ɒgrəfɪ] *s* Heliographie *f*; **ˌ~gra'vure** *s* Fotogravüre *f*; **he·li·om·e·ter** [ˌhi:lɪ'ɒmɪtə] *s Astr* Heliometer *n*; **'~scope** ['hi:ljəskəʊp] *s Astr* Helioskop *n*; **~stat** ['hi:ljəstæt] *s* Heliostat *m*; **ˌ~'ther·a·py** *s* Heliotherapie *f*, Lichtbehandlung *f*; **~trope** ['heljətrəʊp] *s Bot* Heliotrop *n* | Baldrian *m* | *Min* Heliotrop *m*; **'~type 1.** *s* Heliotypie *f*, Lichtdruck *m*; **2.** *vi, vt* heliotypieren

he·li·um ['hi:lɪəm] *s Chem* Helium *n*

he|lix ['hi:lɪks] *s* (*pl meist* **~lices** ['helɪsi:z]) Spirale *f*, Helix *f* ⟨double ≈ *Biol* Doppelhelix *f*⟩ | *Anat* Helix *f*, Ohrleiste *f* | *Arch* Schnecke *f*

he'll [hɪl|ɪl|hi:l] *kontr umg für* **he will** *od* **he shall**

hell [hel] *s* Hölle *f*, Unterwelt *f* (*auch übertr*) ⟨all to ~ *umg* alles im Eimer; give s.o. ~ *umg* jmdm. die Hölle heiß machen; go to ~ in die Hölle kommen; *übertr umg* sich zum Teufel scheren; ~ for leather *übertr umg* wie der Teufel, wie verrückt; there's all ~ let loose *übertr* der Teufel ist los⟩ | *Sl intens* (Fluch) Teufel *m* ⟨~! zum Teufel!; bloody ~ verdammter Mist!; a ~ of *umg* höllisch, riesig; for the ~ of it *umg* zum Spaß; ~ to pay *Sl* Schweinegeld; like ~ *umg* wie wild, wie der Teufel, sehr; *iron* überhaupt nicht; to ~ with it! *umg* verdammt noch mal!; zum Teufel damit!; what the ~! *umg* was zum Teufel!; kick up / raise ~ *umg* einen Mordskrach machen; play ~ with *umg* (etw.) verhauen, verderben, sich mit (jmdm.) gewaltig anlegen⟩ | Spielhölle *f* | Verlies *n*

hell|bend·er ['helbendə] *s Zool* Hellbender *m*, Riesensalamander *m* | *Am Sl* wüste Zecherei | Zechkumpan *m*; **'~-bent** *adj umg* erpicht, versessen (**on** auf); **'~ bomb** *umg* Wasserstoffbombe *f*; **'~broth** *s* Hexen-, Zaubertrank *m*; **'~cat** *s* Hexe *f* | *übertr* Drachen *m*, böses Weib

hel·le·bore ['helɪbɔ:] *s Bot* Nieswurz *f*

Hel|lene ['heli:n] *s* Hellene *m*, Hellenin *f*, Grieche *m*, Griechin *f*; **~'len·ic** [he'lenɪk] **1.** *adj* hellenisch, griechisch; **2.** *s* Griechisch *n*; **~len·ism** ['helɪnɪzm] *s* Gräzismus *m*, Hellenismus *m*; **ˌ~le'nis·tic** *adj* hellenistisch

hell|-fire ['hel'faɪə] *s* Höllenfeuer *n* | *übertr* brennender Haß; **'~hag** *s* Hexe *f* | böses Weib; **'~hound** *s* Höllenhund *m* | *übertr* Dämon *m*

hel·lion ['heljən] *s Am umg* Raufbold *m*, Unheilstifter *m*

hell|ish ['helɪʃ] *adj* höllisch, Höllen- | *übertr umg* höllisch, verdammt, verteufelt ⟨a ≈ difficulty; the exams were ≈ die Prüfungen waren verdammt schwer⟩; **'~kite** *s übertr* Teufel *m*, Unmensch *m*

hel·lo [he'ləʊ|hə-] **1.** *interj* hallo! ⟨~, who's there?⟩ | (Gruß) hallo! guten Tag u. ä. ⟨~, Jack! How are you? Guten Tag, Jack! Wie geht's?; say ~ to s.o. jmdm. guten Tag sagen⟩ | *Brit* nanu! ⟨~, what's that?⟩ ◇ ˌ~ ˌ~ '~ *Brit scherzh* (Polizist) was *od* wen haben wir denn da?; **2.** *s* Hallo *n*; **3.** (**~ed, ~ed**) *vi umg* hallo rufen, begrüßen; *vt umg* hallo zurufen; **hel'lo girl** *s Am umg* Telefonfräulein *n*

hell·u·va ['heləvə] *bes Am Sl intens* **1.** *adj* verdammt schwierig, kompliziert ⟨a ~ job⟩ | verdammt gut ⟨a ~ fighter⟩ | (ungemein) gewaltig *od* viel ⟨a ~ lot⟩; **2.** *adv* ungemein ⟨~ slow⟩

[1]**helm** [helm] **1.** *s Mar* Ruder *n*, Steuer *n* | *übertr* Herrschaft *f* ⟨to be at / on the ~ am Ruder sein; *übertr* herrschen⟩; **2.** *vt* steuern (*bes übertr*)

[2]**helm** [helm] **1.** *s arch* Helm *m* | *dial* Wolkenhaube *f* (e-s Berges); **2.** *vt arch* mit e-m Helm versehen

hel·met ['helmɪt|-ət] *s Mil* Helm *m* | Schutzhelm *m* | *Kfz* Sturzhelm *m* | Tropenhelm *m* | *Sport* Fechtmaske *f* | *Bot* Kelch *m*; **'~ed** *adj* behelmt, mit Helm

hel·minth ['helmɪnθ] *s Zool* Eingeweidewurm *m*

helms|man ['helmzmən] *s* (*pl* **'~men**) Steuermann *m* (*auch* *übertr*)

hel·ot ['helət] *s Hist* Helot *m* | *übertr* Sklave *m*; '**~ry** *s* Helotentum *n* | Sklaverei *f* | *collect* Heloten *m/pl* | Sklaven *m/pl*

help [help] **1.** *s* Hilfe *f*, Unterstützung *f* ⟨by/with the ~ of mit Hilfe von; to be not [of] much ~ to s.o. jmdm. nicht viel helfen können; to give ~ Abhilfe schaffen, Hilfe bringen; there is no ~ for it es läßt sioh nicht ändern⟩ | Stütze *f*, Hilfe *f* ⟨s.o. is a great ~ jmd. ist eine große Hilfe; to be a good ~ to s.o. jmdm. eine große Hilfe sein⟩ | (Aus-) Hilfe *f* ⟨~ wanted Aushilfe gesucht; mother's ~ Kinderfräulein *n*⟩ | *Am collect* Dienstboten *m/pl* | *übertr* Hilfsmittel *n* | Heilmittel *n* | Portion *f* | (Ausruf) Hilfe!; **2.** *vt* helfen, beistehen, unterstützen (**s.o.** *mit inf* jmdm. *mit inf*) | *bes Am* beitragen zu, fördern | (Krankheit) lindern | (Speisen) (zu)reichen, geben, servieren | (nach **can, can't, couldn't**) vermeiden, umhin(können) ⟨it cannot be ~ed es ist nicht zu ändern; I cannot ~ (*mit ger*) ich kann nicht umhin (*mit inf*), ich muß (*mit inf*); I cannot ~ but laugh ich kann nicht umhin zu lachen, ich muß lachen; I can't ~ it ich kann nichts dafür, es tut mir leid; don't be longer than you can ~ bleib nicht länger als nötig⟩; **~ along** (jmdm.) behilflich sein; **~ down** herunter-, hinunterhelfen; **~ forward** weiterhelfen, fördern; **~ in** hineinhelfen; **~ off** heraushelfen | weiter-, forthelfen | (Zeit) vertreiben; **~ on** weiterhelfen; **~ out** heraushelfen | aushelfen; **~ up** hinaufhelfen; *vr* wegnehmen, stehlen (**to s.th.** etw.) ⟨who ~ed himself to money?⟩ | bedienen, zulangen ⟨to ~ o.s. to the meat vom *od* das Fleisch nehmen; ~ yourself langen Sie zu!⟩; *vi* helfen, unterstützen, nützen; **~ out** aushelfen (**with** bei)

help|er ['helpə] *s* Helfende(r) *f(m)* | Gehilfe *m*, Gehilfin *f* | Hilfe *f*; '**~ful** *adj* hilfreich | nützlich (**to** zu, für); '**~ing 1.** *s* Hilfe *f* | (Speisen) Portion *f* ⟨have another ≈ langen Sie nochmal zu!⟩; **2.** *adj* helfend, hilfreich ⟨a ≈ hand⟩; '**~less** *adj* hilflos, ratlos | unbeholfen; '**~mate**, *auch* '**~meet** *förml s* Gehilfe *m*, Gehilfin *f* | *arch* (Ehe-) Gefährte *m*, -gefährtin *f*

hel·ter-skel·ter [ˌheltə 'skeltə] **1.** *adv* holterdiepolter, Hals über Kopf; **2.** *adj* ungestüm, hastig; **3.** *s* wilde Hast | Durcheinander *n*

helve [helv] **1.** *s* Griff *m*, Stiel *m* ◇ **throw the ~ after the hatchet** *übertr* die Flinte ins Korn werfen; **2.** *vt* mit e-m Griff *od* Stiel versehen

[1]**hem** [hem] **1.** *s* (Kleid u. ä.) Saum *m* | Rand *m*, Einfassung *f* (*auch übertr*); **2.** *vt* (**hemmed, hemmed**) (Kleid u. ä.) (um)säumen, einfassen; **~ about / around / in** *übertr* einschließen, umgeben ⟨hemmed in by enemies von Feinden umzingelt⟩; **~ out** ausschließen

[2]**hem** [hm|hem] **1.** *interj* hm!, hem!; **2.** *s* Hm *n* (Räuspern); **3.** *vi* (**hemmed, hemmed**) hm sagen, sich räuspern ⟨to ~ and haw herumstottern⟩

hem-, hema- [hi:m|hem, hi:mə|hemə] = **haem-, haema-**

he|-man ['hi: 'mæn] *s* (*pl* '**~-'men**) *umg* richtiger Mann, sehr männlicher Typ | Kraftmensch *m*, -protz *m*

hemato- [hemotə(ʊ)|hi:-] = **haemato-**

hemi- [hemɪ] ⟨*griech*⟩ *in Zus* hemi-, halb-

hem·i|cy·cle ['hemɪsaɪkl] *s* Halbkreis *m*; **~ple·gi·a** [ˌ~'pli:dʒɪə] *s Med* Hemiplegie *f*, einseitige Lähmung; '**~sphere** *s* Hemisphäre *f*, Halbkugel *f* | Großhirnhälfte *f*; **~stich** ['~stɪk] *s* Hemistichion *n*, Halbvers *m*

hem·line ['hemlaɪn] *s* Saum *m* | Rocklänge *f* ⟨to raise (lower) the ~ die Kleider kürzer (länger) machen⟩

hem·lock ['hemlɒk] *s Bot* Schierling *m* | *übertr* Gifttrank *m* | *auch* '**~ fir**, '**~ pine**, '**~ spruce** *Bot* Hemlocktanne *f*, Schierlingstanne *f*

hemp [hemp] *s* Hanf *m* | Hanffaser *f* | hanfähnliche Pflanze *od* Faser | Galgenstrick *m* | Narkotikum (aus Hanf), *bes* Haschisch; '**~en** *adj selten* Hanf-, hanfen; '**~y** *adj* Hanf-, hanfen | *dial* gaunerhaft

hem·stitch ['hemstɪtʃ] **1.** *s* Hohlsaum *m*; **2.** *vt* mit Hohlsaum nähen, einfassen

hen [hen] *s* Henne *f*, Huhn *n* ⟨mother ~ Glucke *f*⟩ | *Zool* weiblicher Vogel, Weibchen *n* ⟨a ~ pheasant weiblicher Fasan, Fasanenhuhn *n*⟩ | *Sl* altes Weib; **~bane** ['~beɪn] *s* Bilsenkraut *n*; '**~bird** *s* Henne *f*, Weibchen *n*

hence [hens] *adv, oft* **from ~** von hinnen, fort, hinweg ⟨to go ~ sterben⟩ | von jetzt an ⟨a month ~ in *od* nach e-m Monat⟩ | *übertr* hieraus, daraus | daher, deshalb, folglich | *interj* weg!, fort!; ˌ**~'forth**, ˌ**~'for·ward** *adv* von nun an, hinfort, künftig

hench|man ['hentʃmən] *s* (*pl* '**~men**) *arch* Diener *m*, Page *m* | *Pol verächtl* blind folgender Anhänger, Spießgeselle *m*, Kumpan *m* | Günstling *m*

hen|coop ['henku:p] *s* Hühnerstall *m*; '**~ˌheart·ed** *adj* feige; '**~house** *s* Hühnerhaus *n*

hen|na ['henə] **1.** *s* Henna(strauch) *f(m)* | Hennafarbe *f* | Orangebraun *n*; **2.** *vt* ('**~naed**, '**~naed**) mit Henna färben

hen|ner·y ['henərɪ] *s* Hühnerfarm *f* | Hühnerstall *m*; '**~-ˌpar·ty** *s umg scherzh* (Kaffee-) Kränzchen *n*; '**~peck** *vt umg* (Mann) unter dem Pantoffel haben ⟨a ≈ed husband ein Pantoffelheld⟩; '**~plant** *s* Spitzwegerich *m*; '**~roost** *s* Hühnerstange *f* | Hühnerstall *m*

hen·ry ['henrɪ] *s Phys* Henry *n*

[1]**hep** [hep] *adj Am Sl* eingeweiht, informiert (**to** in, über) | jazzfanatisch

[2]**hep** [hep] *interj Mil, meist* **~! ~!** eins, zwei!

hepat|- [hepət], **~o-** [hepətə(ʊ)] ⟨*griech*⟩ *in Zus* Leber-

he·pat|ic [hɪ'pætɪk] **1.** *adj* hepatisch, Leber-; **2.** *s Med* Hepatikum *n*; **~i·ca** [~ɪkə] ⟨*lat*⟩ *s* (*pl* **~i·cas** *od* **~i·cae** [~ɪsi:]) Leberblümchen *n* | Lebermoos *n*; **hep·a·ti·tis** [ˌhepə'taɪtɪs] *s* Hepatitis *f*, Leberentzündung *f*

hep·cat ['hepkæt] *s Am Sl* Jazzfan(atiker) *m* | Jazzmusiker *m*

hept- [hept], **hepta** [heptə] ⟨*griech*⟩ *in Zus* sieben (*z. B.* **hept·a·gon** ['~əgən] *s* Heptagon *n*, Siebeneck *n*; **hep·tag·o·nal** [hep'tægənl] *adj* heptagonal, siebeneckig)

her [hə|ə|hɜ:|ɜ:] *pers pron* sie; ihr (*dat* von **she**); *refl pron* sich ⟨she looked about ~ sie sah sich um⟩; *poss pron* ihr, ihre (für weibliche Personen und personifizierte Dinge, *z. B.* Länder, Mond, Schiffe)

her·ald ['herld] **1.** *s Hist* Herold *m* | *übertr* Vorbote *m* | Ausrufer *m*; **2.** *vt auch* **~ in** (feierlich) verkünden | ankündigen; **he·ral·dic** [he'rældɪk] *adj* heraldisch, Wappen-; '**~ry** *s* Heraldik *f*, Wappenkunde *f* | Wappen *n* | *poet* feierliche Zeremonie

herb [hɜ:b] *s* Kraut *n*, Pflanze *f* | Gewürzkraut *n* | Laub *n*, Blätterwerk *n*; **her·ba·ceous** [hɜ:'beɪʃəs] *adj* krautartig, Kraut- ⟨≈ border Blumenrabatte *f*⟩; '**~age** *s* Kräuter *n/pl*, Gras *n*, Laub *n* | *Jur* Weiderecht *n*; '**~al 1.** *adj* Kräuter-; **2.** *s* Kräuterbuch *n*; '**~al·ist** *s arch* Pflanzenkenner(in) *m(f)* | Kräutersammler(in) *m(f)* | Kräuterhändler(in) *m(f)* | Kräuterdoktor *m*, Naturheilkundiger *m*; **her·bar·i·um** [hɜ:'bɛərɪəm] ⟨*lat*⟩ *s* (*pl* **her·bar·i·ums, her·bar·i·a** [~ɪə]) Herbarium *n*; '**~a·ry** *s* Kräutergarten *m*; '**~ ˌdoc·tor** *s umg* Kräuterdoktor *m*; '**~ 'grace** *s* Eisenkraut *n*; **her·bi·vore** ['~ɪvɔ:] *s Zool* Pflanzenfresser *m*; **her·biv·o·rous** [hɜ:'bɪvərəs] *adj Zool* pflanzenfressend; '**~ tea** *s* Kräutertee *m*; '**~ ˌwom·an** *s* (*pl* '**~ ˌwom·en**) Kräuterfrau *f*; '**~y** *adj* pflanzenreich | krautartig | Gras-

Her·cu|le·an, *auch* **~le·an** [ˌhɜ:kjʊ'li:ən|hɜ:'kju:lɪən] *adj* Herkules-, herkulisch | *übertr* übermenschlich, sehr schwer ⟨≈ efforts übermächtige Anstrengungen *pl*; a ≈ labour eine

Herkulesarbeit⟩; **~les** ['hɜ:kjʊ,li:z] *s* Herkules *m* | *übertr* Mann *m* mit Riesenkräften | *Tech* Rammaschine *f*

herd [hɜ:d] **1.** *s* (Tiere) Herde *f*, Rudel *n* | *verächtl* (Menschen) Herde *f*, Masse *f* ⟨the [common / vulgar] ~ die breite Masse *od* der (gemeine) Pöbel⟩; **2.** *vi* in Herden leben *od* gehen | *auch* **~ together** *übertr* zusammen hausen | sich anschließen, sich gesellen (**with** zu); *vt* (Vieh) zu einer Herde vereinigen, (zusammen)treiben | zusammenpferchen, -treiben; **'~er** *s Am* Hirt *m*; **'~ing** *s* Viehhüten *n* | *Am* Rinderzucht *f*; **'~ 'in·stinct** *s* Herdentrieb *m*

herds|man ['hɜ:dzmən] *s* (*pl* **'~men**) Hirt *m*; **'~,wom·an** *s* (*pl* **'~,wom·en**) Hirtin *f*

here [hɪə] **1.** *adv* hier ⟨to be ~ dasein, anwesend sein⟩ | (hier)her, hierhin ⟨look ~ schau her; ~ below *poet* hienieden⟩ | *übertr* (Gespräch u. ä.) an dieser Stelle | in diesem Falle | *bes Tel umg* (*nach s*) hier ist ... ⟨John Brown ~ hier spricht *od* ist John Brown⟩ ◇ **~ and now** hier und heute; **~ goes!** nun *od* denn mal los, jetzt geht's los; **~ and there** hier und da, verstreut; hin und wieder; **~ today and gone tomorrow** heute hier, morgen da; überall nur kurze Zeit; **~, there, and everywhere** überall; **that is neither ~ nor there** das nützt gar nichts, das ist sinnlos, das gehört nicht zur Sache; **~ we are!** das ist es! (das Gesuchte); **~ you are!** da hast du es!, bitte (schön)!; **~'s to you!** (Trinken) zum Wohl!; **2.** *s* Hier *n*; **~a·bout, ~a·bouts** [,hɪərə'baʊt|'hɪərəbaʊt|-s] *adv* hierherum, ganz in der Nähe; **~aft·er** [hɪər'ɑ:ftə] **1.** *adv, förml* hernach, später | in Zukunft; **2.** *s* Zukunft *f* | (Leben im) Jenseits *n*; **~at** [hɪər'æt] *adv arch* hierbei; **~by** [hɪə'baɪ] *adv förml, Jur* hier-, dadurch

he·red·i·ta·ble [hɪ'redɪtəbl] *adj* vererbbar; **her·e·dit·a·ment** [,herə'dɪtəmənt] *s Jur* (vererblicher) Grundbesitz, Erbgut *n*; **he·red·i·ta·ry** [hɪ'redɪtərɪ] *adj* Erb-, erblich ⟨≈ peer Pair *m*, Mitglied *n* des Oberhauses⟩ | hereditär, angeboren ⟨≈ disease Erbkrankheit *f*⟩ | *übertr* Erb- ⟨≈ creed ererbter Glaube; ≈ enemy Erbfeind *m*⟩; **he'red·i·ty** *s* Vererbung *f* ⟨by ≈ durch Vererbung⟩

here|in [hɪər'ɪn] *adv, förml, Jur* hierin ⟨and everything ≈ contained und alles, was darin *od* hierin eingeschlossen ist⟩; **~in·aft·er** [hɪə,rɪn'ɑ:ftə] *adv Jur* hiernach, nachstehend; **~in·be·fore** [hɪə,rɪnbɪ'fɔ:] *adv Jur* weiter oben, vorstehend; **~in·to** [hɪər'ɪntə] *adv förml* hierhinein; **~of** [hɪər'ɒv] *adv Jur* hiervon ⟨every part ≈⟩

her·e|sy ['herəsɪ] *s* Ketzerei *f*, Irrlehre *f*; **~tic** ['~tɪk] **1.** *s* Ketzer(in) *m*(*f*); **2.** *adj, auch* **he·ret·i·cal** [hɪ'retɪkl] ketzerisch

here|to [,hɪə'tu:] *adv förml* hierzu, -her; **~to·fore** [,hɪətʊ'fɔ:] *adv förml, Jur* vormals, früher; **~un·der** [,hɪər'ʌndə] *adv förml* hierunter; **~up·on** [,hɪərə'pɒn] *adv förml* hierauf, darauf ⟨≈ he left daraufhin ging er⟩ | darüber ⟨all are agreed ≈ alle sind sich darüber einig⟩; **~with** [,hɪə'wɪð] *adv förml* hiermit, hierdurch, anbei ⟨≈ I send you⟩ | hiermit, jetzt, unverzüglich

her·it|a·bil·i·ty [,herɪtə'bɪlətɪ] *s* Vererbbarkeit *f*, Erblichkeit *f*; **'~a·ble** *adj* Erb-, erblich | erbfähig; **'~age** *s* Erbe *n*, Erbschaft *f*, Erbgut *n* ⟨to enter into the ≈ of s.o. jmds. Erbe antreten⟩ | *übertr* Erbe *n* ⟨cultural ≈ Kulturerbe *n*⟩

her·maph·ro|dite [hɜ:'mæfrədaɪt] **1.** *s* Hermaphrodit *m*, Zwitter *m* (*auch übertr*); **2.** *adj, auch* **~dit·ic** [hɜ:,mæfrə'dɪtɪk] Zwitter-, zwitterartig

her·me·neu|tic [,hɜ:mə'nju:tɪk] *Phil adj* hermeneutisch; **'~tics** *s* (*sg konstr*) Hermeneutik *f*

her·met·ic [hɜ:'metɪk], **her'met·i·cal** *adj* hermetisch, luftdicht ⟨a ≈ seal ein dichter Abschluß *od* Verschluß⟩ | (oft ≁) *arch* magisch, okkultistisch, alchimistisch

her·mit ['hɜ:mɪt] *s* Eremit *m*, Einsiedler *m* (*auch übertr*); **'~age** *s* Einsiedelei *f* | Einsiedlerleben *n*; **'~ crab** *s* Einsiedlerkrebs *m*

her·ni|a ['hɜ:nɪə] *s* (*pl* **'~as** *od* **~ae** ['~ɪi:]) *Med* Hernie *f*, Eingeweidebruch *m*; **'~al** *adj* Bruch- ⟨≈ truss Bruchband *n*⟩

he·ro ['hɪərəʊ] *s* (*pl* **'~es**) Held *m* | Kriegsheld *m* | Hauptperson *f* (e-r Dichtung) | (griechische Antike) Halbgott *m*; **~ic** [hɪ'rəʊɪk] **1.** *adj* heroisch, heldenhaft, tapfer, Helden- ⟨≈ age Heldenzeitalter *n*⟩ (Kunst) gewaltig | (Stil) erhaben | hochtrabend | kühn, drastisch ⟨≈ measures Gewaltmaßnahmen *f/pl*⟩ | *Med* stark, wirksam; **2.** *s, meist pl* heroischer Vers | *pl* Überschwenglichkeiten *f/pl* ⟨to go into ≈s überschwenglich werden⟩; **,~ic 'coup·let** *s Lit* heroisches Reimpaar (aus 5-füßigen Jamben)

her·o·in ['herəʊɪn] *s* Heroin *n*; **,~ 'ad·dict** *s* Heroinsüchtige(r) *f*(*m*)

her·o|ine ['herəʊɪn] *s* Heldin *f* | (Dichtung) weibliche Hauptgestalt | (griechische Antike) Halbgöttin *f*; **'~is·m** *s* Heroismus *m*, Heldentum *n* | *übertr* Mut *m*, Kühnheit *f*

her·on ['herən] *s Zool* Reiher *m*; **'~ry** *s* Reiherstand *m*

he·ro wor·ship ['hɪərəʊ ,wɜ:ʃɪp] *s* Heroenkult *m*, Heldenverehrung *f*

her·pes ['hɜ:pi:z] ⟨*lat*⟩ *s Med* Herpes *m*, Bläschenausschlag *m*; **~ zos·ter** ['~'zɒstə] ⟨*lat*⟩ *s* Gürtelrose *f*; **her·pet·ic** [hɜ:'petɪk] *adj* herpetisch

her·ring ['herɪŋ] *s* Hering *m* ⟨red ~ Bückling *m*; *übertr* Ablenkungsmanöver *n*⟩; **'~bone 1.** *s* Heringsgräte *f* | Fischgrätenmuster *n* | (Sticken u. ä.) Grätenstich *m*; **2.** *adj* fischgrätenartig, Kreuz-, Gräten- ⟨≈ tweed; ≈ profile (Kfz) (Reifen-) Pfeilprofil *n*⟩; **3.** *vt* mit Grätenstich nähen; **'~ gull** *s* Silbermöwe *f*; **'~ pond** *s scherzh* Atlantischer Ozean

hers [hɜ:z] *poss pron* ihr, der (die, das) ihrige ⟨~ was the fault es war ihr Fehler; a friend of ~ ein(e) Freund(in) von ihr, e-e ihrer Freundinnen *od* e-r ihrer Freunde⟩

herse [hɜ:s] *s* Gitter *n* | Fallgatter *n*

her·self [hə'self|ə'self|hɜ:-] *pron refl* sich ⟨she cut ~ sie hat sich geschnitten⟩ | *emph* sie selbst, ihr selbst ⟨she told me ~ sie hat mir es selbst gesagt; he spoke to ~ er hat mit ihr selber gesprochen; (all) by ~ (ganz) allein, ohne fremde Hilfe⟩ | *umg* in ihrem normalen Zustand ⟨she is ~ again sie ist wieder (ganz) die alte; to come to ~ sich wieder fangen *od* unter Kontrolle haben⟩

hertz [hɜ:ts] *s* (*pl* ~) *Phys* Hertz *n*; **~ian** ['hɜ:tsɪən] *adj* Hertzsch(er, -e, -es) ⟨≈ telegraphy drahtlose Telegraphie; ≈ waves Hertzsche Wellen⟩

he's [hɪz|ɪz|hi:z|i:z] *kontr umg für* **he is** *od* **he has**

he/she ['hi:'ʃi:] *pron* er bzw. sie

hes·i|tance ['hezɪtəns], **'~tan·cy** *s* Unschlüssigkeit *f*, Zögern *n*; **'~tant** *adj* zögernd, unschlüssig; **'~tate 1.** *vi* zögern, zaudern, unschlüssig sein (**about, over** über) | (Höflichkeitsform) Bedenken haben, unsicher sein (*mit inf*) ⟨I ≈ to ask you es fällt mir schwer, Sie zu fragen⟩ | stammeln, stottern (beim Sprechen); **2.** *vt* zögernd äußern; **,~'ta·tion** *s* Zögern *n*, Unschlüssigkeit *f*, Bedenken *n*, Schwanken *n* ⟨without ≈ ohne zu zögern⟩ | Stammeln *n*, Stottern *n* | *auch* **,~'ta·tion waltz** (e-e Art) Walzer *m*; **'~,ta·tive** *adj* zögernd, unschlüssig

Hes·pe·rus ['hespərəs] *s poet* Abendstern *m*

Hes·sian ['hesɪən] **1.** *adj* hessisch; **2.** *s* Hesse *m*, Hessin *f* | ≁ grobes Sackzeug | *Am* Söldling *m* | (*meist pl*) *auch* **,~ 'boots** *arch* Schaftstiefel *m* (*pl*)

hest [hest] *s arch* Geheiß *n*

he·tae·ra [hɪ'tɪərə] *s* (*pl* **~e** [hɪ'tɪərɪ]) Hetäre *f* | Freudenmädchen *n*

hetero- [hetərə(ʊ)] ⟨*griech*⟩ *in Zus* hetero-, fremd-, verschieden-, anders-

het·er·o ['hetərəʊ] *umg* **1.** *adj* heterosexuell; **2.** *s* heterosexueller Mensch

het·er·o|chro·ma·tin [,hetərə'krəʊmətɪn|-ərəʊ-] *s Biol* Heterochromatin *n*; ˌ~'**chro·mo·some** *s Biol* Heterochromosom *n*; ~**clite** ['~klaɪt] **1.** *adj* unregelmäßig, abweichend | wunderlich | *Ling* unregelmäßig flektiert; **2.** *s* Sonderling *m* | ungewöhnliche Sache | *Ling* unregelmäßiges Wort; ~**dox** ['~dɒks] *adj* heterodox, andersgläubig, irrgläubig; '~**dox·y** *s* Heterodoxie *f*, Irrglaube *m* | abweichende Meinung; ~**dyne** ['~daɪn] *El* **1.** *adj* Überlagerungs- ⟨~dyne receiver Überlagerungsempfänger *m*⟩; **2.** *vt, vi* überlagern; **3.** *s* Überlagerer *m*; **het·er·og·a·mous** [ˌhetə'rɒgəməs] *adj Biol* heterogam; ˌ**het·er'og·a·my** *s* Heterogamie *f*; ~**ge·ne·i·ty** [ˌ~dʒɪ'ni:ɪtɪ] *s* Ungleichartigkeit *f* | Fremdartigkeit *f*; ~**ge·ne·ous** [ˌ~'dʒi:nɪəs] *adj* heterogen, verschieden-, ungleichartig ⟨a ≈ mass eine zusammengewürfelte Masse; ≈ number *Math* gemischte Zahl⟩; ~**gen·e·sis** [ˌ~'dʒenɪsɪs] *s Biol* Heterogenesis *f* | Urzeugung *f*; ~**mor·phic** [ˌ~'mɔ:fɪk] *adj Biol* heteromorph, verschiedengestaltig; ~**mor·phism** [ˌ~'mɔ:fɪzm] *s* Heteromorphie *f*, Verschiedengestaltigkeit *f*; **het·er·on·o·mous** [ˌhetə'rɒnəməs] *adj* heteronom, verschiedenen Wachstumsgesetzen unterworfen; ˌ**het·er'on·o·my** *s* Heteronomie *f*; ˌ~'**sex·u·al** **1.** *adj* heterosexuell, andersgeschlechtig; **2.** *s* Heterosexuelle(r) *f(m)*; ˌ~**sex·u'al·i·ty** *s* Heterosexualität *f*

het|man ['hetmən] *s* (*pl* '~**mans**) Hetman *m*

het up [ˌhet 'ʌp] *adj umg* (Person) aus dem Häuschen, aufgeregt (**about** wegen)

heu·ris|tic [hjʊə'rɪstɪk] *adj* heuristisch, erfinderisch, zu neuen Erkenntnissen führend; ~**ti·cal·ly** *adv* heuristisch; ~**tics** [hjʊə'rɪstɪks] *s/pl* (*sg konstr*) Heuristik *f*

hew [hju:] (~**ed**, ~**ed** *od* **hewn** [jhu:n]) *vi* hauen, hacken; *vt* (be)hauen, hacken ⟨to ~ coal Kohle fördern; to ~ steps Stufen hacken (in eine Eiswand); to ~ to pieces in Stücke hauen⟩; ~ **away** abhauen, abschlagen; ~ **down** nieder-, umhauen, fällen; ~ **off** abhauen, abschlagen; ~ **out** aushauen | *übertr* bahnen, mühsam erringen; '~**er** *s* Hauer *m* | *Bergb* Häuer *m* ◇ ~**ers of wood and drawers of water** *lit, bibl* Holzhauer und Wasserträger *pl* | *übertr* einfache Leute

hex [heks] *Am umg* **1.** *s* Hexe *f* | Zauber *m* ⟨the ~ is put on s.o. jmd. ist wie verhext; don't put the ~ on it! unberufen!⟩; **2.** *vi* hexen, zaubern; *vt* behexen, verzaubern

hex- [heks], **hexa-** [heksə] ⟨*griech*⟩ *in Zus* hexa-, sechs-, Sechs-

hex|a·gon ['heksəgən] *s* Hexagon *n*, Sechseck *n*; ~**ag·o·nal** [heks'ægənl] *adj* hexagonal, sechseckig; '~**a·gram** *s* Hexagramm *n*, Sechsstern *m*; ~**am·e·ter** [hek'sæmɪtə] *Metr* **1.** *s* Hexameter *m*; **2.** *adj* hexametrisch; ~**ane** ['heksein] *s Chem* Hexan *n*; ~**one** ['heksəʊn] *s Chem* Hexon *n*; ~**yl** ['heksɪl] *s Chem* Hexyl *n*

hey [heɪ] *interj* he!, heda! | hei!; '~**day! 1.** *interj arch* heisa! | hurra!; **2.** *s übertr* Höhepunkt *m*, Gipfelpunkt *m* | Blüte *f* (des Lebens), Glanzzeit *f* ⟨during / in the ≈ of the fur trade als der Pelzhandel seinen Höhepunkt erreicht hatte; in his ≈ in der Blüte seines Lebens⟩ | *selten* Hochgefühl *n*, Überschwang *m*, (höchste) Erregung; ~ **pres·to** [ˌheɪ 'prestəʊ] *interj umg* auf einmal, plötzlich, schwuppdiwupp

hi [haɪ] *umg interj Brit* he!, heda! | 'n Tag!, hallo!

hi·a·tus [haɪ'eɪtəs] ⟨*lat*⟩ *s* (*pl* ~**es** [~ɪz], ~) *förml* Öffnung *f*, Lücke *f* ⟨to leave a ~ eine Lücke hinterlassen⟩ | Unterbrechung *f* | *Ling, Poes* Hiatus *m*

hi·ber|nac·le ['haɪbənækl] *s* (Tier) Winterlager *n*; ~**nal** [haɪ'bɜ:nl] *adj* Winter-, winterlich; '~**nate** *vi* (Tier) überwintern, Winterschlaf halten | *übertr* sich vergraben, zurückgezogen leben; ˌ~'**na·tion** *s* Winterschlaf *m*, Überwinterung *f*

hi·bis·cus [hɪ'bɪskəs] *s Bot* Hibiskus *m*, Eibisch *m*

hic·cup, hic·cough ['hɪkʌp|-kəp] **1.** *s* Schluckauf *m*, Schlukken *m* (*meist pl*) ⟨to have the ~ den Schluckauf haben⟩; **2.** *vi* schlucken, den Schluckauf haben; *vt* abgehackt hervorbringen

hick [hɪk] *Am Sl* **1.** *s* Bauer(ntölpel) *m*, Hinterwäldler *m*; (Frau) Landpomeranze *f*; **2.** *adj* tölpelhaft

hick·o·ry ['hɪkərɪ] **1.** *s Bot* Hickory *f* | Hickoryholz *n* | Hikkorystock *m*; **2.** *adj* Hickory- | *übertr* fest, zäh

hid [hɪd] *prät* u. *part perf* von ↑ [1]**hide**

hid·den ['hɪdn] **1.** *part perf* von ↑ [1]**hide**; **2.** *adj* verborgen, versteckt | geheimnisvoll

[1]**hide** [haɪd] **1.** (**hid** [hɪd], **hidden** ['hɪdn *od* **hid** [hɪd]) *vi* sich verbergen, sich verstecken ⟨to ~ behind the door⟩; *vt* verbergen, verstecken, verheimlichen (**from** vor) ⟨to ~ s.th. behind the door etw. hinter der Tür verstecken; to ~ one's feelings seine Gefühle verbergen⟩ | bedecken, verdecken, verhüllen ⟨the sun was hidden by clouds die Sonne war von Wolken verdeckt⟩; **2.** *s* (Jagd) Ansitz *m*

[2]**hide** [haɪd] **1.** *s* Haut *f*, Fell *n* (*auch übertr*) ⟨to save one's own ~ die eigene Haut retten; to have a thick ~ *übertr* ein dickes Fell haben; to tan s.o.'s ~ *umg* jmdn. verhauen⟩ ◇ ~ **or/nor hair** *umg* (*meist neg*) keine Spur, nichts ⟨we haven't seen ~ or hair of him wir haben nicht die geringste Spur von ihm gesehen⟩; **2.** *vt umg* (**hid·ed, hid·ed**) durchprügeln

hide|-and-seek [ˌhaɪd n 'si:k], *auch* ˌ~-**and-go-'seek** *s* Versteckspiel *n* ⟨to play [at] ~-and-seek Verstecken spielen⟩; '~**a·way** *s umg* Versteck *n*, Schlupfwinkel *m*; '~**bound** *adj* (Tier u. ä.) mit eng anliegender Haut, abgemagert (*auch übertr*) | *übertr* engherzig, -stirnig ⟨a ≈ bureaucrat⟩

hid·e·ous ['hɪdɪəs] *adj* häßlich, abscheulich, entsetzlich ⟨a ~ face ein häßliches Gesicht; a ~ noise ein wüster Lärm; a ~ fate ein entsetzliches Schicksal⟩

hide·out ['haid aʊt] *s* Versteck *n*, Schlupfwinkel *m*; [1]**hid·ing** ['haɪdɪŋ] *s* Verstecken *n* | Versteck *n* ⟨to be in ≈ sich versteckt halten; to go into ≈ sich verstecken, ein Versteck suchen⟩; '**hid·ing place** *s* Schlupfwinkel *m*, Versteck *n*

[2]**hid·ing** ['haɪdɪŋ] *s umg* eine Tracht Prügel ⟨to give s.o. a good ~ jmdn. tüchtig verhauen⟩

hie [haɪ] (**hied, hied**) *vt, arch, scherzh* eilen, eilends laufen, sputen ⟨~ thee hence hebe dich hinweg!; I ~ me/myself to the office ich hetze ins Büro⟩

hi·er|arch ['haɪərɑ:k] *s* Hierarch *m*, Oberpriester *m*; ˌ~'**ar·chal**, ˌ~'**ar·chic**, ˌ~'**ar·chi·cal** *adj* hierarchisch; '~**arch·y** *s* Hierarchie *f*, Priesterherrschaft *f* | *übertr* Rangordnung *f*; ~**a·tic** [ˌ~'rætɪk], ˌ~'**at·i·cal** *adj* (Stil) hieratisch | priesterlich, Priester-

hiero- [haɪərə(ʊ)] ⟨*griech*⟩ *in Zus* hiero- heilig-

hi·er|oc·ra·cy [ˌhaɪə'rɒkrəsɪ] *s* Hierokratie *f*, Priesterherrschaft *f*; ~**o·glyph** ['haɪərəʊglɪf] *s* Hieroglyphe *f*, symbolhaftes Zeichen (*auch übertr*) ⟨≈s Hieroglyphen *f/pl*, unleserliches Gekritzel *n*⟩; ˌ~**o'glyph·ic** **1.** *s* = ~**o·glyph**; **2.** *auch* ˌ~**o'glyph·i·cal** *adj* Hieroglyphen-; hieroglyphisch, rätselhaft; ~**ol·o·gy** [ˌhaɪə'rɒlədʒɪ] *s* Hierologie *f*

hi-fi [ˌhaɪ 'faɪ] *umg* **1.** *s* Hi-Fi *n* | *auch* ˌ~ '**set** Hi-Fi-Gerät *n*; **2.** *adj* Hi-Fi- ⟨~ equipment Hi-Fi-Ausrüstung *f*⟩; **3.** *vi* Hi-Fi hören

hig·gle ['hɪgl] *vi* handeln, feilschen

hig·gle·dy-pig·gle·dy [ˌhɪgldɪ 'pɪgldɪ] **1.** *adv* drunter und drüber; **2.** *adj* wirr durcheinander, kunterbunt; **3.** *s* Durcheinander *n*

high [haɪ] **1.** *adj* hoch ⟨two feet ~⟩ | hoch gelegen | Hoch-, Ober- ⟨~ commissioner Hochkommissar *m*; ~ priest Hohepriester *m*⟩ | wichtig, bedeutend, ernst ⟨~ office hohes Amt; ~ treason Hochverrat *m*⟩ | adlig, vornehm ⟨~ life vornehmes Leben, üppiger Lebensstil; ~ society feine Gesellschaft⟩ | edel, erhaben ⟨~ minds edle Gesinnung⟩ | hell, schrill, laut ⟨~ sounds⟩ | anmaßend, arrogant ⟨~

manners⟩ | (Zeit) fortgeschritten ⟨it is ~ day es ist heller Tag; ~ summer Hochsommer *m*⟩ | teuer, kostspielig ⟨to be ~ (im Preise) hoch stehen⟩ | extrem, eifrig ⟨a ~ Tory ein extremer Konservativer⟩ | (Stimmung) gehoben, freudig, erregt ⟨to be in ~ spirits guter Laune sein⟩ | böse, zornig ⟨~ words scharfe Worte⟩ | stark, heftig ⟨~ passion wilde Leidenschaft⟩ | (Fleisch) angegangen, (Wild, Obst) anbrüchig | lebhaft ⟨a ~ colour eine blühende Gesichtsfarbe⟩ | fern, tief ⟨~ antiquity tiefes Altertum⟩ | *umg* beschwipst | *umg* high, unter Drogen ◇ **hold one's head ~** *übertr* den Kopf hoch halten, sich nicht unterkriegen lassen; **2.** *adv* hoch, in die Höhe ⟨to aim ~ hochziehen; *übertr* ehrgeizig sein; to run ~ (See) hoch gehen; *übertr* heftig werden; feelings ran ~ die Gemüter erhitzten sich⟩ | teuer ⟨to pay ~ teuer bezahlen⟩ | mit hohem Einsatz ⟨to play ~⟩ | üppig ⟨to live ~⟩ ◇ **~ and dry** *übertr* gestrandet, auf dem trockenen, mittellos ⟨to leave s.o. ≈⟩; **~ on the hog** *Am Sl* üppig, mit großem Stil; **~ and low** überall ⟨to search ≈⟩; **3.** *s* Höhe *f* ⟨on ~ in der Höhe, in die Höhe⟩ | *umg* Höhepunkt *m* ⟨to reach a new ~ einen neuen Höchststand erreichen⟩ | *umg* Hochstimmung *f*, Hoch *n* | Hoch(druckgebiet) *n* | *Kfz* höchster Gang ⟨in ~ im höchsten Gang; to move into ~ in den höchsten/vierten Gang schalten⟩ | *Kart* höchste Karte **4.** *Kurzw Am für* **~school** | *für* **~ ta·ble**

-high [haɪ] *in Zus* -hoch ⟨sky-~ himmelhoch; waist-~ bis zur Hüfte; 5000-foot-~⟩

high| al·tar ['haɪ 'ɔ:ltə] *s* Hochaltar *m*; **'~ 'al·ti·tude air·craft** *s* Höhenflugzeug *n*; **,~-and-'might·y** *adj umg* anmaßend, arrogant, hochmütig; **'~-backed** *adj* (Stuhl) mit hoher Lehne; **'~ball** *s Am* Whisky *m od* Brandy *m* mit Soda; **'~-blown** *adj übertr* aufgeblasen, eingebildet; **,~-'born** *adj* hochgeboren, adlig; **'~boy** *s Am* hohe Kommode; **'~bred** *adj* vornehm, guterzogen | von hoher *od* adliger Geburt; **'~-brow 1.** *s umg oft verächtl* Intellektueller *m*; **2.** *adj* intellektuell, rein geistig; **,~ 'chair** *s* Hochstuhl *m*, Kinderstuhl *m*; **,≈-'Church 1.** *s* (anglikanische) Hochkirche; **2.** *adj* hochkirchlich, hochanglikanisch; **,≈ 'Church·man** *s* Angehöriger *m* der Hochkirche; **,~-'class** *adj* erstklassig | von hoher sozialer Stellung; **,~-'col·oured** *adj* von lebhafter Farbe, gerötet | *übertr* lebhaft; **'≈ Court [of Justice]** *s* (in England) Hoher Gerichtshof; **'~ day** *s* Freudentag *m* | Feier-, Festtag *m*; **'~ 'div·ing** *s* Turmspringen *n*; **,~ 'en·er·gy** *adj* Hochenergie-, hochenergetisch; **high·er** *comp* von **high** | höher (entwickelt) ⟨≈ animals; ≈ nerve centres⟩ | höher, komplizierter ⟨≈ mathematics⟩; **,~er ed·u'ca·tion** *s* Hochschul(aus)bildung *f*; **,~er-'up** *s umg* hohes Tier; **,~ ex'plo·sive 1.** *s* Sprengstoff *m*; **2.** *adj* Sprengstoff-, hochexplosiv; **~fa·lu·tin** [,haɪfə'lu:tn|-tɪn], **,~fa'lu·ting** *umg* **1.** *s* Schwulst *m*; **2.** *adj* hochtrabend, hochgestochen, geschwollen; **'~'farm·ing** *s* intensive Bodenbewirtschaftung; **,~ fi'del·i·ty 1.** *s El* Tontreue *f*; **2.** *adj* Hi-Fi, mit sehr getreuer Tonwiedergabe; **,~'fli·er** *s* hochfliegender Vogel | Ehrgeizling *m* | Senkrechtstarter *m*; **,~-'flown** *adj übertr* exaltiert, extravagant | (Sprache) bombastisch ⟨≈ talk⟩; **,~'fly·er** = **,~'fli·er; ,~'fly·ing** *adj* hochfliegend | *übertr* extravagant | ehrgeizig; **'~ 'fre·quen·cy** *s* Hochfrequenz *f*; **,~-'grade** *adj* erstklassig | (Erz) hochwertig ⟨≈ steel Edelstahl *m*⟩; **,~-'growth** *s* in starkem Wachstum begriffen, blühend ⟨≈ industries⟩; **,~-'hand·ed** *adj* willkürlich, anmaßend, arrogant; **'~ hat** *s* Zylinder *m*; **,~-'hat 1.** *s Am Sl* Geck *m*; **2.** *adj* hochnäsig | modisch; **3.** (**,~-'hat·ted, ,~-'hat·ted**) *vt* von oben herab behandeln; **,~-'heel·ed** *adj* mit hohen Absätzen, hochhackig; **'~ ,horse** *s übertr* Einbildung *f*, Arroganz *f* ⟨on one's ≈ auf dem hohen Roß, als wisse man alles besser; to mount / ride the ≈ auf dem hohen Roß sitzen⟩; **'~ jump** *s* Hochsprung *m* ◇ **be for the ~ jump** *Brit umg* eins mitkriegen, dran sein; **,~-'keyed** *adj* laut | *übertr* überdreht, stark erregt; **~land** ['-lənd] **1.** *s* Hochland *n*; **2.** *adj* Hochland-, hochländisch; **'~land·er** *s* Bewohner(in) *m(f)* des schottischen Hochlandes; **,≈land 'fling** *s* schottischer (Volks-) Tanz; **'≈lands** *s* (Schottisches) Hochland; **,~-'lev·el** *adj* auf hoher *od* höchster Ebene (*bes übertr*) ⟨≈ talks⟩ | hochgradig radioaktiv ⟨≈ waste⟩; **'~-life** *s* Highlife *n*, üppiges Leben | (eine Art) westafrikanische Musik und Tänze; **'~light 1.** *vt übertr* besonders hervorheben | *Mal* Lichter aufsetzen; **2.** *s übertr* Höhepunkt *m*, Glanzpunkt *m* | *Foto* Glanzlicht *n* | *Mal* Schlaglicht *n*; **,~ 'liv·ing** *s* Wohlleben *n*, flottes *od* üppiges Leben

high·ly ['haɪlɪ] *adv* hoch, in hohem Grade, sehr, höchst ⟨~ amusing sehr amüsant⟩ | sehr gut ⟨~ paid jobs gut bezahlte Stellen *f/pl*; to speak ~ of s.o. von jmdm. anerkennend sprechen⟩ | teuer ⟨~ paid teuer bezahlt⟩; **,~-'strung** = **high-strung**

high-|mind·ed [,haɪ 'maɪndɪd] *adj* hochherzig, großmütig | arrogant; **'~ness** *s* Höhe *f* | Hoheit *f* ⟨Her Royal ≈⟩; **,~-'oc·tane** *adj* (Kraftstoff) hochoktanig; **,~'pitch·ed** *adj* (Stimme) hoch | (Dach) steil, sehr schräg; **,~-'pow·ered** *adj* stark, Hochleistungs- (*auch übertr*) ⟨a ≈ car ein Auto mit starkem Motor; a ≈ scientist ein Spitzenwissenschaftler *m*; a ≈ conversation eine anspruchsvolle Unterhaltung⟩; **,~'pow·er ,sta·tion** *s* Großkraftwerk *n*; **'~ 'pres·sure** *s Met, Tech* Hochdruck *m* (*auch übertr*); **,~-'pres·sure** *adj Met, Tech* Hochdruck- ⟨≈ area Hochdruckgebiet; ≈ suit *Flugw* Druckanzug *m*⟩ | *übertr* intensiv, äußerst aktiv ⟨a ≈ salesman ein aggressiver Verkäufer⟩; **'~-,pres·sure** *vt Am* (jmdn.) unter Druck setzen (**into** zu, damit); **,~-'prin·ci·pled** *adj* ehrenwert, prinzipienfest; **,~-'rank·ing** *adj* hoch(rangig), von hohem Rang ⟨a ≈ officer⟩; **,~ re'lief** *s* Hochrelief *n*; **'~-rise 1.** *adj* Hochhaus- ⟨≈ flats (Wohn-) Hochhaus⟩; **2.** *s* Hochhausblock *m*; **'~ road** *s arch* Land-, Heerstraße *f* | *Brit* Hauptstraße *f* | *übertr* bester Weg ⟨the ≈ to health die beste Methode, (um) gesund zu werden⟩; **'~ school** *s Am* (eine Art) Oberschule *f*; **,~ 'seas** *s/pl* die (Welt-) Meere *pl* ⟨on the ≈ auf offenem Meer, auf hoher See⟩; **,~ 'sea·son** *s* Hochsaison *f*; **,~-'sea·son·ed** *adj* scharf gewürzt; **,~-'speed** *adj* Schnell- ⟨≈ drill Schnellbohrer *m*⟩ | *Foto* hochempfindlich ⟨≈ film⟩; **,~-'spir·it·ed** *adj* (Person) temperamentvoll, lebhaft | (Pferd) stolz, feurig; **'~ spot** *s übertr* Höhepunkt *m*; **'~ street** (*oft* ≈) *s Brit* Hauptstraße *f*, (zentrale) Geschäftsstraße; **'~-strung** *adj* nervös, überempfindlich; **,~ 'ta·ble** *s Brit* (Universität) Tisch *m* für Professoren und Dozenten; **'~ 'ta·per** *s* Königskerze *f*; **,~ 'tea** *s Brit* (zeitiges) Abendbrot, (frühe) Abendmahlzeit; **,~-'tech** *adj* hochtechnisiert, High-tech- ⟨≈ industries⟩ | (Design) funktional ⟨≈ vogue⟩; **,~ tech'no·lo·gy 1.** *s* höchstentwickelte Technik, Spitzentechnologie *f*; **2.** *adv* der höchsten *od* Spitzentechnik entsprechend ⟨≈ goods⟩; **,~ 'ten·sion** *s El* Hochspannung *f*; **,~ 'tide** *s Mar* Flut *f* | *übertr* Höhe-, Gipfelpunkt *m*, Triumph *m*; **,~-'up** *adj* höherenorts, an höherer Stelle; **,~ 'wa·ter** *s* Hochwasser *n*, Flut *f* ◇ **come hell or ~ water** *Brit* was auch passieren mag, welche Probleme auch auftauchen (mögen); **,~ 'wa·ter mark** *s* Hochwassermarke *f*; **'~way** *s bes Am* Autostraße *f*, Fernverkehrsstraße *f* ⟨public ≈ öffentliche Straße⟩ | *übertr* Straße *f*, Weg *m*; **≈way 'Code** *s Brit* Straßenverkehrsordnung *f*; **'~way·man** *s* (*pl* **'~way·men**) *arch* Wegelagerer *m* | Straßenräuber *m*

hi·jack ['haɪdʒæk] **1.** *vt* (Flugzeug, Personen) entführen | (Auto u. ä.) ausrauben, überfallen; **2.** *s* Entführung *f* | Überfall *m*, Raub *m*; **'~er** *s* (Flugzeug) Entführer *m* | (Auto u. ä.) Räuber *m*

hike [haɪk] **1.** *vi* wandern | marschieren; *vt* wandern *od* marschieren lassen | *Am umg* (plötzlich) erhöhen, kräftig anheben ⟨to ~ rents Mieten heraufsetzen⟩; **~ up** *Am umg* (auf die Schulter) hochheben, -nehmen | (Hosen) hochkrempeln, -schlagen; **2.** *s* Wanderung *f* | Marsch *m* | *Am Sl* (Preis-) Erhöhung *f*; **'hik·er** *s* Wanderer *m*; **'hik·ing** *s* Wandern *n*

hi·lar·i|ous [hɪ'lɛərɪəs] *adj* fröhlich, ausgelassen ⟨a ≈ party⟩ | komisch, zum Lachen ⟨a ≈ joke⟩; **~ty** [hɪ'lærətɪ] *s* Fröhlichkeit *f*, Ausgelassenheit *f*

hill [hɪl] **1.** *s* Hügel *m*, kleiner Berg ⟨up ~ and down dale bergauf und bergab⟩ | (Erd-) Haufen *m* ⟨anthill Ameisenhaufen *m*⟩ | Anhöhe *f*, Steigung *f* ◇ **as old as the ~s** steinalt; **over the ~s** *übertr* über den Berg; **2.** *vt* häufe(l)n; **'~bil·ly** *s Am umg verächtl* Hinterwäldler *m*; **'~bil·ly ˌmu·sic** *s* Hillbilly(musik) *n(f)*; **'~ climb[ing]** *s* Bergfahrt *f* (mit Motorrädern) ⟨~ climbing contest Bergrennen *n*⟩; **'~i·ness** *s* Unebenheit *f*, Hügeligkeit *f*; **~ock** ['hɪlək] *s* kleiner Hügel, Erdhügel *m*, -haufen *m*; **'~side** *s* Abhang *m*; **'~y** *adj* hügelig, bergig

hilt [hɪlt] **1.** *s* (Dolch u. ä.) Griff *m* ⟨up to the ~ bis ans Heft; *übertr* ganz und gar; armed to the ~ bis an die Zähne bewaffnet⟩; **2.** *vt* mit e-m Griff versehen

him [ɪm|hɪm] **1.** *pers pron* ihn | den(jenigen) | ihm | dem(jenigen) | *umg* für **he** ⟨that is ~ das ist er⟩; **2.** *refl pron* sich; **~'self** *refl pron* sich (er, ihm, ihn, sich) selbst ⟨he hurt ≈ er verletzte sich⟩ | *emph* er (ihm, ihn) selbst ⟨he ≈ did it er hat es selbst getan; [all] by ≈ ganz allein; of ≈ von selbst *od* allein⟩ | *umg* (er selbst) in seinem normalen Zustand ⟨to be ≈ ganz der alte sein, sich normal fühlen; to come to ≈ sich wieder fangen, sich (wieder) unter Kontrolle haben⟩

[1]**hind** [haɪnd] *s* Hirschkuh *f*

[2]**hind** [haɪnd] *s arch* Bauer *m*, Landbewohner *m*

[3]**hind** [haɪnd] *adj* hintere(r, -s), Hinter- ⟨~ leg Hinterbein *n*; to stand on one's ~ legs *übertr* sich auf die Hinterbeine stellen⟩; [1]**hin·der** ['haɪndə] = [3]**hind**; [2]**hin·der** ['hɪndə] *vi* hinderlich sein; *vt* hindern (**from, in** *mit ger* an, bei, in), abhalten (von) | (etw.) verhindern, verzögern; **hin·drance** ['hɪndrns] *s* Hinderung *f* | Hindernis *n* (**to** für)

hind|most ['haɪndməʊst] *adj arch* hinterst, letzt; **'~ˌquar·ters** *s/pl* (bei Tieren) Hinterteil *n*; **'~sight** *s oft verächtl* zu späte Einsicht, Hinterher *n* ⟨by ≈ im Nachhinein, hinterher⟩

Hin·du ['hɪndu: | ˌhɪn'du:] *Rel* **1.** *s* Hindu *m*; **2.** *adj* Hindu-, hinduistisch; **'~is·m** *s* Hinduismus *m*

hinge [hɪndʒ] **1.** *s* (Tür-) Angel *f* ⟨off the ~s aus den Angeln *od* Fugen (*auch übertr*)⟩ | *Tech* Scharnier *n* | *übertr* Angelpunkt *m* ⟨to be the ~ on which s.th. turns der (Angel-) Punkt sein, um den sich etw. dreht⟩; **2.** *vi* abhängen (**on** von), sich drehen (**up, on** um) (*meist übertr*); *vt* mit Angeln versehen ⟨~d aufklappbar; to ~ a door on the right eine Tür rechts (auf)hängen⟩ | *übertr* abhängig machen (**upon** von)

hint [hɪnt] **1.** *s* Wink *m*, Anspielung *f* (**as to, at** auf; **of** über) ⟨a broad ~ ein Wink mit dem Zaunpfahl; to give a ~ e-n Wink geben; to take a ~ e-n Wink verstehen⟩; **2.** *vi* e-e Anspielung machen; *vt* andeuten | anspielen (**at** auf)

hin·ny ['hɪnɪ] *s* Maulesel *m*

hin·ter·land ['hɪntəlænd] ⟨*dt*⟩ *s* Hinterland *n*

[1]**hip** [hɪp] **1.** *s* Hüfte *f* ◇ **have s.o. [up]on the ~** *umg übertr* jmdn. in der Gewalt haben; **take / catch s.o. on the ~** *umg übertr* jmdn. an seiner schwachen Stelle angreifen; **smite s.o. ~ and thigh** *umg übertr* jmdn. ohne Erbarmen vernichten; **2.** (**'~ped, '~ped**) *vt* die Hüfte verrenken *od* verletzen

[2]**hip** [hɪp], *auch* **'rose ~** *s* Hagebutte *f*

[3]**hip** [hɪp] *arch* **1.** *s* Trübsinn *m*; **2.** (**'hipped**, *selten* **hipt**) *vt* melancholisch machen

[4]**hip** [hɪp], *in*: **~, ~, hoo·ray!** *interj* hipp hipp hurra!, hipp! hipp! hurra!, hoch!

[5]**hip** [hɪp] *urspr Am Sl* **1.** *adj* ultramodern, -modisch | toll, klasse ⟨she's really ~ sie ist einfach *od* echt Spitze⟩; **2.** *s* tolle Stimmung, Glücksgefühl *n*; **3.** (**hipped, hipped**) *vt* informieren, ins Bild setzen

hip|bath ['hɪpbɑ:θ] *s* Sitzbad *n*; **'~bone** *s* Hüftbein *n*, Hüftknochen *m*; **'~ flask** *s* Hüft-, Taschenflasche *f*; **'~gout** *s* Hüftweh *n*; **'~ joint** *s* Hüftgelenk *n*

[1]**hipped** ['hɪpt], *auch* **hip·pish** *adj umg* melancholisch | verärgert

[2]**hipped** ['hɪpt] *adj Am Sl* versessen (**on** auf)

hip|pie, *auch* **~py** ['hɪpɪ] *s* Hippie *m*

hippo- [hɪpə(ʊ)] ⟨*griech*⟩ *in Zus* hippo-, Pferd-

hip pock·et [ˌhɪp 'pɒkɪt] *s* Hüfttasche *f*

Hip·po·crat·ic [ˌhɪpəʊ'krætɪk|-pə-] *adj* hippokratisch ⟨~ oath hippokratischer Eid⟩

hip·po|drome ['hɪpədrəʊm] *s* Hippodrom *n*, Reitbahn *f* | Zirkus *m*; **~pot·a·mus** [ˌ~'pɒtəməs], (*umg* **'hip·po**) *s* (*pl* **~'pot·a·mus·es** [-ɪz], **~pot·a·mi** [ˌ~'pɒtəmaɪ]) Fluß-, Nilpferd *n*

hip roof ['hɪp 'ru:f] *s Arch* Walmdach *n*

hip·shot ['hɪpʃɒt] *adj* hüftlahm | *übertr* lahm, ungeschickt

hir·cine ['hɜ:saɪn] *adj* (Geruch) wie ein Bock | *übertr* lüstern

hire ['haɪə] **1.** *vt* mieten, (aus)leihen ⟨to ~ a car; to ~ a boat⟩ | (Person) dingen, gegen Lohn (zeitweilig) beschäftigen ⟨to ~ workers⟩ | *Mar* heuern | *meist* **~ out** vermieten ⟨to ~ out one's car⟩ | Lohnarbeit annehmen ⟨~ [o.s.] out as *umg* sich verdingen als⟩; **2.** *s* Miete *f*, Lohn *m* ⟨for ~ zu vermieten; (Taxi) frei; on ~ zu vermieten, mietweise; to take on ~ mieten⟩; **ˌhired 'man** *s* (*pl* **ˌhired 'men**) (Lohn-) Arbeiter *m*; **'~ling 1.** *s verächtl* Mietling *m* | Söldner *m* (*auch übertr*); **2.** *adj* käuflich, gekauft ⟨≈ politician⟩; **ˌ~ 'pur·chase** Ratenkauf *m*, Teilzahlungskauf *m*; **ˌ~ ˌpur·chase agree·ment** *s* Teilzahlungsvertrag *m*

hir·sute ['hɜ:sju:t|hɜ:'sju:t] *adj* haarig | *Bot, Zool* struppig, borstig | haarartig, Haar-

his [ɪz|hɪz] *poss pron* sein, seine | der, die, das seinige ⟨this book is ~ das ist sein Buch, dieses Buch gehört ihm; a friend of ~ e-r seiner Freunde⟩

hiss [hɪs] **1.** *vi* zischen | (Katze) fauchen; *vt* (Worte) zischen, zischend äußern, fauchen ⟨to ~ a warning⟩ | *auch* **~ at** *Theat* auspfeifen; **~ away, ~ down** verscheuchen; **~ off** durch Pfeifen vertreiben, auspfeifen; **2.** *s* Zischen *n*, Gezisch(e) *n* | *Ling* Zischlaut *m*

hist [hɪst] **1.** *interj arch* pst! | still!; **2.** *vt* pst sagen

his·ta·mine ['hɪstəmi:n] *s Med* Histamin *n*

histo- [hɪstə(ʊ)] ⟨*griech*⟩ *in Zus* histo-, Gewebe-; **his·tol·o·gy** [hɪs'tɒlədʒɪ] *s Med* Histologie *f*, Gewebelehre *f*

his·to|ri·an [hɪ'stɔ:rɪən] *s* Historiker *m* | Geschichtsschreiber *m*; **his·tor·ic** [hɪ'stɒrɪk] *adj* historisch, geschichtlich (bemerkenswert) ⟨≈ event⟩ | historisch (*Ant* prehistoric); **his'tor·i·cal** *adj* historisch, geschichtlich, Geschichts- ⟨≈ method⟩ | historisch, sich auf historische Fakten beziehend ⟨≈ novel⟩; **hisˌtor·i·cal / his·tor·ic 'pres·ent** *s Ling* historisches Präsens; **~ri·og·ra·phy** [ˌhɪstɔ:rɪ'ɒgrəfɪ] *s* Historiographie *f*, Geschichtsschreibung *f*; **~ry** ['hɪstrɪ] *s* Geschichte *f* ⟨to make ≈ in die Geschichte eingehen⟩ | Chronik *f* | Entwicklungsgeschichte *f* | Vorgeschichte *f*, Vergangenheit *f* ⟨a town with a ≈⟩ | Darstellung *f* der Gesetzmäßigkeiten | *Med* Krankengeschichte *f* | *Lit* historisches Drama; **'~ry piece** *s* historisches Gemälde

his·tri·on·ic [ˌhɪstrɪ'ɒnɪk] **1.** *adj* schauspielerisch, Schauspieler- ⟨~ art Schauspielkunst *f*⟩ | theatralisch, künstlich;

2. *s* Schauspieler *m*; ˌ**his·tri'on·ics** *s pl* dramatische Darstellung, Schauspielern *n* | theatralisches Benehmen

hit [hɪt] **1.** (~, ~) *vt* schlagen ⟨to ~ a child⟩ | (an)stoßen ⟨to ~ one's head against a wall mit dem Kopf an die Wand stoßen⟩ | treffen ⟨to ~ the mark das Ziel genau treffen; to ~ the nail on the head *übertr* den Nagel auf den Kopf treffen⟩ | versetzen ⟨to ~ s.o. a blow⟩ | beeinträchtigen, in Mitleidenschaft ziehen, verletzen ⟨to be hard ~ *übertr* schwer getroffen sein⟩ | (Geschmack, Farbe u. ä.) treffen | *umg* stoßen auf, finden ⟨to ~ the right road auf die richtige Straße kommen⟩ | *Am umg* erreichen, ankommen in ⟨to ~ town⟩ | *Mil* aufschlagen auf ⟨to ~ ground *Flugw* aufschlagen⟩ ◇ ~ **the bottle** *umg* zuviel (Alkohol) trinken; ~ **the hay/***Am* **sack** *übertr* in die Falle gehen, sich aufs Kreuz hauen; ~ **s.o. home** *übertr* jmdm. heimleuchten; ~ **the road** *umg* auf die Reise gehen; *Am* aufbrechen, gehen; ~ **the roof/***Am auch* **the ceiling** *übertr umg* in die Luft gehen, hochgehen; ~ **the headlines** Schlagzeilen machen; ~ **s.o. for six** jmdn. (völlig) überrumpeln; ~ **off** *übertr* richtig *od* überzeugend beschreiben *od* darstellen ⟨to ~ s.o. off to perfection jmdn. glänzend imitieren⟩; ~ **it off** *umg* sich vertragen, übereinstimmen (**with** mit); ~ **up** erzwingen; *vi* schlagen (**at** nach) | treffen, stoßen (**against** gegen, **[up]on** auf); ~ **out** um sich schlagen ~ **out at/against** schlagen nach | *übertr* heftig angreifen; **2.** *s* Schlag *m*, Stoß *m*, Hieb *m* | Treffer *m* (*auch übertr*); Erfolg *m* | (Theater-, Musikstück) Schlager *m*, Hit *m* | guter Einfall, treffende Bemerkung; ˌ**~-and-'run** *adj* flüchtig ⟨a ≈ driver⟩ | (Unfall) mit Fahrerflucht | *Mil* (Angriff) Blitz-, Überraschungs- ⟨≈ raid⟩

hitch [hɪtʃ] **1.** *vt* festmachen, anbinden, befestigen, anhaken (**to** an) | rücken, ruckweise bewegen | hineinziehen, -bringen (**into** in) ◇ ~ **a lift / ride** per Anhalter fahren; **get hitched** *Sl* heiraten, vor Anker gehen; ~ **up** (Tiere, bes. Pferde) einspannen, anschirren | (Hosen u. ä.) hinauf-, hochziehen; *vi* sich festhaken, sich verfangen (**in** in), hängenbleiben (**on** an, **on to** auf) | rücken, rutschen | humpeln, hinken | *umg* miteinander auskommen, übereinstimmen | trampen, per Anhalter fahren; **2.** *s* Festmachen *n* | Hindernis *n*, Stockung *f* ⟨without a ~ reibungslos; but there's one ~ aber die Sache hat einen Haken; there's been a ~ es hat ein Problem gegeben⟩ | *Mar* Stich *m*, Knoten *m* (eines Seiles) | Hochziehen *n*, Ruck *m*, Zug *m* ⟨to give one's trousers a ~ seine Hosen hochziehen⟩ | Humpeln *n*, Hinken *n* | *Tech* Verbindungshaken *m* | *Bergb* Verwerfung *f*

hitch|hike ['hɪtʃhaɪk] *vi umg* per Anhalter reisen, trampen; '**~hik·er** *s* Tramper *m*

hith·er ['hɪðə] **1.** *adv* hierher, hierhin ⟨~ and thither hin und her⟩; **2.** *adj* diesseitig, näher ⟨the ~ side⟩ | früher; **~to** [ˌ~'tu:] *adv förml* bisher, bis jetzt | *arch* bis hierher; '**~ward** *adv arch* hierher

hit|list ['hɪtlɪst] *s Sl* Abschußliste *f*; '**~man** *s Sl* gedungener Mörder | *übertr* Schläger *m*; ˌ**~-or-'miss** *adj* aufs Geratewohl | unbekümmert; '**~ pa'rade** *s* Schlagerparade *f*; '**~ squat**, *auch* '**~ team** *s Sl* Schlägertruppe *f* | Terroristeneinheit *f*; '**~wom·an** *s* (*pl* '**~wom·en**) gedungene Mörderin

hive [haɪv] **1.** *s* Bienenstock *m*, -korb *m* | Bienenschwarm *m* | *übertr* Bienenhaus *n* ⟨a ~ of industry das reinste Bienenhaus; a ~ of activity höchste Aktivität⟩ | Haufen *m* (von Menschen); **2.** *vt* (Bienen) in einen Stock bringen | *übertr* aufspeichern; ~ **off** (Unternehmen) abtrennen, ausgliedern, abspalten | *Brit* reprivatisieren; *vi* (Bienen) in einen Bienenstock fliegen | *übertr* zusammenwohnen, -hausen (**with** mit); ~ **off** *Brit umg* abschwirren, sich verduften | *Brit* sich trennen (**from** von, **into** in, zu) ⟨to ≈ from a business into a new line sich von einem Geschäft trennen und etw. Neues anfangen⟩; '**~-off** *s Brit Wirtsch* Ausgliederung *f*; (*meist*) Reprivatisierung *f* (eines Teils eines staatlichen Unternehmens)

hives [haɪvz] *Med s/pl* Hautausschlag *m* | Bräune *f*

h'm [m|hm] *interj* = **humph**

HMS *Abk* von **His/Her Majesty's Service** *od* **His/Her Majesty's Ship**

ho [həʊ] *interj lit* ho! | hallo! | nanu! | heda! ◇ **westward ~!** auf nach Westen!

hoar [hɔ:] **1.** *adj* eisgrau, altersgrau | *übertr* ehrwürdig | (Frost) weißgrau, bereift; **2.** *s* Grau *n*, Alter *n* | *auch* '**~ frost** *s* Rauhreif *m*

hoard [hɔ:d] **1.** *s* Hort *m*, Schatz *m* (*auch übertr*) | *oft pl* Vorrat *m*, große Masse *od Menge* ⟨~s of weapons ein Waffenlager⟩; **2.** *auch* ~ **up** *vt* sammeln, aufhäufen, horten; *vi* sammeln, hamstern; '**~er** *s* Hamsterer *m*; [1]'**~ing** *s* Horten *n*, Hamstern *n*

[2]**hoard·ing** ['hɔ:dɪŋ] *s* Bretterzaun *m* | Reklamefläche *f*, Plakatwand *f*

hoard·ings ['hɔ:dɪŋz] *s/pl* Vorräte *m/pl*, Hamstergut *n* | Ersparnisse *n/pl*

hoar·frost ['hɔ:frɒst] *s* Rauhreif *m*

hoarse [hɔ:s] *adj* (Stimme) heiser, rauh | krächzend

hoar·y ['hɔ:rɪ], *lit auch* **hoar** [hɔ:], *adj* weiß, grau (vor Alter) | weißhaarig, ˌ**~-'headed** grauköpfig | *übertr* ehrwürdig

hoax [həʊks] **1.** *s* Schwindel *m*, Flunkerei *f* | Streich *m* | (Zeitungs-) Ente *f*; **2.** *vt* anführen, foppen

hob [hɒb] *s* Kaminabsatz *m* | Zielpflock *m* (bei Wurfspielen) | Wurfspiel *n*

hob·ble ['hɒbl] **1.** *vi* hinken, humpeln | *übertr* stolpern; *vt* (Füße e-s Tieres) fesseln; **2.** *s* Hinken *n*, Humpeln *n* | *umg* Verlegenheit *f*, Klemme *f*; **~de·hoy** [ˌ~dɪ'hɔɪ] *s selten* linkischer Kerl, Schlaks *m* | junger Bursche

hob·by ['hɒbɪ] *s übertr* Steckenpferd *n*, Hobby *n*, Liebhaberei *f*; '**~horse** *s* Schaukelpferd *n* | *übertr* Steckenpferd *n*

hob·gob·lin [hɒb'gɒblɪn] *s* Kobold *m* (*auch übertr*)

hob·nail ['hɒbneɪl] *s* (grober) Schuhnagel, Schuhzwecke *f* | *übertr* Bauerntölpel *m*; '**~ boots** *s/pl* Nagel-, Zweckenschuhe *m/pl*; '**~ed** *adj* mit groben Nägeln beschlagen | *übertr* tölpelhaft | bäurisch

hob|nob [hɒb'nɒb] (**~'nobbed, ~'nobbed**), *auch* **hob and nob** ['hɒb ən 'nɒb] (**hobbed and nobbed**), *vi oft verächtl* zusammenstecken, intim tun *od* sein, eins trinken (**with** mit)

ho·bo ['həʊbəʊ] *s* (*pl* '**~s**, '**~es**) *Am Sl* Landstreicher *m* | Wanderarbeiter *m* ⟨to ~ one's way auf die Walze gehen⟩

Hob·son's choice [ˌhɒbsnz 'tʃɔɪs] *s übertr* keine Wahlmöglichkeit, Wahl *f* zwischen zwei Übeln ⟨it's a case of ~ es bleibt keine (andere) Wahl⟩

[1]**hock** [hɒk] **1.** *s Zool* Sprunggelenk *n* | (Schlachttier) Haxe *f*, Hachse *f*, Schulterstück *n*; **2.** *vt* lähmen (*auch übertr*)

[2]**hock** [hɒk] *s* weißer Rheinwein

[3]**hock** [hɒk] **1.** *s urspr Am Sl* Pfand *n* ⟨in ~ versetzt; verschuldet; im Kittchen; out of ~ entlassen (aus dem Gefängnis)⟩; **2.** *vt Sl* verpfänden

hock·ey ['hɒkɪ] *s Brit* (Feld-) Hockey *n* | *Am* Eishockey *n*

ho·cus ['həʊkəs] *vt* betrügen, täuschen | betäuben (mit Drogen u. ä.) | (Getränk) mischen, fälschen; **~-po·cus** [ˌ~ 'pəʊkəs] **1.** *s* Hokuspokus *m* | Schwindel *m*; **2.** *vt* betrügen; *vi* gaukeln, Hokuspokus machen

hod [hɒd] *s* Kiepe *f*, Tragmulde *f* (für Mörtel, Ziegel u. ä.) | *auch* '**coal~** Kohleneimer *m*, -trage *f*

hodge·podge ['hɒdʒpɒdʒ] *Am* **1.** *s* = *Brit* **hotch·potch**; **2.** *vt* ver-, zusammenmischen, mixen

hod|man ['hɒdmən] *s* (*pl* '**~men**) *Tech* Handlanger *m* (*auch* *übertr*)

hoe [həʊ] **1.** *s* Hacke *f*; **2.** *vt* hacken | (Boden) mit e-r Hacke bearbeiten; ~ **down** um-, niederhacken; ~ **up** aufhacken; *vi* hacken ◇ **a long roe to ~** *übertr* e-e mühsame Arbeit, eine schwere Aufgabe

hog [hɒg] **1.** *s* (Mast-) Schwein *n* | Wildschwein *n* | *übertr umg* Schweinehund *m*, Ferkel *n* ◇ **'road ~** gefährlicher Autofahrer; **whole ~ or nothing** *übertr Sl* alles oder nichts; **go the whole ~** *übertr Sl* aufs Ganze gehen; **low on the ~** sparsam; **2.** (**hogged, hogged**) *vt* (Mähne) stutzen | krümmen | *Sl* (gierig an) sich reißen, in Beschlag nehmen ⟨to ~ all the meat das ganze Fleisch wegnehmen; to ~ s.o.'s attention jmdn. voll in Anspruch nehmen *od* monopolisieren⟩ ◇ **~ the road** in der Fahrbahnmitte fahren, den Verkehr behindern; *vi* den Rücken krumm machen | *umg* wild drauflos fahren (mit e-m Auto) | *Am Sl* raffen; **'~ ˌchol·er·a** *s* Schweinepest *f*, Rotlauf *m*; **hogged** *adj* gekrümmt; **'~gish** *adj* schweinisch, gemein | gefräßig

hog·mane ['hɒgmeɪn] *s* gestutzte Mähne

Hog·ma·ney ['hɒgmənei] *s Schott* Silvester(abend) *m*(*m*), Silvesterfeier *f*

hog·rais·er *s* ['hɒg ˌreɪzə] *Am* Schweinezüchter *m*; **hogs·head** ['hɒgzhed] *s* (Maß) Oxhoft *n* | großes Faß; **'~-skin** *s* Schweinsleder *n*; **'~-sty** *s* Schweinestall *m*, -koben *m*; **'~wash** *s* Schweinetrank *m* | Spülwasser *n* | *bes Am übertr verächtl* Gewäsch *n*, Quatsch *m*, Gerede *n*

hoi pol·loi [ˌhɔɪ 'pɒlɔɪ|pə'lɔɪ] ⟨*griech*⟩ *s/pl verächtl* die große *od* die breite Masse, Pöbel *m*

hoist [hɔɪst] **1.** *vt* hochziehen, -winden (bes. mechanisch) | hissen ⟨to ~ a flag flaggen⟩; **~ down** *Mar* fieren; **2.** *s* Aufziehen *n* | *Tech* Aufzug *m*, Flaschenzug *m*; Hebewerk *n*; **'~ing** *s* Aufziehen *n*, Hissen *n* | *Bergb* Heben *n*, (Schacht) Fördern *n*, Treiben *n*; **'~ing ˌca·ble** *s* Hubseil *n*; **'~ing cage** *s Bergb* Förderkorb *f*; **'~ing crab** *s* Bockwinde *f*; **'~ ˌen·gine** *s* Fördermaschine *f*, Hubmotor *m*; **'~ maˌchine** *s* Hebezeug *n*

hoi·ty-toi·ty [ˌhɔɪtɪ 'tɔɪtɪ] *verächtl* **1.** *interj* ach nein! | sieh mal an!; **2.** *adj* ausgelassen, wild | hochmütig; **3.** *s* Übermut *m* | Hochmut *m*

ho·kum ['həʊkəm] *s Am umg* Quatsch *m*, Mumpitz *m* | Kitsch *m*, Schnulze *f*

hold [həʊld] (**held, held** [held]) **1.** *vt* halten, festhalten ⟨to ~ a pencil; to ~ hands with s.o. sich die Hände halten; to ~ the line *Tel* am Apparat bleiben⟩ | (in bestimmter Lage) halten ⟨to ~ o.s. in readiness sich bereithalten⟩ | auf-, zurück-, anhalten ⟨to ~ one's tongue / peace *übertr* den Mund halten; to ~ one's hand sich (vor Tätigkeiten) zurückhalten, sich im Zaum halten⟩ | besitzen, haben ⟨to ~ property Eigentum besitzen⟩ | *Mil* halten ⟨to ~ a fortress⟩ | fassen, enthalten ⟨the car ~s four persons⟩ | (Amt u. ä.) innehaben ⟨to ~ an office⟩ | abhalten ⟨to ~ a meeting⟩ | veranstalten, feiern ⟨to ~ a festival⟩ | (aus)halten ⟨to ~ a note den Ton halten⟩ | (Vorstellung) hegen, (Ansicht) vertreten ⟨to ~ an opinion / a belief⟩ | denken, glauben ⟨to ~ that s.o. is/s.o. to be a fool glauben, daß jmd. ein Narr ist⟩ | *Mar* beibehalten ⟨to ~ the course⟩ | behaupten ⟨to ~ one's own / one's ground standhalten, sich behaupten (*auch übertr*)⟩ | halten für, betrachten als ⟨to ~ s.o. responsible; to ~ s.o. dear jmdn. wertschätzen, lieben; to ~ s.o. in contempt jmdn. verachten; to ~ s.o. in esteem jmdn. schätzen⟩ | *Jur* entscheiden, dafürhalten (**that** daß) | (etw.) vorhalten (**over s.o.** jmdm.) | (Zuhörer) *übertr* im Banne halten ⟨to ~ s.o.'s attention jmds. Aufmerksamkeit fesseln⟩ | (etw.) vorhalten (**against s.o.** jmdm.) ◇ **~ water** wasserdicht sein | *übertr* stichhaltig sein | *übertr* tüchtig sein; **~ back** zurückhalten (*auch übertr*) | (Wahrheit u. ä.) verschweigen; **~ down** niedrig halten, kontrollieren ⟨to ≈ prices⟩ | niederhalten, unterdrücken | (Stellung u. ä.) haben, behalten ⟨to ≈ a job e-e feste Stelle haben⟩; **~ forth** vorschlagen; **~ in** zurückhalten, im Zaum halten; **~ off** abhalten, abwehren | *Flugw* abfangen | verschieben ⟨to ≈ a decision⟩; **~ onto** festhalten an; **~ out** (Hand) ausstrecken, hinhalten | (Angebot) machen | (Versprechen) geben | (etw.) vorenthalten (**on s.o.** jmdm.); **~ over** auf-, verschieben | (Stück, Film) weiter zeigen, länger als geplant aufführen; **~ together** zusammenhalten; **~ up** hochheben, -halten ⟨to ≈ one's head *übertr* den Kopf hoch halten⟩ | (unter)stützen | zeigen, hinstellen (**as** als) | aussetzen, preisgeben (dem Spott u. ä.) | an-, aufhalten | *umg* (räuberisch) überfallen;

vi halten (unverändert bleiben) ⟨the anchor ~s⟩ | festhalten (**by, to** an) | sich halten, fortfahren ⟨to ~ on one's way auf dem Wege bleiben⟩ | einverstanden sein, übereinstimmen (**with** mit) | sich verhalten ⟨to ~ still⟩ | *auch* **~ good / true** (Regel u. ä.) gelten, anwendbar sein | (an)dauern; **~ aloof** sich abseits halten; **~ back** sich zurückhalten (**from** von); **~ forth** eine Rede schwingen (**on** über); **~ in** sich zurückhalten; **~ off** sich zurückhalten; **~ on** festhalten, aushalten ⟨≈! *umg* hör auf!⟩ | ausharren, dabeibleiben | (Telefon) am Apparat bleiben | anhalten; **~ out** aushalten, durchhalten | sich behaupten (**against** gegen); **~ out for** nachdrücklich fordern; **~ out on s.o.** *umg* jmdn. zum Narren halten | sich ausschweigen gegenüber jmdm.; **~ together** zusammenhalten; **~ up** sich (aufrecht) halten | durchhalten; **~ with** billigen, übereinstimmen, sympathisieren (mit);

2. *s* Halten *n*, Halt *m*, Griff *m* ⟨to catch/get/lay/seize/take ~ of s.th. etw. ergreifen, anfassen (*auch übertr*); to keep ~ of s.th. etw. festhalten; to let go/quit one's ~ of s.th. etw. loslassen⟩ | Stütze *f* | *übertr* Gewalt *f*, Einfluß *m* (**on, over** auf, über) ⟨to get a ~ of s.o. jmdn. unter seinen Einfluß bekommen; to have a (firm) ~ of/on s.o. jmdn. (völlig) beherrschen; to take ~ of s.o. sich jmds. bemächtigen; to take a ~ on Eindruck machen auf⟩ | (Tier) Lager *n* | *Mar* Schiffs-, Laderaum *n* | Pausenzeichen *n*

hold|all ['həʊldɔ:l] *s* Reisenecessaire *n* | Behälter *m*; **'~back** *s* Hindernis *n*; **'~er** *s* Griff *m*, Halter *m* ⟨cigarette ≈ Zigarettenspitze *f*⟩ | Besitzer *m*, Inhaber *m* ⟨≈ of a car; ≈ of an office⟩ | Pächter *m* | *Tech* Halter *m*, Fassung *f* | *Sport* Träger *m* (von Titeln *od* Preisen) | *Mar* Schauermann *m*; **'~fast** *s* Haken *m*, Klammer *f*; **'~ing** *s* Halten *n* | Pachtgut *n* ⟨small ≈ kleiner Grundbesitz⟩ | (Geld u. ä.) Guthaben *n*; **'~ing acˌcount** Bestandskonto *n*; **'~ing at'tack** *s Mil* Fesselungsangriff *m*; **'~ing ˌcom·pa·ny** *s Wirtsch* Dach-, Holdinggesellschaft *f*; **'~ing ground** *s Mar* Ankergrund *m*; **'~ings** *s/pl* Aktienbesitz *m*; **'~ˌo·ver** *s Am umg* Überbleibsel *n* (**from** von); **'~up** *umg* **1.** *s* Überfall *m* | Stockung *f* ⟨a ≈ in production⟩ | Verkehrsstauung *f*; **2.** *adj* gewaltsam, Gewalt-

hole [həʊl] **1.** *s* Loch *n* | Höhlung *f*, Grube *f* | (Tier) Bau *m* | Schlupfwinkel *m*, Versteck *n* | Kerker *m* | *übertr umg* Verlegenheit *f*, Klemme *f* ⟨to find o.s. in a ~ in der Klemme sitzen; to put s.o. in a ~ jmdn. in Verlegenheit bringen⟩ | *Am* Bucht *f* | kleiner Hafen | (Gewässer) tiefe Stelle | *übertr* Loch *n*, Elendsquartier *n* ⟨full of ~s/in ~s durchlöchert; to make a ~ in *übertr* ein Loch reißen in; to pick ~s in s.th. *übertr* etw. schlechtmachen, verreißen⟩; **2.** *vt* durchlöchern | aushöhlen | in eine Höhle treiben | (Golf) (Ball) ins Loch spielen; *vi* durchlöchern, -bohren | ein Loch graben | (Golf) das Loch treffen, einlochen; **~ out** (Golf) das *od* ein Loch spielen; **~ up** (Tier) sich verkriechen | sich verschanzen, sich verbarrikadieren; **~-and-cor·ner** [ˌ~

ən'kɔ:nə] *adj* heimlich | unterderhand | zweifelhaft, obskur, zwielichtig; '~y *adj* durchlöchert

hol·i·day ['hɒlədɪ] **1.** *s* Feiertag *m* ⟨public ~ öffentlicher Feiertag; to keep ~ feiern⟩ | freier Tag ⟨to take a ~ einen Tag frei nehmen⟩ | *oft pl bes Brit* Ferien *pl*, Urlaub *m* ⟨to make ~ nicht arbeiten; to be on ~ in den Ferien sein; to go on ~ in die Ferien gehen, Urlaub machen⟩; **2.** *adj* Ferien-, Fest- ⟨in a ~ mood in Ferienstimmung⟩; **3.** *vi* Ferien machen ⟨~ing in Spain⟩; '~ **course** *s* Ferienkurs *m*; '~ˌ**mak·er** *s* Urlauber *m*

ho·li·ness ['həʊlɪnəs] *s* Heiligkeit *f*, Frömmigkeit *f* | ≗ (Titel des Papstes) Heiligkeit *f* ⟨His ≗ Seine Heiligkeit (der Papst)⟩

hol·la ['hɒlə] = **hollo**

hol·land ['hɒlənd] *s* ungebleichte Leinwand

hol·ler ['hɒlə] *Am umg* **1.** *vt, vi* schreien, brüllen; **2.** *s* Geschrei *n*, Gebrüll *n*

hol·lo ['hɒləʊ] **1.** *interj* Hallo!; **2.** *s* (*pl* '~**s**) Halloruf *m*; **3.** *vi* hallo rufen; *vt* laut rufen | hallo rufen (**to** zu)

hol·low ['hɒləʊ] **1.** *s* Höhle *f*, Höhlung *f* ⟨the ~ of the knee die Kniekehle; the ~ of a hand die hohle Hand⟩ | Landsenke *f* | *Tech* Rinne *f*; **2.** *adj* hohl, Hohl- | *übertr* leer | falsch, wertlos | (Wange u. ä.) eingefallen ⟨~ cheeks⟩ | *umg* vollständig ⟨to beat s.o. ~ jmdn. völlig besiegen⟩; **3.** *vt, oft* ~ **out** aushöhlen, hohl machen | herausschälen (**out of** aus); *vi, oft* ~ **out** hohl werden; '~**-cheeked** *adj* hohlwangig; '~**-eyed** *adj* hohläugig; '~**-ground** *adj* hohlgeschliffen; '~ˌ**heart·ed** *adj übertr* treulos, falsch

hol·ly ['hɒlɪ] *s* Stechpalme *f*; ~**hock** ['~hɒk] *s* Stockrose *f*

holm [həʊm] *s* Holm *m*, Werder *m* | Uferland *n*

hol·o- [hɒlə(ʊ)] ⟨*griech*⟩ *in Zus* holo-, ganz-

hol·o|caust ['hɒləkɔ:st] *s* Brandopfer *n* | *übertr* Gemetzel *n*, Massenvernichtung *f*; '~**gram** *s* Hologramm *n*; '~**graph** **1.** *s* handschriftliches Dokument; **2.** *adj, auch* ˌ~'**graph·ic** eigenhändig geschrieben, holographisch; ~**graph·y** [hɒ'lɒgrəfɪ] *s* Holographie *f*

hol·ster ['həʊlstə] *s* (Pistolen-) Halfter *n*

holt [həʊlt] *s poet* Gehölz *n* | bewaldeter Hügel

ho·ly ['həʊlɪ] **1.** *adj* heilig ⟨the ~ Bible die Heilige Schrift; ≗ Communion Heilige Kommunion; the ≗ Father der Heilige Vater (der Papst); the ≗ Office die Inquisition; the ≗ See der Heilige Stuhl; the ≗ Spirit der Heilige Geist; to take ~ orders Geistlicher werden; ≗ Thursday Himmelfahrtstag *m*, Gründonnerstag *m*; ~ water Weihwasser *n*; ≗ Week Karwoche *f*⟩ | *Sl euphem* höllisch, schlimm ⟨a ~ terror (Person) eine Plage; ~ cow! heiliger Strohsack!⟩; **2.** *s* Heiligtum *n* ⟨the ~ of holies das Allerheiligste⟩

hom·age ['hɒmɪdʒ] *s* Huldigung *f*, Ehrerbietung *f*, Reverenz *f* ⟨to do / pay / render ~ to s.o. jmdm. huldigen⟩ | *Hist* Lehenspflicht *f*

home [həʊm] **1.** *s* Heim *n*, Haus *n*, Wohnung *f* (*auch übertr*) ⟨at ~ zu Hause; *übertr* vertraut (**with** mit); [away] from ~ nicht zu Hause; verreist; ~ from ~ so schön wie zu Hause; ~ and dry *Brit* in Sicherheit; nothing to write ~ about *umg* nichts Neues *od* Besonderes, nichts Weltbewegendes; one's last/long ~ die letzte Ruhestätte, Grab; to leave ~ das Elternhaus verlassen; to make o.s. at ~ es sich gemütlich machen⟩ | Heimat *f*, Vaterland *n* ⟨the GDR is my ~⟩ | ständiger Wohnort | Herkunftsort *m*, -land *n* | Zufluchtsort *m*, Asyl *n* | Heim *n*, Anstalt *f* ⟨children's ~⟩ | *Sport* Ziel *n*, Mal *n*; **2.** *adj* heimisch ⟨the ~ team⟩ | häuslich ⟨~ cooking häusliche Küche⟩ | inländisch, Inlands- ⟨~ affair; the ~ country das eigene Land⟩ | tüchtig, derb ⟨a ~ blow⟩ | (Wahrheit u. ä.) treffend | *in Zus* heim-, haus- ⟨~-baked zu Hause gebacken⟩; **3.** *adv* heim, nach Hause ⟨to go ~ heimgehen⟩ | zu Hause, daheim ⟨to be back ~ wieder daheim sein⟩ | genau, gründlich ⟨to bring/drive s.th. ~ to s.o. *übertr* jmdm. etw. klarmachen; to bring a charge/crime ~ to s.o. *übertr* jmdn. überführen; to come ~ to s.o. *übertr* jmdm. nahegehen; that comes ~ to you! *übertr* das geht auf Sie!; to hit/strike ~ *übertr* den rechten Fleck treffen⟩; **4.** *vi* (Tauben) nach Hause zurückfliegen, heimkehren | *Flugw* den Heimatflughafen *od* ein Ziel anfliegen (mittels Leitstrahl); ~ **in on** genau zielen auf; *vt* heimbringen *od* -schicken | in e-m Heim unterbringen | *Flugw* zu e-m Flughafen *od* Ziel steuern

home|bod·y ['həʊmbədɪ|-bɒdɪ] *s Am umg* Stubenhocker *m*; '~**born**, '~**bred** *adj* einheimisch; '~ **brew** *s* selbstgebrautes Bier; '~**-brewed** *adj* selbstgebraut; '~-ˌ**cin·e·ma** *s* Heimkino *n*; '~ˌ**com·ing** *s* Heimkehr *f*; '~ **comˌput·er** *s* Heimcomputer *m*; '~ ˌ**cook·ing** *s* häusliche Küche, Hausmannskost *f*; ˌ≗ '**Coun·ties** *s/pl* (*mit best art*) Grafschaften *f/pl* um London; '≗ **Deˌpart·ment** *s Brit* Innenministerium *n*; '~ **e·co'nom·ics** *s/pl* Hauswirtschaft(slehre) *f(f)*; '~**felt** *adj* tief empfunden; ˌ~ '**front** *s* Heimatfront *f*; ˌ~'**grown** *adj* (Pflanze) heimisch; ˌ≗ '**Guard** *s* Bürgerwehr *f*, Landsturm *m*; ˌ~ '**help** *s Brit* (Haushalt-) Hilfe *f*; '~**land** *s* Heimatland *n*; '~**like** *adj* wie zu Hause, gemütlich; '~**ly** *adj* einfach, häuslich ⟨a ≈ meal⟩ | hausbacken | *Am* häßlich; ˌ~'**made** *adj* selbstgemacht, Haus- | inländisch; '~**mak·ing** *s* Haushaltskunde *f*; '~ ˌ**mar·ket** *s* Binnenmarkt *m*; '≗ ˌ**Of·fice** *s* (in England) Ministerium *n* des Inneren; ˌ~ '**plate** *s* (Baseball) Ausgangsbase *f*

Ho·mer·ic [həʊmerɪk] *adj lit* Homerisch | *übertr* homerisch ⟨~ laughter⟩

home| rule [həʊm'ru:l] *s, auch* ≗ **Rule** Selbstverwaltung *f*, Autonomie *f*; ˌ~ '**run** *s* (Baseball) Lauf *m* um alle vier Male; '≗ '**Sec·re·tar·y** *s* (in England) Innenminister *m*; '~ˌ**sick** *adj* heimwehkrank ⟨to be ≈ Heimweh haben⟩; '~ˌ**sick·ness** *s* Heimweh *n*; '~**spun** **1.** *adj* zu Hause gesponnen, Homespun- | *übertr* grob, derb; **2.** *s* (Stoff) Homespun *n*; ~**stead** ['~sted] *s* Heimstätte *f* | Gehöft *n* | *Am* unpfändbares Familienbesitztum; '~'**stretch** *s Sport* Zielgerade *f* | *übertr* letzter Abschnitt, entscheidende Etappe; '~ '**trade** *s* Binnenhandel *m*; '~**ward** **1.** *adv* heimwärts ⟨≈-bound *Mar* auf der Heimreise befindlich⟩; **2.** *adj* Heim-, Rück-; '~**wards** = ~**ward 1.**; '~**work** *s* Heimarbeit *f* | Hausaufgabe *f* ⟨to do one's ≈ (*auch übertr*) sich auf etw. sehr gut vorbereiten⟩; '~**y** *bes Am adj umg* gemütlich | leutselig

hom·i|cid·al [ˌhɒmɪ'saɪdl] *adj* mörderisch; '~**cide** *Jur förml s* Mord *m*, Totschlag *m* ⟨involuntary ≈ fahrlässige Tötung, wilful ≈ vorsätzliche Tötung; ≈ squad Mordkommission *f*⟩ | Mörder(in) *m(f)*

hom·i·ly ['hɒmɪlɪ|-əlɪ] *s* Homilie *f*, Predigt *f* | *übertr* Moralpredigt *f*

hom·ing ['həʊmɪŋ] **1.** *adj* heimkehrend, Heimat- ⟨~ instinct Fähigkeit *f*, nach Hause zurückzufinden⟩ | *Mil* (Rakete) mit Zielsucheinrichtung; **2.** *s* Heimkehr *f* | *Flugw* Zielflug *m* | *Mil* Zielsuche *f*; '~ ˌ**pi·geon** *s* Brieftaube *f*

hom·i·ny ['hɒmɪnɪ] *s Am* Maismehl *n* | Maisbrei *m*; '~ **grits** *s Am* Maisspeise *f*, ~gries *m*

homo- [həʊmə(ʊ)] ⟨*griech*⟩ *in Zus* homo-, gleich-

homoeo-, *Am auch* **homeo-** [həʊmɪə(ʊ)] ⟨*griech*⟩ *in Zus* homöo-, gleich-

ho·moe|o·path ['həʊmɪəʊpæθ] *s* Homöopath(in) *m(f)*; ˌ~o'**path·ic** *adj* homöopathisch; ~**op·a·thist** [ˌhəʊmɪ'ɒpəθɪst|ˌhɒm-] *s* Homöopath(in) *m(f)*; ˌ~'**op·a·thy** *s* Homöopathie *f*

ho·mo|ge·ne·i·ty [ˌhəʊməʊdʒɪ'ni:ətɪ|-'neɪə-|ˌhɒ-] *s* Homogenität *f*, Gleichartigkeit *f*; ~**ge·ne·ous** [ˌhəʊmə'dʒi:nɪəs|ˌhɒm-] *adj* homogen, gleichartig; **ho·mog·e·nize** [həʊ'mɒdʒənaɪz|hɒ-] *vt* homogenisieren ⟨≈d milk Kondensmilch *f*⟩;

hom·o·graph ['hɒməgrɑːf|'həʊmə-] *s* Homograph *m*; **ho·mol·o·gous** [həʊ'mɒləgəs|hɒ-] *adj* homolog, übereinstimmend, ähnlich; **ho·mol·o·gy** [həʊ'mɒlədʒɪ|hɒ-] *s* Homologie *f*; **hom·o·nym[e]** ['hɒmənɪm] *s* Homonym *n*; **ho·mon·y·mous** [həʊ'mɒnɪməs|hɒ-] *adj* homonym; **ho·mon·y·my** [həʊ'mɒnəmɪ|hɒ-] *s* Homonymie *f*; **hom·o·phone** ['hɒməfəʊn|'həʊmə-] *s* Homophon *n*; **Ho·mo Sa·pi·ens** [ˌhəʊməʊ 'sæpɪənz] ⟨*lat*⟩ Homo Sapiens *m*; **~sex·u·al** [ˌhəʊmə'sekʃʊəl|ˌhɒm-|-ksjʊ-] *adj* homosexuell; **~sex·u·al·i·ty** [ˌhəʊməˌsekʃʊ'ælətɪ|ˌhɒm-|-ksjʊ-] *s* Homosexualität *f*

hom·y ['həʊmɪ] = **homey**

hon [ɒn] *Kurzw von* **honourable** verehrt, ehrenwert ⟨the ~ chairman der Herr Vorsitzende⟩ | ≗ = **Honourable**

hone [həʊn] **1.** *s* Wetz-, Schleifstein *m*; **2.** *vt* (Rasiermesser u. ä.) schleifen, abziehen | *Tech* honen, fein-, ziehschleifen

ho·nest ['ɒnɪst] *adj* ehrlich, rechtschaffen ⟨an ~ person; to earn/turn an ~ penny *übertr* sein Brot ehrlich verdienen⟩ | anständig ⟨~ methods⟩ | offen, aufrichtig ⟨an ~ face⟩ | echt, rein ⟨~ goods⟩ | *umg* wirklich | *arch od Am* (Frau) tugendhaft; **~ly 1.** *adv* ehrlich, wirklich, tatsächlich ⟨I can't ≈ say ich kann (es) wirklich nicht sagen⟩; **2.** *interj umg* Ehrenwort!, wirklich!; **ˌ~-to-'good·ness** *adj umg* (Person) (wasch)echt, natürlich; **'hon·es·ty** *s* Ehrlichkeit *f*, Rechtschaffenheit *f*, Aufrichtigkeit *f* ⟨in all ≈ ehrlicherweise; ≈ is the best policy *Sprichw* ehrlich währt am längsten⟩ | *Bot* Mondviole *f*, Silberblatt *n*

hon·ey ['hʌnɪ] **1.** *s* Honig *m* | *übertr* Süßigkeit *f* | *bes Am umg* Liebling *m*, Süße(r) *f(m)* | *umg bes Am* Wonne *f*, Gedicht *n*, etw. Herrliches ⟨it's a real ~!⟩; **2.** *adj* Honig-, süß | lieb; **3.** (**hon·eyed** *od* **hon·ied**) *vt Am* versüßen; *vi arch od Am* schmeicheln, schönreden; **'~bee** *s* Honigbiene *f*; **'~comb** *s* Honigwabe *f* | *Tech* Wabe(nstruktur) *f(f)* | Honigwabenbaustoff *m*; **'~comb·ed** *adj* löcherig, zellig, durchbrochen; **'~dew** *s Bot* Honigtau *m* | *poet* Nektar *m*; **ˌ~dew 'mel·on** *s* Honigmelone *f*; **'hon·eyed** *adj* honigsüß | *übertr* angenehm; **'~moon 1.** *s* Flitterwochen *f/pl*; **2.** *vi* die Flitterwochen verleben; **'~ˌsuck·le** *s Bot* Geißblatt *n*; **'~sweet** *adj* honigsüß | *übertr* lieblich; **'hon·ied** = **honeyed**

honk [hɒŋk] **1.** *s* Schrei *m* (von Wildgänsen) | Hupen *n*; **2.** *vi* schreien | hupen

hon|kie ['hɒŋkɪ], *auch* **~ky** *s verächtl* Weißer *m*; **~ky-tonk** ['~tɒŋk] **1.** *s Am Sl* Schuppen *m*, Spelunke *f*; **2.** *adj Mus* schräg, Honky-tonk- ⟨≈ music⟩

hon·our ['ɒnə] **1.** *s* Ehre *f*, Achtung *f*, Respekt *m*, Ehrerbietung *f* ⟨code/law of ~ Ehrenkodex *m*; ~ to whom ~ is due Ehre, wem Ehre gebührt; in ~ of s.o. jmdm. zu Ehren; man of ~ Ehrenmann *m*; point of ~ Ehrensache *f*; sense of ~ Ehrgefühl *n*; [up]on my [word of] ~ / *umg* ~ bright! (auf mein) Ehrenwort!; bound in ~ / on one's ~ to do s.th. moralisch verpflichtet, etw. zu tun; to do ~ to s.o. jmdn. ehren, jmdm. zur Ehre gereichen; to have the ~ (**of** *mit ger od* **to** *mit inf*) die Ehre haben zu (*mit inf*); to put s.o. on his ~ jmdn. bei seiner Ehre packen; to render the last ~s die letzte Ehre erweisen⟩ | Würde *f*, Adel *m*, hoher Rang ⟨His ≗ (Titel) Seine Ehrwürden; Your ≗ (Titel) Euer Gnaden⟩ | (Golf) Anschlag *m* | *übertr* Zierde *f* ⟨she is an ~ to her family⟩; **2.** *vt* (ver)ehren | respektieren ⟨to ~ an agreement eine Übereinkunft einhalten⟩ | beehren (**with** mit) | (Wechsel) einlösen ⟨to ~ a cheque einen Scheck anerkennen⟩; **'~a·ble** *adj* ehrenvoll | achtbar, ehrbar, redlich | angesehen | (Titel) vornehm, ehrenwert ⟨Right ≗ (Titel) (Sehr) Ehrenwert; the ≗ member *Parl* der verehrte Kollege, die verehrte Kollegin; *umg* ≗ friend mein verehrter Kollege⟩; **'hon·ours** *s/pl* Honneurs *f/pl* ⟨to do the ≈s of the house *umg* die Honneurs machen, jmdn. bewirten⟩ | *Kart* die höchsten Karten *f/pl* | *Brit* Auszeichnungen *f/pl* ⟨New Year's ≗ Titelverleihung *f* am Neujahrstag⟩ | *auch* **'~s de,gree** akademischer Grad, Universitätsprüfung *f* (höherer Ordnung) ⟨to do/take ≈ in English Englisch mit dem Ziel des höheren akademischen Abschlusses studieren; first-class ≈ Examen mit "Sehr gut"⟩

hooch [huːtʃ] *s Am Sl* Schnaps *m* (*bes* Whisky)

hood [hʊd] **1.** *s* Kapuze *f*, Haube *f* | Kappe *f* (*auch Tech*) | (Universität) Talarüberwurf *m* | Doktorhut *m* | *Kfz* Verdeck *n* | *Am Kfz* Motorhaube *f* | Plane *f*, Schutzhaube *f* ⟨the ~ of a pram⟩; **2.** *vt* mit einer Haube *od* Plane versehen | bedecken, verhüllen (*auch übertr*); **'~ed** *adj* mit e-r Kapuze versehen | *übertr* verhüllt; **'~ed 'crow** *s* Nebelkrähe *f*; **ˌ~ 'eyes** *s/pl* schwere Lider *n/pl*

-hood [hʊd] *Suffix zu s und einigen adj mit der Bedeutung*: Status, Rang, Eigenschaft ⟨child~; false~⟩; Gesamtheit *od* Klasse von Personen ⟨sister~⟩

hood·lum ['hʊdləm] *s Sl* Rowdy *m*, Gangster *m*

hoo·doo ['huːduː] **1.** *s bes Am umg* Unglück *n*, Pech *n* | Unglücksbringer *m*; **2.** *vt* Unglück bringen; **3.** *adj* Unglücks- | = **voodoo**

hood·wink ['hʊdwɪŋk] *vt* (jmdm.) die Augen verbinden | *übertr* (jmdn.) täuschen, hinters Licht führen

hoo·ey ['huːɪ] *Am Sl* **1.** *interj* Unsinn!; **2.** *s* Quatsch *m*, Unsinn *m*

hoof [huːf] **1.** *s* (*pl* **~s**, *selten* **hooves** [huːvz]) Huf *m* ⟨on the ~ (Schlachtvieh) lebend⟩ | Fuß *m* ⟨to get the ~ *Sl* einen Tritt kriegen, entlassen werden⟩; **2.** *vt* (jmdn.) mit dem Huf schlagen; **~ out** *Sl* (jmdn.) hinauswerfen, entlassen; *vi, meist* **~ it** *umg* latschen; fetzen | tingeln; **'~er** *s Am Sl* Berufstänzer *m*

hoo-ha ['huː hɑː] *s umg* Lärm *n*, Trara *n*

hook [hʊk] **1.** *s* Haken *m* ⟨~ and eye Haken und Öse⟩ | Angelhaken *m* | Feuer-, Kleider-, Bilderhaken *m* | Sichel *f* | (Boxen) Haken *m* | (Golf) Kurvball *m* (nach links) | *übertr* Schlinge *f*, Falle *f* ⟨to be / get off the ~s *umg* nicht den Dummen machen; to be on the ~ *umg* in der Klemme sitzen⟩ | *Mus* (Noten-) Fähnchen *n* | (Fluß u. ä.) scharfe Biegung ◇ **by ~ or by crook** *übertr* auf Biegen oder Brechen, so oder so; **~, line, and sinker** *übertr* mit allem Drum und Dran; **on one's own ~** *Sl übertr* auf eigene Faust; **drop off the ~s** *Sl übertr* abkratzen (sterben); **sling/take one's ~** *Brit Sl übertr* sich aus dem Staub machen; **2.** *vt* haken, befestigen (**in** in; **[on]to** an) | (auf)hängen (**over** über) | biegen, krümmen | angeln, fangen (*auch übertr*) | (Ball) hakeln | *Sl* klauen ◇ **~ it** *Sl* abhauen; *vi* sich festhaken (**on** an, bei) | (Golf) als Kurvball fliegen; **~ up** *Rundf, Ferns* gemeinsam senden *od* ausstrahlen | (Sender) sich anschließen (**with s.o.** jmdm.)

hook·ah ['hʊkə] *s* (orientalische) Wasserpfeife

hooked [hʊkt] *adj* hakenförmig, krumm | mit Haken versehen | verwickelt, verhakt (**on** mit) | *umg* süchtig (**on** auf) | *umg* vernarrt (**on** auf); **hook·er** [hʊkə] *s Mar* Huker *m* | kleines Fischerboot | (Rugby) Hakler *m* | *Am Sl* Prostituierte *f*

hook|nose ['hʊknəʊz] *s* Hakennase *f*; **'~ pin** *s* Hakenbolzen *m*, -stift *m*; **'~ ˌspan·ner**, *auch* **'~ wrench** *s Tech* Hakenschlüssel *m*; **~up** *s* Bündnis *n* | *Tech* Schaltbild *n* | *Rundf, Ferns* Gemeinschaftssendung *f*; **'~y 1.** *adj* Haken-, hakenartig; **2.** *s* (*auch* **~ey** ['~ɪ]) *in*: **play ~y** *Am Sl* (Schule u. ä.) schwänzen, sich drücken

hoo·li·gan ['huːlɪgən] *umg* **1.** *s* Rowdy *m*, Halbstarker *m*; **2.** *adj* rowdyhaft

hoop [huːp] **1.** *s* Reifen *m* (e-s Fasses u. ä.) | *Tech* Ring *m* | (Rock) Reif *m* | Reifrock *m* ◇ **go through the ~s** *übertr* eine Hölle durchmachen; **put s.o. through the ~s** *übertr* jmdn. durch die Mangel drehen; **roll one's own ~** *übertr Am umg* sich nicht um anderer Leute Angelegenheiten kümmern; **2.** *vt* (Faß) binden, mit Reifen belegen | umfassen; *vi* sich zu e-m Reifen formen; **'~er** *s* Böttcher *m*, Faßbinder *m*; **'~ing cough** *s* = **whooping cough**; **'~ i·ron** *s Tech* Bandeisen *n*; **~-la** ['~ lɑ:] *s* Ringwerfen *n* (auf Rummelplatz) | Hoppla *n*, Holla *n*; **ˌ~'skirt** *s* Reifrock *m*

hoo·poe ['hu:pu:] *s* Wiedehopf *m*

hoo·ray [hʊ'reɪ] = **hurrah**

hoose-gow ['hu:sgaʊ] *s Am Sl* Kittchen *n*

hoot [hu:t] **1.** *vi* heulen | johlen | (Auto) hupen | *übertr* zischen; **~ after s.o.** jmdm. nachschreien; **~ at s.o.** jmdn. verspotten; *vt* auszischen, auspfeifen; **~ down** (jmdn.) niederzischen, auspfeifen; **2.** *s* Schrei *m* | Geheul *n* | (Auto) Getute *n* | *Brit Sl* Heidenspaß *m* ◇ **not care a ~ / two ~s** *umg* sich nicht einen Dreck scheren; **not worth a ~ or two** *umg* keinen Heller wert; **'~er** *s* Schreier(in) *m(f)* | Sirene *f* | (Auto) Hupe *f* | *Brit Sl* Rüssel *m* (Nase)

Hoo·ver, *auch* **∸** ['hu:və] *Brit* **1.** *s* Staubsauger *m*; **2.** *auch* **~ out** *vt* mit Staubsauger säubern; *vi* staubsaugen

hooves [hu:vz] *pl von* ↑ **hoof**

[1]**hop** [hɒp] **1.** *s* Hopfen *m* | *meist pl* Hopfenblüte *f*; **2.** (**hopped, hopped**) *vt* (Bier) hopfen; *vi* Hopfen ernten

[2]**hop** [hɒp] **1.** (**hopped, hopped**) *vi* hüpfen, springen (**about** herum) | *Sl* tanzen, hopsen; **~ off** *umg* sich verdrükken | *Flugw umg* starten | *vt* hüpfen über, springen über | *Am* (auf)springen auf ⟨to ~ a bus⟩ | *Sl* überfliegen ⟨to ~ the ocean⟩ ◇ **~ it!** *Sl* verdufte!; **~ the twig** *Brit scherzh* sterben; die Zeche prellen; **~ping mad** verrückt vor Wut; **2.** *s* Hüpfer *m*, Sprung *m* | *Flugw* Flugabschnitt *m* | *übertr* kurze Strecke | *Sl* Gehopse *n*, Schwof *m* ◇ **be on the ~** *übertr umg* auf der Achse sein; **catch s.o. on the ~** *übertr* jmdn. erwischen; **keep s.o. on the ~** *übertr umg* jmdn. in Trab halten; jmdn. halb verrückt machen

hope [həʊp] **1.** *s* Hoffnung (**of** auf), Zuversicht *f*, Vertrauen *n* (**in** zu) ⟨in the ~ of (*mit ger*) in der Hoffnung zu (*mit inf*); beyond ~/out of ~/past ~ hoffnungslos; there is no ~ that es besteht keine Hoffnung, daß; to be s.o.'s last ~ jmds. letzte Hoffnung sein; to hold out ~ of *mit ger* hoffen zu *mit inf*; to hold out ~s to s.o. jmdm. Hoffnungen machen; to live in ~ *Brit* noch hoffen; to place/set one's ~s upon seine Hoffnungen setzen auf; to raise s.o.'s ~s jmdn. hoffen lassen⟩; **2.** *vi* hoffen (**for** auf) ⟨to ~ against ~ trotz scheinbarer Aussichtslosigkeit hoffen; to ~ for the best das Beste hoffen; I ~ so hoffentlich, ich hoffe (es)⟩; *vt* (etw.) erhoffen ⟨it is (much) to be ~d es ist (sehr) zu hoffen | (*mit futurischem Objektsatz*) hoffen ⟨I ~ she'll come tomorrow ich hoffe, daß sie morgen kommt⟩; **'~ chest** *s Am* Aussteuertruhe *f*; **'~ful 1.** *adj* hoffnungsvoll ⟨I'm ≈ that⟩ | vielversprechend ⟨the most ≈ player⟩; **2.** *s* (Person) Hoffnung *f* ⟨a young ≈⟩; **'~ful·ly** *adv* hoffnungsvoll | *urspr Am umg* hoffentlich ⟨≈ she'll win⟩; **'~less** *adj* hoffnungslos, verzweifelt | *umg* anspruchslos | unverbesserlich

hop-o'-my-thumb ['hɒpəmɪ'θʌm] *s* Knirps *m*, Dreikäsehoch *m*

hopped-up [ˌhɒpt 'ʌp] *Am adj Sl* (von Drogen) aufgeputscht, high | *umg* (Motor) hochgezüchtet

hop|per ['hɒpə] *s* Hopfenpflücker *m* | Fülltrichter *m* | junge Heuschrecke | Käsemade *f* | *Mar* Schlammräumschiff *n*; **'~-ˌpick·er** *s* Hopfenpflücker *m* | *Tech* Hopfenerntemaschine *f*

hop·ple ['hɒpl] **1.** *vt* (Tieren) die Beine fesseln | *übertr* hemmen; **2.** *s* Fessel *f*

hop·scotch ['hɒpskɒtʃ] *s* (Kinderspiel) Himmel-und-Hölle *n*

hop|, skip and jump [ˌhɒp skɪp (ə)nd 'dʒʌmp] *s bes Am* kleine Entfernung, Katzensprung *m*; **ˌ~, step and 'jump** *s Sport* Dreisprung *m*

horde [hɔ:d] **1.** *s* (*oft pl*) Horde *f*, Haufen *m*, Masse *f* ⟨~s of children Kinderscharen *f/pl*; ~s of insects Insektenschwärme *m/pl*⟩ | *Hist* (Menschen) Horde *f*; **2.** *vi* eine Horde bilden

ho·ri·zon [hə'raɪzn] *s* Horizont *m*, Gesichtskreis *m* (*auch übertr*) ⟨on the ~ am Horizont⟩ | *übertr* Perspektive(n) *f(pl)*, Möglichkeit(en) *f(pl)*; **hor·i·zon·tal** [ˌhɒrɪ'zɒntl] **1.** *adj* horizontal, Horizont-, waag(e)recht ⟨≈ line Waagerechte *f*, Horizontale *f*⟩; **2.** *s* Horizontale *f*, Waagerechte *f*; **ˌhor·iˌzon·tal 'bar** *s Sport* Reck *n*; **ˌhor·iˌzon·tal 'hold** *s Ferns* Zeilen-, Bildfang *m*

hor|mo·nal [hɔ:'məʊnl] *adj* hormonal, Hormon-; **~mone** ['hɔ:məʊn] *s* Hormon *n*

horn [hɔ:n] **1.** *s* (Tier) Horn *n* ⟨~s *pl* Geweih *n*; to take the bull by the ~s *übertr* den Stier bei den Hörnern packen; on the ~s of a dilemma *übertr* in der Zwickmühle⟩ | (Schnecke) Fühler *m* ⟨to draw/pull in one's ~s *übertr* die Hörner einziehen⟩ | (Gegenstand aus) Horn *n* ⟨hunting ~ Jagdhorn *n*⟩ | hornförmiger Gegenstand (Mondsichel u.ä.) | Horn *n*, Tute *f*, Trinkhorn *n* ⟨~ of plenty Füllhorn *n*; to come out at the little end of the ~ *übertr* schlecht wegkommen⟩ | Schalltrichter *m* | Signalhorn *n*, Hupe *f* ⟨to blow/sound/toot one's ~ hupen⟩ | *Mus* Horn *n* ⟨French ~ Französischhorn *n*⟩ | *Sl* Trompete *f*; **2.** *vt* mit Hörnern versehen | mit Hörnern stoßen; *vi* ein Horn blasen; **~ in** *Sl* sich hineinhängen, sich einmischen (**on** in); **'~beam** *s Bot* Hain-, Weißbuche *f*; **'~bill** *s Zool* (Nas)hornvogel *m*; **'~ˌblow·er** *s* Hornist *m*; **'~book** *s Hist* Abc-Buch *n* | Fibel *f*; **'~bug** *s* Hirschkäfer *m*; **'horned** *adj* gehörnt, Horn-; **'~er** *s* Hornbläser *m*

hor·net ['hɔ:nɪt] *s* Hornisse *f*; **ˌ~'s 'nest** *s übertr* Wespennest *n* ⟨to bring a ≈ about one's ears/to stir up a ≈ in ein Wespennest stechen⟩

horn|pipe ['hɔ:npaɪp] *s* Seemannstanz *m*; **ˌ~'rimmed** *adj* (Brille) Horn-; **'~-rims** *s/pl umg* Hornbrille *f*; **~swog·gle** ['~swɒgl] *vt Am Sl* behumsen; **'~y** *adj* hornig, schwielig | Horn- | *vulg* (Mann) geil, scharf

ho·rol·o·gy [hɔ:'rɒlədʒɪ|hɒ-] *s* Uhrmacherkunst *f*

ho·ro·scope ['hɒrəskəʊp] *s* Horoskop *n* ⟨to cast a ≈ ein Horoskop stellen⟩

hor·ren·dous [hɒ'rendəs] *adj* schrecklich, furchtbar; **'hor·rent** *adj poet* borstig | schaudernd; **'hor·ri·ble** *adj* schrecklich, grausig ⟨a ≈ accident⟩ | *umg* unmöglich, unerträglich ⟨a ≈ dress⟩; **'hor·rid** *adj* schrecklich, grausig | *umg* scheußlich; **hor·rif·ic** [hɒ'rɪfɪk|hə'r-] *adj* schreckenerregend; **'hor·ri·fy** *vt* erschrecken, entsetzen ⟨to be horrified at/by entsetzt sein über⟩; **hor·ror** ['hɒrə] *s* Entsetzen *n*, Schauder *m* (**of** vor) ⟨to be filled with ≈ at entsetzt sein über; to cry out in ≈ vor Entsetzen schreien⟩ | Schrecken *m*, Greuel *m* ⟨the ≈ of war⟩ | *umg* (Person) Scheusal *n* | Horror *m*, Abneigung *f* (**of** gegen), Haß *m* (**of** auf) ⟨to have a ≈ of snakes⟩; **'hor·ror film** *s* Horrorfilm *m*; **'hor·rors** *s/pl* (*mit best art*) Angstzustand *m*, Entsetzen ⟨to give s.o. the ≈ jmdm. furchtbare Angst machen⟩ | *umg* weiße Mäuse *f/pl*, Delirium (tremens) *n* | Grausamkeiten *f/pl*, Greuel *m/pl* ⟨the ≈ of war⟩; **'hor·ror-ˌstrick·en**, **'hor·ror-struck** *adj* von Grauen gepackt

hors de combat [ˌɔ: də 'kɒmbɑ:] ⟨*frz*⟩ *adj*, *adv* außer Gefecht (gesetzt), kampfunfähig

hors| d'œu·vre [ˌɔ: 'dɜ:v] ⟨*frz*⟩ *s* (*pl* **~ d'œuvres, ~ d'œuvre** [-'dɜ:v]) Hors d'œuvre *n*, Vorspeise *f*

horse [hɔ:s] **1.** *s* Pferd *n*, Roß *n* ⟨to ~! aufsitzen! aufgesessen!; to take ~ aufsitzen⟩ | Hengst *m* | *Mil collect* Reiterei *f*, Kavallerie *f* ⟨a thousand ~ tausend Reiter⟩ | (Geräteturnen) Pferd *n* | *Tech* Gestell *n*, Bock *m* | *umg* Bursche *m*, Mann *m* | *Sl* Heroin *n* ◇ **a dark ~** *übertr* ein unbeschriebenes Blatt; **like a ~** *übertr* tüchtig; **old ~** *übertr umg* altes Haus; **that's a ~ of another colour** *übertr* das steht auf einem andern Blatt; **a willing ~** *übertr* jmd., der die ganze Arbeit macht; **back the wrong ~** *übertr* auf das falsche Pferd setzen; **come off the high ~** *übertr* klein beigeben; **flog a dead ~** *übertr* offene Türen einrennen; **give a ~ his head** einem Pferde die Zügel schießen lassen; **hold your ~s!** *übertr* laß dich nicht hinreißen! Vorsicht!; **mount/ride the high ~** *übertr* sich aufs hohe Roß setzen *od* auf dem hohen Roß sitzen; **play ~ with s.o.** *übertr* jmdn. grob behandeln; **put the cart before the ~** *übertr* das Pferd beim Schwanz aufzäumen; **don't look a gift ~ in the mouth** *Sprichw* einem geschenkten Gaul schaut man nicht ins Maul; **you can lead a ~ to water but you can't make it drink** *Sprichw* gute Ratschläge allein helfen nicht; **2.** *vt* mit einem Pferd *od* Pferden versehen, (Wagen) bespannen | (jmdn.) auf den Rücken *od* huckepack nehmen | *übertr* (jmdn.) schinden; *vi* auf ein Pferd steigen | reiten | *Sl* derbe Späße machen; **~ around / about** *umg* herumalbern, Blödsinn machen

horse|-and-bug·gy [ˌhɔːs (ə)nd ˈbʌgɪ] *adj Am* altmodisch, überholt ⟨≈ methods⟩; **ˈ~back 1.** *s* Pferderücken *m* ⟨on ≈ zu Pferde; to be/go/ride on ≈ reiten; an man on ≈ *übertr* ein Diktator *m*⟩; **2.** *adv* zu Pferde; **ˈ~bean** *s* Saubohne *f*; **ˈ~box** *s* Pferdetransporter *m*; **ˈ~ chest·nut** *s* Roßkastanie *f*; **ˈ~ ˌcol·lar** *s* Kummet *n*; **ˈ~ˌdeal·er** *s* Pferdehändler *m*; **~'s ˈmouth** in: **[straight] from the ~'s ˈmouth** *umg* aus erster Hand, aus berufenem Mund; **ˈ~flesh** *s* Pferdefleisch *n* | *übertr* Pferde *n/pl* ⟨a judge of ≈ ein Pferdekenner⟩; **ˈ~fly** *s Zool* Bremse *f*; **ˈ~ foot** *s Bot* Huflattich *m*; **ˈ~ ˈGuards** *s pl* (britisches) Gardekavallerieregiment | *übertr* (britische Armee) Generalstab *m*; **ˈ~hair** *s* Roßhaar *n*; **ˈ~laugh** *s* wieherndes Gelächter; **ˈ~man** *s* (*pl* **ˈ~men**) Reiter *m* | Fuhrmann *m* | Kentaur *m*; **ˈ~man·ship** *s* Reitkunst *f*; **ˈ~meat** *s* Pferdefutter *n* | Pferdefleisch *n*; **ˈ~ nail** *s* Hufnagel *m*; **ˈ~ ˌop·er·a** *s umg scherzh* Wildwestfilm *m*; **ˈ~play** *s* Rüpelei *f*; **ˈ~ ˌpow·er** *s Phys* Pferdestärke *f*; **ˈ~ race** *s* Pferderennen *n*; **ˈ~ˌrad·ish** *s* Meerrettich *m*; **ˈ~ sense** *s umg* gesunder Menschenverstand; **ˈ~ˌshit** *s interj Am vulg* Scheiße *f*, Mist *m*; **~shoe** [ˈhɔːʃʃuː|-sʃ-] **1.** *s* Hufeisen *n*; **2.** *vt* (Pferd) beschlagen; **3.** *adj* hufeisenförmig, Hufeisen-; **ˈ~tail** *s* Pferdeschwanz *m*, Roßschweif *m* | *Bot* Schachtelhalm *m*; **ˈ~ ˌtrad·ing** *s übertr* Kuhhandel *m*; **ˈ~whip 1.** *s* Reitpeitsche *f*; **2.** *vt* (jmdn.) antreiben; **ˈ~ˌwom·an** *s* (*pl* **ˈ~ ˌwom·en**) Reiterin *f*; **ˈhors·y** *adj* dem Pferdesport ergeben, pferdenärrisch | Pferde-, Reit-, Jockei- | *Sl* grobschlächtig

hor·ta|tive [ˈhɔːtətɪv], **~to·ry** [ˈ~trɪ] *adj* (er)mahnend

hor·ti·cul·tur·al [ˌhɔːtrˈkʌltʃərl] *adj* Gartenbau-; **ˈhor·ti·cul·ture** *s* Gartenbau(kunst) *m(f)*; **ˌhor·tiˈcul·tur·ist** *s* Gartenbaukünstler(in) *m(f)*

[1]**hose** [həʊz] **1.** *s Wirtsch* Strumpfwaren *pl*, Strümpfe *m/pl*, Socken *f/pl*

[2]**hose** [həʊz] **1.** *s*, *auch* **ˈ~pipe** Schlauch *m*; **2.** *vt* mit einem (Wasser-) Schlauch besprengen

ho·sier [ˈhəʊzɪə] *s* Strumpfwarenhändler *m* | Trikotagenhändler *m*; **~y** [ˈhəʊzɪərɪ|-ʒərɪ] *s* Strumpfwaren *f/pl* | Trikotagen *f/pl* | Strumpfwirkerei *f* | Trikotagenfabrik *f*

hos·pice [ˈhɒspɪs] *s* Hospiz *n*, Herberge *f* | Heim *n* Sterbender; **hos·pi·ta·ble** [hɒˈspɪtəbl|ˈhɒ-] *adj* gastfreundlich | gastlich (**to** gegen) | empfänglich (**to** für) ⟨≈ to new ideas⟩

hos·pi·tal [ˈhɒspɪtl|-ɪdl] *s* Krankenhaus *n*, Klinik *f*, Hospital *n* ⟨in ~ im Krankenhaus; to go to ~ ins Krankenhaus gehen *od* müssen; to walk the ~s *übertr* die klinischen Semester durchmachen⟩ | *Mil* Lazarett *n* | Tierklinik *f* | Altersheim *n* | Armenhaus *n*; **ˈ~ ˈfe·ver** *s* Flecktyphus *m*; **ˈ~ ˈtrain** *s Mil* Lazarettzug *m*

hos·pi·tal·i·ty [ˌhɒspɪˈtæləti] *s* Gastfreundschaft *f* | Gastlichkeit *f*; **hos·pi·tal·ize** [ˈhɒspɪtl̥aɪz] *vt* ins Krankenhaus bringen

[1]**host** [həʊst] **1.** *s* Gastgeber *m*, Hausherr *m* ⟨to be ~ to s.o. jmdn. bewirten; to reckon without one's ~ die Rechnung ohne den Wirt machen⟩ | *arch, scherzh* (Gast-) Wirt *m* ⟨mine ~ der Herr Wirt⟩ | *Biol* Wirt(spflanze *od* -tier) *m(f, n)*; **2.** *vt* bewirten, Gastgeber sein *od* spielen für | aufnehmen, unterbringen

[2]**host** [həʊst] *s* Menge *f*, Schwarm *m*, Unzahl *f* ⟨a ~ of details⟩ | *poet* Heer *n* ⟨the ~ of heaven *Rel* die himmlischen Heerscharen⟩

[3]**host** [həʊst] *s* Hostie *f*

hos·tage [ˈhɒstɪdʒ] *s* Geisel *f* ⟨to keep as ~ als Geisel behalten; to take s.o. ~ jmdn. als Geisel nehmen⟩ | *übertr* (Unter-) Pfand *n* ◇ **give ~s to fortune** sich Verlusten *od* Gefahren aussetzen

host coun·try [ˈhəʊst ˌkʌntrɪ] *s* Gast(geber)land *n*

hos·tel [ˈhɒstl] *s* Herberge *f* ⟨youth ~ Jugendherberge *f*⟩ | (in England) Studentenheim *n* | *arch* Wirtshaus *n*; **ˈ~ler** *s* Heimbewohner *m* | Herbergsgast *m*; **ˈ~ry** *s arch* Herberge *f*, Gasthaus *n*

host·ess [ˈhəʊstɪs|-əs|-es] *s* Gastgeberin *f* ⟨to act / be ~ to s.o. jmds. Gastgeberin sein; jmdn. zu Besuch haben⟩ | *arch, scherzh* Wirtin *f* ⟨mine ~ Frau Wirtin *f*⟩ | (Nachtklub) Hosteß *f*, (Animier-) Mädchen *n* | *auch* **air ~** *Flugw* Stewardeß *f*

hos·tile [ˈhɒstaɪl] *adj* feindlich | feindselig (**to** gegen); **hos·til·i·ty** [hɒˈstɪləti] *s* Feindschaft *f*, Feindseligkeit *f* (**to** gegen) ⟨feelings of ≈ feindselige Gefühle *n/pl*⟩ | *meist pl* Krieg *m*, Feindseligkeiten *f/pl* ⟨hostilities have broken out⟩

hos·tler [ˈɒslə] *s arch* Pferdeknecht *m* | *Am* Lokomotivwärter *m*

hot [hɒt] **1.** *adj* heiß ⟨a ~ day; ~ water; red ~ rotglühend; ~ and ~ noch ganz heiß⟩ | warm ⟨to keep ~⟩ | *übertr* begeistert, hitzig, feurig, leidenschaftlich ⟨a ~ temper⟩ | heftig, wild ⟨to get ~ sich ereifern⟩ | (Gewürz) scharf, beißend ⟨~ pepper⟩ | elektrisch geladen ⟨~ wire⟩ | *Sl* radioaktiv, heiß | (Geruch, Spur) stark, frisch | neu ⟨~ from the press frisch aus der Presse⟩ | *Wirtsch* zugkräftig | nah, dicht, (Spur) heiß ⟨to be ~ on one's heels⟩ | lüstern, geil ⟨~ with passion leidenschaftlich erregt⟩ | *Sl* aufregend | *Sl* brühwarm, mitreißend | *umg* (Person) genau im Bilde | (Jazz) heiß | *Sl* gestohlen | *Sl* geschmuggelt ◇ **~ and bothered** *umg* in Schwulitäten, ganz durcheinander; **~ under the collar** *umg* aufgebracht; **not so ~** *umg* nicht so toll (wie erwartet); **blow ~ and cold** ein unsicherer Kandidat sein, sich nicht festlegen (wollen); **get into ~ water** *umg* sich in die Nesseln setzen (**with** bei); **give it s.o. ~** *umg* jmdm. gründlich einheizen; **make it ~ for s.o.** *umg* jmdm. die Hölle heiß machen; **go like ~ cakes** *umg* wie warme Semmeln abgehen; **2.** *adv* heiß | hitzig, heftig; **3.** *vt* (**~ted, ~ted**) *umg* heiß machen; **~ up** *übertr* anheizen; *vi* **~ up** *übertr* sich zuspitzen, sich verschärfen

hot| air [ˌhɒt ˈɛə] *s* Heißluft *f* | *Sl* Geschwätz *n*, blauer Dunst; **ˈ~-air** *adj* Heißluft- ⟨≈ balloon⟩; **ˈ~ ˈbath** *s* Dampfbad *n*; **ˈ~bed** *s Gartenb* Frühbeet *n* | *übertr* Brutstätte *f*, Nährboden *m*; **ˌ~-ˈblood·ed** *adj* heißblütig | ungestüm

hotch·potch [ˈhɒtʃpɒtʃ] *s* Gemüseeintopf *m* | *übertr* Mischmasch *m*

hot| cross bun [ˌhɒt krɒs ˈbʌn] *s* Rosinenbrötchen *n* (mit Teigkranz); **ˌ~ ˈdog** *s umg* Bockwurst *f od* Würstchen *n* mit Brötchen | *Am interj* dickes Ei! (Überraschung)

ho·tel [həʊ'tel|əʊ'tel] *s* Hotel *n* | Gasthof *m*; **~i·er** [həʊ'telɪə] *s* Hotelier *m*, Hotelbesitzer *m*

hot| flush [ˌhɒt'flʌʃ] *s* (*meist pl*) *Med* Hitzewelle *f*; **ˌ~ 'foot 1.** *adv* eilends, schnurstracks; **2.** *adj* eilend; **3.** *vi*, *meist* **'~foot it** *umg* eilen; **'~head** *s* Heißsporn *m*; **ˌ~'head·ed** *adj* ungestüm, hitzig; **'~house** *s* Treib-, Gewächshaus *n*; **ˌ~house 'plant** *s* Treibhauspflanze | *übertr* empfindlicher Mensch, Mimose *f*; **'~ line** *s übertr* heißer Draht; **'~ly** *adv* heftig | dicht hinterher, unmittelbar (auf den Fersen) ⟨≈ pursued dicht gefolgt⟩; **'~ness** *s* Hitze *f*, Schärfe *f* (*auch übertr*); **'~plate** *s* Heizplatte *f*, Kocher *m* | warmes Gericht; **'~pot** *s* Hammeleintopf *m* mit Kartoffeln; **ˌ~ po'ta·to** *s übertr umg* heißes Eisen; **'~-press 1.** *s* Heißpresse *f*; **2.** *vt* heißmangeln; dekatieren; **'~ rod** *s Am Sl* hochfrisiertes Auto; **'~ seat** *s Sl* elektrischer Stuhl | *umg* kitzliche Position; **'~ spot** *s* Krisen-, Unruheherd *m*; **ˌ~ 'spring** *s* (*meist pl*) heiße Quelle; **~spur** ['hɒtspə] *s* Heißsporn *m*; **ˌ~ 'stuff** *s umg* tolle Sache | *Sl* Klassefrau *f*, rassiger Typ; **ˌ~-'tem·pered** *adj* leicht aufbrausend, jähzornig; **'~tray** *s* Warmhaltetablett *n*; **'~ 'war** *s* heißer Krieg; **ˌ~-'water bag** *in*: **get into ~ water / be in the ~-water bag** *übertr* in Schwierigkeiten geraten *od* sein; **~-'water ˌbot·tle** *s* Wärmflasche *f*; **ˌ~-ˌwa·ter 'heat·er** *s* Heißwasserspender *m*, Boiler *m*; **ˌ~ 'wire** *s übertr* heißer Draht; **'~-wire** *vt Sl* (Anlasser) kurzschließen, ohne Zündschlüssel anwerfen

hound [haund] **1.** *s* Jagdhund *m* (bes. Spürhund) ⟨to follow the ~s / to ride to ~s mit der Meute jagen⟩ | *übertr* Hund *m*, Schuft *m* | *Sl* Süchtige(r) *f*(*m*) ⟨a movie ~ ein Kinonarr⟩; **2.** *vt* jagen, hetzen (**at, on** auf); **~ down** (jmdn.) abhetzen, zur Strecke bringen; **~ on** (an)treiben, hetzen

hour ['aʊə] *s* Stunde *f* ⟨by the ~ stundenweise; for ~s stundenlang; half an ~ eine halbe Stunde; a quarter of an ~ eine Viertelstunde⟩ | Stunde *f* (bedeutsame) Zeit ⟨the ~ of death die Todesstunde; ~ of need Stunde der Not; the man of the ~ der Mann des Tages; my ~ has come meine Stunde hat geschlagen⟩ | (Tages-) Zeit *f* ⟨on the ~ auf die Stunde genau; at all ~s zu jeder Tageszeit; at the eleventh ~ *übertr* in letzter Minute; the small / *scherzh* wee ~s die frühen Morgenstunden; to keep early/good ~s früh zu Bett gehen und zeitig aufstehen; to keep good (late *od* bad) ~s früh (spät *od* zu spät) zu Bett gehen (und aufstehen); what's the ~? wie spät ist es?; zero ~ Stunde null⟩ | *oft pl* bestimmte Zeit ⟨happy ~s glückliche Stunden⟩ | Weg-, Fahrtstunde *f* ⟨an ~ away eine Stunde zu laufen *od* zu fahren⟩ | (*meist pl*) Zeitabschnitt *m*, Stunde *f* ⟨after ~s über die Zeit, Überstunden; out of ~s außer der Zeit, vorher oder nachher; ~s for interview Sprechstunde *f*; office ~s Bürozeit *f*; in an evil ~ zu bestimmter Zeit, in einer Unglücksstunde⟩; **'~ glass** *s* Stundenglas *n* | Sanduhr *f*; **'~ hand** *s* Stundenzeiger *m*

hou·ri ['hʊərɪ] *s* (*pl* **'~s**) *Rel* Houri *f* | *übertr* orientalische Schönheit

hour|ly ['aʊəlɪ] **1.** *adj* stündlich, Stunden- ⟨at ≈ intervals jede Stunde, stündlich; ≈ wage Stundenlohn *m*⟩; **2.** *adv* stündlich, jede Stunde ⟨to expect s.o. ≈ jmdn. jede Minute erwarten⟩; **'~ plate** *s* (Uhr) Zifferblatt *n*

house [haʊs] *s* (*pl* **houses** ['haʊzɪz]) Haus *n*, Wohnhaus *n*, (Wohn-) Gebäude *n* ⟨~ and home Haus und Hof; like a ~ on fire *übertr* wie der Wind, blitzschnell, heftig; as safe as ~s *Brit übertr* todsicher⟩ | Heim *n*, Wohnung *f* ⟨to keep ~ haushalten (*auch übertr*); zusammenleben (**with** mit); to keep open ~ *übertr* ein offenes Haus führen; to keep the ~ das Haus hüten, nicht ausgehen; to set/put one's ~ in order *übertr* seine Angelegenheiten ordnen⟩ | (Tier) Bau *m* | *collect* Hausgemeinschaft *f*, Hausbewohner *m/pl* | Familie *f*, Geschlecht *n* ⟨the ≁ of Windsor⟩ | (Handels- *od* Bank-) Haus *n*, Firma *f* | *Pol* (*oft* ≁) Kammer *f* ⟨to enter the ≁ Parlamentsmitglied werden; there is a ≁ es ist Parlamentssitzung; to make a ≁ (Parlament) beschlußfähig sein⟩ | Abgeordnete *pl* ⟨this ~⟩ | *umg* Wirtshaus *n* ⟨on the ~ *umg* auf Rechnung des Wirts⟩ | *Theat* Publikum *n* ⟨a full (small) ~ ein volles (schlecht besetztes) Haus; to bring the ~ down riesigen Beifall bekommen⟩; [haʊz] **1.** *vt* in ein Haus aufnehmen | unterbringen | Schutz geben | *Mar* bergen | *vi* hausen, wohnen; **2.** *adj* Haus-, intern ⟨a ~ magazine⟩

house| a·gent ['haʊs eɪdʒənt] *s* Häusermakler *m*; **'~ arˌrest** *s Pol* Hausarrest *m* ⟨under ≈⟩; **'~ boat** *s* Hausboot *n*; **'~ˌbo·dy** *s Am* Stubenhocker *m*; **'~ bound** *adj übertr* ans Haus gefesselt; **'~ boy** *s* Boy *m*; **'~ˌbreak·er** *s* Einbrecher *m*; **'~ˌbreak·ing** *s* Einbruch *m*; **'~ˌbro·ken** *adj Am* (Hund u. ä.) stubenrein; **'~coat** *s* Morgenrock *m*, -mantel *m*; **'~craft** *s Brit Päd* Hauswirtschaft(slehre) *f*(*f*); **'~ˌcrick·et** *s* Heimchen *n*; **'~ dog** *s* Haushund *m*; **'~ˌfa·ther** *s* (Kinderheim) Hausvater *m*; **'~ˌfly** *s* Stubenfliege *f*; **'~ful** *s* Hausvoll *n* ⟨a ≈ of visitors ein Hausvoll Besucher⟩; **'~hold 1.** *s* Haushalt *m* ⟨the ≈ (in England) die königliche Hofhaltung⟩; **2.** *adj* häuslich, Haushalts- | alltäglich ⟨a ≈ word/name for s.th. Inbegriff *m* für etw.⟩; **'~ˌhold·er** *s* Wohnungsinhaber(in) *m*(*f*), Haushaltsvorstand *m*; **'~hold troops** *s/pl Mil* Leibgarde *f*; **'~ˌhus·band** *s Am* Hausmann *m*; **'~ˌkeep·er** *s* Haushälterin *f*, Wirtschafterin *f* | Wirtschaftsleiter(in) *m*(*f*); **'~ˌkeep·ing 1.** *s* Haushaltung *f*, Haushaltsführung *f* | *auch* **ˌ~keep·ing 'mon·ey** Haushalts-, Wirtschaftsgeld *n*; **2.** *adj* Haushaltungs-; **'~ lights** *s/pl* (Theater, Kino) Lichter *pl od* Lampen *pl* im Saal; **'~maid** *s* Hausangestellte *f*; **ˌ~maid's 'knee** *s Med* Schleimbeutelentzündung (im Knie); **'~man** *s* (*pl* **'~men**) *Brit Med* Pflichtassistent *m*; **'~ ˌmar·tin** *s Zool* Mehlschwalbe *f*; **'~ˌmas·ter** *s Brit Päd* Erzieher *m*, Lehrer *m* (für Gruppenerziehung), Gruppenerzieher *m*; **'~mate** *s* Hausgenosse *m*; **'~ˌmoth·er** *s* Heimmutter *f*; **ˌ~ of 'cards** *s übertr* Kartenhaus *n*; **ˌ≁ of 'Com·mons** *s* (in Großbritannien) Unterhaus *n*; **ˌ~ of cor'rec·tion** *s* Besserungsanstalt *f*; **ˌ≁ of 'God** *s* Gotteshaus *n*; **ˌ~ of 'ill 'fame** *s* Bordell *n*; **ˌ≁ of 'Lords** *s* (in Großbritannien) Oberhaus *n*; **ˌ≁ of Rep·re'sent·a·tives** *s Am*, *Austr* Abgeordnetenhaus *n*; **'~ ˌpar·ty** *s* Einladung *f* für ein paar Tage; **'~ phyˌsi·cian** *s* (im Krankenhaus wohnender) Arzt | Anstaltsarzt; **'~-proud** *adj* übertrieben sauber, vom Reinemachteufel besessen; **'~room** *s* Haus-, Wohnraum *m*, *bes* in: **not give s.th. '~room** etw. nicht geschenkt haben wollen; **ˌ~s of 'Par·lia·ment** *s/pl Brit* Parlamentsgebäude *pl*; **'~ ˌspar·row** *s Zool* (gemeiner) Haussperling; **'~ ˌsur·geon** *s* (im Krankenhaus wohnender) Chirurg *m* | Haus-, Anstaltschirurg *m*; **ˌ~-to-'~** *adj* von Haus zu Haus (gehend) ⟨≈ salesman Hausierer *m*⟩; **'~tops** *s* Hausdächer *n/pl*, in: **shout/proclaim s.th. from the ~tops** etw. öffentlich verkünden, an die große Glocke hängen; **'~-trained** *adj Brit* (Haustier) stubenrein | *scherzh* (Person) keinen Schmutz machend; **'~ˌwarm·ing** *s* Einzugsfeier *f*, Einstand *m*; **'~wife** *s* (*pl* **'~wives**) Hausfrau *f*; ['hʌzɪf] (bes. Brit.) Nähkasten *m*; **'~wife·ly 1.** *adj* Hausfrauen- | sparsam; **2.** *adv* sparsam | häuslich; **~wif·er·y** ['-wɪfrɪ] *s* Haushaltung *f* | Wirtschaftlichkeit *f*; **'~work** *s* Hausarbeit *f*, Saubermachen *n*

[1]**hous·ing** ['haʊzɪŋ] *s* Satteldecke *f*

[2]**hous·ing** ['haʊzɪŋ] *s* Wohnungsbau *m*, -beschaffung *f*, -wesen *n* | Unterkunft *f*, Obdach *n* | Lagerung *f* | *Tech* Gehäuse *n*, Gerüst *n*, Ständer *m*, Stütze *f* ⟨engine ~ Motorgehäuse *n*⟩; **'~ as·so·ciˌa·tion** *s* Wohnungs(bau)genossenschaft *f*; **'~ board** Wohnungsamt *n*; **'~ deˌve·lop·ment** *s Am* (private) Wohnsiedlung; **'~ eˌstate** *s Brit* Wohnviertel *n*; -viertel *n*; **'~ ˌpro·ject** *s bes Am* (staatliche) Wohnsied-

lung *f*; '~ ˌ**short·age** *s* Wohnungsnot *f*

hove [həʊv] *prät* u. *part perf von* ↑ **heave**

hov·el ['hɒvl] **1.** *s* (armselige) Hütte, Bruchbude *f*, Loch *n*; **2.** *vt* ('~**led,** '~**led**) ärmlich unterbringen

hov·er ['hɒvə] **1.** *vi* schweben (*auch übertr*) ⟨~ing accent *Metr* schwebender Akzent⟩ | herumstehen, warten | *übertr* zögern, schwanken; **2.** *s* Schweben *n* | *übertr* Ungewißheit *f*; '~**craft** *s* Luftkissenfahrzeug *n*; '~ˌ**fer·ry** *s* Luftkissenfähre *f*; '~**port** *s* Anlegestelle *f* für Hovercrafts; '~**train** *s* Schwebezug *m*

how [haʊ] **1.** *adv interrog* wie ⟨~ are you? wie geht es Ihnen?; ~ about …? wie steht's mit …?; ~ is it that …? wie kommt es, daß …?; ~'s that? wie bitte?, wie war das?; ~ come? *Am umg* wie kommt *od* kam es (dazu), daß …?; ~ did it happen? wie geschah es?; ~ do you do? *auch* ~ d'ye do? guten Tag!; ~ now? was soll das heißen?⟩ | warum, wieso ⟨~ so? warum?⟩ | zu welchem Preis? ⟨~ much?, ~ many? wieviel?⟩ | (*relativ*) wie ⟨he knows ~ to do it er weiß, wie man es macht⟩ | *Rhet* wie ⟨~ brave!, and ~! *Am umg* und wie!⟩; **2.** *conj* daß, wie ⟨he told me ~ he had met him there⟩ | wie (immer) ⟨you can do ~ you like⟩; **3.** *s* Wie *n* | Art und Weise *f* ⟨to consider the ~s and wherefores das Wie und Wozu bedenken; the ~ and why das Wie und Warum⟩

how·dah ['haʊdə] *s* Sänfte *f* (auf Elefanten)

how|-do-you-do? [ˌhaʊdjə'du:|ˌhaʊdəjʊ'du:], *auch* **~d'ye-do** [ˌhaʊ djə 'du:] *umg s in*: **a fine/pretty how-do-you-do** eine unangenehme Sache! eine schöne Bescherung!; '~**dy** ['haʊdɪ] *interj Am umg* Tagchen! Hallo!; ˌ~'**ev·er 1.** *adv* wie auch immer; **2.** *conj* jedoch | dennoch, trotzdem

how·itz·er ['haʊɪtsə] *s* Haubitze *f*

howl [haʊl] **1.** *vi* heulen, schreien (**at, over** über); *vt* heulen, brüllen; ~ **down** (jmdn.) niederschreien; **2.** *s* Heulen *n*, Geheul *n* | (Radio) Pfeifen *n*; '~**er** *s umg* grober Schnitzer; Hammer *m*; '~**ing** *adj umg* enorm, toll ⟨≈ success⟩ | *lit* heulend

how·so·ev·er [ˌhaʊsəʊ'evə] *adv lit* wie auch immer

hoy [hɔɪ] *s Mar* Lastboot *n*

hoy·den ['hɔɪdn] **1.** *s* (Mädchen) Wildfang *m*; **2.** *adj* wild, ausgelassen

hp *Abk von* **horsepower** | *Brit* **hire purchase** ⟨to get s.th. on [the] ~ *umg* etw. auf Raten *od* Teilzahlung kriegen⟩

HQ *Abk von* **headquarters** ⟨see you at ~ wir treffen uns im Hauptquartier⟩

hr (*pl* **hrs**) *Abk von* **hour[s]**

HRH *Abk von* **His/Her Royal Highness** ⟨~ the Prince of Wales Seine Majestät, der Prinz von Wales⟩

ht *Abk von* **height**

hub [hʌb] *s* (Rad) Nabe *f* | (Magnetband-) Spule *f* | *übertr* Angel-, Mittelpunkt *m* ⟨the ~ of the universe⟩

hub·bub ['hʌbʌb] *s* Tumult *m*, Lärm *m*

hub·by ['hʌbɪ] *s umg* (Ehe-) Mann *m*, Männe *m*

hub·cap ['hʌbkæp] *s* Radkappe *f*

hub·le-bub·le ['hʌbl ˌbʌbl] *s* Wasserpfeife *n* | brodelndes Geräusch

hu·bris ['hju:brɪs] *s lit* Hybris *f*; Anmaßung *f*

huck·a·back ['hʌkəbæk], *auch* ⁓ *s* Drell *m*, Gerstenkornleinen *n* ⟨~ towel Gerstenkornhandtuch *n*⟩

huck·le ['hʌkl] *s* Hüfte *f*

huck·le·ber·ry ['hʌklbr̥ɪ] *s* amerikanische Heidelbeere

huck·ster ['hʌkstə] **1.** *s* Höker(in) *m(f)*, Hausierer(in) *m(f)* | *Am Sl* Straßenverkäufer *m* | *übertr* Krämerseele *f* | *Am verächtl* Reklamefritze *m*; **2.** *vi* hökern | feilschen; *vt* hausieren mit | verfälschen

hud·dle ['hʌdl] **1.** *vt* durcheinanderwerfen, -stellen | *oft* ~ **up** schnell zusammenstellen, (zusammen)pfuschen, zusammenwerfen, -schmeißen; ~ **on** (Kleid) hastig überziehen; *vi auch* ~ **to·geth·er** sich (zusammen)drängen | sich kauern (**against** an); ~ **down** sich (zusammen)kuscheln; ~ **up to** sich eng schmiegen an; **2.** *s* Gewirr *n*, Durcheinander *n* ⟨all in a ~ in wirrem Durcheinander⟩ | Geheimsitzung *f* ⟨to go into a ~ sich abseits von der Menge (einmal) zusammensetzen⟩

[1]**hue** [hju:] *s* Farbe *f* | Färbung *f* | Farbton *m*

[2]**hue** [hju:] *s* Geschrei *n*, *in*: ~ **and cry** Alarmgeschrei *n*; **raise/set up a ~ and cry against s.o.** gegen jmdn. ein Zetergeschrei erheben, Zeter und Mordio schreien

hued [hju:d] *adj* gefärbt, -farben

huff [hʌf] **1.** *vt* beleidigen | ärgern | von oben herab behandeln; *vi* böse werden | beleidigt sein; **2.** *s* Anfall *m* von Ärger ⟨to be in a ~ eingeschnappt sein; to get/go into a ~ einschnappen, sich beleidigt fühlen⟩

hug [hʌg] **1.** *vt* (**hugged, hugged**) umarmen, fest an sich drücken | liebkosen | umklammern, erdrücken ⟨~ged by a bear⟩ | *übertr* (Vorurteile u. ä.) hegen, festhalten an ⟨to ~ an idea sich fest an einen Gedanken klammern⟩ | sich dicht halten an ⟨to ~ the coast⟩ ◇ ~ **o.s.** sich beglückwünschen (**for** wegen; **on** zu); **2.** *s* Umarmung *f* ⟨to give s.o. a big ~ jmdn. fest umarmen⟩ | (Ringen) Griff *m*

huge [hju:dʒ] *adj* sehr groß, ungeheuer, riesig; '~**ly** *adv umg* gewaltig, außerordentlich ⟨to praise ≈⟩

hug·ger·mug·ger ['hʌgəˌmʌgə] **1.** *s* Unordnung *f*, Verwirrung *f* | *arch* Heimlichkeit *f*; **2.** *adj, adv* heimlich | unordentlich; **3.** *vt* verbergen, verheimlichen; *vi* heimlich handeln

hug-me-tight ['hʌg mɪ taɪt] *Am s umg* enganliegende, ärmellose Strickjacke | Bettjäckchen *n*

hulk [hʌlk] **1.** *s* Hulk *m, n* | *übertr* Klumpen *m* | grober Klotz; **2.** *vi, meist* ~ **up** sich auftürmen; '~**ing** *adj* ungeschlacht ⟨≈ great/great ≈ massig⟩

[1]**hull** [hʌl] **1.** *s* Hülse *f*, Schale *f* (*auch übertr*); **2.** *vt* (Erbsen, Bohnen) enthülsen, schälen

[2]**hull** [hʌl] *s* **1.** *s* (Schiffs-) Rumpf *m*; **2.** *vt* (Schiff) in den Rumpf treffen (mit e-m Geschoß)

hul·la·ba·loo [ˌhʌləbə'lu:] *s* (*meist sg*) Spektakel *m*

hull·er ['hʌlə] *s* Schälmaschine *f*

hul·lo, hul·loa [hə'ləʊ|hʌ'ləʊ] *interj bes Brit* hallo! (*bes Tel*)

hum [hʌm] **1.** (**hummed, hummed**) *vi* (Biene) summen | brummen (*auch übertr*) | *Brit* (*Am* **hem**) hm machen, zögern ⟨to ~ and ha[w] verlegen stottern⟩ | *umg* in Schwung sein ⟨to ~ with activity voll im Gang sein, flutschen; to make things ~ *umg* Schwung in die Sache bringen⟩ | *Sl* stinken; *vt* summen ⟨to ~ a child to sleep ein Kind in den Schlaf singen⟩; **2.** *s* Summen *n* | Brummen *n*, Gebrumm *n* | *Sl* Gestank *m* ⟨to give off a ~⟩; **3.** *interj* hm!

hu·man ['hju:mən] **1.** *adj* menschlich, Menschen- ⟨~ nature menschliche Natur, Menschlichkeit *f*; ~ sacrifice Menschenopfer *n*; to err is ~ Irren ist menschlich⟩; **2.** *s auch* ~ '**be·ing** menschliches Wesen, Mensch *m*; **hu·mane** [hju:'meɪn] *adj* menschlich, human, menschenfreundlich (*Ant* inhumane) ⟨≈ feelings; ≈ killer Mittel *od* Gerät zum schmerzlosen Töten (von Tieren)⟩ | *selten* humanistisch ⟨≈ learning humanistische Bildung⟩; '~**ism** *s* Menschlichkeit *f* | *oft* ⁓**ism** *Hist* Humanismus *m*; '~**ist 1.** *s* Menschenkenner *m* | (*oft* ⁓**ist**) *Hist* Humanist *m*; **2.** = ~'**is·tic,** ~'**is·ti·cal** *adj* menschlich, human | humanistisch; **~i·tar·i·an** [hju:ˌmænɪ'tɛərɪən] **1.** *adj* menschenfreundlich; **2.** *s* Menschenfreund *m*; **~i'tar·i·an·ism** *s* Menschenfreundlichkeit *f*, Nächstenliebe *f*; **hu·man·i·ties** [hju:'mænətɪz] *s/pl mit best art* klassische Philologie | humanistische Bildung | Geisteswissenschaften *f/pl*; **~i·ty** [hju:'mænətɪ] *s* menschliche Natur | Menschheit *f*, Menschengeschlecht *n* | Humanität *f* | Menschlichkeit *f*; ˌ~·i'zation [ˌhju:mənaɪ'zeɪʃn] *s* Humanisierung *f*; '~ize *vt* menschlich machen | zivilisieren; *vi* vermenschlichen, zivilisiert werden; ~kind ['~'kaɪnd] *s lit* Menschengeschlecht *n*, Menschheit *f*; '~ly *adv* nach menschlichem Ermessen ⟨≈ possible menschenmöglich; ≈ speaking nach menschlichen Begriffen⟩; '~ ˌsci·ences *s/pl* Humanwissenschaften *f/pl*

hum·ble ['hʌmbl] **1.** *adj* demütig, bescheiden ⟨my ~ self meine Wenigkeit; Your ~ servant *fast arch* (Briefschluß) Ihr ganz ergebener⟩ | niedrig (von Geburt) ⟨of ~ birth aus einfachen Verhältnissen⟩ | dürftig, ärmlich ◇ **eat ~ pie** *übertr* zu Kreuze kriechen, sich demütigen; **2.** *vt* (jmdn.) demütigen ⟨to ~ o.s. sich erniedrigen⟩

hum·ble-bee ['hʌmbl bi:] *s* Hummel *f*

hum|bug ['hʌmbʌg] **1.** *s* Schwindel *m* | Unsinn *m*, Humbug *m* | Schwindler(in) *m(f)*; **2.** ('~**bugged,** '~**bugged**) *vt* (be)schwindeln ⟨to ≈ s.o. into doing s.th. jmdn. durch Tricks dazu kriegen, daß er etw. tut⟩ | prellen (**out of** um); *vi* schwindeln | sich etw. vormachen

hum·ding·er [hʌm'dɪŋə] *s Am umg* Mordskerl *m* | tolle Sache

hum|drum ['hʌmdrʌm] **1.** *adj* eintönig, fade; **2.** *s* Eintönigkeit *f* | langweilige Person; **3.** *vi* ('~**drummed,** '~**drummed**) dahinleben, -dösen

hu·mer·us ['hju:mərəs] *s Anat* Oberarmknochen *m*

hu·mid ['hju:mɪd] *adj* feucht, naß; **hu'mid·i·fy** *vt* befeuchten, feucht machen; **hu'mid·i·ty** *s* (Luft-) Feuchtigkeit *f*; **hu·mi·dor** ['hju:mɪdɔ:] *s* Feuchthaltebehälter *m* (für Zigarren) | *Tech* Luftfeuchtigkeitsregler *m*

hu·mil·i·ate [hju:'mɪlɪeɪt] *vt* erniedrigen, demütigen; **huˌmil·i'a·tion** *s* Erniedrigung *f*, Demütigung *f*; **hu'mil·i·ty** *s* Demut *f* | Unterwürfigkeit *f*

hum|mer ['hʌmə] *s Tech* Summer *m*, Schnarre *f*; '~**ming** *adj Sl* gewaltig ⟨≈ noise⟩ | *Sl* stark ⟨≈ ale⟩; '~**mingbird** *s* Kolibri *m*; '~**ming top** *s* Brummkreisel *m*

hum·mock ['hʌmək] *s* (Erd-) Hügel *m*; Eishügel *m*

hu·mour ['hju:mə] **1.** *s arch od Biol* (Körper-) Saft *m* | Temperament *n*, Laune *f*, Stimmung *f* ⟨in the ~ for aufgelegt zu; out of ~ schlecht gelaunt; to be in a good ~ bei guter Laune sein; to be in a bad/ill ~ schlechte Laune haben⟩ | Spaß *m*, Humor *m*, Komik *f* ⟨black ~⟩; **2.** *vt* (**s.o.** jmdm.) den Willen tun | sich anpassen an, Zugeständnisse machen gegenüber; **-hu·moured** ['hju:məd] *in Zus* -gelaunt ⟨good-≈ gut gelaunt; ill-≈ in schlechter Stimmung⟩

hu·mor|ist ['hju:mərɪst] *s* Humorist *m*, Spaßmacher *m*; '~**ous** *adj* spaßig, lustig, komisch, humoristisch | launisch

hu·mour·some ['hju:məsəm] *adj* launisch

hump [hʌmp] **1.** *s Anat* Buckel *m*, Höcker *m* | Hügel *m* | *Brit umg* üble Laune ⟨it gives me the ~ *übertr* es geht mir auf die Nerven *od* auf den Wecker⟩ ◇ **be over the ~** *übertr* über den Berg sein; **2.** *vt* krümmen | *Brit umg* auf dem Rücken tragen ⟨to ~ s.th. onto one's back sich etw. auf den Buckel laden *od* wuchten; to ~ one's back einen Buckel machen; *übertr* sich ärgerlich zeigen⟩ | ärgern, verdrießen ⟨to ~ o.s. *Am umg* sich abrackern⟩ | *vulg* stoßen, umlegen; '~**back** *s* Buckel *m*, Höcker *m* | Buckligе(r) *f(m)*; ˌ~'**backed** *adj* bucklig, höckerig

humph [hʌmpf], *auch* **h'm** [hmh|hm] *verächtl* **1.** *interj* hm!; **2.** *vi* hm machen

hump·ty-dump·ty [ˌhʌmptɪ 'dʌmptɪ] *s umg* Stöpsel *m* (kleine dicke Person)

hump·y ['hʌmpɪ] *adj* bucklig | *umg* verärgert

hu·mus ['hju:məs] *s* Humus *m*

Hun [hʌn] *s* Hunne *m* | *übertr* zerstörungswütiger Mensch | *Sl verächtl* Deutscher *m*

hunch [hʌntʃ] **1.** *s Anat* Buckel *m*, Höcker *m* | großes Stück, Klumpen *m* | *umg* (Vor-) Ahnung *f* ⟨to have a ~ leise ahnen; to play one's ~ tun, was einem die Vorahnung eingibt⟩; **2.** *vt* krümmen, beugen ⟨to ~ one's shoulders over sich mit den Schultern beugen über; to ~ o.s. up sich niederkauern⟩; *vi* schieben; '~**back** *s* Buckel *m*, Höcker *m* | Bucklige(r) *f(m)*; '~**backed** *adj* bucklig

hun·dred ['hʌndrəd] **1.** *adj* hundert ⟨a/one ~ (ein)hundert; to have a ~ things to do *übertr* hunderterlei zu tun haben⟩; **2.** *s* Hundert *n* ⟨by [the] ~s hundertweise, zu Hunderten; ~s of times hundertemal; the four ~ *Am* die oberen Zehntausend; a great/long ~ 120⟩ | *Hist* Hundertschaft *f* | Bezirk *m*; '~**fold** *adj, adv* hundertfach; '~-**per 'cent** *adj* hundertprozentig | echt; **hun·dredth** ['~θ|-ətθ] **1.** *adj* hundertste(r, -s); **2.** *s* Hundertste(r) *f(m)* | Hundertstel *n*; '~**weight** *s* Zentner *m* (in Großbritannien 112 Pfund, in den USA 100 Pfund)

hung [hʌŋ] *prät* u. *part perf von* ↑ **hang**

Hun·ga|ri·an [hʌŋ'gɛərɪən] **1.** *adj* ungarisch; **2.** *s* Ungar(in) *m(f)* | Ungarisch *n*; '~**ry** *s* Ungarn *n*

hun·ger ['hʌŋgə] **1.** *s* Hunger *m* (*auch übertr*) (**after, for** nach) ◇ **~ is the best sauce** *Sprichw* Hunger ist der beste Koch; **2.** *selten, bibl vi* hungern (*auch übertr*) (**after, for** nach); '~ **march** *s* Hungermarsch *m*; '~ **strike** *s* Hungerstreik *m*; *vt* hungern lassen, aushungern; **hun·gry** ['hʌŋgrɪ] *adj* hungrig (*auch übertr*) (**for** nach) ⟨≈ as a hunter *übertr* hungrig wie ein Wolf; to be/feel ≈ hungrig sein; to go ≈ hungern müssen, hungrig ausgehen⟩ | hungrig machend ⟨≈ work⟩ | (Boden) unfruchtbar, mager

hung up ['hʌŋʌp] *Sl adj* (nervlich) gestört ⟨to be/get ~ about s.th. durchdrehen⟩; **~ on** versessen *od* verrückt auf ⟨to be ≈ s.o. auf jmd. stehen⟩

hunk [hʌŋk] *s umg* (Brot u. ä.) dickes Stück *n*, Runken *m* | *übertr* (Person) Brocken *m*, Koloß *m*

hun·kers ['hʌŋkəz] *s/pl umg* Hinterbacken *f/pl* ⟨on one's ~ hingekauert⟩

hunk·y ['hʌŋkɪ], *auch* **~dor·y** [ˌ~'dɔ:rɪ] *adj Am Sl* großartig, prima | quitt

hunt [hʌnt] **1.** *s* Jagd *f* (*auch übertr*) (**for** nach, auf) ⟨on the ~ for s.th. *übertr* auf der Jagd nach etw.; the ~ is on (for) die Jagd beginnt (nach)⟩ | *Brit* Fuchsjagd *f* | Jagdrevier *n* | Jagdgesellschaft *f*; **2.** *vt, auch* **~ away** jagen, hetzen | vertreiben (**from** von, aus); **~ down** zu Tode hetzen; **~ out, ~ up** aufspüren | herausfinden; *vi* jagen (*auch übertr*) (**after, for** nach) ⟨to go ~ing auf die Jagd gehen⟩; '~**er** *s* Jäger *m* (*auch übertr*) ⟨fortune ≈ Glücksjäger *m*⟩ | Jagdpferd *n*; '~**ing** *s* Jagen *n* | Verfolgung *f*; '~**ing box** *s* Jagdhäuschen *n*, -hütte *f*; '~**ing crop** *s* Jagdpeitsche *f*; '~**ing ground** *s* Jagdrevier *n* ⟨happy ≈ *scherzh* Himmel *m*, ewige Jagdgründe *m/pl*⟩; ˌ~**ing 'pink** *s* roter Reitrock | Rot *n* des Reitrockes; '**hunts·man** *s* (*pl* '**hunts·men**) Jäger *m*; '**hunts·man·ship** *s* Jägerei *f*, Weidwerk *n*

hur·dle ['hɜ:dl] **1.** *s* Hürde *f* (*auch übertr*) | *übertr* Hindernis *n*; **2.** *vt* (Hürde) nehmen, überspringen | *auch* **~ off** mit Hürden umgeben | *übertr* (Schwierigkeiten) meistern, überwinden; *vi* ein Hindernisrennen laufen *od* reiten; '**hur·dler** *s* Hürdenläufer(in) *m(f)* | Hindernispferd *n*; '~ **race,** *auch* **hur·dles** *s/pl* Hürdenlauf *m*, -rennen *n*

hur·dy-gur·dy ['hɜ:dɪ ˌgɜ:dɪ|ˌ~ '~] *s* Leierkasten *m*

hurl [hɜ:l] **1.** *vt* schleudern, werfen (*auch übertr*) | (Worte) ausstoßen; *vi* werfen (*auch übertr*); **2.** *s* Schleudern *n*, Werfen *n*; '~**ing** *s Ir Sport* Hurling(spiel) *n(n)* (Art Hockey)

hurl·y-burl·y ['hɜ:lɪ ˌbɜ:lɪ|ˌ~ '~] **1.** *s* Durcheinander *n*, Tumult *m*; **2.** *adj, adv* verworren

hur·rah [hʊ'rɑ:], **hur·ray** [hʊ'reɪ] **1.** *interj* hurra! ⟨hip, hip ~ hipp hipp hurra!; ~ for ein Hoch auf, hoch lebe⟩; **2.** *vi* hurra rufen; **3.** *s* Hurra(geschrei) *n* ⟨to give three ~s drei

Hochrufe ausbringen⟩

hur·ri·cane ['hʌrɪkən|-keɪn] *s* Hurrikan *m*, Wirbelsturm *m* | *übertr* Wirbel *m*; '~ **lamp** Sturmlaterne *f*

hur·ried ['hʌrɪd] *adj* eilig | übereilt | flüchtig

hur·ry ['hʌrɪ] **1.** *s* Eile *f*, Hast *f* ⟨to be in a ~ es eilig haben; to be in no ~ warten können, nicht erpicht sein; nicht wollen; there is no ~ es hat Zeit; not do s.th. in a ~ *umg* etw. nicht so bald (wieder) tun, etw. lieber (sein) lassen; **2.** ('**hur·ried**, '**hur·ried**) *vt* zur Eile antreiben | drängen, hetzen ⟨to ~ s.o. into doing s.th. jmdn. drängen, etw. zu tun⟩ | schnell befördern; ~ **on/up** antreiben, beschleunigen; *vi, auch* ~ **up** sich beeilen, eilen; ~ **along/away/off** forteilen; ~ **over s.th.** etw. flüchtig erledigen; **~-skur·ry** [ˌhʌrɪ 'skʌrɪ] *umg* **1.** *s* Unruhe *f*, Hetzerei *f*; **2.** *adj, adv* hastig, überstürzt; **3.** *vi* eilen

hurt [hɜːt] **1.** (~, ~) *vt* verletzen, weh tun ⟨to ~ one's hand die Hand verletzen; he wouldn't ~ a fly er kann keiner Fliege etw. zuleide tun⟩ | kränken ⟨he was very (much) ~ er war sehr gekränkt; to ~ s.o.'s feelings⟩ | schaden ⟨to ~ one's reputation seinem Ruf schaden⟩; *vi, auch unpers* verletzen, schmerzen | schaden ⟨that won't ~ das schadet nichts⟩; **2.** *s meist pl* Verletzung *f* | *übertr* Schmerz *m*, Schädigung *f*, Schaden *m*; **3.** *adj* verletzt ⟨badly ~ schwer verletzt⟩ | (Bemerkung) verletzend

hur·tle ['hɜːtl] **1.** *vi* zusammenprallen | anstoßen, rasen (**against** gegen); *vt* werfen | zusammenstoßen; **2.** *s* Zusammenprall *m*

hus·band ['hʌzbənd] **1.** *s* Ehemann *m*, Gatte *m* ⟨~ and wife Mann und Frau, Ehepaar *n*⟩; **2.** *vt förml* haushalten | verwalten ⟨to ~ one's resources⟩ | (Frau) verheiraten | *selten* heiraten; '**~man** *s* (*pl* '**~men**) *arch, bibl* Landwirt *m*; '**~ry** *s förml* Landwirtschaft *f* ⟨animal ≈ Tierhaltung *f*⟩ | Sparsamkeit *f*, Haushalten *n*

hush [hʌʃ] **1.** *interj* sch! | pst!; **2.** *vi* still sein *od* werden; *vt* zum Schweigen bringen | *übertr* beruhigen, beschwichtigen | *meist* ~ **up** *übertr* vertuschen; **3.** *s* Stille *f*, Schweigen *n* (bes. nach Lärm) ⟨a ~ fell over the room plötzlich wurde es still im Raum⟩; ˌ**~-'~** *adj umg* (Plan u. ä.) heimlich, geheim; '~ ˌ**mon·ey** *s* Schweigegeld *n*

husk [hʌsk] **1.** *s* Hülse *f*, Schale *f*, Schote *f* ⟨~ of wheat Weizenspelze *f*⟩ | *Am* leerer Maiskolben | *übertr* Schale *f*, (wertlose) Hülle; **2.** *vt* enthülsen, schälen; [1]'**~y** *adj* hülsig | trocken | (Stimme) heiser, belegt | *urspr Am umg* groß und stark

[2]**husk·y** ['hʌskɪ] *s* Eskimohund *m* | *auch* ⁓ Eskimo *m* | Eskimosprache *f*

hus·sar [hʊ'zɑː] *s* Hussar *m*

hus·sy ['hʌzɪ|-s-] *s* Dirne *f*, Flittchen *n* | Göre *f*, Weibsbild *n* ⟨brazen/shameless ~ freches *od* unverfrorenes Ding⟩

hus·tings ['hʌstɪŋz] *s/pl* Wahlkampf *m*, Wahlveranstaltungen *f/pl* ⟨on the ~ im Wahlkampf, auf einer Wahlveranstaltung⟩

hus·tle ['hʌsl] **1.** *vt, auch* ~ **into/out of/through** (jmdn.) (hinein-, heraus-, hindurch)stoßen, drängen, treiben; *vi* sich drängen | eilen | sich einen Weg bahnen | *Am umg* schwindeln | *Am umg* auf den Strich gehen; **2.** *s* Stoßen *n* | Gedränge *n* ⟨~ and bustle Gedränge und Gehetze⟩ | *Am umg* Betriebsamkeit *f*, Schwung *m*; '**hus·tler** *s* Taschendieb *m* | *Am* tüchtiger Arbeiter | *Am umg* Straßen-, Strichmädchen *n* | Strichjunge *m*

hut [hʌt] **1.** *s* Hütte *f*, Kate *f* | *Mil* Baracke *f*; '~ **camp** Barackenlager *n*; **2.** ('**~ted**, '**~ted**) *vi* in Hütten *od* Baracken wohnen; *vt* in Hütten *od* Baracken unterbringen

hutch [hʌtʃ] **1.** *s* Kasten *m* | Trog *m* | Verschlag *m*, Stall *m* ⟨rabbit ~ Kaninchenstall *m*⟩ | *Bergb* Förder-, Grubenwagen *m*, Hunt *m*; **2.** *vt* horten, beiseite legen (*auch übertr*) | (Erz in einem Trog) waschen; '**~ing** *s Bergb* Setzwäsche *f* (Aufbereitung)

hut·ment ['hʌtmənt] *s* Barackenunterkunft *f*, -lager *n*

huz·za(h) [hʊ'zɑː] *arch* **1.** *interj* hurra!, juchhe!; **2.** *s* Hurra *n*; **3.** *vi* hurra rufen | applaudieren; *vt* jmdm. zujauchzen *od* applaudieren

hy·a·cinth ['haɪəsɪnθ] *s Bot* Hyazinthe *f* | *Min* Hyazinth *m*

hy·ae·na [haɪ'iːnə] *s* Hyäne *f* (*auch übertr*)

hy·brid ['haɪbrɪd] **1.** *s* Hybrid(e) *m*(*f*), Bastard *m* | Kreuzung *f*; **2.** *adj* hybrid, Bastard-; '**~ism** *s* Bastardierung *f*, Kreuzung *f*; **hy'brid·i·ty** *s* Mischbildung *f*; ˌ**~i'za·tion** *s* Hybridisation *f*, Kreuzung *f* | Kreuzen *n*; '**~ize** *vt* bastardieren, kreuzen; *vi* durch Kreuzung erzeugen

hy·dra ['haɪdrə] *s Myth, Zool* Hydra *f*

hy·dran·gea [haɪ'dreɪndʒə] *s Bot* Hortensie *f*

hy·drant ['haɪdrənt] *s* Hydrant *m* | *Am auch* Wasserhahn *m*

hy·drate ['haɪdreɪt] **1.** *s Chem* Hydrat *n*; **2.** *vt* hydrieren; '**hy·drat·ed** *adj* hydriert, wasserhaltig; **hy·drau·lic** [haɪ'drɔːlɪk] *adj Phys* hydraulisch; **hy'draul·ics** *s/pl* Hydraulik *f*

hydro- [haɪdrə(ʊ)] ⟨*griech*⟩ *in Zus* hydro-, Wasser-

hy·dro|air·plane [ˌhaɪdrəʊ'ɛəpleɪn] = **hydroplane**; ˌ**~'car·bon** *s* Kohlenwasserstoff *m*; **~ceph·a·lus** [ˌ~'sefələs] *s Med* Wasserkopf *m*; ˌ**~'chlor·ic** *adj* salzsauer ⟨≈ acid Salzsäure *f*⟩; ˌ**~cy'an·ic** *adj* Zyanwasserstoff- ⟨≈ acid Blausäure *f*⟩; ˌ**~dy'nam·ic** *adj* hydrodynamisch; ˌ**~dy'nam·ics** *s/pl* Hydrodynamik *f*; ˌ**~e'lec·tric** *adj* hydroelektrisch ⟨≈ generating station Wasserkraftwerk *n*⟩; **~gen** ['haɪdrədʒən|'-drɪdzən|'-dʒɪn] *s* Wasserstoff *m* ⟨≈ bomb Wasserstoffbombe *f*⟩; ˌ**~gen 'per·ox·ide** *s* Wasserstoffsuperoxid *n*; ˌ**~-ge'ol·o·gy** *s* Hydrogeologie *f*; **hy·drog·ra·phy** [haɪ'drɒgrəfɪ] *s* Hydrographie *f* | Gewässerkunde *f*; **hy·drol·o·gy** [haɪ'drɒlədʒɪ] *s* Hydrologie *f*; **hy·drol·y·sis** [haɪ'drɒlɪsɪs] *s* Hydrolyse *f*; **hy·drom·e·ter** [haɪ'drɒmɪtə] *s* Hydrometer *n*; **~path·ic** [ˌ~'pæθɪk] *Med* **1.** *adj* hydropathisch; **2.** *s, auch* ~ˌ**path·ic e'stablishment** Wasserheilanstalt *f*; **hy·drop·a·thy** [haɪ'drɒpəθɪ] *s Med* Hydrotherapie *f*, Kneippkur *f*; **~pho·bi·a** [ˌ~'fəʊbɪə] *s* Wasserscheu *f* | *Med* Tollwut *f*; '**~plane** **1.** *s selten* Wasserflugzeug *n* | Gleitboot *n* | (U-Boot) Tiefenruder *n*; **2.** *vi* ein Wasserflugzeug benutzen, mit einem Wasserflugzeug fliegen; **~pon·ics** [ˌ~'pɒnɪks] *s/pl* Hydroponik *f*, -kultur *f*; **~stat** ['~stæt] *s Tech* Hydrostat *m* | Wassermelder *m*; ˌ**~ther·a'peu·tics** *s/pl Med* Wasserheilkunde *f*; ˌ**~'ther·a·py** *s Med* Hydrotherapie *f*; **hy·drous** ['haɪdrəs] *adj Chem* wasserhaltig

hy·e·na [haɪ'iːnə] = **hyaena**

hy·giene ['haɪdʒiːn] *s, auch* **hy'gi·en·ics** [~'dʒiːn-] *s/pl* Hygiene *f*, Gesundheitslehre *f* | Gesundheitspflege *f* ⟨personal ~ Körperpflege *f*⟩ | Hygiene *f*, Sauberkeit *f*; **hy'gi·en·ic, hy'gi·en·i·cal** *adj* hygienisch | sauber

hygro- [haɪgrə(ʊ)] ⟨*griech*⟩ *in Zus* hygro-, feucht-

hy·grom·e·ter [haɪ'grɒmɪtə] *s Phys* Hygrometer *n*, Luftfeuchtigkeitsmesser *m*; **hy·gro·scope** ['haɪgrəskəʊp] *s Phys* Hygroskop *n*, Feuchtigkeitsanzeiger *m*

hy·men ['haɪmən|'-men] *s Med* Hymen *n*, Jungfernhäutchen *n*; **hy·me·ne·al** [ˌhaɪmə'niːəl|-me'n-] **1.** *adj* hochzeitlich, Hochzeits-; **2.** *s* Hochzeitsgesang *m*

hymn [hɪm] **1.** *s* Hymne *f* | Kirchenlied *n*; **2.** *vt* preisen (durch e-e Hymne); *vi* Hymnen singen; **hym·nal** ['~nl] **1.** *adj* hymnisch, Hymnen-; **2.** *auch* '**~book** *s* Gesangbuch *n*

hype [haɪp] *Sl* **1.** *s* Reklame *f*, Werbung *f* | Reklametrick *m* | Knüller *m*; **2.** *vt meist* ~ **up** die Werbetrommel rühren für, trommeln für | anstacheln | beschwindeln, austricksen; '**hyped-up** *Sl adj* künstlich, falsch | ausgelassen, überschäumend

hyper- ['haɪpə] ⟨*lat*⟩ *in Zus* hyper-, über(mäßig)- (*Ant* hypo-)

hy·per|ae·mi·a [ˌhaɪpəˈri:mɪə] *s Med* Hyperämie *f*, Blutstauung *f*; **~ae·mic** [-ˈri:mɪk|-ˈremɪk] *adj* hyperämisch; **~aes·the·si·a** [ˌhaɪpəresˈθi:ziə|-əs-] *s Med* Hyperästhesie *f*, Überempfindlichkeit *f*; **~bo·la** [haɪˈpɜ:bələ] *s Math* Hyperbel *f*; **~bo·le** [haɪˈpɜ:bəlɪ] *s Rhet* Hyperbel *f*, Übertreibung *f*; **~bol·ic** [ˌhaɪpəˈbɒlɪk], **ˌ~ˈbol·i·cal** *adj* hyperbolisch, übertreibend; **ˌ~ˈcrit·i·cal** *adj* übermäßig kritisch | übergenau; **ˈ~ˌmar·ket** *s* Supermarkt *m* (für große Mengen); **ˌ~ˈsen·si·tive** *adj* überempfindlich (**to** gegen, **about** in bezug auf); **~son·ic** [ˌhaɪpəˈsɒnɪk] *adj* Überschall-; **ˌ~ˈten·sion** *s Med* Hypertonie *f*, Bluthochdruck *m*; **~troph·ic** [ˌhaɪpəˈtrɒfɪk], **ˌ~ˈtroph·i·cal** *adj* hypertroph; **~tro·phy** [haɪˈpɜ:trəfɪ] **1.** *s* Hypertrophie *f*, Überentwicklung *f*; **2.** *vt* übermäßig vergrößern; *vi* sich vergrößern

hy·phen [ˈhaɪfən] **1.** *s* Bindestrich *m*; **2.** *vt* mit einem Bindestrich versehen; **~ate** [ˈhaɪfn̩eɪt|-fən-] *vt* durch einen Bindestrich verbinden | mit einem Bindestrich schreiben; **ˈ~at·ed** *adj* Halb- ⟨≈ Americans Halbamerikaner *m/pl* (z. B. German-Americans)⟩; **ˌ~ˈa·tion** *s* Bindestrichschreibung *f*

hypn- [hɪpn] **hypno-** [ˈhɪpnə(ʊ)] ⟨*griech*⟩ *in Zus* hypno-, Schlaf-

hyp|no·sis [hɪpˈnəʊsɪs] *s* Hypnose *f*; **~not·ic** [-ˈnɒtɪk] **1.** *adj* hypnotisch ⟨≈ suggestion Hypnotisierung *f*⟩; **2.** *s* Schlafmittel *n* | Hypnotisierte(r) *f(m)*; **ˈ~no·tism** *s* Hypnotismus *m* | Hypnose *f*; **ˈ~no·tist** *s* Hypnotiseur *m*; **ˈ~no·tize** *vt* hypnotisieren (*auch übertr*); *vi* hypnotisieren

hypo- [haɪpə(ʊ)|hɪpə(ʊ)] ⟨*lat*⟩ *in Zus* hypo-, sub-, unter(halb, -geordnet) | geringer (*Ant* hyper-)

hy·po|chon·dri·a [ˌhaɪpəˈkɒndrɪə|ˌhɪp-] *s* Hypochondrie *f*; **~chon·dri·ac** [ˌ~ˈkɒndrɪæk] **1.** *adj* hypochondrisch; **2.** *s* Hypochonder *m*; **hy·poc·ri·sy** [hɪˈpɒkrəsɪ] *s* Heuchelei *f*; **hyp·o·crite** [ˈhɪpəkrɪt] *s* Heuchler(in) *m(f)*; **hyp·o·crit·i·cal** [ˌhɪpəˈkrɪtɪkl] *adj* heuchlerisch, scheinheilig; **ˌ~ˈder·mic** [-ˈdɜ:m-] **1.** *adj Med* unter der *od* die Haut, subkutan ⟨≈ injection⟩; **2.** *s* Injektionsspritze *f* | Subkutaninjektion *f* | subkutan angewandtes Mittel; **~pla·si·a** [ˌ~ˈpleɪʒɪə|-zɪə] *s Med* Hypoplasie *f*, Unterentwicklung *f*; **hy·pos·ta·sis** [haɪˈpɒstəsɪs] *s* (*pl* **hy·pos·ta·ses** [-si:z]) *Phil* Hypostase *f*, Wesen *n* | *Med* Blutstauung *f*; **hyˈpos·ta·tize** *vt Phil* hypostasieren, vergegenständlichen; **ˌ~ˈten·sion** *s Med* Hypotonie *f*, Blutunterdruck *m*; **hy·pot·e·nuse** [haɪˈpɒtɪnju:z|-ju:s] *s Math* Hypotenuse *f*; **hy·poth·ec** [haɪˈpɒθɪk|hɪ-] *s* Hypothek *f*; **hyˈpoth·e·car·y** *adj* hypothekarisch, Hypotheken-; **hy·poth·e·cate** [haɪˈpɒθɪkeɪt] *vt* Hypothek aufnehmen für, verpfänden; **hy·po·ther·mi·a** [ˌhaɪpəʊˈθɜ:mɪə] *s Med* Hypothermie *f*, Unterkühlung *f*; **hy·poth·e·sis** [haɪˈpɒθəsɪs] *s* Hypothese *f*, Annahme *f*; **~thet·ic** [ˌ~ˈθetɪk], **ˌ~ˈthet·i·cal** *adj* hypothetisch | mutmaßlich; **hy·pot·ro·phy** [haɪˈpɒtrəfɪ|hɪ-] *s Med* Hypotrophie *f*, Unterentwicklung *f*

hys·sop [ˈhɪsəp] *s Bot* Ysop *m*

hys·ter·ec·to·my [ˌhɪstəˈrektəmɪ] *s Med* Hysterektomie *f*, (Gebärmutter) Totaloperation *f*

hys|te·ri·a [hɪˈstɪərɪə] *s* Hysterie *f* (*auch übertr*); **~ter·ic** [hɪˈsterɪk] **1.** *s* Hysteriker(in) *m(f)* | *meist* **~ˈter·ics** *pl* krampfhafter Anfall | Hysterie *f*; **2.** *adj* hysterisch (*auch übertr*); **~ˈter·i·cal** *adj* hysterisch (*auch übertr*); **~ˈter·ics** *s/pl* (*sg konstr*) Hysterie *f*, hysterischer Anfall ⟨to go into ≈ (hysterische) Anfälle bekommen; to give s.o. ≈ *übertr* jmdn. umwerfen; to be in ≈ about s.th. sich über etw. (halb) totlachen⟩

Hz *Abk von* **Hertz**

I

[1]I, i [aɪ] *s* (*pl* **I's, Is, i's, is**) I *n*, i *n* ◇ **dot an i** einen i-Punkt setzen; **dot one's "i's" and cross one's "t's"** peinlich genau *od* penibel sein

[2]I [aɪ] **1.** *pron* ich ◇ **~ say** hören Sie mal!; **between you and ~** *förml* unter uns (gesagt); **2.** *s* (*pl* **I's** [aɪz]) Ich *n* ⟨his speech is full of "I's" er redet immer nur von sich selbst⟩

-i·al [-ɪəl] *Suff zur Bildung von adj aus s* (**dictatorial**)

i·amb [ˈaɪæm] *s Metr* Jambus *m*; **i·am·bus** [aɪˈæmbəs] *s* (*pl* **~bi** [-baɪ], **i·am·bus·es** [-bəsɪz]) *Metr* Jambus *m*; **iˈam·bic** *Metr* **1.** *adj* jambisch ⟨≈ feet jambische Verse *m/pl*⟩; **2.** *s* Jambus *m*; **iˈam·bi·cal** *adj Metr* jambisch

-i·an [-ɪən] *Suff zur Bildung von adj aus s* (vorwiegend Eigennamen) (**Brechtian theatre** Brechtsches Theater; **Hitchcockian film** Hitchcockfilm; **Newtonian**; **Christian**)

iatro- [aɪætrə(ʊ)|-eɪt-] ⟨*griech*⟩ *in Zus* ärztlich, medizinisch

I-beam [ˈaɪ bi:m] *s Tech* Doppel-T-Träger *m* ⟨~iron *Tech* Doppel-T-Eisen *n*⟩

I·be·ri·an [aɪˈbɪərɪən] **1.** *adj* iberisch; **2.** *s* Iberer(in) *m(f)* | Iberisch *n*

i·bex [ˈaɪbeks] *s* (*pl* **~es** [ˈ~ɪz], **i·bi·ces** [ˈaɪbɪsi:z|ˈɪbɪ-]) *Zool* Steinbock *m*

i·bi·dem [ˈɪbɪdem|ˈɪbaɪdem], *auch* **i·bid** [ˈɪbɪd] *adv* ⟨*lat*⟩ ebenda

-i·bil·i·ty [-əˈbɪlɪtɪ|-əˈbɪlətɪ] *Suff* = **-ability**

i·bis [ˈaɪbɪs] *s* (*pl* **~es** [ˈ~ɪz]) *Zool* Ibis *m*

-i·ble [-əbl] *Suff* = **-able**

IC *Abk für* **integrated circuit** integrierter Schaltkreis

-ic [-ɪk] *Suff zur Bildung von adj aus s* (**atomic**, **heroic**)

-i·cal [-ɪkl] *Suff zur Bildung von adj aus s* (**rhetorical**, **farcical**)

-i·cal·ly [-ɪklɪ] *Suff zur Bildung von adv aus adj auf* **-ic** *od* **ical** (**atomically**, **heroically**, **rhetorically**, **farcically**)

ICBM *Abk für* **intercontinental ballistic missile** Interkontinentalrakete *f*

ice [aɪs] **1.** *s* Eis *n* ⟨floating ~ Treibeis *n*; on thin ~ *übertr* in einer gefährlichen *od* heiklen Lage; to break the ~ *übertr* das Eis brechen *od* den Anfang machen; to cut no ~ with s.o. *übertr* bei jmdm. wenig *od* keinen Erfolg haben, auf jmdn. keinen Eindruck machen; to keep s.th. on ~ etw. in Reserve halten⟩ | *Brit* Speiseeis *n* ⟨two chocolate ices zwei (Portionen) Schokoladeneis⟩; **2.** *vt* mit Eis bedecken | mit Eis kühlen | vereisen | *Kochk* überzuckern; **~ out** *übertr* (gesellschaftlich) isolieren, kaltstellen; *vi* gefrieren; **~ over** überfrieren, zugefrieren; **~ up** vereisen, einfrieren; **3.** *in Zus* Eis-; **ˈ~ age** *s Geol* Eiszeit *f*; **ˈ~ ax[e]** *s* Eispickel *m*; **ˈ~ bag** *s Med* Eisbeutel *m*; **ˈ~ belt** *s Geol* Eisgürtel *m*; **ˈ~berg** [-bɜ:g] *s* Eisberg *m* (*auch übertr*) ⟨the tip of the ≈ die Spitze des Eisbergs⟩; **ˈ~boat** *s* Segelschlitten *m*, Eissegler *m*; **ˈ~bound** *adj* (Schiff) eingefroren, eingeeist | (Hafen) zugefroren; **ˈ~box** *s Brit* Eisschrank *m* | Eis-, Tiefkühlfach *n* | *Am* Kühlschrank *m*; **ˈ~ˌbreak·er** *s Mar*, *arch* Eisbrecher *m*; **ˈ~cap** *s* Eisdecke *f*, -schicht *f* | Gletscher *m*; **ˌ~-ˈcold** *adj* eiskalt; **ˌ~ ˈcream** *s* (Speise-) Eis *n*; **ˌ~-cream ˈso·da** *s* gemischter Eisbecher; **ˈiced** *adj* eisbedeckt | eisgekühlt ⟨≈ coffee Eiskaffee *m*⟩ | gefroren | *Kochk* mit Zuckerglasur überzogen; **ˈ~ eˌlim·i·nat·ing ˈsys·tem** *s Tech* Enteisungsanlage *f*; **ˈ~fall** *s* Eisfall *m*; **ˈ~ fern** *s* Eisblume *f*; **ˈ~ field** *s* Eisfeld *n*; **ˈ~ floe** *s* Treibeisscholle *f*; **ˈ~ ˌflow·er** *s* Eisblume *f*; **ˈ~ fox** *s* Polar-, Blaufuchs *m*; **ˈ~free** *adj* eisfrei; **ˈ~ ˌhock·ey** *s* Eishockey *n*; **ˈ~house** *s* Eiskeller *m*, -grube *f*

Ice·land ['aɪslənd] *s* Island; **~lan·der** ['~lændə] *s* Isländer(in) *m(f)*; **'~lan·dic 1.** *adj* isländisch; **2.** *s* Isländisch *n*

ice| lol·ly [ˌaɪs 'lɒlɪ] *s Brit* Eis *n* am Stiel; **'~man** *s* (*pl* **'~men**) *Am* Eishändler *m*; **'~ ˌmo·tion** *s* Eisgang *m*; **'~-out** *s* Auftauen *n* (des Eises auf Gewässern); **'~ pack** *s* Packeis *n* | *Med* Eisbeutel *m*; **'~ ˌpar·lour** *s Am* Eisdiele *f*; **'~ pick** *s* Eispickel *m*; **'~ plant** *s Bot* Eiskraut *n*; **'~rink** *s* Kunsteisbahn *f*; **'~ show** *s* Eisrevue *f*; **'~scape** *s* Eislandschaft *f*; **'~ skate** *s* Schlittschuh *m*; **'~-skate** *vi* Schlittschuh laufen; **'~ stand** *s* Eis(verkaufs)stand *m*, Eisbude *f*; **'~ stream** *s* Gletscher *m*; **'~-up** *s* Vereisen *n* (Schnee, Wasser); **'~tray** *s* Eisfach *n*; **'~ ˌwa·ter** *s Am* Eiswasser *n*

ich·neu|mon [ɪk'nju:mən] *s Zool* Ichneumon *n, m* | *auch* **'~mon fly** Schlupfwespe *f*; **'~mous** *adj Zool* schmarotzerhaft

i·chor ['aɪkɔ:] *s Med* Ichor *n*, Blutwasser *n*; **'~ous** [-r-] *adj Med* ichorös, eiterig

ich·thy|ic ['ɪkθɪɪk] *adj Zool* Fisch-; **'~ism** *s Med* Ichthyismus *m*, Fischvergiftung *f*

ichthyo- [ɪkθɪə(ʊ)] ⟨*griech*⟩ *in Zus* Fisch-

ich·thy|o·log·ic [ˌɪkθɪə'lɒdʒɪk], **ˌ~o'log·i·cal** *adj* ichthyologisch; **ˌ~'ol·o·gist** [-'ɒlədʒɪst] *s* Ichthyologe *m*, Fischkundiger *m*; **ˌ~'ol·o·gy** *s* Ichthyologie *f*, Fischkunde *f*; **~o·saur** ['~əsɔ:] *s Zool* Ichthyosaurus *m*; **~o·sism** ['~əsɪzm] *s Vet* Fischvergiftung *f*

i·ci|cle ['aɪsɪkl] *s* Eiszapfen *m*; **'~cled** *adj* voller Eiszapfen

ic·ing ['aɪsɪŋ] *s* Zuckerguß *m* | *Tech* Vereisung *f*; **'~ ˌsug·ar** *s Brit* Staubzucker *m*

i·con, *auch* **i·kon** ['aɪkɒn] *s* (*pl* **'~s**), **i·co·nes** ['aɪkəni:z] Statue *f* | Ikone *f*, Heiligenbild *n*; **i'con·ic, i'con·i·cal** *adj* ikonisch, Porträt-; **'~ize** *vt* zum Idol machen, unkritisch verherrlichen

icono- [aɪkɒnə(ʊ)|-kənɒ] ⟨*griech*⟩ *in Zus* Bild-

i·con·o|clasm [aɪ'kɒnəklæzm] *s* Ikonoklasmus *m*, Bilderstürmerei *f* (*auch übertr*); **i'con·o·clast** *s* Ikonoklast *m*, Bilderstürmer *m*; **ˌi·co'nog·ra·pher** [-kə'nɒ-] *s* Ikonograph *m*, Bildbeschreiber *m*; **iˌcon·o'graph·ic, iˌcon·o'graph·i·cal** *adj* ikonographisch; **ˌi·co'nog·ra·phy** [-kə'nɒ-] *s* Ikonographie *f*; **ˌi·co'nol·a·try** *s* Bilderverehrung *f*; **ˌi·co'nol·o·gist** *s* Ikonologe *m*; **ˌi·co'nol·o·gy** *s* Ikonologie *f*, Bilderkunde *f*

-ics [-ɪks] *Suff zur Bildung von s mit der Bedeutung* Wissenschaft, Lehre (**linguistics**) *od* typischer Zusammenhang (**mechanics**)

ic·ter|ic [ɪk'terɪk] *Med* **1.** *adj* ikterisch, gelbsüchtig; **2.** *s* Mittel *n* gegen Gelbsucht *f*; **ic'ter·i·cal** *adj Med* ikterisch; **'~us** *s Med* Ikterus *m*, Gelbsucht *f*

i·cy ['aɪsɪ] *adj* eisig (*auch übertr*) ⟨~ winds; ~ manners⟩ | eisbedeckt, vereist ⟨~ roads⟩

id [ɪd] *s Psych* Es *n* | *Biol* Id *n*

I'd [aɪd] *kontr umg für* **I had, I would, I should**

ID card [ˌaɪ'di:ka:d] *s* PA *m*, Personalausweis *m*, Kennkarte *f*

i·de·a [aɪ'dɪə] *s* Idee *f*, Vorstellung *f*, Begriff *m*, Ahnung *f* ⟨his ~ of duty seine Vorstellung von Pflicht; the ~ of such a thing! / what an ~! denk dir nur!, na, so was!; to give s.o. an ~ of jmdm. eine Vorstellung vermitteln von; to have no ~ of keine Ahnung haben von; to form an ~ of s.th. sich von etw. eine Vorstellung machen; to get the ~ that ernsthaft denken, daß, allen Ernstes annehmen, daß⟩ | Gedanke *m*, Meinung *f* ⟨to force one's ~s on s.o. jmdm. seine Meinung aufdrängen⟩ | *Phil* Idee *f* | vage Vorstellung, Gefühl *n* ⟨to get ~s into one's head Flausen im Kopf haben⟩ | Absicht *f*, Plan *m*, Vorhaben *n* ⟨the ~ is ich schlage vor; what's the big ~? was hast du vor?⟩ | Denkweise *f* ⟨the young ~ das kindliche Denken⟩

i·de·al [aɪ'dɪəl|aɪ'di:l] **1.** *adj* ideal, vollkommen ⟨~ beauty; ~ weather⟩ | *umg* ausgezeichnet | ideell, eingebildet ⟨~ and concrete things⟩ | Ideen-; **2.** *s* Ideal(vorstellung) *n(f)*, Wunschbild *n* ⟨it's my ~⟩ | *meist pl* Ideal *n* ⟨he has ~s⟩; **i'de·al·ism** *s* Idealismus *m* | *Phil* Idealismus *m* (*Ant* materialism) ⟨subjective ≈⟩ | Idealisierung *f*, idealisierte Darstellung (*Ant* realism); **i'de·al·ist** *s* Idealist(in) *m(f)*; **~is·tic** [ˌaɪdi:'lɪstɪk|-dɪə-], **ˌi·de·al'is·ti·cal** *adj* idealistisch; **~i·ty** [ˌaɪdɪ'ælətɪ] *s Phil* Idealität *f* | Vorstellungskraft *f*; **i'de·al·ize** *vt* idealisieren | vergeistigen; *vi* idealisieren; **i'de·al·ly** *adv* vollkommen ⟨≈ beautiful⟩ | im Idealfall ⟨≈, it should be enough im günstigsten Falle müßte es reichen⟩

i·dem ['ɪdem|'aɪdem] ⟨*lat*⟩ **1.** *adj* der-, die-, dasselbe; **2.** *adv* in demselben Buch, beim selben Verfasser

i·den|tic [aɪ'dentɪk], **i'den·ti·cal** *adj* identisch, gleichlautend, -bedeutend ⟨to be ~tical in *übertr* konform gehen in; to be ~tical with identisch sein mit, gleichen⟩ | der-, die-, dasselbe; **ˌ~ti·cal 'twins** *s/pl Med* eineiige Zwillinge *pl*

i·den·ti|fi·a·ble [aɪ'dentɪˌfaɪəbl] *adj* identifizierbar; **iˌden·ti·fi'ca·tion** [-fɪk-] *s* Identifizierung *f*, Gleichsetzung *f* | Ausweis *m*; **ˌ~fi'ca·tion ˌbook·let** *s* Personalausweis *m*; **ˌ~fi'ca·tion card** *s* Kennkarte *f*, Personalausweis *m*; **ˌ~fi'ca·tion disk** *s Mil* Erkennungsmarke *f*; **ˌ~fi'ca·tion light** *s* Kennlicht *n*; **ˌ~fi'ca·tion mark** *s* Kennmarke *f*, -zeichen *n*, Identifizierungsmarke *f*; **~fi'ca·tion paˌrade** *s Jur* Gegenüberstellung *f*; **i'den·ti·fy** *vt* identifizieren, ausmachen, erkennen | identifizieren, gleichmachen, -setzen (**with** mit) ⟨to ≈ o.s. with, to become ~fied with sich solidarisch erklären mit⟩ | legitimieren, ausweisen | (Art) nachweisen, bestimmen; *vi* identisch werden | *Am* sich identifizieren (**with** mit); **i'den·tiˌkit** *s Jur* Phantombild *n*; **i'den·ti·ty** *s* Identität *f*, (völlige) Gleichheit | Individualität *f*, Persönlichkeit *f* ⟨mistaken ≈ Personenverwechslung *f*; not to know s.o.'s ≈ nicht wissen, wer jmd. ist; to prove one's ≈ sich ausweisen⟩; **'~ty card, '~ty cerˌtif·i·cate** *s* Kennkarte *f*, Personalausweis *m*; **'~ty disk** *s* Erkennungsmarke *f*

ideo- [ɪdɪə(ʊ)|ɪdɪɒ|aɪ-] ⟨*griech*⟩ *in Zus* Idee-, Begriff-

id·e·o|gram ['ɪdɪəʊgræm|-ɪəg-], **'~graph** *s* Ideogramm *n*, Begriffszeichen *n*; **ˌ~'graph·ic, ˌ~'graph·i·cal** *adj* ideographisch; **~graph·ics** [ˌ~'græfɪks] *s/pl* (*sg konstr*) Ideographie *f*; **~log·ic** [ˌaɪdɪə'lɒdʒɪk], **ˌ~'log·i·cal** *adj* ideologisch; **ˌid·e'ol·o·gist** [-'ɒlədʒɪst] *s* Ideologe *m*; **ˌid·e'ol·o·gy** *s* Ideologie *f*, Denkweise *f* ⟨bourgeois ≈⟩

ides [aɪdz] ⟨*lat*⟩ *s/pl lit* Iden *pl* ⟨the ~ of March⟩

id est [ɪd est] ⟨*lat*⟩ (*Abk.* **i.e.**) das heißt

idio- [ɪdɪə(ʊ)|ɪdɪɒ] ⟨*griech*⟩ *in Zus* eigen-, persönlich-, idio-

id·i·o·cy ['ɪdɪəsɪ] *s Med* Idiotie *f*, Demenz *f*, Schwachsinn *m*

id·i|om ['ɪdɪəm] *Ling s* Idiom *n*, Dialekt *m*, Mundart *f* ⟨the Dutch ≈ das Niederländische⟩ | idiomatische Redewendung, Spracheigentümlichkeit *f* | persönlicher Stil, Schreibweise *f* ⟨Milton's ≈ die Sprache Miltons⟩; **ˌ~o'mat·ic, ˌ~o'mat·i·cal** [-'mætɪk-] *adj Ling* sprachrichtig, korrekt, normgerecht ⟨to speak ≈ English⟩ | idiomatisch, spracheigentümlich ⟨an ≈ language eine an Spracheigentümlichkeiten reiche Sprache⟩

id·i·o·syn|cra·sy [ˌɪdɪəʊ'sɪŋkrəsɪ|-dɪə's-] *s* Idiosynkrasie *f*, Eigenart *f* | *Med* Idiosynkrasie *f*, Allergie *f*, Überempfindlichkeit *f*; **~crat·ic** [ˌ~'krætɪk], **ˌ~'crat·i·cal** *adj* idiosynkratisch

id·i·ot ['ɪdɪət] *s Med* Idiot *m*, Schwachsinniger *m* | *umg* Idiot *m*, Narr *m*; **~ic** [ˌɪdɪ'ɒtɪk], **ˌid·i'ot·i·cal** *adj Med* idiotisch, schwachsinnig | *umg* blödsinnig, idiotisch; **'~ism** *s Med* Idiotie *f*, Schwachsinn *m* | *umg* Verrücktheit *f*

i·dle ['aɪdl] **1.** *adj* müßig, untätig ⟨an ~ person⟩ | (Zeit) ungenützt, verschwendet ⟨~ hours Mußestunden *f/pl*⟩ | unbeschäftigt, arbeitslos ⟨~ workmen⟩ | *Tech* (Maschine

u. ä.) in Ruhe, außer Betrieb, stillstehend ⟨to be ~ stillstehen⟩ | *Tech* unbelastet, unproduktiv ⟨~ current *El* Blindstrom *m*; to run ~ leerlaufen⟩ | faul, arbeitsscheu ⟨an ~ youth⟩ | *Wirtsch* tot, unproduktiv ⟨~ capital⟩ | (Sache) eitel, leer, nichtig, wertlos ⟨~ gossip leeres Geschwätz; an ~ story eine sinnlose Geschichte⟩; **2.** *vi* faulenzen ⟨to ~ about herumfaulenzen⟩ | *Tech* leerlaufen; *vt, meist* **~ away** (Zeit) vertrödeln | *Tech* leerlaufen lassen; **'~ ˌmo·tion** *s Tech* Leerlauf *m*; **'~ ˌmove·ment** *s Tech* toter Weg; **'i·dler** *s* Faulenzer *m*; **'~ time** *s Tech* Leer-, Nebenzeit *f* | Verlust-, Stillstandszeit *f*

I·do ['i:dəʊ] *s Ling* Ido *n*

i·dol ['aɪdl] *s* Götzenbild *n*, Idol *n*, Abgott *m* (*auch übertr*); **~a·ter** [aɪ'dɒlətə] *s* Götzenanbeter *m* | *übertr* Verehrer *m* (**of** von); **~a·tress** [aɪ'dɒlətrəs] *s* Götzenanbeterin *f* | *übertr* Verehrerin *f*; **~a·trize** [aɪ'dɒlətraɪz] *vi* Götzen anbeten | *übertr* vergöttern; **~a·trous** [aɪ'dɒlətrəs] *adj* Götzen- ⟨≈ worship Götzenverehrung *f*⟩ | *übertr* abgöttisch ⟨≈ veneration abgöttische Verehrung⟩ | (Person) götzendienerisch, liebedienerisch ⟨an ≈ worshipper⟩; **~a·try** [aɪ'dɒlətrɪ] *s* Götzendienst *m*, -anbetung *f* | *übertr* Vergötterung *f*, übertriebene Verehrung; **~i·za·tion** [ˌaɪdl̩aɪ'zeɪʃn] *s* Götzenanbetung *f* | *übertr* Vergötterung *f*; **'~ize** *vt* abgöttisch anbeten | *übertr* vergöttern

i·dyl ['ɪdɪl|'aɪdɪl] *s Lit* Idylle *f*, Hirten-, Schäfergedicht *n*, Idyll *n*; **~lic** [ɪ'dɪlɪk|aɪ'd-], **~li·cal** [ɪ'dɪlɪkl|aɪ'dɪlɪkl] *adj* idyllisch

-ie [ɪ] *suff* = **-y** (*z. B.* **cookie**)

i.e. [ˌaɪ 'i:] *Abk* (von **id est**) d. h. (das heißt)

-i·er [ɪə] *Suff komp* von **-y** (*z. B.* **prettier**)

-i·est [ɪəs] *Suff sup* von **-y** (*z. B.* **prettiest**)

if [ɪf] **1.** *conj* wenn, falls, sofern ⟨~ I were a boy wenn ich ein Junge wäre; ~ so falls es sich so verhält; ~ any höchstens; wenn überhaupt⟩ | *auch* **even ~** wenn auch, obschon | *interrog umg* ob ⟨he asked ~ that was enough er fragte mich, ob dies genug sei⟩ | (*in Ausrufen vor neg v*) doch, sogar, tatsächlich ⟨~ that isn't a shame! das ist doch eine Schande! *od* wenn das keine Schande ist!⟩ ◇ **as ~** als ob ⟨it isn't ≈ nicht daß⟩; als wenn, als ob ⟨≈ I would allow it! als wenn *od* ob ich dies erlauben würde!⟩; **~ on·ly** wenn nur, wenn doch ⟨≈ he had seen it! wenn er es nur gesehen hätte!⟩; **2.** *s* Wenn *n*, Bedingung *f*, Vorbehalt *m* ⟨~s and buts Wenn und Aber *n*; too many ~s⟩ | Unsicherheit *f*, Ungewißheit *f* ⟨a theory full of ~s⟩

-i·form [-ɪfɔ:m] *in Zus* förmig (*z. B.* **cuneiform**)

-i·fy [-ɪfaɪ|-əfaɪ] *suff* = **-fy**

ig·loo ['ɪglu:], **ig·lu** ['ɪglu:] *s* Iglu *m*, (Eskimo-) Schneehütte *f* | Plastikzelt *n*

ig·ne·ous ['ɪgnɪəs] *adj Geol* Eruptiv- | glühend, feurig

ig·nis fa·tu·us [ˌɪgnɪs 'fætʃʊəs] *s* ⟨*lat*⟩ (*pl* **ig·nes fa·tu·i** [ˌɪgni:z 'fætʃu:i:]) Irrlicht *n*

ig·nit·a·bil·i·ty [ɪgˌnaɪtə'bɪlətɪ] *s* Entzündbarkeit *f*; **ig'nit·a·ble** *adj* entzündbar; **ig'nite** *vt* an-, entzünden; *vi* sich entzünden, Feuer fangen | *El* zünden; **ig'nit·er** *s* Anzünder *m* | *Tech* Zünder *m*, Zündvorrichtung *f*; **igˌnit·i'bil·i·ty** *s* Entzündbarkeit *f*; **ig'nit·i·ble** *adj* entzündbar; **ig·ni·tion** [ɪg'nɪʃn] *s* Entzünden *n* | *El, Tech* Zündung *f* | *Chem* Erhitzung *f*; **ig'ni·tion ˌbat·ter·y** *s El* Zündbatterie *f*; **ig'ni·tion ˌca·ble** *s Tech* Zündkabel *n*; **ig'ni·tion coil** *s Tech* Zündspule *f*; **ig'ni·tion key** *s Tech* Zündschlüssel *m*; **ig'ni·tion light** *s Tech* Ladekontrollampe *f*

ig·no·ble [ɪg'nəʊbl] *adj* unedel, niedrig, gemein ⟨an ~ action; an ~ person⟩ | *arch* von niedriger Geburt | *Min* unedel ⟨~ metal⟩

ig·no·min·i·ous [ˌɪgnə'mɪnɪəs] *adj* schmachvoll, unehrenhaft, schändlich, schimpflich ⟨an ~ peace treaty⟩ | beschämend, verwerflich ⟨~ language⟩ | entehrend, erniedrigend ⟨~ labour⟩; **'ig·no·mi·ny** *s* Schmach *f*, Schande *f* | schändliches Verhalten | Gemeinheit *f*

ig·no·ra·mus [ˌɪgnə'reɪməs] *s* (*pl* **~es** [-ɪz]) Ignorant *m*, Dummkopf *m*

ig·no|rance ['ɪgnərəns] *s* Unwissenheit *f*, Ignoranz *f* | Dummheit *f*; **'~rant 1.** *adj* (Person) unwissend, dumm, ungebildet ⟨to be ≈ of s.th. etw. nicht wissen⟩ | *umg* (Verhalten) ungehobelt, ungeschliffen, von Unwissenheit zeugend, dumm ⟨an ≈ reply eine dumme Antwort⟩; **2.** *s* Ignorant *m*

ig·nore [ɪg'nɔ:] *vt* ignorieren, nicht beachten | *Jur* verwerfen

i·gua·na [ɪ'gwɑ:nə] *s Zool* Leguan *m*

i·kon ['aɪkɒn] = **icon**

il- [ɪl] *präf zur Bildung von v, s, adj, adv mit der Bedeutung*: nicht, an-, un-, ver- ⟨*z. B.* **illegalize** verbieten; **illiterate** Analphabet *m*; **illiquid** nicht flüssig; **illogically** unlogisch⟩

il·e|um ['ɪlɪəm] *s Anat, Zool* Ileum *n*, Krummdarm *m*; **~us** ['~əs] *s Med* Ileus *m*, Darmverschluß *m*

i·lex ['aɪleks] *s* Stechpalme *f*

ilk [ɪlk] **1.** *adj pron Schott* selbe(r, -s) ⟨Grant of that ~ Grant von und zu Grant⟩; **2.** *s, in*: **of that ~** *Schott* desselben Namens | *umg verächtl* derselben Art, des-, der-, ihresgleichen, Konsorten *pl* ⟨behaviourists and their ~⟩

ill [ɪl] **1.** *adj* (**worse** [wɜ:s], **worst** [wɜ:st]) schlecht, übel, böse ⟨~ health Krankheit *f*; ~ humour, ~ temper schlechte Laune; an ~ repute ein schlechter Ruf⟩ | gefährlich, unglücklich, ungünstig ⟨~ luck Unglück *n*; an ~ wind ungünstiger Wind; it's an ~ wind that blows nobody any good *Sprichw* des einen Unglück ist des andern Glück, etwas Gutes ist an allem⟩ | feindlich, bösartig ⟨~ blood böses Blut; ~ neighbours bösartige Nachbarn *m/pl*; to do s.o. an ~ turn jmdm. eins auswischen⟩ | (*nur präd*) krank, unwohl (**of** an) ⟨to be taken ~, to fall ~ krank werden; to be ~ with *übertr* krank sein vor⟩; **2.** *adv* übel, schlecht ⟨to be ~ at ease sehr verlegen sein; to be ~ off schlecht dran sein; to speak (think) ~ of s.o. von jmdm. schlecht reden (denken); to take s.th. ~ etw. übelnehmen; we could ~ afford s.th. wir konnten uns etw. schlecht erlauben *od* kaum leisten; it ~ becomes s.o. to *mit inf* es steht jmdm. schlecht an zu *mit inf*⟩ | schlecht, ungünstig, unbefriedigend ⟨the affair goes ~ es läuft schlecht; to be ~ provided with ungenügend ausgerüstet sein mit⟩; **3.** *s* Übel *n*, Unglück *n* | Böse *n* | Mißgeschick *n* | Schwierigkeit *f* ⟨the ~s of life die Widrigkeiten des Lebens; social ~s soziales Unglück⟩ | Krankheit *f* ⟨the ~s of childhood die Kinderkrankheiten⟩

I'll [aɪl] *kontr umg für* **I will, I shall**

ill|-ad·vised [ˌɪl əd'vaɪzd] *adj* schlecht beraten; unklug, unüberlegt; **ˌ~-af'fect·ed** *adj* übelgesinnt (**to, towards** gegen); **ˌ~-as'sort·ed** *adj* zusammengewürfelt; **ˌ~ at 'ease** *adj* unbehaglich, unwohl | gehemmt, verlegen; **ˌ~-be'haved** *adj* ungezogen; **'~-'be·ing** *s* schlechtes Befinden; **'~-'bod·ing** *adj* unheilverkündend; **ˌ~-'bred** *adj* schlecht erzogen; **ˌ~ 'breed·ing** *s* schlechte Erziehung; **ˌ~ 'de·signed** *adj* unzweckmäßig konstruiert; **ˌ~-dis'posed** *adj* übelgesinnt (**to s.o.** jmdm.) | unaufgeschlossen, unfreundlich, voreingenommen (**towards** gegenüber)

il·le·gal [ɪ'li:gl] *adj* illegal, ungesetzlich, unrechtmäßig; **~i·ty** [ˌɪlɪ'gælətɪ] *s* Illegalität *f*, Ungesetzlichkeit *f*, Unrechtmäßigkeit *f* | *Pol* Illegalität *f*; **~ize** [ɪ'li:gəlaɪz] *vt* für gesetzwidrig erklären

il·leg·i·bil·i·ty [ɪˌledʒə'bɪlətɪ] *s* Unleserlichkeit *f*; **il'leg·i·ble** *adj* unleserlich

il·le·git·i|ma·cy [ˌɪlɪ'dʒɪtɪməsɪ] *s* Unrechtmäßigkeit *f* | Unechtheit *f* | Unehelichkeit *f*; **ˌil·le'git·i·mate** [-mɪt] **1.** *adj* unrechtmäßig, rechtswidrig, illegitim | außerehelich, unehelich ⟨an ≈ child⟩ | unlogisch, unberechtigt ⟨an ≈ conclusion eine unrichtige Schlußfolgerung⟩ | fehlerhaft ⟨an ≈ word⟩ | ungewöhnlich, abnorm; [-meɪt] **2.** *vt* für gesetzwidrig erklären | für unehelich erklären; ˌ~ˈ**ma·tion** *s* Unrechtmäßigkeit *f* | Unehelichkeit *f* | Ungültigkeitserklärung *f*; ˌ**il·leˈgit·i·ma·tize**, ˌ**il·leˈgit·i·mize** *vt* für ungesetzlich erklären | für unehelich erklären

ill|-fat·ed [ˌɪl ˈfeɪtɪd] *adj* unglücklich, Unglücks- ⟨an ≈ attempt ein verunglückter Versuch⟩ | ungünstig, widrig ⟨an ≈ hour⟩; ˌ~-ˈ**fa·voured** *adj* häßlich ⟨an ≈ face⟩ | unangenehm; ˌ~-ˈ**found·ed** *adj* unbegründet; ˌ~-ˈ**got[·ten]** *adj* unrechtmäßig erworben ⟨≈ gains unrechtmäßiger Gewinn, Sündengeld *n*⟩; ˌ~-ˈ**health** *s* Kränklichkeit *f*; ˌ~-ˈ**hu·moured** *adj* schlecht gelaunt

il·lib·er·al [ɪˈlɪbrl] *adj* beschränkt, engstirnig ⟨~ opinions⟩ | ungebildet | ohne Manieren, grob | geizig, knauserig; **~i·ty** [ɪˌlɪbəˈrælətɪ] *s* Beschränktheit *f*, Engstirnigkeit *f* | unfeines Benehmen | Geiz *m*, Knauserigkeit *f*

il·lic·it [ɪˈlɪsɪt] *adj* ungesetzlich, verboten ⟨~ trade⟩

il·lim·it·a|bil·i·ty [ɪˌlɪmɪtəˈbɪlətɪ] *s* Grenzenlosigkeit *f*; **ilˈlim·it·a·ble** *adj* grenzenlos ⟨≈ ambition⟩ | unermeßlich ⟨≈ space⟩

il·lit·er|a·cy [ɪˈlɪtr̩əsɪ] *s* Unwissenheit *f* | Analphabetentum *n* | *Am* Schreib-, Druckfehler *m*; **ilˈlit·er·ate** [~ˈlɪtr̩ət] **1.** *adj* unwissend, ungebildet ⟨musically ≈⟩ | analphabetisch ⟨an ≈ population⟩ | *umg* voller Fehler ⟨an ≈ letter⟩ | kunstlos, primitiv ⟨an ≈ style⟩; **2.** *s* Unwissender *m* | Analphabet *m* | *umg* jmd., der nicht viel Ahnung hat

ill|-judged [ˌɪl ˈdʒʌdʒd] *adj* unüberlegt; ˌ~ ˈ**luck** *s* Unglück *n*, Pech *n*; ˌ~-ˈ**man·nered** *adj* unhöflich, roh; ˌ~-ˈ**na·tured** *adj* (Tier) bösartig, unberechenbar | unfreundlich ⟨an ≈ person⟩

ill·ness [ˈɪlnəs] *s* Krankheit *f*, Leiden *n* (*Ant* health) ⟨to suffer from ~ an einer Krankheit leiden⟩

il·log·i·cal [ɪˈlɒdʒɪkl] *adj* unlogisch; **ilˌlog·iˈcal·i·ty** [-ˈkæl-] *s* Unlogik *f*

ill|-o·mened [ˌɪl ˈəʊmənd] *adj* Unglücks-, von böser Vorbedeutung; ˌ~-ˈ**starred** *adj* unglücklich, vom Schicksal verfolgt; ˌ~-ˈ**tem·pered** *adj* schlecht gelaunt, verdrießlich; ˌ~-ˈ**timed** *adj* ungelegen, unpassend; ˌ~-ˈ**treat** *vt* mißhandeln; ˌ~-ˈ**treat·ment** *s* Mißhandlung *f*

il·lume [ɪˈlu:m] *vt poet* erleuchten, erhellen; **ilˈlu·mi·nate** *vt* er-, beleuchten, erhellen ⟨to ≈ a room⟩ | illuminieren | (Buch) kolorieren | *übertr* erleuchten | aufhellen, erläutern, erklären; *vi* sich er- *od* aufhellen | illuminieren; **ilˌlu·mi·nat·ed ˈad·ver·tis·ing** *s* Leuchtwerbung *f*; **ilˌlu·mi·nat·ed ˈnews·band** *s* Leuchtschrift *f*; **ilˈlu·mi·nat·ing** *adj* Leucht- | *übertr* erleuchtend; **ilˈlu·mi·nat·ing gas** *s* Leuchtgas *n*; **ilˌlu·miˈna·tion** *s* Be-, Erleuchtung *f* | (*meist pl*) Illumination *f* | (*meist pl*) Kolorierung *f* (von Büchern) | *übertr* Erleuchtung *f*; **ilˈlu·mi·na·tive** *adj* erleuchtend | *übertr* aufklärend; **ilˈlu·mine** = **il·lu·mi·nate**

ill|-us·age [ˌɪl ˈju:zɪdʒ] *s* Mißhandlung *f*; ˌ~-ˈ**use 1.** *vt* mißhandeln; **2.** *s* Mißhandlung *f*

il·lu|sion [ɪˈlu:ʒn] *s* Illusion *f* (**about** über) | Sinnestäuschung *f*, Einbildung *f* ⟨≈ of depth Tiefeneindruck *m*; optical ≈ optische Täuschung *f*; under an ≈ in der Einbildung⟩ | Tüll *m*; **ilˈlu·sion·al**, **ilˈlu·sion·ary** *adj* illusorisch; **ilˈlu·sion·ism** *s Phil* Illusionismus *m*; **ilˈlu·sion·ist** *s* Schwärmer *m* | Illusionist *m*, Zauberkünstler *m*; **ilˈlu·sive**, **~so·ry** [~sərɪ|-ˈlju:-] *adj förml* illusorisch, trügerisch, täuschend ⟨an ≈ belief ein Wahnglaube⟩

il·lus|trate [ˈɪləstreɪt] *vt* erläutern, erklären | (Buch u. a.) illustrieren, bebildern ⟨well-~trated gut bebildert⟩; ˌ~ˈ**tra·tion** *s* Erläuterung *f*, Erklärung *f* (**of s.th.** einer Sache) ⟨by way of ≈ zum *od* als Beispiel; in ≈ of zur Erläuterung von⟩ | Illustration *f*, Abbildung *f*; ˌ~ˈ**tra·tion·al**, **~tra·tive** [ˈ~trətɪv|-treɪt-|ɪˈlʌstrətɪv] *adj* erläuternd, erklärend ⟨to be ≈ of veranschaulichen⟩; ˈ**~tra·tor** *s* Illustrator *m*, Zeichner *m* | Erklärer *m*

il·lus·tri·ous [ɪˈlʌstrɪəs] *adj* glänzend, berühmt, hervorragend ⟨~ names⟩ | erhaben

il·lu·vi·al [ɪˈlu:vɪəl] *adj Geol* illuvial, eingeschwemmt; **ilˈlu·vi·ate** *vi Geol* eingeschwemmt werden; **ilˌlu·viˈa·tion** *s Geol* Einschwemmung *f*

ill| will [ˌɪl ˈwɪl] *s* Feindschaft *f*; ˌ~-ˈ**willed** *adj* feindselig | unwillig

I'm [aɪm] *kontr umg für* **I am**

im- [ɪm] = **in-** *präf vor Wörtern mit anlautendem* b, m, p (**impossible**)

im·age [ˈɪmɪdʒ] **1.** *s* Bild(nis) *n*(*n*), Abbild *n* ⟨graven ~ Götzenbild *n*; in the ~ of God nach dem Bilde Gottes⟩ | Statue *f* | Ab-, Ebenbild *n* ⟨to be the very ~ of s.o. jmdm. wie aus dem Gesicht geschnitten sein⟩ | geistiges Bild, Idee *f* | Metapher *f* ⟨to speak in ~s in Bildern sprechen⟩ | *Pol, Wirtsch* Image *n*, Prestige *n* ⟨the ~ of a statesman⟩ | *Phys* Bild *n*, Reflexion *f* ⟨erect ~ aufrechtes Bild; reversed / inverted ~ verkehrtes Bild⟩; **2.** *vt* abbilden, bildlich darstellen | widerspiegeln | symbolisieren | anschaulich darstellen; ˈ**~a·ble** *adj* vorstellbar; ˈ**~ry** [-r̩ɪ] *s* Bildwerk *n* | bildliche Darstellung | *Lit* Bildersprache *f* | geistige Vorstellung; ˌ**~ trans·ˈmis·sion** *s Tech* Bildübertragung *f*, -funk *f*; ˈ**~ ˈwor·ship** *s* Bilderanbetung *f*, Götzendienst *m*; **im·ag·i·na·bil·i·ty** [ɪˌmædʒn̩əˈbɪlətɪ] *s* Vorstellbarkeit *f*; **im·ag·i·na·ble** [ɪˈmædʒnəbl|-dʒn̩-] *adj* denk-, vorstellbar ⟨the finest weather ≈ das denkbar schönste Wetter⟩; **im·ag·i·nar·y** [ɪˈmædʒɪnr̩ɪ|-dʒn-] *adj* eingebildet, nur in der Vorstellung vorhanden, imaginär ⟨≈ weakness eingebildete Schwäche⟩ | Trug-, Schein- | *Math* imaginär; **imˌag·iˈna·tion** [-ˌmædʒ-] *s* Einbildungs-, Vorstellungskraft *f*, geistige Erfindungskraft, Phantasie *f* ⟨a work of the ≈ ein Produkt der Phantasie; to lack ≈ keine Ideen haben⟩ | Einbildung *f*, Vorstellung *f*, Geist *m* ⟨in ≈ im Geist⟩ | *Lit* (schöpferische) Gestaltungskraft, Imagination *f* (*Ant* fancy) | *umg* etw. Eingebildetes, Einbildung *f*, Phantasie *f*; **imˌag·iˈna·tion·al** *adj* imaginär, eingebildet; **im·ag·i·na·tive** [ɪˈmædʒnətɪv|-dʒn̩-] *adj* phantasiereich, Einbildungs- ⟨≈ faculty Einbildungskraft *f*⟩ | erfinderisch, ideenreich, voller Ideen ⟨an ≈ person jmd., dem ständig etw. einfällt⟩ | phantasievoll, phantastisch ⟨an ≈ story; ≈ writing⟩ | erfunden, unwahr ⟨an ≈ report⟩; **im·ag·ine** [ɪˈmædʒɪn|-dʒən] *vt* sich vorstellen, sich einbilden, denken, glauben ⟨to ≈ s.o. / s.th. to *mit inf*, to ≈ s.o. / s.th. *mit ger* sich vorstellen, daß jmd., etw. …⟩; *vi* sich vorstellen, denken, meinen, glauben ⟨just ≈! denk dir nur!⟩; **im·ag·ined** [ɪˈmædʒɪnd|-dʒənd] *adj* gedacht ⟨≈ quantity *Math* gedachte Größe⟩; **im·ag·ism** [ˈɪmədʒɪzm] *s Lit* Imagismus *m*; ˈ**im·ag·ist** *Lit* **1.** *adj* imagistisch; **2.** *s* Imagist *m*; ˌ**im·agˈis·tic** *adj* imagistisch

i·ma|go [ɪˈmeɪgəʊ] *s* (*pl* **~goes** [~gəʊz], **i·mag·i·nes** [~dʒɪni:z]) *Zool* Imago *f*, vollentwickeltes, geschlechtsreifes Insekt | *Psych* Imago *f*

i·mam [ɪˈmɑ:m|ˈɪmæm] *s* Imam *m*, mohammedanischer Priester | mohammedanischer Würdenträger

im·bal·ance [ɪmˈbæləns] *s bes Wirtsch, Med* Unausgeglichenheit *f*, fehlendes Gleichgewicht, Disproportion *f* ⟨~ in payments Zahlungsdifferenz *f*⟩ | *auch* **pop·uˌla·tion** ˈ~ (Bevölkerung) Männer- bzw. Frauenüberschuß

im·be|cile [ˈɪmbəsi:l|-saɪl] **1.** *adj Med* imbezil(l), leicht schwachsinnig | dumm ⟨≈ remarks⟩; **2.** *s Med* Imbezil(l)e(r) *f*(*m*), Schwachsinnige(r) *f*(*m*) | *umg* Narr *m*; ˌ~ˈ**cil·i·ty** [-ˈsɪl-] *Med* Imbezil(l)ität *f*, Schwachsinn *m* | *verächtl*

Dumm-, Blödheit *f* | dumme Bemerkung; dummes Benehmen

im·bed [ɪm'bed] = **embed**

im·bibe [ɪm'baɪb] *förml vt* ein-, aufsaugen | trinken, zu sich nehmen ⟨to ~ beer⟩ | *übertr* geistig aufnehmen, sich zu eigen machen ⟨to ~ knowledge⟩ | *Tech* tränken, eintränken; *vi* trinken | absorbieren; **im·bi·bi·tion** [ˌɪmbɪ'bɪʃn] *s* Aufsaugen *n*

im·bro·glio [ɪm'brəʊlɪəʊ] *s* Durcheinander *n* ⟨an ~ of papers⟩ | *bes Pol, Theat* ernste Situation, Verwicklung *f*, ernste Differenz (**between** zwischen) | Auseinandersetzung (**over** wegen) | *Mus* Imbroglio *n*, Taktartmischung *f*

im·brue [ɪm'bru:] *förml vt* tränken, baden (**in** in) (*auch übertr*) | benetzen (**with** mit); **im'brue·ment** *s* Eintauchen *n* | Benetzen *n*

im·bue [ɪm'bju:] *vt* einweichen, eintauchen, benetzen | *übertr* durchdringen, erfüllen (**with** mit) ⟨~d with hatred haßerfüllt, voller Haß⟩; **im'bue·ment** *s* Eintauchen *n*

im·i|ta·bil·i·ty [ˌɪmɪtə'bɪlətɪ] *s* Nachahmbarkeit *f*; **'~ta·ble** *adj* nachahmbar; **'~tate** *vt* nachahmen, nachmachen, imitieren | nacheifern, zum Vorbild nehmen | ähneln (**s.th.** e-r Sache, **s.o.** jmdm.); **'~tat·ed** *adj* imitiert, nachgeahmt, falsch; **ˌ~'ta·tion 1.** *s* Imitation *f*, Nachahmung *f*, Nacheiferung *f* ⟨for ≈ zur Nachahmung; in ≈ of als Nachahmung von⟩ | Imitation *f*, Fälschung *f*; **2.** *in Zus* Kunst-, künstlich ⟨≈ leather Kunstleder *n*⟩; **~ˌta·tion 'stone** *s* künstlicher *od* unechter Edelstein; **ˌ~'ta·tion·al** *adj* nachahmend, imitierend; **'~ta·tive** *adj* imitierend, nachahmend ⟨the ≈ arts die bildenden Künste *pl*; to be ≈ of nachahmen⟩ | imitiert, nachgeahmt (**of s.th.** e-r Sache) | *Ling* lautmalerisch, nachahmend ⟨an ≈ word⟩; **'~ta·tor** *s* Imitator *m*, Nachahmer *m*

im·mac·u·la·cy [ɪ'mækjʊləsɪ|-kjə-] *s* Unbeflecktheit *f*; **im'mac·u·late** [-lɪt] *adj* unbefleckt ⟨≈ Conception *Rel* Unbefleckte Empfängnis⟩ | makellos, rein ⟨an ≈ heart⟩ | fehlerlos, -frei ⟨an ≈ book⟩ | fleckenlos, sauber ⟨≈ linen⟩ | *Bot, Zool* ungefleckt

im·mal·le·a·ble [ɪ'mælɪəbl] *s Tech* nicht hämmerbar | *übertr* starr, unbeeinflußbar

im·ma|nence ['ɪmənəns], **'~nen·cy** *s* Immanenz *f*, Innewohnen *n*; **'~nent** *adj* immanent, innewohnend (**in** in), anhaftend (**in s.th.** e-r Sache)

im·ma·te·ri·al [ˌɪmə'tɪərɪəl] *adj* immateriell, unkörperlich | nebensächlich, unwesentlich ⟨~ objections unwesentliche Einwände *m/pl*; that's quite ~ to me das ist mir völlig gleichgültig⟩; **ˌim·ma'te·ri·al·ism** *s Phil* Immaterialismus *m*, Spiritualismus *m*, Idealismus *m*; **ˌim·ma'te·ri·al·ist** *s* Immaterialist *m*, Spiritualist *m*, Idealist *m*; **ˌim·maˌte·ri'al·i·ty** [-'ælɪtɪ] *s* Unkörperlichkeit *f* | Unwesentlichkeit *f*; **ˌim·ma'te·ri·al·ize** *vt* vergeistigen

im·ma|ture [ˌɪmə'tʃʊə] *adj* unreif, unausgereift, unentwickelt (*auch übertr*) ⟨≈ fruit; an ≈ character⟩ | *Geogr* jung ⟨an ≈ valley⟩; **~'tu·ri·ty** [ˌ~'tʃʊərətɪ | -tjʊər-] *s* Unreife *f*, Unausgereiftheit *f*

im·meas·ur·a·bil·i·ty [ɪˌmeʒr̩ə'bɪlətɪ] *s* Unmeßbarkeit *f*, Unermeßlichkeit *f*; **im'meas·ur·a·ble** *adj* unmeßbar, unermeßlich, grenzenlos

im·me·di|a·cy [ɪ'mi:dɪəsɪ|ə'm-] *s* Unmittelbarkeit *f*; **~ate** [ɪ'mi:dɪət | ə'm- | -i:dʒət] *adj* unmittelbar, unverzüglich, sofortig ⟨to take ≈ action⟩ | nahe, angrenzend, umliegend ⟨in ≈ contact in direkter Berührung; ≈ heir nächster Erbe⟩ | direkt, aus erster Hand ⟨≈ information⟩; **~ate·ly** [~ətlɪ | -dʒətlɪ] **1.** *adv* sogleich, sofort, augenblicklich; **2.** *conj Brit* sobald, als ⟨he stopped ≈ I'd told him⟩

im·me·mo·ri·al [ˌɪmə'mɔ:rɪəl] *adj* un(vor)denklich, nicht zu erinnern(d), uralt ⟨from/since time ~ seit uralten Zeiten⟩

im·mense [ɪ'mens] *adj* immens, ungeheuer, unermeßlich, riesig, gewaltig | *umg* außerordentlich, fabelhaft; **im'men·si·ty** *s* Unermeßlichkeit *f*, ungeheure Größe

im·merse [ɪ'mɜ:s] *vt* (in Flüssigkeit) ein-, untertauchen, versenken | vergraben | *übertr* versenken, vertiefen ⟨to be ~d in a book⟩ | *übertr* verstricken, verwickeln ⟨~d in debt schuldenüberladen; ~d in difficulties in Schwierigkeiten verstrickt⟩; **im·mer·ser** *s* Tauchsieder *m*; **im'mer·sion** [-'mɜ:ʃn| -ʒn] *s* Ein-, Untertauchen *n*, Versenken *n* | *übertr* Versunkenheit *f*, Vertieftsein *n* | *Päd* ausschließliche Unterrichtung in der Fremdsprache ⟨≈ course; ≈ school⟩ | *Astr* Immersion *f* | *Rel* Immersionstaufe *f*; **im'mer·sion ˌboil·er, im'mer·sion ˌheat·er** *s* Tauchsieder *m*

im·mesh [ɪ'meʃ] = **enmesh**

im·mi|grant ['ɪmɪgrənt] **1.** *adj* einwandernd ⟨≈ worker ausländischer Arbeiter, Fremdarbeiter *m*; ≈ population ausländischer Bevölkerungsanteil⟩; **2.** *s* Einwanderer *m*; **'~grate** *vi* einwandern (**into** in); **ˌ~'gra·tion** *s* Immigration *f*, Einwanderung *f*

im·mi|nence ['ɪmɪnəns], **'~nen·cy** *s* nahes Bevorstehen | drohende Gefahr; **'~nent** *adj* nahe *od* unmittelbar bevorstehend, drohend ⟨a thunderstorm is ≈ es droht ein Gewitter; to be ≈ bevorstehen⟩

im·mis·ci·bil·i·ty [ɪˌmɪsə'bɪlətɪ] *förml s* Unvermischbarkeit *f*; **im'mis·ci·ble** *adj* unvermischbar

im·mit·i·ga·bil·i·ty [ɪˌmɪtəgə'bɪlətɪ] *förml s* Unstillbarkeit *f*; **im'mit·i·ga·ble** *adj* unstillbar, nicht zu besänftigen(d)

im·mix·ture [ɪ'mɪkstʃə] *s* Vermischung *f* | *übertr* Verwicklung *f*

im·mo|bile [ɪ'məʊbaɪl] *adj* unbeweglich, fest, bewegungslos; **ˌ~'bil·i·ty** [ɪmə'bɪl-] *s* Unbeweglichkeit *f*, Bewegungslosigkeit *f*; **~bi·li·za·tion** [ɪˌməʊbl̩aɪ'zeɪʃn] *s* Unbeweglichmachen *n* | *Med* Ruhigstellung *f* | *Wirtsch* Einziehung *f* (von Geld); **~bi·lize** [~bl̩aɪz] *vt* unbeweglich machen | *Med* ruhigstellen | *Wirtsch* (Geld) aus dem Verkehr ziehen | *Mil* immobil machen, fesseln

im·mod·er|a·cy [ɪ'mɒdr̩əsɪ] *s* Unmäßigkeit *f*; **~ate** [-ət] *adj* un-, übermäßig, maßlos, übertrieben, überzogen, übersteigert ⟨≈ appetite; ≈ demands; ≈ views⟩; **~a·tion** [ɪˌmɒdə'reɪʃn] *s* Maßlosigkeit *f*

im·mod|est [ɪ'mɒdɪst] *adj verächtl* unbescheiden, frech, unverschämt ⟨an ≈ claim⟩ | unanständig, obszön, schamlos ⟨an ≈ costume; ≈ conduct⟩; **~es·ty** [~ɪstɪ|~əstɪ] *s* Unbescheidenheit *f* | Schamlosigkeit *f* | freche Bemerkung

im·mo|late ['ɪməleɪt] *vt* opfern (*auch übertr*); **ˌ~'la·tion** *s* Opfern *n*, Opferung *f* | Opfer *n*

im·mor·al [ɪ'mɒrəl] *adj* unmoralisch ⟨an ~ act⟩ | unsittlich, (sexuell) ausschweifend ⟨~ conduct⟩ | aufreizend, obszön ⟨~ book⟩; **~i·ty** [ˌɪmə'rælətɪ] *s* Unmoral *f*, Morallosigkeit *f*, Verderbtheit *f*, Unsittlichkeit *f*

im·mor·tal [ɪ'mɔ:tl] *adj* unsterblich, unvergänglich ⟨~ music; the ~s die antiken Götter⟩; **~i·ty** [ˌɪmɔ:'tælətɪ] *s* Unsterblichkeit *f*; **~i·za·tion** [ɪˌmɔ:tl̩aɪ'zeɪʃn] *s* Verewigung *f*; **im'mor·tal·ize** *vt* unsterblich machen, verewigen

im·mor·telle [ˌɪmɔ:'tel] *s Bot* Immortelle *f*, Strohblume *f*

im·mov·a·bil·i·ty [ɪˌmu:və'bɪlətɪ] *s* Unbeweglichkeit *f* | *übertr* Unnachgiebigkeit *f*, Unerschütterlichkeit *f*; **im'mov·a·ble** *adj* unbeweglich, fest | bewegungslos | *Jur* unbeweglich ⟨≈ property unbewegliches Eigentum⟩ | *übertr* fest, unnachgiebig, unerschütterlich ⟨an ≈ decision ein fester Entschluß⟩; **im'mov·a·bles** *s/pl Jur* Immobilien *pl*, Liegenschaften *pl*

im·mune [ɪ'mju:n] **1.** *adj Med* immun, geschützt (**against, from, of, to** gegen, vor) | *übertr* sicher (**from** vor), gefeit (**from** gegen), unempfindlich (**from** gegen); **2.** *s* immune Person; **im'mu·ni·ty** *s Med* Immunität *f*, Unempfindlichkeit *f* (**from** gegen) | *Jur* Immunität *f*, Befreiung *f* (**from** von) | *Jur* Privileg *n*; **im·mu·ni·za·tion** [ˌɪmjʊnaɪˈzeɪʃn] *s Med* Immunisierung *f* (**against** gegen); **ˈim·mu·nize** *vt* immunisieren, immun machen; **im·mu·no-** [ɪˌmju:nə] *in Zus Biol, Med* Immuno-; **im·mu·no·bi·o·log·ic[al]** [ɪˌmju:nəˌbaɪəˈlɒdʒɪkl] *adj Biol, Med* immunbiologisch; **imˌmu·no·deˈfi·cien·cy** *s Med* Immuninsuffizienz *f*; **im·mu·nol·o·gy** [ˌɪmjʊˈnɒlədʒɪ] *s Med* Immunitätslehre *f*; **im·mu·no·re·ac·tion** [ɪˌmju:nərɪˈækʃn] *s Med* Immun(isierungs)reaktion *f*

im·mure [ɪˈmjʊə] *vt* einsperren, einschließen ⟨to ~ o.s. sich ab- *od* einschließen⟩; **imˈmure·ment** *s* Einschließung *f*

im·mu·ta·bil·i·ty [ɪˌmju:təˈbɪlətɪ] *s* Unveränderlichkeit *f*; **imˈmu·ta·ble** *adj* unveränderlich, unwandelbar ⟨≈ laws of nature⟩

imp [ɪmp] **1.** *s* Kobold *m* ⟨bottle ~ Flaschenteufelchen *n*; the ~ of the perverse *übertr* der Hang zum Perversen⟩ | Schelm *m* | ungezogenes Kind, Racker *m*; **2.** *vt arch* den Flug verbessern ⟨to ~ the wings of a bird⟩ | *übertr* beschwingen

im·pact [ˈɪmpækt] **1.** *s* (Zusammen-) Stoß *m*, Anprall *m*, Schlag *m* (**against, on** gegen) ⟨on ~ beim Aufprall⟩ | *Mil* (Geschoß, Rakete) Auftreffen *n*, Auf-, Einschlag *m* | *übertr* Einfluß *m* (**on** auf) ⟨the ~ of a new method; the ~ of television⟩; **2.** *in Zus Tech, Mil* Schlag-, Stoß-, Treff- ⟨~ force Stoßkraft *f*; ~ precision Treffsicherheit *f*⟩ | *Geol* Aufstoß-, Aufprall ⟨~ crater⟩; [ɪmˈpækt] *vt* zusammenpressen, zusammendrücken; **imˈpact·ed** *adj* zusammengedrückt, eingeklemmt, eingekeilt | *Am* Notstands-, (finanziell) Zuschuß-, unterstützungsbedürftig ⟨≈ areas⟩ | *Am* für Notstandsgebiete ⟨≈ aid⟩ | *Med* (Zahn) impaktiert; **ˌ~ ˈstate·ment** *s* Einschätzung *f* der Auswirkungen (**of** von; **on** auf)

im·pair [ɪmˈpɛə] *vt* beeinträchtigen, verschlechtern, schwächen ⟨to ~ one's health⟩; **imˈpair·ment** *s* Beeinträchtigung *f*, Schwächung *f*

im·pa·la [ɪmˈpɑ:lə] *s Zool* Impala *f*

im·pale [ɪmˈpeɪl] *vt* durchbohren, durchstechen, aufspießen (**on** auf) | *übertr* (jmdn.) festnageln; **imˈpale·ment** *s* Durchbohrung *f*, Durchstechung *f*, Aufspießen *n*

im·pal·pa·bil·i·ty [ɪmˌpælpəˈbɪlətɪ] *s* Unfühlbarkeit *f*, Unmerklichkeit *f*; **imˈpal·pa·ble** *adj* unfühlbar, unmerklich | *übertr* unbegreiflich, nicht greifbar, vage ⟨≈ ideas⟩

im·pan·el [ɪmˈpænl] = **empanel**

im·par·i·ty [ɪmˈpærətɪ] *s* Ungleichheit *f*, Verschiedenheit *f*

im·part [ɪmˈpɑ:t] *förml vt* mitteilen, bekanntgeben (**to s.o.** jmdm.) ⟨to ~ a secret⟩ | verteilen ⟨to ~ one's fortune to s.o.⟩ | *übertr* vermitteln, erteilen (**to** an) ⟨to ~ authority Autorität verleihen; to ~ a new direction eine neue Richtung geben⟩; **imˈpart·a·ble** *adj* mitteilbar; **ˌim·parˈta·tion** *s* Mitteilung *f*

im·par|tial [ɪmˈpɑ:ʃl] *adj* unparteiisch, unvoreingenommen, unbefangen; **~ti·al·i·ty** [ˌɪmˌpɑ:ʃɪˈælətɪ] *s* Unparteilichkeit *f*, Unvoreingenommenheit *f*, Unbefangenheit *f*

im·part·ment [ɪmˈpɑ:tmənt] *s* Mitteilung *f*

im·pass·a|bil·i·ty [ɪmˌpɑ:səˈbɪlətɪ] *s* Unwegsamkeit *f*, Unpassierbarkeit *f*; **imˈpass·a·ble** *adj* unwegsam, ungangbar, unbefahrbar ⟨an ≈ road⟩ | *Wirtsch* nicht umlauffähig ⟨≈ money⟩

im·passe [ˈæmpɑ:s|æmˈpɑ:s] ⟨*frz*⟩ *s* Sackgasse *f* | *übertr* Sackgasse *f*, ausweglose Situation ⟨to reach an ~ in eine Sackgasse geraten⟩

im·pas·si·bil·i·ty [ɪmˌpæsəˈbɪlətɪ] *s* Gefühllosigkeit *f* (**to** gegen); **imˈpas·si·ble** *adj* unempfindlich, gefühllos (**to** gegen) | leidensunfähig | unverletzbar

im·pas·sion·ate [ɪmˈpæʃn̥ət], **imˈpas·sioned** *adj* (Rede) leidenschaftlich, erregt, feurig

im·pas|sive [ɪmˈpæsɪv] *adj* gefühl-, leidenschaftslos, unbewegt, ungerührt | ernst, ruhig; **ˌ~ˈsiv·i·ty** *s* Gefühl-, Leidenschaftslosigkeit *f* | Ruhe *f*

im·pas·to [ɪmˈpæstəʊ | -pɑ:s-] *s Mal* Impasto *n*

im·pa·tience [ɪmˈpeɪʃns] *s* Ungeduld *f* ⟨to await with ~ nicht erwarten können⟩ | Unduldsamkeit *f* (**of** gegen) | Eifer *m* (**for** mit, in bezug auf), Gier (**for** nach) | Abneigung *f* (**of** gegen), Unwille *m* (**at s.th.** über etw., **with s.o.** über jmdn.)

im·pa·ti·ens [ɪmˈpeɪʃɪˌenz] *s Bot* Springkraut *n*

im·pa·tient [ɪmˈpeɪʃnt] *adj* ungeduldig, unruhig, erregt (**at, of** über) | unwillig, unzufrieden, ungehalten ⟨to be ~ of s.th. etw. nicht ertragen können, sich über etw. ärgern⟩ | begierig (**for** nach, **to** *mit inf* zu *mit inf*)

im·pawn [ɪmˈpɔ:n] *vt förml* verpfänden

im·pay·a·ble [ɪmˈpeɪəbl] *adj* unbezahlbar

im·peach [ɪmˈpi:tʃ] *vt* bezweifeln, in Zweifel ziehen ⟨to ~ s.o.'s character⟩ | tadeln, bemängeln, herabsetzen | *Jur* (jmdn.) beschuldigen, anklagen (**of s.th.** e-r Sache) | *Jur* belasten (**with** mit) | *Jur* anfechten | *Jur Brit* (Minister) wegen Hochverrat u. ä. anklagen | *Am Jur* (hohen Beamten) wegen Amtsmißbrauch unter Anklage stellen (**for** aufgrund von) ⟨to ~ the president⟩; **imˌpeach·aˈbil·i·ty** *s Jur* Anfechtbarkeit *f*; **imˈpeach·a·ble** *adj Jur* anfechtbar | *Jur* anklagbar; **imˈpeach·ment** *s* Anfechtung *f*, Anzweiflung *f* | Tadel *m* | *Brit Jur* öffentliche Anklage vor dem Oberhaus | *Am Jur* Anklage *f* gegen einen hohen Beamten

im·pec·ca·bil·i·ty [ɪmˌpekəˈbɪlətɪ] *s* Unfehlbarkeit *f*; **imˈpec·ca·ble** *adj* unfehlbar | tadellos, einwandfrei ⟨an ≈ character⟩

im·pe·cu·ni|os·i·ty [ˌɪmpɪˌkju:nɪˈɒsetɪ] *förml s* Armut *f*, Geldmangel *m*; **~ous** [ˌɪmpɪˈkju:nɪəs] *adj* arm, ohne Geld, mittellos | *scherzh* blank, pleite

im·ped·ance [ɪmˈpi:dəns] *s El* Impedanz *f*, Scheinwiderstand *m*; **imˈpede** *vt* (jmdn.) aufhalten, (be)hindern | (etw.) verhindern, erschweren; **imˈpe·di·ent 1.** *adj* hinderlich; **2.** *s* Hindernis *n*; **im·ped·i·ment** [ɪmˈpedɪmənt] *s* Verhinderung *f* | Hindernis *n* (**to** für) | *Med* Funktionsstörung *f* ⟨an ≈ in one's speech ein Sprachfehler *m*⟩; **imˈped·i·ments, im·ped·i·men·ta** [ɪmˌpedɪˈmentə] *s/pl Mil* Troß *m*, Gepäck *n* | *scherzh* Siebensachen *pl*, Drum und Dran *n*

im·pel [ɪmˈpel] (**imˈpelled, imˈpelled**) *vt* (an-, vorwärts)treiben, drängen, zwingen (**to** zu) (*auch Tech*); **imˈpel·lent 1.** *adj* treibend, Trieb- ⟨≈ power *Tech* Antrieb *m*⟩; **2.** *s* Triebkraft *f*; **imˈpel·ler** *s Tech* Flügel-, Gebläserad *n*, Drossel *f*, Kreiselmischer *m*, Schnellrührer *m* | Antriebsrad *n*; Förderkörper *m*, Verdränger *m* (Pumpe); **ˈ~ler drive** *s Tech* Windantrieb *m*; **ˈ~ler gear** *s Tech* treibendes Rad; **ˈ~ler shaft** *s Tech* Laufrad *n*, Welle *f*

im·pend [ɪmˈpend] *vi* schweben, hängen (**over** über) | *übertr* drohen, bevorstehen ⟨trouble ~ed over us Unheil drohte uns; rain ~ed Regen stand bevor⟩; **imˈpend·ence, im·pend·en·cy** *s* nahes Bevorstehen; **imˈpend·ing** *adj* schwebend, überhängend | *übertr* nahe bevorstehend, drohend ⟨an ≈ storm ein heraufziehender Sturm; ≈ death naher Tod⟩

im·pen·e·tra·bil·i·ty [ɪmˌpenɪtrəˈbɪlətɪ] *s* Undurchdringlichkeit *f*, Dichtheit *f*, Undurchlässigkeit *f* | *übertr* Unerforschbarkeit *f*, Unergründlichkeit *f*; **imˈpen·e·tra·ble** *adj* undurchdringlich, dicht (**by** für) ⟨≈ darkness⟩ | *übertr* unerforschlich, undurchdringlich (**to** für) ⟨≈ difficulty unlösbare Schwierigkeit⟩ | unempfindlich, unempfänglich (**by, to** gegen); **imˈpen·e·trate** *vt förml* durchdringen

im·pen·i·tence [ɪmˈpenɪtəns], **imˈpen·i·ten·cy** *förml s* Verstocktheit *f*; **imˈpen·i·tent 1.** *adj* verstockt ⟨an ≈ criminal

ein Verbrecher, der keine Reue zeigt⟩; **2.** *s* Verstockte(r) *f(m)*
im·per·a·tive [ɪm'perətɪv] **1.** *adj* befehlend, befehlerisch, Befehls- ⟨an ~ gesture⟩ | dringend notwendig, zwingend, bindend (**for** für) ⟨~ duty unabdingbare Pflicht; it's ~ that es ist unbedingt notwendig, daß⟩ | *Ling* Imperativ-, Befehls- ⟨~ mood Imperativ *m*, Befehlsform *f*⟩; **2.** *s* Befehl *m*, Gebot *n* | *Ling* Imperativ *m*, Befehlsform *f* ⟨in the ~⟩
im·pe·ra·tor [ˌɪmpə'reɪtə] *s* Imperator *m*, römischer Kaiser; **im·per·a·to·ri·al** [ɪmˌperə'tɔ:rɪəl] *adj* kaiserlich | gebieterisch
im·per·cep·ti·bil·i·ty [ˌɪmpəˌseptə'bɪlətɪ] *s* Unmerklichkeit *f*; **ˌim·per'cep·ti·ble** *adj* unmerklich, unmerkbar | nicht wahrnehmbar, unbemerkbar (**to** für) | verschwindend klein *od* leicht
im·per·cip·i·ence [ˌɪmpə'sɪpɪəns] *förml s* Wahrnehmungslosigkeit *f*; **im·per'cip·i·ent** *adj* nicht wahrnehmend, ohne Wahrnehmung ⟨to be ≈ of nicht wahrnehmen⟩
im·per|fect [ɪm'pɜ:fɪkt] **1.** *adj* unvollendet, unvollständig, unvollkommen ⟨an ≈ knowledge⟩ | *Wirtsch* (Ware) fehler-, mangelhaft | *Metr* (Reim) unrein | *Jur* nicht rechtswirksam | *Ling* imperfekt ⟨the ≈ tense das Imperfekt(um)⟩; **2.** *s Ling* Imperfekt *n*; **~fec·tion** [ˌɪmpə'fekʃn] *s* Unvollkommenheit *f*, Unvollständigkeit *f* | Fehlerhaftigkeit *f* | Mangel *m*, Schwäche *f* ⟨little ≈s⟩ | Defekt *m*, Schaden *m*
im·per·fo|rate [ɪm'pɜ:fərɪt|-reɪt] **1.** *adj* nicht durchbohrt, ohne Öffnung (*auch Med*) | (Briefmarke) nicht perforiert, ungezähnt ⟨an ≈ stamp⟩; **2.** *s* nicht perforierte Briefmarke; **~rat·ed** [~reɪtɪd] = **~rate 1.**
im·pe·ri·al [ɪm'pɪərɪəl] (*oft* ≗) **1.** *adj* kaiserlich, Kaiser- ⟨His ≗ Majesty S-e Kaiserliche Majestät⟩ | Reichs- ⟨≗ Diet *Hist* Deutscher Reichstag⟩ | *Brit* Weltreichs- ⟨~ trade⟩ | majestätisch, stattlich | erhaben | großartig, herrlich | *Brit* (Maß, Gewicht) gesetzlich ⟨≗ pint; ≗ gallon⟩; **2.** *s* Knebelbart *m* | Imperial *n* (Papierformat) | *Hist* Imperiale *f*, Gepäckkasten *m*; **im'pe·ri·al·ism** *s Pol* Imperialismus *m* | Kaiserherrschaft *f*; **im'pe·ri·al·ist** **1.** *s Pol* Imperialist *m*; **2.** *verächtl auch* **imˌpe·ri·al'is·tic** *adj* imperialistisch ⟨an imperialist feeling eine an das (britische) Weltreich erinnernde Einstellung; the imperialistic powers die imperialistischen Mächte⟩ | kaiserlich
im·per|il [ɪm'perəl] (**~illed, ~illed,** *Am* **~iled, ~iled**) *vt* gefährden; **im'per·il·ment** *s* Gefährdung *f*
im·pe·ri·ous [ɪm'pɪərɪəs] *förml adj* gebieterisch, herrisch ⟨~ gestures⟩ | dringend, zwingend ⟨an ~ need⟩
im·per·ish·a·bil·i·ty [ɪmˌperɪʃə'bɪlətɪ] *s* Unvergänglichkeit *f*, Beständigkeit *f*, Dauerhaftigkeit *f*; **im'per·ish·a·ble** *adj* unvergänglich, beständig, dauerhaft ⟨an ≈ monument; ≈ fame⟩ | *Tech* haltbar, abnutzungsfest, dauerhaft, unverderblich ⟨≈ goods⟩
im·per·ma·nent [ɪm'pɜ:mənənt] *adj* wenig dauerhaft, unbeständig ⟨an ~ decision eine Entscheidung auf kurze Dauer⟩; **im'per·ma·nence** *s* Unbeständigkeit *f*, kurze Dauer
im·per·me·a|bil·i·ty [ɪmˌpɜ:mɪə'bɪlətɪ] *s* Undurchdringlichkeit *f*, Undurchlässigkeit *f*; **im'per·me·a·ble** *adj* (bes. Flüssigkeit) undurchdringlich, undurchlässig (**to** für), hermetisch ⟨≈ to water wasserdicht⟩
im·per·son·al [ɪm'pɜ:snl] *adj* unpersönlich (*auch Ling*) ⟨an ~ conversation⟩ | nicht menschlich ⟨~ forces außermenschliche Kräfte *pl*⟩; **~i·ty** [ɪmˌpɜ:sə'nælətɪ|-sn̩'æ-] *s* Unpersönlichkeit *f*; **~ize** [ɪm'pɜ:sn̩əlaɪz] *vt* unpersönlich machen
im·per·son·ate [ɪm'pɜ:sn̩eɪt|-sən-] **1.** *vt* personifizieren, verkörpern, sich ausgeben als | *Theat* (Rolle) darstellen; **2.** *adj* personifiziert, verkörpert; **imˌper·son'a·tion** *s* Personifikation *f*, Verkörperung *f* | *Theat* Darstellung *f*; **im'per·son·a·tor** *s Theat* Imitator *m* ⟨female ≈ Mann, der in Frauenkleidern auftritt⟩

im·per·ti|nence [ɪm'pɜ:tɪnəns | -tn̩əns] *s* Impertinenz *f*, Frechheit *f*, Unverschämtheit *f* | Belanglosigkeit *f*, Nebensache *f*; **im'per·ti·nent** *adj* impertinent, frech, unverschämt ⟨an ≈ remark⟩ | belanglos, nebensächlich ⟨an ≈ question; to be ≈ to s.th. mit etw. nichts zu tun haben⟩ | unpassend, unangebracht ⟨an ≈ word⟩
im·per·turb·a·bil·i·ty [ˌɪmpəˌtɜ:bə'bɪlətɪ] *s* Unerschütterlichkeit *f*, Gelassenheit *f*; **ˌim·per'turb·a·ble** *adj* unerschütterlich, gelassen, ruhig ⟨≈ patience⟩
im·per·vi·ous [ɪm'pɜ:vɪəs] *adj* unwegsam, unzugänglich ⟨~ woods⟩ | undurchdringlich, undurchlässig (**to** für), hermetisch, dicht ⟨~ to heat wärmeundurchlässig; ~ to water wasserdicht, -undurchlässig⟩ | *übertr* unzugänglich (**to** für) ⟨~ to criticism⟩
im·pe·ti·go [ˌɪmpɪ'taɪgəʊ] *s Med* Impetigo *f*, Blasengrind *m*
im·pet·u·os·i·ty [ɪmˌpetʃʊ'ɒsətɪ] *s* Heftigkeit *f*, Ungestüm *n*; **im'pet·u·ous** *adj* heftig, ungestüm, impulsiv ⟨an ≈ wind; an ≈ temper⟩ | vorschnell, unüberlegt ⟨≈ words⟩
im·pe·tus ['ɪmpɪtəs] *s* (*pl* **~es**) *Phys* Schwung-, Stoß-, Triebkraft *f*, Impuls *m*, Schwung *m* | *übertr* Anstoß *m*, Antrieb *m*, Schwung *m* ⟨to give an ~ to s.th. e-r Sache Aufschwung verleihen *od* Impulse geben⟩
im·pi·e·ty [ɪm'paɪətɪ] *s* Gottlosigkeit *f* | *oft pl* Pietätlosigkeit *f*, Respektlosigkeit *f*
im·pinge [ɪm'pɪndʒ] *vi* (an)stoßen, (an)prallen (**against, on, upon** gegen) | einschlagen | aufschlagen, (auf)prallen, (auf)treffen, fallen (**on, upon** auf) | *übertr* verstoßen, (**on, upon** gegen) | eindringen, übergreifen (**on, upon** in) | **im'pinge·ment** *s* (An-) Stoß *m*, (An-) Prall *m* (**against** gegen) | Aufschlag *m*, Aufprall *m* | Auftreffen *n* (**on, upon** auf)
im·pi·ous ['ɪmpɪəs] *adj* gottlos, frevelhaft | pietätlos
imp·ish ['ɪmpɪʃ] *adj* schelmisch, spitzbübisch ⟨an ~ smile⟩ | boshaft ⟨an ~ delight⟩
im·pla·ca·bil·i·ty [ɪmˌplækə'bɪlətɪ] *s* Unversöhnlichkeit *f*, Unerbittlichkeit *f*; **im'pla·ca·ble** *adj* unversöhnlich, unerbittlich ⟨≈ hatred⟩
im·pla·cen·tal [ˌɪmplə'sentl], **im·pla'cen·tate** [~eɪt] *adj Zool* plazentalos, ohne Mutterkuchen
im·plant [ɪm'plɑ:nt] **1.** *vt* einpflanzen | *übertr* einimpfen, einprägen (**in[to] s.o.** jmdm.) | *Med* (Gewebe) ein-, verpflanzen; **2.** *s Med* Implantat *n*; **ˌim·plan'ta·tion** *s* Einpflanzung *f* | *übertr* Einimpfung *f*, Einprägung *f* | *Med* Implantation *f*
im·plau·si·bil·i·ty [ɪmˌplɔ:zə'bɪlətɪ] *s* Unglaubwürdigkeit *f*; **im'plau·si·ble** *adj* unglaubwürdig
im·pledge [ɪm'pledʒ] *vt förml* verpfänden
im·ple|ment ['ɪmplɪmənt] *s* Gerät *n*, Instrument *n*, Werkzeug *n* ⟨agricultural ≈s, farm ≈s Ackergeräte *n/pl*, landwirtschaftliche Maschinen *f/pl*⟩ | *Schott Jur* Ausführung *f*, Erfüllung *f* ⟨the ≈ of a contract⟩; ['ɪmplɪment] *vt* bewerkstelligen, verwirklichen, aus-, durchführen, umsetzen ⟨to ≈ one's plans⟩; **ˌ~men'ta·tion** *s* Bewerkstelligung *f*, Verwirklichung *f*, Aus-, Durchführung *f*; **'~ments** *s/pl* Zubehör *n*, (Hand-) Werk(s)zeug *n*, Gerät(schaft) *n(f)*, Geschirr *n* | Möbelstücke *n/pl*, Kleidungsstücke *n/pl*
im·pli|cate ['ɪmplɪkɪt|-eɪt] *förml* **1.** *s* Inbegriffenes *n*, Folgerung *f*, Gefolgertes *n*; **2.** *adj* verwickelt, involviert | implizit, impliziert; ['ɪmplɪkeɪt] *vt* mit einbeziehen, in sich schließen | verwickeln ⟨to be ≈d in a crime in ein Verbrechen verwickelt sein⟩ | zur Folge haben; **ˌ~'ca·tion** *s* Einbegriffensein *n* | Verwicklung *f* | selbstverständliche *od* stillschweigende Folgerung ⟨by ≈ stillschweigend, ohne

weiteres; als natürliche Folgerung⟩ | Folge *f*, Begleiterscheinung *f* | tieferer Sinn, eigentliche Bedeutung; ˌ~'**ca·tion·al,** '**~ca·tive,** '**~ca·to·ry** *adj* in sich schließend ⟨to be ≈ of s.th. etw. in sich schließen *od* etw. mitenthalten⟩; **im·plic·it** [ɪm'plɪsɪt] *adj* ein-, inbegriffen, stillschweigend mit eingeschlossen (**in** in) ⟨an ≈ threat eine indirekte Drohung⟩ | unbedingt ⟨≈ trust⟩ | blind ⟨≈ obedience⟩ | *Math* implizit ⟨≈ function nicht entwickelte, implizite Funktion⟩; **im'plic·it·ly** *adv* implizit, stillschweigend, ohne weiteres | unbedingt; **im·plied** [ɪm'plaɪd] *adj* stillschweigend mit eingeschlossen, impliziert

im·plo·ra·tion [ˌɪmplə'reɪʃn] *s* Flehen *n*; **im·plor·a·to·ry** [ɪm'plɔ:rətrɪ] *adj* flehend, bittend; **im'plore** *vt* (jmdn.) anflehen, bitten (**for** um) | beschwören ⟨I ≈ you ich beschwöre dich⟩ | (etw.) erflehen, erbitten; *vi* flehen, bitten (**for** um); **im'plor·ing** *adj* flehend, bittend ⟨a ≈ look⟩

im·plo·sive [ɪm'pləusɪv] = **plosive**

im·ply [ɪm'plaɪ] *vt* einschließen, in sich schließen, mitenthalten, implizieren, bedeuten, besagen ⟨that may be implied from das ergibt sich aus, das ist zu erschließen aus⟩ | andeuten, durchblicken lassen, zu verstehen geben ⟨his words ~ that⟩

im·pol·i·cy [ɪm'pɒləsɪ] *s* Unklugheit *f*

im·po·lite [ˌɪmpə'laɪt] *adj* unhöflich, ungesittet, grob

im·pol·i·tic [ɪm'pɒlətɪk], **im·po·lit·i·cal** [ˌɪmpə'lɪtɪkl] *adj* unklug, unüberlegt, politisch falsch ⟨unjust and ~ discriminations⟩

im·pon·der·a·bil·i·ty [ɪmˌpɒndr̩ə'bɪlətɪ] *s* Unwägbarkeit *f*; **im'pon·der·a·ble** *adj* unwägbar, nicht abzuschätzen, imponderabel | *Phys* gewichtslos; **im'pon·der·a·bles** *s/pl* Imponderabilien *n/pl*, unberechenbare Umstände *m/pl*, Tatsachen *f/pl* unbekannter Ursache

im·port [ɪm'pɔ:t] *vt Wirtsch* importieren, einführen (**from** aus) | *förml* bedeuten, besagen ⟨his words ~ that seine Worte besagen, daß⟩ | *förml* nach sich ziehen, involvieren ⟨honour ~s justice⟩ | *förml* von Wichtigkeit sein für ⟨it ~s me to *mit inf* es ist wichtig für mich, zu *mit inf*⟩; *vi förml* von Wichtigkeit sein ⟨it ~s much es ist von großer Wichtigkeit⟩; ['ɪmpɔ:t] *s meist pl Wirtsch* Import *m*, Einfuhr *f* ⟨invisible ~ unsichtbare Einfuhr *f*; expensive ~s teure Importwaren *f/pl*⟩ | *förml* Bedeutung *f*, Sinn *m* ⟨the ~ of words⟩ | *förml* Wichtigkeit *f*, Belang *m* ⟨of great ~ von großer Wichtigkeit⟩; **im'port·a·ble** *adj Wirtsch* importier-, einführbar

im·por|tance [ɪm'pɔ:tns] *s* Wichtigkeit *f*, Gewicht *n*, Tragweite *f* ⟨of no ≈ unwichtig⟩ | Wichtigtuerei *f*; **im'por·tant** *adj* wichtig, bedeutsam, wesentlich (**to** für) ⟨an ≈ day⟩ | einflußreich ⟨an ≈ book⟩ | *umg* wichtigtuerisch ⟨in an ≈ manner⟩

im·por·ta·tion [ˌɪmpɔ:'teɪʃn] *s Wirtsch* Einfuhr *f*, Import *m* | Importartikel *m* | *übertr* Entlehnung *f*; '**im·port ˌdu·ty** *s Wirtsch* Einfuhrzoll *m*; **im'port·er** *s Wirtsch* Importeur *m*; **im'port·ing firm** *s Wirtsch* Importfirma *f*

im·port·less ['ɪmpɔ:tləs] *adj* bedeutungslos, ohne Wichtigkeit

im·port| li·cence ['ɪmpɔ:t ˌlaɪsns] *s Wirtsch* Einfuhrgenehmigung *f*; '**~ reˌstric·tion** *s Wirtsch* Einfuhrbeschränkung *f*; '**~ ˌsur·plus** *s Wirtsch* Importüberschuß *m*

im·por|tu·na·cy [ɪm'pɔ:tjʊnəsɪ], **im'por·tu·nance** *s* Zu-, Aufdringlichkeit, Lästigkeit *f*; **im'por·tu·nate** [-nɪt] *adj* zu-, aufdringlich, lästig, hartnäckig ⟨≈ curiosity⟩ | dringlich ⟨an ≈ request⟩; **~tune** [ˌɪmpə'tju:n|ˌɪm'pɔ:tju:n | -tʃu:n] *förml* **1.** *vt* (jmdn.) bestürmen, bedrängen, behelligen, belästigen (**to** *mit inf* zu *mit inf*, **with** mit) | anbetteln, hartnäckig bitten (**for** um) | (unsittlich) ansprechen, belästigen | *selten* (etw.) flehentlich erbitten; *vi* dringend fordern; **2.** *adj* zu-, aufdringlich; **~tu·ni·ty** [ˌɪmpɔ:'tju:nətɪ|-pə-] *s* Auf-, Zudringlichkeit *f*, Lästigkeit *f*

im·pos·al [ɪm'pəuzl] *s selten* Auferlegung *f*, Aufbürdung *f*; **im'pose** *vt* (Steuern, Pflichten u. ä.) auf(er)legen, aufbürden (**on, upon s.o.** jmdm., **on s.th.** e-r Sache) | aufdrängen ⟨to ~ o.s. [up]on s.o. sich jmdm. aufdrängen⟩ | *Tech* aufbringen (**on** auf) | *Typ* ausschießen; *vi* imponieren ⟨to ~ upon s.o. jmdn. beeindrucken⟩ | täuschen, hintergehen, betrügen (**upon s.o.** jmdn.) | ausnutzen, mißbrauchen (**upon s.th.** etw.), Nutzen ziehen (**upon** aus), zur Last fallen (**on, upon s.o.** jmdm.); **im'pos·ing** *adj* imponierend, eindrucksvoll, beeindruckend; **im'pos·ing ˌsur·face** *s Typ* Metteurtisch *m*, Schließplatte *f*; **im·po·si·tion** [ˌɪmpə'zɪʃn] *s* Auf(er)legung *f*, Aufbürdung *f* ⟨≈ of taxes Besteuerung *f*⟩ | Auflage *f*, Steuer *f* | Beilegung *f* (eines Namens) | *Brit selten* Strafarbeit *f* (in der Schule) | Täuschung *f*, Betrug *m* | Mißbrauch *m* ⟨an ≈ on s.o.'s good nature ein Mißbrauch von jmds. Gutherzigkeit⟩ | Zumutung *f* (**[up]on s.o.** gegenüber jmdm.) | *Typ* Umbruch *m*

im·pos·si·bil·i·ty [ɪmˌpɒsə'bɪlətɪ] *s* Unmöglichkeit *f* | Unmögliches *n*; **im'pos·si·ble 1.** *adj* unmöglich, ausgeschlossen | undurchführbar, hoffnungslos ⟨≈ aspirations⟩ | unerträglich ⟨≈ conditions⟩; **2.** *s* Unmögliches *n*

[1]**im·post** ['ɪmpəust] *s Wirtsch* Abgabe *f*, Steuer *f* | *Sport Sl* (Pferderennen) Handicap *n*, (Ausgleichs-) Gewicht *n*

[2]**im·post** ['ɪmpəust] *s Arch* Impost *m*, Kämpfer(gesims) *m(n)*, (Bogen-) Auflager *n*

im·pos·tor [ɪm'pɒstə] *s* Schwindler *m*, Betrüger *m*; **im'pos·ture** [-tʃə] *s* Schwindel *m*, Betrug *m*, Betrügerei *f*; **im'pos·tur·ous** *adj* betrügerisch

im·po|tence ['ɪmpətəns], '**~ten·cy** *s* Unfähigkeit *f*, Unvermögen *n* (**to** *mit inf* zu *mit inf*) | Hinfälligkeit *f*, Hilflosigkeit *f*, Schwäche *f* | *Med* Impotenz *f*; '**~tent 1.** *adj* unfähig | hinfällig, schwach, machtlos | *Med* impotent; **2.** *s* Unfähige(r) *f(m)* | *Med* Impotenter *m*

im·pound [ɪm'paund] *vt Jur* beschlagnahmen | *förml* (Vieh) einpferchen | (jmdn.) einsperren | *Tech* (Wasser) sammeln (zur Bewässerung), (Strom) aufstauen; **im'pound·ing** *s Tech* (Wasser) Stau *m*

im·pov·er·ish [ɪm'pɒvərɪʃ] *vt* arm machen ⟨to be ~ed verarmen⟩ | aussaugen, erschöpfen ⟨~ed rubber unelastisch gewordener Gummi; ~ed soil ausgelaugter Boden⟩ | *übertr* (Kultur u. ä.) verkümmern *od* verarmen lassen | uninteressant *od* reizlos machen; **im'pov·er·ish·ment** *s* Aussaugung *f*, Erschöpfung *f*

im·pow·er [ɪm'pauə] = **empower**

im·prac·ti·ca·bil·i·ty [ɪmˌpræktɪkə'bɪlətɪ] *s* Unwegsamkeit *f*, Ungangbarkeit *f* | Unausführbarkeit *f* | Unbrauchbarkeit *f*; **im'prac·ti·ca·ble** *adj* unwegsam, ungangbar ⟨an ≈ road⟩ | unausführbar ⟨≈ plans⟩ | widerspenstig ⟨an ≈ boy⟩; **im'prac·ti·cal** *adj* (Person) unpraktisch | unbrauchbar, nicht umsetzbar ⟨an ≈ idea⟩

im·pre|cate ['ɪmprɪkeɪt|-rək-] *förml vt* (Unheil u. ä.) (herbei)wünschen (**on, upon** auf); *vi* fluchen; ˌ~'**ca·tion** *s* Fluch *m*; '**~ˌca·to·ry** *adj förml* verfluchend, verwünschend

im·preg·na·bi·li·ty [ɪmˌpregnə'bɪlɪtɪ] *s* Unüberwindlichkeit *f*, Unbezwingbarkeit *f*; **im'preg·na·ble** *adj* unbezwinglich, uneinnehmbar ⟨an ≈ fortress⟩ | *übertr* unerschütterlich ⟨an ≈ opinion⟩

im·preg|nate ['ɪmpregneɪt|ɪm'pregneɪt] *vt förml* schwängern, schwanger machen | befruchten | düngen | imprägnieren, tränken (**with** mit) | *Chem* sättigen | *Mal* grundieren | *übertr* befruchten, durchdringen, (er)füllen (**with** mit); *vi* geschwängert werden | *übertr* befruchtet werden; [ɪm'pregnɪt] *adj* schwanger | durchtränkt (**with** mit) | *übertr* voll (**with** von); ˌ~'**na·tion** *s* Schwängerung *f* | Befruchtung *f* |

Imprägnierung *f* | *Chem* Sättigung *f* | *übertr* Befruchtung *f*, Durchdringung *f*, Erfüllung *f*

im·pre·sa·ri·o [ˌɪmprɪˈzɑːrɪəʊ|-sɑː-] *s* Impresario *m*, Manager *m*

im·press [ɪmˈpres] *vt* (auf-, ein)drücken, (ein)prägen (**on s.th.** auf etw., **with s.th.** mit etw.) | aufprägen ⟨to ~ a mark on s.th. auf etw. ein Zeichen drücken⟩ | *übertr* beeindrucken, Eindruck machen (**with** durch) ⟨to ~ s.o. unfavourably auf jmdn. einen schlechten Eindruck machen⟩ | *übertr* tief einprägen, nachdrücklich deutlich machen ⟨to ~ ideas on s.o.'s mind jmdm. Gedanken aufzwingen; to ~ o.s. on s.o. jmdn. beeindrucken⟩ | *übertr* erfüllen, durchdringen (**with** mit) | (Kraft u. ä.) übertragen, vermitteln (**[up]on** auf) | *El* (Spannung) anlegen | *arch* zum Seedienst pressen; *vi* Eindruck machen, imponieren; [ˈɪmprəs] *förml s* Prägung *f* | Abdruck *m*, Stempel *m* | *übertr* Merkmal *n*, Gepräge *n*; **imˈpressed** *adj* beeindruckt | durchdrungen (**with** von); **imˌpress·iˈbil·i·ty** *s* Beeindruckbarkeit *f* | Empfänglichkeit *f* (**to** für); **imˈpress·i·ble** *adj* beeindruckbar, empfänglich (**to** für)

im·pres|sion [ɪmˈpreʃn] *s* Ein-, Auf-, Abdruck *m* (eines Siegels u. ä.) | Prägung *f* | *Typ* Druck *m*, Abzug *m* | *Buchw* Nachdruck *m* ⟨first ≈ Erstdruck *m*⟩ | *Tech* Vertiefung *f* | Eindruck *m*, Beeindruckung *f* ⟨to give s.o. an ≈ of s.th. jmdm. einen Eindruck vermitteln von; to make an ≈ on s.o. auf jmdn. Eindruck machen; to leave an ≈ on s.o. / to leave s.o. with an ≈ einen Eindruck bei jmdm. hinterlassen⟩ | Einwirkung *f* (**on** auf) | Sinneseindruck *m* | undeutliche Erinnerung ⟨it's my ≈ that es kommt mir so vor, daß; to be under the ≈ that annehmen, daß⟩ | *übertr* Stempel *m*, Merkmal *n*; **imˌpres·sion·aˈbil·i·ty** *s* Beeindruckbarkeit *f*; **imˈpres·sion·a·ble** *adj* beeindruckbar, leicht beeinflußbar, formbar, empfänglich ⟨an ≈ mind⟩; **imˈpres·sion·ism** *s* Impressionismus *m*; **imˈpres·sion·ist** **1.** *s* Impressionist *m*; **2.** = **imˌpres·sionˈis·tic** *adj* impressionistisch | sich auf bloße Eindrücke stützend, nicht exakt, vage, ungenau ⟨an ≈ theory⟩; **imˈpres·sive** *adj* eindrucksvoll, beeindruckend ⟨an ≈ action⟩ | ergreifend ⟨an ≈ story⟩

im·press·ment [ɪmˈpresmənt] *s* Beschlagnahme *f*, Requisition *f* | *arch* Pressen *n* (zum Seedienst)

im·prest [ˈɪmprest] *s Wirtsch* Staatsvorschuß *m*, Vorschuß *m* aus öffentlichen Geldern

im·pri·ma·tur [ˌɪmprɪˈmeɪtə] *s* Druckerlaubnis *f* | *übertr scherzh* Billigung *f od* Zustimmung *f*

im·print [ɪmˈprɪnt] *vt* ein-, aufdrücken, ein-, aufprägen (**on, in** auf) | stempeln (**with** mit) | *übertr* einprägen (**in, on** in) ⟨to ~ s.th. in one's memory sich etw. ins Gedächtnis einprägen⟩; [ˈɪmprɪnt] *s* Ab-, Aufdruck *m* ⟨~ of a foot Fußabdruck *m*⟩ | *übertr* (bleibender) Eindruck, Gepräge *n*, Zeichen *pl*, Spuren *pl* ⟨the ~ of suffering on s.o.'s face Ausdruck *m* des Leidens auf jmds. Gesicht⟩ | *Typ* Impressum *n*, Druckvermerk *m*

im·pris·on [ɪmˈprɪzn] *vt* einsperren, einkerkern, verhaften | *übertr* einschließen, einengen, beschränken; **imˈpris·on·ment** *s* Verhaftung *f*, Einkerkerung *f* | Haft *f*, Gefängnis(strafe) *n(f)* ⟨false ≈ *Jur* ungesetzliche Haft; two years' ≈ zwei Jahre Gefängnis⟩ | *übertr* Einengung *f*, Beschränkung *f*

im·prob·a·bil·i·ty [ˌɪmˌprɒbəˈbɪlətɪ] *s* Unwahrscheinlichkeit *f* | unwahrscheinliches Ereignis; **imˈprob·a·ble** *adj* unwahrscheinlich, unglaubwürdig ⟨an ≈ event⟩

im·pro·bi·ty [ɪmˈprəʊbətɪ] *s* Unehrlichkeit *f*, Unredlichkeit *f*

im·promp·tu [ɪmˈprɒmptjuː] **1.** *s* Improvisation *f* | *Mus* Impromptu *n* | Stegreifgedicht *n*; **2.** *adj, adv* improvisiert, aus dem Stegreif ⟨an ~ speech; to speak ~⟩

im·prop·er [ɪmˈprɒpə] *adj* untauglich, ungeeignet (**to** für) | unrichtig, falsch ⟨~ medicine ungeeignete Medikamente *pl*; ~ use falscher Gebrauch⟩ | unsittlich, unschicklich ⟨an ~ suggestion ein unsittlicher Antrag⟩ | ungehörig, abwegig, unpassend ⟨an ~ dress; an ~ remark eine deplazierte Bemerkung⟩ | *Math* unecht ⟨~ fraction unechter Bruch⟩

im·pro·pri·ate [ɪmˈprəʊprɪeɪt] *vt Jur Brit* (Kirchengut) an Laien übertragen, zueignen; [-ɪt|-eɪt] *adj Jur Brit* (an Laien) übertragen; **imˌpro·priˈa·tion** *s Jur Brit* übertragene Pfründe

im·pro·pri·e·ty [ˌɪmprəˈpraɪətɪ] *s* Unschicklich-, Ungehörigkeit *f* | Untauglichkeit *f* | Unrichtigkeit *f* | unpassende Bemerkung

im·prov·a·bil·i·ty [ɪmˌpruːvəˈbɪlətɪ] *s* Besserungsfähigkeit *f*; **imˈprov·a·ble** *adj* (ver)besserungsfähig; **imˈprove** *vt* verbessern | veredeln | ausnutzen ⟨to ≈ the occasion die Gelegenheit ausnutzen⟩; *vi* sich (ver)bessern, sich vervollkommnen, Fortschritte machen; **imˈprove [up]on** es besser machen als, verbessern, überbieten, übertreffen; **imˈprove·ment** *s* Verbesserung *f*, Vervollkommnung *f* | (Gesundheit) Besserung *f* (**upon** gegenüber, im Vergleich zu) | *Wirtsch* Erhöhung *f*, Vermehrung *f*, Steigen *n* ⟨≈ in prices Preisbesserung *f*; ~ in value Werterhöhung *f*⟩ | Ausnutzung *f* | Fortschritt *m*, Gewinn *m* (**in s.th.** bei einer Sache; **on, upon s.th.** gegenüber einer Sache); **imˈprov·er** *s* Verbesserer *m* | *Wirtsch* Volontär(in) *m(f)*

im·prov·i·dence [ɪmˈprɒvɪdəns] *s* Unbedachtsamkeit *f*, Unvorsichtigkeit *f*; **imˈprov·i·dent** *adj* unbedacht, unvorsichtig, leichtsinnig

im·pro|vi·sa·tion [ˌɪmprəvaɪˈzeɪʃn] *s* Improvisieren *n* | Improvisation *f*; **ˌ~viˈsa·tion·al** *adj* improvisiert, unvorbereitet; **im·prov·i·sa·tor** [ɪmˈprɒvɪzeɪtə] *s* Improvisator *m*; **im·prov·i·sa·to·ri·al** [ɪmˌprɒvɪzəˈtɔːrɪəl], **~vi·sa·to·ry** [ˌ~ˈvaɪzətrɪ] *adj* improvisiert; **ˈ~vise** [ˈ~vaɪz] *vt Mus* improvisieren | unvorbereitet sprechen | im Handumdrehen herrichten | *umg* aus dem Boden stampfen, aus dem Ärmel schütteln; *vi Mus* improvisieren | etw. unvorbereitet tun, improvisieren; **ˈ~vised** *adj* improvisiert, unvorbereitet, Stegreif- | behelfsmäßig ⟨≈ bed Behelfs-, Notbett *n*⟩; **ˈ~vis·er** *s* Improvisator *m*

im·pru·dence [ɪmˈprudns] *s* Unklugheit *f*, Unvorsichtigkeit *f*; **imˈpru·dent** *adj* unklug, unvorsichtig (**of s.o.** von jmdm.)

im·pu|dence [ˈɪmpjʊdəns] *s* Unverschämtheit *f*, Frechheit *f* ⟨to have the ≈ to *mit inf* die Frechheit besitzen, zu *mit inf*⟩; **ˈ~dent** *adj* unverschämt, frech, impertinent

im·pugn [ɪmˈpjuːn] *förml vt* anfechten, bestreiten, in Zweifel ziehen ⟨to ~ a statement⟩ | angreifen, antasten ⟨to ~ s.o.'s honour⟩; **imˈpugn·a·ble** *adj* anfechtbar; **imˈpugn·ment** *s* Anfechtung *f*, Zweifel *m*, Bestreitung *f*

im·pulse [ˈɪmpʌls] **1.** *s* Antrieb *m*, Anstoß *m*, Stoß-, Triebkraft *f* (*auch übertr*) ⟨to give an ~ to s.th. einer Sache Aufschwung geben⟩ | *Math, Phys, El* Impuls *m*, Stoß *m* | *übertr* Impuls *m*, plötzliche Regung ⟨an irresistible ~ ein unwiderstehlicher Drang; seized with an ~ to *mit inf* von der plötzlichen Absicht gepackt, zu *mit inf*; on the ~ of the moment unter dem Drang des Augenblicks, einer augenblicklichen Regung folgend; on an ~ auf einen Antrieb hin; to act on ~ impulsiv handeln; to yield to an ~ einer Eingebung nachgeben; a man of ~ ein impulsiver Mensch⟩; **2.** *in Zus El, Tech* Impuls-, Stoß- ⟨~ frequency Impuls-, Festfrequenz *f*⟩; **ˈ~ ˌbuy·ing** *s Wirtsch* Impulsivkauf *m*; **im·pul·sion** [-ˈpʌlʃn] *s* Antrieb *m*, Anstoß *m* (*auch übertr*); **imˈpul·sive** *adj* (an)treibend, Trieb- ⟨≈ force Stoß-, Triebkraft *f*⟩ | *übertr* impulsiv, leicht erregbar ⟨an ≈ child⟩

im·pu·ni·ty [ɪmˈpjuːnətɪ] *s* Straflosigkeit *f* ⟨with ~ ungestraft⟩; ˈ~ **law** *s Jur* Straffreiheitsgesetz *n*

im·pure [ɪmˈpjʊə] *adj* schmutzig, unrein (*auch übertr*) ⟨~ air; ~ motives⟩ | verfälscht, gemischt ⟨~ food⟩ | *(Kunst)* unrein, gemischt ⟨an ~ style⟩ | unzüchtig, unanständig ⟨~ ideas⟩; **imˈpu·ri·ty** *s* Unreinheit *f* | Verunreinigung *f* ⟨impurities in food Lebensmittelverunreinigungen *f/pl*⟩ | Unanständigkeit *f*

im·put·a·bil·i·ty [ɪmˌpjuːtəˈbɪlətɪ] *s* Zuschreibbarkeit *f*; **imˈput·a·ble** *adj* zuschreibbar; **im·pu·ta·tion** [ˌɪmpjʊˈteɪʃn] *s* Zuschreibung *f* ⟨an ≈ of guilt eine Schuldzuschreibung⟩ | Anschuldigung *f*, Beschuldigung *f*, Bezichtigung *f* ⟨an ≈ on s.o.'s character ein Makel an jmds. Charakter⟩; **imˈput·a·tive** *adj* zuschreibend | zuschreibbar | an-, beschuldigend; **imˈpute** *vt* (Fehler u. ä.) zuschreiben, zur Last legen (**s.th.** etw., **to s.o.** jmdm.) ⟨to ≈ s.o. a lie jmdn. einer Lüge bezichtigen⟩ | (etw. Positives) zuschreiben, zu-, anrechnen, beimessen (**to s.o.** jmdm.) ⟨to ≈ a value einen Wert veranschlagen; to ~ the authorship to s.o. die Autorschaft jmdm. zuschreiben⟩

in [ɪn] **1.** *präp* (örtlich) in, an ⟨~ London in London; ~ the sky am Himmel; ~ the street auf der Straße⟩ | (Richtung, Bewegung, Tätigkeit) in, bei, auf, mit ⟨~ all directions nach allen Richtungen; ~ search of s.th. auf der Suche nach etw.; to throw s.th. ~ the fire etw. ins Feuer werfen⟩ | (Beschaffenheit, Zustand, Art u. Weise) in, auf, mit ⟨~ arms unter Waffen; ~ a few words mit wenigen Worten; ~ a hurry in Eile; ~ a loud voice mit lauter Stimme; ~ all insgesamt; ~ despair in Verzweiflung; ~ doubt im Zweifel; ~ earnest im Ernst; ~ English in *od* auf englisch; ~ fun im Scherz; ~ good order in gutem Zustand; ~ groups gruppenweise; ~ liquor unter Alkohol(einfluß); ~ love verliebt; ~ marble aus Marmor; ~ no way keineswegs; ~ other words mit anderen Worten; ~ poor health bei schlechter Gesundheit; ~ public in der Öffentlichkeit; ~ secret im geheimen, insgeheim; ~ short kurz [gesagt]; ~ s.o.'s defence zu jdms. Verteidigung; ~ tears unter Tränen⟩ | (Umgebung) in ⟨~ the cold in der Kälte; ~ the dark im Dunkeln; ~ the moonlight bei Mondschein; ~ the open im Freien; ~ the rain im Regen; ~ the shade im Schatten; ~ the sunshine in der Sonne, bei Sonnenschein⟩ | (Kleidung u. ä.) in, mit ⟨~ disguise in Verkleidung, verkleidet; ~ mourning in Trauer; ~ rags in Lumpen; ~ one's shirt sleeves in Hemdsärmeln; ~ top hat mit Zylinder; ~ shoes mit Schuhen; ~ white in Weiß, weißgekleidet⟩ | (Beruf, Tätigkeit) in, bei ⟨~ action *Mil* im Kampf; ~ insurance bei der Versicherung; ~ the army beim Militär; ~ the Cabinet im Kabinett, in der Regierung; ~ the motor trade in der Autobranche; to be ~ politics Politiker sein⟩ | (Hinsicht, Beziehung) in, an, im Hinblick auf ⟨~ all probability aller Wahrscheinlichkeit nach; ~ any case auf jeden Fall; ~ appearance dem Anschein nach; ~ diameter im Durchmesser; ~ every way in jeder Hinsicht; ~ itself an sich; ~ length lang; ~ strength stark; rich ~ minerals reich an Mineralien; young ~ years jung an Jahren; ~ so far as/~ as far as insoweit als *od* in dem Maße in; ~ that insofern als, weil⟩ | (Zahl, zeitlich) in, an, bei, binnen, während, zu ⟨~ a few days in wenigen Tagen; ~ a moment in e-m Augenblick; ~ a short time in *od* binnen kurzer Zeit; ~ 1967 [im Jahre] 1967; ~ her day in ihren besten Jahren; ~ my time zu meiner Zeit; ~ the beginning am Anfang; ~ the morning am Morgen, morgens; ~ the thirties in den dreißiger Jahren; ~ these days damals; ~ [the] spring im Frühling; ~ time zur rechten Zeit, rechtzeitig; mit der Zeit⟩ | (Verhältnis) zu, von, auf ⟨a gradient of one ~ five eine Neigung im Verhältnis 1:5; 3 pence ~ the pound 3 Pennies aufs Pfund; one ~ hundred einer von *od* unter hundert⟩ | (Identität) in, an ⟨to have a friend ~ s.o. in jmdm. einen Freund besitzen⟩ | (Zweck) zu, als ⟨~ answer to in Beantwortung von; ~ order to um zu; ~ remembrance of zur Erinnerung an⟩ | (Ursache) in, aus, wegen, zu ⟨~ contempt aus Verachtung; ~ honour zu Ehren; ~ sport zum Scherz⟩; **2.** *adv nach v* herein, hinein (*Ant* out) ⟨to come ~; to go ~⟩ | (nach **be**) in, drin(nen), im Zimmer, im Haus ⟨she is not ~ sie ist nicht zu Hause⟩ | (nach **be**) (Ernte) herein, eingebracht | (nach **be**) (Waren) zu haben, erhältlich, eingetroffen ⟨apples are ~ now jetzt ist Apfelzeit⟩ | (nach **be**) (Feuer) am Brennen ⟨is the fire still ~? brennt das Feuer noch?⟩ | (nach **be**) in Mode, beliebt ⟨miniskirts are ~⟩ | (nach **be**) *Sport* am Schlagen, am Ball | (nach **be**) *Pol* an der Macht, am Ruder ⟨the Democrats are ~⟩ ◇ **be ~ for** in: **be ~ for s.th.** etw. zu erwarten haben, etw. zu gewärtigen haben | teilnehmen an, sich gemeldet haben für *od* zu | sich bewerben um; **have [got] it ~ for s.o.** auf jmdn. lauern, um ihn zu bestrafen; **be ~ on** *umg* sich beteiligen an, dabei sein bei; **day ~, day out** tagein, tagaus; **~ and out** mal rein, mal raus; drinnen und draußen; **be well ~ with s.o.** sich mit jmdm. gut stehen; **~ for a penny, ~ for a pound** wer A sagt, muß auch B sagen, was man anfängt, muß man auch zu Ende bringen; **3.** *adj attr* Innen- ⟨the ~ part Innenteil *n*⟩ | ankommend ⟨the ~ train⟩ | Eingangs- ⟨~ tray Ablage *f od* Fach *n* für Eingangspost⟩ | am Spiel ⟨the ~ team⟩ | *Pol* an der Macht ⟨~ party *Pol* Regierungspartei *f*⟩ | *Sl* in, beliebt, groß im Gespräch, aktuell ⟨an ~ place ein Ort, wo jetzt viele hingehen⟩ | *umg* für Eingeweihte ⟨an ~ joke ein Witz *m* für Kenner⟩; **4.** *s, meist pl Pol* Regierungspartei *f* | Fein-, Besonderheiten *f/pl* ⟨the ~s and outs of a problem alles, was drum und dran ist, die Winkel und Ecken⟩

[1]**in-** [ɪn] *präf zur Bildung von v, s, adj, adv mit der Bedeutung*: in, innen, ein, hinein ⟨*z. B.* **inhale** einatmen; **inflow** Einfließen *n*; **included** eingeschlossen; **inward** einwärts, nach innen⟩

[2]**in-** [ɪn], *auch* **il-, im-, ir-** *präf zur Bildung von adj mit der Bedeutung*: un-, nicht (*z. B.* **inactive** untätig)

[3]**in-** [ˈɪn-|ɪnˌ-] *adj in Zus* in(nerhalb) während (**~-car warnings** im Auto wahrnehmbare Hinweise *pl*; **~-career education** berufliche Weiterbildung; **~-home readership** Leser *pl* in Haushalten; **~-prison schooling** Unterricht im Gefängnis)

[4]**in-** [ˈɪn-] *in Zus* In-, Insider-, für Kenner, Mode- (**~-jargon** Insiderjargon *m*; **~-language** Sprache *f*, die nur wenige verstehen; **~-thing** letzter Schrei; **~-word** Modewort *n*)

[1]**-in** [ɪn] *suff zur Bezeichnung chemischer Substanzen* (*z. B.* **fibrin** Fibrin *n*)

[2]**-in** [ɪn] *suff zur Bildung von s aus v mit der Bedeutung* Protest- (*z. B.* **sit-in** Sitzstreik *m*, **teach-in** Protestversammlung *f*)

in·a·bil·i·ty [ˌɪnəˈbɪlətɪ] *s* Unfähigkeit *f*, Unvermögen *n* ⟨~ to pay Zahlungsunfähigkeit *f*⟩

in·ac·ces·si·bil·i·ty [ˌɪnækˌsesəˈbɪlətɪ] *s* Unzugänglichkeit *f*, Unerreichbarkeit *f*; **ˌin·acˈces·si·ble** *adj* unzugänglich, unerreichbar (**to** für)

in·ac·cu|ra·cy [ɪnˈækjərəsɪ] *s* Ungenauigkeit *f* | Fehler *m*; **~rate** [ˈrət|~rɪt] *adj* ungenau | falsch, unrichtig

in·ac|tion [ɪnˈækʃn] *s* Untätigkeit *f*, Tatenlosigkeit *f*, Müßiggang *m*, Trägheit *f*; **~ti·vate** [~tɪveɪt] *vt* inaktivieren; **inˌac·tiˈva·tion** *s* Inaktivation *f*; **inˈac·tive** *adj* untätig | müßig | träge | *Chem* nicht aktiv | *Phys* (reaktions-)träg(e) | *Wirtsch* flau, unbelebt | *Med* inaktiv; **ˌin·acˈtiv·i·ty** *s* Untätigkeit *f*, Inaktivität *f*, Unwirksamkeit *f* | (Reaktions-) Trägheit *f* (*auch Chem, Phys*) | *Wirtsch* Flaute *f*, Unbelebtheit *f* | *Med*

Inaktivität *f*

in·a·dap·ta·bi·li·ty [ɪnəˌdæptəˈbɪlətɪ] *s* Mangel *m* an Anpassungsfähigkeit, mangelnde Anpassung; **in·aˈdap·ta·ble** *adj* nicht anpassungsfähig

in·ad·e|qua·cy [ɪnˈædɪkwəsɪ] *s* Unzulänglichkeit *f*, Unvollkommenheit *f*, Inadäquatheit *f* | *meist pl* Ungereimtheit *f*, Ungenauigkeit *f* ⟨several ~quacies in the report eine Reihe von Mängeln in dem Bericht⟩; **inˈad·e·quate** *adj* unzulänglich, unzureichend, inadäquat | unpassend (**to s.th.** für etw.; **to** *mit inf* zu *mit inf*)

in·ad·mis·si·bil·i·ty [ˌɪnədmɪsəˈbɪlətɪ] *s* Unzulässigkeit *f*; **in·adˈmis·si·ble** *adj* unzulässig

in·ad·vert·ence [ˌɪnədˈvɜːtns], **ˌin·adˈvert·en·cy** *s* Unachtsamkeit *f*, Nachlässigkeit *f*, Fahrlässigkeit *f* | Versehen *n*, Irrtum *m*; **ˌin·adˈvert·ent** *adj* unachtsam, unvorsichtig, nachlässig, fahrlässig | unbeabsichtigt ⟨an ≈ blunder ein unbeabsichtigter Fehler⟩ | versehentlich

in·ad·vis·a·ble [ˌɪnədˈvaɪzəbl] *adj* unratsam, nicht ratsam

in·al·ien·a·bil·i·ty [ɪnˌeɪlɪənəˈbɪlətɪ] *s* Unveräußerlichkeit *f*; **inˈal·ien·a·ble** *adj* unveräußerlich, unübertragbar ⟨≈ rights⟩

in·al·ter·a·bil·i·ty [inˌɔːltərəˈbɪlətɪ] *s* Unabänderlichkeit *f*; **inˈal·ter·a·ble** *adj* unabänderlich

in·am·o·ra|ta [ˌɪnˌæməˈrɑːtə] *selten s* Geliebte *f*, Liebchen *n*; **~to** [~təʊ] *s* Geliebter *m*, Liebhaber *m*

in·ane [ɪˈneɪn] *adj* leer, fade, nichtig | albern, sinn-, geistlos ⟨an ~ remark⟩

in·an·i·mate [ɪnˈænɪmət] *adj* unbelebt ⟨trees are ~⟩ | leblos, ohne Leben ⟨an ~ body⟩ | unbeseelt ⟨~ nature⟩ | *übertr* langweilig, geistlos ⟨an ~ lecture⟩ | *Wirtsch* flau | *Ling* unbelebt; **inˌan·iˈma·tion** *s* Leblosigkeit *f*, Unbelebtheit *f* | Unbeseeltheit *f* | *übertr* Langweiligkeit *f*

in·a·ni·tion [ˌɪnəˈnɪʃn] *s* Leere *f* | *Med* Inanition *f*, Schwäche *f* infolge Unterernährung

in·an·i·ty [ɪnˈænətɪ] *s* geistige Leere | Nichtigkeit *f* | *meist pl* geistlose Bemerkung *od* Handlung *f* u. ä., Plattheit *f*

in·ap·pe·tence [ɪnˈæpɪtəns], **inˈap·pe·ten·cy** *s förml* Unlust *f* | *Med* Inappetenz *f*, Appetitlosigkeit *f*; **inˈap·pe·tent** *adj* lustlos | *Med* appetitlos

in·ap·pli·ca|bil·i·ty [ɪnˌæplɪkəˈbɪlətɪ] *s* Unanwendbarkeit *f* | Unbrauchbarkeit *f*; **~ble** [ɪnˈæplɪkəbl|ˌɪnəˈplɪkəbl] *adj* unanwendbar, nicht anwendbar, nicht anzuwenden (**to** auf) | unbrauchbar, ungeeignet (**to** für); **~tion** [ˌɪnæplɪˈkeɪʃn] *s* Unanwendbarkeit *f*

in·ap·po·site [ɪnˈæpəzɪt] *adj* unpassend, unangebracht

in·ap·pre·ci·a·ble [ˌɪnəˈpriːʃɪəbl] *adj* unwichtig, unbedeutend ⟨an ~ difference⟩; **ˌin·apˈpre·ci·a·tive** *adj* gleichgültig (**of** gegen)

in·ap·pre·hen·si·ble [ˌɪnæprɪˈhensəbl] *adj* unfaßbar, unbegreiflich; **ˌin·ap·preˈhen·sion** *s* Verständnislosigkeit *f*; **ˌin·ap·preˈhen·sive** *adj* verständnislos

in·ap·proach·a·bil·i·ty [ˌɪnəˌprəʊtʃəˈbɪlətɪ] *s* Unnahbarkeit *f*; **ˌin·apˈproach·a·ble** *adj* unnahbar, unzugänglich (**to** für) | konkurrenzlos

in·ap·pro·pri·ate [ˌɪnəˈprəʊprɪət] *adj* ungeeignet, unpassend (**to** für) | unangemessen, ungehörig

in·apt [ɪnˈæpt] *adj* ungeeignet, unpassend ⟨an ~ reply⟩ | ungeschickt | unfähig (**to** *mit inf* zu *mit inf*); **~i·tude** [~ɪtjuːd|~ɪtʃuːd] Unfähigkeit *f*, Untauglichkeit *f* | Ungeschicklichkeit *f*, Unangebrachtheit *f*

in·ar·tic·u·late [ˌɪnɑːˈtɪkjʊlət] *adj* unartikuliert ⟨~ sounds⟩ | undeutlich, unverständlich ⟨~ speaker⟩ | unzusammenhängend ⟨~ speech⟩ | wenig redegewandt, wortarm, -karg | *übertr* inartikuliert, nicht fähig, Vorstellungen, Bestrebungen, Gefühle klar auszudrücken ⟨politically ~ politisch unmündig, ohne Stimme; to be ~ about s.th. etw. nicht genau ausdrücken können⟩ | sprachlos, des Sprechens unfähig ⟨~ with excitement sprachlos vor Aufregung; ~ rage Zorn, dem die Worte fehlen⟩ | *Zool* ungegliedert, ohne Gelenke

in·art·is·tic [ˌɪnɑːˈtɪstɪk] *adj* (Person) unkünstlerisch, nicht kunstverständig | (Sache) kunstlos

in·as·much [ˌɪnəzˈmʌtʃ], **~ as** *adv* da ja, weil

in·at·ten·tion [ˌɪnəˈtenʃn] *s* Unaufmerksamkeit, Unachtsamkeit *f* (**to** gegenüber) | Gleichgültigkeit *f* (**to** gegen); **ˌin·atˈten·tive** *adj* unaufmerksam, unachtsam (**to** gegenüber) ⟨an ≈ student⟩ | gleichgültig (**to** gegen) ⟨≈ to all suggestions taub gegenüber allen Hinweisen⟩

in·au·di·bil·i·ty [ɪnˌɔːdəˈbɪlətɪ] *s* Unhörbarkeit *f*; **inˈau·di·ble** *adj* unhörbar

in·au·gu|ral [ɪˈnɔːgjʊrl] **1.** *adj* Einweihungs-, Antritts-, Eröffnungs- ⟨≈ speech⟩; **2.** *s Am* Antrittsrede *f* | *Am* Amtseinführung *f* ⟨the president's ≈⟩; **inˈau·gu·rate** *vt* (jmdn.) (feierlich) einführen, einsetzen, einweisen ⟨to ≈ a professor⟩ | (Ausstellung, Gebäude u. ä.) eröffnen, einweihen | (Denkmal) enthüllen | einleiten, beginnen ⟨to ≈ a new era⟩; **~ra·tion** [ɪˌnɔːgjʊˈreɪʃn|-gjə-] *s* (feierliche) Amtseinsetzung, Amtseinführung | Eröffnung *f*, Einweihung *f* | Enthüllung *f* | Einleitung *f*, Beginn *m*

in·aus·pi·cious [ˌɪnɔːˈspɪʃəs] *adj* ungünstig, unheilvoll, -trächtig, wenig Gutes verheißend

in·be·tween [ˌɪnbɪˈtwiːn] **1.** *s* Mittel-, Zwischending *n* | etw., das *od* jmd., der dazwischen kommt; **2.** *adj* Zwischen-, Übergangs- ⟨~ stage Zwischenstadium *n*; ~ weather Übergangswetter *n*⟩; **~ ˈtimes** *adv* zwischendurch, dazwischen

in·board [ˈɪnbɔːd] **1.** *adj* Innenbord- ⟨~ motor⟩ | (Boot) mit Innenbordmotor; **2.** *adv Mar* binnenbords, im Schiff; **3.** *s* Innenbordmotor *m*

in·born [ˌɪnˈbɔːn] *adj* angeboren (**in s.o.** jmdm.), natürlich ⟨an ~ talent for⟩

in·bound [ˈɪnbaʊnd] *adj Am bes Mar* auf der Heimfahrt befindlich, mit Kurs auf Heimathafen

in·breathe [ɪnˈbriːð] *vt* einhauchen

in|bred [ˌɪnˈbred] *adj* angeboren, ererbt, natürlich ⟨≈ politeness⟩ | durch Inzucht erzeugt; **~breed** [ˌ~ˈbriːd] *vt* (Tiere) durch Inzucht züchten; *vi* sich durch Inzucht vermehren; **~breed·ing** [ˌ~ˈbriːdɪŋ|ˈ~briːdɪŋ] *s* Inzucht *f*

Inc [ɪŋk] *förml* [ɪnˈkɔːpəreɪtɪd] *Am Wirtsch Abk* für **AG** Aktiengesellschaft ⟨TIME ~⟩

In|ca [ˈɪŋkə] **1.** *s* Inka *m*, *f* **2.** *adj*, *auch* **ˈ~can** Inka-

in·cal·cu·la·bil·i·ty [ɪnˌkælkjʊləˈbɪlətɪ] *s* Unberechenbarkeit *f*; **inˈcal·cu·la·ble** *adj* unzählbar, unermeßlich | unberechen-, unbestimmbar | (Person) unberechenbar, unzuverlässig

in·can|desce [ˌɪnkənˈdes|-kæn-] *vt* weißglühend machen; *vi* weißglühend werden; **ˌ~ˈdes·cence, ˌ~ˈdes·cen·cy** *s* (Weiß-) Glühen *n*, Glut *f* | *übertr* Erregung *f*; **ˌ~ˈdes·cent** *adj* (weiß)glühend | *Tech* Glüh- ⟨≈ filament Glüh-, Leuchtfaden *m*; ≈ heat Gluthitze *f*⟩; **~ˌdes·cent ˈarc** *s El* Lichtbogen *m*; **~ˌdes·cent ˈbulb** *s* Glühbirne *f*; **~ˌdes·cent ˈlamp** *s El* Glühlampe *f*

in·can·ta·tion [ˌɪnkænˈteɪʃn] *s* Beschwörung *f* | Zauberspruch *m*, -formel *f*

in·ca·pa·bil·i·ty [ɪnˌkeɪpəˈbɪlətɪ] *s* Unfähig-, Untauglichkeit *f* (**of** zu); **inˈca·pa·ble** *adj* unfähig (**of** *mit ger* zu *mit inf*) | hilflos ⟨drunk and ≈ sinnlos betrunken⟩

in·ca·pac·i|tate [ˌɪnkəˈpæsəteɪt|-sɪt-] *vt* unfähig *od* untauglich machen, außerstand setzen (**for s.th.** für etw., **for, from** *mit ger* zu *mit inf*) | (ver)hindern (**from** an, **from** *mit ger* zu *mit inf*) | *Mil* (Gegner) kampfunfähig machen, außer Gefecht setzen | *Jur* für rechtsunfähig erklären, entmündigen; **~ta·tion** [ˌɪnkəˌpæsəˈteɪʃn|-sɪt-] *s* Unfähigmachen *n*; ˌ**in·caˈpac·i·ty** *s* Unfähigkeit *f* (**for s.th.** zu etw., **for** *mit ger*, **to** *mit inf* zu *mit inf*) ⟨≈ for work Arbeitsunfähigkeit *f*⟩ | *Jur* Rechtsunfähigkeit *f* ⟨≈ to inherit Erbunfähigkeit *f*⟩

in·car·cer·ate [ɪnˈkɑːsəreɪt] *förml vt* einkerkern, einsperren; **inˌcar·cerˈa·tion** *s* Einkerkerung *f*, Einsperrung *f*

in·car|nate [ɪnˈkɑːneɪt] *vt* inkarnieren | verkörpern, versinnbildlichen, konkrete Form geben ⟨to ≈ an idea⟩; [~nət] *adj Rel* (nachgestellt) inkarniert, fleischgeworden | *übertr* leibhaftig ⟨to be a devil ≈ ein leibhaftiger Teufel sein⟩ | (Idee) personifiziert, verkörpert ⟨liberty ≈ personifizierte Freiheit⟩; ˌ~ˈna·tion *s* Menschwerdung *f* ⟨the ≈ die Menschwerdung Christi⟩ | Inkarnation *f*, Verkörperung *f* ⟨she looked the ≈ of virtue sie sah wie die Tugend selbst aus⟩

in·cau·tion [ɪnˈkɔːʃn] *s* Unvorsichtigkeit *f*; **inˈcau·tious** *adj* unvorsichtig, sorglos, unbekümmert

in·ca·va·tion [ˌɪnkəˈveɪʃn] *s* Aushöhlung *f*

in·cen·di·a·rism [ɪnˈsendɪərɪzm] *s* Brandstiftung *f* | *übertr* Aufwiegelung *f*; **inˈcen·di·a·ry 1.** *adj* brandstiftend ⟨≈ fires Brandstiftungen *f/pl*⟩ | Brand- ⟨≈ bomb Brandbombe *f*; ≈ composition Brandsatz *m* | *übertr* aufrührerisch, aufwieglerisch ⟨an ≈ speech⟩; **2.** *s* Brandstifter(in) *m(f)* | *Mil* Brandbombe *f* | *übertr* Aufwiegler *m*, Aufrührer *m*

[1]**in·cense** [ˈinsens] **1.** *s* Weihrauch *m* | *übertr* Schmeichelei *f*; **2.** *vt* be(weih)räuchern | *übertr* (jmdm.) schmeicheln

[2]**in·cense** [ɪnˈsens] *vt* erzürnen, erbosen, wütend machen | (Leidenschaft) erregen | aufbringen (**against** gegen); **inˈcensed** *adj* erzürnt (**at** über, **by, with** durch), aufgebracht (**against** gegen, **at** über); **inˈcense·ment** *s* Erzürnung *f*, Wut *f*, Erregung *f*

in·cen·so·ry [ˈɪnsensərɪ] *s Rel* Weihrauchgefäß *n*

in·cen·tive [ɪnˈsentɪv] **1.** *adj* anregend, anspornend, ermutigend (**to** zu) | *Wirtsch* Prämien- ⟨~ pay Prämienlohn *m*; ~ system Prämiensystem *n*⟩; **2.** *s* Ansporn *m*, Ermutigung *f* (**to** zu) | (*meist neg*) Lust *f*, Motivation *f*, Trieb *m* ⟨I've got no (little) ~ ich habe keinen (wenig) Mumm⟩

in·cep·tion [ɪnˈsepʃn] *s förml* Anfang *m*, Beginn *m*; **inˈcep·tive 1.** *adj* Anfang- | *Ling* inchoativ; **2.** *s Ling* Inchoativum *n*

in·cer·ti·tude [ɪnˈsɜːtɪtjuːd] *förml s* Unsicherheit *f*, Ungewißheit *f* | Unentschlossenheit *f*

in·ces·san·cy [ɪnˈsesnsɪ] *s* Unaufhörlichkeit *f*, Unablässigkeit *f*; **inˈces·sant** *adj* unaufhörlich, unablässig ⟨≈ rain⟩

in·cest [ˈɪnsest] *s* Inzest *m*, Blutschande *f*; **in·ces·tu·ous** [ɪnˈsestʃuəs|-tjuəs] *adj* blutschänderisch ⟨≈ union⟩ | der Blutschande schuldig | durch Blutschande entstanden ⟨≈ offspring⟩

inch [ɪntʃ] **1.** *s* Zoll *m* (= 2,54 cm) ⟨4 ~es of rain 101,6 mm Regen; a two-~ board ein zweizölliges Brett⟩ | *übertr* kleine Menge, kleiner Abstand, Kleinigkeit *f* ⟨by ~es um ein Haar; by ~es/~ by ~ Zoll um Zoll *od* allmählich; every ~ jeden Zoll *od* durch u. durch; not to yield an ~ nicht e-n Zoll weichen *od* kein Stück nachgeben; within an ~ of beinahe; give him an ~ and he'll take an ell *Sprichw* gibt man ihm den kleinen Finger, so nimmt er die ganze Hand⟩; **2.** *vt* Schritt für Schritt fortbewegen; *vi* sich Schritt für Schritt fortbewegen ⟨to ~ one's way forward sich langsam vorwärts bewegen; to ~ along sich allmählich weiterbewegen⟩; **-inched** *in Zus* -zöllig; ˈ**inched staff** *s* Zollstock *m*

in·cho|ate [ɪnˈkəueɪt|ˈɪnkəueɪt] **1.** *vt, vi arch* (gerade) beginnen, anfangen; **2.** *adj förml* beginnend, anfangend, Anfangs- | unvollkommen, unfertig ⟨an ≈ plan⟩; ˌ~ˈa·tion [ˌɪnkəuˈeɪʃn] *s* Anfang *m*, Beginn *m*; **inˈcho·a·tive 1.** *adj förml* beginnend, anfangend, Anfangs- ⟨≈ stages Anfangsstadien *n/pl*⟩ | *Ling* inchoativ; **2.** *s Ling* Inchoativum *n*, inchoatives Verb

in·ci·dence [ˈɪnsɪdəns] *s* Eintreten *n*, Vorkommen *n* ⟨rate of ~ Vorkommensrate *f*⟩ | Auffallen *n* (**upon** auf) | Wirkungsbreite *f*, Verbreitung *f* ⟨the ~ of a disease⟩ | *Phys* Einfall *m*, Eintritt *m* ⟨angle of ~ Einfallswinkel *m*; ~ of light Lichteinfall *m*⟩ | Häufigkeit *f* des Eintreffens (einer Erscheinung) ⟨a high ~⟩ | (Steuer) Verteilung *f*, Belastung *f* ⟨the ~ of taxation Steuerbelastung *f*⟩

in·ci|dent [ˈɪnsɪdənt] **1.** *s* Vorfall *m*, Ereignis *n* | *Pol* Zwischenfall *m* | Begleiterscheinung *f*, Nebenumstand *m* | *Theat* Nebenhandlung *f*, Episode *f*; **2.** *förml adj* auftretend, vorkommend (**to** bei) | verknüpft, verbunden (**to** mit, **upon** für) ⟨duties ≈ to a post die mit einer Stelle verbundenen Aufgaben; to be ≈ upon s.o. jmdm. auferlegt sein, von jmdm. zu erbringen sein⟩ | *Phys* (Strahl) ein-, auffallend ⟨≈ light einfallendes Licht, Auflicht *n*⟩; ˌ~ˈ**den·tal 1.** *adj* nebensächlich, Neben- ⟨≈ music *Theat, Film* Begleitmusik *f*⟩ | zufällig | verbunden (**to** mit), vorkommend, auftretend (**to** bei) | *Wirtsch* Neben- ⟨≈ expenses Nebenkosten *pl*⟩; **2.** *s* Nebenumstand *m*; ˌ~ˈ**den·tal·ly** *adv* übrigens, nebenbei, beiläufig; ˌ~ˈ**den·tals** *s/pl Wirtsch* Nebenausgaben *f/pl*

in·cin·er·ate [ɪnˈsɪnəreɪt] *vt, vi* einäschern, (zu Asche) verbrennen ⟨to ~ the trash den Abfall verbrennen; paper ~s easily Papier läßt sich leicht verbrennen *od* verbrennt leicht⟩; **inˌcin·erˈa·tion** *s* (zu Asche) Verbrennen *n*, Einäscherung *f*, Feuerbestattung *f*; **inˈcin·er·a·tor** *s* Verbrennungsofen *m* | Ofen *m od* Behälter *m* zum Verbrennen von Abfällen, Müllverbrennungsanlage *f*

in·cip·i·ence [ɪnˈsɪpɪəns], **inˈcip·i·en·cy** *förml, Med s* Anfang *m*, Beginn *m*; **inˈcip·i·ent** *adj* anfangend, beginnend, Anfangs- ⟨≈ decay beginnender Verfall⟩

in·cise [ɪnˈsaɪz] *vt Tech* ein-, aufschneiden | eingravieren, einritzen | einkerben, Kerben machen in | *Med* aufschneiden, einschneiden in | (Fluß) sich einschneiden in, sich eingraben in; **in·ci·sion** [ɪnˈsɪʒn] *s* Ein-, Aufschneiden *n* | (Ein-) Schnitt *m*, Kerbe *f*, Marke *f* | *Med* Inzision *f*, Schnitt *m* | *übertr* Schärfe *f*; **in·ci·sive** [ɪnˈsaɪsɪv] *adj* (ein)schneidend | *übertr* scharfsinnig, treffend, prägnant ⟨an ≈ remark⟩ | *Anat* Schneide- ⟨≈ teeth Schneidezähne *m/pl*⟩; **in·ci·sor** [ɪnˈsaɪzə] *s Anat, Zool* Schneidezahn *m*

in·ci·ta·tion [ˌɪnsaɪˈteɪʃn|-sɪt-] *s* Anreiz *m*, Ansporn *m*; **inˈcite** *vt* anregen, anstacheln, antreiben, anspornen, aufmuntern (**to s.th.** zu etw., **to** *mit inf* zu *mit inf*) | hervorrufen, Anlaß sein zu ⟨insults ≈ resentment⟩ | aufhetzen, aufwiegeln | *Med* stimulieren; **inˈcite·ment** *s* Ansporn *m*, Antrieb *m* (**to** zu) | Anregung *f*, Aufmunterung *f* | Reizmittel *n*; **inˈcit·er** *s* Anstifter *m*, Aufwiegler *m*

in·ci·vil·i·ty [ˌɪnsɪˈvɪlətɪ] *s* Unhöflichkeit *f*, Grobheit *f*

in·clem·en·cy [ɪnˈklemənsɪ] *förml s* Rauheit *f*, Unbill *f*, Härte *f* (des Wetters); **inˈclem·ent** *adj* (Wetter) rauh, unfreundlich, stürmisch ⟨an ≈ climate⟩

in·clin·a·ble [ɪnˈklaɪnəbl] *adj* geneigt (**to** zu); **in·cli·na·tion** [ɪnklɪˈneɪʃn|-klə-] *s* Neigen *n* | Beugung *f* ⟨an ≈ of the head Kopfnicken *n*; an ≈ of the body Verbeugung *f*⟩ | Neigung *f*, Abhang *m* | *Tech* Gradiente *f*, Schräge *f*, Schiefe *f* ⟨≈ of the roof Dachschräge *f*⟩ | *Phys* (Magnetnadel) Inklination *f* | *übertr* Hang *m*, Neigung *f* (**for, to** zu) ⟨to follow one's own ≈s seinen Neigungen folgen; to have an ≈ to neigen zu⟩ | Zuneigung *f*, Liebe *f* (**for** zu); **in·cli·na·to·ry** [ɪnˈklaɪnətrɪ] *adj* sich neigend, Neigungs-; **inˈcline 1.** *vi* sich neigen (*auch übertr*) (**to[wards]** zu, nach, gegen) | tendieren, neigen (**to[wards]** zu) | ⟨to ≈ towards tiredness leicht müde werden⟩ | geneigt sein, hinneigen (**for, to[wards]** zu) ⟨to ≈ towards a point of view einer Auffassung zuneigen⟩ | (Farbe) schlagen (**to** in)⟨to ≈ to green ins Grünliche spielen⟩; *vt* neigen, beugen ⟨to ≈ the head⟩ | *übertr* geneigt machen (**to** zu) ⟨to ≈ s.o. to jmdn. geneigt machen *od* veranlassen *m*; to ≈ s.o. to anger jmdn. in Wut bringen⟩; **2.** *s* Neigung *f*, Abhang *m* ⟨a steep ≈ steiler Abhang; an ≈ of 1 in 5 eine Neigung *f* von 1 zu 5⟩ | *Tech* Schrägfläche *f*; **in'clined** *adj* geneigt, schräg, schief, abschüssig | *übertr* geneigt, aufgelegt (**for, to** zu) ⟨to be ≈ to geneigt sein zu *od* neigen zu; to feel ≈ for eine Neigung spüren zu⟩; **·in'clined 'plane** *s Phys* schiefe Ebene; **in'clined po'si·tion** *s Tech* Schiefstellung *f*; **in·cli·no·me·ter** [ˌɪnklə'nɒmɪtə] *s Mar* Krängungs-, Neigungsmesser *m* | (Kompaß) Inklinationsnadel *f*

in·close [ɪn'kləuz] = **enclose**; **in·clo·sure** [ɪn'kləuʒə] = **enclosure**

in·clude [ɪn'klu:d] *vt* einschließen (**in** in), einrechnen (**among** unter, zu) | umfassen, enthalten, (in sich) einschließen ⟨fares ~d Fahrgeld inbegriffen; not ~d nicht mit inbegriffen; postage ~d einschließlich Porto⟩ | dazuzählen, einbeziehen, mit aufnehmen ⟨to ~ s.th. on a list⟩; **in'clud·ing** *präp* einschließlich, eingeschlossen ⟨≈ cost einschließlich (der) Kosten *od* Kosten eingeschlossen⟩; **in·clu·sion** [ɪn'klu:ʒn] *s* Einschließung *f*, Einbeziehung *f* (**in** in) ⟨with the ≈ of mit Einschluß von, unter Einbeziehung von⟩ | Zugehörigkeit *f* | *Phil* Inklusion *f*; **in'clu·sive** *adj* enthaltend, umfassend, einschließend, einschließlich ⟨≈ of einschließlich; to be ≈ of in sich schließen; from September to December ≈ von September bis einschließlich Dezember⟩ | *auch* **ˌall-in'clu·sive** alles inbegriffen ⟨≈ terms (Hotelrechnung u. ä.) alles inbegriffen⟩

in·cog [ɪn'kɒg] *adj umg* = **incognito**

in·cog·i·ta·ble [ɪn'kɒdʒətəbl|-dʒɪ-] *adj* undenkbar, unvorstellbar

in·cog·ni·to [ˌɪnkɒg'ni:təu|ɪn'kɒgnɪtəu] **1.** *s* Inkognito *n*; **2.** *adj* unerkannt | mit angenommenem *od* fremdem Namen ⟨a king ~⟩; **3.** *adv* inkognito, unter fremdem Namen ⟨to travel ~⟩ | unerkannt, nicht identifiziert *od* erkannt

in·co·her·ence [ˌɪnkəu'hɪərns], **ˌin·co'her·en·cy** *s* Zusammenhanglosigkeit *f*, fehlender *od* mangelnder Zusammenhang | *Phys* Inkohärenz *f* | Unvereinbarkeit *f*, Nichtübereinstimmung *f* | Inkonsequenz *f*; **ˌin·co'her·ent** *adj* unzusammenhängend, zusammenhangslos | *Phys* inkohärent | unvereinbar, nicht übereinstimmend, widerspruchsvoll | zusammenhanglos sprechend, unverständlich | inkonsequent

in·com·bus·ti·bil·i·ty [ˌɪnkəmˌbʌstə'bɪlətɪ] *s* Unverbrennbarkeit *f*; **ˌin·com'bus·ti·ble** *adj* unverbrennbar

in·come ['ɪnkʌm|-kəm] *s* Einkommen *n*, Einkünfte *f/pl*, Gehalt *n* ⟨big ~ hohes Einkommen; within (beyond) s.o.'s ~ entsprechend seinen Verhältnissen (über seine Verhältnisse); ~ in kind *Wirtsch* Naturaleinkommen *n*; earned ~ Arbeitseinkommen *n*; unearned ~ Einkommen *n* aus Vermögen⟩; **'~ ˌbra·cket,** *auch* **'~ group** *s* Einkommensklasse *f*, -schicht *f*

in·com·er ['ɪnkʌmə] *s* Ankömmling *m* | Eindringling *m* | *Jur* Nachfolger *m*

in·come re·turn ['ɪnkəm rɪˌtɜ:n] *s Wirtsch* Rendite *f*, Rente *f*; **'~ tax** *s Wirtsch* Einkommensteuer *f*

in·com·ing ['ɪnkʌmɪŋ] **1.** *adj* hereinkommend, eintretend ⟨the ~ tide Flut *f*; ~ traffic zurückflutender Verkehr⟩ | beginnend | nachfolgend ⟨tenant ~ neuer Pächter⟩ | *Wirtsch* einlaufend, eingehend ⟨~ payment fällige Zahlung⟩ | *Wirtsch* erwachsend ⟨~ profits⟩; **2.** *s* (An-) Kommen *n*, Eintreffen *n*, Eintritt *m* | *meist* **'in·com·ings** *pl* Einkünfte *pl* | *Wirtsch* Eingänge *pl*

in·com·men·su·ra|bil·i·ty [ˌɪnkəˌmenʃərə'bɪlətɪ] *s förml* Unmeß-, Unvergleichbarkeit *f* | *Math* Inkommensurabilität *f*; **ˌin·com'men·sur·a·ble** *adj förml* unmeßbar, nicht vergleichbar (**with** mit) | *Math* inkommensurabel | unvereinbar (**with** mit)

in·com·men·su·rate [ˌɪnkə'menʃərət] *adj* unangemessen (**to s.th.** e-r Sache) | unvereinbar, nicht vergleichbar (**with** mit) ⟨to be ~ with s.th. in keinem Verhältnis zu etw. stehen⟩

in·com|mode [ˌɪnkə'məud] *förml vt* belästigen | (jmdm.) lästig fallen | behindern, Schwierigkeiten machen; **ˌ~'mo·di·ous** *adj förml* lästig, unbequem, beschwerlich (**to** für) | beengt; **~mod·i·ty** [ˌ~'mɒdətɪ] *s förml* Unbequemlichkeit *f*, Lästigkeit *f*

in·com·mu·ni·ca·bil·i·ty [ˌɪnkə'mju:nɪkə'bɪlətɪ] *s* Nichtmitteilbarkeit *f*, Nichtkommunizierbarkeit *f*; **ˌin·com'mu·ni·ca·ble** *adj* nicht mitteilbar, nicht kommunizierbar

in·com·mu·ni·ca·do [ˌɪnkəˌmju:nɪ'kɑ:dəu] *präd adj Jur* in Einzelhaft, ohne Verbindung mit anderen, vom Verkehr mit anderen abgeschnitten | *übertr* für niemanden erreichbar *od* ansprechbar

in·com·mu·ni·ca·tive [ˌɪnkə'mju:nɪkətɪv] *adj* nicht mitteilsam, schweigsam

in·com·mut·a·bil·i·ty [ˌɪnkəˌmju:tə'bɪlətɪ] *s* Unvertauschbarkeit *f* | Unabänderlichkeit *f*; **ˌin·com'mut·a·ble** *adj* unvertauschbar, nicht austauschbar | unabänderlich

in·com·pact [ˌɪnkəm'pækt] *adj* locker, lose, unzusammenhängend

in·com·pa·ra·ble [ɪn'kɒmpərəbl] *adj* unvergleichlich (groß, schön u. ä.) einzigartig ⟨~ wealth; ~ beauty⟩

in·com·pat·i·bil·i·ty [ˌɪnkəmˌpætə'bɪlətɪ] *s* Unvereinbarkeit *f*, Widersprüchlichkeit *f*, Widerspruch *m* | *Med* Unverträglichkeit *f* | *Jur* Inkompatibilität *f*; **ˌin·com'pat·i·ble 1.** *adj* unvereinbar (**with** mit), widersprüchlich, im Widerspruch (**with** zu), unverträglich ⟨an ≈ person⟩ | *Med* unverträglich; **2.** *s* etw. Unverträgliches *n* | *meist* **ˌin·com'pat·i·bles** *pl Med* unverträgliche Stoffe *m/pl*

in·com·pe·tence [ɪn'kɒmpətəns|-pɪt-], **in'com·pe·ten·cy** *s* Inkompetenz *f*, Nichtzuständigkeit *f* | Unfähigkeit *f*, Untauglichkeit *f*; **in'com·pe·tent** *adj* inkompetent, nicht zuständig | unfähig, untauglich, ungeeignet (**to** *mit inf* zu *mit inf*, **for** *mit ger* zu *mit inf*, **as** als)

in·com|plete [ˌɪnkəm'pli:t] *adj* unvollständig, unvollkommen, lücken-, mangelhaft; **ˌ~'ple·tion** *s* Unvollständigkeit *f*, Unvollkommenheit *f*

in·com·pre·hen·si·bil·i·ty [ˌɪnkɒmprɪˌhensə'bɪlətɪ] *s* Unbegreiflichkeit *f*; **ˌinˌcom·pre'hen·si·ble** *adj* unbegreiflich, unverständlich; **inˌcom·pre·hen·si·bly** *adv* unverständlicherweise

in·com·press·i·ble [ˌɪnkəm'presəbl] *adj* nicht zusammendrückbar | hart, nicht nachgiebig

in·com·pu·ta·ble [ˌɪnkəm'pju:təbl] *adj* unermeßlich, riesig

in·con·ceiv·a·bil·i·ty [ˌɪnkənˌsi:və'bɪlətɪ] *s* Unfaßbarkeit *f*, Unbegreiflichkeit *f*; **ˌin·con'ceiv·a·ble** *adj* unfaßbar, unbegreiflich (**to** für) | *umg* unglaublich, kaum *od* nicht zu glauben

in·con·clu·sive [ˌɪnkən'klu:sɪv] *adj* nicht überzeugend *od* zwingend, ohne Beweiskraft ⟨an ≈ argument⟩ | erfolg-, ergebnislos

in·con·gru|i·ty [ˌɪnkɒŋ'gru:ətɪ] *s* Nichtübereinstimmung *f* | Mißverhältnis *n* | *Math* Inkongruenz *f*; **~ous** [ˌɪn'kɒŋgruəs] *adj* nicht übereinstimmend (**to, with** mit) | unvereinbar (**to, with** mit) | *Math* nicht kongruent | unpassend, deplaziert ⟨≈ manners⟩ | abwegig, unsinnig ⟨an ≈ story⟩

in·con·se|quence [ɪn'kɒnsɪkwəns] *s* Inkonsequenz *f*, Folgewidrigkeit *f* | Zusammenhang(s)losigkeit *f*; **in'con·se·quent** *förml adj* inkonsequent, folgewidrig ⟨an ≈ statement⟩ | unzusammenhängend, zusammenhang(s)los ⟨≈ dreams⟩ | (Person) inkonsequent, unüberlegt; **~quen·tial**

[ˌɪnˌkɒnsɪˈkwenʃl] *adj* = **~quent** | unwichtig, belanglos, irrelevant ⟨an ≈ idea⟩ | beziehungslos

in·con·sid·er·a·ble [ˌɪnkənˈsɪdrəbl] *adj* unbedeutend, unwesentlich, belanglos, unerheblich ⟨a not ~ amount ein nicht unerheblicher Betrag⟩

in·con·sid·er|ate [ˌɪnkənˈsɪdrət|-dr̥ət] *adj* gedankenlos, unüberlegt, unbedacht ⟨an ≈ action⟩ | rücksichtslos (**to** gegen); **~a·tion** [ˌɪnkənˌsɪdəˈreɪʃn] *s* Gedankenlosigkeit *f*, Unbedachtsamkeit *f*

in·con·sist·ence [ˌɪnkənˈsɪstəns], ˌ**in·con·sist·en·cy** *s* Unvereinbarkeit *f* (**with** mit) | Widerspruch *m* | Unbeständigkeit *f*, Wankelmut *m*; ˌ**in·conˈsist·ent** *adj* unvereinbar, nicht übereinstimmend (**with** mit) ⟨to be ≈ with im Widerspruch stehend zu⟩ | (Teile) nicht zusammenpassend | (Sachverhalt) widersprüchlich, ungereimt, widersinnig | (Arbeit) unbeständig, ungleich | (Person) wankelmütig, unstet, inkonsequent

in·con·sol·a·bil·i·ty [ˌɪnkənˌsəʊləˈbɪlətɪ] *s* Untröstlichkeit *f*; ˌ**in·conˈsol·a·ble** *adj* untröstlich (**for** wegen)

in·con·spic·u·ous [ˌɪnkənˈspɪkjʊəs] *adj* unauffällig, nicht auffallend ⟨an ~ dress⟩

in·con·stan·cy [ɪnˈkɒnstənsɪ] *s* Inkonstanz *f*, Ungleichförmigkeit *f* | Unbeständigkeit *f*, Wankelmut *m*; **inˈcon·stant** *adj* inkonstant, ungleichförmig | unbeständig, wankelmütig, unstet ⟨an ≈ character⟩ | untreu, treulos ⟨an ≈ lover⟩

in·con·tam·i·nate [ˌɪnkənˈtæmɪnɪt|-neɪt|-mə-] *adj* unbefleckt, rein, unverdorben

in·con·test·a·bil·i·ty [ˌɪnkənˌtestəˈbɪlətɪ] *s* Unbestreitbarkeit *f* | Unumstößlichkeit *f*; ˌ**in·conˈtest·a·ble** *adj* unbestreitbar, unstreitig | unumstößlich ⟨≈ proof unwiderlegbarer Beweis⟩

in·con·ti·nence [ɪnˈkɒntɪnəns], **inˈcon·ti·nen·cy** *s selten* (sexuelle) Zügellosigkeit, Unmäßigkeit *f*, Unkeuschheit *f* | *Med* Inkontinenz *f*, unfreiwilliger Abgang *m*; **inˈcon·ti·nent** *adj selten* (sexuell) unmäßig, unkeusch | *Med* inkontinent

in·con·tro·vert·i·bil·i·ty [ˌɪnkɒntrəˌvɜːtəˈbɪlətɪ] *s* Unbestreitbarkeit *f*; ˌ**in·con·troˈvert·i·ble** *adj* unbestreitbar, unstreitig, unbestritten

in·con·ven·ience [ˌɪnkənˈviːnɪəns] **1.** *s* Unbequemlichkeit *f*, Unannehmlichkeit *f* ⟨to be at great ~/to be put to great ~/to suffer great ~ große Unannehmlichkeiten haben⟩ | *oft pl* leidiger *od* nachteiliger Umstand, Nachteil *m*, Unannehmlichkeit *f* ⟨there are ~s to s.th. etw. ist mit Nachteilen verbunden⟩; **2.** *vt* (jmdn.) belästigen | (jmdm.) Unannehmlichkeiten bereiten; ˌ**in·conˈven·ient** *adj* unbequem, unangenehm, lästig, störend, ärgerlich (**to** für) | unpassend, ungelegen (**to** für) ⟨an ≈ time⟩

in·con·vert·i·bil·i·ty [ˌɪnkənˌvɜːtəˈbɪlətɪ] *s* Un(ver)wandelbarkeit *f* | Nichtumrechenbarkeit *f* | *Wirtsch* Nichtkonvertierbarkeit *f*, Nichtumsetzbarkeit *f*; ˌ**in·conˈvert·i·ble** *adj* un(ver)wandelbar | nicht umrechenbar | *Wirtsch* nicht konvertierbar, nicht umsetzbar, uneinlösbar

in·cor·po·rate [ɪnˈkɔːpəreɪt] *vt* einverleiben (*auch übertr*)(**in, into, with s.th.** einer Sache) ⟨to ~ a new concept into an old theory einen neuen Begriff in eine alte Theorie einbauen⟩ | vereinigen, verbinden, zusammenschließen (**in, into, with** mit) ⟨to ~ s.th. new with s.th. old etw. Neues mit etw. Altem verbinden *od* verschmelzen⟩ | aufnehmen (**into** in) ⟨to be ~d a member als Mitglied aufgenommen werden⟩ | eingemeinden | *Jur, Wirtsch* inkorporieren, als Körperschaft registrieren ⟨to ~ a company e-e Aktiengesellschaft gründen⟩ | *übertr* enthalten, in sich (ein)schließen ⟨the new plan ~s the old one der neue Plan baut auf dem alten auf⟩; *vi* sich vereinigen, sich zusammenschließen (**with** mit) | *Jur, Wirtsch* eine Körperschaft bilden; [ɪnˈkɔːpərət] *adj förml* einverleibt, vereinigt | *Am Wirtsch förml* als Aktiengesellschaft eingetragen ⟨~ company handelsgerichtlich eingetragene Gesellschaft⟩; **inˈcor·po·rat·ed** *adj* verbunden, vereinigt (**in, into** mit) | *Jur, Wirtsch* inkorporiert (nach Namen) eingetragen | *Am* als Aktiengesellschaft eingetragen; **in·cor·poˈra·tion** *s* Verbindung *f*, Vereinigung *f* | Einverleibung *f* | Eingemeindung *f* | *Jur, Wirtsch* Inkorporierung *f* | *Jur, Wirtsch* Korporation *f*, Körperschaft *f* | *Wirtsch* Eintragung *f* in das Vereinsregister; **inˈcor·po·ra·tive** *adj* verbindend, vereinigend | einverleibend | *Jur, Wirtsch* körperschaftlich

in·cor·po·re·al [ˌɪnkɔːˈpɔːrɪəl] *adj* unkörperlich, immateriell | *Jur* unkörperlich; **~i·ty** [ˌɪnkɔːpɔːrɪˈælətɪ], **in·cor·po·re·i·ty** [ɪnˌkɔːpəˈriːətɪ] *s* Unkörperlichkeit *f*, Immaterialität *f*

in·cor·rect [ˌɪnkəˈrekt] *adj* ungenau, falsch, unrichtig | unpassend, ungehörig, unschicklich ⟨~ manners⟩ | unwahr ⟨an ~ statement⟩

in·cor·ri·gi·bil·i·ty [ɪnˌkɒrɪdʒəˈbɪlətɪ] *s* Unverbesserlichkeit *f*; **inˈcor·ri·gi·ble 1.** *adj* unverbesserlich ⟨an ≈ gambler⟩ | nicht zu bändigend ⟨≈ hair⟩; **2.** *s* unverbesserliche Person

in·cor·rupt·i·bil·i·ty [ˌɪnkəˌrʌptəˈbɪlətɪ] *s* Unzerstörbarkeit *f* | Unbestechlichkeit *f*; ˌ**in·corˈrupt·i·ble** *adj* unzerstörbar, unverwüstlich | unbestechlich, redlich ⟨an ≈ judge⟩

in·crease [ɪnˈkriːs] *vi* zunehmen, (an)wachsen, sich vermehren, größer werden (**in** an, **by** um); *vt* vermehren, vergrößern, verstärken; [ˈɪnkriːs] *s* Zunahme *f*, (An-) Wachsen *n*, Vermehrung *f*, Vergrößerung *f*, Erhöhung *f*, Steigerung *f* (**in** an) ⟨~ of salary Gehaltserhöhung *f*; to get an ~ of £ 3 per week pro Woche £ 3 mehr bekommen; ~ of temperature Temperaturanstieg *f*, -zunahme *f*; ~ in volume *Phys* Volumenzunahme *f*; on the ~ (ständig) im Steigen⟩ | Fortschritt *m* (**on** gegenüber) | Zuwachs *m*, Mehrbetrag *m* ⟨an ~ in value ein Wertzuwachs⟩; **inˈcreas·ing·ly** *adj* zunehmend, immer mehr, in zunehmendem Maß ⟨≈ bad results immer schlechtere Ergebnisse⟩

in·cred·i·bil·i·ty [ɪnˌkredəˈbɪlətɪ] *s* Unglaublichkeit *f*; **inˈcred·i·ble** *adj* unglaublich, unglaubhaft ⟨an ≈ story⟩ | *umg* unwahrscheinlich, phantastisch, toll ⟨an ≈ performance eine ganz ungewöhnliche Leistung⟩

in·cre·du·li·ty [ˌɪnkrɪˈdjuːlətɪ] *s* Ungläubigkeit *f*, Unglaube *m*; **in·cred·u·lous** [ɪnˈkredjʊləs] *adj* ungläubig ⟨≈ looks ungläubige Blicke; to be ≈ of nicht glauben an⟩

in·cre|ment [ˈɪnkrəmənt] *s* Zuwachs *m*, Zunahme *f* (**of** an) | (Gehalts-) Zulage *f*, Mehrbetrag *m* ⟨yearly ≈s⟩ | *Wirtsch* Profit *m*, Gewinn *m* ⟨unearned ~ment tax Wertzuwachssteuer *f*⟩ | *Math* Differential *n*; ˌ~ˈ**men·tal** *adj* Zuwachs-, Zusatz-, zusätzlich ⟨≈ velocity Zusatzgeschwindigkeit *f*⟩; ˈ**~ment** ˌ**val·ue** *s Wirtsch* Wertzuwachs *m*

in·crim·i·nate [ɪnˈkrɪmɪneɪt] *vt* beschuldigen, anklagen, belasten; **inˌcrim·iˈna·tion** *s* Beschuldigung *f*, Anklage *f*; **inˈcrim·i·na·to·ry** *adj* beschuldigend, belastend

in·crust [ɪnˈkrʌst] *vt* überkrusten | *Tech* überziehen, übersintern; ˌ**in·crusˈta·tion, inˈcrust·ment** *s* Krustenbildung *f* | *Tech* Inkrustation *f*, Kruste *f* | Kesselstein *m* | *Arch* (Wand-) Verkleidung *f*, Belag *m* | Einlegearbeit *f* | *übertr* Festsetzung *f*, Verfestigung *f* ⟨≈ of habits⟩

in·cu|bate [ˈɪnkjubeɪt] *vt* (Eier) (aus)brüten | *übertr* (Plan) ausbrüten, aushecken | *Med* inkubieren, (Krankheit) in sich tragen; *vi* brüten; ˌ~ˈ**ba·tion** *s* (Aus-) Brüten *n* ⟨artificial ≈⟩ | *Med, Biol* Inkubations-, Entwicklungszeit *f*; ˌ~ˈ**ba·tion·al,** ˈ**~ba·tive** *adj* Brut- | *Med* Inkubations-; ˈ**~ba·tor** *s* Brutapparat *m*, -kasten *m*, -maschine *f*, -schrank *m* | Inkubator *m*, Brutkasten *m* (für Babys); ˈ**~ba·to·ry** *adj* Brut- | *Med* Inkubations-

in·cu|bus [ˈɪnkjʊbəs] *s* (*pl* **~bi** [ˈ~baɪ], **~bus·es** [ˈ~bəsɪz]) *Myth* Inkubus *m* | Alp(druck) *m*(*m*) | *übertr* drückende

Last ⟨the ~ of debt die drückende Schuldenlast⟩

in·cul|cate [ˈɪnkʌlkeɪt] *förml vt* einprägen, einimpfen, einschärfen (**in s.o.'s mind, [up]on s.o.** jmdm.) | impfen (**with** mit); ˌ~ˈ**ca·tion** *s* Einschärfung *f*, Einimpfung *f*

in·cul|pate [ˈɪnkʌlpeɪt] *förml vt* be-, anschuldigen, anklagen | tadeln; ˌ~ˈ**pa·tion** *s* Be-, Anschuldigung *f*, Anklage *f* | Tadel *m*; **inˈcul·pa·to·ry** *adj* beschuldigend, Anklage- | tadelnd

in·cum·ben·cy [ɪnˈkʌmbənsɪ] *s* (Pflicht) Obliegenheit *f* | (Pflichten) Last *f*, Verpflichtung *f* ⟨the ~ of s.o. die auf jmdm. lastende Pflicht⟩ | *bes Rel* Pfründenbesitz *m*, Amtsführung *f* | Amtsbereich *m* | Innehaben *n*; **inˈcum·bent 1.** *adj* aufliegend, lastend (**[up]on** auf) | obliegend ⟨to be ≈ [up]on s.o. to *mit inf* jmdm. obliegen *od* jmds. Pflicht sein, zu *mit inf*; to feel it ≈ on s.o. es für seine Pflicht halten⟩ | amtshabend, amtierend ⟨the ≈ priest der Priester im Amt; the ≈ president *Am* der amtierende Präsident⟩ | *Bot, Zool* aufliegend | *Geol* überlagernd; **2.** *s Brit Rel* Pfründeninhaber *m* | *Am* Bewohner *m* ⟨the previous ≈ of a home⟩

in·cu·nab·u|lum [ˌɪnkjuˈnæbjələm] *s* (*pl* **~la** [~lə]) Inkunabel *f*, Früh-, Wiegendruck *m* | *Zool* Kokon *m*

in·cur [ɪnˈkɜː] (**in·curred, in·curred**) *vt* (Schuld u. ä.) zuziehen, auf sich laden ⟨~ hatred⟩ | sich (e-r Gefahr u. ä.) aussetzen ⟨to ~ a danger⟩ | geraten in ⟨to ~ debts Schulden machen⟩

in·cur·a·bil·i·ty [ɪnˌkjuərəˈbɪlətɪ] *s* Unheilbarkeit *f*; **inˈcur·a·ble 1.** *adj Med* unheilbar ⟨≈ disease⟩ | *übertr* unheilbar, unverbesserlich ⟨≈ optimism⟩; **2.** *s Med* unheilbar Kranke(r) *f(m)* | *übertr* Unverbesserliche(r) *f(m)*

in·cu·ri·os·i·ty [ɪnˌkjuərɪˈɒsətɪ] *s* Interesselosigkeit *f*, Gleichgültigkeit *f*; **inˈcu·ri·ous** *adj* interesselos, uninteressiert, gleichgültig, unaufmerksam (**about** gegenüber)

in·cur·rence [ɪnˈkʌrəns] *s* Aufsichladen *n* ⟨the ~ of new responsibilities⟩

in·cur·sion [ɪnˈkɜːʃn] *s* feindlicher Einfall | Eindringen *n*, Einbruch *m* (*auch übertr*) (**on, upon** auf) ⟨an ~ on s.o.'s leisure eine Beschränkung *od* Beeinträchtigung von jmds. Freizeit⟩

in·cur|vate [ɪnˈkɜːveɪt] **1.** *vt* (nach innen) biegen; **2.** *adj* (nach innen) gebogen; ˌ~ˈ**va·tion** *s* (Ein-) Biegen *n*, (Ein-) Biegung *f* | *Med* Verkrümmung *f*; **inˈcurve 1.** *vt* (nach innen) biegen; *vi* sich (nach innen) biegen **2.** *s Am* (Ein-) Biegung *f*; **in·curved** *adj* = **incurvate**

in·cuse [ɪnˈkjuːz] **1.** *vt* (Münzen) prägen; **2.** *adj* (ein-, auf)geprägt, eingehämmert; **3.** *s* (Ein-, Auf-) Prägung *f*

in·debt·ed [ɪnˈdetɪd] *adj* verschuldet | verpflichtet (**to s.o.** jmdm., **for s.th.** für, wegen etw.)

in·de·cen·cy [ɪnˈdiːsnsɪ] *s* Unschicklichkeit *f* | Unanständigkeit *f*; **inˈde·cent** *adj* unschicklich, unanständig, schmutzig, obszön ⟨≈ assault *Jur* versuchte Vergewaltigung; ≈ exposure *Jur* unzüchtige Handlung, Entblößung *f*; ≈ language anstößige Sprache *od* Ausdrucksweise⟩ | *umg* ungehörig, unhöflich, unpassend, höchst unangemessen ⟨to hurry away with ≈ haste⟩

in·de·ci·pher·a·bil·i·ty [ˌɪndɪˌsaɪfrəˈbɪlətɪ] *s* Unentzifferbarkeit *f*; ˌ**in·deˈci·pher·a·ble** *adj* unentzifferbar, nicht zu entziffernd

in·de·ci|sion [ˌɪndɪˈsɪʒn] *s* Unentschlossenheit *f*; **~sive** [ˌɪndɪˈsaɪsɪv] *adj* unentschlossen, unschlüssig, zögernd, schwankend ⟨an ≈ answer⟩ | ungewiß, unbestimmt, nicht entscheidend ⟨≈ evidence⟩ | unentschieden ⟨an ≈ battle⟩

in·de·clin·a·ble [ˌɪndɪˈklaɪnəbl] *adj Ling* in-, undeklinabel, nicht deklinierbar

in·dec·o·rous [ɪnˈdekərəs] *adj förml, euphem* unschicklich, ungehörig; **in·de·co·rum** [ˌɪndɪˈkɔːrəm] *s* Unschicklichkeit *f*, Ungehörigkeit *f* | unschickliche Handlung

in·deed [ɪnˈdiːd] **1.** *adv* (als Antwort) wirklich, tatsächlich, in der Tat ⟨to be ~ very glad; yes, ~! ja, tatsächlich⟩ | *intens* (nachgestellt) sehr, wirklich ⟨he's ill ~ er ist wirklich sehr krank; thank you very much ~ vielen herzlichen Dank!; it's very large ~ es ist ganz schön groß⟩ | (vorangestellt) allerdings, freilich, zwar ⟨this is ~ serious, but das ist zwar ernst, aber⟩ | *förml* sogar, vielmehr, in der Tat ⟨~, I like him ich habe ihn sogar gern; such ~ is the reason das ist tatsächlich der Grund⟩ | (Überraschung, Verwunderung) wirklich, kaum zu glauben, man sollte es nicht für möglich halten ⟨did he, indeed? hat er das wirklich fertiggebracht?⟩; **2.** *interj iron, verächtl* was!, nicht möglich! ⟨Oh, ~! O, wirklich!; Who is she, ~? Wer ist sie eigentlich überhaupt?⟩

in·de·fat·i·ga·bil·i·ty [ˌɪndɪˌfætɪgəˈbɪlətɪ] *s* Unermüdlichkeit *f*; ˌ**in·deˈfat·i·ga·ble** *adj* unermüdlich ⟨an ≈ worker⟩

in·de·fea·si·bil·i·ty [ˌɪndɪˌfiːzəˈbɪlətɪ] *s* Unantastbarkeit *f*, Unverletzlichkeit *f* | Unveräußerlichkeit *f*; ˌ**in·deˈfea·si·ble** *adj* unantastbar, unverletzlich ⟨≈ rights⟩ | unveräußerlich ⟨≈ goods⟩

in·de·fen·si·bil·i·ty [ˌɪndɪˌfensəˈbɪlətɪ] *s* Unhaltbarkeit *f* | Unentschuldbarkeit *f*; ˌ**in·deˈfen·si·ble** *adj* unhaltbar ⟨an ≈ statement⟩ | unentschuldbar ⟨an ≈ action⟩

in·de·fin·a·ble [ˌɪndɪˈfaɪnəbl] *adj* undefinierbar, unbestimmbar; **in·def·i·nite** [ɪnˈdefn̥ɪt|-n̥ət-|-fɪn-] **1.** *adj* unbestimmt ⟨an ≈ answer⟩ | undeutlich, unklar ⟨≈ views⟩ | unbegrenzt, unbeschränkt ⟨an ≈ period⟩ | *Ling* unbestimmt ⟨the ≈ article⟩; **2.** *s Ling* unbestimmtes Fürwort, Indefinitum *n*; **inˈdef·i·nite·ly** *adv* auf *od* für unbestimmte Zeit | vage, unklar ⟨to express o.s. ≈⟩

in·del·i·ble [ɪnˈdeləbl] *adj* unauslöschlich, unzerstörbar ⟨~ ink Kopiertinte *f*; ~ pencil Tintenstift *m*⟩ | *übertr* unauslöschlich, untilgbar, unvergeßlich, unvergänglich ⟨~ shame unauslöschliche Schande; ~ impression unvergeßlicher Eindruck⟩

in·del·i·ca·cy [ɪnˈdelɪkəsɪ] *s* Taktlosigkeit *f*, Mangel *m* an Fein-, Taktgefühl | Unanständigkeit *f*, Unfeinheit *f* | Grobheit *f*; **inˈdel·i·cate** *adj* (Person) taktlos | (Bemerkung) unanständig, unfein | (Gesichtszug) grob

in·dem·ni|fi·ca·tion [ɪnˌdemnɪfɪˈkeɪʃn] *s bes Wirtsch* Entschädigung *f*, Vergütung *f*; **inˈdem·ni·fy** *vt* (jmdn.) vergüten, entschädigen, (jmdm.) Schadenersatz leisten (**for** für) | sichern, sicherstellen (**from** vor, **against** gegen) | versichern (**from, against** vor, gegen) | *Jur* der Verantwortlichkeit entbinden, (jmdm.) Straffreiheit zusichern; **~ty** [ɪnˈdemnətɪ] *s Witsch* Entschädigung *f*, Abfindung(ssumme) *f(f)*, Abstandsgeld *n*, -zahlung *f*, Schadenersatz *m* ⟨to pay an ≈⟩ | *Pol* Indemnität *f* | *Jur* Straflosigkeit *f*, Sicherstellung *f* (gegen Strafe) ⟨act of ≈ Amnestie *f*⟩

in·dent [ɪnˈdent] *vt* einschneiden (*auch Geol*), (ein)zähnen, einkerben, einbeulen, (aus)zacken | eindrücken, einprägen (**in** in) | *Typ* einrücken ⟨to ~ a line⟩ | (Urkunde u. ä.) doppelt ausstellen | *Brit Wirtsch* bestellen | *vi* gezahnt *od* eingekerbt sein, einen Einschnitt bilden | *Brit Wirtsch* ordern, bestellen (**[up]on s.o.** bei *od* von jmdm., **for s.th.** etw.) | in Anspruch nehmen (**upon s.o.** jmdn., **upon s.th.** etw. **for s.th.** für etw.); [ˈɪndent] *s* Kerbe f, Einschnitt *m*, Zacke *f* | Auszackung *f* | Vertiefung *f* | *Typ* Einzug *m* | *Jur* Vertragsurkunde *f* | *Brit Wirtsch* Warenbestellung *f* | *Jur* amtliche Anforderung, Requisition *f* (**for s.th.** e-r Sache); ˌ**in·denˈta·tion** *s* Einkerbung *f*, Kerbe *f*, Einschnitt *m*, Zahnung *f*, Zähnung *f* | Eindrücken *n* | (Küste) Bucht *f*, Einbuchtung *f* | *Typ* Einzug *m* | *Typ* Absatz *m*; **inˈdent·ed** *adj* (aus)gezackt, gezahnt | *Typ* eingerückt; **inˈden·ture 1.** *s Jur* Vertrag *m*, Kontrakt *m* | *Jur* amtliche Liste | Lehrvertrag *m*, -brief *m* ⟨to take up one's ≈ die Lehrzeit beenden *od* ausgelernt haben⟩ | Auszackung *f*, Einkerbung *f*; **2.** *vt* auszacken, auszahlen | *Jur* vertraglich verpflichten | *Wirtsch* in die Lehre geben; **in'den·tured** *adj Jur* kontraktlich verpflichtet ⟨≈ servant *Hist* Lohnsklave *m*⟩ | *Wirtsch* durch Lehrzeit gebunden

in·de·pend|ence [ˌɪndɪ'pendəns] *s* Unabhängigkeit *f* (**of, on, from** von) ⟨political ≈; ≈ of outside control; ≈ from the mother country⟩ | hinreichendes Auskommen, materielle Unabhängigkeit; **'≈ence Day** *s Am* Unabhängigkeitstag (4. Juli); **ˌin·de'pend·ent 1.** *adj* selbständig, unabhängig (*auch Pol*) (**of** von) | finanziell gesichert ⟨a man of ≈ means ein Mann mit (eigenem) Vermögen, ein Privatier *m*⟩ | freiheitsliebend | unbeeinflußt ⟨≈ work; an ≈ philosopher⟩ | *Pol* parteilos; **2.** *s oft* ≗ Unabhängige(r) *f(m)* | *Pol* Parteilose(r) *f(m)*; **ˌ~ent 'clause** *s Ling* Hauptsatz *m*

in-depth ['ɪndepθ] *adj* eingehend, gründlich, tiefschürfend ⟨an ~ study eine grundlegende Studie; an ~ interview eine intensive Befragung⟩

in·de·scrib·a·bil·i·ty [ˌɪndɪˌskraɪbə'bɪlətɪ] *s* Unbeschreiblichkeit *f*; **ˌin·de'scrib·a·ble** *adj* unbeschreiblich ⟨an ≈ beauty; an ≈ horror⟩

in·de·struct·i·bil·i·ty [ˌɪndɪˌstrʌktə'bɪlətɪ] *s* Unzerstörbarkeit *f*; **ˌin·de'struct·i·ble** *adj* unzerstörbar

in·de·ter·mi·na·ble [ˌɪndɪ'tɜːmɪnəbl] *adj* unbestimmbar; **ˌin·de'ter·mi·na·cy** *s* Unbestimmtheit *f* ⟨static ≈⟩; **ˌin·de'ter·mi·nate 1.** *adj* unbestimmt, unbestimmbar | unentschieden | *Math* unbestimmt, nicht determiniert ⟨≈ equation; ≈ form⟩ | *Ling* unbetont; **2.** *s Math* Unbestimmte *f*; **ˌin·deˌter·mi'na·tion** *s* Unbestimmtheit *f*, Unbestimmbarkeit *f* | Unschlüssigkeit *f*; **ˌin·de'ter·min·ism** *s Phil* Indeterminismus *m*

in·dex ['ɪndeks] **1.** *s* (*pl* **~es** [~ɪz], **in·di·ces** ['ɪndɪsiːz]) Index *m*, (Buch) Register *n*, Inhalts-, Namens-, Sachverzeichnis *n* | Index *m*, Verbotsliste *f* ⟨on the ≗⟩ | Tabelle *f*, Zahlentafel *f* | Zeichen *n*, Anzeichen *n* (**of** für, von) | *förml* Hinweis *m*, Fingerzeig *m* (**to** auf) | Kenn-, Meßziffer *f* ⟨~ of intelligence Intelligenzmeßzahl *f*; cost of living ~ Lebenshaltungsindex *m* | Uhrzeiger *m* | *Math* Exponent *m*, Hochzahl *f* | *auch* **'card ~** *s* Kartei *f*, Kartothek *f*; **2.** *vt* (Buch) mit einem Index versehen ⟨to be well ~ed einen guten Index haben⟩ | (Wort) in Liste aufnehmen | nachweisen | *Wirtsch* den Lebenshaltungskosten anpassen ⟨to ~ pensions Renten anpassen⟩; *vi* einen Index *od* ein Register anlegen; **'~ disc** *s Tech* Teilscheibe *f*; **'~ dot** *s Tech* Einstellmarke *f*; **'~ ˌfi·gure,** *auch* **'~ ˌnum·ber** *s* Indexziffer *f*, -zahl *f*; **'~ ˌfin·ger** *s* Zeigefinger *m*; **'~ing** *s Wirtsch* finanzielle Anpassung, Lastenausgleich *m*; **ˌ~-'link** *vt Brit Wirtsch* den Lebenshaltungskosten anpassen ⟨to ≈ taxes⟩; **'~plate** *s Tech* Zeigerwerk *n*, Raster-, Teilscheibe *f*; **'~ strip** *s* Registrierstreifen *m*

In·dia ['ɪndɪə] *s* Indien; **ˌ~ 'ink** *s Am* Ausziehtusche *f*; **'~man** *s Mar* Ostindienfahrer *m* (Schiff)

In·di·an ['ɪndɪən] **1.** *adj* indisch | indianisch; **2.** *s* Inder(in) *m(f)* | *auch* **ˌA·mer·i·can '~** *od* **ˌRed '~** Indianer(in) *m(f)* | Indianisch *n*; **ˌ~ 'bread** *s* Maisbrot *n*; **'~ club** *s Sport* Keule *f*; **'~ corn** *s* Mais *m*; **'~ cress** *s Bot* Kapuzinerkresse *f*; **ˌ~ 'eye** *s Bot* Federnelke *f*; **'~ file** *s* Gänsemarsch *m* ⟨in ≈ im Gänsemarsch⟩; **ˌ~ 'gift** *s Am* Geschenk, für das man eine Gegenleistung erwartet; **ˌ~ 'gi·ver** *s Am* jmd., der auf ein Gegengeschenk spekuliert; **ˌ~ 'ink** *s Brit* Ausziehtusche *f*; **ˌ~ 'shoe** *s Bot* Frauenschuh *m*; **ˌ~ 'sum·mer** *s* Altweibersommer *m* | *übertr* zweiter Frühling

In·di·a| pa·per ['ɪndɪə ˌpeɪpə] *s* Dünndruckpapier *n* | Chinapapier *n*; **ˌ~ 'rub·ber,** *auch* **≗ 'rub·ber** *s* Kautschuk *m*, Gummi *m* | Radiergummi *m*

in·di|cate ['ɪndɪkeɪt] *vt* (an)zeigen, angeben, hinweisen auf, verraten ⟨his face ≈d sorrow⟩ | ein Zeichen geben, zu verstehen geben (**that** daß) | deutlich machen (**that** daß) | *Med* indizieren, erfordern | *vi Tech* (Richtung) anzeigen, blinken ⟨to ≈ left links blinken⟩; **'~cat·ed** *s Tech* indiziert ⟨≈ horse power indizierte Pferdestärke; ≈ pressure indizierter Druck⟩; **ˌ~'ca·tion** *s* Anzeige *f*, Angabe *f* ⟨give ≈ of zeigen *od* anzeigen | (Kenn-) Zeichen *n* (**of** für) | Hinweis *m* (**of** auf) ⟨there is every ≈ alles deutet darauf hin⟩ | *Med* Indikation *f* | *Tech* Stand *m*; **in·dic·a·tive** [ɪn'dɪkətɪv] **1.** *adj* anzeigend, angebend, hinweisend ⟨to be ≈ of s.th. etw. anzeigen *od* hinweisen auf *od* ein Indiz sein für⟩ | *Ling* indikativisch ⟨≈ mood Indikativ *m*⟩; **2.** *s Ling* Indikativ *m*, Wirklichkeitsform *f*; **'~ca·tor** *s Tech* Indikator *m*, Zähler *m*, Zähluhr *f*, (Richtungs-) (An-) Zeiger *m*, Anzeigevorrichtung *f* | *Tel* Anrufzeichen *n* | *übertr* Anzeichen (**of** für); **ˌ~'ca·to·ry** *adj* hinweisend (**of** auf)

in·di·ces ['ɪndɪsiːz] *s/pl von* ↑ **index**

in·dict [ɪn'daɪt] *vt, Jur* anklagen, beschuldigen, belangen (**for, of** wegen); **in'dict·a·ble** *adj Jur* (an)klagbar, klageberechtigt; **~ee** [ˌɪndaɪ'tiː] *s Jur* Angeklagte(r) *f(m)*; **in'dict·er,** *Am* **in'dict·or** *s Jur* (An-) Kläger(in) *m(f)*; **in'dict·ment** *s Jur* Anklageschrift *f* | (formelle) Anklage ⟨to bring in an ≈ against s.o. gegen jmdn. Anklage erheben⟩

in·dif·fer·ence [ɪn'dɪfrəns] *s* Gleichgültigkeit *f*, Teilnahmslosigkeit *f* (**to, towards** gegen) | Unwichtigkeit *f* (**to** für) | Unparteilichkeit *f*, Neutralität *f* | Mittelmäßigkeit *f*; **in'dif·fer·ent 1.** *adj* gleichgültig, unempfindlich, teilnahmslos (**to** gegen) | unwichtig, unwesentlich (**to** für) | unparteiisch, neutral ⟨remain ≈⟩ | mittelmäßig, leidlich, ziemlich schlecht ⟨an ≈ player ein schlechter Spieler⟩ | *Chem* indifferent, unempfindlich (**to** gegen); **2.** *s* Neutraler *m*, Unparteiischer *m*

in·di·gence ['ɪndɪdʒəns] *s förml* Armut *f*, Not *f*

in·dig·e·nous [ɪn'dɪdʒɪnəs] *adj* eingeboren, einheimisch, bodenständig ⟨an ≈ plant; to be ≈ to heimisch sein in⟩ | *übertr* angeboren (**to s.th.** e-r Sache)

in·di·gent ['ɪndɪdʒənt] *adj förml* arm, notleidend, (be)dürftig

in·di·gest|ed [ˌɪndɪ'dʒestɪd] *adj* unverdaut | *übertr* unüberlegt, undurchdacht; **~i·bil·i·ty** [ˌɪndɪˌdʒestə'bɪlətɪ] *s* Unverdaulichkeit *f* (*auch übertr*); **ˌin·di'gest·i·ble** *adj* unverdaulich (*auch übertr*); **ˌin·di'ges·tion** *s Med* Indigestion *f*, Verdauungsstörung *f* ⟨suffer from ≈ an Verdauungsstörung(en) kleiden; an attack of ≈ Magenverstimmung *f*⟩ | *übertr* Durcheinander *n*, Unordnung *f* | *übertr* Unreife *f*, Unfähigkeit *f*, mangelnde Aufnahmefähigkeit

in·dig|nant [ɪn'dɪgnənt] *adj* zornig, entrüstet (**at, over, about s.th.** über etw., **with s.o.** über jmdn.); **ˌ~'na·tion 1.** *s* Zorn *m*, Entrüstung *f* (**at, over, about** über) ⟨to the ≈ of zur Entrüstung von⟩; **2.** *in Zus* Protest- ⟨an ≈ meeting⟩; **in'dig·ni·ty** *s* Schmach *f*, Beschimpfung *f*, Beleidigung *f* | etw. Demütigendes *od* Schmachvolles *od* Beschämendes ⟨the indignities of an illness die peinlichen Entwürdigungen, die mit einer Krankheit verbunden sind⟩

in·di|go ['ɪndɪgəʊ] **1.** *s* (*pl* **~gos, ~goes** [~gəʊz]) Indigo *m* | *Bot* Indigopflanze *f*; **2.** *adj* Indigo-, indigofarben ⟨≈ blue indigoblau⟩

in·di·rect [ˌɪndɪ'rekt] *adj* indirekt, nicht direkt verbunden (**to, with** mit) ⟨an ~ route; by ~ means auf indirekte Weise, auf Umwegen⟩ | indirekt, nicht direkt geäußert ⟨an ~ remark; an ~ answer⟩ | indirekt, mittelbar, Neben- ⟨an ~ result⟩ | *Wirtsch* indirekt ⟨~ taxation⟩ | *Ling* indirekt ⟨~ object Dativobjekt *n*; ~ speech indirekte Rede⟩; **ˌin·di'rec·tion** [ˌɪndɪ'rekʃn|-də-|-daɪ-] *s* Anspielung *f* | *übertr* Umweg *m* | Unehrlichkeit *f*

in·dis·cern·i·ble [ˌɪndɪ'sɜːnəbl] *adj* nicht wahrnehmbar, un-

bemerkt, unmerklich ⟨almost ~ fast nicht zu erkennen⟩
in·dis·ci·pline [ɪn'dɪsəplɪn] *s* Indiszipliniertheit *f*, Disziplinlosigkeit *f*, Mangel *m* an Zucht
in·dis|creet [ˌɪndɪ'skri:t] *adj* indiskret, unklug, taktlos | unüberlegt, unbesonnen; **~cre·tion** [ˌ~'kreʃn] *s* Indiskretion *f* (*auch Pol*), Taktlosigkeit *f*, Mangel *m* an Verschwiegenheit, Unüberlegt-, Unbesonnenheit *f*
in·dis·crim·i·nate [ˌɪndɪ'skrɪmɪnət] *adj* unterschieds-, wahllos, ohne Unterschied *od* Rücksicht ⟨to be ~ in *mit ger* keinen Unterschied machen bei etw.; to deal out ~ blows wahllos drauflosschlagen; to give ~ praise wahllos Lob spenden⟩ | kritiklos; **ˌin·dis'crim·i·nate·ly** *adv* aufs Geratewohl, wahllos, ohne Unterschied; **ˌin·disˌcrim·i'na·tion** *s* Unterschiedslosigkeit *f* | Kritiklosigkeit *f*
in·dis·pen·sa·bil·i·ty [ˌɪndɪˌspensə'bɪlətɪ] *s* Unerläßlich-, Unentbehrlichkeit *f* (**to, for** für); **ˌin·dis'pen·sa·ble** *adj* unerläßlich, unentbehrlich (**for, to** für) | (*auch Mil*) (Person) unabkömmlich
in·dis|pose [ˌɪndɪ'spəʊz] *vt* untauglich machen (**for** für, zu) | abgeneigt machen (**to[wards]** gegen); **ˌ~'posed** *adj, oft euphem* unpäßlich, unwohl, indisponiert | abgeneigt (**to[wards] s.th.** gegen e-e Sache, **to** *mit inf* zu *mit inf*); **inˌdis·po'si·tion** *s* Unpäßlichkeit *f*, Unwohlsein *n*, Indisponiertheit *f* | Abneigung *f*, Abgeneigtheit *f*, Widerwille *m* (**to[wards]** gegen, **to** *mit inf* zu *mit inf*)
in·dis·pu·ta·bil·i·ty [ˌɪndɪˌspju:tə'bɪlətɪ] *s* Unbestreitbarkeit *f*; **ˌin·dis'pu·ta·ble** *adj* unbestreitbar, unbestritten
in·dis·so·lu·bil·i·ty [ˌɪndɪˌsɒlju'bɪlətɪ] *s* Unauflöslichkeit *f* (*auch übertr*); **ˌin·dis'so·lu·ble** *adj* unauflösbar, unlöslich (*auch übertr*) | untrennbar, unzertrennlich ⟨≈ bonds of friendship⟩
in·dis|tinct [ˌɪndɪ'stɪŋkt] *adj* unklar, undeutlich ⟨≈ words⟩ | verworren, verschwommen ⟨an ≈ light⟩; **ˌ~'tinc·tion** *s* Unklarheit *f*
in·dis·tin·guish·a·bil·i·ty [ˌɪndɪˌstɪŋgwɪʃə'bɪlətɪ] *s* Nichtunterscheidbarkeit *f*; **ˌin·dis'tin·guish·a·ble** *adj* ununterscheidbar
in·dite [ɪn'daɪt] *vt förml* (Rede u. ä.) abfassen, aufsetzen ⟨to ~ a message⟩
in·di·vid·u·al [ˌɪndɪ'vɪdʒuəl] **1.** *adj* (*oft nach each*) einzeln, Einzel-, individuell (*Ant* general) ⟨an ~ tree ein einzelner Baum; each ~ case jeder einzelne Fall⟩ | individuell, für (jeweils) eine Person *od* Sache bestimmt, Einzel- ⟨~ portions Einzelportionen *f/pl*; ~ attention gesonderte Aufmerksamkeit; ~ production Einzelanfertigung *f*; ~ psychology Individualpsychologie *f*⟩ | persönlich, besonders, eigentümlich, charakteristisch ⟨an ~ style of dressing⟩; **2.** *s* Individuum *n*, Einzelperson *f* | *umg* Person *f*, Mensch *m*, Subjekt *n* ⟨you nasty ~!⟩; **ˌin·di'vid·u·al·ism** *s* Individualismus *m* | Individualität *f*, Eigenart *f* | *euphem* Egoismus *m*; **ˌin·di'vid·u·al·ist 1.** *s* Individualist *m*; **2.** = **ˌin·diˌvid·u·al'is·tic** *adj* individualistisch; **ˌin·diˌvid·u'al·i·ty** *s* Individualität *f*, Persönlichkeit *f* | Eigentümlichkeit *f*, persönliche Eigenart *f*, Kennzeichen *n*; **ˌin·diˌvid·u·al·i'za·tion** *s* Individualisierung *f*; **ˌin·di'vid·u·al·ize** *vt* individualisieren, individuell machen, eine individuelle *od* persönliche *od* eigene Note verleihen ⟨an ≈d gift ein ganz persönlich gehaltenes Geschenk⟩ | einzeln behandeln | ins einzelne gehen bei ⟨to ≈ a description⟩; **ˌin·di'vid·u·al·ly** *adv* einzeln, individuell, einzeln genommen, für sich betrachtet ⟨≈ and collectively einzeln und insgesamt⟩ | auf eigentümliche *od* charakteristische Weise
in·di·vis·i·bil·i·ty [ˌɪndɪˌvɪzə'bɪlətɪ] Unteilbarkeit *f*; **ˌin·di'vis·i·ble** unteilbar
In·do- ['ɪndəʊ] *in Zus* Indo-, indisch ⟨~-China; ~-American⟩
in·doc·ile [ɪn'dəʊsaɪl] *adj* ungelehrig; unbändig, unfügsam;

in·do·cil·i·ty [ˌɪndəʊ'sɪlətɪ] *s* Ungelehrigkeit *f* | Unbändigkeit *f*
in·doc·tri·nate [ɪn'dɒktrɪneɪt] *vt meist verächtl* (jmdn.) indoktrinieren (**in** in), (jmdm.) einimpfen, einbleuen, einhämmern (**with s.th.** etw.); durchdringen, erfüllen (**with** mit); **inˌdoc·tri'na·tion** *s* Indoktrination *f*, Einimpfen *n* | Durchdringung *f* (**with** mit)
In·do-Eu·ro·pe·an [ˌɪndəʊ jʊərə'pɪən] *adj bes Ling* indoeuropäisch, indogermanisch
in·do|lence ['ɪndələns] *s* Trägheit *f*, Indolenz *f* | Lässigkeit, Gleichgültigkeit *f*; **'~lent** *adj* träge, indolent ⟨an ~ pupil⟩ | lässig, gleichgültig | *Med* indolent, schmerzlos
in·dom·i·ta·ble [ɪn'dɒmɪtəbl] *adj* unbezähmbar, unbezwingbar, unbezwinglich ⟨an ~ will⟩
In·do·ne|sia [ɪndəʊ'ni:ʒə] *s* Indonesien; **~sian** [-ʒn|-ʃn] **1.** *s* Indonesier(in) *m(f)* | Indonesisch *n*; **2.** *adj* indonesisch
in·door ['ɪndɔ:] *adj* im Hause (befindlich), Haus-, Zimmer- ⟨~ aerial Zimmerantenne *f*; ~ decorator Innenarchitekt *m*⟩ | *Sport* Hallen- ⟨an ~ sport eine Hallensportart; ~ champion Hallenmeister *m*; ~ swimming bath Hallenbad *n*⟩; **ˌ~ re'lief** *s Brit arch* (Armen-) Anstaltspflege *f*; **in'doors** *adv* zu Hause ⟨keep ≈⟩ | im *od* ins Haus ⟨go ≈⟩
in·dorse [ɪn'dɔ:s] = **endorse; in'dorse·ment** = **endorsement**
in·drawn [ˌɪn'drɔ:n] *adj* (Luft) eingezogen | *übertr* zurückhaltend, nach innen gekehrt
in·du·bi·ta·ble [ɪn'dju:bɪtəbl] *adj förml* unzweifelhaft, zweifellos, sicher
in·duce [ɪn'dju:s] *vt* verursachen, veranlassen, auslösen, hervorrufen ⟨to ~ sleep⟩ | bewegen, bringen zu (**s.o. to** *mit inf* zu *mit inf*) | *Med* künstlich (Wehen) einleiten | *umg* bei der Geburt (eines Babys) nachhelfen ⟨to ~ a mother⟩ | *El* induzieren, erregen | *Phil* induzieren; **inˌduced 'cur·rent** *s El* Induktionsstrom *m*, Sekundärstrom *m*; **inˌduced 'ra·di·o·ac·tiv·i·ty** *s Phys* künstliche Radioaktivität; **inˌduc·ing 'cur·rent** *s El* Primärstrom *m*; **in'duce·ment** *s* Ursache *f*, Anlaß *m*, Veranlassung *f*, Beweggrund *m* | Anreiz *m* (**to** zu)
in·duct [ɪn'dʌkt] *vt* (in Amt u. ä.) einsetzen, einführen | *Am* einziehen, einberufen; **in'duct·ance** *s El* Induktivität *f*; **in'duc·tion** *s* (Amts-) Einführung *f*, Einsetzung *f* | *Am* Einberufung *f* ⟨≈ to the army⟩ | *Med* medikamentöse Einleitung der Geburt | *auch* **in'duc·tion course** Einführungslehrgang *m* | *El* Induktion *f*, Erregung *f* | *Phil* Induktion *f* (*Ant* deduction); **in'duc·tion coil** *s El* Induktionsspule *f*; **in'duc·tion ˌcur·rent** *s El* Induktionsstrom *m*; **in'duc·tion ˌmaˌchine** *s El* Influenz-, Induktionsmaschine *f*; **in'duc·tion mo·tor** *s Tech* Induktionsmotor *m*; **in'duc·tive** *adj förml* leitend, führend (**to** zu) |*Phys, El* induktiv, Induktions-; *Phil* induktiv; **ˌin·duc'tiv·i·ty** *s El* Induktivität *f*; **in'duc·tor** *s El* Induktor *m*
in·due [ɪn'dju:] *Am* = **endue**
in·dulge [ɪn'dʌldʒ] *vt* (jmdm.) nachgeben, nachsichtig sein gegen (jmdn.), (jmdn.) verwöhnen ⟨to ~ children Kinder verziehen⟩ | frönen, sich ergeben ⟨to ~ a desire einer Begierde nachgeben; ~ o.s. in s.th. in etw. schwelgen⟩ | *Wirtsch* Stundung *od* Zahlungsaufschub gewähren; *vi* sich hingeben, sich etw. gönnen, schwelgen (**in** in), sich gütlich tun (**in** an); sich leisten, anschaffen (**in s.th.** etw.) | *umg* übermäßig *od* zu viel trinken ⟨to ~ at parties⟩; **in·dul·gence** *s* Nachsicht *f*, Nachgiebigkeit *f* (**in, of** gegenüber) ⟨ask s.o.'s ≈ jmdn. um Nachsicht bitten⟩ | Frönen *n*, Schwelgen *n* (**in** in) | kleines Laster | Sichgehenlassen *n* | *Wirtsch* Stundung *f* | *Rel* Ablaß *m*; **in'dul·gent** *adj* nachsichtig, nachgiebig (**to** gegen) ⟨≈ parents⟩ | mild, scho-

nend ⟨≈ criticism⟩

in·du|rate [ˈɪndjʊəreɪt] *förml vt* hart machen | verhärten (*auch übertr*) | *übertr* abhärten (**against, to** gegen); *vi* sich verhärten (*auch übertr*) | *übertr* sich abhärten; ˌ**~ˈra·tion** *s* Hartwerden *n* | *übertr* Härte *f* | Verstocktheit *f* | *Med* Induration *f*, Verhärtung *f*; ˈ**~ra·tive** *adj* (ver)härtend (*auch übertr*) | *Med* indurativ

in·dus·tri·al [ɪnˈdʌstrɪəl] **1.** *adj* industriell, industrialisiert, Industrie- ⟨~ area Industriegebiet *n*; ~ countries Industrieländer *pl*; ~ engineering Betriebstechnik *f* | (Industrie) Arbeiter-, Arbeits- ⟨~ action Arbeitskampf *m*; ~ disagreement Streit zwischen Arbeitern und Unternehmern; ~ unrest Unzufriedenheit *f* in den Betrieben⟩ | gewerblich, Gewerbe- ⟨~ art Kunstgewerbe *n*⟩; **2.** *s* Industriearbeiter(in) *m(f)* | Industrieller *m*; ˌ**~ ar·chaeˈol·ogy** *s* Vorgeschichte *f* der industriellen Revolution; ˌ**~ ˈcoun·cil** *s* Betriebsrat *m*; ˌ**~ ˈcourt** *s Jur* Arbeitsgericht *n*; ˌ**~ ˈdis·ease** *s* Berufskrankheit *f*; ˌ**~ ˈesˈtate** *s Brit* (geplantes) Industrieviertel; **inˈdus·tri·al·ism** *s* Industrialismus *m*; **inˈdus·tri·al·ist** *s* Industriearbeiter(in) *m(f)* | Industrieller *m*; **inˈdus·tri·al·ize** *vt* industrialisieren; **inˌdus·tri·al·iˈza·tion** *s* Industrialisierung *f*; ˌ**~ ˈman·age·ment** *s Wirtsch* Betriebswirtschaft *f*; ˌ**~ rev·oˈlu·tion** (*auch* **∸ rev·oˈlu·tion**) *s* industrielle Revolution; ˌ**~ ˈschool** *s* Gewerbeschule *f* | Besserungsanstalt *f*, Jugendwerkhof *m*; ˌ**~ ˈtax** *s Wirtsch* Gewerbesteuer *f*; ˌ**~ ˈun·ion** *s* Industriearbeitergewerkschaft *f*; **inˈdus·tri·o-** *in Zus* Industrie- ⟨≈-scientific⟩; **inˈdus·tri·ous** *adj* fleißig, arbeitsam | eifrig, emsig; **in·dus·try** [ˈɪndəstrɪ] *s* Industrie *f* ⟨heavy/light ≈ Schwer-, Leichtindustrie *f*⟩ | (Vertreter *pl* der) Industrie, Unternehmer *pl* (*Ant* workers) | Gewerbe *n* | Industrie(zweig) *f(m)*, Branche *f* ⟨automobile ≈⟩ | Fleiß *m*, Betriebsamkeit *f*

in·dwell [ˌɪnˈdwel] *förml vt* innewohnen (**s.th.** e-r Sache) | bewohnen; *vi* wohnen (**in** in); ˈ**~ing** *adj* innewohnend, inhärent ⟨≈ goodness⟩

[1]**-ine** [ɪn|aɪn] *suff zur Bildung von adj mit der Bedeutung:* gehörend zu, -ähnlich (*z. B.* **feminine** weiblich, **crystalline** kristallin)

[2]**-ine** [ɪn|aɪn] *suff zur Bildung von abstr s* (*z. B.* **discipline** Disziplin *f*) | *von weiblichen s* (*z. B.* **Clementine**)

[3]**-ine** [iːn|ɪn] *suff zur Bezeichnung chemischer Stoffe* (*z. B.* **quinine** Chinin *n*)

in·e·bri|ate [ɪˈniːbrɪeɪt] *förml vt* betrunken machen | *übertr* trunken machen, berauschen; [~ət] **1.** *adj* betrunken, berauscht; **2.** *s* Betrunkener *m* | Trinker *m* ⟨an institution for ≈s Trinkerheilanstalt *f*⟩; **inˈe·bri·at·ed** *adj* betrunken; **inˌe·briˈa·tion** *s* Rausch *m*, Trunkenheit *f* (*auch übertr*); **~e·ty** [ˌɪniːˈbraɪətɪ] *s* Rausch *m*, Trunkenheit *f* | Trunksucht *f*

in·ed·i·bil·i·ty ɪnˌedəˈbɪlətɪ] *s* Ungenießbarkeit *f*; **inˈed·iˈble** *adj* ungenießbar, nicht eßbar

in·ef·fa·bil·i·ty [ɪnˌefəˈbɪlətɪ] *s* Unaussprechlichkeit *f*; **inˈef·fa·ble** *adj* unaussprechlich, unbeschreiblich, unsäglich ⟨≈ disgust; ≈ joy⟩ | *Rel* (*bes* Name Gottes) unnennbar ⟨the ≈ name⟩; **inˈef·fa·bles** *s/pl scherzh* die Unaussprechlichen *pl* (Unterhosen)

in·ef·fec·tive [ˌɪnɪˈfektɪv] *adj* (Person) unfähig, untauglich ⟨an ~ worker⟩ | (Sache) erfolg-, wirkungslos ⟨~ efforts⟩; ˌ**in·efˈfec·tu·al** [-tʃʊəl] *adj* (Handlung) untauglich, wirkungslos, erfolglos ⟨≈ measures⟩; ˌ**in·efˌfec·tuˈal·i·ty** [-ˈæl-] Ineffektivität *f*, Erfolglosigkeit *f*

in·ef·fi|ca·cious [ˌɪnefɪˈkeɪʃəs] *adj* (Sachen, *bes* Medizin) erfolglos, wirkungslos; **~ca·cy** [ɪnˈefɪkəsɪ] *s* Erfolg-, Wirkungslosigkeit *f*; **~cien·cy** [ˌɪnɪˈfɪʃnsɪ] *s* Unfähigkeit *f*, Untauglichkeit *f* | Erfolglosigkeit *f*; ˌ**in·ef·fi·cient** [-ˈfɪʃnt] *adj* (leistungs)unfähig, untauglich ⟨an ≈ employee; an ≈ machine⟩ | erfolglos, wirkungslos, unzulänglich ⟨≈ measure⟩

in·e·las|tic [ˌɪnɪˈlæstɪk] *adj* unelastisch | *übertr* unnachgiebig, nicht anpassungsfähig; ˌ**~ˈtic·i·ty** *s* Mangel *m* an Elastizität | *übertr* Unnachgiebigkeit *f*, Anpassungsunfähigkeit *f*

in·el·e·gance [ɪnˈelɪgəns], ˌ**inˈel·e·gan·cy** *s* Mangel *m* an Eleganz | Geschmacklosigkeit *f*; **inˈel·e·gant** *adj* unelegant | geschmacklos

in·el·i·gi·bil·i·ty [ɪnˌelɪdʒəˈbɪlətɪ] *s* Unwählbarkeit *f* | Ungeeignetheit *f*; **inˈel·i·gi·ble** **1.** *adj* unwählbar | ungeeignet, unpassend (**for** für) ⟨≈ for military service wehruntauglich⟩ | unberechtigt ⟨≈ for a pension nicht pensionsberechtigt⟩; **2.** *s* unerwünschter Freier

in·e·luc·ta·bil·i·ty [ˌɪnɪˌlʌktəˈbɪlətɪ] *lit s* Unvermeidlichkeit *f*; ˈ**in·e·ˈluc·ta·ble** *adj* unvermeidlich, unausweichlich, unentrinnbar ⟨≈ facts unumgängliche Tatsachen *pl*; ≈ fate unentrinnbares Schicksal⟩

in·ept [ɪˈnept] *adj* unpassend, ungeeignet, untauglich ⟨an ~ place⟩ | albern, abgeschmackt, unvernünftig ⟨~ remarks⟩· **~i·tude** [~ɪtjuːd|~ɪtʃuːd] *s* Ungeeignetheit *f*, Ungeschicklichkeit *f* (**for** zu) | Unbeholfenheit *f*, Begriffsstutzigkeit *f*. | Albernheit *f*, Unvernünftigkeit *f* | dumme Bemerkung

in·e·qual·i·ty [ˌɪnɪˈkwɒlətɪ] *s* Ungleichheit *f*, Verschiedenartigkeit *f* (**in** an, in) ⟨social ~ soziale Ungleichheit; ~ of opportunity Chancenungleichheit *f*⟩ | Unbeständigkeit *f* | Ungleichmäßigkeit *f* | Unebenheit *f* | *Math* Ungleichung *f* | *Astr* Abweichung *f* | Unzulänglichkeit *f* (**to** für)

in·eq·ui·ta·ble [ɪnˈekwɪtəbl] *adj* ungerecht, unbillig; **inˈeq·ui·ty** *s* Ungerechtigkeit *f*, Unbilligkeit *f*

in·e·quiv·a·lence [ˌɪnɪˈkwɪvələns] *s Math* Inäquivalenz *f*; ˌ**in·eˈquiv·a·lent** *adj Math* inäquivalent

in·e·rad·i·ca·ble [ˌɪnɪˈrædɪkəbl] *adj* unausrottbar, nicht ausrottbar, unvertilgbar

in·ert [ɪˈnɜːt] *adj* träge, schwerfällig ⟨an ~ mind⟩ | *Phys, Chem, Tech* träge, inert, unwirksam ⟨~ gas (Schweißen) Schutzgas *n*; Edelgas *n*; ~ mass träge Masse⟩; **in·er·tia** [ɪˈnɜːʃə] *s* Trägheit *f*, Untätigkeit *f* ⟨a feeling of ≈ ein Trägheitsgefühl⟩ | *Phys, Chem* Trägheit *f*, Beharrungsvermögen *n* ⟨moment of ≈ Trägheitsmoment *n*⟩; **inˈer·tial** [-ʃl] *adj Phys* Trägheits-, Inertial- ⟨≈ force Trägheitskraft *f*⟩; **inˈer·tia-reel ˈseat ˈbelt** *s Kfz* Automatik-, Rollgurt *m*

in·es·cap·a·ble [ˌɪnɪˈskeɪpəbl] *adj* unentrinnbar, unvermeidlich, unvermeidbar

in·es·cutch·eon [ˌɪnɪˈskʌtʃn] *s Her* Herzschild *m*

in·es·sen|tial [ˌɪnɪˈsenʃl] **1.** *adj* unwesentlich, unwichtig (**to** für); **2.** *s* Nebensache *f*; **~ti·al·i·ty** [ˌɪnɪˌsenʃɪˈælətɪ] *s* Unwesentlichkeit *f*, Unwichtigkeit *f*

in·es·ti·ma·ble [ɪnˈestɪməbl] *adj* unschätzbar

in·ev·i·ta|bi·li·ty [ɪnˌevɪtəˈbɪlətɪ] *s* Unvermeidlichkeit *f*; **inˈev·i·ta·ble** *adj* unvermeidlich ⟨an ≈ result⟩ | *umg* unvermeidlich dazugehörend ⟨the ≈ delays die üblichen Verspätungen *pl*⟩ | *selten* unwiderstehlich ⟨≈ charms⟩

in·ex·act [ˌɪnɪgˈzækt] *adj* ungenau | nicht sorgfältig, nachlässig; **~i·tude** [~ɪtjuːd] *s* Ungenauigkeit *f*, Unrichtigkeit *f* ⟨terminological ≈s *euphem* „terminologische Ungenauigkeiten“ (Lügen) *pl*⟩ | Nachlässigkeit *f*

in·ex·pert [ɪnˈekspɜːt] **1.** *adj* unerfahren, ungeübt (**in** in) ⟨to be ~ in *mit ger* ungeübt sein, zu *mit inf*⟩ | ungeschickt ⟨~ attempts laienhafte Versuche *pl*⟩; **2.** *s* Laie *m*, Nichtfachmann *m*

in·ex·pi·a·ble [ɪnˈekspɪəbl] *adj* unsühnbar ⟨an ~ crime⟩ | unversöhnlich ⟨~ hatred⟩

in·ex·plic·a|bil·i·ty [ɪnˌeksplɪkəˈbɪlətɪ] *s* Unerklärlichkeit *f*; **~ble** [ˌɪnɪkˈsplɪkəbl] *adj* unerklärlich, unerklärbar; **~bly** *adv* unerklärlich | unerklärlicherweise

in·ex·pli·cit [ˌɪnəkˈsplɪsɪt] *adj* unklar, undeutlich (ausgedrückt)

in·ex·plo·sive [ˌɪnɪk'spləʊsɪv] *adj* nicht explodierend

in·ex·press·i·bil·i·ty [ˌɪnɪkˌspresə'bɪlətɪ] *s* Unaussprechlichkeit *f*; **ˌin·ex'press·i·ble** *adj* unaussprechlich

in·ex·pres·sive [ˌɪnɪk'spresɪv] *adj* ausdruckslos, leer ⟨an ~ face⟩ | bedeutungslos, nichtssagend ⟨~ music⟩

in·ex·ten·si·ble [ˌɪnɪk'stensəbl] *adj* unausdehnbar

in ex·ten·so [ˌɪn ɪk'stensəʊ] ⟨*lat*⟩ *adv* vollständig

in·ex·tin·guish·a·ble [ˌɪnɪk'stɪŋgwɪʃəbl] *adj* unauslöschbar | *übertr* unauslöschlich

in ex·tre·mis [ˌɪn ɪk'stri:mɪs] ⟨*lat*⟩ *adv* im Sterben | *übertr* in äußerster Not(lage)

in·ex·tri·ca·bil·i·ty [ɪnˌekstrɪkə'bɪlətɪ] *s* Unentwirrbarkeit *f*; **in'ex·tri·ca·ble** *adj* unentwirrbar, verworren, verschlungen | kompliziert ⟨an ≈ situation⟩

in·fal·li·bil·i·ty [ɪnˌfælə'bɪlətɪ] *s* Unfehlbarkeit *f*, Sicherheit *f*; **in'fal·li·ble** *adj* (Person) unfehlbar, verläßlich | untrüglich, zuverlässig, sicher ⟨an ≈ memory; an ≈ scheme⟩ | **in'fal·li·bly** *adv* absolut, unbedingt ⟨≈ exact⟩ | *umg* dauernd, ständig, unaufhörlich ⟨≈ she's late sie kommt (aber auch) dauernd zu spät⟩

in·fa|mous ['ɪnfəməs] *adj* niederträchtig, schändlich, abscheulich, infam ⟨an ≈ crime ein gemeines Verbrechen; an ≈ plot⟩ | verrufen, berüchtigt (**for** wegen) | ehrlos, entehrend ⟨≈ behaviour⟩ | *umg* elend, miserabel ⟨an ≈ dinner⟩; **'~my** *s* Niederträchtigkeit *f*, Schändlichkeit *f*, Abscheulichkeit *f* | Verrufenheit *f* | Ehrlosigkeit *f* | *Jur* Verlust *m* der bürgerlichen Ehrenrechte ⟨to hold s.o. up for ≈ jmdn. aller öffentlichen Ehrenrechte verlustig erklären⟩

in·fan|cy ['ɪnfənsɪ] *s* (frühe) Kindheit | *Jur* Minderjährigkeit *f* | *übertr* Anfangsstadium *n*; **'in·fant 1.** *s* Säugling *m* | Kleinkind *n* (unter 7 Jahren) | *Jur* Minderjährige(r) *f(m)*; **2.** *in Zus* Säuglings-, Kleinkind- ⟨≈ food Säuglingsnahrung *f*; ≈ mortality Säuglingssterblichkeit *f*⟩ | *Jur* minderjährig, unmündig | zart, kindlich, unentwickelt | *übertr* im Anfangsstadium befindlich ⟨≈ industries neue *od* junge Industriezweige *pl*⟩; **~ti·cide** [ɪn'fæntɪsaɪd] *s* Kindesmord *m* | Kindesmörder(in) *m(f)*; **'~tile** [-taɪl] *adj* kindisch | kindlich, Kinder-, Kindes- ⟨≈ disease Kinderkrankheit *f*; ≈ paralysis Kinderlähmung *f*⟩ | *übertr* jung, Anfangs- | *Med* infantil; **~ti·lism** [ɪn'fæntɪlɪzm] *s* Infantilität *f*; *Med* Infantilismus *m*; **ˌin·fant 'prod·i·gy** *s*, *auch* **ˌchild 'prod·i·gy** Wunderkind *n*

in·fan·try ['ɪnfəntrɪ] **1.** *s Mil* Infanterie *f*; **2.** *in Zus* Infanterie- ⟨an ~ regiment⟩; **'~man** *s* (*pl* **'~men**) *Mil* Infanterist *m*

in·fant school ['ɪnfənt sku:l] *s Brit* Vorschule *f*

in·farct [ɪn'fɑ:kt], **in'farc·tion** *s Med* Infarkt *m* ⟨cardial ~ Herzinfarkt *m*⟩

in·fat·u·ate [ɪn'fætʃʊeɪt] *vt* betören, verblenden (**with** durch); **in'fat·u·at·ed** *adj* betört, verblendet (**with** durch) | verliebt, vernarrt (**with** in); **in'fat·u'a·tion** *s* Betörung *f*, Verblendung *f* | Verliebtheit *f*, Vernarrtheit *f* (**for** in)

in·fea·si·bil·i·ty [ɪnˌfi:zə'bɪlətɪ] *s* Unausführbarkeit *f*; **in'fea·si·ble** *adj* unausführbar, undurchführbar, unmöglich

in·fect [ɪn'fekt] *vt* verpesten, verderben | *Med* infizieren, anstecken, verseuchen (**with, by** mit, durch) ⟨to become ~ed sich anstecken⟩ | *übertr* anstecken ⟨~ed with enthusiasm⟩; **in'fec·tion** [-tʃn] *s* Verpestung *f* | *Med* Infektion *f*, Ansteckung *f* ⟨to catch the ≈ angesteckt werden⟩ | Infektionsstoff *m*, Ansteckungskeim *m* | *Med* Infektionskrankheit *f*, Seuche *f* | *Bot* Befall *m* | *übertr* Ansteckung *f*, Einfluß *m*; **in'fec·tious** [-tʃəs], **in'fec·tive** *adj Med* infektiös, ansteckend, Infektions- | *übertr* ansteckend ⟨≈ laughter⟩

in·fe·li·ci|tous [ˌɪnfə'lɪsɪtəs] *adj förml* unglücklich, unangebracht, unpassend ⟨an ≈ phrase⟩; **'~ty** *s förml* Unangebrachtheit, Ungeeignetheit ⟨the ≈ of the expression der unglücklich gewählte Ausdruck⟩

in·fer [ɪn'fɜ:] (**in'ferred, in'ferred**) *vt* ableiten, (schluß)folgern, schließen (**from** aus, **that** daß) | (etw.) in sich schließen, schließen lassen auf (etw.), andeuten, zu verstehen geben | *umg* vermuten; *vi* folgern, schließen; **~a·ble** [-rəbl] *adj* ableitbar, zu folgern(d) (**from** aus); **~ence** ['ɪnfərəns] *s* Folgerung *f*, Schluß *m* ⟨make ≈s Schlüsse ziehen⟩ | Ableiten *n*, Folgern *n* (**from** aus) ⟨by ≈ durch Ableitung *od* demnach⟩ | Annahme *f*, Hypothese *f*; **~en·tial** [ˌɪnfə'renʃl] *adj* folgernd, schließend | gefolgert, abgeleitet ⟨≈ proof *Jur* Indizienbeweis *m*⟩

in·fe·ri·or [ɪn'fɪərɪə] **1.** *adj* untere(r, -s), niedere(r, -s) ⟨~ figure unterer Index⟩ | (rang)niedriger, tieferstehend ⟨to be ~ to s.o. jmdm. untergeordnet sein *od* nachstehen⟩ | schlecht, minderwertig ⟨~ goods Waren minderer Qualität; to be ~ to s.th. geringer *od* schlechter sein als etw., nicht gleichkommen (einer Sache)⟩ | unbedeutend ⟨an ~ actor⟩ | *Bot* unterständig | *Typ* unter der Schriftlinie stehend; **2.** *s* Tieferstehende(r) *f(m)*, Untergebene(r) *f(m)*; **~i·ty** [ɪnˌfɪərɪ'ɒrətɪ] *s* Untergeordnetheit *f*, untergeordnete Stellung | Unterlegenheit *f* | Minderwertigkeit *f*; **'~i·ty ˌcom·plex** *s Psych* Minderwertigkeitskomplex *m*

in·fer|nal [ɪn'fɜ:nl] *adj* höllisch, infernalisch, Höllen- ⟨≈ machine Höllenmaschine *f*⟩ | *übertr* teuflisch ⟨an ≈ plan⟩ | *umg* gräßlich, schrecklich ⟨an ≈ noise⟩ **~nal·i·ty** [ˌ~'nælətɪ] *s* Teufelei *f*, Schurkerei *f*; **~no** [~nəʊ] *s* Inferno *n*, Hölle *f* (*auch übertr*)

in·fer|tile [ɪn'fɜ:taɪl] *adj* unfruchtbar; **~til·i·ty** [ˌɪnfɜ:tɪlətɪ] *s* Unfruchtbarkeit *f*

in·fest [ɪn'fest] *vt* herfallen über, befallen, heimsuchen, unsicher machen, plagen, quälen (**with** mit) ⟨rats ~ed the cellar; to be ~ed with mice von Mäusen heimgesucht⟩ | *übertr* überschwemmen; **ˌin·fes'ta·tion** *s* Heimsuchung *f*, Befall *m* | Plage *f*, Qual *f* | Seuche *f*; **in'fest·ed** *adj* verseucht (**with** von)

in·fi·del ['ɪnfɪdl|-ˌdel] **1.** *adj arch, verächtl* ungläubig; **2.** *s* Ungläubige(r) *f(m)*; **~i·ty** [ˌɪnfɪ'delətɪ] *s* Ungläubigkeit *f*, Unglaube *m* | Untreue *f*, Treulosigkeit *f* ⟨conjugal ≈ Ehebruch *m*⟩

in·field ['ɪnfi:ld] *s* dem Hof naheliegendes Ackerland | (Kricket) Teil *m* des Spielfeldes nahe dem Dreistab | dort aufgestellte Spieler *pl* (*Ant* outfield) | (Baseball) Innenfeld *n* | Spieler *pl* im Innenfeld

in·fight·ing ['ɪnfaɪtɪŋ] *s* (Boxen) Nahkampf *m* | *übertr* interner Machtkampf

in·fil|trate ['ɪnfɪltreɪt] **1.** *vt* durchtränken (**with** mit) | eindringen lassen (**into** in) | *Mil* (Truppen) einschleusen in, durchschleusen durch | *übertr* durchsetzen, infiltrieren, sich festsetzen in, unterwandern | *Chem* infiltrieren, einsickern in, durchsickern durch; *vi* ein-, durchsickern; ein-, durchdringen (**into** in, **through** durch); **2.** *s Med* Infiltrat *n*; **ˌ~'tra·tion** *s* Durchtränken *n* | Ein-, Durchsickern *n* | *übertr bes Pol* Unterwanderung *f* | *Med* Infiltration *f*; Infiltrat *n*

in·fi·nite ['ɪnfənɪt|-fɪn-] **1.** *adj* endlos, unendlich, unbegrenzt ⟨~ space⟩ | ungeheuer (groß), umfassend ⟨~ wisdom⟩ | *Math, Mus* unendlich | *Ling* infinit ⟨~ verb Verbum infinitum *n*⟩; **2.** *s Math* unendliche Größe, Unendliche(s) *f(n)* ◇ **the ~** das Unendliche (Raum) | der Unendliche (Gott)

in·fin·i·tes·i·mal [ˌɪnˌfɪnɪ'tesɪml] **1.** *adj Math* infinitesimal | unendlich klein; **2.** *s Math* Infinitesimale *f* | infinitesimale Größe

in·fin·i|ti·val [ɪnˌfɪnɪ'taɪvl|-fɪnə-] *adj Ling* infinitivisch, Infinitiv-; **~tive** [ɪn'fɪnɪtɪv] *Ling* **1.** *adj* infinitivisch, Infinitiv- ⟨an ≈ phrase Infinitivsatz *m*⟩; **2.** *s* Infinitiv *m*, Nennform *f*

in·fin·i|tude [ɪnˈfɪnɪtjuːd] *s förml* Unendlichkeit *f*, Grenzenlosigkeit *f* | unendliche Anzahl, unzählige Menge; **~ty** [ɪnˈfɪnətɪ] *s* Unendlichkeit *f*, Unermeßlichkeit *f* ⟨to ≈ bis ins Unendliche, ad infinitum; line at ≈ unendlich ferne Gerade⟩ | unendliche Größe *f od* Menge *f* (*auch Math*); **ˈ~ty plug** *s Tel* Unterbrechungsstöpsel *m*, Stöpselunterbrecher *m*

in·firm [ɪnˈfɜːm] *adj* schwach, kraftlos ⟨an ~ body⟩ | charakterschwach, leicht beeinflußbar ⟨~ of purpose willensschwach *od* unentschlossen⟩; **inˈfir·ma·ry** *s* Krankenzimmer *n*, -stube *f* | Lazarett *n*, Krankenhaus *n*; **inˈfir·ma·to·ry** *adj* beeinträchtigend, abschwächend ⟨to be ≈ of s.th. etw. als schwach *od* ungenügend hinstellen⟩; **inˈfir·mi·ty** *förml s* Schwäche *f*, Gebrechlichkeit *f* ⟨infirmities of old age Altersschwächen *od* Altersgebrechen *pl*⟩ | *übertr* Schwachheit *f*, (charakterliche) Schwäche

in·fix [ɪnˈfɪks] *vt* (hin)eintreiben, befestigen | *übertr* einprägen ⟨to ~ an idea in s.o.'s mind⟩ | *Ling* einfügen; [ˈɪnfɪks] *s Ling* Infix *n*; **~ion** [ɪnˈfɪkʃn] *s Ling* Einfügung *f*

in·flame [ɪnˈfleɪm] *vt* an-, entzünden | *Med* entzünden, röten ⟨~d eyes entzündete Augen *n/pl*⟩ | *übertr* entflammen, erregen, erhitzen ⟨~d with anger zornentbrannt; to ~ popular feeling die Anteilnahme der Öffentlichkeit wecken⟩; *vi* sich entzünden, auf-, entflammen | *übertr* sich erregen, entbrennen (**with** vor) | *Med* sich entzünden

in·flam·ma|bil·i·ty [ɪnˌflæməˈbɪlətɪ] *s* Brennbarkeit *f* | *übertr* Erregbarkeit *f*; **inˈflam·ma·ble** *adj bes Am, Tech* brennbar, entzündlich, feuergefährlich ⟨*Ant* nonflammable⟩ ⟨≈ matter Zündstoff *m*⟩ | *übertr* leicht erregbar, hitzig; **inˈflam·ma·bles** *s/pl* brennbare, feuergefährliche, leicht entzündbare Stoffe *pl*; **~tion** [ˌɪnfləˈmeɪʃn] *s* Brennen *n*, Entzündung *f* | *Med* Entzündung *f* ⟨≈ of the lungs Lungenentzündung *f*⟩ | *übertr* Erregung *f*, Aufregung *f*; **~to·ry** [ɪnˈflæmətrɪ] *adj Med* Entzündungs-, entzündlich ⟨an ≈ process⟩ | *übertr* aufrührerisch, aufreizend ⟨≈ speech Hetzrede *f*⟩

in·flat·a·ble [ɪnˈfleɪtəbl] **1.** *adj* aufblasbar ⟨~ boat Schlauchboot *n*⟩; **2.** *s* Gummiboot *n* | Traglufthalle *f*; **inˈflate** *vt* aufblasen, aufpumpen ⟨to ≈ a tyre einen Reifen aufpumpen⟩ | *Med* (auf)blähen | *Wirtsch* (Preise) in die Höhe treiben (*Ant* deflate) | *Wirtsch* (Geldumlauf) erhöhen | *übertr* aufblasen, aufblähen, aufgeblasen machen ⟨to be ≈ed with aufgeblasen sein vor *od* von, sich aufblähen vor⟩; **inˈflat·ed** *adj* aufgeblasen | *Med* aufgetrieben | *übertr* aufgeblasen | *übertr* schwülstig, hochtrabend ⟨≈ language⟩ | *Wirtsch* inflatorisch ⟨≈ prices⟩ | **inˈfla·tion** *s* Aufblasen *n* | *Wirtsch* Inflation *f* ⟨to fight ≈ die Inflation bekämpfen⟩ | *übertr* Aufgeblasenheit *f* | Schwulst *m* ⟨≈ of language⟩; **inˈfla·tion·ar·y** *adj Wirtsch* inflationistisch, Inflations- ⟨≈ spiral; ≈ tendency⟩

in·flect [ɪnˈflekt] *vt* biegen, beugen | *Ling* flektieren, beugen | *Mus* modulieren; *vi Ling* flektieren; **inˈflect·ed** *Ling adj* flektiert ⟨≈ words⟩ | flektierend ⟨an ≈ language⟩; **inˈflec·tion** *bes Am* = *Brit* **inflexion**; **inˈflec·tion·al** *adj Am* = *Brit* **inflexional**; **in·flex·i·bil·i·ty** [ɪnˌfleksəˈbɪlətɪ] *s* Unbiegsamkeit *f* | *übertr* Unbeugsamkeit *f*, Unerschütterlichkeit *f*; **inˈflex·i·ble** *adj* unbiegsam, ungeschmeidig, unelastisch | *übertr* unbeugsam, unerschütterlich ⟨≈ will⟩ | *übertr* unerbittlich | *übertr* unabänderlich; **inˈflex·ion** *s* Biegung *f*, Beugung *f* | *Ling* Flexion *f*, Beugung *f* | *Mus* Modulation *f*; **inˈflex·ion·al** *adj* Biegungs- | *Ling* flektierend, Flexions- ⟨an ≈ suffix; an ≈ language⟩

in·flict [ɪnˈflɪkt] *vt* (Strafe u. ä.) auferlegen, aufbürden (**[up]on s.o.** jmdm.), verhängen (**[up]on s.o.** gegen jmdn.) | (Niederlage) beibringen (**[up]on s.o.** jmdm.) | (sich) aufdrängen ⟨~ o.s. on/upon s.o. jmdn. belästigen⟩ | (Schlag) versetzen ⟨~ a blow on/upon s.o.⟩ | (Wunde u. ä.) zufügen (**[up]on s.o.** jmdm.) ⟨~ed with paralysis von Lähmung befallen⟩; **inˈflic·tion** *s* Zufügung *f*, Auferlegung *f* | Bürde *f*, Last *f*; **inˈflic·tive** *adj* zufügend, auferlegend ⟨to have ≈ instincts *pl* (anderen) gern Schaden zufügen⟩

in·flight [ˈɪnflaɪt] *adj urspr Am Flugw* an Bord, während des Fluges ⟨~ movies während des Fluges vorgeführte Filme *pl*; ~ entertainment Unterhaltung *f* im Flugzeug⟩

in·flor·es·cence [ˌɪnfləˈresns] *s Bot* Blütenstand *m*, Blüten *pl* | *übertr* Aufblühen *n*, Blüte *f*; **ˌin·floˈres·cent** *adj Bot* (auf)blühend

in·flow [ˈɪnfləʊ] **1.** *s* Einfließen *n*; Zufluß *m*; **2.** *in Zus* Zufluß- ⟨~ pipe Zuflußrohr *n*⟩

in·flu|ence [ˈɪnflʊəns] **1.** *s* Einfluß *m*, Einwirkung *f* (**[up]on** auf, **by** durch) | ⟨to have great ≈ with s.o. bei jmdm. großen Einfluß haben; to use one's ≈ with s-n Einfluß ausnutzen bei; under the ≈ of unter dem Einfluß von, beeinflußt durch⟩ | einflußreiche Person | Macht *f* (**over** über) ◇ **under the ~ence** betrunken; **2.** *vt* beeinflussen, einwirken auf, bestimmen ⟨to ≈ s.o. for good jmdn. gut beeinflussen⟩; **ˈ~ent 1.** *adj* einfließend; **2.** *s* Zufluß *m* | *Geogr* Nebenfluß *m*; **ˌ~ˈen·tial** [-flʊˈenʃl] *adj* einflußreich ⟨≈ politicians⟩ | von Einfluß (**in, on** bei, auf)

in·flu·en·za [ˌɪnflʊˈenzə] *s Med* Influenza *f*, Grippe *f*

in·flux [ˈɪnflʌks] *s* Zufluß *m* | *übertr* Zustrom *m*, Andrang *m* ⟨an ~ of visitors⟩ | Einströmen *n*, Einfließen *n* (*auch übertr*) | (Fluß) Einmünden *n* | *Wirtsch* (Waren, Geld) Einfuhr, Zufuhr *f*

in·fo [ˈɪnfəʊ] *Kurzw umg* von **information**

in·fold [ɪnˈfəʊld] = **enfold**

in·form [ɪnˈfɔːm] *vt* benachrichtigen, unterrichten (**of** von), informieren (**of, about, on** über) ⟨to keep o.s. ~ed sich auf dem laufenden halten⟩ | durchdringen, erfüllen, beseelen (**with** mit); *vi* informieren, Wissen vermitteln | denunzieren, anzeigen (**against/[up]on** jmdn.)

in·for·mal [ɪnˈfɔːml] *adj* formlos | zwanglos, ungezwungen, inoffiziell ⟨an ~ conversation; an ~ visit⟩ | Umgangs- ⟨~ dress; ~ language⟩ | **ˌin·forˈmal·i·ty** *s* Formlosigkeit *f* | Zwanglosigkeit *f*, Ungezwungenheit *f*, inoffizieller Charakter | *Jur* Formfehler *m*

in·form·ant [ɪnˈfɔːmənt] *s* Berichterstatter *m* | Gewährsmann *m* | *Ling* Informant *m*; **in·for·ma·tics** [ˌɪnfəˈmætɪks] *s* (*sg konstr*) Informatik *f*; **in·for·ma·tion** [ˌɪnfəˈmeɪʃn] *s* (*ohne pl*) Nachricht *f* ⟨a piece of ≈ e-e Nachricht *f*⟩ | Auskunft *f*, Auskünfte *f/pl*, Informationen *f/pl* (**on, about** über) ⟨give ≈ Auskunft geben; to gather ≈ upon Erkundigungen einholen über⟩ | Belehrung *f*, Unterweisung *f* | Benachrichtigung *f*, Information *f* ⟨for your ≈ zu Ihrer Kenntnisnahme⟩ | *Jur* Anzeige *f*, Anklage *f* ⟨to file an ≈ against s.o. Anzeige erstatten gegen jmdn.⟩; **in·forˈma·tion ˌbu·reau, in·forˈma·tion ˌof·fice** *s* Auskunftsstelle *f*, -büro *n*; **in·forˈma·tion desk** *s* Auskunft *f*, Auskunftsschalter *m*, -stand *m*; **in·forˈma·tion girl** *s Tel* Auskunft *f* | Frau *f* am Auskunftsschalter; **in·forˈma·tion ˌsci·ence** *s* Informationswissenschaft *f*; **in·forˈma·tion ˌthe·o·ry** *s* Informationstheorie *f*; **inˈform·a·tive** *adj* informierend, Informations- ⟨≈ talk Informationsgespräch *n*⟩ | informatorisch, belehrend ⟨≈ books⟩; **inˈformed** *adj* informiert, unterrichtet ⟨well ≈; badly ≈; to keep o.s. ≈ sich auf dem laufenden halten⟩ | sachkundig, sachlich begründet ⟨an ≈ guess ein wohlbegründeter Schluß⟩; **inˈformed conˌsent** *s Med* Einwilligung *f* des Patienten; **inˈform·er** *s verächtl* Informant *m*, Denunziant *m* ⟨a police ≈ ein Polizeispitzel; to turn ≈ die Mittäter verraten⟩

infra- [ɪnfrə] ⟨*lat*⟩ *in Zus* unter, tiefer (*z. B.* **infrahuman** unter dem Menschen stehend) | innerhalb (*z. B.* **infraterrito-**

rial innerhalb eines Gebietes)

in·fra ['ɪnfrə] *adv* (weiter) unten ⟨see ~ p. 70 vgl. unten S. 70⟩ ◇ **ˌ~ 'dig** *umg* unter der Würde ⟨that's ≈ das ist unter meiner Würde⟩

in·frac·tion [ɪn'frækʃn] *s Jur* Verstoß *m* (**of** gegen), Verletzung *f* ⟨~ of law Gesetzesübertretung *f*⟩ | *Med* Infraktion *f*, Knickbruch *m*

in·fran·gi·bil·i·ty [ɪnˌfrændʒə'bɪlətɪ] *s* Unzerbrechlichkeit *f*; **in'fran·gi·ble** *adj* unzerbrechlich

in·fra|red [ˌɪnfrə'red] *adj* infra-, ultrarot; **ˌ~'re·nal** *adj Med* infrarenal; **'~ˌstruc·ture** *s* Infrastruktur *f*

in·fre·quence [ɪn'fri:kwəns], **in'fre·quen·cy** *s* Seltenheit *f*; **in'fre·quent** *adj* selten ⟨at ≈ intervals in großen Abständen⟩

in·fringe [ɪn'frɪndʒ] *vt* (Recht u. ä.) verstoßen gegen, übertreten, verletzen ⟨to ~ a copyright⟩; *vi* übergreifen, sich einen Übergriff erlauben (**on, upon** auf) | beeinträchtigen (**on, upon s.th.** etw.); **in'fringe·ment** *s* Übertretung *f*, Verletzung *f*, Übergriff *m* (**of** auf) ⟨an ≈ of the law eine Gesetzesübertretung⟩

in·fu·ri·ate [ɪn'fjʊərɪeɪt] **1.** *vt* wütend machen, aufregen; **2.** *adj* wütend; **inˌfu·ri'a·tion** *s* Wut *f*

in·fuse [ɪn'fju:z] *vt* (ein)gießen (**into** in) | durchtränken (*auch übertr*) | einflößen (*auch übertr*) (**into** in) | *übertr* erfüllen (**with** mit) | auf-, einweichen, aufgießen, ziehen lassen ⟨to ~ tea leaves⟩; *vi* (Tee u. ä.) ziehen ⟨let the tea ~ for 5 minutes⟩; **in'fu·sion** [-ʒn] *s* Eingießen *n*, Infusion *f* | Einweichung *f* | *übertr* Einflößung *f* | Aufguß *m* | Ziehenlassen *n* | *übertr* Beigeschmack *m*, Beimischung *f*, Anstrich *m* | *Med* Infusion *f* | *Rel* Übergießung *f*, Benetzen *n*

in·fu·so·ri·a [ˌɪnfjʊ'sɔ:rɪə] *s/pl Zool* Infusorien *f/pl* | Wimpertierchen *n/pl*; **ˌin·fu'so·ri·al** *adj* Infusorien- ⟨≈ earth *Min* Infusorienerde *f*, Kieselgur *f*⟩

[1]**-ing** [ɪŋ] *suff zur Bildung des part präs* (*z. B.* **writing**)

[2]**-ing** [ɪŋ] *suff zur Bildung von s aus v, s u. adv mit der Bedeutung*: Handlung, Fortgang (*z. B.* **crying** Weinen *n*), Produkt, Resultat (*z. B.* **printing** Druck *m*), Material (*z. B.* **roofing** Material *n* zum Dachdecken)

[3]**-ing** [ɪŋ] *suff zur Bildung von ger aus v* (*z. B.* **doing, writing**)

in·gath·er [ɪn'gæðə] *lit vt, vi* einsammeln; **~ing** ['ɪngæðrɪŋ] *s* Einernten *n*, Einsammeln *n*, Ernte *f*

in·gen·ious [ɪn'dʒi:nɪəs] *adj* (Sache) kunstvoll, sinnreich ⟨an ~ device⟩ | (Person) geschickt, erfinderisch, begabt ⟨an ~ mind ein kluger Kopf⟩

in·gé·nue [ˌæʒeɪ'nju:|'ænʒeɪnju:] *s Theat* Naive *f* | schlichtes *od* unschuldiges *od* naives Mädchen *n*, Unschuld *f*

in·ge·nu·i·ty [ɪndʒɪ'nu:ətɪ] *s* sinnreiche Anlage, Raffinesse *f*, Originalität *f* | Geschicklichkeit *f*, Erfindungsgabe *f*, Einfallsreichtum *m*

in·gen·u·ous [ɪn'dʒenjʊəs] *adj* ehrlich, aufrichtig, offen(herzig) ⟨an ~ character⟩ | naiv, unschuldig ⟨an ~ smile⟩

in·gest [ɪn'dʒest] *vt Biol* (Nahrung) zu sich nehmen, aufnehmen

in·gle ['ɪŋgl] *s* Kamin *m*, Herd *m* | Kaminfeuer *n*; **'~nook** *s* Kaminecke *f*

in·glo·ri·ous [ɪn'glɔ:rɪəs] *lit adj* ruhmlos | unrühmlich, schimpflich, schändlich ⟨an ~ defeat e-e schmähliche Niederlage⟩

in·go·ing ['ɪngəʊɪŋ] *adj* (Post, Zahlung) eingehend, einlaufend, eintreffend | (Mieter) neu ⟨~ tenant Nachmieter *m*⟩

in·got ['ɪŋgɒt|-gət] *Tech* **1.** *s* Ingot *m*, Barren *m*, (Guß) Block *m*, Zain *m*, Stange *f* ⟨~ of silver Silberbarren *m*⟩; **2.** *vt* in Barren gießen; **'~ mould** *s Tech* Gießform *f*, Kokille *f*; **'~ steel** *s Tech* Flußstahl *m*

in·graft [ɪn'grɑ:ft] = **engraft**

in·grain [ɪn'greɪn] *vt* einwurzeln | = **engrain** | (farb)echt färben; ['ɪngreɪn] **1.** *adj* (Gewebe) in der Faser *od* im Garn gefärbt | eingewurzelt; **2.** *s* in der Faser gefärbtes Garn *n* | im Garn gefärbtes Gewebe; **'~ ˌcar·pet** *s* Teppich *m* mit durchgewebtem Muster, Kidderminster *m*; **in·'grained** *adj* tief eingewurzelt, eingefleischt ⟨≈ prejudices tief sitzende Vorurteile *pl*⟩ | angeboren

in·grate ['ɪngreɪt|ɪn'greɪt] **1.** *adj arch* undankbar; **2.** *s förml* undankbare Person

in·gra·ti·ate [ɪn'greɪʃɪeɪt] *vt* in Gunst bringen *od* setzen ⟨to ~ o.s. with s.o. sich bei jmdm. einschmeicheln *od* beliebt machen⟩; **in'gra·ti·at·ing** *adj* einnehmend, gewinnend ⟨an ≈ person⟩; **inˌgra·ti'a·tion** *s* Einschmeichelung *f*

in·grat·i·tude [ɪn'grætɪtju:d|-tʃu:d] *s* Undankbarkeit *f*

in·gre·di·ent [ɪn'gri:dɪənt] *s* Bestandteil *m*, Zutat *f* ⟨the ~s of a cake⟩ | *übertr* Merkmal *n*, Komponente *f* ⟨the ~s of s.o.'s character; the ~s of success was man zum Erfolg braucht⟩

in·gress ['ɪngres] *förml s* (*auch Astr*) Eintreten *n*, Eintritt *m* (**into** in) (*Ant* egress) | Zutritt *m* (**into** zu); **in'gres·sion** *s* Eintritt *m*

in-group ['ɪngru:p] *s oft verächtl* Gruppe *f*, die das Sagen hat, einflußreiche Leute, enger Zirkel *od* Kreis, Clique *f*

in·grow·ing [ˌɪn'grəʊɪŋ], *auch* **in'grown** ['ɪngrəʊn] *adj* ins Fleisch gewachsen ⟨an ~ toenail⟩; **in·growth** [ˌɪn'grəʊθ] *s* Einwachsen *n*

in·hab·it [ɪn'hæbɪt] *vt* wohnen in, bewohnen; **inˌhab·it·a'bil·i·ty** *s* Bewohnbarkeit *f*; **in'hab·it·a·ble** *adj* bewohnbar; **in'hab·it·an·cy** *s* ständiger Aufenthalt, Wohnrecht *n*; **in'hab·it·ant** *s* Bewohner, Einwohner *m*; **inˌhab·i'ta·tion** *s* (Be-) Wohnen *n*; **in'hab·it·ed** *adj* bewohnt

in·ha·la·tion [ˌɪnhə'leɪʃn] *s* Einatmung *f* | *Med* Inhalation *f* | *Med* Inhalationsmittel *n*; **in·hale** [ɪn'heɪl] *vt, vi* (Luft, Zigarettenrauch) einatmen, inhalieren (*auch Med*) ⟨≈! exhale! einatmen! ausatmen!⟩; **in'hal·er** *s* Einatmende(r) *f(m)* | *Med* Inhalator *m*

in·har|mon·ic [ˌɪnhɑ:'mɒnɪk], **ˌ~'mon·i·cal** *adj* un-, disharmonisch, dissonant; **~mo·ni·ous** [ˌ~'məʊnɪəs] *adj* unharmonisch, mißtönend | *übertr* uneinig

in·here [ɪn'hɪə] *förml vi* innewohnen, anhaften (**in s.o.** jmdm.) | (Macht, Rechte u. ä.) zukommen, zustehen, zugehören (**in s.th.** e-r Sache, **in s.o.** einer Person); **in·her·ence, in'her·en·cy** [-'hɪər-|-'her-] *s förml* Innewohnen *n*, Anhaften *n*, Verwurzeltsein *n*, Inhärenz *f*; **in'her·ent** [-'hɪər-|-'her-] *adj* anhaftend, eigen, innewohnend (**in s.th.** e-r Sache) | eingewurzelt, eingefleischt

in·her·it [ɪn'herɪt] *vt*, (etw.) erben (*auch übertr*) | (jmdn.) beerben; *vi* erben (**from s.o.** von jmdn.); **inˌher·it'a·bil·i·ty** *s* Erblichkeit *f* | Erbfähigkeit *f*; **in'her·it·a·ble** *adj* erblich, vererbbar | erbfähig; **in'her·it·ance** *s Jur* Erbe *n*, Erbschaft *f*, Nachlaß *m* | *Jur, Biol* Vererbung *f* ⟨by ≈ durch Vererbung, erblich⟩ | *Jur* Erbrecht *n*; **in'her·it·ed** *adj* ererbt; **in'her·i·tor** *s* Erbe *m*; **in·her·i·tress** [ɪn'herɪtrəs] *s*, **in·her·i·trix** [ɪn'herɪtrɪks] *s* (*pl* **in·her·i·tri·ces** [ɪnˌherɪ'traɪsi:z]) Erbin *f*

in·he·sion [ɪn'hi:ʒən] *s förml* Inhärenz *f*, Anhaften *n*

in·hib·it [ɪn'hɪbɪt] *vt* (jmdn.) hemmen, hindern (**from s.th.** an etw.), abhalten (**from** von) ⟨it ~s me to drink dadurch kann ich nicht trinken⟩ | (jmdn.) hemmen, gehemmt machen | (jmdm.) verbieten, untersagen (**from** *mit ger* zu *mit inf*); **in'hib·it·ed** *adj* gehemmt (*auch Psych*) ⟨an ≈ boy⟩; **in·hi·bi·tion** [ˌɪnɪ'bɪʃn|-nhɪ-] *s* Hemmung *f*, (Be-) Hinderung *f* | *Jur* Verbot *n* | *Med, Psych* Inhibition *f*, Hemmung *f*; **in·hib·i·tive** *adj* hemmend, hindernd | verbietend | *Psych* Hemmungs-; **in'hib·i·tor** *s Med* Inhibitor *m* | *Chem* Hemmstoff *m*; **in'hib·i·to·ry** = **in'hib·i·tive**

in·hos·pi·ta·ble [ˌɪnhɒ'spɪtəbl|ɪn'hɒspɪtəbl] *adj* nicht gastfreundlich | ungastlich, unwirtlich ⟨an ~ place⟩; ˌ**in·hos·pi'tal·i·ty** [-'tæləti] *s* Ungastlichkeit *f*

in·house ['ɪnhaus] *adj* (betriebs)eigen ⟨~ laboratories; an ~ research programme⟩

in·hu|man [ɪn'hju:mən] *adj* unmenschlich, grausam ⟨~ treatment⟩ | *selten* menschenunähnlich, nicht menschlich; **~mane** [ˌɪnhju:'meɪn] *adj* unmenschlich, menschenunwürdig; **~man·i·ty** [ˌɪnhju:'mænəti] *s* Unmenschlichkeit *f*, Grausamkeit *f*

in·hu·ma·tion [ˌɪnhju:'meɪʃn] *förml s* Beerdigung *f*; **in·hume** [ɪn'hju:m] *vt* beerdigen, begraben

in·im·i·cal [ɪ'nɪmɪkl] *förml adj* unfreundlich | feindselig (**to** gegen) | schädlich (**to** für) | (Klima) unwirtlich; **inˌim·i'cal·i·ty** [-'kæləti] *s* Unfreundlichkeit *f* | Feindseligkeit *f* | Schädlichkeit *f*

in·im·i·ta·bil·i·ty [ɪˌnɪmɪtə'bɪləti] *s* Unnachahmlichkeit *f*; **in'im·i·ta·ble** *adj* unnachahmlich | einzigartig

in·iq·ui|tous [ɪ'nɪkwɪtəs] *adj* bösartig | unbillig, ungerecht; **~ty** [ˌɪ'nɪkwəti] *s* Ungerechtigkeit *f* | Frevel(tat) *m(f)*, Ungeheuerlichkeit *f*, Missetat *f*

in·ir·ri·ta·bil·i·ty [ɪnˌɪrɪtə'bɪləti] *s* Unempfindlichkeit *f*; **in'ir·ri·ta·ble** *adj* unempfindlich

in·i·tial [ɪ'nɪʃl] **1.** *adj* Anfangs-, anfänglich ⟨~ letter Anfangsbuchstabe *m*; ~ stage Anfangsstadium *n*⟩; **2.** *s* Anfangsbuchstabe *m* ⟨his ~s Anfangsbuchstaben *pl* s-s Vor- u. Nachnamens⟩; **3.** *vt* (**in·i·tialled, in·i·tialled**) mit Anfangsbuchstaben versehen *od* unterzeichnen | *Pol, Jur* paraphieren; **in'i·tial·ism** *s* Abkürzung(swort) *f(n)* (aus Anfangsbuchstaben), Initialwort *n*

i·ni|ti·ate [ɪ'nɪʃɪeɪt|-ʃɪət] **1.** *adj* eingeweiht, eingeführt; **2.** *s* Anfänger *m*, Neuling *m* | Eingeweihter *m*; [~ʃɪeɪt] *vt* einführen, einweihen (**into** in) | (als Mitglied) aufnehmen, zulassen (**into** in) | bekannt machen (**in** mit) | anfangen, beginnen, ins Leben rufen ⟨to ≈ a plan⟩; **~ti·a·tion** [ɪˌnɪʃɪ'eɪʃn] **1.** *s* Einführung ⟨≈ into an office Einführung *f* in ein Amt⟩ | Aufnahme *f* (**into** in) | Einweihung *f* (**into** in); **2.** *in Zus* Einweihungs- ⟨≈ ceremonies Einweihungsfeierlichkeiten *pl*⟩; **~ti·a·tive** [ɪ'nɪʃətɪv] **1.** *adj* einführend, Einführungs- | *Pol* Initiativ- ⟨≈ law Initiativgesetz *n*⟩; **2.** *s* Initiative *f*, Anregung *f*, Anstoß *m* ⟨on one's own ≈ aus eigener Initiative; to have the ≈ die Initiative besitzen, am Zug sein; to take the ≈ die Initiative ergreifen⟩ | Unternehmungsgeist *m* ⟨he has ≈⟩ | *Pol* Initiativrecht *n* ⟨legislative ≈ Gesetzesinitiative *f*; popular ≈ Volksbegehren *n*⟩; **~ti·a·tor** [ɪ'nɪʃɪˌeɪtə] *s* Initiator *m*, Begründer *m*; **~ti·a·to·ry** [ɪ'nɪʃətr̩ɪ] *adj* einleitend, beginnend | einführend

in·ject [ɪn'dʒekt] *vt Med* injizieren, einspritzen (**into** in) | einspritzen (**with** mit) | (Gas, Dampf) einblasen | *übertr* einflößen ⟨to ~ new life into s.th. einer Sache neues Leben verleihen⟩; **in'jec·tion** [ɪn'dʒekʃn] *s Med* Injektion *f*, Einspritzung *f* (**in** in) | *Med* Injektionsflüssigkeit *f* | *Tech* Einspritzung *f* ⟨≈ under pressure Druckeinspritzung *f*⟩ | (Raumflugkörper) Abschuß *m*, Entsendung *f*; **in'jec·tion cock** *s Tech* Einspritzhahn *m*; **in'jec·tion ˌnoz·zle** *s Tech* Einspritzdüse *f*; **in'jec·tion pump** *s Tech* Einspritzpumpe *f*; **in'jec·tor** *s Tech* Injektor *m*, (Dampf) Strahlpumpe *f*

in·ju·di·cious [ˌɪndʒu:'dɪʃəs] *adj* unklug, unüberlegt, unbesonnen ⟨an ~ remark⟩

in·junc·tion [ɪn'dʒʌŋkʃn] *s Jur* Injunktion *f*, gerichtliche Verfügung | *förml* strenger Befehl ⟨to give strict ~ to s.o. jmdm. etw. gründlich einschärfen⟩

in·jure ['ɪndʒə] *vt* (Belebtes) verletzen, verwunden ⟨~ one's leg sich das Bein verletzen⟩ | schädigen, schaden ⟨~ one's health⟩ | *übertr* verletzen, kränken ⟨~ s.o.'s feelings jmds. Gefühle verletzen⟩; **'in·jured** *adj* verletzt, geschädigt ⟨the dead and the ≈ die Toten u. Verletzten⟩ | gekränkt ⟨≈ looks gekränkte Blicke *pl*⟩; **in·ju·ri·ous** [ɪn'dʒuərɪəs] *adj* ungerecht | schädlich, nachteilig (**to** für) ⟨≈ to health gesundheitsschädlich⟩ | beleidigend; **in·ju·ry** ['ɪndʒərɪ] *s Med* Verletzung *f*, Wunde *f* ⟨≈ to the head Kopfverletzung *f*⟩ | (*auch Jur*) Beschädigung *f*, Schaden *m* (**to** an) ⟨to one's own ≈ zum eigenen Nachteil⟩ | Verletzung *f*, Kränkung *f*, Beleidigung *f* ⟨an ≈ to s.o.'s reputation eine Verletzung von jmds. Ruf, Rufmord *m*⟩ | Unrecht *n*, Ungerechtigkeit *f* ⟨to add insult to ≈ erst Unrecht tun und sich dann auch noch darüber lustig machen⟩

in·jus·tice [ɪn'dʒʌstɪs] *s* Ungerechtigkeit *f* ⟨to do s.o. an ~ jmdm. Unrecht tun *od* zufügen⟩

ink [ɪŋk] **1.** *s* Tinte *f* ⟨as black as ~ kohlschwarz⟩ | *auch* ˌ**Chinese** '~, ˌ**India[n]** '~ Tusche *f* | *auch* ˌ**printing** '~ Druckerschwärze *f*; **2.** *vt* mit Tinte beklecksen | *auch* ~ **in**, ~ **over** aus-, nachziehen | *Typ* einfärben, einschwärzen ⟨to ~ one's fingers sich die Finger voll Tinte schmieren⟩; '~ **ball** *s Typ* Anschwärzballen *m*; '~ **block** *s Typ* Reibstein *m*, Farbläufer *m*; '**~blot** *s* Tintenklecks *m*; '**~ˌbot·tle** *s* Tintenfaß *n*; '~ ˌ**draw·ing** *s* Tintenzeichnung *f*; '**~er** *s Typ* Auftragwalze *f*; '~ **glass** *s* Tintenfaß *n*; '**~ing** *s Typ* Einfärben *n*; '**~ing-ˌroll·er** *s* Farbwalze *f*

ink·ling ['ɪŋklɪŋ] *s* dunkle Ahnung, Andeutung *f* ⟨to get an ~ of s.th. etwas merken *od* Wind bekommen von etw.; to have an ~ of s.th. eine dunkle Vorahnung von etw. haben; not the least ~ keine blasse Ahnung, keinen Schimmer⟩

ink| pad ['ɪŋk pæd] *s* Stempelkissen *n*; '~ ˌ**pen·cil** *s* Tinten-, Kopierstift *m*; '**~pot** *s* Tintenfaß *n*; '**~stand** *s* Tintenfaß *n* | Schreibzeug *n*; '**~stick** *s Sl* Füller *m*; '**~well** *s* (in den Tisch eingelassenes) Tintenfaß; '**~y** *adj* Tinten-, voller Tinte ⟨≈ fingers mit Tinte beschmierte Finger *m/pl*⟩ | tinten-, pechschwarz ⟨≈ darkness⟩

in·laid [ɪn'leɪd|'ɪnleɪd] *adj* eingelegt (**into** in, **with** mit), Einlege-, Mosaik- ⟨~ floor Parkettfußboden *m*⟩

in·land ['ɪnlənd] **1.** *s* In-, Binnenland *n*; **2.** *adj* inländisch, Inland-, Landes- ⟨~ commerce/~trade Binnenhandel *m*; ~ duty Binnenzoll *m*; ~ produce Landeserzeugnisse, Inlandsprodukte *pl*; ~ sea Binnenmeer *n*⟩; [ɪn'lænd] *adv* landeinwärts, im Inland ⟨live ~ im Landesinneren wohnen⟩; '**~er** *s* Binnenländer *m*; ˌ~ '**Rev·e·nue** *s Brit* Finanzamt *n* | Steuereinnahmen *f/pl*

in·law [ɪn'lɔ:] *vt Hist* von der Acht freisprechen

in·laws ['ɪn lɔ:z|ɪn'lɔ:z] *s/pl umg* angeheiratete Verwandte *pl*, *bes* Schwiegereltern *pl*

in·lay [ɪn'leɪ] *vt* (**in'laid, in'laid**) ein-, auslegen (**with** mit) | furnieren | parkettieren ⟨to ~ a floor⟩; ['ɪnleɪ] *s* Intarsie *f*, Einlegearbeit *f* | Furnier(holz) *n(n)* | *Med* Inlay *n*, Zahnplombe *f*; **~ing** [ɪn'leɪɪŋ|'ɪnleɪɪŋ] *s* Ein-, Auslegen *n* | Parkettierung *f* | Furnierung *f* | Einlegearbeit *f*

in·let ['ɪnlet|-lət] **1.** *s* (*bes* Wasser) Ein-, Zugang *m*, Einlaß *m* | Einfahrt *f* | *Mar* Hafeneinfahrt *f* | *Geogr* Meerenge *f* | *Med* Eingang *m*, Öffnung *f* | eingelegtes Material | *El* Stromzuführung *f* | *Tech* Einführungsöffnung *f*, Durchlaß *m*; **2.** *adj* Einfluß-, Einlaß- ⟨~ pipe Einfluß-, Einlaßrohr *n*; ~ valve Einlaßventil *n*⟩; [ɪn'let] *vt* [~, ~] *Tech* einlegen, einlassen

in lo·co pa·ren·tis [ɪn ˌləukəu pə'rentɪs] ⟨*lat*⟩ *adv* an Eltern Statt

in·mate ['ɪnmeɪt] *s* (Gefängnis-, Krankenhaus- u. ä.) Insasse *m*, Insassin *f* | Hausgenosse *m*

in me·mo·ri·am [ɪn mɪ'mɔ:rɪəm] ⟨*lat*⟩ *präp* zur Erinnerung an

in·mesh [ɪn'meʃ] = **enmesh**

in·most ['ɪnməust] *adj* tiefste(r, -s), innerste(r, -s) (*auch übertr*) ⟨her ~ feelings ihre geheimsten Gefühle⟩

inn [ɪn] *s* Gast-, Wirtshaus ⟨a village ~ ein Dorfgasthaus *n*⟩

| *arch* Herberge *f* ◇ **the ~s of Court** *Jur* die (Gebäude *n/pl* der) vier alten Rechtsschulen *f/pl* in London; die vier englischen Juristenverbände (die Advokaten ausbilden und zulassen)

in·nards ['ɪnədz] *s umg* Innereien *pl*, Eingeweide *pl* (*auch übertr*)

in·nate [ɪ'neɪt] *adj* angeboren (**in s.o.** jmdm.) ⟨~ ideas⟩ | *übertr* natürlich ⟨his ~ courtesy s-e natürliche Höflichkeit⟩ | *Med* konnatal, angeboren

in·nav·i·ga·ble [ɪ'nævɪgəbl|ɪn'n-] *adj Mar* nicht schiffbar

in·ner ['ɪnə] **1.** *adj* innere(r, -s), inwendige(r, -s), Innen- ⟨~ room Innenraum *m*⟩ | intern, eingeweiht ⟨~ circles⟩ | *übertr* innerlich, seelisch, verborgen ⟨the ~ man das Innere, die Seele (*Ant* body); *scherzh* Magen *m*; an ~ meaning eine verborgene Bedeutung⟩; **2.** *s* Ring *m* im Zentrum der Schießscheibe; **,~ 'ci·ty** *s Am* übervölkertes Wohngebiet im Stadtzentrum, heruntergekommener Stadtkern, sozial benachteiligtes Wohngebiet (im Stadtzentrum) (*Ant* suburb); **,~-'ci·ty** *adj* Inner-City-, sozial rückständig ⟨≈ schools; ≈ and suburban residents⟩; **~most** ['-məʊst] **1.** *adj* innerste(r, -s), tiefste(r, -s) (*auch übertr*); **2.** *s* Innerstes *n*; **'~ post** *s Mar* Binnenachtersteven *m*; **,~ 'span** *s Arch* lichte Weite; **'~ tube** *s* (Luft) Schlauch *m* (der Bereifung)

in·ner|vate [ɪ'nɜ:veɪt|'ɪnəveɪt] *vt Med* mit Nerven versehen, innervieren | *übertr* beleben, anregen; **~va·tion** [,ɪnə'veɪʃn] *s Med* Innervation *f*, Nervenversorgung *f*, Anregung *f*

in·ning ['ɪnɪŋ] *s* (Baseball) Inning *n*; **in·nings** ['ɪnɪŋz] *s/pl* (*sg konstr*) (Kricket) Innenrunde *f*, Am-Spiel-Sein *n*, Dransein *n* ⟨to have one's ≈ an der Reihe sein; *Brit übertr* am Ruder sein⟩ | Spiel *n*, Spielzeit *f* | *übertr* treffliche Gelegenheit

inn·keep·er ['ɪn,ki:pə] *s* Gastwirt *m*

in·no|cence ['ɪnəsns] *s* Unschuld *f* | *Jur* Schuldlosigkeit *f* (**of** an) | Harmlosigkeit *f*, Naivität *f*; **'~cent 1.** *adj* unschuldig | *Jur* schuldlos, unschuldig (**of** an) | (Dinge) harmlos ⟨≈ pleasures⟩ | (Droge) unschädlich | (Person) töricht, naiv | *umg* frei von, ohne, bar ⟨≈ of glass ohne Glas⟩; **2.** *s* Unschuldige(r) *f(m)* | Arglose(r) *f(m)* | Einfältige(r) *f(m)*

inn·o·cu·i·ty [,ɪnɒ'kju:ətɪ] *s* Harmlosigkeit *f*, Unschädlichkeit *f*; **in·noc·u·ous** [ɪ'nɒkjuəs] *adj* harmlos, unschädlich ⟨≈ drugs⟩

in·nom·i·nate [ɪ'nɒmɪnɪt] *adj* namenlos, unbenannt ⟨~ bone *Anat* Becken-, Hüftbein *n*⟩

in·no|vate ['ɪnəveɪt] *vi* Neuerungen einführen (**in, [up]on** an, in, bei); **,~'va·tion** *s* Neuerung *f*, Innovation *f* ⟨technological ≈s technische Neuerungen *pl*⟩ | Einführung *f* ⟨the ≈ of the telephone⟩; **'~va·tor** *s* Neuerer *m;* **'~va·to·ry** *adj* Neuerungs-

in·nox·ious [ɪ'nɒkʃəs] *adj* harmlos, unschädlich

in·nu·en|do [,ɪnju'endəʊ] **1.** *s* (*pl* **~dos, ~does** [~dəʊz]) versteckte Andeutung *f*, Anspielung *f* (**at, about, against** auf) | Stichelei *f*, Anzüglichkeit *f* | *Jur* Unterstellung *f*; **2.** *vi* Anspielungen machen | sticheln

in·nu·mer·a·bil·i·ty [ɪ,nju:mrə'bɪlətɪ] *s* Unzähligkeit *f*, Zahllosigkeit *f*; **in·nu·mer·a·ble** *adj* unzählig, zahllos

in·ob·serv·ance [,ɪnəb'zɜ:vəns] *s* Nichteinhaltung *f*, -beachtung *f* (**of s.th.** einer Sache) | Unaufmerksamkeit *f*, Unachtsamkeit *f*

in·oc·cu·pa·tion [,ɪnɒkjʊ'peɪʃn] *s* Beschäftigungslosigkeit *f*

in·oc·u·lar [ɪ'nɒkjulə] *adj Zool* augenständig

in·oc·u|late [ɪ'nɒkjuleɪt] **1.** *vt Med* einimpfen (**into, on s.o.** jmdm.) | *Med* impfen (**with** mit, **against** gegen) | *Gartenb* okulieren | *übertr* (ein)impfen ⟨to ≈ s.o. with s.th. jmdm. etw. einimpfen⟩; **2.** *s Med* Impfstoff *m*; **,~'la·tion** *s Med* Impfung *f* (**against** gegen) ⟨preventive ≈ Schutzimpfung *f*⟩ | *Med* Einimpfung *f* | *Gartenb* Okulieren *n*, Okulierung *f* | *übertr* Einimpfung *f*, Durchdringung *f* (**with** mit); **in'oc·u·la·tive** *adj Med* Impf-

in·o·dor·ous [ɪn'əudərəs] *adj* geruchlos

in·of·fen·sive [,ɪnə'fensɪv] *adj* harmlos ⟨an ~ man⟩ | unschädlich ⟨an ~ stimulant⟩ | gutartig ⟨an ~ animal⟩

in·of·fi·cious [,ɪnə'fɪʃəs] *adj Jur* gegen die Pflicht verstoßend ⟨an ~ testament ein unwirksames Testament⟩ | *arch* ungefällig

in·op·e·ra·ble [ɪn'ɒpr̥əbl] *adj Med* inoperabel, nicht operierbar | (Plan) nicht umsetzbar *od* durchführbar

in·op·er·a·tive [ɪn'ɒpr̥ətɪv] *adj* (Gesetz u. ä.) unwirksam, ungültig | (Maschine) nicht in Betrieb | *Am* (Äußerung) nichtig, nicht mehr richtig, nicht (mehr) zutreffend

in·op·por|tune [ɪn'ɒpətju:n|-tʃu:n] *adj* ungelegen, unpassend ⟨an ≈ visit⟩; **~tu·ni·ty** [,~'tju:nətɪ|-tʃu:n-] *s* Ungelegenheit *f*

in·or·di·nate [ɪ'nɔ:dɪnət|-dn̥ət] *förml adj* ungeordnet, ungeregelt, regellos | unmäßig, übermäßig ⟨~ demands⟩ | zügellos, unbeherrscht ⟨~ passions⟩

in·or·gan·ic [,ɪnɔ:'gænɪk] *adj* unorganisch | *Chem* anorganisch ⟨~ chemistry⟩ | unbelebt ⟨~ nature⟩

in·os·cu|late [ɪn'ɒskuləɪt] *Med vt* (Adern, Gefäße) verbinden, vereinigen (**with** mit), einmünden lassen (**into** in); *vi* sich vereinigen | eng verbunden sein, verschmelzen (*auch übertr*); **~'la·tion** *s Med* Vereinigung *f* | enge Verbindung, Verschmelzung *f* (*auch übertr*)

in·pa·tient ['ɪn ,peɪʃnt] *s Med* stationärer Patient (*Ant* outpatient); **in·pen·sion·er** ['ɪn ,penʃənə] *s Brit* Insasse *m* eines Altersheims

in·pour [,ɪn'pɔ:] **1.** *vt* (hin)eingießen; ['ɪnpɔ:] **2.** *s* Einfließen *n*, Einströmen *n*; **~ing** ['~pɔ:rɪŋ] **1.** *adj* einfließend, einströmend; **2.** *s* = **inpour**

in·print [ɪn'prɪnt] *s Buchw* im Druck befindlicher Titel

in·put ['ɪnpʊt] **1.** *s Tech* Input *m*, zugeführte Leistung, Eingangsleistung *f*, -energie *f* | Kraftaufwand *m*; **2.** *in Zus* Input-; **3.** *vt* (Computer) eingeben ⟨to ~ data⟩; *vt* sich eingeben lassen ⟨to ~ easily⟩

in·quest ['ɪŋkwest] *s Jur* gerichtliche Untersuchung (**of** über) ⟨coroner's ~ Leichenschau *f*⟩

in·qui·e·tude [ɪn'kwaɪətju:d] *s lit* Unruhe *f*, Besorgnis *f*

in·quire [ɪn'kwaɪə] *vt förml* (etw.) erfragen, fragen nach, sich erkundigen ⟨to ~ s.o.'s name jmdn. nach dem Namen fragen *od* jmds. Namen erfragen (**of s.o.** bei jmdm.)⟩; *vi* fragen, sich erkundigen (**about, after, concerning, upon** nach) ⟨~ within (Türschild) Auskunft⟩ | verlangen (**for s.o.** jmdn., **for s.th.** etw.); **~ into** erforschen, untersuchen; **in'quir·er** [-'kwaɪr̥ə] *s* Frager *m*, Fragensteller *m*; **in'quir·ing** [-'kwaɪr̥ɪŋ] *adj* fragend, forschend ⟨≈ looks⟩ | neugierig, wißbegierig ⟨to have an ≈ (turn of) mind stets zu Fragen aufgelegt sein⟩; **in'quir·y** [-'kwaɪr̥ɪ] *s* Erkundigung *f*, Nachfrage *f* ⟨learn by ≈ durch Nachforschung erfahren; make inquiries about/on (of) Erkundigungen einziehen über (bei); on ≈ auf Nachfrage, nach Erkundigung⟩ | Untersuchung *f*, Nachforschung *f*, Prüfung *f* (**into, of s.th.** e-r Sache) | *Wirtsch* Nachfrage *f* (**for** nach); **in'quir·y ,of·fice** *s* Auskunftsbüro *n*

in·qui·si·tion [,ɪnkwɪ'zɪʃn] *s* Untersuchung *f* (**into s.th.** e-r Sache) | *Jur* gerichtliche Untersuchung | ~ *Hist* Inquisition *f*; **in·quis·i·tive** [-'kwɪzətɪv] *adj* neugierig (**about, after, into, of** auf) | wißbegierig; **in·quis·i·tor** [~'kwɪzɪtə] *s* Frager *m* | *Jur* Untersuchungsrichter *m* | *auch* **In'quis·i·tor** *Hist* Inquisitor *m*; **in·quis·i·to·ri·al** [-,kwɪzɪ'tɔ:rɪəl] *adj verächtl* aufdringlich fragend *od* forschend ⟨≈ people⟩ | untersuchend, Untersuchungs- | *Hist* Inquisitions-

in·res·i·dence [,ɪn 'resɪdəns] *adj* (*meist nachgestellt in Zus*)

Haus-, für eine bestimmte Zeit, durch eine Einrichtung vertraglich verpflichtet ⟨writer-~ at the university⟩

in·road ['ınrəʊd] *s* feindlicher Einfall (**into** in) | Angriff *m*, Überfall *m* (**[up]on** auf) | *übertr* Eingriff *m* (**in, on** in) ⟨make ~s on s.th. etw. beschränken, beeinträchtigen⟩ | *übertr* Übergriff *m* (**[up]on** auf) | starke Inanspruchnahme, Überbeanspruchung *f* (**on s.th.** e-r Sache) | (Krankheit) Eindringen *n*

in·rush ['ınrʌʃ] *s* Einströmen *n* ⟨an ~ of water; an ~ of tourists⟩

in·sa·lu·bri|ous [ˌınsə'lu:brıəs] *adj förml* (Klima u. ä.) ungesund, unzuträglich, gesundheitsschädlich; **~ty** [ˌınsə'lu:brətı] *s* Unzuträglichkeit *f*

in·sane [ın'seın] *adj Med* geistesgestört, wahnsinnig, Irren- ⟨an ~ asylum Irrenanstalt *f*⟩ | *übertr* unsinnig ⟨an ~ plan⟩

in·san·i·tar·y [ın'sænıtr̩ı] *adj* unhygienisch, gesundheitsschädlich ⟨~ conditions⟩

in·san·i·ty [ın'sænətı] *s Med* Irrsinn *m*, Wahnsinn *m*, Geisteskrankheit *f* | *übertr* Unsinnigkeit *f*

in·sa·ti|a·bil·i·ty [ınˌseıʃə'bılətı] *s* Unersättlichkeit *f*; **in'sa·ti·a·ble** *adj* unersättlich ⟨≈ appetite⟩ | gierig, wild (**of** auf, nach); **~ate** [ın'seıʃıət] *adj* unersättlich, unstillbar ⟨≈ thirst⟩

in·scribe [ın'skraıb] *vt* (ein-, auf-, nieder)schreiben (**in[to]** in, **[up]on** auf, **with** mit) | *übertr* einprägen ⟨to ~ on the mind dem Geist einprägen⟩ | beschriften, mit einer Aufschrift versehen ⟨to ~ a tomb with a name⟩ | einmeißeln, eingravieren, einritzen | (Buch) widmen, zueignen (**to s.o.** jmdm.) | *Math* einbeschreiben, einzeichnen (**in** in); **in'scribed** *adj* niedergeschrieben, aufgeschrieben | beschriftet | *Math* einbeschrieben ⟨an ≈ circle⟩ | *Wirtsch* eingeschrieben ⟨≈ stock Namensaktien *pl*⟩; **in·scrip·tion** [ın'skrıpʃn] *s* Einschreibung *f*, Eintragung *f* | (*bes* Stein, Münze) Beschriftung *f*, In-, Aufschrift *f* | (Buch) Widmung *f* | *Math* Einbeschreibung *f*, Einzeichnung *f*; **in'scrip·tion·al, in'scrip·tive** *adj* Inschriften-

in·scru·ta·bil·i·ty [ınˌskru:tə'bılətı] *s* Unerforschlichkeit, Unergründlichkeit *f*; **in'scru·ta·ble** *adj* unerforschlich, unergründlich ⟨the ≈ future⟩ | rätselhaft ⟨an ≈ smile⟩

in·sect ['ınsekt] *s Zool* Insekt *n*, Kerbtier *n*; **in·sec·ti·cide** [ın'sektısaıd] **1.** *adj* insektizid; **2.** *s* Insektizid *n*, Insektenvertilgungsmittel *n*

in·sec·tion [ın'sekʃn] *s* Einschnitt *m*

in·sec|ti·vore [ın'sektıvɔ:] *s Zool* Insektenfresser *m* | *Bot* fleischfressende Pflanze; **~tiv·o·rous** [ˌ~'tıvərəs] *adj Zool* insektenfressend | *Bot* fleischfressend; **'in·sect ˌpow·der** *s* Insektenpulver *n*

in·se|cure [ˌınsı'kjʊə] *adj* unsicher, riskant, gefährlich, unzuverlässig ⟨an ≈ wall⟩ | *übertr* unsicher, gefährdet ⟨an ≈ job⟩ | *übertr* (Gefühl) ängstlich, ohne festen Halt, ungefestigt ⟨a very ≈ person⟩; **~cu·ri·ty** [ˌ~'kjʊərətı] *s* Unsicherheit *f*, Gefährlichkeit *f* | Unzuverlässigkeit *f*

in·sem·i|nate [ın'semıneıt] *vt* säen | pflanzen | *Biol* besamen, (künstlich) befruchten, inseminieren | *übertr* einprägen (**in** in); **ˌ~'na·tion** *s* Säen *n* | Pflanzen *n* | *auch* **ˌar·tiˌfi·cial ˌ~'na·tion** *Biol* (künstliche) Befruchtung, Insemination *f*, Besamung *f* | *übertr* Einprägung *f*

in·sen|sate [ın'senseıt] **1.** *adj* empfindungslos, leblos ⟨≈ stones⟩ | gefühlslos, unempfindlich (**to** gegenüber) | grob, brutal ⟨≈ rage blinde Wut⟩ | töricht, unvernünftig, unbesonnen ⟨an ≈ project⟩; **2.** *s* gefühlloser Mensch; **~si·bil·i·ty** [ınˌsensə'bılətı] *s* Gefühl-, Empfindungslosigkeit *f* (**to** gegen) | Bewußtlosigkeit *f* ⟨to be in a state of ≈ bewußtlos sein⟩ | Stumpfheit *f*, Gleichgültigkeit *f* (**to** gegen); **in'sen·si·ble** *adj* gefühl-, empfindungslos (**to** gegen) | bewußtlos, ohnmächtig ⟨to fall ≈ bewußtlos werden⟩ | nicht bewußt (**of, to s.th.** e-r Sache) | unempfindlich, gleichgültig (**of, to** für, gegen) | unmerklich ⟨by ≈ degrees kaum merklich⟩; **in'sen·si·tive** *adj* gefühllos, unempfindlich (*auch übertr*) (**to** gegen), unempfänglich (**to** für) | taktlos, herzlos, gefühllos ⟨an ≈ remark⟩; **ˌinˌsen·si'tiv·i·ty** *s* Empfindungslosigkeit *f*; **~ti·ence** [~ʃns] *s förml* Empfindungslosigkeit *f*; **~ti·ent** [~ʃnt] *adj förml* empfindungslos

in·sep·a·ra·bil·i·ty [ınˌseprə'bılətı] *s* Untrennbarkeit *f*, Unzertrennlichkeit *f*; **in'sep·a·ra·ble 1.** *adj* untrennbar, unzertrennlich (**from** von) ⟨≈ friends⟩; **2.** *s*, *meist* **in'sep·a·ra·bles** *pl* etw. Unzertrennliches | unzertrennliche Personen *pl*

in·sert [ın'sɜ:t] *vt* einfügen, einführen, einsetzen (hin)einstecken, einschieben (**in[to]** in, **between** zwischen) | *El* ein-, zwischenschalten | inserieren, (Anzeige) aufgeben; ['ınsɜ:t] *s* Einfügung *f* | Inserat *n*, Anzeige *f*; **in'ser·tion** [-'sɜ:ʃn] *s* Einfügen *n*, Einsetzen *n* | Einfügung *f*, Einsatz *m* | *El* Ein-, Zwischenschaltung *f* | Inserat *n*, Anzeige *f*, Annonce *f* | (Kleid u. ä.) Einsatz *m*, Einsatzspitze *f* | (Raumfahrt) Abschuß *m*, Entsendung *f*, Inumlaufbringen *n*

in-serv·ice [ˌın 'sɜ:vıs] *adj* während der Dienstzeit ⟨~ training während der Dienstzeit weiterlaufende Ausbildung, Weiterbildung *f*; ~ courses Kurse *pl* für Praktiker⟩

in·set ['ınset] *s* Einfügung *f* | (Zeitung) Ein-, Beilage *f* | Stoffeinsatz *m* | Nebenbild *n*, -karte *f*; [ın'set] **1.** *vt* (~, ~ [ın'set], *Brit auch* **in'set·ted, in'set·ted**) einfügen, einschieben, einsetzen (**in** in); **2.** *adj* Neben-

in·shore [ˌın'ʃɔ:] **1.** *adj* an der Küste befindlich, Küsten- ⟨~ fishing Küstenfischerei *f*; ~ wind küsteneinwärts wehender Wind⟩; **2.** *adj* nahe der Küste | küsteneinwärts ⟨~ from the ship zwischen dem Schiff und der Küste⟩

in·side [ın'saıd] *s* Innenseite *f*, innere Seite (*Ant* outside) ⟨to paint the ~ of the house; on the ~ an der Innenseite⟩ | (*meist sg*) häusernahe Seite des Fußweges ⟨to walk on the ~ nicht zu nahe an der Straße gehen⟩ | (*oft pl*) *umg* Inneres *n*, Magen *m* ⟨a pain in one's ~s⟩ | *Am Sl* vertrauliche Information ⟨to have the ~ on s.th. genau informiert sein über etw.⟩; ['ınsaıd] *adj* innere(r, -s), inwendige(r, -s), Innen- (*Ant* outside) ⟨~ pages Innenseiten *f/pl*; ~ seat Innensitz *m*⟩ | informiert, eingeweiht, intern ⟨our ~ man unser eingeschleuster Mann; an ~ job eine Arbeit, die intern ist *od* im Betrieb erfolgt; an ~ story eine Geschichte für Eingeweihte⟩; [ın'saıd] *adv* im Innern, (dr)innen, hinein (*Ant* outside) | *Brit Sl* im Kittchen ⟨~ for murder⟩ ◇ **~ of** *umg* innerhalb von ⟨~ of a week *umg* in weniger als einer Woche⟩; *Am präp* innerhalb; **ˌ~ 'out** *adv* von innen nach außen, das Innere nach außen gekehrt (*auch übertr*) ⟨to turn s.th. ≈ etw. völlig umkrempeln; to know s.th. ≈ *umg* etw. in- und auswendig kennen⟩; [ın'saıd] *präp* im Innern, innerhalb ⟨to come ~ the house ins Innere des Hauses kommen; to stand ~ the gate innerhalb des Eingangs stehen⟩; **ˌ~ an'ten·na** *s* Zimmerantenne *f*; **ˌ~ ˌin·for'ma·tion** *s* Nachricht(en) *f(pl)* aus erster Hand; **ˌ~ 'job** *Sl* Diebstahl *m* (o. ä.) durch eigene Leute; **ˌ~ 'left** *s* (Sport) Halblinker *m*; **ˌin'sid·er** *s* Eingeweihte(r) *f(m)* | Zugehörige(r) *f(m)*, Mitglied *n* (e-r Gruppe) | *Wirtsch* mit mehr als 10% des Aktienkapitals beteiligtes Vorstandsmitglied ⟨≈ dealings Aktienmanipulation *f*⟩; **ˌ~ 'right** *s* (Sport) Halbrechter *m*; **ˌ~ 'track** *s* (Sport) Innenbahn *f* | *umg* Vorteil *m* ⟨to be on the ≈ im Vorteil sein⟩; **ˌ~ 'width** *s Arch* lichte Weite

in·sid·i·ous [ın'sıdıəs] *adj* hinterlistig, heimtückisch ⟨an ~ plan⟩ | *Med* insidiös, schleichend ⟨an ~ disease⟩

in·sight ['ınsaıt] *s* Einblick *m* (**into** in) | Einsicht *f* (**into** in) | Scharfblick *m* ⟨a man of ~⟩

in·sig·ni·a [ın'sıgnıə] *s/pl* Insignien *pl*, (Amts-) Abzeichen *n/pl*

in·sig·nif·i·cance [ˌɪnsɪgˈnɪfɪkəns], **ˌin·sigˈnif·i·can·cy** *s* Bedeutungslosigkeit *f*, Geringfügigkeit *f*; **ˌin·sigˈnif·i·cant** **1.** *adj* unbedeutend ⟨an ≈ person⟩ | belanglos, bedeutungslos, unwichtig ⟨an ≈ play⟩; **2.** *s* Belanglosigkeit *f*

in·sin|cere [ˌɪnsɪnˈsɪə] *adj* falsch, unaufrichtig ⟨≈ words⟩; **~cer·i·ty** [ˌ~ˈserətɪ] *s* Falschheit *f*, Unaufrichtigkeit *f*

in·sin·u·ate [ɪnˈsɪnjʊeɪt] *vt* (hin)einschmuggeln (**into** in) ⟨≈ o.s. sich einschmeicheln⟩ | zu verstehen geben (**s.th. to s.o.** jmdm. etw.), merken lassen (**s.th. to s.o.** jmdn. etw.) | andeuten, anspielen auf; *vi* Andeutungen machen (**to s.o.** gegenüber jmdm.); **inˈsin·u·a·ting** *adj* gewinnend, einschmeichelnd, schmeichlerisch; **inˌsin·uˈa·tion** *s* (feine) Andeutung, Anspielung *f*, Wink *m* | leises Eindringen, Sicheinschleichen *n* | Einschmeichelung *f*; **inˈsin·u·a·tive** *adj* andeutend, anspielend ⟨an ≈ gesture⟩ | einschmeichelnd, schmeichlerisch

in·sip·id [ɪnˈsɪpɪd] *adj* fad(e), schal, geschmacklos ⟨~ food⟩ | abgeschmackt, uninteressant, fade, langweilig, öde ⟨an ~ conversation⟩; **ˌin·siˈpid·i·ty** *s* Fadheit *f*, Geschmacklosigkeit *f* (*auch übertr*)

in·sip·i·ence [ɪnˈsɪpɪəns] *s förml* Dummheit *f*; **inˈsip·i·ent** *adj* dumm

in·sist [ɪnˈsɪst] *vi* bestehen (**[up]on** auf, **that** daß) | unbedingt verlangen (**that** daß) | hervorheben, betonen (**to** gegenüber, **that** daß); **inˈsist·ence, inˈsist·en·cy** *s* Bestehen *n*, Beharren *n* (**[up]on** auf) | Beharrlichkeit *f* | Nachdruck *m* | Hervorhebung *f*, Betonung *f* (**[up]on s.th.** e-r Sache); **inˈsist·ent** *adj* beharrlich, hartnäckig ⟨be ≈ [up]on s.th. auf etw. bestehen⟩ | dringend, eindringlich ⟨≈ demands⟩

in si·tu [ˌɪn ˈsɪtjuː] ⟨*lat*⟩ in situ, in der ursprünglichen, natürlichen Lage

in·so·bri·e·ty [ˌɪnsəˈbraɪətɪ] *s* Unmäßigkeit *f*

in·so·cia·bil·i·ty [ɪnˌsəʊʃəˈbɪlətɪ] *s* Ungeselligkeit *f*; **inˈso·cia·ble** *adj* ungesellig | schweigsam

in so far as, in·so·far as [ˌɪn sə ˈfɑːr əz], *auch* **in as ˈfar as** *conj* soweit (wie) ⟨~ I can⟩

in·so·late [ˈɪnsəleɪt] *vt* den Sonnenstrahlen aussetzen

in·sole [ˈɪnsəʊl] *s* Brandsohle *f* | Einlegesohle *f* ⟨rubber ~s Gummieinlagen *pl*⟩

in·so|lence [ˈɪnsələns] *s* Frechheit *f*, Anmaßung *f*, Unverschämtheit *f*; **ˈ~lent** *adj* frech, anmaßend, unverschämt (**to** zu)

in·sol·u·bil·i·ty [ɪnˌsɒljʊˈbɪlətɪ] *s* Unlöslichkeit *f* | Unlösbarkeit *f*; **inˈsol·u·ble** *adj* un(auf)löslich ⟨an ≈ substance⟩ | unlösbar ⟨an ≈ difficulty⟩

in·sol·ven·cy [ɪnˈsɒlvənsɪ] *s Wirtsch* Zahlungsunfähigkeit *f*, Bankrott *m* ⟨declare one's ≈ Konkurs anmelden⟩; **inˈsol·vent** **1.** *adj Wirtsch* zahlungsunfähig, bankrott ⟨≈ estate Konkursmasse *f*⟩ | *scherzh* pleite; **2.** *s Wirtsch* Zahlungsunfähige(r) *f(m)*

in·som·ni|a [ɪnˈsɒmnɪə] *s Med* Insomnie *f*, Schlaflosigkeit *f*; **~ac** [~æk] *s* an Schlaflosigkeit Leidende(r) *f(m)*

in·so·much [ˌɪnsəʊˈmʌtʃ] *adv* so sehr, dergestalt (**that** daß); **~ as** *conj* insofern als

in·span [ɪnˈspæn] *bes Südafrika vt, vi* (Zugtier) an-, einspannen

in·spect [ɪnˈspekt] *vt* (offiziell) inspizieren, besichtigen ⟨~ a prison⟩ | betrachten, untersuchen | beaufsichtigen | *Tech* prüfen, kontrollieren | *Bergb* ableuchten; **in·spec·tion** [-ˈspekʃn] *s* Inspektion *f*, Besichtigung *f* | Untersuchung *f* ⟨on ≈ wie die Untersuchung ergab⟩ | Aufsicht *f* (**of, over** über) | *Tech* Prüfung *f*, Kontrolle *f* | *Wirtsch* Ansicht *f* ⟨for your ≈ zu Ihrer An- *od* Durchsicht⟩ | **inˈspec·tion·al** *adj* Untersuchungs- | einleuchtend; **inˈspec·tion car** *s Eisenb* Draisine *f*, Bahnmeisterwagen *m*; **inˈspec·tion gauge** *s Tech* Abnahmelehre *f*; **inˈspec·tion hole** *s* Schauloch *n*; **inˈspec·tion lamp** *s Tech* Handlampe *f*, -leuchte *f*, Ableuchtlampe *f*; **inˈspec·tor** *s* Inspektor *m*, Aufsichtsbeamter *m* ⟨customs ≈ Zollbeamter *m*; ≈ of schools Schulinspektor *m*; police ≈ *Brit* Polizeikommissar *m*; ticket ≈ Kontrolleur *m*⟩; **in·spec·tor·ate** [ɪnˈspektərət], **inˈspec·tor·ship** *s* Inspektorat *n*, Aufsichtsbehörde *f*

in·spi·ra|tion [ˌɪnspəˈreɪʃn] *s* Einatmung *f* | Inspiration *f*, belebender Einfluß, Begeisterung *f* | *umg* Inspiration *f*, (plötzliche) Eingebung, Einfall *m* ⟨on the ≈ of the moment durch einen plötzlichen Einfall; to have a sudden ≈ einen plötzlichen Einfall haben⟩ | *Rel* göttliche Eingebung, Erleuchtung *f* | Veranlassung *f* ⟨at the ≈ of auf Veranlassung von⟩ | *Tech* An-, Einsaugen *n*; **~tor** [ˈɪnspəreɪtə] *s Med* Inhalator *m*; **in·spir·a·to·ry** [ɪnˈspaɪ(ə)rətrɪ] *adj* Atmungs-; **in·spire** [ɪnˈspaɪə] *vt* einatmen | (Leben) einflößen, einhauchen (**into** in) | *übertr* eingeben (**into s.o.** jmdm.) | begeistern, beleben, anfeuern (**to** zu) | inspirieren, anregen, auslösen, erwecken (**by** durch, von, **to** zu) | erfüllen, beseelen (**with** mit); *vi* einatmen | inspirieren, begeistern; **inˈspired** *adj* inspiriert, begeistert, eingegeben | hervorragend, gekonnt ⟨an ≈ mechanic ein erstklassiger Mechaniker; an ≈ performance eine begeisternde Leistung⟩ | gut informiert, halbamtlich ⟨an ≈ view eine halbamtliche Meinung; an ≈ article ein von der Regierung veranlaßter Artikel⟩; **in·spir·it** [ɪnˈspɪrɪt] *vt förml* beleben, anfeuern (**to** zu, **to** *mit inf* zu *mit inf*) (*Ant* dispirit)

in·spis|sate [ɪnˈspɪseɪt] *förml vt* ein-, verdicken, verdampfen; **inˈspis·sa·ted** *adj* dickflüssig, verdickt | undurchdringlich, undurchsichtig (*auch übertr*) ⟨≈ darkness⟩; **ˌ~ˈsa·tion** *s* Eindickung *f*, Eindampfung *f*

in·sta|bil·i·ty [ˌɪnstəˈbɪlətɪ] *s* Unbeständigkeit *f*, Wankelmütigkeit *f*, Labilität *f* | *Tech* Instabilität *f*; **~ble** [ɪnˈsteɪbl] *adj* unbeständig, wankelmütig ⟨an ≈ character ein labiler Charakter⟩ | *Tech* instabil

in·stall [ɪnˈstɔːl] *vt* (in Amt) einführen, einsetzen, einweisen ⟨to ~ s.o. in office⟩ | *Tech* installieren, einbauen, anbringen, montieren | (sich) einrichten, (sich) heimisch machen ⟨to ~ o.s. in a chair es sich auf einem Stuhl bequem machen; to be ~ed in sich eingerichtet haben⟩; **in·stal·la·tion** [ˌɪnstəˈleɪʃn] *s* (Amts-) Einführung *f*, Einweisung *f* | Bestallung *f* | *Tech* Installierung *f*, Montage *f*, Aufbau *m* | *Tech* Installation *f*, Anlage *f*, Einrichtung *f* ⟨heating ≈ Heizanlage *f*⟩; **ˌin·stalˈla·tion cost** *s* Anschaffungskosten *pl*; **inˈstall·er** *s* Installierer *m* ⟨repairmen and ≈s of new equipment⟩

in·stal·ment, *Am auch* **in·stall·ment** [ɪnˈstɔːlmənt] *s Wirtsch* Teilzahlung *f*, Rate *f* ⟨by ~s in Raten *od* ratenweise; first ~ Anzahlung *f*⟩ | (Teil-) Lieferung *f*, Fortsetzung *f*, Sendefolge *f* ⟨in ~s in Forsetzungen, fortsetzungsweise⟩; **ˈ~ plan, ˈ~ ˌsys·tem** *s Am Wirtsch* Teilzahlungssystem *n*, Ratenzahlung *f*

in·stance [ˈɪnstəns] **1.** *s* einzelner Fall, Beispiel *n* ⟨an ~ out of many ein Beispiel von vielen; for ~ zum Beispiel; to give an ~ for *Am umg* ein Beispiel geben⟩ | dringende Bitte ⟨at the ~ of s.o. auf jmds. Bitte⟩ | *Jur* Instanz *f* ⟨in the first ~ *übertr* in erster Linie; in the last ~ in letzter Instanz⟩; **2.** *vt, förml* als Beispiel anführen; **ˈin·stan·cy** *s* Dringlichkeit *f*, Nachdruck *m* ⟨with some ≈ mit einigem Nachdruck⟩ | unmittelbare Nähe ⟨the ≈ of peril die unmittelbar drohende Gefahr⟩ | Unmittelbarkeit *f*, Augenblicklichkeit *f* ⟨the ≈ of their responses ihre unmittelbar erfolgenden Reaktionen⟩

in·stant [ˈɪnstənt] **1.** *s* Augenblick *m*, Moment *m* ⟨come here this ~ komm sofort her!; in an ~/on the ~ im Augenblick *od* sofort; the ~ [that] sowie *od* sobald⟩; **2.** *adj* augenblicklich, unmittelbar ⟨~ change⟩ | *übertr* kurzlebig, nur für den Augenblick ⟨this ~ world⟩ | unvermittelt, Sofort-, sich unmittelbar abspielend ⟨an ~ history; ~ soldier; ~ violence⟩ | *Wirtsch* gegenwärtig, laufend ⟨the 2nd ~ (*Abk* **inst.**) der 2. des laufenden Monats⟩ | dringend ⟨~ need⟩ | (Lebensmittel) sofort löslich, leicht zuzubereiten ⟨~ coffee Kaffeepulver *n*, Extrakt *m*⟩; **in·stan·ta·ne·ous** [ˌɪnstənˈteɪnɪəs] *adj* augenblicklich, momentan, Augenblicks- | unverzüglich ⟨≈ action⟩; ˈ**~ize** *vt* zum Sofortverbrauch bestimmen, sofort verwendbar machen ⟨~ized foods Fertiglebensmittel *n/pl*⟩; ˈ**~ly** *adv* sofort, sogleich; ˌ**~ ˈcam·e·ra** *s Foto* Sofortbildkamera *f*; ˌ**~ ˈlot·te·ry** *s Am* Sofortlotterie *f*, Lotterie *f*, bei der die Gewinne sofort ausgezahlt werden; ˌ**~ phoˈto·gra·phy** *s Foto* Sofortbildphotographie *f*; ˌ**~ ˈre·play** *s Ferns* (Bild) Wiederholung *f*

in·stead [ɪnˈsted] *adv* dafür, statt dessen ⟨ask ~ frag dafür (lieber); ~, he walked er lief statt dessen⟩; **~ of** *präp* an Stelle von *od* anstatt ⟨~ of s.o. an jmds. Statt; ~ of *mit ger* statt zu *mit inf*⟩

in·step [ˈɪnstep] *s* (Fuß-, Schuh-) Spann *m*, Rist *m* ⟨be high in the ~ *umg* die Nase hoch tragen⟩; ˈ**~ ˌrais·er** *s* Senk-, Plattfußeinlage *f*

in·sti|gate [ˈɪnstɪgeɪt] *vt* aufhetzen, antreiben, anstiften (**to** zu) | (Plan u. ä.) initiieren, anregen zu, ins Leben rufen ⟨to ≈ a new project⟩; ˌ**~ˈga·tion** *s* Aufhetzung *f*, Anstiftung *f* (**to** zu) | Antrieb *m*, Betreiben *n*, Anregung *f* ⟨at/on the ≈ of auf Betreiben von⟩; ˈ**~ga·tor** *s* Anstifter *m*, (Auf-) Hetzer *m* (**to** zu) | Initiator *m*, Anreger *m*

in·stil(l) [ɪnˈstɪl] *vt* (**inˈstilled, inˈstilled**) einträpfeln, einträufeln (**in[to]** in) | *übertr* einflößen, beibringen (**into s.o. 's mind** jmdm.); ˌ**in·stilˈla·tion, inˈstil·ment** *s* Einträpfelung *f*, Einträufelung *f* | *übertr* Einflößung *f*, Eingebung *f*

in·stinct [ˈɪnstɪŋkt] *s* Instinkt *m*, Naturtrieb *m* (**for** für) ⟨by ~/on ~ instinktiv; ~ of self-preservation Selbsterhaltungstrieb *m*⟩ | Flair *n*, sicherer Instinkt, natürliche Begabung (**for** für) | instinktives Gefühl (**for** für); [ɪnˈstɪŋkt] *adj lit* durchdrungen, erfüllt (**with** von); **inˈstinc·tive** *adj* instinktiv, triebmäßig ⟨≈ fear⟩

in·sti·tor [ˈɪnstɪtɔː] *s Jur* Agent *m*, Geschäftsführer *m*

in·sti|tute [ˈɪnstɪtjuːt|~tʃuːt] **1.** *vt* ein-, errichten, gründen ⟨to ≈ a new post eine neue Stelle schaffen⟩ | einführen, einsetzen (**[in]to** in) | *Jur* anordnen, anstellen, einleiten ⟨≈ an action of law ein Gerichtsverfahren einleiten⟩; **2.** *s* Institut *n* | Anstalt *f* | Institution *f*, Einrichtung *f* ⟨scientific ≈s⟩ | Institutsgebäude *n*; **~tu·tion** [ˌ~ˈtjuːʃn|~ˈtʃuːʃn] *s* Einrichtung *f*, Errichtung *f*, Einführung *f* ⟨the ≈ of a new law⟩ | Einsetzung *f* (**to** in) | Stiftung *f*, Gründung *f* | Anstalt *f*, Institut *n* ⟨educational ≈ Erziehungsanstalt *f*⟩ | Institution *f* ⟨the ≈ of marriage⟩ | *umg scherzh* feste Einrichtung, nicht mehr wegzudenkende Person *od* Sache | Institutsgebäude *n* | Satzung *f*, Verordnung *f*; **~tu·tion·al** [ˌ~ˈtjuːʃnl|ˌ~ˈtʃuː-] *adj* Institutions- | Instituts-, Anstalts-; **~ˈtu·tion·alˌize** *vt* institutionalisieren | in eine Heil- *od* Pflegeanstalt einweisen; **~tu·tor** [ˈ~tjuːtə] *s* Gründer *m*, Stifter *m*

in·struct [ɪnˈstrʌkt] *vt* unterweisen, unterrichten, belehren (**in** in, über) | anweisen, beauftragen, einleiten | instruieren, informieren (**o.s.** sich; **s.o. to** *mit inf*) | *Jur* (Geschworene, Zeugen) instruieren; **inˈstruc·tion** [~kʃn] *s* Unterweisung *f*, Unterrichtung *f*, Belehrung *f*, Anleitung *f*, Unterricht *m* | Instruktion *f* | *meist* **inˈstruc·tions** *pl* Vorschrift *f*, Anordnung *f* ⟨≈ for use Gebrauchsanweisung *f*; to give ≈ to *mit inf* anordnen zu *mit inf*⟩ | *meist* **inˈstruc·tions** *pl Jur* Instruktion *f*; **inˈstruc·tion·al** *adj* erzieherisch | Unterrichts-, Lehr- ⟨≈ films; ≈ television *Am* Bildungsfernsehen *n*⟩; **inˈstruc·tion book** *s Tech* Betriebsanleitung *f*, -anweisung *f*, Bedienungsanleitung *f*; **inˈstruc·tive** *adj* lehrreich, belehrend, instruktiv; **inˈstruc·tor** *s* Lehrer *m*, Erzieher *m* ⟨driving ≈ Fahrlehrer *m*⟩ | (*auch Mil*) Ausbilder *m* | *Am* unterste Universitätslehrkraft, Lektor *m*; **in·struc·tress** [ɪnˈstrʌktrəs|-ɪs] *s* Lehrerin *f*, Erzieherin *f* | Ausbilderin *f*

in·stru|ment [ˈɪnstrʊmənt] *s* Instrument *n*, Gerät *n*, Vorrichtung *f*, Werkzeug *n* | *meist* ˈ**~ments** *pl* Gerät(schaft) *n(f)*, Werkzeug *n* | *auch* ˌ**mu·sic·al** ˈ**~ments** *Mus* Instrument *n* | *Jur* Urkunde *f*, Dokument *n* | *übertr* Werkzeug *n*, Hilfsmittel *n* | *übertr* Handlanger *m*; [ˈ~mənt, ˌ~ˈment] *vt Mus* instrumentieren, für Instrumente setzen; ˌ**~ˈmen·tal** [-ˈmentl] **1.** *adj* als Werkzeug dienend, mitwirkend ⟨to be ≈ to mitwirken bei; to be ≈ in *mit ger* beitragen zu, veranlassen; to be ≈ in *mit inf* durchsetzen *od* bewirken, daß⟩ | *Mus* Instrumental- ⟨≈ music⟩ | Instrumenten- ⟨≈ error Fehler *m* an einem Instrument *od* Instrumentalfehler *m*⟩ | *Ling* instrumental; **2.** *s Ling* Instrumental *m*; **~men·tal·ist** [ˌ~ˈmentl̩ɪst] *s Mus* Instrumentalist *m*, Spieler *m* eines Instruments; ˌ**~menˈtal·i·ty** [ˌ~mənˈtæləti] *s* Mithilfe *f*, Mitwirkung *f* ⟨by the ≈ of durch Vermittlung von, unter Mitwirkung von⟩; ˌ**~menˈta·tion** *s Mus* Instrumentation *f*, Instrumentierung *f* | Benutzung *f* von Werkzeugen | *Tech* Ausrüstung *f* mit Instrumenten; ˈ**~ment board** *s Tech* Armaturen-, Schaltbrett *n*; ˈ**~ment cord** *s El* Anschlußschnur *f*; ˈ**~ment en·giˌneer** *s* Gerätebauer *m*; ˈ**~ment ˌfly·ing** *s Flugw* Blindflug *m*; ˈ**~ment lamp** *s Tech* Skalen(beleuchtungs)lampe *f*; ˈ**~ment ˌland·ing** *s Flugw* Blindlandung *f*; ˈ**~ment ˌmak·er** *s* Feinmechaniker *m*; ˈ**~ment ˌpan·el** *s Tech* Schalttafel *f*; ˈ**~ment switch** *s Tech* Instrumentenschalter *m*, Meßbereichsumschalter *m*

in·sub·mer·sive [ˌɪnsəbˈmɜːsɪv] *adj* unversenkbar

in·sub·or·di·nate [ˌɪnsəˈbɔːdɪnət] *adj* unbotmäßig, ungehorsam ⟨an ≈ boy⟩; ˌ**in·subˌor·diˈna·tion** *s* Unbotmäßigkeit *f*, Ungehorsam *m* | Meuterei *f*, Gehorsamsverweigerung *f*, Insubordination *f*

in·sub·stan·tial [ˌɪnsəbˈstænʃl] *adj* unkörperlich, unwirklich | (Person) schwach, gebrechlich | (Mahl) dürftig, leicht | (Betrag) gering(fügig)

in·suc·cess [ˌɪnsəkˈses] *s* Mißerfolg *m*

in·suf·fer·a·ble [ɪnˈsʌfrəbl] *adj* unerträglich, unausstehlich

in·suf·fi·cien·cy [ˌɪnsəˈfɪʃnsɪ] *s* Fehlen *n*, Mangel *m* ⟨an ~ of money Geldknappheit *f*⟩ | *oft pl* Unzulänglichkeit *f*, Untauglichkeit *f* | *förml* in Ermangelung (**of** von) | *Med* Insuffizienz *f*; ˌ**in·sufˈfi·cient** *adj* unzulänglich, unzureichend, ungenügend (**for** für) ⟨≈ help; ≈ for the purpose⟩ | *Jur* rechtsungültig

in·suf·flate [ɪnˈsʌfleɪt|ˈɪnsəfleɪt] *vt Tech* (ein)blasen, hineinblasen ⟨to ~ a room with insecticide einen Raum ausräuchern⟩ | *Med* einblasen | *Rel* anhauchen

in·su·lar [ˈɪnsjʊlə] **1.** *adj* inselartig | insular, Insel- ⟨an ~ climate⟩ | abgelegen, abgesondert ⟨an ~ building⟩ | *übertr* engstirnig, engherzig ⟨~ habits⟩; **2.** *s* Inselbewohner(in) *m(f)*; **~i·ty** [ˌɪnsjʊˈlærəti] *s* insulare Lage | *übertr* Engstirnigkeit *f*, Engherzigkeit *f*

in·su|late [ˈɪnsjʊleɪt|-səl-] *vt* zu einer Insel machen | isolieren, absondern, abschirmen (**from** von) | *El* isolieren (**against** gegen) | *Tech* (Schall, Wärme) dämmen | (Feuchtigkeit) sperren; ˈ**~lat·ing** *adj* isolierend, nicht leitend, Isolier- ⟨≈ tape *El* Isolierband *n*⟩; ˌ**~ˈla·tion** *s* Isolierung *f*, Absonderung *f* | *El* Isolierung *f*, Isolation *f*, Isolierschutz *m* (**against** gegen); ˈ**~la·tor** *s El* Isolator *m*, Nichtleiter *m*

in·su·lin [ˈɪnsjʊlɪn] *s Med* Insulin *n*

in·sult [ɪnˈsʌlt] *vt* beleidigen, beschimpfen (**by** mit, durch); [ˈɪnsʌlt] *s* Beleidigung *f* (**to** für), Beschimpfung *f* (**to s.o.** jmds.); **inˈsult·ing** *adj* beleidigend, beschimpfend, Schimpf-, Schmäh- ⟨≈ language Schimpfworte *pl*⟩

in·su·per·a·bil·i·ty [ɪnˌsjuːprəˈbɪləti] *s* Unüberwindlichkeit *f*;

in'su·per·a·ble *adj* unüberwindlich (*auch übertr*) ⟨an ≈ barrier; ≈ difficulties⟩

in·sup·port·a·ble [ˌɪnsəˈpɔːtəbl] *adj* (Schmerz) unerträglich, (Verhalten) unausstehlich

in·sur·ance [ɪnˈʃʊərns|-ˈʃɔːr-] *s Wirtsch* Versicherung *f* (**against** gegen) ⟨all-in-~ Gesamtversicherung *f*; fire ~ Feuerversicherung *f*; to make an ~ eine Versicherung abschließen⟩ | Versicherung(sgeschäft) *f*(*n*) ⟨to work in ~⟩ | Versicherungssumme *f*, -prämie *f* ⟨to receive £ 100 ~⟩; ˈ~ ˌ**a·gent** *s* Versicherungsvertreter *m*; ˈ~ ˌ**com·pa·ny** *s* Versicherungsgesellschaft *f*; ˈ~ **in·stiˌtu·tion** *s Wirtsch* Versicherungsträger *m*; ˈ~ ˌ**mon·ey** *s* Versicherungsprämie *f*; ˈ~ ˌ**pol·i·cy** *s* Versicherungspolice *f*; **in'sur·ant** [ɪnˈʃʊərnt|-ˈʃɔːr-] *s Wirtsch* Versicherter *m*; **in·sure** [ɪnˈʃʊə|-ʃɔː] *vt Wirtsch* versichern (**against** gegen) ⟨to ≈ one's life eine Lebensversicherung abschließen⟩ | *übertr* absichern, schützen ⟨to ≈ o.s. against failure sich vor einem Fehlschlag absichern⟩ | *Am* (*Brit* **ensure**) *übertr* sichern, verbürgen, sicherstellen; *vi* (sich) versichern (lassen); **in·sured** [ɪnˈʃʊəd|-ʃɔːd] *adj Wirtsch* versichert ⟨the ≈/the ≈ party der Versicherte *m od* der Versicherungsnehmer *m*⟩ | **in·sur·ee** [ɪnˌʃʊəˈriː|-ˌʃɔːr-] *s Wirtsch* Versicherte(r) *f*(*m*); **in·sur·er** [ɪnˈʃʊərə|-ˈʃɔːr-] *s Wirtsch* Versicherer *m* ⟨the ≈s Versicherungsgesellschaft *f*⟩

in·sur·gence [ɪnˈsɜːdʒəns], **in'sur·gen·cy** *s* Aufstand *m*, Aufruhr *m*; **in'sur·gent 1.** *adj* aufständisch, aufrührerisch ⟨≈ troops⟩; **2.** *s* Aufständischer *m*, Aufrührer *m*, Rebell *m*

in·sur·mount·a·bil·i·ty [ˌɪnsəˌmaʊntəˈbɪlətɪ] *s* Unüberwindlichkeit *f*; ˌ**in·sur'mount·a·ble** *adj* unüberwindlich

in·sur·rec·tion [ˌɪnsəˈrekʃn] *s* Revolte *f*, Aufstand *m*, Empörung *f*; ˌ**in·sur'rec·tion·al** *adj* aufständisch; ˌ**in·sur'rec·tion·ar·y 1.** *adj* aufrührerisch; **2.** *s* Rebell *m*, Aufrührer *m*

in·sus·cep·ti·bil·i·ty [ˌɪnsəˌseptəˈbɪlətɪ] *s* Unempfänglichkeit *f*, Unempfindlichkeit *f* (**to** für); ˌ**in·sus'cep·ti·ble** *adj* unempfänglich (**to, for** für) | unpassend, ungeeignet (**of s.th.** für etw.) | unfähig (**of s.th.** e-r Sache)

in·tact [ɪnˈtækt] *adj* intakt, unversehrt, unberührt ⟨to keep s.th. ~ etw. in Ordnung halten⟩

in·ta|glio [ɪnˈtɑːliːəʊ] **1.** *s* (*pl* **~lios**) Intaglio *n*, (geschnitzte) Gemme | eingraviertes Bild, eingeschnittene Verzierung | *auch* ˌ**~glio 'print·ing** *Typ* Tiefdruck(verfahren) *m*(*n*); **2.** *vt Typ* tiefätzen

in·take [ˈɪnteɪk] *s* Zufluß *m*, Zustrom *m*, Zufuhr *f*, Aufnahme *f*, aufgenommene Menge ⟨air ~ Luftzufuhr *f*; ~ of breath Atemholen *n*; ~ of food Nahrungsaufnahme *f*; yearly ~ of students Zahl *f* der jährlich immatrikulierten Studierenden⟩ | *Tech* Einlaß(öffnung) *m*(*f*), Zuführungsrohr *n*, Einströmungsöffnung *f*; ˌ~ ˈ**air** *s Kfz* Ansaugluft *f*; ˌ~ ˈ**pipe** *s Tech* Ansaugrohr *n*; ˌ~ ˈ**stroke** *s Kfz* (An-) Saug-, Ladehub *m*; ˌ~ ˈ**valve** *s Tech* Einlaßventil *n*

in·tan·gi·bil·i·ty [ɪnˌtændʒəˈbɪlətɪ] *s* Nichtgreifbarkeit *f*, Unfühlbarkeit *f*; ˌ**in'tan·gi·ble** *adj* unfühlbar, unkörperlich ⟨an ≈ quality etw. schwer Faßbares⟩ | *übertr* unfaßbar, nicht greifbar ⟨≈ ideas⟩ | *Wirtsch* immateriell ⟨≈ assets immaterielle Werte *m/pl*⟩

in·te|ger [ˈɪntɪdʒə|:-gə] **1.** *adj* vollständig, ganz (*auch Math*); **2.** *s* Ganzheit *f* | *Math* ganze Zahl | **~gral** [ˈ-grəl|ɪnˈtegrl] **1.** *adj* ein Ganzes bildend, integrierend ⟨an ≈ group e-e Gruppe, die ein Ganzes bildet⟩ | vollständig, ganz ⟨an ≈ whole ein vollständiges Ganzes⟩ | unversehrt | wesentlich ⟨an ≈ part⟩ | *Math* Integral- ⟨≈ sign Integralzeichen *n*⟩; **2.** *s* Ganzheit *f* | *Math* Integral *n*; ˈ**~gral 'cal·cu·lus** *s Math* Integralrechnung *f*; ˈ**~grate 1.** *vt* ergänzen | vervollständigen, vervollkommnen, (zu einem Ganzen) zusammenfügen | integrieren, einfügen (**into** in) | *Math* integrieren; *vi* zu einem Ganzen zusammengeschlossen werden (**with** mit); [-grɪt|-greɪt] *adj* vollständig, ganz | integriert; ˈ**~grat·ed** *adj* integriert ⟨an ≈ school eine Schule für Kinder aller Hautfarben⟩ | *übertr* ausgeglichen, harmonisch ⟨an ≈ personality; badly ≈ unausgeglichen⟩; ˌ**~grat·ed 'cir·cuit** *s El* integrierter Schaltkreis; ˈ**~grat·ing** ˌ**fac·tor** *s Math* integrierender Faktor *m* (*auch übertr*); ˌ**~'gra·tion** *s* Ergänzung *f*, Vervollständigung *f* | Integration *f*, Einbeziehung *f* (**into** in) ⟨racial ≈ Rassenintegration *f*⟩ | *Math* Integration *f*, Integrierung *f* ⟨sign of ≈ Integralzeichen *n*⟩; ˈ**~gra·tive** *adj* ergänzend, vervollständigend; ˈ**~gra·tor** *s Tech* Integrator *m*, integrierendes Gerät

in·teg·ri·ty [ɪnˈtegrətɪ] *s* Ehrlichkeit *f*, Redlichkeit *f*, Lauterkeit *f*, Rechtschaffenheit *f* | Vollständigkeit *f*, Unversehrtheit *f*, Ganzheit *f*

in·teg·u·ment [ɪnˈtegjʊmənt] *s Zool* Deckhaut *f* | *Biol, Med* Integument *n*

in·tel|lect [ˈɪntəlekt] *s* Intellekt *m*, Verstand *m* | Geist *m*, Bildung *f* | *auch* **~lects** *collect* Intelligenz *f* | *umg* kluger Kopf; **~lec·tu·al** [ˌɪntəˈlektʃʊəl] **1.** *adj* intellektuell, geistig, Verstandes- ⟨≈ occupation Geistesberuf *m*⟩ | intelligent, klug ⟨an ≈ mind⟩; **2.** *s* Intellektueller *m*, Geistesarbeiter *m*; ˌ~ ˈ**lec·tu·al·ism** *s* Intellektualismus *m*; ˌ~ ˈ**lec·tu·al·ist** *s* Intellektualist *m* | Intellektueller *m*; ˌ~ˌ**lec·tu·al'is·tic** *adj* intellektualistisch; ˌ~ˌ**lec·tu'al·i·ty** [-ˈæ|ɪ-] *s* Verstandeskraft *f*, Intelligenz *f*

in·tel|li·gence [ɪnˈtelɪdʒəns] *s* Intelligenz *f*, Klugheit *f*, Verstand *m*, Einsicht *f*, Verständnis *n* | Kunde *f*, Nachricht *f*, Auskunft *f* | Nachrichtendienst *m*, Aufklärung *f* ⟨secret ≈ geheimer Nachrichtendienst; to be in ≈ für den Geheimdienst arbeiten⟩ | ˈ**~li·gence deˌpart·ment** *s* Nachrichtenamt *n* | Auskunftsbüro *n*; ˈ**~li·gence** ˌ**of·fice** *s Am* Auskunftsstelle *f*; ˈ**~li·gence** ˌ**quo·tient** *s* Intelligenzquotient *m*; **in'tel·li·genc·er** *s* Spion *m* | Kundschafter *m* | Reporter *m*; ˈ**~li·gence test** *s* Intelligenztest *m* | **in'tel·li·gent** *adj* intelligent, klug | einsichtsvoll, verständig; **~li·gent·si·a** [ɪnˌtelɪˈdʒentsɪə] *s* (*pl konstr*) *collect* (Schicht *f* der) Intelligenz *f* ⟨technical ≈ technische Intelligenz⟩

in·tel·li·gi·bil·i·ty [ɪnˌtelɪdʒəˈbɪlətɪ] *s* Verständlichkeit *f*, Faßlichkeit *f*; **in'tel·li·gi·ble** *adj* verständlich, faßlich, klar (**to** für) (*Ant* unintelligible)

in·tem·per|ance [ɪnˈtempərns] *s* Unmäßigkeit *f* | Trunksucht *f* | (Wetter) Rauheit *f*; **~ate** [ɪnˈtempərət] *adj* leidenschaftlich ⟨≈ speech⟩ | unmäßig, zügellos, ausschweifend ⟨≈ habits⟩ | trunksüchtig | streng, rauh ⟨≈ weather⟩

in·tend [ɪnˈtend] *vt* planen, beabsichtigen, vorhaben (**to** *mit inf*, **to** *mit ger* zu *mit inf*) | bestimmen, vorsehen (**for** für, zu) | sagen wollen, meinen ⟨what do you ~ by these words? was meinen Sie mit diesen Worten?⟩; *vi* die Absicht haben (*mit ger*, **to** *mit inf* zu *mit inf*)

in·tend·ance [ɪnˈtendəns], **in'tend·an·cy** *s Mil* Intendantur *f* | *Theat* Intendanz *f*; **in'ten·dant** *s* Intendant *m*, Verwalter *m*

in·tend·ed [ɪnˈtendɪd] **1.** *adj* geplant, beabsichtigt | *umg* (zu)künftig; **2.** *s umg* Zukünftige(r) *f*(*m*), Verlobte(r) *f*(*m*) ⟨his (her) ~ seine (ihr) Zukünftige(r)⟩; **in'tend·ing** *adj* angehend ⟨≈ purchaser *Wirtsch* Reflektant *m*⟩

in·tense [ɪnˈtens] *adj* intensiv, stark ⟨~ heat; ~ longing heftige Sehnsucht⟩ | angespannt, angestrengt ⟨~ thoughts⟩ | lebhaft, kräftig, tief, satt ⟨~ colours⟩ | leidenschaftlich, heftig ⟨an ~ person⟩ | *umg* zu ernst, überempfindsam; überspannt ⟨don't be so ~⟩; **in·ten·si·fi·ca·tion** [ɪnˌtensɪfɪˈkeɪʃn] *s* Intensivierung *f* | *Foto* Verstärkung *f*; **in·ten·si·fi·er** [ɪnˈtensɪfaɪə] *s Ling* Verstärkungspartikel *f* | *Foto* Verstärker *m*; **in·ten·si·fy** [ɪnˈtensɪfaɪ] *vt* intensivieren, verstärken | *Foto* verstärken; *vi* sich verstärken; **in'ten·sion** [-ˈtenʃn] *s* Intensivierung *f*, Verstärkung *f* | Stärke *f*, Intensität *f*, Anspannung *f* | *Phil* Intension *f*, Begriffsinhalt *m* (*Ant* extension); **in'ten·sion·al** *adj* intensional; **in'ten·si·ty** *s* Intensität *f*, Stärke *f* ⟨≈ of tone Tonstärke *f*⟩ | (Gefühl u. ä.) Tiefe *f*, Heftigkeit *f*, Stärke *f* ⟨≈ of faith Glaubensstärke *f*⟩ | Anspannung *f* | *Foto* Dichte *f* (e-s Negativs) | *Phys, El* Intensität *f*; **in'ten·sive** *adj* intensiv, stark ⟨an ≈ study⟩ | verstärkend, Verstärkungs- | *Ling* verstärkend ⟨≈ words⟩; **in·ˌten·sive 'care** *s Med* Intensivbehandlung *f*; **inˌten·sive 'care ˌu·nit** *s Med* Intensivstation *f*

¹**in·tent** [ɪn'tent] *s* (*bes Jur*) Plan *m*, Absicht *f*, Vorhaben *n* ⟨with ~ to *mit inf* in der Absicht zu *mit inf*; proof of ~ *Jur* Beweis *m* der Vorsätzlichkeit; to all ~s and purposes in jeder Hinsicht; im Grunde, durchaus; in Wirklichkeit⟩

²**in·tent** [ɪn'tent] *adj* versessen, erpicht (**[up] on** auf) ⟨to be ~ on *mit ger* scharf darauf sein zu *mit inf*⟩ | bedacht (**[up]on** auf) | eifrig beschäftigt | durchdringend, forschend, gespannt ⟨an ~ look⟩

in·ten·tion [ɪn'tenʃn] *s* Plan *m*, Absicht *f*, Vorhaben *n* (**to** *mit inf*, **of** *mit ger* zu *mit inf*) ⟨without ~ ohne Absicht *od* ungewollt⟩; **in'ten·tions** *s/pl* (Heirats-) Absichten *f/pl* (**towards** gegenüber) ⟨good ≈ gute Vorsätze *pl*⟩ | *Jur* Vorsatz *m* | Ziel *n*, Zweck *m*; **in'ten·tion·al** *adj* absichtlich, vorsätzlich (*Ant* unintentional) | *Phil* Vorstellungs-, Erscheinungs-; **in·ten·tion·al·i·ty** [ɪnˌtenʃ'n̩ælətɪ] *s* Absichtlichkeit *f*; **in'ten·tioned** *adj in Zus* -gesinnt ⟨ill-≈ boshaft⟩

in·ter [ɪn'tɜ:] *vt* (**in'terred, in'terred**) *förml* begraben, beerdigen

in·ter- [ɪntə(r)] *präf zur Bildung von v, s, adj mit der Bedeutung*: (da)zwischen, Zwischen-, Wechsel- (*z. B.* **~fere** dazwischentreten, **~space** Zwischenraum *m*, **~current** dazwischenkommend)

in·ter|act [ˌɪntə'rækt] **1.** *vi* aufeinander (ein)wirken, interagieren (**with** mit); **2.** *s* Zwischenakt *m*; **ˌ~'ac·tion** *s* Wechselwirkung *f* (**between** zwischen, **with** auf); **ˌ~'ac·tive** *adj* aufeinander einwirkend, wechselwirkend

in·ter a·li·a [ˌɪntə'reɪlɪə] ⟨*lat*⟩ *adv förml* unter anderem

in·ter·brain ['ɪntəbreɪn] *s Anat* Diencephalon *n*, Zwischenhirn *n*

in·ter|breed [ˌɪntə'bri:d] (**~bred, ~bred** [ˌ~'bred]) *Zool vt* kreuzen, durch Kreuzung züchten; *vi* sich kreuzen; **ˌ~'breed·ing** *s* Kreuzung *f*

in·ter·ca|lar·y [ɪn'tɜ:kələrɪ] *förml adj* eingeschaltet | Schalt- ⟨≈ year Schaltjahr *n*⟩; **in'ter·ca·late** *vt* einschalten, einschieben | *Geol* zwischenlagern ⟨≈d rocks⟩; **inˌter·ca'la·tion** *s* Einschaltung *f*, Einschiebung *f* | *Geol* Einlagerung *f*; **~la·tive** [~leɪtɪv|~lətɪv] *adj* einschaltend, Schalt-

in·ter|cede [ˌɪntə'si:d] *vi* Fürsprache einlegen, vermitteln (**with s.o.** bei jmdm., **for, on behalf of** für); **ˌ~'ced·er** *s* Fürsprecher(in) *m(f)*

in·ter|cept [ˌɪntə'sept] **1.** *vt* auf-, abfangen ⟨≈ a letter⟩ | abhören ⟨≈ news⟩ | aufhalten, hemmen, hindern | *Mil* abfangen | *Math* abschneiden | *Tel* sperren; **2.** *s Math* Abschnitt *m*; **ˌ~'cep·tion** *s* Auf-, Abfangen *n* | Abhören *n* | Aufhalten *n* | Hinderung *f* | *Math* Abschneidung *f*; **ˌ~'cep·tive** *adj* aufhaltend, hemmend, hindernd; **ˌ~'cep·tor** *s Tech* Auffänger *m*, Sammler *m*, Abschneider *m*, Knie *n* | Geruchsverschluß *m* | *auch* **ˌ~'cep·tor plane** *Flugw* Abfangjäger *m*

in·ter·ces|sion [ˌɪntə'seʃn] *s* Fürsprache *f*, Fürbitte *f*, Vermittlung *f* (**for** für); **~sor** [ˌɪntə'sesə] *s* Fürsprecher(in) *m(f)*, Vermittler(in) *m(f)*; **~so·ry** [ˌɪntə'sesərɪ] *adj* vermittelnd

in·ter·change [ˌɪntə'tʃeɪndʒ] *vt* austauschen, auswechseln ⟨to ~ two tyres zwei Reifen auswechseln⟩ | (etw.) untereinander austauschen, auswechseln ⟨to ~ opinions Meinungen austauschen⟩ | verwechseln; *vi* abwechseln (**with** mit); ['ɪntətʃeɪndʒ] *s* Auswechslung *f* | Austausch *m* ⟨~ of ideas Gedankenaustausch *m*⟩ | Abwechslung *f* | (Straßen-) Kreuzung *f*; Autobahnkreuz *n*; **ˌin·terˌchange·a'bil·i·ty** *s* Auswechselbarkeit *f*; **ˌin·ter'change·a·ble** *adj* auswechsel-, austauschbar (**with** mit)

in·ter·col·le·gi·ate [ˌɪntəkə'li:dʒət] *adj* zwischen (den) Colleges ⟨~ games⟩

in·ter·com ['ɪntəkɒm], *förml auch* **'~ ˌsys·tem** *s Tel* Gegen-, Wechselsprechanlage *f* | *Flugw* Bordverständigung *f*

in·ter·com·mu·nal [ˌɪntə'kɒmjʊnl] *adj* Gemeinschafts-, für alle Bevölkerungsteile (gleich welcher Herkunft) ⟨~ schools⟩

in·ter·com|mu·ni·cate [ˌɪntəkə'mju:nɪkeɪt] *vt* miteinander in Verbindung bringen; *vi* miteinander in Verbindung stehen, sich miteinander verständigen | (Räume u. ä.) miteinander verbunden sein, zusammenhängen; **ˌ~ˌmu·ni'ca·tion** *s* gegenseitige Verbindung, gegenseitige Verständigung; **~mun·ion** [ˌ~'mju:nɪən] *s* wechselseitiger Verkehr | *Rel* Interkommunion (zwischen verschiedenen Religionsgemeinschaften)

in·ter·con·nec·tion [ˌɪntəkə'nekʃn] *s* (Zwischen) Verbindung *f* | *El* Zwischenschaltung *f* | *übertr* Zusammenhang *m*

in·ter·con·ti·nen·tal [ˌɪntəˌkɒntɪ'nentl] *adj* interkontinental, zwischen Kontinenten ⟨~ ballistic rocket *Mil* Interkontinentalrakete *f*⟩

in·ter·cos·tal [ˌɪntə'kɒstl] **1.** *adj Anat* interkostal, Zwischenrippen- | dazwischenliegend ⟨~ girder *Tech* Längs-, Sekundärträger *m*⟩; **2.** *s Anat* Interkostalraum *m* | *Tech* Zwischenplatte *f*

in·ter·course ['ɪntəkɔ:s] *s* Umgang *m*, Verkehr *m* (**with** mit) | *auch* **ˌsexual '~** Geschlechtsverkehr *m*, Beischlaf *m*

in·ter·de·nom·i·na·tio·nal [ˌɪntədɪˌnɒmɪ'neɪʃnl] *adj Rel* interkonfessionell

in·ter·de·pend [ˌɪntədɪ'pend] *vi* voneinander abhängen; **ˌin·ter·de'pend·ence, ˌin·ter·de'pend·en·cy** *s* gegenseitige Abhängigkeit; **ˌin·ter·de'pend·ent** *adj* voneinander abhängig | *übertr* eng zusammenhängend, ineinandergreifend

in·ter|dict [ˌɪntə'dɪkt] *vt* (*meist* amtlich) untersagen, verbieten (**to s.o.** jmdm., **s.o. from** *mit ger* jmdm. zu *mit inf*) | *Rel* mit dem Interdikt belegen; ['ɪntədɪkt] *s* Verbot *n* ⟨put an ≈ upon s.th. etw. verbieten⟩ | *Rel* Interdikt *n* ⟨lay a priest under an ≈ einem Priester ein Interdikt auferlegen⟩; **ˌ~'dic·tion** *s* Verbot *n* | *Rel* Interdikt *n* | *Jur* Entmündigung *f*; **ˌ~'dic·to·ry** *adj* verbietend, Verbots-

in·ter·est ['ɪntrəst|-rest|-tərest] **1.** *s* Interesse *n*, Anteilnahme *f* ⟨to feel / take an ~ in sich interessieren für⟩ | Anrecht *n* (**in** auf) | *bes Wirtsch* Anteil *m* ⟨to have an ~ in beteiligt sein bei⟩ | Vorteil *m*, Nutzen *m* ⟨in s.o.'s ~ / in the ~ of s.o. zu jmds. Vorteil; to be to one's ~ jmdm. nützen; to look after one's own ~s die eigenen Interessen verfolgen *od* den eigenen Vorteil sehen⟩ | Interesse *n*, Bedeutung *f* ⟨of great ~ von großer Wichtigkeit⟩ | Einfluß *m*, Macht *f* (**with** bei) | Anziehungskraft *f* ⟨to add ~ to s.th. etw. anziehender machen; to be of ~ to s.o. für jmdn. von Interesse sein⟩ | (*ohne pl*) *Wirtsch* Zins *m*, Zinsen *pl* ⟨compound ~ Zinseszinsen *m/pl*; to bear ~ sich verzinsen, Zinsen bringen; with ~ *übertr* in verstärktem Maße⟩ | *Wirtsch* Zinsfuß *m*, -satz *m* | *meist* **'in·ter·ests** *pl* Interessen *pl*, Belange *pl* ⟨the business ~s die Großindustrie; the landed ~s die Grundbesitzer *m/pl*⟩; **2.** *vt* interessieren (**in** für) | Anteilnahme erregen (**for** für) | anziehen | angehen | *meist Wirtsch* beteiligen ⟨to be ~ed in beteiligt sein an⟩; **'~ed** *adj* interessiert (**in** an) | eigennützig | *bes Wirtsch* beteiligt (**in** an); **'~ing** *adj* interessant, fesselnd, anziehend; **'~ rate** *s Wirtsch* Zinsfuß *m*, -satz *m*; **'~ ˌta·ble** *s Wirtsch* Zinstabelle *f*

in·ter|face ['ɪntəfeɪs] **1.** *vi* in Beziehung stehen (**with** zu), ein-, rückwirken (**with** auf), sich aufeinander beziehen; *vt* koppeln | harmonisieren, abstimmen; **2.** *s* Schnittstelle *f*, Wechselbeziehung *f*, -wirkung *f*, gegenseitige *od* wechselseitige Abhängigkeit, Zusammenspiel *n* ⟨man-machine ≈ Mensch-Maschine-Kooperation *f*; the so-called scientific ≈ die sogenannten Grenzprobleme *pl* zwischen den Wissenschaften⟩ | *Tech* Grenz-, Schnittfläche *f* ⟨solid-solid ≈ Grenzfläche *f* zwischen festen Substanzen⟩; **ˌ~'fa·cial** [-'feɪʃl] *adj Tech* Grenzflächen- ⟨≈ diffusion; ≈ technology⟩; **'~fac·ing** *adj* Grenz-, angrenzend ⟨≈ problems⟩ | in Wechselbeziehung stehend, miteinander kooperierend ⟨≈ industry⟩

in·ter|fere [ˌɪntə'fɪə] *vi* dazwischentreten (**between** zwischen), eingreifen (**in** in), intervenieren, sich einmengen, sich einmischen (**with** in) | sich abgeben (**with** mit) | stören, beeinträchtigen (**with s.th.** etw.), störend einwirken (**with** auf) | *El* stören, sich überlagern (**with s.th.** etw.) | *euphem* sexuell berühren, schänden (**with s.o.** jmdn.); **ˌ~'fer·ence** [-'fɪərəns] *s* Dazwischentreten *n*, Intervention *f*, Einmischung *f* (**in** in) | Eingriff *m* (**with** in) | *El* Störung *f*, Überlagerung *f* (**from** durch) | *Phys* Interferenz *f* | *Rundf* Empfangsstörung *f*; **ˌ~'fer·ing** *adj* dazwischentretend, intervenierend | *El* störend, sich überlagernd

in·ter·flow [ˌɪntə'fləʊ] *vi* ineinanderfließen, sich vermischen

in·ter|fuse [ˌɪntə'fju:z] *vt* hineingießen, (ver)mischen; *vi* sich mischen; **~fu·sion** [ˌ~'fju:ʒn] *s* Hineingießen *n* | Vermischung *f*

in·ter·gla·cial [ˌɪntə'gleɪʃl] *adj Geol* interglazial, zwischeneiszeitlich

in·ter·im ['ɪntərɪm] **1.** *s* Zwischenzeit *f* ⟨ad ~ / in the ~ mittlerweile *od* vorläufig⟩; **2.** *adj* vorläufig, Interims- ⟨~ report Zwischenbericht *m*⟩; **'~ ˌpe·ri·od** *s* Zwischenperiode *f*, -zeit *f*

in·te·ri·or [ɪn'tɪərɪə] **1.** *adj* innere(r, -s), Innen- | Inland-, Innen-, Binnen- | einheimisch (*Ant* foreign) | häuslich | innerlich, geistig; **2.** *s* Inneres *n* | Binnenland *n* | *Pol* innere Angelegenheiten *f/pl* ⟨Department of the ≈ *Am* Innenministerium *n*⟩; **ˌ~ 'dec·o·ra·tor** *s* Innenarchitekt *m*

in·ter·ja·cence [ˌɪntə'dʒeɪsns], **ˌin·ter'ja·cen·cy** *s* Dazwischenliegen *n*; **ˌin·ter'ja·cent** *adj* dazwischenliegend

in·ter|ject [ˌɪntə'dʒekt] *vt* (Wort) einwerfen, dazwischenrufen; **ˌ~'jec·tion** *s* Einwurf *m*, Zwischenbemerkung *f* | Ausruf *m* | *Ling* Interjektion *f*

in·ter|lace [ˌɪntə'leɪs] *vt* verweben, verflechten, verschlingen (**with** mit); *vi* sich verflechten ⟨~lacing arches *Arch* Kreuzbogen *m/pl*⟩; **ˌ~'lace·ment** *s* Verflechtung *f*, Verschlingung *f*

in·ter·lard [ˌɪntə'lɑ:d] *vt* (Rede u. ä.) durchsetzen (**with** mit) | einfügen, einflechten (**into** in); **ˌin·ter'lard·ment** *s* Durchsetzen *n* (einer Rede mit Fremdwörtern u. ä.) | Einfügung *f*

in·ter|leave [ˌɪntə'li:v], *auch* **~leaf** [ˌ~'li:f] *vt Typ* (Buch) durchschießen (**with** mit)

in·ter|line [ˌɪntə'laɪn] **1.** *vt* (Wort u. ä.) zwischen die Zeilen schreiben, (Korrekturen u. ä.) einfügen | *Typ* durchschießen | (Kleidung) mit Zwischenfutter versehen; *vi* Text zwischen die Zeilen schreiben; **2.** *s* Zwischenzeile *f* | *Typ* Durchschuß *m* | Zwischenfutter *n*; **~lin·e·ar** [ˌ~'lɪnɪə] *adj* interlinear, zwischenzeilig

in·ter·link [ˌɪntə'lɪŋk] *vt* verketten (**with** mit)

in·ter·lock [ˌɪntə'lɒk] *vi* ineinandergreifen, ineinanderhaken | *übertr* sich gegenseitig durchdringen; *vt* ineinanderschachteln, ineinanderschlingen, ineinanderhaken | *Eisenb* verblocken; **ˌin·ter'lock·ing 1.** *adj* verschachtelt | *Tech* ineinandergreifend, verriegelnd | *Eisenb* verblockt; **2.** *s* Verschachtelung *f* | *Eisenb* Verblockung *f*; **ˌin·terˌlock·ing 'plant** *s Eisenb* Stellwerksanlage *f*; **ˌin·terˌlock·ing 'switch** *s El* Verriegelungsschalter *m*

in·ter|lo·cu·tion [ˌɪntələ(ʊ)'kju:ʃn] *s* Unterredung *f*, (Zwie-) Gespräch *n*; **~loc·u·tor** [ˌ~'lɒkjʊtə] *s* Gesprächspartner *m*; **~loc·u·to·ry** [ˌ~'lɒkjʊtrɪ] *adj* gesprächsweise, Gesprächs- | *Jur* vorläufig, Zwischen- ⟨≈ decree Zwischenentscheidung *f*⟩

in·ter|lope [ˌɪntə'ləʊp] *vi* sich einmischen, dazwischentreten | *Wirtsch* wilden Handel treiben; **'~lop·er** *s* Eindringling *m* | *Wirtsch* Schleichhändler *m*

in·ter·lude ['ɪntəlu:d|-lju:d] *s Mus, Theat, übertr* Zwischenspiel *n* | Zwischenzeit *f* ⟨~s of bright weather kurze Schönwetterperioden *f/pl*⟩

in·ter·mar·riage [ˌɪntə'mærɪdʒ] *s* Heirat *f* zwischen Angehörigen verschiedener Stämme | Heirat *f* unter Blutsverwandten, Inzucht *f*; **ˌin·ter'mar·ry** *vi* untereinander heiraten (**with** mit) | Mischehen eingehen, sich durch Heirat vermischen

in·ter·med·dle [ˌɪntə'medl] *vi* sich einmischen (**in, with** in)

in·ter·me·dia [ˌɪntə'mi:dɪə] *adj* (Kunst) verschiedene Mittel *od* Medien anwendend ⟨~ theatre⟩

in·ter·me·di|ar·y [ˌɪntə'mi:dɪərɪ] **1.** *adj* dazwischenliegend, Zwischen-; **2.** *s* Vermittler *m* | *Wirtsch* Zwischenhändler *m*; **[1]~ate** [~ət] **1.** *adj* dazwischenliegend, Zwischen- ⟨≈ exam Zwischenprüfung *f*⟩; **2.** *s* Vermittler *m* | Zwischenglied *n* | *Am* Auto *n* der unteren Mittelklasse ⟨≈s between standard and compact models⟩; **[2]~ate** [~eɪt] *vi* dazwischentreten | vermitteln; **'~ate ˌland·ing** *s Flugw* Zwischenlandung *f*; **'~ate-ˌrange [bal'lis·tic] 'mis·sile** *s Mil* Mittelstreckenrakete *f*; **'~ate school** *s Am* Mittelschule *f*; **'~ate stage** *s* Zwischenstadium *n*, Zwischenstufe *f*; **'~ate student** *s Päd* fortgeschrittener Anfänger

in·ter·ment [ɪn'tɜ:mənt] *s förml* Beerdigung *f*, Bestattung *f*

in·ter·mez|zo [ˌɪntə'metsəʊ] *s* (*pl* **~zos** [~səʊz], **~zi** [~sɪ]) *Mus* Intermezzo *n*, Zwischenspiel *n* (*auch übertr*)

in·ter·mi·na·ble [ɪn'tɜ:mɪnəbl|-mn-] *adj* unendlich, endlos ⟨an ~ debate⟩ | unaufhörlich ⟨~ sufferings⟩

in·ter·min·gle [ˌɪntə'mɪŋgl] *vi* sich vermischen (**with** mit), ineinander übergehen; *vt* vermischen

in·ter·mis·sion [ˌɪntə'mɪʃn] *s förml* Unterbrechung *f* ⟨without ~ ohne Unterlaß⟩ | *Am Theat* Pause *f*; **ˌin·ter'mis·sive** [-'mɪs-] *adj* mit Unterbrechungen

in·ter·mit [ˌɪntə'mɪt] (**~ted, ~ted**) *vt* unterbrechen, (zeitweilig) zum Stillstand bringen; *vi* (zeitweilig) aussetzen; **ˌin·ter'mit·tence, ˌin·ter'mit·ten·cy** *s* Unterbrechung *f* | zeitweiliger Stillstand; **ˌin·ter'mit·tent 1.** *adj* mit Unterbrechungen | *Med, Tech* intermittierend, aussetzend; **2.** *auch* **ˌ~tent 'fever** *Med* Wechselfieber *n*; **ˌ~tent 'light** *s Mar* Blinkfeuer *n*

in·ter·mix·ture [ˌɪntə'mɪkstʃə] *s* Mischung *f*, Beimengung *f*

[1]in·tern [ɪn'tɜ:n] *vt* internieren

[2]in·tern ['ɪntɜ:n] *s Am* Pflichtassistenzarzt *m*

in·ter·nal [ɪn'tɜ:nl] *adj* innere(r, -s), innerlich, Innen- ⟨the ~ parts of the body⟩ | Innen-, Binnen-, einheimisch | inhärent, innewohnend ⟨~ evidence innerer Beweis⟩ **ˌ~ com'bus·tion ˌen·gine** *s Tech* Verbrennungsmotor *m*; **in'ter·nal·ize** *vt* verinnerlichen | zum geistigen Besitz machen; **ˌ~ 'med·i·cine** *s* innere Medizin *f*; **ˌ~ ˌnav·i 'ga·tion** *s* Binnenschiffahrt *f*; **ˌ~ 'rhyme** *s Metr* Binnenreim *m*; **ˌ~ 'spe·cial·ist** *s Med* Internist *m*; **ˌ~ 'trade** *s Wirtsch* Binnenhandel *m*

in·ter·na·tion·al [ˌɪntə'næʃnl] **1.** *adj* international, Welt- ⟨~ commerce Welthandel *m*⟩; **2.** ≈ *s Pol* Internationale *f* ⟨First ≈ Erste Internationale⟩ | *Sport* internationaler Spieler | *Sport* internationaler Vergleichskampf; **In·ter·na·tio·nale** [ˌɪntəˌnæʃə'næl] *s Pol, Mus* Internationale *f*; **ˌin·ter'na·tion·al·ism** *s* Internationalismus *m* ⟨proletarian ≈⟩;

ˌ**in'terˌna·tion'al·i·ty** [-'næl-] *s* internationaler Charakter | Internationalität *f*; ˌ**in·terˌna·tion·al'i·za·tion** *s* Internationalisierung *f*; **~ize** [ˌɪntə'næʃn̩əlaɪz] *vt* international machen | der internationalen Kontrolle unterstellen; ˌ**~ 'law** *s Jur* Völkerrecht *n*

in·terne ['ɪntɜ:n] = ²**intern**

in·ter·ne·cine [ˌɪntə'ni:saɪn] *adj* (für beide Seiten) verlustreich; tödlich | mörderisch, vernichtend, Vernichtungs- ⟨an ~ war ein Vernichtungskrieg *m*⟩

in·tern·ee [ˌɪntɜ:'ni:] *s* Internierter *m*

in·ter·nist [ɪn'tɜ:nɪst] *s Am Med* Internist *m*

in·tern·ment [ɪn'tɜ:nmənt] *s* Internierung *f*; **'~ camp** *s* Internierungslager *n*

in·ter·op·e·ra|bi·li·ty [ˌɪntərɒprə'bɪlətɪ] *bes Mil s* gemeinsames Vorgehen, gegenseitige Abstimmung | Abstimmung *f* der Kommunikationssysteme und Ressourcen; **~ble** [-'rɒprəbl] *adj bes Mil* fähig zum gemeinsamen Einsatz, vereint einsatzfähig (**with** mit)

in·ter·pel|late [ɪn'tɜ:pɪleɪt] *vt Pol* interpellieren, Aufschluß verlangen von; **~la·tion** [ɪnˌtɜ:pɪ'leɪʃn|-pə'l-] *s Pol* Interpellation *f*, Anfrage *f*

in·ter·pen·e|trate [ˌɪntə'penətreɪt] *vt* (vollständig) durchdringen (*auch übertr*); *vi* sich gegenseitig durchdringen | *übertr* sich gegenseitig beeinflussen; ˌ**~'tration** *s* gegenseitige Durchdringung *od* Beeinflussung (*auch übertr*)

in·ter·per·son·al [ˌɪntə'pɜ:snl] *adj* interpersonal, zwischenmenschlich ⟨~ relations⟩

in·ter·phone ['ɪntəfəʊn] *s Am Tel* Querverbindung *f*, Haussprechanlage *f* | *Mil* Bordsprechanlage *f*

in·ter·plan·e·tar·y [ˌɪntə'plænɪtr̩ɪ] *adj* interplanetarisch, Weltraum- ⟨~ flight⟩

in·ter·play [ˌɪntə'pleɪ] *vi* sich gegenseitig beeinflussen; ['ɪntəpleɪ] *s* Wechselwirkung *f*, Wechselspiel *n* (**between** zwischen)

in·ter·pol ['ɪntəpɒl] *s* Interpol *f*

in·ter·po|late [ɪn'tɜ:pəleɪt] *vt* interpolieren, einschalten | (Buch, Manuskript u. ä.) durch Einschiebungen verfälschen | *Math* interpolieren; *vi* interpolieren; **inˌter·po'la·tion** *s* Interpolieren *n* | Interpolation *f*, Einschaltung *f* | Verfälschung *f* | *Math* Interpolation *f*

in·ter|pos·al [ˌɪntə'pəʊzl] *s* Dazwischentreten *n* | Vermittlung *f*; ˌ**~'pose** *vt* (dazwischen)legen, -setzen, -stellen (*auch übertr*) (**between, among** zwischen; **in** in) | (Wort) einwerfen ⟨to ≈ one's veto sein Veto einlegen⟩ | *Geol* einlagern; *vi* dazwischentreten, vermitteln; ˌ**~'pos·er** *s* Vermittler *m*; **~po·si·tion** [ˌ~pə'zɪʃn] *s* Dazwischentreten *n* | Vermittlung *f* | (Wort u. ä.) Einfügung *f*, Einwurf *m*

in·ter|pret [ɪn'tɜ:prɪt|-rət] *vt* interpretieren, deuten, auslegen (**as** als) ⟨to ≈ a novel⟩ | dolmetschen, mündlich übersetzen | *Theat, Mus* wiedergeben, interpretieren; *vi* dolmetschen, als Dolmetscher tätig sein; **~pret·a·bil·i·ty** [ɪnˌtɜ:prɪtə'bɪlətɪ|-prə-] *s* Deutbarkeit *f* | Dolmetschbarkeit *f*; **~pret·a·ble** [~prɪtəbl|-rət-] *adj* deutbar, interpretierbar | dolmetschbar; **~pre·ta·tion** [ɪnˌtɜ:prɪ'teɪʃn|-re't-] *s* Interpretation *f*, Deutung *f*, Auslegung *f* | Dolmetschen *n*, Verdolmetschung *f* | *Theat, Mus* Wiedergabe *f*, Interpretation *f*; **~pre·ting** [ɪn'tɜ:prɪtɪŋ] *s* Dolmetschen *n*; **~pre·ta·tive** [~prɪteɪtɪv|-rət-] *adj* erklärend ⟨to be ≈ of s.th. etw. auslegen⟩; **~pret·er** [~prɪtə|-rət-] *s* Interpret(in) *m(f)* | Dolmetscher(in) *m(f)*

in·ter·punc·tion [ˌɪntə'pʌŋkʃn] *s Ling* Interpunktion *f*, Zeichensetzung *f*

in·ter·ra·cial [ˌɪntə'reɪʃl] *adj* zwischen verschiedenen Rassen | Rassen- ⟨~ dispute Rassenstreit *m*⟩ | für verschiedene Rassen ⟨~ school Gemeinschaftsschule *f*⟩

in·ter·reg|num [ˌɪntə'regnəm] *s* (*pl* **~na** [~nə], **~nums**) Interregnum *n*, herrscherlose Zeit | Unterbrechung *f*

in·ter·re|late [ˌɪntərɪ'leɪt] *vt* in Wechselbeziehung bringen; *vi* in Wechselbeziehung stehen; ˌ**~'la·tion**, *auch* ˌ**~'la·tion·ship** *s* Wechselbeziehung *f*

in·ter·ro·gate [ɪn'terəgeɪt] *vt* befragen | ausfragen, aushorchen | *Jur* vernehmen, verhören ⟨~ a prisoner⟩; *vi* fragen; **inˌter·ro'ga·tion** *s* Befragung *f* | Verhör *n* | *auch* ˌ**mark/note/point of inˌter·ro'ga·tion** *Ling* Fragezeichen *n*; **inˌter·ro'ga·tion·al** *adj* fragend, Frage-; **in·ter·rog·a·tive** [ˌɪntə'rɒgətɪv] **1.** *adj* fragend, Frage- ⟨an ≈ look⟩ | *Ling* interrogativ, Interrogativ-, Frage-; **2.** *s* Frage *f* | *Ling* Interrogativum *n*, Fragewort *n*; **in'ter·roˌga·tor** *s* Fragesteller *m*; **in·ter·rog·a·to·ry** [ˌɪntə'rɒgətrɪ] **1.** *adj* fragend, Frage-; **2.** *s* Frage *f*

in·ter|rupt [ˌɪntə'rʌpt] **1.** *vt, vi* unterbrechen, stören; **2.** *s bes Am* (zeitweilige) Unterbrechung | Trennung *f*, Lücke *f*; ˌ**~'rupt·er** *s* Unterbrecher *m*, Störer *m* | *El* Ausschalter *m*, Unterbrecher *m*; ˌ**~'rup·tion** *s* Unterbrechung *f*, Störung *f* ⟨without ≈ ununterbrochen *od* ohne Unterlaß⟩ | *El* Unterbrechung *f*; ˌ**~'rup·tive**, ˌ**~'rup·to·ry** *adj* unterbrechend, störend

in·ter|sect [ˌɪntə'sekt] *vt* (über-, durch)schneiden, kreuzen (*auch Math*); *vi* sich schneiden, sich kreuzen; ˌ**~'sect·ing point** *s* Schnittpunkt *m*; ˌ**~'sec·tion** *s* Durchschneiden *n* | *Math* Schnitt *m* | Schnittpunkt *m*, -linie *f* | (Straßen-) Kreuzung *f* | *Tech* Kreuzung *f* | *Arch* Vierung *f* | *Bergb* Durchschlag *m*; ˌ**~'sec·tion·al** *adj* Schnitt-

in·ter·space [ˌɪntə'speɪs] *vt* Raum lassen zwischen | den Zwischenraum ausfüllen | trennen, unterbrechen; ['ɪntəspeɪs] *s* Zwischenraum *m*

in·ter|sperse [ˌɪntə'spɜ:s] *vt* einstreuen (**among, between** zwischen) | durchsetzen (**with** mit) ⟨≈ a book with pictures⟩; ˌ**~'sper·sion** *s* Einstreuung *f* | Durchsetzung *f*

in·ter·state [ˌɪntə'steɪt] **1.** *adj bes Am, Austr* zwischenstaatlich ⟨~ commerce Handel *m* zwischen den Einzelstaaten (bes. der USA); ~ highway durch mehrere Staaten führende Autostraße⟩; **2.** *s Am* = **~ highway**

in·ter·stel·lar [ˌɪntə'stelə] *adj* interstellar, zwischen den Sternen (befindlich) ⟨~ space⟩

in·ter|stice [ɪn'tɜ:stɪs] *s meist pl* Spalt *m*, Ritz *m*, Riß *m*, Lücke *f* | *Anat* Interstitium *n*, Zwischenraum *m*; **~sti·tial** [ˌɪntə'stɪʃl] *adj* in Zwischenräumen (liegend) | *Anat* interstitiell, die Zwischengewebe betreffend

in·ter·tangle [ˌɪntə'tæŋgl] *vt* verwirren, durcheinanderbringen

in·ter·tri·bal [ˌɪntə'traɪbl] *adj* zwischen den Stämmen, Stammes- ⟨~ wars⟩

in·ter·twine [ˌɪntə'twaɪn] *vt* verschlingen, verflechten; *vi* sich verschlingen, sich verflechten (**with** mit); ˌ**in·ter'twine·ment** *s* Verschlingung *f*, Verflechtung *f*

in·ter·ur·ban [ˌɪntə'ɜ:bən] *adj* zwischen Städten (verkehrend), Städte verbindend ⟨~ traffic⟩

in·ter·val ['ɪntəvl] (*räumlich, zeitlich*) Zwischenraum *m*, Zwischenzeit *f*, Abstand *m* ⟨at ~s ab u. zu; at short ~s in kurzen Abständen, häufig⟩ | *Brit Theat* Pause *f* | *Theat* Zwischenakt *m* | *Mus* Intervall *n*, Tonabstand *m*; **~lic** [ˌɪntə'vælɪk] *adj* Intervall-

in·ter|vene [ˌɪntə'vi:n] *vi* dazwischenkommen, sich ereignen ⟨if nothing ≈s wenn nichts dazwischenkommt⟩ | (Zeit) inzwischen vergehen | (Personen) vermitteln, eingreifen, intervenieren, sich einmischen (**in** in, **between** zwischen) | sich verwenden (**on behalf of** für); **~ven·ient** [ˌ~'vi:nɪənt] *adj* dazwischenkommend, sich ereignend; **~ven·tion** [ˌ~'venʃn] *s* Dazwischenkommen *n* | Intervention *f*, Vermittlung *f* | *Pol* Intervention *f*, Eingreifen *n* (**in** in); ˌ**~'ven·tion·al** *adj* dazwischenkommend, intervenierend, vermittelnd | eingreifend, Interventions-

in·ter·view ['ɪntəvju:] **1.** *s* Interview *n* ⟨to give an ~; hours for ~ Sprechzeit *f*, -stunde(n) *f(pl)*⟩ | Unterredung *f*, Besprechung *f* | Aussprache *f* | *auch* **'job** ˌ~ Ein-, Vorstellungsgespräch *n*; **2.** *vt, vi* interviewen; **~ee** [ˌɪntəvju:'i:] *s* Interviewte(r) *f(m)*; **'~er** *s* Interviewer *m*

in·ter|weave [ˌɪntə'wi:v] (**~wove** [ˌ~'wəuv], **~wo·ven** [ˌ~'wəuvn]) *vt* ineinanderweben, verweben, verflechten; *vi* sich verweben, sich verflechten (*auch übertr*) ˌ**~'weave·ment** *s* Verwebung *f*, Verflechtung *f*

in·tes·tate [ɪn'testeɪt|-tɪt] *Jur* **1.** *adj* ohne Testament, testamentlos ⟨to die ~⟩; **2.** *s* ohne Testament Verstorbene(r) *f(m)*

in·tes|ti·nal [ɪn'testɪnl|ˌɪnte'staɪnl] *adj Anat, Zool* intestinal, Darm-, Eingeweide- ⟨≈ tract⟩; ˌ**~ti·nal 'for·ti·tude** *s Am* Mut *m*, Forsche *f*, Herz *n*, Mumm *m*; **~tine** [ɪn'testɪn] **1.** *adj* innere(r, -s), einheimisch ⟨≈ war Bürgerkrieg *m*⟩; **2.** *s Anat* Intestinum *n*, Darm *m* ⟨large ≈ Dickdarm *m*; small ≈ Dünndarm *m*⟩; **~tines** [ɪn'testɪnz] *s/pl Anat* Eingeweide *pl*

in·ti|ma·cy ['ɪntɪməsɪ] *s* Intimität *f*, Vertraulichkeit *f*, Vertrautheit *f*, vertrauter Umgang (**with** mit) | (*oft pl*) *euphem* intime Beziehungen *pl* (**with** mit) | (*oft pl*) Intimität *f*, Vertraulichkeit *f* ⟨to exchange ~macies with s.o. Vertraulichkeiten mit jmdm. austauschen⟩; **'~mate** [-mət] **1.** *adj* intim, vertraut ⟨an ≈ friend; on ≈ terms with s.o. auf vertrautem Fuß mit jmdm.⟩ | persönlich, privat ⟨an ≈ event⟩ | innerste(r, -s) ⟨one's ≈ feelings⟩ | genau, gründlich ⟨≈ knowledge⟩; **2.** *s* (engster) Vertrauter *m*, intimer Freund, Intimus *m*

²in·ti|mate ['ɪntɪmeɪt] *vt* andeuten, nahelegen, zu verstehen geben ⟨~ one's plans⟩ | bekanntmachen, ankündigen, mitteilen (**that** daß); ˌ**~'ma·tion** *s* Andeutung *f*, Wink *m*, Fingerzeig *m* | Begegnung *f* ⟨≈ of one's gratitude Dankesbezeugung *f*⟩ | Ankündigung *f*, Mitteilung *f*

in·tim·i·date [ɪn'tɪmɪdeɪt] *vt* (jmdn.) einschüchtern, abschrecken, (jmdm.) Furcht einflößen, bange machen; **inˌtim·i'da·tion** *s* Einschüchterung *f*; **in'tim·i·da·to·ry** *adj* einschüchternd

in·tim·i·ty [ɪn'tɪmətɪ] *s* Intimität *f*, Vertraulichkeit *f*

in·to ['ɪntə|'ɪntu|ɪntu:] *präp* (Bewegung, Richtung) in, in ... hinein ⟨a journey ~ Italy eine Reise nach Italien; far ~ the night tief in die Nacht; to come ~ the house ins Haus kommen; to come ~ office ins Büro kommen; to fall ~ the water ins Wasser fallen; to get ~ difficulties in Schwierigkeiten geraten; to get ~ a temper einen Anfall bekommen; to look ~ the future in die Zukunft blicken⟩ | (Wechsel) in, zu ⟨to change ~ sich verwandeln in; to develop ~ a butterfly zu einem Schmetterling werden; to put German ~ English Deutsch ins Englische übersetzen⟩ | *Math* in ⟨5 ~ 10 goes twice 5 geht zweimal in 10⟩ | (*nach* **be**) *Sl* stehen auf ⟨she's ~ aerobics sie steht auf Aerobik⟩ | (*nach* **be**) *Am umg* verschuldet ⟨he was ~ us for 100 dollars⟩

in·tol·er·a|bil·i·ty [ɪnˌtɒlṛə'bɪlətɪ] *s* Unerträglichkeit *f*; **~ble** [ɪn'tɒlṛəbl] *adj* unerträglich, unausstehlich ⟨≈ heat⟩

in·tol·er·ance [ɪn'tɒlərns] *s* Intoleranz *f*, Unduldsamkeit *f*; **in'tol·er·ant 1.** *adj* intolerant, unduldsam, unnachsichtig (**of** gegen); **2.** *s* unduldsame Person

in·to|nate ['ɪntə(ʊ)neɪt] *vt Ling* stimmhaft aussprechen | = **intone**; ˌ**~'na·tion** *s Ling* Intonation *f*, Betonung *f*, Tonfall *m* | *Mus* Intonation *f*; **in·tone** [ɪn'təun] *vt Ling* (mit besonderer Intonation) aussprechen | *Mus* intonieren, anstimmen; *vi Ling* (mit besonderer Intonation) sprechen | *Mus* intonieren, anstimmen

in·tox·i·cant [ɪn'tɒksɪkənt] **1.** *adj* berauschend; **2.** *s* Rauschmittel *n*, -trunk *m*; **in'tox·i·cate** *vt, vi* berauschen (*auch übertr*); [~keɪt|-kɪt] *adj arch* berauscht; **in'tox·i·cat·ed** *adj* betrunken, berauscht ⟨to become ≈ betrunken werden⟩ | *übertr* trunken, berauscht (**by, with** von, durch); **inˌtox·i'ca·tion** *s* Rausch *m*, Trunkenheit *f* (*auch übertr*) | *Med* Intoxikation *f*, Vergiftung *f*; **in'tox·i·ca·tive** *adj* berauschend, Rausch-

intra- ['ɪntrə] *präf zur Bildung von adj mit der Bedeutung*: innerhalb (*z. B.* ˌ**~'cellular** innerhalb e-r Zelle, intrazellulär)

in·trac·ta·bil·i·ty [ˌɪnˌtræktə'bɪlətɪ] *s* Unlenksamkeit *f*, Widerspenstigkeit *f*; **in'trac·ta·ble** *adj* (Person) unlenkbar, schwer beeinflußbar, widerspenstig, halsstarrig (*auch übertr*) ⟨an ≈ child ein eigensinniges Kind⟩ | (Material) schwer zu bearbeiten(d), unnachgiebig ⟨an ≈ metal⟩ | schwer zu heilen(d) ⟨an ≈ malady⟩

in·tra·cu·ta·ne·ous [ˌɪntrəkju:'teɪnɪəs] *adj Med* intrakutan

in·tra·mu·ral [ˌɪntrə'mjuərl] *adj* innerhalb der Mauern (eines Gebäudes, einer Stadt) befindlich | innerhalb einer Universität *od* Schule ⟨an ~ competition ein interner Wettkampf, ein Hauswettkampf⟩ (*Ant* extramural) | *Anat* innere(r, -s), innerhalb eines Organs ⟨~ infarction⟩

in·trans·fer·a·ble [ˌɪntræns'fɜ:rəbl] *adj* nicht übertragbar ⟨~ rights⟩

in·tran·si|gence [ɪn'trænsɪdʒəns|-nzɪ-], **~gen·cy** [~dʒənsɪ] *s* Unversöhnlichkeit *f*, Kompromißlosigkeit *f*; **~gent** [~dʒənt] **1.** *adj* unversöhnlich, kompromißlos; **2.** *s* Starrkopf *m*, Unnachgiebige(r) *f(m)*

in·tran·si·tive [ɪn'trænsɪtɪv|-nzɪ-|-'trɑ:ns-] *Ling* **1.** *adj* intransitiv, nicht zielend ⟨an ~ verb⟩; **2.** *s* Intransitivum *n*, nicht zielendes Zeitwort; **in·transi·tiv·i·ty** [ɪnˌtrænsɪ'tɪvətɪ] *s* Intransitivität *f*

in·tra·oc·u·lar [ˌɪntrə'ɒkjulə] *adj Anat* intraokulär, im Innern des Auges

in·tra·state [ˌɪntrə'steɪt] *adj* innerstaatlich | *Am* innerhalb eines Bundesstaates

in·tra|u·te·rine [ɪntrə'ju:təraɪn] *adj Anat* intrauterin; **~ˌu·te·rine de'vice** *s Med* Spirale *f*

in·tra·ve·nous [ˌɪntrə'vi:nəs] *Med* **1.** *adj* intravenös ⟨~ blood⟩; **2.** *s* intravenöse Injektion

in·treat [ɪn'tri:t] = **entreat**

in·trench [ɪn'trentʃ] = **entrench**; **in'trench·ment** = **entrenchment**

in·trep·id [ɪn'trepɪd] *adj* unerschrocken, furchtlos; **in·tre·pid·i·ty** [ˌɪntrɪ'pɪdətɪ] *s* Unerschrockenheit *f*, Furchtlosigkeit *f*

in·tri|ca·cy ['ɪntrɪkəsɪ] *s* Kompliziertheit *f*, Schwierigkeit *f*; **~cate** ['~kət] *adj* kompliziert, schwierig, verwickelt, verworren ⟨an ≈ task⟩ | verschlungen, verzweigt ⟨≈ windings⟩

in·trigue [ɪn'tri:g] **1.** *umg vt* verwirren, komplizieren | interessieren, faszinieren, fesseln ⟨a novel that ~s the reader⟩ | verlocken (**s.o. into** *mit ger* jmdn. zu *mit inf*); *vi* intrigieren (**against** gegen) | eine Liebschaft haben (**with** mit); **2.** *s* Intrige *f*, Ränkespiel *n* | (Drama) Knotenschürzung *f*, Verwicklung *f* | (heimliches) Liebesverhältnis *n*; **in'tri·guer** *s* Intrigant *m*; **in'tri·guing** *adj* intrigierend, ränkevoll | interessant, faszinierend, spannend; **in'tri·guings** *s/pl* Machenschaften *pl*, Schliche *pl*, Umtriebe *pl*, Ränke *pl*

in·trin|sic [ɪn'trɪnsɪk|-nzɪk] *adj* wirklich, wahr, wesentlich, eigentlich ⟨the ≈ value of gold; to be ≈ to s.th. einer Sache innewohnen⟩ | inner(lich), immanent (**in** in) | *arch* vertraut, persönlich; **~si·cal·i·ty** [ɪnˌtrɪnsɪ'kælətɪ|-nzɪ-] *s* Wirklichkeit *f*

int·ro ['ɪntrəu] *s umg* für **introduction**

intro- [ɪntrə(ʊ)] *präf zur Bildung von s, adj, v mit der Bedeutung*: hinein, nach innen (*z. B.* **~duction** Einführung *f*, **~vert** nach innen gerichtet; nach innen richten)

in·tro|duce [ˌɪntrə'dju:s] *vt* einführen ⟨≈ a new method; ≈ the tomatoe into Europe⟩ | (jmdn.) vorstellen, bekannt machen (**to s.o.** [mit] jmdm.) | (Thema) zur Sprache bringen ⟨≈ a subject into a conversation⟩ | (Mode) aufbringen | anfangen, einleiten | vertraut machen (**to s.th.** mit etw.) | (Finger u. ä.) hineinstecken | *Med* einlassen ⟨≈ a tube into a wound⟩ | (Krankheit) einschleppen (**into** in); **~duc·tion** [ˌ~'dʌkʃn] *s* Einführung *f* (**into** in) | (*oft pl*) Vorstellen *n*, Bekanntmachen *n*, Vorstellung *f* ⟨to make ≈s Leute einander vorstellen⟩ | Empfehlung *f* ⟨letter of ≈ Empfehlungsschreiben *n*⟩ | *Mus* Introduktion *f* | Einleitung *f*, Vorwort *n* (**to** zu) | Leitfaden *m* (**to s.th.** für etw.) | *Parl* (Gesetzes-) Einbringung *f* | *Med* Einschleppung *f*; ˌ**~'duc·tive**, ˌ**~'duc·to·ry** *adj* einleitend ⟨an ≈ chapter Einleitungskapitel *n*; ≈ remarks einführende Worte *n/pl*⟩

in·troit ['ɪntrɔɪt] *s Rel* Introitus *m*, Eingangslied *n*

in·tro|spect [ˌɪntrə'spekt] *vi* sich innerlich prüfen; ˌ**~'spec·tion** *s* Introspektion *f*, Selbstprüfung *f*; ˌ**~'spec·tive** *adj* introspektiv, nach innen schauend

in·tro|ver·sion [ˌɪntrə'vɜ:ʃn] *s* Nachinnengerichtetsein *n* | *Psych* Introversion *f*, Introvertiertheit *f*; ˌ**~'ver·sive** [-sɪv] *adj* nach innen gekehrt; ˌ**~'vert** [-'vɜ:t] *vt* introvertieren, nach innen richten; *vi* nach innen gerichtet sein; ['ɪntrəvɜ:t] **1.** *s Psych* Introvertierter *m*, nach innen gerichteter Mensch; **2.** *adj* introvertiert, nach innen gerichtet; ˌ**~'ver·tive** *adj* nach innen gerichtet

in·trude [ɪn'tru:d] *vt* einzwängen (**into** in) | aufdrängen ⟨~ o.s. upon s.o. sich jmdm. aufdrängen⟩ | *Geol* eindringen in; *vi* sich eindrängen (**into** in) | sich aufdrängen (**[up]on s.o.** jmdm.) | stören, lästig fallen; **in'trud·er** *s* Eindringling *m*, Störenfried *m* | zu-, aufdringlicher Gast | *auch* **in'tru·der ˌair·craft** *Mil* eingedrungenes gegnerisches Flugzeug; **in'trud·ing** *adj* eindringend | störend, lästig | auf-, zudringlich; **in·tru·sion** [ɪn'tru:ʒn] *s* Eindringen *n* | Auf-, Zudringlichkeit *f*, Belästigung *f* (**on s.o.** von, gegenüber jmdm.) | *Jur* Aneignung *f*, Besitzstörung *f* | *Geol* Intrusion *f*, Eindringen *n* | Inanspruchnahme *f* (**upon s.th.** einer Sache); **in'tru·sive** [-s-|-z-] *adj* auf-, zudringlich | *Geol* intrusiv, eingedrungen, schichtfremd ⟨≈ rock Intrusivgestein *n*; ≈ vein Eruptivgang *m*⟩

in·trust [ɪn'trʌst] = **entrust**

in·tu·it [ɪn'tju:ɪt] *vt* (etw.) intuitiv wissen *od* ahnen; *vi* Intuition gebrauchen; **in·tu·i·tion** [ˌɪntju:'ɪʃn] *s* Intuition *f*, unmittelbare Erkenntnis; ˌ**in·tu'i·tion·al** *adj* intuitiv; **in'tu·i·tive** *adj* intuitiv, Intuitions-, Anschauungs- ⟨≈ knowledge intuitives Wissen; an ≈ model anschauliches Modell⟩; **in'tu·i·tiv·ism** *s Phil* Intuitionismus *m* | intuitive Erkenntnis | intuitives Wesen

in·tu|mesce [ˌɪntju'mes] *vi* sich aufblähen, sich ausdehnen, anschwellen | aufwallen, aufschäumen; ˌ**~'mes·cence** *s* Anschwellung *f* | Aufwallen *n* | *Med* Intumeszenz *f* | *übertr* Schwulst *m*, Schwülstigkeit *f*; ˌ**~'mes·cent** *adj* anschwellend

in·turn ['ɪntɜ:n] *s* Einwärtsbiegung *f*

in·un|dant [ɪn'ʌndənt] *adj poet* überströmend, überfließend; **~date** ['ɪnʌndeɪt|-nən-] *vt* überschwemmen, überfluten (*auch übertr*); **~da·tion** [ˌɪnʌn'deɪʃn|-nən-] *s* Überschwemmung *f*, Überflutung *f* (*auch übertr*) | Flut *f* (*auch übertr*)

in·ur|bane [ˌɪnɜ:'beɪn] *adj* unhöflich; **~ban·i·ty** [ˌ~'bænətɪ] *s* Unhöflichkeit *f*

in·ure [ɪ'njʊə] *vt* (*meist pass*) gewöhnen (**to** an, **to** *mit inf* zu *mit inf*) | abhärten (**to** gegen); *vi Jur* gültig sein *od* werden | zugute kommen, nutzen (**to s.th.** e-r Sache, **to s.o.** jmdm.); **in'ure·ment** *s* Gewöhnung *f* (**to** an) | Abhärtung *f* (**to** gegen)

in·u|tile [ɪn'ju:tɪl] *adj* nutzlos, zwecklos; **~til·i·ty** [ˌɪnjʊ'tɪlətɪ] *s* Nutz-, Zwecklosigkeit *f*

in·vade [ɪn'veɪd] *vt* eindringen in, einfallen in | überfallen ⟨to ~ a foreign country⟩ | *übertr* eindringen in, angreifen | Besitz ergreifen von | (Rechte) antasten, verletzen ⟨~ s.o.'s rights⟩; *vi* eindringen (**on** in); **in'vad·er** *s* Eindringling *m* | Angreifer *m*

[1]**in·va·lid** ['ɪnvəli:d|-lɪd] **1.** *adj* krank, kränklich, gebrechlich, invalide ⟨his ~ mother⟩ | für Kranke, Kranken- ⟨~ diet Krankenkost *f*; ~ chair Krankenstuhl *m*⟩ | *Mil* dienstunfähig ⟨~ soldiers⟩; **2.** *s* Kranke(r) *f(m)* | Invalid(e) *m*; **3.** *vt* zum Invaliden machen | *Mil* für dienstuntauglich erklären ⟨to be ~ed home/ be ~ed out of the army als dienstuntauglich entlassen werden⟩; *vi* invalid werden | *Mil* dienstuntauglich werden

[2]**in·val·id** [ɪn'vælɪd] *adj* ungültig ⟨an ~ cheque; ~ vote ungültige Stimme; declare s.th. ~ etw. für ungültig erklären⟩ | schwach, nicht überzeugend ⟨an ~ excuse⟩; **in'val·i·date** *vt* für ungültig erklären | (Forderung u. ä.) entkräften; **inˌval·i'da·tion** *s* Ungültigkeitserklärung *f* | Entkräftung *f*

in·va·lid|ism ['ɪnvəli:dɪzm|-lɪd-] *s Med* Invalidität *f*; [1]**~i·ty** [ˌɪnvə'lɪdətɪ] *s* Invalidität *f*, Arbeitsunfähigkeit *f* | Prozentzahl *f* der Arbeitsunfähigen (eines Landes)

[2]**in·va·lid·i·ty** [ˌɪnvə'lɪdətɪ] *s Jur* Ungültigkeit *f*, Nichtigkeit *f*

in·val·u·a·ble [ɪn'væljʊbl] *adj* unschätzbar, unbezahlbar (**to** für) ⟨~ advice⟩

in·var·i·a·bil·i·ty [ɪnˌveərɪə'bɪlətɪ] *s* Unveränderlichkeit *f*; **in'var·i·a·ble** **1.** *adj* unveränderlich, konstant, gleichbleibend, dauerhaft | *Math* invariabel; **2.** *s Math* invariable Größe; **in'var·i·a·bly** *adj* immer, ständig

in·va·sion [ɪn'veɪʒn] *s Mil* Invasion *f*, Einfall *m* (*auch übertr*) | Ausbruch *m*, Auftreten *n* ⟨the ~ of a disease⟩ | Eingriff *m* (**of** in); **in'va·sive** [-sɪv] *adj Mil* Invasions-, angreifend | aufdringlich

in·vec·tive [ɪn'vektɪv] **1.** *s* Beschimpfung *f*, Schmähung *f* ⟨filled with ~ voller Schmähungen⟩ | Schmähschrift *f*; **2.** *adj* schimpfend, schmähend, Schimpf-, Schmäh- ⟨an ~ speech⟩; **in'vec·tives** *s/pl* Schimpfreden *pl*, Flüche *pl*

in·veigh [ɪn'veɪ] *vi* schmähen, schimpfen | schelten (**against** auf, gegen), herziehen (**against** über)

in·vei·gle [-'veɪgl|ɪn'vi:gl] *vt* verleiten, verlocken, verführen (**into** in, **into** *mit ger* zu *mit inf*) | (etw.) ablocken, (durch Trick) abnehmen (**from s.o.** von jmdm.), abspenstig machen (**from s.o.** jmdm.); **in'vei·gle·ment** *s* Verlockung *f*, Verführung *f*

in·vent [ɪn'vent] *vt* erfinden ⟨to ~ a machine⟩ | ausdenken, ersinnen ⟨to ~ an excuse⟩; **in'vent·er** *s* Erfinder *m*; **in'ven·tion** [-tʃn] *s* Erfinden *n* | Erfindung *f* | Erfundenes *n* | Erfindungsgabe *f*, Erfindung *f*, Fiktion *f* ⟨the story is pure ≈ die Geschichte ist reine Erfindung⟩; **in'ven·tive** *adj* erfinderisch (**of** in) | schöpferisch ⟨an ≈ mind⟩; **in'ven·tor** *s* Erfinder *m*

in·ven·to·ry ['ɪnvəntrɪ] **1.** *s* Inventar *n* | Inventarliste *f* | *Wirtsch* Inventur *f*, Bestandsaufnahme *f* ⟨to take ~ Inventur machen⟩; **2.** *vt* inventarisieren, den Bestand aufnehmen

in·ve·rac·i·ty [ˌɪnvə'ræsətɪ] *s förml* Unwahrheit *f*

in·verse [ˌɪn'vɜ:s] **1.** *adj* umgekehrt, entgegengesetzt (gerichtet) | *Math* invers, reziprok, umgekehrt ⟨~ function Umkehrfunktion *f*; in ~ proportion/relation in umgekehrtem Verhältnis⟩; **2.** *s* Umkehrung *f* | *Math* Inverse *f*, Umgekehrtes *n*; **in·ver·sion** *f* [ɪn'vɜ:ʃn] *s* Umkehrung *f* | *Ling, Psych* Inversion *f* | *Math, Mus* Umkehrung *f* | *Geol* Überfaltung *f*; **in·ver·sive** [ɪn'vɜ:sɪv] *adj* umgekehrt; **in·vert** [ɪn'vɜ:t] *vt* umkehren, umstülpen, umwenden ⟨to ≈ a glass ein Glas auf den Kopf stellen⟩ | nach innen richten ⟨to ≈ a foot⟩ | *Ling* umstellen, invertieren ⟨to ≈ a phrase einen Satz umstellen⟩ | *Mus* umkehren; ['ɪnvɜ:t] *s* Umgekehrtes *n* | *Arch* umgekehrter Bogen | Kanalsohle *f* | *Med* Homosexueller *m*, Lesbierin *f*

in·ver·te|bra·cy [ɪn'vɜːtəbrəsɪ] *s Zool* Wirbellosigkeit *f* | *übertr* Haltlosigkeit *f*; **~brate** [~breɪt|-brət|-brɪt] **1.** *adj Zool* wirbellos | *übertr* haltlos; **2.** *s Zool* wirbelloses Tier | haltloser Mensch

in·vert·ed [ɪn'vɜːtɪd] *adj* umgekehrt (*auch Ling*) | *Psych* invertiert, homosexuell; abartig; ,~ **'com·mas** *bes Brit s/pl* Anführungszeichen *n/pl*, -striche *m/pl*; ,~ **'flight** *s Flugw* Rückenflug *m*; **in'vert·i·ble** *adj* umkehrbar; ,~ **'sug·ar** *s* Invertzucker *m*

in·vest [ɪn'vest] *vt* (be)kleiden, umhüllen, bedecken (*auch übertr*) | *förml, lit* ausstatten, schmücken (*auch übertr*) (**with** mit) ⟨~ed with romance voller Romantik⟩ | in ein Amt einsetzen ⟨to ~ a bishop⟩ | *Wirtsch* investieren, anlegen (**in** in) ⟨to ~ capital⟩ | *Mil* blockieren, belagern; *vi Wirtsch* investieren, Kapital anlegen; ~ **in** *umg* sich zulegen, sich anschaffen ⟨~ in a new dress⟩

in·ves·ti|gate [ɪn'vestɪgeɪt] *vt* untersuchen ⟨to ≈ a crime⟩ | überprüfen ⟨to ≈ a candidate⟩; *vi* Nachforschungen anstellen; **in,ves·ti'ga·tion** *s* Untersuchung *f*, Nachforschung *f* (**of s.th., into s.th.** einer Sache) ⟨to be under ≈ untersucht werden; upon ≈ bei näherer Untersuchung⟩; ,~**'ga·tion com,mis·sion** *s* Untersuchungsausschuß *m*; **in'ves·ti·ga·tive** *adj* untersuchend, Untersuchungs-; **in'ves·ti·ga·tor** *s* Untersucher *m*, (Nach-) Forscher *m*; **in'ves·ti·ga·to·ry** *adj* untersuchend

in·ves·ti·ture [ɪn'vestɪtʃə] *s* Investitur *f*, Amtseinsetzung *f*, Bestallung *f* | *übertr* Ausstattung (**with** mit)

in·vest·ment [ɪn'vestmənt] *s Wirtsch* Investierung *f*, Anlage *f* | *Wirtsch* Investition *f*,Kapitalanlage *f* ⟨an ~ of £1000 in a firm; to make an ~ Geld anlegen⟩ | Kleid *n*, Hülle *f* | Umhüllung *f* | Ausstattung *f* | Belehnung *f* | *Mil* Blockade *f*, Belagerung *f*; **'~ ,com·pa·ny**, **'~ trust** *s Wirtsch* Investment-, Kapitalanlagegesellschaft *f*; **'~ ,val·ue** *s Wirtsch* Anlagewert *m*; **in'ves·tor** *s Wirtsch* Geld-, Kapitalanleger *m*

in·vet·er|a·cy [ɪn'vetərəsɪ|-tr̩ə-] *s* Eingewurzeltsein *n* | *Med* Hartnäckigkeit *f*; **~ate** [~ət] *adj* (Gewohnheit u. ä.) eingewurzelt, eingefleischt ⟨an ≈ prejudice⟩ | (Person) eingefleischt, Erz- ⟨an ≈ smoker⟩ | *Med* (Krankheit) hartnäckig

in·vid·i·ous [ɪn'vɪdɪəs] *adj* gehässig, boshaft ⟨~ remarks⟩

in·vi·gi|late [ɪn'vɪdʒɪleɪt] *Brit Päd vt* Aufsicht führen bei; *vi* Aufsicht führen; **'~la·tor** *s* Aufsichtsführende(r) *f(m)*; **~'la·tions** *s* Aufsicht(sführung) *f(f)*

in·vig·or·ant [ɪn'vɪgərənt] *s Med* Kräftigungsmittel *n*; **in'vig·or·ate** *vt* kräftigen, stärken (*auch übertr*); **in,vig·or'a·tion** *s* Kräftigung *f*, Stärkung *f*; **in'vig·or·a·tive** *adj* kräftigend, stärkend

in·vin·ci·bil·i·ty [ɪn,vɪnsə'bɪlətɪ] *s* Unbesiegbarkeit *f*, Unüberwindlichkeit *f*; **in'vin·ci·ble** *adj* unbesiegbar, unüberwindlich ⟨an ≈ army; an ≈ will⟩

in·vi·o·la·bil·i·ty [ɪn,vaɪələ'bɪlətɪ] *s* Unverletzlichkeit *f*; **in'vi·o·la·ble** *adj* unverletzlich, heilig ⟨an ≈ law⟩; **in'vi·o·la·cy** *s* Unverletztheit *f*; **in·vi·o·late** [ɪn'vaɪələt|-leɪt] *adj* unverletzt ⟨to keep s.th. ≈ etw. nicht verletzen⟩

in·vis·i·bil·i·ty [ɪn,vɪzə'bɪlətɪ] *s* Unsichtbarkeit *f*; **in'vis·i·ble** *adj* unsichtbar (**to** für) ⟨to be ≈ nicht zu sehen sein; sich nicht blicken lassen⟩ | *Wirtsch* unsichtbar ⟨≈ export⟩ | unmerklich ⟨≈ differences⟩; **in'vis·i·ble 'mend·ing** *s* Kunststopfen *n*

in·vi·ta·tion [,ɪnvɪ'teɪʃn] *s* Einladung *f* (**to** an) ⟨at the / by ~ of auf Einladung von; to accept (decline) an ~ eine Einladung annehmen (ablehnen)⟩ | Aufforderung *f* (**to** zu) (*auch übertr*) | *Wirtsch* Ausschreibung *f*; **in·vi·ta·to·ry** [ɪn'vaɪtətrɪ] *adj* einladend, Einladungs- | auffordernd; **in·vite** [ɪn'vaɪt] *vt* einladen (**to** zu, **to** *mit inf* zu *mit inf*) ⟨to ≈ s.o. in jmdn. hereinbitten⟩ | auffordern (**to** zu, **to** *mit inf* zu *mit inf*) | an-, verlocken, ermutigen (**to** *mit inf* zu *mit inf*) | *Wirtsch* ausschreiben; *vi* einladen; **in'vite in** hereinbitten, ins Haus bitten; **in'vite out** ausladen; **in'vite round** (zu sich) einladen; **in'vite up** herauf-, hoch bitten; **in'vit·ing** *adj* anziehend, verlockend, einladend ⟨an ≈ prospect eine verlockende Aussicht; ≈ lips einladende Lippen *pl*⟩

in·vo·ca·tion [,ɪnvə'keɪʃn] *s* Anrufung *f* | *Rel* Invokation *f*, Bittgebet *n*; **in·voc·a·tive** [ɪn'vɒkətɪv] *adj* anrufend, anflehend; **in·voc·a·to·ry** [ɪn'vɒkətrɪ] *adj* anrufend | Bitt-

in·voice ['ɪnvɔɪs] *Wirtsch* **1.** *s* Begleitrechnung *f*, Faktura *f*; **2.** *vt* in Rechnung stellen, fakturieren ⟨as ~d laut Faktura⟩ | (beim Verkauf) einbringen, abwerfen; *vi* eine Rechnung ausstellen, die Rechnung schicken

in·voke [ɪn'vəuk] *vt* (jmdn.) anflehen, anrufen ⟨to ~ s.o.'s forgiveness jmdn. um Vergebung anflehen⟩ | appellieren an (jmdn.) ⟨to ~ s.o.'s help an jmds. Hilfsbereitschaft appellieren⟩ | (etw.) erflehen, erbitten ⟨to ~ vengeance on s.o. nach Rache an jmdm. verlangen⟩ | (Geist) beschwören ⟨to ~ evil spirits⟩

in·vol·un·tar·y [ɪn'vɒləntrɪ] *adj* unfreiwillig, unbeabsichtigt | *Med* unwillkürlich, unbewußt

in·vo|lute ['ɪnvəluːt] **1.** *adj* verwickelt, verworren | *Bot* eingerollt; **2.** *s Math* Involute *f*, Abwicklungskurve *f*; ,~**'lu·tion** [-'luːʃn] *s* Einwickeln *n* | *Bot* Einrollen *n* | *Biol* Involution *f*, Rückbildung *f* | *Math* Involution *f*, Potenzierung *f* | *übertr* Verwicklung *f*, Verwirrung *f*; ,~**'lu·tion·al**, ,~**'lu·tion·ar·y** *adj Math* Involutions-

in·volve [ɪn'vɒlv] *vt* einwickeln, einhüllen (**in** in, **with** mit) | enthalten, einbegreifen, umfassen, in sich schließen, mit sich bringen, nach sich ziehen, involvieren | *übertr* hineinziehen (**in** in) ⟨~d in difficulties in Schwierigkeiten verwickelt; to ~ o.s. in sich verstricken in⟩; **in'volved** *adj* verworren, kompliziert ⟨≈d sentence *Ling* Schachtelsatz *m*⟩ | (Person) verwickelt, in engen Beziehungen, liiert (**with** mit); **in'volve·ment** *s* Verwicklung *f* | (Geld-) Verlegenheit *f*, Schwierigkeit *f*

in·vul·ner·a·bil·i·ty [ɪn,vʌlnr̩ə'bɪlətɪ] *s* Unverwundbarkeit *f* | *übertr* Unantastbarkeit *f*; **in'vul·ner·a·ble** *adj* unverwundbar | *übertr* unantastbar ⟨≈ arguments unanfechtbare Gründe *pl*⟩

in·ward ['ɪnwəd|-wʊd] **1.** *adv* nach innen, einwärts ⟨to bend s.th. ~ etw. nach innen biegen⟩; **2.** *adj* innere(r, -s), innerlich, Innen- ⟨one's ~ feelings⟩ | geistig, seelisch | *Wirtsch* in-, binnenländisch | Einfuhr-; **3.** *s* das Innere, Inneres *n*; **'~ness** *s Rel* Innerlichkeit *f* | innere Bedeutung *od* Natur; **in·wards** ['ɪnwədz|-wʊdz] *adv* = **inward 1.**; ['ɪnədz] *s/pl umg* Eingeweide *pl*

in·weave [ɪn'wiːv] *vt* (**in·wove** [-'wəuv], **in·wov·en** [-'wəuvn]) einweben (**in[to]** in) | *übertr* einflechten (**in[to]** in), verflechten (**with** mit)

in·works ['ɪnwɜːks] *adj Brit* innerbetrieblich

in·wrought [,ɪn'rɔːt] *adj* eingearbeitet, eingewirkt, verwoben (**in[to]** in) | geschmückt, verziert (**with** mit) | *übertr* eng verflochten (**with** mit)

i·o·date ['aɪədeɪt] **1.** *s Chem* Jodat *n*, jodsaures Salz; **2.** *vt* jodieren, mit Jod behandeln; **i·o·dic** [aɪ'ɒdɪk] *adj Chem* jodhaltig, Jod- ⟨≈ acid Jodsäure *f*⟩; **i·o·dide** ['aɪədaɪd|-dɪd] *s Chem* Jodid *n*, Jodverbindung *f* ⟨≈ of nitrogen Jodstickstoff *m*⟩; **i·o·di·nate** ['aɪədɪneɪt] *vt Chem* jodieren; **i·o·din[e]** ['aɪədiːn|-daɪn|-dɪn] *s Chem* Jod *n* ⟨tincture of ≈ Jodtinktur *f*⟩; **'i·o·dism** *s Med* Jodismus *m*, Jodvergiftung *f*; **'i·o·dize** *vt* jodieren | *Med* mit Jod behandeln; **i·o·do·form** [aɪ'ɒdəfɔːm] *s Chem* Jodoform *n*; **i·o·dous** [aɪ'ɒdəs] *adj Chem* jodhaltig

i·o·lite ['aɪəlaɪt] *s Min* Iolith *m*, Wassersaphir *m*

i·on ['aɪən] *s Phys* Ion *n*; **'~ ac,cel·er·a·tor** *s Phys* Ionenbeschleuniger *m*; '~ **ex,change** *s Phys* Ionenaustausch *m*; '~ **ex,chang·er** *s Phys* Ionenaustauscher *m*

·ion [-ɪən] *suff zur Bildung von s aus v mit der Bedeutung* Handlung (**action**), Ergebnis (**construction**), Zustand (**subjection**)

I·o·ni·an [aɪ'əʊnɪən] **1.** *adj* ionisch; **2.** *s* Ionier(in) *m(f)*; [1]**I·on·ic** [aɪ'ɒnɪk] **1.** *adj bes Arch* ionisch ⟨≈ order ionische Säulenordnung⟩; **2.** *s* Ionisch *n* | *Typ* Egyptienne *f*

[2]**i·on·ic** [aɪ'ɒnɪk] *adj Phys* Ionen- ⟨~ discharge Ionenentladung *f*⟩; **i·o·ni·um** [aɪ'əʊnɪəm] *s Chem* Ionium *n*; **i·o·ni·za·tion** [,aɪənaɪ'zeɪʃn] *s Phys* Ionisierung *f*, Ionisation *f*; '**i·o·nize** *Phys vt* ionisieren; *vi* in Ionen zerfallen; '**i·on·iz·er** *s Phys* Ionisator *m*; ,**i·on** '**jet** *s Phys* Ionenstrahlantrieb *m*

i·on·o·sphere [aɪ'ɒnəsfɪə] *s* Ionosphäre *f*

i·o·ta [aɪ'əʊtə] *s* Jota *n* | *(meist neg) übertr* Kleinigkeit *f*, Tüttelchen *n* ⟨not an ~ of truth kein Fünkchen *n* Wahrheit⟩

IOU [,aɪəʊ'ju:] *s* (= **I owe you**) Schuldschein *m*

IPA [,aɪ pi: 'eɪ] *Abk von* **International Phonetic Alphabet Association** (Umschrift *f* der Internationalen Phonetischen Assoziation)

ip·so fac·to [,ɪpsəʊ 'fæktəʊ] ⟨*lat*⟩ *adv* durch die Tatsache selbst, gerade dadurch, eo ipso

IQ [aɪ 'kju:] *Abk* von ↑ **intelligence quotient**

ir [ɪ-] *präf* ↑ **in** – *vor Wörtern mit* **r** (*z. B.* **irrational**)

i·ra·cund ['aɪərəkʌnd] *adj förml* reizbar

I·ran [ɪ'rɑ:n] *s* Iran

I·ra·ni·an [ɪ'rɑ:nɪən|-'reɪn-] **1.** *adj* iranisch; **2.** *s* Iranier(in) *m(f)*, Perser(in) *m(f)* | Iranisch *n*, Persisch *n*

I·raq [ɪ'rɑ:k] *s* Irak; **I·ra·qi** [ɪ'rɑ:kɪ] **1.** *s* Iraker(in) *m(f)* | Irakisch *n*; **2.** *auch* **~ian** [ɪ'rɑ:kɪən] *adj* irakisch

i·ras·ci·bil·i·ty [ɪ,ræsə'bɪlətɪ] *s* Reizbarkeit *f*, Jähzorn *m*; **i'ras·ci·ble** *adj* reizbar, jähzornig

i·rate [aɪ'reɪt] *adj förml* gereizt, erzürnt, zornig; **ire** ['aɪə] *s poet* Zorn *m*; **ire·ful** ['aɪəfl] *adj poet* zornig

Ire·land ['aɪələnd] *s* Irland

i·ren·ic [aɪ'renɪk|-'ri:-], **i'ren·i·cal** *adj Rel* friedlich

i·ri·da·ceous [,aɪərɪ'deɪʃəs|,ɪrɪ-] *adj Bot* schwertlilienartig

ir·i·des·cence [,ɪrɪ'desns] *s* Schillern *n* (in Regenbogenfarben), Irisieren *n*; ,**ir·i'des·cent** *adj* (farben-) schillernd, irisierend

i·rid·i·um [ɪ'rɪdɪəm] *s Chem* Iridium *n*; **ir·i·dous** [ɪ'rɪdɪəs] *adj Chem* Iridium-

i·ris ['aɪərɪs] *s* (*pl* **i·ris·es** [~ɪz]) Regenbogen *m*, Regenbogenfarben *pl* | *Med* Iris *f*, Regenbogenhaut *f* | *Bot* Schwertlilie *f* | *Foto* Iris(blende) *f(f)*

I·rish ['aɪərɪʃ] **1.** *s* Irisch *n*, irische Sprache ◇ **the** ~ die Iren *pl*; **2.** *adj* irisch; ,~ '**cof·fee** *s* Irish Coffee *m*; '**~ism** *s* irische Spracheigentümlichkeit; ,~ '**joke** *s* Irenwitz *m*; '**~man** *s* (*pl* '**~men**) Ire *m*; ,~ '**set·ter** *s Zool* Irischer Setter; ,~ '**stew** *s* Irish-Stew *n*, Hammelfleischeintopf *m*; '**~,wom·an** *s* (*pl* '**~,wom·en**) Irin *f*

i·ri·tis [aɪ'raɪtɪs] *s Med* Iritis *f*, Regenbogenhautentzündung *f*

irk [ɜ:k] *vt* ärgern, verdrießen ⟨it ~s me to see that es ärgert mich, wenn ich das sehe; to be ~ed verärgert sein⟩ | *s* Ärger *m*, Verdruß *m*; '**~some** *adj* ärgerlich, verdrießlich | langweilig ⟨≈ hours⟩

i·ron ['aɪən] **1.** *s* Eisen *n* (*auch übertr*) ⟨cast ~ Gußeisen *n*; corrugated ~ Wellblech *n*; crude ~/pig ~ Roheisen; sheet ~ Eisenblech *n*; wrought ~ Schmiedeeisen *n*; a man of ~ ein stahlharter *od* unnachgiebiger Mensch; as hard as ~ eisenhart; a heart of ~ ein Herz von Stein; to have several ~s in the fire mehrere Eisen im Feuer haben; to have too many ~s in the fire sich zuviel vornehmen; to rule s.o. with a rod of ~ jmdn. mit eiserner Rute *od* Hand regieren; to strike while the ~ is hot das Eisen schmieden, solange es heiß ist; the ~ hand/fist in a velvet glove die eiserne Faust unter dem Samthandschuh⟩ | eisernes Werkzeug ⟨soldering ~ Lötkolben *m*⟩ | *auch* '**flat** ,~ Bügel-, Plätteisen *n* | (Golf-) Eisen *n* ⟨a 5 ~ ein 5er Eisen⟩ | *Chem* Eisen *n* | (*meist pl*) Hand-, Fußschelle *f*, Eisen *n*, Kette *f*, Fessel *f* ⟨to put s.o. in ~s jmdn. In Ketten legen⟩ | (*meist pl*) *Med* Beinschiene *f* ⟨to put s.o.'s leg in ~s jmdm. das Bein schienen⟩; **2.** *adj* eisern, Eisen- | *übertr* eisern, unbeugsam ⟨an ~ will⟩ | *übertr* eisern, hart, robust ⟨an ~ constitution eine eiserne Gesundheit⟩ | *übertr* böse, verderbt ⟨~ times⟩; **3.** *vt* (jmdn.) in Ketten legen, fesseln | bügeln, plätten ⟨to ~ a shirt⟩; ~ **out** (Knitter) (her)ausbügeln | *übertr* ausbügeln, aus der Welt schaffen; *vi* bügeln, plätten; '**~ Age** *s Geol* Eisenzeit *f*; ,~ **and** '**steel** ,**in·dus·try** *s* Eisenindustrie *f*; ,~ '**ar·mour** *s Arch* Eckschiene *f*, -band *n*; ,~ '**bar** *s Tech* Stabeisen *n*; '**~bound** *adj* eisenbeschlagen | *übertr* unbeugsam, unnachgiebig; ,~ '**cast·ing** *s Tech* Eisenguß *m*; '**~clad 1.** *adj* eisengepanzert | *übertr* äußerst streng, starr; **2.** *s* Panzerschiff *n*; ,~ '**con·crete** *s Tech* Eisenbeton *m*; ,~ '**Cur·tain** *s Theat Pol* Eiserner Vorhang; '**~er** *s* Büglerin *f*, Plätterin *f*; '~ ,**found·ry** *s Tech* Eisengießerei *f*; ,~-'**grey** *adj* eisengrau, leuchtend grau ⟨≈ hair⟩; ,~'**hand·ed** *adj* streng, unnachsichtig; ,~'**heart·ed** *adj* hartherzig, kalt; ,~ '**horse** *s arch, poet* Dampfroß *n* (Lokomotive)

i·ron·ic [aɪ'rɒnɪk], **i'ron·i·cal** *adj* ironisch, spöttisch; **i'ron·i·cal·ly** *adv* ironisch ⟨to smile ≈⟩ | ironischerweise, es ist eine Ironie (daß) ⟨≈, he was innocent⟩ | *umg* witziger-, komischer-, ulkigerweise, ausgerechnet

i·ron|ing ['aɪənɪŋ] *s* Bügeln *n*, Plätten *n* | Bügelwäsche *f*; '**~ing board** *s* Bügelbrett *n*, Plättbrett *n*; ,~ '**lung** *s Med* eiserne Lunge; '**~,mas·ter** *s, bes Brit arch* Eisenhüttenbesitzer *m*; '~ **mine** *s* Eisenbergwerk *n*; '**~,mon·ger** *s, bes Brit* Eisen-, Metallwarenhändler *m*; **~mon·ger·y** ['~,mʌŋgrɪ] *s, bes Brit* Eisen-, Metallwaren *pl* | Eisen-, Metallwarenhandlung *f*; '**~mould** *s* Rostfleck *m*; '**~-mould** *vt* rostig machen; *vi* rostig werden; '~ **ore** *s Min* Eisenerz *n*; ,~ '**ox·ide** *s Chem* Eisenoxid *n*; ,~ '**plate** *s* Stahlblech *n*; ,~ '**py·ri·tes** *s Min* Pyrit *m*, Eisenkies *m* | Magnetkies *m*; ,~ '**ra·tion** *s* eiserne Ration; ,~-'**red** *adj* eisenrot, rostfarbig; '~ **re,mov·al** *s Tech* Enteisenung *f*; '~ **scrap** *s* Eisenschrott *m*; '**~side** *s* Mann *m* mit eisernem Willen | Panzerschiff *n*; '**~sides** *s/pl* (*sg konstr*) *Brit Hist* Beiname Oliver Cromwells | Beiname Edmund II. von England | (*pl konstr*) Cromwells Reiterei *f*; ,~ '**sow** *s Tech* Eisen-, Hochofensau *f*; '**~stone** *s Min* Eisenstein *m*; '**~ware** *s Tech* Eisenkonstruktion *f*; '**~works** (*sg od pl konstr*) *Tech* Eisenhütte *f*; '**~,work·er** *s* Eisen-, Hüttenarbeiter *m*; '**~y** *adj* eisern | eisenhaltig ⟨≈ ore⟩ | eisenartig

i·ro·ny ['aɪərənɪ] *s* Ironie *f*, Spott *m* ⟨the ~ of fate⟩ | ironische Bemerkung | *Lit* Ironie *f* ⟨dramatic ~⟩

ir·ra·di·ance [ɪ'reɪdɪəns] **ir'ra·di·an·cy** *s* (An-, Be-) Strahlen *n* | Strahlenglanz *m*; **ir'ra·di·ant** *adj* strahlend (**with** von) (*auch übertr*); **ir'ra·di·ate** *vt* an-, bestrahlen, beleuchten | *übertr* erhellen, aufheitern ⟨a face ≈d with joy ein von Freude verklärtes Gesicht⟩ | *übertr* (etw.) aufklären, erhellen | *übertr* (jmdn.) erleuchten | *Med* bestrahlen, mit Strahlung behandeln; *vi* strahlen, leuchten; **ir,ra·di'a·tion** *s* Strahlen *n*, Leuchten *n* | *übertr* Erleuchtung *f*, Aufklärung *f* | *Med* Bestrahlung *f* | (Schmerz u. ä.) Ausstrahlung *f* | *Phys* Strahlungsintensität *f* | *Foto* Überstrahlung *f*, Irradiation *f*

ir·ra·tion·al [ɪ'ræʃnl] **1.** *adj* vernunftlos, unvernünftig ⟨an ~ animal⟩ | vernunftwidrig, irrational, unsinnig, absurd ⟨~ fears⟩ | *Metr* unregelmäßig | *Math, Phil* irrational; **2.** *s Math* irrationale Größe; **ir'ra·tion·al·ism** *s Phil* Irrationalismus *m*; **ir,ra·tion'al·i·ty** [-'næl-] *s* Unvernünftigkeit *f* | Vernunftwidrigkeit *f* | *Math, Phil* Irrationalität *f*

ir·re·al·i·ty [,ɪrɪ'ælətɪ] *s* Irrealität *f*, Unwirklichkeit *f*

ir·re·claim·a·ble [ˌɪrɪˈkleɪməbl] *adj* unwiderruflich, unwiederbringlich | unverbesserlich | (Land) nicht kulturfähig
ir·rec·og·niz·a·ble [ɪˈrekəgnaɪzəbl] *adj* nicht wiederzuerkennen(d), nicht wiedererkennbar
ir·rec·on·cil·a·bil·i·ty [ɪˌrekənˌsaɪləˈbɪlətɪ] *s* Unversöhnlichkeit *f* | Unvereinbarkeit *f* (**to, with** mit); ˌ**irˌrec·onˈcil·a·ble** *adj* unversöhnlich ⟨≈ hatred⟩ | unvereinbar (**to, with** mit)
ir·re·cov·er·a·ble [ˌɪrɪˈkʌvr̥əbl] *adj* unersetzlich, unwiederbringlich (verloren), nicht wiedergutzumachen(d) ⟨an ~ loss⟩ | *arch* hoffnungslos, unheilbar ⟨an ~ disease⟩
ir·re·deem·a·ble [ˌɪrɪˈdi:məbl] *adj Wirtsch* nicht rückkaufbar, (Währung) nicht einlösbar, (Anleihe) untilgbar | nicht wiedergutzumachen(d), unwiederbringlich ⟨~ loss⟩ | unverbesserlich
ir·re·den·tism [ˌɪrɪˈdentɪzm] *Pol s* Irredentismus *m*; ˌ**ir·reˈden·tist** *m* Irredentist *m*
ir·re·duc·i·bil·i·ty [ˌɪrɪˌdju:səˈbɪlətɪ] *s* Unverminderbarkeit *f*; ˌ**ir·reˈduc·i·ble** *adj* nicht zu vermindern(d), nicht reduzierbar ⟨the ≈ minimum das Mindestmaß (**of** an)⟩ | nicht verwandelbar, unveränderbar (**to** in) | *Chem, Math* irreduzibel, nicht reduzierbar
ir·ref·ra·ga·bil·i·ty [ɪˌrefrəgəˈbɪlətɪ] *s* Unumstößlichkeit *f*, Unwiderlegbarkeit *f* | Unzerstörbarkeit *f*; **irˈref·ra·ga·ble** *adj* (Behauptung u. ä.) unumstößlich, unwiderlegbar ⟨≈ arguments⟩ | (Person) unantastbar ⟨≈ authorities⟩ | unzerstörbar, unzerbrechlich ⟨≈ cement⟩
ir·re·fran·gi·ble [ˌɪrɪˈfrændʒəbl] *adj* unverletzbar, unübertretbar | *Phys* nicht brechbar ⟨~ radiation⟩
ir·ref·u·ta|bil·i·ty [ɪˌrefjʊtəˈbɪlətɪ|ˌɪrɪˌfju:t-] *s* Unwiderlegbarkeit *f*; **~ble** [ˌɪrɪˈfju:təbl|ɪˈrefjʊtəbl] *adj* unwiderlegbar
ir·reg·u·lar [ɪˈregjʊlə] **1.** *adj* unregelmäßig, regellos, ungleich ⟨~ lines⟩ | regelwidrig | ungehörig ⟨an ~ conduct⟩ | unregelmäßig, unpünktlich ⟨to be ~ in one's attendance at school in der Schule häufig fehlen⟩ | *Ling* unregelmäßig ⟨an ~ verb⟩ | irregulär, nicht voll ausgebildet ⟨~ physician Kurpfuscher *m*⟩; **2.** *s Mil* Freischärler *m*, Partisan *m*; **~i·ty** [ɪˌregjʊˈlærətɪ] *s* Regellosigkeit *f*, Unregelmäßigkeit *f*, Ungleichförmigkeit *f* | Regelwidrigkeit *f* | Ungehörigkeit *f* | Unpünktlichkeit *f*
ir·rel·a·tive [ɪˈrelətɪv] *adj* ohne Beziehung (**to** auf, zu) ⟨an ~ remark⟩ | absolut, beziehungslos | *Mus* nicht verwandt
ir·rel·e·vance [ɪˈreləvəns], **irˈrel·e·van·cy** *s* Irrelevanz *f*, Bedeutungs-, Belanglosigkeit *f* | Unanwendbarkeit *f* (**to** auf); **irˈrel·e·vant** *adj* irrelevant, nicht zur Sache gehörig, belanglos (**to** für) | unanwendbar (**to** auf) | nicht lebenswichtig, uninteressant ⟨an ≈ business⟩
ir·re·li|gion [ˌɪrɪˈlɪdʒən] *s* Irreligiosität *f* | Gottlosigkeit *f* | Irrglaube *m*; **~gious** [~dʒəs] *adj* irreligiös | gottlos
ir·re·me·di·a·ble [ˌɪrɪˈmi:dɪəbl] *adj* unheilbar | nicht wieder gutzumachen(d)
ir·re·mis·si·bil·i·ty [ˌɪrɪˌmɪsəˈbɪlətɪ] *s* Unverzeihlichkeit *f* | Unerläßlichkeit *f*; ˌ**ir·reˈmis·si·ble** *adj* unverzeihlich ⟨an ≈ crime⟩ | unerläßlich, verbindlich ⟨an ≈ duty⟩
ir·re·mov·a·bil·i·ty [ˌɪrɪˌmu:vəˈbɪlətɪ] *s* Unabsetzbarkeit *f*; ˌ**ir·reˈmov·a·ble** *adj* unabsetzbar ⟨an ≈ officer unabsetzbarer Beamter⟩ | nicht zu beseitigen(d), nicht entfernbar
ir·rep·a·ra·bil·i·ty [ɪˌrepr̥əˈbɪlətɪ] *s* Nichtwiederherstellbarkeit *f* | Unersetzlichkeit *f*; **irˈrep·a·ra·ble** *adj* (Schaden u. ä.) irreparabel; nicht wiederherstellbar | (Verlust) unersetzlich
ir·re·place·a·ble [ˌɪrɪˈpleɪsəbl] *adj* unersetzlich, unersetzbar
ir·re·press·i·bil·i·ty [ˌɪrɪˌpresəˈbɪlətɪ] *s* Ununterdrückbarkeit *f* | Unbezähmbarkeit *f*; ˌ**ir·reˈpress·i·ble** *adj* ununterdrückbar, nicht zu unterdrücken(d) ⟨≈ joy⟩ | (Person) unbezähmbar ⟨an ≈ talker einer, dessen Wortschwall nicht zu bändigen ist⟩
ir·re·proach·a·ble [ˌɪrɪˈprəʊtʃəbl] *adj* einwandfrei, untadelig, tadellos ⟨~ behaviour⟩

ir·re·sist·i·bil·i·ty [ˌɪrɪˌzɪstəˈbɪlətɪ] *s* Unwiderstehlichkeit *f*; ˌ**ir·reˈsist·i·ble** *adj* (Person, Sache) unwiderstehlich, unaufhaltsam (*auch übertr*) ⟨an ≈ child; an ≈ argument⟩
ir·res·o|lute [ɪˈrezəlu:t|-lju:t] *adj* unentschlossen, unschlüssig; **~lu·tion** [ɪˌrezəˈlu:ʃn] *s* Unentschlossenheit *f*, Unschlüssigkeit *f*
ir·re·sol·va·ble [ɪrɪˈsɒlvbl] *adj* nicht zerlegbar, nicht auflösbar
ir·re·spec·tive [ˌɪrɪˈspektɪv] *adj* unvoreingenommen ⟨~ of ohne Rücksicht auf⟩
ir·re·spon·si·bil·ity [ˌɪrɪˌspɒnsəˈbɪlətɪ] *s* Unverantwortlichkeit *f* | Verantwortungslosigkeit *f* | Unzurechnungsfähigkeit *f*; ˌ**ir·reˈspon·si·ble** *adj* unverantwortlich ⟨an ≈ action⟩ | verantwortungslos ⟨an ≈ driver⟩ | *Jur* unzurechnungsfähig ⟨to declare s.o. ≈ jmdn. für unzurechnungsfähig erklären⟩
ir·re·spon·sive [ˌɪrɪˈspɒnsɪv] *adj* verständnislos, teilnahmslos (**to** gegenüber) | unempfänglich, unempfindlich (**to** für) ⟨to be ~ to nicht reagieren auf⟩
ir·re·triev·a·bil·i·ty [ˌɪrɪˌtri:vəˈbɪlətɪ] *s* Unwiederbringlichkeit *f*; ˌ**ir·reˈtriev·a·ble** *adj* unwiederbringlich
ir·rev·er|ence [ɪˈrevr̥əns] *s* Unehrerbietigkeit *f*, Respektlosigkeit *f*; **irˈrev·er·ent, ~en·tial** [ɪˌrevəˈrenʃl] *adj* unehrerbietig, respektlos (**towards s.o.** gegenüber jmdm.)
ir·re·vers·i·bil·i·ty [ˌɪrɪˌvɜ:səˈbɪlətɪ] *s* Unwiderruflichkeit *f* | *Math, Phys, Chem* Irreversibilität *f* | Nichtumkehrbarkeit *f*; ˌ**ir·reˈvers·i·ble** *adj* unwiderruflich | *Math, Phys, Chem* irreversibel | nicht umkehrbar
ir·rev·o·ca·bil·i·ty [ɪˌrevəkəˈbɪlətɪ] *s* Unwiderruflichkeit *f*, Unumstößlichkeit *f*; **irˈrev·o·ca·ble** *adj* unwiderruflich, unumstößlich ⟨an ≈ decision⟩
ir·ri|gate [ˈɪrɪgeɪt] *vt Landw* bewässern, berieseln, mit Wasser versorgen | *Med* (Wunde) (aus)spülen | *übertr* beleben, erfrischen; *vi Landw* Bewässerung betreiben | *Am Sl* sich betrinken; ˌ**~ˈga·tion** *s Landw* Bewässerung *f*, Berieselung *f* | *Med* Irrigation *f*, Spülung *f* ⟨gastric ≈ Magenspülung *f*⟩; ˌ**~ˈga·tion·al, ˈ~ga·tive** *adj* Bewässerungs- ⟨~gational field Rieselfeld *n*⟩; **ˈ~gator** *s* Bewässerungsmaschine *f* | *Med* Irrigator *m*, Spülapparat *m*
ir·ri|ta·bil·i·ty [ˌɪrɪtəˈbɪlətɪ] *s* Reizbarkeit *f*, Empfindlichkeit *f* (*auch Med*) | Reiz-, Reaktionsfähigkeit *f*; **~ta·ble** [ˈɪrɪ-] *adj* reizbar | *Med* leicht reizbar, empfindlich, nervös, gereizt, leicht entzündlich ⟨≈ cough Reizhusten *m*; ≈ heart nervöses Herz⟩ | reiz-, reaktionsfähig; **ˈ~tan·cy** *s* Ärgernis *n*; etw. Aufreizendes | *Schott Jur* Verwirkung *f*, Nichtigmachung *f*; **ˈ~tant 1.** *adj* Reiz- | (auf)reizend, erregend | *Schott Jur* verwirkend, annullierend ⟨≈ clause Nichtigkeitsklausel *f*⟩; **2.** *s* Reizmittel *n* | *Mil* Reizkampfstoff *m*; **ˈ~tate** *vt* reizen, erzürnen, ärgern | *Med* entzünden, reizen ⟨≈d eyes⟩; **ˈ~tat·ing** *adj* aufreizend | ärgerlich | *Med* Reiz-; ˌ**~ˈta·tion** *s* Erbitterung *f*, Ärger *m* (**at** über) | *Med* Reizung *f*; **ˈ~ta·tive** *adj* Reiz-
ir·rup·tion [ɪˈrʌpʃn] *s förml* Einbruch *m*, (Her-) Einbrechen *n*; **irˈrup·tive** *adj* (her)einbrechend | *Geol* Intrusiv-
is [s|z|əz|ɪz] *3. pers sg präs* von ↑ **be**
ISBN *Abk von* **International Standard Book Number** ISBN-Nummer *f*
-ise [aɪz] *suff bes Brit* = ↑ **-ize**
-ish [-ɪʃ] *suff zur Bildung von adj aus ethnischen Namen* (**Danish, Turkish**); *aus Zahlen und Farbbezeichnungen mit der Bedeutung* etwas, etwa, ungefähr (**fiftyish, reddish**); *verächtl aus s* (**childish** kindisch; **womanish** weibisch)
i·sin·glass [ˈaɪzɪŋglɑ:s] *s* Hausenblase *f*, Fischleim *m* | Glimmer *m*
Is·lam [ɪzˈlɑ:m] *s Rel* Islam *m* | Islam *m*, islamische Welt; **~ic** [ɪzˈlæmɪk] *adj* islamisch, Islam-; **~ism** [ˈɪzləmɪzm] *s* Is-

lamismus *m*; **~ite** ['ɪzləmaɪt] *s* Mohammedaner *m*, Islamit *m*; **~it·ic** [ˌɪzlə'mɪtɪk] *adj* islamitisch

is·land ['aɪlənd] **1.** *s* Insel *f* ⟨floating ~ of ice Eisberg *m*⟩ | *auch* **'street ˌ~** Verkehrsinsel *f* | *Mar* Aufbau *m* (eines Schiffes); **2.** *vt* zu einer Insel machen | isolieren | punktieren, mit Inseln durchsetzen ⟨~ed with durchsetzt von⟩; **'~er** *s* Inselbewohner(in) *m(f)*

isle [aɪl] *s Poes, arch* Insel *f*, Eiland *n* ⟨the ~ of Wight die Insel Wight⟩; **is·let** ['aɪlət] *s* Inselchen *n*

ism ['ɪzm] *s* Ismus *m*, Doktrin *f* ⟨all the other ~s alle übrigen Ismen *pl*⟩

-ism [-ɪzm] *suff zur Bildung von s aus s, adj* (**Hinduism, fanaticism**)

is·n't ['ɪznt] *kontr umg* = **is not**

iso- [aɪsə(ʊ)] ⟨*griech*⟩ *in Zus* Iso-, iso-, gleich-

i·so·bar ['aɪsəbɑ:] *s Met* Isobare *f* | *Phys* Isobar *n*; **~ic** [ˌaɪsə'bærɪk] *adj Met* isobar(isch) | *Phys* isobar

i·so·chro·mat·ic [ˌaɪsəkrə'mætɪk] *adj* isochrom, gleichfarbig | *Foto* orthochromatisch

i·so·chron[e] ['aɪsəkrɒn] *s Phys* Isochrone *f*; **i·soch·ro·nism** [aɪ'sɒkrənɪzm] *s Phys* Isochronismus *m*; **i·soch·ro·nize** [aɪ'sɒkrənaɪz] *vt Phys* isochronisieren

i·so·dy·nam·ic [ˌaɪsədaɪ'næmɪk], **ˌi·so·dy'nam·i·cal** *adj Chem* isodynam | *Phys* isodynamisch; **ˌ~ 'curve** *s Phys* Isodyname *f*

i·so·e·lec·tric [ˌaɪsəɪ'lektrɪk] *adj El* isoelektrisch

i·sog·a·mous [aɪ'sɒgəməs], **i·so·gam·ic** [ˌaɪsə'gæmɪk] *adj Biol* isogam; **i·sog·a·my** [aɪ'sɒgəmɪ] *s Biol* Isogamie *f*

i·sog·o·nal [aɪ'sɒgənl], **i·so·gon·ic** [ˌaɪsə'gɒnɪk] **1.** *adj* gleichwinklig | *Tech* mit gleicher Neigung; **2.** *s, meist* **ˌ~ 'line** Isogone *f*

i·so|late ['aɪsəleɪt] *vt* isolieren, absondern (**from** von) | abdichten | *Med, Phys, Chem* isolieren | rein darstellen | (Lärm) kapseln | *El* einen Stromkreis unterbrechen, abschalten; **'~lat·ed** *adj* vereinzelt, einzeln dastehend ⟨≈ chimney frei stehender Schornstein⟩ | isoliert, abgesondert (*auch übertr*) ⟨≈ by snow eingeschneit⟩ | *Phys, Chem* isoliert; **ˌ~'la·tion** *s* Isolieren *n* | Absonderung *f*, Isolierung *f* ⟨≈ of beets *Landw* Rübenverziehen *n*⟩; **ˌ~'la·tion booth** *s Ferns* Isolierkabine *f*; **ˌ~'la·tion felt** *s* Isolierpappe *f* | **ˌ~'la·tion ˌhos·pi·tal** *s* Krankenhaus *n* für ansteckende Krankheiten | *Mil* Seuchenlazarett *n*; **ˌ~'la·tion·ism** *s Pol* Isolationismus *m*; **ˌ~'la·tion ward** *s Med* Isolierstation *f*

i·so·mer ['aɪsəmə] *s Chem* Isomer *n*; **~ic** [ˌaɪsə'merɪk], **ˌi·so'mer·i·cal** *adj Chem, Phys* isomer; **i·som·er·ism** [aɪ'sɒmərɪzm] *s Phys, Chem* Isomerie *f*; **i'som·er·ize** *vt Chem, Phys* isomerisieren

i·so·met·ric [ˌaɪsə'metrɪk] **1.** *adj* isometrisch, maßgleich (*auch Math*) | *Metr* gleichfüßig; **2.** *s, meist* **ˌ~ 'line** *Math* isometrische Linie; **i·som·et·ry** [aɪ'sɒmətrɪ] *s Math* Isometrie *f*, Maßgleichheit *f*

i·son·o·my [aɪ'sɒnəmɪ] *s Jur* Rechtsgleichheit *f*

i·sos·ce·les [aɪ'sɒsḷi:z] *adj Math* (Dreieck) gleichschenk(e)lig

i·so|therm ['aɪsəθɜ:m] *s Met, Phys, Chem* Isotherme *f*; **ˌ~'ther·mal** **1.** *adj Met, Phys, Chem* isotherm(isch); **2.** *s, auch* **~ˌthermal 'curve, ~ˌthermal 'line** *Met, Phys, Chem* Isotherme *f*

i·so·tope ['aɪsətəʊp] *s Chem, Phys* Isotop *n* ⟨stable ~ stabiles Isotop⟩

i·so·type ['aɪsətaɪp] *s* graphisches Schaubild

Is·ra·el ['ɪzreɪl|'ɪzrɪəl] *s* Israel; **Is·rae·li** [ɪz'reɪlɪ] **1.** *s* Israeli *m*; **2.** *adj* israelisch

Is·ra·el|ite ['ɪzrəlaɪt] **1.** *s* Israelit(in) *m(f)*, Jude *m*, Jüdin *f*; **2.** *adj, auch* **'~it·ish, ˌ~'it·ic** [ˌ~'ɪtɪk] israelitisch

is·sue ['ɪʃu:|'ɪʃju:|'ɪsju:] **1.** *s* Herauskommen *n* | Ausfluß *m*, Herausfließen *n*, Herausströmen *n* ⟨~ of blood from Blutaustritt *m* aus⟩ | Ausgabe *f*, Verteilung *f*, Vergabe *f* ⟨the ~ of free milk⟩ | Abgang *m*, Abfluß *m*, Ausgang *m* ⟨place of ~ Austrittsort *m*⟩ | *Buchw, Ztgsw* Ausgabe *f*, Herausgabe *f*, Veröffentlichung *f*, Auflage *f* ⟨today's ~ die heutige Ausgabe; a new ~ of stamps eine neue Briefmarkenserie⟩ | *selten* Ausgang *m*, Resultat *n* ⟨a good ~ ein gutes Ende; in the ~ schließlich⟩ | Streitfrage *f*, Problem *n*, Angelpunkt *m*, Meinungspunkt *m* ⟨at ~ strittig *od* streitig; the real ~ das eigentliche Problem; to join/take ~ with s.o. on sich mit jmdm. streiten über *od* mit jmdm. diskutieren über⟩ | *Wirtsch* Ausgabe *f* ⟨~ of money/bank of ~ Notenbank *f*⟩ | *Mil* Ausgabe *f* ⟨~ of clothing to Kleiderausgabe *f* an⟩ | *Jur* Nachkommen *m/pl* ⟨to die without ~ kinderlos sterben⟩; **2.** *vt* ausgeben, erlassen ⟨to ~ an order⟩ | *Wirtsch* (Wechsel u. ä.) ausstellen | *Wirtsch* ausliefern | *Mil* ausgeben | *Buchw* herausgeben, publizieren, veröffentlichen; *vi* herauskommen | herausfließen, herausströmen, austreten ⟨blood ~ing from a wound aus einer Wunde fließendes Blut⟩ | *Buchw* herausgegeben werden | resultieren, endigen (**in** in) | *Jur* abstammen (**from** von); **~ forth** *lit* sich ergießen, herausströmen; **'~less** *adj* ergebnislos ⟨an ≈ effort⟩ | problemlos, unproblematisch, harmlos ⟨an ≈ piece of writing ein Text, der keinen Anlaß zu Diskussionen gibt⟩ | ohne Nachkommen ⟨to die ≈⟩; **'is·su·er** *s* Aussteller *m*, Ausgeber *m*

-ist [-ɪst] *suff zur Bildung von s, adj aus s, adj* (**Marxist, socialist**); *von s aus s, v* (**pianist, typist**)

isth|mus ['ɪsməs|'ɪsθməs] *s* (*pl* **~mi** ['~maɪ], **'~mus·es** ['~məsɪz]) *Geogr* Isthmus *m*, Landenge *f*

it [ɪt] **1.** *pron* es (*subj od obj*) ⟨~ was on the plate; I ate ~⟩ | es ⟨who is ~? ~'s me. Wer ist es? Ich bin's.⟩ | (*subj von unpers. v*) es ⟨~ is hot es ist heiß; ~ is raining es regnet; ~ is said es heißt⟩ | (*unbest. obj* ohne Bedeutung) ⟨to foot ~ zu Fuß gehen; go ~! *Sport* Tempo!; to lord ~ den großen Herrn spielen⟩ | (*nach präp*) da- ⟨by ~ dadurch; for ~ dafür; in ~ darin; of ~ davon⟩ | (*refl*) sich ◇ **that's ~** damit basta!; so ist's recht!; **catch ~** *umg* den Dummen machen; **have had ~** *umg* hereingefallen sein, versagt haben, nicht aufgepaßt haben ⟨you've had ~ du hast Pech gehabt, dich hat's erwischt⟩; **have what ~ takes** die nötige Eignung besitzen, in Ordnung sein; **2.** *s* (Sport, Spiel) (wichtigster) Mann *m*, Spieler *m* ⟨now you are ~ jetzt bist du dran⟩ | *Sl* allerwichtigste Person ⟨he thinks he's ~ er denkt, er ist der Größte⟩ | *Sl* entscheidende Sache ⟨this is ~ jetzt kommt alles drauf an⟩ | *oft* ~ *Sl selten* gewisses Etwas, Sexappeal ⟨the ~ girl⟩ ◇ **gin and ~** Gin *m* und Wermuth; **with ~** *Sl übertr* auf dem Kien, am Ball, immer auf dem laufenden, voll da

i.t.a. [ˌaɪ ti: 'eɪ] *Abk* von **initial teaching alphabet** (Alphabet für Schulanfänger)

ITA [ˌaɪ ti: 'eɪ] *Brit Abk* von **Independent Television Authority** (private Fernsehgesellschaft)

I·tal·ian [ɪ'tælɪən] **1.** *adj* italienisch; **2.** *s* Italiener(in) *m(f)* | Italienisch *n*; **~ism** [ɪ'tæljənɪzm] *s* italienische Spracheigentümlichkeit *f*, Italianismus *m*; **ˌ~ 'ware·house** *s Brit* Südfrüchtehandlung *f*

i·tal|ic [ɪ'tælɪk] *Typ* **1.** *adj* kursiv ⟨≈ handwriting⟩ | kursiv gedruckt, abgehoben ⟨an ≈ example⟩; **2.** *s* Kursivschrift *f* ⟨in ≈s kursiv; to write ≈ kursiv schreiben⟩; **~i·size** [~ɪsaɪz] *vt* kursiv schreiben, kursiv setzen

I·tal·o [ɪ'tæləʊ] *in Zus* Italo- ⟨~phile Freund Italiens⟩ | italienisch und ⟨~-French italienisch-französisch⟩

It·a·ly ['ɪtəlɪ] *s* Italien

itch [ɪtʃ] **1.** *s* (Haut-) Jucken *n* ⟨to have an ~ Hautjucken haben⟩ | *Med* Krätze *f* ⟨to have/suffer from the ~ Krätze haben *od* an Krätze leiden⟩ | *übertr* heftiges Verlangen (**for** nach) ⟨~ of desire Sinnenkitzel *m*⟩; **2.** *vi* jucken ⟨I ~ es juckt mich; it ~es es juckt; my arm ~es⟩ | (Kleidung u. ä.) Jucken verursachen, krabbeln, kratzen ⟨the sweater ~ed⟩ | *übertr* heftig verlangen, begierig sein (**for** nach) | *übertr* brennen (**with** vor); **'~ing 1.** *adj* juckend, Juck- | *übertr* begierig, scharf ⟨have an ≈ palm eine offene Hand haben *od* geldgierig sein⟩ | lüstern, geil; **2.** *s* Jucken *n* | *übertr* Begierde *f*; **ˌ~ing 'feet** *umg* Wanderlust *f*; **'~y** *adj Brit umg, Am* juckend ⟨≈ socks Socken, die krabbeln⟩ | *Med* krätzig | *übertr* begierig

i·tem ['aɪtəm] *s* (Programm u. ä.) Punkt *m* ⟨~ by ~ Punkt für Punkt⟩ | (*auch Wirtsch*) Artikel *m*, Posten *m*, Stück *n* ⟨~s of furniture Möbelstücke *n/pl*⟩ | *auch* **'news ˌ~** Nachricht *f*, *Rundf*, *Ferns* Meldung *f*; **ˌ~i'za·tion** *s* detaillierte Aufstellung; **'~ize** *vt* spezifizieren, einzeln auf-, anführen ⟨to ≈ a bill die Posten e-r Rechnung einzeln aufführen⟩

i·tin·er·a·cy [aɪ'tɪnərəsɪ | ɪ't-], **i'tin·er·an·cy** *s* Umherwandern *n*, Umherziehen *n*, Umherreisen *n*; **i'tin·er·ant 1.** *adj* reisend, umherziehend, Reise-, Wander- ⟨≈ musicians fahrende Musikanten *pl*; ≈ preacher Wanderprediger *m*; ≈ trophy *Sport* Wanderpreis *m*⟩; **2.** *s* Reisender *m*; **i'tin·e·ra·ry 1.** *s* Reiseroute *f* | Reiseführer *m*; **2.** *adj* Reise-; **i'tin·er·ate** *vi* (umher)reisen

-i·tis [-aɪtɪs] *in Zus Med* -entzündung *f* ⟨appendic~⟩ | *scherzh* Fimmel *m*, Manie *f* ⟨television~; jazz~⟩

it'll ['ɪtl] *kontr umg* von **it will, it shall**

its [ɪts] *pron* sein, ihr, dessen, deren

it's [ɪts] *kontr umg* = **it is**

it·self [ɪt'self] *pron refl* sich (selbst) | *emph* selbst ⟨the house ~; ~ a new city⟩ ◇ **(all) by ~** für sich allein; **in ~** in sich, an sich

it·sy·bit·sy [ˌɪtsɪ'bɪtsɪ], *auch* **it·ty-bit·ty** [ˌɪtɪ'bɪtɪ], *adj scherzh* klitzeklein | *umg* bunt zusammengewürfelt, aus lauter kleinen Stückchen bestehend

ITV [ˌaɪ ti: 'vi:] *Brit Abk* von **Independent Television** (private Fernsehgesellschaft) | *Abk* von **Instructional television** (Bildungsfernsehen)

-i·ty [-ɪtɪ|-ətɪ] *suff zur Bildung von s aus adj* (**singularity, dexterity**)

IUCD [ˌaɪ ju: si: 'di:] *umg Abk von* **intrauterine contraception device = intrauterine device**

IUD [ˌai ju: 'di:] *umg Abk von* **intrauterine device**

I've [aɪv] *kontr umg* = **I have**

-ive [-ɪv] *suff zur Bildung von adj, s* (**defensive, expletive, active**)

i·vied ['aɪvɪd] *adj* efeuumrankt, mit Efeu bedeckt ⟨an ~ ruin⟩

i·vo·ry ['aɪvr̩ɪ] **1.** *s* Elfenbein *n* | Elfenbeinweiß *n* | (*oft pl*) *umg* Gegenstand aus Elfenbein (z. B. Klaviertaste, Zahn, Würfel, Billardkugel u. ä.) ◇ **tickle the ivories** *scherzh* in die Tasten greifen; **2.** *adj* elfenbeinern, Elfenbein-, elfenbeinfarben ⟨an ~ skin⟩; **'~ nut** *s Bot* Steinnuß *f*; **'~ palm** *s Bot* Elfenbeinpalme *f*; **ˌ~ 'tow·er** *s übertr* Elfenbeinturm *m*

i·vy ['aɪvɪ] *s Bot* Efeu *m*; **'≈ League** *s Am* Eliteuniversitäten *f/pl* der USA

-i·za·tion [-aɪ'zeɪʃn] *suff zur Bildung von s aus v auf* **~ize; -ize,** *Brit auch* **-ise** [-aɪz] *suff zur Bildung von v aus s, adj* (**powderize, hospitalize; liberalize, finalize**); (*nur* **-ise** *in Brit und Am haben:* **advertise, advise, chastise, circumcise, comprise, compromise, despise, devise, disguise, excise, exercise, improvise, incise, merchandise, revise, supervise, surmise, surprise**)

J

J, j [dʒeɪ] *s* (*pl* **J's, Js, j's, js**) J *n*, j *n*

J *Abk* von **Jack** | *Abk* von **Joule**

jab [dʒæb] **1.** (**jabbed, jabbed**) *vt* stechen, stoßen (**into** in) | *umg* (jmdm.) eine Spritze geben *od* verpassen; **~ out** ausstechen; *vi auch* **~ away** stechen, stoßen (**at** nach, **with** mit); **2.** *s* Stich *m*, Stoß *m*, Hieb *m* | *Sport* (Boxen) (linke) Gerade, gerade Linke | *umg* Spritze *f*, Injektion *f*

jab·ber ['dʒæbə] **1.** *vt* (undeutlich) hervorstoßen, plappern, sehr schnell sprechen ⟨to ~ half a dozen languages⟩; *vi* plappern, schnattern, schwatzen, tratschen; **~ away** drauflosschwatzen, schwadronieren; **2.** *s* Geplapper *n*, Geschnatter *n*, Geschwätz *n*; **'~er** *s* Schwätzer *m*

ja·bot ['ʒæbəʊ] *s* Jabot *n*, Rüsche *f*

ja·cinth ['dʒæsɪnθ] *s Min* Hyazinth *m*

jack [dʒæk] **1.** *s* ≈ *dimin* von **John** Hans *m* ⟨≈ and Gill Hans und Grete; I'm all right, ≈ *umg* das wirft mich überhaupt nicht um, das kann mich überhaupt nicht jucken⟩ | Handlanger *m*, Hilfsarbeiter *m* | *Kart* Bube *m*, Unter *m* | *Zool* Männchen *n* | *Zool* (junger) Hecht | *auch* **'lifting ~** *Tech* Flaschenzug *m*, Winde *f*, Hebebock *m* | *Kfz* Wagenheber *m* | (Telephon) Klinke *f* | Sägebock *m* | *auch* **'roasting ~** Bratenwender *m* | *auch* **'boot ~** Stiefelknecht *m* | *Mar* Gösch *f*, Bugflagge *f* | (Bowling) Zielkugel *f*, kleine weiße Markierungskugel | (*oft* ≈) *Brit Sl* Polizist *m*, Polyp *m* | *Sl* Pinke *f*, Geld *n* ⟨to make one's ~ sein Schäfchen ins trokkene bringen⟩ ◇ **every man ~ / ≈ [of them]** alle Mann ohne Ausnahme, alle geschlossen; **2.** *vt Mar* flaggen; **~ in** *Sl* hinhauen, Schluß machen mit ⟨to ≈ a job in einen Job an den Nagel hängen⟩; **~ up** hochheben, hochwinden | aufbocken | *umg* (Preise) hochtreiben

jack·al ['dʒækəl|-kɔ:l] *s Zool* Schakal *m* | *übertr* Handlanger *m*

jack·a·napes ['dʒækəneɪps] *s* (*meist sg*) Naseweis *m*, vorlautes Kind | Laffe *m*, Geck *m*

jack|ass ['dʒækæs] *s Zool* männlicher Esel | *übertr* Esel *m*, Tölpel *m* ◇ **'laughing ~ass** *Zool* Rieseneisvogel *m*, Riesenkönigsfischer *m*; **~boot** ['~bu:t] **1.** *s* Unterdrückung *f* (**on** von) | Unterdrücker *m*, Diktator *m*; **2.** *vt* durch brutale Methoden durchsetzen ⟨to ≈ one's way⟩; **'~boots** *s/pl* lange Stiefel *m/pl*, Kanonenstiefel *m/pl* | *übertr* militärische Disziplin; **ˌ~boot 'tac·tics** *s* (*sg konstr*) Unterdrückungstaktik *f*; **'~daw** *s Zool* Dohle *f* *übertr* Nörgler *m*

jack|e·roo, ~a·roo [ˌdʒækə'ru:] *s Austr* Viehjunge *m*

jack·et ['dʒækɪt] **1.** *s* Jacke *f*, Jackett *n* ⟨to dust s.o.'s ~ *übertr* jmdn. durchprügeln⟩ | *Buchw* Schutzumschlag *m* | *Tech* Mantel *m*, Hülle *f* | Schale *f* ⟨potatoes in their ~s Pellkartoffeln *f/pl*⟩; **2.** *adj Tech* Mantel- ⟨~ cooling Mantelkühlung *f*⟩; **3.** *vt* mit einer Jacke bekleiden | *Tech* mit einem Mantel versehen; **'~ crown** *s Med* Jacketkrone *f*; **'~ed** *adj Tech* ummantelt ⟨≈ pipe Heizmantelrohr *n*⟩; **'~ing** *s Tech* Verkleidung *f*, Umhüllung *f*, Ummantelung *f* | *umg* Dresche *f*; **'~ing wall** *s* Doppelwandung *f*

jack| flag ['dʒæk flæg] *s Mar* Gösch *f*; **ˌ≈ 'Frost** *s* der Winter, Väterchen *n* Frost; **'~ing block** *s Tech* Spannblock *m*; **'~-in-ˌof·fice** *s* Bürokrat *m*, wichtigtuerischer Beamter, **'~-in-the-box** (*pl* **'~-in-the-boxes**) *s* Schachtelmännchen *n*; **'~knife** *s* (*pl* **'~knives**) großes Taschenmesser | *auch* **'~knife ˌdive** *Sport* (Kunstspringen) gehechteter Kopfsprung; **≈-of-'all-trades** *s* Allerweltskerl *m*, Hansdampf in allen Gassen; **'~-o'-ˌlan·tern** *s* Irrlicht *n* | Kürbiskopflaterne *f*; '~ **plane** *s Tech* Schrubbhobel *m*, Langhobel *m*; '**~pot** *s urspr Am* Spielkasse *f* | Jackpot *m*, Gesamteinsatz *m* | höchster Gewinn ⟨to hit the ≈ *umg* den Hauptgewinn treffen; *übertr* das große Los ziehen⟩; '**~ˌrab·bit** *s Zool* Eselhase *m*; ˌ≈ '**Rob·in·son** *s* in: **before you / one can say ≈ Robinson** *umg* im Handumdrehen; '**~screw** *s Tech* Schraubenwinde *f*; '~ '**tar** (*oft* ≈) *s umg* Teerjacke *f*, Matrose *m*; '~ ˌ**tow·el** *s* Rollhandtuch *n*

Jac·o·be·an [ˌdʒækəˈbɪən] *adj Hist* jakobinisch (1603–1625) ⟨~ architecture⟩

Ja·co·bin [ˈdʒækəbɪn] *s Hist* Jakobiner *m*; **Jac·o·bite** [ˈdʒækəbaɪt] *Hist* **1.** *s* Jakobit *m* (Anhänger Jakobs II.); **2.** *adj* jakobinisch

jade [dʒeɪd] **1.** *s* Mähre *f*, Klepper *m* | *verächtl, scherzh* freches Weibsbild, -stück; **2.** *vt* (*meist part perf*) abhetzen, ermüden ⟨to look ~d abgespannt aussehen⟩ | abstumpfen ⟨to have a ~d appetite appetitlos sein⟩

jaf·fa [ˈdʒæfə] *s* (*oft* ≈) *Brit* Jaffaapfelsine *f*, große Apfelsine *od* Orange

[1]**jag** [dʒæg] **1.** *s* (Fels-) Zacken *m* | Zacke *f*, Kerbe *f* | (Kleid-) Schlitz *m* | (Kleidungsstück) Riß *m*, *umg dial* Schlaz *m*; **2.** *vt* (**jagged, jagged**) (aus)zacken, kerben | *dial* stechen

[2]**jag** [dʒæg] *s urspr Am Sl* (Alkohol-, Drogen-) Rausch *m* ⟨marijuana ~s; to have a good ~ on einen gehörigen sitzen haben; to give s.o. a ~ jmdn. berauschen; to go on a ~ einen draufmachen⟩; [1]**jagged** *adj Am Sl* beschwipst, berauscht

[2]**jag|ged** [ˈdʒægɪd] *adj* (aus)gezackt | schroff, zerklüftet ⟨≈ rocks⟩ | rauh, schroff (**with** vor); '**~gy** *adj* ausgekerbt, ausgezackt

jag·uar [ˈdʒægjʊə] *s Zool* Jaguar *m*

jail [dʒeɪl] **1.** *s* Gefängnis *n*; **2.** *vt* einsperren; '**~bird** *s umg* Gewohnheitsverbrecher *m*; '**~break** *s* Ausbruch *m* aus dem Gefängnis; '**~er**, '**~or** *s* Gefangenenaufseher *m*, Gefängniswärter *m*

[1]**jake** [dʒeɪk] *Am umg s* Kerl *m*, Knülch *m* | *verächtl* Bauernlümmel *m*

[2]**jake** [dʒeɪk] *Am Sl* in Ordnung, im Lot ⟨everything was ~ alles war bestens⟩

ja·lop·y [dʒəˈlɒpɪ] *s Am Sl* (Auto, Flugzeug) alte Kiste, Mühle *f*, Klapperkiste *f*

jal·ou·sie [ˈʒæluzi:] *s* Jalousie *f*

[1]**jam** [dʒæm] **1.** (**jammed, jammed**) *vt* (hin)einklemmen, (hin)einzwängen, (hin)eindrücken (**in[to]** in) ⟨to get one's finger ~med sich den Finger quetschen⟩ | überfüllen ⟨to ~ the stadium⟩ | pressen (**against** gegen) | (Maschine u. ä.) blockieren | *auch* ~ **up** (Weg, Gang) (ver)sperren, verstopfen | *Rundf* stören | *übertr umg* (Gesetz u. ä.) durchdrükken; ~ **on** heftig *od* voll bremsen ⟨to ~ the brakes on / to ~ on the brakes⟩; *vi* sich (hinein)quetschen, (hinein)drängen | klemmen, festsitzen, blockieren | *umg Mus* (Jazz) improvisieren; **2.** *s* Klemmen *n*, Drücken *n*, Quetschen *n* | *Tech* Blockieren *n* | *Mil* Ladehemmung *f* | Gedränge *n* | Stauung *f*, Stockung *f* ⟨traffic ~ Verkehrsstauung *f*⟩ | *umg* Klemme *f* ⟨to be in a ~ in der Patsche sitzen⟩

[2]**jam** [dʒæm] **1.** *s* Marmelade *f* | *Brit übertr umg* Spaß *m*, Vergnügen *n* ⟨it isn't all ~ es ist gar nicht so einfach; money for ~ Belohnung *f* für nichts, Geschenk *n*, für das man nichts zu machen hat; to have all the ~ die Rosinen aus dem Kuchen haben⟩; **2.** *vt* (**jammed, jammed**) (Obst) zu Marmelade verarbeiten

Ja·mai|ca [dʒəˈmeɪkə] *s* Jamaika | = **~ca rum**; '**~can 1.** *adj* jamaikanisch; **2.** Jamaikaner(in) *m(f)*; '**~ca** ˌ**rum** *s* Jamaikarum *m*

jamb [dʒæm] *s* (Tür u. ä.) Pfosten *m* | *Arch* Grundmauer *f*, Sockel *m*, Umfassung *f*

jam·bo·ree [ˌdʒæmbəˈri:] *s* Jamboree *n*, Pfadfindertreffen *n* | *Am Sl* Zecherei *f* | *Am Sl* Krawall *m*

jam|ming [ˈdʒæmɪŋ] *s Rundf* Störung *f*, Stören *n*; ˌ**~-'packed** *adj* vollgestopft ⟨a ≈ bus⟩; '~ ˌ**ses·sion** *s Mus* Jazzimprovisation *f*, Jam Session *f*

Jan *Abk* von **January**

jan·gle [ˈdʒæŋgl] **1.** *vi* kreischen, schrillen | zanken, sich streiten | schwatzen; *vt* kreischen; **2.** *s* Kreischen *n*, Schrillen *n* | Streit *m*

jan·is·sa·ry [ˈdʒænɪsərɪ], **jan·i·za·ry** [ˈdʒænɪzərɪ] *s* Janitschar *m* | Söldner *m* eines Tyrannen | *Hist Mil* Angehöriger *m* eines amerikanischen Elitekorps

jan·i|tor [ˈdʒænɪtə] *s* Pförtner *m* | *Am* Hausmeister *m*, Verwalter *m*; **~to·ri·al** [ˌdʒænɪˈtɔ:rɪəl] *adj* Pförtner- | *Am* Hausmeister-

Jan·u·ar·y [ˈdʒænjʊərɪ] *s* Januar *m*

Jap [dʒæp] *s Sl verächtl* Japs(e) *m*

ja·pan [dʒəˈpæn] **1.** *s* japanischer Lack | Lackmalerei *f*, Lackarbeit *f*; **2.** *adj* lackiert, Lack-; **3.** (**jaˈpanned, jaˈpanned**) *vt* (schwarz) lackieren | (Leder u. ä.) polieren, wichsen

Ja·pan [dʒəˈpæn] *s* Japan; **Jap·a·nese** [ˌdʒæpəˈni:z] **1.** *s* Japaner(in) *m(f)* ⟨the ~ die Japaner *pl*⟩ | Japanisch *n*; **2.** *adj* japanisch; ˌ~ '**lan·tern** *s* Lampion *m*

ja·pan ware [dʒəˈpæn wɛə] *s* Geschirr *n* mit Lackmalerei

jape [dʒeɪp] *s selten* Trick *m*, Laune *f*, Spaß *m*

ja·pon·i·ca [dʒəˈpɒnɪkə] *s Bot* Kamelie *f* | *Bot* Japanische Quitte

[1]**jar** [dʒɑ:] *s* Krug *m*, Kanne *f* | Einmachglas *n*

[2]**jar** [dʒɑ:] **1.** (**jarred, jarred**) *vi* knarren, quietschen ⟨to ~ on s.o.'s nerves jmdm. auf die Nerven gehen⟩ | rasseln, klirren (**against** gegen) | schaurig klingen | nicht übereinstimmen (**with** mit), in schreiendem Gegensatz stehen, in Widerspruch stehen (**with** zu), (Farben) nicht zusammenpassen; *vt* knarren lassen | erschüttern, erzittern lassen (*auch übertr*) ⟨to ~ the camera mit der Kamera wackeln; to be ~red by bad news⟩; **2.** *s* Knarren *n*, Quietschen *n* | Rasseln *n*, Klirren *n* | Erschütterung *f* (**to** für) | *Mus* Mißton *m* | Streit *m*, Zank *m* ⟨family ~s⟩

jar|-free [ˈdʒɑ:fri:] *adj* erschütterungsfrei; '**~ful** [~fʊl] *s* Krug *m* (voll)

jar·gon [ˈdʒɑ:gən] **1.** *s verächtl* Jargon *m*, Berufs-, Fachsprache *f* ⟨the ~ of doctors⟩ | Kauderwelsch *n*, Geplapper *n*, Geschwätz *n* ⟨baby's ~⟩ | hochtrabende Sprache, Schwulst *m* ⟨to write ~ schwülstig schreiben⟩; **2.** *vi* (Vögel) zwitschern | im Jargon sprechen | Kauderwelsch reden; '**~ize** *vi* im Jargon sprechen | kauderwelschen; *vt* jargonhaft (aus)sprechen, jargonisieren

jas·min[e] [ˈdʒæzmɪn] *s Bot* Jasmin *m*

jas·per [ˈdʒæspə] *s Min* Jaspis *m*

jaun|dice [ˈdʒɔ:ndɪs] **1.** *s Med* Ikterus *m*, Gelbsucht *f* | *übertr* Voreingenommenheit *f*, Neid *m*; **2.** *vt* (*meist pass*) voreingenommen machen, mit Neid erfüllen ⟨a ~diced view Voreingenommenheit *f*; with a ~diced eye mit scheelem Blick⟩ | mit Gelbsucht anstecken

jaunt [dʒɔ:nt] **1.** *vi auch* ~ **about** umherstreifen, umherwandern, einen Ausflug machen, bummeln; **2.** *s* Ausflug *m*, Spritztour *f* ⟨to take a ~ einen Ausflug machen⟩; '**~ing-car** *s* leichter zweirädriger Wagen

jaun·ty [ˈdʒɔ:ntɪ] *adj* flott, elegant | lebhaft, munter

Ja·va [ˈdʒɑ:və] *s* Java; **~nese** [ˌ~ˈni:z] **1.** *s* Javaner(in) *m(f)* ⟨the ≈ die Javaner *pl*⟩ | Javanisch *n*; **2.** *adj* javanisch

jave·lin [ˈdʒævlɪn] **1.** *s* Wurfspieß *m* | *Sport* Speer *m* ⟨throwing the ~ Speerwerfen *n*⟩; **2.** *vt* mit dem Wurfspieß durchbohren

jaw [dʒɔ:] **1.** *s Anat, Zool* Kiefer *m* ⟨lower ~ Unterkiefer *m*; upper ~ Oberkiefer *m*⟩ | *meist* **jaws** *pl umg* Mund *m* ⟨to hold one's ~ *umg* den Mund halten; shut your ~ *vulg* halt deine Klappe!⟩ | *meist* **yaws** *pl* Eingang *m*, Rachen *m* (*auch übertr*) ⟨the ~s of death die Klauen *f/pl* des Todes⟩ | *Tech* (Klemm-) Backe *f*, Maul *n*, Backen *m*, Wange *f* | *Mar* Gaffelklaue *f* | *umg verächtl* Geschimpfe *n*, Standpauke *f*, Getratsche *n*; **2.** *verächtl vi* schimpfen; *vt umg* (jmdn.) abkanzeln, (jmdm.) den Standpunkt klarmachen | *Sl* einreden auf; **'~bone 1.** *s Anat, Zool* Kinnbacken *m*; **2.** *vt Am Sl* (Unternehmer) offiziell unter Druck setzen; **'~ˌbon·ing** *s Am Sl* (offizielle) Aufforderung an die Wirtschaft, die Gesetze einzuhalten; **'~ˌbreak·er** *s umg* Zungenbrecher *m*, schwer auszusprechendes Wort *n*; **'~ clutch** *s Tech* Klauenkupplung *f*; **'~ing** *s umg verächtl* Standpauke *f* | Getratsche *n*; **'~-~** *vi Brit Sl* quasseln, daherreden, ewig diskutieren; **'~ˌmus·cles** *s/pl Anat* Muskulatur *f* des Unterkiefers

jay [dʒeɪ] *s Zool* Eichelhäher *m* | Schwätzer *m* | *Sl* Dummkopf *m*; **'~walk** *vi umg* falsch über die Straße gehen; **'~ˌwalk·er** *s umg* Verkehrssünder *m*

jazz [dʒæz] **1.** *s Mus* Jazz *m* | *Am Sl* Schmiß *m*, Schwung *m* | *Sl* Getön *n*, Gewäsch *n* | *Am vulg* Beischlaf *m* ◇ **and all that** ~ *Sl* und alles mögliche; **2.** *adj* Jazz- ⟨~ band Jazzband *f*; Tanzkapelle *f*⟩ | grell, schreiend ⟨~ colours⟩ | *Sl* modern ⟨~ suits⟩; **3.** *vt auch* ~ **up** verjazzen, als Jazz spielen ⟨to ~ a tune⟩ | *auch* ~ **up** *Am Sl* aufpolieren, interessant machen, Schliff geben ⟨to ~ a story⟩ | *Am vulg* beschlafen; *vi* Jazz spielen; ~ **around** herumbummeln; **'~er** *s* Jazzspieler *m*; **~man** ['~ˌmæn] *s* (*pl* **~men** ['~ˌmən]) Jazzmusiker *m*; **'~y** *adj* Jazz- ⟨≈ music⟩ | *Sl* lustig, toll | auffallend, aufregend, poppig ⟨a ≈ dress⟩

jeal·ous ['dʒeləs] *adj* eifersüchtig (**of** auf) ⟨a ~ husband⟩ | neidisch (**of** auf) | mißtrauisch (**of** gegen) ⟨to keep a ~ eye on s.o. jmdn. mißtrauisch beobachten⟩ | ängstlich bedacht (**of** auf) ⟨to be ~ of one's rights ängstlich auf seine Rechte bedacht sein⟩; **'~y** *s* Eifersucht *f* (**of** auf) ⟨~ies Eifersüchtelei(en) *f(pl)*⟩ | Neid *m* (**of** auf) | Mißtrauen *n* (**of** gegen)

jean [dʒi:n] **1.** *s* Baumwollköper *m*; **2.** *adj* Baumwoll- ⟨~ overalls Arbeitsanzug *m*⟩; **'jeaned** *adj* in Jeans, jeansgekleidet; **jeans** *s/pl* Jeans *pl*, Niethosen *f/pl* ⟨blue ≈⟩; **'jeans-wear** *s* Jeanskleidung *f*

jeep [dʒi:p] *s Mil Am* Jeep *m*, Geländewagen *m*

jeer [dʒɪə] **1.** *vt* verspotten, lächerlich machen, verlachen; *vi* spotten (**at** über); **2.** *s* Spott *m*, Stichelei *f*; **'~ing** [-r-] **1.** *adj* spöttisch, stichelnd; **2.** *s* Verspottung *f*

Je·ho·vah [dʒɪ'həuvə] *s bibl* Jehovah *m*; **ˌ~s 'wit·ness** *s Rel* Zeuge *m* Jehovas

je·june [dʒɪ'dʒu:n] *adj* mager ⟨~ diets magere Kost, kärgliche Mahlzeiten *f/pl*⟩ | unfruchtbar ⟨~ land⟩ | *übertr* langweilig, fade, wenig informativ, geistlos ⟨a ~ narrative⟩ | *übertr* unreif, unerfahren, kindisch ⟨~ remarks; ~ behaviour⟩; **je'ju·ni·ty** *s* Magerkeit *f* | Unfruchtbarkeit *f* | *übertr* Langweiligkeit *f*, Geistlosigkeit *f* | Unreife *f*, Unerfahrenheit *f*

jell [dʒel] *vi, vt umg* gelieren, verdicken, eindicken (lassen) | *Brit auch* **gel** (Ideen) Gestalt annehmen (lassen); **jel·lied** ['dʒelɪd] *adj* in Aspik ⟨≈ fish⟩

jel|li·fi·ca·tion [ˌdʒelɪfɪ'keɪʃn] *s* Gelierung *f*, Eindickung *f*; **'~li·fy** *vi, vt* gelieren (lassen); **'~ly 1.** *s* Gelee *n* | Gallerte *f*, Sülze *f*; **2.** *vi, vt* gelieren (lassen), in Aspik einlegen; **'~ly-·fish** *s Zool* Qualle *f* | *übertr umg* Schlappschwanz *m*

jem·my ['dʒemɪ] **1.** *s Brit* Brecheisen *n*; **2.** *vt, auch* ~ **open** mit dem Brecheisen öffnen

je ne sais quoi [ˌʒə nə seɪ 'kwa:] ⟨*frz*⟩ *s* etwas Unaussprechliches, etwas Besonderes *od* Bemerkenswertes, eigenartiger Reiz

jen·ny ['dʒenɪ] *s Zool* Weibchen *n* (von kleinen Tieren) | *Tech* Laufkran *m* | *auch* **'spin·ning ˌ~** *Tech* Spinnmaschine *f*; **'~ ass** *s* Eselin *f*

jeop·ard ['dʒepəd], *meist* **'~ize** *vt* gefährden, aufs Spiel setzen; **'~ous** *adj arch* gefährlich, riskant; **'~y 1.** *s* Gefahr *f*, Risiko *n*, Wagnis *n* ⟨to put s.th. in ≈ etw. gefährden, aufs Spiel setzen⟩; **2.** *vt* gefährden, aufs Spiel setzen

jer·bo·a [dʒɜ:'bəuə] *s Zool* (afrikanische) Springmaus

jer·e·mi·ad [ˌdʒerɪ'maɪæd] *s* Jeremiade *f*, Klagelied *n*

[1]**jerk** [dʒɜ:k] **1.** *s* plötzlicher Stoß, Ruck *m* ⟨at one ~ auf einmal; by ~s ruckweise, stoßweise; with a ~ plötzlich, mit einem Ruck⟩ | *Med* Reflexbewegung *f*, (Muskel) Zuckung *f* ⟨physical ~s *Brit umg* Leibesübungen *f/pl*⟩ | Krampf *m* | *Am Sl* primitiver Kerl, Trottel *m*; **2.** *vt* (etw.) (ruckweise) stoßen, werfen, ziehen an | *auch* ~ **out** stoßen ⟨to ~ out one's words⟩; *vi* stoßen, ziehen, reißen, stoßweise sprechen; ~ **along** sich ruckweise bewegen, dahinzuckeln ⟨the train ~ed along⟩; ~ **off** *Am vulg* sich einen runterholen

[2]**jerk** [dʒɜ:k] **1.** *vt* (Fleisch) dünn schneiden u. an der Sonne trocknen; **2.** *s* Charque *f*, (an der Sonne) getrocknetes Fleisch

jer·kin ['dʒɜ:kɪn] *s* Wams *n*, Koller *n*

[1]**jerk·y** ['dʒɜ:kɪ] *adj* stoß-, ruckweise (sich fortbewegend) ⟨a ~ vehicle⟩ | (Sprache) stotternd, abgehackt | *Am Sl* trottelig, dämlich, blöd

[2]**jerk·y** ['dʒɜ:kɪ] *s Am* Dörrfleisch *n*, an der Luft getrocknetes Pökelfleisch

jer·o·bo·am [ˌdʒerə'bəuəm] *s* Riesen(wein)flasche *f*

jer·ry ['dʒerɪ] *s Brit Sl selten* Nachttopf *m* | **≁** *Mil Hist Sl* Deutscher *m*; **'~-build** *vt* (**'~-built, '~-built**) *Brit umg* schlecht *od* unsolide bauen | *übertr umg* zusammenzimmern, zusammenflicken; **'~-ˌbuild·er** *s* schlampiger *od* Pfusch produzierender Bauunternehmer; **'~-built house** *s Brit umg* Bruchbude *f*; **'~can** *s Mil Sl* (Benzin-) Kanister *m*; **'~shop** *s Brit umg selten* Kneipe *f*

jer·sey ['dʒɜ:zɪ] *s* wollene Strickjacke | wollene Unterjacke | Jersey(stoff) *m(m)* | **≁** *s Zool* Jerseyrind *n*; **'≁ 'cloth** *s* Jersey *m*

Je·ru·sa·lem ar·ti·choke [dʒə'ru:sləm 'ɑ:tɪtʃəuk] *s Bot* Topinambur *m*, Erdbirne *f*, Erdartischocke *f*

jes·sa·mine ['dʒesəmɪn] = **jasmine**

jest [dʒest] **1.** *s* Scherz *m*, Spaß *m*, Witz *m* ⟨in ~ im Spaß; to make a ~ of spaßen über, verspotten⟩ | Gegenstand *m* des Spaßes ⟨a standing ~ eine Zielscheibe dauernden Spottes⟩; **2.** *vi* scherzen, spaßen, Spaß machen (**about** über, **with** mit); *vt* (jmdn.) verspotten; **'~er** *s* Spaßmacher *m*, Witzbold *m* | *Hist* Hofnarr *m*; **'~ing 1.** *adj förml* scherzhaft, spaßhaft ⟨a ≈ remark⟩ | lächerlich ⟨no ≈ matter nichts zum Spaßen⟩; **2.** *s* Spaß(machen) *m(n)*, Witz *m*, Scherz(en) *m(n)*

Jes·u·it ['dʒezjuɪt] *s Rel* Jesuit *m* | *übertr verächtl* Heuchler *m*; **Jes·u'it·ic, Jes·u'it·i·cal** *adj Rel* jesuitisch | *übertr verächtl* falsch; **'~ism** *s Rel* Jesuitismus *m*

[1]**jet** [dʒet] **1.** *s Min* Jett *n*, Pechkohle *f* | Pechschwarz *n*; **2.** *auch* **ˌ~-'black** *adj* pech-, kohlschwarz

[2]**jet** [dʒet] **1.** *s* (Wasser- u. ä.) Strom *m*, Strahl *m* ⟨a ~ of water Wasserstrahl *m*⟩ | Stichflamme *f*, Feuerstrahl *m* | *Tech* Düse *f*, Röhre *f* | *Tech* Düsenstrahl(werk) *m(n)*, Düsenantrieb *m* | *Flugw umg* = **~aircraft**; **2.** (**'~ted, '~ted**) *vt* ausstoßen, ausstrahlen; *vi* (her)ausströmen, herausspritzen, hervorsprudeln (**from, out of** aus); **'~aˌbout** *s umg* jmd., der ständig in der Welt herumfliegt; **ˌ~ 'air·craft** *s Flugw* Düsenmaschine *f*; **ˌ~ 'air·lin·er** *s Flugw* Düsenverkehrsflugzeug *n*; **'~ boat** *s* Boot *n* mit Düsenmotor; **'~ ˌbomb·er** *s Flugw* Düsenbomber *m*; **'~borne** *adj* im Düsenflugzeug

reisend ⟨a ≈ business man⟩; ˈ~drive *s Tech* Düsen-, Strahlantrieb *m*; ˌ~ ˈen·gine *s Flugw* Strahltriebwerk *n*; ˌ~ faˈtigue *s* Luftkrankheit *f* (durch ständige Zeitumstellung); ˌ~ ˈfight·er *s Flugw* Düsenjäger *m*; ˈ~ flame *s Tech* Stichflamme *f*; ˈ~foil *s Brit* düsengetriebenes Tragflügelboot; ˈ~-hop *vi* kurze Entfernungen im Jet zurücklegen, schnell von Ort zu Ort reisen; ˌ~ inˈjec·tion gun *s* Impfpistole *f*; ˈ~ ˌlag *s* Unwohlsein *n* durch ständige Zeitumstellung; ˈ~ ˌlin·er, ˈ~ plane *s Flugw* Düsenverkehrsflugzeug *n*; ˌ~-proˈpelled *adj Flugw* mit Düsen- *od* Strahlantrieb | *umg* rasant; ˌ~proˈpul·sion *s Tech* Düsenantrieb *m*, Rückstoß-, Strahlantrieb *m*; ˈ~ pump *s Tech* Strahlpumpe *f*

jet·sam [ˈdʒetsəm] ↑ **flotsam and ~**

jet| set [ˈdʒet set] *s* Jet-set *n*; ˈ~set·ter *s* Angehörige(r) *f(m)* des Jet-set; ˈ~ stream *s Met* Strahlströmung *f* | *Flugw* Auspuffstrahl *m*; ˌ~ ˈsyn·drome *s Med* Jetsyndrom *n*, Übelkeit *f* durch Zeitumstellung (nach langen Flügen)

jet·ti·son [ˈdʒetɪsn] **1.** *s Mar, Flugw* Abwurf *m* (von Ladung); **2.** *vt Mar, Flugw* über Bord werfen | *übertr* abwerfen, über Bord werfen; ˈ~ tank *s* Zusatz-, Abwurfbehälter *m*; ˈ~ valve *s Tech* Schnellablaßventil *n*

jet·ton [ˈdʒetən] *s* Jeton *m*, Zahl-, Spielmarke *f*

[1]**jet·ty** [ˈdʒetɪ] *s* Hafendamm *m*, Mole *f* | Buhne *f*, Wellenbrecher *m*

[2]**jet·ty** [ˈdʒetɪ] *adj* pechschwarz

Jew [dʒu:] **1.** *s* Jude *m*, Jüdin *f* | (*oft* ⁓) *umg verächtl* Wucherer *m*; **2.** *adj* (*oft verächtl*) jüdisch; ˈ~-ˌbait·ing *s* Judenhetze *f*, Judenverfolgung *f*

jew|el [ˈdʒu:l] **1.** *s* Juwel *n*, Kleinod *n* (*auch übertr*) | (Uhr) Stein *m*; **2.** (ˈ~elled, ˈ~elled) *vt* mit Juwelen versehen | (Uhr) mit Steinen versehen; ˈ~elled *adj Brit* mit Edelsteinen *od* Juwelen besetzt | (Uhr) mit Steinen; ˈ~el·ler *s Brit* Juwelier *m*, Goldschmied *m*; ˈ~el·ler·y, ˈ~el·ry *s* Juwelen *n/pl*, Schmucksachen *f/pl*; ˈ~el·ly *adj* juwelengeschmückt

Jew|ess [dʒu:ˈes] *s* Jüdin *f*; ˈ~ish [ˈdʒu:ɪʃ] *adj* jüdisch, Juden-; ~ry [ˈdʒuərɪ] *s* Judentum *n* | Ghetto *n*

jew[s']-harp, *auch* ⁓ [ˈdʒu:(z)ˈhɑ:p] *s Mus* Maultrommel *f*, Brummeisen *n*

Jez·e·bel [ˈdʒezəbl] *s Hist* Isebel | schamloses Weib, Dirne *f*

[1]**jib** [dʒɪb] **1.** *s Mar* Klüver *m* ◇ **the cut of s.o.'s ~** *umg* jmds. Aussehen *n*, jmds. äußere Erscheinung *f*; **2.** (**jibbed, jibbed** [~d]) *vt* (Segel) umlegen; *vi* sich umlegen

[2]**jib** [dʒɪb] *s Tech* Ausleger *m*, Kranbalken *m*, Kranbaum *m*

[3]**jib** [dʒɪb] **1.** (**jibbed, jibbed**) *vi* (Pferd) störrisch sein, scheuen (**at** vor) | *übertr* streiken, nicht (mit)machen wollen (**at s.th.** bei etw.) ⟨to ~ at working overtime⟩; **2.** *auch* ˈ~ber *s* störrisches Tier

jib boom [ˌdʒɪb ˈbu:m] *s Mar* Klüverbaum *m*

jibe = **gibe**

jiff [dʒɪf], *meist* ˈ**jif·fy** *s umg* Augenblick *m* ⟨I won't be a ~ ich bin im Nu fertig; in a ~ im Nu; half a ~ ein Moment⟩

[1]**jig** [dʒɪg] **1.** *s Mus* Gigue *f* (Tanz) | schnelles Auf und Ab | *Sl* Scherz *m*, Trick *m* ⟨the ~ is up *übertr* das Spiel ist aus!⟩; **2.** (**jigged, jigged**) *vt* tanzen | hin u. her schütteln, werfen, ruckweise bewegen; *vi* tanzen, hüpfen ⟨to ~ up and down auf und niederhüpfen⟩

[2]**jig** [dʒɪg] **1.** *s Tech* (Spann-) Vorrichtung *f*, Bohrschablone *f* | *Bergb* Setzmaschine *f*, -kasten *m*, Vorklassiersieb *n*; **2.** (**jigged, jigged**) *vt Bergb* (Erz) setzen, scheiden; *vi Bergb* mit einer Setzmaschine arbeiten

[1]**jig·ger** [ˈdʒɪgə] *s Mus* Giguetänzer *m*

[2]**jig|ger** [ˈdʒɪgə] *s Bergb* Setzmaschine *f*, Siebvorrichtung *f* | Töpferscheibe *f* | *Mar* Besan *m*, Hecksegel *n* | Schluck *m*, Gläschen *n* ⟨a ≈ of gin⟩ | (Golf-) Jigger *m*, Schläger *m* | *Am Sl* kleines Dings (Gerät)

[3]**jig·ger** [ˈdʒɪgə] *s Zool* Sandfloh *m*

jig·gered [ˈdʒɪgəd] *umg adj* überrascht *in*: **I'm ~ if** verdammt will ich sein *od* hol mich der Teufel, wenn; **well, I'm ~** da bin ich aber platt *od* von den Socken | ganz müde, kaputt

jig·ger·y-po·ker·y [ˌdʒɪgərɪ ˈpəukərɪ] *s Brit umg* Schwindel *m*, Humbug *m*, Schmu *m*

jig·gle [ˈdʒɪgl] *umg* **1.** *vt* stoßen, rütteln, schütteln; *vi* schaukeln; **2.** *s* Schütteln *n*

jig·gly [ˈdʒɪglɪ], *auch* **jig·gle** [ˈdʒɪgl] *adj Am Sl* anzüglich, gewagt ⟨~ shows⟩

jig·saw [ˈdʒɪgsɔ:] *s Tech* Laubsäge *f* | *Tech* Schweifsägemaschine *f*; *auch* ˈ~ ˌpuz·zle *s* Puzzlespiel *n*

ji·had [dʒɪ ˈhɑ:d] *s Rel* Heiliger Krieg (der Moslems)

jilt [dʒɪlt] **1.** *vt* (Liebhaber) sitzenlassen, den Laufpaß geben; **2.** *s* Kokette *f*, untreues Mädchen | untreuer Liebhaber; ˈ~ed *adj* verschmäht ⟨≈ lover⟩

Jim Crow [ˌdʒɪm ˈkrəu] *Am Sl verächtl* **1.** *s* Neger *m*, Nigger *m* | Rassendiskriminierung *f*; **2.** *adj* Neger- | negerfeindlich | (als Ausdruck der Rassendiskriminierung) nur für Neger ⟨~ train; ~ bus⟩; **3.** *vt* (Neger) diskriminieren; ˈ~ism *s Am Sl verächtl* Rassentrennung *f*

jim·i·ny [ˈdʒɪmənɪ] *interj* herrje!, du liebe Güte!

jim·jams [ˈdʒɪmdʒæmz] *umg s* (*mit best art*) Gänsehaut *f* ⟨he gives me the ~ bei ihm kriege ich das große Grausen⟩ | Muffe *f* ⟨I've got the ~ da geht mir die Muffe; it gives me the ~ da krieg ich's mit der Angst zu tun⟩

jim·my *s*, *v Am* = **jemmy**

jin|gle [ˈdʒɪŋgl] **1.** *vi* klimpern ⟨coins ≈⟩ | klingeln ⟨bells ≈⟩ | klirren | sich reimen; *vt* klimpern lassen ⟨to ≈ the keys mit den Schlüsseln klimpern⟩; **2.** *s* Geklimper *n*, Geklingel *n*, Geklirre *n* | schlechte Verse *m/pl* ⟨a writer of ≈s ein Verseschmied *m*⟩ | kurzer Werbevers | zweirädriger bedeckter Wagen; ˈ~gly *adj* klimpernd, klirrend, klingelnd, bimmelnd

jin|go [ˈdʒɪŋgəu] **1.** *s* (*pl* ˈ~goes) *Pol verächtl* Chauvinist *m*, Hurrapatriot *m*, Säbelraßler *m* ◇ **by ~go!** Donnerwetter!, alle Wetter!; **2.** *vi* mit dem Säbel rasseln; ˈ~go·ism *s Pol verächtl* Chauvinismus *m*; ˈ~go·ist *s Pol verächtl* Chauvinist *m*

jink [dʒɪŋk] *vi* sich leichtfüßig bewegen | *vt bes Schott* ausweichen, entschlüpfen (**s.th.** einer Sache, **s.o.** jmdm.); [1]**jinks** *s/pl*, *meist* **high ~s** Ausgelassenheit *f*, ausgelassene Fröhlichkeit

[2]**jinks, jinx** [dʒɪŋks] *urspr Am Sl s* Unglücksrabe *m* | Verhexung *f* ⟨there's a ~ on s.th. etw. muß verhext sein; to put a ~ on s.th. etw. verhexen⟩

jinn [dʒɪn], *auch* **jinni** [dʒɪnɪ] *s* (*pl* **jinns, jinn**) = **genie**

jin·riki·sha [ˌdʒɪnˈrɪkʃɔ:] = **rickshaw**

jit·ney [ˈdʒɪtnɪ] *s Am umg* 5-Cent-Stück *n*, Nickelmünze *f* | billiger Autobus, billiges Verkehrsmittel *n*

jit·ter [ˈdʒɪtə] *vi Am umg* Angst *od* Bammel haben

jit·ter|bug [ˈdʒɪtəbʌg] *s Am* Jitterbug *m* (Tanz) | *Am* wilder Tänzer | *übertr* Zappelphilipp *m*

jit|ters [ˈdʒɪtəz] *s/pl urspr Am umg* Nervosität *f*, Angst *f* ⟨to have / got the ≈ Angst haben⟩; ˈ~tery *adj umg* zappelig, durchgedreht, nervös

jiu·jit·su [ˌdʒu:ˈdʒɪtsu:] = **jujitsu**

jive [dʒaɪv] **1.** *s Mus* Swingmusik *f* | *Am* Swing-, Jazzjargon *m* | *Am Sl* Gequatsche *n*, Geseiche *n*, Kohl *m*; **2.** *vi* Swingmusik machen | zu Swingmusik tanzen

Jnr *Abk* von ↑ **junior**

[1]**Job** [dʒəub] *s bibl* Hiob *m* ⟨a ~'s comforter einer, der durch seinen falschen Trost das Übel nur vergrößert; ~'s news Hiobsbotschaft *f*; to try the patience of ~ eine Engelsgeduld verlangen⟩

[2]**job** [dʒɒb] **1.** *s* Stoß *m*, Stich *m*; **2.** (**jobbed, jobbed**) *vt*

dial, Austr (hinein)stoßen, (hinein)stechen; *vi* picken, stoßen, stechen (**at** nach)

[3]**job** [dʒɒb] **1.** *s* (Stück) Arbeit *f* ⟨a good ~ of work eine gute Arbeit, ein gutes Stück Arbeit; odd ~s Gelegenheitsarbeiten *f/pl*; to make a ~ of s.th. etw. ordentlich machen⟩ | Akkordarbeit *f* ⟨by the ~ im Akkord⟩ | *umg* Stelle *f*, Posten *m*, Beschäftigung *f*, Arbeit *f* ⟨on the ~ an der Arbeit, im Dienst, beschäftigt; (Maschine) in Betrieb; *Sl* auf dem Posten, rührig; out of ~ arbeitslos; to get a ~ Arbeit bekommen; to have a ~ as arbeiten als; to take a ~ eine Stelle annehmen; well-paid ~ gute Stelle⟩ | *umg* Geschäft *n* | *Sl* Ding *n* ⟨to do a ~ on s.o. jmdm. eins auswischen; to pull a ~ ein Ding drehen⟩ | Sache *f*, Angelegenheit *f*, Beispiel *n* ⟨a bad ~ eine schlimme Sache!; a good ~! ein Glück!; a beautiful ~ eine feine Sache, etwas Herrliches; some ~! feine Sache; a put-up ~ ein abgekartetes Spiel; just the ~ genau das Richtige; what a ~! zum Verrücktwerden!; to give s.o. (s.th.) up as a bad ~ jmdn. (etw.) als hoffnungslos aufgeben; to make the best of a bad ~ aus einer Sache das Beste herausholen; to put up a ~ on s.o. jmdm. einen Streich spielen⟩; **2.** (**jobbed, jobbed**) *vi* Gelegenheitsarbeiten machen | im Akkord arbeiten | schachern ⟨a bit of ~bing Schiebung *f*, Schacher *m*⟩ | Zwischenhändlergeschäfte machen | (im Amt) schieben; *vt* (Arbeit) im Akkord vergeben | spekulieren, schachern mit | Zwischenhändlergeschäfte machen mit | (Pferde u. ä.) vermieten | durch Schiebung fördern ⟨to ~ s.o. into a post jmdn. auf einen Posten schieben; to ~ s.o. out of s.th. jmdn. um etw. betrügen⟩; **3.** *adj* Akkord- | Miet- ⟨~ carriage Mietfahrzeug *n*⟩ | Stellen- ⟨~ market⟩; **'~ber** *s* Gelegenheitsarbeiter *m* | Akkordarbeiter *m* | Makler *m* | Zwischenhändler *m* | Schieber *m*; **ˌ~ber's length 'drill** *s Tech* Spiralbohrer *m* mit Zylinderschaft; **'~ber·y** *s* Maklerwesen *n* | *selten* Schiebung *f*, Amtsmißbrauch *m* ⟨a piece of ≈ eine abgekartete Sache⟩; **'~bing 1.** *s* Akkordarbeit *f* | Einzelteilfertigung *f* | Schiebung *f* | Vermieten *n*; **2.** *adj* Gelegenheits- ⟨≈ gardener⟩; **'~ ˌcen·tre** *s Brit* Arbeitsvermittlung(sstelle) *f(f)*; **'~ ˌhold·er** *s* Arbeitnehmer(in) *m(f)* | *Am* Staatsbeamter *m*; **'~-hop** *vi umg* ständig die Arbeitsstelle wechseln; **'~-ˌhop·per** *s umg* jmd., der ständig die Arbeit wechselt; **'~ ˌhunt·er** *s* Stellenjäger *m*; **'~less** *adj* arbeitslos; **'~ lot** *s* Ramschware *f* | Gelegenheitskauf *m*; **'~ˌmas·ter** *s Brit* Pferde- u. Wagenvermieter *m*; **ˌ~ 'safe·ty** *s* Sicherheit *f* am Arbeitsplatz

jock [dʒɒk] *s Am Sl* Sportler *m* (*bes* am College)

jock·ette [dʒɒ'ket] *s Am* weiblicher Jockey

jock·ey ['dʒɒkɪ] **1.** *s* Jockei *m* | Betrüger *m*; **2.** *vt* (Pferd als Jockei) reiten | betrügen, prellen (**out of** um) | verleiten, treiben (**into** zu); *vi* ein Pferd reiten ⟨to ~ for position sich eine gute Ausgangsposition schaffen (*auch übertr*)⟩ | betrügen; **'≈ Club** *s Brit* (offizielle) Rennsportvereinigung, Rennveranstalter *m*

jock·strap ['dʒɒkstræp] *s umg* Suspensorium *n*

jo·cose [dʒəʊ'kəʊs] *förml, lit adj* heiter, spaßhaft, scherzhaft, spaßig ⟨~ remarks⟩; **jo·cos·i·ty** [dʒəʊ'kɒsətɪ] *s* Heiterkeit *f*, Spaßhaftigkeit *f*, Scherz(haftigkeit) *m(f)*, Spaß *m*; **joc·u·lar** ['dʒɒkjʊlə] *adj förml* humorvoll, scherzhaft; **joc·u·lar·i·ty** [ˌdʒɒkjʊ'lærətɪ] *s* Scherzhaftigkeit *f* | Spaß *m*; **joc·und** ['dʒɒkənd] *adj förml, lit* lustig, heiter; **jo·cun·di·ty** [dʒəʊ'kʌndətɪ] *förml, lit s* Lustigkeit *f* | Spaß *m*

jo·del = **yodel**

jodh·purs ['dʒɒdpəz] *s/pl* Reithose(n) *f(pl)*

Joe Mil·ler [ˌdʒəʊ 'mɪlə] *s* Kalauer *m*, alter Witz

jo·ey ['dʒəʊɪ] *s Austr* junges Känguruh

jog [dʒɒg] **1.** (**jogged, jogged**) *vt* stoßen, rütteln, schütteln ⟨to ~ on fortstoßen; to ~ s.o.'s elbow jmdn. anstoßen, jmdn. aufmerksam machen *od* warnen⟩ | *übertr* anregen ⟨to ~ s.o.'s memory jmds. Gedächtnis nachhelfen⟩ | (Papierbogen) geradestoßen, ausrichten; *vi* Dauerlauf machen, joggen | *auch* **~ along, ~ on** trotteln, sich langsam weiterbewegen, dahinschlendern, -zuckeln; **~ along** *übertr* (langsam, aber stetig) fortschreiten, (gemütlich) fortfahren; **~ on** *übertr umg* sich über Wasser halten, fortwursteln; **2.** *s* Stoßen *n*, Rütteln *n*, Schütteln *n* | (Gedächtnis) Stups *m* | Trott *m* | *übertr* alter Trott *m*, Schlendrian *m*; **'~ging** *s* Jogging *m*, Dauerlauf *m*, Laufen *n*; **'~ging ˌpants** *s* Joggerhose(n) *f(pl)*; **'~ging ˌshoe** *s* Laufschuh(e) *m(pl)*

jog·gle ['dʒɒgl] **1.** *vt umg* rütteln, schütteln, hin u. her werfen *od* stoßen | *Tech* (stauch)verschränken | *Tech* federn und nuten, fest verbinden; *vi* sich schütteln, hin und her geworfen werden; **2.** *s umg* Rütteln *n*, Schütteln *n* | *Tech* feste Verbindung, Verbindung *f* auf Nut und Feder

jog trot ['dʒɒg trɒt] **1.** *s* Trott *m*, gleichmäßiger Trab | *übertr* Schlendrian *m*; **2.** *adj* schlendernd | eintönig

John [dʒɒn] *s* Johann *m*, Hans *m* | *Am umg* Kerl *m*, Bursche *m* | **≈** *Am Sl* (Bordell-) Freier *m* | **≈** *Am Sl* Klo *n*, Lokus *m*; **ˌ~ 'Bar·ley·corn** *s* Gerstensaft *m*; **ˌ~ 'Bull** *s* der typische Engländer; das englische Volk; **ˌ~ 'Chi·na·man** *s* (*pl* **ˌ~ 'Chi·na·men**) (typischer) Chinese; **ˌ~ 'Doe** [ˌ~ 'dəʊ] *Am Jur umg s* fingierte *od* fiktive Person vor Gericht ⟨≈ v. Richard Meier gegen Schulze⟩ | *Am umg* Durchschnittsbürger *m* ⟨many ≈s⟩; **ˌ~ 'Han·cock** [ˌ~ 'hænkɒk], *auch* **ˌ~ 'Hen·ry** *s* Unterschrift *f* ⟨to put one's ≈ on seinen Wilhelm setzen auf⟩

john·ny ['dʒɒnɪ] *s umg* Kerl *m*, Bursche *m*; **'~ cake** *s Am* Maismehlkuchen *m*; **'≈-ˌcome-'late·ly** *s Am umg* Neu(ankömm)ling *m* | Nachzügler *m*, Spätzünder *m*; **ˌ≈-on-the-'spot** *s Am umg* Retter *m* in der Not | jmd., der zur rechten Zeit kommt

joie de viv·re [ˌʒwɑ: də 'vi:vrə] *s* ⟨*frz*⟩ Lebensfreude *f*, -lust *f*

join [dʒɔɪn] **1.** *vt* verbinden, zusammenschließen, zusammenfügen (**to** mit) ⟨to ~ hands sich die Hand reichen⟩ | verbinden, vereinigen (**with, to** mit) ⟨to ~ forces with gemeinsam vorgehen mit; to ~ in marriage verheiraten⟩ | mitmachen mit (**in** bei) ⟨to ~ s.o. in *mit ger* mit jmdm. gemeinsam *mit inf*⟩ | sich anschließen an, beitreten ⟨to ~ a club in einen Klub eintreten; to ~ a battle/fray sich dem Kampf anschließen, den Kampf beginnen; to ~ the majority sich der Mehrheit anschließen⟩ | *umg* angrenzen, anstoßen an | (Fluß) fließen in; *vi* sich vereinigen, sich verbinden, sich treffen (**with** mit) | teilnehmen, mitmachen (**in** an, bei) | sympathisieren, mitfühlen (**with** mit) | angrenzen; **~ up** *umg* Soldat werden; **2.** *s* Vereinigung *f*, Verbindung *f* | Verbindungsstelle *f*, Naht *f*, Fuge *f* | *Math* Vereinigung *f* (von Mengen, Klassen); **'~er** *s* Tischler *m*, Zimmermann *m* | *Am umg* Vereinsmensch *m*; **'~er·y** *s* Tischlerarbeit *f* | Tischlerhandwerk *n* | Tischlerei *f*

joint [dʒɔɪnt] **1.** *s Tech* Verbindung *f*, Verband *m* ⟨wood ~ Holzverband *m*⟩ | (Rohr) Verbindungsstelle *f*, Naht *f*, Fuge *f* | Abdichtung *f* | Scharnier *n*, Gelenk *n* | *Bot, Anat* Glied *n*, Gelenk *n* ⟨out of ~ ausgerenkt; *übertr* aus den Fugen⟩ | *Brit* (*Kochk*) Bratenstück *n* ⟨a ~ of beef⟩ | *Geol* Spalte *f* | *Sl verächtl* Kneipe *f*, Laden | *Sl* Spielhölle *f* | *Sl* Joint *m* (Marihuanazigarette); **2.** *adj* verbunden, vereint, solidarisch ⟨~ action gemeinsames Vorgehen; ~ command *Mil* vereinigtes Kommando; ~ efforts gemeinsame Anstrengungen *f/pl*⟩ | *bes Jur* gemeinschaftlich ⟨~ account gemeinsames Konto *n*; ~ heir Miterbe *m*; during their ~ lives *Jur* solange beide am Leben sind⟩; **3.** *vt* verbinden, zusammenfügen | *Tech* (ab)fugen, abdichten, verzapfen | *Tech* durch Gelenk verbinden, anlenken | (Fleisch) zerteilen, in Portionen *od* Stücke schneiden; **ˌ~ 'coup·ling** *s Tech* Gelenkkupplung *f*; **'~ed** *adj* verbunden | gegliedert ⟨≈ doll Gliederpuppe *f*⟩; **'~er** *s Tech* Schlichthobel *m*; Fugeisen *n* | *El* Kabellöter *m*; **'~ hinge** *s Tech* Scharnierband *n*; **ˌ~ 'hon·ours** *s/pl Brit* (Universität) Fachkombination *f*; **'~ ring** *s Tech* Dichtungsring *m*, -scheibe *f*; **'~ ˌrub·ber** *s Tech* Dichtungsgummi *m*; **'~ slot** *s Arch* Fugenkerbe *f*; **'~ stock** *s Wirtsch* Aktienkapital *n*; **ˌ~-'stock ˌcom·pa·ny** *s Wirtsch Brit* Aktiengesellschaft *f*; **'~ 'ten·an·cy** *s Jur* Mitbesitz *m*, Mitpacht *f*; **ˌ~ 'ven·ture** *s* Gemeinschaftsunternehmen *n*, **'~ wire** *s Tech* (Scharnier) Stift *m*

join·ture ['dʒɔɪntʃə] *Jur* **1.** *s* Wittum *n*, Witwenleibgedinge *n*; **2.** *vt* ein Witwenleibgedinge festlegen

joist [dʒɔɪst] *Arch* **1.** *s* Querbalken *m* | Haupt-, Querträger *m*, Unterzug *m* ⟨encased ~ Kastenträger *m*⟩; **2.** *vt* mit Querbalken *od* Querträgern versehen

joke [dʒəuk] **1.** *s* Scherz *m*, Spaß *m* ⟨in ~ im Spaß; it's all a ~ es ist alles nur Spaß; no ~ im Ernst; the best of the ~ der Witz der Sache; the ~'s on s.o. jmd. lacht zuletzt; to be / go beyond a ~ nicht mehr zum Lachen sein, Ernst werden; to crack / make a ~ about scherzen *od* Witze machen über; to play a practical ~ [up]on s.o. jmdm. einen Streich spielen; to see a ~ einen Witz begreifen *od* verstehen; to take a ~ Spaß verstehen⟩ | lächerliche Sache *od* Person ⟨he's a ~ über ihn kann man nur lachen⟩ | Kleinigkeit *f*, unbedeutende Sache ⟨it was no ~ es war nicht zum Lachen, es war keine Kleinigkeit⟩; **2.** *vi* scherzen, Spaß machen ⟨he's joking er macht nur Spaß⟩ | sich lustig machen (**with** über); *vt* (jmdn.) necken, sich lustig machen über ⟨to ~ s.o. about jmdn. hänseln wegen⟩; **'jok·er** *s* Spaßmacher *m*, Witzbold *m* | *Sl* Kerl *m*, Bursche *m* | *Kart* Joker *m* | *Am Sl* versteckte Klausel, Hintertürklausel *f*; **'jok·ing·ly** *adv* aus Spaß, nicht ernsthaft; **'jok·y** *adj* spaßhaft, scherzhaft

jol·li|fi·ca·tion [ˌdʒɒlɪfɪ'keɪʃn] *umg s* Trinkgelage *n* | Lustbarkeit *f*, Festlichkeit *f*; **'~fy** *vt* lustig machen | betrunken machen; *vi* lustig sein; **~ty** ['dʒɒlətɪ] *s* Lustigkeit *f* | Lustbarkeit *f*

jol·ly ['dʒɒlɪ] **1.** *adj* lustig, heiter, fidel, vergnügt | *Brit umg* angeheitert | *Brit umg* famos, großartig, prima ⟨~ weather⟩ | *iron* groß, ziemlich ⟨a ~ fool⟩; **2.** *adv intens Brit umg* sehr, riesig ⟨a ~ good fellow ein sehr netter Kerl; it's ~ cold es ist gehörig kalt; he'll ~ well have to ob er will oder nicht, er muß wohl oder übel⟩; **3.** *s Brit Sl* Matrose *m* | *umg* = **jollity**; **4.** *vi* lustig sein | *umg* schmeicheln; *vt umg* (jmdm.) gut zureden, schmeicheln ⟨to ~ s.o. into *mit ger* jmdn. dazu bringen zu *mit inf*⟩; **~ along** (jmdn.) aufmuntern *od* bei Laune halten

jol·ly boat ['dʒɒlɪ bəut] *s Mar* Beiboot *n*

Jol·ly Ro·ger [ˌdʒɒlɪ 'rɒdʒə] *s* Piratenflagge *f*, -fahne *f*

jolt [dʒəult] **1.** *vt, vi* (auf)rütteln, stoßen (*auch übertr*) ⟨to ~ s.o. out of a belief jmdn. aus einem Wahnglauben aufrütteln⟩; **~ along** dahinholpern, rüttelnd entlangfahren; **2.** *s* Rütteln *n*, Schütteln *n* | Ruck *m*, Stoß *m* ⟨the ~ of a car⟩; **'~head** *s* Dummkopf *m*; **'~y** *adj* (Straße) holprig, uneben | (Fahrzeug) (durch)rüttelnd, holprig ⟨a ≈ bus⟩

Jo·nah ['dʒəunə] *s bibl* Jonas *m* | *übertr* Unglücksrabe *m*, Unheilsbringer *m*

jon·quil ['dʒɒŋkwɪl] *s Bot* Jonquille *f*, Binsennarzisse *f*

Jor·dan ['dʒɔ:dn] **1.** *s* Jordanien | Jordanier(in) *m(f)*; **2.** *adj* jordanisch

jo·rum ['dʒɔ:rəm] *s* Trinkkrug *m*

josh [dʒɒʃ] *Am umg* **1.** *vt, vi* hänseln; **2.** *s* Hänselei *f*, Ulk *m*; **'~er** *s Am umg* Spaßmacher *m*

jos·kin ['dʒɒskɪn] *s Sl* Bauer *m*, Tölpel *m*

joss [dʒɒs] *s* chinesischer Götze; **'~ house** *s* chinesischer Götzentempel; **'~ stick** *s* Räucherstock *m*, -stäbchen *n*

jos·ser ['dʒɒsə] *s Brit Sl* Bursche *m*, Tölpel *m*

jos|tle ['dʒɒsl] **1.** *vt* (jmdn.) stoßen, anrempeln, schubsen, verdrängen ⟨to ≈ each other aneinanderstoßen⟩; *vi* stoßen, anrennen, rempeln (**against** an, gegen) | zusammenstoßen (**with** mit) | sich drängen, sich drängeln | *Am Sl* klauen, Taschendiebstahl begehen; **2.** *s* Zusammenprall *m*, -stoß *m* (*auch übertr*) | Gedränge *n*, Drängelei *f*; **'~tler** *s Am Sl* Taschendieb *m*

jot [dʒɒt] **1.** *s* (*meist neg*) Deut *n*, Jota *n* ⟨not a ~ kein bißchen⟩; **2.** *vt* (**'~ted, '~ted**), *meist* **~ down** rasch notieren; flüchtig hinwerfen, kurz vermerken; **'~ter** *s* Notizbuch *n*, Kladde *f*; **'~ting** *s* (*meist pl*) Notiz *f*, Vermerk *m* ⟨to make rapid ≈s⟩

joule [dʒu:l] *s Phys* Joule *n*, Wattsekunde *f*

jounce [dʒauns] **1.** *vt* (durch)rütteln, schütteln; *vi* holpern ⟨to ~ off fortholpern⟩; **2.** *s* Holpern *n* | Stoß *m*

jour·nal ['dʒɜ:nl] *s* Journal *n*, Tagebuch *n* | Zeitung *f*, Tageblatt *n*, Zeitschrift *f* ⟨weekly ~ Wochenschrift *f*⟩ | *Mar* Logbuch *n* | *Tech* (Achs-, Wellen-) Zapfen *m*, Stift *m* ⟨~ bearing Achs-, Zapfenlager *n*⟩; **~ese** [ˌdʒɜ:n'li:z] *s umg verächtl* (schlechter) Zeitungsstil; **'~ism** *s* Journalismus *m*; **'~ist** *s* Journalist(in) *m(f)*; **ˌ~'is·tic** *adj* journalistisch, Journalisten-

jour·ney ['dʒɜ:nɪ] **1.** *s* (bes. Land-) Reise *f*, Fahrt *f* ⟨a day's ~ eine Tagereise; return ~ Rückreise *f*; -fahrt *f*; the double ~ die Hin- und Rückreise *f*; a ten-mile ~ eine Reise von zehn Meilen; to break one's ~ seine Reise unterbrechen; to go on a ~ verreisen; to make/take a ~ eine Reise machen; one's ~'s end *lit* Endstation *f*; *übertr* Lebensende *n*, Tod *m*⟩; **2.** *vi* reisen | wandern; **'~man** *s* (*pl* **'~men**) Handwerksgeselle *m* ⟨≈ carpenter Zimmergeselle *m*⟩ | *übertr* Handlanger *m*, jmd. der hilft, so gut er kann ⟨a ≈ painter ein Behelfsmaler *m*⟩

joust [dʒaust] **1.** *vi Hist* turnieren | *übertr* (bes. in der Zeitung) sich in den Haaren haben; **2.** *s Hist* Turnier *n* | *Am Sl* Geplänkel *n*

Jove [dʒəuv] *s* Jupiter *m* ⟨by ~! *Brit umg selten* Donnerwetter!⟩

jo·vi·al ['dʒəuvɪəl] *adj* jovial, lustig, heiter ⟨a ~ fellow⟩; **~i·ty** [ˌdʒəuvɪ'ælətɪ] *s* Jovialität *f*, Lustigkeit *f*, Frohsinn *m* ⟨~ities freundliche Worte *n/pl*⟩

jowl [dʒaul] *s* Wange *f*, Backe *f* ⟨cheek by ~ dicht beisammen⟩ | *Zool* Wamme *f*, Kehllappen *m*; **-jowled** *in Zus* -backig, -wangig ⟨a heavy-≈ man ein Mann mit Hängebacken⟩

joy [dʒɔɪ] **1.** *s* Freude *f* (**at** über, **in, of** an) ⟨filled with ~ voller Freude; for ~ aus Freude; to s.o.'s ~ zu jmds. Vergnügen; to give s.o. great ~ jmdm. große Freude bereiten *od* machen; to wish s.o. ~ of jmdm. Glück wünschen *od* gratulieren zu⟩ | *übertr* (Person, Sache) Freude *f* ⟨she is my ~⟩ | *Brit umg* Erfolg *m*, Glück *n* ⟨I didn't have any ~ ich hatte Pech, mir gelang nichts⟩; **2.** *vi poet* sich freuen (**in** an); **'~ance** *s poet* Freude *f*, Ergötzen *n*; **'~ bells** *s/pl* Freudenglocken *f/pl*; **'~ful** *adj* freudig, erfreulich, glücklich ⟨≈ news freudige Nachricht *f*⟩ | erfreut, glücklich ⟨to be ≈ sich freuen⟩; **'~less** *adj* freudlos | traurig; **'~ous** *adj lit* freudig, erfreulich; **'~ride 1.** *umg s* Vergnügungsfahrt *f* | Schwarzfahrt *f* (mit einem gestohlenen Auto) | *übertr* rücksichtsloses Geldausgeben, Einkaufstaumel *m*; **2.** *vi* eine Schwarzfahrt machen; **'~stick** *s Flugw umg* Steuerknüppel *m* | (Computer) Joystick *m*

JP [ˌdʒeɪ 'pi:] *Abk* von **justice of the peace**

Jr *Abk von* **junior**

ju·be ['dʒu:bɪ] *s Arch* Lettner *m*

ju·bi|lance ['dʒu:bɪləns], **'~lan·cy** *s* Jubel *m*, Entzücken *n*;

'~lant *adj* jubelnd, frohlockend; '~late *vi* jubeln, frohlocken | ein Jubiläum feiern; ,~'la·tion *s* Jubel *m*, Frohlocken *n* | Festlichkeit *f*; ~lee ['~li:] 1. *s* Jubiläum *n* ⟨silver ≈ 25jähriges Jubiläum⟩ | *auch* ,~lee in'dul·gence *Rel* Jubel-, Ablaßjahr *n* | Freudenfest *n* | Festzeit *f*; 2. *adj* Gedenk-, Jubiläums- ⟨≈ stamp Sonderbriefmarke *f*, Gedenkmarke *f*⟩

Jud. *Abk bibl* (Buch *n* der) Richter

jud. *Abk von* **judge** | **judgement** | **judicial** | **judiciary**

Ju·da|ic [dʒu:'deɪɪk], **Ju'da·ic·al** *adj* jüdisch; '~ism *s* Judaismus *m*; **Ju·das** ['dʒu:dəs] *s bibl* Judas *m* (*auch übertr*)

jud·der ['dʒʌdə] *Brit* 1. *s* Erschütterung *f* | (Auto u. a.) Rukkeln *n* | *Mus* Vibrato *n* | *Flugw* Vibrieren *n*; 2. *vi* (er)zittern | (Person) zucken | (Auto u. a.) ruckeln

Jude [dʒu:d] *bibl s* (Brief *m* des) Judas | Judas

judge [dʒʌdʒ] 1. *s Jur* Richter *m* ⟨chief ~ Gerichtspräsident *m*; lay ~ Laienrichter *m*; sober as a ~ *umg* stocknüchtern⟩ | Schiedsrichter *m* | Sachverständiger *m*, Kenner *m* (**of** von) ⟨a good ~ of horses ein guter Pferdekenner *m*; to be a ~ of sich verstehen auf⟩ | *übertr* Richter *m* (**of** über) ⟨God is my ~ so wahr mir Gott helfe!⟩; 2. *vt Jur* Recht sprechen über | *übertr* richten über | entscheiden | (als Kenner *od* Schiedsrichter) einschätzen, beurteilen (**by** nach) | halten für ⟨to ~ s.o. to be 60 jmdn. für 60 halten⟩; *vi Jur* Recht sprechen, urteilen | urteilen (**by, from** nach, **of** über) ⟨to ~ by appearances nach dem Äußeren urteilen⟩ | als Schiedsrichter wirken ⟨to ~ at a show auf einer Ausstellung Vertreter der Jury sein⟩; '~ship *s* Richteramt *n*, -würde *f*; '**judg[e]·ment** *s* Urteil(sspruch) *n(m)* | *Jur* Urteil *n* ⟨≈ by default Versäumungsurteil *n*; to give / pass / pronounce / render ≈ on ein Urteil sprechen über; to sit in ≈ [up]on s.o. über jmdn. zu Gericht sitzen⟩ | Urteil *n*, Strafe *f*, Unglück *n* (**on** für) | Urteilskraft *f*, -vermögen *n* ⟨a man of ≈ ein Mann mit Urteilsvermögen; to show ≈ urteilen können⟩ | Meinung *f*, Ansicht *f*, Einschätzung *f*, Urteil *n* ⟨error of ≈ Fehlurteil *n*, -einschätzung *f*; in my ≈ / according to my ≈ nach meiner Ansicht; to give one's ≈ [up]on seine Meinung äußern über⟩ | *Rel* Strafgericht *n*; '**judg[e]·ment day,** *auch* ,**last** '**judg[e]ment,** ,**day of** '**judg[e]ment** *s Rel* Jüngstes Gericht

ju·di·ca|ble ['dʒu:dɪkəbl] *adj* (Sache) gerichtsfähig | (Person) rechtsfähig; '~tive *adj* urteilend, Urteils-; '~tor [-keɪtə] *s* Richter *m*; '~to·ry 1. *adj* richterlich, Gerichts-; 2. *s* Gerichtshof *m* | Rechtssprechung *f*; '~ture *s Jur* Justizgewalt *f*, Rechtspflege *f*, Rechtsprechung *f*, Rechtswesen *n* ⟨Supreme Court of ≈ Oberlandesgericht *n*, Oberster Gerichtshof in Großbritannien⟩ | *collect* Richter *m/pl*

ju·di·cial [dʒu:'dɪʃl] *adj Jur* gerichtlich, Gerichts- ⟨~ error Justizirrtum *m*; ~ murder Justizmord *m*; to bring/take ~ proceedings against s.o. gerichtliche Maßnahmen ergreifen gegen jmdn.⟩ | Richter- ⟨~ bench Richterbank *f*⟩ | kritisch, unparteiisch ⟨a ~ look⟩; **ju'di·ci·ar·y** 1. *adj* richterlich, Gerichts-; 2. *s* Justizgewalt *f* | Gerichtswesen *n* | *collect* Richter *m/pl*; **ju'di·cious** *adj* einsichtsvoll, klug, vernünftig, wohlüberlegt, verständig, sinnvoll, umsichtig

ju·do ['dʒu:dəʊ] *s Sport* Judo *n*; ~ka ['dʒu:dəʊkə] *s* (*pl* '~ka) Judoka *m*, Judosportler *m*, -kämpfer *m*

jug [dʒʌg] 1. *s Brit* Krug *m*, Kanne *f* ⟨milk ~ Milchkrug *m*; a ~ of milk ein Krug *m* Milch; like the handle of a ~ *übertr umg* einseitig, voreingenommen⟩ | *Sl* Loch *n*, Kittchen *n*; 2. (**jugged, jugged**) *vt Kochk* (Hasen) schmoren, dämpfen ⟨~ged hare Hasenklein *n*, Hasenpfeffer *m*⟩ | *Sl* ins Kittchen stecken

ju·gal ['dʒu:gəl] *Anat, Zool* 1. *adj* Jochbein-; 2. *s* Jochbein *n*

ju·gate ['dʒu:geɪt] *adj Bot, Biol* paarig

jug·ful ['dʒʌgfʊl] *s* Krug *m* (voll)

jug·ger·naut ['dʒʌgənɔ:t] *s übertr* Moloch *m*, Götze *m* ⟨the ~ of war das Gespenst des Krieges⟩ | *umg verächtl* Schwer-, Riesenlaster *m*, großer Brocken

jug|gle ['dʒʌgl] 1. *vi* jonglieren, gaukeln, Kunststücke vollführen ⟨to ≈ with balls⟩ | täuschen, irreführen ⟨to ≈ with facts Tatsachen verdrehen; to ≈ with words durch Worte täuschen⟩; *vt* jonglieren | *übertr* frisieren ⟨to ≈ figures Zahlen frisieren⟩ | hintergehen, betrügen (**out of** um); 2. *s* Kunststück *n*, Taschenspielertrick *m* | Gaukelei *f*, Schwindel *m*; '~gler *s* Jongleur *m*, Taschenspieler *m* | Betrüger *m*; '~gler·y *s* Jonglieren *n* | Taschenspielertrick *m* | Schwindel *m*; '~gling 1. *adj* betrügerisch; 2. *s* = **jug·gle 2.**

Ju·go·slav(·i·an) = **Yugoslav(·i·an)**

jug·u·lar ['dʒʌgjʊlə] 1. *adj Med* Jugular-, Kehl-, Gurgel- | *Zool* kehlständig | *Am übertr* mörderisch, unbarmherzig ⟨~ combat⟩; 2. *s, auch* ,~ '**vein** Halsader *f* | *Zool* Kehlflosser *m* | *Am übertr* empfindlichste Stelle (eines Gegners), *bes* in: **have an instinct for the ~** wissen, wo der Gegner zu schlagen ist; '**ju·gu·late** *vt übertr* erwürgen, erdrosseln | *Med* unterdrücken; ,**ju·gu'la·tion** *s übertr* Ab-, Erdrosselung *f*

juice [dʒu:s] 1. *s* (Obst-) Saft *m* ⟨fruit ~s Fruchtsäfte *m/pl*; orange ~ Orangensaft *m*; to stew in one's own ~ *übertr umg* im eigenen Safte schmoren⟩ | (Körper-) Flüssigkeit *f*, Saft *m* ⟨gastric ~ Verdauungssaft *m*⟩ | *Sl* Sprit *m*, Treibstoff *m*, Benzin *n* | *El Sl* Saft *m*, Strom *m* | *Am Sl* Schnaps *m* | *übertr* Saft *m*, Kraft *f* ⟨full of ~ voller Kraft⟩ | *übertr* Wesen *n*, Gehalt *m*; 2. *vt* auspressen, Saft machen aus ⟨to ~ tomatoes⟩ | Saft zugeben zu; ~ **up** *Am übertr* beleben, mit Leben erfüllen, Feuer bringen in ⟨to ~ up a show⟩; '~less *adj* saftlos; '**juic·y** *adj* saftig ⟨≈ pears⟩ | *übertr umg* saftig, pikant, gepfeffert ⟨the ≈ details; a ≈ scandal⟩ | *umg* interessant, farbig ⟨a ≈ tradition⟩ | *umg* drall, üppig ⟨a ≈ figure⟩ | naß, rutschig ⟨≈ roads⟩

ju·jit·su [,dʒu:'dʒɪtsu:] *s* (Sport) Jiu-Jitsu *n*

ju·ju ['dʒu:dʒu:] *s* (Westafrika) magischer Zauber

ju·jube ['dʒu:dʒu:b] *s Bot* Brustbeere *f* | *Med* Brustbonbon *n*

juke| box ['dʒu:k bɒks] *s urspr Am Sl* Musikautomat *m*; '~ **house** *s Am Sl* Kneipe *f* (mit Musikautomat)

Jul. *Abk von* **July**

ju·lep ['dʒu:lɪp] *s* Julep *m*, Julap *m*, süßliches Getränk (mit Minze) | alkoholisches Mixgetränk ⟨orange ~⟩ | Kühltrunk *m*, Erfrischungsgetränk *n*

Ju·li·an cal·en·dar [,dʒu:lɪən 'kæləndə] *s Hist* Julianischer Kalender

Ju·ly [dʒu:'laɪ] *s* Juli *m*

jum|ble ['dʒʌmbl] 1. *vt, auch* **~ble together, ~ble up** durcheinanderwerfen, durcheinanderbringen, in Unordnung bringen | verwirren; *vi, auch* **~ble together, ~ble up** in Unordnung geraten, durcheinanderkommen; 2. *s* Unordnung *f*, Durcheinander *n* | Wirrwarr *n* | Rütteln *n* | Trödel *m*, Ramsch *m*; '~ble sale *s Brit* Flohmarkt *m*, Ramschverkauf *m*; '~ble shop *s* Ramsch-, Trödelladen *m*; '~bly *adj* zusammen-, durcheinandergeworfen, wirr

jum·bo ['dʒʌmbəʊ] 1. *s übertr* Elefant *m*, Trampel *m*; 2. *adj Am umg* riesig, Riesen- ⟨~ hamburger extragroße Boulette⟩; '~ **jet** *s Flugw* Jumbojet *m*, Großflugzeug *n*; '~**-sized** *adj* riesengroß, Mammut- ⟨a ≈ plate Riesenteller *m*⟩

jump [dʒʌmp] 1. *vi* springen, hüpfen (**into** in, **over** über) ⟨to ~ for joy vor Freude hüpfen; to ~ from one thing to another Gedankensprünge machen; to ~ out of one's skin aus der Haut fahren⟩ | (Wagen u. ä.) rütteln, stoßen, gerüttelt werden | *übertr* sich stürzen (**at** auf) ⟨to ~ at an offer ein Angebot bedenkenlos *od* sofort annehmen; to ~ at conclusions voreilige Schlüsse ziehen⟩ | *Tech, Film* (Schreibmaschine u. ä.) springen | *Wirtsch* (Preise) steigen, hochschnellen | *Mus* (Jazz) schnell eingehen, flott sein | wimmeln (**with** von) ◇ ~ **to it** *umg* sich ranhalten; ~ **about** herumhopsen; ~ **down** ab-, herunterspringen (**from** von); ~ **down s.o.'s throat** *übertr* jmdn. anfahren, jmdm. dazwischenfahren; ~ **on** aufspringen (**to** auf) | anfahren, ausschimpfen; ~ **[up]on** stürzen auf, angreifen | tadeln; *vt* überspringen (*auch übertr*) ⟨to ~ a stream einen Bach überspringen; to ~ the rails entgleisen; to ~ bail die Kaution verfallen lassen, verschwinden; to ~ the queue *übertr* sich nicht anstellen, sich vordrängeln; to ~ channels *übertr Am* den Dienstweg nicht einhalten⟩ | (Pferd) springen lassen | (jmdn.) erschrecken | (jmdn.) verleiten (**into** *mit ger* zu *mit inf*) | an sich reißen, in Besitz nehmen ⟨to ~ a claim widerrechtlich Land in Besitz nehmen⟩ | *umg* schwarz fahren ⟨to ~ a train⟩ | *umg* unerlaubt verlassen ⟨to ~ ship⟩; **2.** *adj Mus* (Jazz) sehr rasch (gespielt); **3.** *s* Sprung *m*, Satz *m* ⟨a / one ~ ahead of s.o. *umg übertr* jmdm. weit überlegen; on the ~ *umg* auf dem Sprung, energisch; to get the ~ on s.o. *umg übertr* jmdm. zuvorkommen, voraus sein; to make / take a ~ einen Sprung machen; to take the ~ *übertr* das Hindernis nehmen⟩ | (Sport) Springen *n* ⟨high ~ Hochsprung *m*; long ~ Weitsprung *m*⟩ | Ruck *m*, Stoß *m* | Auf-, Zusammenfahren *n* ⟨to give s.o. a ~ *umg* jmdn. erschrecken; to be all of a ~, to be on the ~ ganz aufgeregt *od* nervös sein⟩ | *Wirtsch* (Preise u. ä.) plötzliches Emporschnellen, schnelles Steigen ⟨a ~ in rents ein plötzlicher Mietanstieg⟩ | *übertr* (Gedanken-) Sprung *m*; **ˌjumped-ˈup** *adj verächtl* eingebildet, von sich eingenommen; [1]**~er** *s* Springer *m* ⟨high ≈ Hochspringer *m*⟩ | Springpferd *n* | *Tech* Schlag-, Stoßbohrer *m*, Steinbohrer *m* | *El* Prüfkabel *n* | Floh *m* | Käsemade *f*

[2]**jump·er** [ˈdʒʌmpə] *s Brit* Jumper *m*, Pullover *m* | *Am* Kleiderrock *m* | Matrosenbluse *f*

jump·ing [ˈdʒʌmpɪŋ] **1.** *adj* springend, Spring-, Sprung-; **2.** *s* Springen *n*, Hüpfen *n* | (Sport) (Ski-) Springen *n*; **ˈ~-board** *s* Sprungbrett *n*; **ˈ~jack** *s* Hampelmann *m*; **ˈ~ jet** *s Brit* senkrecht startendes Düsenflugzeug; **ˈ~ ˌjock·ey** *s Brit* Hindernisjockey *m*; **ˌ~-ˈoff ˌground** *s Mil* Aufmarschgebiet *n*; **ˌ~-ˈoff ˌplace** *s* Ausgangsposition *f* (*auch übertr*) | *Am* Ende *n* der Welt; **ˌ~-ˈoff ˌpoint** *s* Absprungpunkt *m*, Abflugpunkt *m*; **ˌ~-ˈoff poˌsi·tion** *s Mil* Ausgangsstellung *f*; **ˈ~ pole** *s Sport* Sprungstange *f*; **ˈjump-off** *s* Absprung *m*; Absprungstelle *f* | (Sport) Start *m* | (Sport) (Reiten) Stechen *n*; **jumps** *s/pl umg* nervöse Unruhe ⟨it gives me the ≈ es macht mich ganz verrückt; he got the ≈ er konnte einfach nicht mehr still sitzen⟩; **ˈjump·y** *adj* sprunghaft, nervös

Jun. *Abk von* **June** | **junior**

jun·co [ˈdʒʌŋkəʊ] *s Zool* Schneefink *m*

junc·tion [ˈdʒʌŋkʃn] *s* Verbindung *f*, Vereinigung *f* | Verbindungspunkt *m* | Lötstelle *f*, -verbindung *f* | *El* Anschluß *m*, Flächenkontakt *m* | Ab-, Verzweigung *f* | (Straßen-, Weg-) Kreuzung *f* | *Eisenb* Knotenpunkt *m*, Anschlußstation *f* | *Math* Berührung(spunkt) *f*(*m*); **ˈ~ box** *s El* Abzweigdose *f*, Anschlußdose *f*, Verteilerdose *f*; **ˈ~ cord** *s El* Verbindungsschnur *f*; **ˈ~ seˌlec·tor** *s Tel* Amtswähler *m*; **ˈ~ ˌsta·tion** *s Eisenb* Abzweigbahnhof *m*; **ˈ~ ˌter·mi·nal** *s El* Anschlußklemme *f*

junc·ture [ˈdʒʌŋktʃə] *s* Verbindungspunkt *m*, -stelle *f* | Zusammentreffen *n* ⟨~ of events Zusammentreffen *n* von Ereignissen⟩ | Fuge *f* | Naht *f* | *Tech* Verbindungsstück *n*, Gelenk *n* | *Ling* Silbengrenze *f* | *übertr* kritischer Augenblick, Zeitpunkt *m* ⟨at this ~ in diesem Augenblick; an dieser Stelle, hier⟩

June [dʒu:n] *s* Juni *m*

jun|gle [ˈdʒʌŋgl] *s* Dschungel *m*, (Sumpf-) Dickicht *n* (*auch übertr*); **ˈ~gly** *adj* dschungelartig | Dschungel-

jun·ior [ˈdʒu:nɪə] **1.** *adj* jünger (**to** als) ⟨my ~ brother⟩ | ≁ *nachgestellt Am* Sohn *m*, der Jüngere ⟨Smith ≁⟩ | untergeordnet ⟨~ man Dienstjüngerer *m*, Zweitrangiger *m*; ~ officer dienstjüngerer Offizier; ~ partner zweiter Teilhaber; to be ~ to eine niedrigere Stellung haben als⟩ | *Am* (Universität) drittes (vorletztes) Jahr ⟨~ year⟩ | *Brit Päd* Unterstufen ⟨~ classes⟩ | (Sport) Junioren-; **2.** *s* der (die) Jüngere *m*(*f*) ⟨my ~ by two years, two years my ~ zwei Jahre jünger als ich⟩ | *Am* Junior *m*, Sohn *m* | Untergeordnete(r) *f*(*m*) | *Am* Student *m* im 3. Jahr; **jun·ior·i·ty** [ˌdʒu:nɪˈɒrətɪ] *s* geringeres Alter | untergeordnete Stellung; **ˈ~ ˌcol·lege** *s Am* (Universität) Juniorencollege *n* (erste zwei Jahre); **ˌ~ ˈhigh [school]** *s Am* Mittelschule *f*; **ˌ≁ ˈMin·is·ter** *s Brit* Staatssekretär *m*; **ˈ~ school** *s Brit* Unterstufe *f*

ju·ni·per [ˈdʒu:nɪpə] *s Bot* Wacholder *m*

[1]**junk** [dʒʌŋk] *s* Dschunke *f*

[2]**junk** [dʒʌŋk] **1.** *s Mar arch* altes Tauwerk | *Mar* zähes Pökelfleisch | Altmaterial *n* | Abfall *m* | *umg* Trödel *m*, Ramsch *m*, Plunder *m* | *übertr* Unsinn *m*, Quatsch *m*, wertloses Zeug ⟨his book is ~ sein Buch ist miserabel; all that ~ der ganze Kram⟩ | *Sl* gefährlicher Stoff (Heroin); **2.** *vt übertr umg* zum alten Eisen werfen

jun·ket [ˈdʒʌŋkɪt] **1.** *s* dicke Milch, Quark *m* | Fest *n*, Feier *f* | *Am* Vergnügungsfahrt *f* | *Am* Dienstreise *f* (mit öffentlichen Geldern) ⟨unnecessary ~s⟩ | *Am* Reise *f*, Tour *f* ⟨a business ~⟩; **2.** *vi* feiern, sich einen guten Tag machen | *Am* eine sogenannte Dienstreise machen; *vt* unterhalten, bewirten; **ˈ~ings** *s* (*oft pl*) *sg konstr umg* Festivität(en) *f*(*pl*) | Fest *n* auf Staatskosten | *Am* Dienstreise *f* auf Spesen

junk food [ˈdʒʌŋk fu:d] *s* minderwertige Speisen *f/pl* (meist chemisch konserviert)

junk|ie, *auch* **~y** [ˈdʒʌŋkɪ] *s Sl* Junkie *m*, jmd., der harte Drogen nimmt | *umg* Fanatiker *m*, Enthusiast *m* ⟨a new idea ≈ jmd., der ganz versessen ist auf neue Ideen; a publicity ≈ ein Öffentlichkeitsfanatiker *m*⟩

junk| mail [ˈdʒʌŋkmeɪl] *s Am verächtl s* Reklamesendungen *f/pl*; **~man** [ˈ~ˌmæn] *s* (*pl* **~men** [ˈ~ˌmen]) Trödler *m* | Altwarenhändler *m*; **ˈ~room** *s* Rumpelkammer *f*, **ˈ~ ˌsculp·tor** *s* Bildhauer *m*, der Abfälle verarbeitet; **ˈ~ ˌsculp·ture** *s* Kunstwerk *n* aus Abfällen

Ju·no·esque [ˌdʒu:nəʊˈesk] *adj* (Frau) wie eine Juno, stattlich ⟨a ~ figure⟩

jun|ta [ˈdʒʌntə] *Pol s* Junta *f* ⟨military ~ Militärjunta *f*⟩; **~to** [ˈ~təʊ] *s* Clique *f*, geheime Versammlung

Ju·pi·ter [ˈdʒu:pɪtə] *s Astr* Jupiter *m*

Ju|ra [ˈdʒʊərə] *s Geol* Jura *m*; **~ras·sic** [dʒʊəˈræsɪk] *adj Geol* Jura-

ju·rid·i·cal [dʒʊˈrɪdɪkl], **juˈrid·ic** *Jur adj* gerichtlich, Gerichts- | juristisch

ju·ris|dic·tion [ˌdʒʊərɪsˈdɪkʃn] *s* Jurisdiktion *f*, Rechtsprechung *f* | Gerichtsbarkeit *f*, Zuständigkeit *f*, Amtsbereich *m* (*auch übertr*) ⟨to accept the ≈ of a court die Zuständigkeit eines Gerichts anerkennen; to fall outside (within) the ≈ of (in die Zuständigkeit fallen von) außerhalb der Zuständigkeit liegen von; that's not in my ≈ dafür bin ich nicht zuständig⟩ | Gerichtsbezirk *m*; **ˌ~ˈdic·tion·al** *adj* gerichtlich; **~pru·dence** [ˌ~ˈpru:dns] *s förml* Jurisprudenz *f*, Rechtswissenschaft *f* ⟨medical ≈ Gerichtsmedizin *f*⟩; **~pru·dent** [ˌ-ˈpru:dnt] *förml* **1.** *adj* rechtskundig; **2.** *s* Rechtsgelehrter *m*; **~pru·den·tial** [ˌ-pru:ˈdenʃl] *adj* rechtswissenschaftlich; **ju·rist** [ˈdʒʊərɪst] *s förml* Jurist *m*, Rechtsgelehrter *m* | *Am* Rechtsanwalt *m*; **juˈris·tic, juˈris·ti·cal** *adj förml* juristisch ⟨≈ person juristische Person *f*⟩

ju·ror [ˈdʒʊərə] *s Jur* Geschworene(r) *f*(*m*) | Preisrichter *m*

ju·ry [ˈdʒʊərɪ] *s* Jury *f*, Preisgericht *n* | Geschworenengericht *n* ⟨trial by ~ Schwurgerichtsverhandlung *f*; grand ~ Anklagejury *f*; petty ~ Urteilsjury *f*⟩ | die Geschworenen *m, f/pl* ⟨to sit on the ~ Geschworener sein⟩; **'ju·ry box** *s Jur* Geschworenenbank *f*; **'ju·ry·man** *s* (*pl* **'ju·ry·men**) Geschworener *m*, Schöffe *m*

ju·ry·mast ['dʒʊərı mɑːst] *s Mar* Notmast *m*

ju·ry wom|an ['dʒʊərıwʊmən] *s* (*pl* **'~en** [-wımın]) *Jur* Geschworene *f*

[1]**just** [dʒʌst] **1.** *adj* gerecht (**to** gegen) ⟨~ war gerechter Krieg *m*⟩ | rechtschaffen ⟨a ~ man⟩ | gerechtfertigt, (wohl)verdient ⟨to receive one's ~ deserts das bekommen, was man verdient⟩ | wahr, richtig ⟨a ~ statement⟩ | korrekt, genau ⟨a ~ description⟩ | vernünftig ⟨a ~ opinion⟩; **2.** *adv* gerade, eben ⟨but ~ eben erst; ~ now soeben⟩ | gerade, genau ⟨~ as well ebensogut; ~ my luck Pech!; I should ~ think *umg* genau(so ist es); ~ so genau das!; ~ the thing gerade das Richtige; that's ~ it das ist es ja gerade⟩ | (*oft nach* **only**) gerade noch, kaum noch ⟨we only ~ caught the train wir haben gerade noch den Zug erwischt⟩ | bloß, nur ⟨~ a moment, please! einen Augenblick bitte; ~ tell me sagen Sie mir bloß⟩ | *umg* sehr, wirklich ⟨~ nice⟩ ◇ ~ **a·bout** fast, etwa, so ziemlich ⟨≈ 1000; it's ≈ here⟩ | beinahe nicht, gerade so ⟨he ≈ won⟩; ~ **on** *umg* fast (genau) ⟨≈ 50 years ago⟩; ~ **yet** (*neg*) jetzt noch ⟨I can't come ≈ ich kann noch nicht gleich kommen⟩

[2]**just** [dʒʌst] = **joust**

jus·tice ['dʒʌstıs] *s* Gerechtigkeit *f*, Recht *n*, Billigkeit *f* ⟨in ~ von Rechts wegen; in ~ to you um Ihnen gerecht zu werden; to administer ~ Recht sprechen; to do o.s. ~ sich selbst gerecht werden, leisten, wozu man in der Lage ist; to do s.o. ~ jmdm. Gerechtigkeit widerfahren lassen; to do ~ to s.th. einer Sache tüchtig zusprechen⟩ | Gericht *n* ⟨court of ~ Gerichtshof *m*; to bring to ~ vor Gericht bringen, aburteilen lassen⟩ | ∸ Richter *m* (vor dem Obersten Gericht) ⟨∸ of the Peace *förml* Friedensrichter *m*; Lord Chief ∸ of England Lordoberrichter *m*; Mr. ∸ Smith (als Anrede) Herr Richter!⟩ | *Am* Richter *m*; **'~ship** *s* Richteramt *n*, -würde *f*

jus·ti·ci·a·ry [dʒʌ'stıʃərı] *s Jur* Rechtsprecher *m*, Richter *m* ⟨High Court of ∸ *Schott Jur* Oberstes Kriminalgericht *n*⟩ | *adj* Rechtsprechungs-, Gerichts-, gerichtlich

jus·ti·fi·a·bil·i·ty [ˌdʒʌstıfaıə'bılətı] *s* Entschuldbarkeit *f*; **ˌjus·ti'fi·a·ble** *adj* entschuldbar, zu rechtfertigen[d], berechtigt

jus·ti·fi·ca·tion [ˌdʒʌstıfı'keıʃn] *s* Berechtigung *f* ⟨with ~ völlig berechtigt⟩ | Rechtfertigung *f* (**for** für) ⟨for s.o.'s ~ zu jmds. Rechtfertigung; in ~ of zur Rechtfertigung von⟩ | *Tech* Einrichtung *f*, Justierung *f*; **'jus·ti·fiˌca·tive, 'jus·ti·fiˌca·to·ry** *adj* rechtfertigend, Rechtfertigungs-

jus·ti|fi·er ['dʒʌstıfaıə] *s Typ* Justierer *m*, Zurichter *m*; **'~fy** *vt* rechtfertigen (**to s.o.** vor jmdm.) | *Jur* freisprechen | *Typ* (Zeilen) justieren, (Kolumnen) ausschließen | *Tech* justieren, (ab-, zu)richten; *vi Jur* sich rechtfertigen (können) | *Typ* justiert sein, ausgeschlossen sein

jut [dʒʌt] **1.** (**'~ted, '~ted**) *vi auch* **~ out** hervorragen, hervorstehen, hinausragen (**into** in) | ausladen, überstehen, vorspringen; **2.** *s* Vorsprung *m*, Ausladung *f*, Überhang *m*

jute [dʒuːt] *s* Jute *f* | *Bot* Jutepflanze *f*

Jute [dʒuːt] *s* Jüte *m*, Jütin *f*

ju·ve|nes·cence [ˌdʒuːvə'nesns] *s* Verjüngung *f* | Jugendzeit *f*; **ˌ~'nes·cent** *adj* sich verjüngend | jugendlich; **~nile** ['dʒuːvənaıl] **1.** *adj* jugendlich ⟨≈ appearance jugendliches Aussehen; ≈ wear Kleidung *f* für Jugendliche⟩ | Jugend- ⟨≈ books Jugendbücher *n/pl*; ≈ delinquency Jugendkriminalität *f*; ≈ delinquent jugendlicher Straftäter⟩ | unreif, noch nicht entwickelt ⟨≈ behaviour kindisches Benehmen⟩ | *Theat* jugendlich ⟨≈ lead jugendliche Hauptrolle⟩; **2.** *s Jur* Jugendliche(r) *f*(*m*) | *Theat* jugendlicher Held | Jugendbuch *n* | (zweijähriges) junges Pferd; **~nil·i·ty** [ˌ~'nılətı] *s* Jugendlichkeit *f* | *collect* die Jugendlichen *m, f/pl*

juxta- [dʒʌkstə] ⟨*lat*⟩ *in Zus* [da]neben, nahe (bei)

jux·ta|pose [ˌdʒʌkstə'pəʊz] *vt* nebeneinanderstellen; **ˌ~po'si·tion** *s* Nebeneinanderstellung *f*

K

[1]**K, k** [keı] *s* (*pl* **K's, Ks, k's, ks**) K *n*, k *n*

[2]**K** *Abk von* **king** (Schach)

kaf·fir, *auch* **kaf·ir** ['kæfə] *s* (Südafrika) *verächtl* Kaffer *m*

kaf·tan ['kæftən] = **caftan**

kail = **kale**

ka·ki ['kɑːkiː] *s* Dattel-, Kakipflaume *f* | Dattelpflaumenbaum *m*

kale [keıl] *s* Grün-, Krauskohl *m* | *Schott* Krautsuppe *f* | *Am Sl* Pinke *f*, Geld *n*

ka·lei·do|scope [kə'laıdəskəʊp] *s* Kaleidoskop *n* (*auch übertr*); **~scop·ic** [kəˌlaıdə'skɒpık], **kaˌlei·do'scop·i·cal** *adj* kaleidoskopisch | *übertr* bunt durcheinandergewürfelt

kal·ends ['kælendz] = **calends**

ka·mi·ka·ze [ˌkɑːmı'kɑːzı] **1.** *s Mil* (Japan) Kamikazeflieger *m* | Kamikazeflugzeug *n*; **2.** *adj* Kamikaze-, selbstmörderisch (*auch übertr*) ⟨~ fighting; ~ taxi drivers⟩

kam·pong ['kæmpɒn] *s* (Malaysia) umzäunte Fläche

Kam·pu·che·a [ˌkɑːmpuː'tʃiːə] *s* Kampuchea *n*; **ˌKam·pu'che·an** *adj* kampucheanisch

kan·ga·roo [ˌkæŋgə'ruː] *s Zool* Känguruh *n*; **ˌ~ 'court** *s umg* Femegericht *n*, inoffizielles Gericht

ka·o|lin[e] ['keıəlın] *s Min* Kaolin *n*, Porzellanerde *f*; **ˌ~'lin·ic** *adj* Kaolin-

ka·pok ['keıpɒk] *s* Kapok *m*; **'~ tree** *s Bot* Baumwollbaum *m*

kap·pa ['kæpə] *s* ⟨*griech*⟩ Kappa *n*

ka·put [kə'pʊt] ⟨*dt*⟩ *adj Sl* kaputt

kar·at ['kærət] = **carat**

ka·ra·te [kə'rɑːtı] *s* Karate *n*; **ˌ~ 'chop** *s* Karateschlag *m*, -hieb *m*

kar·ma ['kɑːmə] *s Rel* (Hinduismus, Buddhismus) Karma *n* | *übertr* Schicksal *n* | *übertr* (Person) Ausstrahlung *f*, Aura *f*

kart [kɑːt] *Abk von* ↑ **go-~**

Kar·ting ['kɑːtıŋ] *s* (Sport) Kleinstwagenrennen *n*

karyo- [kærıə] ⟨*griech*⟩ *in Zus* (Zell-) Kern-, Karyo- ⟨~plasma *Biol* Karyoplasma *n*, Kernprotoplasma *n*⟩

ka·ty·did ['keıtıdıd] *s Zool* (amerikanische) Laubheuschrecke

kay·ak ['kaıæk] *s Sport* Kajak *m*, Paddelboot *n*

ka|zoo [kə'zuː] *s* (*pl* **~'zoos**) (Kinder-) Tute *f*

K.C. [ˌkeı 'siː] *Abk von* **King's Counsel**

ke|bab, *auch* **-bob** [kı'bæb] *s Kochk* Kebab *m*, Hammelfleisch am Spieß, (Hammel-) Schaschlik *n*

keck [kek] *vi* (sich) würgen, speien, sich erbrechen (müssen) | *übertr* sich ekeln (**at** vor)

keck·le ['kekl] *vi*, *Schott*, *dial* kichern

kedge [kedʒ] *Mar* **1.** *s*, *auch* **'~ ˌanchor** Wurfanker *m*; **2.** *vi*, *vt* (sich ver)warpen, verholen

kedg·e·ree ['kedʒəri:] *s* Reisgericht *n* mit Fisch und Eiern

keel [ki:l] **1.** *s Mar* Kiel *m* ⟨to lay down a ~ ein Schiff auf Kiel legen, ein Schiff bauen; on an even ~ gleichlastig; *übertr* ruhig, ausgeglichen⟩ | *poet* Schiff *n* | *Flugw* Längsträger *m* | *Bot, Zool* Kiel *m*; **2.** *vt, auch* **~ over, ~ up** kielobenlegen, umlegen, umkippen; *vi, auch* **~ over, ~ up** umkippen, kentern (*auch übertr*) ⟨to ~ over in the storm; to ~ over with laughter vor Lachen umfallen⟩; **keeled** *adj* gekielt; **'~haul** *vt Mar* kielholen | *übertr* (jmdn.) abkanzeln, fertigmachen; **~son** ['kelsn] *s Mar* Kielschwein *n*

[1]**keen** [ki:n] *adj* scharf (geschliffen *od* geschnitten) ⟨a knife with a ~ edge⟩ | *übertr* scharf, beißend, schneidend ⟨~ wind; ~ satire⟩ | scharfgeschnitten ⟨~ features scharfgeschnittene Gesichtszüge *m/pl*⟩ | scharfsinnig ⟨~ questions⟩ | grell ⟨~ light⟩ | groß, stark ⟨~ interest⟩ | heftig ⟨~ desires heftige Begierden *f/pl*⟩ | (Sinne) fein, scharf, intensiv ⟨a ~ hearing gutes Gehör⟩ | (Person) interessiert, eifrig, begeistert ⟨a ~ student; ~ to pass the examination⟩ | (*präd*) *umg* eifrig, erpicht (**about** zu, auf, *umg* **[up]on**) ⟨to be ~ on dancing *umg* aufs Tanzen scharf sein; to be ~ on s.o. sich aus jmdm. sehr viel machen⟩

[2]**keen** [ki:n] **1.** *s Ir* Totenklage *f*; **2.** *vi* Totenklage halten | laut klagen; *vt* klagend zum Ausdruck bringen, klagen ⟨to ~ one's sorrow sein Leid klagen⟩

keep [ki:p] **1.** (**kept, kept** [kept]) *vt* halten (*auch übertr*) ⟨to ~ the field das (Schlacht-) Feld behaupten; to ~ time (Uhr) richtig gehen⟩ | (in einem Zustand) (er)halten ⟨to ~ company Gesellschaft leisten; to ~ cool kühl halten; to ~ going in Gang halten; to ~ one's head den Hut aufbehalten; to ~ under control kontrollieren, aufpassen auf; to ~ waiting warten lassen; to ~ watch aufpassen⟩ | be-, erhalten, bewahren ⟨to ~ one's balance das Gleichgewicht halten; to ~ one's distance Abstand halten; to ~ one's temper sich beherrschen; to ~ silence Schweigen bewahren; to ~ s.th. in mind etw. im Gedächtnis behalten; to ~ s.th. in view etw. im Auge behalten⟩ | halten, besitzen ⟨to ~ a garden; to ~ a horse⟩ | (Gesetz, Versprechen, Schwur u. ä.) einhalten ⟨to ~ an appointment eine Verabredung einhalten⟩ | (Buch, Ware u. ä.) führen ⟨to ~ a diary ein Tagebuch führen; to ~ a record of Buch führen über⟩ | aufheben, reservieren ⟨to ~ the goods until tomorrow⟩ | sorgen für, ernähren, unterhalten ⟨to have a child to ~ für ein Kind sorgen müssen; to ~ o.s. in clothes für seine Kleidung selbst aufkommen müssen⟩ | (Bett u. ä.) hüten ⟨to ~ one's house im Haus bleiben müssen⟩ | hüten, aufbewahren ⟨to ~ a secret⟩ | feiern ⟨to ~ a festival⟩; **~ at** anhalten zu ⟨to ~ s.o. at work jmdn. dauernd beschäftigen; jmdn. zur Arbeit anhalten⟩; **~ away** fernhalten; **~ back** zurückhalten (**from** von); **~ down** niederhalten, unterdrücken ⟨to ~ down one's anger seinen Zorn unterdrücken⟩; **~ from** hindern an ⟨to ~ s.o. from coming jmdn. abhalten zu kommen⟩ | schützen vor ⟨to ~ s.o. from danger⟩ | vorenthalten ⟨to ~ s.th. from s.o. jmdm. etw. verschweigen, verheimlichen⟩; **~ in** zurückhalten | (Schüler) nachsitzen lassen | (Feuer) nicht ausgehen lassen | (Gefühle) zügeln, im Zaum halten; **~ off** ab-, fern-, weghalten ⟨to ~ one's hands off sich nicht vergreifen an⟩; **~ on** beibehalten ⟨to ~ on work⟩ | an-, aufbehalten ◇ **~ your hair/hat/shirt on** *übertr umg* beruhigen Sie sich, regen Sie sich nicht auf; **~ out** fernhalten; **~ under** unterdrücken, im Zaume halten ⟨to ~ the fire under⟩; **~ up** aufrechterhalten, bewahren ⟨to ~ up one's courage den Mut nicht sinken lassen; to ~ up old customs alte Bräuche pflegen⟩ | fortsetzen ⟨to ~ up an attack⟩ | wach halten ⟨to ~ up the children so late⟩ | pflegen, instandhalten ⟨to ~ up a large house⟩ | aufrechterhalten, beibehalten ⟨to ~ up a correspondence einen Briefwechsel unterhalten⟩ ◇ **~ it up** etw. unvermindert fortsetzen, durchhalten;
vi (an einem Ort) sich aufhalten, bleiben, verweilen ⟨to ~ in bed das Bett hüten; to ~ at home zu Hause bleiben; to ~ clear of sich fernhalten von; where do you ~? *umg* wo wohnst du?⟩ | (in einem Zustand) sich halten, bleiben ⟨to ~ cool kühl bleiben; *übertr* sich beherrschen, ruhig bleiben; to ~ quiet still sein; to ~ silent schweigen⟩ | (Obst, Wetter) sich halten ⟨those apples won't ~; the weather will ~⟩ | (an eine Richtung) sich halten, gehen, fahren ⟨to ~ north⟩ | (gesund) sich halten, gehen ⟨how are you ~ing? wie geht es Ihnen?; to ~ well gesund bleiben; to ~ fit fit bleiben, sich in Form halten; to ~ in good health sich guter Gesundheit erfreuen⟩ | fortfahren ⟨to ~ doing s.th. etw. weiter *od* ständig tun; to ~ friends Freunde bleiben; ~ smiling! immer lächeln!; ~ thinking ich denke immer⟩; **~ at** (etw.) weitermachen, an (etw.) dranbleiben; **~ away** sich fernhalten; **~ back** sich zurückhalten; **~ in with** sich gut stellen mit; **~ off** wegbleiben; **~ on** weitermachen ⟨prices ~ on rising die Preise steigen weiter⟩ | ständig (weiter)reden (**about** über); **~ on at** ständig einreden auf | nörgeln über, mit Nörgeln belästigen; **~ out** sich heraushalten (**of** aus); **~ to** sich halten an, festhalten an, bleiben bei, befolgen ⟨to ~ to the left sich links halten, links fahren; to ~ to one's word sein Wort halten; to ~ to o.s. *umg* unter sich bleiben, für sich bleiben⟩; **~ up** anhalten, (hoch, schön, stark, gut u. ä.) bleiben ⟨prices ~ up die Preise behaupten sich; the weather will ~ up das Wetter bleibt schön⟩; **~ up with** mitkommen mit, Schritt halten mit ⟨to ~ up with the class mit der Klasse mithalten; to ~ up with the Joneses *übertr* gesellschaftsfähig bleiben, es dem Nachbarn gleichtun⟩; **2.** *s* Unterhalt *m* ⟨to earn one's ~ seinen Lebensunterhalt verdienen⟩ | Kost *f*, Verpflegung *f* | Futter *n* | *Hist* Burgverlies *n*, Turm *m*; **'~er** *s* Verwalter *m* | Besitzer *m*, Inhaber *m* ⟨shop~⟩ | Unterhalter *m* | Aufseher *m*, Wächter *m* | (Gefängnis u. ä.) Wärter *m* | (Titel) Bewahrer *m*, Verwahrer *m* ⟨the Lord ≈ of the great seal der Großsiegelbewahrer⟩ | (Sport) Torwart *m* | *Tech* Halte-, Schutzring *m*; **'~ing 1.** *adj* dauerhaft; **2.** *s* Halten *n*, Unterhalten *n* ⟨the ≈ of bees Bienenzucht *f*⟩ | Sorge *f*, Pflege *f*, Obhut *f* ⟨to be in safe ≈ gut aufbewahrt sein⟩ | Nahrung *f*, Unterhalt *m* | Übereinstimmung *f* ⟨to be in (out of) ≈ with s.o. mit jmdm. (nicht) übereinstimmen⟩; **keeps** *s* in: **for keeps** *Sl* für *od* auf immer, für dauernd | zum Behalten; **~sake** ['~seɪk] *s* Andenken *n* ⟨for a ≈ als *od* zum Andenken⟩

kef·ir [ke'fɪə] *s* Kefir *m*

keg [keg] *s* Fäßchen *n* ⟨a ~ of brandy⟩

keld [keld] *s dial* Quelle *f*

kelp [kelp] *s Bot* (eine Art) Riementang *m*

kel·pie, kel·py ['kelpɪ] *s Schott* Wassergeist *m* (in Gestalt eines Pferdes)

kel·son ['kelsn] = **keelson**

kel·vin ['kelvɪn] *s Phys* Kelvin *n*

ken [ken] **1.** *s* Gesichtskreis *m*, Sehweite *f* ⟨not within/beyond/outside (within) s.o.'s ~ außerhalb (innerhalb) jmds. Gesichtskreis⟩; **2.** *Schott* (**kenned, kenned** *od* **kent, kent**) *vt, vi* wissen (**about, of** um, von)

[1]**ken|nel** ['kenl] **1.** *s* Hundehütte *f* | Hundezwinger *m* | *umg* Loch *n*; *meist pl coll* Hundezwinger *m*, Stallung *f* | Hundeheim *n*, -pflege *f* ⟨to put a dog in ≈ einen Hund in Pflege geben⟩ | Meute *f*, Pack *n*, Koppel *f* (Hunde); **2.** (**'~nelled, '~nelled**) *vt* in einem Hundezwinger halten | in eine Hundehütte einsperren; *vi* in einer Hundehütte liegen | *übertr* armselig hausen

[2]**ken·nel** ['kenl] *s* Gosse *f*, Rinnstein *m*

ke·no ['ki:nəʊ] *s Am* (Art) Lotto(spiel) *n*

kep·i ['keɪpi:] *s* Käppi *n*, Militärmütze *f*
kept [kept] *prät* u. *part perf* von ↑ **keep 1.**; ˌ~ **'wom·an** *s* Mätresse *f*, Frau, die sich (von einem Mann) aushalten läßt
ker·a·sin ['kerəsɪn] *s Chem* Kerasin *n*
ker·a|tin ['kerətɪn] *s Chem* Keratin *n*; **ke·rat·i·nous** [kə'rætɪnəs] *adj* hornig; **~ti·tis** [ˌkerə'taɪtɪs] *s Med* Keratitis *f*, Hornhautentzündung *f*
kerato- [kerətə] ⟨*griech*⟩ *in Zus* Horn(haut)- (*z. B.* **~plasty** Hornhautübertragung *f*)
kerb [kɜ:b] *s* Bordkante *f*, Straßenkante *f*; ˌ~ **'crawl·er** *s umg* Autofahrer, der nach Prostituierten Ausschau hält; ˌ~ **'drill** *s* Verkehrserziehung *f* (für Fußgänger) **'~stone** *s* Bordstein *m*
ker·chief ['kɜ:tʃɪf] *s* (Hals-, Kopf-) Tuch *n*
kerf [kɜ:f] *s* Kerbe *f*, Einschnitt *m* | Schnittbreite *f* | Sägenschnitt *m*
ker·fuf·fle [kə'fʌfl] *s Brit umg* (Ge-) Lärm(e) *m*(*n*), Theater *n*, Gehabe *n*, *bes in*: **fuss and ~** Lärm *m* und Getöse *n*
ker|mis[s] ['kɜ:mɪs], **~mess** [ˌkɜ:'mes] *s* Kirmes *f*, Kirchweih *f*
ker|nel ['kɜ:nl] **1.** *s* (Nuß u. ä.) Kern *m* | (Samen-) Korn *n* | (Obst) Stein *m* | *übertr* Kern *m*, Wesen *n*, Innerstes *n* | *Tech* (Guß-) Kern *m*; **2.** (**'~nelled, '~nelled**) *vt* einkapseln; *vi* Kerne bekommen; ˌ**~nel 'sen·tence** *s Ling* Kernsatz *m*
ker·o·sene ['kerəsi:n] *s Chem* Kerosin *n*, Leuchtöl *n*, Brennöl *n*; ˌ~ **'lamp** *s* Öllampe *f*
ker·sey ['kɜ:sɪ] *s* (Stoff) Kirsey *m*, grobes Wollzeug; **~mere** ['-mɪə] *s* Kasimir *m*, Kaschmir *m*
ke·strel ['kestrl] *s* Turmfalke *m*
ketch [ketʃ] *s Mar* Ketsch *f* (Küstensegler)
ketch·up ['ketʃəp] *s Kochk* Ketchup *m*, gewürztes Tomatenmark
ke·tone ['ki:təʊn] *s Chem* Keton *n*
ket·tle ['ketl] *s* Kessel *m*, Kochtopf *m*, Wassertopf *m*, Teekessel *m* ⟨to put the ~ on den (Tee-) Kessel ansetzen, Teewasser ansetzen⟩ ◇ **a pretty / fine ~ of fish** *umg iron* eine schöne Bescherung; **'~drum** *s Mus* Kesselpauke *f*; **'~ˌhold·er** *s* Topflappen *m*
key [ki:] **1.** *s* Schlüssel *m* ⟨to turn the ~ den Schlüssel umdrehen, abschließen; the power of the ~s *übertr* Schlüsselgewalt *f*⟩ | (Uhren) Schlüssel *m* | *Tech* Schraubenschlüssel *m* | *Tech* Splint *m*, Keil *m* | *Arch* Schlußstein *m* | *übertr* Schlüssel *m* (**to** zu), Lösung *f* (**to** für) | *übertr* (Aufgaben u. ä.) Schlüssel *m*, Antwortsammlung *f* ⟨a ~ for teachers⟩ | Kennwort *n*, -ziffer *f* | *Mus* Flötenklappe *f*; (Finger-) Taste *f* | (Schreibmaschinen-) Taste *f* | (Telegraph) Taster *m* | *Mus* Tonart *f* (*auch übertr*) ⟨all in the same ~ alles in derselben Tonart; *übertr* alles im gleichen Stil, ohne besondere Hervorhebungen; in a plaintive ~ in weinerlichem Ton⟩ | *Mil* Schlüsselstellung *f*; **2.** *vt* (Telegraph) tasten, morsen | *auch* **~ in, ~ on** festkeilen | *Mus* stimmen | *übertr* abstimmen auf, anpassen an ⟨remarks ~ed to the situation⟩; **~ up** anfeuern, beflügeln (**for** zu) | nervös machen (**about** wegen) | einstimmen (**for** auf); **'~ bit** *s* Schlüsselbart *m*; **'~board 1.** *s* Klaviatur *f*, Tastatur *f* | *Tech* Tastenfeld *n*; **2.** *vt* (Computer) eingeben; **'~ed** *adj Mus* mit Tasten *od* Klappen ⟨≈ instrument Tasteninstrument *n*⟩; **'~hole** *s* Schlüsselloch *n*; ˌ~ **'in·dus·try** *s* Schlüsselindustrie *f*; **'~less** *adj selten* (Uhr) nicht zum Aufziehen; **'~ ˌmon·ey** *s Brit* Ablösung *f*, Abstandszahlung *f* (für eine Wohnung); **'~note 1.** *s Mus* Grundton *m* | *übertr* Hauptgedanke *m*, zentrales Thema ⟨the ≈ of the speech⟩; **2.** *adj* Leit-, tragend, tonangebend ⟨≈ speech Hauptvortrag *m*⟩; **3.** *vt umg* den Leitgedanken abgeben für, das zentrale Thema darstellen für | *Am Pol* die politische Linie geben für, das Einleitungsreferat halten auf ⟨to ≈ a party congress⟩; **'~pad** *s Brit* Tastatur *n*, Tastenschalter *m*; **'~phone** *s* Tastentelephon *n*; ˌ~ **po'si·tion** *s* Schlüsselstellung *f*; **'~punch** *s Tech* (Karten) Locher *m* (mit Tastatur), Kartenstanzer *m*; **'~ring** *s* Schlüsselring *m*; **keys** *s/pl* Tastatur *f*; **'~ ˌsig·na·ture** *s Mus* Vorzeichen *n*, Tonartbezeichnung *f*; **'~stone** *s Arch* Schlußstein *m* | *Tech* Verschlußblock *m* | *übertr* Grundpfeiler *m*, Stütze *f*, das A und O ⟨the ≈ of faith⟩; ˌ~ **'tone** *s Mus* Grundton *m*; **'~ word** *s* Schlüssel-, Stichwort *n*, Losung *f*, Leitwort *n*, -gedanke *m*
kg *Abk von* **kilogram**
kha·ki ['kɑ:kɪ] **1.** *s* Khakistoff *m* | Khaki(farbe) *n*(*f*); **2.** *adj* khaki-, staubfarben
kha·lif ['keɪlɪf|kɑ:'li:f] *s* = **caliph**; **'~ate** [-eɪt] = **caliphate**
khan [kɑ:n] *s* Khan *m*; **'~ate** [-eɪt|-ɪt] *s* Khanat *n*
kib|butz [kɪ'bʊts] *s* (*pl* **~but·zim** [-'bʊtsɪm], **~but·zes** [-'bʊtsɪz]) Kibbuz *m*
kibe [kaɪb] *s* (offene) Frostbeule ⟨to tread on s.o.'s ~ *übertr* jmds. Gefühle verletzen⟩
kib·itz ['kɪbɪts] *vi umg* kiebitzen; **'~er** *s umg* (Kartenspiel) Kiebitzer *m* | *umg* ungebetener Ratgeber
ki·bosh ['kaɪbɒʃ] *s in*: **put the ~ on** *Brit Sl* (etw.) vermasseln, (jmdn.) fertigmachen
kick [kɪk] **1.** *s* Stoß *m*, Fußtritt *m* (*auch übertr*) ⟨to give s.th. a ~ einer Sache einen Stoß versetzen, etw. anstoßen; more ~s than halfpence mehr Prügel als Lob; to get the ~ *Brit Sl* rausfliegen⟩ | (Fußball) Schuß *m* ⟨free ~ Freistoß *m*; penalty ~ Elfmeter *m*⟩ | Rückstoß *m* (des Gewehres) | (Person) *umg* Schwung *m*, Energie *f*, Kraft *f* ⟨to have no ~ left nichts mehr zuzusetzen haben, fertig sein⟩ | (Sache) Wirkung *f*, Effekt *m* ⟨to have a lot of ~ eine ziemliche Wirkung haben⟩ | *umg* Nervenkitzel *m* ⟨to get a big ~ out of s.th. an etw. großes Vergnügen finden; to give s.o. a ~ jmdn. anmachen⟩ | *Am umg* Protest *m*, Widerrede *f* ⟨to have a ~ against etw. haben gegen; to have no ~ coming nichts einzuwenden haben⟩ ◇ **for kicks** *Sl* zum Vergnügen, aus Spaß; **2.** *vt* mit dem Fuß stoßen, treten, einen Tritt versetzen ⟨to ~ the ball den Ball treten; to ~ one's heels *umg* sich die Beine in den Bauch stehen, lange warten; to ~ the bucket *Sl* ins Gras beißen⟩ | *umg* (Verehrer) abblitzen lassen | (Fußball) schießen ⟨to ~ a goal ein Tor schießen⟩ ◇ **~ s.o. up·stairs** *umg übertr* jmdn. die Leiter hochfallen lassen, jmdn. nach oben abschieben; **~ about** (Ball) herumbolzen | *übertr* (jmdn.) herumstoßen; **~ around** *umg* (jmdn.) herumkommandieren | herumstoßen; **~ off** fortwerfen; **~ out** hinauswerfen ⟨to ~ s.o. out⟩; **~ over** umstoßen; **~ up** hochwerfen (*auch übertr*) ⟨to ~ up a dust/fuss/row/shindy/stink *umg* viel Staub *od* Dreck aufwirbeln; to ~ up one's heels *übertr* über die Stränge schlagen⟩; *vi* mit dem Fuß stoßen *od* treten ⟨the baby was ~ing der Säugling strampelte⟩ | (Pferd) ausschlagen | (Gewehr) zurückstoßen | (Ball) hochsteigen | *umg* widersprechen; protestieren, nörgeln (**against, at** gegen, über) ⟨I can't ~ ich kann (mich) nicht (be)klagen; to ~ against the pricks *übertr* wider den Stachel löcken⟩; **~ back** *Am Sl* zurückzahlen; **~ off** *Sl* abkratzen, sterben | *Sport* anstoßen; **'~back** *s Am Sl* Geldrückzahlung *f* | Rabatt *m* | *Sl* Schmiergeld *n* | heftige (negative) Reaktion | scharfe Erwiderung; **'~er** *s* Schläger *m* (Pferd) | *Brit* Fußballspieler *m* | *Am umg* Nörgler *m*; **'~off** *s Sport* Anstoß *m* | *umg* Start *m*; **kicks** *s pl* Grund zur Klage ⟨you've got no real ≈ reg dich bloß nicht auf!⟩
kick·shaw ['kɪkʃɔ:] *s* Leckerei *f* | Kleinigkeit *f*, Lappalie *f*
kick-|start ['kɪkstɑ:t] *s Kfz* Kickstart *m*; **'~-ˌstart·er** *s Kfz* Tretanlasser *m*, Kickstarter *m*; **'~up** *s Sl* Radau *m*, Spektakel *m*
[1]**kid** [kɪd] **1.** *s* Zicklein *n* | Ziegenleder *n* ⟨shoes of ~⟩ |

(*meist pl*) *umg* Kind *n* ⟨to get the ~s to bed⟩ | *Am umg* Jugendlicher *m*, Bursche *m*, Mädel *n* ⟨college ~s (College) Studenten *pl*⟩; **2.** *adj* aus Ziegenleder, Glacé- ⟨~ gloves Glacéhandschuhe *m/pl* (*auch übertr*); ~ leather Bock-, Ziegenleder *n*⟩ | *Am Sl* (Geschwister) jüngere(r) ⟨~ brother; ~ sister⟩; **3.** *vi* ('**~ded**, '**~ded**) (Ziege) Junge werfen, zickeln

[2]**kid** [kɪd] *Sl* **1.** ('**~ded**, '**~ded**) *vt, vi* foppen, veralbern ⟨to be only ~ding bloß Spaß machen; to ~ s.o. jmdn. auf den Arm nehmen; you are ~ding [me] Sie scherzen!, das meinen Sie wohl nicht ernst!⟩; **2.** *s* Ulk *m*; '**~ding** *s* Schwindel *m*, Bluff *m*

kid·do ['kɪdəʊ] *s Am umg* Bursche *m*, Mädel *n*

kid|dy, *auch* **~die** ['kɪdɪ] *umg s* Kind *n* | junger Kerl; '**~ car** *umg s* Kinderdreirad *n* | Sportwagen *m*

kid|nap ['kɪdnæp] ('**~napped**, '**~napped**) *vt* (Menschen, bes. Kinder) entführen, rauben, stehlen | *arch* (zum Kriegsdienst) pressen; '**~nap·per** *s* Kidnapper *m*, Entführer *m*, Menschenräuber *m* | Kinderdieb *m*; '**~nap·ping** *s* Entführung *f*, Menschenraub *m* | Kindesentführung *f*

kid·ney ['kɪdnɪ] *s Anat* Niere *f* | *förml* Art *f*, Sorte *f* ⟨anyone of that ~ jmd. von dieser Sorte⟩; ˌ**~ 'bean** *s Bot* Weiße Bohne; '**~ dish** *s* Nierenschale *f*; '**~ maˌchine** *s* künstliche Niere; '**~ shaped** *adj* nierenförmig; '**~ stone** *s Min* Nephrit *m* | *Med* Nierenstein *m*

kie·sel·gu[h]r ['kiːzəlgʊə] *s Min* Kieselgur *f*

kike [kaɪk] *s Am vulg verächtl* Jude *m*

kill [kɪl] **1.** *vt* töten, umbringen (*auch übertr*) ⟨to ~ insects Insekten vertilgen; to ~ one's enemies seine Feinde umbringen; to be ~ed umkommen, getötet werden; to ~ o.s. sich umbringen; to ~ time die Zeit totschlagen; to ~ two birds with one stone *Sprichw* zwei Fliegen mit einer Klappe schlagen⟩ | (Tier) schlachten | *übertr* vernichten, zerstören ⟨to ~ s.o.'s hopes jmds. Hoffnung zunichte machen; to ~ s.o. with kindness jmdn. vor Freundlichkeit fast umbringen⟩ | *übertr* unwirksam machen, verderben, ruinieren ⟨this colour ~s the portrait⟩ | *übertr* unterdrükken ⟨to ~ a proposal⟩ | *Parl* zu Fall bringen, zurückziehen lassen ⟨to ~ a bill⟩ | *Tech* (Motor u. ä.) abstellen, abwürgen | *El* abschalten | (Text) streichen; **~ off** (Tiere) abschlachten | *umg* abmurksen | vernichten ⟨~ed off by the frost⟩; *vi* töten, den Tod herbeiführen | *übertr* Eindruck schinden (wollen) ⟨dressed to ~ aufgedonnert, aufgetakelt⟩; **2.** *s* Töten *n* | Jagdbeute *f*, Strecke *f* ◇ **be in at the ~** beim Abschuß dabei sein; *übertr* das Ende miterleben; **on the ~** auf tödlicher Jagd; *übertr* erbarmungslos, ohne die geringsten Skrupel; '**~er 1.** *s* Totschläger *m* | *übertr* Schlächter *m* | tödliche Krankheit; **2.** *adj* tödlich ⟨≈ diseases; ≈ whale Mordwal *m*⟩; '**~er ˌsat·e·lite** *s Mil* Killersatellit *m*; '**~ing 1.** *adj* mörderisch (*auch übertr*) ⟨≈ pain⟩ | *umg* umwerfend, unwiderstehlich ⟨a ≈ly funny story⟩ | *umg* urkomisch, amüsant ⟨a ≈ time⟩; **2.** *s* Tötung *f*, Töten *n*, Mord *m* | Jagdbeute *f*, Strecke *f* ⟨the annual ≈ der jährliche Jagdertrag⟩ | *Mil* (Flugzeug) Abschuß *m* | *umg* großer Gewinn, Volltreffer *m* ⟨to make a ≈ einen Reibach machen⟩ '**~-joy** *s* Spaß-, Spielverderber(in) *m(f)*; '**~-time** *s* Zeitvertreib *m*

kiln [kɪln] *s* Darr-, Brennofen *m*, Darre *f*; '**~-dry** *vt* im Ofen darren, dörren; '**~hole** *s* Ofenloch *n*; '**~ing** *s* künstliche Holztrocknung; '**~ scum** *s* Ofenschaum *m*

ki·lo ['kiːləʊ] *s* Kilo *n*

ki·lo- ['kɪləʊ] *in Zus* Kilo-

kil·o|cy·cle ['kɪləsaɪkl] *s El, Phys* Kilohertz *n*; '**~gram[me]** *s* Kilogramm *n*; ˌ**~gram·'me·tre** *s* Meterkilogramm *n*; '**~hertz** = **~cycle**; '**~li·tre** *s* Kiloliter *n*; '**~ˌme·tre** *s* Kilometer *m*; '**~watt** *s El* Kilowatt *n*; ˌ**~watt-'hour** *s El* Kilowattstunde *f*

kilt [kɪlt] **1.** *s* Kilt *m*, Schottenrock *m*; **2.** *vt* in Falten legen | aufschürzen; '**~ed ˌre·gi·ment** *s* schottisches Regiment (in Schottenröcken); '**~ing** *s* Plissee *n*

kil·ter ['kɪltə] *s umg, dial* Ordnung *f*, geregelter Gang, *meist in*: **out of ~** nicht in Ordnung, nicht funktionstüchtig | Gleichgewicht *n* ⟨to throw s.th. out of ~ etw. umwerfen, durcheinanderbringen⟩

ki·mo·no [kɪ'məʊnəʊ] *s* Kimono *m*

kin [kɪn] **1.** *s* Sippe *f*, Geschlecht *n* | *collect* (*pl konstr*) (Bluts-) Verwandtschaft *f* ⟨to be out of ~ nicht verwandt sein; to be near [of] ~ nahe verwandt sein; to be no ~ to nicht verwandt sein mit; the next of ~ die nächsten Verwandten *f*, *m/pl*⟩; **2.** *adj* verwandt (**to** mit) ⟨we are ~ wir sind verwandt⟩

-kin[s] [-kɪn(z)] *suff zur Bildung von dimin s aus s umg* (*z. B.* **lambkin** Lämmchen; **a little babykins** ein kleines Babylein)

kind [kaɪnd] **1.** *s* Art *f*, Sorte *f* ⟨of a ~ eine Sorte; *verächtl* so etwas wie; of a different ~ von anderer Art; nothing of the ~ nichts dergleichen; something of the ~ etwas Ähnliches⟩ | Geschlecht *n* | Klasse *f*, Gattung *f* ⟨what ~ of a bird⟩ | Art und Weise *f* ⟨a ~ of eine Art von; he had a ~ of suspicion er hatte einen gewissen Verdacht⟩ | Natur *f*, Wesen *n*, Charakter *m* ⟨to be of s.o.'s ~ jmdm. gleichen, jmds. Wesen entsprechen; to differ in ~ im Charakter verschieden sein⟩ | Naturprodukte *n/pl* ⟨to pay in ~ in Waren zahlen; *übertr* mit gleicher Münze [be]zahlen⟩ ◇ **~ of** *adv Am umg* ungefähr, etwa so, sozusagen ⟨I ~ of thought ich dachte so etwa; it was ~ of late es war schon irgendwie spät⟩; **2.** *adj* freundlich, gütig (**to** gegen) ⟨will you be so ~ as to *mit inf*/will you be ~ enough to *mit inf* würden Sie so gut sein, zu *mit inf*; it's ~ of you es ist nett von Ihnen; with ~ regards mit freundlichen Grüßen⟩

kin·der|gar·ten ['kɪndəgɑːtn] ⟨*dt*⟩ *s* Kindergarten *m*; '**~ˌgart·ner** *Am s* Kindergartenkind *n* | Kindergärtnerin *f*

kind·heart·ed [ˌkaɪnd'hɑːtɪd] *adj* gutherzig, gütig

kin|dle ['kɪndl] *vt* an-, entzünden | *übertr* anfeuern, entflammen (**to** zu) ⟨to ~ s.o.'s interest jmds. Interesse entfachen⟩; *vi* Feuer fangen, sich entzünden | *übertr* auflodern, entflammen, sich erregen (**at** über) | sich begeistern (**at** an) | lodern, leuchten (**with** vor); '**~dler** *s* Feueranzünder *m* | *übertr* Brandstifter *m*; '**~dling** *s* Anbrennholz *n*, dürres Holz; '**~dling point** *s Phys* Flammpunkt *m*, Entflammungspunkt *m*

kind·ly ['kaɪndlɪ] **1.** *adj* gütig, freundlich, liebenswürdig ⟨a ~ interest; a ~ look⟩ | (Klima) mild, angenehm, günstig ⟨~ climate⟩; **2.** *adv* freundlich, liebenswürdig ⟨~ give it to me bitte geben Sie es mir; would you ~ tell me würden Sie mir bitte sagen; to take it ~ of s.o. jmdm. Dank wissen, jmdm. verbunden sein; to take ~ to s.o. jmdn. gern haben; to take ~ to s.th. etw. liebgewinnen; thank you ~ besten Dank!⟩

kind·ness ['kaɪndnɪs] *s* Freundlichkeit *f*, Liebenswürdigkeit *f*, Güte *f* (**to** gegenüber) | Gefälligkeit *f*, Aufmerksamkeit *f* ⟨to do s.o. a ~ jmdm. eine Gefälligkeit erweisen⟩

kin·dred ['kɪndrəd] **1.** *s* (Bluts-) Verwandtschaft *f* (*auch übertr*) ⟨to claim ~ with s.o. behaupten, mit jmdm. verwandt zu sein⟩ | *collect* (*pl konstr*) Verwandte *m*, *f/pl* ⟨his ~ are still living in Ireland seine Verwandten leben noch in Irland⟩; **2.** *adj* (bluts)verwandt (*auch übertr*) ⟨~ families; ~ languages⟩; ˌ**~ 'spir·it** *s* Gleichgesinnte(r) *f(m)*, Person *f* mit gleichen Interessen

kine [kaɪn] *s arch* Vieh *n*

kin·e·mat|ics [ˌkaɪnɪ'mætɪks] *s/pl* (*sg konstr*) *Phys* Kinematik *f*, Bewegungslehre *f*; **~o·graph** [-əgrɑːf] = **cinematograph**

kin·e·si·ther·a·py [ˌkɪnəsɪ'θerəpɪ] *s Med* Kinesiotherapie *f*, Bewegungstherapie *f*, -training *n*

kin·e·scope ['kɪnəskəʊp] *s Ferns* Bildröhre *f*
ki·net·ic [kɪ'netɪk] *adj Phys* kinetisch, Bewegungs- ⟨~ art Kunst *f* bewegter Objekte; ~ energy kinetische Energie⟩; **ki'net·ics** *s/pl (sg konstr) Phys* Kinetik *f*, Bewegungslehre *f*
kin·folks ['kɪnfəʊks] *s pl umg* = **kins·folk**
king [kɪŋ] **1.** *s* König *m* ⟨the ≁ of Denmark; ~ of beasts König *m* der Tiere, Löwe *m*⟩ | (Schachspiel) König *m* | (Damespiel) Dame *f* | *Kart* König *m* ⟨~ of hearts Herzkönig *m*⟩ | *übertr* König *m*, Magnat *m* ⟨cotton ~; the uncrowned ~ of s.th. der ungekrönte König von etw.⟩; **2.** *vt* zum König machen; *vi* König sein ◇ ~ **it** den König spielen; **'~bolt** *s Tech* Achsschenkelbolzen *m*; **'~cup** *s Bot* Hahnenfuß *m*; **'~dom** *s* Königreich *n* ⟨United ≉ Vereinigtes Königreich von Großbritannien u. Nordirland⟩ | *übertr* Reich *n*, Gebiet *n* ⟨animal ≈ Tierreich *n*; vegetable ≈ Pflanzenreich *n*; the ≈ of thought das Bewußtsein *n*⟩ | *Rel* himmlisches Reich ⟨≈ come in alle Ewigkeit; gone to ≈ *umg* heimgegangen (tot)⟩; **'~ fern** *s Bot* Königsfarn *m*; **'~ˌfish·er** *s Zool* Eisvogel *m*; **~let** ['~lɪt] *s* schwacher König; Herrscher *m* eines kleinen Reiches, Potentat *m* | *Zool* Goldhähnchen *n*; **'~like** *adj* königlich; **'~ly 1.** *adj* königlich, Königs-, majestätisch; **2.** *adv* auf königliche Art; **'~ˌmak·er** *s lit, übertr* Königsmacher *m*; **'~pin** *s Tech* Achsbolzen *m* | *umg* Hauptperson *f*, Stütze *f*, Hauptsache *f*⟨the ≈ of the great steel industry⟩; **'~ post** *s Arch* Giebelbalken *m*; **Kings** *s bibl* (Buch *n* der) Könige *pl* ⟨First ≉ has it im 1.Buch Könige heißt es⟩; **ˌKing's 'Bench (Di·ˌvi·sion)** *s Brit Jur* erste Kammer des Obersten Gerichts; **ˌKing's 'Coun·sel** *s Brit Jur* Kronanwalt *m*; **ˌKing's 'Eng·lish** *s Brit* englische Hochsprache; **ˌ~'s 'ev·i·dence** *s Brit Jur* Kronzeuge *m*, *meist in*: **turn ~'s evidence** als Kronzeuge gegen seine Mitschuldigen aussagen; **ˌ~'s 'e·vil** *s arch Med* Skrofulose *f*; **'~ship** *s* Königsamt *n*, -würde *f* | Königtum *n* | *selten* Regierungszeit *f* (eines Königs); **'~-size** *adj Am umg* erstklassig, extragroß, -lang; **'~-sized** *adj Brit* extragroß, superlang ⟨≈ cigarettes⟩
kink [kɪŋk] **1.** *s Mar* Kink *f* | Schlinge *f* (im einlaufenden Faden) | Knoten *m*, Schleife *f* ⟨a ~ in a rope⟩ | *übertr* Schrulle *f*, Tick *m*, Vogel *m* ⟨a ~ in one's head⟩ | Makel *m*, Mangel *m* ⟨a ~ in the American character eine Schwäche des amerikanischen Charakters⟩ | Kniff *m*, Trick *m*, Dreh *m* | Steifheit *f*; **2.** *vt* verknoten, einen Knoten machen in; *vi* sich (ver)knoten ⟨to ~ easily leicht Knoten kriegen, sich verwickeln⟩; **'~y** *adj* verknotet | (Haar) gekräuselt | *umg* verrückt, spleenig, abartig | pervers ⟨≈ behaviour⟩ | (erotisch) aufreizend ⟨≈ clothes⟩; **ˌ~y 'boots** *s* hohe (Damen-) Schaftstiefel *pl*
kins·folk ['kɪnzfəʊk] *s* Verwandtschaft *f*; **'kin·ship** *s* (Bluts-) Verwandtschaft *f* (*auch übertr*) (**to** mit); **'kins·man** *s* Verwandter *m*; **'kinsˌwom·an** *s* Verwandte *f*
ki·osk ['ki:ɒsk] *s* Kiosk *m*, Verkaufsstand *m* | *Brit* Telefonzelle *f* | Pavillon *m*, Sommerhaus *n*
[1]**kip** [kɪp] *s* Haut *f* (*bes* eines Kalbs) | Bündel *n* Rohfelle
[2]**kip** [kɪp] *Brit umg* **1.** *s* Schläfchen *n*, Ratzer(chen) *m(n)* ⟨to have a ~ pennen, sich in die Falle hauen; to get enough ~ genug gepennt haben⟩ | Bett *n*, Falle *f* ⟨to find a ~ for the night⟩; **2.** *vi* (**kipped, kipped**) pennen, ein Schläfchen machen | *auch* ~ **down** sich hinlegen, zu Bett gehen
kip·per ['kɪpə] **1.** *s* Lachs *m* während u. nach der Laichzeit | (Art) Räucherhering *m*; Kipper *m*; **2.** *vt* Fische einsalzen u. räuchern ⟨~ed herring (Art) gesalzener Räucherhering⟩
Ki·ri ['kɪrɪ] *s* (Afrika) Kiri *f*, Eingeborenenkeule *f*
kirk [kɜ:k] *s Schott* Kirche *f* ◇ **the** ≁ die Schottische Nationalkirche
kirn [kɜ:n] *s Schott* Erntefest *n*
kirsch [kɪəʃ] ⟨*dt*⟩ *s* Kirschwasser *n*
kir·tle ['kɜ:tl] *arch s* (kurzer) Frauenrock | Wams *n*, Jacke *f*, Kittel *m*
kish [kɪʃ] *s Min* Graphit *m*
kis·met ['kɪzmet] *s* Kismet *n*, Schicksal *n*
kiss [kɪs] **1.** *vt* küssen ⟨to ~ s.o.'s lips jmdn. auf die Lippen küssen; to ~ one's hand to s.o. jmdm. eine Kußhand zuwerfen; to ~ s.o. goodbye jmdm. einen Abschiedskuß geben; to ~ s.o. good night jmdm. einen Gutenachtkuß geben; to ~ s.o.'s hand[s] jmdm. die Hand küssen; to ~ hands *Brit* die Hand der Königin küssen (als Mitglied der Regierung); to ~ the Book die Bibel zum Schwur küssen; to ~ the cup nippen; to ~ the dust *umg* ins Gras beißen, sterben; to ~ the ground sich demütigen; to ~ the rod *übertr* eine Strafe unterwürfig hinnehmen; to ~ and make [it] up *umg* sich wieder vertragen⟩ | leicht berühren ⟨the wind ~ed her hair⟩ | (Billard) (Ball) anstoßen; *vi* (sich) küssen | *übertr* sich leicht berühren; **2.** *s* Kuß *m* ⟨to throw a ~ to s.o. jmdm. eine Kußhand zuwerfen; ~ of life Mund-zu-Mund Beatmung *f*; ~ of death *übertr umg* Todesstoß *m*, Ende *n*⟩ | leichte Berührung (der Billardbälle etc.); **'~er** *s* Küsser *m* | *urspr Am Sl* Maul *n* | *Am Sl* Gericht *n*; **'~ing** *s* Küssen *n*; **'~proof** *adj* kußecht, -fest
kit [kɪt] **1.** *s* Ausrüstung *f* ⟨skiing ~⟩ | *Mil* Montur *f* | Werkzeug *n* ⟨first-aid ~ Hausapotheke *f*, Verbandkasten *m*⟩ | Werkzeugtasche *f* ⟨a plumber's ~ Klempnerwerkzeug *n*⟩ | Zubehör *n*, Gerät *n*, (Bau-) Kasten *m* ⟨do-it-yourself ~ Kasten *m* zum Selbstzusammenbauen; Bastlerkasten *m*⟩ | Instruktionen *f/pl*, Anleitung *f*, (Hinweis-) Mappe *f* ⟨a free ~ eine kostenlose Unterweisung; instruction ~ Gebrauchsanleitung *f*⟩ | Faß *n*, Zuber *m* ◇ **the whole ˌ~ and ca'boodle** *s Am Sl* der ganze Kram, das ganze (bißchen) Zeug; **2.** *vi, vt oft* ~ **out/up** (sich) ausrüsten (**with** mit); **'~bag** *s Brit* Tornister *m* | *Mar* Seesack *m*
kitch·en ['kɪtʃɪn] *s* Küche *f*; **~et[te]** [ˌkɪtʃɪ'net] *s* Kochnische *f*; **ˌ~ 'gar·den** *s* Kräuter-, Gemüsegarten *m*; **'~ maid** *s* Küchenmädchen *n*; **ˌ~ 'po·lice** *s Mil* Küchendienst *m*; **'~ sink** *s* Ausguß *m* ◇ **everything / all but the ~ sink** *scherzh* (fast) der ganze Hausrat; **ˌ~-sink 'dra·ma** *s Theat* realistisches Stück aus dem Arbeitermilieu; **'~ ˌu·nit** *s* Einbauküche *f*
kite [kaɪt] **1.** *s* Papierdrachen *m* ⟨to fly a ~ einen Drachen steigen lassen; *übertr* einen Versuchsballon *m* steigen lassen; go fly a ~ *Am Sl* scher dich fort!⟩ | *Zool* Gabelweihe *f* | *übertr* Geizhals *m* | *Wirtsch umg* Kellerwechsel *m*; **2.** *vt* (wie einen Drachen) steigen lassen | *Wirtsch umg* (Wechsel) fälschen | *Am umg* (Preise) hochtreiben; *vi Am umg* im Preis steigen; **'~ balˌloon** *s* Fesselballon *m*
kith [kɪθ] *s, nur in*: **~ and kin** Bekannte und Verwandte *m, f/pl* ⟨they are our ~ and kin sie sind die unsrigen, sie gehören zu uns⟩ | Verwandte(r) *f(m)* ⟨she's your own ~ and kin sie gehört zu deiner Familie⟩
kitsch [kɪtʃ] *s verächtl* Kitsch *m*, Tand *m*, Plunder *m*; **'~y** *adj* kitschig, geschmacklos
kit·ten ['kɪtn] **1.** *s* Kätzchen *n*, junge Katze ◇ **have kit·tens** *Brit umg* Zustände haben *od* kriegen; **2.** *vt, vi* (junge Katzen) werfen | *übertr* kokettieren, schmusen; **'~ish** *adj* kätzchenhaft, wie ein Kätzchen | *übertr* spielerisch | kokett
kit·ti·wake ['kɪtɪweɪk] *s Zool* Dreizehenmöwe *f*
kit·tle ['kɪtl] **1.** *vt Schott, dial* kitzeln | verwirren; **2.** *adj* kitzlig | *übertr* launisch ⟨~ tricks⟩ | *übertr* heikel, schwierig, kitzlig
kit·ty ['kɪtɪ] *s* Kätzchen *n* | *Kart* Spielkasse *f*, gemeinsame (Sammel-) Kasse *f*
ki·wi ['ki:wi:] *s Zool* Kiwi *m*, Schnepfenstrauß *m* | *Flugw Sl* Angehöriger *m* des nichtfliegenden Personals | *Sl* Flugschüler *m* | *Sl* schlechter Flieger | ≁ *Sl scherzh* Neuseelän-

der(in) *m(f)*

klax·on ['klæksən] *s* Horn *n*, Hupe *f*

Kleen·ex ['kli:neks] *s* (*meist sg*) Kleenex(tuch) *n*(*n*), Tempotaschentuch *n*

klep·to·ma·ni|a [ˌkleptə'meɪnɪə] *s Med* Kleptomanie *f*, Stehltrieb *m*; **~ac** [~æk] **1.** *adj* kleptomanisch; **2.** *s* Kleptomane *m*, Kleptomanin *f*

klieg eyes ['kli:g aɪz] *s pl Med* (durch Lichteinwirkung) entzündete Augen *n/pl*, Augenentzündung *f*; **'klieg light** *s Tech* (Klieg-) Scheinwerfer *m*, Bogenlampe *f*

km *Abk von* **kilometre(s)**

knack [næk] *umg s* (*meist sg*) Kniff *m*, Trick *m*, Kunstgriff *m* ⟨there's a ~ in it da ist ein Trick dabei, man muß den Dreh raushaben⟩ | Geschick(lichkeit) *n(f)* (**at, of** zu, **in** mit) ⟨to have a / the ~ of s.th. etw. gut können, etw. weghaben⟩

knack|er ['nækə] *s Brit* Abdecker *m*, Pferdeschlächter *m* | Abbruchunternehmer *m* (für Häuser, Schiffe u. ä.); **~ered** ['nækəd] *adj Brit Sl* hundemüde, kaputt, fertig; **ˌ~er's 'yard**, *auch* **'~er·y** *s Brit* Pferdeschlächterei *f*, Abdeckerei *f*

knack·y ['nækɪ] *adj umg* geschickt

knag [næg] *s* Knorren *m*; **'~gy** *adj* knorrig, knotig

[1]**knap** [næp] *vt, vi* (Steine) (heraus)schlagen, (heraus)hauen; **'~per** *s* Steinschläger *m*

[2]**knap** [næp] *s* Spitze *f*, Gipfel *m*, Kuppe *f* (eines Hügels)

knap·sack ['næpsæk] *s* Tornister *m*, Rucksack *m*

knar [nɑ:] *s* Knorren *m*; **'~ry** [-rɪ] *adj* knorrig

knave [neɪv] *s* Schurke *m*, Spitzbube *m* | *Kart* Bube *m*, Unter *m*; **'knav·er·y** [-ṛɪ] *s arch* Schurkerei *f*, Schurkenstreich *m*; **'knav·ish** *adj* schurkisch, schuftig

knead [ni:d] *vt* kneten, formen, bilden (**into** zu) ⟨to ~ dough Teig kneten⟩ | massieren; **'~ing** *s* Kneten *n*, Massieren *n*; **'~ing trough** *s* Backtrog *m*

knee [ni:] **1.** *s* Knie *n* ⟨on one's ~s *übertr* am Boden, besiegt; to bend the ~ to s.o. *übertr* sich vor jmdm. beugen; to bring s.o. to his ~s *übertr* jmdn. in die Knie zwingen; to go on one's ~s niederknien; *übertr* beten; to learn s.th. at one's mother's ~ etw. in früher Kindheit lernen *od* mitkriegen; on the ~s of the gods *übertr* im Schoße der Götter, noch ungewiß⟩ | (Kleidung) Knie *n* ⟨baggy ~s ausgebeulte Knie *n/pl*; gone at the ~s *umg* am Knie kaputt⟩ | *Tech* Knie(stück) *n*; **2.** *vt* mit dem Knie stoßen | (Hose) am Knie ausbeulen | *Tech* ein Kniestück anbringen an; **'~ ˌac·tion** *s Kfz* Kniegelenkfederung *f* (der Vorderräder); **'~ ˌbend·ing** *s* Kniebeuge *f*; **'~ ˌbreech·es** *s* (Knie-) Bundhosen *pl*; **'~cap 1.** *s* Kniescheibe *f* | Knieschützer *m*; **2.** *vt* (jmdn.) in die Kniescheibe treffen; **ˌ~-'deep** *adj* knietief; **ˌ~-'high** *adj* kniehoch ⟨≈ to a grasshopper *umg* (Kind) winzig, wie ein Zwerg⟩; **'~ jerk 1.** *s Med* Knie(sehnen)reflex *m* | *Am umg Pol* jmd., dessen Reaktionen auf ein bestimmtes voraussagbares Schema festgelegt sind; **2.** *adj Am umg Pol* nach Schema F, typisch und automatisch ⟨a ≈ reactionary⟩; **'~ joint** *s* Kniegelenk *n* (*auch Tech*)

kneel [ni:l] (**knelt, knelt** [nelt]) *vi* knien (**to** vor) ⟨~ down niederknien⟩

knee|pad ['ni:pæd] *s* Knieschützer *m*; **'~pan** *s* Kniescheibe *f*; **'~room** *s* (Auto, Flugzeug) genügend Platz für die Beine

knees-up ['ni:zʌp] *s Brit umg* Party *f*, Fete *f*

knell [nel] **1.** *s* (Ton, Klang der) Totenglocke *f*, Grab-, Totengeläut *n* ⟨to toll the ~ die Totenglocke läuten, *auch übertr*⟩ | Todeswarnung *f* | *übertr* böse Vorahnung | düsterer Klang; **2.** *vi* (Totenglocke) läuten | als Warnung *od* böses Vorzeichen ertönen; *vt* (durch Läuten) bekanntmachen, verkünden | zusammenrufen

knelt [nelt] *prät* u. *part perf von* ↑ **kneel**

knew [nju:] *prät von* ↑ **know**

knick·er·bock·ers ['nɪkəbɒkəz] *s/pl* Knickerbocker *pl*, Kniehose(n) *f/pl*

knick·ers ['nɪkəz] **1.** *s/pl Brit umg* (Damen-) Schlüpfer *m* ⟨to get one's ~ in a twist *übertr scherzh* sich in die Hosen machen, verrückt spielen⟩ | *bes Am* = **knickerbockers**; **2.** *interj Brit Sl* Mist!, Quatsch!

knick·knack ['nɪknæk] *s* Spielerei *f*, Tand *m*, Schnickschnack *m* | Kleinigkeit *f*, kleine Verzierung | (Essen) kleine Leckerei; **'~er·y** [-ṛɪ] *s* Trödelkram *m*, Nippes *pl*

knife [naɪf] **1.** *s* (*pl* **knives** [naɪvs]) Messer *n* ⟨before you can / could say ~ eh man sich's versah, im Nu; to get one's ~ into s.o. *umg* jmdm. eins auswischen, jmdm. scharf zusetzen; under the ~ *umg* unter dem Messer, operiert; war to the ~ Kampf *m* bis aufs Messer; pocket ~ Taschenmesser *n*⟩ | Dolch *m*; **2.** *vt* (mit einem Messer) (be)schneiden | erdolchen, erstechen; **'~ and 'fork** *s* Messer *n* und Gabel *f*, Eßbesteck *n* | *übertr* Esser *m* ⟨to play a good (poor) ≈ ein guter (schlechter) Esser sein, tüchtig (nicht richtig) zulangen⟩; **'~-edge** *s* Messerschneide *f* | (Berg) Grat(schneide) *m(f)* ◇ **on a ~-edge** *übertr* auf Messers Schneide *f* ⟨to be balanced on a ≈ auf Messers Schneide stehen⟩ | aufgeregt, wie auf Kohlen (**about** wegen); **'~-edged** *adj* messerscharf; **'~ ˌgrind·er** *s* Scherenschleifer *m* | Schleifstein *m* | *Tech* Messerschleifmaschine *f* (Holzbearbeitung); **'knif·ing** *s* Messerstecherei *f* | *Tech* Walzen *n* mit geteiltem Kaliber

knight [naɪt] **1.** *s* Ritter *m* (niedrigster, nicht erblicher englischer Adelstitel) ⟨he was made a ~ in 1960 er wurde 1960 zum Ritter geschlagen⟩ | *Hist* Ritter *m*, berittener Edelmann | *übertr* Kämpe *m*, Begleiter *m*, Ritter *m* ⟨~ of the road *umg scherzh* Kapitän *m* der Landstraße⟩ | (Schach) Springer *m*; **2.** *vt* zum Ritter schlagen, adeln; **ˌ~-at-'arms** *s* bewaffneter Ritter; **'~age** *s collect Hist* Ritterschaft *f* | Ritterliste *f*; **ˌ~-'er·rant** (*pl* **ˌ~s-'er·rant**) *s Hist* fahrender Ritter; **'~hood** *s* Ritterwürde *f* | *collect* Ritterschaft *f* | Ritterlichkeit *f*; **'~ing** *s* Ritterschlag *m*; **'~ly** *adj, adv* ritterlich ⟨≈ qualities⟩

knit [nɪt] **1.** (**~, ~** *od* **'~ted, '~ted**) *vt* stricken ⟨to ~ wool into stockings / to ~ stockings out of wool Wollstrümpfe stricken; ~ 3, purl 2 3 rechts, 2 links⟩ | verknüpfen, verbinden, zusammenfügen (*auch übertr*) ⟨to ~ the hands die Hände falten; to ~ the brows die Stirn runzeln⟩ | *Med* zusammenfügen ⟨well-~ gut gebaut⟩; **~ up** (fertig)stricken ⟨to ~ up the collar⟩ | fest verbinden | *übertr* (Debatte) beenden; *vi* stricken | *auch* **~ together** sich vereinigen, sich eng verbinden; **2.** *s* Strickzeug *n* | Strickarbeit *f*; **'~ted** *adj* gestrickt, Strick- ⟨≈ goods Strickwaren *f/pl*⟩; **'~ter** *s* Stricker(in) *m(f)* | *Tech* Strick-, Wirkmaschine *f*; **'~ting 1.** *adj* Strick-; **2.** *s* Strickzeug *n* | Strickarbeit *f*; **'~ting ˌnee·dle** *s* Stricknadel *f*; **'~ting wool** *s* Strickgarn *n*, -wolle *f*; **'~wear** *s* Strickwaren *f/pl*, -bekleidung *f*

knives [naɪvz] *s/pl von* ↑ **knife 1.**

knob [nɒb] *s* (Tür-) Knauf *m*, Knopf *m* | Knorren *m*, Knoten *m* | (Berg-) Hügel *m*, Buckel *m* | *Brit umg* (Kohle, Butter) Stückchen *n* ⟨a ~ of sugar⟩ ◇ **with ~s on** *Sl* in besonderem Maße, und wie!; **knobbed, '~by** *adj* knorrig, knotig; **'~ˌker·rie** *s* Knüppel *m* mit Knauf; **'~stick** *s* Knotenstock *m* | *Sl* Streikbrecher *m*

knock [nɒk] **1.** *s* Schlag *m*, Stoß *m* | (An-) Klopfen *n*, Pochen *n* (**at** an) | *Tech* (Motor) Klopfgeräusch *n*, Klopfen *n* | *übertr* schwerer Schlag, Rückschlag *m* ⟨to take a few ~s *umg* ein paar mitbekommen; to take the ~ *Sl* schwer mitgenommen werden⟩ | *Am Sl* böswillige *od* spitzfindige Kritik | *umg* (Kricket) Innenrunde *f* (eines Spielers); **2.** *vt* stoßen, schlagen, klopfen ⟨to ~ one's head against mit dem Kopf stoßen gegen; to ~ s.o. on the head jmdm. aufs

Haupt schlagen; to ~ s.th. on the head *übertr* etw. zunichte machen; to ~ s.o. senseless/cold jmdn. bewußtlos schlagen; to ~ s.o. into a corner jmdn. in eine Ecke stoßen; to ~ the bottom out of s.th. *übertr* etw. zum Scheitern verurteilen; to ~ spots off s.o. at s.th. *übertr* etw. viel besser machen als jmd.⟩ | *Brit Sl übertr* umwerfen, perplex machen ⟨her words ~ed me ihre Worte haben mich schokkiert; to ~ s.o. cold/sideways/for a loop / for six *übertr umg* jmdn. völlig überraschen⟩ | *urspr Am Sl* (jmdn.) heruntermachen; **~ about** (Sachen) umherstoßen, arg zurichten, (Person) böse mitnehmen, (jmdm.) arg zusetzen; **~ back** *Brit Sl* (Alkohol) hinter die Binde gießen | (jmdn.) kosten ⟨it ~ed me back quite an amount dafür mußte ich eine ganz schöne Summe blechen⟩ | (jmdn.) überraschen, mitnehmen ⟨the news ~ed her back⟩; **~ down** niederschlagen | *übertr* vernichten, zunichte machen ⟨to ~ s.o. down with a feather jmdn. völlig überrumpeln *od* perplex machen⟩ | (mit einem Fahrzeug) überfahren | abreißen, einreißen, abbrechen | (Preise) stark drücken (**to** auf) | (in einer Auktion) zuschlagen, zusprechen (**to s.o.** jmdm.; **at** für); **~ in** einschlagen ⟨to ~ in a nail⟩; **~ into** (jmdn. etw.) eintrichtern, einbleuen ⟨to ~ some sense into s.o. jmdn. etw. Verstand beibringen⟩ | (jmdm.) plötzlich begegnen ◇ **~ s.th. into shape** etw. hinbiegen, aufmöbeln, -polieren; **~ off** abbrechen, abschlagen | *umg* (Summe) abziehen, (Preis) senken um | *umg* (Arbeit) einstellen, beenden | *umg* schnell erledigen, hinhauen, hinwerfen | *umg* (Gegner) niedermachen, besiegen | *umg* fertig machen, wegschrubben ⟨to ~ off the rest of the work⟩ | *Sl* (jmdn.) umlegen | *Brit Sl* klauen | *Sl* (Bank) ausrauben | *Sl* abstoßen, an den Mann bringen | *Sl* vernaschen; **~ out** (Pfeife) ausklopfen | beseitigen | (Boxen) durch K.o. besiegen | *Sl* (jmdn.) umhauen, umwerfen | (jmdn.) herauswerfen, eliminieren, aus dem Feld schlagen | *übertr* überwältigen, umwerfen | *umg* (Plan) schnell entwerfen, hinhauen; **~ over** umwerfen, überfahren; **to ~ to·geth·er** *Sl* zusammenschustern, (schnell) zusammenbauen ◇ **~ people's heads together** *übertr* jmdn. wachrütteln, zur Vernunft bringen; **~ up** *Brit* (durch Klopfen) wecken, wachklopfen | *Brit umg verächtl* (Haus) hochziehen, (schludrig) hinstellen *od* hinhauen | *Brit Sl* verdienen | *Brit Sl* (hastig) zusammenstellen, (zu)bereiten | *Brit* (Kricket) (Läufe) machen ⟨to ~ up more runs⟩ | *Brit umg* fertigmachen, erschöpfen | *Am Sl* schwängern ◇ **~ up copy** *Brit Typ* ein Manuskript für den Druck fertigmachen; *vi* schlagen, klopfen (**against** gegen, **at** auf, an) | *Kfz* (Motor) klopfen; **~ about / around** *umg* herumgammeln, sich herumtreiben | ständig auf der Achse sein, durch die Gegend reisen | es treiben (**with** mit); **~ off** die Arbeit einstellen, Feierabend machen ⟨to ~ off for tea Teepause machen⟩; **~ on,** *auch* **~ forward** (Rugby) einen Fehler machen, den Ball fallen lassen, den Ball nicht fangen; **~ to·geth·er** zusammenschlagen, schlackern; **~ under** sich geschlagen geben; **~ up** *Brit* (Tennis) sich einspielen, ein paar Bälle schlagen *od* spielen; **'~a·bout 1.** *s Theat* Hanswurst *m* | derbe Komik | strapazierfähiges Kleidungsstück | billiges Fahrzeug; **2.** *adj* lärmend | unstet | strapazierfähig ⟨a ≈ suit⟩; **'~down 1.** *s* (Boxen) Niederschlag *m* | *übertr* schwerer Schlag | (Preis u. ä.) Senkung *f*; **2.** *adj* niederschmetternd ⟨a ≈ blow⟩ | *Wirtsch* Mindest- ⟨≈ prices⟩ | *Tech* zum Auseinandernehmen ⟨a ≈ piece of furniture⟩; **'~er** *s* Klopfende(r) *f(m)* | *auch* **'door~er** Türklopfer *m* | *Brit* Hausierer *m* | *Am Sl* Nörgler *m*; ◇ **on the door~er** von Haus zu Haus; **'~ers** *Brit Sl* Titten *pl*; **ˌ~-'kneed** *adj* X-beinig; **'~-knees** *s/pl* X-Beine *n/pl*; **ˌ~-'on** *auch* **ˌ~-'for·ward** *s* (Rugby) Fangfehler *m*; **'~out 1.** *s Sport* Knockout *m*, K.o., entscheidender Niederschlag (*auch übertr*) | *umg* Sensation *f* | *umg* tolle Sache *od* Person; **2.** *adj* umwerfend, heftig, vernichtend ⟨a ≈ blow⟩ | *Tech* zum Herausnehmen ⟨≈ pins⟩ | *umg* toll, schick ⟨a ≈ dress⟩; **'~-up** *s Brit* (Tennis) Ein-, Warmspielen *n*

[1]**knoll** [nəʊl] *s* Erdhügel *m*

[2]**knoll** [nəʊl] **1.** *s* (Grab-) Geläute *n*; **2.** *vt, vi* (Glocke) läuten

knop [nɒp] *s* Noppe *f* | *Arch* Kreuzknauf *m* | (Blüten-) Knospe *f*

knot [nɒt] **1.** *s* Knoten *m* (*auch übertr*) ⟨to make / tie a ~ einen Knoten knüpfen; to get tied [up] into ~s wegen etw. völlig durcheinandergeraten; to tie s.o. [up] in ~s *übertr* jmdn. völlig verwirren⟩ | Ast *m*, Knorren *m* | *Mar* Knoten *m*, Seemeile *f* | *Med* Knoten *m* | *Bot* Knospe *f* | Achselband *n* | *übertr* Band *n*, Verbindung *f* ⟨marriage ~ Band *n* der Ehe⟩ | Grüppchen *n*, Ansammlung *f*, Knäuel *m* ⟨a ~ of tourists; to stand about in ~s⟩; **2.** (**'~ted, '~ted**) *vt* an-, verknoten, verknüpfen ⟨to ~ two ropes together; to ~ s.th. firmly etw. fest verknoten⟩ | (Stirn) runzeln | verwirren, verwickeln | *vi* sich knoten lassen ⟨to ~ easily⟩ | sich verwickeln | Knoten bilden; **'~grass** *s Bot* Knöterich *m*; **'~hole** *s* Astloch *n*; **'~ stitch** *s* Knotenstich *m*; **'~ty** *adj* voller Knoten | knorrig | *übertr* schwierig, verwickelt; ⟨a ≈ work⟩; **'~work** *s* Knüpf-, Flechtarbeit *f*

knout [naʊt] **1.** *s* Knute *f*; **2.** *vt* mit der Knute schlagen

know [nəʊ] **1.** (**knew** [nju:], **known** [nəʊn]) *vt* wissen ⟨to ~ the truth/what is true wissen, was die Wahrheit ist; to ~ one's own mind wissen, was man will; to ~ what's what wissen, was los ist; well, what do you ~? (Verwunderung) Donnerwetter!⟩ | können, gelernt haben, beherrschen ⟨to ~ how to swim schwimmen können, to ~ where to go wissen, wo man hinzugehen hat; to ~ how s.th. should be done wissen, wie etw. gemacht wird⟩ | kennen, vertraut sein mit ⟨to ~ a thing or two, to ~ one's own business, to ~ the ropes / one's onions *umg* Bescheid wissen, sich auskennen; to ~ all the answers *umg verächtl* alles wissen⟩ | erfahren ⟨to come to ~ erfahren; to have known grief and happiness Freud und Leid erfahren haben⟩ | erkennen (**by** an) ⟨to ~ s.o. from jmdn. auseinanderhalten können von; not ~ s.o. from Adam *umg* nicht wissen, wer jmd. ist; I don't ~ from nothing (about it) *Am Sl* ich verstehe nur Bahnhof, ich hab nicht den blassesten Schimmer (davon); to make o.s. known sich zu erkennen geben⟩ | kennen, kennenlernen, bekannt sein mit ⟨I've known her for years; to be known as bekannt sein als, einen Ruf als … haben; to be known to (the police) (der Polizei) namentlich bekannt sein⟩; *vi* wissen (**of** von, um), im Bilde sein (**about** über) ⟨before you ~ where you are *übertr* im Handumdrehen; not that I ~ of *umg* nicht, daß ich wüßte; to ~ better es besser wissen; to ~ better than to *mit inf* lieber nicht *mit inf*; to ~ where the shoe pinches wissen, wo der Schuh drückt⟩; **2.** *s, in*: **be in the ~** *umg* Bescheid wissen, informiert sein; **ˌ~a'bil·i·ty** *s* Erkennbarkeit *f*; **'~a·ble** *adj* erkennbar; **'~-all,** *auch* **'~-itˌall** *s verächtl* Schlaumeier *m*, Neunmalklug *m*, Besserwisser *m*; **'~-how** *s urspr Am* praktisches Wissen, Sachkenntnis *f*, Erfahrung *f*, Knowhow *n* | praktische Fertigkeit, Fähigkeit *f* (**to** *mit inf* zu *mit inf*); **'~ing 1.** *adj* schlau, klug, geschickt, gerieben | erfahren | verständig, verständnisvoll ⟨a ≈ look⟩ | *Am umg* fesch, schick; **2.** *s* Wissen *n*, Kenntnis *f* ◇ **there's no ~ing** man weiß nie, man kann nie wissen; **'~ing·ly** *adv* wissentlich, absichtlich, vorsätzlich | wissend, verständnisvoll ⟨to look ≈⟩; **knowl·edge** ['nɒlɪdʒ] *s* (*nur sg*) Kenntnis *f*, Erfahrung *f*, Wissen *n* ⟨a ≈ of s.th. die Kenntnis von etw., das Wissen über etw.; to my ≈ soviel mir bekannt ist, meines

Wissens; to the best of my ≈ nach bestem Wissen; without the ≈ of ohne Wissen von; to bring to s.o.'s ≈ jmdm. zur Kenntnis geben, mitteilen; to come to s.o.'s ≈ jmdm. zu Ohren kommen⟩ | Kenntnisse *pl*, Wissen *n* ⟨≈ is power Wissen ist Macht; ≈ of English Englischkenntnisse *pl*⟩ | Vertrautheit *f*, Bekanntschaft *f* (**of** mit), Wissen *n* (**of** über) ⟨his ≈ of London⟩ | Erkenntnis(vermögen) *f*(*n*), Sinn *m* (**of** für) | Kenntnisse *f/pl*, Wissen *n* (**of** von, über) ⟨general ≈ Allgemeinbildung *f*⟩; **'knowl·edge·a·ble** *adj umg* gut informiert | intelligent | **known** [nəʊn] **1.** *part perf* von ↑ **know 1.**; **2.** *adj* bekannt (**as** als, **for** durch, wegen) ⟨well-≈ wohlbekannt; (well-)≈ to s.o. jmdm. (wohl)bekannt, vertraut; to make it ≈ that *förml* zu verstehen geben, daß; to make o.s. ≈ to s.o. *förml* sich vorstellen (jmdm.)⟩; **'~,-noth·ing 1.** *s* Nichtwisser *m* | Ignorant *m* | Agnostiker *m*; **2.** *adj* unwissend, ignorant; **,known 'quan·ti·ty** *s übertr* bekannte Persönlichkeit

knuck·le ['nʌkl] **1.** *s* (Finger-) Knöchel *m*, Gelenk *n* ⟨near the ~ *übertr* etw. riskant *od* gewagt; to rap s.o. over the ~s jmdm. eins auf die Finger geben (zur Strafe); *übertr* jmdn. mit scharfen Worten angreifen, jmdm. es tüchtig geben⟩ | Bug-, Kniestück *n* (von Kalb, Hammel, Schwein u. ä.) ⟨pig's ~s Schweinsknochen *m/pl*, Eisbein *n*⟩ | *Tech* (Scharnier) Gelenk *n*, Gelenkstück *n*; **2.** *vi, auch* **~ down** sich beugen | sich eifrig beschäftigen ⟨to ~ down to work sich entschlossen an die Arbeit machen⟩ | *auch* **~ under** sich unterwerfen (**to** jmdm.); **'~,dust·er 1.** *s* Schlagring *m*; **2.** *vt* mit einem Schlagring schlagen; **'~ joint** *s* Fingergelenk *n*; **'~ thread** *s* Rundgewinde *n*

knurl [nɜ:l] **1.** *s* Knoten *m*, Zacken *m*, Buckel *m* | *Tech* Rändeleisen *n*, -rad *n* | Kordelrädchen *n*; **2.** *Tech vt* rändeln | kordieren, kordeln | kerben, zacken; **~ed** *adj* knorrig | *Tech* geriffelt, gezackt; **'~ing** *s Tech* Kordierung *f*

knur[r] [nɜ:] *s* Knorren *m*, Knoten *m*

KO [,keɪ'əʊ] (Boxen) **1.** *s umg* K.o.; **2.** *vt* K.o. schlagen

ko·a·la [kəʊ'ɑ:lə], *auch* **,~ 'bear** *s Zool* Koala *m*, australischer Beutelbär

ko·bold ['kəʊbəʊld] *s* Kobold *m*

kof·ta ['kɒftə] *s Ind Kochk* Kofta *n* (gegrillte Fleischklößchen)

kohl [kəʊl] *s* Lidschatten *m*

kohl·ra·bi [,kəʊl'rɑ:bɪ] *s* Kohlrabi *m*

kook·a·bur·ra ['kʊkəbʌrə] *s Zool* Rieseneisvogel *n*, Lachender Hans

ko·peck, ko·pek ['kəʊpek] *s* Kopeke *f*

Ko·ran [kɔ:'rɑ:n|kə'rɑ:n] *s* (*mit best art*) *Rel* Koran *m*

Ko·re·a [kə'rɪə] *s* Korea ⟨North ~; South ~⟩; **Ko're·an 1.** *adj* koreanisch; **2.** *s* Koreaner(in) *m* (*f*) | *Ling* Koreanisch *n*

ko·sher ['kəʊʃə] **1.** *adj* (jüdische Religion) (Fleisch) koscher, rein | gesetzlich, erlaubt | *Am Sl* echt; **2.** *s* koschere Speise

ko·tow [,kəʊ'taʊ], **kow·tow** [,kaʊ'taʊ] **1.** *s* demütige Ehrenbezeigung, Kotau *m*; **2.** *vi* Kotau machen | *übertr* kriechen, katzbuckeln (**to** vor), unterwürfig sein (**to** zu), dienern

kraal [krɑ:l] **1.** *s* Kra[a]l *m*, Umzäunung *f*; **2.** *vt* mit einem Kra[a]l umgeben

Krem·lin ['kremlɪn] *s* (*mit best art*) Kreml *m*

krim·mer ['krɪmə] *s* Krimmer *m*

kris [kri:s] *s* Kris *m*, schlangenförmiger Dolch

kryp·ton ['krɪptɒn] *s Chem* Krypton *n*

Kt *Abk von* **knight**

ku·dos ['kju:dɒs] *s Brit* Ansehen *n*, Ehre *f*, Ruhm *m*, Anerkennung *f* ⟨a great deal of ~ ziemliche Anerkennung; for the ~ wegen der Ehre; to have not much ~ with s.o. für jmdn. nicht viel gelten⟩

Ku-Klux-Klan [,ku:,klʌks 'klæn] *s* (*mit best art*) *Am* Ku-Klux-Klan *m* (terroristischer Geheimbund)

kuk·ri ['kʊkrɪ] *s* krummer Dolch

ku·mis[s] ['ku:mɪs] *s* Kumyß *m*, Stutenmilch *f*

Küm·mel ['kʊml] ⟨*dt*⟩ *s* Kümmel(likör) *m*(*m*)

kung fu [,kʌŋ 'fu:] *s* Kungfu *m*

Kurd [kɜ:d] *s* Kurde *m*, Kurdin *f*; **'~ish 1.** *adj* kurdisch; **2.** *s Ling* Kurdisch *n*

Ku·wait [kʊ'weɪt] *s* Kuweit

kvass [kvɑ:s] *s* Kwaß *m*

kw *Abk von* **Kilowatt**

ky·ri·e e·lei·son [,kɪrɪ,eɪ ɪ'leɪsən|,kɪrɪ,i:-] *auch* **ky·ri·e** ⟨*griech*⟩ *s Rel* Kyrie(eleison) *n*(*n*)

L

L, l [el] *s* (*pl* **L's, Ls, l's, ls**) L *n*, l *n* | (römische Zahl) 50 *f*

L [el] *Brit Kfz Abk von* **learner** (Fahrschüler, Anfänger) | *Abk von* **lake**

l *Abk von* **litre[s]** | *Abk von* **left**

[1]la [lɑ:] *s Mus* la *n*

[2]la [lɑ:] *arch, dial interj* ach! herrje!

lab [læb] *s, Kurzw umg* Labor *n*

Lab *Abk von* **Labour Party**

la·bel ['leɪbl] **1.** *s* Zettel *m*, Schild(chen) *n*, Etikett *n*, Aufkleber *m*, Anhänger *m* ⟨the ~ on the bottle; to put ~s on beschildern, Zettel kleben auf⟩ | Impressum *n* | *übertr* Kennzeichen *n*, Kennwort *n*, Bezeichnung *f* | (Computer) Kennimpuls *m*, -zeichen *n* | Markierung *f*; **2.** (**'la·belled, 'la·belled**) *vt* mit Aufschrift versehen, etikettieren ⟨to ~ a bottle eine Flasche etikettieren⟩ | *übertr* bezeichnen ⟨to ~ s.o. [as] s.th. jmdn. abstempeln als (etw.)⟩; **'~ ,mould·ing** *s Arch* gekehlte Kranzleiste *f*; **'~ ,punch·er** *s Tech* Etikettenausstanzmaschine *f*

la·bi|al ['leɪbɪəl] **1.** *adj* Lippen- | *Ling* labial, Lippen- ⟨≈ sounds⟩; **2.** *s Ling* Labial *m*, Lippenlaut *m*; **~ate** ['~eɪt|'~ɪt] **1.** *adj* lippenförmig, lippig, gelippt | *Bot* lippenblütig; **2.** *s Bot* Lippenblütler *m*

la·bile ['leɪbɪl] *adj* labil, schwankend, unbeständig; **la·bil·i·ty** [lə'bɪlətɪ] *s* Labilität *f*

labio- [leɪbɪə(ʊ)] ⟨*lat*⟩ *in Zus* Lippen-

la·bi|um ['leɪbɪəm] *s* (*pl* **~a** ['~ə]) *Anat* Labium *n*, Lippe *f*, *bes* Schamlippe *f* | *Bot, Zool* (Unter-) Lippe *f*

la·bor ['leɪbə] *Am* = **labour**

lab·o·ra·to·ry [lə'bɒrətrɪ] *s* Laboratorium *n*; Arbeitsstätte *f*; **'~ as,sist·ant** *s* Laborant(in) *m*(*f*); **'~ drill** *s Päd* Laborübung *f*; **'~ stage** *s* Versuchsstadium *n*

la·bo·ri·ous [lə'bɔ:rɪəs] *adj* mühselig, schwierig, mühsam ⟨a ~ task⟩ | (Stil u. ä.) schwerfällig | (Person) arbeitsam, fleißig

la·bour ['leɪbə] **1.** *s* (schwere) Arbeit, Plage *f*, Mühe *f* ⟨hard ~ Zwangsarbeit *f*; manual ~ Handarbeit *f*, körperliche Arbeit; to have one's ~ for one's pains sich umsonst abmühen; to lose one's ~ sich umsonst anstrengen⟩ | *Med* (Geburts-) Wehen *f/pl* ⟨to be in ~ in den Wehen liegen⟩ | (*oft* ≗) Arbeit *f* (*Ant* capital) | Arbeiter *m/pl*, Arbeiterklasse *f*, -schaft *f* ⟨the Ministry of ≗ das Arbeitsministerium⟩; Arbeitskräfte *f/pl* ⟨skilled ~ Facharbeiter *m/pl*⟩ | ≗ *Brit* die

Labour Party; **2.** *adj* Arbeits-, Arbeiter- ⟨~ camp Arbeitslager *n*; ~ force Arbeitskräfte *f/pl*, arbeitsfähige Bevölkerung⟩; **3.** *vi* (schwer) arbeiten, sich abmühen, sich plagen (**for** für, **at** mit) | zu leiden haben (**under** unter) | sich mühsam vorwärts bewegen | *Mar* schlingern, stampfen | *Tech* (Motor) untertourig laufen, sich abquälen | *Med* in den Wehen liegen; *vt* ausarbeiten ⟨to ~ an argument ein Argument in allen Einzelheiten darlegen; to ~ the point eine Sache [umständlich] erörtern, auswalzen, breittreten⟩ | *Tech* (Motor) abquälen, schinden; '**~ Day** *s Am* Tag der Arbeit (erster Montag im September); '**la·boured** *adj* mühsam, schwer ⟨≈ breathing Atemnot *f*⟩ | steif, schwerfällig ⟨a ≈ speech⟩; '**~er** *s* (ungelernter) Arbeiter, Hilfsarbeiter *m* | Tagelöhner *m*; '**~ ex,change** *s* Arbeitsamt *n*; '**~ing** *adj* arbeitend, Arbeits- ⟨≈ breath schwerer Atem⟩; '**~ist**, '**~ite** *s* Anhänger *m* der Labour Party; '**~ ,lead·er** *s* Gewerkschaftsführer *m*; **,~ of 'love** *s* Arbeit, die man gern macht; '**~ ,Par·ty** *s Pol* Labour Party *f*; '**~ ,un·ion** *s Am* Gewerkschaft *f*

la·bur·num [lə'bɜ:nəm] *s Bot* Goldregen *m*

lab·y|rinth ['læbərɪnθ] *s* Labyrinth *n*, Irrweg *m*, Irrgarten *m* | *Anat* Labyrinth *n* | *übertr* Verwicklung *f*, Verwirrung *f*; **~rin·thine** [,~'rɪnθaɪn], **,~'rin·thal, ~rin·thi·an** [,~'rɪnθɪən], **,~'rin·thic** *adj* labyrinthisch

[1]**lac** [læk] *s* (roter) Gummilack, Lack(farbe) *m(f)*

[2]**lac** [læk] *s Ind* Lak *n*, Hunderttausend *n* ⟨a ~ of rupees hunderttausend Rupien⟩

lace [leɪs] **1.** *s* Spitze *f* ⟨~ collar Spitzenkragen *m*⟩ | Borte *f*, Litze *f*, Schnürband *n* ⟨gold ~ Goldborte *f*⟩ | Schnürsenkel *m* ⟨a pair of shoe~s ein Paar Schnürsenkel; ~s Schnüre *f/pl*⟩; **2.** *vt*, *auch* ~ **up** (zu-, zusammen-, ein)schnüren | durch-, einfädeln | mit Spitze *od* Litze besetzen | *übertr* (schmückend) einfassen, umgeben (**with** von) | (Getränk) vermischen, versetzen | *umg* (durch)prügeln, schlagen (*auch übertr*) | *Bergb* verschalen; *vi* sich (ein)schnüren | *auch* ~ **up** sich schnüren (lassen); ~ **into** *umg* einschlagen auf, verhauen | *übertr* (mit Worten) heruntermachen, anschnauzen; '**~ ,bob·bin** *s* Klöppel *m*; '**~ boot,** *auch* **,laced 'boot** *s* Schnürstiefel *m*; '**~ ,pil·low** *s* Klöppelkissen *n*; '**~ ,rib·bon** *s* Spitzenband *n*

lac·er|ate ['læsəreɪt] **1.** *vt* zerfetzen, zerreißen, zerfleischen | *übertr förml* (Gefühle) verletzen, heftig beleidigen, martern; **2.** *adj*, *auch* '**~at·ed** zerfetzt, zerfleischt; **,~'a·tion** *s* Zerfetzen *n*, Zerreißen *n*, Zerfleischen *n* | *Med* Riß *m* ⟨≈ of intestine Darmriß *m*⟩

lach·es ['lætʃɪz] *s förml* Nachlässigkeit *f* | *Jur* (fahrlässiges) Versäumnis, Verzug *m*

lach·ry|mal ['lækrɪml] **1.** *adj* Tränen- ⟨≈ gland *Anat* Tränendrüse *f*⟩; **2.** *s nur pl* '**~mals** *Anat* Tränenapparat *m*, Tränendrüsen *f/pl*; **~ma·to·ry** ['~mətr̩ɪ] *adj* Tränen erzeugend, Tränen- ⟨≈ gas Tränengas *n*⟩; **~mose** ['~məʊs] *adj* weinerlich | traurig ⟨≈ songs⟩

lac·ing ['leɪsɪŋ] *s* Schnürband *n*, -senkel *m* | *umg* Prügelstrafe *f* | *Tech* Vergitterung *f*, Diagonalen *f/pl* | *Bergb* Verschalung *f*, Verzug *m*

lack [læk] **1.** *s* Mangel *m*, Fehlen *n* (**of** an, von) ⟨for ~ of aus Mangel an⟩; **2.** *vt* nicht haben, ermangeln ⟨I ~ words mir fehlen die Worte; to ~ conscience sich kein Gewissen machen; to ~ wisdom nicht genügend Verstand haben⟩ | *arch* (dringend) bedürfen, brauchen ⟨what do you ~?⟩; *vi* (*nur als part präs*) fehlen ⟨money was ~ing es fehlte Geld⟩ | *Brit umg* nicht viel Grips haben, geistig minderbemittelt sein | Mangel leiden (**in** an) ⟨to be ~ing in s.th. etw. nicht haben⟩ ◇ ~ **for nothing** an nichts Mangel leiden ⟨he ~s for nothing ihm fehlt es an nichts⟩

lack·a·dai·si·cal [,lækə'deɪzɪkl] *adj* gleichgültig, uninteressiert ⟨a ~ attitude⟩ | (Person) überspannt, affektiert, schmachtend

lack·ey ['lækɪ] *verächtl* **1.** *s* Lakai *m*, Bedienter *m* | *übertr* Lakai *m*, Diener *m*, Kriecher *m*, Speichellecker *m* ⟨~ of capitalism Helfershelfer *m* des Kapitalismus⟩; **2.** *vt* bedienen, aufwarten | *übertr* kriechen vor, liebedienern vor

lack-in-of·fice [,lækɪn'ɒfɪs] *s umg* jmd., der scharf *od* geil auf ein Amt ist

lack·lus·tre ['læklʌstə] **1.** *adj* (Augen) glanzlos | *übertr* (Stil, Leistung) mäßig, langweilig, ohne besondere Glanzpunkte; **2.** *s* Glanzlosigkeit *f*

la·con·ic [lə'kɒnɪk] *adj* lakonisch, kurz u. bündig ⟨a ~ reply⟩ | wortkarg ⟨a ~ person⟩; '**~al·ly** *adv* lakonisch | knapp; **lac·o·nism** ['lækənɪzm] *s* lakonische Ausdrucksweise

lac·quer ['lækə] **1.** *s* Lack *m*, (Lack-) Firnis *m* | Lackarbeit *f*; **2.** *vt* lackieren | (Haar) (ein)sprayen; '**~ed** *adj* lackiert, Lack- ⟨≈ leather Lackleder *n*; ≈ wire Lackdraht *m*⟩; '**~ing** *s* Lackieren *n* | Lacküberzug *m*; '**~ tree** *s* Lackbaum *m*; '**~ ware,** '**~ work** *s* Lackarbeit *f*

lac·quey ['lækɪ] = **lackey**

la·crosse [lə'krɒs] *s* (Sport) Lacrosse *n*, (kanadisches) Ballspiel; '**~ stick** *s* (Sport) Lacrosseschläger *m*

lac|tam ['læktæm] *s Chem* Laktam *n*; **~tase** ['~teɪs] *s Chem* Laktase *f*; '**~tate** [-teɪt] **1.** *s Chem* Laktat *n* ⟨≈ of milchsauer⟩; **2.** *vi* Milch absondern | (Junge) säugen; **,~'ta·tion** *s* Laktation *f*, Milchabsonderung *f* | Säugen *n*, Stillen *n*; **~te·al** ['~tɪəl] **1.** *adj* milchig | *Med* Lymph-; **2.** *s Med* Lymphgefäß *n*; **,~te·al 'gland** *s Anat* Milchdrüse *f*; '**~tic** *adj Chem* Milch-, milchig, milchsauer ⟨≈ acid Milchsäure *f*; ≈ fermentation Milchgärung *f*⟩

lacto- [læktə(ʊ)] ⟨*lat*⟩ *in Zus* Milch-

lac·tose ['læktəʊs] *s Chem* Laktose *f*, Milchzucker *m*

la·cu|na [lə'kju:nə] *s* (*pl* **~nae** [~ni:], **~nas** [z]) *förml* Lücke *f*, Zwischenraum *m*, Hohlraum *m* (*auch Anat, Bot*); **la'cu·nal** = **lacunary**; **la'cu·nar** **1.** *s Arch* Kassettendecke *f*; **2.** *adj* lückig; **la'cu·na·ry** *adj* lückig, voller Lücken, lückenhaft

lac·y ['leɪsɪ] *adj* spitzenartig | Spitzen-

lad [læd] *s* junger Bursche | *bes Brit umg* Kerl *m*, Mann *m*, Kumpel *m* | *Brit umg* Draufgänger *m* ⟨he's a bit of a ~ er haut ganz schön auf die Pauke; to be a bit of a ~ with the girls hinter den Mädchen her sein⟩

lad·der ['lædə] **1.** *s* Leiter *f* (*auch übertr*) ⟨~ to fame Weg *m* zur Berühmtheit; social ~ soziale Stufenleiter; step~ Stufenleiter *f*; to get one's foot on the ~ einen Anfang machen⟩ | *auch* '**rope ,~** *Mar* Strickleiter *f* | *Brit* Laufmasche *f* | *Sport* Rangliste *f*; **2.** *vi Brit* (Strumpf) Laufmaschen bekommen; *vt Brit* sich eine Laufmasche reißen in ⟨to ~ a stocking⟩; '**~ dredge** *s Tech* Eimerketten(naß)bagger *m*; '**~proof** *adj Brit* (lauf)maschenfest

lad·die ['lædɪ] *s bes Schott umg* Bürschchen *n*, Kleiner *m*

lade [leɪd] ('**lad·ed,** '**lad·en** *od* '**lad·ed**) *vt* beladen, befrachten ⟨to ~ a ship⟩ | verladen ⟨to ~ goods⟩ | ausschöpfen ⟨to ~ water⟩ | reich schmücken ⟨to ~ with decorations⟩ | *übertr* beladen, belasten, bedrücken ⟨~n with responsibilities mit Verantwortung beladen; misery-~n notbeladen⟩; *vi* beladen werden, Ladung auf-, übernehmen | schöpfen; '**lad·en** *part perf von* ↑ **lade**; '**lad·ing** *s* Ladung *f*, Fracht *f* ⟨bill of ≈ Frachtbrief *m*⟩

la-di-da [,lɑ:dɪ'dɑ:] *Brit umg* **1.** *adj* affektiert, geziert ⟨~ manners⟩ | supervornehm, elegant ⟨~ parties Luxusparties *f/pl*⟩; **2.** *s* Geck *m* | affektiertes Benehmen | affektierte Aussprache

la·dle ['leɪdl] **1.** *s* Schöpflöffel *m*, Gießkelle *f*; **2.** *vt* (Suppe u. ä.) schöpfen, (aus)löffeln (**into** in, **out of** aus); ~ **out** abschöpfen

la·dy ['leɪdɪ] **1.** *s* vornehme Dame, gebildete Frau ⟨she's not a ~ sie ist keine feine Dame; ~ of the bedchamber Hofdame *f*, königliche Kammerfrau; ~'s maid Zofe *f*⟩ | (höflicher Gebrauch) Dame *f*, Frau *f* (im allgemeinen) (*Ant* gentleman) ⟨ladies! meine Damen!; his young ~ seine Freundin; ladies' choice Damenwahl *f*; my ~ *umg* meine Freundin; young lady [gnädiges] Fräulein; Ladies Damen(toilette) *f*⟩ | Gemahlin *f* ⟨the president and his ~ der Präsident und Gemahlin⟩ | Frau *f* des Hauses, Hausherrin *f* ⟨the ~ of the home⟩ | *Am Sl* Sie ⟨you left your key, ~! he, Sie haben Ihren Schlüssel liegengelassen!⟩ | ⁓ Lady *f* (Titel) ⟨Sir John and ⁓ Jane; my ⁓ gnädige Frau⟩ | *meist* ⁓ *poet* Herrin *f*, Gebieterin *f* ⟨Our ⁓ *Rel* Unsere Liebe Frau, Mutter Gottes⟩; **2.** *vi, in*: ~ **it** die feine Dame spielen; '**~bird** *s* Marienkäfer *m*; '**⁓ Day** *s Brit Rel* Marienfest *n*, -feiertag *m*, Mariä Verkündigung *f* (25.3.); ˌ**~ 'doc·tor** *s* Ärztin *f*; '**~ fern** *s Bot* Frauenfarn *m*; '**~ help** *s Brit* Stütze *f* (der Hausfrau); ˌ**~-in-'wait·ing** *s* (*pl* ˌ**ladies-in-'waiting**) *s* Ehren-, Hofdame *f*; '**~-ˌkill·er** *s umg* Schürzenjäger *m*, Herzensbrecher *m*; '**~like** *adj* damenhaft | *verächtl* weibisch; '**~love** *s arch* Geliebte *f*; '**~'s 'glove** *s Bot* Fingerhut *m*; '**~'s 'hair** *s Bot* Zittergras *n*; '**~ship** *s* Stand *m* einer Lady ⟨Your ≈ Euer Gnaden⟩; '**~'s ˌman**, *auch* **ladies man** ['leɪdɪz ˌmæn] *s* Frauenheld *m*, Frauenliebling *m*; '**~'s 'man·tle** *s Bot* Marien-, Frauenmantel *m*; '**~'s-'smock** *s* Wiesenschaumkraut *n*; '**~'s 'slip·per** *s Bot* Frauenschuh *m*

[1]**lag** [læg] **1.** *vi* (**lagged, lagged**), *auch* ~ **behind** zurückbleiben, sich verzögern, sich verspäten, nachhinken, nachlassen ⟨interest ~ged⟩ | zögern, zaudern | *El* (Strom) nacheilen; *vt El* (Strom) nacheilen ⟨to ~ the voltage der Spannung nacheilen⟩ | *El* (mit Dämmstoff) isolieren, verschalen, verkleiden, ummanteln; **2.** *s* Zurückbleiben *n*, Verzögerung *f* ⟨time ~ Zeitverzug *m*⟩ | *Flugw* Rücktrift *f* | *Tech* mittlerer Zeitabstand | *El* Verschiebung *f*, Nacheilung *f* | *El* Dämmstoff *m*

[2]**lag** [læg] *Sl* **1.** *vt* (**lagged, lagged**) verhaften; **2.** *s Brit Sl* Zuchthäusler *m*, Sträfling *m* ⟨old ~ Knastologe *m*⟩

la·ger ['lɑ:gə], *auch* '**~ 'beer** *s* Lagerbier *n*, untergäriges Bier | Glas *n od* Flasche *f* Lagerbier

lag·gard ['lægəd] **1.** *adj* saumselig, träge ⟨to be ~ in s.th. sich mit etw. sehr viel Zeit nehmen; to be ~ about s.th. *umg* mit etw. nicht herausrücken⟩; **2.** *s* Bummler *m*, Zauderer *m* | Nachzügler *m* | *umg* Schlappschwanz *m*

lag·ging ['lægɪŋ] *s El* (Rohr) Isolierung *f*, (Wärmeschutz) Verkleidung *f* | *Bergb* Verzug *m*, Verschalung *f*

la·goon [lə'gu:n] *s* Lagune *f*

la·gos·to·ma [lə'gɒstəmə] *s Med* Hasenscharte *f*

lah·di·da = **la·di·da**

la·ic ['leɪɪk] **1.** *adj* weltlich, Laien-; **2.** *s* Laie *m*, Nichtgeistlicher *m*; **la·i·cism** ['leɪɪsɪzm] *s* Laizismus *m*; **la·i·ci·za·tion** [ˌleɪɪsaɪ'zeɪʃn] *s* Verweltlichung *f*; **la·i·cize** ['leɪɪsaɪz] *vt* verweltlichen, säkularisieren

laid [leɪd] *prät* u. *part perf von* ↑ [4]**lay 2.**; ˌ**~'back**, *auch* ˌ**~-'back** *adj Sl* gelassen, nonchalant; ˌ**~ 'pa·per** *s* geripptes Papier; ~ **up** *adj umg* bettlägerig (**with** infolge von)

lain [leɪn] *part perf von* ↑ [1]**lie 2.**

lair [lɛə] **1.** *s* (Tier-) Lager *n* | *übertr* (Diebes- u. ä.) Höhle *f*, Schlupfloch *n*; **2.** *vi, vt* (sich) lagern

laird [lɛəd] *s Schott* Gutsherr *m*, Landeigentümer *m*, Landlord *m*

lais·sez faire [ˌleɪseɪ 'fɛə] ⟨*frz*⟩ *s Wirtsch* Laissez-faire *n*, Liberalismus *m*

la·i·ty ['leɪətɪ] *s Rel* Laienschaft *f*, -stand *m* (*Ant* Geistliche) | Laien *m/pl*, Nichtfachleute *pl* (*Ant* Fachleute)

[1]**lake** [leɪk] *s* See *m* ⟨the ⁓s der Lake-Distrikt (in England); the Great ⁓ der große Teich (Atlantik); the Great ⁓s die Großen Seen (zwischen USA und Kanada)⟩

[2]**lake** [leɪk], *auch* ˌ**crim·son '~** *s* (rote) Lackfarbe, Pigmentfarbe *f*

lake| dwell·ers ['leɪk ˌdweləz] *s/pl* Pfahlbautenbewohner *m/pl*; '**~ ˌdwell·ings** *s/pl* Pfahlbauten *m/pl*; **~let** ['~lət|'~lɪt] *s* kleiner See; '**⁓ ˌpoets** *s/pl Lit* Dichter *m/pl* der Seeschule; '**⁓ school** *s Lit* Seeschule *f*; '**~side** *s* Seeufer *n* ⟨by the ≈ am See⟩ | Seenlandschaft *f*

lam [læm] *Sl* **1.** *vt* verdreschen, vermöbeln, verhauen; *vi, meist* ~ **into** *od* ~ **out** verdreschen, verhauen (**at s.o.** jmdn.) | sich verdünnisieren, türmen, abhauen ⟨let's ~ out of here hauen wir hier ab!⟩; **2.** *nur in*: **on the ~** *Sl* auf der Flucht, beim Türmen ⟨to take it on the ~ sich schleunigst aus dem Staub machen⟩

la·ma ['lɑ:mə] *s Rel* Lama *m*; '**⁓ism** *s Rel* Lamaismus *m*; '**⁓ist** *Rel* **1.** *s* Lamaist *m*; **2.** = ˌ**⁓'is·tic** *adj* lamaistisch; '**⁓ite** *s Rel* Lamaist *m*; **~sery** ['lɑ:məsərɪ] *s Rel* Lamakloster *n*

lamb [læm] **1.** *s* Lamm *n* ⟨in ~ trächtig; like a ~ sanft wie ein Lamm; wolf in ~'s skin Wolf *m* im Schafspelz⟩ | Lammfleisch *n* ⟨leg of ~ Lammkeule *f*; roast ~ Lammbraten *m*⟩ | *übertr umg* Lamm *n*, unschuldiger, unerfahrener Mensch; **2.** *vi* lammen ⟨~ing season Lammungszeit *f*⟩

lam|baste [læm'beɪst], *auch* **~bast** [-'bæst] *vt Sl* vermöbeln, verprügeln | *übertr* herunterputzen, fertigmachen

lamb·da ['læmdə] *s* ⟨*griech*⟩ Lambda *n*

lam|ben·cy ['læmbənsɪ] *lit s* Züngeln *n* (einer Flamme) | *übertr* Brillanz *f*, Strahlen *n* (des Geistes etc.); '**~bent** *adj* züngelnd, flackernd ⟨≈ flames; ≈ shadows⟩ | *übertr* (Augen u. ä.) strahlend ⟨to be ≈ with love strahlen vor Liebe⟩ | *übertr* funkelnd, geistreich ⟨≈ wit geistreicher Witz⟩

lamb|kin ['læmkɪn] *s* Lämmchen *n*; '**~like** *adj* sanft, lammfromm; '**~skin** *s* Lammfell *n* | Schafleder *n* | Pergament *n*; '**~'s-ˌlet·tuce** *s* Rapünzchen *n*, Feldsalat *m*; '**lambs·wool** *s* Lammwolle *f*

[1]**lame** [leɪm] *s* Lame *f*, Metallplättchen *n*

[2]**lame** [leɪm] **1.** *adj* lahm, hinkend, verkrüppelt ⟨to go ~ lahmen; ~ in/of a leg auf einem Bein hinkend⟩ | *übertr* lahm, unbefriedigend, schlecht ⟨a ~ argument⟩ | *Metr* (Reim) holprig, unsauber; **2.** *vt* lähmen (*auch übertr*); *vi* lahmen, lahm werden

la·mé ['lɑ:meɪ] *s* Lamé *m*

lame duck [ˌleɪm 'dʌk] *s übertr* lahme Ente, Niete *f*, Nichtskönner *m* | *Am Pol* Politiker *m*, dessen Zeit abgelaufen ist

la·mel|la [lə'melə] *s* (*pl* **~lae** [~li:], **~las**) Lamelle *f*, dünnes Blättchen | *Bot* Lamelle *f*; **la'mel·lar** *adj* lamellenartig, Lamellen- ⟨≈ structure⟩

la·ment [lə'ment] **1.** *vi* jammern, (weh)klagen, (**for, over** um); *vt* beklagen, betrauern, beweinen ⟨to ~ s.o.'s death⟩; **2.** *s* Jammer *m* | Wehklage *f* | Klagelied *n*; **lam·en·ta·ble** ['læməntəbl] *adj* bedauernswert, beklagenswert ⟨≈ fate⟩ | erbärmlich, kläglich ⟨a ≈ performance⟩ | Klage-, Jammer- ⟨≈ cry⟩; **lam·en·ta·tion** [ˌlæmen'teɪʃn] *s* (Weh-) Klage *f*; **la'ment·ed** *adj* betrauert ⟨the late ≈ der kürzlich Verstorbene⟩

lam·i|na ['læmɪnə] *s* (*pl* **~nae** ['~ni:], '**~nas**) Plättchen *n*, Schuppe *f* | Lamelle *f*, dünne Schicht; **~nate** [~neɪt] *Tech vt* lamellieren, dünn auswalzen, strecken | beschichten, laminieren, kaschieren; *vi* sich in Plättchen spalten | sich blättern; [~nɪt|~neɪt] *adj, auch* '**~nat·ed** lamelliert, blättrig | *Bot* Lamellen-; ˌ**~'na·tion** *s Tech* Lamellierung *f*

lam·ming ['læmɪŋ] *s Sl* Dresche *f*

lamp [læmp] **1.** *s* Lampe *f*, Leuchte *f*, Laterne *f*, Scheinwerfer *m* ⟨rear ~ Rücklicht *n*; sun ~ Höhensonne *f*⟩ | *poet* Fackel *f*, Licht *n*, Leuchte *f*; **2.** *vt, vi* (be)leuchten (*auch übertr*); '**~black** *s* Lampenruß *m*; '**~ ˌchim·ney** *s* Lampenzylinder *m*; '~ ˌ**flow·er** *s Bot* Lichtnelke *f*; '~ **guard** *s* Lampenschutzkorb *m*

lam·pi·on ['læmpɪən] *s* buntes Gläslämpchen

lamp| light ['læmplaɪt] *s* Lampenlicht *n* ⟨by ≈ bei (Lampen-, Kunst-) Licht⟩; '~ˌ**light·er** *s* Laternenanzünder *m*; '~ **oil** *s* Brenn-, Leuchtöl *n*

lam·poon [læm'puːn] **1.** *s* Schmähschrift *f*; **2.** *vt* eine Schmähschrift verfassen auf, schmähen, verunglimpfen; **lam'poon·er** *s* Verfasser *m* einer Schmähschrift, Satiriker *m*; **lam'poon·er·y** *s* Schmähung *f*; **lam'poon·ist** = **~er**

lamp·post ['læmp pəʊst] *s* Laternenpfahl *m* ⟨between you and me and the ~ *übertr* (es bleibt) unter uns, nicht für die Öffentlichkeit, im Vertrauen gesagt⟩

lam·prey ['læmprɪ] *s Zool* Neunauge *n*

lamp·shade ['læmpʃeɪd] *s* Lampenschirm *m*

lance [lɑːns] **1.** *s* Lanze *f*, Speer *m* | Fischspeer *m* | *Mil Hist* Lanzenträger *m*; **2.** *vt* mit einer Lanze angreifen *od* durchbohren | *Med* aufschneiden; ˌ~ '**cor·po·ral** *s Brit Mil* Gefreiter *m*; '**lanc·er** *s* berittener Lanzenträger, Kavallerist *m*; '**lanc·ers** *s/pl* (*sg konstr*) (Tanz) Lanciers *m/pl*, Quadrille *f*; ˌ~ '**ser·geant** *s Brit* Unterfeldwebel *m*

lan·cet ['lɑːnsɪt] *s Med* Lanzette *f*; '~ **arch** *s Arch* (überhöhter) Spitzbogen; ˌ~ '**win·dow** *s Arch* Spitzbogenfenster *n*

lance·wood ['lɑːnswʊd] *s* Speerholz *n*

land [lænd] **1.** *s* (Fest-) Land *n* (*Ant* sea, water) ⟨on ~ an Land; to go by ~ den Landweg benutzen; to reach ~/to come to ~/to make ~ Land erreichen; to know/see how the ~ lies *übertr* wissen, wie der Hase läuft⟩ | Grund u. Boden *m* ⟨ploughed ~ bebauter Acker; strong ~ steiniger Boden⟩ | Land *n* (*Ant* town) ⟨to leave the ~ nach der Stadt ziehen⟩ | Grundstück *n*, -besitz *m* ⟨to own ~ Landbesitz haben⟩ | Volk *n*, Nation *f* ⟨native ~ Heimatland *n*; distant ~s ferne Länder *n/pl*⟩ | *übertr* Land *n*, Bereich *m*, Gebiet *n* ⟨the ~ of the living das Diesseits; the Promised ~ *Rel* das Verheißene Land⟩; **2.** *vi*, *Mar*, *Flugw* landen | an Land gehen (**at** in) | ankommen, landen (*auch übertr*) ⟨to ~ on one's head auf den Kopf fallen; to ~ on one's feet auf die Füße fallen; *übertr* (gut) davonkommen; to ~ in great difficulties in große Schwierigkeiten kommen⟩ | (Sport) *umg* ins Ziel kommen; *vt* (Flugzeug, Passagiere u. ä.) landen, an Land bringen, absetzen | *Mar* löschen | versetzen, bringen ⟨to ~ o.s. in s.th. *od.* to be ~ed in s.th. in etw. hineingeraten; to ~ a blow einen Schlag versetzen; to ~ s.o. one in the eye *Sl* jmdm. eins ins Auge hauen⟩ | *umg* fangen, erwischen, schnappen ⟨to ~ a job einen Posten erhaschen; to ~ an order einen Auftrag bekommen; to ~ a treaty einen Vertrag glücklich abschließen; to ~ a prize einen Preis schnappen⟩; '~ ˌ**a·gent** *s* Grundstücksmakler *m* | *Brit* Gutsverwalter *m*

lan·dau ['lændɔː] *s* Landauer *m* ⟨state ~ Staatskarosse *f*⟩; ˌ~'**let** *s* Halblandauer *m*

land| bank ['lændbæŋk] *s Wirtsch* Grundkreditbank *f* | *Am* Landwirtschaftsbank *f*; '~ **breeze** *s* Landwind *m*; '~ **crab** *s Zool* Landkrabbe *f*

land·ed ['lændɪd] *adj* Land-, Grund- ⟨~ property Grundbesitz *m*⟩ | land-, grundbesitzend ⟨~ proprietor Grundbesitzer *m*; the ~ classes die grundbesitzenden Klassen *f/pl*; ~ gentry niederer Landadel; ~ interests die Interessen *n/pl* der Grundbesitzer⟩

land|er ['lændə] *s* (Raumfahrt) Landegerät *n*, Kapsel *f*; Landevorrichtung *f*; '**~fall** *s Mar* Landkennung *f*, -sichtung *f* | *Flugw* Landung *f*; '~ **force** *s*, *auch* '~ **forces** *pl* Landheer *n*, Landstreitkräfte *f/pl*; '~ ˌ**grab·ber** *s* Landräuber *m*; '~ˌ**hold·er** *s* Grundbesitzer *m*

land·ing ['lændɪŋ] *s Mar* Landen *n*, Anlegen *n* | *Flugw* Landung *f* ⟨blind ~ Blindlandung *f*; forced ~ Notlandung *f*⟩ | *Mar* Ausladen *n*, Löschen *n* ⟨the ~ of goods⟩ | *Mar* Landungsplatz *m* | Ausladestelle *f* | Treppenabsatz *m* ⟨~ of stairs⟩; '~ ˌ**charg·es** *s/pl* Löschgebühr *f*; '~ **craft** *s Mil* Landungsboot *n*; '~ **deck** *s* Flugdeck *n*; '~ **field** *s Flugw* Landeplatz *m*; '~ **gear** *s Flugw* Fahrgestell *n*, -werk *n*; '~ **ground** *s* Flugplatz *m*, -feld *n*; '~ **light** *s Flugw* Landelicht *n*; '~ **net** *s* Hamen *m*, Ketscher *m*; '~ ˌ**par·ty** *s Mar* Landekommando *n*; '~ **place** *s Mar* Landungsplatz *m*; '~ **stage** *s Mar* Landungsbrücke *f*; '~ **strip** *s Flugw* Rollbahn *f*, -feld *n*, Landebahn *f*; '~ ˌ**ve·hi·cle** *s* = **lander**

land| job·ber ['lænd ˌdʒɒbə] *s* Gütermakler *m*; '~ˌ**la·dy** *s* (Haus-, Pensions- u. ä.) Wirtin *f* | Gutsherrin *f*; ˌ**~-to-'~** *s Mil* (Raketen) Boden-Boden-; '**~less** *adj* ohne Grundbesitz; '**~locked** *adj* landumschlossen ⟨a ≈ country ein Land ohne Zugang zum Meer⟩; **~lop·er** ['-ˌləʊpə] *s* Landstreicher *m*; '**~lord** *s* (Haus- u. ä.) Wirt *m* | Gutsherr *m*; '~ˌ**lub·ber** *s Mar verächtl* Landratte *f*; '**~mark** **1.** *s Mar* Landmarke *f* | Grenz-, Markstein *m* | *übertr* Markstein *m*, Wendepunkt *m* | Wahrzeichen *n*; **2.** *vt* markieren, kennzeichnen; '**~mine** *s Mil* Landmine *f*; *Flugw* Fallschirmbombe *f*; '~ˌ**own·er** *s* Land-, Grundbesitzer *m*; '**~plane** *s* Landflugzeug *n*; '~ **rail** *s Zool* Wiesenläufer *m*; '~ **reˌform** *s* Bodenreform *f*; '~ ˌ**reg·is·ter** *s* Grundbuch *n*; '~ ˌ**rov·er** *s* geländegängiges Fahrzeug; **lands** *s/pl* Gelände *n*, Ländereien *f/pl* | Felder *n/pl*; **~scape** ['~skeɪp] **1.** *s* Landschaft *f* | Landschaftsmalerei *f*; **2.** *vt* (Fläche) landschaftlich gestalten ⟨≈d area Freifläche *f* mit Grünzone⟩; ˌ**~scape 'ar·chi·tect** *s* Landschaftsgestalter *m*; ˌ**~scape 'ar·chi·tec·ture** *s* Landschaftsgestaltung *f*; ˌ**~scape 'gar·den·ing** *s* Landschaftsgärtnerei *f*, Gartengestaltung *f*; '**~slide** *s* Erdrutsch *m* | *übertr Pol* überwältigender Wahlsieg, Riesenerfolg *m*; '**~slip** *s Brit* kleiner Erdrutsch; '**lands·man** *s* (*pl* '**lands·men**) Landratte *f*, -mensch *m*; '~ **sur'vey·or** *s* Landvermesser *m*; '~ **tax** *s* Grundsteuer *f*; '**~ward** *adj*, *adv* land(ein)wärts (gelegen); '**~wards** *adv* landwärts

lane [leɪn] *s* (Feld-, Hecken-) Weg *m* | Gasse *f*, Gäßchen *n* | (Wald) Schneise *f*, Durchhau *m* | Spalier *n* ⟨a ~ between lines of men⟩ | *Flugw*, *auch* '**air** ~ Flugschneise *f* | *Mar* (Eis) Durchfahrt *f* | Fahrbahn *f* einer Autostraße ⟨the inside/nearside ~, (the outside/offside ~) die innere (äußere) Fahrbahn⟩ | (Sport) (Start-) Bahn *f*

lang| syne, ~syne [ˌlæŋ'zaɪn|-'s-] *Schott* **1.** *adv* in längst vergangener Zeit; **2.** *adj* längst vergangen; **3.** *s* längst vergangene Zeit

lan·guage ['læŋgwɪdʒ|-ŋw-] *s* (menschliche) Sprache ⟨human ~⟩ | (Einzel-) Sprache *f* ⟨the English ~; a foreign ~ eine Fremdsprache⟩ | (Zeichen) Sprache *f*, Zeichensystem *n* ⟨the ~ of the bees; finger ~⟩ | Worte *n/pl*, Sprechweise *f* ⟨bad ~ Schimpfworte *n/pl*; strong ~ Kraftausdrücke *m/pl*⟩ | Stil *m*, Diktion *f* ⟨elegant ~⟩ | (*mit best art*) Fachsprache *f*, Terminologie *f* ⟨the ~ of science⟩; '~ ˌ**hab·it** *s* Sprachgewohnheit *f*, erworbenes Sprachmuster; '~ **laˌbor·a·tory** *s* Sprachlabor *n*; ˌ~ '**plan·ning** *s* Sprachplanung *f*; '~ ˌ**ser·vice** *s* Sprachendienst *m*

lan·guid ['læŋgwɪd] *adj* matt, schwach, energielos | schleppend, träge, langweilig | *übertr* lau, müde ⟨~ interest⟩ | *Wirtsch* flau

lan·guish ['læŋgwɪʃ] **1.** *vi* ermatten, matt werden, erlahmen ⟨conversation ~ed⟩ | (Pflanzen) dahinwelken | (ver)schmachten, sich härmen | schmachten, sich sehnen (**for** nach) ⟨to ~ at schmachtend schauen auf⟩ | (Handel) darniederliegen; **2.** *s* Ermatten *n* | Sehnen *n*, Schmachten *n*; '**~ing** *adj* ermattend | schmachtend, sehnsüchtig ⟨a ≈ look⟩ | *Wirtsch* flau; '**~ment** *s* Ermatten *n* | Mattigkeit *f* | Schmachten *n*

lan·guor ['læŋgə] **1.** *s* Schlaffheit *f*, Mattigkeit *f*, Schwäche *f*,

Abgespanntheit *f* ⟨~ of convalescence Schwäche *f* nach der Krankheit, Mattigkeit *f*⟩ | Trägheit *f*, Untätigkeit *f* | Stumpfheit *f*, Gleichgültigkeit *f* | (*oft pl*) Sehnsucht *f*, Schmachten *n* | Lauheit *f*, Stille *f* ⟨~ in the air⟩; **2.** *vi* leiden (**with** an), geschwächt sein (**with** durch); '**~ous** [-rəs] *adj* schlaff, matt, schwach | schmachtend, sehnsüchtig | drückend, schwül ⟨a ≈ climate⟩

lank [læŋk] *adj* schlank, dünn, schmächtig ⟨~ cattle mageres Vieh; ~ grass spärliches Gras⟩ | kraftlos herabhängend | (Haar) strähnig, glatt, glanzlos; '**~y** *adj* schlank, schmächtig, lang und dünn, hoch aufgeschossen ⟨≈ girl⟩

lan·o·lin[e] ['lænəlɪn] *s Chem* Lanolin *n*

lans·que·net ['lænskənet] *s Hist* Landsknecht *m*

lan·tern ['læntən] *s* Laterne *f* ⟨Chinese ~ Lampion *m*; dark ~ Blendlaterne *f*; magic ~ Laterna magica *f*⟩ | *Arch* Laterne *f*, Kuppelaufsatz *m* | *übertr* Licht *n*, Leuchte *f*; '**~ jack** *s* Irrlicht *n*; '**~-jawed** *adj* hohlwangig; '**~ jaws** *s/pl* eingefallene Wangen *f/pl*; '**~ light** *s* Dachlaterne *f*; '**~ slide** *s* (Glas-) Diapositiv *n*, Lichtbild *n* ⟨≈ lecture Lichtbildervortrag *m*⟩; '**~ wheel** *s Tech* Triebstockzahnrad *n*

lan·yard ['lænjɑ:d] *s* (Messer, Pfeife) Kordel *f* | *Mar* Taljereep *n*

La|os [leɪɒs] *s* Laos; **~oti·an** [-'əʊʃn] **1.** *adj* laotisch; **2.** *s* Laote *m*, Laotin *f* | *Ling* Laotisch *n*

[1]**lap** [læp] *s* Schoß *m* (*auch übertr*) ⟨on one's ~ auf dem Schoß; in Fortune's ~ im Schoße des Glücks; in the ~ of luxury im Überfluß, in Saus und Braus; in the ~ of the Gods im Schoße der Götter, ganz vom Schicksal abhängig⟩

[2]**lap** [læp] **1.** (**lapped, lapped**) *vt bes lit* wickeln (**about, round** um) | einwickeln, einschlagen, einhüllen (**in** in) | übereinanderlegen, umschlagen | *übertr* einhüllen ⟨~ped in luxury in Luxus gebettet⟩ | (Sport) überrunden | *Tech* läppen | (Holz) überblatten; *vi* sich winden, sich (herum) legen (**round** um) | über-, vorstehen (**into** in) ⟨to ~ over überstehen; to ~ over into *übertr* übergreifen in⟩ | (Sport) eine Runde zurücklegen (**in** in) ⟨he ~ped in under 3 minutes er brauchte weniger als 3 Minuten für eine Runde⟩; **2.** *s* Wicklung *f*, Windung *f*, Lage *f* | Vorstoß *m* | *Buchw* Falz *m* | *Tech* Überlappung *f* | (Sport) Runde *f*, Lauf *m* ⟨~ of honour Ehrenrunde *f*; on the first ~ in der ersten Runde⟩ | *übertr* Etappe *f*, Strecke *f*, Abschnitt *m*

[3]**lap** [læp] **1.** (**lapped, lapped**) *vt*, *auch* **~ up** (auf)lecken | plätschern gegen | *übertr* (gierig) aufgreifen, verschlingen, erpicht sein auf ⟨to ~ up compliments⟩; *vi* lecken | plätschern, klatschen (**against, on** gegen, an) | schlürfen; **2.** *s* Lecken *n* ⟨a ~ of the tongue⟩ | Plätschern *n* ⟨the ~ of the waves⟩

laparo- [læpərə(ʊ)] ⟨*griech*⟩ *in Zus Anat* Bauchwand-

lap| belt ['læpbelt] *s*, *Am Kfz* Sitzgurt *m*; '**~dog** *s* Schoßhund *m*, -hündchen *n*

la·pel [lə'pel] *s* (Jackett-, Rock-) Aufschlag *m*, Revers *n*

lap·i|dar·y ['læpɪdərɪ] **1.** *adj* Stein-, Lapidar- ⟨≈ inscription steinerne Inschrift⟩ | *übertr förml* lapidar, monumental; **2.** *s* Edelsteinschneider *m*; '**~date** *vt* steinigen; ˌ**~'da·tion** *s* Steinigung *f*

lap·is laz·u·li [ˌlæpɪs 'læzjʊlɪ|-laɪ] *s Min* Lapislazuli *m*, Lasurstein *m* | Azurblau *n*

Lap·land·er ['læplændə] *s* Lappe *m*, Lappin *f*, Lappländer(in) *m(f)*

Lapp [læp] **1.** *s* = **Laplander** | *Ling* Lappisch; **2.** *adj* Lappen-, lappisch

lap·pet ['læpɪt] *s* (Rock-) Zipfel *m* | *Anat, Zool* (Haut-) Lappen *m*

lapse [læps] **1.** *s* Fehler *m*, Versehen *n* ⟨~ of memory Gedächtnislücke *f*; ~ of the tongue Versprecher *m*⟩ | (Ver-) Fallen *n*, Sinken *n* (**into** in) | Abfallen *n*, Abweichen *n*, Fehltritt *m* ⟨a ~ from virtue (moralischer) Fehltritt⟩ | Dahingleiten *n* ⟨the ~ of a stream⟩ | Zeitspanne *f* ⟨a ~ in conversation e-e Gesprächspause; after the ~ of a long time nachdem viel Zeit verstrichen war⟩ | *Jur* Heimfall *m*, Verfall *m*, Erlöschen *n*; **2.** *vi* fallen, (dahin)gleiten | *auch* **~ away** (Zeit) verfließen, verstreichen | (moralisch) fallen, einen Fehltritt tun, abfallen (**from** von) | *übertr* verfallen, abgleiten (**into** in) | *Jur* (Rechte u. ä.) heimfallen (**to** an); **lapsed** [læpst] *adj Rel* abtrünnig, vom Glauben abgefallen | *Jur* (Anspruch) verfallen, (Frist) abgelaufen; '**~ rate** *s Phys* Temperaturabfall *m*

lap·sus| ca·la·mi [ˌlæpsəs 'kæləmaɪ] *s* Schreibfehler *m*; **~ lin·guae** [ˌ~ 'lɪŋgwi:|-gwaɪ] *s* Lapsus linguae *m*, Sprechfehler *m*, Versprecher *m*

lap·wing ['læpwiŋ] *s Zool* Kiebitz *m*

lar·board ['lɑ:bɔ:d] *arch* **1.** *s* Backbord *n*; **2.** *adj* Backbord-

lar·ce|nous ['lɑ:sn̩əs] *adj* diebisch; **~ny** ['~n̩ɪ] *s Jur* Diebstahl *m*

larch [lɑ:tʃ] *s Bot* Lärche *f* | Lärchenholz *n*; '**~en** *adj* aus Lärchenholz, Lärchen-

lard [lɑ:d] **1.** *s* Schweinefett *n*, -schmalz *n*; **2.** *vt Kochk* spikken | *übertr* schmücken ⟨~ed with flowers⟩; '**~er 1.** *s* Speisekammer *f*; **2.** *vt* (in einer Speisekammer) aufbewahren; '**~ing** ˌ**nee·dle**, '**~ing pin** *s* Spicknadel *f*; '**~ stone** *s Min* Speckstein *m*; **~y** *adj* Speck-

large [lɑ:dʒ] **1.** *adj* groß, geräumig ⟨a ~ house; as ~ as life in (voller) Lebensgröße⟩ | groß, umfangreich ⟨a ~ family⟩ | reichlich ⟨a ~ meal⟩ | weit(reichend), umfassend, unbeschränkt ⟨~ powers; ~ ideas⟩ | weitherzig, großzügig, -mütig ⟨a ~ heart ein weites Herz; ~ views weitherzige Ansichten *f/pl*⟩ | kühn, schwungvoll ⟨a ~ style⟩; **2.** *s*, *in:* **at ~** auf freiem Fuße | weitschweifig, ausführlich, in allen Einzelheiten ⟨to talk ≈⟩ | in der Gesamtheit, generell ⟨the people ≈⟩ | (Mitglied) ohne bestimmtes Amt | wahllos, ziellos ⟨arrangements made ≈⟩ ◇ **in [the] ~** im großen, in großem Maßstab; (im) allgemein(en); **3.** *adv* im großen | großzügig | freigebig ◇ **by and ~** im großen (und) ganzen; ˌ**~-'boned** *adj* starkknochig; ˌ**~ 'cal·o·rie** *s Phys* Kilo(gramm)-Kalorie *f*; ˌ**~'heart·ed** *adj* großherzig, wohltätig; ˌ**~ in 'tes·tine** *s Anat* Dickdarm *m*; '**~ly** *adv* reichlich, in großem Umfang, zum großen Teil, großenteils, größtenteils | großzügig ⟨to give ≈⟩; ˌ**~-'mind·ed** *adj* weitherzig, vorurteilslos; '**larger-than-ˌlife** *adj* überlebensgroß | *übertr* monumental, gewaltig; '**~-scale** *adj* großangelegt, im großen Maßstab, im großen Stil, Groß-, Massen- | (Karte) im großen Maßstab; ˌ**~-'sized** *adj* groß, großen Formats

lar·gess[e] [lɑ:'dʒes|lɑ:'ʒes] *s* Freigebigkeit *f* | Schenkung *f*, (großzügige) Gabe

large-stat·ured [ˌlɑ:dʒ'stætʃəd] *adj* hochstämmig ⟨~ forests Hochwälder *pl*⟩

lar|ghet·to [lɑ:'getəʊ] *Mus* **1.** *adj, adv* larghetto, ziemlich langsam; **2.** *s* Larghetto *n*; **~go** ['~gəʊ] *Mus* **1.** *adj, adv* largo, sehr langsam; **2.** *s* Largo *n*

lar·i·at ['lærɪət] *bes Am s* Lasso *n* | (Halte-) Seil *n*

lar·id ['lærɪd] *s Zool* Möwe *f*

[1]**lark** [lɑ:k] *s Zool* Lerche *f* ⟨to rise with the ~ *übertr* mit den Hühnern aufstehen⟩

[2]**lark** [lɑ:k] *umg* **1.** *s* Streich *m*, Jux *m* ⟨to have a ~ seinen Spaß haben; to do it for a ~ etw. zum Spaß tun; what a ~! so ein Spaß!, zum Schießen!⟩; **2.** *vi*, *auch* **~ about/around** *umg* Spaß machen; *vt* (jmdn.) verulken, foppen; '**~er** *s umg* Spaßmacher *m*

lark|-heel ['lɑ:k hi:l], *auch* '**~spur** *s Bot* Rittersporn *m*

lark·some ['lɑ:ksəm] *adj umg* ausgelassen

lar·rup ['lærəp] *umg* **1.** *vt* verdreschen, vermöbeln; **2.** *s*

Schlag *m*

lar|va ['lɑːvə] *s* (*pl* **~vae** ['~viː]) *Zool* Larve *f*; **'~val** *adj Zool* larval, Larven-; **~vi·form** ['~vɪfɔːm] *adj Zool* larvenartig, Larven-

la·ryn|ge·al [ˌlærɪn'dʒɪəl] **1.** *adj* laryngal, Kehlkopf-; **2.** *Ling s* Laryngallaut *m* | Laryngal *m*; **~gi·tis** [ˌlærɪn'dʒaɪtɪs|-təs] *s Med* Laryngitis *f*, Kehlkopfentzündung *f*

laryngo- [lərɪŋgə(ʊ)|lærɪŋgə] ⟨*griech*⟩ *in Zus* Kehlkopf-

la·ryn·go·log·i·cal [ləˌrɪŋgə'lɒdʒɪkl] *adj Med* laryngologisch; **lar·yn·gol·o·gist** [ˌlærɪŋ'gɒlədʒɪst] *s Med* Laryngologe *m*; **lar·yn·gol·o·gy** [ˌlærɪŋ'gɒlədʒɪ] *s Med* Laryngologie *f*, Kehlkopfkunde *f*; **la·ryn·go·scope** [lə'rɪŋgəskəʊp] *s Med* Laryngoskop *n*, Kehlkopfspiegel *m*; **lar·yn·gos·co·py** [ˌlærɪŋ'gɒskəpɪ] *s* Laryngoskopie *f*; **lar·ynx** ['lærɪŋks] *s* (*pl* **lar·yng·es** [lə'rɪndʒiːz], **lar·ynx·es** ['lærɪŋksɪz]) *Anat* Larynx *m*, Kehlkopf *m*

las·able ['leɪzəbl] *adj* (Gas) mit Lasern bestrahlbar, laserbestrahlt; **lase** ['leɪz] *vi* Laserstrahlen aussenden; *vt* Laserstrahlen aussetzen, mit Laserstrahlen beschießen, Laserstrahlen richten auf; **'la·ser** *s* Laser *m*; **'la·ser beam** *s* Laserstrahl *m*; **'la·ser ˌsur·ge·ry** *s Med* Operation *f* mit Laserstrahlen

la·sa·gna [lə'sænjə] *s* ⟨*ital*⟩ *Kochk* Lasagna *f*, breite Nudeln *pl*

las·civ·i·ous [lə'sɪvɪəs] *adj* wollüstig, geil, lasziv

lash [læʃ] **1.** *s* Peitschenschnur *f* | Peitsche *f*, Rute *f* | Peitschenhieb *m* ⟨the ~ Peitsche *f*, Prügelstrafe *f*; sentenced to the ~ zur Prügelstrafe verurteilt⟩ | *übertr* (Peitschen-) Hieb *m* ⟨~es of criticism kritische Hiebe⟩ | (kurzer) Schlag, Schlagen *n* ⟨the ~ of the waves against the rocks das Klatschen der Wellen gegen die Felsen⟩ | *auch* **'eye~** (Augen-) Wimper *f*; **2.** *vt* (jmdn.) peitschen, schlagen ⟨to ~ the tail mit dem Schwanz um sich schlagen⟩ | (Wasser) peitschen, klatschen (an, gegen) | *Mar* zurren | *übertr* geißeln, verspotten; *vi* eine plötzliche Bewegung machen; **~ at/ against** heftig angreifen, scharf attackieren, vom Leder ziehen gegen; **~ down** (Regen) niederprasseln; **~ out** heftig schlagen (**at** nach), einschlagen (**against** auf) | um sich schlagen, (Pferd) ausschlagen | *übertr* ausbrechen (**into** in) | *umg* sich in Unkosten stürzen, sich kosten lassen (**on s.th.** etw.) ⟨to ~ out on a new dress sich ein neues Kleid leisten⟩; **'~er** *s dial* Wehr *n*; **'~ing** *s* Peitschen *n* | *übertr* Geißelung *f* | *Mar* Zurring *f* | *Tech* Laschen *n*; **'~ings** *s/pl umg* Unmengen *pl*, eine Unmenge ⟨≈ of food and drinks jede Menge Essen und Trinken⟩; **'~less** *adj* wimpernlos

lass [læs], **las·sie** ['læsɪ] *s Brit, bes Schott dial* Mädchen *n*, junge Frau | *poet* Mädchen *n*, Schatz *m*, Schätzchen *n*

las·si·tude ['læsɪtjuːd] *s* Mattigkeit *f*, Müdigkeit *f*, Trägheit *f*, Schwäche *f*

las|so [lə'suː|'læsəʊ] **1.** *s* (*pl* **~sos, ~soes**) Lasso *n*; **2.** *vt* mit einem Lasso fangen

[1]**last** [lɑːst] **1.** *adj* letzte(r, -s) (*Ant* first) ⟨the ~ three die letzten drei, the ~ day of the week der letzte Tag der Woche; the second ~ page die vorletzte Seite; the ~ but one der Vorletzte⟩ | vorige(r, -s) (*Ant* next) ⟨~ night gestern abend; the week before ~ vorletzte Woche⟩ | letzt(er, -e, -es), neuest(er, -e, -es) (*Ant* old) ⟨the last news; the ~ word in cars das allerneueste Auto⟩ | zuletzt übrigbleibend, einzig ⟨my ~ penny mein letzter Pfennig; every ~ (bit) auch das letzte (bißchen), alles, was da war⟩ | endgültig, entscheidend ⟨I've said my ~ word on the matter das ist mein letztes Wort in der Angelegenheit⟩ | letzte(r, -s), am wenigsten wahrscheinlich *od* geeignet ⟨that's the ~ thing I should do das ist das Letzte, was ich tun würde⟩; **2.** *adv* zuletzt, an letzter Stelle (*Ant* first) ⟨to come ~ letzter sein; to speak ~ als letzter sprechen; ~ [but] not least *Rhet* last not least nicht zuletzt, nicht zu vergessen⟩ | zum letzten Mal (*Ant* next) ⟨when he saw him ~⟩ | schließlich; **3.** *s* Letzte(r, -s) *f*(*m, n*) ⟨at ~ zuletzt, endlich; at long ~ zu guter Letzt; to the/till the ~ *lit, Rhet* bis zum Ende, bis zum Tod; to breathe one's ~ *lit* den letzten Seufzer tun⟩

[2]**last** [lɑːst] **1.** *vi* dauern, währen ⟨the meeting ~ed till five⟩ | bestehen ⟨as long as the world ~s⟩ | (Farbe, Blume u. ä.) ausdauern, sich halten | genügen, ausreichen (**for** für) ⟨while the food ~s solange das Essen ausreicht⟩; **~ out** ausreichen; **2.** *s* Ausdauer *f*

[3]**last** [lɑːst] **1.** *s* (Schuster-) Leisten *m* ⟨to stick to one's ~ *übertr* bei seinen Leisten bleiben⟩; **2.** *vt* auf den Leisten aufziehen

[4]**last** [lɑːst] *s* Last *f* (altes Handelsmaß)

last-ditch [ˌlɑːst 'dɪtʃ] *adj* (aller)letzte(-s) ⟨a ~ attempt ein Versuch in letzter Minute⟩

last·ing ['lɑːstɪŋ] **1.** *adj* (Material, Beziehung u. ä.) haltbar, dauerhaft | (be)ständig ⟨~ sorrow endloses Leid⟩; **2.** *s* Lasting *n*, Wollsatin *m* | Dauer(haftigkeit) *f*

last judg·ment [ˌlɑːst 'dʒʌdʒmənt], *oft* ⁓ *s Rel* Jüngstes Gericht

last·ly ['lɑːstlɪ] *adv* schließlich, (letzt)endlich, zum Schluß

last straw [ˌlɑːst 'strɔː] *s übertr* das, was das Faß zum Überlaufen bringt

lat *Abk von* **latitude**

latch [lætʃ] **1.** *s* (Tür-) Drücker *m*, Klinke *f* ⟨off the ~ (Tür) angelehnt, nicht eingeklinkt; on the ~ [nur] eingeklinkt⟩ | Druckschloß *n*; **2.** *vt* einklinken; *vi* sich einklinken lassen, einschnappen; **~ on** *umg* sich festhalten (**to** an) ⟨to ~ on to an idea sich einen Gedanken in den Kopf setzen⟩ | sich anschließen *od* hängen (**to** an) | begreifen, kapieren; **'~key** *s* Hausschlüssel *m*, Drücker *m*; **'~key child** *s* Schlüsselkind *n*

late [leɪt] **1.** *adj* spät (*Ant* early) ⟨to keep ~ hours spät schlafen gehen; in ~ summer im Spätsommer⟩ | verspätet ⟨to be ~ for s.th. bei *od* zu etw. zu spät kommen; the train is ~ der Zug hat Verspätung⟩ | kürzlich, neulich ⟨the ~ changes in the government die vor kurzem erfolgten Regierungsumstellungen⟩ | (kürzlich) verstorben ⟨his ~ wife⟩ | ehemalig, früher ⟨the ~ minister⟩ | soeben eingetroffen, letzte(r, -s) ⟨some ~ news einige ganz neue Nachrichten⟩; **2.** *adv* spät ⟨early and ~ von früh bis spät; better ~ than never besser spät als gar nicht; of ~ neulich; ~r on später, danach; sooner or ~r früher oder später; at the ~st spätestens⟩ | zu spät ⟨to arrive ~⟩ | spät abends ⟨to go to bed ~⟩; **'~ ˌbloom·ing** *adj Bot* spätblühend | *übertr* erst spät sich voll entfaltend ⟨≈ mass production⟩; **'~ˌcom·er** *s* Nachzügler(in) *m(f)*

la·teen sail [lə'tiːn seɪl] *s Mar* Lateinsegel *n* | Lateinsegelboot *n*

late la·ment·ed [ˌleɪt lə'mentəd] *s förml* kürzlich verstorben

late·ly ['leɪtlɪ] *adv* in letzter Zeit, kürzlich, vor kurzem, unlängst

la·ten·cy ['leɪtn̩sɪ] *s* Latenz *f*, Verborgenheit *f*; **'~ ˌpe·ri·od** *s Med* Latenzzeit *f*, -periode *f*; **'la·tent** *adj* latent, verborgen, versteckt ⟨≈ meaning verborgener Sinn⟩ | *Med, Phys* latent ⟨≈ infection; ≈ heat gebundene *od* latente Wärme⟩

lat·er·al ['lætr̩l|'lætərl] **1.** *adj* seitlich, Seiten-, lateral, quer- ⟨the ~ branches of a tree⟩; **2.** *s* Seitenteil *n* | *Ling* Lateral(laut) *m* | *Tech* Ansatzstück *n*; **ˌ~ 'brac·ing** *s* Wundverband; **ˌ~ di'men·sion** *s* Querabmessung *f*, Breite *f*; **ˌ~ 'think·ing** *s Psych* laterales Denken, vom Herkömmlichen abweichende Denkstrategie

la·test ['leɪtɪst] **1.** *adj* jüngste(r, -s), neueste(r, -s) ⟨the ~ news die neuesten Nachrichten *f/pl*; his ~ book sein jüngstes Buch⟩; **2.** *s* (*mit best art*) Neueste(s, -r) ⟨the ~ about the elections; the ~ in computers⟩ ◇ **at the ~** spätestens, nicht später als ⟨tomorrow ≈⟩

la·tex ['leɪteks] *s* (*pl* **la·tex·es** ['~ɪz], **lat·i·ces** ['lætɪsɪ:z]) *Bot* Latex *m*, Milchsaft *m*

lath [lɑ:θ] **1.** *s* (*pl* **laths** [lɑ:ðz|lɑ:θs]) Latte *f*, Leiste *f* ⟨as thin as a ~ *übertr* spindeldürr; metal ~ Streckenmetall *n*; ~s Stakhölzer *n/pl*, Schwartenverschlag *m*⟩ | Lattenwerk *n* ⟨~ and plaster *Arch* Stakenbauart *f*, Fachwerk(bau) *n*(*m*)⟩; **2.** *vt* mit Latten versehen, verschalen

lathe [leɪð] **1.** *s* Drehbank *f* | Töpferscheibe *f* | (Webstuhl-) Lade *f*; **2.** *vt* drechseln; **'~ chuck** *s Tech* Drehbankfutter *n*; **,~ 'op·e·ra·tor** *s* Dreher *m*; **,~ 'tool** *s Tech* Drehmeißel *m*

lath·er ['lɑ:ðə|'læðə] **1.** *s* (Seifen-) Schaum *m* | (Pferd) schaumiger Schweiß ◇ **in a ~** *übertr* aufgeregt, durchgedreht; **2.** *vt auch* **~ up** einseifen | *übertr umg* verprügeln; *vi* (Seife) schäumen; **'~ing** *s* Einseifen *n* | Schäumen *n* | *umg* Tracht *f* Prügel; **'~y** *adj* schaumig

lath|floor [,lɑ:θ 'flɔ:] *s* Lattenrost *m*; **'~ing** *s* Lattenwerk *n*, Verschalung *f*; **,~ par'ti·tion** *s* Lattenverschlag *m*

lat·i·ces ['lætɪsi:z] *s/pl von* ↑ **latex**

Lat·in ['lætɪn] **1.** *adj* lateinisch, Latein- | lateinisch | romanisch; **2.** *s* Latein(isch) *n* | *Hist* Römer *m*; **,~ A'mer·i·ca** *s* Lateinamerika *n*; **,~ A'mer·i·can 1.** *adj* lateinamerikanisch; **2.** *s* Lateinamerikaner(in) *m*(*f*); **'~ism** *s* Latinismus *m*, lateinische Spracheigentümlichkeit; **La·tin·i·ty** [lə'tɪnətɪ] *s* Latinität *f*; **'~ize**, *auch* **'~ize** *vt* latinisieren, ins Latein übertragen | mit Latinismen durchsetzen ⟨~ized style⟩; *vi* (viele) Latinismen verwenden

lat·i|tude ['lætɪtju:d|-tʃu:d] *s Geogr, Astr* Breite *f* ⟨degree of ≈ Breitengrad *m*⟩ | *übertr* Umfang *m*, Weite *f*, Spielraum *m* ⟨to allow s.o. great ≈ in s.th. jmdm. große Bewegungsfreiheit bei etw. lassen⟩ | *Foto* Belichtungsbreite *f*; **'~tu·des** *s/pl* Breiten *f/pl*, Gegenden *f/pl* ⟨warm ≈⟩; **~tu·di·nal** [,~'tju:dɪnl] *adj Geogr* Breiten-; **~tu·di·nar·i·an** [,~,tju:dɪ'nɛərɪən] **1.** *adj* (*bes Rel*) tolerant, freisinnig; **2.** *s* (*bes Rel*) Freidenker *m*; **,~,tu·di'nar·i·an·ism** *s bes Rel* Toleranz *f*; **,~'tu·di·nous** *adj* breit, weit | *übertr* weitherzig, großzügig

la·trine [lə'tri:n] *s* Latrine *f*

-la·try [-,lətrɪ] *in Zus* -anbetung (*z. B.* **idolatry**)

lat·ter ['lætə] *förml adj* letzte(r, -s) ⟨the ~ half of the year die zweite Jahreshälfte; the ~ years of his life seine letzten Lebensjahre⟩ | letztere(r, -s), letztgenannt (von zweien) (*Ant* the former) ⟨she recited and sang, the ~ poorly⟩ | neuer, jünger *nur in*: **the ~ days** die neueren Zeiten | *poet* später, Spät-; **,~-'day** *adj arch* aus neuester Zeit, modern; **,~-Day 'Saints** *Rel* Heilige *pl* der letzten Tage, Mormonen *pl*; **'~ grass** *s* Grummet *n*; **'~ly** *adv* neuerlich, schließlich, gegen Ende

lat·tice ['lætɪs] **1.** *s* Gitter(werk) *n* | *Arch* Fachwerk *n*, Flechtwerk *n* | *Phys* (Kristall-) Gitter *n* | *auch* **,~ 'win·dow** *s* Gitterfenster *n*; **2.** *vt* vergittern; **'~ bar** *s* Gitterstab *m*; **'~ ,bar·rier** *s* Bahnschranke *f*; **'~ 'gird·er** *s* Fachwerk-, Gitterbalken, -träger *m*; **,~ 'win·dow** *s* Gitterfenster *n*; **'~work** *s* Gitterwerk *n*

laud [lɔ:d] *vt, selten* loben, preisen; **lauds** *s/pl Rel* Laudes *pl*; **,~a'bil·i·ty** *s* Löblichkeit *f*; **'~a·ble** *adj* löblich, lobenswert; **lau'da·tion** *s* Lob *n*, Laudatio *f*; **'~a·tive, '~a·to·ry** *adj* lobend, preisend (**of s.th.** eine Sache)

laud·a·num ['lɔ:dn̩əm] *s Med* Laudanum *n*, Opiumtinktur *f*

laugh [lɑ:f] **1.** *s* Lachen *n*, Gelächter *n* ⟨broad ~ lautes Gelächter; to break into a ~ in Gelächter ausbrechen; to have a good many ~s at / over sich vor Lachen ausschütten über; to have/get the ~ of s.o. jmdn. auslachen können, über jmdn. triumphieren; to have the last ~ zuletzt lachen, der Klügere sein; to have the ~ on s.o. sich über jmdn. lustig machen; to raise a ~ Gelächter erregen; the ~ is always against the loser *Sprichw* wer den Schaden hat, braucht für den Spott nicht zu sorgen⟩ | *umg* Witz *m*, etw. Lachhaftes ⟨he's a ~ er ist zum Lachen; for ~s nur zum Spaß, aus Blödsinn⟩; **2.** *vi* lachen ⟨to ~ to o.s. vor sich hinlachen; to ~ at s.o. jmdn. auslachen; to ~ at s.th. sich über etw. lustig machen; to ~ in/up one's sleeve im stillen lächeln, sich ins Fäustchen lachen; to ~ in s.o.'s face jmdm. ins Gesicht lachen, jmdn. verspotten; to ~ on the other / wrong side of one's mouth/face *umg* vom Lachen ins Weinen kommen, das Lachen vergehen (jmdm.); he ~s best who ~s last wer zuletzt lacht, lacht am besten⟩ | *übertr* lachen, lächeln; *vt* lachend äußern ⟨to ~ pleasure freudig lachen, vor Freude lachen⟩; **~ away** durch Lachen vertreiben, weglachen ⟨to ~ away s.o.'s fears⟩; **~ down** durch Lachen zum Schweigen bringen; **~ off** sich lachend hinwegsetzen über; **~ out of** durch Lachen wegbringen von ⟨to ~ s.o. out of the room jmdn. durch Lachen aus dem Zimmer treiben⟩; **'~a·ble** *adj* zum Lachen, komisch, lachhaft, lächerlich; **'~er** *s* Lacher(in) *m*(*f*) | *Am Sl* (Kampf) Lacher *m*, Witz *m*, Kinderspiel *n*; **'~-in** *s* allgemeines Gelächter, Spottveranstaltung *f*, Verlachen *n*; **'~ing 1.** *adj* lachend ⟨≈ faces⟩ (*auch übertr*); **2.** *s* Lachen *n*, Gelächter *n* ⟨no ≈ matter nichts zum Lachen, eine ernsthafte Sache⟩; **'~ing gas** *s Chem* Lachgas *n*; **,~ing 'jack·ass** *s Zool* Rieseneisvogel *m*; **'~ing 'gull** *s Zool* Lachmöwe *f*; **'~ingstock** *s* Zielscheibe *f* des Spottes; **'~ line** *s* Lachfalte *f* | Spottvers *m*, Witzreim *m*; **~ter** ['~tə] *s* Lachen *n*, Gelächter *n* ⟨to burst into ≈ in Gelächter ausbrechen; to roar with ≈ sich vor Lachen ausschütten⟩; **'~ track** *s Rundf, Ferns* vorprogrammiertes Gelächter

launch [lɔ:ntʃ] **1.** *vt* werfen, schleudern (*auch übertr*) (**at** auf, **against** gegen) ⟨to ~ a spear; to ~ threats⟩ | (Rakete u. ä.) abschießen, starten ⟨to ~ a missile⟩ | (Boot) aussetzen | (Schiff) vom Stapel laufen lassen | *übertr* in Gang setzen, beginnen ⟨to ~ an attack einen Angriff ansetzen; to ~ a new business enterprise eine neue Firma gründen⟩; *vi*, *oft* **~ out** *übertr* sich stürzen (**into** in), loslegen ⟨to ~ out on a big trip auf große Fahrt gehen⟩ | in See stechen ⟨to ~ out into the sea⟩; **2.** *s Mar* Stapellauf *m* (*auch übertr*) | Start *m*, Abschuß *m* | Motorboot *n*, Barkasse *f*; **'~ing pad, '~ing ,plat·form, '~ing site** *s* (Raketen, Raumschiff u. ä.) Abschuß-, Startrampe *f*; **'~ ,ve·hi·cle** *s* (Raumfahrt) Antriebs-, Startrakete *f*; **'~ ,win·dow** *s* (Raumfahrt) optimale Startzeit

laun|der ['lɔ:ndə] **1.** *vt* (Wäsche) waschen und bügeln ⟨to send s.th. to be ≈ed etw. zum Waschen und Bügeln schaffen⟩ | *umg* (unrechtmäßig erworbenes Geld) respektabel anlegen | (etw. Illegales) reinwaschen, legal erscheinen lassen; *vi* Wäsche waschen und bügeln | sich waschen (lassen) ⟨to ≈ well⟩; **2.** *s* Trog *m*; **~der·ette** [,~də'ret|,~'dret] *s* öffentlicher Waschpunkt, Schnellwäscherei *f*; **~dress** ['-drəs|-ɪs] *s* Waschfrau *f*, Wäscherin *f*; **~dry** ['-drɪ] *s* Waschhaus *n*, -küche *f* | Wäscherei *f*, Waschanstalt *f* | Waschen *n* und Bügeln *n* | *mit best art* Wäsche *f* ⟨to do the ≈ Wäsche waschen⟩ | *umg* respektable Anlage (für illegal erworbene Gelder), Wäsche; **'~dry ,bas·ket** *s* Wäschekorb *m*, Behälter *m* für schmutzige Wäsche; **'~dry·list** *s Am umg* Programm *n*, Liste *f* (von Vorhaben), Planpunkte *pl*; **~dryman** ['-drɪmæn] *s* (*pl* **'~drymen**) Wäschereiangestellter *m*, -vertreter *m*

lau·re·ate ['lɒrɪət|-ɪeɪt] **1.** *adj* lorbeergekrönt | Lorbeer-; **2.** *vt* zum Hofdichter ernennen; **3.** *s* Laureat *m*, Preisträger *m* (Nobel ~) | ~, *auch* **,Poet '~** *Brit* Hofdichter *m*

lau|rel ['lɒrəl] *s Bot* Lorbeer *m* | Lorbeerkranz *m* | *übertr* Ehre *f*, Auszeichnung *f* ⟨to gain / reap / win ≈s Lorbeeren *od* Ruhm ernten; to rest on one's ≈s sich auf seinen

Lorbeeren ausruhen; to look to one's ≈s auf Ruhm aus sein⟩; **ˈ~relled** *adj* mit Lorbeeren gekrönt | *übertr* gefeiert

lav [læv] *s Kurzw umg für* **lavatory**

la·va [ˈlɑːvə] *s* Lava *f* ⟨a stream of ~ Lavastrom *m*⟩

la·va·tion [læˈveɪʃn] *s* Waschung *f*, Reinigung *f*

lav·a·to·ry [ˈlævətr̩ɪ] *s* Waschraum *m* | Toilette *f* ⟨public ~ Bedürfnisanstalt *f*⟩; **ˈ~ atˌtend·ant** *s* Toilettenfrau *f*, -mann *m*; **ˈ~ seat** *s* Toilettensitz *m*, (Klosett-) Brille *f*

lave [leɪv] *poet vt* waschen | baden, bespülen (Wellen); *vi* sich baden | (Fluß) spülen an, vorbeifließen; **ˈlave·ment** *s* Waschung *f*

lav·en·der [ˈlævɪndə|-vndə] **1.** *s Bot* Lavendel *m* ⟨oil of ~ Lavendelöl *n*⟩; **2.** *adj* lavendel-, lilafarben

lav·ish [ˈlævɪʃ] **1.** *adj* verschwenderisch, großzügig (**in** *mit ger* in, **of** mit) ⟨a ~ spender jmd., der alles ausgibt; to be ~ with help großzügig helfen; to be ~ of time verschwenderisch mit der Zeit umgehen⟩ | üppig, reich, überschwenglich ⟨a ~ feast ein feudales Mahl; ~ praise übertriebenes Lob⟩; **2.** *vt* verschwenden (**on** auf), überschütten, überhäufen ⟨to ~ food and drink on s.o. jmdn. fürstlich bewirten⟩; **ˈ~ment** *s* Verschwendung *f*

law [lɔː] *s* Recht *n*, Gesetze *n/pl* ⟨at ~, by ~ gesetzlich; international ~, ~ of nations Völkerrecht *n*; common ~ Gewohnheitsrecht *n*; to be a ~ unto o.s. sich selbst das Recht anmaßen; to break the ~ unrecht tun, das Recht verletzen; to lay down the ~ *übertr* selbstherrlich verfahren, den Ton angeben; to take the ~ into one's own hands (mit Gewalt) selbst bestimmen, was Recht ist⟩ | Gesetz *n* ⟨to become a ~ Gesetzeskraft bekommen⟩ | Befehl *m*, Gesetzeszwang *m*, Vorschrift *f* ⟨necessity knows no ~ Not kennt kein Gebot; to maintain ~ and order die öffentliche Ordnung einhalten⟩ | Recht(e) *n(pl)*, Rechtswissenschaft *f* ⟨to read/study the ~ Jura studieren; Doctor of ≈s Doktor *m* der Rechte⟩ | Juristenberuf *m* ⟨to practise ~ als Rechtsanwalt praktizieren⟩ | Gericht *n* ⟨at ~ gerichtlich; to go to ~ vor Gericht gehen; to have/take the ~ of/on s.o. jmdn. gerichtlich belangen⟩ | Regel *f*, Gesetzmäßigkeit *f*, Prinzip *n* ⟨the ~s of the game Spielregeln *f/pl*; the ~s of harmony Harmonielehre *f*⟩ | (Natur-) Gesetz *n*, wissenschaftliches Gesetz, (Lehr-) Satz *m* ⟨~ of causality; Mendel's ~⟩ | (Jagd) Vorsprung *m* ⟨to give a hare a good ~ einem Hasen einen Vorsprung lassen⟩ ◇ **-in-~** *in Zus* Schwieger- ⟨daughter-in-~ Schwiegertochter *f*; my in-~s *umg* meine Schwiegereltern *pl*⟩; **~-a·bid·ing** [ˈlɔː əˌbaɪdɪŋ|ˈlɔːr-] *adj Jur* gehorsam, friedlich; **ˈ~ˌbreak·er** *s* Gesetzesbrecher *m*; **ˈ~ˌbreak·ing 1.** *s* Gesetzesbruch *m*; **2.** *adj* die Gesetze übertretend; **ˈ~ ˌcharges** *s/pl* Prozeßkosten *pl*; **ˈ~ court** *s* Gerichtshof *m*; **ˈ~ deˌgree** *s* juristischer Grad, juristisches Diplom; **ˈ~ firm** *s* Anwaltsbüro *n*; **ˈ~ful** *adj* gesetzlich, legal | rechtmäßig ⟨≈ marriage; ≈ husband⟩ | gültig ⟨a ≈ document⟩; **ˈ~ˌgiv·er** *s* Gesetzgeber *m*; **ˈ~less** *adj* gesetzlos | gesetzwidrig ⟨a ≈ act⟩ | zügellos; **ˈ~ˌmak·er** *s* Gesetzgeber *m*

[1]lawn [lɔːn] *s* Batist *m*

[2]lawn [lɔːn] *s* Rasen *m*; **ˈ~ ˌmow·er** *s* Rasenmäher *m*; **ˈ~ ˌsprink·ler** *s* Rasensprenger *m*; **ˌ~ ˈten·nis** *s* (Rasen-) Tennis *n*; **ˈ~y** *adj* Rasen-

law| of grav·i·ta·tion [ˈlɔː əv ˌgrævɪˈteɪʃn] *s Phys* Gravitationsgesetz *n*; **ˈ~ reˌports** *s Jur* Entscheidungs-, Fallsammlung *f*; Gerichtszeitung *f*; **ˈ~ school** *s* juristische Fakultät; **ˈ~suit** *s Jur* Prozeß *m*; **~yer** [ˈ~jə ˈ~ɪə] *s* Rechtsanwalt *m*; Jurist *m*, Rechtsgelehrter *m* | *Zool* Stelzenläufer *m*

lax [læks] *adj* locker, lose, schlaff ⟨a ~ bandage lockerer Verband; ~ muscles entspannte Muskeln *pl*⟩ | lax, lau, lässig, locker ⟨~ discipline; ~ in morals moralisch ungefestigt⟩ | *Bot* locker, offen | *Med* sich leicht entleeren ⟨~ bowels dünner Stuhl(gang) *m(m)*⟩ | *Ling* lax, offen, schlaff artikuliert; **ˌ~ˈa·tion** *s* Lockerung *f* | Lockerheit *f*; **ˈ~a·tive** *Med* **1.** *adj* abführend; **2.** *s* Abführmittel *n*; **ˈ~i·ty** *s* Laxheit *f* | Lockerheit *f*

[1]lay [leɪ] *s Poes* Lied *n*

[2]lay [leɪ] *prät von* ↑ **[1]lie 2.**

[3]lay [leɪ] *adj* laienhaft | *Rel* weltlich, Laien- ⟨~ brother Laienbruder *m*; ~ reader Vorbeter *m*, Hilfsdiakon *m*; Lektor *m*; ~ sister Laienschwester *f*⟩

[4]lay [leɪ] **1.** *s* Lage *f*, Richtung *f* ⟨the ~ of the land *übertr* die Lage der Dinge, die Umstände⟩ | Schicht *f*, Lage *f* | *Mar* (Tau) Schlag *m* | (Hühner) (Eier-) Legezeit *f* ⟨in full ~⟩ | *Sl* Beschäftigung *f*, Job *m* | *Am* (Kauf-) Bedingungen *f/pl*, Vertragsklausel *f* ⟨at a good ~ zu günstigen Bedingungen⟩ | *vulg* (Frau) etwas für's Bett ⟨she's a good ~ sie ist gut im Bett; she's an easy ~ sie macht's mit jedem⟩ | *vulg* Sex(akt) *m(m)*; **2.** (**laid, laid**) *vt* legen (**on** auf) ⟨to ~ bare *übertr* bloßlegen, aufdecken; to ~ eyes on erblicken⟩ | um-, niederlegen ⟨to ~ s.o. to rest jmd. bestatten, begraben; to ~ s.o. to sleep jmdn. schlafenlegen; to ~ s.o. low jmdn. umwerfen, niederwerfen⟩ | (Feuer) (an)legen ⟨to ~ a fire⟩ | setzen, stellen (*auch übertr*) ⟨to ~ bricks mauern; to ~ a snare / trap eine Falle stellen; to ~ hands on *übertr* ergreifen, in Besitz nehmen; herankommen an, erreichen; verletzen, anrühren; to ~ hold of fangen und festhalten⟩ | legen, produzieren ⟨to ~ eggs Eier legen⟩ | (Frage u. ä.) vorbringen, vorlegen (**before s.o.** jmdm.) | belegen, bedekken (**with** mit) ⟨to ~ a floor with a carpet; to ~ the table den Tisch decken⟩ | (Steuern, Strafe u. ä.) auferlegen ⟨to ~ a tax upon s.th. etw. mit einer Steuer belegen⟩ | (Fehler) zuschreiben (**to s.o.** jmdm.) ⟨to ~ s.th. at/to s.o.'s door/charge jmdm. etw. zur Last legen⟩ | (Schauplatz) legen ⟨to ~ a scene⟩ | ausdenken, planen ⟨to ~ a conspiracy eine Verschwörung planen; to ~ a plot ein Komplott schmieden⟩ | (Geld) hinterlegen | wetten, (ein)setzen ⟨to ~ a wager eine Wette abschließen; to ~ ten to one zehn zu eins wetten⟩ | dämpfen, löschen, stillen, besänftigen ⟨to ~ the dust Wasser sprengen; to ~ s.o.'s fear jmds. Angst beschwichtigen; to ~ a ghost einen Geist aus-, vertreiben⟩ | betonen ⟨to ~ stress on s.th. etw. bes. hervorheben⟩ | geltend machen ⟨to ~ claim to s.th. etw. beanspruchen⟩; **~ about** losschlagen gegen *od* auf; **~ aside, ~ by** beiseite legen ⟨to ~ aside one's books⟩ | sparen, zurücklegen ⟨to ~ aside money⟩ | (Kleidung, Gewohnheit) ablegen; **~ back** zurücklegen ⟨to ~ back one's ears die Ohren anlegen⟩; **~ down** hin-, niederlegen ⟨to ~ the baby down⟩ | *übertr* ablegen, niederlegen ⟨to ~ down one's arms die Waffen niederlegen, kapitulieren; to ~ down office ein Amt niederlegen⟩ | (Plan) schmieden | (Hoffnung) aufgeben | (Geld) einsetzen | (Leben) opfern ⟨to ~ down one's life for sein Leben hingeben für⟩ | (Grundsatz) aufstellen ⟨to ~ down rules⟩ | *Mar* auf Stapel legen | (Ackerland) in Weideland umwandeln ⟨to ~ down 10 acres in grass⟩ | (Wein) lagern; **~ fast** einsperren; **~ in** einlegen, einkellern; **~ off** (Plan) aufgeben | (Arbeiter) Feierschichten machen lassen ⟨to ~ s.o. off [work] for 2 weeks⟩ | (Arbeit) zeitweilig einstellen ⟨we laid off work for 1 month wir arbeiteten einen Monat verkürzt⟩; **~ on** (Steuer) auferlegen | (Schlag) versetzen | (Farbe) auftragen ⟨to ~ it on *übertr* übertreiben, übertrieben loben⟩ | anbieten, sorgen für ⟨to ~ on the drinks for s.o.⟩ | *umg* organisieren, veranstalten ⟨to ~ on an extra flight⟩ | *Brit* (Gas-, Wasserleitung) anlegen, anschließen; **~ open** darlegen | (Wunde) bloßlegen ◇ **~ o.s. open to** *übertr* (Kritik, Angriffen) sich aussetzen; **~ out** zur Schau stellen | aufbahren ⟨to ~ out a corpse⟩ | *umg* (Geld) ausgeben | (Straße) anlegen, planen ⟨a well laid-out garden ein gut angelegter Garten⟩ | (Plan) entwerfen |

umg (jmdn.) zusammenschlagen, außer Gefecht setzen | *refl* sich anstrengen ⟨to ~ o.s. out to do s.th. sich bemühen, etw. zu tun⟩; ~ **to** *Mar* (Schiff) stoppen, anhalten; ~ **up** aufspeichern, aufbewahren (*auch übertr*) ⟨to ~ up provisions einen Vorrat speichern; to ~ up trouble for o.s. sich Kummer für später machen⟩ | *Mar* (Schiff) auflegen | *umg* ans Bett fesseln ⟨to be laid up with a broken leg⟩; ~ **waste** verwüsten;
vi (Eier) legen | wetten | Schläge austeilen, schlagen; ~ **about** heftig um sich schlagen | energisch vorgehen ◇ ~ **about one** um sich schlagen; ~ **back** *Sl* kurztreten, sich keinen Kopf machen, sich nicht anstrengen; ~ **into** einschlagen auf, losgehen auf | mit Worten attackieren; ~ **low** *umg* sich versteckt halten, nicht so sehr auffallen wollen; ~ **off** *umg* aufhören | kurzarbeiten; ~ **on** zuschlagen; ~ **over** *Am* Station machen; ~ **to** energisch anpacken ⟨to ~ to one's oars sich in die Riemen legen⟩ | *Mar* beidrehen; ~ **up** sparen, zurücklegen | *Mar* Kurs nehmen (**for** auf);
'~a·bout *s Brit umg* Herumtreiber *m* | Faulenzer *m* | Tagedieb *m*; **'~-by** (*pl* **'~-bys**) *s Brit* (Auto-) Raststätte *f*, -platz *m* | Parkbucht *f* | *Mar* Liegeplatz *m*; **'~ days** *s Mar* Liegetage *m/pl*, -zeit *f*; **'~er 1.** *s* Lage *f*, Schicht *f* | *Geol* Lager *n*, Flöz *n* | *Bot* Senker *m*, Ableger *m* | künstliche Austernbank | Legehenne *f* ⟨to be a good ≈ gut legen⟩ | (Artillerie) Richtkanonier *m*; **2.** *vi* sich lagern | (Getreide) niederliegen, sich legen | lagern; *vt Bot* absenken; *Bot* Ableger bilden

lay·ette [leɪ'et] *s* Babyausstattung *f*, Babywäsche *f*

lay| fig·ure [ˌleɪ 'fɪgə] *s* Gliederpuppe *f* | *übertr* Marionette *f*, Strohmann *m*; **'~ing** *s* Legen *n* ⟨hens past ≈ Hennen, die nicht mehr legen⟩ | (Eier-) Gelege *n* | (Artillerie) Richten *n* | Schicht *f* | Verputzen *n*, Bewerfen *n* (mit Mörtel) | Mörtel *m*, Putz *m*

lay|man ['leɪmən] *s* (*pl* **'~men**) Laie *m*, Nichtfachmann *m* | Nichtgeistlicher *m*

lay|-off ['leɪɒf] *s* Feierschicht *f* | (zeitweilige) Entlassung; **'~out** *s* Plan *m*, Entwurf *m*, Skizze *f* | *Typ* Layout *n*, Aufmachung *f* | *Sl* (feine, tolle) Sache *f* ⟨a fine ≈⟩

laz·a·ret [ˌlæzə'ret], *meist* **~to** [~əʊ] *s* Quarantänestation *f* | *Mar* Proviantraum *m*

laze [leɪz] *vi* faulenzen, bummeln | ausspannen, eine Pause machen; ~ **about / around** herumbummeln, die Zeit verplempern; *vt* ~ **away** (Zeit) verbummeln; **'la·zy** *adj* faul, träge | müde machend ⟨a ≈ afternoon⟩ | langsam dahinfließend ⟨a ≈ stream⟩; **'la·zy·bones** *s umg* Faulpelz *m*

lb *Abk* von **pound** (Gewicht)

lbw *Abk* von **leg before wicket** (Kricket) aus sein, weil Beine e-s Spielers von e-m Wurf getroffen wurden

LCM *Abk* von **least/lowest com·mon mul·ti·ple** *Math* kleinstes gemeinsames Vielfaches

L-driver ['elˌdraɪvə] *s Brit* Fahrschüler(in) *m(f)*, Anfänger(in) *m(f)* (noch ohne Führerschein)

lea [li:] *s poet* Wiese *f*, Flur *f*

LEA [ˌeli:'eɪ] *Brit Abk* von **Local Education Authority** örtliche Schulbehörde

leach [li:tʃ] **1.** *vt auch* ~ **out** (Flüssigkeit) durchsickern lassen | ausfiltern | auslaugen; *vi* ausgelaugt werden | auslaugen; **2.** *s* Auslaugung *f* | Lauge *f*; **'~y** *adj* wasserdurchlässig, porös

[1]**lead** [li:d] **1.** *s* Führung *f*, Leitung *f* ⟨to have the ~ die Führung haben; to take the ~ die Führung übernehmen⟩ | Beispiel *n* ⟨to follow s.o.'s ~ jmds. Beispiel folgen; to give s.o. a ~ jmdm. ein gutes Beispiel *od* einen Wink geben⟩ | *Theat* Hauptrolle *f* ⟨the juvenile ~ der jugendliche Held⟩ | *Kart* Vorhand *f* ⟨whose ~ is it?⟩ | (Sport) Führung *f*, Vorsprung *m* ⟨to be in the ~ in Führung sein; to have a ~ of five yards fünf Meter in Front sein *od* führen⟩ | *Ztgsw* (zusammenfassende) Einleitung (eines Artikels) | *Ztgsw urspr Am* Hauptartikel *m* | *Tech* Steigung *f* | *El* (Zu-) Leitung *f* | (Hunde-) Leine *f* ⟨on the ~ an der Leine⟩ | Wasserrinne *f* im Eis; **2.** (**led, led** [led]) *vt* (ge)leiten, führen ⟨to ~ s.o. astray *übertr* jmdn. verleiten, irreführen; to ~ by the hand an der Hand führen; to ~ by the nose *übertr* an der Nase herumführen; to ~ s.o. to the altar jmdn. heiraten; to ~ the way den Weg zeigen, vorangehen (*auch übertr*)⟩ | leiten, anführen ⟨to ~ an army eine Armee befehligen; to ~ the fashion die Mode angeben⟩ | *übertr* führen, bewegen ⟨to ~ s.o. to a conclusion jmdn. zu einem Schluß führen⟩ | *übertr* führen, durchleben ⟨to ~ a miserable existence elend leben; to ~ a double life ein Doppelleben führen⟩ | verleiten, bewegen (**to** zu, **to** *mit inf* zu *mit inf*) | *Kart* ausspielen | (Brettspiele) als erster ziehen | *Mus* dirigieren; ~ **in** hereinführen; ~ **off** anführen, eröffnen ⟨to ~ off the dance⟩; ~ **on** (ver)locken | verführen (**into** zu) | (weiter)führen; *vi* führen, vorangehen, den Weg weisen (*auch übertr*) | (Sport) führen | *Kart* ausspielen; ~ **off** anfangen, den Anfang machen | (Sport) anspielen; ~ **to** resultieren in, führen zu, verursachen; ~ **up** überleiten (**to** zu), hinzielen (**to** auf)

[2]**lead** [led] **1.** *s* Blei *n* | *Mar* Lot *n*, Senkblei *n*, ⟨to cast/heave the ~ loten; to swing the ~ *Brit Sl* sich drücken, krank machen, krank spielen⟩ | *Typ* Durchschuß *m* | *meist* **leads** *pl* Bleidach *n*; Fensterblei *n* | (Bleistift-) Mine *f*; **2.** *vt* verbleien | mit Blei beschweren | in Blei fassen | *Typ* durchschießen; *vi Mar* loten; **'~en** *adj* bleiern ⟨≈ seal Plombe *f*⟩ | *übertr* bleiern, schwer ⟨≈ sleep⟩ | Blei- ⟨≈ coffin Bleisarg *m*⟩ | bleigrau ⟨≈ clouds⟩ | gefühllos | glanzlos ⟨≈ eyes⟩ | bedrückend ⟨≈ silence⟩ | träge, schwerfällig ⟨≈ feet bleischwere Füße⟩

lead·er ['li:də] *s* (An-) Führer(in) *m(f)*, Leiter(in) *m(f)* ⟨the ~ of a party⟩ | Erste(r) *f(m)* | Vormann *m* | *Brit Jur* erster Anwalt | *Am Mus* Dirigent *m* ⟨the ~ of a band Kapellmeister *m*⟩ | (Orchester) Konzertmeister *m*, erster Geiger; (Band) erster Bläser | Leitpferd *n* | *Brit Ztgsw* Leitartikel *m* | (Angeln) Leitschnur *f* | *Mar* Leitblock *m* | *Bot* Haupttrieb *m* | *Film* Vorspann *m* | Orientierungs-, Suggestivfrage *f*; **~ette** [ˌ~'ret] *s Brit* kurzer Leitartikel *m*; **'~less** *adj* führerlos; **'~ship** *s* Führung *f*, Leitung *f*, Führerschaft *f* | Führungsqualitäten *pl*

lead|-free ['led fri:] *adj* bleifrei; **'~glass** *s* Bleiglas *n*

lead|-in ['li:dɪn] *s* Zuleitung *f*, *bes* Antennenzuleitung *f* | *Rundf* Einführung *f*, einführende Worte; **'~ing 1.** *s* Führung *f*, Leitung *f*, Lenkung *f*; **2.** *adj* führend, leitend, Leit-, Haupt- ⟨~ actor (actress) Hauptdarsteller(in) *m(f)*; the ≈ topic Hauptthema *n*⟩ | herrschend; **ˌ~ing 'ar·ti·cle** *s* Leitartikel *m*; **ˌ~ing 'edge** *s* (Mikrofilm) Anlegekarte *f*; **'~ing 'la·dy** *s Theat* Hauptdarstellerin *f*; **~ing man** ['~ɪŋ 'mæn] *s* (*pl* **~ing men** ['~ɪŋ 'men]) *Theat* Hauptdarsteller *m*; **ˌ~ing 'ques·tion** *s* Suggestivfrage *f*; **'~ing rein** *s* Leitzügel *m*; **'~ing strings** *s/pl Brit* Gängelband *n* ⟨in ≈ am Gängelband⟩ | *selten* = **'~ing reins**

lead·less ['ledləs] *adj* bleifrei, -los

lead·off ['li:dɒf] *s* Anfang *m* | (Sport) Anspieler *m*

lead| pen·cil ['led ˌpensl] *s* Bleistift *m*; **ˌ~ 'poi·son·ing** *s* Bleivergiftung *f*; **'~ ˌswing·ing** *s Brit Sl* Arbeitsbummelei *f*; **'~y** *adj* bleiern

lead time ['li:d taɪm] *s Wirtsch* Entwicklungszeit *f* (**on a project** für ein Projekt), Überleitungsphase *f* (vor der Produktion)

leaf [li:f] **1.** *s* (*pl* **leaves** [li:vz]) *Bot* Blatt *n*, Laub *n* ⟨in ~ belaubt; to come into ~ ausschlagen, Blätter bekommen⟩ | (Buch-) Blatt *n* ⟨to take a ~ out of s.o.'s book *übertr* jmdm. nacheifern; to turn over a new ~ umblättern; *übertr* ein neues Leben anfangen⟩ | (Tür-, Fenster- u. ä.) Flügel *m* | (Ausziehtisch) Platte *f*, Klappe *f*, Einlegebrett *n* | *Tech* Blatt *n*, Folie *f* ⟨gold ~⟩; **2.** *vi* Blätter treiben; **'~age** *s* Laub(werk) *n*; **leafed** [li:ft] *adj in Zus* -blättrig ⟨thin-≈⟩; **'~less** *adj* blätterlos, kahl; **~let** ['~lət] **1.** *s* Flugblatt *n* | Prospekt *m* | *Bot* Blättchen *n*; *vi* Flugblätter verteilen; **,~let·'eer** *s* Flugblattverteiler *m*; **'~mould** *s* Lauberde *f*; **'~stalk** *s Bot* Blattstiel *m*; **'~y** *adj* belaubt, Laub- | Blatt-

[1]**league** [li:g] *s arch* Meile *f* (altes englisches Wegemaß, ca. 4,8 km)

[2]**league** [li:g] **1.** *s* Liga *f*, Bund *m* ⟨in ~ with verbündet mit; to be in ~ against s.o. sich gegen jmdn. verbündet haben; ≈ of Nations Völkerbund *m*⟩ | *Brit* (Fußball-) Liga *f* | *umg* Qualität *f*, Beschaffenheit *f* ⟨to be not in the same ~ as nicht mitkommen mit, eine Nummer kleiner sein als⟩; **2.** *vi, vt, auch* **~ together** (sich) verbünden (**with** mit); **,~ 'foot·ball** *s Brit* Ligafußball *m*, Fußballmeisterschaft *f*; [1]**lea·guer** *s* Verbündete(r) *f(m)*, Ligist *m*, Angehörige(r) *f(m)* einer Liga; **'~ ta·ble** *s Sport* Tabelle *f*

[2]**lea·guer** ['li:gə] *arch* **1.** *vt* belagern; **2.** *s* Belagerung *f*

leak [li:k] **1.** *s* Leck *n*, Loch *n* ⟨a ~ in the roof ein Loch im Dach; to spring a ~ leck werden; to take a ~ *Am Sl* pissen⟩ | Leck(stelle) *n(f)*, Undichtigkeit *f* ⟨a gas ~ undichte Stelle in der Gasleitung⟩ | (Flüssigkeit, Gas) ausströmende Menge | *übertr* undichte Stelle ⟨a ~ of information Informationsverlust *m*, durchgesickerte Nachricht; an inspired ~ e-e absichtliche Enthüllung⟩ | *El* Leck-, Verluststrom *m*; **2.** *vi* lecken, leck sein | durchsickern (*auch übertr*); **~ in** einströmen, hereinlaufen; **~ out** ausströmen, auslaufen | *übertr* (Nachricht) durchsickern, (unabsichtlich) bekannt werden; *vt* durchlassen; **'~age** *s* Leckwerden *n* | *Mar* Leckage *f* | *El* Streuung *f* | *übertr* Durchsickern *n* | *übertr* Verlust *m*; **'~age flux** *s El* Streufluß *m*; **'~proof** *adj* lecksicher | *Am übertr* streng geheim ⟨a ≈ committee ein Ausschuß, von dem nichts nach außen dringt⟩; **'~y** *adj* undicht, leck ⟨a ≈ roof⟩ | *übertr* schwatzhaft | *übertr* ungeschützt, Informationen preisgebend

[1]**lean** [li:n] *adj* mager ⟨a ~ man; ~ meat⟩ | hager ⟨~ face⟩ | *übertr* mager, dürftig ⟨a ~ harvest⟩

[2]**lean** [li:n] **1.** (**leaned, leaned** [li:nd], **leant, leant** [lent]) *vi* sich stützen, sich lehnen (**against** an, **over** über, **out of** aus … heraus, **[up]on** auf) | sich neigen, sich beugen | *übertr* (hin)neigen (**to[wards]** zu) | *übertr* sich stützen, sich verlassen (**[up]on** auf); **~ backwards** sich zurücklehnen; **~ down** sich aufstützen; **~ forward** sich nach vorn lehnen; **~ over backwards** *übertr umg* sich über Gebühr Mühe machen, sich bald umbringen (**to do s.th.** mit etw.), sich ein Bein ausreißen; *vt* neigen, beugen | stützen, (an)lehnen (**against** gegen, **[up]on** auf); **2.** *s* Neigung *f* (**to** nach) ⟨on the ~ geneigt⟩; **'~ing 1.** *adj* sich neigend, geneigt, schief ⟨≈ tower schiefer Turm⟩; **2.** *s* Neigung *f* (*auch übertr*) (**toward[s]** zu), Vorliebe *f* (**towards** für) ⟨to have a ≈ towards neigen zu⟩; **leant** [lent] *prät* u. *part perf von* ↑ [2]**lean**; **'~-to 1.** *s* Anbau *m*, Flügel *m* (mit Pultdach) | Schuppen *m*, Hütte *f*; **2.** *adj* Anbau-, angebaut ⟨a ≈ greenhouse⟩

leap [li:p] **1.** *bes Brit* (**leapt, leapt** [lept]) *bes Am* (**leaped, leaped** [lept|li:pt]), *vi* springen, hüpfen (**over** über, **upon** auf) ⟨look before you ~ *Sprichw* Vorsicht ist besser als Nachsicht; to ~ for joy vor Freude hüpfen⟩ | (Herz, Puls) pochen, laut schlagen (**for** vor) | *übertr* empor-, hervorschießen ⟨to ~ into s.o.'s mind jmdm. plötzlich einfallen⟩ | *meist übertr* sich stürzen (**at** auf) ⟨to ~ at a chance eine Gelegenheit hastig ergreifen; to ~ into fame plötzlich berühmt werden; to ~ to the eye ins Auge springen⟩; **~ out** hervorspringen, ins Auge fallen (**at s.o.** jmdm.; **from s.th.** aus *od* von etw.); *vt* springen über ⟨to ~ a wall⟩ | (über)springen lassen ⟨to ~ a horse over a fence⟩ | (weibliches Tier) decken | *übertr* überspringen; **2.** *s* Sprung *m*, Satz *m* ⟨a great ~ forward ein großer Sprung nach vorn; by ~s sprunghaft; by ~s and bounds in großen Sätzen, gewaltig schnell; to take a ~ einen Sprung machen; a ~ in the dark *übertr* ein Sprung ins Ungewisse⟩; **'~frog 1.** *s* Bockspringen *n*; **2.** (**'~frogged, '~frogged**) *vt, vi* bockspringen (über); **leapt** [lept] *prät* u. *part perf von* ↑ **leap 1.**; **'~ year** *s* Schaltjahr *n*

learn [lɜ:n] (*bes Brit* **learnt, learnt** [~t], *bes Am* **learned, learned** [~d | ~t]) *vt* (er)lernen ⟨to ~ by heart auswendig lernen; to ~ French Französisch lernen; to ~ to be singer Gesang studieren; to ~ [how] to swim schwimmen lernen; to ~ one's lesson *übertr* Lehrgeld bezahlen⟩ | erfahren (**from** von) | ersehen (**from** aus) | *vulg* lehren ⟨I'll ~ you ich werde dich lehren, ich werde dir beibringen⟩; *vi* lernen | erfahren (**of** von); **'~a·ble** *adj* erlernbar; **~ed** ['-ɪd] *adj* gelehrt ⟨a ≈ man Gelehrter *m*; to look ≈ gelehrt aussehen; the ≈ professions die akademischen Berufe *m/pl*; a ≈ book ein wissenschaftliches Buch⟩ | **'~er** *s* Lernende(r) *f(m)* | Lehrling *m* | Schüler *m* | Anfänger *m* | *Kfz* Fahrschüler *m*; **'~ing** *s* Gelehrtheit *f*, Gelehrsamkeit *f* ⟨a man of great ≈ ein Mann von großer Gelehrtheit; age of ≈ / new ≈ Humanismus *m*⟩; **learnt** *prät* u. *part perf* von ↑ **learn**

lease [li:s] **1.** *s* Miete *f*, Pacht *f*, Verpachtung *f* (**to** an) ⟨by / on ~ in Pacht; to let out on ~; to put out to ~ verpachten, vermieten; to take a ~ of s.th., to take s.th. on ~ etw. pachten *od* mieten⟩; Pacht-, Mietvertrag *m* | Pacht-, Mietzeit *f* | (Zeit-) Spanne *f* ⟨a new ~ of / *Am* on / life ein neuer Aufschwung (*auch übertr*)⟩; **2.** *vt, auch* **~ out** verpachten, vermieten (**to** an); **'~hold 1.** *s* Pachtung *f* | Pachtgrundstück *n*; **2.** *adj* gepachtet, Pacht-; **'~,hold·er** *s* Pächter *m*; **,~hold 'prop·er·ty** *s* Pachtland *n*; **'~-'lend** = **'lend-'lease**

leash [li:ʃ] **1.** *s* Koppelleine *f* ⟨to hold in / on ~ *übertr* im Zaume halten; to strain at the ~ *übertr* tatendurstig sein⟩ | (Jagd) Koppel *f*; Dreigespann *n* (drei Hunde, Füchse u. ä.) ⟨a ~ of hounds⟩; **2.** *vt* (zusammen)koppeln

least [li:st] **1.** *adj sup von* ↑ **little** (*Ant* most) kleinste(r, -s), geringste(r, -s) schwächste(r, -s), unbedeutendst(e, -r) ⟨the ~ noise das kleinste Geräusch; the line of ~ resistance der Weg des geringsten Widerstands⟩; **2.** *adv, sup von* **little** am wenigsten ⟨he is the ~ known er ist am wenigsten bekannt; he ~ expected it er hat es am wenigsten erwartet; not ~ nicht zuletzt, (unter anderem) besonders; ~ of all am allerwenigsten⟩; **3.** *s* (*meist mit best art*) das Geringste ⟨at [the] ~ wenigstens, mindestens; at ~ zumindest, wie dem auch sei; not in the ~ nicht im geringsten; the ~ said the better je weniger geredet wird, um so besser ist es; ~ said soonest mended Reden ist Silber, Schweigen ist Gold; to say the ~ [of it] gelinde gesagt⟩; **'~ways** *adv* wenigstens; **'~wise** *adv* wenigstens

leath·er ['leðə] **1.** *s* Leder *n* | *übertr umg* Haut *f* | Lederball *m* | Lederriemen *m* ◇ **hell-bent for ~** *umg* wie verrückt; **2.** *adj* Leder- ⟨~ upholstery Lederbezug *m*, Lederpolster(ung) *n(f)*⟩; **3.** *vt* mit Leder beziehen | *umg* versohlen, verprügeln; *vi umg* tüchtig arbeiten, schuften; **~ette** [,-'ret] *s* Kunstleder *n*; **~ing** [-rɪŋ] *s umg* Tracht *f* Prügel, Dresche *f*; **'~-,jack·et** *s Zool Brit* Schnakenlarve *f*; **'~ leaf** *s Bot* Zwerglorbeer *m*; **'leath·ern** *adj* ledern, aus Leder, Leder-; **'~neck** *s Am Mil Sl* Ledernacken *m*, Marineinfanterist *m*; **'leath·ers** *s/pl* Lederhose *f*; **'~ware** *s* Lederwaren *f/pl*; **'~y** *adj* lederartig, zäh ⟨≈ meat⟩

leave [li:v] **1.** (**left, left** [left]) *vt* lassen ⟨to ~ things as they are die Dinge lassen, wie sie sind; to ~ s.o. cold *übertr* jmdn. kalt lassen *od* nicht aufregen; to ~ people to themselves/to their own devices jmdn. machen lassen, was er will; let's ~ it at that wir wollen es gut sein lassen, wir wollen es damit bewenden lassen⟩ | verlassen, aufbrechen von ⟨to ~ home von daheim fortgehen; to ~ London for New York von London nach New York aufbrechen⟩ | im Stich lassen ⟨to ~ s.o. in the lurch jmdn. im Stich lassen; to be/get nicely left *umg* den Dummen machen, das Nachsehen haben⟩ | zurück-, hinterlassen, übriglassen ⟨to be left übrigbleiben; to be left till called for postlagernd; to ~ word for s.o. jmdm. etw. hinterlassen, jmdn. informieren; 5 from 8 ~s 3⟩ | hinterlassen, allein lassen ⟨to ~ a widow⟩ | hinterlassen, vermachen, vererben ⟨to ~ all one's money to s.o.⟩ | überlassen, anheimstellen ⟨to ~ s.o. to himself / to his own devices jmdn. sich selbst überlassen; to ~ s.th. to chance etw. dem Zufall überlassen⟩ | liegen lassen ⟨to ~ the house on one's right das Haus rechts hinter sich lassen⟩; ~ **alone** in Ruhe lassen, nicht (mehr) stören ◇ ~ **well alone** (etw.) gut sein lassen; ~ **be** (jmdn.) nicht berühren, (etw.) lassen, wie es ist; ~ **behind** zurücklassen | hinter sich lassen; ~ **off** aufhören mit ⟨to ~ off working⟩ | (Kleidung) ablegen | (Gewohnheit) aufgeben; ~ **on** (Kleidung) anlassen, anbehalten; ~ **open** offenlassen ⟨to ~ the door open⟩; ~ **out** auslassen | übersehen; ~ **over** übriglassen | verschieben ⟨to ~ a matter over⟩; *vi* weg-, fortgehen, abreisen (**for** nach); ~ **go/** ~ **hold of** fahrenlassen, loslassen ⟨~ go of my arm⟩; ~ **off** aufhören, haltmachen; **2.** *s* Erlaubnis *f* ⟨to ask ~ of s.o. jmdn. um Erlaubnis bitten; to have ~ to stay bleiben dürfen; by / with s.o.'s ~ mit jmds. Erlaubnis⟩ | *auch* ˌ~ **of** ˈ**ab·sence** (*pl* ˌ**~s of** ˈ**absence**) Urlaub *m* ⟨three weeks'~; on ~ auf Urlaub⟩ | Abschied *m* ⟨to take ~ of s.o. von jmdm. Abschied nehmen; to take French ~ ohne Abschied weggehen; to take ~ of one's senses den Verstand verlieren⟩

leaved [li:vd] *adj in Zus Bot* -blättrig ⟨broad-~⟩

leav·en [ˈlevn] **1.** *s* Sauerteig *m*, Hefe *f* | *übertr* Gärungsstoff *m* | *übertr* Auflockerung *f*, Beigeschmack *m*, Dosis *f*, Schuß *m* ⟨a ~ of humour eine humoristische Note⟩; **2.** *vt* (Teig) säuern | *übertr* durchsetzen, umgestalten, mildern, auflockern; ˈ**~ing** *s* Treib-, Gärungsmittel *n* | Säuern *n*

leaves [li:vz] *s/pl von* ↑ **leaf 1.**

leave tak·ing [ˈli:v ˌteɪkɪŋ] *s förml* Abschiednehmen *n*, sich Verabschieden *n*

leav·ing [ˈli:vɪŋ] *s, meist* ˈ**leav·ings** *pl* Überbleibsel *n*; ˈ~ **cerˌtif·i·cate** *s Brit* Abgangszeugnis *n*

Leb·a|nese [ˌlebəˈni:z] **1.** *adj* libanesisch; **2.** *s* Libanese *m*, Libanesin *f*; **~non** [ˈlebənən] *s* Libanon

lech [letʃ] **1.** *vi Sl* (ständig) geil sein (**for** auf), auf Sex aus sein; **2.** *s Sl* (geiler) Bock, Begierde *f* (**for** auf); ˈ**lech·er** *s* Wüstling *m*; ˈ**~er·ous** [-r̩əs] *adj* (Mann) wollüstig, geil; ˈ**~er·ing** [-r̩ɪŋ] *adj* geil; ˈ**~er·y** [-r̩ɪ] *s* Wollust *f*, Geilheit *f* | unzüchtige Handlung

lec·tern [ˈlektən] *s* Lesepult *n* | Chorpult *n*

lec|tion [ˈlekʃn] *s Rel* Lektion *f*, Epistel *f*; **~tor** [ˈ~tɔ:] *s Rel* Lektor *m* | *Am* (Universitäts-) Lektor *m*

lec·ture [ˈlektʃə] **1.** *s* Vorlesung *f*, Vortrag *m* (**on** über) ⟨a course of ~s Vorlesungsreihe *f*; to attend a ~ eine Vorlesung besuchen; to give a ~ eine Vorlesung halten⟩ | Verweis *m* ⟨to read s.o. a ~ *übertr* jmdm. eine Strafpredigt halten⟩; **2.** *vi* Vorlesungen *od* Vorträge halten (**to s.o. on/ about s.th.** jmdm. über etw.); *vt* eine Vorlesung halten vor | *übertr* (jmdn.) abkanzeln (**for** wegen); ˈ~ **notes** *s/pl* Vorlesungsmanuskript *n* | Vorlesungsnachschrift(en) *f(pl)*; ˈ**lec·tur·er** [-tʃr̩ə] *s* Vortragende(r) *f(m)* | *Brit* (Hochschul-) Dozent *m* | *Brit Rel* Hilfsprediger *m*; ˈ**~room** *s* Vortragssaal *m*, Hörsaal *m*; ˈ**~ship** *s Brit* Dozentur *f* ⟨to take up a ≈ eine Dozentur annehmen⟩; ˈ~ ˌ**the·a·tre** *s* Hörsaal *m* (mit aufsteigenden Plätzen); ˈ**~tour** *s* Vortragsreise *f*

led [led] *prät* u. *part perf von* ↑ [1]**lead 2.**

ledge [ledʒ] *s* Leiste *f*, vorstehender Rand, Sims *m* | (Fenster-) Brüstung *f* ⟨a window ~⟩ | Riff *n* | *Min* Lager *n*, Schicht *f*

ledg·er [ˈledʒə] *s Wirtsch* Hauptbuch *n* | *Arch* Querbalken *m* | flache Grabplatte | *auch* ˈ~ **line** *Mus* Hilfslinie *f*

ledg·y [ˈledʒɪ] *adj* voller Riffe

lee [li:] **1.** *s* Schutz *m* ⟨under the ~ of im Schutze von⟩ | Leeseite *f*; **2.** *adj* Lee-, dem Wind abgekehrt (*Ant* windward, weather) ⟨~ shore geschützte *od* windabgewandte (Ufer-) Seite; the ~ side of a ship⟩

[1]**leech** [li:tʃ] **1.** *s* Blutegel *m* ⟨to cling / stick like a ~ to *übertr* wie eine Klette festhängen *od* -kleben an⟩ | *übertr* Blutsauger *m*, Wucherer *m* | *arch, scherzh* Quacksalber *m*; **2.** *vt* (jmdm.) Blutegel (an)setzen

[2]**leech** [li:tʃ] *s Mar* Liek *n*

leek [li:k] *s* Lauch *m*, Porree *m*

leer [lɪə] **1.** *s* lüsterner *od* heimtückischer Seitenblick; **2.** *vi* lüstern *od* heimtückisch schielen (**at** nach) ⟨to ~ at a girl lüsterne Blicke auf ein Mädchen werfen⟩; ˈ**~y** *adj Sl* gerissen, gerieben, schlau | *urspr Am Sl* argwöhnisch, mißtrauisch (**of** gegenüber)

lees [li:z] *s/pl* (*auch sg konstr*) Hefe *f*, Bodensatz *m* ⟨to drain/drink a cup to the ~ *übertr* den Becher bis zur Neige leeren, das Schlimmste erdulden müssen⟩ | *übertr* Hefe *f*, Abschaum *m*

lee|ward [ˈli:wəd|ˈlu:əd] *Mar* **1.** *adj* leewärts gelegen, Lee-; **2.** *s* Leeseite *f* ⟨to drive to ≈ abtreiben; to fall to ≈ abfallen⟩; **3.** *adv* leewärts, nach Lee (*Ant* windward); ˈ**~way** *s Mar* Abtrift *f* ⟨to make ≈ abtreiben; *Brit übertr* zurückbleiben, Zeit verlieren; to make up ≈ *übertr* Versäumtes nachholen; to have much ≈ to make up erheblich hinterher sein, viel nachzuholen haben⟩ | *übertr* Spielraum *m* ⟨a [big enough] ≈⟩

[1]**left** [left] *prät* u. *part perf* von ↑ **leave 1.**

[2]**left** [left] **1.** *adj* linke(r, -s) ⟨with my ~ hand mit der Linken⟩; **2.** *adv* links ⟨to turn ~ nach links wenden⟩; **3.** *s* Linke *f*, linke Seite ⟨on/to the ~ of auf der linken Seite von; to my ~ zu meiner Linken; to your ~ links von dir; to keep to the ~ sich links halten⟩ ◇ **the** ∸ *Pol* die Linke, der linke Flügel | die Radikalen *m/pl*; ˌ**~-ˈhand** *adj* links(seitig) ⟨on the ≈ side [of] linker Hand [von], links [von]; ≈ drive *Kfz* Linkssteuerung *f*⟩; ˌ**~-ˈhand·ed** *adj* linkshändig ⟨≈ blow/stroke Schlag *m* mit der linken Hand; ≈ person Linkshänder *m*; ≈ marriage morganatische Ehe, Ehe *f* zur linken Hand⟩ | linkisch, ungeschickt | fragwürdig ⟨a ≈ compliment ein zweifelhaftes Kompliment⟩ | *Tech* linksgängig, -läufig ⟨≈ engine Linksmaschine *f*; ≈ switch *Eisenb* Linksweiche *f*⟩; ˌ**~-ˈhand·er** *s* Linkshänder *m* | Schlag *m* mit der linken Hand; ˈ**~ism** *s Pol* Linkspolitik *f*; ˈ**~ist 1.** *s* Linkspolitiker *m*, Linker *m* | *Am* Linkshänder(in) *m(f)*; **2.** *adj* linksgerichtet

left lug·gage of·fice [ˌleft ˈlʌgɪdʒ ˌɒfɪs] *s Brit* Gepäckaufbewahrung(sstelle) *f(f)*

left wing [ˌleft ˈwɪŋ] *s Pol* linker (Partei-) Flügel *m* | *Sport* Linksaußen *m*; ˈ**~-wing** *adj Pol* Links- ⟨≈ politician⟩; ˌ**~-ˈwing·er** *s Pol* Linke(r) *f(m)* | *Sport* Linksaußen *m*

leg [leg] **1.** *s* Bein *n* ⟨to break one's ~ sich das Bein brechen; front (hind) ~ Vorder- (Hinterbein) *n*; on one's last ~s *übertr* fast am Ende, auf dem letzten Loch; in den letzten Zügen; to be/get [up] on one's (hind) ~s *übertr* aufstehen, protestieren; to be up on one's ~s *übertr* auf den Beinen, unterwegs; (wieder) wohlauf; to get s.o. back on his ~s *übertr* jmdn. wieder auf die Beine bringen *od* fit machen; *Wirtsch* jmdm. finanziell auf die Beine helfen; to give a ~ up jmdm. hochhelfen; *übertr* jmdm. aus der Not helfen; to have no ~ to stand on *übertr* keine Entschuldigung haben, sich nicht herausreden können, *umg* alt aussehen; to have the ~s of s.o. *umg* schnellere Beine haben als jmd.; to pull s.o.'s ~ *übertr* jmdn. aufziehen *od* zum besten halten; to run s.o.'s ~s off *umg* jmdm. Beine machen, jmdn. herumscheuchen; to shake a ~ *Sl* ranklotzen, loshauen; to show a ~ *übertr umg* sich aus dem Bett heben; to stand on one's own ~s *übertr* auf eigenen Beinen stehen; to stretch one's ~s sich die Beine vertreten; to take to one's ~s sich aus dem Staub machen; ~ before wicket *Kricket* aus sein, weil Beine e-s Spielers von e-m Wurf getroffen wurden⟩ | Hosenbein *n* ⟨a torn ~⟩ | (Stiefel) Schaft *m* | (Fleisch) Keule *f*, Hachse *f* ⟨~ of mutton⟩ | (Tisch-, Stuhl-) Bein *n*, (Bett) Fuß *m* | (Dreieck) Kathete *f*, Schenkel *m* | (Zirkel) Schenkel *m* | (Kricket) Spielfeldseite *f* (links vom Schläger und rechts vom Werfer) | Etappe *f* ⟨first ~ of a journey⟩ | (Sport) Durchgang *f*, (Hin-, Rück-) Spiel ⟨to play the second ~⟩; **2.** *vt* (**legged, legged**) *in:* **~ it** *umg* sich auf die Beine machen

leg·a·cy ['legəsɪ] *s Jur* Legat *n*, Vermächtnis *n* | *übertr* Erbe *n*, Vermächtnis *n* ⟨a ~ of hatred überkommener Haß; a ~ of war eine Hinterlassenschaft des Krieges⟩; **'~ ˌdu·ty** *s* Erbschaftssteuer *f*; **'~ ˌhunt·er** *s* Erbschleicher *m*; **'~ ˌhunt·ing** *s* Erbschleicherei *f*

le·gal ['li:gl] *adj* gesetzlich ⟨~ reserves gesetzliche Rücklage; ~ tender gesetzliche Zahlungsmittel⟩ | Rechts- ⟨~ system⟩ | rechtsgültig, legal, rechtmäßig ⟨of ~ age volljährig; of ~ force rechtskräftig, -wirksam; ~ claim Rechtsanspruch *m*; ~ name standesamtlich eingetragener Name; ~ parents Adoptiveltern *pl*; ~ succession Rechtsnachfolge *f*⟩ | juristisch ⟨~ adviser Rechtsberater *m*; the ~ profession der Juristenberuf⟩ | gerichtlich ⟨~ aid Rechtsbeistand *m*, Hilfe *f* vor Gericht; to take ~ action / steps against gerichtlich vorgehen gegen; ~ decision gerichtliche Entscheidung, rechtskräftiges Urteil⟩ | rechtdenkend, auf Recht bedacht ⟨a ~ mind⟩; **'~ism** *s* Paragraphenreiterei *f*, Bürokratie *f*; **'~ist** *s* Paragraphenreiter *m*; **~i·ty** [li:'gælətɪ] *s* Legalität *f*, Gesetzlichkeit *f* | Rechtsgültigkeit *f*; **ˌ~i'za·tion** *s* Legalisierung *f*; **'~ize** *vt* legalisieren, rechtskräftig machen

[1]**leg·ate** ['legət|-ɪt] *s* (päpstlicher) Legat, Delegat *m* | Delegierte(r) *f(m)*

[2]**le·gate** [lɪ'geɪt] *vi* (durch Testament) vermachen; **leg·a·tee** [ˌlegə'ti:] *s Jur* Erbe *m*, Erbin *f*

leg|ate·ship ['legətʃɪp|-gɪt-] *s* Legatenamt *n*, -würde *f*; **~a·tine** ['~ətɪn|-taɪn] *adj* Legaten-; **le·ga·tion** [lɪ'geɪʃn] *s* Gesandtschaft *f* | Gesandtschaftsgebäude *n* | Legatenamt *n* | Delegation *f*, Abgesandte *m/pl*

le·ga·to [lɪ'gɑ:təʊ] *adv Mus* legato, gebunden

le·ga|tor [lɪ'geɪtə] *s* Erblasser(in) *m(f)*; **~to·ri·al** [ˌlegə'tɔ:rɪəl] *adj* erblasserisch

leg| bail ['leg beɪl] *s* Fersengeld *n*, Flucht *f meist in*: **give / take ~ bail** *Sl* Fersengeld geben, sich aus dem Staub machen; **'~ bye** (Kricket) *s* geworfener Ball, der vom Schlagmann abprallt und ins Tor geht | durch (solchen) Abprall erzielter Punkt

leg·end ['ledʒənd] *s* Sage *f*, Legende *f* | *übertr* legendäre Figur | Heiligengeschichte *f* | (Münz-) Inschrift *f* | (Landkarten) Text *m*, Bildunterschrift *f*, Legende *f*; **'~ar·y 1.** *adj* legendär, sagenhaft, Sagen- ⟨a ≈ hero⟩; **2.** *s* Sagen-, Legendensammlung *f*

leg·er·de·main [ˌledʒədə'meɪn] *s* Trick *m*, Taschenspielerei *f* | Schwindel *m*; **ˌleg·er·de'main·ist** *s* Taschenspieler *m*

leger [line] ['ledʒə (laɪn)] = **ledger [line]**

legged [legd|'legɪd|-əd] *adj bes in Zus* -beinig ⟨four-~ vierbeinig⟩; **leg·gings** ['legɪŋz] *s/pl* Gamaschen *f/pl* ⟨a pair of ≈ Gamaschenhosen *f/pl*⟩; **'leg·gy** [legɪ] *adj* (Fohlen, Kind) langbeinig

leg·horn [lə'gɔ:n|'leghɔ:n] *s* italienischer Strohhut | *auch* ≈ [lə'gɔ:n] Leghorn(huhn) *n*

leg·i|bil·i·ty [ˌledʒɪ'bɪlətɪ] *s* Lesbar-, Leserlichkeit *f*; **'~ble** *adj* lesbar, leserlich ⟨a ≈ manuscript⟩

le·gion ['li:dʒən] *s* Legion *f* (*auch übertr*) ⟨≈ of Honour Ehrenlegion *f*; the British ≈ der Britische Frontkämpferbund; Foreign ≈ Fremdenlegion *f*⟩ | *lit* Legion *f*, große Menge, Unzahl *f* ⟨a ~ of admirers eine riesige Schar von Bewunderern; their name is ~ ihre Zahl ist Legion; the tales are ~ die Geschichten hat keiner gezählt⟩; **'~ar·y 1.** *adj* Legions-; **2.** *s* Legionär *m*

leg·is|late ['ledʒɪsleɪt] *vi* Gesetze geben, erlassen (**against** gegen, **for** für); **~ against** *förml* (jmdn.) abhalten von; **~ for** *förml* (etw.) berücksichtigen; *vt* durch Gesetzgebung bewirken *od* schaffen; **ˌ~'la·tion** *s* Gesetzgebung *f* ⟨federal ≈ Bundesgesetzgebung *f*⟩; **'~la·tive 1.** *adj* legislativ, gesetzgebend, Legislatur- ⟨≈ assembly gesetzgebende Versammlung; ≈ body gesetzgebende Körperschaft⟩ | gesetzlich; **2.** *s* Legislative *f*, gesetzgebende Gewalt; **'~la·tor** *s* Gesetzgeber *m*; **~la·to·ri·al** [ˌ~lə'tɔ:rɪəl] *adj* gesetzgeberisch, legislatorisch; **~la·ture** ['~leɪtʃə|'~lətʃə] *s* Legislatur *f* | gesetzgebende Körperschaft | Legislaturperiode *f*

le·gist ['li:dʒɪst] *s* Jurist *m*, Rechtskundiger *m*

le·git [le'dʒɪt|lə-] *adj urspr Am Sl* ehrlich, rechtschaffen ⟨~ business⟩

le·git·i|ma·cy [lɪ'dʒɪtɪməsɪ] *s* Legitimität *f*, Gesetz-, Rechtmäßigkeit *f* | eheliche Geburt | Gültigkeit *f*; **~mate** [~mət] **1.** *adj* legitim, gesetz-, rechtmäßig ⟨a ≈ government⟩ | legitim, ehelich ⟨a ≈ child, of ≈ birth⟩ | folgerichtig, logisch, ganz natürlich ⟨a ≈ result⟩ | echt, seriös, literarisch wertvoll ⟨≈ play, ≈ drama (*Ant* film, revue)⟩; **2.** *s* eheliches Kind (*Ant* natural) | (*mit best art*) *auch* **ˌ~mate 'drama** literarisch wertvolles Drama, seriöses Stück; [~meɪt] *vt* legitimieren, für rechtmäßig erklären | für rechtsgültig erklären | (Kind) ehelich machen; **ˌ~'ma·tion, ˌ~mi'za·tion** *s* Legitimierung *f*, Legitimation *f* | Sanktionierung *f*; **'~mize** = **'~mate** *vt*

leg|less ['legləs] *adj* beinlos, ohne Bein; **'~-pull, '~-ˌpull·ing** *s* Neckerei *f*, Fopperei *f*; **'~ rest** *s* Beinstütze *f*; **'~ room** *s* Platz *m* für die Beine, Beinfreiheit *f*; **'~show** *s* Revue *f*, Beinschau *f*

leg|ume ['legju:m|lɪ'gju:m] *s Bot* Leguminose *f*, Hülsenfrucht *f*; **~u·min·i·form** [ˌlegjʊ'mɪnɪfɔ:m] *adj* hülsenförmig; **le·gu·mi·nous** [lɪ'gju:mɪnəs] *adj* hülsenartig, Hülsen- | Hülsenfrucht-

leg warm·ers ['leg ˌwɔ:məz] *s/pl* Stulpen *f/pl*

lei ['leɪi:] *s* (hawaiischer) Blumen-, Blütenkranz *m*

lei|sure ['leʒə] **1.** *s* Muße *f*, Freizeit *f* ⟨at ≈ frei, unbeschäftigt; ohne Hast, in Ruhe; at your ≈ wenn es Ihnen paßt, bei passender Gelegenheit, gelegentlich; to have no ≈ for keine Zeit haben für⟩; **2.** *adj* müßig | Muße- ⟨≈ hours Mußestunden, freie Stunden *f/pl*; ≈ time Freizeit *f*⟩; **'~sured** *adj* frei, unbeschäftigt ⟨the ≈ classes die Begüterten *m/pl*⟩; **'~sure·ly** *adj, adv* ruhig, gemächlich, überlegt ⟨a ≈ walk⟩, **'~sure·ly suit** *s* Freizeitanzug *m*

leit|motiv, ~motif ['laɪtməʊˌti:f] *s* ⟨*dt*⟩ *bes Mus* Leitmotiv *n*

[1]**lem·ma** ['lemə] *s Bot* Deckspelze *f*

[2]**lem|ma** ['lemə] (*pl* **~mas** ['~məz], **~ma·ta** ['~mətə]) Lemma *n*, Stichwort *n* | Überschrift *f*, Motto *n* | *Phil* Hilfssatz *m*

lem·ming ['lemɪŋ] *s Zool* Lemming *m*

lem·on ['lemən] **1.** *s* Zitrone(nbaum) *f(m)* | Zitronengelb *n* | *Sl* Niete *f*, Versager *m* | *Sl* etwas Unangenehmes, etwas Enttäuschendes | *Sl* Spielverderber *m* | *Sl* häßliches Mädchen | *Sl* Polizeispitzel *m*; **2.** *adj* zitronengelb; **~ade** [ˌlemə'neɪd] *s* Zitronenlimonade *f*; **'~ balm** *s Bot* Zitronenmelisse *f*; **ˌ~ 'curd,** *auch* **ˌ~ 'cheese** *s* Brotaufstrich *m* aus Zitronen, Butter und Eiern; **'~ drop** *s* Zitronenbonbon *n*, saurer Drops; **'~ juice** *s* Zitronensaft *m*; **ˌ~ 'peel** *s* Zitronenschale *f*; **ˌ~ 'sole** *s* Seezunge *f*; **ˌ~ 'squash** *s* Zitronenwasser *n* | Zitronensirup *m*; **'~ ˌsqueez·er** *s* Zitronenpresse *f*

le·mur ['li:mə] *s Zool* Lemur *m*, Maki *m*

lend [lend] (**lent, lent** [lent]) *vt* (aus-, ver)leihen ⟨to ~ money Geld verleihen; to ~ out at interest gegen Zinsen verleihen⟩ | *übertr* verleihen, geben ⟨to ~ probability to s.th. etw. wahrscheinlich machen, einer Sache Wahrscheinlichkeit verleihen⟩ | *übertr* leihen, gewähren ⟨to ~ an ear to s.o. jmdm. zuhören; to ~ o.s. to / one's name to sich hergeben zu; to ~ itself to sich eignen für, passen für; to ~ s.o. a [helping] hand/a hand with s.o. jmdm. Hilfe gewähren⟩; *vi* ausleihen; **'~a·ble** *adj* verleihbar; **'~er** *s* Ver-, Ausleiher *m*; **'~ing** *s* Aus-, Verleihen *n*; **'~ing ˌli·brar·y** *s* Leihbücherei *f*; **'≁-'Lease,** *auch* **'~-'lease** *vt* auf Grund des Leih-Pacht-Gesetzes überlassen; **'≁-'Lease ˌAct** *s Am* Leih-Pacht-Abkommen *n* (vom 11. 3. 1941)

length [leŋθ | leŋkθ] *s* Länge *f* ⟨at arm's ~ auf Armlänge; 10 feet in ~ 10 Fuß lang; to keep s.o. at arm's ~ jmdn. von sich fernhalten; *übertr* sich mit jmdm. nicht näher einlassen; to measure one's ~ on *Brit* der Länge lang (hin)fallen auf⟩ | Strecke *f*, Entfernung *f* ⟨the ~ of the street die ganze Straße⟩ | (Zeit-) Dauer *f* ⟨the ~ of time needed for s.th. die für etw. benötigte Zeitspanne; of some ~ von einiger Zeit; ~ of exposure *Foto* Belichtungsdauer *f*⟩ | (Sport) Länge *f* ⟨to win by a ~ (Boot, Pferd) mit einer Länge Vorsprung gewinnen⟩ | (Stoff) Länge *f* ⟨a dress' ~ Stoff *m* für ein Kleid; a ~ of cloth eine Stoffbahn⟩ ◇ **at ~** zuletzt, endlich, schließlich ⟨he came ≈⟩; ausführlich, anhaltend ⟨to describe ≈⟩; **at full ~** ausgestreckt, der Länge nach; **at great ~** sehr ausführlich; **go all ~s, go to any ~** alles Mögliche versuchen, aufs Ganze gehen; **go to great /considerable ~s** sehr weit gehen; **go to the ~ of (saying)** sich hinreißen lassen zu (sagen); **'~en** *vt* länger machen, verlängern ⟨to ≈ a skirt⟩; *vi* sich verlängern, länger werden ⟨the days ≈⟩; **'~en·ing** *s* Verlängerung *f*; **'~ways, '~wise 1.** *adv* der Länge nach, längs; **2.** *adj* Längs-; **'~y** *adj* sehr lang | zu lang | (Rede u. ä.) weitschweifig, langatmig ⟨a ≈ style⟩

le·ni|en·cy ['li:nɪənsɪ], **'~ence** *s* Nachsicht *f*, Milde *f*; **'~ent** *adj* nachsichtig, milde (**to, toward[s]** gegen) ⟨a ≈ judge⟩

Len·in·ism ['lenɪnɪzm] *s Pol* Leninismus *m*

len·i·tive ['lenətɪv] *Med* **1.** *adj* abführend; **2.** *s* Abführmittel *n*; **'len·i·ty** *s* Nachsicht *f*, Milde *f*

lens [lenz] *s Phys* Linse *f* | *Foto* Objektiv *n*; **'~ screen, '~ shade** *s Foto* Gegenlichtblende *f*; **'~ ˌsystem** *s Foto* Linsensystem *n*, Optik *f*

[1]**lent** [lent] *prät* u. *part perf* von ↑ **lend**

[2]**Lent** [lent] *s* Fastenzeit *f* | Fasten *pl*; **'~en** *adj* Fasten-, fastenmäßig | *übertr* kärglich, mager | fleischlos ⟨a ≈ soup⟩ | trübselig ⟨≈ entertainment⟩

len|tic·u·lar [len'tɪkjələ] *adj* lentikulär, linsenförmig, Linsen-; **~ti·form** ['~tɪfɔ:m] *adj* linsenförmig; **~ti·go** [~'taɪgəʊ] *s* (*pl* **~tig·i·nes** [~'tɪdʒɪni:z]) *Med* Lentigo *f*, Leberfleck *m*; **~til** ['~tl] *s Bot* Linse *f*

Lent| li·ly ['lent 'lɪlɪ] *s* gelbe Narzisse; **ˌ≁ 'term** *s* (Universität) Frühjahrssemester *n*

len·to ['lentəʊ] *adj, adv Mus* lento, langsam

len·toid ['lentɔɪd] *adj* linsenförmig

Le·o ['li:əʊ] *Astr s* Löwe *m* | (Tierkreiszeichen) Löwe *m*

le·o·nine ['li:ənaɪn] *adj* löwenartig, Löwen-

leop·ard ['lepəd] *s* Leopard *m* ⟨black ~ Schwarzer Panther⟩; **~ess** [ˌlepə'des|'lepədes|-ɪs] *s* weiblicher Leopard

le·o·tard ['li:ətɑ:d] *s* Trikot *n*, Gymnastikanzug *m*

lep·er ['lepə] *s* Leprakranke(r) *f(m)*, Aussätzige(r) *f(m)*; **'~house** *s* Leprastation *f*

lepido- [lepɪdə(ʊ)|-dɒ] ⟨*griech*⟩ *in Zus* Schuppen-

lep·re·chaun ['leprəkɔ:n] *s Ir* Kobold *m*, Erdmännchen *n*, Gnom *m*

lep|rose ['leprəʊs] *adj, bes Bot* schuppig; **~ro·sy** ['~rəsɪ] *s Med* Lepra *f*, Aussatz *m*; **~rous** ['~rəs] *adj Med* aussätzig, leprös, Lepra-

lepto- [leptə(ʊ)] ⟨*griech*⟩ *in Zus* schwach-, schmal-

lep·ton ['leptɒn] *s Phys* Lepton *n*

les·bi·an ['lezbɪən] **1.** *adj* lesbisch ⟨~ love; ~ novels⟩; **2.** *s*, *auch* **≁** Lesbierin *f*, Lesbe *f*; **'~ism** *s* lesbische Liebe, weibliche Homosexualität

lese maj·es·ty, lèse-ma·jes·té [ˌleɪz 'mædʒɪstɪ | ˌlɛəz-] ⟨*frz*⟩ *s* Majestätsbeleidigung *f* (*auch übertr*) | Hochverrat *m*

le·sion ['li:ʒn] **1.** *s Med* Verletzung *f* | *Med, Biol* krankhafte Veränderung | *Jur* Schädigung *f*; **2.** *vt* verletzen, eine Schädigung hervorrufen in

Le·so·tho [lɪ'səʊtəʊ] *s* Lesotho

less [les] **1.** *adj comp* von ↑ **little** kleiner, weniger, geringer, nicht so viel ⟨to pay ~ money weniger Geld zahlen; of ~ value von geringerem Wert; ~ noise, please! nicht so viel Lärm!⟩; **2.** *adv* weniger ⟨~ and less immer weniger; more or ~ mehr oder weniger; much / still / even ~ geschweige denn; none the ~ nichtsdestoweniger; nothing ~ than nicht unter, nicht weniger als; nothing more or ~ than geradezu; the ~ je weniger; the ~ so as um so weniger, als; any the ~ geringer; no ~ than nicht weniger *od* geringer als; to think [all] the ~ of schlecht denken über, nichts halten von⟩; **3.** *s* Geringere(r, -s) *f(m, n)* | weniger, eine geringere *od* kleinere Menge *od* Zahl, ein geringeres Ausmaß ⟨in ~ than no time im Handumdrehen; ~ of it / of that genug davon! hör auf!; ~ of this and more of that weniger hiervon und mehr davon; I saw ~ of her ich sah sie immer weniger⟩; **4.** *präp* weniger, minus ⟨six ~ five sechs minus fünf⟩

-less [ləs] *suff zur Bildung von adj aus s mit der Bedeutung:* ohne, -los (*z. B.* **childless** kinderlos; **speechless** sprachlos) | *aus v mit der Bedeutung*: ohne zu, nicht zu (*z. B.* **ceaseless** unaufhörlich; **tireless** unermüdlich)

less de·vel·oped ['les dɪˌveləpt] *s* (ökonomisch) unterentwickelt ⟨~ nations⟩

les·see [le'si:] *s Jur* Pächter *m*, Mieter *m*

less|en ['lesn] *vt* verkleinern, vermindern, herabsetzen ⟨to ≈ one's speed⟩ | *übertr* schmälern, herabwürdigen ⟨to ≈ s.o.'s merit jmds. Verdienst herabsetzen⟩; *vi* kleiner werden, abnehmen, sich verringern; **'~er** *adj* (*nur attr*) kleiner, geringer ⟨to choose the ≈ evil das kleinere Übel wählen⟩

les·son ['lesn] **1.** *s* Lektion *f*, Aufgabe *f* ⟨to study one's ~ seine Aufgabe machen⟩ | Unterrichtsstunde *f* ⟨a ~ in music Musikunterricht *m*; an English ~ Englischstunde *f*⟩ | *übertr* Lehre *f*, Beispiel *n* (**to** für) | *übertr* Lektion *f*, Denkzettel *m* ⟨to give a ~ to s.o. jmdm. eine Lektion erteilen⟩ | *Rel* Lektion *f*, Lesung *f*; **2.** *vt* (jmdm.) Unterricht erteilen | *übertr* (jmdm.) eine Lektion erteilen, (jmdn.) tadeln; **'les·sons** *s/pl* Unterricht *m*, Ausbildung *f* ⟨to give ≈ Unterricht erteilen⟩

les·sor ['lesɔ:|ˌle'sɔ:] *s Jur* Vermieter *m*, Verpächter *m*

lest [lest] *conj* damit nicht | (nach Ausdrücken der Furcht) daß, aus Furcht, daß ⟨he was afraid ~ he should be late er hatte Angst, daß er zu spät kommt⟩

[1]**let** [let] **1.** *vt arch* ver-, behindern; **2.** *s* Hindernis *n*, Behinderung *f bes in*: **without ~ or hindrance** *Jur* völlig unbehindert | (Tennis) Let *n*, ungültiger Ball, Netzball *m*

[2]**let** [let] **1.** (~, ~) *vt* (mit *pron* [u. *inf*]) [zu]lassen, gestatten, erlauben ⟨I ~ you go; I won't ~ you; ~ me know! lassen Sie es mich wissen!⟩ | (mit *pron 1.* od *3. Pers*) wollen ⟨~'s go wir wollen gehen, gehen wir; ~ me see warten Sie mal!, einen Moment mal!⟩ | (*imp*) mögen ⟨~ AB be equal to CD *Math* AB sei gleich CD!; ~ them all come! mögen sie alle kommen⟩ | vermieten ⟨rooms to ~ Zimmer zu vermieten⟩ ◇ ,**~ a'lone** geschweige denn; **~ alone** verlassen | (jmdn.) in Ruhe lassen, (etw.) lassen, wie es ist; **~ be** (jmdn.) nicht stören | (etw.) nicht durcheinanderbringen; **~ drop/fall** fallen lassen | *übertr* nebenher bemerken; **~ down** herunterlassen | (jmdn.) enttäuschen, im Stich lassen | (jmdn.) demütigen ⟨to ~ s.o. down easily/gently mit jmdm. glimpflich verfahren; es jmdm. schonend beibringen; to ~ one's hair down *übertr umg* es sich bequem machen, sich zwanglos benehmen⟩; **~ fly** abschießen, loslassen ⟨to ~ fly a torpedo⟩; **~ go** loslassen ⟨~ me go! laß mich los!; to ~ o.s. go sich gehenlassen; ~ it go at that lassen Sie es gut sein!⟩; **~ in** (her)einlassen | zulassen ⟨to ~ in a possibility e-e Möglichkeit einräumen⟩; **~ in for** täuschen, betrügen ⟨to ~ s.o. in for £5 jmdn. um 5 Pfund betrügen⟩ | (jmdn.) aussetzen, (sich) einlassen auf ⟨to ~ o.s. in for trouble sich Schwierigkeiten bereiten; to ~ o.s. in for a lot of work sich eine Menge Arbeit aufhalsen⟩; **~ in on** (jmdn.) einweihen in ⟨to ~ s.o. in on a secret jmdm. ein Geheimnis anvertrauen⟩; **~ into** (jmdn.) einlassen in, zulassen zu | (jmdn.) einweihen in; **~ loose** loslassen; **~ off** abschießen | (Gas u.ä.) ablassen ⟨to ~ off steam⟩ | (Witz u.ä.) loslassen | (jmdn.) laufen lassen, nicht bestrafen, (etw.) durchgehen lassen ⟨to ~ off lightly (jmdn.) glimpflich davonkommen lassen, (mit jmdm.) glimpflich verfahren; to ~ s.o. off the hook *übertr* jmdm. aus der Verantwortung befreien, jmdn. laufen lassen⟩; **~ out** herauslassen ⟨to ~ the cat out [of the bag] *übertr umg* die Katze aus dem Sack lassen, alles ausplaudern⟩ | (Rock u. ä.) auslassen, länger *od* weiter machen | (etw.) ausplaudern | (Schrei) von sich geben, ausrufen | vermieten; **~ pass** durchgehen lassen, übersehen; **~ slip** verpassen, vorübergehen lassen; **~ through** durchlassen; **~ up on** (jmdn.) verschonen; *vi* sich vermieten *od* verpachten lassen (**at, for** für); **~ into** angreifen, herfallen über; **~ on** *umg* verraten (**about s.th.** etw.); **~ out** schimpfen ⟨to ~ out at s.o. jmdn. beschimpfen⟩; **~ up** aufhören, schwächer werden | aufhören zu arbeiten; **2.** *s* Vermietung *f*, Vermieten *n* | *umg* Mieter(in) *m(f)* ⟨to get a ~ einen Mieter finden⟩ | zu vermietende(s) Wohnung (Haus) ⟨to look for a ~⟩; **'~down** *s* Abnahme *f* | Demütigung *f* | *umg* Enttäuschung *f*

le·thal ['li:θl] *adj* letal, tödlich, todbringend ⟨a ~ dose eine tödliche Dosis⟩ | Todes- ⟨~ chamber Todeskammer *f*⟩

le·thar·gic [lɪ'θɑ:dʒɪk], **le'thar·gi·cal** *adj* lethargisch, teilnahmslos, träge, stumpf | *Med* lethargisch; **leth·ar·gy** ['leθədʒɪ] *s* Lethargie *f*, Teilnahmslosigkeit *f*, Stumpfheit *f* | *Med* Lethargie *f*, Schlafsucht *f*

let-off ['let ɒf] *s* Laufenlassen *n* | (Witz u. ä.) Loslassen *n* | (Gewehr) Abdrücken *n* | *umg* Ausgelassenheit *f* | *Tech* Ab-, Auslaß *m*; **'let-out** *s Brit* Ausweichmöglichkeit *f*

Let·ra·set ['letrəset] *s* Abziehbuchstaben *m/pl*

let's [lets] *kontr umg* für **let us**

Lett [let] *s* Lette *m*, Lettin *f* | *Ling* Lettisch *n*

[1]**let·ter** ['letə] *s* Vermieter(in) *m(f)*

[2]**let·ter** ['letə] **1.** *s* Buchstabe *m* ⟨capital ~ Großbuchstabe *m*; small ~ Kleinbuchstabe *m*; to the ~ *übertr* buchstäblich; to keep the ~ of the law *übertr* sich genau an den Buchstaben halten, übergenau sein⟩ | *Typ* Letter *f*, Type *f* | Brief *m*, Schreiben *n* ⟨by ~ brieflich, schriftlich; ~ of application Bewerbungsschreiben *n*; ~ of attorney Vollmacht *f*; ~ of conveyance Frachtbrief *m*; ~ of credit Kreditbrief *m*; registered ~ eingeschriebener Brief; stamped/prepaid ~ frankierter Brief; unpaid ~ unfrankierter Brief⟩; **2.** *vt* mit Buchstaben versehen | beschriften | (Buch) betiteln; **'~ bag** *s* Briefsack *m*; **'~ ,bal·ance** *s Brit* Briefwaage *f*; **'~ box** *s* Briefkasten *m*; **'~ ,car·rier** *s Am* Briefträger *m*; **'~ case** *s* Brieftasche *f* | *Typ* Setzkasten *m*; **'~ ,cov·er** *s* Briefumschlag *m*; **'let·tered** *adj förml* gelehrt, gebildet ⟨a ≈ young man⟩ | literarisch | bedruckt, aus Buchstaben bestehend, in Lettern geschrieben, beschriftet ⟨≈ statements⟩; **'~ file** *s* Briefordner *m*; **'~form** *s* Briefbogen *m*; **'~ ,found·er** *s Typ* Schriftgießer *m*; **~gram** ['~græm] *s* Brieftelegramm *n*; **'~head** *s* (gedruckter) Briefkopf | Kopfbogen *m*; **~ing** ['letr̩ɪŋ|'letərɪŋ] *s* Beschriftung *f*, Schriftbild *n* ⟨modern ≈ moderne Schrift⟩ | (Buchstaben-) Aufdruck *m* | Aufschrift *f*, Titel *m* ⟨≈ on a book cover⟩; **,~ing 'brush** *s* Schriftpinsel *m*; **'~ ,pa·per** *s* Briefpapier *n*; **'~-'per·fect** *adj Am Theat* rollensicher; **'~ press** *Typ s* Hoch-, Buchdruck *m* | Kopierpresse *f* | *Brit* Druck *m*, Text *m* (einer Seite) (*Ant* Bildtext *m*); **,let·ter·press 'printing** *s* Typendruck *m*; **'let·ters** *s/pl* (*auch sg konstr*) (schöne) Literatur ⟨the art of ≈ die Dichtkunst⟩ | Gelehrsamkeit *f* ⟨a man of ≈ Gelehrter *m*⟩; **,let·ters 'pa·tent** *s* (*sg* od. *pl konstr*) *Jur* Patenturkunde *f* | Bestallungsschreiben *n*; **'~weight** *s* Briefbeschwerer *m*

let·ting ['letɪŋ] *s Brit* Vermieten *n* | Mietwohnung *f*, -haus *n* ⟨unfurnished ~s nicht möblierte Wohnungen *pl*⟩

Let·tish ['letɪʃ] **1.** *adj* lettisch; **2.** *s Ling* Lettisch *n*

let·tuce ['letɪs] *s Bot* Lattich *m*, Kopfsalat *m*

let·up ['letʌp] *s umg* Aufhören *n*, Nachlassen *n* ⟨without ~ ohne nachzulassen⟩

leuco- [lu:kə(ʊ)|lju:-] ⟨*griech*⟩ *in Zus* weiß-, Leuko-

leu·co|cyte ['lu:kəsaɪt|'lju:-] *s Med* Leukozyte *f*, weißes Blutkörperchen; **~cy·to·sis** [,lu:kəsaɪ'təʊsɪs] *s Med* Leukozytose *f*; **~ma** [lu:'kəʊmə] *s Med* Leukom *n*; **~sis** [lu:'kəʊsɪs] *s Med* Leukämie *f*

leu·co·tome ['lu:kə,təʊm] *s Med* Leukotom *n*; **leu·cot·o·my** [lu:'kɒtəmɪ] *s Med* Leuko-, Lobotomie *f*; **leu'cot·o·mize** *vt Med* eine Gehirnoperation durchführen an

leud [lju:d|lu:d] *s Hist* Lehnsmann *m*, Vasall *m*

leu·k[a]e·mi·a [lu:'ki:mɪə|lju:-] *s Med* Leukämie *f*

le·vant [lɪ'vænt] *vi Brit* durchbrennen (*bes* ohne Spielschulden zu bezahlen)

[1]**lev·ee** ['levɪ] *s* (Morgen-) Empfang *m*, Lever *n*

[2]**lev·ee** ['levɪ] *Am* **1.** *s* (Fluß-) Deich *m*, Damm *m*; **2.** *vt* (Fluß u. ä.) eindämmen

lev·el ['levl] **1.** *s* ebene Fläche, Horizontale *f* | gleiche Höhe ⟨on a ~ with in gleicher Höhe mit⟩ | Niveau *n*, Stand *m* ⟨oil ~ Ölstand *m*⟩ | *Geogr* Höhe *f* ⟨sea ~ Meeresspiegel *m*⟩ | *auch* **'spir·it ,~** *Tech* Wasserwaage *f*, Libelle *f* | (Bezugs-) Ebene *f* ⟨grammatical ~ grammatische Ebene⟩ | *übertr* Ebene *f*, Grad *m*, Stand *m*, Niveau *n* ⟨~ of achievement Leistungsstufe *f*, -grad *m*; ~ of prices Preisniveau *n*; on the same ~ auf gleichem Niveau; to be up to the ~ das Niveau erreichen; to find one's own ~ an die richtige Stelle kommen⟩ | Ebene *f*, Gruppe *f*, Kreis *m* ⟨at cabinet ~ auf Regierungsebene⟩ ◇ **on the ~** *umg* aufrichtig, offen, ehrlich; **2.** *adj* flach, eben ⟨~ country flaches Land, Ebene *f*; ~ with in gleicher Höhe mit; *übertr* auf gleicher Höhe, Stufe mit⟩ | gerade, waagerecht, plan ⟨a ~ surface⟩ | ausgeglichen ⟨a ~ race ein ausgeglichenes Rennen; to do one's ~ best sein möglichstes tun⟩ | vernünftig ⟨to have a ~ head ein sicheres Urteil haben; Übersicht haben⟩ |

(Blick) kalt, hart; **3.** *adv* gerade, in gerader Linie ⟨to draw ~ with gleichziehen mit, einholen; to run ~ with gleichlaufen mit⟩; **4.** (**'lev·elled, 'lev·elled**) *vt* planieren, (ein)ebnen, gleichmachen ⟨to ~ a road eine Straße planieren; to ~ a building with the ground ein Haus bis auf die Grundmauern abreißen, einebnen⟩ | nivellieren | *übertr* gleichmachen, auf den gleichen Stand bringen ⟨death ~s all men der Tod macht alle gleich⟩ | (Blick, Waffe u. ä.) richten (**against, at** auf) | (Kritik u. ä.) zielen (**at, against** gegen); **~ down** nach unten ausgleichen | (Preise u. ä.) erniedrigen, herabsetzen; **~ up** nach oben ausgleichen | (Preise u. ä.) erhöhen; *vi* ausgleichen | zielen, gerichtet sein (**at** auf) | nivellieren; **~ off** *Flugw*, *auch* **~ out** die Maschine abfangen *od* aufrichten | *übertr* sich stabilisieren, sich einpendeln (**at** bei); **~ with** *umg* offen reden mit; **,~ 'cross·ing** *s Brit* Eisenbahnübergang *m*; **,~'head·ed** *adj* vernünftig, verständig; **'~ler** *s* Nivellierer *m* | *übertr*, *Pol* Gleichmacher *m*; **'~ler** *s Hist* Leveller *m*; **'~ling** *s* Nivellieren *n* | *übertr*, *Pol* Gleichmacherei *f*; **'~ling rod, '~ling pole** *s* Nivellierlatte *f*; **,~ 'stress** *s Ling* gleichstarke *od* schwebende Betonung

le·ver ['li:və] **1.** *s Tech* Hebel *m* | *Tech* Brechstange *f*, -eisen *n* | (Uhr-) Anker *m* | (Waage-) Balken *m* | *übertr* Hebel *m*; **2.** *vt* mit einem Hebel bewegen, hebeln; *vi* einen Hebel gebrauchen; **'~age** [-r-] **1.** *s* Hebelwirkung *f*, -kraft *f* | *übertr* Hebel *m*, Einfluß *m*, Druckmittel *n* ⟨a bit of ≈ ein gewisses Druckmittel⟩; **2.** *vi Am Wirtsch* mit Anleihen spekulieren

lev·er·et ['levərɪt|-ət] *s* junger Hase

le·ver watch ['li:və wɒtʃ] *s* Ankeruhr *f*

le·vi·a·than [lɪ'vaɪəθən] *s bibl* Leviathan *m* | Seeungeheuer *n* | *übertr* Ungetüm *n*, Koloß *m*

lev·i|gate ['levɪgeɪt|-və-] *vt* (ver-, zer)reiben, pulverisieren | (aus)schlämmen | *Chem* homogenisieren; **,~'ga·tion** *s* Zerreiben *n*

Le·vi's ['li:vaɪz] *s* (Levi's) Jeans *pl*

lev·i|tate ['levɪteɪt] (Spiritismus) *vt* schweben lassen; *vi* frei schweben, leicht werden; **,~'ta·tion** *s* Levitation *f*, (in der Luft) Schweben *n*

lev·i·ty ['levətɪ] *s förml* Leichtsinn *m*, -fertigkeit *f* ⟨with ~ leichtfertig⟩

levo- [li:və(ʊ)] ⟨*lat*⟩ *in Zus* (nach) links (drehend)

le·vo·ro·ta|tion [,li:vəʊrəʊ'teɪʃn] *s Chem* Linksdrehung *f*; **~to·ry** [,li:vəʊ'rəʊtətərɪ] *adj Chem* linksdrehend

lev·y ['levɪ] **1.** *s* Einzug *m*, Erhebung *f* (von Steuern u. ä.) | *Wirtsch* Abgabe *f*, Steuer *f* ⟨capital ~ Kapitalabgabe *f*, Vermögenssteuer *f*⟩ | *Jur* Beschlagnahme *f* | *Mil* Aushebung *f*; **2.** *vt* (Steuern u. ä.) erheben (**on** auf) | (Strafe u. ä.) auferlegen, abverlangen ⟨to ~ a fine⟩ | *Jur* beschlagnahmen | (Truppen) ausheben | (Krieg) anfangen, führen ⟨to ~ war against/upon Krieg beginnen gegen⟩; *vi* Steuern erheben ⟨to ~ on s.o.'s estate jmds. Grundbesitz besteuern⟩ | *Jur* beschlagnahmen | *übertr* sich berufen (**on** auf)

lev·y en mass [,levɪ ,ɒn 'mæs] ⟨*frz*⟩ *s* (*pl* **,lev·ies ,en 'mass**) Massen-, Volksaufstand *m*, -erhebung *f*

lewd [lu:d|lju:d] *adj* wollüstig, geil | unzüchtig, obszön, schlüpfrig ⟨~ songs⟩

lex·i|cal ['leksɪkl] *adj* lexikalisch, Lexikon- | lexikologisch, Wort-; **~cog·ra·pher** [,~'kɒgrəfə] *s* Lexikograph *m*; **~co·graph·ic** [,~kə'græfɪk], **,~co'graph·i·cal** *adj* lexikographisch; **~cog·ra·phy** [,~'kɒgrəfɪ] *s* Lexikographie *f*; **~co·log·ic** [,~kə'lɒdʒɪk], **,~co'log·i·cal** *adj* lexikologisch; **~col·o·gist** [,~'kɒlədʒɪst] *s* Lexikologe *m*; **,~'col·o·gy** *s* Lexikologie *f*; **~con** ['~kən] *s* Lexikon *n*, Wörterbuch *n* | Wortschatz *m* (einer Sprache); **'lex·is** *s* (*pl* **lex·es**) *s* Wortbestand *m*, Gesamtwortschatz *m*

ley [leɪ] *s* Brachland *n* ⟨new-sown ~s neu gesäter Rasen⟩ | *Brit* (Getreide) Lager *n*, Liegendes *n* (durch Regen u. ä.)

lez [lez] *s* (*pl* **'lez·es**) *Am Sl verächtl* Lesbierin *f*

li·a|bil·i·ty [,laɪə'bɪlətɪ] *s* Verantwortlichkeit *f* | *Jur* Haftpflicht *f*, Haftbarkeit *f*, Haftung *f* | Pflicht *f*, Verpflichtetsein *n*, Verpflichtung *f* ⟨≈ to pay taxes Steuerpflicht *f*; ≈ for military service Wehr(dienst)pflicht *f*⟩ | Ausgesetztsein *n*, Unterworfensein *n* (**to s.th.** e-r Sache) | *übertr* Hang *m*, Neigung *f* (**to** zu) ⟨≈ to disease Krankheitsneigung *f*; Anfälligkeit *f*⟩; **,~'bil·i·ty in,sur·ance** *s* Haftpflichtversicherung *f*; **,~'bil·i·ties** *s/pl Wirtsch* Passiva *pl*, Verbindlichkeiten *f/pl* (*Ant* assets); **'~ble** *adj* (*meist präd*) verantwortlich | *Jur* haftpflichtig (**for** für) | verpflichtet (**for** zu, **to** *mit inf* zu *mit inf*) | ausgesetzt, unterworfen (**to s.th.** e-r Sache) ⟨≈ to duty zollpflichtig; ≈ to penalty strafbar⟩ | geneigt, neigend (**to** zu), anfällig (**to** gegenüber) ⟨to be ≈ to *mit inf* neigen zu⟩

li·aise [lɪ'eɪz] *vi förml*, *Mil* sich verbinden (**with** mit); **li·ai·son** [lɪ'eɪzn] **1.** *s* Liaison *f*, Liebschaft *f* | *Ling* Liaison *f*, Bindung *f* (zwischen zwei Wörtern im Satz) | *Kochk* Binden *n*, Verdicken *n* (von Soßen) | *Mil* Verbindung *f*, Zusammenarbeit *f*; **2.** *vi umg* sich anfreunden, eine Liaison eingehen (**with** mit); **'≈ in,ter·pret·ing** *s* Verhandlungsdolmetschen *n*; **'≈ ,of·fi·cer** *s Mil* Verbindungsoffizier *m*

li·a·na [lɪ'ɑ:nə], **li·ane** [lɪ'ɑ:n] *s Bot* Kletterpflanze *f*

li·ar ['laɪə] *s* Lügner(in) *m(f)*

Lib *Kurzw für* **Liberal [Party]**

lib [lɪb] *s umg in*: **,women's '~** Bewegung *f* für die Gleichberechtigung der Frau; **'~ber** *s umg* in: **,women's '~ber** Frauenrechtlerin *f*

li·ba·tion [lɪ'beɪʃn] *s Rel* Trankopfer *m* | *umg* Trinkgelage *n*

li·bel ['laɪbl] **1.** *s* Schmähschrift *f* | Verleumdung *f*, Verunglimpfung *f* ⟨to utter a ~ against s.o. jmdn. verleumden; to sue s.o. for ~ jmdn. wegen Verleumdung belangen⟩ | *umg* Hohn *m* (**on s.o.** auf jmdn.) | *umg* Frechheit *f*, Unverschämtheit *f* (**on s.o.** gegenüber jmdm.); **2.** *vt* (**'li·belled, 'li·belled**) verleumden, verunglimpfen | *Jur* schriftlich verleumden | schriftlich Anklage erheben gegen; **'~lant** *s Jur* Kläger *m*; **~lee** [,laɪb'li:] *s Jur* Beklagter *m*; **'~lous** ['laɪbləs] *adj* verleumderisch ⟨a ≈ person⟩, Schmäh-, schmähend, verunglimpfend ⟨a ≈ report⟩

li·ber ['laɪbə] *s Bot* Bast *m*

lib·er·al ['lɪbrl] **1.** *adj* liberal, vorurteilslos, freimütig, freisinnig ⟨~ ideas; a ~ education umfassende Allgemeinbildung; ~ profession freier Beruf⟩ | großzügig, freigebig (**of** mit) ⟨~ manner⟩ | reichlich, großzügig ⟨~ offer großzügiges Angebot; a ~ table ein reich gedeckter Tisch; to be ~ of s.th. großzügig sein mit etw.⟩ | frei ⟨a ~ translation⟩ | unbefangen ⟨a ~ attitude⟩ | ungezügelt ⟨a ~ tongue⟩ | ≁ *Pol Brit* liberal ⟨the ≁ Party⟩ | *Pol Am* progressiv, liberal; **2.** *s Pol* Liberaler *m*; **,~ 'arts** *s/pl* die schönen Künste *f/pl* | (Universität) geisteswissenschaftliche Fächer *n/pl*; **'~ism** *s* Liberalität *f*, Großzügigkeit *f* | ≁ *Pol* Liberalismus *m*; **'~ist** **1.** *adj* liberal; **2.** *s* Liberaler *m*; **,~'is·tic** *adj* liberal(istisch); **~i·ty** [,lɪbə'rælətɪ] *s* Freisinnigkeit *f*, Vorurteilslosigkeit *f* | Freigebigkeit *f* | *meist pl* reiches Geschenk; **~i·za·tion** [,lɪbrlaɪ'zeɪʃn] *s* Liberalisierung *f*; **'~ize** *vt* liberalisieren, liberal machen; *vi* liberal werden; **'~ly** *adv* großzügig, freigebig | reichlich, in großer Menge

lib·er|ate ['lɪbəreɪt] *vt* befreien (**from** von) | (Sklaven) freilassen | *Tech* (Gas u. ä.) abscheiden, entwickeln, loslösen | *Tech* (Wärme) freisetzen, entbinden; **'~at·ed** *adj* emanzipiert; **,~'a·tion** *s* Befreiung *f* | Freilassung *f* | *Tech* Freisetzung *f* ⟨≈ of heat Freiwerden *n* von Wärme⟩; **'~a·tor** *s* Befreier *m* | *Tech* Bleibad *n*; **~a·tress** ['~eɪtrəs] *s* Befreierin *f*; **,~'a·to·ry** *adj* Befreiung bezweckend

Li·be·ri·a [laɪ'bɪ(ə)rɪə] *s* Liberia; **Li'be·ri·an** **1.** *adj* liber[ian]isch; **2.** *s* Liber[ian]er(in) *m(f)*

lib·er·tar·i·an [ˌlɪbəˈtɛərɪən] *s* Kämpfer *m* für die Freiheit des Einzelnen | *arch Phil* Indeterminist *m*

lib·er|tine [ˈlɪbətiːn] **1.** *s* Wüstling *m* | *verächtl* Libertin *m*, Freigeist *m* | *Hist* (römischer) Freigelassener; **2.** *adj* ausschweifend, zügel-, sittenlos, liederlich; **ˈ~tin·ism** *s* Libertinismus *m*, Ausschweifung *f*, Liederlichkeit *f*

lib·er·ty [ˈlɪbətɪ] *s* Freiheit *f* ⟨~ of the press Pressefreiheit *f*; ~ of conscience Gewissensfreiheit *f*; ~ of speech Redefreiheit *f*; religious ~ Religionsfreiheit *f*; at ~ in Freiheit, frei; to set at ~ in Freiheit setzen, befreien⟩ | Freiheit *f*, Erlaubnis *f*, freie Wahl *f* ⟨to be at ~ to *mit inf* die Freiheit *od* freie Hand haben, zu *mit inf*; to take the ~ to *mit inf*, to take the ~ of *mit ger* sich die Freiheit nehmen, zu *mit inf*⟩ | Willkür *f*, Ungebührlichkeit *f*, Frechheit *f*, Ungehörigkeit *f* ⟨to take liberties with s.o. sich gegen jmdn. Freiheiten herausnehmen⟩ | (*meist pl*) *Jur* Vorrecht *n*, Privileg *n* ⟨the liberties of a city⟩ ◇ **at ~** (*Person*) frei, unbeschäftigt; (*Sache*) unbenützt, ungenutzt

li·bi·di·nal [lɪˈbɪdɪnl] *adj* Libido-, triebmäßig; **liˈbid·i·nous** *adj* lüstern, geil; **li·bi·do** [lɪˈbiːdəʊ] *s* Libido *f*, (Geschlechts-) Trieb *m*

Li·bra [ˈliːbrə] *s Astr* Libra *f*, Waage *f* | (Tierkreiszeichen) Waage *f*

li·brar|i·an [laɪˈbrɛərɪən] *s* Bibliothekar(in) *m(f)*; **~y** [ˈlaɪbrɪ] *s* Bibliothek *f*, Bücherei *f* ⟨circulating/lending ≈ Leihbibliothek *f*; public ≈ öffentliche *od* Stadtbibliothek *f*; reference ≈ Hand-, Präsenzbibliothek *f*⟩ | Bibliothek *f*, Büchersammlung *f* | Buchreihe *f*

li·brate [ˈlaɪbreɪt] *vi* schwanken; **liˈbra·tion** *s* Schwanken *n* | *Astr* Libration *f*; **ˈli·bra·to·ry** *adj* schwankend

li·bret|tist [lɪˈbretɪst] *s* Librettist *m*, Textdichter *m*; **~to** [~təʊ] *s* (*pl* **~tos** [~təʊz], **~ti** [~tiː]) Libretto *n*, Text *m*

Lib·y|a [ˈlɪbɪə] *s* Libyen; **ˈ~an 1.** *adj* libysch; **2.** *s* Libyer(in) *m(f)* | *Ling* Libysch *n*

lice [laɪs] *pl* von ↑ **louse**

li·cence [ˈlaɪsns] *s* Genehmigung *f*, Erlaubnis *f* ⟨driving ~ Fahrerlaubnis *f*, Führerschein *m*; dog ~ Hundesteuermarke *f*; gun ~ Waffenschein *m*; hunting ~ Jagdschein *m*⟩ | Ehegenehmigung *f* ⟨to marry by ~⟩ | Lizenz *f*, Konzession *f* ⟨to take out a ~ sich eine Lizenz beschaffen, eine Lizenz erwerben; off-~ (Alkohol) zum Straßenverkauf; on-~ zum Verkauf in der Gaststätte⟩ | (Handlungs-) Freiheit *f* | *auch* **po,et·ˈ~ic ~** dichterische Freiheit | Ausschweifung *f*, Zügellosigkeit *f*; **ˈ~ plate** *s Kfz* Nummernschild *n*; **li·cense** [~] **1.** *s Am* = **licence**; **2.** *vt* (jmdm.) eine Genehmigung erteilen, lizensieren, behördlich zulassen, bewilligen, konzessionieren ⟨to ≈ a doctor to practise medicine⟩ | ermächtigen; **ˈli·censed** *adj* lizensiert, konzessioniert | zum Verkauf von alkoholischen Getränken berechtigt ⟨a ≈ house; ≈ premises Hotel *od* Lokal mit Konzession zum Ausschank alkoholischer Getränke; fully ≈ mit voller Schankkonzession, -berechtigung; ≈ victualler Konzessionär *m* für den Ausschank und Vertrieb von Alkohol; Lebensmittelhändler, der alkoholische Getränke verkaufen darf⟩ | privilegiert; **ˌli·censed ˈa·gen·cy** *s Wirtsch* zugelassene Vermittlungsstelle; **li·cen·see** [ˌlaɪsnˈsiː] *s* Lizenz- *od* Konzessionsinhaber *m*, Inhaber *m* einer Schankerlaubnis; **ˈ~ plate** *s Am Kfz* Nummernschild *m*; **ˈli·cens·er**, *Jur* **ˈli·cen·sor** *s* Lizenzgeber *m*; **ˈli·cens·ing hours** *s/pl* Ausschankzeit(en) *f(pl)* ⟨after ≈ über die Polizeistunde hinaus⟩; **ˈli·cens·ing laws** *s/pl* Gesetz *n* über den Ausschank und Vertrieb alkoholischer Getränke; **li·cen·ti·ate** [laɪˈsenʃɪət|-ɪeɪt] *s* (Universität) Lizentiat *m* | (Grad) Lizentiat *n*

li·cen·tious [laɪˈsenʃəs] *adj* wollüstig, geil, unzüchtig | ausschweifend, sittenlos, unsittlich | ungebührlich, allzu frei

li·chen [ˈlaɪkən|ˈlɪtʃən|-ɪn] *s Bot, Med* Flechte *f*; **~ic** [laɪˈkenɪk] *adj* Flechten-

lich| gate [ˈlɪtʃgeɪt] *s* (überdachter) Kirchhofseingang, Friedhofstor *n*; **ˈ~-house** *s* Leichenhalle *f*

lic·it [ˈlɪsɪt] *adj förml* legal, gesetzlich, erlaubt

lick [lɪk] **1.** *vt* (ab-, be)lecken ⟨to ~ a stamp eine Briefmarke anlecken; to ~ into shape *übertr* trimmen, zurechtstutzen; to ~ one's lips sich mächtig freuen; to ~ s.o.'s boots *übertr* jmdm. die Stiefeln lecken, vor jmdm. kuschen; to ~ the dust *umg* geschlagen sein; ins Gras beißen, sterben⟩ | *übertr* (Flammen, Wellen u. ä.) lecken an, streichen über | *umg* verdreschen, verprügeln, in die Pfanne hauen | *umg* schlagen, übertreffen ⟨that ~s everything das haut alles um; it ~s me how you managed that das haut mich um, wie du das geschafft hast⟩; **~ off** ablecken; **~ up** auflecken; *vi, auch* **~ out** herauszüngeln, herausschießen | *Sl* flitzen, rennen; **2.** *s* Lecken *n* ⟨to give s.th. a ~ and a promise *Brit umg* Katzenwäsche *f* machen mit etw., etw. ungenügend waschen⟩ | kleine Menge | *umg* schneller Schlag | *auch* **ˈsalt~** Salzlecke *f* | *Sl Mus* (Swing-) Figur *f* | *umg* Eile *f*, Zahn *m*, Volldampf *m* ⟨at a great ~, at full ~ mit voller Geschwindigkeit, mit höchstem Tempo⟩; **ˈ~er·ish** *adj* naschhaft | geil; **ˌ~e·ty-ˈsplit** *adv Am umg* wie der Blitz, im Affenzahn; **ˈ~ing** *s* Lecken *n* | *umg* Prügel *pl* ⟨to give s.o. a sound ≈ jmdm. eine gehörige Tracht Prügel verabreichen⟩ | *umg* Niederlage *f* ⟨the team had a ≈ die Mannschaft wurde geschlagen⟩

lic·o·rice [ˈlɪkərɪs|-ɪʃ] *s Bot* Süßholz *n*, Lakritze *f* | Lakritzensaft *m*

lid [lɪd] *s* (Schachtel, Kanne u. ä.) Deckel *m* ⟨the ~ of a teapot; that puts the ~ on! *Brit Sl* das setzt der Sache die Krone auf!; to put the ~ on s.th. *übertr* etw. vertuschen; to take/lift/blow the ~ off s.th. *übertr* bloßstellen, das wahre Gesicht von etw. zeigen⟩ | (Augen-) Lid *n* | *Sl* Deckel *m* (Hut); **ˈ~less** *adj* deckellos | ohne Lider | *poet* aufmerksam

li·do [ˈliːdəʊ] *s Brit* Frei-, Strandbad *n* ◇ **the ∸** Lido *m* (in Venedig)

¹lie [laɪ] **1.** *s* Lage *f* (*auch übertr*) ⟨the ~ of the land *übertr* die Lage der Dinge⟩ | (Tier) Lager *n*; **2.** *vi* (**lay** [leɪ], **lain** [leɪn]) (Person) (flach, in horizontaler Lage) liegen ⟨to ~ on one's back auf dem Rücken liegen; to ~ dying im Sterben liegen; to ~ in bed im Bett liegen; to ~ in state öffentlich aufgebahrt sein; to ~ with s.o. *bibl* bei jmdm. liegen⟩ | (stille) liegen, ruhen ⟨here ~s hier liegt (im Grabe); let sleeping dogs ~ *übertr* was vorbei ist, ist vorbei, rühre keine alten Geschichten auf⟩ | (Sachen) (auf etw.) liegen ⟨to ~ on the table⟩ | (Fluch u. ä.) liegen, lasten (**over** auf) | *Mar* (vor Anker) liegen | (Ort u. ä.) liegen, gelegen sein (**on** an) ⟨to find out how the land ~s *übertr* ergründen, wie die Dinge stehen⟩ | führen (**along** entlang an, **through** durch) | sich (an e-r bestimmten Stelle) befinden, liegen ⟨money ~s in a bank⟩ | (Person, *abstr*) *übertr* liegen, stehen, sich befinden ⟨to ~ under the suspicion of murder unter Mordverdacht stehen; the trouble ~s in the engine; it ~s with you to do s.th. es ist an Ihnen, etw. zu tun; as far as in me ~s was in meinen Kräften steht⟩ | *Jur* zulässig sein, tragbar sein ⟨the appeal will not ~ der Einspruch ist nicht zulässig⟩; **~ about** herumlungern, faulenzen; **~ back** sich zurücklehnen; **~ behind** die Ursache sein (für); **~ by** rasten, pausieren; stilliegen; **~ down** sich hinlegen; **~ down under** (ohne Protest) hinnehmen ⟨to ~ down under an insult⟩; **~ in** (länger) im Bett liegenbleiben | im Wochenbett liegen, ein Kind gebären; **~ low** krank liegen | *umg* sich verborgen halten; **~ off** *Mar* vom Lande abliegen; **~ over** (Arbeiten u. ä.) liegenbleiben, aufgeschoben werden | (Schulden) nicht rechtzeitig bezahlt werden; **~ to** *Mar* beiliegen; **~ up** *Mar* aufliegen | (wegen Krankheit) im Bett liegenbleiben, ausruhen

[2]**lie** [laɪ] **1.** *s* Lüge *f* ⟨white ~ Notlüge *f*; to act a ~ ein Täuschungsmanöver begehen; to give s.o. the ~ jmdn. Lügen strafen; to tell ~s / a ~ lügen; what a pack of ~s! lauter Lügen!⟩; **2.** (**lied, lied**) *vi* lügen ⟨to ~ to s.o. jmdn. anlügen, jmdm. etw. vorlügen; to ~ like a book wie gedruckt lügen⟩ | täuschen; *vt* (sich selbst) belügen ⟨to ~ o.s. / one's way out of sich herauslügen aus⟩

lie-abed ['laɪəˌbed] *s* Langschläfer(in) *m(f)*

lied [laɪd] *prät* u. *part perf* von ↑ [2]**lie 2.**

lie de·tec·tor ['laɪ dɪˌtektə] *s* Lügendetektor *m*

lie-down [ˌlaɪ 'daʊn] *s umg* Hinlegen *n* ⟨to have a ~ sich (zur Ruhe) hinlegen⟩ | Sich-auf-die-Straße-Legen *n* (als Protestdemonstration); '~ **bath** *s* Wannenbad *n*

lief [li:f] *adv arch* gern *nur in Wendungen wie*: **I had / would as ~ go as not** ich ginge ebenso gern wie nicht; **I had / would as ~ go as anything** mehr *od* lieber als alles andere ginge ich, am liebsten ginge ich

liege [li:dʒ|lɪ:ʒ] *Hist* **1.** *adj* lehnspflichtig, Lehns-; **2.** *s*, *auch* '**~man** (*pl* '**~men**) *s* Lehnsmann *m* | *auch* ˌ~ '**lord** *s* Leh[e]nsherr *m* ⟨my ~ Euer Gnaden⟩

lie-in [ˌlaɪ 'ɪn] *s Brit umg* (im Bett) Liegenbleiben *n* ⟨to have a nice ~ on Sunday morning am Sonntagmorgen länger ausschlafen⟩ | Sich-auf-die-Straße-Legen *n* (als Protestdemonstration)

li·en ['lɪən] *s Jur* Pfandrecht *n* ⟨to have a ~ upon s.th. Pfandrechte geltend machen auf etw.⟩

lieno- [laɪi:nə(ʊ)] ⟨*lat*⟩ *in Zus* Milz-

li·en·or ['lɪənə] *s Jur* Pfandgläubiger *m*

lieu [lu:|lju:] *s in*: **in ~ of** an Stelle von

lieu·ten|an·cy [lef'tenənsɪ] *s Mil* Leutnantsstelle *f*, -rang *m* | Statthalterschaft *f* | *collect Mil* Leutnants *m/pl*; **~ant** [lef'tenənt] *s Brit Mil* Oberleutnant *m*; [ˌle'tenənt|lə-] *Brit Mar* Kapitänleutnant *m* ⟨second ≈ Leutnant *m*⟩; [lu:'tenənt] *Am Mil* ⟨first ≈ Oberleutnant *m*; second ≈ Leutnant *m*⟩ | Statthalter *m* ⟨≈ of the Tower⟩ | Stellvertreter *m*; ˌ**~ant 'colo·nel** *s Mil* Oberstleutnant *m*; ˌ**~ant com'mand·er** *s Mar* Korvettenkapitän *m*; ˌ**~ant 'gen·er·al** *s Mil* Generalleutnant *m*

life [laɪf] *s* (*pl* **lives** [laɪvz]) (organisches) Leben *n* ⟨how did ~ begin? wie entstand das Leben?⟩ | Leben *n*, Lebenserscheinungen *f/pl*, Lebewesen *n/pl* ⟨~ on other planets Leben *n* auf anderen Planeten; plant ~ pflanzliches Leben⟩ | Menschenleben *n* ⟨for one's ~, for dear ~, for very ~ ums [liebe] Leben; not for the ~ of me *umg* nicht um alles in der Welt; the facts of ~ die rauhe Wirklichkeit; this ~ auf dieser Welt; upon my ~! so wahr ich lebe!; with all the pleasures of ~ mit dem allergrößten Vergnügen; to come to ~ das Bewußtsein wiedererlangen, zu sich kommen; to bring to ~ wiederbeleben, vom Tode retten; *übertr* zum Bewußtsein bringen; to have the time of one's ~ *umg* sich köstlich amüsieren; to risk one's ~ sein Leben aufs Spiel setzen; to take s.o.'s ~ jmdn. umbringen; to take one's own ~ sich das Leben nehmen⟩ | Lebenszeit *f*, -dauer *f* ⟨for ~ auf Lebenszeit, lebenslänglich; early in ~ in der Jugend⟩ | *auch* ˌ~ '**im·pris·on·ment** *s* lebenslängliche Strafe ⟨he got ~ ⟩ | Leben *n*, Lebendigkeit *f*, Aktivität *f* ⟨full of ~ voller Leben; to give ~ to s.th., to put ~ into s.th. etw. beleben, Leben bringen in⟩ | Lebensart *f* ⟨change of ~ Wechseljahre *pl*; married ~ Eheleben *n*; town ~ Stadtleben *n*⟩ | Leben *n*, Tun *n* und Treiben *n*, Welt *f* ⟨to see ~ in der Welt herumkommen, das Leben genießen⟩ | *auch* '~ ˌ**sto·ry** Lebensbeschreibung *f* ⟨lives of great men Lebensbilder *n/pl* großer Männer⟩ | (Kunst) Leben *n*, lebendes Modell, Natur *f* ⟨as large as ~ lebensgroß; *umg scherzh* in eigener Person, nicht zu verkennen, höchstpersönlich; taken from [the] ~ nach der Natur, nach der Wirklichkeit; to the ~ lebensecht, naturgetreu⟩ | Leben *n* nach dem Tode *bes in*: ˌ**af·ter / ˌfu·ture** '~ späteres Leben; **eˌter·nal** '~ / ˌ~ **ev·er'last·ing** ewiges Leben | *übertr* Seele *f*, belebender Einfluß ⟨the ~ of the performance⟩ | nochmalige (Gewinn-, Lebens-) Chance *f*, nochmalige Gelegenheit ⟨he was given a ~ er bekam noch einmal eine Chance⟩ | aktives Alter, Amtszeit *f* ⟨the ~ of a government⟩ | (Versicherung) *auch* **expectation of ~** Lebenserwartung *f*, Leben *n* | auf Lebenszeit Versicherte(r) *f(m)* ⟨a good (bad) ~ Versicherter *m* mit hoher (niedriger) Lebenserwartung⟩; '~ **anˌnu·i·ty** *s* Leibrente *f*; '~ **asˌsur·ance** *s* Lebensversicherung *f*; '~ **belt** *s Mar* Rettungsgürtel *m*; '**~blood** *s* Herzblut *n* (*auch übertr*); '**~boat** *s Mar* Rettungsboot *n*; '**~boat eth·ic[s]** *s* Notstandsmoral *f*; '~ **buoy** *s Mar* Rettungsring *m*; '~ ˌ**cy·cle** *s* Lebenszyklus *m*; '~ **esˌtate** *s* Landbesitz *m* auf Lebenszeit; '~ **exˌpect·an·cy** *s* Lebenserwartung *f*; '~ ˌ**giv·ing** *adj* lebenspendend, belebend; '**~ˌguard** *s* Rettungsschwimmer *m* | *Mil* Leibgarde *f*; '~ **Guards** *s Brit Mil* Gardekavallerie *f*; '~ ˌ**his·to·ry** *s* Lebensgeschichte *f* | *Biol* Entwicklungsgeschichte *f*; '~ **inˌsur·ance** *s* Lebensversicherung *f*; ˌ~ '**in·ter·est** *s Jur* lebenslänglicher Nießbrauch; '~ ˌ**jack·et** *s Mar* Schwimmweste *f*; '**~less** *adj* leblos, tot ⟨a ≈ body⟩ | unbelebt | *übertr* fad ⟨a ≈ story⟩ | *Wirtsch* lustlos; '**~like** *adj* lebenswahr, naturgetreu ⟨a ≈ photograph eine lebensechte Aufnahme⟩; '**~line** *s Mar* Rettungsleine *f* | *übertr* Rettungsanker *m* | Lebenslinie *f* (der Hand); '**~long** *adj* lebenslang, -länglich ⟨a ≈ friend ein Freund fürs ganze Leben⟩; '~ **net** *s* Sprungtuch *n* (der Feuerwehr); '~ ˌ**of·fice** *s* Lebensversicherungsbüro *n*; ˌ~ '**peer** *s Pol* Peer *m* auf Lebenszeit; ˌ~ '**pre·si·dent** *s Pol* Präsident *m* auf Lebenszeit; '~ **preˌserv·er** *s Mar Am* Schwimmweste *f* | Totschläger *m*; '**lif·er** *s Sl* lebenslänglicher Zuchthäusler | *Am Mil Sl* Berufsoffizier *m*, -soldat *m* | (*in Zus*) *Brit* einer, der ein bestimmtes Leben führt ⟨a simple-≈⟩; '**~ˌsav·er** *s* Lebensretter *m*; '~ ˌ**sen·tence** *s* lebenslängliche Freiheitsstrafe; ˌ~-'**sized** *adj* lebensgroß, in Lebensgröße; '~ **span** *s* Lebensdauer *f*, -erwartung *f*; '~ ˌ**sci·ence** *s* Biowissenschaft *f*; '**~(-)supˌport** *s Med* ˌ~ **sup·port 'sys·tem** *s Med* Lebenserhaltungssystem *n*, Apparatur *f* zur Aufrechterhaltung der Lebensfunktionen; '**~time 1.** *s* Lebenszeit *f* ⟨once in a ≈ einmal im Leben; the chance of a ≈ die Chance des Lebens⟩; **2.** *adj* lebenslänglich, auf Lebenszeit; ˌ~ '**work**, *auch* ˌ**~'s 'work** *s* Lebenswerk *n*

lift [lɪft] **1.** *vt*, *auch* **~ up** an-, auf-, erheben ⟨to ~ [up] a table einen Tisch an- *od* hochheben; to ~ s.th. out etw. ausheben; to ~ up one's eyes auf-, hochblicken; to ~ up one's voice lauter sprechen⟩ | *umg* (*bes* kleinere Gegenstände) stehlen | *umg* plagiieren | *übertr* (empor)heben | *übertr* aufheben, beseitigen ⟨to ~ an embargo⟩ | (Last) aufziehen, heben | (Preis) hochschrauben | *Bergb* fördern (Kartoffeln u. ä.) ausmachen, (ab)ernten | (Schatz) heben | *Med* (Gesicht) liften, straffen ⟨to have one's face ~ed sich sein Gesicht verjüngen lassen, sich die Falten entfernen lassen⟩; *vi* (sich) heben, sich (in die Luft) erheben | (Wolken, Nebel) sich verziehen, sich heben | sich heben lassen ⟨it won't ~ es klemmt⟩; **~ off** *Flugw* abheben; **2.** *s* (Hoch-, Auf-) Heben *n* ⟨dead ~ vergebliche Anstrengung; a proud ~ of his head eine stolze Kopfhaltung⟩ | *Tech* Hub *m* | *Phys, Flugw* Auftrieb *m* | *übertr umg* Auftrieb *m*, neuer Mut ⟨to experience a ~ Mut fassen; to give s.o. a ~ jmdn. aufmuntern⟩ | Steigen *n* (der Preise) | *Brit* Aufzug *m*, Lift *m* ⟨to take the ~ to the 10th floor mit dem Fahrstuhl in den 10. Stock fahren⟩ | *Tech* Hub *m* (e-s Kolbens, e-r Klappe) | Beistand *m*, Hilfe *f* ⟨to give s.o. a ~ jmdm. Beistand leisten⟩ | Mitfahrgelegenheit *f* ⟨to beg a ~ mit dem Auto mitgenommen werden wollen; to get a ~ mit dem Auto mitgenommen werden; to give s.o. a ~ jmdn. im Auto mitnehmen⟩; **'~back** *s Kfz* PKW mit Hecktür; **'~boy,** *auch* **'~man** [-mæn] (*pl* **'~men** [-men]) *s* Fahrstuhlführer *m*, Liftboy *m*; **'~er** *s* (Sport) (Gewicht-) Heber *m* | *Tech* Heber *m*, Hebegerät *n*, Hebebaum *m* | *Sl* Langfinger *m*; **'~ing 1.** *adj* Hebe-, Hub-, Trag-; **2.** *s* Heben *n*; **'~ing jack** *s Kfz* Wagenheber *m*; **'~ing ˌpow·er** *s Tech* Hebe-, Tragkraft *f* | *Flugw* Auftrieb *m*; **'~ing tube** *s* (Pumpe) Steigrohr *n*; **'~-off** *s* (Raumschiff) Start *m*; **'~ pump** *s* Hebepumpe *f*; **'~slab** *s Tech* Hubplatte *f*; **'~ truck** *s* Hubkarren *m* ⟨fork~ truck *Tech* Gabelstapler *m*⟩; **'~ valve** *s* Druckventil *n*

lig·a|ment ['lɪgəmənt] *s* (*pl* **'~ments, ~men·ta** [ˌ~'mentə]) *Anat, Zool* Band *n*, Sehne *f*; **ˌ~'men·tous** *adj* band-, sehnenförmig, Band-

li·gate ['laɪgeɪt] *vt Med* verbinden, bandagieren | (Arterie) abbinden, abschnüren; **li·ga·tion** [laɪ'geɪʃn] *s Med* Ligatur *f*, Abbindung *f* | Verbinden *n*; **lig·a·ture** ['lɪgətʃə|-tʃʊə] **1.** *s Med* Verbinden *n* | Ab-, Unterbinden *n* | *Med* Binde *f*, Verband *m* | *Mus, Typ* Ligatur *f* | *übertr* Band *n*; **2.** *vt* verbinden | *Med* abbinden

[1]light [laɪt] **1.** *s* Licht *n*, Helligkeit *f* ⟨the ~ of the sun das Sonnenlicht; the ~ of a fire der Feuerschein; by the ~ of beim Scheine von; in a good ~ in hellem Licht, gut beleuchtet; to give ~ Licht spenden; to hide one's ~ under a bushel *übertr* sein Licht unter den Scheffel stellen; to be/stand in s.o.'s ~ jmdm. im Lichte stehen; *übertr* jmdm. im Wege stehen; to stand in one's own ~ sich selbst im Licht stehen; *übertr* sich selbst schaden; (to see the) ~ at the of the tunnel *übertr* (einen) Hoffnungsschimmer (erkennen)⟩ | Tageslicht *n*, Tag *m* ⟨to see the ~ *Rhet* das Licht der Welt erblicken⟩ | *übertr* (Tages-) Licht *n*, Beleuchtung *f* ⟨to come to ~ ans Licht kommen; to bring to ~ aufdekken; to put s.th. in its true ~ etw. ins rechte Licht rücken; to see the ~ ans Tageslicht kommen, aufgedeckt werden⟩ | (Licht-) Quelle *f*, Beleuchtung *f* ⟨turn the ~s on (off); the ~s went out; traffic ~s Verkehrsampeln *f/pl*⟩ | Leuchtturm *m* | Feuer(funke) *n*(*m*) ⟨may I trouble you for a ~? darf ich Sie um Feuer bitten?; to strike a ~ Feuer schlagen⟩ | Streichholz *n* | Fenster *n* | *Mal* Licht *n*, Aufhellung *f* ⟨the high ~s die hellsten Partien; ~ and shade Licht und Schatten⟩ | Funkeln *n*; Feuer *n* (des Auges) | *übertr* Licht *n*, Erleuchtung *f*, Aufklärung *f* ⟨to cast/shed/throw ~ on s.th. auf etw. Licht werfen; I see the ~ mir geht ein Licht auf; in the ~ of im Lichte von, angesichts; by the ~ of nature mit dem bloßen Verstand, durch natürliche Einsicht⟩ | Aspekt *m*, Blickwinkel *m* ⟨in a favourable ~, in that ~ unter diesem Gesichtspunkt⟩ | *übertr* (Person) Leuchte *f*, Persönlichkeit *f* ⟨to be a shining ~ ein großes Licht sein⟩; **2.** *adj* hell, licht ⟨a ~ day; a ~ complexion eine helle Gesichtsfarbe; ~ blue hellblau⟩ (*Ant* dark) | blond, hell ⟨~ hair⟩; **3.** (**'~ed, '~ed, lit, lit** [lɪt]) *vt* an-, entzünden ⟨to ~ a candle, cigarette, fire⟩ | beleuchten ⟨~ed by electricity strombeleuchtet⟩ | *auch* **~ up** ⟨brightly lit up hell erleuchtet⟩ | leuchten, führen ⟨to ~ s.o. on his way⟩ | *auch* **~ up** *übertr* aufhellen, aufheitern, beleben ⟨a smile lit up her face ein Lächeln erhellte ihr Gesicht⟩; *vi* sich entzünden | *meist* **~ up** aufleuchten, sich aufhellen (*auch übertr*) ⟨his face lit up with pleasure sein Gesicht strahlte vor Vergnügen⟩; **~ up** Licht anzünden ⟨it's time to ≈ es ist Zeit, Licht zu machen; he lit up *umg* er zündete sich die Pfeife an⟩

[2]light [laɪt] **1.** *adj* leicht (*Ant* heavy) ⟨as ~ as air/a feather federleicht; a ~ overcoat leichter Mantel⟩ | gering(fügig), unbedeutend ⟨a ~ error; to make ~ of s.th. etw. leicht nehmen⟩ | (Münze, Gewicht) zu leicht ⟨~ weights zu leichte Gewichte; ~ coin Münze *f* mit zu geringem Edelmetallgehalt⟩ | leicht, ohne viel Ausrüstung ⟨~ army; a ~ boat⟩ | (Speise) leicht verdaulich, (Getränk) leicht, nicht stark ⟨~ food; ~ wine⟩ | (Mahlzeit) leicht, klein ⟨a ~ meal⟩ | (Krankheit u.ä.) leicht, nicht ernsthaft | (Teig u.ä.) locker | behende, flink ⟨~ of foot leichtfüßig⟩ | sanft ⟨a ~ hand eine leichte Hand; a ~ touch ein schwacher Schlag, eine leichte Berührung⟩ | *übertr* taktvoll | (Schlaf) leicht, nicht tief, leise | (Schläfer) leicht gestört, unruhig | (Kopf) leicht benommen | (Strafe u.ä.) leicht zu ertragen, milde | gedankenlos, leichtfertig ⟨~ conduct⟩ | *arch* (*bes* Frauen) unmoralisch ⟨a ~ woman⟩ | sorgenfrei ⟨with a ~ heart leichten Herzens⟩ | *Ling* schwach, unbetont | (Buch, Musik u.ä.) leicht, Unterhaltungs- ⟨~ literature Unterhaltungsliteratur *f*, ~ music⟩; **2.** *adv* leicht ⟨to sleep ~ leicht schlafen; to travel ~ ohne viel Gepäck reisen; to tread ~ leicht *od* leise auftreten; to get off ~[ly] ohne empfindliche Strafe davonkommen⟩ | ◇ **~ come ~ go** wie gewonnen, so zerronnen; **3.** *vt arch* erleichtern | *Mar* (Anker) lichten

[3]light [laɪt] (**'~ed, '~ed, lit, lit** [lɪt]) *vi arch* (vom Pferd u.ä.) ab-, herabsteigen (**from, off** von) | fallen, landen (**on** auf) ⟨to ~ on one's feet auf die Füße fallen⟩ | zufällig stoßen (**[up]on** auf) ⟨to ~ upon a rare book⟩ | *Am Sl* losgehen, losschlagen (**into** auf); **~ down** (Vogel u.ä.) sich niederlassen (**on** auf); **~ out** *Am umg* verduften, sich verziehen (**for** nach, in Richtung auf)

light| air·craft [ˌlaɪt 'ɛəkrɑ:ft] *s Flugw* Propellermaschine *f*; **ˌ~ 'ale** *s* obergäriges Bier; **'~ bulb** *s* Glühlampe *f*, -birne *f*

[1]light·en ['laɪtn] *vt* leichter machen | *Mar* (ab)leichtern, löschen ⟨to ~ a ship of her cargo⟩ | *übertr* leichter machen, erleichtern, erheitern ⟨my heart was ~ed⟩; *vi* (Last, Schwierigkeiten) leichter werden, sich mildern | *Mar* entladen werden | sich erleichtert fühlen, sich aufheitern ⟨his mood ~ed seine Laune besserte sich⟩

[2]light|en ['laɪtn] *vi* leuchten | sich aufhellen (*auch übertr*) ⟨the sky ~ed, her face ~ed⟩ | blitzen ⟨it ~s es blitzt⟩; *vt* beleuchten, erhellen (*auch übertr*) | (Farbe u.ä.) heller machen, aufhellen (*auch übertr*) | *arch übertr* erleuchten; **[1]'~er** *s* Anzünder *m* | Fidibus *m* | *auch* **'cig·a·rette ˌ~er** Feuerzeug *n*

[2]light·er ['laɪtə] *Mar* **1.** *s* Leichter (Schiff) *m*(*n*), Prahm *m*; **2.** *vt* in einem Leichter verschiffen; **'~age** *Mar s* Leichterfracht *f* | Leichtergeld *n*; **'~man** *s* Leichterschiffer *m*, Ewerführer *m*

light|fast ['laɪtfɑ:st] *adj* lichtecht; **ˌ~-'fin·gered** *adj* geschickt; langfingrig, diebisch; **ˌ~-'foot·ed** *adj* leichtfüßig; **ˌ~-'hand·ed** *adj* geschickt | *übertr* taktvoll | *Mar* leichtbemannt; **ˌ~-'head·ed** *adj* unbesonnen, gedankenlos | benommen, schwindlig; **ˌ~'heart·ed** *adj* sorglos, heiter; **ˌ~ 'heav·y-·weight** *s* (Sport) Halbschwergewicht *n* | Halbschwergewichtsboxer *m*

light|house ['laɪthaus] *s* Leuchtturm *m*; **'~house·man** *s* (*pl* **'~house·men**) Leuchtturmwärter *m*; **'~ing 1.** *s* Beleuchtung *f* ⟨indirect ≈⟩ | *Mal, Theat* Lichtverteilung *f*; **2.** *adj* Licht-, Beleuchtungs- ⟨≈ effects Lichteffekte *m/pl*; ≈ fixture Beleuchtungskörper *m*⟩; **'~less** *adj* ohne Licht

light·ly ['laɪtlɪ] *adv* leicht, sanft | leicht, wenig, gering ⟨~ cooked; ~ armed⟩ | leicht, mühelos | leichtfertig, sorglos | respektlos, geringschätzig

light| met·al [ˌlaɪt 'metl] *s* Leichtmetall *n*; **ˌ~-'mind·ed** *adj* leichtsinnig, gedankenlos | unbeständig, flatterhaft

light·ning ['laɪtnɪŋ] *s* Blitz *m* ⟨ball ~ Kugelblitz *m*; like ~ blitzschnell, wie der Blitz; struck by ~ vom Blitz getroffen; with ~ speed mit Blitzesschnelle⟩; **'~ bug** *s Am* Glühwürmchen *n*; **'~ conˌduc·tor, '~ rod** *s* Blitzableiter *m*; **ˌ~ 'strike** *s* Blitzstreik *m*, wilder Streik; **ˌ~ 'vis·it** *s* Stippvisite *f*; ,~ 'war *s* Blitzkrieg *m*

light|-o'-love [ˌlaɪt ə 'lʌv] *s arch* leichtes Mädchen; ,~ '**oil** *s* Leichtöl *n*

light| pen ['laɪt pen] *s Tech* Lichtschreiber *m*; '~**pipe** *s Phys* (dünne) Glasfaserröhre; '~ **pol,lu·tion** *s* schreiendes Licht (Reklame u. ä.); '~ ,**quan·tum** *s Phys* Lichtquantum *n*, Photon *n*; **lights** *s/pl Theat* Rampenlicht *n*, Scheinwerfer *m/pl* | Fähigkeiten *f/pl*, Geistesgaben *f/pl* ⟨according to his ≈⟩; '~**ship** *s Mar* Feuerschiff *n*; '~ **show** *s* Farblichtspiel *n*, Lichtkaleidoskop *n*; [1]'~**some** *adj* leuchtend, hell

[2]**light·some** ['laɪtsəm] *adj* leicht, behend | heiter | oberflächlich | unbeständig, wankelmütig

light·weight ['laɪtweɪt] **1.** *adj* leicht | *verächtl* unbedeutend, schwach ⟨a ~ character⟩ | Leichtgewicht- ⟨~ boxer⟩; **2.** *s* (Sport) Leichtgewicht *n* | (Sport) Leichtgewichtler *m* | *umg* Schwachkopf *m* | *umg* (Person) Niete *f*; ,~ '**con·crete** *s* Leichtbeton *m*

light|wood ['laɪtwʊd] *s* Holz *n* (zum Anfeuern); '~ ,**writ·ing** *s* (elektrische) Leuchtschrift; '~ **year** *s Phys* Lichtjahr *n* | *meist pl übertr umg* ewiglange Zeit ⟨it seems ≈s since we met es scheint unendlich lange her, daß wir uns getroffen haben⟩

lig|ne·ous ['lɪgnɪəs] *adj* holzartig, Holz-; ,~**ni·fi'ca·tion** *s Bot* Verholzung *f*; ~**ni·form** ['~nɪfɔ:m] *adj* holzartig, Holz-; '~**ni·fy** *vt* in Holz verwandeln; *vi* verholzen; ~**nin[e]** ['~nɪn] *s Chem* Lignin *n*, Holzstoff *m*; ~**nite** ['~naɪt] *s* Lignit *m*, Braunkohle *f*; ~**nit·ic** [~'nɪtɪk] *adj* braunkohlenhaltig

ligno- [lɪgnə(ʊ)] ⟨*lat*⟩ *in Zus* Holz-

lig·num vi·tae [ˌlɪgnəm 'vaɪtɪ] *s Bot* Pockholz(baum) *n*(*m*)

lig·ule ['lɪgju:l] *s Bot* Ligula *f*, Blatthäutchen *n*

lik·a·ble ['laɪkəbl] *adj* liebenswert, -würdig, nett ⟨a ~ person⟩

[1]**like** [laɪk] **1.** *vt* gern haben, gut leiden können ⟨how do you ~ it? wie gefällt es Ihnen?; I ~ dancing ich tanze gern; I ~ that *iron* das habe ich gern! das fehlte gerade noch!⟩ | (*neg*) (ungern tun, nicht) wollen ⟨I don't ~ to disturb you, I don't ~ disturbing you ich möchte Sie nicht stören⟩ | (*mit* **should, would**) (gern) wünschen, wollen ⟨I should ~ to know ich wüßte gern⟩ | vorziehen, haben wollen, möchten ⟨how do you ~ your tea?; I ~ it rather week; I ~ people to tell the truth⟩ | *umg* (Essen) bekommen, guttun (jmdm.) ⟨it doesn't ~ me es bekommt mir nicht⟩; *vi* wollen ⟨as you ~ wie du willst; if you ~ wenn du willst⟩; **2.** *s* Neigung *f* ⟨~s and dislikes Neigungen u. Abneigungen *pl*⟩

[2]**like** [laɪk] **1.** *adj* gleich, ähnlich ⟨a ~ sum eine ähnliche Summe; they are very ~ sie sind sich sehr ähnlich; as ~ as two peas [in a pod] ähnlich wie ein Ei dem andern; ~ father, ~ son wie der Vater, so der Sohn⟩ | (*mit pron, n, ger*) (gleich) wie ⟨~ a shot blitzschnell⟩ | ähnlich ⟨it looks ~ gold es sieht wie Gold aus; what is he ~? wie *od* was für einer ist er?; that is just ~ him das sieht ihm ähnlich; what does it look ~? wie sieht es aus?; something ~ 10 pounds um 10 Pfund herum, etwa 10 Pfund⟩ | (nach **feel, look** vor *n, ger*) wie, entsprechend ⟨she felt ~ crying es war ihr wie Weinen zumute; if you feel ~ it wenn es dir danach ist; he looked ~ winning es sah aus, als würde er gewinnen; it looks ~ rain es sieht nach Regen aus⟩ | charakteristisch, typisch für ⟨it was ~ him das paßte zu ihm; isn't that just ~ her? ist das nicht typisch für sie?⟩; **2.** *präp* wie ⟨don't speak to me ~ that sprich nicht so mit mir; to behave ~ children sich wie Kinder aufführen⟩; **3.** *adv* (*meist mit* **enough, very**) *umg* wahrscheinlich ⟨~ enough *umg* höchstwahrscheinlich; very ~ sehr wahrscheinlich; as ~ as not mit großer Wahrscheinlichkeit⟩ | *vulg* eben, so(zusagen) ⟨he's an old man, ~, and he can't hear, ~, er ist eben ein alter Mann und hört eben nicht⟩; **4.** *conj umg* so wie ⟨~ I tell you; ~ you do; ~ in May⟩ | *vulg* als wenn, (gerade) als ob ⟨she talks ~ she's the boss⟩; **5.** *s* Gleiche(r, -s) *f*(*m, n*) ⟨and the ~ und so weiter, und dergleichen; his ~ seinesgleichen; the ~s of you *umg* Leute wie du; I never heard the ~ [of it] so etwas, dergleichen habe ich noch nie gehört; ~ attracts gleich und gleich gesellt sich gern; beer or the ~ Bier oder so etwas Ähnliches⟩

-like [laɪk] *suff zur Bildung von adj aus s mit der Bedeutung*: -ähnlich, -artig (*z. B.* **apelike** affenartig)

like·a·ble ['laɪkəbl] = **likable**

like|li·hood ['laɪklɪhʊd] *s* Wahrscheinlichkeit *f* ⟨in all ≈ aller Wahrscheinlichkeit nach⟩ | Anzeichen *n* (**of** für); '~**ly** **1.** *adj* (*meist präd*) wahrscheinlich (*Ant* unlikely) ⟨it's ≈ to rain es wird wahrscheinlich regnen⟩ | glaubhaft ⟨a ≈ story⟩ | passend, geeignet, günstig ⟨a ≈ place to stop ein geeigneter Platz, um anzuhalten; the most ≈, the ~liest time to find s.o. die günstigste Zeit, jmdn. anzutreffen⟩ | vielversprechend ⟨a ≈ young man / a ≈ candidate⟩; **2.** *adv* wahrscheinlich ⟨as ≈ as not wahrscheinlich; most/very ≈ höchstwahrscheinlich⟩

like-mind·ed [ˌlaɪk'maɪndɪd] *adj* gleichgesinnt

lik·en ['laɪkən] *vt* vergleichen (**to** mit)

like·ness ['laɪknəs] *s* Ähnlichkeit *f*, Gleichheit *f* | Anschein *m*, Aussehen *n* ⟨in the ~ of in Form von, mit dem Anschein von⟩ | ähnlicher Zug ⟨a family ~⟩ Porträt *n*, Bild *n* ⟨to have one's ~ taken sich fotografieren lassen⟩ | Abbild *n* ⟨he is the ~ of his mother⟩

like·wise ['laɪkwaɪz] *adv* auch, ebenso, gleichfalls ⟨to do ~ das gleiche tun, es ebenso machen⟩ | außerdem, dazu ⟨~, you should eat less⟩

lik·ing ['laɪkɪŋ] *s* Neigung *f* (**for** zu) ⟨to have / take a ~ for (to) s.o. an jmdm. Gefallen haben (finden)⟩ | Geschmack *m*, Vorliebe *f* ⟨it's not my ~ to do that ich tue das nicht gern; is it to your ~? ist es nach Ihrem Geschmack?⟩

li·lac ['laɪlək] **1.** *s Bot* Flieder *m* ⟨a bunch of ~ ein Fliederstrauß *m*⟩ | Fliederbusch *m* ⟨an avenue of ~s eine Fliederallee *f*⟩ | Lila *n*; **2.** *auch* **li·la·ceous** [laɪ'leɪʃəs] *adj* lila, fliederfarben

lil|i·a·ceous [ˌlɪlɪ'eɪʃəs] *adj Bot* Lilien-, zu den Liliengewächsen gehörig; ~**ied** ['lɪlɪd] *adj* voller Lilien | lilienhaft zart

Lil·li·pu·tian, *auch* ≈ [ˌlɪlɪ'pju:ʃn] **1.** *adj* Liliput- | winzig; **2.** *s* Liliputaner(in) *m*(*f*)

li|lo ['laɪləʊ] *s* (*pl* '~**los**) Luftmatratze *f*

lilt [lɪlt] **1.** *s* fröhliches Lied | rhythmischer Schwung | singender Tonfall ⟨with a Welsh ~ im singenden Tonfall der Waliser⟩; **2.** *vt* (Lied) trällern; *vi* fröhlich singen | einen singenden Tonfall haben ⟨a ~ing voice ein Auf und Ab in der Stimme; a ~ing song ein trällerndes Lied⟩

lil·y ['lɪlɪ] **1.** *s Bot Her übertr* Lilie *f* ⟨~ of the valley Maiglöckchen *n*⟩; **2.** *adj* lilienweiß | lilienrein | zart; '~-,**liv·ered** *adj* feig[e]; ,~-'**white** *adj* lilienweiß

li·ma bean ['laɪmə bi:n] *s Bot* Limabohne *f*

limb [lɪm] **1.** *s* (Körper-) Glied *n* ⟨~s Gliedmaßen *n/pl*; one's tired ~s seine müden Glieder; to escape with life and ~ mit einem blauen Auge davonkommen; to tear ~ from ~ in Stücke reißen⟩ | Ast *m* | (Fluß u. ä.) Arm *m* | *Ling* Glied *n* ⟨~ of a sentence Satzglied *n*⟩ | *Math* Gradbogen *m* | *übertr* Arm *m* ⟨~ of the law Arm *m* des Gesetzes; *verächtl* Rechtsverdreher *m*⟩ | *übertr* Glied *n*, Teil *m* | (selten) Ausgeburt *f* ⟨a ~ of the devil *umg* Balg *m*, Range *f*⟩ ◇ **out on a ~** *übertr umg* in einer sehr gefährlichen Lage, in auswegloser Situation ⟨to find o.s. out on a ~, to go out on a ~ sich in eine haltlose Position begeben⟩; **2.** *vt* verstümmeln | (Baum) entästen; **limbed** *adj* mit Gliedern versehen, gegliedert; **-limbed** *in Zus* -gliedrig ⟨long-≈ langbeinig; strong-≈ starkgebaut⟩

[1]**lim·ber** ['lɪmbə] **1.** *adj selten* biegsam, geschmeidig ⟨a ~ athlete⟩ | *übertr* nachgiebig, gefügig; **2.** *vi, vt, meist* ~ **[o.s.] up** sich gelenkig machen, Lockerungsübungen machen | *übertr* sich vorbereiten

[2]**lim·ber** ['lɪmbə] *Mil* **1.** *s* Protze *f*; **2.** *vi, vt, meist* ~ **up** aufprotzen; '~ **chest** *s Mil* Protzkasten *m*

lim·bo ['lɪmbəʊ] *s Rel* Vorhölle *f* | Vergessenheit *f*, Vernachlässigung *f* | *übertr* Rumpelkammer *f* | Gefängnis *n* (*auch übertr*) | *übertr* schwer definierbarer Bereich, unsicheres Gebiet *n* ⟨to be in [a sort of] ~ in der Luft hängen⟩

lim|bus ['lɪmbəs] *s* (*pl* **~bi** ['~baɪ]) *Bot, Zool* (andersfarbiger) Rand

[1]**lime** [laɪm] *s Bot* Linde *f*

[2]**lime** [laɪm] *s Bot* Limone *f*, Limette *f*, Zitronelle *f*

[3]**lime** [laɪm] **1.** *s* (gebrannter) Kalk *m* ⟨quick~ ungelöschter Kalk; slaked ~ gelöschter Kalk⟩ | *Landw* Kalkdünger *m* | *auch* '**bird~** Vogelleim *m*; **2.** *vt* (Boden) mit Kalk düngen | mit Vogelleim fangen | *übertr* überlisten; '~ ˌ**burn·er** *s* Kalkbrenner *m*; ˌ~ '**feld·spar** *s Min* Kalkfeldspat *m*

lime| juice ['laɪm dʒuːs] *s* Limonensaft *m*; '~ˌ**juic·er** *s Am Mar Sl* englischer Matrose | englisches Schiff

lime|kiln ['laɪmkɪln] *s* Kalkofen *m*; '**~light** *s Tech* Kalklicht *n* | *Brit* Scheinwerfer *m* | *übertr* Rampenlicht *n*, (Licht der) Öffentlichkeit *f* ⟨in the ≈ im Licht der Öffentlichkeit; to be fond of the ≈ gern in der Öffentlichkeit stehen⟩; '~ **pit** *s* Kalkgrube *f*

lim·er·ick ['lɪmərɪk] *s* Limerick *m*, fünfzeiliger humoristischer Vers

lime·stone ['laɪmstəʊn] *s Min* Kalkstein *m*

lime tree ['laɪm triː] *s* Linde *f*

lime|-twig ['laɪm twɪg] *s* Leimrute *f* | *übertr* Falle *f*; '**~wash** **1.** *s* Kalktünche *f*; **2.** *vt* kalken, tünchen; '~ˌ**wa·ter** *s Chem Med* Kalkmilch *f*, -lösung *f* | kalkhaltiges Wasser

lim|ey ['laɪmɪ] *s* (*pl* '**~eys**) *Am Mar Sl* englischer Matrose | *Am Sl* Engländer *m*

lim|it ['lɪmɪt] **1.** *s* (*meist übertr*) Grenze *f*, Schranke *f* ⟨age ≈ Altersgrenze *f*; in ≈s *Am* Zutritt gestattet; off ≈s *Am* Zutritt verboten; that's the ≈! *umg* das ist die Höhe!, das ist eine Zumutung; there's a ≈ to s.th. etw. hat seine Grenzen; within ≈s in Grenzen, maßvoll; without ≈ ohne Grenzen, schrankenlos; to go to the ≈ *Am umg* bis zum Äußersten gehen; to know no ≈ keine Grenzen kennen; to set a ≈ to s.th. etw. einschränken⟩ | *Math* Grenzwert *m* | *Wirtsch* Limit *n*, Preisgrenze *f*; **2.** *vt* ein-, beschränken, begrenzen (**to** auf) ⟨to ≈ o.s. to sich beschränken auf⟩ | (Preise) limitieren; '**~i·tar·y** *adj* ein-, beschränkend, begrenzend; ˌ**~i'ta·tion** *s* (*meist pl*) *übertr* Grenze *f* ⟨to know one's ≈s wissen, wie weit man gehen kann⟩ | (*meist pl*) Hindernis *n*, Nachteil *m* | Ein-, Beschränkung *f* ⟨≈ of armaments Rüstungsbeschränkung *f*⟩ | *Jur* Verjährung(sfrist) *f*(*f*); '**~i·ta·tive** *adj* ein-, beschränkend; '**~i·ted** *adj* begrenzt, beschränkt (**to** auf) ⟨≈ [liability] company *Brit Wirtsch* Gesellschaft *f* mit beschränkter Haftung; ≈ monarchy konstitutionelle Monarchie⟩; '**~it·ing** *adj* begrenzend, einschränkend ⟨a ≈ factor⟩; '**~it·less** *adj* grenzenlos, schrankenlos

limn [lɪm] *vt arch, poet* malen | *übertr* schildern, beschreiben; '**lim·ner** *s arch poet* Maler *m*

lim|net·ic [lɪm'netɪk] *adj* limnisch, Süßwasser-; **~nol·o·gy** [~'nɒlədʒɪ] *s* Limnologie *f*, Süßwasserkunde *f*

li·mo ['lɪməʊ] *Kurzw umg von* **limousine**

li·mo·nite ['laɪmənaɪt] *s Min* Limonit *m*, Brauneisenerz *n*

lim·ou·sine ['lɪməziːn] *s* Limousine *f*; ˌ~ '**lib·e·ral** *s Am Pol* wohlhabender Liberaler, begüterter Radikaler

[1]**limp** [lɪmp] **1.** *vi* hinken, humpeln | (Schiff u.ä.) sich mühsam fortbewegen, sich langsam voranbewegen (**with** infolge) | *Lit* (Vers) hinken, holpern; **2.** *s* Hinken *n* ⟨to walk with a ~ hinken, humpeln⟩

[2]**limp** [lɪmp] *adj* schlaff, schlapp ⟨to go ~ erschlaffen; schlapp machen⟩ | weich, biegsam | *übertr* schlapp, schwach ⟨a ~ character⟩

lim·pet ['lɪmpɪt] *s* Napfschnecke *f* ◇ **hold on / hang on / cling on / stick to s.o. like a ~** *umg* wie eine Klette an jmdm. hängen | *auch* '~ **mine** *s Mar* Haftmine *f*

lim·pid ['lɪmpɪd] *adj lit* (Wasser, Luft u. ä.) klar, durchsichtig, hell, rein ⟨a ~ stream⟩ | *übertr* klar ⟨a ~ style⟩ | *übertr* unverdorben, rein ⟨~ childhood⟩; **lim'pid·i·ty** *s* Klarheit *f*, Durchsichtigkeit *f* (*auch übertr*)

limp·sy ['lɪmpsɪ], *auch* **limp·sey** ['lɪmpsɪ], **lim·sy** ['lɪmsɪ] *adj Am dial* schwach | *übertr* träge, faul

lim·y ['laɪmɪ] *adj* kalkig, kalkhaltig, Kalk- ⟨~ soil⟩ | gekalkt, getüncht | leimig, klebrig

lin·age ['laɪnɪdʒ] *s* Zeilenzahl *f* | Zeilenhonorar *n* ⟨on ~ auf Zeilenhonorarbasis⟩

linch·pin ['lɪntʃpɪn] *s Tech* Achsnagel *m*, Lünse *f*, Vorstecker *m* | *übertr* Stütze *f*, Halt *m* ⟨the ~ of the whole business das, was die ganze Sache zusammenhält⟩

Lin·coln green [ˌlɪŋkn 'griːn] *s* (Stoff) Lincolngrün *n*

linc·tus ['lɪŋktəs] *s Brit Med* Hustensaft *m*

lin·den ['lɪndən] *s* Linde *f* | Lindenholz *n*

[1]**line** [laɪn] **1.** *s* Linie *f* (*auch Math*) ⟨to draw a ~; ~ of sight Blicklinie *f*⟩ | Zeile *f* ⟨to drop s.o. a ~ *umg* jmdm. einen Brief schreiben; to read between the ~s zwischen den Zeilen lesen; marriage ~s Trauschein *m*⟩ | Reihe *f* ⟨a ~ of trees; assembly ~ Montage-, Fließband *n*; to stand in [a] ~ in einer Reihe stehen; to be in ~ for s.th. *übertr* etw. bald bekommen, bald an der Reihe sein⟩ | (Gesichts-) Falte *f*, Runzel *f* | Strich *m* | *Eisenb* Gleis *n*, Strecke *f* ⟨the up (down) ~ das Her- (Hin-) Gleis *n* (zum Bahnhof); to come off the ~ entgleisen⟩ | (Verkehrs-) Linie *f* ⟨air ~ Fluglinie *f*, Fluggesellschaft *f*; ship of the ~ Linienschiff *n*; a new bus ~⟩ | Grenzlinie *f* ⟨~ of demarcation Demarkationslinie *f*; to cross the ~ into Mexico die Grenze nach Mexiko überschreiten; to draw the ~ at *übertr* eine Grenze ziehen bei, haltmachen bei⟩ | (Sport) (Markierungs-) Linie *f*, Grundlinie *f* | Äquator *m* | *Tel* Leitung *f* ⟨hold the ~! bleiben Sie am Apparat!; party ~, shared ~ Partneranschluß *m*⟩ | Bahn *f*, Richtung *f* ⟨~ of fire Schuß-, Feuerlinie *f*; to choose the ~ of least resistance *übertr* den Weg des geringsten Widerstandes wählen⟩ | *übertr* Richtschnur *f*, Richtung *f*, Orientierung(slinie) *f*, Modell *n*, Muster *n*, Art und Weise *f* ⟨all along the ~ in jeder Hinsicht; in the ~ of nach Art von; on the ~s of nach dem Muster von; ~ of conduct Lebensführung *f*; to take a strong ~ energisch vorgehen; einen festen Standpunkt vertreten⟩ | (vorgeschriebene) Linie, Kurs *m* ⟨party ~ Parteilinie *f*; to follow the ~ sich an die Linie halten; to lay down the ~ die Linie festlegen; to toe the ~ sich der Disziplin unterwerfen⟩ | Umriß *m* (*oft pl*) ⟨the ~s of a ship die Konturen *f/pl* eines Schiffes⟩ | Stamm *m*, Familie *f* ⟨the last of his ~ der Letzte seines Stammes⟩ | Vers *m* | Leine *f*, Schnur *f* ⟨fishing ~s Angelleinen *f/pl*; telephone ~s Telefondrähte *m/pl*⟩ | *auch* '**clothes-~** Wäscheleine *f*, | Fach *n*, Sparte *f* ⟨his ~ is banking er arbeitet in der Bank, er ist im Bankfach; in one's ~ in jmds. Interesse; that's not in my ~ das schlägt nicht in mein Fach⟩ | *Wirtsch* Warensorte *f*, Posten *m*, Partie *f* ⟨a cheap ~ in stockings ein billiger Posten Strümpfe⟩ | *Mil, Mar* Linie *f* ⟨~ of battle Kampflinie *f*; ~ abreast (Schiffe) Dwarslinie *f*; ~ ahead Kiellinie *f*⟩; *Mil* Front *f* ⟨all along the ~ an der ganzen Front, *übertr* auf der ganzen Linie; behind the ~s hinter den Linien; to go up the ~ an die Front kommen⟩ | *Brit Mil* reguläre

Truppen *f/pl* ⟨regiments of the ~ reguläre Regimenter *n/pl*⟩; *Am Mil* Kampftruppen *f/pl* | *übertr* Übereinstimmung *f* ⟨to be in ~ with s.th. mit etw. übereinstimmen; to bring s.th. into ~ with etw. in Einklang bringen mit; to come / fall into ~ with sich einordnen *od* sich in eine Reihe stellen mit, übereinstimmen mit⟩ | *umg* Information *f*, Hinweis *m*, Aufklärung *f* ⟨to give s.o. a ~ on jmdn. über etw. informieren; to have (get) a ~ on s.th. über etw. Bescheid wissen (bekommen)⟩ ◇ **hard ~s!** *interj* was für (ein) Pech!; **on the ~** (Bild) in Sichthöhe; **shoot a ~** *Sl* angeben, sich großtun; **2.** *vt* linieren ⟨to ~ paper⟩ | zeichnen, skizzieren | (Truppen) in Linie aufstellen | *übertr* in Übereinstimmung bringen | *übertr* furchen ⟨a ~d face ein zerfurchtes Gesicht; ~d with pain schmerzgezeichnet⟩ | einfassen, (ein)säumen ⟨a street ~d with trees eine von Bäumen umsäumte Straße; to ~ the kerb an der Straße stehen⟩; **~ in** einzeichnen; **~ off** abgrenzen; **~ out** mit Linien markieren; **~ up** in eine Reihe *od* auf-, zusammenstellen ⟨to ~ up the glasses⟩ | *übertr* aufbringen ⟨to ~ up support for Unterstützung mobilisieren für⟩; **~ through** aus-, durchstreichen; *vi*, *auch* **~ up** sich in einer Reihe aufstellen; **~ up behind** *umg bes Pol* sich stellen hinter, unterstützen

[2]**line** [laɪn] *vt* (Kleidung) (aus-, ab)füttern ⟨~d with silk seidengefüttert; fur-~d pelzgefüttert⟩ | besetzen, überziehen | auslegen | *Tech* auskleiden, ausfüttern | (Börse, Magen u. ä.) füllen (*meist übertr*) ⟨to ~ one's purse sich (auf unehrliche Weise) die Taschen füllen; to ~ one's pockets sich ungesetzlich bereichern⟩

lin·e|age ['lɪnɪɪdʒ] *s* Abstammung *f* | Geschlecht *n*, Familie *f* ⟨a man of good ≈⟩; **'~al** *adj* in gerader Linie abstammend, direkt ⟨a ≈ heir ein direkter Erbe; a ≈ descendant ein direkter Nachkomme⟩ | Erb- ⟨≈ feud Erbfehde *f*⟩

lin·e·a·ment ['lɪnɪəmənt] *förml s* Gesichtszug *m* | charakteristischer Zug

lin·e|ar ['lɪnɪə] *adj* linear, geradlinig ⟨a ≈ design gerades Muster⟩ | *Math*, *Phys* Linear-, linear ⟨≈ equation lineare Gleichung; ≈ function lineare Funktion; ≈ programme lineares Programm⟩ | linienförmig, Linien- | Längen- ⟨≈ measure Längenmaß *n*⟩ | *Bot* linealisch, sehr lang; **~ate** ['~ɪt|'~eɪt], **'~at·ed** *adj Bot* gestreift, gerippt; **ˌ~'a·tion** *s* Zeichnung *f* | Umrißlinie *f*

line chart ['laɪn tʃɑ:t] *s* Kurve *f*, Koordinatendarstellung *f*; **'~ dance** *s* Reihentanz; **'~ ˌdraw·ing** *s* Strichzeichnung; **'~ drop** *s El* Leitungsverlust *m*, Spannungsabfall *m* (auf der Leitung); **'~man** *s* (*pl* **~men**) = **linesman** | *Am* (Fußball) Stürmer *m*

lin·en ['lɪnɪn] **1.** *s* Leinen *n*, Leinwand *f* | Wäsche *f* ⟨to change one's ~ frische Wäsche anziehen; to wash one's dirty ~ (in public) *übertr* seine schmutzige Wäsche (vor aller Welt) waschen⟩ | Leinengarn *n*; **2.** *adj* leinen, Leinen- ⟨~ handkerchiefs⟩; **ˌ~'bag** *s* Wäschesack *m*; **'~ ˌbas·ket** *s bes Brit* Wäschekorb *m*; **'~ ˌdrap·er** *s Brit* Weißwarenhändler *m*; **ˌ~ 'pa·per** *s* Leinenpapier *n*

line·out ['laɪnaut] *s* (Rugby) Gasse *f*

line print·er ['laɪn ˌprɪntə] *s* (Computer) Zeilendrucker *m*

[1]**lin·er** ['laɪnə] *s* Futter *n*, Innenstück *n*, Einlage *f* | *Tech* Unterlegscheibe *f*, -streifen *m*, Zylinderlaufbuchse *f*, Deckmantel *m*, Ausguß *m*, Auskleidung *f* | *Tech* Liner *m*, Filterrohr *n* | *Tech* Kaschier-, Deckpapier *n* | *auch* **'eye ˌ~** *s* Eyeliner *m*

[2]**lin·er** ['laɪnə] *s* Überseedampfer *m* | Postschiff *n* | Linienschiff *n* | *auch* **'airˌ~** Verkehrsflugzeug *n*

lin·er| pool ['laɪnə pu:l] *s* plastausgelegtes Schwimmbecken; **'~train** *s Eisenb* Güterzug *m*

lines [laɪnz] *s/pl* Verse *m/pl*, Rolle *f* ⟨to study one's ~ seine Rolle einstudieren⟩ | *umg* Trauschein *m* | *Lit* Gedicht *n*; **'~man** *s* (*pl* **'~men**) *Eisenb* Streckenwärter *m* | *Tel* Störungssucher *m* | (Sport) Linienrichter *m*

line·shoot·er ['laɪnˌʃu:tə] *s Sl* Angeber *m*, Prahlhans *m*

line·up ['laɪnʌp] *s* Anordnung *f*, Kombination *f*, Vereinigung *f* | (Sport) Aufstellung *f* | *übertr* Abfolge *f* (von Ereignissen)

[1]**ling** [lɪŋ] *s Zool* Lengfisch *m*

[2]**ling** [lɪŋ] *s Bot* Besenheide *f*, Heidekraut *n*

-ling [-lɪŋ] *suff dimin* -lein (**duckling** Entlein *n*) | -ling (**hireling** Mietling *m*, Söldner *m*)

lin·ger ['lɪŋgə] *vi* sich (noch lange) aufhalten, bleiben, (ver)weilen (*auch übertr*) (**over, upon** bei) ⟨to ~ about/around noch lange herumstehen⟩ | *auch* **~ on** (Krankheit u. ä.) sich hinziehen, an-, fortdauern | (Kranker) dahinsiechen | zögern, säumen | (dahin)schlendern, bummeln; *vt*, *auch* **~ out** in die Länge ziehen, hinausziehen; **~ away** (Zeit) verbummeln

lin·ge·rie ['lænʒəri:|ˌlɒnʒə'reɪ] *s* Damenunterwäsche *f*

lin·ger·ing ['lɪŋgərɪŋ] *adj* lange, ausgedehnt, bleibend ⟨~ death langsamer Tod; ~ doubt zurückbleibende Zweifel; a ~ fear eine anhaltende Furcht; a ~ look ein sehnsüchtiger Blick; ein prüfender Blick; a ~ kiss ein inniger Kuß; a ~ illness eine schleichende Krankheit⟩

lin|go ['lɪŋgəʊ] *s* (*pl* **'~goes**) Kauderwelsch *n* | (Fach-) Jargon *m* ⟨a strange ≈⟩

lin·gua fran·ca [ˌlɪŋgwə 'fræŋkə] *s* Lingua *f* franca, (internationale) Verkehrssprache, (Welt-) Hilfssprache *f*, Mischsprache *f*

lin·gual ['lɪŋgwəl] **1.** *adj* lingual, Lingual-, Zungen- ⟨~ sound Zungenlaut *m*⟩ | Sprach-, Sprachen- ⟨~ studies⟩; **2.** *s Ling* Lingual *m*, Zungenlaut *m*

lin|guist ['lɪŋgwɪst] *s* Linguist(in) *m(f)*, Sprachforscher(in) *m(f)* | Sprachenkenner(in) *m(f)*; **~'guis·tic, ~'guis·ti·cal** *adj* linguistisch, sprachwissenschaftlich | (Sprach(en)- ⟨≈ knowledge Sprachkenntnis *f*; Kenntnis mehrerer Sprachen⟩ | sprachlich, Sprach- ⟨≈ development; ≈ change; ≈ universal⟩; **~guis·ti·cian** [ˌ~gwɪ'stɪʃn] *s* Linguist *m*, Sprachwissenschaftler *m*; **ˌ~'guis·tics** *s/pl* (*meist sg konstr*) Linguistik *f*, Sprachwissenschaft *f*; **~ˌguis·tic 'sci·ence** *s* Sprachwissenschaft *f*; **~ˌguis·tic 'stock** *s Ling* Sprachfamilie *f*

linguo- [lɪŋgwə(ʊ)] ⟨*lat*⟩ *in Zus* Zungen-

ling·y ['lɪŋɪ] *adj* voller Heidekraut | heidekrautähnlich

lin·i·ment ['lɪnɪmənt|-nəm-] *s Med* Einreibemittel *n*, Einreibung *f*, Liniment *n*

lin·ing ['laɪnɪŋ] *s* (Kleid-) Futter(stoff) *n(m)* ⟨fur ~ Pelzfutter *n*⟩ | Füttern *n* (e-s Kleides) | Auskleidung *f*, Belag *m* ⟨~ with concrete Auskleidung *f* mit Beton, Betonierung *f*; brake ~ *Kfz* Bremsbelag *m*⟩ | *Tech* Kaschierung *f* | *Buchw* Kapitalband *n* ◇ **every cloud has a silver ~** *Sprichw* nach Regen scheint Sonne; **'~ ˌfab·ric** *s* Futterstoff *m*; **'~ felt** *s* Isolierfilz *m*; **'~ ˌmet·al** *s* Lagermetall *n*; **ˌ~ 'out** *s Tech* Anreißen *n*; **'~ ˌpa·per** *s* Kaschierpapier *n*

[1]**link** [lɪŋk] **1.** *s* (Ketten-) Glied *n*, Gelenk *n* | Verbindung *f*, Band *n* | (Strick-) Masche *f* | *Tech* Gelenkstück *n* | *auch* **'cuff ~, 'sleeve ~** Manschettenknopf *m* | (Geodäsie) Meßkettenglied *n* | *übertr* Ketten-, Bindeglied *n* ⟨connecting ~ Bindeglied *n*; missing ~ Zwischenstufe *f* zwischen Mensch und Tier; the ~ between the past and the future Verbindung *f* zwischen Vergangenheit und Zukunft⟩ | *arch* Link *n* (Maßeinheit = ca. 20cm); **2.** *vt* verbinden (**to, with** mit) ⟨to ~ s.th. together etw. miteinander verbinden; to ~ one's arm in/through s.o.'s arm sich einhaken bei jmdm.⟩ | *meist* **~ up** verketten; *vi*, *auch* **~ up** sich verbinden, zusammenhängen (**to, with** mit)

[2]**link** [lɪŋk] *s Hist* (Pech-) Fackel *f*

[3]**link** [lɪŋk] *vi Schott dial* sich beeilen, sich sputen

link·age ['lɪŋkɪdʒ] *s* (Ver-) Bindung *f*, Verkettung *f*, Verbindungsweise *f* | *Pol* Verknüpfung *f* (ganz) verschiedener Verhandlungsgegenstände | Kette *f* | *El* Kopplung *f* | *Tech* Getriebe *n*

link|boy ['lɪŋkbɔɪ], *auch* **~man** ['~mæn] *s* (*pl* **~men** ['~men]) *Hist* Fackelträger *m*

link·ing ['lɪŋkɪŋ] *s Tech* Ketteln *n*; '**~ ma,chine** *s* Kettelmaschine *f*

link|man ['lɪŋkmən] *s* (*pl* '**~men**) *Rundf, Ferns* Moderator *m* | *Brit* (Fußball, Rugby, Hockey) Mittelfeldspieler *m*

links [lɪŋks] *s/pl* (*auch sg konstr*) Golfplatz *m* | *auch* '**~land** sandiges, gewelltes Grasland (an der Küste), Küstendünen *f/pl*

link·up ['lɪŋkʌp] *s auch übertr Tech* Verbindung *f* ⟨road ≈ Zusammentreffen *n* zweier Straßen; space ≈ Kopplungsmanöver *n* (von Raumschiffen); television ≈ Fernseh(programm)übernahme *f*⟩

link verb ['lɪŋk vɜ:b] *s Ling* Kopula *f*, Hilfszeitwort *n*

linn [lɪn] *Schott s* Tümpel *m* | Wasserfall *m* | steile Schlucht

lin·net ['lɪnɪt] *s Zool* Hänfling *m*

li·no ['laɪnəʊ] *s Kurzw umg* Linoleum *n*; '**~cut** *s* (Kunst) Linolschnitt *m*

lin·o·le·ic ac·id [,lɪnəʊ'li:ɪk 'æsɪd] *s Chem* Linolsäure *f*

li·no·le·um [lɪ'nəʊlɪəm] *s* Linoleum *n*

lin·on ['lɪnɒn] *s* Linon *m*, Baumwollköper *m*

lin·o·type ['laɪnəʊtaɪp] *s Typ* Zeilensetz-, Zeilengießmaschine *f*, Linotype *f* | Maschinensatz *m*

lin·seed ['lɪnsi:d] *s Bot* Leinsamen *m*; '**~ oil** *s* Leinöl *n*

lin·sey-wool·sey [,lɪnzɪ 'wʊlzɪ] **1.** *s* Halbwollstoff *m* | billiges Zeug, Schund *m* | *übertr* Unsinn *m*, Gewäsch *n*; **2.** *adj* halbwollen | *übertr* unbestimmbar, ungereimt, undefinierbar

lint [lɪnt] *s* Lint(baumwolle) *n*(*f*) | Fussel *f*, Faserteilchen *n* | *Med* Scharpie *f*, Mull *m*

lin·tel ['lɪntl] *s Arch* Oberschwelle *f*, (Fenster-, Tür-) Sturz *m*

lint·seed ['lɪntsi:d] = **linseed**

lint·y ['lɪntɪ] *adj* fusselig, voller Fusseln | faserig, flaumig

lin·y ['laɪnɪ] *adj* voller Linien | strichartig | faltig, runzlig

li·on ['laɪən] *s* Löwe *m* (*auch übertr, Astr*) ⟨the ~'s share *übertr* der größte Anteil, Löwenanteil *m*; to go into the ~'s den, to put one's head into the ~'s mouth *übertr* in die Höhle des Löwen gehen; ~ in the way / path (*meist* eingebildete) große Gefahr⟩ | *übertr* Berühmtheit *f*, Größe *f* ⟨to make a ~ of s.o. jmdn. feiern⟩; **~cel** ['~sel] *s Her* kleiner *od* junger Löwe; **~esque** [,~'esk] *adj* löwenartig; '**~ess** *s* Löwin *f*; **~et** ['~ət|'~ɪt] *s* junger Löwe; '**~,heart·ed** *adj* tapfer; '**~-,hunt·er** *s* Löwenjäger *m* | *übertr* Prominenten-, Zelebritätenjäger *m*; '**~ize** *vt* (jmdn.) als Helden des Tages feiern | *Brit* (jmdm.) Sehenswürdigkeiten zeigen | *Brit* die Sehenswürdigkeiten besuchen von ⟨to ≈ New York⟩; *vi* sich als Held des Tages feiern lassen | *Brit* Sehenswürdigkeiten besichtigen; '**lions** *s/pl Brit* Sehenswürdigkeiten *f/pl* (e-s Ortes) ⟨to show s.o. the ≈⟩; '**~'s-mouth** *s Bot* Löwenmaul *n*; '**~'s-tooth,** '**~'s teeth** *s Bot* Löwenzahn *m*

lip [lɪp] **1.** *s* Lippe *f* ⟨lower ~ Unterlippe *f*; upper ~ Oberlippe *f*; to bite one's ~ sich auf die Lippen beißen; to curl one's ~ (verärgert) die Lippen verziehen; from his own ~s aus seinem eigenen Munde; to hang on s.o.'s ~s jmdm. an den Lippen hängen, jmdm. eifrig *od* gespannt lauschen; to open one's ~s den Mund aufmachen, reden; it passed my ~s es kam mir über die Lippen, ich hab es gesagt; to keep a stiff upper ~ *übertr* den Mut nicht verlieren; sich nicht unterkriegen lassen; to make a ~ murren⟩ | *Sl* Unverschämtheit *f*, Frechheit *f* ⟨he had the ~ to … er war so frech zu *mit inf*; none of your ~! keine Unverschämtheiten!, nicht so unverschämt!⟩ | (Tasse, Krater u. ä.) (oberer) Rand, Kante *f* ⟨the ~ of the bowl⟩ | *Tech* Gießschnauze *f*, Ausguß *m*; **2.** *adj* Lippen- | *Ling* labial, Lippen-; *vt* mit den Lippen berühren, küssen | *auch* **~ up** in den Mund nehmen; *vi meist* **~ over** (Gefäß) über (den Rand) fließen, überquellen; '**~-'deep** *adj* oberflächlich, seicht

lip·id[e] ['lɪpaɪd|-pɪd|'laɪ-] *s Chem* Lipoid *n*

lipo- [lɪpə(ʊ)] ⟨*griech*⟩ *in Zus* Fett-

lip·oid ['lɪpɔɪd|'laɪ-] *Chem* **1.** *adj* lipoid, fettartig; **2.** *s* Lipoid *n*; **li·pol·y·sis** [lɪ'pɒləsɪs] *s Chem* Lipolyse *f*, Fettspaltung *f*; **li·po·ma** [lɪ'pəʊmə] *s* (*pl* **li·po·ma·ta** [lɪ'pəʊmətə]) *Med* Lipom *n*, Fettgeschwulst *f*; **li·po·ma·to·sis** [lɪ,pəʊmə'təʊsɪs] *s Med* Lipomatose *f*, Fettsucht *f*; **li·pom·a·tous** [lɪ'pɒmətəs|-'pəʊ-] *adj Med* lipomatös; **lip·o·some** ['lɪpəsəʊm] *s Chem* Liposom *n*; **lip·o·trop·in** [,lɪpə'trəʊpɪn] *s Chem* Lipotropin *n*

lipped ['lɪpt] *adj in Zus* -lippig ⟨thick-~ mit dicken Lippen⟩ | -randig; **lip·py** ['lɪpɪ] *adj umg* frech

lip|-read ['lɪpri:d] *vt* (etw.) von den Lippen ablesen; *vi* von den Lippen ablesen; '**~,read·ing** *s* Ablesen *n* der Worte vom Mund, Absehen *n*; '**~,serv·ice** *s* Lippenbekenntnis *n* ⟨to pay ≈ to s.o. jmdm. nach dem Mund reden, Zustimmung heucheln für⟩; '**~ ,speak·er** *s* jmd., der sich mit den Lippen (mit Hörgeschädigten) verständigen kann; '**~stick** *s* Lippenstift *m*; '**~ ,wor·ship** *s* Lippendienst *m*, Heuchelei *f*

li·quate ['laɪkweɪt] *vt* (Metall, Kristalle) (aus)schmelzen, (aus)seigern; **li'qua·tion** *s Tech* (Aus-) Seigerung *f*, Schmelzen *n*

liq·ue|fa·cient [,lɪkwɪ'feɪʃnt] **1.** *adj* verflüssigend; **2.** *s* Verflüssigungsmittel *n*; **~fac·tion** [,~'fækʃn] *s* Verflüssigung *f*, Schmelzung *f*; **~fac·tive** [,~'fæktɪv] *adj* verflüssigend; **~fi·a·ble** ['~faɪəbl] *adj* schmelzbar; '**~fi·er** [-faɪə] *s* Verflüssigungsapparat *m* | Verflüssigungsmittel *n*; '**~fy** *vi, vt* (sich) verflüssigen, schmelzen, zerlassen, flüssig machen

liq·ues·cent [lɪ'kwesnt] *adj* sich verflüssigend, schmelzend | zur Verflüssigung neigend

li·queur [lɪ'kjʊə|lɪ'kɜ:] **1.** *s* Likör *m*; **2.** *vt* (etw.) mit Likör mischen; **,~ 'choc·o·late** *s* Likörpraline *f*

liq·uid ['lɪkwɪd] **1.** *adj* (tropfbar) flüssig, fließend ⟨~ food Flüssignahrung *f*; ~ mud Schlamm *m*⟩ | Flüssigkeits- ⟨~ barometer⟩ | (Luft, Augen u. ä.) durchsichtig, klar, hell ⟨a ~ sky⟩ | unbeständig ⟨~ opinions⟩ | (Laute u. ä.) sanft, rein, klar ⟨~ notes reine Töne⟩ | *Ling* palatal(isiert) | *Wirtsch* flüssig ⟨~ assets flüssige Mittel *n/pl*; ~ reserve Liquiditätsreserve *f*⟩; **2.** *s* Flüssigkeit *f* | *Ling* Liquida *f*

liq·ui|date ['lɪkwɪdeɪt] *vt Wirtsch* liquidieren, auflösen | (Geschäft) abwickeln | (Schulden) löschen, bezahlen, abtragen | (Geld) flüssig machen | *übertr* liquidieren, beseitigen | *Sl* umbringen; *vi Wirtsch* Schulden bezahlen | in Liquidation treten; **,~'da·tion** *s Wirtsch* Liquidation *f*, Abwicklung *f* ⟨to go into ≈ in Liquidation treten⟩ | Tilgung *f*, Bezahlung *f* | *übertr* Beseitigung *f*; '**~,da·tor** *s Wirtsch* Liquidator *m*, Abwickler *m*

li·quid crys·tal [,lɪkwɪd 'krɪstl] *s Phys* Flüssigkristall *m*

li·quid·i·ty [lɪ'kwɪdɪtɪ] *s* Flüssigkeit *f* (Zustand), Wässrigkeit *f* | Reinheit *f*, Durchsichtigkeit *f* | *Wirtsch* Liquidität *f*

,liq·uid| 'meas·ure ['lɪkwɪd 'meʒə] *s* Flüssigkeitsmaß *n*; **,~ 'mem·brane** *s* Flüssigkeitsmembrane *f*; **,~ 'par·af·fin** *s Chem* Paraffinöl *n*

li·quid|ize ['lɪkwɪdaɪz] *vt* (Obst) (im Mixer) zerkleinern, pürieren; '**~iz·er** *s Brit* (Obst) Mixgerät *n*, Mixer *m*

liq·uor ['lɪkə] **1.** *s Brit förml* Alkohol *m*, Spirituosen *pl*, geistiges Getränk ⟨in ~, the worse for ~ betrunken; hard ~ starke Getränke *n/pl*; malt ~ Bier *n*; spirituous ~ Branntwein *m*, Whisky *m*; under the influence of ~ unter Alkoholeinfluß⟩ | *Am* Schnaps *m* | Flüssigkeit *f*, Saft *m* | (Färberei) (Einweich-) Lauge *f,* Flotte *f* | *Kochk* Brühe *f* | Brauwasser *n* | *Med* Lösung *f;* **2.** *vt* einweichen | *bes Sl* ~ **up** betrunken machen ⟨to get ~ed up sich besaufen⟩ | (Leder) einölen, schmieren, einfetten; *vi* ~ **up** *Sl* einen heben, trinken

liq·uo·rice ['lıkərıs|-rıʃ] *s Bot* Lakritze *f*

li·ra ['lıərə] *s* (italienische) Lira

lisle [laıl] **1.** *s* Flor *m,* Baumwollzwirn *m* | Florware *f;* **2.** *adj* Flor-; '**~ thread,** '**~ yarn** *s* Florgarn *n*

lisp [lısp] **1.** *s* Lispeln *n,* lispelnde Aussprache ⟨to speak with a ~ lispeln⟩ | *übertr* (Blätter, Wellen u. ä.) Lispeln *n,* Rascheln *n,* Plätschern *n;* **2.** *vi, vt* lispeln, mit der Zunge anstoßen

lis·som[e] ['lısəm] *adj* biegsam, geschmeidig, gelenkig ⟨a ~ girl⟩ | flink, schnell, gewandt

[1]**list** [lıst] **1.** *s* Liste *f,* Verzeichnis *n* ⟨shopping ~ Einkaufszettel *m;* on the ~ auf der Liste; to make / draw up a ~ eine Liste aufstellen; the active ~ *Mil* erste Offiziersreserve; the free ~ Verzeichnis *n* der zollfreien Einfuhrartikel; Personen *f/pl* mit freiem Eintritt (in Theater, Konzert u. ä.); ~ of the crew *Mar* Musterrolle *f;* ~ of quotations *Wirtsch* Kurszettel *m;* ~ of presence Anwesenheitsliste *f*⟩; **2.** *vt förml* in eine Liste eintragen, auf-, verzeichnen, registrieren | katalogisieren

[2]**list** [lıst] *Mar* **1.** *s* Schlagseite *f* ⟨a bad ~ to port starke Schlagseite nach Backbord⟩ | Neigung *f,* Überhängen *n;* **2.** *vi* Schlagseite haben ⟨to ~ to starboard Steuerbord-Schlagseite haben⟩; *vi* überhängen, krängen

[3]**list** [lıst] **1.** *s* (Gewebe-) Rand *m,* Saum *m* | Webekante *f,* Salband *n* | (Stoff) Streifen *m* | Farbstreifen *m* | Leiste *f,* Latte *f* | Grenze *f,* Umzäunung *f;* **2.** *vt* (ein)säumen | mit Stoffstreifen belegen | (Tür) mit Leisten beschlagen | (Brett) abkanten | (Pfosten) grob zuhauen

[4]**list** [lıst] *poet vi* horchen, lauschen (**to** auf)

[5]**list** [lıst] ('**~ed,** '**~ed** *od* **~,** **~**; *3. pers sg präs* ~ *od* **~eth** ['~ıθ]) *arch, poet vt* (jmdn.) gelüsten, (jmdm.) belieben, (jmdm.) gefallen ⟨it ~ed me es gelüstete mich⟩ | wollen, wünschen (**to** *mit inf*); *vi* wollen, wünschen ⟨as he ~ed wie er wollte⟩

lis·tel ['lıstl] *s Arch* Leiste *f*

lis·ten ['lısn] **1.** *vi* (zu)hören, horchen, lauschen (**to** auf) ⟨~! hör mal!⟩ | *übertr* hören (**to** auf), übereinstimmen (**to** mit) ⟨don't ~ to him glaub ihm nicht!⟩; ~ **for** aufpassen auf, warten auf ⟨~ for the moment⟩; ~ **in** Radio hören ⟨to ≈ to/on a programme ein Programm hören⟩ | überhören, mithören (**on, to** bei) | *Tel* mit-, abhören (**on, to s.th.** etw.); ~ **out** *umg* (genau) hinhören (**for s.th.** auf etw.); **2.** *s umg* Zuhören ⟨have a ~ hör mal (zu)!⟩; '**~a·ble** *adj umg* gut anzuhören ⟨is it ≈? lohnt sich das Anhören?⟩; '**~er** *s* Zuhörer(in) *m(f),* Lauscher(in) *m(f);* '**~er-'in** *s* (*pl* '**~ers-'in**) (Rundfunk-) Hörer(in) *m(f);* '**~ing post** *s Mil* Horchposten *m* (*auch übertr*); '**~ing ˌserv·ice** *s Mil* Abhördienst *m*

list·less ['lıstləs] *adj* lustlos, teilnahmslos, gleichgültig

lists [lısts] *s/pl* Schranken *f/pl* | *Hist* Turnierplatz *m* ⟨to enter the ~ against *übertr* in die Schranken treten, in den Kampf eingreifen gegen⟩

[1]**lit** [lıt] *prät* u. *part perf* von ↑ [1]**light 3.**

[2]**lit** [lıt] *prät* u. *part perf* von ↑ [3]**light**

[3]**lit** [lıt] *Kurzw* von **literature** | **literally** | **litre**

lit·a·ny ['lıtənı] *s Rel* Litanei *f*

li·tchi, *auch* **ly·chee** ['laıtʃi:] *s* Litschi(baum) *m* | Litschipflaume *f;* '**~ nut** *s* Litschinuß *f,* chinesische Haselnuß

li·ter ['li:tə] *s Am* Liter *m, n*

lit·er·a·cy ['lıtrəsı|-tər-] *s* Fähigkeit *f* zu lesen und zu schreiben | Bildung *f,* Gebildetsein *n*

lit·er·al ['lıtr̩l] **1.** *adj* buchstäblich, wörtlich ⟨a ~ translation⟩ | Buchstaben- ⟨~ error Druckfehler *m,* falscher Buchstabe⟩ | (Person) nüchtern, prosaisch, pedantisch ⟨a ~ mind⟩ | (*Ant* figurative) nicht übertragen, ursprünglich, buchstäblich ⟨in the ~ sense⟩ | wahrheitsgetreu ⟨a ~ description⟩; **2.** *s* Druckfehler *m;* **~ism** ['lıtr̩əlızm] *s* Buchstäblichkeit *f* | wirklichkeitsgetreue Darstellung; '**~ly** *adv* buchstäblich, wirklich ⟨≈ nothing absolut nichts⟩ | Wort für Wort ⟨to translate ≈⟩ | *übertr* wortwörtlich ⟨to take s.th. ≈ etw. wortwörtlich nehmen⟩ | *intens* richtig(gehend), völlig ⟨≈ blue with cold ganz blau vor Kälte⟩

lit·er|ar·y ['lıtr̩ı|-rərı] *adj* literarisch, Literatur- ⟨≈ man Autor *m,* Literat *m;* Literaturfachmann *m;* the ≈ profession die Schriftsteller *m/pl*⟩; **ˌ~ar·y his'to·ri·an** *s* Literarhistoriker *m;* **ˌ~ar·y 'his·to·ry** *s* Literaturgeschichte *f;* **ˌ~ar·y 'prop·er·ty** *s* geistiges Eigentum; **ˌ~ar·y 'style** *s* gehobene Sprache, Literatursprache *f* (*Ant* colloquial style); **~ate** ['lıtərət|'lıtrət] **1.** *adj* des Lesens und Schreibens kundig (*Ant* illiterate) | gebildet | literarisch; **2.** *s* des Lesens und Schreibens Kundige(r) *f(m)* | Gebildete(r) *f(m)* | Schriftsteller(in) *m(f)* | *Rel* Pfarramtskandidat *m;* **lit·e·ra·ti** [ˌlıtə'rɑ:tı] *s/pl förml* Schriftsteller *m/pl* | Gelehrte *m/pl;* **~a·ture** ['lıtr̩ətʃə] *s* (schöne) Literatur | (Fach-) Literatur *f,* Schrifttum *n* (**of** über) | Schriftstellerei *f* | *umg* Literatur *f,* Material *n*

lith- [lıθ] ⟨*griech*⟩ *in Zus* Stein-

lithe [laıð], '**~some** *adj* (Person, Körper) biegsam, geschmeidig, wendig ⟨≈ dancing girls; ≈ movements⟩

[1]**lith·ic** ['lıθık] *adj Chem* Lithium-

[2]**lith|ic** ['lıθık] *adj* Stein- | (Blasen-) Stein- ⟨≈ acid Harnsäure *f*⟩; '**~i·fy** *vi, vt Geol* versteinern

-lith·ic [lıθık] *suff mit der Bedeutung* -lithisch, -steinzeitlich (*z. B.* **neolithic**)

lith·i·um ['lıθıəm] *s Chem* Lithium *n*

litho- [lıθə(ʊ)] ⟨*griech*⟩ *in Zus* Stein-

lith·o|ge·nous [lı'θɒdʒənəs] *s Geol* lithogen, aus Steinen entstanden; **~graph** ['lıθəgrɒ:f] **1.** *s* Lithographie *f,* Steindruck *m;* **2.** *vi, vt* lithographieren; **li·thog·ra·pher** [lı'θɒgrəfə] *s* Lithograph *m;* **~graph·ic** [ˌ~'græfık], **ˌ~'graph·i·cal** *adj* lithographisch, Steindruck-; **li·thog·ra·phy** [lı'θɒgrəfı] *s* Lithographie *f,* Steindruck(verfahren) *m(n);* **~log·ic** [ˌ~'lɒdʒık], **ˌ~'log·i·cal** *adj* lithologisch; **li·thol·o·gist** [lı'θɒlədʒıst] *s* Lithologe *m,* Gesteinskenner *m;* **li·thol·o·gy** [lı'θɒlədʒı] *s* Lithologie *f,* Gesteinskunde *f* | *Med* Steinkunde *f;* **~phyte** ['~faıt] *s Bot* Lithophyt *m,* Steinpflanze *f;* '**~print 1.** *s* lithographiertes Buch *n;* **2.** *vt* lithographieren; **~sphere** ['~sfıə] *s Geol* Lithosphäre *f,* Gesteinsmantel *m* der Erde

Lith·u·a·ni·an [ˌlıθju'eınıən] **1.** *adj* litauisch; **2.** *s* Litauer(in) *m(f)* | Litauisch *n*

lit·i|ga·ble ['lıtıgəbl] *adj Jur* streitig; '**~gant** *Jur* **1.** *s* Prozeßführende(r) *f(m),* prozessierende Partei; **2.** *adj* prozessierend; '**~gate** *vi, vt Jur* einen Prozeß führen *od* anstrengen, prozessieren (um); **ˌ~'ga·tion** *s Jur* Prozeß *m* | Streit *m;* '**~ga·tor** *s Jur* prozessierende Partei; **li·ti·gious** [lı'tıdʒəs] *adj Jur* Prozeß- | strittig, streitig ⟨a ≈ argument⟩ | *verächtl* prozeßsüchtig ⟨a ≈ person⟩

lit·mus ['lıtməs] *s Chem* Lackmus *n;* '**~ ˌpa·per** *s* Lackmuspapier *n*

li·to·tes ['laıtəti:z|-təʊt-] *s Rhet* Litotes *f,* Untertreibung *f*

li·tre ['li:tə], *Am* **li·ter** ['li:tə] *s* Liter *m od n*

lit·ter ['lıtə] **1.** *s* Sänfte *f* | Tragbahre *f* | (Stall) Streu *f,* Heu *n* | Frostabdeckung *f* | Wurf *m* (junger Tiere) ⟨a ~ of puppies ein Wurf *m* junger Hunde; at a ~ in einem Wurf⟩ | *Landw* (Stall-) Mist *m* | Herumliegendes *n,* Abfall *m,* Abfälle *m/pl,* Reste *m/pl* | (*nur sg mit indef art*) Unordnung *f* ⟨to be in a ~ in Unordnung sein⟩; **2.** *vt, oft* **~ down** (Tiere) mit Stroh versehen, (Stall) einstreuen | (Pflanzen) mit Streu *od* Stroh bedecken | (Zimmer, Straße) in Unordnung bringen, verunreinigen | *auch* ~ **up** herumliegen auf, in ⟨paper ~s up the floor Papier liegt auf dem Fußboden herum⟩ | (unordentlich) herumliegen lassen | (Junge) werfen; *vi* Papier (u. ä.) herum-, verstreuen, Schmutz machen ⟨don't litter werfen Sie kein Papier weg!⟩ | Junge werfen

lit·te·ra·teur [ˌlɪtərəˈtɜː] *s* Literat *m*

lit·ter| bas·ket [ˈlɪtəˌbɑːskɪt] *s* Abfallkorb *m*, -eimer *m*; **'~bin** *s Brit*, **'~ bag** *Am* (öffentlicher) Papierkorb, Abfalleimer *m*; **'~lout** *s Brit*, **'~bug** *Am* **1.** *s* Umweltverschmutzer *m*, Dreckspatz *m*, Schmutzfink *m*; **2.** *vi* Papier und Abfall wegwerfen, die Natur verschmutzen

lit·tle [ˈlɪtl] **1.** *adj* (*comp* **less** [les], *sup* **least** [liːst]) klein ⟨a ~ child; a pretty ~ house; that poor ~ boy⟩ | (Zeit, Entfernung, Umfang) kurz, knapp ⟨a ~ time einige Zeit; a ~ way eine kurze Wegstrecke⟩ | klein, unwichtig ⟨the ~ things of life⟩ | klein, jung ⟨~ ones Kinder *n/pl*; the ~ Joneses die Joneskinder *n/pl*; to be too ~ zu jung *od* klein sein⟩ | (*ohne indef art*) nicht viel, (zu) wenig, gering ⟨but ~ nur wenig; ~ hope wenig Hoffnung; I have ~ time ich habe wenig Zeit; to gain ~ advantage wenig Vorteil haben; he knows ~ Latin and less Greek er kann wenig Latein und noch weniger Griechisch⟩ | (*mit indef art*) ein wenig, etwas ⟨a ~ bit *umg* ein wenig, etwas; a ~ Russian etwas Russisch; a ~ care einige Sorgfalt; a ~ cake ein wenig Kuchen; not a ~ concern nicht wenig Sorge, beträchtliche Sorge⟩ | unbedeutend, schwach, wenig ⟨~ attention⟩ | beschränkt, kleinlich ⟨a ~ mind ein beschränkter Geist⟩; **2.** *adv* kaum, wenig, (*bes nach* **very**) selten ⟨to be ~ known wenig bekannt sein; to sleep very ~ sehr wenig schlafen; to see s.o. very ~ jmdn. sehr selten sehen; ~ more than 6 o'clock wenig nach sechs Uhr; ~ short of fast; ~ better than fast so schlimm wie⟩ | (*vor v wie* **know, think, imagine, guess, suspect, realize**) überhaupt nicht, ganz und gar nicht ⟨he ~ knows, ~ does he know that er hat keine Ahnung, daß; to know ~ about s.th. wenig über etw. wissen⟩; **3.** *s* Weniges *n*, Kleinigkeit *f* ⟨to do very ~ sehr wenig tun; to see very ~ of s.o. sehr wenig von jmdm. sehen; the ~ of his work that I know das Wenige, was ich von seiner Arbeit kenne; to get ~ out of s.th. wenig von etw. haben; to do what ~ one can so wenig tun, wie man nur kann; to make ~ of wenig halten von; wenig verstehen von; every ~ helps jede Kleinigkeit ist eine Hilfe; ~ by ~ nach und nach; ~ or nothing fast gar nichts; in ~ im Kleinen⟩ | (*mit indef art*) ein wenig, ein bißchen ⟨a ~ ein wenig; after a ~ nach einer Weile; ever so ~ noch so wenig; for a ~ auf kurze Zeit, eine Zeitlang⟩ | (*mit indef art vor adj, part*) ziemlich, etwas ⟨a ~ afraid; a ~ too large etwas zu groß; not a ~ annoyed ziemlich verärgert⟩; **ˌ~ 'broth·er** *s* jüngerer *od* kleiner Bruder; **ˌ~ 'fin·ger** *s* kleiner Finger; **'~-go** *s umg Brit* (Universität Cambridge) Vorprüfung *f*, erste Prüfung (für B. A. Grad); **ˌ~ 'Mar·y** *s umg Brit* Magen *m*; **'~-ˌmind·ed** *adj* engstirnig, kleinlich; **'~ ˌpeo·ple**, *auch* **'~ folk** *s bes Ir* Elfen *pl*; **ˌ~ 'sis·ter** *s* jüngere *od* kleine Schwester; **'~ 'the·a·tre** *s* Kleinbühne *f*, Kammerspiele *n/pl* | Experimentierbühne *f*; **ˌ~ 'toe** *s* kleine Zehe; **ˌ~ 'wom·an** *s oft verächtl* (Ehe-) Frau *f*, Alte *f*

lit·to·ral [ˈlɪtərl] *förml* **1.** *s* Küstenland *n* | Gezeitenzone *f*; **2.** *adj* litoral, Küsten-, Strand-

li·tur·gi·cal [lɪˈtɜːdʒɪkl] *adj* liturgisch; **li'tur·gics** *s/pl* (*oft sg konstr*) Liturgik *f*; **lit·ur·gy** [ˈlɪtədʒɪ] *s* Liturgie *f*

liv·a·ble, *auch* **live·a·ble** [ˈlɪvəbl] *adj* wohnbar, zum Wohnen geeignet ⟨a ~ house⟩ | (Leben u. ä.) erträglich | gesellig, umgänglich; **~ with** (Verhalten u. ä.) akzeptabel ⟨this is not ~ with das ist nicht auszuhalten⟩

live [lɪv] *vi* leben ⟨~ and learn! man lernt nie aus; to ~ and let ~ leben und leben lassen; to ~ to a great age ein hohes Alter erreichen; to ~ to be old alt werden; to ~ to see erleben; to ~ through s.th. etw. durchleben, etw. durchstehen⟩ | leben, sich ernähren (**by** mit, von, durch, nach, **on, upon** von) ⟨to ~ from hand to mouth von der Hand in den Mund leben; to ~ on bread and water von Brot und Wasser leben; to ~ on a diet diät leben; to ~ on £ 1000 a year mit £ 1000 im Jahr den Lebensunterhalt bestreiten; he ~s on his wife er lebt auf Kosten seiner Frau; to ~ on one's wits mit Schläue durchs Leben kommen; to ~ on air *übertr* von der Luft leben⟩ | (auf bestimmte Art) leben ⟨to ~ honestly ehrlich leben; to ~ in a small way in kleinen Verhältnissen leben, bescheiden leben; to ~ a lie sein Leben zu einer Lüge machen; to ~ well gut leben; to ~ to o.s. für sich leben⟩ | das Leben genießen ⟨she wanted to ~⟩ | wohnen (**with** mit) ⟨to ~ in clover wie die Made im Speck *od* wie der Herrgott in Frankreich leben⟩ | erhalten bleiben, fortleben, bestehen ⟨his memory will ~ die Erinnerung an ihn wird fortleben; the ship couldn't ~ in the storm das Schiff konnte den Sturm nicht überleben⟩; **~ in** wohnen, wo man arbeitet; **~ out** außerhalb wohnen; **~ up** leben (**to** gemäß) ⟨to ~ up to one's principles seinen Grundsätzen nach leben⟩; *vt* (durch)leben, verbringen ⟨to ~ a happy life glücklich leben; to ~ a good life ein tadelloses Leben führen; to ~ a double life ein Doppelleben führen; to ~ one's life alone für sich allein leben⟩; **~ down** überwinden, wiedergutmachen, vergessen machen ⟨to ~ down a prejudice durch gutes Beispiel ein Vorurteil beseitigen⟩; **~ off** leben von, auskommen mit | *verächtl* abhängig sein von; **~ out** überleben; **~ it up** *umg* sich ausleben

live [laɪv] *adj* (*nur attr*) lebend, lebendig ⟨a ~ eel ein lebendiger Aal; a ~ fence ein lebender Zaun⟩ | belebt | *umg* lebendig, aktiv, energisch ⟨a ~ manager⟩ | aktuell, von brennendem Interesse ⟨a ~ issue ein brennend aktuelles Thema⟩ | *Rundf, Ferns* original, direkt übertragen ⟨a ~ programme⟩ | glühend (*auch übertr*) ⟨~ coal; ~ hatred⟩ | *El* stromführend ⟨~ rail Stromschiene *f*, Stromzuführungsschiene *f*; ~ wire unter Spannung stehender Draht, stromführende Leitung; *übertr* einer, der auf Draht ist, energiegeladener Mensch⟩ | (Farbe u. ä.) frisch ⟨~ colours; ~ steam Frischdampf *m*⟩ | *Mil* (Munition) scharf | (Streichholz) nicht abgebrannt ⟨a ~ match⟩ | (Kalk) gebrannt ⟨~ lime⟩ | *Tech* Trieb- ⟨~ axle Antriebsachse *f*⟩

live|a·ble [ˈlɪvəbl] = **livable**; **lived** [laɪvd] *adj* lebend, lebendig; **-lived** [laɪvd|lɪvd] *in Zus* -lebig ⟨long-≈ langlebig; short-≈ kurzlebig; tough-≈ zäh[lebig]⟩; **'~-in 1.** *adj* im Hause wohnend ⟨a ≈ maid⟩ (*Ant* **~-out**) | mit Betriebs-, Dienstwohnung ⟨a ≈ job⟩ | mit jmdm. zusammenwohnend, bei jmdm. wohnend (und schlafend) ⟨a ≈ girlfriend⟩ | die Bewohnbarkeit betreffend ⟨≈ prospects on Mars⟩; **2.** *s* jmd., der *od* die mit jmdm. zusammenwohnt | Hausbesetzung *f* ⟨protest ≈⟩; **~li·hood** [ˈlaɪvlɪhʊd] *s* Auskommen *n*, Unterhalt *m* ⟨to earn/gain/make one's ≈ by sein Brot, seinen Lebensunterhalt verdienen mit⟩; **~ load** [ˈlaɪvˈləʊd] *s Tech* Nutzlast *f*; **~long** [ˈlɪvlɒŋ] *adj poet* ganz, lang ⟨the ≈ day den lieben langen Tag⟩; **~ly** [ˈlaɪvlɪ] **1.** *adj* lebhaft, munter ⟨≈ interest lebhaftes Interesse⟩ | belebt (**with** durch, von) | (Dinge) schnell, beweglich ⟨a ≈ ball schneller Ball⟩ | lebenswahr, realistisch ⟨a ≈ report⟩ | aufregend ⟨a ≈ time; to make things ≈ for s.o. jmdm. tüchtig einheizen, jmdm. die Hölle heiß machen⟩ | frisch, kräftig ⟨≈ colours⟩ | erfrischend, belebend ⟨≈ air⟩ | *Mar* gut schwimmfähig ⟨a ≈ boat⟩; **liv·en** [ˈlaɪvən] *vi, vt, oft* **liv·en up** (sich) beleben; **~ oak** [ˈlaɪvəʊk] *s Bot* immergrüne Eiche; **[1]liv·er** [ˈlɪvə] *s* Mensch *m*, der in einer bestimmten Weise lebt ⟨an evil ≈ einer, der ein böses Leben führt; fast ≈ Lebemann *m*; good ≈ Schlemmer *m*; loose ≈ liederlicher Mensch⟩

[2]**liv·er** ['lɪvə] *s Anat* Leber *f* | *Kochk* Leber *f* ⟨broiled ~ gebratene Leber⟩

liv·er·ied ['lɪvərɪd] *adj* livriert, in Livree

liv·er|ish ['lɪvərɪʃ] *umg adj* leberleidend | mürrisch; '~ ˌ**saus·age** *s* Leberwurst *f*; '~ **spot** *s* Leberfleck *m*; '**~wort** *s* Leberblümchen *n*; **~wurst** ['~wɜːst] *s Am* Leberwurst *f*

[1]**liv·er·y** ['lɪvərɪ] *s* Livree *f* ⟨in ~ in Livree; out of ~ in gewöhnlicher Kleidung⟩ | Amtstracht *f* | *poet* Kleidung *f* | *übertr* Kleid *n*, Tracht *f* | Mitgliedschaft *f* (e-r Zunft der City von London) | *auch* '~ ˌ**sta·ble** Verpflegung *f*, Kost *f* (von Pferden) | Pflegestall *m* ⟨to keep one's horses at ≈ seine Pferde in Verpflegung haben⟩ | (Pferde) Vermietung *f* | *Jur* Übergabe *f* von Grundbesitz

[2]**liv·er·y** ['lɪvərɪ] = **liverish**

liv·er·y| com·pany ['lɪvərɪ ˌkʌmpənɪ] *s* Livreegesellschaft *f*, Zunft *f* der City von London; '~ **horse** *s* Mietpferd *n*; '**~man** *s* (*pl* '**~men**) Zunftmitglied *n* (der City von London) | Mietstallbesitzer *m* | (Miet-) Stallarbeiter *m*; '~ ˌ**serv·ant** *s* Diener *m* in Livree; '~ ˌ**sta·ble** *s* Mietstallung *f*

lives [laɪvz] *pl* von ↑ **life**

live|stock ['laɪvstɒk] *s Landw* Vieh(bestand) *n*(*m*); '**~stock in**ˌ**sur·ance** *s* Viehversicherung *f*; '**~ware** *s* Menschen *pl*, die am Computer arbeiten (*Ant* hardware, software); '~ **weight** *s* Lebendgewicht *n*

liv·id ['lɪvɪd] *adj* bläulich, bleifarben | (Körper) blau ⟨~ marks blaue Flecken *m/pl*⟩ | (Gesicht) bleich, leichenblaß (**with** vor); **li·vid·i·ty** [lɪ'vɪdətɪ] *s* bläuliche Farbe | Bleichheit *f*, Leichenblässe *f*

liv·ing ['lɪvɪŋ] **1.** *adj* lebend, lebendig ⟨~ being Lebewesen *n*; ~ language lebende Sprache; living proof lebender Beweis; no man ~ kein Sterblicher; the ~ theatre Theater *n* (*Ant* Film, Fernsehen); while ~ bei Lebzeiten; within ~ memory seit Menschengedenken⟩ | stark, lebendig ⟨~ hope, ~ faith⟩ | zeitgenössisch ⟨~ composer⟩ | lebensecht, (natur)getreu ⟨a ~ image of his father seinem Vater wie aus dem Gesicht geschnitten⟩ | gewachsen ⟨~ rock⟩ | glühend ⟨~ coals⟩ | ständig fließend ⟨~ spring plätschernde Quelle⟩ ◇ **the ~** die Lebenden *m, f/pl* ⟨in the land of the ~ im Reich der Lebenden⟩; **2.** *s* Leben *n* ⟨~ is expensive das Leben ist teuer; the art of ~ die Kunst zu leben⟩ | Lebensunterhalt *m* ⟨to earn/gain/make one's ~ by leben von⟩ | Lebensweise *f* ⟨good ~ üppiges Leben; standard of ~ Lebensstandard *m*⟩ | Beruf *m* ⟨for a ~ als Beruf⟩ | *Brit Rel* Pfründe *f*; ˌ~ '**day·lights** *s* in: **knock the ~ day·lights out of s.o.** jmdn. gewaltig verprügeln (*auch übertr*); **scare the ~ day·lights out of s.o.** jmdm. einen riesigen *od* gewaltigen Schock einjagen; ˌ~ **death** *s* trostloses Leben | lebendiges Begräbnis; ˌ~ '**fos·sil** scheinbar längst ausgestorbenes Tier | *umg* jmd., der hinter der Zeit lebt, antiquierter Mensch; ˌ~-'**in** *adj* im Haus untergebracht, Haus- ⟨≈ patients⟩; '~ **room** *s* Wohnzimmer *n*; '~ **space** *s Pol* Lebensraum *m* | Wohnraum *m*, -fläche *f* (*bes* Küche, Wohnzimmer); '~ ˌ**stan·dard** *s* Lebensstandard *m*; '~ ˌ**will** *s Med* Todesersuchen *n*; ˌ~ '**wage** *s* Existenzminimum *n*, ausreichender Lohn

lix·iv·i|ate [lɪk'sɪvɪeɪt] *Tech vt* auslaugen, abbeizen | auskochen, einweichen, einwässern; **lix**ˌ**iv·i'a·tion** *s* Auslaugung *f* | Laugerei *f*, -betrieb *m*; **~um** [~əm] *s* (*pl* **~ums** [~əmz], **~a** [~ə]) *Chem* Lauge *f* | Extrakt *m*

liz·ard ['lɪzəd] *s Zool* Eidechse *f* ⟨common ~ Berg-, Waldeidechse *f*⟩; '~ **fish** *s Zool* Eidechsenfisch *m*

ll *Abk* von **lines** ⟨see ~ 5–7 vgl. Z. 5–7⟩

-'ll [-əl|-l] *kontr* von **shall/will**

lla·ma ['lɑːmə] *s Zool* Lama *n*

lo [ləʊ] *interj arch* sieh!, schau! ◇ **~ and behold** *umg* auf einmal!, kaum zu glauben!

loach [ləʊtʃ] *s Zool* Schmerle *f*

load [ləʊd] **1.** *s* Last *f* (*auch übertr*) ⟨heavy ~ schwere Last; *übertr* eine schwere Bürde; a ~ of care eine Sorgenlast; ~s of money *umg* massig Geld; to take a ~ of s.o.'s mind jmdm. Erleichterung verschaffen⟩ | Wagenladung *f*, Fuhre *f* ⟨a ~ of hay eine Fuhre Heu; a lorry-~ eine Lastwagenfuhre⟩ | *Tech* Last *f*, Belastung *f*, Beanspruchung *f* ⟨~ on axle Achsbelastung *f*; ~ of rupture Bruchlast *f*⟩ | *Tech, El* Leistung *f*, Spannung *f* | *Tech* Beschickung *f*, Charge *f* | (Gewehr) Ladung *f*; **2.** *vt* (be)laden ⟨to ~ a plane with cargo ein Flugzeug mit Fracht laden | (ein)laden ⟨to ~ one's family into the car seine Familie ins Auto packen⟩ | überladen (**with** mit) ⟨to ~ one's stomach with food sich den Magen vollschlagen, sich überessen⟩ | *übertr* überhäufen (**with** mit) ⟨to ~ s.o. with honours jmdn. mit Ehren überhäufen⟩ | *übertr* belasten, bedrücken ⟨a heart ~ed with sorrows ein sorgenschweres Herz⟩ | (Gewehr) laden ⟨are you ~ed? hast du geladen?⟩ | (mit Blei u. ä.) beschweren ⟨to ~ a cane einen Stock beschweren⟩ | (ver)fälschen ⟨to ~ dice Würfel zinken; to ~ the dice against s.o. *übertr* sich einen unerlaubten Vorteil gegenüber jmdm. verschaffen; to ~ wine Wein panschen⟩ | *übertr* voreingenommen machen, einseitig darstellen ⟨to ~ one's questions einseitige Fragen stellen⟩ | (Getränk) verfälschen; **~ down** schwer beladen, volladen ⟨to ~ a boat down with passengers ein Schiff mit Fahrgästen voll laden *od* voll besetzen⟩ | *übertr* überladen, bedrücken ⟨she is ~ed down with sorrows Sorgen lasten schwer auf ihr⟩; **~ up** aufladen, beladen (**with** mit) ⟨to ≈ a lorry⟩; *vi, auch* **~ up** aufladen | Ladung übernehmen | (Gewehr) laden ⟨~ quickly! schnell laden!⟩; '~ ˌ**ar·e·a** *s Tech* Belastungsfläche *f*; '~ **ca**ˌ**pac·i·ty** *s Tech* Trag-, Ladefähigkeit *f*, Belastungsgrenze *f*; '**~ed** *adj* beladen ⟨a ≈ basket ein schwer beladener Korb⟩ | beschwert | (Würfel) gezinkt | *Med* (Zunge) belegt | (Wein) verschnitten | *übertr* voreingenommen, einseitig ⟨to be ≈ in s.o.'s favour (Argument u. ä.) jmdn. (ungerecht) begünstigen⟩ | irreführend, gefährlich ⟨≈ question Fangfrage *f*; ≈ language versteckte Anspielungen *f/pl*⟩ | *umg* steinreich ⟨he's ≈ er hat die Taschen voll Geld⟩ | *Sl* voll (betrunken); '**~er** *s* Ver-, Auflader *m* | (Gewehr-) Lader *m* | Verladevorrichtung *f*; '**~ing** *s* Beladen *n* | Ladung *f*, Last *f* | *El, Tech* Belastung *f*; '**~ing boom** *s Tech* (Kran) Lastarm *m*, Ausleger *m*; '~ **deck**, *auch* '**~ing** ˌ**plat·form** *s* (Ver-) Laderampe *f*; '**~-**ˌ**shed·ding** *s* (partielle) Stromabschaltung (wegen Netzüberlastung); '**~stone** *s* Magnet(eisen) *m*(*n*), Magneteisenstein *m*, -eisenerz *n* | *übertr* Magnet *m*; '~ **test** *s Tech* Belastungsprobe *f*

[1]**loaf** [ləʊf] *s* (*pl* **loaves** [ləʊvz]) Laib *m* Brot ⟨three-pound ~ Dreipfundbrot *n*; half a ~ is better than no bread *übertr* wenig ist besser als gar nichts⟩ | *auch* '**sug·ar~** Zuckerhut *m* ⟨~ sugar Hutzucker *m*⟩ | *Kochk* Frikadelle *f* ⟨meat ~⟩ | *Brit* (Kohl-, Salat-) Kopf *m* | *Brit Sl* Kopf *m* ⟨use your ~ streng deine Rübe an!⟩

[2]**loaf** [ləʊf] **1.** *vi* bummeln ⟨to ~ about herumtrödeln, herumlungern⟩; *vt*, **~ away** vertrödeln; **2.** *s umg* Bummeln *n*, Bummelei *f* ⟨to be on the ~ bummeln; to have a ~ einen Bummel machen⟩; '**~er** *s* Bummler *m*, Bummelant *m*, Faulenzer *m* | *bes Am* Slipper *m* (Schuh)

loaf sug·ar ['ləʊf ʃʊgə] ↑ [1]**loaf**

loam [ləʊm] **1.** *s* Lehm *m*, Ton *m*; **2.** *vt* mit Lehm verschmieren; '**~y** *adj* lehmig, Lehm-

loan [ləʊn] **1.** *s* Anleihe *f* ⟨foreign ~ Auslandsanleihe; government ~ Staatsanleihe *f*; to take up a ~ on s.th. auf etw. eine Anleihe aufnehmen⟩ | Darlehen *n* ⟨a ~ on interest verzinsliches Darlehen; to grant a ~ to s.o. jmdm. ein Darlehen gewähren⟩ | Ausleihung *f*, Ausleihe *f* (**to** an, für)

⟨on ~ leihweise; out on ~ ausgeliehen; a book on ~ (aus)geliehenes Buch; to ask for the ~ of s.th. um leihweise Überlassung einer Sache bitten; to have s.th. on ~ etw. ausgeliehen haben; to have the ~ of s.th. etw. aus- *od* verleihen⟩; **2.** *vt bes Am* (etw.) aus-, verleihen (**to s.o.** jmdm.) | *Brit* auf längere Zeit aus-, verleihen, als Leihgabe geben ⟨to ~ a painting⟩; **'~a·ble** *adj* verleihbar; **'~ bank** *s Wirtsch* Kreditbank *f*, -anstalt *f*; **'~ col,lec·tion** *s* Leihgaben(sammlung) *f/pl* (*f*) (von Kunstwerken); **'~ ,of·fice** *s* Darlehenskasse *f* | Pfandleihanstalt *f*; **'~ trans,la·tion** *s Ling* Lehnübersetzung *f*; **'~word** *s Ling* Lehnwort *n*

loath, *auch* **loth** [ləʊθ] *adj* (*nur präd*) unwillig, abgeneigt ⟨to be ~ to *mit inf* keine Lust haben zu *mit inf*; to be nothing ~ nicht abgeneigt sein⟩

loathe [ləʊð] *vt* hassen, verabscheuen, Ekel empfinden vor | *umg* nicht ausstehen können; **'loath·ful** *adj* ekelhaft, widerlich; **'loath·ing** *s* Abscheu *m*, Ekel *m* (**at** vor); **'loath·ly**, **'loath·some** *adj* (Person) ekelhaft, widerlich, verhaßt | ekelerregend, abstoßend ⟨a ~ disease⟩

loaves [ləʊvz] *pl* von ↑ [1]**loaf**

lob [lɒb] (Sport) **1.** *s* (Tennis) Lob *m*, Hochball *m* | (Kricket) Grundball *m*; **2.** (**lobbed, lobbed**) *vt* lobben | (in hohem Bogen) werfen; *vi* lobben | *auch* **~ along** sich schwerfällig fortbewegen

lo·bar ['ləʊbə] *adj Anat* lobär, Lobär-, Lappen-

lob·by ['lɒbɪ] **1.** *s* Vorhalle *f*, Vestibül *n* ⟨the ~ of a hotel⟩ | (Theater) Wandelgang *m*, Foyer *n* | *Parl* Wandelhalle *f* ⟨division ~ *Brit* Wandelhalle *f*, wo sich Abgeordnete zur Abstimmung treffen⟩ | *Parl* Lobby *f*, Vorsprache *f* bei Abgeordneten ⟨anti-war ~ Antikriegsdemonstration *f* vor dem Parlament⟩ | *Parl* Lobby *f*, außerparlamentarische Vertreter *m/pl*, die auf Abgeordnete Einfluß nehmen, außerparlamentarische Interessenvertretung ⟨clean air ~ Menschen, die sich zum Kampf gegen die Luftverschmutzung zusammengefunden haben⟩; **2.** *vi Parl* Abgeordnete beeinflussen; *vt Parl* (Abgeordnete) beeinflussen; **~ through** *Parl* (Gesetz) durch Beeinflussung der Abgeordneten durchbringen; **'~-,fod·der** *s Parl* Abgeordnete(r) *f*(*m*), die *od* der einer Lobby nachgibt; **'~ism** *s Parl* Lobbyismus *m*, Abgeordnetenbeeinflussung *f*; **'~ist** *s Parl* Lobbyist *m*

lobe [ləʊb] *s Anat, Zool, Bot* Lappen *m* | *auch* **'ear~** *Anat* Ohrläppchen *n*; **lobed** *adj* lappig, gelappt

lo·be·li·a [ləʊ'bi:lɪə] *s Bot* Lobelie *f*

lo·bot·o·mized [ləʊ'bɒtəmaɪzd|lə-] *adj übertr* schwerfällig, träge, wie in Trance; **lo'bot·o·my** *Am* = **leucotomy**

lob·ster ['lɒbstə] *s Zool* Hummer *m* ⟨as red as a ~ *übertr* krebsrot, puterrot⟩ | Hummer(fleisch) *m*(*n*) | *arch Brit Sl* Soldat *m* | *Am Sl* Stümper *m*, Pfuscher *m*; **'~pot** *s* Hummerkorb *m*

lob·u|lar ['lɒbjʊlə], **~late** ['~lɪt|'~leɪt], **~lat·ed** ['~leɪtɪd] *adj* kleinlappig, -gelappt; **lob·ule** ['lɒbju:l] *s Anat, Bot, Zool* Läppchen *n*

lo·ca ['ləʊkə] *pl* von ↑ **locus**

lo·cal ['ləʊkl] **1.** *adj* lokal, örtlich, Orts- ⟨~ doctor Gemeindearzt *m*, ortsansässiger Arzt; ~ government Gemeindeverwaltung *f*; ~ news Lokalnachrichten *f/pl*; ~ traffic Nahverkehr *m*⟩ | *meist Med* lokal, beschränkt ⟨~ anaesthesia Lokalanästhesie *f*, örtliche Betäubung; ~ pain örtlicher Schmerz⟩ | lokalpatriotisch ⟨from a ~ point of view aus rein lokaler Sicht⟩; **2.** *s* Ortsansässige(r) *f*(*m*) | Lokalnachricht *f* | *umg* (Stamm-) Lokal *n*, Ortskneipe *f* | örtliche Mannschaft | *Am* Ortsgruppe *f* (einer Gewerkschaft u. ä.) | *auch* **,~ 'train** Vorortzug *m*; **,~ 'call** *s Tel* Ortsgespräch *n*; **,~ 'col·our** *s Lit* Lokalkolorit *n*; **lo·cale** [ləʊ'kɑ:l] *s Lit, förml* Schauplatz *m*; **'~ism** *s* Ortseigentümlichkeit *f* | Lokalpatriotismus *m* | *übertr* Beschränktheit *f*; **~i·ty** [ləʊ'kælətɪ] *s* Ort *m*, Örtlichkeit *f* ⟨in the ≈ of the crime am Ort des Verbrechens⟩ | Ortssinn *m*, Orientierungsvermögen *n* ⟨to have a good sense (*umg* bump) of ≈ einen guten Ortssinn (*umg* eine gute Orientierungsnase) haben⟩; **'~iz·a·ble** *adj* lokalisierbar; **,~i'za·tion** *s* Lokalisierung *f*, örtliche Begrenzung *f* | Dezentralisation *f*; **'~ize** *vt* lokalisieren, örtlich beschränken (**to** auf) ⟨to ≈ a disease eine Krankheit eindämmen⟩ | dezentralisieren; **'~ly** *adv* am Ort | in der Nähe *od* (nächsten) Umgebung; **,~ 'serv·ice** *s* Nahverkehr *m*; **,~ 'time** *s* Ortszeit *f*

lo·cate [ləʊ'keɪt] *vt* lokalisieren, ermitteln, ausfindig machen ⟨to ~ on a map auf einer Karte finden⟩ | anlegen, örtlich festlegen ⟨a new school to be ~d in the centre eine neue Schule, die im Zentrum ihren Platz finden soll; to ~ one's home in the country aufs Land ziehen⟩ | (*nur pass konstr*) **be ~d** gelegen sein, liegen, sich befinden | *Tech* orten, (ein)peilen; *vi Am umg* seinen Wohnsitz nehmen, sich niederlassen; **lo'ca·tion** *s* Ort *m*, Lage *f*, Stelle *f*, Platz *m* ⟨≈ of rupture *Tech* Bruchstelle *f*⟩ | Standort *m* ⟨a good ≈ for⟩ | *Film* Ort *m* für Außenaufnahmen ⟨on ≈ am Drehort, außerhalb des Studios⟩ | Siedlung *f*, Niederlassung *f* | *Am* Abstecken *n* (von Land) | *Am* abgestecktes Stück Land | *Jur* Verpachtung *f*, Vermietung *f*; **lo'ca·tion ,find·ing** *s Tech* Ortung *f*, Standortpeilung *f*; **lo'ca·tion work** *s Film* Außenaufnahmen *f/pl*; **loc·a·tive** ['lɒkətɪv] *Ling* **1.** *adj* Lokativ-, Orts- ⟨≈ case Lokativ *m*⟩; **2.** *s* Lokativ *m*, Ortsfall *m*

loch [lɒk|lɒx] *Schott s* Loch *m*, See *m* ⟨~ Ness⟩ | Meeresarm *m*

lo·ci ['ləʊsaɪ] *pl* von ↑ **locus**

[1]**lock** [lɒk] *s* (Haar-) Locke *f* | (Woll-) Flocke *f* | (Haar-) Strähne *f* ⟨a curly ~ eine lockige Strähne⟩ | (*meist pl*) Haar *n* ⟨his scanty ~s sein spärliches Haar⟩

[2]**lock** [lɒk] **1.** *s* (Tür-, Tor- u. ä.) Schloß *n*, Verschluß *m* ⟨under ~ and key hinter Schloß u. Riegel; unter Verschluß⟩ | (Gewehr-) Schloß *n* ⟨~, stock and barrel *übertr* alles zusammen, die ganze Sache⟩ | *Tech* Sperrvorrichtung *f*, Verriegelung *f*, Arretierung *f* | *Kfz* (maximaler) Einschlag (der Vorderräder) ⟨at full ~ voll eingeschlagen⟩ | Schleuse(nkammer) *f*(*f*), Kanalschleuse *f*, Dockschleuse *f* | Stockung *f*, Stauung *f* | (Fahrzeug-) Gedränge *n* | (Ringen) Fesselgriff *m*; **2.** *vt* zu-, abschließen ⟨to ~ the door; to ~ the stable door after the horse has been stolen *übertr* den Brunnen zudecken, nachdem das Kind hineingefallen ist⟩ | einschließen, einsperren (**in[to]** in) | *übertr* sicher bewahren, nicht preisgeben ⟨to have a secret safely ~ed [away] in one's breast ein Geheimnis sicher in der Brust verborgen halten⟩ | umschließen, umfassen ⟨to ~ one's arms around s.o.'s neck jmdm. die Arme um den Hals schlingen; to ~ s.o. in one's arms jmdn. in die Arme schließen⟩ | mit Schleusen versehen | (Schiff) (durch)schleusen | (Rad) sperren ⟨to ~ the wheels of a car⟩; **~ away** wegschließen, einsperren; **~ in** (Mensch, Tier) einschließen, einsperren ⟨to ~ o.s. in sich selbst aussperren⟩; **~ onto** *Mil* (Zielobjekt) verfolgen; **~ out** ausschließen, nicht hereinlassen, aussperren | *Wirtsch* (Arbeiter) aussperren; **~ up** zuschließen, versperren | (Wertsachen u. ä.) weg-, ein-, abschließen | (Person) verbergen, einsperren | einkerkern | gewaltsam in einer Anstalt (fest)halten | *Wirtsch* (Kapital) fest anlegen | (Schiff) hochschleusen; *vi* (sich) schließen (lassen) | (Teile) ineinandergreifen ⟨the parts ~ into each other⟩ | *Kfz* (Räder) blokkieren | *Kfz* (Vorderräder) sich einschlagen lassen | geschleust werden; **'~age** *s* (Durch-) Schleusen *n* | Schleusenhöhe *f* | Schleusengeld *n*, -gebühr *f*; **'~-a·way** *s Brit*

Wirtsch langfristiges Wertpapier; **locked**, *auch* **locked in** *adj übertr* (*auch Pol*) festgelegt (**to** auf); **'~er** *s* Schließer(in) *m(f)* | Schließfach *n* | Spind *m*, verschließbarer Kasten ◇ **,Davy Jones's '~er** *umg* Meeresgrund *m* ⟨to be in/go to Davy Jones's ≈ auf dem Grund des Meeres begraben sein *od* den Seemannstod finden⟩; **'~er room** *s* (Sport) Umkleideraum *m*

lock·et ['lɒkɪt] *s* Medaillon *n*

lock| gate ['lɒk,geɪt] *s* Schleusentor *n*; **'~-,in** *s Am Pol* Protestbesetzung *f*, Verbarrikadierung in einem (öffentlichen) Gebäude; **'~ing** *adj Tech* Sperr-, Schließ-, Verschluß-; **'~ing ,col·lar** *s Tech* Verschlußring *m*; **'~ing screw** *s Tech* Verschlußschraube *f*; **'~ing wheel** *s* (Uhr) Sperrad *n*; **'~ jaw** *s Med* Wundstarrkrampf *m*, Kieferstarre *f*; **'~ ,keep·er** *s* Schleusenwärter *m*; **'~nut** *s Tech* Klemmutter *f*; **'~-on** *s Tech* Radarautomatik *f* | *Tech* luft- und wasserdichte Unterwasserverbindung | *Flugw* Radarverfolgung *f* ⟨to go in ≈ die Radarverfolgung aufnehmen⟩; **'~out** *s Wirtsch* Aussperrung *f* (von Arbeitern) | *Tech* Unterwasserdruckkapsel *f*, -kammer *f*; **'~smith** *s* Schlosser *m*; **'~step** *übertr* **1.** *s* Routine *f*, festgefahrene Praxis; **2.** *adj* starr, unflexibel, klischeehaft ⟨≈ methods⟩; **'~stitch** *s* Kettenstich *m*, Steppstich *m*; **'~up 1.** *s* Verschließen *n* | Verschluß *m* | Haft *f* | *umg* Gefängnis *n* | *Brit* Laden *m*, Geschäft *n* | *Brit* Garage *f* | *Typ* Metteur *m*; **2.** *adj* verschließbar

lo·co ['ləukəu] *adj Am Sl* verrückt, bekloppt

lo·co ci·ta·to ['ləukəu saɪ'teɪtəu], *auch* **loc. cit.** ['lɒk 'sɪt] *s* ⟨*lat*⟩ am angeführten Ort, a. a. O.

lo·co·mo|tion [,ləukə'məuʃn] *s* Ortsveränderung *f* ⟨means of ≈ Fortbewegungsmittel *n*⟩ | Fortbewegungsfähigkeit *f*; **~tive** [~tɪv] **1.** *adj* Fortbewegungs-, (sich) fortbewegend, beweglich ⟨≈ powers Fortbewegungsfähigkeit *f*⟩; **2.** *s förml* Lokomotive *f*; **~tor** [~tə] *adj* lokomotorisch, Bewegungs- ⟨≈ ataxia *Med* lokomotorische Ataxie⟩

lo·cum ['ləukəm] *s umg* Stellvertreter *m*; **~ te·nens** [,~ 'ti:nənz|-'ten-] *s* (*pl* **~ te·nen·tes** [,~ tɪ'nenti:z] *förml* Stellvertreter(in) *m(f)* (eines Arztes *od* eines Geistlichen)

lo·cus ['ləukəs] *s* (*pl* **lo·ci** ['ləusaɪ], **lo·ca** ['ləukə]) *förml* Stelle *f*, Ort *m* ⟨~ classicus klassische Stelle⟩ | *Math* geometrischer Ort

lo·cust ['ləukəst] *s Zool* Heuschrecke *f* | *übertr* Schmarotzer *m*, Zerstörer *m* | *auch* **'~ tree** *Bot* Robinie *f* | *Bot* Johannisbrot *n*; **'~ years** *s/pl* Jahre *n/pl* der Entbehrung, magere Jahre

lo·cu·tion [ləu'kju:ʃn|lə'k-] *s Ling* Ausdruck *m*, Redensart *f* | *förml* Redeweise *f*

lode [ləud] *s Bergb* (Erz-) Gang *m*, Ader *f* | *Brit* Entwässerungsgraben *m*; **'~star** *s* Polarstern *m* | Leitstern *m* (*auch übertr*)

lode·stone ['ləudstəun] = **loadstone**

lodge [lɒdʒ] **1.** *s* Pförtnerhäuschen *n* | Portier-, Pförtnerloge *f*, -wohnung *f* | Parkwächterhäuschen *n* | Wildhüterhaus *n* | Wohnung *f* (e-s Master in e-m College, *bes* Cambridge) | (Jagd-) Hütte *f* ⟨hunting ~⟩ | Forsthaus *n*, Gartenhaus *n* | Freimaurerloge *f* | (Indianer) Wigwam *m*, Zelt *n* | (Tier) Lager *n*, (*bes* Biber-) Bau *m*; **2.** *vt* unterbringen, beherbergen ⟨to ~ students Studenten aufnehmen⟩ | einquartieren (**in, with** bei) ⟨to board and ~ s.o. jmdm. Unterkunft und Verpflegung geben⟩ | (Geld) hinterlegen, deponieren | einlagern, festmachen, befestigen ⟨to ~ wood in a hole⟩ | (Beschwerde u. ä.) offiziell einreichen, vorbringen (**against** gegen, **at** über, **with** bei) ⟨to ~ a complaint against one's neighbour with the authorities sich über seinen Nachbarn bei der Behörde beschweren⟩ | (Kugel) hineinjagen | (Schlag) anbringen ⟨to ~ a blow on s.o.'s jaw jmdm. einen Kinnhaken versetzen⟩ | (Getreide) umlegen; *vi* logieren, (zur Untermiete) wohnen (**at, with** bei) | (Kugel u. ä.) steckenbleiben, festsitzen ⟨s.th. ~d in his throat etw. blieb ihm im Hals stecken⟩ | (Getreide) sich (um)legen ⟨~d corn (niedergeregnetes) Lagerkorn⟩ | (Schlamm) ablagern, hinterlassen; **'lodg[e]·ment** *s* Einreichung *f* (einer Beschwerde u. ä.) | Deponierung *f*, Hinterlegung *f* | Ansammlung *f*, Anhäufung *f* ⟨a ≈ of dirt Schmutzansammlung *f*⟩ | *Mil* Verschanzung *f*; **'lodg·er** *s* (Unter-) Mieter *m* ⟨to take [in] ≈s an Untermieter vermieten⟩; **'lodg·ing** *s* Wohnen *n* | Unterkunft *f*, Wohnung *f* ⟨night's ≈ Nachtquartier *n*; to find [a] ~ for the night ein Zimmer finden, unterkommen⟩; **'lodg·ing house** *s* Logierhaus *n*, Pension *f* ⟨common ≈ Herberge *f*⟩; **'lodg·ings** *s/pl* möbliertes Zimmer ⟨to live in ≈ möbliert wohnen⟩

lo-fi ['ləufaɪ] **1.** *adj Tech* von schlechter *od* nur durchschnittlicher Wiedergabequalität (*Ant* hi-fi) ⟨~ TV sets⟩; **2.** *s* schlechte *od* nur durchschnittliche Wiedergabe

loft [lɒft] **1.** *s* Dachboden *m* | Heuboden *m* | Taubenschlag *m* | Speicher *m* | (Kirche) Empore *f* ⟨organ ~ Orgelboden *m*⟩ | Flug *m* (Tauben) | (Golf) Hochschlag *m*; **2.** *vt* auf dem Boden lagern | im Taubenschlag halten | (Golfball) hochschlagen | (Satellit) hochschießen, starten; *vi* (Golf) hochschlagen; **'~ ,a·e·ri·al** *s* Hochantenne *f*; **'~y** *adj* (Gebäude u. ä.) sehr hoch, hochragend, luftig ⟨a ≈ tower⟩ | *übertr* (Idee, Gefühl) erhaben, edel, imposant ⟨≈ sentiments edle Gefühle *n/pl*; ≈ style erhabener Stil⟩ | hochfliegend ⟨≈ plans⟩ | hochmütig, arrogant ⟨≈ appearance anmaßendes Auftreten; in a ≈ manner anmaßend⟩ | (Garn) offen ⟨≈ yarn⟩

log [lɒg] **1.** *s* (Holz-) Klotz *m* | Holzscheit *n*, (gefällter) Baumstamm ⟨in the ~ unbehauen; like a ~ wie ein Klotz, unbeweglich; to roll a ~ for s.o. *umg* jmdm. einen Dienst erweisen; roll my ~ and I roll yours *umg* eine Hand wäscht die andere⟩ | *übertr* Klotz *m* | *Mar* Log *n* ⟨to sail by the ~ nach dem Log segeln⟩ | *auch* **'~book** *s Mar* Logbuch *n*, Schiffsjournal *n* | *Brit* Betriebstagebuch *n*, Fahrtenbuch *n* | *Kfz* Durchsichtsheft *n* | *Tech* Bohrbericht *m*; **2.** (**'logged, 'logged**) *vt* (Baum) in Klötze schneiden | (Wald) abholzen | *Mar* loggen | *Mar* in das Logbuch eintragen; **~ in** (jmdn. durch den Computer als Nutzer) registrieren; *vi* Holzarbeiter sein; **~ up** *Mar* in das Logbuch eintragen | (Entfernung) zurücklegen | *übertr umg* (Erfolge) einheimsen

lo·gan·ber·ry ['ləugənberɪ|-brɪ] *s* Loganbeere *f* (Kreuzung zwischen Brombeere und Himbeere)

log·a|rithm ['lɒgərɪðm|'~rɪθm] *s Math* Logarithmus *m*; **,~'rith·mic, ,~'rith·mi·cal** *adj Math* logarithmisch

log|book ['lɒgbuk] *s Mar* Logbuch *n*, Reisetagebuch *n*; **,~ 'cab·in** *s* Blockhütte *f*

loge [ləuʒ] *s* (Theater-) Loge *f*

logged ['lɒgd] *adj* abgeholzt | (mit Wasser) vollgesogen ⟨water~, ~ down with water unter Wasser stehend⟩; **'log·ger** *s Mar* Logger *m* | *Tech* Blockwinde *f* | Holzarbeiter *m*, Holzhauer *m*; **'log·ger·head** *s* Dummkopf *m*, *meist in*: **be at log·ger·heads with s.o.** sich mit jmdm. in den Haaren liegen, auf Kriegsfuß stehen mit jmdm., sich überhaupt nicht vertragen mit jmdm.

log|gia ['lɒdʒɪə] *s* (*pl* **~gias** ['lɒdʒɪəz], **~gie** ['lɒdʒe]) *Arch* Loggia *f*

log hut [,lɒg 'hʌt] *s* Blockhütte *f*

log|ic ['lɒdʒɪk] *s* Logik *f* | Überzeugungs-, Beweiskraft *f* | (Computer) Logik *f* ⟨electronic ≈⟩; **'~i·cal** *adj* logisch | logisch denkend ⟨a ≈ mind; a ≈ argument⟩ | folgerichtig, konsequent ⟨≈ behaviour⟩ | notwendig ⟨the ≈ consequences⟩; **,~i'cal·i·ty** *s* Logik *f*; **'~ic·al·ly** *adv* logisch ⟨to think ≈⟩ | logisch gesehen, vom logischen Standpunkt aus; **lo·gi·cian** [lɒ'dʒɪʃn|lə-|ləu-] *s Phil* Logiker *m*

-lo·gist ['-lədʒɪst] *in Zus* -loge, -login (*z. B.* **biologist, philologist**)

lo·gis|tic[al] [lə'dʒɪstɪk(l)] *Mil adj* logistisch; **~tics** [lə'dʒɪstɪks] (*sg konstr*) Logistik *f*

·log|jam ['lɒgdʒæm] *s* Stau *m* von Baumstämmen | *bes Am übertr* Hemmnis *n*, Hindernis *n*; **'~line** *s Mar* Logleine *f*

lo·go ['lɑgəʊ] *s* Firmenzeichen *n*

lo·go- [lɒgə(ʊ)] *in Zus* Wort-, Rede-

lo·gom·a|chist [lə'gɒməkɪst|ləʊ-] *s* Wortklauber *m*; **~chy** [~kɪ] *s* Wortklauberei *f*

log·o·type ['lɒgəˌtaɪp] *s Typ* Logotype *f*

log·rol·ling ['lɒgrəʊlɪŋ] *s* Weiterrollen *n* gefällter Baumstämme | *Am Pol* Kuhhandel *m* | *Am* gegenseitiges Lobverteilen (von Rezensenten), gegenseitiger Freundschaftsdienst

-logue [-lɒg] *in Zus* -log (Gespräch) (*z. B.* **monologue, dialogue**) | *selten* -loge, -login (*z. B.* **ideologue**)

log·wood ['lɒgwʊd] *s Bot* Kampesche *f*, Blauholz *n*

lo·gy ['ləʊgɪ] *adj Am* dumm, langweilig, plump, schwerfällig ⟨~ speaker langweiliger Redner⟩ | *selten* müde, matt, träge ⟨to feel ~ sich abgespannt fühlen⟩

-lo·gy [-lɒdʒɪ|-lədʒɪ] *in Zus* -logie (*z. B.* **psychology**)

loid [lɔɪd] *Sl* **1.** *s* (Einbrecher) Werkzeug *n* (zum Schloßaufbrechen); **2.** *adj* Einbruchs- ⟨~ expert⟩; **3.** *vt* (Tür) aufbrechen

loin [lɔɪn] *s, meist* **loins** *pl* Lende *f* ⟨to gird up one's ~s *übertr* sich gürten, sich rüsten⟩ | *meist* **loins** *bibl* Lenden *f/pl*, Zeugungskraft *f* | *Kochk* (Fleisch) Lende *f* ⟨~ of pork Schweinslende *f*⟩; **'~cloth** *s* Lendenschurz *m*

loir ['lɔɪə|lwɑ:] *s Zool* Siebenschläfer *m*, Schlafmaus *f*

loi·ter ['lɔɪtə] *vi* umherschlendern, bummeln ⟨to ~ on one's way home nach Hause schlendern⟩ | sich herumtreiben ⟨no ~ing Aufenthalt für Unbefugte verboten!⟩ | (bei der Arbeit) bummeln, trödeln, säumig sein ⟨don't ~ nicht bummeln!⟩; *vt*, **~ away** (Zeit) vertrödeln, vergeuden ⟨to ~ the hours away⟩; **'~er** *s* Bummler(in) *m/f* | Herumtreiber(in) *m/f*

loll [lɒl] *vi, auch* **~ about / around** sich (herum)rekeln, herumlümmeln, lässig (herum)stehen, -sitzen, -liegen | *oft* **~ out** (Hund u. ä.) (Zunge) heraushängen | (Kopf) (herunter)hängen ⟨his head ~ed on his shoulder⟩; **~ back** sich zurücklehnen; *vt* (Glieder) rekeln | (Hund) (Zunge) heraushängen lassen ⟨to ~ one's tongue out⟩

lol·li|pop, *auch* **lol·ly·pop** ['lɒlɪpɒp] *s umg* Lutscher *m*, Lutschbonbon *n* | (Frucht-) Eis *n* am Stiel | *Brit* Schülerlotsenplakat *n* | *Am Sl* Schatz *m*, Süße(r) *f(m)*; **'~pop man** *s Brit* Schülerlotse *m*; **'~pops** *s/pl* Süßigkeiten *f/pl*; **'~pop ˌwo·man** *s* Schülerlotsin *f*

lol·lop ['lɒləp] *vi, meist* **~ a·long/a·way** *umg* schwerfällig laufen, watscheln, zotteln, trotten; (Hase) hoppeln

lol·ly ['lɒlɪ] *Brit s umg* Lutscher *m*, Lutschbonbon *n* ⟨iced ~ Eis *n* am Stiel⟩ | *Sl* (Geld) Kies *m*, Kohlen *f/pl*

Lom·bard ['lɒmbəd] **1.** *s Hist* Langobarde *m*, Langobardin *f* | Lombarde *m*, Lombardin *f* | *auch* ≗ Geldwechsler *m*, Pfandleiher *m*; **2.** *adj* langobardisch | lombardisch

lo·ment ['ləʊment] *s Bot* Gliederfrucht *f*, -hülse *f*

Lon·don|er ['lʌndənə] *s* Londoner(in) *m(f)*; **'~ism** *s* Londoner Spracheigentümlichkeit

lone [ləʊn] *adj* (*nur attr*) einzeln, allein, ohne Begleitung ⟨~ traveller⟩ | *poet* weltabgeschieden, verlassen ⟨~ isle abgelegene Insel⟩ | abgelegen, wenig besucht, für sich gelegen ⟨~ outpost einsamer Vorposten⟩ | unverheiratet, alleinstehend ⟨~ women⟩; **ˌ~ 'hand** *s Kart* Einzelspieler(in) *m(f)* ⟨to play a ~ hand *übertr* etwas auf die eigene Kappe nehmen, etwas im Alleingang tun⟩; **'~ly**, *umg auch* **'~some** *adj* einzeln, allein ⟨≈ traveller⟩ | (Person) einsam, ohne Freunde (u. ä.) ⟨≈ old man⟩ | (Ort) verlassen, einsam, abgelegen, vereinsamt ⟨≈ house; ≈ road⟩; **ˌ~ly 'hearts** *s/pl* Ledige *f/m/pl*, Unverheiratete, die einen Partner suchen ⟨a ≈ club Klub *m* der Alleinstehenden⟩; **'lon·er** *s* Einzelgänger(in) *m(f)*; **ˌ~ 'wolf** *s übertr* Einzelgänger *m*

¹long [lɒŋ] **1.** *adj* (Raum, Zeit) lang ⟨a ~ street; a ~ day; a ~ way round ein großer Umweg; for a ~ time seit langem; in the ~ run letzten Endes, schließlich; to be ~ about s.th. etw. langsam tun, sich mit etw. Zeit nehmen⟩ | (nachgestellt) (Raum, Zeit) lang ⟨a mile ~, an hour ~⟩ | lang ausgedehnt ⟨a ~ time; a ~ face *umg* ein langes Gesicht; at the ~est längstens, spätestens; five miles ~; three weeks ~; as broad as it is ~ Jacke wie Hose, ein und dasselbe; to have a ~ arm *übertr* einen langen Arm, großen Einfluß haben; to have a ~ head *übertr* umsichtig, klug sein; to have ~ sight weitsichtig sein; to take a ~ view an die Konsequenzen denken, vorausschauen⟩ | Längs- ⟨~ side Längsseite *f*⟩ | hoch, groß ⟨a ~ family eine große Familie⟩ | seit langem bestehend ⟨of ~ standing althergebracht⟩ | *Wirtsch* langfristig, auf lange Sicht | *Ling* (Vokal) lang | reich, von hohem Gehalt ⟨~ in oil mit hohem Ölgehalt⟩ | größer als normal ⟨a ~ dozen dreizehn; a ~ ton 2240 Pfund⟩ | *Kart* lang, von einer Farbe ⟨a ~ suit eine (lange) Flöte, eine lange Farbe; *übertr* Trumpf *m*⟩ | (Wettgewinn) unverhältnismäßig hoch ⟨to give ~ odds hohen Gewinn bringen, viel höheren Gewinn als den Einsatz bringen⟩ | *Math* unabgekürzt ⟨~ division⟩ ◇ **by a ~ chalk/shot** *Brit/Am neg* längst, überhaupt ⟨not ≈ (noch) längst nicht, überhaupt nicht⟩; *selten* bei weitem ⟨to be better ≈ erheblich besser sein⟩; **2.** *adv* lang[e] ⟨will you be ~? wirst du lange brauchen *od* lange weg sein?; as ~ as you like solange Sie wollen; ~ after lange danach; ~ ago vor langer Zeit; ~ before lange vorher; ~ since vor langer Zeit; not ~ before vor nicht langer Zeit, neulich; so ~! *umg* bis dann!; so/as ~ as vorausgesetzt, daß, solange⟩ | (nach Zeitbezeichnungen) lang, andauernd ⟨all day ~ den ganzen Tag [lang]; all my life ~ mein ganzes Leben lang⟩ | (*comp nach* **no, any** etc.) länger, mehr ⟨he won't wait any ~er er will nicht länger warten; he is no ~er here er ist nicht mehr hier⟩; **3.** *s* Länge *f* ⟨before ~ binnen kurzem; for ~ lange, lange Zeit; the ~ and the short [of it] das Wesentliche, alles, was dazu zu sagen ist; at the ~est (zeitlich) höchstens, maximal; to take ~ to do s.th. lange brauchen, etw. zu tun⟩ | *Metr* lange Silbe | *Mus* langer Ton | *Ling* Länge *f*

²long [lɒŋ] *vi* sich sehnen, verlangen (**for** nach)

long|boat ['lɒŋbəʊt] *s* Beiboot *n*; **'~bow** *s Hist* Langbogen *m* ⟨to draw the ≈ *übertr umg* aufschneiden, übertreiben⟩; **'~-clothes** *s/pl* (Baby) Tragekleid *n*; **ˌ~-'dat·ed** *adj Jur* (Gesetz u. ä.) langsichtig; **ˌ~-'dis·tance 1.** *adj* Langstrecken- ⟨≈ flight Langstreckenflug *m*⟩ | *Tel* Fern- ⟨≈ call Ferngespräch *n*⟩; **2.** *adv* über eine weite Strecke ⟨≈ runner Langstreckenläufer(in) *m(f)*⟩ | *Tel* per Ferngespräch ⟨to telephone ≈⟩; **ˌ~-drawn-'out** *adj* sich lange hinziehend; **'~ drink** *s* Longdrink *m*, Getränk *n* mit geringem Alkoholgehalt (meist in großem Glas serviert)

longe [lʌndʒ] **1.** *s* Longe *f*, (Pferde-) Laufleine *f*; **2.** *vt* (Pferd) longieren, an der Longe trainieren

longed-for ['lɒŋdfɔ:] *adj* (lang) ersehnt ⟨a ≈ letter⟩

lon·geur [lɒŋ'gɜ:] *s* = **longueur**

lon|ge·val [lɒn'dʒi:vl] *adj* langlebig; **~gev·i·ty** [~'dʒevətɪ] *s* Langlebigkeit *f* | langes Leben

long| fin·ger [ˌlɒŋ 'fɪŋgə] *s* Mittelfinger *m*; **'~hair** *s Am umg verächtl* **1.** *s* Intellektueller *m* | Idealist *m* | *Am Sl* (männlicher) Hippie; **2.** *adj* intellektuell; **ˌ~'hair·ed** *adj* langhaarig | *umg verächtl* akademisch, theoretisch ⟨a ≈ dreamer⟩ | *umg* intellektuell ⟨≈ audience Publikum *n* von Intellektuellen; ≈ fiction anspruchsvolle Romanliteratur⟩ | *umg* der klassischen Musik verschrieben, die klassische Musik betreffend ⟨a ≈ pianist; a ≈ concerto⟩; **'~hand** *s* Langschrift *f*; **ˌ~ 'haul 1.** *s* langanhaltende Anstrengung; **2.** *adj* langanhaltend, langwierig ⟨a ≈ debate⟩; **ˌ~-'head·ed** *adj* langköpfig | *übertr* umsichtig; **'~hop** (Kricket) leichter (für den Schläger) Aufschlagball

longi- [lɒndʒɪ] ⟨*lat*⟩ *in Zus* lang-, Längs- (*z.B.* **longisection**)

long·ing ['lɒŋɪŋ] **1.** *adj* sehnsüchtig, verlangend (**for** nach) ⟨a ~ look ein sehnsüchtiger Blick; with ~ eyes mit sehnsüchtigen Blicken⟩; **2.** *s* Sehnsucht *f*, Verlangen *n* (**for** nach) ⟨secret ~s geheime Wünsche *m/pl*⟩

long·ish ['lɒŋɪʃ] *adj* ziemlich *od* recht lang

lon·gi|tude ['lɒndʒɪtju:d|'lɒŋgɪ-] *s Geogr, Astr* Länge *f* ⟨degree of ≈ Längengrad *m*⟩; **~tu·di·nal** [ˌ~'tju:dɪnl/-dnl] *adj* Längen-, Längs- ⟨≈ section Längsschnitt *m*; ≈ stripes Längsstreifen *m/pl*⟩

long| johns [ˌlɒŋ 'dʒɒnz] *s/pl umg* lange (Männer-) Unterhosen *f/pl*; **'~ jump** *s* Weitsprung *m*; **'~ ˌjump·ing** *s* Weitspringen *n*; **ˌ~-'lived** [ˌlɒŋ'lɪvd] *adj* langlebig; **'~ ˌmeas·ure** *s* Längenmaß *n*; **ˌ~-play·ing 'rec·ord** *s* Langspielplatte *f*; **'~-range** *adj Mil* weittragend ⟨≈ rockets⟩ | *Flugw* Langstrecken-; **'~ship** *s Hist* Wikingerboot *n*; **'~shore** *adj* Küsten-, Hafen-; **'~shore·man** *s* (*pl* **'~shore·men**) *bes Am* Hafenarbeiter *m*, Schauermann *m*; **'~ shot** *s Foto* Fernaufnahme *f* | *übertr* Versuch *m* ins Ungewisse; **ˌ~'sight·ed** *adj bes Brit Med* weitsichtig | *übertr* umsichtig, weitblickend; **ˌ~'stand·ing** *adj* alt ⟨≈ friendship alte Freundschaft; a ≈ complaint ein uralter Vorwurf⟩; **'~stop** *s Brit* (Person, Sache) Einhalt *m*, Halt *m*, Stopp *m*, Schutz *m*; **ˌ~'suf·fer·ing 1.** *adj* | (krank u. ä.) schwer geprüft; langmütig, geduldig; **2.** *s* Langmut *f*, Geduld *f*; **ˌ~ 'suit** *s Kart* lange Farbe | *übertr* Trumpf *m*, Stärke *f*; **'~-term** *adj* langfristig, auf lange Sicht ⟨a ≈ plan; ≈ effects⟩; **'~-term ˌmem·o·ry** *s* Langzeitgedächtnis *n*

lon·gueur [lɒŋ'gɜ:] *s Lit* Länge *f*, zu lange *od* langweilige Stelle

long va·ca·tion [ˌlɒŋ və'keɪʃn] *s* große Ferien *pl*; **'~ wave** *s El* Langwelle *f*; **'~ways**, *auch* **'~wise** *adj* der Länge nach; **ˌ~'wear·ing** *adj Am* haltbar; **~wind·ed** [ˌlɒŋ'wɪndɪd] *s* (Rede) langatmig; (Person) umständlich

[1]**loo** [lu:] *s Brit umg* Klo *n*

[2]**loo** [lu:] *interj* hallo!

loof [lu:f], **loo·fa[h]** ['lu:fə] *s* Luffaschwamm *m*

look [lʊk] **1.** *s* (*meist sg*) Blick *m*, (Hin-) Schauen *n* (**at** auf) ⟨to have/take a ~ at anschauen, hinschauen auf, ansehen; have a ~ schau *od* sieh dir das mal an!⟩ | Blick *m*, Augenaufschlag *m* ⟨to give s.o. a curious/odd ~ jmdn. neugierig *od* komisch ansehen⟩ | (*meist sg*) Augenausdruck *m*, Miene *f*, Blick *m* ⟨by the ~ of his face nach seiner Miene zu urteilen; a ~ of despair ein verzweifelter Blick, e-e verzweifelte Miene⟩ | Aussehen *n* ⟨to have the ~ of a loser wie ein Verlierer aussehen; to give s.th. a new ~ e-r Sache ein neues Gesicht geben; I don't like the ~ of it / the ~s of this es *od* das (Ganze) gefällt mir nicht⟩ | (*meist pl*) gutes *od* attraktives Aussehen, Schönheit *f* ⟨to keep one's ~s schön bleiben⟩; **2.** *interj, auch* **~ here** *emph* also, schauen Sie!, aber! ⟨~ [here], you can't do this aber das kannst du doch nicht machen!⟩; **3.** *vt* (jmdn.) ansehen (in die Augen) ⟨to ~ s.o. in the eyes; to ~ death in the face dem Tod ins Angesicht sehen⟩ | durch Blicke ausdrücken *od* verraten, aussehen ⟨to ~ all interest großes Interesse bekunden, ganz Ohr sein; he ~ed compassion in s-m Blick lag Mitleid⟩ | (Blick) werfen ⟨to ~ one's last at s.o. jmdn. zum letzten Mal anschauen⟩ ◇ **~ o.s.** wie immer *od* ähnlich aussehen, ganz der alte *od* die alte sein; *vi* schauen, gucken (**at** auf) ⟨if he would only ~ wenn er nur hin- *od* hersehen würde; ~ at that schau dir das an!; to ~ at the door zur Tür sehen; ~ before you leap *Sprichw* erst wägen, dann wagen⟩ | suchen, nachschauen ⟨you must ~ first⟩ | ausschauen, aussehen ⟨to ~ great (happy/ill/well) großartig (glücklich/krank/gesund) aussehen; to ~ good e-n guten Eindruck machen, günstig aussehen; to ~ small keinen besonderen *od* e-n unbedeutenden Eindruck machen; to ~ well e-n guten Eindruck machen, gut aussehen; to ~ well on s.o. (Kleid u. ä.) jmdm. stehen; to ~ like s.o. (s.th.) wie jmd. (etw.) aussehen; it ~s as if es sieht so aus, als ob *od* wenn…; ~ sharp! halte dich ran!, Tempo!, sieh (endlich) zu!⟩ | gehen nach (Blick, Fenster) ⟨the windows ~ [towards] south die Fenster sind nach Süden gerichtet; **~ about** sich umsehen (**for** nach) ⟨to ≈ one sich umsehen, sich umschauen⟩; **~ after** (jmdm.) nachblicken | sich kümmern *od* sorgen um ⟨to ≈ the baby auf das Baby aufpassen; to ≈ o.s. auf sich selbst aufpassen; für sich selbst sorgen, sich selbst versorgen⟩ | (einmal) (nach)sehen nach, kontrollieren ⟨to ≈ the fire⟩; **~ ahead** nach vorne sehen *od* schauen | *übertr* vorausschauen, planen; **~ [a]round** sich umsehen | sich umschauen, suchen (**for** nach); **~ at** ansehen, anschauen, angucken ⟨to ≈ TV; just ≈ this guck dir das nur an!⟩ | beurteilen, betrachten, sehen ⟨to ≈ life in a new way⟩ | (*meist neg*) in Betracht ziehen ⟨I wouldn't ≈ such a proposal ich würde einen solchen Vorschlag gar nicht erst ins Auge fassen⟩ | sich ansehen, untersuchen ⟨he had his brakes ~ed at er ließ die Bremsen überprüfen⟩ | (*meist imp*) (als Beispiel) anschauen *od* nehmen ⟨≈ Jim, he's one of the best nehmen Sie (nur) Jim, er ist e-r der besten⟩ ◇ **not much to ~ at** *umg* nicht viel dazu, kein besonderer Anblick; **~ away** wegsehen | abgewendet sein (**from** von); **~ back** sich umsehen, zurückblicken | *übertr* zurückblicken (**on, to** auf), sich erinnern (**on, to** an) | *übertr* ein-, innehalten *bes in*: **never ~ back** ständig vorn sein, gewinnen; **~ down** herunter-, hinunterschauen *od* -sehen; *vt* (jmdn.) durch Blicke einschüchtern; **~ down on** herabschauen auf (*auch übertr*); **~ for** suchen | *umg übertr* sich einhandeln, sich aufladen ⟨to be ~ing for trouble Ärger bekommen⟩ | *selten* erwarten; **~ forward to** sich freuen auf ⟨to ≈ seeing s.o. sich freuen, jmdn. zu treffen *od* zu sehen; to ≈ an event sich auf ein Ereignis freuen⟩; **~ in** hinein-, hereinschauen, -sehen | *umg* vorbeikommen, (einmal) hereinschauen, einen kurzen Besuch machen (**on** bei) | *umg* fernsehen *od* -gucken (**at s.th.** etw.); **~ into** untersuchen, prüfen ⟨to ≈ a complaint e-e Beschwerde überprüfen⟩; **~ on** zuschauen, zusehen | *förml* gemeinsam anschauen *od* lesen (**with** mit) | *auch* **~ upon** *übertr* betrachten, ansehen (**as** als, **with** mit) ⟨to ~ [up]on s.o. as an enemy in jmdm. e-n Feind sehen; to ~ [up]on s.th. with interest etw. mit Interesse verfolgen⟩; **~ onto** gehen auf *od* nach, gerichtet sein auf *od* nach (Fenster u.ä.) ⟨to ≈ the sea⟩; **~ out** hinaus-, heraussehen, -schauen ⟨to ≈ of the window zum Fenster hinausschauen, aus dem Fenster sehen⟩ | aufpassen, achtgeben ⟨≈, it's slippery⟩; *vt* (her)aussuchen, auswählen ⟨to ≈ a book⟩; **~ out for** suchen, Ausschau halten nach ⟨I'll ≈ you at the gate ich werde dich an der Sperre erwarten⟩; **~ out on**, *auch* **~ out over** einen Blick gewähren auf (Haus u.ä.) ⟨to ~ out on *od* over the mountains⟩; **~ over** *vt* (Unterlagen u. ä.) durchsehen; (Haus) sich ansehen; **~ round** = **~ around** herumschauen, sich umsehen, alles betrachten; *vt* überprüfen, checken ⟨to ≈ the parts⟩; **~ through** durchsehen (*auch übertr*); *vt* (etw.) durchsehen, überprüfen, testen ⟨to ≈ the papers⟩ | hindurchsehen durch (jmdn.) ⟨to ~ straight through s.o. durch jmdn. einfach durchgucken (in Gedanken)⟩; ~ **to** *förml* sich kümmern um, achten auf (etw.) ⟨to ≈ one's own obligations s-e eigenen Verpflichtungen im Auge haben; ≈ it that ... sieh zu, daß ...; ≈ one's laurels auf s-n eigenen Ruhm bedacht sein⟩ | sich verlassen auf ⟨to ≈ s.o. for help *od* to help sich auf jmds. Hilfe stützen; to ≈ s.o. for guidance sich an jmdn. um Rat wenden⟩; ~ **up** aufsehen, -blicken | *übertr* besser werden, sich verbessern, ansteigen (Handel u.ä.); *vt* (Wort u.ä.) nachschlagen | (jmdn.) aufsuchen, (bei jmdm.) vorbeischauen; ~ **up and down** *vt* (jmdn.) von oben bis unten anschauen, (sich genau) mustern; ~ **upon** = ~ **on**; ~ **up to** zu (jmdm.) aufsehen, (jmdn.) respektieren *od* achten;

'**~-aˌlike** *s Am* Double *n*, Doppelgänger(in) *m(f)*, etw., was genauso aussieht; ˌ**~-a'round** *s umg* (Her)umschauen *n* ⟨to have / take a ≈ in sich (einmal) umschauen in⟩; '**looked--for** *adj* (lang) ersehnt ⟨a ≈ chance⟩; '**~er**, *auch* ˌ**good** '**~er** *s umg* schöne *od* attraktive Frau, sehr hübsches Mädchen; ˌ**~er-'on** *s* (*pl* ˌ**~ers-'on**) Zuschauer(in) *m(f)*; '**~-in** *umg s* Chance *f* (dranzukommen) ⟨I never got a ≈⟩; Erfolgschance, -aussicht *f* ⟨not the slightest ≈ nicht die Spur e-r Chance⟩ | kurzer Blick, Hereinschauen *n*, kurzer Besuch; **~ing** *in Zus* -aussehend ⟨bad-≈⟩; '**~ing glass** *s selten* Spiegel *m*; '**~out** *s* Ausschau *f* (*auch übertr*) ⟨to be on the ≈ for Ausschau halten nach, warten auf⟩ | *Mil* Ausguck *m* | *Mil* Wacht-, Beobachtungsposten *m* | *übertr* Aussichten *pl* ⟨it's not a good ≈ for es sieht nicht gut aus für⟩ ◇ **one's [own] ~out** s-e eigene Verantwortung ⟨that's his [own] ≈ das ist sein Problem!⟩; '**~-ˌo·ver** *s umg* (kurze, knappe) Untersuchung; '**~-see** *s umg in*: **have a ~-see** nachsehen, -gucken; '**~-through** *s umg* Durchsicht *f* ⟨to give s.th. a quick ≈ (sich) etw. kurz durchsehen⟩

[1]**loom** [lu:m] *s* Webstuhl *m*

[2]**loom** [lu:m] **1.** *vi* undeutlich erscheinen, sich abzeichnen, drohend auftauchen ⟨to ~ [up] through the fog massig aus dem Nebel treten; to ~ large drohend aufragen⟩ | *übertr* (Gefahr u.ä.) sich auftürmen, drohen (**over s.o.** jmdm.) | (Gedanken, Ängste) in den Sinn kommen ⟨to ~ in the back of one's mind einen ständig verfolgen⟩; **2.** *s* undeutliches Erscheinen | *übertr* Sichauftürmen *n*, drohendes Aufragen

loom beam ['lu:m bi:m] *s* Kettbaum *m*; '~ ˌ**fig·ured** *adj* eingewoben, gemustert; '~ ˌ**har·ness** *s* Webgeschirr *n*

[1]**loon** [lu:n] *s Zool* Seetaucher *m* ⟨common ~ Eistaucher *m*⟩

[2]**loon** [lu:n] *Schott, dial s* Lümmel *m*, Bengel *m* ⟨drunk as a ~ sternhagelvoll⟩

[3]**loon** [lu:n] *vi Brit Sl* (*verächtl*) herumtoben, Blödsinn treiben; '**~y 1.** *adj Sl* verrückt, plemplem ⟨≈ bin *oft scherzh* Klapsmühle *f*⟩; **2.** *s* Verrückte(r) *f(m)*

[1]**loop** [lu:p] *s* (Metall-) Luppe *f*, Deul *m*

[2]**loop** [lu:p] **1.** *s* Schlinge *f*, Schleife *f* | *übertr* wiederkehrender Gedanke ⟨strange ~ Paradoxon *n*⟩ | (Handschrift) Schleife *f*, (Fluß u.ä.) Schleife *f* | *auch* '~ **line** *Eisenb* Schleife *f* | (Eislauf) Schleife *f* | (Tonband) Schleife *f* | *Tech* Schlaufe *f*, Öse *f* | (*mit best art*) *Med* Spirale *f* | (Kleider) Aufhänger *m* | (Stricken) Masche *f* | *Flugw* Looping *m* ⟨outside ~ Looping *n* abwärts⟩ | *Phys* (Schwingungs-) Bauch *m*; **2.** *vt* in Schleifen legen, schlingen, mit einer Schleife festbinden ⟨to ~ things together etw. zusammenbinden; to ~ the curtains back die Vorhänge nach der Seite zusammenbinden⟩ | (Haar) mit Schleifen festbinden | *Flugw* drehen ⟨to ~ the ~ sich überschlagen⟩; ~ **up** (Haar) hochstecken; *vi* eine Schleife machen | (Fluß u.ä.) sich winden | *Flugw* sich überschlagen; ˌ~ '**aer·al** *s* Rahmenantenne *f*; '~ **hole 1.** *s* Guckloch *n* | *übertr* Schlupfwinkel *m*, -loch *n* ⟨to find a ≈ in the law eine Lücke im Gesetz finden⟩ | *Mil* Sehschlitz *m* | *Mil* Schießscharte *f*; **2.** *vt* mit einem Sehschlitz versehen; '**~y** *adj* gewunden | *Brit Sl* verrückt

loose [lu:s] **1.** *adj* lose, ungebunden, nicht fest ⟨~ pages lose Blätter *n/pl*; to be left ~ losgelassen werden; to break / get ~ (Tier) ausbrechen; to carry ~ lose mit sich führen; to come ~ loskommen, sich losmachen; to cut ~ ausbrechen; *übertr* loslegen; to let ~ loslassen; to let ~ one's indignation seiner Entrüstung Luft machen⟩ | frei (**from, of** von) | locker ⟨a ~ tooth; to come ~ sich lockern, locker werden; to have a ~ tongue *übertr* ein loses Mundwerk haben, nicht schweigen können; to have a screw ~ *übertr umg* eine Schraube (zu) locker haben, nicht ganz bei Trost sein; to have ~ bowels Neigung zum Durchfall haben; to ride with a ~ rein dem Pferd die Zügel geben, *übertr* jmdm. freien Lauf lassen; to work ~ sich locker reißen, durch Bewegung lockern⟩ | weit ⟨~-fitting nicht eng anliegend; a ~ dress⟩ | (Haar) fliegend | unzusammenhängend, lose, nicht richtig verbunden ⟨a ~ knot ein zu lockerer Knoten; the ~ end das freie Ende; to be at a ~ end *übertr umg* nichts mit sich anzufangen wissen; to play fast and ~ with s.o. *umg* unehrlich sein, (jmdn.) betrügen⟩ | (Glieder) schlaksig ⟨~ limbs⟩ | locker, lose, nicht kompakt ⟨~ soil lockerer Boden; in ~ order *Mil* in lockerer Marschordnung⟩ | undeutlich, unklar, ungenau ⟨~ translation freie Übersetzung; ~ style nicht fachspezifische Ausdrucksweise⟩ | unlogisch ⟨~ thinking; a ~ argument⟩ | unmoralisch, liederlich ⟨to lead a ~ life⟩ | (Sport) nachlässig, schlampig, ungenau | *Chem* frei, ungebunden; **2.** *adv* lose, locker; **3.** *vt* (Knoten, Zunge u.ä.) lösen (*auch übertr*) | los-, freilassen | (Boot) losmachen; *vi* (sich) lösen | loslassen | schießen (**at** auf) | den Anker lichten; **4.** *s* Loslassen *n nur in*: **to give [a] ~ to one's feelings** seinen Gefühlen freien Lauf lassen | Unmoral *f*, Lockerheit *f* ⟨to go on the ~ sumpfen⟩; '**~box** *s* (Pferd) Box *f*; ˌ**~-'leaf** *adj* mit losen Blättern, Loseblatt- ⟨≈ notebook Ringbuch *n* im Taschenformat⟩

'**loos·en** [lu:sn] *vt* lockern, losmachen ⟨to ~ a screw eine Schraube lockern; to ~ one's hold of s.th. etw. loslassen⟩ | öffnen, Verschluß lösen von ⟨to ~ one's coat den Mantel aufknöpfen; to ~ one's belt seinen Gürtel aufmachen⟩ | (Zunge) lösen | (Husten u.ä.) lösen; *vi* sich lösen | sich lockern ⟨a screw has ~ed⟩; ~ **up** (Sport) sich locker machen *od* laufen

loos·ey-goos·ey [ˌlu:sɪ 'gu:sɪ] *adj Am Sl* (Bewegung, Haltung) schlenkrig

loot [lu:t] **1.** *vi* plündern; *vt* plündern; erbeuten; **2.** *s* Plünderung *f* | Beute *f*; '**~er** *s* Plünderer *m*

[1]**lop** [lɒp] **1.** (**lopped, lopped**) *vt* (Baum) stutzen, beschneiden | *meist* ~ **away**, ~ **off** (Zweig) abhauen | *übertr* einstellen, einsparen ⟨to ~ some services off a line auf einer Strecke einige Dienstleistungen nicht mehr erbringen⟩; **2.** *s* kleine (abgehauene) Baumäste *m/pl* ⟨~ and top, ~ and crop abgehauenes Astwerk⟩

[2]**lop** [lɒp] **1.** (**lopped, lopped**) *vi* (Tierohren) hängen, schlaff herunterhängen, herumbaumeln | sich schwerfällig bewegen; *vt* schlaff herunterhängen lassen; **2.** *adj* schlaff herunterhängend ⟨~ ears⟩

[3]**lop** [lɒp] *s Mar* Kabbelsee *f*, Seegang *m* mit kurzen, leichten Wellen

lope [ləʊp] **1.** *vi* (Tier) (dahin)springen, (in großen Sätzen) springen; (Hase) hoppeln | mit leichten Schritten gehen; ~ **off** davonspringen; **2.** *s* leichter Schritt, Satz *m* ⟨at an easy ~ leichtfüßig⟩

lop|-eared ['lɒp ɪəd] *adj* mit Hängeohren ⟨a ≈ rabbit⟩; '**~-ears** *s/pl* Hängeohren *n/pl*

lop|pings ['lɒpɪŋz] *s/pl* abgeschnittene Zweige *m/pl*; **'~ping shears** *s/pl* Baumschere *f*

lop|py ['lɒpɪ] *adj* schlaff (hängend); **ˌ~'sid·ed** *adj* schief, nach einer Seite hängend, einseitig (*auch übertr*) ⟨≈ view *übertr* falsches Bild⟩

lo·qua·cious [ləʊ'kweɪʃəs|lə'k-] *förml adj* schwatzhaft, geschwätzig, redselig; **lo·quac·i·ty** [ləʊ'kwæsətɪ|lə-] *s* Schwatzhaftigkeit *f*, Geschwätzigkeit *f*, Redseligkeit *f*

lo·quat ['ləʊkwɒt] *s Bot* japanische Mistel | Mistelfrucht *f*

lor [lɔ:] *interj vulg* ach (herr)je!, du mein Gott!

lo·rate ['lɔ:reɪt] *adj Bot* riemenförmig

lord [lɔ:d] **1.** *s* Herr *m*, Gebieter *m* (*auch übertr*) ⟨our sovereign ~ the King unser Herr und König; the ~s of creation die Herren der Schöpfung, die Menschen *m/pl*; *scherzh* die Männer *m/pl*; one's ≁ and master *scherzh* jmds. Ehemann *m*; ~s of industry Industriebosse *m/pl*; the oil ~s die Ölmagnaten *m/pl*⟩ | Gott, Gott der Herr ⟨≁!, ≁ God!, Good ≁, ≁ bless [me]! Du lieber Gott!, Du lieber Himmel!; ≁ knows how weiß Gott wie, weiß der Himmel wie; the ≁ Christus *m*; the ≁'s Day der Tag des Herrn, Sonntag; the ≁'s Prayer das Vaterunser; the ≁'s Supper das Abendmahl⟩ | Feudalherr *m* ⟨the ~ of the manor Gutsherr *m*⟩ | Adliger *m*, Peer *m* ⟨to live like a ~ wie ein Fürst leben; to treat s.o. like a ~ jmdn. fürstlich behandeln; [as] drunk as a ~ *umg* stockbetrunken⟩ | Lord *m* ⟨the [House of] ≁s das Oberhaus; ~s spiritual geistliche Mitglieder *n/pl* des Oberhauses; ~s temporal weltliche Mitglieder *n/pl* des Oberhauses⟩ | Lord *m* (Titel e-s Barons) ⟨≁ Derby Lord Derby⟩ ◇ **my ≁!** *Brit* Mylord! (Anrede für Richter, Bischöfe u. ä.); **2.** *vt* (jmdm.) den Lordtitel verleihen | *meist* **~ it over** herrschen über, gebieten über ⟨I will not be ~ed over ich lasse mich nicht herumkommandieren⟩; *vi* den großen Herrn spielen; **ˌ≁ 'Chan·cel·lor** *s Parl* Lordkanzler *m*; **'~less** *adj* herrenlos; **~ling** ['~lɪŋ] *s verächtl* kleiner Lord, Herrchen *n*; **'~ly** *adj, adv* herrenmäßig, wie ein Lord | vornehm | stolz, herrisch, anmaßend; **ˌ≁ 'May·or** *s Brit* Oberbürgermeister *m* (von London); **ˌ≁ ˌPriv·y 'Seal** *s Brit* Lordsiegelbewahrer *m*; **'~ship** *s* Lordschaft *f* | ⟨Your ≉ Euer Lordschaft⟩ | Lordswürde *f* | Herrschaft *f* (**over** über)

lore [lɔ:] *s poet* Lehre *f*, Kunde *f* ⟨fairy ~ Märchengut *n*, -schatz *m*⟩ | Wissen *n* ⟨bird ~ Vogelkunde *f*⟩

lor|gnette [lɔ:'njet] *s* Lorgnette *f*, Stielbrille *f*; **~gnon** [-'njəʊn] *s* Lorgnon *n*, Stielbrille *f* | Kneifer *m* | Opernglas *n*

lorn [lɔ:n] *adj poet, scherzh* einsam, verlassen ⟨~ widow⟩

lor·ry ['lɒrɪ] *s Brit* Lastwagen *m* | *Eisenb* Lore *f*

lose [lu:z] (**lost, lost** [lɒst]) *vt* verlieren (*auch übertr*) ⟨to ~ ground an Boden verlieren, Einfluß einbüßen; to ~ interest (Person) das Interesse verlieren; (Ding) kein Interesse mehr erwecken; to ~ one's arm den Arm verlieren; to ~ one's balance aus dem Gleichgewicht kommen; to ~ one's money; to ~ one's English seine Englischkenntnisse verlernen; to ~ one's head *übertr* den Kopf verlieren; to ~ one's reason / senses den Verstand verlieren; to ~ one's temper die Beherrschung verlieren, zornig werden; to ~ one's way, to ~ o.s. sich verlaufen; to ~ sight / track of aus den Augen verlieren⟩ | (jmd., e-r Sache) verlustig gehen, (jmdn.) kosten ⟨it lost him his job es kostete ihn die Stelle⟩ | (Zug, Gelegenheit) verpassen, versäumen ⟨to ~ one's train; to ~ the end of a sentence das Ende eines Satzes nicht mitbekommen⟩ | verlieren, nicht gewinnen, geschlagen werden ⟨to ~ a game ein Spiel verlieren; to ~ a battle eine Schlacht verlieren; to ~ a lawsuit einen Prozeß verlieren; to ~ a motion bei der Abstimmung geschlagen werden; to ~ a prize keinen Preis erhalten⟩ | (Zeit) verschwenden, vergeuden ⟨to ~ no time keine Zeit verlieren⟩ | (Leiden) loswerden, verlieren | (Uhr) nachgehen ⟨my watch ~s five minutes a week meine Uhr geht in der Woche fünf Minuten nach⟩; **~ o.s. in** *übertr* gefangengenommen werden von ⟨to ~ o.s. in a book von einem Buch völlig gefesselt werden⟩; *vi* verlieren, Verlust[e] erleiden (**by** durch, **in, on** an) | (Sport) geschlagen werden, verlieren; **~ out** Verluste machen (**on** bei) | den kürzeren ziehen (**on s.th.** bei etw.); **'los·er** *s* Verlierer(in) *m(f)* ⟨to be a good (bad) ≈ ein guter (schlechter) Verlierer sein⟩; **'los·ing 1.** *adj* verlierend | verloren, aussichtslos ⟨a ≈ game eine aussichtslose Sache; to play a ≈ game keine Chance haben⟩ | Verlust-; **2.** *s* Verlieren *n*; **'los·ings** *s/pl* (Spiel-) Verluste *m/pl*

loss [lɒs] *s* Verlust *m*, Mangel *m*, Fehlen *n*, Einbuße *f*, Nachlassen *n* ⟨~ of health Verlust *m* der Gesundheit; ~ of appetite Appetitlosigkeit *f*; ~ of memory Gedächtnisschwund *m*, Amnesie *f*; ~ of power Leistungsabfall *m*; ~ of opportunities fehlende Gelegenheiten *f/pl*; ~ of blood Blutverlust *m*; without [any] ~ of time ohne Zeitverzug⟩ | Verlust *m*, das Verlorene ⟨heavy ~es schwere Verluste *m/pl*; dead/total ~ totaler Verlust; to sell at a ~ mit Verlust verkaufen⟩ | Verlust *m*, Verlieren *n*, Nichtgewinnen *n* ⟨~ of a battle/game⟩ | (*nur sg*) Schaden *m*, Nachteil *m* (durch Verlust) ⟨he is no great ~ er bedeutet keinen großen Verlust, sein Fehlen schadet nicht viel⟩ | *Wirtsch* Damnum *n* ◇ **at a ~** in Verlegenheit, unsicher ⟨to be at a ~ for s.th. etw. nicht finden [können], in Verlegenheit sein, verlegen sein um; to be at a ~ to nicht ... können; to be at a ~ what to say nicht wissen, was man sagen soll⟩; *Wirtsch* unter dem Gestehungspreis, mit Verlust ◇ **be a dead ~** *umg* nichts wert sein, auf nichts hinauslaufen; **be thrown for a ~** nichts wissen, keine Ahnung haben; **'~ adˌjust·ment** *s Wirtsch* Feststellung *f* der Ersatzleistung im Schadensfall; **'~ ˌlead·er** *s Wirtsch* Zugartikel *m*; **'~ˌmak·er** *s Wirtsch* Verlustfirma *f* | Verlustgeschäft *n*; **'~ˌmak·ing** *adj Wirtsch* Verluste machend ⟨a ≈ business⟩

lost [lɒst] **1.** *prät* u. *part perf von* ↑ **lose**; **2.** *adj* verloren ⟨a ~ cause eine verlorene *od* aussichtslose Sache; to be ~ verlorengehen; to give up as/for ~ aufgeben, verlorengeben⟩ | verschwunden | vergessen ⟨a ~ art eine vergessene *od* nicht mehr ausgeübte Kunst⟩ | verirrt ⟨~ dog entlaufener Hund; to be ~ sich verirrt haben, sich nicht mehr zurechtfinden (*auch übertr*)⟩ | (Zeit) verloren, vergeudet, verschwendet ⟨to be ~ [up]on s.o. jmdm. nicht viel bedeuten *od* umsonst sein; this won't be ~ upon me ich werde es nicht vergessen, das werde ich mir merken⟩ | (Gelegenheit) versäumt ⟨~ chance⟩ | versunken (**in** in) ⟨~ in thought gedankenverloren⟩; **~ to** *adj* verloren für, (jmdm.) nicht mehr gehörend ⟨to be ~ to s.o. jmdm. nicht mehr gehören⟩ | nicht mehr möglich *od* vergönnt (jmdm.) | unempfindlich für, ohne Sinn für ⟨~ to the world weltversunken⟩; **ˌ~ 'prop·er·ty** *s* Fundsache(n) *f(pl)*; **ˌ~ 'prop·er·ty ˌof·fice** *s* Fundbüro *n*

lot [lɒt] **1.** *s* Los *n* ⟨to cast/draw ~s for losen um, Lose ziehen um; to cast/throw in one's ~ with s.o. das Los mit jmdm. teilen, sich auf Gedeih u. Verderb mit jmdm. verbinden; to choose s.o. by ~ jmdn. durch Los bestimmen; to settle s.th. by ~ etw. durch Los entscheiden⟩ | Los(entscheid) *n(m)* ⟨the ~ came to/fell upon me das Los fiel auf *od* traf mich⟩ | Schicksal *n*, Geschick *n* ⟨the ~ of man; a teacher's ~⟩ | Anteil *m* | *Wirtsch* (Waren-) Posten *m*, Partie *f* ⟨~ 10 Posten Nr. 10; in ~s partienweise; a new ~ of coats ein neuer Posten Mäntel⟩ | (Pferde) Lot *n* | *bes Am* Bauplatz *m*, Parzelle *f* | *Film* Atelier *n*, Studio *n* | (*mit best art*) *umg* die ganze Gruppe *f od* Menge *f* (von ähnlichen Sachen *od* Personen) ⟨that's the ~ das ist alles, das sind alle; the whole ~ of it alle[s] zusammen; the whole ~ of you, all the ~ of you ihr alle zusammen; take the ~! nimm alles!⟩ | (*mit indef art* od *pl*) *umg* Menge *f* ⟨a ~ of people, ~s of people eine Menge Menschen⟩ | *umg* Kerl *m* ⟨a bad ~ ein Taugenichts *m*⟩; **2.** *adv, in:* **a ~,** *auch* **lots** viel ⟨to like s.o. a ~ jmdn. sehr gern haben; ~s better viel besser; a [fat] ~ I care! das kann mir alles gestohlen bleiben!; a [fat] ~ you care *iron* du tust nur so!⟩; **3.** (ˈ**~ted,** ˈ**~ted**) *vi* losen; *vt* losen um | zuteilen | (Land) parzellieren ⟨to ~ land⟩ | *auch* **~ out** (Ware) in einzelne Posten *od* Partien aufteilen ⟨to ~ out goods in parcels Waren einzeln verpacken; to ~ fruit for market Obst marktfertig machen⟩

loth [ləʊθ] ↑ **loath**

lo·tion [ˈləʊʃn] *s* (Haut-, Haar-) Wasser *n* ⟨cleansing ~ Reinigungsmilch *f*⟩

lot·ter·y [ˈlɒtərɪ] *s* Lotterie *f* ⟨number ~ Zahlenlotterie *f*⟩ | *übertr* Glückssache *f*, -spiel *n*; ˈ**~ ˌtick·et** *s* Lotterielos *n*; ˈ**~ wheel** *s* Glücksrad *n*

lot·to [ˈlɒtəʊ] *s selten* Lotto *n*

lo·tus [ˈləʊtəs] (*pl* **~es** [~ɪz] *od meist* ˈ**~ blooms**) *s* Lotosblume *f* | Honigklee *m*; ˈ**~-ˌeat·er** *s* Träumer *m*; ˈ**~ poˌsi·tion** *s* (Yoga) Lotusstellung *f*

loud [laʊd] **1.** *adj* laut ⟨a ~ cry; ~ laughs⟩ | lärmend, geräuschvoll ⟨~ streets⟩ | *übertr* laut, offen ⟨~ admiration⟩ | offensichtlich ⟨a ~ lie⟩ | grell, schreiend ⟨~ colours⟩, aufdringlich ⟨~ jewelry⟩, auffallend ⟨~ dress⟩ | unfein, aufdringlich ⟨~ manners⟩ | *Am* (Geruch) penetrant, durchdringend; **2.** *adv* laut ⟨speak ~er! sprechen Sie lauter!; to laugh ~ laut lachen⟩; ˌ**~-ˈhail·er** *s* Megaphon *n*, Flüstertüte *f*, Lautsprecher *m*; ˈ**~mouth** *s* Prahlhans *m*; ˈ**~mouthed** *adj* prahlerisch, schreierisch; ˌ**~ˈspeak·er** *s Rundf* Lautsprecher *m*

lough [lɒk|lɒx] *s Ir* See *m* | Meeresarm *m*

loun·der [ˈlu:ndə] *Schott* **1.** *s* kräftiger Schlag; **2.** *vt* kräftig schlagen

lounge [laʊndʒ] **1.** *s* (Hotel-, Klub-) Halle *f*, Klubzimmer *n*, Gesellschaftsraum *m* | *Theat* Foyer *n* | (Makler-, Werbesprache) Wohndiele *f*, Wohnzimmer *n* | *auch* ˈ**~ chair** Klubsessel *m* | Chaiselongue *n* | Bummeln *n*; Bummel *m*; geruhsamer Spaziergang ⟨to have a ~ schlendern⟩; **2.** *vi* sich rekeln | schlendern | faulenzen; *vt* **~ away, ~ out** (Zeit) verbummeln; ˈ**~ bar** *s Brit* Salon *m* (vornehmer Teil einer Gaststätte); ˈ**~ ˌliz·ard** *s umg* Salonlöwe *m* | Eintänzer *m*; ˈ**Lounger** *s* Bummler *m*, Spaziergänger *m* | Bummelant *m*, Faulenzer *m*; ˈ**~ suit** *s Brit* Straßenanzug *m*

loup·ing ill [ˈlaʊpɪŋ ˈɪl|ləʊ-] *s Vet* Springkrankheit *f*

lour [ˈlaʊə] **1.** *vi* finster blicken (**at, on, upon** auf) | die Stirn runzeln | (Himmel) dunkel *od* drohend aussehen; **2.** *s* finsterer Blick | (Himmel) Finsternis *f*, Düsterkeit *f* (*auch übertr*); ˈ**~ing** [-r-] *adj* trüb, finster (*auch übertr*)

louse [laʊs] *s* (*pl* **lice** [laɪs]) Laus *f*; [laʊz] *vt* lausen; **~ up** *Am umg* (etw.) vermasseln, zuschanden machen; **lous·y** [ˈlaʊzɪ] *adj* voller Läuse, verlaust, Lause- | *umg* lausig, elend, mies ⟨a ≈ meal⟩ | *umg* gut versorgt (**with** mit), voller (**with** *mit gen*) ⟨he's ≈ with money er schwimmt im Geld⟩

lout [laʊt] *s* Lümmel *m* ⟨litter-~ Schmutzfink *m*, einer, der Papier herumliegen läßt, Parkverschmutzer *m*⟩; ˈ**~ish** *adj* ungeschickt, tölpelhaft ⟨≈ behaviour⟩ | flegel-, rüpelhaft ⟨≈ manners⟩

lou|vre, ~ver [ˈlu:və] *s Brit Arch* Turmaufsatz *m* | *Tech* Jalousie *f*

lov·a|bil·i·ty [ˌlʌvəˈbɪlətɪ] *s* Liebenswürdigkeit *f*; ˈ**~ble** *adj* liebenswürdig, -wert ⟨a ≈ child⟩ | attraktiv, hübsch ⟨a ≈ girl⟩

lov·age [ˈlʌvɪdʒ] *s Bot* Liebstöckel *n*

love [lʌv] **1.** *s* Liebe *f*, Neigung *f* (**for, of, to[wards]** zu, **for, to s.th.** zu etw.) ⟨a mother's ~ for her children Mutterliebe *f*; ~ of adventure Abenteuerlust *f*; ~ of one's country Vaterlandsliebe *f*; a labour of ~ etw., was man um seiner selbst willen tut, etw., was man für jmdn. tut; for ~ zum Spaß; for the ~ of aus Liebe zu; for the ~ of God! um Gotteswillen!; not for ~ or money nicht für Geld u. gute Worte; there's no ~ lost between them sie können einander nicht ausstehen; to play for ~ um des Spieles willen spielen; to give/send one's ~ to s.o. jmdn. grüßen lassen⟩ | Liebe *f* (zum anderen Geschlecht) ⟨to be in ~ with s.o. in jmdn. verliebt sein, jmdn. lieben, jmdn. lieb haben; to fall in ~ with s.o. sich in jmdn. verlieben; to make ~ sich lieben, beischlafen, sich sexuell vereinigen (**to** mit); to make ~ to s.o. jmdm. den Hof machen⟩ | Liebchen *n* ⟨my ~ Liebling⟩ | *umg* reizender Mensch, reizendes Ding ⟨isn't she a little ~? ist die Kleine nicht reizend?; what a ~ of a dress! was für ein reizendes Kleid!⟩ | Liebschaft *f*, (Liebes-) Affäre *f* ⟨an old ~ of mine eine meiner früheren Freundinnen⟩ | Liebe *f*, Cupido *f*, Amor *m*, der Liebesgott | *scherzh auch* **luv** *Brit* (Anrede) Liebe(r) *f*(*m*) ⟨Hello, ~ Tag, mein Lieber!⟩ | *Bot* Clematis *f*, Waldrebe *f* | (Tennis) Null *f*, nichts ⟨~ nil Null beide; 15 – ~ fünfzehn null; ~ game Zu-Null-Spiel *n*⟩; **2.** *vt, vi* lieben ⟨to ~ one's parents; to ~ one's country⟩ | verehren ⟨to ~ God⟩ | gern tun, gern haben ⟨to ~ comfort Bequemlichkeit lieben; to ~ to do gern tun; to ~ fruit sehr gern Obst essen; to ~ to have gern haben *od* besitzen; to ~ to gern wollen; I'd ~ for s.o. to do s.th. *umg* ich hätte es gern, wenn jmd. etw. tut⟩; ˌ**~aˈbil·i·ty** *s* Liebenswürdigkeit *f*; ˈ**~a·ble** *adj* liebenswert, -würdig; ˈ**~ afˌfair** *s* Liebschaft *f*, Liebesverhältnis *n* | sexuelle Beziehung; ˈ**~ ˌap·ple** *s Bot* Liebesapfel *m*, Tomate *f*; ˈ**~ beads** *s/pl* bunte Ketten *f/pl*, Freundschaftsketten *f/pl*; ˈ**~bird** *s* Sperlingspapagei *m*; Unzertrennliche(r) *f*(*m*) | (*meist pl*) *übertr* Turteltaube *f*; ˈ**~ child** *s* (*pl* ˈ**~ ˌchild·ren**) *euphem* uneheliches Kind, Kind *n* der Liebe; ˈ**~-crossed** *adj* unglücklich verliebt; ˈ**~ god** *s* Liebesgott *m*; ˈ**~-in** *s* (Hippies) Liebesfest *n* (*auch übertr*); ˈ**~-in-ˈi·dle·ness** *s Bot* Wildes Stiefmütterchen, Feldstiefmütterchen *n*; ˈ**~ knot** *s* Liebesknoten *m*

Love·lace [ˈlʌvleɪs] *s* Wüstling *m*

love|less [ˈlʌvləs] *adj* (Person) lieblos | keine Liebe empfangend, ungeliebt ⟨a ≈ child⟩ | ohne Liebe ⟨a ≈ marriage⟩; ˈ**~ ˌlet·ter** *s* Liebesbrief *m*; ˈ**~lock** *s* Schmachtlocke *f*; ˈ**~lorn** *adj* vom Geliebten *od* von der Geliebten verlassen | voller Liebeskummer; ˈ**~ly 1.** *adj* lieblich, reizend, entzückend ⟨a ≈ woman⟩ | *umg* herrlich ⟨a ≈ dinner ein ausgezeichnetes Essen; I had a ≈ time mir ging es glänzend⟩; **2.** *s umg* hübsches Mädchen; ˈ**~ˌmak·ing** *s* Hofmachen *n* | Lieben *n*, Beischlaf *m*, Sex *m*; ˈ**~ match** *s* Liebesheirat *f*; ˈ**~ ˌphil·tre,** ˈ**~ ˌpo·tion** *s* Liebestrank *m*; ˈ**lov·er** *s* Liebhaber *m*, Geliebter *m*, Verehrer *m* ⟨to have a ≈⟩ | Liebhaber *m* ⟨art ≈; a ≈ of horses⟩; ˈ**lov·er·boy** *s Sl* Freundchen *n* ⟨listen, ≈ hör mal zu, mein Freundchen!⟩; **lov·ers** *s/pl* Liebende *pl*, Liebespaar *n* ⟨happy ≈⟩; ˈ**loves** *s/pl* (Kunst) Amoretten *f/pl*; ˈ**~ seat** *s* Sitzbank *f* für zwei Personen; ˈ**~ set** *s* (Tennis) Zu-Null-Satz *m*; ˈ**~sick** *adj* liebeskrank; ˈ**~ song** *s* Liebeslied *n*; ˈ**~ ˌsto·ry** *s* Liebesgeschichte *f*; ˈ**~struck** *adj* heftig verliebt, in Liebe entbrannt; ˈ**~ ˌto·ken** *s* Liebespfand *n*, -zeichen *n*; **lov·ey** [ˈlʌvɪ] *s Brit Sl* (Anrede) Schätzchen *n*, Liebste(r) *f*(*m*); ˈ**lov·ing** *adj* liebend, Liebes- | liebevoll, zärtlich ⟨a ≈ friend⟩ | liebend (als Briefschluß) ⟨your ≈ mother⟩; ˈ**lov·ing cup** *s* Liebes-, Freundschaftsbecher *m*; ˌ**lov·ing-ˈkind·ness** *s lit* Barmherzigkeit *f* *lit* Fürsorge *f* | Wohlwollen *n* | *Rel* göttliche Gnade und Güte; ˈ**lov·ing·ly** *adj* liebend ⟨yours ≈ (Briefschluß) mit lieben Grüßen, in Liebe⟩

[1]**low** [ləʊ] **1.** *adj* niedrig, nicht hoch ⟨~ forehead niedrige Stirn; ~ wall niedrige Wand⟩ | tief ⟨~ dress tiefausgeschnittenes Kleid; ~ bow tiefe Verbeugung; the moon was ~ in sky der Mond stand tief am Himmel; the glass is ~ das Barometer steht auf "tief"⟩ | (Gewässer) seicht | niedrig, unterhalb normal ⟨~ tide Ebbe *f*; in ~ water *übertr* knapp bei Kasse⟩ | (Laut) leise ⟨to speak in a ~ voice [mit] leise[r Stimme] sprechen⟩ | niedrig, gering, nieder (*auch übertr*) ⟨~ temperature niedrige Temperatur; ~ fever leichtes Fieber; ~ in soda sodaarm; ~ pulse niedriger Puls; ~ prices niedrige Preise *m/pl*; ~ opinion schlechte Meinung; ~ latitudes niedere Breiten *f/pl*; at ~est wenigstens, mindestens⟩ | kraftlos, schwach, matt ⟨~ state of health schlechter Gesundheitszustand⟩ | niedergeschlagen ⟨to be in ~ spirits deprimiert sein; to feel ~ sich deprimiert fühlen⟩ | (Stand) niedrig, gering ⟨of ~ birth von niederer Geburt, von geringer Abstammung; to have a ~ station in life eine niedrige Position einnehmen, zu den Ärmsten gehören; to be brought ~ gedemütigt werden⟩ | (Vorrat) erschöpft, fast leer ⟨our stock is ~ unser Vorrat ist fast am Ende⟩ | wenig enthaltend, kärglich, frugal ⟨~-fat milk Magermilch *f*; a ~ diet eine kärgliche Diät⟩ | primitiv, unzivilisiert ⟨~ tribes⟩ | wenig entwickelt ⟨~ forms of life⟩ | gemein, erbärmlich, niederträchtig ⟨~ cunning gemeine Betrügerei; ~ thinking gemeine Denkungsart⟩ | ordinär, roh, ungebildet ⟨~ manners ordinäre Manieren *f/pl*; ~ language rohe Sprache; ~ company schlechte Gesellschaft⟩ | *Ling* offen ⟨a ~ vowel⟩ | *Kfz* (Gang) mit kleinster Übersetzung, niedrig ⟨in ~ gear⟩ ◇ **bring s.o. ~** jmdm. (gesundheitlich, finanziell, beruflich) schaden; jmdn. demütigen; **lay (s.o.) s.th. ~** (jmdn.) etw. niederwerfen, umwerfen; **2.** *adv* niedrig ⟨to hang ~ niedrig hängen; to buy ~ and sell high billig einkaufen und teuer verkaufen; to play ~ mit niedrigem Einsatz spielen⟩ | tief ⟨to bow ~ to sich tief verbeugen vor⟩ | *Mus* tief ⟨to get so ~ einen so tiefen Ton singen können⟩ | leise ⟨to speak ~⟩ | kärglich, knapp ⟨to run ~ (Vorräte) beinahe ausgehen⟩ | *übertr* tief ⟨to fall ~; to aim/shoot ~ zu tief zielen; *übertr* sich zu wenig vornehmen, keinen Ehrgeiz zeigen⟩ ◇ **lie ~** flach *od* ausgestreckt liegen; *übertr* sich verborgen halten, schweigen; **3.** *s Met* Tief(druckgebiet) *n* | *Am* Nullpunkt *m* | *übertr* Tiefstand *m* ⟨to reach a new ~⟩ | *Kfz* erster Gang ⟨to get into ~⟩

[2]**low** [ləʊ] **1.** *vi* (Rind) brüllen; **2.** *s* Brüllen *n*, Muhen *n*

low|born [ˌləʊˈbɔːn] *adj lit* aus niedrigem Stand, von niedriger Geburt; **ˌ~ˈbred** *adj* ungebildet, gewöhnlich; **ˈ~brow** *umg oft verächtl* **1.** *adj* geistig anspruchslos; **2.** *s* geistig Anspruchsloser, Kulturbanause *m*, Spießer *m*; **ˈ~-browed** *adj* mit niedriger Stirn | (Raum) düster, mit niedrigem Eingang; **ˈ~ camp** *s* kitschige Imitation; **ˈ∸ ˈChurch** *s Brit* Low Church *f*, puritanische Richtung der anglikanischen Kirche; **ˈ∸ ˈChurch·man** (*pl* **ˈ∸ ˈChurch·men**) *s* Anhänger *m* der Low Church; **ˌ~ ˈcom·e·dy** *s Lit* Schwank *m*; **ˈ~ ˌcoun·try** *s Geogr* Tiefland *n* ⟨∸ Countries Niederlande *pl*⟩; **ˈ~-down** *adj umg* gemein, niederträchtig ⟨≈ tricks⟩; **ˈ~down** *s Sl* die nackte Wahrheit ⟨to get the ≈ on s.th. über etw. die unverblümte Wahrheit erfahren⟩

[1]**low·er** [ˈləʊə] *adj comp* niedere(r, -s), untere(r, -s) ⟨~ berth untere Koje; the ~ animals die niederen Tiere⟩ | *Geogr* Unter-, Nieder- ⟨∸ Austria Niederösterreich *n*; ∸ Egypt Unterägypten *n*⟩

[2]**low·er** [ˈləʊə] *vt* nieder-, herunterlassen, herunterholen ⟨to ~ a flag⟩ | niedriger machen, senken ⟨to ~ the ceiling⟩ | (Preis u. ä.) herabsetzen, senken, ermäßigen | (Stimme) senken | (ab)schwächen ⟨to ~ resistance to s.th. die Widerstandskraft gegen etw. schwächen⟩ | (Augen) niederschlagen | demütigen ⟨to ~ o.s. sich demütigen; sich herablassen⟩ | *Mus* (Ton) erniedrigen; *vi* (Preis u. ä.) fallen, sinken ⟨to ~ in value im Wert sinken⟩ | niedriger werden | (Stimme) sich senken; **~ away** (*oft imp*) *Mar* (Boot, Segel) niederholen

[3]**low·er** [ˈlaʊə] *bes Am* = **lour**

low·er| brack·et [ˌləʊə ˈbrækɪt] *adj* zur unteren Gruppe gehörig ⟨~ income bracket untere Einkommensstufe⟩; **ˌ~ ˈcase** *Typ* **1.** *s* Kleinbuchstaben *m/pl*; **2.** *adj* klein; **3.** *vt* in Kleinbuchstaben drucken; **ˌ~ ˈclass 1.** *s* (*meist pl*) Unterschicht *f*, Arbeiterklasse *f*; **2.** *adj* Unterklassen- ⟨≈ attitude die Einstellung der unteren Klassen⟩; **ˈ~ deck** *s Mar* Unterdeck *n* | Unteroffiziere und Mannschaften *pl*; **ˌ∸ ˈHouse** *s Parl* Unterhaus *n*; **~most** [ˈ~məʊst|ˈ~məst] **1.** *adj* niedrigste(r, -s); **2.** *adv* am niedrigsten; **ˈ~ school** *s* Unterstufe *f* (an höheren Schulen); **ˈ~ ˈworld** *s* Unterwelt *f*, Hades *m*

low| fre·quen·cy [ˌləʊ ˈfriːkwənsɪ] *s El* Niederfrequenz *f*; **ˈ∸ ˈGer·man** *Ling s* Niederdeutsch *n* | Plattdeutsch *n*; **ˌ~ inˈten·si·ty** *adj* von geringer Stärke *od* Intensität, schwach; **ˌ~-ˈkey**, *auch* **ˌ~-ˈkeyed** *adj* gedämpft, reserviert, zurückhaltend ⟨≈ approach gelassene Haltung⟩ | *umg* nebensächlich, unwesentlich, schwach ⟨a ≈ function eine zweitrangige Position⟩; **~land** [ˈ~lənd] **1.** *s*, *oft* **ˈ~lands** *pl* Tief-, Unterland *n* ⟨the ∸s das schottische Tiefland⟩; **2.** *adj* Tieflands-; **ˈ~land·er** *s* Tieflandsbewohner *m*; **ˈ∸ ˈLat·in** *s Ling* nichtklassisches Latein; **ˌ~-ˈlev·el** *adj* niedrig, niedriger Stufe | *Tech* mit geringer Radioaktivität ⟨≈ wastes wenig radioaktiver Abfall⟩; **ˈ~ly 1.** *adj*, *adv* bescheiden, gering ⟨of ≈ birth einfacher Herkunft⟩ | demütig ⟨≈ behaviour⟩; **2.** *adv* niedrig ⟨≈ paid schlecht bezahlt⟩ | demütig ⟨to bow ≈ before s.o. sich vor jmdm. tief verbeugen⟩; **ˌ~-ˈly·ing** *adj* (Land) tief gelegen | (Wolken) niedrig; **ˈ∸ ˈMass** *s Rel* Stille Messe; **ˌ~-ˈmelt·ing** *adj* tiefschmelzend, mit niedrigem Schmelzpunkt; **ˌ~-ˈminded** *adj verächtl* (Person) gemein, niedrigen Sinnes, unehrlich; **ˌ~-ˈnecked** *adj* (Kleid) tief ausgeschnitten; **ˌ~-ˈpitched** *adj Mus* tief ⟨a ≈ voice⟩ | (Dach) schwach geneigt, nicht steil; **ˌ~ ˈpres·sure** *s Met* Tiefdruck *m* | *Tech* Unterdruck *m*; **ˈ~-ˈpres·sure ˌcham·ber** *s Flugw* Unterdruckkammer *f*; **ˌ~ ˈpro·file** *s* (*meist sg*) Nichtauffallen *n*, *bes in*: **keep a ~ pro·file** sich nicht in den Vordergrund drängen, nicht auffallen (wollen); **ˌ~ reˈlief** *s* Bas-, Flachrelief *n*; **ˌ~ˈrev·ving** *s Tech* mit niedriger Drehzahl; **ˈ~-ˌrise** *adj* (Gebäude) niedrig (gebaut); **ˈ~ ˌsea·son** *s Wirtsch* flaue *od* geschäftsarme Zeit; **ˌ~ˈshoe** *s* Halbschuh *m*; **ˌ~-ˌsil·houˈette** = **~-profile**; **ˌ~-ˈslung** *adj* niedrig, nieder ⟨to have ≈ hips einen langen Oberkörper haben⟩; **ˌ~-ˈspir·i·ted** *adj* niedergeschlagen, deprimiert; **ˈ∸ ˈSun·day** *s* erster Sonntag nach Ostern, Weißer Sonntag; **ˌ~-techˈno·lo·gy** *adj* mit traditioneller Technologie produziert, herkömmlich ⟨≈ items such as shoes or clothing⟩ (*Ant* high-technology); **ˌ~ ˈten·sion, ˌ~ ˈvolt·age** *s El* Niederspannung *f*; **ˌ~ ˈwa·ter** *s Mar* Niedrigwasser *n*, tiefster Gezeitenstand ⟨to be in ≈ *übertr* schlecht bei Kasse sein⟩; **ˌ~-ˈwa·ter mark** *s Mar* Niedrigwassermarke *f* | *übertr* Tiefpunkt *m*, -stand *m*; **ˈ∸ ˈWeek** *s* zweite Woche nach Ostern

lox·o|drome [ˈlɒksədrəʊm] *s Math* Loxodrome *f*; **~drom·ic** [ˌ~ˈdrɒmɪk] *adj* loxodromisch ⟨≈ line Loxodrome *f*, Rhumblinie *f*⟩; **~drom·ics** [ˌ~ˈdrɒmɪks] *s/pl* (*oft sg konstr*) *Mar* Loxodromie *f*

loy·al [ˈlɔɪəl] *adj* loyal, regierungstreu ⟨~ attitude to loyale Haltung gegenüber; ~ to the state staatsbewußt⟩ | königs-, königstreu ⟨~ subject königlicher Untertan; ~ supporter Königsanhänger *m*⟩ | treu, beständig ⟨a ~ wife⟩ | (ge)treu (**to s.o.** jmdm.); **ˈ~ism** *s* Loyalismus *m*; **ˈ~ist 1.** *s* Loyalist *m*; **2.** *adj* loyalistisch; **ˈ~ty** *s* Loyalität *f*, Treue *f* (**to** zu, gegen), Redlichkeit *f* (**to** gegenüber) | (*meist pl*) Loyalität *f*,

Verpflichtung *f* ⟨to have divided ~ties sich in doppelter Weise gebunden fühlen⟩

loz|enge ['lɒzɪndʒ] **1.** *s* Raute *f* | rautenförmige Facette (e-s Edelsteines) | Pastille *f,* Tablette *f* ⟨cough ≈ Hustenbonbon *n*⟩; **2.** *adj* = **'~enged** rautenförmig; **'~enge ˌmould·ing** *s Arch* Rautenstab *m*; **'~en·gy** *adj Her* gerautet

LP [ˌel'pi:] *s Abk* LP *f* (Langspielschallplatte *f*)

L-plate ['el pleɪt] *s Brit Kfz* L-Schild *n* (für Fahrschüler)

LSD [ˌeles'di:] *s Sl* LSD *n*

Lsd, *auch* **lsd** [ˌeles'di:] *s Brit umg selten* Geld *n,* Kohlen *pl*

Ltd ['lɪmɪtɪd] *Abk* GmbH *f* ⟨John Brown, Ltd, Wine Merchants⟩

lub·ber ['lʌbə] **1.** *s* Lümmel *m,* Flegel *m,* Tolpatsch *m* | *Mar* unbefahrener Seemann; **2.** *adj* ungeschickt; **'~ly** *adj, adv* ungeschickt, tolpatschig

lube [lu:b|lju:b] *s, auch* **'~ oil** *Tech* Schmieröl *n* (*Kurzw für* **lubricating oil**)

lu·bri|cant ['lu:brɪkənt|'lju:-] **1.** *adj* schmierend; **2.** *s Tech* Schmiermittel *n* | *Med* Gleitmittel *n*; **'~cate** *vi, vt Tech* schmieren (*auch übertr*); **ˌ~'ca·tion** *s Tech* Ölen *n,* Schmieren *n* (*auch übertr*); **ˌ~'ca·tion·al, ~ca·tive** ['~keɪtɪv] *adj* schmierend; **'~ca·tor** *s Tech* Schmiermittel *n* | Schmierbüchse *f*; **lu·bric·i·ty** [lu:'brɪsətɪ|'lju:-] *s* Gleitfähigkeit *f* | *Tech* Schmierfähigkeit *f* | *übertr* Unbeständigkeit *f* | *übertr förml* Lüsternheit *f,* Geilheit *f*; **~cous** [lu:'brɪʃəs] *adj förml* lüstern, geil | glatt, schlüpfrig | *übertr* unbeständig | *übertr* ausweichend, glatt, schwer zu fassen | schlau, gerissen

lu·cence ['lu:sns|'lju:-], **'lu·cen·cy** *förml s* Glanz *m* | Durchsichtigkeit *f,* Klarheit *f*; **'lu·cent** *adj* glänzend, hell | durchsichtig, klar

lu·cern[e] [lu:'sɜ:n] *s Bot* Luzerne *f*

lu·ces ['lu:si:z|'lju:-] *pl von* ↑ **lux**

lu·cid ['lu:sɪd|'lju:-] *adj* klar, deutlich ⟨~ explanation; ~ style⟩ | klar, hell, licht ⟨a ~ mind ein wacher Geist; ~ intervals *Psych* lichte Augenblicke *m/pl*⟩ | *poet* hell, klar, durchsichtig ⟨~ marbles heller Marmor⟩; **lu'cid·i·ty** *s* Klarheit *f,* Deutlichkeit *f* | *übertr* Klarheit *f,* Helligkeit *f,* Schärfe *f* | *poet* Durchsichtigkeit *f,* Glanz *m*

Lu·ci|fer ['lu:sɪfə] *s Rel* Satan *m,* Luzifer *m* ⟨as proud as ≈ frech und überheblich⟩ | *poet* Morgenstern *m*; **~fe·ri·an** [ˌ~'fɪərɪən] *adj* satanisch

lu·cif·er·ous [lu:'sɪfərəs] *adj* leuchtend | *übertr* aufklärend, erhellend

luck [lʌk] **1.** *s* Geschick *n,* Zufall *m,* Fügung *f* ⟨as ~ would have it wie es der Zufall wollte, (un)glücklicherweise; bad/hard/ill ~ Unglück *n,* Pech *n*; by good ~ glücklicherweise; good ~ Glück *n*; just my ~! das kann nur mir passieren!; worse ~ unglücklicherweise, leider; worst ~ Pech *n*⟩ | Glück *n* ⟨for ~ als Glücksbringer, damit es Glück bringt; my ~ is in (out) ich habe Glück (Pech); piece of ~ großes Glück; to be down on one's ~ Pech haben; to be in ~ Glück haben; to be out of ~ kein Glück haben; to have the ~ to *mit inf* Glück haben *mit inf*; to try one's ~ at sein Glück versuchen bei; to wish s.o. ~ jmdm. Glück wünschen⟩; **2.** *vi meist* **~ out** *Am umg* Glück haben (on bei); **'~less** *adj* unglücklich, glücklos ⟨a ≈ hour⟩ | erfolglos ⟨a ≈ attempt⟩; **'~ ˌmon·ey, '~ ˌpen·ny** *s* Glückspfennig *m*; **'~y 1.** *adj* glücklich, Glücks- ⟨≈ dog/fellow Glückspilz *m*; ≈ hit Glückstreffer *m*; to be ≈ to *mit inf* Glück haben, daß⟩ | günstig, erfolgreich ⟨a ≈ escape⟩; **2.** *s umg* glücklicher Umstand *m*; **ˌ~y 'bag, ˌ~y 'dip** *s* Glückstopf *m od* Glückstüte *f* (mit Losen) (*auch übertr*)

lu·cra·tive ['lu:krətɪv] *adj* lukrativ, einträglich ⟨a ~ job⟩

lu·cre ['lu:kə] *s verächtl od scherzh* Gewinn *m* ⟨filthy ~ schnöder Mammon⟩ | Gewinnsucht *f,* Profitgier *f* ⟨for ~ aus Gewinnsucht⟩

lu·cu|brate ['lu:kjʊbreɪt] *förml vi* bei *od* bis in die Nacht arbeiten | gelehrte Artikel verfassen ⟨to ≈ in scholarly journals⟩; *vt* mit Anstrengung und Mühe ausarbeiten; **ˌ~'bra·tion** *s* mühsames Studium, wissenschaftliche Nachtarbeit; **ˌ~'bra·tions** *s/pl* literarische Produkte *n/pl,* gelehrte Produktion

lu·cu·lent ['lu:kjʊlənt] *adj förml* überzeugend, zwingend, deutlich ⟨~ testimony⟩

ludd|ite ['lʌdaɪt] *s* (*meist* **∸ite**) Gegner *m* der Automatisierung; **~it·ish** ['-aɪtɪʃ] *adj* gegen jeden technischen Fortschritt gerichtet; **∸it·ism** ['lʌdəˌtɪzm], *auch* **'∸ism** *s* Kampf *m* gegen den wissenschaftlich-technischen Fortschritt, Maschinenstürmerei *f*

lu·dic ['lju:dɪk] *adj* Spiel- ⟨~ behaviour⟩

lu·di·crous ['lu:dɪkrəs] *adj* lächerlich, komisch | absurd | drollig, lustig

lu·do ['lu:dəʊ] *s* (Kinderspiel) Mensch ärgere dich nicht

lu·es ['lu:i:z] *s Med* Syphilis *f,* Lues *f*; **lu·et·ic** [lu:'etɪk] *adj Med* luetisch, luisch, syphilitisch

luff [lʌf] *Mar* **1.** *vi, vt, auch* **~ up** an-, aufluven, an den Wind bringen; **~ away** überlappen, (e-m Boot) den Wind wegnehmen; **2.** *s* Luv *f* | Luv-, Windseite *f*

luf·fa ['lʌfə] *s Bot* Luffa *f*

[1]**lug** [lʌg] *umg* **1.** (**'lugged, 'lugged**) *vt* zerren | schleifen, schleppen ⟨to ~ a heavy suitcase einen schweren Koffer schleppen⟩ | (*meist* **~ into**) *übertr* herbeizerren, hineinziehen; an den Haaren herbeiziehen; *vi* zerren, ziehen | (Pferd) kauen | sich ruckartig, stoßweise bewegen | (Rennpferd) nicht gerade gehen; **2.** *s umg* Zerren *n,* heftiger Ruck

[2]**lug** [lʌg] *s Zool* Sandwurm *m*

[3]**lug** [lʌg] *s Tech* Henkel *m* | *Tech* Öhr *n,* Öse *f,* Auge *n* | *Tech* Nase *f,* Ansatz *m* | *El* Polschuh *m,* Klemme *f,* Kabelschuh *m* | *Sl, Schott* Ohr *n* | *Sl* Lump *m,* Lümmel *m*

luge [lu:ʒ] **1.** *s* Renn-, Rodelschlitten *m* (für e-e Person); **2.** *vi* rodeln

lug·gage ['lʌgɪdʒ] *bes Brit s* Gepäck *n* ⟨two pieces of ~ zwei Gepäckstücke⟩; **'~ ˌcar·ri·er** *s* Gepäckträger *m* (des Fahrrades); **'~ grid** *s Kfz* Kofferbrücke *f*; **'~ ˌlock·er** *s Eisenb* Gepäckschließfach *n*; **'~ ˌof·fice** *s* Gepäckschalter *m*; **'~ rack** *s* Gepäcknetz *n*; **'~ ˌtick·et** *s* Gepäckschein *m*; **'~ van** *s Eisenb* Packwagen *m*

lug·ger ['lʌgə] *s Mar* Lugger *m,* Logger *m*

lug·hole ['lʌghəʊl|'lʌgəʊl], *auch* **lug** *s bes Brit Sl* Löffel *m* (Ohr)

lug·sail ['lʌgseɪl], *auch* **lug** *s Mar* Logger-, Sturmsegel *n,* Breitfock *f*

lu·gu·bri·ous [lu:'gu:brɪəs|lʊ'g-|-'gju:-] *adj* traurig, wehmütig ⟨a ~ place ein düsterer Ort; a ~ face ein kummervolles Gesicht⟩ | Trauer- ⟨~ notices Traueranzeigen *f/pl*⟩ | kläglich, erbärmlich ⟨a ~ figure⟩

lug·worm ['lʌgwɜ:m] *s Zool* Sandwurm *m*

luke·warm [ˌlu:k'wɔ:m] **1.** *adj* lau(warm) ⟨~ water⟩ | *übertr* lau, gleichgültig ⟨~ support schwache Unterstützung; ~ friendship keine echte Freundschaft⟩; **2.** *s* gleichgültiger Mensch

lull [lʌl] **1.** *vt* einschläfern, einlullen ⟨to ~ a baby to sleep⟩ | (jmdn.) beruhigen, beschwichtigen ⟨to ~ s.o.'s suspicions jmds. Verdacht zerstreuen⟩ | (*meist pass*) beruhigen ⟨the wind was ~ed der Wind legte sich⟩; *vi* (Sturm u. ä.) sich beruhigen, nachlassen, abflauen; **2.** *s* Nachlassen *n* ⟨a ~ in a conversation eine Gesprächspause⟩; **~a·by** ['~əbaɪ] **1.** *vt* einschläfern, in den Schlaf singen; **2.** *s* Wiegenlied *n* | einschläferndes Geräusch

lum [lʌm|lʊm] *s dial* Teich *m,* Tümpel *m*

lum·ba·go [lʌm'beɪgəʊ] *s Med* Lumbago *f,* Hexenschuß *m*

lum·bar ['lʌmbə] *Anat* **1.** *adj* lumbal, Lumbal-, Lenden-

⟨the ~ regions die untere Rückenpartie⟩; **2.** *s* Lumbalnerv *m* | Lumbalvene *f* | Lumbalarterie *f*

lum·ber ['lʌmbə] **1.** *s bes Am* Bau-, Nutz-, Schnittholz *n* | *bes Brit* Plunder *m*, Gerümpel *n* | *urspr Am, Kan* überflüssiger Ballast | *Brit umg* (Person, Sache) Belastung *f*, zusätzliche Verantwortung | überflüssiges (Körper-) Fett | Gepolter *n*; **2.** *vi Am* Holz aufbereiten | nutzlos herumliegen | poltern, rumpeln | sich schwerfällig bewegen; *vt*, *meist* ~ **up** (Zimmer u. ä.) vollstopfen | *übertr* (jmdn.) belasten (**with** mit), (jmdm.) aufhängen (**with s.th.** etw.) ⟨to ~ [up] one's mind with useless facts sein Gedächtnis mit unnötigen Fakten belasten⟩; **'~er** [-r-] *s* Holzarbeiter *m*; **'~ing** [-r-] *adj* rumpelnd, polternd | schwerfällig; **'~jack** *s Am, Kan* Holzarbeiter *m*; **'~ly** *adj* rumpelnd | schwerfällig; **'~man** *s* (*pl* **'~men**) *Am* Holzfäller *m*; **'~mill** *s* Sägewerk *n*; **'~ room** *s* Rumpelkammer *f*; **'~yard** *s* Holzplatz *m*

lum·bri·coid ['lʌmbrɪkɔɪd] *Zool* **1.** *adj* wurmartig; **2.** *s* Spulwurm *m*

lu·mi|nal ['lu:mɪnl|'lju:-] *adj* Licht-, Leucht- ⟨≈ art Lichteffekte *pl*, Leuchtbilder *pl*⟩; **'~nant 1.** *adj* hell, leuchtend; **2.** *s* Leuchtkörper *m*; **'~nar·y 1.** *adj* Licht-, Leucht-; **2.** *s* Leuchtkörper *m* | *Astr* Himmelskörper *m* | *übertr* Leuchte *f* (Person); **~nesce** [ˌ~'nes] *vi Phys* lumineszieren; **~nes·cence** [ˌ~'nesns] *s Phys* Lumineszenz *f*; **~nes·cent** [ˌ~'nesnt] *adj* lumineszent, Lumineszenz-; **~nif·er·ous** [ˌ~'nɪfərəs] *adj* lichtspendend; **ˌ~nist 'art** *s* Kunst *f* mittels farbiger Lichteffekte; **~'nos·i·ty** [ˌ~'nɒsətɪ] *s* Glanz *m* | *Astr, Phys* Helligkeit *f*, Lichtstärke *f*; **'~nous** *adj* hell, glänzend, leuchtend, strahlend | *übertr* klar, einleuchtend ⟨≈ explanation; ≈ speaker⟩; **ˌ~nous 'di·al** *s* Leuchtzifferblatt *n* (der Uhr); **ˌ~nous 'flux** *s Phys* Lichtstrom *m*; **ˌ~nous in'ten·si·ty** *s Phys* Lichtstärke *f*; **ˌ~nous 'paint** *s* Leuchtfarbe *f*; **ˌ~nous 'sig·nal·ing in·stalˌla·tion** *s* Lichtrufanlage *f*

lum|me, *auch* **~my** ['lʌmɪ] *interj Brit umg* ach du je!, ach, du Schreck!, herrjeh!

lum·mox ['lʌməks] *s bes dial* Trottel *m*, Dämlack *m*

[1]lump [lʌmp] **1.** *s* Klumpen *m*, Brocken *m* ⟨a ~ of clay Tonklumpen *m*; to have a ~ in one's throat *übertr* einen Kloß im Hals haben, nicht sprechen können⟩ | Stück *n* ⟨two ~s of sugar zwei Stück Zucker⟩ | Masse *f*, Haufen *m* ⟨all of/in a ~ alles auf einmal; in the ~ in Bausch u. Bogen⟩ | *Tech* Luppe *f*, Deul *m* | Beule *f*, Schwellung *f* ⟨to have a ~ on one's forehead eine Beule auf der Stirn haben⟩ | *Brit* leichte Welle | *umg* schwerfällige Person, Trottel *m* ⟨a ~ of a lad ein großer Umstandskasten⟩ | *umg* dicke Person, Fettsack *m*, -kloß *m* ⟨a ~ of a boy ein dicker Junge⟩ | (*mit best art*) *Brit* (Bauindustrie) Saisonarbeiter *pl*; **2.** *vt*, *auch* ~ **together** zusammenballen | *auch* ~ **together** *übertr* zusammenwerfen, auf einen Haufen werfen, in einen Topf werfen (**with** mit) ⟨to ~ the expenses die Unkosten gleich verteilen; to ~ them all together alle über einen Kamm scheren⟩ | (Wettgeld) auf einmal setzen (**on** auf); *vi* klumpen, Klumpen bilden | plumpsen; ~ **down** sich schwerfällig hinsetzen *od* hinlegen, niederplumpsen

[2]lump [lʌmp] *vt*, *nur in*: ~ **it** (etw.) hinnehmen, sich wohl oder übel abfinden ⟨if you don't like it you can/may ~ it es bleibt dir nichts anderes übrig, du mußt wohl oder übel in den sauren Apfel beißen⟩

[3]lump [lʌmp] *vt dial* verhauen, verdreschen, verprügeln

lump|er ['lʌmpə] *s Mar* Schauermann *m* | *übertr* einer, der alles über einen Kamm schert; **'~ing** *adj umg* schwer, massiv, schwerfällig ⟨≈ movement⟩; **'~ish** *adj* klumpig | (Person) unbeholfen, ungeschickt, schwerfällig; **ˌ~ 'sug·ar** *s* Würfelzucker *m*; **ˌ~ 'sum** *s* Pauschalsumme *f*; **'~y** *adj* klumpig, voller Klumpen ⟨≈ sauce⟩ | schwer | *Mar* (See) unruhig, leicht gewellt

lu·na|cy ['lu:nəsɪ] *s Med* Irr-, Wahnsinn *m*, Geistesstörung *f*, -gestörtheit *f* | *umg* Dummheit *f*, Verrücktheit *f* ⟨it's sheer ≈ so eine Dummheit!⟩; **'~cies** *s/pl* Dummheiten *f/pl*, abwegiges Betragen

lu·nar ['lu:nə] *adj* Lunar-, Mond- | mond-, sichelförmig | bleich | silberhaltig, Silber-; **ˌ~ 'caus·tic** *s Chem* Höllenstein *m*; **ˌ~ e'clipse** *s Astr* Mondfinsternis *f*; **ˌ~ 'probe** *s* Mondsonde *f*; **ˌ~ 'mo·dule** *s* Mondfähre *f*; **ˌ~ 'rov·er** *s* Mondfahrzeug *n*; **ˌ~ 'rock** *s* Mondgestein *n*; **'~scape** *s* Bild *n* der Mondoberfläche; **ˌ~ 'year** *s Astr* Mondjahr *n*; **lu·nate** ['lu:neɪt] *adj Tech* sichelförmig

lu·na·tic ['lu:nətɪk] **1.** *adj* geisteskrank, wahnsinnig | *übertr* blöd-, irrsinnig ⟨a ~ plan⟩; **2.** *s* Geistesgestörte(r) *f*(*m*); **'~ aˌsy·lum** *s selten* Irrenanstalt *f*; **ˌ~ 'fringe** *s* (*mit best art*) extremistische Randgruppe, Extremisten *pl*

lunch [lʌntʃ] **1.** *s* Lunch *m*, Mittagessen *n* ⟨at ~ beim (Mittag-) Essen⟩; **2.** *vi* einen Lunch einnehmen, (zu) Mittag essen; *vt* zum (Mittag-) Essen einladen; **'~break** *s* Mittagspause *f*; **'~ ˌcoun·ter** *s* Imbißstand *m*, -stube *f*; **~eon** ['~ən] *förml* = ~ ⟨annual ≈ Jahresessen *n*⟩; **'~eon ˌcon·fe·rence** *s* Arbeitsessen *n*; **'~eon meat** *s* (konserviertes) Kraftfleisch, Büchsenfleisch *n*; **'~ hour** *s* Mittagspause *f*; **'~time** *s* Mittag(szeit) *m*(*f*)

lune [lu:n|lju:n] *s Math* halbmondförmige Figur | *selten* Halbmond *m*, Sichel *f*

lu·nette [lu:'net|lju:-] *s Arch* Lünette *f*, Halbkreis *m* | Halbmond *m* | *Mil* Protzöse *f*; **lu'nettes** *s/pl* Taucherbrille *f*

lung [lʌŋ] *s Anat* Lunge(nflügel) *f*(*m*) ⟨iron ~ eiserne Lunge; the ~s die Lunge; to have good ~s *übertr* eine kräftige Stimme haben⟩ | *übertr* Grünfläche *f*, Park *m* ⟨the ~s of London die Erholungsgebiete *n/pl od* das grüne Herz von London⟩; **ˌ~ 'cancer** *s Med* Lungenkrebs *m*

[1]lunge [lʌndʒ] **1.** *s* Longe *f*, Laufleine *f* | Manege *f*; **2.** *vt* (Pferd) longieren, an der Longe laufen lassen

[2]lunge [lʌndʒ] **1.** *s* (Fechten) Ausfall *m*, Stoß *m* | Satz *m* nach vorn; **2.** *vi*, *auch* ~ **out** (Fechten) ausfallen (**at** gegen) | (Boxen u. ä.) wild schlagen (**at** nach) | dahinstürmen, dahinstürzen; *vt* stoßen mit | vorwärtsstürzen

lung|fish ['lʌŋ fɪʃ] *s* Lungenfisch *m*; **'~ ˌpow·er** *s Brit* Stimmkraft *f*; **'~worm** *s Zool* Lungenwurm *m*; **'~wort** *s Bot* Lungenkraut *n*

luni- [lu:nɪ|'lju:-] ⟨*lat*⟩ *in Zus* Mond-

lu·ni|form ['lu:nɪfɔ:m|lju:-] *adj* (halb)mondförmig; **ˌ~'so·lar** *adj Astr* lunisolar; **~stice** ['~stɪs] *s Astr* Mondwende *f*

Lu·no·khod [ˌlu:nə'xɔ:d] *s* (sowjetisches) Mondfahrzeug, -mobil *n*

lu·nule ['lu:nju:l] *s* Nagelmond *m*

lu·pin, *Am* **lu·pine** ['lu:pɪn] *s Bot* Lupine *f*

lu·pine ['lu:paɪn] *adj* wölfisch, Wolfs- | gefräßig

lu·pu|lin ['lu:pjʊlɪn|'lju:-] *s Bot* Lupulin *n*; **~lus** ['~ləs] *s Bot* Hopfen *m*

lu·pus ['lu:pəs|'lju:-] *s Med* Lupus *m*, Schwindflechte *f*

[1]lurch [lɜ:tʃ] **1.** *s* Taumeln *n*, Schwanken *n* | *Mar* Schlingern *n* ⟨to give a ~ to schlingern nach⟩; **2.** *vi* taumeln, schwanken, torkeln | *Mar* schlingern, sich ruckartig bewegen

[2]lurch [lɜ:tʃ] *s*, *in*: **leave s.o. in the ~** *übertr umg* jmdn. im Stich lassen

lurch·er ['lɜ:tʃə] *s* Späher *m*, Spion *m* | Spürhund *m*

lure [lʊə|ljʊə] **1.** *s* Lockmittel *n*, Köder *m*, Lockspeise *f* | *übertr* Lockvogel *m* | *übertr* Lockung *f*, Zauber *m*, Reiz *m* ⟨the ~ of the sea das lockende Meer; the ~ of her beauty der Zauber ihrer Schönheit; the ~ of adventure der Reiz des Abenteuers⟩; **2.** *vt* ködern, anlocken | verleiten, verführen (**into** zu) ⟨to ~ s.o. away from jmdn. weglocken von; to be ~d on to s.th. e-r Sache verfallen sein⟩

lur·gy ['lɜ:dʒɪ] *s Brit scherzh* Leiden *n*, Übel *n* (Krankheit)

lu·rid ['lʊərɪd|'ljʊə-] *adj* fahl, unheimlich ⟨a ~ sky ein gespenstisch erleuchteter Himmel⟩ | düsterrot ⟨~ flames⟩ | finster, düster ⟨~ thunderclouds dunkle Gewitterwolken *f/pl*⟩ | grausig, entsetzlich ⟨~ details; a ~ story⟩ | sensationshaschend, grell ⟨~ cover of a book⟩ | *Bot, Zool* schmutziggelb

lurk [lɜ:k] **1.** *vi* lauern, versteckt liegen (*auch übertr*) ⟨to ~ in the dark im Dunkeln lauern; to ~ in one's mind einem nicht aus dem Sinn kommen, einem durch den Kopf gehen⟩ | (heimlich) schleichen ⟨to ~ away sich wegschleichen⟩; **2.** *s* Lauern *n* ⟨on the ~ auf der Lauer⟩ | Versteck *n*; '**~er** *s* Lauernde(r) *f(m)*; '**~ing 1.** *adj* lauernd | *übertr* schlummernd ⟨a ≈ passion⟩; '**~ing-place** *s* Versteck *n*, Schlupfwinkel *m*

lus·cious ['lʌʃəs] *adj* süß, köstlich ⟨~ grapes süße Trauben *f/pl*; ~ steaks köstliche Steaks *n/pl*⟩ | *auch übertr* übersüß, widerlich süß | verführerisch, aufreizend ⟨a ~ girl; ~ legs⟩ | (Sprache) üppig, überladen ⟨~ style; ~ phrases⟩ | schmeichelnd ⟨~ sounds⟩

[1]**lush** [lʌʃ] *adj* (Gras) saftig, üppig ⟨~ meadows saftige Wiesen *f/pl*; a ~ growth üppiges Wachstum⟩ | *übertr umg* üppig, stinkreich

[2]**lush** [lʌʃ] *s Am Sl* Besoffene(r) *f(m)*; '**~y** *adj Sl* besoffen, voll

lust [lʌst] **1.** *s* Wollust *f*, Sinnlichkeit *f* ⟨filled with ~ wollüstig, voller Wollust⟩ | *übertr* Gier *f*, Sucht *f* ⟨~ for/of power Machtgier *f*; ~ for gold Gier *f* nach Gold; ~ to dominate Herrschsucht *f*⟩; **2.** *vi* heftiges Verlangen haben (**after, for** nach) | *bibl* (Frau) begehren ⟨to ~ after a woman⟩; '**~ful** *adj* wollüstig, geil | lüstern

lus·tre, *Am* **lus·ter** ['lʌstə] **1.** *s* Glanz *m*, Schimmer *m* (*auch übertr*) ⟨the ~ of silk; to add ~ to s.o.'s name jmds. Namen Ruhm verleihen; to shed ~ on Glanz verbreiten auf⟩ | Glitzern *n*, Schein *m* ⟨the ~ of the stars⟩ | Lüster *m*, Kronleuchter *m* | Lüster *m* (halbwollener Stoff) | *Min* Glanz *m* | *Tech* Oberflächenglanz *m* | *auch* **me,tallic** '**~** Lüster *m*, schillernder Porzellanüberzug; **2.** *vt* glänzend machen | mit Lüster überziehen, (Textilien) lüstrieren; *vi* glänzen; '**~ cloths** *s/pl* Lüsterstoffe *m/pl*; '**~less** *adj* glanzlos, stumpf; ,**~ 'ter·mi·nal** *s Tech* Lüsterklemme *f*; '**~ware** *s* mit Lüster überzogenes Porzellangeschirr

lus·trine ['lʌstrɪn] *s Brit arch* Glanztaft *m*, Lüstrine *f*

lus·trous ['lʌstrəs] *adj* glänzend, strahlend (*auch übertr*) ⟨~ eyes strahlende Augen *n/pl*; ~ face glänzende Oberfläche; ~ filament Glanzfaden *m*⟩; ,**~ 'car·bon** *s Geol* Glanzkohle *f*

lust·y ['lʌstɪ] *adj* gesund u. kräftig, rüstig ⟨a ~ old man⟩ | lüstern, weibstoll ⟨~ young men⟩ | energisch, lebhaft ⟨~ cheers aufmunternde Zurufe *m/pl*, lebhafter Beifall⟩ | dick, korpulent, massig

lu|ta·nist, *auch* **-te·nist** ['lu:tənɪst] *s* Lautenspieler(in) *m(f)*

[1]**lute** [lu:t] *s* Laute *f*

[2]**lute** [lu:t] **1.** *s* Gummiring *m* (für Einweckglas u. ä.) | *Tech* Kitt *m*, Dichtungsmasse *f*; **2.** *vt Tech* verkitten, abdichten, verschmieren

luteo- ['lu:tɪəʊ] ⟨*lat*⟩ *in Zus* bräunlichgelb

lute peg ['lu:t peg] *s Mus* Lautenwirbel *m*

lu·ter ['lu:tə] *s* Lautenspieler *m*

lute·string ['lu:tstrɪŋ] *s* Glanztaft *m*

Lu·ther·an ['lu:θərən|'lju:-] *Rel* **1.** *s* Lutheraner(in) *m(f)* | Protestant(in) *m(f)*; **2.** *adj* lutheranisch, lutherisch | protestantisch

lu·thern ['lu:θən|'lju:-] *s Arch* Mansardenfenster *n*

lu·tist ['lu:tɪst] *s* Lautenspieler(in) *m(f)*

luv [lʌv|lʊv] *s* (Anrede) *Brit* (Norden) *dial, scherzh* meine Liebe, mein Lieber!

lux [lʌks] *s* (*pl* **~es** ['~ɪz], **lu·ces** ['lu:si:z|lju:-] *Phys* Lux *n*

lux|ate ['lʌkseɪt] *vt Med* ver-, ausrenken, luxieren; **~'a·tion** *s Med* Ver-, Ausrenkung *f*, Luxation *f*

luxe, *s meist in*: **de ~** [dɪ'lʌks] *adj* Luxus- ⟨de ~ edition Luxusausgabe *f*⟩

Lux·em|b[o]urg ['lʌksembɜ:g] *s* Luxemburg; '**~berg·er** *s* Luxemburger(in) *m(f)*

lux·u·ri·ance [lʌg'ʒʊərɪəns|ləg-|-'zjʊə-], **lux'u·ri·an·cy** *s* Üppigkeit *f* | Überfluß *m*, Reichtum *m* (**of** an); **lux'u·ri·ant** *adj* (Vegetation u. ä.) üppig (*auch übertr*) | (Stil u. ä.) schwülstig, überschwenglich | *übertr* fruchtbar ⟨≈ imagination blühende Phantasie⟩; **lux'u·ri·ate** *vi* sich ergehen, schwelgen (**in** in) | üppig gedeihen | verschwenderisch leben; **lux,u·ri'a·tion** *s* Schwelgen *n*; **lux'u·ri·ous** *adj* üppig, luxuriös, Luxus- ⟨≈ hotel⟩ | erlesen, kostspielig ⟨≈ food⟩ | verschwenderisch, schwelgerisch, genußsüchtig ⟨≈ habits verschwenderische Gewohnheiten *f/pl*; ≈ nobility verschwendungssüchtiger Adel⟩; **lux·u·ry** ['lʌkʃərɪ|-ʃrɪ] **1.** *s* Luxus *m*, Überfluß *m* ⟨a life of ≈ ein Leben im Überfluß; to live in ≈ üppig leben; to be a ≈ for s.o. für jmdn. Luxus *od* schwer erschwinglich sein⟩ | *oft pl* Luxusgegenstand *m*, -artikel *m* ⟨to get few luxuries sich wenig leisten können⟩ | Genußmittel *n*; **2.** *adj* Luxus- ⟨≈ hotel⟩; '**lux·u·ry tax** *s* Luxus-, Vergnügungssteuer *f*

-ly [-lɪ] *suff zur Bildung von adj aus s mit der Bedeutung* -artig, nach Art von (*z. B.*: **queenly, fatherly, orderly**) | -mäßig, -weise (*z. B.*: **hourly, yearly**) | *zur Bildung von adv aus adj* (*z. B.*: **shortly, lastly, happily, organically**)

ly·cée ['li:seɪ] *s* ⟨*frz*⟩ Gymnasium *n*; **ly·ce·um** [laɪ'si:əm] *s* Vortragssaal *m* | *Am* (eine Art) Volkshochschule *f*, Volksbildungsverein *m* | *Brit* bombastisches Theater(spiel) *n(n)*

ly·chee ['laɪtʃi:] = **litchi**

lych·gate ['lɪtʃgeɪt] *s* (überdachtes) Friedhofstor

lych·nis ['lɪknɪs] *s Bot* Lichtnelke *f*

ly·co·pod ['laɪkəpɒd] *s Bot* Bärlapp *m*

lye [laɪ] *Chem* **1.** *s* (Alkali-) Lauge *f*; **2.** *vt* mit Lauge behandeln; '**~ bath** *s* Laugenbad *n*; '**~ vat** *s* Laugenbehälter *m*, -kanal *m*

[1]**ly·ing** ['laɪɪŋ] **1.** *part präs von* ↑ [2]**lie 2.**; **2.** *adj* lügend, verlogen; **3.** *s* Lügen *n*

[2]**ly·ing** ['laɪɪŋ] **1.** *part präs von* ↑ [1]**lie 2.**; **2.** *adj* liegend; **3.** *s* Liegen *n*; ,**~-'in** *s* (*pl* ,**~s-'in,** ,**~-'ins**) *Med* Entbindung *f* | Wochenbett *n*; ,**~-'in ,hos·pi·tal** *s* Entbindungsanstalt *f*

lyme·grass ['laɪmgrɑ:s] *s Bot* Strandhafer *m*

lymph [lɪmf] *s Med* Lymphe *f*, Blutwasser *n* | *poet* Wasserquelle *f*, Quell *m*; **lym·phan·gi·tis** [,lɪmfæn'dʒaɪtɪs] *s* Lymphangitis *f*, Lymphgefäßentzündung *f*; **lym·phat·ic** [lɪm'fætɪk] **1.** *adj* lymphatisch, Lymph- ⟨≈ vessel Lymphgefäß *n*⟩ | *übertr* (Charakter) schlaff, träge, kraftlos, faul (*Ant* active); **2.** *s* Lymphgefäß *n*; '**~ gland** *s* Lymphdrüse *f*; '**~ node** *s* Lymphknoten *m*

lympho- [lɪmfə(ʊ)] ⟨*griech*⟩ *in Zus* Lymph(e)-

lym·pho·cyte ['lɪmfəsaɪt] *s Med* Lymphozyte *f*, Lymphkörperchen *n*

lynch [lɪntʃ] *vt* lynchen; '**~ law** *s* Lynchjustiz *f*

lynx [lɪŋks] *s Zool* Luchs *m*; ,**~-'eyed** *adj* luchsäugig, mit Luchsaugen ⟨a ≈ teacher ein Lehrer, der Augen wie ein Luchs hat⟩

lyre ['laɪə] *s Mus, Astr* Lyra *f*, Leier *f*; '**~bird** *s Zool* Leierschwanz *m*

lyr|ic ['lɪrɪk] **1.** *adj* lyrisch | *Mus* lyrisch | *übertr* gefühlvoll ⟨a ~ and tender dance⟩ | *übertr* begeistert, rhapsodisch ⟨~ prose enthusiastische Prosa; to become quite ~ over s.th. etw. überschwenglich preisen⟩; **2.** *s* lyrisches Gedicht; '**~i·cal** = '**~ic 1.**; '**~ics** *s/pl* Lyrik *f* | (Schlager-) Text *m*; **~i·cism** ['~ɪsɪzm] *s* lyrischer Charakter | Gefühlsbetontheit *f*, Gefühlswelt *f* ⟨the ≈ of life⟩ | Gefühlsausbruch *m* ⟨hysterical ≈⟩; **~i·cist** ['~ɪsɪst] *s* Lyriker *m* | Schlagertexter *m*

ly·ser·gic ac·id [laɪˌsɜ:dʒɪk 'æsɪd] *s Chem* Lysergsäure *f*

-lysis [lɪsɪs] ⟨*griech*⟩ *in Zus* -lösung, -lyse (*z. B.* **biolysis** Biolyse *f*)

ly·sol ['laɪsɒl] *s Chem* Lysol *n*

ly·so|som·al [ˌlaɪsə'səʊml] *s Biol* Lysosom- ⟨≈ enzymes⟩; **~some** ['laɪsəˌsəʊm] *s Biol* Lysosom *n*

lys·sa ['lɪsə] *s Med* Lyssa *f*, Tollwut *f*

-lytic [lɪtɪk] ⟨*griech*⟩ *in Zus* (auf)lösend, -lytisch (*z. B.* **analytic, hydrolytic**)

M

M, m [em] *s* (*pl* **M's, Ms, m's, ms**) M *n*, m *n* | (römische Zahl) 1000

M *Abk von* **metre** | **motorway**

-'m [m] *kontr von* **am** ⟨I'm here⟩

MA [ˌem'eɪ] *Abk von* **Master of Arts** ⟨John Brown, ~; to work for an ~ sich um den zweiten akademischen Grad bewerben⟩

ma [mɑ:] *s umg* Mama *f*, Mutti *f* ⟨~ and pa Mama und Papa⟩ | *umg* (unhöflich) Alte *f*

ma'am [mæm|mɑ:m|məm] *s umg für* **madam** (Anrede für Königin und Prinzessinnen) Majestät!, Hoheit! | (Anrede für Dame des Hauses durch Bedienstete) Gnädige Frau! | *Am* (höfliche Anrede für eine Frau) meine Dame!

[1]**mac** [mæk] *s* (*Kurzw* von **mackintosh**) *Brit umg* Regenmantel *m*

[2]**mac** [mæk] *s Am Sl* (Anrede) Kumpel *m*

ma·ca·bre [mə'kɑ:brə|mæ-|-bə] *adj* makaber ⟨a ~ joke; danse ~ Totentanz *m*⟩ | grausig, grauenhaft

mac·ad·am [mə'kædəm] **1.** *s* Makadam *m*, Schotterbelag *m* | *auch* ˌ~ **'road** Makadam-, Schotterstraße *f*; **2.** *adj* Makadam-, Schotter- ⟨~ surfacing Schotterdecke *f*⟩; **macˌad·am·i'za·tion** *s* Beschotterung *f*; **mac'ad·am·ize** *vt* (be)schottern, makadamisieren

mac·a·ro·ni [ˌmækə'rəʊnɪ] *s* (*pl* ~) Makkaroni *pl*

mac·a·roon [ˌmækə'ru:n] *s* Makrone *f*

mac·ca·ro·ni [ˌmækə'rəʊnɪ] = **macaroni**

ma·caw [mə'kɔ:] *s Zool* Ara *m*, Keilschwanzsittich *m* | *Bot* Macawbaum *m*, Macahubapalme *f*

[1]**mace** [meɪs] *s Bot* Muskatblüte *f*, Mazis *m*

[2]**mace** [meɪs] *s Hist Mil* Streitkolben *m* | (Polizei u. ä.) Knüppel *m* | Amtsstab *m*; **'~ˌ-bear·er** *s* Träger *m* des Amtsstabs

Mace [meɪs], *auch* ~ **1.** *s auch* ˌ**chem·i·cal '~** Nervengas *n* (auf Tränengasbasis); **2.** *vt* Nervengas einsetzen

Mac·e·do·ni·a [ˌmæsɪ'dəʊnɪə] *s* Mazedonien *n*; ˌ**Mac·e'do·ni·an 1.** *s* Mazedonier(in) *m*(*f*); **2.** *adj* mazedonisch, makedonisch

mac·er|ate ['mæsəreɪt] *vt* (Papier u. ä.) ein-, auf-, erweichen, mazerieren | *übertr* entkräften, schwächen, abzehren; *vi* auf-, erweichen | sich abzehren; ˌ**~'a·tion** *s* Auf-, Erweichen *n*, Mazeration *f* | *übertr* Entkräftung *f*, Abzehrung *f* | Kasteiung *f*

Mach [mæk|mɑ:k] *s Phys, Flugw* Mach *n*, Machzahl *f* ⟨~ two doppelte Schallgeschwindigkeit⟩

ma·che·te [mə'tʃeɪtɪ], *auch* **ma·chet** [mə'tʃet | 'mætʃɪt] *s* Machete *f*, breites Schwertmesser

Mach·i·a|vel·li·an [ˌmækɪə'velɪən] **1.** *adj Pol* machiavellistisch | *lit* skrupellos, hinterlistig; **2.** *s Pol* Machiavellist *m*; ˌ**~-'vel·li·an·ism** *s* Machiavellismus *m*

ma·chi·nal [mə'ʃi:nl] *adj* maschinell, Maschinen-

mach·i|nate ['mækɪneɪt] *vi, vt* Ränke schmieden (gegen); **~na·tion** [ˌ~'neɪʃn|ˌmæʃɪ-] *s* Intrige *f*, Machenschaft *f* | Anstiften *n*; **'~na·tor** *s* Intrigant *m*

ma·chine [mə'ʃi:n] **1.** *s* Maschine *f* ⟨~ age Maschinenzeitalter *n*; sewing ~ Nähmaschine *f*⟩ | Apparat *m*, Gerät *n* ⟨vending ~ Verkaufsautomat *m*⟩ | Triebwerk *n*, Getriebe *n* (*auch übertr*) ⟨economic ~ Wirtschaftsgebilde *n*, -wesen *n*⟩ | Mechanismus *m* | Maschine *f* (Fahrrad, Lokomotive, Flugzeug u. ä.) | (Theater) Maschine *f*, Bühnenmechanismus *m* | *übertr* (Mensch) Maschine *f*, Roboter *m* | *Am* Apparat *m* ⟨party ~ Parteiapparat *m*; the Democratic ~ der Apparat der Demokratischen Partei⟩; **2.** *adj Tech* maschinell produziert, Maschinen- ⟨~ edge maschinell gefertigte Schneide⟩; **3.** *vt* maschinell herstellen | *auch* ~ **down** maßgerecht produzieren, auf das exakteste herstellen; *vi* sich maschinell bearbeiten lassen; **'~ gun** *s* Maschinengewehr *n*; **'~-gun** *vt* mit Maschinengewehrfeuer belegen; **'~ ˌlan·guage** *s* Computersprache *f*; ˌ**~-'made** *adj* maschinell hergestellt; **ma'chin·er** *s* Maschinist *m*; ˌ**~ 'read·a·ble** *adj* (computer)eingebbar, -lesbar; **ma'chin·er·y** *s* Maschinerie *f* | Mechanismus *m* | *übertr* Maschinerie *f*, Räderwerk *n* ⟨the ≈ of government⟩; **'~ shop** *s* Maschinenwerkstatt *f*; **'~ time** Computerzeit *f*; **'~ tool** *s* Werkzeugmaschine *f*; **'~ transˌla·tion** *s* maschinelle Übersetzung; **'~ ˌwash·a·ble** *adj* waschmaschinenfest; **ma'chin·ist** *s* Maschinist *m* | Maschinenschlosser *m* | Maschinenbauer *m*, -ingenieur *m* | Feinmechaniker *m*

ma|chis·mo [ˌmə'kɪzməʊ|-'tʃɪz] ⟨*span*⟩ *s* (männliche) Selbstgerechtigkeit, übersteigertes Männlichkeitsgefühl, Betonung *f* der männlichen Überlegenheit; **~cho** ['mɑ:tʃəʊ] ⟨*span*⟩ **1.** *s* Macho *m*, robuster Typ, Draufgänger *m*; **2.** *adj* betont männlich, Draufgänger ⟨≈ style Hervorkehrung *f* der Männlichkeit⟩

Mach num·ber ['mæk|'mɑ:k ˌnʌmbə] *s Phys Flugw* Machsche Zahl

ma·chom·e·ter [mə'kɒmɪtə] *s Phys* Mach[o]meter *n*

mac·in·tosh ['mækɪntɒʃ] = **mackintosh**

mack·er·el ['mækrl] *s Zool* Makrele *f*; **'~ 'sky** *s* Schäfchenwolken *f/pl*, -himmel *m*

mack·in·tosh ['mækɪntɒʃ] *s* Regenmantel *m* | imprägnierter Stoff

mack·le ['mækl] *s* dunkler Fleck | *Typ* Schnitz *m*, Doppeldruck *m*

macro- [mækrə(ʊ)] ⟨*griech*⟩ *in Zus* groß-, makro-, lang-

mac·ro·bi·o·tic [ˌmækrəʊbaɪ'ɒtɪk] *adj* makrobiotisch

mac·ro|ce·phal·ic [ˌmækrəʊsɪ'fælɪk], **~ceph·a·lous** [ˌ~'sefələs] *adj Med* makrozephal, großköpfig; **~ceph·a·ly** [ˌ~'sefəlɪ] *s Med* Makrozephalie *f*, Großköpfigkeit *f*

mac·ro·cosm ['mækrəʊkɒzm] *s* Makrokosmos *m* (*auch übertr*)

mac·u|la ['mækjʊlə] *s* (*pl* **~lae** ['~li:]) *s* (Schmutz-) Fleck *m* | *Astr* Sonnenfleck *m*; **'~lar** *adj* fleckig, gefleckt, Flecken-; **~late** ['~leɪt] *vt* beflecken, beschmutzen (*auch übertr*); ['~lət] *adj* beschmutzt (*auch übertr*); ˌ**~'la·tion** *s* Beschmutzung *f* | *übertr* Makel *m* | *Bot Zool* Musterung *f*, Zeichnung *f*

MAD [mæd] *s Abk von* **Mutual Assured Destruction,** *Mil* Fähigkeit *f* der gegenseitigen totalen atomaren Vernichtung

mad [mæd] *adj* toll, irr, wahnsinnig, verrückt ⟨raving ~ absolut wahnsinnig; to drive/send s.o. ~ jmdn. verrückt machen; to go/run ~ verrückt werden; as ~ as a March hare / as ~ as a hatter *umg* völlig übergeschnappt⟩ | (Tier) toll(wütig) | *übertr* verrückt, versessen (**about, after, for, on** auf, nach) | *umg* außer sich, verrückt (**with** vor) ⟨like ~ wie verrückt; to be ~ with pain⟩ | *bes Am umg* wütend, böse (**about, at** über, auf) ⟨hopping ~ furchtbar aufgebracht⟩

mad·am ['mædəm] *s* (*pl* **'~s, mes·dames** [meɪ'dɑ:m | -'dæm]) (Anrede) gnädige Frau ⟨Dear ∸ Sehr geehrte Frau!⟩ | gnädiges Fräulein | *umg* Frau *f*, die gern andere anstellt ⟨to be a bit of a ~ gern andere herumkommandieren⟩ | Bordellwirtin *f*, Puffmutter *f*

Mad·ame ['mædəm | mæ'dæm] (*pl* **Mes·dames** [meɪ'dɑ:m | -'dæm]) *s* (Anrede, Titel für verheiratete Frauen nichtbrit. *od* nichtam. Herkunft) Madam *f* ⟨~ X⟩

mad|cap ['mædkæp] **1.** *s übertr* Wildfang *m*; **2.** *adj* ausgelassen, toll ⟨a ≈ plan ein verrückter Plan⟩

mad·den ['mædn] *vt* verrückt machen; ärgern, fuchsen; **'~ing** *adj* zum Verrücktwerden, unerträglich, lästig, aufreizend ⟨it is ≈ing es ist zum Verrücktwerden; ≈ing attacks of tooth·ache wahnsinnige Zahnschmerzen *m/pl*; the noise is ≈ der Lärm ist nicht zum Ausstehen⟩

mad·der ['mædə] *s Bot* Krapppflanze *f* | Krapprot *n*

mad·ding ['mædɪŋ] *adj lit* toll, rasend ⟨the ~ crowd die tobende Menge⟩ | verrückt machend

[1]**made** [meɪd] *prät* u. *part perf von* ↑ **make 2.**

[2]**made** [meɪd] *adj übertr umg* (Person) gemacht, erfolgreich ⟨you're ~ Sie haben es geschafft; a ~ man ein gemachter Mann⟩ | wie gemacht *od* geschaffen (**for** für) ⟨a night ~ for love⟩ | bestehend (**of** aus) ⟨~ of stone⟩ | zusammengesetzt (**up of** aus) ⟨~ up of small stones⟩

Ma·dei·ra [mə'dɪərə] *s* Madeira(wein) *m*(*m*); **'~ cake** *s* Sandkuchen *m*

ma·de·moi·selle [ˌmædəmə'zel | -dəmwə- | ˌmæm'zel] *s* ⟨*frz*⟩ (*pl* **mes·de·moi·selles** [ˌmeɪdmwɑ:'zelz]) Fräulein *n* (als Anrede) | ∸ Fräulein *n* (als Titel)

made-to-measure [ˌmeɪd tə 'meʒə] *adj* (Anzug) Maß-, maßgeschneidert

made-up [ˌmeɪd 'ʌp] *adj* zurechtgemacht, künstlich ⟨~ eyelashes künstliche Augenwimpern *f/pl*⟩ | erfunden, erdichtet ⟨a ~ story⟩ | Fertig-, Konfektions- ⟨~ clothes Konfektionskleidung *f*⟩

mad|house ['mædhaus] *s* Irrenanstalt *f* | *übertr umg* Irrenhaus *n*, wüstes Durcheinander; **'~man** *s* (*pl* **'~men**) Wahnsinniger *m*, Irrer *m*

ma·don·na [mə'dɒnə] *s* Madonnenbild *n*, -statue *f* | ∸ *Rel* Madonna *f*, Jungfrau Maria *f*; **'~ ˌlil·y** *s Bot* Madonnenlilie *f*, weiße Lilie

ma·dras [mə'drɑ:s|mə'dræs] **1.** *s* Madras *m*; **2.** *adj* Madras- ⟨~ shirt Hemd *n* aus Madras(stoff)⟩

mad·ri·gal ['mædrɪgl] *s Poes, Mus* Madrigal *n*

mad·wom|an ['mædˌwumən] *s* (*pl* **~en** ['mædˌwɪmɪn]) Wahnsinnige *f*, Irre *f*

Mae·ce·nas [mi:'si:næs|mɪ-|maɪ-|-nəs] *s* Mäzen *m*

mael·strom ['meɪlstrəm|-əum] *s* Strudel *m*, Sog *m*, Wirbel *m* (*bes übertr*) ⟨the ~ of war⟩

mae·nad ['mi:næd] *s* Mänade *f auch übertr*; **~ic** [-'nædɪk] *adj* mänadisch, rasend

ma·es·to·so [maɪs'təusəu] *Mus* **1.** *adj, adv* maestoso, majestätisch; **2.** *s* Maestoso *n*

ma·e|stro ['maɪstrəu] *s* (*pl* **'~stros, ~stri** ['strɪ]) *meist Mus* Maestro *m*, Meister *m*

Mae West [ˌmeɪ 'west] *s Flugw scherzh* Schwimmweste *f*

maf·fick ['mæfɪk] *vi Brit* im Siegestaumel sein, lärmend feiern, ein Freudenfest veranstalten

maf·i|a ['mæfɪə] ⟨*ital*⟩ *s* Maf(f)ia *f*; **~o·so** [ˌmɑ:fi:'əusəu] *s* (*pl* **~o·si** [-'əusi:]) Mafioso *m*, Mitglied *n* der Maf(f)ia

mag [mæg] *s umg Kurzw von* **magazine**

mag·a·zine [ˌmægə'zi:n] **1.** *s* Magazin *n*, Warenlager *n* | *Mil* Pulvermagazin *n* | *Tech* Magazin *n*, Vorratsbehälter *m* | *Mil* Patronenbehälter *m* | Magazin *n*, Unterhaltungszeitschrift *f*; **'~ rack** *s* Zeitungsständer *m*; **'~ ri·fle** *s* Mehrlader *m*

mag·da·len ['mægdəlɪn] *s* Büßerin *f*, reuige Sünderin

ma·gen·ta [mə'dʒentə] *s Chem* Magenta(rot) *n*, Fuchsin *n* | *adj* magentarot

mag·got ['mægət] *s Zool* Made *f*, Larve *f* | *übertr* Grille *f*, Laune *f* ⟨to have a ~ in one's head Grillen im Kopf haben⟩; **'~y** *adj* madig, voller Maden ⟨~ cheese⟩ | *übertr* grillenhaft

ma·gi ['meɪdʒaɪ] *pl von* ↑ **magus**

Ma·gi ['meɪdʒaɪ] *s/pl* (**the ~**) *Rel* die Heiligen Drei Könige

mag·ic ['mædʒɪk] **1.** *s* Magie *f*, Zauberei *f* ⟨black ~ schwarze Kunst; as if by / like ~ durch Zauberei⟩ | Zauberkraft *f* (*auch übertr*) ⟨to use ~ zaubern; the ~ of poetry der Zauber der Poesie⟩; **2.** *auch* **'mag·i·cal** *adj* magisch, Wunder-, Zauber- ⟨~ words; ~al techniques⟩ | zauberhaft, bezaubernd ⟨~ moments; ~ beauty; ~al evening⟩; **ˌ~ 'eye** *s El umg* magisches Auge; **ma·gi·cian** [mə'dʒɪʃn] *s* Magier *m*, Zauberer *m* (*auch übertr*); **ˌ~ 'lan·tern** *s* Laterna magica *f*; **ˌ~ 'mark·er** *s* Filzschreiber *m*; **ˌ~ 'touch** *s übertr* Verzauberung *f*, zauberhafte Verwandlung ⟨to have a ≈ eine zauberhafte Wirkung haben; außerordentlich geschickt sein; goldene Hände haben⟩

mag·is·te·ri·al [ˌmædʒɪ'stɪərɪəl] *adj* amtlich, behördlich ⟨~ opinions⟩ | herrisch, gebieterisch, diktatorisch ⟨a ~ gesture⟩

mag·is|tra·cy ['mædʒɪstrəsɪ] *s* (Friedens-, Polizei-) Richteramt *n* | Magistrat *m* | Magistratur *f* | Amtsbezirk *m*; **~trate** ['~treɪt|-ɪt|-ət] *s* richterlicher Beamter ⟨police ~ Polizeirichter *m*⟩ | Friedensrichter *m*; **~tra·ture** ['~trətjuə] *s* Magistrat(ur) *m*(*f*) | Richteramt *n*

mag·ma ['mægmə] *s* (*pl* **~ta** ['~tə]) Magma *n*; **mag'mat·ic** [-mætɪk] *adj* Magma-

Mag·na C[h]ar·ta ['mægnə 'kɑ:tə] *s Hist* Magna Charta *f* (1215) | *übertr* Grundgesetz *n*

mag|na·nim·i·ty [ˌmægnə'nɪmətɪ] *s* Groß-, Edelmut *m*; **~nan·i·mous** [~'nænɪməs] *adj* groß-, edelmütig

mag·nate ['mægneɪt] *s* Magnat *m* ⟨territorial ~ Großgrundbesitzer *m*⟩ | *oft verächtl* Größe *f*, einflußreiche Person

mag·ne|sia [mæg'ni:ʃə|~ni:ʒə] *s Chem* Magnesia *f*, Magnesiumoxid *n* ⟨sulphate of ≈ Bittersalz *n*⟩; **~sian** [~ʃn|~ʒn], **mag·ne·sic** [-'nesɪk] *adj* Magnesium-; **~site** ['mægnɪsaɪt] *s Min* Magnesit *m*, Bitterspat *m*; **~si·um** [~zɪəm] *s Chem* Magnesium *n*

mag·net ['mægnɪt | -ət] *s Min* Magneteisenstein *m* (*auch übertr*); **~ic** [mæg'netɪk] *adj* magnetisch, Magnet- ⟨≈ needle Magnetnadel *f*⟩ | *übertr* anziehend, faszinierend ⟨a ≈ smile⟩; **ˌ~ic a'nom·aly** *s Phys* magnetische Anomalie; **ˌ-ic 'com·pass** *s Phys* Magnetkompaß *m*; **ˌ~ic 'field** *s Phys* magnetisches Feld; **ˌ~ 'hold** *s* Magnetklipp *m*, -klammer *f*; **ˌ~ic 'mine** *s Mil* magnetische Seemine; **mag'net·ics** *s/pl* (*meist sg konstr*) Lehre *f* vom Magnetismus; **ˌ~ic 'tape** *s El* Magnet(ton)band *n*; **'~ism** *s Phys* Magnetismus *m* | *übertr* Anziehungskraft *f*; **'~ite** *s Min* Magnetit *m*, Magneteisenstein *m*; **ˌ~i'za·tion** *s* Magnetisierung *f*; **'~ize** *vt* magnetisieren | *übertr* anziehen, fesseln; **'~iz·er** *s* Magnetiseur *m*; **mag·ne·to** [mæg'ni:təu] *s* (*pl* **mag'ne·tos**) *Kfz El* Magnet(zünder) *m*(*m*), Zündmagnet *m*

magneto- [mægni:tə(u)] ⟨*griech*⟩ *in Zus* (elektro)magnetisch

mag·ne·to·phone [mæg'nɪtəfəʊn] *s El* Magnetophon(gerät) *n;* **mag'ne·to·sphere** *s Phys* Magnetosphäre *f*
magni- [mægnɪ] ⟨*lat*⟩ *in Zus* groß-
mag·ni·cide ['mægnɪsaɪd] *s* Mord *m* an einer prominenten Persönlichkeit
Mag·nif·i·cat [mæg'nɪfɪkæt] *s Rel* Magnifikat *n*, Lobgesang *m*
mag·ni·fi·ca·tion [ˌmægnɪfɪ'keɪʃn] *s* Vergrößerung *f* | Vergrößerungsfaktor *m* | *El* Verstärkung *f*
mag·nif·i·cence [mæg'nɪfɪsns] *s* Pracht *f*, Herrlichkeit *f*, Glanz *m* | Magnifizenz *f* (als Titel); **mag'nif·i·cent** *adj* prächtig ⟨a ~ house⟩ | herrlich ⟨a ~ plan⟩ | *umg* prima, toll
mag·ni|fi·er ['mægnɪfaɪə] *s* Vergrößerungsglas *n* | *El* Verstärker *m*; **'~fy** *vt* vergrößern | *El* verstärken | *übertr* übertreiben ⟨to ≈ dangers⟩ | *übertr* (etw.) hoch in Ehren halten ⟨to ≈ an office einem Amt (größere) Ehre machen *od* bringen⟩ | *übertr* (Gott) verherrlichen ⟨to ≈ the Lord⟩; *vi* vergrößern; **'~fy·ing glass** *s* Vergrößerungsglas *n*, Lupe *f*
mag·nil·o·quence [mæg'nɪləkwəns] *förml s* Großsprecherei *f* | (Stil) Schwulst *m*; **mag'nil·o·quent** *adj* (Person) großsprecherisch, prahlerisch | (Stil) schwülstig
mag·ni·tude ['mægnɪtju:d] *s* Größe *f* (*auch übertr*) ⟨a star of the first ~ ein Stern erster Größe⟩ | Bedeutung *f*, Wichtigkeit *f* | *El* Stärke *f*
mag·no·li·a [mæg'nəʊlɪə] *s Bot* Magnolie *f*
mag·num ['mægnəm] *s* große Flasche, Anderthalbliterflasche *f* (*bes* für Wein)
mag·num o·pus [ˌmægnəm 'əʊpəs] *s* ⟨*lat*⟩ *förml* Hauptwerk *n*
mag·pie ['mægpaɪ] *s Zool* Elster *f* | *übertr umg* Klatschbase *f*, Schwätzer(in) *m(f)* | *übertr umg* Sammler *m*
ma|gus ['meɪgəs] *s* (*pl* **'~gi** [-dʒaɪ]) *s Rel* Magus *m* | *übertr förml* Magier *m*
mag wheel ['mæg wi:l] *s Am* Sportrad(felge) *n(f)*
Mag·yar ['mægjɑ:] **1.** *adj* madjarisch, ungarisch; **2.** *s* Madjar(in) *m(f)*, Ungar(in) *m(f)* | *Ling* Ungarisch *n*
ma·ha·ra·ja[h], *auch* **∸** [ˌmɑ:ə'rɑ:dʒə|ˌmɑ:hə-] *s* Maharadscha *m*
ma·ha·ra|nee, ~ni, *auch* **∸nee, ∸ni** [ˌmɑ:ə'rɑ:ni:|ˌmɑ:hə-] *s* Maharani *f*, Frau *f* eines Maharadscha | indische Herrscherin
ma·hat·ma, *auch* **∸** [mə'hætmə|-'hɑ:t-] *s* Mahatma *m*, buddhistischer Weiser ⟨∸ Gandhi⟩ | Heiliger *m* | edler Mensch
mah·jong[g] [ˌmɑ:'dʒɒŋ] *s* chinesisches Dominospiel
mahl·stick ['mɔ:lstɪk] = **maulstick**
ma·hog·a·ny [mə'hɒgənɪ] **1.** *s* Mahagoni(holz) *n* | *umg* Eßtisch *m* ⟨s.o.'s ~⟩; **2.** *adj* Mahagoni- | mahagonifarben
Ma·hom·et·[an] [mə'hɒmɪtən] = **Mohammed[dan]**
ma·hout [mɑ:'hu:t|mə'haʊt] *s* (Indien) Elefantenführer *m*
maid [meɪd] **1.** *s* (junges) Mädchen | *lit, arch* (junge) unverheiratete Frau ⟨old ~ alte Jungfer⟩ | *poet* Maid *f*, Jungfrau *f* | *auch* **'~servant** (Dienst-) Mädchen *n*, Hausangestellte *f*; **'~en 1.** *s poet* (junges) Mädchen *n* | Jungfrau *f*, Jungfer *f* | (Rennsport) Maiden *n*, Pferd *n* noch ohne Sieg; **2.** *adj* (*nur attr*) jungfräulich, unberührt (*meist übertr*) ⟨≈ soil⟩ | unverheiratet ⟨my ≈ aunt⟩ | Mädchen- | Jungfern-, Erstlings- ⟨≈ speech Antrittsrede *f*; ≈ voyage Jungfernfahrt *f*⟩ | (Sache) unerprobt, (Person) unerfahren; **'~en·hair** *s Bot* Frauenhaar *n*, -farn *m*; **'~en·head** *s arch* Jungfräulichkeit *f*, Unberührtheit *f* (*auch übertr*) | *Anat* Hymen *n*; **'~en·hood** *s* Jungfernschaft *f* | *übertr* Unberührtheit *f*; **'~en·like, '~en·ly** *adj* mädchenhaft, Mädchen-; **'~en name** *s* Mädchenname *m*; **ˌ~en 'o·ver** *s* (Kricket) Spielsatz *m* ohne Läufe; **ˌ~ of 'hon·our** *s* Hof-, Ehrendame *f* | *Am* Brautjungfer *f*; **'~serv·ant** *s* (Haus-) Mädchen *n*, Hausangestellte *f*
[1]**mail** [meɪl] **1.** *s* Post(sendung) *f*; Brief-, Paketpost *f* ⟨to have a lot of ~; to open the ~⟩ | Post(beförderung) *f* ⟨to send by ~⟩ | Postauto *n*, -sack *m*, -kutsche *f*, -flugzeug *n* u. ä. | *auch* **'~ train** Postzug *m* | *oft pl* (*sg konstr*) Post(sendungen) *f(f/pl)*, Postfracht *f* ⟨to take the ~s die Post befördern⟩; **2.** *adj* Post-; **3.** *vt bes Am* (Post) aufgeben, absenden ⟨to ~ a letter⟩
[2]**mail** [meɪl] **1.** *s Hist* Kettenpanzer *m* ⟨a coat of ~ Panzerhemd *n*⟩; **2.** *vt* panzern
mail|bag ['meɪlbæg] *s* Posttasche *f* | Postsack *m* | *Am* Briefträgertasche *f*; **ˌ~ 'bal·lot** *s* Wahlschein *m*; **'~ bomb** *s Am* Briefbombe *f*; **'~box** *s Am* (Post) Briefkasten *m* | *Brit* Briefeinwurf *m* vor dem Haus, (separater) Hausbriefkasten
mail·clad ['meɪlklæd] *adj* gepanzert
mail|coach ['meɪlkəʊtʃ] *s* Postkutsche *f*; **'~ ˌco·ver** *s Am* Postüberwachung *f*
mailed ['meɪld] *adj* gepanzert (*auch Zool*) ⟨the ~ fist *übertr* Gewaltandrohung *f*⟩
mail·gram ['meɪlgræm] *s Am* Brieftelegramm *n*
mail·ing list ['meɪlɪŋ lɪst] *s* Adressenliste *f*, -kartei *f* ⟨to add s.o. to one's ~ mit jmdm. in Literaturaustausch treten⟩
mail|man ['meɪlmæn] *s* (*pl* **~men** ['~men]) *Am* Briefträger *m*, Postbote *m*; **ˌ~ 'or·der** *s* (Post) Versand *m*, Versandsystem *n*, Bestellsystem *n*; **ˌ~-or·der 'cat·a·logue** *s* Versandhauskatalog *m*; **'~-or·der firm** *s* (Post) Versandgeschäft *n*; **'~ train** *s* Postzug *m*
maim [meɪm] *vt* verstümmeln, zum Krüppel machen | *übertr* entstellen
main [meɪn] **1.** *adj* wichtigste(r, -s), hauptsächliche(r, -s) Haupt- ⟨the ~ thing die Hauptsache; to have an eye to the ~ chance seinen eigenen Vorteil im Auge haben⟩ | Haupt- (*Ant* Neben-) ⟨~ lines Hauptverkehrslinien *f/pl*, -strecken *f/pl*; ~road Haupt(verkehrs)straße *f*⟩ | ganz, voll ⟨by ~ force mit voller Kraft; by ~ strength durch bloße Gewalt⟩; **2.** *s* Hauptteil *m*, -sache *f* ⟨in the ~ in der Hauptsache, hauptsächlich⟩ | Kraft *f*, Gewalt *f* ⟨by / with might and ~ mit aller Kraft⟩ | *poet* Ozean *m*, (hohe) See | (*meist pl*) (Gas, Strom, Wasser) Hauptnetz *n*, öffentliches Netz, Lichtnetz *n* | (*meist pl*) (Gas, Wasser) Hauptrohr *n*, -leitung *f*, -hahn *m*, (Strom) Hauptkabel *n* ⟨connected to the ~s ans Netz angeschlossen; from the ~s aus dem (Strom-, Gas-, Wasser-) Netz; operating on the ~s mit Netzanschluß⟩ | (*meist pl*) Hauptabfluß(leitung) *m(f)*; **3.** *vt Sl* fixen; **ˌ~ 'beam** *s Arch* Hauptunterzug *m*; **'~ brace** *s Mar* Brasse *f* der Großrahe; **ˌ~ 'chance** *s umg* einmalige Chance, großes Geld; **ˌ~ 'clause** *s Ling* Hauptsatz *m*; **ˌ~ 'course** *s* (Essen) Hauptgericht *n*; **ˌ~ 'deck** *s Mar* Hauptdeck *n*; **ˌ~ 'drag** *s Am Sl* Hauptstraße *f*; **'~frame** *s* Computerzentrum *n*, Zentraler Computer; **'~land** *s* Festland *n*; **ˌ~ 'land·ing gear** *s Flugw* Hauptfahrwerk *n*; **'~line** *vt Sl* fixen, Drogen spritzen; **ˌ~ 'line** *s Eisenb* Hauptstrecke *f*; **'~mast** *s Mar* Großmast *m*; **'~sail** *s Mar* Großsegel *n*; **'~s borne** *adj* netzgebunden; **'~s cur·rent** *s El* Netzstrom *m*; **'~s set** *s* Netz(anschluß)gerät *n*, -radio *n*; **'~s fail·ure** *s El* Netzausfall *m*; **'~sheet** *s Mar* Großschot *f*; **'~spring** *s* Uhrfeder *f* | *übertr* Haupttriebfeder *f*; **'~stay** *s Mar* Großstag *n* | *übertr* Hauptstütze *f*; **'~stream 1.** *s* Hauptstrom *m* (*bes übertr*), Hauptrichtung *f*, -tendenz *f*; **2.** *vi, vt Am Päd* gute und schlechte Schüler in einer Klasse unterrichten (*Ant* stream); *vt* (begabte und lernschwache Kinder) gemeinsam unterrichten **'∸ Street** *Am* **1.** *s* Hauptstraße *f* | *übertr* Spießbürgertum *n*; **2.** *vi* (*meist* **mainstreet**) *Pol* (in der Wahlkampagne) auf die Straße gehen, Wähler werben
main·tain [meɪn'teɪn|mən-] *vt* (aufrecht)erhalten, beibehalten ⟨to ~ a correspondence korrespondieren; to ~

friendly relations with freundschaftliche Beziehungen unterhalten mit; to ~ the speed die Geschwindigkeit [beibe]halten⟩ | (in bestimmtem Zustand) lassen, wahren ⟨to ~ peace Frieden halten; to ~ an open mind on s.th. gegenüber etw. aufgeschlossen sein⟩ | unterhalten, versorgen ⟨to ~ a family⟩ | instandhalten ⟨to ~ the roads⟩ | (jmdn.) unterstützen, (jmdm.) beipflichten ⟨to ~ a cause eine Sache fördern; to ~ a friend in a quarrel einem Freund bei einem Streit beipflichten⟩ | (Stellung, Preis u. ä.) behaupten, versichern (**that** daß, **to** zu) ⟨to ~ one's innocence seine Unschuld beteuern⟩ | (Meinung, Recht) verteidigen ⟨to ~ an argument; to ~ one's rights⟩; **main'tain·a·ble** *adj* haltbar; **main'tain·er** *s* Verteidiger(in) *m(f)* | Unterhalter(in) *m(f)*; **main·te·nance** ['meɪntɪnəns] *s* Erhaltung *f*, Instandhaltung *f* ⟨≈ and repair Unterhaltung *f* und Instandsetzung *f*; cost of ≈ Instandhaltungskosten *pl*⟩ | *Tech* Wartung *f* | Unterstützung *f* | Unterhalt *m* | Verfechtung *f*, Behauptung *f* | *Jur* widerrechtliche Unterstützung; **'main·ten·ance grant** *s* Unterhaltszuschuß *m*; **'main·ten·ance ˌor·der** *s Jur* Verpflichtung *f* zum Unterhalt; **ˌmain·ten·ance of 'mem·ber·ship** *s* Vereinbarung *f* zwischen Gewerkschaft und Unternehmer (über Beibehaltung der Gewerkschaftsmitgliedschaft im Betrieb)

main·top ['meɪntɒp] *s Mar* Großmars *m*

mai·son·[n]ette [ˌmeɪzə'net] *s* kleines (Einfamilien-) Haus, Häuschen *n* | Etagenwohnung *f*, Apartment(wohnung) *n(f)*; **ˌ~ 'to·wer** *s* Maisonette-Hochhaus *n*

maize [meɪz] *s, bes Brit Bot* Mais *m*

ma·jes·tic [mə'dʒestɪk], **ma'jes·ti·cal** *adj* majestätisch, erhaben; **maj·es·ty** ['mædʒɪstɪ] *s* Majestät *f* ⟨His ∻ Seine Majestät; Your ∻ Eure Majestät, Hoheit⟩ | Erhabenheit *f*, Würde *f*

ma·jol·i·ca [mə'dʒɒlɪkə] *s* Majolika *f*

[1]**ma·jor** ['meɪdʒə] *s Mil* Major *m*

[2]**ma·jor** ['meɪdʒə] **1.** *adj* (*nur attr*) größere(r, -s), bedeutendere(r, -s) (von zwei) ⟨the ~ part der größte Teil; ~ party Mehrheitspartei *f*⟩ | *Brit* (in Public Schools) Älterer *m* (von zwei) (*Ant* minor) ⟨Smith ~ Smith, der Ältere⟩ | *umg* bedeutsam, groß ⟨a ~ success⟩ | (*präd*) *Jur* mündig, volljährig | Haupt- | *auch* **ˌ~ 'scale** *Mus* Dur ⟨G ~ G-Dur⟩ | *Med* (Operation) schwer, riskant; **2.** *vi* **~ in** *Am Päd* als Hauptfach studieren ⟨to ~ in German⟩; **3.** *s Jur* Volljährige(r) *f(m)* | *Am Päd* Hauptfach *n*; **ma·jo·rat** [mɑ:ʒɒ'rɑ:] *s Jur* Majorat *n*

ma·jor·do·mo [ˌmeɪdʒə'dəʊməʊ] *s arch* Haushofmeister *m*

ma·jor·ette [ˌmeɪdʒə'ret], *auch* **ˌdrum '~** *s Am* Majorette *f*, Tambourmajorin *f*

ma·jor gen·er·al [ˌmeɪdʒə 'dʒenrl] *s* (oft ∻) *Mil* Generalmajor *m*

ma·jor·i·ty [mə'dʒɒrətɪ] **1.** *s* (*sg* od. *pl konstr*) Mehrzahl *f* ⟨the ~ of people die meisten Menschen *m/pl*⟩ | Majorität *f*, Mehrheit *f* ⟨~ of votes Stimmenmehrheit *f*; the government's ~ die Regierungsmehrheit; by a ~ of 50 mit einer Mehrheit von 50; to be in [the] ~ die Mehrheit haben⟩ | *Jur* Volljährigkeit *f*, Mündigkeit *f* ⟨to reach one's ~ volljährig werden⟩ | *Mil* Majorsrang *m* ⟨to obtain one's ~ Major werden⟩; **2.** *adj* Mehrheits- ⟨~ decision Mehrheitsbeschluß *m*; ~ election Mehrheitswahl *f*; ~ rule Mehrheitsregierung *f*⟩

ma·jor| prem·ise [ˌmeɪdʒə 'premɪs] *s Phil* Obersatz *m*, erste Prämisse, Prämisse major *f*; **ˌ~ 'scale** *s Mus* Durtonleiter *f*; **ˌ~ 'suit** *s Kart* (Bridge) höhere Farbe

ma·jus·cule ['meɪdʒəskju:l|mə'dʒʌs-] *s* Majuskel *f*, Großbuchstabe *m*

make [meɪk] **1.** *s* Machart *f*, Typ *m*, Schnitt *m*, Marke *f*, Fabrikat *n* ⟨to be a good ~ e-e gute Marke sein; to be one's own ~ selbstgemacht sein; to be of British ~ in Großbritannien hergestellt sein; of best British ~ von bestem britischen Fabrikat⟩ ◇ **on the ~** *Sl* profithungrig, -gierig, auf Profit aus | auf Sex aus, sexhungrig;
2. (made, made [meɪd]) *vt* machen, herstellen, anfertigen ⟨to ~ bread Brot backen; to ~ cars Autos bauen; to ~ o.s. (s.o.) a cup of tea sich (jmdm.) e-e Tasse Tee machen *od* kochen; to ~ a poem ein Gedicht schreiben *od* verfassen; to be made for s.th. *übertr* für etw. wie geschaffen sein; to ~ s.th. from / out of s.th. (else) etw. aus etw. (anderem) herstellen; made in GDR hergestellt in der DDR⟩ | *übertr* machen, ausführen ⟨to ~ an application sich bewerben; to ~ an attempt e-n Versuch unternehmen; to ~ a bow sich verbeugen; to ~ a decision e-e Entscheidung treffen; to ~ an effort sich anstrengen, e-e Anstrengung unternehmen; to ~ a guess raten; to ~ another payment e-e weitere Rate begleichen *od* bezahlen; to ~ peace Frieden schließen; to ~ a present of s.th. etw. zum Geschenk machen; to ~ a speech e-e Rede halten⟩ | machen, verursachen ⟨it ~s no difference es ist mir gleich; to ~ difficulties Schwierigkeiten machen *od* bereiten; to ~ a fuss *umg* sich furchtbar aufregen; Lärm schlagen; to ~ too much noise zu viel Lärm machen⟩ | machen, zurechtmachen ⟨to ~ the beds⟩ | (vor *adj, part*) machen ⟨to ~ s.o. angry (happy, ill) jmdn. ärgerlich (froh, krank) machen; to ~ one's voice heard mit s-r Stimme durchdringen; *übertr* sich Gehör verschaffen⟩ | machen zu ⟨to ~ s.o. the chairman jmdn. zum Vorsitzenden machen *od* ernennen; to ~ friends (with s.o.) Freundschaft schließen (mit jmdm.); to ~ s.o. a star jmdn. berühmt machen; to ~ s.o. one's wife jmdn. zu s-r Frau machen; to ~ s.o. a success jmdm. zum Erfolg verhelfen; to ~ a day (a night) of it den ganzen Tag dazu nehmen (die Nacht durchmachen)⟩ | machen, verdienen ⟨to ~ money; to ~ a profit Gewinn machen; to ~ a living s-n Lebensunterhalt verdienen; how much do you stand to ~? wieviel wirft (dir) das ab?, was verdienst du dabei?⟩ | (*mit inf*) (veran)lassen, dazu bringen, zwingen ⟨to ~ s.o. cry (laugh) jmdn. zum Weinen (Lachen) bringen; to ~ s.o. think jmdn. zum Nachdenken bewegen; to ~ s.th. tick etw. funktionieren lassen, etw. in Gang halten; *übertr* dafür sorgen, daß etw. läuft; to be made to pay gezwungen werden zu zahlen; to ~ s.o. change his mind jmdn. veranlassen, s-e Meinung zu ändern; what ~s you say that? warum sagst du das?⟩ | (*mit inf*) machen, (erscheinen *od* aussehen) lassen ⟨to ~ s.o. look old jmdn. alt machen; to ~ the room look brighter das Zimmer heller erscheinen lassen; s.th. is made to look different etw. soll in e-m anderen Licht erscheinen⟩ | zählen, aus-, errechnen, schätzen ⟨I ~ it thirty ich komme auf dreißig; I ~ it almost two weeks since ... ich schätze, es sind fast zwei Wochen, seit ...; what time do you ~ it? / what do you ~ the time? wie spät hast du es?, wie spät ist es bei dir?; it's not as bad as he ~s it es ist nicht so schlimm, wie er es hinstellt⟩ | machen, ergeben, sein ⟨10 and 10 ~ 20; that ~s ten participants damit sind es zehn Teilnehmer; 100 centimetres ~ one metre; how much does that ~ altogether? wieviel macht *od* ergibt das (nun) insgesamt?⟩ | sich eignen zu, repräsentieren, sein ⟨this ~s good reading das liest sich gut; it ~s a fine study es wird ein schönes Arbeitszimmer; to ~ s.o. a good husband jmdm. ein guter Ehemann sein; to ~ an odd couple ein seltsames Paar abgeben; to ~ good publicity werbewirksam sein; to ~ sense Sinn ergeben; to ~ a strange sight e-n sonderbaren Anblick bieten; to ~ the plural form den Plural bilden⟩ | machen zu, werden lassen, bilden (**of** aus) ⟨her courage ~s her a hero / a hero of her ihr Mut macht sie zum Helden; to ~ a man of s.o.

e-n Mann aus jmdm. machen; to ~ a fool of s.o. *übertr* jmdn. zum Narren halten; to ~ the best of s.th. das Beste aus etw. machen; to ~ much of s.o. (s.th.) viel Aufhebens um jmdn. (etw.) machen; sich viel aus jmdm. (etw.) machen; what do you ~ of it? was hältst du davon?⟩ | machen, verwandeln (**into** zu, in; **out of/from** aus, von) ⟨to ~ the cloth into a dress den Stoff zu e-m Kleid verarbeiten, ein Kleid aus dem Stoff arbeiten *od* machen; to ~ the girl into a woman, to ~ a woman out of the girl das Mädchen zu e-r Frau machen, e-e Frau aus dem Mädchen machen⟩ | (Gesetz) erlassen | *oft umg* (*auch* Sport) schaffen, erreichen, machen ⟨to ~ 50 runs 50 Läufe erzielen; to ~ it in 3 minutes es in 3 Minuten schaffen; to ~ land / port *Mar* anlegen, in den Hafen einlaufen; to ~ good time schnell vorankommen; I couldn't ~ it ich habe es nicht geschafft (*auch übertr*); to ~ the team in die Mannschaft kommen; to ~ the charts in die Hitparaden kommen (Schallplatten); I'll never ~ the station ich schaffe es niemals bis zum Bahnhof; to ~ the top nach ganz oben kommen, es nach ganz oben schaffen; to ~ the university e-n Platz an der Uni ergattern; to ~ the front page auf die Titelseite kommen *od* gelangen⟩ | *förml* anheben (**to** *mit inf* zu *mit inf*) ⟨she made to speak but ... sie setzte zum Reden an, aber ...⟩ | *Sl* (jmdn.) herumkriegen, mit (jmdm.) schlafen ⟨he tried to ~ her⟩ | *umg* den letzten Schliff geben, vervollkommnen, komplettieren ⟨the pictures really ~ the room durch die Bilder wirkt das Zimmer erst richtig⟩ | *Kart* mischen; (Stich) machen; (Kontrakt) erfüllen | *El* (Strom) einschalten; (Stromkreis) schließen; (Kontakt) herstellen; (Feld) aufbauen; (Relais) ansprechen; (Funk) melden, funken | *arch* essen *in*: **~ a good / hearty feast** gut schmausen ◇ **~ believe** glauben machen, vorsehen ⟨he's making believe that he knows er tut so, als wüßte er es⟩; **~ love** sich lieben, miteinander schlafen ⟨to ~ love to s.o. mit jmdm. ins Bett gehen⟩; **~ one's way** sich aufmachen, gehen ⟨to ~ one's way home⟩; **~ or mar / break** alles entscheiden, das Zünglein an der Waage sein; **~ things / it warm / hot for s.o.** *Sl übertr* jmdm. einheizen *od* Pfeffer geben;

~ out ausmachen, erkennen ⟨to ≈ s.o.'s writing jmds. Schrift entziffern; I can't ≈ what you say ich verstehe nicht, was du sagst⟩ | ausfertigen, ausfüllen, ausstellen ⟨to ≈ a list⟩ | *umg* hinstellen (jmdn. als), behaupten (von jmdm.) ⟨to ≈ that es so hinstellen als ob; to ~ s.th. out as etw. so darstellen, als ob; to ~ s.o. out as a liar jmdn. als Lügner hinstellen; he made out that he was ill er behauptete, er sei krank; he is made out to be s.th. man macht ihn zu etw., angeblich ist er etw.⟩ | argumentieren, *bes in*: **~ out a case (for s.th.)** Beweise haben (für etw.); **~ over** verwandeln (**into** in) ⟨to ≈ a suit e-n Anzug umarbeiten; the room has been made over into a studio der Raum wurde in ein Studio umgebaut; he's been made over into another person er wurde in e-n ganz anderen Menschen verwandelt⟩ | *auch Jur* (jmdm.) überschreiben, vermachen ⟨to ≈ a house; the money was made over to his wife das Geld ging an s-e Frau über⟩; **~ up** bilden, zusammensetzen ⟨to be made up of bestehen aus, sich zusammensetzen aus; to be made up from ausgesucht sein aus; to ≈ the four *Kart* den vierten Mann stellen⟩ | fertig-, zurechtmachen ⟨to ≈ a parcel ein Paket einpacken, to ≈ a bed ein Bett zurechtmachen *od* aufschlagen; to ≈ a prescription ein Rezept fertigmachen, ein Mittel (nach Rezept) herstellen; to ≈ a page *Typ* e-e Seite aufmachen⟩ | (Feuer) schüren, anfachen | erfinden, erdichten, sich ausdenken ⟨he's making that up er schwindelt nur; to be all made up völlig *od* nur erfunden sein⟩ | verarbeiten (**into** zu) ⟨to ≈ the material into a dress den Stoff zu einem Kleid verarbeiten; to ≈ the flowers into bunches die Blumen zu Sträußen binden⟩ | schminken ⟨to ~ o.s. up / to ~ one's face up sich schminken, Make-up machen⟩ | komplettieren, vervollständigen ⟨to ≈ the rest den Rest übernehmen; to ~ the price up to £ 100 den Preis auf £ 100 aufrunden; to add s.th. to ~ it up to one kilo etw. hinzufügen, damit es (insgesamt) ein Kilo wird⟩ | entschädigen, kompensieren ⟨to ~ it up to s.o. for s.th. jmdn. für etw. entschädigen; *übertr* jmdm. etw. wiedergutmachen⟩ | (Streit) beilegen ⟨to ≈ a quarrel; to ~ it up with s.o. sich mit jmdm. wieder vertragen⟩ ◇ **~ up one's mind** sich entschließen (**about s.th.** in bezug auf etw., hinsichtlich; **to** *mit inf* zu *mit inf*) ⟨to ~ up one's mind for s.o. sich für jmdn. entscheiden; to ~ up one's mind about s.th. sich e-e Meinung bilden über etw.; my mind is all made up ich habe mich bereits fest entschlossen⟩;

vi sich anschicken, den Versuch machen (**to** *mit inf* zu *mit inf*) ⟨he made to leave er wollte gehen⟩ | sich aufmachen, sich begeben (**to** nach) ⟨to ~ to a place⟩ | führen, (weg) gehen, (Fluß) fließen (**to** nach) | (Ebbe) einsetzen; (Flut) ansteigen | *Kart* einen Stich machen | (*statt pass*) gemacht *od* hergestellt werden ⟨tubes are making in this plant Röhren werden in diesem Werk produziert⟩ | verdienen (**on** bei) ◇ **~ as if to** im Begriff sein zu ⟨we made as if to go wir machten (gerade) Anstalten zu gehen⟩; **~ do** auskommen (**with** mit); **~ like** so tun, als ob ⟨we made like we were drunk wir taten so, als wären wir betrunken⟩;

~ after *arch* (jmdm.) nachsetzen, verfolgen; **~ away = ~ off**; **~ away with** *umg* (jmdn.) umbringen ⟨to ≈ o.s. sich das Leben nehmen⟩ | *auch* **~ off with** *umg* klauen; **~ for** zuhalten *od* zustreben auf ⟨to ≈ the door nach der Tür streben⟩ | *auch* **~ at** losgehen auf, angreifen ⟨the dog made for the intruder der Hund stürzte sich auf den Eindringling⟩ | *übertr* führen zu, sich auswirken auf, befördern ⟨it ~s for easier reading es läßt sich leichter lesen; to ≈ better understanding der besseren Verständigung dienen⟩; **~ of** (*meist neg*) halten von ⟨I don't ~ much of it ich finde nicht viel daran; don't ~ too much of it halten Sie nicht zu viel davon!; what do you ≈ it? was sagen *od* meinen Sie dazu?⟩; **~ off** abziehen, sich davonmachen; **~ out** *umg* florieren, gedeihen, hinkommen ⟨he's not making out as expected es geht ihm nicht so gut wie erwartet; the firm is not making out well die Firma macht keine guten Fortschritte⟩ | auskommen (**with** mit) ⟨to ≈ with one's son; to ≈ (with a woman) zurechtkommen (mit e-r Frau)⟩ | *Am Sl* knutschen; **~ toward[s]** *förml* sich bewegen auf *od* in Richtung auf ... hin ⟨the traffic is making towards the sea der Verkehr läuft zur Zeit in Richtung Meer⟩ | *Mar* zuhalten auf, Kurs nehmen auf (Schiff); **~ up** sich (wieder) vertragen, sich versöhnen ⟨to ≈ after a quarrel⟩ | sich schminken, Make-up auflegen | sich verarbeiten lassen (Stoff u. ä.) ⟨it will ≈ nicely es macht sich gut; to ≈ into a nice dress sich gut zu e-m Kleid verarbeiten lassen⟩ | aufholen (**on s.o.** jmdn.); **~ up for** ausgleichen ⟨to ≈ the fact that ... die Tatsache vergessen machen, daß ...; to ≈ lost time verlorene Zeit aufholen; to ≈ the loss of s.o. (s.th.) jmdn. (etw.) ersetzen⟩; **~ up to** sich heranmachen an, sich drängen um ⟨they made up to their boss sie gingen ihrem Chef um den Bart⟩ ◇ **~ [it] up to s.o. [for s.th.]** *übertr* es jmdm. zurückzahlen, jmdm. etw. zurückzahlen *od* danken; **~ with** *Am Sl* sich ranhalten mit ⟨≈ the money heraus mit dem Geld!⟩

make|-and-break [ˌmeɪk ən(d)ˈbreɪk] *s El* Unterbrecher *m*; **ˌ~-and-ˌbreak igˈni·tion** *s El* Abreißzündung *f*; **ˌ~-and-ˌbreak ˈcon·tact** *s El* Umschaltkontakt *m*; **ˌ~-beˌfore-**

ˈbreak *s El* Schließen *n* vor dem Öffnen (e-s Umschaltkontakts); ˌ~-beˈlieve **1.** *adj* Schein-, Phantasie-, imaginär ⟨a ~ world⟩; **2.** *s* Einbildung *f*, Schein *m*, Phantasie *f* ⟨a world of ≈; it's all ≈⟩; ˌ~-or-ˈbreak *adj* kritisch, entscheidend ⟨a ≈ decision⟩; ˈ**mak·er** *s* (*oft pl*) Produzent *m*, Hersteller(firma) *m(f)* ⟨to return s.th. to the ≈s etw. ans Werk zurückschicken⟩ | *meist* ≈**er** Gott *m*, Schöpfer *m* ⟨our ≈; to meet one's ≈ *förml, euphem* zum Herrn eingehen, heimgehen⟩ | *Jur* Aussteller *m* (e-s Dokuments) | *Kart* (Bridge) Alleinspieler *m*; *in Zus* -macher, -hersteller, -produzent ⟨dress≈ Schneider(in) *m(f)*; hat ≈ Hutmacher(in) *m(f)*; watch≈ Uhrmacher *m*, -enhersteller *m*⟩; ˈ~ˌ**shift**, *auch* ˌ~-ˈ**do** **1.** *adj* Not-, Behelfs- ⟨a ≈ building⟩; **2.** *s* Übergangs-, Notlösung *f*; ˈ~-**up** **1.** *s* (*meist sg*) *übertr* Zusammensetzung *f*, Natur *f*, Qualität *f* ⟨the ≈ of s.o.'s character jmds. Veranlagung; psychological ≈ Psyche *f*; national ≈ Nationalcharakter *m*; the ≈ of a team die Zusammensetzung e-r Mannschaft⟩ | Aufmachung *f* ⟨it's the whole ≈ es ist die ganze Aufmachung *od* das ganze Drum und Dran⟩ | *Typ* Aufmachung *f* | *Typ* Umbruch *m* | Make-up *n* | *Theat* Maske *f*; **2.** *adj Theat* Masken- ⟨≈ girl Maskenbildnerin *f*; ≈ man Maskenbildner *m*; ≈ set Schminkset *n*; ≈ mirror Schminkspiegel *m*⟩; ˈ~ **weight** *s* Gewichtsergänzung *f*, Zugabe *f* ⟨to add s.th. as ≈ etw. zugeben, damit das (nötige) Gewicht erreicht wird⟩ | *übertr* Gegengewicht *n*, Ausgleich *m* ⟨to use s.th./s.o. as a ≈ etw. in die Waagschale werfen⟩ | *übertr* Lückenbüßer *m*, Notbehelf *m*, Füllsel *n*; ˈ**mak·ing** *s* Produktion *f*, Herstellung *f*; Zubereitung *f* | *übertr* Machen *n*, Schaffen *n* ⟨it's my ≈ das habe ich fertiggebracht *od* geleistet⟩ | *übertr* Chance *f*, Glück *n*, fördernder Faktor ⟨that will be his ≈ damit wird er es schaffen⟩ | Pech *n* ⟨drinking was his ≈ Alkohol hat ihn ruiniert⟩ ◇ **in the making** bei der *od* im Prozeß der Herstellung ⟨spoilt ≈ (bereits) bei der Herstellung verdorben⟩ | *übertr* im Entstehen, in Aussicht, bevorstehend ⟨there's a fight in the ≈ ein Kampf bahnt sich an⟩; **-mak·ing** *in Zus* herstellend, produzierend ⟨cloth-≈⟩ | *umg* (Gefühl) verursachen *od* hervorrufen ⟨sick-≈ übelerregend⟩; ˈ**mak·ings** *s/pl* (*mit best art*) Voraussetzungen *f/pl* ⟨to have the ≈ of a great player er kann einmal ein großer Spieler werden; the situation has all the ≈ of worse things to come aus dieser Situation können sich alle möglichen unangenehmen Entwicklungen ergeben⟩

mal- [mæl] *präf* ⟨*lat*⟩ schlecht, Miß- | (*z. B.* **malformation** Mißbildung *f*; **maltreat** mißhandeln; **maladjustment** falsche Anpassung *f*) | un-, nicht- (*z. B.* **maladroit** ungeschickt)

mal·a·chite [ˈmæləkaɪt] *s Min* Malachit *m*

mal·a·col·o·gist [ˌmæləˈkɒlədʒɪst] *s Zool* Malakologe *m*; ˌ**mal·aˈcol·o·gy** *s Zool* Malakologie *f*, Weichtierkunde *f*

mal·a·dept [ˌmæləˈdept] *adj bes Pol* unfähig, wenig erfolgreich *od* erfahren

mal·ad·just·ed [ˌmæləˈdʒʌstɪd] *adj* unzureichend angepaßt, unausgeglichen | *Psych* entfremdet, milieugestört; ˌ**mal·adˈjust·ment** *s* schlechte Anpassung, Fehleinstellung *f*, Unausgeglichenheit *f*, Mißverhältnis *n*

mal·ad·min·is·ter [ˌmælədˈmɪnɪstə] *vt* schlecht verwalten; ˌ**mal·adˌmin·isˈtra·tion** *s* schlechte Verwaltung, Mißwirtschaft *f*

mal·a·droit [ˌmæləˈdrɔɪt] *adj förml* ungeschickt, taktlos

mal·a|dy [ˈmælədɪ] *s förml, lit* (chronische) Krankheit, Gebrechen *n* (*auch übertr*) ⟨a social ≈ ein tiefsitzendes soziales Übel; spiritual ~dies geistiger Ruin, Zerrüttung *f*⟩

mal·aise [mæˈleɪz|mə-] *s* Unwohlsein *n*, Kränklichkeit *f*, Abgespanntheit *f* ⟨a feeling of ~⟩ | Unbehagen *n*, Malaise *f* ⟨a general social ~ eine allgemeine Unzufriedenheit mit der Gesellschaft, ein generelles soziales Unbehagen⟩

mal·a·pert [ˈmæləpɜ:t] *arch* **1.** *s* vermessene Person, Naseweis *m*; **2.** *adj* vermessen, ungezogen, vorlaut

mal·a·prop|ism [ˈmæləprɒpɪzm] *s* Wortverwechslung *f*, falsche Wortwahl | Angewohnheit *f*, Fremdwörter falsch zu gebrauchen; **~i·an** [mæləˈprɒpɪən] *adj* wortverdrehend, verwechselnd ⟨the ≈ use of words⟩; **mal·ap·ro·pos** [ˌmælæprəˈpəʊ|ˌ~ˈæprəpəʊ] *förml* **1.** *adj* unangebracht, ungelegen; **2.** *adv* zur unrechten Zeit; **3.** *s* Unschicklichkeit *f*

ma·lar·i·a [məˈlɛərɪə] *s Med* Malaria *f*, Sumpffieber *n*; **maˈlar·i·al, maˈlar·i·an, maˈlar·i·ous** *adj Med* Malaria-

Ma|lay [məˈleɪ] **1.** *adj* malaiisch; **2.** *s* Malaie *m*, Malaiin *f* | Malaiisch *n*; **~laya** [-ˈleɪə] *s* Malaya; **~lay·an** = **Malay**; **~lay·sia** [-ˈleɪʒə| -ˈleɪʃə] *s* Malaysia *n*; **~lay·sian** [-ˈleɪʒn| -ˈleɪʃn] **1.** *adj* malaysisch; **2.** *s* Einwohner(in) *m(f)* von Malaysia

mal·con·tent [ˈmælkəntent] **1.** *adj* unzufrieden, verstimmt | *Pol* (mit der Regierung) unzufrieden | rebellisch, aufrührerisch; **2.** *s, bes Pol* Unzufriedene(r) *f(m)* | Rebell *m* | Mißvergnügte(r) *f(m)*; ˌ**mal·conˈtent·ed** = **malcontent 1.**

mal·de·mer [ˌmældəˈmɛə] *s* Seekrankheit *f*

male [meɪl] **1.** *adj* männlich (*Ant* female) ⟨~ cat Kater *m*; ~ child Junge *m*, Knabe *m*; ~ nurse Krankenpfleger *m*; ~ voice choir Knabenchor *m*⟩ | Männer-, (typisch) männlich ⟨a typical ~ attitude; an all-~ club ein reiner Männerverein⟩ | *Tech* (Gewinde) männlich, konvex, Außen-, Stekker-, Spindel- ⟨~ screw Schraubenspindel *f*; ~ thread Außengewinde *n*⟩; **2.** *s* Mann *m* | *Zool* Männchen *n* | Knabe *m*, Junge *m* ⟨~bonding Männerfreundschaft *f*; ~ chauvinism Frauenfeindlichkeit *f*; ~ chauvinist Frauenverächter *m*; ~ chauvinist pig *verächtl, scherzh* überzeugter Frauenfeind, selbstherrlicher Mann⟩

male- [mælɪ] *präf* ⟨*lat*⟩ *in Zus* schlecht-, bös[e]-

mal·e·dic·tion [ˌmælɪˈdɪkʃn] *förml, lit s* Fluch *m*, Verwünschung *f*; ˌ**mal·eˈdic·to·ry** *adj* fluchend, verwünschend, Fluch-

mal·e·fac|tion [ˌmælɪˈfækʃn] *förml, lit s* Missetat *f*, Verbrechen *n*; **~tor** [ˈmæləˌfæktə] *s* Übeltäter *m* | Verbrecher *m*

ma·lef·ic [məˈlefɪk] *förml, Lit adj* verbrecherisch; ruchlos, bösartig; **maˈlef·i·cence** *s* Verbrechen *n* | Schädlichkeit *f*; **maˈlef·i·cent** *adj* verbrecherisch | schädlich (**to** für, **to s.o.** jmdm.)

ma·lev·o·lence [məˈlevələns] *bes lit s* Bosheit *f*, Böswilligkeit *f* (**to** gegen); **maˈlev·o·lent** *adj* gehässig, böswillig (**to[wards]** gegen)

mal·fea·sance [mælˈfi:zns] *Jur s* strafbare Handlung, Gesetzesübertretung *f*, Missetat *f*; **malˈfea·sant** **1.** *adj* gesetz(es)widrig, kriminell; **2.** *s* Gesetzesbrecher *m*

mal|for·ma·tion [ˌmælfɔ:ˈmeɪʃn] *s* Mißbildung *f*, Abnormität *f*; ˌ~ˈ**formed** *adj* mißgebildet, verunstaltet, abnorm

mal·func·tion [mælˈfʌŋkʃn] *förml* **1.** *s* Funktionsstörung *f*, Defekt *m* ⟨~ of the dynamo Defekt an der Lichtmaschine; ~ in management Versagen *n* in der (Betriebs-) Leitung⟩; **2.** *vi* (Organ) nicht richtig arbeiten, (Maschine) nicht richtig funktionieren, versagen, defekt sein; ˈ~**ing** *adj* defekt

Ma·li [ˈmɑ:li:] *s* Mali; ˈ~**an** **1.** *adj* Malinesisch; **2.** *s* Malinese *m*, Malinesin *f*

mal·ic ac·id [ˌmælɪk ˈæsɪd|ˌmeɪ-] *s Chem* Apfelsäure *f*

mal·ice [ˈmælɪs] *s* Bosheit *f*, Gehässig-, Böswilligkeit *f*; Haß *m*, Groll *m* ⟨out of pure ~ aus reiner Bosheit; to bear ~ to s.o. jmdm. grollen, sich an jmdm. rächen wollen; to bear no ~ to s.o. jmdm. nicht böse sein; with ~ towards none ohne jmdn. ärgern zu wollen⟩ | *Jur* böse Absicht ⟨with ~ aforethought/with ~ prepense mit böswilliger Absicht, mit bösem Vorbedacht, vorsätzlich⟩; **ma·li·cious** [məˈlɪʃəs] *adj* boshaft, gehässig, hämisch ⟨≈ remarks⟩ | böswillig | schadenfroh | *Jur* böswillig, vorsätzlich

ma·lign [mə'laɪn] 1. *adj* schädlich, verderblich ⟨~ influence⟩ | *Med* bösartig ⟨a ~ lesion e-e bösartige Gewebsveränderung⟩ | *lit* böswillig, böse ⟨~ look; ~ spirit⟩; 2. *vt* verleumden, beschimpfen, schlecht machen ⟨to ~ s.o.'s character jmdn. in ein schlechtes Licht rücken⟩; **ma·lig·nance** [mə'lɪgnəns], **ma'lig·nan·cy** *s* Schädlichkeit *f* | Bösartigkeit *f*, Böswilligkeit *f* | Arglist *f* | *Med* Bösartigkeit *f*; **ma'lig·nant** *adj* bösartig, -willig, gehässig ⟨≈ tongues böse Zungen *f/pl*⟩ | schädlich ⟨≈ influence⟩ | *Med* bösartig ⟨≈ tumor⟩ (*Ant* benign); **ma·lign·er** [mə'laɪnə] *s* Verleumder(in) *m(f)*; **ma·lig·ni·ty** [mə'lɪgnətɪ] *s* Boshaftigkeit *f* | Haß *m* | *Med* Bösartigkeit *f*, Malignität

ma·line[s] [mə'li:n], *auch* ˌ~ 'lace *s* Mechelner Spitze

ma·lin·ger [mə'lɪŋgə] *vi, bes Mil* sich krank stellen, simulieren, sich drücken ⟨a ~ing soldier⟩; **ma'lin·ger·er** *s* Simulant *m*, Drückeberger *m*

[1]**mall** [mɔ:l] *s* Laubenpromenade *f*, schattiger Promenadenweg | *Am* Grasstreifen *m* (zwischen zwei Fahrbahnen) | *Am* Einkaufsboulevard *m* (mit Parkgelegenheit)

[2]**mall** [mɔ:l|mɑ:l] *s* Sturmmöwe *f*

mal·lard ['mæləd|-lɑ:d] *s Zool* Wild-, Stockente *f*

mal·le·a|bil·i·ty [ˌmælɪə'bɪlətɪ] *s Tech* Verformbarkeit *f* (unter Druckbeanspruchung), Walzbarkeit *f*, Hämmerbarkeit *f*, Schmiedbarkeit *f* | *übertr* Geschmeidigkeit *f*; '~**ble** *adj Tech* unter Druck verformbar, walzbar, hämmerbar, schmiedbar | *übertr* geschmeidig; ˌ~**ble 'i·ron** *s Tech* Schmiedeeisen *n*, Temperguß *m* | schmiedbarer Guß; ˌ~**ble ˌcast 'i·ron** *s Tech* Temperguß *m*

mal·le·i·form [mə'li:ɪfɔ:m|'mælɪ-] *adj Zool* hammerförmig

mal·lee ['mælɪ] *s Bot* Zwerggummibaum *m*

mal·let ['mælɪt|-ət] *s* Holzhammer *m*, hölzerner Schlegel | *Bergb* Fäustel *m* | (Krocket-, Polo-) Schläger *m*, Schlagholz *n*

mal·low ['mæləʊ] *s Bot* Malve *f*

malm [mɑ:m] *s Geol* Malm *m*, kalkhaltiger Lehm

malm·sey ['mɑ:mzɪ] *s* Malvasier *m*, Malvasierwein *m*

mal·nu·tri·tion [ˌmælnju:'trɪʃn] *s* Unterernährung *f*

mal·o|dor, *bes Brit förml* ~**dour** [mæl'əʊdə] *s* Gestank *m*; **mal·o·dor·ous** [ˌmæl'əʊdr̩əs] *adj förml* stinkend, übelriechend | *übertr* infam, skandalös ⟨≈ practices⟩

mal·prac·tice [mæl'præktɪs] *s Jur* Amts-, Berufsvergehen *n* ⟨~s gesetzeswidrige Handlungen *f/pl* im Amt; small ~s kleinere Unregelmäßigkeiten *f/pl*⟩ | falsche *od* verkehrte ärztliche Behandlung | *förml* Übeltat *f*

malt [mɔ:lt|mɒlt] 1. *s* Malz *n* | *auch* '~ ˌ**whis·ky** Malt Whisky *m*; 2. *vt* mälzen, malzen; *vi* zu Malz werden; *vi* (Getreide) sich in Malz verwandeln; 3. *adj* Malz- ⟨~ extract Malzextrakt *m*; ~ed milk (lösliches) Malzpulver, Malzmilch *f*⟩

Mal|ta ['mɔ:ltə] *s* Malta *n*; ˌ~'**tese** 1. *adj* maltesisch; 2. Malteser(in) *m(f)* | Maltesisch *n*; ˌ~**tese 'cross** *s* Malteserkreuz *n*

Mal·thu·si·an [mæl'θu:zɪən] *adj* malthusianisch

malt|ing [mɔ:ltɪŋ|mɒltɪŋ] *s* Mälzen *n*, Malzen *n* | Mälzerei *f*; '~ ˌ**liq·uor** *s* gegorener Malztrank, (Malz-) Bier *n*; '~ **mill** *s* Malz-, Schrotmühle *f*; ~**ose** ['~əʊs] *s Chem* Maltose *f*, Malzzucker *m*

mal·treat [mæl'tri:t] *oft förml vt* schlecht behandeln, malträtieren | mißhandeln; **mal'treat·ment** *s* schlechte Behandlung | Mißhandlung *f*

malt|ster ['mɔ:ltstə|'mɒlt-] *s* Mälzer *m*; '~ ˌ**sug·ar** *s* Malzzucker *m*, Maltose *f*; '~**y** *adj* malzig, Malz-

mal·va ['mælvə] *s Bot* Malve *f*

mal·ver·sa·tion [ˌmælvə'seɪʃn] *s Jur* Veruntreuung *f* (öffentlicher Gelder) | Amtsmißbrauch *m*, -vergehen *n*

ma·ma [mə'mɑ:] *s (selten)* Mama *f*, Mutti *f* (Kindersprache) | ['mɑ:mə] *Am* = **moma**

mam·ba ['mæmbə] *s Zool* Mamba *f*

mam|bo ['mɑ:mbəʊ|'mæm-] *s* (*pl* '~**bos**) (Tanz) Mambo *m*

ma·mil|la, *Am* **mam·mil|la** [mæ'mɪlə] *Anat s* (*pl* ~**lae** [~li:]) Mamilla *f*, Brustwarze *f*; ~**lar·y** ['mæmɪlr̩ɪ] *adj* Brustwarzen-

[1]**mam·ma** [mə'mɑ:] *s* = **mama** | ['mɑ:mə] *Am* = **momma**

[2]**mam|ma** ['mæmə] (*pl* ~**mae** ['~mi:]) *s Anat*, Brust(drüse) *f* | *Zool* Zitze *f*, Euter *n*

mam|mal ['mæml] *s* Säugetier *n*; ~**ma·li·a** [~'meɪlɪə] *s/pl* Säugetiere *n/pl*; ~'**ma·li·an** 1. *s* Säugetier *n*; 2. *adj* Säugetier-

mam·ma·ry ['mæmərɪ] *adj Anat* Brust-, Milch- ⟨~ gland Brust-, Milchdrüse *f*⟩ | *Zool* Euter-

mam·mo|gram ['mæməgræm], *auch* ~**graph** ['~grɑ:f] *s Med* Mammogramm *n*; ~**gra·phy** [mæ'mɒgrəfɪ] *s* Mammographie *f*, Brustaufnahme *f*; '~ˌ**pla·sty** *s* Brustplastik *f*

mam·mon ['mæmən], *oft* ≈ *s* Mammon *m*, Geld *n* ⟨to serve/worship ≈ dem Mammon dienen, den Mammon anbeten⟩; '~**ism** *s* Mammonismus *m*, Geldgier *f*

mam·moth ['mæməθ] 1. *s Zool* Mammut *n*; 2. *adj Zool* Mammut- | *übertr* Mammut-, riesig, Riesen- ⟨a ~ of the industry Industriegigant *m*⟩

mam·my ['mæmɪ] *s bes Ir, Am* Mami *f* (Kindersprache) | *Am verächtl* farbige Amme, farbiges Kindermädchen

man [mæn] 1. *s* (*pl* **men** [men]) Mensch *m*, Mann *m*, Person *f* ⟨any / every ~ jeder(mann), no ~ niemand; ~ by ~ / ~ for ~ Mann für Mann, einer nach dem andern; as a ~ als Mensch; as one ~ wie ein Mann, einstimmig; to a ~ alle(samt), ohne Ausnahme; to the last ~ bis auf den letzten Mann; bis keiner mehr da war; to be one's own ~ sein eigener Herr sein, frei verfügen können⟩ | (*nur sg ohne art*) der Mensch, die Menschheit ⟨~ is mortal⟩ | Mann *m* ⟨men and women Männer und Frauen; between ~ and ~ von Mann zu Mann; ~ about town Lebemann *m*; ~ of the world Weltmann *m*; a ~ of letters Schriftsteller *m*; Gelehrter *m*; ~ of God Geistlicher *m*; ~ of my / your / his word jmd., der (sein) Wort hält; ~ and boy von Kindheit an; the ~ in the street der Mann auf der Straße, jedermann, der kleine Mann⟩ | Mann, jmd. mit männlichen Eigenschaften ⟨be a ~ sei ein Mann!; to play the ~ sich als Mann erweisen, tapfer sein; to be only half a ~ keinen Mut haben⟩ | (als Anrede) Mann!, he! ⟨Hurry up, ~! Tempo, Mann!⟩ | (*mit poss pron*) geeignete Person, Typ *m* ⟨I'm your ~ ich bin der, den Sie brauchen *od* suchen; here's your man hier bin ich, auf den Sie warten⟩ | (Ehe-) Mann *m* ⟨~ and wife⟩ | *umg* Geliebter *m*, Kerl *m* ⟨waiting for her ~⟩ | Soldat *m* ⟨officers and men⟩ | Matrose *m* | Mann(schaftsmitglied) *m(n)* ⟨to lead one's men⟩ | Diener *m*, Angestellter *m* | (Schach-) Figur *f*, (Dame-) Stein *m* | *Hist* Arbeiter *m* ⟨masters and men⟩ | *Hist* Lehensmann *m*, Vasall *m*; 2. (zweiter Teil von *Zus*) -mann *m* ⟨clergy~; police~⟩; 3. (**manned, manned** [mænd]) *vt bes Mar* bemannen, ausrüsten ⟨to ~ a ship⟩ | (Stelle) besetzen | *übertr* kräftigen, stärken ⟨to ~ o.s. Mut fassen⟩; 4. *interj Am* Mann! Donnerwetter!

man·a·cle ['mænəkl] (*meist pl*) 1. *s* Handschelle *f*, -fessel *f* (*auch übertr*); 2. *vt* (jmdn.) fesseln, (jmdm.) Handschellen anlegen (*auch übertr*)

man·age ['mænɪdʒ] *vt* (Gerät) handhaben, umgehen mit ⟨to ~ a tool⟩ | (Geschäft u. ä.) verwalten, leiten, führen ⟨to ~ a household⟩ | (Grundstück) bewirtschaften ⟨to ~ an estate⟩ | (Menschen, Tiere) fertigwerden mit, umgehen mit, bändigen ⟨to ~ one's landlady mit seiner Wirtin auskommen; to ~ a horse ein Pferd beherrschen⟩ | (mit **can, could, be able to**) *umg* bewältigen, schaffen, verdrücken ⟨can you ~ another slice of cake? schaffst du noch ein

Stück Kuchen?⟩ | zustande bringen, bewerkstelligen, ermöglichen, deichseln ⟨to ~ to do s.th.; to ~ matters *umg* die Sache deichseln⟩; *vi* auskommen (**with** mit, **without** ohne) ⟨to ~ very well ganz gut fertig werden⟩ | (Geschäft, Betrieb u. ä.) leiten, führen ⟨to ~ for s.o.⟩ | wirtschaften ⟨to ~ poorly⟩ | *umg* es schaffen, möglich machen, ermöglichen ⟨can you ~ tonight? I'm afraid I can't ~⟩; **ˌ~a'bil·i·ty** *s* Handlichkeit *f* | Fügsamkeit *f*; **'~a·ble** *adj* (Gegenstand) handlich | (Kind) fügsam, folgsam | (Arbeit) zu bewältigen, zu schaffen | (Zahl) überschaubar | (Gerät) leicht zu handhaben; **'~ment** *s* Handhabung *f*, Behandlung *f* | Organisation *f*, Durchführung *f* ⟨the ≈ of projects⟩ | (Unternehmen) Leitung *f*, Führung *f*, Verwaltung *f* ⟨workers and ≈ Belegschaft *f* und Betriebsleitung *f*⟩ | Geschäftsleitung *f* | Bewirtschaftung *f* ⟨under new ≈⟩ | Geschicklichkeit *f* ⟨more by luck than ≈ mit mehr Glück als Verstand⟩ | Kunstgriff *m*, Trick *m*; **ˌ~d 'cur·ren·cy** *s Wirtsch* (staatlich) gelenkte Währung; **ˌ~d e'con·o·my** *s* gelenkte Wirtschaft, Planwirtschaft *f*; **'man·ag·er** *s* Manager *m*, leitender Angestellter | Verwalter *m*, Leiter *m*, Vorsteher *m*, Direktor *m* ⟨can I see the ≈? kann ich den Geschäftsführer sprechen?; ≈ of supplies Materialverwalter *m*⟩ | *Film, Theat, Rundf* Intendant *m* | (Sport) Trainer *m* | (Boxen, Band) Manager *m* | (*mit adj*) einer, der etw. auf bestimmte Weise arrangiert ⟨to be a good ≈ etw. geschickt anstellen; to be a bad ≈ etw. nicht richtig in der Hand haben⟩; **man·ag·er·ess** [ˌ~ə'res] *s* Verwalterin *f*, Leiterin *f*, Vorsteherin *f*, Direktorin *f* | Haushälterin *f*, Wirtschafterin *f*; **man·a·ger·i·al** [ˌmænə'dʒɪərɪəl] *adj* Manager-, Direktions-, Direktoren- ⟨the ≈ class Klasse *f* der Manager⟩ | managerhaft; **'man·ag·ing 1.** *adj Wirtsch* geschäftsführend, leitend, Betriebs- ⟨≈ board Direktorium *n*; ≈ clerk Geschäftsführer *m*, Prokurist *m*; ≈ director Generaldirektor *m*; ≈ directors geschäftsführender Vorstand, Verwaltungsrat *m*⟩ | wirtschaftlich, sparsam | andere bevormundend ⟨to be a very ≈ woman⟩ **2.** *s* Handhabung *f* | *Wirtsch* Leitung *f*, Verwaltung *f*

man-at-arms [ˌmæn ət 'ɑ:mz] *s* (*pl* **men-at-arms** [ˌmen ət 'ɑ:mz]) *Hist* gewappneter Krieger (meist zu Pferde)

man·a·tee [ˌmænə'ti:] *s Zool* Manati *m*, Seekuh *f*

Man·ches·ter| goods ['mæntʃɪstə gʊdz|-tʃəs-] *s/pl* Baumwollwaren *f/pl*; **ˌ~ 'vel·vet** *s* Manchester *m*, Schußsamt *m*

man·ci·ple ['mænsɪpl|-səpl] *s arch* (an Universitäten, Klöstern) Verwalter *m*

man·da·mus [mæn'deɪməs] **1.** *s Jur* Mandamus *n*, Mandat *n*, Befehl *m* an ein untergeordnetes Gericht; **2.** *vt* ein Mandamus zusenden | durch Zusendung eines Mandamus einschüchtern

[1]**man·da·rin** ['mændərɪn], *auch* **ˌ~ 'or·ange** *s Bot* Mandarine *f* | Mandarinengelb *n*

[2]**man·da·rin** ['mændərɪn] **1.** *s Hist* (China) Mandarin *m* | hoher Beamter *m* | Bürokrat *m*; **≈** *s Ling* Mandarin *n*, Nordchinesisch *n*, Hochchinesisch *n*; **2.** *adj* mandarinisch ⟨≈ Mandarin-, auf Mandarin⟩; **'~ate** *s* Mandarinswürde *f*; **ˌ~ 'duck** *s Zool* Mandarinenente *f*

man·da·rine ['mɑ:ndərɪn|-ri:n] = [1]**mandarin**

man|da·tar·y ['mændətərɪ] *s Jur* Mandatar *m*, Bevollmächtigter *m* | Mandatarstaat *m*; **'~date** [~deɪt] **1.** *s* Mandat *n*, Vollmacht *f*, Bevollmächtigung *f* | *Jur* Erlaß *m*, Verfügung *f* | *Pol, Geogr* Mandat(sgebiet) *n*(*n*); **2.** *vt* unter ein Mandat stellen ⟨the ≈d territories Mandatsgebiete *f/pl*⟩; **~'da·tor** *s Jur* Mandant *m*, Auftraggeber *m*; **~da·to·ry** ['~dətr̩ɪ] **1.** *adj* befehlend ⟨≈ power Befehlsgewalt *f*; to make s.th. ≈ upon s.o. jmdm. etw. vorschreiben⟩ | bevollmächtigend | *bes Am* verpflichtend, obligatorisch; **2.** *s* Mandatar *m*, Bevollmächtigter *m* | Mandatarstaat *m*

man|di·ble ['mændɪbl] *s Anat* Kinnlade *f*, Kinnbacken *m* | Unterkieferknochen *m* | (Säugetier, Fisch, Insekt) Mandibel *f*, (Unter-) Kiefer *m* | (Vogel) Schnabel(hälfte) *m*(*f*); **~dib·u·lar** [~'dɪbjələ] *adj Zool* mandibular

man·do|lin[e] ['mændəlɪn|ˌ~'li:n] *s Mus* Mandoline *f*; **~lin·ist** ['mændəlɪnɪst] *s* Mandolinenspieler *m*

man|drag·o·ra [mæn'drægərə], **~drake** ['~dreɪk] *s Bot* Alraune *f* | *Am* Maiapfel *m*

man|drel ['mændrəl], **~dril** ['~drɪl] *Tech s* (Loch-) Dorn *m*, Spindel *f* | Ziehdorn *m* | Docke *f*, Dockenspindel *f*, -stock *m*

man·drill ['mændrɪl] *s Zool* Mandrill *m*, Backenfurchenpavian *m*

man·du|cate ['mændjʊkeɪt] *förml vt* kauen; **ˌ~'ca·tion** *s* Kauen *n*, Kauvorgang *m*; **'~ca·to·ry** *adj* Kau- ⟨≈ organs Kauwerkzeuge *n/pl*⟩

mane [meɪn] *s* Mähne *f* | Haarschopf *m*

man-eat·er ['mæn ˌi:tə] *s* Menschenfresser *m*, Kannibale *m* | (*bes* Tiger, Hai) menschenfressendes Tier

maned [meɪnd] *adj* mit einer Mähne

ma·nège, ma·nege [mæ'neɪʒ] *s* Manege *f*, Reitbahn *f* | Reitschule *f* | Dressur-, Reitkunst *f* | Zureiten *n*, Schulreiten *n*

ma·nes ['mɑ:neɪz] *s/pl Rel* Manen *pl*

ma·neu·ver [mə'nu:və] *Am* für ↑ **manoeuvre**; **~a·bil·i·ty** [məˌnu:vrə'bɪlətɪ] *Am* für ↑ **manoeuvrability**; **~a·ble** [mə'nu:vrəbl] *Am* für ↑ **manoeuvrable**

Man Fri·day [ˌmæn 'fraɪdɪ] *s* zuverlässiger Helfer

man·ful ['mænfl] *adj* mannhaft, mutig, beherzt ⟨~ efforts⟩

man·ga|nate ['mæŋgəneɪt] *s Chem* Manganat *n*, mangansaures Salz; **~nese** [ˌ~'ni:z] *s Chem* Mangan *n*; **ˌ~nese 'spar** *s Min* Manganspat *m*; **~net·ic** [ˌ~'netɪk], **man·gan·ic** [mæn'gænɪk] *adj Chem* manganhaltig, Mangan-

mange [meɪndʒ] *s Vet* Räude *f*

man·gel ['mæŋgl], **~-wur·zel** ['~ ˌwɜ:zl] *s, bes Brit Bot* Mangold *m*

mange mite ['meɪndʒ maɪt] *s Zool* Krätzmilbe *f*

man·ger ['meɪndʒə] *s* Krippe *f* ◇ **dog in the ~** *übertr* Neidhammel *m*

[1]**man·gle** ['mæŋgl] **1.** *s* Mangel *f*, Wäscherolle *f*; **2.** *vt* mangeln, rollen

[2]**man·gle** ['mæŋgl] *vt* zerfleischen, zerfetzen, zerstückeln ⟨badly ~d übel zugerichtet⟩ | zerdrücken, (durch Gewalt) völlig aus der Form bringen, zerstören ⟨the ~d coaches die völlig zerstörten Waggons *m/pl*⟩ | *übertr* entstellen, verstümmeln, verderben ⟨to ~ a text⟩

man·gler ['mæŋglə] *s Tech* Mangel(maschine) *f* | Hackmaschine *f*, Fleischwolf *m*

man|go ['mæŋgəʊ] *s* (*pl* **~goes, ~gos**) *Bot* Mangobaum *m* | Mangofrucht *f*

man·gold ['mæŋgl̩d], **~-wur·zel** ['~ ˌwɜ:zl] *s Brit Bot* Mangold *m*

man·go·steen ['mæŋgəʊˌsti:n] *s Bot* (Baum, Frucht) Mangostane *f*, Mangostanbaum *m*, (Frucht) Mangostin *m*

man·grove ['mæŋgrəʊv] *s Bot* Mangrove(nbaum) *f*(*m*)

man·gy ['meɪndʒɪ] *adj* krätzig, räudig ⟨a ~ dog⟩ | *übertr* dürftig ⟨~ hair⟩ | zerschlissen ⟨a ~ rug⟩ | schäbig, schmutzig, schmuddelig ⟨a ~ restaurant⟩

man|han·dle ['mænhændl] *vt* durch Menschenkraft bewegen, stoßen, schieben ⟨to ≈ a car⟩ | *umg* mißhandeln ⟨to ≈ citizens⟩; **'~hole** *s Tech* Mann-, Einsteigeloch *n*, Luke *f*; **'~hood** *s* Mannesalter *n* ⟨to reach ≈⟩ | Männlichkeit *f*, Mut *m* | *euphem* Männlichkeit *f*, Potenz *f* | *collect* Männer *m/pl* ⟨the ≈ of the country⟩ | Menschsein *n*, Menschentum *n*; **'~-hour** *s* Arbeitsstunde *f*

ma·ni·a ['meɪnɪə] *s Med* Manie *f*, Besessenheit *f*, Sucht *f* | *übertr* Leidenschaft *f*, übertriebene Begeisterung, Taumel *m* (**for** für) ⟨to have a ~ for s.th. auf etw. ganz verrückt sein; a national ~ eine das ganze Land erfassende Leidenschaft⟩

-mania [meɪnɪə] ⟨*griech*⟩ *in Zus* -sucht, -manie

ma·ni·ac [ˈmeɪnɪæk] **1.** *adj* rasend, irr; **2.** *s* Rasender *m*, Irrer *m*, Wahnsinniger *m*

-maniac [meɪnɪæk] ⟨*griech*⟩ *in Zus* -manisch, süchtig

ma·ni·a·cal [məˈnaɪəkl] wahnsinnig; **ma·nic** [ˈmænɪk] *adj Med* manisch; ˌ**manic-deˈpres·sive** *Med* **1.** *adj* manisch-depressiv ⟨≈ insanity manisch-depressives Irresein *n*⟩; **2.** *s* Manisch-Depressive(r) *f*(*m*)

man·i|cure [ˈmænɪkjʊə] **1.** *s* Maniküre *f*, Hand-, Nagelpflege *f* ⟨to have a ≈ sich maniküren lassen⟩ | Maniküre *f*, Hand-, Nagelpflegerin *f*; **2.** *vt, vi* maniküren; ˈ**~cur·ist** *s* Maniküre *f*, Hand-, Nagelpflegerin *f*

man·i|fest [ˈmænɪfest] **1.** *adj förml* manifest, offenbar, augenscheinlich ⟨the ≈ truth die offenkundige Wahrheit *f*; to be ≈ to s.o. jmdm. klar sein⟩ | *Psych* manifest; **2.** *förml vt* verkünden, zeigen, offenbaren, manifestieren ⟨to ≈ interest Interesse bekunden; to ≈ the truth of s.th. die Richtigkeit einer Sache beweisen⟩; *vi* sich erklären (**against** gegen, **for** für) | *Pol* Kundgebungen veranstalten; *vr* sich manifestieren *od* zeigen, erscheinen ⟨no disease ≈ed itself kein Krankheitsfall trat auf; the ghost ≈ed itself der Geist erschien⟩; **3.** *s Mar* Ladeverzeichnis *n* | *Wirtsch* Frachtbrief *m* | *arch* Manifest *n*, Kundgebung *f*; ˌ**~fesˈta·tion** *s förml* Bekanntmachung *f*, Offenbarung *f*, Äußerung *f* | Kundgebung *f*, Demonstration *f* | Beweis *m* | Materialisation *f* (e-s Geistes); ˌ**~ˈfes·ta·tive** *adj förml* offenkundig (beweisend); **~fes·to** [ˌ~ˈfestəʊ] *s* (*pl* **~fes·toes, ~fes·tos**) Manifest *n*, öffentliche Erklärung ⟨Communist ≈⟩

man·i·fold [ˈmænɪfəʊld] **1.** *adj förml* mannigfaltig, vielfach, -fältig ⟨~ uses vielseitige Anwendung; ~ experience reichhaltige Erfahrung⟩; **2.** *vt* vervielfältigen, hektographieren ⟨to ~ a document⟩ | vermehren, vervielfachen; **3.** *s* Kopie *f*, Durchschlag *m* | *Tech* Rohrverzweigung *f*, Krümmer *m*, Sammel-, Verteilerrohr *n* | *Math* Mannigfaltigkeit *f*; ˈ**~er** *s* Vervielfältigungsapparat *m*, Hektograph *m*; ˈ**~ plug** *s El* Mehrfachstecker *m*; ˈ**~-ˌwrit·er** *s* Vervielfältigungsapparat *m*, Hektograph *m*

man·i·kin [ˈmænɪkɪn] **1.** *s* Männlein *n*, Knirps *m*, Zwerg *m* | Gliederpuppe *f* | Kleiderpuppe *f*; **2.** *adj* Zwerg-

ma·nil·la [məˈnɪlə] (*oft* ∸), *auch* **~ pa·per** [məˌnɪlə ˈpeɪpə] *s* Manila-, Hartpapier *n* | *auch* **~ hemp** [məˌnɪlə ˈhemp] *s* Manilahanf *m*

ma·nip·u·late [məˈnɪpjʊleɪt] *vt* manipulieren, geschickt handhaben *od* behandeln, hantieren mit, umgehen können mit ⟨to ~ the gears and levers die Gänge und Hebel bedienen⟩ | (Personen) beeinflussen, manipulieren | zurechtmachen, zurechtstutzen; *vi* manipulieren; **maˌnip·uˈla·tion** *s* Manipulation *f*, Handhabung *f*, Behandlung *f* | Manipulation *f*, Beeinflussung *f* ⟨political ≈⟩ | Kunstgriff *m*, Kniff *m* | Zurechtmachen *n*; **maˈnip·uˌla·tive, maˈnip·uˌla·to·ry** *adj* Manipulations-, Handhabungs-

man jack [ˌmæn ˈdʒæk] *s* einzelne(r), einzelne Person, *bes* in: **every ~** jeder einzelne ⟨≈ should do his best⟩

man|kind [ˌmænˈkaɪnd] *s* Menschheit *f*, Menschengeschlecht *n* | *collect* Menschen *m/pl*; [ˈ~kaɪnd] Männerwelt *f*, die Männer *m/pl* (*Ant* womankind); ˈ**~less** *adj* unbewohnt | *Mar* unbemannt; ˈ**~like** *adj* menschenähnlich | männlich; ˈ**~ly** *adj* männlich, Männer- ⟨a ≈ stride ein kräftiger *od* großer Schritt⟩ | tapfer, mannhaft ⟨a ≈ man⟩; ˌ**~-ˈmade** *adj* künstlich, von Menschenhand ⟨a ≈ lake⟩ | Kunst-, künstlich, synthetisch ⟨≈ fibres⟩; ˈ**~-month** monatliche individuelle Arbeitsleistung | (Aufenthalt u. ä.) Monat *m* pro Person

man·na [ˈmænə] *s Bot* Manna *n* (*auch übertr*)

manned [mænd] *adj* (Raumschiff) bemannt ⟨~ spacecraft⟩

man·ne·quin [ˈmænəkɪn] *s selten* Mannequin *n*, Vorführdame *f* ⟨~ parade Modenschau *f*⟩ | Schneiderpuppe *f*, Schaufensterpuppe *f*, Modell *n*

man·ner [ˈmænə] *s* Art *f*, Weise *f* ⟨after/in the ~ of nach Art von; in this ~ auf diese Art, so; in the like/same ~ in gleicher Weise; in a ~ of speaking sozusagen, ich will mal so sagen⟩ | Verhalten *n*, Betragen *n* ⟨awkward ~ linkisches Benehmen⟩ | Gattung *f*, Art *f* ⟨all ~ of alle Arten von; all ~ of things alles mögliche; what ~ of man is he? was ist er für ein Mensch?; as to the ~ born als wäre er *od* sie dafür geboren; in a ~ *förml* in gewisser Hinsicht, bis zu einem bestimmten Grad; not by any ~ of means, by no ~ of means unter [gar] keinen Umständen⟩ | *Arch, Mal, Lit* Stil *m*, Manier *f* ⟨in the ~ of im Stil von⟩ | Manieriertheit *f*; ˈ-ˌ**man·nered** *in Zus* -gesittet, -geartet ⟨ill-≈ ungezogen; well-≈ gut erzogen⟩; ˈ**man·nered** *adj* manieriert, gekünstelt; ˈ**~ism** *s Arch, Mal, Lit* Manierismus *m* | Manieriertheit *f*, Künstelei *f*; ˈ**~ist 1.** *s Arch, Mal, Lit* Manierist *m*; **2.** *auch* ˌ**~ˈis·tic**, ˌ**~ˈis·ti·cal** *adj* manieriert | manieristisch; ˈ**~less** *adj* ungezogen, ohne Manieren; ˈ**~ly** *adj* manierlich, gut erzogen, höflich; ˈ**man·ners** *s/pl* Benehmen *n*, Manieren *pl*, Umgangsformen *f/pl* ⟨good (bad) ≈; to have no ≈ keine Manieren haben⟩ | Sitten *f/pl* ⟨comedy of ≈ Sittenkomödie *f*⟩

man·ni·kin = manikin

man|ning [ˈmænɪŋ] *s Mar* Bemannung *f*, Besatzung *f* | (Falknerei) Abrichten *n*; ˈ**~nish** *adj verächtl* männlich, wie ein Mann, Manns- | männerhaft, männisch, (Frau) unfraulich

ma·n[o]eu|vra·bil·i·ty [məˌnuːvrəˈbɪlətɪ] *s Mil, Mar* Manövrierbarkeit *f* | *Tech* Steuerbarkeit *f* | *übertr* Wendigkeit *f*; **maˈn[o]eu·vra·ble** *adj Mil, Mar* manövrierbar | *Tech* steuerbar | *übertr* wendig; **~vre** [məˈnuːvə] **1.** *s Mil Mar* Manöver *n* ⟨army ≈s, troops on ≈s⟩ | *übertr* Manöver *n*, Schachzug *m*, Kunstgriff *m*; **2.** *vi Mil Mar* manövrieren ⟨to ≈ for position eine gute Ausgangsposition suchen⟩ | *übertr* geschickt zu Werke gehen; *vt Mil Mar* manövrieren (lassen) (*auch übertr*) ⟨to ≈ o.s. into sich durch Geschick bringen zu, sich (etw.) verschaffen; to ≈ s.th. into etw. hineinmanövrieren; to ≈ s.o. into s.th. *übertr* jmdm. etw. zukommen lassen; to ≈ s.o. out of jmdn. vertreiben aus⟩; **maˌn[o]eu·vres** *s/pl übertr umg* Mätzchen *n/pl*

man-of-war, *auch* **~-oˈ-war** [ˌmæn ə ˈwɔː] *s arch* Kriegsschiff *n*

ma·nom·e|ter [məˈnɒmɪtə] *s Tech* Manometer *n*, Druckmesser *m*; **~tric** [ˌmænəˈmetrɪk], *auch* **~tric·al** [-ˈmetrɪkl] *adj* manometrisch

man-on-man [ˌmæn ɒn ˈmæn] *adj, adv Am* (Sport) Mann-, auf den einzelnen Gegner gerichtet ⟨~ coverage Manndeckung *f*⟩

man·or [ˈmænə] *s Brit* Rittergut *n*, Lehensgut *n* ⟨lord of the ~ Gutsherr *m*⟩ | *Am* Pachtland *n* | *Brit Sl* Polizeirevier *n* | *auch* ˈ**~ house** *s* Herrschafts-, Gutshaus *n*, Herrensitz *m*; **ma·no·ri·al** [məˈnɔːrɪəl] *adj* herrschaftlich, Ritterguts-

man·port·a·ble [ˌmæn ˈpɔːtəbl] *adj* von einem einzelnen trag- *od* transportierbar

man·pow·er [ˈmænˌpaʊə] *s* Arbeits-, Menschenkraft *f*, -material *n* ⟨shortage of ~ Arbeitskräftemangel *m*⟩ | Leistungskraft *f od* Arbeitspotential *n* eines Arbeiters | *Mil* Stärke *f*

man·qué [ˈmɒŋkeɪ] *adj* ⟨*frz*⟩ (Mensch) gescheitert | (Künstler) verkannt

man·rate [ˈmænreɪt] *vt* (Raumschiff) für den bemannten

Flug für geeignet erklären

man·sard ['mænsɑ:d] *s Arch* Mansarde *f* | *auch* '~ **roof** *s* Mansardendach *n*

manse [mæns] *s Schott* Pfarrhaus *n*

man·serv·ant ['mænsɜ:vənt] *s* (*pl* **men·serv·ants** ['mensɜ:vənts]) Diener *m*

-man·ship [mən'ʃɪp] *suff zur Bildung von s aus s mit der Bedeutung* Kunst *od* Fertigkeit (*z. B.* **horsemanship** Reitkunst; **statesmanship** staatsmännisches Können)

man·sion ['mænʃn] *s* herrschaftliches Haus | Villa *f* | (*bes pl*) *Brit* Mietblock *m* ⟨Victoria ~s⟩; '~**-house** *s Brit* Herrenhaus *n*, -sitz *m* | (*mit best art*) *Brit* Amtssitz *m* des Oberbürgermeisters von London

man·sized ['mænsaɪzd], *auch* '~**-size** *adj Wirtsch* in Männergröße | *übertr* Riesen- ⟨~ steak⟩

man|slaugh·ter ['mænˌslɔ:tə] *Jur s* Totschlag *m* | fahrlässige Tötung; '~ˌ**slay·er** *s* Totschläger(in) *m(f)*; '~ˌ**slay·ing** *s* Totschlag *m*

man·tel ['mæntl] *s arch* Kaminsims *m*, -platte *f*

man·tel·et ['mæntəlet|'mæntlɪt] *s* Überwurf *m*, kurzer Mantel

man·tel|piece ['mæntlpi:s], '~**shelf** *s* (*pl* '~**shelves**) Kaminsims *m*

man·til·la [mæn'tɪlə] *s* Mantille *f*

man·tis ['mæntɪs] (*pl* ~**tes** ['-ti:z] *s Zool* Gottesanbeterin *f*, Heuschrecke *f*

man·tis·sa [mæn'tɪsə] *s Math* Mantisse *f*

man·tle ['mæntl] **1.** *s arch* ärmelloser Überwurf | *Zool, Tech, Arch* Mantel *m* | *Tech* Wandverkleidung *f* | *Tech* Glühstrumpf *m* ⟨gas ~⟩ | *übertr* Mantel *m*, Schleier *m*, Hülle *f* ⟨a ~ of snow Schneedecke *f*⟩; **2.** *lit vi* sich überziehen, bedeckt werden (**with** mit) | (Gesicht) sich röten, erröten, rot werden; *vt* überziehen | verhüllen | röten, erröten lassen | *übertr* ein-, verhüllen, bemänteln; ˌ~ **of** '**chim·ney** *s* Rauchfang *m*; '~ ˌ**pil·lar** *s Tech* Tragkranzsäule *f*; '~ ˌ**ring** *s Tech* Schachtkranzring *m*

mant·let ['mæntlɪt] *s Mil* Schutzwehr *f*, -wall *m* | Schutzschild *m* | *Hist* Sturmdach *n*

man-to-man ['mæntə'mæn] *adj umg* offen und ehrlich, von Mensch zu Mensch

man·trap [ˌmæntræp] *s* Fußangel *f*, Falle *f* (*auch übertr*)

man·u·al ['mænjʊəl] **1.** *adj* manuell, mit der Hand gemacht, Hand- ⟨~ labour Handarbeit *f*, körperliche Arbeit⟩ | Handbuch-; **2.** *s* Handbuch *n*, Leitfaden *m* ⟨instruction ~ Bedienungsanleitung *f*⟩ | *Mus, Rel* Manual *n* | *Mil* Griffübung *f*; ˌ~ '**ex·er·cise** *s* Gewehr-, Griffübung *f*, Griffeklopfen *n*; ˌ~ '**press** *s* Handpresse *f*; ˌ~ '**train·ing** *s* Werkunterricht *m*, Werken *n*

man·u·code ['mænjʊkəʊd] *s Zool* Paradiesvogel *m*

man·u·fac|to·ry [ˌmænjʊ'fæktrɪ|-nə'f-|-tr̩ɪ] *s* Werkstatt *f*; ˌ**man·u'fac·tur·al** *adj* Fabrik-; ˌ**man·u'fac·ture** **1.** *s* Fabrikation *f*, Herstellung *f* | *oft pl* Fabrikat *n*, Erzeugnis *n*; **2.** *vt* herstellen, erzeugen, fabrizieren ⟨≈d goods Fertigwaren *f/pl*⟩ | ver-, bearbeiten (**into** zu) | *meist verächtl* fabrizieren, erdichten ⟨to ≈ a story⟩; ˌ**man·u'fac·tur·er** [ˌ~'fæktʃr̩ə] *s* Hersteller *m* ⟨≈'s agent Fabrik-, Werksvertreter *m*⟩ | Fabrikant *m*, Fabrikbesitzer *m*; ˌ**man·u'fac·tur·ing** [ˌ~'fæktʃr̩ɪŋ] **1.** *adj* Fabrikations-, Herstellungs-, Produktions- ⟨≈ efficiency Produktionsleistung *f*; ≈ process Herstellungsverfahren *n*; ≈ engineering technische Herstellung⟩ | Fabrik-, Industrie- | Gewerbe- ⟨≈ town Industriestadt *f*⟩; **2.** *s* Fabrikation *f*

man·u|mis·sion [ˌmænjʊ'mɪʃn] *Jur s* Freilassung *f* (aus Knechtschaft *od* Sklaverei); ~**mit** [ˌ~'mɪt] *vt* (Sklaven) freilassen

ma·nure [mə'njʊə] **1.** *s* Dünger *m*, Düngemittel *n* | Naturdünger *m*, Mist *m*, Dung *m* ⟨liquid ~ Jauche *f*⟩; **2.** *vt* (Feld) düngen; **ma'nu·ri·al** [~rɪəl] *adj* Dünger-, Dung-

ma·nus ['meɪnəs] *s* (*pl* ~) *Zool* (Krebs-) Schere *f*

man·u·script ['mænjʊskrɪpt] **1.** *s* Manuskript *n* | Handschrift *f*; **2.** *auch* '~**al** *adj* Manuskript-, hand-

Manx [mæŋks] **1.** *adj* die Insel Man betreffend; **2.** *s* Bewohner *m* der Insel Man | *Ling* Manx *n*; '~ **cat** *s Zool* Manxkatze *f*; '~**man** *s* (*pl* '~**men**) Bewohner *m* der Insel Man; '~ˌ**wom·an** (*pl* '~ˌ**wom·en**) Bewohnerin *f* der Insel Man

man·y ['menɪ] **1.** *adj* (*comp* **more** [mɔ:], *sup* **most** [məʊst]) (*vor pl collect*) viele ⟨as ~ ebensoviele; as ~ as nicht weniger als; alle, die; ~ people viele Menschen; in so ~ words ganz genauso; ~ times oft; one too ~ einer zuviel; ~'s the time / day (that) wer weiß wie oft; there's one too ~ einer ist zuviel; to be one too ~ for s.o. *übertr* jmdn. in den Sack stecken, überlisten, jmdm. über(legen) sein; too ~ by half um die Hälfte zuviel⟩ | (*vor sg*) manche(r, -s), manch eine(r, -s) ⟨~ a one/person manch einer; ~ a time so manches Mal, sehr oft⟩; **2.** *s* (*nur sg*) Menge *f* ⟨a good ~ ziemlich viele; a great ~ sehr viele; the ~ die Mehrheit, der Großteil⟩; ˌ~-'**sid·ed** *adj* vielseitig (*auch übertr*)

Mao·ri ['maʊrɪ] **1.** *adj* Maori-; **2.** *s* Maori *m, f* | *Ling* Maori *n*

map [mæp] **1.** *s* Landkarte *f*, See-, Himmelskarte *f* | Plan *m* ⟨~ of a city Stadtplan *m*⟩ | *übertr* (Land-) Karte *f* ⟨off the ~ *übertr umg* erledigt, bedeutungslos; on the ~ *übertr umg* noch vorhanden, noch von Bedeutung; to put s.th. on the ~ *umg* e-r Sache Geltung verschaffen, etw. in den Mittelpunkt stellen⟩ | *Sl* Fresse *f*, Visage *f*; **2.** *vt* (**mapped, mapped**) auf einer Karte einzeichnen, kartographisch darstellen | *Math* abbilden (**onto** auf) | *meist* ~ **out** planen, entwerfen, einteilen ⟨to ~ out one's time sich seine Zeit einteilen; to ~ out a plan sich einen Plan zurechtlegen⟩

ma·ple ['meɪpl] **1.** *s Bot* Ahorn *m* | Ahornholz *n*; **2.** *adj* aus Ahorn, Ahorn- ⟨~ sugar Ahornzucker *m*; ~ syrup Ahornsirup *m*⟩

map| mak·ing ['mæp ˌmeɪkɪŋ] *s* Kartographie *f*; '~**per** *s* Kartograph *m*, Kartenzeichner *m*; '~**ping** *s* Kartographie *f*, Kartenzeichnen *n* | Aufnahme *f* (des Geländes) | *Math* Abbildung *f*; '~ ˌ**read·er** Kartenleser(in) *m(f)*, -kundige(r) *f(m)*; '~ ˌ**read·ing** *s* Kartenlesen *n*; ˌ~ '**scale** *s Geogr* Kartenmaßstab *m*

ma quis [mæ'ki:|'mækɪ|mɑ:'ki:] *s* (*pl* '~) ⟨*frz*⟩ *oft* ≈ Maquis *m*, französische Widerstandsbewegung | Angehöriger *m* der französischen Widerstandsbewegung (im II. Weltkrieg), Partisan(in) *m(f)* | dichtes Unterholz

mar [mɑ:] *vt bes lit* (**marred, marred**) ruinieren, zu Grunde richten | verstümmeln, entstellen | *übertr* stören, vereiteln ⟨to ~ s.o.'s plans jmds. Pläne zunichte machen; to make or ~ Glück oder Unglück bringen⟩

mar·a·bou ['mærəbu:], **mar·a·bout** ['~t] *s Zool* Marabu *m* | Marabufedern *f/pl* | Marabuseide *f*

mar·a·schi|no [ˌmærə'ʃi:nəʊ|ˌmærə'ski:nəʊ] *s* (*pl* ~**nos**) (*auch* ≈) Maraschino(likör) *m* | *auch* ˌ~ '**cher·ry** Maraschinokirsche *f*

ma·ras|mic [mə'ræzmɪk] *Med, adj* marantisch, marastisch, entkräftet; ~**mus** [~məs] *s Med* Marasmus *m*, Kräfteschwund *m*, (Alters-) Schwäche *f*

mar·a·thon ['mærəθən], *auch* '~ **race** **1.** *s* (Sport) Marathonlauf *m* | *übertr* Dauerwettkampf *m* ⟨dance ~ Dauertanzen *n*⟩; **2.** *adj* Marathon-, Dauer- ⟨a ~ speech⟩

ma·raud [mə'rɔ:d] *Mil* **1.** *vt, vi* (aus)plündern; **2.** *s* Plündern *n*; **ma'raud·er** *s* Plünderer *m*, Marodeur *m*

mar|ble ['mɑ:bl] **1.** *s Min* Marmor *m* | Marmorstatue *f*, -bildwerk *n* | Murmel *f* ⟨to play ≈s Murmeln spielen⟩;

2. *adj* marmorn, aus Marmor ⟨a ≈ statue⟩ | glatt und weiß (wie Marmor) ⟨a ≈ brow⟩ | marmoriert ⟨≈ paper⟩ | *übertr* gefühllos, kalt, steinern ⟨to have a ≈ breast hartherzig sein⟩; 3. *vt* marmorieren, sprenkeln; '**~ble cake** *s Kochk* Marmorkuchen *m*; '**~bled** *adj* marmoriert, gesprenkelt ⟨a book with ≈ edges⟩ | aus Marmor | durchwachsen ⟨≈ meat⟩

marc [mɑ:k] *s* Treber *m/pl*

mar|cel [mɑ:'sel] **1.** *vt* (**~'celled, ~'celled**) (Haar) wellen, locken; **2.** *s, auch* **~'cel wave** *s* Welle *f*, Locke *f*

March (mɑ:tʃ] *s* März *m*

[1]**march** [mɑ:tʃ] **1.** *vi* marschieren ⟨quick ~ *Mil* Abteilung marsch!⟩ | *übertr* voranschreiten ⟨time ~es on die Zeit geht weiter⟩; ~ **off** abrücken; ~ **past** vorbeidefilieren; ~ **up and down** auf und ab gehen; *vt* marschieren lassen ⟨to ~ s.o. away jmdn. wegführen; to ~ s.o. off jmdn. abführen⟩; **2.** *s* Marsch *m* ⟨~ past Parademarsch *m*; line of ~ Marschrichtung *f*; on the ~ in Marsch; *übertr* im Vormarsch⟩ | *Mus* Marsch *m* ⟨military ~ Militärmarsch *m*; dead ~ Trauermarsch *m*⟩ | *übertr* Gang *m*, Lauf *m* ⟨the ~ of events der Gang der Ereignisse; the ~ of time der Lauf der Zeit⟩ | *übertr* Fortschritt *m* ◇ **steal a ~ [up]on s.o.** *übertr* jmdm. ein Schnippchen schlagen

[2]**march** [mɑ:tʃ] **1.** *s Hist* Mark *f*; **2.** *vi arch* grenzen (**upon** an) | eine gemeinsame Grenze haben (**with** mit)

March hare [ˌmɑ:tʃ 'hɛə] *s* Märzhase *m* ⟨as mad as a ~ *umg* völlig verrückt⟩

march·ing ['mɑ:tʃɪŋ] **1.** *adj* marschierend, Marsch- ⟨~ order Marschordnung *f*; Marschausrüstung *f*; in heavy ~ order feldmarschmäßig⟩; **2.** *s* Marsch *m*; '**~ ˌor·ders** *s Brit Mil* Marschbefehl *m* | *Brit umg* Laufpaß *m* ⟨to give s.o. his ≈⟩

mar·chion·ess [ˌmɑ:ʃə'nes|'mɑ:ʃn̩ɪs] *s* Marquise *f*, Markgräfin *f* | *umg* Mädchen *n* für alles

march·pane ['mɑ:tʃpeɪn] *s* Marzipan *n*

march-past ['mɑ:tʃpɑ:st] *s Mil* Vorbeimarsch *m*

mar·co·ni·gram [mɑ:'kəʊnɪgræm] *s Hist* Funktelegramm *n*

Mar·di Gras [ˌmɑ:dɪ 'grɑ:] *s* Fastnacht(sdienstag) *f(m)*

[1]**mare** [mɛə] *s* Stute *f* ⟨money makes the ~ go *umg* Geld regiert die Welt; the grey ~ is the better horse *übertr* die Frau führt das Regiment *od* hat die Hosen an⟩

[2]**ma|re** ['mɛərɪ] *s Jur* Meer *n* ⟨≈ clausum geschlossenes Meer⟩; **~re** (*pl* '**~ri·a** [rɪə]) *Astr* Mare *n*

[3]**mare** [mɛə] *s arch* (Nacht-) Mahr *m*, Inkubus *m*

mare's| nest ['mɛəz nest] *s* Zeitungsente *f*, Schwindel *m*; '**~ tail** *s Bot* Tannenwedel *m* | *pl* Wolkenstreifen *m/pl*, Schäfchenwolken *f/pl*

mar·ga·rin[e] [ˌmɑ:dʒə'ri:n|ˌmɑ:gə-] *s* Margarine *f*

[1]**marge** [mɑ:dʒ] *s umg* Marga *f* (*Abk* für Margarine)

[2]**marge** [mɑ:dʒ] *s poet* Saum *m*, Rand *m*

mar|gin ['mɑ:dʒɪn] **1.** *s* (Seiten-, Zeilen-) Rand *m* ⟨narrow (wide) ≈ schmaler (breiter) Rand; in the ≈ auf dem Rand⟩ | Rand *m*, Kante *f*, Grenze *f* ⟨≈ of image Bildrand *m*; to sit on the ≈ am Rand sitzen⟩ | *übertr* (Zeit u. ä.) Grenze *f*, Spielraum *m* ⟨≈ of error Fehlerspielraum *m*; ≈ of safety Sicherheitsfaktor *m*, -spanne *f*; by a narrow ≈ mit knapper Not⟩ | *Wirtsch* Spanne *f* ⟨profit ≈ Gewinnspanne *f*; a ≈ of ten percent eine Spanne von zehn Prozent⟩ | *Wirtsch* Sicherheitssumme *f* | (Sport) Abstand *m*, Vorsprung *m* ⟨by a ≈ of two seconds mit einem Abstand von zwei Sekunden⟩; **2.** *vt* umranden | rändern, mit einem Rand versehen | an den Rand notieren | *Wirtsch* (durch Hinterlegung einer Summe) decken; '**~gi·nal** *adj* Rand- ⟨≈ note Randbemerkung *f*⟩ | Grenz-, am Rande (*auch übertr*) ⟨≈ current *El* Grenzstrom *m*; ≈ sensations Wahrnehmungen *f/pl* am Rande des Bewußtseins⟩ | *übertr* Mindest- ⟨≈ capacity Mindestfassungsvermögen *n*⟩; *Wirtsch* Grenz- ⟨≈ costs Grenz-, Mindestkosten *f/pl*; ≈ profits Gewinnminimum *n*⟩ | *Wirtsch* knapp kostendeckend, unrentabel ⟨≈ business⟩ | *Pol* umstritten ⟨a ≈ seat heiß umkämpfter Parlamentssitz; wahrscheinlich knappe Mehrheit⟩ | *übertr* kritisch, entscheidend (wichtig) ⟨to become ≈⟩; **~gi·na·li·a** [ˌ~dʒɪ'neɪlɪə] *s/pl* Marginalien *f/pl*, Randbemerkungen *f/pl*; **~gin·al·ize** ['~dʒɪnl̩aɪz] *vt* mit Randbemerkungen versehen | *übertr* an den Rand drängen, in der Entwicklung behindern; als Randproblem abstempeln; *vi* Randbemerkungen machen; **~gin·ate** ['~dʒɪneɪt] **1.** *vt* mit einem Rand versehen; **2.** *auch* ['~dʒɪnɪt] *adj* umrandet; ˌ**~gin'a·tion** *s* Umrandung *f*

mar|gra·vate ['mɑ:grəvɪt] *Hist s* Markgrafschaft *f*; **~grave** ['~greɪv] *s* Markgraf *m*; **~gra·vi·ate** [~'greɪvɪeɪt|-ɪt] *s* Markgrafschaft *f*; **~gra·vine** ['~grəvi:n] *s* Markgräfin *f*

mar·gue·rite [ˌmɑ:gə'ri:t] *s Bot* Margerite *f*

mar·i·gold ['mærɪgəʊld] *s Bot* Ringelblume *f* | *auch* ˌ**French** '**~** Studentenblume *f*

mar·i|hua·na [ˌmærɪ'wɑ:nə|-'hwɑ:-], **~jua·na** [ˌ~'wɑ:nə] *s Bot* Marihuanahanf *m* | Marihuana *n*, Haschisch *n*

ma·rim·ba [mə'rɪmbə] *s Mus* Marimba(phon) *f(n)*

ma·ri·na [mə'ri:nə] *s* Yacht-, Jachthafen *m*

mar·i|nade [ˌmærɪ'neɪd] *Kochk* **1.** *s* Marinade *f*; **2.** *auch* '**~nate** *vt* marinieren

ma·rine [mə'ri:n] **1.** *adj* Marine-, See- ⟨~ Corps *Am* Marinekorps *n*⟩ | Schiffs- ⟨~ engineering Schiffsmaschinenbau *m*; ~ insurance Schiffsversicherung *f*⟩ | Meeres- ⟨~ plants; ~ products; ~ painter Maler *m* von Meeresbildern⟩; **2.** *s* (*nur sg*) Marine *f*, Seewesen *n* ⟨merchant/ mercantile ~ Handelsmarine *f*⟩ | Marine-, Seesoldat *m* ⟨the ~s die Marineinfanterie; tell it / that to the ~s! *umg* das kannst du deiner Großmutter erzählen!⟩ | Seestreitkräfte *f/pl*, -truppen *f/pl*; ˌ**~ 'blue** *s* Marineblau *n*; ˌ**~ 'map** *s* Seekarte *f*; **mar·i·ner** ['mærɪnə] *s bes poet* Seemann *m*, -fahrer *m*; Matrose *m*; '**mar·i·ner's** ˌ**com·pass** *s* Schiffskompaß *m*

mar·i·o·nette [ˌmærɪə'net] *s* Marionette *f* (*auch übertr*); '**~ play** *s* Puppenspiel *n*

mar·i·tal ['mærɪtl|mə'raɪtl] *adj* ehelich, Ehe-, Gatten- ⟨~ partners Ehegatten *m/pl*; ~ rights eheliche Rechte *n/pl*; ~ status Familienstand *m*⟩

mar·i·time ['mærɪtaɪm] *adj* Marine-, See-, Schiffahrts- ⟨~ affairs Seewesen *n*; ~ law Seerecht *n*; ~ powers Seemächte *f/pl*⟩ | an der Küste liegend *od* lebend, Küsten- ⟨~ province Küstenprovinz *f*⟩

mar·i·um ['mɛərɪəm] *s Astr* Meer *n*, Mare *n*

mar·jo·ram ['mɑ:dʒərəm] *s Bot* Majoran *m*

[1]**mark** [mɑ:k] **1.** *s* Merkmal *n*, (Kenn-) Zeichen *n* ⟨birth~ Muttermal *n*⟩ | Brandmal *n* | Narbe *f* | (Namens-) Kreuz *n*, Zeichen *n* | (Satz-) Zeichen *n* ⟨question ~ Fragezeichen *n*⟩ | Kratzer *m*, Fleck *m* ⟨a dirty ~ on s.th.⟩ | *auch* '**trade ~** *Wirtsch* Fabrik-, Schutzmarke *f*, Warenzeichen *n* | Markierung *f* ⟨boundary ~ Grenzmal *n*⟩ | Ziel(scheibe) *n(f)* (*auch übertr*) ⟨beside / wide of the ~ *übertr* weit gefehlt; an easy ~ leichtgläubige Person; to hit the ~ (genau ins Schwarze) treffen; to miss the ~ daneben-, vorbeischießen, das Ziel verfehlen⟩ | *übertr* (An-) Zeichen *n* ⟨a ~ of old age ein Zeichen des Alters⟩ | Charakteristikum *n* | (Sport) Startlinie *f* ⟨to get off the ~ starten⟩ | Stempel *m*, Gepräge *n* (*auch übertr*) ⟨to make one's ~ on sich einen Namen machen in *od* bei⟩ | Wichtigkeit *f*, Bedeutung *f* ⟨a man of ~ ein Mann *m* von Bedeutung⟩ | Standard *m* ⟨below the ~ unter Form; up to the ~ den Erwartungen entsprechend, auf der Höhe; not (quite) up to the ~ gesundheitlich nicht (ganz) auf der Höhe⟩ | *Päd* Note *f*, Zensur *f* ⟨to give s.o. a good (bad) ~; 75 ~s out of 100 for history

jmdm. 75 von 100 möglichen Punkten im Fach Geschichte geben; to gain full ~s for eine sehr gute Zensur bekommen in⟩ | *auch* **'price ~** *Wirtsch* Preisschild *n* | ∸ (vor Zahlen) Modell *n*, Typ *m* ⟨∸ I⟩ ◇ **on your ~s, get set, go!** auf die Plätze fertig, los!; **2.** *vt* (be-), kennzeichnen, markieren ⟨to ~ one's name on one's cloth den Namen auf der Kleidung anbringen, Kleider zeichnen; to ~ a roll die Anwesenheit im Register eintragen; to ~ s.o. absent jmdn. als fehlend vermerken⟩ | *Päd* korrigieren ⟨to ~ papers Arbeiten korrigieren⟩ | auszeichnen, hervorheben ⟨greatness ~s the work das Werk kennzeichnet Größe⟩ | bemerken, beachten, hören auf ⟨~ my words denk an meine Worte!; ~ you hören Sie!, passen Sie auf!; ~ you, he's right er hat bestimmt recht⟩ | (Waren) auszeichnen ⟨to ~ for size and price nach Größe u. Preis auszeichnen⟩ | (Spielstand) anschreiben, notieren; **~ down** vormerken, verzeichnen | (im Preis) herabsetzen | *Päd* schlechter benoten, heruntersetzen; **~ off** abgrenzen, abtrennen (*auch übertr*) | abhaken, abstreichen; **~ out** abgrenzen | bestimmen, bezeichnen (**for** für) | aus-, durchstreichen; **~ time** auf der Stelle treten | *übertr* abwarten; **~ up** (im Preis) heraufsetzen; *vi* achtgeben, aufpassen | (Sport) Schiedsrichter sein, anschreiben, zählen

[2]**mark** [mɑ:k] *s* Mark *f* (Geld) ⟨German ~s⟩

mar·ka·site ['mɑ:kəsaɪt] *s Min* Markasit *m*, Graueisenerz *n*

mark·down ['mɑ:kdaʊn] *s* Preissenkung *f* | *Am* preisgesenkte Ware

marked [mɑ:kt] *adj* gekennzeichnet, markiert (**with** mit) | merklich, markant, auffallend, deutlich ⟨~ progress merklicher Fortschritt⟩ | (Aufmerksamkeit) gespannt | *übertr* charakterisiert, gekennzeichnet (**by** durch) | *übertr* verdächtig, unter Verdacht ⟨a ~ man⟩ | gebrandmarkt | *Wirtsch* (Wechsel) bestätigt | *Tech* gerieft; **mark·er** ['mɑ:kə] *s* (*bes* Billard) Markör *m* | *Mil* Anzeiger *m* | (Spiel-) Marke *f* | Lesezeichen *n* | *Flugw* Leuchtbombe *f* | *Am* Straßen-, Verkehrsschild *n* | *Am* Gedenktafel *f*

mar·ket ['mɑ:kɪt] **1.** *s* Markt *m* ⟨to go to [the] ~ auf den Markt gehen; to bring one's eggs/hogs to a bad / the wrong ~ ein schlechtes Geschäft machen, seine Pläne ins Wasser fallen sehen⟩ | Markt(tag) *m* ⟨the next ~⟩ | Markt *m*, Handelszweig *m* ⟨the coffee ~; ~ for cattle⟩ | Markt *m*, Wirtschaftslage *f* ⟨rising/booming ~ steigender Markt; declining (week, dull) ~ fallender (schwacher, lustloser) Markt⟩ | (*nur mit best art*) Markt *m*, Handelsverkehr *m* ⟨to be on the ~ angeboten werden; to come into the ~ auf den Markt kommen, zum Kauf anstehen⟩ | Börse *f*, Markt *m* ⟨to play the ~ *Am Sl* an der Börse spekulieren⟩ | (Absatz-) Markt *m* ⟨home ~ Binnenmarkt *m*; to hold the ~ den Markt beherrschen⟩ | Nachfrage *f* (**for** nach) ⟨to be in the ~ for kaufen wollen, erpicht sein auf; to find no ~ for nicht absetzen können; there's no ~ for es besteht kein Bedarf an⟩; **2.** *vi* Handel treiben ⟨to go ~ing kaufen und verkaufen, einen Markt betreiben⟩ | auf den Markt gehen | *Am* einkaufen; *vt* (etw.) auf den Markt bringen, verkaufen; **ˌ~a'bil·i·ty** *s* Marktfähigkeit *f*; **'~a·ble** *adj* marktfähig, -gängig, verkäuflich ⟨≈ products⟩ | *Wirtsch* gefragt; **'~ conˌdi·tion** *s Wirtsch* Marktlage *f*; **'~ day** *s* Markttag *m*; **~eer** [ˌ~'ɪə] *s* Händler *m* ⟨black ≈ Schwarzhändler *m*⟩; **'~er** *s* Marktbesucher(in) *m(f)* | Händler(in) *m(f)*; **ˌ~ 'gar·den** *s Brit* (Handels-) Gärtnerei *f*; **'~ing 1.** *adj* Markt- ⟨≈ organization Marktvereinigung *f*⟩; **2.** *s Wirtsch* Marketing *n* | *Am* Marktbesuch *m* ⟨to do one's ≈ seine Einkäufe machen⟩ | Marktversorgung *f*; **'~place** *s* Marktplatz *m* | *Wirtsch* Markt *m* | *übertr* Marktplatz *m*, Kampf *m* ⟨the ≈ of ideas⟩; **ˌ~ quo'ta·tion** *s* Börsennotierung *f*; **ˌ~ 'price** *s* Marktpreis *m*; **ˌ~ re'port** *s* Marktbericht *m* | Börsenbericht *m*; **ˌ~ re'search** *s* Marktforschung *f*; **'~ town** *s* Marktflecken *m*, -stadt *f*; **'~ ˌval·ue** *s* Markt-, Kurswert *m*

mark·ing ['mɑ:kɪŋ] **1.** *adj* bezeichnend, markierend ⟨~ tool Reißnadel *f*⟩; **2.** *s* Be-, Kennzeichnung *f*, Markierung *f* | *Zool* Zeichnung *f*, Musterung *f* | *Mus* Betonung *f* | *Tech* Anriß *m*, Anzeichnen *n*; **'~ brush** *s* Signierpinsel *m*; **'~ ink** *s* Zeichentinte *f*; **'~ line** *s* Absteckleine *f*; **'~ maˌchine** *s* Signiermaschine *f* | Straßenmarkierungsmaschine *f*; **'~ off** *s Tech* Anreißen *n*; **'~ punch** *s Tech* Punktiereisen *n*; **'~ ˌsten·cil** *s*, *auch* **'~ ˌtem·plate** *s Tech* Anreißschablone *f*

Mar·kov pro·cess ['mɑ:kəv ˌprəuses] *s Math* Markow-Prozeß *m*

marks|man ['mɑ:ksmən] *s* (*pl* **'~men**) Scharf-, Meisterschütze *m* | (Sport) Torschütze *m*; **'~man·ship** *s* Schießkunst *f*

mark·up ['mɑ:kʌp] **1.** *s Wirtsch* Verkaufsspanne *f*, Kalkulationsaufschlag *m* | Preiserhöhung *f*, -aufschlag *m* | *Am Jur* (Gesetzes-) Überarbeitung *f* ⟨~ of a bill⟩; **2.** *adj Am Jur* mit der Überarbeitung eines Gesetzes befaßt ⟨~ sessions⟩

marl [mɑ:l] **1.** *s Geol* Mergel *m* | *poet* Erde *f*; **2.** *vt* mergeln

mar·lin ['mɑ:lɪn] *s Zool* Speerfisch *m*

mar·lin[e] ['mɑ:lɪn] *s Mar* Marlleine *f*, Marling *f*; **'~spike** *s Mar* Marlspieker *m* | *Zool* Raubmöwe *f*

mar·lock ['mɑ:lək] *dial* **1.** *vi* spaßen; **2.** *s* Spaß *m*

mar·ma·lade ['mɑ:məleɪd] *s* Marmelade *f* (aus Orangen u. Zitrusfrüchten)

mar·ma·tite ['mɑ:mətaɪt] *s Min* Marmatit *m*

mar·mo|rate ['mɑ:mərɪt|'~reɪt] *adj* marmoriert, geädert, gesprenkelt; **ˌ~'ra·tion** *s* Marmorierung *f*; **~re·al** [ˌmɑ:'mɔ:rɪəl], **~re·an** [ˌmɑ:'mɔ:rɪən] *adj lit* marmorn, Marmor-

mar·mose ['mɑ:məus] *s Zool* Beutelratte *f*

mar·mo·set ['mɑ:məzet] *Zool s* Krallenaffe *m* | Seidenäffchen *n*

mar·mot ['mɑ:mət] *s Zool* Murmeltier *n*; **ˌ~ 'squir·rel** *s Zool* Ziesel *m*

mar·o·cain [ˌmærə'keɪn] *s* Marocain *m*, Marokkokrepp *m*

[1]**ma·roon** [mə'ru:n] **1.** *adj* kastanienbraun; **2.** *s* Kastanienbraun *n*

[2]**ma·roon** [mə'ru:n] *s* Kanonenschlag *m* | Signalfeuerwerk *n*

[3]**ma·roon** [mə'ru:n] **1.** *vt* (auf e-r einsamen Insel) aussetzen | *übertr* sich selbst überlassen, im Stich lassen; *vi Am umg* zelten | *Am umg* herumlungern ⟨to ~ about the town⟩; **2.** *s* Buschneger *m* | Gestrandeter *m*, Ausgesetzter *m* | entlaufener Negersklave; **ma'roon·er** *s* Seeräuber *m*, Pirat *m*

mar·plot ['mɑ:plɒt] *s* Störenfried *m*, Spielverderber *m*

[1]**marque** [mɑ:k] *Mar Hist s* Kapern *n* ⟨letter[s] of ~ Kaperbrief *m*⟩ | Kaperschiff *n*

[2]**marque** [mɑ:k] *s* (*bes* Autos) (Firmen-) Marke *f*, Typ *m*

mar·quee [mɑ:'ki:] *s*, *bes Brit* großes Zelt | Festzelt *n* (für Ausstellungen und Veranstaltungen) | *Mil* Offizierszelt *n* | *Arch* dachartiger Vorsprung, Vordach *n* (über dem Eingang eines Hotels *od* Theaters) | *Am* Markise *f*

mar·quess ['mɑ:kwɪs] = **marquis**

mar·que·try ['mɑ:kɪtrɪ] *s* Marketerie *f*, Intarsia *f*, Einlegearbeit *f*

mar·quis ['mɑ:kwɪs] *s* Marquis *m* (englischer Adelstitel)

mar·qui·sette [ˌmɑ:kwɪ'zet] *s* Marquisette *f*, Markisette *f*

mar·ram grass ['mærəm grɑ:s] *s Bot* Strandhafer *m*, Dünengras *n*

mar·riage ['mærɪdʒ] *s* Heirat *f*, Ehe *f*, Vermählung *f* (**to** mit) ⟨by ~ angeheiratet; communal ~ Gruppenehe *f*; left-handed ~ Ehe *f* zur linken Hand; plural ~ Mehrehe *f*; related by ~ verschwägert; to contract a ~ die Ehe eingehen; to give s.o. in ~ jmdn. verheiraten; to take s.o. in ~ jmdn.

heiraten⟩ | Ehestand *m* | *übertr* Vermählung *f*, innige Verbindung | Hochzeit *f*, Trauung *f* ⟨civil ~ standesamtliche Trauung; church ~ kirchliche Trauung⟩; ˌ~**a'bil·i·ty** *förml s* Heiratsfähigkeit *f* | Mannbarkeit *f*; '~**a·ble** *förml adj* heiratsfähig ⟨≈ age⟩ | mannbar; '~ ˌ**al·leˌga·tion** *s Jur* Heiratserklärung *f*; '~ ˌ**ar·ti·cles** *s/pl Jur* Ehevertrag *m*; '~ ˌ**bro·kage** *s* Heiratsvermittlung *f* | Heiratsvermittlungsgebühr *f*; '~ ˌ**brok·er** *s* Heiratsvermittler *m*; '~ ˌ**cer·e·mo·ny** *s* Trauung *f*; '~ **cerˌtif·i·cate** *s* Trauschein *m*; '~ ˌ**con·tract** *s Jur* Ehevertrag *m*; '~ **lines** *s/pl Brit umg* Trauschein *m*; '~ **loan** *s* Ehestandsdarlehen *n*, -kredit *m*; ˌ~ **of con'ven·ience** *s* Vernunftheirat *f*; '~ ˌ**por·tion** *s* Mitgift *f*; ˌ~ '**wit·ness** *s* Trauzeuge *m*

mar·ried ['mærɪd] *adj* verheiratet (*Ant* unmarried) ⟨a ~ man ein Verheirateter⟩ (**to** mit) (*auch übertr*) | Ehe-; ˌ~ '**cou·ple** *s* Ehepaar *n*; ˌ~ '**life** *s* Eheleben *n*; ~ **man** [ˌ~ 'mæn] *s* (*pl* **~men** [ˌ~ 'men]) Ehemann *m*; ˌ~ '**peo·ple** *s* Eheleute *pl*; ˌ~ '**quar·ters** *s/pl* Unterkünfte *pl* für Eheleute, -paare

mar·ron ['mærən] *s* Marone *f*

mar·row ['mærəʊ] *s* Mark *n* | *übertr* Mark *n*, Kern *m* ⟨to the ~ bis ins Innerste, bis aufs *od* ins Mark; the pith and ~ of s.th. der eigentliche Kern einer Sache, der springende Punkt einer Sache⟩ | *übertr* (Lebens-) Kraft *f*, (Lebens-) Mut *m* | *auch* ˌ**veg·e·ta·ble** '~ *Bot* Eierkürbis *m*; '~**bone** *s* Markknochen *m*; '~**fat**, *auch* ˌ~**fat** '**pie** *s Bot* Markerbse *f*; '~**less** *adj* kraftlos; '~**y** *adj* markig, kernig (*auch übertr*)

mar·ry ['mærɪ] *vt* heiraten ⟨to ~ s.o. jmdn. heiraten *od* ehelichen; to be married to verheiratet sein mit; to get married heiraten; to get married to (sich) verheiraten (mit)⟩ | verheiraten (**to** mit) ⟨to ~ one's daughters⟩ | trauen | *übertr* eng verbinden; ~ **off** *umg* verheiraten, einen Ehemann finden für; *vi* (sich ver)heiraten ⟨to ~ for love aus Liebe heiraten; ~ in haste, repent at leisure *Sprichw* schnell gefreit, lange bereut⟩; '~**ing** *adj umg* heiratslustig ⟨to be a ≈ man heiraten wollen, auf Freiersfüßen gehen⟩

Mars [mɑːz] *s Astr* Mars *m*

Mar·sa·la [mɑː'sɑːlə] *s* Marsala(wein) *m*(*m*)

Mar·seil·laise [ˌmɑːsə'leɪz] *s* ⟨*frz*⟩ Marseillaise *f*, französische Nationalhymne

marsh [mɑːʃ] **1.** *s* Sumpfland *n* | Moor *n*; **2.** *adj* sumpfig, moorig

mar|shal ['mɑːʃl] **1.** *s Mil* Marschall *m* ⟨Field ≈ Feldmarschall *m*⟩ | Zeremonienmeister *m* | *Hist* Hofmarschall *m* | *Am Jur* höherer Gerichtsbeamter, Sheriff *m*, Bezirkspolizeichef *m* | *Am Jur* Vollzugsbeamter *m* | *Am* Feuerwehrhauptmann *m*; **2.** ('~**shalled**, '~**shalled**) *vt* ordnen, aufstellen ⟨to ≈ facts Fakten zusammenstellen⟩ | *Mil* in Schlachtordnung aufstellen ⟨to ≈ military forces⟩ | (Personen) geleiten, führen | (feierlich) sich bewegen lassen | *Eisenb* (Züge) zusammenstellen; *vi* sich ordnen; '~**shal·cy** *s* Marschallswürde *f*; '~**shal·ling yard** *s Eisenb* Rangierbahnhof *m*; '~**shal·ship** *s* Marschallamt *n*, Marschallswürde *f*

marsh| fe·ver ['mɑːʃ ˌfiːvə] *s Med* Sumpf-, Wechselfieber *n*; '~**fire** *s* Irrlicht *n*; '~ **gas** *s* Sumpfgas *n*, Methan *n* | *Bergb* Grubengas *n*; '~**land** *s* Sumpf-, Moorland *n*; '~ˌ**mal·low** *s Bot* Eibisch *m* | Eibisch-, Altheenpasta *f*, -marmelade *f* | (Art) türkischer Honig; ˌ~ '**mar·i·gold** *s* Sumpfdotterblume *f*; '~**y** *adj* sumpfig, Sumpf-

mar·su·pi·al [mɑː'sjuːpɪəl] *Zool* **1.** *adj* beutelartig, Beutel- | zu den Beuteltieren gehörig; **2.** *s* Beuteltier *n*

mart [mɑːt] *s* (*oft in Zus*) Markt *m* ⟨property ~ *Ztgsw* Immobilienmarkt *m*⟩ | *poet* Marktplatz *m*, Jahrmarkt *m*

mar·tel ['mɑːtəl] *s Mil Hist* Streitaxt *f*

mar·ten ['mɑːtɪn] *s Zool* Marder *m* ⟨stone ~ Steinmarder *m*⟩ | Marder(fell) *m*(*n*)

mar·tial ['mɑːʃl] *adj* kriegerisch, soldatisch, militärisch ⟨~ bearing soldatische Haltung; ~ music Militärmusik *f*⟩ | *übertr förml* kampf-, kriegslustig, tapfer ⟨to show a ~ spirit Kampfgeist beweisen⟩; ˌ~ '**law** *s* Kriegsrecht *n* | Standrecht *n* ⟨to be under ≈ unter Standrecht stehen⟩

Mar·ti·an ['mɑːʃn] **1.** *s* Marsmensch *m*; **2.** *adj* den Mars betreffend, Mars-

mar·tin ['mɑːtɪn] *s Zool*, *auch* '**house** ˌ~ Hausschwalbe *f* ⟨sand ~ Uferschwalbe *f*⟩

mar·ti·net [ˌmɑːtɪ'net] *s* Leuteschinder *m*, strenger Vorgesetzter ⟨to be a real ~ ein strenges Regiment führen⟩

mar·tin·gal[e] ['mɑːtɪŋgeɪl|-gæl] *s* Martingal *m*

mar·ti·ni [mɑː'tiːnɪ] *s* Martini *m*

Mar·tin·mas ['mɑːtɪnməs|-mæs] *s* Martinstag *m* (11. November)

mar·tite ['mɑːtaɪt] *s Min* Martit *m*

mart·let ['mɑːtlɪt] *s Zool* Mauersegler *m*, Turmschwalbe *f*

mar·tyr ['mɑːtə] **1.** *s* Märtyrer(in) *m*(*f*) ⟨to die a ~ als Märtyrer sterben⟩ | *übertr* Opfer *n* ⟨to be a ~ to s.th. von etw. ständig geplagt werden; to make a ~ of o.s. sich zum Märtyrer machen, sich aufopfern⟩; **2.** *vt* zum Märtyrer machen | martern, peinigen; '~**dom** *s* Martyrium *n*; ˌ~**i'za·tion** [-r-] *s übertr* Marterung *f*; '~**ize** [-r-] *vt* zum Märtyrer machen | martern, peinigen

mar|vel ['mɑːvl] **1.** *s* Wunder *n* ⟨the ≈s of science; to work/do ≈s Wunder bewirken; to be a ≈ to s.o. jmdm. wie ein Wunder vorkommen⟩ | (Person, Sache) Muster *n* ⟨to be a ≈ of patience die Geduld selber sein⟩; **2.** *vi* ('~**velled**, '~**velled**) sich wundern, staunen (**at** über, **that, why** daß); '~**vel·lous** ['~vḷəs] *adj* erstaunlich, wunderbar | unglaublich | *umg* erstklassig, fabelhaft, phantastisch (*auch iron*) ⟨≈ weather⟩

Marx|i·an ['mɑːksɪən] **1.** *s* Marxist *m*; **2.** *adj* marxistisch; '~**ism** *s* Marxismus *m*; ˌ~**ism-'Len·in·ism** *s* Marxismus-Leninismus *m*; '~**ist** **1.** *s* Marxist *m*; **2.** *adj* marxistisch; ˌ~**ist-'Len·in·ist** *s* Marxist-Leninist *m*

mar·zi·pan ['mɑːzɪˌpæn] *s* Marzipan *n*

masc. *Abk* von **masculine**

mas·car·a [mæ'skɑːrə] **1.** *s* Maskara *f*, Wimperntusche *f*; **2.** *vt* tuschen

mas·cot[te] ['mæskɒt|-ət] *s* Maskottchen *n*, Talisman *m* ⟨radiator ~ *Kfz* Kühlerfigur *f*⟩

mas·cu|line ['mæskjʊlɪn|'mɑːs-] **1.** *adj* männlich ⟨a ≈ member of the family⟩ | *übertr* männlich, robust | mannhaft, tapfer, stark | *Metr* (Reim) stumpf, männlich | *Ling* maskulin ⟨≈ pronoun⟩; **2.** *s* männliche Person | *Ling* Maskulinum *n*; '~**lin·ist** *s* jmd., der auf die Rechte der Männer pocht; ˌ~'**lin·i·ty** *s* Männlichkeit *f* | Mannhaftigkeit *f*, Tapferkeit *f*

ma·ser ['meɪzə] *s Phys* Maser *m*, Molekularverstärker *m*; '~ **beam** *s* Maserstrahl *m*

[1]**mash** [mæʃ] **1.** *s* (Brauerei) Maische *f* | Mengfutter *n*, Tränke *f* | Gemisch *n*, Mischmasch *m* | *Brit umg* Kartoffelbrei *m*; **2.** *vt* zerdrücken, zerstampfen ⟨~ed potatoes Kartoffelbrei *m*⟩ | maischen

[2]**mash** [mæʃ] *Sl* **1.** *s* Geliebte(r) *f*(*m*) | Schwerenöter *m*, Herzensbrecher *m*, Casanova *m* | Flamme *f* | Verliebtheit *f*; **2.** *vt* (jmdm.) den Kopf verdrehen | flirten mit; *vi* flirten, verschossen sein

[1]**mash·er** ['mæʃə] *s* Maischapparat *m* | (Kartoffel-) Stampfer *m*

[2]**mash·er** ['mæʃə] *s Sl* Schürzenjäger *m*

mash|ie ['mæʃɪ], *auch* [1]'~**y** *s selten* Mashie *m*, Golfschläger *m* (für kürzere Schläge)

mash| vat ['mæʃvæt] *s* Braubottich *m*; '~ **wort** *s* Maischwürze *f*

[2]**mash·y** ['mæʃɪ] *adj* breiig, Brei-

mask [mɑ:sk] **1.** *s* Maske *f* (*auch übertr*) ⟨to throw off one's ~ seine Maske fallen lassen; under the ~ of unter der Maske von, unter dem Deckmantel *mit gen*⟩ | *auch* **'gas ~** Gasmaske *f* | Schutz-, Gesichtsmaske *f* | *Mil* Tarnung *f* | Gesichtsabdruck *m*, Maske *f* ⟨death ~ Totenmaske *f*⟩ | Maskenkostüm *n* | (Fuchsjagd) Tierkopf *m* | *Foto* Vorsatzscheibe *f* | *Ferns* (Bildröhren-) Maske *f*; **2.** *vt* (jmdn.) maskieren, verkleiden | *Mil* tarnen | *übertr* (Gefühl) verhüllen, verbergen, tarnen; *vi* sich verkleiden; **'masked** *adj* maskiert ⟨≈ men Maskierte *pl*⟩ | Masken- ⟨≈ ball Maskenball *m*⟩ | *übertr* verhüllt, verborgen | *Mil* getarnt ⟨≈ guns⟩ | *Med* versteckt; latent ⟨≈ infection; ≈ virus⟩; **'~er** *s Theat* Maske *f* (Person); **'~ing ˌcol·our** *s* Deckfarbe *f*; **'~ing ink** *s* Abdecktusche *f*; **'~ing tape** *s* Abdeckband *n*; **'~ plate** *s Ferns* Rasterblende *f*

mas·och|ism ['mæsəkɪzm] *s* Masochismus *m*; **'~ist** *s* Masochist *m*; **ˌ~'is·tic** *adj* masochistisch

ma·son ['meɪsn] **1.** *s* Maurer *m* | *oft* **∸** Freimaurer *m*; **2.** *vt* mauern; **~ic** [mə'sɒnɪk] *adj* Maurer- | *oft* **Ma'son·ic** freimaurisch, Freimaurer-; **'~ry** *s* Mauerwerk *n* ⟨bound ≈ Quaderwerk *n*⟩ | Maurerarbeit *f* | *oft* **'∸ry** Freimaurerei *f*; **'~ry ˌmor·tar** *s* Baumörtel *m*

masque [mɑ:sk|mæsk] *s Theat* Maskenspiel *n* | Maskerade *f*; **'mas·quer** *s* Maske *f* (Person); **ˌmas·quer'ade** [-ə'reɪd] **1.** *s* Verkleidung *f*, Maskerade *f* (*auch übertr*) | Maskenball *m* | Maskenzug *m*; **2.** *vi* sich maskieren, sich verkleiden | *übertr* sich verstellen, sich ausgeben (**as** als)

[1]**mass** [mæs] **1.** *s* (*pl* **'mas·ses**) Masse *f*, Menge *f* ⟨a ~ of snow Schneemassen *f/pl*; a ~ of *umg* voller, lauter; a ~ of colour ein Farbenmeer; in the ~ im großen u. ganzen; the [great] ~ of die Mehrzahl von⟩ | *Phys* Masse *f* | *meist pl* breite Masse ⟨the ~es die Volksmassen *f/pl*⟩; **2.** *vi, vt* (sich) (an)sammeln, (sich) drängen | *Mil* (sich) massieren; **3.** *adj* Massen- ⟨a ~ murderer⟩

[2]**mass** [mæs] *s* (*oft* **∸**) *Rel* Messe *f* ⟨High ∸ Hochamt *n*; Low ∸ kleine Messe; to go to ~ zur Messe gehen; ~ was said die Messe wurde gelesen; ~ for the dead Totenmesse *f*; to hear ~ die Messe hören⟩ | *Mus* Messe *f*

mas·sa·cre ['mæsəkə] **1.** *s* Massaker *n*, Blutbad *n* | *umg* (schwerer) Einbruch, (krasse) Niederlage; **2.** *vt* massakrieren, niedermetzeln | *umg* niedermachen, gewaltig eingehen lassen

mas|sage ['mæsɑ:ʒ] **1.** *s* Massage *f*; **2.** *vt* massieren; **~seur** [mæ'sɜ:] *s* Masseur *m*; **~seuse** [mæ'sɜ:z] *s* Masseuse *f*

mass com·mu·ni·ca·tion [ˌmæs kəˌmju:nɪ'keɪʃn] *s* Massenkommunikation *f* ⟨~s Massenkommunikationsmittel *n/pl*⟩

mas·sif [mæ'si:f] *s* Gebirgsmassiv *n*

mas·sive ['mæsɪv] *adj* massiv, schwer, massig ⟨a ~ monument ein wuchtiges Denkmal⟩ | (Gesichtszüge) derb, kräftig ⟨a ~ forehead eine kräftige Stirn⟩ | (Gold u. ä.) massiv, gediegen | *übertr* wuchtig, eindrucksvoll ⟨a ~ figure⟩ | *übertr* massiv, gewaltig ⟨~ efforts⟩ | *Geol* massiv

mass| me·di·a [ˌmæs 'mi:dɪə] *s/pl* Massenmedien *pl*; **'~ 'meet·ing** *s* Massenversammlung *f*; **'~ 'num·ber** *s Phys* Massenzahl *f*; **'~ 'par·ti·cle** *s Phys* Masseteilchen *n*; **ˌ~-pro'duce** *vt* in Serie herstellen, in Massenproduktion fabrizieren; **ˌ~ pro'duc·tion** *s Wirtsch* Massen-, Serienproduktion *f*; **'~ 'spec·tro·graph** *s Phys* Massenspektrograph *m* **'~ 'spec·trum** *s Phys* Massenspektrum *n*; **'~y** *adj* massig, schwer, wuchtig | *Tech* massiv | gediegen

[1]**mast** [mɑ:st] **1.** *s Mar* Mast *m*, Mastbaum *m* ⟨to nail one's colours to the ~ *übertr* standhaft bleiben; to sail before the ~ Matrose sein⟩ | (Flaggen-) Mast *m* | *El* (Antennen-) Mast *m*; **2.** *vt* mit Masten versehen

[2]**mast** [mɑ:st] *s* Mast(futter) *f(n)*

mas·tec·to·my [mæ'stektəmɪ] *s Med* Brustamputation *f*

mast·ed ['mɑ:stɪd] *adj in Zus* -mastig ⟨three-~⟩

mas·ter ['mɑ:stə] **1.** *s* Meister *m*, Herr *m*, Gebieter *m* ⟨to be ~ of beherrschen; to be one's own ~ sein eigener Herr sein, unabhängig sein; to be ~ in one's own house [der] Herr im Hause sein⟩ | Lehr-, Dienstherr *m* ⟨like ~ like man *übertr* wie der Herr, so's Gescherr⟩ | (Handwerks-) Meister *m* ⟨~ builder Baumeister *m*⟩ | Vorsteher *m*, Leiter *m* | Arbeitgeber *m*, Herr *m* ⟨~ and men⟩ | *bes Brit* Lehrer *m* ⟨dancing-~⟩ | Besitzer *m*, Eigentümer *m* ⟨to make o.s. ~ of s.th. etw. erwerben⟩ | Hundebesitzer *m*, Herr(chen) *m(n)* | *Mar* Handelsschiffskapitän *m* ⟨to obtain one's ~'s certificate sein Kapitänspatent erwerben⟩ | (englisches College) Rektor *m* | (englische Universität) Magister *m* ⟨∸ of Arts Magister *m* der freien Künste, Magister *m* der Philosophischen Fakultät; ∸ of Science Magister *m* der Naturwissenschaft⟩ | (als Titel) *selten* junger Herr ⟨∸ Charles [Smith] der junge Herr [Smith]⟩ | *übertr* Meister *m*, Gebieter *m* ◇ **the ∸** *Rel* der Herr (Jesus); **2.** *vt* meistern, beherrschen ⟨to ~ a language⟩ | (Tier) bändigen; **3.** *adj* Meister- | Haupt- ⟨~ string Hauptsaite *f*; ~ bedroom Elternschlafzimmer *n*⟩ | führend, leitend (*auch übertr*) ⟨~ design maßgebliche Vorlage⟩ | überwiegend, vorherrschend ⟨his ~ passion die ihn beherrschende Leidenschaft⟩; **ˌ~-at-'arms** *s Mar* Schiffsprofos *m*; **'~ card** *s Kart* höchster Trumpf | *übertr* Haupttrumpf *m* ⟨to play one's ≈ seinen Haupttrumpf ausspielen⟩; **'~ ˌco·py** *s* Original *n*; **'~ful** *adj* gebieterisch, herrisch | willkürlich | meisterhaft, meisterlich; **'~hood** *s* Meisterschaft *f*; **'~ key** *s* Hauptschlüssel *m* | Nachschlüssel *m*; **'~less** *adj* herrenlos; **'~ly** *adj, adv* meisterhaft, meisterlich; **ˌ~ 'mar·i·ner** *s Mar* Kapitän *m*; **'~ 'ma·son** *s* Maurermeister *m*; **'~ me'chan·ic** *s* Werkstattleiter *m* | Vorarbeiter *m*, Meister *m*; **'~mind** **1.** *s* überlegener Geist *od* Kopf ⟨to be the ≈ behind s.th. der Initiator einer Sache sein⟩ | Kapazität *f*, Kanone *f*; **2.** *vt umg* dirigieren, überlegen lenken (meist aus dem Verborgenen) ⟨to ≈ a project; to ≈ a crime hinter einem Verbrechen stecken⟩; **ˌ~ of 'cer·e·mo·nies** *s* Spielmeister *m*, Conférencier *m*; **ˌ∸ of 'Hounds** *s* (Fuchsjagd) Master *m*; **'~piece** *s* Meisterstück *n*, -werk *n*; **'~ plan** *s* Generalplan *m*; **'Mas·ter's** *s Am umg* Magistertitel *m*; **'~ship** *s* Meisterschaft *f* (**in** in) | Herrschaft *f* (**over** über) | (Lehr-, Vorsteher-) Amt *n* | Stellung *f* (als Leiter, Vorsteher u. ä.); **'~ˌsing·er** *s Hist* Meistersinger *f*; **'~stroke** *s* Meisterstück *n*, -leistung *f*; **'~ tape** *s* Mutterband *n*, Original(ton)band *n*; **'~work** *s* Meisterstück *n*, -werk *n* (*auch übertr*); **'~ 'work·man** *s* (*pl* **~ work·men**) Werkmeister *m*; **'~y** ['mɑ:stṛɪ] *s* Herrschaft *f*, Gewalt *f* (**of, over** über) | Beherrschung *f* | Oberhand *f*, Vorherrschaft *f* (**over** über) ⟨to get the ≈ sich durchsetzen, die Vorherrschaft erlangen⟩ | Meisterschaft *f* (**in** in) ⟨to gain the ≈ in s.th. es in etw. [bis] zur Meisterschaft bringen⟩

mast·head ['mɑ:sthed] *s Mar* Mars *m*, Mastkorb *m* | *Am Typ* Impressum *n*

mas·tic ['mæstɪk] *s* Mastix *m* | *Bot* Mastixbaum *m*

mas·ti|ca·bil·i·ty [ˌmæstɪkə'bɪlətɪ] *förml s* Kaubarkeit *f*; **'~ca·ble** *adj* kaubar; **'~cate** *vt* (zer)kauen; **ˌ~'ca·tion** *s* Kauen *n*; **'~ca·tor** *s* Fleischwolf *m* | *Tech* Knetmaschine *f*; **ˌ~'ca·to·ry** *adj* Kau-, Freß-

mas·tic·ic [mæs'tɪsɪk] *adj* Mastix-

mas·tiff ['mæstɪf|'mɑ:-] *s* Bulldogge *f*, englische Dogge, Bullenbeißer *m*

mastig- [mæstɪg], **mastigo-** [mæstɪgə(ʊ)] ⟨*griech*⟩ *in Zus* Geißel-, Peitschen-

mas·ti|goph·o·ran [ˌmæstɪ'gɒfərən] *Zool* **1.** *s* Geißeltierchen *n*; **2.** *adj* zu den Geißeltierchen gehörig; **~go·phor·ic** [ˌ~gə'fɒrɪk], **ˌ~'goph·o·rous** *adj* geißeltragend; **~go·pod**

['~gəpɒd] **1.** *s* Geißeltierchen *n*; **2.** *auch* ˌ~'**gop·o·dous** *adj* geißelfüßig

mas·ti·tis [mæs'taɪtɪs] *s Med* Mastitis *f*, Brustdrüsenentzündung *f*

masto- [mæstə(ʊ)] ⟨*griech*⟩ *in Zus* Brust(warzen)-

mas·to·don ['mæstədɒn] *s Zool* Mastodon *n*, Urelefant *m*

mas·toid ['mæstɔɪd] **1.** *s* (*auch* '~ **bone**) *Anat* Mastoid *n*, Warzenfortsatz *m* | *Med umg* Mastoiditis *f*; **2.** *adj Anat* mastoid, warzenförmig

mas·tur|bate ['mæstəbeɪt] *vi* masturbieren, onanieren; ˌ~'**ba·tion** *s* Masturbation *f*, Onanie *f*; ˌ~'**ba·to·ry** *adj* Masturbations-

[1]**mat** [mæt] **1.** *s* Matte *f* ⟨straw ~ Strohmatte *f*⟩ | Untersetzer *m*, Untersatz *m* ⟨beer ~ Bierdeckel *m*⟩ | *auch* '**door~** Abtreter *m* | (Sport) (Boden) Matte *f* ⟨to be on the ~ ringen, auf der Matte sein; to go to the ~ with *übertr* zu Felde ziehen gegen, sich scharf auseinandersetzen mit; on the ~ *übertr umg* am Boden, erledigt⟩ | (Haare, Unkraut) verfilzte Masse, Gewirr *n*, Geflecht *n* ⟨a ~ of weeds Unkrautgestrüpp *n*; a ~ of hair verfilztes Haar⟩ | *Typ umg* Matrize *f*, Gießform *f* | Wechselrahmen *m*, Passepartout *n*; **2.** ('**~ted**, '**~ted**) *vt* (mit Matten) bedecken (*auch übertr*) | verfilzen; *vi* (sich) verfilzen, (sich) verflechten; **~ together** (dicht *od* wirr miteinander) verwachsen

[2]**mat** [mæt] **1.** *vt* ('**~ted**, '**~ted**) mattieren, matt machen | *Tech* mattschleifen; **2.** *auch* **matt** *adj* matt, mattiert, glanzlos ⟨~ lustre Mattglanz *m*⟩; **3.** *s* Mattierung *f* | matte Fläche | mattierter Grund

mat·a·dor ['mætədɔ:] *s* Matador *m*

[1]**match** [mætʃ] *s* Streich-, Zündholz *n* ⟨ a box of ~es eine Schachtel Streichhölzer; to strike a ~ ein Streichholz anzünden⟩ | Zündschnur *f* | *Hist* Lunte *f*

[2]**match** [mætʃ] **1.** *s* Gleiche(r, -s) *f*(*m, n*), Ebenbürtige(r, -s) *f*(*m, n*) ⟨his ~ seinesgleichen; jmd., der es mit ihm aufnehmen kann; to be a ~ for s.o. jmdm. gewachsen sein; to be up against more than one's ~ auf einen Überlegeneren treffen, jmdm. nicht gewachsen sein; to find/meet one's ~ seinen Meister finden⟩ | (zu e-r anderen passende Sache *od* Person) Gegenstück *n* ⟨colours that are a good ~ Farben, die gut dazupassen⟩ | Wettspiel *n*, -kampf *m*, Partie *f* ⟨football ~ Fußballspiel *n*; a boxing ~ ein Boxkampf *m*; to take part in a ~ an einem Wettkampf teilnehmen⟩ | Heirat *f* ⟨to make a ~ eine Heirat vermitteln; to make a ~ of it einander heiraten⟩ | (Heirats-) Partie *f* ⟨to be an excellent ~ eine erstklassige Partie sein⟩; **2.** *vt* an-, zusammenpassen, passend machen (**to** an, **with** mit) | (Sachen) passen zu ⟨shoes ~ the dress⟩ | etw. Gleiches gegenüberstellen, vergleichen (**with** mit) | (etw. Passendes) besorgen ⟨to ~ [s.o.] s.th. (jmdm.) etw. Passendes beschaffen zu⟩ | (jmdn.) passend verheiraten (**with** mit) | (Tier) paaren | es aufnehmen mit ⟨to ~ s.o. in s.th. es jmdm. gleichmachen in etw.; to ~ s.th. etw. übertreffen, etw. Besseres finden als; to ~ s.o. for s.th. jmdm. überlegen sein in Bezug auf etw.; to be well ~ed gut zusammenpassen; not to be ~ed unvergleichbar⟩ | ausspielen, in die Waagschale werfen (**against** gegen) ⟨to ~ one's strength against/with s.o. else's seine Kraft mit jmd. anderem messen⟩; *vi* gleich sein (**with** e-r Sache), zusammenpassen, zusammenstimmen, entsprechen (**with** mit) ⟨gloves to ~ dazu passende Handschuhe *m/pl*; the colours do not ~ die Farben passen nicht zusammen⟩ | sich verheiraten (**with** mit); **~ up to** entsprechen ⟨to ≈ one's expectations jmds. Erwartungen erfüllen⟩; '**~a·ble** *adj* vergleichbar

match·board ['mætʃbɔ:d] *s* (Parkett) Spundbrett *n*

match·box ['mætʃbɒks] *s* Streichholzschachtel *f*

match·et ['mætʃɪt|mæ'tʃet] = **machete**

[1]**match·ing** ['mætʃɪŋ] **1.** *adj* (*bes* Farben) gleich, zusammenpassend ⟨to form a ~ pair gut zueinanderpassen⟩; (Sachen) zueinander passend; **2.** *s* Anpassung *f* | *Tech* Zusammensetzen *n* von Furnieren | *Tech* Nut *f* und Feder *f* | *Tech* Spundung *f*

[2]**match·ing** ['mætʃɪŋ] *s Tech* (Aus-) Schwefeln *n*

mat·ching fund ['mætʃɪŋ fʌnd] *s Wirtsch* Zusatzfonds *m*

match·less ['mætʃləs] *adj* unvergleichlich, ohnegleichen, einmalig ⟨~ beauty⟩ | *Wirtsch* konkurrenzlos

match·lock ['mætʃlɒk] *s Hist* Luntenschloß *n*, -gewehr *n*

match·mak|er ['mætʃˌmeɪkə] *s* Heiratsvermittler(in) *m*(*f*); '**~ing** *s* Heiratsvermittlung *f*

match| play ['mætʃpleɪ] *s* (Golf) Lochspiel *n*; ˌ~ '**point** *s* (Sport, *bes* Tennis) Matchball *m*

match·stick ['mætʃstɪk] *s* (*bes* abgebranntes) Streichholz

match·wood ['mætʃwʊd] *s collect* Holzspäne *m/pl* ⟨to make ~ of s.th. aus etw. Kleinholz machen⟩

[1]**mate** [meɪt] **1.** *s* (Arbeits-) Kamerad *m*, Genosse *m*, Kumpel *m* | (Anrede) Kumpel *m* ⟨come, ~⟩ | Gatte *m*, Gattin *f* ⟨her faithful ~⟩ | (Tier-, *bes* Vogel-) Männchen *n*, Weibchen *n* | (Schuhe, Handschuhe u. ä.) Gegenstück *n*, Zweite(r) *f*(*m*) eines Paars | Gehilfe *m*, Gehilfin *f* ⟨plumber's ~ Klempnergehilfe *m*⟩ | *Mar* Maat *m* ⟨second ~⟩; **2.** *vt* zusammengeben, verheiraten | (Tiere) paaren; *vi* sich verbinden, sich verheiraten | (Tiere) sich paaren

[2]**mate** [meɪt] **1.** *vt* (schach)matt setzen; **2.** *s* (Schach-) Matt *n*

ma·té ['mɑ:teɪ] *s Bot* Matestrauch *m* | Mate(tee) *m*(*m*)

ma·te·ri·al [mə'tɪərɪəl] **1.** *adj* materiell, stofflich, körperlich ⟨the ~ world; ~ damage Sachschaden *m*⟩ | körperlich, leiblich (*Ant* spiritual) ⟨~ needs/ wants leibliche Bedürfnisse *n/pl*; ~ comforts and pleasures materielle Annehmlichkeiten und Freuden *f/pl*; ~ interest materielle Interessiertheit⟩ | aufs Materielle bedacht, materialistisch ⟨a ~ point of view⟩ | wichtig, wesentlich (**to** für) ⟨~ facts wesentliche Fakten *m/pl*⟩ | *Jur* erheblich, relevant, einschlägig ⟨~ evidence zur Sache gehörendes Beweismaterial; ~ witness Zeuge *m*, dessen Aussage unmittelbar mit dem Verhandlungsgegenstand zu tun hat⟩ | *Phil* sachlich ⟨~ distinction sachliche Unterscheidung⟩ | *Math* materiell ⟨~ point⟩; **2.** *s* Material *n*, Stoff *m* | Gewebe *n*, Stoff *m* ⟨too much ~ for zuviel Stoff für; dress ~s Kleiderstoffe *m/pl*⟩ | Bestandteil *m* | (*meist pl*) Materialien *n/pl* ⟨raw ~s Rohstoffe *m/pl*; working ~s Werkstoff *m*; writing ~ Schreibmaterial *n*⟩

ma·te·ri·al·ism [mə'tɪərɪəlɪzm] *s* Materialismus *m* ⟨dialectical ~⟩; **ma'te·ri·al·ist 1.** *s* Materialist *m*; **2.** *auch* **maˌte·ri·al'is·tic**, **maˌte·ri·al'is·ti·cal** *adj* materialistisch

ma·te·ri·al·i·ty [məˌtɪərɪ'ælətɪ] *s* Stofflichkeit *f*, Körperlichkeit *f*, Materialität *f* | Wichtigkeit *f*, Wesentlichkeit *f* (*auch Jur*); **ma·te·ri·al·i·za·tion** [məˌtɪərɪəlaɪ'zeɪʃn] *s* Materialisation *f*, Verkörperung *f*; **ma'te·ri·al·ize** *vt* (Vorschlag, Plan u. ä.) realisieren, verwirklichen, verkörpern; *vi* Gestalt annehmen, sich verkörpern (**in** in) | sich verwirklichen, zustandekommen, Wirklichkeit werden ⟨our plans didn't ≈⟩

ma·te·ri·als|-in·ten·sive [məˌtɪərɪəlz ɪn'tensɪv] *adj* materialintensiv; '**~ ˌscience** *s* Werkstoffwissenschaft *f*

ma·ter|nal [mə'tɜ:nl] *adj* mütterlich, Mutter- ⟨≈ love⟩ | mütterlicherseits ⟨≈ relatives Verwandte *m, f/pl* mütterlicherseits⟩; **ma'ter·ni·ty 1.** *s* Mutterschaft *f* | Mütterlichkeit *f* | *Med* Maternität *f*; **2.** *adj* Schwangerschafts-; '**~ni·ty ˌhos·pi·tal** *s* Entbindungsklinik *f*, -heim *n*; '**~ni·ty robe** *s* Umstandskleid *n*; '**~ni·ty ward** *s* Entbindungs-, Mütterstation *f*

mat·ey ['meɪtɪ] *Brit umg* **1.** *adj* (Person) freundlich, kollegial ⟨to be ~ with s.o. mit jmdm. auf du und du stehen⟩ | (Atmosphäre) intim, vertraut | *verächtl* kumpelhaft ⟨a bit too ~⟩; **2.** *s* Kumpel *m*

mat[t] fin·ish ['mæt ˌfɪnɪʃ] *s* Mattglanz *m*

mat·grass ['mætgrɑ:s] *s Bot* Strandhafer *m*

math·e|mat·i·cal [ˌmæθə'mætɪkl|-θ'm-] *adj* mathematisch | *übertr* genau, akkurat; **~ma·ti·cian** [ˌ~mə'tɪʃn|-θm-] *s* Mathematiker *m*; ˌ**~'mat·ics** *s/pl* (*meist sg konstr*) Mathematik *f*; **maths** [mæθs] *s/pl* (*sg konstr*) *umg* Mathe *f*

mat·ie ['mætɪ] *s*, *bes Schott* Matjeshering *m*

mat·[t]in ['mætɪn] **1.** *adj poet* Morgen-, früh; **2.** *s*, *oft* **Mat·[t]ins** *pl Rel* Frühmette *f*, Frühgottesdienst *m*

mat·i|née, *auch* **~nee** ['mætɪneɪ] *s* Matinee *f* | *Theat* Nachmittagsvorstellung *f*; '**~née coat** *s* Babyumhang *m*

mat·ing ['meɪtɪŋ] *s* Paarung *f* ⟨~ season Zeit *f* der Paarung⟩

mat·ri- ['meɪtrɪ|'mætrɪ] *in Zus* Mutter-

ma·tri|arch ['meɪtrɪɑ:k] *s* Familien-, Stammesmutter *f*; **~ar·chal** [ˌ~'ɑ:kl|ˌmæt-] *adj* matriarchalisch, mutterrechtlich; **~arch·ate** ['~ɑ:kɪt|-keɪt] *s* Matriarchat *n*; '**~ar·chy** *s* Mutterherrschaft *f* | matriarchalisches System, Mutterrecht *n*

[1]**ma·tric** ['meɪtrɪk|'mæt-] *adj Math* Matrix-

[2]**ma·tric** [mə'trɪk] *s Brit umg Kurzw für* **matriculation**

ma·tri·ces ['meɪtrɪsi:z|'mæt-] *pl* von ↑ **matrix**

ma·tri|cid·al [ˌmætrɪ'saɪdl|ˌmeɪ-] *adj* Muttermord-; '**~cide** *s* Muttermord *m* | Muttermörder(in) *m(f)*

ma·tric·u|la [mə'trɪkjʊlə] *s* (*pl* **~lae** [~li:]) Matrikel *f*, Register *n*

ma·tric·u·late [mə'trɪkjʊleɪt] **1.** *vt* immatrikulieren, einschreiben; *vi* sich einschreiben, immatrikuliert werden; **2.** *adj* immatrikuliert; **3.** *s* Immatrikulierte(r) *f(m)*; **ma·tric·u'la·tion** *s* Immatrikulation *f* | *auch* **ma·tric·u'la·tion ex·am·iˌna·tion** Eignungsprüfung *f*, *Brit* Zulassungsprüfung *f* (für Universität); **maˌtric·u'la·tor·y** *adj* Immatrikulations-

mat·ri·mo|ni·al [ˌmætrɪ'məʊnɪəl] *adj* ehelich, Ehe-; **~ny** ['mætrɪmənɪ] *s* Ehe(stand) *f(m)* ⟨holy ≈ heiliger Ehestand; ≈ troubles Eheprobleme *n/pl*⟩

ma·trix ['meɪtrɪks|'mæt-] *s* (*pl* **~es** ['~ɪz], **ma·tri·ces** ['-trɪsi:z] *Geol* Mutterboden *m* | *Bot* Nährboden *m* (*auch übertr*) | *Anat* Gewebeschicht *f* | *Tech* Mater *f*, Matrize *f*, Gießform *f* | *Math* Matrix *f* | *arch* Mutterleib *m*, Gebärmutter *f*

ma·tron ['meɪtrən] *s arch* Matrone *f*, (ältere) verheiratete Frau, würdige Dame ⟨dresses for ~s Kleider *n/pl* für Damen; ~ of honour verheiratete Brautführerin⟩ | Hausmutter *f*, Wirtschafterin *f* | Oberin *f*, Oberschwester *f* | Vorsteherin *f*; (Gefängnis-) Wärterin *f*, Aufseherin *f*; '**~age** *s* Matronentum *n*; '**~al** *adj* matronenhaft, Matronen- | würdig, gesetzt | mütterlich; '**~ize** *vt* bemuttern, wie eine Mutter behüten *od* beaufsichtigen | matronenhaft machen; '**~ly** *adj, adv* matronenhaft, gesetzt ⟨≈ duties hausmütterliche Pflichten *f/pl*⟩ | (junge Frau) dick(lich)

matt[e] [mæt] = [2]**mat 2.**

[1]**mat·ted** ['mætɪd] *adj* mattiert

[2]**mat·ted** ['mætɪd] *adj* mit Matten belegt | verfilzt

mat·ter ['mætə] **1.** *s* Stoff *m*, Materie *f*, Substanz *f* (*Ant* mind, spirit) ⟨(in)organic ~⟩ | *Med* Eiter *m* | Gegenstand *m*, Inhalt *m*, Gehalt *m* (einer Rede etc.) ⟨subject ~ Thema *n*⟩ | *Phil* Materie *f* | (Streit-) Sache *f*, Angelegenheit *f* ⟨money ~s Geldangelegenheiten *f/pl*; ~s to be dealt with zu erledigende Sachen *f/pl*; a ~ of opinion Ansichtssache *f*; a ~ of life or death eine Sache auf Leben und Tod; for that ~, *selten* for the ~ of that was das anbelangt; in the ~ of *förml* hinsichtlich; hanging ~ Kapitalverbrechen *n*; no laughing ~ nichts zum Lachen; what's the ~? was ist los?; to let the ~ drop etw. auf sich beruhen lassen; to make ~s worse was die Sache noch schlimmer macht; to take ~s easy die Dinge leicht nehmen⟩ | etwas Wichtiges ⟨it's no ~, it makes no ~ whether … es macht *od* tut nichts, es ist egal, ob …; no ~! macht nichts!; no ~ what (how/where) gleichgültig, was (wie/wo); no ~ who gleich, wer⟩ | *auch Typ* (Schrift-) Satz *m*, Manuskript *n* ⟨postal ~ Postsendung *f*, -sache *f*; printed ~ Drucksache *f*; reading ~ Lesestoff *m*⟩ | *sg mit indef art* etwa, ungefähr ⟨a ~ of 10 weeks etwa 10 Wochen; within a ~ of hours in ein paar Stunden⟩; **2.** *vi* von Bedeutung sein, darauf ankommen (**to** für) ⟨it doesn't ~ es macht nichts; what does it ~? was tut's [schon]?⟩ | *Med* eitern; ˌ**~ of 'course** *s* Selbstverständlichkeit *f* ⟨as a ≈ selbstverständlich⟩; ˌ**~-of-'course** *adj* selbstverständlich, natürlich; ˌ**~ of 'fact** *s* Tatsache *f* ⟨as a ≈ tatsächlich, eigentlich⟩; ˌ**~-of-'fact** *adj* sachlich, nüchtern; einfach; phantasielos

[1]**mat·ting** ['mætɪŋ] *s Tech* Mattieren *n*

[2]**mat·ting** ['mætɪŋ] *s* Mattenmaterial *n*, Matten *f/pl* ⟨coconut ~ Kokosmatten *f/pl*⟩

mat·tins ['mætɪnz] *s/pl Brit* ↑ **matin 2.**

mat·tock ['mætək] *s* Breithacke *f*, Queraxt *f*, Haue *f*

mat·tress ['mætrəs|-ɪs] *s* Matratze *f* ⟨spring ~ Sprungfedermatratze *f*⟩

mat·u·rate ['mætʃʊreɪt] *vi selten* reifen; **ma·tu·ra·tion** [ˌmætʃʊ'reɪʃn] *s* Reifeprozeß *m*, Reifen *n*

ma·ture [mə'tʃʊə|-'tjʊə] **1.** *adj* reif, voll ausgebildet ⟨~ fruit; ~ wines; a ~ organ⟩ | (Person) erwachsen ⟨a man of ~ years⟩ | *übertr* gut ausgewogen, sorgfältig überlegt ⟨a ~ argument ein wohlüberlegtes Argument; ~ deliberation reifliche Überlegung⟩ | (Rechnung u. ä.) fällig; **2.** *vt* reifen (lassen), zum Reifen bringen; *vi* reifen, reif werden (*auch übertr*) | *Wirtsch* fällig werden; **ma·tur·i·ty** [mə'tʃʊərətɪ|-'tjʊə-] *s* Reife *f* (*auch übertr*) | *Wirtsch* Fälligkeit *f* ⟨at/on ≈ bei Verfall⟩

ma·tu·ti·nal [mə'tju:tɪnl|ˌmætjʊ'taɪnl] *adj förml* morgendlich, Morgen-, früh

mat·weed ['mætwi:d] *s* Strandhafer *m*

maud·lin ['mɔ:dlɪn] *adj* rührselig, sentimental, weinerlich | (Betrunkener) leierig, gefühlsduselig

maul [mɔ:l] **1.** *s Tech* Schlegel *m* | Tracht *f* Prügel; **2.** *vt* schlagen, verprügeln | roh behandeln, übel zurichten ⟨~ed by a tiger⟩ | *übertr* heruntermachen ⟨to ~ a new book⟩; **~ about** hart umgehen mit, traktieren ⟨stop ~ing me about!⟩

maul·stick ['mɔ:lstɪk] *s Tech* Malerstock *m*

mau·mau ['maʊˌmaʊ] *vt Am Sl* terrorisieren

maun·der ['mɔ:ndə] **1.** *vi* schwätzen, daherreden, faseln | *auch* **~ about** sich dahinschleppen | sich schwertun; **2.** *s* Geschwätz *n*

Maun·dy| Thurs·day [ˌmɔ:ndɪ 'θɜ:zdɪ] *s Rel* Gründonnerstag *m* ⟨≈ money königliches (Gründonnerstags-) Almosen⟩

mau·so·le|um [ˌmɔ:sə'li:əm] *s* (*pl* **~ums** [~əmz], **~a** [~ə]) Mausoleum *n*

mauve [məʊv] **1.** *adj* malvenfarbig, bläulich-, hellviolett; **2.** *s* Malvenfarbe *f*

mav·er·ick ['mævərɪk] *s Am* Stück *n* Vieh ohne Eigentümer, *bes* mutterloses Kalb (ohne Brandzeichen) | *umg* Einzelgänger *m*, Außenseiter *m* | *Pol* Person *f*, die gegenüber ihrer Partei abweichende Ideen vertritt ⟨~ politicians⟩

ma·vis ['meɪvɪs] *s poet* Singdrossel *f*

maw [mɔ:] *s* (Tier-) Magen *m* | (Tier-) Schlund *m*, (Vogel-) Kropf *m* | *übertr* Schlund *m*, Rachen *m*

mawk·ish ['mɔ:kɪʃ] *adj* (Geruch u. ä.) süßlich, widerlich | *übertr* rührselig, sentimental, gefühlsselig, kitschig

ma·xi ['mæksɪ] **1.** *s* (*oft in Zus*) *umg* Maxikleid *n*, -rock *m*, -mantel *m* | Maximode *f*; **2.** *adj* (*in Zus*) ⟨~coat; ~length⟩

max·il·la [mæk'sɪlə] *s* (*pl* **~lae** [~li:]) *Anat, Zool* Maxilla *f*, Kiefer *m*; **max'il·lar·y** *Anat* **1.** *adj* maxillar, Kiefer-; **2.** *s* Oberkieferknochen *m*

max·im ['mæksɪm] *s* Maxime *f*, Grundsatz *m*

max·i|mal ['mæksɪml] *adj* maximal, höchste(r, -s), Höchst-; **~mi·za·tion** [ˌ~maɪ'zeɪʃn] *s* Maximierung *f*; **'~mize** *vt* verstärken, auf ein Höchstmaß bringen, maximal erweitern *od* verstärken

max·i|mum ['mæksɪməm] **1.** *s* (*pl* **'~mums, ~ma** ['~mə]) Maximum *n*, Höchststand *m*, -grenze *f* | Höchstwert *m*, -betrag *m* | *auch* **ˌ~mum 'price** *Wirtsch* Höchstpreis *m*; **2.** *adj* Höchst-, Maximal- ⟨≈ load Höchstlast *f*, Maximalbelastung *f*; ≈ wages Spitzenlohn *m*⟩

[1]**may** [meɪ] *va* (*nur präs, 3. pers sg* **~**, *prät* **might**) können, mögen ⟨be that as it ~ es mag sein, wie es will; come what ~ komme, was da wolle; it ~ be true es kann wahr sein; he ~ come today er kommt vielleicht heute; ~ you live long! mögen Sie lange leben!; it might have happened es hätte geschehen können; that might be difficult das wird wahrscheinlich schwierig sein; you might offer to help du könntest auch mal mithelfen⟩ | dürfen ⟨~ I come? darf ich kommen?; if I ~ say so wenn ich so sagen darf, ich möchte sagen⟩

[2]**may** [meɪ] *s Bot* Weißdornblüte *f*

May [meɪ] *s* Mai *m* | *auch* **∸** *übertr* Lebensmai *m*, Jugend *f*

may·be ['meɪbi:|-bɪ] *adv* vielleicht, möglicherweise ⟨as soon as ~ sobald als möglich⟩

may|bee·tle ['meɪ ˌbi:tl], *auch* **'~bug** *s* Maikäfer *m*; **'∸ Day** *s* der Erste Mai

may·day ['meɪdeɪ], *auch* **∸** *s Mar* internationales Funk-Notsignal, SOS *n* ⟨a ~ call ein Notruf *m*⟩

may·flow·er ['meɪflaʊə] *s Bot* Weiß-, Hagedorn *m* | **∸** *Hist* Mayflower *f* (Name des Auswandererschiffes der Pilgerväter); **'may·fly** *s Zool* Eintagsfliege *f*

may·hem ['meɪhem] *s umg* völliges Durcheinander, Chaos *n* ⟨to create/cause ~⟩ | *Am Jur* schwere Körperverletzung | *Am Jur Hist* Verstümmelung *f*

mayn't [meɪnt] *kontr von* **may not**

may·o ['meɪəʊ] *s umg Kurzw* für **mayonnaise**

may·on·naise [ˌmeɪə'neɪz] *s* Mayonnaise *f* ⟨egg ~⟩

may·or [mɛə] *s* Bürgermeister *m*; **'~al** [-rəl] *adj* bürgermeisterlich, Bürgermeister-; **'~al·ty** [~rəltɪ] *s* Amtsperiode *f* eines Bürgermeisters | Bürgermeisteramt *n*; **~ess** [-'res|'-res] *s* Bürgermeisterin *f* | Frau *f* des Bürgermeisters

May|pole, *auch* **may·pole** ['meɪpəʊl] *s* Maibaum *m*; **'~ Queen** *s* Maikönigin *f*; **'~thorn** *s Bot* Weißdorn *m*; **'~tide, '~time** *s* Maienzeit *f*

mayst [meɪst], *in*: **thou ~** *arch, bibl* **you may**

maz·a·rine [ˌmæzə'ri:n|'mæzəri:n] **1.** *adj* mazarin-, dunkelblau; **2.** *s* Mazarin-, Dunkelblau *n*

maze [meɪz] *s* Irrgarten *m*, Labyrinth *n* (*auch übertr*) | *übertr* Verwirrung *f* ⟨to be in a ~ bestürzt sein⟩; **mazed** *adj* verwirrt, verblüfft

ma·zur·ka [mə'zɜ:kə] *s Mus* Mazurka *f*

ma·zy ['meɪzɪ] *adj* labyrinthisch | verworren

MC [em'si:] *Abk* von ↑ **master of ceremonies**

Mc·Car·thy·ism [mə'kɑ:θɪɪzm] *s Am Pol* McCarthyismus *m*

Mc·Coy [mə'kɔɪ] *s Am Sl* gutes Bier, guter Whisky ◇ **the real ~** *Am Sl* eine erstklassige Sache, genau der (das) Richtige

MD [em'di:] *Abk* von **Doktor of Medicine | managing director | mental(ly) defective**

me [mi:] *pron* mir, mich ⟨she called ~⟩ | *umg* ich ⟨it's only ~ ich bin es nur; that's ~ das bin ich; dear ~! du meine Güte!⟩

[1]**mead** [mi:d] *s* Met *m*

[2]**mead** [mi:d] *s poet* Anger *m*, Wiese *f*

mead·ow ['medəʊ] *s* Wiese *f* ⟨in the ~ auf der Wiese⟩; **'~land** *s* Wiesenland *n*; **ˌ~ 'saf·fron** *s Bot* Herbstzeitlose *f*; **'~sweet** *s Bot* Mädesüß *n*; **'~y** *adj* wiesenreich, -artig

mea|gre, *Am* **~ger** ['mi:gə] *adj* dünn, mager, dürr ⟨a ≈ face⟩ | *übertr* dürftig, knapp ⟨a ≈ harvest⟩ | *übertr* ideen-, einfallsarm ⟨a ≈ novel⟩

[1]**meal** [mi:l] *s* Mahl(zeit) *n*(*f*) ⟨a hot ~ eine warme Mahlzeit; three ~s a day drei Mahlzeiten am Tag; to make a ~ of s.th. etw. verspeisen; to take one's ~s speisen; to have a good ~ gut essen; ~s on wheels tägliches warmes Essen für Alte und Kranke⟩ | Mahlzeit *f*, Essenszeit *f* ⟨at ~s zu den Mahlzeiten⟩

[2]**meal** [mi:l] **1.** *s* (grobes) Mehl ⟨rye ~ Roggenmehl *n*⟩ | (Gesteins-) Staub *m*; **2.** *vt* zu Mehl machen; *vi* zu Mehl werden

mea·lie ['mi:lɪ] *s* (*meist pl*) (Südafrika) Maiskolben *m*

meal|tick·et ['mi:lˌtɪkɪt] *s* Essen(s)bon *m*; **'~time** *s* (*meist pl*) Essenszeit *f*

meal| worm ['mi:lwɜ:m] *s Zool* Mehlwurm *m*; **'~y** *adj* mehlig | *übertr* blaß ⟨a ≈ face⟩; **'~y·bug** *s Zool* Mehlkäfer *m*; **'~y·mouth** *s* Leisetreter *m*, Person *f*, die sich übertrieben geziert ausdrückt; **ˌ~y-'mouthed** *adj* (in Worten) geziert | kleinlaut | vertuschend | schmeichlerisch, heuchlerisch, glattzüngig

[1]**mean** [mi:n] *adj* (Person, Charakter) niedrig, gering, gemein ⟨a ~ rascal ein gemeiner Schuft⟩ | (Aussehen) armselig, schäbig ⟨a ~ quarter of the town ein schäbiges Stadtviertel⟩ | (Verhalten) gemein, unwürdig, niederträchtig ⟨it was ~ of you es war gemein von dir; a ~ motive⟩ | *arch* niedrig, gering, unbedeutend ⟨of ~ birth von niederer Geburt; men of the ~er sort Menschen zweiter Klasse⟩ | dumm, schlecht, unbedarft ⟨no ~ pupil ein guter Schüler; no ~ something etwas recht *od* ganz Gutes; even to the ~est intelligence selbst für den Dümmsten⟩ | kleinlich, geizig ⟨~ hospitality schlechte Gastfreundschaft; to be ~ over money matters in Geldangelegenheiten kleinlich sein⟩ | *Am* bösartig, gefährlich ⟨a ~ dog⟩

[2]**mean** [mi:n] **1.** *adj* mittlere(r, -s), Mittel- ⟨of a ~ stature mittelgroß⟩ | mittel(mäßig), Durchschnitts- ⟨~ annual temperature Jahresmittel *n* (der Temperatur); ~ sea level mittlerer Meeresspiegel, Normalnull *n*; ~ output *Wirtsch* Durchschnittsleistung *f*; ~ time mittlere [Sonnen-] Zeit⟩ | *Math* Mittel- ⟨~ quantity Durchschnittswert *m*⟩; **2.** *s* Mitte *f* ⟨the golden/happy ~ *übertr* der goldene Mittelweg⟩ | *Math* Mittel-, Durchschnittswert *m* | Mittelmäßigkeit *f*

[3]**mean** [mi:n] **(meant, meant** [ment]) *vt* (Sprache, Wörter) bedeuten | bedeuten, ein Anzeichen sein für ⟨Hitler ~s war Hitler bedeutet Krieg⟩ | denken, meinen, im Sinn haben ⟨I ~ to go ich gedenke zu gehen; I ~ what I say ich meine, wie ich's sage; to ~ business es ernst meinen; to ~ mischief Böses im Sinn haben; what do you ~ by that? was meinen Sie damit?; I didn't ~ it das wollte ich nicht⟩ | bestimmen **(for** für, zu) ⟨this is ~t for you das ist für Sie gedacht; he is ~t to be a soldier er ist zum Soldaten bestimmt⟩ | wollen, beabsichtigen ⟨he ~s to succeed er hat vor, zu gewinnen; I ~ you to go ich will, daß du gehst; he ~s you no harm er möchte Sie nicht verletzen⟩ ◇ **~ s.th. to s.o.** von Bedeutung *od* wichtig sein für jmdn. ⟨this ~s a lot to me das ist sehr wichtig für mich; this ~s nothing to him das ist für ihn ohne Belang, unwichtig⟩; *vi* bedeuten **(to** für) ◇ **~ well** die besten Absichten haben, nur Gutes wollen ⟨of course he ~s well; to ~ ill (well) by s.o. *selten* jmdm. schlecht (gut) gesonnen sein⟩

me·an·der [mɪ'ændə] **1.** *s* Windung *f*, Krümmung *f* | Mäander(muster) *m*(*n*); **2.** *vi* (Fluß) sich winden, sich schlängeln | umherwandern | *übertr* daherreden, nur so sprechen; **~ings** [mɪ'ændrɪŋz] *s/pl* (Fluß-) Windungen *f/pl*, verschlungene Pfade *m/pl*

mean|ie, ~y ['mi:nɪ] *s umg* Geizkragen *m*, -hals *m* ⟨what a ≈ you are!⟩ | unfairer Kritiker | *Theat* Bösewicht *m*
mean·ing ['mi:nɪŋ] **1.** *s* Bedeutung *f* ⟨word ~s; what's the ~ of this? was soll das (bedeuten)?⟩ | Bedeutung *f*, Bedeutsamkeit *f*, Wert *m* ⟨full of ~, with ~ bedeutungsvoll, bedeutsam⟩; **2.** *adj* bedeutungsvoll, bedeutsam, vielsagend ⟨a ~ smile⟩ | (*in Zus*) von einer bestimmten Absicht, in ... Absicht ⟨well-~ wohlwollend, voll guter Absicht, gut gemeint; ill-~ übel gesinnt, böse⟩; **'~ful** *adj* bedeutsam, bedeutungsvoll, sinnvoll ⟨a ≈ look ein vielbedeutender Blick⟩ | *Ling* bedeutungstragend ⟨not a ≈ word ein Wort, das keine Bedeutung hat⟩ | (Arbeit) sinnvoll ⟨a ≈ occupation⟩; **'~less** *adj* bedeutungslos
means [mi:nz] *s/pl* (*sg od pl konstr*) (Hilfs-) Mittel *n/pl*, Werkzeug *n*, Weg *n*, Mittel *n* ⟨a ~ of communication ein Verkehrsmittel *n*; ~ of living Erwerbsmittel *n*, Lebensunterhalt *m*; ~ of protection Schutzmittel *n*; a ~ to an end ein Mittel zum Zweck; by all ~ auf alle Fälle; ja, gewiß!; by any ~ auf irgendeine Art; by fair ~ or foul im Guten oder im Bösen; by ~ of mittels; by no ~ überhaupt nicht, keinesfalls; by no manner of ~ keinesfalls, auf gar keinen Fall; by some ~ or other auf die eine oder andere Art; by this ~ hierdurch; the end(s) justifies (justify) the ~ der Zweck heiligt die Mittel (das Mittel); ways and ~ Mittel und Wege⟩ | Vermögen *n*, Geldmittel *n/pl* ⟨a man of your ~ ein Mann, der so viel besitzt wie Sie; to have private ~ Einkünfte aus Vermögen haben; to live beyond (within) one's ~ über seine Mittel (entsprechend seinen Möglichkeiten) leben⟩; **'~ test** *Brit, oft verächtl* **1.** *s* Einkommensüberprüfung *f*; Vermögensveranlagung *f*; **2.** *vt* auf Fürsorgeberechtigung überprüfen | (nach Überprüfung) Sozialfürsorge zuweisen
meant [ment] *prät* u. *part perf von* ↑ ³**mean**
mean|time ['mi:ntaɪm|ˌmi:n'taɪm], *umg* **~while** [ˌmi:n'waɪl|'mi:nwaɪl] **1.** *adv* inzwischen, indessen, mittlerweile; **2.** *s* Zwischenzeit *f* ⟨in the ~time in der Zwischenzeit, zwischenzeitlich⟩
mea·sles ['mi:zlz] *s/pl* (*sg konstr*) *Med* Masern *pl* | *Vet* Finnen *f/pl*
meas·ly ['mi:zlɪ] *adj umg* mickrig, poplig
meas|ur·a·bil·i·ty [ˌmeʒr̩ə'bɪlətɪ] *s* Meßbarkeit *f*; **'~ur·a·ble** *adj* meßbar | mäßig, gering, absehbar ⟨within ≈ distance in unmittelbare[r] Nähe⟩; **~ure** ['meʒə] **1.** *s* Messen *n* | Maß *n*, Menge *f* ⟨[made] to ≈ nach Maß [gearbeitet]; unit of ≈ Maßeinheit *f*; for good ≈ zur Sicherheit, sicherheitshalber; dazu, obendrein; to give full (short) ≈ füllen, voll machen (nicht die volle *od* ganze Menge geben, nicht voll machen); to get the ≈ of s.o. *übertr* jmdn. taxieren, abschätzen; to take the ≈ of s.th. etw. abmessen; to take s.o.'s ≈s jmdm. Maß nehmen⟩ | (richtiges) Maß, Ausmaß *n* ⟨beyond ≈, out of ≈ über alle Maßen, außerordentlich; in a great/large ≈ in großem Maße; in some/a [certain] ≈ bis zu einem gewissen Grad, gewissermaßen; without ≈ über alle Maßen, maßlos; to set ≈s to Grenzen setzen⟩ | *Mus* Takt *m* | *Metr* Versmaß *n* | *Phys* Maßeinheit *f* ⟨≈ of length Längenmaß *n*; (liquid) dry ≈ (Flüssigkeits-) Trokkenmaß *n*⟩ | Meßinstrument *n*, -gerät *n* ⟨yard ≈ Bandmaß *n*⟩ | *übertr* Verhältnis *n*, Maßstab *m* (**of** für) ⟨to be a ≈ of s.th. einer Sache als Maßstab dienen⟩ | Maßnahme *f*, -regel *f*, Schritt *m* ⟨hard/strong ≈s harte *od* drastische Maßnahmen *pl*; to take ≈s Maßnahmen ergreifen⟩ | *Jur* gesetzliche Maßnahme, Verfügung *f*, (eingebrachtes) Gesetz ⟨coercive ≈, ≈ of coercion Zwangsmaßnahme *f*; incisive ≈ einschneidende Maßnahme⟩ | *arch* Tanz *m* ⟨to tread a ≈ with s.o. mit jmdm. das Tanzbein schwingen⟩; **2.** *vt* ab-, aus-, vermessen ⟨to ≈ one's length *übertr* der Länge nach hinfallen, die Straße messen⟩ | (jmdm.) Maß nehmen (**for** zu) ⟨to ≈ s.o. for a suit jmdm. einen Anzug anmessen⟩ | messen, vergleichen (**with** mit) ⟨to ≈ a dress against s.o. messen, ob ein Kleid für jmdn. die richtige Länge hat; to ≈ swords against/with *übertr* streiten mit, die Klinge messen mit; to ≈ one's strength with s.o. seine Kräfte messen mit jmdm.; to ≈ one's wits against s.o. klüger sein wollen als jmd., seinen Verstand messen mit jmdm.⟩ | abschätzen, beurteilen (**by** nach) | *übertr* ermessen; **~ure off** abmessen; **~ure out** aus-, zuteilen; *vi* messen ⟨to ≈ ten metres across zehn Meter breit sein⟩; **~ure up** gerecht werden (**to s.th.** einer Sache) ⟨to ≈ to a job den Ansprüchen einer Stelle genügen⟩; **'~ured** *adj* (ab)gemessen ⟨with a ≈ tread gemessenen Schrittes⟩ | (Sprache) abgewogen ⟨≈ words wohlüberlegte Worte *n/pl*⟩; **'~ure·less** *adj* unermeßlich; **'~ure·ment** *s* Messen *n*, Ab-, Vermessung *f* | Maß *n* | *Mar* Tonnengehalt *m*; **~ur·ing** ['meʒr̩ɪŋ] **1.** *s* Messen *n*; **2.** *adj* messend, Meß- ⟨≈ instrument Meßinstrument *n*; ≈ staff Meßlatte *f*⟩
meat [mi:t] *s* Fleisch *n* ⟨cold ~ kalter Braten; assorted cold ~s Aufschnitt *m*; chilled/frozen ~ Gefrierfleisch *n*; preserved ~ Fleischkonserve *f*⟩ | (Frucht-) Fleisch *n* | *arch dial* Speise *f* ⟨~ and drink Speise und Trank; after ~ nach dem Essen⟩ | *übertr* Genuß *m*, Vergnügen *n* ⟨this is your ~ das wird Ihnen gefallen; to be ~ and drink to s.o. jmdm. größtes Vergnügen bereiten; one man's ~ is another man's poison des einen Tod ist des anderen Brot⟩ | *übertr* innerer Gehalt, Substanz *f* ⟨a book full of ~ ein gehaltvolles Buch⟩ ◇ **~ and potatoes 1.** *s Sl* entscheidende Grundlage, das, worauf es ankommt; **2.** *adj* entscheidend ⟨≈ information⟩; **'~ ball** *s* Fleischklößchen *n*, Frikadelle *f*; **'~ ˌchop·per** *s* Hackmesser *n*, Fleischwolf *m*; **'~ed** *adj* fleischig ⟨well-≈ reich an Fleisch; nahrhaft⟩; **'~ fly** *s* Schmeißfliege *f*; **'~less** *adj* fleischlos ⟨≈ days fleischfreie Tage *m/pl*⟩; **'~ pie** *s* Fleischpastete *f*; **'~ ˌplat·ter** *s* Bratenplatte *f*, -teller *m* | kalter Braten, Bratenplatte *f*; **'~ 'tea** *s selten* frühes Abendessen (kalte Platten und Tee); **'~y** *adj* fleischig | *übertr* gehaltvoll, markig, kräftig
Mec·ca ['mekə] *s* Mekka *n* | *übertr* Mekka *n*, begehrter Ort, Traumziel *n* ⟨a ~ of tourists⟩
Mec·can·o [me'kɑ:nəʊ] *s* Stabilbaukasten *m*
me·chan|ic [mɪ'kænɪk] **1.** *adj* handwerklich, Handwerker- | manuelle Geschicklichkeit erfordernd ⟨a ≈ trade e-e Tätigkeit, die Geschicklichkeit verlangt; the ≈ arts Handwerkskunst *f*⟩ | mechanisch, mit einem Mechanismus ⟨≈ devices mechanische Vorrichtungen *f/pl*⟩ | *übertr* mechan[ist]isch ⟨a ≈ view⟩; **2.** *s* Autoschlosser *m* | Mechaniker *m* | Maschinist *m* | Handwerker *m*; **mech'an·ics** *s/pl* (*sg konstr*) Mechanik *f* | Konstruktion *f* | Anordnung *f* der Teile | *übertr* mechanische *od* technische Einzelheiten *f/pl* ⟨the ≈ of playwriting⟩ | *übertr* Praxis *f*, Methoden *f/pl*, Durchführungsweise *f*; **mech'an·i·cal 1.** *adj* mechanisch | maschinell, Maschinen- ⟨≈ power⟩ | Handwerks- | *übertr* mechanisch, automatisiert, unbewußt ⟨≈ movements; ≈ discipline Kadavergehorsam *m*⟩ | automatisch; **2.** *s* (*oft pl*) Mechanismus *m* (*auch übertr*) ⟨the basic ≈s die entscheidenden Bestandteile⟩ | Nebensache *f*; **ˌ~i·cal en·gi'neer** *s* Maschinenbauingenieur *m*; **ˌ~i·cal en·gi'neer·ing** *s* Maschinenbau *m*; **mech·a·ni·cian** [ˌmekə'nɪʃn] *s* Mechaniker *m*; **'mech·a·nism** ['mekə-] *s* Mechanismus *m* (*auch übertr*) | Arbeits-, Bauweise *f*; **ˌmech·a'nis·tic** [mekə-] *adj Phil* mechanistisch | mechanisch (*auch übertr*); **ˌmech·a·ni'za·tion** [mekə-] *s* Mechanisierung *f*; **'mech·a·nize** [mekə-] *vt* mechanisieren ⟨≈d firing mechanische Feuerung⟩ | motorisieren ⟨≈d division Mot-Schützen-Division *f*; ≈d forces motorisierte Verbände *m/pl*⟩

med|al ['medl] **1.** *s* Medaille *f*, Denkmünze *f* | Orden *m*; **2.** *vt* (**'~alled, '~alled**) mit einer Medaille schmücken; **me·dal·lion** [mɪ'dælɪən] *s* Schaumünze *f* | Medaillon *n* | *Am* Taxilizenz *f* | *Am* lizenzierter Taxifahrer; **'~al·list** *s* Medailleur *m* | Medaillengewinner(in) *m(f)*, -träger(in) *m(f)* ⟨gold ≈⟩ | Münzenkenner *m*

med|dle ['medl] *vi* sich einmischen (**in, with** in) ⟨to ≈ in s.o.'s affairs sich in jmds. Angelegenheiten mischen⟩ | sich abgeben, sich einlassen (**with** mit) | sich zu schaffen machen (**with** mit); **'~dler** *s* Eindringling *m*, Unbefugter *m* | Naseweis *m*, jmd., der sich in fremde Angelegenheiten mischt; **'~dle·some** *adj* zudringlich, lästig, sich ungefragt einmischend

[1]**me·di·a** ['mi:dɪə] *s/pl von* ↑ **medium 1.** ◇ **the ~** *s/pl* (*auch sg konstr, pl* **the me·di·a[s]**) die Massenkommunikationsmittel *n/pl* (Fernsehen, Rundfunk, Zeitung)

[2]**me·di|a** ['mi:dɪə] *s* (*pl* **~ae** ['~i:]) *Ling* Media *f*, stimmhafter Verschlußlaut

me·di·ae·val [ˌmedɪ'i:vl] *adj* mittelalterlich (*auch übertr*)

me·di·a e·vent ['mi:dɪə ɪˌvent] *s* Ereignis, auf das sich die Massenmedien stürzen | durch Medien aufgebauschtes Ereignis | medienwirksames Ereignis

me·di|al ['mi:dɪəl] *adj* in der Mitte gelegen, Mittel- | durchschnittlich, Durchnitts- | *Ling* inlautend ⟨a ≈ consonant⟩; **'~an** *Tech* **1.** *adj* in der Mitte liegend, mittlere(r, -s), durch die Mitte gehend; **2.** *s* Mittelwert *m* | *auch* **ˌ~an 'line** *Math* Mittellinie *f*; **ˌ~an 'point** *s Math* Mittelpunkt *m*; **'~ate** *vi, vt* vermitteln (**between** zwischen) | durch Vermittlung erzielen ⟨to ≈ a settlement eine Übereinkunft erzielen⟩; ['~ɪt] *adj* mittlere(r, -s), Mittel-; **ˌ~'a·tion** *s* Vermittlung *f*, Fürsprache *f* ⟨through s.o.'s ≈ durch jmds. Vermittlung⟩; **'~a·tor** *s* Vermittler *m*; **~a·to·ri·al** [ˌ~ə'tɔ:rɪəl], **~a·to·ry** ['~ətərɪ] *adj* vermittelnd, Vermittler-; **~a·tress** ['~eɪtrəs] *s* Vermittlerin *f*

med·ic ['medɪk] *s umg* Medizinstudent(in) *m(f)* | *Am Mil* Sanitäter *m*

med·i·cal ['medɪkl] **1.** *adj* ärztlich, medizinisch ⟨~ examination ärztliche Untersuchung; ~ school medizinische Fakultät; ~ students Medizinstudenten *m/pl*⟩ | heilend, Heil- ⟨~, not surgical treatment Heil-, nicht operative Behandlung⟩; **2.** *s umg* = **'~ man** | *umg* Medizinstudent *m* | *umg* ärztliche Untersuchung; **'~ board** *s* Sanitätsbehörde *f*; **'~ cerˌtif·i·cate** *s* Krankenschein *m*; **ˌ~ 'ev·i·dence** *adj* ärztliches Gutachten; **ˌ~ ˌju·ris'pru·dence** *s* Gerichtsmedizin *f*; **'~ man** *s* (*pl* **'~ men**) Mediziner *m*, Arzt *m* ⟨our ≈ unser Hausarzt *m*⟩; **ˌ~ 'of·fi·cer** *s Brit* Amtsarzt *m* | *Mil* Stabsarzt *m*; **ˌ~ prac'ti·tion·er** *s* praktischer Arzt

me·dic·a·ment [mɪ'dɪkəmənt|mə-|me-|'medɪkəmənt] *s förml* Medikament *n*, Heilmittel *n*

Med·i·care ['medɪkɛə] *s Am* Staatliche Krankenversicherung und Gesundheitsfürsorge *f* (*bes* für alte Menschen)

med·i·cate ['medɪkeɪt] *vt* medizinisch behandeln | mit Arzneistoff vermischen, tränken ⟨~d soap medizinische Seife; ~d bath medizinisches Bad⟩; **ˌmed·i'ca·tion** *s* Verordnung *f* von Medikamenten ⟨mass ≈ Rezeptmißbrauch *m*⟩ | Beimischung *f* von Arzneistoffen | *förml* Medizin *f*, medizinisches Mittel, Droge *f*; **med·i·ca·tive** ['medɪkeɪtɪv|-kə-], **ˌmed·i'ca·to·ry** *adj* heilend, heilsam; **me·dic·i·nal** [mɪ'dɪsɪnl] *adj* medizinisch, heilkräftig ⟨≈ ointment Heilsalbe *f*; ≈ plant Arzneipflanze *f*⟩; **med·i·cine** ['medsn|'medɪsn] *s* (*bes* orale) Medizin, Arznei *f* (*auch übertr*) ⟨to take too much ≈ zuviel einnehmen; to take one's ≈ *übertr* eine bittere Pille schlucken; to get some/a little of one's own ≈ *übertr* eine Quittung für eigenes schlechtes Verhalten bekommen; to give s.o. a taste/dose of his own ≈ *übertr* jmdm. in gleicher Münze zurückzahlen⟩ | Heilkunde *f*, -kunst *f*, ärztliche Wissenschaft ⟨a Doctor of ≈; to study ≈⟩ | innere Medizin (*Ant* surgery) | Zauber(ei) *m(f)* | *Sl* Medizin *f*, Schnaps *m*; **'med·i·cine ball** *s* (Sport) Medizinball *m*; **'med·i·cine chest** *s* Hausapotheke *f*; **med·i·cine man** ['~mæn] *s* (*pl* **medicine men** ['~men]) Medizinmann *m*; **med·i·co** ['medɪkəʊ] *s umg* Arzt *m*, Medizinstudent(in) *m(f)*

me·di·e·val [ˌmedɪ'i:vl] = **mediaeval**

medio- [mi:dɪə(ʊ)] ⟨*lat*⟩ *in Zus* Mitte-, Mittel- (*z. B.* **mediodorsal**)

me·di|o·cre [ˌmi:dɪ'əʊkə] *adj* mittelmäßig, gewöhnlich, von zweitklassiger Qualität ⟨a ≈ novel⟩; **~oc·ri·ty** [ˌ~'ɒkrətɪ] *s* Mittelmäßigkeit *f* | mittelmäßiger Mensch

med·i|tate ['medɪteɪt] *vi* überlegen, nachdenken (**[up]on** über) | *auch Rel* meditieren; *vt* vorhaben, im Sinn haben ⟨to ≈ revenge auf Rache sinnen⟩ | überlegen, bedenken; **ˌ~'ta·tion** *s* Nachdenken *n*, Nachsinnen *n* ⟨deep in ≈ in tiefem Nachsinnen⟩ | (*oft pl*) Meditation *f*, Betrachtung *f*; **~ta·tive** ['~tətɪv] *adj* grübelnd, nachdenklich

Med·i·ter·ra·ne·an [ˌmedɪtə'reɪnɪən] **1.** *adj* mediterran, Mittelmeer-; **2.** *s, auch* **ˌ~ 'Sea** Mittelmeer *n*

me·di|um ['mi:dɪəm] **1.** *s* (*pl* **'~ums, ~a** ['~ə]) Medium *n*, Ausdrucksmittel *n* ⟨the ≈ of the press; mass ≈⟩ | (Hilfs-) Mittel *n* ⟨by/through the ≈ of durch, vermittels⟩ | *Wirtsch, Phys* Medium *n*, Träger *m*, Mittel *n*, vermittelnder Stoff ⟨circulating ≈ *Wirtsch* Umlaufmittel *n*; refractive ≈ *Phys* brechendes Mittel *n*; air is the ≈ of sound⟩ | (Spiritismus) Medium *n* (*pl nur* **'≈s**) | *Biol* Nährboden *m* | Lebenselement *n* | *übertr* Umgebung *f*, Milieu *n* | *übertr* Mitte *f*, Mittelweg *m* ⟨to find/hit upon the happy ≈ die richtige Mitte treffen⟩; **2.** *adj* mittel, Mittel-, Durchschnitts- ⟨≈ income group Personen(schicht) *f/pl(f)* mit mittlerem Einkommen; ≈ talent mittelmäßiges Talent; a man of ≈ height ein Mann mittlerer Größe⟩; **ˌ≈ 'brown** *adj* mattbraun; **'≈ faced** *adj Typ* halbfett; **ˌ≈ 'size** *s* Mittelgröße *f*; **ˌ≈-'sized** *adj* mittelgroß; **ˌ≈ 'wave** *s Rundf* Mittelwelle *f*

med·lar ['medlə] *s Bot* Mispel *f*

med·ley ['medlɪ] **1.** *s* Gemisch *n* ⟨a ~ of races Rassengemisch *n*⟩ | *verächtl* Mischmasch *n*, (buntes) Durcheinander ⟨a ~ of thoughts⟩; **2.** *vt arch* (ver)mischen; **3.** *adj arch* (bunt) gemischt; **ˌ~ 're·lay** (Sport) Staffellauf *m* (über unterschiedliche Distanzen); (Schwimmen) Lagenstaffel *f*

me·dul·la [mɪ'dʌlə|me-] *s Med Bot* Mark *n*; **me'dul·lar, me'dul·lar·y** *adj* markig, Mark-

meed [mi:d] *s poet* Lohn *m*, Belohnung *f* | Menge *f*, Anteil *m*, Portion *f*

meek [mi:k] *adj* freundlich, gütig, sanft ⟨~ and mild sanftmütig; *verächtl* alles mitmachend, sich alles gefallen lassend; ~ as a lamb sanft wie ein Lamm⟩ | bescheiden, demütig ⟨a ~ answer⟩ | *arch* mild ⟨a ~ remedy⟩

meer·schaum ['mɪəʃəm] *s* Meerschaum *m* | *auch* **ˌ~ 'pipe** Meerschaumpfeife *f*

meet [mi:t] **1. (met, met** [met]) *vt* treffen, begegnen ⟨to ~ each other sich treffen; to ~ s.o. in the street⟩ | die Bekanntschaft machen von, vorgestellt werden ⟨~ my wife darf ich Ihnen meine Frau vorstellen; pleased to ~ you angenehm!⟩ | abholen, empfangen, begrüßen ⟨to be met empfangen werden; to go to ~ s.o. jmdm. entgegengehen; to ~ s.o. halfway *übertr* jmdm. auf halbem Wege entgegenkommen; to ~ s.o.'s train jmdn. am Bahnhof erwarten, abholen⟩ | (Wunsch u. ä.) erfüllen, befriedigen, entsprechen ⟨to ~ a demand einer Forderung nachkommen; to ~ s.o.'s wishes jmds. Wünschen entsprechen; to ~ an obligation einer Verpflichtung nachkommen; to ~ all expenses alle Unkosten decken⟩ | (etw. Negativem) begegnen, standhalten, abhelfen ⟨to ~ criticism der Kritik standhalten; to ~ objections Einwänden begegnen⟩ | treffen auf, berühren (*auch übertr*) ⟨to meet s.o.'s eye jmdm. ins Auge fallen; jmds. Blick erwidern; to ~ the eye auffallen; there's more (in)to s.th. than ~s the eye es steckt mehr hinter etw., als es den Anschein hat; to ~ the ear gehört werden⟩; *vi* sich treffen, sich begegnen, zusammentreffen | sich versammeln | sich kennenlernen ⟨we've never met⟩ | (feindlich) zusammenstoßen, handgemein werden | zusammenpassen, übereinstimmen ⟨to make both ends ~ *übertr* [mit seinen Einkünften] finanziell gerade auskommen⟩; **~ up** *umg* sich treffen, sich (zwanglos) zusammenfinden; **~ up with** zufällig treffen; **~ with** erfahren, erleiden ⟨to ~ with approval Billigung finden; to ~ with an accident verunglücken⟩ | plötzlich stoßen auf, zufällig begegnen ⟨to ~ with obstacles plötzlich auf Hindernisse stoßen; to ~ with an old friend zufällig einem alten Freund begegnen⟩ | *Am* zusammentreffen mit, sich beraten mit; **2.** *s Brit* Zusammentreffen *n* (vor der Jagd) | *Am* (Sport) Veranstaltung *f* ⟨a swimming ~⟩; **3.** *adj arch, bibl* passend, geeignet, schicklich; **'~ing** *s* Zusammentreffen *n*, Zusammenkunft *f*, Begegnung *f* ⟨at first ≈ beim ersten Zusammentreffen⟩ | Versammlung *f* ⟨to address the ≈ in der Versammlung sprechen; to call a ≈ eine Versammlung einberufen⟩ | Veranstaltung *f*, Meeting *n* | Sitzung *f*, Tagung *f* | Sitzungs-, Tagungsteilnehmer *pl* ⟨the opinion of the ≈⟩ | *Arch* Fuge *f* | (Flüsse) Zusammenfluß *m*; **'~ing house** *s bes Rel* (Quaker) Versammlungs-, Bethaus *n*; **ˌ~ing of 'minds** *s übertr* Übereinkunft *f*; **'~ing place** *s* Sammelplatz *m*; **'~ing point** *s* Berührungspunkt *m*

meg-, mega- [meg|megə] ⟨*griech*⟩ *in Zus* Millionen-, Mega-

meg·a·byte ['megəˌbaɪt] *s* (Computer) Megabyte *n* (1 Million Bytes)

meg·a·ceph·a|lous [ˌmegə'sefələs] *s Med* makrozephal, großköpfig; **'~ly** *s Med* Megalozephalie *f*, Großköpfigkeit *f*

meg·a·cy·cle ['megəsaɪkl] *s El* Megahertz *n*

meg·a|death ['megədeθ] *s* Tod *m* einer Million Menschen (in einem Atomkrieg); **'~dose** *s Med* extrem hohe Dosis

meg·a·hertz ['megəhɜ:ts] *s Phys* Megahertz *n*

megal- [megəl] ⟨*griech*⟩ *in Zus* groß-, Riesen-

meg·a·lith ['megəlɪθ] *s* Megalith *m*

megalo- [megələ(ʊ)] ⟨*griech*⟩ *in Zus* groß-

meg·a·lo·blast ['megələblɑ:st] *s Med* Megaloblast *m*

meg·a·lo·car·di·a [ˌmegələ'kɑ:dɪə] *s Med* Herzerweiterung *f*

meg·a·lo|ce·phal·ic [ˌmegələsɪ'fælɪk] *adj Med* makrozephal, großköpfig; **~ceph·a·ly** [ˌ~'sefəlɪ] *s Med* Megalozephalie *f*

meg·a·lo·cyte ['megələsaɪt] *s Med* Megalozyt *m*

meg·a·lo·ma·ni|a [ˌmegələ'meɪnɪə] *s Med* Megalomanie *f*, Größenwahnsinn *m*; **~ac** [~ək] *s* Größenwahnsinnige(r) *f(m)*

meg·a|lop·o·lis [ˌmegə'lɒpəlɪs] *s* Riesenstadt *f* | Ballungsgebiet *n*; **ˌ~lo'pol·i·tan** [ˌ~lə'pɒlɪtən] *adj* Ballungszentren betreffend ⟨≈ people Menschen *pl*, die in Ballungszentren wohnen⟩

meg·a·phone ['megəfəʊn] *s* Megaphon *n*, Sprachrohr *n*

meg·a·ton ['megətʌn] *s* Megatonne *f*; **ˌ~'bomb** Megatonnenbombe *f*

me·grim ['mi:grɪm] *s arch* Migräne *f* | Schwindel *m*, Schwindelgefühl *n* ⟨s.th. gives me the ~s etw. macht mich schwind[e]lig⟩ | *übertr* Laune *f*, Grille *f*; **'me·grims** *s/pl* Schwermut *f*, Depression *f* ⟨combat flier's ~s Fliegerkrankheit *f*⟩ | *Vet* Koller *m* (der Pferde)

mei·o·sis [maɪ'əʊsɪs] *s Ling* Litotes *f*, Verkleinerung *f* | *Biol* Meiosis *f*, Reduktionsteilung *f*

mel·an|cho·lia [ˌmelən'kəʊlɪə] *s Med* Melancholie *f*, Schwermut *f*, Depression *f*; **~chol·ic** [ˌ~'kɒlɪk] **1.** *adj* melancholisch, schwermütig; **2.** *s* Melancholiker(in) *m(f)*; **~chol·y** ['~kɒlɪ|'~kəlɪ] **1.** *s* Melancholie *f*, Schwermut *f* | Nachdenklichkeit *f*, Grübelei *f*; **2.** *adj* melancholisch, schwermütig ⟨≈ news traurige Nachricht; ≈ event trauriges Ereignis; ≈ occasion Trauerfall *m*, Begräbnis *n*⟩ | nachdenklich

mé·lange ['meɪlɔ̃ʒ|meɪ'lɑ:nʒ] ⟨*frz*⟩ *s* (*meist sg*) Mischung *f*, Vermengung *f*

melano- [melənə(ʊ)] ⟨*griech*⟩ *in Zus* schwarz-

mel·a·no·blast ['melənəblɑ:st] *s Biol* Melanoblast *m*, dunkle Pigmentzelle *f*

mel·a·no|ma [ˌmelə'nəʊmə] *s* (*pl* **~mas, ~ma·ta** [~mətə] *Med* Melanom *n*; **~sis** [ˌmelə'nəʊsɪs] *s Med* Melanose *f*

meld [meld] *Kart* **1.** *vi, vt* melden; **2.** zu meldende Karten *pl*

mê·lée ['meleɪ] ⟨*frz*⟩ *s* Handgemenge *n* | Tumult *m*, (wogende) Menschenmenge, Gedränge *n*, Gewühl *n*

mel·ic grass ['melɪk 'grɑ:s] *s Bot* Perlgras *n*

mel·i·lot ['melɪlɒt] *s Bot* Steinklee *m*

mel·io|ra·ble ['mi:lɪərəbl] *förml adj* verbesserungsfähig; **'~rate** *vi, vt* (sich) verbessern; **ˌ~'ra·tion** *s* Verbesserung *f* | Melioration *f*; **'~rism** *s Phil* Meliorismus *m*

me·lis·sa [mɪ'lɪsə] *s Bot* Melisse *f*

mel·lif|er·ous [me'lɪfərəs] *adj Zool* Honig tragend; **~lu·ous** [~flʊəs] *adj* (Stimme, Musik) honigsüß, einschmeichelnd ⟨≈ music⟩

mel·low ['meləʊ] **1.** *adj* weich, mürbe, reif ⟨~ fruit saftiges Obst⟩ | (Wein u. ä.) süß, ausgereift | (Whisky) mild(e) | (Farbe, Licht, Stimme u. ä.) weich, sanft, zart, angenehm ⟨~ colours satte Farben *f/pl*⟩ | (Boden) reich, locker | *übertr* gereift ⟨a ~ character; a ~ judgment ein abgewogenes Urteil; in the ~ later years im gesetzten Alter⟩ | *umg* (leicht) angeheitert, ungezwungen; **2.** *vt* angenehm machen | (Boden) auflockern | reifen lassen (*auch übertr*) | *übertr* (Geschmack) mildern | *übertr* heiter stimmen; *vi* reif, (Farben, Töne) weicher werden, abgeklärt werden | *übertr* sich mildern; **'~ing, '~y** *adj* weich, sanft

me·lo·de·on [mə'ləʊdɪən] *Am s Mus* Harmonium *n* | Akkordeon *n* | Varieté *n*

me·lod·ic [mə'lɒdɪk] *adj* melodisch, Melodie- ⟨~ curve⟩; **me'lod·ics** *s* (*sg konstr*) Melodielehre *f*, Melodik *f*; **me·lo·di·ous** [mə'ləʊdɪəs] *adj* melodisch, wohlklingend, melodienreich (*auch übertr*) ⟨≈ notes; ≈ poets⟩ | musikerzeugend, Musik- ⟨≈ instrument⟩; **mel·o·dist** ['melədɪst] *s* Liederkomponist *m* | Liedersänger *m*; **mel·o·dize** ['melədaɪz] *vt* melodisch machen | (Lied) vertonen

mel·o|dra·ma ['melədrɑ:mə|-ləʊ-] *s* Melodrama *n* | *übertr* rührselige Szene, Rührszene *f*; **ˌ~dra'mat·ic** [ˌ~drə'mætɪk], **ˌ~dra'mat·i·cal** *adj* melodramatisch, rührselig, sentimental; **~dram·a·tize** [ˌ~'dræmətaɪz] *vt* (etw.) melodramatisch behandeln

mel·o·dy ['melədɪ] *s* Melodie *f*, Singweise *f* | Lied *n* ⟨old melodies⟩ | *Mus* Melodie *f*, Singstimme *f*

mel·on ['melən] *s* Melone *f* ⟨a slice of ~ eine Melonenscheibe⟩

melt [melt] **1.** *vi* (durch Wärme) (Schnee, Eis, Metall u. ä.) (zer)schmelzen, (zer)fließen (*auch übertr*) (**with** vor) ⟨the ice ~s; her heart ~s with pity das Herz schmilzt ihr vor Mitleid⟩ | (in Flüssigkeit) aufgehen, zergehen, übergehen, sich auflösen (*auch übertr*) (**in[to]** in) ⟨to ~ into tears in Tränen zerfließen⟩ | (Farbe u. ä.) verblassen, (langsam) (ver)schwinden (*auch übertr*); **~ away** (Schnee u. ä.) dahinschmelzen, (Geld) zusammenschmelzen, immer weniger werden; **2.** *s* Schmelzen *n*; **~ down** zerschmelzen, zerfließen, sich auflösen; *vt* schmelzen, zerfließen lassen | verschwinden lassen | *übertr* weich machen; **~ down** (Metalle) nieder-, einschmelzen; **'~ed** *adj Tech* verschmolzen; **'~er** *s* Schmelzer *m*; **'~ing 1.** *adj* schmelzend, Schmelz- | *übertr*

(Stimme) weich; **2.** *s* Schmelzen *n*, Er-, Verschmelzung *f*; **'~down** *s* (Kernreaktor) Schmelzen *n* der Brennstäbe; **'~ing ˌfur·nace** *s Tech* Schmelzofen *m*; **'~ing ˌla·dle** *s* Gießlöffel *m*; **'~ing point** *s* Schmelzpunkt *m*; **'~ing pot** *s* Schmelztiegel *m* (*auch übertr*); **'~ing stock** *s Tech* Charge *f*; **'~ˌwa·ter** *s* Schmelzwasser *n*

mem|ber ['membə] *s* Mitglied *n* ⟨a ≈ of a club; ≈ at large Mitglied ohne bestimmtes Amt; every ≈ of the family; ≈ of the party; ≈ of Parliament *Brit* Abgeordnete(r) *f(m)*⟩ | *Math* Glied *n* ⟨≈ of an equation Seite *f* einer Gleichung⟩ | *Anat, Zool* Glied(maße) *n(f)* ⟨the unruly ≈ *übertr* die Zunge⟩ | *euphem* (männliches) Glied | Glied *n*, (Bestand-) Teil *m* (*auch Tech*) ⟨a ≈ of a linkage Glied *n* eines Getriebes⟩; **'~bered** *adj* gegliedert | -gliedrig ⟨a ≈ body⟩; **ˌ~bered moˈbil·i·ty** *s* Fluktuieren *n* der Mitgliedschaft; **'~ber·ship** *s* Mitgliedschaft *f* | Mitgliederzahl *f*; **ˌ~ber·ship 'sur·vey** *s* Mitgliedererfassung *f*

mem|brane ['membreɪn] *s Anat, Zool* Membran *f*, Häutchen *n*; **~bra·ne·ous** [~'breɪnɪəs], **~bra·ni·form** [~'breɪnɪfɔ:m], **~bra·nous** ['~brənəs] *adj* häutig

me·men|to [mə'mentəʊ|mɪ-] *s* (*pl* **~tos, ~toes** [~təʊz]) Erinnerungszeichen *n*, Andenken *n*, Souvenir *n*

mem|o ['meməʊ|'mi:-] *s* (*pl* **~os**) *umg* für **memorandum** | *auch* **'~o ˌcal·en·dar**, *auch* **'~o pad** *s umg* Vormerkkalender *m*, Notizblock *m*; **'~o ˌwrit·ing** *s* Abfassen *n* von Kurznotizen

mem|oir ['memwɑ:] *förml s* Denkschrift *f*, Abhandlung *f*, Bericht *m*, wissenschaftliche Studie (**on** über) | Biographie *f*; **'mem·oirs** *s/pl* Memoiren *pl*, Lebenserinnerungen *f/pl* ⟨to write one's ≈ seine Memoiren verfassen; war ≈s Kriegserinnerungen *f/pl*⟩; **~o·ra·bil·ia** [ˌmemr̥ə'bɪlɪə] *s/pl* Memorabilien *pl*, Denkwürdigkeiten *pl*; **~o·ra·bil·i·ty** [ˌ~r̥ə'bɪlətɪ] *s* Denkwürdigkeit *f*; **'~o·ra·ble** ['~r̥əbl] *adj* denkwürdig, erinnerungswert (**for** wegen, auf Grund) | unauslöschlich, bemerkenswert, einmalig ⟨≈ beauty⟩

mem·o·ran|dum [ˌmemə'rændəm] *s* (*pl* **~da** [~də], **~dums** [~dəmz]) Anmerkung *f*, Notiz *f* ⟨to make a ≈ of s.th. eine Aktennotiz anfertigen von etw.; urgent ≈ Dringlichkeitsvermerk *m*⟩ | *Pol* Memorandum *n*, Note *f* | *Wirtsch Jur* Vereinbarung *f*, Vertragsurkunde *f* ⟨≈ of association Gründungsprotokoll *n*⟩ | *Jur* (kurze) Aufzeichnung (vereinbarter Punkte) | *Wirtsch* Nota *f*, Rechnung *f*, Kommissionsnota *f* ⟨to send on a ≈ in Kommission senden⟩ | Merkblatt *n*; **'~dum book** *s Wirtsch* Notizbuch *n*, Kladde *f*

me·mo·ri·al [mə'mɔ:rɪəl|mɪ-] **1.** *adj* Gedächtnis-, Gedenk- ⟨~ card Todesanzeige *f*; ~ stone Gedenkstein *m*⟩; **2.** *s* Denkmal *n* ⟨a ~ to the dead Gedenkstätte *f* für die Toten⟩ | Andenken *n* | Denk-, Bittschrift *f*, Eingabe *f* ⟨a ~ to Congress⟩ | *meist pl* Chronik *f*; **'~ Day** *s Am* Erinnerungstag *m* (an gefallene Soldaten, 30. 5.); **me'mo·ri·al·ist** *s* Bittsteller(in) *m(f)*; **me'mo·ri·al·ize** *vt* eine Eingabe machen an | erinnern an, feiern

mem·o|rize ['meməraɪz] *vt* auswendig lernen, memorieren; **~ry** ['memr̥ɪ] *s* Gedächtnis *n*, Erinnerungsvermögen *n* ⟨by/from ≈ aus dem Gedächtnis; to call to ≈ sich ins Gedächtnis zurückrufen, sich erinnern an; to escape s.o.'s ≈ einem entfallen; to commit s.th. to ≈ etw. dem Gedächtnis einprägen⟩ | (Zeitraum der) Erinnerung *f* ⟨within s.o.'s ≈ in jmds. Erinnerung; before/beyond ≈ vor Menschengedenken; to the best of my ≈ soweit ich mich erinnern kann; within living ≈ zu Lebzeiten⟩ | Erinnerung *f* (**of** an) ⟨to have no ≈ of sich nicht erinnern können an⟩ | Andenken *n* ⟨in ≈ of zum Andenken an⟩ | Reminiszenz *f*, Erinnerung *f* ⟨~ries of childhood Erinnerungen *f/pl* an die Kindheit⟩ | (Computer) Speicher *n*; **'~ry bank** *s* (Computer) Speichereinheit *f*; **'~ry caˌpa·ci·ty** *s* (Computer) Speicherkapazität *f*; **'~ry drum** *s* (Computer) Trommelspeicher *m*

mem·sa·hib ['memˌsɑ:b|-ˌsɑ:ɪb|-ˌsɑ:hɪb] *s Ind* europäische verheiratete Frau | vornehme Inderin

men [men] *pl* von ↑ **man**

men|ace ['menəs|'~ɪs] **1.** *vt förml* (be)drohen ⟨~aced by / with war kriegsgefährdet, -bedroht⟩; **2.** *s* (Be-) Drohung *f*, drohende Gefahr (**to s.th.** für etw. *od* e-r Sache) ⟨filled with ≈ voller Drohungen⟩ | *umg* unausstehliche Person, Schrecken *m* ⟨that woman is a ≈ diese Frau ist nicht auszustehen⟩; **'~ac·ing** *adj* drohend

mé·nage ['meɪnɑ:ʒ|'men-|ˌmeɪ'nɑ:ʒ|mə-] ⟨*frz*⟩ *s* Haushalt(ung) *m(f)*; **~ à trois** [ˌmeɪnɑ:ʒ ɑ: 'trwɑ:] Ehe *f* zu dritt

me·nag·er·ie [mə'nædʒərɪ] *s* Menagerie *f*, Tierschau *f* | Zwinger *m*

mend [mend] **1.** *vt* (Kleidung, Schuhe u. ä.) ausbessern, flicken | reparieren ⟨to ~ a broken window⟩ | *übertr* besser machen, verbessern ⟨that won't ~ matters das macht die Sache auch nicht besser; to ~ a fault einen Fehler verbessern; to ~ one's pace schneller gehen; to ~ one's ways sich [moralisch] bessern⟩ | *umg, dial* (Feuer) anfachen ⟨to ~ the fire nachlegen⟩; *vi* sich bessern ⟨it's never too late to ~ *Sprichw* zur Besserung ist es nie zu spät⟩ | (Patient) genesen; **2.** *s* geflickte *od* reparierte Stelle, Ausbesserung *f* | *übertr* Besserung *f*, *bes in*: **on the ~** auf dem Weg der Besserung *od* Erholung; **'~a·ble** *adj* (ver)besserungsfähig

men|da·cious [men'deɪʃəs] *förml adj* verlogen, unwahr, falsch ⟨a ≈ person; ≈ reports⟩; **~dac·i·ty** [~'dæsətɪ] *s* Verlogenheit *f* | Unwahrheit *f*, Lüge *f*, unwahre Behauptung

Men|de·li·an [men'di:lɪən] *Biol adj* Mendel-, Mendelsche(r, -s) ⟨≈ rules⟩; **~del·ism** ['mendəl-] *s* Mendelismus *m*

mend·er ['mendə] *s* Ausbesserer *m*, Flicker *m* ⟨road ~ Straßenarbeiter *m*⟩

men|di·can·cy ['mendɪkənsɪ] *s* Bettelei *f*; **'~di·cant 1.** *adj* bettelnd, Bettel-; **2.** *s* Bettler(in) *m(f)* | *auch* **ˌ~di·cant 'friar** Bettelmönch *m*; **~dic·i·ty** [~'dɪsətɪ] *s* Bettelei *f* | Bettelstand *m*

mend·ing ['mendɪŋ] *s* Ausbessern *n*, Flicken *n* ⟨s.th. needs ~ etw. muß ausgebessert werden; invisible ~ Kunststopfen *n*; ~ cotton Stopfgarn *n*⟩ | auszubessernde, zu stopfende Sachen *f/pl* ⟨a basketful of ~ ein Korb voll Sachen zum Stopfen, ein voller Flickkorb⟩

men·folk[s] ['menfəʊks] *s/pl* (*pl konstr*) die Männer *m/pl* in der Familie, Mannsvolk *n*, -leute *pl* | *umg* Männer *m/pl*

men·hir ['menhɪə] *s* Druidenstein *m*, Menhir *m*

me·ni·al ['mi:nɪəl] **1.** *adj* Diener-, Dienstboten- ⟨the ~ staff Dienerschaft *f*, Hauspersonal *n*⟩ | zweitrangig, zeitraubend, unqualifiziert ⟨to perform ~ tasks Hilfsarbeiten verrichten; a ~ occupation eine unqualifizierte Tätigkeit⟩ | knechtisch, unterwürfig ⟨in ~ tones in servilem Ton⟩; **2.** *s*, *meist verächtl* Knecht *m*, Lakai *m*, Diener *m*

men·in·gi·tis [ˌmenɪn'dʒaɪtɪs|-təs] *s Med* Meningitis *f*, Hirnhautentzündung *f*

me·nis|cus [mɪ'nɪskəs] *s* (*pl* **~ci** [~saɪ]) *Anat* Meniskus *m*, Gelenkscheibe *f* | *Phys* Meniskus *m*; *auch* **~cus 'lens** Meniskuslinse *f*, Meniskenglas *n*

meno- [mənə(ʊ)] ⟨*griech*⟩ *in Zus* Monats-

men·o·pause ['menəpɔ:z] *s Med* Menopause *f*, Klimakterium *n*

men|ses ['mensi:z] *s/pl Med arch* Menses *pl*; **~stru·al** ['~strʊəl] *adj* monatlich | *Med* menstrual, Menstruations- ⟨≈ flow, *auch* ≈ period Menstruation *f*⟩; **'~stru·ant** *adj Med* menstruierend; **'~stru·ate** *vi Med* menstruieren; **ˌ~stru'a·tion** *s Med* Menstruation *f*

men's room ['menzru:m] *s Am umg* Herrentoilette

men|sur·a·bil·i·ty [ˌmenʃərə'bɪlətɪ] *förml s* Meßbarkeit *f*;

'~sur·a·ble *adj* meßbar; **~su·ra·tion** [ˌ~ʃə'reɪʃn] *s* Messung *f* | Meßkunst *f*, -wesen *n*

-ment [mənt] *suff zur Bildung von s aus v mit der Bedeutung* Prozeß *od* Handlung (*z. B.* **arrangement, entertainment**), Zustand (*z. B.* **astonishment**), Akt (*z. B.* **retirement**), Resultat (*z. B.* **investment**), Mittel (*z. B.* **refreshment**)

-ment·al [mentl] *suff zur Bildung von adj aus s auf* **-ment** (*z. B.* **developmental, instrumental**)

men·tal ['mentl] **1.** *adj* geistig, Geistes- ⟨~ ability geistige Fähigkeit; ~ age geistiges Alter, Entwicklungsstand *m*; ~ fitness ausreichende Intelligenz; ~ reservation innerer *od* geistiger Vorbehalt; ~ test psychologischer Test⟩ | Kopf-, gedanklich ⟨~ arithmetic Kopfrechnen *n*; to make a ~ note of s.th. sich etw. in Gedanken vormerken⟩ | *Med* geistesgestört, Geistes- ⟨a ~ case *umg* Geisteskranke(r) *f(m)*; ~ defective geistig behindert, geistesschwach; Geistesschwache(r) *f(m)*; ~ deficiency geistige Behinderung, Schwachsinn *m*; ~ disease Geisteskrankheit *f*; ~ hospital psychiatrische Klinik; ~ institution Nervenheilanstalt *f*; ~ illness Geisteskrankheit *f*; ~ patient Nervenkranke(r) *f(m)*; ~ specialist Spezialist *m* für Geisteskrankheiten; ~ treatment psychiatrische Behandlung⟩ | *Sl* übergeschnappt, nicht ganz richtig im Kopf; **men·tal·i·ty** [men'tælətɪ] *s* Mentalität *f*, Denkungsart *f*, Geisteshaltung *f*, Gesinnung *f* ⟨socialist mentality sozialistisches Bewußtsein⟩ | Mentalität *f*, Umfang *m* der geistigen Fähigkeiten ⟨persons of average ≈ Personen *f/pl* mit durchschnittlichen geistigen Fähigkeiten⟩

men·ta·tion [men'teɪʃn] *s Psych* geistige Tätigkeit

men|than[e] ['menθeɪn] *s Chem* Menthan *n*; **~thol** ['~θɒl|'~θl] *s Chem* Menthol *n* ⟨≈ cigarettes Mentholzigaretten *f/pl*⟩; **~tho·lat·ed** ['~θəleɪtɪd] *adj* mit Menthol behandelt | Menthol enthaltend

men·tion ['menʃn] **1.** *s* Erwähnung *f* ⟨to make (no) ~ of (nicht) erwähnen⟩ | (*meist sg*) kurzer Hinweis, knappe Erwähnung | *Mil* (lobende) Erwähnung ⟨honourable ~s lobende Erwähnungen, Belobigung *f*⟩; **2.** *vt* erwähnen, anführen ⟨don't ~ it! (höflich) aber bitte, keine Ursache, gern geschehen; not to ~, without ~ing ganz zu schweigen von⟩; **'~a·ble** *adj* erwähnenswert; **'~ed** *adj* (*bes in Zus*) erwähnt ⟨above-≈ obenerwähnt; below-≈ untenerwähnt⟩

men·tor ['mentɔ:] *s* Mentor *m*, Ratgeber *m*, Berater *m*

men·u ['menju:] *s* Menü *n*, Speisenfolge *f* | Speisekarte *f* | (Computer) Menü *n*

me·ow [mɪ'aʊ] *Am* **1.** *vi* miauen; **2.** *s* Miauen *n*

Me·phis·to·phe|le·an, ~li·an [ˌmefɪstə'fi:lɪən] *adj* mephistophelisch, teuflisch; **Me·phis·toph·e·les** [ˌmefɪ'stɒfɪli:z] *s* Mephistopheles *m*

me·phit·ic [mɪ'fɪtɪk] *förml adj* mefitisch, verpestend; **me·phi·tis** [mɪ'faɪtɪs] *s* verpestende Ausdünstung

mer·can|tile ['mɜ:kəntaɪl] *adj* kaufmännisch, Handels- ⟨≈ marine Handelsmarine *f*⟩; **'~til·ism** [~tɪlɪzm] *s* Handelsgeist *m* | *Wirtsch* Merkantilismus *m*

mer·ce·nar·y ['mɜ:snrɪ|-ṇərɪ] **1.** *adj* (Soldat) gedungen, um Lohn dienend, Söldner- ⟨~ troops Söldnertruppen *f(pl)*⟩ | käuflich ⟨a ~ politician⟩ | gewinnsüchtig, habgierig ⟨from ~ motives aus geldgierigen Motiven⟩; **2.** *s Mil* Söldner *m*

mer·cer ['mɜ:sə] *s Brit selten* Schnittwaren-, Textilienhändler *m*, Seidenwarenhändler *m*; **ˌ~i'za·tion** [-r-] *s Tech* Merzerisierung *f*; **'~ize** [-r-] *vt Tech* merzerisieren ⟨~ized cotton merzerisierte Baumwolle⟩; **'~y** [-r-] *s* Schnittwaren *f/pl* | Schnittwarengeschäft *n*, Seidenwarengeschäft *n*

mer·chan·dise ['mɜ:tʃəndaɪz] **1.** *s* Waren *f/pl*, Verkaufsgüter *n/pl* ⟨an article of ~ Ware *f*; goods, wares and ~ Hab und Gut *n*⟩; **2.** *vt* zum Verkauf anbieten, Reklame machen für

mer·chant ['mɜ:tʃənt] **1.** *s* (*bes* Groß-) Kaufmann *m*, (Groß-) Händler *m*; Außenhändler *m*, Außenhandelskaufmann *m* | (Binnenhandel) (*bes in Zus*) Händler *m* ⟨coal ~ Kohlenhändler *m*; wine ~ Weinhändler *m*⟩ | *Am* Kleinhändler *m*, Krämer *m* | *Brit Sl verächtl* jmd., der in etw. vernarrt ist, Typ *m* ⟨speed ~ Raser *m*, rücksichtsloser Fahrer⟩; **2.** *adj* Handels-, Kaufmanns- ⟨~ marine *Am*, ~ navy *Brit* Handelsmarine *f*; ~-seaman Handelsmatrose *m*; ~ ship Handelsschiff *n*⟩; **'~a·ble** *adj Wirtsch* verkäuflich, gängig, gut absetzbar; **'~man** *s* (*pl* **'~men**) *Mar* Handelsschiff *n*; **ˌ~ of 'death** *s verächtl* Händler *m* des Todes (skrupelloser Waffenhändler); **'~ry** *s* Kaufmannschaft *f*

mer·ci|ful ['mɜ:sɪfl] *adj* mitleidvoll, barmherzig (**to** gegen) | gnädig ⟨≈ death⟩; **'~less** *adj* mitleidlos, unbarmherzig (**to** gegenüber) | grausam

mer·cu|ri·al [mɜ:'kjʊərɪəl] **1.** *adj Chem* quecksilberhaltig, Quecksilber- ⟨≈ poisoning Quecksilbervergiftung *f*⟩ | *übertr* munter, lebhaft ⟨a ≈ temperament⟩ | *übertr* (Personen) unbeständig, inkonstant; **2.** *s Med* Quecksilberpräparat *n*; **mer'cu·ri·al·ism** *s Med* Quecksilbervergiftung *f*; **~ry** ['mɜ:kjʊrɪ|-jərɪ] *s Chem* Quecksilber *n* ⟨alloy of ≈ Quecksilberlegierung *f*, -amalgam *n*; argental ≈ Silberamalgam *n*⟩ | *Med* Quecksilberpräparat *n*; **Mer·cu·ry** ['mɜ:kjʊrɪ|-jərɪ] *Astr* Merkur *m*; **'~ry 'chlo·ride** *s Chem* Kalomel *n*; **'~ry lamp** *s* Quarzlampe *f*

mer·cy ['mɜ:sɪ] *s* Mitleid *n*, Erbarmen *n*, Barmherzigkeit *f* (**to** gegen) ⟨to show ~ to s.o. sich jmds. erbarmen; to be at the ~ of s.o. *übertr* jmdm. ausgeliefert sein; to be left to s.o.'s (tender) mercies *iron* jmds. (rauher) Gewalt ausgeliefert sein; sister of ~ barmherzige Schwester⟩ | Gnade *f*, Vergebung *f* ⟨to beg / cry for ~ um Gnade flehen; to show no ~ keine Gnade walten lassen; to throw o.s. on s.o.'s ~ sich jmdn. auf Gnade und Ungnade ergeben; without ~ ohne Gnade, gnadenlos; ~!/~ on us! Gott sei uns gnädig!⟩ | Glück *n*, glückliche Fügung, Gunst *f*, Segen *m* ⟨that's a ~ das ist [aber] ein Glück!; it's a ~ that es ist ein Segen *od* eine Wohltat, daß ...⟩; **'~ ˌkill·ing** *s* Töten *n* aus Mitleid

merde [mɜ:d] *s* ⟨*frz*⟩ *vulg* Scheiße *f*

[1]**mere** [mɪə] *s* kleiner See, Teich *m*, Weiher *m* | *in Zus* -See *m* ⟨(Lake) Winder~⟩

[2]**mere** [mɪə] *adj* rein, lauter, bloß ⟨a ~ child noch ein Kind, ein bloßes Kind; a ~ two miles ganze zwei Meilen; ~ words bloß[e] Worte *n/pl*; ~ nonsense reiner Unsinn⟩; **'~ly** *adv* nur, lediglich, bloß; **'mer·est** *adj sup* (*mit best art*) geringst, bloßest ⟨the ≈ little thing die allerkleinste Sache, der kleinste Anlaß⟩

mer·e|tri·cious [ˌmerə'trɪʃəs] *förml adj* unecht, falsch, kitschig ⟨≈ jewellery Tand *m*; ≈ attractions billige Reize *m/pl*; ≈ plays Amüsierstücke *n/pl*⟩ | Huren-, unzüchtig ⟨a ≈ relationship⟩; **~trix** ['~trɪks] *s* (*pl* **~tri·ces** ['~traɪsi:z]) *Zool* Venusmuschel *f*

merge [mɜ:dʒ] *vt* verschmelzen (**in** mit) | einverleiben, zusammenlegen (**into** in) | (Betriebe) fusionieren, (Aktien) zusammenlegen | *Jur* aufheben, tilgen; *vi* (Straßen) zusammenlaufen, -führen | aufgehen (**in** in) | *Wirtsch* fusionieren (**with** mit) | übergehen (**into** in) (*auch übertr*) **'merg·er** *s Wirtsch* Fusion *f*, Verschmelzung *f* | Zusammenschluß *m*

me·rid·i·an [mə'rɪdɪən] **1.** *adj* mittäglich, Mittags- ⟨~ line⟩ | *Astr* Meridian- | *übertr* auf dem höchsten Punkte befindlich ⟨in his ~ splendour auf dem Höhepunkt seines Glanzes⟩; **2.** *s Astr* Meridian *m*, Mittagslinie *f* ⟨the ~ of Greenwich⟩ | *Astr* Kulminationspunkt *m* | *übertr* Höhepunkt *m* ⟨~ of happiness⟩

me·rid·i·o·nal [mə'rɪdɪənl] **1.** *adj* südlich | südeuropäisch, *bes* südfranzösisch ⟨~ hospitality südländische Gastfreundschaft⟩ | *Astr* Meridian-; **2.** *s* Südländer(in) *m(f)*, Südeuropäer(in) *m(f)*; Südfranzose *m*, -französin *f* ⟨a typical ~⟩

me·ringue [mə'ræŋ] *s Kochk* Meringe *f*, Baiser *n*, Schaumgebäck *n*

me·ri·no [mə'ri:nəʊ] **1.** *s* Merinoschaf *n* | Merinostoff *m*; **2.** *adj* Merino-; '**~ sheep** *s* Merinoschaf *n*

mer·it ['merɪt] **1.** *s* Verdienst *n*, Wert *m*, Vorzug *m* ⟨a man of ~ ein verdienstvoller Mann; certificate of ~ Anerkennung(surkunde) *f*; Order of ~ Verdienstorden *m*; with ~ mit Auszeichnung; there isn't much ~ in *mit ger* es gehört nicht viel dazu *mit inf*; to make a ~ of necessity aus der Not eine Tugend machen; to make a ~ of s.th. sich etw. als Verdienst anrechnen⟩ | (*meist pl mit best art*) *bes Jur* wesentlicher Punkt, Hauptpunkt *m* | *übertr* das Wesentliche, innerer Wert ⟨on its own ~s für sich allein, gesondert; to decide s.th. on its own ~s etw. nach seinem wahren Wert entscheiden⟩; **2.** *vt meist förml* (Lohn, Strafe u. ä.) verdienen ⟨to ~ reward Belohnung verdienen⟩

mer·i·toc|racy [ˌmerɪ'tɒkrəsɪ] *s* (*pl* **~racies** [~sɪz]) Meritokratie *f*, Herrschaft *f* der Fähigsten bzw. der Fachleute, Leistungsgesellschaft *f*

mer·i·to·ri·ous [ˌmerɪ'tɔ:rɪəs] *förml adj* anerkennenswert, verdienstvoll, lobenswert ⟨~ conduct vorbildliche Führung⟩ | gutgemeint ⟨~ consideration wohlmeinende Erwähnung, Lob *n*⟩

mer·it | rat·ing ['merɪt ˌreɪtɪŋ] *s Wirtsch* (Leistungs-) Einstufung *f*, Beurteilung *f*; '**~ ˌsys·tem** *s Am Pol* (*Ant* spoils system) Verteilung *f* der öffentlichen Ämter nach den Fähigkeiten

mer|maid[·en] ['mɜ:meɪd(n)] *s* Nixe *f*; **~man** ['~mæn] *s* (*pl* **~men** ['~men]) Triton *m*, Nix *m*, Wassergeist *m*

mero- [merə(ʊ)] ⟨*griech*⟩ *in Zus* Teil-

mer·ri·ment ['merɪmənt] *s* Heiterkeit *f*, Fröhlichkeit *f*; Gelächter *n*

mer·ry ['merɪ] *adj* lustig, vergnügt, fröhlich ⟨a ~ laugh fröhliches Lachen; as ~ as a cricket / as a lark *übertr* kreuzfidel; a ~ Christmas! fröhliche Weihnachten!; to make ~ lustig sein; gut essen und trinken, es sich schmecken lassen⟩ | spaßhaft, scherzhaft ⟨to make ~ over lachen über; sich lustig machen über⟩ | *umg* angeheitert, beschwipst ⟨he became ~⟩ | (Hund) aufmerksam, lebhaft | *Am übertr* heftig, intensiv, stark ⟨he gave him ~ hell er hat ihm gewaltig zugesetzt⟩; ˌ**~-'an·drew** *s* Hanswurst *m*; '**~-go-ˌround** *s* Karussell *n*, Ringelspiel *n* | *umg* Kreisverkehr *m*; '**~ˌmak·ing** *lit umg* **1.** *adj* belustigend, vergnüglich; **2.** *s* Belustigung *f*, Feier *f*, Festivität *f*, Fete *f*

mer·wom|an ['mɜ:ˌwʊmən] *s* (*pl* **~en** ['-ˌwɪmɪn]) Meernixe *f*

me·sa ['meɪsə] *s Am Geogr* Hochplateau *n*, Tafelland *n*, -berg *m*

mé·sal·li·ance [meɪ'zælɪəns|me'z-] ⟨*frz*⟩ *s* Mesalliance *f*, Mißheirat *f*, Heirat *f* unterhalb des sozialen Standes

mesc [mesk] *Am Sl* ↑ **mescaline**

mes·cal ['meskl] *s Bot* (mexikanischer) Payotekaktus | Mescal-Agave *f* | Mescal(branntwein) *m*; **~in[e]** ['meskəli:n|ˌlɪn] *s Chem* Mescalin *n*

mes·dames ['meɪdæm|meɪ'dɑ:m|-'dæm] *pl* von ↑ **madame**

mes·demoi·selles [ˌmeɪdmwɑ:'zel(z)] *pl* von ↑ **mademoiselle**

me·seems [mɪ'si:mz] *vi* (*unpers*) *arch* mich dünkt, mir will scheinen

mes·en|ce·phal·ic [ˌmesensɪ'fælɪk] *Anat adj* Mittelhirn-; **~ceph·a·lon** [ˌ~'sefəlɒn] *s* Mittelhirn *n*

mes·en|chy·mal [me'seŋkɪml] *Biol adj* mesenchymal; **~chyme** ['meseŋkɪm] *s* Mesenchym *n*, Zwischenblatt *n*

mes·en|ter·ic [ˌmesen'terɪk] *Anat, Zool adj* Mesenterial-, Gekröse-; '**~ter·y** *s* Mesenterium *n*, Gekröse *n*

mesh [meʃ] **1.** *s* Masche *f*, (Netz-) Zelle *f* ⟨6 mm ~ 6 mm Maschenweite *f*; with small ~es klein-, feinmaschig⟩ | *Tech* Maschenkonstruktion *f*, Netz *n* ⟨steel ~; wire ~⟩ | *übertr* Netz *n*, Ineinander *n*, maschenförmige Anlage ⟨a ~ of narrow streets⟩ | *übertr* Gewirr *n*, unentwirrbares Zusammenspiel ⟨~ of circumstances⟩ | *Tech* (Rad-) Eingriff *m* ⟨to be in ~ im Eingriff sein, greifen⟩; **2.** *adj* Maschen-, Netz- ⟨~ bracelet Maschenarmband *n*⟩; **3.** *vt* (Netz) knüpfen | (Fisch) in einem Netz fangen | *Tech* (Zahnräder) ineinandergreifen lassen | *übertr* umstricken, umgarnen; *vi Tech* ineinandergreifen | (Fische u. ä.) ins Netz gehen | *übertr* sich verstricken (**with** mit) | (Pläne u. ä.) *übertr* harmonieren, in Einklang stehen (**with** mit) ⟨plans are ~ing together⟩; '**~ conˌnec·tion** *s El* Delta-, Dreiecksschaltung *f*; '**~es** *s/pl* Netzwerk *n* | *übertr* Maschen *f/pl*, Fänge *m/pl* ⟨caught in its own ≈ in den eigenen Maschen gefangen⟩; '**~y** *adj* maschig

mes·mer|ic [mez'merɪk], **mes'mer·i·cal** *adj* mesmerisch, hypnotisch; **~ism** ['~ɪzm] Mesmerismus *m*; ˌ**~i'za·tion** *s* Mesmerisierung *f*; '**~ize** *vt* mesmerisieren, magnetisieren | *übertr* faszinieren, bezaubern

meso- [mesə(ʊ)] *in Zus* Zwischen-, Mitte[l]-

mes·o|blast ['mesəblɑ:st] *Biol s* Mesoblast *n*, Mittelkeim *m*; '**~carp** *s* Mesokarp *n*, mittlere Schicht der Fruchthaut; '**~derm** *s* Mesoderm *n*, mittleres Keimblatt

mes·o·lite ['mesəlaɪt] *s Min* Mesolith *m*

mes|on ['mi:sən], **~o·tron** ['mesətrɒn] *s Phys* Meson *n*, Mesotron *n*

Mes·o·zo·ic [mesə'zəʊɪk] *Geol* **1.** *adj* mesozoisch; **2.** *s* Mesozoikum *n*

mess [mes] **1.** *s* Unordnung *f*, Verwirrung *f*, Schmutz *m*, Durcheinander *n* ⟨in a ~ völlig durcheinander; ganz verschmutzt; to clean up the ~ aufräumen, Ordnung schaffen; to make a ~ of s.th. etw. in Unordnung bringen; *übertr* etw. verderben *od* vermasseln⟩ | (*meist sg*) *umg* (Person) unordentliche Erscheinung, unmögliche Gestalt ⟨you're a ~ du siehst unmöglich aus⟩ | *umg* Klemme *f*, Schlamassel *m* ⟨a nice ~ *iron* ein schöner Schlamassel; to be in a ~ in der Patsche sitzen; to get into a ~ in die Klemme geraten⟩ | *umg* Dreck *m*, Schweinerei *f* ⟨to make a ~⟩ | *arch* Speise *f*, Gericht *n* | Portion *f* Viehfutter | *Mil* Kasino *n*, Messe *f* | *Mar* Back *f*; **2.** *vt, auch* **~ up** *umg* in Unordnung bringen, beschmutzen (*auch übertr*) ⟨to ~ up a plan einen Plan durcheinanderbringen⟩; **~ about** *bes Brit* (etw.) durcheinanderbringen | (jmdn.) schikanieren ⟨stop ~ing me about!⟩; *vi* (zusammen) essen (**with** mit); **~ about,** *auch* **~ around** faulenzen, dahintrödeln | schludern, herumpfuschen | sich verkehrt benehmen | *Brit scherzh* herumfummeln, die Zeit vertun (**with** mit); **~ up** *Am* verderben, völlig in Unordnung geraten ⟨her own life ~es up⟩; **~ with** (*meist neg imp*) *umg* sich anlegen mit ⟨don't ≈ me!⟩

mes·sage ['mesɪdʒ] **1.** *s* Botschaft *f*, Mitteilung *f*, Nachricht *f* (**to** an) ⟨radio ~s Funkmeldungen *f/pl*; to go on a ~ einen Weg besorgen; to take a ~ to s.o. jmdm. etw. mitteilen; got the ~? *Sl* verstanden?, kapiert?⟩ | (*mit best art*) Hauptgedanke *m*, zentrale Aussage *od* Idee ⟨the ~ of the book⟩ | (*mit best art*) Botschaft *f*, Lehre *f* | *Biol* (Erb-) Information ⟨genetic ~⟩; **2.** *vt* senden | mitteilen; '**~ blank** *s, auch* '**~ form** Telegrammformular *n*; '**~ ˌmin·ute** *s Tel* Belegminute *f*; '**~ rate** *s Tel* Einzelgebühr *f*; '**~ ˌre·gis·ter** *s Tel* Gesprächszähler *m*, Zählwerk *n*; '**~ ˌu·nit** *s Tel Am* Gesprächseinheit *f*

mess deck ['mes dek] *s Mar* Speisedeck *n*

mes·sen·ger ['mesɪndʒə] *s* Bote *m* | Kurier *m* | *Biol* Messenger *m*; *übertr* (Vor-) Bote *m* | Telegrammzusteller *m*; '~ **boy** *s* Botenjunge *m*; '~ ˌ**ca·ble** *s* (Kabel) Tragseil *n*; ˌ~ '**dog** *s* Meldehund *m*; ˌ~ '**pi·geon** *s* Brieftaube *f*; '~ **wire** *s* Luftkabeltragseil *n*, Aufhängerdraht *m*

mess hall ['mes hɔ:l] *s Am Mil* Kasino *n*, Messe *f*

mes·si|ah [mə'saɪə] *s* (*oft* ~**ah**) *Rel* Messias *m* | *übertr umg* Messias *m*, Heilsbringer *m*; ~**an·ic** [ˌmesɪ'ænɪk] *adj* messianisch

mes·sieurs [me'sjɜ:z] *pl von* ↑ **monsieur**

mess| jack·et ['mes ˌdʒækɪt] *s Mar Mil* Affenjäckchen *n*, kurze Uniformjacke; '~ **kit** *s Brit Mil* (besondere) Uniform; *Am* Eßgeschirr *n*; '~ **mate** *s selten, lit* Tisch-, Meßgenosse, -kamerad *m*; '~ **room** *s Mil* Kasino *n*, Messe *f*, Speisesaal *m*; '~**tin** *s Mil* Kochgeschirr *n*; '~**mate** *s Mil* Kamerad *m* ⟨they were ≈s sie waren zusammen bei der Armee⟩

mes·suage ['mesjuɪdʒ|'meswɪdʒ] *s Jur* Anwesen *n*, Wohnhaus *n* (mit dazugehörigem Land)

mess|-up ['mes ʌp] *s umg* Durcheinander *n* (*auch übertr*) ⟨there's been a bit of a ≈ about s.th. es gab da einige Unklarheiten in bezug auf etw.⟩; '~**y** *adj* unordentlich | schmutzig ⟨a ≈ job⟩

mes·ti·zo [me'sti:zəʊ] (*pl* **mes'ti·zos**) *s* Mestize *m*

met [met] *prät* u. *part perf von* ↑ **meet 1.**

met [met] *Kurzw für* **meteorological** meteorologisch, Wetter- ⟨to get the latest ~ report den neuesten Wetterbericht erhalten, erfahren, haben⟩

met- [met], **met·a** [metə] ⟨*griech*⟩ *in Zus* mit | nach, jenseits, übersteigend | höher | *Anat* Hinter- | *Chem* Meta-

met·a·bol·ic [ˌmetə'bɒlɪk] *adj Med* metabolisch, Stoffwechsel-; **me·tab·o·lism** [mɪ'tæbəlɪzm] *s Med, Chem* Metabolismus *m*, Stoffwechsel *m*; **me'tab·o·lize** *vt Med, Chem* umwandeln

met·a·car·pal [ˌmetə'kɑ:pl] *adj Anat* Mittelhand- ⟨~ bone⟩

me·tach·ro·nism [me'tækrənɪzm] *s* Metachronismus *m*

met·age ['mi:tɪdʒ] *s* Meß-, Waagegeld *n* | amtliches Messen

met·a|gen·e·sis [ˌmetə'dʒenɪsɪs] *Biol s* Metagenese *f*, Generationswechsel *m*; ~**ge·net·ic** [ˌ~dʒɪ'netɪk], ˌ~'**gen·ic** *adj* metagenetisch

met|al ['metl] **1.** *s* Metall *n* ⟨rolled ≈ Walzblech *n*⟩ | Nichteisenmetall *n*, Metallegierung *f* ⟨fine ≈ Weiß-, Feinmetall *n*⟩ | *Tech* flüssige Glasmasse | *auch* '**road** ~**al** *bes Brit* Schotter *m*, Beschotterung *f* | (Bergbau) Schieferton *m* | *auch übertr* Stoff *m*, Material *n* | (= **mettle**) Mut *m*, Geschick *n* ⟨to show one's ≈ in seinen Mut beweisen bei⟩ | *meist pl Brit Eisenb* Schiene *f*, Gleis *n* ⟨to leave/jump the ≈s entgleisen⟩; **2.** *vt* (~**alled**, '~**alled**) mit Metall versehen | *Brit* beschottern ⟨≈led road beschotterte Straße; ≈led road surface Schotterdecke *f*⟩; **3.** *adj* metallen, Metall-

met·a·lan·guage ['metəˌlæŋgwɪdʒ] *s* Metasprache *f*

me·tal| cut·ting ['metl ˌkʌtɪŋ] *s Tech* spanende Fertigung, spanabhebende Bearbeitung, Metallspanen *n*; '~ **drill** *s* Metallbohrer *m*

met·a·lep|sis [ˌmetə'lepsɪs] *Rhet s* Metalepsis *f*, Verwechslung *f*; ~**tic**, ~**ti·cal** *adj* metaleptisch

met·al| foun·der ['metl ˌfaʊndə] *s* Metallgießer *m*; ˌ~ '**frame** *s* Metallgestell *n*, -rahmen *m*

met·a·lin·guis·tics [ˌmetəlɪŋ'gwɪstɪks] *s/pl* (*sg konstr*) *Am* Metalinguistik *f*

met·al lath ['metl lɑ:θ] *s Tech* Streckmetall *n*

me·tal·lic [mə'tælɪk] *adj* metallen, Metall- ⟨~ compound Metallegierung *f*; ~ currency Hartgeld *n*⟩ | metallisch (klingend) ⟨~ sounds⟩; **met·al·lif·er·ous** [ˌmetə'lɪfərəs] *adj* metallführend; **met·al·line** ['metəlaɪn|-lɪn] *adj* metallen; **met·al·ling** ['metl̩ɪŋ] *s bes Brit* (Straßen-) Beschotterung *f* | *Eisenb* Schienenlegen *n*; **met·al·li·za·tion** [ˌmetl̩aɪ'zeɪʃn] *s Tech* Metallisierung *f*; '**met·al·lize** *vt Tech* metallisieren; **me·tal·lo·graph·ic** [mɪˌtælə'græfɪk] *adj* metallographisch; **met·al·log·ra·phy** [ˌmetə'lɒgrəfɪ] *s* Metallographie *f*; **met·al·lur·gic** [ˌmetə'lɜ:dʒɪk], ˌ**met·al'lur·gi·cal** *adj* metallurgisch, Hütten-; **met·al·lur·gist** [mɪ'tælədʒɪst|'metl̩ɜ:dʒɪst] *s* Metallurg *m*; **met·al·lur·gy** [mɪ'tælədʒɪ|'metl̩ɜ:dʒɪ] *s* Metallurgie *f*, Hüttenkunde *f*

met·al|plat·ing ['metl ˌpleɪtɪŋ] *s* (galvanisches) Plattieren (von Metallen); '~ **sheet** *s* Blech *n*; '~ ˌ**sheet·ing** *s* Panzerung *f*; '~ **tube** *s* Stahl-, Metallrohr *n*; '~ ˌ**turn·ing** *s* (Metall) Drehen *n*; '~ **wool** *s* Stahlwolle *f*; '~ **work** *s* Metallerzeugnis *n* | *Päd* Metall(bearbeitung) (Lehrfach) ⟨we did ≈ at school wir haben im Werkunterricht Metallarbeiten gemacht⟩; '~ ˌ**work·er** *s* Metallarbeiter; ˌ~ **work·ing 'in·dus·try** *s* metallverarbeitende Industrie

met·a·mor|phose [ˌmetə'mɔ:fəʊz] *vt* verwandeln, umgestalten (**in[to]** in, zu) | verzaubern (**in[to]** in, zu); ~**pho·sis** [~fəsɪs] *s* (*pl* ~**pho·ses** [~fəsi:z]) Metamorphose *f*, Um-, Verwandlung *f*, Umgestaltung *f* ⟨the ≈ of a butterfly die Metamorphose eines Schmetterlings; a social ≈ eine gesellschaftliche Umwandlung⟩

met·a·phor ['metəfə|-fɔ:] *s Ling* Metapher *f*; ~**ic** [ˌmetə'fɒrɪk], ˌ**met·a'phor·i·cal** *adj* metaphorisch, bildlich

met·a|phys·i·cal [ˌmetə'fɪzɪkl] *adj Phil* metaphysisch | übersinnlich; ~**phy·si·cian** [ˌ~fɪ'zɪʃn] *s Phil* Metaphysiker *m*; ˌ~'**phys·ics** *s/pl* (*sg konstr*) *Phil* Metaphysik *f* | *umg* Spekulation *f*, abstraktes Gerede

met·a|plasm ['metəplæzm] *s Ling* Metaplasmus *m*, Wortumbildung *f*, Doppelform *f*; ˌ~'**plas·tic** *adj Ling* metaplastisch, umgebildet

met·a·psy·chol·o·gy [ˌmetəsaɪ'kɒlədʒɪ] *s* Metapsychologie *f*

me·tas·ta|sis [mɪ'tæstəsɪs] *s* (*pl* ~**ses** [~si:z]) *Med* Metastase *f*, Tochtergeschwulst *f*; **me'tas·ta·size** *vi Med* metastasieren, Metastasen bilden

met·a·tar·sal [ˌmetə'tɑ:sl] **1.** *adj Anat* Mittelfuß-; **2.** *s* Mittelfußknochen *m*

me·tath·e|sis [mɪ'tæθəsɪs] *s* (*pl* ~**ses** [~si:z]) *Ling* Metathese *f*, Buchstabenumstellung *f*

mete [mi:t] *förml poet vt* ab-, zumessen; ~ **out** ausmessen, austeilen, zuteilen ⟨to ≈ rewards (punishments) Belohnungen (Strafen) austeilen⟩

me·tem·psy·cho|sis [mɪˌtemsaɪ'kəʊsɪs] *s* (*pl* ~**ses** [~si:z]) Metempsychose *f*, Seelenwanderung *f*

me·te·or ['mi:tɪə|-tɪɔ:] *s Astr* Meteor *m* (*auch übertr*); ~**ic** [ˌmi:tɪ'ɒrɪk] *adj* meteorisch, Meteor- | *übertr* meteorartig ⟨a ≈ rise ein Aufstieg *m* wie ein Meteor⟩; '~**ite** [-raɪt] *s Astr* Meteorit *m*, Meteorstein *m*

me·te·o·roid ['mi:tɪərɔɪd] *s Astr* Sternschnuppe *f*

me·te·or|o·log·ic [ˌmi:trə'lɒdʒɪk|-tɪər-], ˌ~**o'log·i·cal** *adj* meteorologisch ⟨~ological observation Wetterdienst *m*; ~ological office Wetterwarte *f*, -station *f*; ~ological satellite Wettersatellit *m*⟩; ~**ol·o·gist** [ˌmi:tɪə'rɒlədʒɪst] *s* Meteorologe *m*; ˌ~'**ol·o·gy** *s* Meteorologie *f*

[1]**me·ter** ['mi:tə] **1.** *s* (*oft in Zus*) Zähler *m*, Messer *m* ⟨electricity ~ Stromzähler *m*; gas ~ Gaszähler *m*, -uhr *f*; parking ~ Parkuhr *f*; exposure ~ Belichtungsmesser *m*⟩; **2.** *vt* (mit e-m Zähler) messen; '~**age** [-rɪdʒ] *s* Messen *n* | Meßgeld *n*

[2]**meter** ['mi:tə] *Am* = *Brit* **metre**

-me·ter [ˌmi:tə|mɪtə] *in Zus Metr* -meter *n* ⟨penta~⟩ | *Tech* -messer *m* ⟨alti~; baro~⟩ | *Am* = *Brit* **-metre**

meth [meθ] *s Am Sl* Meth(amphetamine) *n* (Aufputschdroge)

meth·ane ['mi:θeɪn|'meθeɪn] *s Chem* Methan *n*, Grubengas *n*

meth·a·nol ['meθənɒl] *s Chem* Methanol *n*, Methylalkohol *m*

me·thinks [mɪ'θɪŋks] *v* (*unpers*) (*prät* **me·thought** [mɪ'θɔ:t]) *poet, scherzh* mich dünkt

me·thi·o·nine [me'θaɪəni:n|-nɪn] *s Chem* Methionin *n*

meth·od ['meθəd] *s* Methode *f*, Verfahren *n*, Art *f* u. Weise *f* ⟨modern ~s of teaching moderne Lehrmethoden *f/pl*; ~s of payment Zahlungsart *f*; on a ~ nach einer Methode; by this ~ auf diesem Wege⟩ | Arbeits-, Lehrweise *f* ⟨a course in ~s Methodiklehrgang *m*; lecture ~ Vorlesungsmethode *f*⟩ | System *n*, Ordnung *f*, Planmäßigkeit *f* ⟨to use ~ systematisch *od* methodisch vorgehen; there's ~ in his madness sein Wahnsinn hat Methode⟩; **me·thod·ic·[·al]** [mə'θɒdɪk(l)|mɪ-] *adj* methodisch, planmäßig ⟨≈ work⟩ | methodisch vorgehend, überlegt ⟨a ≈ worker⟩; **'~ism** *s* methodisches Vorgehen; **'~ism** *Rel* Methodismus *m*; **'~ist 1.** *s* Methodiker(in) *m(f)*; **'~ist** *Rel* Methodist(in) *m(f)*; **2.** *adj*, **'~ist** *Rel* methodistisch, Methodisten-; **'~ize** *vt* methodisch ordnen; **~ize** *Rel* zum Methodismus bekehren; **~o·log·i·cal** [ˌ~ə'lɒdʒɪkl] *adj* methodologisch; **~ol·o·gist** [ˌ~'ɒlədʒɪst] *s* Methodologe *m*; **ˌ~'ol·o·gy** *s* Methodologie *f*; **'meth·ods** *in Zus* Methoden-, Methodik ⟨≈ teacher Methodiker *m*⟩

me·thought [mɪ'θɔ:t] *prät von* ↑ **methinks**

meths [meθs] *s/pl Brit umg* Fusel *m*; **'~ ˌdrink·er** *s* Fuseltrinker(in) *m(f)*; **'~ ˌdrink·ing** *s* Fuselgenuß *m*

me·thu·se·lah [mə'θju:zɪlə] *s* Riesenflasche *f* (über 9 Liter); **~** *bibl, scherzh* Methusalem *m* ⟨as old as ~⟩

meth·yl ['meθl|-θɪl] *s Chem* Methyl *n*; **ˌ~ 'al·co·hol** *s Chem* Methylalkohol *m*; **~a·mine** [ˌmeθələ'mi:n] *s Chem* Methylamin *n*; **~at·ed spir·it** [ˌmeθḷeɪtɪd 'spɪrɪt] *s Chem* denaturierter *od* vergällter Spiritus; **~ene** ['meθɪli:n] *s Chem* Methylen *n*

me·tic·u·los·i·ty [mɪˌtɪkju'lɒsətɪ] *s förml* peinliche Genauigkeit, Akribie *f*; **me'tic·u·lous** *adj* peinlich genau, überexakt

mé·tier ['meɪtɪeɪ] ⟨*frz*⟩ *s* Metier *n*, Fach *n*

Met Of·fice ['met ˌɒfɪs] *s* (*mit best art*) *umg* die (amtlichen) Wetterfrösche *m/pl*

met·o·nym ['metənɪm] *Ling s* Metonym *n*; **ˌmet·o'nym·ic, ˌmet·o'nym·i·cal, me·ton·y·mous** [mɪ'tɒnəməs] *adj* metonymisch; **me·ton·y·my** [mɪ'tɒnəmɪ] *s* Metonymie *f*, Begriffsaustausch *m*

me·tre ['mi:tə] *s* Meter *n* | *Metr* Metrum *n*, Versmaß *n* | *Mus* Taktmaß *n*

met·ric ['metrɪk] *adj* metrisch, Meter- ⟨~ system Dezimalsystem *n*; ~ ton metrische *od* Metertonne *f*; to go ~ das Dezimalsystem einführen⟩; **'met·ri·cal** metrisch, Vers- ⟨a ≈ translation⟩ | *Math* metrisch ⟨≈ geometry⟩; **'met·ri·cate** *vt* auf das Dezimalsystem umstellen; *vi* das Dezimalsystem einführen; **ˌmet·ri 'ca·tion** *s* Dezimalisierung *f*; **'met·rics** *s/pl* (*sg konstr*) Metrik *f*, Verslehre *f*; **ˌmet·ri·fi'ca·tion** = *Brit* **metrication; 'met·ri·fy** = *Brit* **metricate**

met·ro ['metrəʊ|'meɪ-], *oft* **~** *s* (Moskauer, Pariser etc.) Metro *f*, Untergrundbahn *f*

met·ro·log·i·cal [ˌmetrə'lɒdʒɪkl] *adj* metrologisch, die Maß- u. Gewichtskunde betreffend; **me·trol·o·gist** [mɪ'trɒlədʒɪst] *s* Metrologe *m*; **me'trol·o·gy** *s* Metrologie *f*, Maß- u. Gewichtskunde *f*

met·ro|nome ['metrənəʊm] *s Mus* Metronom *n*, Taktmesser *m*; **~nom·ic** [ˌ~'nɒmɪk] *adj* metronomisch | *übertr* monoton, regelmäßig

me·trop·o·lis [mə'trɒpəlɪs] *s* Metropole *f*, Hauptstadt *f* ⟨the **~** *Brit* London⟩ | Großstadt *f* | Hauptzentrum *n* | *Rel* Erzbischofssitz *m*; **met·ro·pol·i·tan** [ˌmetrə'pɒlɪtən] **1.** *adj* hauptstädtisch | Großstadt- ⟨≈ area⟩ | *Rel* erzbischöflich; **2.** *s Rel* Erzbischof *m*, Metropolit *m* | Großstadtbewohner(in) *m(f)*

-metry [mɪtrɪ|mə-] ⟨*griech*⟩ *in Zus* -messung, -metrie

met|tle ['metl] *förml s* Wesen *n*, Charakter *m*, Veranlagung *f* ⟨to try s.o.'s ≈ jmdn. auf die Probe stellen⟩ | Mut *m*, Eifer *m* ⟨a man of ≈ ein tüchtiger Kerl, ein Mann von echtem Schrot und Korn; to be [up]on one's ≈s sein Bestes tun; to be full of ≈ vor Eifer, Energie überschäumen; to put s.o. [up]on his ≈s jmdn. anspornen, sein möglichstes zu leisten; to show one's ≈ zeigen, was in einem steckt⟩ | *selten* Metall *n* | Grundstoff *m*; **'~tled, '~tle·some** *adj* mutig, feurig

¹mew [mju:] *s poet* Möwe *f*

²mew [mju:] **1.** *vt arch* (Vogel) einsperren | *bes* **~ up** (wie in e-n Käfig) einsperren (**in** in); **2.** *s* Mauserkäfig *m*

³mew [mju:] *Brit* **1.** *vi* miauen; **2.** *s* Miauen *n*

mewl [mju:l] **1.** *vi* wimmern | miauen; **2.** *s* Wimmern *n* | Miauen *n*

mews [mju:z] *s/pl* (*sg konstr*) *arch* Stall *m* | *arch* Stallungen *f/pl* (mit Remisen) | *bes Brit* Straße *f* mit zu Wohnungen *od* Garagen umgebauten ehemaligen Stallungen ⟨to live in a South Kensington ~⟩

Mex·i|can ['meksɪkən] **1.** *adj* mexikanisch; **2.** *s* Mexikaner(in) *m(f)* | Mexikanisch *n*; **'~co** Mexiko

me·ze·re·on [mɪ'zɪərɪən] *s Bot* Seidelbast *m*

mez·za·nine ['metsəni:n|'mezə-] *s Arch* Zwischenstock *m* | *Am Theat* 1. Rang

mez·zo ['metsəʊ] **1.** *adj Mus* mezzo, mittel ⟨~ forte; ~ piano⟩; **2.** *s* (*pl* **'mezzos**) *umg* = **ˌ~-so'pra·no** *s Mus* Mezzosopran *m*; **'~tint 1.** *s* (Kupferstecherkunst) Mezzotinto *n*, Schabkunst *f* | Schabkunstblatt *n*; **2.** *vt* in Mezzotinto gravieren

mg *Abk von* **milligram**

mi [mi:] *s Mus* mi *n*

mi·aou, mi·aow [mi:'aʊ] = **³mew**

mi·asm ['maɪæzm], **mi·as·ma** [mɪ'æzmə] *s* (*pl auch* **mi·as·ma·ta** [mɪ'æzmətə]) Miasma *n*, Ansteckungsstoff *m* (*auch übertr*); **mi'as·mal** *adj* miasmatisch

mi·aul [mɪ'aʊl] *vi* miauen

mi·ca ['maɪkə] *Min* **1.** *s* Glimmer *m* ⟨argentine ~ Katzensilber *n*; yellow ~ Katzengold *n*⟩; **2.** *adj* Glimmer-; **~ce·ous** [maɪ'keɪʃəs] *adj* glimmerartig, Glimmer-

mice [maɪs] *pl von* ↑ **mouse**

Mich·ael·mas ['mɪklməs] *s* Michaelis *n* (29. September) ⟨at ~ zu Michaelis⟩; **ˌ~ 'dai·sy** *Bot s* Heidekrautaster *f*

Mick [mɪk] *s Sl scherzh, oft verächtl* Ire *m*, Irländer *m* | *Kurzf* Michael *m*

mick·ey ['mɪkɪ], *auch* **ˌ~ 'finn** (*oft* **~, ~ Finn**) *s Sl* Betäubungstrunk *m*, -pille *f* ◇ **take the ~ out of s.o.** *umg* jmdn. auf die Schippe nehmen, jmdn. veräppeln

mick·le ['mɪkl] *s arch, Schott* Menge *f* ◇ **many a little / pickle makes a ~** *umg* Kleinvieh macht auch Mist

mi·cra ['maɪkrə] *pl* von ↑ **micron**

micro- [maɪkrə(ʊ)] ⟨*griech*⟩ *in Zus* klein, Klein-, Mikro-

mi·crobe ['maɪkrəʊb] *s Biol* Mikrobe *f*, Kleinlebewesen *n*; **mi·cro·bi·cide** [maɪ'krəʊbɪsaɪd] *s* Antibiotikum *n*; **mi·cro·bi·ol·o·gi·cal** [ˌmaɪkrəʊbaɪə'lɒdʒɪkl] *adj* mikrobiologisch; **mi·cro·bi·ol·o·gist** [ˌmaɪkrəʊbaɪ'ɒlədʒɪst] *s* Mikrobiologe *m*, ~in *f*; **mi·cro·bi·ol·o·gy** [ˌmaɪkrəʊbaɪ'ɒlədʒɪ] *s* Mikrobiologie *f*

mi·cro|ce·pha·li·a [ˌmaɪkrəʊsɪ'feɪlɪə] *s Med* Mikrozephalie *f*, Kleinköpfigkeit *f*; **~ce·phal·ic** [ˌ~sɪ'fælɪk], **~ceph·a·lous** [ˌ~'sefələs] *adj Med* mikrozephal, kleinköpfig; **~ceph·a·lus** [ˌ~'sefələs] *s* (*pl* **~ceph·a·li** [ˌ~'sefəlaɪ] Mikrozephalus *m*; **~ceph·a·ly** [ˌ~'sefəlɪ] *s* Mikrozephalie *f*; **ˌ~'chem·i·cal** *adj* mikrochemisch; **ˌ~'chem·is·try** *s* Mikrochemie *f*; **'~comˌput·er** *s* Mikrorechner *m*, -computer *m*; **~cosm** ['~kɒzm] *s* Mikrokosmos *m*; **ˌ~'cos·mic** *adj* mikrokosmisch; **ˌ~el-**

·ec'tron·ic *adj* mikroelektronisch; ˌ~el·ec'tron·ics *s* (*sg konstr*) Mikroelektronik *f*; ~fiche ['~fi:ʃ] *s* Mikrofiche *m, n*, -karte *f*; '~film 1. *s* Mikrofilm *m*; 2. *vi, vt* Mikrofilmaufnahmen machen (von); ˌ~film 'read·er *s* Mikrofilmlesegerät *n*; '~mesh *adj* (sehr) feinmaschig ⟨≈ stockings Monofilstrümpfe *m/pl*⟩; **mi·crom·e·ter** [maɪ'krɒmɪtə] *s Phys* Mikrometer *n*; **mi·cron** ['maɪkrɒn] *s* (*pl* '~s, **mi·cra** ['maɪkrə]) *Phys* Mikron *n*; ˌ~or'gan·ic *adj* mikroorganisch; ˌ~'or·gan·ism *s* Mikroorganismus *m*; '~phone *s* Mikrofon *n* | *umg* Radio *n*; ˌ~pho'tog·ra·phy *s* Mikrofotografie *f*; '~proˌces·sor *s* Mikroprozessor *m*; '~pub·liˌca·tion *s* Publikation *f* auf Mikrofiche(s); ~scope [ˌmaɪkrəskəʊp] 1. *s Phys* Mikroskop *n* ⟨reflecting ≈ Spiegelmikroskop *n*; to put s.o. (s.th.) under the ≈ *übertr* jmdn. (etw.) genau(estens) unter die Lupe nehmen⟩; 2. *vt* mikroskopisch untersuchen; ~scop·ic [ˌmaɪkrə'skɒpɪk], ˌ~'scop·i·cal *adj* mikroskopisch | *umg* verschwindend klein; **mi·cros·co·py** [maɪ'krɒskəpɪ] *s* Mikroskopie *f*; ˌ~'sec·ond *s* Mikrosekunde *f*; '~ˌteach·ing *s Päd* Mikrounterricht *n* (intensives Lehrausbildungstraining); '~volt *s Phys* Mikrovolt *n*; '~wave *s El* Mikrowelle *f*

mid [mɪd] 1. *adj* mittlere(r, -s), inmitten von ⟨from ~ March to ~ May von Mitte März bis Mitte Mai; in ~ summer mitten im Sommer; in ~ air mitten in der Luft⟩ | *in Zus* Mittel-, Voll- ⟨~-April Mitte April; ~winter Mitte *f* des Winters; ~winter day ein Tag mitten im Winter, ein richtiger Wintertag; ~-morning coffee Kaffee *m* am Vormittag⟩; 2. *präp poet* inmitten (von)

Mi·das ['maɪdəs] *s Myth* Midas *m* ◇ **the ~ touch** *übertr* eine glückliche Hand ⟨he has the ~ touch er macht aus Dreck Geld⟩

mid·course [ˌmɪd'kɔ:s] 1. *adj Flugw* während des Fluges ⟨~ meal⟩; 2. *s* mittlerer Teil des Fluges ⟨in ~⟩

mid·day [mɪd'deɪ] 1. *s* Mittag *m*; 2. *adj* mittäglich, Mittags-

mid·dle ['mɪdl] 1. *s* Mitte *f* ⟨in the ~ of in der Mitte von; *übertr* gerade bei, mittendrin⟩ | Mittelstück *n*, mittlerer Teil | *umg* Taille *f* ⟨to seize s.o. round the ~ jmdn. fest umarmen⟩ | (Fußball) Flankenball *m*; 2. *adj* mittlere(r, -s), Mittel- ⟨the ≈ Ages Mittelalter *n*⟩ | Zwischen-; 3. *vt* (Fußball) zur Mitte flanken | (Kricket) (Ball) mit der Mitte des Schlägers treffen; ˌ~ 'age *s* mittleres Alter; ˌ~-'aged *adj* von mittlerem Alter; ˌ~-aged 'spread *s scherzh* Altersspeck *m*; '~brow *s oft verächtl* (geistiger) Normalverbraucher(in) *m(f)*; ˌ~ 'class *adj* Mittelstands-; ˌ~ 'class·es *s/pl* Mittelstand *m*; '~ 'course *s* Mittelweg *m* | *auch übertr* ⟨to follow / take a ~ course Extreme vermeiden, einen *od* den Mittelweg gehen *od* wählen⟩; ˌ~ 'deck *s Mar* Mittel-, Zwischendeck *n*; ˌ~ 'dis·tance *s Kunst* Mittelgrund *m* | mittlerer Abstand; ˌ~-'dis·tance *adj* (Sport) Mittelstrecken-; ˌ~ 'ear *s Med* Mittelohr *n*; ˌ≈ 'East *s* Mittlerer Osten; ˌ~ 'Eng·lish *s Ling* Mittelenglisch *n*; ˌ~ 'fin·ger *s* Mittelfinger *m*; ˌ~ 'ground *s übertr* mittlere Position | *Mal* Mittelgrund *m*; ˌ≈ 'King·dom *s* Reich *n* der Mitte (China); ~man ['~mæn] *s* (*pl* ~men ['~men]) Mittelsmann *m* | *Wirtsch* Zwischenhändler *m*; '~most *adj* mittelste(r, -s); ˌ~ 'name *s* zweiter Ruf-, Vorname *m*; ˌ~-of-the-'road *adj Pol* gemäßigt, der gemäßigten Mitte; '~-rate *adj* mittelmäßig; '~ school *s* Mittelschule *f* (9–13 Jahre; *Brit* 14–15 Jahre); ˌ~-'sized *adj* mittelgroß; ˌ~ 'watch *s Mar* Mittelwache *f*; '~weight *s* (Sport) Mittelgewicht *n* | Mittelgewichtler *m*; ˌ≈ 'West *s Am* Mittlerer Westen; ≈ 'West·ern *adj Am* mittelwestlich

mid·dling ['mɪdlɪŋ] 1. *adj umg* mittelmäßig, Mittel- ⟨of ~ size von mittlerer Größe⟩ | *umg, dial* leidlich ⟨I'm only ~ mir geht es leidlich; fair to ~ mittelprächtig⟩; 2. *adv umg* ziemlich, leidlich ⟨~ good leidlich gut; to behave ~ well sich einigermaßen aufführen⟩; 'mid·dlings *s/pl Wirtsch* Mittelsorte *f*

mid·dy ['mɪdɪ] *s umg für* **midshipman**; '~ blouse *s* Matrosenbluse *f*

Mid|-Eu·rope [ˌmɪd 'jʊərəp] *s* Mitteleuropa *n*; ~-Eu·ro·pe·an [ˌ~ jʊərə'pɪən] *adj* mitteleuropäisch

mid·field ['mɪdfɪəld] (Sport) 1. *adj* Mittelfeld- ⟨a ~ play Spiel *n* im Mittelfeld⟩; 2. Mittelfeld *n*; '~er *s* Mittelfeldspieler *m*

midge [mɪdʒ] *s* Mücke *f*

midg·et ['mɪdʒɪt] *s* Zwerg *m*, Knirps *m*; ˌ~ 'cam·e·ra *s* Minikamera *f*; ˌ~ 'car *s* Kleinstauto *n*, -wagen *m*; ˌ~ re'ceiv·er *s Rundf* Kleinempfänger *m*, Zwergsuper *m*; ˌ~ 'sub·mar·ine *s* Zweimann-Unterseeboot *n*

mid·i ['mɪdɪ] 1. *s* Midimode *f* | Midikleid *n*, -mantel *m*; 2. *adj* Midi- ⟨~ skirt⟩

mi·di·nette [ˌmɪdɪ'net] *s umg* Midinette *f*, Pariser Ladenmädchen

mid·i·ron ['mɪdaɪən] *s* (Golf) leichter Eisenschläger

mid|land ['mɪdlənd] 1. *adj* binnenländisch; 2. *s, meist* '~lands *pl* Mittelland *n* ⟨the ≈s Mittelengland *n*⟩; ˌ~life 'cri·sis *s* Krise *f* in der Mitte des Lebens; '~most 1. *adj* mittelste(r, -s); 2. *adv* in der Mitte; '~night 1. *s* Mitternacht *f* ⟨at ≈ um Mitternacht⟩; 2. *adj* mitternächtlich, Mitternachts- ⟨the ≈ hours Stunden *f/pl* um Mitternacht; to burn the ≈ oil bis tief in die Nacht hinein arbeiten⟩; ˌ~night 'sun *s* Mitternachtssonne *f*

mid-|off [ˌmɪd'ɔ:f] (Kricket) *s* links vom Werfer postierter Spieler | links von dem und hinter dem Werfer liegende Seite des Spielfeldes; ˌ~-'on *s* rechts vom Werfer postierter Spieler | rechts von dem und hinter dem Werfer liegende Seite des Spielfelds

mid·riff ['mɪdrɪf] *s Anat* Zwerchfell *n* | *umg* Magengegend *f*

mid|ship·man ['mɪdʃɪpmən] *s* (*pl* '~ship·men) *Mar Brit* Leutnant *m* zur See | *Am* Oberfähnrich *m* zur See; '~ships *adv Mar* mittschiffs

midst [mɪdst|mɪtst] 1. *s*, in: **in the midst of** inmitten; **in our midst** mitten unter uns; 2. *präp arch* inmitten

mid·sum·mer ['mɪdˌsʌmə] *s* Hochsommer *m* | *Astr* Sommersonnenwende *f*; ˌ≈ 'Day *s* Johannistag *m* (24. Juni); ˌ~ 'mad·ness *s* Gipfel *m* der Verrücktheit, heller Wahnsinn

mid·way ['mɪdweɪ] 1. *s* Weghälfte *f* | *Am* Mittelgang *m* (auf Ausstellungen u. ä.); 2. *adj* mittlere(r, -s); 3. *adv* auf halbem Wege ⟨~ between inmitten zwischen⟩

mid·week [ˌmɪd'wi:k] 1. *s* Mitte *f* der Woche; 2. *adj* in der Mitte der Woche ⟨a ~ flight⟩

Midwest [ˌmɪd'west] = **Middle Western**

mid·wick·et [ˌmɪd'wɪkɪt] (Kricket) *s* vor und rechts vom Werfer postierter Spieler | vor und rechts vom Werfer liegende Seite des Spielfeldes

mid·wife ['mɪdwaɪf] *s* (*pl* 'mid·wives) Hebamme *f*; ~ry ['mɪdwɪfrɪ] *s* Geburtshilfe *f* ⟨a course in ≈ Hebammenlehrgang *m*⟩

mien [mi:n] *s lit* Miene *f*, Haltung *f*, Gebaren *n* ⟨noble ~ vornehme Haltung; of pleasing ~ von angenehmem Äußeren; with a sorrowful ~ mit trauriger Miene⟩

miff [mɪf] 1. *s umg* Mißmut *m*, Verstimmung *f* | kleinlicher Streit; 2. *vt* (*meist pass*) *umg* ärgern, verdrießen, verstimmen, auf den Schlips treten ⟨to be ~ed because / that sich verletzt fühlen *od* beleidigt sein, weil *od* daß⟩; *vi umg* verärgert *od* verletzt sein | *meist* ~ **off** (Pflanze) leicht *od* schnell welken; empfindlich sein; **miffed** *adj umg* vergnatzt; '~y *adj umg* leicht *od* schnell beleidigt | (Pflanze) empfindlich

mig[g] [mɪg] *s Am* Murmel *f*

[1]**might** [maɪt] *s* Kraft *f*, Macht *f*, Gewalt *f* ⟨~ is right Gewalt geht vor Recht; with all one's ~, with / by ~ and main aus

Leibeskräften, mit aller Gewalt⟩

[2]**might** [maɪt] *prät von* ↑ [1]**may**

might-have-beens ['maɪt (h)əv ˌbi:nz] *s/pl umg* Dinge *pl*, die vielleicht möglich gewesen wären

might·n't ['maɪtnt] *kontr von* **might not**

might|y ['maɪtɪ] **1.** *adj lit* mächtig, stark ⟨a ≈ nation⟩ | gewaltig, kräftig ⟨the ≈ ocean⟩ | *umg* groß, riesig, kolossal ⟨a ≈ swell ein großes Tier⟩ ◇ **high and ~y** *verächtl* überheblich; mächtig und einflußreich; **2.** *adv umg* sehr, mächtig ⟨that's ≈ easy das ist riesig leicht; think o.s. ≈ clever *iron* sich für sehr klug halten⟩; '**~i·ly** *adv umg iron* sehr, mächtig ⟨≈ indignant ziemlich aufgebracht⟩

mi·gnon·ette [ˌmɪnjə'net] *s Bot* Reseda *f*

mi·graine ['mi:greɪn|'maɪ-] *s Med* Migräne *f*

mi·grant ['maɪgrənt] **1.** *adj* Zug-, Wander- ⟨~ birds Zugvögel *m/pl*; ~ life Wanderleben *n*⟩; **2.** *s* Zugvogel *m*; ˌ~ '**work·er** *s* Wanderarbeiter(in) *m(f)* | Gastarbeiter *m*; **mi'grate** *vi* (*bes.* Vogel) fort-, ausziehen (**from, to** von, nach) | auswandern; **mi'gra·tion** *s* Wanderung *f* ⟨≈ of nations Völkerwanderung *f*⟩ | Auswanderung *f* | Vogelzug *m* | *Chem* Wanderung *f*, Verschiebung *f* ⟨intermolecular ~⟩; **mi'gra·tion·al** *adj* Zug-, Wander-; **mi·gra·to·ry** ['maɪgrətərɪ] *adj* (aus)wandernd | Zug-, Wander- ⟨≈ bird Zugvogel *m*⟩ | nomadisch

mi·ka|do [mɪ'kɑ:dəʊ] *oft* ≃ (*pl* **~dos**) *s* Mikado *m* (Titel des Kaisers von Japan)

[1]**mike** [maɪk] *s Sl* Ire *m*, Irländer *m*

[2]**mike** [maɪk] *s Sl* Mikrophon *n*

mi·la·dy [mɪ'leɪdɪ] *s* (*oft* ≃) *arch* (Anrede) Milady *f*, gnädige Frau

mil·age ['maɪlɪdʒ] = **mileage**

milch [mɪltʃ] *adj*, *nur in*: '**~ cow** Milchkuh *f*

mild [maɪld] **1.** *adj* sanft, gelind, mild ⟨a ~ climate⟩ | (Nahrungs-, Genußmittel) mild, leicht ⟨~ tobacco⟩ | mäßig ⟨a ~ punishment⟩ | (Person) mild, nachgiebig, freundlich, nachsichtig ⟨draw it ~! *umg* übertreibe nicht so!, sei vernünftig!; a ~ disposition; ~ manners⟩ | (Stahl) leicht zu bearbeiten, von geringem Kohlenstoffgehalt ⟨~ steel Bandstahl *m*; Betonstahl *m*; Flußstahl *m*⟩; **2.** *s Brit umg* leichtes (dunkles) Bier ⟨a glass of ~⟩

mil·dew ['mɪldju:] **1.** *s Bot* Meltau *m*, (Getreide-) Brand *m* | Schimmel *m*, Moder *m* ⟨spot of ~ Stockfleck *m*⟩; **2.** *vt Bot* mit Meltau überziehen, brandig machen | mit Stockflekken überziehen ⟨to be ~ed verschimmelt sein⟩; *vi Bot* brandig werden | moderig werden; '**mil·dewed**, '**~y** *adj Bot* brandig | moderig, schimmlig

mild·ly ['maɪldlɪ] *adv* milde, sanft ⟨to answer ~⟩ | leicht, wenig, schwach ⟨~ interested⟩ ◇ **to put it ~** um es gelinde auszudrücken, milde ausgedrückt

mile [maɪl] *s* Meile *f* (1.760 yards = 1.609,33 m) ⟨a 30 ~[s'] journey eine Reise von 30 Meilen; air ~ Luftmeile *f*; the metric ~ 1500 m; nautical/sea ~ Seemeile *f*; statute ~ englische Meile; for ~s [and ~s] meilenweit⟩ | *umg* große Strecke, ziemlich viel ⟨~s easier *umg* bedeutend leichter; ~s better *umg* weit besser; there's no one within ~s of him keiner kann ihm das Wasser reichen, keiner kann es mit ihm aufnehmen; to be ~s out in s.th. sich bei etw. völlig verrechnet haben⟩ | (*mit best art*) Meile(nlauf) *f(m)*, Meilenrennen *n*; '**~age** *s* Meilenlänge *f* | Meilenzahl *f*, Entfernung *f* in Meilen ⟨what's the ≈? wie weit ist es?⟩ | Meilenstand *m* ⟨a car with a small ≈ ein wenig gefahrenes Auto; ~ (per gallon) Benzinverbrauch *m*⟩ | *auch* ˌ**~age al'low·ance** Fahrkosten *pl* pro Meile, Meilengeld *n*, Meilenpauschale *f* | *umg* Gebrauchsdauer *f*, Haltbarkeit *f* ⟨to get a lot of ≈ out of s.th. eine Menge Nutzen ziehen aus etw., etw. lange gut gebrauchen können⟩; **~om·e·ter**, *auch* **mil·om·e·ter** [ˌmaɪ'lɒmɪtə] *s Kfz* Tachometer *m*, Meilenzähler *m*; '**~post** *s* Meilenstein *m*; '**mil·er** *s* (Sport) Meilenläufer *m*, Meilenpferd *n*; '**~stone** *s* Meilenstein *m* (*auch übertr*)

mil·foil ['mɪlfɔɪl] *s Bot* Schafgarbe *f*

mil·i·ar·y ['mɪlɪərɪ] *adj Med* miliar

mi|lieu ['mi:ljɜ:] *s* (*pl* **~lieus**, **~lieux** [~ljɜ:z]) (*meist sg*) Milieu *n*, Umgebung *f*

mil·i|tan·cy ['mɪlɪtənsɪ] *s* Kriegszustand *m* | Kampfgeist *m*; '**~tant 1.** *adj* streitend, kämpfend, kriegführend ⟨≈ powers kriegführende Mächte *f/pl*⟩ | militant, kämpferisch, nicht vor Kampf zurückschreckend ⟨≈ trade unions; ≈ students⟩; **2.** *s* (*bes Pol*) Kämpfer *m*, Streiter *m*; **~ta·ri·a** [ˌ~'teərɪə] *s/pl* Kriegsandenken *n/pl*; '**~tar·ism** *s* Militarismus *m*; '**~ta·rist** *s* Militarist *m*; ˌ**~ta'ris·tic**, ˌ**~ta'ris·ti·cal** *adj* militaristisch; '**~ta·rize** *vt* militarisieren; '**~tar·y 1.** *adj* militärisch, Militär- ⟨in ≈ uniform; a ≈ attaché Militärattaché *m*⟩ | Heeres-, Kriegs-; **2.** *s* (*pl konstr*) Militär *n*, Soldaten *m/pl* ⟨the ≈ were called in man setzte die Armee ein⟩; ˌ**~tar·y 'du·ty** *s* Kriegsdienst *m*; '**~tar·y inˌdus·tri·al 'com·plex** *s* Militärindustriekomplex *m*; ˌ**~tar·y 'law** *s* Kriegs-, Standrecht *n*; ˌ**~tar·y 'map** *s Mil* Generalstabskarte *f*; ˌ**~tar·y po'lice** *s* (*oft* ˌ**≃tar·y Po'lice**) Militärpolizei *f*; ˌ**~tar·y 'prop·er·ty** *s* Heeresgut *n*; ˌ**~tar·y 'serv·ice** *s* Wehrdienst *m*

mil·i|tate ['mɪlɪteɪt] *vi übertr* (Tatsachen u.ä.) sprechen, (entgegen)wirken, handeln (**against** gegen, **in favour of** für); ˌ**~'ta·tion** *s* Widerstreit *m*

mi·li·tia [mɪ'lɪʃə] *s* Miliz *f*, Bürgerwehr *f*, Landwehr *f* ⟨worker's ~ Kampfgruppen *f/pl*⟩ | *Brit* (im Jahre 1939 ausgehobene) Wehrpflichtige *m/pl*; '**~man** *s* (*pl* '**~men**) Angehöriger *m* der Miliz, Milizionär *m*

milk [mɪlk] **1.** *s* Milch *f* ⟨cow in ~ milchende Kuh; powdered ~ Milchpulver *n*; skimmed ~ Magermilch *f*; tinned ~ Kondens-, Büchsenmilch *f*; to come home with the ~ *Brit scherzh* erst früh nach Hause kommen⟩ | *übertr* Milch *f* ⟨~ and water sentimentales Gewäsch, primitives Zeug, etw. Seichtes; ~ and honey Milch und Honig, was das Herz begehrt; ~ for babes einfache, leicht verdauliche Kost, etw. leicht zu Verstehendes; ~ of human kindness Milch *f* der frommen Denkungsart; it's no use crying over spilt ~ *Sprichw* was geschehen ist, ist geschehen⟩ | Milch *f*, milchähnliche Flüssigkeit (*auch Chem*) ⟨~ of magnesia Magnesiamilch *f*; ~ of sulphur Schwefelmilch *f*⟩; **2.** *vt* melken | (Schlange) melken, (einer Schlange) das Gift abziehen | *übertr* melken, schröpfen | *El* anzapfen; *vi* melken | Milch geben; '**~ bar** *s* Milchbar *f*; ˌ**~ 'choc·o·late** *s* Milchschokolade *f*; '**~ churn** *s* Milchkanne, -krug *m*; '**~er** *s* Melker(in) *m(f)* | *Tech* Melkanlage *f* | Milchkuh *f*; '**~ ˌfe·ver** *s Med*, *Vet* Milchfieber *n*; '**~ float** *s Brit* Milchauto *n*; '**~ glass** *s Tech* Milchglas *n*; '**~ hedge** *s Bot* Wolfsmilch *f*; '**~ing maˌchine** *s* Melkapparat *m*, -maschine *f*; ˌ**~ 'jel·ly** *s* Fruchtgelee *n* mit Milch (Dessert); '**~ jug** *s* Milchtopf *m*; '**~ leg** *s Med* Venenentzündung *f* (im Wochenbett) | (Pferd) Fußgeschwulst *f*; '**~ loaf** *s* Kuchenbrot *n*; '**~maid** *s selten* Milch-, Kuhmagd *f*, Milchmädchen *n*; '**~man** *s* (*pl* '**~men**) Milchmann *m*; '**~ ˌpowder** *s* Milchpulver *n*; '**~ round** *s* Route *f* des Milchmanns; '**~ shake** *s Kochk* Milch-, Sahneshake *m*; '**~sop** *s verächtl* Muttersöhnchen *n*, Schlappschwanz *m*, Schwächling *m*; '**~ ˌsug·ar** *s Chem* Milchzucker *m*, Laktose *f*; '**~ tooth** *s* (*pl* **~ teeth**) Milchzahn *m*; '**~weed** *Bot s* Sau-, Gänsedistel *f*; Wolfsmilch *f* | Schwalbenwurzgewächs *n*, Seidenpflanze *f*; ˌ**~-'white** *adj* milchweiß, weiß wie Milch; '**~wood** *s Bot* Wolfsmilch *f*; '**~wort** *s Bot* Kreuzblume *f*; '**~y** *adj* Milch- | mit (viel) Milch ⟨to like one's coffee ≈ gern viel Milch im Kaffee haben⟩ | milchgebend | (Flüssigkeit) milchig (trübe) |

übertr sanft, weichlich; **ˌ∸y ˈWay** *s Astr* Milchstraße *f*
mill [mɪl] **1.** *s* Mühle *f* ⟨flour~ Getreidemühle *f*; wind~ Windmühle *f*; to go (put) through the ~ *übertr* eine harte Schule durchmachen (lassen); to have been through the ~ viel durchgemacht haben; that is grist to his ~ *übertr* das ist Wasser auf seine Mühle; run-of-the-~ gewöhnlich, alltäglich, Durchschnitts-⟩ | Mahl-, Zerkleinerungsvorrichtung *f* ⟨coffee ~ Kaffeemühle *f*; pepper ~ Pfeffermühle *f*⟩ | Fabrik *f*, Hüttenwerk *n*, Spinnerei *f* ⟨cotton ~ Spinnerei *f*; paper ~ Papierfabrik *f*; steel ~ Stahlwerk *n*⟩ | Druck-, Prägewerk *n* | *umg* Prügelei *f*; **2.** *vt* (Getreide u. ä.) mahlen ⟨to ~ grain⟩ | (Erz) verarbeiten ⟨to ~ ore⟩ | (Stahl) walzen ⟨to ~ steel⟩ | (Tuch u. ä.) walken | (Münzen) rändeln | (Holz) hobeln, fräsen | *Tech* rühren | *Kochk* quirlen, schlagen ⟨to ~ chocolate⟩ | *umg* verprügeln; *vi umg* sich prügeln; **~ about / around** *umg* (durcheinander)laufen, herumlaufen, sich drängen | *übertr* (Gedanken, Eindrücke) durcheinandergehen, sich stoßen; **ˈ~ bar** *s Tech* Rohschiene *f*, Platine *f*; **ˈ~board** *s* starke Pappe, Glanzpappe *f*, -karton *m*; **ˈ~dam** *s* Mühlwehr *n*, Mühlenteich *m*
mil|le·nar·i·an [ˌmɪlɪˈnɛərɪən] **1.** *adj* tausendjährig; **2.** *s Rel* Chiliast *m*; **ˈ~le·nar·y 1.** *adj* von tausend Jahren; **2.** *s* Jahrtausend *n* | Tausendjahrfeier *f*; **~len·ni·al** [~ˈlenɪəl] *adj* tausendjährig; **~len·ni·um** [~ˈlenɪəm] *s* (*pl* **~ˈlen·ni·ums, ~len·ni·a** [~ˈlenɪə]) Jahrtausend *n* | Tausendjahrfeier *f*
mil·le·pede [ˈmɪlɪpiːd] *s Zool* Tausendfüß(l)er *m*
mill·er [ˈmɪlə] *s* Müller *m* | *Tech* Fräsmaschine *f*
mil·les·i·mal [mɪˈlesɪml] **1.** *adj* tausendste(r, -s) | tausendfach; **2.** *s* Tausendstel *n*
mil·let [ˈmɪlɪt] *s Bot* Hirse *f*
mill hand [ˈmɪl hænd] *s* Mühlen-, Papier-, Spinnereiarbeiter(in) *m(f)* | *umg* Fabrikarbeiter *m*
milli- [mɪlɪ] ⟨*lat*⟩ *in Zus* Tausendstel-, Milli-
mil·li|ard [ˈmɪlɪɑːd] *s Brit* Milliarde *f*; **~bar** [ˈ~bɑː] *s Met* Millibar *n*; **ˈ~gram[me]** *s* Milligramm *n*; **ˈ~litre** *s* Milliliter *n*; **ˈ~me·tre** *s* Millimeter *m*
mil·li·ner [ˈmɪlɪnə] *s* Putzmacherin *f*, Modistin *f*; **~y** [ˈmɪlɪnr̥ɪ] *s* Modewaren *f/pl* | Modewaren-, Putzwarengeschäft *n*
mill·ing [ˈmɪlɪŋ] **1.** *adj* mahlend | *Tech* fräsend, Fräs- | *Tech* Walk-; **2.** *s* Mahlen *n*, Zerkleinern *n* | *Tech* Fräsen *n*, Fräsarbeit *f* | *Tech* Rändeln *n* | *Tech* Walken *n*, Walke *f* | *umg* Tracht *f* Prügel; **ˈ~ chip** *s Tech* Frässpan *m*; **ˈ~ ˌcut·ter** *s Tech* Fräser *m*, Fräswerkzeug *n*; **ˈ~ maˌchine** *s Tech* Fräsmaschine *f*; **ˈ~ ˌpat·tern** *s Tech* Frässchablone *f*; **ˈ~ plant** *s Tech* Mahlwerk *n*
mil·lion [ˈmɪlɪən] *s* Million *f* ⟨by the ~ nach Millionen; three ~ people drei Millionen Menschen; to make a ~ eine Million (Pfund/Dollar/Mark) verdienen; in a ~ *übertr* von einmaliger Qualität; a / one chance in a ~ nicht die geringste Chance⟩; **~aire** [ˌmɪlɪəˈnɛə] *s* Millionär(in) *m(f)*; **ˈ~fold** *adv* auf millionenfache Weise; **mil·lionth** [ˈ~θ] **1.** *adj* millionste(r, -s); **2.** *s* Millionstel *n*
mil·li·pede [ˈmɪlɪpiːd] = **millepede**
mill|pond [ˈmɪlpɒnd] *s* Mühlteich *m* ⟨(calm) like a ≈ (See) spiegelglatt⟩; **ˈ~race** *s Tech* Mühl-, Stoßgerinne *n*, Flutgang *m*, Flut-, Mühlgraben *m*; **ˈ~stone** *s* Mühlstein *m* ⟨to see through/far into a ≈ *übertr* durch [neun] eiserne Türen sehen, das Gras wachsen hören; to be between the upper and nether ≈ von beiden Seiten Druck ausgesetzt sein, zermahlen werden; to weep ≈s keine Tränen haben; to be a ≈ round s.o.'s neck *übertr* für jmdn. eine schwere Belastung sein⟩; **ˈ~ wheel** *s* Mühlrad *n*; **ˈ~ˌwork·er** *s* Fabrikarbeiter *m*; **ˈ~wright** *s* Mühlen-, Maschinenbauer *m*
mil·om·e·ter [maɪˈlɒmɪtə] = **mileometer**
mi·lord [mɪˈlɔːd] (*oft* ∸) *s arch* (Anrede) Milord *m* | Lord *m* ⟨like some English ~ wie ein englischer Lord⟩

[1]**milt** [mɪlt] *s Anat* Milz *f*
[2]**milt** [mɪlt] *s* (Fisch-) Milch *f*
mim·bar [ˈmɪmbə] *s* (Moschee) Predigtstuhl *m*
mime [maɪm] **1.** *s* (Antike) Mimus *m*, Posse(nspiel) *f(n)* | *Theat* Mimik *f*, Pantomime *f* | (Panto-) Mime *m* | Possenreißer *m*; **2.** *vt* panto(mimisch) darstellen | nachahmen, imitieren; *vi* als (Panto-) Mime auftreten
mi·me·o [ˈmɪmɪəʊ] **1.** *s* vervielfältigtes Blatt, Bulletin *n*; **2.** *adj* im Vervielfältigungsverfahren hergestellt ⟨~ magazine⟩; **3.** = **mimeograph 2.**
mim·e·o·graph [ˈmɪmɪəʊgrɑːf|-græf] *Am* **1.** *s* Vervielfältigungsapparat *m*; **2.** *vt* vervielfältigen; **ˌmim·e·oˈgraph·ic** *adj* vervielfältigt
mi|me·sis [mɪˈmiːsɪs|maɪˈ~] *s* Mimesis *f*, Nachahmung *f*; **~met·ic** [~ˈmetɪk] *adj* mimetisch, nachahmend | nachäffend | *Biol* fremde Formen nachbildend | *Ling* lautmalend
mim|ic [ˈmɪmɪk] **1.** *adj* mimisch, (Gebärden) nachahmend | Schauspiel- ⟨≈ art Schauspielkunst *f*⟩ | nachgeahmt, Schein- ⟨≈ colouring Mimikry *f*, Farbnachahmung *f*; ≈ warfare *Mil* Manöver *n* ⟩; **2.** *s arch* Mime *m*, Schauspieler *m* | Imitator *m*, Nachahmer *m* ⟨to be a good ≈ gut nachahmen können⟩; **3.** *vt* (**ˈ~icked, ˈ~icked**) nachahmen, -äffen | gleichen, ganz nahekommen | *Bot* fremde Formen *od* Farben nachahmen; **ˈ~ic·ry** *s* (possenhafte) Nachahmung | *Zool* Mimikry *f*, Anpassung *f* ⟨protective ≈ Schutzfarbe *f*⟩
mi·mo·sa [mɪˈməʊzə] *Bot s* Mimose *f*; **~ceous** [ˌmɪməʊˈseɪʃəs] *adj* mimosenartig
min *Abk für* **minimum | minute**
min·a·ret [ˌmɪnəˈret] *s Arch* Minarett *n*
min·a·to|ri·al [ˌmɪnəˈtɔːrɪəl], **~ry** [ˈmɪnətərɪ] *adj förml* drohend
mince [mɪns] **1.** *vt* (Fleisch u. ä.) zerhacken, zerkleinern, zerstückeln, durch den Wolf drehen ⟨to ~ meat Hackfleisch machen⟩ | *übertr* mildern, abschwächen, beschönigen ⟨to ~ one's words geziert sprechen; not to ~ matters / one's words kein Blatt vor den Mund nehmen⟩ | geziert, affektiert tun ⟨to ~ one's steps trippeln⟩; *vi* (Fleisch u. ä.) zerkleinern | sich zieren | affektiert gehen; **2.** *s bes Brit* = **ˈ~meat** *s* Hackfleisch *n*, Gehacktes *n* ⟨to make ≈ of s.o. (s.th.) *übertr umg* jmdn. heruntermachen (etw. zerreißen *od* zerpflücken)⟩ | Torten-, Pastetenfüllung *f*; **ˈminced ˌmeat** *s Brit* Hackfleisch *n*, Gehacktes *n*; **ˌ~ ˈpie** *s* gefüllte Torte, (Kuchen) Pastete *f*; **ˈminc·er** *s* Fleischwolf *m*; **ˈminc·ing 1.** *adj* hackend, Hack- | geziert, zimperlich ⟨a ≈ young girl ein zimperliches Mädchen; to take ≈ steps geziert laufen⟩; **2.** *s* Hacken *n* | Ziererei *f*; **ˈminc·ing maˌchine** *s* Fleischwolf *m* | Wurstmaschine *f*
mind [maɪnd] **1.** *s* Sinn *m*, Gemüt *n* ⟨it was a load / weight off my ~ *übertr* mir fiel ein Stein vom Herzen; of one ~ einerlei Sinn; to be in an excited frame / state of ~ aufgeregt sein; to come to ~ einfallen; to enter [into] s.o.'s ~ jmdm. in den Sinn kommen; to have s.th. on one's ~ *übertr* etw. auf dem Herzen haben, einem durch den Kopf gehen⟩ | Geist *m*, Verstand *m* ⟨absence of ~ Geistesabwesenheit *f*; presence of ~ Geistesgegenwart *f*; ~ over matter *oft scherzh* Willensfrage, -sache *f*; to be in s.o.'s ~'s eye vor jmds. geistigem Auge stehen; to be in one's right ~, to be of sound ~ bei vollem Verstand sein; to be of unsound ~, to be out of one's ~ verrückt sein; to blow s.o.'s ~ *umg* jmds. Horizont erweitern; jmdn. in höchste Erregung bringen; to give one's ~ to s.th. sich einer Sache ganz widmen; to lose one's ~ den Verstand verlieren⟩ | Gedächtnis *n* ⟨in the ~'s eye im Gedächtnis, vor dem geistigen Auge; from time out of ~ seit undenklichen Zeiten;

to bear/have/keep in ~ im Gedächtnis behalten; to bring/call s.th. back to ~ sich etw. ins Gedächtnis zurückrufen; to come into / cross / rush upon one's ~ einem plötzlich einfallen; to go / pass out of / from [s.o.'s] ~ vergessen werden; out of sight, out of ~ *Sprichw* aus den Augen, aus dem Sinn; to put s.o. in ~ of s.o. (s.th.) jmdn. an jmdn. (etw.) erinnern⟩ **|** Meinung *f*, Ansicht *f* ⟨in/to my ~ meiner Meinung nach; that's not to my ~ das ist nicht nach meinem Sinn; to be of a / one mind with s.o., to be of s.o.'s ~ about s.th. jmds. Meinung sein hinsichtlich *od* in bezug auf etw.; to be of the same ~ (mehrere Personen) miteinander übereinstimmen; (e-e Person) seine Meinung nicht verändert haben, dabei bleiben; to be in two ~s (about s.th.) schwanken (was etw. anbelangt); to bend s.o.'s ~ jmdn. völlig umstimmen; to change one's ~ seine Meinung ändern, sich anders besinnen; to give s.o. a [good] piece of one's ~ jmdm. gründlich die Meinung sagen; to speak/tell one's ~ seine Meinung äußern⟩ **|** Absicht *f*, Entschlossenheit *f*, Neigung *f*, Lust *f* ⟨to have a good/great ~ to große Lust haben zu; to have half a ~ to beinahe Lust haben zu; to have little (no) ~ to wenig (keine) Lust haben zu; to know one's own ~ wissen, was man will; to make up one's ~ sich entschließen; to make up one's ~ to s.th. sich mit etw. abfinden; to set one's ~ on unbedingt wollen, versessen sein auf; to speak one's ~ offen seine Meinung sagen⟩ **|** Sorge *f*, Achtsamkeit *f* ⟨to keep one's ~ on s.th. sich nicht ablenken lassen von etw., einer Sache besondere Aufmerksamkeit schenken; to put / give one's ~ to s.th. alle Aufmerksamkeit auf etw. richten; to take one's (s.o.'s) ~ off s.th. etw. nicht beachten (jmdn. ablenken von); to turn one's ~ to s.th. sich etw. zuwenden⟩ **|** *übertr* Denker *m*, Kopf *f* ⟨one of the greatest ~s of the age; no two ~s think alike keine zwei Menschen denken das gleiche⟩;

2. *vt* bemerken, beachten, achten auf, achtgeben auf ⟨ your head stoßen Sie sich nicht an den Kopf!, Achtung, bücken!; ~ the dog! Vorsicht, bissiger Hund!; ~ the step! Achtung, Stufe!; ~ your eye! *Sl* paß auf!; to ~ one's P's and Q's auf seine Worte achten, aufpassen, was man sagt *od* tut; ~ your own business! kümmern Sie sich um Ihre eigenen Angelegenheiten!⟩ **|** sorgen für, sich kümmern um ⟨to ~ a baby⟩ **|** (*meist interrog, neg, conditional*) sich etwas machen aus, etwas haben gegen ⟨do you ~ my opening the window? haben Sie etw. dagegen, wenn ich das Fenster öffne?; would you ~ opening the window? würden Sie bitte das Fenster öffnen?; I shouldn't ~ a cup of tea ich wäre nicht abgeneigt, eine Tasse Tee zu trinken; I don't ~ the cold ich habe nichts gegen Kälte; do you ~ if I smoke? stört es Sie, wenn ich rauche?⟩; *vi* aufpassen, achtgeben ⟨~! sieh dich vor! do you ~! paß doch auf!; ~ [you] *interj* wohlgemerkt!, offen gestanden!; ehrlich! wirklich!; ~ and do *umg* tue, was dir gesagt wird! never you ~ *umg* das geht dich nichts an⟩ **|** etwas dagegen haben ⟨I don't ~ ich habe nichts dagegen, meinetwegen; never ~! macht nichts!; mach dir keine Gedanken!⟩; **~ out** *umg* (*meist imp*) aufpassen ⟨~ out! paß doch auf!⟩;

'~-ˌbend·ing *umg adj* (Droge) bewußtseinerweiternd **|** kompliziert, schwierig; **'~-ˌblow·ing** *umg adj* irre, verrückt **|** (Droge) bewußtseinerweiternd; **'~-ˌbog·gling** *adj* umwerfend, verrückt; phantastisch; **'~ed** *adj* geneigt (**to** zu) ⟨if he were so ≈ wenn er das vorhätte⟩ **|** (*in Zus*) -gesinnt ⟨noble-≈ edeldenkend; free-≈ aufgeschlossen⟩ **|** (*in Zus*) -bewußt, bedacht auf, besorgt wegen ⟨food-≈ aufs Essen erpicht, für gutes Essen⟩; **'~er** (*in Zus*) *s* -Wärter *m* ⟨machine-≈⟩ **|** (*in Zus*) jemand, der aufpaßt ⟨baby-≈ jmd., der auf ein Kleinkind aufpassen soll⟩; **'~-exˌpand·ing** *adj umg* (Droge) bewußtseinerweiternd; **'~ful** *adj* (*meist präd*) *förml* achtsam, aufmerksam (**of** auf) ⟨to be ≈ of achten auf, bedacht sein auf, besorgt sein um⟩; **'~less** *adj verächtl* geistlos, sinnlos, stupid(e) ⟨≈ drudgery geisttötende Arbeit⟩ **|** (*meist präd*) unbekümmert (**of** um) **|** *bes lit* unbeseelt, vom Menschen unabhängig, wild ⟨≈ forces of nature⟩; **'~ ˌread·er** *s oft scherzh* Gedankenleser *m*; **'~ ˌread·ing** *s oft scherzh* Gedankenlesen *n*; **ˌmind's 'eye** *s* geistiges Auge, Phantasie *f* ⟨in one's ≈ vor seinem geistigen Auge, in seiner Vorstellung⟩

[1]**mine** [maɪn] **1.** *poss pron* der *od* die *od* das meinige ⟨an old friend of ~ ein alter Freund von mir; this house is ~ dieses Haus gehört mir; this isn't my book, ~ is black⟩; **2.** *poss adj arch, poet, bibl* (*vor Vokalen od h*) mein ⟨~ eyes; O mistress ~ meine Geliebte! ~ host mein Herr⟩

[2]**mine** [maɪn] **1.** *s* Bergwerk *n*, Grube *f*, Zeche *f* ⟨in the ~s im Bergwerk; coal~ Kohlengrube *f*⟩ **|** *Mil, Mar* Mine *f* ⟨aerial ~ Luftmine *f*; naval ~ Seemine *f*⟩ **|** Kaskadenfeuerwerk(skörper) *n*(*m*) **|** *übertr* Fundgrube *f* ⟨a ~ of information⟩; **2.** *vi* schürfen, graben (**for** nach) **|** (Tiere) sich ein- *od* vergraben; *vt Bergb* abbauen ⟨to ~ copper⟩ **|** graben in **|** *Mil, Mar* verminen ⟨to ~ a harbour⟩ **|** durch eine Mine treffen ⟨the cruiser was ~d⟩ **|** unterminieren, Gänge graben unter ⟨to ~ the walls⟩ **|** *übertr* (Gesundheit u. ä.) untergraben, unterminieren; **~ out** (Abbaugebiet) erschöpfen; **'~a·ble** *adj Bergb* abbaufähig; **'~ car** *s Bergb* Förderwagen *m*; **'~ ˌcra·ter** *s* Minentrichter *m*; **'~ deˌtec·tor** *s Mil* Minensuchgerät *n*; **'~ disˌpos·al** *s* Minenentschärfung *f*, Entminung *f*; **'~field** *s* Minenfeld *n* **|** grubenreiches Gebiet; **'~ fire** *s* Grubenbrand *m*; **'~ gas** *s* Grubengas *n*; **'~ˌlay·er** *s Mil Mar* Minenleger *m*; **'min·er** *s* Bergmann *m*, Kumpel *m* ⟨coal≈⟩ **|** (Soldat) Minenleger *m*

min·er·al ['mɪnr̩l] **1.** *s* Mineral *n* **|** (*meist pl*) *Brit* Mineralwasser *n* ⟨to drink ~s⟩; **2.** *adj* mineralisch, Mineral- ⟨~ wealth Reichtum *m* an Mineralien⟩ **|** *Chem* anorganisch; **ˌ~ 'car·bon** *s* Graphit *m*; **ˌ~ 'coal** *s* Steinkohle *f*; **ˌ~i'za·tion** *s* Mineralisation *f*, Mineralbildung *f*; **'~ize** *vt* in ein Mineral verwandeln, versteinern **|** *Chem* mit anorganischem Stoff durchsetzen; *vi* nach Mineralien suchen, Mineralien sammeln; **'~ ˌkingdom** *s mit best art* Mineralreich; **~og·i·cal** [ˌmɪnr̩ə'lɒdʒɪkl] *adj* mineralogisch; **~o·gist** [ˌmɪnə'rælədʒɪst] *s* Mineraloge *m*; **~o·gy** [ˌmɪnə'rælədʒɪ] *s* Mineralogie *f*; **'~ oil** *s* Mineral-, Erdöl *n*; **'~ pitch** *s* Asphalt *m*; **ˌ~ 'spring** *s* Mineral-, Heilquelle *f*; **'~ vein** *s Bergb* Erzader *f*; **'~ ˌwa·ter** *s* Mineralwasser *n* **|** (*meist pl*) (Mineral-) Brunnen *m*; **'~ wool** *s Tech* Schlackenwolle *f*

min·e·stro·ne [ˌmɪnɪ'strəʊnɪ], *auch* **ˌ~ 'soup** *s Kochk* italienische Gemüsesuppe

mine| sur·vey·or ['maɪn səˌveɪə] *s Tech* Markscheider *m*; **'~ ˌsweep·er** *s* Minenräumboot *n*; **ˌ~ ˌven·ti'la·tion** *s Bergb* Wetterführung *f*

min·gle ['mɪŋgl] *bes lit vt* vermischen, vermengen ⟨two rivers ~ their waters zwei Flüsse vereinigen sich; truth ~d with falsehood Wahrheit und Lüge; with ~d feelings mit gemischten Gefühlen⟩; *vi* sich (ver)mischen, sich verbinden (**with** mit) ⟨to ~ with the crowd sich der Masse anschließen, mit der Menge gehen⟩ **|** *übertr* sich einmischen (**in** in); **'~-ˌman·gle** *s* Mischmasch *m*

min·gy ['mɪndʒɪ] *adj umg* knickerig ⟨a ~ fellow⟩

mini ['mɪnɪ] *s umg* Klein[st]auto *n* **|** *auch* **'~skirt** Minirock *m* **|** Minimode *f* ⟨to wear ~⟩ **|** *in Zus* Klein-, Mini- ⟨~ tour Kurzreise *f*⟩

min·i·a|ture ['mɪnɪtʃə|-nɪətʃə] **1.** *s* Miniatur(gemälde) *f*(*n*) **|** Miniaturmalerei *f* ⟨in ≈ *übertr* im Kleinen⟩; **2.** *adj* Miniatur-; **3.** *vt* in Miniatur malen; **ˌ~ture 'bot·tle** *s* Miniflasche *f*, Kleinflasche *f*; **ˌ~ture 'cam·er·a** *s* Kleinbildkamera *f*;

ˌ~ture 'grand *s Mus* Stutzflügel *m*; ˌ~ture 'rail·way *s* Modelleisenbahn *f*; '~tur·ist *s* Miniaturmaler, -zeichner *m*; ˌ~tur·i'za·tion *s Tech* Miniaturisierung *f* ⟨trend towards ≈ in electronics⟩; '~tur·ize *vt* miniaturisieren

min·i|bike ['mɪnɪbaɪk] *s Am* Kleinstkraftrad *n*; '~ˌ**bud·get** *s Pol* Nachtragshaushalt *m*; '~**bus** *s* Kleinomnibus *m*; '~ˌ**cal·cu·la·tor** *s* Kleinstrechner *m*; '~**car** *s* Klein[st]wagen *m*; '~ˌ**cy·cle** *s* zusammenklappbares (Klein-) Fahrrad; '~**dress** *s* Minikleid *n*; '~**fy** *vt* verkleinern

min·i·kin ['mɪnɪkɪn] **1.** *adj* geziert | winzig; **2.** *s* Zwerg *m*, Knirps *m*

min·im ['mɪnɪm] **1.** *s Mus* halbe Note | kleines Wesen, Knirps *m* | (Schrift) Grundstrich *m*; **2.** *adj* winzig

min·i|mal ['mɪnɪml] *adj* minimal, kleinste, -r, -s, geringste, -r, -s, Mindest-; ˌ**~mi'za·tion** [ˌ~maɪ'zeɪʃn] *s* Zurückführung *f* auf ein Minimum, Minimierung *f*; '**~mize** *vt* auf ein Minimum reduzieren, minimieren ⟨to ≈ the dangers⟩ | *übertr* herabsetzen, herunterspielen ⟨to ≈ an accident⟩; **~mum** ['~məm] **1.** *s* (*pl* **~ma** ['~mə], '**~mums** ['~məmz]) Minimum *n* (*Ant* maximum) | Mindestmaß *n* ⟨to reduce s.th. to a ≈ auf ein Mindestmaß herabsetzen/reduzieren⟩ | Mindestbetrag *m* | *Met* Tief *n*; **2.** *adj* minimal, Minimal-, Mindest- ⟨the ≈ temperature die Mindesttemperatur; ≈ wage Mindestlohn *m*⟩

min·ing ['maɪnɪŋ] **1.** *adj* Berg(bau)-, Montan- | *Mil* Minen-; **2.** *s* Bergbau *m* ⟨open-cast ~ Tagebau *m*⟩; '~ **en·giˌneer** *s* Bergbauingenieur *m*; '~ ˌ**industry** der Bergbau, die Montanindustrie; '~ ˌ**village** Bergarbeiterdorf *n*

min·i·nuke ['mɪnɪnju:k] *s Am Sl* Kleinstatombombe *f*

min·ion ['mɪnɪən] *s bes lit* Favorit *m*, Liebling(sdiener) *m*(*m*), Günstling *m*, Trabant *m* | *verächtl* Speichellecker *m*, Liebediener *m* ⟨~ of the law Häscher *m*, Exekutor *m*⟩ | *Typ* Mignon *f*, Kolonel (= 7-Punkt-Schrift) *f* ⟨double ~ Mittel *f*⟩

min·is|ter ['mɪnɪstə] **1.** *s Pol* Minister *m* ⟨Prime ≈ der Premierminister *m*; junior ≈ Staatssekretär *m*⟩ | *Pol* Gesandter *m* | (protestantischer) Geistlicher *m*, Pfarrer *m* | *übertr* Diener *m*, Gehilfe *m*; **2.** *vi bes lit* dienen, aufwarten (**to s.o.** jmdm.) ⟨to ≈ to the wants of a sick man einen Kranken betreuen⟩ | Gottesdienst halten; **~te·ri·al** [ˌ~'tɪərɪəl] *adj Pol* ministeriell, Minister- ⟨≈ functions Aufgaben *f/pl* eines Ministers; ≈ rank Ministerrang *m*; the ≈ benches die Regierungsbänke *f/pl*⟩ | Verwaltungs- | *selten* dienend; **~trant** ['~trənt] **1.** *adj* dienend; **2.** *s Rel* Ministrant *m*, Meßdiener *m*; ˌ**~'tra·tion** *s meist pl* (*bes Rel*) Dienst *m*, Amt *n* ⟨thanks to the ≈s of (s.o.) dank der großen Hilfe von (jmdm.)⟩ | Beistand *m*, Pflege *f*, Fürsorge *f* ⟨≈s of doctors and nurses⟩; '**~tra·tive** *adj* dienend | *Rel* ministrierend; '**~try** *Pol Brit* Ministeramt *n*, Regierungszeit *f* | *Pol Brit* Ministerium *n* ⟨the Air ≈ Luftfahrtministerium *n*⟩ | (*mit best art*) *Rel* geistliches Amt, Priesterschaft *f* ⟨to enter the ≈ Geistlicher werden⟩ | (*meist sg*) *übertr* Werk *n*, Wirken *n* ⟨by s.o.'s ≈ auf jmds. Betreiben⟩

min·i·ver ['mɪnɪvə] *s* Grauwerk *n*, Feh(fell) *n*

mink [mɪŋk] **1.** *s Zool* Nerz *m*; **2.** *adj* Nerz- ⟨~ coat⟩

min·now ['mɪnəʊ] *s Zool* Elritze *f*

mi·nor ['maɪnə] **1.** *adj* (*Ant* major) kleiner, geringer ⟨~ repairs kleinere Reparaturen *f/pl*; ~ injuries leichtere Verletzungen *f/pl*⟩ | unbedeutender, relativ unbedeutend ⟨~ author; to play a ~ part eine Nebenrolle spielen; ~ planets Planetoiden *m/pl*⟩ | Neben-, Unter- ⟨~ road Nebenstraße *f*⟩ | minderjährig | *Mus* Moll- ⟨A ~ A-moll; ~ key Molltonart *f*; in a ~ key *übertr* in gedämpfter Stimmung, bedrückt⟩ | *Am Päd* Neben- ⟨~ subject Nebenfach *n*⟩ | *Brit* (Public School) (nach Eigennamen) zweiter, jüngerer ⟨Smith ~ Smith zwei, der jüngere Smith⟩; **2.** *s* Minderjährige(r) *f*(*m*) | *Phil* Untersatz *m* | *Mus* Moll *n*; **3.** *vi Am Päd* im Nebenfach studieren; **~i·ty** [mɪ'nɒrətɪ|maɪ'n-] *s* Minderjährigkeit *f*, Unmündigkeit *f* | Minorität *f*, Minderheit *f* ⟨to be in the ≈ in der Minderheit sein; to be in a ≈ of one von nur einem unterstützt werden⟩; '**~i·ty** ˌ**gov·ern·ment** *s Pol* Minderheitsregierung *f*; '**~ity** ˌ**pro·gramme** *s Rundf* Programm *n* mit niedriger Einschaltquote; '**~i·ty re**ˌ**port** *s* (offizieller) Bericht, der die Meinung einer Minderheit widerspiegelt; ˌ~ '**third** *s Mus* kleine Terz

Min·o·taur ['maɪnətɔ:] *s Myth* Minotaurus *m* | *übertr* Pest *f*, Plage *f*

min·ster ['mɪnstə] *s* Klosterkirche *f* | Münster *n*, Kathedrale *f* ⟨York ~ das Yorker Münster⟩

min·strel ['mɪnstrəl] *s Hist* fahrender Spielmann | als Schwarzer auftretender weißer Komiker in einer Truppe *od* Show ⟨black-face ~s als Neger verkleidete Sänger *pl*⟩; '~ **show** *s* Auftritt *m* von (als Negern geschminkten) Sängern; **~sy** ['mɪnstrəlsɪ] *s* Spielleute *pl* | Spielmannsdichtung *f*, -lieder *n/pl* | Vortrag von Spielleuten | Sänger- *od* Künstlergruppe

[1]**mint** [mɪnt] *s Bot* Minze *f*, Pfefferminze *f* ⟨curled ~ Krauseminze *f*; ~ sauce Pfefferminzsauce *f*; ~ jelly Pfefferminz-, Zitronengelee *n*; ~ julep Whisky *m* mit Eis und frischer Minze⟩ | *umg* Pfefferminzbonbon *m*, *n*

[2]**mint** [mɪnt] **1.** *s* Münze *f*, Münzamt *n* ⟨Royal ~ Königliche Münzanstalt⟩ | *übertr* Gold-, Fundgrube *f* | *übertr* Menge *f* ⟨a ~ of money *umg* e-e Masse Geld⟩; **2.** *vt* münzen, prägen, schlagen | *übertr* (Wort, Ausdruck) prägen, erfinden; **3.** *adj* (Münzen, Drucke, Briefmarken, Bücher) neu, einwandfrei ⟨in ~ condition münzfrisch; (Briefmarke) unbeschädigt; *übertr* in bestem Zustand, funkelnagelneu; '**~age** *s* Prägung *f* (*auch übertr*) | geprägtes Geld | Münz-, Prägegebühr *f*

min·u·end ['mɪnjʊˌend] *s Math* Minuend *m*

min·u·et [ˌmɪnjʊ'et] *s Mus* Menuett *n*

mi·nus ['maɪnəs] **1.** *präp Math* minus, weniger ⟨10 ~ 2 leaves 8⟩ | *umg* ohne ⟨he came back from the war ~ a hand er verlor im Krieg eine Hand⟩; **2.** *adj* Minus- (*Ant* plus) ⟨the ~ sign das Minuszeichen⟩ | negativ (*Ant* positive) ⟨a ~ quantity e-e negative Menge⟩ | *Bot* minusgeschlechtig; **3.** *s*, *auch* '~ **sign** Minuszeichen *n* | *auch* '~ **a**ˌ**mount** Fehlbetrag *m*

mi·nus·cule ['mɪnəskju:l] **1.** *s* Minuskel *f*, kleiner Anfangsbuchstabe; **2.** *adj* Minuskel- | *übertr* sehr klein, winzig

[1]**min·ute** ['mɪnɪt] **1.** *s* Minute *f* ⟨two ~s to two zwei Minuten vor zwei; to the ~ auf die Minute, genau; up-to-the-~ neuest, frisch, ganz aktuell⟩ | *umg* Augenblick *m* ⟨in a ~ sofort; just a ~ einen Moment; the ~ [that] sobald⟩ | Notiz *f* ⟨to make a ~ of s.th. von etw. eine Notiz anfertigen⟩ | *meist pl* (Sitzungs)Protokoll *n* ⟨~s of the trial Gerichtsprotokoll *n*; to keep/take the ~s Protokoll führen; to read and confirm the ~s den Sitzungsbericht verlesen und bestätigen⟩ | *Math, Astr* Minute *f* ⟨~ of arc *Math* Bogenminute *f*⟩; **2.** *vt selten* die genaue Zeit *od* Dauer bestimmen von ⟨to ~ a match⟩ | *selten* aufzeichnen, entwerfen | protokollieren ⟨to ~ the statements⟩

[2]**mi·nute** [maɪ'nju:t] *adj* sehr klein, winzig ⟨~ particles⟩ | unbedeutend | genau, präzise ⟨a ~ report; the ~st [maɪ'nju:tɪst] details die kleinsten Einzelheiten *f/pl*⟩

min·ute| book ['mɪnɪt bʊk] *s* Protokollbuch *n*; '~ **hand** *s* Minutenzeiger *m*

mi·nute·ly [maɪ'nju:tlɪ] *adv* sehr wenig, in sehr geringem Maße ⟨to vary only ~ nur ganz geringe Abweichungen aufweisen⟩ | ganz sorgfältig, genauestens, sehr detailliert ⟨to examine s.th. ~⟩ | in ganz kleine Stücke ⟨to cut up s.th. ~⟩

min·ute|man ['mɪnɪtmæn] *s* (*pl* **~men** [-men]) *Am Hist* Freiwilliger *m* (im Unabhängigkeitskrieg, der auf Abruf bereitstand); '**~ steak** *s Kochk* (sehr dünnes) kurzgebratenes Steak

mi·nu·ti|a [maɪ'nju:ʃɪə] *s* (*pl* **~ae** [maɪ'nju:ʃɪi:]) (*oft pl*) Detail *n*, (kleinste) Einzelheit, (genauester) Umstand ⟨the ~ae of one's day-to-day affairs die tägliche Kleinarbeit⟩

minx [mɪŋks] *s scherzh* keckes Mädchen, Wildfang *m*, Range *f* | *verächtl* Biest *n*

mi·o·sis [maɪ'əʊsɪs] ↑ **myosis**

mi·ot·ic [maɪ'ɒtɪk] ↑ **myotic**

mir·a·cle ['mɪrəkl|-rɪkl] *s* Wunder *n* (*auch übertr*) ⟨by a / some ~ wie durch ein Wunder; to a ~ erstaunlich gut; to accomplish / work ~s *lit* Wunder vollbringen⟩ ◇ **~ of** bemerkenswertes Beispiel für, seltener Fall von ⟨a ~ of ingenuity eine wunderbare Idee⟩; '**~ drug** *s* Wunderdroge *f*; '**~ play** *Hist s* Mirakelspiel *n*; **mi·rac·u·lous** [mɪ'rækjʊləs] *adj* wunderbar übernatürlich; **mi'rac·u·lous·ly** *adv* wie durch ein Wunder

mi·rage ['mɪrɑ:ʒ] *s* Luftspiegelung *f* | *übertr* Illusion *f*, Täuschung *f*, Fata Morgana *f*

Mi·ran·da [mə'rændə] *adj Am Jur* das Recht eines Beschuldigten betreffend, bei Verhaftung die Aussage zu verweigern und einen Anwalt zu beanspruchen ⟨~ rights⟩

mire ['maɪə] **1.** *s* Schlamm *m*, Sumpf *m*, Morast *m* | *übertr* Dreck *m* ⟨to be (deep) in the ~ (tief, mitten) in der Patsche *od* im Dreck sitzen; to drag s.o. (s.o.'s name) through the ~ jmdn. (jmds. Namen) in den Schmutz ziehen⟩; **2.** *lit*, *vt* (jmdn.) beschmutzen | *übertr* (jmdn.) in Schwierigkeiten bringen *od* versetzen; *vi* im Sumpf steckenbleiben

mir·ror ['mɪrə] **1.** *s* Spiegel *m* ⟨driving ~ *Kfz* Fahr-, Rückspiegel *m*⟩ | *übertr* Spiegel(bild) *m*(*n*); **2.** *vt* (wider)spiegeln (*auch übertr*); ˌ**~ 'im·age** *s* Spiegelbild *n*; ˌ**~ 'spot·light** *s Tech* Spiegellinsenscheinwerfer *m*; ˌ**~ 'writ·ing** *s* Spiegelschrift *f*

mirth [mɜ:θ] *bes lit s* Frohsinn *m*, Fröhlichkeit *f* ⟨a time of ~ eine fröhliche Zeit⟩ | Heiterkeit *f*, Lachen *n*; '**~ful** *adj* lustig, fröhlich; '**~less** *adj* freudlos ⟨a ≈ laugh ein gezwungenes Lachen⟩

MIRV [mɜ:v] *s Mil Abk von* **Multiple Independently Targeted Reentry Vehicle** (Rakete *f* mit Mehrfachzündköpfen, die unabhängig voneinander zünden können)

mir·y ['maɪərɪ] *bes lit adj* sumpfig, schlammig ⟨~ roads⟩ | schmutzig (*auch übertr*)

mis- [mɪs] *präf zur Bildung von v, adj u. s mit der Bedeutung*: miß-, übel, falsch, Fehl- (*z. B.* **~lead** irreführen; **~treat** mißhandeln; **~understood** mißverstanden; **~fortune** Mißgeschick *n*)

mis·ad·ven·ture [ˌmɪsəd'ventʃə] *s* Mißgeschick *n*, Unfall *m* ⟨death by ~ Tod *m* durch Unfall⟩

mis·ad·vise [ˌmɪsəd'vaɪz] *vt* (*meist pass*) schlecht beraten

mis·al·li·ance [ˌmɪsə'laɪəns] *s* Mißheirat *f*, Mesalliance *f*

mis·an|thrope ['mɪsn̩θrəʊp] *s* Misanthrop *m*, Menschenfeind *m*; **~throp·ic** [ˌ~'θrɒpɪk], ˌ**~'throp·i·cal** *adj* misanthropisch, menschenfeindlich; **~thro·pist** [mɪs'ænθrəpɪst] *s* Misanthrop *m*, Menschenfeind *m*; **~thro·py** [mɪs'ænθrəpɪ] *s* Menschenhaß *m*

mis·ap|pli·ca·tion [ˌmɪsæplɪ'keɪʃn] *s* Mißbrauch *m*, falsche Anwendung *f* (**of** von); **~ply** [ˌmɪsə'plaɪ] (ˌ**~'plied,** ˌ**~'plied**) *vt* mißbrauchen, falsch anwenden ⟨to ≈ public money öffentliche Gelder zu unerlaubten Zwecken verwenden⟩

mis·ap·pre|hend [ˌmɪsæprɪ'hend] *förml vt* mißverstehen; ˌ**~'hen·sion** *s* Mißverständnis *n*, falsche Auffassung ⟨to be (do s.th.) under a ≈ sich im Irrtum befinden (etw. im falschen Glauben tun); to labour under a ≈ in einem Irrtum befangen sein; there seems to be some ≈ as to es scheint ein Mißverständnis vorzuliegen hinsichtlich *od* in bezug auf⟩

mis·ap·pro·pri|ate [ˌmɪsə'prəʊprɪeɪt] *vt förml*, *Jur* unrechtmäßig *od* widerrechtlich aneignen, unterschlagen; ˌ**~'a·tion** *s* unrechtmäßige *od* widerrechtliche Aneignung, Unterschlagung *f*, Veruntreuung *f* ⟨≈ of public money Veruntreuung *f* öffentlicher Gelder⟩

mis·be|come [ˌmɪsbɪ'kʌm] *vt* (**~came** [-'keɪm], **~come** [-'kʌm]) (jmdn.) schlecht (an)stehen, sich nicht schicken *od* ziemen für (jmdn.); ˌ**~'com·ing** *adj* unschicklich

mis·be·got·ten [ˌmɪsbɪ'gɒtn] *adj lit* unehelich (gezeugt) | *umg verächtl*, *scherzh* (Person) elend, scheußlich | *umg verächtl*, *scherzh* (Sache, Idee, Plan) verkorkst, vermurkst

mis·be|have [ˌmɪsbɪ'heɪv] *vi* sich schlecht aufführen, sich unpassend benehmen, danebenbenehmen; ˌ**~'haved** *adj* (Kind) mit schlechten Manieren, unartig; **~hav·iour** [ˌ~'heɪvɪə] *s* schlechtes Benehmen, Ungezogenheit *f* | *Jur* ungebührliches Benehmen, schlechte Führung | Vergehen *n*

mis·be|lief [ˌmɪsbɪ'li:f] *s* Irrglaube *m*; **~lieve** [ˌ~'li:v] *vi* irrgläubig sein; ˌ**~'liev·er** *s* Irrgläubige(r) *f*(*m*)

mis·cal·cu|late [ˌmɪs'kælkjʊleɪt] *vt* falsch berechnen ⟨to ≈ the time⟩; *vi* sich verrechnen; ˌ**~'la·tion** *s* falsche Berechnung, Rechenfehler *m*

mis·call [mɪs'kɔ:l] *vt* (*meist pass*) falsch *od* zu Unrecht (be)nennen

mis·car·riage [ˌmɪs'kærɪdʒ|'mɪskærɪdʒ] *s* Mißlingen *n*, Fehlschlagen *n* ⟨~ of justice *Jur* Fehlurteil *n*, Rechtsbeugung *f*⟩ | (Brief u. ä.) Fehlleitung *f*, Versandfehler *m* ⟨~ of goods⟩ | *Med* Fehlgeburt *f* ⟨to have a ~⟩; **mis'car·ry** *vi* (Plan u. ä.) mißlingen, fehlschlagen, scheitern | (Brief u. ä.) verlorengehen | *Med* eine Fehlgeburt haben, abortieren

mis|cast [ˌmɪs'kɑ:st] *vt* (ˌ**~'cast,** ˌ**~'cast**) (*meist pass*) (Schauspieler) fehl besetzen, eine unpassende Rolle zuweisen | (Rolle, Theaterstück, Film) fehlbesetzen, von ungeeigneten Schauspielern spielen lassen

mis·ce·ge·na·tion [ˌmɪsɪdʒɪ'neɪʃn] *s* Rassenmischung *f* | *Am* Rassenmischung *f* zwischen Schwarzen und Weißen

mis·cel·la|ne·a [ˌmɪsə'leɪnɪə] *s/pl* vermischte Schriften *f/pl*, Miszellen *f/pl*; ˌ**mis·cel'la·ne·ous** [ˌmɪsə'leɪnɪəs] *adj* vermischt, bunt ⟨a ≈ collection⟩ | vielseitig ⟨a ≈ writer⟩; **~ny** [mɪ'selənɪ] *s* Gemisch *n*, Sammlung *f* | Sammelband *m*

mis·chance [ˌmɪs'tʃɑ:ns] *förml s* Unglück *n*, Mißgeschick *n* ⟨by ~, through a ~ durch einen unglücklichen Zufall⟩ | Unfall *m*

mis·chief ['mɪstʃɪf] *s* Schaden *m*, Unheil *n*, Verletzung *f* ⟨to do ~ Unheil anrichten; to do s.o. a ~ *bes Brit scherzh* jmdm. Schaden zufügen, jmdn. verletzen; to make ~ between Zwietracht säen zwischen, Uneinigkeit bringen zwischen⟩ | Mutwille *m*, Unfug *m* ⟨to be fond of ~ auf Unfug aus sein; to keep out of ~ den Unfug nicht mitmachen⟩ | *umg* Unfugstifter *m*, Frechdachs *m*; *umg* Strick *m* ⟨these boys are regular ~s diese Jungs sind richtige Ausbunde⟩ | Schelm *m*, Schalk *m* ⟨eyes full of ~ Augen *n/pl* voller Schalk⟩; '**~-ˌmak·er** *s* Unheilstifter(in) *m*(*f*); '**~-ˌmak·ing** **1.** *adj* unheilstiftend; **2.** *s* Unheilstiften *n*

mis·chie·vous ['mɪstʃɪvəs] *adj* schädlich, nachteilig ⟨~ rumours üble Nachreden *f/pl*⟩ | böse, mutwillig ⟨~ tricks⟩ | schadenfroh ⟨~ looks; ~ as a monkey⟩ | (Kind) spitzbübisch, schelmisch ⟨a ~ child ein Schlingel *m od* Schlawiner *m*⟩

mis·ci·bil·i·ty [ˌmɪsɪ'bɪlətɪ] *Tech s* Mischbarkeit; '**mis·ci·ble** *adj* (ver)mischbar, mischfähig

mis·com·pre|hend [ˌmɪskɒmprɪ'hend] *vt* mißverstehen;

ˌ~ˈ**hen·sion** *s* Mißdeutung *f*

mis·con|ceive [ˌmɪskənˈsiːv] *vt* falsch planen *od* konzipieren ⟨the plan is wholly ~ceived der Plan ist völlig ungeeignet *od* entspricht nicht den Anforderungen⟩ | *förml* mißdeuten, falsch auffassen; *vi* eine falsche Meinung haben; **~cep·tion** [ˌ~ˈsepʃn] *s* falsche Auffassung *od* Vorstellung, Mißverständnis *n*

mis·con·duct [ˌmɪskənˈdʌkt] *förml vt* schlecht führen *od* verwalten ⟨to ~ one's affairs Unregelmäßigkeiten zulassen⟩; *vr* sich schlecht benehmen, sich falsch verhalten ⟨to ~ o.s. einen Fehltritt begehen⟩ | Ehebruch begehen (**with** mit); [ˌmɪsˈkɒndʌkt] *s* schlechtes Benehmen, Ungebühr *f* | Berufsvergehen *n* | Ehebruch *m* ⟨to commit ~ Ehebruch begehen⟩ | *selten* schlechte Verwaltung

mis·con|struc·tion [ˌmɪskənˈstrʌkʃn] *s* Mißverständnis *n*, Mißdeutung *f* ⟨open to ≈ mißverständlich⟩ | *Ling* falsche Konstruktion, falscher Satzbau; **~strue** [ˌ~ˈstruː] *vt* (Worte, Personen) mißverstehen, mißdeuten

mis·count [ˌmɪsˈkaʊnt] **1.** *vt* falsch rechnen, falsch zählen; *vi* sich verrechnen; **2.** *s* Verrechnen *n* | Rechenfehler *m* | *Pol* falsche Stimmenauszählung

mis·cre·ant [ˈmɪskrɪənt] *s arch* Schurke *m*, Schuft *m*

mis·cre·at·ed [ˌmɪskrɪˈeɪtɪd] *adj* mißgestaltet, unnatürlich | *verächtl* elend

mis·creed [ˌmɪsˈkriːd] *s poet* Irrglaube *m*

mis·cue [ˌmɪsˈkjuː] *vi* (Billard) einen falschen Stoß machen, inkorrekt stoßen | (Kricket) falsch schlagen; *vt* (Kricket) (Ball) verschlagen, nicht richtig treffen

mis·date [ˌmɪsˈdeɪt] **1.** *vt* (Brief, Ereignis) falsch datieren; **2.** *s* falsches Datum

mis|deal [ˌmɪsˈdiːl] *Kart* **1.** (**~delt, ~delt** [ˌ~ˈdelt]) *vt, vi* (ver)geben, falsch verteilen; **2.** *s* Vergeben *n* ⟨it's a ≈ vergeben!⟩

mis·deed [ˌmɪsˈdiːd] *s förml, lit* Missetat *f*, Verbrechen *n*

mis·de·mean·our [ˌmɪsdɪˈmiːnə] *s* schlechtes Betragen *od* Benehmen | *Jur* Übertretung *f*, Vergehen *n*, minderes Delikt ⟨~ in office Amtsvergehen *n*; to make o.s. guilty of a ~ sich eines Vergehens schuldig machen⟩

mis·di|rect [ˌmɪsdaɪˈrekt|-dɪr-] *vt* fehl-, irreleiten ⟨to ≈ one's energies seine Kraft vergeuden; to ≈ one's abilities seine Fähigkeiten in die falsche Richtung lenken⟩ | (Brief) falsch adressieren | *Jur* falsch unterrichten ⟨to ≈ a jury die Geschworenen falsch belehren⟩; **~rec·tion** [ˌ~ˈrekʃn] *s* Irreleitung *f* | falsche Adressierung | *Jur* falsche Belehrung

mis·do·ing [ˌmɪsˈduːɪŋ] *s*, *meist* ˌ**misˈdo·ings** *pl bes lit, förml* Vergehen *n*

mise-en-scène [ˌmiːz ɒn ˈsen|-ˈseɪn] ⟨*frz*⟩ *s* (*pl* **~s**) [~] *Theat* Ausstattung *f*, Kulissen *pl* | *übertr lit* Kulissen *f*, Umgebung *f*

mi·ser [ˈmaɪzə] *s verächtl* Geizhals *m*

mis·er·a|ble [ˈmɪzr̩əbl] *adj* elend, erbärmlich, jämmerlich, kläglich (*auch verächtl*) ⟨≈ weather; ≈ slums⟩ | unglücklich, traurig ⟨to make s.o. ≈⟩ | miserabel, schlecht ⟨a ≈ meal⟩ | gemein, nichtswürdig ⟨a ≈ character⟩; **ˈ~bly** *adv* entsetzlich, furchtbar ⟨≈ cold⟩ | kläglich, jämmerlich, miserabel, erbärmlich ⟨to play ≈; ≈ equipped⟩ | unglücklich, traurig ⟨to speak ≈⟩

mi·ser·ly [ˈmaɪzəlɪ] *adj verächtl* geizig, filzig, knick[e]rig

mis·er|y [ˈmɪzərɪ] *s* Elend *n*, Not *f*, Jammer *m*, Trübsal *f* ⟨to live in ≈ im Elend leben⟩ | Pein *f*, Schmerz *m* ⟨to be in/suffer ≈ from s.th. an etw. leiden; to put the animal out of its ≈ das Tier aus Mitleid töten, das Tier von seinen Leiden erlösen⟩ | *pl* Leiden *n/pl*, Nöte *f/pl* ⟨the ~ies of mankind⟩ | *bes Brit umg verächtl* Miesepeter *m*, Miesmacher *m*

mis·es·teem [ˌmɪsɪˈstiːm] *förml* **1.** *vt* mißachten; **2.** *s* Mißachtung *f*

mis·fea·sance [ˌmɪsˈfiːzns] *Jur s* Mißbrauch *m* der Amtsgewalt | pflichtwidrige *od* unerlaubte Handlung

mis|fire [ˌmɪsˈfaɪə] **1.** *vi* (Waffe) versagen | *Tech* (*bes* Motor) fehlzünden, aussetzen | *übertr umg* (Witz u. ä.) danebengehen, seine Wirkung verfehlen, (Plan) fehlschlagen; **2.** *s Mil* Versager *m* | *Tech* (*bes* Motor) Fehlzündung *f*; ˌ**~ˈfir·ing** *s Tech* Fehlzündung *f*

mis·fit [ˈmɪsˌfɪt] *s* schlechtsitzendes Kleidungsstück, fehlerhafter Gegenstand | *übertr* jmd., der sich nicht anpassen kann, Einzelgänger *m*, Eigenbrötler *m*, Milieugestörte(r) *f*(*m*)

mis·for·tune [mɪsˈfɔːtʃuːn|-tʃən] *s* Unglück *n*, Mißgeschick *n* ⟨companions in ~ Gefährten *m/pl* in der Not; to suffer ~ Unglück haben, Mißgeschick erleiden⟩ | Unglücksfall *m*

mis|give [ˌmɪsˈgɪv] (**~gave** [ˌ~ˈgeɪv], ˌ**~giv·en** [~ˈgɪvn]) *vt* (*unpers konstr*) mit Befürchtungen *od* Zweifel erfüllen ⟨my heart/mind ~gives me ich ahne nichts Gutes, mir schwant Böses⟩; *vi* Befürchtungen hegen, Böses ahnen; ˌ**~ˈgiv·ing** *s* (*oft pl mit sg Bedeutung*) Befürchtung *f*, böse Ahnung ⟨full of ≈s voller Zweifel; to feel ≈ Böses ahnen; with ≈ mit Bedenken; to have some ≈s einige Bedenken hegen⟩ | Einwand *m* ⟨my only ≈⟩

mis·gov·ern [ˌmɪsˈgʌvn] *vt* schlecht regieren; ˌ**misˈgov·ern·ment** *s* Mißregierung *f*, schlechte Regierung *od* Verwaltung

mis|guid·ance [mɪsˈgaɪdns] *s* Irreführung *f*, Verleitung *f*; ~ˈ**guide** *vt* (*meist pass*) irreleiten, -führen, verführen, verleiten ⟨to be ≈d into thinking durch falsche Informationen zu der Annahme geführt worden sein⟩; **~ˈguid·ed** *adj* irregeleitet ⟨≈ boys⟩ | verfehlt ⟨≈ zeal⟩

mis·han·dle [ˌmɪsˈhændl] *vt* mißhandeln | falsch *od* schlecht handhaben, falsch behandeln ⟨to ~ a car⟩ | *übertr* falsch anpacken, verpatzen

mis·hap [ˈmɪshæp|ˌmɪsˈhæp] *s* Unglück *n* ⟨to arrive without ~ glücklich ankommen⟩ | unglücklicher Zufall, Zwischenfall *m*, Pech *n*, Panne *f* ⟨to meet with a slight ~ etw. Pech haben; to arrive without ~s ohne Zwischenfälle ankommen⟩

mis|hear [ˌmɪsˈhɪə] (**~heard, ~heard** [ˌ~ˈhɜːd]) *vt* (etw.) falsch hören, (jmdn.) nicht richtig hören; *vi* sich verhören

mis|hit [ˌmɪsˈhɪt] **1.** *vi, vt* (ˌ**~ˈhit,** ˌ**~ˈhit**) (Kricket, Golf) (Ball) falsch schlagen, verschlagen; **2.** falscher *od* schlechter Schlag

mish·mash [ˈmɪʃmæʃ] *s umg* Mischmasch *m*, Durcheinander *n*

mis·im·prove [ˌmɪsɪmˈpruːv] *vt* verschlimmbessern

mis·in|form [ˌmɪsɪnˈfɔːm] *vt* falsch unterrichten (**about** über); **~for·ma·tion** [ˌ~fəˈmeɪʃn] *s* falsche Information, Fehlinformation *f*, falsche Auskunft, Falschmeldung *f*

mis·in·ter|pret [ˌmɪsɪnˈtɜːprət|-ɪt] *vt* falsch auffassen, mißdeuten; ˌ**~preˈta·tion** *s* falsche Erklärung, Mißdeutung *f*

mis·in·vest [ˌmɪsɪnˈvest] *Wirtsch vi, vt* fehlinvestieren; ˌ**mis·inˈvest·ment** *s* Fehlinvestition *f*

mis|judge [ˌmɪsˈdʒʌdʒ] *vt, vi* falsch (be)urteilen, falsch einschätzen ⟨to ≈ the distance; to ≈ s.o.'s motives⟩; **~ˈjudg[e]·ment** *s* Fehlurteil *n*, falsche Beurteilung *od* Einschätzung (**of** von)

mis|lay [mɪsˈleɪ] *vt* (**~laid, ~laid** [~ˈleɪd]) (etw.) verlegen

mis|lead [mɪsˈliːd] *vt* (**~led, ~led** [~ˈled]) irreführen ⟨~led by a guide⟩ | verleiten, verführen (**into** *mit ger* zu *mit inf*) ⟨~led by bad companions durch schlechte Gesellschaft irregeleitet⟩ | täuschen ⟨to ≈ s.o. as to one's intentions jmdn. über seine wahren Absichten hinwegtäuschen⟩; **~ˈlead·ing** *adj* irreführend, täuschend ⟨≈ information⟩

mis·man·age [ˌmɪsˈmænɪdʒ] *vt* schlecht verwalten; (Angelegenheiten, Geschäft) schlecht abwickeln *od* handhaben; *vi* schlecht arbeiten; ˌ**misˈman·age·ment** *s* schlechte Verwaltung, Mißwirtschaft *f*; schlechte Abwicklung *od* Erledigung

mis·match [ˌmɪsˈmætʃ] *vt* (*oft pass*) nicht richtig miteinander verbinden ⟨to be ~ed nicht zusammenpassen⟩; [ˈmɪsmætʃ] *s* falsche Verbindung, etw., was nicht zusammenpaßt

mis·name [ˌmɪsˈneɪm] *vt* (*meist pass*) falsch (be)nennen

mis·no·mer [mɪsˈnəʊmə] *s* falsche Bezeichnung *f*, unpassender Name | irrtümliche Bezeichnung | *Jur* Namensirrtum *m* (auf Urkunden) | (Sport) Fehlbesetzung *f*

mi·sog·a·mist [mɪˈsɒgəmɪst] **1.** *s* Misogam *m*, Ehefeind *m*; **2.** *adj* ehefeindlich; **miˈsog·a·my** *s* Misogamie *f*, Ehescheu *f*; **mi·sog·y·nist** [mɪˈsɒdʒɪnɪst|maɪˈs-] *s* Weiberfeind *m*; **miˈsog·y·ny** *s* Misogynie *f*, Weiberhaß *m*

mis·place [ˌmɪsˈpleɪs] *vt* (etw.) verlegen, falsch stellen | *übertr* (*meist pass*) (Liebe u. ä.) an der falschen Stelle anbringen ⟨~d confidence Vertrauen *n* am falschen Platz⟩; **ˌmisˈplace·ment** *s* Verstellung *f*, Verstellen *n*, falsches Unterbringen *od* Einordnen

mis·print [ˌmɪsˈprɪnt] **1.** *vt* verdrucken; **2.** *s*, *auch* [ˈmɪsprɪnt] Druckfehler *m*

mis·pri·sion [mɪsˈprɪʒn] *Jur s* grobes Vergehen | Unterlassung *f* der Anzeige ⟨~ of felony Nichtanzeige *f* eines Verbrechens⟩

mis·pro|nounce [ˌmɪsprəˈnaʊns] *vt*, *vi* falsch aussprechen; **~nun·ci·a·tion** [ˌ~ˌnʌnsɪˈeɪʃn] *s* falsche Aussprache, Aussprachefehler *m*

mis|quo·ta·tion [ˌmɪskwəʊˈteɪʃn] *s* falsches Zitat *n*; **ˌ~ˈquote** *vt*, *vi* falsch zitieren *od* anführen

mis·read [ˌmɪsˈriːd] *vt* (**~, ~** [mɪsˈred]) falsch lesen *od* deuten, mißdeuten ⟨to ~ one's instructions die Anordnungen falsch auffassen⟩

mis·rep·re|sent [ˌmɪsreprɪˈzent] *vt* falsch *od* ungenau darstellen | entstellen, verdrehen ⟨grossly ~sented grob entstellt⟩; **ˌ~senˈta·tion** *s* falsche Darstellung | Entstellung *f*

mis·rule [ˌmɪsˈruːl] **1.** *vt* schlecht regieren; **2.** *s* schlechte Regierung | *bes lit* Tumult *m*, Unordnung *f*

[1]**miss** [mɪs] **1.** *vt* verfehlen, verpassen ⟨to ~ fire (Gewehr) versagen; *übertr* fehlschlagen; to ~ one's footing ausgleiten; to ~ one's hold fehlgreifen; to ~ the target nicht treffen; to ~ the/one's mark *übertr* sein Ziel verfehlen; to ~ the bus den Bus verpassen; to ~ the bus/boat *übertr umg* die Gelegenheit verpassen; to ~ *mit ger* versäumen zu *mit inf*⟩ | übersehen, überhören ⟨to ~ a word ein Wort überhören; to ~ the point das Wichtigste verpassen⟩ | *auch* **~ out** aus-, weglassen ⟨to ~ out a line *Typ* eine Zeile vergessen; to ~ out a course of a meal einen Gang auslassen⟩ | entbehren, vermissen, Verlust empfinden ⟨to ~ one's purse seine Geldbörse vermissen; not to ~ anything nichts entbehren⟩ | vermeiden ⟨to ~ an accident⟩; *vi* fehlen, nicht treffen | fehlschlagen, mißlingen; **~ out (on s.th.)** (e-e Gelegenheit) nicht wahrnehmen ⟨to ~ out on s.o.'s offer jmds. Angebot ausschlagen⟩; **2.** *s* Fehlschuß *m*, -stoß *m*, -wurf *m* (*Ant* hit) | Verpassen *n*, Versäumen *n*, Verfehlen *n*, Entrinnen *n* ⟨a lucky ~ glückliches Davonkommen; a ~ is as good as a mile *Sprichw* dicht daneben ist auch vorbei; *übertr* entkommen ist entkommen; to give s.th. a ~ *umg* etw. auslassen, auf etw. verzichten; *übertr* die Finger von etw. lassen⟩ | *umg* Fehlgeburt *f*

[2]**miss** [mɪs] *s*, *meist* ~ (mit folgendem Namen) Fräulein *n*, Miss *f* ⟨~ Miller; ~ Jenny; the ~ Smiths, the ~es Smith⟩ | ~ Miss *f*, Titel *m* e-r Schönheitskönigin ⟨~ England⟩ | *scherzh, verächtl* junges Mädchen, Backfisch *m* ⟨a saucy ~ ein freches junges Ding⟩ | *umg* (Anrede für Kellnerin, Verkäuferin) Fräulein! | (*meist pl*) *Wirtsch* Mädchen *n/pl* ⟨coats for Junior ~es Mädchenmäntel *m/pl*⟩

mis·sal [ˈmɪsl] *Rel* **1.** *s* Meßbuch *n*; **2.** *adj* Meß- ⟨~ sacrifice Meßopfer *n*⟩

mis|shape [ˌmɪsˈʃeɪp|ˌmɪʃˈʃ-] *vt* verunstalten, entstellen; **ˌ~ˈshap·en** *adj* (Körper, Gliedmaßen) verunstaltet, mißgestaltet, deformiert, häßlich

missile [ˈmɪsaɪl| *Am* ˈmɪsl] **1.** *s förml* (Wurf-) Geschoß *n* | *Mil* Rakete *f*, Flugkörper *m* ⟨guided ~ Fernlenkrakete *f*; ~ base, ~ site Raketenabschußbasis *f*⟩; **2.** *adj* Wurf-; **ˌ~-ˈarm·ed** *adj Mil* mit Raketen ausgestattet, Raketen- ⟨≈ destroyer Lenkraketenzerstörer *m*⟩; **~man** [ˈ~mæn] *s* (*pl* **~men** [ˈ~men]) Raketenfachmann *m*, -techniker *m*

miss·ing [ˈmɪsɪŋ] *adj* abwesend, fehlend ⟨~ persons Vermißte *pl*; he had a finger ~ from his right hand an seiner rechten Hand fehlte ein Finger; the ~ link *übertr* das fehlende Glied, das, was noch (zum Beweis) fehlt; *Biol* das Missing link, die Zwischenstufe (beim Übergang vom Affen zum Menschen)⟩ | *auch* **ˌ~ in ˈaction** *Mil* vermißt, verschollen ⟨the ~ die Vermißten *m/pl*; to be reported ~ als vermißt gemeldet⟩

mis·sion [ˈmɪʃn] **1.** *s* (Auslands-) Mission *f* ⟨trade ~ Handelsmission *f*⟩ | *Pol* Diplomatische Vertretung im Ausland | Mission *f*, Auftrag *m* ⟨to send s.o. on a ~ of enquiry; to complete one's ~ successfully seine Mission erfolgreich abschließen; ~ accomplished Auftrag ausgeführt *od* erfüllt⟩ | *Rel* Mission *f* ⟨foreign (home) ~ äußere (innere) Mission⟩ | *Rel* Missionsstation *f*, Missionshaus *n* | (innere) Berufung, Bestimmung *f*, Sendung *f* ⟨~ in life Lebensaufgabe *f*⟩ | *bes Am Mil* Einsatz(auftrag) *m*, (Kampf-) Auftrag *m*, *Mil Flugw* Einsatzflug *m* ⟨to fly a ~⟩ | Weltraumunternehmen *n* ⟨Apollo ~; ~ control Bodenstation *f*⟩; **2.** *vt* (jmdn.) mit einer Mission beauftragen | *Rel* missionieren; *vi* als Missionar tätig sein; **ˈ~ar·y 1.** *adj* Missions- ⟨≈ meeting Missionsversammlung *f*; ≈ zeal Missionseifer *m*⟩; **2.** *s* Missionar(in) *m*(*f*) | *übertr* Bote *m*, Botin *f*

mis·sis [ˈmɪsɪz] = **missus**

miss·ish [ˈmɪsɪʃ] *adj* zimperlich, geziert | altjüngferlich, jungfernhaft

mis·sive [ˈmɪsɪv] *s förml* Sendschreiben *n* | *scherzh* Epistel *f*

mis|spell [ˌmɪsˈspel] (*auch* **ˌ~ˈspelt, ˌ~ˈspelt**) *vt*, *vi* falsch buchstabieren *od* schreiben

mis|spend [ˌmɪsˈspend] (**ˌ~ˈspent, ˌ~ˈspent**) *vt* vergeuden, verschwenden, falsch verwenden ⟨a ~spent youth eine vergeudete Jugend⟩

mis·state [ˌmɪsˈsteɪt] *vt* falsch angeben *od* darstellen; **ˌmisˈstate·ment** *s* falsche Angabe *od* Darstellung

mis·step [ˌmɪsˈstep] *s* Fehltritt *m*

mis·sus [ˈmɪsɪz] *s selten* Gnädige *f* (Anrede durch Dienstboten) | *Sl* (*mit* **the, my, his, your**) bessere Hälfte, Alte *f*, Ehefrau *f* ⟨how's the/your ~? wie geht's Ihrer Frau?⟩

miss·y [ˈmɪsɪ] *s umg fam scherzh* kleines Fräulein

mist [mɪst] **1.** *s* leichter Nebel, feuchter Dunst ⟨hills hidden in ~ nebelverhangene Berge *m/pl*⟩ | *umg* Beschlag *m*, Hauch *m* | *Am* (feiner) Sprühregen | *Tech* Ölnebel *m* | *übertr* Schleier *m* (vor den Augen), Nebel *m* ⟨to see s.th. through a ~ etw. nur durch einen Schleier erkennen; to be in a ~ ganz verwirrt sein⟩ | (*meist pl*) *lit* Dunkel *n* ⟨in the ~s of history⟩; **2.** *vi*, *auch* **~ out** neblig sein, sich umnebeln | *übertr* sich verschleiern, sich umfloren, sich trüben ⟨her eyes ~ed with tears ihre Augen waren tränenumflort⟩ | *auch* **~ over** (Glas) sich beschlagen ⟨the mirror ~ed over⟩ | *auch* **~ up** (Scheiben, Gläser u. ä.) (sich) beschlagen, undurchsichtig werden | *Tech* (Raster) schwitzen; *vt* umnebeln, umwölken, verdüstern ⟨her eyes were ~ed with tears ihre Augen waren tränengetrübt⟩

mis|tak·a·ble [mɪˈsteɪkəbl] *adj* leicht mißzuverstehen[d], leicht zu verkennen[d]; **~'take 1.** (**~took** [~'stʊk], **~tak·en** [~'steɪkən]) *vt* sich irren (in etw.), verwechseln ⟨we've ~taken the house wir irrten uns im Haus; there's no ~taking Irrtum ist ausgeschlossen, es besteht kein Zweifel⟩ | verkennen, verwechseln (**for** mit), irrtümlich halten (**for** für) ⟨to be ~taken for s.o. irrtümlicherweise für jmd. gehalten werden⟩ | mißverstehen ⟨to ≈ s.o.'s meaning jmdn. falsch verstehen⟩; *vi* sich irren, sich täuschen ⟨if I ≈ not wenn ich mich nicht täusche; you ≈ Sie irren sich⟩; **2.** *s* Versehen *n*, Fehler *m*, Irrtum *m* ⟨and no ≈ *umg* ohne Frage, ganz gewiß, sicherlich; make no ≈ (about it) da kannst du ganz gewiß *od* ganz sicher sein; by ≈ aus Versehen; there's no ≈ about it ganz bestimmt, ohne Zweifel, das ist ganz sicher; to make a ≈ sich irren; to make ≈s Fehler machen; spelling ≈ Schreibfehler *m*⟩; **~'tak·en** *adj* irrtümlich ⟨≈ identity Personenverwechslung *f*⟩ | irrig ⟨≈ ideas falsche Vorstellungen *f/pl*; to be ~taken about s.th. sich täuschen in bezug auf etw.⟩ | falsch verstanden, am falschen Platz ⟨≈ kindness; ≈ zeal falscher Eifer⟩; **~'tak·ing** *s* Irrtum *m*

mis·ter ['mɪstə] **1.** *s, immer* **Mr** (vor Familiennamen *od* Amtstiteln) Herr *m* ⟨Mr Brown Mr *od* Herr Brown; Mr Secretary Herr Sekretär⟩ | (ohne Namen) *Sl, vulg* Herr!, Meister!, Kumpel! ⟨listen, ~ hören Sie mal, Meister!⟩ | (Kindersprache) Onkel *m* ⟨please, ~, can I have my ball back?⟩ | *umg* jmd. ohne Titel vor dem Namen ⟨I'm a ~, not a doctor⟩; **2.** *vt* mit Mr *od* Herr anreden | *Sl, vulg* mit 'Meister' anreden, kumpelhaft anreden

mis|time [ˌmɪs'taɪm] *vt* (*meist part perf*) zur unrechten Zeit sagen *od* tun ⟨a ~d attack⟩ | (zeitlich) falsch einschätzen | eine falsche Zeit angeben *od* stoppen für | (Sport) (Ball) nicht sicher ab-, einschätzen; (Schlag, Stoß) zeitlich falsch ansetzen; *vi* (*bes* Sport) verschätzen

mis·tle·toe ['mɪsltəʊ] *s Bot* Mistel *f*

mis|took [mɪ'stʊk] *prät von* ↑ **~take**

mis·tral ['mɪstrəl] *s* (*mit best art*) Mistral *m*, kalter Nordwind in Südfrankreich

mis·trans|late [ˌmɪstrɑːnz'leɪt|-træns-] *vt, vi* fehlübersetzen, falsch übersetzen; **ˌ~'la·tion** *s* falsche *od* Fehlübersetzung *f*

mis·treat [ˌmɪs'triːt] *vt* mißhandeln; **ˌmis'treat·ment** *s* Mißhandlung *f*

mis·tress ['mɪstrəs|-ɪs] *s* Herrin *f*, Gebieterin *f*, Besitzerin *f* (*auch übertr*) ⟨a kind ~; the ~ of this house die Hausherrin, Herrin *f* dieses Hauses; to be the ~ of herself *übertr* ihre eigene Herrin sein, sich zu beherrschen wissen; to be ~ of the situation Herrin der Lage sein, der Situation gewachsen sein⟩ | (Land) Beherrscherin *f* ⟨≁ of the Sea[s] Beherrscherin *f* der Meere⟩ | Leiterin *f*, Vorsteherin *f* ⟨≁ of the Robes erste Kammerfrau⟩ | *Brit* Lehrerin *f* ⟨biology ~ Biologielehrerin *f*⟩ | Kennerin *f*, Meisterin *f* ⟨a ~ of needlework Handarbeitsexpertin *f*⟩ | Geliebte *f*, Mätresse *f* ⟨to be s.o.'s ~ mit jmdm. ein Verhältnis haben⟩ | *poet, arch* geliebte Frau ⟨O ~ mine!⟩ | ≁ *arch, Schott* (Anrede vor Familiennamen) Frau *f* ⟨≁ Brown⟩

mis·tri·al [ˌmɪs'traɪəl] *Jur s* falsch geführter Prozeß | *Am* ergebnisloser Prozeß

mis·trust [mɪs'trʌst] **1.** *vi* mißtrauisch sein; *vt* mißtrauen (**s.o.** jmdm.) ⟨to ~ one's own powers seinen eigenen Kräften nicht trauen⟩; **2.** *s* Mißtrauen *n*, Argwohn *m* (**of** gegen); **'~ful** *adj* mißtrauisch, argwöhnisch (**of** gegenüber)

mist·y ['mɪstɪ] *adj* nebelig, dunstig ⟨~ weather; ~ view⟩ | *übertr* verworren, unklar ⟨a ~ idea⟩

mis·un·der|stand [ˌmɪsʌndə'stænd] (**~stood, ~stood** [ˌ~'stʊd] *vt, vi* mißverstehen (*auch übertr*); **ˌ~'stand·ing** *s* Mißverständnis *n* ⟨to clear up a ≈ ein Mißverständnis aufklären⟩ | Uneinigkeit *f* ⟨≈s between nations⟩ | *euphem* Meinungsverschiedenheit *f*

mis|us·age [ˌmɪs'juːzɪdʒ|-sɪdʒ] *s* Mißbrauch *m* | Mißhandlung *f*, schlechte Behandlung; **~use** [ˌmɪs'juːz|ˌmɪʃ'juːz] *vt* mißbrauchen | mißhandeln, schlecht behandeln; [ˌmɪs'juːs|ˌmɪʃ'juːs] *s* Mißbrauch *m* ⟨≈ of power Gewaltmißbrauch *m*⟩

[1]**mite** [maɪt] *s Zool* Milbe *f* ⟨cheese ~s⟩

[2]**mite** [maɪt] *s bes bibl* Heller *m*, kleiner Geldwert | *lit* Scherflein *n* ⟨to contribute/give one's ~ to s.th. sein Scherflein zu etw. beitragen; to offer a ~ of comfort geringen Trost bieten⟩ | *umg* winziges Ding, *bes* kleines Kind ⟨a ~ of a child ein kleines Würmchen⟩ | Winzigkeit *f*, winzige(s) Menge (*od* Teil) ⟨not a ~ kein bißchen⟩

mit·i|gate ['mɪtɪgeɪt] *förml vt* lindern, mildern (*auch übertr*) ⟨~gating circumstances *Jur* mildernde Umstände *m/pl*⟩; *vi* (Schmerz u. ä.) nachlassen; **ˌ~'ga·tion** *s* Linderung *f*, Milderung *f* | *Jur* mildernder Umstand

mi·to·sis [maɪ'təʊsɪs] *s Biol* Mitose *f*, indirekte *od* chromosonale Zellteilung

mitt [mɪt] = **mit·ten** ['mɪtn] *s* Fausthandschuh *m* | Halbhandschuh *m* | (*nur* **mitt**) (Sport) Baseballhandschuh *m* | *umg* Ablehnung *f*, Korb *m* ⟨to get the mitten einen Korb bekommen; entlassen werden; to give s.o. the mitten jmdm. den Laufpaß geben⟩; **'mit·ten crab** *s Zool* Wollhandkrabbe *f*; **'mit·tens** *s/pl* Boxhandschuhe *m/pl*

mi·tral ['maɪtrl] *adj* Mitra- | *Med* Mitral-; **mi·tre** ['maɪtə] **1.** *s* Mitra *f*, Bischofsmütze *f* | Bischofswürde *f* | *auch* **'mi·tre-joint** *Tech* Fuge *f*, Gehre *f*, Gehrung *f*, Winkel *m* von 45°; **2.** *vt* zum Bischof machen | *Tech* (an)gehren, auf Gehrung verbinden, gehren; **'mi·tre block,** *auch* **'mi·tre box** *s Tech* Gehr[ungsstoß]lade *f*; **'mi·tred** *s Tech* (Holzbau) auf Gehrung geschnitten; **'mi·tre gear** *s Tech* Kegelgetriebe *n*; **'mi·tre line** *s Arch* Kopfgrat *m*, -kante *f*; **'mi·tre ˌmush·room** *s Bot* Lorchel *f*; **'mi·tre rule** *s Tech* Gehrungsmaß *n*; **'mi·tre valve** *s Tech* Kegelventil *n*; **'mi·tre wheel** *s Tech* Kegelrad *n*; **mi·tri·form** ['maɪtrɪfɔːm] *adj Bot* mützenförmig | *Zool* schneckenförmig

mix [mɪks] **1.** *vt* vermischen, vermengen (**with** mit, **in** in) | (Getränk) mixen | *Biol* kreuzen | *auch* **~ up** gründlich mischen ◇ **~ it** *umg* sich prügeln; **~ up** durcheinanderbringen, verwirren ⟨to ~ s.o. up⟩; verwechseln (**with** mit) ⟨to ~ s.o. up with s.o. else⟩; (etw.) durcheinanderbringen, Unordnung bringen in ⟨don't ~ up the papers⟩ ◇ **be ~ed up** *umg* durcheinander *od* verwirrt sein, nicht klar denken können ⟨she's been very ~ed up⟩; **be (get) ~ed up in/with s.th.** in etw. verwickelt sein (werden), in etw. hineingezogen werden; **get mixed up with (s.o.)** an (jmdn.) geraten, sich einlassen mit (jmdm.); *vi* sich (ver)mischen (**with** mit) | (Person) verkehren (**in** in, **with** mit) | (Person) auskommen (**with** mit) ⟨he doesn't ~ well er kann sich nicht einfügen⟩ | *Biol* kreuzen; **2.** *s* Mischung *f* ⟨cake ~ Kuchenmehl *n*⟩; **mix·ed** *adj* ge-, vermischt, Misch- (*auch übertr*) ⟨≈ biscuits Gebäckmischung *f*; ≈ company gemischte *od* bunte Gesellschaft; ≈ feelings gemischte Gefühle *n/pl*⟩; **ˌmixed 'bag** *s umg* Dinge *pl* von unterschiedlicher Qualität (*auch übertr*); **ˌmixed 'bath·ing** *s* gemeinsames Baden, Familienbad *n*; **ˌmixed 'doubles** *s* (Tennis) gemischtes Doppel *n*; **ˌmixed 'en·ter·prise** *s Wirtsch* gemischtwirtschaftliches *od* halbstaatliches Unternehmen; **ˌmixed 'farm·ing** *s Landw* Mischwirtschaft *f*; **ˌmixed 'fruit** *s* Obstsalat *m*; **ˌmixed 'grill** *s Kochk* gemischte Grill- oder Rostplatte; **ˌmixed 'mar·riage** *s* Mischehe *f*; **ˌmixed 'met·a·phor** *s* Bildvermengung *f*; **ˌmixed 'me·di·a** *s Päd, Kunst* gleichzeitige Anwendung von Film, Bild und Ton; **ˌmixed 'pick·les** *s/pl* Mixed Pickles *pl*; **ˌmixed-'up** *adj umg* durcheinander, verwirrt, verworren ⟨≈ teenagers⟩; **'~er** *s* Mischer *m* | (Bar-) Mixer *m* | *Rundf* Toningenieur *m* | *umg* Gesellschafter *m* ⟨a good ≈ ein geselliger *od* kontaktfreudiger Mensch⟩ | *Tech* Mischapparat *m* | *Tech* Mixer *m* ⟨cement ≈⟩; Küchenmaschine *f* ⟨food-≈⟩ | *El* Mischpult *n*; **'~ing** *s* Mischen *n*; **'~ture** *s* Mischung *f*, Gemisch *n* (*auch übertr*) ⟨a smoking ≈⟩ | *Med* Mixtur *f* ⟨cough ≈ Hustenmischung *f*⟩ | Mischgewebe *n* | *Chem* Gemenge *n*, Gemisch *n* | *Biol* Kreuzung *f*; **'~-up** *s umg* Durcheinander *n* ⟨to make a ≈ of s.th. etw. durcheinanderbringen⟩ | Verwechslung *f* | Handgemenge *n*, Tumult *m*

miz·[z]en ['mɪzn] *Mar* **1.** *s, auch* **'~mast** Besan-, Kreuzmast *m* | *auch* **'~sail** Besan(segel) *m*(*n*); **2.** *adj* Besan-, Kreuz-

miz·zle ['mɪzl] *dial, umg* **1.** *vi* nieseln, fein regnen; **2.** *s* Nieseln *n*, Sprühregen *m*

mm *Abk von* **millimetre[s]**

mne·mon·ic [niː'mɒnɪk|nɪ'm-] **1.** *adj* mnemotechnisch | Gedächtnis- ⟨~ verses Hilfsvers *m*, -reim *m*⟩; **2.** *s* Gedächtnisstütze *f*, -hilfe *f*; **mne'mon·ics** *s/pl* (*auch sg konstr*) Mnemonik *f*, Gedächtniskunst *f*

MO [ˌem'əʊ] *Abk* von **medical officer** | **money order**

mo [məʊ] *Kurzw für* **moment** *s umg* Moment *m*, Augenblick *m* ⟨half a ~ (eine) Sekunde!⟩

-mo [məʊ] *suff Typ* (Bogen) Seiten ⟨16mo 16 Seiten à Bogen⟩

mo·a ['məʊə] *s Zool* Moa *m* (ausgestorbener Schnepfenstrauß Neuseelands)

moan [məʊn] **1.** *vi* (Wind) stöhnen, ächzen | *verächtl auch* **~ about** (weh)klagen, jammern; *vt, auch* **~ out** ⟨to ~ [out] a plea for help einen Hilferuf ausstoßen⟩ | stöhnend hervorstoßen | beklagen, bejammern; **2.** *s* Stöhnen *n*, Heulen *n*, Ächzen *n* ⟨the ~s of the wounded; the ~ of the wind⟩ | Klage *f*, (Weh-) Klagen *n* | *verächtl* Herumjammern *n*, Lamentieren *n*

moat [məʊt] **1.** *s* (Burg-, Stadt-) Graben *m*; **2.** *vt* mit einem Graben umgeben

mob [mɒb] **1.** *meist verächtl s* Mob *m*, Pöbel *m*, Gesindel *n* | (Diebes-) Bande *f*, Clique *f* | Haufen *m*, Sippschaft *f* | (*mit best art*) *Hist* Masse *f*, gemeines Volk; **2.** *adj verächtl* Massen-, pöbelhaft, Pöbel- ⟨~ oratory Volksreden *f/pl*; ~ violence Massenausschreitungen *pl*⟩; **3.** (**mobbed, mobbed**) *vi* sich zusammenrotten; *vt* anpöbeln | (in einer Rotte) angreifen, dicht umlagern und bedrängen ⟨~bed by teenagers⟩; **'~bish** *adj* pöbelhaft

mob cap ['mɒbkæp] *s Hist* Morgenhaube *f*

mo·bile ['məʊbaɪl] **1.** *adj* leicht beweglich | (Person) nicht an einen Ort gebunden ⟨~ workers⟩ | lebhaft ⟨~ features ausdrucksvolle Gesichtszüge *m/pl*⟩ | wendig, beweglich ⟨a ~ mind⟩ | *Chem* leichtflüssig ⟨~ liquids⟩ | *Tech* fahrbar, beweglich ⟨~ crane Autokran *m*; ~ home *Am* transportable Unterkunft, Haus *n* auf Rädern; ~ library Wander-, Autobücherei *f*⟩ | *Mil* motorisiert ⟨~ artillery fahrbare Artillerie; ~ troops motorisierte Verbände *m/pl*; ~ warfare Bewegungskrieg *m*⟩; **2.** *s* Mobile *n*; **mo·bil·i·ty** [məʊ'bɪlətɪ|mə'b-] *s* Beweglichkeit *f* | Lebhaftigkeit *f* | Wendigkeit *f*; **mo·bil·i·za·tion** [ˌməʊbļaɪ'zeɪʃn] *s* Mobilisierung *f* | *Mil* Mobilmachung *f*, Mobilisierung *f* | Flüssigmachung *f* (von Geld); **'mo·bil·ize** *vi, vt* mobilisieren | *Mil* mobilmachen | (Geld) flüssigmachen

mob| law ['mɒb lɔː], *auch* **'~ rule** *s* Lynchjustiz *f*; **~ster** ['~stə] *s* Gangster *m*, Bandenmitglied *n*

mo·camp ['məʊˌkæmp] *s* Campingplatz *m* (für Motorisierte)

moc·ca·sin ['mɒkəsɪn] *s* Mokassin(leder) *m*(*n*); **'moc·ca·sins** *s/pl* Mokassins *m/pl*

mo·cha ['mɒkə|'məʊkə], *auch* **ˌ~ 'cof·fee** (*auch* ∸) *s* Mokka *m*, feiner Kaffee

mock [mɒk] **1.** *vt* verspotten, verlachen | nachahmen, nachäffen | täuschen | *förml* spotten | (*mit gen*) trotzen; (*mit dat*) Trotz bieten ⟨to ~ all attempts allen Versuchen Trotz bieten⟩; *vi* sich lustig machen, spotten (**at** über); **2.** *s* Hohn *m*, Spott *m* ⟨to make a ~ of s.th. etw. ad absurdum führen; etw. vereiteln; to make ~ of *lit* der Lächerlichkeit preisgeben⟩ | Nachahmung *f*, Verhöhnung *f* | Gegenstand *m* des Spottes; **3.** *adj* falsch, Schein- ⟨a ~ battle Scheingefecht *n*⟩; **'~er** *s* Spötter(in) *m*(*f*) | Nachahmer(in) *m*(*f*) | *Zool* Spottdrossel *f* ◇ **put the ~ers on s.th.** *Brit Sl* etw. vermasseln; **'~er·y** *s* Spott *m*, Hohn *m* | Spötterei *f* | (*meist sg*) Gespött *n*, Zielscheibe *f* des Spotts ⟨to hold s.o. up to ≈ jmdn. zum Gespött machen⟩ | Nachahmung *f*, Nachäffung *f*, Verhöhnung *f* ⟨a ≈ of justice ein Hohn auf die Justiz; to make a ≈ of lächerlich machen; entlarven, bloßstellen⟩; **ˌ~-he'ro·ic** *Lit* **1.** *adj* komisch-heroisch; **2.** *s* komisch-heroisches Werk; **'~ing 1.** *adj* spöttisch, höhnisch; **2.** *s* Spott *m*, Hohn *m* | Gespött *n*; **'~ing bird** *s Zool* Spottdrossel *f*; **ˌ~ tri·al** *s Jur* Scheinprozeß *m*; **ˌ~ tur·tle 'soup** *s Kochk* falsche Schildkrötensuppe; **'~-up** *s Tech* Nachbildung *f*, Modell *n* (in natürlicher Größe) | *Mil* Attrappe *f*

mod [mɒd] **1.** *adj Sl* (Kleidung) übertrieben modisch; **2.** *s Brit* Mod *m*, Halbstarker *m* (mit dandyhafter Kleidung) ⟨~s and rockers⟩ | supermodische Kleidung

mod·al ['məʊdl] *adj* modal, die Art und Weise betreffend | *Ling, Mus, Phil* modal, Modal- ⟨~ verb Modalverb *n*; ~ music modale Musik⟩; **ˌ~ aux'il·i·a·ry**, *auch* **~** *s Ling* modales Hilfsverb; **mo·dal·i·ty** [məʊ'dælətɪ|mə'd-] *s* Modalität *f*, Art *f* und Weise *f* | *Ling, Phil* Modalität *f* | *Med* physikalisch-technische Heilmethode *od* Apparatur

mod con [ˌmɒd 'kɒn] *s* (*oft pl*) *Brit umg* (in Anzeigen) Komfort *m* (*Kurzw für* **modern convenience**)

mode [məʊd] *s* Art *f* und Weise *f*, Methode *f*, Form *f* ⟨~ of life Lebensart *f*; ~ of dressing Art *f*, sich anzuziehen; ~ of address Anredeform *f*⟩ | Erscheinungsform *f* | *Ling* Modus *m* | *Mus* Modus *m*, Tonart *f* ⟨ecclesiastical ~s Kirchentonarten *pl*; major ~ Durgeschlecht *n*⟩ | Sitte *f*, Mode *f* ⟨to be all the ~ die große Mode sein; the latest ~s of clothes die neueste Kleidermode⟩ | *Tech* Phase *f* ⟨re-entering ~ Phase *f* des Wiedereintritts⟩ | *Phil* Modus *m*, Seinsweise *f*

mod|el ['mɒdl] **1.** *s* Modell *n*, (verkleinerte) Nachbildung | ⟨≈ of a ship Schiffsmodell *n*; wax ≈ Wachsmodell *n*; working ≈ Arbeitsmodell *n*⟩ | Muster *n*, Vorlage *f* | (*nur sg*) Vorbild *n* (**for** für) ⟨a ≈ of discipline ein Vorbild an Disziplin; after / on the ≈ of nach dem Muster von⟩ | (Maler) Modell *n* ⟨to act as a ≈ to s.o. jmdm. Modell stehen⟩ | *umg* Ebenbild *n* ⟨a perfect ≈ of his father⟩ | Mannequin *n*, Vorführdame *f* ⟨male ≈ Dressman *m*⟩ | Modell(kleid) *n* | *Tech* (Bau-) Muster *n*, (Serien-) Modell *n*, Type *f* ⟨a ≈ of a new car⟩; **2.** *adj* Muster- ⟨≈ house Modellhaus *n*⟩ | musterhaft, vorbildlich ⟨≈ husband Mustergatte *m*⟩; **3.** (**'~elled, '~elled**) *vt* abformen | modellieren, formen, bilden (*auch übertr*) (**after, [up]on** nach) ⟨to be ≈led on basieren auf; to ≈ o.s. [up]on s.o. sich jmdn. zum Vorbild nehmen; delicately ≈led features feingeschnittene Gesichtszüge *m/pl*⟩ | (Kleid) vorführen; *vi* modellieren | Modell stehen | als Mannequin arbeiten; **'~el·ler** *s* Modellierer *m*; **'~el·ling** *s* Modellieren *n* | (Gesichtszüge) Schnitt *m* | Modellstehen *n*, -sitzen *n* | Beruf *m* als Mannequin *od* Dressman ⟨to do ≈ als Mannequin *od* Dressman arbeiten⟩

mod·el·lo [məʊ'deləʊ] *s* (Kunst) Vorlage *f*, Modellzeichnung *f*, -bild *n*, Vorentwurf *m*

mo·dem ['məʊdəm] *s* (Computer) Modem *n*

mod·er|ate ['mɒdṛət|-ɪt] **1.** *adj* mäßig, gemäßigt ⟨≈ appetite mäßiger Appetit; a ≈ drinker ein mäßiger Trinker; a ≈ political party eine gemäßigte politische Partei; to be ≈ in one's views gemäßigte Ansichten vertreten⟩ | *oft euphem* mittelmäßig ⟨≈ poetry⟩ | angemessen, mäßig ⟨≈ prices; at a ≈ cost; a ≈-sized house⟩ | mild ⟨a ≈ climate⟩; **2.** *s Pol* Gemäßigte(r) *f(m)*; ['mɒdəreɪt] *vt* mäßigen, mildern ⟨to ≈ one's enthusiasm⟩ | einschränken ⟨to ≈ one's demands⟩ | beruhigen | *Tech* dämpfen, abbremsen ⟨≈d reactor moderierter Reaktor; ≈d neutron langsames Neutron⟩ | (Veranstaltung, Versammlung) leiten, moderieren ⟨to ≈ a show Moderator einer Schau sein⟩; *vi* sich mäßigen; (Wind u. ä.) nachlassen | moderieren; **~ate·ly** ['mɒdr̥ətlɪ] *adv* mäßig, leidlich ⟨≈ difficult nicht zu schwierig⟩ | *Tech* mittel-, halb ⟨≈ hard⟩; **ˌ~'a·tion** *s* Mäßigkeit *f* | Maßhalten *n*, Mäßigung *f* ⟨in ≈ mit Maß, in Maßen⟩; **ˌ~'a·tions**, *umg auch* **Mods** *s/pl* (Universität Oxford) erste Prüfung für den Grad des B. A.; **'~at·ist** *s* Gemäßigte(r) *f(m)*

mod·e·ra·to [ˌmɒdə'rɑ:təʊ] *Mus* **1.** *adj, adv* moderato, mäßig; **2.** *s* Moderato *n*

mod·er·a·tor ['mɒdəreɪtə] *s* Vermittler *m*, Schiedsrichter *m* | Vorsitzender *m*, Diskussionsleiter *m* | (Veranstaltung) Moderator *m* | *Rel* (reformierte Kirche) Moderator *m* | (Universität Oxford) Examinator *m* | *Phys* Moderator *m*, Dämpfer *m*, Zuflußregler *m*, (Kernkraft) Reaktionsbremse *f*, Brennstoff *m*

mod·ern ['mɒdn|-dən] **1.** *adj* modern, neuzeitlich, Neu- ⟨~ English Neuenglisch *n*; ~ Dance Ausdruckstanz *m*; ~ Greats (Universität Oxford) Staatswissenschaft *f*, Volkswirtschaft *f* und Philosophie *f*; ~ history neue(re) Geschichte; ~ languages moderne Sprachen *f/pl*, Neuphilologie *f*; ~ times Neuzeit *f*; secondary ~ school *Brit* Realschule *f*⟩ | modern, (neu)modisch ⟨~ methods and ideas; ~ conveniences moderner *od* neuester Komfort⟩; **2.** *s* in: **the '~s** die Moderne, die Menschen der Neuzeit; neumodische Menschen *pl*; **'~ism** *s* moderne Anschauungen *f/pl* | Modernismus *m* | neumodischer Ausdruck; **'~ist** *adj* modernistisch; **mo·der·ni·ty** [mə'dɜ:nətɪ] *s* Modernheit *f*, Modernität *f*, das Moderne; **ˌ~i'za·tion** *s* Modernisierung *f*; **'~ize** *vt* modernisieren ⟨to ≈ the spelling die Orthographie reformieren⟩; *vi* moderne Methoden anwenden, mit der Zeit gehen

mod|est ['mɒdɪst|-əst] *adj* bescheiden, mäßig ⟨a ≈ income ein bescheidenes Einkommen⟩ | (Person, Betragen) anspruchslos, bescheiden ⟨to be ≈ about s.th. mit etw. zurückhalten; a ≈ hero einer, der mit seinen Heldentaten nicht prahlt⟩ | anständig, dezent, sittsam ⟨≈ in speech, dress and behaviour zurückhaltend in Ausdrucksweise, Kleidung und Verhalten; a ≈ girl ein anständiges Mädchen⟩; **'~es·ty** *s* Bescheidenheit *f* ⟨in all ≈ bei aller Bescheidenheit⟩ | Anspruchslosigkeit *f* | Anständigkeit *f*, Sittsamkeit *f*

mo·di ['məʊdaɪ] *pl* von ↑ **modus**

mod·i·cum ['mɒdɪkəm] *s* kleine Menge ⟨a ~ of truth ein Körnchen Wahrheit; with a ~ of effort mit geringstem Aufwand; a ~ of sense nur ein wenig Verstand⟩

mod·i|fi·a·bil·i·ty [ˌmɒdɪˌfaɪə'bɪlətɪ] *s* Ver-, Abänderbarkeit *f*; **'~fi·a·ble** *adj* (ver-, ab)änderbar; **ˌ~fi'ca·tion** [-fɪk-] *s* Wandlung *f*, Veränderung *f* ⟨it needs ≈ es muß verändert werden⟩ | Modifikation *f*, (Ver-, Ab-) Änderung *f* ⟨to make a ≈ to s.th. an etw. eine Abänderung vornehmen⟩ | Einschränkung *f* | *Ling* Umlautung *f*; **~fi·ca·tive** ['~fɪˌkeɪtɪv] *adj* modifizierend; **~fi·er** ['~faɪə] *s Ling* Modifikator *m*, nähere Bestimmung *f* | diakritisches Zeichen; **'~fy** *vt* modifizieren, verändern, abändern | einschränken ⟨to ≈ one's tone seine Ausdrucksweise mäßigen; to ≈ one's demands in seinen Forderungen heruntergehen⟩ | *Ling* näher bestimmen ⟨to ≈ a noun⟩ | *Ling* umlauten; *vi* modifiziert werden, sich wandeln

mod·ish ['məʊdɪʃ] *adj* modern, modisch, Mode-

mods [mɒdz] *s/pl* (*Kurzw* für **moderations**) *umg* Änderungen *f/pl*

mod·u·lar ['mɒdjʊlə] *adj* modular, Modul-, aus Elementen zusammengesetzt ⟨~ design Baukastensystem *n*; ~ furniture Baukastenmöbel *n*; ~ products modulare Bauteile *n/pl*, Bauelemente *n/pl*; **ˌmod·u'lar·i·ty** *s* Modularität *f*, Baukastenbauweise *f*; **'~ize** *vt* modularisieren, in Modulen anordnen

mod·u|late ['mɒdjʊleɪt] *vt* regulieren, abstimmen | anpassen (**to** an) | (Ton, Stimme) modulieren | *Rundf* (aus)steuern, modulieren; *vi Mus* die Tonart wechseln (**from … to** von … nach) | modulieren (*auch Rundf*) | allmählich übergehen (**into** in); **ˌ~'la·tion** *s* Regulierung *f*, Abstimmung *f*, Anpassung *f* | (Stimme) Modulation *f* | *Mus Rundf* Modulation *f*; **'~la·tor** *s Rundf* Modulator *m* | Regler *m*

mod|ule ['mɒdju:l] *s Tech* Modul *m*, Maßeinheit *f*, Einheits-, Verhältniszahl *f* | *Arch* Modul *m* | (Münze) Modul *m*, Model *m* | *Tech* Baueinheit *f*, -element *n*, Komponente *f* in e-m System ⟨≈ construction Baukastensystem *n*⟩ | (Raumfahrt) Kapsel *f* ⟨command ≈ Kommandokapsel *f*; lunar ≈ Mondkapsel *f*; service ≈ Antriebsgruppe *f*⟩ | *Päd* Lerneinheit *f*, Teil *n* eines Lehrgebiets; Modul *m*; **~u·lus** ['~jʊləs] *s* (*pl* **~uli** ['~jʊlaɪ]) *Phys* Modul *m*

mo·dus ['məʊdəs] *s* (*pl* **mo·di** ['məʊdaɪ]) Modus *m*, Art *f* u. Weise *f*; **~ op·er·an·di** [ˌ~ ˌɒpə'rændɪ] *s* ⟨*lat*⟩ Verfahrensweise *f*, Vorgehen *n* | Arbeitsweise *f*; **~ vi·ven·di** [ˌ~ vɪ'vendɪ] *s* ⟨*lat*⟩ Lebensweise *f* | Modus *m* vivendi, zeitweilige Abmachung *f*

Mo·gul ['məʊgl] *s* Mongole *m*, Mongolin *f* | Mogul *m* ⟨the Great/Grand ~ der Großmogul⟩ | ~ Mogul *m*, wichtige, reiche Person, großes Tier, Magnat *m* ⟨Hollywood ~s; movie ~s⟩

mo·gul ['məʊgl] *s* Skihügel *m*

MOH [ˌeməʊ'eɪtʃ] *Abk* von **Medical Officer of Health** *Brit* Amtsarzt *m*

mo·hair ['məʊhɛə] *s* Mohär *m*, Mohair *m*, Angorahaar *n* | *auch* **ˌ~ 'wool** Mohärwolle *f*; **ˌ~ 'cloth** *s* Mohair(stoff); **ˌ~ 'felt** *s* Angorafilz *m*

Mo·ham·med·an [mə'hɒmɪdən|məʊ'hæmɪdən] **1.** *adj* mohammedanisch; **2.** *s* Mohammedaner(in) *m(f)*; **Mo'ham·med·an·ism** *s* Islam *m*; **Mo'ham·med·an·ize** *vt* mohammedanisch machen

moi·e·ty ['mɔɪətɪ] *s bes Jur, lit* Hälfte *f* ⟨the ~ of the human species die Hälfte der Menschheit⟩ | Teil *m*, Anteil *m* ⟨a ~ of a nation⟩ | *arch* kleiner Teil

moil [mɔɪl] *vi, nur in*: **toil and ~** sich abplagen, sich abrakkern

moire [mwɑ:] *s* Moiré *m*, Wasserglanz *m* | Moiréseide *f*; **moi·ré** ['mwɑ:reɪ] ⟨*frz*⟩ **1.** *adj* moiriert, geflammt, mit Wellenmuster | (Briefmarke) mit Wellenlinien auf der Rückseite | (Metall) wie Moiréseide glänzend; **2.** *s* = **moire**

moist [mɔɪst] *adj* (Oberfläche) feucht, naß (**from, for** von) | (Wetter) feucht, regnerisch ⟨a ~ season; a ~ wind⟩ | tränenfeucht ⟨~ eyes⟩ | (Gebäck u. ä.) nicht ausgetrocknet, durchgezogen; **mois·ten** ['mɔɪsn] *vt* an-, befeuchten, benetzen ⟨to ≈ one's lips sich die Lippen lecken; to ≈ a sponge einen Schwamm naß machen *od* anfeuchten; ≈ing box Feuchthaltekasten *m*⟩; *vi* (Augen u. ä.) feucht werden; **'mois·ture** [~ʃə] *s* Feuchtigkeit *f*; **'mois·ture reˌgain** *s Wirtsch* (zulässiger) Feuchtigkeitsgehalt; **'mois·ture test** *s* Feuchtigkeitsprobe *f*

moke [məʊk] *s Brit umg, bes scherzh* Esel *m*

mol [məʊl] *s Phys* Mol *n*, Grammolekül *n*

[1]**mo·lar** ['məʊlə] *Anat* **1.** *s, auch* ,~ '**tooth** Backenzahn *m*, Molar *m*; **2.** *adj* Molar-, Mahl-, Backen-
[2]**mo·lar** ['məʊlə] *Phys adj* Mol-; ,~ '**weight** *s* Molgewicht *n*
mo·las·ses [mə'læsɪz] *s* Melasse *f* | *Am* Sirup *m*
mold [məʊld] *bes Am für* [1,2,3]**mould**; '**~er** *bes Am für* [1,2]**moulder**; '**~y** *Am für* **mouldy**
[1]**mole** [məʊl] *s Zool* Maulwurf *m* ⟨blind as a ~ *übertr* stockblind⟩ | (geheimer) Agent
[2]**mole** [məʊl] *s* Mole *f*, Hafendamm *m*
[3]**mole** [məʊl] *s* Muttermal *n*, Leberfleck *m*
[4]**mole** [məʊl] = **mol**
mo·lec·u·lar [mə'lekjʊlə] *adj Phys, Chem* molekular, Molekular-; **mo,lec·u·lar bi'ol·o·gy** *s* Molekularbiologie *f*; **mo,lec·u·lar 'weight** *s Chem* Molekulargewicht *n*; **mol·e·cule** ['mɒlɪkju:l] *s Phys, Chem* Molekül *n*
mole|hill ['məʊlhɪl] *s* Maulwurfshaufen *m* ⟨to make mountains/a mountain out of a ≈ *übertr* aus einer Mücke einen Elefanten machen⟩; '**~skin** *s* Maulwurfsfell *n* | *auch* ,**~skin 'cloth** Moleskin *m*; '**~skins** *s/pl* Hose *f* aus Moleskin
mo·lest [mə'lest] *vt* belästigen | *euphem* (sexuell) belästigen; **mo·les·ta·tion** [,mɒlɪ'steɪʃn] *s* Belästigung *f*
moll [mɒl] *s Sl* Nutte *f*, Flittchen *n* | Gangsterbraut *f*
mol·li|fi·ca·tion [,mɒlɪfɪ'keɪʃn] *s* Besänftigung *f* | *selten* Erweichung *f*; '**~fy** *vt* (Person, Gefühle) besänftigen, beruhigen ⟨to ≈ s.o.'s anger jmds. Zorn beschwichtigen; ≈ing remarks besänftigende Worte *n/pl*⟩ | *selten* erweichen; *vi arch* sich beruhigen | *arch* sich erweichen lassen
mol|lusc ['mɒləsk] *s Zool* Molluske *f*, Weichtier *n*; **~lus·can** [mə'lʌskən], **~lus·cous** [mə'lʌskjəs] *adj Zool* Weichtier- | *übertr* weichlich; '**~lusk** *s Am* für '**~lusc**
mol·ly·cod·dle ['mɒlɪ,kɒdl] *verächtl* **1.** *s* Weichling *m*, Muttersöhnchen *n*; **2.** *vt* verweichlichen, verhätscheln, verwöhnen (*auch refl*)
mo·loch ['məʊlɒk] *s Zool* Moloch *m*, Dornteufel *m* | ≈ *übertr* Moloch *m*, Götze *m*
Mol·o·tov cock·tail [,mɒlətɒf 'kɒkteɪl] *s* Molotow-Cocktail *m*, Benzinflasche *f*, -bombe *f*
molt [məʊlt] *Am* für **moult**
mol·ten ['məʊltən] **1.** *adj* geschmolzen; **2.** *part perf arch* von **melt**
mol·to ['mɒltəʊ] *adv Mus* molto, sehr
mo·lyb·de·num [mə'lɪbdənəm] *s* Molybdän *n* | Molybdänmetall *n*
mom [mɒm] *Am* für [2]**mum**; ,**~ and 'pop** *Am adj Wirtsch* Familien- ⟨≈ store Tante-Emma-Laden *m*⟩ | *übertr* im kleinen Stil ⟨a ≈ business ein kleines Familienunternehmen⟩
mo·ment ['məʊmənt] *s* Moment *m*, Augenblick *m* ⟨at any ~ jederzeit; at every ~ ständig, fortwährend; at the last ~ im letzten Augenblick; at the ~ augenblicklich, gerade jetzt; at this ~ in diesem Moment; but/not for the ~ im Augenblick nicht; but this ~ gerade; in a ~ im Nu, sofort; just a ~, please einen Moment, bitte!; one ~, half a ~ Moment mal!, einen Augenblick.; not for a ~ nicht einen Augenblick!, niemals!; ~ (that) sobald (als); this ~ sofort; to the ~ auf die Minute pünktlich⟩ | (*meist sg*) richtiger Augenblick ⟨this isn't the ~; choose your ~ well warte auf den richtigen Moment; the man of the ~ der Mann des Tages⟩ | (*meist pl*) kurze Zeit, (erlebter) Moment ⟨many pleasant ~s manch angenehme Zeit; to have one's ~s *umg scherzh* (auch einmal) Glück haben⟩ | *förml* Bedeutung *f*, Wichtigkeit *f* ⟨of great ~ von großer Wichtigkeit; of small/little ~ von wenig Bedeutung; of no ~ bedeutungslos⟩ | *übertr* großer Augenblick ⟨he had his ~⟩ | *Phys, Phil* Moment *n* ⟨~ of force statisches Moment, Kraftmoment *n*; ~ of inertia Trägheitsmoment *n*⟩ ◇ **~ of truth** Stunde *f* der Wahrheit; '**mo·men·tar·y** *adj* momentan, augenblicklich | flüchtig, vorübergehend ⟨a ≈ weakness eine ganz kurze Schwäche | *förml* jede Sekunde, jeden Augenblick, ständig (möglich) ⟨in ≈ terror of in ständigem Schrecken vor⟩; **mo·men·tous** [məʊ'mentəs|mə'm-] *adj* wichtig, bedeutend | ernst, folgenschwer
mo·men|tum [məʊ'mentəm|mə'm-] *s* (*pl* **mo'men·tums, ~ta** [~tə]) *Phys* Impuls *m*, Bewegungsgröße *f* | (Schwungrad, Wasserstrahl) Triebkraft *f*, Schwung *m*, Wucht *f* | *übertr* Schwung *m*, Triebkraft *f*, Impuls *m* ⟨to gain (lose) ≈ in Fahrt *od* Schwung kommen (an Stoßkraft verlieren, langsamer werden)⟩; ,**~tum 'space** *s Phys* Impulsraum *m*; ,**~tum 'start·er** *s Tech* Schwungkraftanlasser *m*
mom|ma ['mɒmə] *Am s umg* Mama *f*, Mutti *f* | *Sl* Weib *n*; '**~my** *Am* = [2]**mum·my**
Mon. *Abk* von **Monday**
mon·a·chism ['mɒnəkɪzm] *s* Mönchtum *n*
mon·ad ['mɒnæd|'məʊ-] *s Zool, Phil* Monade *f* | *Biol* Einzelzelle *f* | *Chem* einwertiges Atom; **mo·nad·ic** [mɒ'nædɪk|mə'n-] *adj* Monaden-; **~ism** ['mɒnədɪzm|'məʊnædɪzm] *s Phil* Monadenlehre *f*
mon·arch ['mɒnək|-nɑ:k] *s* Monarch *m*, Alleinherrscher *m*; **mo·nar·chal** [mə'nɑ:kl], **mo'nar·chic, mo'nar·chi·cal** *adj* monarchisch; '**~ism** *s* Monarchismus *m*; '**~ist 1.** *s* Monarchist(in) *m(f)*; **2.** *adj* monarchistisch; '**~y** *s* Monarchie *f* ⟨absolute ≈; constitutional ≈⟩
mon·as|te·ri·al [,mɒnə'stɪərɪəl] *adj* klösterlich, Kloster-; '**~ter·y** ['~trɪ] *s* (Mönchs-) Kloster *n*; **mo·nas·tic** [mə'næstɪk], **mo'nas·ti·cal** *adj* klösterlich, Kloster- | mönchisch, Mönchs-; **mo'nas·ti·cism** *s* Mönchtum *n* | mönchische Lebensweise *f*
mon·aur·al [,mɒn'ɔ:rəl] *adj* einohrig | *förml* = **mono**
Mon·day ['mʌndɪ|-deɪ] *s* Montag *m* ⟨on ~ am Montag; on a ~ an einem Montag; St. ~ *Brit* blauer Montag⟩; '**~ish** *adj* (nach dem Wochenende) nicht zur Arbeit aufgelegt; ,**~ ,morn·ing 'quar·ter·back**, *auch* ,**~ 'quar·ter·back** *s Am umg* eine(r) *f(m)*, die (der) es hinterher immer besser weiß
mon·e·tar|ism ['mɒnɪtrɪzm] *s Wirtsch* Monetarismus *m*; '**~ist 1.** *adj* monetaristisch; **2.** *s* Monetarist *m*
mon·e·tar·y ['mʌnɪtrɪ|'mɒn-] *adj Wirtsch* Geld-, Währungs-; '**~ a,gree·ment** *s* Währungsabkommen *n*; ,**~ 'block·age** *s Wirtsch* Geldvernichtung *f*; ,**~ re'form** *s* Währungsreform *f*; ,**~ 'sov·er·eign·ty** *s Wirtsch* Münzhoheit *f*; ,**~ 'u·nit** *s* Währungseinheit *f*; '**mon·e·tize** *s vt* zu Münzen prägen, zum gesetzlichen Zahlungsmittel machen
mon·ey ['mʌnɪ] *s Wirtsch* Geld *n* ⟨coined ~ Hartgeld *n*; any ~ *umg* jede Menge Geld, wieviel du auch verlangst; ~ at/on call *Wirtsch* täglich fälliges Geld; ~ down bar (*Ant* credit); ~ for jam *Brit Sl* leicht verdientes Geld; ~ on account Guthaben *n*; ~ for old rope *umg* leichtes Geld, schnell verdientes Geld; out of ~ nicht bei Kasse; ready ~ Bargeld *n*; short of ~ knapp an Geld, schlecht bei Kasse; to be in the ~ *umg* im Geld sitzen; to be coining/minting ~ Geld wie Heu verdienen; to get one's ~'s worth etw. (Anständiges) für sein Geld bekommen; to make ~ by Geld verdienen an *od* mit; to pay good ~ for s.th. einen guten Preis zahlen; to put ~ into s.th. Geld in etw. stecken *od* investieren; to raise ~ on s.th. Geld aufbringen *od* lokkermachen; to throw one's ~ about/around mit Geld um sich werfen; to want the real ~ groß ins Geschäft steigen wollen, sich für das große Geld interessieren⟩ | Geldbetrag *m* | Geld *n*, Reichtum *m* ⟨to make one's ~ reich werden; to marry ~ Geld *od* reich heiraten⟩; '**~bag** *s* Geldbeutel *m*; '**~bags** *s* (*sg konstr*) *übertr umg* Geldsack *m*, Reicher *m*; '**~box** *s* Sparbüchse *f*, Spendenbüchse *f*; '**~ ,bro·ker** *s* Geldmakler *m*, -vermittler *m*; '**~,chang·er** *s* Geldwechsler *m*; '**mon·eyed** *förml adj* finanziell, Geld- ⟨≈ capital Geldver-

mögen *n*, -kapital *n*⟩ | vermögend, reich ⟨a ≈ man ein wohlhabender Mann; the ≈ classes die besitzenden Klassen *f/pl*⟩; ˌ**mon·eyed** ˌ**cor·po'ra·tion** *s Am Wirtsch* Geldgeschäfte betreibende (Bank-, Versicherungs-) Gesellschaft; ˌ**mon·eyed** '**in·ter·est** *s* Groß-, Hochfinanz *f*, Kapitalisten *m/pl*; '**~-ˌgrub·ber** *s verächtl* Geldraffer *m*, Geizhals *m*; '**~ˌlend·er** *s* Geld(ver)leiher *m*; '**~less** *adj* mittellos; '**~ˌlet·ter** *s Wirtsch* Wertbrief *m*; '**~ˌmak·er** *s* Geldverdiener *m* | Geldquelle *f*, gutes Geschäft; '**~ˌmak·ing** **1.** *adj* geldverdienend | einträglich ⟨a ≈ job⟩; **2.** *s* Gelderwerb *m*; '**~ ˌmar·ket** *s Wirtsch* Geldmarkt *m*; '**~ˌmon·ger** *s* Wucherer *m*; '**~ ˌor·der** *s* Postanweisung *f*; Zahlungsanweisung *f*; **mon·eys** *s/pl Wirtsch, arch* Gelder *pl* ⟨sundry ≈ verschiedene Geldsummen *f/pl*⟩; '**~ slot** *s* Geldeinwurf *m*; '**~-ˌspin·ner** *s Brit umg* (Produkt, Fähigkeit u. ä.) etwas, was jmdm. viel Geld einbringt, gute Geldquelle | Spekulant *m*

mon·ger ['mʌŋgə] *s* (*meist in Zus*) -händler *m*, -krämer *m* ⟨fish~ Fischhändler *m*; iron~ Eisenwarenhändler *m*⟩ | *übertr* Krämer *m*, Vertreter *m* ⟨news~ Neuigkeitenkrämer *m*; scandal-~ Verbreiter *m* von Skandalgeschichten⟩

Mon|gol ['mɒŋgl] **1.** *adj* mongolisch; **2.** *s* Mongole *m*, Mongolin *f* | Mongolisch *n*; **~go·lia** [~'gəʊlɪə] *s* Mongolei *f*; **~go·li·an** [~'gəʊlɪən], **~gol·ic** [~'gɒlɪk] *adj* mongolisch

mon|gol·ism ['mɒŋglɪzm] *s Med* Mongolismus *m*; **~gol·oid** ['~glɔɪd] **1.** *adj* mongoloid; **2.** *s* Mongoloide(r) *f*(*m*)

mon|goose ['mɒngu:s] *s* (*pl* '**~gooses**) *Zool* Mungo *m*

mon·grel ['mʌŋgrəl] **1.** *s Zool* Bastard *m* | *verächtl* (Hund) Promenadenmischung *f*, Köter *m* | *umg* Mischform *f*, Hybridwort *n*; **2.** *adj* Misch-, Bastard-

mon|ism ['mɒnɪzm] *s Phil* Monismus *m*; '**~ist** *s Phil* Monist *m*; **mo'nis·tic, mo'nis·ti·cal** *adj* monistisch

mo·ni·tion [məʊ'nɪʃn] *s* Warnung *f*, Mahnung *f*; **mon·i·tor** ['mɒnɪtə] **1.** *s* Mahner *m*, Warner *m* | *Päd* Klassenordner *m*, Aufsichtsschüler *m* | *Zool* Waran *m* | Abhörer *m* (von ausländischen Rundfunksendungen) | *Tech* Monitor *m*, Abhörgerät *n* | *auch* '**~ screen** *Ferns* Monitor *m*, Kontrollgerät *n* | *Mar Hist* Monitor *m*, Turmschiff *n*; **2.** *vt, vi* (*Rundf* u. ä.) überwachen, abhören | *Ferns* mitschauen, durch Mitschau überwachen | *Phys* radioaktive Strahlung überprüfen (bei) | *übertr* überwachen, kontrollieren ⟨≈ing system Überwachungssystem *n*⟩; '**mon·i·to·ry** *adj* (er)mahnend, warnend ⟨to shake a ≈ finger at s.o. jmdm. den erhobenen Zeigefinger zeigen⟩

monk [mʌŋk] *s* Mönch *m*; '**~er·y** *s, meist verächtl* Mönchswesen *n*

mon·key ['mʌŋkɪ] **1.** *s Zool* Affe *m* (*auch übertr*) ⟨to make a ~ (out) of s.o. jmdn. zum Affen machen⟩ | *scherzh* Gauner *m* (*bes* Kind) ⟨you little ~!⟩ | *Tech* Ramme *f*, Rammblock *m* | *Brit Sl* Wut *f*, Rage *f* ⟨*nur in*: to get/put one's ~ up hochgehen, wild werden; to get/put s.o.'s ~ up jmdn. hochbringen, jmdn. auf die Palme bringen; to have a ~ on one's back süchtig sein, von den Drogen nicht loskommen; dumm tun, grollen⟩ | *Brit Sl* Hypothek *f* | *Sl Brit* 500 Pfund, *Am* 500 Dollar ⟨he won a ~ at the races⟩; **2.** *vi umg* Unsinn machen, Blödsinn treiben (**with** mit) | herumpfuschen (**with** an); **~ about/around** *umg* herumalbern | Unsinn treiben; *vt* nachäffen, verspotten; '**~ ˌbusi·ness** *s urspr Am Sl* Unfug *m*, Schwindel *m* ⟨there's been some ≈ by s.o. irgend jmd. hat Schmu gemacht; to be / get up to ~ business / tricks krumme Touren machen, mit faulen Tricks arbeiten⟩ | *übertr* Affentheater *n*; '**~ ˌen·gine** *s Tech* Fallwerk *n*; '**~ ˌham·mer** *s Tech* Fallhammer *m*, Rammbär *m*; '**~ ˌjack·et** *s Mar* Monki-, Munkijacke *f*; '**~ nut** *Brit umg selten* Erdnuß *f*; '**~-ˌpuz·zle** *s Bot* Schuppentanne *f*; '**~ suit** *s Am Mil Sl* Uniform *f* | *Am Sl* Smoking *m*; '**~ wrench** *s Tech* Mutterschlüssel *m*, verstellbarer Schraubenschlüssel, Engländer *m*, Franzose *m* ⟨to throw a ≈ into the works *Am umg* Sabotage treiben⟩

monk|hood ['mʌŋkhʊd] *s* Mönchtum *n* | *collect* Mönche *m/pl*; '**~ish** *adj, meist verächtl* mönchisch, pfäffisch; '**~ship** *s* Mönchtum *n*, Mönchswesen *n*

monks·hood ['mʌŋkshʊd] *s Bot* Eisenhut *m*

mon·o ['mɒnəʊ] *Tech* **1.** *adj* Mono- (*Ant* stereo) ⟨a ~ record; a ~ record player⟩; **2.** *s* (*pl* '**~s**) *umg* Monosystem *n*, Monowiedergabe *f* | Mono(schall)platte *f*

mono- [mɒnə(ʊ)] ⟨*griech*⟩ *in Zus* allein, einzeln, einfach, ein-

mon·o|car·pous [ˌmɒnəʊ'kɑ:pəs] *adj Bot* einfrüchtig; ˌ**~'cel·lu·lar** *adj Biol* einzellig; ˌ**~chro'mat·ic** *adj* monochromatisch, einfarbig; **~chrome** ['mɒnəkrəʊm] **1.** *s* einfarbiges Gemälde | *Ferns* Schwarz-weiß *n*; **2.** *adj* monochrom, einfarbig | *Ferns* schwarz-weiß; **~cle** ['mɒnəkl] *s* Monokel *n*, Einglas *n*; **mo·noc·ra·cy** [mə'nɒkrəsɪ] *s* Monokratie *f*, Alleinherrschaft *f*; ˌ**~'crys·tal** *s Phys* Einkristall *m*; **mo·noc·u·lar** [mə'nɒkjʊlə] *adj* monokular, nur für ein Auge; '**~ˌcul·ture** *s Landw* Monokultur *f*; ˌ**~'cy·clic** *adj* monozyklisch; **~cyte** ['~saɪt] *s Med* Monozyt *m*; **~gam·ic** [ˌ~'gæmɪk], **mo·nog·a·mous** [mə'nɒgəməs] *adj* monogam; **mo·nog·a·my** [mə'nɒgəmɪ] *s* Monogamie *f*, Einehe *f*; ˌ**~'gen·ic** *adj* monogen | *Zool* monogenisch; **~gram** ['mɒnəgræm] *s* Monogramm *n*; **~graph** ['mɒnəgrɑ:f|-græf] **1.** *s* Monographie *f*; **2.** *vt* monographisch darstellen; ˌ**~'ki·ni** *s* Monokini *m*; ˌ**~'lin·gual** *adj* einsprachig; **~lith** ['mɒnəlɪθ] *s* Monolith *m*; ˌ**~'lith·ic** *adj* monolithisch, aus einem Block bestehend, wie aus einem Block (*auch übertr*) ⟨a ≈ monument; a ≈ party⟩; ˌ**~'lob·u·lar** *adj Zool* einlappig; **~logue**, *Am auch* **~log** ['mɒnəlɒg] *s* Monolog *m*, Selbstgespräch *n*; ˌ**~'ma·ni·a** *s Med* Monomanie *f*; ˌ**~'ma·ni·ac** *s* von einer fixen Idee Besessene(r) *f*(*m*); **~ma·ni·a·cal** [ˌ~mə'naɪəkl] *adj Med* monoman; **~mer** ['mɒnəmə] *s Chem* Monomere *n*; **~mer·ic** [ˌ~'merɪk] *adj* monomer; ˌ**~'nu·cle·ar** *adj Phys* einkernig; **~nu·cle·o·sis** [ˌmɒnəʊnju:klɪ'əʊsɪs] *s Med* Mononukleose *f*; ˌ**~pa're·sis** *s Med* Monoparese *f*; **~phase** ['mɒnəfeɪz] *adj El* einphasig; ˌ**~'pho·bi·a** *s Med* Monophobie *f*; **~phon·ic** [ˌmɒnə'fɒnɪk] *adj förml* = **mono**; **mon·oph·thong** ['mɒnəfθɒŋ] *s* Monophthong *m*, einfacher Vokal; **~plane** ['mɒnəpleɪn] *s Flugw* Eindecker *m*; **mo·nop·o·lism** [mə'nɒpəlɪzm] *s* Monopolismus *m*; **mo'nop·o·list** *s* Monopolist *m*; **moˌnop·o'lis·tic** *adj* monopolistisch, Monopol-; **moˌnop·o·li'za·tion** *s* Monopolisierung *f*; **mo'nop·o·lize** *vt* monopolisieren | *übertr* an sich reißen ⟨to ≈ the conversation⟩; **mo'nop·o·ly** *s* Monopol *n* (**of** auf) | Monopolgesellschaft *f*; ˌ**~pro'pel·lant** *s Flugw* Einzelantrieb *m*; **~rail** ['mɒnəreɪl] *s* Einschienenbahn *f*; ˌ**~'sac·cha·ride** *s Chem* Monosacharid *n*; ˌ**~syl'lab·ic** *adj* einsilbig (*auch übertr*) ⟨≈ replies⟩; ˌ**~'syl·la·bism** *s* Einsilbigkeit *f*; **~syl·la·ble** ['mɒnəˌsɪləbl] *s* einsilbiges Wort, Einsilber *m*; ˌ**~'the·ism** *s Rel* Monotheismus *m*; **~tone** ['mɒnətəʊn] **1.** *s* monotones Geräusch, gleichbleibender Ton | monotoner Vortrag ⟨to read in a ≈ herunterleiern⟩ | Einerlei *n*, Eintönigkeit *f*; **2.** *vt, vi* eintönig rezitieren *od* singen; **~ton·ic** [ˌmɒnə'tɒnɪk] *adj Mus Math* monoton; **mo·not·o·nous** [mə'nɒtənəs|-tn̩əs] *adj* monoton, eintönig, einförmig; **mo·not·o·ny** [mə'nɒtənɪ] *s* Monotonie *f*, Eintönig-, Einförmigkeit *f* | *Math* Monotonie *f*; **~type** ['mɒnətaɪp] *Typ s* Monotypie *f* | Monotype *f* | Monotypesatz *m*; **mon·ox·ide** [mə'nɒksaɪd] *s Chem* Monoxid *n*

Mon·sieur [mə'sjɜ:] ⟨*frz*⟩ *s* (*pl* **Mes·sieurs** [meɪ'sjɜ:z]) Monsieur *m*, Herr *m* (in französisch sprechenden Ländern)

mon·si·gnor [mɒn'si:njə] *s* (*oft* ∸) Monsignore *m*

mon·soon [mɒn'su:n] *s* Monsun *m* ⟨dry ~ Wintermonsun *m*; wet ~ Sommermonsun *m*⟩ | *auch* ˌ**~ 'sea·son** Monsunzeit *f* | *umg* starker Regen

mon·ster ['mɒnstə] **1.** *s* Monster *n*, Monstrum *n*, Mißbildung *f*, -gestalt *f* | Ungeheuer *n*, Ungetüm *n*, Scheusal *n* (*auch übertr*) ⟨a ~ of cruelty ein Ausbund *m* an Grausamkeit; a ~ of inhumanity ein Unmensch *m*, ein Ungeheuer *n* in Menschengestalt⟩ ◇ **the green-eyed ~** *förml* die Eifersucht; **2.** *adj* Monster-, Riesen- ⟨a ~ ship⟩
mon·strance ['mɒnstrəns] *s Rel* Monstranz *f*
mon|stros·i·ty [mɒn'strɒsətɪ] *s* Mißbildung *f* | Ungeheuer *n* | Monstrosität *f*, Ungeheuerlichkeit *f*; **'~strous** *adj* mißgestaltet, unförmig | unnatürlich groß, riesenhaft ⟨a ≈ hole⟩ | ungeheuerlich, gräßlich, abscheulich ⟨a ≈ crime⟩ | *umg* unglaublich, skandalös ⟨it's perfectly ≈ es ist eine Riesenschande⟩
mons ven·e·ris [ˌmɒnz 'venərɪs] ⟨*lat*⟩ *s* (*meist sg*) *Anat* Mons *m* veneris
mon·tage ['mɒntɑ:ʒ] **1.** *s Film, Foto* Montage *f*; **2.** *vt* als Montage bringen, in einer Montage darstellen
mon·tane ['mɒnteɪn] *adj Geogr* Gebirgs-, Berg- ⟨~ flora Gebirgsflora *f*⟩
month [mʌnθ] *s* Monat *m* ⟨calendar ~ Kalendermonat *m*; lunar ~ Mondmonat *m*; of two ~s, two-~s old zwei Monate alt; for ~s monatelang; by the ~ monatlich; a ~ of Sundays *umg* eine sehr lange Zeit, eine Ewigkeit; this day ~ heute vor einem Monat; heute in einem Monat⟩; **'~ly** **1.** *adj, adv* monatlich ⟨a ≈ meeting eine monatliche Sitzung, eine Sitzung im Monat; twice ≈ zweimal im Monat; a ≈ season ticket Monatskarte *f*⟩; **2.** *s* Monatsschrift *f*; **ˌ~ly 'pe·ri·od** *s* Periode *f*, Menstruation *f*
mon·u|ment ['mɒnjumənt] *s* Monument *n*, Denkmal *n* (**to** für) ⟨ancient ≈s Altertümer *n/pl*⟩ | Naturdenkmal *n* | Statue *f* | Grabmal *n*, -stein *m* | *übertr* Denkmal *n* ⟨a ≈ of learning ein Denkmal *n* an Gelehrsamkeit⟩; **ˌ~'men·tal** *adj* monumental, gewaltig ⟨≈ dimensions⟩ | bedeutend ⟨a ≈ work⟩ | *umg* riesig ⟨≈ stupidity kolossale Dummheit⟩ | Denkmals- ⟨≈ inscription Denkmalsinschrift *f*⟩ | Gedenk-, Gedächtnis- ⟨≈ chapel Gedenkkapelle *f*⟩ | Grabmals-, -stein- ⟨≈ mason Steinmetz *m*⟩; **ˌ~men'tal·i·ty** *s* Großartigkeit *f*
moo [mu:] **1.** *vi* (Kuh, Ochse) muhen; **2.** *s* Muhen *n* | *Brit Sl verächtl* Kuh *f* (Frau)
mooch [mu:tʃ] *Sl vt* klauen | schnorren, ergattern, erbetteln ⟨to ~ a drink⟩; *vi* herumschleichen | *Am* nassauern, sich aushalten lassen (**on, with** bei, von); **~ about** herumstrolchen, sich herumtreiben; **~ along** dahinlatschen; **~ through** dahinmuddeln
moo-cow ['mu:kaʊ] *s* (Kindersprache) Muh *f*
[1]**mood** [mu:d] *s* Laune *f*, Stimmung *f* ⟨to put s.o. in a happy ~ jmdn. in gute Laune versetzen; in a merry ~ frohgelaunt; to be in the ~ for s.th. zu etw. Lust haben; not in the ~ for nicht aufgelegt zu⟩ | schlechte Laune ⟨to be in one of one's ~s wieder (mal) seine Laune haben; to be in a ~ schlechte Laune haben; a woman of ~s eine launische Frau⟩
[2]**mood** [mu:d] *s Ling* Modus *m*, Aussageweise *f* ⟨indicative ~ Indikativ *m*; imperative ~ Imperativ *m*; subjunctive ~ Konjunktiv *m*⟩
mood·y ['mu:dɪ] *adj* launisch, launenhaft | übellaunig, schlecht gelaunt | melancholisch, schwermütig
moon [mu:n] **1.** *s* (*als f konstr*) Mond *m* ⟨full ~ Vollmond *m*; new ~ Neumond *m*; waning ~ abnehmender Mond; to cry for the ~ *übertr* das Unmögliche verlangen; to promise s.o. the ~ jmdm. das Blaue vom Himmel versprechen⟩ | *Astr* Mond *m*, Trabant *m*, Satellit *m* ⟨man-made ~ künstlicher Erdsatellit; the ~s of Jupiter die Jupitermonde *m/pl*⟩ | Mondschein *m* ⟨is there a ~ tonight? scheint der Mond heute nacht?; no ~ kein Mondschein⟩ | *poet* Monat *m*, Mond *m* ⟨many ~s ago vor vielen Monaten; once in a blue ~ *umg* alle Jubeljahre einmal, sehr selten⟩ | (Alchemie) Silber *n* ◇ **over the ~** überglücklich; **2.** *vi, meist* **~ about/around** *umg* umherwandern, umhergeistern, herumirren; *vt, meist* **~ away** *umg* (Zeit u. ä.) vertrödeln, verträumen; **~ over** *umg* schwärmen von (jmdm.), (jmdn.) anhimmeln; **'~beam** *s* Mondstrahl *m*; **'~ ˌbug·gy/car/ˌcrawl·er/ˌrov·er** *s* Mondfahrzeug *n*; **'~calf** *s* Mondkalb *n*, Mondmonster *n* | *übertr* Schwachkopf *m*; **'~craft, '~ship** *s* Mondrakete *f*; **'~ ˌdai·sy** *s Bot* Margerite *f*, Gänseblume *f*; **'~er** *s* Mondsüchtige(r) *f(m)* | *übertr* Träumer(in) *m(f)*; **'~face** *s* Vollmondgesicht *n*; **'~ˌflow·er** *s Zool Brit* Margerite *f* | *Am* Mondwinde *f*; **'~light** **1.** *s* Mondlicht *n*, -schein *m* ⟨by ≈/in the ≈ im Mondschein; ≈ night Mondnacht *f*⟩; **2.** *vi* (**'~light·ed, '~light·ed**) *umg* nebenher arbeiten, doppelt verdienen; pfuschen (gehen); **'~ˌlight·er** *s urspr Am umg* Schwarzarbeiter *m*; Doppelverdiener *m*; **'~lit** ['~lɪt] *adj poet* mondhell ⟨a ≈ landscape eine Mondscheinlandschaft⟩; **'~quake** *s* Mondbeben *n*; **'~rock** *s* Mondgestein *n*; **~scape** ['~skeɪp] *s* Mondlandschaft *f*; **'~shine** **1.** *s* Mondschein *m* | *übertr umg* Unsinn *m*, Schwindel *m* ⟨to talk ≈ Unsinn reden⟩ | *Am Sl* geschmuggelter Alkohol; **2.** *adj umg* leer, nichtig; **'~ˌshin·er** *s Am Sl* Alkoholschmuggler *m*; **'~ˌshin·ing** *s Am Sl* Alkoholschmuggel *m*; **'~stone** *s Min* Mondstein *m*; **'~-struck** *umg adj* mondsüchtig | besessen; **'~y** *adj* mondförmig | Mond- | Mondschein- | *umg* verträumt, benebelt
[1]**moor** [muə|mɔ:] (*oft pl konstr als sg*) *bes Brit s* Moor *n*, Hochmoor *n* | Heide *f*
[2]**moor** [muə|mɔ:] *Mar vt* (Schiff) vertäuen, festmachen; *vi* sich vertäuen, festmachen; **'~age** [~rɪdʒ] *Mar s* Vertäuung *f* | Anker-, Liegeplatz *m*
Moor [muə|mɔ:] *s* Maure *m* | Mohr *m*
moor|ber·ry ['muəbr̩ɪ|mɔ:-] *s Bot* Moor-, Moosbeere *f*; **'~cock** *s Zool* (männliches) (Moor-) Schneehuhn *n*; **'~fowl, '~game** *s* (*pl* **'~game**) *Zool* (Moor-) Schneehuhn *n*; **'~hen** *s Zool* (weibliches) (Moor-) Schneehuhn *n*
moor|ing ['muərɪŋ|'mɔ:-] *Mar s* Festmachen *n*; **'~ing buoy** *s* Vertäuboje *f*; **'~ing mast** *s* Ankermast *m*; **'~ings** *s/pl* Vertäuung *f* | Anker-, Liegeplatz *m*
moor·ish ['muərɪʃ|'mɔ:-] *adj* sumpfig, moorig
Moor·ish ['muərɪʃ|mɔ:] *adj* maurisch ⟨~ Arch Maurischer Bogen⟩
moor|land ['muələnd|'mɔ:-] *s* (*oft auch pl*) Heide(moorland) *f(n)*, Moor *n*; **'~y** [~rɪ] *adj* moorig, sumpfig, Moor-
moose [mu:s] *s* (*pl* **~** *od* **~s** ['~ɪz]) *Zool* Amerikanischer Elch
moot [mu:t] **1.** *s Hist* Volksversammlung *f*; **2.** *vt* (*meist pass*) vorbringen, vorschlagen, anschneiden ⟨plans have been ~ed⟩ | erörtern, diskutieren ⟨a ~ed point ein diskutiertes Problem; the question, so often ~ed die so oft debattierte Frage⟩ | nur hypothetisch erörtern, nur akademisch diskutieren; **3.** *adj, nur in:* **a ~ case/point/ques·tion** ein strittiger Fall (Punkt), eine offene Frage
[1]**mop** [mɒp] **1.** *s* Mop *m* | Staub-, Wischlappen *m* | (Haar) Wust *m* | *Tech* Schwabbelscheibe *f*; **2.** *vt* (**mopped, mopped**) mit dem Mop reinigen, moppen ⟨to ~ the floor den Fußboden wischen; to ~ the floor with s.o. *umg übertr* jmdn. völlig fertigmachen, mit jmdm. kurzen Prozeß machen⟩ | ab-, aufwischen (**with** mit) ⟨to ~ one's face sich das Gesicht abwischen⟩ | *Tech* schwabbeln | *Sl* betteln, fechten | *Sl* erledigen; **~ up** aufwischen | *Mil Sl* (Gebiet von Feinden) säubern, (Wald) durchkämmen ⟨~ping up operations *Mil* Säuberungsaktionen *f/pl*⟩ | *Mil Sl* (Feind) vernichten, erledigen | *Brit umg* (Arbeit) wegkriegen, erledigen | *Brit umg* (Gewinn) absahnen | *Brit umg* (Alkohol)

wegputzen

²**mop** [mɒp] **1.** *vi* **(mopped, mopped)** *nur in*: ~ **and mow** Gesichter schneiden; **2.** *s* Grimasse *f*, *nur in*: **~s and mows** Grimassen *f/pl*

mop·board ['mɒpbɔ:d] *s Am* Scheuerleiste *f*

mope [məʊp] **1.** *vi* Trübsal blasen, ohne Lust herumsitzen; *vt* (jmdn.) lustlos machen ⟨to ~ o.s. sich mopsen, sich langweilen⟩; *vi meist* ~ **about/[a]round** mit hängendem Kopf umherlaufen, bedrückt einhergehen, den Kopf hängen lassen; **2.** *s* Trübsalbläser *m*, langweiliger Mensch, Griesgram *m* | (*oft pl*) Trübsal *f*, schlechte Laune ⟨to have a fit of the ~s von schlechter Laune befallen sein; to suffer from the ~s an schlechter Laune leiden, Trübsal blasen⟩ | *umg* miese Laune ⟨a good ~ *iron* eine "feine" Laune⟩

mo·ped ['məʊped] *s Brit* Moped *n*

mop·head ['mɒphed] *s umg* Struw[w]el-, Wuschelkopf *m*

mop·ish ['məʊpɪʃ] *adj* mürrisch, trübselig

mop·pet ['mɒpɪt] *s* (e-e Art) Schoßhund *m* | *umg* Püppchen *n*, Kindchen *n*

mop-up ['mɒpʌp] *s umg* Erledigen *n*, Aufarbeiten *n*, Wegputzen *n*

mo·quette [mə'ket] *s* Mokett *m*, Plüsch *m*; ˌ~ '**car·pet** *s* Plüschteppich *m*

mo·ra ['mɔ:rə] *s* (*pl* **mo·rae** ['mɔ:ri:], **mo·ras** ['mɔ:rəz]) *Metr* Mora *f*, More *f*

mo·rain·al [mə'reɪnl] *adj Geol* Moränen-; **mo'raine** *s Geol* Moräne *f*; **mo'rain·ic** *adj Geol* Moränen-

mor·al ['mɒrəl] **1.** *adj* moralisch, sittlich (*Ant* amoral) ⟨a ~ question; a ~ sense; a ~ being; by ~ standards⟩ | moralisch, geistig ⟨~ support moralische, geistige Unterstützung; ~ victory moralischer Sieg⟩ | Moral-, Sitten- ⟨~ law Sittengesetz *n*; ~ philosophy Moralphilosophie *f*; ~ science⟩ | tugendhaft, sittsam (*Ant* immoral) ⟨a ~ act eine gute Tat; a ~ life ein tugendhaftes Leben; a ~ girl⟩ | innerlich, charakterlich ⟨~ courage Charakterstärke *f*⟩ | moralisch, vernunftgemäß ⟨~ certainty moralische Gewißheit⟩; **2.** *s* Moral *f*, Lehre *f* ⟨the ~ of a story die Moral einer Geschichte; to draw the ~ from an experience aus einer Erfahrung die Lehre ziehen⟩ | *meist* '**mor·als** *pl* Moral *f*, Sitten *f/pl*, sittliches Verhalten ⟨code of ~s Sittenkodex *m*; loose ~s lockere Sitten *f/pl*; without ~s rücksichtslos, ohne moralische Bedenken; to have no ~s keine Moral kennen⟩

mo·rale [mə'rɑ:l|mɒ'rɑ:l] *s* Moral *f*, geistige Verfassung ⟨high ~ hohe Moral⟩ | *Mil* Moral *f*, Kampfgeist *m* ⟨failing ~ nachlassende Moral; to raise the ~ den Kampfgeist steigern⟩; **mor·al·ism** ['mɒrḷɪzm] *s* Moralspruch *m*; '**mor·al·ist** *s oft verächtl* Moralist *m*, Sittenprediger *m* | moralischer Mensch; ˌ**mor·al'is·tic** *adj oft verächtl* moralistisch; **mo·ral·i·ty** [mə'ræləti] *s* Moral *f*, Sittlichkeit *f* ⟨international ≈ internationale Normen *f/pl*; commercial ≈ Geschäftsmoral *f*⟩ | Tugendhaftigkeit *f* | Sittenlehre *f*, Ethik *f* ⟨Christian ≈⟩ | Sittenpredigt *f* | *auch* **mo'ral·i·ty play** *Theat* Moralität *f*; **mo'ral·i·ties** *s/pl* bestimmte Grundsätze *m/pl*, Moralbegriffe *m/pl* ⟨fundamental ≈ of life⟩; **mor·al·ize** ['mɒrḷaɪz] *vt* moralisch beeinflussen; *vi* moralisieren, moralische Betrachtungen anstellen (**about, [up]on** über) ⟨stop moralizing hör auf zu predigen!⟩; **mor·al·ly** ['mɒrəlɪ] *adv* tugendhaft (*Ant* immorally) | moralisch, nach dem, was sich gehört ⟨≈ wrong⟩ | *förml* wahrscheinlich, nach allen Regeln der Vernunft ⟨it's ≈ certain⟩; **mor·als** ['mɒrḷz] *s/pl* (*sg konstr*) Ethik *f*, Sittenlehre *f*

mo·rass [mə'ræs] *s* Morast *m* | *übertr* Gewirr *n*, Durcheinander *n* ⟨a ~ of figures ein Zahlendickicht; a ~ of problems ein Wust von Problemen⟩ | (*mit best art*) *übertr* komplizierte Situation, Klemme *f* ⟨the ~ of vice der Sumpf der Sünde⟩

mor·a·to|ri·um [ˌmɒrə'tɔ:rɪəm] *s* (*pl* **~ri·a** [~rɪə], **~ri·ums** [~rɪəmz]) *Wirtsch* Moratorium *n*, Zahlungsaufschub *m* | zeitweiliges Verbot ⟨a ≈ on new systems⟩; **~ry** ['mɒrətṛɪ] *adj Wirtsch* Moratoriums-, aufschiebend

Mo·ra·vi·an [mə'reɪvɪən] **1.** *s* Mähre *m*, Mährin *f* | Mährisch *n*; **2.** *adj* mährisch

mor·bid ['mɔ:bɪd] *adj* krankhaft, morbid, ungesund (*auch übertr*) ⟨~ growth krankhaftes Wachstum; ~ imagination krankhafte Einbildung⟩ | *Med* pathologisch ⟨~ anatomy⟩ | grausig, schauerlich ⟨a ~ fascination for grausige Lust an⟩; **mor'bid·i·ty** *s* Morbidität *f*, Krankhaftigkeit *f* | *Med* Morbidität *f*, Erkrankungsziffer *f*

mor|da·cious [mɔ:'deɪʃəs] *adj* sarkastisch, beißend; **~dac·i·ty** [~'dæsətɪ], '**~dan·cy** *s* Sarkasmus *m*, Bissigkeit *f*; '**~dant** **1.** *adj* sarkastisch, scharf, beißend ⟨≈ criticism scharfe Kritik⟩ | *Tech* ätzend; beißend, scharf, zerstörend | brennend, beißend ⟨≈ pain⟩; **2.** *s Tech* Beize *f*, Ätzmittel *n*; **3.** *vt Tech* beizen, ätzen; ˌ**~dant 'dye** *s Tech* Beizenfarbstoff *m*

mor·dent ['mɔ:dənt] *s Mus* Pralltriller *m*, Mordent *m*

more [mɔ:] **1.** *adj, pron* mehr ⟨~ than mehr als; ~ than meets the eye *übertr* noch etwas anderes⟩ | mehr, noch weiter (*Ant* less, fewer) ⟨some / a little ~ milk noch etwas Milch; what ~? was noch?; hardly any ~ kaum noch; one ~ noch ein⟩; **2.** *adv* (*vor adj, adv*) *zur Bildung des comp* -er ⟨~ beautiful schöner; ~ easily leichter⟩ | mehr, in größerem Maße ⟨all the ~ so nur um so mehr; and what is ~ und noch dazu; ~ and ~ immer mehr; ~ and ~ beautiful immer schöner; ~ or less mehr oder weniger; no ~ can I noch kann ich es, ich kann es auch nicht; no ~ than genauso wie⟩ | wieder ⟨any ~ mehr, wieder; never ~, no ~ nie wieder, nie mehr; once ~ noch einmal⟩ | (*mit best art*) (*vor s*) um so mehr ⟨the ~ fool you to believe him ein um so größerer Dummkopf sind Sie, wenn Sie ihm glauben⟩; **3.** *s* Mehr *n* (**of** an) ⟨I hope to see ~ of you ich hoffe, dich öfter *od* häufiger zu sehen⟩

mo·reen [mə'ri:n] *s* Moreen *n*, moirierter Wollstoff

mo·rel [mə'rel] *Bot s* Morchel *f* | (Schwarzer) Nachtschatten | *auch* **~lo** [mə'reləʊ] Morelle *f*, Sauerkirsche *f*

mo·rel·lo [mə'reləʊ] *s* (*pl* **mo'rel·los**), *auch* ˌ~ '**cher·ry** *Bot* Morelle *f*, Sauerkirsche *f*

more·o·ver [mɔ:'rəʊvə] *adv* überdies, darüber hinaus, noch dazu

more·pork ['mɔ:ˌpɔ:k] *s Zool* australische Eule

mo·res ['mɔ:ri:z] *s/pl* ⟨*lat*⟩ *förml* Sitten *f/pl*, Konventionen *f/pl* ⟨laws and ~; academic ~⟩

Mo·resque [mɔ:'resk] **1.** *adj* maurisch; **2.** *s* maurischer Stil | Arabeske *f*

mor·ga·nat·ic [ˌmɔ:gə'nætɪk] *adj* morganatisch ⟨~ marriage Ehe *f* zur linken Hand⟩

morgue [mɔ:g] *s Am* Leichen(schau)haus *n* | *übertr verächtl* ausgestorbener Ort | *urspr Am* (Zeitungs-) Archiv *n*

mor·i·bund ['mɒrɪbʌnd] *adj* sterbend, im Sterben liegend, dem Tode geweiht (*auch übertr*) ⟨a ~ patient; ~ civilizations⟩

Mor·mon ['mɔ:mən] **1.** *s* Mormone *m*, Mormonin *f*; **2.** *adj* mormonisch; '**~ism** *s* Mormonentum *n*

morn [mɔ:n] *s poet* Morgen *m*

morn·ing ['mɔ:nɪŋ] **1.** *s* Morgen *m*, Vormittag *m* ⟨a few ~s ago an einem Morgen vor ein paar Tagen; all [the] ~ den ganzen Vormittag über; from ~ till night vom Morgen bis zum Abend; good ~! Guten Morgen!, (am Vormittag) Guten Tag!; in/during the ~ am Morgen, morgens; on Monday ~ am Montagmorgen; one [fine] ~ eines [schönen] Morgens; one summer ~ an einem Sommermorgen; on the ~ of the first am Morgen des Ersten; several ~s lately an einem Morgen vor nicht zu langer Zeit; this ~ heute morgen; tomorrow (yesterday) ~ morgen (gestern) früh⟩ | *übertr förml* Anfang *f*, Blüte *f* ⟨the ~ of life⟩ | Morgendämmerung *f* ⟨the red ~ das Morgenrot⟩; **2.** *adj* Morgen-, Vormittags- ⟨an early ~ swim zeitiges Schwimmen, Schwimmen *n* am frühen Morgen⟩; '**~ coat** *s* Cutaway *m*; '**~ dress** *s* Hauskleid *n* | *förml* Besuchsanzug *m*; ˌ**~ 'glo·ry** *s Bot* (Purpur-) Winde *f*; '**~ gown** *s* Morgenrock *m*; ˌ**~ 'pa·per** *s* Morgenzeitung *f*; ˌ**~ per'form·ance** *s Theat* Matinee *f*, Frühvorstellung *f*; ˌ**~ 'pray·er** *s Rel* Morgengebet *n*; | ˌ**~ 'Pray·er** Morgenandacht *f*; '**~ room** *s* Damenzimmer *n* (in vornehmem Haushalt); '**morn·ings** *adv, bes Am* (früh) am Morgen; ˌ**~ 'sick·ness** *s* Übelkeit *f* am Morgen (*bes* bei Schwangeren); '**~ star** *s* Morgenstern *m*; '**~ watch** *s Mar* die Morgenwache

Mo·roc|can [mə'rɒkən] **1.** *adj* marokkanisch; **2.** *s* Marokkaner(in) *m(f)*; **~co** [-kəʊ] *s* Marokko

mo·roc·co [mə'rɒkəʊ] *s* Saffianleder *n*

mo·ron ['mɔ:rɒn|-ən] *s* Schwachsinnige(r) *f(m)* | *umg verächtl* Trottel *m*, Idiot *m*; **~ic** [mə'rɒnɪk] *adj* schwachsinnig | *umg verächtl* idiotisch, blöd; '**~ism, ~i·ty** [mə'rɒnətɪ] *s* Schwachsinn *m*

mo·rose [mə'rəʊs] *adj* mürrisch, verdrießlich ⟨~ and irritable mürrisch und gereizt⟩ | *übertr* lahm, nichtssagend, öde ⟨a ~ essay⟩

-morph [mɔ:f] ⟨*griech*⟩ *in Zus* Gestalt, Form

morph [mɔ:f] *s Ling* Morph *n* | *Biol* variante Form; **mor·pheme** ['mɔ:fi:m] *s Ling* Morphem *n*; **mor·phe·mics** [mɔ:'fi:mɪks] *s bes Am Ling* Morphemik *f*, Morphologie *f*

Mor·pheus ['mɔ:fɪəs|'mɔ:fju:s] *s* Morpheus *m* ⟨in the arms of ~ *lit* in Morpheus' Armen, im Schlaf⟩

mor·phi·a ['mɔ:fɪə] = **morphin[e]**

-morphic [mɔ:fɪk] ⟨*griech*⟩ *in Zus* -gestaltig

mor|phin[e] ['mɔ:fi:n] *s Chem* Morphium *n*; '**~phin·ism** *s Med* Morphinismus *m*; '**~phin·ist** *s Med* Morphinist *m*

morpho- [mɔ:fə(ʊ)] ⟨*griech*⟩ *in Zus* Gestalt, Form

mor·pho·graph|ic [ˌmɔ:fə'græfɪk], **mor·pho'graph·i·cal** *adj* morphographisch, gestaltbeschreibend; **mor·phog·ra·phy** [mɔ:'fɒgrəfɪ] *s* Morphographie *f*, Gestaltbeschreibung *f*

mor·pho·log|ic [ˌmɔ:fə'lɒdʒɪk], ˌ**mor·pho'log·i·cal** *Biol, Geogr, Ling adj* morphologisch; **~ist** [mɔ:'fɒlədʒɪst] *s* Morphologe *m*; **mor'phol·o·gy** *s Biol, Geogr* Morphologie *f*, Gestaltlehre *f* | *Ling* Morphologie *f*, Formenlehre *f*

-morphous [mɔ:fəs] ⟨*griech*⟩ *in Zus* -gestaltig

mor·ris ['mɒrɪs], *auch* '**~ dance 1.** *s Hist* Moriskentanz *m*, alter Volkstanz (für Männer); **2.** *vi, vt* tanzen

Mor·ris| chair ['mɒrɪs tʃɛə] *s* (verstellbarer) Lehnstuhl; '**~ tube** *s* (Gewehr) Einstecklauf *m*

mor·row ['mɒrəʊ] *lit s* morgiger *od* folgender Tag ⟨for the ~ für den nächsten Tag; on the ~ am folgenden Tag, tags darauf; the ~ of am Tage nach⟩ | (in der Zeit) unmittelbar nach ⟨on the ~ of⟩ | *arch* Morgen *m* ⟨good ~!⟩

morse [mɔ:s] *s Zool* Walroß *n*

Morse [mɔ:s] **1.** *adj* Morse-; **2.** *s umg* Morseschrift *f*; ˌ**~ 'al·pha·bet**, ˌ**~ 'code** *s* Morsealphabet *n*

mor·sel ['mɔ:sl] *s* (*bes* Speise) kleines Stück, Bissen, ein Mund voll ⟨a ~ of food⟩ | Leckerbissen *m* ⟨a dainty ~ ein besonderer Leckerbissen⟩ | (*meist neg*) *übertr* Spur *f*, Hauch *m* ⟨he hadn't a ~ of sense⟩

mor·tal ['mɔ:tl] **1.** *adj* sterblich (*Ant* immortal) ⟨man is ~ alle Menschen müssen sterben; ~ remains sterbliche Hülle⟩ | tödlich, todbringend (**to** für) ⟨a ~ wound; ~ sin Todsünde *f*⟩ | Tod-, bis zum Tode ⟨~ combat erbitterter Kampf; ~ enemy Todfeind *m*⟩ | Tod[es]-, das Sterben begleitend ⟨~ agony Todeskampf *m*; ~ fear Todesangst *f*; ~ hour Todesstunde *f*⟩ | sterblich, vergänglich, irdisch, menschlich ⟨~ power Menschenkraft *f*; by no ~ means *umg* auf keine menschenmögliche Weise; of no ~ use *umg* völlig zwecklos ⟩ | *umg* sehr groß, (Zeit) ewig lang ⟨~ fear unheimliche Angst; a ~ time eine furchtbar lange Zeit; in a ~ hurry in Mordseile⟩ | *intens* (*nach* **every**) *umg* möglich ⟨every ~ thing alles Mögliche⟩; **2.** *adv umg dial* überaus, sehr; **3.** *s* Sterbliche(r) *f(m)* | *Brit scherzh* Bursche *m* ⟨what a thirsty ~ you are was hast du bloß für einen furchtbaren Durst!; you lazy ~ du fauler Kerl!⟩; **~i·ty** [mɔ:'tælətɪ] Sterblichkeit *f* | *auch* '**~i·ty rate** Sterblichkeitsziffer *f* | *Tech* Verschleißquote *f* | Menschheit *f* | (Massen-) Sterben *n* ⟨terrible ≈⟩; '**~i·ty ˌta·ble** *s* Sterblichkeitstabelle *f*; '**~ly** ['mɔ:tḷɪ] *adv* tödlich ⟨≈ wounded⟩ | *übertr* entsetzlich, furchtbar ⟨≈ afraid⟩

[1]**mor·tar** ['mɔ:tə] *s Chem* Mörser *m*, Reibschale *f* | *Mil* Mörser *m*, Granatwerfer *m*

[2]**mor·tar** ['mɔ:tə] **1.** *s* Mörtel *m*; **2.** *vt* mörteln, mit Mörtel verbinden; '**~board** *s* Mörtelbrett *n* | Barett *n*, akademische Kopfbedeckung; '**~y** [~rɪ] *adj* Mörtel-

mort|gage ['mɔ:gɪdʒ] *Jur* **1.** *s* Hypothek *f* ⟨to lend on ≈ auf Hypothek [ver]leihen; to raise a ≈ on eine Hypothek aufnehmen auf; a ≈ for eine Hypothek in Höhe von; to pay off a ≈ eine Hypothek abzahlen⟩ | Pfandbrief *m* | Verpfändung *f* ⟨to give in ≈ verpfänden⟩; **2.** *vt* verpfänden (**to** an) | mit einer Hypothek belasten ⟨to ≈ a house to s.o. for £ 1000 auf ein Haus von jmdm. eine Hypothek von £ 1000 aufnehmen; to be ≈d to the hilt bis zur Grenze mit Hypotheken belastet, bis obenhin verschuldet⟩; **~ga·gee** [ˌ~gɪ'dʒi:] *s Jur* Hypothekengläubiger *m*; **~ga·gor** ['mɔ:gɪdʒə|ˌ~gɪ'dʒɔ:] *s Jur* Hypothekenschuldner *m*

mor·tice ['mɔ:tɪs] = **mortise**

mor·ti·cian [mɔ:'tɪʃn] *s Am* Leichenbestatter *m*

mor·ti|fi·ca·tion [ˌmɔ:tɪfɪ'keɪʃn] *s* Kränkung *f*, Demütigung *f* | *Rel* Kasteiung *f*, Selbstverleugnung *f* ⟨≈ of the body/flesh⟩ | *Med* Brand *m*, Nekrose *f*, Gangrän *n*; '**~fy** *vt* kränken, demütigen ⟨to be/feel ~fied at/by gekränkt fühlen *od* sein über⟩ | (Körper, Fleisch) kasteien ⟨to ≈ the flesh⟩; *vi* sich kasteien | *Med* brandig werden ⟨the wound ~fied⟩

mor·tise ['mɔ:tɪs] *Tech* **1.** *s* Einschnitt *m*, Falz *m*, Fuge *f*, Kerbe *f*, Nut *f*, Schlitz *m*, Stemmloch *n*, Zapfenloch *n*; **2.** *vt* einstemmen, einzapfen (**in[to]** in) ⟨to ~ one beam [in]to another einen Balken in einen anderen einzapfen⟩ | verschwalben, verzinken | fest verbinden; **~ together** (Balken u. ä.) zusammenzapfen ⟨to ~ two beams together⟩; '**~ ax[e]** *s* Stich-, Stoßaxt *f*; '**~ ˌchis·el** *s* Stechmeißel *m*, Stemmeisen *n*; '**~ ˌclean·er** *s* Stich-, Bundaxt *f*, Fugenputzer *m*; '**~ gauge** *s* Zapfenstreichmaß *n*; '**~ joint** *s* Zapfenverbindung *f*; '**~ lock** *s* (Ein-) Steckschloß *n*; '**~ ˌten·on** *s* Nutzapfen *m*; '**~ wheel** *s* Zapfenrad *n*, -getriebe *n* | Zahnrad *n* (mit Winkelzähnen)

mor·tu·ar·y ['mɔ:tʃʊərɪ] **1.** *s* Leichenhalle *f*; **2.** *adj förml* Begräbnis-, Leichen-, Toten-, Todes-, Trauer- ⟨~ rites Begräbnisfeierlichkeiten *f/pl*⟩

[1]**Mo·sa·ic** [məʊ'zeɪɪk] *adj bibl* mosaisch

[2]**mo·sa|ic** [məʊ'zeɪɪk] **1.** *s* Mosaik *n* (*auch übertr*) | *Flugw* (Luftbild) Mosaik *n*, Reihenbild *n* | *auch* '**~ic disˌease** *s Bot* Mosaikkrankheit *f*; **2.** *adj* Mosaik- ⟨≈ floor⟩; **3.** *vt* (**mo'sa·icked, mo'sa·icked**) zu einem Mosaik zusammensetzen | mit einem Mosaik verzieren; ˌ**~ic 'gold** *s* Mosaikgold, Musivgold *n*

mo·selle [məʊ'zel|mə'z-] *s* (*oft* ≈) Moselwein *m*

mo·sey ['məʊzɪ], *auch* **~ along** *vi Am umg* (dahin)schlendern; latschen | (dahin)bummeln

mosk [mɒsk] = **mosque**

Mos·lem ['mɒzləm|-lem] **1.** *s* Moslem *m*, Mohammedaner *m*; **2.** *adj* mohammedanisch; '**~ism** *s* Mohammedanismus *m*, Islam *m*

mosque [mɒsk] *s* Moschee *f*

mos·qui|tal [mə'ski:tl] *adj* Moskito-; **~to** [~təʊ] *s* (*pl* **mos'qui·toes**) *Zool* Moskito *m*; **'~to craft** *s* (*collect pl*) *Mar Mil* Schnellboot *n*; **'~to ˌcur·tain, '~to net** *s* Moskitonetz *n*

moss [mɒs] **1.** *s* Moos *n* | *bes Schott* Torf *m* ⟨a rolling stone gathers no ~ *Sprichw* Unrast zahlt sich nicht aus⟩; **2.** *vi, vt* (sich) mit Moos bedecken; **'~back** *Am s* Hinterwäldler *m* | *Pol* Ultrakonservativer *m*; **'~-ˌco·vered** *adj* moosbedeckt, -überzogen; **'~-grown** *adj* bemoost | *übertr* altmodisch, antiquiert; **'~ rose** *s Bot* Moosrose *f*; **'~y** *adj* moosig, bemoost | Moos- ⟨≈ green⟩ | *Schott* Moor-

most [məʊst] **1.** *adj* meiste(r, -s) (*Ant* least, fewest) ⟨for the ~ part zum größten Teil; the ~ money das meiste Geld; to make the ~ mistakes die meisten Fehler machen; to make ~ mistakes die meisten Fehler (aus einer bestimmten Anzahl) machen; which is ~, 3, 10 or 13? was ist das meiste, 3, 10 oder 13?⟩ | (*vor pl ohne art*) die meisten, die Mehrheit von ⟨~ girls die meisten Mädchen; ~ people die meisten Leute⟩; **2.** *s* (*oft mit best art*) (das) meiste, (das) Höchste *n* ⟨at (the) ~, at the very ~ höchstens; do the ~ you can mach alles, was du kannst!; to make the ~ of s.th. aus etw. möglichst viel herausholen⟩ ◇ **~ of** das meiste von, am meisten ⟨~ of all am allermeisten; ~ of the summer fast den ganzen Sommer⟩; **3.** *adv* (*sup von adj, adv*) ⟨the ~ interesting thing das Interessanteste; it is ~ useful es ist am nützlichsten; ~ carefully am sorgfältigsten⟩ | am meisten ⟨what pleased me ~⟩ | äußerst, höchst ⟨a ~ terrible thing etwas höchst Schreckliches; ~ polite außerordentlich höflich; ~ certainly höchstwahrscheinlich⟩

-most [məʊst] *suff zur Bildung des sup von adj* (*z. B.*: **top~** oberst, höchst) | *von präp* (**in-~** innerst) | von *s* (**headmost** am weitesten oben, **bottom~** am weitesten unten)

M. o. T. [ˌəməʊ'ti:] **1.** *Abk* von **Ministry of Transport**; **2.** *s Brit umg Kfz* technische Überprüfung | Kfz-Überprüfungsnachweis *m*

mote [məʊt] *s* (Staub-) Teilchen *n*, Stäubchen *n* ⟨~ of dust⟩ ◇ **the ~ in another's eye** *bibl* der Splitter im Auge des anderen

mo·tel [məʊ'tel] *s* Motel *n*

mo·tet [məʊ'tet] *s Mus* Motette *f*

moth [mɒθ] *s* Motte *f* ⟨clothes ~ Kleidermotte *f*⟩ | (*mit best art*) *Brit* Motten *pl* ⟨the clothes have got the ~ in them in den Kleidern sind die Motten⟩ **'~ball 1.** *s* Mottenkugel *f*; **2.** *vt* (Kleider) einmotten | *übertr umg* (Schiff, Fabrik u. ä.) einmotten, stillegen (und erhalten); **'~balls** *s/pl übertr* Einmottung *f*, Stillegung *f* ⟨to keep one's car in ≈ in winter sein Auto im Winter einmotten *od* nicht benutzen⟩ | Inaktivierung *f*, Außerdienststellung *f* ⟨to put into ≈ inaktivieren; to take out of ≈ wieder benutzen; to put an idea into ≈ eine Vorstellung begraben⟩; **'~-ˌeat·en** *adj* von Motten zerfressen | *verächtl* heruntergekommen, abgetragen, verkommen ⟨≈ old chairs⟩ | *verächtl übertr* antiquiert, veraltet ⟨≈ theories⟩

moth·er ['mʌðə] **1.** *s* Mutter *f* (*auch übertr*) ⟨to be like a ~ to bemuttern; to become a ~ ein Kind bekommen; ~'s boy Muttersöhnchen *n*; every ~'s son alle Männer; the ~ of unrest Ursache *f* des Aufruhrs; necessity is the ~ of invention *Sprichw* Not macht erfinderisch⟩ | **∸** *Rel* (Titel) Mutter *f* ⟨∸ Teresa⟩ | **∸** *umg* (Titel für alte Frau) ⟨∸ Jones⟩ | **∸** *umg* (Anrede ohne Namen durch Mann) Oma *f* ⟨sorry, ∸⟩; **2.** *vt* zur Welt bringen, gebären, Mutter sein von ⟨to ~ four sons⟩ | *übertr* erzeugen, entstehen lassen, produzieren ⟨~ may legends⟩ | (Roman u. ä.) zuschreiben ⟨to ~ a novel on s.o.⟩ | die Urheberschaft anerkennen | bemuttern | *verächtl* verhätscheln | *Mil* Feuerschutz geben; **~ car·ey's chick·en** [ˌ~ˌkɛərɪz 'tʃɪkn] *s Zool* Sturmschwalbe *f*; **'~ ˌcoun·try** *s* Mutterland *n* (Großbritannien) | Heimat-, Vaterland *n* | Ursprungsland *n*; **ˌ∸ 'Goose rhyme** *s Am* Kindervers *m*; **'~hood** *s* Mutterschaft *f* | *collect* Mütter *f/pl*; **~-in-law** ['mʌðr ɪn lɔ:] *s* (*pl* **'~s-in-law**) Schwiegermutter *f*; **'~-land** *s* Vaterland *n*, Heimat *f*; **'~ love** *s* Mutterliebe *f*; **'~ly** *adj* mütterlich; **~-of-pearl** [ˌmʌðər ə'pɜ:l|-əv 'pɜ:l] *s* Perlmutt(er) *n*(*f*); **'~ ship** *s Brit Mar* Mutterschiff *n*; **ˌ∸ Su'pe·ri·or** *s Rel* Oberin *f*, Äbtissin *f*; **ˌ~-to-'be** *s* (*pl* **~s-to-'be**) werdende Mutter, Schwangere *f*; **ˌ~ 'tongue** *s* Muttersprache *f*; **'~ wit** *s selten* Mutterwitz *m*

moth|proof ['mɒθpru:f] **1.** *adj* mottenecht, -fest; **2.** *vt* mottenfest machen; **'~y** *adj* von Motten zerfressen | vermottet

mo|tif, *auch* **~tive** [məʊ'ti:f] *s Mus, Lit* Motiv *n* | Grund-, Leitgedanke *m*

mo·tile ['məʊtɪl|-taɪl] *adj* bewegungsfähig; **mo·til·i·ty** [məʊ'tɪlətɪ] *s* Bewegungsfähigkeit *f*

mo·tion ['məʊʃn] **1.** *s* Bewegung *f*, Gang *m* ⟨to be in ~ sich bewegen; to put/set in ~ in Gang bringen⟩ | (Hand-) Bewegung *f*, Geste *f* ⟨to make a ~ [of the hand] eine [Hand-] Bewegung machen; to go through the ~s *umg* (mechanisch) tun, was verlangt wird; nur das Notwendigste tun⟩ | Regung *f*, Antrieb *m* ⟨of one's own ~ aus eigenem Antrieb⟩ | *Pol* Antrag *m* ⟨on the ~ of auf Grund des Antrags von; to carry a ~ einen Antrag durchbringen; to make a ~ einen Antrag stellen; to reject a ~ einen Antrag ablehnen, verwerfen⟩ | *Med* Stuhlgang *m*; **2.** *vt* durch eine Bewegung auffordern, ein Zeichen geben; **~ away/aside** beiseitewinken | umleiten; **~ in** einweisen; **~ to** verweisen auf; *vi* winken (**to/at s.o.** jmdm.) | zu verstehen geben (**to s.o.** jmdm., **to do s.th.** etw. zu tun); **'~al** *adj Phys* Bewegungs-; **'~less** *adj* bewegungslos, unbeweglich; **ˌ~ 'pic·ture** *s Am* Film *m*; **'~ ˌstu·dy** *s* Bewegungsstudie *f* ⟨time and ≈ *Wirtsch* Arbeitsplatz-, Rationalisierungsstudie *f*⟩

mo·ti|vate ['məʊtɪveɪt] *vt* (etw.) begründen, motivieren | (jmdn.) motivieren, anregen, stimulieren; **ˌ~'va·tion** *s* Begründung *f*, Motivierung *f*

mo·tive ['məʊtɪv] **1.** *s* Motiv *n*, Beweggrund *m* (**for** für) ⟨to act from selfish ~s aus egoistischen Motiven handeln⟩ | = **motiv**; **2.** *adj* bewegend, Beweg-; **3.** *vt* begründen | antreiben; **ˌ~ 'force, ˌ~ 'pow·er** *s* Triebkraft *f*

mo·tiv·i·ty [məʊ'tɪvətɪ] *s* Bewegungsfähigkeit *f*

mot juste [ˌməʊ 'ʒu:st] *s* ⟨*frz*⟩ (*pl* **mots justes** [ˌ~ 'ʒu:st]) passender *od* treffender Ausdruck, richtiges Wort

mot·ley ['mɒtlɪ] **1.** *adj lit* bunt(scheckig) | *oft verächtl* verschieden ⟨a ~ crowd eine bunte Menge⟩; **2.** *auch* **ˌ~ 'coat** *s lit* Narrengewand *n* ⟨to wear the ~ sich als Narr verkleiden; *übertr* den Narren spielen⟩ | *oft verächtl* Durcheinander *n*

mo·to ['məʊtəʊ] (Sport) *s* Moto-Cross-Runde *f*; **'~cross** *s* Moto-Cross *n*, Querfeldeinrennen *n*

mo·tor ['məʊtə] **1.** *s Tech* (*bes* Elektro-) Motor *m* ⟨electric ~s⟩ | *Brit selten* Automobil *n* ⟨the fastest ~ on the market⟩ | *Anat* Muskel *m* | *Anat* motorischer Nerv | *übertr* Triebkraft *f*; **2.** *adj* bewegend, Bewegungs-, motorisch ⟨~ nerve⟩ | Motor-, Kraftfahrzeug- ⟨~ industry; ~ insurance Kraftfahrzeugversicherung *f*; ~ racing Autorennen *n*; ~ sports Motorsport *m*⟩; **3.** *vi selten* (im Auto) fahren (**from ... to** von ... nach); *vt* im Auto befördern; **'~ ˌac·ci·dent** *s* Autounfall *m*; **'~ ˌam·bu·lance** *s* Krankenauto *n*; **ˌ~-as'sist·ed** *adj* mit Hilfsmotor ⟨≈ bicycle⟩; **'~ ˌbi·cy·cle** *s* Motorrad *n*; **'~bike** *s umg* Motorrad *n*; **'~boat** *s* Motorboot *n*; **'~cab** *s* Taxi *n*; **ˌ~'cade** *s urspr Am* Autokonvoi *m*; **'~car** *s* Auto *n*, Kraftwagen *m*; **'~ˌcy·cle** *s* Motorrad *n* ⟨by ≈ mit dem Motorrad⟩; **'~ˌcy·clist** *s* Motorradfahrer(in) *m*(*f*); **'~ drive** *s Tech* Motorantrieb *m*; **'~ ˌen·gine** *s Tech* Kraftmaschine *f*; **'~ ˌfit·ter** *s* Autoschlosser *m*; **mo·to·ri·al**

[mə'tɔ:rɪəl] *adj* motorisch | Bewegungs-; '~**ing** [-r-] *s* Autofahren *n* | Motor-, Kraftfahrsport *m* | Kraftfahrzeugwesen *n*; '~**ist** *s* Auto-, Kraftfahrer *m*; ˌ~**i'za·tion** [-r-] *s* Motorisierung *f*; '~**ize** [-r-] *vt* motorisieren; '~ ˌ**lor·ry** *s Brit* Lastkraftwagen *m*; '~**man** *s* (*pl* '~**men**) (Straßenbahn, Triebwagen) Wagenführer *m*; '~ **meˌchan·ic** *s* Autoschlosser *m*; '~ **road** *s* Autostraße *f*; '~ **school** *s* Fahrschule *f*; '~ ˌ**scoot·er** *s* Motorroller *m*; '~ **show** *s* Automobilausstellung *f*; '~ **troub·le** *s* (Auto-) Panne *f*; '~ **truck** *s Am* Lastkraftwagen *m*; '~ **van** *s Brit* Lieferwagen *m*; '~**way** *s Brit* Autobahn *f*; '**mo·to·ry** [-rɪ] *adj* motorisch

mot|tle ['mɒtl] **1.** *s* Sprenkelung *f* | (Farb-) Fleck *m*; **2.** *vt* sprenkeln ⟨~tled skin gesprenkelte Haut⟩ | marmorieren, masern, adern ⟨with a ~tled finish marmoriert⟩; '~**tled** *adj* (menschliche Haut) fleckig

mot|to ['mɒtəʊ] *s* (*pl* '~**tos**, *Am* '~**toes**) Motto *n*, Sinnspruch *m*, Wahlspruch *m*, Grundsatz *m* | Motto *n*, Inschrift *f* | *Brit* Scherzspruch *m* | *Mus* Leitthema *n*; '~**toed** *adj* mit einem Motto versehen

mouf·[f]lon ['mu:flɒn] *s Zool* Mufflon *n*

[1]**mould** [məʊld] **1.** *s Tech* Gießform *f*, Hohlform *f*, Kokille *f* ⟨casting ~ Gußform *f*; firing ~ Brennform *f*; to be cast in one ~ *übertr* aus einem Guß sein; to be cast in the same (a different) ~ *übertr* vom selben (von ganz anderem) Holz geschnitzt sein⟩ | (Körper-) Form *f*, Gestalt *f* | *Typ* Matrize *f* | (*meist sg*) *übertr* Art *f*, Natur *f*, Charakter *m* ⟨of a fine ~ von vornehmer Art⟩; **2.** *vt* bilden, formen, gestalten (**in** in; **from, out of** aus) | *Tech* abformen (zum Guß) formen | *Arch* mit Kehlleisten versehen | *übertr* formen, beeinflussen, seinen Stempel aufprägen ⟨to ~ s.o.'s character⟩; *vi* sich formen | sich formen lassen

[2]**mould** [məʊld] **1.** *s* Schimmel(pilz) *m*; **2.** *vi* (Käse u. ä.) (ver)schimmeln; *vt* verschimmeln lassen

[3]**mould** [məʊld] **1.** *s* Humus(erde) *m*(*f*) | Gartenerde *f*; **2.** *vt* mit Erde bedecken

mould|a·ble ['məʊldəbl] *adj* formbar; '~ **core** *s Tech* Formkern *m*; [1]'~**er** *s* Former *m*, Gießer *m* | Modellbauer *m* | Formmaschine *f*

[2]**mould·er** ['məʊldə] *vi*, ~ **away** vermodern, verwittern, zu Staub zerfallen; *vt* vermodern lassen; '~**ing** [-dr̥-] *adj* verfallen ⟨≈ ruins⟩

mould·ing ['məʊldɪŋ] *s* Formen *n*, Modellieren *n* | Formerei *f* | *Arch* Gesims *n* | *Arch* Zierleiste *f*, Kehlung *f*; '~ **board** *s* Modellierbrett *n* | Kuchenbrett *n*; '~ **box** *s* Form-, Gußkasten *m*; '~ **maˌchine** *s Tech* Formmaschine *f*; '~ **sand** *s* Formsand *m*; '~ **wax** *s* Modellierwachs *n*

mould loft ['məʊld lɒft] *s* (Schiffbau) Schnürboden *m*

mould·y ['məʊldɪ] *adj* verschimmelt, schimmlig ⟨~ bread⟩ | modrig ⟨~ smell⟩ | *umg* abgestanden, schal (*auch übertr*) ⟨~ beer; it's getting ~ es ist nicht mehr viel dazu⟩ | *Brit Sl* vergammelt ⟨a ~ dress; a ~ meal Fraß *m*⟩ | *übertr* altmodisch, antiquiert ⟨~ tradition⟩ | (Person) querköpfig, nichtsnutzig | *Brit* knauserig ⟨a ~ 10 p miese 10 Pennies⟩

moult [məʊlt] **1.** *s* Mauser *f* ⟨in ~ in der Mauser⟩; **2.** *vt* (Federn) abwerfen, verlieren; *vi* (Vögel) sich mausern | (Hund, Katze) Haare verlieren

mound [maʊnd] *s* Erdhügel *m* | Hügel *m* ⟨burial ~ Grabhügel *m*⟩ | Damm *m*

[1]**mount** [maʊnt] *s bibl, lit* Berg *m* ⟨sermon on the ~ Bergpredigt *f*; ~ Everest⟩

[2]**mount** [maʊnt] **1.** *vt* (Berg, Leiter, Pferd u. ä.) er-, besteigen ⟨to ~ a hill; to ~ a horse; to ~ the throne den Thron besteigen, König werden⟩ | (Truppen u. ä.) beritten machen ⟨~ed police berittene Polizei⟩ | (Geschütz, Posten) aufstellen ⟨to ~ a gun; to ~ guard at / over Wache stehen an *od* bei⟩ | *Mil* ausgerüstet sein mit, führen | *Tech* montieren, zusammensetzen, aufstellen | (ein)fassen ⟨to ~ jewels⟩ | einrahmen ⟨to ~ pictures⟩ | (Objekt) präparieren, fixieren, aufkleben ⟨~ed specimens; ~ed insects⟩ | *Mil* (Offensive u. ä.) beginnen ⟨to ~ an offensive⟩ | *Theat* inszenieren | (Tier) decken, bespringen; *vi* (auf-, empor-, hoch)steigen | aufs Pferd steigen, aufsitzen | (Blut, Röte) das Gesicht überziehen ⟨blushes ~ed to her cheeks ihre Wangen röteten sich über und über⟩ | *auch* ~ **up** sich erhöhen, steigen, (an)wachsen ⟨~ing debts zunehmende Schulden *f/pl*; ~ing suspense steigende Spannung⟩ | sich belaufen (**to** auf); **2.** *s* Rahmen *m* | Fassung *f*, Passepartout *n* | (Mikroskop) Objektträger *m* | *Mil* Lafette *f* | Reitpferd *n* | *umg* Ritt *m* ⟨to have two ~s zwei Ritte haben⟩; '~**a·ble** *adj* be-, ersteigbar

moun·tain ['maʊntɪn] *s* Berg *m* ⟨a high ~ ein hoher Berg; ~ high berghoch; to make a ~ out of a molehill *übertr* aus einer Mücke einen Elefanten machen⟩ | *übertr* Haufen *m*, große Menge ⟨a ~ of difficulties⟩; ˌ~ '**ash** *s Bot* Eberesche *f*, Vogelbeerbaum *m*; '~ **chain** *s* Gebirgskette *f*; '~ **cock** *s Zool* Auerhahn *m*; '~ ˌ**crys·tal** *s Min* Bergkristall *m*; '**moun·tained** *adj* bergig, gebirgig; ~**eer** [ˌ~'ɪə] **1.** *s* Bergsteiger *m* | Gebirgler *m*; **2.** *vi* bergsteigen; ˌ~'**eer·ing** *s* Bergsteigen *n*; ˌ~ '**hare** *s* Schneehase *m*; '~**ous** *adj* bergig, gebirgig | Gebirgs- | *übertr* gewaltig; '~ **range** *s* Gebirgszug *m*; *übertr* Masse *f*, Berg *m* (**of s.th.** von etw.) ⟨a ≈ of paper eine Menge Papier⟩; '**moun·tains** *s/pl* Gebirge *n*; '~ ˌ**sick·ness** *s* Höhenkrankheit *f*; '~**side** *s* (*meist sg*) Berg(ab)hang *m*; '~**top** *s* Berggipfel *m*, -spitze *f*

moun·te·bank ['maʊntɪbæŋk] *lit, verächtl, selten* **1.** *s* Quacksalber *m*, Kurpfuscher *m* | Marktschreier *m*; **2.** *vi* quacksalbern, kurpfuschen; '~**er·y**, '~**ism** *s* Quacksalberei *f*, Kurpfuscherei *f* | Marktschreierei *f*

mount·ed ['maʊntɪd] *adj* beritten | *Tech* montiert, aufgebaut

Mount·ie ['maʊntɪ] *s Kan umg* berittener Polizist

mount·ing ['maʊntɪŋ] *s* Aufsteigen *n* | (Ein-) Fassung *f* | Einrahmen *n* | *Tech* Montage *f*, Einbau *m*, Aufstellung *f*

mourn [mɔ:n|mʊən] *vi* trauern (**at, over** über, **for** um); *vt* betrauern, beklagen; '~**er** *s* Trauernde(r) *f*(*m*), Leidtragende(r) *f*(*m*); '~**ful** *adj* traurig, Trauer-, trauervoll | *verächtl* weinerlich, jammervoll, kläglich, jämmerlich; '~**ing** **1.** *adj* traurig, trauernd, Trauer-; **2.** *s* Trauern *n* | Trauer *f*, Trauerkleidung *f* ⟨to be in (deep) ≈ in (tiefer) Trauer sein; Trauerkleidung tragen; to go into ≈ Trauer anlegen⟩; '~**ing band** *s* Trauerflor *m*; '~**ing ˌbord·er** *s* Trauerrand *m*; '~**ing ˌpa·per** *s* (Brief-) Papier *n* mit Trauerrand

mouse [maʊs] *s* (*pl* **mice** [maɪs]) *Zool* Maus *f* ⟨house ~ Hausmaus *f*; field ~ Feldmaus *f*; as poor as a church ~ *übertr* arm wie eine Kirchenmaus⟩ | *übertr* (schüchternes) Mäuschen | *übertr* graue Maus | *Sl* blaues Auge; [maʊz] *vi* Mäuse fangen ⟨the cat ~s well⟩; **mous·er** ['maʊsə|'~zə] *s* Mäusefänger *m* ⟨the cat is a good ≈⟩ | *Sl* kleiner Schnurrbart, Fliege *f*; '~**trap** *s* Mausefalle *f* | *übertr* Lockmittel *n*; ˌ~**trap** '**cheese** *Brit verächtl, scherzh* minderwertiger Käse

mous·que·taire [ˌmu:skə'tɛə] *s Mil Hist* Musketier *m*

mous·sa·ka [mu:'sɑ:kə] *s Kochk* Mussaka *f* (griechisches Gericht)

mousse [mu:s] *s* (*oft in Zus*) (Eis) Schaum *m*, Krem *f* ⟨chocolate ~⟩

moussel·ine [mu:s'li:n] *s* Musselin *m*

mous|tache [mə'stɑ:ʃ] *s* Schnurrbart *m* | *Zool* Schnurrhaare *f*; ~'**tached** *adj* mit Schnurrbart, schnurrbärtig

mous·y ['maʊsɪ] *adj umg* voller Mäuse, mäusereich | (Haar) (maus)grau, graubraun | (Frau) unscheinbar | mäuschenstill

mouth [maʊθ] *s* (*pl* **mouths** [maʊðz]) Mund *m* (*auch übertr*)

⟨by word of ~ mündlich; down in the ~ *umg* niedergeschlagen; to have angels in the ~ mit Engelszungen reden; to keep one's ~ shut *umg* den Mund halten; to laugh on the wrong side of one's ~ alles andere als lachen können, enttäuscht sein; to look a gift horse in the ~ einem geschenkten Gaul ins Maul schauen; to put a ~ on s.o. *umg* jmdm. vorsagen; to put the ~ on s.o. *Brit Sl* den Mund über jmdn. zu voll nehmen; to place/put words into s.o.'s ~ jmdm. Worte in den Mund legen; to shoot off one's ~ *umg* frisch von der Leber weg reden; to shut one's ~ *umg verächtl* [wohlweislich] den Mund halten; to stop s.o.'s ~ *umg* jmdm. den Mund stopfen, jmdn. bestechen; to take the words out of s.o.'s ~ jmdm. das Wort aus dem Mund(e) nehmen⟩ | (Tier) Rachen *m*, Maul *n* | Öffnung *f*, Mündung *f* ⟨the ~ of a river⟩ | Ausgang *m* ⟨the ~ of a tunnel⟩ | *Tech* Mundstück *n*, Loch *n* | *Tech* Gichtöffnung *f* | Grimasse *f* ⟨to make ~s at s.o. jmdm. Gesichter schneiden⟩ | Unverschämtheit *f*, Frechheit *f* ⟨to have the ~ to say s.th.⟩; [mauð] *vi* laut sprechen | affektiert sprechen | münden | Grimassen machen; *vt* affektiert aussprechen ⟨to ~ one's words⟩ | in den Mund nehmen | mit dem Mund schnappen nach; **'~ ,bea·ker** *s* Mundspülglas *n*, Zahnputzbecher *m*; **'~ ,cav·i·ty** *s* Mundhöhle *f*; **-mouthed** [mauðd|mauθt] *adj in Zus* -mündig ⟨small-≈⟩ | *verächtl* -sprecherisch ⟨foul-≈ voller gemeiner Ausdrücke, in übler Sprache⟩; **'~ful** *s* Mundvoll *m*, Happen *m* ⟨at a ≈ mit einem Biß; only a ≈ nur ein Häppchen⟩ | *umg scherzh* schwer aussprechbares Wort | *umg scherzh od verächtl* wichtige Äußerung ⟨quite a ≈ eine ziemliche Behauptung; to say a ≈ eine wichtige Bemerkung machen⟩; **'~,or·gan** *s* Mundharmonika *f*; **'~piece** *s Mus* Mundstück *n*, Ansatz *m* | *übertr, oft verächtl* Sprachrohr *n*, Stimme *f* | *Tel* Sprechmuschel *f* | *Am Jur* Strafverteidiger *m*; **,~-to-'~** *adj* Mund-zu-Mund-; **'~wash** *s* Mundwasser *n*; **'~y** *adj* wortreich, überladen, schwülstig | großsprecherisch, -mäulig

mov·a·bil·i·ty [,mu:və'bɪlətɪ] *s* Beweglichkeit *f*, Bewegbarkeit *f*; **'mov·a·ble** *adj* beweglich, bewegbar (*auch übertr*) ⟨not easily ≈ schwer zu transportieren; ≈ feast beweglicher Feiertag⟩; **'mov·a·bles** *s/pl* bewegliche Güter *n/pl*, Mobilien *pl* (*Ant* fixtures)

move [mu:v] **1.** *vt* (fort)schieben, (fort)bewegen ⟨to ~ a chair; ~ troops; to ~ heaven and earth alles mögliche in Bewegung setzen, sich außerordentlich anstrengen⟩ | in Bewegung setzen, in Gang bringen | *übertr* bewegen, antreiben, veranlassen (**to** zu) | *übertr* rühren, bewegen, ergreifen, erregen ⟨to be moved by gerührt sein von; to ~ s.o. to tears⟩ | *Parl* beantragen, einbringen, vorschlagen (**that** daß) ⟨to ~ an amendment einen Abänderungsantrag stellen⟩ | bitten, ersuchen (**for** um); **~ about/around** herumschieben, überall hinschieben; **~ down** nach unten stellen | *Päd* zurückstufen | (Sport) absteigen lassen; **~ on** vorwärtstreiben, zum Weitergehen, Weiterfahren veranlassen; **~ out** heraussetzen, umziehen lassen, umsetzen; **~ up** (weiter) nach oben stellen | *übertr* befördern | *Päd* versetzen | (Sport) aufsteigen lassen; *vi* sich bewegen, sich rühren | sich fortbewegen | *Med* sich entleeren | verkehren, umgehen, leben (**in** in) | *auch* **~ house** umziehen (**to** nach) | fortschreiten, sich entwickeln | in Gang sein | etwas tun, aktiv sein ⟨nobody ~s⟩ | *Parl* einen Antrag einbringen (**for** auf) | einen Zug (im Spiel) machen; **~ about/around** herumkommen, viel reisen; **~ along** weitergehen, nicht stehenbleiben; **~ down** zurückgestuft werden | (Sport) absteigen; **~ in** einziehen | sich etablieren, sich breitmachen; **~ in on** (immer) näherkommen, -rücken, (bedrohlich) zukommen auf; **~ off** abziehen | *Eisenb* abfahren; **~ on** weitergehen | *übertr* avancieren, sich verbessern; **~ out** ausziehen; **~ over** Platz machen, zur Seite rücken (*auch übertr*); **~ up** *Päd* versetzt werden | im Rang steigen | (Sport) aufsteigen; **2.** *s* Bewegung *f* ⟨on the ~ in Bewegung; get a ~ on! *Sl* beeil dich!; to make a ~ aufbrechen⟩ | Umzug *m* | Maßnahme *f*, Schritt *m* (**towards** zu) ⟨to make a ~ einen Schritt unternehmen⟩ | (Schach-) Zug *m*

move·a·bil·i·ty [,mu:və'bɪlətɪ] *s* = ↑ **movability**; **'move·a·ble** *adj* = **movable**

move·less ['mu:vlɪs] *adj* unbeweglich; **'move·ment** *s* Bewegung *f* ⟨without ≈ bewegungslos⟩ | Fortschreiten *n*, Entwicklung *f*, Bewegung *f* ⟨rapid ≈s⟩ | Fortgang *m*, Handlung *f* ⟨the novel lacks ≈ in dem Roman ist zu wenig Handlung⟩ | *Pol* (Massen-) Bewegung *f* ⟨the Labour ≈ Labourbewegung *f*⟩ | *Tech* Lauf *m*, Antriebsmechanismus *m*, Laufwerk *n* ⟨≈ of a clock⟩ | *Mus* Tempo *n* | *Mus* Satz *m* ⟨the final ≈ of a symphony⟩ | Rhythmus *m* | *Med* Stuhlgang *m* | (Börse, Markt) Bewegung *f*, Umsatz *m*; **'move·ments** *s/pl* Aktivitäten *f/pl* ⟨to watch s.o.'s ≈ jmdn. genau beobachten⟩; **'mov·er** *s* Antrieb *m* | Triebkraft *f* | Urheber *m* ⟨the prime ≈ derjenige, der den Anstoß gegeben hat, der Hauptinitiator⟩ | *Parl* Antragsteller *m*

mov·ie ['mu:vɪ] *s bes Am umg* Film *m* ⟨to go to the movies ins Kino gehen; to see a ~⟩; **'~ ,ad·dict, '~ fan** *s Am umg* Kinobesessene(r) *f*(*m*); **'~ star** *s Am umg* Filmstar *m*

mov·ing ['mu:vɪŋ] *adj* beweglich, bewegend, treibend ⟨the ~ parts die beweglichen Teile; the ~ spirit der treibende Geist⟩ | *übertr* rührend, bewegend ⟨a ~ sight ein bewegender Anblick⟩; **,~ 'coil** *s El* Drehspule *f*; **'~ man** *s* (*pl* **'~ men**) *Am* Fuhrunternehmer *m* | Möbelpacker *m*; **,~ 'pic·ture** *s Am förml* Spielfilm *m*; **,~ 'stair·case, ,~ 'stair·way** *s* Rolltreppe *f*; **'~ van** *s urspr Am* Möbelwagen *m*

[1]**mow** [məʊ] *s* Heuhaufen *m* | Heuboden *m*

[2]**mow** [məʊ] (**mowed, mowed** *od* **mown** [məʊn]) *vt* mähen ⟨to ~ the lawn den Rasen mähen, schneiden; new-mown frisch gemäht⟩; **~ down** niedermähen | *übertr* niedermachen; *vi* mähen; **'~er** *s* Mäher *m*, Schnitter *m* | Mähmaschine *f* ⟨lawn≈ Grasmäher *m*⟩; **'~ing** *s* Mähen *n*, Mahd *f*; **'~ing ma,chine** *s* Mähmaschine *f*; **'mown** *part perf von* ↑ [2]**mow**

[3]**mow** [məʊ] *vi* nur in: **to mop and ~** Grimassen schneiden *od* ziehen

Mo·zam·bique [,məʊzəm'bi:k] *s* Mozambique

MP [,em'pi:] *s Abk* Parlamentsabgeordnete(r) *f*(*m*), Mitglied *n* des Unterhauses | *umg* Militärpolizist *m*

mpg *Abk* von **miles per gallon**

mph *Abk* von **miles per hour**

Mr, *auch* (*selten*) **Mister** ['mɪstə] *s* (Anrede) Mr., Herr ⟨~ Jones⟩ | (vor Funktionsbezeichnungen) Herr ⟨~ chairman Herr Vorsitzender; ~ President *Am* Herr Präsident⟩ | (vor Ort, Sportart, Beruf) Mr. ⟨~ America; ~ Baseball⟩

Mrs ['mɪsɪz] *s* (Anrede für) verheiratete Frau, Frau, Mrs. ⟨~ Miller⟩ | (vor Ort, Sportart, Beruf u. ä.) Mrs. ⟨~ 1987⟩

Ms [mɪz|məz] *s* (Anrede für) Frau *od* Fräulein ⟨~ Brown⟩

MS, *pl* **MSS** *Abk von* **manuscript**

MSc [,emes'si:], *Am auch* **MS** [,em'es] *Abk von* **Master of Science** (zweiter akademischer Grad in den Naturwissenschaften) ⟨Jack Ward, ~⟩

Mt [maunt] *Abk* von **Mount**

mu [mju:] *s* 12. Buchstabe im griechischen Alphabet, My *n*

much [mʌtʃ] **1.** *adj* (*comp* **more** [mɔ:], *sup* **most** [məʊst]) viel ⟨~ money; as ~ again nochmal so viel; as ~ as one can do so viel wie möglich; (to think) as ~ so viel (annehmen); how ~? wieviel?; how ~ is …? was kostet …?; (not) up to ~ (nicht) viel wert; not ~ of a kein besonders guter; (not) make ~ of (nicht) ernst nehmen; (nicht) viel halten von; (von jmdm.) (gar zu) viel halten; to be not up to ~

nicht viel wert sein; not think ~ of nicht viel halten von; to be too ~ for zu viel sein für; so ~ for s.th. das wär's mit etw.; with not so ~ as, without so ~ as ohne auch nur, ohne zu⟩; **2.** *adv* sehr ⟨I ~ regret ich bedaure sehr; as ~ so sehr; ~ as so sehr wie, obgleich; ~ too viel zu sehr; so ~ so sehr, eigentlich⟩ | viel ⟨as ~ as soviel wie; ~ faster viel schneller; ~ less viel weniger, geschweige denn; ~ more (less) vielmehr (geschweige denn); not/nothing ~ kaum etwas; so ~ worse (better) umso schlimmer (besser); very ~ außerordentlich, sehr; very ~ afraid sehr ängstlich; too ~ sehr viel, sehr hoch⟩ | bei weitem ⟨~ the best bei weitem der Beste; ~ the same fast genauso, annähernd gleich⟩ | fast, beinahe ⟨~ of a size fast die gleiche Größe; I thought as ~! das habe ich fast erwartet⟩; **3.** *s* Menge *f* ⟨to make ~ of s.th. von etw. viel Aufhebens machen; this/that ~ soviel, das eine; too ~ of a good thing zuviel des Guten⟩; **'~ness** *s* in: **~ of a ~ness** *umg* ziemlich *od* praktisch dasselbe

mu·cic ['mju:sɪk] *adj* schleimig; **mu·cif·ic** [mju'sɪfɪk] *adj* schleimabsondernd; **mu·ci·lage** ['mju:sɪlɪdʒ] *s Bot* Schleim *m* | *Am* Klebstoff *m*; **mu·ci·lag·i·nous** [ˌmju:sɪ'lædʒɪnəs] *adj* schleimig, Schleim- | klebrig; **mu·cin** ['mju:sɪn] *s Chem* Mucin *n*, Schleimstoff *m*; **mu·cin·ous** ['mju:sɪnəs] *adj Chem* mucinig; **mu·ci·vore** ['mju:sɪvɔ:] *s Zool* Schleimfresser *m*; **mu·civ·o·rous** [mju:'sɪvərəs] *adj* schleimfressend

muck [mʌk] *umg* **1.** *s* Mist *m*, Dung *m* | *übertr* Schmutz *m*, Unrat *m* | Dreck *m*, Schund *m*, Mist *m* ⟨to make a ~ of verderben, beschmutzen⟩; **2.** *vt* düngen | *Brit* beschmutzen; **~ out** ausmisten; **~ up** dreckig machen | verpfuschen, vermasseln | (Prüfung) verhauen; *vi* **~ about/around** *Brit* herumbummeln | sich herumtreiben, Blödsinn treiben (**with** mit); **~ in** sich zusammentun, zusammenhocken (**with** mit); **'~er** *Am Sl s* Tölpel *m* | *übertr* Reinfall *m* ⟨to come a ≈ reinfallen⟩; **'~heap** *s* Misthaufen *m*; **'~rake 1.** *s* Mistgabel *f*; **2.** *vi urspr Am Sl Pol* Korruption aufdecken; **'~rak·er** *s Am Sl Pol* Person *f*, die Korruption aufdeckt, Schmutzaufwirbler *m*; **'~-up** *s Brit umg übertr* Schlamassel *m* ⟨to make a ≈ out of s.th. etw. verhunzen⟩; **'~y** *adj übertr* schmutzig, dreckig

muckle = **mickle**

muco- [mju:kə(ʊ)] ⟨*griech*⟩ *in Zus* Schleim-

mu·coid ['mju:kɔɪd] *adj* schleimig; **mu·co·sa** [mju'kəʊsə] *s* (*pl* **mu·co·sae** [-si:]) *Anat* Mucosa *f*, Schleimhaut *f*; **mu·cos·i·ty** [mju'kɒsətɪ] *s* Schleimigkeit *f*; **mu·cous** ['mju:kəs] *adj* schleimig, Schleim-; ˌ**mu·cous 'mem·brane** *s Anat* Schleimhaut *f*; **mu·cus** ['mju:kəs] *s* Schleim *m*

mud [mʌd] *s* Schlamm *m*, Schmutz *m* (*auch übertr*) ⟨to fling/throw ~ at s.o. *übertr* jmdn. in den Schmutz ziehen; to stick in the ~ in der Patsche sitzen; s.o.'s name is ~ with me jmd. ist für mich Dreck *od* erledigt; [here's] ~ in your eye *Sl* Prost!, wohl bekomm's!⟩; **'~bath** *s* Schlammbad *n*, Schlammkur *f* | *übertr* einziger Dreck, Meer *n* von Schlamm

mud·dle ['mʌdl] **1.** *s* Unordnung *f*, Durcheinander *n* (**with** mit) ⟨to make a ~ of s.th. etw. in Unordnung bringen⟩ | *übertr* Verwirrung *f* ⟨to be in a ~ verwirrt sein⟩; **2.** *vt, auch* **~ up** verwirren, durcheinanderbringen (*auch übertr*) ⟨to ~ up the papers; to get ~d up ganz durcheinandergeraten⟩ | auch **~ up** *umg* verwechseln; *vi, auch* **~ along** schlecht arbeiten, dahinwursteln; **~ through** *umg* sich durchwursteln, sich durchbeißen; **'~head** *s* Wirrkopf *m*; **'~ˌhead·ed** *adj* verworren, beschränkt; **'mud·dler** *s* Tölpel *m*, Dussel *m*

mud|dy ['mʌdɪ] **1.** *adj* schlammig, schmutzig ⟨≈ shoes⟩ | schmutzfarben, dunkel, trübe ⟨≈ stream; ≈ coffee⟩ | (Gesichtsfarbe) blaß, ungesund | *übertr* verworren, konfus ⟨≈ ideas⟩; **2.** *vt* mit Schlamm beschmieren, beschmutzen | *übertr* verwirren; **'~flat** *s* (*oft pl*) Wattenmeer *n*; **'~guard** *s Kfz* Kotflügel *m*, Schutzblech *n*; **'~lark** *s übertr* Schmutzfink *m* | Straßenjunge *m*; **'~pack** *s Med* Schlammpackung *f*; **'~ˌsling·er** *s übertr umg* Verleumder *m*; **'~stone** *s Geol* Schlammstein *m*

mues·li ['mju:zlɪ] *s Kochk* Müsli *n*

mu·ez·zin [mu:'ezɪn|mju:-] *s* Muezzin *m*

[1]**muff** [mʌf] **1.** *s* (Pelz u. ä.) Muff *m* | *Tech* Muffe *f*, Stutzen *m*; **2.** *adj* Muffen- ⟨~ coupling Muffenkupplung *f*⟩

[2]**muff** [mʌf] **1.** *s umg selten* Stümper *m*; **2.** *vt* (Sport) verpassen ⟨to ~ a ball⟩ | *meist in*: **~ it** *umg* (etw.) verpfuschen; *vi* (Sport) den Ball fallen lassen | (Sport) verpassen | *umg* stümpern

muf·fin ['mʌfɪn] *s Brit* kleiner runder Teekuchen | *Am* Brötchen *n* | *Am* (kleiner) Pfannkuchen

muf|fle ['mʌfl] **1.** *vt, auch* **~fle up** ein-, umwickeln, ein-, umhüllen ⟨to ≈ one's throat sich den Hals einhüllen; to ≈ o.s. up well sich gut einpacken⟩ | dämpfen ⟨≈d voices gedämpfte Stimmen *f/pl*⟩ | *übertr* zum Schweigen bringen, unterdrücken ⟨to ≈ one's feelings seine Gefühle verbergen⟩; **2.** *s* dumpfer Ton | Muff *m* | Schal *m* | *Tech* Muffel *f*, Auspufftopf *m*; **'~fler** *s Mus* Dämpfer *m* | *Am Kfz* Auspufftopf *m* | *selten* Schal *m* | Fausthandschuh *m* | Boxhandschuh *m*

muf·ti ['mʌftɪ] *s* Zivilanzug *m* ⟨in ~ in Zivil⟩ | Mufti *m*

[1]**mug** [mʌg] **1.** *s* Krug *m*, Henkeltopf *m* ⟨a ~ of milk⟩ | *Sl* Visage *f* ⟨an ugly ~ eine häßliche Fratze; a ~ shot Bild *n* im Verbrecheralbum⟩ | *Sl* Fresse *f*, Schnauze *f*; **2.** *vi* (**'mugged, 'mugged**) *Sl* Grimassen schneiden; **~ up** sich anmalen

[2]**mug** [mʌg] *urspr Am vi* (**'mugged, 'mugged**) stehlen ⟨~ging gang Diebesbande *f*⟩; *vt* überfallen, ausrauben, bestehlen ⟨to ~ s.o. in a dark street⟩

[3]**mug** [mʌg] *s Brit* Trottel *m*, Einfaltspinsel *m*

[4]**mug** [mʌg] *vt, auch* **~ up** *umg* büffeln, ochsen, einpauken ⟨to ~ up one's Latin⟩

mug|gee [ˌmʌ'gi:] *s* jmd., der auf offener Straße ausgeraubt wurde; **'~ger** *s* (Straßen-) Dieb *m*, Straßenräuber *m*

mug·gins ['mʌgɪnz] *s Brit Sl* Trottel *m*, Dämlack *m*, Dussel *m*

mug·gy ['mʌgɪ] *adj* schwül, feuchtwarm ⟨~ weather⟩

mug's game ['mʌgzgeɪm] *s Brit umg* Sache, die nichts einbringt

mug|weed ['mʌgwi:d] *s Bot* Labkraut *n*; **'~wort** *s Bot* Beifuß *m*

mug·wump ['mʌgwʌmp] *s verächtl Am umg* hohes Tier, Bonze *m* | *Am Pol* Unabhängige(r) *f*(*m*), Parteilose(r) *f*(*m*), politisch Unentschiedene(r) *f*(*m*)

Mu·ham·ma·dan [mʊ'hæmədn] = **Mohammadan**; **'~ism** = **Mohammadanism**

mu·lat|to [mju'lætəʊ] *s* (*pl* **~tos**, *Am* **~toes**) Mulatte *m*

mul·ber·ry ['mʌlbr̩ɪ] *Bot s* Maulbeere *f* | *auch* **'~ tree** Maulbeerbaum *m*

mulch [mʌltʃ] *Gartenb* **1.** *s* Laub-, Strohdecke *f*; **2.** *vt* (Pflanzen) mit Laub *od* Stroh ab- *od* bedecken

mulct [mʌlkt] *förml* **1.** *s* Geldstrafe *f*; **2.** *vt* mit einer Geldstrafe belegen ⟨to ~ a man £ 10⟩ | betrügen ⟨to be ~ed of one's money um sein Geld kommen⟩

[1]**mule** [mju:l] *s* (*meist pl*) Pantolette *f*

[2]**mule** [mju:l] *s Zool* Maultier *n*, -esel *m* ⟨as stubborn/obstinate as a ~ *übertr* stur wie ein Bock⟩ | *Bot Zool* Hybride *f*, Mischling *m* | *umg* Dickkopf *m* | *Tech* Mule-, Spinnmaschine *f*; **~teer** [ˌmju:lɪ'tɪə] *s* Maultiertreiber *m*; **'~ track** *s* Saumpfad *m*; **'mul·ish** *adj* störrisch

[1]**mull** [mʌl] *s* Mull *m*

[2]**mull** [mʌl] **1.** *s* Torfmull *m* | *Brit umg* Durcheinander *n* ⟨to

make a ~ of s.th. etw. verpfuschen⟩; **2.** *vt Brit umg* verpfuschen; **~ over** *urspr Am* nachdenken, grübeln über

[3]**mull** [mʌl] *vt* (Wein u. ä.) aufkochen u. würzen ⟨~ed claret Glühwein *m*⟩

[4]**mull** [mʌl] *s Schott* Vorgebirge *n* | Landzunge *f*

mul·lah ['mʌlə] *s* (Islam) Mullah *m*, Rechtslehrer *m*

mul·le[i]n ['mʌlɪn] *s Bot* Königskerze *f*

mul·let ['mʌlɪt] *s Zool in*: ˌ**gray** '~ Meeräsche *f*; ˌ**red** '~ Seebarbe *f*

mul·li·gan ['mʌlɪgən] *s Am umg* Eintopf *m*

mul·li·ga·taw·ny [ˌmʌlɪgə'tɔ:nɪ] *s, in*: '~ **soup** (indische) Currysuppe

mul|lion ['mʌlɪən] *Arch* **1.** *s* senkrechter Mittelpfosten (am Fenster); **2.** *vt* mit Mittelpfosten versehen; '**~lioned** *adj Arch* mit Längspfosten versehen

mul·lock ['mʌlək] *s Bergb* Abgang *m*

multi- [mʌltɪ] ⟨*lat*⟩ *in Zus* viel-, Multi-

mul·ti|burn·er ['mʌltɪ ˌbɜ:nə] *s* Mehrfachbrenner *m*; ˌ**~'cel·lu·lar** *adj* vielzellig; ˌ**~'col·oured** *adj* vielfarbig, Mehrfarben-; ˌ**~ˌcon·tact 'plug** *s El* Mehrfachstecker *m*; ˌ**~'cyl·in·der** *adj Tech* mehrzylindrig; ˌ**~ˌdig·it 'num·ber** *s* mehrstellige Zahl *f*; ˌ**~di'men·sion·al** *adj* mehrdimensional; ˌ**~'en·gined** *adj Tech* mehrmotorig

mul·ti·far·i·ous [ˌmʌltɪ'fɛərɪəs] *adj* mannigfaltig

multi|form ['mʌltɪfɔ:m] *adj* vielförmig; ˌ**~form ˌjaw 'clutch** *s Tech* Mehrklauenkupplung *f*; ˌ**~'lat·er·al** *adj* mehr-, vielseitig | *Pol* multilateral; ˌ**~'lin·gu·al** *adj* mehrsprachig; ˌ**~'lob·u·lar** *adj Bot* viellappig

mul·ti|l·o·quent [mʌl'tɪləkwənt], **mul'til·o·quous** *adj* geschwätzig; ˌ**~'me·di·a** **1.** *adj* verschiedene Medien (gleichzeitig) einsetzend ⟨a ≈ show⟩; **2.** *s* Einsatz *m* von Film, Bild und Ton; **~ˌmil·lion'aire** *s* Multimillionär *m*; ˌ**~'mo·tor·drive** *s Tech* Mehrmotorenantrieb *m*; ˌ**~'na·tion·al** *Wirtsch* **1.** *adj* multinational; **2.** *s* multinationales Unternehmen; ˌ**~'nu·cle·ar** *adj Biol* vielkernig; '**~phase** *adj El* mehr-, vielphasig; ˌ**~phase 'cur·rent** *s El* Mehrphasen-, Drehstrom *m*

mul·ti·ple ['mʌltɪpl] **1.** *adj* viel-, mehrfach, Mehrfach-, Mehr- ⟨~ injuries mehrfache Verletzungen *f/pl*⟩ | mannigfaltig ⟨~ interests⟩; **2.** *s Math* Vielfaches *n* ⟨least/lowest common ~ kleinstes gemeinsames Vielfaches⟩ | *Kunst* Massenprodukt *n*; ˌ**~ 'bond** *s* Mehrfachbindung *f*; ˌ**~ con'nec·tion** *s El* Mehrfach-, Parallelschaltung *f*; ˌ**~ 'con·tact plug** *s El* Mehrfachstecker *m*; ˌ**~ neu'ri·tis** *s Med* Polyneuritis *f*; '**~-point** *adj Am* mehrschneidig; ˌ**~ pro'duc·tion** *s* Serienherstellung *f*; ˌ**~-'pur·pose** *adj* Mehrzweck-; ˌ**~ scle'ro·sis** *s Med* multiple Sklerose; '**~ shop** *s Wirtsch Brit* Filialgeschäft *n*, -laden *m*; ˌ**~ 'store,** *auch* **~** *s Wirtsch* Ladenkette *f*; ˌ**~ 'sto·rey** *adj* Hochhaus-; ˌ**~ 'switch** *s El* Mehrfachschalter *m*; '**~-track** *vt Tech* auf Mehrspurband aufnehmen; '**~-ˌunit** *adj* Mehrfach-, aus mehreren (selbständigen) Teilen bestehend ⟨a ≈ train⟩

multi·plex ['mʌltɪpleks] **1.** *adj* mehr-, vielfach | aus (sehr) vielen Teilen bestehend ⟨the ~ eye of the fly⟩; ˌ**~ 'ra·di·o transˌmis·sion** *s Rundf* Mehrfachübertragung *f*; **2.** *vt Rundf* gleichzeitig senden *od* übertragen

mul·ti|pli·a·ble ['mʌltɪplaɪəbl], **~pli·ca·ble** [ˌ~'plɪkəbl] *adj Math* multiplizierbar; **~pli·cand** [ˌ~plɪ'kænd] *s Math* Multiplikand *m*; ˌ**~pli'ca·tion** *s Math* Multiplikation *f*, Malnehmen *n* | *Biol* Vermehrung *f* | *El* Verstärkung *f*; ˌ**~pli'ca·tion ta·ble** *s Math* Einmaleins *n*; **~pli·ca·tive** [ˌ~'plɪkətɪv] *adj* vervielfältigend; '**~pli·ca·tor** *s Math* Multiplikator *m*; **~plic·i·ty** [ˌ~'plɪsətɪ] *s* Vielheit *f* | Mannigfaltigkeit *f*, Vielfalt *f* ⟨a ≈ of duties eine Vielzahl von Aufgaben⟩ | große Zahl, Vielzahl *f* ⟨the stars in all their ≈ die unendliche Zahl der Sterne⟩; **~pli·er** ['~plaɪə] *s Math* Multiplikator *m* | *El* Vorsteckteiler *m* | *Phys* Verstärker *m*; **~ply** ['~plaɪ] *vt* vervielfältigen ⟨to ≈ instances eine Vielzahl von Beispielen angeben⟩ | *Math* multiplizieren (**by** mit) | *Biol* vermehren | *Biol* sich vermehren | größer werden; ['~plɪ] *adv* in vielfacher *od* verschiedener Weise, unterschiedlich vielfacher Weise, in verschiedener Weise, unterschiedlich ⟨≈ useful objects vielfältig verwendbare Gegenstände⟩; ˌ**~'po·lar** *adj El* mehr-, vielpolig; '**~probe** *s* (Raumfahrt) Mehrfachsonde *f*; ˌ**~'ra·cial** *adj* gemischtrassig, alle Rassen einbeziehend ⟨≈ school Schule *f* ohne Rassentrennung⟩; ˌ**~re'sis·tant** *adj Med* multiresistent, mehrfach resistent; ˌ**~'spec·tral** *adj Foto* multispektral ⟨≈ camera⟩; ˌ**~'stage** *adj* mehrstufig; ˌ**~ˌstage 'rock·et** *s Flugw* Mehrstufenrakete *f*; ˌ**~'sto·r[e]y** *adj* Hochhaus- ⟨≈ flats Wohnhochhaus *n*⟩

mul·ti|tude ['mʌltɪtju:d|'~tʃu:d] *s* große Zahl, Menge *f* ⟨a ≈ of ideas; to cover a ≈ of sins eine gute Ausrede (für vieles) sein; for a ≈ of reasons aus vielerlei Gründen⟩ | (*mit best art*) (Volks-) Menge *f*, Masse *f* ⟨to appeal to the ≈ die Masse ansprechen⟩ | Vielheit *f*; **~tu·di·nous** [ˌ~'tju:dɪnəs] *adj* zahlreich; ˌ**~'va·lence,** ˌ**~'va·len·cy** *s Chem* Mehrwertigkeit *f*; ˌ**~'va·lent** *adj Chem* mehrwertig

[1]**mum** [mʌm] *umg* **1.** *interj* ruhig!, Ruhe!, still! ⟨~'s the word! kein Wort d[a]rüber!⟩; **2.** *adj* (*nur präd*) still ⟨~ as an oyster stumm wie ein Fisch; to be ~ on s.th. sich über etw. ausschweigen; to keep ~ schweigen⟩; **3.** *s* Stille *f*

[2]**mum** [mʌm] *Brit umg* = [2]**mummy**

[3]**mum** [mʌm] *vi* ('**mummed,** '**mummed**) sich vermummen, sich maskieren

mum·ble ['mʌmbl] **1.** *vt, vi* murmeln, undeutlich sprechen ⟨to ~ one's words unordentlich sprechen; to ~ away to o.s. vor sich hin murmeln⟩ | knabbern, mummeln ⟨to ~ a bone an einem Knochen herumknabbern⟩; **2.** *s* Gemurmel *n*, Murmeln *n* | Knabbern *n*

mum·bo jum·bo [ˌmʌmbəʊ 'dʒʌmbəʊ] *s übertr umg* fauler Zauber, Blödsinn *m*, dummes Gerede | ≁ Schutzgeist *m* | *übertr* Popanz *m*, Schreckgespenst *n*

mu·mes·on [ˌmju:'mesɒn] *s Phys* My-Meson *n*

mum·mer ['mʌmə] *s Theat* Maske *f* | *verächtl* (Schmieren-) Schauspieler *m*, Komödiant *m*; '**~y** [-mr̩ɪ] *s* Maskerade *f*, Mummenschanz *m* | Pantomime *f*, Maskenspiel *n*

mum·mi|fi·ca·tion [ˌmʌmɪfɪ'keɪʃn] *s* Mumifizierung *f*, Einbalsamierung *f*; **~fy** ['~faɪ] *vt* mumifizieren, einbalsamieren; *vi* vertrocknen

mum·ming ['mʌmɪŋ] *s* in: **go ~** *Brit arch* (zu Weihnachten) Mummenschanz treiben

[1]**mum·my** ['mʌmɪ] **1.** *s* Mumie *f*, einbalsamierte Leiche ⟨to beat s.o. to a ~ *umg* jmdn. grün und blau schlagen⟩; **2.** *vt* mumifizieren, einbalsamieren

[2]**mum·my** ['mʌmɪ] *s Brit umg* (Kindersprache) Mutti *f*, Mama *f*

mump [mʌmp] *vi* schmollen, schlecht gelaunt sein | *umg* betteln, schnorren; '**~ish** *adj* mürrisch, übellaunig, verdrießlich

mumps [mʌmps] *s/pl* (*sg konstr mit best art*) *Med* Mumps *m*, Ziegenpeter *m* | *übertr* schlechte Laune

munch [mʌntʃ] **1.** *vt, vi* geräuschvoll *od* schmatzend essen *od* kauen ⟨to ~ away at s.th. laut herumkauen an⟩; **2.** *s* Geschmatze *n*

mun|dane ['mʌndeɪn|mʌn'deɪn] *adj* weltlich, Welt- ⟨≈ interests⟩ | irdisch ⟨≈ affairs irdische Dinge *n/pl*⟩; **~dan·i·ty** [~'dænətɪ] *s* Weltlichkeit *f*

mun·go ['mʌŋgəʊ] *s* Mungo *m*, minderwertige Reißwolle; '**~ yarn** *s* Mungogarn *n*

mu·nic·i·pal [mju:'nɪsɪpl] *adj* städtisch, Stadt- ⟨a ~ building; ~ undertakings städtische Dienste *m/pl*⟩; ˌ**~ 'bank** *s* Kommunalbank *f*; ˌ**~ e'lec·tions** *s/pl* Gemeindewahlen *f/pl*; ˌ**~**

ˌ**en·giˈneer** *s* Städteplaner *m*; **~i·ty** [mju:ˌnɪsɪˈpælətɪ] *s* Stadt *f od* Gemeinde mit Selbstverwaltung | Gemeinde-, Stadtverwaltung *f*; **~ize** [mju:ˈnɪsɪpəlaɪz] *vt* in städtische Verwaltung übernehmen; ˌ**~ ˈplan·ner** *s* Städteplaner *m*
mu·nif·i·cence [mju:ˈnɪfɪsns] *förml s* Freigebigkeit *f*; **muˈnif·i·cent** *adj* (Person) freigebig, generös | (Geschenk) großzügig
mu·ni·ments [ˈmju:nɪmənts] *s/pl Jur* Dokument *n*, (Rechts-) Urkunde *f* | Archiv *n*, Urkundensammlung *f*
mu·ni·tion [mju:ˈnɪʃn|mjʊ-] **1.** *s* (*meist pl*) Kriegsmaterial *n*, *bes* Munition *f* ⟨shortage of ~s Mangel *m* an Munition⟩; **2.** *vt* mit Munition ausrüsten ⟨to ~ a fort eine Festung bestücken⟩; **ˈ~ dump** *s* (Waffen- und) Munitionslager *n*; **ˈ~ plant** *s* Rüstungsfabrik *f*; **ˈ~ ˌwork·er** *s* Munitionsarbeiter *m*
Mup·pet [ˈmʌpɪt] *s* Muppet *m*, (Fernseh-) Marionettenpuppe *f*
mu·rage [ˈmjʊərɪdʒ] *s Hist* Mauerzins *m*
mu·ral [ˈmjʊərl] **1.** *adj förml* Mauer-, Wand- ⟨~ painting Fresko *n*⟩; **2.** *s* Wandgemälde *n*
mur·der [ˈmɜ:də] **1.** *s* Mord *m*, Ermordung *f* ⟨to commit ~ einen Mord begehen; guilty of ~ des Mordes überführt; second-degree ~ *Jur Am* Totschlag *m*; ~ squad *Brit* Mordkommission *f*; ~ will out *Sprichw* die Sonne bringt es an den Tag⟩ | *übertr* Mord *m*, schlimme Erfahrung ⟨it was ~ *übertr* es war entsetzlich!; to cry/scream/shout blue ~ *umg* Zeter u. Mordio schreien⟩; **2.** *vt* (er)morden | hinschlachten, hinmorden | *übertr* (Sprache, Lied u. ä.) verhunzen, entstellen ⟨to ~ a piece of music⟩; *vi* einen Mord begehen; **~er** [ˈ~rə|ˈmɜ:drə] *s* Mörder *m*; **~ess** [ˈmɜ:drəs|ˈ~ɪs|ˈ~es] *s* Mörderin *f*; **~ous** [ˈmɜ:drəs] *adj* mörderisch, Mord- ⟨≈ weapon⟩ | tödlich | *übertr* grausam, blutrünstig ⟨a ≈ plan⟩ | *übertr* (Aussehen) mörderisch, entsetzlich ⟨a ≈ expression⟩
mure [mjʊə] *vi* einmauern | pressen, quetschen ⟨to ~ s.o. against a wall⟩
mu·ri|ate [ˈmjʊərɪeɪt|ˈ-rɪət] *s Chem* Muriat *n*, Chlorid *n*; **~at·ic** [ˌ~ˈætɪk] *adj Chem* muriatisch, salzsauer ⟨≈ acid Salzsäure *f*⟩
murk [mɜ:k] *lit, arch* **1.** *adj* düster; **2.** *s* Düsterheit *f*; **ˈ~y** *adj lit* dunkel, trübe, düster ⟨a ≈ night⟩ | neblig | *übertr* düster ⟨a ≈ expression⟩
mur·mur [ˈmɜ:mə] **1.** *s* (*meist ohne pl*) Murmeln *n*, Plätschern *n*, Summen *n* ⟨the ~ of a brook; the ~ of bees; the ~ of distant traffic⟩ | Gemurmel *n* ⟨the ~ of a talk⟩ | Murren *n* ⟨without a ~⟩; **2.** *vi* (Wasser u. ä.) murmeln, leise rauschen | (Stimme) murmeln, leise sprechen | murren (**against, at** über); *vt* murmeln ⟨to ~ words⟩; **ˈ~ous** [-r-] *adj* murmelnd, rauschend | murrend
mur|phy [ˈmɜ:fɪ] *s* (*pl* **ˈ~phies**) *Sl* Kartoffel *f*
mur·rain [ˈmʌreɪn|-rɪn] *s Vet* Maul- und Klauenseuche *f* | *arch* Pest *f* ⟨a ~ on you! die Pest über dich!⟩
mus·al [ˈmju:zl] *adj* Musen-, musisch
mus|cat [ˈmʌskət], **~ca·tel** [ˌ~kəˈtel] *s* Muskatellerwein *m*
mus·cle [ˈmʌsl] **1.** *s Anat* Muskel *m* ⟨leg ~ Beinmuskel *m*; without moving a ~ *übertr* bewegungslos⟩ | *übertr* Kraft *f* ⟨to put some ~ into s.th. Druck hinter etw. machen⟩; **2.** *vi urspr Am umg* **~ in** sich (hin)eindrängen (**on** in), mitmischen (**on** bei); **ˈ~-bound** *adj Med* Muskelstarre *od* -kater habend | *übertr* (er)starr(t); **ˈ~ car** *s Am umg Kfz* starkmotoriger Wagen; **ˈmus·cled** *adj* (*meist in Zus*) mit Muskeln ⟨well-≈ muskelbepackt⟩; **ˈ~less** *adj* ohne Muskeln | *übertr* kraftlos; **ˈ~man** [-mæn] *s* (*pl* **~men** [ˈ~men]) muskulöser Mann, Muskelprotz *m*; **ˈ~ pill** *s umg* Muskelpille *f* (Anabolikum)
mus|coid [ˈmʌskɔɪd] *adj Bot* moosartig; **~col·o·gy** [mʌsˈkɒlədʒɪ] *s Bot* Mooskunde *f*; **~cose** [ˈmʌskəʊs] *adj Bot* moosartig
Mus·co·vite [ˈmʌskəvaɪt] *s* Moskauer(in) *m(f)* | selten Russe *m*, Russin *f*
mus·cu|lar [ˈmʌskjʊlə] *adj* Muskel- ⟨≈ tissue Muskelgewebe *n*⟩ | muskulös ⟨a ≈ body⟩ | kräftig ⟨big and ≈ groß und stark⟩; ˌ**~lar ˈdys·tro·phy** *s Med* Muskeldystrophie *f*; **~lar·i·ty** [ˌ~ˈlærətɪ] *s* Muskelbau *m* | Muskelkraft *f*, -stärke *f*; **~la·ture** [ˈ~lətʃə] *s Anat Zool* Muskulatur *f*
[1]**muse** [mju:z], *auch* ≗ *s Myth* Muse *f* ⟨son of the ~s *scherzh* Musensohn *m*⟩ | dichterischer Genius, Inspiration *f* ⟨his ~ left him⟩ | *förml* (Person) Muse *f*
[2]**muse** [mju:z] **1.** *vi* nachdenken, nachsinnen (**on, over, upon** über) | in Gedanken versunken sein, träumen; **2.** *s arch* Grübeln *n*, Nachdenken *n* ⟨in a ~ geistesabwesend⟩; **ˈ~ful** *adj* in Gedanken versunken
mu·se|ol·o·gy [ˌmju:zɪˈɒlədʒɪ] *s* Museumskunde *f*; **~um** [mju:ˈzɪəm] *s* Museum *n* ⟨≈ piece Museumsstück *n*; *übertr* etwas Altmodisches⟩ | *Am* Gemäldegalerie *f*
[1]**mush** [mʌʃ] *s* Brei *m*, Mus *n* | *Am* Maisbrei *m* | *urspr Am umg* Sentimentalität *f*, Schmalz *m* ⟨the ~ of senility Altersduselei *f*⟩ | *Tech* (Radar) Interferenz *f*, Störung *f*
[2]**mush** [mʌʃ] *Brit Sl s* Visage *f* | Bursche *m*, Bruder *m* | Musspritze *f* (Regenschirm)
[3]**mush** [mʌʃ] *vi Kan* mit einem Hundegespann fahren
mush·room [ˈmʌʃrʊm|-ru:m] **1.** *s Bot* eßbarer Pilz ⟨to gather ~s⟩ | *übertr* Pilz *m*, pilzförmige Wolke | *Bot* Wiesenchampignon *m* | *übertr* Emporkömmling *m* | *Sl* flacher Hut; **2.** *adj* Pilz- | *übertr* kurzlebig | *übertr* schnell entstanden ⟨~ growth plötzliches Wachstum⟩; **3.** *vi* Pilze sammeln ⟨to go ~ing Pilze sammeln gehen⟩ | (Rauch) pilzartig aufsteigen | *übertr* wie Pilze emporschießen, sprunghaft ansteigen ⟨~ing plants⟩
mush·y [ˈmʌʃɪ] *adj* breiig, weich | *übertr* sentimental, schmalzig
mu·sic [ˈmju:zɪk] *s* Musik *f* (*auch übertr*) ⟨~ of the spheres Sphärenmusik *f*; to put/set to ~ vertonen; ~ for s.o.'s ears Musik für jmds. Ohren; to face the ~ *umg* seinen Mann stehen, für etw. geradestehen⟩ | Musik *f*, musikalische Kunst ⟨to study ~⟩ | Musikstück *n* | Noten *f/pl* ⟨to play from ~ vom Blatt spielen⟩ | *übertr* Harmonie *f*, Wohlklang *m*; **ˈmu·si·cal 1.** *adj* Musik- ⟨≈ instruments⟩ | musikalisch, wohlklingend | musikalisch ⟨a ≈ child⟩; **2.** *s Theat, Film* Musical *n*, musikalisches Lustspiel, Musikfilm *m*; ˌ**mu·si·cal ˈart** *s* Tonkunst *f*; **ˈmu·si·cal box** *s* Spieldose *f*; ˌ**mu·si·cal ˈchairs** *s/pl* Stuhlpolonaise *f*; **ˈmu·si·cal clock** *s* Spieluhr *f*; ˌ**mu·si·cal ˈcom·e·dy** *s* Musical *n*; **ˈmu·si·cal glass·es** *s/pl* Glasharmonika *f*; ˌ**mu·siˈcal·i·ty** *s* (das) Musikalische *n* | Musikalität *f*; **ˈ~al·ly** *adv* wie Musik, harmonisch, melodisch ⟨she laughed ≈ ihr Lachen war wie Musik⟩ | in musikalischer Hinsicht, musikalisch; ˌ**mu·si·cal ˈpart** *s* Musikstimme *f*; **mu·si·cas·sette** [ˈmju:zəkæˌset] *s* Musikkassette *f*; **ˈ~ book** *s* Notenheft *n*; **ˈ~ box** *s Am* Musikbox *f*, Schallplattenbar *f*; **ˈ~ case** *s* Notenschrank *m* | Notenmappe *f*; **ˈ~ hall** *s* Konzerthalle *f* | *Brit* Varieté *n*; **mu·si·cian** [mju:ˈzɪʃn] *s* Musiker *m* ⟨to be a good ≈ sehr musikalisch sein⟩ | Musikspezialist(in) *m(f)* | Komponist *m*; **muˈsi·cian·ship** *s* musikalisches Können, musikalische Meisterschaft; **ˈ~ ˌmas·ter** *s* Musiklehrer *m*; **ˈ~ ˌpa·per** *s* Notenpapier *n*; **ˈ~ rack** *s* Notenständer *m*; **ˈ~ stand** *s* Notenpult *n*; **ˈ~ stool** *s* Klavierhocker *m*, -sessel *m*; **ˈ~ ˌteach·er** *s* Musiklehrer *m*
mus·ing [ˈmju:zɪŋ] **1.** *adj* grübelnd, in Gedanken versunken; **2.** *s* Grübeln *n*, Sinnen *n*, Nachdenken *n*
musk [mʌsk] *s* Moschus *m*, Bisam *m* | Moschusgeruch *m* | *auch* **ˈ~ deer** *s Zool* Moschustier *n* | *Bot* Moschuspflanze *f*

mus·ket ['mʌskɪt] *s Mil Hist* Muskete *f*; **~eer** [ˌmʌskɪ'tɪə] *s* Musketier *m*; **'~ry** *s Hist* Musketiere *m/pl* | *Mil* Schießausbildung *f*

musk|mel·on ['mʌskˌmelən] *s Bot* Zuckermelone *f*; **'~ ox** *s Zool* Moschusochse *m*; **'~ plant** *s Bot* Gauklerblume *f*; **'~rat** *s Zool* Bisamratte *f*; **'~ rose** *s Bot* Moschusrose *f*; **'~y** *adj* moschusartig, nach Moschus riechend, Moschus- ⟨a ≈ smell⟩

Mus|lem ['muzlem|'mʌz-|-sl-|'~əm], **~lim** ['~lɪm] = **Moslem**

mus·lin ['mʌzlɪn] *s* Musselin *m* | *Am* Kaliko *m*

mus·quash ['mʌskwɒʃ] *s Zool* Bisamratte *f* | Bisamfell *n*

muss [mʌs] *Am Sl, dial* **1.** *s* Verwirrung *f*, Durcheinander *n*; **2.** *vt umg, auch* **~ up** durcheinanderbringen, vermasseln | schmutzig machen | (Haare) verwirren, zerzausen

mus·sel ['mʌsl] *s Zool* Muschel *f* ⟨common ~ Fluß-, Miesmuschel *f*⟩

Mus·sul|man ['mʌslmən] **1.** *s* (*pl* **'~mans, '~men**) Muselman *m*, Moslem *m*; **2.** *adj* muselmanisch, islamisch

mus·sy ['mʌsɪ] *adj Am Sl, dial* unordentlich | beschmutzt | zerzaust ⟨~ hair⟩

[1]**must** [məs(t)|mʌst] **1.** *va* (*3. pers sg ~, prät ~*) müssen, muß, mußte ⟨you ~ obey du mußt gehorchen; do it if you ~ tu, was du nicht lassen kannst; ~ you/I? ja (wirklich)?; muß das sein?⟩ | (*prät* **~ have**) *emph* müssen, bestimmt (sein, tun etc.) ⟨you ~ have told her du mußt es ihr gesagt haben; we ~ see wir werden abwarten müssen; you ~ be hungry du mußt Hunger haben!; you ~ lose du verlierst bestimmt⟩ | *iron* (auch noch) müssen, noch dazu (sein, tun etc.) ⟨he ~ come and worry her da muß er noch kommen und sie belästigen⟩ | (*mit neg*) dürfen, darf, durfte ⟨you mustn't do that! das darfst du nicht tun!⟩; **2.** *s umg* Muß *n*, Notwendigkeit *f* ⟨this film is a ~ diesen Film muß man gesehen haben⟩

[2]**must** [mʌst] *s* Most *m*

[3]**must** [mʌst] *s* Moder *m* | Muffigkeit *f*

[4]**must** [mʌst] **1.** *s* Brunst *f* (des Elefanten); **2.** *adj* brünstig

mus·tache [mə'stɑːʃ] = **moustache**

mus·ta·chio [mə'stɑːʃɪəʊ] *s* (besonders) langer Schnurrbart

mus·tang ['mʌstæŋ] *s Zool* Mustang *m*

mus·tard ['mʌstəd] *s* Senf *m*, Mostrich *m* ⟨as keen as ~ *übertr* ganz versessen, Feuer und Flamme⟩ | *Bot* Senf *m* ⟨grain of ~ Senfkorn *n*⟩ | Senfpulver *n* | *Am Sl* tolle Sache ⟨to cut the ~ die Sache schmeißen⟩; **'~ gas** *s Chem* Senfgas *n*, Gelbkreuz *n*; **'~ ˌplas·ter** *s* Senfpflaster *n*; **'~ seed** *s Bot* Senfsame *m* ⟨grain of ≈ *übertr* Senfkorn *n*⟩ | Vogelschrot *m*

mus·ter ['mʌstə] **1.** *vt* (bes. Soldaten) versammeln, auftreiben | *Mil Am* mustern ⟨to ~ out of service Soldaten entlassen, ausmustern⟩ | *auch* **~ up** auf-, zusammenbringen ⟨to ~ [up] all one's courage Mut fassen⟩; *vi* sich versammeln | *Mil* antreten; **2.** *s* Sammeln *n* ⟨to pass ~ [with] *übertr* Zustimmung finden *od* durchgehen [bei]⟩ | Zusammentreiben *n* | Versammlung *f* | Aufgebot *n* | *Mil* Parade *f*, Antreten *n* zur Parade

mus·ty ['mʌstɪ] *adj* modrig, muffig ⟨a ~ room⟩ | *übertr* veraltet, überholt ⟨~ ideas⟩ | *übertr* fade, langweilig ⟨a ~ speaker⟩

mu·ta|bil·i·ty [ˌmjuːtə'bɪlətɪ] *s* Veränderlichkeit *f* | *übertr* Wankelmut *m*, Unbeständigkeit *f*; **'~ble** *adj* veränderlich | *übertr* wankelmütig, unbeständig; **'mu·tant** *adj Biol* mutierend | durch Mutation bedingt; **mu·tate** [mjuː'teɪt] **1.** *vt* verändern | *Ling* umlauten ⟨≈d vowel Umlaut *m*⟩; *vi* sich ändern | *Ling* umlauten | *Biol* mutieren; **mu'ta·tion** *s* Veränderung *f* | Umformung *f* | *Ling* Umlaut *m* | *Biol* Mutation *f*; **mu'ta·tion·al** *adj Biol* Mutations-

mu·ta·gen|ic·i·ty [ˌmjuːtədʒə'nɪsətɪ] *Biol s* Mutagenizität *f*, Induzierung *f* von Mutationen; **~ize** ['mjuːtədʒəˌnaɪz] *vt* Mutationen erzeugen in

mu·ta·tis mu·tan·dis [muːˌtɑːtɪs muː'tændɪs] *adv* ⟨*lat*⟩ mutatis mutandis, mit gewissen Abstrichen, im großen und ganzen

[1]**mute** [mjuːt] **1.** *adj* stumm, sprachlos ⟨in ~ amazement sprachlos vor Überraschung; to stand ~ sprachlos dastehen⟩ | still, schweigend ⟨with ~ thanks mit stillem Dank; to stand ~ *Jur* die Aussage verweigern⟩ | (taub)stumm | *Ling* stumm, nicht ausgesprochen ⟨a ~ vowel⟩; **2.** *vt* verstummen lassen | (Farbe, Ton, Instrument) dämpfen; **3.** *s* Taubstumme(r) *f(m)* | *Theat* Statist(in) *m(f)* | *Ling* Verschlußlaut *m* | *Mus* Dämpfer *m*

[2]**mute** [mjuːt] *vi* (Vogel) ausscheiden

mut·ed ['mjuːtɪd] *adj* (Laut) gedämpft, verhalten

mu·ti|late ['mjuːtɪleɪt] *vt* verstümmeln (*auch übertr*); **ˌ~'la·tion** *s* Verstümmelung *f*, Entstellung *f* ⟨≈ of a body⟩; **~la·tive** ['~leɪtɪv] *adj* verstümmelnd

mu·ti|neer [mjuːtɪ'nɪə|-tn'ɪə] **1.** *s* Meuterer *m*, Aufrührer *m*; **2.** *vi* meutern; **'~nous** *adj* meuterisch, aufrührerisch ⟨≈ sailors; ≈ behaviour⟩ | *übertr* rebellisch; **'~ny 1.** *s* Meuterei *f*, Aufruhr *m* (*auch übertr*); **2.** *vt* meutern, sich auflehnen (**against** gegen)

mut·ism ['mjuːtɪzm] *s* (Taub-) Stummheit *f* | *Psych* Mutismus *m*

mutt [mʌt] *umg s* Schafskopf *m*, Trottel *m* | Köter *m*

mut·ter ['mʌtə] **1.** *vi* murmeln, leise *od* undeutlich sprechen ⟨to ~ [away] to o.s. vor sich hinmurmeln⟩ | murren (**against** gegen, **at** über) | rollen, grollen ⟨~ing thunder⟩; *vt* murmeln ⟨to ~ threats at s.o. gegen jmdn. leise Drohungen aussprechen⟩; **2.** *s* Gemurmel *n* | Murren *n*

mut·ton ['mʌtn] *s* Hammel(fleisch) *m(n)* ⟨roast ~ Hammelbraten *m*; leg/shoulder of ~ Hammelkeule *f*⟩ | *scherzh* Schaf *n* ⟨to our ~s *übertr* zurück zur Sache!; ~ dressed as lamb *übertr* (Frau) herausgeputzt, zu jugendlich angezogen⟩ ◇ **as dead as ~** *umg* mausetot; **ˌ~'chop** *s* (*meist pl*) Hammelkotelett *n*; **ˌ~chop 'whis·kers** *s* Koteletten *pl*, Bakkenbart *m*; **'~head** *s umg* Schafskopf *m*; **ˌ~'su·et, ˌ~'tal·low** *s* Hammeltalg *m*

mu·tu·al ['mjuːtʃʊəl] **1.** *adj* gegen-, wechselseitig ⟨it's ~ das beruht auf Gegenseitigkeit; ~ affection gegenseitige Zuneigung; ~ suspicion Verdacht *m* aufeinander; to be ~ enemies einander feind sein; ~ aid gegenseitige Hilfe; Council for ~ Economic Assistance Rat *m* für Gegenseitige Wirtschaftshilfe⟩ | *Wirtsch* (Versicherung) auf Gegenseitigkeit ⟨~ insurance company Versicherung *f* auf Gegenseitigkeit; ~ investment company *Am* Investmentfonds *m*; ~ savings bank Genossenschafts(spar)kasse *f*⟩ | gemeinsam ⟨our ~ friend; ~ efforts; ~ interests gemeinschaftliche Interessen *n/pl*⟩; **ˌ~ as·sured de'struc·tion** *s Mil* Fähigkeit *f* der völligen gegenseitigen Vernichtung; **'~ fund** *s Am Wirtsch* Investitionsgesellschaft *f*, -firma *f*; **~i·ty** [ˌmjuːtʃʊ'ælətɪ] *s* Gegenseitigkeit *f*; **ˌ~ re'ac·tion** *s* Wechselwirkung *f*

mux [mʌks] *Am Sl* **1.** *vt* verpfuschen; **2.** *s* Patsche *f*, Schlamassel *m*

mu·zak ['mjuːzæk] *s urspr Am, oft verächtl* Berieselungsmusik *f*

muz·zle ['mʌzl] **1.** *s* (Tier) Schnauze *f*, Maul *n* | Maulkorb *m* | (Pistole u. ä.) Mündung *f*; **2.** *vi* schnüffeln, schnuppern; *vt* einen Maulkorb anlegen | *übertr* den Mund stopfen; **'~-ˌload·er** *s Mil Hist* Vorderlader *m*; **'~ veˌloc·i·ty** *s* Anfangsgeschwindigkeit *f* (e-s Geschosses)

muz·zy ['mʌzɪ] *adj* (geistig) verwirrt, durcheinander | (von Alkohol) benebelt | stumpfsinnig | (Bild) verschwommen, trübe

MW *Abk von* **medium wave** MW, Mittelwelle *f*
M-way *Abk von* **motorway** Autobahn *f*
MX [ˌem'eks] *s Am Mil* MX(-Rakete) *f(f)*
my [maɪ] *pron* mein ⟨~ father mein Vater; ~ dear *höflich od scherzh* mein Lieber, meine Liebe; I wash ~ hands ich wasche mir die Hände (*auch übertr*); [oh], ~!, ~ goodness! *umg* du meine Güte!⟩
my- [maɪ] = **myo-**
my·al·gi·a [maɪ'ældʒɪə] *s Med* Myalgie *f*, Muskelschmerz *m*;
my·all ['maɪɔ:l], *auch* '~ **wood** *s Bot* Violettholz *n*
my·as·the·ni·a [ˌmaɪæs'θi:nɪə] *s Med* Myasthenie *f*, Muskelschwäche *f*
myc[o] [maɪk(əʊ)] ⟨*griech*⟩ *in Zus* Myko-, Pilz-
my·ce|li·um [maɪ'si:lɪəm] *s* (*pl* **~li·a** [~lɪə]) *Bot* Myzel *n*, Pilzgewebe *n*; **~tism** ['maɪsɪtɪzm] *s Med* Myzetismus *m*, Pilzvergiftung *f*; **~tol·o·gy** [ˌmaɪsɪ'tɒlədʒɪ] *s Bot* Myzetologie *f*, Pilzkunde *f*; **~to·ma** [ˌmaɪsɪ'təʊmə] *s* (*pl* **~to·ma·ta** [~'təʊmətə]) *s Med* Myzetom *n*; **~to·phag·ous** [ˌ~'təʊfəgəs] *adj Bot* pilzfressend; **~to·zo·an** [maɪˌsi:tə'zəʊən] **1.** *adj Bot* Schleimpilz-; **2.** *s* Schleimpilz *m*
my·co·log·ic [ˌmaɪkə'lɒdʒɪk], **~i·cal** *Bot adj* mykologisch; **my·col·o·gist** [maɪ'kɒlədʒɪst] *s* Mykologe *m*, Pilzforscher *m*; **my'col·o·gy** *s* Mykologie *f*, Pilzkunde *f* | Pilzflora *f*, *collect* Pilze *pl*; **my·co·sis** [maɪ'kəʊsɪs] *s Med* Mykose *f*, Pilzkrankheit *f*
my·dri·a·sis [mɪ'draɪəsɪs|maɪ-] *s Med* Mydriasis *f*, Pupillenerweiterung *f*
my·e|lit·ic [ˌmaɪə'lɪtɪk] *Med adj* myelitisch; **~li·tis** [ˌ~'laɪtɪs] *s* Myelitis *f*, Rückenmarkentzündung *f*
myelo- [maɪələ(ʊ)] ⟨*griech*⟩ *in Zus* Rückenmark(s)-
my·na[h] ['maɪnə], *auch* '~ **bird** *s Zool* Hirtenstar *m*
myo- [maɪə(ʊ)] ⟨*griech*⟩ *in Zus* Muskel- | Maus-
m y o b *scherzh Abk von* **mind your own business** das geht keinen etwas an
my·o·car·di|o·gram [ˌmaɪəʊ'kɑ:dɪəgræm] *Med s* Elektrokardiogramm *n*; **~tis** [ˌmaɪəʊkɑ:'daɪtɪs] *s* Myokarditis *f*, Herzmuskelentzündung *f*; **~um** [ˌmaɪəʊ'kɑ:dɪəm] *s Anat* Myokard *n*, Herzmuskel *m*
my·o·e·lec·tric [ˌmaɪəʊɪ'lektrɪk] *adj Phys, Tech* myoelektrisch, Muskelelektrizitäts- ⟨~ controlled prostheses muskelelektrisch gesteuerte Prothesen *pl*⟩
my·o·ma [maɪ'əʊmə] *Med s* (*pl* **my'o·mas, ~ta** [~tə]) Myom *n*, Muskelgeschwulst *f*; **my·om·a·tous** [maɪ'ɒmətəs|-'əʊ-] *adj* myomatös
my·ope ['maɪəʊp] *Med s* Kurzsichtige(r) *f(m)*; **my·o·pi·a** [maɪ'əʊpɪə] *s* Myopie *f*, Kurzsichtigkeit *f* (*auch übertr*); **my·op·ic** [maɪ'ɒpɪk|-'əʊ-] *adj* kurzsichtig (*auch übertr*)
my·o·sin ['maɪəsɪn] *s Biol* Myosin *n*, Muskeleiweiß *n*
my·o·sis [maɪ'əʊsɪs] *s Med* Miosis *f*, Pupillenverengung *f*
my·ot·ic [maɪ'ɒtɪk] *Med* **1.** *adj* miotisch, pupillenverengend; **2.** *s* Miotikum *n*
myri[a]- [mɪrɪ(ə)] ⟨*griech*⟩ *in Zus* zehntausend-
myr·i·ad ['mɪrɪəd] *lit* **1.** *s* Myriade *f*, Unzahl *f*, riesige Menge (**of** von) ⟨~s of insects unzählige Insekten *n/pl*⟩ | *arch* Zehntausend *f*; **2.** *adj* unzählig, zahllos ⟨~ events⟩ | vielfältig, vielgestaltig ⟨~ activity⟩
myr·i|a·pod ['mɪrɪəpɒd], **~ap·o·dan** [ˌ~'æpədən] *Zool s* Tausendfüßer *m*
myr·mi·don ['mɜ:mɪdən] *s scherzh, verächtl* Scherge *m*, Häscher *m*, Helfershelfer *m* ⟨the ~s of the law Hüter *m/pl* des Gesetzes⟩
myrrh [mɜ:] *s Bot* Myrrhe *f*; '**~ic** *adj* Myrrhen-
myr·tle ['mɜ:tl] *s Bot* Myrte *f*
my·self [maɪ'self] *pron* (*refl, intens*) mich ⟨I hurt ~ ich habe mich verletzt; (all) by ~ (ganz) allein; I can do it by ~ ich kann es allein machen; I'm not ~ today *umg* ich fühle mich heute nicht wie üblich; I'll come to ~ *umg* ich fange mich wieder⟩
mys|te·ri·ous [mɪ'stɪərɪəs] *adj* geheimnisvoll, rätselhaft, mysteriös ⟨a ≈ murder⟩; '**~ter·y** ['mɪstr̩ɪ] *s* Geheimnis *n*, Rätsel *n* ⟨to make a ≈ of s.th. etw. geheimhalten⟩ | Dunkel *n* ⟨wrapped in ≈ in Dunkel gehüllt⟩ | Heimlichtuerei *f* | *Theat* Mysterienspiel *n* | *Rel* Mysterium *n* | *meist pl* Geheimlehre *f*, -kunst *f* | *Am* = '**~ter·y** ˌ**nov·el** *s* Kriminalroman *m*; '**~ter·y play** *s Theat* Mysterienspiel *n*; '**~ter·y tour** *s* Fahrt *f* ins Blaue
mys|tic ['mɪstɪk] **1.** *adj* mystisch ⟨a ≈ ceremony⟩ | dunkel, geheimnisvoll, mysteriös ⟨a ≈ symbol ein Geheimzeichen *n*⟩; **2.** *s* Mystiker(in) *m(f)*; '**~ti·cal** = **~tic**; **~ti·cism** ['~tɪsɪzm] *s Phil* Mystizismus *m* | Mystik *f*
mys·ti|fi·ca·tion [ˌmɪstɪfɪ'keɪʃn] *s* Täuschung *f*, Irreführung *f*, Fopperei *f* | Verwirrung *f*, Verblüffung *f*; **~fied** ['~faɪd] *adj* verblüfft ⟨I'm quite ≈ ich bin völlig verblüfft; ≈ expression fassungsloses Gesicht⟩; '**~fy** *vt* täuschen, irreführen, anführen, foppen, hinters Licht führen ⟨to confuse and ≈ one's opponent seinen Gegner verwirren und an der Nase herumführen⟩ | verblüffen, verwirren ⟨it ~fied us all es hat uns allen ein Rätsel aufgegeben⟩ | in Dunkel hüllen ⟨to ≈ a passage of Scripture e-e Bibelstelle verdunkeln⟩; '**~fy·ing** *adj* unerklärlich, rätselhaft
mys·tique [mɪ'sti:k] *s* (*meist sg*) geheimnisvoller Nimbus, Zauber *m* ⟨a curious ~; the success ~⟩ | Zauberkraft *f* | sonderbare Kunst, besondere Gabe ⟨the ~ of glass engraving die besondere Kunst des Glasschleifens⟩
myth [mɪθ] **1.** *s* Mythos *m*, Mythus *m* | *übertr* Erdichtung *f*, Märchen *n* ⟨it's a ~ das ist eine Erfindung⟩; **2.** *vt* erfinden; '**~i·cal** *adj* mythisch, sagenhaft, legendär (*auch übertr*) ⟨≈ heroes; ≈ literature; ≈ wealth⟩; **~ic·ize** ['mɪθɪsaɪz] *vt* zum Mythos machen *od* erheben; mythologisieren | in Mythen einhüllen, mit Mythen umgeben; '**~ˌmak·er** *s* Mythenschöpfer(in) *m(f)*; '**~ˌmak·ing** *s* Mythenbildung *f*, -schöpfung *f*; **~o·gen·ic** [ˌmɪθəʊ'dʒenɪk] *adj* mythenschaffend, -erzeugend ⟨a ≈ process⟩
mytho- [mɪθə(ʊ)|maɪθə(ʊ)] ⟨*griech*⟩ *in Zus* Mythus-, mytho-
myth·o·log·i·cal [ˌmɪθə'lɒdʒɪkl] *adj* mythologisch, sagenhaft; **my'thol·o·gist** [mɪ'θɒlədʒɪst] *s* Mythologe *m*, Sagenforscher *m*; **my'thol·o·gize** *vt, vi* mythologisieren; **my'thol·o·gy** *s* Mythologie *f*, Sagenforschung *f*; **myth·o·poe·ic** [mɪθə'pi:ɪk] *adj* Mythen schaffend; **myth·o'poe·ism** *s* Mythen-, Sagenschöpfung *f*; **myth·o·po'et·ic** = **mythopoeic**
my·thos ['maɪθɒs|'mɪ-] *s* (*pl* **~thoi** ['~ɔɪ]) *s* Mythos *m* | Mythologie *f Lit* Thema *n*, Fabel *f*
myx·[o]e·de·ma [mɪksɪ'di:mə] *s Med* Myxödem *n*
myx·o·ma [mɪk'səʊmə] *s Med* Myxom *n*, Gallertgeschwulst *f*
myx·o·ma·to·sis [ˌmɪksəmə'təʊsɪs] *s Vet* Myxomatose *f*
myx·o·my·cete [ˌmɪksəmaɪ'si:t] *s Bot* Myxomyzet *m*, Schleimpilz *m*
myx·o·vi·rus ['mɪksəˌvaɪərəs] *s Med* Myxovirus *m*

N

N, n [en] *s* (*pl* **N's, Ns, n's, ns**) N *n*, n *n* | **n** *Math* n, unbestimmte Zahl ⟨for the n'th time *übertr* zum x-ten Mal⟩ | *Abk* von **noun** | *Abk* von **note** | **N** *Chem* N *n*, Stickstoff *m* | *Abk von* **North[ern]**

Naaf·i, *auch* **NAAFI** ['næfı] *Brit Mil* **1.** *s* Armeegeschäft *n*, -laden *m*; Kantine *f*; **2.** *adj* von der Armee betrieben *od* unterhalten, Militär- ⟨a ~ restaurant⟩

nab [næb] **1.** *vt umg* (**nabbed, nabbed**) (Dieb u. ä.) erwischen, schnappen ⟨to ~ s.o. for stealing s.th. jmdn. festnehmen, weil er etw. gestohlen hat⟩ | *übertr* sich (etw.) schnappen, grapschen ⟨to ~ a cup of tea sich eine Tasse Tee ergattern; to ~ the best seats die besten Plätze wegschnappen⟩ | stehlen, mausen; **2.** *s umg* Polyp *m* (Polizist); **'~by** *adj umg* spitzbübisch

na·bob ['neıbɒb] *s* Nabob *m* | *übertr verächtl* Krösus *m*, reicher Mann

na·celle [næ'sel] *Flugw s* (Motor-) Gondel *f* | (Luftschiff-) Gondel *f* | Ballonkorb *m* | (Flugzeug) Rumpf *m*

na·cre ['neıkə] *s* Perlmutt(er) *n*(*f*); **'na·cred** *adj* mit Perlmutt belegt; **na·cre·ous** ['neıkrıəs], **'na·crous** *adj* perlmuttartig, Perlmutt-

na·dir ['nædıə|'neı-] *s Astr* Nadir *m*, Fußpunkt *m* (*Ant* zenith) | (*meist sg, mit best art*) *übertr* Tiefstand *m*, Nullpunkt *m* ⟨at the ~ of one's hopes auf dem Nullpunkt seiner Hoffnungen; to sink to the ~ auf den Tiefpunkt sinken⟩

nae·vus ['ni:vəs] *s* (*pl* **nae·vi** ['ni:vaı]) *Med* Naevus *m*, Muttermal *n*

[1]**nag** [næg] *s* kleines Reitpferd | *umg verächtl* Mähre *f*, Klepper *m* | *Am umg* alter Kasten (Auto)

[2]**nag** [næg] **1.** (**nagged, nagged**) *vt* herumnörgeln an (**for** wegen); *vi* nörgeln (**at** an, **for** wegen); **~ into** (jmdn.) durch (ständiges) Nörgeln dazu bringen ⟨to ~ s.o. into leaving⟩ | quengeln, keifen; **2.** *s* Nörgeln *n* | *umg* Nörgler(in) *m*(*f*); **'~ger** *s* Nörgler *m*; **'~ging 1.** *adj* nörgelnd, quengelnd | *übertr* (Schmerz) dumpf, quälend ⟨a ≈ headache⟩; **2.** *s* Nörgelei *f*; **'~gy** *adj* zänkisch, quengelig

nai·ad ['naıæd] *s* (*pl* **'~s, nai·a·des** ['~i:z]) Najade *f*, Flußgöttin *f* | *übertr* Badenixe *f*

nail [neıl] **1.** *s* (Finger-, Zehen-) Nagel *m* ⟨to fight tooth and ~ verbissen kämpfen; on the ~ unverzüglich, auf der Stelle; to pay on the ~ *umg* bar *od* auf die Hand bezahlen; to the ~ bis ins letzte, vollendet⟩ | *Zool* Klaue *f*, Kralle *f* | (Metall-) Nagel *m* ⟨as hard as ~s *übertr* robust; unbarmherzig; as tough as ~s *übertr* zäh wie Leder; a ~ in one's coffin *übertr* ein Nagel zu jmds. Sarg; right as ~s *umg* genau, ganz recht; to drive a ~ einen Nagel einschlagen; to hit the [right] ~ on the head *übertr* den Nagel auf den Kopf treffen⟩ | *Mar* Spieker *m*; **2.** *vt* nageln (**on** auf, **to** an) | *übertr* festnageln, -halten | *übertr* festnehmen ⟨to ~ a criminal⟩ | *übertr* festnageln, beim Wort nehmen; **~ back** (wieder) annageln; **~ down** fest-, zunageln ⟨to ~ down a board⟩ | *übertr* (jmdn.) festnageln, verantwortlich machen (**to** für) | (jmdn., etw.) exakt charakterisieren, genau beschreiben, definieren | *übertr* (etw.) festmachen, sich endgültig einigen auf ⟨to ~ down an agreement eine Vereinbarung besiegeln⟩; **~ on (to)** annageln; **~ up** zunageln, vernageln | (Bild, Plakat) aufhängen, anbringen; **~ together / ~ up** zusammennageln ◇ **~ one's colours to the mast** auf seinem Standpunkt beharren, nicht nachgeben; **~ a lie to the counter** etwas als falsch entlarven; **'~ bed** *s Anat* Nagelbett *n*; **'~brush** *s* Nagelbürste *f*; **'~ clean·er** *s* Fingernagelmaniküre *f*; **'~ clip·pers** *s* Nagelzange *f*; **'~ file** *s* Nagelfeile *f*; **'~ head** *s Tech* Nagelkopf *m*; **'~ ˌlac·quer, '~ ˌpol·ish** *s* Nagellack *m*; **'~ pol·ish reˌmov·er** *s* Nagellackentferner *m*; **'~ ˌpul·ler** *s* Nagelzange *f*; **'~ ˌscis·sors** *s/pl* Nagelschere *f*; **'~ ˌvar·nish** *s* Nagellack *m*

na·ive [naı'i:v|nɑ:'i:v], *auch* **na·ïve** *adj* naiv, treuherzig, natürlich ⟨a ~ girl; a ~ remark⟩ | naiv, einfältig, leichtgläubig ⟨it's ~ of you⟩ | unvoreingenommen, unbefangen, unbeeinflußt ⟨we need ~ animals for the experiment für den Versuch brauchen wir Tiere, mit denen noch keine Tests durchgeführt wurden⟩ | *Mal* naiv ⟨~ painters⟩; **na·i·ve·té,** *auch* **na·i·ve·te, na·i·ve·ty** [naı'i:vtı] *s* Naivität *f*, Treuherzigkeit *f*, Unbefangenheit *f*

na·ked ['neıkıd] *adj* nackt, bloß, unbedeckt, unbekleidet ⟨~ to the waist nackt bis zur Hüfte, halbnackt; as ~ as the day he was born splitternackt, im Adamskostüm; with the ~ eye mit bloßem Auge; to fight with ~ fists mit bloßen Fäusten kämpfen, ohne Handschuhe boxen⟩ | *Bot* kahl, nackt (*auch übertr*) ⟨~ trees; ~ hills⟩ | bloß, blank ⟨~ sword⟩ | *übertr* nackt, ungeschminkt, unverhüllt ⟨the ~ facts; the ~ truth⟩ | *übertr* kahl, entblößt (**of** von) | wehrlos | (Flamme, Licht) offen ⟨~ light⟩ | bloß, unbewaffnet | *El* (Draht) blank; **'~wood** *s Am* Zimt *m*

nam·by-pam·by ['næmbı 'pæmbı] **1.** *adj* (Gespräch) abgeschmackt, seicht | (Person) geziert, affektiert | sentimental | unentschlossen, feige; **2.** *s* Abgeschmacktheit *f*, Kitsch *m*, sentimentales Zeug | sentimentale Person

name [neım] **1.** *s* Name *m* ⟨by ~ dem Namen nach, namens; by the ~ of genannt; in ~ only nur dem Namen nach, nicht wirklich; in the ~ of im Namen von; of the ~ of namens; what is your ~? wie heißen Sie?; to call s.th. by its proper ~ etw. beim richtigen Namen nennen; to enter / put down one's ~ for sich bewerben an *od* bei, kandidieren für; to know by ~ dem Namen nach kennen; to lend one's ~ to seinen Namen hergeben für; not have a penny to one's ~ keinen Heller besitzen; to submit a ~ namentlich vorschlagen; to take s.o.'s ~ in vain jmds. Namen mißbrauchen; under the ~ [of] unter dem Namen⟩ | Schimpfname *m* ⟨to call s.o. ~s jmdn. beschimpfen⟩ | (*nur sg*) Name *m*, Ruf *m* ⟨to make/win a ~ for o.s. berühmt *od* bekannt werden⟩ | berühmte Person ⟨big/famous ~s; the great ~s of history⟩ ◇ **the ~ of the game** *Sl* die Hauptsache, das, worauf es ankommt; **2.** *vt* (be)nennen (**after, from,** *Am* **for** nach) | bezeichnen | auf-, hersagen, nennen ⟨to ~ all the planets⟩ | ernennen, bestimmen (**as** als, **for** für, **to** zu) ⟨to ~ s.o. as / to be the successor jmdn. als Nachfolger bestimmen; to ~ May 10th for the opening day den 10. Mai zum Eröffnungstag erklären⟩; **'~a·ble** *adj* benennbar | namhaft; **named** *adj* genannt, namens; **-named** *in Zus* -genannt ⟨last-~⟩; **'~ day** *s Rel* Namenstag *m*; **'~ ˌdrop·ping** *s verächtl umg* Angeberei *f*, Eindruckschinden *n* (durch Nennung der Namen hochgestellter 'Bekannter'); **'~less** *adj* namenlos | unbekannt, nicht berühmt | anonym | unbeschreiblich, unsäglich ⟨≈ misery⟩

name| part ['neım pɑ:t] *s Theat* Titelrolle *f*; **'~plate** *s* Tür-, Namensschild *n*; **~sake** ['~seık] *s* Namensvetter *m*, -schwester *f*; **'~tape** *s* Wäschezeichen *n*

Na·mib·i·a [nə'mıbıə] *s* Namibia; **Na'mib·i·an 1.** *adj* namibisch; **2.** *s* Namibier(in) *m*(*f*)

nam·ing ['neımıŋ] *s* Namen(s)gebung *f* ⟨~ of a ship Schiffstaufe *f*⟩ | *Päd, Mil* Aufsagen *n*, Ansagen *n* ⟨~ of parts Bestimmung *f* aller Teile⟩

nan|ce [næns] *Am*, **'~cy** *s Brit Sl* Schwächling *m*, Muttersöhnchen *n* | *verächtl* Schwuler *m*

nan·keen [næŋ'ki:n] *s* Nanking *m*; **nan'keens** *s/pl* Nankinghosen *pl*

nan·ny ['nænɪ] *s Brit selten* Kindermädchen *n*, Amme *f*; **'~ goat** *s umg* (weibliche) Ziege, Geiß *f*

na·no- ['neɪnəʊ|'næ-] *in Zus* -milliardstel (*z. B.* **~watt**)

na·no·sur·ge·ry [ˌnænəʊ'sɜ:dʒrɪ] *s Med* Chirurgie *f* mit Hilfe des Elektronenmikroskops

[1]**nap** [næp] **1.** (**napped, napped**) *vi* (*meist* tagsüber) einnikken, schlummern, ein Schläfchen machen | *übertr umg* schlafen, nicht auf der Hut sein ⟨to catch s.o. ~ping jmdn. ertappen; to be caught ~ping überrumpelt werden⟩; **2.** *s* Schläfchen *n*, Nickerchen *n* ⟨to have/take a ~ ein Nickerchen machen⟩

[2]**nap** [næp] **1.** *s* (*meist sg*) (Gewebe) Haar(seite) *n*(*f*) ⟨against the ~ gegen den Strich⟩ | Flor *m* | Noppe *f* | Gewebefehler *m*; **2.** (**napped, napped**) *vi, vt* (Tuch) noppen, rauhen

[3]**nap** [næp] **1.** *s* (Kartenspiel) Napoleon *n* ⟨to go ~ die höchste Anzahl von Stichen ansagen; *übertr* aufs Ganze gehen; a ~ hand *übertr* gute Ausgangsposition⟩ | (Wetten) Bank *f*, Setzen *n* auf eine einzige Gewinnchance (*auch übertr*) ⟨to select a ~ ein Pferd zum Favoriten machen, alles auf ein Pferd setzen⟩; **2.** *vt Brit umg* (Pferd) als Sieger voraussagen

na·palm ['neɪpɑ:m] *s* Napalm *n* ⟨~ bomb⟩

nape [neɪp] *s, meist* **~ of the neck** Genick *n*, Nacken *m*

na·per·y ['neɪpərɪ] *s* Tischleinen *n*, Weißzeug *n*

naph·tha ['næfθə] *s Chem* Naphtha *n*, Leuchtpetroleum *n*; **~lene** ['~li:n], **~lin[e]** ['~lɪn|'~li:n] *s Chem* Naphthalin *n*; **'~lize** *vt Chem* naphthalisieren; **naph·thol** ['næfθɒl|-θəʊl] *s Chem* Naphthol *n*

nap·kin ['næpkɪn] *s* Serviette *f*, Mundtuch *n* | *Brit* Windel *f* | *meist* **'san·i·tar·y ˌ~** Damen-, Monatsbinde *f*; **'~ ˌpa·per** *s* Papierserviette *f*; **'~ ring** *s* Serviettenring *m*

nap·less ['næpləs] *adj* ungenoppt, glatt ⟨~ cloth⟩ | fadenscheinig ⟨a ~ coat⟩

Na·po·le·on·ic [nəˌpəʊlɪ'ɒnɪk] *adj* napoleonisch

nap·ping ['næpɪŋ] *s* (Gewebe) Rauhen *n*, Strichappretieren *n*

[1]**nap·py** ['næpɪ] *adj* noppig, rauh, wollig ⟨~ cloth⟩

[2]**nap·py** ['næpɪ] *s Brit umg* Windel *f*

nar·cis|sism ['nɑ:sɪsɪzm] *Psych s* Narzißmus *m*; **'~sist** *s* Narziß *m*; **ˌ~'sistic** *adj* narzistisch

nar·cis|sus [nɑ:'sɪsəs] *s* (*pl* **~sus·es, ~si** [~saɪ]) *Bot* Narzisse *f*

nar|co·sis [nɑ:'kəʊsɪs] *s Med* Narkose *f*; **~cot·ic** [~'kɒtɪk] **1.** *adj Med* narkotisch | *übertr* einschläfernd, monoton, uninteressant ⟨a ≈ lecture⟩; **2.** *s Med* Narkotikum *n* | *übertr* Betäubungsmittel *n*; **~co·tism** ['~kətɪzm] *s Med* Narkotismus *m* | Schlafmittelsucht *f*; **~co·ti·za·tion** [ˌ~kətaɪ'zeɪʃn] *s* Narkotisierung *f*; **'~co·tize** *vt* narkotisieren

nar|ghi·le, ~gi·le[h] ['nɑ:gɪlɪ] *s* Nargileh *f*

[1]**nark** [nɑ:k] *Brit Sl verächtl* **1.** *s* (Polizei) Spitzel *m*, Denunziant *m* | *auch* **narc** *Am Sl* Drogenjäger *m* (Polizist); **2.** *vt* bespitzeln; *vi* spitzeln, spionieren

[2]**nark** [nɑ:k] **1.** *vt Brit Sl* (ver)ärgern, nerven ⟨to feel ~ed at s.th. sich durch etw. beleidigt fühlen⟩; **2.** *s Austr* Spielverderber *m* | Meckerer *m*

[3]**nark** [nɑ:k], *meist* **~ it** *unpers v Brit Sl* laß mich in Ruhe *od* in Frieden!, hör auf damit!

nark·y ['nɑ:kɪ] *adj Brit Sl* beleidigt, gereizt ⟨to be ~ at s.th. sich haben mit etw.⟩

nar|rate [nə'reɪt|næ'r-] *vi, vt förml* erzählen, berichten von | *Theat* den Erzähler spielen; **~ra·tion** [~'reɪʃn] *s* Erzählung *f*; **~ra·tive** ['nærətɪv] **1.** *s* Erzählung *f*, Schilderung *f*, Bericht *m* | Erzählen *n* | *Rhet* Darstellung *f* von Tatsachen; **2.** *adj* erzählend, schildernd ⟨≈ art Erzählkunst *f*; ≈ poem episches Gedicht⟩ | Erzähler- ⟨≈ skill Erzählergabe *f*⟩; **~'ra·tor** *s* Erzähler *m* | *Rundf* Sprecher *m*; **~ra·to·ry** ['nærətṛɪ] *adj* erzählend; **~ra·tress** [~'reɪtrəs] *s* Erzählerin *f* | *Rundf* Sprecherin *f*

nar·row ['nærəʊ] **1.** *adj* (*Ant* wide) eng, schmal ⟨a ~ road; too ~ for⟩ | kurz, knapp ⟨to have / make a ~ escape mit knapper Not davonkommen; a ~ majority die knappe Mehrheit; a ~ squeak *umg* etw. um ein Haar Vermiedenes, etw., dem man gerade noch so entgangen ist; by a ~ margin mit knappem Vorsprung⟩ | eng, beschränkt ⟨a ~ circle of friends ein enger Freundeskreis; ~ circumstances dürftige Verhältnisse *pl*; ~ resources beschränkte Mittel *pl*⟩ | *förml* genau, exakt, eingehend, gründlich ⟨a ~ search⟩ | engstirnig, borniert ⟨a ~ mind⟩ | geizig; **2.** *vi* sich verengen ⟨a ~ing passage⟩ | abnehmen | (Strickmaschen) abnehmen | *Tech* sich verjüngen; **~ down** sich konzentrieren; hinauslaufen (**to** auf); *vt* enger machen, verengen, beschränken | (Strickmaschen) abnehmen; **~ down** reduzieren, eingrenzen (**to** auf); **3.** *s* Enge *f*, enge *od* schmale Stelle | (*meist pl*) Engpaß *m*, Meerenge *f*; **'~ boat** *s* Kahn *m*; **'~cast·ing** *s Am Ferns* (lokales) Kabelfernsehen; **ˌ~ 'gauge** *s Eisenb* Schmalspur *f*; **ˌ~-'gauge, ˌ~-'gauged** *adj Eisenb* schmalspurig, Schmalspur- | *übertr* engstirnig ⟨≈ views⟩; **'~ly** *adv* mit knapper Not, gerade noch ⟨to escape ≈⟩ | knapp, unmittelbar ⟨to move ≈ between⟩ | peinlich genau ⟨to examine s.o. ≈⟩ | *verächtl* extrem, übertrieben ⟨≈ religious⟩; **ˌ~-'mind·ed** *adj verächtl* engstirnig, kleinlich, voreingenommen

nar·whal[e] ['nɑ:wəl|-weɪl] *s Zool* Narwal *m*

nar·y ['nɛərɪ] *adj Am* kein ⟨~ a nicht eine (ein) einzige(r, -s)⟩

na·sal ['neɪzl] **1.** *adj* nasal, Nasal-, Nasen- ⟨~ bone Nasenbein *n*⟩ | *Ling* Nasal- ⟨~ sound⟩; **2.** *s Anat, Zool* Nasenbein *n* | *Ling* Nasallaut *m*; **~i·ty** [neɪ'zælətɪ] *s* Nasalität *f*; **~i·za·tion** [ˌneɪzḷaɪ'zeɪʃn] *s* Nasalierung *f* | Näseln *n*; **'~ize** *vt* (Laut) nasalieren; *vi* näseln; **ˌ~ 'twang** *s* Näseln *n*

nas|cen·cy ['næsnsɪ|'neɪ-] *s* Werden *n*, Entstehen *n*; **'~cent** *adj förml* werdend, entstehend ⟨in a ≈ condition im Entstehen⟩ | *Chem* naszierend

naso- [neɪzə(ʊ)] ⟨*lat*⟩ *in Zus* Nasen-

na·so·la·bi·al [ˌneɪzə'leɪbɪəl] *adj* nasolabial; **na·sol·o·gy** [neɪ'zɒlədʒɪ] *s Med* Nasenkunde *f*

nas·tur·tium [nə'stɜ:ʃəm] *s Bot* Kapuzinerkresse *f*

nas·ty ['nɑ:stɪ] **1.** *adj* unangenehm, widerlich, eklig ⟨a ~ smell ein widerlicher Geruch⟩ | abstoßend ⟨a ~ fellow⟩ | häßlich, bösartig, gehässig, gemein (**to** gegen) ⟨a ~ behaviour⟩ | böse, schmerzhaft, heftig, unangenehm ⟨a ~ accident; a ~ shock⟩ | schlimm, gefährlich, heimtückisch ⟨a ~ road eine heimtückische Straße; a ~ sea ein gefährlicher Seegang; a ~ corner eine gefährliche Ecke⟩ | frech, zotig, unflätig ⟨a ~ story⟩; **2.** *s* unausstehliche Person *od* Sache

na·tal ['neɪtl] *adj förml* Geburts-, von Geburt an ⟨~ hour Geburtsstunde *f*; ~ and acquired faculties angeborene und erworbene Fähigkeiten *f/pl*⟩; **na·tal·i·ty** [nə'tælətɪ] *s* Natalität *f*, Geburtenziffer *f* | Geburt *f*

na·ta|tion [nə'teɪʃn|neɪ't-] *s förml* Schwimmen *n*; **~to·ri·um** [ˌneɪtə'tɔ:rɪəm] *s* (*pl* **~'to·ri·ums, ~to·ri·a** [-'tɔ:rɪə]) (Hallen-) Schwimmbad *n*

na·tion ['neɪʃn] *s* Nation *f*, Volk *n* ⟨the League of ~s der Völkerbund; the United ~s die Vereinten Nationen⟩; **~al** ['næʃnl] **1.** *adj* national, National- ⟨≈ state Nationalstaat *m*; ≈ theatre Nationaltheater *n*⟩ | Staats- ⟨≈ bank⟩; **2.** *s* Staatsangehörige(r) *f*(*m*) ⟨British ≈s in France⟩ | Landsmann *m*, -männin *f* ◇ **the Grand ≁al** *s Brit* (Pferdesport) bedeutendstes brit. Jagdrennen, Grand National *n*; ˌ**~al ac'counts** *pl Wirtsch* volkswirtschaftliche Gesamtrechnung; ˌ**~al 'an·them** *s* Nationalhymne *f*; ˌ**~al as'sist·ance** *s Brit arch* Wohlfahrt *f*, Unterstützung *f*; Sozialhilfe *f* ⟨to be on ≈ Unterstützung bekommen⟩; ˌ**~al 'co·lours** *s* Nationalfarben *pl*; ˌ**~al 'cos·tume** *s* National-, Volkstracht *f*; ˌ**~al 'cur·ren·cy** *s* Landeswährung *f*; ˌ**~al 'debt** *s Wirtsch* Staatsschuld *f*; ˌ**~al e'con·o·my** *s Wirtsch* Volkswirtschaft *f*; ˌ**~al 'em·blem** *s* Hoheitszeichen *n*; ˌ**~al 'game** *s Am* Baseball *m*; ˌ**~al 'gov·ern·ment** *s Pol* Allparteienregierung *f*; ˌ**≁al 'Guard** *s Am* Nationalgarde *f*; ˌ**≁al 'Health [ˌSer·vice]** *s Brit* Staatlicher Gesundheitsdienst, Staatliche Krankenkasse ⟨on the ≉ auf (Kranken-) Kasse⟩; ˌ**~al 'hol·i·day** *s* gesetzlicher Feiertag; ˌ**~al 'in·come** *s* Volkseinkommen *n*; ˌ**≁al In'sur·ance** *s Brit* Staatliche Sozialversicherung; **'~al·ism** *s* Nationalgefühl *n*, -bewußtsein *n* | Nationalismus *m* | nationale Politik *f*; **'~al·ist 1.** *adj* nationalbewußt, patriotisch, nationalistisch; **2.** *s* Nationalist *m* ⟨Scottish ≈s⟩; ˌ**~al'is·tic** *oft verächtl adj* nationalbewußt | nationalistisch ⟨≈ movements nationale Befreiungsbewegungen *f/pl*⟩; **~al·i·ty** [ˌnæʃəˈnælɪtɪ] *s* Nationalität *f*, Staatsangehörigkeit *f* ⟨what is your ≈?⟩ | Nationalität *f*, Völkerschaft *f* ⟨the different ~alities of the USSR⟩ | Nation *f* | Nationalgefühl *n* | Nationalcharakter *m*; ˌ**~al·i'za·tion** *s Wirtsch* Nationalisierung *f*, Verstaatlichung *f*; **'~al·ize** *vt Wirtsch* nationalisieren, verstaatlichen | einbürgern, naturalisieren ⟨≈d Greeks in the US⟩; ˌ**~al·ly ˌowned 'fac·to·ry** *s* volkseigener Betrieb; ˌ**~al·ly ˌowned 'prop·er·ty** *s* Volkseigentum *n*; ˌ**~al 'mark·ings** *s/pl Flugw* Hoheitszeichen *n/pl*; ˌ**~al 'mon·u·ment** *s bes Am* nationales Wahrzeichen, Nationaldenkmal *n*; ˌ**~al 'park** *s* Nationalpark *m*; ˌ**~al 'pa·per** *s* überregionale Zeitung; ˌ**~al ˌre·pre·sent'a·tion** *s* Volksvertretung *f*; ˌ**~al 'ser·vice** *s Brit* Militär-, Wehrdienst *m*; ˌ**≁al 'Trust** *s Brit* Gesellschaft *f* für Denkmalschutz; ˌ**~ 'state** *s* Nationalstaat *m*; ˌ**~'wide** *adj* allgemein, landesweit, das ganze Land umfassend, national ⟨a ≈ search eine Suche im ganzen Land⟩

na·tive [ˈneɪtɪv] **1.** *adj* natürlich, angeboren (**to s.o.** jmdm.) ⟨~ ability angeborene Fähigkeit; ~ charm natürlicher Charme⟩ | (Pflanze, Tier) (ein)heimisch ⟨the ~ vegetation; plants ~ to America in Amerika heimische Planzen *f/pl*⟩ | Geburts-, Heimat-, Mutter- ⟨~ language Muttersprache *f*; right to the ~ soil Heimatrecht *n*; ~ soil inherited angestammte Heimat; your ~ country/land dein Heimatland *n*; your ~ place dein Geburtsort *m*; ~ speaker Muttersprachler *m*⟩ | *selten* eingeboren, Eingeborenen- ⟨≁ American *Am* Indianer(in) *m(f)*; ~ customs; ~ quarter; to go ~ *umg* wie die Eingeborenen leben⟩ | *Min* gediegen, natürlich vorkommend; **2.** *s* Einheimische(r) *f(m)*, Gebürtige(r) *f(m)* ⟨a ~ of London ein gebürtiger Londoner; a ~ of Wales ein geborener Waliser, ein aus Wales Stammender *m*, einer, der in Wales zu Hause ist⟩ | *selten* Eingeborene(r) *f(m)* | einheimische Pflanze | einheimisches Tier | *Zool* Native *f*, künstlich gezüchtete Auster

na·tiv·i·ty [nəˈtɪvətɪ] *s förml* Geburt *f* ⟨place of ~ Geburtsort *m*⟩ | ≁ (*mit best art*) *Rel* Geburt *f* Christi | (Bild) Geburt *f* Christi | Geburtstag *m* einer *od* eines Heiligen ⟨the ≁ of Joseph⟩; **'≁ Play** *s* Krippenspiel *n*

NATO [ˈneɪtəʊ] *s Mil* Nato *f Abk* von **North Atlantic Treaty Organization**

na·tri·um [ˈneɪtrɪəm] *s Chem* Natrium *n*; **na·tron** [ˈneɪtrɒn] *s* Natriumkarbonat *n*, Soda *f*

nat·ter [ˈnætə] *Brit umg* **1.** *vi* schwatzen, plaudern, vor sich hinreden ⟨what's she ~ing on/away/about now? was redet sie da?⟩; **2.** *s* Geschwätz *n*, Gerede *n*

nat·ter·jack [ˈnætədʒæk] *s Zool* Kreuzkröte *f*

nat·ty [ˈnætɪ] *umg adj* nett, fesch ⟨a ~ uniform⟩ | geschickt, gewandt | handlich, bequem ⟨a ~ tool⟩

nat·u·ral [ˈnætʃərl|ˈnætʃrl] **1.** *adj* natürlich, Natur- ⟨~ forces Naturgewalten *f/pl*; ~ language natürliche Sprache; ~ resources natürliche Rohstoffquellen *f/pl*; ~ state Naturzustand *m*⟩ | natürlich, angeboren, eigen (**to s.o.** jmdm.) ⟨~ gifts natürliche Gaben *f/pl*⟩ | natürlich, geboren, von Geburt an ⟨a ~ orator ein geborener Redner; it comes ~ to s.o. *umg* jmdm. ganz selbstverständlich sein⟩ | urwüchsig | *Bot* wild wachsend | ungezwungen, ungekünstelt, natürlich (*Ant* unnatural, abnormal) ⟨~ behaviour ungezwungenes Auftreten; to speak in a ~ voice mit ungekünstelter Stimme sprechen⟩ | natürlich, gewöhnlich, normal ⟨a ~ death ein natürlicher Tod; to be ~ for s.o. ganz normal für jmdn. sein⟩ | unbearbeitet, Roh- ⟨~ gas Erdgas *n*⟩ (Eltern) leiblich, (Kind) natürlich ⟨a ~ son⟩ | *euphem* (*selten*) unehelich | *Math* natürlich ⟨a ~ number⟩ | *Mus* ohne Vorzeichen ⟨C ~⟩; **2.** *s arch* Schwachsinniger *m*, Idiot *m* | *umg* Naturtalent *n* ⟨to be a ~ for s.th. für etw. geboren sein⟩ | *Mus* Auflösungszeichen *n* | *Mus* weiße Taste | *Mus* Ton *m* ohne Vorzeichen; ˌ**~ 'his·to·ry** *s* Naturgeschichte *f*; **'~ism** *s Kunst* Naturalismus *m* | *Phil* Naturphilosophie *f* | Naturglaube *m*; **'~ist 1.** *s Kunst, Phil* Naturalist *m* | Naturgläubiger *m* | Naturwissenschaftler *m*; **2.** = **'~is·tic** *adj Kunst, Phil* naturalistisch | naturwissenschaftlich; ˌ**~i'za·tion** *s* Naturalisierung *f*, Einbürgerung *f* | Akklimatisierung *f*; **'~ize** *vt* naturalisieren, einbürgern | *übertr* einbürgern | *Ling* aufnehmen, einführen ⟨to ≈ words⟩ | (Pflanzen u. a.) heimisch machen ⟨to become ≈ed heimisch werden⟩ | akklimatisieren (*auch übertr*); *vi* naturalisiert werden | sich akklimatisieren; ˌ**~ 'law** *s* Gesetz *n* der Natur, natürliches Gesetz | Naturgesetz *n*; **'~ly** *adv* natürlich | naturgemäß | natürlich, selbstverständlich ◇ **come ~ly to s.o.** jmdm. wie von selbst zufliegen; ˌ**~ phi'los·o·pher** *s* Naturphilosoph *m*; **~ phi'los·o·phy** *s* Naturphilosophie *f*; ˌ**~ ˌra·di'a·tion** *s* Eigenstrahlung *f*; ˌ**~ 're·lig·ion** *s* Naturreligion *f*; ˌ**~ re'sourc·es** *s/pl* Naturreichtümer *m/pl*; ˌ**~ 'sci·ence** *s* Naturwissenschaft *f*; ˌ**~ se'lec·tion** *s* natürliche Zuchtwahl; ˌ**~ 'sign** *s Mus* Auflösungszeichen *n*; ˌ**~ 'silk** *s* Naturseide *f*; ˌ**~ 'speed** *s* Eigengeschwindigkeit *f*; ˌ**~ 'wax** *s* Naturwachs *n*

na·ture [ˈneɪtʃə] *s* (*ohne art*) (*auch* ≁) Natur *f*, natürliche Umwelt, äußere Natur, Naturerscheinungen *f/pl* ⟨~ in spring die Natur im Frühling; to draw from ~ nach der Natur malen; true to ~ naturgetreu⟩ | (*ohne art*) Natur *f*, Naturkräfte *f/pl* ⟨beyond ~ übernatürlich; call of ~ *euphem* natürliches Bedürfnis; to be contrary to ~ den Naturgesetzen widersprechen; in the course of ~ naturgemäß; Mother ≁ Mutter *f* Natur; to let ~ take its course *umg* der Natur nicht vorgreifen, sich nicht einmischen (*bes* wenn zwei sich lieben); to pay one's debt to ~ / to pay the debt of ~ sterben, den Weg aller Dinge gehen⟩ | (*ohne art*) Natur(zustand) *f(m)* ⟨to return to ~ zur Natur zurückkehren; to be in a state of ~ im Naturzustand, in natürlichem Zustand; *scherzh* nackt⟩ | (*ohne art*) menschliche Konstitution ⟨human ~⟩ | Natur *f*, Wesen *n*, Naturell *n*, Charakter *m* ⟨a happy ~ eine fröhliche Wesensart; by ~ von Natur aus; it's her ~ to do this es liegt in ihrer Natur, das zu tun; of good ~ gutartig; of ill ~ bösartig⟩ | Art *f*, Sorte *f* ⟨things of this ~⟩ | Güte *f*, Wert *m* ⟨~ of the ground/soil Bodenbeschaffenheit *f*⟩; **-natured** [neɪtʃəd] *adj* (*in Zus*) -artig, -mütig ⟨good-≈; ill-≈⟩; **'~ ˌlov·er** *s* Naturfreund *m*; **'~ re·ˌserve** *s* Naturschutzgebiet *n*; **'~ ˌstu·dy** *s* Naturkunde *f*, -studium *n*; **'~ trail** *s* Naturlehrpfad *m*; **'~ ˌwor·ship** *s* Naturanbetung *f*, -religion *f*

na·tur|ism [ˈneɪtʃərɪzm] *s* Freikörper-, Nacktkultur *f*; **'~ist** *s*

Anhänger(in) *m(f)* der Freikörperkultur, FKK-Anhänger(in) *m(f)*

na·tu·ro·path ['neɪtʃr̥əpæθ] *s* Naturheilkundler(in) *m(f)*

naught [nɔ:t] *s* Null *f* | *lit* Mißerfolg *m* ⟨to bring to ~ schlagen, ruinieren; to care ~ for nichts halten von, sich nichts machen aus; to come to ~ / to go for ~ (Plan) fehlschlagen, zuschanden kommen; to set at ~ *arch* in den Wind schlagen⟩

naugh·ty ['nɔ:tɪ] *adj* unartig, frech, ungezogen ⟨a ~ child⟩ | ungehörig, unpassend ⟨a ~ remark⟩ | *euphem* unanständig ⟨a ~ word; a ~ story⟩ | *arch* böse

nau·se|a ['nɔ:sɪə|-zɪə|-ʃɪə] *s* Übelkeit *f*, Brechreiz *m* ⟨overcome by ≈ von Übelkeit befallen⟩ | *übertr* Ekel *m* ⟨filled with ~ at angeekelt von⟩; **'~ant** *s Med* Brechmittel *n*; **'~ate** *vi* sich ekeln (**at** vor); *vt* Ekel empfinden vor, verabscheuen | mit Ekel erfüllen, anekeln ⟨to be ~ated at angeekelt werden durch *od* von⟩; **'~a·ting** *adj* ekelerregend ⟨≈ food; a ≈ sight⟩; **ˌ~'a·tion** *s* Ekel *m*, Abscheu *m*; **nau·seous** ['nɔ:sɪəs|-zɪəs] *adj* widerlich, abscheulich, ekelhaft ⟨a ≈ smell⟩ | *Am Sl* übel ⟨it made me ≈ dabei wurde mir ganz übel⟩

nautch [nɔ:tʃ] *s Ind* Natsch-Tanz *m*; **'~ girl** *s Ind* Bajadere *f*

nau|tic ['nɔ:tɪk], **'~ti·cal** *adj* nautisch, See-, Schiffs- ⟨~tical almanach nautischer Kalender⟩; **ˌ~ti·cal 'chart** *s* Seekarte *f*; **ˌ~ti·cal 'mile** *s* Seemeile *f* (1 852 m); **'~ti·cal term** *s* Wort *n* aus der Seemannssprache

nau·ti|lus ['nɔ:tɪləs] *s* (*pl* **'~lus·es** [-ɪz], **~li** ['~laɪ]) *Zool* Nautilus *m*, Perl-, Schiffsboot *n* | *Tech* Taucherglocke *f*

na·val ['neɪvl] *adj* See-, Schiffs-, Marine- ⟨~ battle Seeschlacht *f*⟩; **'~ aˌcad·e·my** *s* Marineakademie *f*; **ˌ~ 'ar·chi·tect** *s* Schiffbauingenieur *m*; **ˌ~ 'ar·chi·tec·ture** *s* Schiffbau *m*; **ˌ~ ca'det** *s* Seekadett *m*; **'~ ˌforc·es** *s/pl* Seestreitkräfte *pl*; **'~ ˌof·fi·cer** *s* Marineoffizier *m*; **'~ port** *s* Kriegshafen *m*; **ˌ~ 'ra·di·o ˌsta·tion** *s* Seefunkstelle *f*

[1]**nave** [neɪv] *s* (Kirchen-) Schiff *n*

[2]**nave** [neɪv] *s Tech* Nabe *f*

na·vel ['neɪvl] *s Anat* Nabel *m* | *übertr* Mitte(lpunkt) *f(m)*, Zentrum *n*; **ˌ~ 'or·ange** *s* Navelorange *f*; **'~ string** *s* Nabelschnur *f*; **~wort** ['~wɜ:t] *s* Nabelkraut *n*

na·vic·u·lar [nə'vɪkjʊlə] **1.** *adj* kahnförmig; **2.** *s Anat* Kahnbein *n*

nav·i|ga·bil·i·ty [ˌnævɪgə'bɪlətɪ] *s* Befahrbarkeit *f* | *Mar* Fahrtüchtigkeit *f*; **'~ga·ble** *adj* (Fluß, Meer) befahr-, schiffbar | *förml* (Schiff, Flugzeug) lenkbar, manövrierbar ⟨not in a ≈ condition⟩; **'~gate** *vt* befahren, beschiffen | durchfahren ⟨to ≈ the seas⟩ | *Flugw* durchfliegen | *Flugw, Mar* steuern, navigieren, lenken | *übertr* durchbringen, dirigieren ⟨to ≈ a Bill through the House of Commons ein Gesetz durch das Unterhaus bringen⟩; *vi* schiffen | *Mar, Flugw* steuern, segeln (**to** nach) | *Mar, Flugw* orten; **ˌ~'ga·tion** *s Mar* Navigation *f*, Schiffahrtskunde *f* | Seefahrt *f* | Schiffsverkehr *m* ⟨open to ≈ frei für den Schiffsverkehr⟩; **ˌ~'ga·tion·al** *adj* Navigations- ⟨≈ channel Fahrrinne *f*; ≈ lighting Schiffahrtsbefeuerung *f*⟩; **ˌ~'ga·tion bridge** *s Mar* Kommandobrücke *f*; **ˌ~'ga·tion ˌcom·pa·ny** *s* Reederei *f*; **ˌ~'ga·tion light** *s Flugw* Positionslicht *n*; **'~ga·tor** *s* Seefahrer *m* | *Mar* Steuermann *m* | *Am Mar* Navigationsoffizier *m* | *Flugw* Navigator *m*, Beobachter *m* | *Brit selten* Erdarbeiter *m*

nav·vy ['nævɪ] *Brit s* Erd-, Kanal-, Streckenarbeiter *m*, Ausschachter *m* | *Tech* Exkavator *m*, (Löffel-) Bagger *m*

na·vy ['neɪvɪ] *s* Kriegsmarine *f*, -flotte *f* | (die Angehörigen *pl* der) Kriegsmarine *f* ⟨the Royal ~⟩ | *arch* Handelsflotte *f*, -marine *f*; **ˌ~ 'air·craft** *s* Marineflugzeug *n*; **ˌ~ 'blue 1.** *s* Marineblau *n*; **2.** *adj* marineblau; **'~ plug** *s* starker Kautabak; **'~ yard** *s* Marinewerft *f*

nay [neɪ] **1.** *adv* ja sogar ⟨I suspect, ~ I am certain ich vermute, ja ich weiß sogar genau⟩ | *arch* nein (*Ant* yea/aye) ; **2.** *s* Neinstimme *f* (*bes Pol*) (*Ant* aye) ⟨the ~s have it! *Parl* der Antrag wurde abgelehnt!⟩ ◇ **say s.o. ~** *lit* jmdm. nein sagen, (es) jmdm. verbieten

naze [neɪz] *s* Landspitze *f*, Vorgebirge *n*

Na|zi ['nɑ:tsɪ|'nætsɪ] *Pol* **1.** *s* (*pl* **'~zis**) Nazi *m*, Nationalsozialist *m* ⟨a Neo-≈⟩; **2.** *adj* Nazi- ⟨the ≈ party⟩; **'Na·zism,** *auch* **'Na·zi·ism** ['nɑ:tsɪɪzm|'næ-] *s* Nazismus *m*, Nationalsozialismus *m*

N B, *auch* **n b** [ˌen'bi:] *Abk von* **nota bene** NB, zur Beachtung

NC [ˌen'si:] *Abk* von ↑ **numerical control**

NCO [ˌen si: 'əʊ] *s Mil umg Abk* von ↑ **noncommissioned officer**

NE *Abk* von **northeast(ern)**

Ne·an·der·thal [nɪ'ændətɑ:l] *s umg scherzh* (Mensch) Zottelbär *m*; **'~ man** *s* Neandertaler *m*

neap [ni:p] **1.** *adj* Niedrigwasser-; **2.** *s* Nippflut *f*; **3.** *vi* (Flut) abnehmen, zurückgehen; **'~ tide** *s* Ebbe *f*, Nippflut *f*, Nipptide *f*

Ne·a·pol·i·tan [nɪə'pɒlɪtən] **1.** *adj* neapolitanisch; **2.** *s* Neapolitaner(in) *m(f)*; **ˌ~ 'ice ˌcream** *s* italienisches Eis, gemischtes Eis *n*, Schichteis *n*

near [nɪə] **1.** *adv* (Ort, Zeit) nahe, nicht weit, nicht fern ⟨far and ~ weit u. breit, überall; as ~ as I can guess soweit ich schätzen kann, nach meiner Schätzung; ~ at hand in der Nähe; *übertr* nahe bevorstehend; to stay ~ in der Nähe bleiben; ~ by ganz in der Nähe⟩ | beinahe, fast ⟨as ~ as makes no difference ohne wesentlichen Unterschied, nahezu; ~ [up]on midnight fast Mitternacht; to come / go ~ to do / doing s.th. etw. beinahe tun⟩ ◇ **nowhere ~ / not anywhere ~** *umg* weit entfernt von ⟨nowhere ~ full längst nicht voll; not anywhere ~ as old as her husband *umg* bei weitem *od* lange nicht so alt wie ihr Mann⟩; **2.** *präp* nahe bei, nicht weit von ⟨to sit ~ to s.o. in der Nähe von jmdm. sitzen⟩; **3.** *adj* (Ort) nahe gelegen, (Zeit) nahe bevorstehend ⟨quite ~ ganz in der Nähe; in the ~ distance nicht weit weg; come ~er! komm näher!; the ~ bank das hiesige Ufer; the ~est way der kürzeste Weg; Xmas is ~ Weihnachten steht bevor; to be ~ tears den Tränen nahe sein, beinahe weinen⟩ | nahestehend, eng ⟨a ~ friend; my ~est and dearest friend mein allerbester Freund; our ~est and dearest unsere engsten Verwandten⟩ | nahe verwandt ⟨a ~ relation ein naher Verwandter⟩ | von unmittelbarem Interesse, akut, brennend ⟨a ~ problem⟩ | genau, wörtlich ⟨a ~ translation⟩ | knapp ⟨a ~ escape ein knappes Entkommen; a ~ thing *umg* eine knappe Sache, etw. gerade noch Gelungenes; a ~ miss *Mil* Sprengpunkt *m* in Zielnähe, Nahkrepierer *m*; *übertr* beinahe ein Erfolg⟩ | geizig (**with** mit) | *Brit* links (gelegen) (*Ant* off) ⟨the ~ side of the road die linke Straßenseite⟩ | nachgemacht, imitiert, Ersatz- ⟨~ beer Dünnbier *n*; ~ leather Kunstleder *n*⟩; **4.** *vt, vi* sich nähern, näherkommen ⟨to be ~ing completion der Vollendung entgegensehen⟩; **near-** *in Zus* fast, beinahe ⟨a ~-perfect performance eine nahezu perfekte Leistung⟩ | eng- ⟨~-related ideas eng beieinanderliegende Vorstellungen⟩ | Beinah- ⟨a ~-war etw., das an Krieg grenzt⟩; **~by** [-'baɪ] *adv, adj* in der Nähe (gelegen), nahe ⟨to detonate ≈; a ≈ shop⟩

Near East [ˌnɪə'ri:st] *s* Naher Osten

near·ly ['nɪəlɪ] *adv* beinahe, fast ⟨I'm ~ ready; ~ one o'clock⟩ | eng, nahe ⟨~ related nahverwandt⟩ ◇ **not ~** bei weitem nicht, nicht annähernd ⟨not ~ so stupid bei weitem nicht so dumm; not ~ enough längst nicht genug⟩

near|side ['nɪəsaɪd] *adj Brit* linke(r, -s) | (Auto, Straße u. ä.)

beifahrer-, linksseitig ⟨≈ wheels⟩; ˌ~'**sight·ed** *adj* kurzsichtig

[1]**neat** [ni:t] *s collect* Rindvieh *n*, Rinder *n/pl*

[2]**neat** [ni:t] *adj* (Person) sauber, exakt, gewandt, ordnungsliebend ⟨a ~ worker⟩ | sorgfältig, exakt ⟨~ work⟩ | sauber, rein, gepflegt ⟨a ~ room⟩ | hübsch, nett ⟨a ~ figure⟩ | einfach und geschmackvoll ⟨a ~ dress⟩ | geschickt ⟨a ~ trick⟩ | (Stil) rein, klar | klug, treffend ⟨a ~ remark⟩ | *umg* (Spirituosen) rein, unvermischt, pur ⟨~ wine; to drink one's whisky ~⟩ | *Wirtsch* Netto- ⟨a ~ profit⟩; ˌ~-'**hand·ed** *adj* geschickt

'**neath** [ni:θ] *präp poet* = **beneath**

neat|herd ['ni:thɜ:d] *s* Kuhhirt *m*; ˌ~ '**hide** *s* Rindshaut *f*; ˌ~ '**leath·er** *s* Rindsleder *n*

neb·bish ['nebɪʃ] *s* (sprichwörtlicher) Pechvogel

neb·u|la ['nebjʊlə] *s* (*pl* **~lae** ['~li:], **~las** ['~ləz]) *Astr* Nebel *m*; **~lar** ['~lə] *adj Astr* Nebel- | nebelartig; '**~liz·er** *s* Zerstäuber *m*; **~los·i·ty** [ˌ~'lɒsətɪ] *s* Nebligkeit *f* | *übertr* Undurchsichtigkeit *f*; Vagheit *f*; '**~lous** *adj* neblig, trüb | *übertr* verschwommen, undurchsichtig, dunkel, vage

ne·ces·sar·i·ly ['nesəsrɪlɪ|-sɪs-|-əsərɪlɪ|ˌnesə'serɪlɪ|-sɪs-] *adv* notwendigerweise; **nec·es·sar·y** ['nesəsrɪ|-sɪs-|-əˌserɪ] **1.** *adj* nötig, notwendig (**for** zu, **to** für) ⟨if ≈ nötigenfalls⟩ | unumgänglich, unvermeidlich, zwangsläufig ⟨a ≈ consequence; a ≈ evil ein notwendiges Übel⟩ | unumstößlich ⟨a ≈ truth⟩; **2.** *s* (*meist pl*) Bedürfnis *n*, Erfordernis *n* ⟨necessaries for the journey Reiseutensilien *f/pl*; necessaries of life Lebensbedürfnisse *n/pl*; strict necessaries unentbehrliche Unterhaltsmittel *n/pl*⟩ | *Wirtsch* Bedarfsartikel *m* | *Jur* notwendiger Unterhalt

ne·ces·si·tar·i·an [nɪˌsesɪ'tɛərɪən] *Phil* **1.** *s* Determinist *m*, Fatalist *m*; **2.** *adj* deterministisch, fatalistisch; **neˌces·si'tar·i·an·ism** *s* Determinismus *m*, Fatalismus *m*

ne·ces·si|tate [nɪ'sesɪteɪt] *förml vt* erfordern, notwendig machen, angebracht sein | zwingen, nötigen; **neˌces·si'ta·tion** *s* Zwang *m*, Nötigung *f*; **~ta·tive** [~tətɪv] *adj* notwendig machend ⟨to be ≈ of s.th. etw. nötig machen⟩; **ne'ces·si·tous** *adj euphem* arm, bedürftig ⟨a ≈ family eine notleidende Familie; to be in ≈ circumstances in ärmlichen Verhältnissen leben⟩ | dringlich, notgedrungen ⟨for the most ≈ reasons für allerdringlichste Gründe⟩; **ne'ces·si·ty** *s* Notwendigkeit *f* ⟨as a/by/of ≈ notwendigerweise⟩ | Unvermeidlichkeit *f*, Zwang *m* ⟨to be under the ≈ of *mit ger* gezwungen sein zu *mit inf*⟩ | Not *f*, Notlage *f* ⟨in case of ≈ im Notfall; ≈ is the mother of invention Not macht erfinderisch; ≈ knows no law Not kennt kein Gebot; to bow to ≈ der Not gehorchen; to make a virtue of ≈ aus der Not eine Tugend machen⟩ | dringendes Bedürfnis *n*, Notwendigkeit *f* ⟨~ties of life grundlegende Lebensbedürfnisse *n/pl*, Lebensnotwendigkeiten *f/pl*, was man zum Leben braucht⟩

neck [nek] **1.** *s* Nacken *m*, Hals *m* ⟨by a ~ *umg* um einen Hals, ganz knapp; round one's ~ um den Hals; to break one's ~ sich den Hals brechen, das Genick brechen; *übertr umg* sich umbringen (on a job bei einer Arbeit); to breathe down s.o.'s ~ *Sl* jmdm. dicht auf den Fersen sein; jmdn. unter der Fuchtel haben; to get it in the ~ *umg* eins mächtig aufs Dach bekommen; to have the ~ to do s.th. *Sl* die Frechheit besitzen, etw. zu tun; to risk one's ~ *übertr* sein Leben aufs Spiel setzen; to save one's ~ dem Galgen entgehen; *übertr* ungeschoren davonkommen; to stick one's ~ out *umg* eine Stange riskieren, den Kopf hinhalten; ~ and crop *übertr* gänzlich, mit Sack und Pack; ~ and ~ *umg* Kopf an Kopf, gleichauf; ~ of the woods *Sl, bes Am* Gegend *f*, Breiten *f/pl*; ~ or nothing aufs Ganze, alles oder nichts; up to one's ~ (in) *umg* bis über den Hals (in)⟩ | *auch* '**~line** (Kleid-) Ausschnitt *m*, Kragen *m* ⟨polo ~⟩ | (Flaschen u. ä.) Hals *m* ⟨~ of a bottle⟩ | (Fleisch) Hals *m*, Kamm *m* ⟨~ of mutton⟩ | *Geol* Landenge *f* ⟨~ of land⟩ | *Tech* Zapfen *m*, Hals *m*; **2.** *vt* (Huhn u. ä.) den Hals umdrehen, töten | *umg* (ab)knutschen; *vi* schmusen; '**~band** *s* (Hemd) Halsbund *m*, Bündchen *n*; '**~cloth** *s arch* Halstuch *n* | Krawatte *f*; **-necked** [nekt] *in Zus* (Kleidung) … ausgeschnitten ⟨V-≈ mit spitzem Ausschnitt; low-≈ mit tiefem Ausschnitt⟩; **~er·chief** ['~ətʃɪf] *s arch* Halstuch *n*; '**~ing** *s Arch* Säulenhals *m* | *Tech* Aushalsen *n* | *Sl* Geknutsche *n*, Abknutschen *n* ⟨a ≈ party eine Party unter jungen Leuten, auf der viel geküßt wird *od* auf der es sehr locker zugeht⟩; **~lace** ['~ləs] *s* Halskette *f*; **~let** ['~lət] *s* (Hals) Kettchen *n*; '**~line** *s* (Kleid) Ausschnitt *m*; '**~tie** (*arch, Am* für **tie**) *s* Krawatte *f*, Schlips *m*; '**~wear** *s collect Wirtsch* Krawatten *f/pl*, Kragen *m/pl*, Halstücher und Schals *pl*

necr[o]- [nekrə(ʊ)] ⟨*griech*⟩ *in Zus* Nekrose-, Toten-, Leichen-

nec·ro|log·ic [ˌnekrə'lɒdʒɪk], ˌ~'**log·i·cal** *adj* nekrologisch; **~logue** ['~lɒg] *s* Nekrolog *m*, Nachruf *m*; **ne·crol·o·gy** [nə'krɒlədʒɪ] *s* Totenliste *f* | *selten* Nekrolog *m*; **~man·cer** ['~mænsə] *s lit* Toten-, Geisterbeschwörer *m*, Nekromant *m*; **~man·cy** ['~mænsɪ] *s lit* Nekromantie *f*, Toten-, Geisterbeschwörung *f*; **~man·tic** [ˌ~'mæntɪk] *adj* nekromantisch; **~phil·i·a** [ˌnekrəʊ'fɪlɪə|-krə-], *auch* **ne·croph·i·lism** [nə'krɒfɪlɪzm] *s* Leichenschändung *f*, Nekrophilie *f*; **~phil·i·ac** [ˌnekrəʊ'fɪlɪək] *s* Leichenschänder(in) *m(f)*; **~pho·bi·a** [ˌ~'fəʊbɪə] *s Med* Nekrophobie *f*; **ne·crop·o·lis** [nɪ'krɒpəlɪs] *s* (*pl* **ne'crop·o·lis·es**) großer Friedhof | *Hist* Nekropolis *f*, Totenstadt *f*

ne·crose [ne'krəʊs] *Med, Bot vi* nekrotisieren, brandig werden; *vt* nekrotisieren, brandig machen; **ne·cro·sis** [~ɪs] *s Med* Nekrose *f* | *Bot* Brand *m*; **ne·crot·ic** [ne'krɒtɪk] *adj* nekrotisch, brandig

nec·tar ['nektə] *s Bot, lit* Nektar *m* | köstliches Getränk; **~e·ous** [nek'tɛərɪəs] *adj Bot* Nektar- | köstlich; '**~ gland** *s Bot* Honigdrüse *f*

nec·ta·rine ['nektəri:n] *s Bot* Nektarine *f* | Nektarinenbaum *m*

nec·ta·ry ['nektərɪ] *s* = **nectar gland**

née [neɪ] *adj* ⟨*frz*⟩ geborene ⟨Mrs Brown, ~ Baker⟩

need [ni:d] **1.** *s* Notwendigkeit *f*, Bedürfnis *n*, Verlangen *n* (**for, of** nach) ⟨if ~ be falls nötig; when/as/if ~ arises wenn *od* falls es erforderlich ist; there's no ~ for es besteht kein Anlaß zu *od* Grund zu; there's a great ~ for s.th. etw. wird dringend gebraucht; there's no ~ for s.o. to do s.th. jmd. braucht etw. nicht zu tun; to be in ~ of s.th. etw. brauchen; to have ~ of *förml* benötigen⟩ | Mangel *m* (**of** an) ⟨~ of water⟩ | Not *f*, Bedrängnis *f* ⟨in case of ~ notfalls⟩ | Armut *f*, Elend *n* ⟨the ~ of the poor; a friend in ~ is a friend indeed *Sprichw* Freunde in der Not gehen tausend auf ein Lot⟩ | *meist pl* Erfordernis *n*, Bedürfnis *n* ⟨to meet the ~s Bedürfnisse decken *od* erfüllen; to satisfy one's ~s jmds. Bedürfnisse befriedigen⟩; **2.** *vt* benötigen, brauchen, nötig haben ⟨he ~s help er braucht Hilfe; it ~s good will es bedarf des guten Willens; it ~s doing es muß getan werden⟩ | brauchen, müssen, verpflichtet sein ⟨does he ~ to know muß er wissen; it ~s to be done es muß getan werden; they ~ to be told es muß ihnen gesagt werden⟩ | verdienen, nötig haben ⟨he ~s a lesson⟩; *va* (*3. Pers sg präs* **~**, *prät* **~**) (*neg und interrog konstr*) brauchen, müssen ⟨I ~ hardly say ich brauche wohl kaum zu sagen; ~ you go? mußt du gehen?⟩ | (*nach inf perf*) mußte(n) ⟨~ it have happened? mußte es passieren?; we ~n't have hurried wir hätten uns nicht beeilen müssen⟩; '**~ful 1.** *adj* notwendig, erforderlich (**for, to** für); **2.** *s* (das) Nötige ⟨to do the ≈ *umg* das nötige Kleingeld beschaffen; tun, was verlangt wird⟩

nee·dle ['ni:dl] **1.** *s* (Näh-, Strick-) Nadel *f* ⟨as sharp as a ~ *übertr* auf Draht, gerissen; ~'s eye Nadelöhr *n*; pins and ~s Einschlafen *n* von Gliedern, Kribbeln *n*; to look for a ~ in a bundle of hay / in a haystack *übertr* eine Nadel in einem Heuhaufen suchen; to thread the ~ *übertr umg* die Sache schaukeln⟩ | *Bot* (Tannen-) Nadel *f* | *Tech* (Magnet- u. ä.) Nadel *f* | *Tech* Zeiger *m* | Kanüle *f*, Injektionsnadel *f* | Obelisk *m* | Anreiz *m*, Ansporn *m*, Animierung *f* ⟨the constant ~ der ständige Ansporn⟩ | sarkastische Bemerkung | (*mit best art*) *Sl* Nervosität *f*, Aufregung *f* ⟨to get / take the ~ hochgehen, einen Wutanfall kriegen; to give s.o. the ~ jmdn. verrückt machen⟩ | (*mit best art*) *Am Sl* Drogen *f/pl*; **2.** *vt* (mit einer Nadel) nähen | durchstechen | *Med* punktieren | *umg* reizen, ärgern, provozieren (**about** mit, wegen, **into** zu); *vi* sich winden (**between, through** durch); **'~ beam** *s Arch* Querbalken *m*; **'~craft** *s* Hand-, Nadelarbeit *f*; **'~ spar** *s Min* Aragonit *m*

need·less ['ni:dləs] *adj* unnötig, überflüssig ⟨~ trouble unnötiger Ärger; ~ to say natürlich, selbstverständlich⟩; **'~ly** *adv* unnötigerweise, umsonst

nee·dle| ther·a·py [ˌni:dl 'θerəpɪ] *s Med* Akupunktur *f*; **'~time** *s Brit Rundf* Schallplattensendung *f*, Plattenmusik *f*; **'~wom·an** *s* (*pl* **~wom·en** ['~wɪmɪn]) Näherin *f*, Schneiderin *f*; **'~work** *s* Hand-, Näharbeit *f*, Näherei *f*

need·n't ['ni:dnt] *kontr umg* für **need not**

needs [ni:dz] *adv arch, scherzh* (*nur vor* od. *nach* **must**) (*vor* **must**) unbedingt, durchaus, notwendigerweise ⟨he ~ must do it er kann nicht umhin, es zu tun; ~ must when the devil drives *Sprichw* Not bricht Eisen⟩ | (*nach* **must**) *iron* genau, gerade, unbedingt ⟨he must ~ go away just when I want his help gerade wenn ich ihn brauche, muß er unbedingt gehen⟩

need·y ['ni:dɪ] *adj* arm, bedürftig ⟨a ~ family; poor and ~; to help the ~ den Armen helfen⟩

ne·far·i·ous [nɪ'fɛərɪəs] *adj* (*förml*) ruchlos, schändlich ⟨a ~ criminal; ~ schemes Ränke *pl*⟩ | ungesetzlich

neg [neg] *Kurzw für* **negative**

ne·gate [nɪ'geɪt] *vt förml* negieren, verneinen, leugnen | (Wirkung u. a.) neutralisieren, ausschalten, verhindern; **ne'ga·tion** *s* Negation *f*, Verneinung *f* (*Ant* affirmation) | Negieren *n*, Leugnen *n* | Nichts *n*; **neg·a·tive** ['negətɪv] **1.** *adj* (Wort, Antwort u. a.) negativ, verneinend ⟨a ≈ answer (*Ant* affirmative)⟩ | abschlägig, ablehnend ⟨a ≈ reply⟩ | negativ, unfruchtbar, ohne positive Werte (*Ant* positive) ⟨≈ criticism zerstörende Kritik; ≈ outlook negative Einstellung; ≈ praise unwirksames Lob; ≈ virtue nicht vorhandene Tugend⟩ | *Med, Chem, Phys, Math, Foto, El* negativ ⟨≈ electricity; ≈ image⟩; **2.** *s* Verneinung *f* (*Ant* affirmative) ⟨in the ≈ verneinend; dagegen⟩ | Veto *n*, Einspruch *m* | abschlägige Antwort | *Ling* Negation *f*, Verneinung *f* | *Foto* Negativ *n*; **3.** *vt* (*meist pass*) *umg* negieren, leugnen, verneinen | ablehnen | widerlegen ⟨to ≈ a theory⟩ | (Effekt) unwirksam machen; **ˌneg·a·tive 'pole** *s El* Kathode *f*; **ˌneg·a·tive 'sign** *s Math* Minuszeichen *n*; **'neg·a·tiv·ism** *s* Negativismus *m*; **'neg·a·tiv·ist 1.** *s* Negativist *m*; **2.** = **ˌneg·a·tiv'is·tic** *adj* negativistisch; **ˌneg·a'tiv·i·ty** *s* negatives Verhalten *n*; **'neg·a·to·ry** *adj förml* verneinend

neg·lect [nɪ'glekt] **1.** *vt* vernachlässigen, (Arbeit) nicht sorgfältig nachgehen (*mit gen*), (Kind u. a.) schlecht behandeln ⟨to ~ one's health; to ~ one's studies; to ~ one's children⟩ | gering einschätzen, mißachten | unterlassen, versäumen, außer acht lassen (*mit ger*, **to** *mit inf* zu *mit inf*) | übersehen, übergehen; **2.** *s* Vernachlässigung *f*, Hintansetzung *f* | Unterlassung *f*, Versäumnis *n* ⟨~ of duty Pflichtversäumnis *n*⟩ | Übergehen *n*, Übersehen *n* | Nachlässigkeit *f* | vernachlässigter Zustand, Verwahrlosung *f* ⟨in unhappy ~ unglücklich und verwahrlost; state of ~ verwahrloster Zustand⟩; **neg'lect·ed** *adj* verwahrlost; **neg'lect·ful** *adj* nachlässig, gleichgültig, sorglos ⟨to be ≈ of nicht achten auf⟩

neg·li·gee ['neglɪʒeɪ] *s* Negligé *n*

neg·li|gence ['neglɪdʒəns] *s* Vernachlässigung *f* | Nachlässigkeit *f* ⟨≈ of dress unordentliche Kleidung⟩ | *Jur* Fahrlässigkeit *f* ⟨an accident due to ≈⟩ | Verwahrlosung *f*; **'~gent** *adj* unachtsam, nachlässig, gleichgültig (**of** gegen) ⟨to be ≈ in one's work nicht ordentlich *od* exakt arbeiten; to be ≈ of vernachlässigen⟩ | *Jur* fahrlässig | lässig, salopp, ungezwungen ⟨to dress with ≈ grace sich salopp, aber schick anziehen⟩

neg·li·gi|bil·i·ty [ˌneglɪdʒə'bɪlətɪ] *s* Geringfügigkeit *f*; **~ble** ['neglɪdʒəbl] *adj* unwichtig, nebensächlich, unwesentlich ⟨≈ error⟩ | geringfügig, unbedeutend ⟨a ≈ quantity⟩

ne·go·ti·a|bil·i·ty [nɪˌgəʊʃɪə'bɪlətɪ] *Wirtsch s* Verkäuflichkeit *f* | Übertragbarkeit *f*; **~ble** [nɪ'gəʊʃəbl] *adj Wirtsch* verkäuflich, veräußerlich | (Scheck u. ä.) übertragbar ⟨≈ instrument begebbares Wertpapier; not ≈ nur zur Verrechnung⟩ | *umg* (Straße, Fluß u. ä.) überwindbar, befahrbar ⟨a ≈ hill ein ersteigbarer Berg⟩ | verhandelbar ⟨a ≈ contract ein Vertrag, über den sich verhandeln läßt; ≈ terms Bedingungen, über die verhandelt werden kann; salary ≈ Gehalt nach Absprache⟩

né·go·tiant [neɪgəʊ'sɪɑ̃|neɪ'gəʊsɪənt] *s* ⟨*frz*⟩ Weinhändler *m*

ne·go·ti|ate [nɪ'gəʊʃɪeɪt|-əʊsɪeɪt] *vi* ver-, unterhandeln (**about, for** um, **with** mit); *vt* vereinbaren, verhandeln über ⟨to ≈ s.th. with s.o.⟩ | (Frieden u. ä.) durch Verhandlungen erreichen ⟨to ≈ peace; to ≈ a loan eine Anleihe erwirken⟩ | *Wirtsch* verkaufen, umsetzen, tätigen ⟨to ≈ a sale einen Verkauf zustande bringen; to ~ a cheque (Bank) einen Scheck bearbeiten⟩ | *umg* überwinden ⟨to ≈ an obstacle ein Hindernis überwinden⟩ | *umg* bewältigen, schaffen ⟨to ≈ a hard piece of music⟩; **neˌgo·ti'a·tion** *s* Ver-, Unterhandlung *f* (**with** mit) ⟨to enter into ≈ Verhandlungen aufnehmen; to be in ≈ with s.o. mit jmdm. in Unter- *od* Verhandlung stehen; to be a matter of ≈ auszuhandeln sein⟩ | *Wirtsch* Begebung *f*, Übertragung *f*, Unterbringung *f* (eines Schecks) | *selten* Überwindung *f*; **ne'go·ti·a·tor** *s* Vermittler *m*, Unterhändler *m*

Ne·gress ['ni:grəs|-ɪs|-es] *s* (unhöflich) Negerin *f*, Farbige *f*; **neg·ri·tude** ['negrɪtju:d] *s* Besonderheiten *f/pl* der Schwarzafrikaner, Negritude *f*, Stolz *m* auf das (schwarz)afrikanische Kulturerbe; **neg·ri'tu·di·nous** *adj* typisch für Schwarzafrika | stolz auf das afrikanische Kulturerbe; **Ne·gro** ['ni:grəʊ] **1.** *s* (*pl* **'~es**) (unhöflich) Neger *m*, Farbiger *m*; **2.** *adj* Neger-, Farbigen- ⟨~ question⟩; **'ne·gro·head** *s* starker Priem | schlechte Gummiqualität; **Ne·groid** ['ni:grɔɪd] *adj* negrid | negroid, negerartig; **ˌNe·gro 'min·strel** *s* Negersänger *m*; **Ne·gro·ness** = **negritude**

ne·gus ['ni:gəs] *s* Glühwein *m*

Nehru ['neɪru:], *auch* **ˌ~ 'jacket, ˌ~ 'coat** *s* lange, schmale Manteljacke mit Stehkragen; **ˌ~ 'suit** *s* Manteljacke *f* und enge Hosen

neigh [neɪ] **1.** *vi* wiehern; **2.** *s* Wiehern *n*, Gewieher *n*

neigh·bour ['neɪbə] **1.** *s* Nachbar *m* ⟨next-door ~ Türnachbar *m*, nebenan Wohnender *m*; ~s at dinner Tischnachbarn *pl*⟩ | *übertr* Mitmensch *m*; **2.** *adj* benachbart, angrenzend, Nachbar- ⟨~ republic⟩; **3.** *vt Am* angrenzen, anstoßen an; *vi* grenzen (**on** an); **'~hood** *s* Nachbarschaft *f* ⟨in the ≈ of in der Nachbarschaft von; in the ≈ of £ 100 *übertr* um die £ 100 herum, etwa £ 100⟩ | Gegend *f*,

Wohnbezirk *m* ⟨a beautiful ≈⟩ | *collect* Nachbarn *m/pl* ⟨the whole ≈ die ganze Nachbarschaft, alle Umwohnenden *m/pl*⟩; **'~ing** [-r-] *adj* benachbart, angrenzend, Nachbar- ⟨≈ city; ≈ village⟩; **'~ly** *adj* (gut)nachbarlich ⟨in a ≈ way⟩ | nachbarschaftlich ⟨a ≈ duty⟩

nei·ther ['naɪðə] **1.** *adj, pron* keine(r, -s) von beiden ⟨~ road keine der (beiden) Straßen; ~ of you keiner von euch⟩; **2.** *adv* (*gefolgt von* **nor**) weder ⟨~ he nor I weder er noch ich⟩; **3.** *conj* (*nach neg. Satz*) auch nicht ⟨"I don't know". "∻ do I." "Ich weiß es nicht." "Ich auch nicht"; if you don't go, ~ shall I wenn Sie nicht gehen, gehe ich auch nicht⟩

nel·lie ['nelɪ] *adj Sl* weibisch

Nel·ly ['nelɪ] *s Brit Sl, nur in:* **not on your ~** *adv* niemals, (da) spielt sich nichts ab

nel·son ['nelsn] *s* (Ringen) Nelson *m*, Nackenheber *m* ⟨full ~ Doppelnelson *m*; half ~ (einfacher) Nelson⟩

nem·a·tode ['nemətəud] *Zool* **1.** *s* Fadenwurm *m*; **2.** *adj* zu den Fadenwürmern gehörend

nem con [ˌnem 'kɒn] *adv* ⟨*lat*⟩ *Jur* einstimmig, ohne Einwände ⟨the resolution was carried ~ die Entschließung wurde einstimmig *od* ohne Gegenstimme(n) angenommen⟩

nem·e·sis ['neməsɪs] *s förml* gerechte Strafe, verdientes Schicksal; ∻ Nemesis *f*, Göttin *f* der Vergeltung

ne·o- [ni:ə(ʊ)] ⟨*lat*⟩ *in Zus* neo-, neu-, jung- (*z. B.* **neoconservative, neonationalism**)

ne·o·clas·sic·al [ˌni:əʊ'klæsɪkl] *adj Kunst, Mus, Lit* neoklassisch, klassizistisch

ne·o·co·lo·ni·al·ism [ˌni:əʊkə'ləʊnɪəlɪzm] *s* Neokolonialismus *m*

Ne·o-|Goth·ic [ˌni:əʊ 'gɒθɪk] *adj* neugotisch; **~Greek** [ˌ~'gri:k] **1.** *adj* neugriechisch; **2.** *s* Neugriechisch *n*

ne·o·lith·ic [ni:ə'lɪθɪk] *adj Geol* neolithisch, jungsteinzeitlich ⟨~ period Neolithikum *n*⟩

ne·ol·o|gism [ni:'ɒlədʒɪzm] *Ling s* Neologismus *m*, Wortneuschöpfung *f*, Neuwort *n*; **~gize** [~dʒaɪz] *vt* neue Wörter bilden; **~gy** [~dʒɪ] *s* Neologie *f*, Wortneubildung *f*

ne·on ['ni:ɒn] *s* Neon *n*

ne·o·nate ['ni:əneɪt] *s Med* Neugeborenes *n*

ne·on| lamp ['ni:ɒn læmp] *s* Neonlampe *f*; **'~ light** *s* Neonlicht *n*; **'~ sign** *s* Leuchtreklame *f*; **'~ tube** *s* Neonröhre *f*

ne·o·phyte ['ni:əfaɪt] *s* Neophyt(in) *m(f)*, Neubekehrte(r) *f(m)* | *Rel* Novize *m* | *übertr* Neuling *m*, Anfänger *m*

neo·plasm ['ni:əʊplæzm] *s* Neoplasma *n*, Gewächs *n*

ne·o·ter·ic [ˌni:əʊ'terɪk] **1.** *adj* neoterisch, neuzeitlich; **2.** *s* Gegenwartsschriftsteller *m*

Ne·o·zo·ic [ˌni:ə'zəʊɪk] *Geol* **1.** *adj* neozoisch; **2.** *s* Neozoikum *n*, Neuzeit *f*

Nep·al [nɪ'pɔ:l] *s Geogr* Nepal *n*; **~a·lese** [ˌnepɔ:'li:z] **1.** *s* Nepalese *m*, Nepalesin *f*; **2.** *adj* nepalesisch

neph·ew ['nevju:|-f-] *s* Neffe *m*

nepho- [nefə(ʊ)] ⟨*griech*⟩ *in Zus* Wolken-

neph·o·log·i·cal [ˌnefə'lɒdʒɪkl] *adj* wolkenkundlich; **ne·phol·o·gy** [nɪ'fɒlədʒɪ] *s* Wolkenkunde *f*

nephr- [nefr] = **nephro-**

ne·phral·gi·a [nɪ'frældʒɪə] *s Med* Nephralgie *f*, Nierenschmerz *m*; **neph·ric** ['nefrɪk] *adj Med* Nieren-; **ne·phrit·ic** [nɪ'frɪtɪk] *Med* **1.** *adj* Nieren-; **2.** *s* Nephritiker(in) *m(f)*; **ne·phri·tis** [nɪ'fraɪtɪs] *s Med* Nephritis *f*, Nierenentzündung *f*

nephro- [nefrə(ʊ)] ⟨*griech*⟩ *in Zus* Nieren-

neph·ro·lith ['nefrəlɪθ] *s Med* Nierenstein *m*; **ne·phrol·o·gist** [nɪ'frɒlədʒɪst] *s Med* Urologe *m*; **ne'phrol·o·gy** *s Med* Nephrologie *f*, Nierenkunde *f*

ne plus ul|tra [ˌni: plʌs 'ʌltrə] *s* (*pl* **~tras**) ⟨*lat*⟩ *lit* Höhepunkt *m*, Nonplusultra *n* ⟨the ≈ of jazz⟩ | höchster Grad, Spitze *f*, Gipfel *m*, Letztes *n*, Größtes ⟨the ≈ of humiliation die schwerste Demütigung⟩

nep·o·tal ['nepətl], **ne·pot·ic** [nɪ'pɒtɪk] *adj* Vettern-; **nep·o·tism** ['nepətɪzm] *s* Nepotismus *m*, Vetternwirtschaft *f*

Nep·tune ['neptju:n] *s Astr* Neptun *m*

nep·tu·ni·um [nep'tju:nɪəm] *s Chem* Neptunium *n*

nerd [nɜ:d] *s Am, Kan Sl* Tölpel *m*, Dussel *m*, Schafskopf *m*

Ne·re·id ['nɪərɪɪd] *s Myth* Nereide *f*, Wasserjungfrau *f*

ne·ri·um ['nɪərɪəm] *s Bot* Oleander *m*

nerv|al ['nɜ:vl] *adj* Nerven-; **~a·ture** ['~ətʃə] *s* Anordnung *f* der Nerven | *Bot* Äderung *f*

nerve [nɜ:v] **1.** *s* Nerv(enfaser) *m(f)* | (*meist pl*) *übertr* leichte Erregbarkeit, Nervosität *f* ⟨to suffer from ~s schwache Nerven haben; to get on s.o.'s ~s jmdm. auf die Nerven gehen; bag of ~s *umg* Nervenbündel *n*; war of ~s Nervenkrieg *m*⟩ | *übertr* Nerven *pl*, Mut *m*, Selbstbeherrschung *f* ⟨~s of iron eiserne Nerven *pl*; my ~s will crack ich halte das nicht mehr aus; plenty of ~ eine Menge *f* Mut; to have the ~ to *mit inf* den Mut haben, zu *mit inf*; to lose (regain) one's ~s die Ruhe verlieren (wiedergewinnen)⟩ | *übertr* empfindliche Stelle, heikles Thema, *bes in*: **hit / touch a ~** einen wunden Punkt berühren | *umg verächtl* Frechheit *f* ⟨to have a ~ to *mit inf* sich nichts daraus machen zu *mit inf*; to have the ~ to *mit inf* die Frechheit besitzen zu *mit inf*; what a ~! so eine Frechheit!⟩ | *Bot* (Blatt-) Ader *f* | *Arch* Rippe *f* | *arch* Sehne *f*, *nur noch übertr in:* **strain every ~** seine ganze Kraft zusammennehmen; **2.** *vt* (sich *od* jmdm.) Mut zusprechen, seelisch und geistig vorbereiten ⟨to ~ o.s. for battle sich Mut für den Kampf machen⟩; **'~ ˌa·gent** *s Mil* Nervenkampfstoff *m*; **'~ cell** *s Anat* Nervenzelle *f*; **'~ ˌcen·tre** *s Anat, auch übertr* Nervenzentrum *n*; **'~ cord** *s Anat* Nervenstrang *m*; **nerved** *adj* -nervig | *Bot* gerippt | *Zool* geädert; **'~ ˌfi·bre** *s* Nervenfaser *f*; **'~ gas** *s* Nervengas *n*; **'~less** *adj* schwach, kraftlos | *Bot* ohne Rippen; **'~-ˌrack·ing,** *auch* **'~-ˌwrack·ing** *adj umg* nervenaufreibend; **ner·vos·i·ty** [nɜ:'vɒsətɪ] *s Zool, Bot* Äderung *f*; **'nerv·ous** *adj* Nerven-, nervös | nervös, gereizt ⟨to be ≈ about s.th.; to make s.o. ≈⟩ | *Brit* furchtsam (**of** vor) ⟨a ≈ child⟩ | *arch* kräftig, markig ⟨≈ energy; a ≈ style⟩; **ˌnerv·ous 'break·down** *s* Nervenzusammenbruch *m*; **ˌnerv·ous 'sys·tem** *s* Nervensystem *n*; **'nerv·y** *adj Brit umg* nervös, ängstlich | *Am Sl* frech, dreist, unverschämt ⟨a ≈ answer⟩ | *umg* nervenaufreibend

nes·ci|ence ['nesɪəns] *förml s* Unwissenheit *f*; **'~ent** *adj* unwissend

ness [nes] *s* (meist in Ortsnamen) Vorgebirge *n*

-ness [nəs] *suff zur Bildung von s aus adj mit der Bedeutung:* Zustand, Charakter, Grad (*z. B.* **good~, great~, sick~**)

nest [nest] **1.** *s* (Vogel- u. ä.) Nest *n* ⟨a wasp's ~ ein Wespennest; to feather one's ~ sein Schäfchen ins trockene bringen, sich bereichern; to foul one's own ~ sein eigenes Nest beschmutzen⟩ | Nestinhalt *m*, Brut *f* ⟨to take a ~ ein Nest ausnehmen⟩ | *übertr* Nest *n*, bequemes Lager ⟨a ~ of cushions ein Nest aus Kissen⟩ | *übertr* Brutstätte *f*, Schlupfwinkel *m* ⟨~ of crime Verbrechernest *n*; ~ of vice Lasterhöhle *f*⟩ | geschützte Stellung, Position, *bes* **ma'chine-gun ~** Maschinengewehrnest *n* | Satz *m*, Serie *f*, Reihe *f* (ineinanderpassender Gegenstände) ⟨a ~ of tables⟩; **2.** *vi* nisten (**in** in) | Vogelnester ausnehmen ⟨to go ~ing⟩; *vt* in ein Nest legen | (Äsche, Töpfe u. ä.) ineinandersetzen ⟨~ed cooking pots (Satz *m*) ineinanderpassende(r) Kochtöpfe *pl*⟩; **'~ egg** *s lit* Nestei *n* | Notgroschen *m* ⟨to have a little ≈ sich ein Sümmchen gespart haben⟩; **'~ing** *s Brit* Vogeleiersuchen *n, bes in*: **go ~ing** Vogelnester ausnehmen | *Ling* Einnistung *f*, Einschachtelung *f*

nes·tle ['nesl] *vi, auch* ~ **down** es sich bequem machen ⟨to ~ down in bed sich ins Bett kuscheln⟩ | *meist* ~ **up** sich anschmiegen (**to, against** an) | *übertr* sich anlehnen, sich einfügen ⟨villages ~d among the mountains zwischen Bergen eingebettete Dörfer⟩ | sich einnisten; *vt* (Kopf) legen, drücken (**against, on, to** an); '**nest·ling** *s* Nestling *m* | *übertr* Nesthäkchen *n*

Nes·tor ['nestə] *s lit* Nestor *m*, (weiser) Ratgeber

[1]**net** [net] **1.** *s* Netz *n* ⟨fishing ~ Fischernetz *n*; tennis ~ Tennisnetz *n*⟩ | (Feuerwehr) Auffangnetz *n* | (*mit best art*) (Straßen-, Leitungs-, Sender-) Netz *n* ⟨radio ~, communication(s) ~ Nachrichtennetz *n*⟩ | *übertr* Netz *n*, Falle *f*, Schlinge *f* ⟨~ of fate⟩ | (Tennis) Netzball *m*; Let *n* | (Kricket) Übungsspiel *n*, Training *n* | (*meist pl*) (Kricket) von Netzen umspannter Übungsplatz; **2.** ('**~ted**, '**~ted**) *vt* (mit einem Netz) fangen ⟨to ~ fish Fische fangen⟩ | mit Netzen abfischen ⟨to ~ a river⟩ | *übertr* einfangen, angeln ⟨to ~ a rich husband⟩ | (Baum, Strauch) mit (Schutz-) Netzen umgeben, bedecken ⟨to ~ fruit trees⟩ | (Tennis) (Ball) ins Netz schlagen; *vi* Netze auswerfen | Filetarbeiten machen; **3.** *adj* Netz- | netzartig | (Kricket) Übungs-, Trainings- ⟨~ practice⟩

[2]**net** [net], *auch* **nett** *Wirtsch* **1.** *adj* netto, Netto-, Rein-, Roh- (*Ant* gross) | *Tech* Nutz- ⟨~ efficiency Nutzleistung *f*⟩; **2.** (**~ted, ~ted**) *vt* (rein) einbringen ⟨to ~ (s.o.) a fat profit / to ~ a fat profit (for s.o.) (jmdm.) einen dicken Gewinn (ein)bringen⟩ | verdienen ⟨he ~ted £ 5⟩; **3.** *s* Nettoeinkommen *n*, Reingewinn *m* ⟨a high ~⟩ | Betrag *m*, Preis *m* ⟨~ 30 days Zahlungsfrist (für gesamte Rechnungssumme) 30 Tage⟩ ◇ **the ~** das Wesentliche, der Kern *m* (einer Sache); ,**~ a'mount** *s Wirtsch* Reinertrag *m*

net|bag ['netbæg] *s* Einkaufsnetz *n*; '**~ball** (Sport) Korbball *m*

neth·er ['neðə] *adj lit, scherzh* niedere(r, -s), untere(r, -s), Unter-, Nieder- ⟨~ lip Unterlippe *f*; the ~ regions / world *Myth* die Unterwelt⟩; ,**~ 'gar·ments** *s/pl scherzh* Hosen *pl*

Neth·er·land|er ['neðələndə] *s* Niederländer(in) *m(f)*; '**~ish** **1.** *adj* niederländisch; **2.** *s* Niederländisch *n*, Holländisch *n* | **Neth·er·lands** *s/pl, mit best art* die Niederlande

neth·er·most ['neðəməʊst] *adj lit* niedrigste(r, -s), unterste(r, -s) ⟨the ~ point⟩

net| in·come [,net 'ɪnkʌm] *s Wirtsch* Nettoeinkommen *n*; ,**~ 'price** *s Wirtsch* Nettopreis *m*; ,**~ 'prof·it** *s Wirtsch* Reingewinn *m*

nett [net] = [2]**net**

net·ted ['netɪd] *adj* netzförmig

net·ting ['netɪŋ] *s* Netzstricken *n* | Netzwerk *n*, Geflecht *n* ⟨wire ~ Drahtgeflecht *n*⟩ | Filetarbeit *f*; '**~ nee·dle** *s* Filetnadel *f*

net·tle ['netl] **1.** *s Bot* Nessel *f* | *übertr* Ärger *m*, Ärgernis *n*, Verärgerung *f* ◇ **grasp the ~** *übertr* ein Übel *od* schwieriges Problem radikal bereinigen, das Übel an der Wurzel packen; **2.** *vt* mit *od* an Nesseln brennen | *übertr* ärgern, reizen, böse machen ⟨to ~ s.o. with jmdn. provozieren durch; to be ~d at sich ärgern, aufgebracht sein über; to look ~d by s.th. wegen etw. verärgert dreinschauen⟩; '**~,grasper** *s übertr* Durchgreifer *m*; '**~ rash** *s Med* Nesselfieber *n*

net weight [,net 'weɪt] *s Wirtsch* Netto-, Reingewicht *n*

net·work ['netwɜːk] **1.** *s* Netzwerk *n*, Geflecht *n* | *übertr* Netz *n* ⟨a ~ of spies ein Spionagenetz *n*⟩ | (Straßen- u. ä.) Netz *n* | *El* Leitungs-, Energie-, Verteilernetz *n* | *Rundf* Sendernetz *n* | Rundfunkgesellschaft *f* ⟨three big American ~s⟩ | *Math* Netzwerk *n*; **2.** *vi, vt Brit Rundf, Ferns* im ganzen Land sehen *od* verbreiten, über das gesamte Sendernetz verbreiten; ,**~ a'nal·y·sis** *s Math* Netzwerkanalyse *f*; ,**~ 'a·nal·ist** *s* Netzwerkanalytiker *m*, '**~ing** *s* Computerverbund *m*

neu|ral ['njʊərl] *adj Anat* neural, Nerven- ⟨≈ fibre Nervenfaser *f*⟩; **~ral·gi·a** [njʊ'rældʒə] *s Med* Neuralgie *f*, Nervenschmerz *m*; **~'ral·gic** *adj Med* neuralgisch

neur|as·the·ni·a [,njʊərəs'θiːnɪə] *s Med* Neurasthenie *f*, Nervenschwäche *f*; **~as·then·ic** [,~əs'θenɪk] **1.** *adj Med* neurasthenisch, nervenschwach; **2.** *s arch* Neurastheniker(in) *m(f)*

neu|rec·to·my [njʊə'rektəmɪ] *Med s* Neurektomie *f*, Nerventfernung *f*; **~rit·ic** [~'rɪtɪk] *adj* neuritisch; **~ri·tis** [~'raɪtɪs] *s* Neuritis *f*, Nervenentzündung *f*

neu·ro- [njʊərə(ʊ)] ⟨*griech*⟩ *in Zus* Nerven-, Neuro- (*z. B.* **neurobiological, neurochemistry, neurolinguist**)

neu|ro·log·i·cal [,njʊərə'lɒdʒɪkl] *adj Med* neurologisch, die Nerven betreffend; **~rol·o·gist** [~'rɒlədʒɪst] *s* Neurologe *m*, Nervenarzt *m*; **~rol·o·gy** [~'rɒlədʒɪ] *s* Neurologie *f*; **~ro·sci·ence** [,~rɒ'saɪəns] *s* Neurowissenschaft *f*; **~ro·sis** [~'rəʊsɪs] (*pl* **~ro·ses** [~'rəʊsiːz]) *s Med* Neurose *f*; **~rot·ic** [~'rɒtɪk] **1.** *adj* (Person) neurotisch, nervenleidend, -krank | neurotisch, Neurosen- ⟨≈ fears neurotische Ängste *f/pl*⟩ | nervös, Nerven- | auf die Nerven wirkend ⟨a ≈ drug⟩; **2.** *s* Neurotiker(in) *m(f)* | Nervenkrankheit *f* | Nervenmittel *n*; ,**~ro·trans'mit·ter** *s Chem* Neurotransmitter *m*

neu·ter ['njuːtə] **1.** *adj Zool, Bot* geschlechtslos | *Ling* sächlich; **2.** *s Zool* kastriertes Tier | *Bot* Blüte *f* ohne Staubgefäße u. Stempel | *Ling* Neutrum *n*, sächliches Hauptwort; **3.** *vt Brit* (Katzen u. a.) kastrieren

neu·tral ['njuːtrl] **1.** *adj* neutral, parteilos, unparteiisch, unbeteiligt ⟨a ~ nation; to remain ~⟩ | *Bot* geschlechtslos | *Zool* nicht fortpflanzungsfähig | unbestimmt, unausgesprochen, farblos ⟨~ colours⟩ | gleichgültig, indifferent (**to** gegenüber) | *Chem* neutral | *Tech, El* neutral, Null- ⟨~ conductor Nulleiter *m*⟩; **2.** *s* Neutrale(r) *f(m)* | neutraler Staat | *Kfz* Leerlauf *m* ⟨to put / slip the car / gears into ~ auf *od* in Leerlauf schalten, den Gang herausnehmen⟩; ,**~ 'gear** *s Tech* Leerlauf *m*; '**~ism** *s Pol* Neutralismus *m*, neutrale Politik; **~ist** **1.** *adj* neutralistisch; **2.** *s* Neutraler *m*; **neu'tral·i·ty** [njuː'trælɪtɪ] *s* Neutralität *f* ⟨armed ≈ bewaffnete Neutralität⟩ | Gleichgültigkeit *f* | *Chem* Neutralität *f*; **~i·za·tion** [,njuːtrəlaɪ'zeɪʃn] *s* Neutralisierung *f*, Aufhebung *f* | *Pol* Neutralitätserklärung *f* | *Chem* Neutralisation *f*; '**~ize** *vt* neutralisieren, aufheben, kompensieren | für neutral erklären | abstumpfen | unschädlich machen | *Chem* neutralisieren; '**~iz·er** *s Chem* Neutralisator *m* | *übertr* (Person) Vermittler *m*; ausgleichendes Moment; ,**~iz·ing trans'form·er** *s El* Ausgleichstransformator *m*; ,**~ 'po·si·tion** *s Tech* Nullstellung *f*, Ruhestellung *f* | *Kfz* Leerlaufstellung *f*

neu|tret·to [njuː'tretəʊ] *s Phys* Neutretto *n*, ungeladenes Elektron; **~tri·no** [~'triːnəʊ] *s Phys* Neutrino *n* ⟨≈ radiation Neutrinostrahlung *f*⟩

neu·tro·dyne ['njuːtrədaɪn] *El* **1.** *s* Neutrodyn *n*; **2.** *vt* neutrodyn schalten; ,**~ ca'pac·i·tor** *s* Entkopplungskondensator *m*; ,**~ re'cep·tion** *Rundf* neutralisierter Empfang, Neutrodynempfang *m*

neu·tron ['njuːtrɒn|-trən] *s Phys* Neutron *n*; '**~ beam** *s* Neutronenstrahl *m*, -bündel *n*; '**~ bomb** *Mil* Neutronenbombe *f*; ,**~ bom'bard·ment** *s* Beschießung *f* mit Neutronen; '**~ burst** *s* Neutronenimpuls *m*; '**~ ,cap·ture** *s* Neutroneneinfang *m*; ,**~ de'cay** *s* Neutronenzerfall *m*

nev·er ['nevə] *adv* nie, niemals ⟨she ~ laughs sie lacht nie; ~ in all my life noch nie im Leben; ~ again nie mehr; it's now or ~ jetzt oder nie; ~ mind! macht nichts!; ~ more nie wieder; ~ do this mach das (ja) nie!⟩ | (*emph* für not) *umg* bestimmt nicht, sicherlich nicht ⟨that will ~ do das klappt ganz bestimmt nicht, das geht nie; I ~ slept ich habe überhaupt nicht geschlafen; he ~ so much as smiled er hat nicht einmal gelächelt; well, I ~! (nein) so was!, nicht möglich!⟩ ◇ **~ ever** *emph* niemals, nimmermehr; **on the ~-~** *umg* auf Raten ⟨to buy s.th. ≈ etw. auf Stottern kaufen⟩; **ˌ~-ˈend·ing** *adj* endlos, unaufhörlich ⟨≈ complaints⟩; **~more** [ˌ~ˈmɔː] *adv* nie wieder, nimmermehr; **~the·less** [ˌ~ðəˈles] *adv, conj* nichtsdestoweniger, trotz(dem), dennoch

new [nju:] **1.** *adj* neu, unbekannt ⟨a ~ idea; a ~ method⟩ | neu, noch nicht erforscht, noch nicht gesehen ⟨a ~ star⟩ | neu(wertig) ⟨~ clothes; ~ furniture⟩ | neu erschienen ⟨a ~ book; a ~ novel⟩ | frisch ⟨~ bread; ~ potatoes neue Kartoffeln *f/pl*⟩ | neu (angekommen), frisch (**from** von) | ungewohnt, nicht vertraut (**to s.o.** jmdm.) | ungeübt (**to s.th.** in e-r Sache) | modern ⟨the ~ woman die Frau von heute⟩ **2.** *s* Neuheit *f*; **new-** *in Zus* neu-, frisch-; **ˌ~ˈborn** *adj* neugeboren (*auch übertr*); **ˌ~ ˈbuild·ing** *s* Neubau *m*; **ˌ~ˈbuilt** *adj* neu gebaut; **ˈ~com·er** *s* Neuankömmling *m* | *übertr* Neuling *m*; **ˌ≈ ˈDeal** *s* (*mit best art*) *Am Pol* New Deal *m* | *übertr* **ˌ~ ˈdeal** *Pol* Hilfs-, Sonderprogramm *n* (**for** für); **ˌ~-ˈdye** *vt* (Stoff) auffärben

new·el [ˈnju:l] *s Tech* Spindel *f* (einer Wendeltreppe, Gußform u. ä.) | *auch* **ˈ~ post** Endpfosten *m* (eines Geländers), Antrittspfosten *m*, Austrittspfosten *m*

new|fan·gled [ˌnju:ˈfæŋgld] *adj verächtl, scherzh* neumodisch ⟨≈ ideas⟩; **≈found·land** [~ˈfaundlənd] *s Zool* Neufundländer *m*; **ˈ~-laid** *adj* (Ei) frisch (gelegt); **ˌ≈ ˈLeft** *s Brit Pol* Neue Linke; **ˈ~ly** *adv* neulich, kürzlich, frisch ⟨a ≈-married couple ein neuvermähltes Paar⟩ | neu, neuartig ⟨≈ expressed in neuen Worten⟩; **ˈ~ly weds** *s/pl* neuvermähltes Paar *n*; **ˌ~ ˈmoon** *s* Neumond *m*; **ˈ~ ˌpenny,** *auch* **ˈ~ pence** (*sg konstr*) *s* (*pl* **ˈ~ pence**) *Brit* neuer Penny ⟨one ~ penny/pence⟩; **ˌ≈ ˈRight** *s Pol* Neue Rechte

news [nju:z] *s/pl* (*sg konstr*) Nachricht *f*, Neuigkeit(en) *f(pl)* ⟨an interesting piece of ~ eine interessante Neuigkeit; no ~ is good ~ *Sprichw* keine Nachricht ist gute Nachricht; that's ~ to me das ist mir neu; what's the ~? was gibt's Neues?; to break the ~ to s.o. *umg* jmdm. etwas beibringen; es jmdm. als erster mitteilen; to have no ~ from s.o. von jmdm. keine Nachricht haben⟩ | Zeitungsnachricht *f* | *Rundf, Ferns* Nachrichten *f/pl* ⟨the latest ~ die neuesten Meldungen *f/pl*; to be in the ~ in der Zeitung stehen, von sich reden machen⟩; **ˈ~ ˌa·gen·cy** *s* Nachrichtenagentur *f*; **ˈ~ ˌa·gent** *s Brit* Zeitungshändler *m* ⟨local ≈ nächstgelegene Zeitungsverkaufsstelle⟩ | Pressevertreter *m*; **ˈ~boy** *s* Zeitungsjunge *m*; **ˈ~cast** *s Rundf, Ferns* Nachrichten *f/pl*; **ˈ~cast·er** *s Rundf, Ferns* Nachrichtensprecher *m*; **ˈ~ ˌcin·e·ma** *s* Wochenschaukino *n*; **ˈ~ ˌcon·fer·ence** *s* Pressekonferenz *f*; **ˈ~ ˌdeal·er** *s Am* Zeitungshändler *m*; **ˈ~ ˌed·i·tor** *s* Nachrichtenredakteur(in) *m(f)*; **ˈ~ˌlet·ter** *s* Informationsblatt *n*; **ˈ~ˌmak·er** *s Am* nachrichtenwürdige Person *od* Sache; **ˈ~ ˌme·di·a** *s/pl* Nachrichtenmedien *n/pl*; **ˈ~ˌmong·er** *s verächtl* Klatschmaul *n* | Klatschspaltenschreiber(in) *m(f)*; **~pa·per** [ˈnju:sˌpeɪpə] *s* Zeitung *f* | Zeitungsverlag *m* | Zeitungspapier *n* ⟨a piece of ≈⟩; **ˈ~pa·per·man** [-mæn] *s* (*pl* **ˈ~pa·per·men** [-men]) Journalist *m* | Zeitungsverkäufer *m*; **ˈ~pa·perˌwo·man** *s* (*pl* **ˈ~pa·perˌwom·en**) Journalistin *f*; **ˈ~per·son** *s* Nachrichtenmann *m*, -frau *f*, Reporter(in), Sprecher(in); **ˈ~print** *s* Zeitungspapier *n*; **ˈ~ˌread·er** *s Brit Rundf, Ferns* Nachrichtensprecher(in) *m(f)*; **ˈ~reel** *s Film* Wochenschau *f*; **ˈ~room** *s Rundf, Ferns* Nachrichtenraum *m* | Zeitschriftenlesesaal *m*; **ˈ~ ˌserv·ice** *s* Nachrichtendienst *m*; **ˈ~sheet** *s* kleine Zeitung, (Informations-) Blatt *n*; **ˈ~ stall** *s Brit* Zeitungskiosk *m*; **ˈ~stand** *s urspr Am* Zeitungsstand *m*; **ˈ~ˌven·dor** *s* Zeitungsverkäufer *m*; **ˈ~ˌwor·thy** *adj* berichtenswert, aktuell; **ˈ~y** *umg* **1.** *s Am* Zeitungsjunge *m*; **2.** *adj* voller Neuigkeiten ⟨a ≈ letter⟩

newt [nju:t] *s Zool* Wassermolch *m*

New Tes·ta·ment [ˌnju: ˈtestəmənt] *s bibl* Neues Testament

new|ton [ˈnju:tən] *s Phys* Newton *n* (Einheit der Kraft); **≈to·ni·an** [nju:ˈtəunɪən] **1.** *adj* Newton(i)sch ⟨≈ mechanics Newtonsche *od* klassische Mechanik⟩; **2.** *s* Anhänger *m* Newtons

new town [ˌnju: ˈtaun] *s* Satellitenstadt *f*

New| World [ˈnju: ˈwɜ:ld] *s* die Neue Welt; **ˌ~ ˈYear** *s* Neujahr *n* ⟨Happy ≈! Glückliches Neues Jahr!⟩ | *Brit* Jahresanfang *m* ⟨after the ≈ mit Jahresanfang⟩; **ˌ~-ˈYear** *adj* Neujahrs- ⟨≈ party⟩; **ˌ~ Year's ˈDay** *s* Neujahr *n*; **ˌ~ Year's ˈEve** *s* Silvester *n*

New York [nju: ˈjɔ:k] *s* New York

New Zea·land [nju: ˈzi:lənd] **1.** *attr, adj* neuseeländisch **2.** *s* Neuseeland; **~er** *s* Neuseeländer(in) *m(f)*

next [nekst] **1.** *adj* (Zeit, Ort, Reihenfolge) nächste(r, -s) ⟨[the] ~ day am folgenden Tag; the ~ house to ours das nächste Haus nach unserem; the ~ right turn die nächste Abbiegung rechts; ~ spring im nächsten Frühling; ~ time das nächste Mal, in Zukunft; ~ to / after gleich nach; the ~ best [thing] das Nächste, das Nächstbeste; who's ~? wer ist der Nächste?⟩; **2.** *adv* dann, darauf | nächstens, bei nächster Gelegenheit, das nächste Mal ⟨what to do ~? was ist dann zu tun?; when I ~ saw her ... als ich sie das nächste Mal sah ...; to come ~ folgen; what comes ~? was dann?, wie weiter?⟩ | (Überraschung) nun, jetzt ⟨what will he be saying ~? was wird er nun sagen?; what ~? was nun noch?⟩; **3.** *präp, meist in:* **~ to** (zu)nächst, neben ⟨to sit ~ to s.o. neben jmdm. sitzen⟩; **4.** *s* Nächste(r, -s) *f(m, n)* ⟨~, please! der Nächste, bitte!; the ~ to come der Nächste⟩; **~door** [ˌneksˈdɔ:] *adj* Nachbar- ⟨our ≈ neighbour⟩; **ˌ~ˈdoor** *adv* nebenan, im nächsten Zimmer *od* Haus ⟨the neighbours ≈ die Leute nebenan; to be ≈ to grenzen an (*auch übertr*)⟩; **ˈ~ of ˈkin** *s* (*sg od pl konstr*) nächste(r) Verwandte(r) *f(m)*, nächste Angehörige *pl*; **ˈ~ to** *adv* fast, nahezu ⟨~ to impossible fast nichts; ~ to nothing praktisch gar nichts⟩

nex|us [ˈneksəs] (*pl* **~us** [ˈ~us]) Nexus *m*, Zusammenhang *m*

NHS [ˌeneɪtʃˈes] *Abk* von *Brit* **National Health Service** ⟨on the ~ auf Krankenkasse⟩

Ni [ˌen ˈaɪ] *s Chem* Nickel *n*

ni·a·cin [ˈnaɪəsɪn] *s Chem* Niacin *n*, Nikotinsäure *f*

nib [nɪb] **1.** *s* Federspitze *f* | Schreibfeder *f* | (Vogel-) Schnabel *m*; **2.** (**nibbed, nibbed**) *vt* (Feder) einsetzen

nib·ble [ˈnɪbl] **1.** *vt* be-, annagen, anknabbern, anbeißen | hineinnagen, hineinfressen, knabbern in ⟨to ~ a hole into s.th.⟩; **~ away/off** abnagen | *übertr* (Geld u. ä.) nach und nach aufbrauchen; *vi, auch* **~ away** nagen, knabbern (*auch übertr*) (**at** an) ⟨to ~ at one's food im Essen herumstochern; to ~ (away) at the money das Geld allmählich verschlingen⟩ | (fast) anbeißen (**at** an, bei) (*auch übertr*) | *übertr* kritisieren (**at s.th.** an etw.); **2.** *s* Nagen *n*, Knabbern *n* | (vorsichtiges) Anbeißen | kleiner Bissen

nib·lick [ˈnɪblɪk] *s selten* (eisener) Golfschläger

nibs [nɪbz] *s* (*sg konstr*) *in:* **his ~** *Sl scherzh* seine Herrschaft, der hohe Herr ⟨~ drinks champagne Hoheit trinken Champagner⟩

Nic·a·ra|gua [ˌnɪkəˈrægwə|-ˈrɑ:-] *s* Nikaragua; **~guan** **1.** *adj* nikaraguanisch; **2.** *s* Nikaraguaner(in) *m(f)*

nice [naɪs] **1.** *adj* schön, angenehm (*Ant* nasty) ⟨a ~ day; ~ weather; ~ to the taste angenehm schmeckend; a ~ piece of work ein schönes Stück Arbeit⟩ | freundlich, nett ⟨how ~ of you; to be ~ to s.o. freundlich sein zu jmdm.⟩ | fein, scharf, genau ⟨a ~ distinction ein feiner Unterschied; a ~ ear ein scharfes Ohr; a ~ judgement ein kritisches Urteil⟩ | heikel, wählerisch ⟨~ in one's dress mit seiner Kleidung wählerisch; a ~ accent ein vornehmer Akzent⟩ | schwierig, heikel, delikat ⟨a ~ point of law eine komplizierte Rechtsfrage⟩ | (*meist neg*) ehrlich, anständig ⟨not so ~ in one's methods unehrlich in seinen Methoden⟩ | *umg* hübsch, nett ⟨a ~ little girl; ~ folks⟩ | *umg iron* fein, schön ⟨a ~ mess eine schöne Bescherung⟩; **2.** *adv* angenehm, schön | *umg* ausgezeichnet ⟨that will do ~ das paßt blendend; she's doing ~ sie macht sich; es geht ihr gut *od* besser⟩ | *umg iron* schön ⟨I was done ~ ich wurde schön reingelegt⟩ ◇ ~ **and** *vor adj, adv* schön, angenehm ⟨≈ hot schön heiß; ≈ cool angenehm kühl⟩; **'~ly** *adv* gut, schön, trefflich ⟨≈ produced gut gearbeitet; he is doing ≈ es geht ihm bestens⟩ | exakt, genau, treffend ⟨expressed ≈ fein gesagt⟩; **ni·ce·ty** ['naɪsətɪ] *s* Reinheit *f*, Schärfe *f*, Genauig-, Sorgfältigkeit *f* ⟨≈ of judgment Schärfe *f* des Urteils; a point of great ≈ eine Sache, die sorgfältiger Überlegung bedarf⟩ | (*oft pl*) feiner Unterschied *m* ⟨not to stand upon niceties es nicht so genau nehmen; to a ≈ haargenau⟩ | wählerisches Wesen | *meist* **ni·ce·ties** ['naɪsətɪz] *pl* Annehmlichkeiten *f/pl* ⟨the ~ of life⟩

niche [nɪtʃ|ni:ʃ] **1.** *s Arch* Nische *f* | *übertr* passender Platz, geeigneter Ort ⟨he found a ~ for himself er hat genau den richtigen Ort gefunden, den er brauchte⟩ | *übertr* Versteck *n* | *übertr umg* Klausel *f*, Vorbehalt *m*; **2.** *vt Arch* eine Nische einbauen | in eine Nische stellen | *übertr* an passender Stelle unterbringen

nick [nɪk] **1.** *s* Einschnitt *m*, Kerbe *f* | Kerbholz *n* | *Tech* Einschnitt *m*, Schlitz *m* | *umg* (rechter) Zeitpunkt ⟨in the ~ of time *übertr* zur rechten Zeit⟩ | *Brit Sl* körperlicher Zustand, Qualität *f* ⟨in good (bad / poor) ~ bei guter (schlechter) Gesundheit; in pretty poor ~ in ziemlich miesem Zustand⟩ | *Brit Sl* Kittchen *n* ⟨in the ~⟩; **2.** *vt* (ein)kerben, (ein)schneiden ⟨to ~ one's chin (Rasur) sich ins Kinn schneiden⟩ | *umg* erwischen ⟨to ~ the train⟩ | erraten ⟨to ~ it⟩ | *Brit umg* mausen, klauen | *Brit Sl* einlochen, schnappen | *Am umg* (jmdn.) über's Ohr hauen ⟨to ~ s.o. (for) $ 10 jmdn. um $ 10 behumsen⟩

Nick [nɪk] *Kurzf* von **Nicholas** ◇ **'Old '~** der Teufel

nick·el ['nɪkl] **1.** *s Chem, Min* Nickel *n* | *Am umg* Fünfcentstück *n* ⟨to have not a ~ to one's name keinen roten Heller besitzen⟩; **2.** *vt* vernickeln; **ˌ~-and-'dime** *Am umg vi* mit sehr wenig Geld auskommen müssen; *vt* (Wirtschaft) nach dem Sparsamkeitsprinzip betreiben | (Person) knapp halten, (jmds.) Mittel beschränken; **'~ic** *adj Chem, Min* nickelhaltig, Nickel-; **'~ize** *vt* vernickeln; **~o·de·on** [ˌnɪkə'ləudɪən] *s Am selten* Tageskino *n*; **'~ous** *adj* nickelhaltig; **ˌ~-'plate** *vt* vernickeln; **ˌ~-'plat·ing** *s* Vernickeln *n*; **ˌ~ 'sil·ver** *s* Neusilber *n*; **ˌ~ 'steel** *s* Nickelstahl *m*

[1]**nick·er** ['nɪkə] *s* Nix *m*, Wassergeist *m*

[2]**nick·er** ['nɪkə] *s* (*pl* ~) *Brit Sl* Pfund *n* ⟨it cost me 100 ~⟩

nick·nack ['nɪknæk] = **knickknack**

nick·name ['nɪkneɪm] **1.** *s* Spitzname *m* | Kosename *m* | *Mil* Deckname *m*; **2.** *vt* mit einem Spitznamen rufen, einen Spitznamen geben

nic·o·tin·a·mid[e] [ˌnɪkə'ti:nəmaɪd|-mɪd] *s Chem* Nikotinamid *n*, Nikotinsäureamid *n*

nic·o|tine ['nɪkəti:n] *s Chem* Nikotin *n*; **'~tine ˌcon·tent** *s* Nikotingehalt *m*; **ˌ~tine 'fit** *s oft scherzh* Rauchergier *f*; **'~tine-stain·ed** *adj* nikotingelb, gelb von Nikotin ⟨≈ fingers⟩; **~tin·i·an** [ˌ~'tɪnɪən], **~tin·ic** [ˌ~'tɪnɪk] *adj* Nikotin-; **'~tin·ism** *s Med* Nikotinismus *m*, Nikotinvergiftung *f*

nic|tate ['nɪkteɪt], **~ti·tate** ['nɪktɪteɪt] *vi förml* blinzeln; **ˌ~ti'ta·tion** *s Med* Blinzelkrampf *m*

nid·[d]er·ing ['nɪdərɪŋ] *arch* **1.** *s* Feigling *m*; **2.** *adj* feige | rücksichtslos

nid·i·fi|cate ['nɪdɪfɪkeɪt] *vi förml* ein Nest bauen, nisten; **ˌ~'ca·tion** *s* Nestbau *m*, Nisten *n*; **ni·dus** ['naɪdəs] *s* (*pl* **ni·di** ['~daɪ]) *Zool, Med* Nest *n* | *übertr* Brutstätte *f*

niece [ni:s] *s* Nichte *f*

niff [nɪf] *Brit umg s* Gestank *m*; **'nif·fy** *adj* stinkig, stinkend ⟨to be ≈ stinken⟩

nif·ty ['nɪftɪ] *umg* **1.** *adj* schick, flott, modern ⟨~ clothes; a ~ blonde, e-e kesse Blondine⟩ | glänzend, prima ⟨a ~ show⟩ | raffiniert ⟨a ~ little machine⟩ | fix, schlagfertig ⟨a ~ answer⟩ | *iron* sauber ⟨a ~ blow⟩; **2.** *s* schlagfertige Antwort

Ni·ge·ri|a [naɪ'dʒɪərɪə] *s* Nigeria; **~an 1.** *adj* nigerianisch; **2.** *s* Nigerianer(in) *m(f)*

nig·gard ['nɪgəd] *verächtl* **1.** *s* Geizhals *m*, Knauser *m* ⟨to be a ~ with geizen mit⟩; **2.** *adj* (Person) geizig, knauserig, knickrig | (Sache) mies, armselig, kümmerlich ⟨a ~ offer⟩; **'~ly** *adj, adv* = **niggard 2.**

nig·ger ['nɪgə] *s vulg, verächtl* Nigger *m*, Neger(in) *m(f)*, Farbige(r) *f(m)* ⟨to work like a ~ wie ein Pferd schuften⟩

nig|gle ['nɪgl] **1.** *vi* die Zeit vertrödeln | *umg* sich unnütz streiten (**over/about** wegen), sich künstlich aufregen | (herum)nörgeln (**over/about s.th.** an etw., **at s.o.** an jmdm.); **2.** *s Brit* Lappalie *f*, unnützer Streitpunkt; **'~gling** ['nɪglɪŋ] *adj* pedantisch, tüftelig ⟨a ≈ job⟩ | nörgelnd ⟨≈ remarks⟩ | dauernd, quälend ⟨≈ doubts⟩

nigh [naɪ] *arch, poet* **1.** *adv* nahe ⟨to draw ~ herannahen; well ~, ~ on, ~ onto, ~ unto nahezu, bald⟩; **2.** *adj* nahe; **3.** *präp in* **~ to** nahe an ⟨~ to death dem Tode nahe⟩

night [naɪt] *s* Nacht *f* ⟨all ~ (long) die ganze Nacht (hindurch); at ~, *lit* by ~ in der Nacht *od* nachts; in/during the ~ während der Nacht; in the dead of ~ mitten in der Nacht; ~ after ~ *umg* jede Nacht; ~ and day *umg* Tag und Nacht, ununterbrochen; to have a good/bad ~ gut *od* schlecht schlafen; to make a ~ of it eine Nacht durchmachen, sich die Nacht um die Ohren schlagen; to pass the ~ die Nacht verbringen; to stay the ~ at übernachten bei *od* in; to turn ~ into day die Nacht zum Tage machen⟩ | Abend *m* ⟨last ~ gestern abend; on Sunday ~ / on the ~ of Sunday Sonntag abend; the ~ before last vorgestern abend; to~ heute abend; to get/have/take a ~ off einen Abend nicht arbeiten, einen Abend frei nehmen *od* machen; to have a ~ out am Abend ausgehen, sich abends vergnügen⟩ | *Theat, Film* Abend(veranstaltung) *m(f)* ⟨the first ~ die Premiere; our cinema ~ der Abend, an dem wir (immer) ins Kino gehen⟩ | *übertr lit* Nacht *f*, Dunkel *n*, Finsternis *f* ⟨through the ~ of doubt and sorrow durch finsterste Zweifel und düstere Sorgen⟩; **'~ bell** *s* Nachtglocke *f*; **'~ bird** *s Zool* Nachtvogel *m* | *übertr* Nachtschwärmer *m*; **'~-blind** *adj Med* nachtblind; **'~cap** *s* Schlafmütze *f* | *übertr* Schlummertrunk *m* | letzte Nummer einer Sportveranstaltung; **'~clothes** *s* Nachtwäsche *f*; **'~club** *s* Nachtklub *m*, -lokal *n*; **'~ ˌcur·rent** *s El* Nachtstrom *m*; **'~ deˌpos·i·to·ry** *s* Nachttresor *m*; **'~dress** *s* (Frauen-, Kinder-) Nachthemd *n*; **'~fall** *s* Dämmerung *f* ⟨at ≈/by ≈ beim Dunkelwerden *od* in der Dämmerung⟩; **'~ fight·er** *s Flugw* Nachtjäger *m*; **'~gown** *s* (Frauen-) Nachthemd *n*; **'~hawk** *s umg* Nachtschwärmer *m*; **~ie** ['~ɪ] *s umg* (Damen-) Nachthemd(chen) *n(n)*

night·in·gale ['naɪtɪŋgeɪl] *s Zool* Nachtigall *f*

night|jar ['naɪtdʒɑ:] *s Zool* Ziegenmelker *m*; **'~life** *s* Nachtleben *n*; **'~light** *s* Nachtkerze *f*, -lampe *f*; **'~line** *s* Nacht-, Grundangel *f*; **'~load** *s El* Nachtbelastung *f*; **'~long** *adj, adv* die ganze Nacht dauernd ⟨a ≈ festivity; to work ≈⟩; **'~ly 1.** *adj* nächtlich, Nacht- ⟨≈ performance Nachtvorstellung *f*⟩; **2.** *adv* nächtlich, jede Nacht, jeden Abend

⟨twice ≈ jeden Abend zweimal⟩ | nachts; '~ **mail** *s* Nachtpost *f*

night|mare ['naɪtmɛə] *s Med* Alpdrücken *n*, böser Traum | *übertr* Angstgefühl *n* | schreckliches Erlebnis; '**~mar·ish** *adj* alpdruckartig, beängstigend

night| owl ['naɪtaʊl] *s Zool* Nachteule *f* | *übertr* Nachtschwärmer *m*; '~ **por·ter** *s* Nachtportier *m*; **nights** *adv Am* nächtelang, jede Nacht ⟨to lie awake ≈ nachts immer wach liegen⟩; '~ **safe** *s* Nachtsafe *m*; '~ **school** *s* Abendschule *f*; '~ **serv·ice** *s* Nachtdienst *m*; '**~shade** *s Bot* Nachtschatten *m*; '**~shift** *s* (Arbeitszeit, Arbeiter) Nachtschicht *f*; '**~shirt** *s* (Männer-) Nachthemd *n*; '**~side** *s Astr* erdabgewandte Seite (eines Monds *od* Planeten); '**~-sight** *s Mil* (Gewehr) Nachtfernrohr *n*; '~ **soil** *s euphem* Abtrittsdünger *m*; '**~ˌstick** *s Am* Schlagstock *m*; '~ **stop** *s Flugw* Zwischenlandung *f* (bei Nacht); '**~-stop** *vi Flugw* (bei Nacht) zwischenlanden; '~ **sweat** *s Med* Nachtschweiß *m*; '**~time** *s* Nacht(zeit) *f(f)* ⟨in the ≈ nachts⟩; '**~town** *s* Nachtszene *f* ⟨Manhattan ≈ Manhattan bei Nacht⟩; '**~ˌview·er** *s Mil* Nachtsichtgerät *n*; '**~ˌwalk·er** *s* Nachtwandler *m*, -schwärmer *m* | Straßendirne *f*; '**~ˌwalk·ing** *s Med* Schlafwandeln *n*; **~ward** ['~wəd] *adj* nächtlich, abendlich; ˌ~ '**watch** *s* Nachtwache *f* | Nachtwächter *m*; ˌ~ '**watch·man** *s* (*pl* ˌ~ '**watch·men**) Nachtwächter *m*, -pförtner *m* | (Kricket) vor Spielende eingesetzter zweitrangiger Schlagmann; '**~wear** *s* Nachtzeug *n*, -kleidung *f*; '**~work** *s* Nachtarbeit *f*; '**~y** = **~ie**

nig·ri|fi·ca·tion [ˌnɪgrɪfɪ'keɪʃn] *förml s* Schwärzen *n*; **~fy** ['~faɪ] *vt* schwärzen, schwarz machen; **~tude** ['~tju:d] *s* Schwärze *f*; **ni·grous** ['naɪgrəs] *adj* schwarz

ni·hil|ism ['naɪhɪlɪzm|'naɪ-] *s* Nihilismus *m*; '**~ist 1.** *s* Nihilist *m*; **2.** = ˌ**~'is·tic** *adj* nihilistisch

-nik [nɪk] ⟨*russ*⟩ *oft verächtl suff zur Bildung von s aus s, adj, v* jmd., der durch etw. charakterisiert ist (*z. B.* **beatnik, refusenik, no-goodnik**)

nil [nɪl] *s* Null *f*, Nichts *n*, null ⟨his response was ~ seine Reaktion war gleich null⟩ | *Brit* (Sport) Null ⟨3-0, three [goals] [to] ~ drei zu null, 3:0⟩; '~ **norm** *s Brit* Lohn- und Preisbeschränkung *f*

Ni·lot·ic [naɪ'lɒtɪk] *adj Geogr* Nil-

nim·ble ['nɪmbl] *adj* schnell, flink, hurtig ⟨a ~ runner; as ~ as a goat schnell wie ein Reh⟩ | *übertr* geistig beweglich ⟨~ mind rasche Auffassungsgabe⟩; '**~-foot·ed**, '**~-limbed** *adj* leicht-, schnellfüßig; '**~-wit·ted** *adj* schlagfertig

nim|bus ['nɪmbəs] *s* (*pl* **~bi** ['~baɪ], **~bus·es** ['-ɪz]) Nimbus *m*, Heiligenschein *m* | *übertr* Nimbus *m*, Ansehen *n*, (Ruhmes-) Glanz *m*, Geltung *f* | *auch* '**~bus cloud** *s Met* Nimbus *m*, Regen-, Sturmwolke *f*

nim·i·ny-pim·i·ny [ˌnɪmɪnɪ 'pɪmɪnɪ] *adj* geziert, affektiert | zimperlich

Nim·rod ['nɪmrɒd] *s übertr* großer Jäger

nin·com·poop ['nɪŋkəmpu:p] *s umg* Einfaltspinsel *m*, Trottel *m*

nine [naɪn] **1.** *adj* neun ⟨~ times out of ten *umg* meistens; to have ~ lives ein zähes Leben haben⟩; **2.** *s* (Ziffer, Spielkarte) Neun *f* ⟨the ~ of hearts die Herzneun⟩ | (*meist sg*) (Golf) halbes Spiel, 9 von 18 Löchern ⟨the front (back) ~ die ersten (letzten) 9 Löcher⟩ | (Sport) Baseballneun *f*; -mannschaft *f* | ≗ (*mit best art*) neun Musen *f/pl*; ˌ~ **days' 'won·der** *s übertr* Ereignis *n* von kurzer Dauer, kurzlebige Sensation; **~fold** ['~fəʊld] **1.** *adj, adv* neunfach; **2.** *s* Neunfaches *n*; '~ **holes** *s/pl* Lochspiel *n* ⟨in the ≈ *umg* in der Klemme⟩; '**~pin** *s* Kegel *m* ⟨to go down like a ≈ *übertr* wie ein Sack fallen⟩; '**~pins** *s/pl* (*sg konstr*) Kegelspiel *n* ⟨to play ≈ kegeln⟩; **nines** *s*, *nur in*: **dressed [up] to the ~s** *Brit umg* elegant gekleidet | aufgedonnert (gekleidet); ˌ**~'teen 1.** *adj* neunzehn ⟨to talk ≈ to the dozen *Brit umg* das Blaue vom Himmel herunter schwatzen⟩; **2.** *s* Neunzehn *f*; **~teenth** [ˌ~'ti:nθ] **1.** *adj* neunzehnte(r, -s); **2.** *s* Neunzehntel *n*; **~ti·eth** ['~tɪəθ] **1.** *adj* neunzigste(r, -s); **2.** *s* Neunzigstel *n*; ˌ**~-to-'five[r]** *s Sl* jmd., der regelmäßig seiner (*meist* Büro-) Arbeit nachgeht; '**~ty 1.** *s* Neunzig *f* | *pl* neunziger Jahre *n/pl* ⟨the ~ties⟩; **2.** *adj* neunzig; ˌ**~ty-'~** *adj* neunundneunzig ⟨≈ times out of a hundred ständig, so gut wie immer⟩; ˌ**~ty-'ninth 1.** *adj, adv* neunundneunzig; **2.** *s* Neunundneunzigste(r, -s)

nin·ny ['nɪnɪ] *s umg verächtl* Dummkopf *m*, Narr *m*

ninth [naɪnθ] **1.** *adj* neunte(r, -s); **2.** *s* Neunte(r, -s) *f(m, n)* | Neuntel *n* | *Mus* None *f*

[1]**nip** [nɪp] **1.** (**nipped, nipped**) *vt* kneifen, zwicken ⟨to ~ one's finger in the door sich den Finger in der Tür einklemmen⟩ | *Tech* klemmen | (Knospen durch Frost) beschädigen, kaputtmachen, zerstören ⟨to ~ s.th. in the bud *übertr* etw. im Keim ersticken⟩ | *Sl* klauen, stehlen | *Sl* frotzeln; ~ **in** (Kleid) abnähen; ~ **off** abzwicken, abkneifen, abköpfen; *vi* (Wind) zwicken, beißen | *Brit umg* flitzen, auf einen Sprung gehen (**in** hinein; **out** hinaus); ~ **across** *Brit umg* hin(über)flitzen (**to** zu); ~ **along** *Brit umg* sich beeilen; ~ **[away] at** schnell schnappen nach; ~ **in** *Brit umg* sich hineindrängen, eilig eintreffen, den Weg versperren; ~ **off** *Brit umg* weglaufen; ~ **on ahead** *Brit umg* vorflitzen, schnell hineilen; ~ **out** *Brit umg* schnell einen Weg erledigen (**to** bei); **2.** *s* Zwicken *n*, Beißen *n* | Knips(er) *m(m)*, Einschnitt *m* ⟨a ~ in the wire⟩ | (Wind) Schneiden *n* ⟨a [cold] ~ in the air beißend kalte Luft, eine ziemliche Frische⟩ | Beschädigung *f* (durch Frost) | *Am* beißender Geschmack | *Brit umg* Sprung *m*, Flitzer *m* ⟨to have a quick ~ out schnell mal nach draußen gehen⟩

[2]**nip** [nɪp] **1.** (**nipped, nipped**) *vi, vt* nippen (an); **2.** *s* Schlückchen *n* ⟨a ~ of whisky⟩

nip and tuck [ˌnɪp ən 'tʌk] *adj, adv* (Rennen) mit *od* unter ständigem Führungswechsel, völlig ausgeglichen ⟨a ≈ battle; the race stayed ≈⟩

nipped [nɪpt] *adj* vom Eis eingeschlossen ⟨a ~ boat⟩; '**nip·per 1.** *s* (*meist pl*) *umg* Kneifzange *f* ⟨a pair of ≈s⟩ | *Zool* (Krebs) Schere *f* | *Mar* Zeising *f* | *Brit umg* Steppke *m* ⟨a ≈ of four⟩ Kind (*bes* Junge) | *Brit Sl* Stift *m*, Handlanger *m*; **2.** *vt Mar* (Taue) zeisen; '**nip·ping** *adj* kneifend | (Frost) schneidend, beißend ⟨≈ wind⟩ | *übertr* beißend, sarkastisch ⟨≈ remarks⟩

nip·ple ['nɪpl] *s Anat* Brustwarze *f* | *Am* Lutscher *m*, Gummisauger *m* | *Tech* Nippel *m*, Anschlußstück *n* ⟨greasing ~ Schmiernippel *m*⟩ | *Tech* Schraubenverbindung *f* | *Tech* Gußwarze *f*

nip·py ['nɪpɪ] **1.** *adj Brit umg* (Wind) scharf | (Frost) beißend (*auch übertr*); merklich kühl ⟨a ~ evening⟩ | *Am* (Geschmack) beißend ⟨~ cheese⟩ | *umg* schnell, fix ⟨look ~ aber tempo!⟩; **2.** *s Brit umg* Kellnerin *f*

nir·va·na [nɪə'vɑ:nə|nɜ:-] *s Rel, übertr* Nirvana *n*

ni·si ['naɪsaɪ] *conj Jur* wenn nicht ⟨decree ~ vorläufiges Scheidungsurteil⟩

Nis·sen hut ['nɪsn hʌt] *s Brit* Nissenhütte *f*, Wellblechbaracke *f*

[1]**nit** [nɪt] *s Zool* Nisse *f*, Niß *f*

[2]**nit** = **nitwit**

ni·ton ['naɪtɒn] *s Chem* Niton *n*, Radon *n*

nit·pick ['nɪtpɪk] *vi* herumnörgeln (**at** an); '**~er** *s* Nörgler(in) *m(f)*; '**~ing 1.** *adj verächtl* kleinlich, pingelig ⟨a ≈ remark⟩; **2.** *s* Krümelkäse *m*, Nörgelei *f*

ni·trate ['naɪtreɪt|-rɪt] **1.** *s Chem* Nitrat *n*, salpetersaures Salz ⟨~ of silver Silbernitrat *n*, salpetersaures Silber; potassium ~ Kalisalpeter *m*; sodium ~ Natronsalpeter *m*⟩; **2.** [-treɪt] *vt* nitrieren; ˌ~ 'fer·ti·liz·er *s* Nitratdünger *m*; **ni·tra·tion** [naɪ'treɪʃn] *s Chem* Nitrierung *f*; **ni·tre** ['naɪtə] *s Chem* Salpeter *m*; **ni·tric** ['naɪtrɪk] *adj Chem* Salpeter-; ˌ**ni·tric 'ac·id** *s Chem* Salpetersäure *f*; ˌ**ni·tric 'ox·ide** *s Chem* Stickstoffoxid *n*; **ni·tride** ['naɪtraɪd] *Chem* **1.** *s* Nitrid *n*; **2.** *vt* nitrieren; **ni·trif·er·ous** [naɪ'trɪfərəs] *adj Chem* salpeterhaltig; **ni·tri·fi·ca·tion** [ˌnaɪtrɪfɪ'keɪʃn] *s Chem* Nitrierung *f*; **ni·tri·fy** ['naɪtrɪfaɪ] *vt Chem* nitrieren; **ni·trite** ['naɪtraɪt] *s Chem* Nitrit *n*

ni·tro- [naɪtrə(ʊ)] *Chem in Zus* Nitro-, Salpeter- (*z. B.* ~ **chalk** Salpeterkreide *f*)

ni·tro·gen ['naɪtrədʒən|-dʒɪn] *s Chem* Nitrogen *n*, Stickstoff *m*; ˌ~ **mon'ox·ide** *s Chem* Stickstoffoxid *n*, Lachgas *n*; **ni·trog·e·nous** [naɪ'trɒdʒənəs] *adj Chem* stickstoffhaltig

ni·tro·glyc·er·in[e] [ˌnaɪtrəʊ ˌglɪsə'ri:n|-'glɪsəri:n|-'glɪsərɪn] *s Chem* Nitroglyzerin *n*

ni·trous ['naɪtrəs] *adj Chem* salpeterhaltig, Salpeter-; ˌ~ **'ox·ide** *s Chem* Stickstoffoxid *n*, Lachgas *n*; **'ni·try** *adj Chem* Salpeter-

nit·ty-grit·ty [ˌnɪtɪ 'grɪtɪ] *s Sl* Detail *n*, reale Fakten *m/pl*, das, worum es eigentlich *od* im Grunde geht ⟨the nitty-gritties of negotiation der Kern der Verhandlung; finally at the ~ als es endlich um die Sache ging; to get down to the ~ zur Sache kommen⟩

nit·wit ['nɪtwɪt] *s umg* Schwachkopf *m*; **~ted** [ˌnɪt'wɪtɪd] *adj* schwachsinnig, dumm

niv·e·ous ['nɪvɪəs] *adj förml* schneeweiß

[1]**nix** [nɪks] *s* (*pl* **~es** ['~ɪz]) Nix *m*, Wassergeist *m*

[2]**nix** [nɪks] *Am Sl* **1.** *pron* nichts; **2.** *interj* Vorsicht!, Achtung!; **3.** *vt* ablehnen, blockieren ⟨to ~ a plan⟩

nix·ie ['nɪksɪ] *s* Wassernixe *f*

no [nəʊ] **1.** *adv* nein ⟨to answer ~ nein sagen⟩ | (*vor comp*) nicht, um nichts ⟨~ further nicht weiter; ~ more nicht mehr; ~ sooner … than kaum … als⟩; **2.** *adj* kein ⟨~ hope keine Hoffnung; ~ man niemand; keiner; ~ smoking! Rauchen verboten!; ~ such thing nichts dergleichen ◇ **by ~ means** auf keinen Fall; **in ~ time** im Nu; **it's ~ go** *umg* es geht nicht; **there's ~ knowing / saying / telling** man kann nicht wissen *od* sagen; **whether or ~** ob oder nicht; **3.** *s* (*pl* **~es** [~z]) Nein *n*, Absage *f*, Weigerung *f* | *Parl* Neinstimme *f* (*Ant* aye) ⟨the ~es have it die Mehrheit ist dagegen; the ~es won die Neinstimmen überwogen⟩

no. (*pl* **nos.**) *Abk* von **number[s]**

No. 10 *Abk* von **Number Ten** ⟨Downing Street No. 10 Sitz des Premierministers⟩

no-ac·count [ˌnəʊ ə'kaʊnt], *auch* **no-count** [ˌnəʊ 'kaʊnt] *Am umg* **1.** *adj* unbedeutend, nichtssagend | nichtsnutzig ⟨a ~ boy⟩; **2.** *s* Null

[1]**nob** [nɒb] *Brit Sl* **1.** *s* Rübe *f*, Birne *f*, Dez *m* (Kopf) ⟨to hit on the ~ (eins) auf die Rübe geben⟩; **2.** (**nobbed, nobbed**) *vt, vi* (Sport) (eins) auf den Dez geben, auf die Birne hauen

[2]**nob** [nɒb] *umg, verächtl s* feiner Pinkel, großes Tier (hochgestellte Persönlichkeit)

no ball [ˌnəʊ 'bɔ:l] *s* (Kricket) ungültiger Wurf

nob·ble ['nɒbl] *Brit Sl vt* (jmdn.) beknie[e]n, sich schnappen ⟨to ~ s.o. at a reception⟩ | unrechtmäßig erhaschen, sich kaufen ⟨to ~ votes⟩ | (Pferd) (durch Drogen) müde machen, am Gewinnen hindern, lahmlegen

nob·by ['nɒbɪ] *adj umg, verächtl* (piek)fein, vornehm

No·bel prize [nəʊˌbel 'praɪz|ˌnəʊbel '-] *s* Nobelpreis *m* ⟨~ in chemistry; Nobel Peace prize⟩

no·be·li·um [nəʊ'bi:lɪəm] *s Chem* Nobelium *n*

no·bil·i·ty [nə'bɪlətɪ|nəʊ-] *s* adlige Geburt, Adel *m* | (*meist mit best art*) Adel *m*, Adelsstand *m*, die Adligen *pl* ⟨a member of the ~ ein Adliger⟩ | *auch* **nob·le·ness** ['nəʊblnəs] *übertr* Adel *m*, Würde *f*, Hoheit *f*, Vornehmheit *f* ⟨≈ of purpose edler Zweck⟩

no·ble ['nəʊbl] **1.** *adj* adlig, von adliger Abstammung ⟨a man of ~ birth⟩ | vornehm, berühmt | edel, großherzig, großmütig ⟨a ~ mind; ~ sentiments⟩ | prächtig ⟨a ~ house; on a ~ scale im großen Stil⟩ | (Pferd) edel, gut gezogen ⟨a ~ horse⟩ | (Metall) edel ⟨~ metals⟩; **2.** *s* Edelmann *m*, Adliger *m* | *Hist* Nobel *m* (alte englische Goldmünze); **'~man** *s* (*pl* **'~men**) Edelmann *m*, Adliger *m*; ˌ**~-'mind·ed** *adj* edelgesinnt, großmütig, hochherzig; **'~ˌwom·an** *s* (*pl* **'~ˌwom·en**) Edelfrau *f*, Adlige *f*

no·blesse [nəʊ'bles] *s* (französischer) Adel ◇ **~ oblige** [nəʊˌbles əʊ'bli:ʒ|-ə'bli:ʒ] *Sprichw* Adel verpflichtet

no·bly ['nəʊblɪ] *adv* edel, adlig, vornehm ⟨~ born von edler Geburt⟩ | tapfer, heldenhaft, brav ⟨he's done ≈ er hat sich wacker geschlagen⟩

no·bod·y ['nəʊbədɪ|-ˌbɒdɪ] **1.** *s* (*mit indef art* od. *pl*) Niemand *m*, unbedeutende Person ⟨he's a ~⟩; **2.** *pron* niemand, keiner ⟨~ else niemand anderes; ~ ever does this kein Mensch tut das; to be ~'s fool nicht auf den Kopf gefallen sein; like ~'s business wie nichts⟩

noc·tam·bu·list [nɒk'tæmbjʊlɪst] *s* Schlafwandler(in) *m(f)*

nocti- [nɒktɪ] ⟨*lat*⟩ *in Zus* Nacht-

noc|tur·nal [nɒk'tɜ:nl] *adj* nächtlich, Nacht- ⟨≈ habits nächtliche Gewohnheiten *f/pl*; ≈ bird Nachtvogel *m*⟩; **'~turne** *s Mus* Notturno *n*

nod [nɒd] **1.** (**'~ded, '~ded**) *vi* nicken ⟨to ~ to s.o. jmdm. zunicken, jmdn. grüßen⟩ | (ein)nicken, (ein)schlafen ⟨to be caught ~ding beim Einschlafen ertappt werden; to sit ~ding schlafend dasitzen⟩ | *selten* (kurz) nicht aufpassen, unachtsam sein ⟨even Homer ~s auch Homer kann sich irren⟩ | *übertr* (Blumen u.ä.) sich leicht neigen ⟨to ~ in the wind⟩; **~ off** einnicken; *vt* nicken mit ⟨to ~ approval zustimmend nicken; to ~ a welcome to s.o. jmdn. durch Kopfnicken begrüßen; to ~ one's head mit dem Kopf nikken⟩; **2.** *s* (*meist sg*) Kopfnicken *n* ⟨to give s.o. a ~ jmdm. zunicken⟩ | Wink *m* ◇ **a ~ is as good as a wink [to a blind horse/man]** ein Wink genügt, hier genügt ein sanfter Wink, schon verstanden; **get the ~** *umg* ausgewählt werden, genommen werden; **the land of ~** Schlaf *m* ⟨to go to ≈ einschlafen⟩; **on the ~** *Brit umg* auf Borg, auf Pump; *Brit* ohne große Formalitäten, ohne Einwände ⟨to go through ≈ glatt durchgehen⟩

nod·al ['nəʊdl] *adj* Knoten- ⟨~ curve *Math* Knotenpunktskurve *f*; ~ point Knotenpunkt *m*⟩

nod·ding ac·quaint·ance [ˌnɒdɪŋ ə'kweɪntəns] *s* flüchtige Bekanntschaft (**with** mit) ⟨to have a ~ with s.o. mit jmdm. flüchtig bekannt sein⟩ | flüchtige(r) Bekannte(r) | oberflächliche Vertrautheit (**with s.th.** mit etw.) ⟨a ~ with medicine geringe medizinische Kenntnisse⟩

[1]**nod·dle** ['nɒdl] *s Sl* Schädel *m*

[2]**nod·dle** ['nɒdl] **1.** *vi, vt* schnell nicken (mit) ⟨to ~ one's head mit dem Kopf nicken⟩; **2.** *s* Nicken *n*

[1]**nod·dy** ['nɒdɪ] *s* Dummkopf *m*

[2]**nod·dy** ['nɒdɪ] *adj* (schläfrig) (ein)nickend

node [nəʊd] *s Astr, Bot, Med, Math* Knoten *m* | *übertr* Knoten *m*, Verwicklung *f*; **nod·i·cal** ['nɒdɪkl] *adj Astr* Knoten-; **no·dif·er·ous** [nəʊ'dɪfərəs] *adj Bot* knotentragend; **no·dose** ['nəʊdəʊs] *adj* knotig | voller Knoten | *Med* nodös, knötchenförmig | *übertr* kompliziert; **no·dos·i·ty** [nəʊ'dɒsətɪ] *s* Knoten *m* | *übertr* schwierige Situation

no doubt [ˌnəʊ 'daʊt] *adv* sicher(lich), höchstwahrscheinlich | (doch) bestimmt *od* sicher, vermutlich ⟨you ~ know about it, don't you? Sie wissen das doch bestimmt?⟩

nod·u·la·tion [ˌnɒdjʊ'leɪʃn] *s* Knotenbildung *f*; **nod·ule** ['nɒdju:l] *s Med, Bot* Knötchen *n* | *Geol* Knolle *f*; **nod·u·lous** ['nɒdjʊləs] *adj* voller Knötchen; **no·dus** ['nəʊdəs] *s* (*pl* **no·di** ['nəʊdaɪ]) Knoten *m* | *übertr* Komplikation *f*

no·el [nəʊ'el] *s* Weihnachtslied *n*; ∸ *poet* Weihnachten *n* od *pl*, Weihnacht(sfest) *f(n)* ⟨a happy ∸⟩

noes [nəʊz] = *pl von* ↑ **no 3.**

no-fault [ˌnəʊ'fɔ:lt] *Am Jur* **1.** *adj* ohne Rücksicht auf die Schuldlage ⟨~ insurance⟩ | (Ehescheidung) ohne Schuld eines Partners ⟨~ divorce schuldlose Scheidung⟩; **2.** *s* Vergleich *n* ⟨under ~ im Rahmen eines Vergleichs⟩

no-frills [ˌnəʊ'frɪlz] *adj* ohne Extras, ohne Sonderleistungen ⟨~ flights; ~ houses⟩

¹**nog** [nɒg] *s urspr Am* alkoholisches Mischgetränk *n* mit geschlagenen Eiern ⟨brandy ~⟩ | *auch* **'egg'~** *s* Eierlikör *m*

²**nog** [nɒg] **1.** *s* Holzdübel *m*, -nagel *m*, -pflock *m*, -stift *m* | *Bergb* Keil *m*, Spreize *f* | *Arch* Holm *m* | *Tech* Zapfen *m*; **2.** *vt* (**nogged, nogged**) mit einem Holzdübel befestigen | (Mauerwerk) mit Holz einfassen

nog·gin ['nɒgɪn] *s* (*meist sg*) *Sl* Birne *f*, Rübe *f* (Kopf) | Becher *m* (Alkoholmaß)

nog·ging ['nɒgɪŋ] *s Tech* Ausmauern *n* (zwischen Holzbalken) | Riegelmauer *f*

no-go [ˌnəʊ'gəʊ] *Sl adj* ungünstig ⟨~ situation⟩ | *Brit* Sperr- ⟨~ area⟩

no-good ['nəʊgʊd] **1.** *adj* (Person) nichtsnutzig; **2.** *s* Nichtsnutz *m*

no-growth [ˌnəʊ'grəʊθ] *adj* kein Wachstum einschließend *od* vorsehend, Null- ⟨~ budget⟩

no-hop·er ['nəʊˌhəʊpə] *s umg* absolute Niete, Versager *m*

no·how ['nəʊhaʊ] *adv umg scherzh* keinesfalls ⟨I can't do it, ~ ich kann es auf gar keinen Fall tun⟩ | unwohl ⟨to feel ~ nicht auf dem Posten sein⟩ | unansehnlich, nichtssagend ⟨to look ~ nach nichts aussehen⟩

noise [nɔɪz] **1.** *s* Lärm *m*, Krach *m*, Geschrei *n* ⟨don't make such ~! mach nicht solchen Krach!; a hell of a ~ ein Höllenlärm *m*, -spektakel *n*; to hold one's ~ *umg* den Mund halten⟩ | Geräusch *n* ⟨strange ~s seltsame Geräusche *n/pl*⟩ | *übertr* Aufheben *n*, Geschrei *n* ⟨to make a [great] ~ in the world Aufsehen erregen, viel von sich reden machen; to make a ~ about s.th. um etw. viel Aufhebens machen, viel Tamtam machen wegen etw.; a big ~ *Sl verächtl* ein großes Tier⟩ | *El* Störung *f*, Rauschen *n* | *Phys* Energieschwankung *f* ◇ **make noises** sich (vage) äußern ⟨to make encouraging noises sich positiv äußern⟩; **2.** *vi* Lärm machen; *vt*, *bes* **~ about/around** bekanntmachen, verkünden; **'~ conˌtrol** *s* Lärmbekämpfung *f*; **'~less** *adj* geräuschlos, lärmfrei; **'~ lev·el** *s* Störpegel *m*; **ˌ~ pol'lu·tion** *s* Lärmbelästigung *f*; **ˌ~ re'duc·tion** *s* Lärmbekämpfung *f*; **ˌ~ sup·pres·sion** *s El* Störschutz *m*

noi·some ['nɔɪsəm] *adj lit* (gesundheits)schädlich, ungesund | stinkend, widerlich

nois·y ['nɔɪzɪ] *adj* laut, geräuschvoll ⟨a ~ house⟩ | tobend, lärmend ⟨~ children⟩ | grell, schreiend ⟨~ colours⟩

no-load ['nəʊ'ləʊd] *s Tech, El* Leerlauf *m*; **'~ ˌcur·rent** *s El* Leerlaufstrom *m*; **'~ speed** *s* Leerlaufdrehzahl *f*, -geschwindigkeit *f*

no-loss [ˌnəʊ'lɒs] *adj* verlustlos

nom. *Abk von* **nominative 2.**

no·mad ['nəʊmæd] **1.** *adj* Nomaden-; **2.** *s* Nomade *m*, Nomadin *f*; **ˌno'mad·ic, ˌno'mad·i·cal** *adj* nomadisch, Nomaden- ⟨≈ peoples Nomadenvölker *n/pl*⟩ | *übertr* (Person) ohne festen Wohnsitz, unruhig; **'~ism** *s* Nomadentum *n*; **'~ize** *vt* nomadisieren

no-man's-land ['nəʊ mænz lænd] *s Mil* Niemandsland *n* | Wüstenei *f* | *übertr* unerforschtes Gebiet

nom de plume [ˌnɒm də 'plu:m] *s* ⟨*frz*⟩ Pseudonym *n*, Schriftstellername *m*

no·men·cla|tor ['nəʊmənkleɪtə] *s* Nomenklator *m*; **~ture** ['~tʃə|nəʊ'menklətʃə] *s* Nomenklatur *f*, Fachsprache *f* ⟨botanical ≈; the ≈ of chemistry⟩ | (wissenschaftliches) Namenregister

nom·i·nal ['nɒmɪnl] *adj* dem Namen nach, nicht in Wirklichkeit ⟨the ~ head of the state⟩ | Namen-, namentlich ⟨~ register⟩ | klein, geringfügig, nominell ⟨a ~ rent; a ~ sum⟩ | *Ling* nominal, Nominal- | *Wirtsch* (Wert) Nenn-, Nominal- ⟨the ~ value of a share⟩ | *El* Nenn-; **ˌ~ 'out·put** *s* Normal-, Solleistung *f*

nom·i|nate ['nɒmɪneɪt] *vt Pol* nominieren, aufstellen (**for** für) | (jmdn. in ein Amt) berufen, ernennen (**to** in, als zu) | (jmdn.) benennen, berufen (**as** als, zu; **to be** als) | (jmdn.) vorschlagen (**for** als) | *umg, scherzh* deklarieren, erklären (**for, as** zu, als); **ˌ~'na·tion** *s Pol* Nominierung *f*, Aufstellung *f* ⟨to get the ≈ nominiert werden; to place s.o.'s name in ≈ *förml* jmds. Namen in Vorschlag bringen⟩ | Vorschlagsrecht *n* | Berufung *f*, Ernennung *f* (**to** zu) | *Ling* Nomination *f*; **~na·tive** ['nɒmnətɪv|-mɪn-] **1.** *adj* nominativ, durch Ernennung eingesetzt | nominal | *Ling* Nominativ- ⟨≈ case Nominativ *m*⟩; **2.** *s Ling* Nominativ *m*; **~nee** [ˌ~'ni:] *s* Kandidat *m*

nom·o|gram ['nɒməgræm], **~graph** ['~grɑ:f|-græf] *s Math* Nomogramm *n*, Fluchtlinientafel *f*

non [nɒn] *präf zur Bildung von s, adj, adv mit der Bedeutung*: Nicht-, un-, -los (*z. B.* **~fulfilment** Nichterfüllung *f*; **~-essential** unwesentlich; **~resistant** widerstandslos) | *umg* nicht die Bezeichnung verdienend, Schein- (*z. B.* **~-news** wenig informative Nachricht, **~issue** Scheinproblem)

non|ac·cept·ance [ˌnɒnək'septəns] *s* Nichtannahme *f*; **ˌ~a'chiev·er** *s Am Päd* Sitzenbleiber *m* | jugendlicher Versager; **ˌ~ad'just·a·ble** *adj* nichtverstellbar

non·age ['nəʊnɪdʒ] *s* Minderjährigkeit *f*, Unmündigkeit *f* | *übertr* Kindlichkeit *f*, Unreife *f*

non·a·ge·nar·i·an [ˌnɒnədʒɪ'nɛərɪən] **1.** *adj* neunzigjährig; **2.** *s* Neunzigjährige(r) *f(m)*

non|ag·gres·sion [ˌnɒn ə'greʃn] *s* Nichtangriff *m* ⟨≈ pact Nichtangriffspakt *m*; ≈ treaty Gewaltverzichtsabkommen *n*⟩; **ˌ~al·co'hol·ic** *adj* alkoholfrei; **ˌ~a'ligned** *adj* bündnisfrei, nichtpaktgebunden, neutral ⟨a ≈ country⟩; **ˌ~a'lign·ment** *s* Nichtpaktgebundenheit *f*, Neutralität *f*; **ˌ~ap'pear·ance** *s* Nichterscheinen *n*; **ˌ~as'sert·ive** *Ling adj* nichtbehauptend ⟨≈ clause⟩; **ˌ~as'sess·a·ble** *adj* steuerfrei ⟨≈ amount⟩; **ˌ~at'tend·ance** *s* Nichtantritt *m*; -erscheinen *n*; **ˌ~bel'lig·er·ent** *adj* nicht kriegführend; **ˌ~'break·a·ble** *adj* unzerbrechlich; **ˌ~'cam·pus** *adj* ohne Campus, ohne eigenes Universitätsgelände ⟨a ≈ university⟩

nonce [nɒns] *s, nur in*: **for the ~** für diesmal, nur für diesen Fall, einstweilen; **'~ word** *s Ling* Gelegenheitswort *n*, unbeständige Wortneubildung, Augenblicksbildung *f*

non·cha|lance ['nɒnʃələns] *s* Gleichgültigkeit *f*, Nachlässigkeit *f*, Nonchalance *f*; **'~lant** *adj* gleichgültig, nonchalant ⟨a ≈ attitude⟩

non-com [ˌnɒn'kɒm] *s umg* Unteroffizier *m*

non|-com·bat·tant [ˌnɒn'kɒmbətənt] **1.** *adj* nicht am Kampf beteiligt; **2.** *s* Nichtkämpfer *m* | Zivilist *m*; **ˌ~com'mis·sioned** *adj* nicht bevollmächtigt | ohne Bestallung; **ˌ~comˌmis·sioned 'of·fi·cer** *s Mil* Unteroffizier *m*; **ˌ~com'mit·tal** *adj* zurückhaltend, unverbindlich ⟨a ≈ answer⟩; **ˌ~com'mit·ted** *adj* blockfrei, neutral ⟨a ≈ nation⟩; **ˌ~com'pli·ance** *s* Zuwiderhandlung *f* (**with** gegen) | Weigerung *f* | Nichteinhaltung *f* (**with** von)

non·con·duc·tive [ˌnɒnkən'dʌktɪv] *adj El* nicht leitend; **ˌ~con'duc·tor** *s El* Nichtleiter *m*, Isolator *m*

non com·pos men·tis [ˌnɒn ˌkɒmpəs 'mentɪs] *adj* ⟨*lat*⟩ *Jur* nicht zurechnungsfähig, unzurechnungsfähig

non·con·form|ing [ˌnɒnkən'fɔ:mɪŋ] *adj* nicht übereinstimmend | **-ing** *Rel* nonkonformistisch, Dissidenten-; **ˌnon·con'form·ist 1.** = ˌnon·con'form·ing; **2. -ist** *s Rel* Nonkonformist *m*, Dissident *m*; **ˌnon·con'form·i·ty** *s* Nichtübereinstimmung *f* (**with** mit) | Nichtanpassung *f* (**to** an) | **-ity** *Rel* Abweichung *f* von der anglikanischen Kirche

non·con·ten·tious [ˌnɒnkən'tenʃəs] *adj* unstrittig, nicht strittig, unbestritten

non·con·trib·u·to·ry [ˌnɒnkən'trɪbjʊtərɪ] *adj* (Versicherung, Rente) ohne Selbstbeteiligung, beitragsfrei

non·co·op·e·ra·tion [ˌnɒnkəʊˌɒpə'reɪʃn] *s* unkooperative Haltung, Mitarbeitsverweigerung *f* | *Pol* passiver Widerstand

non·cor|rod·i·ble [ˌnɒnkə'rəʊdəbl], **ˌ~'rod·ing**, **ˌ~'ros·ive** *adj Tech* korrosionsbeständig, nicht korrodierend | säurefrei

non|creas·ing [ˌnɒn 'kri:sɪŋ] *adj* knitterfest; **ˌ~'cut·ting** *adj Tech* spanlos; **ˌ~de'liv·er·y** *s* Nichtauslieferung *f*

non·de·script ['nɒndɪˌskrɪpt] **1.** *adj* schwer zu beschreiben(d), nicht klassifizierbar, unbestimmbar | seltsam, komisch | nichtssagend; **2.** *s* etw., was schwer zu beschreiben ist *n* | schwer einzuordnende Person *od* Sache *f*, etw. Undefinierbares *n*

none [nʌn] **1.** *pron* (*meist pl konstr*) keine(r, -s) ⟨~ of that nichts dergleichen; ~ of them keiner von ihnen; to have ~ of *förml* nichts wissen wollen von, ablehnen; ~ but fools nur Narren; ~ other than kein Geringerer als; I have ~ ich habe keine(n); that's ~ of your business das geht dich nichts an⟩ | (in Ausrufen) genug mit …!, nichts von …! ⟨~ of that! genug damit!; ~ of your impudence! werden Sie nicht so frech!⟩ ◇ **there are ~ so deaf as those who won't hear** *Sprichw* keiner ist so taub wie derjenige, der nicht hören will; **2.** *adv* (*mit comp u.* **so** *od* **too**) keineswegs, nicht im geringsten ⟨~ the less nichtsdestoweniger; ~ too high keineswegs zu hoch; ~ too soon kein bißchen zu früh, im letzten Moment; to be ~ the worse for nicht gelitten haben unter, wohlauf sein trotz; to be ~ the wiser for auch nicht klüger sein trotz⟩

non·en·ti·ty [nɒn'entətɪ] *s* Nichtsein *n*, Nichtexistenz *f* | Erdichtung *f*, eingebildete Sache | *übertr* unbedeutende Person, Null *f* | *übertr* Unbedeutsamkeit *f*, Insignifikanz *f* ⟨years of political ≈⟩

nones [nəʊnz] *s/pl Myth* Nonen *pl*

non|es·sen·tial [ˌnɒnɪ'senʃl] **1.** *adj* unwichtig, unwesentlich; **2.** *s* unwesentliche Sache; **none-such** ↑ **nonsuch**; **ˌ~e'vent** *s umg* Fehlschlag *m*, Reinfall *m*, Schlag *m* ins Wasser | Planleiche *f*; **ˌ~ex'ist·ence** *s* Nichtsein *n*; **ˌ~ex'ist·ent** *adj* nicht existierend; **ˌ~'fat·ten·ing** *adj* nicht dickmachend; **~fea·sance** [ˌnɒn'fi:səns] *s Jur* Unterlassung *f*; **ˌ~'fer·rous** *adj* Nichteisen-; **ˌ~'fic·tion** *s* Sachbücher *n/pl*; **ˌ~'fis·sion·a·ble** *adj Phys* nicht spaltbar; **ˌ~'flam·ma·ble** *adj* nicht entzündbar *od* brennbar; **ˌ~'freez·ing** *adj* kältebeständig; **ˌ~ful'fil·ment** *s* Nichterfüllung *f*; **ˌ~ha'lat·ing** *adj Foto* lichthoffrei; **~har'mon·ic** *adj* nicht harmonisch; **ˌ~in'flam·ma·ble** *adj* nicht feuergefährlich; **ˌ~-in'struc·ted** *adj Mil* ungedient ⟨≈ age class ungedienter Jahrgang *m*⟩; **ˌ~ˌin·ter'fer·ence**, **ˌ~ˌin·ter'ven·tion** *s Pol* Nichteinmischung *f*; **ˌ~'i·ron** *adj* bügelfrei; **ˌ~'ju·ror** *s* Eidesverweigerer *m*; **ˌ~'lead[ed]** *adj* (Benzin) bleifrei; **ˌ~'lin·e·ar** *adj Math, Phys* nichtlinear | **ˌ~'liq·uid** *adj* nicht flüssig; **ˌ~ma'lig·nant** *adj Med* nicht bösartig; **ˌ~'mem·ber** *s* Nichtmitglied *n*; **'~met·al** *s* Nichtmetall *n*; **ˌ~me'tal·lic** *adj* nichtmetallisch; **ˌ~'mo·bile** *adj* stationär; **ˌ~'mor·al** *adj* amoralisch; **ˌ~-'nu·cle·ar 1.** *adj* keine Atomwaffen besitzend ⟨≈ power⟩; **2.** *s* Land *n* ohne eigene Atomwaffen

no-no ['nəʊˌnəʊ] *s Am Sl* Tabu *n*, etwas, was man nicht sagt *od* tut usw.

non·ob'serv·ance [ˌnɒnəb'zɜ:vns] *s Jur* Nichtbeachtung *f*, Nichterfüllung *f*, wissentliches Übersehen

no-nonsense [ˌnəʊ'nʌnsns] *adj* sachlich, objektiv, seriös | nüchtern, schmucklos, ganz einfach

non·pa·reil [ˌnɒnpərl|ˌnɒnpə'reɪl] *förml* **1.** *adj* unvergleichlich, ohnegleichen ⟨of ~ beauty⟩; **2.** *s* Unvergleichliche(r, -s) *f*(*m*, *n*) | *Typ* Nonpareille *f*

non·par|ti·san [nɒn ˌpɑ:tɪ'zæn] *adj Pol* keiner Partei angehörend | objektiv, überparteilich ⟨a ≈ view⟩; **~ty** [nɒn'pɑ:tɪ] *adj* überparteilich | parteilos

non|pay·ment [ˌnɒn'peɪmənt] *s* Nichtbezahlung *f*; **ˌ~per'form·ance** *s* Nichterfüllung *f*

non·plus [ˌnɒn'plʌs] **1.** (**~'plussed, ~'plused**) *vt* (*meist pass*) verwirren, verblüffen ⟨to be [completely] ~sed [ganz, völlig] durcheinander *od* ratlos *od* verdutzt sein⟩; **2.** *s* Klemme *f*, Verlegenheit *f* ⟨at a ~ [völlig] ratlos, verdutzt⟩

non|pol·lut·ing [ˌnɒnpə'lju:tɪŋ] *adj* umweltfreundlich, nicht umweltbelastend; **ˌ~pro'duc·tive** *adj* (Arbeit) unproduktiv | nicht unmittelbar in der Produktion stehend; **ˌ~pro'fes·sion·al** *adj* nicht professionell; **ˌ~-'prof·it-ˌmak·ing** *adj Wirtsch* keinen Gewinn abwerfend | gemeinnützig; **ˌ~pro·lif·e'ra·tion** *s Pol* Nichtweiterverbreitung *f* von Atomwaffen ⟨≈ treaty Atomwaffensperrvertrag *m*⟩; **ˌ~rec·og'ni·tion** *s* Nichtanerkennung *f*; **ˌ~rep·re·sen'ta·tion·al** *adj* (Kunst) abstrakt, gegenstandslos; **ˌ~'res·i·dence**, **ˌ~'res·i·den·cy** *s* Nichtansässigkeit *f*; **ˌ~'res·i·dent 1.** *adj* nicht ansässig, auswärtswohnend | auswärtig ⟨≈ traffic Durchgangsverkehr *m*⟩; **2.** *s* Nichtansässige(r) *f*(*m*) | nicht im Hotel *od* Heim Wohnende(r) *f*(*m*); **ˌ~re'sist·ance** *s* Widerstandslosigkeit *f*; **ˌ~re'sist·ant** *adj* widerstandslos; **ˌ~re'stric·tive** *adj Ling* (Nebensatz) unbestimmt; **ˌ~re'tur·na·ble** *adj* nicht rückgebbar ⟨≈ bottle Einwegflasche *f*; ≈ container Wegwerf(ver)packung *f*⟩; **ˌ~'sat·u·rated** *adj* ungesättigt

non|sense ['nɒnsns] *s* (*nur sg*) sinnlose Worte *n/pl*, Unsinn *m*, Blödsinn *m*, dummes Zeug, Nonsens *m* (*auch übertr*) ⟨what a ≈! so ein Unsinn!; to make [a] ≈ of verderben; sinnlos erscheinen lassen⟩ | dummes Benehmen | *Lit* Nonsense(literatur) *m*(*f*); **~sen·si·cal** [~'sensɪkl] *adj* unsinnig, sinnlos, dumm

non·sen·si·tive [ˌnɒn'sensətɪv] *adj* unempfindlich

non se·qui·tur [ˌnɒn 'sekwɪtə] ⟨*lat*⟩ *s förml* Trugschluß *m*, irrige Folgerung

non|shrink [ˌnɒn'ʃrɪŋk] *adj* nicht einlaufend; **ˌ~'skid**, **ˌ~'slip** *adj* gleitsicher, rutschfest ⟨≈ treads Gleitschutzeinlagen, -absätze *pl*; ≈ tyre rutschfester Reifen⟩; **ˌ~'smok·er** *s* Nichtraucher *m* | Nichtraucherabteil *n*; **ˌ~'smok·ing** *adj* Nichtraucher-; **ˌ~'stan·dard** *adj Ling* nicht der (hochsprachlichen) Norm entsprechend ⟨≈ expression⟩ | *Wirtsch* Sonder-, nicht üblich; **ˌ~'start·er** *s* (Pferdesport) Nichtstarter *m* | *Brit umg übertr* jmd. *od* etw. ohne Chance; **ˌ~'stick** *adj* Antihaft- ⟨≈ pans Antihaft-Pfannen⟩; **ˌ~'stop 1.** *adj* ohne Halt, ohne Unterbrechung | Dauer-, Nonstop- ⟨≈ flight⟩; **2.** *adv* (Reise) nonstop ⟨to fly ≈⟩ | ohne Pause, pausenlos ⟨to play ≈ ohne Unterbrechung spielen⟩

non|such ['nʌnsʌtʃ] **1.** *adj lit* unvergleichlich; **2.** *s lit* einzigartige Person *od* Sache *f*

non·suit ['nɒnsu:t] *Jur* **1.** *vt* (Klage) abweisen | (Kläger) eine Klage zurücknehmen lassen, (Kläger) mit der Klage abweisen; **2.** *s* Klageabweisung *f* | Zurücknahme *f* e-r Klage

non|trans·fer·a·ble [ˌnɒn træns'fɜ:rəbl] *adj Wirtsch* nicht übertragbar; **~-U** ['~ju:] *adj Brit umg, oft scherzh* nicht vornehm sein wollend, nicht dem Sprachgebrauch der Oberschicht zugehörig ⟨≈ words⟩; **ˌ~'u·ni·form** *adj Phys, Math* ungleichmäßig; **ˌ~'un·ion** *adj Wirtsch* nicht gewerkschaftlich organisiert ⟨≈ labour nicht der Gewerkschaft angehörige Arbeitskräfte *f/pl*⟩ | gewerkschaftsfeindlich; **ˌ~'un·ion·ist** *s* nicht organisierter Arbeiter; **~va·lent** [ˌ~'veɪlənt] *adj Chem* nullwertig; **ˌ~'ver·bal** *adj* nicht verbal *od* sprachlich

(≈ communication); ˌ~ˈvi·o·lence *s* Gewaltlosigkeit *f*; ˌ~ˈvi·o·lent *adj* gewaltlos (≈ action); ˌ~ˈwhite *adj* (Hautfarbe) nicht weiß

[1]**noo·dle** [ˈnu:dl] *s* Nudel *f*

[2]**noo·dle** [ˈnu:dl] *s* Esel *m*, Dummkopf *m*

nook [nʊk] *lit, scherzh s* Ecke *f* (chimney ~ Schornsteinecke *f*) | Schlupfwinkel *m* (to search every ~ and cranny jeden Winkel durchsuchen; aber auch alles absuchen); ˈ~y *adj* winklig

noon [nu:n] **1.** *s* Mittag *m*, Mittagszeit *f* (at ~ um zwölf Uhr (mittags); **2.** *adj* Mittags-, mittäglich; ˈ**~day** *s lit* Mittag *m*; ˈ**~tide** *lit s* Mittagszeit *f* | *übertr* Höhepunkt *m*

no-one, no one = **nobody**

noose [nu:s] **1.** *s* Schleife *f*, Schlinge *f* (running ~ Lauf-, Gleitschlinge *f*) | (*mit best art*) Galgen *m* (*auch übertr*) (to escape the ~ dem Galgen entkommen; to put one's head in the ~ *übertr* sich erwischen lassen, in die Falle gehen); **2.** *vt* knüpfen, verschlingen (to ~ a cord) | schlingen (**round** um) | mit *od* in einer Schlinge fangen | (Person) hängen

nope [nəʊp] *interj, adv urspr Am umg* nein, nee, nicht doch

no place [ˈnəʊ pleɪs] *adv Am umg* nirgends

nor [nɔ:] *conj* (*nach* **neither**, **not**) noch (neither/*poet* ~ time ~ money weder Zeit noch Geld; not a boy ~ a girl kein Junge und auch kein Mädchen) | (*nach* **not** *vor mehr als zwei Möglichkeiten*) noch (und auch) nicht (it's not 2 ~ 3 ~ 4, but 5 es ist nicht 2, nicht 3, auch nicht 4, sondern 5) | (*nach neg Satzglied zu Beginn eines angehängten neg Satzes*) auch nicht(s), und nicht (she doesn't know, ~ do I sie weiß es nicht u. ich auch nicht; ... ~ am I [either] und ich bin es auch nicht)

nor' [nɔ:] = *präf Mar* nord- (*z. B.* **~'east** NO; **~'-~'-west** NNW)

Nor·dic [ˈnɔ:dɪk] *adj* nordisch, nordgermanisch | skandinavisch, nordländisch | (Sport) Nordisch (~ disciplines)

Nor·folk jack·et [ˌnɔ:fək ˈdʒækɪt] *s* lose einreihige Jacke mit Gürtel

norm [nɔ:m] *s* Norm *f*, Regel *f*, Richtschnur *f* | Arbeitsnorm *f* (to fulfil one's ~ seine Norm erfüllen; to set the worker a ~ eine Arbeitsnorm vorgeben) | (*oft pl*) (Verhaltens-) Norm *f*, Standard *m* (social ~s) | *Päd* Durchschnittsleistung *f* | *Biol* Typus *m*

nor·mal [ˈnɔ:ml] **1.** *adj* normal, Normal-, gewöhnlich, üblich, regelrecht (~ temperature) | normal, gesund (a ~ child) | *Tech* normal, senkrecht, regelmäßig (~ incidence senkrechter Einfall) | *Chem* normal, n, N; **2.** *s* (*nur sg*) Normale *n*, Normalzustand *m* (above ~ über normal; below ~ unter normal) | *Math* Senkrechte *f*; **~cy** [ˈ-sɪ] *s meist Am* normaler Zustand, normale Verfassung (to return to ≈ wieder den Normalzustand erreichen); **norˈmal·i·ty** *s* Normalität *f* | *Math* normale Lage; ˌ**nor·mal·iˈza·tion** *s* Normalisierung *f*; ˈ**~ize** *vt* normalisieren | normen | normgerecht machen; *vi* sich normalisieren; ˈ**~ly** *adv* normal | normalerweise; ˈ**~ school** *s selten* Lehrerbildungsinstitut *n*

Nor·man [ˈnɔ:mən] **1.** *s* Normanne *m*, Normannin *f* | *Ling* Normannisch *n*; **2.** *adj* normannisch (~ architecture; ~ style normannischer Rundbogenstil); ˌ**~ ˈCon·quest** *s Hist* Normannische Eroberung (1066); ˈ**~-ˈFrench** *Ling* **1.** *adj* anglo-normannisch; **2.** *s* Anglonormannisch *n*

nor·ma·tive [ˈnɔ:mətɪv] *förml adj* normativ, präskriptiv (~ grammar) | *selten* normal, üblich

Norse [nɔ:s] **1.** *s* das Norwegische (Old ~ Altnordisch *n*); **2.** *adj* norwegisch

north [nɔ:θ] **1.** *s* Norden *m* (from the ~ aus dem Norden; in the ~ im Norden; the ~ of England) | Nordwind *m* (a cold ~) | ≁ (*mit best art*) *Brit* Nordengland *n* | ≁ (*mit best art*) *Am Hist* Norden *n*, Nordstaaten *pl* | ≁ (industrialisierter) Norden (≁ and South); **2.** *adj* Nord-, nördlich; **3.** *adv* nördlich, nach Norden, im Norden (**of** von) (sailing ~ nordwärts, nach Norden segelnd) ◇ **up ~** *umg* (oben) im Norden; ˌ**≁ Atˈlan·tic ˈTrea·ty Or·gan·iˌza·tion** *s* Nordatlanktikpakt *m*; ˈ**~bound** *adv* in Richtung Norden (≈ traffic); ˌ**≁ ˈBrit·ain** *s* Schottland *n*; ˈ**~ coun·try** *s* Norden *m* eines Landes (the ≈ Nordengland); ˌ**~ ˌcoun·try** *adj* nordenglisch; ˌ**~ˈeast 1.** *s* Nordost *m* | Nordostwind *m*; **2.** *adj, adv* nordöstlich; ˌ**~ˈeast·er** *s* starker Nordostwind; ˌ**~ˈeast·er·ly** *adj* nordöstlich | (Wind) aus Nordost; ˌ**~ˈeast·ern** *adj* nordöstlich; ˌ**~ˈeast·ward** *adj* in nordöstlicher Richtung; ˌ**~ˈeast·wards** *adv* nordostwärts; **~er·ly** [ˈnɔ:ðəlɪ] *adj, adv* nördlich; **~ern** [ˈnɔ:ðən] **1.** *adj* nördlich, Nord-, nordisch; **2.** *s* Nordländer(in) *m(f)*; ˈ**≁ern·er** *s* im Norden Wohnender | *Am* Nordstaatenbewohner *m*; ˌ**~ern ˈlights** *s/pl* Nordlicht *n*; **~ern·most** [ˈnɔ:ðənməʊst] *adj* nördlichst; **~land** [ˈ~lənd] *s poet* Nordland *n*; ˈ**~land·er** *s* Nordländer(in) *m(f)*; ˌ**≁ ˈPole** *s* Nordpol *m*; ˌ**≁ ˈSea** *s* Nordsee *f*; ˌ**≁ ˈStar** *s* Polarstern *m*; **~ward[s]** [ˈ~wədz|~wʊdz] *adj* (*adv*) nordlich, nordwärts; ˌ**~ˈwest 1.** *s* Nordwest *m* | Nordwestwind *m*; **2.** *adj, adv* nordwestlich; ˌ**~ˈwest·er** *s* starker Nordwestwind; ˌ**~ˈwest·er·ly** *adj, adv* nordwestlich; ˌ**~ˈwest·ern** *adj* nordwestlich; ˌ**~ˈwest·ward[s]** *adj* (*adv*) nordwestlich; ˌ**~ ˈwind** *s* Nordwind *m*

Nor·way [ˈnɔ:weɪ] *s* Norwegen

Nor·we·gian [nɔ:ˈwi:dʒən] **1.** *adj* norwegisch; **2.** *s* Norweger(in) *m(f)* | Norwegisch *n*

nos *Abk* von **numbers**

nose [nəʊz] **1.** *s* Nase *f* (*auch übertr*) (hooked ~ Hakennase *f*; not to see beyond one's ~ die Hand nicht vor den Augen sehen können; to bite/snap s.o.'s ~ jmdn. barsch anfahren; to cut off one's ~ to spite one's face sich ins eigene Fleisch schneiden; to count/tell ~s die Ja-Stimmen zählen; to follow one's ~ immer der Nase nach gehen, seiner Eingebung folgen; to keep s.o.'s ~ to the grindstone jmdn. hart schuften lassen; to lead s.o. by the ~ *umg* jmdn. an der Nase herumführen, völlig in der Gewalt haben; to hold one's ~ sich die Nase zuhalten; to look down one's ~ at s.o. über jmdn. die Nase rümpfen; to make a long ~ at s.o. jmdm. eine lange Nase machen; to pay through the ~ schwer bezahlen, bluten müssen; to put s.o.'s ~ out of joint *umg* jmdn. ausstechen, jmdm. (die Freundin u. ä.) ausspannen; jmdm. das Nachsehen geben; to rub s.o.'s ~ in (the dirt) *umg* jmdm. (seine Fehler) aufs Brot schmieren; to speak through one's ~ näseln; to turn one's ~ up at *umg* die Nase rümpfen über; under s.o.'s (very) ~ *umg* (direkt) vor jmds. Nase) | (neugierige) Nase, Neugier *f* (to keep one's ~ out of seine Nase heraushalten aus, sich nicht kümmern um; to poke/stick one's ~ into die Nase stecken in) | *übertr* Geruchssinn *m*, Nase *f*, Riecher *m* (**for** für) (a dog with a good ~; a reporter with a ~ for scandal) | *Brit* (Tee, Heu u. ä.) (starker) Geruch, Duft *m*, Aroma *n* | *Flugw* Nase *f*, Bug *m* | *Mar* Schiffsbug *m* | *Tech* Nase *f*, Schnauze *f* | *Sl* Spitzel *m*; **2.** *vi* riechen, schnüffeln | *übertr* herumschnüffeln; **~ about/around** (herum)schnüffeln, heimlich suchen (**for** nach); **~ down** *Flugw* im Steilflug niedergehen; **~ into** *umg* schnüffeln, sich mengen in; **~ over** *Flugw* sich überschlagen; **~ up** *Flugw* steil hochgehen; *vt* beriechen, mit der Nase berühren | riechen, spüren, wittern | (Weg) vorsichtig suchen, sich vorsichtig bewegen (to ~ one's way) | näselnd aussprechen; **~ down** (Flugzeug) andrücken; **~ out** *umg* aufspüren | *Am übertr* knapp schlagen; **~ up** (Flugzeug) hochziehen; ˈ**~-a·round** *s umg* Herumschnüffeln *n*; ˈ**~bag** *s* Freß-, Futterbeutel *m* (für Pferde); ˈ**~bleed** *s* Nasenbluten *n*; '**~cone** *s* Raketenspitze *f*; **-nosed** *adj in Zus* -nasig ⟨broad-≈⟩; '**~dive 1.** *s* Sturzflug *m*; **2.** *vi* einen Sturzflug machen | kopfüber fallen (**off** von) | *übertr* gewaltig absacken, große Verluste machen; '**~gay** *s lit* Blumenstrauß *m*, Sträußchen *n*; '**~piece** *s Tech* Mundstück *n*; '**~ ring** *s* Nasenring *m*

nosh [nɒʃ] *Brit Sl* **1.** *s* Futter *n*, etw. zu essen | Bissen *m*, Happen *m*, Imbiß *m* ⟨a quick ~⟩; **2.** *vi* mampfen, futtern; '**~er** Imbißstubenbesucher *n*, -gast *m*; '**~er·y** *s Sl* Speiselokal *n*; '**~-up 1.** *s* Schmaus *m*, Freßgelage *n*; **2.** *vi umg* (gut) essen

no·show [ˌnəʊ'ʃəʊ] *s Flugw* zur Abflugszeit nicht erschienener Passagier *m*, nicht besetzter (gebuchter) Platz | jmd., der (zu einer Veranstaltung *od* Verabredung) nicht kommt *od* auftaucht | Nichterscheinen *n* ⟨witness ~s Nichterscheinen *n* von Zeugen⟩

nosing ['nəʊzɪŋ] *s Arch* Nase *f*, Kante *f*, Ausladung *f*

noso- [nɒsə(ʊ)] ⟨*griech*⟩ *in Zus* Krankheit-

nos·o|graph·ic [ˌnɒsə'græfɪk], **~'graph·i·cal** *adj Med* nosographisch; **no·sog·ra·phy** [nə'sɒgrəfɪ] *s* Nosographie *f*, Krankheitsbeschreibung *f*; **~log·i·cal** [ˌ~'lɒdʒɪkl] *adj* nosologisch; **no·sol·o·gist** [nə'sɒlədʒɪst] *s* Nosologe *m*

nos·tal·gi·a [nɒ'stældʒə] *s* Heimweh *n* | Schwermut *f*, Nostalgie *f*; **nos'tal·gic** *adj* Heimweh- | sehnsüchtig, schwermütig, nostalgisch

nos·tril ['nɒstrɪl|-trl] *s* Nasenloch *n* | Nüster *f*

no-strings [ˌnəʊ'strɪŋz] *adj* ohne Bedingungen ⟨a ~ deal⟩

nos·trum ['nɒstrəm] *verächtl s* Quacksalberheilmittel *n* | *übertr Pol* Allheilmittel *n*, Ausweg *m*, soziale Medizin, Patentrezept *n*

nos·y ['nəʊzɪ], **no·sey** *verächtl adj* großnasig | *umg* neugierig | übelriechend; '**~ ˌpark·er** *s umg* neugierige Person

not [nɒt] (*Kurzf* **n't** [nt], **nt** [nt]) *adv* nicht ⟨as likely as ~ wahrscheinlich; as soon as ~ lieber; more often than ~ in den meisten Fällen; ~ at all keineswegs, durchaus nicht; ~ a penny keinen Penny; ~ a few nicht wenige, viele; ~ a soul keine Seele; ~ but what [that] *vulg* obzwar, obwohl; ~ ... but kein ..., sondern; ~ only ... but (also) nicht nur ..., sondern (auch); ~ if I know nicht, wenn es nach mir geht; ~ once/seldom nicht selten, oft, häufig; ~ to be thought of außer Frage; ~ that nicht, daß; nicht, als ob; ~ to say um nicht zu sagen, ja fast⟩

no·ta be·ne [ˌnəʊtə 'beneɪ] *v* (*imp*) ⟨*lat*⟩ wohlgemerkt

no·ta|bil·i·ty [ˌnəʊtə'bɪlətɪ] *s* Bedeutung *f*, Wichtigkeit *f* | (*meist pl*) wichtige Persönlichkeit, Prominenz *f* ⟨the ~bilities of the town die Honoratioren der Stadt⟩; '**~ble 1.** *adj* wichtig, bedeutend, beachtenswert, denkwürdig, bekannt (**for** für, wegen) ⟨a ≈ poet; a ≈ event⟩ | ansehnlich, beträchtlich ⟨a ≈ difference⟩ | *Chem* feststellbar; **2.** *s* Berühmtheit *f*, bedeutende Persönlichkeit *f*; '**~bly** *adv* auffallend ⟨≈ higher results; to be ≈ absent durch Abwesenheit auffallen⟩ | (ganz) besonders, vor allem ⟨≈ the chairman⟩

no·tar·i·al [nəʊ'tɛərɪəl] *adj* notariell; **no·ta·rize** ['nəʊtəraɪz] *vt* (etw.) notariell beglaubigen; **no·ta·ry** ['nəʊtərɪ], *auch* **ˌno·ta·ry 'pub·lic** *s* Notar *m*

no·ta·tion [nəʊ'teɪʃn] *s* Aufzeichnung *f* | Bezeichnung *f* | Bezeichnungssystem *n*, Schreibweise *f*, Notation *f* ⟨chemical ~ chemische Formeln *pl*; musical ~ Notenschrift *f*⟩

notch [nɒtʃ] **1.** *s* Kerbe *f*, Einkerbung *f*, Raste *f*, Einschnitt *m* (**in, on** in) | *übertr* Stufe *f*, Klasse *f*, Grad *m* ⟨a ~ above the other team eine (ganze) Klasse besser als die andere Mannschaft⟩ | *Tech* Falz *m*, Schnittfuge *f* | *Tech* Schalterstellung *f* | *Mil* (Visier-) Kimme *f* ⟨~ and bead sights Kimme und Korn⟩ | *Am Geol* Engpaß *m* | *Am Geol* Kehle *f*; **2.** *vt Tech* einkerben, aussparen | schlitzen | ausklinken | *bes* **~ up** *umg* schaffen, erzielen, einheimsen ⟨to ~ up a big score hoch gewinnen⟩ | (jmdm.) verschaffen, (ein)bringen ⟨to ~ s.o. a place in history⟩; '**~ ˌaer·i·al** *s Flugw* Tragflächenantenne *f*; '**~back** *s Am Kfz* Stufenheckwagen *m*, Auto *n* mit Stufenheck; '**~ board** *s* (Zimmerei) Zarge *f*, Treppenwange *f*; **notched** *adj* geschlitzt, gekerbt ⟨≈ bar Kerbstab *m*; ≈ plate Rastenscheibe *f*⟩ | *Bot* gezähnt; '**~er** *s* Bandmesser *n*; '**~ing** *s* Kerben *n* | Falzen *n*, Einzapfen *n*; '**~ing ˌcut·ter** *s* Falzfräser *m*; '**~ing press** *s* Nutenstanzautomat *m*; '**~ing saw** *s* Kerbsäge *f*; '**~ stress** *s* Kerbspannung *f*; '**~ing tool** *s* Kimmhobel *m*

note [nəʊt] **1.** *s* Vermerk *m*, Anmerkung *f*, Notiz *f* ⟨to compare ~s with sich *od* Erfahrungen austauschen mit; to take ~s sich Notizen machen, (sich) etw. aufschreiben; to make/take a ~ of s.th. etw. notieren; to make a mental ~ (of s.th.) sich (etw.) einprägen; urgent ~ Dringlichkeitsvermerk *m*⟩ | amtliche Note, Mitteilung *f* ⟨to exchange ~s⟩ | kurzer Brief ⟨a ~ of thanks ein kurzes Dankschreiben⟩ | Banknote *f* ⟨a £ 5/a bank~; ~s and coins Geldsorten *f/pl*⟩ | Anweisung *f* | *Mus* Note *f*, Taste *f*, Ton *m* ⟨to strike the ~s die Tasten anschlagen⟩ | *übertr* Ton(art) *m*(*f*) ⟨to change one's ~ einen anderen Ton anschlagen; to sound a ~ of warning against s.th. ein Warnsignal geben gegen etw.; to strike/sound a false ~ den falschen Ton anschlagen, sich danebenbenehmen; to strike the right ~ die richtigen Worte finden⟩ | Ton *m*, Beiklang *m* ⟨a ~ of irritation⟩ | Element *n*, Faktor *m* ⟨a ~ of realism⟩ | *Wirtsch* Schuldschein *m* ⟨~ of hand Schuldschein *m*; bought and sold ~ Schlußschein *m*; customs' ~ Zollvormerkschein *m*⟩ | *Wirtsch* Rechnung *f* | *Typ* Anmerkung *f* | *Typ* (Satz) Zeichen *n* ⟨~ of exclamation Ausrufungszeichen *n*; ~ of interrogation Fragezeichen *n*⟩ | Ansehen *n*, Bedeutung *f*, Ruhm *m* ⟨a family of ~ eine angesehene Familie⟩ | Notiz *f*, Beachtung *f* ⟨to take ~ of s.th. etw. zur Kenntnis nehmen; worthy of ~ bemerkenswert⟩; **2.** *vt* bemerken, beachten ⟨to ~ s.o.'s words auf jmds. Worte achten⟩ | *auch* **~ down** notieren, auf-, niederschreiben | angeben, erwähnen, nennen, herausstellen ⟨to ~ the fact that den Umstand feststellen, daß⟩ | *Wirtsch* (Wechsel) protestieren lassen ⟨bill [of exchange] ~d for protest protestierter Wechsel⟩ | (Preise) angeben, notieren; '**~ ˌam·pli·fi·er** *s* Tonverstärker *m*; '**~book** *s* Notizbuch *n* | *Wirtsch* Kladde *f* | *Mus* Notenheft *n*; '**~case** *s Brit selten* Brieftasche *f*; '**not·ed** *adj* bekannt, berühmt (**for** wegen, **as** als) ⟨a ≈ author⟩; '**~ˌpa·per** *s* Briefpapier *n*; '**~ˌwor·thy** *adj* bemerkens-, beachtenswert ⟨a ≈ event⟩

not-for-profit [ˌnɒt fə 'prɒfɪt] *adj Am Wirtsch* gemeinnützig ⟨a ~ organisation⟩

noth·ing ['nʌθɪŋ] **1.** *s, pron* Nichts *n* ⟨for ~ umsonst; good for ~ zu nichts zu gebrauchen; next to ~ fast nichts; not ... for ~ ... umsonst; in ~ [flat] *umg* im Nu, blitzschnell; to ~ zu nichts; ~ at all gar nichts; ~ but nichts als; ~ doing *Sl* das kommt nicht in Frage; nichts zu machen, keine Chance; ~ else sonst nichts; ~ for it kein Ausweg; ~ if not außerordentlich, alles andere als nicht; ~ much nichts von Bedeutung; that's ~ das macht gar nichts; das gilt nicht; that is ~ to you das geht dich nichts an; there is ~ to it das ist ganz einfach, da ist nichts dran; to be ~ to nichts bedeuten für, nicht zu vergleichen sein mit; to come to ~ erfolglos sein, nichts erreichen; to feel like ~ on earth sich todelend fühlen; to go for ~ ohne Ergebnis *od* Erfolg sein; to have ~ on *umg* nicht besser sein als; (Polizei) keine Beweise haben gegen; to have ~ to do with sich nicht einlassen mit, nichts zu tun haben mit; to hear ~ of s.o. von jmdm. nichts hören; to make ~ of nichts verstehen können von; to mean ~ to nichts bedeuten für, keinen Eindruck machen auf; to say ~ of ganz zu schweigen von, geschweige denn; to think ~ of nichts halten von; think ~ of it (Antwort) gern geschehen, keine Ursache, vergiß es!⟩ | *übertr* Nichts *n*, Unwichtigkeit *f* | *übertr* (Person) Null *f* ⟨a real ~ eine glatte *od* wahre Null⟩ | Kleinigkeit *f*, Nichts *n* | Nichtigkeiten *pl*, leere Redensarten *pl* ⟨sweet ~s *umg* Tätlichkeiten *pl*⟩; **2.** *adv umg* durchaus nicht, keineswegs ⟨it's ~ like/near what it used to be es ist in keiner Weise das, was es einmal war; ~ like so bad as bei weitem nicht so schlecht wie; ~ like complete längst nicht vollständig⟩; **3.** *interj umg* (in Antworten) keine Spur!, nicht die Bohne!; **'~ness** *s* (Zustand des) Nichts *n* | Leere *f*, Nutzlosigkeit *f* ⟨a feeling of ≈⟩

no·tice ['nəutɪs] **1.** *s* Nachricht *f*, Anzeige *f*, Ankündigung *f* ⟨~ of an engagement Verlobungsanzeige *f*; to give s.o. ~ of s.th. jmdm. etw. mitteilen⟩ | Zeitungsanzeige *f*, -notiz *f* ⟨~s of births, deaths and marriages Geburts-, Todes- und Heiratsanzeigen; to put up a ~ eine Anzeige aufgeben⟩ | Hinweis *m*, Bekanntgabe *f* ⟨~ of loss Verlustanzeige *f*; previous ~ Voranzeige *f*; to serve ~ upon s.o. *Jur* jmdm. eine Vorladung zustellen; till/until further ~ *förml* bis auf weiteres; without ~ ohne Vorankündigung⟩ | Pressenotiz *f*, kurze Rezension *f*, Buchbesprechung *f* | Kündigung *f* ⟨at short ~ kurzfristig; at a day's ~ binnen eines Tages; subject to a month's ~ mit monatlicher Kündigung; without ~ fristlos [entlassen]; to give s.o. a week's ~ jmdm. eine Woche vorher kündigen; to receive ~ to quit die Wohnung gekündigt bekommen⟩ | Beobachtung *f*, Wahrnehmung *f*, Kenntnis *f* ⟨to avoid ~ um Aufsehen zu vermeiden; to be beneath one's ~ keine Notiz verdienen; to bring s.th. to s.o.'s ~ jmds. Aufmerksamkeit lenken auf etw.; to come to s.o.'s ~ jmdm. bekannt werden; to escape ~ unbemerkt bleiben; to escape s.o.'s ~ jmds. Aufmerksamkeit entgehen; to sit up and take ~ *umg* aufhorchen, Respekt zeigen; to make s.o. sit up and take ~ jmdn. alarmieren, munter machen; to take (no) ~ of s.th. etw. (nicht) bemerken⟩; **2.** *vt* bekanntgeben, anzeigen, melden | Notiz nehmen von, wahrnehmen, bemerken ⟨to ~ s.o. doing s.th. bemerken, daß jmd. etwas tut⟩ | (Buch) rezensieren | mit Aufmerksamkeit behandeln | kündigen | *Jur* benachrichtigen; **'~a·ble** *adj* (leicht) wahrnehmbar | bemerkens-, beachtenswert; **'~ board** *s Brit* Anschlagtafel *f*, schwarzes Brett

no·ti|fi·a·ble [ˌnəutɪ'faɪəbl|'nəutɪ-] *adj* meldepflichtig ⟨a ≈ disease⟩; **~fi·ca·tion** [ˌ~fɪ'keɪʃn] *s* Benachrichtigung *f*, Anzeige *f*, Meldung *f* (e-r Geburt etc.); **~fy** ['~faɪ] *vt* benachrichtigen (**of s.th.** von etw., **that** daß) | (formell) informieren (**of** über) | anzeigen, bekanntgeben (**to s.o.** jmdm.)

no·tion ['nəuʃn] *s* Begriff *m*, Idee *f*, Vorstellung *f* ⟨to have no ~ of s.th. von etw. keine Ahnung haben; silly ~s dumme Gedanken *pl*; to have a ~ that sich einbilden, daß⟩ | Absicht *f*, Neigung *f*, Lust *f* ⟨he hasn't a ~ of doing it er denkt nicht daran, es zu tun⟩; **'~al** *adj* Begriffs-, Ideen- | *Phil* rein gedanklich, spekulativ (*Ant* empirical) | fiktiv, angenommen, imaginär ⟨a ≈ amount eine fiktive Summe⟩; **'no·tions** *s/pl Am* Kurzwaren *f/pl* | Kinkerlitzchen *n/pl*

noto- [nəutə(u)] ⟨*griech*⟩ *in Zus* Rücken-

no·to·ri|e·ty [ˌnəutə'raɪətɪ] *s* traurige Berühmtheit | Berüchtigtsein *n*, schlechter Ruf | bekannte Person; **~ous** [nəu'tɔ:rɪəs|nə-] *adj verächtl* offenkundig, wohlbekannt | notorisch, berüchtigt (**for** wegen) ⟨a ≈ criminal ein notorischer Verbrecher⟩ | verrufen, verschrieen ⟨a ≈ place⟩

not·with·stand·ing [ˌnɒtwɪð'stændɪŋ] *förml* **1.** *präp* ungeachtet, trotz ⟨~ the objections ungeachtet *od* trotz der Einwände; his reputation ~ trotz seines Ansehens⟩; **2.** *adv* dennoch, nichtsdestoweniger; **3.** *conj, bes* **~ that** obgleich

nou·gat ['nu:gɑ:|'nʌgət] *s* Nougat *m*

nought [nɔ:t] **1.** *s* Nichts *n* ⟨to bring to ~ ruinieren; to come to ~ fehlschlagen⟩ | *Math* Null *f* ⟨~ point two 0,2; to set at ~ *Math* gleich Null setzen; *übertr* außer acht lassen, ignorieren, in den Wind schlagen⟩; **2.** *adj* nutzlos; **ˌnoughts and 'cross·es** *s Brit* (Kinderspiel) Nullen *pl* und Kreuze *pl*

noun [naun] **1.** *s* Substantiv *n*, Hauptwort *n*; **2.** *adj* Substantiv-, nominal, substantivisch ⟨~ phrase⟩; **'~al** *adj* substantivisch

nour·ish ['nʌrɪʃ] *vt* (er)nähren, erhalten (**on** von) | *übertr* (Gefühle u. ä.) hegen, nähren ⟨to ~ a feeling; to ~ hope⟩ | *übertr* (be)stärken, aufrechterhalten | (Boden) düngen ⟨to ~ the soil⟩; *vi* nähren | gedeihen; **'~ing** *adj* nahrhaft, Nähr-; **'~ment** *s* Ernährung *f* | Nahrung *f*, Nahrungsmittel *n* (*auch übertr*)

nous [naus] *s Phil* Vernunft *f*, Verstand *m*, Nous *m* | *Brit umg* Mutterwitz *m*, Grips *m*

nou·veau| pau·vre [ˌnu:vəu 'pəuvrə] *s* ⟨*frz*⟩ (*pl* **nou·veaux pau·vres** [~]) von der neuen Armut Betroffene(r) *f(m)*; **~ riche** [ˌ~ 'ri:ʃ] *s* ⟨*frz*⟩ (*pl* **~veaux riches** [~]) *meist verächtl* Neureiche(r) *f(m)*

Nov. *Abk* von **November**

no·va ['nəuvə] *s* (*pl* **no·vae** ['-vi:]) *Astr* Nova *f*

nov·el ['nɒvəl] **1.** *s* Roman *m* | *Jur* Novelle *f*, Gesetznachtrag *m*; **2.** *adj* neu | neuartig, ungewöhnlich ⟨a ~ proposal⟩; **~ette** [ˌnɒvə'let] *s* Kurzroman *m* | *verächtl* billiger Roman, Kitschroman; **~et·tish** [ˌnɒvə'letɪʃ] *adj verächtl* sentimental, rührselig, kitschig; **'~ist** *s* Romancier *m*, Romanschriftsteller(in) *m(f)*; **ˌ~'is·tic** *adj* Roman-; **'~ize** *vt* in Romanform darstellen; **~la** [nəu'velə] *s* Novelle *f*

nov·el|ty ['nɒvltɪ] *s* Neuheit *f*, etw. Neues | Ungewöhnlichkeit *f* | Neuerung *f* | *meist* **~ties** ['~tɪz] *pl* Modeartikel *m/pl*, Neuheiten *f/pl* ⟨≈ item Neuheit *f*, Schlager *m*⟩

No·vem·ber [nəu'vembə|nə-] *s* November *m*

nov·ice ['nɒvɪs] **1.** *s* Novize *m*, Novizin *f* | *übertr* Neuling *m*, Anfänger *m* (**at** in, bei); **2.** *adj* Anfänger- ⟨~ swimmer⟩; **no·vi·ci·ate, no·vi·ti·ate** [nəu'vɪʃɪət] *s* Noviziat *n* | Lehrzeit *f*, Lehre *f*

no·vo·caine ['nəuvəˌkeɪn] *s Med* Novokain *n*, Novocain *n*

now [nau] **1.** *adv* nun, jetzt, soeben, gegenwärtig ⟨by ~ jetzt, mittlerweile; [every] ~ and again/then ab und zu, von Zeit zu Zeit; from ~ von jetzt an; just ~ soeben; ~ … ~ …/~ … then … mal …, mal …; up to ~ bis jetzt; what ~? was nun?⟩ | sofort, sogleich ⟨do it ~ tu es gleich!; ~ or never jetzt oder nie; just ~ gerade jetzt; eben⟩ | nun, also ⟨~ for the next point nun zum nächsten Punkt; ~ what happened was this also, was passierte, war folgendes; ~ come nun aber langsam!; ~, ~/ ~ then, there ~ also nun⟩; **2.** *conj* nun aber, da nun, wo nun ⟨~ [that] you mention it da Sie es nun erwähnen⟩; **3.** *s* Jetzt *n*, Heute *n*; **4.** *adj Sl* modern, in ⟨the ~ look⟩; **~a·days** ['~ədeɪz] *adv* heutzutage, jetzt

no·way ['nəuweɪ] *adv förml* keineswegs ⟨to be ~ to blame in keiner Weise schuld sein⟩ | *Am Sl* (als Antwort) niemals, nicht die Bohne, denkste; **no·where** ['nəuweə], *Am umg* **no·place** ['nəupleɪs] **1.** *adv* nirgends, nirgendwo ⟨to be ≈ near enough kaum ausreichen, nicht herankommen an; this will get you ≈ damit erreichst du gar nichts; to be/come in ≈ *bes Sport* nirgends sein, einen aussichtslosen Platz belegen⟩ ◇ **from [out of] nowhere/out of nowhere** aus dem Nichts, als bisher Unbekannte(r) ⟨to come from nowhere and win ganz überraschend gewinnen⟩ | aus heiterem Himmel ⟨to come up ≈ ganz plötzlich auftauchen⟩; **miles from nowhere** *umg* **1.** *adj* meilenweit weg; **2.** *s* Nirgendwo *n*; **ˌno-'win** *adj* ausweg-, chancenlos ⟨a ≈ situation⟩ | nicht auf Gewinn ausgerichtet, kooperativ ⟨≈ pastimes⟩; **no·wise** ['nəuwaɪz] *adv, lit* keineswegs

nox·ious ['nɒkʃəs] *adj förml* ungünstig, ungesund, schädlich (**to** für) ⟨~ gas⟩ | (Ideen) gefährlich, verderblich

noz·zle ['nɒzl] *s* Schnauze *f* | *Tech* Mundstück *n*, Schnauze *f*, Tülle *f* | *Tech* Düse *f*, Gasdüse *f*, Ausflußdüse *f* | *Tech* Brenner *m* | *Sl* Rüssel *m*, Nase *f*

n't *kontr von* ↑ **not**

nth [enθ] *adj* n-te(r, -s) ⟨the ~ degree/power die n-te Potenz; *übertr umg* übertriebenes Maß, extremer Grad; the ~ time *umg* das x-te Mal⟩

nu·ance ['nju:əns|'nju:ɒ:ns|nju:'õs] **1.** *s* Nuance *f*, Abstufung *f*; **2.** *vt* (*meist pass*) nuancieren, abstufen

nub [nʌb] **1.** *s* Knopf *m*, Knötchen *n*, Auswuchs *m*, Buckel *m* | (kleiner) Klumpen, Nuß *f* ⟨a ~ of coal⟩ | *übertr umg* (Buch) Pointe *f*, Witz *m*, Crux *f* ⟨the ~ of the argument die Crux des Problems⟩ | *Tech* Noppe *f*; **2.** *vt Tech* noppen

nu·bile ['nju:baɪl] *adj förml, scherzh* (Mädchen) heiratsfähig, im heiratsfähigen Alter | gut entwickelt, attraktiv

nu·cif·er·ous [nju:'sɪfərəs] *adj Bot* nüssetragend

nu·cle·ar ['nju:klɪə] **1.** *adj* nuklear, Kern- ⟨~ parts⟩ | *Phys* nuklear, Kern- ⟨~ charge Kernladung *f*; ~ particle Nukleareilchen *n*⟩ | Atom-, atomar, nuklear, Kern-; **2.** *s* Atomwaffe *f* | Atommacht *f*; ˌ~ **'bomb** *s* Kernbombe; ˌ~ **dis'ar·ma·ment** *s* atomare Abrüstung; ˌ~ **'en·er·gy** *s* Kernenergie *f*; ˌ~ **'fis·sion** *s* Kernspaltung *f*; ˌ~ **'frag·ment** *s* Spaltprodukt *n*; ˌ~ **'fu·sion** *s* Kernfusion *f*; **'~ism** [-r-] *s* Pochen *n* auf Atomwaffen; **'~ist** [-r-] *s* Befürworter *m* der atomaren Abschreckung; ˌ~ **'medi·cine** *s* Nuklearmedizin *f*; ˌ~ **'mis·sile** *s* Kernrakete *f*; ˌ~ **'phys·ics** *s/pl* (*sg konstr*) Kernphysik *f*; ˌ~ **'pow·er** *s* Atomkraft *f*; ˌ~ **'pow·er ˌsta·tion** *s* Atom-, Kernkraftwerk *n*; ˌ~**-'pow·ered** *adj* atomgetrieben ⟨≈ submarine⟩; ˌ~ **re'ac·tor** *s* Kern-, Atomreaktor *m*; ˌ~ **re'ac·tion** *s Phys* Kernreaktion *f*; ˌ~ **'test** *s* Kernwaffentest *m*; **'~ trans·mu'ta·tion** *s* Kernumwandlung *f*; ˌ~ **'war** *s* Atomkrieg *m*; ˌ~ **'war·head** *s* Atomsprengkopf *m*; ˌ~ **'weap·on** *s* Atomwaffe *f*

nu·cle·i ['nju:klɪaɪ] *pl von* ↑ **nucleus**

nu·cle·ic [nju:'kli:ɪk] *adj Chem* Nuklein- ⟨~ acid Nukleinsäure *f*⟩

nu·cle·on ['nju:klɪɒn] *s Phys* Nukleon *n*, Kernteilchen *n*; **~ics** [ˌnju:klɪ'ɒnɪks] *s/pl* (*sg konstr*) Nukleonik *f*

nu·cle·us ['nju:klɪəs] *s* (*pl* **nu·cle·i** ['nju:klɪaɪ], **nu·cle·us·es** ['~ɪz]) *Astr, Math, Phys* Kern *m*, Nukleus *m* | *Biol* Zellkern *m* | *Phys* Atomkern *m* | *übertr* Kern *m*, Grundlage *f*, Basis *f* ⟨a ~ of fact eine reale Basis; the ~ of a new collection der Ausgangspunkt für eine neue Sammlung⟩

nude [nju:d] **1.** *adj* nackt, bloß (*auch übertr*) ⟨a ~ figure; to model ~ nackt Modell stehen; a ~ fact⟩ | *Jur* ungültig | nackt, kahl ⟨~ hillside⟩ | fleischfarben; **2.** *s* Nacktheit *f* ⟨in the ~ in nacktem Zustand, nackt⟩ | Nackte *f* | Nacktfoto *n* | *Kunst* (*meist* weiblicher) Akt *m* ⟨study from the ~ Aktstudie *f*⟩

nud·ge [nʌdʒ] **1.** *vt* (jmdn.) leicht mit dem Ellbogen anstoßen | (jmdn.) aufmerksam machen, stubsen | (Weg) sich (langsam) bahnen ⟨the ship ~d its way through the ice⟩; *vi* sich schiebend (vorwärts)bewegen ⟨to ~ through the crowd sich durch die Menge drängen⟩; **2.** *s* leichter Stoß mit dem Ellbogen ⟨to give s.o. a ~ jmdm. einen Stubs geben, jmdn. stubsen⟩ | Wink *m*, Andeutung *f*

nu·die ['nju:dɪ] *Sl* **1.** *s* Film *m od* Theaterstück *n* mit Nacktszenen | Nacktmagazin *n*; **2.** *adj* voller Nacktszenen, Porno- ⟨a ~ play⟩

nu·dism ['nju:dɪzm] *s* Nudismus *m*, Nacktkultur *f*, Freikörperkultur *f*; **'nu·dist** *s* Nudist(in) *m(f)* ⟨≈ camp FKK-Kolonie *f*⟩; **'nu·di·ty** *s* Nacktheit *f* ⟨a lot of ≈ viele Nackte⟩

nu·ga·to·ry ['nju:gətərɪ] *förml adj* wertlos | unbedeutend, nichtig

nug·get ['nʌgɪt|-ət] *s* (*bes* Gold-) Klumpen *m* | *übertr* Stück *n*, Brocken *m* ⟨~s of information Informationsbröckchen *n*⟩

nui·sance ['nju:sns] *s* Ärgernis *n* ⟨what a ~! so ein Ärger!⟩ | lästiger Mensch, Nervensäge *f* ⟨to be a ~ to s.o. jmdm. lästig sein, jmdm. auf die Nerven gehen; to make a ~ of o.s. anderen zur Last fallen *od* auf die Nerven gehen; don't be a ~ ärgere mich nicht!⟩ | Vergehen *n*, Polizeiwidrigkeit *f* ⟨commit no ~ haltet Sauberkeit!; public ~ öffentliches Ärgernis; Störung *od* Gefährdung *f* der öffentlichen Sicherheit⟩; **'~ ˌval·ue** *s Pol* Wert *m* als Störfaktor

nuke [nju:k] *Am Sl* **1.** *s* Atomwaffe *f* ⟨a mini ~ eine Miniatombombe⟩ | Atomkraftwerk *n*; **2.** *vt* mit Atomwaffen angreifen, überfallen

null [nʌl] **1.** *adj* fehlend, nicht vorhanden | *Math* null, leer ⟨~ result Nullresultat *n*; a ~ set eine leere Menge⟩ | *Jur* ungültig ⟨~ and void null und nichtig⟩ | unbedeutend, nichtssagend; **2.** *s Math* Null *f*; **nul·li·fi·ca·tion** [ˌ~ɪfɪ'keɪʃn] *s* Ungültigmachung *f*, Nichtig(keits)erklärung *f*; **nul·li·fy** ['~ɪfaɪ] *vt* ungültig *od* für null und nichtig erklären, aufheben | zunichte machen ⟨to ≈ an effect⟩; **'nul·li·ty** *s bes Jur* Ungültigkeit *f*, Nichtigkeit *f*, Unwirksamkeit *f* ⟨decree of ≈ [of marriage] Nichtigkeitsurteil *n*; ≈ suit Nichtigkeitsklage *f*; to be a ≈ [null und] nichtig sein⟩ | (Person, Sache) Nichts *n*, Null *f*

numb [nʌm] **1.** *adj* starr, erstarrt, empfindungslos ⟨~ fingers; fingers ~ with cold vor Kälte erstarrte Finger⟩ | *übertr* erstarrt, betäubt (**with** vor) ⟨~ with fear furchterstarrt⟩; **2.** *vt* starr machen | *übertr* betäuben ⟨~ed with grief schmerzerstarrt⟩ | *Med* betäuben, lindern ⟨to ~ the pain⟩

num·ber ['nʌmbə] **1.** *s* Zahl *f*, Nummer *f* ⟨3 is a ~; opposite ~ *Brit* Gegenpart *m*, Gegenspieler *m*; to have s.o.'s ~ *umg* jmdn. durchschauen, wissen, wie man jmdn. (klein)kriegen kann; to know s.th. by ~ von etw. die Nummer wissen; your ~ is/has come up *übertr umg* jetzt bist du dran, jetzt hat es dich erwischt (Strafe, Ruin, Tod)⟩ | Menge *f*, (An-) Zahl *f* ⟨a large ~; a ~ of people sehr viele Menschen *pl*; any ~ of *umg* x-mal, jede Menge; in ~ der Zahl nach; ~s of viele; to the ~ of *förml* sich belaufend auf, … an der Zahl; without ~ unzählig; times without ~ unzählige Male⟩ | (*oft pl*) Gruppe *f* ⟨one of our ~ einer von uns; their ~s fell sie wurden weniger⟩ | *meist Kurzf* **No** (*pl* **Nos**) (Haus-, Telefon- u. ä.) Nummer *f* ⟨Room No 12; No. 10 [Downing Street] Downing Street Nr. 10⟩ | (Zeitungs-) Nummer *f*, Ausgabe *f* ⟨in ~s in Lieferungen; the current ~ die laufende Nummer; back ~s frühere Nummern *pl*; he's a back ~ *übertr* er ist altmodisch *od* läuft seiner Zeit hinterher⟩ | *Mus* Nummer *f*, Stück *n* ⟨the next ~; to do a ~ *Sl übertr* etwas abziehen; to do a ~ on s.o. *Sl übertr* jmdn. hereinlegen; sich über jmdn. lustig machen, jmdn. aufziehen; raffiniert flirten mit⟩ | (*meist sg*) *umg Wirtsch* (Kleidung) (Verkaufs-) Nummer *f*, Artikel *m* ⟨a pretty ~ ein schönes Stück⟩ | (*meist sg*) *Sl* Käfer (Mädchen) *m* ⟨a good looking ~⟩ | *Ling* Numerus *m*, Zahl *f*; **2.** *vt* zählen, rechnen | numerieren | sich belaufen auf ⟨to ~ 10 in all⟩ | dazurechnen (**among, with** zu, unter) | (*meist pass*) gezählt sein, beschränkt sein ⟨his days are ~ed⟩; *vi* zählen; **~ off** *vt, vi, auch Mil* abzählen, durchzählen; **'~ ˌcrunch·er** *s umg* Supercomputer *m*; **ˌnum·bered 'ac·count** *s* Nummernkonto *n*; **'~ing** [-r-] *s* Numerierung *f*, Bezifferung *f*; **'~ing maˌchine** *s* Zahlenstempel *m*; **'~less** *adj* unzählig, zahllos; ˌ~ **'one** *s umg* das eigene Ich ⟨to look/take care of ≈ auf den eigenen Vorteil aussein; to think of ≈

nur sich selbst sehen⟩ | Nummer *f* Eins, Chef *m* ⟨he's ≈ and I'm ~ two⟩; **'~plate** *s Brit Kfz* Nummernschild *n*; **'num·bers** *s/pl* zahlenmäßige Übermacht ⟨to win by ≈⟩ | Mathematik *f*, Rechnen *n* ⟨to be good at ≈ ein guter Rechner sein⟩ | *arch* Metrum *n*, Versmaß *n*, Verse *m/pl* ⟨in mournful ≈ in schwermütigen Versen⟩; **'Num·bers** (*sg konstr*) *bibl* Numeri *pl*, Viertes Buch Mose; **'~ ˌsys·tem** *s* Zahlensystem *n*

numb|ing ['nʌmɪŋ] *adj* erstarrend, betäubend; **'~ly** *adv* wie gelähmt, schlaff

nu·mer|a·ble ['nju:mərəbl] *adj* zählbar; **~a·cy** ['~əsɪ] *s* Rechenkenntnis *f*; **'~al 1.** *adj* numerisch, Zahlen-; **2.** *s* Ziffer *f*, Zahl *f* ⟨Roman ≈s⟩ | *Ling* Zahlwort *n*; **'~ar·y** *adj* Zahlen-; **'~ate** [~ɪt] *adj* rechenkundig; ['~eɪt] *vt* aufzählen; **ˌ~'a·tion** *s* Zählen *n* | Numerieren *n* | Zählung *f*; **'~a·tive** *adj* zählend, Zahlen-; **'~a·tor** *s Math* (Bruch) Zähler *m*; **~i·cal** [nju:'merɪkl] *adj* zahlenmäßig, Zahlen- ⟨≈ symbol Zahlzeichen *n*⟩; **ˌ~i·cal a'bil·i·ty** *s* Fähigkeit *f*, mit Zahlen umzugehen; **ˌ~i·cal 'check** *s* Rechenprobe *f*; **ˌ~i·cal con'trol** *s Tech* numerische Steuerung; **ˌ~i·cal ex'am·ple** *s* Rechenbeispiel *n*; **ˌ~i·cal·ly con'trolled** *adj Tech* numerisch gesteuert; **nu·me·rol'o·gy** [ˌnju:mə'rɒlədʒɪ] *s* magische Zahlenkunst; **'~ous** *adj* zahlreich, viel ⟨≈ times viele Male; ≈ stamps zahlreiche Briefmarken⟩ | häufig, zahlreich ⟨to become more ≈ häufiger werden⟩

nu·mi·nous ['nju:mɪnəs] *adj lit, Rel* numinös

nu·mis|mat·ic [ˌnju:mɪz'mætɪk] *adj* numismatisch, Münz-; **ˌ~'mat·ics** *s/pl* (*sg konstr*) Numismatik *f*, Münzkunde *f*; **~ma·tist** [nju:'mɪzmətɪst] *s* Numismatiker *m*, Münzsammler *m*; **num·ma·ry** ['nʌmərɪ] *adj* Münzen betreffend, Münzen-; **num·mu·lar[y]** ['nʌmjʊlə(rɪ)] *adj* Münzen-, Geld- | *Med* münzenartig, -förmig

num|skull ['nʌmskʌl] *umg s* Dummkopf *m*; **'~skulled** *adj* dumm

nun [nʌn] *s* Nonne *f* | *Zool* Nonne *f* | *Zool* Blaumeise *f*

nun·ci·o ['nʌnsɪəʊ] *s* Nuntius *m*

nun·cu|pate ['nʌŋkjʊpeɪt|-kjə-] *Jur vt* (*bes* Testament) mündlich erklären; **ˌ~'pa·tion** *s* mündliche testamentarische Erklärung; **'~pa·tive** *adj* mündlich

nun|hood ['nʌnhʊd] *s* Nonnenschaft *f*, Nonnentum *n*; **'~like** *adj* nonnenhaft; **'~ner·y** *s* Nonnenkloster *n* | *collect* Nonnen *f/pl*

nup·tial ['nʌpʃl] *förml* **1.** *adj* hochzeitlich, Hochzeits- ⟨~ rites Hochzeitsbräuche *m/pl*⟩; **2.** *meist* **nup·tials** *s/pl* Hochzeit *f*; **'~ bed** *s* Brautbett *n*; **ˌ~ 'cer·e·mo·ny** *s* Trauung *f*; **'~ day** *s* Hochzeitstag *m*

nurse [nɜ:s] **1.** *s* Krankenschwester *f* ⟨head ~ Oberschwester *f*; male ~ Krankenpfleger *m*; private ~ Privatschwester *f*; student ~ Lernschwester *f*⟩ | *oft* **'wet ~** Amme *f* | *auch* **'dry ~** Kindermädchen *n*, -frau *f* | (erste) Pflege ⟨in ~ in Pflege; to put a child [out] to ~ ein Kind in Pflege geben⟩ | *übertr* Amme *f*, (Nähr-) Mutter *f* ⟨the ~ of liberty⟩; **2.** *vt* (Kind) säugen, stillen, die Brust geben | (Kind) aufziehen | (Kranke, Pflanzen) pflegen | (Krankheit) auskurieren ⟨to ~ a cold⟩ | (Gliedmaßen) schonen, entlasten ⟨to ~ one's leg ein Bein über das andere schlagen⟩ | (Baby, Tier) streicheln, hätscheln, umarmen | *übertr* (*bes* schlechte Gedanken, Gefühle) hegen, nähren, fördern ⟨to ~ a grudge einen Groll hegen⟩ | *umg* (Geld u. ä.) sparsam umgehen mit ⟨to ~ a glass of wine ein Glas Wein bedächtig trinken *od* genießen⟩ | *selten* sich kümmern um, sich warmhalten ⟨to ~ one's constituency in seinem Wahlkreis aktiv sein⟩; *vi* stillen; **'~ling** = **nursling**; **'~maid** *s* Kindermädchen *n*; **'nurs·er·y** *s* Kinderzimmer *n* | Kinderkrippe *f* ⟨day ≈ Kindertagesstätte *f*; night ≈ Kinderheim *n*⟩ | Baumschule *f*; **'nurs·er·y ˌgov·ern·ess** *s* Kinderfräulein *n* | Kindergärtnerin *f*; **'nurs·er·y maid** *s* Kindermädchen *n*; **'nurser·y·man** *s* (*pl* **'nurserymen**) Pflanzenzüchter *m*; **'nurs·er·y rhyme** *s* Kinderlied *n*, Kindervers *m*; **'nurs·er·y school** *s* Kindergarten *m*; **'nurs·ing home** *s* (*meist* privates) Pflegeheim *n* | *Brit* Privatklinik *f*; **'nurs·ing proˌfes·sion** *s* Schwesternstand *m*; **nurs·ling** ['~lɪŋ] *s* Säugling *m* | Pflegling *m*, Pflegekind *n* | *übertr* (Person) Schützling *m*, Hätschelkind *n* | (Plan, Idee) Lieblingskind *n*

nur·tur|ance ['nɜ:tʃr̥əns] *s* Aufziehen *n*, Umsorgen *n* (*bes* der Kinder); **'~ant** [-r̥-] *adj* Erziehungs-, Pflege- ⟨≈ professions Berufe *pl*, die sich um Menschen kümmern⟩

nur·ture ['nɜ:tʃə] *lit* **1.** *vt* nähren | auf-, erziehen | erziehen, (aus)bilden ⟨~d in the university⟩ | *übertr* hegen, entwikkeln ⟨to ~ a feeling⟩; **2.** *s* Nähren *n* | Nahrung *f* | Bildung *f*, Erziehung *f*, Pflege *f*

nut [nʌt] **1.** *s Bot* Nuß *f* | *Tech* Gewindering *m*, Mutter *f* | *übertr* Schwierigkeit *f* ⟨a hard ~ to crack eine harte Nuß⟩ | *übertr* Kern *m*, Grundlage *f* ⟨the ~ of the argument der Kern des Problems⟩ | *Sl* Birne *f*, Kopf *m* ⟨off one's ~s verrückt; to do one's ~[s] verrückt spielen, durchdrehen; *Brit* wie verrückt arbeiten⟩ | *Sl* Dandy *m*, Geck *m*; **2.** (**'~ted, '~ted**) *vi* Nüsse sammeln ⟨to go ~ting⟩; *vt Brit Sl* mit dem Kopf stoßen

nu·ta·tion [nju:'teɪʃn] *s förml* Nicken *n* | *Phys* Nutation *f* ⟨~ angle Nutationswinkel *m*⟩

nut|-brown [ˌnʌt 'braʊn] *adj* nußbraun; **ˌ~ 'but·ter** *s* (Erd-) Nußbutter *f*; **'~case** *s umg, scherzh* Spinner(in) *m(f)*; **'~ˌcrack·er** *s* Nußknacker *m* | *Zool* Tannenhäher *m*; **~gall** ['~gɔ:l] *s* Gallapfel *m*; **~hatch** ['~hætʃ] *s Zool* Kleiber *m*; **'~house** *s Sl* Verrücktenanstalt *f*; **'~key** *s Tech* Schraubenschlüssel *m*; **~meg** ['~meg] *s Bot* Muskatnuß *f*

nu·tria ['nju:trɪə] *s Zool* Biberratte *f*, Nutria *f* | Nutriafell *n*

nu·tri|ent ['nju:trɪənt] **1.** *adj förml* nahrhaft, nährend, Nähr-; **2.** *s* Nährstoff *m*; **ˌ~ent 'base** *s* Nährsubstrat *n*; **ˌ~ent so'lu·tion** *s* Nährlösung *f*; **'~ment** *s förml* Nahrungsmittel *n*, Nahrung *f* (*auch übertr*); **ˌ~'men·tal** *adj* nährend; **nu'tri·tion** [nju:'trɪʃn] *s* Nährung *f* | Ernährung *f*; **nu'tri·tion·al** *adj* Ernährungs-; **nu'tri·tion·ist** *s* Ernährungswissenschaftler *m*; **nu'tri·tious** *adj förml* nahrhaft, nährend; **'~tive 1.** *adj förml* nahrhaft; **2.** *s* Nährstoff *m*; **ˌ~tive 'val·ue** *s* Nährwert *m*

nuts [nʌts] **1.** *adj Sl* verrückt | versessen ⟨~! du bist wohl verrückt!; to be ~ bekloppt sein; to be ~ about/over s.o./s.th. verknallt sein in, verschossen sein in; to be ~ on wild *od* scharf sein auf; to drive ~ verrückt machen; to go ~ überschnappen⟩; **2.** *s/pl* Nußkohle *f* | *vulg* Eier *n/pl* (Hoden) ◇ **not for ~** *Sl* überhaupt nicht; **for ~** *umg* zum Spaß; **3.** *interj Am Sl* Quatsch! ⟨~ to you du kannst mich mal!⟩ | *emph* niemals!

nuts and bolts [ˌnʌts ən 'bəʊlts] *s* Anfangsgründe *pl*, Grundlagen *pl* ⟨the ~ of motoring⟩ | Mechanismus *m*, Zusammenspiel *n* der Teile ⟨the ~ of the engine⟩; **ˌnuts-and-'bolts** *adj* gründlich, realistisch ⟨a ≈ matter⟩

nut|shell ['nʌt ʃel] *s* Nußschale *f* ⟨in a ≈ *übertr* in aller Kürze; to put s.th. in a ≈ etw. kurz und knapp ausdrükken⟩; **'~ter** *s Brit Sl* (Person) verrückte Nuß; **'~tree** *s* Nußbaum *m*; **'~ty** *adj* nußartig ⟨a ≈ taste⟩ | nußreich ⟨a ≈ cake ein Kuchen mit viel Nüssen⟩ | schmackhaft, lecker | *Sl* verrückt (**on** nach) ⟨a ≈ speech; as ≈ as a fruitcake verrückt wie Oskar⟩; **'~wood** *s* Nußbaumholz *n*

nuz·zle ['nʌzl] *vt* mit der Schnauze berühren *od* aufwühlen | an sich drücken ⟨to ~ one's head against den Kopf kuscheln an⟩; *vi* stöbern, schnüffeln (**for** nach, **in** in) | *auch* **~ up** sich anschmiegen (**to, against** an)

NW *Abk* von ↑ **northwest[ern]**

nyc·ta·lo·pi·a [ˌnɪktə'ləʊpɪə] *s Med* Nyktalopie *f*, Nachtblindheit *f*

nycto- [nɪktə(ʊ)] ⟨*griech*⟩ *in Zus* Nacht-

nyc·tu·ri·a [nɪk'tjʊərɪə] *s Med* Nykturie *f*

ny·lon ['naɪlɒn|-lən] **1.** *s* Nylon *n*; **2.** *adj* Nylon- ⟨~ blouse⟩; **ny·lons** *s/pl* Nylonstrümpfe *m/pl* ⟨a pair of ≈⟩

nymph [nɪmf] *s* Nymphe *f* | *Zool* Puppe *f* | *übertr* Mädchen *n*; **~et** [~'et] *s umg* (sexuell begehrenswertes) junges Mädchen, Nymphchen *n* | *lit* Mädchen *n*; **'~ish, '~like** *adj* nymphenhaft

nym·pho ['nɪmfəʊ] *s* (*Kurzf von* **nymphomaniac**) *umg* mannstolle(s) Frau *f* (Mädchen *n*), Nymphomanin *f*

nym·pho·ma·ni·a [ˌnɪmfə'meɪnɪə] *s Med* Nymphomanie *f*, Mannstollheit *f*; **ˌnym·pho'ma·ni·ac** **1.** *adj* nymphoman; **2.** *s* Nymphomanin *f*

nys·tag·mus [nɪs'tægməs] *s Med* Nystagmus *m*, Lidkrampf *m*

O

O, o [əʊ] **1.** *s* (*pl* **O's, Os, o's, os**) O *n*, o *n* | Null *f* (in Telefonnummern, *auch übertr*) ⟨five o double four fünf null vier vier⟩; **2.** *interj* oh!, ach! ⟨O dear [me] ach je!, o je!; O no ach wo!, o nein!⟩

O' [ə(ʊ)] *Ir präf*, vor Eigennamen (Enkel, Abkömmling von): **O'Neill**

o' [ə] *Abk* von **of**, in: **o'clock** ... Uhr ⟨four o'clock⟩ | *arch, dial, lit Abk von* **on** ⟨twice ~ weekdays⟩

oaf [əʊf] *s* Lümmel *m* | Dummkopf *m*; **'~ish** *adj* lümmelhaft | dumm, tölpelhaft

oak [əʊk] **1.** *s* Eiche *f* | Eichenholz *n* ⟨dark ~ dunkel Eiche⟩ | Eichenlaub *n*; **2.** *adj* eichen, Eichen- ⟨~ door⟩; **'~ ˌap·ple**, *auch* **'~ gall** *s Bot* Gallapfel *m*; **'~en** *adj, bes lit, poet* eichen, aus Eichenholz; **'~ ˌtim·ber** *s* Eichenholz *n*; **Oaks** (*mit best art*) (Pferdesport) berühmtes Zuchtrennen in Epsom; **'~ tree** *s* Eiche *f*, Eichenbaum *m*

oa·kum ['əʊkəm] *s* Werg *n*, Abdichtfaser *f* | *Mar* Kalfaterwerg *n*

oak|wood ['əʊkwʊd] *s* Eichenholz *n* | Eichenwald *m*; **'~y** *adj* reich an Eichen | fest, hart wie Eiche

OAP *Abk* von **old age pensioner** Rentner(in) *m*(*f*)

oar [ɔ:] **1.** *vt, vi* rudern; **2.** *s Mar* Ruder *n*, Riemen *m*, Skull *n* ⟨to have an ~ in every man's boat *übertr umg* sich in alles einmischen; to lie on one's ~s die Riemen glatt legen; *übertr umg* sich ausruhen; to pull a good ~ gut rudern können; to put/stick/shove one's ~ in *übertr Sl* sich einmengen, seinen Senf dazugeben; to rest on one's ~s zu rudern aufhören; *übertr* sich auf seinen Lorbeeren ausruhen; to ship the ~s die Riemen klar machen⟩ | Ruderer *m* | *Zool* Ruder *n*; **'~blade** *s* Ruderblatt *n*; **oared** *adj* mit Rudern | -ruderig ⟨eight-≈ achtrudrig⟩; **'~lock** *s* Ruderdolle *f*; **'oars·man** *s* (*pl* **'oars·men**) Ruderer *m*; **'oars·man·ship** *s* Ruderkunst *f*; **'oarsˌwom·an** *s* (*pl* **'oarsˌwom·en**) Ruderin *f*; **'~y** [-r-] *adj* ruderförmig

o·a·sis [əʊ'eɪsɪs] *s* (*pl* **o·a·ses** [əʊ'eɪsi:z] Oase *f* (*auch übertr*) ⟨an ~ in the desert *übertr* eine höchst willkommene Abwechslung⟩

oast [əʊst], *auch* **'~ house** *s* Hopfendarre *f*

oat [əʊt] *s*, *meist* **oats** *pl* Hafer *m* ⟨crushed / rolled ~s Haferflocken *f/pl*; to be off one's ~ *umg* keinen Mumm zum Essen haben; he feels his ~s *umg* er ist obenauf, ihn sticht der Hafer; to sow one's wild ~s *übertr* sich die Hörner abstoßen⟩; **'~cake** *s* Haferkuchen *m* | Hafermehl *n*; **'~ flakes** *s/pl* Haferflocken *f/pl*

oath [əʊθ] *s* Eid *m*, Schwur *m* ⟨~ of allegiance Fahneneid *m*; ~ of fealty Lehnseid *m*; by / on / upon ~ *Jur* unter Eid; in lieu of ~ an Eides Statt; on / upon my ~! das kann ich beschwören!; to be on / under ~, *auch* to be on one's ~ *Jur* vereidigt sein, eidlich gebunden sein; to make / swear / take an ~ [to] einen Eid schwören (auf); to put s.o. on his ~ / under ~ jmdn. einen Eid schwören lassen⟩ | Verwünschung *f*, Fluch *m*; **'~ ˌbreak·ing** *s* Eidbruch *m*

oat·meal ['əʊtmi:l] *s* Hafermehl *n* | Hafergrütze *f*

ob·bli·ga|to [ˌɒblɪ'gɑ:təʊ] *Mus* **1.** *adj* obligat, hauptstimmig; **2.** *s* (*pl* **~tos** [~təʊz]) selbständige Begleitstimme ⟨with piano ~ mit Klavierbegleitung⟩ | *übertr* Begleitmusik *f*

ob·duc·tion [ɒb'dʌkʃn] *s Med* Obduktion *f*

ob·du|ra·cy ['ɒbdjʊərəsɪ] *förml s* Verstocktheit *f*, Halsstarrigkeit *f*; **~rate** ['~rət] *adj* verstockt, halsstarrig | hartherzig

o·be·ah ['əʊbɪə], *auch* **o·bi** ['əʊbɪ] *s* Obikult *m* (Westindien) | *umg* Obi *m*, Fetisch *m*

o·be·di|ence [ə'bi:dɪəns] *s* Gehorsam *m* (**to** gegen) ⟨in ≈ to aus Gehorsam gegen; passive ≈ unbedingter Gehorsam⟩ | *Rel* Obedienz *f*, Gehorsamspflicht *f*; **o'be·di·ent** *adj* gehorsam (**to** gegen) ⟨≈ children; Your ≈ servant (Briefschluß) Ihr ergebener⟩

o·bei·sance [əʊ'beɪsns|-'bi:s-] *förml s* Verbeugung *f* | Ehrerbietung *f* ⟨to do / make / pay ~ to s.o. jmdm. huldigen⟩; **o'bei·sant** *adj* gehorsam, unterwürfig

ob·e·lisk ['ɒbəlɪsk|-bɪl-] *s* Obelisk *m*, Spitzsäule *f*

o·bese [əʊ'bi:s] *adj* beleibt, dick; **o'bes·i·ty** *s* Korpulenz *f* | Fettsucht *f*

o·bey [ə'beɪ|əʊ'beɪ] *vt* (jmdm.) gehorchen, folgen ⟨to ~ an officer⟩ | (etw.) befolgen ⟨to ~ orders den Befehlen Folge leisten⟩; *vi* gehorchen (**to s.o.** jmdm.)

ob·fus|cate ['ɒbfʌskeɪt|-fəs-] *förml vt* verdunkeln, verfinstern, trüben | *übertr* (Geist) verwirren, trüben; (Problem) unklar machen, vernebeln; **ˌ~'ca·tion** *s* Verdunkelung *f*, Trübung *f* | *übertr* Verwirrung *f*

o·bi ['əʊbɪ] *s* Obi *n* (japanischer kunstvoller Gürtel zum Kimono)

O·bie ['əʊbi:] *s Am* Obie *m* (amerikanischer Theaterpreis)

ob·i·ter dic·tum [ˌəʊbɪtə 'dɪktəm] ⟨*lat*⟩ *s* (*pl* **ob·i·ter dic·ta** [ˌ- 'dɪktə]) *förml Jur* beiläufige Bemerkung

o·bit·u·a·ry [ə'bɪtʃʊərɪ] **1.** *s* Todesanzeige *f* | Totenliste *f* | Nachruf *m*; **2.** *adj* Todes- ⟨~ notices Todesanzeigen *f/pl*⟩

ob·ject [əb'dʒekt] *vt* vorwerfen (**against s.o., to s.o.** jmdm.) | einwerfen, vorbringen (**to** gegen); *vi* Einspruch erheben, Einwände machen, protestieren (**against, to** gegen); ['ɒbdʒɪkt] *s* (materieller) Gegenstand, Objekt *n* | Gegenstand *m* ⟨an ~ of pity ein Gegenstand des Mitleids⟩ | Ziel *n*, Zweck *m* ⟨to have no ~ in life; (fail) succeed in one's ~s sein Ziel (nicht) erreichen; with the ~ of *mit ger* in der Absicht zu *mit inf*⟩ | *Ling* Objekt *n* ⟨(in)direct ~⟩ | *umg iron* komische Person *od* Sache ⟨what an ~ you are! wie sehen Sie bloß aus!⟩ ◇ **no ~** kein Hindernis ⟨money is ≈ Geld spielt keine Rolle⟩; **'~ ˌfind·er** *s Foto* (Objektiv) Sucher *m*; **'~ glass** *s Phys* Objektiv *n*; **'~ ˌhold·er** *s* Objektträger *m*; **ob·jec·tion** [əb'dʒekʃn] *s* Einwendung *f*, Einwand *m*, Einwurf *m* (*auch Jur*) (**to** gegen) ⟨to take ≈ Einwand erheben⟩ | Reklamation *f*, Beanstandung *f* | Widerwille *m*, Abneigung *f* (**against, to** gegen) ⟨to have a strong ≈ to s.th. entschieden gegen etw. sein; to have no ≈ to s.o. gegen jmdn. nichts einzuwenden haben⟩; **ob'jec·tion·a·ble** *adj* nicht einwandfrei | unangenehm ⟨an ≈ smell⟩; **ob'jec·tive 1.** *adj Phil* objektiv, wirklich, real ⟨≈ reality⟩ | objektiv, sachlich | Ziel- ⟨≈ point *Mil* Angriffsziel *n*⟩ | *Ling* Objekts- ⟨≈ case Objektsfall *m*⟩; **2.** *s* Ziel *n* | *Phys, Foto* Objektiv *n* | *Ling* Objektsfall *m* | *Mil* Operationsziel *n*; **ob'jec·tive·ly** *adv* objektiv ⟨≈ [speaking] objektiv gesprochen⟩; **ob'jec·tiv·ism** *s* Objektivismus *m*; **ob'jec·tiv·ist** *s* Objektivist *m*; **ob,jec·ti'vis·tic** *adj* objektivistisch; **ob·jec·tiv·i·ty** [ˌɒbdʒek'tɪvətɪ] *s* Objektivität *f*; **ob'jec·tiv·ize** *vt* objektivieren; **~less** ['ɒbdʒɪktləs] *adj* gegenstandslos | ziellos; **'~ ˌles·son** *s* Anschauungsunterricht *m*, Experiment *n* | *übertr* Schulbeispiel *n* | *übertr* Denkzettel *m*; **ˌ~ of 'vir·tu** [-vɜ:tu:] *s* (*meist pl*) seltener, wertvoller (Kunst-) Gegenstand; **ob'jec·tor** *s* Gegner *m* ⟨conscientious ≈ *Mil* Kriegsdienstverweigerer *m*⟩; **'~ point** *s Phys* Objektpunkt *m*; **'~ plate, '~ slide** *s Tech* Objektträger *m*; **'~ ˌteach·ing** *s* Anschauungsunterricht *m*

ob·jet| d'art [ˌɒbʒeɪ 'dɑ:] *s* (*pl* **ob·jets d'art**) ⟨*frz*⟩ Kunstgegenstand *m*; **~ de ver·tu** [ɒb'ʒeɪ də vɜ:'tu:] = **object of virtu**

ob·jur|gate ['ɒbdʒɜ:geɪt] *förml vt* tadeln, schelten; **ˌ~'ga·tion** *s* Tadel *m*, Schelte(n) *f*(*n*); **~ga·to·ry** [ɒb'dʒɜ:gətərɪ] *adj* tadelnd, scheltend

ob·late ['ɒbleɪt] *adj Math, Phys* abgeplattet, abgeflacht ⟨~ sphere an den Polen abgeflachte Kugel⟩

ob·la·tion [ə'bleɪʃn] *Rel s* (*oft pl*) (*bes* Brot, Wein) Darbringung *f*, Opferung *f* | Opfergabe *f* | *übertr* Gabe *f*

ob·li|gate ['ɒblɪgeɪt] *vt* (gesetzlich) verpflichten | *Jur* zwingen (**to** *mit inf* zu *mit inf*, *meist pass*) | (*meist pass*) *förml* (zu Dank) verpflichten, drängen, veranlassen ⟨to feel ≈d⟩; **ˌ~'ga·tion** *s* Verpflichtung *f*, Verbindlichkeit *f* (**to** gegen) ⟨to be under [an] ≈ to s.o. jmdm. zu Dank verpflichtet sein; to fulfil / repay an ≈ einer Verpflichtung nachkommen; to place s.o. under an ≈ jmdm. eine Verpflichtung auferlegen⟩ | *Wirtsch* Obligation *f*, Schuldschein *m* ⟨no / without ≈ unverbindlich⟩; **ob·lig·a·to·ry** [ə'blɪgətrɪ] *adj* verpflichtend, bindend, obligatorisch (**on, upon** für) (*Ant* optional) | *Päd* Pflicht- ⟨≈ subject Pflichtfach *n*⟩

o·blige [ə'blaɪdʒ] *vt* binden, verpflichten ⟨the law ~s him to do it das Gesetz verpflichtet ihn dazu, es zu tun; I am much ~d [to you] ich bin Ihnen sehr verpflichtet, ich bin Ihnen sehr zu Dank verbunden; to ~ o.s. sich verpflichten⟩ | *förml* gefällig sein, einen Gefallen tun (**with** mit, durch) ⟨to ~ s.o. by *mit ger* so freundlich sein, etw. zu *mit inf*; to ~ s.o. with jmdm. gefällig sein mit; anything to ~ you! sicher, wenn ich Ihnen damit gefällig sein kann⟩ | (*meist pass*) zwingen, nötigen ⟨to be ~d to müssen⟩; *vi umg* zur Unterhaltung beitragen, zum besten geben (**with** mit); **o'bliged** *adj* verpflichtet | verbunden, dankbar; **ob·li·gee** [ˌɒblɪ'dʒi:] *s* Verpflichteter *m* | *Wirtsch* Gläubiger *m*; **o'blige·ment** *s* Verpflichtung *f* | Gefälligkeit *f*; **o'blig·ing** *adj* verbindlich, gefällig, hilfsbereit ⟨≈ neighbours⟩; **ob·li·gor** [ˌɒblɪ'gɔ:] *s Jur* Schuldner(in) *m*(*f*)

ob·lique [ə'bli:k] **1.** *adj* schräg, schief, quer ⟨~ angle *Math* schiefer Winkel⟩ | *übertr* versteckt ⟨an ~ hint ein verstohlener Wink⟩ | *Ling* abhängig, indirekt ⟨~ case Beugefall *m*, Kasus *m* obliquus; ~ speech indirekte Rede⟩; **2.** *vi* schief sein; **ob·liq·ui·ty** [ə'blɪkwətɪ] *s* Schiefheit *f*, Schrägheit *f*, schiefe Richtung | *übertr* Verirrung *f*, Abweg *m* ⟨moral ≈ Unredlichkeit *f*; ~ of judgment schiefes Urteil⟩ | *auch* **'~ stroke** Schrägstrich *m*

ob·lit·er·ate [ə'blɪtəreɪt] *vt* tilgen, (aus)löschen, auswischen, ausstreichen | entwerten | *übertr* zerstören, vernichten; **ob,lit·er'a·tion** *s* Tilgung *f*, Auslöschung *f* | Entwertung *f* | *übertr* Zerstörung *f*, Vernichtung *f*; **~'a·tion ˌmag·net** *s* Löschmagnet *m*; **ob'lit·er·a·tive** *adj* tilgend

ob·liv·i|on [ə'blɪvɪən] *s* Vergessenheit *f* ⟨to fall / sink into ≈ in Vergessenheit geraten⟩ | Vergeßlichkeit *f* | *Jur* Straferlaß *m* ⟨Act / Bill of ≈ Amnestie *f*⟩; **ob'liv·i·ous** *adj* vergeßlich ⟨to be ≈ of s.th. etw. vergessen⟩ | unachtsam ⟨to be ≈ to s.th. etw. nicht beachten⟩

ob·long ['ɒblɒŋ] **1.** *adj* länglich | *Math* rechteckig; **2.** *s Math* Rechteck *n*; **ˌ~ 'hole** *s Tech* Langloch *n*; **ˌ~ 'punch·ing** *s* Längslochung *f*

ob·lo·quy ['ɒbləkwɪ] *förml s* Verleumdung *f*, Schmähung *f* ⟨to fall into ~ in Verruf kommen⟩ | Schmach *f*

ob·nox·ious [əb'nɒkʃəs|ɒb-] *förml adj* anrüchig, anstößig | verhaßt | unangenehm (**to s.o.** jmdm.)

o·boe ['əubəu] *s Mus* Oboe *f*; **'o·bo·ist** *s* Oboist *m*

ob·scene [əb'si:n|ɒb-] *adj* obszön, schlüpfrig, zotig, unanständig ⟨an ~ story⟩ | *Jur* unzüchtig ⟨~ libel Veröffentlichung *f* unzüchtiger Schriften⟩ | *übertr* verrucht, widerlich, korrupt; **ob·scen·i·ty** [əb'senətɪ|-'si:n-|ɒb-] *s* Unanständigkeit *f*, Schmutz *m*, Obszönität *f*, Zote *f* | *übertr* Verruchtheit *f*, Widerlichkeit *f*

ob·scu·rant·ism [ˌɒbskʊ'ræntɪzm] *s* Obskurantismus *m*; **ˌob·scu·'rant·ist 1.** *s* Obskurant *m*; **2.** *adj* obskurantistisch; **ob·scu·ra·tion** [ˌɒbskjuə'reɪʃn] *s* Verdunkelung *f* | *übertr* Unklarheit *f* | *Med* Verschattung *f*

ob·scure [əb'skjuə] **1.** *adj* trübe, finster, dunkel ⟨an ~ corner⟩ | unklar, undeutlich, unverständlich ⟨an ~ speech⟩ | matt ⟨~ colours⟩ | schwach ⟨an ~ pulse⟩ | unbekannt, unbedeutend ⟨an ~ poet⟩; **2.** *vt* trüben, verfinstern, verdunkeln ⟨obscured glass Mattglas *n*⟩ | (Bild) undeutlich machen | *übertr* herabsetzen, in den Schatten stellen | *Ling* (Laut) abschwächen; *vi* trübe werden; **ob'scure·ment** *s* Verdunkelung *f*; **ob'scu·ri·ty** *s* Dunkelheit *f*, Finsternis *f* | *übertr* Undeutlichkeit *f*, Unklarheit *f* ⟨full of obscurities (Rede, Buch) voller unklarer Passagen⟩ | Unbekanntheit *f* ⟨to live in ≈ zurückgezogen leben⟩

ob·se·cra·tion [ˌɒbsɪ'kreɪʃn] *s förml* flehentliche Bitte

ob·se·quies ['ɒbsɪkwɪz] *s/pl förml* Leichenbegängnis *n*, Trauerfeierlichkeit *f*

ob·se·qui·ous [əb'si:kwɪəs] *adj* kriechend, unterwürfig (**to** gegenüber, zu)

ob·serv·a·ble [əb'zɜ:vəbl] *adj* bemerkbar | bemerkenswert; **ob'serv·ance** *s* Einhalten *n*, Beobachten *n*, Befolgen *n* | Vorschrift *f* | (*oft pl*) *Rel* Observanz *f*; **ob'serv·ant** *adj* aufmerksam (**of** auf) ⟨an ≈ boy⟩ | befolgend, beobachtend ⟨to be ≈ of s.th. etw. beachten⟩; **ob·ser·va·tion** [ˌɒbzə'veɪʃn] *s* Wahrnehmung *f*, Beobachtung *f*, Überwachung *f* ⟨to be / come under ≈ unter Beobachtung stehen; to keep s.o. under ≈ jmdn. beobachten lassen; to take / work an ≈ *bes Mar* Position, Länge und Breite bestimmen⟩ | Befolgen *n* | (*meist pl*) Bemerkung *f*, Betrachtung *f* ⟨final ≈s Schlußbemerkung(en) *f*(*pl*)⟩ | Beobachtungsgabe *f* ⟨a man of little ≈ jmd., der nicht viel sieht⟩ | Gesehenwerden *n* ⟨to escape ≈ sich der Beobachtung entziehen⟩; **ˌob·ser'va·tion bal·ˌloon** *s Flugw* Beobachtungsballon *m* | Fesselballon *m*; **ˌob·ser'va·tion car** *s* Aussichtswagen *m*; **ˌob·ser'va·tion deck** *s Mar* Beobachtungsdeck *n*; **ˌob·ser'va·tion post** *s Mil* Beobachtungsposten *m*, -stand *m*; **ˌob·ser'va·tion slit** *s* Sehschlitz *m*; **ˌob·ser'va·tion tow·er** *s* Beobachtungsturm *m* | Aussichtsturm *m*

ob·serv·a·to·ry [əb'zɜ:vətrɪ] *s* Observatorium *n*, Sternwarte *f* | Wetterwarte *f* | Aussichtspunkt *m*

ob·serve [əb'zɜ:v] *vt* (genau) be-, überwachen, beobachten | (Vorschrift u. ä.) einhalten, befolgen | (Fest) feiern, halten ⟨to ~ s.o.'s birthday⟩ | äußern, sagen, bemerken (**to s.o.** (zu) jmdm.) | *Mar* peilen; *vi* achten, aufmerken, achthaben | sich äußern, eine Bemerkung machen (**[up]on** über); **ob'serv·er** *s* Beobachter *m*, Betrachter *m* ⟨an ≈ of nature ein Naturbetrachter⟩ | Befolger *m* ⟨an ≈ of the Sabbath⟩ | Zuschauer *m*, nicht aktiver Teilnehmer, Beobachter *m*; **ob'serv·ing** *adj* beobachtend | aufmerksam, achtsam; **ob'serv·ing tech,nique** *s* Beobachtungstechnik *f*

ob·sess [əb'ses] *vt* (*meist pass*) quälen, plagen, heimsuchen ⟨~ed by an idea von einer Idee besessen⟩; **ob'ses·sion** *s* Besessenheit *f*, Plage *f* | fixe Idee | *Med* Zwangsvorstellung *f*; **ob'ses·sion·al 1.** *adj* (Person) an Zwangsvorstellungen leidend | (Gedanke) zwanghaft, quälend | (Krankheit) Zwangsvorstellungen auslösend; **2.** *s* Wahnbesessene(r) *f*(*m*); **ob'sess·ive 1.** *adj* quälend ⟨≈ fear⟩; **2.** *s* (Wahn-) Besessene(r) *f*(*m*)

ob·sid·ian [ɒb'sɪdɪən] *s Min* Obsidian *m*

ob·so·les·cence [ˌɒbsə'lesns] *s* Veralten *n* ⟨planned ~ *Wirtsch* künstliche Veralt(er)ung, geplanter Verschleiß (von Waren)⟩; **ˌ~ 'proof** *adj* nicht veraltend; **ˌob·so'les·cent** *adj* veraltend | *Biol* verkümmernd

ob·so|lete ['ɒbsəli:t] **1.** *adj* veraltet, ungebräuchlich, überholt, altmodisch | *Biol* rudimentär | *Biol* fehlend; **2.** *s* veraltetes Wort; **'~let·ism** *s* Veraltetsein *n* | veraltetes Wort

ob·sta·cle ['ɒbstəkl] *s* Hindernis *n* (**to** für); **'~ race** *s* Hindernisrennen *n*

ob·stet|ric [ɒb'stetrɪk|əb-], **ob'stet·ri·cal** *Med adj* Geburts-, Entbindungs- ⟨≈ ward Entbindungsstation *f*⟩; **ˌ~ri·cal 'toad** *s Zool* Geburtshelferkröte *f*; **~ri·cian** [ˌɒbstɪ'trɪʃn] *s* Geburtshelfer *m*; **ob'stet·rics** *s/pl* (*sg konstr*) Obstetrik *f*, Geburtshilfe *f*

ob·sti|na·cy ['ɒbstɪnəsɪ] *s* Starrsinn *m*, Hartnäckigkeit *f*, Halsstarrigkeit *f*; **~nate** ['~nət|~nɪt] *adj* eigensinnig, hartnäckig, halsstarrig ⟨≈ children Kinder, die nie hören wollen⟩ | hartnäckig, schwer zu besiegen ⟨≈ resistance unbeugsamer Widerstand⟩ | unbeirrbar, stur, unzugänglich, unbelehrbar ⟨≈ opinions⟩ | *Med* hartnäckig ⟨an ≈ cough hartnäckiger Husten⟩

ob·sti|pant ['ɒbstɪpənt] *Med s* Stopfmittel *n*; **ˌ~'pa·tion** *s* Obstipation *f*, Verstopfung *f*

ob·strep·er·ous [əb'strepərəs] *adj* widerspenstig, ungebärdig, tobend ⟨~ child⟩ | lärmend, überlaut, turbulent ⟨~ roaring unmäßiges Gebrüll⟩

ob·struct [əb'strʌkt] *vt* versperren, blockieren ⟨to ~ a road; to ~ the traffic; to ~ the view⟩ | *übertr* aufhalten, hindern, hemmen ⟨to ~ legislation⟩; **ob·struc·tion** [əb'strʌkʃn] *s* Hindernis *n* (**to** für) | Behinderung *f*, Blockierung *f* | *übertr* Hemmung *f*, Behinderung *f*, *Pol* Obstruktion *f* | Verstopfung *f* (*auch Med*); **ob'struc·tion·ism** *s Pol* Obstruktionspolitik *f*; **ob'struc·tive 1.** *adj* hemmend (**of, to** für) ⟨to be ≈ of verhindern⟩ | versperrend | *Pol* Obstruktions-, obstruktiv; **2.** *s* Hindernis *n* (**to** für) | *Pol* Obstruktionspolitiker *m*

ob·stru·ent ['ɒbstruənt] *s Ling* Obstruent *m*, Reibelaut *m* | *Med* verstopfendes Mittel

ob·tain [əb'teɪn] *vt* erhalten, erlangen, erreichen, erwerben ⟨to ~ a prize; to ~ what one wants; to ~ s.th. by flattery sich etw. erschmeicheln; to ~ by false pretence *Jur* sich erschleichen⟩; *vi* (Gebräuche u. a.) bestehen, (vor)herrschen, üblich sein ⟨the custom ~s es besteht die Sitte⟩ | (Norm) Geltung haben, gelten, in Kraft sein, sich behaupten | *arch* siegen; **ob'tain·a·ble** *adj* erreichbar | erhältlich

ob·trude [əb'tru:d] *förml vt* (Meinung u. ä.) aufzwingen, aufdrängen (**[up]on s.o.** jmdm.) | hervorstrecken, hervorschieben; *vi, vr* sich aufdrängen; **ob'trud·er** *s* aufdringliche Person; **ob·tru·sion** [əb'tru:ʒn] *s* Aufdrängen *n*, Aufnötigung *f* | Aufdringlichkeit *f*; **ob'tru·sive** *adj* auf-, zudringlich

ob·tu|rate ['ɒbtjureɪt] *vt* verstopfen, verschließen | *Tech* abdichten; **ˌ~'ra·tion** *s* Verstopfung *f*, Verschließung *f* | *Tech* Abdichtung *f*; **'~ra·tor** *s Tech* (Schütz-) Verschluß *m* | *Med* Obturator *m*

ob·tuse [əb'tju:s] *adj selten* stumpf, abgestumpft | *Math* stumpf ⟨~ angle⟩ | (Laut, Schmerz) dumpf ⟨~ pain⟩ | *förml* begriffsstutzig, beschränkt; **ˌ~-'an·gled** *adj* stumpfwinklig; **ˌ~ 'cone** *s* Kegelstumpf *m*

ob·verse ['ɒbvɜ:s] **1.** *s* Vorderseite *f* (e-r Münze) (*Ant* reverse) | Gegenstück *n*, andere Seite, Kehrseite *f*; **2.** *adj* Vorder-, dem Betrachter zugekehrt | *Bot* umgekehrt; **ob·ver·sion** [ɒb'vɜ:ʃn|-ʒn] *s* Umkehrung *f*

ob·vi|ate ['ɒbvɪeɪt] *vt* (e-r Sache) begegnen, zuvorkommen, vorbeugen ⟨to ≈ danger⟩ | (etw.) verhüten, (e-r Sache) abhelfen | erübrigen, überflüssig machen; **ˌ~'a·tion** *s* Vorbeugen *n* | Verhütung *f*

ob·vi·os·i·ty [ˌɒbvɪ'ɒsətɪ] *s* Banalität *f*, Selbstverständlichkeit *f*; **ob·vi·ous** ['ɒbvɪəs] *adj* klar, deutlich, offensichtlich, augenscheinlich ⟨to be ≈ to the eye ins Auge springen, einleuchten; to make ≈ verdeutlichen⟩ | (Kleidung u. a.) auffällig; **'~ly** *adv* offenbar, offensichtlich

oc·a·ri·na [ˌɒkə'ri:nə] *s Mus* Okarina *f*

oc·ca·sion [ə'keɪʒn] **1.** *s* Gelegenheit *f* (**for** zu, für) ⟨on this ~ bei dieser Gelegenheit; on several ~s zu verschiedenen Anlässen; on ~ bei Gelegenheit, ab und zu; on the ~ of bei Gelegenheit von; to rise to the ~ der Situation gewachsen sein; to take [this / that] ~ to *mit inf* die Gelegenheit ergreifen, zu *mit inf*⟩ | Ursache *f*, Veranlassung *f*, unmittelbarer Anlaß ⟨this is not an ~ for hier besteht kein Grund zu; to be the ~ of s.th., to give ~ to s.th. etw. veranlassen; to have (no) ~ to *mit inf* (keinen) Grund haben zu *mit inf*; to have a sense of ~ wissen, wie man sich (bei bestimmten Anlässen) zu benehmen hat, sich genau richtig benehmen⟩ | (*bes* festliches) Ereignis ⟨to celebrate the ~ das Ereignis feiern; zur Feier des Tages⟩ | *arch pl* Geschäfte *n/pl*, Angelegenheiten *f/pl* ⟨to go about one's ~s seinen Geschäften nachgehen⟩; **2.** *förml vt* bewirken, veranlassen, verursachen ⟨to ~ an accident⟩; **oc'ca·sion·al** *adj* gelegentlich, zufällig, Gelegenheits- ⟨an ≈ visit; ≈ showers gelegentliche Schauer *m/pl*; ≈ poem Gelegenheitsgedicht *n*⟩ | *förml* für besondere Umstände *od* Anlässe ⟨an ≈ chair⟩ | bewirkend ⟨≈ cause Anlaß *m*⟩

Oc·ci|dent ['ɒksɪdənt] *s lit förml* Okzident *m*, Westen *m*; **ˌ~'den·tal 1.** *adj* westlich, abendländisch; **2.** *s* Abendländer(in) *m*(*f*)

oc·ci·put ['ɒksɪpʌt] *s* (*pl* **oc·cip·i·ta** [ɒk'sɪpɪtə]) *Anat, Zool* Hinterkopf *m*

oc·clude [ɒ'klu:d] *vt Tech* verstopfen, verschließen | *Chem* absorbieren; **ocˌclud·ed 'slag** *s Tech* Schlackeneinschluß *m*; **ocˌclud·ed 'gas** *s Phys* eingeschlossenes Gas; **oc·clu·sion** [ə'klu:ʒn] *s* Verstopfung *f*, Verschließung *f* | Verschluß *m* | *Chem* Absorption *f*; **oc·clu·sive** [ə'klu:sɪv] *adj* verstopfend, verschließend

oc·cult [ɒ'kʌlt|ə'k-] **1.** *adj* geheim | magisch, okkult ⟨~ sciences okkulte Wissenschaften *f/pl* (Astrologie *f* u. a.)⟩; **2.** *s, in:* **the ~** *s* das Okkulte; **3.** *vt* verbergen, verstecken | *Astr* verdunkeln, verdecken; **'~ing light** *s Mar* Blinkfeuer *n*; **ˌoc·cul'ta·tion** *s Astr* Verfinsterung *f*, Verdeckung *f*; **oc'cult·ism** *s* Okkultismus *m*; **oc'cult·ist 1.** *s* Okkultist(in) *m*(*f*); **2.** *adj* okkultistisch

oc·cu|pan·cy ['ɒkjupənsɪ] *s* Besitznahme *f*, -ergreifung *f* | Besitz *m*; **'~pant** *s* Besitzergreifer(in) *m*(*f*) | Besitzer(in) *m*(*f*) | Insasse *m*, Insassin *f*, Bewohner(in) *m*(*f*) | *Mil* Okkupant *m*, Besatzer *m*; **ˌ~'pa·tion** *s* Besitznahme *f*, -ergreifung *f* | *Mil* Okkupation *f*, Besetzung *f*, Besatzung *f* ⟨army of ≈ Besatzungsheer *n*⟩ | Beruf *m*, Gewerbe *n* ⟨by ≈ von Beruf; chief ≈ Hauptberuf *m*⟩ | Beschäftigung *f* ⟨useful ≈ nützliche Beschäftigung; without ≈ beschäftigungslos⟩; **ˌ~'pa·tion·al** *adj* beruflich, Berufs-; **~ˌpa·tion·al dis'ease** *s* Berufskrankheit *f*; **~ˌpa·tion·al 'haz·ard**, *auch* **~ˌpa·tion·al**

'risk *s* Berufsrisiko *n*; **~ˌpa·tion·al 'ther·a·py** *s* Beschäftigungstherapie *f*; **ˌ~'pa·tion troops** *s/pl* Besatzungstruppen *f/pl*; **~pi·er** ['~paɪə] *s* Besitzergreifer(in) *m(f)* | (Haus) Besetzer(in) *m(f)*; **~py** ['~paɪ] *vt* (Haus, Platz) besetzen, (Zimmer) in Besitz nehmen | *Mil* besetzen, okkupieren ⟨to ≈ a foreign country⟩ | (Amt u. ä.) innehaben, bekleiden ⟨to ≈ an important position⟩ | (Haus u. ä.) besitzen, bewohnen | beschäftigen ⟨to be ~pied in *mit ger* beschäftigt sein mit etw.; to ≈ o.s. sich beschäftigen⟩ | (Zeit) in Anspruch nehmen, (Platz) (aus)füllen (*auch übertr*) ⟨to ≈ one's mind jmdm. durch den Kopf gehen⟩

oc·cur [ə'kɜː] (**oc·curred, oc·curred**) *vi* vorfallen, sich ereignen, geschehen | (*meist neg*) vorkommen, sich finden ⟨the word does not ~ das Wort taucht nicht auf⟩ | zustoßen (**to s.o.** jmdm.) | einfallen (**to s.o.** jmdm.) ⟨it ~s to me that mir fällt ein, daß⟩; **~rence** [ə'kʌrn̩s] *s* Vorkommen *n* ⟨of frequent ≈ häufig; of rare ≈ selten⟩ | Ereignis *n*, Vorfall *m* ⟨an everyday ≈⟩ | *Geol* Auftreten *n*, Vorkommen *n*

o·cean ['əʊʃn] *s* Ozean *m*, Meer *n* (*auch übertr*) ⟨Atlantic ~; ~s of letters Massen von Briefen⟩; **ˌ~ 'ca·ble** *s* (Unter-) Seekabel *n*; **ˌ~ 'chart** *s* Seekarte *f*; **ˌ~ 'cur·rent** *s* Meeresströmung *f*; **ˌ~'floor** *s* Meeresboden *m*; **'~ˌgo·ing** *adj* Hochsee- (*Ant* coastal); **o·ce·an·ic** [ˌəʊʃɪ'ænɪk] *adj* ozeanisch, Ozean-, Meeres- | *übertr* riesig; **ˌ~ 'lanes** *s/pl* Hauptschifffahrtsstraßen *f/pl*; **o·ce·a·nog·ra·pher** [ˌəʊʃɪə'nɒgrəfə] *s* Ozeanograph *m*, Meeresforscher *m*; **o·ce·a·no·graph·ic** [ˌəʊʃɪənə'græfɪk], **ˌo·ce·a·no'graph·i·cal** *adj* ozeanographisch, meereskundlich; **o·ce·a·nog·ra·phy** [ˌəʊʃɪə'nɒgrəfɪ] *s* Ozeanographie *f*, Meereskunde *f*

o·ce·lot ['ɒsɪlɒt|'əʊsɪlɒt] *s Zool* Ozelot *m*

o·chre, *Am* **o·cher** ['əʊkə] **1.** *s Min* Ocker *m* | Ockergelb *n*; **2.** *adj* ockergelb; **3.** *vt* mit Ocker färben; **~ous** ['əʊkrɪəs] *adj* ockerhaltig, Ocker- | ockerfarben

o'clock [ə'klɒk] ... Uhr ⟨five ~ fünf Uhr⟩

-oc·ra|cy ['ɒkrəsɪ] *suff* (*pl* **'~cies**) -herrschaft *f*, -kratie *f* (*z. B.* **gerontocracy** Herrschaft der Alten; **meritocracy** Herrschaft entsprechend der Leistung); **-o·crat** [ə'kræt] *suff* -krat *m* (*z. B.* **democrat, plutocrat**)

oct[a]- ['ɒktə] ⟨*lat*⟩ *in Zus* acht- (z. B. **octachord** achtsaitiges Instrument)

oc·ta·gon ['ɒktəgən] **1.** *s* Achteck *n*; **2.** = **oc·tag·o·nal** [ɒk'tægənl̩] *adj* achteckig, -seitig

oc·ta·he|dral [ˌɒktə'hiːdrl̩] *adj Math* oktaedrisch, achtflächig; **~dron** ['~drn̩] *s Math, Min* Oktaeder *m*, Achtflächner *m*

oc·tane ['ɒkteɪn] *s Chem* Oktan *n* ⟨high ~ hochoktaniger Treibstoff⟩; **'~ ˌnum·ber, '~ ˌrat·ing** *s* Oktanzahl *f*, Klopfwert *m*

oc·tave ['ɒktɪv] **1.** *s Mus, Phys, Metr* Oktave *f*; **2.** *adj Metr* achtzeilig | *Mus* Oktav-; **ˌ~ 'flute** *s Mus* Pikkoloflöte *f* | Oktavflöte *f*

oc·ta|vo [ɒk'teɪvəʊ] *Typ* **1.** *s* (*pl* **~vos**) Oktavformat *n* | Oktavband *m*; **2.** *adj* Oktav-

octo- [ɒktə(ʊ)] ⟨*lat*⟩ *in Zus* acht- (z. B. **octosyllabic** achtsilbig)

Oc·to·ber [ɒk'təʊbə] *s* Oktober *m* ⟨in ~ im Oktober⟩

oc·to·ge·nar·i·an [ˌɒktəʊdʒɪ'nɛərɪən|ˌɒktə-], **oc·tog·e·nar·y** [ɒk'tɒdʒɪnərɪ] **1.** *adj* achtzigjährig; **2.** *s* Achtzigjährige(r) *f(m)*

oc·to|pus ['ɒktəpəs] *s* (*pl* **'~pus·es** ['~pəsɪz], **'~pi** ['~paɪ]) *Zool* Krake *m* | *übertr* Polyp *m*

oc·to·roon [ˌɒktə'ruːn] *s* Mischling *m* (mit e-m Achtel Negerblut)

oc·troi ['ɒktrɔɪ|ɒk'trwɑː] *s Hist* städtische Steuer, Stadtzoll *m* | städtische Steuereinnahme

oc·tu·ple ['ɒktjʊpl] **1.** *adj* achtfach; **2.** *s* Achtfaches *n*; **3.** *vt* verachtfachen

oc·u|lar ['ɒkjʊlə] **1.** *adj Anat* Augen- ⟨≈ motion Augenbewegung *f*⟩ | *förml* augenscheinlich, sichtbar ⟨≈ proof augenscheinlicher Beweis⟩; **2.** *s Phys* Okular *n*; **~list** ['~lɪst] *s* Augenarzt *m*; **~lus** ['~ləs] *s* (*pl* **~li** ['~laɪ]) *Anat* Auge *n*

o·da·lisque ['əʊdəlɪsk] *s lit* Odaliske *f*, Haremssklavin *f*

odd [ɒd] **1.** *adj* (Zahl) ungerade ⟨~ numbers⟩ | (nach Zahlen) *umg* und einige, über ... hinaus ⟨600 ~ über 600; he's 50 ~ years er ist über die 50; 10 pounds ~ über 10 Pfund⟩ | überzählig, (noch) übrig ⟨an ~ player ein Spieler zuviel, ein Spieler mehr; two ~ volumes zwei einzelne Bände *m/pl*; ~ man Mann *m* mit der entscheidenden Stimme; the ~ money das restliche Geld⟩ | (aus Paar) einzeln ⟨an ~ glove⟩ | gelegentlich, Gelegenheits- ⟨at ~ times dann u. wann; ~ jobs Gelegenheitsarbeiten *f/pl*; without the ~ adventure ohne das gelegentliche Abenteuer⟩ | seltsam, komisch, wunderlich ⟨an ~ fish *übertr* ein komischer Kauz; how ~! wie komisch!⟩; **2.** *s Brit* (Golf) Vorgabeschlag *m* ⟨to have played the ~ einen Schlag mehr gebraucht haben⟩; **'~ball 1.** *s Am umg* Kauz *m*, Sonderling *m*; **2.** *adj* kauzig, verschroben; **ˌ~-come-'short** *s* Überbleibsel *n* | Abfälle *m/pl* | *umg* Knirps *m*; **'~i·ty** *s* Seltsamkeit *f* | wunderlicher Kauz; **ˌ~-'job man** *s* Gelegenheitsarbeiter *m*; **'~-ˌlook·ing** *adj* eigenartig aussehend; **'~ly** *adv* seltsam, komisch ⟨≈ enough seltsamer-, komischerweise⟩; **ˌ~ man 'out** *s* Überzähliger *m*, einer zu viel | *umg* Außenseiter *m* | etwas, was von der Norm abweicht *od* nicht dazugehört; **ˌ~'num·bered** *adj* ungeradzahlig; **'~ment** *s umg* Überbleibsel *n* | (übriggebliebenes) Einzelstück; **'~ments** *s/pl umg* Reste *m/pl*, Abfälle *m/pl*, Krimskrams *m*; **odds** *s/pl* ungleiche Dinge *n/pl* ⟨to make ≈ even die Ungleichheiten beseitigen⟩ | Reste *m/pl* ⟨≈ and ends, *Brit Sl auch* ≈ and sods allerlei Kleinigkeiten *pl*, dies und das⟩ | *umg* Unterschied *m* ⟨at ≈ with s.o. over s.th. uneinig mit jmdm. wegen etw.; it is/makes no ≈ es macht nichts; to set at ≈ gegeneinander hetzen; what's the ≈? was macht es schon aus?⟩ | (Gewinn) Chancen *f/pl* ⟨fixed ≈ feste Chancen *f/pl*; long (short) ≈ hoher (niedriger) Gewinn; the ≈ are (against) in favour of s.o. die Chancen stehen für (gegen) jmdn.; the ≈ are that es ist wahrscheinlich, daß; the ≈ are five to one die Chancen stehen fünf zu eins; to lay [the] ≈ five to one fünf zu eins wetten⟩ | (Sport) Vorgabe *f* ⟨to give s.o. ≈ jmdm. etw. vorgeben; to receive ≈ eine Vorgabe bekommen; to take ≈ sich vorgeben lassen⟩; **ˌodds-'on** *adj* aussichtsreich, chancenvoll ⟨≈ favourite hochgewetteter Favorit; it's ≈ that es ist sehr wahrscheinlich, daß; wetten, daß⟩

ode [əʊd] *s* Ode *f*

o·di|ous ['əʊdɪəs] *adj* verhaßt | gehässig | abstoßend, widerwärtig; **~um** ['~əm] *s* Verhaßtheit *f* | Haß *m* | Schande *f*

odont-, -odont[o] [əʊdɒnt|əʊdɒntə(ʊ)] ⟨*lat*⟩ *in Zus* Zahn-

o·don|tal·gi·a [ˌəʊdɒn'tældʒɪə] *Med s* Odontalgie *f*, Zahnschmerz *m*; **~to·log·i·cal** [əʊˌdɒntə'lɒdʒɪkl] *adj* odontologisch; **~tol·o·gist** [ˌ~'tɒlədʒɪst] *s* Odontologe *m*; **ˌ~'tol·o·gy** *s* Odontologie *f*, Zahnheilkunde *f*

o·dor|ant ['əʊdərənt], **~if·er·ous** [ˌ~'rɪfərəs] *förml adj* wohlriechend | riechend, Geruch ausströmend

o·dor·ous ['əʊdərəs] *adj lit, poet* duftend, wohlriechend; **o·dour** ['əʊdə] *s* Geruch *m* | Duft *m*, Wohlgeruch *m* | *übertr förml* Geruch *m*, Ruf *m* ⟨to be in good [bad] ≈ with s.o. bei jmdm. in gutem (schlechtem) Ruf stehen⟩ | Spur *f* ⟨no ≈ of keine Spur von⟩; **'o·dour·less** *adj* geruchlos

od·ys·sey ['ɒdɪsɪ] *s* Odyssee *f*, Irrfahrt *f*

oe·cu·men·i·cal [ˌiːkjʊ'menɪkl] *adj* = **ecumenical**

oe·de·ma [iː'diːmə] *s Med* Ödem *n*

Oed·i·pus com·plex ['iːdɪpəs ˌkɒmpleks] *s Psych* Ödipuskomplex *m*

o'er [ɔ:|'əuə] *adv, präp poet* = **over**

oe|soph·a·gus, *auch* **e~** [ɪ'sɒfəgəs] *s Anat* Speiseröhre *f*

oes|tro·gen, *auch* **es~** ['i:strədʒən] *s* Östrogen *n*

oes·trus cy·cle ['i:strəs ˌsaɪkl], *auch* **es·trus cycle** *s Biol* östraler Zyklus

of [əv|ə|ɒv] *präp* (*zur Bildung des gen*) von, zu ⟨the colour ~ her dress die Farbe ihres Kleides; a friend ~ us ein Freund von uns; all ~ us wir alle; the city ~ New York die New Yorker City; the month ~ May der Monat Mai⟩ | (*Zeitangabe vor s*) in, an ⟨~ late neulich; ~ old einst⟩ | (*Mengenangabe vor s*) von, an ⟨one pound ~ flour ein Pfund Mehl; three miles ~ bad road drei Meilen schlechte Straße⟩ | (*nach adj, part*) wegen, auf, von ⟨it's clever ~ you es ist klug von dir; short ~ knapp an; beloved ~ all von allen geliebt; west ~ westlich von; convinced ~ überzeugt von⟩ | (*nach s aus v vor Objekten*) von, zu ⟨the love ~ study die Liebe zum Studium; lover ~ music Musikliebhaber(in)⟩ | (gemacht) aus ⟨a hat ~ straw ein Hut aus Stroh⟩ | (Herkunft, Zugehörigkeit) aus, von ⟨a man ~ the people ein Mann aus dem Volk; a girl ~ this family ein Mädchen aus dieser Familie⟩ | (Eigenschaft, Qualität) von ⟨a land ~ lakes ein seenreiches Land; a man ~ property ein reicher Mann⟩ ◇ **~ a** (nach *emph s*) von einem, wie ⟨that giant ~ an animal dieser Riese von einem Tier; some fool ~ a man ein richtiger Narr; a fine figure ~ a man (woman) ein imposanter Mann (eine attraktive Frau)⟩; **within ... ~** nicht mehr als ... von ⟨within two miles ~ here nicht mehr als zwei Meilen von hier⟩

o·fay ['əufeɪ] *s Am Sl* Weißer *m*

off [ɒf] **1.** *adv* weg, fort, entfernt ⟨far ~ weit weg; three miles ~ drei Meilen entfernt; two weeks ~ in zwei Wochen; I must be ~ ich muß gehen; hands ~! Hände weg!; ~ with you! geh weg!, fort mit dir!; to be ~ to London nach London gefahren sein; we're ~ wir sind gegangen; ~ we go! wir gehen [gerade]; they're ~ sie sind gestartet⟩ | ohne Arbeit, frei ⟨a day ~ ein arbeitsfreier Tag⟩ | aus-, ab-, weg- ⟨to drink ~ austrinken; to come ~ abgehen; to turn ~ abstellen⟩ | *Tech, El* ausgeschaltet, abgesperrt, abgestellt ⟨the heating is ~; the water / gas / electricity is ~⟩ | abgebrochen, aus (*Ant* on) ⟨to be cut ~ in a telephone conversation bei einem Telefongespräch unterbrochen werden; the dish is ~ das Gericht ist 'aus'; the engagement is ~ die Verlobung ist gelöst; the strike is ~ der Streik ist beendet⟩ | (Lebensmittel) nicht mehr frisch, schlecht ⟨the meat (fish) is / has gone slightly ~⟩ | *Theat* hinter der Bühne ⟨noises ~⟩ | *umg* übergeschnappt ⟨to be ~ nicht ganz normal sein⟩ ◇ **on and ~** *od* **~ and on** hin und wieder, von Zeit zu Zeit; **right / straight ~** sofort; **be badly (well) ~** schlecht (gut) dran sein; **be better (worse) ~** besser (schlechter) dran sein; **be badly (well) ~ for** schlecht (gut) versorgt, ausgerüstet mit; **voice[s] ~** *Theat, Film* Stimme(n) aus dem Hindergrund *od* von draußen; **2.** *präp* weg von, fort von, von ... weg, von ... herab ⟨~ the ladder; ~ the tree; ~ the horse; ~ the grass; to take s.th. ~; ~ the price⟩ | weg von, entfernt von, fort von, abseits von ⟨the house stands ~ the road das Haus steht abseits der Straße; ~ Piccadilly eine Seitenstraße von Piccadilly; ~ one's balance aus dem Gleichgewicht; ~ form nicht in Form; ~ one's head *Sl* verrückt; ~ the map *umg* verschwunden, nicht mehr aktuell; ~ the mark nicht zur Sache gehörig; weitab vom Thema; ~ the point nicht zur Sache gehörig, überflüssig; ~ the record außer Protokoll; to go (right) ~ the subject (ganz) vom Thema abweichen; to be (feel, look) ~ colour unwohl sein (sich elend fühlen, schlecht aussehen)⟩ | *Mar* auf der Höhe von, vor ⟨the ship was ~ the island⟩ | frei von ⟨~ duty dienstfrei⟩ | *umg* ohne, sich enthaltend, kuriert von ⟨to be ~ one's food keinen Appetit haben, nichts hinunterbringen; to be ~ drugs nicht mehr süchtig sein; to be ~ smoking nicht mehr rauchen⟩; **3.** *adj* abgelegen, entfernt, Neben- ⟨the ~ side of the road⟩ | (bei Pferden, Fahrzeugen) rechte(r, -s) (*Ant* near) ⟨the ~ front wheel das rechte Vorderrad; the ~ hind leg of a horse das rechte Hinterbein eines Pferdes⟩ | abgegangen, los ⟨the button is ~⟩ | (arbeits)frei ⟨an ~ day⟩ | schlecht, ungünstig ⟨an ~ day ein schlechter Tag, an dem alles danebengeht; an ~ year for fruit ein schlechtes Obstjahr⟩ | *Wirtsch* flau | *Wirtsch* minderwertig ⟨~ shade Fehlfarbe *f*⟩ | nicht passend, abweichend ⟨~ sizes⟩ | schlecht, mies, mau ⟨to feel ~ sich unwohl fühlen, nicht auf dem Damm sein⟩ | *umg* unwahrscheinlich ⟨an ~ chance eine geringe Chance; on the ~ chance auf gut Glück⟩ ◇ **be / get ~ to a bad (good) start** schlecht (gut) anfangen; **[be] ~ with you!** scher dich fort *od* weg!; **4.** *s* (Kricket) rechte Seite ◇ **from the ~** *Brit* von Anfang an

off- [ɒf] *präf zur Bildung von adj, adv, v aus s, v mit der Bedeutung* weg von, vor-, außerhalb, Fehl- (*z. B.* **~-line** außerhalb, nebenher, **~-centre** außermittig, seitlich versetzt, **~-shore** ablandig) | (vor Farben) nicht ganz (**~-white**)

off-air [ˌɒf 'ɛə] *Rundf, Ferns adj, adv* direkt ⟨to record programmes ~⟩ | Kabel- ⟨~ channel⟩

of·fal ['ɒfl] *s Brit* Abfall *m* (an Fleisch) | billige Fische *m/pl* | Aas *n* | *übertr* Ausschuß *m*, Schund *m* | Abschaum *m*

off|-beat ['ɒf bi:t|ˌɒf 'bi:t] **1.** *Mus* Auftakt *m* | (Jazz) Offbeat *n*; **2.** *adj umg* ausgefallen, unkonventionell, extravagant ⟨an ≈ boutique⟩; **ˌ~-'Broad·way 1.** *adj Am* abseits des Broadway | *Theat* einfach, ohne großen finanziellen Aufwand, nicht zum Showbetrieb gehörig ⟨an ≈ show⟩; **2.** *s Theat* nicht zum Showbetrieb gehörendes Theater, seriöses Theater; **'~cast** *adj* verworfen; **ˌ~ 'col·our** *adj* unwohl | schlüpfrig, gewagt; **~'course corˌrec·tion** *s Flugw* Kursberichtigung *f*

of·fence, *Am* **offense** [ə'fens] *s* Verstoß *m*, Vergehen *n*, Delikt *n* (**against** gegen) ⟨first ~ erstmalige Straftat; to commit an ~ sich strafbar machen⟩ | Anstoß *m*, Ärgernis *n* ⟨no ~! es war nicht böse gemeint; ~ taken schon gut!; to give / cause ~ to s.o. Anstoß erregen bei jmdm.; to take ~ at Anstoß nehmen an⟩ | Schande *f*, Beleidigung *f* (**to** für) | *Mil* Angriff *m* ⟨arms of ~ Angriffswaffen *f/pl*⟩; **'~ful** *adj* anstoßerregend; **'~less** *adj* harmlos

of·fend [ə'fend] *vt* kränken, beleidigen ⟨to be ~ed at / by s.th. über etw. aufgebracht sein; to be ~ed with s.o. sich durch jmdn. gekränkt fühlen⟩ | *übertr* stören, mißfallen ⟨to ~ the ear / eye⟩; *vi* sich vergehen, sündigen (**against** an) | verletzen, verstoßen gegen ⟨to ~ the law⟩; **'~er** *s* Übeltäter *m* | *Jur* Delinquent *m* ⟨first ≈ Nichtvorbestrafter *m*; old ≈ mehrmals Vorbestrafter *m*⟩; **of'fend·ing** *adj* kränkend, beleidigend; **of'fen·sive 1.** *adj* anstößig, ungehörig ⟨≈ language; ≈ manners; to be ≈ to *übertr* verletzen, anstößig sein für⟩ | ekelhaft, widerlich ⟨an ≈ smell⟩ | Offensiv-, Angriffs- ⟨≈ weapons⟩; **2.** *s Mil* Offensive *f* ⟨to take the ≈ die Offensive ergreifen⟩

of·fer ['ɒfə] **1.** *vt* anbieten ⟨to ~ s.th. to s.o.; to ~ s.o. s.th.; to ~ to *mit inf*; to ~ itself / themselves sich bieten, dasein; to ~ battle sich dem Feind zur Schlacht stellen; to ~ one's hand die Hand reichen; to ~ one's hand (in marriage) to s.o. jmdm. die Hand (zur Ehe) anbieten⟩ | *Wirtsch* offerieren ⟨to ~ for sale zum Kauf anbieten⟩ | zeigen ⟨to ~ resistance Widerstand leisten⟩ | (Opfer, Gebet, Geschenk) darbieten, darbringen ⟨to ~ s.th. to s.o.; to ~ s.th. up⟩; *vi* sich darbieten ⟨the first opportunity that ~s die erste sich bietende Gelegenheit; as occasion ~s wenn sich [die] Gelegenheit bietet; did he ~? hat er es angeboten?⟩ | *Rel* opfern; **2.** *s* Anerbieten *n*, Angebot *n* ⟨an ~ of / to help ein Hilfsangebot⟩ | *Wirtsch* Offerte *f* ⟨an ~ for sale ein Verkaufsangebot; on ~ zu verkaufen, verkäuflich; under ~ *Brit* (Haus) bereits einen potentiellen Käufer habend⟩ | (Heirats-) Antrag *m* ⟨an ~ of marriage⟩; **'~ing** [-r-] *s* Anerbieten *n*, Angebot *n* | *Rel* Opfer *n* | *bes Rel* Spende *f*, Gabe *f*

of·fer·to·ry ['ɒfətrɪ] *s Rel* Kollekte *f*, Geldsammlung *f*

off·hand [ˌɒf'hænd|'ɒfˌhænd] **1.** *adj* ungezwungen, lässig ⟨in an ~ way⟩ | unvorbereitet, spontan ⟨~ remarks⟩; **2.** *adv* aus dem Stegreif ⟨to speak ~⟩

of·fice ['ɒfɪs] *s* Kanzlei *f*, Amt *n*, Büro *n*, Dienststelle *f*, Amtszimmer *n*, Geschäftsgebäude *n* ⟨lawyer's ~ Anwaltsbüro *n*; to work in an ~ Angestellter sein, im Büro arbeiten⟩ | *Wirtsch* Zweigstelle *f*, Filiale *f* ⟨our London ~⟩ | Behörde *f* | *meist* ≁ Ministerium *n*, Regierungsstelle *f* ⟨the Foreign ≁ das Außenministerium⟩ | (*bes* öffentlich od. staatlich) Amt *n*, Posten *m*, Stellung *f* ⟨to accept an ~ ein Amt annehmen; to be in ~ die Regierung bilden, an der Macht sein; to come into ~ die Regierung übernehmen; to be in ~, to hold an ~ ein (öffentliches) Amt bekleiden; to enter upon ~ ein (öffentliches) Amt antreten; to leave / resign ~ ein (öffentliches) Amt niederlegen⟩ | Funktion *f*, Aufgabe *f*, Amt *n* ⟨the ~ of host das Amt des Gastgebers⟩ | Dienst *m*, Gefälligkeit *f* ⟨through s.o.'s good ~s durch jmds. gute Dienste; through the ~s of durch Vermittlung von; to do s.o. a good (bad) ~ jmdm. einen guten (schlechten) Dienst erweisen⟩ | (*meist pl*) Ehrendienst *m* ⟨to perform the last ~s for [einem Toten] die letzte Ehre erweisen⟩ | (*bes pl*) *Brit* Wirtschaftsräume *m/pl*, -gebäude *n sg od pl* ⟨the ~s of an estate die Wirtschaftsgebäude eines Landsitzes⟩ | *Sl* Tip *m*, Wink *m* ⟨to give s.o. the ~ jmdm. einen Tip geben⟩; **'~ ˌbear·er** *s* Amtsinhaber(in) *m(f)*, Funktionsträger(in) *m(f)*; **'~ ˌblock** *s* (großes) Geschäftsgebäude, Geschäftshochhaus *n*; **'~ boy** *s* Laufbursche *m*; **'~ˌhold·er** *s* = **~ bearer**; **'~ hours** *s/pl* Geschäftszeit *f*; **'~ ˌhunt·er** *s Am* Stellenjäger *m*; **'~ maˌchine** *s* Büromaschine *f*

of·fi·cer ['ɒfɪsə] **1.** *s Mil* Offizier *m* ⟨~s and men Offiziere und Mannschaften *f/pl*⟩ | Beamter *m* ⟨customs ~ Zollbeamter *m*; public ~ Beamter *m* im öffentlichen Dienst; ~ of state Minister *m*⟩ | (*bes* Anrede) Polizist *m* | Vorstandsmitglied *n*, Funktionsträger *m*, -inhaber *m*, Funktionär *m* ⟨executive ~⟩ **2.** *vt* (*meist pass*): **be ~ed by** befehligt werden von | mit Beamten versehen | *übertr* geleitet werden

of·fice seek·er ['ɒfɪs ˌsi:kə] *s Am* Stellenjäger *m* | jmd., der sich um ein Amt bewirbt

of·fi·cial [ə'fɪʃl] **1.** *adj* amtlich, behördlich, offiziell, Dienst-, Amts- ⟨~ business Dienstsache *f*; ~ call Dienstgespräch *n*; ~ oath Amtseid *m*; ~ responsibilities Dienstpflichten *f/pl*; ~ uniform Dienstuniform *f*⟩ | amtlich, offiziell (bestätigt) ⟨an ~ statement; is this ~?⟩ | offiziell, bevollmächtigt ⟨an ~ representative⟩ | offiziell, förmlich, formell ⟨an ~ dinner; an ~ manner; an ~ style⟩ | *Med* offizinell ⟨~ herbs⟩; **2.** *s* Beamter *m*, Beamtin *f* ⟨government ~⟩ | (Sport) Offizielle(r) *f(m)*; **'~dom** *s* Beamtenstand *m* | Beamte *m/pl*; Funktionäre *m/pl*; **~ese** [əˌfɪʃ'li:z] *s umg verächtl* Beamtenchinesisch *n*, (gespreizte) Amtssprache; **'~ism** *s collect* Beamtentum *n* | Bürokratismus *m*; **'~ize** *vt* amtlich machen, für amtlich erklären; **'~ly** *adv* amtlich | offiziell (bestätigt), nach offiziellen Angaben ⟨≈, he's away⟩; **ˌ≁ Re'ceiv·er** *s Brit Jur* (gerichtlich eingesetzter) Konkursverwalter

of·fi·ci|ar·y [ə'fɪʃɪərɪ] *förml adj* amtlich; **'~ate** *vi* amtieren, fungieren (**as** als, **at** bei) | Gottesdienst abhalten; **ˌ~'a·tion** *s* Amtswaltung *f*, Funktion *f*

of·fic·i·nal [ə'fɪsɪnl|ˌɒfɪ'saɪnl] **1.** *adj Med* offizinell; **2.** *s* offizinelle Droge

of·fi·cious [ə'fɪʃəs] *adj verächtl* übereifrig, übertrieben eilfertig | offiziös, halbamtlich

of·fing ['ɒfɪŋ] *s Mar* hohe See ⟨in the ~ auf offener See, draußen; *übertr* nahe bevorstehend⟩

off·ish ['ɒfɪʃ] *adj umg* zurückhaltend, kühl, reserviert

off|let ['ɒfˌlet] *s Tech* Abzugsrohr *n*; **'~-li·cence** *s Brit* Recht *n* zum Verkauf von (alkoholischen) Getränken über die Straße | Spirituosengeschäft *n*; **'~-line** *adj* (Computer) nicht eingegliedert, selbständig, abgetrennt ⟨≈ equipment selbständiges Gerät⟩; **'~-~-'Broad·way** *s*, *adj Am Theat* Experimentaltheater(-); **'~-peak** *adj* außerhalb der Spitzen(belastungs)zeit ⟨≈ hours verkehrsschwache Stunden *f/pl*; ≈ tariff Nacht(strom)tarif *m*⟩; **'~-ˌpe·ri·od** *s El* Sperrzeit *f*; **'~-poˌsi·tion** *s Tech* Ruhestellung *f*, "Aus"-Stellung *f*, Ausschaltstellung *f*; **'~print** *Typ* **1.** *s* Sonderdruck *m*; **2.** *vt* als Sonderdruck herstellen; **'~put ('~put, '~put)** *vt Brit* verlegen machen, verwirren; **'~-ˌput·ting** *adj Brit* abstoßend ⟨an ≈ smell⟩ | wenig einladend ⟨an ≈ meal⟩ | wenig ermutigend ⟨an ≈ story⟩; **ˌ~-'sale** *s* (Alkohol) Verkauf *m* (außer Haus); **'~ˌscour·ings** *s/pl* Kehricht *m* | *übertr* Abschaum *m*; **'~scum** *s* Abschaum *m*; **'~set** *s Bot* Ableger *m* | Ausgleich *m* | *Arch* Mauervorsprung *m* | *Typ* Offsetdruck *m*; ['ɒfset|ˌɒf'set] *vi* (**~set·ted** *od* **~set**) abzweigen; *vt* ausgleichen | *Typ* im Offsetverfahren drucken | *Arch* kröpfen; **'~'set sheet** *s Typ* Durchschußbogen *m*; **'~shoot** *s Bot* Sprößling *m*, Ableger *m* (*auch übertr*) | (Straßen- u. ä.) Abzweigung *f* | Seitenzweig *m* (eines Stammbaums); **ˌ~'shore 1.** *adv* von der Küste ab *od* her | in einiger Entfernung von der Küste ⟨two miles ≈⟩ zwei Meilen von der Küste entfernt; **2.** *adj* küstennah ⟨≈ fishing Küstenfischerei *f*; ≈ engineering Offshore-Technik *f*; ≈ oil industry Erdölförderung *f* in Küstennähe; to anchor ≈ vor der Küste ankern⟩ | (Schiff) ablandig ⟨≈ wind Landwind *m*⟩ | Ausland- ⟨≈ order Auslandsauftrag *m*; ≈ purchases *Am* Auslandskäufe *pl*⟩; **ˌ~shore 'yacht** *s* Hochseejacht *f*; **ˌ~ 'side** *s Sport* Abseits *n*; **ˌ~'side** *adj*, *adv* abseits ⟨≈ play; ≈ rule⟩; **'~spring** *s* (*pl* **'~spring**) Abkömmling *m*, Nachkömmling *m*, Sproß *m*, Sprößling *m* | Nachkommen(schaft) *m/pl(f)* | Resultat *n*, Ergebnis *n*; **ˌ~'stage** *adj*, *adv Theat* hinter der Bühne, hinter den Kulissen; **'~-street 1.** *s* Nebenstraße *f*; **2.** *attr adj* in der Nebenstraße ⟨≈ parking; ≈ (un)loading Be-, (Ent-)Ladung *f* am Hintereingang⟩; **ˌ~-the-'job** *adj* außerhalb der Arbeitszeit | arbeitslos; **ˌ~-the 're·cord** *adj*, *adv* inoffiziell ⟨an ≈ statement⟩; **ˌ~-the-'road** *adj* geländegängig; **ˌ~-the--'shelf** *adj* fertig (vorhanden) ⟨≈ items Fertigartikel *pl*⟩; **ˌ~-the-'wall** *adj Am Sl* unkonventionell ⟨≈ questions⟩; **ˌ~-'white** *adj* grauweiß | nicht ganz sauber

oft [ɒft] *adv poet* oft ⟨many a time and ~ sehr oft; ~-times *arch* oftmals; ~-told oft erzählt⟩; **of·ten** ['ɒfn|'ɒftən] *adv* oft, häufig ⟨how ~?; as ~ as jedesmal wenn; as ~ as not ziemlich häufig, mindestens gleich oft; more ~ than not meist, fast immer, so gut wie stets; ever so ~, and ~ sehr oft; every so ~ öfters, von Zeit zu Zeit; once too ~ einmal zuviel⟩

o·gee ['əʊdʒi:|əʊ'dʒi:] *s Arch* Hohlkehle *f*, Hohlleiste *f*

o·give ['əʊdʒaɪv|əʊ'dʒaɪv] *s Arch* Spitzbogen *m*, Gewölberükken *m*

o·gle ['əʊgl] **1.** *vt* verliebt anblicken, schöne Augen machen, liebäugeln mit; *vi* verliebt (an)schauen (**at s.o.** jmdn.), liebäugeln (**with s.o.** mit jmdm.); **2.** *s* (*meist sg*) verliebter Blick

o·gre ['əʊgə] *s* Menschenfresser *m* | Ungeheuer *n*; **'~ish** [~gnʃ] *adj* menschenfresserisch | schrecklich; **o·gress** ['əʊgrɪs] *s* Menschenfresserin *f*

oh [əʊ] *interj* oh!, ach!

ohm [əʊm] *El s* Ohm *n*; **ˈ~age** *s* Ohmzahl *f*; **ˌ~ic reˈsist·ance** *s* Ohmscher Widerstand *m*

o·ho [əʊˈhəʊ] *interj lit, arch* oho! | aha!

-oid [ɔɪd] *suff zur Bildung von adj aus s mit der Bedeutung* wie, -artig, ähnlich (*z. B.* **metalloid**) | *verächtl* ähnlich, aber schlechter als (*z. B.* **humanoid**)

oil [ɔɪl] **1.** *s* Öl *n* ⟨animal ~ Knochenöl *n*; mineral ~ Mineralöl *n*; vegetable ~ Pflanzenöl *n*; to burn the midnight ~ *übertr* abends noch lange arbeiten; to pour ~ on the fire / flames *übertr* Öl ins Feuer gießen; to pour ~ on troubled waters *übertr* Öl auf die Wogen gießen, Frieden stiften; to smell of the midnight ~ Spuren der Nachtarbeit zeigen⟩ | Erdöl *n*, Petroleum *n* ⟨to strike ~ Erdöl finden; *übertr* Glück haben⟩ | *meist* **oils** *pl* Ölfarbe *f* ⟨to paint in ~s in Öl malen⟩; **2.** *vt auch Tech* (ein)ölen, (ein)fetten, schmieren ⟨to ~ the wheels *umg übertr* die Räder ölen, etw. sagen *od* tun, damit alles glatter läuft⟩ | bestechen ⟨to ~ s.o.'s hands/palms jmdn. schmieren⟩ | (Stimme) sanft klingen lassen ⟨to ~ the tongue mit glatter Zunge reden, schmeicheln⟩; **ˈ~bath** *s* Ölbad *n*; **ˈ~ˌbear·ing** *adj* ölhaltig, ölführend; **ˈ~berg** *s* riesiger Ölfleck (auf dem Meer); **ˈ~ box** *s Tech* Schmierbüchse *f*; **ˈ~ ˌburn·er** *s* Ölbrenner *m*; **ˈ~ burn·ing** *s* Ölfeuerung *f*; **ˈ~ cake** *s* Ölkuchen *m*; **ˈ~can** *s* Ölkanne *f*; **ˈ~cloth** *s* Wachstuch *n*; **ˈ~ ˌcol·our** *s* Ölfarbe *f*; **ˈ~ ˌder·rick** *s* Bohrturm *m*; **oiled** *adj* (ein)geölt | *auch* **ˌwell-ˈoiled** *Sl* besoffen; **ˈ~er** *s* Ölkanne *f* | *Mar* Öltanker *m* | *Mar Tech* Öler *m*; **ˈ~ field** *s* Ölfeld *n*; **ˌ~-filled ˈra·di·a·tor** *s Tech* Ölradiator *m*; **ˈ~-fired** *adj* ölbeheizt ⟨≈ central heating Ölheizung *f*⟩; **ˈ~ fu·el** *s* Heizöl *n*; **ˈ~ lamp** *s* Petroleumlampe *f*; **ˈ~man** *s* (*pl* **ˈ~men**) Ölunternehmer *m*; Ölhändler *m* | Ölarbeiter *m* | Öler *m*, Schmierer *m*; **ˈ~ paint** *s* Ölfarbe *f*; **~ paint·ing** [ˈ~p-|ˌ~ˈp-] *s* Ölmalerei *f* | Ölgemälde *n* ⟨he (she) is no ≈ *umg scherzh* er (sie) ist keine Schönheit⟩; **ˈ~ palm** *s Bot* Ölpalme *f*; **ˈ~ˌpa·per** *s* Ölpapier *n*; **ˈ~ plant** *s* Erdölraffinerie *f*; **ˈ~ rig** *s* Ölturm *m*, Erdölanlage *f*; **ˈ~ seed** *s* Ölsamen *m*; **ˈ~skin** *s* Öltuch *n*, -leinwand *f*; **ˈ~skins** *s/pl* Ölzeug *n*, Ölkleidung *f*; **ˈ~ slick** *s Tech* Ölschlick *m* | Ölteppich *m*; **ˈ~ spill** *s* Eindringen *n* von Öl, Ölverschmutzung *f*; **ˈ~ tank** *s* Öltank *m*; **ˈ~ ˌtank·er** *s Mar* Öltanker *m*; **ˈ~ ˌvar·nish** *s* Öllack *m*; **ˈ~ well** *s* Ölquelle *f*; **ˈ~y** *adj* ölig, ölhaltig, Öl- | ölbedeckt, voller Öl ⟨≈ clothes⟩ | (Haut) fettig | *übertr verächtl* schmierig, aalglatt, schmeichlerisch ⟨an ≈ speech⟩

oint·ment [ˈɔɪntmənt] *s* Salbe *f* ◇ **a / the fly in the ~** ein *od* das Haar in der Suppe

o·ka·pi [əʊˈkɑːpɪ] *s Zool* Okapi *n*

OK, o·kay [ˌəʊˈkeɪ] *urspr Am umg* **1.** *adj, adv* richtig, gut; **2.** *interj* in Ordnung!, gut!, O.K.!; **3.** (**o·kayed, O·Ked**; **o·kay·ing, O·K·ing**) *vt* beglaubigen, gutheißen; **4.** *s* (*pl* **o·kays, OK's**) Zustimmung *f* ⟨to give s.o. one's ~ jmdm. grünes Licht geben⟩

o·kie [ˈəʊkɪ] *Am s* landwirtschaftlicher Wanderarbeiter; ∸ *Sl* Bewohner *m* von Oklahoma

o·kra [ˈəʊkrə] *s Bot* Rosenpappel *f*

old [əʊld] **1.** *adj* (**ˈ~er, ˈ~est, el·der** [ˈeldə], **eld·est** [ˈeldəst]) (Lebensalter) alt ⟨to be … years ~; at … years ~ im Alter von …; how ~ are you?⟩ | alt, in Jahren fortgeschritten (*Ant* young) ⟨~ age (hohes) Alter; Greisenalter *n*; ~ age pension [Alters-] Rente *f*; ~ age pensioner Rentner(in) *m(f)*; to grow ~ alt werden; to look ~ alt aussehen; as ~ as the hills *übertr* steinalt⟩ | verbraucht, abgenutzt ⟨~ clothes abgetragene Kleidung⟩ | früher, vergangen (*Ant* new, modern) ⟨~ times; of ~ (von) früher, einstmalig⟩ | althergebracht, altmodisch (*Ant* up to date) ⟨~ customs alte Sitten *f/pl*; ~ guard *Pol* erzkonservative Gruppe; one of the ~ school Konservativer *m*, altmodischer Mensch⟩ | alt, senil, verkalkt ⟨~ fogy alter Knacker; to look ~ at 20 mit 20 wie ein Greis aussehen⟩ | erfahren, gewitzt ⟨an ~ hand at s.th. ein alter Hase in etw., ein geschickter Arbeiter; ~ offender alter Sünder; to be ~ in crime ein abgefeimter Verbrecher sein⟩ | *emph* altvertraut, bekannt ⟨an ~ friend; ~ girl *Brit* alte Schulkameradin, ehemalige Schülerin einer Public School; the ~ country die alte Heimat; the ~ school die alte Schule⟩ | *umg scherzh* (in Anrede) alt, lieb ⟨my ~ man mein alter Herr *od* Vater; ~ boy! alter Junge!; ~ chap alter Knabe; good ~ John! lieber, alter John!; the ~ one, the ~ gentleman *euphem* der Teufel⟩ | *Sl* toll, Klasse, herrlich ⟨to have a fine ~ time etw. ganz Tolles erleben; any ~ thing irgend etw. Verrücktes⟩ | ∸ *in Zus* Alt- ⟨∸ English, ∸ High German⟩; **2.** *s* Alte(r, -s) *f(m, n)* ⟨the ~ die Alten *pl*⟩ | Vergangenheit *f* ⟨in days of ~; the men of ~⟩; **ˌ~ ˈboy** *Brit s* alter Schulkamerad, ehemaliger Schüler einer Public School | *umg* (lieber) Freund | *umg* alter Mensch; **ˌ~-ˈboy ˌnet·work** *s Brit, oft verächtl* einflußreiche (Clique *f* der) ehemalige(n) Schüler von Public Schools | Beziehungen *pl* von der Schule her | *übertr* (alte) Beziehungen, Vitamin B *n*; **ˌ~-ˈclothes·man** *s* (*pl* **ˌ~-ˈclothes·men**) Trödler *m*; **ˈ~en** *poet adj* alt ⟨in ≈ days / times⟩; **ol·de worl·de** [ˌəʊldɪ ˈwɜːldɪ] *adj Brit umg verächtl* gesucht altertümlich, auf alt gemacht; **ˌ~-ˈfan·gled** *adj* altmodisch; **ˌ~-ˈfash·ioned 1.** *adj* altmodisch, unmodern, rückständig ⟨an ≈ dress; an ≈ style⟩ | (Blick) mißbilligend; **2.** *s oft* ∸ Cocktail *m* mit Whisky; **ˌ∸ ˈGlo·ry** *s* Sternenbanner *n*; **ˌ~ ˈhat** *adj verächtl* altmodisch, längst bekannt; **ˈ~ish** *adj* ältlich; **ˌ~ ˈLa·dy** *Sl s* (*meist sg*) (Ehe-) Frau *f* | Mutter *f*; **ˌ~ ˈmaid** *verächtl s* alte Jungfer | zickige Person; **ˌ~-ˈmaid·ish** *adj* altjüngferlich; **ˌ~ ˈman** *s Sl* (Ehe-) Mann *m* | *Sl* alter Herr (Vater) | *Brit umg* alter Junge, mein Lieber; **ˌ~ ˈmas·ter** *s Mal* alter Meister | alter Meister (Gemälde); **ˌ∸ ˈNick**, *auch* **∸ Har·ry** *s umg scherzh* Teufel *m*; **ˌ~ school ˈtie** *s Brit* Schulschlips *m* (*bes* Public School) | *übertr* Zusammengehörigkeitsgefühl *n* (alter Schulkameraden); **ˌ~-ˈstag·er** *s Brit umg übertr* alter Hase; **~ster** [ˈ-stə] *s umg* Alter *m*, ältlicher Herr (*Ant* youngster); **ˌ∸ ˈTes·ta·ment** *s bibl* Altes Testament; **ˌ~-ˈtim·er** *s* langjähriges Mitglied, Veteran *m*, Altgediente(r) *f(m)* | *Am* alter Mann; **ˌ~ ˈwives' tale** *s* Ammenmärchen *n*; **ˌ~ ˈwom·an** *s* (*pl* **ˌ~ ˈwom·en**) *Sl* (Ehe-) Frau *f* | *Sl* alte Dame (Mutter) | *übertr verächtl* altes Weib (Mann *od* Frau); **ˌ~-ˈwom·an·ish** *adj verächtl* wie ein altes Weib, tuntig; **ˌ∸ ˈWorld** *s* die Alte Welt; **ˈ~-world** *adj* altväterlich | altehrwürdig, romantisch, heimelig | *Am* aus der alten Welt, aus Europa

o·le·ag·i·nous [ˌəʊlɪˈædʒɪnəs] *adj* ölhaltig | ölig (*auch übertr*)

o·le·an·der [ˌəʊlɪˈændə] *s Bot* Oleander *m*

o·le·if·er·ous [ˌəʊlɪˈɪfərəs] *adj* ölhaltig ⟨~ seed⟩

oleo- [əʊlɪə-|əʊlɪəʊ-] *in Zus* Öl-

o·le·o·graph [ˈəʊlɪəgrɑːf] *s* Öldruck *m*

o·le·o·mar·ga·rine [ˌəʊlɪəʊˌmɑːdʒəˈriːn] *s Am* Margarine *f*

O lev·el [ˈəʊ ˌlevl] *s Brit Päd* mittlere Reife, Zehnklassenabschluß(prüfung) *m(f)* ⟨to do one's ~s den Zehnklassenabschluß machen; French ~ Französisch bis zur zehnten Klasse; two ~s Zehnklassenabschluß *m* in zwei Fächern⟩

ol·fac|tion [ɒlˈfækʃn] *s* Riechen *n* | Geruchssinn *m*; **~to·ry** [~tərɪ] *adj* Geruchs- ⟨≈ nerves⟩

olig- [ɒlɪg] ⟨*griech*⟩ *in Zus* Klein-

ol·i|gar·chic [ˌɒlɪˈgɑːkɪk] *adj* oligarchisch; **~garch·y** [ˈ~gɑːkɪ] *s* Oligarchie *f*

o·li·o [ˈəʊlɪəʊ] *s Kochk* Ragout *n* | Mischmasch *m* | *Mus* Potpourri *n*

ol·ive [ˈɒlɪv] **1.** *s Bot* Olive *f* | Olivenbaum *m* | Ölzweig *m* | Olivgrün *n*; **2.** *adj* Oliven- | olivgrün; **ˈ~ branch** *s* Ölzweig *m* ⟨to hold out a / the ≈ den Friedenswillen bekunden, zur Versöhnung bereit sein⟩; ˌ~-'**drab** *adj Am* (Uniform) (oliv)grün; ˌ~-'**green** *adj* olivgrün; ˌ~ '**oil** *s* Olivenöl *n*

ol·la ['ɒlə] *s* Tonkrug *m*

-ol·o|gist ['ɒlədʒɪst] *in Zus* -ologe, -in (*z.B.* **biologist**); **~gy** *in Zus* -logie *f* (*z.B.* **philology**)

O·lym|pi·ad [əʊ'lɪmpɪæd|ə'l-] *s förml* Olympiade *f*, Olympische Spiele *pl*; **~pic** [ə'lɪmpɪk] **1.** *adj* olympisch ⟨≈ Games Olympische Spiele *pl*⟩; **2.** *s* Olympische Spiele *pl*; **~pics** [ə'lɪmpɪks] *s* Olympiade *f* ⟨the Moscow ~⟩

om·buds·man ['ɒmbʊdzmən] *s* (*pl* **om·buds·men** [-mən]) Ombudsmann *m*, (Untersuchungs-) Beauftragter *m* des Parlaments (für Bürgerbeschwerden)

o·me·ga ['əʊmɪgə] *s* ⟨*griech*⟩ Omega *n*

om·e·let[te] ['ɒmlət|-lɪt] *s* Omelett *n*, Eierkuchen *m* ⟨sweet ~; ~ with preserves Omelett confiture *n*⟩ ◇ **you can't make an ~ without breaking eggs** *Sprichw* wo gehobelt wird, (da) fallen Späne

o·men ['əʊmen|'əʊmən] **1.** *s* (*pl* '**o·mens**, **om·i·na** ['ɒmɪnə]) Omen *n*, Vorbedeutung *f* ⟨a good (bad/ill) ~ for ein gutes (schlechtes) Vorzeichen für; an ~ of success ein Hinweis *m* auf Erfolg⟩; **2.** *vt* prophezeien, anzeigen ⟨ill-~ed von schlechter Vorbedeutung⟩; **om·i·nous** ['ɒmɪnəs] *adj* drohend, unheilverkündend, verdächtig, bedenklich ⟨an ≈ silence⟩

o·mis|si·ble [ə'mɪsəbl|əʊ'm-] *adj* auslaßbar; **~sion** [ə'mɪʃn|əʊ'm-] *s* Aus-, Weglassen *n* | Auslassung *f*, Unterlassung *f*, Weglassung *f* ⟨sin of ≈ Unterlassungssünde *f*⟩; **o'mis·sive** *adj* aus-, weglassend; Unterlassungs-; **o·mit** [ə'mɪt|əʊ'm-] (**o'mit·ted, o'mit·ted**) *vt* aus-, weg-, unterlassen (**to** *mit ger*, **to** *mit inf* zu *mit inf*); **o·mit from** *vt förml* nicht erwähnen bei, unterdrücken ⟨to omit s.th. from a book etw. in einem Buch nicht [mit] drucken⟩

omni- [ɒmnɪ] ⟨*lat*⟩ *in Zus* all(es)- (*z. B.* **~faceted** allumfassend)

om·ni·bus ['ɒmnɪbəs] **1.** *s* (*pl* **~es** [~ɪz]) Autobus *m*, Omnibus *m* ⟨to go by ~ mit dem Autobus fahren⟩ | *Lit* Anthologie *f*, Sammelband *m*; ⟨a Greene ~⟩; **2.** *adj* Sammel-; '**~ bill** *s Parl* Mantel-, Rahmengesetz *n*; '**~ box** *s* Proszeniumsloge *f*; '**~ clause** *s Wirtsch* Sammelklausel *f*; '**~ ˌor·der** *s* Sammelbestellung *f*; '**~ ˌvol·ume** *s* (umfangreiche) Anthologie *f*

om·nip·o·tence [ɒm'nɪpətəns] *s* Allmacht *f*; **om'nip·o·tent** *adj* allmächtig, -gewaltig ⟨the ≈ der Allmächtige⟩

om·ni·pres|ence [ˌɒmnɪ'prezns] *förml s* Allgegenwart *f*; '**~ent** *adj* allgegenwärtig, überall

om·nis|cience [ɒm'nɪʃns|-'nɪsɪəns] *s* Allwissenheit *f*; **~cient** [~ʃnt|~sɪənt] *adj* allwissend

om·ni·um ['ɒmnɪəm] *s Brit Wirtsch* Gesamtsumme *f*; **~ gath·er·um** [ˌ~ 'gæðərəm] *s* Sammelsurium *n* | gemischte *od* bunte Gesellschaft

om·niv·o·ra [ɒm'nɪvərə] *s/pl Zool* Omnivoren *pl*, Allesfresser *m/pl*; **om'niv·o·rous** *adj* allesfressend (*auch übertr*) ⟨an ≈ reader ein Bücherwurm⟩

on [ɒn] **1.** *präp* (räumlich) in, an, auf ⟨~ board an Bord; ~ the floor auf dem Fußboden; ~ the table auf dem Tisch; ~ the train im Zug; ~ the wall an der Wand⟩ | zu, auf ⟨~ the right hand zur Rechten⟩ | *übertr* (bei Zeitangaben) an, bei, nach, zu ⟨~ Wednesday am Mittwoch; ~ that day an jenem Tag; ~ time pünktlich; ~ Whitsuntide zu Pfingsten⟩ | *übertr* über, bezüglich ⟨to speak/lecture ~⟩ | in Richtung auf, auf … zu, auf … hin ⟨to march ~ the enemy's capital; to hit s.o. ~ the head; to draw a knife ~ s.o.⟩ | Mitglied von, gehörig zu, in ⟨to be ~ a committee; to be ~ the staff zum Personal gehören⟩ | *übertr* (beruhend) auf, aufgrund von ⟨~ this account deswegen; based ~ facts auf Tatsachen beruhend; ~ advice of auf Rat von; ~ an average im Durchschnitt; to live ~ leben von⟩ | *übertr* (lastend) auf ⟨tax ~ Steuer auf; interest ~ Zinsen von; a strain ~ Belastung von⟩ | (nahe) bei, an ⟨~ the coast an der Küste; ~ my right (left) zu meiner Rechten (Linken), rechts (links); just ~ five o'clock fast fünf Uhr; just ~ a year ago vor fast einem Jahr; just ~ £ five fast fünf £⟩ | (vor *s*, *adj* der Tätigkeit, Art und Weise, e-s Zustands) *übertr* auf, von, unter ⟨~ business dienstlich; ~ holiday auf Urlaub; ~ tour auf Tour; ~ the cheap *umg* sehr billig; ~ the sly schlau, gerissen; ~ the lookout auf der Hut; ~ sale verkäuflich; ~ loan auf Borg; ~ the way unterwegs; to be ~ fire brennen; to be ~ guard auf der Hut sein; to be ~ leave Urlaub machen; ~ his best behaviour mit den besten Manieren; ~ the whole im Ganzen⟩ | über, (folgend) auf ⟨disaster ~ disaster⟩ ◇ **have / get s.th. ~ s.o.** *Sl* etw. über jmdn. wissen *od* herauskriegen *od* ausspionieren; **2.** *adv* an, auf ⟨to put a hat ~ einen Hut aufsetzen; ~ with your coat zieh deinen Mantel an; to have nothing ~ nichts anhaben⟩ | voran, vorwärts, weiter ⟨and so ~ und so weiter; come ~! komm schon!, mach schon!; be ~ about *umg, meist verächtl* sich breit auslassen über; ~ and ~ immer weiter; later ~ etwas später, danach; ~ and off, off and ~ von Zeit zu Zeit, hin und wieder; to get ~ vorankommen, Fortschritte erzielen; to hurry ~ forteilen; to work ~ weiterarbeiten⟩ | an, ein(geschaltet) ⟨*Ant* off⟩ ⟨the lights are full ~ die Lampen sind alle angeschaltet; to leave the tap ~ den Hahn an(gedreht) lassen; the brake is ~ die Bremse ist angezogen⟩ | (nach **be** od. **have**) (Veranstaltung u. ä.) geplant ⟨not ~ *umg* nichts zu machen, unmöglich⟩ | *Theat, Film* auf dem Spielplan ⟨what's ~? was wird gespielt?; *übertr umg* was ist los?; there's nothing ~ tomorrow morgen findet nichts statt; have you anything ~ tonight? haben Sie heute abend irgend etwas vor?⟩; **3.** *adj Brit Sl* geeignet, passend, geschaffen für ⟨the most ~ person⟩; **4.** *s* (Kricket) die Seite links vom Schläger

on- *präf zur Bildung von adj, s aus v mit der Bedeutung* auf-, an- (*z. B.* **~coming, ~looker, ~set**)

on-a·gain, off-a·gain [ˌɒnəgen 'ɒfəgen] *adj, bes Am* an- und abflauend, ständig wechselnd *od* wiederkehrend ⟨~ headaches; ~ negotiations⟩

on-air [ˌɒn 'ɛə] *adj Rundf, Ferns* über Welle (*Ant* cable) ⟨~ TV programmes⟩

on·board [ɒn'bɔ:d] *adj Flugw* an Bord, Bord- ⟨~ equipment; ~ service⟩

once [wʌns] **1.** *adv* einmal, ein einziges Mal ⟨all at ~ plötzlich; alle auf einmal; at ~ sofort, sogleich, unverzüglich, auf einmal; gleichzeitig; (just) for ~ (nur) das eine Mal; ~ and again, ~ in a way / while, ~ or twice hin und wieder, von Zeit zu Zeit, dann u. wann; ~ and for all ein für allemal; ~ more again erneut, noch einmal⟩ | (*vor v*) einst, einmal, früher ⟨he ~ lived in Egypt; he was ~ popular er war einmal beliebt; ~ upon a time einmal; es war einmal; there ~ lived a king es lebte einmal ein König⟩; **2.** *conj* wenn erst, sobald ⟨~ you give in wenn du einmal nachgibst; ~ told … einmal gesagt …⟩; **3.** *s* das eine Mal ⟨for [this] ~, just for/the ~ nur diesmal *od* dieses eine Mal⟩; '**~-ˌo·ver** *s urspr Am umg* flüchtiger prüfender Blick ⟨to get / give s.o. the ≈⟩

on·co·log|ic [ˌɒŋkə'lɒdʒɪk], ˌ**on·co'log·i·cal** *Med adj* onkologisch; **on·col·o·gy** [ɒŋ'kɒlədʒɪ] *s* Onkologie *f*, Geschwulstlehre *f*

on·com·ing ['ɒnˌkʌmɪŋ] **1.** *adj* (entgegen)kommend ⟨~ traffic Gegenverkehr *m*; ~ old age herannahendes Alter; the ~ shift die neue (Arbeits-) Schicht⟩ | *übertr* nächst(e, -er, -es), neu ⟨the ~ generation⟩; **2.** *s* Herankommen, -nahen *n* ⟨the ~ of winter⟩

one [wʌn] **1.** *adj* ein(s) ⟨~, two, three eins, zwei, drei; ~ book ein Buch; ~ hundred (ein)hundert⟩ | eines ⟨~ day eines Tages; ~ morning an einem Morgen⟩ | (*oft emph*) ein (*Ant* other) ⟨~ way of doing it eine Möglichkeit, wie man es machen kann; for ~ (thing) vor allem, in erster Linie; I, for ~ ich, zum Beispiel⟩ | (vor Namen) ein gewisser ⟨~ [Mr] Fox⟩ | gleich ⟨in ~ direction in derselben Richtung; to be at ~ with s.o. on s.th. mit jmdm. einig sein in bezug auf etw.; it's all ~ to me das ist mir völlig gleich; ~ and the same ein und derselbe; to become ~, to be made ~ vereint werden, heiraten⟩ ◇ **~ and all** alle zusammen; **~ by ~** einer nach dem anderen; **[all] in ~** im ganzen; **in ~** auf einmal; **be ~ up on s.o.** jmdm. voraus sein; **2.** *s* Eins *f* ⟨in ~s in Einzelstücken⟩ ◇ **a ~** *umg* Schlingel *m*, eine(r) *f*(*m*) ⟨oh, you are ≈! du bist mir ja einer!⟩; **a right ~** *umg* Narr *m*, Dummkopf *m*; **in/by ~s and twos** in kleinen Grüppchen; **3.** *pron* eine(r, -s) ⟨~ of us einer von uns; ~ another einander, einer dem andern; like ~ possessed (dead) wie ein Verrückter (Toter); the little ~s die Kleinen *pl*; the ~ about *umg* der Witz über⟩ | *unpers* jemand, man ⟨~ has to do one's best man muß sein Bestes tun⟩; **one-** *in Zus* ein-, Einzel- (*z. B.* **~-pass** mit einem Durchgang, **~-man control** Einzelbedienung *f*); **ˌ~-act ˈplay** *s Theat* Einakter *m*; **ˌ~-ˈarmed** *adj* einarmig ⟨≈ bandit *Sl* Spielautomat *m*⟩; **ˌ~-crop ˈcul·ture** *s Landw* Monokultur *f*; **ˌ~-ˈdig·it** *adj Math* einstellig; **ˌ~-ˈeyed** *adj* einäugig; **ˌ~-ˈfig·ure** *adj Math* einstellig; **ˌ~-ˈhand·ed** *adj* einhändig; **ˌ~-ˈhorse** *adj* einspännig | *übertr umg* armselig, unbedeutend, langweilig ⟨≈ town Stadt, in der nichts los ist⟩; **ˌ~-iˈde·a[e]d** *adj* nur von einem Gedanken beherrscht; **ˌ~-ˈman** *adj* Einmann-, Einzel- ⟨≈ boat⟩; **ˌ~-man ˈband** *s* Einmannkapelle *f* | *übertr* Einmannbetrieb *m*; **ˌ~-man ˈshow** *s* (Kunst) Einzelausstellung *f* | *Theat* Einmannshow *f*; **ˌ~-night ˈstand** *s Mus, Theat* einmalige Aufführung *f*; **ˌ~-ˈoff 1.** *adj* Einzel-, jedes für sich ⟨≈ part Einzelstück *n*, -teil *n*; ≈ production Einzelfertigung; ≈ work Bearbeitung eines Einzelwerkstücks; ≈ purchase einmaliger Kauf⟩; **2.** *s* Einzelstück *n*, Unikat *n*; **ˌ~-ˈpiece 1.** *adj* einteilig ⟨≈ bathing costume⟩; **2.** Einteiler *m*, einteiliger Badeanzug; **ˌ~-ˈplace** *adj Math* einstellig; **ˌ~-price ˈshop** *s* Einheitspreisladen *m*

on·er [ˈwʌnə] *s Brit Sl* Könner *m*, Kanone *f* | Mordsding *n*, tolles Ding | *umg* Einer *m*, Eins *f*

on·er|os·i·ty [ˌɒnəˈrɒsətɪ] *s* Beschwerlichkeit *f*; **~ous** [ˈɒnərəs|ˈəʊ-] *adj* beschwerlich, lästig (**to** für) ⟨~ duties drückende Pflichten *f/pl*⟩

one·self [wʌnˈself] *pron* selbst ⟨to wash ~ sich waschen⟩ | *emph* selber, selbst ⟨to do s.th. ~; to ~ für sich selbst, nicht für andere⟩

one-|sid·ed [ˌwʌn ˈsaɪdɪd] *adj* einseitig (*auch übertr*) ⟨a ≈ statement⟩; **ˈ~step** *s* Onestep *m*; **ˈ~time** *adj* ehemalig, einstig ⟨a ≈ politician⟩ | einmalig ⟨≈ contact⟩; **~-to-ˈ~** *adj Math* isomorph | *auch* **ˌ~-on-ˈ~** *Am, Kan* unmittelbar, einer-gegen-einen ⟨≈ conversation; ≈ relationship; ≈ fight⟩; **ˌ~-ˈtrack** *adj Eisenb* eingleisig | *übertr* einseitig ⟨≈ mind begrenzter Verstand, Einseitigkeit *f*⟩; **ˌ~-ˈup** *umg* **1.** *adj* (einen Punkt) voraus, im Vorteil (**on s.o.** (gegenüber) jmdm.); **2.** (**~-ˈupped, ~-ˈupped**) *vt* die Nase vorn haben vor (jmdm.), (jmdn.) austricksen; **~-ˈup·man·ship** *s scherzh* Überlegenheit *f* um jeden Preis; **ˌ~-ˈway** *adj* einbahnig, Einbahn- ⟨≈ street Einbahnstraße *f*; ≈ traffic Einbahnverkehr *m*⟩; **ˌ~-way ˈtick·et** *s scherzh* garantierter Weg (**to ...** um nach *od* zu ... zu kommen)

on·go·ing [ˈɒnˌgəʊɪŋ] *adj* laufend, im Gang befindlich ⟨~ research; ~ traffic⟩, andauernd ⟨~ relationship⟩

on·ion [ˈʌnɪən] *s Bot* Zwiebel *f* ⟨to know one's ~s *umg übertr* sein Fach verstehen, helle sein⟩ | *Sl* Birne *f*, Kopf *m* ⟨off one's ~ *Sl* übergeschnappt, nicht richtig im Kopf⟩ | Leuchtrakete *f*, -geschoß *n*; **ˈ~ soup** Zwiebelsuppe *f*

on-line [ˌɒnˈlaɪn] *adj, adv* (Computer) on-line, an einen zentralen Rechner angeschlossen, mitlaufend, gekoppelt

on·look|er [ˈɒnˌlʊkə] *s* Zuschauer(in) *m*(*f*) ⟨the ~ sees most of the game *Sprichw* wer zuschaut, hat mehr vom Spiel⟩; **ˈ~ing** *adj* zuschauend

on·ly [ˈəʊnlɪ] **1.** *adj* einzige(r, -s) ⟨my one and ~ chance meine einzige Chance; the ~ child das einzige Kind; the ~ people die einzigen [Leute]⟩ | einzigartig, beste(r, -s) ⟨he's the ~ man for the position er ist der Mann für die Stelle⟩ ◇ **one and only** *emph* einzig ⟨my ≈ friend⟩; einmalig ⟨the ≈ Monroe⟩; **2.** *adv* nur, bloß, erst ⟨if ~ wenn bloß; there are ~ three left es sind nur drei übrig⟩ ◇ **~ just** gerade erst ⟨≈ now⟩; gerade noch ⟨≈ enough time gerade noch genug Zeit⟩; **~ too** (*vor adj, part perf*) außerordentlich, sehr ⟨to be ~ too pleased sich sehr freuen; to be ~ too true leider sehr wahr sein, nur zu wahr sein⟩; **3.** *conj* nur, jedoch ⟨come, ~ in time komm, aber pünktlich; she would, ~ she can't sie würde gern, kann jedoch nicht; ~ that nur daß, außer wenn⟩

o·nom·a·tope [əˈnɒmətəʊp] *s* Onomatopoetikon *n*, lautmalendes Wort; **on·o·mat·o·poe·ia** [əˌnɒmətəˈpiːə] *s* Onomatopöie *f*, Schallnachahmung *f*, Lautmalerei *f*; **on·o·mat·o·poe·ic** [əˌnɒmətəˈpiːɪk], **onˌo·mat·oˈpoe·i·cal, on·o·mat·o·po·et·ic** [əˌnɒmətəpəʊˈetɪk] *adj* onomatopoetisch, lautmalend, schallnachahmend

on·rush [ˈɒnrʌʃ] *s* Vorstoß *m*, Ansturm *m*

on·set [ˈɒnset] *s Mil* Angriff *m*, Attacke *f* | Beginn *m* ⟨at the first ~⟩ | *Med* Ausbruch *m* (e-r Krankheit) ⟨the ~ of a disease⟩

on·shore [ˈɒnʃɔː] *adj, adv* landwärts ⟨~ wind auflandiger Wind⟩ | an der Küste, in Küstennähe | *Wirtsch* Inlands- ⟨~ purchases⟩

on·side [ˌɒnˈsaɪd] *adj, adv* (Fußball) nicht abseits

on·slaught [ˈɒnslɔːt] *s* stürmischer Angriff, heftiger Ansturm (**on** auf)

on·to [ˈɒntə|ˈɒntuː] *präp* auf ⟨~ the floor⟩ ◇ **be ~ s.th.** *umg* hinter etwas gekommen sein, etwas spitzgekriegt haben; **be ~ a good thing** *umg* schön raus sein, es gut haben; **be ~ s.o.** *umg* jmdm. auf die Schliche gekommen sein

on·to|gen·e·sis [ˌɒntəˈdʒenəsɪs] *s Biol* Ontogenese *f*; **~ge·net·ic** [ˌ~dʒɪˈnetɪk] *adj* ontogenetisch

on·to·log·i·cal [ˌɒntəˈlɒdʒɪkl] *Phil adj* ontologisch ⟨~ argument ontologischer Gottesbeweis⟩; **on·tol·o·gy** [ɒnˈtɒlədʒɪ] *s* Ontologie *f*

o·nus [ˈəʊnəs] *s* (*ohne pl*) Bürde *f*, Last *f*, Verpflichtung *f* ⟨~ of proof *Jur* Beweislast *f*⟩ | Verantwortung *f* (**of** für), Schuld (**of** an) ⟨to put the ~ on s.o. die Schuld auf jmdn. abwälzen⟩

on·ward [ˈɒnwəd] **1.** *adv* weiter, vorwärts ⟨to move ~⟩; **2.** *adj* fortschreitend, Vorwärts- ⟨an ~ movement eine Bewegung nach vorn, eine Weiterbewegung⟩; **ˈon·wards** *adv* vorwärts, nach vorn ⟨to move ≈⟩

onycho- [ɒnɪkə(ʊ)] ⟨*griech*⟩ *in Zus* Nagel-

on·yx [ˈɒnɪks|ˈəʊnɪks] *s Min* Onyx *m*

oo·dles [ˈuːdlz] *s/pl Sl* Unmengen *f/pl*, Haufen *m* (**of** an, von) ⟨~ of money Geld wie Heu⟩

oof [uːf] **1.** *s Brit Sl selten* Kies *m*, Kohlen *f/pl* (Geld); **2.** *interj, oft scherzh* au!, oh!

oomph [ʊmf] *Sl s* Pep *m*, Schwung *m*, Elan *m* | Sex-Appeal *m*

oops [uːps] *interj umg* hoppla!, oh weh!, ach! **ˈ~-a-ˌdai·sy** *interj umg* hoppsa! | *scherzh* (wenn jemand hinfällt) hops!, hoppla!

ooze [uːz] **1.** *s* Schlamm *m*, Schlick *m* | *Tech* Lohbrühe *f* |

Beize *f,* Beizmittel *n* | Durchsickern *n*; **2.** *vi* aus-, ein-, durchsickern (**into** in, **out of** aus, **through** durch); *vt* ausschwitzen, abgeben ⟨to ~ sweat vor Schweiß triefen; to ~ life *übertr* verbluten, sich zu Tode bluten⟩; **~ away** *übertr* dahinschwinden; **~ out** *übertr* durchsickern, herauskommen, -quellen; **'oo·zy** *adj* schlammig, schlickig | schwitzend

¹op [ɒp] *Kurzw umg* für **operation** (*Med*)

²op *Kurzw* für **opus** (*Mus*)

o·pac·i·ty [əʊ'pæsətɪ|ə'p-] *s* Dunkelheit *f* | Undurchsichtigkeit *f,* Opazität *f,* Trübung *f*

o·pal ['əʊpl] *s Min* Opal *m*; **~esce** [ˌəʊpə'les] *vi* opalisieren, schillern; **~es·cence** [ˌəʊpə'lesns] *s* Opalisieren *n,* Opaleszenz *f,* Schillern *n*; **~es·cent** [ˌəʊpə'lesnt], **~esque** [ˌəʊpə'lesk] *adj* opalisierend, schillernd; ˌ**~ 'glass** *s* Milch-, Mattglas *n*; **~ine** ['əʊpəli:n|-laɪn] **1.** *adj* Opal-, schillernd; **2.** *s* Opal-, Milchglas *n*

o·paque [əʊ'peɪk|ə'p-] **1.** *adj* undurchsichtig, milchig, trüb ⟨~ glass⟩ | lichtundurchlässig | *übertr* undurchsichtig, unklar ⟨~ meaning⟩ | *übertr* dumm, stupid; **2.** *s* Dunkel *n*; ˌ**~ 'col·our** *s* Deckfarbe *f*

op| art, *auch* **∸ art** ['ɒp 'ɑ:t] **1.** *s* (Kunst) Op-art *f*; **2.** *adj* Op-art-; ˌ**~ 'art·ist** *s* Op-art-Künstler(in) *m(f)*

o·pen ['əʊpən] **1.** *adj* offen (*Ant* closed) ⟨an ~ door; wide ~ (sperrangel)weit offen⟩ | frei, zugänglich (*Ant* enclosed) ⟨~ country offenes Gelände; ~ prison Reformgefängnis *n*; the ~ sea hohe See; ~ spaces Freiflächen *f/pl*⟩ | *Ling* offen (*Ant* closed) ⟨an ~ vowel ein offener Vokal⟩ | frei, bloß, offen (*Ant* covered) ⟨in the ~ air im Freien, draußen; ~ car offener Wagen; ~ sandwich belegtes Brot⟩ | eisfrei, offen ⟨~ river eisfreier Fluß⟩ | offen, ausgebreitet, entfaltet ⟨~ flowers aufgeblühte Blumen *f/pl*; an ~ book *übertr* offen zutage; with ~ arms freigebig, gern⟩ | (Geschäft, Theater) offen, verkaufsbereit, geöffnet ⟨~ to the public für jedermann geöffnet *od* zugänglich⟩ | öffentlich, offen ⟨an ~ post eine freie Stelle; ~ championship offene Meisterschaft; in ~ court vor einem öffentlichen Gericht; the ~ door *Wirtsch* Freihandel *m*⟩ | *übertr* zugänglich, aufgeschlossen ⟨to be ~ to an offer mit sich reden lassen⟩ | ungeschützt (**to** gegenüber) ⟨an ~ town; to be/lay o.s. ~ to *übertr* sich aussetzen⟩ | *übertr* offen, freimütig ⟨an ~ character; an ~ letter; to be ~ with s.o. zu jmdm. offen sein; to have/keep an ~ mind on s.th. etw. unvoreingenommen beurteilen⟩ | mild ⟨~ weather⟩ | nicht verboten, frei ⟨~ season Jagdzeit *f*⟩ | *übertr* unentschieden, ungeklärt ⟨an ~ question eine offene Frage; to leave s.th. ~ etw. offenlassen⟩ | *Wirtsch* (Konto u. ä.) laufend, offen ⟨~ account laufendes Konto; ~ cheque Barscheck *m*⟩; **2.** *s* (*mit best art*) das Freie *n* (*nur sg*) ⟨in(to) the ~ im Freien (ins Freie); to bring into the ~ an die Öffentlichkeit bringen; to come [out] into the ~ sich zeigen, an den Tag kommen, bekanntwerden; offen reden, Farbe bekennen; to come (out) into the ~ etw. bekanntgeben, mit etw. herausrücken; **3.** *vt* öffnen (*auch übertr*) ⟨to ~ a suitcase; to ~ one's eyes [vor Staunen] die Augen aufreißen; to ~ the eyes of s.o. to jmdm. die Augen öffnen für⟩ | aufmachen, eröffnen ⟨to ~ an account ein Konto eröffnen; to ~ fire *Mil* das Feuer eröffnen; to ~ a shop ein Geschäft eröffnen⟩ | *übertr* enthüllen, ausbreiten ⟨to ~ o.s. to s.o. sich jmdm. eröffnen; to ~ one's heart / mind to s.o. jmdm. sein Herz ausschütten⟩; **~ out** (Karte u. a.) auseinanderfalten, aufmachen; **~ up** (Paket u. ä.) öffnen, aufmachen | (Land, Öl u. ä.) erschließen (**for** für) ⟨to ~ up new land⟩; *vi* sich öffnen, aufgehen ⟨the flowers are ~ing; the door ~s into the garden die Tür führt in den Garten; the two rooms ~ into one another zwischen beiden Räumen befindet sich eine Tür⟩ | beginnen ⟨when does the fair ~? wann beginnt die Messe?⟩ | *übertr* sich enthüllen; **~ out** (Blüten u. ä.) aufgehen, sich öffnen | sich ausdehnen, sich verbreitern | freier sprechen; **~ up** aufmachen ⟨~ up in the name of the law⟩ | (Spiel) sich auflockern | sich äußern, etw. verraten | *Mil* das Feuer eröffnen; ˌ**~ 'aer·i·al** *s* Außenantenne *f*; ˌ**~-'air** *adj* Außen-, Freiluft-; ˌ**~-air 'the·a·tre** *s* Freilichtbühne *f*; ˌ**~-and-'shut** *adj* simpel, glasklar; ˌ**~-'cast** *adj* Tagebau- ⟨≈ mining⟩; ˌ**~-'date 1.** *s Wirtsch* Verbrauchsanzeige *f,* Stempelprägung *f* (zu verbrauchen bis); **2.** *vt* (Ware) mit Verbrauchsanzeige versehen; ˌ**~-'doored** *adj* zugänglich; ˌ**~-'eared** *adj* hellhörig; ˌ**~-'end·ed** *adj* (Diskussion) unentschieden, offen | (zeitlich) unbegrenzt; **'~er** *s* Öffner *m* ⟨tin ≈ Büchsenöffner *m*⟩ | (Kricket) Eröffnungsschläger *m*; ˌ**~-'eyed** *adj* wachsam | überrascht | mit vollem Wissen; ˌ**~-'hand·ed** *adj* freigiebig; ˌ**~-'heart** *adj Med* bei offenem Herzen ⟨≈ surgery⟩; ˌ**~-'heart·ed** *adj* offenherzig, aufrichtig; ˌ**~-'hearth** *adj Tech* Frischherd-, Siemens-Martin- ⟨≈ furnace Siemens-Martin-Ofen *m*⟩; ˌ**~ 'house** *s* in: **keep ~ house** ein offenes Haus halten, jedermann Gastfreundschaft erweisen; **'~ing 1.** *s* Öffnen *n* | Öffnung *f,* Loch *n* | freie Stelle, Bresche *f* | *Am* Lichtung *f* | Beginn *m,* Eröffnung *f* ⟨the ≈ of a book⟩ | freie (Arbeits-) Stelle (**at, in** bei, an, in) ⟨job ≈⟩; **2.** *adj* einleitend ⟨≈ remarks; ≈ speech⟩; **'~ing night** *s Theat, Film* Premiere *f*; **'~ing time** *s* Öffnungszeit *f*; ˌ**~ 'let·ter** *s* offener Brief; ˌ**~-'loop** *adj* (Steuerung) vorprogrammiert (*Ant* closed-loop) ⟨an ≈ system⟩; **'~ly** *adv* öffentlich, nicht geheim | offen, bereit, zugänglich; ˌ**~-'mind·ed** *adj* aufgeschlossen; ˌ**~-'mouthed** *adj, adv* gierig | mit offenem Mund, erstaunt; ˌ**~-'plan** *adj* (Büro) Großraum- | (Treppe) Frei- | (Wohnung) großzügig, weiträumig (angelegt); ˌ**~ 'sand·wich** *s* belegtes Brot; ˌ**~ 'sea·son** *s* Jagdzeit (*Ant* closed season); ˌ**~ 'se·cret** *s* offenes Geheimnis; ˌ**~ 'ses·a·me** *s, interj, oft scherzh* Sesam öffne dich, Zauberformel *f*; ˌ**~ 'shop** *s urspr Am* Betrieb *m,* der gewerkschaftlich organisierte u. nichtorganisierte Arbeiter einstellt (*Ant* closed shop); ˌ**~-'space** *adj* wandlos, -frei ⟨≈ architecture⟩; ˌ**~-'top** *adj* (Kfz) offen, ohne Verdeck; ˌ**∸ U·ni·ver·si·ty** *s Brit* Fernsehuniversität *f*; ˌ**~ 'ver·dict** *s Jur* keine Festlegung hinsichtlich der Todesursache; ˌ**~ 'war·fare** *s Mil* Bewegungskrieg *m*; **'~work** *s* durchbrochene Handarbeit; **'~-work[ed]** *adj* (Stickerei) durchbrochen

op·er·a ['ɒprə|'ɒpərə] *s* Oper *f* ⟨comic ~ komische Oper; grand ~ große Oper; light ~ leichte Oper⟩ | Opernhaus *n*

op·er·a·ble ['ɒpərəbl] *adj Med* operierbar

op·er·a| cloak ['ɒprə kləʊk] *s* Abendmantel *m*; **'~** ˌ**danc·er** *s* Ballettänzer(in) *m(f)*; **'~** ˌ**glass·es** *s/pl* Opernglas *n*; **'~ hat** *s* Klapphut *m*; **'~ house** *s* Opernhaus *n*

op·er·and ['ɒpərənd] *s Math* (Computer) Operand *m*

op·er·ant ['ɒpərənt] *adj* operant, bewirkend ⟨~ conditioning⟩

op·er·ate ['ɒpəreɪt] *vi* (Maschine u. ä.) arbeiten, laufen, funktionieren ⟨to ~ on batteries von Batterien getrieben werden, mit Batterien gehen⟩ | *Wirtsch* operieren, Geschäfte tätigen ⟨to ~ at a deficit mit Verlust arbeiten⟩ | *übertr* (ein)wirken (**[up]on** auf), sich auswirken, hinwirken (**on, for** auf, **against** gegen, **in favour of** zugunsten von), gereichen (**to** zu) | *Med* operieren ⟨to be ~d on (for) operiert werden (wegen)⟩ | *Mil* operieren | *Wirtsch umg* spekulieren ⟨to ~ for a fall (rise) auf Baisse (Hausse) spekulieren⟩; *vt* (Maschine u. ä.) in Gang setzen, bedienen, betätigen, schalten, handhaben | (Maschine u. ä.) (be)treiben, speisen ⟨~d by electricity stromgetrieben⟩ | bewirken, verursachen, bewerkstelligen | *urspr Am* (Geschäft) betreiben, leiten, führen ⟨the firm ~s two factories and a coalmine⟩

op·er·at·ic [ˌɒpəˈrætɪk] *adj* Opern- ⟨~ music Opernmusik *f*⟩

op·er|at·ing [ˈɒpr̩eɪtɪŋ] **1.** *adj* Betriebs-, betrieblich | funktionierend, arbeitend ⟨≈ parts⟩ | *Med* Operations- ⟨≈ table Operationstisch *m*⟩; **2.** *s* Betrieb *m*, Betätigung *f*; **ˈ~at·ing ˌda·ta** *s* Betriebsdaten *pl*; technische Daten *pl*; **ˈ~at·ing ˌdesk** *s* Steuerpult *n*; **ˈ~at·ing ˌknob** *s* Bedienungsknopf *m*; **ˈ~at·ing ˌmem·ber** *s* Schaltelement *n*; **ˈ~at·ing poˌsi·tion** *s* Schaltstufe *f*; **ˈ~at·ing ˌpow·er** *s* Betriebsleistung *f*; **ˈ~at·ing ˌthe·at·re** *s Med* Operationssaal *m*

op·er|a·tion [ˌɒpəˈreɪʃn] *s* Wirken *n* (**on** auf) | Geltung *f*, Wirksamkeit *f* ⟨by ≈ of law kraft Gesetzes; to come / go into ≈ in Kraft treten; in ≈ gültig, wirksam⟩ | *Tech* Betrieb *m*, Gang *m* ⟨in ≈ in Betrieb; out of ≈ außer Betrieb; ready for ≈ betriebsfähig; to begin ≈s den Betrieb aufnehmen⟩ | (Maschine) Handhabung *f*, Bedienung *f* | *Math* Operation *f* | *Math* Rechnungsverfahren *n*, -art *f* | *Med* Operation *f* ⟨an ≈ for appendicitis eine Blinddarmoperation; to perform an ≈ on s.o. eine Operation vornehmen an jmdm.; to undergo an ≈ sich einer Operation unterziehen⟩ | *Mil* Operation *f* ⟨≈ order Einsatzbefehl *m*; ≈s room Befehls-, Einsatzzentrale *f*; theatre of ≈s Einsatzgebiet *n*, Kriegsschauplatz *m*⟩ | *Wirtsch* Unternehmen *n*, Unternehmung *f*, Transaktion *f*; **ˌ~ˈa·tion·al** *adj* betriebsmäßig, betrieblich, Betriebs- ⟨≈ costs / expenditure Betriebskosten *pl*; ≈ research Operationsforschung *f*⟩ | *Mil* Operations-, Einsatz- | *Tech* einsatzfähig ⟨to be ≈ eingesetzt werden, in Betrieb gehen⟩; **ˌ~ˌa·tion·al ˈcom·fort** *s* Bedienungskomfort *m*; **~ˌa·tions re·ˈsearch** *s* Operationsforschung *f*

op·er|a·tive [ˈɒpr̩ətɪv] **1.** *adj* wirkend, tätig | (Gesetz u. ä.) wirksam ⟨≈ word Wort *n*, auf das es ankommt, rechtsbegründendes Wort⟩ | Betriebs- | *Med* operativ, Operations- ⟨≈ treatment⟩; **2.** *s oft euphem* Arbeiter *m* ⟨cotton ≈ Baumwollarbeiter *m*⟩ | Maschinist *m*; **~a·tor** [ˈɒpəreɪtə] *s* Arbeiter *m* | Filmvorführer *m* | Telefonist(in) *m(f)* | *Med* Operateur *m*, Chirurg *m* | *Math* Operator *m* | *urspr Am Wirtsch* Unternehmer *m* ⟨private ≈s in civil aviation private Luftfahrtunternehmen *pl*⟩ | *umg, oft verächtl* einer, der sich auf etw. (nur zu) gut versteht, Gerissener *m* ⟨a smooth ≈ einer, bei dem alles glatt geht; to be a clever ≈ raffiniert vorgehen⟩

op·er·a win·dow [ˈɒpərə ˌwɪndəʊ] *s Kfz* kleines hinteres (festes) Seitenfenster

op·er·et·ta [ˌɒpəˈretə] *s* Operette *f*

oph·thal|mi·a [ɒfˈθælmɪə|ɒp-] *s Med* Ophthalmie *f*, Bindehautentzündung *f*; **ophˈthal·mic** *adj* Augen- ⟨≈ hospital Augenklinik *f*⟩

ophthalmo- [ɒfθælmə(ʊ)|ɒp-] ⟨*griech*⟩ *in Zus* Auge(n)-

oph·thal|mo·log·ic [ɒfˌθælməˈlɒdʒɪk|ɒp-], **ophˌthal·moˈlog·i·cal** *adj Med* ophthalmologisch; **~mol·o·gist** [ˌ~ˈmɒlədʒɪst |ɒp-] *s* Ophthalmologe *m*, Augenarzt *m*; **ˌ~ˈmol·o·gy** *s* Opthalmologie *f*, Augenheilkunde *f*; **~mo·scope** [ɒfˈθælməskəʊp|ɒp-] *s* Augenspiegel *m*, Ophthalmoskop *n*

o·pi·ate [ˈəʊpɪət|-ɪeɪt] **1.** *s Med* Opiat *n* | Schlafmittel *n* | Beruhigungs-, Betäubungsmittel *n* (*auch übertr*) ⟨~ for the people Opium *n* für das Volk⟩; **2.** *adj* Opium-; **3.** *vt* mit Opium betäuben | einschläfern

o·pine [əʊˈpaɪn] *vi, vt förml, scherzh* dafürhalten (**that** daß)

o·pin·ion [əˈpɪnɪən] *s* Ansicht *f*, Meinung *f* ⟨political ~s politische Ansichten *pl*; public ~ die öffentliche Meinung; in my ~ meiner Meinung nach; to act up to one's ~s nach seiner Überzeugung handeln; to be of [the] ~ that der Meinung sein, daß; to have a high [no] ~ of s.th. von etw. viel [nicht viel] halten⟩ | *auch Jur* (schriftliches) Urteil | Gutachten *n* (**on** über) ⟨to get a lawyer's ~ ein Rechtsgutachten einholen⟩ | *Jur* Urteilsbegründung *f*; **oˈpin·ion·at·ed, oˈpin·ion·a·tive** *adj förml* auf der Meinung beharrend, dogmatisch; **ˈ~ poll** *s* Meinungsumfrage *f*

opistho- [ə(ʊ)pɪsθə(ʊ)] ⟨*griech*⟩ *in Zus* hinter-

o·pi·um [ˈəʊpɪəm] *s* Opium *n*; **ˈ~ den** *s* Opiumhöhle *f*; **~ism** [ˈ~ɪzm] *s* Opiumvergiftung *f*; **ˈ~ ˌpop·py** *s Bot* Schlafmohn *m*

op·o·del·doc [ˌɒpəˈdeldɒk] *s Med* Opodeldok *m*, Einreibung *f*

o·pop·a·nax [əˈpɒpənæks] *s Bot* Panaxkraut *n*

o·pos·sum [əˈpɒsəm] *s Zool* Opossum *n*, Beutelratte *f*; **ˈ~ coat** *s* Opossummantel *m*; **ˈ~ mouse** *s Zool* Beutelratte *f*, -maus *f*

op·po·nen·cy [əˈpəʊnənsɪ] *s förml* Gegnerschaft *f*; **opˈpo·nent** **1.** *adj* entgegenstehend, gegnerisch, feindlich; **2.** *s* Gegner *m* | Gegenspieler *m*

op·por|tune [ˈɒpətju:n] *adj* (Handlung) günstig, zweckmäßig, passend ⟨an ≈ speech eine Rede zum rechten Zeitpunkt⟩ | (Zeit) rechtzeitig, gelegen ⟨an ≈ moment⟩; **ˌ~ˈtun·ism** [*auch* ˈɒpətju:nɪzm] *s Pol* Opportunismus *m*, Politik *f* der Anpassung; **~ˈtun·ist** [*auch* ˈɒpətju:nɪst] *s* Opportunist *m*; **ˌ~tuˈn·is·tic** [*auch* ˈɒpətju:nɪstɪk] *adj* opportunistisch; **~tu·ni·ty** [ˌ~ˈtju:nətɪ|ˌ~ˈtʃu:nətɪ] *s* (günstige) Gelegenheit (**for** zu) ⟨to have (no) ≈ of doing s.th. / to do s.th. [keine] Gelegenheit haben, etw. zu tun; to take an ≈ die Gelegenheit ergreifen; to miss / lose the ≈ die Gelegenheit verpassen⟩

op·pose [əˈpəʊz] *vt* entgegenstellen, entgegensetzen ⟨to ~ a vigorous resistance to s.o. jmdm. heftigen Widerstand leisten; to ~ one's will against seinen Willen entgegensetzen; as ~d to im Gegensatz zu⟩ | sich auflehnen gegen, sich wehren gegen, Widerstand leisten gegen ⟨to ~ the Government gegen die Regierung auftreten; to be ~d to s.th. gegen etw. sein⟩; **opˈpos·ing** *adj* opponierend, sich widersetzend | *Tech* Gegen-; **opˌpos·ing ˈfield** *s El* Gegenfeld *n*; **op·po·site** [ˈɒpəzɪt|-sɪt] **1.** *adj* entgegengesetzt ⟨in the ≈ direction in umgekehrter Richtung; the ≈ side die andere Seite, die Gegenseite⟩ | gegenüberliegend, gegenüberstehend (**to s.th.** e-r Sache) | verschieden, anders | *Bot* gegenständig | *Tech* gegenläufig; **2.** *s* Gegenteil *n* (**of** von) ⟨the very ≈ genau das Gegenteil⟩ | Gegensatz *m*; **3.** *adv, präp* gegenüber; **ˌop·po·site ˈnum·ber** *s meist*: **one's ≈** *bes Pol, Sport* Gegenüber *n*, andere Seite *f*; **op·po·si·tion** [ˌɒpəˈzɪʃn] *s* Gegenüberstellung *f* | Widerspruch *m*, Gegensatz *m* ⟨to be in ≈ to im Widerspruch stehen zu, nicht übereinstimmen mit⟩ | Widerstand *m* ⟨strong ≈ heftiger Widerstand⟩ | *Pol, Astr* Opposition *f* ⟨Her Majesty's ≈ die offizielle Opposition; the leader of the ≈ der Oppositionsführer⟩; **ˌop·poˈsi·tion·al** *adj* gegenüberstehend | *Pol* oppositionell, Oppositions-; **ˌop·poˈsi·tion·ist** *s Pol* Oppositionsmitglied *n*

op·press [əˈpres] *vt* unterdrücken ⟨to ~ the people⟩ | bedrücken ⟨~ed by / with the heat; to feel ~ed sich bedrückt fühlen⟩; **opˈpres·sion** [-ʃ-] *s* Unterdrückung *f* ⟨victims of ≈⟩ | Druck *m*, Bedrückung *f* ⟨a feeling of ≈ ein bedrückendes Gefühl⟩ | Bedrängnis *f* | *Med* Beklemmung *f*; **opˈpres·sive** *adj* unterdrückend ⟨≈ laws grausame Gesetze *n/pl*⟩ | (be)drückend ⟨≈ sorrow drückendes Leid *n*; ≈ taxes hart lastende Steuern *f/pl*⟩ | (Wetter) schwül, drükkend ⟨≈ weather⟩; **opˈpres·sor** *s* Unterdrücker *m*, Tyrann *m*

op·pro·bri|ous [əˈprəʊbrɪəs] *förml adj* (Worte u. ä.) gemein, Schimpf-, schmähend ⟨~ words Schimpfworte *n/pl*⟩ | ehr-, ruchlos, niederträchtig, infam ⟨~ conduct⟩; **~um** [~əm] *s förml* Schmach *f*, Schande *f* (**to** für) | Schmähung(en) *f(pl)*

ops [ɒps] *s/pl Brit Mil umg* Kampfhandlungen *f/pl*

opt [ɒpt] *vi* wählen, sich entscheiden | *Pol* optieren (**for** *od* **in favour of** für *od* zugunsten); ~ **out** *vi umg* keine Verantwortung mehr übernehmen, aufgeben ⟨to ~ out of s.th. etw. im Stich lassen, aufgeben, einer Sache den Rücken kehren⟩; **'op·ta·tive 1.** *adj* Wunsch- | *Ling* Optativ- ⟨≈ mood Optativ *m*⟩; **2.** *s Ling* Optativ *m*, Wunschform *f*

op·tic ['ɒptɪk] **1.** *adj* Seh-, Augen- ⟨an ~ animal ein sehendes Wesen; ~ angle Sehwinkel *m*; ~ nerve Sehnerv *m*⟩ | optisch, Optik-, Licht- ⟨~ spectrum Licht-, sichtbares Spektrum⟩; **2.** *s, meist* **'op·tics** *pl scherzh* Auge *n*; **'op·ti·cal** *adj* optisch, Optik- ⟨≈ illusion optische Täuschung; ≈ apparatus optisches Gerät⟩; **op·ti·cian** [ɒp'tɪʃn] *s* Optiker *m*; **'op·tics** *s/pl* (*sg konstr*) Optik *f*

op·ti·mal ['ɒptɪml] *adj* optimal ⟨~ value Bestwert *m*⟩

op·ti|mism ['ɒptɪmɪzm] *s* Optimismus *m*; **'~mist** *s* Optimist *m*; **ˌ~'mis·tic, ˌ~'mis·ti·cal** *adj* optimistisch, hoffnungsvoll, zuversichtlich ⟨an ≈ view⟩

op·ti|mum ['ɒptɪməm] **1.** *s* (*pl* **~ma** ['~mə], **~mums** ['~məmz]) Optimum *n*, günstiger Fall | *Wirtsch* Bestwert *m*; **2.** *adj* optimal, Best- ⟨≈ programming *Math* optimales Programmieren; ≈ temperature Optimaltemperatur *f*⟩

op·tion ['ɒpʃn] *s* Entscheidungs-, Wahlfreiheit *f* ⟨to have no (little) ~ keine (wenig) Wahl haben; without the ~ of s.th. ohne etw. [aus]wählen zu können; local ~ Recht *n*, ein örtliches Alkoholverbot auszusprechen⟩ | Wahl *f* ⟨at one's ~ nach Wahl; to make one's ~ seine Wahl treffen⟩ | gebotene Möglichkeit, Auswahl(möglichkeit) *f(f)* ⟨none of the ~s is satisfactory die Auswahl ist unbefriedigend; to keep/leave one's ~s open sich nicht festlegen; to choose one's ~s sich entscheiden müssen⟩ | *Päd* Wahlfach *n* | *Wirtsch* Option *f*, Vorkaufsrecht *n* ⟨to have an ~ on s.th. Optionsrecht besitzen für etw.⟩; **'~al** *adj* wahlweise, freiwillig, fakultativ (*Ant* compulsory, obligatory) ⟨to be ≈ freistehen⟩; **ˌ~al 'sub·ject** *s* Wahlfach *n*

op·to·el·ec·tron|ic [ˌɒptəˈɪlek'trɒnɪk] *adj Phys* optoelektronisch; **~ics** *s/pl* (*sg konstr*) Optoelektronik *f*

op·u|lence ['ɒpjʊləns], **'~len·cy** *s* Reichtum *m*, Wohlhabenheit *f*, Überfluß *m*; **'~lent** *adj* reich, wohlhabend | üppig, verschwenderisch ⟨an ≈ vegetation⟩ | *förml* füllig, umfänglich ⟨an ≈ beard⟩

o·pun·ti·a [əʊ'pʌnʃɪə] *s Bot* Opuntie *f*, Feigenkaktus *m*

o·pus ['əʊpəs|'ɒpəs] *s* (*pl* **op·e·ra** ['ɒpərə]) *meist Mus* Werk *n*, Opus *n* ⟨magnum ~ Hauptwerk *n*⟩

or [ə|ɔ:] *conj* oder ⟨black ~ white; either ... ~ entweder ... oder; ~ else *umg* andernfalls, sonst; ~ rather oder vielmehr; whether ... ~ not ob ... oder nicht⟩ ◇ **~ other** *umg* sonst ... ⟨s.o. [s.th., somewhere] ~ other sonstwer [-was, -wo]⟩; **~ so** ungefähr, etwa ⟨thirty ~ so⟩; **~ two** (*nach sg s*) etwa, ungefähr ⟨an hour ~ two⟩ | mindestens ⟨to stay a day ~ two⟩

-or [ə] *suff zur Bildung von s aus v (z. B.* **director, inventor**)

or·ach[e] ['ɒrɪtʃ] *s Bot* Melde *f*

or·a·cle ['ɒrəkl] **1.** *s* Orakel *n* ⟨Delphic ~ Orakel *n* von Delphi; to consult the ~ das Orakel befragen⟩ | Orakelspruch *m*, Weissagung *f* | *übertr* weiser Mann, Prophet *m* ◇ **work the ~** *umg* ein *od* das Wunder vollbringen; **2.** *vi, vt selten* prophezeien, weissagen; **o·rac·u·lar** [ə'rækjʊlə|ɒ'r-] *adj* orakelhaft, dunkel, unklar ⟨≈ utterances rätselhafte Bemerkungen *f/pl*⟩

o·ra·cy ['ɒrəsɪ] *s* (mündliche) Ausdrucksfähigkeit

o·ral ['ɔ:rəl] *adj* mündlich ⟨~ examination⟩ | *Med* oral, Mund- ⟨~ cavity Mundhöhle *f*; ~ contraceptive orales Verhütungsmittel, Pille *f*; not to be taken ~ly nicht zum Einnehmen!⟩; **ˌ~ 'his·to·ry** *s* (persönlich) überliefertes Geschehen, Berichte *pl* von Zeitgenossen *od* Augenzeugen (der Geschichte); **'o·rals** *s/pl umg* mündliche Prüfung

or·ange ['ɒrɪndʒ] **1.** *s* Apfelsine *f*, Orange *f* | Orangenbaum *m* | Orange *n*; **2.** *adj* orangefarbig | Orangen- ⟨~ juice⟩; **~ade** [ˌ-'dʒeɪd] *s* Orangeade *f*; **'~ry** *s* Orangerie *f*; **'≈ Man** *s Pol* (Nordirland) Anhänger *m* der Orange Order; **'≈ March** *s* Demonstration *f* der Orange Order; **'≈ ˌOr·der** *s* Orange Order *f*, protestantische Vereinigung in Nordirland (nach Wilhelm von Oranien); **'~ ˌpa·per** *s Brit Pol* Reformpapier *n*; **'~ peel** *s* Apfelsinenschale *f*

o·rang|ou·tang [ɔ:ˌræŋ u:'tæŋ|ˌɔ:ræŋ 'u:tæŋ], **~ou·tan** [-tæn], **~u·tan** [-'tæn] *s Zool* Orang-Utan *m*

o·rate [ɔ:'reɪt] *vi meist humor od verächtl* (lange) Reden schwingen, salbungsvoll reden; *vt* durch hochtrabende Reden beeinflussen (**into** zu); **o·ra·tion** [ɔ:'reɪʃn] *s* offizielle Rede ⟨a funeral ~ eine Trauerrede⟩ | *Ling* Rede *f* ⟨[in]direct ~ [in]direkte Rede⟩; **or·a·tor** ['ɒrətə] *s* (öffentlicher) Redner; **or·a·tor·ic** [ˌɒrə'tɒrɪk], **or·a'tor·i·cal** *adj manchmal verächtl* oratorisch, rednerisch, Redner- ⟨≈ contest Rednerwettstreit *m*; ≈ phrases oratorische Floskeln *f/pl*⟩

or·a·to·ri|o [ˌɒrə'tɔ:rɪəʊ] *s* (*pl* **~os**) Oratorium *n* | Oratorienmusik *f* ⟨do you like ~?⟩

[1]**or·a·to·ry** ['ɒrətrɪ] *s* Rhetorik *f*, Redekunst *f*, Beredsamkeit *f* ⟨a student of ~ jmd., der Vortragskunst studiert, Sprechwissenschaftler *m*⟩ | *verächtl* Rhetorik *f*, (bloße) Reden *f/pl* ⟨mere ~ reine Rhetorik; campaign ~ Wahlreden *f/pl*⟩

[2]**or·a·to·ry** ['ɒrətrɪ] *s* Betkapelle *f*, Andachtsraum *m*

or·a|tress ['ɒrətrəs|-ɪs], **~trix** ['~trɪks] *s* (*pl* **~tric·es** [ˌ~'traɪsi:z]) Rednerin *f*

orb [ɔ:b] **1.** *s* Kugel *f* | Himmelskörper *m* | (*meist pl*) *poet* Augapfel *m* | *Hist* Reichsapfel *m*; **2.** *vt* einschließen; **orbed** *adj* rund, kugelförmig

or·bic·u·lar [ɔ:'bɪkjʊlə] *adj* kugelförmig, kreis-, kugelrund; **~i·ty** [ɔ:ˌbɪkjʊ'lærətɪ] *s* Kugelform *f*

or·bit ['ɔ:bɪt] **1.** *s Astr* (Raumfahrt) Umlaufbahn *f* ⟨the earth's ~ round the sun; to put into ~ [Satellit] auf eine Umlaufbahn bringen⟩ | *Anat* Augenhöhle *f* | *Zool* Augenhaut *f* | *übertr* Einflußbereich *m*; **2.** *vt* (die Erde u. ä.) umkreisen | (Satellit) auf eine Umlaufbahn bringen, starten; *vi* die Erde umkreisen, sich auf einer Umlaufbahn befinden; **'~al 1.** *adj Astr* Bahn- ⟨≈ distance from the earth Abstand *m* der Umlaufbahn von der Erde; ≈ velocity Bahngeschwindigkeit *f*⟩ | *Anat, Zool* Orbital-, Augenhöhlen-; **2.** *s Brit* Umgehungsstraße *f*; **ˌ~al 'pe·ri·od** *s* Umlaufzeit *f* (eines Planeten etc.)

or·chard ['ɔ:tʃəd] *s* Obstgarten *m* ⟨apple ~ Apfelgarten *m*, -plantage *f*⟩; **'~ing** *s* Obstbau *m*; **'~ist, '~man** *s* (*pl* **'~men**) Obstgärtner *m*

or·ches|tra ['ɔ:kɪstrə] *s* Orchester *n* ⟨a symphony ≈⟩ | *auch* **'~tra pit** *s Theat* Orchesterraum *m* | *Theat* Parterre *n* | *auch* **'~tra stalls** (vorderes) Parkett; **~tral** [ɔ:'kestrl] *adj* Orchester- ⟨≈ instrument; ≈ performance; ≈ player Orchestermusiker(in) *m(f)*⟩; **'~trate** *vt, vi* orchestrieren, instrumentieren; **ˌ~'tra·tion** *s* Orchestration *f*, Instrumentation *f*; **~tri·na** [ˌ~'tri:nə], **~tri·on** [ɔ:'kestrɪən] *s* Orchestrion *n*

or·chid ['ɔ:kɪd] *s Bot* Orchidee *f* | *übertr* Lob *n*, Empfehlung *f*, Kompliment *n*; **'~ist** *s* Orchideenzüchter *m*; **or·chis** ['ɔ:kɪs] *s* (*pl* **or·chis·es** ['-i:z]) *Bot* Knabenkraut *n*

or·dain [ɔ:'deɪn] *vt* bestimmen, fügen | *Rel* ordinieren ⟨to be ~ed priest zum Priester geweiht werden⟩ | (amtlich) anordnen, verfügen (**that** daß); **or'dain·ment** *s* Bestimmung *f*, Fügung *f* | Anordnung *f*

or·deal [ɔ:'di:l|'ɔ:di:l] *s Hist* Gottesurteil *n* ⟨~ by fire / water Feuer- *od* Wasserprobe *f*; trial by ~ Gottesgericht *n*⟩ | *übertr* schwere Prüfung, Feuerprobe *f*, Martyrium *n*, Qual *f*, Tortur *f* ⟨to pass through terrible ~s schlimme Prüfungen bestehen müssen⟩

or·der ['ɔ:də] **1.** *s* Ordnung *f* ⟨love of ~ Ordnungsliebe *f*; in good (bad) ~ in guter Ordnung (in Unordnung); not in ~ nicht in Ordnung; out of ~ in Unordnung; to get s.th. in ~ etw. in Ordnung bringen; to keep in ~ in Ordnung halten; to put / set / leave one's affairs in ~ *oft euphem* seine Angelegenheiten in Ordnung bringen (vor dem Tode)⟩ | *übertr* (öffentliche) Ordnung, Disziplin *f* ⟨law and ~ Ruhe *f* und Ordnung *f*; to keep (restore) ~ (die öffentliche) Ordnung (wieder)herstellen; to keep s.th. in ~ etw. unter Kontrolle halten; ~ in court Ruhe *f* im Gerichtssaal; ~, ~! Ruhe!⟩ | Anordnung *f* ⟨in ~ geordnet, der Reihe nach; in ~ of size nach der Größe [geordnet]; in alphabetical ~ in alphabetischer Reihenfolge; of/in the ~ of ungefähr, in der Größenordnung von⟩ | *Mil* Aufstellung *f* ⟨in ~ of battle in Schlachtordnung⟩ | *Math* Ordnung *f* | *Zool, Bot* Sorte *f*, Art *f*, Klasse *f*, Gattung *f* | Gesellschaftsschicht *f*, Rang *m*, Stand *m* ⟨~ of knights Ritterstand *m*; the lower ~s *Hist* das gemeine Volk⟩ | Orden(szeichen) *m(n)* ⟨the ≁ of Merit der Verdienstorden; ~s and decorations Orden *m/pl* u. Ehrenzeichen *n/pl*⟩ | Orden(sgemeinschaft) *m(f)* | *Rel* (geistlicher) Orden ⟨monastic ~ Mönchsorden⟩ | (Tages-, Geschäfts-) Ordnung *f* ⟨~ of the day Tagesordnung *f* (*auch übertr*); what's the ~ of the day? was steht auf dem Programm?; on a point of ~ zu einem Punkt der Tagesordnung; to be in ~ to do s.th. erlaubt sein; to call s.o. to ~ jmdn. zur Ordnung rufen; (jmdn.) ermahnen, sich an die Verfahrensordnung zu halten; to rise to [a point of] ~ zur Geschäftsordnung sprechen; to rule s.o. out of ~ jmdm. das Wort entziehen⟩ | Anordnung *f*, Befehl *m* ⟨by ~ befehlsmäßig; by ~ of auf Befehl von; to ~ befehlsgemäß; to be under ~s to *mit inf* Befehl haben, zu *mit inf*; under the ~s of unter dem Befehl von; under starter's ~ (Sport) unter Starters Aufsicht; ~ to view Besichtigungserlaubnis *f*⟩ | *Wirtsch* Auftrag *m*, Bestellung *f*, Order *f* ⟨made to ~ nach Maß angefertigt; on ~ auf Bestellung; to give an ~ eine Bestellung aufgeben; to take an ~ eine Bestellung entgegennehmen; a large / tall ~ *umg* ein schwerer Brokken; etw. schwer zu Beschaffendes⟩ | *Wirtsch* Order *f*, Zahlungsauftrag *m*, Anweisung *f* ⟨~ of remittance Überweisungsauftrag *m*; ~ to pay Zahlungsbefehl *m*; a postal ~ Postanweisung *f*⟩ | *meist pl Rel* Weihen *f/pl* ⟨to be in/take holy ~s Priester sein *od* zum Priester geweiht werden⟩ | *Rel* Ordnung *f* ⟨~ of confession Beichtordnung *f*⟩ | *Arch* (Säulen) Ordnung *f* ⟨Doric ~⟩ | *Arch* Stil *m* | *bes Brit* Freikarte *f* ◇ **in ~ to** um zu ⟨in ~ to let you know um Sie wissen zu lassen; in ~ for you to remember damit Sie sich daran erinnern⟩; **in ~ that** damit ⟨in ~ that he may arrive in time damit er pünktlich ankommt⟩; **2.** *vt* regeln, in Ordnung bringen ⟨to ~ one's affairs seine Angelegenheiten in Ordnung bringen⟩ | befehlen, anordnen ⟨~ arms! Gewehr ab!; to ~ s.o. about/around jmdn. herumkommandieren⟩ | bestellen ⟨to ~ dinner⟩ | *Med* verordnen; **~ back** zurückbeordern; **~ off** (Sport) des Feldes verweisen, vom Platz (ver)weisen; **~ out** hinausstecken, (hin)ausweisen (**of** aus) | (Truppen, Militär) ausrücken lassen, einsetzen; **~ up** (an die Front) beordern, heranziehen; *vi* ordnen | befehlen, Befehl geben | Aufträge erteilen, Bestellungen machen; **'~ book** *s Wirtsch* Auftrags-, Bestellbuch *n*; **'or·dered** *adj* geordnet, regelmäßig ⟨an ≈ life⟩ | angeordnet, geregelt ⟨well / badly ≈⟩; **'~ form** *s Wirtsch* Bestellschein *m*, Auftragszettel *m*; **'~less** *adj* unordentlich; **'~ly 1.** *adj* ordentlich, geordnet ⟨≈ desk; ≈ room⟩ | planmäßig, methodisch ⟨an ≈ mind Ordnungssinn *m*⟩ | *Mil* diensthabend, vom Dienst ⟨the ≈ officer⟩ | ruhig, friedlich, diszipliniert ⟨an ≈ demonstration⟩; **2.** *adv* ordnungsgemäß; **3.** *s* (*pl* **~lies** ['~lız]) *Mil* Ordonnanz *f* | Lazaretthelfer *m* ⟨medical ≈⟩ | *Brit* Straßenkehrer *m*; **'~ly room** *s Mil* Schreibstube *f*; **'~ ˌpa·per** *s bes Parl* Tagesordnung *f*

or·di·nal ['ɔ:dınl] **1.** *adj Math, Bot, Zool* Ordnungs- ⟨~ names Artbezeichnungen *f/pl*⟩; **2.** *auch* **ˌ~ 'num·ber, ˌ~ 'nu·mer·al** *s Math* Ordnungszahl *f*

or·di|nance ['ɔ:dn̩əns|-dın-] *s* (amtliche) Anordnung, Erlaß *m*, Befehl *m* | *Rel* Ritus *m* | Sakrament *n*; **~nand** ['-n̩ænd] *s Rel* Ordinandus *m*, Priesterschüler *m*

or·di·na·ri·ly ['ɔ:dn̩rılı] *adv* ordnungsgemäß | normalerweise, gewöhnlich ⟨~, she's at home now⟩

or·di·nar·y ['ɔ:dn̩rı] **1.** *adj* üblich, gebräuchlich, gewöhnlich, normal ⟨in an ~ way normalerweise, wie sonst; in the ~ way auf übliche Art, so wie es üblich ist; out of the ~ ungewöhnlich; in ~ speech im landläufigen Sinne, im allgemeinen Sprachgebrauch⟩ | durchschnittlich, alltäglich, Alltags- ⟨an ~ face ein Alltagsgesicht⟩ | *Jur* ordentlich, ständig ⟨~ member ordentliches Mitglied; in ~ fest angestellt, ständig⟩; **2.** *s* das Übliche, das Gewöhnliche | *Rel* Meßordnung *f* | Mittagstisch *m* (im Gasthaus); **ˌ~ 'sea·man** *s* (*pl* **ˌ~ 'sea·men**) Leichtmatrose *m*; **ˌ~ 'size** *s* Normalgröße *f*

or·di·nate ['ɔ:dn̩ıt|'ɔ:dınıt|-neıt] *s Math* Ordinate *f*

or·di·na·tion [ˌɔ:dı'neıʃn] *s Rel* Ordination *f*, Priesterweihe *f* | Anordnung *f*

ord·nance ['ɔ:dnəns] *s* (*nur sg*) *Mil* Geschütze *n/pl*, Artillerie *f* ⟨a piece of ~ ein Geschütz⟩ | Feldzeugmaterial *n* | Feldzeugwesen *n* ⟨the Army ≁ Department/Corps *Brit Mil* Feldzeugkorps *n*; ≁ Corps *Am Mil* Feldzeugkorps *n*⟩; **'~ ˌdep·ot** *s Mil* Zeughaus *n*, Arsenal *n*; **'~ map** *s Am* Generalstabskarte *f* | *Brit* Meßtischblatt *n*; **ˌ≁ 'Sur·vey** *s Brit, Ir* amtliche Landesvermessung

or·dure ['ɔ:djʊə] *s euphem* Kot *m*, Schmutz *m*, Unrat *m* | *übertr förml* Unflat *m*, Schmutz *m*

ore [ɔ:] *s Min* Erz *n* ⟨rich in ~s erzreich⟩ | *poet* Gold *n*; **'~-ˌbear·ing** *adj* erzhaltig, fündig; **'~ bed** *s* Erzlager *n*; **'~ ˌdress·ing** *s* Erzaufbereitung *f*

o·reg·a·no [ə'regənəʊ] *s* (Gewürz) Oregano *n*, Origano *n*

ore| lode ['ɔ: ləʊd] *s Geol* Erzgang *m*; **'~ ˌmin·ing** *s* Erzbergbau *m*; **'~ˌpick·er** *s* Erzklauber *m*; **'~ vein** *s Geol* Erzgang *m*; **'~ ˌwash·ing** *s* Erzschlämmen *n*

or·gan ['ɔ:gən] *s Anat* Organ *n* ⟨~s of speech Sprechwerkzeuge *n/pl*; the nasal ~ die Nase; the reproductive ~s die Fortpflanzungsorgane *n/pl*⟩ | Stimme *f* | *übertr* Organ *n*, Mittel *n*, Werkzeug *n* ⟨an ~ of government⟩ | *übertr* Sprachrohr *n* ⟨party ~ Parteiorgan *n*, -zeitung *f*; ~s of public opinion Stimmen *f/pl* der öffentlichen Meinung⟩ | *Am auch* **'pipe ~** Orgel *f* ⟨American / reed ~ Harmonium *n*; barrel ~ Drehorgel *f*, Orgelwalze *f*⟩ | *vulg* Penis *m* ⟨male ~ *euphem* Penis *m*⟩; **'~ ˌbel·lows** *s/pl* Blasebalg *m*; **'~ blow·ing ˌgear** *s* Orgelgebläse *n*

or·gan|dy, ~die [ɔ:'gændı] *s* (Stoff) Organdy *m*

or·gan-grind·er ['ɔ:gən ˌgraındə] *s* Leierkastenmann *m*

or·gan|ic [ɔ:'gænık] *adj* organisch ⟨an ≈ disease⟩ | organisch, tierisch-pflanzlich (*Ant* unorganic) ⟨≈ life⟩ | *übertr* innerlich zusammenhängend ⟨an ≈ whole⟩ | gesetzmäßig, wesenhaft, organisch, notwendig ⟨an ≈ part⟩; **ˌ~ic 'a·cid** *s Chem* organische Säure *f*; **ˌ~ic 'chem·is·try** *s* organische Chemie; **ˌ~ic 'com·pound** *s Chem* organische Verbindung; **~ism** ['ɔ:gənızm] *s* Organismus *m* (*auch übertr*); **ˌ~'ism·al** *adj* organismisch

or·gan·ist ['ɔ:gənıst] *s* Organist(in) *m(f)*, Orgelspieler(in) *m(f)*

or·gan|iz·a·ble ['ɔ:gənaızəbl] *adj* organisierbar; **ˌ~i'za·tion** *s* Organisierung *f* | Organisation *f*, Einrichtung *f* | Organisation *f*, System *n* ⟨complex ≈; the ≈ of the human body⟩ | Organisation *f*, Gesellschaft *f*, Verband *m* ⟨international ≈⟩ | *auch* **'par·ty ~iˌza·tion** Parteiorganisation *f*;

ˌ~iˈza·tion·al *adj* organisatorisch, Organisations-; ˈ~ize *vt* organisieren, einrichten | veranstalten | systematisieren, ordnen (**into** zu) ⟨to ≈ facts⟩ | (*nur part perf*) mit Organen versehen | (gewerkschaftlich) organisieren ⟨≈d labour⟩; *vi* sich organisieren; ˈ~ized *adj* organisiert | systematisch; ˈ~iz·er *s* Organisator *m* | Veranstalter *m*, Ausrichter *m*

or·gan| loft [ˈɔ:gən lɒft] *s* Orgelchor *m*; ˈ~ **pipe** *s* Orgelpfeife *f*; ˈ~ **stop** *s* Orgelregister *n*, -zug *m*, Registerstimme *f*

or·gan·za [ɔ:ˈgænzə] *s* (Stoff) Organza *m*

or·gasm [ˈɔ:gæzm] *s* Orgasmus *m* | *übertr* heftige Erregung

or·gi·as·tic [ˌɔ:dʒɪˈæstɪk] *adj* orgiastisch, ausschweifend; ˈ**or·gy** *s* Orgie *f*, Exzeß *m*, Ausschweifung *f* | *umg* ausgelassene Feier, Fest(ivität) *n(f)* | *umg* Folge *f*, Hintereinander *n* (von Feiern u. ä.) ⟨an ≈ of parties eine Fülle von Feiern; an ≈ of spending eine Kauforgie⟩

o·ri·el [ˈɔ:rɪəl] *s Arch* Erker *m* | *auch* ˈ~ ˌ**win·dow** *s Arch* Erkerfenster *n*

o·ri|ent [ˈɔ:rɪənt] **1.** *s* Orient *m*; ≁ (*mit best art*) *förml, lit* Osten *m*, Morgenland *n*; **2.** *poet adj* aufgehend ⟨the ≈ sun⟩ | strahlend, orientalisch, morgenländisch, östlich; **3.** *vt bes Am* orientieren (*auch übertr*) | *Arch* osten | orten | *vr* sich orientieren ⟨to ≈ oneself⟩; **~en·tal** [ˌ~ˈentl] *adj* orientalisch, östlich, morgenländisch ⟨≈ art [fern]östliche Kunst; ≈ carpet/rug Orient- *od* Perserteppich *m*⟩; ˌ≁ˈ**en·tal** *s förml, lit* Orientale *m*, Orientalin *f*; ˌ~ˈ**en·tal·ism** *s* Orientalismus *m*; ˌ~ˈ**en·tal·ist** *s* Orientalist(in) *m(f)*; ˈ~**en·tate** *bes Brit* **1.** *vt* orientieren; **2.** *vi* nach Osten blicken, nach Osten gerichtet sein; **~en·ta·tion** [ˌ~enˈteɪʃn|ˌɒrɪən-] *s* Orientierung *f* (*auch übertr*) | *Arch* Ostung *f*; Ortung *f*, Ausrichtung *f* | Orientierungssinn *m*; **~enˈta·tion ˌguide** *s* Einführungsmappe *f*; ˌ~ˈ**ent·ed** *meist in Zus* befaßt mit, ausgerichtet *od* abgestellt auf, auf der Basis von … arbeitend ⟨computer-≈; science-≈; space-≈; project-≈⟩; ˌ**~enˈteer** *s* (Sport) Teilnehmer(in) *m(f)* am Orientierungslauf; **~enˈteer·ing** *s* (Sport) Orientierungslauf *m*, -sport *m*

or·i|fice [ˈɒrəfɪs] **1.** *s auch Anat* Öffnung *f*, Mündung *f* ⟨body ≈ Körperöffnung *f*; aortic ≈ Aortenostium *n*; hernial ≈ Bruchpforte *f*⟩ | *Tech* Düse *f*, Austritt *m*, Ausfluß *m*; **2.** *vt Tech* drosseln; **~fi·cial** [ˌ~ˈfɪʃl] *adj* Öffnungs-, Mündungs-

or·i·form [ˈɒrəfɔ:m] *adj* mundförmig

or·i·gin [ˈɒrədʒɪn] *s* Ursprung *m*, Quelle *f* (*auch übertr*) | Herkunft *f*, Abstammung *f* ⟨of humble ~ von einfacher Herkunft; of Latin ~ aus dem Lateinischen⟩; **o·rig·i·nal** [əˈrɪdʒnl] **1.** *adj* ursprünglich, original, Original-, Ur- ⟨the ≈ inhabitants; the ≈ plan⟩ | neuartig, originell ⟨an ≈ design; an ≈ idea⟩ | selbständig, unabhängig, schöpferisch ⟨an ≈ author; an ≈ mind⟩ | urwüchsig ⟨≈ nature⟩; **2.** *s* (*sg mit def art*) Original *n*, Ursprache *f*, Urfassung *f* ⟨in the ≈ im Original, *Jur* urschriftlich⟩ | *Bot, Zool* Urtypus *m*, Stammform *f* | Original *n*, Modell *n*, Vorlage *f* | *umg, scherzh, verächtl* Original *n*, seltsamer Mensch; **o·rig·i·nal·i·ty** [əˌrɪdʒəˈnælətɪ] *s* Originalität *f*, Ursprünglichkeit *f*, Echtheit *f* ⟨to lack ≈ nicht echt sein⟩ | Selbständigkeit *f*; **o·rig·i·nal·ly** [əˈrɪdʒɪnl̩ɪ|əˈrɪdʒnl̩ɪ] *adv* ursprünglich | originell; **oˌrig·i·nal ˈsin** *s Rel* Erbsünde *f*; **oˌrig·i·nal ˈval·ue** *s* Ausgangswert *m*; **o·rig·i·nate** [əˈrɪdʒɪneɪt] *vt* verursachen, ins Leben rufen, hervorbringen, schöpfen; *vi* (ursprünglich) ausgehen (**from, with s.o.** von jmdm.) | entstehen, entspringen (**from, in s.th.** aus etw., **from, with s.th.** bei etw.); **oˌrig·iˈna·tion** *s* Ursprung *m* | Hervorbringen *n* | Entstehung *f*; **oˈrig·i·na·tive** *adj* hervorbringend, schöpferisch; **oˈrig·i·na·tor** *s* Urheber *m*, Schöpfer *m*

o·ri·ole [ˈɔ:rɪəʊl], *auch* ˌ**gold·en** ˈ~ *s Zool* Pirol *m*, Goldamsel *f*

O·ri·on [əˈraɪən|ɒˈr-|ɔ:ˈr-] *s Astr* Orion *m*

or·i·son [ˈɒrɪzn] *s arch poet* Gebet *n*

Or·lon [ˈɔ:lɒn] *s* Orlon *n*

or·lop [ˈɔ:lɒp] *s Mar* Orlopdeck *n*, unterstes Deck

or·mo·lu [ˈɔ:məlu:] *s* Ormolu *m*, Malergold *n*, Goldbronze *f*

or·na|ment [ˈɔ:nəmənt] *s* Ornament *n*, Verzierung *f* ⟨crowded with ≈s mit Verzierungen überladen⟩ | Schmuck *m* ⟨by way of ≈ zur Verzierung; rich in ≈ schmuckvoll⟩ | *übertr* Zierde *f*, Schmuck *m* ⟨an ≈ to his profession eine Zierde seines Berufsstandes⟩; [ˈɔ:nəment] *vt* (aus)schmücken, verzieren; **~men·tal** [ˌ~ˈmentl] **1.** *adj* schmückend, zierend, Zier- ⟨≈ border Zierleiste *f*; ≈ plants Zierpflanzen *f/pl*; ≈ trimmings Posamenten *pl*⟩; **2.** *s* Verzierung *f*; **~men·ta·tion** [ˌ~menˈteɪʃn] *s* Ausschmücken *n* | Schmuck *m*, Verzierung *f* ⟨with no ≈ schmucklos, unverziert, ohne Verzierungen⟩; ˈ**~men·tist** *s* Dekorationsmaler *m*, Dekorateur *m*

or·nate [ɔ:ˈneɪt] *adj* geschmückt, verziert | *oft verächtl* blumig, überladen ⟨an ~ style⟩

or·ner·y [ˈɔ:nərɪ] *adj Am umg, oft scherzh* übellaunig, nicht auszustehen ⟨he's been ~ all day⟩ | störrisch, eigensinnig

ornitho- [ɔ:nɪθə(ʊ)] ⟨*griech*⟩ *in Zus* Vogel-

or·ni|tho·log·ic [ˌɔ:nɪθəˈlɒdʒɪk], ˌ**~thoˈlog·i·cal** *adj* ornithologisch; **~thol·o·gist** [ˌ~ˈθɒlədʒɪst] *s* Ornithologe *m*; ˌ~ˈ**thol·o·gy** *s* Ornithologie *f*, Vogelkunde *f*; **~tho·sis** [ˌ~ˈθəʊsɪs] *s Vet* Ornithose *f*, Papageienkrankheit *f*

[1]**oro-** [ɒrə(ʊ)|ɔ:rə(ʊ)] ⟨*griech*⟩ *in Zus* Berg- (*z. B.* **~genesis** Gebirgsbildung)

[2]**oro-** [ɔ:rə(ʊ)] ⟨*lat*⟩ *in Zus* Mund- (*z. B.* **oropharynx**) | Mund- und (*z. B.* **~-anal**)

or·o·gra·phic [ˌɔ:rəˈgræfɪk] *s* (Regen) orographisch; **o·ro·gra·phy** [ɔ:ˈrɒgrəfɪ] *s* Gebirgskunde *f*; **or·o·log·i·cal** [ˌɔ:rəˈlɒdʒɪkl] *adj* orologisch; **o·rol·o·gist** [ɔ:ˈrɒlədʒɪst] *s* Orologe *m*; **oˈrol·o·gy** *s* Orologie *f*, Gebirgskunde *f*

o·ro·tund [ˈɔ:rəʊtʌnd|ɒr-|-rət-] *förml adj* tragend, volltönend ⟨~ voice⟩ | (Stil u. ä.) bombastisch, pompös ⟨an ~ speech⟩

or·phan [ˈɔ:fən] **1.** *s* Waise *f*, Waisenkind *n*; **2.** *adj* Waisen-, verwaist (*auch übertr*) ⟨~ child⟩; **3.** *vt* zum Waisenkind machen; zur Waise machen; ˈ**~age** *s* Waisenhaus *n* | *collect* Waisen *f/pl*

Or·phe·an [ɔ:ˈfi:ən] *adj* berückend, bezaubernd, wundersam ⟨~ music⟩

or·re·ry [ˈɒrərɪ] *s Astr* Planetarium *n*

[1]**or·ris** [ˈɒrɪs] *s* Gold-, Silberborte *f*

[2]**or·ris** [ˈɒrɪs] *s Bot* (Florentiner) Schwertlilie *f*; ˈ~ **root** *s Bot* Veilchenwurzel *f*

ortho- [ɔ:θə(ʊ)] ⟨*griech*⟩ *in Zus* richtig, korrekt, genau

or·tho·chro·mat·ic [ˌɔ:θəkrəˈmætɪk] *adj Foto* orthochromatisch, farbrichtig

or·tho·don|tic [ˌɔ:θəˈdɒntɪk] *Med adj* orthodontisch, kieferorthopädisch; ˌ~ˈ**don·tics** *s/pl* (*sg konstr*) Kieferorthopädie *f*

or·tho·dox [ˈɔ:θədɒks] **1.** *adj* (Meinungen, Vorstellungen u. ä.) anerkannt, orthodox, konventionell, üblich ⟨~ beliefs; ~ views⟩ | orthodoxe Auffassungen vertretend, orthodox, konservativ ⟨~ forces⟩ | *Rel* orthodox, strenggläubig ⟨an ~ member of the Church; the ≁ Church⟩; **2.** *s Rel* Orthodoxer *m*; ˈ**~y** *s* Orthodoxie *f*, Strenggläubigkeit *f* | orthodoxe Praktiken *f/pl*, konventioneller Charakter | orthodoxes Denken

or·tho·graph·ic [ˌɔ:θəˈgræfɪk], ˌ**or·thoˈgraph·i·cal** *adj* orthographisch; **or·thog·ra·phy** [ɔ:ˈθɒgrəfɪ] *s* Orthographie *f*, Rechtschreibung *f*

or·tho·pae|dic, or·tho·pe·dic [ˌɔ:θəˈpi:dɪk] *adj* orthopädisch; **~dics** [~dɪks] *s/pl* (*sg konstr*) Orthopädie *f*; **~dist** [~dɪst] *s* Orthopäde *m*

or·to·lan [ˈɔ:tələn] *s Zool* Ortolan *m*, Gartenammer *f*

-o·ry [ṛɪ|ərɪ] *suff zur Bildung von adj mit der Bedeutung* bezweckend, bewirkend (*z. B.* **satisfactory, respiratory**) | *von s mit der Bedeutung* Ort für *od* Mittel zu (*z. B.* **dormitory, directory**)

o·ryx ['ɔ:rɪks] *s* (*pl* '~**es**, *collect* '~) *Zool* Springbock *m*

Os·car ['ɒskə] *s Am* Oscar *m*, jährlicher Filmpreis ⟨to be nominated for an ~ für einen Oscar vorgeschlagen werden; to win an ~ mit einem Oscar ausgezeichnet werden⟩

os·cil|late ['ɒsɪleɪt] *vi* schwingen, pendeln, oszillieren (**between** zwischen) | *übertr* schwanken, unschlüssig sein | *El* Stromschwankungen ausgesetzt sein | *Rundf* (Empfang) schwanken; *vt* schwingen lassen; '~**lat·ing** *adj* schwingend, pendelnd, oszillierend, Schwingungs- ⟨≈ circuit *El* Schwingungskreis *m*; ≈ crystal *El* Schwingkristall *m*; ≈ current *El* pulsierender Strom; ≈ grate *Tech* Schüttelrost *m*; ≈ movement Pendelbewegung *f*⟩; ˌ~'**la·tion** *s* Schwingung *f*, Pendeln *n*, Oszillation *f*, Vibration *f* | *übertr* Schwanken *n*; '~**la·tor** *s Tech* Oszillator *m*; '~**la·to·ry** *adj* oszillatorisch, schwingend; ~**lo·graph** [ə'sɪləgrɑ:f|-græf] *s* Oszillograph *m*; ~**lo·scope** [ə'sɪləskəʊp] *s* Oszilloskop *n*, Oszillograph *m*

os·cu|late ['ɒskjʊleɪt] *vt Math* berühren; ˌ~'**la·tion** *s Math* Oskulation *f* | *scherzh* Küssen *n*

o·sier ['əʊzɪə|'əʊʒə] *s Bot* Weide *f* | Weidenrute *f*

-o·sis ['əʊsɪs] *suff* (*pl* **-o·ses** ['əʊsi:z]) *Med* -ose (Krankheit) (z. B. **neurosis, silicosis**)

os·mic ['ɒzmɪk|'ɒs-] *adj Chem* Osmium- ⟨~ acid Osmiumsäure *f*⟩; **os·mi·um** ['ɒzmɪəm|'ɒs-] *s Chem* Osmium *n*

os·mo·sis [ɒz'məʊsɪs|ɒs-] *s Phys* Osmose *f*; **os'mot·ic** [-'mɒt-] *adj* osmotisch

os·prey ['ɒspreɪ|-prɪ] *s Zool* Fischadler *m*

os·se·ous ['ɒsɪəs] *Anat adj* Knochen-, knöchern; **os·sif·ic** [ɒ'sɪfɪk] *adj* verknöchernd; ˌ**os·si·fi'ca·tion** *s* Verknöcherung *f*; **os·si·fied** ['ɒsɪfaɪd] *adj Anat* verknöchert (*auch übertr*); **os·si·fy** ['ɒsɪfaɪ] *vt* verknöchern lassen (*auch übertr*); *vi* verknöchern, hartherzig werden; **os·su·ar·y** ['ɒsjʊərɪ] *s* Ossarium *n*, Beinhaus *n*; **os·te·i·tis** [ˌɒstɪ'aɪtɪs] *s Med* Osteitis *f*, Knochenentzündung *f*

os·ten|si·ble [ɒs'tensəbl] *adj* (Grund u. ä.) an-, vorgeblich ⟨≈ reason Scheingrund *m*⟩ | scheinbar | vorgeschoben ⟨≈ partner Strohmann *m*⟩; **os'ten·sive** *adj* anschaulich zeigend, ostensiv ⟨≈ definition Zeigdefinition *f*⟩ | prahlerisch, prunkend, ostensiv; ˌ~'**ta·tion** *s* Prahlerei *f*, Zurschaustellung *f*; ˌ~'**ta·tious** *adj* prahlend, prahlerisch, großtuerisch ⟨in an ≈ manner⟩ | (absichtlich) auffällig, demonstrativ, ostentativ | (übertrieben) prächtig, prunkhaft ⟨≈ jewellery⟩

os·te[o] [ɒstɪə(ʊ)] ⟨*griech*⟩ *in Zus* Knochen-

os·te·o|ar·thri·tis [ˌɒstɪəʊɑ:'θraɪtɪs] *s Med* Arthrose *f*; ~**my·e·li·tis** [ˌɒstɪəˌmaɪə'laɪtɪs] *s* Osteomyelitis *f*, Knochenmarkentzündung *f*; ~**path** ['~pæθ] *s* Chiropraktiker *m*; ~**pa·thy** [ˌɒstɪ'ɒpəθɪ] *s* Chiropraktik *f*

ost·ler ['ɒslə] *s Hist* Stallknecht *m* (= **hostler**)

os·tra|cism ['ɒstrəsɪzm] *s übertr* Ächtung *f*, Verbannung *f* | *Hist* Scherbengericht *n*; ~**cize** ['~saɪz] *vt* ächten, aus der Gesellschaft ausstoßen, verfemen | *Hist* (durch das Scherbengericht) verbannen

os·trich ['ɒstrɪtʃ|-ɪdʒ] *s Zool* Strauß *m* ⟨to have the digestion of an ~ *scherzh* einen Pferdemagen haben, eine unverwüstliche Verdauung haben⟩; '~ ˌ**feath·er** *s* Straußenfeder *f*; '~ ˌ**pol·i·cy** *s übertr* Vogel-Strauß-Politik *f*

Os·tro·goth ['ɒstrəgɒθ] *s* Ostgote *m*; ˌ**Os·tro'goth·ic** *adj* ostgotisch

oth·er ['ʌðə] **1.** *adj* andere(r, -s) ⟨every ~ boy jeder andere Junge; every ~ day jeden zweiten Tag; on the ~ hand *übertr* andererseits; ~ than nicht(s als); some day / time or ~ eines Tages; the ~ day neulich; the ~ end / side das andere Ende, die Gegenseite; ~ things being equal bei sonst gleichen Bedingungen⟩ | anders(artig) ⟨to wish s.o. ~ than he is wünschen, daß jmd. ein anderer ist; these are quite ~ things das sind ganz unterschiedliche Dinge⟩; **2.** *pron* andere(r, -s) ⟨the ~ der andere von zweien; the ~s die anderen, die restlichen; each ~, one an~ einander; one after the ~, one after an~ einer nach dem anderen; every ~ alle anderen; jeder zweite; this, that, and the ~ *umg* dies und das, alles mögliche⟩; **3.** *adv* anders ⟨~ than anders als; somehow or ~ auf die eine *od* andere Art⟩; ~ **than** *präp* (*nach neg*) außer ⟨there's nobody there ~ than she niemand außer ihr ist dort⟩; '~**where** *adv* anderswo; ~**wise** ['~waɪz] **1.** *adv* anders (**than** als) | anderweitig ⟨to be ≈ engaged anderweitig beschäftigt sein⟩ | in anderer Hinsicht ⟨but ≈ ansonsten [aber]⟩ ◇ **or ~wise** oder (irgendwie) anders ⟨by boat or ~wise⟩; oder nicht ⟨married or ~wise⟩ **2.** *conj* andernfalls, sonst ⟨do it ≈ you will be punished⟩; ˌ~ '**world** *s* Jenseits *n*; ˌ~'**world·ly** *adj* jenseitig | auf das Jenseits gerichtet, weltfremd

-o·tic[al] ['ɒtɪk(l)] *suff* -otisch (*z. B.* **psychotic**)

o·ti|ose ['əʊʃɪəʊs|'əʊtɪəʊs] *förml adj* müßig, träge, untätig | überflüssig, unnütz; ~**os·i·ty** [ˌ~'ɒsətɪ] *s* Müßiggang *m* | Zwecklosigkeit *f*

o·ti·tis [əʊ'taɪtɪs] *s Med* Otitis *f*, Ohrenentzündung *f*

oto- [əʊtə(ʊ)] ⟨*griech*⟩ *in Zus* Ohr-

o·to·lar·yn·gol·o·gist [ˌəʊtəʊˌlærɪŋ'gɒlədʒɪst] *s* Otolaryngologe *m*, ˌ**o·toˌlar·yn'gol·o·gy** *s* Otolaryngologie *f*, Hals- u. Ohrenheilkunde *f*

o·tol·o·gist [əʊ'tɒlədʒɪst] *s* Otologe *m*; **o'tol·o·gy** *s* Otologie *f*, Ohrenheilkunde *f*

o·to·scope ['əʊtəskəʊp] *s Med* Otoskop *m*, Ohrenspiegel *m*

ot·ta·va [əʊ'tɑ:və] *s Mus* Oktave *f*; ~ **ri·ma** [ˌ~ 'ri:mə] *s Metr* Stanze *f*

ot·ter ['ɒtə] *s Zool* Otter *m* | Otterpelz *m*

ot·to·man ['ɒtəmən] *s* Ottomane *f*, Sitzpolster *n* | Polsterschemel *m*; '**Ot·to·man 1.** *s* Türke *m*; **2.** *adj* türkisch

ou·bli·ette [ˌu:blɪ'et] *s Hist* Oubliette *f*, (Burg-) Verlies *n*

ouch [aʊtʃ] *interj* au!

ought [ɔ:t] *va* (*nur präs u. prät*) sollte (besser *od* eigentlich) ⟨he ~ to go er sollte besser gehen; he ~ (not) to have seen it er hätte es (nicht) sehen sollen; I ~ to have known better ich hätte es besser wissen müssen; you ~ to see the film den Film mußt du sehen!⟩ | müßte (eigentlich) ⟨he ~ to be here er müßte eigentlich hier sein⟩; **oughtn't** ['ɔ:tnt] *kontr* von **ought not** ⟨I wonder whether I ≈ to see her ich frage mich, ob ich sie nicht aufsuchen soll⟩

oui·ja ['wi:dʒə|-dʒɑ:], *auch* ≁, *auch* '~ **board** *s* Alphabettafel *f*, Buchstabenbrett *n* (für spiritistische Sitzungen)

[1]**ounce** [aʊns] *s* Unze *f* (28,349 g) ⟨by the ~ nach Gewicht⟩ | *übertr* Fünkchen *n*, Quentchen *n* ⟨not an ~ of truth kein Fünkchen *n* Wahrheit⟩

[2]**ounce** [aʊns] *s Zool* Schneeleopard *m* | *selten* Jaguar *m* | *poet* Luchs *m*

our ['aʊə|ɑ:] *poss pron, adj* unser ⟨~ son; ≁ Father *Rel* Vaterunser *n*; ≁ Lady *Rel* Unsere Liebe Frau, die Mutter Gottes⟩

-our [ə], *Am* **-or** *suff zur Bildung von s, v* (*z. B.* **colour, honour, labour**)

ours [aʊəz] *pron, präd adj* unser, der, die, das unsrige ⟨~ is larger das unsrige ist größer; to become ~ unser werden; this garden is ~ dieser Garten gehört uns; a friend of ~ ein Freund von uns, einer unserer Freunde⟩; **our·selves** [aʊə'selvz|ɑ:'selvz] *refl pron* uns (selbst) ⟨we worry ≈ wir machen uns selbst Gedanken; we give ≈ the pleasure wir geben uns das Vergnügen⟩ | *emph pron* wir selbst ⟨we

≈/for ≈ selbst; [all] by ≈ allein; ohne Hilfe⟩ ◇ *umg* **be/come to ourselves** uns finden, zu uns kommen, uns fangen

ou·sel ['u:zl] = **ouzel**

oust [aʊst] *vt* hinauswerfen, hinausdrängen, verdrängen (**s.o. from** jmdn. aus) | berauben (**of s.th.** e-r Sache)

out [aʊt] **1.** *adv*, hinaus, heraus, aus- ⟨to go ~; to come ~; to die ~; to fit ~; ~ you go! mach dich raus!⟩ | (*nach* **to be**) draußen, fort, nicht zu Hause, nicht am Arbeitsplatz ⟨to be ~ nicht da sein, fort sein; to be ~ and about *übertr* [wieder] auf den Beinen sein; an evening ~ ein Ausgang am Abend; his day ~ sein freier Tag⟩ | hinaus ⟨way ~ Ausgang *m*⟩ | *Mil* eingezogen, im Felde | (Sport) aus, nicht mehr im Spiel | aus dem Amt | aus der Mode | im Streik ⟨to be out⟩ | im Irrtum ⟨to be ~ in one's calculation sich verrechnet haben⟩ | (Buch) ausgeliehen | heraus, offenbar, sichtbar, erhältlich, in der Öffentlichkeit ⟨the secret is ~; the sun is ~; the book is ~; ~ with it! heraus damit!⟩ | aus(gelöscht) ⟨the fire is ~ das Feuer ist aus⟩ | abgelaufen, zu Ende ⟨before the week is ~ ehe die Woche vorüber ist; ~ and ~ durch u. durch, ganz; to have it ~ with s.o. *übertr* mit jmdm. ins Reine kommen⟩ | laut ⟨speak ~, please! sprich lauter!⟩ | (*vor adv Ergänzungen*) (weit) draußen ⟨~ in the country draußen auf dem Lande; ~ at sea auf hoher See; ~ there da draußen⟩ | *auch* **~ and away** (*nach sup*) bei weitem ⟨this is the best thing ~, this is ~ and away the best thing⟩ ◇ **be ~ for** aus sein auf; **~ to** *mit inf* die Absicht haben, zu *mit inf*; **2.** *adj* äußere(r, -s), Außen- ⟨~ match *Sport* Auswärtsspiel *n*⟩ ◇ **~ and ~** völlig, vollständig ⟨an ≈ supporter ein rückhaltloser Anhänger⟩; **3.** *s Typ* Auslassung *f*, Leiche *f* | *umg* Ausflucht *f* | Fehler *m*, Nachteil *m* ⟨there are many ~s about it es spricht viel dagegen⟩ | *Parl* aus dem Kabinett Ausgeschiedener *m*⟩ ◇ **the ins and ~s** *Parl* Regierung u. Opposition | *übertr* das Drum und Dran; **4.** *interj* (her)aus!, hinaus!; **5. ~ of** ['~əv] *Brit umg*, *Am auch* **~** *präp* aus … [heraus], außerhalb (*auch übertr*) ⟨to go ~ of the room aus dem Zimmer gehen; ~ of sight aus dem Blickfeld; ~ of control außer Kontrolle; ~ of danger außer Gefahr; ~ of the question außer Frage, unmöglich; to talk s.o. ~ of *mit ger* jmdm. ausreden, etw. zu *mit inf*; to reason s.o. ~ of his fears jmdm. die Angst vertreiben; to cheat s.o. ~ of his money jmdn. um sein Geld betrügen; he went ~ the door *umg* er ging raus⟩ | aus, von ⟨two ~ of five⟩ | ohne ⟨~ of money mittellos; we're ~ of beer wir haben kein Bier mehr, Bier ist aus⟩ | aus, wegen ⟨~ of sheer interest aus purem Interesse⟩ | (bestehend) aus ⟨made ~ of gold⟩ | (Tier) aus, gezogen aus, mütterlicherseits von ⟨Ticino by Athanasius ~ of Terra Ticino von Athanasius aus der Terra⟩; **~ of it** ausgeschlossen, nicht eingeladen ⟨she felt ~ of it⟩; unbeteiligt, nicht betroffen ⟨I'm glad to be ~ of it⟩; **~ of one's mind/head** *umg* verrückt; **6.** *vt umg* hinauswerfen | (Sport) schlagen, eliminieren | *Brit Sl* kalt machen, umlegen

out- [aʊt] *präf zur Bildung von s, v, adj, adv mit der Bedeutung*: Aus-, Außen-, aus-, hinaus-, außen-, über- (*z. B.* **'~burst** Ausbruch *m*, **~'do** übertreffen, **'~live** überleben, **'~spread** ausbreiten, **~'step** überschreiten, **~-'school** außerschulisch)

out|a·chieve [aʊtə'tʃi:v] *vt Päd* bessere Leistungen bringen als; **'~back** *Austr* **1.** *s* Hinterland *n*, Busch *m* (*auch übertr*) ⟨the ≈⟩; **2.** *adj* im Busch, Busch- ⟨≈ life⟩; **~'bal·ance** *vt* schwerer sein als | *übertr* überwiegen, übertreffen; **~'bid** (**~'bid, ~'bid**) *vt* überbieten; **'~board** *adj, adv Mar* außenbord(s) ⟨≈ motor⟩; **'~bound** *adj Mar* auslaufend ⟨≈ for Africa auf der Fahrt nach Afrika⟩; **~'brave** *vt* Trotz bieten, trotzen ⟨to ≈ the storm⟩ | an Mut übertreffen; **'~break** *s* Ausbruch *m* ⟨an ≈ of fury Wutausbruch *m*⟩ | Aufstand *m*; **'~ˌbuild·ing** *s* Außen-, Nebengebäude *n*; **'~burst** *s* Ausbruch *m* ⟨an ≈ of laughter⟩; [~'bɜ:st] *vi* ausbrechen; **'~cast 1.** *s* (Mensch, Tier) Ausgestoßene(r) *f*(*m*); **2.** *adj* ausgestoßen, verbannt, verstoßen; **'~caste 1.** *s* (Indien) (aus der Kaste) Ausgestoßene(r) *f*(*m*), Kastenlose(r) *f*(*m*); **2.** *adj* kastenlos, (aus der Kaste) ausgestoßen; **~'class** *vt* (Sport) übertreffen, schlagen, deklassieren; **'~come** *s* (*meist sg*) Resultat *n*, Ergebnis *n*; **'~crop** *s Geol* Zutageliegendes *n* | *übertr* Zutagetreten *n*; [~'krɒp] *vi Geol* zutage liegen | zutage treten | *übertr* herauskommen; **'~cry** *s* Aufschrei *m*, Geschrei *n* | Entrüstungssturm *m* (**against** gegen); **~'dare** *vt* trotzen, Trotz bieten; **~'dat·ed** *adj* veraltet, überholt; **~'dis·tance** *vt* überholen (*auch übertr*); **~'do** *vt* (**~'did, ~'done**) ausstechen, überbieten ⟨to ≈ o.s. sich selbst übertreffen⟩; **~'door,** *auch* **ˌ~ of 'doors** *adj* außer dem Haus, Außen- ⟨≈ aerial *Rundf* Außenantenne *f*; ≈ dress Ausgeh-, Straßenanzug *m*; ≈ games im Freien zu spielende Spiele *n/pl*; ≈ shot *Foto* Außen-, Freilichtaufnahme *f*; ≈ relief Fürsorgeunterstützung *f* (außerhalb eines Heimes)⟩; **~'doors,** *auch* **ˌ~ of 'doors 1.** *adv* im Freien, draußen; **2.** *s* Natur *f* ⟨the great ≈ *scherzh* die freie Natur⟩; **'~er 1.** *adj* äußere(r, -s), Außen- (*Ant* inner) ⟨≈ garments Oberbekleidung *f*; ≈ skin Oberhaut *f*; the ≈ man das Äußere des Menschen, die Erscheinung⟩; **2.** *s* Außenring *m* der Zielscheibe | (Boxen) K.O.-Schlag *m*; **ˌ~er'line** *s Arch* Außenflucht *f*; **'~er·most** = **'~most**; **ˌ~er 'space** *s* Weltraum *m*; **ˌ~er 'world** *s* Außenwelt *f*; **~'face** *vt* Trotz bieten ⟨to ≈ a situation einer Lage Herr werden⟩ | (jmdn.) (mit Blicken) aus der Fassung bringen; **'~fall** *s* Ausfluß *m*, Abflußleitung *f* | (Fluß-) Mündung *f*; **'~field** (Sport) *s* Außenfeld *n* | Außenfeldspieler *pl*; **'~field·er** *s* (Sport) Außenfeldspieler *m*; **~'fight** (**~'fought, ~'fought**) *vt* niederkämpfen, bezwingen; **'~fit 1.** *s* Ausrüstung *f*, Ausstattung *f*, passende Kleidung ⟨camping ≈; ≈ for school⟩ | Werkzeuge *n/pl* ⟨carpenter's ≈ Zimmermannswerkzeug *n*⟩ | *urspr Am umg* Gesellschaft *f*, Laden *m*, Verein *m* ⟨a sweet ≈ eine nette Gesellschaft⟩ | *Am Mil* Einheit *f*; **2.** (**'~fit·ted, '~fit·ted**) *vt* ausrüsten, ausstatten (**with** mit); **'~fit·ter** *s* (Herren-) Ausstatter *m*, Ausstattungsgeschäft *n* ⟨gentlemen's ≈⟩ | Fachhändler *m*, -geschäft *n* ⟨electrical ≈⟩; **~'flank** *vt Mil* umgehen (*auch übertr*); **'~flow** *s* Ausfließen *n*, Ausfluß *m* ⟨an ≈ of water⟩ | *übertr* Ausbruch *m*; **~'fox** *vt* überlisten; **~'gen·er·al** *vt Mil* in der Feldherrnkunst übertreffen, ein besserer Stratege sein als; **'~giv·ing 1.** *s Am* Verlautbarung *f*, Veröffentlichung *f*; ['~ˌgɪvɪŋ] **2.** *adj* offen(herzig), unbeschwert, direkt ⟨an ≈ personality⟩; **~'go** (**~'went, ~'gone**) *vt* übertreffen, überbieten; ['~gəʊ] *s* (*pl* **'~goes**) (Waren, Energie u. a.) Ausgang *m*, Austritt *m* | Ausgaben *f/pl* (*Ant* income) | Ausfluß *m*; **ˌ~'go·ing 1.** *adj* weg-, fortgehend | *Pol* abtretend, (aus)scheidend ⟨≈ president⟩ | (Flut) zurückgehend | *Mar* (Schiff) auslaufend | *Eisenb* abgehend ⟨≈ train⟩ | *Tech* ausströmend, austretend ⟨≈ cable *El* Ausgangskabel *n*; ≈ current Austrittsstrom *m*⟩ | *Tech* abgegeben, exmittiert | *übertr* aus sich herausgehend, mitteilsam ⟨an ≈ personality⟩; **2.** *s*, *meist* **'~go·ings** *pl* Ausgaben *f/pl*; **ˌ~go·ing 'air** *s* Abluft *f*; **~'grow** (**~'grew, ~'grown**) *vt* hinauswachsen über ⟨to ≈ one's brother schneller als der Bruder wachsen; to ≈ one's strength zu schnell wachsen⟩ | (Kleider) auswachsen, entwachsen | *übertr* (e-r Gewohnheit u. a.) entwachsen, herauswachsen aus, (e-e) Meinung ablegen ⟨to ≈ one's earlier interest⟩; *vi* herauswachsen; **'~growth** *s* Herauswachsen *n*, Entwachsen *n* | *Med, Bot* Auswuchs *m* | Folge *f*, Ergebnis *n*; **'~guard** *s Mil* Vorposten *m*; **~'gun** *vt* übertreffen, ausstechen; **~her·od,** *auch* **~-Her·od** [ˌ~'herəd] *vt verächtl* es noch schlimmer treiben als, ärger wüten als

⟨to ≈ Herod dem Teufel Konkurrenz machen⟩; **'~house** *s* Seiten-, Nebengebäude *n* | *Am* Außentoilette *f*; **'~ing** *s* Ausflug *m*, Spazierfahrt *f* ⟨to go for an ≈ einen Ausflug machen; an ≈ to the seaside ein Ausflug an die See⟩ | (Sport) Trainingsfahrt *f*, Übungsgalopp *m*; **'~land** *poet* **1.** *s* Ausland *n*; **2.** *adj* ausländisch; **~'land·ish** *adj umg* exotisch, ausgefallen, fremd(artig) ⟨≈ dress; ≈ behaviour; ≈ ideas⟩; **~'last** *vt* überdauern, überleben; **'~law 1.** *s Hist* Geächteter *m*, mit dem Bann Belegter *m*; **2.** *vt Hist* mit dem Bann belegen, ächten | *Sport* disqualifizieren; **'~law·ry** *s Hist* Ächtung *f*, Bann *m*; **'~lay 1.** (**'~laid, '~laid**) *vt* (Geld) auslegen (**on, upon** für); **2.** *s* Geldauslagen *f/pl*, Unkosten *pl*; **~let** ['~let|-lət] *s* Ausgang *m*, Abzug *m*, Abfluß *m* | *Tech* Ablauf *m* | *Wirtsch* Absatzgebiet *n* | *Wirtsch* Geschäft *n*, Laden *m* ⟨retail ≈ Einzelhandelsverkaufsstelle *f*⟩ | *Wirtsch* Stelle ⟨job ≈ Stellenchance *f*⟩ | *El* Steckdose *f*, Anschluß *m* | *übertr* Ventil *n* (**for** für) ⟨to find an ≈ sich Luft machen⟩ | *übertr* Betätigungsmöglichkeit *f* ⟨≈s for talents⟩; **'~let ˌca·ble** *s* Anschlußkabel *n*; **'~let ˌflap** *s* Auslaßklappe *f*; **'~let ˌpipe** *s* Abflußrohr *n*; **'~let ˌvalve** *s* Druck-, Auslaßventil *n*; **'~line 1.** *s* Entwurf *m*, Umriß *m*, Profil *n*, Zeichnung *f* ⟨in ≈ skizziert, in Umrissen; an ≈ map eine Umrißkarte⟩ | Auszug *m*, Abriß *m* ⟨an ≈ of a book⟩ | Plan *m*, Skizze *f* (**for s.th.** e-r Sache) ⟨an ≈ for an essay⟩ | Überblick *m* ⟨an ≈ of history⟩ | (*meist pl*) Richtlinie *f*; **2.** *vt* skizzieren, umreißen | im Überblick darstellen; **~live** [~'lɪv] *vt* überleben, überdauern | überstehen, hinwegkommen über ⟨to ≈ a disgrace⟩; **'~look** *s* Ausblick *m*, Aussicht *f* ⟨an ≈ over the valley⟩ | Ausguck *m*, Wache *f* | Ansicht *f*, Anschauung *f* (**on** über) ⟨a narrow ≈ of life eine beschränkte *od* engstirnige Lebensanschauung; one's ≈ on life jmds. Vorstellungen *pl* vom Leben⟩ | *übertr* Aussicht *f* (**for** für) ⟨bright ≈ for trade günstige Handelsaussichten *f/pl*; further ≈ weitere (Wetter-) Aussichten *f/pl*⟩; **'~ˌly·ing** *adj* abgelegen, entfernt ⟨an ≈ forest⟩ | *übertr* nebensächlich; **ˌ~ma'noeu·vre** *vt* ausmanövrieren (*auch übertr*); **~'march** *vt* schneller marschieren als, überholen; **~'match** *vt* (*oft pass*) übertreffen, überflügeln ⟨to be ≈ed in s.th. in etw. unterlegen sein⟩; **~'mod·ed** *adj* unmodern, veraltet; **'~most** *adj* äußerste(r, -s), am weitesten entfernt ⟨the ≈ stars⟩; **~'num·ber** *vt* an Zahl übertreffen; **ˌ~-of-'date** *attr adj* veraltet, unmodern; **ˌ~-of-'door** = **ˌ~'door**; **ˌ~-of-'doors** *adv* im Freien; **ˌ~-of-pock·et ex'pens·es** *s/pl* Barauslagen *f/pl*; **ˌ~-of-the-'way** *adj* abgelegen ⟨an ≈ cottage⟩ | ausgefallen, ungewöhnlich, abwegig ⟨≈ items⟩; **~'pace** *vt* überholen; **'~-par·ty** *s Pol* nicht an der Macht befindliche Partei; **'~ˌpa·tient** *s Med* ambulanter Patient ⟨≈s' department; ≈s' clinic Ambulanz *f*⟩; **~per'form** *vt* übertreffen; **~'play** *vt* (Sport) besser spielen als ⟨to be ≈ed by ausgespielt werden von⟩; **~'point** *vt* (Boxen) nach Punkten schlagen, auspunkten; **'~port** *s Mar* Außenhafen *m* | Exporthafen *m*; **'~post** *s Mil* Vorposten *m* (*auch übertr*); **~'pour** *vt* ausgießen; **'~ˌpour** *s* Guß *m* | *übertr* Ausbruch *m*, Erguß *m*; **'~pour·ing** *s* Erguß *m* | (*meist pl*) *übertr* Gefühlserguß, -ausbruch *m* ⟨≈s of the heart⟩; **'~put** *s* (*meist sg*) Arbeitsleistung *f*, Produktion *f*, Ausstoß *m* ⟨the ≈ of a factory; the ≈ of the year⟩ | *Bergb* Förderung *f*, Fördermenge *f* | (Computer) Output *m*, Ausgangsinformation *f*, -größe *f* (*Ant* input); **'~rage 1.** *s* Gewalttat *f*, -tätigkeit *f*, Ausschreitung *f* (**against** gegen) ⟨an ≈ against humanity ein Verbrechen *n* gegen die Menschheit⟩ | *übertr* Vergewaltigung *f*, Frevel *m*, Ungeheuerlichkeit *f*, Beleidigung *f* (**[up]on** von, gegenüber) ⟨an ≈ upon decency eine grobe Verletzung des Anstands⟩ | Schmach *f*, Schande *f*; **~'rage** *vt* tätlich beleidigen, Gewalt antun, mißhandeln | *übertr* vergewaltigen | (Gefühle, Anstand u. ä.) grob verletzen ⟨to ≈ s.o.'s feelings⟩; **~ra·geous** [~'reɪdʒəs] *adj* schimpflich, schändlich ⟨an ≈ action⟩ | unerhört, empörend ⟨≈ behaviour; ≈ prices unverschämte Preise *m/pl*⟩ | *Am Sl* irre, toll ⟨Elvis was ≈⟩; **~'range** *vt* übertreffen, übersteigen | *Mil* (Rakete u. ä.) weiter tragen als; **~'rank** *vt* im Rang übertreffen | *übertr* bedeutender *od* wichtiger sein als, übertreffen

ou·tré ['u:treɪ] *adj* ⟨*frz*⟩ *meist verächtl* (Gedanke, Verhältnis u. ä.) abwegig, überspannt, extravagant

out|reach ['aʊtri:tʃ] *Am* **1.** *s* Sozialhilfe *f*; **2.** *adj* Sozialhilfe betreibend ⟨≈ groups⟩; **'~reˌlief** *s Brit* (Wohlfahrts-) Unterstützung *f*; **~'ride** *vt* besser *od* schneller reiten | *Mar* einen Sturm überstehen; **'~ˌrid·er** *s* Vorreiter *m* | (Polizei) Motorradbegleiter *m*; **'~ˌrig·ger** *s Tech* Ausleger *m*, ausfahrbarer Stützfuß | *Mar* Auslegerboot *n* | *Mar* Maststütze *f*, Luvbaum *m*; **'~right** *adj* völlig, gänzlich, total ⟨an ≈ lie eine glatte Lüge⟩ | offen, vorbehaltlos ⟨an ≈ manner⟩ | klar, eindeutig ⟨an ≈ winner⟩; **~'right** *adv* völlig, ganz u. gar, voll(ständig), ganz ⟨to own s.th. ≈⟩ | endgültig ⟨to win ≈⟩ | auf einmal, sofort, gleich ⟨to be killed ≈⟩ | offen, freiweg ⟨to tell s.o. ≈⟩; **~'ri·val** (**~'ri·valled, ~'ri·valled**) *vt* übertreffen, ausstechen; **~'root** *vt* ausrotten; **~'run** (**~'ran, ~'run**) *vt* überholen, (im Laufen) übertreffen | *übertr* übersteigen, hinausgehen über | *übertr* entrinnen, entgehen; **'~ˌrun·ner** *s* jmd., der vornweg läuft | Leithund *m* | Beipferd *n*; **~'sail** *vt* (beim Segeln) überholen; **'~ˌsen·try** *s Mil* Vorposten *m*; **'~set** *s* Anfang *m*, Beginn *m* ⟨at the ≈ am Anfang; from the ≈ von Anfang an⟩; **~'shine** (**~'shone, ~'shone**) *vt* heller strahlen als | *übertr* in den Schatten stellen; **~'side,** *auch* **'~side 1.** *s* Außenseite *f* (*Ant* inside) ⟨from the ≈ von außen; on the ≈ außen⟩ | Äußeres *n* ⟨to judge s.o. from the ≈ jmdn. nach dem Äußeren beurteilen⟩ | Außenwelt *f* | *umg* Äußerstes *n* ⟨at the [very] ≈ [aller]höchstens⟩; **2.** *adj*, *attr s* äußere(r, -s), Außen- ⟨≈ work Außenarbeit *f*; ≈ measurements Außenmaße *n/pl*; ≈ storage Freilagerung *f*⟩ | außen-, nach außen führend ⟨≈ line *Tel* Amt *n*⟩ | äußerste(r, -s) ⟨at an ≈ estimate maximal⟩ | außenstehend ⟨the ≈ public⟩ | von außerhalb kommend ⟨≈ source Fremdquelle *f*; to get ≈ help von Außenstehenden Hilfe bekommen⟩ | minimal, sehr gering ⟨an ≈ chance⟩; **3.** *adv* [~'saɪd] außen, draußen, heraus, hinaus ⟨to go ≈⟩; **4.** *präp* [~'saɪd|'~saɪd] außerhalb, jenseits (*auch übertr*) ⟨≈ the garden; ≈ his own experience über seine Erfahrung hinaus⟩; **~'side of** *präp Am umg* außerhalb ⟨≈ the city⟩ | mit Ausnahme von, außer ⟨≈ Jane⟩; **ˌ~side 'left** *s* (Sport) Linksaußen *m*; **~'sid·er** *s* Außenstehende(r) *f(m)* | (Sport) Außenseiter *m* | Nichtfachmann *m*, Laie *m* | *umg* nicht gesellschaftsfähige Person; **ˌ~side 'right** *s* (Sport) Rechtsaußen *m*; **'~size** *s* (Kleidung) Übergröße *f*; **~'size** *adj* übergroß; **'~skirts** *s/pl* Umgebung *f*, Peripherie *f* ⟨on the ≈ of in den Außenbezirken von⟩; **~'smart** *vt umg* schlauer sein als ⟨to ≈ o.s. *umg* sich selbst austricksen, sich selbst hereinlegen⟩; **~'spent** *adj* erschöpft; **~'spo·ken** *adj* offen, freimütig ⟨≈ comments⟩; **ˌ~'spread** *adj* verbreitet, ausgestreckt ⟨with ≈ arms/with arms ≈ mit offenen Armen⟩; **~'stand** (**~'stood, ~'stood**) *vi* hervorragen; *vt* überstehen, aushalten; **~'stand·ing** *adj bes übertr* hervorragend, bedeutend (**for** wegen) ⟨an ≈ scientist⟩ | besondere(r, -s), auffallend, bemerkenswert ⟨≈ features auffallende Gesichtszüge *m/pl*⟩ | *bes Wirtsch* aus-, offenstehend, unbezahlt ⟨≈ debts⟩ | abstehend, herausragend ⟨≈ ears⟩; **'~ˌsta·tion** *s* Außenstation *f*; **~'stay** *vt* länger bleiben als ⟨to ≈ one's welcome länger bleiben, als man erwünscht ist, über Gebühr bleiben⟩; **ˌ~'stretched** *adj* ausgestreckt, ausgebreitet ⟨with ≈ arms⟩; **~'strip** (**~'stripped, ~'stripped**) *vt* überholen (*auch übertr*); **'~throw** *s* Ausstoß *m*; **~'vie** *vt* (im Wettbewerb) übertreffen, überbieten; **~'vote** *vt* überstimmen;

'~ˌvot·er *s Pol Brit* nicht im Wahlkreis ansässiger Wähler; '**~wall** *s* Außenmauer *f*; **~ward** ['~wəd] **1.** *adj* äußere(r, -s), äußerlich, Außen-, außen befindlich ⟨≈ appearance Anblick *m* von außen; ≈ signs äußere Zeichen *pl*; to ≈ seeming dem Anschein nach; ≈ room Außenzimmer *n*⟩ | *übertr* äußerlich, die Erscheinung betreffend ⟨the ≈ man das Äußerliche des Menschen; one's ≈ self wie man äußerlich erscheint; an ≈ show of eine Demonstration von⟩ | *Med* äußerlich ⟨for ≈ application zum äußerlichen Gebrauch⟩ | nach außen, Hin-, Auswärts- ⟨the ≈ voyage Hinreise *f*⟩; **2.** *adv* nach außen, auswärts ⟨bent ≈ nach außen gebogen⟩; **3.** *s* Äußere *n* | Außenwelt *f*, materielle Welt ⟨to perceive the ≈⟩; ˌ**~ward 'bound** *adj Mar* auslaufend; '**~ward·ly** *adv* äußerlich, von *od* nach außen; **~wards** ['~wədz] *adv* nach außen, auswärts; **~'wear** (**~'wore, ~'worn**) *vt* länger halten als | überdauern | *bes übertr* abtragen, abnutzen ⟨~worn practices überholte Gewohnheiten *f/pl*⟩; **~'weigh** *vt* an Gewicht übertreffen | *übertr* aufwiegen, gewichtiger sein als ⟨to ≈ the advantages⟩; **~'wit** (**~'wit·ted, ~'wit·ted**) *vt* überlisten; '**~work** *s Mil* Außenwerk *n* | *übertr* Bollwerk *n* | Außenarbeit *f* | Heimarbeit *f*; '**~ˌwork·er** *s* Außenarbeiter(in) *m(f)* | Heimarbeiter(in) *m(f)*; **~'worn** *adj* abgetragen ⟨≈ clothes⟩ | *übertr* überholt

ou·zel ['u:zl] *s Zool* Amsel *f*, Schwarzdrossel *f*

ou·zu ['u:zəʊ] *s* Ouzu *m* (griechisches alkoholisches Getränk)

o·va ['əʊvə] = *pl* ↑ **ovum**

o·val ['əʊvl] **1.** *adj* länglich, rund, eiförmig; **2.** *s* Oval *n*; ˌ≈ '**Of·fice**, *auch* ˌ≈ '**Room** *s Am* Zimmer *n* des Präsidenten (im Weißen Haus); ˌ≈ '**Of·fi·cer** *s Am* Berater *m* des Präsidenten

o·var·i·an [əʊ'vɛərɪən] *adj Anat* ovarial, Ovarial-, Eierstock(s)-; **o·va·ry** ['əʊvərɪ] *s Anat* Ovarium *n*, Eierstock *m* | *Bot* Fruchtknoten *m*

o·vate ['əʊveɪt|-vɪt] *adj* eirund, eiförmig, oval

o·va·tion [əʊ'veɪʃn] *s* Ovation *f*, Huldigung *f* ⟨standing ~ stürmischer Beifall; to give s.o. an ~ jmdm. eine Ovation darbringen, jmdm. starken Beifall bekunden⟩

ov·en ['ʌvn] *s* Backofen *m*, -röhre *f* | *Tech* Brennofen *m*; **~ware** ['~wɛə] *s* hitzefestes Geschirr

o·ver ['əʊvə] **1.** *adv* (Bewegung) über, darüber, herüber, hinüber ⟨come ~! komm herüber!; ~ here hier (hüben); hier herüber; ~ there dort drüben; dort hinüber; to boil ~ überkochen; to go ~ to hinübergehen zu; to jump ~ hinüberspringen⟩ | um ⟨to fall ~ umfallen; to knock ~ umwerfen; to turn ~ umdrehen⟩ | wieder, hintereinander ⟨[all] ~ again noch einmal, erneut; ~ [and] again immer wieder⟩ | übermäßig, über- ⟨all ~ über u. über, durch u. durch; ~ strong; not ~ well nicht besonders gut⟩ | gänzlich, überall ⟨all the world ~ auf der ganzen Welt; to paint s.th. ~ etw. übermalen⟩ | gründlich, von Anfang bis Ende ⟨to think s.th. ~ etw. überdenken; to look s.th. ~ etw. durchsehen⟩ | übrig ⟨to have s.th. ~ etw. übrig haben; to leave s.th. ~ etw. übriglassen⟩ | mehr, darüber ⟨ten and ~; … a bit ~⟩ | vorüber, vorbei (*auch übertr*) ⟨to be ~; it's all ~ with him mit ihm ist es vorbei, er ist ruiniert; let's get it ~ (with) wir wollen es hinter uns haben⟩ | (Funk) over ⟨come in, please ~! bitte kommen, over!; ~ to you! übernehmen!; ~ and out Ende der Durchsage⟩ ◇ **~ against** gegenüber ⟨≈ the school⟩; verglichen mit ⟨≈ the other product⟩; **2.** *adj* obere(r, -s) Ober-, äußere(r, -s), Außen- | Über- | überzählig, überschüssig ⟨s.th. ~ etw. zu viel⟩; **3.** *präp* (Lage) über, auf, zu ⟨~ his face über das Gesicht; ~ the table über, auf dem Tisch; ~ our heads über unsere Köpfe [weg]; ~ the river über den Fluß⟩ | *übertr* über (*Ant* under) ⟨to be ~ s.o. über jmdm. stehen⟩ | über … hinweg ⟨~ the frontier; ~ one's shoulder; from ~ the fence über den Zaun herüber; ~ the way gegenüber⟩ | über, mehr als (*Ant* under) ⟨~ a hundred students mehr als hundert Studenten; just ~ £ 10 etwas über £ 10; ~ an hour ago vor mehr als e-r Stunde⟩ | (Zeit) über, während ⟨~ the weekend über das Wochenende; ~ a cup of tea bei, während einer Tasse Tee; ~ his work bei, während der Arbeit; to be ~ s.th. mit etw. zu tun haben, mit einer Sache beschäftigt sein⟩ ◇ **~ and above** außer, zusätzlich zu; **4.** *s* Überschuß *m* | (Kricket) Wechsel *m*, Satz *m* (von sechs Würfen)

over- [əʊvə(r)] *präf zur Bildung von s, v, adj, adv mit der Bedeutung*: darüber hinaus, über-, Über- (*z. B.* **~flow** Überfluß *m*, überbieten, **~busy** übergeschäftig, **~board** über Bord)

o·ver|a·chieve [ˌəʊvər|ə'tʃi:v] *vi* mehr leisten als erwartet; *vt* mehr tun als; ˌ**~a'chie·ver** *s* jmd., der mehr leistet, leistungsbewußter Mensch; ˌ**~'act** *vi, vt Theat* (Rolle) überspielen, übertreiben, übertrieben spielen; ˌ**~'ac·tive** *adj* übergeschäftig; ˌ**~'age** *adj* zu alt; ˌ**~'all 1.** *adj* Gesamt- ⟨≈ measurements Gesamtmaße *n/pl*; ≈ efficiency *Tech* Gesamtnutzeffekt *m*⟩; **2.** *adv* insgesamt ⟨to measure s.th. ≈ die Gesamtmaße ermitteln; dressed ≈ *Mar* (Schiff) über die Toppen geflaggt⟩; '**~all** *s meist pl* Overall *m*, Arbeitskittel *m*, -kombination *f* | *Brit* Kittelschürze *f*, Hauskleid *n*; ˌ**~'arch** *vt Arch* überwölben; '**~arm** *adj* (Sport) (Wurf, Schlag) mit durchgestrecktem Arm über die Schulter ausgeführt ⟨≈ bowling⟩; ˌ**~'awe** *vt* tief beeindrucken | einschüchtern ⟨to ≈ s.o. into submission jmdn. durch Einschüchterung gefügig machen⟩; ˌ**~'bal·ance 1.** *s* Übergewicht *n*; **2.** *vt* (jmdn.) aus dem Gleichgewicht bringen, (etw.) umkippen | *übertr* überwiegen, das Übergewicht haben über; *vi* umkippen, aus dem Gleichgewicht kommen; ˌ**~'bear** *förml* (**~'bore, ~'borne**) *vt* niederdrücken, zu Boden drücken | unterdrücken, überwältigen | tyrannisieren | *übertr* überwältigen, schwerer wiegen als; **~bear·ance** [ˌ~'bɛərns] *s förml* Anmaßung *f*; ˌ**~'bear·ing** *adj* anmaßend, hochmütig; ˌ**~'bid 1.** (ˌ**~'bade**, ˌ**~'bid**; ˌ**~'bid·den**, ˌ**~'bid**) *vt* überbieten, mehr bieten als | *Kart* überreizen; *vi* mehr bieten; **2.** *s* Mehrgebot *n*; ˌ**~'blown** *adj* (Blumen) überblüht, am Verblühen | *übertr* geschwollen, schwülstig ⟨≈ prose⟩ | *Mus* überblasen ⟨an ≈ note⟩; '**~board** *adv Mar* über Bord (*auch übertr*) ⟨to throw s.th. ≈ etw. über Bord werfen, *übertr umg* verwerfen; to go ≈ for/about *übertr umg* ganz verrückt sein auf, schwärmen für⟩; ˌ**~'boil** *vt, vi* überkochen (lassen); ˌ**~'bold** *adj* unverschämt; ˌ**~'bur·den 1.** *vt* überlasten, überladen (*auch übertr*) (**with** mit) ⟨≈ed with grief kummerbeladen⟩; **2.** *s Tech* Abhub *m* | Abraum *m*; ˌ**~'book** *vi, vt* (Flug, Hotel) zu viele Buchungen annehmen (für); ˌ**~'call 1.** *vt, vi Kart* überreizen, überbieten; **2.** *s* höheres Gebot; ˌ**~'cap·i·tal·ize** *vt Wirtsch* einen zu hohen Nennwert angeben für ⟨to ≈ a firm⟩ | das Kapital überschätzen von | überkapitalisieren; ˌ**~'cast** *adj* trübe, bewölkt ⟨an ≈ sky⟩ | *übertr* düster, trübe; ['-kɑ:st] *s* Bewölkung *f* | *Bergb* Wetterkreuz *n*; [ˌ-'kɑ:st] *vt* umwölken, verdunkeln, trüben (*auch übertr*); *vi* sich bewölken, trübe werden; ˌ**~'charge** *vt* überbelasten, überbeladen (*auch übertr, Tech*) | zu hohen Preis verlangen von, überteuern ⟨to be ≈d for s.th.; to ≈ s.o. by; to ≈ a gun; to ≈ an electric current⟩ | zuviel berechnen ⟨to ≈ £ 1⟩ | zuviel anrechnen *od* verlangen für ⟨to ≈ goods⟩ | übertreiben; *vi* zuviel berechnen; '**~charge** *s* Überbelastung *f*, Überbeladung *f* | Überteuerung *f* | *Wirtsch* Überpreis *m*; '**~clothes** *s/pl* Oberbekleidung *f*; ˌ**~'cloud** *vi, vt* (sich) verdüstern, (sich) trüben (*auch übertr*); '**~coat** *s* Mantel *m*, Überzieher *m*; ˌ**~'come** (ˌ**~'came**, ˌ**~'come**) *vt* überwinden, überwältigen, besiegen ⟨to ≈ one's bad habits seine schlechten Gewohnheiten ablegen⟩ | (*meist pass*) schwächen, übermannen ⟨to be ≈ by fatigue von Müdigkeit übermannt werden⟩; *vi* (ob)siegen, sich durchsetzen ⟨we shall ≈⟩; ˌ~'**com·pen·sate** *vi Psych* überkompensieren (**for s.th.** etw.); ˌ~**com·pen'sa·tion** *s* Überkompensation *f*; ˌ~'**con·fi·dent** *adj* allzu selbstsicher, vermessen ⟨≈ behaviour⟩ | zu sehr vertrauend (**of** auf); ˌ~'**crit·i·cal** *adj* überkritisch; ˌ~'**crop** (ˌ~'**cropped,** ˌ~'**cropped**) *vt Landw* Raubbau treiben mit, (Boden) zugrunde richten; ˌ~'**crowd** *vt* überfüllen (**with** mit) ⟨≈ed buses⟩; '~ˌ**cur·rent** *s El* Überstrom *m*; ˌ~**de've·lop** *vt Foto* überentwickeln; ˌ~'**do** (ˌ~'**did,** ˌ~'**done**) *vt* (Gefühle u. ä.) übertreiben ⟨to ≈ a part eine Rolle übertreiben; ⟨to ≈ it zuviel des Guten tun; etw. zu weit treiben⟩ | zu lange kochen *od* braten; *vi* übertreiben; ˌ~'**done** *adj* (Steak) überbraten, zu sehr durchgebraten; '~**dose** *s* Überdosis *f*; ˌ~'**dose** *vt* überdosieren; *vi* Überdosen einnehmen | *übertr* (es) übertreiben (**on** mit); '~**draft** *Wirtsch s* (Konto-) Überziehung *f* | überzogener Betrag; ˌ~'**draw** (ˌ~'**drew,** ˌ~'**drawn**) *Wirtsch vt* (Konto) überziehen ⟨≈n account⟩ | *übertr* übertreiben; *vi* sein Konto überziehen | *übertr* übertreiben, überziehen; '~**draw** *Wirtsch s* Kontoüberziehung *f* | überzogener Betrag; ˌ~'**dress** *vi, vt* (sich) auffällig *od* übertrieben kleiden; '~**drive** *s Kfz* Overdrive *m*, Schongang *m*; ˌ~'**due** *adj Wirtsch, Eisenb* überfällig ⟨the train is ≈ der Zug hat Verspätung; long ≈ längst fällig⟩ | (Kind) übertragen | *übertr* übermäßig; ˌ~'**eat** (ˌ~'**ate,** ˌ~'**eaten** *vt* zuviel essen von; *vi* sich überessen; ˌ~'**es·ti·mate** [-meɪt] *vt* überschätzen, überbewerten; [-mɪt] *s* Überbewertung *f*; ˌ~**es·ti'ma·tion** *s* Überbewerten *n*; ˌ~**ex'pose** *vt Foto* überbelichten; ˌ~**ex'po·sure** *s Foto* Überbelichtung *f*; ˌ~'**flood** *vt* überschwemmen, überfluten; ˌ~'**flow** *vi* überlaufen, überfließen (**into** in) ⟨full to ≈ing zum Brechen voll⟩ | *übertr* überquellen (**with** von) ⟨to ≈ with love vor Liebe überfließen; to ≈ with ideas nur so von Ideen sprudeln; to ≈ with kindness sich vor Freundlichkeit überschlagen⟩; *vt* überschwemmen, überfluten | zum Überlaufen bringen, keinen Platz haben in; '~**flow** *s* Überfließen *n* | Überschwemmung *f* | Überfluß *m* (**of** an) ⟨≈ of population Bevölkerungsüberschuß *m*⟩ | *Tech* Überfall *m*, Überlauf *m*, Überlaufrohr *n* | *Tech* Überschreiten *n* einer Kapazität ⟨to ≈ bis zur Kapazitätsgrenze⟩; '~**flow land** *s* Überschwemmungsgebiet *n*; '~**flow** ˌ**meet·ing** *s* Parallelveranstaltung *f* (wegen Überfüllung); ˌ~'**fly** (ˌ~'**flew,** ˌ~'**flown**) *vt* überfliegen; '~**freight** *s* Über-, Mehrgewicht *n*; ˌ~'**full** *adj* übervoll; '~**ground** *adj, adv* öffentlich (*Ant* underground) ⟨≈ politics⟩ | akzeptiert, etabliert, konventionell ⟨an ≈ movie⟩; ˌ~'**grow** (ˌ~'**grew,** ˌ~'**grown**) *vt* hinauswachsen über | *übertr* überwältigen; *vi* zu groß werden; ˌ~'**grown** *adj* übermäßig groß, aufgeschossen ⟨an ≈ boy⟩ | überwachsen, überwuchert ⟨≈ with weeds unkrautüberwachsen⟩; '~**growth** *s* Überwucherung *f* ⟨≈ of weeds⟩ | überstarkes Wachstum; ˌ~'**hand** *adj, adv* von oben | *Bergb* schwebend; '~**hand 1.** *s* (Tennis) Überhandschlag *m* **2.** *adj* (Schwimmen) Hand-über-Hand- ⟨≈ stroke⟩; ˌ~'**hang** *vt, vi* überhängen, überstehen, auskragen | (be)drohen ⟨≈ing dangers⟩; '~**hang** *s* Überhang *m*, Ausladung *f*, Auskragung *f* ⟨to have broad ≈s *Arch* weit vorkragen⟩; ˌ~'**hast·y** *adj* übereilig; ˌ~'**haul** *vt* überholen, reparieren ⟨to ≈ an engine⟩ | *umg* gründlich untersuchen (durch Arzt) ⟨to be ≈ed⟩ | einholen | überholen; '~**haul** *s* Überholung *f*, Generalreparatur *f*, Überprüfung *f*, Durchsicht *f* | *umg* gründliche medizinische Untersuchung; ˌ~'**head 1.** *adj* Ober-, darüber aufgebracht, oberirdisch; **2.** *adv* oben ⟨in the room ≈ im Zimmer drüber; the stars ≈ die Sterne am Himmel⟩; '~**head 1.** *adj Wirtsch* allgemein, gesamt, Pauschal- ⟨≈ costs⟩; **2.** *s*, *Am* '~**heads,** *auch* '~**head ex'pen·ses** *Brit Wirtsch* allgemeine Unkosten *pl*; ˌ~**head 'beam** *s Arch* Dekkenbalken *m*; ˌ~**head 'ca·ble** *s* Freileitungskabel *n*; ˌ~**head 'crane** *s* Laufkran *m*; ˌ~**head 'line** *s El* Oberleitung *f*; ˌ~**head pro'jec·tor** *s* Polyluxgerät *n*, Prokischreiber *m*; ˌ~**head 'rail·way** *s Brit* Hochbahn *f*; ˌ~**head trans'par·en·cy** *s* Polyluxfolie *f*, Prokifolie *f*; ˌ~'**hear** (ˌ~'**heard,** ˌ~'**heard**) *vt, vi* (be)lauschen | (zufällig) mithören; ˌ~'**hear·er** *s* Horcher *m*, Lauscher *m*; ˌ~'**heat** *vt* überhitzen, überheizen; ˌ~**in'dulge** *vt* zu nachsichtig behandeln ⟨to ≈ one's children⟩ | im Übermaß nachgeben; *vi* sich zu sehr hingeben ⟨to ≈ in spirits dem Alkohol frönen⟩; ˌ~**in'flat·ed** *adj* aufgebläht ⟨≈ bureaucracy⟩; ˌ~'**joyed** *adj* hocherfreut (**at** über); ˌ~'**judge** *vt* überschätzen; ˌ~'**judg[e]·ment** *s* Überschätzung *f*; '~**kill 1.** *s* (Atomwaffen) Overkill *n*, Mehrfaches *n* an Zerstörungskraft | *übertr* Kahlschlag *m*, Rundumzerstörung *f*; **2.** *vi* alles mehrmals vernichten; ˌ~'**lad·en** *adj* überbelastet, überladen; ˌ~'**land** *adv* über Land ⟨to travel ≈⟩; '~**land** *adj* Überland- ⟨≈ route Landweg *m*⟩; ˌ~'**lap** (ˌ~'**lapped,** ˌ~'**lapped**) *vt* übergreifen auf, sich überschneiden mit, überragen ⟨to ≈ one another⟩ | *Tech* überlappen | (Film) überblenden; *vi* aufeinander übergreifen, sich überschneiden (*auch übertr*) ⟨duties ≈⟩ | *Tech* überlappen; '~**lap** *s* Übergreifen *n*, Überschneiden *n*, Überragen *n* | *übertr* Überschneidung *f* | *Tech* Überlappung *f*; ˌ~'**lap·ping 1.** *adj* übergreifend | *Tech* überlappend ⟨≈ boards sich überlappende Bretter *n/pl*⟩; **2.** *s Tech* Überlappung *f*, Überdeckung *f*, Übereinandergreifen *n*; ˌ~'**lay** (ˌ~'**laid,** ˌ~'**laid**) *vt Tech* überziehen, bedecken, belegen ⟨~laid with gold⟩; '~**lay** *s Tech* Belag *m*, Überzug *m*, Auflage *f* | *Bergb* Abraum *m*; Deckgebirge *n*, Deckschicht *f*; ˌ~'**leaf** *adv* umstehend, umseitig ⟨see ≈ siehe umseitig⟩; ˌ~'**leap** *vt* (ˌ~'**lept,** ˌ~'**lept**) überspringen | *übertr* hinausschießen über, (Ziel) überspringen; ~**live** [ˌ~'lɪv] *vt* überleben; ˌ~'**load** *vt, auch El* überbelasten, überladen; '~**load** *s* Überbelastung *f*, Überbeanspruchung *f*; ˌ~'**long** *adj, adv* überlang; ˌ~'**look** *vt* überblicken, Aussicht bieten auf ⟨≈ the garden⟩ | nicht beachten, übersehen ⟨to ≈ an error⟩ | nicht bestrafen, übersehen ⟨to ≈ a fault⟩ | überprüfen, durchsehen | überwachen, beobachten, beaufsichtigen; '~**look** *s* Überwachen *n*; '~**look·er** *s Brit* Aufseher *m*; '~**lord** *s Hist* Oberherr *m* | *übertr* unumschränkter Herrscher; '~**ly** *adv* übertrieben, übermäßig ⟨≈ cooked zu lange gekocht; ≈ cautious allzu vorsichtig⟩; ~'**man** (~'**manned,** ~'**manned**) *vt* zu viele Arbeitskräfte beschäftigen in *od* für ⟨to ≈ a factory⟩; *vi* zu viel Belegschaft haben; '~ˌ**man·tel** *s* Kaminaufsatz *m*; ˌ~'**mark** *vt* zu hoch einschätzen | *Päd* zu gut zensieren; ˌ~'**mas·ter** *vt förml* überwältigen (*auch übertr*) ⟨an ≈ing desire eine übermächtige Begierde⟩; ˌ~'**mike** *vt Am* überlaut übertragen ⟨to ≈ a show⟩; ˌ~'**much 1.** *adj* (all)zuviel ⟨≈ homework⟩; **2.** *adv* (all)zusehr, übermäßig ⟨to be praised ≈⟩; ˌ~'**night 1.** *adv* über Nacht, die Nacht über ⟨to stay ≈ über Nacht bleiben; to change ≈ (Wetter) die Nacht über umschlagen⟩ | die Nacht zuvor ⟨make preparations ≈⟩ | plötzlich, über Nacht ⟨to become famous ≈⟩; **2.** *adj* eine Nacht dauernd, Nacht- ⟨an ≈ journey; an ≈ stop⟩; ˌ~'**oc·cu·pied** *adj* beengt, überbelegt ⟨≈ housing⟩; '~**pass** *s Am* (Straßen, Bahn) Überführung *f*; ˌ~'**pay** *vt* (jmdn.) überbezahlen | zuviel bezahlen für (etw.) | überreichlich belohnen; ˌ~'**peo·ple** *vt* übervölkern; ˌ~'**peo·pled** *adj* über(be)völkert; ˌ~'**play** *vt* (Rolle) übertrieben spielen ◇ ~**play one's hand** *übertr* zu weit gehen, sich übernehmen; '~**plus 1.** *s* Überschuß *m*; **2.** *adj* überschüssig; ˌ~**pre'scribe** *vi, vt* zu viel Medikamente verschreiben (für); ˌ~'**pop·u·late** *vt* übervölkern; ˌ~**pop·u'la·tion** *s* Übervölkerung *f*; ˌ~'**pow·er** *vt* überwältigen, besiegen; ˌ~'**pow·er·ing** *adj* übermächtig, überwältigend ⟨≈ stink; ≈ sorrows⟩; ˌ~'**print** *vt Typ* (Briefmarke u. ä.) überdrucken | *Foto* zu dunkel kopieren; **ˈ~print** *s Typ* Überdruck *m* | Aufdruck *m*; **ˌ~proˈduc·tion** *s* Überproduktion *f*; **ˌ~ˈqua·li·fied** *adj* überqualifiziert; **ˌ~ˈrate** *vt* überbewerten, überschätzen ⟨to ≈ s.o.'s abilities jmds. Fähigkeiten überschätzen; ≈d book zu hoch eingeschätztes Buch⟩; **ˌ~ˈreach** *vt* überragen (*auch übertr*) | hinausgehen über ⟨to ≈ o.s. sich übernehmen⟩ | übervorteilen; *vi* betrügen; **ˌ~ˈride** (**ˌ~ˈrode, ˌ~ˈridden**) *vt* schneller reiten als | durchreiten, durchfahren | (Pferd) niederreiten, überanstrengen | *übertr* sich hinwegsetzen über ⟨to ≈ s.o.'s wishes jmds. Wünsche beiseitestellen⟩ | umstoßen, nichtig machen, überstimmen ⟨to ≈ a veto⟩; **ˈ~ride** *s Am* Überstimmen *n*; **ˌ~ˈrid·ing** *adj* vorherrschend, vorrangig, grundlegend ⟨of ≈ importance von überragender Bedeutung⟩; **ˌ~ˈripe** *adj* überreif; **ˌ~ˈrule** *vt* verwerfen, umstoßen, aufheben ⟨to ≈ a decision⟩ | überstimmen | beherrschen; **ˌ~ˈrul·ing** *adj* beherrschend, übermächtig ⟨an ≈ passion⟩; **ˌ~ˈrun** (**~ˈran, ˌ~ˈrun**) *vt* überfluten, überschwemmen | überwuchern ⟨≈ with weeds von Unkraut überwuchert⟩ | *übertr* überschreiten, übertreten ⟨to ≈ the time⟩ | übervölkern ⟨≈ with tourists von Touristen überlaufen⟩ | (Land) verheeren, einfallen in; *vi* überlaufen; **ˈ~run** *s* Überlaufen *n* | (Zeit) Verzug *m*, Überziehen *n* ⟨an ≈ of five minutes⟩ | *übertr* Überschwemmung *f* | *Tech* Kolbenüberlauf; **ˌ~run ˈbrake** *s Tech* Auflaufbremse *f*; **ˌ~run conˈtrol** *s Tech* Nachlaufsteuerung *f*; **ˌ~ˈrun·ning clutch** *s Kfz* Freilaufkupplung *f*; **ˈ~runs** *s/pl Wirtsch* Extrakosten *pl*, Mehrausgaben *pl*; **ˌ~ˈsea(s) 1.** *adv* in *od* nach Übersee, außerhalb Großbritanniens ⟨to go/live ≈⟩; **2.** *adj* Übersee-, Auslands- ⟨≈ trade; ≈ broadcast programme Rundfunksendung ins Ausland⟩; **ˌ~ˈsee** (**ˌ~ˈsaw, ˌ~ˈseen**) *vt* überwachen, beaufsichtigen; **ˈ~seer** *s* Aufseher *m* | Vorarbeiter *m*; **ˌ~ˈsell** *vt Wirtsch* zu viel verkaufen von | *übertr umg* zu viel Reklame machen für; **ˌ~ˈsen·si·tive** *adj* überempfindlich; **ˌ~ˈsexed** *adj* sextoll, übertrieben sexuell veranlagt, unersättlich (*Ant* undersexed); **ˌ~ˈshad·ow** *vt* überschatten | *übertr* in den Schatten stellen | *übertr* trüben, verdüstern; **ˈ~shoe** *s* Überschuh *m*; **ˌ~ˈshoot** (**ˌ~ˈshot, ˌ~ˈshot**) **1.** *vt* hinausschießen über (*auch übertr*) ⟨to ≈ the mark über das Ziel hinausschießen⟩; *vi* zu weit schießen | *übertr* zu weit gehen; **2.** *s* Fehlschlag *m*; **ˌ~ˈshot** *adj* (Wasserrad) oberschlächtig ⟨≈ wheel Mühlrad *n*⟩; **ˈ~shot** *s Tech* Fangglocke *f*; **ˌ~ˈside 1.** *adv* über die Seite | *Mar* über Schiffsseite ⟨to discharge cargo ≈ Ladung über Schiffsseite löschen⟩; **2.** *adj* Überbord-; **ˈ~sight** *s* Fehler *m*, Versehen *n* ⟨through an ≈⟩ | Kontrolle *f*, Überwachung *f* ⟨to be under the ≈ of s.o. unter jmds. Aufsicht stehen⟩; **ˈ~size 1.** *auch* **ˈ~sized** *adj* übergroß; **2.** *s* Übergröße *f*; **ˈ~skirt** *s* Oberrock *m*; **ˌ~ˈsleep** *vt* (Zeitpunkt) verschlafen; *vr* **ˌ~ˈsleep o.s.** es *od* sich verschlafen; *vi* verschlafen; **ˈ~spill** *s* (*meist sg*) (Bevölkerungs-) Überschuß *m* ⟨London's ≈⟩ | Überhang *m* (**into** in); **ˌ~ˈstaffed** *adj* überbesetzt; **ˌ~ˈstate** *vt* übertreiben ⟨to ≈ one's case sich zu stark engagieren⟩; **ˌ~ˈstate·ment** *s* Übertreibung *f* | übertriebene Darstellung; **~ˈstay** *vt* länger bleiben als ⟨to ≈ one's welcome länger bleiben, als man gerne gesehen ist⟩; **ˌ~ˈsteer** *vi Kfz* übersteuern; **ˌ~ˈstep** *vt* überschreiten (*auch übertr*) ⟨to ≈ the mark über das Ziel schießen⟩; **ˌ~ˈstock** *vt* überreichlich versehen ⟨to ≈ the market den Markt überschwemmen⟩; **ˈ~stock** *s* Überfluß *m*; **ˌ~ˈstrain** *vt* überanstrengen, überbeanspruchen ⟨to ≈ o.s. sich überanstrengen; to ≈ one's conscience übertriebene Skrupel haben⟩; **ˈ~strain** *s* Überanstrengung *f*; **ˌ~ˈstrung** *adj* (nervlich) überanstrengt, überreizt | *Mus* kreuzsaitig; **ˌ~ˈstuff** *vt* (Zimmer) überfüllen; **ˌ~ˈstuffed** *adj* übergepolstert ⟨≈ seats⟩; **ˌ~subˈscribe** *s Wirtsch* (Anleihe) überzeichnen ⟨seats were ≈d *Theat* zu viele Karten waren bestellt⟩; **ˈ~sup·ply** *s* Überangebot *n*

o·vert [ˈəuvɜ:t|əuˈvɜ:t] *adj förml* offen, öffentlich ⟨~ act offenkundiger Akt; ~ hostility offene Feindschaft⟩

o·ver|take [ˌəuvəˈteɪk] (**ˌ~ˈtook, ˌ~ˈtak·en**) *vt* erreichen, einholen ⟨to ≈ a car; to ≈ arrears of work liegengebliebene Arbeit aufholen⟩ | überraschen ⟨to be ~taken by a storm von einem Sturm überrascht werden; to be ~taken by/with fear (surprise) von Angst heimgesucht (plötzlich überrascht) werden⟩; **ˌ~ˈtax** *vt* zu hoch besteuern | *übertr* überfordern ⟨to ≈ one's patience; to ≈ one's strength sich übernehmen⟩; **ˌ~techˈno·lo·gize** *vt* übertechnisieren; **ˌ~-the-ˈair** *adj Rundf, Ferns* über Antenne (*Ant* by cable); **ˌ~ˈthrow** (**ˌ~ˈthrew, ˌ~ˈthrown**) *vt übertr* (um)stürzen ⟨to ≈ the government⟩; **ˈ~throw** *s* Umsturz *m*; **ˈ~thrust** *s Geol* Überschiebung *f*; **ˈ~time 1.** *s* Überstunden *f/pl* ⟨to be on ≈ Überstunden machen⟩; **2.** *adv* über die Zeit ⟨to work ≈⟩; **3.** *adj* Überstunden- ⟨≈ pay⟩; **ˌ~time ˈpre·mi·um, ˈ~time rate** *s* Überstundenzuschlag *m*; **ˌ~ˈtone** *vt* übertönen; **ˈ~tone** *s Mus* Oberton *m* | Färbung *f*, Einschlag *m* ⟨an ≈ of green⟩ | (*meist pl*) *übertr* Unterton *m*, Beigeschmack *m* ⟨≈s of anger eine Spur von Ärger⟩; **ˌ~ˈtop** *vt* überragen (*förml auch übertr*); **ˌ~ˈtow·er** *vt* überragen; **ˌ~ˈtrump** *vt, vi Kart* übertrumpfen (*auch übertr*)

o·ver·ture [ˈəuvətʃə|-tʃuə] **1.** *s Mus* Einleitung *f*, Ouvertüre *f* | *oft pl* (Heirats- u. ä.) Antrag *m*, Vorschlag *m* (**to s.o.** an jmdn.) ⟨peace ~s Friedensbekundungen *f/pl*⟩; **2.** *vt* mit einer Ouvertüre einleiten | beantragen, vorschlagen

o·ver|turn [ˌəuvəˈtɜ:n] *vt* umstürzen, umwerfen, umstoßen | vernichten | *Pol* stürzen; *vi* umstürzen, umfallen | *Mar* kentern; [ˈ~tɜ:n] *s* (Um-) Sturz *m*, Fall *m* | *Mar* Kentern *n*; **ˌ~ˈval·ue** *vt* überbewerten; **ˌ~ˈwash** *vt* überspülen; **ˈ~wash** *s* Überspülung *f*, Überschwemmung *f*; **ˌ~ˈwear·y 1.** *vt* übermüden; **2.** *adj* übermüdet; **ˌ~ˈween·ing** *förml adj* anmaßend, hochmütig, eingebildet | übertrieben ⟨≈ ambition⟩; **ˈ~weight** *s* Übergewicht *n* (*auch übertr*); **ˌ~ˈweight** *adj* mit Übergewicht, übergewichtig ⟨an ≈ bag eine überschwere Tasche; ≈ luggage Übergepäck *n*; an ≈ person eine Person mit Übergewicht; to be five pounds ≈ fünf Pfund Übergewicht haben, zu schwer sein⟩; **ˌ~ˈweight·ed** *adj* überladen | *übertr* einseitig, zu sehr nach einer Richtung neigend ⟨an ≈ statement⟩; **ˌ~ˈwhelm** *vt* (unter sich) begraben, verschütten ⟨an ≈ed village⟩ | überwältigen, übermannen (*auch übertr*) ⟨≈ed by the enemy vom Feind überwältigt; ≈ed by superior forces von übermächtigen Kräften geschlagen; ≈ed by/with grief von Schmerz übermannt⟩ | *übertr* überschütten, überhäufen ⟨≈ed with questions⟩; **ˌ~ˈwhelm·ing** *adj* überwältigend ⟨≈ majority; ≈ victory; ≈ sorrow übergroßer Schmerz⟩; **ˌ~ˈwork** *vt* mit Arbeit überlasten, überbeanspruchen | (sich) überarbeiten ⟨to ≈ o.s.⟩; *vi* sich überarbeiten, zuviel arbeiten; **ˈ~work** *s* Mehrarbeit *f* | Überarbeitung *f* ⟨ill through ≈⟩; **ˌ~ˈwrought** *adj* überarbeitet | überreizt

o·vi|duct [ˈəuvɪdʌkt] *s Anat, Zool* Ovidukt *m*, Eileiter *m*; **o·vif·er·ous** [əuˈvɪfərəs] *adj Zool* eitragend; **~form** [ˈ~fɔ:m] *adj* eiförmig; **o·vip·a·rous** [əuˈvɪpərəs] *adj* eierlegend, ovipar; **~sac** [ˈ~sæk] *s Zool* Eiersack *m*

o·void [ˈəuvɔɪd] **1.** *adj* eiförmig; **2.** *s* eiförmiger Körper

o·vu|lar [ˈəuvjulə] *adj* Ovular-, Ei-; **ˈ~late** *vi* ovulieren; **ˌ~ˈla·tion** *s* Ovulation *f*; **o·vule** [ˈəuvju:l] *s Bot* Samenanlage *f* | *Biol* kleines Ei; **o·vum** [ˈəuvəm] *s* (*pl* **o·va** [ˈəuvə]) Ovum *n*, Ei(zelle) *n(f)*

ow [au] *interj* au!

owe [əu] *vt* schulden, schuldig sein ⟨to ~ s.o. s.th., to ~ s.th. to s.o. jmdm. etw. schulden; to ~ s.o. a grudge jmdm. etw. nachtragen⟩ | verdanken ⟨to ~ s.th. to s.th. etw. einer Sache verdanken⟩; *vi* Schulden haben, bezahlen müssen (**for** für); **'ow·ing** *adj* schuldig, zu zahlend ⟨still ≈ noch zu zahlen⟩; **ow·ing to** *präp* wegen, infolge ⟨≈ to the rain auf Grund des Regens⟩

owl [aʊl] *s Zool* Eule *f* ⟨night ~ Nachteule; wise old ~ weise alte Eule; to carry ~s to Athens *übertr* Eulen nach Athen tragen⟩ | *übertr oft verächtl* (Mensch) (weise) Eule | *übertr* Nachteule *f*, Nachtschwärmer *m*; **ow·let** ['aʊlət] *s* Käuzchen *n* | Steinkauz *m* | junge Eule, Eulchen *n*; **'~ish** *adj* Eulen-, eulenhaft (*auch übertr*) | mit weisem Blick

own [əʊn] **1.** *vt* besitzen ⟨to ~ the land⟩ | zugeben, eingestehen, anerkennen ⟨to ~ one's faults seine Fehler zugeben; to ~ a child Elternschaft zugeben, ein Kind anerkennen⟩; *vi* **~ to** *förml* sich bekennen zu ⟨he ~ed to having done it er gesteht ein, daß er es getan hat⟩; **~ up [to]** *umg* (offen) eingestehen | zugeben ⟨we ~ up (to the error) wir geben es (den Fehler) zu⟩; **2.** *pron, adj* (*nur nach pron*) eigen ⟨my ~ house; for one's ~ für sich selbst, als Eigentum; to be one's ~ man/master unabhängig sein, sein eigener Herr sein; to be on one's ~ *umg* allein sein; selbständig sein; keine Hilfe bekommen *od* haben; to come into one's ~ zu seinem Recht kommen; to have/get one's ~ back Rache nehmen; to hold one's ~ against s.o. (s.th.) sich behaupten gegen jmdn. (etw.); (Patient u. ä.) bei Kräften bleiben, sich nicht unterkriegen lassen⟩ | eigen, eigenartig ⟨a flavour all of its ~ ein ganz bestimmter Duft⟩ | selbstgefertigt ⟨to make one's ~ clothes sich die Kleider selbst nähen⟩ | eigene(r, -s), leiblich ⟨an ~ brother (sister)⟩; **ˌ~-'brand** *adj Wirtsch* den Namen des Händlers *od* Geschäfts tragend (*Ant* branded) ⟨≈ goods⟩; **owned** *adj* (*in Zus*) gehörig, gehörend ⟨nationally-≈ staatlich⟩; **'~er** *s* Eigentümer(in) *m(f)*, Besitzer(in) *m(f)*; **ˌ~er-'driv·er** *s* Selbstfahrer *m*; **'~er·less** *adj* herrenlos ⟨≈ dogs⟩; **ˌ~er-'oc·cu·pied** *adj* (Haus) vom Eigentümer bewohnt ⟨≈ house Eigenheim *n*⟩; **ˌ~er-'oc·cu·pi·er** *s* Eigenheimbesitzer *m*; **'~er·ship** *s* Eigentümerschaft *f* | Eigentumsrecht *n*; **'~-ˌla·bel** *adj Brit* = **~-brand**

ox [ɒks] *s* (*pl* **'~en**) Ochse *m* | (Haus-) Rind *n*

ox·al·ic a·cid [ɒkˌsælɪk 'æsɪd] *Chem s* Oxalsäure *f*

Ox·bridge ['ɒksbrɪdʒ] **1.** *s Brit umg* (die Universitäten) Oxford und Cambridge; **2.** *adj* charakteristisch für Oxford und Cambridge ⟨~ accent gewählte Aussprache; ~ man Absolvent *m* von Oxford *od* Cambridge⟩

ox|cart ['ɒkskɑːt] *s* Ochsenkarren *m*; **'~eye,** *auch* **'~eye ˌdai·sy** *s Bot* große Margerite; **ˌ~-'eyed** *adj* ochsenäugig; **'~hide** *s* Rindsleder *n*

Oxford| bags [ˌɒksfəd 'bægz] *s/pl* sehr weite Hosen *f/pl*; **ˌ~ 'blue** *s* Oxforder Blau *n*; **ˌ~ 'gray** *s* Marengo *n*; **ˌ~ 'mix·ture** *s* dunkelgraues (Anzugs-) Tuch; **'~ shoe** *s* Halbschuh *m*

ox·i|dase ['ɒksɪdeɪs|-deɪz] *s Chem* Oxydase *f*; **'~date** *vt, vi* oxydieren; **ˌ~'da·tion** *s* Oxydation *f*; **'~da·tive** *adj* oxydierend, Oxydations-; **ox·ide** ['ɒksaɪd] *s* Oxid *n*; **'~diz·a·ble** *adj* oxydierbar; **ˌ~di'za·tion** *s* Oxydation *f*; **'~dize** *vt, vi* oxydieren, mit Sauerstoff verbinden

Ox·on ['ɒksn] *adj* (nach Grad) Oxoniensis, von Oxford ⟨John Smart, B.A. ~⟩; **Ox·o·ni·an** [ɒk'səʊnɪən] **1.** *adj förml* Oxford-; **2.** *s* Oxforder(in) *m(f)* | Lehrer *m od* Student an der Oxforder Universität | Absolvent *m* von Oxford

ox·tail ['ɒksteɪl] *s* Ochsenschwanz *m*; **ˌ~ 'soup** *s* Ochsenschwanzsuppe *f*

oxy- [ɒksɪ] ⟨*griech*⟩ *in Zus* sauer-

ox·y·a·cet·y·lene [ˌɒksɪə'setəliːn|-lɪn] *adj Chem, Tech* Sauerstoff-Azetylen- ⟨~ blowpipe/torch Sauerstoff-Azetylengebläse *n*; ~ cutter (autogener) Schneidbrenner; ~ welding (autogenes) Schweißen⟩

ox·y·gen ['ɒksɪdʒən|-dʒɪn] *s Chem* Sauerstoff *m*; **~ate** ['ɒksɪdʒəneɪt|ɒk'sɪ-] *auch* **~ize** [ɒk'sɪdʒənaɪz|'ɒksɪ-] *vt* oxydieren, mit Sauerstoff behandeln; mit Sauerstoff anreichern; **~ic** [ˌɒksɪ'dʒenɪk] *adj* sauerstoffhaltig; **'~ mask** *s* Atem-, Sauerstoffmaske *f*; **'~ tent** *s Med* Sauerstoffzelt *n*

ox·y·hy·dro·gen [ˌɒksɪ'haɪdrədʒən] *s* Knallgas *n*

o·yer ['ɔɪə] *s Jur* gerichtliche Untersuchung

o·yez [əʊ'jez], *auch* **o·yes** [əʊ'jes] *interj Jur* hört (zu)!

oys·ter ['ɔɪstə] *s Zool* Auster *f* ⟨~s on the shell frische Austern; as dumb as an ~ *übertr* sehr schweigsam, stumm wie ein [Stock] Fisch; the world is s.o.'s ~ *übertr* die Welt steht jmdm. zur Verfügung; to shut up/clam up like an ~ *übertr* den Mund nicht mehr aufmachen, nichts mehr sagen⟩; **'~bank,** *auch* **'~bed** *s* Austernbank *f*; **'~ bar** *s* Austernbüfett *n*; **'~ ˌcatch·er** *s Zool* Austernfischer *m*; **'~shell** *s* Austernschale *f*

oz *Abk von* **ounce**

ozo- [əʊzə(ʊ)] ⟨*griech*⟩ *in Zus* Ozon-

o·zone [əʊ'zəʊn|'əʊzəʊn] *s Chem* Ozon *n* | *umg* frische Luft | *übertr* belebender Einfluß; **'~ shield** *s* Ozonschild *n*; **o·zon·ic** [əʊ'zɒnɪk] *adj* Ozon- | ozonhaltig; **o·zo·nif·er·ous** [ˌəʊzəʊ'nɪfərəs] *adj* ozonerzeugend | ozonhaltig; **o·zo·ni·fy** [əʊ'zəʊnɪfaɪ] *vt, vi* (sich) in Ozon verwandeln; **ˌo·zo·ni'za·tion** *s Chem* Ozonisation *f*; **'o·zo·nize** *vt, vi* (sich) in Ozon verwandeln; **o·zo·nous** ['əʊzənəs] *adj* ozonhaltig, Ozon-

P

P, p [piː] *s* (*pl* **P's, p's, ps** [piːz]) P *n*, p *n* ⟨to mind one's p's and q's sich zusammennehmen⟩; **p** *Abk* von **penny** ⟨it costs 6 p⟩ | **page** | **population** | **piano**; **P** *Abk* von **parking**

pa [pɑː] *s umg selten* Papa *m*

PA [ˌpiː'eɪ] *Abk* von **personal assistant** | **public-address system**

pab·lum ['pæblm] = **pabulum**

pab·u·lum ['pæbjʊləm] *s selten* Nahrung *f*, Speise *f* | *übertr förml* geistige Kost ⟨mental ~ Stoff *m* zum Nachdenken, geistiges Futter⟩

[1]**pace** [peɪs] **1.** *s* Schritt *m* (*auch übertr*) ⟨to keep ~ with s.o. mit jmdm. Schritt halten; to take a few ~s ein paar Schritte machen⟩ | Schrittlänge *f* | Gang *m*, Gangart *f* ⟨ordinary ~ Marschschritt *m*; quick ~ *Mil* Geschwindschritt *m*⟩ | Gangart (e-s Pferdes) ⟨to put a horse through its ~s ein Pferd in allen Gangarten reiten; to put s.o. through his ~s *übertr* jmdn. auf Herz u. Nieren prüfen; to show one's ~s zeigen, was man kann⟩ | Paßgang *m* | (Marsch-) Geschwindigkeit *f*, Tempo *n* ⟨at a great ~ in schnellem Tempo; to go / hit the ~ ein scharfes Tempo anschlagen; *übertr* ein flottes Leben führen; to set the ~ das Tempo angeben; to stand the ~ das Tempo durchhalten⟩ | Stufe *f*, breiter Treppenabsatz; **2.** *vt* abschreiten ⟨to ~ a distance eine Strecke abschreiten; to ~ the floor durch das Zimmer gehen⟩ | überschreiten | *bes* (Sport) Schrittmacher sein für ⟨to ~ the runners den Läufern das Tempo angeben⟩ | *übertr* vorangehen; **ˌ~ 'off, ˌ~ 'out** (mit Schritten) abmessen ⟨to ~ off about three feet; to ~ out the length and width⟩; *vi* schreiten, gemessen gehen ⟨to ~ up and down auf und ab gehen⟩ | (Pferd) im Paßgang gehen

[2]**pace** ['peɪsiː|'pɑːkeɪ] *präp* ⟨*lat*⟩ *lit, förml* mit Erlaubnis von ⟨~ Mr Jones ohne Mr. Jones nahetreten zu wollen⟩

pace| ˌbowl·er ['peɪsbəʊlə], *auch* **'~ ˌman** *s* (Kricket) wuchtiger Schläger; **paced** *adj* schreitend, gemessen (gehend) | *Sport* mit Schrittmacher; **'~ˌmak·er** *s* (Sport), *übertr* Schrittmacher *m* | *Med* Herzschrittmacher *m*; **pac·er** *s* (Pferd) Paßgänger *m* | Schrittmacher *m*; **'~ ˌset·ter** *s bes Am* = **~maker**

pachy- [pækɪ] ⟨*griech*⟩ *in Zus* Dick-, dick- (*z. B.* **~dermous** dickhäutig)

pach·y·derm ['pækɪdɜ:m] *s Zool* Dickhäuter *m*

pa·cif|ic [pə'sɪfɪk] **1.** *adj förml* friedlich, friedfertig, versöhnlich, Friedens- ⟨≈ policy⟩ | *übertr* ruhig, friedlich; **∸ic** Pazifik-; **2.** *s* **the ∸ic Ocean** der Pazifik, der Stille Ozean; **~i·cal** *adj* friedlich; **~i·cate** [pə'sɪfɪkeɪt] = **pacify**; **pac·i·fi·ca·tion** [ˌpæsɪfɪ'keɪʃn] *s* Befriedung *f* | Beschwichtigung *f*, Beruhigung *f* | *Am Mil euphem* Befriedung *f* (Vernichtung *f* der Lebensgrundlagen) | Friedensvertrag *m*; **~i·ca·to·ry** [ˌpæsɪfɪ'keɪtrɪ] *adj* friedlich, versöhnlich; **~i·cism** [pə'sɪfɪsɪzm|-fə-] = **pacifism**; **~i·cist** [pə'sɪfɪsɪst|-fə-] = **pacifist**; **pac·i·fi·er** ['pæsɪfaɪə] *s* Friedensstifter(in) *m*(*f*) | Beruhigungsmittel *n* | *Am* Schnuller *m*; **pac·i·fism** ['pæsɪfɪzm] *s* Pazifismus *m*; **'pac·i·fist 1.** *s* Pazifist *m*; **2.** = **ˌpac·i'fis·tic** *adj* pazifistisch; **pac·i·fy** ['pæsɪfaɪ] *vt* beschwichtigen, beruhigen ⟨to ≈ a baby⟩ | friedlich machen, befrieden; *vi* sich beruhigen

pa·cing | i·tem [ˌpeɪsɪŋ 'aɪtm] *auch* **ˌ~ 'fac·tor** *s* entscheidender *od* bestimmender Faktor ⟨the ≈ in technological progress das, was über den Fortschritt in der Technik entscheidet⟩

pack [pæk] **1.** *s* Pack(en) *m*(*m*), Bündel *n*, Paket *n*, Sack *m*, Ballen *m* | *Am* Packung *f* (Zigaretten) | Rudel *n* (*auch Mil*) ⟨a ~ of wolves; a ~ of submarines⟩ | Meute *f* ⟨a ~ of hounds⟩ | Bande *f*, Rotte *f* ⟨a ~ of thieves⟩ | Menge *f*, Haufen *m* ⟨a ~ of lies⟩ | *Med* Packung *f* | (Eis-, Kosmetik-) Packung *f* | *Kart* Spiel *n*, vollständiger Satz | *Tech* (Wolle) 240 engl. Pfund; (Garn) 60 000 Yards | *Bergb* Bergedamm *m*, -rippe *f*; **2.** *vt* ein-, ver-, zusammenpacken ⟨to ~ one's things⟩ | vollstopfen, -packen ⟨to ~ a trunk⟩ | *auch* **~ down, ~ to·gether** zusammenpressen, -drücken | konservieren ⟨~ed peaches⟩ | *Tech* (ab)dichten | *Med* (jmdm.) eine Packung machen, einpacken | (Jury, Ausschuß u. ä.) mit eigenen Leuten besetzen | *Am* (Waffen u. ä.) tragen ◇ **~ a (hard) punch** *umg* (hart) zuschlagen (können) | *übertr* sich kein Blatt vor den Mund nehmen; **~ away, ~ off** (schnell) fortschicken, (eilig) wegbringen, fortjagen; **~ in** *umg* (Massen u. ä.) anziehen, anlocken; **~ it in** *umg* damit aufhören, Schluß machen ⟨let's ~ it in wir machen Schluß⟩; **~ out** *Mar* auspacken; **~ round** umwickeln, herumschlagen um; **~ up** zusammenpacken; **~ it up** *umg* aufhören (*bes* zu lärmen); *vi* (ein-, ver)packen | sich pakken lassen ⟨books ~ easily⟩ | sich konservieren lassen | sich (zusammen)drängen | *auch* **~ away, ~ off** sich davonmachen ◇ **send s.o. ~ing** *umg* jmdn. zum Teufel jagen; **~ up** packen | *umg* (*bes* Arbeit) aufstecken, aufgeben | *umg* versagen, verrecken (Motor) | *Sl* den Mund halten; **'~age 1.** *s* Verpackung *f* | Packung *f*, Paket *n*, Bündel *n* ⟨a ≈ of books⟩ | *übertr* Paket *n*, Ganzes *n*, Komplex *m*; **2.** *vt auch* **~age up** (ver)packen; **'~age ˌcar·go** *s* Stückgut *n*; **'~age deal** *s umg* Kopplungsgeschäft *n*; **'~age tour** *s* Pauschalreise *f*; **'~age ˌtour·ist** *s* Gruppenreisende(r) *f*(*m*); **'~age tray** *s* Gepäckablage *f*; **'~ ˌan·i·mal** *s* Pack-, Last-, Tragtier *n*; **'~cloth** *s* Sackleinwand *f*; **'~ drill** *s Mil* (Straf-) Exerzieren *n* mit Marschgepäck ◇ **no names, no ~ drill** *Brit umg* keine Namen, keine Strafe, ich habe nichts gesagt *od* keine Namen genannt!; **packed** *adj* (Raum u. ä.) dicht gefüllt, voll; **ˌpacked-'out** *adj Brit umg* überfüllt; **'~er** *s* (Ver-, Ein-) Packer(in) *m*(*f*) | Packmaschine *f* | *Am* Konservenhersteller, -arbeiter *m*; **~et** ['~ɪt] **1.** *s* Päckchen *n* | *auch* **'~et ˌboat** Postschiff *n* | *Sl* Batzen *m*, Stange *f* (Geld) ⟨to cost a pretty ≈ einen ganz schönen Batzen kosten⟩ | (Computer) Informationsmenge *f* ◇ **ˌcatch [cop, get, stop] a '~et** *Brit Sl* eins verpaßt bekommen, tüchtig eins mitkriegen *od* abbekommen (Schlag, Verletzung u. ä.); *übertr* gewaltig mitgenommen werden, jmdn. schwer erwischen; *übertr* gewaltig in die Klemme geraten; **2.** *vt* (Computer) (in Informationsmengen) segmentieren; **'~ horse** *s* Lastpferd *n* | *übertr* Packesel *m*; **'~ ice** *s* Packeis *n*; **'~ing** *s* Packen *n* | Verpackung *f*, Packmaterial *n* | *Tech* Dichtung *f*; **'~ing case** *s* Pack-, Transportkiste *f*; **'~ing house** *s Am* Konservenfabrik *f*; **'~ing maˌte·ri·al** *s* Verpackungsmaterial *n* | *Tech* Dichtungsmittel *n* | *Tech* Füllkörper *m*; **'~ing ˌpa·per** *s* Packpapier *n*; **'~ing ring** *s* Dichtungsring *m*; **'~ ˌnee·dle** *s* Packnadel *f*; **'~sack** *s* Rucksack *m*; **'~ˌsad·dle** *s* Packsattel *m*; **'~thread** *s* Bindfaden *m*

pact [pækt] *s* Pakt *m*, Vertrag *m* ⟨a peace ~; to make/enter into a ~ einen Vertrag schließen⟩

[1]**pad** [pæd] **1.** *s* Kissen *n*, Polster *n* ⟨a ~ of cotton ein Wattebausch⟩ | (Sport) Kniepolster *n*, -schützer *m* | (Schreib- u. ä.) Block *m* ⟨a writing ~⟩ | *auch* **'ink~, 'inking ~** Stempelkissen *n* | *Zool* Pfote *f*, (Fuß) Ballen *m* (Vierfüßer) | Fußspur *f*, -abdruck *m* | *Bot* schwimmendes Blatt (Seerose u. ä.) | *auch* **'launch·ing ~** *Flugw* Startrampe *f* | *Sl* Bude *f* | (*mit best art*) *Am Sl* Bestechung *f* (eines Polizisten) ⟨to be on the ~ sich regelmäßig bestechen lassen⟩; **2.** *vt* (**'~ded, '~ded**) auspolstern, wattieren; **~ out** (Kleidungsstück) (aus)polstern, wattieren | *übertr* (Rede, Schriftstück) ausschmücken, garnieren, füllen, strecken (**with** mit)

[2]**pad** [pæd] **1.** *s* Tappen *n*, Trotten *n* | *Sl* Weg *m*; **2.** *vt, vi* (**'~ded, '~ded**) zu Fuß gehen, traben, trotten ⟨to ~ along beside s.o. neben jmdm. hertraben; to ~ it/the hoof *Sl* auf Schusters Rappen gehen⟩

pad|ded ['pædɪd] *adj* gepolstert ⟨≈ cell Gummizelle *f*⟩; **'~ding** *s* (Aus-) Polstern *n*, Wattieren *n* | Polsterung *f*, Wattierung *f* | *übertr* leeres Beiwerk, Ausschmückung *f*, Füllsel *n*, Füllwerk *n*

[1]**pad·dle** ['pædl] **1.** *s* Paddel *n*, kurzes Ruder ⟨double ~ Doppelpaddel *n*⟩ | Paddelschlag *m* | kurzer Spaten | *Tech* Schaufel *f* | (Tischtennis) Schläger *m* | *Tech* Ruderarm *m*, -stange *f* | *Mar* (Schiffs-) Radkasten *m* | *Zool* Flosse *f*; **2.** *vi* paddeln, Paddelboot fahren; *vt* paddeln, rudern ⟨to ~ one's own canoe *übertr umg* auf sich allein angewiesen sein⟩ | *Tech* (mit e-r Rührstange) rühren | *umg* mit der (offenen) Hand schlagen, verhauen, verbleuen

[2]**pad·dle** ['pædl] *vi Brit* paddeln, im Wasser herumplanschen, -waten | mit den Händen (*od* Füßen) im Wasser spielen

pad|dler ['pædlə] *s* Paddler(in) *m*(*f*); **'~dle ˌsteam·er** *s Mar* Raddampfer *m*; **'~dle wheel** *s Mar* Schaufelrad *n*

padd·ling pool ['pædlɪŋ pu:l] *s* Planschbecken *n*

pad·dock ['pædək] **1.** *s* Pferdekoppel *f* | (Sport) Sattelplatz *m* | *Austr* eingezäuntes Feld; **2.** *vt* umzäunen | (Pferde u. ä.) in eine Koppel treiben

Pad·dy ['pædɪ] *s umg, scherzh* Paddy *m* (Spitzname für einen Iren) | *auch* **∸** *Am Sl verächtl* Weißer *m*

[1]**pad·dy** ['pædɪ] *s* Reis *m* auf dem Halm | *auch* **'rice ~, '~ field** Reisfeld *n*; **'~ rice** *s* Reis *m* mit Spelzen, ungeschälter Reis

[2]**pad|dy** ['pædɪ] *auch* **'~whack** *s Brit umg* Wutanfall *m*, -ausbruch *m*, schlimme Laune ⟨she's in one of her ~dies sie hat wieder mal ihren Koller⟩

pad·dy| wa·gon ['pædɪ wægn] *s Am Sl* Grüne Minna; **'~whack** *s umg* Klaps *m* | = [2]**paddy**

pad·lock ['pædlɒk] **1.** *s* Vorhängeschloß *n*; **2.** *vt* mit einem

Vorhängeschloß verschließen ⟨to ~ a gate⟩; *vi* ein Vorhängeschloß benützen

pa·dre ['pɑ:dreɪ|-drɪ] *s Mil umg* Kaplan *m*, Armeegeistlicher *m* | *Brit umg* Pater *m* (*bes* Anrede)

pae·an ['pi:ən] *s Lit* Freuden-, Lobgesang *m*

paed·er|ast ['pedəræst|'pi:-] *s* Päderast *m*; '**~as·ty** ['~æstɪ] *s* Päderastie *f*

pae·di·at·ric [ˌpi:dɪ'ætrɪk] *adj* = **pediatric**

paedo- [pi:də(ʊ)] ⟨*griech*⟩ *in Zus* Kind(er)-

pa·el·la [paɪ'elə|pɑ:-] *s Kochk* (spanisches) Reisgericht

pae·o·ny ['pi:ənɪ] *s* = **peony**

pa·gan ['peɪgən] **1.** *s* Heide *m*, Heidin *f* | *übertr* gottloser Mensch; **2.** *adj* heidnisch | gottlos; '**~dom** *s* Heidentum *n* | *collect* Heiden *m, f/pl*; '**~ish** *adj* heidnisch; '**~ism** *s* Heidentum *n* | Gottlosigkeit *f*

[1]**page** [peɪdʒ] **1.** *s* (Buch-) Seite *f* ⟨on ~ 3; to tear out a ~⟩ | *Typ* Kolumne *f* | *lit übertr* Blatt *n* ⟨the ~s of history⟩; **2.** *vt* paginieren, mit Seitenzahlen versehen

[2]**page** [peɪdʒ] **1.** *s auch* '**~ boy** Hotelpage *m*, Boy *m* | *Hist* Page *m*, Edelknabe *m*; **2.** *vt* (jmdn.) durch einen Pagen holen lassen | (jmdn.) ausrufen lassen | *Tech* (Person) elektronisch kontaktieren, durch einen Taschensender erreichen | *Tech* durch Fernsteuerung regeln

pag|eant ['pædʒənt] *s* historischer Festzug, Umzug *m* | (historisches) Festspiel ⟨a ≈ of history historischer Umzug⟩ | Pomp *m*; Gepränge *n* | *auch* **~eantry** *übertr verächtl* leerer Schein *m od* Prunk *m*; '**~eant·ry** *s* prunkvolle Darbietung | Gepränge *n*

pa·ger ['peɪdʒə] *s Tech* Taschensender *m* | Fernsteuerungsgerät *n*

page-turn·er ['peɪdʒˌtɜ:nə] *s* spannendes Buch, Buch, das man schnell verschlingt

pag·i|nal ['pædʒɪnl] *adj* Seiten-; '**~nate** *vt* paginieren, mit Seitenzahlen versehen; ˌ**~'na·tion** *s* Paginierung *f*, Seitennumerierung *f* | Seitenanordnung *f*

pa·go·da [pə'gəʊdə] *s* Pagode *f*

pah [pɑ:] *interj* pah!

paid [peɪd] **1.** *prät u. part perf von* ↑ **pay**; **2.** *adj* bezahlt ⟨a ~ official; ~ vacation; well-~ gutbezahlt⟩ | eingelöst ⟨a ~ cheque⟩; ˌ**~-'up** *adj* den (vollen) Betrag bezahlt haben, eingezahlt ⟨a ≈ membership of 1 000 1 000 zahlende Mitglieder; a ≈ member ein vollwertiges Mitglied, ein Mitglied ohne Beitragsrückstände; to be ≈ alle Beiträge bezahlt haben⟩

pail [peɪl] *s* Eimer *m*, Kübel *m*, Kanne *f* ⟨a ~ for milk⟩; **~ful** ['~fʊl] *s* Eimer *m* (voll)

pail·lasse ['pælɪæs|ˌpælɪ'æs] *s* = **palliasse**

pail·lette [pælɪ'et] *s* Paillette *f*, Flitterblättchen *n*

pain [peɪn] **1.** *s* Schmerz(en) *m(pl)* ⟨to be in ~; to feel ~ Schmerzen haben; to cry with ~ vor Schmerz [auf]schreien⟩ | Leiden *n* ⟨a ~ in the knee⟩ | Kummer *m*, Leid *n*, Pein *f* ⟨to give / cause s.o. ~ jmdm. Kummer bereiten⟩ | *auch* ˌ**~ in the 'neck** *Sl* (leidiger) Ärger, Belästigung *f* ⟨to give s.o. a ~ jmdm. schwer zu schaffen machen⟩ | etw. Ärgerliches *od* Unangenehmes | lästige *od* aufdringliche Person ⟨he's a real ~ er geht e-m wirklich auf die Nerven⟩ | Strafe *f nur in*: **on / under ~ of** *förml* unter Strafe von, unter Androhung von ⟨on / under ~ of death bei Todesstrafe⟩; **2.** *vt, vi* schmerzen, weh tun (*auch übertr*); **pained** *adj* gequält, schmerzlich ⟨to look ≈⟩ | *übertr* verletzt, verärgert (**at** über); '**~ful** *adj* schmerzlich, -haft ⟨a ≈ cut⟩ | peinlich, unangenehm ⟨≈ silence⟩; '**~ˌkill·er** *s umg* schmerzstillendes Mittel; '**~less** *adj* schmerzlos | leicht, mühelos; **pains** *s/pl*, *auch* '**la·bour pains** Wehen *f/pl* | Mühe *f*, Bemühungen *pl* ⟨for his ≈ für seine Mühe; to be at ≈ to do s.th. sich große Mühe geben *od* machen, um etw. zu tun, ängstlich darauf bedacht sein, etw. zu tun; to go to / take any (great / any great) ≈ sich (große) Mühe geben, sich intensiv bemühen; to spare no ≈ keine Mühe scheuen⟩; **pains·tak·ing** ['~zˌteɪkɪŋ] **1.** *adj* sorgfältig, gewissenhaft ⟨≈ care große Sorgfalt⟩ | eifrig, rührig, fleißig; **2.** *s* Sorgfalt *f*

paint [peɪnt] **1.** *vt* malen ⟨to ~ a picture; to ~ in oils in Öl malen⟩ | anmalen, anstreichen, tünchen, lackieren ⟨to ~ the door red; to ~ the wall a bright colour⟩ | *verächtl* (sich) bemalen, schminken | *Med* (Salbe u. ä.) auftragen, einschmieren, auspinseln (**with** mit) | *übertr* beschreiben, darstellen ⟨to ~ a picture of s.th. etw. bildhaft darstellen; to ~ black schwarzmalen; not as / so black as one is ~ed nicht so schwarz, wie e-n die Leute hinstellen; to ~ the town red, *Am auch* to ~ the town *umg* einen draufmachen, wild feiern, auf die Pauke hauen⟩; *vi* malen | streichen | *verächtl* sich anmalen, sich schminken; **2.** *s* Farbe *f*, Anstrich *m*, Tünche *f* ⟨as fresh as ~ frisch und munter, schmuck; Wet ~! Frisch gestrichen!⟩ | *oft verächtl* Schminke *f* | *Med* Tinktur *f*; '**~box** *s* Mal-, Farbkasten *m*; '**~brush** *s* Pinsel *m*; '**~ed** *adj* bemalt, (an)gestrichen | *übertr* schöngefärbt; [1]'**~er** *s* Maler *m*, Anstreicher *m* | Kunstmaler *m* ⟨a portrait ≈ ein Porträtmaler *m*⟩

[2]**paint·er** ['peɪntə] *s Mar* Fangleine *f* ⟨to cut the ~ die Fangleine lösen; *übertr selten* alle Brücken abbrechen; *Sl* sich verdrücken⟩

paint-in ['peɪntˌɪn] *s* Verschönerungsaktion *f*, gemeinschaftliche Renovierung, Arbeitseinsatz *m*

paint|ing ['peɪntɪŋ] *s* Malen *n*, Malerei *f* | Gemälde *n* | Farbe *f*, Anstrich *m* | Schminke *f* | *Med* Einpinselung *f*; **~ress** ['~rəs] *s* Malerin *f*; **paints** *s/pl* (Maler) Palette *f*, Malfarben *f/pl* ⟨a set of oil ≈⟩; '**~work** Farbanstrich *m*, Lack(ierung) *m(f)* | Malerarbeiten *f/pl*; '**~y** *adj Am* mit Farbe überschmiert

pair [pɛə] (*pl* **~s** *od* **~**) **1.** *s* Paar *n* ⟨a ~ of shoes ein Paar Schuhe; a ~ of legs; in ~s paarweise; to have only one ~ of hands *übertr umg* nur eins auf einmal tun können⟩ | etw. aus zwei gleichen Teilen ⟨a ~ of scissors eine Schere; a ~ of trousers eine Hose⟩ | Paar *n*, Pärchen *n*, Mann und Frau ⟨in ~s zu zweit; the happy ~⟩ | *iron* Paar *n* ⟨a fine ~ ein schönes Paar⟩ | *Parl* zwei Abgeordnete *m/pl* gegnerischer Parteien, die eine Übereinkunft getroffen haben | *Zool* Paar *n*, Männchen *n* und Weibchen *n* | Gespann *n*, Paar *n* (Pferde) | *Kart* Paar *n* ⟨a ~ of kings⟩ | Gegenstück *n*; **2.** *vt, auch* **~ off, ~ up** paarweise anordnen | zu einem Paar vereinigen *od* zusammentun (**with** mit) | verheiraten; *vi* sich verbinden (**with** mit) | (Tier) sich paaren | zusammenpassen (**with** mit); **~ off** *vi* paarweise weggehen | *umg* sich verheiraten (**with** mit); '**~ bond** *s Biol* ständiges Paar; '**~ ˌbond·ing** *s Biol* ständiges Paarverhalten; '**~ing** *s Zool* Paarung *f*

pai·sa·no [paɪ'sɑ:nəʊ] *s Am* Bauer *m*, Paisano *m*

pais·ley, *auch* **≗** ['peɪzlɪ] *s* (Art) Kammgarngewebe *n*

pa·ja·ma[s] [pə'dʒɑ:mə(z)] = **pyjama[s]**

Pak·i|stan [ˌpɑ:kɪ'stɑ:n|ˌpæk-] *s* Pakistan; **~sta·ni** [ˌpɑ:kɪ'stɑ:nɪ|ˌpæk-] **1.** *adj* pakistanisch; **2.** *s* Pakistaner(in) *m(f)*

pal [pæl] **1.** *s umg* Kumpel *m*, Kamerad *m* ⟨an old ~ of mine⟩ | Komplize *m* | *bes Am iron* Bruder *m*, Bursche *m*, Kerl *m* (Anrede) ⟨listen, ~! hör zu, mein Lieber!⟩; **2.** *vi, auch* **~ in, ~ up** *umg* sich anfreunden (**with** mit)

pal·ace ['pælɪs|-əs] *s* Palast *m*, Palais *n* (*auch übertr*) ⟨bishop's ~ bischöfliche Residenz; royal ~ Königsschloß *n*; to be summoned to the ~ zum König gerufen werden⟩; '**~ car** *s Eisenb Am* Salonwagen *m*; '**~ guard** *s* Palastwache *f* | *Pol verächtl* Kamarilla *f*, Clique *f*; ˌ**~ rev·o'lu·tion** *s* Palastrevolution *f*

pal·a·din ['pælədɪn] *s Hist* Paladin *m* | *lit übertr* Paladin *m*, bedeutender Verfechter

pa·lae·o- ['pælɪəʊ|,pælɪ'ɒ] *in Zus* = **paleo-**

pal·ais ['pæleɪ|'pælɪ|pæ'leɪ] *umg, auch* ~ **de danse** [,pæleɪ|pæ,leɪ də 'dɑ:ns] *s Brit* Tanz-, Vergnügungspalast *m*, -saal *m*

pal·an|quin, ~keen [,pælən'ki:n] *s Ind* Palankin *m*, Sänfte *f*

pal·at·a|bil·i·ty [,pælətə'bɪlətɪ] *s* Schmackhaftigkeit *f*; **'~ble** *adj* schmackhaft, wohlschmeckend | *übertr* angenehm

pal·a·tal ['pælətəl] **1.** *adj Ling* palatal | *Anat* Gaumen-; **2.** *s Ling* Palatallaut *m* | *Anat* Gaumenknochen *m*; **,~i'za·tion** *s Ling* Palatalisation *f*; **'~ize** *vt Ling* palatalisieren; **pal·ate** ['pælət|-ɪt] **1.** *s Anat* Gaumen *m* ⟨cleft ≈ Wolfsrachen *m*; hard ≈ harter, Vordergaumen; soft ≈ weicher Gaumen, Gaumensegel *n*⟩ | *übertr* Gaumen *m*, ausgeprägter Geschmack (Wein, Speisen) (**for** für) | *übertr* Geschmack *m* (**for** an) ⟨to lose one's ≈ for s.th. den Geschmack an etw. verlieren⟩; **2.** *vt* schmecken

pa·la·tial [pə'leɪʃl] *adj* Palast-, palastartig ⟨a ~ residence⟩ | großartig, prächtig ⟨a ~ yacht⟩

pa·lat·i·nate, *oft* ∸ [pə'lætɪnət] *s Hist* Pfalzgrafschaft *f* ⟨the Rhine ∸ die Rheinpfalz⟩; **pal·a·tine**, *oft* ∸ ['pælətaɪn] **1.** *adj Hist* Pfalz-; **2.** *s auch* ,**Count** '∸ Pfalzgraf *m*

palato- ['pælətə(ʊ)] ⟨*lat*⟩ *in Zus* Gaumen-

pa·lav·er [pə'lɑ:və] *umg* **1.** *s* Unterhaltung *f*, Besprechung *f* | Geschwätz *n* | Schmeichelei *f* | *selten* Unterhaltung *f* zwischen afrikanischen Eingeborenen; **2.** *vi* schwatzen; *vt umg* (jmdn.) beschwatzen, überreden

[1]**pale** [peɪl] **1.** *s* Pfosten *m*, Pflock *m* | *übertr* Schranke *f* ⟨beyond/out of/outside the ~ gesellschaftlich unmöglich; within the ~ innerhalb des Erlaubten⟩; **2.** *vt* einpfählen | *übertr* einschließen

[2]**pale** [peɪl] **1.** *adj* (Gesicht) blaß, bleich ⟨a ~ face; to turn ~ blaß werden⟩ | (Farbe) matt, fahl, hell ⟨~ blue⟩; **2.** *vi* blaß werden, erblassen (**at** über); *vt* bleich machen; **,~ 'ale** *s* (Art) helles (Braun-) Bier; **'~face** *s oft verächtl* Bleichgesicht *n* (*auch scherzh*); **'~-faced** *adj* blaß, bleich

pal·e·o- ['pælɪəʊ|,pælɪ'ɒ] *in Zus* paläo-, Paläo-

Pa·le·o·cene ['pælɪəʊsi:n] *Geol* **1.** *s* Paläozän *n*; **2.** *adj* paläozän

pa·le|o·graph·ic [,pælɪəʊ'græfɪk] *adj* paläographisch; **~og·ra·phy** [,~'ɒgrəfɪ] *s* Paläographie *f*; **~o·lith·ic,** *oft* ∸ [,~əʊ'lɪθɪk] *Geol* **1.** *adj* paläolithisch; **2.** *s* Paläolithikum *n*; **~ol·o·gy** [,~'ɒlədʒɪ] *s* Paläologie *f*; **~on·to·log·i·cal** [,~ɒntə'lɒdʒɪkl] *adj* paläontologisch; **~on·tol·o·gist** [,~ɒn'tɒlədʒɪst] *s* Paläontologe *m*; **,~on'tol·o·gy** [,~ɒn'tɒlədʒɪ] *s* Paläontologie *f*, Versteinerungskunde *f*; **~o·zo·ic,** *oft* ∸ [,~əʊ'zəʊɪk] *Geol* **1.** *adj* paläozoisch; **2.** *s* Paläozoikum *n*

Pal·es|tine ['pælɪstaɪn] *s* Palästina; **,~'tin·i·an** **1.** *adj* palästinensisch; **2.** *s* Palästinenser(in) *m(f)*

pal·e·tot ['pæltəʊ|-lət-] *s* Paletot *m*, Überzieher *m*

pal·ette ['pælɪt] *s* Palette *f* (*auch übertr*); **'~ knife** *s* Palett-, Streichmesser *n*, Spachtel *m*

pal·frey ['pɔ:lfrɪ] *s Hist, poet* Zelter *m*, Damenreitpferd *n*

pal·i·mo·ny ['pælɪmənɪ] *s Am Jur umg* Trennungsentschädigung *f* für Mann *od* Frau (nach längerem Zusammenleben)

pal·imp·sest ['pælɪmpsest] *s Hist* Palimpsest *m, n* doppelt [ein zweites Mal] beschriebenes Pergament

pal·in·drome ['pælɪndrəʊm] *s* Palindrom *n*, Wort, das vor- und rückwärts gelesen denselben Sinn gibt (*z. B.* **level**)

pal·ing ['peɪlɪŋ] *s* Pfahl *m* | Pfahlwerk *n* | (*meist pl*) Umzäunung *f*, Latten-, Staketenzaun *m* ⟨to jump over the ~s⟩; **'~ fence** *s* Latten-, Staketenzaun *m*

pal·i·sade [,pælɪ'seɪd] **1.** *s* Palisade *f*, Einpfählung *f* | (*meist pl*) *Am* Steilufer *n* (eines Flusses); **2.** *vt* einzäunen, verschanzen, mit einer Palisade umgeben

pal·i·san·der [,pælɪ'sændə] *s* Palisanderholz *n*

pal·ish ['peɪlɪʃ] *adj* mattbleich, etwas bleich, ein wenig bleich

[1]**pall** [pɔ:l] **1.** *s* Bahr-, Leichentuch *n* | *Hist* Krönungsmantel *m* | *übertr* (dunkle) Hülle, (Dunst-) Glocke *f* ⟨a ~ of darkness eine dunkle Hülle; a ~ of smoke eine Rauchwolke⟩ | *Am* Sarg *m* (mit Leiche); **2.** *vt* mit einem Bahrtuch bedekken | einhüllen

[2]**pall** [pɔ:l] *vt* verderben; abstumpfen ⟨to ~ s.o.'s enjoyments jmds. Vergnügen mindern⟩ | übersättigen, zu viel werden für ⟨to ~ the stomach⟩; *vi* uninteressant werden, an *od* den Reiz verlieren (**[up]on** für)

Pal·la·di·an [pə'leɪdɪən] *adj Arch* palladianisch (Ital. 16. Jh.; Engl. frühes 18. Jh.)

pal·la|dium [pə'leɪdɪəm] *s Chem* Palladium *n*; **~dous** [~dəs|'pælə-] *adj* Palladium-

pal·lah ['pælə] *s Zool* Pala *n*

pall·bear·er ['pɔ:l,bɛərə] *s* Sargbegleiter *m* ⟨honorary ~⟩ | *Am* Sargträger *m*

[1]**pal·let** ['pælɪt|-lət] *s* Strohmatratze *f*

[2]**pal·let** ['pælɪt|-lət] *s* (Orgel) Sperrklappe *f* | *Tech* (Lade-, Transport-) Palette *f* | *Tech* Werkstückträger *m* | Töpfer(dreh)scheibe *f* | Streichmesser *n*

pal·li·asse ['pælɪæs|,pælɪ'æs] *s* Strohsack *m*

pal·li|ate ['pælɪeɪt] *förml vt* (Schmerz) lindern | beschönigen, bemänteln ⟨to ≈ a crime⟩; **,~'a·tion** *s* Linderung *f* | Beschönigung *f*, Bemäntelung *f*; **'~a·tive** **1.** *adj* schmerzlindernd | beschönigend, bemäntelnd; **2.** *s Med* Linderungsmittel *n*; **'~a·to·ry** *adj* (schmerz)lindernd | beschönigend

pal·lid ['pælɪd] *adj* (Aussehen) blaß, bleich, farblos | (Farbe) matt, schwach

pall-mall [,pæl'mæl|,pel'mel] *s Hist* Pallmallspiel *n*, Mailspiel *n*

pal·lor ['pælə] *s* Blässe *f*

pal·ly ['pælɪ] *adj umg* eng befreundet (**with** mit), auf du und du, intim ⟨to be very ~ dicke Freunde sein; to get ~ with s.o. sich mit jmdm. anfreunden; to try to get ~ with s.o. sich an jmdn. heranmachen, sich jmdm. anbiedern⟩

[1]**palm** [pɑ:m] **1.** *s* (innere) Handfläche, Handteller *m* ⟨to cross s.o.'s ~ with silver sich für Geld aus der Hand lesen lassen; *übertr* jmdn. bestechen; to grease/oil s.o.'s ~ with *Sl übertr* jmdn. schmieren mit *od* durch; to have an itching/itchy ~ *umg übertr* eine hohle Hand haben, leicht zu bestechen sein; to hold/have s.o. in the ~ of one's hand *umg übertr* jmdn. in der Hand haben, jmdn. beherrschen⟩ | *Zool* Vorderfußsohle *f* | *Mar* Ruderblatt *n*; **2.** *vt* mit der flachen Hand berühren, streicheln | (Ball) mit der Hand lenken (**over** über) | in der Hand verschwinden lassen, wegzaubern (Zauberer) | *euphem* stehlen, verschwinden lassen | *Brit* bestechen | (etw.) andrehen (**on[to] s.o.** jmdm.); **~ off** *umg* (etw.) andrehen, aufhalsen (**on[to] s.o.** jmdm.) | *umg* (jmdn.) abspeisen (**with** mit)

[2]**palm** [pɑ:m] *s, auch* **'~ tree** *Bot* Palme *f* | Palmwedel *m* | *übertr* Sieg *m* ⟨to bear / carry off / win the ~ den Sieg davontragen; to yield the ~ to s.o. *förml* jmdm. das Feld überlassen⟩; **pal·ma·ceous** [pæl'meɪʃəs] *adj* palmenartig

pal·ma·ry ['pælmərɪ] *adj förml* hervorragend ⟨his ~ work⟩

palmed [pɑ:md] *adj* handförmig; [1]**palm·er** ['pɑ:mə] *s* Falschspieler *m*

[2]**palm·er** ['pɑ:mə] *s Hist* Pilger *m*, Wallfahrer *m*; **'~y** *s* Palmenhaus *n*; **pal·met·to** [pæl'metəʊ] *s* (*pl* **palmettos, palmettoes**) *Bot* Kohl-, Fächerpalme *f* | Zwergpalme *f*, Palmito *m*

palm|ful ['pɑ:mful] *s* Hand (voll) *f*; **'~ist** *s* Handleser(in) m(f); '~ist·ry s Handlesen n, Handlesekunst f, Chiromantie f

palm|oil ['pɑ:m ɔɪl] s Palmöl n; ˌ~ '**Sun·day** s Palmsonntag m; '~**y** adj reich an Palmen | palmenartig, schlank ⟨a ≈ figure eine Gestalt schlank wie eine Palme⟩ | übertr glücklich, blühend, siegreich, glorreich ⟨in one's ≈ days in jmds. Glanztagen, in jmds. Blütezeit⟩

pal·o·mi|no [ˌpælə'mi:nəʊ] s oft ~ (pl ~**nos**) Am Palominopferd n

palp [pælp] s Zool Palpe f, Fühler m; ˌ**pal·pa'bil·i·ty** s Fühlbarkeit f | übertr Handgreiflichkeit f; '**pal·pa·ble** adj selten fühlbar, greifbar | offensichtlich, handgreiflich ⟨a ~ lie e-e faustdicke Lüge⟩; '**pal·pal** adj Zool Taster-; '**pal·pate** vt befühlen, betasten | Med abtasten; **pal'pa·tion** s Befühlen n, Betasten n | Med Palpation f, Abtasten n

pal|pi ['pælpaɪ] pl von ↑ ~**pus**

pal·pi|tant ['pælpɪtənt] adj schlagend, klopfend, pochend; '~**tate** vi Med schlagen, klopfen, pochen (Herz) | förml zittern (**with** vor); vt klopfen lassen; ˌ~'**ta·tion** s Schlagen n, Klopfen n | Zittern n | auch ˌ~**tation of the 'heart** (oft pl) Med Palpitation f, (heftiges) Herzklopfen

pal|pus ['pælpəs] s (pl ~**pi** ['~paɪ]) Zool Taster m, Fühler m

pals|grave ['pɔ:lzgreɪv] s Hist Pfalzgraf m; ~**gra·vine** ['~grəvi:n] s Hist Pfalzgräfin f

pal|sied ['pɔ:lzɪd] adj lahm, gelähmt ⟨a ≈ child⟩ | zittrig ⟨weak and ≈⟩; '~**sy 1.** s Med Lähmung f, Paralyse f ⟨cerebral ≈ Gehirnlähmung f; shaking ≈ Schüttellähmung f⟩ | übertr lähmender Einfluß, Ohnmacht f; **2.** vt lähmen (auch übertr)

pal·sy-wal·sy [ˌpælzɪ 'wælzy] adj Sl dick befreundet (**with** mit)

pal|ter ['pɔ:ltə] vi feilschen, schachern (**about** um) | unehrlich handeln (**with** an, gegen), sein Spiel treiben (**with** mit); '~**try** adj unbedeutend, armselig | lumpig, dürftig ⟨a ≈ sum⟩ | selten gemein, niederträchtig, schäbig ⟨a ≈ fellow⟩

pal·y ['peɪlɪ] adj poet blaß, bleich

pam·pa ['pæmpə] s Am = '**pam·pas**; '**pam·pas** s/pl Pampas f/pl (südamerikanische) Grassteppe; '**pam·pas grass** s Bot Pampasgras n

pam·per ['pæmpə] vt (Kind) verwöhnen, verzärteln, verhätscheln ⟨to ~ a child⟩ | (e-r Sache) frönen, nachgeben, freien Lauf lassen ⟨to ~ one's wanderlust⟩

pam|phlet ['pæmflət|-lɪt] s Pamphlet n, Flugschrift f | Prospekt m, Werbeschrift f; ~**phle·teer** [ˌ~flə'tɪə] s bes Pol Pamphletist m, Verfasser m (politischer) Flugschriften

[1]**pan** [pæn] **1.** s Tiegel m, Pfanne f (auch Tech) ⟨frying ~ Bratpfanne f⟩ | (Waag-) Schale f | Anat (Hirn-) Schale f | Anat (Knie-) Scheibe f | Eisscholle f | (Klosett-) Schüssel f ⟨to go down the ~ Sl in die Binsen gehen⟩ | Hist (Gewehr-) Pfanne f ⟨a flash in the ~ übertr ein Schlag ins Wasser⟩ | Tech (Gold-) Setzkasten m | Geogr (Boden-) Mulde f | Typ Setzschiff n | Am umg heftige Kritik ⟨on the ~ im Feuer der Kritik⟩; **2.** (**panned, panned**) vt (Goldsand) im Setzkasten waschen | Kochk schmoren | Am umg (he)rausholen, erhalten | urspr Am Sl übertr (jmdn.) in die Pfanne hauen, heruntermachen; ~ **off**, ~ **out** (Sand nach Gold) auswaschen, (Gold) auswaschen; vi Gold waschen; ~ **out** Gold enthalten | übertr umg glücken, klappen, hinhauen ⟨I don't think it will ~ out⟩

[2]**pan** [pæn] (**panned, panned**) Foto vt, vi (Kamera) schwenken ⟨to ~ over herüber-, hinüberschwenken; to ~ round herumschwenken⟩

[3]**pan** [pɑ:n] s Betel m

pan- [pæn] präf zur Bildung von s u. adj mit der Bedeutung: all-, ganz- (z. B.. ~**hellenism** Panhellenismus m)

pan·a·ce·a [ˌpænə'sɪə] s oft verächtl Panazee f, Allheilmittel n

pa·nache [pæ'næʃ|pə-|-'nɑ:ʃ] s ⟨frz⟩ Helm-, Federbusch m | übertr Schwung m, Elan m | Prunk m

pa·na·da [pə'nɑ:də] s Kochk Panade f

Pan·a·ma [ˌpænə'mɑ:] s Panama; ˌ~ **Ca'nal** s Panamakanal m; ˌ~ '**hat** s Panamahut m; **Pan·a·man·i·an** [ˌpænə'meɪnɪən] **1.** adj panamaisch; **2.** s Panamaer(in) m(f)

Pan-A·mer·i·can [ˌpæn ə'merɪkən] adj panamerikanisch

pan·cake ['pænkeɪk] **1.** s Kochk Eier(pfann)kuchen m ⟨as flat as a ~ übertr flach wie ein Brett od Eierkuchen⟩; **2.** Flugw vi ab-, durchsacken | bei der Landung aufklatschen; vt durchsacken lassen | bei der Landung aufklatschen lassen, bauchlanden; '~ **Day**, auch ˌ~ '**Tues·day** s umg Faschingsdienstag m; ˌ~ '**land·ing** s Flugw Bumslandung f, Bauchlandung f; ˌ~ '**roll** s Brit Kochk (chinesisches) Omelett

pan·cheon ['pænʃən] s Brit Tonschüssel f

pan·chro|mat·ic [ˌpænkrə'mætɪk] adj Foto, Mus panchromatisch; ~**mat·ism** [pæn'krəʊmətɪzm] s Panchromatismus m

pan·cre|as ['pænkrɪəs|'pæŋ-] s Anat Pankreas n, Bauchspeicheldrüse f; ~**at·ic** [ˌ~'ætɪk] adj pankreatisch, Bauchspeicheldrüsen-; ~**a·tin** ['~ətɪn] s Chem Pankreatin n; ~**a·tit·ic** [ˌ~ə'tɪtɪk] adj pankreatitisch; ~**a·ti·tis** [ˌə'taɪtɪs] s Pankreatitis f, Bauchspeicheldrüsenentzündung f

pan·da ['pændə] Zool s Riesenpanda m | Panda m, Katzenbär m; '~ **car** s Brit (Polizei-) Streifenwagen m; ˌ~ '**cros·sing** s Brit Fußgängerschutzweg m (mit bedienbarer Lichtanlage)

pan·dem·ic [pæn'demɪk] **1.** adj Med pandemisch, (ganz) allgemein verbreitet | übertr allgemein | oft ~ (Liebe) sinnlich, fleischlich; **2.** Med Pandemie f, pandemische Krankheit

pan·de·mo·ni·um [ˌpændɪ'məʊnɪəm] s Krach m, Spektakel m, Tumult m | übertr Inferno n, Hölle f

pan·der ['pændə] **1.** selten s Zuhälter m, Kuppler m | übertr Verführer m | Versuchung f, Verführung f (**to** zu); **2.** vt (jmdn.) verkuppeln; vi Vorschub leisten (**to s.th.** einer Sache) ⟨to ~ to s.o. jmdm. nachgeben od Gehör schenken⟩ | (Leidenschaft u. ä.) nähren, stärken ⟨to ~ to s.o.'s ambition jmds. Ehrgeiz anstacheln; to ~ to s.o.'s ego jmdm. um den Bart gehen⟩ | selten Zuhälter sein od spielen (**to s.o.** jmds.); '~**er** s Kuppler m | übertr Handlanger m

pan·dit, auch ~ ['pʌndɪt|'pæn-] s (Indien) weiser Mann, Weiser m ⟨~ Nehru⟩

pane [peɪn] **1.** s (Fenster-) Scheibe f | Platte f, Tafel f | Türfüllung f | Arch rechteckige Fläche f; **2.** vt mit Fensterscheiben versehen, Fensterscheiben einsetzen in | Tech (aus)hämmern

pan·e·gyr·ic [ˌpænɪ'dʒɪrɪk] förml s Lobrede f (**on, upon** auf) | höchstes Lob; ˌ**pan·e'gyr·i·cal** adj lobpreisend, Lobes-; ˌ**pan·e'gyr·ist** s Lobredner m

pan|el ['pænl] **1.** s Arch Paneel n, Türfüllung f ⟨infill ≈ Füllelement n⟩ | Arch (Wand-) Verkleidung f, Täfelung f ⟨wall ≈ Wandscheibe f⟩ | Mal Gemälde n auf Holz | Holztafel f, -platte f | (Kleidung) Zierstreifen m | Tech (Schalt-, Instrumenten-) Brett n, Tafel f | Foto längliches Format, Hochformat n | Bergb Streb m | Jur Geschworenenliste f | Jur Geschworene pl ⟨to serve on a ≈ als Geschworener fungieren⟩ | Ausschuß m, Gremium n, Kommission f ⟨advisory ≈ beratender Ausschuß; ≈ of speakers Rednerforum n; to be / serve on the ≈ einem Ausschuß angehören⟩ | Rundf, Ferns Forum n, Quizz(runde) n(f), Antwortrunde f ⟨≈ game Ratespiel n⟩ | Brit Liste f der Kassenärzte; **2.** ('~**elled**, '~**elled**) vt täfeln (**in, with** in, mit) ⟨~elled wood Tafelholz n⟩ | Jur in die Geschworenenliste eintragen; **'~el·board** *s El* Schaltbrett *n*, -tafel *f*; **'~el dis,cus·sion** *s* öffentliche Diskussion, Podiumsgespräch *n*; **'~el·ling** *s* Täfelung *f* | *Kfz* (Seiten-) Verkleidung *f*; **'~el·ist** *s* Diskussionsteilnehmer(in) *m(f)* | *Rundf, Ferns* Teilnehmer(in) *m(f)* an einem Quizzprogramm; **'~el ,meet·ing** *s* Ausschußsitzung *f*

pang [pæŋ] *s* (plötzlicher, stechender) Schmerz ⟨death ~s Todesqualen *pl*; ~s of hunger bohrender Hunger⟩ | *übertr* Qual *f*, Pein *f*, Weh *n* ⟨~s of love Liebesqualen *pl*, -schmerz *m*; ~s of remorse Gewissensbisse *m/pl*; a ~ of sadness plötzlich aufkeimende Trauer⟩

pan·han|dle ['pæn,hændl] **1.** *s* Pfannenstiel *m* | *Am* schmaler Gebietsstreifen (an e-m großen Land); **2.** *vt*, *vi Am Sl* auf der Straße betteln; **'~dler** *s Am Sl* Bettler *m*

pan|ic ['pænɪk] **1.** *s* Panik *f*, Bestürzung *f*, Entsetzen *n*, Angstpsychose *f* (**about** über) ⟨to get into a ≈ in eine Panik geraten, e-n panischen Schreck bekommen; to spread a ≈ Panik verbreiten⟩ | *Wirtsch* Kurssturz *m*, Börsenpanik *f* | *Am Sl* Mordsspaß *m*; **2.** (**'~icked, '~icked**) *vt* in Panik versetzen ⟨to ≈ the horses die Pferde scheu machen; to ≈ s.o. into buying jmdn. zu Angstkäufen veranlassen⟩ | *Am Sl Theat* zu (tosendem) Beifall hinreißen; *vi* in Panik geraten (**at** über); **3.** *adj* panisch ⟨≈ fear⟩; **'~ic ,but·ton** *s* Notknopf *m* ⟨to push the ≈ *übertr* die Notbremse ziehen⟩; **'~ick·y** *adj umg* panikartig | leicht in Panik zu bringend

pan·i·cle ['pænɪkl] *s Bot* Rispe *f*

pan·ic | sta·tion ['pænɪk ,steɪʃn] *s nur in*: **be at ~ stations over s.th.** etw. in großer Hast tun; in großer Angst leben wegen etw.; **'~-,strick·en** *adj* von panischer Angst ergriffen

Pan·ja·bi [pʌn'dʒɑːbɪ] = **Punjabi**

pan·jan·drum [pæn'dʒændrəm] *s scherzh* Wichtigmacher *m* | Wichtigtuerei *f*

pan·nage ['pænɪdʒ] *s Brit* Buchen-, Eichelmast *f* (der Schweine) | *Jur* Mastgeld *n*

panne [pæn] *s* Panne *m*, Glanzsamt *m*

pan·nier ['pænɪə] *s* Tragkorb *m* (für Esel etc.), (Seiten-) Korb *m*, Gepäcktasche *f* (für Fahrrad) | Reifrock *m*

pan·ni·kin ['pænɪkɪn] *s Brit, Austr* (Metall-) Kännchen *n* (zum Trinken), Pfännchen *n*

[1]**pan·ning** ['pænɪŋ] *s* Goldwäsche *f* | *Geol* Sichern *n*

[2]**pan·ning** ['pænɪŋ] *s Foto* Schwenken *n* (der Kamera); **,~ 'shot** *s* Schwenk *m*

pan·nose ['pænəʊs] *adj Bot* filzig

pan·o|plied ['pænəplɪd] *adj* prächtig geschmückt, in Prunk | *übertr* voll entfaltet | *Hist* voll gerüstet, in Montur; **'~ply** *s* Pomp *m*, Prunk *m*, prächtige Aufmachung ⟨military ≈⟩ | *übertr* große Umrahmung | *Hist* vollständige Rüstung | *übertr* Schutz *m*, Schutzwand *f*, -wall *m* ⟨a ≈ of smoke ein Rauchvorhang⟩

pan·op|tic [,pæn'ɒptɪk], **pan'op·ti·cal** *adj* panoptisch; **~ti·con** [~tɪkɒn] *s* Panoptikum *n*

pan·o|ra·ma [,pænə'rɑːmə] *s* Panorama *n*, Rundblick *m* (**of** über) | *übertr* Übersicht *f*, -blick *m* ⟨a ≈ of life⟩; **,~'rama sight** *s Mil* Rückblickfernrohr *n*; **~,rama 'wind·screen** *s* Rundsichtverglasung *f*; **~ram·ic** [,~'ræmɪk], **,~'ram·i·cal** *adj* panoramisch, Panorama- ⟨a ≈ view⟩

pan·pipes ['pænpaɪps] *s Mus* Panflöte *f*

pan·sy ['pænzɪ] *s Bot* Stiefmütterchen *n* | *übertr umg* Weichling *m* | *verächtl* (männlicher) Homo(sexueller) *m*, Schwuler *m*

[1]**pant** [pænt] **1.** *vi* keuchen, schnaufen, schnauben ⟨to ~ for breath nach Luft schnappen⟩ | *auch* **~ along** keuchend laufen *od* rennen | (*nur progressiv*) *übertr* lechzen, dürsten (**after, for** nach) ⟨she was ~ing to dance sie wollte unbedingt tanzen⟩; **~ out** hervorstoßen; **2.** *s* Keuchen *n*, heftiges Atmen

[2]**pant** [pænt] *adj* Hosen- ⟨a ~ leg⟩

pan·ta·loon [,pæntə'luːn] *s* Hanswurst *m*; **,pan·ta'loons** *s/pl Hist* Pantalons *pl* | *scherzh* Hosen *f/pl* ⟨a pair of ≈⟩

pant·dress ['pænt,dres] *s* Hosenkleid *n*

pan·tech·ni·con [pæn'teknɪkən] *Brit s* Möbellager *n*, -speicher *m* | *auch* **'~ van** *selten* Möbelwagen *m*

pan·the|ism ['pænθiːɪzm] *s* Pantheismus *m*; **'~ist** *s* Pantheist *m*; **,~'is·tic, ,~'is·ti·cal** *adj* pantheistisch; **~on** ['pænθɪən|pæn'θiːən] *s* Pantheon *n*, Göttertempel *m* | Totengedenkstätte *f*, Ruhmesstätte *f* | Götterhimmel *m*

pan·ther ['pænθə] *s Zool* Panther *m*, Leopard *m* | *Am* Puma *m*; **~ess** ['-res] *s* Pantherweibchen *n*

pan·tie gir·dle *s* = **panty girdle**

pan·ties ['pæntɪz] *s/pl* (Damen-) Schlüpfer *m*, Höschen *n*, Slip *m* | *umg* Kinderhöschen *n*

pan·tile ['pæntaɪl] *s* Dach-, Hohlziegel *m*; **'~ ,lath** *s* Dachlatte *f*

pant·ing ['pæntɪŋ] *adj* keuchend, schnaufend, heftig atmend

pan·to ['pæntəʊ] *s Brit umg Theat* (lustiges) Weihnachtsmärchen

pan·to[f]·fle ['pæntəfl|-'tɒfl|-'tuːfl] *s* Pantoffel *m*

pan·to·graph ['pæntəgrɑːf] *s* Pantograph *m*, Storchschnabel *m*

pan·to|mime ['pæntəmaɪm] **1.** *s* Mienenspiel *n*, Gebärde *f* | *Theat* Pantomime *f* | *Brit Theat* (lustiges) Weihnachtsmärchen; **2.** *vt* pantomimisch darstellen; *vi* sich einer Geste bedienen; **3.** *auch* **~mim·ic** [,~'mɪmɪk], **,~'mim·i·cal** *adj* pantomimisch; **,~'mim·ic·ry** *s* Pantomimik *f*, Gebärdenspiel *n*

pan·to|scope ['pæntəskəʊp] *s Phys* Weitwinkelobjektiv *n*; **~scop·ic** [,~'skɒpɪk] *adj* pantoskopisch ⟨≈ camera Kamera *f* mit Weitwinkelobjektiv; ~scopic spectacles *pl* Bifokalbrille *f*, -gläser *n/pl*⟩

pan·try ['pæntrɪ] *s* Speise-, Vorratskammer *f*, Speiseschrank *m* | Geschirr-, Wäschekammer *f* | Anrichteraum *m*; **'~man** *s* Haushof-, Küchenmeister *m*

pants [pænts] *s/pl umg Brit* Unterhosen *pl* | *Brit* Schlüpfer *m* | *Am* Herrenhose *f* ⟨a pair of ~; to wear the ~ *iron* die Hosen anhaben (Frau)⟩ | (Damen-) Hose *f* ◇ **in long (short) ~** *Am übertr umg* (Person) gereift, erwachsen (unreif, unerfahren); **by the seat of one's ~** *übertr umg* nach der Erfahrung, routinemäßig; **with one's ~ down** *Sl* völlig überrascht *od* überrumpelt

pant|skirt ['pænt,skɜːt] *s* Hosenrock *m*; **'~ suit** *s auch* **'pants ,suit** *s* Hosenanzug *m*

pan·ty ['pæntɪ] *adj* Schlüpfer-, Hosen- ⟨a ~ leg⟩; **'~ ,gir·dle** *s* Miederhöschen *n*; **'~hose** *s bes Am* Strumpfhose *f*; **'~-slip,** *auch* **'~,waist** *Am s* (Kinder-) Hemdhöschen *n* | *Sl* halbe Portion, Schlappschwanz *m*

pan·zer ['pænzə] *s* ⟨*dt*⟩ *Mil* Panzer(fahrzeug) *m(n)*

[1]**pap** [pæp] **1.** *s* (Kinder-) Brei *m*, Mus *n*, Papp *m* | *Tech* Kleister *m* | *Am* Schund(literatur) *m(f)* | *Am umg* Protektion *f*; **2.** *vt* mit Brei füttern

[2]**pap** [pæp] *s* (weibliche) Brustwarze | (*meist pl*) Kegelberg *m*

pa·pa [pə'pɑː] *s Brit förml selten* Papa *m* | *Am* (Kindersprache) Papa *m*

pa·pa·cy ['peɪpəsɪ] *s auch* ∸ Papsttum *n* | Amtszeit *f* eines Papstes ⟨during the ~ of⟩; **'pa·pal** *adj* päpstlich; **,pa·pal 'crown** *s* Tiara *f*; **pa·pal·ism** ['peɪpəlɪzm] *s* Papsttum *n*

pa·pav·er·in[e] [pə'pævəriːn] *s Chem* Papaverin *n*

pa·pay·a [pə'paɪə] *s Bot* Papaya *m*, Melonenbaum *m* | Papayafrucht *f*

pa·per ['peɪpə] **1.** *s* Papier *n* ⟨on ~ schriftlich; not worth the ~ it is printed/written on nicht die Druckerschwärze wert; ruled ~ liniertes Papier; to commit to ~ *förml* zu Papier bringen; to put pen to ~ *förml* zu schreiben anfangen, sich ans Schreiben machen⟩ | *auch* ˌ**sheet of** ˈ~ Zettel *m*, Blatt *n* | *auch* ˈ**wall** ˌ~ Tapete *f* | Wertpapier *n* | Papiergeld *n* | *umg* Zeitung *f* | (wissenschaftlicher) Aufsatz, Abhandlung *f*, Vortrag *m* (**on** über) ⟨to read/deliver a ~ einen Vortrag halten; to write a ~ einen Artikel schreiben⟩ | *auch* **ex·am·iˈna·tion** ˌ~ (Prüfungs-) Arbeit *f* | Papier *n*, offizielle Schrift ⟨white ~ Weißbuch *n*⟩ | *Sl Theat* Freikarte *f*; **2.** *adj* Papier- | geschrieben, gedruckt | *übertr* nur auf dem Papier existent *od* vorhanden ⟨a ~ city⟩ | *übertr* Schein-, papiern, irreal ⟨~ profits; ~ tiger Papiertiger *m*⟩; **3.** *vt* in Papier einschlagen | tapezieren ⟨to ~ a room⟩ | niederschreiben | *Sl Theat* Freikarten ausgeben für, (Theater) durch Freikarten füllen ⟨to ~ the house ein volles Haus vortäuschen⟩; ~ **over** übertapezieren, mit Papier überkleben | *übertr* (Fehler u. ä.) übertünchen, verdecken ⟨to ~ over the cracks Mängel leichtfertig übergehen *od* -spielen⟩; ˈ**~back 1.** *s* Pappband *m*, Paperback *n*, Taschenbuch *n* ⟨in ~ als Taschenbuch *od* Paperback⟩; **2.** *vt Brit* als Paperback herausgeben; ˈ**~ bag** *s* Tüte *f*; ˈ**~board** *s* Pappe *f*; ˈ**~boy** *s* Zeitungsjunge *m*, -austräger *m*; ˈ**~ chase** *s* Schnitzeljagd *f*; ˈ**~ clip** *s* Büroklammer *f*; ˌ**~ ˈcred·it** *s Wirtsch* Wechselkredit *m*; ˈ**~ cup** *s* Papierbecher *m*; ˈ**~er** *s* Tapezierer *m*; ˈ**~ˌfold·er** *s* Falzbein *n*; ˈ**~ˌhang·er** *s* Tapezierer *m*; ˈ**~ˌhang·ing** *s* Tapezieren *n*; ˈ**~ˌhang·ings** *s/pl* Tapete *f*; ˈ**~ knife** *s* (*pl* ˈ**~knives**) Papiermesser *n*, Brieföffner *m*, Falzbein *n*; ˈ**~less** *adj* (Computer) mittels direkter Datenübertragung ⟨a ≈ service⟩; ˈ**~ mill** *s* Papiermühle *f*, -fabrik *f*; ˈ**~ˌmon·ey** *s* Papiergeld *n*; ˈ**~ punch** *s* Locher *m*; **pa·pers** *s/pl* Dokumente *n/pl* | Notizen *f/pl*, Notizblätter *n/pl* ◇ **send in one's ~s** *Brit Mil* seinen Abschied nehmen (Offizier); ˌ**~ ˈskin** *s* Kunstdarm *m*; ˈ**~ stand** *s* Aktenständer *m*; ˈ**~weight** *s* Briefbeschwerer *m*; ˈ**~work** *s* Büroarbeit *f*; ˈ**~y** [ˈpeɪpr̩ɪ] *adj* papierähnlich ⟨dry ≈ skin trockene Haut wie Papier⟩ | (Kuchen) krümelig | (Gips) bröckelig

pa·pier-mâ·ché [ˌpæpɪeɪ ˈmæʃeɪ|-ˈmɑːʃ-] **1.** *s* Pappmaché *n*, Papiermaché *n*; **2.** *adj* aus Papp-, Papiermaché

pa·pil|la [pəˈpɪlə] *s* (*pl* **~lae** [-iː]) *Med* Papille *f*, Warze *f* | Pikkel *m*; **papˈil·lar·y, pap·il·lose** [ˈpæpɪləʊs] *adj* warzenähnlich | voll Warzen, warzig

pa|pist [ˈpeɪpɪst] *s verächtl* Papist(in) *m(f)*; **~pis·tic** [pəˈpɪstɪk], **~ˈpis·ti·cal** *adj* päpstlich | *verächtl* papistisch; ˈ**~pist·ry** *s verächtl* Papsttum *n*, Papismus *m*, Papisterei *f*

pa·poose [pəˈpuːs] *s* Indianerbaby *n* | *Am umg scherzh* kleiner Balg | Babytragkorb *m*

[1]**pap·py** [ˈpæpɪ] *adj* breiig, weich

[2]**pap·py** [ˈpæpɪ] *s Am* (Kindersprache) Pappi *m*

pa·pri·ka [ˈpæprɪkə] *s* Paprika(pulver) *m(n)*

pap·u|lar [ˈpæpjələ] *adj Med* papulös, Papel-; **pap·ule** [ˈpæpjuːl] *s* Papel *f*, Knötchen *n*; **~lose** [ˈ~ləʊs], ˈ**~lous** *adj* papulös, mit Knötchen bedeckt

papyro- [pəˈpaɪərə(ʊ)] ⟨*griech*⟩ *in Zus* Papier-

pa·py|rus [pəˈpaɪərəs] *s* (*pl* **~ri** [~raɪ] *od* **~ruses** [~rəsɪz]) *Bot* Papyrus *m* | Papyrusblatt *n*, -rolle *f*

par [pɑː] **1.** *s* Gleichheit *f* ⟨to be on/to a ~ with s.o. jmdm. ebenbürtig sein⟩ | *übertr* Normalzustand *m* ⟨above ~ in Form; below/under ~ *umg* nicht ganz in Ordnung; (not) up to ~ *umg* (nicht) voll da, (nicht ganz) voll auf der Höhe⟩ | *Brit* Durchschnitt *m* ⟨on a ~ im Durchschnitt⟩ | *auch* ˌ**~ ˈval·ue** *Wirtsch* Nennwert *m*, Pari *n* ⟨at ~ zum Nennwert; above (below) ~ über (unter) Pari *od* Nennwert⟩ | *auch* ˌ**~ of exˈchange** *Wirtsch* Parikurs *m*, Wechselparität *f* | (Golf) festgesetzte Schlagzahl, Par *m* ⟨five below (above) ~ fünf Schläge unter (über) Par⟩; **2.** *vt* (Golf) die festgelegte Schlagzahl spielen (für ein Loch)

para- [ˈpærə] ⟨*griech*⟩ *in Zus* falsch, gestört ⟨~noia⟩ | neben ⟨~thyroid⟩ | ähnlich ⟨~military⟩ | ergänzend, Hilfs- ⟨~medical⟩

par·a·ble [ˈpærəbl] *s* Parabel *f*, Gleichnis *n* ⟨to speak in ~s *lit* in Gleichnissen *od* Rätseln sprechen⟩

pa·rab·o·la [pəˈræbələ] *s Math* Parabel *f*; **par·a·bol·ic** [ˌpærəˈbɒlɪk] *adj* parabolisch, gleichnishaft | *Math* parabolisch, Parabel- ⟨≈ segment Parabelsegment *n*⟩ | *Tech* Parabol-, parabelförmig ⟨≈ mirror Parabolspiegel *m*⟩; ˌ**par·aˈbol·i·cal** *adj* parabolisch, gleichnishaft; **pa·rab·o·loid** [pəˈræbəlɔɪd] *s Math* Paraboloid *n*; **paˌrab·oˈloi·dal** *adj* paraboloid

par·a·chute [ˈpærəʃuːt|ˌpærəˈʃuːt] **1.** *s* Fallschirm *m* | *Tech* Fangvorrichtung *f* | (Uhr) Stoßvorrichtung *f*; **2.** *vt* mit dem Fallschirm absetzen; *vi* mit dem Fallschirm abspringen; ˈ**~ ˈfab·ric** *s* Fallschirmseide *f*; ˈ**~ flare** *s* Leuchtfallschirm *m*; ˈ**~ jump** *s* Fallschirmabsprung *m*; ˈ**~ ˌjump·er** *s* Fallschirmspringer *m*; ˈ**~ mine** *s* Luftmine *f*; ˈ**~ troops** *s/pl* Fallschirmtruppen *f/pl*; ˈ**par·a·chut·ist** *s* Fallschirmspringer *m*

Par·a·clete [ˈpærəkliːt] *s Rel* Paraklet *m*, Heiliger Geist

pa·rade [pəˈreɪd] **1.** *s Mil*, *auch übertr* Parade *f*, Vorbeimarsch *m* ⟨on ~ auf der/zur Parade; a ~ of players *übertr* e-e Spielerparade; a ~ of witnesses e-e Serie *od* Galerie von Zeugen; identification ~ *Jur* Gegenüberstellung *f*⟩ | *auch* ˈ**~ ground** Paradeplatz *m* | (*bes* Strand-) Promenade *f* | (Moden-) Schau *f* | *oft verächtl* Prunk *m*, Gepränge *n*, Zurschaustellen *n* ⟨to make a ~ of one's virtues⟩ | (Fechten) Parade *f*, Parieren *n*; **2.** *vt Mil* (Soldaten) vorbeimarschieren lassen | *übertr meist verächtl* zur Schau stellen, protzen mit ⟨to ~ one's wealth⟩; *vi Mil* vorbeimarschieren, paradieren | *meist verächtl* vorbeistolzieren | *übertr meist verächtl* sich zur Schau stellen (Person) | sich ausgeben (**as** als) ⟨lies parading as new truths⟩

par·a|digm [ˈpærədaɪm] *s Ling* Paradigma *n*, (durchflektiertes) Musterwort | *übertr* Paradigma *n*, (typisches) Beispiel, Muster *n* | *Phil* Paradigma *n*, Forschungsmuster *n*; **~dig·mat·ic** [ˌ~dɪgˈmætɪk] *adj* paradigmatisch, als Beispiel dienend

par·a|di·sa·ic [ˌpærədɪˈseɪɪk], ˌ**~diˈsa·i·cal, ~dis·al** [ˈ~daɪsəl] *adj* paradiesisch; ˈ**~dise** *s* Paradies *n* | *übertr umg* Paradies *n*, idealer Ort, Lieblingsplatz *m* ⟨a hunter's ≈ Jägerparadies; to live in a fool's ≈ *übertr* im Wolkenkuckucksheim wohnen *od* leben⟩; **~dis·i·ac** [ˌ~ˈdɪzɪæk] *förml*, **~di·si·a·cal** [ˌ~dɪˈsaɪəkl], **~dis·i·al** [ˌ~ˈdɪzɪəl], **~dis·i·an** [ˌ~ˈdɪzɪən], **~dis·ic** [ˌ~ˈdɪzɪk] *adj* paradiesisch

par·a·dox [ˈpærədɒks] *s* Paradox(on) *n(n)* (*auch übertr*); ˌ**par·aˈdox·i·cal** *adj* paradox; ˌ**par·aˌdox·iˈcal·i·ty**, *auch* ˈ**~y** *s* Paradoxie *f*

par·af·fin[e] [ˈpærəfɪn|-fiːn] **1.** *s* Paraffin *n*, Erd-, Mineralwachs *n*; **2.** *vt* mit Paraffin tränken; ˌ**~ ˈoil** *s* Leuchtöl *n*, Petroleum *n*; ˌ**~ ˈwax** *s* Hartparaffin *n*

par·a·gon [ˈpærəgən] **1.** *s* Vorbild *n*, Muster *n* ⟨a ~ of virtue ein Muster an Tugend⟩ | *Typ* 1½ Cicero *f*; **2.** *vt poet* vergleichen (**with** mit)

par·a·graph [ˈpærəgrɑːf] **1.** *s* Paragraph *m*, Absatz *m*, Abschnitt *m* | kurze Zeitungsnotiz | *Typ auch* ˈ**~ mark** Absatz-, Alineazeichen *n*; **2.** *vt* in Paragraphen einteilen | einen kurzen Artikel schreiben über; *vi* Zeitungsartikel schreiben; ˈ**~er,** ˈ**~ist** *s* Schreiber *m* von Zeitungsartikeln; **~ic** [ˌpærəˈgræfɪk], ˌ**par·aˈgraph·i·cal** *adj* Absatz-

Par·a·guay [ˈpærəgwaɪ] *s* Paraguay; **Par·aˈguay·an 1.** *adj* paraguyisch; **2.** *s* Paraguayer(in) *m(f)*

par·a·keet [ˈpærəkiːt|ˌpærəˈkiːt] *s Zool* Sittich *m*

par·al|lac·tic [ˌpærəˈlæktɪk] *adj Phys* parallaktisch, die Parallaxe betreffend; **~ˌlac·tic eˈqua·tion** *s* Parallaxengleichung *f*; **~lax** [ˈ-æks] *s* Parallaxe *f*; ˈ**~lax comˌput·er** *s* Parallaxrechner *m*

par·al|lel [ˈpærəlel] **1.** *adj* parallel, gleichlaufend (**to, with**

zu, mit) | gleich, vergleichbar (**to** mit); **2.** *s* Parallele *f* (**to** zu) ⟨on a ≈ with parallel zu⟩ | *übertr* Parallele *f*, Parallelfall *m*, Gegenstück *n* (**to** zu) ⟨to draw a ≈ between e-n Vergleich ziehen zwischen; to have no ≈ nicht seinesgleichen haben, einzigartig sein; without [a] ≈ ohnegleichen⟩ | *auch* ˌ**par·al·lel of ˈlat·i·tude** *Geogr* Breitenkreis *m* | Parallelität *f* | *Typ* Verweiszeichen *n* | *El* Parallelschaltung *f*; **3.** (**ˈ~lelled**, **ˈ~lelled**) *vt* vergleichen (**to, with** mit) | gleichmachen, in Übereinstimmung bringen (**to, with** mit) | *übertr* gleich sein, entsprechen | *übertr* (etw.) nachahmen, übertreffen ⟨to ≈ s.o.'s success⟩ | *Am* parallel laufen zu | *El* parallelschalten; ˌ**~lel ˈbars** *s/pl* (Turnen) Barren *m*; **ˈ~lel·ism** *s* Parallelismus *m*, Parallelität *f*, Übereinstimmung *f* (*auch übertr*) ⟨to find a ≈ (between) e-e Übereinstimmung feststellen (zwischen)⟩; **ˈ~lel·ize** *vt* parallel machen, angleichen (**with, to** an); **~lel·o·gram** [ˌ-ˈeləgræm] *s Math* Parallelogramm *n*; ˌ**~lel ˈwind·ing** *s El* Schleifenwicklung *f*

pa·ral·o·gism [pəˈrælədʒɪzm] *s Phil* Paralogismus *m*, Trugschluß *m*; **paˈral·o·gize** *vi* falsche Schlüsse ziehen

par·a|ly·sa·tion [ˌpærəlaɪˈzeɪʃn] *s Med* Lähmung *f*; **~lyse** [ˈ~laɪz] *vt Med* lähmen | *übertr* lähmen, lahmlegen ⟨≈d with fear⟩ | *übertr* lähmen, unwirksam machen; **pa·ral·y·sis** [pəˈræləsɪs] *s Med* Paralyse *f*, Lähmung *f* (*auch übertr*); **~lyt·ic** [ˌ~ˈlɪtɪk] **1.** *s* Paralytiker *m* | *umg* volltrunkener Mensch; **2.** = ˌ**~ˈlyt·i·cal** *adj Med* paralytisch ⟨≈ stroke Schlaglähmung *f*⟩ | *übertr* gelähmt ⟨≈ laughter⟩

par·a·me·ci|um [ˌpærəˈmiːʃɪəm|-sɪəm] *s* (*pl* **~a** [~ə]) *Zool* Pantoffeltierchen *n*

pa·ram·e·ter [pəˈræmɪtə] *s Math* Parameter *m* | *übertr* meßbarer Faktor, Parameter *m* | Charakteristikum *n*, Merkmal *n* ⟨the ~s of a problem⟩; **pa·ram·e·tral** [pəˈræmɪtrl], **par·a·met·ric** [ˌpærəˈmetrɪk], ˌ**par·aˈmet·ri·cal** *adj* parametrisch, Parameter-

par·a·mil·i·ta·ry [ˌpærəˈmɪlɪtrɪ] *adj* para-, halbmilitärisch, militärähnlich ⟨~ duties Aufgaben *f/pl* wie das Militär; ~ organisation paramilitärische Organisation⟩

par·am·ne·si·a [ˌpæræmˈniːzɪə|-iːʒə] *s Med* Paramnesie *f*, Gedächtnisstörung *f*

par·a·mount [ˈpærəmaunt] *adj* höchste(r, -s), oberste(r, -s) ⟨~ chief Oberhäuptling *m*; ~ lord *Hist* oberster Lehnsherr⟩ | *übertr förml* an erster Stelle stehend, überragend, ausschlaggebend ⟨of ~ importance von allerhöchster *od* -größter Bedeutung; to be ~ höchste Priorität haben⟩; **ˈ~cy** *s* Vor-, Oberherrschaft *f* | *übertr förml* höchste Bedeutung

par·a·mour [ˈpærəmɔː|-muə] *s arch, lit* Geliebte(r) *f*(*m*), Buhle *m od f*

par·a|noi·a [ˌpærəˈnɔɪə] *s Med* Paranoia *f*, Geistesgestörtheit *f*; **~noi·ac** [ˌ~ˈnɔɪæk] **1.** *adj* paranoisch; **2.** *s* Paranoiker(in) *m*(*f*); **~noid** [ˈ~nɔɪd] *adj* paranoid | *übertr* verrückt (**about** wegen)

par·a·pet [ˈpærəpɪt|-pet] *s Arch* Brüstung *f*, Geländer *n* | *Mil* Parapett *n*, Brustwehr *f*; **ˈ~ed** *adj Arch* mit einem Geländer *od* einer Brüstung versehen | *Mil* mit einer Brustwehr

par·aph [ˈpærəf] **1.** *s* Paraphe *f*, (Unterschrifts-) Schnörkel *m*; **2.** *vt* paraphieren, unterzeichnen | mit einem Schnörkel versehen

par·a·pher|nal [ˌpærəˈfɜːnl] *adj Jur* zum persönlichen Besitz gehörend | Zubehör-; **~na·li·a** [ˌpærəfəˈneɪlɪə] *s/pl* (*manchmal sg konstr*) persönlicher Besitz | Utensilien *pl*, Zubehör *n*, Ausrüstung *f* ⟨photographic ≈; the ≈ of a circus⟩ | *umg* unnötiges Zeug ⟨all that ≈ der ganze Krempel⟩ | *übertr* Drum und Dran *n* ⟨the ≈ of a modern university was alles zu e-r modernen Universität gehört⟩ | *Jur* Paraphernalgut *n* (der Ehefrau)

par·a·pho·ni·a [ˌpærəˈfəunɪə] *s* Paraphonie *f*, Stimmstörung *f*

par·a|phrase [ˈpærəfreɪz] **1.** *s* Paraphrase *f*, Umschreibung *f* | *Mus* Paraphrase *f*; **2.** *vt, vi* paraphrasieren, umschreiben | *Mus* paraphrasieren, variieren; **~phras·tic** [ˌ~ˈfræstɪk] *adj* paraphrastisch, umschreibend

par·a|plec·tic [ˌpærəˈplektɪk] *Med adj* paraplegisch; **~ple·gi·a** [ˌ~ˈpliːdʒɪə] *s* Paraplegie *f*, Querschnittslähmung *f*; ˌ**~ˈpleg·ic** [ˌ-ˈpledʒɪk] *adj* paraplegisch, querschnittsgelähmt

par·a·quat [ˈpærəkwɒt] *s* Unkrautvertilgungsmittel *n*

par·a·quet [ˈpærəket] = **parakeet**

par·as [ˈpærəs] *s umg* = **paratroops**

par·a|sit·al [ˈpærəsaɪtl] *adj* schmarotzerhaft, Parasiten-; **ˈ~site** *s Biol* Schmarotzer *m*, Parasit *m* (*auch übertr*); **ˈ~site ˌcur·rent** *s El* Fremdstrom *m*, Kriechstrom *m*; **ˈ~site ˌnoise** *s El* Interferenz *f*, Störung *f*; **~sit·ic** [ˌ~ˈsɪtɪk] *adj* schmarotzend, parasitisch, schmarotzerhaft (*auch übertr*) ⟨a ≈ plant; to be ≈ upon schmarotzen auf Kosten von; ≈ desire selbstsüchtige Begierde⟩ | *Med* durch Schmarotzer hervorgerufen, parasitär ⟨a ≈ disease⟩ | *El* störend, Fremd-, unerwünscht ⟨≈ current Fremdstrom *m*⟩; **ˈ~sit·ism** *s* Parasitismus *m*, Schmarotzertum *n*; **ˈ~sit·ize** *vt* schmarotzen bei; **~sit·oid** [ˈ~saɪtɔɪd] *adj* schmarotzerhaft; **~si·to·log·i·cal** [ˌ~ˌsaɪtəˈlɒdʒɪkl] *adj* parasitologisch; ˌ**~siˈtol·o·gist** [ˌ~sɪˈtɒlədʒɪst] *s* Parasitologe *m*; ˌ**~siˈtol·o·gy** *s* Parasitologie *f*

par·a·sol [ˈpærəsɒl] *s selten* Parasol *m*, Sonnenschirm *m*

par·a|tac·tic [ˌpærəˈtæktɪk], ˌ**~ˈtac·ti·cal** *adj Ling* parataktisch, beigeordnet; **~tax·is** [ˌ~ˈtæksɪs] *s* Parataxe *f*, Beiordnung *f*

par·a·thy·roid [ˌpærəˈθaɪrɔɪd], *auch* ˌ**~ ˈgland** *s Anat* Nebenschilddrüse *f*

par·a|troop·er [ˈpærəˌtruːpə] *s* Fallschirmjäger *m*; **ˈ~troops** *s/pl Mil* Fallschirmtruppen *f/pl*

par·a·type [ˈpærətaɪp] *s Biol* Paratyp *m*

par·a·ty·phoid [ˌpærəˈtaɪfɔɪd] **1.** *adj* typhusähnlich; **2.** *s Med* Paratyphus *m*

par·a·vane [ˈpærəveɪn] *s Mil* Minenschutzgerät *n*

par·boil [ˈpɑːbɔɪl] *vt* halb kochen, an-, vorkochen | *selten od scherzh übertr* überhitzen, zum Schwitzen bringen

par·buckle [ˈpɑːbʌkl] **1.** *s Mar* Schrottau *n*; **2.** *vt* (Faß u. ä.) mit einer Tauschlinge fortbewegen

par|cel [ˈpɑːsl] **1.** *s* Paket *n*, Bündel *n* ⟨a ≈ of clothes⟩ | (*meist pl*) Stückgut *n* | *Wirtsch* (Waren-) Posten *m* ⟨in ≈s stückweise⟩ | *übertr verächtl* Haufen *m*, Meute *f* | *Jur* Stück *n* ⟨≈ of land Parzelle *f*⟩ ◇ **part and ~cel of** *übertr* der wesentliche (Bestand-) Teil von; **2.** *adj, adv* halb, teilweise; **3.** (**ˈ~celled**, **ˈ~celled**) *vt* ein-, verpacken | *Mar* (Tau) beschmarten | *meist* **~cel out** (Land) parzellieren; **~cel up** in Pakete *od* Päckchen verpacken; **ˈ~cel bomb** *s* in einem Paket versteckte Bombe, Paketbombe *f*; **ˈ~ post** *s* Paketpost *f* ⟨by ≈ als Paket⟩

parch [pɑːtʃ] *vt* (vor Sonne, Hitze, Durst) rösten, (aus)dörren, versengen ⟨~ed peas getrocknete Erbsen *f/pl*; to be ~ed with thirst vor Durst verschmachten; I'm ~ed ich habe furchtbaren Durst⟩; **~ up** austrocknen; *vi* ausdörren, rösten, schmoren; **ˈ~ing** *adj* brennend ⟨≈ thirst⟩ | sengend ⟨≈ heat⟩

parch·ment [ˈpɑːtʃmənt] *s* Pergament *n* | (Pergament-) Urkunde *f*; **ˈ~ ˌpa·per** *s* Pergamentpapier *n*; **ˈ~y** *adj* pergamentartig

pard [pɑːd], *auch* **ˈ~ner** *s Am Sl* Kumpel *m*, Partner *m*

par·don [ˈpɑːdn] **1.** *vt* vergeben, verzeihen ⟨to ~ s.o. s.th. jmdm. etw. verzeihen *od* nachsehen; ~ me! (höflich) entschuldigen Sie!, ~ me for disturbing you entschuldigen Sie, wenn ich Sie störe⟩ | *Jur* (jmdn.) begnadigen, (jmdm.) die Strafe erlassen ⟨to ~ a criminal⟩; **2.** *s* Verzeihung *f* ⟨I beg your ~ Verzeihung!; (höflich) gestatten Sie bitte!; (unfreundlich) keinesfalls! durchaus nicht!; *auch* **[beg] ~** (mit steigender Intonation) wie bitte?⟩ | Straferlaß *m* ⟨general ~ Amnestie *f*⟩ | *Rel, Hist* Ablaß *m*; **'~a·ble** *adj* verzeihlich (*Ant* unpardonable) ⟨a ≈ lie⟩; **'~a·bly** *adv förml* verständlich (*Ant* unpardonably); **'~er** *s Rel, Hist* Ablaßprediger *m*, -krämer *m*

pare [pɛə] *vt* (Obst) schälen | be-, verschneiden, stutzen ⟨to ~ a hedge e-e Hecke verschneiden; to ~ one's fingernails sich die Fingernägel schneiden; to ~ one's quick *übertr* sich ins eigene Fleisch schneiden⟩; ~ **away** ab-, wegschneiden; ~ **down** *übertr* beschneiden, kürzen, verringern | *Tech* schälen | drechseln; ~ **off** ab-, wegschneiden

par·en·ceph·a·lon [ˌpærenˈsefəlɒn] *s Anat* Kleinhirn *n*

pa·ren|chy·ma [pəˈreŋkɪmə] *s Bot* Parenchym *n*, Grundgewebe *n* | *Med* Tumorgewebe *n*; **~chym·a·tous** [ˌpærenˈkɪmətəs] *adj Bot* Parenchym- | *Med* parenchymatös

par·ent [ˈpɛərənt] **1.** *s* Elternteil *m*, Vorfahr *m* ⟨male (female) ~ Vater *m* (Mutter *f*)⟩ | *förml übertr* Ursprung *m*, Quelle *f* ⟨the ~ of all evils die Mutter allen Übels⟩ | *Biol* Elter *n, m* | *Chem* Muttersubstanz *f*; **2.** *adj* Ursprungs-, Stamm-, Mutter- ⟨~ cell Mutterzelle *f*; ~ tree Stammbaum *m*⟩; **'~age** *s* Eltern-, Vater-, Mutterschaft *f* | Abstammung *f*, Herkunft *f* ⟨of unknown ~ ohne bekannte Eltern, von unbekannter Herkunft⟩; **pa·ren·tal** [pəˈrentl] *adj* elterlich, Eltern-, Vater-, Mutter- ⟨≈ care⟩ | *übertr* ursprünglich, Ursprungs- | *übertr* übergeordnet ⟨a ≈ problem⟩; **ˌ~ 'com·pa·ny** *s Wirtsch* Stammhaus *n*

par·en·ter·al [pæˈrentərəl] *adj Med* parenteral

pa·ren·the|sis [pəˈrenθəsɪs] *s* (*pl* **~ses** [~siːz]) *Ling* Parenthese *f*, Einschub *m* ⟨by way of ≈ nebenher *od* beiläufig gesagt⟩ | *Typ meist* **~ses** *pl* (runde) Klammer ⟨to put in ~ses in Klammern setzen⟩ | Zwischenzeit *f*, Episode *f*; **paˈren·the·size** *vt* einschieben, einschalten | einklammern; **par·en·thet·ic** [ˌpærənˈθetɪk], **ˌpar·enˈthet·i·cal** *adj* parenthetisch, eingeschaltet ⟨≈ remarks zusätzliche *od* beiläufige Bemerkungen *f/pl*⟩ | eingeklammert

par|ent·hood [ˈpɛərənthʊd] *s* Elternschaft *f*; **'~ent·ing** *s* Kindererziehung *f* | *Med* (Kinder-) Zeugung *f*; **'~ent·less** *adj* elternlos; **'~rent plant** *s* Stammwerk *n*; **'~ents** *s/pl* Eltern *pl*; **ˌ~ent-'teach·er asˌso·ci·a·tion** *s bes Am* (gemeinsame) Organisation von Lehrern und Eltern

par·er [ˈpɛərə] *s Tech* Schälmaschine *f*, Schäler *m* ⟨cheese ~ Käsemesser *n*⟩

pa·re·sis [pəˈriːsɪs|ˈpærɪsɪs] *Med s* Parese *f*, teilweise Lähmung; **par·es·the·si·a** [ˌpærɪsˈθiːzɪə] *s* Parästhesie *f*; **pa·ret·ic** [pəˈretɪk|-ˈriː-] *adj* paretisch, Parese-

par ex·cel·lence [ˌpɑːr ˈeksəlɑːns|pɑːˈreksl̩əns] *adv* ⟨*frz*⟩ par excellence, im wahrsten Sinne des Wortes, schlechthin

par·get [ˈpɑːdʒɪt] *Arch* **1.** *s* Putz *m*, Bewurf *m* | Stuck *m*; **2.** *vt* verputzen | mit Stuck verzieren; **'~ting** *s* Stuck *m*

par·he|li·on [pɑːˈhiːlɪən] (*pl* **~lia** [~lɪə]) *s Astr* Nebensonne *f*, Parhelion *n*

pari- [pærɪ] ⟨*lat*⟩ *in Zus* gleich-

pa·ri·ah [ˈpærɪə] *s* (Indien) Paria *m* | *übertr* Ausgestoßene(r) *f(m)*; **ˌ~ 'dog** *s* herrenloser Hund, Pariahund *m*

pa·ri·e·tal [pəˈraɪətl] **1.** *adj Anat, Bot* parietal; **2.** *s, auch* **'~ bone** Scheitelbein *n*; **'~ cell** *s Bot* Wandzelle *f*

par·i-mu·tu·el [ˌpærɪ ˈmjuːtʃʊəl|-tjʊəl] *s* ⟨*frz*⟩ (*bes* Pferderennen) (Art) Wettsystem *n*

par·ing [ˈpɛərɪŋ] *s* Schälen *n*, (Be-, Ver-) Schneiden *n*; **'~ axe** *s* Schälaxt *f*; **'~ ˌchis·el** *s* Breit-, Flachstahl *m*; **'~ knife** *s* (*pl* **'~ knives**) Schälmesser *n* | Schabeisen *n*; **'~ plough** *s* Schälpflug *m*; **'par·ings** *s/pl* Abfälle *m/pl*, Späne *m/pl* ⟨vegetable ≈ Gemüseabfälle *pl*⟩

par·ish [ˈpærɪʃ] **1.** *s* Pfarrbezirk *m*, Kirchspiel *n* | *collect* Gemeinde *f* | *Rel* Diozöse *f* | *Brit auch* **ˌciv·il '~** (politische) Gemeinde ⟨to go on the ~ *selten* der Gemeinde zur Last fallen, (Armen-) Unterstützung erhalten⟩ | *Brit umg* (Polizei, Taxi) Revier *n* | *Brit übertr umg* Domäne *f*, vertrautes (Fach-) Gebiet ⟨that's my ~ da bin ich zu Hause⟩; **2.** *adj* Pfarr-, Kirchen- ⟨~ priest⟩; **ˌ~ 'clerk** *s* Küster *m*; **ˌ~ 'coun·cil** *s Brit* Gemeinderat *m*; **~ion·er** [pəˈrɪʃn̩ə] *s* Pfarrkind *n*, Mitglied *n* der Kirchengemeinde; **ˌ~-'pump** *adj verächtl* Dorf-, nicht weitsichtig, provinziell ⟨≈ politics Kirchturmpolitik *f*⟩; **ˌ~ 're·gis·ter** *s* Kirchenregister *n*

Pa·ris·i·an [pəˈrɪzɪən] **1.** *adj* Pariser(isch); **2.** *s* Pariser(in) *m(f)*

par·i·ty [ˈpærətɪ] *s* Parität *f*, Gleichheit *f* | Ähnlichkeit *f*, Analogie *f* | *Wirtsch* Parität *f*, Umrechnungskurs *m* ⟨at the ~ of zum Umrechnungskurs von; ~ of exchange Wechselkurs *m*⟩

park [pɑːk] **1.** *s* Park(anlagen) *m(pl)* | *Mil* Sammelstelle *f* | Kraftfahrzeugpark *m* | *auch* **ˌNational '~** Naturschutzgebiet *n* | (*mit best art*) Sportgelände *n*, -platz *m*; *Brit umg* (Fußball-) Platz *m*; **2.** *vt* einhegen, einschließen | *Kfz* parken ⟨to ~ a car; I'm ~ed over there ich parke da drüben⟩ | *umg* abstellen, liegenlassen ⟨to ~ one's things on the wrong place seine Sachen am falschen Platz deponieren; to ~ o.s. sich breitmachen, sich niederlassen⟩ | *Mil* lagern; ~ **out** anvertrauen (**with s.o.** jmdm.), in Pflege geben (**with** bei); *vi* parken

par·ka [ˈpɑːkə] *s bes Am* Anorak *m* | Parka *m*, Kutte *f*, Felljacke *f* (mit Kapuze)

park-|and-ride [ˌpɑːkənˈraɪd], *auch* **ˌ~-'ride** *adj urspr Am* zum Parken und Reisen, für das Abstellen von PKW außerhalb des Stadtzentrums ⟨≈ system; ≈ facilities⟩

par·kin [ˈpɑːkɪn] *s dial* Honig-, Pfefferkuchen *m*

park·ing [ˈpɑːkɪŋ] *s* Parken *n* ⟨no ~! Parkverbot!⟩ | Platz *m* zum Parken ⟨plenty of ~ viel Platz zum Parken, genügend Parkfläche, -möglichkeit⟩; **'~ brake** *s* Handbremse *f*; **'~ light** *s* Standlicht *n*; **'~ lot** *s bes Am* Parkplatz *m*; **'~ ˌme·ter** *s* Parkuhr *f*; **'~ ˌor·bit** *s* (Raumfahrt) Erdumlaufbahn *f* (vor Eintritt in den Weltraum); **'~ place** *s* Parkplatz *m*; **'~ space** *s* Raum *m od* Platz *m* zum Parken; **'~ ˌtick·et** *s* Parkstempel *m*; (Park-) Strafzettel *m*

Par·kin·son's| dis·ease [ˈpɑːkɪnsnz dɪˌziːz] *s Med* Parkinsonsche Krankheit *f*, Schüttellähmung *f*; **'~ law** *s bes scherzh* Parkinsonsches Gesetz

park | keep·er [ˈpɑːk ˌkiːpə] *s Brit* Parkwächter, -aufseher *m*; **'~land** *s Brit* Parkfläche *f* | Grasland *n*; **'~way** *Am s* Promenade *f*, Allee *f* | (reizvolle) Autostraße

[1]**park·y** [ˈpɑːkɪ] *s Brit Sl* Parkwächter(in) *m(f)*

[2]**park·y** [ˈpɑːkɪ] *adj Brit umg* eisig, kalt ⟨~ weather⟩

par·lance [ˈpɑːləns] *s förml* Redeweise *f* ⟨in common ~ mit einfachen Worten; in military ~ auf militärisch; legal ~ Juristensprache *f*⟩

par·ley [ˈpɑːlɪ] **1.** *s Mil* Unterhandlungen *f/pl* ⟨to hold a ~ unterhandeln⟩; **2.** *vt Mil* aushandeln (**with** mit); *vi* sich besprechen (**with** mit) | *Mil* ver-, unterhandeln (**with** mit)

par·lia|ment [ˈpɑːləmənt], *oft* **∸** *s* Parlament *n* ⟨Houses of ∸ *Brit* Parlamentsgebäude *n*; Member of ∸ *Brit* Parlamentsabgeordnete(r) *f(m)*; ∸ sits at Westminster *Brit* das Parlament tagt in Westminster; to enter / get into / go into ∸ ins Parlament gewählt werden; to open ∸ (Monarch) das Parlament eröffnen⟩; **~men·tar·i·an** [ˌ~menˈtɛərɪən] **1.** *adj* parlamentarisch, Parlaments-; **2.** *s* Parlamentarier *m* | *Hist* Anhänger *m* des englischen Parlaments (Bürgerkrieg); **~men·ta·rism** [ˌ~ˈmentərɪzm] *s* Parlamentarismus *m*; **ˌ~'men·ta·ry** *adj* parlamentarisch, Parlaments- | höflich ⟨a ≈ speech⟩

par·lour [ˈpɑːlə] *s selten* Wohnzimmer *n*, Stube *f* | Salon *m* ⟨massage ~⟩ | *selten* Klubraum *m* (eines Gasthauses) ⟨ice-cream ~ Eisdiele *f*⟩ | *Am* Sprechzimmer *n*; **'~ car** *s*

Am Eisenb Salonwagen *m*; '~ **game** *s* Gesellschaftsspiel *n*; '~ **maid** *s Brit* Dienst-, Stubenmädchen *n*

par·lous ['pɑ:ləs] *adj umg* gefährlich, prekär ⟨in a ~ state⟩ | *arch, scherzh* schwierig, riskant

Par·me·san, [ˌpɑ:mɪ'zæn], *auch* ˌ~ '**cheese** *s* Parmesankäse *m*

pa·ro·chi·al [pə'rəukɪəl] *adj* Pfarr-, Gemeinde-, Parochial- | *bes Am* von der Kirche unterhalten ⟨~ school Konfessionsschule *f*⟩ | *übertr* eng(stirnig), beschränkt ⟨a ~ mind; ~ politics Kirchturmpolitik *f*⟩; **pa'ro·chi·al·ism** *s* Engstirnigkeit *f*, Beschränktheit *f*

pa·rod·ic [pə'rɒdɪk], **pa'rod·i·cal** *adj* parodistisch, Parodie-; **par·o·dist** ['pærədɪst] *s* Parodist(in) *m(f)*; ˌ**par·o'dis·tic** *adj* parodistisch

par·o·don|ti·tis [ˌpærədɒn'taɪtɪs] *s Med* Parodontitis *f*; **~to·sis** [ˌ~'təusɪs] *s* Parodontose *f*

par·o·dy ['pærədɪ] **1.** *s* Parodie *f* (**of, on** von, auf) | *übertr* Abklatsch *m*, Nachäffung *f*, Nachahmung *f*, Verzerrung *f* ⟨a ~ of a restaurant ein Witz von einem Restaurant⟩; **2.** *vt* parodieren, nachahmen ⟨to ~ an author⟩

pa·rol [pə'rəul|'pærəl] **1.** *s* Plädoyer *n*; **2.** *adj* mündlich

pa·role [pə'rəul] **1.** *s Mil* Parole *f* | *auch* ˌ~ **of** '**honour** Ehrenwort *n* ⟨on ~ auf Ehrenwort; to give one's ~ sein Ehrenwort geben⟩ | *Jur* bedingte Haftentlassung *f* ⟨on ~ vorzeitig entlassen, bedingt entlassen; to be on ~ unter Bewährung stehen; Hafturlaub haben; to break one's ~ den Kurzurlaub zur Flucht benutzen, den Hafturlaub mißbrauchen⟩; **2.** *vt* (jmdm.) ein Versprechen abnehmen | *Jur* (jmdn.) vorzeitig *od* bedingt (aus der Haft) entlassen

par·o·nym ['pærənɪm] *Ling s* Paronym *n*, Wortableitung *f* | Lehnbildung *f*; **pa·ron·y·mous** [pə'rɒnɪməs], ˌ**par·o'nym·ic** *Ling adj* stammverwandt ⟨≈ words⟩ | durch Entlehnung gebildet; **pa·ron·y·my** [pə'rɒnɪmɪ] *s* Paronymie *f*

par·op·sis [ˌpæ'rɒpsɪs] *s Med* Paropsie *f*, Sehstörung *f*

pa·rot·id [pə'rɒtɪd] *Anat* **1.** *adj* Parotis-; **2.** *s* Parotis *f*, Ohrspeicheldrüse *f*; **par·o·ti·tis** [ˌpærə'taɪtɪs] *s Med* Parotitis *f*, Ziegenpeter *m*

par·ox|ysm ['pærəksɪzm] *s Med* Paroxysmus *m*, Krampf *m*, Anfall *m* (*auch übertr*) ⟨≈ of pain Schmerzanfall *m*; ≈ of anger Wutanfall *m*⟩; **~ys·mal** [ˌ~'sɪzml], ˌ~'**ys·mic** *adj* paroxysmal, krampfartig

par·quet ['pɑ:keɪ|-kɪ] ⟨*frz*⟩ **1.** ('**~ted**, '**~ted** ['~keɪd]) *vt* parkettieren, mit Parkett auslegen; **2.** *s* Parkettfußboden *m* | *Am Theat* Parkett *n*; ˌ~ '**floor** *s* Parkettfußboden *m*

parr [pɑ:] (*pl* **~**, **~s**) *s Zool* junger Lachs, Sälmling *m*

par·ri·cide ['pærɪsaɪd] *s* Vater-, Muttermord *m* | Landesverrat *m* | Vater-, Muttermörder(in) *m(f)* | Landesverräter(in) *m(f)*

par·rot ['pærət] **1.** *s Zool* Papagei *m* | *übertr verächtl* Schwätzer *m*, Nachäffer, -plapperer *m*; **2.** *vt verächtl* nachplappern; '**~-cry** *s verächtl* Geplapper *n*, Geschwätz *n*, leeres Gerede; '~ **disˌease**, '~ '**fe·ver** *s Med* Papageienkrankheit *f*; '~ ˌ**fash·ion**, *auch* '**~-like** *adv verächtl* wie ein Papagei ⟨to repeat s.th. ≈⟩

par·ry ['pærɪ] **1.** *vt, vi* parieren, abwehren (*auch übertr*) ⟨to ~ a blow; to ~ a question⟩; **2.** *s* Parieren *n*, Abwehr *f*

parse [pɑ:z] *vt Ling* (grammatisch) zergliedern, zerlegen, analysieren ⟨to ~ a sentence⟩ | (Wortart) definieren, bestimmen | *übertr* auseinandernehmen, kritisch analysieren ⟨to ~ a problem⟩; *vi* einen Satz grammatisch zerlegen | sich (grammatisch) zerlegen lassen; '**pars·er** *s* (Computer) Parser *m*, Satzanalysator *m*

par·sec ['pɑ:sek] *s Astr* Parsec *n*, Sternweite *f*

Par·see, *auch* **Par·si** [pɑ:'si:] **1.** *s Rel* (Indien) Parse *f*; **2.** *adj* parsisch

par·si·mo|ni·ous [ˌpɑ:sɪ'məunɪəs] *förml adj* karg, geizig, sparsam (**of** mit) | kläglich, armselig; **~ny** ['pɑ:sɪmənɪ] *s förml* Geiz *m*, Sparsamkeit *f*

pars·ley ['pɑ:slɪ] *s Bot* Petersilie *f*

pars·nip ['pɑ:snɪp] *s Bot* Pastinake *f*, (Art) Wurzelgemüse *n*

par·son ['pɑ:sn] *s* (Gemeinde-) Pastor *m*, Pfarrer *m* (Kirche von England) | *umg* (jede Art) Geistlicher *m*; '**~age** *s* Pfarrhaus *n*; **~ic** [pɑ:'sɒnɪk], **par'son·i·cal** *adj* geistlich, Pfarrer-; ˌ**~'s** '**nose** *s umg scherzh, euphem* Steiß *m* (von Geflügel), Bürzel *m*

part [pɑ:t] **1.** *s* Teil *m*, Bestandteil *m*, Stück *n*, Anteil *m* ⟨a ~ of the town ein Stadtteil; ~ of speech Wortart *f*, Redeteil *m*⟩ | (Körper-) Teil *m* ⟨soft ~s Weichteile *pl*⟩ | (gleicher) Teil ⟨two ~s water⟩ | *Tech* (Bau-) Teil *n*, (Ersatz-) Teil *n* | *übertr* Teil *m*, Seite *f*, Anteil *m* ⟨for my ~ für meinen Teil; for the most ~ zum größten Teil, größtenteils; die meiste Zeit; meistens; on the ~ of von seiten, seitens; in ~ teilweise; to take s.th. in good (ill) ~ etw. gut (schlecht) aufnehmen; to take s.o.'s ~ für jmdn. Partei ergreifen⟩ | Amt *n*, Dienst *m*, Aufgabe *f* ⟨to do one's ~ seine Schuldigkeit tun⟩ | *Theat übertr* Rolle *f* ⟨to play a ~ *übertr* nur so tun; to act / play / take a ~ in eine Rolle spielen in *od* bei⟩ | Lieferung *f* ⟨to come out in ~s in Lieferungen erscheinen⟩ | *Math* Bruchteil *m* | *Mus* Einzel-, Singstimme *f*, Partie *f* ⟨in several ~s mehrstimmig⟩ | *lit* (*meist pl*) geistige Fähigkeit, Talent *n* ⟨a man of ~s ein vielseitig begabter Mann⟩ | Gegend *f* ⟨in these ~s hier; in foreign ~s im Ausland⟩ | *Am* Haarscheitel *m*; ◇ **take ~ in** teilnehmen an; **2.** *vt* (ab-, ein-, zer)teilen, (ab)trennen (**from** von) ⟨to ~ company with s.o. sich von jmdm. trennen; anderer Meinung sein als jmd.; to ~ one's hair das Haar scheiteln⟩ | (Freund, Feind u. ä.) trennen ⟨to ~ the two dogs⟩; *vi* zerreißen, entzweibrechen | sich trennen ⟨to ~ [as] friends als Freunde auseinandergehen; to ~ with s.o. (s.th.) sich von jmdm. (etw.) trennen⟩ | *arch* verscheiden, sterben; **3.** *adv* teils, teilweise, zum Teil ⟨to be ~ black, ~ white teils schwarz, teils weiß sein⟩; **4.** *adj* Teil- ⟨a ~ truth e-e Teil-, Halbwahrheit⟩

par|take [pɑ:'teɪk] (**~took** [~'tuk], **~tak·en** [~'teɪkən]) *vi* teilhaben, -nehmen (**in, of** an) ⟨to ≈ in s.o.'s triumph jmds. Triumph teilen⟩ | *arch, scherzh* mitessen, -trinken (**of s.th.** etw.) ⟨to ≈ of a glass of wine sich ein Glas Wein genehmigen⟩; *vt arch* teilhaben an; **~'tak·er** *s* Teilhaber(in) *m(f)*, Teilnehmer(in) *m(f)* (**of** an)

par·terre [pɑ:'tεə] *s* ⟨*frz*⟩ Blumenbeet *n* | *Theat* Parterre *n*

par·the|no·gen·e·sis [ˌpɑ:θɪnəu'dʒenɪsɪs] *Bot, Zool s* Parthenogenese *f*; **~no·ge·net·ic** [ˌ~nəudʒɪ'netɪk], **~no·gen·ic** [ˌ~nəu'dʒenɪk], **~nog·e·nous** [ˌ~'nɒdʒənəs] *adj* parthenogenetisch; **~nog·e·ny** [ˌ~'nɒdʒənɪ] *s* Parthenogenese *f*

par|tial ['pɑ:ʃl] **1.** *adj* teilweise, partiell, Teil- ⟨≈ success Teilerfolg *m*⟩ | einseitig, parteiisch, voreingenommen (*Ant* impartial) ⟨to be ≈ to eingenommen sein für; *umg* besonders gern haben *od* mögen, eine besondere Vorliebe haben für⟩; **2.** *vt meist* **~ out** *Math* (statistisch) ausgrenzen, -schalten; **~ti·al·i·ty** [ˌ~ʃɪ'ælətɪ] *s* Parteilichkeit *f*, Voreingenommenheit *f* ⟨without ≈ unvoreingenommen⟩ | Vorliebe *f* (**for** für); '**~tial·ly** *adv* teilweise, zum Teil | parteiisch, voreingenommen

par·ti|bil·i·ty [ˌpɑ:tɪ'bɪlətɪ] *s* Teilbarkeit *f*; '**~ble** *adj* teilbar

par·tic·i·pance [pɑ:'tɪsɪpəns], **par'tic·i·pan·cy** *s* Teilnahme *f*; **par'tic·i·pant 1.** *adj* teilnehmend; **2.** *s* Teilnehmer(in) *m(f)* (**in** an); **parˌtic·i·pant de'mo·cra·cy** *s Pol* demokratische Mitbestimmung; **par'tic·i·pate** *vt* teilen, gemeinsam haben (**with** mit); *vi* teilhaben, teilnehmen, sich beteiligen (**in** an); **par'tic·i·pat·ing** *adj* beteiligt; **parˌtic·i'pa·tion** *s* Teilnahme *f*, Beteiligung *f* (**in** an) | *Wirtsch* Gewinnbeteiligung *f*; **par'tic·i·pa·tor** *s* Teilnehmer(in) *m(f)*; **par'tic·i·pa-**

·to·ry *adj* teilnehmend; **par,tic·i·pa·to·ry de'mo·cra·cy = participant democracy; par,tic·i·pa·to·ry 'the·at·re** *s* Theater *n* mit Einbeziehung der Zuschauer, aktives Theater

par·ti|cip·i·al [,pɑ:tɪ'sɪpɪəl] *Ling* **1.** *adj* partizipial ⟨≈ adjective attributives Partizip⟩; **2.** *s arch* Partizip *n*, Mittelwort *n*; **~ci·ple** ['pɑ:tspl|-səpl|-tɪsəpl] *Ling* **1.** *adj* partizipial ⟨≈ construction⟩; **2.** *s* Partizip *n* ⟨present ≈ Präsenspartizip *n*⟩

par·ti·cle ['pɑ:tɪkl] *s* Teilchen *n* (*auch übertr*) ⟨small ~s; not a ~ of truth kein bißchen Wahrheit⟩ | *Ling* Partikel *f*; Affix *n* | *Phys* Partikel *f*, Teilchen *n*; **'~ beam** *s Phys* Teilchenstrahl *m* (*auch Mil*); **,~ 'phys·ics** *s* Physik *f* der Elementarteilchen

par·ti-col·oured ['pɑ:tɪ ,kʌləd] *adj* bunt, verschiedenfarbig

par·tic·u·lar [pə'tɪkjʊlə] **1.** *adj* besondere(r, -s), einzeln, speziell ⟨for no ~ reason aus keinem besonderen Grund; in ~ ganz besonders; on this ~ day gerade an diesem Tag⟩ | ungewöhnlich, eigentümlich, sonderbar ⟨nothing ~ nichts Ungewöhnliches *n*⟩ | ausführlich, genau ⟨a ~ account⟩ | peinlich genau, wählerisch, penibel (**about, over** in) ⟨not too ~ *iron* nicht gerade wählerisch; to be ~ about s.th. es mit etw. genau nehmen⟩; **2.** *s* einzelner Punkt, Einzelheit *f* ⟨in all ~s in allen Einzelheiten; to enter / go into ~s ins Einzelne gehen⟩ | (*meist pl*) Angabe *f* zur Person, Fakt *m* ⟨~s Personalien *pl*⟩ | Einheit *f*, Detail *n* ⟨~s about an event⟩; **par'tic·u·lar·ism** *s* Partikularismus *m*; **par'tic·u·lar·ist** *s* Partikularist *m*; **par,tic·u·lar'is·tic** *adj* partikularistisch; **~i·ty** [pə,tɪkjʊ'lærətɪ] *s* Eigentümlichkeit *f*, Besonderheit *f* | Peinlichkeit *f*, Genauigkeit *f* | Ausführlichkeit *f*; **par,tic·u·lar·i'za·tion** *s* Detailschilderung *f*; **par'tic·u·lar·ize** *vt* ausführlich angeben, einzeln anführen, spezifizieren; *vi* ins einzelne gehen, auf Einzelheiten eingehen

par·tic·u·late [pə'tɪkjʊlɪt|-eɪt] *adj Phys* Partikel-

part·ing ['pɑ:tɪŋ] **1.** *adj* Trennungs-, Trenn- ⟨~ wall⟩ | Abschieds- ⟨a ~ kiss⟩; **2.** *s* Trennung *f*, Abschied *m* ⟨at ~ beim Abschied⟩ | *Brit* Haarscheitel *m* | *Chem, Phys* Trennung *f*, Scheidung *f* | *auch* **,~ of the 'ways** *übertr* Scheideweg *m*; **'~ ,a·gent** *s Chem* Scheidemittel *n*; **,~ 'cup** *s* Abschiedstrunk *m*; **,~-'off** *s Tech* Abstechen *n*, Trennen *n*; **'~[-off] ,tool** *s Tech* Stechmeißel *m*; **,~ 'shot** *s* letzte Bemerkung, letzter Blick, Handlung *f* zum Abschied; **'~ ,work·shop** *s Tech* Scheideanstalt *f*

par·ti·san [,pɑ:tɪ'zæn] **1.** *s Pol* Anhänger *m*, Parteigänger *m* | *Mil* Partisan *m*, Freischärler *m*; **2.** *adj* parteigängerisch | parteilich, Partei ergreifend, kämpferisch ⟨a ~ speech⟩ | parteiisch, einseitig voreingenommen ⟨too ~⟩; **,par·ti'san·ship** *s Pol* Parteigängerschaft *f* | *übertr* Parteilichkeit *f* | *übertr* Parteiischkeit *f*, Voreingenommenheit *f*

par·ti·ta [pɑ:'ti:tə] *s Mus* Partita *f*

par·ti·tion [pɑ:'tɪʃn] **1.** *s* (Ver-, Zer-) Teilung *f* ⟨the ~ of a country⟩ | Trennung *f* | Trenn-, Scheidewand *f* | Abteil *n*, Fach *n* | *Arch* Verschlag *m* | *Mus* Partitur *f*; **2.** *vt* (auf)teilen, trennen (**into** in); **~ off** durch eine Trennwand teilen, abteilen; **par'ti·tion·ment** *s* Teilung *f* | Abteil *n*; **'~ wall** *s* Trenn-, Scheide-, Zwischenwand *f* | *Bergb* Versatzmauer *f*

par·ti·tive ['pɑ:tɪtɪv] *Ling* **1.** *adj* partitiv, teilend, Teilungs-; **2.** *s* Partitivum *n*

par·ti·zan [,pɑ:tɪ'zæn] = **partisan**

part·let ['pɑ:tlɪt] *s Hist* Halskrause *f*

part·ly ['pɑ:tlɪ] *adv* zum Teil, teilweise

part·ner ['pɑ:tnə] **1.** *s* Partner *m*, Teilhaber *m*, Kompagnon *m* (*auch Wirtsch*) ⟨sleeping ~ stiller Teilhaber⟩ | Teilnehmer *m* (**in, of** an) | Ehepartner *m*, Ehemann *m*, -frau *f* ⟨~ for life Lebensgefährte *m*⟩ | Tanzpartner *m* | (Sport) Mitspieler *m* ⟨to be ~s with (zusammen) spielen mit⟩ | *Am umg* (männlicher) Freund; **2.** *vt* sich zusammentun mit ⟨to be ~ed with als *od* zum Partner haben⟩ | zusammen tanzen mit | (Sport) zusammen spielen mit; **~ off, ~ up** (Personen) zu Paaren anordnen, zu einem Paar machen, zusammentun (**with** mit); **~ up** *vi* zusammen gehen *od* tanzen *od* ausgehen, ein Paar bilden (**with** mit); **'~ship** *s* Partner-, Teilhaberschaft *f* | Beteiligung *f* (**in** an) | *Wirtsch* Personengesellschaft *f*, offene Handelsgesellschaft

par|took [pɑ:'tʊk] *prät von* ↑ **~take**

part| own·er [,pɑ:t 'əʊnə] *s* Miteigentümer *m*; **,~ 'pay·ment** *s* Teilzahlung *f* ⟨in ≈ auf Raten⟩

par·tridge ['pɑ:trɪdʒ] *s Zool* Rebhuhn *n* | Rebhuhnbraten *m*

part| sing·ing ['pɑ:t ,sɪŋɪŋ] *s* mehrstimmiger Gesang; **'~-song** *s* mehrstimmiges Lied; **,~-'time 1.** *adj* nicht voll (arbeitend), Halbtags-, Teil(zeit)- ⟨to be employed ≈ e-r Teilbeschäftigung nachgehen; ≈ job Halbtagsarbeit *f*⟩ | nebenberuflich ⟨a ≈ job⟩; **2.** *adv* halbtags ⟨to work ≈⟩; **,~-'tim·er** *s* Kurzarbeiter *m*, Halbtagskraft *f*

par·tu·ri·en·cy [pɑ:'tjʊrɪəns] *Med s* Kreißen *n*; **par'tu·ri·ent** *adj* kreißend | *übertr* schwanger | fruchtbar (*auch übertr*); **,par·tu'ri·tion** *s* Kreißen *n*, Entbindung *f*

part work ['pɑ:twɜ:k] *s Typ* Teilwerk *n*, Faszikel *f*

par·ty ['pɑ:tɪ] *s Pol* Partei *f* | *Jur* Partei *f* ⟨contracting ~ Vertragspartei *f*; a third ~ ein Dritter *m*⟩ | *Mil* Abteilung *f* | Gesellschaft *f*, Partie *f* | Party *f*, geselliges Beisammensein ⟨to give/throw a ~⟩ | *Tel* Teilnehmer *m* | *förml* (in etw. verwickelte) Person, Beteiligte(r) *f*(*m*) ⟨the guilty ~ der (die) Schuldige *m*(*f*); to be [a] ~ to s.th. *oft verächtl* an etw. beteiligt sein⟩ | *umg scherzh* Person *f*, Mensch *m* ⟨a sweet old ~ ein lieber guter Kerl *od* ein liebes gutes Mädchen⟩

par·ty-col·oured ['pɑ:tɪ ,kʌləd] = **parti-coloured**

par·ty| line ['pɑ:tɪ laɪn] *s Tel* Sammelanschluß *m*, -nummer *f* | *Pol* Parteilinie *f* ⟨to follow the ≈ on s.th. (in e-r) Sache die Politik der Partei vertreten⟩; **'~-,lin·er** *s Pol* linientreues Parteimitglied; **,~ 'pol·i·tics** *s/pl* (*sg konstr*) Parteipolitik *f*; **,~ 'slo·gan** *s* Parteilosung *f*, -parole *f*; **,~'spir·it** *s* Parteigeist *m*, Sozialität *f*; **'~ ,tick·et** *s Eisenb* Gruppenfahrkarte *f* | *Am Pol* (Kandidaten-) Liste *f* (einer Partei)

par·ty wall [,pɑ:tɪ 'wɔ:l] *s Arch* Zwischenwand *f*, -mauer *f*

par·ty work·er ['pɑ:tɪ ,wɜ:kə] *s Pol* Parteiarbeiter(in) *m*(*f*), hauptamtlicher Parteifunktionär

par val·ue [,pɑ: 'vælju:] *s Wirtsch* Nennwert *m*, Pari *n* | Parikurs *m*, Wechselparität *f*

par·va·nim·i·ty [,pɑ:və'nɪmətɪ] *s förml* Engherzig-, Kleinlichkeit *f*

par·ve·nu ['pɑ:vənju:] ⟨*frz*⟩ **1.** *s verächtl* Parvenü *m*, Emporkömmling *m*, Neureicher *m*; **2.** *adj* parvenühaft

parvi- [pɑ:vɪ] ⟨*lat*⟩ *in Zus* klein-

pas·chal, *auch* ≃ ['pæskl|'pɑ:s-] *adj Rel* Oster-, Passah- ⟨≃ lamb Osterlamm *n*⟩

pash [pæʃ] *dial* **1.** *vt* schmeißen; *vi* zerschlagen; **2.** *s* heftiger Schlag

pa·sha ['pæʃə|'pɑ:ʃə|pə'ʃɑ:] *s* Pascha *m*

pas·quil ['pæskwɪl] *s* Schmähschrift *f*

[1]**pass** [pɑ:s] *s* (Eng-) Paß *m*, Durchgang *m* ⟨to hold the ~ *übertr* die Stellung halten; to sell the ~ *übertr* etw. aufgeben, e-e Sache verraten⟩ | Bergsattel *m*, Joch *n*

[2]**pass** [pɑ:s] **1.** *vt* passieren, vorübergehen an ⟨to ~ s.o. an jmdm. vorbeigehen⟩ | überschreiten, -queren, fahren über ⟨to ~ a gate ein Tor passieren; to ~ a channel⟩ | (Fahrzeug) überholen | übergehen, nicht erwähnen | (Zeit) verbringen | durch-, vorbeilassen ⟨to ~ a visitor; to ~ s.th. in review *übertr* etw. Revue passieren *od* vorüberziehen lassen⟩ | überschreiten, -treffen | weitergeben, herumreichen ⟨to ~ the butter; to ~ the hat round *umg* e-e Sammlung

veranstalten⟩ | in Umlauf setzen ⟨to ~ money⟩ | (Gesetz) annehmen, durchbringen ⟨to ~ a law⟩ | (Prüfung) bestehen (*Ant* fail) ⟨to ~ a test⟩ | akzeptieren, anerkennen (**as** als) | *übertr* (Verständnis) übersteigen, gehen über ⟨it ~es my understanding⟩ | äußern ⟨to ~ a comment / remark e-e Bemerkung machen; to pass remarks *euphem* etw. Unpassendes sagen; to ~ the time of day with s.o. jmdm. guten Tag sagen⟩ | (Urteil) verkünden ⟨to ~ a sentence⟩ | *Med* (Blut u. a.) ausscheiden ⟨to ~ water *euphem* Wasser lassen⟩; **~ around** umspülen (Flüssigkeit u. a.); **~ away** (Zeit) verstreichen; **~ by** vorübergehen an, übergehen; **~ down** her(unter)reichen; **~ in** einlassen | einreichen; **~ off** (etw. fälschlich) ausgeben (**as** als) ⟨to ~ o.s. off as sich ausgeben *od* hinstellen als⟩ | ausweichen, ablenken von ⟨to ~ off a question⟩; **~ on** weitergeben, -reichen, durchsagen; **~ out** *Am* austeilen; **~ over** übersehen, hinwegsehen über, hingehen lassen, nicht beachten; **~ up** aufgeben, ablehnen | (Chance) verpassen, vorübergehen lassen, verzichten auf;

vi passieren, vorüber-, vorgehen, vorfahren ⟨he couldn't ~; to ~ in review *übertr* vorüberziehen⟩ | sich (fort)bewegen, fortgehen, (fort)fahren | vergehen, verstreichen, vorübergehen, zu Ende gehen ⟨the pain ~ed⟩ | *euphem* verscheiden | *bibl, förml* sich ereignen, passieren ⟨to bring s.th. to ~ etw. bewirken; to come to ~ geschehen⟩ | (Worte) geäußert werden, fallen | (*meist fälschlich*) gelten, zählen (**as, for** als) ⟨to ~ for a doctor für einen Arzt gehalten werden⟩ | (Gesetz) angenommen werden | (unbemerkt) dahingehen ⟨to let s.th. ~ etw. durchgehen lassen⟩ | übergehen (**to** auf, **into** in) | *Med* abgehen (Stein) | übergehen (**from** aus, von, **to, into** in, zu) | (Fußball) (zu)passen (**to** auf, zu) | *Kart* passen | (Prüfung) bestehen; **~ along** vorbeigehen; **~ away** vergehen, vorübergehen | *euphem* sterben; **~ by** (Zeit) vorbei-, vorübergehen; **~ off** vorbeigehen | stattfinden, verlaufen ⟨to ~ off well gut ausgehen⟩; **~ on** weitergehen | *euphem* sterben; **~ out** hinausgehen | ohnmächtig werden | *Brit Mil* die Militärakademie abschließen; **~ over** überqueren | *euphem selten* sterben | *Flugw* überfliegen; **~ through** hindurchgehen; **~ under** hindurchfahren; **2.** *s* Durchkommen *n*, Bestehen *n* (einer Prüfung) | *auch* **'~ de,gree** *Brit* einfacher Grad (*Ant* honours) | (Reise-) Paß *m* | Passierschein *m* | *Mil* Urlaubsschein *m* | Freikarte *f* | (*nur sg*) *umg, iron* kritische Lage ⟨to come to/reach a fine/pretty/sad ~ sich zuspitzen, so weit kommen⟩ | (Fußball) Zuspiel *n* | *Kart* Passen *n* | (Fechten) Ausfall *m*, Stoß *m* | *Sl* Annäherungsversuch *m* ⟨to make ~es at s.o. jmdm. nachstellen, zudringlich werden gegenüber jmdm.⟩ | Handbewegung *f* | *Tech* Durchlauf *m*, Arbeitsgang *m* | *Flugw* Überflug *m*

pass. *Abk* von **passive** *Ling*

pass·a·ble ['pɑːsəbl] *adj* (Straße u. ä.) passierbar, befahrbar ⟨a ~ bridge⟩ | (Fluß) überquerbar (*Ant* un~) | (Münze u. ä.) gültig | leidlich, erträglich ⟨a ~ knowledge of German⟩

pas·sage ['pæsɪdʒ] **1.** *s* Herein-, Heraus-, Vorüber-, Durchgehen *n*, Durchfahrt *f*, -gang *m*, Durchfließen *n* ⟨~ of heavy verhicles Überfahren *n* mit schweren Fahrzeugen; bird of ~ Zugvogel *m*; *übertr* jmd., der immer unterwegs ist; no ~! Keine Durchfahrt!, Kein Durchgang!, Durchgang verboten!⟩ | (Zeit) Vergehen *n*, Verstreichen *n* | (meist schmale) Passage, Durchgang *m* | *Brit* Flur *m* | Überfahrt *f* ⟨a rough ~ schwere Überfahrt⟩ | *übertr* harte Kritik, schwere Attacke ⟨~ of arms *arch* Waffengang *m*⟩ | Seereise *f* | Flug(passage) *m(f)* | *Jur* Inkrafttreten *n* | Buchstelle *f*, Passus *m*, Passage *f* | *Tech* Durchlaß *m* | *Mus* Passage *f* | *Med* Abgang *m*, Stuhlgang *m* | *Anat* Gang *m*, Kanal *m*; **2.** *vi* eine Überfahrt machen | (Reiten) seitwärts gehen; *vt* (Reiten) Passage reiten lassen; **'~way** *s* Passage *f*, Durchgang *m*

pass·book ['pɑːsbʊk] *s Wirtsch* Konto-, Bankbuch *n* | *Südafr Pol* Ausweis *m* (der nichtweißen Bevölkerung)

pas·sé[e] ['pɑːseɪ|'pæseɪ] *adj* ⟨*frz*⟩ *verächtl* vergangen | altmodisch

passe|ment ['pæsmənt] **1.** *s* Borte *f*; **2.** *vt* mit Borte verzieren; **~men·terie** [~'mentrɪ] *s* Posamentenware *f*

pas·sen·ger ['pæsndʒə|-sɪn-] *s* Passagier *m*, Fahrgast *m* | *Brit umg* Drückeberger *m* | (Sport) Versager *m*, Ausfall *m*; **'~ car** *s* Personenkraftwagen *m*; **'~ deck** *s* Fahrgastdeck *n*; **'~ ,el·e·va·tor** *s* Personenaufzug *m*; **'~ ,lin·er** *s* Fahrgastschiff *n*; **'~ plane** *s* Verkehrsflugzeug *n*; **'~ ship** *s* Fahrgastschiff *n*; **'~ train** *s* Reisezug *m*

passe-par·tout [,pæs pɑː'tu|,pɑːs-] **1.** *s* Passepartout *n*, Wechselrahmen *m* | Passepartout *n*, Hauptschlüssel *m*; **2.** *vt* mit einem Wechselrahmen versehen

pass·er-by [,pɑːsə 'baɪ] *s* (*pl* **pass·ers-by** [,pɑːsəz 'baɪ]) Vorübergehende(r) *f(m)*, Passant(in) *m(f)*

pass-fail [,pɑːs'feɪl] *Päd* **1.** *adj* "bestanden" oder "nicht bestanden" ⟨on a ~ basis auf der Grundlage von "bestanden" oder "nicht bestanden"⟩; **2.** *s* Prüfungssystem *n* mit "bestanden" und "nicht bestanden"; **3.** *vt* (Kandidaten) entweder bestehen oder durchfallen lassen

pas·sim ['pæsɪm] *adv* ⟨*lat*⟩ passim, hier und da, an anderer Stelle (Buch)

pass·ing ['pɑːsɪŋ] **1.** *adj* vorübergehend, -fahrend ⟨a ~ car⟩ | *übertr* vergänglich, wenig dauerhaft ⟨~ vogues⟩ | flüchtig, oberflächlich, beiläufig ⟨a ~ look⟩ | *Päd* befriedigend ⟨a ~ grade e-e befriedigende Note⟩; **2.** *adv arch* sehr, überaus ⟨~ rich⟩; **3.** *s* (Ver-) Schwinden *n*, Vorbei-, Vorübergehen *n* ⟨in ~ im Vorübergehen, beiläufig, nebenher⟩ | Vergehen *n*, Verstreichen *n* (Zeit) ⟨the ~ of the years⟩ | *euphem* Verscheiden *n*, Sterben *n* | *Jur* Inkrafttreten *n* | Bestehen *n* (e-r Prüfung) | Durchreise *f* | Durchgang *m*; **'~ beam** *s Kfz* Abblendlicht *n*; **'~ bell** *s* Totenglocke *f*; **'~ lane** *s* Überholspur *f*; **'~ light** *s Kfz* Abblendlicht *n*; **'~ place** *s* Ausweichstelle *f*

pas·sion ['pæʃn] *s* Leidenschaft *f*, heftiger Gefühlsausbruch ⟨to fly into a ~ böse werden; with less ~ etwas leidenschaftsloser *od* unvoreingenommener⟩ | Begierde *f*, sexuelles Verlangen ⟨a burning ~ brennendes Verlangen⟩ | *umg* Vorliebe *f*, Passion *f* (**for** für) | Liebhaberei *f* | **≁** *Rel* Passion *f*, Passionsgeschichte *f*; **~ate** ['pæʃnɪt] *adj* leidenschaftlich (*auch übertr*) ⟨a ≈ woman; a ≈ speech⟩ | heftig, hitzig, jähzornig ⟨a ≈ attempt⟩

pas·sio·na·to [pɑːsjə'nɑːtəʊ] *adj, adv Mus* passionato, leidenschaftlich

pas·sion cross ['pæʃn krɒs] *s Her* Passionskreuz *n*

pas·sion| flow·er ['pæʃn ,flaʊə] *s Bot* Passionsblume *f*; **'~ fruit** *s* Passionsfrucht *f*; **'~less** *adj* leidenschaftslos, kalt; **'≁ play** *s* Passionsspiel *n*; **,≁ 'Sun·day** Passionssonntag *m*; **'≁ Week** *s* Passionswoche *f*

pas·si|vate ['pæsɪveɪt] *vt Chem* passivieren; **,~'va·tion** *s Chem* Passivierung *f*

pas|sive ['pæsɪv] **1.** *adj meist verächtl* (Mensch) passiv, untätig ⟨to remain ~⟩ | (Tier) nicht aggressiv, harmlos | leidend, duldend | *Chem* reaktionsträge | *Ling* passiv, passivisch; **2.** *s, auch* **,~sive 'voice** *Ling* Passiv(um) *n(n)*, Leideform *f*; **,~sive re'sis·tance** *s* passiver Widerstand; **'~siv·ism, ~'siv·i·ty** *s* Passivität *f*, Teilnahmslosigkeit *f*, Untätigkeit *f*; **'~siv·ize** *Ling vt* ins Passiv setzen; *vi* im Passiv stehen (können)

pass·key ['pɑːskiː] *s* Hauptschlüssel *m* | Drücker *m* | Nachschlüssel *m*

Pass·o·ver ['pɑ:səʊvə] *s Rel* Passah *n*, jüdisches Osterfest | ≈ Osteropfer *n*, -lamm *n*

pass|port ['pɑ:spɔ:t] **1.** *s* Paß *m* | (*meist sg*) *übertr* Weg *m*, Schlüssel *m* (**to** zu) | *übertr* Empfehlung *f* (**to** für); **2.** *vt* mit einem Paß ausstatten; '~**way** *s* Durchgang *m*; '~**word** *s* Parole *f*, Losung *f*

past [pɑ:st] **1.** *adj* (Zeit) vergangen, verflossen, abgelaufen ⟨for a long time ~ seit langer Zeit; in years ~ / in ~ years in den vergangenen Jahren; the ~ week vergangene Woche⟩ | vergangen, vorbei, zu Ende ⟨summer is ~⟩ | vorige(r, -s), frühere(r, -s), ehemalige(r, -s), letzte(r, -s) ⟨the ~ election⟩ | *Ling* (Verbform) Vergangenheits- ⟨~ forms⟩; **2.** *adv* vorbei ⟨time went ~ die Zeit verging; to walk ~⟩; **3.** *präp* (zeitlich) über, nach ⟨half ~ one halb zwei; to be ~ seventy über siebzig sein⟩ | (räumlich) an ... vorbei ⟨to walk ~ the house⟩ | *übertr* über ... hinaus ⟨~ hope hoffnungslos vorüber *od* vorbei; to be ~ it *umg* über etwas hinaus sein, etwas nicht mehr schaffen; to be ~ work zu schwach zum Arbeiten sein; I wouldn't put it ~ him to cheat ich würde [es] ihm nicht zutrauen, daß er betrügt⟩; **4.** *s* Vergangenheit *f* (*auch Ling*) ⟨in the ~ früher⟩ | (dunkle) Vergangenheit, Vorleben *n* ⟨a woman with a ~ e-e Frau *f* mit Vergangenheit⟩

pas·ta ['pæstə] *s* ⟨*ital*⟩ Teigwaren *pl*, Nudeln *pl*

paste [peɪst] **1.** *s* Teig *m*, Brei *m* ⟨short ~ Mürbeteig *m*⟩ | Paste *f* ⟨liver ~⟩ | Kleister *m*, Klebstoff *m* | Straß *m*; **2.** *vt* (fest)kleben ⟨to ~ together zusammenkleben⟩ | bekleben | *umg selten* verhauen ⟨to ~ s.o. one jmdm. eine kleben⟩ | *übertr* hart treffen; ~ **down** an-, festkleben; ~ **on,** ~ **up** aufkleben; ~ **over,** ~ **up** be-, überkleben; ~ **up** *Typ* für den Umbruch vorbereiten ⟨to ~ up the captions die Überschriften einsetzen⟩; *vi* kleistern; ~ **up** *Typ* den Umbruch vorbereiten; '~**board 1.** *s* Karton *m*, Pappe *f* | *Sl* Visitenkarte *f*; **2.** *adj* aus Pappe, Papp- | *übertr* unecht ⟨≈ romanticism billige Romantik⟩; '~**box** *s* Pappschachtel *f*; '~ **job** *s übertr* etw. Zusammengebasteltes, von jedem etwas

¹**pas·tel** ['pæstl] **1.** *s* Pastellstift *m* | Pastellfarbe *f* | Pastellzeichnung *f*; **2.** *adj* pastellfarben ⟨~ shades Pastelltöne *m/pl*⟩; **3.** *vt, vi* mit Pastellfarben malen

²**pas·tel** ['pæstl] *s Bot* Färberwaid *m* | Waidblau *n*

past·er ['peɪstə] *s Am* Klebstreifen *m*

pas·tern ['pæstən] *s Zool* (Pferd) Fessel *f*

paste-up ['peɪst ʌp] *s Typ* Umbruch *m* | Fotomontage *f*

pas·teur|ism ['pæstʃərɪzm|-stə-], ˌ~**i'za·tion** *s* Pasteurisierung *f*; '~**ize** *vt* pasteurisieren, keimfrei machen

pas·tiche [pæ'sti:ʃ] *Mal, Mus s* Nachahmung *f* | Stilmischung *f*, -durcheinander *n*; *vt* (Stil) nachahmen | (Stile) mischen

pas·til[le] ['pæstɪl|-stl] *s Med* Pastille *f* | Räucherkerzchen *n* | Feuerwerkskörper *m*

pas·time ['pɑ:staɪm] *s* Zeitvertreib *m*, Kurzweil *f* ⟨as a ~ zum Zeitvertreib⟩

past·ing ['peɪstɪŋ] *s* (Zusammen-) Kleben *n* | *umg* Dresche *f* | (Sport) *umg* schwere Niederlage

past mas·ter [ˌpɑ:st 'mɑ:stə] *s* Altmeister *m*, wahrer Meister, großer Könner *m* (**at, in, of** in *od mit gen*) ⟨to be a ~ in/of in etw. nicht zu schlagen *od* unübertroffen sein⟩

pas|tor ['pɑ:stə] *s* Pfarrer *m*, Pastor *m*, Geistlicher *m*; '~**to·ral** [~tr̥əl] **1.** *adj* Hirten-, Schäfer-, ländlich ⟨a ≈ scene idyllische Szene; ≈ poetry Schäferdichtung *f*⟩ | (Land) Weide- | *Rel* bischöflich | seelsorgerisch ⟨≈ visits⟩; **2.** *s* Schäfergedicht *n* | *Lit, Mal, Mus* Pastorale *n* | *auch* ˌ~**to·ral 'let·ter** *Rel* Hirtenbrief *m*; ˌ~**tor·al 'care** *s Rel* Seelsorge *f* | *Päd* Beratung *f*, Betreuung *f*; ~**to·ra·le** [ˌpæstə'rɑ:lɪ] *s* (*pl* ~**to·ra·les** [-lɪz], ~**to·ra·li** [-li:]) *Mus* Pastorale *n*; ~**tor·ate** ['~tərɪt] *s* Pfarramt *n* | Amtszeit *f* eines Pastors; '~**tor·ship** *s* Pastorenwürde *f*

past| par·ti·ciple [ˌpɑ:st 'pɑ:tɪsɪpl] *s* Partizip *n* der Vergangenheit; ˌ~ '**per·fect** *s* Plusquamperfekt *n*

pas·tra·mi [pə'strɑ:mɪ] *s* geräuchertes Rindfleisch | (Art) Salami *f*

pas·try ['peɪstrɪ] *s* Blätterteig *m* | Pastete *f* | Konditorwaren *f/pl*, Fein-, Tortengebäck *n*-; '~ **cook** *s* Konditor *m*, Pastetenbäcker *m*; '~ **mould** *s* Backform *f*

past tense [ˌpɑ:st 'tens] *s Ling* Vergangenheit *f*, Präteritum *n*

pas|tur·age ['pɑ:stʃərɪdʒ] *s, auch* '~**tur·age land** Weideland *n* | Weidenutzung *f* | Grasfutter *n*; '~**ture** [~tʃə] **1.** *s* Weide *f*, Weideland *n* ⟨to put out to ≈ weiden lassen; *übertr umg* (Gerät u. ä.) aus dem Verkehr ziehen, (Person) in den Ruhestand versetzen; to retire to ≈ *übertr umg* in den Ruhestand treten⟩ | Grasfutter *n*; **2.** *adj* Weide-; **3.** *vi* weiden; *vt* abweiden, als Weide benutzen

¹**past·y** ['pæstɪ] *s* (Fleisch-) Pastete *f* ⟨Cornish ~ Blätterteigpastete *f* mit Fleisch und Frucht- *od* Gemüsefüllung⟩

²**past·y** ['peɪstɪ] *adj* breiig, teigig | *übertr* blaß, bleich ⟨a ~ skin⟩ | *Am* schwül ⟨~ weather⟩; '~**-faced** *adj verächtl* käsegesichtig

pat [pæt] **1.** *s* leichter Schlag, Klopfen *n*, Tätscheln *n* ⟨a ~ on the back *auch übertr umg* Schulterklopfen *n*; to give s.o. a ~ jmdm. e-n Klaps geben⟩ | Klatsch *m*, Taps *m* | (Butter u. ä.) Kügelchen *n*, Klümpchen *n*; **2.** *adj oft verächtl* geeignet, passend, parat, bereit ⟨a ~ answer e-e allzu schlagfertige Antwort; a ~ solution e-e Patentlösung⟩ | fest ⟨to stand ~ *Kart* (Poker) halten; *übertr* standhaft bleiben, sich nicht aus der Ruhe bringen lassen⟩; **3.** *adv oft verächtl* gerade recht, sogleich ⟨to come ~ gar zu schnell kommen, gleich parat sein (Antwort); to have/know s.th. off ~ etw. wie am Schnürchen *od* aus dem Effeff können⟩; **4.** (**~ted,** '**~ted**) *vt* klopfen, tätscheln ⟨to ~ o.s. (s.o.) on the back *übertr umg* sich (jmdm.) [zu etw.] gratulieren⟩; ˌ~ '**down** festdrücken, -klopfen, niederdrücken; *vi* schlagen, klopfen (**on** auf); ~**a·pat** ['~əpæt] *s* Klatschen *n*, Klopfen *n*; '~**-ball** *s* (Tennis, Kricket) schlecht gespielter Ball

patch [pætʃ] **1.** *s* Fleck *m*, Flicken *m* (*auch übertr*) ⟨a wet ~ ein nasser Fleck; not a ~ on *umg* nicht zu vergleichen mit; to be in/hit/strike a bad ~ *Brit umg* in der Klemme sitzen *od* in die Klemme geraten⟩ | Riester *m* | Pflaster *n* | *auch* '**eye** ~ Augenklappe *f* | *auch* '**beauty** ~ Schönheitspflästerchen *n* | Stück *n* (Land) ⟨a potato ~ eine Kartoffelparzelle⟩ | *übertr umg* Partie *f*, Stückchen *n*, kleiner Abschnitt (eines Buches, einer Komposition u. a.) ⟨in ~es stellenweise⟩ | *Brit umg* Revier *n*, (vertrauter) Abschnitt | kurze Zeitspanne | (Computer) Korrekturbefehl *m* | (Straße) Flickstelle *f*, ausgebessertes Stück | *Geol* Erznest *n*; **2.** *vi* flicken; *vt* flicken, ausbessern, einen Fleck setzen auf; ~ **up** zusammenflicken, reparieren | *übertr* (Streit) schlichten, (etw.) wieder kitten, übertünchen | (etw.) zusammenstoppeln, improvisieren; '~ **bay** *s* (Computer) Schaltfeld *n* | Mehrfachbelegung *f*; '~**board** *s El* Schaltbrett *n*, Stecktafel *f*; '**patched** *adj* geflickt | gefleckt ⟨≈ with green mit grünen Flecken⟩; '~**er** *s* Pfuscher *m*; '~**er·y 1.** *s* Flickarbeit *f* | *übertr* Mischmasch *m*, buntgewürfelte Fläche | *übertr verächtl* Stückwerk *n*, schlechte Arbeit, Pfusch *m*; **2.** *adj* Flick- (*auch übertr*) | gesteppt

pa·tchou·li [pə'tʃu:lɪ|'pætʃʊlɪ] *s* (Pflanze, Parfüm) Patschuli *n*

patch pa·nel ['pætʃ ˌpænl] *s* (Computer) Schalttafel *f*, -feld *n*

patch| pock·et [ˌpætʃ 'pɒkɪt] *s* aufgesetzte Tasche; '~ **word** *s* Flickwort *n*; '~**work** *s* Flickwerk *n*

¹**patch·y** ['pætʃɪ] *adj* zusammengeflickt ⟨a ≈ dress⟩ | fleckig, unterschiedlich (*auch übertr*) ⟨≈ mist Nebelschwaden *pl*; ≈

sunlight stellenweise Sonnenschein *m*⟩ | *übertr verächtl* lückenhaft, zusammengestoppelt ⟨≈ knowledge⟩ | *übertr verächtl* uneinheitlich, -regelmäßig, -gleichmäßig ⟨a ≈ performance⟩

[2]**patch·y** [ˈpætʃɪ] *adj umg, dial* mürrisch, verdrießlich

pate [peɪt] *s Brit umg scherzh* Kopf *m* ⟨a bald ~ eine Glatze⟩

pâté [ˈpæteɪ|ˈpɑ:-] ⟨*frz*⟩ *s* Pastete *f*; **~ de foie gras** [ˌ~ də ˌfwɑ: ˈgrɑ:] Gänseleberpastete *f*

-pated [peɪtɪd] *adj in Zus* -köpfig ⟨bald-~⟩

pa·tel·la [pəˈtelə] *Anat s* Patella *f*, Kniescheibe *f*; **paˈtel·lar** *adj* Patellar-

pa·tel·li·dan [pəˈtelɪdn] *s Zool* Napfschnecke *f*

pa·ten·cy [ˈpeɪtənsɪ] *s* Offenkundigkeit *f* | *Med* Offensein *n*

pat·ent [ˈpeɪtnt|ˈpæ-] **1.** *adj* offen, offenkundig, -sichtlich ⟨~ stupidity⟩ | Privilegien besitzend | patentiert, gesetzlich geschützt, Patent- ⟨a ~ lock ein Patentschloß *n*⟩ | *umg* patent, großartig, raffiniert ⟨a ~ plan⟩; **2.** *s* Patent *n*, Patentschaft *f* ⟨to take out a ~ for s.th. etw. zum Patent anmelden⟩ | Privileg *n*, Bestallung *f* | *Brit umg* Trick *m*, Raffinesse *f*; **3.** *vt* als Privileg erhalten | patentieren, ein Patent erteilen auf | *Tech* (Draht) patentieren; **ˌ~aˈbil·i·ty** *s* Patentierbarkeit *f*; **ˈ~a·ble** *adj* patentierbar; **ˌ~ ˈa·gent** *s Brit* Patentanwalt *m*; **ˈ~ ˌar·ti·cle** *s* Markenartikel *m*; **ˌ~ atˈtor·ney** *s Am* Patentanwalt *m*; **ˈ~ claim** *s* Patentanspruch *m*; **ˈ~ed** *adj* patentiert, gesetzlich geschützt; **~ee** [ˌpeɪtnˈti:] *s Jur* Patentinhaber(in) *m(f)*; **ˌ~ ˈfee** *s* Patentgebühr *f*; **ˌ~ ˈhold·er** *s* = **~ˈee**; **ˈ~ ˌlaw** *s* Patentrecht *n*; **ˌ~ ˈleath·er** *s* Lackleder *n* ⟨≈ shoes Lackschuhe *pl*⟩; **ˈ~ life** *s* Patentlaufzeit *f*; **ˌ~ ˈlog** *s Mar* Patentlogge *f*; **ˈ~ly** *adv* offensichtlich, eindeutig ⟨a ≈ false statement⟩; **∸ Of·fice** [ˈpætnt ˌɒfɪs] *s* Patentamt *n*; **ˌ~ ˈmed·i·cine** *s verächtl* Wundermedizin *f* | Markenpräparat *n*; **ˌ~ reˈnew·al** *s* Patenterneuerung *f*; **ˈ~ right** *s* Patentrecht *n*; **ˈ~ rolls** *s/pl Brit* Patentregister *n*; **ˈ~ suit** *s* Patentklage *f*

pa·ter [ˈpeɪtə] *s Sl Päd* (Public School) alter Herr; **~fa·mil·i·as** [ˌ~feˈmɪlɪæs|-ɪəs] (*pl* **patresfamilias** [ˌpɑ:treɪs-|ˌpeɪtri:s-]) *s scherzh* Familienoberhaupt *n*; **~nal** [pəˈtɜ:nl] *adj* väterlich ⟨≈ grandmother Großmutter *f* väterlicherseits; ≈ love väterliche Liebe⟩ | *übertr* umsorgend, beschützend | *verächtl* übertrieben behütend; **paˈter·nal·ism** *s* Paternalismus *m*, übertriebene Fürsorge; **paˈter·nal·ist, paˌter·nalˈis·tic** *adj* (übertrieben) fürsorglich; **paˈter·ni·ty** *s* (*auch Jur*) Vaterschaft *f* | *übertr förml* Urheberschaft *f*

pa·ter·nos·ter [ˌpætəˈnɒstə] *s* Vaterunser *n* | Rosenkranz *m* | *Arch* Perlstab *m*; **ˈ~ lift** *s* Paternoster *m*

path [pɑ:θ] *s* Weg *m*, Pfad *m* ⟨to beat a ~ eine Bresche schlagen; *übertr* die Tür einrennen; to cross s.o.'s ~ jmds. Weg kreuzen; to stand in s.o.'s ~ jmdm. im Weg stehen⟩ | Feldweg *m* | Wegspur *f* | Weglänge *f* | *Astr, Phys* (Flug-) Bahn *f* ⟨the ~ of a comet⟩ | *übertr* Weg *m*, Bahn *f* ⟨the ~ to success⟩

Pa·than [pəˈtɑ:n] *s* Afghane *m*

pa·thet·ic [pəˈθetɪk] **1.** *adj* pathetisch, feierlich | traurig ⟨~ thoughts⟩ | ergreifend, erschütternd, rührend ⟨~ cries⟩ | *verächtl* kläglich, armselig ⟨~ attempts⟩ | *Anat* pathetisch ⟨~ nerve⟩; **ˌ~ ˈfal·la·cy** *s Lit* Vermenschlichung *f* der Natur; **2.** *s* (*mit best art*) das Pathetische | (*meist pl*) pathetisches Gefühl *od* Verhalten *n*

path|find·er [ˈpɑ:θˌfaɪndə] *s* Pfadfinder *m* | *übertr* Bahnbrecher *m* | *Flugw* Zielbeleuchter *m*; **ˈ~less** *adj* unwegsam

patho- [pæθə(ʊ)] ⟨*griech*⟩ *in Zus* Leiden[s]-

path·o|gen·e·sis [ˌpæθəˈdʒenɪsɪs] *Med s* Pathogenese *f*; **~ge·net·ic** [ˌ~dʒɪˈnetɪk], **~gen·ic** [ˌ~ˈdʒenɪk], **pa·thog·e·nous** [pəˈθɒdʒɪnəs] *adj* pathogen, krankheitserregend; **~log·ic** [ˌ~ˈlɒdʒɪk], **ˌ~ˈlog·i·cal** *adj* pathologisch, krankhaft (*auch übertr*) ⟨≈ fear⟩; **pa·thol·o·gist** [pəˈθɒlədʒɪst] *s* Pathologe *m*; **paˈthol·o·gy** *s* Pathologie *f*

pa·thos [ˈpeɪθɒs] *s Lit* Pathos *n*

path·way [ˈpɑ:θweɪ] *s* Pfad *m*, Fußweg *m* | *übertr* Weg *m*, Bahn *f*

-pathy [pəθɪ] ⟨*griech*⟩ *in Zus* Leiden (*z. B.* **apathy, myopathy**) | Heilsystem (*z. B.* **homeopathy**)

pa·tience [ˈpeɪʃns] *s* Geduld *f*, Ausdauer *f*, Langmut *f*, Nachsicht *f* (**with** mit) ⟨to be out of ~ with s.o. über jmdn. aufgebracht sein; to have ~ with sich gedulden mit; to have no ~ with s.o. jmdn. nicht ausstehen können; to lose one's ~ die Geduld verlieren⟩ | *Brit Kart* Patience *f*; **pa·tient** [ˈpeɪʃnt] **1.** *adj* geduldig (**of** mit) | nachsichtig (**to, towards** gegen); **2.** *s* Patient(in) *m(f)*; **ˈpa·tient·hood** *s* Patientendasein *n*

pat·i|na [ˈpætɪnə] *s* Patina *f*, Edelrost *m* | Altersfärbung *f* | *übertr* Glanz *m*, (äußere) Würde ⟨the ~ of wealth⟩; **ˈ~nate** *vt* patinieren, mit Edelrost überziehen; **ˌ~ˈna·tion** *s* Patinierung *f*

pa·ti·o [ˈpætɪəʊ] *s* Innenhof *m*, Patio *m* | Terrasse *f*, (offene) Veranda; **ˈ~ door** *s* Glastür *f* (zur Terrasse)

pa·tis·se·rie [pəˈti:sərɪ] *s* ⟨*frz*⟩ Konditorei *f*

pat·ois [ˈpætwɑ:] (*pl* ~ [-wɑ:z]) ⟨*frz*⟩ **1.** *s oft verächtl* Patois *n*, (bäuerliche) Mundart; **2.** *adj* mundartlich

patri- [peɪtrɪ|pæt-] ⟨*lat*⟩ *in Zus* Vater- (*z. B.* **patricide**)

pa·tri·al [ˈpeɪtrɪəl] *s Jur* eingebürgerter britischer Staatsbürger | *Ling* vom Landesnamen abgeleitetes Wort; **pa·tri·al·i·ty** [ˌpeɪtrɪˈælɪtɪ] *s Jur* durch Geburt *od* Eltern erworbene Staatsbürgerschaft

pa·tri|arch [ˈpeɪtrɪɑ:k] *s Rel* Patriarch *m* | ehrwürdiger alter Mann | Familien-, Stammesoberhaupt *n*; **ˌ~ˈar·chal** *adj* patriarchalisch ⟨a ≈ society e-e Männergesellschaft⟩ | *übertr* altehrwürdig; **~arch·ate** [ˈ~ɑ:kɪt] *s* Patriarchat *n*; **ˌ~ˈar·chic, ˌ~ˈar·chi·cal** *adj* patriarchalisch; **ˈ~arch·y** *s* Patriarchat *n*

pa·tri|cian [pəˈtrɪʃn] **1.** *s* Patrizier(in) *m(f)*; **2.** *adj* patrizisch | aristokratisch; **~ci·ate** [~ʃɪɪt] *s* Patriziat *n*

pa·tri|cid·al [ˌpætrɪˈsaɪdl] *adj* vatermörderisch | verräterisch; **ˈ~cide** *s* Vatermord *m* | Vatermörder *m* | Verrat *m* | Verräter *m*

pa·tri·mo·ni·al [ˌpætrɪˈməʊnɪəl] *adj* ererbt, Erb-; **pat·ri·mo·ny** [ˈpætrɪmənɪ] *s* Patrimonium *n*, väterliches Erbteil

pa·tri|ot [ˈpeɪtrɪət|ˈpæt-] **1.** *s* Patriot *m*; **2.** *auch* **~ot·ic** [ˌpætrɪˈɒtɪk] *adj* patriotisch; **~ot·ism** [ˈpætrɪətɪzm] *s* Patriotismus *m*

pa·trol [pəˈtrəʊl] (**paˈtrolled, paˈtrolled**) **1.** *vi* patrouillieren, die Runde machen; *vt* (Gelände, Gebiet u. a.) überwachen, abpatrouillieren | *oft verächtl* (Gegend) durchstreifen, unsicher machen ⟨to ~ the streets⟩; **2.** *s* Patrouille *f*, Spähtrupp *m* | Streife *f* ⟨on ~ auf Streife; police ~ Polizeistreife *f*⟩; **ˈ~ car** *s* Streifenwagen *m*; **ˈ~man** (*pl* **ˈ~men**) *s Brit* Autobahnhelfer *m* | *Am* Streifenpolizist *m*, Polizeistreife *f*; **ˈ~ ˌwag·on** *s Am* (Polizei-) Gefangenenwagen *m*

pa·tron [ˈpeɪtrən] *s* Schutz-, Schirmherr *m* | Gönner *m* | *selten Rel* Patron *m*, Schutzheiliger *m* | *Wirtsch* (Stamm-) Kunde *m*, Klient *m*, Gast *m* ⟨regular ~ ständiger Kunde *od* Gast⟩; **~age** [ˈpætrənɪdʒ] *s* Schirmherrschaft *f* | Gönnerschaft *f*, Protektion *f*, Förderung *f* (*auch verächtl*) | *Jur* Patronatsrecht *n* | *Wirtsch* Kundschaft *f* ⟨a large ≈⟩ | *verächtl* gönnerhaftes Benehmen; **ˈ~al** *adj* Patronats-; **~ess** [ˈ~ɪs] *s* Schirmherrin *f* | Gönnerin *f* | *Rel* Schutzheilige *f*; **~i·za·tion** [ˌpætrənaɪˈzeɪʃn] *s* Unterstützung *f*, Förderung *f*; **~ize** [ˈpætrənaɪz] *vt* beschirmen | fördern, unterstützen, begünstigen | *Wirtsch* Kunde sein bei, regelmäßig besuchen | *verächtl* (jmdn.) gönnerhaft behandeln, bevormunden; **ˈ~iz·ing** *adj* gönnerhaft, herablassend; **~ saint** [ˌpeɪtrən ˈseɪnt] *s Rel* Schutzheilige(r) *f(m)*

pat·ro·nym·ic [ˌpætrəˈnɪmɪk] **1.** *adj Ling* patronymisch ⟨~

name⟩; **2.** *s* Patronym(ikum) *n* (*n*), Vatersname *m*

pa·troon [pəˈtruːn] *s Am Hist* privilegierter Grundbesitzer

pat·sy [ˈpætsɪ] *s Am Sl* Sündenbock *m* | Leichtgläubige(r) *f*(*m*) | Schlappschwanz *m*

pat·ten [ˈpætn] **1.** *s* Holzschuh *m*, Holzpantine *f* | *Arch* Säulenfuß *m*, Sockel *m*; **2.** *vi* Holzschuhe tragen

[1]**pat·ter** [ˈpætə] **1.** *vi* im Jargon sprechen | plappern, schwatzen | *Theat* Text herunterrasseln; *vt* plappern, schwatzen | *Theat* (Rolle) herunterleiern; **2.** *s* Jargon *m*, Berufssprache *f* ⟨thieves' ~ Gaunerjargon *m*⟩ | Geplapper *n*, Geschwafel *n* | Gequatsche *n* | Sprüche *m/pl* ⟨to start one's ~ s-e Sprüche loslassen⟩

[2]**pat·ter** [ˈpætə] **1.** *vi* prasseln, klatschen (**against** gegen) | trippeln; *vt* platschen lassen; **2.** *s* Prasseln *n*, Klatschen *n* ⟨the ~ of rain⟩ | Trippeln *n*

pat·ter-mer·chant [ˈpætə ˌmɜːtʃnt] *s umg* Schönredner *m*, Sprücheklopfer *m*

pat·tern [ˈpætn] **1.** *s* Muster *n*, Dessin *n* ⟨a geometrical ~⟩ | *Wirtsch* Muster *n*, Probe *f* ⟨a ~ of cloth⟩ | (Guß-) Modell *n*, Schablone *f* (*auch Tech*) | Vorlage *f*, Stickmuster *n* | Schnittmuster *n* | *übertr* (typisches) Muster, Modell *n*, Anlage *f*, Beispiel *n*, Schema *n* ⟨on the ~ of nach dem Muster von; to follow a ~ nach e-m Schema ablaufen; to take a ~ by sich ein Beispiel nehmen an⟩ | *Ling* Struktur(modell) *f*(*n*) ⟨linguistic ~s⟩ | *übertr* Verhaltensweise *f* ⟨behaviour ~; ~ of life Lebensordnung *f*, -zuschnitt *m*⟩ | (*meist pl*) Gesetzmäßigkeit *f* ⟨historical ~s⟩ | *Mil* Trefferbild *n* | (*meist sg*) Vorbild *n*, (ideales) Muster, Ideal *n* (**of** für, von) ⟨a ~ of reliability⟩; **2.** *vt* nachbilden, formen (**after, [up]on** nach) | mustern (**with** mit, in); *vi* ein Muster bilden; ˈ**~ book** *s* Musterbuch *n*; ˈ**~ card** *s* Musterkarte *f*; ˈ**~ chain** *s* (Weberei) Musterkette *f*; ˈ**pat·terned** *adj* gemustert; ˈ**~ ˌmak·er** *s* Modellierer *m*; ˈ**~ shop** *s* Modelltischlerei *f*

pat·ter song [ˈpætə sɒŋ] *s* Gassenhauer *m*

pat·ty [ˈpætɪ] *s* Pastetchen *n* | *Am* Frikadelle *f*, Boulette *f*

pat·u·lous [ˈpætjʊləs|-tʃə-] *adj* offen | *Bot* offenstehend

pau·ci·ty [ˈpɔːsətɪ] *förml s* geringe Zahl, kleine Menge ⟨a ~ of voices sehr wenige Stimmen⟩ | Dürftigkeit *f*, Minimum *n* ⟨~ of help minimale Unterstützung⟩

paunch [pɔːntʃ] *s Zool* Pansen *m* | *scherzh, verächtl* dicker Bauch, Wanst *m*; **paunched,** ˈ**~y** *adj scherzh, verächtl* (*bes Mann*) dickbäuchig, beleibt

pau·per [ˈpɔːpə] **1.** *s* Arme(r) *f*(*m*) | *arch* Unterstützungsempfänger(in) *m*(*f*); **2.** *vt* arm machen; ˈ**~age** [-rɪdʒ] *s* Armut *f*; ˈ**~dom,** ˈ**~ism** *s* Verarmung *f*, Massenarmut *f* | *collect* die Armen *pl*; ˌ**~iˈza·tion** *s* Verarmung *f*, Verelendung *f*; ˈ**~ize** *vt* arm machen

pau·sa·tion [pɔːˈzeɪʃn] *s* Pause *f*, Unterbrechung *f*; **pause** **1.** *s* Pause *f*, Unterbrechung *f* ⟨to make a ≈ e-e Pause machen, pausieren⟩ | *übertr* Einhalten *n* ⟨to give ≈ to s.o. jmdm. Einhalt gebieten⟩ | *Typ* Gedankenstrich *m* | *Mus* Fermate *f*; **2.** *vi* pausieren, innehalten ⟨to ~ to think innehalten und nachdenken⟩ | zögern | (Wort, Ton) aushalten, verweilen (**[up]on** bei) ⟨to ≈ upon a note e-n Ton aushalten⟩

pav·age [ˈpeɪvɪdʒ] *s* Pflastern *n*

pa·van[e] [ˈpævən|pəˈvæn|pəˈvɑːn] *s* Pavane *f* (Tanz)

pave [peɪv] *vt* pflastern | *übertr* bahnen ⟨to ~ the way for s.o. jmdm. den Weg bahnen; to ~ the way for/to s.th. etw. ermöglichen, die Voraussetzungen schaffen für⟩; **paved** *adj* gepflastert (*auch übertr*) (**with** von, mit) ⟨≈ with success von Erfolg(en) begleitet⟩; ˈ**~ment** *s* (Straßen-) Pflaster *n* | *Brit* Bürgersteig *m*, Fußweg *m*, Trottoir *n* | *Am* Fahrstraße *f*, -bahn *f* | Pflaster *n*, Steinbelag *m*; ˈ**~ment ˌart·ist** *s* Pflastermaler(in) *m*(*f*); ˈ**pav·er** *s* Pflasterstein *m* | *Am* Steinsetzer *m*, Pflasterer *m* | Fliesenleger *m*

pa·vil·ion [pəˈvɪlɪən] **1.** *s* (großes) Zelt | (Ausstellungs-) Halle *f* | *Arch* Pavillon *m*, Gartenhäuschen *n* | *Arch* Seitenflügel *m* | *Brit* Sportplatzgebäude *n*, Klubhaus *n*, Umkleideräume *pl*; **2.** *vt* mit Zelten *od* Pavillons versehen

pav·ing [ˈpeɪvɪŋ] *s* Pflastern *n*, Pflasterung *f* | Straßenpflaster *n* ⟨crazy ~ Mosaikpflaster *n*⟩ | (*meist pl*) Pflasterstein *m*; ˈ**~ block,** ˈ**~ brick** *s* Pflasterstein *m*; ˈ**~ flag** *s* Wegplatte *f*; ˈ**~ stone** *s* Pflasterstein *m*; **pav·iour** [ˈ~ɪə] *s* Steinsetzer *m*, Pflasterer *m* | Pflasterstein *m*

pa·vo|ni·an [pəˈvəʊnɪən], **~nine** [ˈpævənaɪn|-nɪn] *adj* pfauenartig | schillernd

paw [pɔː] **1.** *s* Pfote *f*, Tatze *f* | *umg scherzh* Hand *f*, Pfötchen *n* | *umg scherzh* Klaue *f*, schlechte Handschrift; **2.** *vt* mit den Pfoten kratzen | ungeschickt anfassen | (Pferd) mit den Hufen schlagen auf; **~ about, ~ around** *umg* (jmdn.) betatschen, derb anfassen, (unsittlich) anfassen ⟨he kept ~ing her about er hat sie immer wieder angefaßt⟩; *vi* kratzen, scharren (**at** an) | *umg* anfassen, betatschen (**at s.o.** jmdn.)

pawk·y [ˈpɔːkɪ] *adj Schott, dial* gerissen, schlau ⟨~ humour halb Scherz, halb Ernst⟩

pawl [pɔːl] **1.** *Tech s* Sperr-, Schaltklinke *f*, Schnapper *m* | Absperrklaue *f* | Mitnehmerklinke *f* | Sperrhaken *m* | *Mar* Pall *n*; **2.** *vt Mar* pallsetzen

[1]**pawn** [pɔːn] **1.** *s förml* Pfand *n* (*auch übertr*) ⟨in ~ verpfändet; to give in ~ verpfänden⟩; **2.** *vt* verpfänden, versetzen | *übertr* (Leben u. ä.) aufs Spiel setzen, riskieren

[2]**pawn** [pɔːn] *s* (Schach) Bauer *m* | *übertr* Marionette *f*, Strohmann *m*

pawn|age [ˈpɔːnɪdʒ] *s* (Ver-) Pfändung *f*; ˈ**~ˌbrok·er** *s* Pfandleiher *m*; **~ee** [ˌ~ˈiː] *s* Pfandinhaber *m*; ˈ**~er,** ˈ**~or** *s* Pfandschuldner *m*; ˈ**~shop** *s* Pfandleihe *f*, Leihhaus *n*; ˈ**~ˌtick·et** *s* Leihschein *m*

paw-paw [ˈpɔːpɔː] *adj* eklig | *übertr* unanständig

paw·paw [ˈpɔːpɔː] *s Brit* = **papaya**

[1]**pay** [peɪ] **1.** *s* Bezahlung *f* | Lohn *m*, Gehalt *n* | Heuer *f* | Sold *m*, Besoldung *f* ⟨in the ~ of im Sold [beschäftigt] bei; *übertr verächtl* im Solde von, ausgehalten von⟩ | Entgelt *n*, Entschädigung *f*; **2.** *adj* Lohn- ⟨~ claims Lohnforderungen *pl*⟩; **3.** (**paid, paid**) *vt* (be)zahlen, auszahlen ⟨to ~ one pound for s.th.; to ~ s.o.; to ~ one's way keine Schulden machen, (Rechnung, Schulden u. ä.) begleichen; to ~ a bill; to ~ one's debts; paid cheque eingelöster Scheck⟩ | *übertr* lohnen, vergelten (**for** für) ⟨to ~ home heimzahlen⟩ | Gewinn bringen (*auch übertr*) ⟨it doesn't ~ you es bringt dir nichts ein⟩ | *übertr* machen, sagen, entgegenbringen ⟨to ~ attention aufmerksam sein, aufpassen, achtgeben; to ~ a call / visit e-n Besuch abstatten; to ~ a compliment ein Kompliment machen; to ~ one's respects Ehre erweisen⟩; **~ away** auszahlen; **~ back** zurückzahlen | *übertr* (jmdm.) heim-, zurückzahlen (**for** s.th. etw.); **~ in[to]** einzahlen; **~ off** (jmdn.) auszahlen, entlohnen | (etw.) ab(be)zahlen, tilgen | *übertr umg* heim-, zurückzahlen | *umg* (jmdn.) zum Schweigen bringen, bestechen; **~ out** auszahlen | *Brit übertr umg* heim-, zurückzahlen; **~ over** entrichten; **~ up** tilgen; *vi* zahlen, Zahlung leisten (**for** für) | sich bezahlt machen, sich lohnen ⟨it does not ~⟩; **~ for** büßen, zahlen für (*auch übertr*); **~ off** *umg* klappen, sich lohnen, sich auszahlen; **~ up** zahlen, seine Schulden bezahlen

[2]**pay** [peɪ] *vt* (**payed, payed,** *selten* **paid, paid**) *Mar* verpechen, einschmieren

pay|a·bil·i·ty [ˌpeɪəˈbɪlətɪ] *s* Zahlbarkeit *f*; ˈ**~a·ble** *adj* (Rechnung u. ä.) zahlbar, fällig | (Scheck u. ä.) zahlbar, zu zahlen (**to** an) | gewinnbringend, lohnend ⟨a ≈ business⟩;

ˌ~-as-you-ˈearn, *auch* **PAYE** [ˌpiːeɪwaɪˈiː] *s Brit* Lohnsteuerabzug *m*, -einbehaltung *f*; ˈ~**book** *s Mil* Soldbuch *n*; ˈ~ˌ**but·ton** *s* Zahlknopf *m*; ˈ~ **ca·ble** *s Am* gebührenpflichtiges Kabelfernsehen; ˈ~**day** *s* Zahltag *m*; ˈ~ **dirt** *Am s Geol* erz- (*bes* gold-) haltige Erde | *übertr* lohnende Entdeckung, Gewinn *m*, Nutzen *m*; ~**ee** [-ˈiː] *Wirtsch s* Zahlungsempfänger(in) *m(f)* | Wechselnehmer(in) *m(f)*; ˈ~ ˌ**en·ve·lope** *s Am* Lohntüte *f*; ˈ~**er** *s Jur, Wirtsch* (Aus-, Be-) Zahler *m* ⟨slow ≈ säumiger Zahler⟩; ˈ~ **freeze** *s umg* Lohnstopp *m*; ˈ~**ing 1.** *adj* zahlend | gewinnbringend, lohnend; **2.** *s* Zahlung *f*; ˌ~**ing** ˈ**guest** *s* Kostgänger *m*; ˈ~**load** *s Tech* Nutzlast *f* | *Mil* Sprengsatz *m* (von Geschoß, Rakete); ˌ~**load** ˈ**spe·ci·a·list** *s* Kosmonaut *m od* Raumfahrtpassagier *m* zur Durchführung besonderer Experimente im All; ˈ~ˌ**mas·ter** *s Mil* Zahlmeister *m* | *übertr verächtl* Geldgeber *m*, Auftraggeber *m*; ˌ~**master** ˈ**gen·e·ral**, *oft* ˈ≃**master** *s* (*pl* ˌ~**masters** ˈ**general** *od* ˌ~**master** ˈ**generals**) *Brit* (Regierung) Generalzahlmeister *m*; ˈ~**ment** *s* (Be-, Ein-, Aus-) Zahlung *f*, Begleichung *f*, Tilgung *f* ⟨in ≈ of zum Ausgleich von; on ≈ nach Zahlung; ≈ in cash Barzahlung *f*; ≈ in kind Naturalleistung *f*; ≈ on account Akontozahlung *f*; terms of ≈ Zahlungsbedingungen *f/pl*⟩ | Lohn *m* | Sold *m*, Besoldung *f* | *übertr* Lohn *m* | *übertr* Strafe *f*, Vergeltung *f*

pay·nim [ˈpeɪnɪm] *s arch* Heide *m*, Heidin *f* (*bes* Mohammedaner[in])

pay|off [ˈpeɪ ɒf] *umg s* Lohnzahlung *f* | (Beute u. ä.) Verteilung *f* | *übertr* Ausgang *m*, Resultat *n*, Clou *m* | *übertr* Rache *f*, Heimzahlung *f* | *Wirtsch* Lohn *m*, Gewinn *m*; ~**o·la** [~ˈəʊlə] *s Sl* Bestechung *f* | Bestechungs-, Schmiergeld(er) *n(pl)*; ˈ~ ˌ**pack·et** *s Brit* Lohntüte *f* | Lohn *m*, Gehalt *n*; ˈ~ **phone** *s, auch* ˈ~ ˌ**tel·e·phone** *s* Münzfernsprecher *m*; ˈ~ **rise** *s* Lohn-, Gehaltserhöhung *f*; ˈ~**roll** *s* Lohnliste *f* ⟨to be on s.o.'s ≈ bei jmdm. beschäftigt sein; to have 100 on the ≈ 100 Beschäftigte *od* eine Belegschaft von 100 haben⟩ | Lohn- und Gehaltssumme ⟨a monthly ≈ of £ 100 000⟩; ˈ~ ˌ**sta·tion** *s Am* Telephonzelle *f*

PBS [ˌpiːbiːˈes] *Am Abk* von ↑ **Public Broadcasting Service** (nichtkommerzieller Rundfunk)

P.C. *Brit Abk* von ↑ **Police Constable** ⟨~ Smith; two P.C.'s were sacked⟩; **PC** *Abk* von **personal computer**

PDL [ˌpiːdiːˈel] *Brit Abk* von ↑ **Poverty Datum Line**

PE [ˌpiː ˈiː] *s Päd umg* Sport *m*, Leibesübungen *pl*, Turnen *n*

pea [piː] **1.** *s Bot* Erbse *f* ⟨as like as two ~s (in a pod) *übertr* zum Verwechseln ähnlich; green ~s Schoten *f/pl*⟩; **2.** *adj* erbsengroß

peace [piːs] *s* Friede(n) *m* ⟨at ~ in Frieden; to fight for ~ um den Frieden kämpfen; to make ~ Frieden schließen⟩ | *auch* ˌ**King's** ˈ**~**, ˌ**Queen's** ˈ**~**, ˌ**pub·lic** ˈ**~** *s* Landfrieden *m*, öffentliche Sicherheit *od* Ordnung, Ruhe *f* und Ordnung *f* ⟨breach of ~ Ruhestörung *f*; to keep the ~ die öffentliche Ordnung einhalten⟩ | *übertr* Frieden *m*, innere Ruhe ⟨~ of mind Seelenfrieden *m*; to be at ~ *euphem* in Frieden ruhen, tot sein; to hold one's ~ still sein⟩ | *übertr* Versöhnung *f*, Frieden *m* ⟨to hold one's ~ sich zufriedengeben; to make one's ~ with s.o. sich mit jmdm. versöhnen⟩; ˈ~**a·ble** *adj* (Person) friedlich, friedliebend | ruhig, ungestört, friedlich ⟨≈ times⟩; ˈ~ˌ**break·er** *s* Friedensstörer *m*; ˈ≃ **Corps** *s Am* Friedenskorps *n*; ˌ~ ˈ**cy·cle race** *s* (Radfahren) Friedensfahrt *f*; ˈ~ ˌ**feel·er** *s* Friedensbemühung *f* ⟨to put out ≈s sich um Frieden bemühen⟩; ˈ~**ful** *adj* friedlich, friedfertig ⟨≈ coexistence⟩ | ruhig, still, ungestört ⟨≈ sea⟩; ˈ~ˌ**keep·er** *s Pol* Macht *f*, die den Frieden sichert *od* sichern soll; Friedenstruppe *f*; ˈ~ˌ**keep·ing 1.** *s* Friedenssicherung *f*; **2.** *adj* Friedens-, zur Sicherung des Friedens ⟨a ≈ force e-e Friedenstruppe *f*⟩; ˈ~-ˌ**lov·ing** *adj* friedliebend; ˈ~**mak·er** *s* Friedensstifter *m*; ˈ~ˌ**mak·ing** *s* Friedensschluß *m* | *scherzh, Am* Kanone *f* (Revolver); ˈ~ ˌ**of·fer·ing** *s* Friedensangebot *n*; ˈ~ **pipe** *s* Friedenspfeife *f* ⟨to smoke the ≈⟩; ˈ~ **sign** *s* Zeichen *n od* Symbol *n* des Friedens, V-Zeichen *n* (mit der Hand); ˈ~ ˌ**sym·bol** *s* Friedenssymbol *n*; ˈ~ **talk** *s* Friedensgespräch *n*, -verhandlung *f*; ˈ~**time 1.** *s* Friedenszeit *f* ⟨to live in ≈ im Frieden leben⟩; **2.** *adj* Friedens-, im Frieden (*Ant* wartime)

[1]**peach** [piːtʃ] *s Bot* Pfirsich *m* | Pfirsichfarbe *f* | *urspr Am Sl* etw. Feines *od* Schönes *n*, großartige Sache ⟨a ~ of a car ein tolles Auto; a ~ of a girl ein sehr hübsches Mädchen, e-e süße Puppe⟩

[2]**peach** [piːtʃ] *vi Sl* (Schule) ausplaudern, petzen ⟨to ~ against / on s.o. jmdn. verpfeifen *od* verraten⟩

pea·chick [ˈpiːtʃɪk] *s Zool* junger Pfau

Peach | Mel·ba [ˌpiːtʃ ˈmelbə] *s* (*pl* ~ **Melbas**) Pfirsich-melba *f*

peach·y [ˈpiːtʃɪ] *adj* pfirsichartig, -farben | *Am Sl* großartig, prächtig

pea·cock [ˈpiːkɒk] **1.** *s Zool* Pfau *m* ⟨female ~ Pfauhenne *f*⟩ | *auch* ˌ~ ˈ**but·ter·fly** *s Zool* Tagpfauenauge *n* | *übertr* Laffe *m*; **2.** *vi* wie ein Pfau einherstolzieren; ˌ~ ˈ**blue** *s* Pfauenblau *n*; ˈ~**ish**, ˈ~**y** *adj* aufgeblasen, eingebildet, hochnäsig

pea·cod [ˈpiːkɒd] *s* Erbsenschote *f*

pea·fowl [ˈpiːfaʊl] (*pl* ~ *od* ~**s**) *s Zool* Pfau *m*

pea green [ˌpiː ˈgriːn] *s* Erbsen-, Maigrün *n*

pea·hen [ˈpiːhen] *s Zool* Pfauhenne *f*

[1]**peak** [piːk] **1.** *s* Bergspitze *f*, -gipfel *m* | Wellenkrone *f* | *Math* Scheitelpunkt *m*, Maximum *n* | Mützenschirm *m*, -schild *n* | *Mar* Ankerspitze *f* | *Mar* Piek *f* | *übertr* Gipfel *m*, Höhepunkt *m* ⟨at the ~ of happiness auf dem Gipfel des Glücks; to reach a ~ e-n Höhepunkt erreichen⟩ | *übertr* Hauptbelastung *f*, Stoßzeit *f*; **2.** *vt Mar* aufpieken; *vi* einen Höhepunkt erreichen ⟨sales have ~ed⟩

[2]**peak** [piːk] **1.** *vi* mager *od* spitz aussehen | abmagern, kränkeln ◇ ˌ~ **and** ˈ**pine** dahinsiechen; **2.** *s* Abmagerung *f*, Siechtum *n*; [1]**peaked** *adj* abgemagert, spitz, kränklich

[2]**peaked** [piːkt] *adj* spitz ⟨~ roof Spitzdach *n*⟩ | *Math* (Kurve) steil zulaufend ⟨a ~ curve⟩

peak| ex·pe·ri·ence [ˌpiːk ɪkˈspɪərɪəns] *s Psych* Erlebnishöhepunkt *m*; ˌ~ ˈ**hour** *s* (*oft pl*) Spitzen-, Hauptbelastungszeit *f*; ˌ~ ˈ**load** *s El* Spitzenbelastung *f*; ˌ~ **of** ˈ**traf·fic** *s* Verkehrsspitze *f*; ˌ~ ˈ**out·put** *s* Spitzenleistung *f*; ˌ~ ˈ**val·ue** *s* Höchstwert *m*; [1]ˈ~**y** *adj* voller Gipfel | *auch* **peaked** spitz[ig]

[2]**peak·y** [ˈpiːkɪ] *adj* abgemagert, spitz aussehend | *umg* mies, krank, angeschlagen, mitgenommen ⟨to feel ~ sich gar nicht wohl fühlen⟩

peal [piːl] **1.** *s* Läuten *n*, Geläute *n* | Getöse *n* ⟨~ of thunder Donnerschlag *m*⟩ | Glockenspiel *n*; **2.** *vt* (Glocke) läuten | laut verkünden | schallen lassen; *vi* läuten | donnern, krachen

pea·nut [ˈpiːnʌt] **1.** *s Bot* Erdnuß *f* | *Am Sl verächtl* Wicht *m*, Würstchen *n* | (*meist pl*) *Am Sl* Lappalie *f*, Kinderspiel *n* | lächerliche (Geld-) Summe; **2.** *adj Am Sl* nichtssagend, unbedeutend, kleinlich ⟨a ~proposal⟩; ˈ~ ˌ**but·ter** *s* Erdnußbutter *f*

pear [pɛə] *s Bot* Birne *f* | *auch* ˈ~ **tree** Birnbaum *m*; ˈ~ **drop** *s* (birnenförmiges) Bonbon; ˈ~-**drop** *adj* (Ohrring) tropfenförmig

pearl [pɜːl] **1.** *s* Perle *f* (*auch übertr*) ⟨natural ~ Naturperle *f*; ~ of wisdom weiser Spruch; to cast (one's) ~s before swine *übertr* (seine) Perlen vor die Säue werfen⟩ | *übertr* (Frau) Perle *f*, Schatz *m* ⟨she's a ~⟩ | *auch* ˌ**moth·er-of-**ˈ~ Perlmutt *n* | *Med* (Arznei) Kügelchen *n* | *Typ* Perl *f*; **2.** *vi* (Flüssigkeit) perlen | als Perlenfischer arbeiten ⟨to go ~ing nach Perlen suchen⟩; *vt* mit Perlen verzieren; ˌ~ ˈ**bar·ley** *s*

Perlgraupen *pl*; '~ **dis,ease** *s Vet* Perlsucht *f*; '~ **,div·er** *s* Perlenfischer *m*; **pearled** *adj* mit Perlen besetzt; '~ **,fish·er** *s* Perlenfischer *m*; '~ **,fish·er·y** *s* Perlfischerei *f* | Perlenbank *f*; ,~ **'lamp** *s* Opallampe *f*; ,~ **'ore** *s* Perlerz *n*; '~ **,pow·der** *s* Schminkweiß *n*; '**~y** *adj* perlenreich | Perl- ⟨≈ grey perlgrau⟩ | perlenartig ⟨≈ teeth Zähne *pl* wie Perlen⟩

pear·main ['pɛəmeɪn] *s Bot* Parmäne *f* (Apfelsorte)

pear| quince [,pɛə 'kwɪns] *s Bot* Quitte *f*; '**~-shaped** *adj* birnenförmig

peas·ant ['peznt] **1.** *s* Bauer *m*, Landwirt *m* | *übertr verächtl* ungebildeter Mensch, ungehobelter Klotz; **2.** *adj* bäurisch, ländlich; '**~like** *adj* bäurisch; '**~ry** *s* Bauernstand *m*, Landvolk *n* | *collect* Bauern *m/pl*; '~ **,wom·an** *s* (*pl* '~ **,wom·en**) Bäuerin *f*, Bauersfrau *f*

pease [pi:z] *s Brit dial* Erbsen *f/pl*; ,~ **'pud·ding** *s* Erbsenbrei *m*

pea·shoot·er ['pi:,ʃu:tə] *s* Blas-, Pusterohr *n* | *Am Sl* kleiner Revolver

pea soup [,pi: 'su:p] *s* Erbsensuppe *f* | *umg* dichter Nebel, Waschküche *f*; '**~er** *s umg* dichter (gelber) Nebel; '**~y** *adj umg* (Nebel) dicht und gelb

peat [pi:t] *s* Torf *m* ⟨to cut/dig ~ Torf stechen⟩ | Torfstück *n*, Torfsode *f*; '~ **bog** *s* Torfmoor *n*; '~ **coal** *s* Torfkohle *f*; '~ **,dig·ger** *s* Torfstecher *m*; '~ **moss** *s* Torfmoor *n*; '**~y** *adj* torfartig | Torf-, torfhaltig

peb|ble ['pebl] **1.** *s* Kiesel(stein) *m* ⟨not the only ≈ on the beach *übertr* nicht der (die, das) einzige, um den (die, das) sich alles dreht⟩ | *Min* Bergkristall *m* | *Min* Achat *m* | *Phys* Kristall-Linse *f* | (*meist pl*) Geröll *n*; **2.** *vt* (Leder) chagrinieren; '**~bled** *adj* kieselig; '**~ble dash** *s* Rauhputz *m*; '**~ble mill** *s Tech* Kugelmühle *f*; '**~ble stone** *s* Kieselstein *m*; '**~bly** *adj* kieselig, steinig | kieselartig

pe·can [pɪ'kæn] *s Bot* Pekanobaum *m* | *auch* '~ **nut** Pekanonuß *f*

pec|ca·bil·i·ty [,pekə'bɪlətɪ] *s* Sündhaftigkeit *f*; '**~ca·ble** *adj* sündhaft; **~ca·dil·lo** [,-ə'dɪləʊ] (*pl* **,~ca'dil·los** *od* **,~ca'dil·loes**) kleine *od* leichte Sünde, geringfügiges Vergehen; **~can·cy** ['-ənsɪ] *s* Sündhaftigkeit *f* | Sünde *f*; '**~cant** *adj* sündhaft | böse, verderbt | *Med* krankhaft, zerstört ⟨≈ parts⟩

pec·ca·ry ['pekərɪ] *s Zool* Nabelschwein *n*

[1]**peck** [pek] *s* Peck *n*, Viertelscheffel *m* (= 9,09 Liter) | *übertr umg* Haufen *m*, Menge *f* ⟨a ~ of troubles⟩

[2]**peck** [pek] **1.** *vt* picken (Vogel) | aufpicken ⟨to ~ corn⟩ | hacken ⟨to ~ a hole⟩ | *umg* flüchtig küssen | *Brit Sl* hineinhauen, kräftig essen; ~ **away**, *auch* ~ **off** ab-, wegpicken (Vogel); *vi* picken ⟨to be only ~ing at one's food nur im Essen herumstochern⟩ | *auch* ~ **away** hacken ⟨to ~ at s.o. *übertr* auf jmdm. herumhacken⟩; **2.** *s* Picken *n* | Hacken *n* | Schlag *m*, Stoß *m* | *umg* flüchtiger Kuß | *Brit Sl* Essen *n*, Futtern *n*; '**~er** *s* Picke *f*, Haue *f* | *Am vulg* Penis *m* | *Sl* Nase *f* ⟨to keep one's ≈ up *Brit umg* sich nicht unterkriegen lassen⟩ | *Sl* guter Esser; '**~ing ,or·der** *s Biol* Hackordnung *f* | *oft scherzh* soziale Rangordnung, Reihenfolge *f*, wer wem etw. zu sagen hat; '**~ish** *adj Brit umg* hungrig | *Am umg* nörglerisch, mäkelig

pec·tase ['pekteɪs] *s Chem* Pektase *f*

pec|tic ['pektɪk] *Chem adj* Pektin-; **~tin** ['-tɪn] *s* Pektin *n*

pec·ti·nate ['pektɪneɪt] *adj* kammartig

pec·to·ral ['pektərl] **1.** *adj* pektoral, Brust- ⟨~ muscle⟩; **2.** *s Anat* Brustmuskel *m* | *Med* Hustenmittel *n* | *auch* ,~ **'cross** *s Rel* Pektorale *n*, Brustkreuz *n* (e-s Bischofs) | *auch* ,~ **'fin** *s Zool* Brustflosse *f*

pec·u|late ['pekjʊleɪt] *förml vt* (Geld) veruntreuen, unterschlagen; *vi* Geld unterschlagen; **,~'la·tion** *s* Veruntreuung *f*, Unterschlagung *f*; '**~la·tor** *s* Veruntreuer *m*

pe·cul·iar [pɪ'kju:lɪə] **1.** *adj* eigentümlich (**to s.o.** jmdm.), typisch (**to** für) | seltsam, sonderbar, eigenartig, komisch | exzentrisch, verrückt | *umg* (Befinden) nicht normal, krank ⟨to feel rather ~⟩; **2.** *s* Sondereigentum *n* | Vorrecht *m*, Privileg *n*; **pe·cu·li·ar·i·ty** [pɪ,kju:lɪ'ærətɪ] *s* Eigentümlichkeit *f*, Besonderheit *f* | Seltsamkeit *f*, Eigenheit *f*, Eigenartigkeit *f*; **pe'cul·iar·ly** *adv* besonders | seltsamerweise

pe·cu·ni·ar·y [pɪ'kju:nɪərɪ] *adj förml* Geld-, pekuniär ⟨a ~ question⟩

ped·a|gog·ic [,pedə'gɒdʒɪk|-'gəʊdʒ-], **~gog·i·cal** [,~'gɒdʒɪkl] *adj* pädagogisch, Erziehungs-; **~gog·ics** [,~'gɒdʒɪks] *s/pl* (*sg konstr*) Pädagogik *f*; **~gogue** ['~gɒg] **1.** *s* Pädagoge *m*, Erzieher *m* | *übertr* Pedant *m*; **2.** *vt, vi* unterrichten, lehren; **~go·gy** ['~gɒdʒɪ] *s* Pädagogik *f*

ped|al ['pedl] **1.** *s* Pedal *n*, Fußhebel *m* ⟨forte ≈ Fortepedal *n*; to apply the soft ≈ piano spielen⟩; **2.** *adj* Pedal-, Fuß-, Tret- ⟨≈ boat Tretkahn *m*⟩ | *Zool* Fuß-; **3.** ('**~alled**, '**~alled**) *vi* radfahren | *Tech, Mus* das Pedal treten; **~al a·long** dahinradeln, drauflosstrampeln; **~al a·way** (auf dem Rad) losrasen; *vt* treten | (Fahrrad) fahren; '**~al bin** *s* (Müll) Treteimer *m*; '~ **brake** *s* Fußbremse *f*; ,~ **'key·board** *s* Tretklaviatur *f*

ped·ant ['pednt] *verächtl* **1.** *s* Pedant *m*, Schulmeister *m*; **2.** *auch* **pe·dan·tic** [pɪ'dæntɪk] *adj* pedantisch: '**~ism**, '**~ry** *s* Pedanterie *f*

ped|dle ['pedl] *vi* hausieren gehen | *übertr* spielen, herumtändeln (**with** mit); *vt* hausieren mit, handeln mit (*auch übertr*) ⟨to ≈ drugs mit Rauschgift handeln; to ≈ an idea e-n Gedanken an den Mann bringen wollen⟩ | kleinlich sein mit; '**~dler** *s* Drogenhändler(in) *m(f)*, Pusher(in) *m(f)* | *Am* '**pedlar**; '**~dling** **1.** *adj* hausierend, Hausier- | wertlos, nichtig; **2.** *s* Hausieren *n*

ped·e·rast = **paederast**

ped·es|tal ['pedɪstl] **1.** *s Arch* Piedestal *n*, Säulenfuß *m* ⟨to knock s.o. off his ≈ *übertr* jmdn. vom Podest stoßen; to put/set s.o. on a ≈ *übertr* jmdn. für unfehlbar erklären⟩ | *Tech* Sockel *m*, Bock *m*, Ständer *m*, Untersatz *m* | *Tech* Achslagerführung *f* | *Ferns* Spannungspegel *m*, Basisimpuls *m*; **2.** ('**~talled**, '**~talled**) *vt* auf ein Piedestal setzen | *übertr* (jmdn.) vergöttern; **,~tal 'ash·tray** *s* Standascher *m*; **,~al 'desk** *s* Standpult *n*

pe·des·tri·an [pɪ'destrɪən] **1.** *adj* zu Fuß, Fuß-, Spazier- ⟨a ~ journey eine Fußreise⟩ | Fußgänger- ⟨~ bridge; ~ crossing Fußgängerüberweg *m*; ~ deck *Arch* Fußgängerforum *n*; ~ island Fußgängerinsel *f*; ~ precinct Fußgängerzone *f*; ~ subway Fußgängerunterführung *f*, -tunnel *m*; ~ traffic⟩ | *übertr* mittelmäßig, prosaisch, alltäglich, ideenlos ⟨a ~ student⟩ | *übertr* langweilig, uninteressant, (übertrieben) nüchtern ⟨a ~ style⟩; **2.** *s* Fußgänger(in) *m(f)*; **pe'des·tri·an·ism** *s* Zufußgehen *n* | *übertr* Nüchternheit *f*; **pe,des·tri·an·i'za·tion** Reservierung *f* für Fußgänger, Sperrung *f* für den Fahrzeugverkehr; **pe'des·tri·an·ize** *vt* (Straße) für den Fahrverkehr sperren, nur für Fußgänger freigeben

pedi- [pedɪ] ⟨*lat*⟩ *in Zus* Fuß-

pe·di|at·ric [,pi:dɪ'ætrɪk|,ped-] *adj* pädiatrisch, kinderheilkundlich, Kinderheilkunde- ⟨≈ clinic Kinderklinik *f*; ≈ nurse Kinderkrankenschwester *f*⟩; **~a·tri·cian** [,~ə'trɪʃn] *s* Kinderarzt *m*; **~at·rics** [,~'ætrɪks] *s/pl* (*sg konstr*) Pädiatrie *f*, Kinderheilkunde *f*

ped·i·cab ['pedɪkæb] *s* Tretmobil *n*

ped·i|cel ['pedɪsəl], **~cle** ['~kl], **~cule** ['~kju:l] *s Bot* Blütenstiel *m*, -stengel *m*

ped·i|cure ['pedɪkjʊə] *s* Pediküre *f*, Fußpflege *f* | *auch* '**~cur·ist** *s* Fußpfleger(in) *m(f)*

ped·i·gree ['pedɪgri:] **1.** *s* Stammbaum *m*, Ahnentafel *f* | *übertr* (lange) Ahnenreihe ⟨a family of ~⟩ | Herkunft *f* |

Ling Ableitung *f*; **2.** *adj* Rasse-, reinrassig ⟨~ dog⟩; **3.** *vt* züchten; ˌ**~ 'chart** *s* Ahnentafel *f*, -verzeichnis *n*

ped·i·ment ['pedɪmənt] *s Arch* (Zier-) Giebel *m*

ped·lar ['pedlə] *s* Hausierer *m*; **'~y** *s* Hausierhandel *m* | Hausierwaren *f/pl* | wertloses Zeug

pe·dom·e·ter [pɪ'dɒmɪtə] *s Phys* Pedometer *n*, Schrittmesser *m*

pe·dun|cle [pɪ'dʌŋkl] *s Bot* Blütenstiel *m* | *Anat* stielförmiges Muskelbündel; **pe'dun·cled, ~cu·lar** [~kjələ] *adj Zool* Stiel- | *Anat* gestielt, stielförmig

pee [pi:] *Sl* **1.** *vi* pinkeln, pissen; **2.** *s* Pinkeln *n*, Pissen *n* ⟨to go for/have a ~ pinkeln [gehen]⟩

peek [pi:k] *umg* **1.** *vi* gucken, spähen (**at** auf); **~ out** herausgucken; **2.** *s* flüchtiger Blick; **~a·boo** [ˌpi:kə'bu:] **1.** *s* (Spiel) Guck-Guck *n* ⟨to play ≈ guck-guck spielen⟩; **2.** *interj* guck-guck!

[1]**peel** [pi:l] **1.** *vt* (Obst) (ab)schälen ⟨to ~ potatoes; to keep one's eyes ~ed *übertr umg* die Augen offen halten⟩; **~ off** abschälen, die Schale abmachen von | (Kleidung) ausziehen; *vi* (Wand) abbröckeln, (Haut) sich abschälen; **~ off** *umg* sich ausziehen, sich entblättern | sich (von einer Gruppe) absondern, allein gehen | *Flugw* ausscheren, wegdrehen; **2.** *s* (Obst-) Schale *f*, Rinde *f*, Haut *f*

[2]**peel** [pi:l] *s* Brotschieber *m* | *Typ* Aufhängekreuz *n*

[3]**peel** [pi:l] *s Hist* Wehrturm *m*

peel|er ['pi:lə] *s* Schäler *m*, Schälmaschine *f* | *Tech* Schälblock *m* | *Sl* Stripper *m* | *Sl arch* Bulle *m* (Polizist); **'~ing** *s* Schälen *n*; **'~ings** *s/pl* (bes. Kartoffel-) Schalen *f/pl*

peen [pi:n] *Tech* **1.** *s* Pinne *f*; **2.** *vt* aushämmern

[1]**peep** [pi:p] **1.** *vi* piepen, piepsen | *übertr* leise sprechen; **2.** *s* Piepen *n*, Piepsen *n* | *umg* (Kindersprache) Tut *n* | *umg* Ton *m*, Quiekser *m*, Pieps *m* (**out of s.o.** von jmdm.) | *umg* Nachricht *f*, Lebenszeichen *n* (**out of s.o.** von jmdm.)

[2]**peep** [pi:p] **1.** *vi* einen flüchtigen Blick werfen (**at** auf) | heimlich beobachten (**at s.o.** jmdn.) | verstohlen schauen, lugen (**into** in, **through** durch) | *auch* **~ out** hervorschauen | *übertr* zum Vorschein kommen (Sonne, Mond, Sterne); *vt meist* **~ out** (Kopf) heraus-, hervorstecken; **2.** *s* verstohlener *od* flüchtiger Blick ⟨to have/take a ~ at s.th. e-n flüchtigen Blick auf etw. werfen⟩ | *lit* Anbruch *m* ⟨~ of day Morgendämmerung *f*⟩; **'~er** *s verächtl* heimlicher Beobachter, Schnüffler *m* | (*meist pl*) *Sl* Gucker *m*, Glotzer *pl* (Auge); **'~hole** *s* Guckloch *n*; ˌ**~ing 'Tom** *s* (lüsterner) heimlicher Beobachter, Spanner *m*, Gucker *m*; **'~ show** *s* Guckkasten *m* | *Sl* Peepshow *f*, Sexschau *f*; **'~sight** *s* Richtdiopter *n*

pee·pul ['pi:pl] = **pipal**

[1]**peer** [pɪə] *vi* (genau) schauen, spähen, gucken (**at** auf, **into** in) | *übertr* zum Vorschein kommen, sich zeigen

[2]**peer** [pɪə] **1.** *s* Ebenbürtige(r) *f(m)*, Gleiche(r) *f(m)* ⟨to be the ~ of s.o. den Vergleich mit jmdm. aushalten; with one's ~s mit seinesgleichen; without a ~ ohnegleichen⟩ | *Brit* Peer *m*, (Hoch-) Adliger *m* | *Brit Pol* Peer *m*, Mitglied *n* des Oberhauses ⟨hereditary ~ Peer *m* durch Vererbung⟩; **2.** *vt* (jmdn.) gleichen, gleichkommen | zum Peer ernennen; *vi* gleich sein, ebenbürtig sein; **~age** ['~rɪdʒ] *s Brit Pol* Peerswürde *f*, Sitz *m* im Oberhaus | Hochadel *m* | Adelskalender *m*; **~ess** ['-res] *s* Gemahlin *f* eines Peers | Inhaberin *f* der Peerswürde; **'~ group** *s* gleiche Altersgruppe *f*, Gleichaltrige *pl*; **'~less** *adj* unvergleichlich, einzigartig; ˌ**~ of the 'realm** *s Brit* Mitglied *n* des Hochadels | *Brit Pol* Mitglied *n* des Oberhauses (durch Vererbung) (*Ant* life ~ Peer auf Lebenszeit)

peeve [pi:v] *umg* **1.** *vt* ärgern; *vi* ärgerlich sein; **2.** *s* Ärger *m* | Ärgernis *n*; **peeved** *adj umg* ärgerlich (**about, at** über); **'pee·vish** *adj* reizbar, mürrisch, grämlich

pee·wit = **pewit**

peg [peg] **1.** *s* (Holz- u. ä.) Pflock *m* | Stöpsel *m* | Dübel *m* | *auch* **'tent ~** Zeltstock *m* | *Tech* Keil *m*, Splint *m* | Kleiderhaken *m* ⟨hat ~ Huthaken *m*; off the ~ *übertr* von der Stange⟩ | Wäscheklammer *f* | *Mus* Wirbel *m* | *auch* **'~ leg** Holzbein *n* | *scherzh* Bein *n* | *übertr* Vorwand *m*, Entschuldigung *f* ⟨to use as a ~ zum Vorwand nehmen⟩ | *Brit Sl selten* Schnaps *m*, Glas *n* Whisky ◇ **a square ~ in a round hole** *übertr* jmd. an der falschen Stelle *od* am verkehrten Platz; **take s.o. down a ~ [or two]** jmdn. demütigen, jmdm. einen Dämpfer geben *od* aufsetzen; **2.** (**pegged, pegged**) *vt* mit einem Pflock versehen | dübeln | anbolzen | nageln | *Brit* (Wäsche) anklammern | *auch* **~ down** *Wirtsch* (Preise, Kurs) festlegen (**at** auf), binden, stützen ⟨~ged price Stützpreis *m*⟩ | *übertr* stützen (**to** auf), absichern (**to** durch); **~ down** annageln, festnageln | *übertr* (jmdn.) festnageln (**to** auf); **~ out** (Gelände) abstecken ⟨to ~ out a claim ein Stück Land [für sich] beanspruchen⟩; *vi* **~ away** *umg* sich abarbeiten (**at** mit); **~ out** *umg* schlappmachen, umfallen | *Brit umg* abkratzen, sterben; **'~box** *s Mus* Wirbelkasten *m*; **'~ leg** *s* Holzbein *n* | Mensch *m* mit einem Holzbein; **'~top** *s* Kreisel *m*

peign·oir ['peɪnwɑ:] *s* Frisiermantel *m*, Negligé *n*

pe·jo|rate ['pi:dʒəreɪt] *förml vt* verschlechtern; ˌ**~'ra·tion** *s* Verschlechterung *f*; **~ra·tive** [pɪ'dʒɒrətɪv|'pi:dʒərətɪv] **1.** *adj* verschlechternd, abwertend, pejorativ ⟨a ≈ word⟩; **2.** *s Ling* Pejorativum *n*

peke [pi:k] *s umg* = **pekin[g]ese**

pe·kin ['pi:'kɪn] *s* Pekin *m*, gestreifter Seidentaft

pe·koe ['pi:kəʊ] *s* Pekoetee *m*

pe·lag·ic [pɪ'lædʒɪk] *adj förml* Hochsee-, Ozean- ⟨~ fishing⟩

pe·kin[g]|ese [ˌpi:kɪ'ni:z] (*pl* **~ese, ~es·es**) *Zool* (Hund) Pekinese *m*; **~ese 1.** *s* Einwohner(in) *m(f)* von Peking | *Ling* Dialekt von Peking; **2.** *adj* Peking-, Pekinger

pel·ar·go·ni·um [ˌpelə'gəʊnɪəm] *s Bot* Pelargonie *f*

pel·er·ine [ˌpelə'ri:n|'peləri:n] *s* Pelerine *f*

pelf [pelf] *s verächtl* Mammon *m*, Geld *n*

pel·i·can ['pelɪkən] *s Zool* Pelikan *m*; **'~ ˌcros·sing**, *auch* **~** *s Brit* selbstregelbarer Fußgängerüberweg (mit Ampel)

pe·lisse [pe'li:s] *s* langer Damenmantel (bes. mit Pelzbesatz)

pel·la·gra [pə'lægrə] *s Med* Pellagra *f*

pel·let ['pelɪt|-ət] **1.** *s* Kügelchen *n* | *bes Brit* Pille *f* | Schrotkorn *n*, kleine Kugel | *Tech* Gewölle *n*, Schweißperle *f* | *Landw* Pellet *n*; **2.** *vt* zu Kügelchen formen | mit Kügelchen bewerfen; *vi* Tabletten formen; **'~er** *s* Tablettiermaschine *f*

pel|li·cle ['pelɪkl] *Anat, Tech s* Häutchen *n*, Membran *f*; **~li·cu·lar** [~'lɪkjʊlə] *adj* häutchenförmig, membranartig

pell-mell [ˌpel 'mel] **1.** *s selten* Durcheinander *n*; **2.** *adj* unordentlich | verworren; **3.** *adv* unterschiedslos | Hals über Kopf, blindlings

pel·lu·cid [pe'lu:sɪd|-'lju:-] *adj übertr, lit* sehr hell, sehr klar ⟨a ~ stream⟩; **~i·ty** [ˌpelu:'sɪdətɪ] *s übertr, lit* Klarheit *f*, Durchsichtigkeit *f*

pel·met ['pelmɪt|-mət], *auch* **'~ board** *s bes Brit* Gardinenbrett *n*, -leiste *f*

pe·lo·rus [pɪ'lɔ:rəs] *s Mar* Peilscheibe *f*

pe·lo·ta [pə'ləʊtə] *s* (Sport) Pelota *f* (Art Ballspiel)

[1]**pelt** [pelt] *s* Fell *n*, rohe Haut | Tierpelz *m* | *übertr scherzh* Fell *n*, Pelle *f*

[2]**pelt** [pelt] **1.** *vt* bewerfen, beschießen (**with** mit) | *übertr* (jmdn.) bestürmen; *vi, auch* **~ down** (Regen u. ä.) niederprasseln ⟨it's ~ing [down] es gießt; it ~s with rain es gießt in Strömen⟩ | mit Steinen werfen (**at** nach) | stürmen, stürzen ⟨to come ~ing down the hill⟩; **~ off** davonstürmen;

2. *s* Werfen *n* | Schlag *m* | Prasseln *n*, Klatschen *n* ◇ **at full ~** in Windeseile; **'~er** *s* Regenschauer *m*

pelt·ry ['peltrı] *s* Haut *f*, Fell *n* | Pelzwaren *f/pl*

pel|vic ['pelvık] *Anat adj* Becken-; **~vis** ['~vıs] *s* (*pl* **~ves** *od* **~vis·es** ['~vi:z|'~vısız]) Pelvis *f*, Becken *n*

pem·[m]i·can ['pemıkən] *s* Pemmikan *m* | *übertr* Zusammenfassung *f*

[1]**pen** [pen] **1.** *s* Schreibfeder *f* ⟨to put / set ~ to paper zur Feder greifen, (etw.) niederschreiben⟩ | Federhalter *m*, Füllhalter *m*, Kugelschreiber *m* | *übertr* Feder *f*, Stil *m*, Schreibweise *f* ⟨a sharp ~ e-e spitze Feder⟩ | (*meist sg*) *lit* Schriftstellerei *f*, Schreiben *n* ⟨to live by one's ~⟩ | *lit* Schriftsteller *m*, Dichter *m* ⟨an unknown ~⟩; **2.** *vt* (**penned, penned**) *förml* (auf-, nieder)schreiben, verfassen ⟨to ~ a letter⟩

[2]**pen** [pen] **1.** *s* Verschlag *m*, Box *f* | Schafhürde *f* | Hühnerstall *m* | *auch* **'play~** Laufgitter *n* | *auch* **,sub·ma'rine ~** *Mar* U-Boot-Bunker *m* | (Jamaika) kleine Farm; **2.** *vt*, *auch* **~ in, ~ up** (**penned, penned**) einpferchen, einsperren (*auch übertr*) | (Wasser) anstauen

[3]**pen** [pen] *s Zool* weiblicher Schwan

pe·nal ['pi:nl] *adj* sträflich, strafbar ⟨a ~ offence e-e strafbare Handlung⟩ | *Jur* Straf-, strafrechtlich ⟨~ institution Strafanstalt *f*⟩ | *übertr* hart, erbarmungslos ⟨a ~ tax⟩; **,~ 'code** *s* Strafgesetzbuch *n*; **,~ 'col·o·ny** = **,~ 'settlement**; **,~i'za·tion** *s* Bestrafung *f*; **'~ize** *vt* mit einer Strafe belegen | benachteiligen | (Sport) (be)strafen, einen Strafstoß verhängen gegen (**for** für, wegen); **,~ 'law** *s* Strafrecht *n*, -gesetz *n*; **,~ 'reg·is·ter** *s* Strafregister *n*; **,~ 'ser·vi·tude** *s* Zuchthaus(strafe) *n(f)*; **,~ 'set·tle·ment** *s* Sträflingskolonie *f*

pen·al·ty ['penltı] *s* Strafe *f* (*auch übertr*) ⟨to pay the ~ of s.th. für etw. büßen müssen; under/on ~ of bei Strafe von⟩ | Strafmaß *n* | Geldstrafe *f*, -buße *f* ⟨~ 10£s⟩ | (Sport) Nachteil *m*, Handicap *n* | (Sport) Strafe *f* ⟨to suffer a ~ bestraft werden⟩ | *auch* **'~ ,kick** Strafstoß; **'~ ,a·re·a** *s* (Sport) Strafraum *m*; **'~ clause** *s Jur* Strafandrohungsklausel *f*; **'~ goal** *s* (Sport) Strafstoßtor *n*; **'~ kick** *s* (Sport) Strafstoß *m*; **'~ spot** *s* (Sport) Elfmeterpunkt *m*

pen·ance ['penəns] **1.** *s Rel* Buße *f*, Reue *f* ⟨to do ~ for Buße tun für, bereuen *auch scherzh*⟩ | *Rel* Beichte *f*, Buße *f* | *übertr* Strafe *f*, etw. sehr Unangenehmes; **2.** *vt* bestrafen

pen-and-ink [,pen ənd 'ıŋk] **1.** *s* Schreibzeug *n* | *auch* **'~ ,draw·ing** *s* Federzeichnung *f*; **2.** *adj* Feder-, Schreibe-, Schriftsteller- ⟨~ man⟩

pence [pens] *s/pl* von ↑ **penny**

pen·chant ['pɒnʃɒn|'penʃənt] *s* ⟨*frz*⟩ Neigung *f*, Hang *m*, Vorliebe *f* (**for** für)

pen|cil ['pensl] **1.** *s* Farb-, Bleistift *m* ⟨in ≈ mit dem Stift; red ≈ Rotstift *m*⟩ | (Kosmetik-) Stift *m* ⟨eyebrow ≈⟩ | *übertr* Stil *m*, Malweise *f* | *Bot*, *Zool* Haarbüschel *n* | *Phys* Strahlenbündel *n* ⟨≈ of light Lichtbündel *n*; ≈ of rays Strahlenbündel *n*⟩; **2.** (**'~cilled, '~cilled**) *vt* zeichnen, malen, entwerfen | (mit e-m kosmetischen Stift) nachziehen ⟨~cilled eyebrows⟩; **'~cilled** *adj* mit feinen Strichen gezeichnet | *Phys* büschelig, gebündelt; **'~cil ,sharp·en·er** *s* Bleistiftspitzer *m*; **'~cil sketch** *s* Bleistiftskizze *f*

pend [pend] *vt umg* offenlassen, die Entscheidung verschieben für

pend|ant, *auch* **'~ent** ['pendənt] *s* (Ohr- u. ä.) Gehänge *n*, Anhänger *m* | *auch* **,~ant 'lamp** Hängelampe *f*, Pendelleuchte *f* | *Tech* Schwenkarm *m* | *El* Hängeschalter *m* | *auch* ['penənt] *Mar* = **pennant** | *auch* ['pɑ̃dɑ̃] Pendant *n*, Seiten-, Gegenstück *n*; **'~ent** *adj* herabhängend, schwebend | *förml* überhängend ⟨≈ rocks⟩ | abschüssig ⟨a ≈ hillside ein [steiler] Bergabhang⟩ | *förml übertr* unentschieden ⟨a claim still ≈ e-e noch nicht erfüllte Forderung⟩ | *Ling* grammatisch unvollständig; **'~ing 1.** *adj* schwebend, unentschieden, anhängig (bes. *Jur*) | bevorstehend, drohend ⟨≈ war⟩; **2.** *präp selten* während | bis zu ⟨≈ his return⟩

pen·du|late ['pendjuleıt] *förml vi* pendeln, schweben, schwingen | *übertr* schwanken; **,~'la·tion** *s* Pendeln *n* | *übertr* Schwanken *n*; **'~lous** *adj förml* pendelnd, schwebend, hängend, Pendel- ⟨≈ breasts Hängebrüste *pl*⟩; **~lum** ['~ləm] *s* Pendel *n* | Perpendikel *n* | *übertr* Pendel *n* ⟨the swing of the ≈ das Schwanken der öffentlichen Meinung⟩; **'~lum clock** *s* Pendeluhr *f*; **'~lum ,lev·el** *s* Pendelwaage *f*

pen·e|tra·bil·i·ty [,penıtrə'bılətı] *s* Durchdringbarkeit *f*, Durchlässigkeit *f*; **'~tra·ble** *adj* durchdringbar | erreichbar; **'~trant** *adj* penetrant, durchdringend; **'~trate** *vt* eindringen in, durchdringen, einsickern in, durchstoßen | imprägnieren | durchsehen durch ⟨to ≈ the fog⟩ | *übertr* durchschauen ⟨to ≈ s.o.'s disguise jmds. Verstellung durchschauen⟩ | erforschen, ergründen | *übertr* erfüllen (**with** von); *vi* eindringen (**into** in) | durchdringen (**to** zu) | vordringen (**to** bis) | *übertr umg* ankommen, einleuchten ⟨it didn't ≈⟩; **'~trat·ing** *adj* (Ton, Geruch, Kälte u. ä.) durchdringend, penetrant | (Blick) durchbohrend, -dringend | *Phys* hart, energiereich ⟨≈ radiation⟩ | *übertr* (Verstand u. ä.) durchdringend, scharf ⟨a ≈ mind⟩; **,~'tra·tion** *s* Durch-, Eindringen *n* | Durchdringung *f* | *Mil* Durchschlagskraft *f* | *Tech* Einbrand *m* | *übertr* Scharfsinn *m*; **'~tra·tive** *adj* durchdringend, Durchdringungs- | eindringlich, scharfsinnig; **,~tra·tive 'pow·er** *s* Durchdringungsvermögen *n*

pen friend ['pen frend] *s* Brief-, Schreibfreund(in) *m(f)*

pen·guin ['peŋgwın] *s Zool* Pinguin *m* | *Flugw Sl* Übungsflugzeug *n*; **'~ suit** *s umg* Astronautenanzug *m*

pen·hold·er ['pen,həuldə] *s* Federhalter *m*

pen·i·cil·lin [,penı'sılın|,penə'sılən] *s Chem* Penicillin *n*

pen·in·su·la [,pə'nınsjulə] *s* Halbinsel *f*; **pen'in·su·lar 1.** *adj* Halbinsel-; **2.** *s* Bewohner(in) *m(f)* einer Halbinsel

pe·nis ['pi:nıs] *s Anat* Penis *m*

pen·i|tence ['penıtəns] *s Rel* Buße *f*, Reue *f*, Zerknirschung *f* (**for** über); **'~tent 1.** *adj* bußfertig, reuig; **2.** *s Rel* Büßer(in) *m(f)*; **,~'ten·tial 1.** *adj* bußfertig, reuevoll | Buß-; **2.** *s Rel* Bußbuch *n* | Büßer(in) *m(f)* | *Rel* Beichtkind *n*, Pönitent(in) *m(f)*; **~ten·tia·ry** [,~'tenʃərı] **1.** *adj Rel* Buß-, Beicht- | bußfertig, reuevoll; **2.** *s* Besserungsanstalt *f* | *Am* Gefängnis *n* | *Rel* Bußbuch *n*

pen|knife ['pen naıf] *s* (*pl* **'~knives**) Taschenmesser *n*

pen·lite cell ['penlaıt ,sel] *s El* Babyzelle *f*

pen|man ['penmən] *s* (*pl* **'~men**) Schreiber *m* | Schönschreiber *m* | Schriftsteller *m*; **'~man·ship** *s* Schreibkunst *f* | Schreibart *f*, Stil *m* | schriftstellerisches Können, Kunst *f* des Schreibens; **'~ name** *s* Pseudonym *n*, Schriftstellername *m*

pen·nant ['penənt] *s*, *auch* **'pen·dant** *Mar* Wimpel *m* | *Mil* (Lanzen-) Fähnchen *n* | *auch* **'pen·dant, 'pen·non** (Sport) Fähnchen *n*, Wimpel *m*

pen|nate ['peneıt], **'~nat·ed** *adj Zool* gefiedert; **~ni·form** ['-ıfɔ:m] *adj* federförmig

pen·ni·less ['penıləs] *adj* ohne Geld, mittellos

pen·non ['penən] *s* = **pennant**

pen|ny ['penı] *s* (*pl* **~ies** ['-ız]) (Münzen) *Brit* **~ce** [pens], *Brit umg* **p** [pi:] Penny *m* ⟨a new ≈; a pretty ≈ *umg* allerhand Geld; in for a ≈, in for a pound *übertr* wer A sagt, muß auch B sagen; the ≈ [has] dropped *übertr* der Groschen ist gefallen; to be two/ten a ≈ nicht viel wert sein; to spend a ≈ *euphem* mal verschwinden *od* austreten; to turn an honest ≈ ehrlich sein Geld verdienen⟩ | Kleingeld *n* | *neg* Kleinigkeit *f*, wenig Geld ⟨it won't cost me a ~ es kostet mich fast gar nichts⟩ | *Am, Kan* Cent *m*; **'-pen·ny** *in Zus* -Penny (*z. B.* **a five-≈ stamp**); **'~ny-a-'lin·er** *s, bes Brit* Zeitungsschreiber *m*; **ˌ~ny 'dread·ful** *s* Groschenroman *m*, Schundroman *m*; **ˌ~ny-'far·thing** *s Brit* (19.Jh.) Hochrad *n*; **ˌ~ny-'half·pen·ny** *s* 1½ Penny *m*; **'~ny-in-the-'slot** *adj* Automaten-; **ˌ~ny-in-the-'slot maˌchine** *s* Verkaufsautomat *m*; **'~ny ˌpinch·er**, *auch* **'pinchˌpen·ny** *s umg* Pfennigfuchser *m*, Geizhals *m*; **'~ny-ˌpinch·ing** *umg* **1.** *s* Knickerei *f*, übertriebene Sparsamkeit; **2.** *adj* übertrieben sparsam, pfennigfuchserisch; **'~ny·weight** *s* (engl.) Pennygewicht *n* (1.555 g); **~ny·wort** ['-ɪwɜːt] *Bot s* Nabelkraut *n* | Wassernabel *m*; **~ny·worth** ['-ɪwɜːθ|'penəθ] *s* Pennywert *m*, geringe Warenmenge *f* ⟨a good ≈ ein guter Handel *od* Kauf; by the ≈ im Kleinen; a ≈ of bread für e-n Penny Brot⟩

pe·no·log·ic [ˌpiːnə'lɒdʒɪk], **ˌpe·no'log·i·cal** *adj* strafrechtlich; **pe·nol·o·gist** [piː'nɒlədʒɪst] *s* Strafrechtler *m*; **pe'nol·o·gy** *s* Strafrechtslehre *f*

pen|pal ['penpæl] *s Am* Brieffreund(in) *m(f)*; **~ push·er** ['~ˌpʊʃə] *s verächtl* Federfuchser *m*, Schreiberling *m*

pen re·gis·ter ['pen ˌredʒɪstə] *s Tel* automatischer Telefonatspeicher, Gesprächsaufzeichner *m*

pen·sile ['pensɪl|-saɪl] *adj förml* schwebend, herabhängend

[1]**pen·sion** ['penʃn] **1.** *s* Pension *f*, Rente *f* ⟨old age ~ Altersversorgung *f*⟩ | Kostgeld *n*; **2.** *vt* (jmdn.) pensionieren, in den Ruhestand versetzen; ~ **off** (jmdn.) mit Pension entlassen, (jmdm.) eine Pension geben, (jmdn.) in (die) Rente schicken

[2]**pen·sion** ['pɒnsɪɒn|'pɑ̃sjɔ̃] ⟨*frz*⟩ **1.** *s* (Kontinent) Pension *f*, Fremdenheim *n*; **2.** *vi* in einer Pension leben

pen·sion|a·ble ['penʃn̩əbl] *adj* pensionsberechtigt ⟨a ≈ employee⟩ | pensionsfähig, Pensions- ⟨a ≈ age; a ≈ post⟩ | *Brit* mit einer Pension zusammenhängend, Pensions- ⟨for ≈ purposes für die spätere Pension; ≈ salary sich auf die Pension auswirkendes Gehalt⟩; **'~ar·y 1.** *adj* pensioniert | Pensions-; **2.** *s* Pensionär *m*; **'~less** *adj* ohne Pension

pen·sive ['pensɪv] *adj* nachdenklich ⟨a ~ smile⟩ | schwermütig, traurig ⟨to look ~⟩

pen·stock ['penstɒk] *s* Stauwehr *n*, Schleuse *f* | Schleusentor *n* | *Tech* Rohrzuleitung *f* | *Tech* Düsenstock *m*

pent [pent], *meist* **~ up** *od* **~-up** *adj* eingepfercht ⟨~-up animals; ~ up in the house im Haus eingesperrt⟩ | *übertr* angestaut, angespannt, verhalten ⟨~ breath angehaltener Atem; ~-up feelings angestaute Gefühle *n/pl*⟩

pent[a]- [pentə] ⟨*griech*⟩ *in Zus* fünf-

pen|ta·gon ['pentəgən] *s Math* Pentagon *n*, Fünfeck *n*; **'≈ta·gon** *Am* (*mit best art*) Pentagon *n*, Verteidigungsministerium *n* der USA; **~tag·o·nal** [~'tægənl] *adj Math* pentagonal, fünfseitig; **~ta·gram** ['~təgræm] *s* Pentagramm *n*, Drudenfuß *m*; **~tam·e·ter** [~'tæmɪtə] *Metr* **1.** *s* Pentameter *m*; **2.** *adj* fünffüßig; **~tan·gle** ['~tæŋgl] *s Math* Fünfeck *n*; **~tan·gu·lar** [~'tæŋgjʊlə] *adj Math* fünfeckig; **≈ta·teuch** ['~tətjuːk] *s bibl* Pentateuch *m*; **~tath·lete** [~'tæθliːt] *s* (Sport) Fünfkämpfer *m*; **~tath·lon** [~'tæθlən] *s* Fünfkampf *m*

Pen·te|cost ['pentɪkɒst] *s arch, Am* Pfingsten *n* | jüdisches Erntefest; **ˌ~'cos·tal** *adj arch, Am* Pfingst(en)-, pfingstlich

pent|house ['penthaʊs] *s* (*pl* **~hous·es** [~ˌhaʊzɪz]) *selten* Wetterdach *n* | *selten* offener Schuppen | *auch* **ˌ~house 'flat** *urspr Am* (komfortable) Wohnung auf einem Hochhausdach, Atelierwohnung *f* | Aufbau *m* auf einem Flachdach

pen·tode ['pentəʊd] *s El* Pentode *f*, Fünfpolröhre *f*

pent roof ['pent ruːf] *s Arch* Pultdach *n*, Halbdach *n*, V-förmig nach innen geneigtes Dach

pe·nul·ti·mate [pen'ʌltɪmət] **1.** *adj* vorletzte(r, -s); **2.** *s Ling* vorletzte Silbe

pe·num|bra [pɪn'ʌmbrə|pen-] *s* (*pl* **~brae** [~briː], **~bras** [~brəz]) Penumbra *f*, Halbschatten *m*; **pe'num·bral**, **pe'num·brous** *adj* halbdunkel | *übertr* ungewiß

pe·nu·ri·ous [pɪ'njʊərɪəs|pe'n-] *förml adj* arm, dürftig | geizig; **pen·u·ry** ['penjʊrɪ] *s* Armut *f*, Dürftigkeit *f* | *selten* Geiz *m*

pe·on ['piːən] *s* (Südamerika) Tagelöhner *m* | ['pjuːn] (Indien) Bote *m*; **'~age** *s* Leibeigenschaft *f*, Dienstbarkeit *f*

pe·o·ny ['piːənɪ] *s Bot* Päonie *f*, Pfingstrose *f*

peo·ple ['piːpl] **1.** *s* Volk *n*, Nation *f* ⟨the ~s of Europe⟩ | *collect* (*pl konstr*) Menschen *m/pl*, Leute *pl* ⟨many ~ viele Leute; northern ~ die Menschen im Norden; ~ say man sagt, es heißt; she of all ~ ausgerechnet sie; ten ~ zehn Personen *f/pl*; theatre ~ Theaterleute *pl*⟩ | *umg* Leute *pl*, Untergebene *m/pl* | *übertr* Volk *n* ⟨the bee ~ das Bienenvolk *n*⟩ | *umg* Familie *f*, Leute *pl*, Angehörige *pl* ⟨my ~⟩ | Volk *n*, Masse *f* (des Volkes) ⟨a ~'s man ein Mann des Volkes; government by the ~ Regierung *f* durch das Volk⟩ ◇ **go to the ~** *Pol* (das Volk) wählen lassen, Wahlen abhalten; eine Volksabstimmung durchführen; **2.** *vt* bevölkern (**with** mit) | bewohnen; *vi* bewohnt werden; **people's** *in Zus Pol* Volks- (*z. B.* **~'s democracy** Volksdemokratie *f*; **~'s republic** Volksrepublik *f*)

pep [pep] *umg* **1.** *s* Mumm *m*, Elan *m*, Kraft *f*; **2.** *meist* **~ up** (**pepped, pepped**) *vt* anfeuern, aufmöbeln ⟨to ~ s.o. up jmdn. [wieder] in Schwung bringen | würzen, beleben ⟨to ~ up a drink; to ~ up a programme⟩

pep·per ['pepə] **1.** *s Bot* Pfefferstrauch *m* | Pfeffer *m* (*auch übertr*) ⟨black ~; white ~⟩; **2.** *vt* pfeffern, mit Pfeffer würzen | *übertr* bewerfen (**with** mit) | durchprügeln; **ˌ~-and-'salt** *adj* (Stoff) Pfeffer-und-Salz | (Haar) meliert, gesprenkelt; **'~corn** *s* Pfefferkorn *n* | *auch* **ˌ~corn 'rent** nominelle Miete, sehr geringe Miete; **'~mint** *s Bot* Pfefferminze *f* | Pfefferminzöl *n* | Pfefferminzbonbon *n*; **'~ pot,** *Am auch* **'~box** *s* Pfefferstreuer *m*; **'~y** [-rɪ] *adj* gepfeffert, scharf | *übertr* scharf, beißend | *übertr* heftig, hitzig, jähzornig

pep pill ['pep pɪl] *s umg* Aufputschungsmittel *n*

pep·sin ['pepsɪn] *s Chem* Pepsin *n*

pep talk ['pep tɔːk] *s umg* aufmunterndes Gespräch, aufmöbelnde Worte *n/pl*

pep|tic ['peptɪk] *Med* **1.** *adj* Verdauungs-; **2.** *s* verdauungsförderndes Mittel; **ˌ~tic 'gland** *s* Magendrüse *f*; **ˌ~tic 'ul·cer** *s* Magengeschwür *n*; **~tone** ['~təʊn] *s Chem* Pepton *n*; **~to·ni·za·tion** [ˌ~tənaɪ'zeɪʃn|-nɪ'z-] *s* Peptonisation *f*; **'~to·nize** *vt* peptonisieren, vorverdauen

per [pə|pɜː] *präp* für, mit, durch, pro, per, laut ⟨as ~ gemäß, laut; as ~ usual *umg* wie üblich, wie gehabt; ~ advance im voraus; ~ annum *Wirtsch* pro Jahr; ~ capita pro Kopf, je Person; ~ cent pro *od* vom Hundert; ~ day pro Tag; ~ head jede(r, -s); ~ post durch die Post⟩

per- [pɜː|pə] ⟨*lat*⟩ *präf* über-, durch-, per-

per·ad·ven·ture [ˌperəd'ventʃə] **1.** *s* Zufall *m* ⟨beyond ~ ohne Zweifel⟩; **2.** *adv arch* zufällig, vielleicht ◇ **if/lest ~** falls

per·am·bu|late [pə'ræmbjʊleɪt] *förml* **1.** *vt* durchwandern, -reisen, bereisen | besichtigen; *vi* wandern; **ˌ~'la·tion** *s* Durchwandern *n*, Bereisen *n* | Besichtigen *n*, Besichtigung *f*; **per'am·bu·la·tor** *s Brit förml* Kinderwagen *m*; **per'am·bu·la·to·ry** *adj* durchwandernd

per|cale [pə'keɪl] *s* Perkal (Baumwollgewebe) *m*; **~ca·line** ['pɜːkəliːn] *s* Perkalin *n*

per·ceiv·a·bil·i·ty [pəˌsiːvə'bɪlətɪ] *förml s* Wahrnehmbarkeit *f* | Verständlichkeit *f*; **per'ceiv·a·ble** *adj* wahrnehmbar, spürbar, empfindbar; **per'ceive** *vt, vi* wahrnehmen, spüren, empfinden | verstehen

per·cent, *Brit auch* **per cent** [pə'sent] **1.** *adj, adv* prozentig ⟨to be 100 per cent in agreement hundertprozentig übereinstimmen mit⟩; **2.** *s* Prozent *n* ⟨50 ~; what ~? wieviel Prozent? 10 ~ discount 10% Rabatt⟩; **per'cent·age 1.** *s* Hundert-, Prozentsatz *m* | Zinsfuß *m*, Prozente *pl* | (An-)Teil *m* (**of** an) | *Wirtsch* Gewinnanteil *m*, Provision *f* ⟨no ≈ ohne Provision⟩ | *übertr* (statistische) Wahrscheinlichkeit ⟨to play the ≈s der Wahrscheinlichkeit entsprechend handeln⟩; **2.** *adj* prozentual ⟨a ≈ increase⟩ | (Sport) stetig, gleichmäßig ⟨≈ tennis⟩; **per'cent·aged** *adj* in Prozenten ausgedrückt; **per·cen·tile** [pə'sentaɪl] **1.** *s Math* Perzentil *n*; **2.** *adj* in Prozenten (ausgedrückt), prozentual

per|cept ['pɜːsept] *s Phil* Gegenstand *m* der Wahrnehmung; **~cep·ti·bil·i·ty** [pəˌseptə'bɪlətɪ] *s* Wahrnehmbarkeit *f*; **~'cep·ti·ble** *adj* wahrnehmbar, bemerkbar, merklich; **~cep·tion** [pə'sepʃn] *s Phil* Wahrnehmung *f*, Empfindung *f* | Wahrnehmungsvermögen *n* | Begriff *m*; **~'cep·tion·al** *adj* Wahrnehmungs-, Empfindungs-; **~'cep·tive** *adj* Wahrnehmungs-, wahrnehmend, empfindend | einfühlsam, einsichtig | scharfsinnig, kenntnisreich; **~cep·tiv·i·ty** [ˌpɜːsep'tɪvətɪ] *s* Wahrnehmungsvermögen *n*

[1]**perch** [pɜːtʃ] *s* (*pl* **~, ~es**) *Zool* Barsch *m*

[2]**perch** [pɜːtʃ] **1.** *s* Hühnerstange *f* | Rute *f* (= 5,029 m) | *Tech* Meßstange *f* | *übertr* hohe Stellung ⟨to have a ~ in e-n hohen Posten haben in; to hop the ~ *Sl* abkratzen, sterben; to knock s.o. off his ~ *übertr umg* jmdn. abschießen *od* vom hohen Roß herunterholen⟩; **2.** *vi* (Vogel) sich setzen, sich niederlassen (*auch übertr*) (**[up]on** auf); *vt* (auf)setzen ⟨to ~ o.s. sich (hoch)setzen *od* stellen⟩

per·chance [pə'tʃɑːns] *adv poet, arch* zufällig, vielleicht ◇ **if/lest** ~ falls

per·chlo|rate [pə'klɔːreɪt] *Chem s* Perchlorat *n*; **per'chlo·ric** *adj* überchlorig ⟨≈ acid Perchlorsäure *f*⟩; **~ride** [~raɪd] *s* Perchlorid *n*; **per'chlo·ri·nate** *vt* perchlorieren; **ˌ~rin'a·tion** *s* Perchlorierung *f*

per·cip·i·ence [pə'sɪpɪəns] *förml s* Wahrnehmung *f* | Wahrnehmungsvermögen *n*; **per'cip·i·ent 1.** *adj* wahrnehmend, empfindend ⟨to be ≈ of s.th. etw. wahrnehmen⟩ | *übertr* aufmerksam, scharfsichtig; **2.** *s* Wahrnehmende(r) *f*(*m*)

per·co|late ['pɜːkəleɪt] **1.** *vt* filtern, durchseihen ⟨to ≈ coffee⟩ | *übertr* reinigen, läutern; *vi auch übertr* durchsickern (**through** durch); **2.** *s* Filtrat *n*; **ˌ~'la·tion** *s* Durchsickerung *f* | Durchseihen *n*, Filtration *f*; **'~la·tive** *adj* Filter-; **'~la·tor** *s* Perkolator *m*, Filtrierbeutel *m*, -apparat *m* | Kaffeemaschine *f*

per|cuss [pə'kʌs] *vt, vi Med* perkutieren, beklopfen; **~cus·sion** [~'kʌʃn] **1.** *s* Stoß *m*, Schlag *m* | Erschütterung *f* | *übertr* Wirkung *f*, Widerhall *m* | *Med* Perkussion *f*, Abklopfen *n* | *Mus collect* Schlaginstrumente *n/pl*; **2.** *adj* Schlag- (*auch Mus*) ⟨≈ instrument⟩; **~'cus·sion cap** *s* Zündhütchen *n*; **~'cus·sion drill** *s Tech* Schlag-, Stoßbohrer *m*; **~'cus·sion ˌham·mer** *s* Perkussions-, Schlaghammer *m*; **~'cus·sion·ist** *s* Schlagzeuger(in) *m*(*f*); **~'cus·sion lock** *s* Perkussionsschloß *n*; **~'cus·sion pow·er** *s* Durchschlagkraft *f*; **~'cus·sion sec·tion** *s Mus* Schlagzeug(er) *n*(*pl*); Schlägergruppe *f* (einer Band); **~'cus·sion wave** *s* Stoßwelle *f* (einer Explosion); **~'cus·sive** *adj* schlagend, Schlag-, Stoß-

per·cu·ta·ne·ous [ˌpɜːkju'teɪnɪəs] *adj Med* perkutan, durch die Haut durchgehend

per di·em [pə 'dɪəm|- 'daɪəm] **1.** *s* Tagegeld *n*; **2.** *adv, adj* pro Tag, täglich ⟨£ 10 ~; ~ rate Tagessatz *m*⟩

per·di·tion [pə'dɪʃn] *s förml* Untergang *m*, Verderben *n* | *Rel* Verdammnis *f*

per·du[e] [pɜː'djuː] *adj förml* auf der Lauer befindlich, im Hinterhalt (liegend) ⟨to lie ~⟩

per·dur·a|bil·i·ty [pəˌdjuərə'bɪlətɪ] *s* Haltbarkeit *f* | lange Dauer; **~ble** [pə'djuərəbl] *adj* haltbar, dauerhaft | dauernd

per·e|gri·nate ['perəgrɪneɪt] *förml, lit, scherzh vt, vi* (durch)wandern; **ˌ~gri'na·tion** *s* Wandern *n*, Wanderung *f* | Reise *f* (*bes* im Ausland) | *übertr* Weitschweifigkeit *f*; **'~gri·na·to·ry** *adj* Wander-, Reise-; **'~grine** [-grɪn] **1.** *adj* fremd, ausländisch; **2.** *auch* **ˌ~grine 'falcon** *s Zool* Wanderfalke *m*

per·emp·to·ry [pə'remptərɪ|'perəmtərɪ] *förml adj* (Person, Handlung) entschieden, bestimmt ⟨a ~ speech⟩ | *verächtl* herrisch, anmaßend, dogmatisch ⟨~ ideas⟩ | *Jur* endgültig, peremptorisch ⟨~ plea Einrede *f* gegen das Klagerecht selbst; ~ writ gerichtliche Vorladung⟩ | (Befehl) gebieterisch, energisch ⟨a ~ order⟩

per·en|nate [pə'reneɪt] *Bot vi* ausdauern; **~na·tion** [ˌperə'neɪʃn] *s* Überwinterung *f*

per·en·ni|al [pə'renɪəl] **1.** *adj* das ganze Jahr dauernd | immerwährend ⟨a ≈ subject ein ständiges Thema⟩ | *Bot* ausdauernd, winterhart; **2.** *s Bot* winterharte Pflanze; **~'al·i·ty** *s* lange Dauer

per|fect ['pɜːfɪkt] **1.** *adj* fehlerlos, vollendet, vollkommen ⟨a ≈ crime ein vollkommenes Verbrechen; ≈ weather ausgezeichnetes Wetter⟩ | bestens geeignet, ideal (**for** für) | vollständig, gänzlich ⟨a ≈ set ein ganzer Satz; ≈ silence⟩ | perfekt, geschickt (**in** in) ⟨practice makes ≈ Übung macht den Meister⟩ | *Ling* vollendet, Perfekt- ⟨≈ forms⟩ | *Math* ganz ⟨≈ number⟩ | *umg* völlig, rein ⟨≈ nonsense absoluter Unsinn; to be a ≈ stranger völlig fremd sein⟩; **2.** *s Ling* Perfekt *n* ⟨past ≈ Plusquamperfekt *n*⟩; [pə'fekt] *vt* vervollkommnen, vollenden ⟨to ≈ o.s. sich vervollkommnen⟩; **~'fect·ible** *adj* vervollkommenbar, vervollkommnungsfähig; **perˌfect·i'bil·i·ty** *s* Vervollkommnungsfähigkeit *f*; **~fec·tion** [pə'fekʃn] *s* Vervollkommnung *f*, Vollendung *f* ⟨to bring s.th. to ≈ etw. vollenden⟩ | Vortrefflichkeit *f* | Gipfel *m*, höchster Grad ⟨the ≈ of virtue die Tugend selber⟩; **'~fec·tions** *s/pl* Fertigkeiten *pl*; **ˌ~'fec·tion·ism** *s Phil* Perfektionismus *m*; **ˌ~'fec·tion·ist** *Phil* **1.** *adj* perfektionistisch; **2.** *s* Perfektionist(in) *m*(*f*); **ˌ~'fec·tive** *adj Ling* perfektiv(isch); **'~fect·ly** *adv* perfekt, vollkommen | vollständig, ausgezeichnet | *umg* völlig, ganz; **ˌ~fect 'par·ti·ci·ple** *s Ling* Perfektpartizip *n*, Partizipium *n* Perfekti; **ˌ~fect 'tense** *s Ling* Perfekt(um) *n*(*n*)

per|fid·i·ous [pə'fɪdɪəs] *förml, lit adj* treulos, falsch, verräterisch; **~fi·dy** ['pɜːfɪdɪ] *s* Treulosigkeit *f*, Falschheit *f*, Verrat *m*

per·fo|rate ['pɜːfəreɪt] *vt* durchbohren, -stechen, (-)lochen | perforieren; *vi* (ein)dringen (**into** in, **through** durch); ['~rɪt] *adj* gelocht, perforiert | *Her* durchbrochen; **'~rat·ed** *adj* gelocht, perforiert ⟨≈ stamps⟩ | mit (Luft-) Löchern ⟨a ≈ box⟩; **ˌ~rat·ed 'card** *s* Lochkarte *f*; **ˌ~'ra·tion** *s* Durchlochung *f*, -bohrung *f*, Loch *n* | (*oft pl*) Perforation *f*; **'~ra·tor** *s* Locher *m*, Stanzer *m*

per·force [pəː'fɔːs] *arch, lit* **1.** *adv* notgedrungen; **2.** *s* Zwang *m* ⟨by / of ~ gezwungenermaßen⟩

per·form [pə'fɔːm] *vt* ausführen, bewerkstelligen, verrichten, leisten ⟨to ~ a task⟩ | erfüllen ⟨to ~ one's duty seine Pflicht tun⟩ | *Theat* aufführen, spielen ⟨to ~ a play⟩ | (Feier u. a.) veranstalten, vollziehen; *vi, auch Tech* funktionieren, arbeiten, laufen | *Theat, Mus* auftreten, spielen, sich produzieren | Kunststücke machen (Tier) | *umg* (*Sport, Päd* u. ä.) gut sein, etw. zustande bringen, etw. leisten (Personen) | Kunststücke machen (Tiere); **per'form·a·ble** *adj* ausführbar, darstellbar; **per'form·ance** *s* Ausführung *f*, Verrichtung *f* | *Theat, Mus* Aufführung *f*, Darstellung *f* | Leistung *f*, Abschneiden *n* | *Tech* Leistungsfähigkeit *f* | (Computer) Reaktion *f*, Verhalten *n* | *Ling* Performanz *f* | *umg* (lästiges) Drum und Dran ⟨it's too much of a ≈ es macht e-e zu große Mühe⟩ | *verächtl* schlechtes Benehmen ⟨what a ≈!⟩; **'~ance ˌtest·ing** *s* Leistungs-, Funktionsprüfung *f*; **per'form·a·tive** *adj* performativ ⟨≈ verb⟩; **per'form·er** *s* Ausführende(r) *f(m)* ⟨to be a good ≈ etw. leisten, gut sein *(auch Tech)*⟩ | Künstler(in) *m(f)*; **per'form·ing** *adj Theat* Aufführungs- ⟨≈ rights⟩ | ausübend ⟨≈ artist⟩ | dressiert ⟨≈ monkeys⟩

per|fume [pə'fju:m] *vt* parfümieren, durchduften *(auch übertr)*; ['pɜ:fju:m] *s* Parfüm *n*, Duftstoff *m* | Duft *m*, Wohlgeruch *m*; **~'fumed** *adj* parfümiert, duftend; **~'fum·er** *s selten* Parfümeur *m*; **~'fum·er·y** *s* Parfümerzeugung *f* | Parfümeriewaren *f/pl* | Parfümerie *f*; **~fum·i·er** [~'fju:mɪə] *s* Parfümeur *m*

per·func|to·ry [pə'fʌŋktərɪ], **~tion·ar·y** [~ʃənərɪ] *adj* flüchtig, oberflächlich, desinteressiert ⟨a ≈ pedagogue⟩ | mechanisch, gewohnheitsmäßig ⟨a ≈ smile⟩ | nichtssagend ⟨a ≈ remark⟩

per|fuse [pə'fju:z] *förml vt* besprengen; **~fu·sion** [~'fju:ʒn] *s* Besprengen *n*

per·ga|me·ne·ous [ˌpɜ:gə'mi:nɪəs], **~men·ta·ceous** [ˌ~men'teɪʃəs] *adj* Pergament-

per·go·la ['pɜ:gələ] *s* Pergola *f*, Laubengang *m*

per·haps [pə'hæps|præps] *adv* vielleicht, möglicherweise ⟨~ not wahrscheinlich nicht⟩ | (höflich) unter Umständen, etwa, vielleicht ⟨~ you would be good enough ... würden Sie vielleicht ...⟩

peri- [perɪ] ⟨*griech*⟩ *in Zus* um ... herum, neben-

per·i·car·di|tis [ˌperɪkɑ:'daɪtɪs] *s Med* Perikarditis *f*, Herzbeutelentzündung *f*; **~um** [ˌperɪ'kɑ:dɪəm] *s Anat* (*pl* **~a** [ˌperɪ'kɑ:dɪə]) Perikard *n*, Herzbeutel *m*

per·i·carp ['perɪkɑ:p] *s Bot* Perikarp *n*, Fruchthülle *f*

per·i·gee ['perɪdʒi:] *s (meist sg) Astr* Erdnähe *f*, Perigäum *n*

per·i·he·li|al [ˌperɪ'hi:lɪəl], **ˌper·i'he·li·an** *adj Astr* Perihel-; **ˌper·i'he·li·on** *s* (*pl* **~a** [~ə]) Perihel *n*, Sonnennähe *f*

per|il ['perɪl] **1.** *s* (große) Gefahr, Risiko *n* ⟨at one's ≈ auf eigene Gefahr; in ≈ of auf die Gefahr hin⟩; **2.** *vt* (**'~illed, '~illed**) gefährden, in Gefahr bringen; **'~il·ous** *adj* gefährlich, gefahrvoll

per|im·e·ter [pə'rɪmɪtə] *s Math* Umkreis *m*, Umfang *m* | (äußere) Be-, Umgrenzung(slinie), Rand *m* ⟨the ≈ of an airfield⟩ | Länge *f* der Umgrenzung | *Mil* Vorpostenlinie *f* ⟨≈ defence Rundumverteidigung *f*⟩ | *Med, Phys* Perimeter *n*; **~i·met·ric** [ˌ~ɪ'metrɪk], **ˌ~i'met·ri·cal** *adj* perimetrisch, auf den Umkreis bezogen

per·i·na·tol·o·gy [ˌperɪneɪ'tɒlədʒɪ] *s Med* Perinatologie *f*

pe·ri·od ['pɪərɪəd] **1.** *s* Zeitraum, -abschnitt *m*, Periode *f* ⟨for a ~ of für die Dauer von; raining ~⟩ | Zeitalter *n*, Periode *f*, Zeitstil *m* ⟨costumes of the ~ historische Kostüme *n/pl*; the Victorian ~⟩ | *(oft pl) auch* **ˌmen·stru·al '~** *Med förml* Periode *f*, Menstruation *f* | *Math* Periode *f* | *Phys* Periode *f*, Schwingzeit *f* | *Päd* Unterrichtsstunde *f* ⟨a history ~⟩ | *Ling* Satzgefüge *n* | Pause *f* ⟨to put a ~ to s.th. etw. beenden⟩ | *bes Am* Punkt *m*; **2.** *adj* historisch, Perioden- ⟨~ furniture Stilmöbel *n/pl*⟩ | Zeit- ⟨a ~ play⟩; **3.** *adv* (als Satzende) *Am umg* (damit) basta, nichts weiter; **~ic** [ˌpɪərɪ'ɒdɪk] *adj* periodisch, regelmäßig (wiederkehrend) ⟨≈ attacks⟩; **ˌpe·ri'od·i·cal 1.** *adj* periodisch; **2.** *s* Zeitschrift *f*; **ˌpe·ri'od·i·cal·ly** *adv* von Zeit zu Zeit, wiederholt, in regelmäßigen Abständen (Zeit); **pe·ri·o·dic·i·ty** [ˌpɪərɪə'dɪsətɪ] *s* Periodizität *f*, regelmäßige Wiederkehr | *El* Frequenz *f*; **ˌ~ic 'ta·ble** *s Chem* periodisches System; **'~ piece** *s* historisches Möbelstück | *Theat* Zeitstück *n* | zeitgeschichtliches Dokument | *umg, scherzh* altmodischer Mensch, altes Stück; **'pe·ri·ods** *s/pl förml, lit* gedrechselte Sprache, wohlgefügte Rede

per·i·os|te·um [ˌperɪ'ɒstɪəm] *s* (*pl* **~te·a** [~tɪə]) *Anat* Periost *n*, Knochenhaut *f*; **~tit·ic** [ˌ~'tɪtɪk] *adj* periostisch; **~ti·tis** [ˌ~'taɪtɪs] *s Med* Periostitis *f*, Knochenhautentzündung *f*

per·i·pa·tet·ic [ˌperɪpə'tetɪk] **1.** *adj* Wander- | ∸ *Phil* peripatetisch | *übertr* umständlich, weitschweifig; **2.** *s scherzh* Wanderer *m* | ∸ *Phil* Peripatetiker *m*

per·i·pe·ti·a [ˌperɪpə'taɪə] *s Lit* Peripetie *f*, Umschwung *m* *(auch übertr)*

pe·riph·er·al [pə'rɪfr̥əl] **1.** *adj* peripher(isch); **2.** *s* (Computer) peripheres *od* externes Gerät; **pe'riph·er·y** *s (meist sg)* Peripherie *f*, Umfläche *f*, Rand *m*, Grenze *f (auch übertr)* | *Anat* Nervenenden *pl*

per·i|phrase ['perɪfreɪz] **1.** *vt* umschreiben; *vi* Umschreibungen anwenden; **2.** = **pe·riph·ra·sis** [pə'rɪfrəsɪs] (*pl* **pe·riph·ra·ses** [-si:z]) *s (manchmal verächtl)* Periphrase *f*, Umschreibung *f* | *Ling* periphrastische Form; **~phras·tic** [ˌ~'fræstɪk] *adj* umschreibend, periphrastisch

per·i|scope ['perɪskəʊp] *s* Periskop *n*, Sehrohr *n*, Scherenfernrohr *n*; **~scop·ic** [ˌ~'skɒpɪk], **ˌ~'scop·i·cal** *adj* periskopartig

per·ish ['perɪʃ] *vi Ztgsw* sterben, zugrunde gehen, (tödlich) verunglücken (**by** durch, **of** an, **with** vor) | vergehen ⟨~ the thought! Gott bewahre uns davor!⟩; *vt (oft pass) bes Brit* zerstören, zugrunde richten | (der Kälte u. a.) aussetzen ⟨to be ~ing/~ed with *übertr* fast umkommen vor⟩; **'~a·ble** *adj* vergänglich ⟨≈ food verderbliche Nahrungsmittel *n/pl*⟩; **'~a·bles** *pl* leicht verderbliche Ware; **'~er** *s Brit Sl* Ekel *n*, Mistvieh *n* | *scherzh* Frechdachs *m*; **'~ing 1.** *adj* tödlich *(auch übertr)* | (Wetter) hundekalt | *(intens)* ungeheuer, verdammt ⟨it's a ≈ shame⟩ | *präd* (Person) durchgefroren (**with** von); **2.** *adv* äußerst, sehr ⟨≈ cold entsetzlich kalt⟩

per·i·stal|sis [ˌperɪ'stælsɪs] *s* (*pl* **~ses** [~si:z]) *Med* Peristaltik *f*; **~tic** [~tɪk] *adj* peristaltisch

per·i·style ['perɪstaɪl] *Arch* **1.** *s* Peristyl *n*, Säulengang *m*; **2.** *adj* mit einem Säulengang versehen

per·i·to|ne·um [ˌperɪtə'ni:əm] *s* (*pl* **~ne·a** [ˌ~'ni:ə]) *Anat* Peritoneum *n*, Bauchfell *n*; **~ni·tis** [ˌ~'naɪtɪs] *s Med* Peritonitis *f*, Bauchfellentzündung *f*

per·i|wig ['perɪwɪg] **1.** *s* (Amts-) Perücke *f*; **2.** *vt* (**'~wigged, '~wigged**) (jmdm.) eine Perücke aufsetzen

[1]**per·i·win·kle** ['perɪwɪŋkl] *s Bot* Immergrün *n*

[2]**per·i·win·kle** ['perɪwɪŋkl] *s Zool* (eßbare) Uferschnecke

per|jure ['pɜ:dʒə] *nur* **'~jure o.s.** *v refl* meineidig werden, einen Meineid leisten; **'~jured** *adj* meineidig; **'~jur·er** *s* Meineidige(r) *f(m)*; **~ju·ri·ous** [pə'dʒʊərɪəs] *adj* meineidig; **'~ju·ry** [-dʒərɪ] *s* Meineid *m*

[1]**perk** [pɜ:k] *umg vt* (Kaffee) filtern; *vi* gefiltert werden (Kaffee)

[2]**perk** [pɜ:k] *s (meist pl) Brit umg* Nebeneinkünfte *pl*, Nebenverdienst *m* | Zuschlag *m*, Sondervergütung *f* | Vergünstigung *f*, Vorteil *m*, besonderes Vorrecht (bei der Arbeit)

[3]**perk** [pɜ:k] **1.** *umg vt, meist* **~ up** putzen, schmücken ⟨to ~ o.s. up sich auf-, herausputzen; to ~ up one's ears die Ohren spitzen⟩ | wieder munter *od* fit machen; *vi* sich aufrichten | den Kopf hoch tragen, (ziemlich) selbstbewußt auftreten; **~ up** wieder in Stimmung kommen, wieder munter werden, sich erholen; **2.** = **'~y** *adj* lebhaft, fröhlich ⟨a ≈ waltz⟩ | *verächtl* keck, dreist, überheblich ⟨a ≈ woman⟩ | (Kleidung) hoch-, abstehend

per|lite ['pɜ:laɪt] *s Min* Perlit *m*; **~lit·ic** [~'lɪtɪk] *adj* perlitisch

[1]**perm** [pɜ:m] *Brit umg* **1.** *Kurzw für* ↑ **ˌpermanent 'wave**; **2.** *vt* Dauerwellen machen ⟨to get ~ed sich Dauerwellen machen lassen⟩

[2]**perm** [pɜ:m] **1.** *s Brit umg* Tip *m*, Kombination *f* (Toto); **2.** *vt* (Mannschaften) kombinieren

per·ma·frost ['pɜ:məfrɒst] *s Geogr* Dauerfrostboden *m*

per·ma|nence ['pɜ:mənəns] *s* Beständigkeit *f*, Dauerhaftigkeit *f* | Fortdauer *f* | *Phys* Permanenz *f*; **'~nen·cy** *s* Beständigkeit *f,* Dauer *f* | dauerhafte Sache; **'~nent** **1.** *adj* (be)ständig, dauerhaft, fortdauernd, -während, Dauer- ⟨≈ education lebenslange Bildung; ≈ protection immerwährender Schutz; ≈ filing ständige Aufbewahrung⟩; **2.** *s Am* Dauerwelle *f*; **ˌ~nent 'crease** *s* Dauerfalte *f*; **ˌ~nent 'ink** *s* Urkundentinte *f*; **ˌ~nent 'mag·net** *s* Dauermagnet *m*; **ˌ~nent 'note** *s* Dauerton *m*; **ˌ~nent 'plant** *s Tech* stationäre Anlage; **ˌ~nent 'press** *adj* bügelfrei; **ˌ~nent 'sec·re·ta·ry** *s Brit Pol* (ständiger) Staatssekretär *m* (für ein Ressort); **ˌ~nent 'wave** *s* Dauerwelle *f*; **ˌ~nent 'way** *s Brit Eisenb* Bahnkörper *m,* Gleisanlagen *pl,* (Gleis) Oberbau *m*

per·man|ga·nate [pəˈmæŋgəneɪt] *Chem s* Permanganat *n,* übermangansaures Salz ⟨≈ of potash Kaliumpermanganat *n*⟩; **~gan·ic** [ˌpɜ:mæŋˈgænɪk] *adj* Permangan- ⟨≈ acid Permangansäure *f*⟩

per·me|a·bil·i·ty [ˌpɜ:mɪəˈbɪlətɪ] *s* Durchdringbarkeit, Durchlässigkeit *f* ⟨≈ to air Luftdurchlässigkeit *f*⟩; **'~a·ble** *adj* durchdringbar, -lässig; **~am·e·ter** [ˌ~ˈæmɪtə|ˈ~ɪəˌmi:tə] *s Phys* Permeameter *n,* Permeabilitätsmesser *m*; **'~ance** *s* Durchdringung *f* | *Phys* Permeanz *f,* magnetische Leitfähigkeit; **'~ant** *adj* durchdringend; **'~ate** *vt* durchdringen (*auch übertr*); *vi* eindringen (**into** in) | sich verbreiten (**among** unter) | (Licht) durchfluten | durchsickern (**through** durch); **ˌ~'a·tion** *s* Durchdringung *f* | Sättigung *f*; **~a·tive** [ˈ~eɪtɪv] *adj* durchdringend

Per·mi·an [ˈpɜ:mɪən] *Geol* **1.** *adj* permisch; **2.** *s* Perm *n*

per·mis|si·bil·i·ty [pəˌmɪsəˈbɪlətɪ] *s* Zulässigkeit *f*; **per'mis·si·ble** *adj* zulässig, statthaft (**to s.o.** jmdm.) ⟨≈ error⟩; **ˌ~si·ble 'lim·its** *s/pl Tech* Meßtoleranz *f*; **ˌ~si·ble ex'pens·es** *s Wirtsch* abzugsfähige Unkosten *pl*; **ˌ~si·ble 'load** *s Tech* Höchstbelastung *f*; **per'mis·sion** [pəˈmɪʃn] *s* Zulassung *f,* Genehmigung *f,* Erlaubnis *f* ⟨≈ to take off *Flugw* Starterlaubnis *f*; to ask s.o.'s ≈, to ask s.o. for ≈ jmdn. um Erlaubnis bitten; to give s.o. ≈ jmdm. Erlaubnis geben; with s.o.'s ≈ mit jmds. Erlaubnis⟩; **per'mis·sive** *adj* zulässig, erlaubt, gestattet | zulassend, gestattend | *oft verächtl* zu frei, freizügig, hemmungslos, ohne Hemmungen ⟨≈ society permissive Gesellschaft, Gesellschaft *f,* in der alles erlaubt ist, tabufreie Gesellschaft⟩ | *Jur* fakultativ

per·mit [pəˈmɪt] (**per'mit·ted, per'mit·ted**) *vt* zulassen, erlauben, gestatten ⟨smoking is not ~ted; to ~ o.s. s.th. sich etw. gönnen⟩ | *übertr* gestatten, Raum lassen für ⟨to ~ no explanation⟩; *vi* es erlauben *od* gestatten, erlaubt *od* gestattet sein ⟨if your health ~s wenn es Ihre Gesundheit zuläßt; weather ~ting wenn es das Wetter erlaubt⟩ | *förml* zulassen, gestatten (**of s.th.** etw.) ⟨his absence ~s of no other explanation seine Abwesenheit läßt keine andere Erklärung zu⟩; [ˈpɜ:mɪt] *s* Zulassung *f,* Erlaubnis *f,* Genehmigung *f* (**to** für) | Passierschein *m* | Ein-, Ausreiseerlaubnis *f*; **~tee** [ˌpɜ:mɪˈti:] *s* Inhaber *m* einer Erlaubnis

per|mut·a·bil·i·ty [pəˌmju:təˈbɪlətɪ] *s* Vertauschbarkeit *f*; **~'mut·able** [~ˈmju:təbl] *adj* vertauschbar; **~mu·tate** [ˈpɜ:mjuteɪt] *vt* aus-, vertauschen | *Math* permutieren; **~mu·ta·tion** [ˌpɜ:mjʊˈteɪʃn] *s* Austausch *m,* Vertauschung *f* | *Math* Permutation *f,* Vertauschung *f*; **~mu'ta·tion lock** *s* Vexierschloß *n*; **~'mute** *vt Math* permutieren, vertauschen

per·ni·cious [pəˈnɪʃəs] *adj* schädlich, verderblich, böse ⟨a ~ influence⟩ | *Med* perniziös, bösartig ⟨~ anaemia perniziöse Anämie⟩

per·nick·e·ty [pəˈnɪkətɪ] *adj umg, oft verächtl* (Person) pingelig, kleinlich | (Sache) kitzlig, riskant

Per·nod [ˈpɜ:nəʊ] *s* ⟨*frz*⟩ Pernod *m,* Anisschnaps *m*

per·o|rate [ˈperəreɪt] *vi* eine Rede halten | *iron* eine große Rede *od* große Reden schwingen | zum Schluß einer Rede kommen | *vt* deklamieren; **ˌ~'ra·tion** *s* Redeschluß *m,* Zusammenfassung *f* | blumige Rede | *verächtl* endlose Rede | *iron* große Rede

per·ox·ide [pəˈrɒksaɪd] *s Chem* Super-, Peroxid *n* ⟨~ of hydrogen Wasserstoffsuperoxid *n*⟩; **ˌ~ 'blonde** *s verächtl* Wasserstoffblondine *f*

per·pend [pəˈpend] *scherzh vt* bedenken; *vi* gründlich nachdenken

per·pen·dic·u·lar [ˌpɜ:pənˈdɪkjʊlə] **1.** *adj* lot-, senkrecht, normal, rechtwinklig (**to** zu) | aufrechtstehend | sehr steil ⟨a ~ hill⟩ | *oft* ∸ perpendikular, spätgotisch ⟨∸ style englische Spätgotik⟩ | *Bergb* seiger | *übertr* aufrecht; **2.** *s* Lot *n,* Senkrechte *f,* Normale *f* ⟨out of the ~ schief⟩ | *Tech* Senkwaage *f* | *Tech* Perpendikel *n* | steiler Abhang | *Brit Sl* stehend eingenommenes Essen

per·pe|trate [ˈpɜ:pɪtreɪt] *vt förml* begehen, verüben ⟨to ≈ a crime⟩ | *umg scherzh* verbrechen, zuwege bringen ⟨to ≈ a poem⟩; **ˌ~'tra·tion** *s* Ausübung *f*; **'~tra·tor** *s* Täter *m*

per·pet·u|al [pəˈpetʃʊəl] **1.** *adj* ununterbrochen, fortwährend, ewig, unaufhörlich ⟨≈ motion immerwährende Bewegung; ≈ snow ewiger Schnee⟩ | auf Lebenszeit ⟨a ≈ president⟩ | *Wirtsch* unkündbar ⟨≈ lease⟩ | *oft verächtl* dauernd, ständig, häufig, wiederholt ⟨≈ complaints; a ≈ noise⟩ | *Bot* ausdauernd; **2.** *s Bot* ausdauernde Pflanze; **per'pet·u·ance** *s* Fortdauer *f*; **per'pet·u·ate** *vt* fortbestehen lassen, andauern lassen, verewigen; **ˌ~'a·tion** *s* Fortdauer *f*; **per·pe·tu·i·ty** [ˌpɜ:pɪˈtju:ətɪ] *s* ständige Fortdauer, Unaufhörlichkeit *f* ⟨in/for/to ≈ auf ewig, in alle Ewigkeit⟩ | *Wirtsch* Leibrente *f* | *Jur* Perpetuität *f*

per·plex [pəˈpleks] *vt* verblüffen, verwirren, in Verlegenheit bringen (**with** mit) | (etw.) komplizieren; **per'plexed** *adj* bestürzt, verwirrt, verlegen | kompliziert; **per'plex·ing** *adj* verblüffend; **per'plex·i·ty** *s* Verwirrung *f,* Bestürzung *f,* Verlegenheit *f* | Kompliziertheit *f,* Schwierigkeit *f*

per·qui·site [ˈpɜ:kwɪzɪt] *s Brit förml* = ^{2}**perk**

per·ron [ˈperən] *s Arch* Freitreppe *f*

per·ry [ˈperɪ] *s* Birnenmost *m,* -wein *m*

per se [ˌpɜ: ˈseɪ] *adv* ⟨*lat*⟩ per se, für sich allein genommen

perse [pɜ:s] **1.** *adj* graublau; **2.** *s* Graublau *n*

per·se|cute [ˈpɜ:sɪkju:t] *vt* verfolgen | plagen, belästigen (**with** mit); **ˌ~'cu·tion** *s* Verfolgung *f* | Plage *f,* Belästigung *f*; **ˌ~'cu·tion·al** *adj* Verfolgungs-; **ˌ~'cu·tion ˌma·ni·a** *s Med* Verfolgungswahnsinn *m*; **'~cu·tive** *adj* belästigend; **'~cu·tor** *s* Verfolger(in) *m(f)*; **'~cu·to·ry** *adj* verfolgend

per|se·ver·ance [ˌpɜ:sɪˈvɪərəns] *s* Ausdauer *f,* Beharrlich-, Standhaftigkeit *f*; **ˌ~se'ver·ant** *adj* beharrlich; **~sev·er·ate** [pəˈsevəreɪt] *vi* lange anhalten; **~ˌsev·er'a·tion** *s* Beharren *n*; **~se·vere** [ˌ~sɪˈvɪə] *vi* (auf dem Standpunkt) beharren (**in** bei) | festhalten (**at, in** an), fortfahren (**with** mit); **ˌ~se'ver·ing** *adj* standhaft, beständig ⟨≈ work⟩

Per·sian [ˈpɜ:ʃn] **1.** *adj* persisch; **2.** *s* Perser(in) *m(f)* | *Ling* Persisch *n*; **ˌ~ 'cat** *s Zool* Angorakatze *f*

per·si·car·y [ˈpɜ:sɪkərɪ] *s Bot* Knöterich *m*

per·si·flage [ˌpɜ:sɪˈflɑ:ʒ|ˈpɜ:sɪflɑ:ʒ] *s* Persiflage *f,* Verspottung *f*

per·sim·mon [pəˈsɪmən] *s Bot* Dattelpflaume *f* ⟨to walk off with the ~s *Am umg* den Sieg davontragen, jmdm. das Nachsehen geben⟩

per·sist [pəˈsɪst] *vi* be-, aus-, verharren (**in** bei) | bestehen (**in** auf) ⟨to ~ in doing s.th. darauf bestehen, etw. zu tun⟩ | weitermachen, -arbeiten (**with** mit, an) | fortdauern, -bestehen, anhalten (Wetter u. ä.); **per'sist·ence, per'sist·en·cy** *s* Be-, Ausharren *n* | Fortbestehen *n,* -dauer *f* | Beharrlichkeit *f,* Ausdauer *f,* Hartnäckigkeit *f* | *Phys* Beharrungszustand *m,* Nachwirkung *f* | *Ferns* Nachleuchten *n*; **per'sist·ent** *adj* ausdauernd, beharrlich, hartnäckig ⟨≈ efforts⟩ | *oft verächtl* ständig, wiederholt ⟨≈ attempts⟩ | unverbesserlich ⟨≈ thief⟩ | nicht wegzukriegen ⟨≈ cough⟩ |

Chem (z. B. Umweltgifte) nicht abbaubar; **per'sist·ing** *adj* beharrlich

per·son ['pɜ:sn] *s* Person *f*, menschliches Wesen ⟨five ~s; in ~ persönlich, selbst; in the ~ of in [der] Person von; no ~ niemand; some ~ or other irgend jemand⟩ | (*meist sg*) äußeres Wesen, Erscheinung *f* ⟨a small ~; to carry s.th. on/about one's ~ etw. bei sich tragen⟩ | *verächtl* Mensch *m*, Person *f* ⟨who is this ~?⟩ | *Ling* Person *f* ⟨first ~⟩ | *Rel* göttliche Gestalt | *Theat* Rolle *f*; **-per·son** *in Zus* -Mann *od* -Frau (*z. B.* **chair~, police~**); **per·so·na** [pɜ:'səʊnə] (*pl* **personae** [-i:]) *s Theat* Rolle *f*, Charakter *m* | *Psych* Rolle *f*, Selbstdarstellung *f* | Persönlichkeit *f* ⟨~ (non) grata (nicht) genehme Person⟩; **'~a·ble** *adj* (Mann) von angenehmem Äußeren, ansehnlich; **'~age** *s förml* Persönlichkeit *f* | *Theat, Lit* Figur *f*, Charakter *m* | *verächtl* Mensch *m*, Person *f*; **'~al** *adj* persönlich, Personal- ⟨≈ call Telefongespräch *n* mit Voranmeldung; ≈ visit persönlicher Besuch⟩ | persönlich, privat, vertraulich ⟨≈ letter⟩ | persönlich, übertrieben diskret ⟨≈ remark anzügliche Bemerkung; to become ≈ anzüglich werden⟩ | äußerlich, auf die äußere Erscheinung bezogen ⟨≈ charms; ≈ hygiene Körperpflege *f*⟩ | *Jur* persönlich, beweglich ⟨≈ (estate) property bewegliches (passives) Eigentum⟩ | *Ling* Personal- ⟨≈ pronoun⟩; **ˌ~al as'sis·tant** *s* persönlicher Sekretär, persönliche Sekretärin; **'~al ˌcol·umn** *s* Personalteil (einer Zeitung); **'~al comˌput·er** *s* Personalcomputer *m*; **per·so·na·li·a** [ˌpɜ:sə'neɪlɪə] *s/pl* Personalien *pl* | Privateigentum *n*; **~al·i·ties** [ˌpɜ:sə'nælətɪz] *s/pl* anzügliche *od* persönliche Bemerkungen *f/pl*; **ˌ~'al·i·ty** *s* Person *f*, Persönlichkeit *f* | Individualität *f*, persönliche Ausstrahlung | bekannte Persönlichkeit ⟨a TV ≈⟩ | gesamter Mensch, Gesamtbild *n* des Menschen, Personalität *f*; **~'al·i·ty cult** *s* Personenkult *m*; **ˌ~'al·i·ty reˌquire·ment** *s* Persönlichkeitsanforderung *f* | *Psych* (vorausgesetzter) Persönlichkeitswert; **ˌ~al·i'za·tion** *s* Personifizierung *f*; **'~al·ize** *vt* personifizieren, verkörpern | *verächtl* (etw.) zu persönlich sehen, zu subjektiv betrachten ⟨to ≈ an argument⟩ | mit Initialen versehen ⟨~alized handkerchiefs Taschentücher *pl* mit Monogramm⟩; **'~al·ly** *adv* persönlich, direkt ⟨to be ≈ in charge persönlich verantwortlich sein⟩ | persönlich, selbst ⟨≈ I thought was mich betrifft, so habe ich gedacht⟩ | als Person, als Mensch ⟨≈ she's charming⟩ | ganz persönlich, privat ⟨to speak to s.o. ≈ about s.th. mit jmdm. ganz im Vertrauen über etw. sprechen⟩ | persönlich, gegen jmdn. als Person *od* persönlich gerichtet ⟨to take s.th. ≈ etw. [zu] persönlich nehmen⟩; **'~als** *s/pl Jur* persönliche Habe *f*; **~al·ty** ['pɜ:snltɪ] *s Jur* bewegliches Eigentum *n*; **~ate** ['pɜ:səneɪt] *vt* personifizieren | *Theat* spielen; *vi Theat* spielen; **ˌ~'a·tion** *s* Darstellung *f*; **'~hood** *s* Persönlichkeit *f*, Individualität *f*; **~i·fi·ca·tion** [pəˌsɒnɪfɪ'keɪʃn] *s* Personifikation *f*, Verkörperung *f* ⟨the ≈ of generosity die Freigebigkeit in Person⟩ | Vermenschlichung *f*; **~i·fi·ca·tive** [pə'sɒnɪfɪkeɪtɪv] *adj* personifizierend; **~i·fy** [pə'sɒnɪfaɪ] *vt* personifizieren, verkörpern, versinnbildlichen | vermenschlichen; **~nel** [ˌpɜ:sə'nel|-sn̩-] **1.** (*auch pl konstr*) *s* Personal *n*, Belegschaft *f*, Begleitmannschaft *f* | *Mar* Besatzung *f* | *Mil* Mannschaften *f/pl* ⟨army ≈⟩ | *Wirtsch* Personalabteilung *f*; **2.** *adj* Personal-

per·spec·tive [pə'spektɪv] **1.** *adj* perspektivisch; **2.** *s* Perspektive *f* ⟨in right/true ~ in richtiger Perspektive; *übertr* im richtigen Verhältnis; out of ~ nicht in der richtigen Perspektive; *übertr* im falschen Verhältnis⟩ | perspektivische Zeichnung | Aussicht *f* ⟨a beautiful ~⟩ | *übertr* Perspektive *f*, Ausblick *m*, Aussicht *f* (**of** auf) ⟨to have ~ Weitblick haben; to have no ~ alles nicht im richtigen Verhältnis zueinander sehen, keine Zukunft haben⟩

per·spex ['pɜ:speks] *s Tech* Sicherheits-, Plexiglas *n*

per·spi|ca·cious [ˌpɜ:spɪ'keɪʃəs] *förml adj* scharfsinnig, klug, intelligent; **~cac·i·ty** [ˌ~'kæsətɪ] *s* Scharfsinn *m*, Intelligenz *f*

per|spi·cu·i·ty [ˌpɜ:spɪ'kju:ətɪ] *förml s* Klarheit *f*, Deutlichkeit *f*; **~spic·u·ous** [pə'spɪkjuəs] *adj* deutlich, klar

per|spir·a·ble [pə'spaɪərəbl] *adj* Schwitz-; **~spi·ra·tion** [ˌpɜ:spə'reɪʃn] *s* Schwitzen *n*, Transpirieren *n* | Schweiß *m*

~'spir·a·ti·ve *adj* schweißtreibend; **~'spir·a·to·ry** *adj* Schweiß-; **~'spire** *vi euphem* schwitzen, transpirieren, ausdünsten; *vt* ausschwitzen, ausdünsten

per|suade [pə'sweɪd] *vt* überreden, bereden, bewegen (*auch übertr*) ⟨to ≈ s.o. into s.th. jmdn. zu etw. bewegen; to ≈ s.o. out of s.th. jmdn. von etw. abbringen⟩ | überzeugen (**of** von, **that** daß); **~'suaded** *adj* (*nur präd*) überzeugt ⟨to be ≈d of überzeugt sein von⟩; **~'suad·er** *s* Überredender *m* | *Sl* Schießeisen *n*, Waffe *f*; **~sua·sion** [~'sweɪʒn] *s* Überredung *f* ⟨techniques of ≈⟩ | Überzeugungskraft *f*, Überredungsgabe *f* ⟨a master of ≈⟩ | Meinung *f*, Überzeugung *f* ⟨to be of the ≈ der Meinung sein⟩ | Glaube(nsrichtung) *m(f)* ⟨of different ≈s verschiedener [religiöser] Anschauungen⟩ | (*meist sg*) *umg scherzh* Sorte *f* Mensch, Art *f* ⟨of the modern ≈ neumodisch⟩; **~'sua·sive 1.** *adj* überredend ⟨~suasive pill *Med* Entwöhnungsmittel *n*⟩ | überzeugend ⟨≈ power Überzeugungskraft *f*⟩; **2.** *s* überzeugender Beweisgrund, Überredungsmittel *n*

pert [pɜ:t] *adj* (Mädchen, junge Frau) keck, schnippisch, frech | gewagt, schick, flott ⟨a ~ little hat⟩ | munter, lebhaft ⟨~ chatter lebhaftes Geplauder⟩

per·tain [pə'teɪn] *förml vi* (an)gehören (**to** zu) | sich geziemen, zukommen (**to** für) | betreffen ⟨~ing to betreffend⟩

per·ti|na·cious [ˌpɜ:tɪ'neɪʃəs] *adj förml, oft verächtl* hartnäkkig, starr | beharrlich, standhaft; **~nac·i·ty** [ˌ~'næsətɪ] *s* Hartnäckigkeit, Starrheit *f* | Beharrlich-, Standhaftigkeit *f*

per·ti|nence ['pɜ:tɪnəns], **'~nen·cy** *förml s* Schicklichkeit *f*, Angemessenheit *f*, Eignung *f* (**to** für) ⟨without ≈ unpassend⟩; **'~nent** *adj* schicklich, passend, angemessen (*Ant* impertinent) ⟨a ≈ remark⟩ | einschlägig ⟨to be ≈ to sich beziehen auf⟩; **'~nents** *s/pl* Zubehör *n*

per|turb [pə'tɜ:b] *förml vt* verwirren, stören, durcheinanderbringen, in Unruhe versetzen; **~tur·bate** ['pɜ:təbeɪt] *adj* verwirrt; **ˌ~tur'ba·tion** *s* Verwirrung *f*, Bestürzung *f*, Unruhe *f* | *Tech* Störung *f*, Störeffekt *m*; **ˌ~tur'ba·tion·al, ~tur·ba·tive** [ˌpɜ:tə'beɪtɪv|~'tɜ:bətɪv] *adj* Störungs-, störend

per·tus·sis [pə'tʌsɪs] *s Med* Pertussis *f*, Keuchhusten *m*

Pe·ru [pə'ru:|pɪ-] *s* Peru

pe·ruke [pə'ru:k] *s* Perücke *f*

pe·rus·al [pə'ru:zl] *s* Durchlesen *n*, -sicht *f* ⟨for ~ zur Einsicht⟩; **pe'ruse** *vt förml* genau durchlesen, -sehen | *übertr* prüfen | *umg scherzh* lesen

Pe·ru·vi·an [pə'ru:vɪən] **1.** *adj* peruanisch; **2.** *s* Peruaner(in) *m(f)*

per|vade [pə'veɪd] *vt förml* durchdringen, -ziehen, erfüllen (*auch übertr*); **~va·sion** [~'veɪʒn] *s* Durchdringung *f*; **~va·sive** [~'veɪsɪv|-zɪv] *adj, oft verächtl* durchdringend ⟨≈ smell⟩ | *übertr* vorherrschend ⟨≈ influence beherrschender Einfluß⟩

per|verse [pə'vɜ:s|pɜ:-] *adj* falsch, verkehrt, Fehl- | verderbt, schlecht, böse ⟨a ≈ person⟩ | launisch, eigensinnig, wunderlich | verstockt, querköpfig, bockig | *Med, Psych* pervers, widernatürlich ⟨≈ habits⟩; **~'ver·sion** *s* Verdrehung *f*, Entstellung *f* ⟨a ≈ of justice⟩ | *Med, Psych* Perversion *f*; **~'ver·si·ty** *s* Verkehrtheit *f* | Eigensinn *m*, Launenhaftigkeit *f* | Verderbtheit *f* | *Med, Psych* Perversität *f*; **~'ver·sive** *adj* verderblich (**of** für)

per·vert [pə'vɜ:t|pɜ:-] *vt* verdrehen, verkehren, umkehren, entstellen, fälschen, pervertieren ⟨to ~ the course of justice *Jur* e-e Rechtsbeugung begehen⟩ | verderben ⟨to ~ s.o.'s mind⟩ | *Med, Psych* pervertieren, verführen | *Rel* irreleiten; *vi Med* pervers werden; ['pɜ:vɜ:t] *s Med, Psych* perverser Mensch, Pervertierte(r) *f*(*m*) ⟨sexual ≈⟩; **per'vert·ed** *adj* verkehrt, falsch, Fehl- | *Med, Psych* pervers; **per,vert·i'bil·i·ty** *s* Verführbarkeit *f*; **per'vert·i·ble** *adj* leicht zu verführend

per·vi·ous ['pɜ:vɪəs] *adj förml* durchlässig, offen (**to** für) | *Phys* permeabel, durchlässig | *Tech* undicht | *übertr* offen, zugänglich ⟨~ to new ideas für neue Ideen zugänglich⟩

pe·se·ta [pə'seɪtə|pə'setə] *s* ⟨*span*⟩ Peseta *f*

pes·ky ['peskɪ] *bes Am umg* **1.** *adj* scheußlich, abscheulich; **2.** *adv* entsetzlich, furchtbar ⟨~ mean⟩

pe|so ['peɪsəʊ] *s* (*pl* **~sos**) ⟨*span*⟩ Peso *m* (Münze)

pes·sa·ry ['pesərɪ] *Med s* Pessar *n* | Zäpfchen *n*, Suppositorium *n*

pes·si|mism ['pesɪmɪzm|'pezɪ-] *s* Pessimismus *m*; **'~mist 1.** *s* Pessimist *m*; **2.** *adj* pessimistisch; **,~'mis·tic, ,~'mis·ti·cal** *adj* pessimistisch

pest [pest] *s* (*meist sg*) *umg* Plage *f*, Seuche *f* | (*meist sg*) *umg* lästiger *od* unausstehlicher Mensch | Schädling *m* ⟨garden ~s⟩ | *arch* Pest *f*

pes·ter ['pestə] **1.** *vt* plagen, quälen, belästigen (**with** mit) ⟨to ~ s.o. with questions; to ~ s.o. to do s.th. jmdn. bedrängen, etw. zu tun; to ~ the life out of s.o. *umg* jmdm. unerträglich auf die Nerven gehen⟩ | anbetteln (**for** um); **2.** *s* Quälgeist *m*

pes·ti|cid·al [,pestɪ'saɪdl] *adj* schädlingsbekämpfend; **'~cide** *s Chem* Pestizid *n*, Schädlingsbekämpfungsmittel *n*; **pes·tif·er·ous** [pe'stɪfərəs] *adj* verderblich, schädlich | pestbringend, verpestend | *umg scherzh* ekelhaft, furchtbar; **'~lence** *s* Seuche *f*, Pestilenz *f*; **'~lent** *adj* schädlich | verpestend | *umg scherzh* ärgerlich; **,~'len·tial** [-lenʃl] *adj* schädlich, verderblich | ansteckend ⟨a ≈ disease eine Seuche⟩ | *umg scherzh* scheußlich, eklig ⟨a ≈ cold⟩ | *arch* pesterzeugend, pestbringend

pes·tle ['pesl|'pestl] **1.** *s* Stößel *m*, Mörserkeule *f* | *Chem* Pistill *n*; **2.** *vt, vi* mit einem Stößel zerstoßen, zerstampfen

[1]**pet** [pet] **1.** *s* Haustier *n*, zahmes Tier ⟨a ~ eagle ein zahmer Adler; to keep a ~ ein Tier halten⟩ | Schoßkind *n*, verhätscheltes Kind ⟨teacher's ~ Lehrers Liebling *m*⟩ | *meist sg* Liebling *m*, Schatz *m* | *übertr umg* Prachtstück *n*, Perle *f* ⟨a ~ of a dress ein Gedicht *n* von e-m Kleid⟩; **2.** *adj* Lieblings- ⟨a ~ horse; ~ idea; ~ name Kosename *m*⟩; **3.** ('**~ted, '~ted**) *vt* (ver)hätscheln, (ver)zärteln | verwöhnen, umsorgen | *umg* (ab)knutschen; *vi* (sich) knutschen, Petting machen

[2]**pet** [pet] **1.** *s* üble Laune, Verdruß *m*, Mißstimmung *f* ⟨in a ~ schlecht gelaunt; to take ~ at s.th. etw. übelnehmen⟩; **2.** *vi* verstimmt sein

pet|al ['petl] *Bot* **1.** *s* Blütenblatt *n*; **2.** *vt*, **~al forth** *übertr* hervorbringen; **'~al[l]ed** *adj* Blütenblätter tragend; **~al·oid** ['~əlɔɪd] *adj* blütenblattartig

pe·tard [pe'tɑ:d] *s Hist, Mil* Petarde *f*, Sprengbüchse *f* ◇ **be hoist with one's own ~** *übertr* in die eigene Falle gehen, selbst der Dumme sein, selbst den Dummen machen

pet·cock ['petkɒk] *s Tech* Kompressions-, Probierhahn *m*, Kondenswasserhahn *m*

Pe·ter ['pi:tə] *s* Peter *m*, Petrus *m* ◇ **rob ~ to pay Paul** *übertr* ein Loch aufreißen, um das andere zu stopfen

pe·ter ['pi:tə] *vi* **~ out** *Bergb* sich erschöpfen | *übertr* versanden, allmählich aufhören | *übertr* sich totlaufen

Pe·ter's fish ['pi:təz fɪʃ] *s Zool* Schellfisch *m*

pet·it bour·geois [pə,ti: 'bʊəʒwɑ:|,petɪ -] *s* Kleinbürger *m* | *verächtl* Bourgeois *m*

pe·tite [pə'ti:t] *adj* zierlich, klein ⟨a ~ woman⟩

pet·it four [,petɪ 'fʊə|-'fɔ:] (*pl* **,pet·its 'fours** *od* **,pet·it 'fours**) *s* Petit four *n*, Kleingebäck, Punschtörtchen *n*

pe·ti·tion [pɪ'tɪʃn] **1.** *s* Petition *f*, Eingabe *f*, Bittschrift *f* ⟨to put up a ~ eine Petition einreichen⟩ | *Jur* schriftlicher Antrag ⟨~ for clemency Gnadengesuch *n*; ~ for divorce Scheidungsklage *f*⟩; **2.** *vt* bitten *od* nachsuchen um (etw.) | (jmdn.) ersuchen, schriftlich einkommen bei; *vi* ansuchen, eine Bittschrift einreichen, bitten (**for** um), einen Antrag stellen (**for** auf); **pe'ti·tion·ar·y** *adj* Bitt-; **pe'ti·tion·er** *s* Bitt-, Antragsteller(in) *m*(*f*) | *Jur* Kläger *m* bei einer Ehescheidung

pet·it| jur·or [,petɪ 'dʒʊərə] *s Jur* Geschworener *m*; **,~ 'ju·ry** *s* Geschworenenbank *f*

petit mal [,petɪ 'mæl] *s* ⟨*frz*⟩ leichter epileptischer Anfall

pet·it point ['petɪ pɔɪnt] *s* Perlstich *m*

pet·rel ['petrl] *s Zool* Sturmvogel *m*; ↑ **stormy ~**

pet·ri|fac·tion [,petrɪ'fækʃn] *s* Versteinerung *f* (*auch übertr*); **,~'fac·tive** *adj* versteinernd; **~fi·ca·tion** [,~fɪ'keɪʃn] *s* Versteinerung *f*; **~fy** ['~faɪ] *vt* versteinern ⟨~fied forest versteinerter Wald⟩ | *übertr* bestürzen, lähmen ⟨~fied with horror wie gelähmt vor Schreck⟩; *vi* zu Stein werden | *übertr* hart werden

petr[o]- [petrə(ʊ)] ⟨*griech*⟩ *in Zus* Fels-, Stein- | Petro(leum)-

pet·ro·chem·i·cal [,petrəʊ'kemɪkl] *adj Chem* Erdöl-, Petrolchemie-, petrolchemisch

pet·ro·dol·lar ['petrəʊ,dɒlə] *s Wirtsch* Petrodollar *m*

pet|ro·graph ['petrəgrɑ:f|-græf] *s* Felsenbild *n*; **pe·trog·ra·pher** [pə'trɒgrəfə] *s* Petrograph *m*, Gesteinskundler *m*; **~ro·graph·ic** [,~rə'græfɪk], **,~ro'graph·i·cal** *adj* petrographisch; **pe'trog·ra·phy** *s* Petrographie *f*, Gesteinskunde *f*

pet·rol ['petrl] *Brit* **1.** *s* Benzin *n*, Treibstoff *m*; **2.** *vt* auftanken; **pet·ro·la·tum** [,petrə'leɪtəm] *s Am* = **pe,tro·le·um 'jel·ly; '~ bomb** *s Brit* Brandflasche *f*; **,~ 'chem·is·try** *s* Petrolchemie *f*; **'~ cock** *s* Benzinhahn *m*; **'~ con,sump·tion** *s* Benzinverbrauch *m*; **pe·tro·le·um** [pɪ'trəʊlɪəm] *s* Petroleum *n*, Erdöl *n*; **pe,tro·le·um 'jel·ly** *s Med, Tech* Vaseline *f*; **'~ gauge** *s* Benzinuhr *f*, Kraftstoffmesser *m*; **~ic** [pɪ'trɒlɪk] *adj* Petrol- ⟨≈ acid Petrolsäure *f*⟩

pet·ro·log|ic [,petrə'lɒdʒɪk], **,pet·ro'log·i·cal** *adj* petrologisch; **pe·trol·o·gist** [pɪ'trɒlədʒɪst] *s* Gesteinskundler *m*; **pe'·trol·o·gy** *s* Gesteinskunde *f*

petrol|-oil mix·ture [,petrl 'ɔɪl mɪkstʃə] *s* Zweitaktgemisch *n*; **'~ pump** *s* Benzinpumpe *f*; **'~ ,sta·tion** *s Brit* Tankstelle *f*; **'~ tank** *s* Benzintank *m*, -behälter *m*; **'~ torch** *s* Benzinlötlampe *f*

pet·rous ['petrəs|'pi:-] *adj* (Stein) hart, felsig

[1]**pet·ted** ['petɪd] *adj* verhätschelt, verzärtelt, verwöhnt

[2]**pet·ted** ['petɪd] *adj* verdrießlich, verstimmt, übelgelaunt

pet·ti·coat ['petɪkəʊt] **1.** *s* Unterrock *m* | *El* Isolatorglocke *f*; **2.** *adj verächtl* Frauen-, Weiber- ⟨~ government Weiberherrschaft *f*, -regiment *n*⟩; **'~ed** *adj* weibisch

pet·ti|fog ['petɪfɒg] ('**~fogged, '~fogged**) *vi* Kniffe anwenden; *vt* (e-r Sache) ausweichen; **'~,fog·ger** *s* Winkeladvokat *m*; **'~,fog·ging 1.** *adj* rechtsverdrehend | schuftig, gemein | (Person) kleinlich, pingelig | (Sache) nichtig, lumpig; **2.** *s* Rechtsverdrehung *f*

pet·ting ['petɪŋ] *s* (Ab-) Knutschen *n* | *Psych* Petting *n* ⟨heavy ~ intensives Petting⟩; **'~ ,par·ty** *s umg* Knutscherei *f*; Pettingparty *f*

pet·tish ['petɪʃ] *adj verächtl* (Person, Bemerkung) mürrisch, verdrießlich, gereizt

pet|to ['petəʊ] *s* (*pl* **~ti** [-tɪ]) ⟨*ital*⟩ *nur in*: **have s.th. in ~to** *umg* etw. in petto *od* auf Lager haben

pet·ty ['petɪ] *adj* unbedeutend, klein, geringfügig ⟨~ problems⟩ | *verächtl* kleinlich, engstirnig ⟨~ acts; ~ cruelty Grausamkeit *f* im Kleinen⟩; ˌ~ 'bour·geois *s* = ˌpetit 'bourgeois; ˌ~ 'cash *s* Handkasse *f*; ˌ~ 'lar·ce·ny *s Jur* leichter Diebstahl; ˌ~ 'of·fi·cer *s Mar* Maat *m*

pet·u|lance ['petjʊləns] *s* Verdrießlich-, Launenhaftigkeit *f*; '~lant *adj* verdrießlich, launisch, gereizt, pikiert | (Kind) bockig

pe·tu·ni·a [pɪ'tju:nɪə] *s Bot* Petunie *f* | dunkles Violett

pew [pju:] *s* Kirchenstuhl *m* | *Brit umg scherzh* Platz *m* ⟨to take a ~ sich hinsetzen⟩; '~age *s* Kirchengestühl *n*

pe·wit ['pi:wɪt] *s Zool* Kiebitz *m*; '~ gull *s Zool* Lachmöwe *f*

pew·ter ['pju:tə] **1.** *s* (Hart-) Zinn *n*, Weißmetall *n* | Zinnkrug *m* | *auch* '~ ware *collect* Zinnsachen *f/pl* | *Brit Sl* Pokal *m*, Preis *m*; **2.** *adj* Zinn- ⟨~ dishes Zinngeschirr *n*⟩; '~er *s* Zinngießer *m*; '~y *s* Zinngießerei *f*

pe·yo·te [peɪ'əʊtɪ] *s Bot* Peyote-Kaktus *m* | *Chem* Meskalin *n*

phae·ton ['feɪtn] *s* Zweispänner *m*

phag·o·cyte ['fægəsaɪt] *s Med* Phagozyte *f*

-phagy [fədʒɪ] ⟨*griech*⟩ *in Zus* Fressen, Essen

pha|lanx ['fælæŋks] *s* (*pl* '~lan·ges, ~lanx·es [fə'lændʒi:z|-ɪz]) *Mil* Phalanx *f*, Schlachtreihe *f* | *übertr* Phalanx *f*, geschlossene Front *f* (Menschen *od* Tiere) ⟨in ≈ einmütig⟩ | *Anat* Phalanx *f*, Finger-, Zehenglied *n*

phal·a·rope ['fælərəʊp] *s Zool* Wassertreter *m* ⟨red ~ Thorshühnchen *n*⟩

phal|lic ['fælɪk] *adj* phallisch, Phallus- ⟨≈ symbol⟩; ~lus ['~ləs] *s* (*pl* ~li ['-laɪ]) Phallus *m*

phan·er·o·gam ['fænərəgæm] *s Bot* Phanerogame *f*, Blütenpflanze *f*

phan|tasm ['fæntæzm] *s* Hirngespinst *n*, Sinnestäuschung *f*; ~tas·ma·go·ri·a [ˌ~tæzmə'gɔ:rɪə] *s* Truggebilde *n*; ˌ~tas·ma'go·ri·al, ˌ~tas·ma'go·ri·an, ~tas·ma·gor·ic [ˌ~tæzmə'gɒrɪk] *adj* trügerisch; ~tas·mal [~'tæzml], *auch* ~'tas·mic *adj* Phantom-, gespenstig, geisterhaft | Phantasie-, illusorisch, unwirklich, eingebildet, trügerisch; ~ta·sy ['~təsɪ|-əzɪ] = 'fantasy; ~tom ['~təm] **1.** *s* Phantom *n*, Trugbild *n* | Erscheinung *f*, Gespenst *n* | *auch übertr* Schreckgespenst *n*, Alptraum *m* ⟨≈ of war⟩ | *Med* anatomisches Modell | *übertr* Schein *m* ⟨≈ of authority Scheinautorität *f*⟩; **2.** *adj* Geister- ⟨≈ ship Gespensterschiff *n*⟩ | Schein- ⟨≈ pregnancy *Med* Scheinschwangerschaft *f*; ≈ tumour *Med* Scheingeschwulst *f*⟩ | fiktiv, falsch, an-, vorgeblich ⟨≈ voters Scheinwähler *m/pl*⟩

phare [fɛə] *s* Leuchtturm *m*

phar·i·sa·ic [ˌfærɪ'seɪɪk|-'zeɪ-], ˌphar·i'sa·i·cal *adj verächtl* pharisäisch, scheinheilig, selbstgerecht, heuchlerisch; 'phar·i·sa·ism *s* Pharisäertum *n*; 'phar·i·see [-si:] *s verächtl* Pharisäer(in) *m(f)*, Frömmler(in) *m(f)* | 'Phar·i·see *Rel* Pharisäer *m*

phar·ma·ceu|tic [ˌfɑ:mə'sju:tɪk|-'su:t-|-'kju:t-], ˌphar·ma'ceu·ti·cal *adj* pharmazeutisch, arzneikundlich; ~tics [~tɪks] *s/pl sg konstr* Pharmazie *f*, Pharmazeutik *f*, Arzneimittelkunde *f*; ˌphar·ma'ceu·tist, phar·ma·cist ['fɑ:məsɪst] *s* Pharmazeut *m*, Apotheker *m*

pharmaco- [fɑ:məkə(ʊ)] ⟨*griech*⟩ *in Zus* Arznei-, Heilmittel-

phar·ma|co·log·i·cal [ˌfɑ:məkə'lɒdʒɪkl] *adj* pharmakologisch; ~col·o·gist [ˌ~'kɒlədʒɪst] *s* Pharmakologe *m*; ˌ~'col·o·gy *s* Pharmakologie *f*; ~co·poe·ia [ˌ~kə'pi:ə] *s* Pharmakopöe *f*, (amtliche) Arzneimittelliste, Arzneibuch *n*; '~cy *s* Pharmazie *f*, Arzneimittelkunde *f* | Apotheke *f*

pha·ros ['fɛərɒs] *s* Leuchtturm *m*

pha·ryn|ges [fə'rɪndʒi:z] *s/pl* von ↑ 'pharynx; ~gi·tis [ˌfærɪn'dʒaɪtɪs|-təs] *s Med* Pharyngitis *f*, Rachenkatarrh *m*

pharyngo- [fərɪŋgə(ʊ)] ⟨*griech*⟩ *in Zus* Rachen-

pha·ryn|go·log·i·cal [fəˌrɪŋgə'lɒdʒɪkl] *adj* pharyngologisch; **phar·yn|gol·o·gy** [ˌfærɪŋ'gɒlədʒɪ] *s* Pharyngologie *f*; ~go·scope [fə'rɪŋgəskəʊp] *s Med* Pharyngoskop *n*; **phar·ynx** ['færɪŋks] *s* (*pl* ~es [-ɪz], pha·ryn·ges [fə'rɪndʒi:z]) *Anat* Pharynx *f*, Rachenhöhle *f*, -raum *m*

phase [feɪz] **1.** *s* Phase *f*, Entwicklungsstufe *f*, -stadium *n* ⟨a ~ of history; a very productive ~; final ~ Endphase; in (out of) ~ with (nicht) im Einklang mit⟩ | Aspekt *m*, Seite *f* ⟨several ~s verschiedene Gesichtspunkte *m/pl*⟩ | *Astr* Phase *f* ⟨the ~s of the moon die Mondphasen⟩; **2.** *vt* in Phasen (ein)teilen; ~ down allmählich reduzieren; ~ in stufenweise einführen, nach und nach heranführen; ~ out schrittweise außer Kraft setzen, (nach einer bestimmten Zeit) nicht mehr herstellen, (zu gegebener Zeit) auflösen, einstellen ⟨to ~ out a model⟩; '~down *s* allmähliche Reduzierung, Einschränkung *f*; '~-out *s* (Produktions- u. ä.) Einstellung *f*, Abbruch *m*, Arbeitseinstellung *f*; '~ shift *s El* Phasenverschiebung *f*; 'phas·ic *adj* Phasen-; 'phas·ing *s* Phaseneinstellung *f*

PhD [ˌpi: eɪtʃ 'di:], *auch* D Phil [ˌdi: 'fɪl] *Abk von* Doctor of Philosophy *s* Dr. phil. *m*

pheas|ant ['feznt] *s* (*pl* '~ant, '~ants) *Zool* Fasan *m*; '~ant·ry *s* Fasanerie *f*

phe·nac·e·tin(e) [fɪ'næsətɪn] *s Chem* Phenazetin *n*; **phene** [fi:n] *s* Benzol *n*; 'phe·nic *adj* Karbol-

phe·nix ['fi:nɪks] = phoenix

phe·no|bar·bi·tal [ˌfi:nəʊ'bɑ:bɪtl] *s Am* ↑ ˌ~'bar·bi·tone *Brit Chem* Phenobarbital *n*, starkes Schlafmittel

phe|nol ['fi:nɒl|-nəʊl] *Chem s* Phenol *n*, Karbolsäure *f*; '~no·late ['fi:nəleɪt] *s* Phenolat *n*; ~no·lic [~'nɒlɪk|-'nəʊl-] *adj* Phenol-; ~ˌno·lic ad'he·sive *s* Phenolharzleim *m*; ~ˌno·lic 'res·in *s* Phenolharz *n*

phe·nom·e|na [fɪ'nɒmɪnə] *s/pl* von ↑ ~non; phe'nom·e·nal *adj Phil* phänomenal, Erscheinungs- ⟨the ≈ world Welt *f* der Erscheinungen; ≈ science Faktenwissenschaft *f*⟩ | *umg* außergewöhnlich, sagenhaft, phantastisch, phänomenal ⟨≈ memory⟩; phe'nom·e·nal·ly *adv* unglaublich, unwahrscheinlich | *förml* der Erscheinung nach; phe'nom·e·nal·ism *s Phil* Phänomenalismus *m*; ~no·log·i·cal [ˌ~nə'lɒdʒɪkl] *adj Phil* phänomenologisch; ~nol·o·gy [ˌ~'nɒlədʒɪ] *s* Phänomenologie *f*; ~non [~nən] *s* (*pl* ~na [~nə]) Phänomen *n*, Erscheinung *f*, Faktum *n* ⟨an unknown ≈; ~na of nature⟩ | (*pl* ~nons) *übertr* Phänomen *n*, bemerkenswerte Person ⟨a ≈ at tennis ein Tennisgenie⟩

phe·no|type ['fi:nətaɪp] *s* Phänotypus *m*; ~typ·ic [ˌ~'tɪpɪk] *adj* phänotypisch

phen·yl ['fenɪl|'fi:-] *s Chem* Phenyl *n*; ~al·a·nine [ˌ~'æləni:n] *s* Phenylalanin *n*; ~am·ide [ˌ~'æmɪd] *s* Phenylamid *n*; ~a·mine [ˌ~ə'mi:n|ˌ~'æmɪn] *s* Phenylamin *n*, Anilin *n*; phe·nyl·ic [fɪ'nɪlɪk] *adj* Phenyl-, karbolsauer

phew [fju:] *interj* (Erleichterung, Erschöpfung) puh! | (Abscheu) pfui!

phi [faɪ] *s* ⟨*griech*⟩ Phi *n*

phi·al ['faɪəl] *s* Phiole *f*, Arzneifläschchen *n*

-phil [fɪl] ⟨*griech*⟩ *in Zus* -freundlich (*z. B.* Francophil)

phi·lan·der [fɪ'lændə] **1.** *s* Flirt *m*; **2.** *vi* flirten; '~er *s* Schürzenjäger *m*

phil·an|thrope ['fɪlənθrəʊp] = phi'lanthropist; ~tro·pi·an [ˌ~'θrəʊpɪən], ~throp·ic [ˌ~'θrɒpɪk], ˌ~'throp·i·cal *adj* philanthropisch, menschenfreundlich; **phi·lan·thro·pism** [fɪ'lænθrəpɪzm] *s* Philanthropie *f*, Menschenliebe *f*; **phi'lan·thro·pist** **1.** *s* Philanthrop *m*, Menschenfreund *m*; **2.** *adj* philanthropisch; **phi'lan·thro·py** *s* Philanthropie *f*, Menschenliebe *f*

phil·a·tel·ic [ˌfɪlə'telɪk], ˌphil·a'tel·i·cal *adj* philatelistisch; **phi·lat·e·list** [fɪ'lætəlɪst] **1.** *s* Philatelist *m*, Briefmarken-

sammler *m*; **2.** *adj* philatelistisch; **phi,lat·e'lis·tic** *adj* philatelistisch; **phi'lat·e·ly** *s* Philatelie *f*, Briefmarkenkunde *f*
-phile [faɪl|fɪl] ⟨*griech*⟩ *in Zus* -freund(lich) (*z. B.* **Anglophile**)
phil·har·mon·ic [ˌfɪlə'mɒnɪk|ˌfɪlhɑ:-] **1.** *adj* philharmonisch ⟨a ~ concert⟩ | *arch* musikliebend; **2.** *s arch* Musikliebhaber *m*; ∸ *Am* philharmonisches Konzert; philharmonisches Orchester
phil·hel|lene [fɪl'heli:n] **1.** *adj* philhellenisch, griechenfreundlich; **2.** *s* Philhellene *m*, Griechenfreund *m*; ˌ**~'len·ic** *adj* philhellenisch, griechenfreundlich; **~len·ism** [~ənɪzm] *s* Philhellenismus *m*; **phil'hel·len·ist** *s* Philhellenist *m*, Griechenfreund *m*
-phil·i·a [fɪlɪə] ⟨*griech*⟩ *in Zus* Freundschaft, Neigung *f* (*z. B.* **Anglophilia**) | *Med* Sucht *f* (*z. B.* **necrophilia**)
-phil·i·ac ['fɪlɪæk] ⟨*griech*⟩ *in Zus* Süchtiger (*z. B.* **necrophiliac**)
phi·lip·pic [fɪ'lɪpɪk] *s förml Lit* Philippika *f*, Strafpredigt *f*
Phil·ip|pine ['fɪlɪpi:n] **1.** *adj* philippinisch, Philippinen-; **2.** *s* Filipino *m*; **'~pines** *s/pl* (*mit best art*) Philippinen *pl*
phil·is·tine ['fɪlɪstaɪn] *verächtl* **1.** *s* Philister *m*, Spießbürger *m*, Spießer *m*, Banause *m*; ∸ *bibl* Philister *m*; **2.** *adj* philisterhaft, spießbürgerlich; **phi·lis·tin·ism** ['fɪlɪstɪnɪzm] *s* Philistertum *n*, Banausentum *n*
phil·lu·men·ist [fɪl'u:mənɪst|-lju:-] *s* Phillumenist *m*; **phil'lu·men·y** *s* Phillumenie *f*
philo- [fɪlə(ʊ)] ⟨*griech*⟩ *in Zus* freund(lich)-
phil·o·den·dron [ˌfɪlə'dendrən] *s Bot* Philodendron *n*
phil·o·log·ic [ˌfɪlə'lɒdʒɪk], ˌ**phil·o'log·i·cal** *adj* philologisch, sprachwissenschaftlich; **phi·lol·o·gist** [fɪ'lɒlədʒɪst] *s* Philologe *m*, Philologin *f*; Sprachwissenschaftler(in) *m(f)*; **phi'lol·o·gy** *s* Philologie *f*; Sprachwissenschaft *f*
phil·os·o·pher [fɪ'lɒsəfə] *s* Philosoph *m*, Weiser *m* | Philosoph *m*, Philosophiewissenschaftler *m* | *übertr* Philosoph *m*, Lebenskünstler *m*; ˌ**~'s 'stone** *s übertr* Stein *m* der Weisen; **phil·o·soph·ic** [ˌfɪlə'sɒfɪk] ˌ**phil·o'soph·i·cal** *adj* philosophisch | klug, einsichtig, weise | beherrscht; **phi'los·o·phism** *s* Scheinphilosophie *f* | Sophisterei *f*; **phi'los·o·phist** *s* Scheinphilosoph *m*; **phi,los·o'phis·tic, phi,los·o'phis·ti·cal** *adj* scheinphilosophisch; **phi'los·o·phize** *vt* philosophisch behandeln; *vi* philosophieren, grübeln; **phi'los·o·phy** *s* Philosophie *f* ⟨moral ≈ Moralphilosophie *f*, Ethik *f*; natural ≈ Naturforschung *f*⟩ | philosophische Richtung, Philosophie *f* ⟨the ≈ of Aristotle⟩ | Weltanschauung *f* ⟨≈ of life Lebensanschauung *f*⟩ | Grundprinzipien *pl*, grundlegende Gesetzmäßigkeiten *pl*, Methoden *pl* ⟨the ≈ of measurement; design ≈ Konstruktionsprinzipien; engineering ≈ technische Grundsätze *m/pl*; training ≈ Ausbildungsmethoden *f/pl*⟩ | Beherrschung *f*, Ruhe *f*
phil|ter ['fɪltə] *Am* = **~tre** ['fɪltə] *Brit* **1.** *s* Liebestrank *m*; **2.** *vi* durch einen Liebestrank berauschen | *übertr* behexen, bezirzen
phiz [fɪz], *auch* **~og** ['~ɒg] *s scherzh umg* Visage *f*, Gesicht *n*
phle·bi·tis [flɪ'baɪtɪs] *s Med* Phlebitis *f*, Venenentzündung *f*
phle·bot·o·my [flɪ'bɒtəmɪ] *s Med, übertr* Aderlaß *m*
phlegm [flem] *s* Phlegma *n*, Schleim *m* | Trägheit *f*, Gemütsruhe *f*; **phleg·mat·ic** [fleg'mætɪk] **1.** *adj Med* phlegmatisch, schleimhaltig | träge, phlegmatisch, gleichgültig; **2.** *s* phlegmatischer Mensch
phleg·mon ['flegmɒn] *s Med* Phlegmone *f*, Zellgewebsentzündung *f*; **phleg'mon·ic** *adj* phlegmonös; **phlegm·y** ['flemɪ] *adj* schleimig
phlo|gis·tic [flɒ'dʒɪstɪk] *Med adj* phlogistisch, entzündlich; **~go·sis** [~'gəʊsɪs] *s* Phlogosis *f*, Entzündung *f*; **~got·ic** [~'gɒtɪk] *adj* entzündlich
phlox [flɒks] (*pl* ~ *od* **~es**) *s Bot* Phlox *m*
-phobe [fəʊb] ⟨*griech*⟩ *in Zus* jmd., der Angst hat; ängstlich (*z. B.* **Anglophobe**)
-phobia [fəʊbɪə] ⟨*griech*⟩ *in Zus* Angst, Furcht
pho|bi·a ['fəʊbɪə] *s Med* Phobie *f*, Angst *f*; **'~bic 1.** *adj* Angst- ⟨≈ behaviour krankhaft ängstliches Verhalten⟩; **2.** *s* Angst *f*
Phoe·ni·cian [fɪ'nɪʃn|-'ni:-] **1.** *adj* phönizisch; **2.** *s* Phönizier(in) *m(f)*
phoe·nix ['fi:nɪks] *s* Phönix *m*
phon [fɒn] *s Phys* Phon *n*
pho|nate ['fəʊneɪt] *vi* Laute bilden; **~'na·tion** *s* Lautbildung *f*; **'~na·to·ry** *adj* Lautbildungs-
[1]**phone** [fəʊn] *s Ling* Laut *m*
[2]**phone** [fəʊn] *umg* **1.** *s* Telefon *n* ⟨to be on the ~ Telefonanschluß haben⟩; **2.** *vt, auch* ~ **up** anrufen, telefonieren; ~ **in** telefonisch durchgeben; *vi* telefonieren
-phone [fəʊn] ⟨*griech*⟩ *in Zus* Ton, Laut, Stimme (*z. B.* **earphone** Kopfhörer *m*; **radiophone** Funkfernsprecher *m*; **saxophone**)
phone|booth ['fəʊnbu:ð|-bu:θ] *s Brit* Telephonzelle *f*; **'~-in** *Brit Rundf* **1.** *s* Anrufestunde *f*; **2.** *adj* mit eingeblendeten Telephonanrufen ⟨a ≈ programme⟩
pho|neme ['fəʊni:m] *s Ling* Phonem *n*; **~ne·mic** [~'ni:mɪk|fə-] *adj Ling* Phonem- ⟨≈ analysis⟩ | phonemisch, phonologisch ⟨≈ transcription⟩ | phonematisch, bedeutungsunterscheidend, distinktiv ⟨≈ distinction⟩; **~ne·mics** [~'ni:mɪks|fə-] *s* (*sg konstr*) *Ling* Phonologie *f*, Phonemik *f* | phonologisches System (e-r Sprache)
pho|net·ic [fə'netɪk|fəʊ-], **~'net·i·cal** *adj* phonetisch, Laut- ⟨≈ character Lautzeichen *n*; ≈ spelling phonetische Schreibung⟩; **~ne·ti·cian** [ˌfəʊnɪ'tɪʃn], **~net·i·cist** [~'netɪsɪst] *s* Phonetiker *m*; **~'net·i·cize** *vt* phonetisch schreiben; **~'net·ics** *s* (*sg konstr*) Phonetik *f*; **~ˌnet·ic 'writ·ing** *s* Lautschrift *f*; **'~ne·tist** *s* Phonetiker *m*; Rechtschreibreformer *m*
pho·ney ['fəʊnɪ] = **phony**
pho·ni·at·rics [ˌfəʊnɪ'ætrɪks] *s/pl Med* Phoniatrie *f*, Stimmheilkunde *f*
phon|ic ['fəʊnɪk|'fɒ-] *adj* phonetisch | akustisch | *Tech* phonisch; ˌ**~ic 'im·age** *s* Lautbild *n*; **'~ics** *s/pl* (*sg konstr*) Akustik *f*, Phonetik *f*
phono- ['fəʊnə] ⟨*griech*⟩ *in Zus* Laut-, Ton-, Phono-
pho·no|gram ['fəʊnəgræm] *s* Phonogramm *n*, Lautzeichen *n* | Tonaufzeichnung *f*, -spur *f* | zugesprochenes Telegramm; **~graph** ['~grɑ:f] *s Am* Grammophon *n*, Plattenspieler *m*; ˌ**~graph 'pick·up** *s El* Tonabnehmer *m*, Schallplattenabtaster *m*; **~graph·ic** [ˌ~'græfɪk] *adj* phonographisch; **~ˌgraph·ic re'cord·er** *s* Diktaphon *n*; **pho·nog·ra·phy** [fə'nɒgrəfɪ] *s* Phonographie *f* | Lautschrift *f*
pho|no·log·ic [ˌfəʊnə'lɒdʒɪk], ˌ**~no'log·i·cal** *Ling adj* phonologisch; **~nol·o·gist** [fə'nɒlədʒɪst] *s* Phonologe *m*; **~'nol·o·gy** *s* Lautlehre *f* | Phonologie *f* | Phonetik *f* und Phonemik *f* | Lautsystem *n* (e-r Sprache)
pho·nom·e|ter [fəʊ'nɒmɪtə|fə-] *s Phys* Phonometer *n*, Lautstärkemesser *m*; **~try** [~trɪ] *s* Lautstärkemessung *f*
pho·ny ['fəʊnɪ] *Sl verächtl* **1.** *adj* falsch, unecht, Schein- ⟨a ~ war⟩ | faul, windig, unsinnig ⟨a ~ plan⟩; **2.** *s* Wunder *n*, Schwindel *m*, fauler Zauber | Schwindler(in) *m(f)*, Heuchler(in) *m(f)*
-phony [fəʊnɪ] ⟨*griech*⟩ *in Zus* Ton, Stimme, -phonie (*z. B.* **cacophony**)
phoo·ey ['fu:ɪ] *interj umg* (Entrüstung) pfui!, Schande! | (Enttäuschung) Mensch!, o je!
phos·gene ['fɒsdʒi:n|'fɒz-] *s Chem* Phosgen *n*; ˌ**~ 'gas** *s* Kampf-, Lungengas *n*
phos|phate ['fɒsfeɪt] *s Chem* Phosphat *n*, phosphorsaures

Salz | (*oft pl*) *Landw* Phosphatdüngemittel *n*; **~phat·ic** [~'fætɪk] *adj* phosphathaltig; **~pha·tide** ['~fətaɪd|-tɪd] *s* Phosphatid *n*; **~pha·tize** ['~fətaɪz] *vt* phosphatieren; **~phide** ['~faɪd|-fɪd] *s* Phosphid *n*; **~phite** ['~faɪt] *s* Phosphit *n*

phos·pho|rate ['fɒsfəreɪt] *vt Chem* phosphorieren, mit Phosphor verbinden | zum Phosphoreszieren bringen; **~resce** [ˌ~'res] *vi* phosphoreszieren; **~res·cence** [ˌ~'resns] *s Chem, Phys* Phosphoreszenz *f*, Chemolumineszenz *f* | Nachleuchten *n*, Phosphoreszieren *n*; **~res·cent** [~'resnt] *adj* phosphoreszierend ⟨≈ light⟩; **phos·phor·ic** [fɒs'fɒrɪk], **phos'phor·i·cal** *adj* phosphorhaltig, Phosphor- ⟨≈ acid Phosphorsäure *f*⟩; **'~rism** *s Med* Phosphorismus *m*, Phosphorvergiftung *f*; **'~rize** *vt* mit Phosphor verbinden | zum Phosphoreszieren bringen; **'~rous** *adj* phosphorhaltig; **~rus** ['~rəs] *s* (*pl* **~ri** ['~raɪ]) Phosphor *m* | phosphoreszierende Masse

pho·tism ['fəutɪzm] *s Med* Photismus *m*

pho|to ['fəutəu] *umg* **1.** *s* (*pl* **'~tos**) Foto *n*, Lichtbild *n*; **2.** *vt, vi* fotografieren

photo- [fəutəu] ⟨*griech*⟩ *in Zus* Licht- (*z. B.* **photosensitive**) | Foto- (*z. B.* **photogenic; photo finish**)

-photo [fəutəu] ⟨*griech*⟩ *in Zus* Foto, Bild ⟨telephoto⟩

pho·to|cell ['fəutəusel] *s El* Fotozelle *f*; **ˌ~'chem·i·cal** *adj* photochemisch; **ˌ~'chem·is·try** *s* Photochemie *f*; **ˌ~chro'mat·ic** *adj* photochromatisch; **~chro·my** ['~krəumɪ] *s* Farbfotografie *f*; **'~ˌcop·i·er** *s* (fotografisches) Vervielfältigungsgerät; **'~ˌcop·y 1.** *s* Photokopie *f*, Lichtpause *f*; **2.** *vt* fotokopieren; **ˌ~e'lec·tric, ˌ~e'lec·tri·cal** *adj* photoelektrisch ⟨~ electric cell Fotozelle *f*⟩; **ˌ~en'grave** *vt Typ* klischieren; **ˌ~en'grav·ing** *s* Lichtdruck *m*; **ˌ~ 'fin·ish** *s* (Sport) Fotofinish *n*, Einlauf *m* mit Zielfoto | *übertr* ganz knappes *od* hauchdünnes Ergebnis; **'~flash** *s Foto* Vakublitz *m*, Blitzlicht(birne) *n(f)*; **'~flood lamp** *s Foto* Heimlampe *f*; **~gen·ic** [ˌfəutə'dʒenɪk|-'dʒiːn-|ˌfəutəu'dʒenɪk] *adj* photogen | *Biol* leuchtend; **~gram** ['fəutəgræm] *s* Photogramm *n*; **~gram·me·try** [ˌfəutə'græmətrɪ] *s* Meßbildverfahren *n*; **~graph** ['fəutəgrɑːf|-græf] **1.** *s* Fotografie *f*, Lichtbild *n* ⟨to take a ≈⟩; **2.** *vt* fotografieren; *vi* fotografieren, fotografiert werden ⟨to ≈ well sich gut fotografieren lassen⟩; **pho·tog·ra·pher** [fə'tɒgrəfə] *s* Fotograf *m*; **~graph·ic** [ˌfəutə'græfɪk], **ˌ~'graph·i·cal** *adj* photographisch | *übertr* photographisch genau ⟨a ~graphic memory⟩; **~ˌgraph·ic 'print·ing** *s Typ* Lichtpausverfahren *n*; **pho·tog·ra·phy** [fə'tɒgrəfɪ] *s* Fotographie *f*, Lichtbildkunst *f*; **~gra·vure** [ˌfəutəgrə'vjuə] *s Typ* Photogravüre *f*, Kupferlichtdruck *m*; **pho·tol·o·gy** [fə'tɒlədʒɪ] *s Phys* Lichtlehre *f*; **ˌ~'mag·net·ism** *s Phys* Photomagnetismus *m*; **'~map 1.** *s* Luftbildkarte *f*; **2.** *vt* eine Luftbildkarte herstellen von; **ˌ~me'chan·i·cal** *adj Typ* photomechanisch; **pho·tom·e·ter** [fə'tɒmɪtə] *s Phys* Photometer *n*, Lichtmesser *m*; **pho·tom·e·try** [fə'tɒmɪtrɪ] *s* Photometrie *f*, Lichtstärkemessung *f*; **ˌ~mon'tage** *s* Fotomontage *f*; **ˌ~'mu·ral** *s* Großphotographie *f*

pho·ton ['fəutɒn] *s Phys* Photon *n*

pho·to·pho·bi·a [ˌfəutə'fəubɪə] *s Med* Photophobie *f*, Lichtscheu *f*

pho·to|scope ['fəutəskəup] *s Phys* Photoskop *n*; **~sen·si·tive** [ˌfəutəu'sensɪtɪv] *adj Foto* lichtempfindlich; **~sen·si·tize** [ˌfəutəu'sensɪtaɪz] *vt* licht-, photoempfindlich machen; **'~sphere** *s* Photosphäre *f*; **ˌ~'spher·ic** *adj* photosphärisch; **~stat** ['~stæt] **1.** *s* Photokopiergerät *n*, Lichtpausapparat *m* | *auch* **ˌ~stat 'cop·y** Lichtpause *f*, Fotokopie *f*; **2.** (**'~stat·ted, '~stat·ted**) *vt, vi* photokopieren; **ˌ~'stat·ic** *adj* Kopier-, Lichtpaus- ⟨≈ copy⟩; **~syn·the·sis** [ˌfəutəu'sɪnθəsɪs] *s Chem, Biol* Photosynthese *f*; **~syn·thet·ic** [ˌfəutəusɪn'θetɪk] *adj* photosynthetisch; **ˌ~'tech·nic** *adj* phototechnisch; **ˌ~'tel·e·graph 1.** *s* Bildtelegramm *n*; **2.** *vt* bildtelegraphisch übermitteln; *vi* ein Bild auf bildtelegraphischem Wege übermitteln; **ˌ~ˌtel·e'graph·ic** *adj* bildtelegraphisch; **ˌ~te'leg·ra·phy** *s* Bildtelegraphie *f*; **~ther·a·py** [ˌfəutəu'θerəpɪ] *s* Phototherapie *f*, Lichtheilverfahren *n*; **'~type** *Typ* **1.** *s* Phototypie *f*, Lichtdruck *m*; **2.** *vt* mittels Phototypie vervielfältigen; **ˌ~'typ·ic** *adj* Lichtdruck-

phr. (*pl* **phrs**) *Abk* von ↑ **phrase(s)**

phras·al ['freɪzl] *adj* Satz-, Wortgruppen-, Phrasen- ⟨~ modifier Satzergänzung *f*⟩; **ˌ~ 'verb**, *auch* **~** *s* phrasales Verb, Verb-Partikel-Kombination *f*

phrase [freɪz] **1.** *s* Redensart *f*, Redewendung *f*, idiomatischer Ausdruck ⟨~ of civility Höflichkeitsfloskel *f*; a turn of ~ [bestimmte] Ausdrucksweise; in simple ~ ohne Umschweife, geradeheraus; to coin a ~ einen neuen Ausdruck finden; *scherzh* um es sprichwörtlich auszudrücken; to turn a ~ sich treffend ausdrücken⟩ | Phrase *f*, Schlagwort *n* | *Ling* Wortgruppe *f*, -verbindung *f*, Phrase *f* ⟨noun ~ Nominalphrase *f*⟩ | *Mus* Tonsatz *m*; **2.** *vt* in Worten ausdrükken ⟨politely ~d höflich gesprochen⟩ | *Mus* phrasieren; **'~book** *s* Sprachführer *m*; **'~ˌmark·er** *s Ling* P-Marker *m*, Konstituentenstrukturbaum *m*

phra·se·o·log·i·cal [ˌfreɪzɪə'lɒdʒɪkl] *adj* phrasenhaft, voller Phrasen | *Ling* phraseologisch; **phra·se·ol·o·gy** [ˌfreɪzɪ'ɒlədʒɪ] *s* Phraseologie *f*, Ausdrucksweise *f* ⟨scientific ≈⟩ | Sammlung *f* von Redewendungen

phrase-struc·ture| gram·mar [ˌfreɪzˌstrʌktʃə'græmə] *s Ling* Phrasenstrukturgrammatik *f*; **ˌ~ 'rule** *s Ling* Phrasenstrukturregel *f*

phre·net·ic [frɪ'netɪk] **1.** *adj* wahnsinnig, frenetisch, besessen; **2.** *s* Wahnsinnige(r) *f(m)*

phren·ic ['frenɪk] *adj Anat* phrenisch, Zwerchfell-

phreno- [frenə(ʊ)|frɪ-] ⟨*griech*⟩ *in Zus* Zwerchfell- | Gehirn-

phren·o·log·i·cal [ˌfrenə'lɒdʒɪkl] *adj* phrenologisch; **phre·nol·o·gist** [frɪ'nɒlədʒɪst] *s* Phrenologe *m*; **phre·nol·o·gy** [frɪ'nɒlədʒɪ] *s* Phrenologie *f*, Schädellehre *f*

phthis|ic ['θaɪsɪk], **'~i·cal** *adj Med* schwindsüchtig; **phthi·sis** ['~ɪs] *s* Tuberkulose *f*, Schwindsucht *f*

phut [fʌt] **1.** *interj* fft!, puff!; **2.** *s* dumpfer Knall, Puff *m* ◇ **go ~** *umg* kaputtgehen, (zer)platzen; *übertr* futschgehen

phy·col·o·gist [faɪ'kɒlədʒɪst] *s* Phykologe *m*, Algenkenner *m*; **phy'col·o·gy** *s* Phykologie *f*, Algenkunde *f*

-phyl[l] [fɪl], **phyllo-** [fɪlə(ʊ)] ⟨*griech*⟩ *in Zus* Blatt-

phyl·lo·pod ['fɪləpɒd] *s Zool* Blattfüßer *m*

-phyllous [fɪləs] ⟨*griech*⟩ *in Zus* -blättrig

phyl·lo·xan·thin [ˌfɪlə'zænθɪn] *s Bot* Xanthophyll *n*

phyl·lox·e|ra [ˌfɪlɒk'sɪərə|fɪ'lɒksərə] (*pl* **~rae** [-riː]) *s Zool* Reblaus *f*

phylo- [faɪlə(ʊ)] ⟨*griech*⟩ *in Zus* Stamm[es]-, stamm[es]-

phy·lo|gen·e·sis [ˌfaɪlə'dʒenɪsɪs] *s* Phylogenese *f*, Stammesgeschichte *f*; **~ge·net·ic** [ˌ~dʒɪ'netɪk], **~gen·ic** [ˌ~'dʒenɪk] *adj* stammesgeschichtlich; **phy·log·e·ny** [faɪ'lɒdʒənɪ] *s* Phylogenese *f*, Stammesgeschichte *f*

phyl|lum ['faɪləm] (*pl* **~la** [-lə]) *s Biol* Unterabteilung *f*, Ordnung *f*

physi- [fɪzɪ] ⟨*griech*⟩ *in Zus* Natur-, Physik-

phys·i·at·rics [ˌfɪzɪ'ætrɪks] *s/pl* (*sg konstr*) *Med* Physiotherapie *f*, Naturheilkunde *f*

phys|ic ['fɪzɪk] **1.** *s* Heilkunst *f*, Heilkunde *f* | *umg, oft scherzh od arch* Arznei *f* ⟨a dose of ≈; to take one's ≈ seine Arznei nehmen⟩ | *übertr* Heilmittel *n*; **2.** *vt* (**'~icked, '~icked**) (jmdn.) heilen, kurieren | *umg, auch scherzh* (jmdn.) verarzten

phys·i·cal ['fɪzɪkl] *adj* physisch, körperlich ⟨~ examination ärztliche Untersuchung; ~ fitness körperliche Ertüchtigung⟩ | physikalisch ⟨~ chemistry⟩ | naturwissenschaftlich ⟨a ~ explanation⟩; ˌ~ 'con'di·tion *s* Gesundheitszustand *m*; ˌ~ 'cul·ture *s* Körperpflege *f*, -kultur *f*; ˌ~ ed·u'ca·tion *s Päd* Körper-, Leibeserziehung *f*; ˌ~ fa'cil·i·ties *s/pl* örtliche Gegebenheiten *pl*; ˌ~ ge'og·ra·phy *s* physikalische Geographie; ˌ~ 'jerks *s/pl scherzh* Freiübungen *f/pl*; ˌ~ 'sci·ence *s* Physik *f* | Naturwissenschaften *f/pl*; ˌ~ 'train·ing *s* = ~ **education**

phy·si·cian [fɪ'zɪʃn] *s* Arzt *m*, Internist *m* (*auch übertr*)

phys|i·cist ['fɪzɪsɪst] *s* Physiker *m* ⟨theoretical ≈⟩; '~**ics** *s/pl* (*meist sg konstr*) Physik *f*

phys·i·o ['fɪzɪəʊ] *s umg* Physiotherapeut(in) *m(f)*

physio- [fɪzɪə(ʊ)] ⟨*griech*⟩ *in Zus* Natur-, Physik-, Physio-

phys·i·og|nom·ic [ˌfɪzɪə'nɒmɪk], ˌ~'**nom·i·cal** *adj* physiognomisch, Gesichts-; ~**no·my** [ˌfɪzɪ'ɒnəmɪ] *s* Physiognomie *f*, Gesichtsausdruck *m* | Physiognomik *f*, Gesichtskunde *f* | *übertr* äußere Erscheinung, Gestalt *f*

phys·i|ol·o·ger [ˌfɪzɪ'ɒlədʒə] *s Med* Physiologe *m*; ~**o·log·ic** [ˌ~ə'lɒdʒɪk], ˌ~**o'log·i·cal** *adj* physiologisch; ~**ol·o·gist** [ˌ~'ɒlədʒɪst] *s* Physiologe *m*; ˌ~'**ol·o·gy** *s* Physiologie *f* (Wissenschaft) | Physiologie *f* (Lebensvorgänge); ~**o·ther·a·pist** [ˌ~əʊ'θerəpɪst] *s* Physiotherapeut *m*; ˌ~**o'ther·a·py** *s* Physiotherapie *f*

phy·sique [fɪ'zi:k] *s* Körperbau *m*, Statur *f* (*bes* eines Mannes)

-phyte [faɪt] ⟨*griech*⟩ *in Zus* -pflanze

phyto- [faɪtə(ʊ)] ⟨*griech*⟩ *in Zus* Pflanzen-

pi [paɪ] *s* (*griech.* Buchstabe) Pi *n* | *Math* Pi *n* (3,14159)

pi·a·cu·lar [paɪ'ækjələ] *adj* Sühne- ⟨a ~ offering ein Sühneopfer *n*⟩ | sündig, gemein ⟨a ~ offence⟩; ~**i·ty** [paɪˌækjə'lærətɪ] *s* Sündhaftigkeit *f*

pi·a|ni·no [pɪə'ni:nəʊ] *s* Pianino *n*, Wandklavier *n*; ~**nis·si·mo** [~'nɪsɪməʊ] *adj, adv Mus* pianissimo, sehr leise; **pi·an·ist** ['~nɪst|pɪ'ænɪst] *s* Pianist(in) *m(f)*; [1]**pi·an·o** [pɪ'ænəʊ] *s* Klavier *n* ⟨to play the ≈ Klavier spielen⟩; [2]**pi·a·no** [pɪ'ɑ:nəʊ] *adj, adv Mus* piano, leise; **pi,an·o ac'cor·di·on** *s* Akkordeon *n*, Schifferklavier *n*; **pi·an·o·for·te** [pɪˌænəʊ'fɔ:tɪ|-teɪ] *förml* = [1]**pi·an·o**; **pi'an·o stool** *s* Klavierstuhl *m*, Hocker *m*; **pi'an·o wire** *s Tech* Stahldraht *m*; ~**no·la**, *auch* ~**no·la** [~'nəʊlə] *s* Pianola *n*, mechanisches Klavier; ~**no·la** *s Sl Kart* Bombenkarte *f* | *übertr* Kinderspiel *n*

pi·as|ter, ~tre [pɪ'æstə] *s* Piaster *m*

pi·az·za [pɪ'ætsə] *s* Piazza *f*, öffentlicher Platz *m* | *Arch* Galerie *f* (um Innenhof) | *Am* (überdachte) Veranda

pi·broch ['pi:brɒk|-brɒx] *s Mus* schottische Dudelsackvariationen *f/pl*

pi·ca ['paɪkə] *s Typ* Pica *f*, Cicero *f*

pic·a·dor ['pɪkədɔ:] *s* Pikador *m*

pic·a·resque [ˌpɪkə'resk] *adj* pikaresk; ˌ~ '**nov·el** *s* Schelmenroman *m*

pic·a·roon [ˌpɪkə'ru:n] **1.** *s* Pirat *m*, Seeräuber *m* | Gauner *m*, Dieb *m*; **2.** *vi* seeräubern

pic·a|yune [ˌpɪkɪ'ju:n] *Am* **1.** *s* Fünfcentstück *n* | *umg* Lappalie *f* | *umg* Null *f*, unbedeutender Mensch; **2.** = ˌ~'**yun·ish** *adj* unbedeutend

pic·ca·lil·li [ˌpɪkə'lɪlɪ|'pɪkəlɪlɪ] *s* (scharfes) Essiggemüse, Pickles *pl*, Piccalilli *n/pl*

pic·ca·nin·ny *Brit*, **pick·a·nin·ny** *Am* [ˌpɪkə'nɪnɪ] *s verächtl* (Neger) Kind *n*, Gör(e) *n(f)*

pic·co|lo ['pɪkələʊ] *Mus s* (*pl* '~**los**) Pikkoloflöte *f*; '~**lo·ist** *s* Pikkoloflötist *m*

pick [pɪk] **1.** *s* Haue *f*, Spitzhacke *f* | Wahl *f*, Auswahl *f* ⟨to take one's ~ seine Auswahl treffen, wählen; which is your ~? was willst du haben?⟩ | Auslese *f*, beste Wahl ⟨the ~ of s.th. das Beste von etwas⟩ | *Typ* Spieß *m* | Dietrich *m* | *auch* '**tooth** ~ Zahnstocher *m*; **2.** *vt* (auf)hacken, (auf)picken ⟨to ~ holes in Löcher hacken in⟩ | *übertr verächtl* bemäkeln, beanstanden, heruntermachen ⟨to ~ to pieces *übertr umg* auseinandernehmen, zerpflücken⟩ | abnagen ⟨to ~ a bone; to ~ clean ganz und gar abnagen⟩ | picken, in kleinen Bissen essen ⟨to ~ the grain Körner aufpicken⟩ | (ab)pflücken ⟨to ~ fruit⟩ | (Wolle) zupfen | (Federvieh) rupfen ⟨to ~ a goose⟩ | (Gemüse u. ä.) lesen, säubern | bohren in ⟨to ~ one's nose in der Nase bohren⟩ | stochern in ⟨to ~ one's teeth in den Zähnen herumstochern⟩ | sammeln, auflesen ⟨to ~ mushrooms⟩ | auswählen ⟨to ~ a winner *umg* eine glückliche Hand haben, das Richtige wählen *od* aussuchen; to ~ one's steps/way sorgfältig gehen; *übertr* lavieren; to ~ and choose wählerisch sein⟩ | *Tech* (Metall) scheiden, ausklauben | (Schloß) öffnen, aufbrechen | stehlen | (Streit) suchen ⟨to ~ a fight/quarrel with s.o. mit jmdm. einen Streit vom Zaune brechen⟩ | *Am* (Banjo u. ä.) zupfen, spielen; ~ **at** (im Essen) herumstochern, nippen an, *übertr* etw. nur halb *od* lustlos tun; *auch* ~ **on** *umg* herumnörgeln an, kritisieren; ~ **off** abpflücken, abreißen | abschießen; ~ **on** auswählen, aussuchen | (jmdn.) sich vornehmen *od* aufs Korn nehmen, auf (jmdm.) herumhacken; ~ **out** auswählen | *übertr* herausbekommen, -finden | (mit einer anderen Farbe) absetzen ⟨to ~ out in green⟩; ~ **over** *umg* (Obst) auslesen, putzen | *übertr* immer wieder vorbringen *od* auftischen ⟨to ~ over an old quarrel⟩; ~ **up** aufpicken, aufschnappen | aufheben, aufnehmen | abholen, mitnehmen ⟨to ~ up a passenger⟩ | (Nachricht u. ä.) auffangen, aufschnappen ⟨to ~ up signals⟩ | (Gewohnheit) aneignen, sich zu eigen machen ⟨to ~ up a language⟩ | *umg* (jmdn.) auflesen, aufgabeln (*auch übertr*) ⟨to ~ up a woman; to ~ up an acquaintance; to ~ up an idea⟩ | (Gespräch u. ä.) wiederaufnehmen ⟨to ~ up a conversation⟩ | (Mut u. ä.) wiedererlangen ⟨to ~ up courage⟩ | (sich) wieder hochrappeln ⟨to ~ o.s. up sich erholen⟩ | (jmdn.) retten, bewahren | ergreifen ⟨to ~ up a thief⟩ | (Geld, Lohn, Preis) verdienen, einheimsen, nach Hause bringen | bezahlen, übernehmen ⟨to ~ up a bill⟩ | (Masche) aufnehmen | (mit der Spitzhacke) aufhacken | mit Scheinwerfern anstrahlen | *Tech* (Geschwindigkeit) beschleunigen ⟨to ~ up speed⟩; *vi* picken | (Obst) pflücken | im Essen herumstochern; ~ **up** Bekanntschaft machen, sich anfreunden (**with** mit) | sich erholen (*auch Wirtsch*) | *Tech* auf Touren kommen, schneller werden | *übertr* stärker werden | (Zimmer) aufräumen, in Ordnung bringen ◇ ~ **up and leave** *umg* sich aus dem Staub machen; ~**a·back** ['~əbæk] **1.** *adj, adv* huckepack; **2.** *s* Auf-dem-Rücken-Tragen *n* ⟨to give s.o. a ≈ jmdn. huckepack nehmen; to want a ≈ auf dem Rücken getragen werden wollen⟩; '~**axe** *s* Spitzhacke *f*; **picked** *adj* ausgewählt, auserlesen | (Federvieh) gerupft; '~**er** *s* Pflücker(in) *m(f)* ⟨cotton ≈⟩ | Zupfer(in) *m(f)* | Leser(in) *m(f)* | Pflückmaschine *f* | Webervogel *m* | Dietrich *m* | Zahnstocher *m*

picker·el ['pɪkərl] (*pl* ~ *od* ~**s**) *Zool s Brit* junger Hecht | *Am* Hecht *m* | *Am* Barsch *m*

pick·et ['pɪkɪt] **1.** *s* (*bes pl*) Pfahl *m*, Holzpflock *m* | *Mil* Feldwache *f* | Streikposten *m*; **2.** *vt* einpfählen, einzäunen | an einen Pfahl binden | *Mil* als Feldwache aufstellen | (Werk u. ä.) mit Streikposten besetzen ⟨to ~ a factory⟩ | (jmdn.) durch Streikposten abhalten *od* zurückweisen; *vi* (auf) Streikposten stehen; '~ **fence** *s* Pfahlzaun *m*; '~ **line** *s* Streikpostenkette *f*

pick| ham·mer ['pɪk hæmə] *s Tech* Spitzhammer *m*; Brechhammer *m*; '~**ing** *s* Pflücken *n* | Verlesen *n*, Säubern *n* | Zupfen *n* | Stehlen *n*; '~**ings** *umg s/pl* Gestohlenes *n* | Nebeneinkünfte *pl* ⟨easy ≈ leichte Gewinne *od* Profite *pl*⟩ | Überreste *pl*, Abfall *m*, Überbleibsel *pl*

pick|le ['pɪkl] **1.** *s* Pökel *m*, Salzlake *f* | Marinade *f* | (*oft pl*)

Eingelegtes *n* | *Brit* saure Zwiebel | *Am* saure Gurke | *Tech* Beize *f* | *umg* heikle Lage ⟨in a ≈ in der Patsche; to have a rod in a ≈ for s.o. *selten* mit jmdm. noch ein Hühnchen zu rupfen haben⟩ | *Brit umg* Wildfang *m*, Früchtchen *n*; **2.** *vt* einpökeln, -salzen ⟨≈d herring Salzhering *m*⟩ | marinieren | *Tech* (ab)beizen; **'~le-cured** *adj* mariniert, eingelegt; **'~led** *adj* eingelegt, mariniert | *umg* beschwipst

pick|lock ['pɪklɒk] *s* Dieb *m* | Dietrich *m*; **~-me-up** ['~ mɪ ˌʌp] *s umg* Magenstärkung *f*, Schnäpschen *n* | *übertr* Aufmunterung *f*, Stärkung *f*; **'~ˌpock·et 1.** *s* Taschendieb *m*; **2.** *vt* bestehlen; **~some** ['~səm] *adj* wählerisch; **'~up** *s umg* zufällige Bekanntschaft | *umg verächtl* Flittchen *n* | *El* Tonabnehmer *m* | *El* Tonaufnahme *f* | *Rundf* Aufnahmeapparatur *f* | *Kfz* (offener) Lieferwagen | *Tech* Beschleunigungsvermögen *n* | *Wirtsch* Hausse *f*; **'~y** *adj bes Am verächtl* wählerisch, pingelig, mäkelig ⟨a ≈ eater⟩

pic|nic ['pɪknɪk] **1.** *s Brit* Picknick *n* | Ausflug *m*, Landpartie *f* ⟨to go on/for a ≈⟩ | (*meist sg*) *umg* etw. Leichtes, Spaß *m* ⟨no ≈, not a ≈ kein Kinderspiel⟩; **2.** *adj* Picknick- ⟨≈ equipment; ≈ store⟩; **3.** (**'~nicked**, **'~nicked**) *vi* picknikken; **'~nick·er** *s* Ausflügler(in) *m(f)*; **'~nick·y** *adj umg* provisorisch, improvisiert

pic·quet ['pɪkɪt] = **picket**

pic·ric ac·id [ˌpɪkrɪk 'æsɪd] *s Chem* Pikrinsäure *f*

pic·to·ri·al [pɪk'tɔːrɪəl] **1.** *adj* Mal-, Maler- ⟨~ art Malerei *f*⟩ | Bild-, bildlich, illustriert ⟨~ advertising Bildwerbung *f*; ~ guide bebilderter Führer; ~ representation bildliche Darstellung⟩ | malerisch, bilderreich, bildhaft ⟨~ imagination; ~ language; ~ poetry⟩; **2.** *s* Illustrierte *f* | (Post) Bildmarke *f*

pic·ture ['pɪktʃə] **1.** *s* Bild *n*, Gemälde *n* | Abbildung *f* | *Ferns* Bild *n* | *Foto* Aufnahme *f*, Bild *n* ⟨to take a ~⟩ | (Kino) Film *m* ⟨a Western ~⟩ | Ebenbild *n* | *übertr* bildschöne Person *od* Sache, Bilderbuchschönheit *f* ⟨to be a ~ bildschön sein; [as] pretty as a ~ wunderschön⟩ | *übertr* Bild *n*, Vorstellung *f* ⟨to come into the ~ in Erscheinung treten; to get the ~ *umg* im Bilde sein; in (out of) the ~ (nicht) im Bilde; (nicht) im Blickpunkt *od* im Zentrum der Aufmerksamkeit⟩ | (*meist* **~ of**) Verkörperung *f* (*mit gen*) ⟨a ~ of virtue⟩ | (*meist* **~ of**) Ebenbild (*mit gen*) ⟨a ~ of his father⟩; **2.** *vt* (ab)malen, abzeichnen, abbilden (**as** als) | *übertr* sich ein Bild machen von ⟨to ~ s.th. to o.s. sich etw. ausmalen; to ~ o.s. as sich vorstellen als⟩; **'~ book** *s* Bilderbuch *n*; **'~ ˌfre·quen·cy** *s Ferns* Bildfrequenz *f*; **'~ ˌgal·ler·y** *s* Bildergalerie *f*; **'~ go·er** *s Brit umg* Kinobesucher(in) *m(f)*; **'~ hat** *s* breitkrempiger Federhut; **'~ ˌpal·ace** *s Brit arch* Kino *n*, Filmtheater *n*; **'~phone** *s* Bildtelephon *n*; **ˌ~ 'post·card** *s* Ansichtskarte *f*; **'~ puz·zle** *s* Bilderrätsel *n*; **'~ rail** *s* Bilderleiste *f*; **'pic·tures** *s/pl bes Brit* Film(vorstellung) *m(f)*, Kino *n* ⟨to go to the ≈⟩ | Film(geschäft) *m(n)*, Filmindustrie *f*; **'~ screen** *s Ferns* Bildschirm *m*; **'~ show** *s* Filmvorführung *f*

pic·tur·esque [ˌpɪktʃə'resk] *adj* malerisch, pittoresk ⟨a ~ scene⟩ | (Kleidung u. ä.) ungewöhnlich, pittoresk ⟨a ~ figure⟩ | *übertr* (Sprache) anschaulich, bildhaft

pic·ture| the·a·tre ['pɪktʃə ˌθɪətə] *s* Kino *n*, Filmtheater *n*; **'~ transˌmis·sion** *s* Bildtelegraphie *f*, -übertragung *f*; **'~ trap** *s Ferns* Bildsperre *f*; **'~ tube** *s Ferns* Bildröhre *f*; **'~ ˌwrit·ing** *s* Bilderschrift *f*

pid|dle ['pɪdl] *vi* trödeln | im Essen herumstochern | *umg* pinkeln, (Kind) Pipi machen; **'~dling** *adj verächtl* belanglos, nichtig, lumpig ⟨a ≈ sum⟩

pidg·in ['pɪdʒən|-dʒɪn] *s Ling* Pidgin *n*, (vereinfachende) Mischsprache | *auch* **pi·geon** *Brit umg selten* Sache *f* ⟨that's your ~ das ist deine Sache⟩; **ˌ~ 'Eng·lish** *s* Pidgin-Englisch *n* (ostasiatische Verkehrssprache)

[1]**pie** [paɪ] *s Zool* Elster *f*

[2]**pie** [paɪ] **1.** *s* Pastete *f* ⟨a meat ~⟩ | (Obst-) Torte *f*, gefüllter Kuchen ⟨an apple ~ gefüllte Apfeltorte; a ~ in the sky *übertr umg* goldene Berge *pl*, leere Versprechungen *pl*; to have a finger in the/every ~ *übertr umg* überall seine Finger drin haben; mud/sand ~ Sand[kasten]törtchen *n*⟩ | *Typ* Zwiebelfisch *m* | *übertr umg* Kuchen *m*, leichte Sache ⟨as easy as ~ *umg* kinderleicht, gefundenes Fressen⟩ | *übertr* Durcheinander *n*; **2.** *vt Typ* (Satz) verfischen | *übertr* durcheinanderbringen

pie·bald ['paɪbɔːld] **1.** *adj* (Pferd) scheckig, gescheckt | bunt; **2.** *s* scheckiges Tier, Schecke *f*

piece [piːs] **1.** *s* Stück *n* (*auch übertr*) ⟨all of a ~ aus einem Guß; a ~ of paper ein Stück Papier; a ~ of cake *übertr umg* ein Kinderspiel; by the ~ stückweise; *Wirtsch* nach dem Stück; in ~s entzwei; in one ~ *übertr umg* heil, gesund; of a ~ gleichmäßig; *übertr* einer Meinung, übereinstimmend; ~ by ~ Stück für Stück; ~ of advice Ratschlag *m*; a ~ of thinking eine Überlegung; a fine ~ of work ein sehr gutes Stück, eine ausgezeichnete Arbeit; ~ of news Neuigkeit *f*; to ~s in Fetzen; to break/go to ~s entzweigehen, zerbrechen; to come to ~s sich auseinandernehmen lassen; to fall to ~s herunterfallen; to give s.o. a ~ of one's mind *übertr* jmdm. gründlich die Meinung sagen; to go [all] to ~s (ganz) in Stücke gehen; *übertr* (völlig) zusammenbrechen; to pull to ~s *übertr* zunichte machen; heruntermachen, heftig kritisieren; to say one's ~ (heraus)sagen, was man denkt; to take to ~s auseinandernehmen, zerlegen; to tear to ~s zerfetzen⟩ | Möbelstück *n* | Schachfigur *f* | *Brit* Geldstück *n* ⟨a 50-penny ~; a ~ of silver⟩ | (Stoff) Warenlänge *f* | *Tech* Bauteil *n* | Faß *n* | Theaterstück *n* | Musikstück *n* | (Werk) Stück *n* ⟨to pay a worker by the ~ einem Arbeiter Stücklohn zahlen⟩ | *selten Mil* Geschütz *n*, Gewehr *n* | (*meist sg*) *auch* **ˌ~ of 'work/'goods** *umg verächtl* (Person) Kerl *m*, Stück *n* ⟨a nasty ~ [of work]⟩ | (*meist sg*) *Sl* (Weibs-) Stück *n*, Luder *n* | (*meist sg*) *Sl* (Sexobjekt) Betthase *m* ⟨a nice ~⟩; **2.** *vt* flicken, ausbessern | zusammensetzen | *Sl* ausknobeln; **~ out** verlängern | zusammensetzen (*auch übertr*); **~ to·gether** zusammensetzen, vereinigen, kombinieren (*bes übertr*); **~ up** zusammenstückeln, wiederherstellen

pi·èce de ré·sis·tance [piːˌes də reziː'stɑːns] (*pl* **pi·èces de ré·sis·tance** [~]) *s* ⟨*frz*⟩ Hauptgericht *n* | *übertr* Hauptsache *f*, Clou *m*

piece| goods ['piːsgʊdz] *s/pl* Schnittwaren *f/pl*; **'~meal** *adv* stückweise, Stück für Stück | *auch übertr* kunterbunt durcheinander; **'~ rate** *s* Akkordsatz *m*; **'~ wag·es** *s/pl* Akkord-, Stücklohn *m*; **'~work** *s* Stückarbeit *f*, Akkordarbeit *f* ⟨to do ≈ in Akkord stehen, Stücklohn bekommen⟩

pie·crust ['paɪkrʌst] *s* Torten-, Pastetenkruste *f*

pied [paɪd] *adj* (Tier) scheckig, bunt ⟨a ~ horse⟩

pi·ed-à-terre [pɪˌeɪd a 'teəˌpjeɪd-ˌpjeɪd æ-] (*pl* **pieds-à-terre** [~]) *s* ⟨*frz*⟩ Absteige(quartier) *f(n)*

pied pip·er [ˌpaɪd 'paɪpə] *s übertr* Rattenfänger *m*

pie-eyed [ˌpaɪ 'aɪd] *adj Sl* besoffen, blau

pie·plant ['paɪplɑːnt] *s Am* Rhabarber *m*

pier [pɪə] *s* Pier *m*, Hafendamm *m*, Mole *f* | Seebrücke *f* (mit Restaurants und Vergnügungsbuden) | Anlege-, Landungsbrücke *f*, Landungssteg *m* | Brückenpfeiler *m*; **~age** ['pɪərɪdʒ] *s Mar* Kaigeld *n*

pierce [pɪəs] *vt* durchdringen | durchbohren, -stechen | *übertr* durchdringen ⟨a cry ~d the silence⟩ | *Tech* lochen, perforieren | *Mil* durchbrechen, eindringen in | *übertr* (Geheimnis u. ä.) durchschauen, ergründen ⟨to ~ a mystery⟩; *vi* (*auch übertr*) eindringen (**into** in), dringen (**through** durch); **'pierc·er** *Tech s* (Faß) Bohrer *m* | Locher *m*, Lochstanze *f* | Durchschlag *m* | Pilgerdorn *m* | Luftspieß *m*; **'pierc·ing** *adj* durchdringend, schneidend (*auch übertr*) ⟨≈ wind; ≈ sound; ≈ look; ≈ cold⟩

pier| glass ['pɪəglɑːs] *s* Pfeilerspiegel *m*; **'~head** *s* Molenkopf *m*

Pier·rot ['pɪərəʊ] *s* ⟨*frz*⟩ *Theat* Pierrot *m* (Lustspielfigur) | ∸ Hanswurst *m*

pi·e·tà [ˌpɪə'tɑː] *s* ⟨*ital*⟩ *Rel, Mal, Arch* Pieta *f*

pi·e|tism ['paɪətɪzm] *s* Pietismus *m* | Frömmelei *f*; **'~tist 1.** *s* Pietist *m* | frömmelnder Mensch; **2.** = **ˌ~'tis·tic** *adj* pietistisch | frömmelnd; **'~ty** *s* Pietät *f* (**to** gegenüber) | Frömmigkeit *f*

pie·zo·e·lec·tric [ˌpiːzəʊɪ'lektrɪk|ˌpiːtsəʊ-|piːˌeɪzəʊ-] *adj Phys* piezoelektrisch ⟨~ crystal Piezokristall *m*⟩

piff [pɪf] *interj* piff!, paff!

pif|fle ['pɪfl] *umg* **1.** *s* Quatsch *m*, Unsinn *m*; **2.** *vi* quatschen, dummes Zeug reden; **'~fling** *adj umg* nutzlos, albern | unbedeutend, unwichtig

pig [pɪg] **1.** *s* Schwein *n*, Ferkel *n* ⟨in ~ trächtig; sucking ~ Spanferkel *n*; ~s might fly *scherzh iron* das kannst du deiner Großmutter erzählen, man hat schon Pferde kotzen sehen; to buy a ~ in a poke/bag *Sprichw* die Katze im Sack kaufen⟩ | *verächtl* Schwein *n*, Schweinigel *m* ⟨to make a ~ of o.s. *umg* sich wie ein Schwein benehmen⟩ | *verächtl* Freßsack *m*, Vielfraß *m* | *Sl verächtl* Bulle *m* (Polizist) | *Tech* Massel *f*, (Roheisen) Barren *m*, Block *m* | (Blei) Mulde *f*; **2.** (**pigged, pigged**) *vi* ferkeln ◇ **~ it [together]** *umg selten* zusammengepfercht liegen *od* wohnen (Personen), hausen; *vt* (Ferkel) werfen | zusammenpferchen; **'~boat** *s Am Sl* Unterseeboot *n*

pi·geon ['pɪdʒən] **1.** *s* (*pl* **~s** *od collect* **~**) Taube *f* ⟨to put/set the cat among the ~s *übertr umg* die Katze aus dem Sack lassen⟩ | *Sl* Gimpel *m*, Einfaltspinsel *m* ⟨to pluck a ~ einen Dummen übers Ohr hauen⟩ | *auch* **'pid·gin** *Brit umg* Sache *f*, Angelegenheit *f* ⟨it's not my ~ es geht mich nichts an⟩; **2.** *vt Sl* bemogeln; **'~ breast** *s Med* Hühnerbrust *f*; **'~ ˌbreed·er**, *auch* **'~ ˌfan·ci·er** *s* Taubenzüchter *m*; **ˌ~-'chest·ed** *adj Med* (Person) hühnerbrüstig; **ˌ~-'heart·ed** *adj* feige; **'~hole 1.** *s* (Brief- u. ä.) Fach *n*, Schubfach *n* (*auch übertr*) | Taubenloch *n*; **2.** *vt* in ein Fach legen, aufheben | *übertr* zurückstellen, vorläufig beiseitelegen | *übertr* einordnen, klassifizieren; **'~ry** *s* Taubenhaus *n*, -schlag *m*; **ˌ~-'toed** *adj Med* mit einwärts gerichteten Zehen

pig|-eyed ['pɪg aɪd] *adj* mit Schweinsaugen; **'~ger·y** *s* Schweinestall *m* (*auch übertr*) | Schweinemästerei *f*; **'~gish** *adj, verächtl* schweinisch, schmutzig, gemein | gefräßig, verfressen; **'~gy 1.** *s umg* (Kindersprache) Schweinchen *n*; **2.** *adj umg* (Kind) verfressen; **'~gy·back 1.** *adj, adv* huckepack; **2.** *Am, Kan vt übertr* zusätzlich aufladen *od* hinzufügen (**on** auf, zu); *vi* sich (zusätzlich) stützen (**on** auf), abhängig sein (**on** von); **'~gy·bank** *s* Sparschwein(chen) *n*(*n*); **'~head** *s* Dickkopf *m*; **ˌ~'head·ed** *adj, verächtl* dickköpfig; **'~ i·ron** *s Tech* Roheisen *n*; **'~let** *s* Ferkel *n*; **'~ling** *s* Spanferkel *n*

pig|ment ['pɪgmənt] **1.** *s* Pigment *n* | Farbe *f*; **2.** *vi, vt* (sich) pigmentieren, (sich) färben; **'~men·tar·y** *adj* Pigment-; **ˌ~men'ta·tion** *s* Färbung *f*

pig·my ['pɪgmɪ] = **pygmy**

pig|nut ['pɪgnʌt] *s Bot* Erdkastanie *f*; **'~pen** *s* Schweinestall *m* (*auch übertr*); **'~ˌskin** *s* Schweinsleder *n* | *umg* Fußball *m*; **'~ˌstick·ing** *s* Wildschweinjagd *f* (mit Saufeder), Sauhatz *f* | Schweineschlachten *n*; **'~sty** *s* Schweinestall *m* (*auch übertr*); **'~swill** = **'~wash**; **'~tail** *s* Zopf *m*; **'~wash** *s* (Küchen-) Abfälle *pl*, Schweinetrank *m* | *übertr* Fraß *m*, Gesöff *n*

[1]**pike** [paɪk] (*pl* **~s** *od collect* **~**) *s Zool* Hecht *m*

[2]**pike** [paɪk] **1.** *s Mil* Pike *f*, Spieß *m* | Schlagbaum *m*; **2.** *vt* aufspießen, durchbohren | *Sl meist* **ˌ~ 'off** abhauen; **'pik·er** *s Am Sl* Drückeberger *m*; **'~staff** *s* (*pl* **'~staves** ['~steɪvz]) *Mil* Pikenschaft *m* ⟨as plain as a ≈ *übertr* sonnenklar⟩

pi·laf[f] [pɪ'læf|'pɪlæf] = **pilau**

pi·las·ter [pɪ'læstə] *s Arch* Pilaster *m*, Stützpfeiler *m*

pi·lau [pɪ'laʊ|'pɪːləʊ], **pi·law** [pɪ'lɔː] *s* Plow *m*, Pilaf *m* ⟨chicken ~ Hühnerpilaf *m*⟩

pil·chard ['pɪltʃəd] *s Zool* Sardine *f*

[1]**pile** [paɪl] **1.** *s* Haufen *m*, Stoß *m* ⟨~ of wood Holzstapel *m*⟩ | Scheiterhaufen *m* | großes Gebäude, Gebäudekomplex *m*, imposantes Bauwerk ⟨a Gothic ~⟩ | *Phys* Kernreaktor *m* | *El* galvanische Säule | *Am El* (Batterie) Element *n*, Zelle *f* | (*oft pl*) *umg* Haufen *m*, große Menge ⟨~s of work; a ~ of work⟩ | *umg* Masse *f od* Menge *f* Geld ⟨to make one's ~ ein Vermögen verdienen⟩; **2.** *vt, auch* **~ up** (auf)stapeln, (auf)häufen, aufschichten ⟨to ~ books Bücher stapeln; to ~ up boxes Kisten aufeinanderstellen⟩ | überhäufen, -laden (*auch übertr*) (**with** mit); **~ afresh** umschichten; **~ on[to]** überhäufen, -schütten (*auch übertr*) ⟨to ~ work onto s.o.⟩ ◇ **~ it on** *übertr umg* dick auftragen; **~ on the agony** *übertr umg* etw. in düstersten Farben malen, maßlos übertreiben; *vi, meist* **~ up** sich anhäufen, sich ansammeln (*auch übertr*); **~ in[to]** *umg* sich hineindrängen | *umg* sich stürzen auf, sich machen an ⟨~ in! langt kräftig zu!⟩; **~ on** *umg* sich stürzen auf; **~ up** sich stauen (*auch übertr*) | auf(einander)fahren (Autos) | *Mar* auflaufen

[2]**pile** [paɪl] **1.** *s Tech* Pfahl *m* | *Bot* Granne *f*; **2.** *vt* mit Pfählen stützen | einrammen

[3]**pile** [paɪl] *s* weiches Haar, Flaum *m*, Daune *f* | Pelz *m*, Fell *n*, Haarkleid *n* | (Samt-) Flor *m* | rauhe Tuchseite | Plüsch *m*

pile bridge ['paɪl brɪdʒ] *s* Jochbrücke *f*

pile car·pet ['paɪl ˌkɑːpɪt] *s* Florteppich *m*

pile| driv·er ['paɪl ˌdraɪvə] *s Tech* Ramme *f* | *übertr umg* schwerer Schlag, Mordsschlag *m* | (Ringen) Niederwurf *m* | jmd. mit einem harten Schlag *od* Anschlag; **'~ ˌdwel·ling** *s* Pfahlbau *m*

pi·le·ous ['paɪlɪəs] *adj Bot* haarig, behaart, Haar-

piles [paɪlz] *s/pl Med* Hämorrhoiden *pl*

pile·up ['paɪl ʌp] *s umg Kfz* Auffahrunfall *m*

pile| weave ['paɪl wiːv] *s* Flor-, Plüschbindung *f*; **'~ ˌweav·ing** *s* Samtweberei *f*

pile·work ['paɪlwɜːk] *s Tech* Pfahlwerk *n*

pil·fer ['pɪlfə] *vt, vi* stehlen, stibitzen, mopsen; **'~age** [-rɪdʒ] *s* (geringfügiger) Diebstahl, Dieberei *f*; **'~er** *s* Dieb(in) *m*(*f*)

pil·grim ['pɪlgrɪm] **1.** *s* Pilger *m*, Wallfahrer *m* (*auch übertr*) | ∸, *auch* ˌ∸ **'Fa·ther** *Am Hist* Pilgervater *m*; **2.** *vi* pilgern, wallfahren; **'~age 1.** *s* Pilger-, Wallfahrt *f* ⟨to go on [a]/make a ≈ to pilgern nach⟩; **2.** *vi* pilgern, wallfahren

pili- [paɪlɪ] ⟨*lat*⟩ *in Zus* Haar-

pi·lif·er·ous [paɪ'lɪfərəs] *adj Bot, Zool* haartragend, behaart

[1]**pil·ing** ['paɪlɪŋ] *s* Stapeln *n*, Anhäufen *n*, Ansammeln *n*

[2]**pil·ing** ['paɪlɪŋ] *s Tech* Pfahlwerk *n*; **'~ ˌham·mer** *s* Rammhammer *m*, -bär *m*

pill [pɪl] **1.** *s* Pille *f*, Tablette *f* ⟨a ~ to cure an earthquake *übertr* ein Tropfen auf einen heißen Stein; to sugar/sugarcoat/sweeten the ~ *übertr* die bittere Pille versüßen; to swallow the/a bitter ~ *übertr* die [bittere] Pille schlucken⟩ | (*meist mit best art*) *umg* (die) Pille *f*, Antibabypille *f* ⟨to go/be on the ~ regelmäßig die Pille nehmen; to take the ~ die Pille nehmen⟩ | *Brit Sl* (Billard-) Kugel *f*, (Golf-) Ball *m* ⟨a game of ~s eine Partie Billard⟩ | (*meist sg*) *Sl* ekliger Kerl; **2.** *vt* mit Pillen behandeln | zu Pillen drehen | *Sl* (bei einer Wahl) durchfallen lassen

pil|lage ['pɪlɪdʒ] **1.** *s* Plündern *n* | (Kriegs-) Beute *f*; **2.** *vt, vi* (aus)plündern; **'~lag·er** *s* Plünderer *m*

pil·lar ['pɪlə] **1.** *s* Pfosten *m*, Pfeiler *m*, Ständer *m*, Säule *f* ⟨to be driven from ~ to post *übertr* ständig herumgehetzt werden, eine Schwierigkeit nach der anderen bestehen müssen; to run from ~ to post *übertr* von Pontius zu Pilatus laufen⟩ | (Wasser-, Rauch- u. ä.) Säule *f* ⟨a ~ of smoke⟩ | *übertr* Stütze *f* ⟨a ~ of society⟩; **2.** *vt* mit Pfeilern abstützen; **'~ box** *s Brit* Briefkasten *m*; **'~-ˌshaped** *adj* säulenförmig

pil·lau [pɪ'lau] = **pilau**

pill|box ['pɪlbɒks] *s* Pillenschachtel *f* | *Mil* (gemauerter) Unterstand, kleiner Bunker | (flacher) Damenhut (ohne Krempe), Pagenkäppi *n* | *umg* Kleinauto *n*, Flohkiste *f*; **'~head** *s Sl* Pillenfresser(in) *m(f)*

pil·lion ['pɪlɪən] *s Kfz* Soziussitz *m* ⟨to ride ~ auf dem Soziussitz mitfahren⟩ | *Hist* Sattelkissen *n*; **'~ ˌpas·sen·ger, '~ ˌrid·er** *s* Sozius (Sozia) *m(f)*, Beifahrer(in) *m(f)*; **'~ seat** *s* Soziussitz *m*

pil·li·winks ['pɪlɪwɪŋks] *s/pl Hist* Daumenschrauben *f/pl*

pil·lock ['pɪlək] *s Brit umg* Nichtsnutz *m*, Blödian *m*

pil·lo·ry ['pɪlərɪ] **1.** *s* Pranger *m*, Schandpfahl *m* ⟨in the ~ am Pranger (*auch übertr*)⟩; **2.** *vt* an den Pranger stellen | *übertr* anprangern

pil·low ['pɪləʊ] **1.** *s* Kissen *n*, Polster *n* ⟨to take counsel of one's ~ etw. überschlafen⟩ | Klöppelkissen *n* | *Tech* Zapfenlager *n*; **2.** *vt* betten, auf ein Kissen legen | als Kissen dienen für; **~ up** hoch betten; **'~ block** *s Tech* Lagerbock *m* | Kurbel(wellen)lager *n*; **'~case** *s* Kissenbezug *m*; **'~ lace** *s* Klöppelspitze(n) *f(pl)*; **'~ slip** *s* = **'~case**; **ˌ~-type 'lace ˌmak·ing** *s* Spitzenklöppelei *f*

pi·lose ['paɪləʊs] *adj Bot, Zool* behaart, haarig, Haar-; **pi·los·i·ty** [paɪ'lɒsətɪ] *s* Behaartheit *f*

pi·lot ['paɪlət] **1.** *s Flugw* Pilot *m*, Flugzeugführer *m* | *Mar* Lotse *m* | *Mar* Seehandbuch *n* | *Tech* Führungszapfen *m* | *Tech* Kraftglied *n*, -schalter *m* | *El* Meßader *f* (eines Kabels) | *übertr* Führer *m*, Leiter *m*; **2.** *vt Flugw* steuern | *Mar* lotsen ⟨to ~ in einlotsen; to ~ through durchlotsen; *übertr* (Gesetz u. ä.) durchbringen⟩ | geleiten, führen | *übertr, Tech* lenken, leiten, steuern; **3.** *adj* Pilot-, Steuer-, Kontroll- ⟨~ study Pilotstudie *f*⟩; **'~age** *s Mar* Lotsenwesen *n*, -kunde *f* ⟨certificate of ≈ Lotsenpatent *n*⟩ | Lotsengebühr *f*, -geld *n* | *übertr* Leitung *f*, Lenkung *f*; **'~ balˌloon** *s Flugw* Pilotballon *m*; **'~ beam** *s* Leitstrahl *m*; **'~ boat** *s* Lotsenboot *n*; **'~ bridge** *s* Lotsen-, Kommandobrücke *f*; **'~ ˌburn·er** *s Tech* Zündbrenner *m*, Kontrollflamme *f*; **'~ fish** *s* (*pl* **'~ fish, '~ fish·es**) *Zool* Lotsen-, Pilotfisch *m*; **'~ ˌfre·quen·cy** *s* Steuerfrequenz *f*; **'~ house** *s* Kompaßhaus *n*; **'~ jack** *s* Lotsenflagge *f*; **'~ lamp, '~ light** *s Tech* Kontrollampe *f* | Notlampe *f* | ↑ **'~ burner**; **'~ ˌof·fi·cer** *s Mil* Fliegerleutnant *m*; **'~ plant** *s* Versuchsbetrieb *m*, -anlage *f*; **'~ reˌac·tor** *s Phys* Versuchsreaktor *m*; **'~ ˌre·lay** *s El* Steuerrelais *n*; **'~ trainˌee** *s* Flugschüler *m*; **'~ valve** *s Tech* Steuerventil *n*

pil|u·lar ['pɪljʊlə] *adj* Pillen-; **~ule** ['~ju:l] *s* kleine Pille

pil·y ['paɪlɪ] *adj* haarig, wollig, flaumig

pi·men|to [pɪ'mentəʊ] *Bot s* (*pl* **~tos, ~to**) Piment *m* | Pimentbaum *m*

pimp [pɪmp] **1.** *s* Kuppler *m*, Zuhälter *m* | *Austr* (Polizei-) Spitzel *m*; **2.** *vi* kuppeln, Zuhälterei treiben ⟨to ~ for s.o. den Zuhälter machen für jmdn.⟩ | *Am Sl* schmarotzen (**off** von), leben auf Kosten (**off** von) | *Austr* Spitzeldienste leisten; *vt Am Sl* (jmdn.) rücksichtslos ausnutzen

pim·per·nel ['pɪmpənel] *s Bot* Bibernelle *f*, Pimpinelle *f*

pimp·ing ['pɪmpɪŋ] *adj* unbedeutend, geringfügig

pim|ple ['pɪmpl] *s* Mitesser *m*, Pickel *m*, Pustel *f* | *übertr scherzh* Huckel *m*; **'~pled, '~ply** *adj* voller Mitesser, pickelig, finnig ⟨≈ skin⟩

pin [pɪn] **1.** *s* Stecknadel *f* ⟨bright/clean/neat as a new ~ blitzsauber; a ~ in a haystack eine Nadel im Heuhaufen; to sit on ~s and needles *übertr* wie auf Kohlen sitzen⟩ | *auch* **'draw·ing ~** Reißzwecke *f* | *auch* **'safe·ty ~** Sicherheitsnadel *f* | Hutnadel *f* | Anstecknadel *f* | *Tech* Bolzen *m*, Pflock *m*, Stift *m*, Zapfen *m* | *Mar* Pinne *f* | *Mus* (Instrumenten-) Wirbel *m* | (Sport) Kegel *m* | (Golf) Lochfahne *f* | *umg* Kleinigkeit *f*, Lappalie *f* ⟨for two ~s um ein Haar, beinahe; I don't care a ~/two ~s es ist mir völlig schnuppe⟩ ◇ **ˌpins and 'need·les** *übertr* Kribbeln *n*, eingeschlafenes Gefühl ⟨I've got ≈ in my hand mir ist die Hand eingeschlafen⟩; **2.** (**pinned, pinned**) *vt* (mit einer Nadel etc.) anstecken, anheften, befestigen (*auch übertr*) (**on, to** an) ⟨to ~ s.th. on a dress etw. an ein Kleid stekken; to ~ a murder on s.o. *umg* jmdm. einen Mord anhängen; to ~ one's faith on/to ganz fest glauben an; to ~ one's hope on seine Hoffnung setzen auf⟩ | festhalten, packen | drücken, quetschen (**against** gegen) | *Tech* verbolzen, verstiften, verbinden | *Sl übertr* festnageln, in die Enge treiben ◇ **~ back one's ears** *Brit umg* die Ohren spitzen; **~ down** (jmdn.) festhalten, zu Boden pressen | *übertr* festnageln | (Gegner) binden, fesseln | *übertr* (etw.) genau beschreiben, definieren; **~ up** (Bild u. ä.) auf-, hochstecken, anzwecken; *vi* sich befestigen lassen

pin·a·fore ['pɪnəfɔ:] *s* Lätzchen *n* | *auch* **'~ dress** *Brit* Kinder-, Frauenschürze *f*, ärmellose (Kleider-) Schürze, Kittel *m*

pi·nas·ter [paɪ'næstə] *s Bot* Strandföhre *f*

pin·ball ['pɪnbɔ:l] *s Am* Tivolispiel *n*; **'~ maˌchine** *s Am* Spielautomat *m*

pin·bolt ['pɪnbəʊlt] *s Tech* Federbolzen *m*

pince-nez [ˌpæns 'neɪ|'pɪns ˌneɪ] (*pl* ~) *s* ⟨*frz*⟩ Kneifer *m*, Klemmer *m* ⟨a pair of ~⟩

pin|cer ['pɪnsə] *adj* Zangen- ⟨≈ movement *bes Mil* Zangenbewegung *f*⟩; **'~cers** *s/pl Tech* Kneifzange *f* ⟨a pair of ≈⟩ | Pinzette *f* | *Zool* Krebsschere *f*

pin·cette [pɪns'et] *s* Pinzette *f*

pinch [pɪntʃ] **1.** *vt* zwicken, kneifen, klemmen, quetschen, zusammendrücken (**between** zwischen) ⟨to ~ one's fingers sich die Finger einquetschen⟩ | *übertr* plagen, quälen, beißen ⟨a ~ed face ein abgehärmtes Gesicht; ~ed with cold durch[ge]froren; ~ed with hunger ausgehungert⟩ | *übertr* bedrücken, beengen, ein-, beschränken ⟨to be ~ed in Not sein; to be ~ed for money knapp bei Kasse sein⟩ | *übertr* in die Enge treiben | *umg* klauen, stehlen | *umg* (Dieb u. ä.) schnappen; **~ off** abkneifen, abklemmen, abzwicken; *vi* kneifen, zwicken, drücken ⟨~ing shoes⟩ | *übertr* quälen ⟨~ing thirst quälender Durst; ~ing want drückende Not⟩ | *bes in*: **~ and save/scrape** knausern, geizen | *Sl* klauen, stehlen; **2.** *s* Kneifen *n*, Zwicken *n*, Drücken *n* ⟨to give s.o. a ~ jmdn. zwicken⟩ | *übertr* Klemme *f*, Not *f*, Druck *m* ⟨at/*Am* in a ~ im Notfall, notfalls; to feel the ~ die Not spüren⟩ | Prise *f* ⟨a ~ of salt; a ~ of tobacco⟩ | *Sl* Klauen *n*, Stehlen *n* | *umg* Schnappen *n*, Einbuchten *n*, Einlochen *n*; **'~ bar** *s Tech* Brechstange *f*

pinch·beck ['pɪntʃbek] **1.** *s* Tombak *m*, Talmi *n*, Rotmetall *n* | *übertr* Talmi *n*; **2.** *adj* falsch, unecht

pinch|cock ['pɪntʃkɒk] *s* Quetschhahn *m*; **pinched** [pɪntʃt] *adj* knapp (**for** an); **'~ efˌfect** *s Phys* Pinch-, Einschnüreffekt *m*; **'~fist** *s* Geizhals *m*; **'~ing 1.** *adj* zwickend | *übertr* beißend ⟨≈ cold⟩ | geizig; **2.** *s El* Blockierung *f*; **'~off** *s Tech* Abschnürung *f*; **'~ˌpen·ny** *s* Pfennigfuchser *m*

pin·cush·ion ['pɪnˌkʊʃn] *s* Nadelkissen *n*

¹pine [paɪn] *s auch* **'~tree** *Bot* Kiefer *f*, Föhre *f*, Pinie *f* | Kiefernholz *n* | *umg* Ananas *f*

[2]**pine** [paɪn] *vi* sich sehnen, schmachten (**after, for** nach) | sich abhärmen, sich grämen (**at** über); ~ **away** dahinschmachten, -welken

pin·e·al bod·y, *auch* ~ **gland** [ˌpɪnɪəl 'bɒdɪ|~ 'glænd] *s Anat* Zirbeldrüse *f*, Epiphyse *f*

pine·ap·ple ['paɪnæpl] *s Bot* Ananas *f* | *Sl* Handgranate *f*; '~ **chunks** *s/pl* Ananasstücke *n/pl*; '~ **cone** *s Tech* Bikonus *m*; '~ **juice** *s* Ananassaft *m*

pine|cone ['paɪnkəʊn] *s* Kiefernzapfen *m*; '~ ˌ**mar·ten** *s Zool* Baum-, Edelmarder *m*; '~ **nee·dle** *s* Kiefernnadel *f*; '~ **nut-oil** *s* Kiefern-, Fichtennadelöl *n*; '~ **tar** *s* Kienteer *m*; '~ **tree** *s* Kiefer *f*; '~**wood** *s* Kiefernholz *n* | (*oft pl*) Kiefernwald *m*

pin·ey ['paɪnɪ] *adj* = **piny**

pin·feath·er ['pɪnˌfeðə] *s* Stoppelfeder *f*

pin·fire ['pɪnfaɪə] *vt Vet* (Pferdebein) brennen

pin·fold ['pɪnfəʊld] *s* Viehhürde *f*

ping [pɪŋ] **1.** *vi* (Kugel u. ä.) schwirren, pfeifen | *Am Tech* (Motor) klingeln; *vt* laut pfeifen lassen; **2.** *s* Schwirren *n*, Pfeifen *n* | *Am Tech* Klingeln *n* (des Motors)

ping-pong ['pɪŋ pɒŋ] **1.** *s* (Sport) *umg* Ping-Pong *n*, Tischtennis *n*; **2.** *vt, Am umg* (Patient) von einem Arzt zum anderen schicken

pin|head ['pɪnhed] *s* Stecknadelkopf *m* | *übertr* Lappalie *f* | *umg* Dummkopf *m*; '~**head·ed** *adj umg* dumm, beschränkt; '~**hole** *s Tech* Zapfenloch *n* | Nadelloch *n*; '~**hole** ˌ**cam·er·a** *s* Lochkamera *f*

pin|ion ['pɪnɪən] **1.** *s Zool* Flügelspitze *f* | *poet* Schwinge *f*, Fittich *m* | *Tech* Kammwalze *f*, Ritzel *n* ⟨gear ≈ Getriebezahnrad *n*⟩ | *Typ* Nuß *f*, Schließrolle *f*; **2.** *vt* die Flügel beschneiden | (Mensch, Tier) Hände, Beine fesseln, (an)binden | *übertr* fesseln (**to** an) | '~**ion drive** *Tech* Ritzelantrieb *m*; '~**ioned** *adj poet* beflügelt, beschwingt | *übertr* gefesselt; '~**ion shaft** *s Tech* Ritzelwelle *f*

pin joint ['pɪn dʒɔɪnt] *s Tech* Bolzengelenk *n*

[1]**pink** [pɪŋk] **1.** *s Bot* Nelke *f* ⟨garden ~ Federnelke *f*⟩ | Blaßrot *n*, Rosa *n* | *Brit* roter Jagdrock, Rotrock *m* | *Am Pol Sl* Rosaroter *m*, sozialistischer Sympathisant | *übertr* Gipfel *m*, Höhepunkt *m* ⟨in the ~ [of condition/health] *umg scherzh* in bester Verfassung⟩; **2.** *adj* blaßrot, rosa | *Pol verächtl* rot angehaucht, rosarot

[2]**pink** [pɪŋk] *vt* leicht verletzen (*auch übertr*) | durchstechen, -bohren | *auch* ~ **out** auszacken, kunstvoll ausschneiden

[3]**pink** [pɪŋk] *vi Brit Tech* (Motor) klopfen

[4]**pink** [pɪŋk] *vi dial* blinzeln, zwinkern

pink|-col·lar [ˌpɪŋk 'kɒlə] *adj Am* Frauen- ⟨≈ jobs; ≈ workers⟩; '~-ˌ**col·oured** *adj* rosarot, nelkenfarben; ˌ~ '**el·e·phant** *s* (*oft pl*) *scherzh* weiße Maus ⟨to see ≈s weiße Mäuse sehen (Betrunkener)⟩; '~**eye** *s Med* (ansteckende) Bindehautentzündung; ˌ~ '**gin** *s Brit* Gin *m* und Bitter *m*, Gin mit Angostura

pink·ie ['pɪŋkɪ] *s Schott, Am* kleiner Finger

pink·ing ['pɪŋkɪŋ] *s Tech* Klopfen *n* (eines Motors); '~ **shears,** *auch* '~ ˌ**scis·sors** *s/pl* Zickzackschere *f* ⟨a pair of ≈⟩

pink|ish ['pɪŋkɪʃ], '~**y** *adj* rötlich, (blaß)rosa (*auch Pol Sl*)

pinko ['pɪŋkəʊ] (*pl* ~**es** *od* ~**s**) *s Am Pol Sl verächtl* Rotangehauchter *m*

pin mon·ey ['pɪn ˌmʌnɪ] *s umg* Nadelgeld *n*

pin·nace ['pɪnɪs] *s Mar* Pinasse *f*

pin·na·cle ['pɪnəkl] **1.** *s Arch* Spitztürmchen *n* | Berggipfel *m* | (*meist sg*) *übertr* Gipfel *m*, Höhepunkt *m* ⟨~ of happiness⟩; **2.** *vt Arch* mit Spitztürmchen versehen | *übertr* krönen

pin|nate ['pɪneɪt|-ət], ~**nat·ed** ['-neɪtɪd] *adj Zool, Bot* gefiedert | federförmig, Feder-

pin·ny ['pɪnɪ] *s umg* Lätzchen *n*

pin oak ['pɪn əʊk] *s Am Bot* Sumpfeiche *f*

pi·noc[h]·le ['pi:nʌkl] *s Am* Binokel *n*, (eine Art) Kartenspiel *n*

pin|point ['pɪnpɔɪnt] **1.** *s* Nadelspitze *f* | winziger Punkt ⟨a ≈ of light ein Lichtpunkt⟩ | *übertr* Kleinig-, Winzigkeit *f* | *Mil* Punktziel *n*; **2.** *vt Mil* (Ziel) haargenau treffen | *übertr* (etw.) hervorheben, ein Schlaglicht werfen auf | genau bestimmen *od* festlegen; **3.** *adj Mil* (haar)genau, Punkt- ⟨≈ bombing gezielter Bombenabwurf, Punktzielbombardement *n*⟩ | *übertr* exakt, detailliert ⟨≈ planning Feinplanung *f*⟩; '~**prick** *s* Nadelstich *m* (*auch übertr*); '~**rod** *s Tech* Verbundstange *f*; **pins** [pɪnz] *s/pl umg* Stelzen *f/pl*, Beine *n/pl* ⟨to knock s.o. off one's ≈ jmdn. umwerfen (*auch übertr*)⟩; '~**stripe** *s* Nadelstreifen *m* (im Stoff) | *auch* ˌ~**stripe** '**suit** Nadelstreifenanzug *m*

pint [paɪnt] *s* Pinte *f* (*Brit* = 0,57 l, *Am* = 0,47 l) | *umg* großes Glas Bier ⟨to drink one's ~ sein Glas Bier trinken⟩

pin·ta ['paɪntə] *s Brit umg* großes Glas Milch

pin·ta·ble ['pɪnˌteɪbl] *s Brit* Spielautomat *m*

pin·tle ['pɪntl] *Tech s* Zapfen *m*, Gelenkstift *m* | Düsennadel *f*, -zapfen *m*; '~ **chain** *s* Antriebskette *f*; '~ **noz·zle** *s* Zapfendüse *f*

pin·up [girl] ['pɪn ʌp] *s* Pin-up-Foto *n*, Nackedei *m*, Nacktfoto *n* | Illustriertenschönheit *f*, Sexbombe *f*

pin·wheel ['pɪnwi:l] *s Am* Windrädchen *n*, -mühle *f* (für Kinder) | Feuerrad *n*

pin·y ['paɪnɪ] *adj* Kiefern- ⟨a ~ smell⟩ | mit Kiefern bewachsen ⟨~ hills⟩

pi·o·neer [ˌpaɪə'nɪə] **1.** *s Mil* Pionier *m* | *übertr* Pionier *m*, Bahnbrecher *m*, Schrittmacher *m* ⟨a ~ of progress⟩; **2.** *vi* Pionier sein (*auch übertr*); *vt* den Weg bahnen für (*auch übertr*) | (Weg) bahnen; ~**ing** [-'nɪ:rɪŋ] *adj* Pionier- ⟨≈ work⟩

pi·ous ['paɪəs] *adj* gläubig, fromm, gottesfürchtig | *arch* kindlich, ergeben | *iron* fromm ⟨~ hope⟩ | *umg* lobenswert, brav, gutgemeint ⟨~ effort⟩ | *verächtl* frömmlerisch ⟨~ phrases⟩

[1]**pip** [pɪp] **1.** *s Vet* Pips *m* | *Brit umg* schlechte Laune, Unwohlsein *n* ⟨to give s.o. the ~ jmdm. auf den Keks *od* Wecker gehen; to have the ~ miese Laune haben⟩; **2.** *vt* (jmdm.) auf die Nerven gehen

[2]**pip** [pɪp] *s* (Obst-) Kern *m* | *bes Brit umg* (Würfel- u. ä.) Auge *n* | *Brit Mil Sl* (Uniform) Stern *m* | *El* Pip *m*, kurzer Impuls | *Brit* Zeitzeichenton *m* ⟨at the third ~ ... beim dritten Ton des Zeitzeichens ...⟩

[3]**pip** [pɪp] (**pipped, pipped**) *Brit umg vt* (in Prüfung, Wahl u. ä.) durchfallen lassen | (Prüfung) verhauen, vermasseln | *Brit (Sport)* knapp schlagen *od* besiegen | *Brit Pol* schlagen, in die Tasche stecken ⟨~ped at the port um Haaresbreite geschlagen⟩ | *Brit* abknallen, erschießen; *vi, auch* ~ **off,** ~ **out** sterben, eingehen

pi·pal ['pi:pl], *auch* '~ **tree** *s Bot* Heiliger Bobaum

pipe [paɪp] **1.** *s* (Tabaks-) Pfeife *f* ⟨~ of peace Friedenspfeife *f*; to light a ~ sich eine Pfeife anzünden; put that in your ~ and smoke it *übertr* das kannst du dir hinter den Spiegel stecken!; das laß dir gesagt sein!⟩ | *Mus* Pfeife *f*, Flöte *f* | (*meist pl*) Dudelsack *m* | (*meist pl*) Luftröhre *f* ⟨to clear one's ~s sich räuspern⟩ | *Tech* (Leitungs-) Rohr *n*, Röhre *f* ⟨a gas ~⟩ | *Tech* Schlauch *m* | (*meist pl*) *umg* Verdauungskanal *m* | (Vogel-) Pfeifen *n* | Pipe *f* (Weinfaß = 572,4 l); **2.** *vt* mit Röhren versehen | durch Rohre leiten ⟨to ~ oil⟩ | in eine Pipe füllen | pfeifen, flöten (*auch übertr*) ⟨to ~ a song⟩ | *Mar* (Mannschaft) zusammenpfeifen | (Kleid) mit Schnur besetzen, paspeln | *Bot* absenken; ~ **away** *Mar* (Boot) abpfeifen; ~ **up** hoch intonieren; *vi* pfeifen | piepen, zirpen; ~ **down** (*meist imp*) den Mund halten, still sein; ~ **off** *Sl* abkratzen, sterben; ~ **up** (mit hoher Stimme) reden *od* singen | *umg* sich melden, den Mund aufmachen | *umg* (plötzlich) ankommen (**with** mit), vorbringen (**with s.th.** etw.); '~ **bend** *s* Knierohr *n*, -stück *n*; '~ '**bend·er** *s Tech* Rohrbiegemaschine *f*; '~ **bowl** *s* Pfeifenkopf *m*; '~ **burst** *s* Rohrbruch *m*; '~ **clay 1.** *s Min* Pfeifenton *m*, Kaolin *n*; **2.** *vt* mit Kaolin weißen | *übertr* in Ordnung bringen; '~ ˌ**clean·er** *s* Pfeifenreiniger *m*; '~ **clip** *s Tech* Rohrschelle *f*; ˌ**piped** '**mu·sic** *s verächtl* ständige leise Musik (aus Lautsprechern); '~ **dream** *s umg* Luftschloß *n*, frommer Wunsch, Hirngespinst *n*; '~ ˌ**fit·ter**, '~ ˌ**lay·er** *s* Rohrleger *m*; '~**less** *adj* ohne Pfeifen (Orgel); ˌ~**less** '**or·gan** *s Mus* Elektronenorgel *f*; '~**line** *s* Pipeline *f*, Rohrleitung *f* | *Am übertr* geheimer Draht, Nachrichtenquelle *f* | Nachschub *m* ⟨in the ≈ *übertr* im Anrollen, unterwegs⟩; '~ **mill** *s* Rohrwalzwerk *n*; '~ ˌ**o·pen·er** *s Brit* Spaziergang *m* an der Luft | Übung(sspiel) *f(n)* zum Warmmachen; '~ ˌ**or·gan** *s Mus* Orgel *f*; '**pip·er** *s* (Dudelsack-) Pfeifer *m* ⟨to pay the ≈ *umg* die Zeche bezahlen; he who pays the ≈ calls the tune *Sprichw* wer bezahlt, kann bestimmen; Geld regiert die Welt⟩; '~ ˌ**ris·er** *s* Standrohr *n*; '~ **rack** *s* Pfeifenständer *m*; '~ **tap** *s* Rohrgewindebohrer *m*; '~ **thread** *s* Rohrgewinde *n*; '~ **tongs** *s/pl* Rohrzange *f*; '~ **trench** *s* Rohrkanal *m*, -schacht *m*

pi·pette [pɪ'pet] *s Chem* Pipette *f*

pipe vine ['paɪp vaɪn] *s Bot* Pfeifenwinde *f*

pip·ing ['paɪpɪŋ] **1.** *s* Rohrleitung *f*, -netz *n*, Leitungssystem *n* | Pfeifen *n*, Pfiff *m* | Dudelsackmusik *f* | Flötenspiel *n* | Litze *f*, Paspel *f*, Kordel *f* | *Kochk* feiner Zuckerguß, (Kuchen-, Spritzguß-) Verzierung *f* | *Bot* Ableger *m*; **2.** *adj* pfeifend ⟨~ wind⟩ | schrill ⟨~ voice⟩ | idyllisch, friedlich; **3.** *adv, bes* ˌ~ '**hot** zischend *od* sehr heiß (*auch übertr*) ⟨~ hot water siedend heißes Wasser; ~ hot news brühwarme Neuigkeiten *pl*⟩

pip·it ['pɪpɪt] *s Zool* (*oft in Zus*) Pieper *m* ⟨meadow ~⟩

pip·kin ['pɪpkɪn] *s* Töpfchen *n*

pip·pin ['pɪpɪn] *s Bot* Pippinapfel *m* | *umg übertr (selten)* tolle Sache *od* Person *f* ⟨it's a ~ es ist großartig⟩

pip·squeak ['pɪpskwi:k] *s verächtl* (Person) Würstchen *n*, Angeber *m* ⟨you ~!⟩ | *Kfz* kleine Kiste (Moped)

pi·quan·cy ['pi:kənsɪ] *s* Pikantheit *f* | *übertr* Pikanterie *f*; **pi·quant** ['pi:kənt] *adj* pikant, würzig, scharf ⟨a ≈ sauce⟩ | *übertr* pikant, reizvoll, interessant ⟨≈ charm⟩

pique [pi:k] **1.** *vt* (Neugier u. ä.) erregen, wecken | (jmdn.) ärgern, kränken, reizen ⟨to be ~d at verärgert sein über⟩; ~ **o.s. up[on]** sich etw. einbilden auf, sich brüsten mit; **2.** *s* Gereiztheit *f*, Zorn *m*, Groll *m*, Ärger *m* ⟨in a fit of ~ in ziemlicher Gereiztheit, stark verärgert; to take a ~ against s.o. einen Pik auf jmdn. haben⟩ | plötzlicher Ärger, Anfall *m* von Gereiztheit

pi·qué ['pi:keɪ] *s* Pikee *m*

pi·quet [pɪ'ket] *s Kart* Pikett *n*

pi·ra·cy ['paɪərəsɪ] *s* Seeräuberei *f* | Raub-, unerlaubter Nachdruck | (Schallplatte) Raubpressung *f*, Raubkassette *f*

pi·ra·nha [pɪ'rɑ:njə], *auch* '~ ˌ**fish** *s Zool* Piranha *m*

pi·rate ['paɪərət|-rɪt] **1.** *s* Pirat *m*, Seeräuber *m* | Piratenschiff *n* | Nachdrucker *m* | *Rundf* Piraten-, Schwarzsender *m* | *übertr* Räuber *m*, Plünderer *m* ⟨financial ~⟩; **2.** *vi* seeräubern; *vt* ausplündern, kapern | (unerlaubt) nachdrucken, plagiieren ⟨to ~ a book⟩; '~ ˌ**lis·ten·er** *s Rundf* Schwarzhörer *m*; **pi·rat·ic** [ˌpaɪə'rætɪk], ˌ**pi'rat·i·cal** *adj* Piraten-, (see)räuberisch | unerlaubt '~ **e**ˌ**di·tion** *s* Raubdruck *m*

pir·ou·ette [ˌpɪrʊ'et] **1.** *s* Pirouette *f*; **2.** *vi* eine Pirouette tanzen

pis·ca·to|ri·al [ˌpɪskə'tɔ:rɪəl], **~ry** ['pɪskətərɪ] *adj* Fischerei-, Fischer-

Pis·ces ['paɪsi:z] *s/pl Astr* Fische *m/pl* | (Astrologie) Fisch *m*

pisci- [pɪsɪ] ⟨*lat*⟩ *in Zus* Fisch- (*z. B.* **~cide** Fischsterben)

pis·ci·cul|tur·al [ˌpɪsɪ'kʌltʃərl] *adj* Fischzucht-; **~ture** [ˌ~'kʌltʃə] *s* Fischzucht *f*; ˌ**pis·ci'cul·tur·ist** *s* Fischzüchter *m*

pis·cine ['pɪsɪn|pɪ'si:n] *s* Schwimmbecken *n*

pis·civ·o·rous [pɪ'sɪvərəs] *adj* fisch(e)fressend

pish [pɪʃ] *interj selten* pfui!, bah! ⟨to cry ~ at s.th. etw. verurteilen⟩

piss [pɪs] *vulg* **1.** *vi* pissen (*auch übertr*) ⟨to ~ on s.th. *übertr* scheißen auf etw.⟩; ~ **about/around** Blödsinn treiben, Quatsch machen, sich dämlich benehmen; ~ **down** niederprasseln (Regen); ~ **off** abhauen, Leine ziehen, sich verpissen; *vt* pissen, bepissen ⟨to ~ one's trousers (sich) in die Hosen machen; to ~ o.s. sich (vor Lachen) in die Hosen machen⟩ | pissen ⟨to ~ blood⟩; ~ **off** ankotzen ⟨to be ~ed off with s.o. (s.th.) von jmdm. (etw.) die Schnauze voll haben⟩ | erledigen, fertig *od* verrückt machen ⟨~ed off total erledigt⟩; **2.** *s* Pisse *f* | Pissen *n* ⟨to have/go for a ~ pissen [gehen]⟩ | Mist *m*, Quatsch *m* ◇ **take the ~ out of s.o.** sich kaputt lachen über jmdn.; jmdn. durch den Dreck ziehen; **pissed** *adj* besoffen ⟨≈ as a newt, ≈ out of one's head/mind sternhagelvoll, besoffen wie ein Schwein⟩ | *Am* stocksauer

pist [pɪst] *interj* pst!

pis|tache [pɪ'stæʃ], **~tach·i·o** [~'tɑ:ʃɪəʊ|-tæʃ-] *s Bot* Pistazie *f* | Pistazienbaum *m* | *auch* ˌ**~tach·i·o** '**green** Pistaziengrün *n*

piste [pɪst] *s* (Renn-) Piste *f*

pis·til ['pɪstl] *s Bot* Stempel *m*, Griffel *m*

pis|tol ['pɪstl] **1.** *s* Pistole *f* ⟨to hold a ≈ to s.o.'s head *übertr* jmdm. die Pistole auf die Brust setzen⟩; **2.** ('**~tolled**, '**~tolled**) *vt* mit einer Pistole töten; '**~tol shot** *s* Pistolenschuß *m*

pis·ton ['pɪstən] *s*, *Tech Kfz* Kolben *m* | *Tech* Stempel *m* | *Mus* Piston *n*; '~ ˌ**blow·er** *s* Kolbenverdichter *m*; '~ **box** *s* Kolbenbüchse *f*; '~ **crown** s Kolbenkrone *f*; '~ **drill** *s* Schlagbohrmaschine *f*; '~ **pin** *s* Kolbenbolzen *m*; '~ **ring** *s* Kolbenring *m*; '~ **rod** *s* Kolben-, Pleuelstange *f*; '~ **stem** *s* Kolbenstange *f*; '~ **stroke** *s* Kolbenhub *m*; '~ **valve** *s* Kolbenventil *n*

[1]**pit** [pɪt] **1.** *s* Grube *f*, Loch *n*, Höhle *f*, Vertiefung *f* ⟨a ~ in the ground⟩ | *Bergb* Grube *f*, Zeche *f*, Schacht *m* (*auch collect*) ⟨down the ~ unter Tage; sand ~ Sandgrube *f*⟩ | *Anat* (Magen-) Grube *f* ⟨~ of the stomach⟩ | *meist pl* (Blattern-) Narbe *f* | *Tech* (Wartungs-) Grube *f*, Schacht *m* | Fallgrube *f*, Falle *f* ⟨to dig a ~ for s.o. jmdm. eine Falle graben⟩ | *Brit scherzh* Falle *f* (Bett) ⟨in my ~⟩ | *Landw* Miete *f* | Grab *n* | *Brit Theat* Parterre *n* | *übertr* Zuschauer *pl* im Parterre | *auch* '**or·ches·tra** ~ *s* Orchesterraum *m* | *Am* Börse *f* | Maklerstand *m* | *übertr* Abgrund *m* | *bibl* Hölle *f*; **2.** ('**~ted**, '**~ted**) *vt* ein-, vergraben ⟨to ~ the surface sich in die Oberfläche bohren⟩ | *Landw* (Rüben u. ä.) einmieten | in eine Grube werfen | mit Narben (u. ä.) bedecken ⟨~ted with rust holes voller Rostlöcher⟩ | *förml* (Kraft u. ä.) ausspielen (**against** gegen) ⟨to ~ one's wits against s.o. seinen Verstand an jmdm. messen; to ~ o.s. against den Kampf aufnehmen gegen⟩; *vi* sich senken, eine Höhle bilden | *Tech* an-, einfressen, angreifen

[2]**pit** [pɪt] *Am* **1.** *s* (Obst-) Kern *m*, Stein *m*; **2.** *vt* entkernen, entsteinen

pi·ta ['pi:tə] *s Bot* Agave *f*

pit·a·pat [ˌpɪtə'pæt] *umg* **1.** *s* Trippeln *n*, Getrappel *n*; **2.** *adv*, *adj* ticktack; **3.** (ˌ**pit·a'pat·ted**, ˌ**pit·a'pat·ted**) *vi* heftig klopfen

pit| bath ['pɪt bɑ:θ] *s Bergb* Waschkaue *f*; '~ ˌ**bot·tom** *s*

Bergb Füllort *m*

[1]**pitch** [pɪtʃ] **1.** *s Min* Pech *n*, Teer *m* ⟨as black/dark as ~ pechschwarz⟩ | Kunstasphalt *m*; **2.** *vt* kleben, teeren, verpichen

[2]**pitch** [pɪtʃ] **1.** *s* (*auch* Sport) Wurf *m* ⟨what's the ~? *übertr Sl* worum geht's?⟩ | Neigung *f*, Gefälle *n* (*bes Bergb*) | *Arch* Schräge *f* | Grad *m*, Stufe *f* | Höhe *f* | Flughöhe *f* | *Mus* Tonhöhe *f* ⟨at the ~ of one's voice so laut wie möglich; to keep the ~ den Ton halten⟩ | *Tech* Ganghöhe *f* | *übertr* Höhepunkt *m*, Gipfel *m* | *Mar* Stampfen *n* | *Brit* (Händler) Stand *m* | *Wirtsch* Warenangebot *n* | *Am umg* Verkaufsgespräch *n*, Werbung *f* ⟨sales ~ Verkaufstaktik *f*, Masche *f*⟩ | *übertr Am Sl* Platte *f*, Masche *f* | (Spiel-) Feld *n* (für Ballspiele); **2.** *vt* (Ball) (gezielt) schleudern, werfen | *übertr* (Personen) (hinaus)setzen, werfen ⟨to ~ s.o. out of the room⟩ | (Heu u. ä.) aufladen, gabeln | (Lager u. ä.) aufstellen, errichten ⟨to ~ one's tent sein Zelt aufschlagen; to ~ wickets (Kricket) Dreistäbe einschlagen⟩ | (Pfosten u. ä.) einrammen, feststecken, befestigen | *übertr* (Hoffnung u. ä.) setzen, schrauben ⟨to ~ one's aspirations too highly seine Erwartungen zu hoch stecken⟩ | *Wirtsch* (Ware) veranschlagen | *Mus* (Instrument) stimmen | *übertr* (Rede u. ä.) abstimmen (**at** auf), ausdrücken; *vi* (*auch* Sport) werfen | fallen, sich neigen, sich senken ⟨to ~ sharply stark abfallen⟩ | *Mil* (sich) lagern | taumeln, schwanken ⟨to ~ forward⟩ | aufschlagen, hinfallen | *übertr* verfallen (**on, upon** auf) | *Mar* stampfen ⟨to ~ and heave stampfen⟩; ~ **in[to]** *umg* herfallen über, sich machen an *od* stürzen auf (Arbeit, Essen, Gegner u. a.); ~ **in** *übertr umg* einspringen, aushelfen (**with** mit); ˌ**~-and-'toss** *s* Kopf *m* oder Wappen *n* (Spiel); ˌ**~-'black** *adj* pechschwarz; **~blende** ['-blend] *s Min* Uranpechblende *f*; '**~ coal** *s* Pechkohle *f*; ˌ**~-'dark** = ˌ**~-'black**; ˌ**pitched 'bat·tle** *s Mil* offene Feldschlacht | *übertr* langanhaltender Streit; [1]'**~er** *s* (Ball-) Werfer *m* | *Tech* Brecheisen *n*

[2]**pitch·er** ['pɪtʃə] *s* (irdener Henkel-) Krug ⟨the ~ goes often to the well, but is broken at last *Sprichw* der Krug geht so lange zu Wasser, bis er bricht; little ~s have long ears Kinder hören genau hin⟩ | *Am* Krug *m* | *auch* '**~ful** Krug *m* (voll)

pitch·fork ['pɪtʃfɔ:k] **1.** *s* Heu-, Mistgabel *f* | Stimmgabel *f*; **2.** *vt* mit der Heugabel werfen | *übertr* zwängen, drängen (**into** in)

pitch·ing ['pɪtʃɪŋ] **1.** *adj* abschüssig, schräg; **2.** *s* Werfen *n* | Pflasterung *f* | (Schiffs-) Stampfen *n* | (Zelt-) Aufschlagen *n*

pitch pine ['pɪtʃ paɪn] *s Bot* Pechkiefer *f*

pitch·pipe ['pɪtʃpaɪp] *s Mus* (Orgel) Stimmpfeife *f*

pitch|stone ['pɪtʃstəʊn] *s* Pechstein *m*; '**~y** *adj* pechig, teerig | pechartig | pechschwarz

pit coal ['pɪt kəʊl] *s* Steinkohle *f*

pit·e·ous ['pɪtɪəs] *adj* kläglich, jämmerlich, mitleiderregend ⟨~ cries⟩ | ängstlich, mitleidig

pit·fall ['pɪtfɔ:l] *s* Falle *f*, Fallgrube *f* | *übertr* Fallstrick *m*, Gefahr *f*, (möglicher) Irrtum, Schwierigkeit *f*

pit·ful ['pɪtfl] *adj* = **piteous**

pith [pɪθ] *s Zool, Bot, Anat* Mark *n* | *übertr* Kern *m*, Mark *n*, Innerstes *n* ⟨~ and marrow Mark und Kern *m*; the [very] ~ of the matter der [eigentliche] Kern der Sache⟩ | *übertr* Kraft *f*, Eindringlichkeit *f* ⟨to lack ~ kraftlos sein⟩ | *übertr* Gewicht *n*, Bedeutung *f* ⟨of great ~⟩

pith | hat ['pɪθ hæt], *auch* '**~ ˌhel·met** *s* Tropenhelm *m*

pit·head ['pɪthed] *s Bergb* Füllort *m* | Fördergerüst *n*

pith|less ['pɪθləs] *adj* marklos | *übertr* schwach, kraftlos; '**~y** *adj* markig, markhaltig | *übertr* markig, kernig, gewichtig, bedeutungsvoll, prägnant ⟨a ≈ speaker; a ≈ style⟩

pit·i|a·ble ['pɪtɪəbl] *adj verächtl* jämmerlich, elend, erbärmlich ⟨a ≈ attempt⟩ | bemitleidens-, bedauernswert ⟨≈ children⟩; '**~ful** *adj* bemitleidens-, bedauernswert ⟨≈ refugees⟩ | *selten* mitleidsvoll, mitleidig ⟨a ≈ smile⟩ | *verächtl* erbärmlich ⟨a ≈ wretch ein elender Wicht⟩; '**~less** *adj* unbarmherzig, erbarmungslos (*auch übertr*) ⟨≈ king; ≈ light⟩

pit|man ['pɪtmən] *s* (*pl* '**~men**) Bergmann *m*, Grubenarbeiter *m*; '**~mouth** *s Bergb* Schachtöffnung *f*

pi·ton ['pi:tɒn|'pi:tõ] *s* ⟨*frz*⟩ Kletterhaken *m*, Klammer *f*

Pi·tot tube ['pi:təʊ tju:b] *s Flugw* Pitot-, Staurohr *n*

pit| po·ny ['pɪt ˌpəʊnɪ] *s Brit* Grubenpferd *n*; '**~ prop** *s Bergb* (Gruben-) Stempel *m*

pits [pɪts] *s/pl in*: **it's the ~** *Am Sl* es ist die Hölle, es ist nicht zum Aushalten

pit·tance ['pɪtns] *s* (*meist sg*) Hungerlohn *m*, armseliges Einkommen ⟨a mere ~ nur ein paar Pfennige *pl*; to work for a ~ für einen Hungerlohn arbeiten⟩ | Almosen *n* | kleiner Teil, winzige Menge ⟨a mere ~ of education eine kümmerliche Erziehung⟩

pit·ter-pat·ter ['pɪtə pætə] *s, adv, adj* = ˌ**pit·a·'pat**

pi·tu·i·tar·y [gland] [pɪ'tju:ətərɪ] *s Anat* Hypophyse *f*, Zirbeldrüse *f*; **pi'tu·i·tous** *adj* schleimabsondernd, schleimig

pit·wood ['pɪtwʊd] *s Bergb* Grubenholz *n*

pit·y [pɪtɪ] **1.** *s* Mitleid *n*, Erbarmen *n*, Mitgefühl *n* (**on** mit) ⟨for ~'s sake um Himmels willen; to have/take ~ on, to feel ~ for Mitleid haben mit⟩ | beklagenswerte Sache, Jammer *m* ⟨it's a ~ es ist schade; it's a thousand pities es ist jammerschade; more's the ~ *umg* dummerweise; what a ~! wie schade!⟩; **2.** *vt* bemitleiden, bedauern (*auch iron*); ⟨I ~ him er tut mir leid, er kann mir [nur] leid tun⟩ *vi* Mitleid haben

piv·ot ['pɪvət] **1.** *s Tech* Zapfen *m*, Dreh-, Wellenzapfen *m* | (Tür-) Angel *f* | *Mil* innerer Flügelmann | *übertr* Dreh-, Angelpunkt *m* | Schlüsselfigur *f*; **2.** *vt Tech* um einen Zapfen drehen, gelenkig verbinden; ~ **about** gelenkig drehen um; *vi Tech* sich um einen Zapfen drehen | (Raupenfahrzeug) sich auf der Stelle drehen | *übertr* sich drehen (**[up]on** um), entscheidend abhängen (**on** von) | *Mil* schwenken; ~ **around** drehbar sein um; '**~al** *adj Tech* Dreh-, Zapfen-; Angel- ⟨≈ centre Drehstern *m*; ≈ fault Drehverwerfung *f*⟩ | *übertr* wichtig ⟨≈ question Hauptfrage *f*⟩; '**~ ˌax·is** *s* Drehachse *f*, -punkt *m*; '**~ ˌbear·ing** *s* Zapfenlager *n*; '**~ point** *s* Drehpunkt *m*, Lagerspitze *f*; '**~ tooth** (*pl* '**~ teeth**) *s Med* Stiftzahn *m*; '**~ ˌwin·dow** *s* Schwingflügelfenster *n*

pix·el ['pɪksl] *s Ferns* Bildpunkt *m*, Pixel *n*

pix·ie ['pɪksɪ] = **pixy**

pix·i·lat·ed ['pɪksɪleɪtɪd] *urspr Am umg adj* verrückt, spleenig | beschwipst | verwirrt, irritiert

pix·y ['pɪksɪ] *s* Fee *f*, Kobold *m*

piz·za ['pi:tsə] *s* Pizza *f*

piz·zi·ca|to [ˌpɪtsɪ'kɑ:təʊ] *Mus* **1.** *adj, adv* pizzicato; **2.** *s* (*pl* **~ti** [~tɪ] *od* **~tos**) Pizzikato *n*

pl. *Abk* von **plural**

pla·ca|bil·i·ty [ˌpleɪkə'bɪlətɪ] *s* Nachgiebig-, Versöhnlichkeit *f*; '**~ble** *adj* nachgiebig, versöhnlich

plac·ard ['plækɑ:d] **1.** *s* Anschlag *m*, Plakat *n*; **2.** *vt* anschlagen (**on** an) | mit Plakaten bekleben | durch Anschläge bekanntgeben

pla·cate [plə'keɪt] *vt* beruhigen, beschwichtigen, versöhnen; **pla'ca·tion** *s* Beruhigung *f*, Beschwichtigung *f*, Versöhnung *f*; **pla'ca·tive**, *auch* **pla·ca·to·ry** ['plækətərɪ] *adj* beruhigend, beschwichtigend, versöhnend ⟨≈ words⟩

place [pleɪs] **1.** *s* Stelle *f*, Platz *m*, Ort *m* (*auch übertr*) ⟨all over the ~ *umg* überall; durcheinander; a ~ in history *übertr* ein Platz in der Geschichte; a ~ in a novel eine

Stelle in einem Roman; a ~ in the sun *übertr* ein Platz an der Sonne; in his ~ an seiner Stelle; in ~ am Platz, an Ort und Stelle; in ~s stellenweise; in ~ of an Stelle von; in the first ~ an erster Stelle; in the last ~ zuletzt, schließlich; out of ~ fehl am Platz; to change ~s with den Platz tauschen mit; to give ~ to Platz machen für; to know one's ~ wissen, wo man hingehört; to keep one's ~ seine Stelle behaupten; to put o.s. in s.o.'s ~ sich an jmds. Stelle versetzen; to put s.o. in his ~ jmdn. in seine Schranken [ver]weisen; to take ~ stattfinden; to take one's ~ seinen Platz einnehmen; *übertr* rangieren, gehören (**among** zu); to take s.o.'s ~ jmdn. vertreten; to take/have pride of ~ *übertr* die erste Stelle *od* den ersten Platz einnehmen⟩ | (Buch) Stelle *f*, Seite *f* ⟨to find (lose) one's ~ die richtige Stelle finden (sich verblättern)⟩ | Stadt *f*, Ort *m* ⟨to go to ~s sich die Gegend ansehen; to go ~s *umg* Erfolg haben, es weit bringen⟩ | (Sitz-) Platz *m*, Stuhl *m* ⟨many empty ~s⟩ | Ort *m*, Stätte *f*, Sitz *m* ⟨~ of delivery *Wirtsch* Erfüllungsort *m*; ~ of amusement Vergnügungsstätte *f*; ~ of employment Arbeitsplatz *m*, -stelle *f*; ~ of payment *Wirtsch* Zahlungsort *m*⟩ | *umg* Haus *n*, Wohnung *f* ⟨at our ~ bei uns zu Hause; to move to a near ~ umziehen⟩ | ~ (in Eigennamen) Platz *m*, Straße *f* ⟨Hyde Park ~⟩ | ~ (in Eigennamen) Landsitz *m*, Gut *n* ⟨Penshurst ~⟩ | *Math* (Dezimal-) Stelle *f* ⟨of many ~s vielstellig⟩ | *umg* Gaststätte *f*, Lokal *n* | Amt *n*, Stellung *f* ⟨in ~ im Amt; in high ~s ganz oben, in den höchsten Kreisen⟩ | Aufgabe *f*, Pflicht *f* ⟨it's not your ~ to tell me⟩ | *Mil* Festung *f* | (Sport) Platz *m* ⟨to take first ~ erster sein⟩ | (Arbeits-, Mannschafts-, Studien- u. ä.) Platz *m* ⟨to win a ~⟩ | (Pferdesport) Platz *m*; **2.** *vt* setzen, legen, stellen (*auch übertr*) ⟨to ~ a chair einen Stuhl stellen; to ~ s.o. jmdn. postieren *od* stellen; to ~ s.th. on the table; to ~ a call *Tel* ein Gespräch anmelden⟩ | festlegen ⟨to ~ s.th. on Monday⟩ | einordnen ⟨to ~ s.o. among others jmdn. einstufen unter anderen⟩ | identifizieren, sich erinnern an ⟨I can't ~ him ich kenne ihn nicht [mehr]⟩ | an-, einstellen, unterbringen ⟨to ~ s.o. in charge jmdn. verantwortlich machen⟩ | (Geld) anlegen | *Mil* (Posten) aufstellen | (Sport) plazieren ⟨to be ~d second sich als Zweiter plazieren⟩ | *Wirtsch* vergeben, buchen ⟨to ~ an order einen Auftrag erteilen⟩; ~ **on** auflegen; *vi Am* (Hunde-, Pferdesport) auf dem zweiten Platz einkommen; '~ **bet** *s* (Rennsport) Platzwette *f*

pla·ce|bo [plə'si:bəʊ] (*pl* **~bos, ~boes**) *Med s* Placebo *n*, Suggestionsmittel *n* | *übertr* Beruhigungspille *f*, Beschwichtigungsmittel *n*; '**~bo ef,fect** *s* Placeboeffekt *m*

place| card ['pleɪs kɑ:d] *s* Tischkarte *f*, Platzkarte *f*; '**placed** *adj Sport* placiert | *Brit* (Hunde-, Pferderennen) auf Platz (eins, zwei *od* drei); '**~ ,hunt·er** *s* Stellenjäger *m*; '**~kick** *s* (Rugby) Stoß *m* (auf den ruhenden Ball), Abstoß *m*; '**~mat** *s* Platzdecke *f*, -deckchen *n*, Set *n*; '**~ment** *s* (Hin-, Auf-) Stellen *n*, Setzen *n*, Legen *n* | Plazierung *f*, Platzanweisen *n* | Einstellung *f* (eines Arbeitssuchenden), (Stellen-) Vermittlung *f* | Unterbringung *f* | (Tennis) genaues Plazieren (eines Balles); '**~ name** *s* Ortsname *m*

pla·cen|ta [plə'sentə] *s* (*pl* **~tae** [~ti:], **~tas**) *Anat* Plazenta *f*, Mutterkuchen *m*; **~tal** *adj* plazentar, Mutterkuchen-

[1]**plac·er** ['pleɪsə] *s* Ordner *m*

[2]**plac·er** ['plæsə|'pleɪ-] *s Am Min* erzhaltige Ablagerung *f*; '**~ gold** *s Am* Seifen-, Waschgold *n*; '**~ min·ing** *s Am* Erz-, *bes* Goldwaschen *n*

place set·ting ['pleɪs ,setɪŋ] *s* Gedeck *n*

plac·id ['plæsɪd] *adj* glatt, friedlich ⟨a ~ surface⟩ | milde, sanft | (seelen)ruhig, gelassen | selbstgefällig; **pla·cid·i·ty** [plə'sɪdətɪ] *s* Glätte *f*, Stille *f* | Milde *f*, Sanftheit *f* | Ruhe *f*, Gelassenheit *f* | Selbstgefälligkeit *f*

plack·et ['plækɪt] *s* (Kleid-) Schlitz *m*

pla·fond [plɑ:'fɔ̃|plə'fɒn(d)] *s Arch* Plafond *m*

pla·gi·a|rism ['pleɪdʒərɪzm] *s* Plagiat *n*; '**~rist** *s* Plagiator *m*; '**~rize** *vt, vi* plagiieren; '**~riz·er** *s* Plagiator *m*; '**~ry** *s* Plagiat *n* | Plagiator *m*

plagio- [pleɪdʒɪə(ʊ)] ⟨*griech*⟩ *in Zus* schief-

plague [pleɪg] **1.** *s Med* Pest *f* ⟨a ~ on s.o.! *lit* möge über jmdn. die Pest kommen!, möge jmdn. der Teufel holen!; to avoid s.o. (s.th.) like the ~ jmdn. (etw.) wie die Pest meiden⟩ | *Med* Seuche *f* | *umg* Plage *f*, Qual *f* ⟨a ~ of rats eine Rattenplage⟩ | (*meist sg*) *umg* Quälgeist *m*; **2.** *vt* plagen, quälen, belästigen (**with** mit); '**~boil** *s* Pestbeule *f*; '**~some** *adj* ärgerlich, widerwärtig; '**~spot** *s* Pestbeule *f* | *übertr* Schandfleck *m*

pla·gu[e]y ['pleɪgɪ] *adj, adv umg selten* verdammt, verflixt ⟨~ cold⟩

plaice [pleɪs] *s* (*pl* ~) *Zool* Scholle *f*

plaid [plæd] **1.** *s* Umschlagtuch *n*, Plaid *n* | Plaid(stoff) *n*(*m*), schottischer Karostoff *m*; **2.** *adj* buntkariert

plain [pleɪn] **1.** *adj* einfach, schlicht, bescheiden ⟨a ~ man; in ~ clothes in Zivil; ~ living; under ~ cover unauffällig⟩ | deutlich, klar, verständlich ⟨~ words; as ~ as day *umg* sonnenklar; as ~ as the nose in your face so klar wie das Amen in der Kirche⟩ | offen, direkt ⟨to be ~ with s.o. zu jmdm. offen sein⟩ | rein, ausgesprochen ⟨~ nonsense; the ~ truth⟩ | einfarbig, ungemustert | glatt (gewebt) | *euphem* (*bes* Frau) unscheinbar, häßlich ⟨a ~ face; a ~ girl ein wenig anziehendes Mädchen⟩ | *bes Am* eben, glatt, flach ⟨~ country⟩ | (Papier) unliniiert | (Alkohol) unverdünnt | *Tech* (Metall) unlegiert; **2.** *adv* klar, deutlich, völlig ⟨~ wrong⟩ | offen, ehrlich; **3.** *s* Ebene *f*, Fläche *f*, Flachland *n* ⟨the ~s *Am* Prärie *f*⟩; ,**~ 'bear·ing** *s Tech* Zapfenlager *n*; '**~chant** = **~song**; ,**~-'clothes** *adj* in Zivil(kleidung), Geheim- ⟨≈ man Kriminalbeamter *m* in Zivil, Geheimpolizist *m*, Detektiv *m*⟩; ,**~ 'deal·ing** *s* Offenheit *f*, Ehrlichkeit *f*; ,**~ 'grind·ing** *s Tech* Rundschleifen *n*; '**~ly** *adv* klar, einfach | offensichtlich; ,**~ 'print·ing** *s Typ* Flachdruck *m*; '**~sail** *s Mar* Normalsegel *n*; ,**~ 'sail·ing** *s übertr* leichte Sache *f*, Kinderspiel *n*; **plains·man** ['~zmən] *s* (*pl* **plains·men**) *Am* Präriebewohner *m*; '**~song** *s* Kirchen-, Choralgesang *m*; ,**~-'spok·en** *adj* offen, ehrlich, freimütig, geradeheraus ⟨≈ criticism unverhohlene Kritik; to be ≈ sagen, was man denkt⟩; '**~ stitch** *s* Rechtsmasche *f*

plaint [pleɪnt] *s Jur* Klage *f*, Beschwerde *f* | *poet* Wehklage *f*

plain·tiff ['pleɪntɪf] *s Jur* Kläger *m* ⟨joint ~ Nebenkläger *m*⟩

plain·tive ['pleɪntɪv] *adj* traurig ⟨a ~ song⟩ | klagend, Klage-, mitleiderregend ⟨~ cries⟩

plain·work ['pleɪnwɜ:k] *s* Weißnähen *n* | glattes Mauerwerk

plait [plæt] **1.** *s* Haarflechte *f*, Zopf *m*; **2.** *vt* (Haar) flechten | (Stroh u. ä.) (ver)flechten ⟨to ~ a basket⟩; '**~ed** *adj* geflochten ⟨≈ pattern Zopfmuster *n*⟩ | gerunzelt ⟨≈ forehead⟩; '**~ing** *s* Plissee *n* | Flechtwerk *n*, Geflecht *n*

plan [plæn] **1.** *s* Plan *m*, Entwurf *m*, Vorhaben *n*, Projekt *n*, Konzept *n* ⟨five-year ~; to draw a ~ einen Plan entwerfen; to go according to ~ planmäßig ab-, verlaufen; to make ~s Pläne schmieden⟩ | Plan *m*, Absicht *f* ⟨what's your ~?⟩ | System *n*, (An-) Ordnung *f*, Aufbau *m*, Plan *m* ⟨seating ~ Sitzordnung *f*⟩ | Grundriß *m* ⟨view ~ Draufsicht *f*⟩ | Methode *f*, Verfahren *n* | (*oft pl*) *Tech* Riß *m*, Maßzeichnung *f*; **2.** (**planned, planned**) *vt* projektieren, einen Plan ausarbeiten, planen, entwerfen | planen, vorhaben ⟨to ~ a trip⟩; *vi* planen, einen Plan machen ⟨to ~ on doing s.th./to do s.th. vorhaben, etw. zu tun⟩; ,**~ a'head** vorausplanen

planch·et [plɑ̃'ʃet|'plɑ:nʃɪt] *s Tech* Münzplatte *f*; **plan·chette** [plɑ:n'ʃet] *s* Planchette *f*

[1]**plane** [pleɪn] *s Bot* Platane *f*

[2]**plane** [pleɪn] **1.** *adj* (*auch Tech, Math*) eben, plan, flach, Plan- ⟨~ surface ebene Fläche, Ebene *f*⟩; **2.** *s* Ebene *f*, Fläche *f* | *übertr* Ebene *f*, Niveau *n* | *Flugw* Tragfläche *f* | *Bergb* Förderstrecke *f* | *Tech* Hobel *m*; **3.** *vt* planieren | ebnen, glätten | hobeln; **~ away**, **~ down**, **~ off** ab-, weghobeln; *vi* hobeln

[3]**plane** [pleɪn] **1.** *s umg* Flugzeug *n* ⟨by ~ mit dem Flugzeug; to fly a ~ eine Maschine fliegen⟩; **2.** *vi* segeln | *Am umg* fliegen

plane| aer·i·al ['pleɪn ˌɛərɪəl] *s* Flächenantenne *f*; **'~ chart** *s Mar* Plankarte *f*; **ˌ~ ge'om·e·try** *s* Planimetrie *f*; **'~ i·ron** *s Tech* Hobeleisen *n*; **'~ ˌmir·ror** *s* Planspiegel *m*

plan·er ['pleɪnə] *s* Hobelmaschine *f*; **'~ tool** *s* Hobelmeißel *m*

plane·sail·ing [ˌpleɪn 'seɪlɪŋ] *s Mar* Plansegeln *n*

plane side ['pleɪnsaɪd] **1.** *s Flugw* Platz *m* neben der Maschine *od* vor der Landetreppe ⟨to walk from ~ to taxi vom Flugzeug zum Taxi laufen⟩; **2.** *adj* am Flugzeug ⟨a ~ interview ein Interview *n* unmittelbar vor dem Abflug *od* nach der Ankunft⟩

plane sur·vey ['pleɪn ˌsɜ:veɪ] *s Geogr* Meßtischaufnahme *f*; **ˌ~ sur'vey·ing** *s Geogr* Meßtischsystem *n*, niedere Geodäsie

plan·et ['plænɪt] *s Astr* Planet *m*, Wandelstern *m*

plane ta·ble ['pleɪn teɪbl] *s Tech* Meßtisch *m*

plan·e·tar|i·um [ˌplænɪ'tɛərɪəm] *s* (*pl* **~i·a** [~ɪə], **~i·ums** [~ɪəmz]) *Astr* Planetarium *n*; **~y** ['plænɪtərɪ] *adj* planetarisch, Planeten- ⟨≈ movements⟩ | *übertr* umherziehend, unstet ⟨≈ vagabond⟩ | *Tech* Planeten- ⟨≈ wheel Umlaufrad *n*⟩; **ˌ~y 'gear·ing** *s Tech* Planetengetriebe *n*; **plan·et·oid** ['plænɪtɔɪd] *s Astr* Planetoid *m*, Asteroid *m*, kleiner Planet

plane tree ['pleɪn tri:] *s Bot* Platane *f*

plan|gen·cy ['plændʒənsɪ] *lit s* Schallen *n*; **'~gent** *adj* schallend

plan·i|fy ['plænəfaɪ] *Am, Kan Wirtsch vt* (systematisch) planen; **ˌ~fi'ca·tion** *s* Planifizierung *f*, Planung *f*

pla|nim·e·ter [plə'nɪmɪtə] *s Tech* Planimeter *n*, Flächenmesser *m*; **~ni·met·ric** [ˌpleɪnɪ'metrɪk], **ˌ~ni'met·ri·cal** *adj* planimetrisch

plan·ing ['pleɪnɪŋ] *s* Hobeln *n* | Planieren *n*; **'~ bench** *s Tech* Hobelbank *f*; **'~ chips** *s/pl* Hobelspäne *m/pl*; **'~ ma'chine** *s Tech* Hobelmaschine *f*

plan·ish ['plænɪʃ] *vt Tech* glätten, planieren | glatthobeln, -walzen, polieren, polierschlagen ⟨~ed sheet poliertes Blech⟩; **'~er** *s Tech* Richtmaschine *f*; **'~ing** *s Tech* Glätten *n*, Planieren *n*, Flachstanzen *n*, Fertigpolieren *n*; **'~ing mill** *s Tech* Polierwerk *n*

plank [plæŋk] **1.** *s* Bohle *f*, Planke *f*, Brett *n* ⟨to walk the ~ *Mar Hist* ertränkt werden; *übertr* in den Tod getrieben werden⟩ | *übertr* Halt *m*, Grundlage *f* ⟨the ~s of the peace system⟩ | *urspr Am Pol* (Programm-) Punkt *m* ⟨a cardinal ~ ein Grundprinzip⟩; **2.** *vt* (be)dielen | übertäfeln, verkleiden, abdecken | *Tech* verschalen; *meist* **~ down**, **~ out** *Sl* hinknallen, unsanft absetzen | (Geld) auf den Tisch legen, (hin)blechen, -blättern; **'~ bed** *s* (Gefängnis-) Pritsche *f*; **'~ing** *s* Dielung *f* | Bodenbelag *m* | Verschalung *f*; **'~ saw** *s* Bohlen-, Brettsäge *f*

plank·ton ['plæŋktən] *s Zool* Plankton *n*

planned| e·con·o·my [ˌplænd ɪ'kɒnəmɪ] *s Wirtsch* Planwirtschaft *f*; **ˌ~ ob·so'les·cence** *s Wirtsch* eingeplante Veraltung, geplanter Verschleiß; **ˌ~ 'par·ent·hood** *s* Familienplanung *f*; **'plan·ner** *s* Planer *m* ⟨town ≈ Städteplaner *m*⟩; **'plan·ning** *s* Planen *n*, Planung *f*; **'plan·ning ˌman·ag·er** *s* Planungsleiter *m*; **'plan·ning per'mis·sion** *s Brit* Baugenehmigung *f*

pla·no-con|cave [ˌpleɪnə'kɒnkeɪv] *adj Phys* plankonkav; **~vex** [~veks] *adj* plankonvex

pla·no·graph·ic print·ing [ˌpleɪnəˌgræfɪk 'prɪntɪŋ] *s Typ* Flachdruck *m*

pla·nom·e|ter [plə'nɒmɪtə] *s* Planometer *n*, Richtplatte *f*; **~try** [~trɪ] *s* Planimetrie *f*, Flächenmessung *f*

plant [plɑ:nt] **1.** *s* Pflanze *f*, Gewächs *n* ⟨potato ~ Kartoffelpflanze; potted ~ Topfpflanze⟩ | Wachstum *n* ⟨in ~ wachsend; to lose ~ eingehen; to miss ~ nicht aufgehen⟩ | Werk *n*, Fabrik *f*, Anlage *f*, Betrieb *m* ⟨a chemical ~⟩ | Aggregat *n*, Apparatur *f*, Maschinenanlage *f* ⟨electric ~ elektrische Anlage⟩ | (*meist sg*) Betriebseinrichtung *f*, Aggregate *pl*, Inventar *n*, Maschinerie *f*, Gerätschaften *pl* ⟨some new ~⟩ | *übertr* Rüstzeug *n* | *Sl* Schwindel *m* | *Sl* etw. Eingeschmuggeltes, das jmdn. kompromittieren soll | Komplott *n* | *Sl* (Polizei) Falle *f*; **2.** *vt* (an-, ein-, um-, ver)pflanzen | bepflanzen (**with** mit) | aufstellen, anlegen, errichten | stiften, gründen | *übertr* (Gedanken u. ä.) einprägen, einimpfen (**into** in) | ansiedeln | (Land) besiedeln | *übertr* stecken, stellen, postieren, pflanzen ⟨to ~ a knife in s.o.'s back jmdn. mit dem Messer in den Rücken stechen; to ~ o.s. in a chair sich auf einem Stuhl breitmachen⟩ | *Sl* (Schlag) landen, verpassen | *umg* (Diebesgut) zuspielen, absetzen, unterbringen (**on s.o.** jmdm., bei jmdm.) | *umg* (Spitzel) einschleusen | *umg* (etw.) andrehen, abschieben (**on s.o.** jmdm., an jmdn.); **~ out** auspflanzen; **'~a·ble** *adj* pflanzbar, zum Pflanzen geeignet

[1]**plan·tain** ['plæntɪn|'plɑ:n-|-teɪn] *s Bot* Wegerich *m*

[2]**plan·tain** ['plæntɪn] *s Bot* Pisang *m*, Banane *f*

plan·ta·tion [plæn'teɪʃn|plɑ:n-] *s* Pflanzung *f*, Schonung *f* | Plantage *f* ⟨a rubber ~⟩ | Besiedlung *f*; **plant·er** ['plɑ:ntə] *s* Pflanzer *m*, Züchter *m* ⟨a tea ≈⟩ | *übertr* Stifter *m* | *Landw* Pflanzmaschine *f* ⟨corn ≈ Getreidesämaschine *f*⟩ | *Am* Übertopf *m*; **'plant·ing** *s* Anpflanzung *f*

plan·tiv·o·rous [plɑ:n'tɪvərəs] *adj Zool* pflanzenfressend

plant| louse ['plɑ:nt laʊs] *s* (*pl* **'~ lice**) *Zool* Blattlaus *f*; **'~ stand** *s* Blumenständer *m*

plaque [plæk|plɑ:k] *s* Schmuckplatte *f* | Agraffe *f* | Abzeichen *n*, Plakette *f* | (Ordens-) Schnalle *f* | *Med* Fleck *m* | Zahnbelag *m*, Plaqué *n* | Ablagerung *f*; **pla·quette** [plæ'ket] *s* Plakette *f*

[1]**plash** [plæʃ] *bes lit* **1.** *vi, vt* platschen (auf), klatschen (auf); **2.** *s* Platschen *n*, (Auf-) Klatschen *n* | Pfütze *f*

[2]**plash** [plæʃ] *vt, vi* (Zweige) zu einer Hecke verflechten

plash·y ['plæʃɪ] *adj* sumpfig, feucht | voller Pfützen

plasm [plæzm], **plas|ma** ['plæzmə] **1.** *s Biol* Plasma *n*; **2.** *adj* Plasma- ⟨≈ jet Plasmastrahl *m*; ≈ physics Strahlenphysik *f*; ≈ torch Plasmabrenner *m*⟩; **~mat·ic** [plæz'mætɪk] *adj* Plasma-

plas·ter ['plɑ:stə] **1.** *s Med* Pflaster *n* ⟨sticking ~ Heftpflaster *n*⟩ | (*auch Med*) Gips *m* ⟨in ~ in Gips, im Gipsverband⟩ | *auch* **~ of Paris** (gebrannter) Gips | Stuck *m*, feiner Gipsmörtel | *Arch* Putz *m*, Mörtel *m*; **2.** *vt Arch* (ver)putzen | vergipsen | *Med* mit einem Pflaster bedecken | (Wein) schönen | *übertr* dick auftragen, beschönigen | *übertr* (be)pflastern, überhäufen, über u. über be-, eindekken (**with** mit) | *umg* **~ over**, **~ up** *Arch* ver-, zuputzen; **'~board** *s* Gipsbauplatte *f*, Gipskarton(platte) *m*(*f*), Gipsfaserplatte *f*; **'~ cast** *s* Gipsabdruck *m* | *Med* Gipsverband *m*; **'plas·tered** *adj scherzh* beschwipst; **'~er** *s* Stukkateur *m*; **'~ing** *s* Stuck *m* | Putz *m* | *übertr umg* Schlappe *f*; **'~ stone** *s Min* Gips *m*; **'~ work** *s* Stukkatur *f*

plas|tic ['plæstɪk] **1.** *adj* plastisch, knet-, formbar, nachgiebig, geschmeidig (*auch übertr*) ⟨≈ clay bildfähiger Ton⟩ | plastisch, bildend ⟨the ≈ arts die bildenden Künste *f/pl*⟩ | *übertr* anschaulich, plastisch ⟨a ≈ impression⟩ | *übertr* bildungsfähig, formbar ⟨a ≈ mind⟩ | Plast-, Kunststoff- ⟨≈ bag Plastebeutel *m*⟩ | *übertr* unnatürlich, künstlich ⟨a ≈

man⟩; **2.** *s* Plast *m*, Kunststoff *m*, Plaste *pl*; **'~tic,at·ed** *adj* Plastik-, künstlich, Surrogat- *(oft übertr)* ⟨≈ entertainments Unterhaltung *f* aus zweiter Hand (*z. B.* Fernsehen)⟩; **,~tic 'bomb** *s Am*, **,~tic ex'plo·sive** *Brit* Plastikbombe *f*, Plastiksprengstoff *m*, -satz *m*; **,~tic 'bul·let** *s* Plastikgeschoß *n*; **,~tic 'foam** *s* Schaumstoff *m*; **,~tic 'foil** *s* (Kunststoff-, Plast-) Folie *f*; **~ti·cine** ['~tɪsi:n] *s Brit* Plastilin *n*; **~tic·i·ty** [-'tɪsətɪ] *s* Plastizität *f*, Formbarkeit *f* | Anschaulichkeit *f*; **'~ti·ciz·er** *s Chem*, *Tech* Weichmacher *m*; **,~tic 'mem·o·ry** *s Tech* Rückkehr *f* eines Kunststoffs in die alte Form; **,~tic 'mon·ey** *s* Kreditkarte *f*; **,~tic 'pic·ture** *s* Raumbild *n*; **,~tic 'res·in** *s* Kunstharz *n*; **'~tics** *s/pl* Plaste *m/pl*, Kunststoffe *m/pl* | *(sg konstr)* Plastchemie *f* | *(sg konstr) Med* Plastik *f*; **,~tic 'sur·ger·y** *s Med* plastische Chirurgie, Plastik *f* ⟨to have ≈ sich einer Gesichtsoperation unterziehen, eine Gesichtsplastik bekommen⟩; **,~tic 'tile** *s* Kunststoff-Fliese *f*

plas·tron ['plæstrən] *s Mil Hist* Brustplatte *f* | (Fechten) Brustleder *n*, Fechtschurz *m* | *Anat* Brustbein *n*

[1]**plat** [plæt] *Am* **1.** *s* kleines Stück Land | Karte *f*, Übersichtsplan *m*; **2.** *vt* (**'~ted**, **'~ted**) einen Plan zeichnen von

[2]**plat** [plæt] *s Bergb* Füllort *m*

plat·an ['plætən] *s Bot* Platane *f*

plat·band ['plætbænd] *s Gartenb* schmales Beet | *Arch* Kranzleiste *f*, Borte *f*

plat du jour [,plɑ: dʊ 'ʒʊə] *s (pl* **,plats du 'jour** [~]) ⟨*frz*⟩ *Kochk* Tagesgericht *n*, Tageskarte *f*

plate [pleɪt] **1.** *s* Scheibe *f*, Platte *f* | Schild *n* ⟨door ~⟩ | (Bild-) Tafel *f*, Illustration *f* | *Foto* Platte *f* | *Tech* (Glas, Metall) Platte *f* | *Zool* Panzer *m* | *Typ* Druckplatte *f* | *El, Tech, Rundf* Anode *f* | *Tech* Grobblech *n* | (Kupfer-, Holz-) Stich *m* ⟨etched ~ Radierung *f*⟩ | *auch* **tec,ton·ic '~** *s Geol* (Erd-) Scheibe *f* | Doublé, Neusilber *n* ⟨gold ~; it's only ~⟩ | Teller *m*, Platte *f*, Schüssel *f* ⟨dessert ~ Kompotteller *m*; a ~ of meat eine Fleischplatte; to give/hand s.o. s.th. on a ~ *übertr umg* jmdm. etw. auf einem goldenen Teller servieren; to have a lot/too much on one's ~ *übertr umg* sich zuviel vorgenommen haben, zu viel auf einmal zu tun haben⟩ | *Am* Gedeck *n* | *bes Brit* Tafelgeschirr *n* ⟨church ~ Kirchengeschirr *n*⟩ | (Sammel-) Teller *m*, Gefäß *n* | Sammel-, Kollekteertrag *m* ⟨the ~ was more than £50⟩ | *auch* **,dental '~** *s Med* Gaumenplatte *f* | *auch* **'den·ture** *s umg* Gebiß *n* | *auch* **tec'ton·ic ,~** *Geol* Platte *f*, Schicht *f* der Erdkruste | Preis *m*, Pokal *m* (beim Pferderennen) | *Am* (Baseball-) Schlagmal *n* | *Brit scherzh* Plattfuß *m* | *Zool* Platt *n* | Quant *n*; **2.** *vt Tech* plattieren, überziehen (**with** mit) | *Tech* galvanisieren | panzern

pla|teau ['plætəʊ] *s (pl* **~teaus** *od* **~teaux** [-]) Plateau *n* | *übertr* Plateau *n*, zeitweilige Stabilität (in der Entwicklung) ⟨to reach a ≈⟩ | Tischaufsatz *m*

plate| car·ri·er ['pleɪt ,kærɪə] *s* Speisenaufzug *m*; **'~ ,cur·rent** *s El* Anodenstrom *m*; **'~ ,cut·ters** *s/pl* Blechschere *f*; **'plat·ed** *adj Tech* plattiert ⟨silver-≈ versilbert⟩; **,~ 'glass** *s* Tafel-, Flach-, Spiegelglas *n*; **,~-glass u·ni'ver·si·ty** *s Brit* neue Universität (60er Jahre); **'~,hold·er** *s Foto* Kassette *f*; **'~lay·er** *s Brit Eisenb* Schienenleger *m*; **'~mark** *s* Feingehaltsstempel *m*

plat·en ['plætn] *s Typ* Drucktafel *f*, Platte *f* | *Typ* Walze *f* | Schreibmaschinenwalze *f*

plate print·ing [,pleɪt 'prɪntɪŋ] *s Typ* Kupfer-, Flachdruck *m*

plat·er ['pleɪtə] *s Tech* Plattierer *m* | *Sport* minderwertiges Rennpferd

plate| rack ['pleɪt ræk] *s* Geschirrablage *f*, -trockner *m*; **'~ rail** *s* Tellerhalter *m*, Wandbrett *n*; **'~ tec,ton·ics** *s Geol* Tektonik *f* der Erdkruste; **'~ wheel** *s* Scheibenrad *n*

plat·form ['plætfɔ:m] **1.** *s* Plattform *f* | Rednerpodium *n* | Podest *n* | Bahnsteig *m* | (Bus) Plattform *f*, Perron *m* ⟨to travel on the ~ während der Fahrt an der Tür stehenbleiben⟩ | *Tech* Bühne *f*, Rampe *f* | *Pol* Parteiprogramm *n* | *Mil* Geschützbettung *f*; **2.** *vi* vom Podium aus sprechen; **,~ 'bar·ri·er** *s* Bahnsteigsperre *f*; **,~ 'heel** *s* Blockabsatz *m*, verstärkter Absatz; **'~ lift** *s* Hebebühne *f*; **,~ 'roof** *s Arch* Terrassendach *n*; **,~ 'scale** *s* Brückenwaage *f*; **,~ 'soles** *s/pl* durchgehende Sohlen *f/pl*; **'~ ,tick·et** *s* Bahnsteigkarte *f*; **,~ 'truck** *s* Elektrokarren *m*

plat·ing ['pleɪtɪŋ] *s Tech* Galvanisieren *n* | galvanischer Überzug | Panzerung *f*

plat·i|ni·za·tion [,plætɪnaɪ'zeɪʃn] *s Tech* Platinierung *f*; **'~nize** *vt* platinieren, mit Platin überziehen; **~num** ['plætɪnəm] **1.** *s Chem* Platin *n* | Platingrau *n*; **2.** *adj* Platin- ⟨≈ ring⟩ | (Schallplatte) 1 Million Absatz aufweisend ⟨to go ≈ eine Million mal verkauft werden⟩; **,~num 'blonde** *s umg* Platinblonde *f*, platinblonde Frau

plat·i|tude ['plætɪtju:d|-tʃu:d] *s* Plattheit *f*; **~tu·di·nar·i·an** [,~,tju:dɪ'nɛərɪən] **1.** *adj übertr* flach, seicht, nichtssagend; **2.** *s* Schwätzer *m*, Phrasendrescher *m*; **~tu·di·nous** [,~'tju:dɪnəs] *adj* voller Plattheiten, phrasenhaft

pla·ton·ic, *auch* **∸** [plə'tɒnɪk] *adj* platonisch ⟨~ love⟩

pla·toon [plə'tu:n] **1.** *s Mil* Zug *m* | *Am Sl* (Sport) Angreifer *pl* | Verteidiger *pl*; **2.** *vi, vt Am Sl* (Sport) (sich) auf eine bestimmte Funktion (im *Am* Fußball) festlegen

plat·ter ['plætə] *s bes Am* Servierplatte *f*, -teller *m*, Holzteller *m* ⟨on a ~ *übertr* auf einem Tablett, ohne jede Mühe⟩ | *Am umg* (Schall-) Platte *f* | *auch* **'~ hat** *umg* flacher, breitkrempiger Damenhut

platy- [plætɪ] ⟨*griech*⟩ *in Zus* platt, breit

plat·y·pus ['plætɪpəs] *s Zool* (australisches) Schnabeltier

plau·dit ['plɔ:dɪt] *s, meist* **'plau·dits** *pl* Beifall *m*, Applaus *m* ⟨to receive the ~s of s.o.; the ~s of unter dem Beifall von⟩

plau·si|bil·i·ty [,plɔ:zə'bɪlətɪ] *s* Glaubwürdigkeit *f* | einnehmendes Wesen; **'~ble** *adj* (Äußerung) plausibel, glaubhaft, -würdig, einleuchtend ⟨≈ explanation⟩ | (Person) einnehmend, (äußerlich) vertrauenerweckend ⟨a ≈ cheat ein geschickter Betrüger⟩ | geeignet, möglich ⟨a ≈ action⟩

play [pleɪ] **1.** *s* (Unterhaltungs-, Glücks-, Wett-) Spiel *n* ⟨at ~ beim Spielen; in ~ [noch] im Spiel; out of ~ nicht [mehr] im Spiel; during ~ während des Spiels⟩ | *übertr* Spiel *n*, schnelle Bewegung ⟨a ~ of sunshine⟩ | *Theat* Stück *n*, Schauspiel *n* | *Mus* Spiel *n*, Vortrag *m* | Spielerei *f* ⟨~ of words Spiel mit Worten⟩ | Spielweise *f*, -art *f* ⟨interesting ~⟩ | Handlungsweise *f* ⟨fair (foul) ~ anständiges (unehrliches) Verhalten⟩ | Spielraum *m* (*auch übertr u. Tech*) | Bewegung *f*, Tätigkeit *f*, Gang *m* ⟨to bring/put into ~ ins Spiel *od* in Gang bringen; to come into ~ sich auswirken; in full ~ in voller Tätigkeit⟩ | Spaß *m*, Scherz *m*, Vergnügen *n*, Kurzweil *f* ⟨in ~ im Spaß⟩ | *Am umg* Trick *m*, Manöver *n* ⟨to make a ~ for es abgesehen haben auf⟩; **2.** *vi* spielen (**for** um, **against** gegen) ⟨to ~ for safety (time) auf Sicherheit (Zeit) spielen⟩ | *übertr* spielen (**with** mit) ⟨to ~ with an idea; to ~ with o.s. *euphem* masturbieren; to ~ into s.o.'s hands jmdm. in die Hände spielen⟩ | *Theat, Mus* spielen ⟨to ~ at sight (by ear) vom Blatt (nach dem Gehör) spielen⟩ | *Theat* sich spielen (lassen), aufgeführt werden ⟨to ~ well gut gehen⟩ | (gut *od* schlecht) bespielbar sein (Platz) | *Tech übertr* Spielraum haben | scherzen, spaßen ⟨to ~ on s.o. jmdn. aufziehen⟩ | *Tech* laufen | schießen, streichen, spritzen (**on** über) ⟨to ~ on gerichtet sein auf⟩; **~ about, ~ around** sich amüsieren | sich abgeben (**with** mit); **~ along** so tun, als stimme man überein (**with** mit); **~ at** (herum)spielen mit *od* an | nicht ernsthaft spielen (können) ⟨to ≈ tennis⟩; **~ away** drauflosspielen; **~**

back Playback spielen; ~ **off** simulieren, sich verstellen | *Sport* um die Entscheidung spielen (**against** gegen); ~ **on** weiterspielen; ~ **up** zu spielen anfangen, loslegen | weh tun, sich (schmerzhaft) bemerkbar machen; ~ **up to** sich anbiedern bei, Eindruck machen wollen bei; *vt* (Ball, Karten, Spiel) spielen (*auch übertr*) ⟨to ~ football; to ~ the horses auf Pferde setzen; to ~ the game sich an die Spielregeln halten; *übertr* ehrlich sein; to ~ waiting game *übertr* abwarten, zögern; to ~ both ends against the middle *übertr* andere sich gegenseitig ausspielen lassen, lachender Dritter sein; to ~ one's cards close to one's chest *übertr* sich nicht in die Karten gucken lassen; to ~ one's cards right *übertr* seine Trümpfe richtig einsetzen⟩ | *Mus* spielen | *Theat* (Rolle) spielen ⟨to ~ Hamlet; to ~ the fool *übertr* sich albern benehmen, sich zum Narren halten lassen; to ~ the man *lit* tapfer sein⟩ | *Theat* (Stück) spielen, aufführen ⟨to ~ Shakespeare; to ~ a joke/trick on s.o. jmdm. einen Streich spielen⟩ | *Theat* spielen in, auftreten in ⟨to ~ Weimar⟩ | (Ball) (zu)spielen, treten (**at** auf, **over** über) | *Kart* (Karte) ausspielen | (Stein, Figur) setzen, schieben, spielen | spielen gegen | (Spieler) aufstellen | spielen als | Spielraum geben | in Bewegung halten, (sich) bewegen lassen | (Geschütz, Strahl) richten (**on** auf) ◇ ~ **[it] safe** *umg* kein Risiko eingehen, auf Nummer Sicher gehen; ~ **it low/down** *umg* ein gemeines Spiel treiben (**on s.o.** mit jmdm.); ~ **it cool** *umg* sich nicht aus der Fassung *od* Ruhe bringen lassen; ~ **it one's own way** nach eigenem Gutdünken handeln; ~ **the field** *Am umg* mehrere Freunde (Freundinnen) haben, mit mehreren ausgehen; ~ **along** (jmdn.) zum besten haben *od* warten lassen; ~ **away** vergeuden, verspielen; ~ **back** (Tonaufnahme) (als Playback) abspielen; ~ **down** herunterspielen; ~ **in** mit Musik empfangen | ein-, warmspielen ⟨to ~ o.s. in⟩; ~ **off** (Musik) abspielen | (Spiele) zu Ende spielen, abspielen | *übertr* ausspielen (**against** gegen); ~ **on** an-, bespritzen, an-, bestrahlen | *auch* ~ **upon** wirken auf | *auch* ~ **upon** täuschen; ~ **through** (Golf) weiterspielen, Rückstand aufholen; ~ **up** *Mus* einspielen | (*Ant* ~ down) (etw.) aufbauschen | (jmdn.) reizen, hochbringen; **'~a·ble** *adj* spielbar | (Platz) bespielbar; **'~act** *vi* schauspielern, so tun als ob; **'~back** *s* Playback *n*, Abspielen *n*, Wiedergabe *f* | Wiedergabetaste *f*; **'~back com,pres·sor** *s El* Tonraffer *m*; **'~back ,u·nit** *s El* Abspieleinrichtung *f*; **'~bill** *s* Theaterzettel *m*, Programm *n*; **'~book** *s Theat* Textbuch *n* | (Fußball) Lehrbuch *n*; **'~boy** *s* Playboy *m*, reicher junger Lebemann *m*; **,~ed 'out** *adj* erschöpft | veraltet, altmodisch; **'~er** *s* Spieler(in) *m(f)* | *arch* Schauspieler(in) *m(f)* | (*in Zus*) *Tech* -spieler *m*, -gerät *n* ⟨record ≈⟩; **,~er pi'an·o** *s* mechanisches Klavier; **'~,fel·low** *s* Spielgefährte *m*, Spielgefährtin *f*; **'~ful** *adj* spielerisch, verspielt ⟨a ≈ day⟩ | spaßig, scherzhaft ⟨a ≈ kiss ein harmloser Kuß⟩; **'~,go·er** *s* Theaterbesucher(in) *m(f)*; **'~ground** *s* Spiel-, Tummelplatz *m* (*auch übertr*) | Schulhof *m*; **'~group** *s* Spielgruppe *f*, Spielschule *f*; **'~house** *s* Theater *n*, Schauspielhaus *n* | Spielhütte *f*, Spielzeughaus *n*; **'~ing card** *s förml* Spielkarte *f*; **'~ing field** *s* Spielplatz *m*; **'~mate** *s* Spielgefährte *m*; **'~-off** *s* Play-off *n*, Entscheidungsspiel *n*; **'~pen** *s* Laufgitter *n*, Ställchen *n*; **'~pit** *s Brit* Sandkasten *m*; **'~room** *s* Spielzimmer *n* (für Kinder); **'~suit** *s* Spielanzug *m*; **'~thing** *s* Spielzeug *n* (*auch übertr*); **'~time** *s* Freizeit *f*, Zeit *f* zum Spielen; **'~wright** *s* Dramatiker *m*, Bühnenschriftsteller *m*

pla·za ['plɑ:zə] *s* ⟨*span*⟩ öffentlicher Platz, Markt *m*

plea [pli:] *s Jur* Einspruch(rede) *m(f)* ⟨to make a ~ Einspruch erheben⟩ | *Jur* Verteidigungsrede *f* | Beweisgrund *m* | Vorwand *m*, Ausrede *f* ⟨on the ~ that unter dem Vorwand, daß⟩ | *förml* Gesuch *n*, Antrag *m* (**for** um); **'~ ,bar·gain** *Am Jur* **1.** *s* freiwilliges Schuldgeständnis (mit Hoffnung auf Strafmilderung); **2.** *vi* ein freiwilliges Schuldgeständnis zu erreichen suchen (**with s.o.** bei jmdm.)

pleach [pli:tʃ] *vt* (Hecke) verflechten | reparieren

plead [pli:d] (**~ed, ~ed** *od bes Am* **pled, pled** [pled]) *vi Jur* plädieren, vor Gericht reden (**against** gegen, **for** für) | einwenden (**that** daß) | *Jur* sich verteidigen ⟨to ~ (not) guilty sich (nicht) schuldig bekennen, gestehen⟩ | sich einsetzen (**for** für, **with** bei) | dringend bitten (**for** um, **with s.o.** jmdn.); *vt Jur* verteidigen, (vor Gericht) vertreten (*auch übertr*) ⟨to ~ s.o.'s rights sich für jmds. Rechte einsetzen⟩ | *Jur* geltend machen, als Beweis(grund) anführen ⟨to ~ madness auf geistige Unzurechnungsfähigkeit plädieren⟩ | sich entschuldigen mit, vorgeben ⟨to ~ forgetfulness⟩; **'~a·ble** *adj* rechtsgültig, triftig; **'~er** *s Jur* Verteidiger *m* (*auch übertr*); **'~ing 1.** *adj* bittend, flehend; **2.** *s Jur* Plädoyer *n* | Verteidigung *f*; **'~ings** *Jur s/pl* Prozeßakten *f/pl* | Verhandlungen *f/pl*

pleas|ance ['plezns] *s arch* Vergnügen *n*; **'~ant** *adj* erfreulich, angenehm ⟨a ≈ evening; a ≈ surprise; ≈ weather⟩ | liebenswürdig, freundlich ⟨a ≈ companion; to be ≈ to nett sein zu⟩; **'~ant·ry** *s* Lustigkeit *f* | Scherz *m*, Spaß *m*

please [pli:z] **1.** *vt* (jmdm.) gefallen, zusagen ⟨to be ~d to hear sich freuen, zu hören; to be ~d with sich freuen über, Vergnügen haben an⟩ | (jmdm.) gefällig sein | befriedigen, zufriedenstellen ⟨easy to ~ leicht zufriedenzustellen; to ~ o.s. *umg* nach Belieben handeln, machen, was man will; ~ yourself! bedienen Sie sich!; ~ God! *förml* so Gott will⟩; *vi* angenehm sein, befriedigen, zufriedenstellen, gefallen ⟨eager to ~ eifrig, beflissen⟩ | (im Nebensatz) wollen, belieben, für gut befinden ⟨as you ~ wie Sie wünschen; go where you ~ gehen Sie, wohin Sie wollen⟩ ◇ **if you ~** *förml* bitte!, wenn ich bitten darf, wenn es Ihnen recht ist ⟨come this way, ≈⟩; *iron* gefälligst; *emph* stellen Sie sich [nur] vor!; **2.** *interj* bitte! ⟨~, come in; a cup of tea, ~; ~ be quiet⟩ | *auch* **yes, ~,** (als Antwort) [ja,] bitte!, gern!; **pleased** *adj* zufrieden, erfreut ⟨very ≈ sehr erfreut, hocherfreut; to be ≈ with o.s. selbstzufrieden sein; to be as ≈ as Punch *umg* sich wie ein Schneekönig freuen⟩ ◇ **be pleased to (do s.th.)** mit Freuden *od* gern (etw. tun); *förml* geruhen zu; **'pleas·ing** *adj* angenehm, gefällig ⟨a ≈ young man⟩ | wohltuend, erfreulich (**to** für) ⟨a ≈ result⟩

pleas|ur·a·ble ['pleʒrəbl] *adj förml* angenehm, vergnüglich; **'~ure** ['pleʒə] **1.** *s* Spaß *m*, Freude *f*, Vergnügen *n* ⟨for ≈ zum Vergnügen; with ≈ mit Vergnügen; to give s.o. ≈ jmdm. Freude machen; to have the ≈ of s.th. (to do s.th.) (höflich) das Vergnügen haben von etw. (etw. zu tun); at (my) our ≈ ganz (mein) unser Vergnügen, gern geschehen; to take (great, no) ≈ in *oft förml* (großes, kein) Vergnügen finden an⟩ | Belieben *n*, Gutdünken *n* ⟨at ≈ nach Belieben; it is our ≈ wir belieben *od* geruhen; detained during His (Her) Majesty's ≈ *Brit Jur* auf Lebenszeit verurteilt⟩ | Gefallen *m*, Gefälligkeit *f*, Dienst *m* ⟨to do s.o. a ≈ jmdm. eine Gefälligkeit erweisen⟩; **2.** *vi, vt* (sich) erfreuen; **'~ure car** *s Kfz* Luxuswagen *m*; **'~ure ground** *s* Grünanlage *f*, Park *m*, Freizeitpark *m*

pleat [pli:t] **1.** *s* Falte *f* | Plissee *n*; **2.** *vt* falten, fälteln, plissieren; **,pleated 'skirt** *s* Plisseerock *m*

pleb [pleb] *s* (*meist pl*) *Sl verächtl* Angehörige(r) *f(m)* des Pöbels, Plebs *m*; **ple·be·ian** [plɪ'bi:ən] **1.** *adj Hist* plebejisch | *verächtl* pöbelhaft ⟨≈ habits⟩; **2.** *s Hist* Plebejer(in) *m(f)* | *verächtl* Angehörige(r) *f(m)* der untersten Schichten; **ple'be·ian·ism** *s* Plebejertum *n*; **ple'be·ian·ize** *vt* plebejisch machen | *verächtl* sozial absinken lassen

pleb·i·scite ['plebɪsɪt|-saɪt] *s* Volksentscheid *m* ⟨by ~ durch Volksentscheid⟩
plec|trum ['plektrəm] (*pl* **'~trums, '~tra**) *s Mus* Plektron *n*
pled [pled] *Am, Schott prät u. part perf* von **plead**
pledge [pledʒ] **1.** *s* Gelöbnis *n*, Gelübde *n*, Ehrenwort *n*, Versprechen *n*, Zusicherung *f* ⟨under ~ of secrecy unter dem Siegel der Verschwiegenheit; to sign/take the ~ *scherzh* dem Alkohol abschwören⟩ | Sicherheit *f*, Bürgschaft *f* | Pfand *n*, *übertr* Unterpfand *n* ⟨as a ~ als (Unter) Pfand; in ~ of als Pfand für; to hold in ~ als Pfand halten; to put in ~ (Pfand) einlösen⟩ | *Jur* Pfandrecht *n* | Toast *m*, Trinkspruch *m*; **2.** *vt* verbürgen, -sprechen, geloben (**that** daß, **to** *mit inf* zu *mit inf*) | verpflichten (**to** zu) ⟨to be ~d to secrecy zur Geheimhaltung verpflichtet sein; to ~ o.s. sich verpflichten⟩ | verpfänden, -setzen (*auch übertr*) (**for** für, **to** auf) ⟨to ~ one's word *übertr* sein Wort verpfänden, geloben⟩ | *förml* zutrinken, trinken auf ⟨to ~ s.o.'s health auf jmds. Wohl trinken; to ~ the success of s.th. auf den Erfolg von etw. anstoßen⟩; **'~a·ble** *adj* verpfändbar; **pledg·ee** [ple'dʒi:] *s* Pfandnehmer *m*; **'pledg·er** *s* Pfandschuldner *m*
pledg·et ['pledʒɪt] *s* Wattetupfer *m*, Tampon *m*
pleis·to·cene ['pleɪstəsi:n] *s Geol* Pleistozän *n*, Diluvium *n*
ple·na·ry ['pli:nərɪ] *adj* vollständig, Voll-, Plenar- ⟨~ meeting; ~ session Vollversammlung *f*⟩ | uneingeschränkt, völlig, vollkommen ⟨~ authority; ~ power Generalvollmacht *f*⟩
plen·i·po·ten·ti·ar·y [ˌplenɪpə'tenʃərɪ] **1.** *adj* (uneingeschränkt) bevollmächtigt ⟨~ powers absolute Vollmachten *pl*⟩; **2.** *s* (General-) Bevollmächtigte(r) *f*(*m*)
plen|i·tude ['plenɪtju:d] *s förml* Überfluß *m*, Fülle *f*, Reichtum *m* (**of** an); **~te·ous** ['~tɪəs] *adj poet* reichlich
plen·ti·ful ['plentɪfl] *adj* reichlich | fruchtbar, ergiebig
plen·ty ['plentɪ] **1.** *s* Überfluß *m*, Fülle *f*, Reichtum *m* (**of** an) ⟨horn of ~ Füllhorn *n*; in ~ im Überfluß; ~ of time viel Zeit; ~ of times sehr oft, viele Male; in years of ~ in reichen Jahren; ~ to eat genug zu essen⟩; **2.** *adj bes Am* reichlich | *Am, dial* genügend, massenhaft ⟨~ men eine Menge Männer⟩; **3.** *adv umg* reichlich, vollauf ⟨it's ~ large enough es ist groß genug; ~ enough völlig genug⟩ | *Am* ziemlich, eine ganze Menge, sehr ⟨~ exciting ziemlich aufregend; to talk ~ eine Menge reden⟩
ple|num ['pli:nəm] *s* (*pl* **'~nums, ~na** ['~nə]) Plenum *n*, Vollversammlung *f* | *Phys* Luftraum *m*
pleo- ['pli:ə(ʊ)] ⟨*griech*⟩ *in Zus* viel-, mehr-
ple·o|nasm ['plɪənæzm] *Ling s* Pleonasmus *m*, Wortüberfluß *m*; **ˌ~'nas·tic** *adj* pleonastisch
pleth·o·ra ['pleθərə] *s Med* Plethora *f*, Blutandrang *m*, Vollblütigkeit *f* | *übertr förml* Übermaß *n*; **ple·thor·ic** [ple'θɒrɪk] *adj* vollblütig | *übertr förml* übervoll, -laden
pleur- [plʊə] ⟨*griech*⟩ *in Zus* Pleura-, Rippen-
pleu|ra ['plʊərə] *s* (*pl* **~rae** ['~ri:]) *Anat, Zool* Pleura *f*, Brust-, Rippenfell *n*; **'~ral** *adj* Rippenfell-; **~ri·sy** ['~rɪsɪ] *s Med* Pleuritis *f*, Rippenfellentzündung *f*; **~'rit·ic** *adj* pleuritisch; **~ri·tis** [~'raɪtɪs] *s* Pleuritis *f*
pleuro- [plʊərə(ʊ)] = **pleur-**
plex·i·glass ['pleksɪglɑ:s] *s* Plexiglas *n*
plex·or ['pleksə] *s Med* Perkussionshammer *m*
plex·us ['pleksəs] *s* (*pl* **~, ~es**) *Anat, Zool* Plexus *m*, Geflecht *n* ⟨solar ~ Sonnengeflecht *n*⟩ | *übertr* Netz *n*
pli·a|bil·i·ty [ˌplaɪə'bɪlətɪ] *s* Biegsam-, Geschmeidigkeit *f* (*auch übertr*); **'~ble** *adj* biegsam, geschmeidig (*auch übertr*) | *übertr* fügsam, nachgiebig, leicht zu beeinflussen; **'pli·an·cy** *s* Biegsamkeit *f*, Geschmeidigkeit *f* (*auch übertr*); **'pli·ant** *adj übertr* nachgiebig, formbar, fügsam, leicht zu beeinflussen | biegsam, geschmeidig (*auch übertr*)
pli|ca ['plaɪkə] *s* (*pl* **~cae** ['~si:]) *Anat, Zool* Hautfalte *f* | *Med* Weichselzopf *m* | *Bot* (Pilz-) Lamelle *f*; **'~cate, '~cat·ed** *adj* faltig, gefaltet
pli·ers ['plaɪəz] *s/pl Tech* Draht-, Kneifzange *f* ⟨a pair of ~ eine Zange⟩
[1]**plight** [plaɪt] *s* (*meist sg*) mißliche Lage, schlimmer Zustand, Misere *f* ⟨in a terrible ~⟩
[2]**plight** [plaɪt] *bes poet* **1.** *s* Gelöbnis *n* | *auch* **~ of faith** Eheversprechen *n*, Verlobung *f*; **2.** *arch vt* (Wort, Ehre) verpfänden ⟨one's ~ed word sein Versprechen *n*⟩ | verloben ⟨to ~ one's troth, to ~ o.s. sich verloben; to ~ to (Tochter) versprechen an; ~ed lovers *arch* Verlobte *pl*⟩
plim·soll ['plɪmsl] *s* (*meist pl*) *Brit* Turnschuh *m*
Plim·soll| line ['plɪmsl laɪn], **'~ mark** *s Mar* Ladelinie *f*, Freibordmarke *f*
plinth [plɪnθ] *s Arch* Plinthe *f*, Säulenplatte *f* | Sockel *m* | (Wand) Fußleiste *f*; **'~ wall** *s* Sockelmauer *f*
pli·o·cene ['plaɪəsi:n] **1.** *s Geol* Pliozän *n*; **2.** *adj* Pliozän-
plis·sé [plɪ'seɪ|'pli:seɪ] **1.** *s* Plissee *n*; **2.** *adj* plissiert
plod [plɒd] **1.** (**'~ded, '~ded**) *vi, auch* **~ along/on** sich dahinschleppen, schwerfällig gehen | *auch* **~ away** *übertr* sich abmühen, sich abplagen (**at, on, upon** mit); *vt* (ständig *od* mühsam) entlanggehen ⟨to ~ the streets all day den ganzen Tag durch die Straßen gehen; to ~ one's way sich mühsam dahinschleppen⟩; **2.** *s* schwerfälliger Gang | Plagerei *f*; **'~der** *s übertr* zäher Arbeiter, zähe Arbeiterin, Arbeitstier *n*; **'~ding 1.** *adj* schwerfällig, stapfend | *übertr* schwerfällig, stur | arbeitsam, unverdrossen (schuftend); **2.** *s* Plagerei *f*, Plackerei *f*
plom·bé [plɔ̃:'beɪ|'plɔ:mbeɪ] *adj* plombiert
[1]**plonk** [plɒŋk] *umg* **1.** *s* Plumps *m*, Klatsch *m*, Klirr(en) *m*(*n*) (auf Metall *od* Wasser), Knall *m* | *Am umg* schwerer Schlag | *Am Sl* Dollar *m*; **2.** *adv* plumps, klatsch ⟨to fall ~ on s.th. auf etw. klatschen *od* plumpsen⟩; **3.** *vi* klatschen, plumpsen | *auch* **~ away** *Mus* klimpern; *vt* (etw.) klirrend fallen *od* plumpsen lassen | schwer absetzen ⟨to ~ o.s. in a chair sich in einen Stuhl fallen lassen⟩ | (Korken) knallen lassen | *Mus* klimpern auf | *Am umg* treffen; **~ down** hinknallen, hinhauen
[2]**plonk** [plɒŋk] *s Brit, Austr umg* billiger Wein
plop [plɒp] *umg* **1.** (**plopped, plopped**) *vi* plumpsen; **~ down** niederplumpsen, plumpsend niederfallen; *vt* plumpsen lassen; **2.** *s* (dumpfer) Plumps, Plumpsen *n*; **3.** *adv* plumpsend ⟨to fall ~ into s.th.⟩; **4.** *interj* plumps!
plo·sive ['pləʊsɪv|-zɪv] *Ling* **1.** *adj* Verschluß-; **2.** *s* Verschlußlaut *m*
plot [plɒt] **1.** *s* Stück(chen) *n*(*n*) Land, Parzelle *f*, Grundstück *n* ⟨a building ~ ein Baugrundstück; a ~ of land ein Stück Feld⟩ | Beet *n* ⟨a vegetable ~ eine Gemüseecke⟩ | Grabstelle *f* | *Am* Lageplan *m* | *Mil* Zielort *m* | (Radar) Standort *m* | geheimer Plan, Komplott *n* ⟨to lay a ~ ein Komplott schmieden⟩ | *Lit* Handlung *f*, Fabel *f* | *Lit* Verwicklung *f*, Intrige *f*; **2.** (**'~ted, '~ted**) *vt, auch* **~ out** (Land) in Parzellen aufteilen | planen, entwerfen | *Tech* aufzeichnen ⟨to ~ a curve eine Kurve graphisch darstellen⟩ | *Flugw, Mar* (Kurs, Position) eintragen, auf der Karte markieren, ermitteln, abstecken | (Komplott) planen, aushecken ⟨to ~ s.o.'s murder⟩ | *Lit* (Handlung, Fabel) ersinnen, ausdenken, erfinden; *vi* sich verschwören (**against** gegen); **'~ter** *s* (Computer) Plotter *m*
plough [plaʊ] **1.** *s* Pflug *m* ⟨to be under the ~ unter dem Pflug stehen, bebaut werden; to put/set one's hand to the ~ *lit, bibl* Hand ans Werk legen⟩ | **≁** (*mit best art*) *Astr* der große Wagen *m od* Bär *m* | *Brit* (umgepflügtes) Ackerland ⟨five acres of ~⟩ | *Tech* Falzhobel *m* | *El* Stromabnehmer *m*; **2.** *vt* (um)pflügen, bestellen ⟨to ~ a field⟩ | *übertr* müh-

sam zurücklegen ⟨to ~ one's way sich seinen Weg bahnen; to ~ the ocean den Ozean durchpflügen; to ~ a lonely furrow *übertr* allein auf weiter Flur stehen⟩ | (Gesicht u. ä.) furchen | *Tech* nuten, furchen; ~ **across** sich bahnen durch ⟨to ≈ the ocean⟩; ~ **back** ein-, unterpflügen | *Wirtsch* (Geld, Gewinn) wieder ins Geschäft stecken, reininvestieren; ~ **in** unterpflügen; ~ **off** abackern; ~ **through** *übertr* (Buch u. ä.) durchackern, mühsam durcharbeiten; ~ **under** unterpflügen | *übertr* zerstören, zunichtemachen; ~ **up** umpflügen, umbrechen ⟨to ~ up the ground⟩; *vi* pflügen, ackern | sich (um)pflügen lassen | *übertr* sich mühsam einen Weg bahnen (**through** durch) | *Tech* hobeln; '~ **beam** *s* Pflugbaum *m*, -balken *m*; '~ **blade** *s* Pflugschar *f*; '~**boy** *s arch* Ackerknecht *m*; '~ **horse** *s* Ackergaul *m*; '~**man** *s* (*pl* '~**men**) Landmann *m* | Pflüger *m*; ˌ~**man's 'lunch** *s Brit umg* Brot *n*, Käse *m* und Bier *n*, einfaches Gericht; '~ **plane** *s* Nuthobel *m*; '~**shaft** *s* Pflugbaum *m*; '~**share** *s* Pflugschar *f*

plov·er ['plʌvə] *Zool s* Regenpfeifer *m* | Kiebitz *m*

plow [plaʊ] *Am* für **plough**

ploy [plɔɪ] *s umg* Masche *f*, Trick *m*, Tour *f* ⟨her usual ~ ihre übliche Tour⟩ | (Kriegs-) List *f* | *Schott* Beschäftigung *f*, Zeitvertreib *m*

pluck [plʌk] **1.** *s* Zug *m*, Ruck *m* | Ziehen *n*, Zerren *n* (**at** an) | Innereien *f/pl*, Geschlinge *n* | *übertr* Mut *m*, Schneid *m* ⟨a lot of ~ ziemlicher Mut⟩; **2.** *vt* abbrechen, pflücken ⟨to ~ flowers⟩ | aus-, abreißen (**from, off** aus, von) ⟨to ~ feathers⟩ | rupfen ⟨to ~ a chicken⟩ | *Mus* (Saiten) zupfen | *Sl* durchfallen lassen; ~ **down** herunterreißen, herunterzerren; ~ **off** abpflücken; ~ **up** aufheben | *übertr* auf-, zusammenraffen ⟨to ~ up courage Mut fassen⟩; *vi* reißen, zerren (**at** an); **plucked** *adj* gepflückt | gerupft | *umg* mutig, schneidig; '~**less** *adj* mutlos; '~**y** *adj umg* mutig, beherzt

plug [plʌg] **1.** *s* Stöpsel *m*, Pflock *m*, Spund *m*, Zapfen *m* | Dübel *m*, Bolzen *m*, Verschlußklappe *f* | *El* Stecker *m* ⟨~ and socket Steckerverbindung *f*⟩ | *umg* Steckdose *f* | *Tel* Stöpsel *m* | *umg Kfz* Zündkerze *f* | (Zahn-) Plombe *f* | *Med* (Blut u. ä.) Pfropfen *m* | Priem *m* | (Klosett-) Spülvorrichtung *f* | (Feuer-) Hydrant *m* | *bes Rundf, Ferns umg* Reklamehinweis *m* | *umg* Werbung *f*, Empfehlung *f* | *übertr umg* Aufhänger *m*, Anknüpfungspunkt *m* | *Sl* Ladenhüter *m* | *Am Sl* blaue Bohne, Kugel *f* | *Am Sl* Klepper *m*, alter Gaul ◇ **pull the ~** *Med* die lebenserhaltenden Geräte abschalten; *übertr* jegliche Unterstützung einstellen; **2.** (**plugged, plugged**) *vt* zustecken, zustöpseln, verstöpseln ⟨to ~ into connection an die Steckdose anschließen⟩ | *Med* (Wunde) tamponieren | *bes Rundf, Ferns umg* (ständige) Reklame machen für, anpreisen | *Am Sl* (jmdm.) eine Kugel verpassen; ~ **in** *El* ans Netz anschließen; ~ **into** (jmdn.) elektronisch verbinden, durch ein elektronisches Kommunikationsnetz verbinden mit *od* anschließen an; ~ **up** ausfüllen, zudübeln, verputzen ⟨to ~ up a crack⟩; *vi auch* ~ **away** schuften, sich abrackern (**at** mit); ~ **in** *El* (Gerät u. ä.) sich anschließen lassen; '~ **board** *s El* Schaltbrett *n*; '~ **box,** '~ **con·tact** *s El* Steckdose *f*; '~ **comˌpat·i·ble** *adj* (Computer) Anschluß-, kompatibel; '~ **cord** *s El* Steckerschnur *f*; **plugged** *adj* verstöpselt, verstopft; '~**ger** *s Sl* Arbeitspferd *n*; '~**ging 1.** *adj* verstopfend; **2.** *s* Zustopfen *n*; Zustöpseln *n* | Stopfmaterial *n* | (Zahn-) Füllung *f*; '~**hole** *s Brit* Spundloch *n*, Abfluß *m*; '~ **switch** *s El* Stöpselschalter *m*; '~**-ug·ly** *s Am Sl* Schläger *m*, Rabauke *m*; '~ **valve** *s Tech* Kegelventil *n*, Absperrhahn *m*; '~ **weld** *s Tech* Lochnaht *f*, Lochschweißung *f*

plum [plʌm] **1.** *s* Pflaume *f* ⟨dried ~ Backpflaume⟩ | *auch* '~ **tree** Pflaumenbaum *m* | Pflaumenblau *n* | Rosine *f* (im Kuchen) | *übertr umg* Rosine *f*, das Beste ⟨a real ~ etw. Tolles *n*; ~s Prachtexemplare *n/pl*, begehrenswerte Posten *m/pl*⟩; **2.** *adj* Pflaumen- ⟨~ tart Pflaumentorte *f*⟩ | *übertr umg* Super-, besonders angenehm ⟨a ~ job ein lukrativer Job⟩

plum|age ['plu:mɪdʒ] *s Zool* Gefieder *n*, Federkleid *n*; '~**aged** *adj* gefiedert

plumb [plʌm] **1.** *s* (Blei-) Lot *n*, Senkblei *n* ⟨off ~, out of ~ aus dem Lot, nicht [mehr] senkrecht⟩ | *Mar* Echolot *n*; **2.** *adj* lot-, senkrecht; **3.** *adv* lot-, senkrecht | *übertr umg* genau ⟨~ in the middle⟩ | *Am umg* ganz, völlig, komplett ⟨~ stupid⟩; **4.** *vt* senkrecht machen | *Mar* sondieren, loten | *übertr* erforschen, ergründen ⟨to ~ the depths of s.th. *meist verächtl* in den tiefsten Tiefen von etw. wühlen⟩ | verlöten | (Zahn) plombieren; *vi umg* als Klempner arbeiten; **plum·bag·i·nous** [plʌm'bædʒɪnəs] *adj Min* graphithaltig; **plum·ba·go** [plʌm'beɪgəʊ] *s Min, auch* ˌ**black 'lead** Graphit *m*, Bleiglanz *m* | *Bot* Bleiwurz *f*; '~ **bob** *s* Senkblei *n*, Bleilot *n*; '~**er** *s* Klempner *m*, Installateur *m*, Rohrleger *m* | *Am Pol iron* Sicherheitsbeamter (zur Aufdeckung und Verhütung von Geheimnisverbreitung); ˌ~**er's 'friend,** ˌ~**er's 'help·er** *s Am umg* Tauchkolben *m*; '~**er·y** *s* Klempnerarbeit *f* | Klempnerei *f*; **plum·bic** ['plʌmbɪk] *adj* bleihaltig, Blei-; '~**ing** *s* Klempner-, Installateur-, Rohrlegerarbeit *f* | Rohr-, Wasser-, Gasleitung(en) *f(pl)* | (Bad) sanitäre Anlagen *f/pl*; '**plum·bism** ['plʌmbɪzm] *s Med* Bleivergiftung *f*; '~ **line** *s* Senkschnur *f*; **plum·bous** ['plʌmbəs] *adj* bleihaltig, Blei- ⟨≈ oxide Bleioxid *n*⟩; ~ **rule** ['plʌm ru:l] *s Tech* Setzwaage *f*; **plum·bum** ['plʌmbəm] *s* Blei *n*

plum| cake ['plʌm keɪk] *s Brit* Rosinenkuchen *m*, englischer Kuchen; ˌ~ **'duff** *s Brit selten* Mehlpudding *m* mit Rosinen

plume [plu:m] **1.** *s* (Hut-, Schmuck-) Feder *f* | Straußenfeder *f* | (*oft pl*) Feder-, Helmbusch *m* | Siegesfeder *f* ⟨to win the ~ den Sieg davontragen⟩ | *poet* Federkleid *n*, Gefieder *n* ⟨dressed in borrowed ~s *übertr* in geborgten Kleidern⟩ | *übertr* etw. Federartiges *n* ⟨~ of cloud Wolkenstreifen *m*; ~ of smoke Rauchfahne *f*⟩ | *auch* '**man·tle** ~ *Geol* Eruption *f*; **2.** *vt* (Federn) putzen ⟨the bird ~s his feathers⟩ | mit Federn schmücken ⟨to ~ o.s. [up]on *lit übertr* sich brüsten mit⟩; **plumed** [plu:md] *adj* gefiedert | mit Federn geschmückt ⟨≈ hat Federhut *m*⟩; ~**let** ['~lət] *s* Federchen *n*

plum·met ['plʌmɪt] **1.** *s* Senkblei *n*, (Blei-) Lot *n*; **2.** *auch vi,* ~ **down** stark fallen, steil stürzen (*auch übertr*) ⟨to ~ down to earth auf die Erde (herab)stürzen; the pound has ~ted to a new low das Pfund ist auf einen neuen Tiefstand (ab)gesunken; to ~ to the depths of despair in tiefste Verzweiflung verfallen⟩

plum·my ['plʌmɪ] *adj* Pflaumen- | rosinenreich ⟨a ~ cake⟩ | *umg* prima, toll, begehrteste(r, -s), beste(r, -s) ⟨a ~ job⟩ | *übertr* pflaumig, rund und voll ⟨~ cheeks⟩ | *verächtl* (Stimme) (zu) volltönend, etw. affektiert, sonor, salbungsvoll

plu·mose ['plu:məʊs] *adj* gefiedert

[1]**plump** [plʌmp] **1.** *adj* drall, prall ⟨a ~ baby⟩ | *euphem* dick, beleibt | (Tier) feist, schön dick ⟨a nice ~ chicken⟩; **2.** *vi* ~ **out** (Person) Gewicht ansetzen; *vt* ~ **up** (Tier) mästen | (Kissen) aufschütteln

[2]**plump** [plʌmp] **1.** *vi* hinplumpsen, schwer fallen (**upon** auf); ~ **down** *umg* sich plumpsen *od* fallen lassen, niederklatschen; ~ **for** *umg bes Pol* rückhaltlos unterstützen ⟨to ~ for a candidate⟩ | sich festlegen auf, sich entscheiden für, letztlich nehmen ⟨to ~ for the new car⟩; *vt* plumpsen lassen | *umg* herausplatzen mit; ~ **down** *Sl* hinknallen, hinschmeißen ⟨to ~ one's money down sein Geld hinblättern⟩; **2.** *s umg* schwerer Fall, Plumps *m*; **3.** *adv*

plumpsend | *übertr umg* geradeheraus, ohne Umschweife ⟨to tell s.o. ~⟩; **4.** *adj* plump ⟨a ~ lie⟩; **'~er** *s* schwerer Fall, Plumps *m* | *Sl* glatte Lüge

plum pud·ding [ˌplʌm 'pʊdɪŋ] *s* Rosinen-, Plumpudding *m*, Weihnachtspudding *m*

plump·y ['plʌmpɪ] *adj* rundlich | plump

plum tree ['plʌm tri:] *s* Pflaumenbaum *m*

plum·y ['plu:mɪ] *adj* federartig | gefiedert

plun·der ['plʌndə] **1.** *vt* (aus)plündern ⟨to ~ a town⟩ | stehlen, rauben ⟨to ~ goods⟩; *vi* plündern, räubern; **2.** *s* Plünderei *f*, Plünderung *f* | Beute *f*, Raub *m*, geraubtes Gut | *Am umg* Plunder *m*; **'~age** [-r-] *s Jur* Plünderung *f*; **'~er** [-r-] *s* Plünderer *m*

plunge [plʌndʒ] **1.** *vt* tauchen, stürzen, stoßen (**in, into** in) | (Blumentopf) eingraben | *übertr* stürzen, stoßen, treiben (**into** in) ⟨to ~ s.o. into disaster jmdn. ins Unglück stürzen⟩; *vi* (unter-, ein)tauchen (**into** in) | (*meist* kopfüber) stürzen (**into** in) ⟨to ~ into the water⟩ | (sich) stürzen (**into** in), überstürzt beginnen (**into** mit) | *umg* sehr viel riskieren, alles auf eine Karte setzen | ausschlagen (Pferd) | *Mar* stampfen | tief ausgeschnitten sein (Kleid) ⟨plunging neckline tiefer Ausschnitt⟩; **~ in** (plötzlich) hinein-, hereinstürzen; **2.** *s* (Ein-, Unter-) Tauchen *n* | Stürzen *n* ⟨to take the ~ *übertr* den [alles] entscheidenden Schritt tun⟩ | Sturz *m* | Ausschlagen *n* (eines Pferdes); **'plung·er** *s* Taucher *m* | *Tech* Tauch-, Druckkolben *m* | *El* Reglergestänge *n* | *El* Kurzschlußkolben *m*, -schieber *m* | *Mil* Schlagbolzen *m* | *umg* Spekulant *m*; **'plung·er ˌpis·ton** *s* Tauchkolben *m*; **'plung·er pump** *s* Tauchkolben-, Plungerpumpe *f*; **'plung·er spring** *s* Kolbenfeder *f*; **'plung·ing 1.** *adj* (ein)tauchend; **2.** *s* Tauchen *n* | *Tech* Einstechen *n*; **'plung·ing ˌbat·ter·y** *s* Tauchbatterie *f*; **'plung·ing ˌsi·phon** *s* Stechheber *m*

plunk [plʌŋk] = ^{1}**plonk**

plunk down [ˌplʌŋk 'daʊn] *umg* = **plank down**

plu·per·fect [ˌplu:'pɜ:fɪkt] *s Ling* Plusquamperfekt *n*, Vorvergangenheit *f*

plu·ral ['plʊərl] **1.** *adj Ling* pluralisch, Plural- | mehr- ⟨~ voting Mehrstimmenwahlrecht *n*⟩; **2.** *s Ling* Plural *m*, Mehrzahl *f*; **~ism** ['plʊərḷɪzm] *s Phil* Pluralismus *m* | *übertr* Vielheit *f*, vielheitlicher Charakter *m* | Besitz *m* mehrerer Ämter (*bes* Kirche); **~i·ty** [plʊə'rælətɪ] *Ling* Mehrzahlform *f* | *Am Pol* (relative) Stimmenmehrheit | Besitz *m* mehrerer Pfründen *od* Ämter | Mannigfaltigkeit *f*, Vielheit *f* | Vielzahl *f*, (große) Menge ⟨a ≈ of causes⟩; **'~ize** *vt Ling* den Plural bilden von, in die Mehrzahl setzen

pluri- [plʊərɪ] ⟨*lat*⟩ *in Zus* mehr-, mehrfach-

plu·ri·va·lence [ˌplʊərɪ'veɪləns] *s Ling* Plurivalenz *f*, Mehrbedeutung *f*

plus [plʌs] **1.** *präp* plus, und | *umg* und noch dazu ⟨talent ~ experience⟩ | *Wirtsch* zuzüglich; **2.** *adj* Plus-, Zusatz- ⟨a ~ factor *umg* ein weiterer günstiger Umstand⟩ | (nachgestellt) (Alter) und älter, darüber ⟨12 ~ 12 Jahre und älter⟩ | (nachgestellt) *Päd* (Zensur) plus ⟨3 ~ 3 +⟩ | *umg* und noch etwas mehr [dazu] ⟨she's got beauty ~ sie ist nicht nur eine Schönheit⟩ | *El, Math* positiv ⟨~ quantity⟩; **3.** *s* Plus *n*, Mehr *n* | *umg* Plus *n*, weiterer Vorteil ⟨it's a ~ that⟩ | *auch* **'~ sign** *s* Pluszeichen *n*; **~ fours** [ˌ~ 'fɔ:z] *s/pl* (lange) Knickerbockerhose(n) *f(pl)*

plush [plʌʃ] **1.** *s* Plüsch *m* | *Am Sl* Geld *n*, Luxus *m*; **2.** *adj urspr Am umg* luxuriös, üppig ⟨a ~ house⟩; **'~y** *adj* plüschartig | *urspr Am umg* luxuriös

plus sign ['plʌs saɪn] *s* Pluszeichen *n*

plu|tar·chy ['plu:tɑ:kɪ], **~toc·ra·cy** [~'tɒkrəsɪ] *s* Plutokratie *f*, Geldherrschaft *f* | *collect* Plutokraten *m/pl*

Plu·to ['plu:təʊ] *s Astr* Pluto *m*

plu|to·crat ['plu:təkræt] *s* Plutokrat *m*; **ˌ~to'crat·ic, ˌ~to'crat·i·cal** *adj* plutokratisch

plu|ton·ic [plu:'tɒnɪk] *adj Geol* plutonisch; **~to·nism** ['~tənɪzm] *s Geol* Plutonismus *m*

plu·to·ni·um [plu:'təʊnɪəm] *s Chem* Plutonium *n*

plu·vi|al ['plu:vɪəl] *adj* regnerisch, Regen-; **~om·e·ter** [ˌ~'ɒmɪtə] *s* Pluviometer *n*, Regenmesser *m*; **'~ous** *adj* regnerisch, Regen-

^{1}**ply** [plaɪ] **1.** *s* (Stoff-) Falte *f* | (Garn) Strähne *f* | (Gewebe-) Lage *f* (Tuch u. ä.) ⟨three-~ dreifach [gewebt]⟩ | *Tech* Furnierplatte *f*, Lage *f* Sperrholz ⟨3-~ wood dreifach geschichtetes Sperrholz⟩ | *übertr* Richtung *f*, Neigung *f*, Gewohnheit *f* ⟨to take a ~ eine Richtung einnehmen⟩; **2.** *vt* falten | (Spinnerei) fachen, dublieren | (Nadeln) ausrichten ⟨to ~ needles⟩

^{2}**ply** [plaɪ] *vt lit, arch* fleißig benutzen, handhaben, gebrauchen ⟨to ~ a tool⟩ | *lit* ausüben, betreiben ⟨to ~ one's work⟩ | (jmdn.) versorgen (**with** mit) ⟨to ~ s.o. with food⟩ | *übertr* (jmdm.) zusetzen (**with** mit) ⟨to ~ s.o. with questions jmdn. mit Fragen überhäufen⟩ | (regelmäßig) verkehren auf (Boot, Bus u. ä.) ⟨to ~ a river⟩; *vi arch, lit* abmühen, fleißig arbeiten | (Boot, Bus, Taxi) verkehren, hin- und herfahren (**between** zwischen) ⟨to ~ for hire Mietfahrten durchführen⟩ | *Mar* lavieren, aufkreuzen

ply|wood ['plaɪwʊd] *s* Sperrholz *n*; **'~ yarn** *s* Zwirn *m* ⟨three-ply yarn dreifaches Garn⟩

p.m. [ˌpi: 'em] *adv* (nach Zeitangaben) nach Mittag, nachmittags *od* abends ⟨6 ~ 18 Uhr⟩

PM *Brit umg Abk* von **Prime Minister**

pneu·mat·ic [nju:'mætɪk] **1.** *adj* pneumatisch, Luft-, *Tech* Druckluft-; **2.** *s* Luftreifen *m*; **ˌ~ 'boat** *s* Schlauchboot *n*; **ˌ~ 'brake** *s* Druckluftbremse *f*; **ˌ~ dis'patch** *s* Rohrpost *f*; **ˌ~ 'drill** *s* Druckluftbohrer *m*; **ˌ~ 'drive** *s* Preßluftantrieb *m*; **ˌ~ 'ham·mer** *s* Druck-, Preßlufthammer *m*; **ˌ~ 'pump** *s* Luftpumpe *f*; **pneu'mat·ics** *s/pl* (*sg konstr*) *Phys* Pneumatik *f*; **~ 'sep·a·ra·tor** *s Tech* Windrichter *m*; **ˌ~ 'tire** *s* Luftreifen *m*

pneu·mec·to·my [nju:'mektəmɪ] *s Med* Pneumonektomie *f*, Lungenresektion *f*

pneumo[n]- [nju:mə(ʊ)] ⟨*griech*⟩ *in Zus* Lunge(n)-

pneu·mo|co·ni·o·sis [ˌnju:məʊkəʊnɪ'əʊsɪs] *s Med* Pneumokoniose *f*, Staublunge *f*; **~nec·to·my** [ˌ~'nektəmɪ] *s Med* Pneumonektomie *f*, Lungenresektion *f*; **~ni·a** [nju:'məʊnɪə] *s Med* Pneumonie *f*, Lungenentzündung *f* ⟨double ≈ doppelseitige Lungenentzündung⟩; **pneu·mon·ic** [nju:'mɒnɪk] *adj* pneumonisch, Lungen-; **ˌ~'tho·rax** *s* Pneumothorax *m*

po [pəʊ] *s* (*pl* **pos**) *Brit umg scherzh* Nachttopf *m*

PO [ˌpi: 'əʊ] *Abk* von **postal order | petty officer | post office**

^{1}**poach** [pəʊtʃ] *vt* (Boden) zertrampeln, zertreten, aufwühlen | (Land) unbefugt betreten | (Wild, Fisch) räubern, unerlaubt jagen | *übertr* stehlen | (Papier) bleichen; *vi* (Boden) aufgeweicht werden | wildern | unbefugt eindringen (**on** in) | *übertr* unfair handeln, übergreifen (**on** auf) ⟨to ~ on s.o.'s preserve[s] jmdm. ins Gehege kommen⟩

^{2}**poach** [pəʊtʃ] *Kochk vt* (Eier) pochieren ⟨~ed eggs pochierte *od* verlorene Eier *n/pl*⟩ | (Fisch) in siedendem Wasser ziehen lassen, (blau) dünsten

^{1}**poach|er** ['pəʊtʃə] *s* Wilddieb *m*, Wilderer *m*; ^{2}**~er** *s* Pochierpfanne *f*; **'~ing** *s* Wildern *n*

poach·y ['pəʊtʃɪ] *adj* sumpfig, aufgeweicht

PO box [ˌpi: əʊ 'bɒks] *s* Postfach *f*

po·chette [pəʊ'ʃet] *s* Handtäschchen *n*

pock [pɒk] *s Med* Pocke *f*, Blatter *f* | Pockennarbe *f*; **pocked** [pɒkt] *adj* (pocken)narbig

pock·et ['pɒkɪt] **1.** *s* (Kleider) Tasche *f* ⟨coat ~ Jackettasche; to be/live in each other's ~ *übertr umg* immer zusammenstecken; to have s.o. in one's ~ *übertr* jmdn. in die Tasche stecken, jmdn. in der Hand haben; to have s.th. in one's ~ *übertr* etw. schon in der Tasche haben, sich seiner Sache sicher sein; to put one's pride in one's ~ *übertr* seinen Stolz überwinden〉 | (*meist sg*) Geldbeutel *m* (*auch übertr*) 〈to be in ~ gut bei Kasse sein; to be out of ~ drauflegen, -zahlen; to line one's ~ sich [unrechtmäßig] die Taschen füllen; to put one's hand in one's ~ tief in die Taschen greifen; out of one's ~ aus der eigenen Tasche; to be £ 5 out of ~ *Brit* £ 5 umsonst vertan *od* verloren haben〉 | Sack *m*, Beutel *m* | *Brit* Sack *m* (Hopfen, Wolle u. ä.) | (Billard) Tasche *f*, Loch *n* | *Anat* Tasche *f* 〈gum ~ Zahnfleischtasche *f*〉 | Luftloch *n* | *Mil* Kessel *m* 〈~ of resistance Widerstandsnest *n*〉 | *Bergb* (Erz-) Nest *n*, Lager *n* | (vereinzelter) Teil *od* (vereinzelte) Gruppe, Gebietsteil *n*, Enklave *f* 〈~s of mist Dunst-, Nebelnester *pl*; ~s of unemployment einzelne Gebiete *pl* mit Arbeitslosigkeit〉 | *Tech* Aussparung *f* | *Geol* Druse *f* | *Tech* Lunker *m*; **2.** *adj* Taschen- | Geld- | gekürzt, Kurz- 〈~ lecture〉; **3.** *vt* in die Tasche stecken, einstecken | (Geld, etw. Kleines) [heimlich] einstecken, in die eigene Tasche stecken | *umg* (Geld) machen, verdienen, einstecken | *Am Pol* Veto einlegen gegen (Präsident *od* Gouverneur) | (Billardkugel) ins Loch treiben | (Gefühl u. ä.) unterdrücken; **'~book** *s* Notizbuch *n* | *Am* Geldbeutel *m* (*auch übertr*) | *Am* Taschenbuch *n* | *Am* Handtäschchen *n*; **,~ 'cal·cu·la·tor** *s* Taschenrechner *m*; **'~ful** *s* Tascheninhalt *m* | *umg* (eine) Tasche voll 〈a ≈ of coins〉; **,~-'hand·ker·chief 1.** *s* Taschentuch *n*; **2.** *adj übertr verächtl* handtuchgroß, winzig 〈a ≈ garden〉; **'~knife** *s* (*pl* **'~knives**) Taschenmesser *n*; **'~lamp** *s* Taschenlampe *f*; **'~ ,light·er** *s* Taschenfeuerzeug *n*; **'~ ,mon·ey** *s* Taschengeld *n*; **'~size** *s* Taschenformat *n*

pock|mark ['pɒkmɑ:k] *s Med* Pocke *f*, Pockennarbe *f* | *übertr* Vertiefung *f*, (kleiner) Krater, (Oberfläche) Unebenheit *f*; **'~marked** *adj Med* pockennarbig | *übertr* voller (kleiner) Vertiefungen *od* Löcher

po·co ['pəʊkəʊ] *adj, adv Mus* ein wenig, etwas

pod [pɒd] **1.** *s Bot* Hülse *f*, Schale *f*, Schote *f* 〈a pea ~〉 | (Seidenraupen-) Kokon *m* | *Flugw* (Kraftstoff-) Behälter *m* | (Raumfahrt) Kapsel *f* | *Tech* Sockel *m*, Halter *m*; **2.** (**'~ded, '~ded**) *vi, auch* **~ up** Hülsen ansetzen; *vt* (Erbsen u. ä.) enthülsen

po·dag·ra [pə'dægrə] *s Med* Podagra *n*; **po'dag·ric** *adj* gichtisch, Podagra-

pod·ded ['pɒdɪd] *adj* hülsig

podg·y ['pɒdʒɪ] *adj umg* dicklich, pummelig, rundlich 〈a ~ face〉

po·di·a|trist [pə'daɪətrɪst] *Am s* Fußpfleger(in) *m(f)* | *Med* Fußspezialist(in) *m(f)*; **~try** [~'daɪətrɪ] *s* Fußpflege *f* | *Med* Lehre *f* von den Fußkrankheiten

po·di|um ['pəʊdɪəm] *s* (*pl* **~a** ['~ə], **~ums** ['~əmz]) *Arch* Podium *n*, Podest *n*, *m*

po·em ['pəʊɪm] *s* Gedicht *n* (*auch übertr*); **po·e·sy** ['pəʊɪzɪ] *s arch, Poes* Poesie *f*, Dichtung *f*; **po·et** ['pəʊɪt] *s* Dichter *m*, Poet *m* | *übertr* ausdrucksstarker Künstler; **po·et·as·ter** [,pəʊɪ'tæstə] *s Lit verächtl* Dichterling *m*, Poetaster *m*; **po·et·ess** ['pəʊɪtes] *s selten* Dichterin *f*; **po·et·ic** [pəʊ'etɪk], **po'et·i·cal** *adj* poetisch, dichterisch (*auch übertr*) 〈poetic justice ausgleichende Gerechtigkeit; poetic licence dichterische Freiheit〉; **po'et·ics** *s/pl* Poetik *f*; **po·et·ize** ['pəʊɪtaɪz] *vi* dichten; *vt* in Verse bringen, dichterisch darstellen; **,po·et 'lau·re·ate** *s* (*oft* ,≃ '≃) (*pl* **,po·ets 'lau·re·ate** *od* **,po·et 'lau·re·ates**) 〈*lat*〉 Poeta laureatus *m*, Dichterfürst *m* | *Brit* Hofdichter *m*; **po·et·ry** ['pəʊɪtrɪ] *s* Poesie *f*, Dichtkunst *f* | *collect* Dichtungen *f/pl*, Gedichte *n/pl* | *übertr* Poesie *f*, Romantik *f*, Stimmung *f*

po-faced [,pəʊ 'feɪst] *adj Brit umg verächtl* mit dummernstem Gesicht; mürrisch, grimmig

po·go stick ['pəʊgəʊ stɪk] *s* Pogostock *m*, Stelze *f* mit Sprungfeder

po·grom ['pɒgrəm|-rɒm] *s* Pogrom *m*

poign|an·cy ['pɔɪnjənsɪ|-nənsɪ] *s* Schärfe *f* | *übertr* Heftigkeit *f*, Schärfe *f* | Eindringlichkeit *f*; **~ant** ['pɔɪnjənt] *adj* beißend, scharf 〈≈ taste; ≈ perfume zu starkes *od* aufdringliches Parfüm〉 | *übertr* scharf, bissig 〈≈ sarcasm〉 | *übertr* bitter, quälend 〈≈ sorrow〉 | *übertr* brennend 〈≈ interest〉 | ergreifend 〈a ≈ scene〉 | eindringlich, treffend 〈≈ observation〉

poin·set·ti·a [pɔɪn'setɪə] *s Bot* Weihnachtsstern *m*

point [pɔɪnt] **1.** *s* (Messer- u. ä.) Spitze *f* 〈the ~ of a needle die Nadelspitze; at gun ~ mit vorgehaltener Pistole; at the ~ of the sword *übertr* unter Zwang, mit Gewalt; not to put too fine a ~ upon s.th. *übertr* sich nicht gerade gewählt ausdrücken〉 | *Tech* spitzes Instrument, Stecheisen *n*, Ahle *f*, Stichel *m* | Radiernadel *f* | *Geogr* Berg-, Landspitze *f* | Geweihsprosse *f* | Punkt *m* 〈~ of exclamation Ausrufezeichen *n*; ~ of interrogation Fragezeichen *n*〉 | *auch* **,dec·i·mal '~** *Math* Punkt *m*, Komma *n* 〈~ five 0,5; ~ of intersection Schnittpunkt *m*〉 | *Typ* Punkt *m* | kleiner Raum, Fleck *m*, Stelle *f* 〈~ of contact Berührungsstelle *f*; a ~ of light ein heller Fleck〉 | *auch* **'pow·er ~** *El* Kontakt *m*, Anschluß *m* | (*Kart*, Würfel) Auge *n* | *Brit Eisenb* Weichenzunge *f* | Stehen *n* des Jagdhundes 〈to make/come to a ~ vorstehen (vor dem Wild)〉 | *Phys* Punkt *m*, Grad *m*, Stufe *f* 〈freezing ~; boiling ~; to the ~ of rudeness *übertr* geradezu ungehörig〉 | *auch* **'com·pass ~**, **,~ of 'com·pass**, **'car·di·nal ~** Kompaßstrich *m* | Zeitpunkt *m* 〈at that ~ in diesem Moment; at that ~ in time *Am* dann; at this ~ in time *Am* jetzt; at the ~ of death im Augenblick des Todes; to be on the ~ of (*mit ger*) im Begriff sein zu (*mit inf*); when it comes to the ~ wenn es darauf ankommt, im richtigen Moment〉 | (Sport) Punkt *m* 〈by 10 ~s to 2 mit 10 zu 2 Punkten; to give s.o. ~s jmdm. einen Vorteil gewähren; besser als jmd. sein; to score ~s/a ~ of s.o. *übertr* jmdm. überlegen sein, die besseren Argumente als jmd. haben; to score a ~ over s.o. jmdn. übertrumpfen, ein besseres Argument haben als jmd.; to win / be beaten on ~ (Boxen) nach Punkten gewinnen *od* verlieren〉 | *Wirtsch* (Börse) Punkt *m*, Point *m*, Einheit *f* | (Tagesordnung u. ä.) Punkt *m* 〈a case in ~ ein typischer Fall; at all ~s in allen Punkten, völlig; ~ at issue Streitpunkt *m*; a ~ of interest eine interessante Einzelheit; a ~ of order eine Verfahrensfrage; on a ~ of order! zur Tagesordnung!; in ~ of im Hinblick auf; to stretch a ~ etw. nicht ganz genau nehmen〉 | *übertr* Hauptsache *f*, Kernpunkt *m*, -frage *f* 〈off/beside the ~ unwesentlich, nicht zur Sache gehörig; to the ~ zur Sache gehörig, relevant, exakt; that is the ~ das ist die Frage!, darum geht es!; the ~ is that die Sache ist die, daß; that's the ~ I wanted to make darauf wollte ich hinaus; to come/get/speak to the ~ zur Sache kommen; to make a ~ seine Ansicht durchsetzen, Gehör finden; to make a ~ of s.th. auf etw. Wert legen; to see the ~, to stick to the ~ bei der Sache bleiben〉 | *auch* **,~ of 'view** Standpunkt *m* 〈in ~ of *förml* hinsichtlich; in ~ of fact tatsächlich; it's a ~ of honour to s.o. es ist Ehrensache für jmdn.〉 | Zweck *m* 〈he's got a ~ sein Anliegen ist berechtigt; er verfolgt einen Zweck; there's no ~ in (*mit ger*) es hat keinen Sinn zu (*mit inf*); to carry/make one's ~ seine Meinung durchsetzen〉 | Nachdruck *m* 〈to give ~ to s.th. einer Sache Nachdruck verleihen; to lack ~ nicht überzeugen können〉 | auffallende Eigenschaft 〈it's his strong ~ es ist seine Stärke〉 |

Pointe *f*; **2.** *vt* (an-, zu)spitzen ⟨to ~ a pencil⟩ | (Waffe u. ä.) richten, lenken (**at, to** auf, nach) ⟨to ~ one's finger at s.o. mit dem Finger auf jmdn. zeigen⟩ | *oft* **~ out** zeigen, hinweisen auf | *auch* **~ up** (einer Sache) Nachdruck verleihen, verdeutlichen ⟨to ~ [up] the difference⟩ | punktieren | *Math* mit einem Punkt *od* Komma versehen | *Arch* (Mauer u. ä.) verfugen | (dem Wild) vorstehen; *vi* zeigen, weisen, deuten (**at, to** auf) | zielen (**at** auf) | *übertr* hinweisen (**to** auf) | (Jagdhund) stehen; **,~-'blank 1.** *adv* gerade | *übertr* direkt ⟨to fire at s.o. ≈⟩ | *übertr* direkt, geradeheraus, unumwunden ⟨to tell s.o. s.th. ≈⟩; **2.** *adj* gerade | *Mil* Kernschuß- ⟨≈ shot⟩ | *übertr* direkt, glatt ⟨a ≈ refusal⟩; **'~ du·ty** *s Brit* Verkehrspostendienst *m* ⟨on ≈⟩; **'~ed** *adj* spitz(ig), zugespitzt ⟨≈ fingernails⟩ | *übertr* scharf, beißend ⟨≈ wit⟩ | *übertr* deutlich, treffend, pointiert ⟨in a ≈ manner; a ≈ remark⟩; **,~ed 'style** *s Arch* Spitzbogenstil *m*; **'~er** *s* (Uhr-) Zeiger *m*, Weiser *m* | Zeigestock *m* | Radiernadel *f* | Vorsteh-, Hühnerhund *m*, Pointer *m* | *umg* Tip *m*, Hinweis *m*; **'~er knob** *s* Einstellknopf *m*, Zeigerdrehknopf *m*; **'~er ,read·ing** *s* Zeigerablesung *f*; **'~er ,set·ting** *s* Zeigerstellung *f*

poin·til|lis·m ['pɔɪntɪlɪzm] ⟨*frz*⟩ *Mal s* Pointillismus *m*; **'~list 1.** *s* Pointillist *m*; **2.** *adj* pointillistisch

point·ing ['pɔɪntɪŋ] **1.** *adj* zeigend; **2.** *s* Zeigen *n* | Interpunktion *f* | *Arch* Ausfugen *n*

point| lace ['pɔɪnt leɪs] *s* genähte Spitze; **'~less** *adj* stumpf, ohne Spitze | *übertr verächtl* witzlos, nichtssagend | sinn-, zwecklos | *Sport* (Spiel) punkt-, torlos; **~man** ['~mæn] *s* (*pl* **~men** ['~men]) *Am Mil* Stoßtruppführer *m* | *Am*, *Kan Pol* Verhandlungsführer *m*; **,~ of no re'turn** *s Flugw* (*auch übertr*) Stelle *f*, von der es kein Zurück mehr gibt; **,~-of-'sale** *adj Wirtsch* verkaufsorientiert, Kunden- ⟨≈ system⟩; **'~-po,lice·man** *s* (*pl* **'~-po,lice·men**) *Brit* Verkehrspolizist *m*; **points** *s/pl Brit Eisenb* Weiche *f* | (Ballett) Spitze *f* ⟨to dance on ≈ Spitzentanz machen⟩ | (Pferd) besonderes Rassenmerkmal | (Pferd) Haltungsnote *f*; **'points·man** *s* (*pl* **'points·men**) *Brit Eisenb* Weichensteller *m*; **,~-to-'point** *s* (*pl* **,~-to-'points**) Querfeldeinrennen *n*, Jagdrennen *n* durchs Gelände

point·y|-head ['pɔɪntɪhed] *Am umg verächtl s* Intellektuelle(r) *f(m)*, Eierkopf *m*; **,~'head·ed** *adj* eingebildet, intellektuell

poise [pɔɪz] **1.** *s* Gleichgewicht *n* | (Schwebe-) Zustand *m* | (Körper-) Haltung *f* ⟨a graceful ~ eine grazile Haltung⟩ | *übertr* (innere) Ausgeglichenheit *f*, Gelassenheit *f*, Sicherheit *f* ⟨to have a great deal of ~ sehr sicher auftreten⟩ | *übertr* Schwebe *f*, Unentschiedenheit *f* ⟨to hang at ~ unentschieden sein⟩; **2.** *vt* im Gleichgewicht halten, ins Gleichgewicht bringen | balancieren | *selten* (Kopf, Waffe u. ä.) halten; *vi* schweben | (für einen Moment) innehalten, unbeweglich bleiben ⟨to ~ for a second⟩; **poised** *adj* in der Luft hängend, schwebend ⟨to hang ≈⟩ | *übertr* (gefährlich) in der Schwebe, höchst gefährdet ⟨to be ≈ between life and death zwischen Leben und Tod stehen⟩ | am Rand (sitzend) ⟨to sit ≈ on the edge of a chair auf dem Sprung sitzend⟩ | *übertr* bereit ⟨≈ for action bereit zum Kampf⟩ | *übertr* ausgeglichen, beherrscht

poi·son ['pɔɪzn] **1.** *s* Gift *n* (*auch übertr*) ⟨to take ~; it's ~⟩ | *Sl scherzh* Alkohol *m* ⟨what's your ~? was willst du trinken?⟩; **2.** *vt* vergiften ⟨to ~ a dog; to ~ s.o.'s food; to ~ the air; to ~ o.s.⟩ | *bes Brit Med* infizieren ⟨a ~ed foot⟩ | *übertr* vergiften, zersetzen ⟨to ~ s.o.'s mind against jmdn. völlig voreingenommen machen gegen⟩; **'~er** *s* Giftmischer(in) *m(f)*; **'~ fang** *s* Giftzahn *m*; **,~ 'gas** *s* Giftgas *n*; **'~ nut** *s Bot* Brechnuß *f*; **'~ous** *adj* giftig, Gift- ⟨≈ snake Giftschlange *f*; ≈ herbs giftige Kräuter *n/pl*⟩ | *übertr* verderblich, zersetzend ⟨≈ ideas⟩ | *übertr* giftig, boshaft ⟨≈ slander; ≈ look⟩ | *übertr umg* ekelhaft, ungenießbar ⟨a ≈ green; a ≈ meal⟩; **'~ pen** *s* verleumderischer Briefschreiber, anonymer Verleumder; **,~-pen ,let·ter** *s* anonymer Brief, Verleumdungsbrief *m*

¹poke [pəʊk] *s dial* Beutel *m* ◇ **buy a pig in a ~** *umg* die Katze im Sack kaufen

²poke [pəʊk] **1.** *s* Stoß *m*, Puff *m* ⟨to take a ~ at s.o. *umg* jmdn. knuffen *od* jmdm. eins versetzen⟩; **2.** *vt* stoßen, puffen, knuffen (**with** mit) ⟨to ~ s.o. in the ribs jmdm. in die Rippen stoßen; to ~ s.o. in the eye jmdm. ins Auge stechen; to ~ fun at s.o. *übertr* sich über jmdn. lustig machen⟩ | (Nase u. ä.) stecken ⟨to ~ one's head round the corner scharf um die Ecke schauen; to ~ one's nose into s.o.'s affairs *übertr* die Nase in jmds. Angelegenheiten stecken⟩ | (Kopf) hängen lassen | *auch* **~ up** (Feuer) schüren | (Loch u. ä.) reißen ⟨to ~ a hole in/through s.th.⟩; *vi* stoßen (**at** nach) | (herum)stochern (**at, in** an, in) | (herum)stöbern, -suchen (**into** in) | *übertr* schnüffeln ⟨to ~ and pry herumschnüffeln⟩ | hervorstehen, herausragen (**through** aus, durch); **~ about, ~ around** *umg* schnüffeln, (heimlich) stöbern (**among** zwischen); **¹'pok·er** *s* Feuer-, Schürhaken *m* ⟨as stiff as a ≈ *übertr* stocksteif⟩ | Trödler *m*

²po·ker ['pəʊkə] *s Kart* Poker *n* ⟨to play ~ pokern⟩; **'~ face** *s* Pokergesicht *n*, unbewegliche Miene; **'~-faced** *adj* mit undurchdringlichem Gesicht

pok·er·work ['pəʊkəwɜ:k] *s* Brandmalerei *f*

poke·sy ['pəʊksɪ] *adj* gemächlich

pok[e]·y ['pəʊkɪ] *umg adj* eng, beengt, winzig ⟨a ~ room⟩ | dürftig, armselig, schäbig (*auch übertr*) ⟨a ~ little garden⟩ | *Am* langweilig, übertrieben langsam ⟨~ traffic; too ~ to get anything done⟩

Po·lack ['pəʊlæk] *s verächtl* Polacke *m*, Polackin *f*

Po·land ['pəʊlənd] *s* Polen

po·lar ['pəʊlə] *adj* polar, Polar- ⟨~ air Polarluft *f*⟩ | *Math, Phys* Polar- | *übertr förml* polar, entgegengesetzt ⟨~ opposites Gegenpole *m/pl*⟩; **,~ 'bear** *s Zool* Eisbär *m*; **,~ 'cir·cle** *s* Polarkreis *m*; **,~ 'fox** *s Zool* Blau-, Weißfuchs *m*; **~im·e·ter** [,~'rɪmɪtə] *s Phys* Polarimeter *n*; **Po·la·ris** [pəʊ'lɑ:rɪs|-'lærɪs] *s Astr* Polar-, Nordstern *m*; **~i·scope** [pəʊ'lærɪskəʊp] *s Phys* Polariskop *n*; **~i·scop·ic** [pəʊ,lærɪ'skɒpɪk] *adj* polariskopisch; **~i·ty** [pə'lærətɪ|pəʊ-] *s bes Phys* Polarität *f* (*auch übertr*) ⟨negative ≈; a growing ≈ *übertr* zunehmend gegensätzliche Auffassungen *f/pl*⟩; **,~i·ty 'in·di·ca·tor** *s El* Polprüfer *m*; **~i·za·tion** [,pəʊlərаɪ'zeɪʃn] *s Phys* Polarisation *f*, Polarisierung *f* (*auch übertr*); **'~ize** *vt Phys* polarisieren | *übertr* polarisieren, aufspalten (**into** in) | lenken, orientieren (**towards** auf, hin…zu); **⁓oid** ['pəʊlərɔɪd] *s Phys* Polaroid *n*, Sonnenschutzglas *n* ⟨⁓oids *umg* Sonnenschutzbrille *f*⟩ | *auch* **,⁓oid 'cam·e·ra** *s Foto* Polaroidkamera *f*; **,~ 'star** *s Astr* Polar-, Nordstern *m*

pol·der ['pəʊldə] *s* (*bes* Holland) Polder *m*, eingedeichtes Marschland

Pole [pəʊl] *s* Pole *m*, Polin *f*

¹pole [pəʊl] **1.** *s* Stange *f*, Stab *m*, Stock *m* | Pfosten *m*, Pfahl *m* | Wagendeichsel *f* | Bohnenstange *f* | *Mar* Bootshaken *m* | Rute *f* (5,029 m) ◇ **up the ~** *bes Brit umg* einen leichten Klaps habend, leicht verrückt; in der Klemme, in der Tinte; auf der Palme, eine Stinkwut habend; **2.** *vt* mit Stangen versehen, (Bohnen) stängen | (Boot) staken, mit einer Stange fortbewegen | (Kupfer) polen; *vi* (Ski) die Stöcke gebrauchen, sich anschieben

²pole [pəʊl] *s Geogr, Astr, Phys, Math* Pol *m* ⟨north ~; magnetic ~; negative (positive) ~; like ~s gleichnamige Pole *pl*⟩ | *übertr* (Gegen-) Pol *m*, anderes Extrem ⟨at opposite ~s weit auseinander; ~s apart Welten voneinander entfernt⟩

pole|axe ['pəʊlæks] **1.** *s* Streitaxt *f* | *Mar* Enterbeil *n* | Schlachtbeil *n*; **2.** *vt* (Tier) (ab)schlachten | (mit einer Axt) betäuben, erschlagen (*auch übertr*) ⟨to feel like ≈d *übertr* sich wie erschlagen fühlen⟩; '~ **bean** *s Bot* Stangenbohne *f*; '~**cat** *s Zool* Iltis *m* | *Am* Skunk *m*; '~**jump** *s* Stabhochsprung *m*

po·lem|ic [pə'lemɪk|pəʊ-] **1.** *adj* polemisch, Streit- ⟨a ≈ remark; with a ≈ purpose in polemischer Absicht⟩ | (Person) streitlustig ⟨a ≈ writer⟩; **2.** *s* Polemiker(in) *m(f)* | Polemik *f*; **po'lem·i·cal** *adj* polemisch; **~i·cist** [~ɪsɪst] *s* Polemiker(in) *m(f)*; **po'lem·ics** *s/pl* (*sg konstr*) Polemik *f*; **pol·e·mize** ['pɒləmaɪz] *vi* polemisieren

pole po·si·tion [ˌpəʊl pə'zɪʃn] *s* günstige Position

pole| star ['pəʊl stɑ:] *s Astr* Polarstern *m*; '~ **vault** *s* Stabhochsprung *m*; '~**vault** *vi* mit dem Stab springen, stabhochspringen; '~**vault·er** *s* Stabhochspringer *m*

po·lice [pə'li:s] **1.** *s* Polizei *f* | Polizeitruppe *f* | *collect* Polizei *f*, Polizisten *m/pl* ⟨two ~ zwei Polizisten⟩; **2.** *vt* polizeilich überwachen | unter Polizeigewalt halten | *übertr* überwachen, kontrollieren ⟨to ~ an agreement⟩ | mit Polizei ausrüsten | *meist* ~ **up** *Am Mil* säubern, in Ordnung bringen *od* halten; ˌ~ '**con·sta·ble** *s Brit förml* Schutzmann *m*, Wachtmeister *m*; '~ **court** *s* Polizeigericht *n*; '~**man** *s* (*pl* '~**men**) Polizist *m*; '~ **of·fice** *s* Polizei(büro) *f(n)*; '~ ˌ**of·fi·cer** *s* Polizist(in) *m(f)*; Polizeibeamter *m*; '~ **state** *s verächtl* Polizeistaat *m*; '~ ˌ**sta·tion** *s* Polizeiwache *f*, Revier *n*; '~ˌ**wom·an** *s* (*pl* '~ˌ**wom·en**) weiblicher Polizist, Polizistin *f*

po·li·cier [ˌpəʊlɪ'sjeɪ] *s* ⟨*frz*⟩ Krimi *m*

pol·i·clin·ic [ˌpɒlɪ'klɪnɪk] *s* Ambulanz *f* | Poliklinik *f*

[1]**pol·i·cy** ['pɒləsɪ] *s* Politik *f*, politische Linie, Taktik *f* ⟨foreign ~ Außenpolitik *f*⟩ | Lebensklugheit *f*, Zweckmäßigkeit *f* ⟨it's bad ~ to do this es ist unklug, das zu tun⟩ | Schlauheit *f*, Durchtriebenheit *f*

[2]**pol·i·cy** ['pɒləsɪ] *s*, *auch* **in'sur·ance** ˌ~ (Versicherungs-) Police *f* | *Am* Zahlenlotto *n*

pol·i·o ['pəʊlɪəʊ] *Kurzw umg* für **~my·e·li·tis** [ˌ~maɪə'laɪtɪs] *s Med* Poliomyelitis *f*, spinale Kinderlähmung

Po·li·sa·ri·o [ˌpəʊlɪ'sɑ:rɪəʊ], *auch* ˌ~ '**Front** *s Pol* Polisario *f* (Westsahara)

Pol·ish ['pəʊlɪʃ] **1.** *adj* polnisch; **2.** *s* Polnisch *n*

pol|ish ['pɒlɪʃ] **1.** *vt* (Schuhe) putzen, wichsen | glätten, polieren | schmirgeln | bohnern | *Tech* glanzschleifen | *Tech* (Walzgut) schlichten | *übertr* verfeinern, verschönern, vervollkommnen | *auch* **~ish up** herausputzen, aufpolieren | *übertr* aufpolieren, auffrischen ⟨to ≈ up one's knowledge⟩; **~ish off** *übertr umg* schnell erledigen *od* hinkriegen ⟨to ~ish s.th. off in no time etw. im Nu zu Ende bringen⟩ | (Essen) wegputzen | *Sl* erledigen, umbringen, umlegen; *vi* glänzend werden; **2.** *s* Glanz *m*, Politur *f*, Glätte *f* ⟨high ≈ Hochglanz *m*⟩ | Poliermittel *n* ⟨metal ≈⟩ | Wichse *f* ⟨shoe ≈ Schuhkrem *f*⟩ | *übertr* Schliff *m* ⟨to lack ≈ ungeschliffen *od* ungehobelt sein⟩ | *übertr* Vollkommenheit *f*; '~**ished** *adj* glänzend, poliert | *übertr* höflich | *übertr* elegant, glanzvoll ⟨a ≈ performance⟩; '~**ish·er** *s* Schleifer *m*, Polierer *m* | Poliermaschine *f* ⟨floor ≈ Bohnermaschine *f*⟩ | Poliermittel *n* | Schuhbürste *f*; '~**ish·ing** **1.** *adj* Putz-, Polier-; **2.** *s* Polieren *n* | *Tech* Glanzschleifen *n*; '~**ish·ing** ˌ**a·gent** *s* Poliermittel *n*, Politur *f*; '~**ish·ing wool** *s* Putzwolle *f*

Po·lit·bu·ro [pə'lɪtbjʊərəʊ|'pɒlɪt-] *s Pol* Politbüro *n*

po·lite [pə'laɪt] *adj* artig, höflich, zuvorkommend (**to** gegen) ⟨~ children; ~ manners⟩ | *förml* vornehm, gebildet, fein ⟨~ literature schöne Literatur; ~ society vornehme Gesellschaft⟩

pol·i·tic ['pɒlətɪk] **1.** *adj lit* schlau, klug, berechnend ⟨a ~ move⟩ | diplomatisch, staatsklug ⟨a ~ statesman⟩ ◇ **the** ˌ**bo·dy** '~ *Jur* das Staatswesen, das staatliche Gemeinwesen; **2.** *s* Einfluß *m*, Beherrschung *f*

po·lit·i·cal [pə'lɪtɪkl] *adj* politisch ⟨~ party; ~ opinions⟩ | staatlich, Staats-, Regierungs- ⟨~ system Regierungssystem *n*, Staatsaufbau *m*⟩ | staatskundig | politisch, staatsbürgerlich ⟨~ freedom⟩ | politisch engagiert ⟨he's very ~⟩ | *verächtl* politisch, nicht sachdienlich, einseitig ⟨for ~ reasons⟩; ˌ~ '**an·i·mal** *s Pol* geschickter *od* gewiefter Politiker; ˌ~ **a'sy·lum** *s* politisches Asyl; ˌ~ **e'con·o·my** *s* politische Ökonomie, Politökonomie *f* | Nationalökonomie *f*, Volkswirtschaft *f*; ˌ~ **ge'og·ra·phy** *s* politische Geographie; **po'lit·i·cal·ize** *vt, vi* politisieren; ˌ~ '**sci·ence** *s* politische, Staatswissenschaft *f*, Politwissenschaft *f*; **pol·i·ti·cian** [ˌpɒlə'tɪʃn] *s* Politiker *m*, Staatsmann *m* | *bes Am* korrupter Politiker; **po·lit·i·cize** [pə'lɪtɪsaɪz] *vt, vi* politisieren | politisch schulen, politisch bewußt machen; **pol·i·tick·ing** ['pɒlɪtɪkɪŋ] *s oft verächtl* raffinierte *od* korrupte Politik, Opportunismus *m*; **po·lit·i·co** [pə'lɪtɪkəʊ] *s* (*pl* **po'lit·i·cos, po'lit·i·coes**) *oft verächtl* korrupter Politiker, Opportunist *m*; **po'lit·i·co-** *in Zus* polit(isch) und … ⟨≈-scientific politwissenschaftlich⟩; **pol·i·tics** ['pɒlətɪks] *s/pl* (*sg konstr*) Politik *f*, Staatskunst *f* | Staats-, politische Wissenschaft ⟨to study ≈⟩ | (Partei-, Staats-) Politik *f* ⟨local ≈ Gemeindepolitik *f*; to enter ≈ politisch aktiv *od* tätig werden⟩ | *übertr* (Interessen-) Politik *f* ⟨university ≈⟩ | *bes Am verächtl* politische Machenschaften *pl* ⟨to play ≈ üble politische Tricks anwenden, manipulieren⟩ | (*pl konstr*) politische Überzeugung ⟨what are your ≈?⟩; **pol·i·ty** ['pɒlətɪ] *förml s* Staats-, Gemeinwesen *n* | Verfassung *f* | Regierungsform *f* | *übertr* Politik *f*

pol·ka ['pɒlkə] **1.** *s Mus* Polka *f*; **2.** *vi* Polka tanzen; '~ **dot** *s* (*bes pl*) Punkt-, Tupfenmuster *n* (eines Stoffes); '~-**dot** *adj* gepunktet, mit Pünktchen gemustert ⟨a ≈ skirt⟩; '~-**dot·ted** *adj* getupft

poll [pəʊl] **1.** *s Pol* Stimm(en)abgabe *f*, Abstimmung *f*, Wahl *f* ⟨heavy (light, poor) ~ starke (geringe, schwache) Wahlbeteiligung; to go to the ~s zur Wahl *od* wählen gehen; to take a ~ abstimmen lassen, eine Abstimmung durchführen; to head the ~ bei der Wahl vorn liegen⟩ | Stimm(en)auszählung *f*, Wahlergebnis *n*, Stimmenzahl *f*, Wahlbeteiligung *f* ⟨to declare the ~ das Wahlergebnis bekanntgeben⟩ | Wählerliste *f* ⟨on the ~ in der Wählerliste⟩ | *auch* **o'pin·ion ~** (Meinungs-) Umfrage *f* | Ergebnis *n* (einer Meinungsumfrage) | *scherzh, dial* Kopf *m*, Schädel *m* ⟨to scratch one's ~⟩; **2.** *vt* (Stimmen) erhalten | (*meist pass*) in die Wählerliste eintragen | (jmdn.) befragen | (Haare) scheren, stutzen | (Baum) kappen, kuppen; *vi* wählen, (ab)stimmen (**for** für)

[2]**Poll** [pɒl] *s Zool* Papagei *m*

poll·a·ble ['pəʊləbl] *adj* wählbar

pol·lard ['pɒləd] **1.** *s* gekappter Baum | hornloses Tier | Kleie *f*; **2.** *vt* (Baum) kappen, stutzen; **3.** *adj* gestutzt

poll·book ['pəʊlbʊk] *s* Wählerliste *f*

polled [pəʊld] *adj* gekappt | geschoren ⟨a ~ head⟩ | hornlos

pol·len ['pɒlən] **1.** *s Bot* Pollen *m*, Blütenstaub *m*; **2.** *vt* bestäuben; '~ **ca**ˌ**tarrh** *s Med* Heuschnupfen *m*; '~ **count** *s* Pollenzahl *f*; '~ ˌ**fe·ver** *s Med* Heufieber *n*; '~**ize** *vt* bestäuben; **pol·li·nate** ['pɒlɪneɪt] *vt* bestäuben; ˌ**pol·li'na·tion** *s* Bestäubung *f*

poll·ing ['pəʊlɪŋ] **1.** *adj* wählend, Wahl-; **2.** *s* Wählen *n* ⟨~ was heavy die Wahlbeteiligung war stark⟩ | Wahl *f*; '~ **booth** *s Brit* Wahlkabine *f*; '~ **day** *s* Wahltag *m*; '~ ˌ**dis·trict** *s* Wahlbezirk *m*; '~ **place** *s* Wahlort *m*; '~ ˌ**sta·tion** *s Brit* Wahllokal *n*

pol·li·no·sis [ˌpɒlɪ'nəʊsɪs] *s Med* Heuschnupfen *m*

poll| par·rot ['pɒl ˌpærət] *s Zool* Papagei *m* (*auch übertr*);

'~-ˌ**par·rot** *vt, vi* (nach)plappern

poll|ster ['pəʊlstə] *s umg* Meinungsforscher *m,* Interviewer *m,* Befrager *m;* '~ **tax** *s* Kopfsteuer *f*

pol|lut·ant [pə'lu:tənt|-lju:-] *s* Schmutzstoff *m;* **~lute** [~'lu:t|-'lju:t] *vt* (Luft, Wasser, Boden u. ä.) verunreinigen, verschmutzen ⟨to ≈ water⟩ | beflecken, beschmutzen (*auch übertr*) ⟨to ≈ s.o.'s honour⟩ | entehren, entweihen ⟨to ≈ a temple⟩; ˌ**~'lu·ter** *s* Umweltverschmutzer *m;* **~lu·tion** [-'lu:ʃn|-'lju:ʃn] *s* (*bes* Umwelt-) Verunreinigung *f,* Verschmutzung *f* ⟨air ≈⟩ | Befleckung *f* (*auch übertr*) | Entehrung *f,* Entweihung *f* | *Med* Pollution *f;* **~'lu·tion tax** *s* Umweltsteuer *f;* **~'lut·ive** *adj* umweltverschmutzend ⟨a ≈ engine⟩

Pol·ly ['pɒlɪ] = **Poll**

Pol·ly·an|na [ˌpɒlɪ'ænə] *s Am verächtl* blinder *od* unverbesserlicher Optimist; '**~nish** *adj* unrealistisch, blind

po·lo ['pəʊləʊ] *s* (Sport) Polo *n*

pol·o·naise [ˌpɒlə'neɪz] *s Mus* Polonäse *f*

po·lo| neck ['pəʊləʊ nek] *s* Rollkragen *m;* '~ **shirt** *s* Polohemd *n;* '**~stick** *s* Poloschläger *m*

po·lo·ni·um [pə'ləʊnɪəm] *s Chem* Polonium *n*

po·lo·ny [pə'ləʊnɪ] *s Brit* (grobe) Zervelatwurst

pol·ter·geist ['pɒltəgaɪst] *s* Poltergeist *m,* Kobold *m*

pol·troon [pɒl'tru:n] *arch* **1.** *s verächtl* Memme *f,* Feigling *m* ⟨you ~⟩; **2.** *adj* feige, mutlos; **pol'troon·er·y** *s* Feigheit *f;* **pol'troon·ish** *adj* feige

pol·y ['pɒlɪ] *s* (*pl* **~s**) *Brit umg Kurzw* für ˌ**pol·y'tech·nic** Fachhochschule *f* | = **polyester fibre**

poly- [pɒlɪ] ⟨*griech*⟩ *in Zus* viel-, mehr- (*z. B.* **~gamy**)

pol·y|ac·ry·late [ˌpɒlɪ'ækrɪleɪt] *s Chem* Polyakrylat *n;* **~am·id[e]** [ˌ~'æmɪd] *s* Polyamid *n;* ˌ**~ˌam·ide 'fi·bre** *s* Polyamidfaser *f;* **~an·drous** [ˌ~'ændrəs] *adj* polyandrisch, mit mehreren Männern zusammenlebend | *Bot* vielmännig | *Zool* mit mehreren Männchen; **~an·dry** [ˌ~'ændrɪ] *s* Polyandrie *f,* Vielmännerei *f;* **~an·tha rose** [ˌ~'ænθə rəʊz] *s Bot* Polyantharose *f;* **~an·thus** [ˌ~'ænθəs] *s* (*pl* **~an·thus·es**) *Bot* Hohe Schlüsselblume *f;* **~a·tom·ic** [ˌ~ə'tɒmɪk] *adj* vielatomig; **~car·pic** [ˌ~'kɑ:pɪk] *adj Bot* polykarp; **~cel·lu·lar** [ˌ~'seljələ] *adj* vielzellig; **~chord** ['~kɔ:d] *Mus* **1.** *s* Polychord *n;* **2.** *adj* mehrsaitig; **~chro·mat·ic** [ˌ~krə'mætɪk] *adj* polychrom; **~chrome** ['~krəʊm] **1.** *adj* vielfarbig; **2.** *s* Vielfarbigkeit *f;* ˌ**~chrome 'print·ing** *s Typ* Mehrfarbendruck *m;* **~clin·ic** [ˌ~'klɪnɪk] *s* Poliklinik *f;* **~es·ter** [ˌ~'estə] *s Chem* Polyester *m;* ˌ**~ˌes·ter 'fi·bre** *s* Polyesterfaser *f;* **~eth·y·lene** [ˌ~'eθɪli:n] *s Am Chem* Polyäthylen *n;* **po·lyg·a·mist** [pə'lɪgəmɪst] *s* Polygamist *m;* **po·lyg·a·mous** [pə'lɪgəməs] *adj* polygam | *Zool* polygamisch; **po'lyg·a·my** *s* Polygamie *f,* Vielweiberei *f;* **~gen·e·sis** [ˌ~'dʒenɪsɪs] *s Biol, Med* Polygenesis *f;* **~ge·net·ic** [ˌ~dʒɪ'netɪk], ˌ**~'gen·ic** *adj* polygenetisch; **~glot** ['~glɒt] **1.** *adj* polyglott, vielsprachig; **2.** *s* Polyglotte *f,* mehrsprachiges Buch | Polyglott *m,* mehrere Sprachen sprechender Mensch | Sprachengewirr *n;* **~gon** ['~gən] *s Math* Polygon *n,* Vieleck *n;* **po·lyg·o·nal** [pə'lɪgənl] *adj* vieleckig, polygonal; **po·lyg·o·num** [pə'lɪgənəm] *s Bot* Polygonum *n,* Knöterich *m;* **~graph** ['~grɑ:f] **1.** *s* Kopiergerät *n* | Lügendetektor *m;* **2.** *vt* einem Lügentest unterziehen; **~graph·ic** [ˌ~'græfɪk] *adj* polygraphisch, Kopier-; **~he·dron** [ˌ~'hi:drən] *s Math* Polyeder *n,* Vielflach *n;* **~math** ['~mæθ] *s* Universalgenie *n;* **~mer** ['~mə] *s Chem* Polymer *n;* ˌ**~'mer·ic** *adj* polymer; '**~mer·ize** *vt* polymerisieren; **~mor·phic** [ˌ~'mɔ:fɪk], = ˌ**~'mor·phous** *adj* polymorph, vielgestaltig; **pol·yp** ['pɒlɪp] *s Zool, Med* Polyp *m;* **~pha·gi·a** [ˌ~'feɪdʒɪə] *s Med* Polyphagie *f,* Gefräßigkeit *f;* **po·lyph·a·gous** [pə'lɪfəgəs] *adj* gefräßig; **~phase** ['~feɪz] *adj El* Mehrphasen-; ˌ**~phase 'gen·er·ator** *s El* Drehstromgenerator *m;* **~phon·ic** [ˌ~'fɒnɪk] *adj Mus* polyphon | mehrstimmig, mehrtönig; **po·lyph·o·ny** [pə'lɪfənɪ] *s Mus* Polyphonie *f* | Mehrstimmig-, Mehrtönigkeit *f;* **pol·yp·noe·a** [ˌpɒlɪp'ni:ə] *s Med* Keuchhusten *m;* **~po·dy** ['~pəʊdɪ|-pədɪ] *s Bot* Tüpfelfarn *m;* '**~pous** *adj Med, Zool* Polypen-; **~pus** ['~pəs] *s* (*pl* **~pi**) ['~paɪ] *Med* Polyp *m;* **~sty·rene** [ˌ~'staɪəri:n] *s Chem* Polystyrol *n;* ˌ**~sty·rene ce'ment** *s Chem* Kunststoffkleber *m;* **~syl·lab·ic** [ˌ~sɪ'læbɪk], ˌ**~syl'lab·i·cal** *adj Ling* viel-, mehrsilbig; **~syl·la·bism** [ˌ~'sɪləbɪzm] *s* Vielsilbigkeit *f;* '**~ˌsyl·la·ble** *s* mehrsilbiges Wort *n;* **~tech·nic** [ˌ~'teknɪk] **1.** *adj* polytechnisch; **2.** *s* Polytechnikum *n,* Fachhochschule *f* | technische Fachschule; ˌ**~'tech·ni·cal** *adj* polytechnisch; **~the·ism** [ˌ~'θi:ɪzm] *s* Polytheismus *m,* Vielgötterei *f;* **~thene** ['~θi:n] **1.** *s Chem* Polyäthylen *n;* **2.** *adj* Kunststoff- ⟨a ≈ bag⟩; **~u·re·thane** [ˌ~jʊə'reθeɪn] *s Chem* Polyurethan *n;* **~u·ri·a** [ˌ~'jʊərɪə] *s Med* Polyurie *f,* Harnflut *f;* **~va·lence** [ˌ~'veɪləns] *s Chem* Mehrwertigkeit *f;* ˌ**~'va·lent** *adj* mehrwertig; **~vi·nyl** [ˌ~'vaɪnɪl] *adj Chem* Polyvinyl-; ˌ**~vi·nyl 'chlo·rid[e]** *s Chem* Polyvinylchlorid *n*

pom [pɒm] = **'pom·my**

po·made [pə'mɑ:d] **1.** *s* (Haar-) Pomade *f,* -fett *n;* **2.** *vt* mit Pomade einreiben

po·man·der [pə'mændə] *s* Parfüm-, Ambrakugel *f*

po·ma·tum [pə'meɪtəm] = **pomade**

pome [pəʊm] *s Bot* Kernfrucht *f*

pome·gran·ate ['pɒmɪgrænət|-mg-] *s* Granatapfel *m* | Granatapfelbaum *m*

Pom·er·a·ni·an [dog] [ˌpɒmə'reɪnɪən] *s, oft* ≁ *Zool* Spitz *m*

po·mi·cul·ture ['pəʊmɪˌkʌltʃə] *s* Obst(baum)zucht *f;* ˌ**po·mi'cul·tur·ist** *s* Obstzüchter *m*

pom|mel ['pʌml] **1.** *s* (Sattel-, Degen- u. ä.) Knopf *m,* Knauf *m;* **2.** **('~melled, '~melled)** *vt bes Am umg* knuffen, schlagen; '**~mel horse** *s* (Turnen) Sprungpferd *n* (mit Griffen), Seitpferd *n*

pom·my, *oft* ≁ ['pɒmɪ] *s Austr, Neuseeland Sl verächtl* britischer Einwanderer

po·mo·log·i·cal [ˌpəʊmə'lɒdʒɪkl] *adj* obstkundlich; **po·mol·o·gist** [pə'mɒlədʒɪst] *s* Obstsachverständiger *m;* **po'mol·o·gy** *s* Pomologie *f,* Obstkunde *f*

pomp [pɒmp] *s* Pomp *m,* Prunk *m,* Pracht *f,* Gepränge *n* (*auch übertr*) ⟨empty ~⟩

pom·pel|moose ['pɒmpəlmu:s], **~mous** ['~mʊs] *s Bot* Pampelmuse *f*

[1]**pom·pom** ['pɒmpɒm] *s Mil* (Flak-) Schnellfeuergeschütz *n*

[2]**pom|pom** ['pɒmpɒm], *selten* **~pon** ['~pɒn] *s* Troddel *f,* Pommel *f* (an Matrosenmütze)

pom·pos·i·ty [pɒm'pɒsətɪ] *s* Prunk *m,* Pomphaftigkeit *f;* '**pomp·ous** *adj* pompös, prunkvoll, pomphaft ⟨a ≈ house⟩ | schwülstig ⟨≈ language; a ≈ style⟩ | wichtigtuend ⟨a ≈ little official ein aufgeblasener kleiner Beamter⟩

ponce [pɒns] *Brit* **1.** *s* Zuhälter *m,* Lude *m* | *Sl verächtl* Pinkel *m,* fieser Typ; **2.** *vi* Zuhälter sein (**for s.o.** jmdm.); ~ **about,** *auch* ~ **around** *Sl* sich aufspielen, sich weibisch benehmen (Mann) | sich um Unwesentliches kümmern, versagen

pon·cho ['pɒntʃəʊ] *s* Poncho *m* | Regenumhang *m,* Cape *n*

ponc·y ['pɒnsɪ] *s Brit Sl verächtl* fies

pond [pɒnd] *s* Tümpel *m,* Teich *m,* Weiher *m* ⟨a duck ~ ein Ententeich⟩ | (*mit best art*) *Brit scherzh* der große Teich (Atlantik); '**~age** *s* Wassermenge *f*

pon·der ['pɒndə] *vt* erwägen, nachdenken über, überlegen ⟨to ~ the matter⟩; *vi* nachdenken, grübeln (**on, over, upon** über); ˌ**~a'bil·i·ty** *s* Wägbarkeit *f;* '**~a·ble** *adj* wägbar | *übertr* ein-, abschätzbar; '**~ing** *adj* nachdenklich; **~os·i·ty** [ˌ~'rɒsətɪ] *s* Schwere *f,* Gewichtigkeit *f* | *übertr* Schwerfälligkeit *f;* '**~ous** *adj* massig, schwer, gewichtig | *übertr verächtl* schwerfällig, umständlich | *übertr verächtl* langweilig,

langatmig
pond lil·y ['pɒnd ˌlɪlɪ] *s Bot* See-, Wasserrose *f*
pone [pəʊn], *auch* **'corn ~** *s Am* Maisbrot *n*
pong [pɒŋ] *Brit Sl* **1.** *s* Gestank *m*; **2.** *vi* stinken
pon·iard ['pɒnjəd] **1.** *s* Dolch *m*; **2.** *vt* erdolchen
pon·tage ['pɒntɪdʒ] *s Hist* Brückengeld *n*
pon|tiff ['pɒntɪf] *s* Hohepriester *m*, Oberpriester *m* | Pontifex *m*, Papst *m* ⟨the ≈ der Papst⟩; **~tif·i·cal** [~'tɪfɪkl] **1.** *adj* oberpriesterlich | pontifikal, päpstlich ⟨a ≈ letter⟩ | *übertr verächtl* dogmatisch, päpstlich, überheblich ⟨≈ statements⟩; **2.** *s* Pontifikale *n*; **~'ti·fi·cals** *s/pl* Pontifikalien *pl*, (priesterliche) Amtstracht; **~'tif·i·cate** [-kɪt] *s* Hohepriestertum *n* | Pontifikat *n*; [-keɪt] *vi* als Hohepriester amtieren | ein Pontifikalamt zelebrieren | *übertr verächtl* dogmatisch verkünden, dozieren (**about, on s.th.** etw.); *vt* kühn behaupten
¹**pon·toon** [pɒn'tu:n] *s Brit Kart* Siebzehn und Vier *n*
²**pon·to(o)n** [pɒn'tu:n] **1.** *s* Ponton *m*, Brückenkahn *m* | *Mar* Prahm *m* | *Flugw* Schwimmer *m* (eines Wasserflugzeugs); **2.** *vt* (Fluß) mit einem Ponton überqueren; **'~ bridge** *s* Ponton-, Schiffsbrücke *f*; **'~ dock** *s* Ponton-, Schwimmdock *n*
po·ny ['pəʊnɪ] *s Zool* Pony *n*, kleines Pferd | *Am* Mustang *m*, halbwildes Pferd | *scherzh* Pferd *n* (zum Wetten) ⟨to bet on the ponies mit den Pferden sein Glück versuchen⟩ | *Brit Sl* £ 25 | *Am Sl* Übersetzungshilfe *f*, Klatsche *f* | *Am Sl* Kleinauto *n* | *Am umg* Gläschen *n* Schnaps; **'~ car** *s Am Kfz* Mittelklassewagen *m*; **'~ ˌen·gine** *s Am Eisenb* Rangierlokomotive *f*; **'~tail** *s* Pferdeschwanz *m*; **'~-ˌtrek·king** *s Brit* Spazierritt *m* (auf Ponys)
pooch [pu:tʃ] *s Sl scherzh* Köter *m*
poo·dle ['pu:dl] *s Zool* Pudel *m*
poof [pu:f] (*pl* **poofs, pooves**), *auch* **~ter** ['~tə] *Brit s Sl verächtl* (passiver) Homo, Tunte *f* | *Sl scherzh* Schwächling *m*, Feigling *m*
pooh [pu:] *interj* pah!, Unsinn! | puh!, äks!; **ˌ~-'~ 1.** = ~; **2.** *vi, vt umg* die Nase rümpfen (über), verächtlich abtun
¹**pool** [pu:l] **1.** *s* Tümpel *m*, Teich *m* | Lache *f*, Pfütze *f* ⟨a ~ of blood⟩ | (Schwimm-) Bassin *n* | tiefe, unbewegte Stelle eines Flusses ⟨in the depths of ~s im tiefsten Grund, ganz unten⟩; **2.** *vt* ausmeißeln, ausstemmen
²**pool** [pu:l] **1.** *s* (Spiel-) Einsatz *m* | (Billard) Poulespiel *n* ⟨to shoot ~ (Art) Billard spielen⟩ | (*meist pl*) (Fußball) Toto *n* | Totalisator *m*, Wettannahmestelle *f* | gemeinsame Kasse, gemeinsamer Fonds, mehreren bzw. allen zur Verfügung stehende Dinge *pl* ⟨car ~ Fahrbereitschaft *f*; typing ~ Schreibbüro *n*⟩ | *Wirtsch* Kartell *n*, Pool *m*, Interessengemeinschaft *f* ⟨working ~ Arbeitsgemeinschaft *f*⟩; **2.** *vt Wirtsch* zu einem Kartell zusammenlegen | *Wirtsch* (Kapital) zusammenwerfen ⟨to ~ funds zusammenschließen⟩ | *übertr* vereinigen ⟨to ~ one's ideas⟩ | zusammenlegen ⟨to ~ one's money⟩; *vi* ein Kartell bilden; **'~ room** *Am s* (öffentliches) Billardzimmer, Spielhalle *f* | Wettbüro *n*
¹**poop** [pu:p] *Mar* **1.** *s* Heck *n* | *auch* **'~ deck** *s* erhöhtes Achterdeck; **2.** *vt* über das Heck schlagen, (Schiff) von hinten treffen
²**poop** [pu:p] **1.** *vi* knallen (Geschütz) | tuten, hupen | *vulg* pupsen, bumsen; **2.** *s* Knall *m*, Bums *m* | *vulg* Pups *m*, Bums *m* | *Am Sl* Narr *m*, Dummkopf *m* ⟨a pompous old ~⟩; **pooped**, *auch* **ˌpooped 'out** *adj Am Sl* völlig fertig, ausgepumpt, groggy
poor [pʊə] *adj* arm, mittellos ⟨a ~ family⟩ | *verächtl* ärmlich, dürftig, armselig ⟨a ~ life; ~ weather⟩ | mager, dürr ⟨~ soil⟩ | schlecht, gering ⟨a ~ crop⟩ | *übertr* schlecht, schwach, elend ⟨~ health; a ~ night eine schlimme Nacht⟩ | *übertr verächtl* (Person) schlecht, mies ⟨a ~ loser⟩ | *übertr* arm, bedauernswert, unglücklich ⟨the ~ old man⟩ | *übertr* arm (weil verstorben) ⟨my ~ father⟩ | *übertr verächtl* dumm, blöd ⟨the ~ fool der alte Narr⟩ | *meist scherzh übertr* gering, unbedeutend ⟨in my ~ opinion *iron* nach meiner unbedeutenden Meinung⟩; **'~ box** *s* Armen-, Almosenbüchse *f*; **'~house** *s* Armenhaus *n* ⟨in the ≈ *übertr* völlig verarmt⟩; **'~ law** *s Jur* Armenrecht *n*, Armengesetzgebung *f*; **'~ly 1.** *adj bes Brit* unpäßlich, krank ⟨to feel rather ≈ sich ziemlich elend fühlen⟩; **2.** *adv* ärmlich, dürftig ⟨to live ≈⟩ | *übertr* schlecht, dürftig, mangelhaft ⟨≈ dressed schlecht angezogen; ≈ paid unterbezahlt; to do ≈ wenig leisten; to think ≈ of recht wenig *od* nicht viel halten von⟩; **ˌ~ly 'off** *adj präd* mittellos (*Ant* well-off) ⟨to be ≈ in ärmlichen Verhältnissen leben⟩ | nicht gut versorgt *od* ausgestattet (**for** mit) ⟨to be ≈ for coal kaum mehr Kohlen haben⟩; **'~-ˌman's-'cab·bage** *s Bot* Winterkresse *f*; **'~-mouth** *vi, vt Am umg* lamentieren, (be)klagen; **ˌ~ re'la·tion** *s übertr* Stiefkind *n*; **'~ reˌlief** *s* Armenfürsorge *f*; **ˌ~-'spir·it·ed** *adj verächtl* feige | verzagt, mutlos; **ˌ~ 'white** *s Am oft verächtl* arme(r) Weiße(r) *f(m)*
poove = poof
poo·v[e]y ['pu:vɪ] *s Brit Sl* schwul, Homo-
¹**pop** [pɒp] **1.** (**popped, popped**) *vi* (Korken u. ä.) knallen | (Feuerwerkskörper) losgehen, explodieren | (Mais u. ä.) aufplatzen | plötzlich erscheinen, huschen | *auch* **~ up** (Kricket) wegfliegen (Ball); **~ at** schießen, losknallen auf; **~ in** hereinplatzen; **~ off** *umg* verschwinden, abhauen | *Sl* abkratzen, sterben; **~ on** schnell anziehen ⟨to ~ one's coat on⟩; **~ open/out** *übertr* heraustreten, aus den Höhlen treten (Augen); **~ out** (einmal) schnell hinausgehen; **~ over** auf einen Sprung gehen (**to** zu); **~ up** plötzlich auftauchen; *vt* (Korken u. ä.) knallen lassen | losgehen lassen | schießen ⟨to ~ a rabbit⟩ | *Am* (Mais) rösten | schnell stekken (**in, into** in, **out** hinaus) | *Sl* (Pillen) schlucken, (ständig Drogen) nehmen | *übertr umg* herausplatzen mit ⟨to ~ s.th. at s.o. jmdn. etw. direkt fragen; to ~ the question to s.o. *übertr* jmdm. einen Heiratsantrag machen⟩ | *umg* treffen, schlagen (**on** an) | *Brit umg* mit Druckknopf zumachen *od* befestigen | *Brit arch umg* versetzen ⟨to ~ one's watch⟩; **2.** *s* Knall *m*, Puff *m* | Schuß *m* | *umg* Brauselimonade *f* | *umg* Sekt *m* | *Brit arch umg nur in*: **in ~** versetzt, im Leihhaus; **3.** *interj* puff! paff!; **4.** *adv* plötzlich, Knall und Fall
²**pop** [pɒp] *Am umg s* Papa *m*, Paps *m* | (Anrede) alter Mann
³**pop** [pɒp] *Mus umg* **1.** *s* Pop *m*, Popmusik *f*, moderne (leichte) Musik, populäre Schlager *m/pl* ⟨he likes ~; top of the ~ Spitzenschlager *m*, -schallplatte *f*⟩; **2.** *adj* volkstümlich, Pop-, Schlager- ⟨~ concert; ~ music; ~ record; ~ singer Schlagersänger *m*⟩ | Pop-, ultramodern ⟨~ society⟩
⁴**pop** [pɒp] *adj Kurzw* für **popular** | **population**
pop·a|dam, *auch* **~dum** ['pɒpədəm] = **papadum**
pop| art [ˌpɒp 'ɑ:t] *s* Pop Art *f*, Kunst *f* des Alltags, Montagekunst *f*; **ˌ~ 'art·ist** *s* Popkünstler(in) *m(f)*, Montagekünstler(in) *m(f)*
pop·corn ['pɒpkɔ:n] *s bes Am* Puffmais *m*
pop·dock ['pɒpdɒk] *s Bot* Roter Fingerhut
pope, *oft* **≁** [pəʊp] *s* Papst *m* (*auch übertr*) ⟨≁ John Paul II⟩ | Pope *m*; **'~dom** *s* Papsttum *n* | Popenwürde *f*; **'pop·er·y** *s verächtl* Pfaffentum *n*, Papisterei *f*
pop|eyed ['pɒpaɪd] *adj umg* glotzäugig; **'~gun** *s* Kinder(schieß)gewehr *n*
pop·in·jay ['pɒpɪndʒeɪ] *s übertr* Papagei *m* | *verächtl* Laffe *m*, Geck *m* ⟨you ~!⟩
pop·ish ['pəʊpɪʃ] *adj verächtl* papistisch, katholisch
pop·lar ['pɒplə] *s Bot* Pappel *f* ⟨silver/great/white ~ Silber-

pappel *f*⟩
pop·lin ['pɒplɪn] *s* Popeline *f*, Popelin *m*
pop·out ['pɒpəʊt] *s Sl* schlechtes Surfbrett
pop·pa ['pɒpə] *s Am umg* = [2]**pop**
[1]**pop·per** ['pɒpə] *s Brit umg* Druckknopf *m*
[2]**pop·per** ['pɒpə] *s Sl* Amylnitritkapsel *f*
pop·pet ['pɒpɪt] *s Brit umg* Puppchen *n*, Herzchen *n* | *Mar* Schlittenständer *m*, -drehlager *n* (bei Stapellauf) | *Tech* Ventilkegel *m*; '~ **head** *s Tech* Docke *f*, Stock *m*; '~ **valve** *s Tech* Ringventil *n*; ˌ~ **valve 'gear** *s Tech* Ventilsteuerung *f*
pop·ping ['pɒpɪŋ] *adj* knallend | lebhaft, laut ⟨a ~ play ein lebendiges Stück⟩; '~ **crease** *s* (Kricket) Schlagmallinie *f*
pop·py ['pɒpɪ] *s Bot* Mohn *m*; **~cock** ['~kɒk] *s umg* Quatsch *m*, Unsinn *m*; '**~head** *s Bot* Mohnkapsel *f*; '**~oil** *s* Mohnöl *n*
pop·shop ['pɒpʃɒp] *s Brit Sl* Leihhaus *n*
pop·sy ['pɒpsɪ] *s Sl oft verächtl* Puppchen *n*, Schickse *f* | *auch* ˌ~-'**wop·sy** Liebste *f*, Schätzchen *n* (Kosewort) ⟨my ≈⟩
pop-top ['pɒptɒp] *adj, bes Am* Aufreißverschluß *m* (an Büchse)
pop·u·lace ['pɒpjʊləs] *s, mit best art förml* Pöbel *m* | (die) große Masse, (das) gemeine Volk
pop·u·lar ['pɒpjʊlə] **1.** *adj* Volks-, öffentlich ⟨~ government Volksherrschaft *f*; ~ opinion öffentliche Meinung; ~ voice Stimme *f* des Volkes⟩ | allgemein, (weit)verbreitet ⟨~ discontent allgemeine Unzufriedenheit; ~ name verbreiteter Name⟩ | leicht verständlich, Populär- ⟨~ science Populärwissenschaft *f*⟩ | allgemein beliebt, populär, volkstümlich ⟨a ~ singer; to be ~ with s.o. bei jmdm. gut ankommen⟩ | *Wirtsch euphem* volkstümlich, billig ⟨~ prices⟩; **2.** *s Ztgsw* Sensationsblatt *n*; ˌ~ '**front** *s* Volksfront *f*; '**~ist** *adj* öffentlichkeitsbewußt, auf breite Anerkennung bedacht; **~i·ty** [ˌpɒpjʊ'lærətɪ] *s* Popularität *f*, Beliebtheit *f*; ˌ**~i'za·tion** *s* Popularisierung *f*, gemeinverständliche Darstellung; '**~ize** *vt* popularisieren, gemeinverständlich darstellen ⟨to ≈ science⟩ | populär machen, allgemein einführen ⟨to ≈ a new product⟩ | beliebt machen ⟨to ≈ a singer⟩; **~ly** *adv* allgemein, bei jedermann ⟨to be ≈ known as⟩; ˌ**~ly-'priced** *adv* zu volkstümlichen Preisen
pop·u|late ['pɒpjʊleɪt] *vt* bevölkern, besiedeln | (*meist pass*) bewohnen ⟨the island is ≈d⟩ | (Menschen) ansiedeln in; ˌ**~'la·tion** *s* Bevölkerung *f*, Einwohnerschaft *f* ⟨the whole ≈⟩ | Bevölkerungs-, Einwohnerzahl *f* ⟨a ≈ of 1000⟩ | (statistische) Gesamtzahl, Bestand *m* ⟨the car ≈; the elephant ≈ of Kenya⟩ | *collect Biol* Bewohner *m/pl*, Population *f*; ˌ**~'la·tion exˌplo·sion** *s* Bevölkerungsexplosion *f*
pop·u|lism, *auch* ≗ ['pɒpjʊlɪzm] *s Am Pol, Hist* Populismus *m*, Prinzipien *pl* der People's Party; '**~list**, *auch* '**≗list** *s Am Pol, Hist* Anhänger *m od* Mitglied *n* der People's Party | Populist *m*
pop·u·lous ['pɒpjʊləs] *adj* (Ort) dicht besiedelt
por·ce·lain ['pɔ:slɪn|-leɪn|'pɔ:sḷɪn|-ḷeɪn] **1.** *s* Porzellan *n*; **2.** *adj* Porzellan-, porzellanartig; ˌ~ '**clay** *s Min* Kaolin *n*, Porzellanerde *f*; ˌ~ **en'am·el** *s* Emaille *f*; **por·ce·lain·ous** ['pɔ:slɪnəs|'pɔ:sḷɪnəs], **por·ce·la·ne·ous** [ˌpɔ:sə'leɪnɪəs], **por·ce·la·nous** [pɔ:'selənəs|'pɔ:sḷənəs] *adj* porzellanartig
porch [pɔ:tʃ] *s* Portal *n*, (überdachter) Vorbau | *Am* Veranda *f*
por·cine ['pɔ:saɪn] *adj Zool* Schweine-, schweineartig | *übertr verächtl* schweinisch
por·cu·pine ['pɔ:kjʊpaɪn] *s Zool* Stachelschwein *n* | *Tech* Kamm-, Nadel-, Stachelwalze *f*
[1]**pore** [pɔ:] *s* Pore *f*
[2]**pore** [pɔ:] *vi* nachdenken (**[up]on** über) | eifrig studieren, brüten (**over, [up]on** über)
pork [pɔ:k] *s* Schweinefleisch *n*; '~ ˌ**but·cher** *s Brit* Schweineschlächter *m*, Wurstfleischer *m*; ˌ~ '**chop** *s* Schweinskotelett *n*; '**~er** *s* Mastschwein *n*, -ferkel *n* | *scherzh* Schweinchen *n*; '**~ling** *s* Ferkel *n*; ˌ~ '**pie** *s Brit* Schweinefleischpastete *f*; ˌ**~pie 'hat** *s* flacher (Herren-) Filzhut; '**~y** *adj Brit umg übertr* (Person) dick, fett
porn [pɔ:n], *auch* **por·no** ['pɔ:nəʊ] *s Brit umg Kurzw* für **pornography**; '~ ˌ**deal·er** *s* Pornohändler *m*
por|nog·ra·pher [pɔ:'nɒgrəfə] *s* Pornograph *m*, Verfasser *od* Vertreiber *m* pornographischer Schriften; **~no·graph·ic** [ˌ~nə'græfɪk] *adj* pornographisch, unsittlich, schmutzig; **~'nog·ra·phy** *s* Pornographie *f* | pornographisches Material, Schmutzliteratur *f*; '**~ny** *adj Sl* Porno- ⟨≈ pictures⟩
po·ros·i·ty [pɔ:'rɒsətɪ] *s förml, Tech* Porosität *f* | poröse Stelle; **po·rous** ['pɔ:rəs] *adj* porös, feuchtigkeitsdurchlässig ⟨≈ soil⟩ | porenreich, voller Poren ⟨≈ skin⟩
por·phy·ry ['pɔ:fɪrɪ] *s Min* Porphyr *m*
por·poise ['pɔ:pəs] *s Zool* Meerschwein *n*, Tümmler *m*
por|ridge ['pɒrɪdʒ] *s* Haferschleim *m*, Porridge *n* | Brei *m* | *Brit Sl* Gefängnis *n* ⟨to do ≈ sitzen⟩; **~rin·ger** ['~rɪndʒə] *s* Suppennapf *m*, -schale *f*
[1]**port** [pɔ:t] *s* Hafen *m* ⟨inner ~ Binnenhafen *m*; naval ~ Kriegshafen *m*; ~ of call *Mar* Anlaufhafen *m*; *Flugw* Anflughafen *m*; *umg* Reisestation *f*; *umg* ständiges Reiseziel; ~ of departure *Mar* Abgangshafen *m*, *Flugw* Abflughafen *m*; ~ of destination *Mar* Bestimmungshafen *m*; *Flugw* Zielflughafen *m*; ~ of transshipment Umschlaghafen *m*; to reach ~ den Hafen erreichen⟩ | *bes* ≗ Hafenstadt *f* ⟨≗ Said⟩ | *übertr* (sicherer) Hafen, Ziel *m* ⟨any ~ in a storm jeder sich nur bietende Ausweg⟩
[2]**port** [pɔ:t] *Mar, Flugw* **1.** *s* Backbord *n* (*Ant* starboard); **2.** *vi* nach Backbord drehen; *vt* (Ruder) nach links drehen; **3.** *adj* backbord ⟨on the ~ side auf Backbord, backbord⟩
[3]**port** [pɔ:t] *s Mar* Pfortluke *f*, Ladeöffnung *f* | *Mil* Schießluke *f*, -scharte *f* | *Tech* Kanal *m*, Öffnung *f*, Schlitz *m*, Abzug *m* ⟨exhaust ~ Auspuff(öffnung) *m*(*f*)⟩ | *auch* '**~hole** *s Mar* Bullauge *n*
[4]**port** [pɔ:t] *s* Portwein *m*
[5]**port** [pɔ:t] **1.** *vt Mil* (Gewehr) schräg vor dem Körper halten ⟨~ arms! (Kommando) präsentiert das Gewehr!⟩; **2.** *s arch* Haltung *f*, Benehmen *n* ◇ **at the '~** *Mil* (Gewehr) schräg nach (links) vorn gehalten, präsentiert
port|a·bil·i·ty [ˌpɔ:tə'bɪlətɪ] *s* Tragbarkeit *f* | *Am* (Renten) Übertragbarkeit *f*; '**~a·ble** *adj* tragbar, transportabel ⟨≈ barbecue tragbarer Grill⟩ | fahrbar; ˌ**~a·ble 'ra·di·o** *s* Kofferradio *n*; ˌ**~a·ble re'ceiv·er**, ˌ**~a·ble 'set** *s Rundf, Ferns* Koffergerät *n*; ˌ**~a·ble 'type·writ·er** *s* Reiseschreibmaschine *f*
por·tage ['pɔ:tɪdʒ] **1.** *s Mar* Portage *f*, Trageplatz *m* | *Wirtsch* Fracht *f* | *Wirtsch* Fracht-, Rollgeld *n*, Träger-, Zustellgebühr *f*; **2.** *vt* (Boot) umsetzen
por·tal ['pɔ:tl] *s* Portal *n*, Prachttor *n*, Haupteingang *m* | (*oft pl*) *förml, poet, übertr* Pforte *f*, Schwelle *f* ⟨at the ~s of happiness auf der Schwelle zum Glück; to pass through the ~s über die Schwelle treten⟩
por·tal ['pɔ:tl] *s Med* Pfortader *f*
port·cul·lis [pɔ:t'kʌlɪs] *auch* ˌ~ '**vein** *s* (Burg, Festung) Fallgitter *n*
porte co·chere [ˌpɔ:t kɒ'ʃɛə] *s* (*pl* **portes cocheres** [–]) ⟨*frz*⟩ Wageneinfahrt *f* | *Am* Schutzvordach *n*
por|tend [pɔ:'tend] *vt förml* (vor)bedeuten, verkündigen ⟨to ≈ trouble⟩; '**~tent** [-tent] *s lit* Vorbedeutung *f* ⟨to be of good ≈ Gutes bedeuten⟩ | (gutes *bzw.* schlimmes) Vorzeichen *n*, (gutes *bzw.* böses) Omen *n* ⟨≈s of war Vorboten *m/pl* des Krieges; a hopeful ≈⟩ | Wunder *n* ⟨≈s and monsters⟩; **~ten·tous** [~'tentəs] *adj* unheilvoll, Unheil anzeigend | erstaunlich, wunderbar, Wunder- | unheimlich,

unglaublich | *verächtl* überzogen, -trieben ⟨a ≈ style⟩

[1]**por·ter** ['pɔ:tə] *s bes Brit* Pförtner *m*, Portier *m*

[2]**por·ter** ['pɔ:tə] *s* Gepäckträger *m* | *Am Eisenb* Schlafwagenschaffner *m*

[3]**por·ter** ['pɔ:tə] *s selten* Porter(bier) *m(n)*

por·ter|age ['pɔ:tərɪdʒ] *s* Tragen *n*, Transport *m* | Trägerlohn *m* | (Paket- u. ä.) Zustellgebühr *f*

por·ter·house ['pɔ:təhaus] *s Am* Bier-, Speiselokal *n* | *auch* ˌ**~ 'steak** *s* Porterhouse Steak *n*, sehr großes (zartes) (Beef-) Steak

por·ter's lodge [ˌpɔ:təz 'lɒdʒ] *s bes Brit* Pförtnerloge *f*, Pforte *f*

port·fire ['pɔ:tfaɪə] *s* Lunte *f*

port·fo·li·o [pɔ:t'feʊlɪəʊ] *s* Aktenmappe *f*, -tasche *f* | Aktenbündel *n* | Zeichnungen *f/pl* | (Minister-) Portefeuille *n*, Ministerposten *m* ⟨the ~ of foreign affairs das Amt des Außenministers; without ~ ohne Geschäftsbereich⟩ | *Wirtsch* (Wechsel-) Portefeuille *n*

port·hole ['pɔ:thəʊl] *s Mar* Bullauge *n*, Pfortluke *f* | *Flugw* Seitenfenster *n*

por·ti|co ['pɔ:tɪkəʊ] *s* (*pl* **'~coes, '~cos**) *Arch* Säulengang *m*, -halle *f*

por·tiere [ˌpɔ:tɪ'ɛə] *s* ⟨*frz*⟩ Portiere *f*, Türvorhang *m*

por·tion ['pɔ:ʃn] **1.** *s* Teil *m*, Anteil *m* (*auch übertr*) ⟨a ~ of the blame ein Teil der Schuld⟩ | Teil *n*, Abteil *n* ⟨the front ~⟩ | (Essen-) Portion *f* ⟨two ~s of fish⟩ | Menge *f*, Quantum *n* | *Jur* Mitgift *f*, Aussteuer *f* | *förml übertr* Schicksal *n*, Los *n*; **2.** *vt* (ein)teilen | als Anteil zuweisen | mit einer Aussteuer versehen, aussteuern | *übertr* (Schicksal) zuteilen, zuteil werden lassen; **~ out** austeilen (**among, between** unter, zwischen); **'~less** *adj* ohne Aussteuer

Port·land| ce·ment [ˌpɔ:tlənd sə'ment] *s Arch, Tech* Portlandzement *m*; ˌ**~ 'clink·er**, *auch* ˌ**~ 'stone** *s Arch* Portlandklinker *m*

port·ly ['pɔ:tlɪ] *adj oft scherzh, euphem* stattlich, ansehnlich (beleibt) ⟨a ~ old gentleman⟩

port·man·teau [pɔ:t'mæntəʊ] *s* (*pl* **~s, ~x** [~z]) *Brit* Handkoffer *m* | Kleiderkoffer *m* | *arch* Mantelsack *m* | *meist* **'~ word** *s Ling* Schachtelwort *n*, Wortmischung *f*, Wortzusammenziehung *f*

por·trait ['pɔ:trɪt|-ət|-eɪt] *s* Porträt *n*, Bildnis *n* ⟨to take s.o.'s ~ jmdn. porträtieren⟩ | *Foto* Porträtaufnahme *f* | *übertr* Darstellung *f*, Schilderung *f* ⟨a ~ of the country⟩; **'~ist, '~ ˌpaint·er** *s* Porträtmaler *m*; **'~ ˌpaint·ing** *s* Porträtmalerei *f*; **por·trai·ture** ['pɔ:trɪtʃə] *s* Porträt *n* | Porträtmalerei *f* | *Foto* Porträtphotographie *f*

por·tray [pɔ:'treɪ] *vt* porträtieren, (ab)malen | *übertr* schildern, beschreiben | lebendig darstellen | *Theat* (Person) darstellen; **por'tray·al** *s* Porträtieren *n* | Porträt *n* | *übertr* Schilderung *f*, Beschreibung *f*

Por·tu|gal ['pɔ:tʃugəl|-tʃʊ-] *s* Portugal; **~guese** [ˌpɔ:tʃʊ'gi:z|-tjʊ-] **1.** *s* Portugiese *m*, Portugiesin *f* | Portugiesisch *n*; **2.** *adj* portugiesisch; **~ˌguese man-of-'war** *s Zool* Portugiesische Galeere, Röhrenqualle *f*

[1]**pose** [pəʊz] **1.** *s* Pose *f*, Haltung *f*, Stellung *f* ⟨in a strange ~ in eigenartiger Stellung⟩ | *verächtl* (falsche) Pose, Affektation *f*; **2.** *vt* (Modell) zurechtsetzen, -stellen, in Positur stellen | hinstellen (**as** als) | (Frage) stellen, aufwerfen ⟨to ~ a problem eine Aufgabe stellen⟩ | (Behauptung) aufstellen; *vi* sich in Positur stellen | Modell stehen (**for** für) | posieren, auftreten, sich ausgeben (**as** als) | *verächtl* posieren, affektiert tun

[2]**pose** [pəʊz] *vt* (durch Fragen) verblüffen, in Verlegenheit bringen; [1]**pos·er** *s* knifflige Frage, harte Nuß ⟨that's a ≈ das läßt sich schwer sagen⟩ | schwieriges, heikles Problem

[2]**pos·er** ['pəʊzə] *s* (Maler- u. ä.) Modell *n* | = **poseur**

po·seur [pəʊ'zɜ:] *s* ⟨*frz*⟩ *verächtl* Poseur *m*, Wichtigmacher *m*, -tuer *m*, Schauspieler *m*

posh [pɒʃ] *umg adj* schick, elegant, toll ⟨a ~ new car; a ~ hotel⟩ | *verächtl* supervornehm, feudal ⟨a ~ address; a ~ part of town⟩

pos·it ['pɒzɪt] *vt förml* aufstellen, (an)ordnen | *Phil* postulieren, voraussetzen; **po·si·tion** [pə'zɪʃn] **1.** *s* Stellung *f*, Lage *f*, Position *f* (*auch Mil, Mar, Astr, übertr*) ⟨in ≈ in der richtigen Lage; out of ≈ nicht in der richtigen Lage⟩ | (körperliche) Lage, Stellung *f* ⟨an uncomfortable ≈ eine unbequeme Stellung⟩ | (*meist sg*) *übertr* Zustand *m*, Lage *f* ⟨in a difficult ≈ in einer schwierigen Situation; to be in a ≈ to (*mit inf*) in der Lage sein, zu (*mit inf*)⟩ | Vorteil *m*, (günstige) Position ⟨to manoeuvre/jockey for ≈ um seinen Vorteil bemüht sein, um eine günstige Position kämpfen⟩ | gesellschaftliche Stellung, Position *f*, Rang *m* ⟨to hold a ≈ eine Stellung innehaben; people of ≈ Leute *pl* von Rang⟩ | *übertr* Einstellung *f*, Standpunkt *m* ⟨to take [up] a ≈ einen Standpunkt vertreten⟩ | *Phil* Behauptung *f*, Lehrsatz *m*; **2.** *vt* in die richtige Lage bringen, an den richtigen Platz stellen | *Mil* (Truppen) stationieren | *Am Wirtsch* (Produkt) an den richtigen Mann bringen; **po'si·tion·al** *adj* Positions-, Lage- | (Sport) Stellungs- ⟨good ≈ play gutes Stellungsspiel; fine ≈ sense Fähigkeit *f* zu Stellungsspiel, gutes Gespür für den freien Raum⟩; **po'si·tion ˌfind·ing** *s* (Radar) Ortung *f*; **po'si·tion ˌpa·per** *s Pol* Positionspapier *n*; **po'si·tion reˌport** *s* Standortmeldung *f*

pos·i|tive ['pɒzətɪv] **1.** *adj* bestimmt, ausdrücklich ⟨a ≈ refusal; ≈ rules⟩ | sicher, feststehend, tatsächlich, zweifelsfrei ⟨a ≈ answer eine eindeutige Antwort; a ≈ proof⟩ | (Person) sicher, gewiß ⟨to be ≈ that/about/of s.th. sich sicher sein, daß *od* einer Sache⟩ | *umg* wirklich, vollkommen ⟨a ≈ delight eine reine Freude⟩ | bejahend, positiv ⟨a ≈ answer⟩ | von sich eingenommen, rechthaberisch ⟨≈ behaviour⟩ | nützlich, konkret ⟨≈ advice⟩ | *El, Ling, Math, Med, Phil, Foto, Phys* positiv ⟨≈ pole Pluspol *m*; ≈ form; ≈ test; ≈ sign Pluszeichen *n*; ≈ thinking; ≈ photo; ≈ electron⟩ ◇ ˌ**proof '~tive** eindeutiger Beweis; **2.** *s* Positivum *n*, positive Eigenschaft | *Foto* Positiv *n* | *Ling* Positiv *m* | *Math* positive Zahl | *förml* das Wirkliche *n*; **'~tive·ly** *adv* ausdrücklich, bestimmt | *umg emph* wirklich, echt | *Am* (Antwort) sicher, gewiß | positiv; **'~tiv·ism** *s Phil* Positivismus *m*; **'~tiv·ist** **1.** *s Phil* Positivist *m*; **2.** = ˌ**~tiv'is·tic** *adj* positivistisch; ˌ**~'tiv·i·ty** *s* positive Einstellung

pos·i·tron ['pɒzɪtrɒn] *s Phys* Positron *n*

poss. [pɒs] *Abk von* **possible** in: **if ~** *Brit umg* wenn möglich | *Abk von* **possessive**

pos·se ['pɒsɪ] *s bes Am* Polizeiaufgebot *n* | *umg* Haufen *m*, Masse *f*, Trupp *m* (von Leuten)

pos|sess [pə'zes] *vt* besitzen, innehaben (*auch übertr*) ⟨to ≈ a car; to ≈ good health; to ≈ o.s. of s.th. sich etw. aneignen, sich einer Sache bemächtigen⟩ | beherrschen, in der Gewalt haben ⟨to ≈ o.s. in patience sich in Geduld fassen⟩ | *übertr* beherrschen, erfüllen (**by** von, **with** durch) ⟨fear ~sessed him Angst erfüllte ihn; what ~sessed you to (*mit inf*) was hat dich dazu getrieben zu (*mit inf*)⟩; **~'sessed** *adj* besessen, wahnsinnig | *förml* im Besitz (**of** von) ⟨to be ≈ of a large fortune ein großes Vermögen besitzen⟩; **~'ses·sion** [-zeʃn] *s* Besitz *m*, Eigentum *n* ⟨to be in the ≈ of im Besitz sein von; to be in ≈ of besitzen, bei sich haben; to take ≈ of Besitz ergreifen von; to enter into ≈ of *förml* in Besitz nehmen; ≈ is nine tenths/points of the law *Sprichw* das Recht steht auf der Seite des Besitzenden⟩ | (*oft pl*) Besitztum *n*, Gut *n* | Besitzung *f* ⟨foreign ≈s⟩ | Besessenheit *f*, -sein *n* (**by s.th.** von etw.) | fixe Idee;

~ˈses·sions *s/pl* Liegenschaften *pl*; ~ˈses·sive **1.** *adj oft verächtl* auf Besitz pochend | *Ling* besitzanzeigend, possessiv ⟨≈ adjective⟩; **2.** *s Ling* Possessivum *n* besitzanzeigendes Fürwort; ~ˌ**ses·sive ˈcase** *s Ling* Genitiv *m*; ~ˌ**ses·sive ˈpro·noun** *s Ling* Possessivpronomen *n*; ~ˈ**ses·sor** *s* (*meist sg*) Besitzer(in) *m(f)*, Inhaber(in) *m(f)*; ~ˈ**ses·so·ry** *adj* Besitz-; ~ˌ**ses·so·ry ˈac·tion** *s Jur* Besitzklage *f*; ~ˌ**ses·so·ry ˈlord** *s* Grundherr *m*; ~ˌ**ses·so·ry ˈright** *s Jur* Besitzrecht *n*

Pos·set [ˈpɒsɪt] *s* (heißes) Milchgetränk *n* (mit Alkohol), Milchgrog *m*

pos·si|bil·i·ty [ˌpɒsəˈbɪlətɪ] *s* Möglichkeit *f* (**of** zu, für, **of** (*mit ger*) zu (*mit inf*)) ⟨not by any ≈ keinesfalls⟩ | *umg* (Person, Sache) Möglichkeit *f* ⟨she is a ≈ sie kommt vielleicht in Frage⟩; ˌ**~ˈbil·i·ties** *s/pl* (Entwicklungs-) Möglichkeiten *pl*, Chancen *pl*, Zukunftsaussichten *pl* ⟨he has ≈⟩; ˈ**~ble 1.** *adj* möglich ⟨it isn't ≈⟩ | denkbar ⟨a ≈ answer⟩; **2.** *s* (*meist mit best art*) (das) Mögliche, (das) Beste ⟨to do one's ≈ sein Möglichstes tun; the art of the ≈ die Kunst des Möglichen⟩ | (Sport) höchste Punktzahl, Höchstleistung *f* | möglicher Kandidat, (Sport) möglicher Spieler; ˈ**~bly** *adv* vielleicht, möglicherweise | irgend möglich, nur ⟨what I ≈ can was ich irgendwie kann; I can't ≈ fly ich kann keinesfalls fliegen⟩

pos·sum [pɒsəm] *s Am umg* = **opossum** ◇ **play ~** *übertr umg* sich tot *od* schlafend stellen

[1]**post** [pəʊst] **1.** *s* Pfosten *m*, Pfahl *m*, Stange *f*, Stütze *f*, Pfeiler *m* | (Sport) (Start-, Ziel-) Pfosten *m*, Linie *f* ⟨starting ~; finishing/winning ~⟩ | *umg* (Fußball) (Tor-) Pfosten *m* | (Sport) Sprungständer *m*; **2.** *vt auch* ~ **up** (Plakat, Zettel) anschlagen, ankleben (**to** an) | (Wand) mit Plakaten bekleben | (durch Aushang) bekanntmachen | *Mar, Flugw* melden (**as** als) ⟨to be ~ed [as] missing als überfällig *od* vermißt gemeldet werden⟩

[2]**post** [pəʊst] **1.** *s Mil* Posten *m* ⟨at one's ~ auf Posten; to keep the ~ Posten stehen⟩ | *Brit Mil* Hornsignal *n* ⟨first ~ Wecken; last ~ Zapfenstreich *m*⟩ | *Mil* Standort *m*, Garnison *f* | Platz *m*, Stelle *f*, Posten *m* ⟨first-aid ~ Unfallstation *f*; to remain at one's ~ auf seinem Posten bleiben, ausharren⟩ | *auch* ˈ**trad·ing ~** *s Wirtsch* Handelsniederlassung *f* | Stelle *f*, Amt *n*, Posten *m* ⟨to have a ~ as arbeiten als; to take a ~ einen Posten annehmen⟩; **2.** *Mil vt* stationieren, aufstellen | für einen Posten ernennen | versetzen (**to** nach); **~ away** abkommandieren

[3]**post** [pəʊst] **1.** *s bes Brit* Post *f* ⟨by ~ mit der Post; by return of ~ postwendend⟩ | Postamt *n* | Postzustellung *f*, -sendung *f* | *Hist* Postkutsche *f*; **2.** *vt* aufgeben, zur Post geben, (mit der Post) schicken | *Wirtsch* eintragen, verbuchen ⟨to ~ up übertragen⟩ | *meist* **~ up** *umg* auf dem laufenden halten, unterrichten ⟨to keep s.o. ~ed jmdn. ständig informieren; well ~ed gut unterrichtet⟩; *vi Hist* mit der Post(kutsche) reisen

post- [pəʊst] *in Zus* nach, hinter ⟨~war⟩

post|age [ˈpəʊstɪdʒ] *s* Porto *n*, Postgebühr *f* ⟨subject to ≈ portopflichtig; ≈ free, ≈ paid portofrei; ≈ and packing Porto *n* und Verpackung *f*⟩; ˌ**~age ˈdue**, *auch* ˌ**~age due ˈstamp** *s* Nachgebühr *f*, -porto *n*; ˈ**~age stamp** *s* Briefmarke *f*; ˈ**~al** *adj* postalisch, Post- ⟨≈ charges Postgebühren *pl*⟩; ˈ**~al ˌbuild·ing** *s* Postgebäude *n*, Postamt *n*; ˈ**~al card** *s Am* Postkarte *f*; ˈ**~al clerk** *s Am* Postbeamter *m*, Postbeamtin *f*; ˈ**~al ˌor·der** *s Brit* Postanweisung *f*; ˈ**~al vote** *s* Briefstimme *f*; ˈ**~ bag** *s bes Brit umg* (eingegangene) Post | Postsack *m* | Posttasche *f*; ˈ**~box** *s* Briefkasten *m* | Briefsäule *f*; ˈ**~card** *s Brit* (Post-) Karte *f* | *auch* ˌ**pic·ture** ˈ**~card** (Bild-) Postkarte *f*; ˌ**~ ˈchaise** *s Hist* Postkutsche *f*; ˈ**~code** *Brit* **1.** *s* Postleitzahl *f*; **2.** (Adresse) mit der Postleitzahl versehen

post·date [ˌpəʊstˈdeɪt] *vt* (Brief, Scheck u. ä.) nachdatieren | (Ereignis) auf später datieren ⟨to ~ one's birth⟩ | (einer Sache) nachfolgen, später kommen als ⟨to ~ an event⟩

post·er [ˈpəʊstə] *s* Plakat *n*, Anschlag *m*

poste res·tante [ˌpəʊst ˈrestɒnt|-tɔ:nt] *adj Brit* postlagernd

pos|te·ri·or [pɒˈstɪərɪə] **1.** *adj förml* später (**to** als) (*Ant* prior) ⟨to be ≈ to (zeitlich, örtlich) kommen nach, folgen auf⟩ | *auch Biol* hintere(r, -s) ⟨≈ parts⟩; **2.** *s, auch* **~ˈte·ri·ors** *pl scherzh* Hinterteil *n*, Gesäß *n* | *meist* **~ˈte·ri·ors** *pl* Nachkommen *m/pl*; **~te·ri·or·i·ty** [~ˌtɪərɪˈɒrətɪ] *s* späteres Eintreten; **~ter·i·ty** [~ˈterətɪ] *s* Nachkommen *m/pl* | Nachkommenschaft *f* | Nachwelt *f* ⟨for the benefit of the ≈ zum Nutzen kommender Generationen⟩

pos·tern [ˈpɒstən|ˈpəʊs-] **1.** *s lit, selten* Hintertür *f* (*auch übertr*); **2.** *adj* Hinter-, Schlupf- ⟨~ door⟩

post·er| paint [ˈpəʊstə peɪnt], *auch* ˈ**~ ˌcol·our** *s* Plakatfarbe *f*

post-fade [ˈpəʊstfeɪd] *s* (Tonbandgerät) Löschmechanismus *m*, Löschtaste *f*

post-free [ˌpəʊst ˈfri:] *adj, adv bes Brit* portofrei, franko

post·grad·u·ate [pəʊstˈgrædʒʊət] **1.** *adj* nach Abschluß des Studiums | postgradual, nach dem ersten akademischen Grad, Doktoranden- ⟨~ course Spezial-, Zusatzstudium *n*, Forschungsstudium *n*⟩; **2.** *s* Doktorand(in) *m(f)*, Forschungsstudent(in) *m(f)*

post·haste [ˌpəʊstˈheɪst] *lit* **1.** *adj* eiligst; **2.** *adv* schnellstens; **3.** *s* große Eile ⟨in ~⟩

pos·thi·tis [pɒsˈθaɪtɪs] *s Med* Posthitis *f*, Vorhautentzündung *f*

post| horn [ˈpəʊst hɔ:n] *s Hist* Posthorn *n*; ˈ**~ horse** *s Hist* Postpferd *n*; ˈ**~house** *s Hist* Poststation *f*

post·hu·mous [ˈpɒstjʊməs] *adj* (Buch u. a.) post(h)um, nachgelassen, hinterlassen ⟨a ~ work⟩ | nachträglich, Nach-, post(h)um ⟨~ fame Nachruhm *m*⟩ | nach dem Tod des Vaters geboren ⟨a ~ child⟩

pos·tiche [pɒsˈti:ʃ] *s* Nachahmung *f*

pos·til·[l]ion [pɒˈstɪlɪən] *s Hist* Postillion *m*

post·ing [ˈpəʊstɪŋ] *s bes Brit* (Post) Beförderung *f*, Aufgeben *n* | Aufstellung *f*, Postierung *f* | Anschlag(en) *m(n)* (einer Bekanntmachung) | *Wirtsch* Eintragung *f* | *bes Brit Mil* Postenverteilung *f* | Versetzung *f*, Abkommandierung *f*

post|man [ˈpəʊstmən|-sm-] *s* (*pl* ˈ**~men**) Briefträger *m*, Postbote *m*; ˈ**~mark 1.** *s* Poststempel *m*; **2.** *vt* abstempeln; ˈ**~ˌmas·ter** *s* Post(amts)vorsteher *m*, Postmeister *m*; ˌ**~mas·ter ˈGen·er·al** *s* (*pl* ˌ**~mas·ters ˈGen·er·al**) Postminister *m*

post me·rid·i·an [ˌpəʊst məˈrɪdɪən] *adj förml* Nachmittags-, nachmittäglich

post·mis·tress [ˈpəʊstˌmɪstrəs] *s* Post(amts)vorsteherin *f*

post-mor·tem [ˌpəʊst ˈmɔ:təm] **1.** *adj* nach dem Tode, Leichen-; **2.** *adv* nach dem Tode; **3.** *auch* ˌ**~ ex·am·iˈna·tion** *s* Obduktion *f*, Autopsie *f*, Leichenschau *f* | *übertr* nachträgliche Analyse

post·ne·o·na·tal [ˌpəʊstni:əʊˈneɪtl] *s Med* postneonatal, im ersten Lebensjahr (nach der Geburt)

post| of·fice [ˈpəʊst ˌɒfɪs] *s* Postamt *n*; ˈ**~ of·fice ˌbox** *s förml* Postschließfach *n*; ˈ**~ of·fice ˌor·der** *s* Postanweisung *f* (für hohe Beträge)

post·op·er·a·tive [ˌpəʊstˈɒprətɪv] *adj Med* postoperativ, nach der Operation ⟨~ complications⟩

post·paid [ˌpəʊstˈpeɪd] *adj bes Am* freigemacht, frankiert

post·pone [pəˈspəʊn, pəʊˈ-] *vt* ver-, auf-, hinausschieben (**until, to** bis, auf) | hintan-, zurückstellen, unterordnen ⟨to be ~d to s.o. jmdm. nachstehen⟩; **~ment** [pəˈspəʊnmənt|pəʊˈ-] *s* Aufschub *m*, Verschiebung *f*

post·pran·di·al [pəʊstˈprændɪəl] *adj förml, scherzh* nach Tisch, nach dem Essen ⟨a ~ nap; ~ speeches⟩

post·script [ˈpəʊsskrɪpt] *s* Postskriptum *n*, Nachschrift *f* (Brief) | Nachtrag *m* (Buch)

post·synch ['pəʊstsɪntʃ] *vi, vt Film* Bild und Ton (nachträglich) mischen

pos·tu|lant ['pɒstʃʊlənt] *s bes Rel* Bewerber(in) *m(f)*, Antragsteller(in) *m(f)* (in einen Orden); **~late** ['~leɪt] *vt* fordern, verlangen; *vi* verlangen (**for** nach) | *Phil* voraussetzen, postulieren; ['~lət] *s* Postulat *n*, Voraussetzung *f*; ˌ**~'la·tion** *s* Gesuch *n* | Postulat *n*, Annahme *f*

pos·ture ['pɒstʃə] **1.** *s* (Körper-) Haltung *f*, Stellung *f*, Positur *f* ⟨upright ~⟩ | Lage *f*, Zustand *m*, Situation *f* | (geistige) Einstellung, Haltung *f* ⟨the government's ~ on s.th. die Position der Regierung gegenüber einer Sache⟩ | (Kunst) Pose *f*, Positur *f*; **2.** *vt* in Positur stellen; *vi oft verächtl* posieren, sich in Positur setzen | *verächtl* posieren, sich hinstellen, sich ausgeben (**as** als)

post·war [ˌpəʊst'wɔː] *adj* Nachkriegs-

po·sy ['pəʊzɪ] *s* Sträußchen *n* | *arch* Motto *n*, Denkspruch *m*

pot [pɒt] **1.** *s* Topf *m* ⟨~s and pans Töpfe und Schüsseln *pl*, Kochgefäße *n/pl*; to keep the ~ boiling *übertr* sein Brot verdienen; andere aktivieren; etw. in Gang halten; the ~ calling the kettle black *Sprichw* ein Esel schilt den anderen Langohr⟩ | (Tee-) Kanne *f* ⟨a ~ of tea⟩ | *auch* **'cham·ber ~** Nachttopf *m* | *umg* Tonkrug *m*, -gefäß *n* | *arch* Bierkanne *f*, -krug *m* | *Tech* Tiegel *m*, Kübel *m*, Gefäß *n* ⟨~ galvanization Feuerverzinkung *f*⟩ | (Sport) *umg* Pokal *m* | *Am* (Spiel) Einsatz *m* | *Am* Sammel-, Gemeinschaftskasse *f* | *Brit* (Billard) Loch *n* | *auch* **'~shot** Schuß *m* aufs Geratewohl | *Sl* Haschisch *n*, Marihuana *n* ⟨to smoke ~⟩ | *übertr verächtl* Dickwanst *m* | *Brit umg* wichtige Person ⟨big ~ großes Tier⟩ | (*meist pl*) *umg* Masse *f*, Haufen *m* ⟨~s of money⟩ ◇ **go to ~** *übertr umg* auf den Hund kommen, kaputtgehen; **2.** (**'~ted, '~ted**) *vt* in einen Topf geben *od* schütten | *auch* **~ up** in einen Topf pflanzen ⟨≈ plant Topfpflanze⟩ | einmachen, einlegen | *umg* (Kind) aufs Töpfchen setzen | (Tier) abschießen, abknallen | *Brit* (Billard) (Ball) einlochen | *Sl* hereinlegen; *vi, auch* **~ away** *umg* losschießen, losknallen (**at** auf) | *umg* töpfern

po·ta·ble ['pəʊtəbl] *adj förml, scherzh* trinkbar; **'pot·a·bles** *s/pl* Getränke *n/pl*

pot·ash ['pɒtæʃ] *s Chem* Pottasche *f*, Kaliumkarbonat *n*

po·tas|sic [pə'tæsɪk] *adj Chem* Kalium-, Kali-; **~si·um** [-sɪəm] *s Chem* Kalium *n*; ˌ**~si·um 'cy·a·nide** *s* Zyankali *n*; ˌ**~si·um per'man·ga·nate** *s* Kaliumpermanganat *n*

po·ta·tion [pəʊ'teɪʃn] *förml, scherzh s* Trunk *m* ⟨my favourite ~⟩ | Zug *m*, Schluck *m* | (*oft pl*) Zecherei *f*

po·ta|to [pə'teɪtəʊ] *s* (*pl* **~toes** [~təʊz]) Kartoffel *f* ⟨fried ~toes Bratkartoffeln *pl*; ~toes in jackets, ~toes in their skins Pellkartoffeln *pl*; small ~toes *Am übertr umg* kleine Fische *pl*; hot ≈ *übertr* heißes Eisen; to drop s.th. like a hot ≈ *übertr* einer Sache entsetzt aus dem Weg gehen⟩ | *auch* **'~to plant** Kartoffel(pflanze) *f(f)*; **'~to ˌbee·tle, '~to bug** *s Zool* Kartoffelkäfer *m*; **'~to chips** *s/pl Am, Austral* Kartoffelchips *pl*; **'~to ˌmash·er** *s* Kartoffelstampfer *m*

pot|bel·lied [ˌpɒt'belɪd] *adj oft verächtl* (Person) dick(bäuchig), fett | (Gefäß) dickbäuchig ⟨a ≈ bottle⟩ | (Ofen) mit rundem Mittelteil (für die Feuerung) ⟨a ≈ stove⟩; **'~ˌbel·ly** *s* Dickwanst *m* | (runder) Kanonenofen; **'~ˌboil·er** *s umg, oft verächtl* (künstlerische, literarische) Brot-, Lohnarbeit, rein kommerzielles Werk; **'~bound** *adj* (Pflanze) mit zu kleinem Topf | *übertr* eingeengt; **'~ com·ˌpan·ion** *s* Zechkumpan *m*

po·teen [pɒ'tiːn] *s* schwarz gebrannter (irischer) Whisky

po·tence ['pəʊtns], **'po·ten·cy** *s förml* Stärke *f*, Macht *f* | Einfluß *m* | Wirksamkeit *f*, Effekt *m*, Wirkung *f* | *Biol* Potenz *f*, Zeugungsfähigkeit *f* ⟨sexual ~⟩; **po·tent** ['pəʊtnt] *adj förml* stark, mächtig ⟨a ≈ weapon⟩ | einflußreich, maßgeblich ⟨a ≈ factor⟩ | wirksam, durchschlagend ⟨a ≈ drink⟩ | zwingend, überzeugend ⟨≈ arguments⟩ | *Biol* potent, zeugungsfähig | *übertr* (geistig) potent, schöpferisch ⟨a ≈ mind⟩; **'po·ten·tate** [-teɪt] *s Hist* Potentat *m*, Machthaber *m* | (Film, Zeitung) Magnat *m*, jmd., der die Macht in der Hand hat

po·ten·tial [pə'tenʃl] **1.** *adj* potentiell, möglich, latent vorhanden ⟨a ~ enemy⟩ | *Ling* Möglichkeits- | *Phys* potentiell, Potential-, Spannungs- | *selten* mächtig; **2.** *s* Möglichkeit *f* | *Ling, auch* ˌ**~ 'mood** Möglichkeitsform *f* | *Phys* Potential *n* | Potential *n*, Reserve *f* ⟨acting ~ schauspielerisches Talent; sales ~ Absatzquelle *f*⟩ | Leistungsfähigkeit *f*, Kraftvorrat *m* ⟨human ~; industrial ~⟩; **po·ten·ti·al·i·ty** [pəˌtenʃɪ'ælətɪ] *s* Möglichkeit *f* | Entwicklungsmöglichkeit *f*, Potentialität *f* | (*meist pl*) latente Kräfte *pl*, Wirkungsvermögen *n* ⟨great potentialities for bemerkenswerte Voraussetzungen *pl* für⟩

pot·head ['pɒthed] *s Sl* Marihuanaraucher *m* | *Tech* Kabelendmuffe *f*

po·theen [pɒ'θiːn] = **poteen**

poth·er ['pɒðə] **1.** *s* Aufregung *f*, Lärm *m* | *umg* Aufheben *n* ⟨to be in a ~ about s.th. um etw. viel Aufhebens *od* Theater machen⟩ | Staubwolke *f*; **2.** *vi, vt* (sich) aufregen

pot|herb ['pɒthɜːb] *s* Küchenkraut *n*; **'~ˌhold·er** *s* Topflappen *m*; **'~hole** *s* Schlagloch *n* (in der Straße) | Grube *f*, tiefes Loch | *Geol* Gletscherloch *n*; **'~ˌhol·er** *s Brit umg* Höhlenforscher *m*; **'~ˌhol·ing** *s Brit umg* Höhlenforschung *f*; **'~hook** *s* Kesselhaken *m* | Schriftschnörkel *m*; **'~house** *s arch* Kneipe *f*; **'~ˌhunt·er** *verächtl s* Sonntagsjäger *m* | (Sport) Preisjäger *m* | schlechter Amateurarchäologe, wilder Sammler

po·tion ['pəʊʃn] *s lit* (Arznei-, Gift-) Trank *m* ⟨love ~ Liebestrank *m*; sleeping ~ Schlaftrunk *m*⟩

pot|lid ['pɒtlɪd] *s* Topfdeckel *m*; **'~luck** *s*, *nur in*: ˌ**take '~luck** mitessen, was die anderen essen, mit dem vorliebnehmen, was es gerade gibt | aufs Geratewohl wählen

pot·pour·ri [pəʊ'pʊərɪ] *s* ⟨*frz*⟩ *Mus* Potpourri *n* | Riech-, Dufttopf *m* | *übertr* Mischmasch *m*

pot| roast ['pɒtrəʊst] *s* Schmorbraten *m*, -fleisch *n*; **'~-roast** *vt* (Fleisch) schmoren; **~sherd** ['~ʃɜːd] *s* (Topf) Scherbe *f*; **'~shot** *s umg* Zufallsschuß *m*, Schuß *m* (zum Spaß) ⟨to take ≈s at knallen auf⟩ | unweidmännischer Schuß | *übertr* Seitenhieb *m*, Versuch *m* auf gut Glück; **'~tage** *s arch* dicke Suppe; **'~ted** *adj* (in einem Topf) eingelegt, eingemacht | (Pflanze) eingetopft, Topf- | *verächtl* (Buch) gekürzt, adaptiert ⟨≈ Shakespeare Shakespeare mundgerecht gemacht⟩ | (Musik) aufgezeichnet, auf Konserve | *Am Sl* besoffen

[1]**pot·ter** ['pɒtə] *s* Töpfer *m*

[2]**pot·ter** ['pɒtə] *umg* **1.** *vi* bummeln, trödeln, tändeln (**at** mit); **~ about/around** herumhantieren, kramen; **~ away** *vt* (Zeit) vertrödeln, vertun; **2.** *s Brit* (Herum-) Trödeln *n*, (Herum-) Hantieren *n*

pot|ter's wheel [ˌpɒtəz 'wiːl] *s* Töpferscheibe *f*; **'~ter·y 1.** *s* Töpferei *f*, Töpferhandwerk *n* | Töpferei *f*, Töpferwerkstatt *f* | *collect* Steingut *n*, Keramik *f* ◇ **the ~teries** *s* Gebiet *n* in Nord-Staffordshire, Zentrum *n* der keramischen Industrie; **2.** *adj* Steingut-, Keramik- ⟨a ≈ dish⟩; ˌ**~ter·y 'ta·ble·ware** *s* Steingutgeschirr *n*

pot·ting shed ['pɒtɪŋ ʃed] *s* Geräteschuppen *m* (im Garten)

pot·tle ['pɒtl] *s arch* Pottle *n* (Flüssigkeitsmaß) | alkoholhaltiges Getränk | Obstkörbchen *n*

[1]**pot·ty** ['pɒtɪ] *adj Brit umg verächtl* lächerlich, unwesentlich ⟨this ~ little detail⟩ | kinderleicht, primitiv ⟨a ~ job⟩ | *Sl* verrückt, wahnsinnig ⟨to drive s.o. ~ jmdn. verrückt machen⟩ | *Brit Sl* verrückt, vernarrt (**about** auf, in) | *Am umg* überheblich, eingebildet ⟨a ~ gentleman; a ~ tone⟩

[2]**pot·ty** ['pɒtɪ] *s umg* (Nacht-) Töpfchen *n* (für Kinder); **'~-trained** *adj* (Kleinkind) sauber

pouch [paʊtʃ] **1.** *s* Beutel *m*, Tasche *f* | *Mil* Patronentasche *f* | Geldbeutel *m* | Tabaksbeutel *m* | *Zool* Beutel *m* | *Anat* (Tränen-) Sack *m* (unter den Augen); **2.** *vt* einstecken | *übertr* sich aneignen | *umg* ein Trinkgeld geben; *vi* schlukken; **pouched** *adj* Beutel-

pouf[fe] [pu:f] *s* rundes (Fuß- *od* Sitz-) Kissen, Polster *n* | *Brit Sl* = **poof**

poul·ter·er ['pəʊltərə] *s* Geflügelhändler *m*

poul·tice ['pəʊltɪs] **1.** *s* (Brei-) Umschlag *m*, Wickel *m* ⟨a bread ~⟩; **2.** *vt* einen (Brei-) Umschlag *od* Wickel auflegen auf

poul·try ['pəʊltrɪ] *s collect* Geflügel *n*, Federvieh *n* | Geflügelfleisch *n*; **'~ farm** *s* Geflügelfarm *f*; **'~ grit** *s* Futterkalk *m*

[1]**pounce** [paʊns] **1.** *vi* (sich) stürzen, springen (**at** auf) | (plötzlich) nieder-, herabstoßen (**on, upon** auf) | *übertr* losgehen (**on, upon** auf), sich hermachen (**on, upon** über); *vt* sich stürzen auf; **2.** *s meist sg* Stoß *m*, Sprung *m*, Herabstoßen *n* ⟨on the ~ sprungbereit; to make a ~ einen Satz machen⟩ | *Zool* Fang *m*, Kralle *f*

[2]**pounce** [paʊns] **1.** *s* Glättpulver *n* | Pauspulver *n*; **2.** *vt* glätten | durchpausen

[3]**pounce** [paʊns] *vt Tech* hämmern

pounce| box ['paʊns bɒks] *s* Streusandbüchse *f*; **'~ ˌpa·per** *s* Pauspapier *n*

poun·cing ma·chine ['paʊnsɪŋ məˌʃi:n] *s Tech* Glättmaschine *f*

[1]**pound** [paʊnd] *s* Pfund *n* (= 453,6 g) ⟨a ~ of sugar; by the ~ nach Pfund⟩ | *auch* **ˌ~ 'ster·ling** Pfund *n* Sterling

[2]**pound** [paʊnd] **1.** *s* Pfandstall *m* | Viehhürde *f* | (städtischer) Hundezwinger | Abstellplatz *m* (für falsch geparkte Fahrzeuge) | *übertr* Klemme *f*, verfahrene Lage; **2.** *vt*, *oft* **~ up** einpferchen

[3]**pound** [paʊnd] **1.** *vt*, *auch* **~ up** zerstoßen, zerschlagen, zerstampfen | hämmern, klopfen | *übertr* einhämmern (**into s.o.** jmdm.); **~ out** glatt hämmern | (Melodie u. ä.) herunterhämmern, leiern; *vi* hämmern, schlagen (**on** an, auf) | stampfen | *übertr* hämmern, dröhnen (**with** vor); **~ along** schwerfällig dahinstampfen; **~ away** *Mil* losschlagen (**at** auf), bepflastern (**at s.th.** etw.); **2.** *s* Stampfen *n* | Hämmern *n* | Schlag *m*, Stoß *m*

pound·age ['paʊndɪdʒ] *s Wirtsch* Provision *f od* Anteil *m* je [pro] Pfund (Sterling) | Prozentsatz *m od* Gebühr *f* je Pfund (Gewicht)

pound cake ['paʊnd keɪk] *s Am* (süßer) Sandkuchen *m*

pound·ed sug·ar [ˌpaʊndɪd 'ʃʊgə] *s* Puder-, Staubzucker *m*

pound·er ['paʊndə] *s* Stößel *m*, Mörserkeule *f*

-pound·er ['paʊndə] *s in Zus* (Fisch u. ä.) -pfünder *m* ⟨a 5-~⟩ | *Mil* (Kanone) -Pfünder *m* ⟨a 64-~⟩

pound·ing ['paʊndɪŋ] *s* Hämmern *n*, Dröhnen *n* | Stampfen *n* | *umg* (schwere) Niederlage *od* Schlappe *f* ⟨to take a real ~ from eine tüchtige Schlappe einstecken müssen durch⟩

pound note [ˌpaʊnd 'nəʊt] *s* (*auch in Zus*) Pfundnote *f* ⟨an old ~; 5-~⟩

pour [pɔ:] **1.** *s* Fließen *n*, Strömen *n* | Regenguß *m* | *Tech* Metallguß *m*; **2.** *vt* gießen, schütten (*auch übertr*) (**from, out of** aus, **[in]to** in, **[up]on** auf) ⟨to ~ cold water on s.th. *übertr umg* entmutigen, desillusionieren; to ~ oil on the flames *übertr umg* etw. nur noch schlimmer machen; to ~ oil on troubled waters *übertr umg* etw. beschwichtigen; to ~ scorn on verächtlich machen⟩; **~ away** weggießen, wegschütten; **~ forth** ausströmen lassen | ausgießen, ausschütten (*auch übertr*); **~ it on** *übertr umg* dick auftragen; **~ out** ausgießen, ausschütten; (Rauch) ausstoßen | eingießen, einschenken ⟨to ~ s.o. out s.th. jmdm. etw. einschenken, eingießen⟩ | (Leid) ausschütten, (Geschichten) gefühlvoll berichten; *vi* fließen, strömen (*auch übertr*) (**from** aus, **into** in) | heftig regnen, strömen, gießen ⟨it's ~ing [with rain] es gießt in Strömen; it never rains but it ~s *übertr* ein Unglück kommt selten allein⟩ | *umg* einschenken ⟨shall I ~? darf ich (einschenken)?⟩ | sich ausgießen lassen (Kanne u. ä.) | *Tech* gießen; **~ down** gießen, stark regnen | niederströmen; **~ forth** *übertr* sich ergießen; **~ in** *übertr* hereinströmen (Menschen, Geld u. a.); **~ out** ausgießen, einschenken | *übertr* übergehen (Herz), sich ergießen (Leid, Nachricht); **'~ing** *adj* strömend ⟨~ing rain⟩

pour·point ['pʊəpɔɪnt] *s Hist* Wams *n*

pout [paʊt] **1.** *vi* die Lippen aufwerfen ⟨~ing lips gespitzte Lippen⟩ | *übertr* einen Schmollmund machen, schmollen, eine Schnute ziehen; *vt* (Lippen) aufwerfen, schürzen; **2.** *s* Flunsch *m*, Schnute *f*, Schmollen *n*; **'~ing 1.** *adj* (Lippen) aufgeworfen | schmollend; **2.** *s* Schmollen *n*

pov·er·ty ['pɒvətɪ] *s* Armut *f*, Not *f* (**in, of** an) ⟨to live in ~ in Not leben⟩ | *übertr* Armseligkeit *f*, Dürftigkeit *f*, Erbärmlichkeit *f* ⟨the ~ of ideas⟩; **'~ line** *s*, *auch* **ˌ~ 'da·tum line** Armutsgrenze *f* ⟨below the ≈⟩; **'~ trap** *s Brit* reale finanzielle Benachteiligung von Unterstützungsempfängern (durch) kleinere Einnahmen; **'~-ˌstrick·en** *adj* arm | *übertr* armselig

POW, *auch* **PoW** [ˌpi: əʊ 'dʌblju:] *umg Abk* von **prisoner of war** Kriegsgefangener *m*

pow·der ['paʊdə] **1.** *s* Pulver *n* | Staub *m* | Puder *m* ⟨face ~⟩ | Schießpulver *n* ⟨to keep one's ~ dry *übertr* auf der Hut sein, Vorsicht walten lassen⟩; **2.** *vt* pulverisieren | bestäuben (**with** mit) | (ein-, über)pudern ⟨to ~ one's face sich das Gesicht pudern⟩ | *dial* würzen; *vi* zu Staub *od* Pulver werden | sich pudern; **'~ ˌbar·rel** *s Mil, übertr* Pulverfaß *n*; **'~ box** *s* Puderdose *f* | *Mil* Pulverkasten *m*; **'pow·dered** *adj* gepudert ⟨≈ hair⟩ | pulverisiert ⟨≈ milk Milchpulver *n*⟩; **'~ flask**, **'~ horn** *s Hist* Pulverflasche *f*; **'~ keg** *s* Pulverfaß *n* (*auch übertr*) ⟨to sit on a ≈⟩ | *Hist* Pulverkiste *f*; **'~ mag·a·ˌzine** *s* Pulverkammer *f*; **'~ puff** *s* Puderquaste *f* | *Sl* Schlappschwanz *m*; **'~ room** *s euphem* Damentoilette *f*; **'~y** *adj* pulverig, pulverisiert, Pulver- ⟨≈ snow Pulverschnee *m*⟩ | staubig, bestäubt

pow·er ['paʊə] **1.** *s* Stärke *f*, Kraft *f*, Vermögen *n* ⟨~ of speech Sprachfähigkeit *f*; ~ to do s.th. Fähigkeit, etw. zu tun; more ~ to your elbow! *umg* viel Glück bei deinen Anstrengungen *od* Bemühungen!; everything in one's ~ alles, was man kann⟩ | Macht *f*, Herrschaft *f*, Gewalt *f* (**over** über) ⟨sea ~ Seeherrschaft; to be in ~ am Ruder sein; to come into ~ an die Macht kommen⟩ | (*meist pl*) Vermögen *n*, Kraft *f* ⟨at the height of one's ~s auf dem Gipfel der Leistungsfähigkeit; his ~s are failing seine Kräfte verlassen ihn⟩ | *auch* **ˌ~ of at'tor·ney** *Jur* Vollmacht *f* | Macht *f*, Land *n* ⟨a great ~; the ~s of darkness⟩ | Macht(faktor) *f(m)* ⟨the ~s that be *oft scherzh* die am Drücker sitzen, die Mächtigen *pl*; the ~ behind the throne der heimliche Machthaber⟩ | Potenz *f* ⟨2 to the ~ of 3 2 hoch 3; the 3rd ~ of 2 2 zur 3. Potenz⟩ | *Tech, Phys, El* Leistung *f*, Kraft *f*, Energie *f* ⟨water ~ Wasserkraft; the ~ of an engine die Leistung einer Maschine⟩ | *Bergb* Mächtigkeit *f* | *Phys* Stärke *f* | *umg* Menge *f*, Masse *f* ⟨to do s.o. a ~ of good jmdm. sehr gut tun⟩; **2.** *adj* Macht- ⟨~ politics⟩ | *Tech* angetrieben ⟨~ mower Mähmaschine *f*⟩; **3.** *vt Tech* antreiben; **~ down** (Raumfahrt) die Energiezufuhr drosseln von; **~ up** beschleunigen; **'~ base** *s Am Pol* Machtzentrum *n*, -basis *f*; **'~boat** *s* Motorboot *n*; **'~ brake** *s Kfz* Servobremse *f*; **'~ ˌbro·ker** *s Am* einflußreiche Person; **'~ ˌca·ble** *s* Starkstromkabel *n*; **'~ cir·cuit** *s* Starkstromkreis m; '~ ˌcur·rent s Starkstrom m; '~ **dive** s *Flugw* Sturzflug m mit Vollgas; '~ **drill** s (elektrische) Bohrmaschine; '~ **drive** s *Tech* Kraftantrieb m; **-'pow·ered** *adj* (*in Zus*) *Tech* (an)getrieben, betrieben, gespeist ⟨oil-≈; rocket-≈; low-≈ mit niedriger Leistung⟩ | *Phys* (Linse) -gradig, stark ⟨high-≈ stark vergrößernd⟩; **'~ful** *adj* stark, mächtig, kräftig ⟨a ≈ swimmer⟩ | wirkungsvoll, wirksam, effektvoll ⟨a ≈ speech⟩ | *umg* groß, gewaltig ⟨a ≈ lot of work eine gewaltige Menge Arbeit⟩ | *Tech, Phys, El* stark, leistungsfähig; '~ **game** s Spiel n um die Macht, Kräftemessen n; **'~house** s Kraftwerk n | *übertr* Energiebündel n, dynamische Person; **'~less** *adj* machtlos; **'~line** s Starkstromleitung f; **'~pack** s *El* Netzanschlußgerät n; '~ **plant** s *Tech* Motor m, Triebwerk n | *Am* Kraftwerk n | Energieerzeugungsanlage f; '~ **point** s *Brit El* Steckdose f; '~ **ˌpol·i·tics** s, *oft verächtl* Machtpolitik f; '~ **ˌshar·ing** s *Pol* Regierungsteilhaberschaft f (zwischen Katholiken und Protestanten in Nordirland); '~ **ˌsta·tion** s *Brit* Kraftwerk n; **ˌ~ 'steer·ing** s *Kfz* Servolenkung f; '~ **supˌply** s Stromversorgung f; '~ **ˌtake-off** s *Tech* Zapfwellenantrieb m; '~ **tool** s Elektrowerkzeug n; '~ **ˌtow·er** s Solarkraftwerk n; '~ **transˌform·er** s Leistungstransformator m

pow·wow ['paʊwaʊ] **1.** s indianische Versammlung | Medizinmann m | *umg scherzh* lange *od* langatmige Versammlung; **2.** *vi* Krankheiten beschwören (Indianer) | *umg, oft scherzh* eine Versammlung abhalten, laut und anhaltend diskutieren (**about** über)

pox [pɒks] **1.** s *vulg* Syph(ilis) f(f) | *arch* Pocken *pl* ⟨the ~ on s.o. (s.th.)! der Teufel möge jmdn. (etw.) holen!⟩; **2.** *vt* mt Syphilis anstecken

pp *Abk von* **pianissimo** | **pages** ⟨pp 2–5⟩ | *Wirtsch* **per procurationem** namens

PPS *Abk von Brit* **Parliamentary Private Secretary** Abgeordnete(r), die (der) einem Minister zuarbeitet | **post postscriptum** weitere Nachbemerkung

p.r. [ˌpi: 'ɑ:], *auch* **P.R.** *vt Am umg* durch Manipulation der öffentlichen Meinung beeinflussen

PR *Abk von* **proportional representation** | **public relations**

praam [prɑ:m] = [1]**pram**

prac·ti|ca·bil·i·ty [ˌpræktɪkə'bɪlətɪ] s Durch-, Ausführbarkeit f | Verwendbarkeit f | (Straße u. ä.) Begeh-, Befahrbarkeit f; **'~ca·ble** *adj* durch-, ausführbar, möglich ⟨a ≈ method eine anwendbare Methode; a ≈ aim ein erreichbares Ziel⟩ | benutz-, verwendbar ⟨a ≈ weapon⟩ | begeh-, befahrbar (**for** für) ⟨≈ roads⟩; **'~cal 1.** *adj* praktisch (*Ant* theoretical) ⟨≈ chemistry angewandte Chemie⟩ | praktisch, real ⟨≈ use praktische Anwendung⟩ | praktisch, nützlich, zweckmäßig ⟨≈ furniture⟩ | praktisch, in der Praxis tätig ⟨a ≈ man ein Mann m der Praxis⟩ | praktisch (veranlagt) ⟨a ≈ mind⟩ | tatsächlich, wirklich ⟨for all ≈ purposes tatsächlich, in Wirklichkeit⟩; **2.** s *umg* praktische Prüfung; **ˌ~'cal·i·ty** s praktisches Wesen | praktische Anwend-, Umsetzbarkeit; **ˌ~cal 'joke** s Streich m; **ˌ~cal 'jok·er** s Witzbold m, Schelm m; **'~cal·ly** *adv* praktisch, im Prinzip, fast, nahezu ⟨he's ≈ gone er ist eigentlich schon weg⟩ | nützlich, zweckmäßig; **ˌ~cal 'nurse** s Hilfsschwester f; **ˌ~cal 'pol·i·tics** s *bes Brit* Realpolitik

prac|tice ['præktɪs] **1.** s Praxis f ⟨≈ and theory; in ≈ in der Praxis; to put into ≈ in die Praxis *od* Tat umsetzen⟩ | Brauch m, Gewohnheit f ⟨to make a ≈ of s.th. sich etw. zur Gewohnheit machen⟩ | Übung f ⟨to be in (out of) ≈ in (aus) der Übung sein; ≈ makes perfect Übung macht den Meister⟩ | (Arzt- u. ä.) Praxis f ⟨a large ≈; lawyer's ≈ Anwaltspraxis f⟩ | Handlungsweise f, Praxis f ⟨it's [the] ≈ es ist generell üblich; sharp ≈ *verächtl* raffinierter Trick⟩; **'~tice flight** s *Flugw* Übungsflug m; **~tices** ['~tɪsɪz] *s/pl verächtl* Schliche *m/pl*, Ränke *pl*, Praktiken *pl*; **~tise**, *Am auch* **~tice** ['~tɪs] *vt* (Beruf, Geschäft u. ä.) ausüben, betreiben ⟨to ≈ medicine; to ≈ the law als Arzt *od* Rechtsanwalt praktizieren⟩ | (Musik u. ä.) üben, treiben | zur Gewohnheit machen ⟨to ≈ what one preaches selbst tun, was man predigt⟩ | schulen, ausbilden | verüben ⟨to ≈ a fraud on s.o. an jmdm. Betrug verüben; to ≈ deceive Betrug üben⟩; *vi* sich üben, Übungen machen ⟨to ≈ on the piano Klavier üben⟩ | praktizieren (**as** als) | (Sport) trainieren | (jmds. Schwäche) ausnützen, mißbrauchen ⟨to ≈ upon s.o. jmdm. etw. vormachen⟩; **~tised**, *Am auch* **~ticed** ['~tɪst] *adj* (Person) erfahren ⟨a ≈ player⟩ | (wohl)geübt, gelernt, geschult ⟨≈ skill gelernte Übung⟩ | *verächtl* gespielt, vorgetäuscht, unnatürlich ⟨a ≈ smile⟩; **~ti·tion·er** [~'tɪʃn̩ə] s Praktiker m | praktischer Anwalt | *auch* **ˌgeneral/ˌmedical ~'ti·tion·er** praktischer Arzt | *verächtl* jmd., der bestimmte Praktiken anwendet

prae- [pri:] = **pre-**

prae·sid·i|um [prɪ'sɪdɪəm] s (*pl* **~ums, ~a**) Präsidium n

prae·tor ['pri:tə] s *Hist* Prätor m

prag|mat·ic [præg'mætɪk], *auch* **~'mat·i·cal** *adj Phil* pragmatisch | praktisch, sachlich | eifrig, geschäftig | übereifrig; rechthaberisch; **~'mat·ics** s Pragmatik f; **~ma·tism** ['~mətɪzm] s *Phil* Pragmatismus m | praktisches Wesen | Übereifer m | Starr-, Eigensinn m; **'~ma·tist 1.** s *Phil* Pragmatiker m | praktischer Mensch | übereifriger Mensch | rechthaberische Person; **2.** *adj Phil* pragmatisch | praktisch, nüchtern, sachlich

prai·rie ['prɛərɪ] s (*oft pl*) Prärie f, Grassteppe f; '~ **dog** s *Zool* Präriehund m; '~ **ˌschoon·er** s *Am Hist* Planwagen m

praise [preɪz] **1.** *vt* loben, preisen, rühmen (**for** wegen) | *förml* (Gott) (lob)preisen, loben; **2.** s Lob n, Preis m ⟨in ~ of s.o., in s.o.'s ~ zu jmds. Lob⟩ | Lobpreisung f ⟨to give ~ to God Gott loben; ~ be! Gott sei Dank!⟩ | (*meist pl*) lobendes Wort, Lob n ⟨to be loud in one's ~s of s.th. etw. lauthals loben⟩ | (*meist pl*) *förml* Loblied n ⟨to sing the ~s of ein Loblied singen auf; to sing one's own ~s *oft verächtl* sein eigenes Loblied singen⟩; **'~ful** *adj* voll des Lobes, lobend; **~wor·thy** ['-wɜ:ðɪ] *adj* lobenswert

pra·line ['prɑ:li:n] s gebrannte Mandel

[1]**pram** [præm] s *Mar* Prahm m, Leichter m

[2]**pram** [præm] s *umg, bes Brit* (*Kurzw* für *förml* **perambulator**) Kinderwagen m; '~ **park** s *Brit* Abstellgelegenheit f *od* Aufbewahrungsraum m, -platz m für Kinderwagen

prance [prɑ:ns] **1.** *vi* (Pferd) sich aufbäumen | (Pferd) tänzeln | *übertr* stolzieren, paradieren; **~ about** *od* **around** *umg* herumtollen, -springen; *vt* (Pferd) (hoch)steigen lassen | (Pferd) tänzeln lassen; **2.** s Tänzeln n | Da-, Einherstolzieren n

pran·di·al ['prændɪəl] *adj* (*meist mit präf*) *scherzh* Essens-, Tisch- ⟨pre~ potations Getränke *pl* vor dem Essen⟩

[1]**prank** [præŋk] s Streich m, Schelmenstück n ⟨a schoolboy ~ ein Jungenstreich; to play ~s on s.o. jmdm. übel mitspielen⟩

[2]**prank** [præŋk] *vi* sich herausputzen | prunken, prangen; *vt* putzen, schmücken; **~ out** herausputzen

prank|ful ['præŋkfl] *adj* zu Streichen aufgelegt; **~ster** ['~stə] s *umg* Schelm m

prat [præt] s *Brit Sl verächtl* (Person) Niete f, Blödian m | *vulg* Hinterer m, Hintern m

prate [preɪt] *verächtl* **1.** *vi* plappern, schwatzen (**of** von); *vt auch* **~ about** ausschwatzen, ausplappern; **2.** s Geschwätz n; **'prat·er** s Schwätzer m

prat·fall ['prætfɔ:l] s *umg meist übertr* Fall m auf den Hintern, (demütigende) Niederlage

prat·ing ['preɪtɪŋ] *adj* schwatzhaft, geschwätzig

prat|tle ['prætl] **1.** *vi umg* schwatzen, plappern, plaudern (**about** über) | *verächtl* schwatzen, singen, alles verraten; **2.** *s umg* Geplapper *n*, Geplauder *n* | *übertr* Schwätzen *n*, Murmeln *n* (eines Baches); '**~tler** *s* Schwätzer *m*

prav·i·ty ['prævətɪ] *s arch* Verderbtheit *f*

prawn [prɔ:n] **1.** *s Zool* (Stein-) Garnele *f*; **2.** *vi* Garnelen fangen ⟨to go ~ing⟩; ,**~ 'cock·tail** *s* Krabbencocktail *m*

prax|is ['præksɪs] *förml s* (*pl* **~es** [-i:z]) Praxis *f*, Ausübung *f* | Gewohnheit *f*, Brauch *m* | Praxis *f*, Realität *f*

pray [preɪ] **1.** *vi* beten (**for** für, um, **to** zu) ⟨past ~ing hoffnungslos verloren, abgeschrieben⟩ | *umg* ersuchen, bitten (**for** um) | hoffen (**for** auf); *vt arch*, *lit* (jmdn.) inständig bitten, anflehen ⟨to ~ s.o. to be careful jmdn. anflehen, ja aufzupassen⟩ | (etw.) inständig erbitten, erflehen ⟨to ~ forgiveness⟩ | (Gebet) beten; **2.** *adv*, *arch*, *lit emph* bitte ⟨~ be careful! sei bitte vorsichtig!⟩; '**pray·er** *s* Beter(in) *m(f)*, Betende(r) *f(m)*

prayer [prɛə] *s* Beten *n* ⟨through ~⟩ | Gebet *n* ⟨to say one's ~s sein Gebet aufsagen, seine Gebete verrichten; the Lord's ~ das Vaterunser⟩ | *oft* **prayers** *pl* Andacht *f* ⟨school ≈s⟩ | inständige Bitte, Ersuchen *n*; '**prayer bead** *s* Rosenkranz *m*; '**prayer book** *s* Gebetbuch *n*; '**prayer·ful** *adj* andächtig; '**prayer·less** *adj* gottlos; '**prayer mat** = '**prayer rug**; '**prayer ,meet·ing** *s* Gebetsstunde *f*, öffentliches Beten; '**prayer rug** *s* Gebetsteppich *m*; '**prayer wheel** *s* Gebetsmühle *f*

pray·ing ['preɪɪŋ] **1.** *s* Beten *n*, Gebet *n*; **2.** *adj* betend; **~ man·tis** [,- 'mæntɪs] *s Zool* Gottesanbeterin *f*

pre- [pri:] *präf mit der Bedeutung*: vor(her), früher (**prewar; prearrange**) | *Anat*, *Tech* Vor-, Vorder- (**preabdomen** Vorderbauch *m*; **~dryer** Vortrockner *m*)

preach [pri:tʃ] *vi* predigen, eine Predigt halten (**to** vor) | *verächtl* (immer wieder) vorhalten, predigen (**at s.o.** jmdm., **about s.th.** etw.); *vt* (etw.) predigen (*auch übertr*); **~ up** laut anpreisen; '**~er** *s* Prediger *m*; '**~i·fy** *vi umg* salbadern, [Moral] predigen, moralisieren; '**~ing** *s* Predigen *n*, Predigt *f* | *verächtl* Salbaderei *f*, Moralpredigt *f*; '**~ment** *s* Predigt *f* | *verächtl* Salbaderei *f*

pre·am·ble ['pri:æmbl] **1.** *s förml* Präambel *f* | *übertr* Vorspiel *n* | *verächtl* lange Vorrede; **2.** *vi*, *vt* eine Präambel verfassen (zu)

pre·an·nounce [,pri:ə'nauns] *vt* vorher ankündigen; ,**pre·an'nounce·ment** *s* Vorankündigung *f*

pre·ar·range [,pri:ə'reɪndʒ] *vt* vorher ab-, ausmachen | (planmäßig) vorbereiten

preb|end ['prebənd] *s* Pfründe *f*; '**~en·dar·y** *s* Pfründner *m*

pre·cal·cu|la·ble [pri:'kælkjələbl] *adj* vorausberechenbar; **pre'cal·cu·late** *vt* vorausberechnen; ,**~'la·tion** *s* Vorausberechnung *f*

pre·car·i·ous [prɪ'kɛərɪəs] *adj* unsicher, prekär, bedenklich ⟨a ~ situation⟩ | gefährlich, riskant ⟨a ~ life⟩ | fragwürdig, anfechtbar ⟨~ reasoning durch nichts begründete Überlegungen *pl*⟩ | *Jur* aufkündbar, widerruflich ⟨a ~ tenure eine aufkündbare Pacht⟩

pre·cast [,pri:'kɑ:st] *adj* (Beton) vorgefertigt, Fertig-

prec·a·to·ry ['prekətərɪ] *adj* Bitt- | *Jur* bittend, ersuchend

pre·cau|tion [prɪ'kɔ:ʃn] *s* Vorsicht *f* | Vorkehrung *f*, Vorsichtsmaßnahme *f* ⟨as a ≈ vorsichtshalber; to take ≈s Vorsichtsmaßnahmen treffen⟩; **pre'cau·tion·ar·y** *adj* vorbeugend, verhütend, Vorsichts- ⟨≈ measure⟩ | Warn- ⟨≈ signal⟩; **pre·cau·tious** [-'kɔ:ʃəs] *adj* behutsam, vorsichtig

pre|cede [prɪ'si:d] *vt* (jmdm., einer Sache) voraus-, vorangehen ⟨≈d by s.o. mit jmdm. voraus, jmd. voraus⟩ | (zeitlich) vorausgehen ⟨for a week ~ceding this eine (ganze) Woche davor⟩ | *übertr* den Vorrang haben vor, rangieren vor, vorgehen vor, voraus sein ⟨to ≈ the others den anderen (rangmäßig) vorstehen⟩ | einführen, einleiten (**by, with** durch) ⟨to ≈ a speech with an announcement⟩; *vi* voraus-, vorangehen; **~ced·ence** ['presɪdəns|prɪ'si:dns], **~ced·en·cy** ['presɪdənsɪ|prɪ'si:dnsɪ] *s* Voraus-, Vorangehen *n* ⟨in order of ≈ der Reihe nach, einer nach dem andern; to have the ≈ of s.th. einer Sache (zeitlich) vorausgehen⟩ | Vorrang *m*, Vortritt *m*, Vorzug *m* ⟨to have/take ≈ of/over den Vorrang haben vor⟩ | Präzedenz *f*, Rangordnung *f* ⟨to give s.o. ≈ jmdm. den Vortritt lassen; order of ≈ Rangordnung *f*⟩; **prec·e·dent** ['presɪdənt|prɪ'si:dnt] *s* Präzedenzfall *m* ⟨without ≈ ohne Beispiel; to set a ≈ einen Präzedenzfall schaffen⟩; **~'ced·ing** [-'si:d-] *adj* (räumlich, zeitlich) vorhergehend ⟨≈ page; ≈ day⟩

pre·cen·tor [prɪ'sentə] *s* Vorsänger *m*, Chorleiter *m*

pre|cept ['pri:sept] *s* Anordnung *f*, Vorschrift *f*, Gebot *n*, Regel *f* | Lehre *f* | *Jur* Vorladung *f*, Gerichtsbefehl *m*; **~cep·tive** [prɪ'-] *adj* anordnend, befehlend | lehrhaft, belehrend; **~'cep·tor** *s förml* Lehrer *m*; **~cep·tor·ate** [prɪ'septərət] *s* Lehramt *n*; **~cep·to·ri·al** [,prɪsep'tɔ:rɪəl] *adj* lehrend, Lehr-; **~cep·tress** [prɪ'septrəs] *s* Lehrerin *f*

pre·ces·sion [prɪ'seʃn] *s Astr* Präzession *f* ⟨~ of the equinoxes Vorrücken *n* der Tagundnachtgleichen⟩ | *Tech* Präzession *f*, Seitwärtsbewegung *f* (eines Kreisels)

pre-Chris·tian [,pri:'krɪstʃən] *adj* vorchristlich

pre·cinct ['pri:sɪŋkt] *s* (eingefriedeter, umgrenzter) Bezirk, Bereich ⟨pedestrian ~ Fußgängerzone *f*; shopping ~ Einkaufszone *f*⟩ | *Am* Polizeirevier *n* | *Am* Wahlkreis *m*, -bezirk *m*; '**pre·cincts** *s/pl* Bereich *m*, Umgebung *f*, Kreis *m* (*auch übertr*) ⟨the ≈ of the port die Hafengegend; in the ≈ of industry im Bereich der Industrie⟩ | Inneres (eines Hauses u. ä.) ⟨within the ≈ of im Innern von, innerhalb⟩ | Grenzen *f/pl*, Grenzlinien *f/pl* ⟨within the ≈ of innerhalb *od* im Rahmen der Grenzen von⟩

pre·ci·os·i·ty [,preʃɪ'ɒsətɪ|,presɪ-] *s verächtl* Preziosität *f*, Affektiertheit *f*, Geziertheit *f* | (*oft pl*) geziertes Benehmen, geschwollenes Sprechen

pre·cious ['preʃəs] **1.** *adj* teuer, kostbar, wertvoll (*auch übertr*) | (Stein u. ä.) edel ⟨~ metal Edelmetall *n*; ~ stone Edelstein *m*⟩ | *umg iron* schön, fein, nett ⟨a ~ mess eine schöne Bescherung⟩ | *übertr* (Sprache u. ä.) preziös, geziert, affektiert; **2.** *adv umg* höchst ⟨~ little/few ziemlich wenig[e]; a ~ long time reichlich lang⟩; **3.** *s umg* Schatz *m*, Liebe(r, -s) *f(m, n)*

prec·i·pice ['presəpɪs] *s* Abgrund *m* ⟨to stand on the edge of the ~ *übertr* am Rande des Abgrunds *od* vor dem Ruin stehen⟩

pre·cip·i·ta·bil·i·ty [prə,sɪpɪtə'bɪlətɪ] **1.** *s Chem* Fällbarkeit *f*; **pre'cip·i·ta·ble** *adj* niederschlag-, fällbar; **pre'cip·i·tance, pre'cip·i·tan·cy** *s* Eile *f*, Hast *f* | Übereifer *m*; **pre'cip·i·tant** *adj* herabstürzend, eilig, hastig | übereilt; **2.** *s Chem* Fällungsmittel *n*; **pre·cip·i·tate** [prə'sɪpɪteɪt] *vt förml* (hinab-) werfen, -stürzen | *übertr* (jmdn.) (hinein)stürzen (**into** in) | *übertr* überstürzen ⟨to ≈ a decision⟩ | *übertr* heraufbeschwören ⟨to ≈ an election⟩ | *Chem* niederschlagen, fällen ⟨≈d chalk Schlämmkreide *f*; ≈d sludge Klärschlamm *m*⟩; *vi* hinabstürzen | sich überstürzen | *Chem*, *Met* sich niederschlagen (**as** als); [prə'sɪpɪtət] *adj* jählings herabstürzend, steil abfallend | *förml übertr* überstürzt, -eilt, vorschnell; [prə'sɪpɪteɪt|-tət] *s Chem* Niederschlag *m*; **pre,cip·i'ta·tion** *s* (Herab-) Stürzen *n*, jäher Sturz | *förml* Hast *f*, Eile *f* | *Chem* Niederschlagen *n*, Niederschlag *m* | *Met* (atmosphärischer) Niederschlag; **pre·cip·i·ta·tive** [prə'sɪpɪteɪtɪv] *adj förml* überstürzt, unüberlegt; **pre'cip·i·tous** *adj* steil, jäh abfallend | gefährlich, furchterregend ⟨a ≈ height⟩ | *selten* überstürzt ⟨≈ haste⟩

pré·cis ['preɪsi:|-sɪ] **1.** *s* (*pl* ~ ['preɪsi:z]) Zusammenfassung *f*, kurzer Überblick | *Päd* Zusammenfassung(sübung) *f(f)*, Inhaltsangabe *f*; **2.** *vt* (**pré·cised** ['preɪsi:d], **pré·sised** ['preɪsi:d], **pré·sis·ing** ['preɪsi:ɪŋ]) kurz zusammenfassen; '~ ˌ**writ·ing** *s Päd* Zusammenfassen *n* (eines Textes), Schreiben *n* einer Inhaltsangabe

pre|cise [prɪ'saɪs] *adj* genau, exakt, klar ⟨a ≈ answer⟩ | pedantisch, peinlich genau, korrekt, steif ⟨a very ≈ old lady⟩ | genau, richtig ⟨at the ≈ moment genau in dem Moment⟩; **~'cise·ly** *adv* genau, exakt ⟨≈ 10⟩ | gerade, ausgerechnet ⟨≈ because gerade weil⟩ | (Antwort) genau, eben, so ist es; **~ci·sion** [prɪ'sɪʒn] **1.** *s* Genauigkeit *f*, Exaktheit *f* ⟨with ≈⟩ | *Tech* Präzision *f*; **2.** *adj* Präzisions- ⟨≈ instruments⟩ | exakt, Präzisions- ⟨≈ landing⟩; **~ˌci·sion-'made** *adj* präzisionsgefertigt, Präzisions-

pre·clas·si·cal [pri:'klæsɪkl] *adj* vorklassisch

pre·clear ['pri:klɪə] *vt* im voraus genehmigen *od* als unschädlich erklären ⟨to ~ a drug⟩

pre·clin·i·cal [pri:'klɪnɪkl] *adj Med* vorklinisch

pre|clude [prɪ'klu:d] *förml vt* ausschließen (**from** von) | hindern (**from** an) ⟨to ≈ s.o. from (*mit ger*) jmdn. daran hindern, zu (*mit inf*)⟩ | (einer Sache) vorbeugen; **~clu·sion** [~'klu:ʒn] *s* Ausschluß *m* (**from** von) | Verhinderung *f*; **~'clu·sive** *adj* ausschließend ⟨to be ≈ of s.th. etw. ausschließen⟩

pre·coat [ˌpri:'kəʊt] **1.** *vt* grundieren, vorstreichen; **2.** *s* Grundierung *f*

pre|co·cious [prɪ'kəʊʃəs] *adj* früh entwickelt, frühreif (*auch übertr*) | *übertr, oft verächtl* frühreif, altklug ⟨a ≈ child⟩; **~coc·i·ty** [~'kɒsətɪ] *s* Frühreife *f* | *übertr* Frühreife *f*, Altklugheit *f*

pre·cog·ni·tion [ˌpri:kɒg'nɪʃn] *s förml* Vorahnung *f*, Vorauswissen *n*, frühe Erkenntnis

pre·con|ceive [ˌpri:kən'si:v] *vt* vorher ausdenken ⟨≈d opinion vorgefaßte Meinung⟩; **~cep·tion** [ˌ~'sepʃn] *s* Vorurteil *n*

pre·con·cert [ˌpri:kən'sɜ:t] *vt* vorher vereinbaren; [pri:'kɒnsɜ:t] *s förml* vorherige Vereinbarung, Absprache *f*; ˌ**pre·con'cert·ed** *adj* vorher festgelegt | *verächtl* abgekartet

pre·con·di·tion [ˌpri:kən'dɪʃn] *s* Vorbedingung *f*

pre·con·sid·er [ˌpri:kən'sɪdə] *vt* vorher überlegen; ˌ**pre·conˌsid·er'a·tion** *s* vorherige Überlegung

pre·cook [pri:'kʊk] *vt* vorkochen

pre·cool [pri:'ku:l] *vt* vorkühlen

pre·cox ['pri:kɒks] *adj* frühreif

pre·cur·sive [pri:'kɜ:sɪv] *adj* vorausgehend; **pre'cur·sor** *s* Vorläufer *m*, Vorbote *m* (*auch übertr*); **pre'cur·so·ry** *adj* voraus-, vorhergehend ⟨≈ symptoms⟩ | einleitend, vorbereitend, verkündend

pre·da|ceous [pri:'deɪʃəs], **~cious** [~ʃəs] *adj förml* = **'predatory**

pre·date [pri:'deɪt] *vt* vordatieren

pred·a|tor ['predətə] *s Zool* Räuber *m* | raubgieriger Mensch; **'~to·ry** *adj Zool* Raub-, räuberisch, schädlich ⟨≈ bird Raubvogel *m*⟩ | *übertr förml* räuberisch, plündernd ⟨≈ war Raubkrieg *m*⟩ | *verächtl, scherzh* unersättlich, andere ausnutzend ⟨a ≈ female⟩

pre·de·cease [ˌpri:dɪ'si:s] *Jur* **1.** *vi, vt* früher sterben (als); **2.** *s* vorzeitiger Tod

pred·e·ces·sor ['pri:dɪsesə] *s* Vorgänger(in) *m(f)* (*auch übertr*); **'pred·e·ces·sors** *s/pl* Vorfahren *m/pl*

pre·des·ti·nate [pri:'destɪneɪt] **1.** *vt förml* auswählen, vorherbestimmen (**to** für, zu) | *Rel* prädestinieren; **2.** *adj förml* auserwählt, prädestiniert, vorherbestimmt; ˌ**preˌdes·ti'na·tion** *s* Prädestination *f*, Vorherbestimmung *f*; **pre'des·tine** *vt* vor(her)bestimmen (**for** für, **to** zu) ⟨to be ≈d to (*mit inf*) dazu ausersehen sein, zu (*mit inf*)⟩

pre·de·ter·mi·na·ble [ˌpri:dɪ'tɜ:mɪnəbl] *adj* vorherbestimmbar; ˌ**pre·de'ter·mi·nate** [-mənət] *adj* vorherbestimmt; ˌ**pre·deˌter·mi'na·tion** *s* vorgefaßter Entschluß | Vorherbestimmung *f* | Vorausberechnung *f*; ˌ**pre·de'ter·mi·na·tive** *adj* vorherbestimmend; **pre·de'ter·mine** *vt* (*meist pass*) vorher festlegen, vorher bestimmen, prädeterminieren (**to** für, zu) (*auch Biol*) | im voraus beschließen (**to** [*mit inf*] zu [*mit inf*]) | vorausberechnen ⟨to ≈ the cost of s.th.⟩; ˌ**pre·de'ter·min·er** *s Ling* einem Artikel vorausgehendes Bestimmungswort ⟨such is a ≈⟩; ˌ**pre·de'ter·min·ism** *s* Prädeterminismus *m*

pred·i|ca·bil·i·ty [ˌpredɪkə'bɪlətɪ] *s* Aussagbarkeit *f*; **'~ca·ble** *adj* aussagbar, prädikabel

pre·dic·a·ment [prɪ'dɪkəmənt] *s* unangenehme Lage ⟨to be in a pretty ~ in einer scheußlichen Lage sein⟩ | *Phil* Kategorie *f*, Prädikament *n*

pred·i·cant ['predɪkənt] **1.** *adj* behauptend |*Rel* predigend, Prediger-; **2.** *s Rel* Prediger *m*

pred·i|cate ['predɪkeɪt] *vt förml* aussagen, behaupten | (*meist pass*) basieren, begründen (**on** auf) ⟨to be ≈d on zurückzuführen sein auf⟩ | *Phil* prädizieren | *Rel* predigen; *vi* eine Behauptung aufstellen; ['~kət] *s Phil* Aussage *f* | *Ling* Prädikat *n*, Satzaussage *f*; *adj* ['~kət] ausgesagt | *Ling* prädikativ, Prädikats- ⟨≈ noun Prädikatsnomen *n*⟩; ˌ**~'ca·tion** *s* Aussage *f*, Behauptung *f* | *Ling* Prädikation *f*; **~ca·tive** [prɪ'dɪkətɪv] **1.** *adj* aussagend, behauptend | *Ling* prädikativ; **2.** *s* Prädikatsnomen *n* | prädikatives Adjektiv

pre|dict [prɪ'dɪkt] *vt* (Wetter, Zukunft u. ä.) vorhersagen, weissagen, prophezeien; *vi* weissagen; **~ˌdict·a'bil·i·ty** *s* Voraussagbarkeit *f*; **~'dict·a·ble** *adj* voraussagbar; **~'dic·tion** *s* Voraussage *f*, Prophezeiung *f*; **~'dic·tive** *adj* prophezeiend, weissagend; **~'dic·tor** *s* Prophet *m* | *Tech* Warngerät *n* | *Flugw, Mil* Voraussager *m*, Zielrechenmaschine *f*

pre·di·gest [ˌpri:daɪ'dʒest|-dɪ-] *s* (Lebensmittel) (künstlich) vorverdauen, präparieren | *übertr verächtl* vorkauen, simplifizieren

pre·di·lec·tion [ˌpri:dɪ'lekʃn] *s* Vorliebe *f*, Schwäche *f*, Voreingenommenheit *f* (**for** für)

pre·dis|pose [ˌpri:dɪs'pəʊz] *vt förml* (jmdn.) vorher geneigt *od* empfänglich machen (**to[wards]** für) | (etw.) vorher anordnen, vorbereiten | *Med* prädisponieren (**to** für); *vi Med* führen können (**to s.th.** zu etw.), mögliche Ursache sein (**to** für); ˌ**~'posed** *adj bes. Med* prädisponiert, empfänglich (**to** für) | vorbestimmt, vorgesehen ⟨his ≈ place⟩; **~po·si·tion** [ˌpri:ˌdɪspə'zɪʃn] *s* Veranlagung *f* (**to** zu) | Geneigtheit *f* | *Med* Prädisposition *f*, Anfälligkeit *f*

pre·dom·i·nance [prɪ'dɒmɪnəns], **pre'dom·i·nan·cy** *s* Vorherrschen *n*, Vorherrschaft *f*, Überwiegen *n*, Übergewicht *n* (**in** in, **over** über); **pre'dom·i·nant** *adj* überwiegend, vorherrschend (**over** über) ⟨to be ≈ vorherrschen⟩; **pre'dom·i·nant·ly** *adv* hauptsächlich, vorwiegend; **pre'dom·i·nate** *vi* vorherrschen, überwiegen (**over** über) | die Oberhand haben (**over** über); *vt* die Oberhand gewinnen über; **pre'dom·i·nat·ing** *adj* vorherrschend, überwiegend; **preˌdom·i'na·tion** *s* Vorherrschen *n*, Überwiegen *n*

pre|-e·lect [ˌpri:ɪ'lekt] *vt* vorher auswählen; **~-e·lec·tion** [ˌ~ɪ'lekʃn] *s* Vor(aus)wahl *f*

pre·e·lec·tion [ˌpri:ɪ'lekʃn] *adj Pol* vor der Wahl ⟨~ campaign Vorwahlkampf *m*⟩**pre·em·i·nence** [pri:'emɪnəns] *s* Hervorragen *n* (**above, over** über) | Vorrang *m* (**over** über); **pre'em·i·nent** *adj* hervorragend ⟨to be ≈ among hervorragen unter⟩ | ausgezeichnet, vorzüglich; **pre'em·i·nent·ly** *adv* vor allem, vornehmlich

pre|empt [pri:'empt] *vt Wirtsch, Jur* (*bes* Land) durch Vorkaufsrecht erwerben | (einer Sache) zuvorkommen, vorwegnehmen ⟨to ≈ s.o.'s plans⟩ | *förml* (vorher) mit Beschlag belegen ⟨to ≈ a seat⟩ | an sich reißen, (für sich) ausnutzen ⟨to ≈ a political movement⟩; *vi* (Land) durch Vorkauf erwerben | *Kart* (Bridge) (zwingend) ansagen; **~emp·tion** [~'empʃn] *s Wirtsch, Jur* Vorkaufsrecht *n* | Vorwegnahme *f* | Beschlaglegen *n* | Ausnutzen *n*, Usurpation *f* | *Kart* (Bridge) (zwingende) Ansage; **~'emp·tive** *adj* Vorkaufs- ⟨≈ buying; ≈ right⟩ | *bes. Mil* präventiv, zuvorkommend ⟨≈ attacks; ≈ strike Präventivschlag *m*⟩ | *Kart* (Bridge) (Aussage) zwingend ⟨≈ bid⟩; **~'emp·tor** *s* Vorkäufer(in) *m(f)* | Vorkaufsberechtigte(r) *f(m)*; **~'emp·to·ry** *adj* Vorkaufs-

preen [pri:n] *vt* (Gefieder u. ä.) putzen | herrichten ⟨to ~ o.s. sich zurechtmachen⟩; ~ **[up] on** sich etw. einbilden auf; *vi* sich herausputzen

pre·en·gage [ˌpri:ɪn'geɪdʒ] *vt* im voraus verpflichten | *Wirtsch* vorbestellen; *vi* sich im voraus verpflichten; **pre·en'gage·ment** *s* vorher übernommene Verpflichtung

pre·es·tab·lish [ˌpri:ɪ'stæblɪʃ] *vt* vorher festsetzen, -legen ⟨~ed harmony *Phil* prästabilisierte Harmonie⟩; **ˌpre·es'tab·lish·ment** *s* vorherige Festlegung, -setzung *f*

pre·es·ti·mate [pri:'estɪmeɪt] *vt* vorher (ein)schätzen; [-mət] *s* Kostenvoranschlag *m*

pre·ex·ist [ˌpri:ɪg'zɪst] *vi* vorher existieren; **ˌpre·ex'ist·ence** *s* Präexistenz *f*, vorherige Existenz; **ˌpre·ex'ist·ent** *adj* vorher existierend

pre·fab ['pri:fæb] *Brit umg* **1.** *adj* zusammensetzbar; **2.** *s* Fertighaus *n*; **pre'fab·ri·cate** *vt* vorfertigen; **pre'fab·ri·cat·ed** *adj* vorgefertigt, Fertig- ⟨≈ house Fertighaus *n*⟩; **ˌpreˌfab·ri'ca·tion** *s* Vorfertigung *f*, Fertigteilbauweise *f*

pref|ace ['prefɪs] **1.** *s* Vorrede *f*, Vorwort *n*, Einleitung *f* | *übertr umg* Vorspiel *n*, Vorgeplänkel *n*; **2.** *vt* einleiten, mit einer Einleitung versehen ⟨to ≈ a book⟩ | einleiten, beginnen (**by**, **with** mit); *vi* eine Einleitung schreiben; **~a·to·ri·al** [ˌ~ə'tɔ:rɪəl], **~a·to·ry** ['prefətṛɪ] *adj* einleitend, Einleitungs- ⟨≈ remarks⟩; **ˌ~a·to·ry 'note** *s* Vorwort *n*

pre·fade ['pri:feɪd] *vt Am* steinwaschen ⟨~d jeans steingewaschene Jeans⟩

pre|fect ['pri:fekt] *s Hist* Präfekt *m*, Statthalter *m* | (Frankreich u. a.) (Polizei) Präfekt *m* | *Brit Päd* Aufsichtsschüler *m*; **~fec·to·ral** [prɪ'fektərl], **~fec·to·ri·al** [ˌ~fek'tɔ:rɪəl] *adj* Präfekten-, Aufsichts-; **~fec·tu·ral** [-'fektʃərḷ] *adj* Präfektur-; **~fec·ture** ['~fektjʊə|-tʃə] *s* Präfektur *f*

pre·fer [prɪ'fɜ:] (**pre'ferred, pre'ferred**) *vt* bevorzugen, vorziehen, lieber haben ⟨to ~ tea to coffee Tee (dem) Kaffee vorziehen; to ~ to read rather than work lieber lesen als arbeiten⟩ | *Jur* (Klage) einreichen, vorbringen (**against** gegen) ⟨to ~ charges/a charge against s.o.⟩ | *förml* befördern (**to** zu); **pref·er·a·bil·i·ty** [ˌprefərə'bɪlətɪ] *s* Vorziehbarkeit *f*; **pref·er·a·ble** ['prefṛəbl] *adj* vorzuziehen(d) (**to s.th.** einer Sache), wünschenswerter (**to** als); **pref·er·ence** ['prefṛəns] *s* Bevorzugung *f*, Vorzug *m* ⟨to show ≈ to vorziehen⟩ | (*meist sg*) Vorliebe *f* (**for**, **to** für) ⟨by ≈ mit Vorliebe; in ≈ to lieber als, statt, gegenüber⟩ | Wahl *f* ⟨which is your ≈ was möchtest du?; of s.o.'s ≈ nach jmds. Wahl⟩ | *Wirtsch* Vergünstigung *f*, Vorzugstarif *m* ⟨special trade ≈s besondere Vergünstigungen im Handel⟩ | *Wirtsch* Vorzugs-, Prioritätsrecht *n*; **'pref·er·ence share**, **'pref·er·ence stock** *s Wirtsch* Vorzugsaktie *f*; **pref·er·en·tial** [ˌprefə'renʃl] *adj* bevorzugt, Vorzugs- ⟨≈ treatment Vorzugsbehandlung *f*, -abfertigung *f*⟩; **pref·erˌen·tial 'du·ty** *s Wirtsch* Vorzugszoll *m*; **pre'fer·ment** *s* Bevorzugung *f*, Vorzug *m* | Beförderung *f* (**to** zu) | höheres Amt | *Jur* Vorkaufsrecht *n*

pre·fig·ure [pri:'fɪgə] *vt* sich (vorher) ausmalen *od* vorstellen ⟨to ~ the future⟩ | vorher darstellen, vorbilden

pre·fix [pri:'fɪks] *vt* vor(an)setzen, vorausschicken, als Vorspann bringen | *Ling* (Silbe u. ä.) als Präfix verwenden; ['pri:fɪks] *s Ling* Präfix *n*, Vorsilbe *f* | vorangesetzter Titel; **ˌ~'a·tion** *s Ling* Präfizierung *f*; **~ion** [pri:'fɪkʃn] *s* Vorsetzen *n* (eines Wortes)

pre·form [pri:'fɔ:m] *vt* vorformen, vorfertigen

preg·gers ['pregəz] *adj Brit Sl* schwanger

preg·na|bil·i·ty [ˌpregnə'bɪlətɪ] *s* Einnehmbarkeit *f* | *übertr* Verwundbarkeit *f*; **'~ble** *adj* einnehmbar ⟨a ≈ fortress⟩ | *übertr* angreifbar, verwundbar

preg|nan·cy ['pregnənsɪ] *s* Schwangerschaft *f* | Trächtigkeit *f* | (Boden-) Fruchtbarkeit *f* | *übertr* Fruchtbarkeit *f* | *übertr* Gedankenreichtum *m* | *übertr* Prägnanz *f*, Bedeutungsgehalt *m*; **'~nan·cy test** *s* Schwangerschaftstest *m*, -untersuchung *f*; **'~nant** *adj* schwanger ⟨four months ≈; ≈ for four months; to fall ≈ *Brit* schwanger werden⟩ | trächtig | *übertr* fruchtbar, reich (**in an**) | *übertr* einfalls-, gedankenreich ⟨≈ artists⟩ | *übertr* prägnant, bedeutungsvoll ⟨a ≈ pause; ≈ with meaning bedeutungsschwer⟩

pre·heat [pri:'hi:t] *vt* an-, vorwärmen; **pre'heat·er** *s Tech* Vorwärmer *m*, Vorerhitzer *m*, Vorwärmgerät *n*; **pre'heat·ing** *s* Vorwärmen *n*

pre·hen|si·ble [prɪ'hensəbl] *adj* greifbar | *Tech* ausziehbar; **~sile** [~saɪl] *adj Zool* Greif- ⟨≈ organ Greiforgan *n*; ≈ tail Haftschwanz *m*⟩; **~sil·i·ty** [ˌpri:hen'sɪlətɪ] *s* Greifvermögen *n*; **pre'hen·sion** *s Zool* Greifen *n* | *übertr* Begreifen *n*, Erfassen *n*

pre·his|tor·ic [ˌpri:hɪ'stɒrɪk], **ˌ~'tor·i·cal** *adj* prähistorisch, vorgeschichtlich | *verächtl*, *scherzh* vorhistorisch, vorsintflutlich, nicht mehr zeitgemäß ⟨a ≈ car; ≈ ideas⟩; **ˌpre'his·to·ry** *s* Ur-, Vorgeschichte *f* | *übertr* Vorgeschichte *f*

pre·ig·ni·tion [ˌpri:ɪg'nɪʃn] *s Tech* Früh-, Glühzündung *f*

pre|judge [ˌpri:'dʒʌdʒ] *vt* im voraus beurteilen | im voraus verurteilen; *vi* im voraus urteilen, vorschnell urteilen; **ˌ~'judg[e]·ment** *s* Vorurteil *n* | *Jur* Befangenheit *f*

prej·u|dice ['predʒədɪs] **1.** *s* Vorurteil *n*, vorgefaßte Meinung, Voreingenommenheit *f* (**against** gegen) ⟨free from ≈ ohne Vorurteil *n od* Befangenheit *f*; racial ≈ Rassenvorurteil *n*⟩ | *auch Jur* Nachteil *m*, Schaden *m* ⟨to the ≈ of zum Nachteil von; without ≈ to unbeschadet, ohne Schaden für⟩ | *Jur* Präjudiz *n* ⟨without ≈ ohne Verzicht auf ein Recht⟩; **2.** *vt* (jmdn.) voreinnehmen, beeinflussen (**against** gegen, **in favour of** für) | (einer Sache) Abbruch tun | (jmdn.) benachteiligen; **'~diced** *adj* (*meist*) *verächtl* voreingenommen (**against** gegen, **in favour of** für) | *Jur* befangen; **~di·cial** [ˌpredʒʊ'dɪʃl] *förml adj* nachteilig, schädlich (**to** für) ⟨to be ≈ to s.o. jmdm. schaden⟩ | voreingenommen, vorschnell

prel|a·cy ['preləsɪ] *s Rel* Prälatur *f* | *collect* Prälatentum *n*; **~ate** ['~ət] *s* Prälat *m*; **'~ate·ship** *s* Prälatenwürde *f*; **~at·ess** ['~ətəs] *s* Prälatin *f*; **pre·lat·ic** [prɪ'lætɪk], **pre'lat·i·cal** *adj* prälatisch, Prälaten-

pre|lect [prɪ'lekt] *förml vi* Vorlesungen halten (**[up]on** über); **~lec·tion** [~'lekʃn] *s* Vorlesung *f*, Vortrag *m*; **~'lec·tor** [~'lektə] *s* Vorleser *m* | *Brit* Dozent *m*

pre·lim ['pri:lɪm|prɪ'lɪm] *s Brit umg Kurzw* für **preˌlim·i·nar·y ex·am·i'na·tion** *Päd* Vor-, Zwischenprüfung *f* | (*meist pl*) *meist Brit Typ* Vorspann *m*

pre·lim·i·nar·y [prɪ'lɪmɪnərɪ] **1.** *adj* vorbereitend, einleitend, Vor- ⟨a ~ statement; to be ~ to s.th. einer Sache vorausgehen⟩ | vorläufig | (Sport) Vor- ⟨~ race Vorlauf *m*⟩ ◇ **'~ to** *präp* vor, in Vorbereitung auf; **2.** *s*, *meist* **pre'lim·i·nar·ies** *pl* Einleitung *f* | Präliminarien *f/pl*, Vorbereitungen *f/pl* | Vorverhandlungen *f/pl*; **ˌ~ 'round** *s* (Sport) Vorrunde *f*; **ˌ~ se'lec·tor** *s Tel* Vorwähler *m*; **ˌ~ 'step** *s* Vorstufe *f*; **ˌ~ 'test** *s* Vorversuch *m*; **ˌ~ 'work** *s* Vorarbeit *f*

pre·lit·er·ate [ˌpri:'lɪtṛət] *adj* ohne schriftliche Quellen (Überlieferung) ⟨~ societies⟩

prel·ude ['prelju:d] **1.** *s* Vorspiel *n*, Einleitung *f* (**to** zu) | Vorwort *n* ⟨~ to a novel⟩ | *Mus* Präludium *n* ⟨choral ~ Choralvorspiel *n*⟩; **2.** *vt Mus* mit einem Präludium eröffnen | *übertr* einleiten, eröffnen; *vi Mus* präludieren, ein Präludium spielen

pre·mar·i·tal [pri:'mærɪtl] *adj* vorehelich ⟨~ relations; ~ sex Sex *m* vor der Ehe⟩

pre·ma|ture ['premətʃə|-tʃuə] *adj* vor-, frühzeitig, verfrüht ⟨≈ death vorzeitiger Tod; ≈ delivery Frühgeburt *f*⟩ | *übertr* unüberlegt, vorschnell ⟨≈ reports⟩ | *selten* frühreif; **~tu·ri·ty** [ˌpri:mə'tʃuərətɪ|-'tjuə-] *s* Vor-, Frühzeitigkeit *f* | Voreiligkeit *f* | Frühreife *f*

pre·max·il|la [ˌpri:mæk'sɪlə] *s* (*pl* **~lae** [-li:]) *Anat, Zool* Zwischenkieferknochen *m*; ˌ**pri·max'il·lar·y 1.** *adj* Zwischenkiefer-; **2.** *s* = **~la**

pre·med·i·cal [pri:'medɪkl] *adj* vorklinisch

pre·med·i|tate [pri:'medɪteɪt] *vt, vi förml* vorher überlegen; **pre'med·i·tat·ed** *adj* vorsätzlich, mit Vorbedacht; ˌ**~'ta·tion** *s* Vorbedacht *m*, Vorsatz *m*

pre·mi·er ['premɪə] **1.** *adj* erste(r, -s), führend, Haupt- ⟨~ importance vorrangige Bedeutung; of ~ importance von äußerster Wichtigkeit⟩ | (Adliger) rangälteste(r, -s) ⟨the ~ Duke of England⟩; **2.** *s* (nichtbritischer) Premierminister *m*, Ministerpräsident *m* | (Presse) Premier *m*; **3.** *vi* das Amt eines Premiers innehaben

pre·mi|ere, ~ère ['premɪɛə] **1.** *s Theat, Film* Premiere *f*; **2.** *vt* uraufführen; *vi* uraufgeführt werden, Premiere haben

pre·mi·er·ship ['premɪəʃɪp] *s* Amt *n* des Ministerpräsidenten

pre·mise ['premɪs|prɪ'maɪz] *vt förml* vorausschicken | *Phil* postulieren, voraussetzen; *vi Phil* Prämissen voraussetzen; **prem·ise** ['premɪs] *s bes Phil* Prämisse *f*, Voraussetzung *f*, Vordersatz *m* ⟨major (minor) ~ Ober- (Unter)satz *m*; on the ~ that unter der Voraussetzung, daß⟩; **prem·is·es** ['premɪsɪz] *pl* Haus *n* mit Zubehör ⟨on the ≈ an Ort u. Stelle, im Hause [Lokal]; licensed ≈ Lokal *n* mit Schankkonzession; private ≈ Privatgrundstück *n*⟩ | *Jur* Obenerwähntes *n* ⟨in the ≈ im Vorstehenden; in these ≈ hinsichtlich des eben Gesagten⟩

pre·mi·um ['pri:mɪəm] *s* Preis *m*, Prämie *f*, Belohnung *f*, Bonus *m* ⟨to put a ~ on s.th. zusätzlich bezahlen; eine Belohnung für etw. aussetzen; *übertr* etw. hoch einschätzen *od* bewerten⟩ | (Versicherungs-) Prämie *f* | *Wirtsch* Aufgeld *n*, Agio *n*, Zuschlag *m* ⟨at a ~ *Wirtsch* über pari, *übertr* hoch im Kurs; to sell at a ~ mit Gewinn verkaufen⟩ | Ausbildungshonorar *n*, Lehrgeld *n*; '**~ bonds** *s/pl Brit Wirtsch* Prämienobligation(en) *f(pl)*, Lotterieaktie(n) *f(pl)*; '**~** ˌ**sel·ling** *s Wirtsch* Zugabengeschäft *n*; '**~** ˌ**sys·tem** *s Wirtsch* Prämienlohnsystem *n*

pre|mo·ni·tion [ˌpremə'nɪʃn] *s* Warnung *f* | Vorahnung *f*, -gefühl *n*; **~mon·i·to·ry** [prɪ'mɒnɪtr̩ɪ] *adj förml* warnend ⟨to be ≈ of ankündigen; ≈ symptom *Med* Frühsymptom *n*⟩

pre·na·tal [pri:'neɪtl] *adj Med* pränatal, vor der Geburt ⟨~ care Schwangerenfürsorge *f*⟩

pren·tice ['prentɪs] *arch adj* Lehrlings-, Anfänger- | *übertr* unerfahren

pre·nup·tial [pri:'nʌpʃl] *adj* vorehelich, vor der Hochzeit

pre·oc·cu|pan·cy [pri:'ɒkjupənsɪ] *s* vorherige Inbesitznahme | Beschäftigtsein *n* (**in** mit); **~pa·tion** [ˌ~'peɪʃn] *s* Befangenheit *f*, Vorurteil *n* ⟨without ≈ unbefangen, ohne Vorurteil⟩ | Vertieftsein *n* (**in** in), Beschäftigtsein *n* (**with** mit) | Abhaltung *f*, (zusätzliche) Beschäftigung (**about** durch, mit); **~pied** ['~paɪd] *adj* vorher besetzt | vertieft, in Gedanken verloren, beschäftigt (**with** mit) ⟨a ≈ look ein abwesender Blick⟩ | abgehalten (**by** durch); **~py** [~paɪ] *vt* vorher in Besitz nehmen | in Anspruch nehmen, ausschließlich beschäftigen

pre·or·dain [ˌpri:ɔ:'deɪn] *vt* vorherbestimmen, vorher anordnen; ˌ**pre·or'dain·ed** *adj* vorbestimmt

pre·or·der [pri:'ɔ:də] *vt* vorher anordnen, vorplanen | *Wirtsch* vorbestellen

pre·or·di·na·tion [ˌpri:ɔ:dɪ'neɪʃn] *s* (Gott, Schicksal) Vor(her)bestimmung *f* | vorherige Anordnung

prep [prep] *umg* **1.** *s Kurzw* für **preparation** *Päd* Haus-, Schularbeit *f* | *Päd* Vorbereitungs-, Studienzeit *f* | *Am Päd* Schüler(in) *m(f)* einer privaten Oberschule | = **pre'paratory school**; **2.** *adj* = **pre'paratory** ⟨≈ school⟩

pre·pack[age] [pri:'pækɪdʒ] *vt* fertig verpacken, vorverpakken ⟨~ed fruit⟩

pre·paid [ˌpri:'peɪd] *adj* im voraus bezahlt | frei(gemacht), frankiert

prep·a·ra·tion [ˌprepə'reɪʃn] *s* Vorbereitung *f* (**for** für) ⟨in ~ in Vorbereitung; to make ~s Vorbereitungen treffen⟩ | Herstellung *f*, Zubereitung *f* (**of s.th.** von etw.) | (Erz-) Aufbereitung *f* | Präparieren *n*, Haltbarmachen *n* | *Chem* Darstellung *f* | *Chem, Med* Präparat *n*, Mittel *n* | *Brit Päd* Vorbereitungs-, Studienzeit *f* (für Schüler); **pre·par·a·tive** [prɪ'pærətɪv] **1.** *adj förml* vorbereitend; **2.** *s* Vorbereitung *f* (**for** für); **pre'par·a·tor** *s* Präparator *m*; **pre'par·a·tor·y 1.** *adj* vorbereitend, Vorbereitungs- ⟨≈ steps⟩ ◇ **pre'par·a·tor·y to** *präp* vor, als Vorbereitung auf *od* zu; **2.** *s* Vorbereitung *f*; **pre'par·a·to·ry school** *s Brit Päd* private (Grund-) Schule | *Am Päd* private (Ober-) Schule; **pre·pare** [prɪ'pɛə] *vt* vorbereiten ⟨to ≈ a speech; to ≈ a party; to ≈ to go on holiday sich auf den Urlaub vorbereiten⟩ | herrichten, zurechtmachen ⟨to ≈ the table [for dinner] den Tisch [zum Essen] decken⟩ | zubereiten ⟨to ≈ dinner⟩ | ausrüsten, bereitstellen ⟨to ≈ an expedition⟩ | trainieren, vorbereiten (**for** auf) | *übertr* (jmdn.) (seelisch) vorbereiten, gefaßt *od* geneigt machen ⟨to ≈ o.s. for a shock; to ≈ to meet defeat darauf gefaßt sein zu verlieren⟩ | *Chem, Tech* herstellen, erzeugen | präparieren | *Chem* darstellen; *vi* sich vorbereiten (**for** auf) ⟨to ≈ for teaching sich auf den Unterricht vorbereiten⟩ | sich anschicken, sich rüsten (**for** für, zu) | sich gefaßt machen (**for** auf) ⟨to ≈ for the worst⟩; **pre'pared** *adj* vorbereitet, bereit, fertig ⟨≈ for gefaßt auf; a ≈ statement⟩ | zubereitet | präpariert, haltbar | gewillt ⟨to be ≈ to (*mit inf*) bereit sein, zu [*mit inf*]⟩; **pre·par·ed·ness** [prɪ'pɛədnəs|-'pɛərɪd-] *s* Bereitschaft *f* | Gefaßtsein (**for** auf)

pre·pa·tent [pri'peɪtnt] *adj Med* latent ⟨~ period Latenzzeit *f*⟩

pre|pay [ˌpri:'peɪ] *vt* (ˌ**~'paid**, ˌ**~'paid**) vorausbezahlen | frankieren; ˌ**pre'pay·a·ble** *adj* im voraus zahlbar; ˌ**pre'pay·ment** *s* Vorausbezahlung *f* ⟨≈ fee Freimachungsgebühr *f*⟩

pre·pense [pri:'pens] *adj scherzh, Jur* vorsätzlich, mit Absicht ⟨with malice ~ in böswilliger Absicht⟩

pre·plan [pri:'plæn] *vt* vor(aus)planen

pre·pon·der·ance [prɪ'pɒndr̩əns], **pre'pon·der·an·cy** *s* Übergewicht *n* (*auch übertr*) (**over** über) | größere Zahl *f* (**of** an), Mehrheit *f* (**of** von); **pre'pon·der·ant** *adj* überwiegend, vorwiegend, vorherrschend ⟨≈ in numbers zahlenmäßig überwiegend⟩; **pre'pon·der·ate** *vi förml* überwiegen, vorherrschen (**over** über, **with** bei) | (Waage u.ä.) sich neigen (*auch übertr*); **pre**ˌ**pon·der'a·tion** *s* Übergewicht *n*

pre·pose [prɪ'pəuz] *vt Ling* voranstellen; **prep·o·si·tion** [ˌprepə'zɪʃn] *s Ling* Präposition *f*, Verhältniswort *n*; ˌ**prep·o'si·tion·al** *adj* präpositional; ˌ**prep·o·si·tion·al 'phrase** *s Ling* Präpositionalphrase *f*, präpositionale Ergänzung

pre·pos|sess [ˌpri:pə'zes] *förml vt* [*bes. pass*] (jmdn.) im voraus einnehmen ⟨to be ≈ed in favour of s.o. für jmdn. eingenommen sein⟩ | (Gedanken u.ä.) (voll) beschäftigen, beeinflussen ⟨≈ed with the notion völlig ergriffen von der Vorstellung⟩; ,~'**sess·ing** *adj* gewinnend, einnehmend, sympathisch ⟨a ≈ look; a ≈ appearance⟩; ~'**ses·sion** *förml s* Voreingenommenheit *f* (**for, in favour of** für) | Vorurteil *n* (**against** gegen)

pre·pos·ter·ous [prɪ'pɒstərəs] *adj* absurd, widernatürlich, -sinnig | albern, lächerlich, verrückt

pre·po|tence [prɪ'pəutəns], **pre'po·ten·cy** *s* Übermacht *f*, Überlegenheit *f* | Vorherrschaft *f* | *Biol* stärkere Vererbungskraft; **pre'po·tent, ~ten·tial** [,pri:pə'tenʃl] *adj* überlegen | vorherrschend | *Biol* sich stärker vererbend

prep·pie ['prepɪ] *s Am Sl* Schüler(in) *m(f)* einer Privatschule

pre·preg ['pri:,preg] *s umg* vorher imprägnierter Kunststoff

pre·print ['pri:prɪnt] *Lit s* Vorabdruck *m* | Teilausgabe *f*

pre·pro·ces·sor ['pri:prəu,sesə] *s* (Computer) Vorprogramm *n*

pre·prog·ram ['pri:,prəugræm] *vt* vorprogrammieren

prep school ['prep sku:l] *umg* = **pre'paratory school**

pre·puce ['pri:pju:s] *s Anat* Vorhaut *f*

Pre·Raph·ael·ite [,pri:'ræfəlaɪt] *Mal* **1.** *adj* präraffaelitisch; **2.** *s* Präraffaelit *m*

pre·re·cord [,prɪrɪ'kɔ:d] *vt* vorher aufnehmen, aufzeichnen ⟨~ed broadcast *Rundf* Aufzeichnung *f*; ~ed tape bespieltes Band⟩

pre·req·ui·site [pri:'rekwɪzɪt] **1.** *adj* vorauszusetzen(d), vorher erforderlich, notwendig (**for, to** für); **2.** *s* Voraussetzung *f*, Vorbedingung *f* (**for, of, to** für)

pre·rog·a·tive [prɪ'rɒgətɪv] **1.** *s* (*meist sg*) Prärogativ(e) *n(f)*, Vorrecht *n*, Privileg *n* ⟨royal ~ königliches Recht⟩; **2.** *adj* bevorrechtigt, Vorzugs- ⟨~ right Vorrecht *n*⟩

pre·run ['pri:rʌn|,-'-] *s* Vorlauf *m*

pres. *Abk von* **present** | ≁ = **President**

pres·age ['presɪdʒ|prɪ'seɪdʒ] *lit vt* vorher-, voraussagen, prophezeien, ankündigen ⟨to ~ good luck Glück bedeuten⟩ | (oft Böses) ahnen; *vi* weissagen, prophezeien; ['presɪdʒ] *s* Vorbedeutung *f*, Anzeichen *n* ⟨of evil ~ von schlimmer Bedeutung⟩ | (meist schlimme) Ahnung, Vorgefühl *n*

pres·by·o·pi·a [,prezbɪ'əupɪə] *s Med* Presbyopie *f*, Weitsichtigkeit *f*

pres|by·ter ['prezbɪtə] *Rel s* (Presbyterianische Kirche) Presbyter *m*, Kirchenältester *m* | (Episkopalkirche) Priester *m*, Geistlicher *m*; **~by·te·ri·al** [,~bɪ'tɪərɪəl] *adj* presbyterial, Presbyter-, Presbyterial-; **≁by·te·ri·an** [,~bɪ'tɪərɪən] **1.** *adj* presbyterianisch ⟨≁ Church⟩; **2.** *s* Presbyterianer(in) *m(f)*, Mitglied *n* der presbyterianischen Kirche; '**~by·ter·y** *s* Presbyterium *n*, Ältestenversammlung *f* | (katholisches) Pfarrhaus | Presbyterium *n*, Chorraum *m*

pre·school [,pri:'sku:l] *adj* Vorschul-, vorschulisch ⟨~ age Vorschulalter *n*; ~ child noch nicht schulpflichtiges Kind⟩; ['pri:sku:l] *s Am* Vorschule *f*, Kindergarten *m*; '**~er** *s Am* Vorschulkind *n*

pre·sci|ence ['preʃɪəns|-s-|-ʃə-] *s* Vorherwissen *n*, Voraussicht *f*; '**~ent** *adj förml* vorherwissend, -sehend ⟨to be ≈ of s.th. etw. voraussehen⟩

pre|scribe [prɪ'skraɪb] *vt* verordnen, vorschreiben (**to s.o.** jmdm.) | *Med* verschreiben, verordnen | *Jur* verjähren lassen; *vi* Vorschriften machen | etwas verschreiben | *Jur* verjähren | Verjährung geltend machen; ~'**scribed** *adj* vorgeschrieben ⟨as ≈ vorschriftsmäßig⟩; **~script** ['pri:skrɪpt] *s förml* Vorschrift *f*; **~scrip·tion** [prɪ'skrɪpʃn] *s* Vorschrift *f*, Verordnung *f* | *Med* Rezept *n* (*auch übertr*) | *Med* (verschriebene *od* verordnete) Medizin | *Jur* Verjährung *f*; ~'**scrip·tion charge** *s Brit* Rezeptgebühr *f*; ~'**scrip·tive** *adj* vorschreibend, verordnend, präskriptiv ⟨≈ grammar normative Grammatik⟩ | *Jur* Verjährungs- | durch langjährige Benutzung erworben ⟨≈ period⟩ | *verächtl* ersessen ⟨≈ right⟩

pre·se|lect [,pri:sɪ'lekt] *vt* vorauswählen; **~lec·tion** [,~'lekʃn] *s Tech* Vorwahl *f* | *Wirtsch* Verkauf *m*, nach Muster; ,~'**lec·tive** *adj* Vorwahl-; ,~'**lec·tor** *s Tech* Vorwähler *m* | Vorwähleinrichtung *f*, -schalter *m*

pres·ence ['prezns] *s* Anwesenheit *f*, Gegenwart *f* ⟨in the ~ of im Beisein von; ~ of mind Geistesgegenwart *f*; your ~ is requested Ihre Teilnahme ist erforderlich⟩ | Vorhandensein *n* | (unmittelbare) Nähe ⟨in the ~ of danger angesichts der Gefahr; to bring s.o. into the ~ of s.th. etw. bei jmdm. vorbringen, vortragen⟩ | Äußeres *n*, Erscheinung *f*, Wirkung *f* ⟨a man of no ~ jmd., der nichts vorstellt; to make one's ~ felt sich bemerkbar machen, auf andere wirken⟩ | *Geol* Vorkommen *n* | *Pol* (militärische) Präsenz (im gegenseitigen Einvernehmen) | (*meist sg*) Erscheinung *f*, Geist *m* ⟨spiritual ~ Geistererscheinung *f*⟩; '~ ,**cham·ber,** '~ **room** *s Brit* Audienzsaal *m*

pre·se|nile [pri:'si:naɪl] *adj Med* präsenil; **~nil·i·ty** [,pri:sɪ'nɪlətɪ] *s* Präsenilität *f*

[1]**pres·ent** ['preznt] *s* Geschenk *n* ⟨Christmas ~; to make s.o. a ~ of s.th. jmdm. etw. zum Geschenk machen; *umg iron* (Vorteil, Punkt u. ä.) an jmdn. verschenken⟩

[2]**pres·ent** ['preznt] **1.** *adj* anwesend, zur Stelle ⟨all ~ alle Anwesenden *m, f/pl*; ~ company [always] excepted *förml* alle Anwesenden ausgenommen; to be ~ at s.th. an etw. teilnehmen, bei etw. zugegen sein⟩ | gegenwärtig, jetzig, heutig ⟨the ~ day der heutige Tag; the ~ year das laufende Jahr⟩ | vorliegend, aktuell ⟨in the ~ case; the ~ writer der Schreiber dieser Zeilen⟩ | *übertr* gegenwärtig (**to s.o.** jmdm.) | *Ling* präsentisch, Gegenwarts-; **2.** *s* Gegenwart *f* ⟨at ~ jetzt, im Augenblick; for the ~ für momentan, vorläufig; to live in the ~ *übertr* nur an die Gegenwart denken; [there is] no time like the ~ *Sprichw* was du heute kannst besorgen, das verschiebe nicht auf morgen⟩ | *Ling* Präsens *n*, Gegenwart *f*

[3]**pres·ent** [prɪ'zent] **1.** *vt* (jmdn.) vorstellen (**to s.o.** jmdm.), einführen (**at** bei) | zeigen ⟨to ~ a smiling face⟩ | bieten, darstellen ⟨to ~ difficulties to mit Schwierigkeiten verbunden sein für⟩ | *Wirtsch* (Wechsel) vorzeigen | (Bitte u. ä.) äußern, vorbringen ⟨to ~ an argument⟩ | einreichen ⟨to ~ a claim⟩ | überreichen, schenken (**to s.o.** jmdm.) ⟨to ~ one's compliments/respects to s.o. sich jmdm. empfehlen; to ~ one's apologies to s.o. sich bei jmdm. vielmals entschuldigen⟩ | beschenken (**with** mit) | (Kandidaten u. ä.) vorschlagen | *Theat* (Stück) geben, spielen, bringen ⟨to ~ a new play⟩ | *Theat* (Rolle) spielen, verkörpern | *Theat* als Schauspieler einsetzen (**as** für) | *Mil* präsentieren ⟨~ arms! präsentiert das Gewehr!⟩; *vr* ~ **itself** auftauchen (Gedanke u. ä.) | sich ergeben (Chance u. ä.);~ **o.s.** sich einfinden (**at** bei); *vi Mil* präsentieren; **2.** *s Mil* Präsentiergriff *m* ⟨at the ~ (Gewehr) präsentiert⟩; **pre,sent·a'bil·i·ty** *s* Darstellbarkeit *f*; **pres'ent·a·ble** *adj* darstellbar | vorstell-, präsentierbar ⟨to make o.s. ≈ sich zurechtmachen⟩ | annehmbar ⟨in ≈ form⟩ | ansehnlich, stattlich; **pres·en·ta·tion** [,prezn'teɪʃn] *s* Vorstellung *f* | Einführung *f* | (Art der) Darbietung *f*, Darstellung *f* | *Wirtsch* Präsentation *f*, Vorlegung *f* (eines Wechsels) | Vorschlag *m*, Vorschlagsrecht *n* | Eingabe *f* | Übergabe *f*, Schenkung *f* | *Theat* Aufführung *f* ⟨two ≈s every night⟩ | *Psych* Vorstellung *f*, Begriff *m* | *Med* (Kinds-) Lage *f* (vor der Geburt); **pres·en'ta·tion co·py** *s* (Buch) Geschenk-, Freiexemplar *n*; **pre'sent·a·tive** *förml adj* erkenn-, vorstellbar | darstellend

pres·ent-day [,preznt 'deɪ] *adj* heutig, gegenwärtig, modern

pre·sent·er [prɪ'zentə] *s Brit Rundf, Ferns* Ansager(in) *m(f)*, Moderator *m*

pre·sen|tient [pri:'sentʃɪənt|~tɪənt|-zen-] *adj förml* im voraus fühlend ⟨to be ≈ of s.th. etw. vorher wahrnehmen⟩; **~ti·ment** [prɪ'zentɪmənt] *s* Vorgefühl *n*, (böse) Vorahnung

pres·ent·ly ['prezntlɪ] *adv* bald, sogleich, bald darauf ⟨she'll come ~ sie wird gleich kommen⟩ | *urspr Am, Schott* augenblicklich, zur Zeit, jetzt ⟨he's ~ unemployed er ist z. Z. arbeitslos⟩

pre·sent·ment [prɪ'zentmənt] *s* äußere Erscheinung, Auftreten *n* | *Theat* Darstellung *f*, Aufführung *f* | *Jur* von der Großen Jury verfaßte Anklage | *Phil* Vorstellung *f*, Begriff *m*

pres·ent| par·ti·ci·ple [ˌpreznt 'pɑ:tspl|-[ɪ]səpl] *s Ling* Präsenspartizip *n*, Partizip *n* Präsens; **ˌ~ 'per·fect** *s Ling* Perfekt *n*, Vorgegenwart *f*

pres·ents ['preznts] *s/pl Jur* Dokument *n*, *in*: **by these ~** hiermit

pres·ent| tense [ˌpreznt 'tens] *s Ling* Präsens *n*, Gegenwart *f*; **ˌ~ 'val·ue, ˌ~ 'worth** *s Wirtsch* Tageswert *m*

pre|serv·a·ble [prɪ'zɜ:vəbl] *adj* (auf)bewahr-, konservierbar; **pres·er·va·tion** [ˌprezə'veɪʃn] *s* (Auf-) Bewahrung *f*, (Er-) Rettung *f*, Schutz *m* (**from** vor) | Erhaltung *f* ⟨in good ≈ gut erhalten⟩ | Konservierung *f* | Einmachen *n* | Imprägnierung *f* | *übertr* Erhaltung *f*, Beibehaltung *f* ⟨≈ of area Flächentreue *f*⟩; **pres·er'va·tion ˌor·der** *s Brit* Abbruchverbot *n*; **~serv·a·tive** [~'zɜ:vətɪv] **1.** *adj* erhaltend, bewahrend, konservierend; **2.** *s* Konservierungsmittel *n* | Präservativ *n*, Schutzmittel *n* | Holzschutzmittel *n*; **pres·er·va·tor** ['presəˌveɪtə] *s Am* Präservator *m*, Denkmalspfleger *m*; **~'serve 1.** *vt* (Person) retten, (be)schützen (**from** vor) ⟨fate may ≈ you from all harm das Schicksal beschütze dich vor Unheil; Saints preserve us! *emph* der Himmel möge uns gnädig sein!⟩ | (Person, Sache) erhalten, bewahren (**from** vor) ⟨well ≈d (Person) gut erhalten, jung geblieben, rüstig; to ≈ from decay vor dem Verfall bewahren⟩ | einmachen, konservieren ⟨~served fruit eingemachtes Obst; ~served meat Büchsenfleisch⟩ | haltbar machen, präparieren | (Holz) imprägnieren | (Wild) hegen, schützen | *übertr* (bei)behalten, (be)wahren ⟨to ≈ s.o.'s memory⟩; *vi* frisch *od* haltbar bleiben | einmachen | Wild hegen | sich einmachen *od* konservieren lassen; **2.** *s* (Wild-) Reservat *n*, (Tier-) Gehege *n* (*auch übertr*) ⟨to break into / poach on s.o.'s ≈s *übertr* jmdm. ins Gehege kommen⟩ | *meist* **~'serves** *pl* Eingemachtes *n*, Konserve *f*; **~'serv·er** *s* Erhalter(in) *m(f)*, Beschützer(in) *m(f)*, Retter(in) *m(f)* | *bes Brit* Heger *m* | Konservierungsmittel *n*

pre·set [ˌpri:'set] *vt* (~, ~; **~ting**) voreinstellen | (Computer) vorgeben

pre·shrunk [ˌpri:'ʃrʌŋk] *adj* vorgeschrumpft, vorgewaschen ⟨~ garment⟩

pre·side [prɪ'zaɪd] *vi* präsidieren, den Vorsitz haben (**at** bei, **over** über) | herrschen (*auch übertr*) ⟨to ~ over s.th. etw. beherrschen, in der Gewalt haben⟩ | *Mus* die Führung haben; **pres·i·den·cy** ['prezɪdənsɪ] *s* Vorsitz *m*, Präsidium *n* | Aufsicht *f* | Präsidentschaft *f* | Amtszeit *f* eines Präsidenten; **'pres·i·dent** *s* Vorsitzende(r) *f(m)*, Präsident(in) *m(f)* | *meist* ≙ Präsident *m* | *Am Wirtsch* Direktor *m* | *Päd Am* (Universitäts-) Rektor *m* | *Brit* (College-) Rektor *m*; **ˌpre·si·dent-for-'life** *s Pol* Präsident *m* auf Lebenszeit; **ˌpres·i'den·tial** [-denʃl] *adj* vorsitzend | Präsidenten- ⟨≈ election Präsidentenwahl *f*; ≈ year *Am* Jahr *n* der Präsidentschaftswahl⟩ | wie ein Präsident ⟨to be very ≈ sich ganz wie ein Präsident benehmen⟩; **'pres·i·dent·ship** *s* Vorsitz *m* | Präsidentschaft *f*; **pre·sid·i·al** [prɪ'sɪdɪəl] *adj* präsidial, Präsidenten-; **pre·sid·i·um** [prɪ'sɪdɪəm] *s* (*pl* **pre'sid·i·ums, pre'sid·i·a**) Präsidium *n*

presoak ['pri:səʊk] *s* Einweichmittel *n*

pre·sort ['pri:sɔ:t] *vt* (Briefe) vorsortieren

press [pres] **1.** *vt* drücken, pressen ⟨to ~ s.o.'s hand jmdm. die Hand drücken; to ~ the button *Mil, Tech* auf den Knopf drücken; *übertr* die entscheidenden Maßnahmen einleiten⟩ | keltern, auspressen ⟨to ~ juice from/out of lemons Saft aus Zitronen pressen⟩ | *umg* plätten, bügeln | *Typ* drucken | (Schallplatte) pressen | *bes Mil* (be)drängen | (Weg u. ä.) bahnen ⟨to ~ one's way through sich den Weg bahnen durch⟩ | *übertr* (jmdn.) (be)drängen, erpressen ⟨to be ~ed for time es eilig haben; to ~ s.o. for money von jmdm. Geld erpressen⟩ | *übertr* (jmdn.) bestürmen (**to** *mit inf* zu *mit inf*) | (etw.) aufdrängen (**[up]on s.o.** jmdm.) | Nachdruck legen auf ⟨to ~ a point⟩ | *Hist* (jmdn.) (zum Kriegsdienst) pressen (*auch übertr*) ⟨to ~ s.o. (s.th.) into service jmdn. (etw.) als Notbehelf einsetzen⟩ | zwingen, (an)treiben ⟨to ~ a horse⟩ ◇ **ˌ~ 'home** (etw.) festdrücken; *übertr* mit Nachdruck vorbringen ⟨to ~ home a claim; to ~ home an / one's advantage[s] einen Vorteil ausnutzen⟩; *vi* drücken, pressen, Druck ausüben | drängen, dringlich sein ⟨time ~es es ist eilig, die Zeit drängt; work ~es die Arbeit drängt⟩ | dringen, drängen (**for** auf) ⟨to ~ for s.th. sich um etw. bemühen; to ~ [s.o.] for money [von jmdm.] Geld fordern⟩ | sich drängen (**to** zu) | sich bügeln lassen; **~ ahead, ~ forward** sich vordrängen | weitereilen | *übertr* sich beeilen (**with** mit); **~ on** eindringen auf (jmdn.) | *übertr* (jmdn.) bedrücken | sich beeilen (**with** mit); **2.** *s* Druck *m* | Drängen *n*, Andrang *m*, Gedränge *n* | *übertr* Druck *m* | *übertr* Drängen *n* ⟨the ~ of time der Druck der Zeit⟩ | Pressen *n* zum Kriegsdienst, Zwangsaushebung *f* | *Typ* Drucken *n*, Druck *m* ⟨in the ~, *Am* in ~ im Druck; ready for the ~ druckfertig; to correct the ~ Korrektur lesen; to go to [the] ~ in Druck gehen; to send to the ~ in Druck geben⟩ | Druckmaschine *f* ⟨stop the ~es⟩ | Druckerei *f* | Verlag *m* ⟨university ~⟩ | Presse *f*, Zeitungswesen *n* ⟨freedom of the ~ Pressefreiheit *f*⟩ | Presse *f*, Journalisten *pl* ⟨to invite the ~ die Presse laden⟩ | Presse(kommentar) *f(m)* ⟨to have a good (bad) ~ gut (schlecht) aufgenommen werden⟩ | Fruchtpresse *f*, Kelter *f* | *Tech* Presse *f*, Quetsche *f* | (Wäsche-) Schrank *m* | *umg* Bügeln *n*, Plätten *n* | *Mar in*: **ˌ~ of 'sail/'can·vas** (Segel-) Press *m*; Beisetzen *n od* Prangen *n* sämtlicher Segel; **'~ ˌa·gen·cy** *s* Nachrichtenagentur *f*; **'~ ˌa·gent** *s* Presse-, Reklameagent *m*; **'~ ˌbar·on = ~ lord; '~board** *s* Preßspan *m*; **'~ box** *s* Pressetribüne *f*; **'~ ˌbut·ton** *s El* Druckknopf *m*, -taste *f*, Taste *f*; **'~ cake** *s* Preßkuchen *m*, -rückstand *m*; **'~ ˌcon·fer·ence** *s* Pressekonferenz *f*; **'~ corˌrec·tor** *s Typ* Korrektor *m*; **'~ cor·reˌspond·ent** *s* Presseberichterstatter *m*; **'~ ˌcut·ting** *s Brit* Zeitungsausschnitt *m*; **pressed** *adj* gepreßt, Preß- ⟨≈ meat Preßfleisch *n*⟩ | knapp (**for** an) ⟨≈ for money knapp bei Kasse⟩; **ˌpressed 'brick** *s* Preßziegel *m*; **'~er** *s* Presser *m* | *Typ* Drucker *m* | *Tech* Druckvorrichtung *f* | *Tech* Presse *f*, Quetsche *f*; **'~ ˌfil·ter** *s Tech* Preßfilter *n*; **'~ ˌgal·le·ry** *s Parl, Jur* Pressetribüne *f*; **'~gang 1.** *s Mar Hist* Preßpatrouille *f*; **2.** *vt umg* (jmdn.) pressen, zwingen (**into** zu); **'~ing 1.** *adj* pressend, Preß- | dringend, eilig ⟨≈ danger drohende Gefahr; a ≈ invitation eine dringende Einladung; ≈ need dringliche Notlage⟩ | auf-, zudringlich ⟨a ≈ person⟩; **2.** *s* Pressen *n*, Drücken *n* | *Tech* Prägen *n* | Preß-, Schallplatte *f* | *umg* Bügeln *n*, Pressen *n*; **'~ing bed** *s Am* Bügeltisch *m*; **'~ing board** *s* Gautschbrett *n*; **'~ing roll** *s* Preßwalze *f*; **'~ kit** *s* Material(ien) *n/pl* für die Presse, Informationsmaterial *n*, Presseinformation *f*; **'~ lord** *s umg verächtl* Zeitungskönig *m*, -magnat *m*; **'~man** *s* (*pl* **~men**) *Typ* Drucker *m* | *Brit* Pressemann *m*, Journalist *m*, Reporter *m* | *Tech* Pressenmann *m*, -fahrer *m*; **'~mark 1.** *s* (Buch-) Signatur *f*; **2.** *vt, vi* (Buch) signieren, mit einer Signatur versehen; **'~ re,lease** *s* Pressemitteilung *f*, -information *f*; **'~-show** *vt* (Filme u. ä.) (vorher) vor der Presse zeigen *od* vorführen; **'~-stud** *s* Druckknopf *m*; **'~-up** *s Brit* Liegestütz *m*

pres·sure ['preʃə] **1.** *s* Druck *m* (*auch Tech, Met, übertr*) | *Am El* Spannung *f* | *auch* **at·mos,pher·ic '~** *Met* Luftdruck *m* | *übertr* Bedrängnis *f*, Not *f* | *übertr* Zwang *m* ⟨to bring ~ [to bear] on s.o.; to put ~ on s.o. auf jmdn. Druck *od* Zwang ausüben; under ~ unter Druck *od* Zwang; to be (come) under ~ in Druck sein (geraten)⟩; **2.** *vt bes Am* (jmdn.) unter Druck setzen, zwingen; **'~ ,cab·in** *s Flugw* Druckkabine *f*; **'~ ,cook·er** *s* Schnellkochtopf *m*; **'~ gauge** *s Tech* Manometer *n*, Druckmesser *m*; **'~ group** *s Pol* Interessengruppe *f*; **'~ head** *s Phys* Druckgefälle *n*; **'~ ,in·crease** *s* Druckanstieg *m*; **'~ loss** *s* Druckverlust *m*; **'~ spray·er** *s* Drucksprüher *m*; **'~ spring** *s* Druckfeder *f*; **'~ ,weld·ing** *s* Preßschweißen *n*; **'pres·sur·ize** *vt Tech* unter Druck setzen | *Flugw* druckfest machen, unter Überdruck halten ⟨≈d cabin Kabine *f* mit Druckausgleich⟩ | *übertr* zwingen, unter Druck setzen ⟨to ≈ s.o. into *mit ger* jmdn. nötigen zu *mit inf*⟩; **'press·work** *s Typ* Druckarbeit *f*

pres·ti·dig·i|tal [,prestɪ'dɪdʒɪtl] *förml, scherzh adj* geschickt, fingerfertig; **~ta·tion** [,~'teɪʃn] *s* Fingerfertigkeit *f* | Taschenspielerei *f*

pres·tige [pre'sti:ʒ] *s* Prestige *n*, Ansehen *n* ⟨loss of ~ Prestigeverlust *m*⟩ | *oft verächtl* Nimbus *m*, Glanz *m*, äußerlicher Wert; **pres'ti·gious** [pre'stɪdʒəs] *adj* vornehm, elegant, Prestige ausstrahlend ⟨a ≈ club⟩

pres|tis·si·mo [pre'stɪsɪməʊ] *Mus* **1.** *adv* prestissimo, sehr schnell; **2.** *s* Prestissimo *n*; **~to** ['~təʊ] **1.** *adv Mus* presto, schnell | geschwind **2.** *adj* blitzschnell; **3.** *s Mus* Presto *n*

pre·stressed [,pri:'strest] *adj Tech* vorgespannt ⟨~ concrete Spannbeton *m*⟩

pre|sum·a·ble [prɪ'zu:məbl|-'zju:-] *adj* wahrscheinlich, vermutlich, mutmaßlich; **~sume** [~'zu:m|-'zju:-] *vt* annehmen, vermuten, voraussetzen, schließen (**from** von, aus) ⟨to ≈ s.o. to be s.th. jmdn. für etw. halten, annehmen, daß jmd. etw. ist⟩ | mutmaßen, vermuten ⟨I ≈ vermutlich⟩ | *Jur* als wahr voraussetzen *od* annehmen ⟨to be ≈d dead als verschollen gelten; to be ≈d innocent als unschuldig zählen⟩ | sich anmaßen, sich erdreisten (**to** *mit inf* zu *mit inf*); *vi* anmaßend sein ⟨ignorance ≈s Dummheit ist frech⟩; **~'sume [up]on** *förml* sich etw. einbilden auf, pochen auf ⟨to ≈ too much [up]on s.th. auf etw. übermäßig bestehen⟩; **~sum·ed·ly** [~'su:mɪdlɪ|~'zju:-] *adv* vermutlich, wahrscheinlich; **~sum·ing** [~'zu:mɪŋ|-'zju:-] *adj förml* eingebildet, anmaßend; **~sump·tion** [~'zʌmpʃn] *s* Annahme *f*, Vermutung *f*, Mutmaßung *f* ⟨a mere ≈ eine bloße Vermutung; on the ≈ in der Annahme⟩ | *Jur* Präsumtion *f*, Vermutung *f* ⟨≈ of a fact Tatsachenvermutung *f*⟩ | Wahrscheinlichkeit *f* ⟨there is a strong ≈ that es besteht eine hohe Wahrscheinlichkeit, daß⟩ | Anmaßung *f*, Dünkel *m*; **~sump·tive** [-'sʌmptɪv] *adj förml Jur* vermutlich, mutmaßlich ⟨≈ evidence *Jur* Indizienbeweis *m*; ≈ heir *Jur* mutmaßlicher Erbe; ≈ proof *Jur* Wahrscheinlichkeitsbeweis *m*; ≈ title *Jur* präsumtives Eigentum⟩; **~sump·tu·ous** [~'zʌmptʃʊəs] *adj* eingebildet, überheblich

pre·sup|pose [,pri:sə'pəʊz] *vt* voraussetzen, als gegeben (im voraus) annehmen ⟨to ≈ the truth⟩ | zur *od* als Voraussetzung haben; **~po·si·tion** [,pri:,sʌpə'zɪʃn] *s* Voraussetzung *f*, (sichere) Annahme | *Phil, Ling* Präsupposition *f*

prêt-à-por·ter [,pretəpɔ:'teɪ] *s, adj* Konfektion(s-)

pre·tax ['pri:tæks] *adj* brutto, Brutto-, vor dem Abzug der Steuer ⟨~ earnings Bruttoverdienst *m*, Einnahmen *f/pl* vor der Steuer⟩

pre·teen ['pri:'ti:n], *auch* **,pre'teen-ag·er** *s bes Am* (Junge, Mädchen) zwischen zehn und zwölf Jahren

pre|tence [prɪ'tens] *s* Schein *m*, Vortäuschung *f*, Vorwand *m* ⟨to make a ≈ of *mit ger* so tun als; it's only ≈ es ist nur Vorwand; under the ≈ of *mit ger* unter dem Vorwand, zu *mit inf*⟩ | (*oft neg*) Anspruch *m* ⟨to make no ≈ to keinen Anspruch erheben auf; with little ≈ to s.th. ohne etw. sein zu wollen⟩ | Grund *m*, Vorwand *m* ⟨on the slightest ≈ beim geringsten Anlaß, aus nichtigem Grund⟩ ◇ **,false ~'tences** *Jur* Vorspiegelung falscher Tatsachen ⟨by/under false ≈s unter Vorspiegelung falscher Tatsachen⟩; **~tend** [-'tend] **1.** *vt* vorgeben, heucheln, vortäuschen (**to** *mit inf* **zu** *mit inf*) ⟨to ≈ sleep/to be asleep Schlaf vortäuschen⟩ | so tun, spielen ⟨let's ≈ we're mother and child⟩ | zu Unrecht behaupten (**that** daß) | (*meist neg*) *umg* sich anmaßen, sich erdreisten ⟨I won't ≈ to *mit inf* ich werde mich hüten zu *mit inf*⟩; *vi* heucheln, sich verstellen ⟨to be only ≈ing nur so tun⟩ | *förml* Anspruch erheben ⟨to ≈ to a right auf ein Recht Anspruch erheben⟩ | *selten* sich bewerben ⟨to ≈ to a girl um ein Mädchen werben⟩; **2.** *adj* (Kindersprache) erdacht, eingebildet, nur so ⟨my ≈ friend⟩; **~'tend·ed** *adj oft verächtl* an-, vorgeblich, falsch; **~'tend·er** *s* (Kron)Prätendent *m*, Bewerber *m* (**to** auf) | Heuchler *m*; **~'tense** *Am* für ↑ **~'tence; ~ten·sion** [-'tenʃn] *s* (*oft pl*) Anspruch *m* (**to** auf) ⟨of great ≈s anspruchsvoll; of no ≈s anspruchslos; to make no ≈s to keinen Anspruch erheben auf etw.⟩ | *förml* Anmaßung *f*; **~ten·tious** [~'tenʃəs] *adj* anmaßend | anspruchsvoll ⟨a ≈ book; a ≈ style ein hochgestochener Stil⟩ | angeberisch, ehrgeizig, ambitiös

preter- [pri:tə] ⟨*lat*⟩ *in Zus* über ... hinaus (*z. B.* **~normal** über das normale Maß hinaus)

pret·er·ite ['pretərɪt] **1.** *adj Ling* Vergangenheits- ⟨~ tense Präteritum *n*⟩ | *arch* endgültig vorbei; **2.** *s Ling* Präteritum *n*, Vergangenheit *f*

pre·ter|mis·sion [,pri:tə'mɪʃn] *s förml* Übergehung *f* | Versäumnis *n* | Unterbrechung *f*; **,~'mit** *vt* (**,~'mit·ted, ,~'mit·ted**) *förml* übergehen | versäumen, unterlassen | unterbrechen

pre·ter·nat·u·ral [,pri:tə'nætʃərl] *förml adj* außergewöhnlich, abnorm ⟨~ strength⟩ | übernatürlich ⟨~ forces⟩

pre·text ['pri:tekst] **1.** *s* Ausflucht *f*, Ausrede *f*, Vorwand *m* ⟨under / on the ~ of *mit ger* unter dem Vorwand zu *mit inf*; to make a ~ of s.th. etw. vortäuschen; he found a ~ for refusal er fand einen Vorwand für seine Absage⟩; **2.** *vt* (etw.) vorgeben (**that** daß)

pre·tor ['pri:tə] *s Am* für **praetor**

pre·treat [pri:'tri:t] *vt* vorbehandeln; **pre'treat·ment** *s* Vorbehandlung *f*

pret·ties ['prɪtɪz] *s/pl* Nippsachen *f/pl*

pret|ti·fy ['prɪtɪfaɪ] *vt umg verächtl* herausputzen, feinmachen; **'~ty** ['prɪtɪ] **1.** *adj* (Frau, Mädchen) hübsch, anmutig, charmant ⟨a ≈ girl; to look ≈⟩ | (Kind) hübsch, (kleines Ding) hübsch, nett, niedlich ⟨a ≈ little garden⟩ | *verächtl* (Junge) niedlich, wie ein Mädchen | prächtig, fein, gut ⟨a ≈ wit ein kluger Geist⟩ | *umg verächtl, iron* hübsch, schön ⟨a ≈ mess eine schöne Bescherung; to come to a ≈ pass in ziemliche Schwulitäten geraten⟩ | *umg* (Geld) ziemlich viel ⟨a ≈ fortune ein ganz schönes Vermögen; a ≈ penny eine Stange Geld; a ≈ way off ein ziemliches Stück weg⟩ | geziert, affektiert ◇ **,sit·ting ~ty** *umg* (Person) wie der Hase im Kohl, schön im Trocknen; **2.** *vt* **~ty up** *umg* = **prettify; 3.** *umg adv* leidlich, einigermaßen ⟨feel ≈ well sich leidlich fühlen; I'm ≈ sure ich bin einigermaßen sicher⟩ | sehr, völlig, ganz ⟨≈ poor ganz mies; it's ≈ difficult es ist ziemlich schwierig; that is ≈ much the same thing das ist so ziemlich dasselbe⟩ ◇ˌ**~ty 'nearly** fast; ˌ**~ty 'well** nahezu ⟨≈ well impossible⟩; **4.** *s umg selten* Schätzchen *n* ⟨my ≈! meine Liebe!⟩; **'~ty-ˌ~ty 1.** *adj* kitschig | *iron* niedlich; **2.** *s* Kitschartikel *m*, -figur *f*;

pret·zel ['pretsl] *s* Salzbrezel *f*, -stange *f*

pre·vail [prɪ'veɪl] *vi förml* herrschen, die Oberhand haben (**over** über) | vorherrschen, vorkommen (**among** unter, bei) | überhandnehmen | sich durchsetzen *od* behaupten (**over, against** gegen); **~ up[on]** *förml* überreden ⟨to ~ [up]on s.o. to *mit inf* jmdn. (dazu) überreden zu *mit inf*⟩; **pre'vail·ing** *adj* (Wind) anhaltend, ständig | (vor)herrschend ⟨the ≈ opinion⟩; **prev·a·lence** ['prevələns] *s* (Vor-) Herrschen *n*, weite Verbreitung | Überhandnehmen *n*; **'prev·a·lent** *adj* (vor)herrschend, weit verbreitet (**among, in** unter, bei, in) | überhandnehmend

pre·var·i|cate [prɪ'værɪkeɪt] *vi förml* Ausflüchte machen | *euphem* schwindeln | *Jur* verdunkeln, (eine Tat) verheimlichen; ˌ**~'ca·tion** *s* Ausflucht *f*, Verdrehung *f* | *Jur* Verdunklung *f*; **pre'var·i·ca·tor** *s* Wortverdreher(in) *m(f)*

pre·ven·ience [prɪ'vi:nɪəns] *förml s* Zuvorkommenheit *f*; **pre'ven·ient** *adj* vorhergehend, vorausgehend (**of s.th.** einer Sache)

pre·vent [prɪ'vent] *vt* zuvorkommen, vorbeugen (**s.th.** einer Sache) | (jmdn.) (daran) hindern (**from** *mit ger* zu *mit inf*) | *bes Brit* verhindern ⟨to ~ s.o. writing jmdn. vom Schreiben abhalten⟩ | (jmdn.) stoppen, aufhalten; *vi* dazwischenkommen ⟨if nothing ~s wenn nichts dazwischenkommt⟩; ˌ**~a'bil·i·ty** *s* Verhüt-, Vermeidbarkeit *f*; **pre'vent·a·ble** *adj* verhüt-, vermeidbar; **pre'vent·a·tive = pre'ven·tive; pre'vent·er** *s* Verhüter *m*, Verhütungsmittel *n* | *Mar* Borgholz *n*; **pre'ven·tion** *s* Verhütung *f*, Verhinderung *f*, Vorbeugung *f* ⟨≈ of accidents Unfallverhütung *f*; ≈ of crime Verbrechensbekämpfung *f*⟩ | *Med* Prophylaxe *f*, Vorbeugung *f*; **pre'ven·tive 1.** *adj* vorbeugend, verhütend, Vorbeugungs-, Schutz- ⟨≈ arrest *Jur* Schutzhaft *f*; ≈ detention *Jur* Sicherungsverwahrung *f*; ≈ measure Vorsichtsmaßnahme *f*; ≈ Service Küstenschutz *m*⟩ | *Med* prophylaktisch, vorbeugend; **2.** *s* Schutzmittel *n*, -maßnahme *f*, Vorsichtsmaßnahme *f* | *Med* Prophylaktikum *n*, Vorbeugungsmittel *n*

pre·view ['pri:vju:] **1.** *s* (Film u. ä.) Voraufführung *f* | (Programm) Vorschau *f* | Vorbesprechung *f* (eines Buches) | *übertr* Vorausschau *f*; **2.** *vt* im voraus zeigen | vorher ansehen

pre·vi·ous ['pri:vɪəs] *adj* vorher-, vorausgehend, Vor- ⟨~ conviction Vorstrafe *f*; ~ payment Vorauszahlung *f*; without ~ notice ohne Vorankündigung *f*; to move the ~ question *Parl* den Übergang zur Tagesordnung beantragen⟩ | *umg* voreilig ⟨too ~ übereilt; to be a little ~ in doing s.th. zu schnell dabei sein, etw. zu tun⟩ ◇ **~ to** *präp* (be)vor ⟨~ to his departure vor seiner Abreise⟩

pre·vi·sion [ˌpri:'vɪʒn] *förml s* Voraussicht *f* | Vorher-, Voraussage *f*; **pre'vi·sion·al** *adj* voraussehend | vorausgesehen

pre·vo·ca·tion·al train·ing [ˌpri:vəʊˌkeɪʃnl 'treɪnɪŋ] *s* Berufsschulausbildung *f*

pre·vue ['pri:ˌvju:] *s Am Film* Vorschau *f*

pre·war [ˌpri:'wɔ:] *adj* Vorkriegs- ⟨~ Europe⟩

prey [preɪ] **1.** *s* Raub *m*, Beute *f* ⟨beast of ~ Raubtier *n*; bird of ~ Raubvogel *m*⟩ | *übertr* Opfer *n* ⟨to be an easy ~ eine leichte Beute sein, wenig Widerstand leisten; to be/become/fall a ~ to, *Am* to be/become/fall ~ to zum Opfer fallen⟩; **2.** *vi* auf Raub ausgehen (*auch übertr*) ⟨to ~ at night nachts auf Jagd gehen⟩; **~ [up]on** Jagd machen auf | jagen, fressen | *übertr* ausnutzen, aussaugen | *lit* berauben, ausplündern | *übertr* nagen, zehren an (Sorgen u. a.) ⟨it ~ed upon his mind es verfolgte ihn ständig⟩; **'~er** *s* Räuber *m*

price [praɪs] **1.** *s* (Kauf-) Preis *m* (*auch übertr*) ⟨above / beyond / without ~ unbezahlbar; at a [heavy / high] ~ um einen [hohen] Preis; at any ~ um jeden Preis; at a reduced ~ verbilligt; if the ~ is right wenn der Preis stimmt; not at any ~ um keinen Preis; of a ~ gleich teuer; to cut down the ~s die Preise drücken; to have one's ~ *übertr* sich bestechen lassen, käuflich sein; to put a ~ on s.th. *übertr* in Geld ausdrücken; to put a ~ to s.th. den Preis nennen für etw.; to quote a ~ einen Preis nennen⟩ | Lohn *m*, Belohnung *f*, Preis *m* ⟨to put a ~ on s.o.'s head auf jmds. Kopf einen Preis aussetzen; to set a ~ on eine Belohnung aussetzen für⟩ | (Wettspiel) Gewinn *m*, Quote *f* ◇ **what ~ ...?** *Brit verächtl* welchen Sinn hat es ...?; *selten* wie sieht es aus mit ...?; **2.** *vt* (*oft pass*) mit einem Preis versehen ⟨to be ~d high sehr teuer sein⟩ | einen Preis festlegen für, auszeichnen ⟨the goods haven't yet been ~d die Waren haben noch keinen Preis⟩ | einschätzen, bewerten | *umg* nach dem Preis einer Sache fragen | einen Kopfpreis aussetzen auf ◇ ˌ**~ [o.s., products] out of the market** (Waren) zu teuer verkaufen; **'~ ˌbrack·et = ~range; '~ ˌcat·a·log·ue** *s* Preisliste *f*; **'~ con'trol** *s* Preisüberwachung *f*; **'~-ˌcut·ting** *s* Preissenkung *f*, -unterbietung *f*; **'~ ˌin·crease** *s* Preissteigerung *f*; **'~less** *adj* unbezahlbar, un**ket** (Waren) zu teuer verkaufen; **'~ ˌbrack·et = ~ range; '~** Preislage *f*, -klasse *f*; **'~ stop** *s* Preisstop *m*; **'~ tag** *s* Preisschild *n*; **'pric·ey,** *auch* **'pric·y** *adj Brit umg* teuer, kostspielig

prick [prɪk] **1.** *s* (Nadel- u. ä.) Stich *m* | Spitze *f*, Dorn *m*, Stachel *m* | *Tech* Stichel *m* | (kurzer) stechender Schmerz ⟨a sharp ~ ein heftiges Stechen; ~ of conscience *übertr* Gewissensbisse *pl*⟩ | *vulg* Schwanz *m* (Penis) | *vulg* blöder Kerl, Laffe *m* ⟨a stupid ~ ein dummes Schwein⟩ ◇ **kick against the ~s** *förml, lit* wider den Stachel löcken; **2.** *vt* (ein-, durch)stechen ⟨to ~ one's hand sich in die Hand stechen; to ~ o.s. on sich stechen an⟩ | prickeln auf *od* in, stechen auf ⟨to ~ s.o.'s skin⟩ | lochen, punktieren ⟨to ~ a hole in ein Loch stechen in⟩ | *übertr* (jmdn.) quälen (Gewissen); **~ down** ab-, anstreichen; **~ off,** *auch* **~ out** *Landw, Gartenb* pikieren, auspflanzen; **~ up** (Ohren) spitzen ⟨to ~ up one's ears *übertr* die Ohren spitzen⟩; *vi* stechen | prickeln | Pflanzen pikieren; **~ up** sich aufrichten; **'~er** *s Tech* Locheisen *n* | Pfriem *m*, Ahle *f*; **'~er ˌnee·dle** *s* Pikiernadel *f*

prick|le ['prɪkl] **1.** *s* Stachel *m*, Dorn *m* | *auch* **~s** Prickeln *n*; **2.** *vt* zwicken, stechen | prickeln auf; *vi* prickeln, kribbeln; **'~ly** *adj* stachlig, dornig, Stachel- ⟨≈ bushes⟩ | (Kleidung) kratzend, rauh, stachlig | *übertr* (Gefühl) kitzlig ⟨a ≈ sensation⟩ | *übertr* heikel | *übertr umg* (Person) bissig, schnell hochgehend, leicht aufbrausend; (Mädchen) kratzbürstig; ˌ**~ly 'heat** *s* Hitzebläschen *n/pl*, Schweißfriesel *m*; ˌ**~ly 'pear** *Bot s* Feigenkaktus *m* | indische Feige

'pric·y = 'pric·ey

pride [praɪd] **1.** *s* Stolz *m* ⟨~ of place Ehrenplatz *m*; to swallow one's ~ seinen Stolz verbergen; to take a ~ in stolz sein auf⟩ | *übertr* Stolz *m*, Wertvollste(r, -s) ⟨the ~ of my collection mein bestes Stück; ~ and joy ein und alles⟩ | *übertr* Höhe *f*, Blüte *f* ⟨in the ~ of her beauty auf dem Höhepunkt ihrer Schönheit; in the ~ of his years in seinen besten Jahren⟩ | Hochmut *m*, Überheblichkeit *f* ⟨false ~ Eitelkeit *f*, falscher Stolz; ~ will have a fall Hochmut kommt vor dem Fall⟩ | Rudel *n* (bes. von Löwen) ⟨a ~ of lions⟩; **2. ~ o.s. [up]on** *vr* stolz sein auf, sich brüsten mit, sich etw. einbilden auf

prie-dieu ['pri: ˌdʒɜ:|ˌpri: 'dʒɜ:] *s* (*pl* **~x** [~]) Betpult *n*, Betschemel *m*

pri·er ['praɪə] *s* Schnüffler(in) *m(f)*
priest [pri:st] **1.** *s* Priester *m*; **2.** *vt* (*meist pass*) zum Priester weihen; '**~craft** *s verächtl* Pfaffenlist *f*; '**~ess** *s* Priesterin *f*; '**~hole,** *auch* '**~'s hole** *s Brit Hist* Priesterversteck *n*; '**~hood** *s* Priesteramt *n*, -würde *f* ⟨to enter the ≈ Geistlicher werden⟩ | *collect* Priesterschaft *f*, Geistlichkeit *f*; '**~ly** *adj* priesterlich, Priester-; '**~-,rid·den** *adj verächtl* unter Pfaffenherrschaft (stehend)
priest's-hood [ˌpri:sts 'hʊd] *s Bot* Aronstab *m*
prig [prɪg] *verächtl* **1.** *s* eingebildeter Mensch | unausstehliche Person | *Am Sl* Gauner *m*, Dieb *m*; **2.** *vt Am Sl* klauen; '**~ger·y** *s* Dünkel *m*, Überheblichkeit *f*; '**~gish** *adj* eingebildet, überheblich
prim [prɪm] **1.** *adj verächtl* (Frau) affektiert, geziert, gekünstelt ⟨~ and proper etepetete⟩ | prüde, züchtig | steif, spröde, zimperlich | sauber, nett, niedlich ⟨~ little dresses⟩; **2.** (**primmed, primmed**) *vt* (Gesicht) affektiert verziehen; *vi* sich zieren
pri·ma bal·le·ri·na [ˌpri:mə ˌbælə'ri:nə] *s* Primaballerina *f*
pri·ma·cy ['praɪməsɪ] *s förml* Primat *n, m*, Vorrang *m* ⟨the ~ of the deed over the word⟩ | *Rel* Primat *n, m*
pri·ma don·na [ˌpri:mə 'dɒnə|ˌprɪmə-] *s* Primadonna *f* (*auch übertr verächtl*)
pri·'mae·val [praɪ'mi:vl] = **primeval**
pri·ma fa·ci·e [ˌpraɪmə 'feɪʃɪ] ⟨*lat*⟩ *bes Jur* **1.** *adv* auf den ersten Blick, beim ersten Anschein ⟨to have ~ a good case einen zunächst klaren Fall vor sich haben⟩; **2.** *adj* auf den ersten Eindruck gegründet ⟨~ evidence glaubhafter Beweis, Beweis des ersten Anscheins⟩
pri·mal ['praɪml] *adj förml* ursprünglich, erste(r, -s) ⟨~ innocence⟩ | wichtig, Haupt- ⟨~ need⟩; ˌ**~ 'scream[ing]** *s* Urschrei *m*
pri·ma|ri·ly ['praɪmr̩lɪ] *adv* zuerst | in erster Linie; **~ry** ['-mr̩ɪ] **1.** *adj* ursprünglich, primär, Anfangs-, Ur-, früheste(r, -s) | hauptsächlich, Haupt- | *Päd* Elementar-, Grund- ⟨≈ education Grundschulausbildung *f*⟩ | *Med, El, Chem* primär, Primär-; **2.** *s* Hauptsache *f* | *Am Pol* (Präsidentschafts-) Vorwahl *f*; ˌ**~ry 'ac·cent = ~ry stress;** ˌ**~ry 'care** *s Med* Grundversorgung *f*; ˌ**~ry 'col·our** *s* Grundfarbe *f*; ˌ**~ry 'le·sion** *s Med* Primäraffekt *m*; '**~ry school** *s* Grund-, Volksschule *f*; ˌ**~ry 'stress** Hauptakzent *m*; ˌ**~ry 'wind·ing** *s El* Primärwicklung *f*
[1]**pri·mate** ['praɪmeɪt] *s Biol* Primat *m*
[2]**pri·mate** ['praɪmeɪt|-mɪt] *s Rel* Primas *m* ⟨≁ of [all] England Erzbischof *m* von York und Canterbury⟩; '**~ship** *s* Primat *n*
prime [praɪm] **1.** *adj* erste(r, -s), Haupt-, wichtigste(r, -s) ⟨~ motive Hauptmotiv *n*⟩ | vorzüglich, erstklassig, ausgezeichnet ⟨~ beef bestes Rindfleisch; a ~ dinner; ~ quality⟩ | primär, Ur-, Grund- ⟨~ father Urvater *m*⟩ | *Math* Prim-, unteilbar ⟨~ factor Primfaktor *m*, -teiler *m*; to be ~ to each other teilerfremd *od* relativ prim sein⟩; **2.** *s* (Zeit) Anbruch *m*, Anfang *m* ⟨~ of day Tagesanbruch *m*; ~ of year Jahresbeginn *m*, Frühling *m*⟩ | *übertr* Vollkraft *f*, Blüte *f* ⟨in the ~ of youth in der Blüte der Jugend⟩ | *meist* ≁ *Rel* Prim *f*, zweite kanonische Stunde, 6-Uhr-Gebet *n* | *Math* Primzahl *f* | (Fechten) Prim *f*; **3.** *vt* ausrüsten, vorbereiten | *Mil* (Gewehr) laden, Pulver aufschütten auf | *Mal* grundieren | (jmdn.) vorher informieren, instruieren | *umg scherzh* (jmdn.) mästen, *bes* vollaufen lassen (**with** mit) | *Tech* Anlaßkraftstoff einspritzen in, zünden | *Tech* (Pumpe) angießen ⟨to ~ the pump *übertr* Geld in ein [schwaches] Unternehmen stecken⟩; *vi* als Zündladung dienen, Zündpulver aufschütten | *Tech* sich mit Wasser füllen (Dampfkessel); '**~ coat** *s Mal* Grundierung *f*; ˌ**~ 'cost** *s Wirtsch* Anschaffungswert *m*; ˌ**~ 'costs** *s/pl* Selbstkosten *f/pl*, Gestehungskosten *f/pl*; ˌ**~ me'rid·i·an** *s Geogr* Nullmeridian *m*; ˌ**~ 'min·is·ter** *s* (bes. englischer) Premierminister, Ministerpräsident(in) *m(f)*; ˌ**~ 'mov·er** *s Tech* Kraftmaschine *f*, Antriebsmotor *m* | *übertr* Triebfeder *f*, -kraft *f*; ˌ**~ 'num·ber** *s Math* Primzahl *f*

[1]**prim·er** ['praɪmə] *s* Fibel *f*, Elementarbuch *n* | Leitfaden *m*
[2]**prim·er** ['praɪmə] *s Mil* Schlagpatrone *f* | *Mil* Zündvorrichtung *f* | *Tech* Anlaßkraftstoff *m* | *Tech, Mal* Grundierung *f*, Grundanstrich *m* | *Mal* Grundiermittel *n*; '**~ cap** *s Tech* Zündkapsel *f*; '**~ coat** *s Mal, Tech* Voranstrich *m*; '**~ pump** *s Tech* Anlaßeinspritzpumpe *f*
prime time [ˌpraɪm 'taɪm] *s Ferns* Hauptsendezeit *f*
pri·me·val [praɪ'mi:vl] *adj* ursprünglich, Ur- ⟨~ forest Urwald *m*; ~ times Urzeiten *f/pl*⟩
prim·ing ['praɪmɪŋ] *s Mil* Zündung *f*, Zündmasse *f* | *Tech* Anlaßeinspritzung *f* | *Mal, Tech* Grundierung *f*; '**~ cap** *s Tech* Zündkapsel *f*; '**~ coat** *s Mal, Tech* Grundanstrich *m*; '**~ pump** *s Tech* Einspritzpumpe *f*; '**~ wire** *s Tech* Zündschnur *f*
pri·mip·a·ra [praɪ'mɪpərə] *s* (*pl* **~rae** [~ri:]) *Med* Primipara *f*, Erstgebärende *f*; **pri'mip·a·rous** *adj* erstmalig gebärend
prim·i·tive ['prɪmɪtɪv|-mə-] **1.** *adj* erste(r, -s), ursprünglich, anfänglich, Ur-, Stamm- ⟨~ man Urmensch *m*⟩ | primitiv, einfach ⟨~ culture⟩ | altmodisch, veraltet ⟨too ~ zu primitiv; ~ weapons⟩ | *Ling* nicht abgeleitet, Stamm- | *Biol* niedrig entwickelt, primitiv ⟨a ~ form of life⟩; **2.** *s* Angehörige(r) *f(m)* eines Naturvolkes | *verächtl* primitiver Mensch | *Mal* Früher Meister (vor Renaissance) | *Mal* Primitiver *m*, naiver Maler | Bild *n* (eines frühen Malers *bzw* eines naiven Malers) | Urform *f* | *Ling* Stammwort *n*; ˌ**~ 'col·our** *s* Grund-, Primärfarbe *f*; ˌ**~ 'rock** *s Geol* Urgestein *n*; '**prim·i·tiv·ism** *s* Primitivismus *m*; '**prim·i·tiv·ist** *s* Primitivist *m*; **prim·i·tiv·i·ty** [ˌprɪmɪ'tɪvətɪ|-ɪtɪ] *s* Primitivität *f*
pri·mo·gen·i·tal [ˌpraɪməʊ'dʒenɪtl] *adj* Erstgeburts-; ˌ**pri·mo'gen·i·ture** *s* Erstgeburt *f* | *auch* ˌ**right of** ˌ**pri·mo·'gen·i·ture** Erstgeburtsrecht *n*
pri·mor·di·al [praɪ'mɔ:dɪəl] *adj* primordial, ursprünglich, Ur-, Erst- ⟨~ matter Urmaterie *f*⟩ | *Biol* im Ansatz vorhanden, im Keim angelegt; **priˌmor·di'al·i·ty** *s* Ursprünglichkeit *f*
primp [prɪmp] *vt* herrichten, sorgsam ordnen (Frau) ⟨to ~ one's hair das Haar zurechtmachen; she ~ed herself sie hat sich herausgeputzt⟩; *vi* sich putzen (Frau) ◇ ˌ**~ and 'preen** sich herausputzen und kämmen
prim·rose ['prɪmrəʊz] **1.** *s Bot* Primel *f*, Gelbe Schlüsselblume | *auch* ˌ**~ 'yel·low** Blaßgelb *n*; **2.** *adj* blaßgelb | *übertr* blumenreich, sinnenfreudig ⟨the ~ path / way der Rosenpfad *od* Pfad *m* des Vergnügens⟩
prim·sie ['prɪmsɪ] *adj Schott* geziert
prim·u·la ['prɪmjʊlə] *s Bot* Primel *f*
pri·mus in·ter par·es [ˌpraɪməs ɪntə 'pɑ:ri:z] *s* ⟨*lat*⟩ Primus *m* inter pares, Erster *m* unter Gleichen
pri·mus [stove] ['praɪməs (stəʊv)] *s* Primuskocher *m*
prince [prɪns] *s oft* ≁ Fürst *m*, Herrscher *m* ⟨to live like a ~ *übertr* fürstlich leben⟩ | *oft* ≁ Prinz *m* ⟨≁ Charles; the ≁ of Wales der Prinz von Wales, der britische Thronfolger⟩ | (*meist sg*) *übertr* Prinz *m*, Fürst *m*, König *m* (**among** unter, **of** von); ˌ**≁ 'Charm·ing** *s übertr* Märchenprinz *m* | *übertr* Traum(mann) *m(m)*; ˌ**~ 'con·sort** *s* (*pl* ˌ**~s 'consort**) Prinzgemahl *m*; '**~dom** *s* Fürstenwürde *f* | Fürstentum *n*; '**~less** *adj* herrscherlos; '**~like** *adj* fürstlich; '**~ling** *s* kleiner Fürst; '**~ly** *adj* fürstlich ⟨≈ court Fürstenhof *m*⟩ | *übertr* fürstlich, großzügig ⟨a ≈ gift⟩; ˌ**~ 'roy·al** *s* Kronprinz *m*
prin·cess [ˌprɪn'ses|'prɪnsɪs] *s oft* ≁ Prinzessin *f* ⟨≁ Anne⟩ | *oft* ≁ Fürstin *f*, Landesmutter *f*; ˌ**~ 're·gent** *s* Prinzregentin *f*

prin·ci·pal ['prɪnsəpl] **1.** *adj* erste(r, -s), hauptsächlich, Haupt- ⟨~ rivers⟩ | *Wirtsch* Kapital-; **2.** *s* Hauptperson *f* | *Päd* Vorsteher(in) *m(f)*, Direktor(in) *m(f)* | *Schott* (Universität) Rektor *m* | *(oft pl) förml Wirtsch* Prinzipal *m*, Chef *m* | *(oft pl) Theat* Hauptfigur *f* | *Wirtsch* Auftraggeber *m*, Geschäftsherr *m* | *Jur* Hauptangeklagter *m*, Täter *m* | *Wirtsch* (Grund-) Kapital *n*, Hauptsumme *f* ⟨~ and interest Kapital und Zinsen⟩ | *Wirtsch* Besitz-, Nachlaßmasse *f* | *Wirtsch, Jur* Hauptschuldner *m* | *Arch* Dachverband *m*, -stuhl *m*, Hauptbalken *m*; ˌ~ **'boy** *s Brit Theat* Hauptcharakter *m* in einer Pantomime; Schauspielerin *f*, die diese Rolle spielt; ˌ~ **'clause** *s Ling* Hauptsatz *m*; ˌ~ **'firm** *s Wirtsch* Stammfirma *f*

prin·ci·pal·i·ty [ˌprɪnsəˈpæləti] *s* Fürstentum *n* | Fürstenwürde *f*, Herrschaft *f* | ∸ *(mit best art) Brit* Wales *n*

prin·ci·pal·ly ['prɪnsəpḷɪ] *adv* hauptsächlich, vor allem, vorrangig

prin·ci·pal parts [ˌprɪnsəpl 'pɑ:ts] *s/pl Ling* Stammformen *f/pl* ⟨the ≈ of the verb⟩

prin·ci·pal·ship ['prɪnsəplʃɪp] *s Päd* Direktorstelle *f* | *Schott Päd* Rektorat *n*

prin·ci|ple ['prɪnsəpl] *s* Prinzip *n*, Grundsatz *m* ⟨in ≈ grundsätzlich, prinzipiell, im Prinzip; on ≈ aus Prinzip, aus grundsätzlichen Erwägungen; to stick to/live up to one's ≈s sich an seine Grundsätze halten⟩ | Handlungsprinzip *n*, -grundsatz *m* ⟨to act on the ≈ that... nach dem Grundsatz handeln, daß ...⟩ | *förml* Grundzug *m* ⟨a ≈ of human nature⟩ | *übertr* (Glaubens-) Grundsatz *m*, Prinzipienfestigkeit *f* ⟨a man of ≈s ein Mann mit Grundsätzen⟩ | *Chem* Grundbestandteil *m* | *Phys* Gesetz *n*, Prinzip *n* ⟨≈ of relativity Relativitätstheorie *f*; on the same ≈ nach dem gleichen Prinzip⟩; **'~pled** *adj (meist in Zus)* mit ... Prinzipien ⟨high-≈ mit hohen Grundsätzen⟩; **'~ples** *s/pl* Grundlagen *f/pl*, -regeln *f/pl* ⟨the ≈ of cooking; first ≈ Grundprinzipien *n/pl*⟩ | (moralische) Prinzipien *n/pl*, Rechtsempfinden *n* ⟨to have no ≈ nicht Recht und Unrecht unterscheiden können⟩

prink [prɪŋk] *vi* sich herausputzen; *vt meist* ~ **up** zurechtmachen (Frau) ⟨to ~ o.s. up sich fein machen⟩

print [prɪnt] **1.** *vt* (be)drucken (**with** mit) ⟨~ed materials Druckstoffe *m/pl*; ~ed wallpaper bedruckte Tapete⟩ | (ab)drucken ⟨~ed form Vordruck *m*; to ~ a speech⟩ | drucken lassen, in Druck geben ⟨to ~ in italics kursiv drukken; to ~ money *oft verächtl* billiges Geld drucken⟩ | *auch* ~ **off** *Buchw* auf-, verlegen | *auch* ~ **off** *Foto* kopieren | lichtpausen | in Druckschrift schreiben ⟨to ~ one's name⟩ | (Eindruck, Spur u. ä.) hinterlassen, (Stempel) aufdrükken, drücken (**in** in) ⟨to ~ a mark in the mud einen Abdruck im Schlamm hinterlassen⟩ | *übertr* auf-, einprägen (**on s.o.** jmdm.); ~ **out** (Computer) ausdrucken; *vi* drukken | *Buchw* auf-, verlegen | gedruckt werden | sich drukken lassen; **2.** *s* Drucken *n*, (Ab-) Druck *m* | Eindruck *m*, Spur *f*, Zeichen *n* ⟨finger ~s Fingerabdrücke *m/pl*⟩ | *(meist sg) übertr förml* Spur *f*, Resultat *n* ⟨to leave s.th.'s ~ on seine Spur hinterlassen⟩ | Form *f*, Modell *n* ⟨~ of butter geformte Butter⟩ | Gedrucktes *n*, Druck *m*, Druckbuchstaben *pl* ⟨in ~ in gedruckter Form, gedruckt; small ~ Kleingedrucktes *n*, *auch übertr*⟩ | *Buchw* Auflage *f*, Druck *m* ⟨in ~ vorrätig; out of ~ vergriffen; to put (rush) into ~ (vorschnell) in Druck geben⟩ | Drucksache *f*, -schrift *f* | *Am* Zeitung *f* | *Mal* Stich *m*, Radierung *f* | *Foto* Abzug *m*, Kopie *f* | Lichtpause *f* | bedruckter Kattun | *Typ* Druckstock *m*; **'~a·ble** *adj* druckfertig, -reif ⟨in ≈ form⟩ | für den Druck *od* die Veröffentlichung geeignet, druckbar; **'~ed** *adj* gedruckt ⟨the ≈ word das gedruckte Wort, die Zeitung⟩ | bedruckt, gemustert; ˌ**~ed 'cir·cuit** *s El* gedruckte Schaltung; **'~ed ˌmat·ter** *s* Drucksache *f*; ˌ**~ed-'pa·per** *adj* Drucksachen- ⟨≈ rate Drucksachengebühr *f*⟩; ˌ**~ed 'pa·pers** *s Brit* Drucksache *f*; **'~er** *s* Buchdrucker *m* | *Tech* Drucker *m*, Druckwerk *n*, Meßwertdrucker *m* | *Foto* Kopiergerät *n* | (Computer) Drucker *m*; ˌ**~er's 'dev·il** *s* Drukkerlehrling *m*, Setzerjunge *m*; ˌ**~er's 'er·ror** *s* Druckfehler *m*; ˌ**~er's 'flow·er** *s* Vignette *f*; ˌ**~er's 'ink** *s* Druckerschwärze *f*; ˌ**~er's 'pie** *s Typ* Zwiebelfisch(e) *m(pl)*; **'~ing** *s* Drucken *n* | (Ab-) Druck *m* | Buchdruck *m*, Buchdruckerkunst *f* | *Buchw* Auflage *f* | Tuchdruck *m* | *Foto* Abziehen *n*, Kopieren *n* | Druckschrift *f*; **'~ing block** *s Typ* Klischee *n*; **'~ing frame** *s Foto* Kopierrahmen *m*; **'~ing house** *s* Druckerei *f*; **'~ing ink** *s* Druckerschwärze *f*; **'~ing maˌchine** *s Tech* Druckmaschine *f*, polygraphische Maschine; **'~ing ˌof·fice** *s* Druckerei *f*; **'~ing ˌpa·per** *s* Druckpapier *n* | Kopierpapier *n* | Lichtpauspapier *n*; **'~ing press** *s* Drukkerpresse *f*; **'~ing ˌproc·ess** *s* Druckverfahren *n* | *Foto* Kopier-, Abziehverfahren *n* | Lichtpausverfahren *n*; **'~ing ˌtel·e·graph** *s* Fernschreiber *m*; **'~ing works** *s/pl (oft sg konstr)* Druckerei *f*; **'~-off** *s Foto* Abzug *m* | *Buchw* Auflage *f*, Abdruck *m* ⟨a ≈ of 10.000⟩; **'~ ˌjour·nal·ism** *s bes Am* Zeitungsjournalismus *m (Ant* Fernsehen, Radio); **'~out** *s* (Computer) Ausdruck *m*; **'~press** *s bes Am* Zeitungen *f/pl*; **'~script** *s* Druckschrift *f*; **'~shop** *s* Kunsthandlung *f* | Druckerei *f*

pri·or ['praɪə] **1.** *adj* früher, älter, eher (**to** als) ⟨a ~ engagement eine vorher getroffene Vereinbarung⟩ | Vorzugs-, wichtiger ⟨~ claims on s.th. Vorzugs-, Sonderrechte *n/pl* auf etw.⟩ ◇ ~ **to** *präp förml* vor ⟨~ to his departure vor seiner Abreise⟩; **2.** *s oft* ∸ *Rel* Prior *m*; **~ess** ['-rɪs|'-rəs] *s* Priorin *f*; **~i·tize** [praɪ'ɒrɪtaɪz] *vt* an die erste Stelle setzen, vorrangig einordnen *(auch übertr)*; *vi* die Prioritäten festlegen, nach Prioritäten vorgehen; **~i·ty** [praɪ'ɒrətɪ] *s* Priorität *f*, Vorrang *m*, Vorzug *m* (**over, to** vor) ⟨to take ≈ den Vorrang haben⟩ | vordringliche Sache ⟨top ≈ Hauptanliegen *n*, -sache *f*; to get one's ~ities right wissen, was zuerst zu tun ist⟩ | *Wirtsch* Priorität *f* ⟨≈ share Vorzugsaktie *f*⟩ | Dringlichkeit(sstufe) *f* ⟨≈ call *Tel* Vorranggespräch *n*; of first/top ≈ von vorrangiger Dringlichkeit⟩ | Vorfahrt(srecht) *f(n)*; ˌ~ **re'straint** *s Am Jur* Veröffentlichungsverbot *n*; **'~ship** *s Rel* Priorat *n*; **'pri·o·ry** *s Rel* Priorei *f*

prise [praɪz] *Brit* = ³**prize**; ~ **out** = ³**prize out**

prism ['prɪzm] *s Math, Phys* Prisma *n (auch übertr)*; ˌ~ **bin'oc·u·lars** *s* Prismen(fern)glas *n*; **pris·mat·ic** [prɪz'mætɪk] *adj* prismaartig, Prismen- ⟨≈ spectrum Brechungsspektrum *n*⟩ | *übertr* bunt, leuchtend ⟨≈ colours Regenbogenfarben *f/pl*⟩

pris·on ['prɪzn] **1.** *s* Gefängnis *n*, Kerker *m (auch übertr)* ⟨in ~ im Gefängnis; to put into/set in/send to ~ ins Gefängnis werfen *od* stecken; it's ~ to me es ist mir wie ein Gefängnis⟩ | Gefangenschaft *f*; **2.** *vt poet* einkerkern; **'~-ˌbreak·ing** *s* Ausbruch *m* aus dem Gefängnis; **'~ camp** *s Mil* (Kriegs-) Gefangenenlager *n*; **'~er** *s* Gefangener *m* ⟨≈ at the bar *Jur* Untersuchungsgefangener *m*; ≈ of State, State ≈ Staatsgefangene(r) *f(m)*, politische(r) Gefangene(r) *f(m)*; to be a ≈ to *übertr* gefesselt sein an; to hold s.o. ≈ jmdn. gefangenhalten; to take s.o. ≈ jmdn. gefangennehmen⟩; ˌ**~er of 'war** *s* Kriegsgefangener *m*; ˌ~ **'vis·i·tor** *s* Häftlingsfürsorger(in) *m(f)*

pris·sy ['prɪsɪ] *adj urspr Am umg* pedantisch, pingelig, etepetete, brav | verweichlicht, zimperlich | geziert, gesucht ⟨a ~ speech⟩

pris·tine ['prɪsti:n|-taɪn] *förml adj* alt, ehemalig | primitiv ⟨a ~ form of air conditioning⟩ | ursprünglich, unverdorben, unverfälscht ⟨~ innocence; ~ freshness⟩

prith·ee ['prɪðɪ], *auch* **I ~** *interj arch* bitte

pri·va·cy ['prɪvəsɪ|'praɪ-] *s* Zurückgezogenheit *f,* Einsamkeit *f,* Ungestörtheit *f* ⟨to disturb s.o.'s ~ jmdn. stören; to live in (absolute) ~ (völlig) zurückgezogen leben⟩ | Privatleben *n,* -sphäre *f,* Intimsphäre *f* | Heimlichkeit *f,* Geheimhaltung *f* ⟨in strict ~ streng geheim⟩

pri·vate ['praɪvɪt] **1.** *adj* privat, eigen, persönlich, Privat- ⟨~ letter⟩ | nicht offiziell, nicht öffentlich ⟨~ clothes Zivilkleidung *f;* ~ performance nichtöffentliche Vorstellung⟩ | privat, nicht staatlich ⟨~ hospital; ~ school⟩ | ungestört, ruhig, geschützt ⟨a ~ corner eine stille Ecke⟩ | (Person) zurückgezogen, wenig gesellig ⟨a very ~ person⟩ | heimlich, geheim ⟨~ negotiations; to keep s.th. ~⟩ | vertraulich ⟨~ information; for your ~ ear ganz im Vertrauen; to be ~ to s.th. in etw. eingeweiht sein⟩ | nichtamtlich, außerdienstlich ⟨~ visit inoffizieller Besuch⟩ | ohne Regierungsamt, nicht beamtet ⟨~ gentleman Privatier *m,* Rentner *m;* ~ member *Parl* Abgeordnete(r) *f(m)* ohne Regierungsamt; ~ member's bill Gesetzesinitiative *f* eines Abgeordneten⟩ | *Mil* ohne Dienstgrad *m* ⟨~ soldier⟩; **2.** *s Mil* gemeiner Soldat, Schütze *m* ◇ **in** '~ unter vier Augen, geheim | im Privatleben, privat(im); ˌ~ **'cit·i·zen** *s* Privatmann *m;* ˌ~ **con'nec·tion** *s Tel* Hausanschluß *m;* ˌ~ **de'tec·tive** *s* Privatdetektiv *m;* ˌ~ **'en·ter·prise** *s Wirtsch* Unternehmerinitiative *f* | Privatkapitalismus *m*

pri·va·teer [ˌpraɪvɪ'tɪə] **1.** *s Hist* Kaperschiff *n* | Freibeuter *m;* **2.** *vi* kapern

pri·vate| eye [ˌpraɪvɪt 'aɪ] *s umg* (Privat-) Detektiv *m;* ˌ~ **'house** *s* Eigenheim *n;* ˌ~ **'law** *s Jur* Zivilrecht *n;* ˌ~ **'parts,** *Sl auch* **'pri·vates** *s/pl euphem* Geschlechtsteile *n/pl;* ˌ~ **'teach·er** *s* Haus-, Privatlehrer *m*

pri·va·tion [praɪ'veɪʃn] *s* Entbehrung *f,* Mangel *m,* Not *f* ⟨to suffer ~s Not leiden⟩ | Entziehung *f,* Beraubung *f* | (*meist sg*) Einschränkung *f,* Verlust *m* | Amtsenthebung *f*

priv·a|tism ['praɪvətɪzm] *s* Abwendung *f* von der Öffentlichkeit, Flucht *f* ins Privatleben; **~tis·tic** [ˌpraɪvə'tɪstɪk] *adj* die Öffentlichkeit meidend, verschlossen | privat(wirtschaftlich)

priv·a·tive ['prɪvətɪv] **1.** *adj* entziehend, beraubend | *Ling* privativ; **2.** *s Ling* privativer Ausdruck

priv·et ['prɪvɪt] *s Bot* Liguster *m*

priv·i|lege ['prɪv|ɪdʒ|-vɪl-] *s* Privileg *n,* Vorrecht *n* ⟨to have the ≈ of fishing fischen dürfen⟩ | *verächtl* Privilegien *pl,* Sonderrechte *pl,* Bevorzugung *f* ⟨to abolish all ≈ alle Sonderrechte abschaffen⟩ | (*meist sg*) *übertr* Privileg *n,* Ausnahmerecht *n* ⟨it's a woman's ≈ to *mit inf* nur eine Frau darf (*mit inf*)⟩ | *übertr* Privileg *n,* Vergnügen *n,* Gunst *f,* Ehre *f* ⟨to give s.o. the ≈ ... jmdm. die Ehre geben ...⟩ | *bes Parl* Immunität *f* ⟨a breach of ≈ eine Verletzung der Immunität⟩; **2.** *vt* privilegieren, bevorzugen, bevorrechten | ausnehmen, befreien (**from** von); '**~leged** *adj* privilegiert, bevorzugt (*auch verächtl*) ⟨the ≈ classes⟩ | *Jur* vertraulich ⟨≈ communication vertrauliche Mitteilung⟩ | *Wirtsch* Vorzugs- ⟨≈ stock Vorzugsaktie⟩

priv·i·ly ['prɪvɪlɪ] *adv arch* heimlich, im geheimen, insgeheim

priv|i·ty ['prɪvətɪ] *s Jur* Interessengemeinschaft *f* | *Jur* Mitwisserschaft *f* ⟨with s.o.'s ≈ and consent mit jmds. Wissen und Einverständnis⟩; '**~y 1.** *adj förml* eingeweiht (**to** in) | *Jur* mitschuldig, mitbeteiligt (**to** an) | *arch* geheim, heimlich ⟨≈ parts Schamteile *pl*⟩; **2.** *s Jur* Beteiligte(r) *f(m)* | *arch* Außenabort *m,* -klo *n;* ˌ**Priv·y 'Coun·cil** *s Brit* (Geheimer) Staats-, Kronrat *m;* ˌ**Priv·y 'Purse** (*auch* ≛) *s Brit* königliche Privatschatulle; ˌ**Priv·y 'Seal** *s Brit* Geheimsiegel *n,* Kleines Siegel

[1]**prize** [praɪz] **1.** *s* Preis *m,* Prämie *f,* Auszeichnung *f* ⟨consolation ~ Trostpreis *m;* the first ~ der erste Preis; to be awarded a ~ eine Auszeichnung erhalten; to carry off the ~ den Preis davontragen⟩ | Lohn *m,* Belohnung *f* | (Lotterie-) Gewinn *m* | Vorteil *m* | *Hist* Wettkampf *m;* **2.** *adj* preisgekrönt, prämiiert ⟨~ cattle⟩ | Preis- ⟨~ money Preissumme *f;* ~ scholarship Sonderstipendium *n*⟩ | erstklassig (*auch iron*) ⟨~ fool Riesennarr *m*⟩; **3.** *vt* (hoch)schätzen, achten ⟨s.o.'s most ~d possession jmds. wertvollster Besitz⟩ | (ein)schätzen, taxieren

[2]**prize** [praɪz] **1.** *s* Beute *f* (*auch übertr*) | *Mar* Prise *f,* Seebeute *f* ⟨to make ~ of kapern⟩; **2.** *vt Mar* kapern

[3]**prize** [praɪz] **1.** *vt* aufbrechen, aufstemmen, (gewaltsam) öffnen ⟨to ~ open aufbrechen⟩ | herausbekommen, -kriegen (*auch übertr*) (**out of** aus) ⟨to ~ a nail out of a tyre; to ~ a story out of s.o.⟩; **~ out** (Gegenstand, Geheimnis u. ä.) herausbekommen, -kriegen (*auch übertr*) ⟨to ~ out a secret ein Geheimnis herauspressen⟩; **~ up** hochwuchten, -stemmen; **2.** *s* Hebelwirkung *f,* -kraft *f*

prize| com·pe·ti·tion ['praɪz kɒmpəˌtɪʃn] *s* Preisausschreiben *n;* '**~ day,** *oft* '≙ **Day** *s Päd* Preisverteilung *f;* '**~fight** *s* Berufs-, Preisboxkampf *m;* '**~ˌfight·er** *s* Berufsboxer *m;* '**~ list** *s* Gewinnliste *f;* '**~man** *s* (*pl* **~men**) Preisträger *m;* '**~ ring** *s* Boxring *m* | *übertr* Berufsboxen *n* | *übertr* Wettkampf *m;* '**~ˌwin·ner** *s* Preisträger(in) *m(f)*

[1]**pro** [prəʊ] **1.** *s* Jastimme *f* ⟨~s and cons Ja- und Neinstimmen *f/pl*⟩ | positives Argument ⟨~s and cons Für und Wider *n*⟩; **2.** *adv* (da)für ⟨reasons ~ and con Gründe dafür und dagegen⟩; **3.** *präp* für, per, pro

[2]**pro** [prəʊ] *umg* **1.** *s* Profi *m,* Berufsspieler *m* | *Brit umg* Nutte *f,* Prostituierte *f;* **2.** *adj* Profi-, Berufs-

PRO [ˌpiː ɑːr 'əʊ] *s umg* = **public relations officer**

pro- [prəʊ] *präf mit der Bedeutung:* für, zu Gunsten (*z. B.* **~-British** für die Briten, pro-britisch) | Pro-, stellvertretend, Vize- (**≙-Vice-Chancellor** Prorektor *m*)

pro·a·bor·tion [ˌprəʊə'bɔːʃn] *adj* Schwangerschaftsunterbrechung befürwortend; **~ism** *s* Eintreten *n* für Schwangerschaftsunterbrechung; **~ist** *s* jmd., der Schwangerschaftsunterbrechung befürwortet

pro·am [ˌprəʊ 'æm] *Sport* (Golf) **1.** *adj* für Profis und für Amateure; **2.** *s* Wettkampf *m* für Profis und für Amateure

prob·a|bil·i·ty [ˌprɒbə'bɪlətɪ] *s* Wahrscheinlichkeit *f* (*auch Math*) ⟨in all ≈ aller Wahrscheinlichkeit nach; the ≈ is es ist anzunehmen, daß; the ≈ of doing s.th. die Wahrscheinlichkeit, etw. zu tun; the ≈ that die Wahrscheinlichkeit, daß⟩ | wahrscheinlicher Fall ⟨a serious ≈ eine ernsthafte Wahrscheinlichkeit; to be a ≈ wahrscheinlich eintreten⟩; **~ble** ['prɒbəbl] **1.** *adj* wahrscheinlich, vermutlich ⟨it's ≈ that; a ≈ result; a ≈ cause *Jur* ein hinreichender (Tat-) Verdacht⟩ | glaubhaft, glaubwürdig, einleuchtend ⟨a ≈ story⟩; **2.** *s umg* wahrscheinlicher Kandidat | wahrscheinlicher Fall; **~bly** ['prɒbəblɪ] *adv* wahrscheinlich, offensichtlich, sicher

pro|bate ['prəʊbeɪt|-ət] *Jur* **1.** *s* gerichtliche Testamentsbestätigung ⟨to apply for ≈ sich das Testament bestätigen lassen; to grant ≈ das Testament bestätigen⟩ | Testamentseröffnung *f* | *auch* ˌ**~bate 'cop·y** gerichtlich bestätigte Testamentsabschrift; **2.** *adj* Erbbestätigungs-; ['prɒbeɪt] *vt Am Jur* (Testament) bestätigen; **~ba·tion** [prə'beɪʃn] *s* Probe *f* | Probezeit *f* ⟨on ≈ auf Probe[zeit]⟩ | *Jur* Bewährungsfrist *f* ⟨on ≈ auf Bewährung⟩ | *Rel* Noviziat *n;* **~'ba·tion·ar·y** *adj* Probe- | *Jur* Bewährungs-; **~'ba·tion·er** *s* Probekandidat *m* | Lernschwester *f* | *Jur* bedingt auf Bewährung Freigelassener *m* | *Rel* Novize *m;* **~'ba·tion ˌof·fi·cer** *Jur* Bewährungshelfer *m;* **~'ba·tive** *adj* als Beweis dienend, beweisend (**of** für)

probe [prəʊb] **1.** *vt Med, Tech* sondieren, untersuchen | *übertr* gründlich erforschen, eindringen in ⟨to ~ s.o.'s mind jmds. Gedanken ergründen⟩; *vi* forschend eindringen (**into** in); **2.** *s Med* Sonde *f* | *Tech* Sonde *f*, Tastkopf *m* | (Raumfahrt) Sonde *f* ⟨lunar ~ Mondsonde *f*; space ~ Raumsonde *f*⟩ | *übertr* Sondieren *n*, Sondierung *f* | *Pol* gründliche Untersuchung; **'~ ˌscis·sors** *s/pl Med* Wundschere *f*

prob·i·ty ['prəubətɪ] *s förml* Rechtschaffenheit *f*

prob·lem ['prɒbləm] **1.** *s* Problem *n*, schwierige Frage, Schwierigkeit *f* ⟨that's no ~; unemployment ~; what's the ~? wo fehlt's?, was ist los?⟩ | (Rechen-) Aufgabe *f* ⟨to do a simple ~ eine einfache Aufgabe lösen⟩ | *übertr umg* (Person) Problem(fall) *n(m)* ⟨she's a ~; to have a drinking ~ (zuviel) trinken⟩; **2.** *adj* problematisch, Problem-, ungelöst, soziale Probleme betreffend ⟨~ play Problemstück *n*; ~ child Sorgen-, schwieriges Kind⟩ | unklar, kompliziert, verwickelt ⟨a ~ picture⟩; **~at·ic** [ˌ-'ætɪk], **ˌ~'at·i·cal** *adj* problematisch, zweifelhaft, fraglich; **~at·ics** [ˌ-'ætɪks] *s* Problemkomplex *m*; **prob·le·ma·tique** [prɒbləmæ'ti:k] *s* ⟨*frz*⟩ Problemsituation *f*, problematische Lage, (ernste) Problematik; **'~ bank** *s Am Wirtsch* in Schwierigkeiten geratene Bank

pro·bos|cid·e·an, ~cid·i·an [ˌprəubə'sɪdɪən] *Zool* **1.** *adj* Rüssel-, rüsselartig; **2.** *s* Rüsseltier *n*; **~cis** [prəu'bɒsɪs|prə-] *s* (*pl* **~cis·es** [-sɪsi:z], **~ci·des** [-sɪdi:z]) *Zool* Rüssel *m* | *übertr scherzh* Rüssel *m* (Nase); **ˌ~cis 'mon·key** *s Zool* Nasenaffe *m*

pro·caine ['prəukeɪn|prəu'keɪn] *s Chem* Prokain *n*

pro·ce|dur·al [prə'si:dʒrəl] *adj* Verfahrens- ⟨≈ difficulties Schwierigkeiten *pl* beim Heran-, Vorgehen⟩ | *Jur* verfahrensrechtlich ⟨≈ law Verfahrensrecht *n*⟩; **~dure** [prə'si:dʒə] *s* Verfahren *n*, Arbeitsweise *f*, -gang *m*, Vorgehen *n* (*auch Tech*) ⟨parliamentary ≈ parlamentarische Gepflogenheiten *f/pl*; rules of ≈ Vorschriften *f/pl*; scientific ≈; a simple ≈; the usual ≈⟩ | [traditionelle(s)] Verhalten(sweise) *n(f)*, Handlungsweise *f* | *Jur* prozeßrechtliches Verfahren *od* Vorgehen *n* ⟨legal ≈⟩

pro·ceed [prə'si:d] *vi förml* weitergehen, -fahren (*auch übertr*) (**to** nach) ⟨to ~ across a main street eine Hauptstraße überqueren; to ~ to sea *Mar* auslaufen, in See gehen⟩ | *förml* fortfahren, weitermachen (**with** mit, in) ⟨to ~ one's journey seine Reise fortsetzen⟩ (**to** *mit inf* zu *mit inf*) | vor sich gehen, vonstatten gehen ⟨negotiations now ~ing die zur Zeit stattfindenden Verhandlungen⟩ | *bes Jur* vorgehen (**against** gegen) | *förml* übergehen (**to** zu) ⟨to ~ to reading⟩ | (her)kommen, ausgehen (**from** von) | *Brit förml* promovieren (**to** zu) ⟨to ~ to the degree of B.A. sich um den ersten akademischen Grad bewerben; an der Promotion arbeiten⟩ | *Brit förml* promoviert werden (**to** zu) ⟨to ~ to the degree of M.A. den zweiten akademischen Grad (M.A.) erhalten⟩; **pro'ceed·ing** *s* Fortschreiten *n* | Verfahren *n*, Vorgehen *n*, Arbeitsgang *m* | (*meist pl*) Maßnahme *f*, Handlung *f*; **pro'ceed·ings** *s/pl* (meist ungesetzliche) Geschehnisse *pl*, Vorkommnisse *pl* ⟨wild ≈⟩ | *Jur* Verfahren *n* ⟨to take/start [legal] ≈ against gerichtlich vorgehen gegen, ein gerichtliches Verfahren einleiten⟩ | *Tech* Verfahren *n* | (Kongreß-, Sitzungs-) Protokoll *n*, Sitzungsberichte *pl*; **pro·ceeds** ['prəusi:dz] *s/pl* Gewinn *m*, Ertrag *m*, Einnahmen *f/pl*

proc·ess ['prəuses] **1.** *s* (zeitlich) Prozeß *m*, Fortgang *m*, -schreiten *n* ⟨in ~ im Gange; in ~ of time im Lauf der Zeit; in the ~ dabei⟩ | (ständiger) Vorgang, Ab-, Verlauf *m* ⟨the ~ of learning der Lernvorgang⟩ | *bes Tech* Arbeitsgang *m*, Verfahren *n*, Methode *f* ⟨~ of manufacture Herstellungsprozeß *m*⟩ | *Tech* Regelvorgang *m*, -strecke *f* | *Biol, Chem, Phys* Prozeß *m*, Vorgang *m* ⟨chemical ~es; the ~ of breathing⟩ | *Jur* Prozeß *m*, Gerichtsverfahren *n*, Rechtsgang *m* ⟨due ~ of law ordentliches Rechtsverfahren⟩ | *Med* Fortsatz *m*, Vorsprung *m* | *Bot* Auswuchs *m* | *Foto* Übereinanderkopieren *n*; **2.** *vt* behandeln, bearbeiten, fertigen, herstellen ⟨to ~ tobacco; to ~ food⟩ | *übertr* bearbeiten, prüfen ⟨to ~ plans⟩ | *bes Am übertr* durchschleusen, abfertigen ⟨to ~ passengers⟩ | *Jur* vorladen | *Jur* gerichtlich belangen | *Foto* photomechanisch vervielfältigen, kopieren | verarbeiten (Computer); [prə'ses] *vi umg* in einer Prozession mitgehen; **'~ conˌtrol** *s Tech* Verfahrens-, Fertigungsregelung *f*; **ˌ~ con'trol en·giˌneer** *s* Regelungsingenieur *m*; **ˌproc·essed 'cheese** *s* Schmelzkäse *m*; **ˌproc·essed 'wood** *s* aufbereitetes Holz; **'~ing** *s* Verarbeitung *f* | *Tech* Veredlung *f*; **pro·ces·sion** [prə'seʃn] **1.** *s* Prozession *f*, feierlicher Umzug ⟨funeral ≈ Leichenzug *m*; to go/march in ≈ an einer Prozession teilnehmen⟩ | *Brit* (*bes* Kricket) *umg* kurzer Prozeß, schnelles Resultat, Kinderspiel *n*; **2.** *arch vi* in einer Prozession mitgehen *od* ziehen; *vt* in einer Prozession gehen durch; **pro'ces·sion·al 1.** *adj* Prozessions- ⟨≈ march Marschprozession *f*⟩; **2.** *s Rel* Prozessionsbuch *n*, -hymne *f*; **pro'ces·sion·a·ry** *adj Zool* Wander- ⟨≈ caterpillar⟩; **'~ line** *s Tech* Fertigungsstraße *f*, -linie *f*; **'~ time** *s Tech* Verfahrenszeit *f*

pro|claim [prə'kleɪm] *vt förml* proklamieren, verkünden, ausrufen ⟨to ≈ a republic die Republik ausrufen; to ≈ peace Frieden verkünden; to ≈ s.o. king jmdn. zum König ausrufen⟩ | *lit* hindeuten auf, erweisen als, kennzeichnen ⟨the dress ≈s the man Kleider machen Leute⟩ | (Versammlung) verbieten | den Ausnahmezustand verhängen über; *vi* öffentlich verkünden; **~cla·ma·tion** [ˌprɒklə'meɪʃn] *s* Proklamation *f*, Bekanntmachung *f* ⟨a royal ≈; to make ≈ of s.th. etw. bekanntmachen⟩ | Erklärung *f od* Verhängung *f* (des Ausnahmezustandes) ⟨≈ of martial law⟩; **~ clam·a·to·ry** [~'klæmətrɪ] *adj* proklamierend

pro|cliv·i·ty [prəu'klɪvətɪ|prə-] *s förml übertr* Neigung *f*, Hang *m* (**to[wards]** zu, **to** *mit inf* zu *mit inf*); **~cli·vous** [~'klaɪvəs] *adj* geneigt

pro·con·sul [ˌprəu'kɒnsl] *s* (Antike) (römischer) Prokonsul | Statthalter *m* (einer Kolonie)

pro·cras·ti|nate [prəu'kræstɪneɪt|prə-] *vi förml* zaudern; **ˌ~'na·tion** *s* Zaudern *n*, Verzögerung *f*; **pro'cras·tiˌna·tive** *adj* zaudernd

pro·cre|ate ['prəukrɪeɪt] *vt förml, Biol* zeugen, hervorbringen (*auch übertr*); **ˌ~'a·tion** *s* Zeugung *f*, Fortpflanzung *f*; **'~a·tive** *adj* zeugungsfähig, Zeugungs- | *übertr* fruchtbar

proc·tor ['prɒktə] **1.** *s Brit* (Oxford, Cambridge) Universitätsrichter *m*, Disziplinarbeamter *m*, Proktor *m* | *Am Päd* Aufsichtsführende(r) *f(m)*; ≈ *Brit Jur* Anwalt *m* an Spezialgerichten ⟨King's/Queen's ≈ Prokurator *m* der Krone⟩; **2.** *vt* beaufsichtigen; **'~ize** *vt Brit* vor den Proktor laden

pro·cum·bent [prə'kʌmbənt] *adj förml* liegend | *Bot* niederliegend

pro·cur|a·ble [prə'kjuərəbl] *adj* zu beschaffend, beschaffbar, erhältlich; **pro'cur·ance** *s* Beschaffung *f*; **proc·u·ra·tion** [ˌprɒkjuə'reɪʃn] *s* Be-, Verschaffung *f* | Vertretung *f* | *Jur, Wirtsch* Vollmacht *f*, Prokura *f* ⟨by ≈ per Prokura; to give ≈ Vollmacht erteilen⟩ | *Jur* Kuppelei *f*; **proc·u·ra·tor** ['prɒnjəreɪtə] *s Jur* Prokurator *m*, Bevollmächtigter *m*; **ˌproc·u·ra·tor 'fis·cal** *s Schott Jur* Staatsanwalt *m*; **pro·cure** [prə'kjuə] *vt förml* beschaffen, besorgen (**for** für) ⟨to ≈ a rare book⟩ | erwerben, erlangen | *arch* bewirken, veranlassen ⟨to ≈ s.o.'s death⟩; *vi* kuppeln, Kuppelei betreiben; **pro'cure·ment** *s* Beschaffung *f* | Vermittlung *f*; **pro'cur·er** *s* Kuppler *m* | Beschaffer *m* | Vermittler *m*; **pro·cur·ess** [prə'kjuərɪs] *s* Kupplerin *f*

prod [prɒd] **1.** (**'~ded, '~ded**) *vt* stoßen, stechen (**with** mit) |

übertr anspornen, antreiben (**into** zu); *vi* stoßen, stechen (**at** nach); **2.** *s* Stoßen *n*, Stechen *n*, Stoß *m*, Stich *m* | *übertr* Ansporn *m* | Instrument *n* zum Stechen *od* Stoßen

prod·i·gal ['prɒdɪgl] **1.** *adj verächtl* verschwenderisch (**of** mit) ⟨the ~ son *bibl* der verlorene Sohn⟩ | *förml* großzügig, üppig, reich ⟨a mind ~ of ideas ein ideensprühender Geist⟩; **2.** *s* Verschwender(in) *m(f)* | reuiger Sünder ⟨the ~ has returned⟩; **~i·ty** [ˌprɒdɪ'gæləti] *s* Verschwendung *f* | *förml* Fülle *f*, Üppigkeit *f* (**of** an); **~ize** ['prɒdɪgəlaɪz] *vt förml* verschwenden

pro·di·gious [prə'dɪdʒəs] *adj* erstaunlich, wunderbar, ungewöhnlich ⟨a ~ memory ein phänomenales Gedächtnis⟩ | ungeheuer, riesig ⟨a ~ sum⟩; **prod·i·gy** ['prɒdɪdʒɪ] *s* (Sache, Person) Wunder *n* (*auch übertr*) (**of** an *od gen*) ⟨a ≈ of learning ein Wunder an *od* der Gelehrsamkeit⟩ | *verächtl* Ausgeburt *f*, Ungeheuer *n* | *auch* ˌ**infant 'prod·i·gy**, ˌ**child 'prod·i·gy** Wunderkind *n* ⟨musical ≈⟩

pro|duce [prə'dju:s] *vt* vorzeigen, vorlegen ⟨to ≈ proofs Beweise vorlegen⟩ | zur Schau stellen ⟨to ≈ o.s. sich produzieren⟩ | hervorbringen, verursachen (*auch übertr*) ⟨to ≈ a sensation⟩ | *übertr* (Gründe u. a.) anführen, vorbringen | (Waren u. ä.) produzieren, erzeugen, fertigen | (Kunstwerk) (er)schaffen | (Buch, Film u. ä.) herausbringen | (Theaterstück) einstudieren | (Rundfunk, Fernsehaufnahme) leiten | *Bot* (Ertrag, Früchte u. a.) (hervor)bringen ⟨to ≈ a crop⟩ | (Junge) zur Welt bringen; *scherzh* (Kinder) gebären ⟨to ≈ a lamb; to ≈ 3 fine sows⟩ | (Ei) legen | *Math* (Linie) verlängern; *vi* Ertrag einbringen | *Bot* tragen; **prod·uce** ['prɒdju:s] *s* (*nur sg*) Erzeugnis(se) *n/pl*, Produkt(e) *n/pl* ⟨≈ of Italy italienisches Erzeugnis⟩ | Gewinn *m*, Ertrag *m* | *Tech* Leistung *f*; **~duc·er** [prə'dju:sə] *s* Hersteller *m*, Produzent *m* | *Landw* Hersteller *m*, Erzeuger *m* | *Film* Produzent *m* | *Theat, Ferns* Regisseur *m* | *Rundf* Spielleiter *m* | *Tech* Generator *m*; ˌ**~duc·er co-'op·er·a·tive** *s* Produktionsgenossenschaft *f*; **~ˌduc·i'bil·i·ty** *s* Erzeugbarkeit *f* | Vorführbarkeit *f*; **~'duc·i·ble** *adj* erzeug-, produzierbar | vorführbar; **~'duc·ing** *adj* Produktions-, Herstellungs-

prod·uct ['prɒdʌkt] *s* Erzeugnis *n*, Produkt *n* (*auch übertr*) | *Math, Chem* Produkt *n*; **pro·duc·tion** [prə'dʌkʃn] *s* Vorzeigen *n*, Präsentation *f* ⟨on ≈ of a ticket nach Vorzeigen einer Eintrittskarte⟩ | Erzeugung *f*, Hervorbringung *f*, Entstehen *n* ⟨the ≈ of fire by …⟩ | Herstellung *f*, Produktion *f*, Gewinnung *f* ⟨≈ in bulk Massenproduktion *f*⟩ | Produkt *n*, Erzeugnis *n* ⟨industrial ~s⟩ | *Theat, Film* Inszenierung *f*, Regie *f* | *Theat, Film* Inszenierung *f*, Stück *n*, Produktion *f*, *Lit* Werk *n*; **pro'duc·tion·al** *adj* Produktions-; **pro'duc·tion cost** *s* Herstellungs-, Produktionskosten; **pro'duc·tion en·giˌneer** *s* Fertigungsingenieur *m*, Technologe *m*; **proˌduc·tion ˌen·gi'neer·ing** *s* Fertigungstechnik *f*, -planung *f*; **pro'duc·tion line** *s* Fertigungs-, Fließstraße *f*; **pro'duc·tion part** *s* Fertigungsteil *n*; **pro'duc·tion rate** *s* Produktionsziffer *f*, Fertigungsstückzahl *f*; **proˌduc·tion 'su·per·vi·sor** *s* Produktionsleiter *m*; **pro·duc·tive** [prə'-] *adj* hervorbringend (**of s.th.** etw.) ⟨to be ≈ of s.th. etw. hervorbringen, zutage fördern (*auch übertr*)⟩ | erzeugend, fruchtbar, produktiv ⟨≈ labour⟩ | ergiebig, ertragreich ⟨≈ soil⟩ | *übertr* fruchtbar, schöpferisch ⟨a ≈ author⟩; **pro·duc·tiv·i·ty** [ˌprɒdək'tɪvəti] **1.** *s* Produktivität *f*, Ergiebigkeit *f* | Produktivität *f*, Leistungsvermögen *n* | *übertr* Schöpferkraft *f*; **2.** *adj* Leistungs-; ˌ**~ li·a'bil·i·ty** *s Am Wirtsch* Produktgarantie *f*

pro|em ['prəuem] *Lit s* Einleitung *f* (*auch übertr*); **~e·mi·al** [~'i:mɪəl] *adj* einleitend, Einleitungs-

prof [prɒf] *Sl für* **professor**

prof·a·na·tion [ˌprɒfə'neɪʃn] *s förml* Entweihung *f*, Schändung *f*, Profanierung *f*; **pro·fan·a·to·ry** [prə'fænətəri] *adj* entweihend; **pro·fane** [prə'feɪn] **1.** *adj förml* weltlich, profan ⟨≈ architecture⟩ | *förml* uneingeweiht (**to** in) | heidnisch ⟨a ≈ rite⟩ | gottlos, frech, ungehörig, lästerlich ⟨a ≈ act; ≈ words⟩; **2.** *vt* entweihen, profanieren, schänden (*auch übertr*); **pro·fan·i·ty** [prə'fænəti] *s* Gott-, Ruchlosigkeit *f* | Fluchen *n*, Lästern *n*, Flucherei *f*, gemeiner Ausdruck

pro|fess [prə'fes] *vt förml* (öffentlich) erklären, bekennen, bekunden, eingestehen, zum Ausdruck bringen ⟨to ≈ great admiration große Bewunderung zollen; to ≈ one's ignorance seine Unwissenheit eingestehen; to ≈ o.s. an opponent sich als Gegner hinstellen, seine Gegnerschaft erklären⟩ | vorgeben (vor)heucheln, beteuern, versichern (**to be** zu sein, **that** daß) ⟨to ≈ to know angeblich wissen⟩ | (Prinzip u. ä.) vertreten, eintreten für ⟨to ≈ principles⟩ | *förml* sich bekennen zu (Glauben u. ä.) ⟨to ≈ Christianity; to ≈ no religion nicht religiös sein, keinem Bekenntnis angehören⟩ | *förml* (Beruf) ausüben, betreiben ⟨to ≈ law Anwalt sein⟩ | *Brit förml* lehren, dozieren ⟨to ≈ English⟩; *vi Rel selten* ein Bekenntnis ablegen | *Brit förml* Vorlesungen halten; **~'fessed** *adj* erklärt, ausgesprochen ⟨a ≈ atheist⟩ | an-, vorgeblich ⟨a ≈ friend; ≈ sorrow vorgetäuschte Trauer⟩ | Berufs-, von Beruf, berufsmäßig ⟨a ≈ philosopher⟩ | *Rel* einem Orden angehörig ⟨a ≈ nun⟩; **~fess·ed·ly** [~'fesɪdlɪ] *adv förml* angeblich; **~'fes·sion** *s* Beruf *m* ⟨by ≈ von Beruf; the ≈s die akademischen Berufe *pl*⟩ | (*mit best art*) (Berufs-) Stand *m* ⟨the teaching ≈ die Lehrer(schaft) *pl(f)*⟩ | *förml* Erklärung *f*, Beteuerung *f* | Gelübde *n* | Glaubensbekenntnis *n*; **~'fes·sion·al 1.** *adj* beruflich, Berufs-, Standes-, Amts- ⟨≈ disease Berufskrankheit *f*; ≈ honour Standesehre *f*⟩ | Fach-, fachlich ⟨≈ advice fachkundiger Rat; to be ≈ about s.th. etw. sachkundig tun⟩ | freiberuflich, akademisch ⟨≈ man Akademiker *m*⟩ | (Sport) professionell, Berufs- ⟨≈ football Profi-Fußball *m*⟩ | ausgebildet, gelernt ⟨a ≈ gardener ein gelernter Gärtner⟩; *verächtl* (*auch iron*) berufsmäßig, bezahlt, ständig ⟨≈ troublemaker bezahlter Unruhestifter; ≈ complainer unverbesserlicher Nörgler⟩ | *euphem* routiniert, geübt ⟨a ≈ foul ein getarntes Foul⟩; **2.** *s* Facharbeiter *m* | *übertr* Fachmann *m*, Experte *m* | Geistesarbeiter *m* | *umg auch* **pro** (Sport) Berufssportler *m*, Profi *m* ⟨to turn ≈ Berufssportler werden⟩; **~'fes·sion·al·ism** *s* Fachkenntnisse *f/pl*, Routiniertheit *f* | (Sport) Berufsspielertum *n*, Professionalismus *m* | (Sport) *euphem* Anwendung *f* von Tricks, Mätzchen *pl*

pro·fes·sor [prə'fesə] *s Brit* Professor *m* ⟨full ~ Professor mit Lehrstuhl; visiting ~ Gastprofessor⟩ | *Am* Hochschullehrer *m* | *umg* Fachmann *m*, Autorität *f* ⟨a ~ of chess ein Schachprofessor, -experte *m*⟩ | *Am, Schott förml* Bekenner *m* (eines Glaubens); **~ate** [-rət] *s* Professur *f* | Professorenschaft *f*; **pro·fes·so·ri·al** [ˌprɒfɪ'sɔ:rɪəl] *adj* professorenhaft, Professoren- ⟨≈ chair Lehrstuhl *m*, Professur *f*⟩; **pro·fes·so·ri·ate** [ˌprɒfɪ'sɔ:rɪɪt], **pro'fes·sor·ship** *s* Professur *f*, Lehrstuhl *m*

prof·fer ['prɒfə] *förml* **1.** *vt* anbieten ⟨to ~ one's help⟩; **2.** *s* Anerbieten *n*, Angebot *n*

pro·fi|cien·cy [prə'fɪʃnsɪ] *s* Tüchtigkeit, Fertigkeit, Leistungsfähigkeit *f*, Können *n* (**at, in** in); **'~cien·cy flight** *s Flugw* Geschicklichkeitsflug *m*; **pro'fi·cient 1.** *adj* tüchtig, geübt, bewandert (**at, in s.th., in** *mit ger* in einer Sache); **2.** *s* Fachmann *m*

pro·file ['prəufaɪl] **1.** *s* Profil *n*, Seitenansicht *f* ⟨to draw a ~; in ~ im Profil, von der Seite⟩ | *Tech* Profil *n*, Umriß *m* | Querschnitt *m* (*auch übertr*) | Skizze *f*, kurze Biographie *od* Darstellung *f* ⟨a ~ of modern Egypt eine Einführung in das moderne Ägypten⟩ ◇ ˌ**low '~** *übertr* Zurückhaltung *f*, Unbemerktheit *f*, Hintergrund *m* ⟨to keep a low ~ keine Aufmerksamkeit auf sich lenken *od* ziehen⟩; **2.** *vt* (*meist* *pass*) im Profil darstellen *od* zeigen ⟨to be ~d against sich abheben gegen⟩ | skizzenhaft darstellen, eine Kurzbiographie schreiben von ⟨to ~ a man⟩ | *Tech* profilieren, fassondrehen; **'~ ˌmil·ling** *s Tech* Form-, Umrißfräsen *n*; **'pro·fil·er** *s Tech* Kopierfräsmaschine *f*; **'~ tool** *s Tech* Formmeißel *m*; **'~ wire** *s Tech* Profildraht *m*

prof·it ['prɒfɪt] **1.** *s, oft* **'prof·its** *pl* Profit *m*, (finanzieller) Nutzen, Gewinn *m*, (finanzieller) Vorteil (*auch übertr*) ⟨there's little ~ in *mit ger* es bringt wenig ein zu *mit inf*; to gain ~ from Nutzen ziehen aus; to make a ~ on s.th. aus etw. einen Gewinn ziehen; to read for ~ lesen, um zu lernen; to sell at a ~ mit Gewinn verkaufen⟩; **2.** *vi* profitieren, Nutzen ziehen (**by, from** aus) ⟨to ~ by mistakes aus Fehlern lernen⟩; *vt förml* (jmdm.) Nutzen bringen, nützen ⟨to ~ s.o. nothing jmdm. nichts einbringen⟩; **'~a·ble** *adj* gewinnbringend, einträglich (**to** für) ⟨a ≈ business⟩ | *übertr* vorteilhaft, nützlich ⟨a ≈ day⟩; **~eer** [ˌprɒfɪ'tɪə] *verächtl* **1.** *s* Wucherer *m*, Schieber *m*; **2.** *vi* Schiebergeschäfte machen, schieben; **ˌ~'eer·ing** *s* Schieberei *f*, Schiebung *f*; **'~less** *adj* unrentabel; **'~ ˌmar·gin** *s* Gewinnspanne *f*; **'~ ˌshar·ing** *s Wirtsch* Gewinnanteil *m*, -beteiligung *f*

prof·li|ga·cy ['prɒflɪgəsɪ] *s förml* Verworfenheit *f*, Lasterhaftigkeit *f* | Verschwendung *f*; **~gate** ['~gət|-geɪt] **1.** *adj förml* verworfen, lasterhaft | verschwenderisch | liederlich; **2.** *s förml* lasterhafter Mensch | Verschwender *m*

prof·lu·ent ['prɒfluənt] *adj förml* überströmend (*auch übertr*)

pro for·ma [prəʊ 'fɔ:mə] *adj Wirtsch* pro forma- ⟨~ invoice Pro-formarechnung *f*⟩

pro|found [prə'faʊnd] **1.** *adj* tief (*meist übertr, poet*) ⟨in the ≈ depths in den tiefsten Tiefen; ≈ interest⟩ | gründlich, tiefgründig, -schürfend ⟨a ≈ essay⟩ | *übertr* dunkel, unergründlich ⟨≈ silence⟩ | (ehrfurchtsvoll) tief ⟨a ≈ bow; ≈ respect⟩; **2.** *s poet* Tiefe *f*, Abgrund *m*; **~fun·di·ty** [~'fʌndətɪ] *s* Tiefe *f*, Abgrund *m* (*auch übertr*) | Tiefgründigkeit *f* | *meist pl scherzh* Tiefsinnigkeit *f*, große Worte

pro|fuse [prə'fju:s] *adj* (*nur präd*) (allzu) großzügig, verschwenderisch, freigebig, übertrieben (**of, in** mit) ⟨to be ≈ in s.th. überschwenglich in etw. sein⟩ | übermäßig, -reich (**of, in** an) | üppig, ausgiebig ⟨≈ tears überfließende Tränen *f/pl*; ≈ thanks überschwenglicher Dank⟩; **~fu·sion** [~'fju:ʒn] *s* Luxus *m*, Verschwendung *f* | Überfluß *m* (**of** an) ⟨in ≈ überreichlich, im Überfluß⟩

pro·gen·i|tive [prəʊ'dʒenɪtɪv] *adj* Zeugungs-; **pro'gen·i·tor** *s auch Biol* Ahn *m*, Vorfahr *m* | *übertr förml* (geistiger) Vorläufer, Erfinder *m*, Vater *m*; **~to·ri·al** [ˌ~'tɔ:rɪəl] *adj* Ahnen-; **~tress** [~tres] *s* Ahne *f*, Ahnfrau *f*; **prog·e·ny** ['prɒdʒɪnɪ] *s lit, auch Biol* Nachkommen *m/pl*, Nachkommenschaft *f* | Brut *f* | *scherzh* Kinder *pl* ⟨her numerous ≈ ihre große Kinderschar⟩ | *übertr* Frucht *f*, Ergebnis *n*

pro·ges·ter·one [prəʊ'dʒestərəʊn] *s Chem* Progesteron *n*

prog·na·thous [prɒg'neɪθəs] *adj Anat* (Backen-, Kieferknochen) (her)vorstehend, (Kinn) vorspringend

prog|no·sis [prɒg'nəʊsɪs] *s* (*pl* **~no·ses** [~'nəʊsi:z]) (*auch Med*) Prognose *f*, Vorhersage *f*; **~nos·tic** [~'nɒstɪk] **1.** *adj* prognostisch, vorhersagend (**of s.th.** eine Sache), **2.** *s* An-, Vorzeichen *n* (*auch Med*); **~'nos·ti·cate** *vt, vi förml, scherzh* prognostizieren, voraussagen, vorhersagen; **ˌ~ˌnos·ti'ca·tion** *s förml, scherzh* Prognose *f*, Voraussage *f* (*auch Med*) | Vorzeichen *n*; **~'nos·tiˌca·tive** *adj* voraussagend

pro|gram ['prəʊgræm] **1.** *s* (Computer) Programm *n*; **2.** (**'~gram[m]ed, '~gram[m]ed**) *vt* (Computer) programmieren; **~gram·mat·ic** [ˌ~grə'mætɪk] *adj* programmatisch; **'~gramme,** *Am* **'~gram 1.** *s* Programm *n* ⟨radio ≈⟩ | *Theat* Programm(zettel) *n*(*m*) ⟨a printed ≈⟩ | *Theat* Spielplan *m* | *übertr* Plan *m*, Vorhaben *n* ⟨building ≈⟩ | *Pol* (Regierungs-, Partei-) Programm *n*; **2.** (**'~grammed, '~grammed,** *Am* **'~gramed, '~gramed**) *vt* ein Programm aufstellen für | planen, ansetzen, auf das Programm setzen | *Päd* programmieren | *Tech* (System) programmieren; *vi* programmieren | sich an die Vorschriften halten; **'~gram·ma·ble** *adj* programmierbar; **ˌ~grammed 'course** *s Päd* programmierter Kurs(us); **ˌ~grammed 'learning** *s Päd* programmiertes Lernen; **'~gram[m]er** *s* Programmierer(in) *m*(*f*); **'~gramme ˌmu·sic** *s* Programmusik *f*; **'~gramme note** *s* (*oft pl*) Programmnotiz *f*, Programmeinführung *f*; **'~gram[me] ˌreg·is·ter** *s* (Computer) Steuer(befehls)-, Programmspeicher *m*; **ˌ~gramme trans'mis·sion** *s* Rundfunkübertragung *f*; **'~gram·ming** *s* Programmieren *n*, Programmierung *f*; **'~gram[m]ing ˌlan·guage** *s* Programmiersprache *f*; **'~gram·[m]ing ˌprob·lem** *s* Programmierungsaufgabe *f*

prog·ress ['prəʊgres] *s* Vorrücken *n*, Vorschreiten *n* ⟨to make slow ~ langsam vorankommen, sich langsam fortbewegen⟩ | Fortgang *m*, Lauf *m* ⟨to be in ~ im Gang sein⟩ | *übertr* Fortschritt(e) *m*(*pl*) ⟨to make ~ Fortschritte machen, vorankommen⟩ | *Hist* Rundreise *f* (eines Herrschers); **pro·gress** [prə'gres] *vi* fortschreiten, seinen Fortgang nehmen | *übertr* sich weiterentwickeln, vorankommen, Fortschritte machen; **pro'gres·sion** *s* Fort-, Vorwärtsschreiten *n* | Weiterentwicklung *f* | *Math* Progression *f*, Reihe *f*; **pro'gres·sion·al** *adj* fortschreitend | Fortschritts-; **pro'gres·sion·ist** [-ʃn̩-], **pro·gress·ist** ['prəʊgresɪst] *s Pol* Progressist *m*; **pro·gres·sive** [prə'gresɪv] **1.** *adj Pol* progressiv, fortschrittlich, Fortschritts- ⟨≈ ideas; a ≈ thinker⟩ | zukunftsorientiert, modern ⟨a ≈ firm⟩ | vorwärtsgerichtet ⟨≈ movement⟩ | *auch Med* zunehmend, fortschreitend | *Wirtsch* (Steuer) progressiv, gestaffelt ⟨≈ tax⟩ | *Ling* progressiv ⟨≈ form Verlaufsform *f*⟩; **2.** *s Pol* Progressive(r) *f*(*m*); **proˌgres·sive 'jazz** *s Mus* moderner *od* progressiver Jazz; **proˌgres·sive 'lens** *s* progressive Linse, Linse *f* mit gleitender Wirkung

pro|hib·it [prə'hɪbɪt] *vt bes Jur* verbieten, untersagen (**s.th.** etw., **s.o. from** *mit ger* jmdm. zu *mit inf*) | (etw.) verhindern, unterbinden, (jmdn.) hindern ⟨to ≈ s.th. happening verhindern, daß etw. geschieht; to ≈ s.o. *mit ger* jmdn. daran hindern, zu *mit inf*⟩; **~hi·bi·tion** [ˌprəʊɪ'bɪʃn] *s* Verbot *n* (**against** von) | *oft* ≙ *Am* Prohibition *f*, Alkoholverbot *n*; **ˌ~hi'bi·tion·ist** [ˌprəʊɪ'bɪʃn̩ɪst] *s* Alkoholgegner *m*; **~hib·i·tive** [~'hɪbətɪv] *adj* untersagend, verbietend | *Wirtsch* Schutz-, Prohibitiv- ⟨≈ duty Schutzzoll *m*; ≈ tax Prohibitivsteuer *f*⟩ | (Preis) unerschwinglich, sündhaft teuer ⟨≈ prices⟩; **~'hib·i·to·ry** *adj förml* Verbots- ⟨≈ laws gesetzliche Verbote *pl*⟩

pro·ject [prə'dʒekt] *vt* entwerfen, projektieren ⟨to ~ a road⟩ | vorhaben, planen ⟨to ~ a visit⟩ | werfen, schleudern, stoßen, schießen ⟨to ~ a missile⟩ | (Licht, Schatten u. ä.) werfen (**into, onto** auf) | *Foto, Math* projizieren | *übertr* (Gedanken u. a.) versetzen, projizieren, bildlich vorstellen ⟨to ~ into sich versetzen in; to ~ one's mind into the future⟩ ◇ **~ o.s.** *refl* sich (selbst) darstellen, seine Auffassungen in der Öffentlichkeit kundtun ⟨he ~ed himself inadequately er hat nicht deutlich genug gesagt, was er wollte⟩; *vi* vorspringen, vorstehen, vorragen (**over** über); *Arch* auskragen | *übertr* von sich auf andere schließen ⟨you're ~ing again⟩; **proj·ect** ['prɒdʒekt] *s* Projekt *n*, Plan *m*, Vorhaben *n* | *auch* **'hous·ing ˌ~** (Wohnungs-) Bauvorhaben *n* | *Päd* (praktische) Aufgabe ⟨to do a ~⟩; **'proj·ect en·giˌneer** *s* Bauleiter *m* | Entwurfsingenieur *m*; **pro·jec·tile** [prə'dʒektaɪl] **1.** *adj förml* Stoß-, Wurf-; **2.** *s* Geschoß *n*, Projektil *n*; **pro'ject·ing** *adj* hervorstehend | *Arch* ausladend, auskragend; **proˌject·ing 'roof** *s* Vordach *n*; **pro'jec·tion** *s* Stoßen *n*, Werfen *n*, Stoß *m*, Wurf *m* | Fortsatz *m*, Vorsprung *m* | *Arch* Ausladung *f*, Auskragung *f* | *Foto, Math, Astr, Psych,*

Geogr Projektion *f* ⟨upright ≈ Aufriß *m*⟩ | *übertr* Widerspiegelung *f* | Plan *m*, Entwurf *m* | *übertr* Ver-, Umwandlung *f* | Hochrechnung *f*; **pro'jec·tion·al** *adj* Projektions-; **pro'jec·tion ˌap·pa·ra·tus** *s* Projektor *m*, Bildwerfer *m*; **pro'jec·tion·ist** *s* Filmvorführer *m*; **pro'jec·tion room** *s* (Film-) Vorführungsraum *m*; **pro'jec·tion screen** *s* Bild-, Projektionswand *f*; **pro'jec·tion ˌweld·ing** *s Tech* Buckelschweißung *f*; **pro'jec·tive** *adj* Projektiv-, Projektions- | vorspringend, vorragend; **pro'jec·tor** *s* Projektor *m*, Bildwerfer *m* | *Tech* Scheinwerfer *m* | *Wirtsch* Spekulant *m* | Planer *m* | *Math* projizierender Strahl; **pro'jec·ture** *s Arch* Ausladung *f*, Auskragung *f*

pro·lam·in[e] [prəʊ'læmɪn|'prəʊləmɪn] *s Chem* Prolamin *n*

pro·lapse ['prəʊlæps] *Med s* Vorfall *m*, Prolaps *m*; [prəʊ'læps] *vi* vorfallen, prolabieren ⟨~d uterus Gebärmuttervorfall *m*⟩

prole [prəʊl] *s Brit umg verächtl* Prolet *m*

pro·le·gom·e|non [ˌprəʊlɪ'gɒmɪnən] *s* (*pl* **~na** [~nə]) (*meist pl*) Vorbemerkung *f*, Vorrede *f*

pro·lep|sis [prəʊ'lepsɪs] *s* (*pl* **~ses** [~si:z]) *Phil* Prolepsis *f*, Grundbegriff *m* | *Rhet* Prolepsis *f*, Vorwegnahme *f*

pro·le·tar·i|an [ˌprəʊlɪ'tɛərɪən] **1.** *adj* proletarisch, Proletarier-; **2.** *s* Proletarier(in) *m(f)*; **~at[e]** [~ət|~æt] *s* (*mit best art*) Proletariat *n*, Proletarier *pl*

pro-|life [ˌprəʊ'laɪf] *adj* gegen Schwangerschaftsunterbrechung (eintretend) (*Ant* proabortion); **ˌ~'lif·er** *s* jmd., der gegen die (legale) Schwangerschaftsunterbrechung kämpft; jmd., der sich für den Schutz des ungeborenen Lebens einsetzt

pro·lif·er|ate [prə'lɪfəreɪt] *Biol vi* proliferieren, wuchern | (durch Zellteilung) sich fortpflanzen | *übertr* sich zahlenmäßig stark vermehren; *vt* (schnell) hervorbringen (*auch übertr*); **ˌ~'a·tion** *s* Proliferation *f*, Wucherung *f*, starkes Wachstum | *übertr* (schnelle) Verbreitung ⟨non-≈ of atomic weapons Nichtweiterverbreitung *f* von Atomwaffen⟩; **pro'lif·er·a·tive** *adj* proliferativ, wuchernd | sich fortpflanzend; **pro'lif·ic** *adj Biol* (Tier, Pflanzen) (sehr) fruchtbar, sich stark vermehrend | *übertr* fruchtbar, reich (**in, of** an) | *übertr* fruchtbar, sehr produktiv ⟨a ≈ author⟩; **pro·lif·i·ca·cy** [prə'lɪfɪkəsɪ], **pro·li·fic·i·ty** [ˌprəʊlɪ'fɪsətɪ] *s* Fruchtbarkeit *f* (*auch übertr*) (**of** an)

pro·lin[e] ['prəʊli:n] *s Chem* Prolin *n*

pro·lix ['prəʊlɪks|prəʊ'lɪks] *adj* (Rede, Redner) weitschweifig, wortreich; **~i·ty** [prəʊ'lɪksətɪ] *s* Weitschweifigkeit *f*, Wortschwall *m*

pro|logue, *Am* **'~log** ['prəʊlɒg] **1.** *s* Prolog *m*, Einleitung *f* | Vorspruch *m* | *übertr* Vorspiel *n*, Auftakt *m* (**to** zu); **2.** *vt* mit einem Prolog versehen, durch einen Prolog einleiten

pro|long [prə'lɒŋ] *vt* verlängern ⟨to ≈ a visit⟩ | *Wirtsch* (Wechsel) prolongieren; **~lon·ga·tion** [ˌprəʊlɒŋ'geɪʃn] *s* Verlängerung *f* | *Wirtsch* Prolongation *f*; **~'longed** *adj* anhaltend, andauernd ⟨≈ absence längere Abwesenheit⟩; **~'long·ment** *s* = **~longation**

prom [prɒm] *umg s, auch* **ˌ≈** *Brit* Promenadenkonzert *n* | *Brit* Promenade *f* | *Am* Schüler-, Studentenball *m*; **~e·nade** [ˌ~ə'nɑ:d|'prɒmənɑ:d] **1.** *s* (Strand-) Promenade *f*, Spazierweg *m* | *förml* Spaziergang *m* | *Theat selten* Wandelhalle *f*; **2.** *förml vi* promenieren, spazierengehen; *vt* promenieren in, spazierengehen auf | (jmdn.) spazierenführen; **ˌ~e·nade 'con·cert**, *auch* **ˌ≈e·nade 'Con·cert** *s Brit* Promenadenkonzert *n*; **~e'nade deck** *s Mar* Promenadendeck *n*; **ˌ~e'nad·er** *s Brit umg* (regelmäßiger) Besucher *m* von Promenadenkonzerten

prom·i|nence ['prɒmɪnəns] *s* Hervorstehen *n*, -ragen *n* (*auch übertr*) | Spitze *f*, Vorsprung *m* | *Astr* Protuberanz *f* | *übertr* Bedeutung *f*, Berühmtheit *f* | *übertr* hervorragende Stelle, Vordergrund *m* ⟨to bring (come) into ≈ in den Vordergrund rücken (treten)⟩; **'~nent** *adj* vorstehend, vorspringend ⟨≈ ears abstehende Ohren *n/pl*⟩ | hervorstechend, -tretend, auffallend, markant ⟨the most ≈ feature das auffallendste Merkmal⟩ | berühmt, prominent ⟨a ≈ diplomat⟩ | führend, bewandert (**in** in)

prom·is·cu·i·ty [ˌprɒmɪ'skju:ətɪ] *s* Promiskuität *f*, häufiger Partnerwechsel | *förml* Durcheinander *n*, Vermischtheit *f* | Wahllosigkeit *f*; **pro·mis·cu·ous** [prə'mɪskjʊəs] *adj verächtl* häufig den Partner wechselnd ⟨a ≈ girl ein Mädchen, das sich mit mehreren Männern einläßt; a ≈ life ein ungebundenes Leben⟩ | *verächtl* wenig auf Unterschiede achtend, unterschiedslos, undifferenziert ⟨a ≈ acceptance⟩ | *förml* vermischt, durcheinander, buntgewürfelt ⟨a ≈ crowd⟩ | gemeinsam ⟨≈ bathing Gemischtbaden *n*⟩ | *umg* gelegentlich, zufällig ⟨≈ habits⟩

prom|ise ['prɒmɪs] **1.** *s* Versprechen *n*, Verheißung *f* ⟨a ≈ of help; to break a ≈ ein Versprechen nicht halten; to give/make a ≈ ein Versprechen geben; to claim s.o.'s ≈ jmdn. beim Wort nehmen; to trust s.o.'s ≈ jmds. Versprechen glauben⟩ | *übertr* Aussicht *f*, Hoffnung *f* (**of** auf) ⟨of great ≈ vielversprechend; to bring little ≈ of s.th. wenig Aussicht auf etw. bestehen lassen; to show great ≈ viel versprechen⟩; **2.** *vt* versprechen (**to** *mit inf* zu; **that** daß) ⟨to ≈ secrecy zu schweigen versprechen; to ≈ o.s. erwarten, sich versprechen⟩ | *umg* versichern, garantieren ⟨I ≈ you das kann ich dir versichern!⟩ | versprechen, erhoffen lassen ⟨to ≈ fine weather⟩; *vi* versprechen, sein Versprechen halten ⟨will you ≈?⟩ | Versprechungen machen | *übertr* Hoffnungen erwecken ⟨to ≈ well as an actor das Zeug zu einem guten Schauspieler haben⟩; **the ˌ≈ised 'Land** *s bibl* das Gelobte Land *n* (*auch übertr*); **'~is·ing** *adj* versprechend | *übertr* vielversprechend, verheißungsvoll ⟨a ≈ boy⟩; **'~is·so·ry** *adj* versprechend ⟨to be ≈ of s.th. etw. versprechen⟩; **'~is·so·ry note** *s Wirtsch* Schuldschein *m*

prom·on·to·ry ['prɒməntṛɪ] *s* Vorgebirge *n* | vorspringender Teil

pro|mote [prə'məʊt] *vt* (etw.) fördern, unterstützen ⟨to ≈ peace⟩ | *verächtl* (einer Sache) Vorschub leisten, verschlimmern | (jmdn.) befördern ⟨he was ≈d captain er wurde zum Hauptmann befördert⟩ | *Wirtsch* Reklame machen für | (Sport) veranstalten, organisieren, (finanziell) stützen ⟨to ≈ a boxing match⟩ | *Parl* (Vorlage) einbringen, unterstützen | *Am Päd* (Schüler) versetzen; *vi* (Schach) sich in eine Königin verwandeln (Bauer); **~'mot·er** *s* Gönner *m*, Förderer *m* | (*meist sg*) *förml* förderliches Moment (**of s.th.** für *od* von etw.) | *Wirtsch* Gründer *m* | (Sport) (Boxen u. ä.) Veranstalter *m* | *Chem* Beschleuniger *m*; **~'mo·tion** *s* Unterstützung *f*, Förderung *f*, Begünstigung *f* | Beförderung *f* | *Wirtsch* Gründung *f* | *Wirtsch* Reklame *f*, Werbung *f* ⟨sales ≈s⟩ | *Wirtsch* Schlager *m*, Artikel *m* (für den geworben wird) ⟨our latest ≈⟩; **~'mo·tion·al** *adj* fördernd, Beförderungs- | *Wirtsch* Werbe-, Reklame-; **~'mo·tive** *adj förml* fördernd (**of s.th.** etw.) | befördernd

prompt [prɒmpt] **1.** *adj* unverzüglich, pünktlich, schnell, prompt ⟨~ payment⟩ | (*meist präd*) (Person) bereit(willig) (**in** in, bei); **2.** *adv umg* pünktlich ⟨at 5 o'clock ~⟩; **3.** *vt* (jmdn.) bewegen, treiben zu, drängen, veranlassen | (Gefühl u. ä.) wecken | (jmdm.) vorsagen, nachhelfen | *Theat* soufflieren; *vi Theat* soufflieren; **4.** *s* Stichwort *n* ⟨to wait for a ~⟩ | *Theat* Soufflieren *n* | *Wirtsch* Ziel *n*, Zahlungsfrist *f* ⟨at a ~ of 5 weeks mit 5 Wochen Ziel⟩; **'~book** *s Theat* Souffliertbuch *n*; **'~ box** *s Theat* Souffleurkasten *m*; **'~ ˌcop·y** *s* = **'~book**; **'~er** *s* Vorsager *m* | Anreger *m*, Eingeber *m* (eines Gedankens etc.) | *Theat* Souffleur *m*, Souffleuse *f*; **promp·ti·tude** ['~ɪtju:d] *förml s* Schnellig-, Pünktlichkeit *f* | Bereitwilligkeit *f*

pro·mul|gate ['prɒmlgeɪt] *vt förml* (Gesetz u. a.) öffentlich verkünden, bekanntmachen ⟨to ≈ a law⟩ | (Lehre, Glauben u. a.) verbreiten, in die Welt setzen ⟨to ≈ an idea⟩; **ˌ~'ga·tion** *s förml* öffentliche Bekanntmachung, Veröffentlichung *f*, Verbreitung *f* (**of** von)

pro·na·tal·ism [prəʊ'neɪtḷɪzm] *s* Befürwortung *f* des Geburtenzuwachses

prone [prəʊn] *adj* (Person) mit dem Gesicht nach unten liegend | (Haltung) vornübergeneigt ⟨in a ~ position nach vorn gebeugt⟩ | abschüssig | *übertr* neigend (**~ to** geneigt zu) ⟨to be ~ to neigen zu⟩ | *in Zus* mit der Neigung *od* Tendenz zu, -neigend ⟨accident-~ leicht zu Unfällen neigend; strike-~ industries streikanfällige Industriezweige⟩

pro·neur [prə'nɜː] *s* ⟨*frz*⟩ Schmeichler *m*, Lobredner *m*

prong [prɒŋ] **1.** *s* (Gabel-) Zinke *f* | Spitze *f*, Stachel *m*, Zacke(n) *f*(*m*) | Heu-, Mistgabel *f* | Geweihsprosse *f* | *El* Kontakt-, Steckerstift *m*; **2.** *vt* mit einer Gabel zustoßen, mit einer Gabel umgraben; **pronged** *adj in Zus* zinkig, zackig ⟨two-≈ mit 2 Zinken⟩ | *Mil übertr* (Angriff) von … Seiten ⟨a three-≈ attack ein Angriff von 3 Seiten⟩

pro|nom·i·nal [prəʊ'nɒmɪnl] *adj Ling* pronominal, Pronominal-; **~noun** ['~naʊn] *s Ling* Pronomen *n*, Fürwort *n*

pro·nounce [prə'naʊns] *vt, auch Ling* aussprechen ⟨to ~ a word⟩ | (Urteil u. ä.) verkünden, feierlich erklären ⟨to ~ a sentence ein Urteil fällen; to ~ one's opinion seine Ansicht kundtun⟩ | erklären für ⟨to ~ s.o. dead; to ~ s.th. to be … sich dafür aussprechen, daß etw. … ist; I now ~ you man and wife hiermit erkläre ich Sie als Mann und Frau⟩ | (Fluch u. ä.) ausstoßen | behaupten (**that** daß); *vi Jur* entscheiden, urteilen (**against** gegen), sich erklären, sich aussprechen (**against** gegen, **for** für, **in favour of** zugunsten, **on** über) | *Ling* aussprechen ⟨to ~ clearly⟩; **pro'nounce·a·ble** *adj* aussprechbar; **pro'nounced** *adj* ausgeprägt, ausgesprochen, deutlich, bemerkbar ⟨a ≈ tendency eine ausgesprochene Tendenz⟩ | bestimmt, entschieden ⟨a man of ≈ opinions ein Mann mit festen Ansichten⟩; **pro'nounce·ment** *s* (offizielle) Erklärung *f*, Äußerung *f* (**on, upon** zu); **pro'nounc·ing** *adj* Aussprache- ⟨≈ dictionary⟩

pron·to ['prɒntəʊ] *adv umg* tempo, dalli, fix

pro·nun·ci·a·men|to [prəˌnʌnsɪə'mentəʊ] *s* (*pl* **-tos**) ⟨*span*⟩ *Pol* Aufruf *m*, Manifest *n*

pro·nun·ci·a·tion [prəˌnʌnsɪ'eɪʃn] *s* Aussprache *f*

proof [pruːf] **1.** *adj* (*auch in Zus*) *auch Tech* dicht, fest, undurchdringlich, widerstandsfähig, beständig (**against, to** gegen) ⟨~ against water, water~ wasserbeständig; bullet~ kugelsicher; sound~ geräuschgeschützt⟩ | *übertr* erprobt, gewappnet, gefeit (**against** gegen) | *übertr* unbestechlich, unzugänglich (**against** gegen) | *Tech* Probe-, Prüf- ⟨~ load Probebelastung *f*, Prüflast *f*⟩ | *Typ* Korrektur- | *Chem* (Alkohol) probehaltig, normalstark (mit 57,1 Vol % reinem Alkohol) | (Getränk) alkoholhaltig (in % von Normalalkohol) ⟨90 ~ ca. 45 Vol %⟩; **2.** *s* Beweis *m*, Nachweis *m* (**of** für) ⟨capable of ~ beweisbar; by way of ~; in ~ of zum Beweis, als Beweis für⟩ | *Jur* Beweismittel *n* | *Jur* Beweis-, Zeugenaussage *f* | Probe *f*, Versuch *m* ⟨to put to [the] ~ auf die Probe stellen⟩ | (*meist pl*) *Typ* Korrekturfahne *f*, -bogen *m* | *Foto* Probeabzug *m* | *Mil* (Waffen-) Prüfstelle *f* | (Münze) polierte Platte | *Chem* Normalalkohol(gehalt) *m* ⟨15% under ~⟩; **3.** *vt* dicht machen, imprägnieren (**against** gegen) | *Am Typ* Korrektur lesen; **ˌ~ 'gold** *s* Feingold *n*; **'~ mark** *s* Korrekturzeichen *n*; **'~read** *vt, vi Typ* Korrektur lesen; **'~ˌread·er** *s Typ* Korrektor *m*; **'~ˌread·ing** *s* Korrekturlesen *n*; **'~ sheet** *s* (*oft pl*) (Korrektur-) Fahne *f*, Abzug *m*; **ˌ~ 'spir·it** *s* Normalalkohol *m*

[1]**prop** [prɒp] **1.** *s* Stütze *f*, Stempel *m* | Strebe *f*, Verstrebung *f* | *auch* **ˌ~ and 'stay** *übertr* (Person) Stütze *f*, Halt *m*; **2.** (**propped, propped**) *vt* stützen (*auch übertr*) | (an)lehnen (**against** an), aufstützen (**on** auf) | *Bergb* versteifen; **~ open** (Tür u. ä.) offenhalten (**with** mit); **~ up** abstützen | aufstützen | *übertr* (*bes* finanziell) stützen, sanieren ⟨to ~ up a failing company eine Firma vor dem Bankrott retten⟩

[2]**prop** [prɒp] *s Flugw umg* Propeller *m*

[3]**prop** [prɒp] *s* (*Abk von förml* **property**) (*meist pl*) *umg Theat* Requisite *f* (*auch übertr*)

prop·a·gan|da [ˌprɒpə'gændə] *s* Propaganda *f* | *Wirtsch* Werbung *f*, Reklame *f*; **ˌprop·a'gan·dism** *s* Propaganda *f*; **ˌprop·a'gan·dist 1.** *s* Propagandist(in) *m*(*f*); **2.** = **ˌ~'dis·tic** *adj* propagandistisch; **ˌprop·a'gan·dize** *vi, vt* Propaganda machen (für)

prop·a|gate ['prɒpəgeɪt] *vt Biol, Phys* fortpflanzen | *Biol* (weiter-)vererben, erhalten ⟨to ≈ a feature ein Merkmal vererben⟩ | *Phys* übertragen, leiten ⟨to ≈ sound⟩ | *übertr* propagieren, aus-, verbreiten ⟨to ≈ a statement⟩; *vi Biol* sich fortpflanzen, sich vermehren ⟨to ≈ by seed⟩; **ˌ~'ga·tion** *s* Fortpflanzung *f*, Vermehrung *f* | Aus-, Verbreitung *f*; **'~ga·tive** *adj* fortpflanzend, Fortpflanzungs- | aus-, verbreitend; **'~ga·tor** *s* Ansaatgefäß *n* | Verbreiter *m*, Propagandist *m*

pro·pane ['prəʊpeɪn] *s Chem* Propan(gas) *n*(*n*)

pro·pel [prə'pel] (**pro'pelled, pro'pelled**) *vt* (an-, vorwärts)treiben (*auch übertr*); **pro'pel·lant** *s Tech* Treibstoff *m*, -mittel *n* | *Flugw* (Raketen-) Treibladung *f* | *übertr* treibende Kraft; **pro'pel·lent 1.** *adj* (an-, vorwärts)treibend; **2.** *s übertr* treibende Kraft; **pro'pel·ler** *s* Propeller *m*, Antriebsschraube *f*, Luftschraube *f* | *Mar* Schiffsschraube *f* | *Mar* Schraubendampfer *m*; **pro'pel·ler shaft** *s Tech* Gelenk-, Kardanwelle *f*; **pro'pel·ling** *adj* an-, vorwärtstreibend; **ˌ~ling 'pen·cil** *s* Drehbleistift *m*; **pro'pel·ment** *s* An-, Vorwärtstreiben *n*

pro·pen·si·ty [prə'pensətɪ] *s förml übertr* Neigung *f*, Hang *m* (**for, to, towards** zu) ⟨to have a ~ to *mit inf* / for *mit ger* dazu neigen, etw. zu *mit inf*, die Neigung *od* den Hang haben, etw. zu *mit inf*; biting ~ Bißwut *f*⟩

prop·er ['prɒpə] **1.** *adj* richtig, geeignet, passend, zweckmäßig ⟨the ~ time⟩ | genau, exakt ⟨the ~ meaning⟩ | (*auch verächtl*) anständig, schicklich, geziemend ⟨~ behaviour; ~ people feine Leute *pl*; prim and ~ wie aus dem Ei gepellt⟩ | *bes Brit* ausgezeichnet, schön, gut aussehend ⟨a ~ job ein feines Stück Arbeit *f*; a ~ man einer, der auf Frauen Eindruck macht⟩ | *umg* richtig, wirklich ⟨a ~ dog⟩ | maßgeblich, zuständig ⟨the ~ authorities⟩ | *Ling* Eigen- ⟨~ name⟩ | *förml* eigen(tümlich) (**to s.th.** einer Sache) | (nachgestellt) *förml* selbst, eigentlich ⟨the city ~ die Stadt selbst, die eigentliche Stadt⟩ | *Brit umg iron* ordentlich, tüchtig, ziemlich ⟨a ~ fool ein ausgesprochener Narr; to be in a ~ mess gründlich in der Patsche sitzen⟩; **2.** *adv Sl* sehr, ziemlich ⟨to be ~ annoyed ganz schöne Wut haben⟩; **ˌ~ 'frac·tion** *s Math* echter Bruch; **'~ly** *adv* richtig ⟨to drive ≈⟩ | wirklich, tatsächlich ⟨≈ speaking genau genommen⟩ | *Brit umg* völlig, vollkommen ⟨to ruin s.th. ≈ etw. ganz kaputtmachen⟩; **ˌ~ 'mo·tion** *s Astr* (wahre) Eigenbewegung; **ˌ~ 'noun** *s Ling* Eigenname *f* (*Ant* common noun); **~tied** ['~tɪd] *adj* begütert, besitzend ⟨the ≈ classes⟩; **'~ty** *s* Eigen-, Besitztum *n*, Besitz *m*, Vermögen *n* ⟨common ≈ etw., das allen gehört; *übertr* Gemeingut *n*; damage to ≈ Sachschaden *m*; left ≈ Hinterlassenschaft *f*, Nachlaß *m*; lost ≈ Fundsache *f*; man of ≈ begüterter Mann; personal ≈ persönliches *od* bewegliches Eigentum⟩ | *auch* **ˌland·ed '~ty** (Grund-) Besitz *m*, Liegenschaften *pl* | Grundstück *n* ⟨several ~ties in this street⟩ | Eigenheit *f*, -schaft *f*

⟨chemical properties⟩ | *meist* **~ties** ['~tɪz] *pl förml Theat* Requisiten *pl*; **'~ty man** *s* (*pl* **'~ty men**) *Theat* Requisitenmeister *m*; **'~ty ˌmar·ket** *s* Grundstücks-, Immobilienmarkt *m*; **'~ty room** *s Theat* Requisitenkammer *f*; **'~ty tax** *s* Vermögenssteuer *f*

proph|e·cy ['prɒfɪsɪ] *s* Prophezeiung *f*, Weissagung *f*; **~e·sy** ['~ɪsaɪ] *vi* prophezeien, weissagen, voraussagen; *vt* prophezeien, vorhersagen; **~et** ['~ɪt] *s* Prophet *m* (*auch übertr*) ⟨a ≈ of doom ein Schwarzseher; no ≈ is accepted in his own country *Sprichw* ein Prophet gilt nichts im eigenen Land⟩ | **≁et** *Rel* Prophet *m*, Mohammed *m* ⟨follower of the ≈ Anhänger *m* des Propheten, Moslem *m*⟩; **~et·ess** ['~ɪtes|-tɪs] *s* Weissagerin *f*; **pro·phet·ic** [prə'fetɪk], **pro'phet·i·cal** [prə'fetɪkl] *adj* prophetisch (*auch übertr*) ⟨to be ≈ of s.th. etw. prophezeien⟩; **'≁ets** *s/pl* (*mit best art*) *bibl* Propheten *m/pl* ◇ **Law and the ≁ets** *übertr* Gesetz und Propheten, alles, was man wissen kann und tun muß

pro·phy|lac·tic [ˌprɒfɪ'læktɪk] *bes Med* **1.** *adj* prophylaktisch, vorbeugend, verhütend; **2.** *s* Prophylaktikum *n*, vorbeugendes Mittel; **~lax·is** [ˌ~'læksɪs] *s* (*pl* **ˌ~'lax·es** [-i:z]) Prophylaxe *f*, Vorbeugung *f*

pro·pin·qui·ty [prə'pɪŋkwətɪ] *förml s* Nähe *f* (**of** von, **to** zu) | nahe Verwandtschaft

pro·pi·ti|ate [prə'pɪʃɪeɪt|-ɪsɪ-] *vt* ver-, aussöhnen, besänftigen | geneigt machen, günstig stimmen; **ˌ~'a·tion** *s* Ver-, Aussöhnung *f*, Besänftigung *f*; **pro'pi·ti·a·tive** *adj* versöhnlich stimmend; **pro'pi·ti·a·tor** *s* Versöhner *m*; **pro'pi·ti·a·to·ry** *adj* versöhnend, Sühn- ⟨a ≈ gift ein Versöhnungsgeschenk; ≈ sacrifice Sühnopfer *n*⟩

pro·pi·tious [prə'pɪʃəs] *adj* vorteilhaft, günstig (**for**, **to** für) ⟨a ~ sign ein gutes Zeichen⟩ | gnädig, geneigt, wohlgesinnt (**to, towards s.o.** gegenüber jmdm.)

prop·jet ['prɒpdʒet] *umg Flugw s* Propellerturbine *f*, Turboprop *f* | *auch* **'~ plane** Propeller-Turbinenflugzeug *n*, Turbo-Prop-Maschine *f*

prop·o·lis ['prɒpəlɪs] *s* Propolis *f*, (Bienen-) Wabenbaustoff *m*

pro|pone [prə'pəʊn] *vt Schott* vorschlagen; **~'po·nent 1.** *adj* vorschlagend; **2.** *s* Vorschlagender *m*, Befürworter *m*, Vertreter *m* (**of** von)

pro·por·tion [prə'pɔ:ʃn] **1.** *s* Verhältnis *n* ⟨in ~ verhältnismäßig; in ~ as in dem Maß wie; in ~ to im Verhältnis zu; in the ~ of im Verhältnis von; out of ~ unverhältnismäßig; out of [all] ~ to in keinem *od* keinerlei Verhältnis zu⟩ | *Math, Chem* Proportion *f* | richtiges Verhältnis, Eben-, Gleichmaß *n*, Übereinstimmung *f*, Symmetrie *f* ⟨sense of ~ Sinn *m* für Proportionen, Unterscheidungsvermögen *n*; to lack ~ ungleichmäßig sein, in keinem richtigen Verhältnis stehen⟩ | (verhältnismäßiger) Anteil ⟨what ~ of wieviel von; the ~ of men to women die Anzahl von Männern gegenüber Frauen⟩ | (*meist pl*) Ausmaß *n*, Größenverhältnis *n* ⟨fine ~s ausgewogene Proportionen *pl*⟩ | (*meist pl*) *oft scherzh* gewaltiges Ausmaß *n* ⟨her ample ~s ihr Riesenkörper *m*⟩; **2.** *vt* in das richtige Verhältnis bringen (**to** zu); **pro'por·tion·al 1.** *adj* verhältnismäßig (**to** zu), proportional | anteilmäßig | *Math* proportional; **2.** *s Math* Proportionale *f*; **~al·i·ty** [prəˌpɔ:ʃə'nælətɪ] *s* Proportionalität *f*, Verhältnismäßigkeit *f*; **ˌ~al rep·re·sen'ta·tion** *s Pol* Verhältniswahl(system) *f*(*n*); **~ate** [prə'pɔ:ʃn̩ət] *adj* angemessen, entsprechend, im richtigen Verhältnis stehend (**to** zu); [prə'pɔ:ʃn̩eɪt] *vt* angemessen machen, in das richtige Verhältnis bringen; **pro'por·tion·ment** *s* Verhältnismäßigkeit *f*

pro|pos·al [prə'pəʊzl] *s* Vorschlag *m*, Antrag *m* ⟨≈ of friendship Freundschaftsantrag *m*; ≈ of s.o.'s health Anstoßen *n* auf jmds. Gesundheit⟩ | *auch* **'mar·ri·age ~ˌpo·sal**, **~ˌpo·sal of 'mar·ri·age** Heiratsantrag *m* | Plan *m* (**for** für, zu); **~'pose** *vt* vorschlagen (**for** für) ⟨to ≈ a change; to ≈ that; to ≈ marriage to s.o. jmdm. einen Heiratsantrag machen⟩ | sich vornehmen, beabsichtigen ⟨to ≈ a holiday⟩ | *bes Pol* (Resolution u. ä.) unterbreiten, beantragen, (Kandidaten u. ä.) aufstellen, vorschlagen ⟨to ≈ a motion einen Antrag einbringen⟩ | *förml* (einen Toast) ausbringen auf ⟨to ≈ a toast einen Trinkspruch ausbringen; to ≈ s.o.'s health auf jmds. Gesundheit trinken⟩; *vi* beabsichtigen, planen | einen Heiratsantrag machen (**to s.o.** jmdm.), anhalten (**for s.o.** um jmds. Hand); **~'pos·er** *s* Antragsteller *m*; **prop·o·si·tion** [ˌprɒpə'zɪʃn] **1.** *s* Antrag *m*, Vorschlag *m* | Vorhaben *n* | *Wirtsch* Angebot *n* ⟨to make s.o. a ≈ jmdm. ein Angebot unterbreiten⟩ | *Math* Lehrsatz *m*, Theorem *n* | *Ling* Proposition *f*, Satzinhalt *m* | *umg oft* (schwierige) Sache, Problem *n* ⟨an easy ≈ *übertr* ein kleiner Fisch; a nasty ≈ ein unangenehmer Bursche⟩ | *auch* **ˌim·prop·er prop·o'si·tion** *umg euphem* unsittlicher Antrag ⟨to make s.o. a[n] ≈⟩; **2.** *vt Sl* (jmdm.) einen unsittlichen Antrag machen

pro·pound [prə'paʊnd] *förml vt* (Frage u. ä.) vorlegen, vorbringen ⟨to ~ a question⟩ | (jmdn.) (für ein Amt) vorschlagen

prop·ping ['prɒpɪŋ] *s Bergb* Grubenausbau *m* | *Tech* Abstützung *f*

pro·pri·e|tar·y [prə'praɪətr̩ɪ] **1.** *adj* als Eigentum gehörig, Eigentums- ⟨≈ right Eigentumsrecht *n*⟩ | Besitzer-, Eigentümer- (*auch übertr*) ⟨≈ manner besitzerstolzes Benehmen⟩ | *Jur, Wirtsch* gesetzlich geschützt, Marken- ⟨a ≈ article Markenartikel *m*; ≈ medicine gesetzlich eingeführtes Medikament; ≈ name Markenname *m*⟩; **2.** *s* Besitz *m*, Eigentum *n* | *Am* Tarnfirma *f* des CIA | *selten* Eigentümer *m* | Eigentumsrecht *n*; **~tor** [~tə] *s* Besitzer *m*, Eigentümer *m*, (Geschäfts-) Inhaber *m*; **~tress** [~trəs] *s förml* Besitzerin *f*, Eigentümerin *f*, (Geschäfts-) Inhaberin *f*; **pro'pri·e·ty** *s* Richtigkeit *f*, Angemessenheit *f* ⟨to doubt the ≈ of s.th. bezweifeln, ob etw. richtig *od* angemessen ist⟩ | Anstand *m*, Schicklichkeit *f* ⟨with perfect ≈ mit höchstem Anstand; the ~ties *förml* die Anstandsregeln *pl*⟩

pro·pul|sion [prə'pʌlʃn] *s Tech* Antrieb *m* ⟨jet ≈ Düsenantrieb *m*⟩ | *übertr* Antrieb(skraft) *m*(*f*); **'~sion ˌu·nit** *s* Triebwerk *n*; **pro'pul·sive** *adj* (an-, vorwärts)treibend ⟨≈ jet Antriebsstrahl *m*⟩; **ˌ~sive 'speed** *s* Antriebsgeschwindigkeit *f*

prop word ['prɒp wɜ:d] *s Ling* Stützwort *n*

pro·pyl|ene ['prəʊpəli:n] *s Chem* Propylen *n*; **~ic** [prə'pɪlɪk] *adj Chem* Propyl-

pro ra·ta [ˌprəʊ 'rɑ:tə|'-'reɪtə] *adj, adv* ⟨*lat*⟩ anteilig, verhältnismäßig, pro rata

pro|rate [prəʊ'reɪt|'prəʊreɪt] *Am* **1.** *vt* gleichmäßig verteilen; *vi* eine anteilmäßige Auf-, Verteilung vornehmen; **2.** *s* Anteil *m*

pro|ro·ga·tion [ˌprəʊrə'geɪʃn] *Parl s* Vertagung *f*; **~rogue** [prə'rəʊg] *vi, vt* (sich) vertagen

pro·sa|ic [prə'zeɪɪk], **pro'sa·i·cal** *adj* Prosa- (*Ant* poetic) | *übertr* langweilig, wenig interessant ⟨a ≈ job⟩ | *übertr* Alltags-, nüchtern, prosaisch ⟨the more ≈ business die weniger wichtigen Dinge *pl*⟩; **~i·cism** [~ɪsɪzm], **~ism** ['prəʊzeɪɪzm] *s* Prosaismus *m*; **'~ist** *s* Prosaschriftsteller *m*

pro·sce·ni|um [prə'si:nɪəm] *s* (*pl* **~a**) *Theat* Proszenium *n*, Vorderbühne *f* | *auch* **ˌ~um 'arch** *s Theat* Proszeniumsloge *f*

pro|scribe [prəʊ'skraɪb] *vt arch* (jmdn.) ächten, verbannen | *übertr förml* verbieten, verurteilen; **~scrip·tion** [~'skrɪpʃn] *s arch* Ächtung *f*, Verbannung *f* | *übertr förml* Verbot *n*

prose [prəʊz] **1.** *s* Prosa *f* ⟨in ~⟩ | *übertr* Nüchternheit *f* | *Brit Päd* Übersetzung *f* in die Fremdsprache ⟨two Russian proses zwei Übersetzungen ins Russische⟩; **2.** *adj* Prosa- ⟨~ poem⟩ | *übertr* nüchtern, prosaisch; **3.** *vt, vi* (in) Prosa schreiben; ~ **on** fortwährend (weiter)reden, reden ohne aufzuhören

pros·e|cute ['prɒsɪkju:t] *vt förml* (Ziel u. ä.) verfolgen | (Studien, Geschäft u. ä.) betreiben, nachgehen | *Jur* gerichtlich verfolgen | *Jur* verklagen (**for** wegen); *vi Jur* strafrechtlich vorgehen | *Jur* die Anklage vertreten; ,~'**cu·tion** *s förml* (Weiter-) Verfolgung *f* (eines Ziels usw.) ⟨in the ≈ of s.th. bei der Verfolgung einer Sache⟩ | Betreiben *n* (von Studien usw.) | *Jur* gerichtliche Verfolgung, Strafverfolgung *f*, Anklage *f* | (*mit best art*) *Jur* Staatsanwaltschaft *f* | (*mit best art*) der (die) Vertreter *m(pl)* der Anklage, der Staatsanwalt *m* ⟨witness for the ≈ Belastungszeuge *m*, Zeuge *m* der Anklage⟩; '~**cu·tor** *s Jur* Kläger *m* ⟨public ≈ Staatsanwalt *m*⟩; ~**cu·trix** [,~'kju:trɪks] *s* (*pl* ~**cu·tri·ces** [,~'kju:trɪsi:z] ,~**cu·tri·xes** [,~'kju:trɪksɪz]) *s Jur* Klägerin *f*

pros·e|lyte ['prɒsəlaɪt] **1.** *s* Proselyt(in) *m(f)*, Bekehrter *m* | *übertr* Anhänger *m*; **2.** *vt* bekehren; ~**lyt·ism** ['prɒslɪtɪzm] *s* Proselytentum *n*, Bekehrungseifer *m*; ~**lyt·ize** ['prɒslɪtaɪz] *vt* bekehren | *übertr förml* bekehren (**to** zu), gewinnen (**to** für); *vi* Anhänger gewinnen (*auch übertr*)

pro·sem·i·nar·y [prəʊ'semɪnərɪ] *s* Pro-, Vorseminar *n*

pros·er ['prəʊzə] *s* langweiliger Erzähler; '**prose** ,**writ·er** *s* Prosaschriftsteller *m*

pros·o|dic [prə'sɒdɪk], *auch* **pros'o·di·cal** *adj Lit, Ling* prosodisch; ~**dy** ['prɒsədɪ] *s Lit* Verslehre *f* | *Ling* Prosodie *f*

pros·pect ['prɒspekt] *s* (*meist sg*) Ausblick *m*, Aussicht *f* (**over** über, **of** auf) | *übertr* Aussicht *f* (**of** auf) ⟨the ~ before us was uns bevorsteht; to have in ~ in Aussicht haben; to hold out a ~ of s.th. etw. in Aussicht stellen⟩ | (*meist pl*) *übertr* Chance *f* ⟨the ~s of *mit ger* die Chance zu *mit inf*⟩ | *übertr* Hoffnung *f*, Wahrscheinlichkeit *f* ⟨there's not much ~ of es besteht nicht viel Hoffnung auf⟩ | Bewerber *m*, Reflektant *m* | *umg* (Person) gute Beziehung | *Am Wirtsch* potentieller Käufer *od* Kunde | *Bergb* Schürf-, Erzlagerstätte *f* | (*meist pl*) *arch, förml* gesellschaftliche Position, Stellung *f* ⟨what are your ~s? was haben Sie zu bieten?⟩; [prə'spekt] *vt* durchforschen, überprüfen | *Bergb* schürfen; *vi* schürfen (**for** nach) | forschen, suchen; **pro'spec·tive** *adj* zukünftig, voraussichtlich ⟨≈ client potentieller Kunde; ≈ mother werdende Mutter; ≈ professor angehender Professor; ≈ son-in-law zukünftiger Schwiegersohn⟩ | zukünftig, bevorstehend | *übertr selten* vorausblickend, vorschauend; **pros'pec·tor** *s Bergb* Schürfer *m*

pro·spec·tus [prə'spektəs] *s* Prospekt *m*, Werbeblatt *n*, Werbeschrift *f*, Katalog *m*, Broschüre *f*

pros·per ['prɒspə] *vi* vorwärtskommen, glücken, gedeihen | Glück haben; *vt* (jmdm.) gewogen *od* hold sein | *arch* (jmdm.) gnädig sein, segnen (Gott); **pros'per·i·ty** [-'perətɪ] *s* Gedeihen *n*, Wohlergehen *n* | *übertr* Aufschwung *m*, Blüte *f*, Wohlstand *m*; '~**ous** [-p̣əs] *adj* erfolgreich, glücklich ⟨≈ days⟩ | wohlhabend, reich

pros·tate ['prɒsteɪt] *Anat* **1.** *s, auch* '~ **gland** Prostata *f*, Vorsteherdrüse *f*; **2.** *adj* Prostata-

pros|the·sis ['prɒsθɪsɪs] *s* (*pl* ~**the·ses** [-si:z]) *Med* Prothese *f* | *Ling* Prosthese *f*; ~**thet·ic** [~'θetɪk] *adj Med* Prothesen- | *Ling* prosthetisch; ~'**thet·ics** *s/pl* (*auch sg konstr*) *Med* Prothetik *f*

pros·ti|tute ['prɒstɪtju:t|-tʃu:t] **1.** *s* Prostituierte *f*, Dirne *f* ⟨male ≈ gewerbsmäßiger Homosexueller⟩; **2.** *vt* prostituieren ⟨to ≈ o.s. sich verkaufen *auch übertr*⟩ | *übertr* (für gemeine Zwecke) preisgeben, entwürdigen, wegwerfen, verkaufen, prostituieren ⟨to ≈ science die Wissenschaft herabwürdigen⟩; **3.** *adj* gemein, ehrlos | *übertr* käuflich, feil; ,~'**tu·tion** *s* Prostitution *f*, gewerbsmäßige Unzucht | *förml übertr* Entehrung *f*, Herabwürdigung *f*

pros|trate [prɒ'streɪt] *vt* hin-, um-, niederwerfen ⟨to ≈ o.s. sich demütigen⟩ | *förml übertr* (Land u. ä.) unterwerfen, niederzwingen, zugrunde richten | *übertr* niederschmettern, umwerfen | entkräften, schwächen ⟨a ~trating illness eine Krankheit, die einen zu Boden wirft⟩; ['prɒstreɪt] *adj* umgeworfen, hingestreckt | demütig | kraftlos, schwach, erschöpft ⟨≈ with grief vom Kummer gebeugt⟩ | *förml übertr* (Land u. ä.) am Boden liegend ⟨a ≈ nation⟩; ~'**tra·tion** *s* Um-, Niederwerfen *n* | Demütigung *f* | Schwächung *f*, Entkräftung *f*, Erschöpfung *f*

pros·y ['prəʊzɪ] *adj übertr* nüchtern, prosaisch | langweilig, weitschweifig ⟨a ~ style⟩

pro·tag·o·nist [prəʊ'tægənɪst] *s Lit, Theat* Hauptperson *f*, Held *m* (*auch übertr*) | Hauptvertreter *m*, Hauptverfechter *m*

prot- [prəʊt] = **proto-**

pro·ta·min[e] ['prəʊtəmɪn|-mi:n] *s Chem* Protamin *n*

pro·te·an ['prəʊtɪən|prəʊ'ti:ən] *adj* proteisch, vielgestaltig, vielgesichtig

pro|tect [prə'tekt] *vt* (be)schützen (**against** gegen, **from** vor) | *Tech* (ab)sichern | *Wirtsch* (durch Schutzzölle) schützen | *Wirtsch* versichern (**against** gegen); ~'**tect·ed** *adj* geschützt, Schutz- (*auch Tech*) ⟨≈ by patent patentrechtlich *od* gesetzlich geschützt; ≈ motor Motor *m* mit Berührungsschutz, gekapselter Motor; ≈ switch Schalter *m* mit Schutzkasten⟩; ~,**tect·ing** '**du·ty** *s Wirtsch* Schutzzoll *m*; ~**tec·tion** [~'tekʃn] *s* Schutz *m* (**from** vor) | *Wirtsch* Schutzzoll *m* | Protektion *f*, Gönnerschaft *f* | *Tech* Schutz(einrichtung) *m(f)* | *auch* ~'**tec·tion** ,**mon·ey** *s euphem* Bestechungs-, Schmiergelder *pl*; ~'**tec·tion·ism** *s* Protektionismus *m*, Schutzzollpolitik *f*; ~'**tec·tion·ist 1.** *s* Schutzzöllner *m* | Naturschützer *m*; **2.** *adj* schutzzöllnerisch, Schutzzoll-; ~'**tec·tion** ,**rack·et** *s Sl* Erpressung *f* von Geld für aufgedrängte 'Protektion' (durch Gangster), Erpresserunwesen *n*; ~'**tec·tive** *adj* schützend, Schutz- (*auch Tech*) | fürsorglich, beschützerisch (**towards** zu, gegenüber); ~,**tec·tive** '**cloth·ing** *s* Schutzkleidung *f*; ~,**tec·tive** '**col·our·ing/col·or'a·tion** *s* Schutzfärbung *f*, Schutzfarbe *f*; ~,**tec·tive** '**cus·to·dy** *s* Schutzhaft *f*; ~,**tec·tive** '**deck** *s Mar* Panzerdeck *n*; ~,**tec·tive** '**du·ty** *s Wirtsch* Schutzzoll *m*; ~,**tec·tive** '**out·fit** *s* Schutzkleidung *f*; ~,**tec·tive** '**tar·iff** *s* Schutzzoll(tarif) *m(m)*; ~'**tec·tor** *s* Schützer *m*, Gönner *m* | *Tech* Schutz(einrichtung) *m(f)*, Schutzkappe *f* | *Hist* Protektor *m*; ~**tec·tor·ate** [~'tektərət] *s* Protektorat *n*; ~'**tec·tor·ate** *s Hist* Protektorat *n*, Regierungszeit *f* Oliver und Richard Cromwells (1653–59); ~'**tec·to·ry** *s* Fürsorgeanstalt *f*; ~**tec·tress** [~'tektrəs] *s* Beschützerin *f*

pro·té|gé ['prɒtɪʒeɪ|'prəʊt-] *s* Protegé *m*, Schützling *m*, Günstling *m*; ~**gée** [~] *s* Protegée *f*, (weiblicher) Günstling

pro·tein ['prəʊti:n] *s Chem* Protein *n*

pro tem ['prəʊ 'tem] *Abk von* ,**pro** '**tem·po·re** zur Zeit, z. Z.

pro·test ['prəʊtest] *s* Protest *m*, Ein-, Widerspruch *m* ⟨to enter/lodge a ~ Protest vorbringen *od* einlegen; under ~ unter Protest; without ~ ohne Einspruch⟩ | Unzufriedenheit *f*, Protest *m* ⟨in ~ against aus Protest gegen⟩ | *Wirtsch* Wechselprotest *m*; [prə'test] *vi* protestieren, widersprechen, Einspruch erheben (**about** wegen, **against, at** gegen) | sich verwahren (**against** gegen); *vt Am* protestieren gegen ⟨to ~ the war⟩ | *Wirtsch* (Wechsel) protestieren | beteuern, einwenden (**that** daß)

Prot·es·tant ['prɒtɪstənt] *Rel* **1.** *s* Protestant(in) *m(f)*; **2.** *adj* protestantisch; ,~ '**eth·ic** *s* protestantische Ethik, *übertr* Konkurrenzgeist *m* und Profitsucht *f*; '~**ism** *s* Protestantismus *m*; '~**ize** *vt* protestantisch machen; *vi* protestantisch werden

prot·es·ta·tion [,prɒtɪ'steɪʃn] *förml s* Beteuerung *f*, Verwahrung *f* | *selten* Protest *m* (**against** gegen)

pro·throm·bin [prəˈθrɒmbɪn] *s Chem* Prothrombin *n*

pro·to- [prəʊtə] ⟨*griech*⟩ *in Zus* erst-, Proto-, Ur- (*z. B.* **~type**; **≈-Germanic**)

pro·to|col [ˈprəʊtəkɒl] **1.** *s* Protokoll *n*, Sitzungsbericht *m* ⟨to record in ≈ protokollarisch festhalten⟩ | *Pol* Protokoll *n* (diplomatische) Etikette | *Pol* Protokoll *n*, Vorvereinbarung *f*; **2.** (**ˈ~colled**, **ˈ~colled**) *vi* das Protokoll führen; *vt* protokollieren; **ˈ~col·ar** *adj* protokollarisch

pro·ton [ˈprəʊtɒn] *s Phys* Proton *n*; **ˌ~ deˈcay** *s Phys* Protonenzerfall *m*

pro·to·plasm [ˈprəʊtəplæzm] *s Biol* Protoplasma *n*

pro·to|type [ˈprəʊtətaɪp] **1.** *s* Prototyp *m*, Urform *f*, Urtyp *m* (**of** *mit gen*); **2.** *adj Tech* Nullserien-, der Serienproduktion vorausgehend ⟨a ≈ model ein Modell *n* der Nullserie⟩; **~typ·ic** [ˌ~ˈtɪpɪk], **ˌ~ˈtyp·i·cal** *adj* prototypisch, Ur-

pro·to·zo|an [ˌprəʊtəˈzəʊən] *Zool adj* Protozoen-, einzellig | = **~on**; **~on**, *auch* **≈on** [~ən] *s* (*pl* **~a** [-ə]) Protozoon *n*, Einzeller *m*, Urtierchen *n*

pro|tract [prəˈtrækt] *vt* in die Länge ziehen, hinausziehen ⟨to ≈ a visit⟩ | *Math* nach Maßstab zeichnen; **~ˈtract·ed** hingezogen ⟨a ≈ stay⟩ | langwierig ⟨a ≈ illness⟩ | hinhaltend ⟨≈ defence⟩ | *Tech* Dauer-, Langzeit-, protrahiert ⟨≈ irradiation⟩; **~trac·tion** [~ˈtrækʃn] *s* Hinziehen *n*, Hinausschieben *n*, Hinausschiebung *f* (**of** *mit gen*) | *Math* maßstabgetreue Zeichnung *f*; **~ˈtrac·tor** *s Math, Tech* Schmiege *f*, Gradbogen *m*, Winkelmesser *m* | Transporteur *m*

pro|trude [prəˈtruːd] *vi* vorstehen, heraus-, hervorragen; *vt* hervortreten lassen | hervorschieben, strecken ⟨to ≈ the tongue die Zunge herausstrecken⟩; **~ˈtrud·ent**, *auch* **~ˈtrud·ing** *adj* vorstehend ⟨≈ teeth; ≈ knot vorstehender Ast⟩; **~tru·sion** [~ˈtruːʒn] *s* Vorstehen *n*, Vorspringen *n*, Heraus-, Hervortreten *n* | Vorsprung *m*; **~ˈtru·sive** *adj förml* hervortretend

pro·tu·ber·ance [prəˈtjuːbərəns] *s* Vorstehen *n* | Vorsprung *m*, vorstehende [dicke] Stelle | *Astr* Protuberanz *f*; **proˈtu·ber·ant** *adj* hervorstehend, -tretend ⟨≈ eyes⟩; **proˈtu·ber·ate** *vi* vorstehen

proud [praʊd] **1.** *adj* stolz (**of** auf, **to** *mit inf* zu *mit inf*) | *verächtl* eingebildet, arrogant ⟨~ as a peacock *übertr* stolz wie ein Pfau, eitel⟩ | mit Stolz erfüllend ⟨a ~ sight⟩ | *Am, dial* sehr erfreut ⟨I'd be ~ to take it ich würde es sehr gern nehmen⟩ | stolz, prächtig, stattlich ⟨our ~ town⟩ | (Wasser) angeschwollen ⟨a ~ river⟩ | üppig, wuchernd ⟨~ flesh *Med* wildes Fleisch⟩; **2.** *adv bes Brit umg* stolz ⟨to do o.s. ~ es sich gut gehen lassen; to do s.o. ~ jmdm. Ehre erweisen⟩; **ˈ~ˌheart·ed** *adj* stolz | anmaßend

prov·a|bil·i·ty [ˌpruːvəˈbɪlətɪ] *s* Beweis-, Nachweisbarkeit *f*; **ˈ~ble** *adj* beweis-, nachweisbar; **prove** [pruːv] *vt* be-, nachweisen, belegen ⟨to ≈ one's courage Mut beweisen; to ≈ s.o.'s innocence jmds. Unschuld beweisen⟩ | *Jur* beglaubigen ⟨to ≈ a will⟩ | prüfen, erproben ⟨a ≈d remedy ein erprobtes Mittel; to ≈ o.s. sich bewähren⟩ | *Chem* nachweisen; *vi* sich erweisen, sich herausstellen ⟨he has ≈d to be the murderer es hat sich herausgestellt, daß er der Mörder ist; to ≈ false [true] sich als falsch (richtig) herausstellen; to ≈ [to be] of value sich als wertvoll erweisen⟩ | (auf)gehen (Teig); **prov·en** [ˈpruːvn, *Schott* ˈprəʊvn] *adj* erwiesen, nachgewiesen ⟨not ≈ *Schott Jur* (Urteil) Schuldbeweis nicht erbracht!⟩ | erprobt, bewährt ⟨≈ ability bewährte Fähigkeit⟩ | *Am part perf* ↑ **prove**

prov·e·nance [ˈprɒvənəns] *s förml* Ursprung *m*, Herkunft *f* ⟨of doubtful ~ von zweifelhafter Herkunft⟩

Prov·en·çal [ˌprɒvɒnˈsɑːl|ˌprɒvõˈsɑːl] **1.** *s* Provenzale *m*, Provenzalin *f* | *Ling* Provenzalisch *n*; **2.** *adj* provenzalisch

prov·en·der [ˈprɒvɪndə] **1.** *s* Trockenfutter *n* | *umg scherzh* Futter *n*; **2.** *vt* füttern

prov·erb [ˈprɒvɜːb] **1.** *s* Sprichwort *n* ⟨to a ~ sprichwörtlich⟩ | *übertr* Symbol *n*, Muster *n*, Beispiel *n* (**for** an); **2.** *vt* sprichwörtlich machen; **pro·ver·bi·al** [prəˈvɜːbɪəl] *adj* sprichwörtlich ⟨to be ≈ for sprichwörtlich sein für⟩ | *umg* im Sprichwort, bekannt, berühmt ⟨like the ≈ elephant wie der Elefant im Sprichwort⟩ | weithin bekannt, sprichwörtlich ⟨his timing is ≈ seine Pünktlichkeit ist sagenhaft⟩; **proˈver·bi·al·ly** *adv* sprichwörtlich | bekanntermaßen ⟨he's ≈ early er kommt nahezu immer zu früh⟩; **ˈPro·verbs** *s/pl bibl* Sprüche ⟨the Book of ≈ das Buch der Sprüche⟩

pro·vide [prəˈvaɪd] *vt* liefern, besorgen, be-, verschaffen | (bereit)stellen ⟨to ~ a meal⟩ | versehen, versorgen (**with** mit) ⟨to be ~d for vorbereitet sein auf⟩ | *Jur* vorsehen, festsetzen (Gesetz) (**that** daß); *vi* Sorge tragen, sorgen (**for** für) ⟨to ~ for 5 children 5 Kinder unterhalten⟩ | Rechnung tragen (**for** für), berücksichtigen, vorsehen (**for s.th.** etw.) | vorsorgen (**against** gegen, **for** für) | *Jur* verbieten (**against s.th.** etw.) | *Wirtsch* Gelder bereitstellen; **proˈvid·ed 1.** *adj* versorgt; **2.** *conj* wenn nur; **proˈvid·ed that** vorausgesetzt, daß ⟨≈ you accept unter der Voraussetzung, daß Sie akzeptieren⟩

prov·i|dence [ˈprɒvɪdəns] *s arch* Voraussicht *f* | *auch* **diˌvine ˈ~dence** (göttliche) Vorsehung | **ˈ≈dence** Gott *m*, Vorsehung *f*, Schicksal *n*; **ˈ~dent** *adj* vorausblickend, -sehend | vorsorglich | haushälterisch; **ˈ~dent fund** *s* Unterstützungskasse *f*; **ˌ~ˈden·tial** [ˌ~ˈdenʃl] *adj* durch göttliche Vorsehung bewirkt | glücklich ⟨a ≈ escape eine gelungene Flucht⟩; **~den·tial·ly** [ˌ~ˈdenʃlɪ] *adv* glücklicherweise

pro·vid·er [prəˈvaɪdə] *s* Versorger(in) *m(f)*, Ernährer(in) *m(f)* | *Wirtsch* Lieferant *m*

pro·vid·ing [that] [prəˈvaɪdɪŋ ðət] *conj* vorausgesetzt, daß, unter der Voraussetzung, daß

prov·ince [ˈprɒvɪns] *s* Provinz *f*; Gegend *f*, Gebiet *n* | *Rel* Kirchenprovinz *f*, erzbischöflicher Gerichtsbezirk | (Tier, Pflanze) Heimat *f* ⟨the ~ of the eucalyptus⟩ | *übertr* Fach *n*, (Wissens-) Gebiet *n* ⟨my ~ is ich interessiere mich für⟩ | *umg* Amt *n*, Aufgabe *f*, Arbeit *f* ⟨it's outside my ~ es geht mich nichts an⟩ | ≈ (*mit best art*) Nordirland *n*; **pro·vin·cial** [prəˈvɪnʃl] **1.** *adj* provinziell, Provinz- ⟨≈ town Provinzstadt *f*⟩ | kleinstädtisch, ländlich, provinzlerisch | *übertr verächtl* beschränkt, spießbürgerlich; **2.** *s* Provinzbewohner(in) *m(f)* | *verächtl* Provinzler(in) *m(f)*; **proˈvin·cial·ism** *s* Provinzialismus *m* | Provinzlertum *n*

prov·ing [ˈpruːvɪŋ] *s* Erprobung *f* | *Jur* Beweisführung *f*; **ˈ~ ground** *s* Versuchsgelände *n*, Prüffeld *n* | *übertr* Test *m*, Probe *f* (**for** für)

pro·vi·sion [prəˈvɪʒn] **1.** *s* Vor-, Fürsorge *f*, Vorsorgemaßnahme *f* | Vorkehrung *f*, Vor-, Einrichtung *f*, Maßnahme *f* ⟨to make ~ [against] for Vorkehrungen treffen für (gegen)⟩ | *Jur* Bestimmung *f* ⟨to come within the ~s of the law unter die gesetzlichen Bestimmungen fallen⟩ | *Jur* Vorbehalt *m* | Beschaffung *f*, Bereitstellung *f*, Einrichtung *f*, Anschaffung *f* ⟨the ~ of a new library⟩ | (Lebensmittel-) Vorrat *m*, Lager *n* (**of** an); **2.** *adj* Lebensmittel- ⟨~ business Lebensmittelfirma *f*⟩; **3.** *vt* verproviantieren, mit Proviant versehen; **proˈvi·sion·al 1.** *adj* vorläufig, einstweilig, provisorisch; **2.** *s*, *auch* **Proˈvi·sion·al** Mitglied *n* des extremen Flügels der irischen republikanischen Armee; **proˈvi·sion·al·ly** *adv* vorsorglich, vorläufig, einstweilen; **proˈvi·sion·er** *s* Lebensmittelhändler *m*; **ˈ~ ˌin·dus·try** *s* Nahrungsmittelindustrie *f*; **proˈvi·sion·ment** *s* Beschaffung *f*, Besorgung *f* | Verpflegung *f*; **proˈvi·sions** *s/pl* Proviant *m*, Lebensmittel *n/pl*; **proˈvi·sions ship** *s* Versorgungsschiff *n*

pro·vi|so [prəˈvaɪzəʊ] *s* (*pl* **~sos**) *Jur* Klausel *f*, (Vor-) Bedingung *f*, Vorbehalt *m* ⟨with ≈ unter Vorbehalt; with the ≈

that unter der Bedingung, daß, nach Maßgabe, daß; subject to this ≈ unter *od* mit dieser Einschränkung⟩; **~so·ry** [prə'vaɪzərɪ] *adj* vorläufig, provisorisch bedingt; **ˌ~so·ry 'clause** *s Jur* Vorbehaltsklausel *f*

pro·vi·ta·min [prəʊ'vaɪtəmɪn] *s Chem* Provitamin *n*

pro·vo, *auch* **∸** ['prəuvəʊ] *s umg* Mitglied *n* des extremen Flügels der irischen republikanischen Armee | *Pol* Provokateur *m*

prov·o·ca·tion [ˌprɒvə'keɪʃn] *s* Provokation *f*, Herausforderung *f* | Grund *m*, Anlaß *m* ⟨at the slightest ~ beim geringsten Anlaß⟩ | *übertr* (An-) Reiz *m*, Herausforderung *f* (**to** zu); **pro·voc·a·tive** [prə'vɒkətɪv] **1.** *adj* herausfordernd, provokatorisch, provozierend (wirkend), aufreizend (**of** zu) ⟨to be ≈ of s.th. etw. hervorrufen⟩ | (sexuell) aufreizend, geil | erregt, verbittert | *übertr* anregend, reizvoll, hochinteressant ⟨a ≈ play⟩; **2.** *s* Reizmittel *n*; **pro·voke** [prə'vəʊk] *vt* auf-, anreizen, provozieren, herausfordern (**to** *mit inf*, **into** *mit ger* zu *mit inf*) | verursachen ⟨to ≈ a tumult⟩ | ärgern, erregen ⟨to be ≈d aufgebracht sein⟩ | (Mann) animieren, scharfmachen (Frau); **pro'vok·ing** *adj meist förml* herausfordernd, provozierend ⟨a ≈ remark⟩ | empörend

prov·ost ['prɒvəst] *s Hist* Vorsteher *m* | *Brit* (Oxford, Cambridge) Provost *m*, College-Rektor *m* | *Schott* Bürgermeister *m* | *Rel* Propst *m* | *arch* Gefängniswärter *m*; **pro·vost** [prə'vəʊ] *s Mil* Profoß *m*, Kriegsrichter *m*; **pro·vost court** [prəˌvəʊ 'kɔ:t] *s Mil* Kriegsgericht *n*; **pro·vost mar·shal** [prəˌvəʊ 'mɑ:ʃl] *s Mil* Kommandeur *m* der Militärpolizei

prow [praʊ] *s Mar* Bug *m*, Schiffsvorderteil *m* | *Flugw* Nase *f*, Bug *m* | *poet* Kiel *m*

prow·ess ['praʊɪs|-es] *förml, lit s* Mut *m*, Kühnheit *f* | außergewöhnliches Können (**as** als, **at, in** in)

prowl [praʊl] **1.** *vi auch* **~ about, ~ around** herumlungern, herumstreichen (*meist* Tier) | *umg* durchwandern, herumstöbern ⟨to ~ round the shops die Geschäfte durchstöbern⟩; *vt* durchstreifen, schleichen durch, unsicher machen ⟨to ~ the streets⟩; **2.** *s* Umherstreichen, -streifen *n* ⟨on the ~ auf Beutesuche⟩ | *umg* Herumschlendern *n* ⟨to go for a ~ round the bookshops auf einen Buchbummel gehen⟩; **'~ car** *s Am* Streifenwagen *m*; **'~er** *s* Herumtreiber *m*, -lungerer *m* | Beutesucher *m* (Tier) | Person *f*, die nach etw. sucht

prox [prɒks] *Abk* von **proximo**

prox·emic [prɒk'si:mɪk] *Biol adj* proxemisch, die nähe- *od* nachbarschaftsbezogen; **prox'e·mics** *s/pl* (*sgkonstr*) Proxemik *f*

prox|i·mal ['prɒksɪml] *adj* proximal (**to** zu), rumpf-, körpernah (*Ant* distal); **~i·mate** ['~ɪmət] *förml adj* unmittelbar, nächste(r, -s) (**to s.th.** einer Sache) ⟨≈ cause⟩ | nah(eliegend) | unmittelbar *od* nahe bevorstehend ⟨a ≈ event⟩ | annähernd, ungefähr ⟨≈ estimate⟩; **~'im·i·ty** *s förml* Nähe *f*, Nachbarschaft *f* ⟨in the ≈ of in unmittelbarer Nähe von *übertr* in etwa⟩ | *auch* **ˌ~im·i·ty of 'blood** Blutsverwandtschaft *f*; **~i·mo** ['~ɪməʊ] *adv Wirtsch* (im) nächsten Monat ⟨on the 12th ≈ am 12. nächsten Monats⟩; **~'im·i·ty talks** *s/pl* (politische) Verhandlungen *f/pl* in unmittelbarer Nähe

prox·y ['prɒksɪ] **1.** *s* Stellvertretung *f* ⟨by ~ in Vertretung⟩ | Stellvertreter *m*, Bevollmächtigter *m* ⟨by ~ durch einen Bevollmächtigten; to stand ~ for s.o. jmdn. vertreten; to vote by ~ sich bei einer Wahl vertreten lassen⟩ | (schriftliche) Vollmacht; **2.** *adj* stellvertretend ⟨~ vote stellvertretend abgegebene Stimme⟩

prude [pru:d] *verächtl s* prüder Mensch ⟨don't be a ~ sei nicht so prüde⟩ | prüdes Mädchen, Zimperliese *f*

pru|dence ['pru:dns] *s* Klugheit *f*, Vernunft *f* | Besonnenheit *f*, Um-, Vorsicht *f* ⟨ordinary ≈ *Jur* notwendige Vorsicht im Straßenverkehr; simple ≈ gesunder Menschenverstand⟩; **'~dent** *adj* klug, schlau | umsichtig, besonnen, vorsichtig; **~'den·tial** [~'denʃl] *adj förml* klug, um-, vorsichtig | sachverständig ⟨≈ committee *Am* beratender Ausschuß⟩

prud|er·y ['pru:dərɪ] *s* Prüderie *f*, Ziererei *f* | (*meist pl*) prüde Bemerkung; **'~ish** *adj verächtl* prüde, zimperlich

[1]**prune** [pru:n] *s Bot* Pflaume *f* | Dörrpflaume *f* | *umg* (Person) Pflaume *f*, Flasche *f*

[2]**prune** [pru:n] *vt* (Baum, Busch) beschneiden, ausputzen | *übertr* (Text) zurechtbiegen, -stutzen, säubern, befreien (**of** von); **~ away** (Zweige) abschneiden; **~ back** (Zweige) zurückschneiden; **~ down** *übertr* (Text u. ä.) kürzen, zusammenstreichen; **~ off** abhauen, absägen

pru·nelle [pru:'nel] *s* Prünelle *f*

prun|er ['pru:nə] *s* Baumschere *f*; **'~ing** *s* Beschneiden *n*, Ausputzen *n*; **'~ing knife** *s* (*pl* **'~ing knives**) Baum-, Gartenmesser *n*; **'~ing scis·sors, '~ing shears** *s/pl* Baumschere *f*

pru·ri|ence ['prʊərɪəns], **'~en·cy** *s förml* Geilheit *f*, Lüsternheit *f*, Laszivität *f* | Gier *f* (**for** nach) | *selten* Jucken *n*; **'~ent** *adj* lüstern, geil | *selten* juckend; **~go** [prʊ'raɪgəʊ] *s Med* (juckende) Flechte; **~tus** [prʊ'raɪtəs] *s* (*meist sg*) *Med* Pruritus *m*, (krankhaftes) (Haut-) Jucken

Prus·sian ['prʌʃn] **1.** *adj* preußisch; **2.** *s* Preuße *m*, Preußin *f*; **ˌ~ 'blue** *s* Berlinerblau *n*, Preußischblau *n*

prus|si·ate ['prʌʃɪeɪt|-ʃɪɪt] *Chem s* Prussiat *n*; **~sic** ['prʌsɪk] *adj* blausauer; **ˌ~sic 'ac·id** *s* Blausäure *f*, Zyanwasserstoff *m*

[1]**pry** [praɪ] **1.** *vi* neugierig sein | spähen, neugierig schauen (**in[to]** in) | *übertr* seine Nase stecken, ausspionieren ⟨to ~ into s.o.'s affairs sich in jmds. Angelegenheiten mischen⟩; **~ about** forschend umherblicken; **2.** *s* neugieriger Blick | neugierige Person

[2]**pry** [praɪ] **1.** *vt, auch* **~ open** aufbrechen, aufstemmen | *auch* **~ up** hochheben | *übertr* herausholen ⟨to ~ a secret out of s.o. aus jmdm. ein Geheimnis herauslocken⟩ | **~ out** (jmdn.) gewaltsam aushorchen; **2.** *s* Hebel *m*, Brecheisen *n*, Hebezeug *n* | Hebelwirkung *f*

pry·ing ['praɪɪŋ] *adj* spähend, umherblickend | neugierig, (herum)schnüffelnd ⟨≈ reporters⟩

[1]**P.S.** [ˌpi:'es] *Abk* von **postscript**

[2]**P.S.** ['pi:es] *Abk Am* von **public school** (Grundschule) ⟨she went to ~ 52 in Chicago sie besuchte die 52. Grundschule in Chicago⟩

psalm [sɑ:m] **1.** *s* Psalm *m*; **2.** *vt* in Psalmen lobpreisen; **'~ist** *s* Psalmendichter *m*; **'~o·dy** ['~ədɪ] *s* Psalmodie *f*, Psalmensingen *n*, -gesang *m* | *collect* Psalmen *pl*

Psal·ter ['sɔ:ltə|'sɒltə] *s bibl* Psalter *m*, Buch *n* der Psalmen; **'psal·ter·y** [-trɪ] *s Mus* Psalterium *n*

pse·phol·o·gy [se'fɒlədʒɪ|ps-] *s* (wissenschaftliche) Analyse des Wahlverhaltens

pseud [sju:d|su:d] *s Brit umg* Blender *m*, Möchtegern *m*

pseudo- [sju:dəʊ|su:dəʊ] ⟨*griech*⟩ falsch, unecht ⟨~-science Pseudowissenschaft *f*⟩

pseu·do·carp ['sju:dəʊkɑ:p|'su:-] *s Bot* Scheinfrucht *f*

pseu|do·nym ['sju:dənɪm] *s* Pseudonym *n*, Deckname *m*; **~don·y·mous** [~'dɒnɪməs] *adj* pseudonym ⟨a ≈ poem⟩ | unter anderem Namen ⟨a ≈ writer⟩

pshaw [ʃɔ:|pʃɔ:] *interj lit, selten* pah!

psi·lo·sis [saɪ'ləʊsɪs|ps-] *s Med* Psilosis *f*, Haarausfall *m*

psit·ta·co·sis [ˌsɪtə'kəʊsɪs|ps-] *s Med* Psittakose *f*, Papageienkrankheit *f*

pso|ra ['sɔ:rə|ps-] *s Med* Krätze *f*; **~ri·a·sis** [sə'raɪəsɪs|ps-] *s Med* Psoriasis *f*, Schuppenflechte *f*

ps[s]t [pst] *interj* pst!

psych[e] [saɪk] *urspr Am vi, auch* **~ out** *Sl* das Bewußtsein verlieren, weg sein; *vt Psych* (jmdn.) analysieren | *auch* **~ up** *Sl* aufmöbeln, auf Touren bringen, (psychisch) fit ma-

chen; ~ **out** *vt Sl* (jmdn.) (intensiv) durchschauen ⟨to ~ out s.o.'s intentions jmds. Absichten herausbekommen⟩
[1]**psy·che** ['saɪkɪ] *s (bes sg) förml* (menschliche) Psyche, Seele *f* | Geist *m*, Geisteshaltung *f*
[2]**psy·che [out]** [saɪk] *vt Am* **psych [out]**
psy·che·del·ic [ˌsaɪkɪ'delɪk] **1.** *adj* psychedelisch, bewußtseinserweiternd ⟨~ drugs⟩ | (Kunst) psychedelisch; **2.** *s* (bewußtseinserweiternde) Droge
psy·chi|a·ter [saɪ'kaɪətə] *s* Psychiater *m*, Nervenarzt *m*; **~at·ric** [ˌsaɪkɪ'ætrɪk], **ˌ~'at·ri·cal** *adj* psychiatrisch; **psy·chi·a·trist** [saɪ'kaɪətrɪst] *s* Psychiater *m*; **psy·chi·a·try** [saɪ'kaɪətrɪ] *s* Psychiatrie *f*
psy|chic ['saɪkɪk] **1.** *adj auch* **'~chi·cal** psychisch, seelisch, seelisch-geistig ⟨≈ disorders psychische Störungen *pl*⟩ | übersinnlich, telepathisch ⟨≈ powers⟩ | spiritistisch; **2.** *s* Medium *n* | Hellseher(in) *m(f)*; **ˌ~chic 'heal·er** *s* Handaufleger *m* (Heilpraktiker); **ˌ~chi·cal re'search** *s* Parapsychologie *f*; **'~chics** *s/pl (sg konstr)* Seelenkunde *f*, Psychologie *f*
[1]**psy·cho** ['saɪkəʊ] *Sl* **1.** *s* Verrückte(r) *f(m)*; **2.** *adj* psychisch nicht normal
[2]**psycho-** [saɪkəʊ] ⟨*griech*⟩ *in Zus* Psyche, Seele; psychisch
psy·cho|an·a·lyse [ˌsaɪkəʊ'ænəlaɪz] *vt* psychoanalytisch behandeln *od* untersuchen; **~a·nal·y·sis** [ˌ~ə'næləsɪs] *s* Psychoanalyse *f*; **~an·a·lyst** [ˌ~'ænəlɪst] *s* Psychoanalytiker *m*; **~an·a·lyt·ic** [ˌ~ˌænə'lɪtɪk], **ˌ~ˌan·a'lyt·i·cal** *adj* psychoanalytisch; **'~ˌbab·ble** *s* Jargon *m* der Psychotherapiepatienten; **~dra·ma** [ˌ~'drɑːmə] *s* Psychodrama *n*; **~gen·e·sis** [ˌ~'dʒenɪsɪs] *s Med* Psychogenie *f*; **~ge·net·ic** [ˌ~dʒɪ'netɪk] *adj* psychogenetisch; **~gen·ic** [ˌ~'dʒenɪk] *adj* psychogen; **~ki·ne·sis** [ˌ~kaɪ'niːsɪs] *s* Psychokinese *f*
psy|cho·log·ic [ˌsaɪkə'lɒdʒɪk], **ˌ~cho'log·i·cal** *adj* psychologisch ⟨the ≈ moment *umg* der (psychologisch) richtige Augenblick; at the ≈ moment *umg* genau im richtigen Moment⟩; **ˌ~cho'log·i·cal 'war·fare** *s* psychologische Kriegführung; **~chol·o·gism** [~'kɒlədʒɪzm] *s* Psychologismus *m*; **~'chol·o·gist** *s* Psychologe *m*, Psychologin *f (auch übertr)*; **~'chol·o·gy** *s* Psychologie *f (auch übertr)*; **~cho·path** ['~kəʊpæθ] *s* Psychopath *m*; **ˌ~cho'path·ic 1.** *adj* psychopathisch; **2.** *s* Psychopath *m*; **~chop·a·thist** [~'kɒpəθɪst] *s* Psychiater *m*; **~cho·path·o·log·i·cal** [ˌ~kəʊˌpæθə'lɒdʒɪkl] *adj* psychopathologisch; **~cho·pa·thol·o·gist** [ˌ~kəʊpə'θɒlədʒɪst] *s* Psychiater *m*; **ˌ~cho·pa'thol·o·gy** *s* Psychopathologie *f*; **~chop·a·thy** [~'kɒpəθɪ] *s* Psychopathie *f*; **~cho·sis** [~'kəʊsɪs] *s (pl* **~choses** [~'kəʊsiːz]) Psychose *f*; **~cho·so·mat·ic** [ˌ~kəʊsə'mætɪk] *adj* psychosomatisch; **ˌ~cho·so'mat·ics** *s/pl (sg konstr)* Psychosomatik *f*; **~cho·ther·a·peu·tic** [ˌ~kəʊˌθerə'pjuːtɪk] *adj* psychotherapeutisch; **ˌ~choˌther·a'peu·tics** *s/pl (meist sg konstr)* Psychotherapeutik *f*; **ˌ~choˌther·a'peu·tist**, **ˌ~cho'ther·a·pist** [ˌ~'θerəpɪst] *s* Psychotherapeut *m*; **ˌ~cho'ther·a·py** *s* Psychotherapie *f*; **~chot·ic** [~'kɒtɪk] **1.** *adj* psychotisch; **2.** *s* Psychotiker *m*, Psychosekranke(r) *f(m)*; **~chot·o·gen** [~'kɒtədʒən] *s* (Droge) Psychotogen *n*, psychoseninduzierende Droge; **ˌ~chot·o'gen·ic**, *auch* **ˌ~chot·o·ge'net·ic** *adj* psychotogen ⟨≈ drugs⟩
pt *Abk* von **part** | **payment** | **pint(s)** | **point** | *(meist ~)* **port**
PT [ˌpiː'tiː] *Abk (umg)* von **physical training** *(Päd* Sport)
PT boat [ˌpiː'tiːbəʊt] *s Mil Mar* Schnellboot *n*
PTA *Abk* von **Parent-Teacher Association** (Lehrer-Eltern-Ausschuß *m*)
ptar·mi·gan ['tɑːmɪgən] *s (pl* **~s**, *collect) Zool* Schneehuhn *n*
pte·ris ['tɪərɪs|'terɪs|'pt-] *s Bot* Saumfarn *m*
ptero- [terə(ʊ)] ⟨*griech*⟩ *in Zus* Flügel-, Flug- *(z. B.* **~dactyl** Flugsaurier *m*; **~pod** Flügelschnecke *f*)
pte·ryg·i|um [tɪ'rɪdʒɪəm|pt-] *s (pl* **pte'ryg·i·ums** **ˌ~a** [~ə]) *Med* Pterygium *n*, Flügelfell *n*

pter·y·goid ['terɪgɔɪd|'pt-] *adj Zool* Flügel-
pto, *oft* **PTO** [ˌpiːtiː'əʊ] *Abk* von **please turn over** (b.w., bitte wenden)
Pto·le·ma·ic sys·tem [ˌtɒlɪ'meɪɪk ˌsɪstəm] *s (mit best art)* ptolemäisches Weltbild
pto·maine ['təʊmeɪn|təʊ'meɪn] *s Chem* Ptomain *n*, Leichengift *n* ⟨~ poisoning Leichenvergiftung *f*⟩
pub [pʌb] *s Brit umg* Kneipe *f*, Bierlokal *n*, Wirtshaus *n*; **'~-crawl** *Brit Sl* **1.** *s* Kneipenbummel *m*, Sauftour *f* ⟨to go on a ≈ eine Sauftour machen⟩; **2.** *vi* von Kneipe zu Kneipe ziehen
pu·ber|al ['pjuːbərəl] *adj* puberal, Pubertäts-; **'~ty** *s* Pubertät *f*, Geschlechtsreife *f*
pu·bes ['pjuːbiːz] *Anat s (pl '~)* Pubes *f*, Schamgegend *f* | Schamhaare *pl* | *pl* von ↑ **pubis**
pu·bes·cence [pjuː'besns] *s* Pubeszenz *f*, Geschlechtsreife *f*; **pu'bes·cent** *adj* pubeszent, geschlechtsreif werdend | *Bot* flaumhaarig
pu|bic ['pjuːbɪk] *adj Med* Scham- ⟨~ hair⟩; **ˌ~bic 'bone** *s Anat* Schambein *n*; **~bis** ['~bɪs] *s (pl* **~bes** ['~biːz]) *Med* Schambein *n*
pub·lic ['pʌblɪk] **1.** *adj* öffentlich *(Ant* private) ⟨a ~ library; in the ~ eye im Blickpunkt der Öffentlichkeit; to go ~ *Wirtsch* zu einer Gesellschaft des öffentlichen Rechts werden; *übertr* vor die Öffentlichkeit treten, alles öffentlich bekanntgeben⟩ | (gut *od* allgemein) bekannt ⟨of ~ knowledge; to make s.th. ~ etw. bekanntgeben⟩ | staatlich, Staats-, öffentlich ⟨to hold ~ office ein Regierungsamt innehaben; ~ enemy Staatsfeind *m*⟩ | national ⟨~ spirit Patriotismus *m*⟩; **2.** *s* Öffentlichkeit *f* ⟨in ~ öffentlich, in der Öffentlichkeit *(Ant* in private)⟩ *s* Fürsorge(unterstützung) *f(f)* | *(auch pl konstr)* Publikum *n*, Volk *n*, Leute *pl* ⟨the television ~ das Fernsehpublikum; the racing ~ die Rennsportanhänger *pl*; to please one's ~ seine Zuhörer erfreuen; to exclude the ~ *Jur* die Öffentlichkeit ausschließen⟩ | *Brit umg* Kneipe *f*; **ˌ~ ad'dress ˌsys·tem** *s* (öffentliche) Lautsprecheranlage; **'pub·li·can** *s Brit* Wirt *m* | *Hist, bibl* Zöllner *m*; **ˌ~ as'sis·tance** *s* Fürsorge(unterstützung) *f*; **ˌpub·li'ca·tion** *s* Bekanntmachung *f*, -gabe *f* | Veröffentlichung *f*, Druck *m* ⟨before ≈⟩ | Druckerzeugnis *n*, Publikation *f* ⟨monthly ≈ Monatsschrift *f*⟩; **ˌ~ 'bar** *s Brit* öffentliche Gaststätte, Ausschankraum *m*, Bierstube *f*; **ˌ~ 'com·pa·ny** *s Wirtsch* offene (Handels-) Gesellschaft; **ˌ~ con'ven·ience** | *(oft pl)* (öffentliche) Bedürfnisanstalt; **ˌ~ cor·po'ra·tion** *s Wirtsch bes Brit* öffentliche Körperschaft; **ˌ~ 'dues** *s/pl Wirtsch* Abgaben *f/pl*; **ˌ~ ˌel·e'men·ta·ry school** *s* Volksschule *f*, Grundschule *f*; **ˌ~ 'funds** *s/pl* Staatsgelder *pl*; **ˌ~ 'good** *s* Gemeinwohl *n*; **ˌ~ 'health** *s* Volksgesundheit *f*; **ˌ~ 'house** *s Brit förml* Wirtshaus *n*; **pub·li·cist** ['pʌblɪsɪst] *s* Publizist *m*, Journalist *m*; **ˌpub·li'cist·ic** *adj* publizistisch; **~i·ty** [pʌb'lɪsətɪ] *s* Öffentlichkeit *f*, Publizität *f* | Reklame *f*, Propaganda *f*, Werbung *f*, Publicity *f* ⟨to make ≈ die Reklametrommel rühren⟩ | Bekanntheit *f*, Berühmtheit *f* ⟨to seek ≈ bekannt werden wollen⟩; **'~i·ty ˌa·gent** *s* Werbeagent *m*, -leiter *m*; **'~i·ty ˌbu·reau** *s* Werbebüro *n*; **pub·li·cize** ['pʌblɪsaɪz] *vt* publizieren, öffentlich bekanntmachen, *umg* an die große Glocke hängen | Reklame machen *od* werben für; **ˌ~ 'law** *Jur* Staatsrecht *n*; **ˌ~ 'nui·sance** *s Jur* öffentliches Ärgernis | *umg* jmd., den (die) keiner ausstehen kann; **ˌ~ o'pin·ion** *s* öffentliche Meinung; **ˌ~ 'own·er·ship** *s Wirtsch* Gemeineigentum *n* ⟨to take into ≈ in Gemeineigentum überführen⟩; **ˌ~ 'pros·e·cu·tor** *s Jur* Staatsanwalt *m*; **ˌ~ 'purse** *s* öffentliche Mittel *pl*, Staatskasse *f*; **ˌ~ re'la·tions** *s/pl* Beziehungen *pl* zur Öffentlichkeit, öffentliches Klima | Öffentlichkeitsarbeit *f*, Kontaktpflege *f*; **ˌ~ re'la-**

·tions ˌof·fi·cer *s* Pressechef *m*, -sprecher *m*; Öffentlichkeitswerber *m*; ˌ~ ˈ**school** *s Brit* (England) Privatschule *f* | *Schott, Am* (öffentliche) Grundschule; ˌ~ ˈ**serv·ant** *s* Staatsangestellte(r) *f(m)*; ˌ~ ˈ**serv·ice** *s* Staatsdienst *m*; ˌ~ ˈ**spir·it** *s* Gemeinsinn *m*; ˌ~-ˈ**spir·it·ed** *adj* sozialgesinnt; ˌ~ **uˈtil·i·ty** *s* (öffentlicher) Versorgungsbetrieb | (*meist pl*) *Wirtsch* Aktien *pl* öffentlicher Versorgungsbetriebe; ˌ~ ˈ**works** *s/pl* öffentliche Bauten *pl*

pub·lish [ˈpʌblɪʃ] *vt* veröffentlichen, publizieren | herausgeben, verlegen | (*meist pass*) (öffentlich) bekanntgeben, -machen ⟨the news was ~ed⟩; *vi* erscheinen (Zeitschrift u. a.) | herauskommen (Autor) (**with** bei); ˈ**~er** *s* Verleger *m*, Herausgeber *m* | Verlag *m*, Verlagshaus *n*; ˈ**~ing** **1.** *s* Herausgabe *f* | Verlag *m*, Verlagswesen *n*; **2.** *adj* Verlags-; ˈ**~ing house** *s* Verlag *m*; ˈ**~ment** *s selten* Veröffentlichung *f*

puce [pjuːs] **1.** *adj* braunrot; **2.** *s* Braunrot *n*

[1]**puck** [pʌk] *s, auch* ∸ Kobold *m* | *übertr verächtl* Kobold *m*, Witzbold *m*, Possenreißer *m*

[2]**puck** [pʌk] *s* (Sport) Puck *m*, Eishockeyscheibe *f*

[3]**puck** [pʌk] *s Brit dial Zool* Ziegenmelker *m*

puck·er [ˈpʌkə] **1.** *s* Runzel *f*, Falte *f* | Bausch *m* | *umg* Aufregung *f*; **2.** *vi* sich falten, sich kräuseln; *vt* (Lippen u. ä.) kräuseln | *auch* ~ **up** (Brauen) runzeln, (Haut) falten, (Augen, Lippen) zusammenkneifen, (Mund) verziehen; *vi auch* ~ **up** sich verziehen (Mund), (zum Küssen) sich spitzen (Lippen), sich runzeln (Brauen), Falten werfen (Stoff); ˌ**puck·ered-ˈup** *adj* runzlig, gerunzelt | zusammengekniffen; ˈ**~y** *adj* faltig, runzlig | bauschig

puck·ish [ˈpʌkɪʃ] *adj* koboldartig, -haft, mutwillig, (leicht) boshaft

pud·ding [ˈpʊdɪŋ] *s* Pudding *m*, (feste) Süßspeise, Auflauf *m* | Fleischpastete *f* ⟨kidney ~⟩ | Wurst *f* ⟨black ~ Blutwurst *f*; white ~ Leberwurst *f*⟩ | *übertr* Pudding *m*, Matsch *m* | *Mar* Fender *m* | *Am Sl* Glück *n*, Schwein *n* ◇ **the proof of the ~ is in the eating** *Sprichw* Probieren geht über Studieren; ˈ**~-faced** *adj* mit einem Vollmondgesicht; ˈ**~head** *s umg* Dummkopf *m*; ˈ**~ stone** *s Min* Puddingstein *m*

pud·dle [ˈpʌdl] **1.** *s* Pfütze *f*, Lache *f* | *Tech* Lehmstrich *m*, -schlag *m* | *umg* Durcheinander *n*; **2.** *vt* verunreinigen, trüben | *Tech* puddeln, rührfrischen | (Lehm u. Sand) anmachen, (Beton) stampfen | mit Lehm beschmieren; *vi auch* ~ **about** herumplanschen; ˈ~ ˌ**i·ron** *s Tech* Puddeleisen *n*; ˈ**pud·dler** *s Tech* Puddler *m*; ˈ**pud·dling** *s Tech* Puddeln *n*, Rührfrischen *n*; ˈ**pud·dling** ˌ**fur·nace** *s Tech* Puddelofen *m*; ˈ**pud·dling rod** *s Tech* Rührstab *m*

pu·den·cy [ˈpjuːdənsɪ] *förml s* Verschämtheit *f*; ˈ**pu·dent** *adj* verschämt

pu·den·dal [pjuːˈdendl] *Med adj* Scham- ⟨~ cleft Schamspalte *f*⟩; **puˈden·dum** *s* (*pl* **puˈden·da**) (weibliche) Scham, Vulva *f*, weibliche äußere Geschlechtsteile *n/pl*

pudg·y [ˈpʌdʒɪ] *adj umg* dicklich, untersetzt

pueb|lo [ˈpwebləʊ] *s* (*pl* ˈ**~los**) Pueblo *m*

pu·er|ile [ˈpjʊəraɪl] *förml adj* kindisch, unreif; **~il·i·ty** [ˌ~ˈɪlətɪ] *s* kindisches Wesen | (*meist pl*) kindische Bemerkung *od* Handlung *f*

pu·er|per·al [pjuːˈɜːpərəl] *adj Med* Wochen-, Kindbett- ⟨≈ fever Kindbettfieber *n*⟩; **~pe·ri·um** [ˌpjuːəˈpɪərɪəm] *s Med* Puerperium *n*, Wochenbett *n*

Puer·to Ri|can [ˌpwɜːtəʊ ˈriːkn] **1.** *adj* puertoricanisch; **2.** *s* Puertoricaner(in) *m(f)* **~co** [~kəʊ] *s* Puerto Rico

puff [pʌf] **1.** *s* (Wind-) Stoß *m*, Hauch *m* ⟨a ~ of air⟩ | Paff *m*, Zug *m* (beim Rauchen) ⟨to take a ~ at paffen an⟩ | Paffen *n*, Ziehen *n* | *umg scherzh* Atem *m*, Schnaufer *m* ⟨to have no ~ left keine Puste mehr haben⟩ | (Rauch-, Dampf-) Wölkchen *n* ⟨~s of cloud⟩ | *Kochk* Windbeutel *m*, Törtchen *n* ⟨cream ~⟩ | (Ärmel) Puffe *f* | Steppdecke *f* | Puderquaste *f* | *selten* Schwindelreklame *f*, Anpreisung *f*, Lobhudelei *f bes übertr* (Buch, Theater); **2.** *vi auch* ~ **away** puffen, paffen (**at, on** an) | (heftig) blasen | schnaufen, keuchen (*auch übertr*) ⟨to ~ into the station schnaubend in den Bahnhof einfahren; to ~ and blow/pant keuchen und schnauben⟩; *vt* auspuffen, auspaffen | (Zigarette) paffen | aufblähen | pudern | *umg* übertrieben loben; ~ **out** ausblasen, auspusten | herauspaffen | *übertr umg* (jmdm.) die Luft nehmen, ganz außer Atem bringen | aufblähen ⟨to ~ s.o.'s chest out *übertr* jmds. Brust (an)schwellen lassen⟩ | (Haar) toupieren | (Gefieder) aufplustern, pludern; ~ **up** (*meist pass*) aufbauschen, aufblähen | *übertr* eingebildet machen ⟨~ed up by too much money⟩; ˈ~ ˌ**ad·der** *s Zool* Puffotter *f*; ˈ**~ball** *s Bot* Bofist *m* | Federkrone *f* (Löwenzahn); ˈ~ **box** *s* Puderdose *f*; **puffed** *adj umg* außer Atem; ˌ**puffed-ˈup** *adj übertr verächtl* aufgeblasen; ˈ**~er** *s* Paffer *m* | Marktschreier *m* | *Wirtsch* Preistreiber *m* | Lobhudler *m* | *auch* ˈ**~er fish** Kugelfisch *m*; ˈ**~er·y** *s* Marktschreierei *f*

puf·fin [ˈpʌfɪn] *s Zool* Lund *m*, Papageitaucher *m*

puff|ing [ˈpʌfɪŋ] *s* Marktschreierei *f* | Preistreiberei *f*; ˈ**~ing a·gent** *s Tech* Verdickungsmittel *n*; ˈ**~ing tug** *s Mar* Schubschlepper *m*; ˌ~ ˈ**paste** *s* Blätterteig *m*; ˌ~ ˈ**pas·try** *s* Blätterteigpastete *f*; ˌ~ ˈ**sleeve** *s* Puffärmel *m*; ˈ**~y** *adj* böig | *umg* (schwer) keuchend | aufgeblasen, -bläht | aufgebauscht, bauschig

[1]**pug** [pʌg] *auch* ˈ~ **dog** *s Zool* Mops *m*

[2]**pug** [pʌg] **1.** (**pugged, pugged**) *vt* Lehm kneten | mit Lehm verschmieren; **2.** *s* Ziegellehm *m* | *auch* ˈ**~ging** *s Tech* Schallisolation *f* (Wand, Fußboden)

pu·gil|ism [ˈpjuːdʒɪlɪzm] *förml s* Boxen *n*, Faustkampf *m*; ˈ**~ist** *s* Boxer *m*; ˌ**~ˈist·ic** *adj* Box-, Faustkampf-

pug·mill [ˈpʌgmɪl] *s Tech* Schlägermühle *f*, schwerer Mischer, Kollergang *m*

pug|na·cious [pʌgˈneɪʃəs] *förml adj* kämpferisch, kampflustig | streitsüchtig; **~nac·i·ty** [~ˈnæsətɪ] *förml s* Kampflust *f* | Streitsucht *f*

pug| nose [ˌpʌgˈnəʊz] *s* Stupsnase *f*; ˌ**~-ˈnosed** *adj* stupsnasig

puis·ne [ˈpjuːnɪ] *Jur* **1.** *adj* jünger an Rang, untergeordnet, Unter-; **2.** *s* Unterrichter *m*, Beisitzer *m*

pu·is|sance [ˈpjuːɪsns] *s poet, arch* Kraft *f*, Macht *f* | *Sport* (Reiten) Mächtigkeitsspringen *n*; ˈ**~sant** *adj poet, arch* mächtig

puke [pjuːk] *Sl* **1.** *vi, vt* kotzen; **2.** *s* Kotze *f*, Erbrochenes *n*

puk·ka [ˈpʌkə] *adj* ⟨*Ind*⟩ erstklassig, zuverlässig | echt, wahr

pul·chri|tude [ˈpʌlkrɪtjuːd] *s förml* Schönheit *f* (*bes* einer Frau); **~tu·ti·nous** [ˌ~ˈtjuːdənəs] *adj* schön ⟨≈ movie stars⟩

pule [pjuːl] *vi lit* wimmern, winseln (Baby)

pull [pʊl] **1.** *s* Ziehen *n* | Zug *m*, Ruck *m* ⟨to give a strong ~ at kräftig ziehen *od* zerren an⟩ | *Tech* Zugkraft *f*, Zug *m*, Durchzugskraft *f* | *Mar* Zug *m*, Pull *m* ⟨to go for a ~ *umg* eine Ruderpartie machen⟩ | Anziehungskraft *f* | Zug *m* (beim Rauchen) | Zug *m*, Schluck *m* ⟨at a ~ in einem Zug⟩ | *Sport* (Golf, Kricket) (leichtes) Verziehen *n*, Schlagen *n* (nach links) | Pull *m*, Verhalten *n* (eines Pferdes) | anstrengende Steigung ⟨a long ~ up the hill⟩ | *Typ* Abzug *m*, Fahne *f* | Schwengel *m*, Griff *m* | *umg* Vorteil *m* (**of, over** gegenüber) | *Sl* Einfluß *m*, Protektion *f* (**with** bei); **2.** *vt* ziehen ⟨to ~ a cart; to ~ one's weight *übertr* sich voll einsetzen⟩ | ziehen, zerren (an) ⟨to ~ s.o.'s sleeve jmdn. am Ärmel zupfen; to ~ a muscle sich eine Muskelzerrung zuziehen; to ~ s.o.'s leg *übertr* jmdn. zum besten halten *od* aufziehen⟩ | (ab)ziehen ⟨to ~ the trigger abdrücken⟩ | (aus der Erde) (heraus)ziehen ⟨to ~ weeds⟩ | *auch* ~ **out** (Zahn) ziehen ⟨to ~ a tooth⟩ | (Bier) abziehen, ausschenken | anziehen, gewinnen ⟨to ~ votes; to ~ a crowd viele Zuschauer anlocken⟩ | (Gesicht) ziehen, schneiden ⟨to ~ a

grimace⟩ | reißen, rupfen ⟨to ~ s.th./s.o. to pieces etw. zerreißen; *übertr* jmdn. auseinandernehmen, heruntermachen⟩ | (Obst) pflücken | *Typ* abziehen | *Mar* rudern ⟨to ~ an oar rudern⟩ | (Pferd) zügeln | (Rennpferd) zurückhalten | (Waffe) ziehen ⟨to ~ a pistol at s.o. auf jmdn. feuern⟩ | *bes Am Sl* (Ding u. ä.) abziehen, drehen ⟨to ~ a bank job in einer Bank ein Ding drehen; to ~ a fast one on s.o. *umg* jmdn. austricksen⟩; ~ **about** herumzerren an, rauh behandeln *od* umgehen mit; ~ **apart** auseinanderreißen; ~ **back** zurückziehen; ~ **down** herunterreißen (*auch übertr*) | (Haus) abreißen | (jmdn.) (gesundheitlich) mitnehmen | *bes Am* (Geld) verdienen, einheimsen; ~ **in** (Bauch u. ä.) einziehen | (Verdächtigen) mitnehmen | (Pferd) verhalten, stoppen | *umg* (Geld) kassieren, machen; ~ **off** wegreißen | (Hut) abnehmen | (Preis) davontragen | *umg* (etw.) schaffen, fertigbringen ⟨to ~ it off⟩; ~ **on** anziehen; ~ **out** herausziehen; ~ **over** (Auto) auf die andere Straßenseite lenken; ~ **through** durchsetzen, -führen | (jmdn.) (gesundheitlich o. ä.) durchbringen | (jmdm.) weiterhelfen; ~ **together** zusammenziehen | *übertr* Ordnung schaffen in ⟨to ~ a department together; ~ o.s. together sich zusammenreißen⟩; ~ **up** hoch-, heraufziehen | *Mar* aufhissen | (Zügel) anziehen | stoppen, anhalten | tadeln | verhaften;
vi ziehen (**at** an) | reißen, zerren (**at** an) | einen Zug machen | *Mar* rudern, pullen | pullen (Pferd) | sich (heraus- u. ä.) ziehen lassen ⟨to ~ easily⟩ | *Sl* ziehen, Erfolg haben; ~ **ahead** vorausfahren (**of** vor), überholen (**of s.th.** etw.); ~ **away** freikommen, sich befreien (**from** aus, von) | losfahren (Auto); ~ **away from** hinter sich lassen (Auto); ~ **back** sich zurückziehen (Armee) | weniger Geld ausgeben | *übertr* sich nicht an sein Wort halten, passen; ~ **in** anhalten | ankommen (Zug); ~ **off** sich fortbewegen | ab-, losfahren; ~ **over** auf die andere Straßenseite fahren (Auto); ~ **round** gesund werden, sich erholen; ~ **through** *übertr* durchkommen; ~ **together** sich zusammentun; ~ **up** anhalten, stehenbleiben | *übertr* bremsen | (Sport) aufholen ⟨to ~ up with s.o. jmdn. einholen⟩;
'~back *s* Hindernis *n* | (*meist sg*) *Mil* Rückzug *m*; **'~bell** *s* Zugglocke *f*; **'~cord** *s* Zugleine *f*, -schnur *f*; **'~-date** *s* Verfalls-, Verbrauchsdatum *n* (auf Lebensmittelpackungen)

pul·let ['pʊlɪt] *s* Hühnchen *n*, Junghenne *f*

pul·ley ['pʊlɪ] *Tech s* Rolle *f*, Flasche *f* | Flaschenzug *m* | Riemenscheibe *f* | *Mar* Talje *f*; **'~ ˌbear·ing** *s* Rollager *n*; **'~ block** *s* Flaschenzug *m*; **'~ chain** *s* Flaschenzugkette *f*; **'~ rim** *s* (Riemen) Scheibenkranz *m*

pull-in ['pʊl ɪn] *s Brit umg* Autobahnparkplatz *m*, Rasthaus *n* (für Autofahrer), Autobahnraststätte *f*

Pull·man [car] ['pʊlmən (kɑ:)] *Eisenb s* Pullman-, Salonwagen *m* | Pullmanzug *m* | *selten Am* Salonschlafwagen *m*

pull|-on ['pʊl ɒn] *s* (eng anliegendes) Kleidungsstück zum Überziehen; **'~-out 1.** *s Buchw* Faltblatt *n* | *Mil* (Truppen-) Abzug *m*; **2.** *adj* (her)ausziehbar, zum (Her-) Ausziehen ⟨≈ sheet Faltblatt *n*; ≈ seat (Auszieh-) Schiebesitz *m*; ≈ torque *Tech* Kippmoment *n*⟩; **'~ˌov·er** *s* Pullover *m*; **'~rod** *s* Zugstange *f*; **'~switch** *s El* Zugschalter *m*, Kontakt *m*; **'~ tab** *s* Lasche *f* zum Öffnen (von Getränkebüchsen); **'~through** *s bes Brit Tech* (Lauf-) Reinigungskette *f*

pul·lu|late ['pʌljʊleɪt] *förml vi* knospen | keimen | *übertr* sich ausbreiten; **ˌ~'la·tion** *s* Sprossen *n*, Knospen *n* | Keimen *n* | *übertr* Ausbreitung *f*, Vermehrung *f*

pull-up ['pʊl ʌp] *s* (Sport) Klimmzug *m* | *Brit* Halteplatz *m* | Rasthaus *n*

pulmo- [pʌlmə(ʊ)] ⟨*lat*⟩ *in Zus* Lungen-

pul·mo·nar·y ['pʌlmənərɪ] *adj Anat* Lungen- ⟨~ circulation Lungenkreislauf *m*; ~ disease Lungenkrankheit *f*⟩

pulp [pʌlp] **1.** *s* Brei *m*, breiige Masse ⟨to boil s.th. to ~ etw. zu Brei kochen; to beat s.o. to ~ *übertr* jmdn. zusammenschlagen; to reduce s.o. to ~ *übertr* jmdn. völlig fertigmachen⟩ | Pulpe *f*, Fruchtmark *n* | Papierbrei *m*, Pulpe *f* | *Anat* Pulpa *f*, Zahnmark *n* | *Bergb* Wascherz *n*, Feinschlamm *m*, (Schwer-) Trübe *f* | *Sl verächtl* Schundliteratur *f*, *bes* Schundillustrierte *f*, -magazin *n*; **2.** *vt* zermahlen, zu Brei machen | (Papier) einstampfen; *vi* zu Brei werden, breiig werden; **3.** *adj* Schund- ⟨~ magazine⟩; **'~board** *s* Zellstoffpappe *f*; **'~er** *s Tech* Holländer *m*; **~i·fy** ['~ɪfaɪ] *vt* zu Brei machen

pul·pit ['pʊlpɪt] *s* Kanzel (*auch übertr*) ⟨in the ~ auf der Kanzel⟩ ◇ **the** ~ *förml collect* die Geistlichkeit, der Priesterstand, die Kirche; **'~er** *s* Prediger *m*

pulp|ous ['pʌlpəs], **'~y** *adj* breiig, fleischig

pul·que ['pʊlkɪ|'pu:lkeɪ] *s* Pulque *m* (gegorener Agavensaft)

pul·sar ['pʌlsɑ:] *s Astr* Pulsar *m*

pul|sate [pʌl'seɪt] *vi* pulsieren, pochen (Herz) | schwingen, schwanken | vibrieren (**with** in, vor) | *übertr* pulsieren, bewegen, aufregen ⟨~sating finish erregender Endkampf⟩; *vt* (Diamanten) schütteln; **~sa·tile** ['~sətaɪl] **1.** *adj* pulsierend | *Mus* Schlag-; **2.** *s Mus* Schlaginstrument *n*

pul·sa·til·la [ˌpʌlsə'tɪlə] *s Bot* Küchenschelle *f*

pul|sat·ing [pʌl'seɪtɪŋ] *adj auch Tech* pulsierend, stoßweise, wellig ⟨≈ current pulsierender Strom; ≈ screen Schüttelsieb *n*⟩; **~'sa·tion** *s* Pulsieren *n*, rhythmisches Klopfen | Pulsschlag *m* | *übertr* Pulsieren *n* | *Tech* Schwingung *f*; **~ˌsa·tion-'free** *adj Tech* pulsations-, stoß-, schwingungsfrei, gleichmäßig; **'~sa·to·ry** *adj* pulsierend, klopfend

[1]**pulse** [pʌls] **1.** *s* Puls *m* ⟨to feel/take s.o.'s ~ jmdm. den Puls fühlen; *übertr* bei jmdm. vorfühlen, jmds. geheime Gedanken ergründen; to stir s.o.'s ~s *übertr* jmdn. stark bewegen⟩ | Pulsschlag *m* (*auch übertr*) | *auch Mus* regelmäßiger Rhythmus | *El* Impuls *m*, (Strom-) Stoß *m* | *übertr* Schwung *m*, Kraft *f* ⟨love's deep ~s die geheimsten Kräfte der Liebe⟩; **2.** *vi* pulsieren (*auch übertr*) (**through** durch, **with** vor) | vibrieren, schwingen; *vt* in Schwingung versetzen

[2]**pulse** [pʌls] *s Bot, Kochk* Hülsenfrüchte *f/pl*

pulse| cham·ber ['pʌls ˌtʃeɪmbə] *s El* Impulsionisationskammer *f*; **'~ depth** *s El* Impulshöhe *f*; **pulsed** *adj El* impulsgesteuert; **'~ height** *s El* Impulsamplitude *f*, -höhe *f*; **'~ jet** *s Flugw* Pulso-Strahltriebwerk *n*; **'~less** *adj* pulslos, ohne Puls | *übertr* kraftlos; **'~ mode** *s* Impulsart *f*; **'~ ˌpow·er** *s* Impulsleistung *f*; **'~ rate** *s* Impulsdichte *f* | *Anat* Pulszahl *f*; **'~ wave** *s Anat* Pulswelle *f*; **pul·sim·e·ter** [pʌl'sɪmɪtə] *s Med* Pulsmesser *m*; **pul·som·e·ter** [pʌl'sɒmɪtə] *s Tech* Pulsometer *n*, Dampfwasserheber *m*

pul·ver|a·ble ['pʌlvərəbl], **'~iz·a·ble** *adj* pulverisierbar; **ˌ~i'za·tion** *s* Pulverisierung *f* | *übertr* Zermalmung *f*, Vernichtung *f*; **'~ize** *vt* pulverisieren, zu Staub machen | *übertr umg* zermalmen, vernichten ⟨to ≈ the enemy⟩ | *übertr umg* wegfegen, zerschlagen ⟨to ≈ s.o.'s arguments⟩; *vi* zu Staub werden, zu Staub zerfallen; **'~iz·er** *s* Zerstäuber *m*

pu·ma ['pju:mə] *s Zool* Puma *m*, Silberlöwe *m*

pum·ice ['pʌmɪs] **1.** *s auch* **'~ stone** Bimsstein *m*; **2.** *vt* mit Bimsstein abreiben

pum·mel ['pʌml] (**'~led, '~led**) *vt* wiederholt mit der Faust schlagen auf, mit den Fäusten bearbeiten; **'~ling** *s* Faustschläge *pl*, Prügel *pl* ⟨to receive a ≈⟩

[1]**pump** [pʌmp] **1.** *s* Pumpe *f* ⟨dispensing ~ Zapfsäule *f*; petrol ~ Benzinpumpe *f*; all hands to the ~[s]! *übertr* jeder an seinen Platz!, alle müssen helfen!⟩ | Pumpen(stoß) *n*(*m*) ⟨to give s.o. a ~ jmdm. kräftig die Hände schütteln⟩; **2.** *vt* pumpen ⟨to ~ dry leerpumpen; to ~ an idea into s.o.'s head *umg* jmdm. einen Gedanken eintrichtern; to ~ poi-

son out of the stomach Gift aus dem Magen pumpen⟩ | auf und ab bewegen ⟨to ~ s.o.'s hand jmds. Hand schütteln⟩ | *übertr* auspumpen, erschöpfen ⟨to be ~ed ausgepumpt sein, fertig sein⟩ | *umg* (jmdn.) ausfragen, aushorchen (**for** nach); **~ in[to]** (Wasser u. ä.) hineinpumpen | *umg übertr* hineintrichtern in ⟨to ~ s.th. into s.o.'s head⟩; **~ out** (Wasser u. ä.) herauspumpen | (Keller, Magen u. ä.) auspumpen, leerpumpen; **~ up** (Öl u. ä.) hoch-, herauspumpen | (Reifen) aufpumpen; *vi* pumpen (*auch übertr*) ⟨to ~ fast schnell schlagen (Herz)⟩ | sich bemühen (**for** um), krampfhaft suchen (**for** nach)

[2]**pump** [pʌmp] *s* (*meist pl*) Tanzschuh *m* | *bes Am* Pumps *m*

pum·per·nick·el [ˈpʌmpənɪkl] *s* (Brot) Pumpernickel *m*

pump|han·dle [ˈpʌmphændl] *s* Pumpenschwengel *m*; **ˈ~ head** *Tech s* Druck-, Förderhöhe *f* | Kesselboden *m*; **ˈ~ im,pel·ler** *Tech s* Kreiselpumpe *f* | Pumpenrad *n*; **ˈ~ing** *adj* Pump- ⟨≈ gear Pumpenwerk *n*⟩; **ˈ~ jet** *s Tech* Pumpendüse *f*; **ˈ~ ,ket·tle** *s Tech* Pumpenkorb *m*

pump·kin [ˈpʌmpkɪn] *s Bot* Kürbis *m*

pump| le·ver [ˈpʌmp ˌliːvə] *s* Pumpenhebel *m*, -schwengel *m*; **ˈ~ lu·bri,ca·tion** *s Tech* Druckschmierung *f*; **ˈ~ ,plung·er** *s Tech* Tauchkolben *m*; **ˈ~ rod** *s Tech* Pumpenstange *f*; **ˈ~room** *s Tech* Pumpenhaus *n* | Trinkhalle *f* (eines Kurbades); **ˈ~work** *s Tech* Pumpwerk *n*

pun [pʌn] **1.** *s* Wortspiel *n*; **2.** (**punned, punned**) *vi* mit Worten spielen, ein Wortspiel machen (**[up]on** über)

[1]**punch** [pʌntʃ] **1.** *s* Punze *f*, Lochstempel *m*, -eisen *n* | Schriftstempel *m* | Patrize *f*; **2.** *vt* punzen, stempeln | ausschneiden, stanzen | (Fahrkarte u. ä.) lochen, zwicken; **~ in** (Daten) eintippen, eingeben | *übertr umg* einschlagen ⟨to ~ s.o.'s face in jmdm. eine runterhauen, jmdm. eins draufgeben⟩; **~ in/out** *vi bes Am* die Stechuhr betätigen, die Arbeit beginnen *od* beenden

[2]**punch** [pʌntʃ] **1.** *s* Stoß *m*, Hieb *m*, Faustschlag *m* ⟨a ~ in the face ein Schlag ins Gesicht; to have a strong ~ kräftig zuschlagen können; to beat s.o. to the ~ (Boxen) jmdn. früher treffen; *übertr* jmdm. zuvorkommen; to pull one's ~es (*meist neg*) verhalten (zu)schlagen; *übertr* sich zurückhalten, an sich halten; not to pull one's ~es *übertr* kein Blatt vor den Mund nehmen, kräftig loslegen; to pack quite a ~ ziemliche Schlagkraft haben; to roll with the ~ *umg* den Schlägen die Kraft nehmen⟩ | *umg* Schwung *m*, Elan *m* ⟨to put more ~ into s.th. mehr Druck hinter etw. machen, etw. mit mehr Leben erfüllen; to have no ~ lahm *od* müde sein, keinen Mumm *od* Schwung haben⟩; **2.** *vt* (mit der Faust) schlagen, stoßen (**in, on** in, an, auf) | (Worte) pointieren, akzentuieren ⟨to ~ one's lines richtig herausholen, was man sagen will⟩ | *Am* (Vieh) treiben

[3]**punch** [pʌntʃ] *s* Punsch *m* ⟨fruit ~ Obstbowle *f*⟩

[4]**Punch** [pʌntʃ] *s* Punch *m*, Kasper(le) *m*(*n*) ⟨to be as pleased/proud as ~ *übertr* sich wie ein Schneekönig freuen; ~-and-Judy show Kasper[le]theater *n*⟩

punch| ball [ˈpʌntʃ bɔːl] = **~ing ball**

punch bowl [ˈpʌntʃ bəʊl] *s* Punschbowle *f*

punch card [ˈpʌntʃ kɑːd] = **punched card**

punch-drunk [ˌpʌntʃ ˈdrʌŋk] *adj* (durch Boxen) gehirngeschädigt, geistig mitgenommen | *umg* groggy, arg durcheinander, schwer angeschlagen

punched [pʌntʃt] *adj* gestanzt, gelocht; **,~ ˈcard** *s* Lochkarte *f*; **,~ ˈcard file** *s* Lochkartenablage *f*; **,~ ˈhole** *s Tech* ausgeschnittenes Loch, vorgeschmiedete Bohrung; **,~ ˈtape** *s* Lochband *n*, -streifen *m*

pun·cheon [ˈpʌntʃən] *s* Ständer *m*, Pfosten *m* | *Typ* Patrize *f*

[1]**punch·er** [ˈpʌntʃə] *s Tech* Locheisen *n*, Locher *m*

[2]**punch·er** [ˈpʌntʃə] *s umg* Schläger *m* | *Am umg* Cowboy *m*

punch·ing ball [ˈpʌntʃɪŋ bɔːl] *s* Sandsack *m* (zum Boxen)

punch·ing press [ˈpʌntʃɪŋ pres] *s Tech* Stanzpresse *f*

punch| line [ˈpʌntʃ laɪn] *s* (*meist sg*) Pointe *f*; **ˈ~ pli·ers** *s/pl* Lochzange *f*; **ˈ~ press** *s Tech* Lochpresse *f*

punch-up [ˈpʌntʃ ʌp] *s Brit umg* Schlägerei *f*

[1]**punch|y** [ˈpʌntʃɪ] *umg adj übertr* flott, schwungvoll | wuchtig | = **,~-ˈdrunk**

[2]**punch·y** [ˈpʌntʃɪ] *adj umg* klein, stöpselhaft

punc|tate [ˈpʌŋkteɪt], **ˈ~tat·ed** *adj* punktiert | punktförmig | *Bot, Zool* getüpfelt; **~ˈta·tion** *s* Punktierung *f* | Punkt *m* | *Bot, Zool* Tüpfelung *f*; **~ˈta·tion·al** *adj Biol* diskontinuierlich, durch Abwechslung von Stillstand und plötzlichem Wandel gekennzeichnet

punc·til·i|o [pʌŋkˈtɪlɪəʊ] *förml s* (*pl* **~os**) feiner Punkt | Einzelheit *f*, Punkt *m* | Förmlichkeit *f*, Pedanterie *f* ⟨to stand upon ≈s auf Förmlichkeiten herumreiten⟩ | heikler Punkt; **puncˈtil·i·ous** *adj* peinlich genau, exakt | spitzfindig | förmlich

punc·tu·al [ˈpʌŋktʃʊəl] *adj* pünktlich ⟨~ attendance pünktliches Erscheinen; to be ~ in *mit ger* pünktlich *mit inf*⟩ | punktförmig, Punkt- ⟨a ~ light source⟩; **,punc·tuˈal·i·ty** *s* Pünktlichkeit *f*

punc·tu|ate [ˈpʌŋktʃʊeɪt] *vt* interpunktieren, mit Satzzeichen versehen | *übertr* (*meist pass*) (Rede, Veranstaltung u. ä.) (mehrfach) unterbrechen (**by, with** durch, mit), durchsetzen (**with** mit) | (Worte) betonen, hervorheben; **,~ˈa·tion** *s* Interpunktion *f*, Zeichensetzung *f* | Betonung *f*, Hervorhebung *f*; **,~ˈa·tion mark** *s* Interpunktions-, Satzzeichen *n*; **ˈ~a·tive** *adj* Interpunktions-

punc·tule [ˈpʌŋktʃuːl] *s* kleines Pünktchen

punc|tur·a·ble [ˈpʌŋktʃərəbl] *adj* durchbohr-, durchstechbar; **ˈ~ture 1.** *s* Durchbohren *n*, -stechen *n* | Einstich *m*, Loch *n* | *El* Durchschlag *m* | *Med* Punktion *f* | Reifenpanne *f*; **2.** *vt* (Nagel u. ä.) durchstechen, -bohren ⟨to ≈ a tyre einen Reifen durchschlagen *od* platzen lassen⟩ | *umg* ein Loch bekommen in ⟨he ≈d his tyre er fuhr ein Loch⟩ | *Med* punktieren, perforieren ⟨a ≈d lung eine perforierte Lunge⟩ | *El* (Isolation) durchschlagen | *übertr* (Hoffnung u. ä.) (plötzlich) zunichte machen ⟨to ≈ s.o.'s pride jmds. Stolz Abbruch tun⟩; *vi* ein Loch bekommen, platzen (Reifen, Ball) ⟨the back tyre ≈d das Hinterrad hatte e-n Platten⟩; **ˈ~ture strength** *s Tech* Durchschlagsfestigkeit *f*

pun·dit [ˈpʌndɪt] *s* gelehrter Brahmane | *umg scherzh* gelehrtes Haus, Experte *m* ⟨journalistic ~s alte Zeitungshasen *pl*; musical ~s Musikexperten *pl*; political ~s politisch Eingeweihte *pl*⟩

pun|gen·cy [ˈpʌndʒənsɪ] *s* Bitterkeit *f*, Schärfe *f* (*auch übertr*); **ˈ~gent** *adj* scharf, beißend, stechend (*auch übertr*) ⟨≈ remarks⟩

Pu·nic [ˈpjuːnɪk] *adj Hist* punisch ⟨the ~ wars⟩

pun·ish [ˈpʌnɪʃ] *vt* (be)strafen (**for** für, wegen) | *umg* (jmdn.) mit Fäusten bearbeiten, verdreschen | *umg* (einer Speise) tüchtig zusprechen, reinhauen in; *vi* strafen; **,~aˈbil·i·ty** *s* Strafbarkeit *f*; **ˈ~a·ble** *adj* strafbar, sträflich ⟨murder is ≈ by Mord wird bestraft mit⟩; **ˈ~er** *s* Bestrafer *m*; **ˈ~ing 1.** *adj umg* mörderisch, sehr strapazierend ⟨a ≈ climb⟩ | (Sport) einen mörderischen Schlag habend ⟨a ≈ batsman ein überaus harter Schlagmann⟩; **2.** *s umg* schwere Niederlage, starke Beschädigung ⟨to give s.o. a ≈ jmdm. schwer eins mitgeben; to take a ≈ schwer mitgenommen werden⟩; **ˈ~ment** *s* Strafe *f*, Bestrafung *f* ⟨for ≈ zur Strafe; to inflict a ≈ upon s.o. jmdm. eine Strafe auferlegen⟩ | Züchtigung *f* | *umg* Schaden *m*, Strapazierung *f* ⟨to take a lot of ≈ ziemlich zugerichtet werden, arg mitgenommen werden⟩

pu·ni|tive [ˈpjuːnɪtɪv], **ˈ~to·ry** *adj* strafend, Straf- ⟨~tive expedition Strafexpedition *f*⟩ | sehr hart, rücksichtslos ⟨≈ taxes⟩

Pun·jab ['pʌndʒɑ:b] *s* (*mit best art*) Pandschab *n*; **Pun·ja·bi** [pʌn'dʒɑ:bɪ] *s* Bewohner *m* des Pandschab | *Ling* Pandschabi *n*

punk [pʌŋk] **1.** *s Am* Zunderholz *n* | Zunder *m* | Halbstarker *m*, (junger) Ganove ⟨young ~⟩ | Kerl *m*, Knülch *m*, Heini *m* | *Brit* Punker *m* | *Sl selten* Schund *m*, Mist *m*; **2.** *adj Am Sl* miserabel, mies, sinnlos ⟨a ~ game ein verkorkstes Spiel⟩ | *Am Sl* (Gesundheit) elend, miserabel ⟨to feel ~⟩ | *Brit* (Jugendliche, Musik) Punk-, aufsässig, opponierend, laut ⟨~ rock Punkrock *m*, laute Musik; ~ rocker Punkrokker *m*⟩

pun·kah ['pʌŋkə] *s* ⟨*Ind*⟩ Zimmerfächer *m*

pun·ner ['pʌnə] *s* Stampfer *m*, Erdramme *f*

pun·net ['pʌnɪt] *s bes Brit* Spankorb *m*

pun·ster ['pʌnstə] *s* Wortspielmacher(in) *m(f)*, Witzbold *m* ⟨to be a ~ gern Wortspiele machen⟩

[1]**punt** [pʌnt] **1.** *s* Stechkahn *m*, Punt *n*; **2.** *vt* staken | im Stechkahn befördern; *vi* im Stechkahn fahren

[2]**punt** [pʌnt] (Sport) **1.** *s* Fallstoß *m*; **2.** *vt* (Ball) stoßen

[3]**punt** [pʌnt] **1.** *vi Kart* (gegen die Bank) setzen | *umg* (auf ein Pferd) wetten, (Geld) setzen ⟨to ~ on horses⟩; **2.** *s Kart* Point *m* | *Kart* Spiel *n* gegen die Bank | *umg* Pferdewetter *m*; **'~er** *s Kart* Spieler *m* gegen die Bank | *umg* Pferdewetter *m*

pu·ny ['pju:nɪ] *adj* klein, winzig ⟨~ little arms winzig kleine Ärmchen *pl*⟩ | *verächtl* schwächlich, schwach ⟨to look ~⟩ | unwesentlich, unmaßgeblich ⟨my ~ opinion⟩

pup [pʌp] **1.** *s* junger Hund, Welpe *m* ⟨in ~ trächtig; to sell s.o. a ~ *übertr umg* jmdm. etw. andrehen⟩ | junger Seehund | junger Otter | *meist* **ˌyoung '~** *übertr* (junger) Schnösel *m*, Fatzke *m*; **2.** (**pupped, pupped**) *vi* Junge werfen (Hündin); *vt* werfen

pu·pa ['pju:pə] *Zool s* (*pl* **pu·pae** ['pju:pi:], **'pu·pas**) Puppe *f*; **'pu·pal** *adj* Puppen-; **'pu·pate** *vi* sich verpuppen; **pu'pa·tion** *s* Verpuppung *f*

[1]**pu·pil** ['pju:pl] *s* Schüler(in) *m(f)* | *übertr* Schüler *m*, Jünger *m* | *Jur* Mündel *n* | *Wirtsch* Praktikant *m*

[2]**pu·pil** ['pju:pl] *s Anat, Zool* Pupille *f*

pu·pil·[l]age ['pju:pɪlɪdʒ] *förml s* Schüler-, Lehrjahre *n/pl* | Unmündigkeit *f* | Bevormundung *f*; **'pu·pi[l]·lar·y** *adj* Schüler- | Mündel-

pup·pet ['pʌpɪt] **1.** *s* Drahtpuppe *f*, Marionette *f* | *auch* **'glove ˌ~** Handpuppe *f* | *übertr verächtl* Marionette *f*, Werkzeug *n*, Spielball *m* ⟨~s of fate⟩; **2.** *adj verächtl* Marionetten-, Satelliten- ⟨a ~ regime⟩; **~eer** [ˌpʌpɪ'tɪə] *s* Puppenspieler *m*; **'~ play**, *auch* **'~ show** *s* Marionettentheater *n*, Puppenspiel *n*; **'~ry** *s* Puppenspiel(kunst) *n(f)* | *Lit* hölzerne Charaktere *pl*

pup·py ['pʌpɪ] *s* junger Hund, Welpe *m* | *übertr* Grünschnabel *m*, junger Schnösel; **'~ fat** *s umg euphem* Babyspeck *m*; **'~ love** *s oft verächtl* (jugendliche) Schwärmerei

pur·blind ['pɜ:blaɪnd] *förml lit* **1.** *adj übertr* stumpf, engstirnig | sehschwach, halbblind; **2.** *vt* abstumpfen, gefühllos machen, blenden

pur|chas·a·bil·i·ty [ˌpɜ:tʃəsə'bɪlətɪ] *s* Käuflichkeit *f* (*auch übertr*); **'~chas·a·ble** *adj* käuflich; **~chase** ['pɜ:tʃəs] **1.** *förml vt* kaufen | *übertr* erkaufen (**with** mit) | *übertr* kaufen, bestechen | *Jur* erwerben | *Mar* hochwinden, -ziehen; **2.** *s* Kauf *m* ⟨by ≈ käuflich⟩ | (*oft pl*) Ein-, Ankauf *m*, Anschaffung *f* ⟨to make ≈s Einkäufe machen; to carry one's ≈s die eingekauften Sachen tragen⟩ | *übertr* Erkaufen *n* | *Jur* Erwerb *m* | *Jur* (Jahres-) Ertrag *m* ⟨at five years' ≈ zum Fünffachen des Jahresertrages; not worth a day's/an hour's ≈ *übertr* (Menschenleben) auf dem letzten Docht, fast abgelaufen⟩ | *Tech* Hebevorrichtung *f* | *Mar* Takel *n* | Hebelkraft *f* | *übertr* Halt *m*, (guter) Angriffspunkt ⟨to gain a ≈ (festen) Halt bekommen⟩ | *übertr* Handhabe *f*, Machtmittel *n*; **'~chase acˌcount** *s Wirtsch* Wareneingangsbuch *n*; **'~chase ˌmon·ey** *s Wirtsch* Kaufpreis *m*; **'~chase price** *s Wirtsch* Einkaufspreis *m*; **'~chas·er** *s* (Ein-) Käufer(in) *m(f)*, Abnehmer(in) *m(f)* | *Jur* Erwerber *m*; **'~chase tax** *s Brit arch* Akzise *f*; **'~chas·ing ˌpow·er** *s* Kaufkraft *f*

pur·dah ['pɜ:də|-dɑ:] *s* ⟨*Ind*⟩ Vorhang *m* zum Verbergen der Frauen | (moslemisches) System der Absonderung der Frauen (vor der Öffentlichkeit)

pure [pjʊə] *adj* rein ⟨~ water; ~ wool⟩ | sauber ⟨~ hands⟩ | unberührt, keusch ⟨a ~ young girl⟩ | (ton)rein, klar, deutlich ⟨~ sounds⟩ | reinrassig ⟨a ~ Arab horse⟩ | rein, theoretisch ⟨~ mathematics⟩ | *umg* völlig, bloß, pur, reinst ⟨by ~ chance durch reinen Zufall; ~ mischief glatte Gemeinheit⟩ ◇ **ˌ~ and 'sim·ple** *umg* ganz einfach, glatt, nichts als; **'~·blood[ed]** *adj* rein(rassig), Vollblut-; **'~bred** *adj selten* (Tier) reinrassig, rasserein

pu·rée ['pjʊəreɪ] *Kochk* **1.** *s* Püree *n* ⟨apple ~ Apfelmus *n*⟩ | dicke (Gemüse-) Suppe; **2.** *vt* zu Püree *od* Mus *od* Brei verarbeiten *od* kochen

pure·ly ['pjʊəlɪ] *adv* allein, nur, ganz, rein ⟨~ out of friendship⟩

pur·ga|tion [pɜ:'geɪʃn] *s Rel* Reinigung *f* | *Med* Darmentleerung *f*; **~tive** ['pɜ:gətɪv] **1.** *adj* reinigend | *Med* purgierend, abführend, Abführ-; **2.** *s Med* Laxans *n*, Abführmittel *n*; **~to·rial** [ˌpɜ:gə'tɔ:rɪəl] *adj Rel* Sühne- | Fegefeuer-; **'~to·ry** *s Rel, übertr* Fegefeuer *n*; **purge** [pɜ:dʒ] **1.** *vt meist übertr* säubern, reinigen (**from, of** von) | *Jur* (Verbrechen) sühnen ⟨to ≈ one's crimes⟩ | *Pol* säubern ⟨to ≈ the party⟩ | läutern | *Med* (Darm) entleeren, abführen; *vi* gereinigt werden; **2.** *s* Reinigung *f* | *Pol* Säuberung(saktion) *f(f)* (**of** von) ⟨to carry out a ≈ eine Säuberungsaktion durchführen⟩ | *Med* Abführmittel *n*

pu·ri|fi·ca·tion [ˌpjʊərɪfɪ'keɪʃn] *s* Reinigung *f* (**of** von) | (Erz-) Aufbereitung *f* | *Tech* Raffinierung *f* | *Chem* Reindarstellung *f*; **~fi·er** ['~faɪə] *s* Reinigungsapparat *m* | Reinigungsmittel *n*; **~fy** ['~faɪ] *vt* reinigen (**from, of** von) | *Tech* klären, läutern, waschen, abschlemmen | *Tech* (Metall) raffinieren; *vi* rein werden

pu·rin[e] ['pjʊəri:n|-rɪn] *s Chem* Purin *n*

pur|ism ['pjʊərɪzm] *s* Purismus *m*; **'~ist** *s* Purist *m*, Sprachreiniger *m*

Pu·ri·tan ['pjʊərɪtən] **1.** *s Hist* Puritaner *m* | ≈ *übertr* sittenstrenger Mensch; **2.** *adj Hist* puritanisch; ≈, *auch* **pu·ri·tan·i·cal** [ˌpjʊərɪ'tænɪkl] *adj, meist verächtl* puritanisch, sittenstreng; **'~ism** *s Hist* Puritanismus *m* | ≈ *übertr* Sittenstrenge *f*

pu·ri·ty ['pjʊərətɪ] *s* Reinheit *f* (*auch übertr*)

[1]**purl** [pɜ:l] **1.** *s* Drahtspirale *f* | (gewundener) Gold-, Silberdraht, Litze *f* | Schlingenborte *f* | Häkelkante *f* | Linksstricken *n* (*Ant* plain) ⟨2 plain, 2 ~ 2 rechts, 2 links⟩; **2.** *vt, vi* (Spitzen) mit einer Schlingenkante säumen, mit Borte einfassen | linksstricken ⟨~ for 2 rows zwei Reihen linksstricken⟩

[2]**purl** [pɜ:l] **1.** *vi* (Bach) rauschen, murmeln (*auch übertr*) | sich kräuseln; **2.** *s* Rauschen *n*, Murmeln *n*, Gemurmel *n*

purl·er ['pɜ:lə] *s Brit umg* (*bes* Pferd) schwerer Sturz, Sturz mit dem Kopf (zuerst) ⟨to come/take a ~ schwer stürzen, koppheister gehen⟩ | (schwerer) Schlag (‚der einen umwirft)

pur·lieu ['pɜ:lju:] *förml, lit s übertr* Jagdgründe *m/pl*; **'pur·lieus** *pl* Umgebung *f*, Grenzen *pl* ⟨to keep within one's ~s in der Nähe bleiben⟩ | *selten* Randgebiete *pl*

pur·lin[e] ['pɜ:lɪn] *s Arch* Dachpfette *f*

pur·loin [pɜ:'lɔɪn|'pɜ:lɔɪn] *förml vt, vi* stehlen; **pur'loin·er** *s* Dieb *m*

pur|ple ['pɜ:pl] **1.** *s* Purpur *m* | Purpurfarbe *f* | *Zool* Purpurschnecke *f* | *übertr* Herrscher-, Kardinalswürde *f* ⟨born in the ≈ *förml* hochgeboren; to raise s.o. to the ≈ *förml* jmdn. zum Kardinal ernennen⟩; **2.** *adj* purpurn, purpurrot, Purpur- | (Stil) bombastisch | *Am* (Sprache) salopp, vulgär; **3.** *vi, vt* purpurn färben; ˌ**~ple 'heart** *s Brit umg* Lebenswekker *m*, Stimulans *n*; Amphetamintablette *f*; ˌ**~ple 'Heart** *s Am Mil* Verwundetenabzeichen *n*; ˌ**~ple 'pas·sage,** *auch* ˌ**~ple 'patch** (Stil) Glanzpassage *f*, -stelle *f* (*auch iron*); **'~ple-red** *adj* purpurrot; **'~plish** *adj* leicht purpurfarben, purpurartig ⟨a ≈ red⟩

pur·port ['pɜ:pət|pə'pɔ:t] *vt* behaupten, vorgeben, den Eindruck erwecken ⟨to ~ to be (do) angeblich sein (tun)⟩ | besagen (wollen), bedeuten (sollen) (**that** daß); ['pɜ:pɜ:t|'pɜ:pət] *s förml* Sinn *m*, Bedeutung *f*, Tragweite *f* (**of** von) ⟨the ~ of the speech das, worum es in der Rede geht⟩

pur·pose ['pɜ:pəs] **1.** *vt förml* planen, vorhaben, beabsichtigen, bezwecken; **2.** *s* Vorsatz *m* ⟨of [set] ~ *Jur* vorsätzlich⟩ | Zweck *m*, Absicht *f*, Aufgabe *f* ⟨for the ~ of zwecks; for all practical ~s in der Praxis; on ~ absichtlich; ausdrücklich; to good/little ~ mit gutem *od* einigem Erfolg; to little ~ ohne viel Sinn; to no ~ vergeblich, umsonst; to the ~ zweckdienlich, nützlich; with a ~ mit (einer) Absicht, mit Tendenz; to answer/fulfil/save the (one's) ~ dem (seinem) Zweck entsprechen⟩ | *förml* Entschlußkraft *f* ⟨infirm of ~ entschlußschwach; of set ~ fest entschlossen⟩; ˌ**~-'built** *adj Brit* eigens dafür gebaut, Spezial- ⟨a ≈ flat⟩; **'~ful** *adj* absichtlich | zweckmäßig | entschlossen, zielbewußt; **'~less** *adj* zwecklos | unentschlossen; **'~ly** *adv* absichtlich, nicht zufällig ⟨to do s.th. ≈⟩ | aus besonderem Grund, ausdrücklich ⟨he ≈ didn't come⟩; **'pur·pos·ive** *adj förml* = **~ful**

pur·pu·ra ['pɜ:pjərə] *s Med* Purpura *f*, Blutfleckenkrankheit *f*

purr [pɜ:] **1.** *vi* schnurren (Katze u. ä.) | *übertr* zustimmend *od* voll Zufriedenheit sprechen (Person) | flöten, schmeichelnd reden (Frau) | summen (Motor); *vt* zufrieden erklären | flöten, säuseln; **2.** *s* Schnurren *n* | Summen *n* | *übertr* Flöten *n*, Säuseln *n* | Surren *n*

purse [pɜ:s] **1.** *s* Börse *f*, Geldtasche *f* ⟨to lose one's ~⟩ | Geldmittel *pl*, Fonds *m*, Kasse *f* ⟨common ~ gemeinsame Kasse; public ~ Staatssäckel *n*; to be beyond one's ~ für jmdn. unerschwinglich sein, jmds. Kasse übersteigen⟩ | Geldsammlung *f* ⟨to make up a ~ for Geld sammeln für⟩ | (Sport) Börse *f*, Geldpreis *m*, -summe *f* ⟨to play for a ~ of £ 1000⟩ | *Am* Handtasche *f*; **2.** *vt, oft* **~ up** (Mund) spitzen | (Stirn) runzeln; *vi* sich zusammenziehen, sich runzeln; **'~-proud** *adj* protzig; **'purs·er** *s Mar* Proviant-, Zahlmeister *m*; **'~-ˌsnatch·er** *s Am* Handtaschendieb(in) *m(f)*; **'~ strings** *s/pl, nur in*: **hold the ~ strings** den Geldbeutel verwalten, das Geld in der Hand haben; **loosen (tighten) one's ~ strings** mehr Geld ausgeben (den Daumen auf den Beutel halten) ⟨to tighten the ≈ on s.th. den Geldhahn zudrehen für etw.⟩

purs·lane ['pɜ:slɪn] *s Bot* Portulak *m*

pur·su·ance [pə'sju:əns|-su:-] *förml s* Verfolgung *f* ⟨in [the] ~ of a duty bei der Ausübung einer Pflicht⟩ | Suche *f*, Verfolgung *f* ⟨in ~ of auf der Suche nach⟩; **pur'su·ant** *adj förml* verfolgend ◇ **pur·su·ant to** *förml* gemäß ⟨≈ to your instructions⟩

pur|sue [pə'sju:|~'su:] *vt* verfolgen (*auch übertr*) ⟨to ≈ a thief; to be ≈d by misfortune⟩ | an-, erstreben, streben nach ⟨to ≈ fame⟩ | (einer Sache) nachgehen ⟨to ≈ the matter⟩, (etw.) betreiben ⟨to ≈ one's studies⟩ | *förml* fortsetzen ⟨to ≈ one's way⟩; *vi* fortfahren, weitermachen | nachsetzen; **~'su·er** *s* Verfolger(in) *m(f)*; **~suit** [~'sju:t|~'su:t] *s* Verfolgung *f* ⟨to be in ≈ of s.o. jmdn. verfolgen; in (hot) ≈ of in (wilder) Verfolgung, (hart) auf den Fersen von⟩ | Streben *n* (**of** nach) ⟨the ≈ of knowledge⟩ | Ausübung *f*, Verfolgung *f* ⟨≈ of a plan⟩; **~'suits** *s/pl* Studien *pl*, Arbeiten *f/pl* ⟨scientific ≈⟩; **~'suit ˌair·craft, ~'suit plane** *s* Jagdflugzeug *n*, Jäger *m*

[1]**pur·sy** ['pɜ:sɪ] *adj* (Lippen) zusammengezogen, (Brauen) gerunzelt, (Mund) zusammengekniffen

[2]**pur·sy** ['pɜ:sɪ] *adj* kurzatmig | fett, dick, beleibt

pu·ru|lence ['pjʊərələns], **'~len·cy** *Med s* Eiter *m*; **'~lent** *adj* eitrig, eiternd, Eiter-

pur·vey [pɜ:'veɪ] *vt förml Wirtsch* (Lebensmittel) (en gros) liefern (**to s.o.** jmdm.) | *selten* (Vorräte u. ä.) anschaffen (**for** für) | *übertr* (Nachrichten) liefern, verschaffen ⟨to ~ information to s.o.⟩; **pur'vey·ance** *s* Lieferung *f*, Beschaffung *f*; **pur'vey·or** *s* Lebensmittellieferant *m*, -händler *m* ⟨≈ of wine to the Queen Hoflieferant *m* von Wein⟩

pur·view ['pɜ:vju:] *förml, lit s* Wirkungskreis *m*, Sphäre *f*, Gebiet *n* ⟨outside (within) the ~ of s.o.⟩ | Blickfeld *n*, Gesichtskreis *m*

pus [pʌs] *s* Eiter *m*

push [pʊʃ] **1.** *s* Stoßen *n*, Schieben *n* ⟨the ~ of the water against das Anschlagen des Wassers an⟩ | Stoß *m*, Schub(s) *m(m)* ⟨to give s.th. a ~ etw. anschieben; to get the ~ *Sl* (auf die Straße) fliegen; to give s.o. the ~ *Sl* jmdn. auf die Straße setzen, hinausschmeißen⟩ | Anstoß *m* | *Mil* Vorstoß *m* (**for** auf) | Bemühung *f*, Anstrengung *f* ⟨to make a ~ sich anstrengen⟩ | Unterstützung *f*, Hilfe *f*, Protektion *f* ⟨to get s.th. by ~⟩ | *umg* Schwung *m*, Energie *f*, Tatkraft *f*, Durchsetzungsvermögen *n* | Notfall *m* ⟨at a ~ im Notfall; if/when it comes to the ~ wenn es darauf ankommt⟩;

2. *vt* stoßen, schieben ⟨don't ~ me stoß mich nicht⟩ | drängen ⟨to ~ o.s./one's way to the front sich nach vorn dränge(l)n⟩ | (an)treiben (**[in]to** zu) ⟨to ~ s.o. to do s.th.; to ~ s.o. too much; to ~ s.o. for s.th. jmdn. wegen etw. ständig bedrängen⟩ | verfolgen, betreiben ⟨to ~ s.th. through etw. zu Ende bringen⟩ | geltend machen ⟨to ~ a claim einen Anspruch vorbringen⟩ | fördern, vorwärtsbringen ⟨to ~ s.th. on s.o. jmdm. etw. aufdrängen⟩ | Reklame machen für, trommeln für ⟨to ~ goods⟩ | *umg* (Rauschgift) illegal verkaufen | *umg* sich (einem bestimmten Alter) nähern ⟨he's ~ing 50 er ist an die 50⟩ ◇ **~ one's luck** es zu weit treiben, mit dem Schicksal spielen; **~ around** *umg* herumstoßen, -schubsen; **~away** wegstoßen; **~ back** zurückdrängen, -schieben, -stoßen; **~ down** hinunterstoßen; **~ forward** nach vorn schieben, vorwärtsstoßen | *oft verächtl* fördern, voranbringen ⟨to ~ o.s. forward sich in den Vordergrund rücken⟩ | (Anspruch) geltend machen, pochen auf; **~ in** hineinstoßen; **~ off** (etw.) ab-, wegschieben | (Waren) losschlagen | (Boot) abstoßen; **~ on** weitermachen, fortsetzen | (jmdn.) anstacheln, ermuntern; **~on [to]** (etw.) schieben *od* abladen auf (jmdn.); **~ out** hinausstoßen | (*oft pass*) abschieben; **~ through** durchsetzen; **~ up** hoch-, hinaufstoßen | (Preise) hochtreiben;

vi schieben, stoßen ⟨don't ~⟩ | (sich) drängen | *auch* **~ down** drücken (beim Gebären) | sich anstrengen, sich sehr bemühen | *umg* Rauschgift handeln; **~ along** weitergehen | *umg* sich auf den Weg machen, gehen; **~ for** verlangen, fordern, drängen auf; **~ forward** weiterziehen, -schieben, -gehen | *Mil* vordrängen, -dringen; **~ in** *umg* hereinplatzen | sich hineindränge(l)n, sich dazwischendrängen; **~ off,** *auch* **~ out** *umg* (mit Erzählen) losschießen | *Sl* abhauen ⟨~ off at once!⟩ | (Boot) abstoßen (**from** von); **~ on** vordringen, sich vorwärtsdrängen | sich beeilen ⟨~ on! los!

vorwärts!⟩; ~ **past** sich vorbeischieben an, sich vorbeidrängen an; ~ **through** aufgehen (Pflanze);
'**~ball** *s Sport* Pushballspiel *n*; '**~bike** *s Brit umg* Fahrrad *n*; '**~ boat** *s Mar* Schubschlepper *m*; '**~ ˌbut·ton** *s* Druckknopf *m*, -taste *f*; '**~-ˌbut·ton** *adj* Druckknopf- ⟨a ≈ starter Starterknopf *m*; ≈ channel selector Drucktastenkanalwähler *m*⟩ | *übertr verächtl* mechanisiert ⟨≈ age⟩ | *Mil* technisiert, automatisiert ⟨≈ warfare Krieg *m* auf Knopfdruck⟩; ˌ**~-ˌbut·ton con'trol** *s Tech* Druckknopfsteuerung *f*; '**~cart** *s* Schubkarre *f* | Verkaufswagen *m*; '**~chair** *s Brit* (Kinder-) Sportwagen *m*; **pushed** *umg adj* knapp (**for** mit) ⟨≈ for money knapp bei Kasse⟩ | stark beschäftigt, in Eile ⟨to be ≈ zu viel zu tun haben⟩ | in Zeitnot, gehetzt ⟨to be ≈ to finish s.th. etw. schwer schaffen⟩; '**~er** *s verächtl* Streber *m* | Draufgänger *m* | *Sl* Pusher *m*, Rauschgiftverkäufer *m* | *Tech* Schieber *m* | Kinderlöffel *m*; '**~ful** *adj* energisch, tatkräftig; ˌ**~-in 'crime,** *auch* ˌ**~-in 'job** *s Am Sl* Überfall *m* vor der Wohnungstür; '**~ing** *adj* schiebend, stoßend, drängend | *meist verächtl* strebsam | frech, zudringlich; '**~-off** *s* Abstoßen *n* (des Bootes) | *umg* Anfang *m*; '**~-out** *adj* zum Durchdrücken ⟨≈ packing Blister(ver)packung *f* (für Tabletten)⟩; '**~ˌo·ver** *umg s* leicht zu beeinflussender Mensch ⟨to be a ≈ for leicht hereinfallen auf⟩ | leichte Sache, Kinderspiel *n*; ˌ**~-'pull** *s El* Gegentakt *m*; '**~-rod** *s Tech* Stößelstange *f*; Schubstange *f*; '**~-start** *Kfz* **1.** *vt* anschieben; **2.** *s* Start *m* mit Anschieben; ˌ**~-'tow·boat** *s Mar* Schubschlepper *m*; '**~-up** *s bes Am* Liegestütz *m*; '**~y** *adj verächtl* auf-, zudringlich, frech, penetrant

pu·sil|la·nim·i·ty [ˌpju:sɪlə'nɪmətɪ] *förml verächtl s* Kleinmut *m*, Verzagtheit *f*, Unbeherztheit *f*, Feigheit *f*; **~lan·i·mous** [ˌ~'lænɪməs] *adj* kleinmütig, verzagt, feige

[1]**puss** [pʊs] *umg s* (Anrede für) Katze *f*, Kätzchen *n*, Miez *f* ⟨~, ~, ~!⟩ | Katze *f* (im Märchen) ⟨~ in boots Gestiefelter Kater⟩ | Mädchen *n*, Kätzchen *n*, Häschen *n* ⟨a clever little ~ ein schlaues kleines Biest⟩

[2]**puss** [pʊs] *s Sl scherzh* Fresse *f*, Visage *f* ⟨to hit s.o. in the ~ jmdm. die Fresse polieren⟩

pus·sy ['pʊsɪ] *s* (Name für) Kätzchen *n*, Miez(e) *f(f)* | (Kindersprache) Miez *f* | *Bot* Weidenkätzchen *n* | *Sl, vulg* Kätzchen *n*, weibliche Scham | *Am Sl vulg* Sex *m*, Koitus *m*; '**~cat** *s* Kätzchen *n*, Miez(e) *f(f)* | Mädchen *n*; '**~foot** *vi umg* leisetreten | *Sl* sich nicht festlegen, lavieren; '**~foot·ing** *adj umg* leisetreterisch; '**~foots** *s umg* Schleicher *m*, Leisetreter *m* | *Sl* Abstinenzler *m*; '**~ ˌwil·low** *s Bot* Verschiedenfarbige Weide, Salweide *f*

pus|tu·late ['pʌstjʊleɪt|-lɪt] *adj* voller Pusteln; **~tule** ['~tju:l] *s Med* Pustel *f* | *Bot, Zool* Warze *f*; **~tu·lous** ['~tjʊləs] *adj* pustulös, mit Pusteln bedeckt

put [pʊt] **1.** *s* (*meist sg*) Stoß *m*, Wurf *m*; **2.** *adj* ruhig, fest ⟨to stay ~ sich nicht rühren, vom Fleck bewegen; festbleiben⟩; **3.** (~, ~) *vt* setzen, legen, stellen (*auch übertr*) ⟨to ~ a book on the table ein Buch auf den Tisch legen; to ~ an end to one's life seinem Leben ein Ende setzen; to ~ an end to s.th. einer Sache ein Ende machen; to ~ it to s.o. that jmdm. vorschlagen, daß; to ~ one's hands in one's pockets die Hände in die Taschen stecken; to ~ the case that gesetzt den Fall, daß; to ~ the finger on s.o. mit dem Finger zeigen auf, jmdn. schlechtmachen; to ~ the matter to a vote über etw. abstimmen; to ~ s.o. in a hole jmdm. eine Grube graben; to ~ s.o. to death jmdn. hinrichten; to ~ s.o. to it jmdm. zusetzen; to be [hard] ~ to it to do s.th. es sehr schwer haben, etw. zu tun⟩ | bringen ⟨to ~ s.o. to bed jmdn. ins Bett bringen; to ~ s.o. at his ease jmdn. beruhigen; to ~ s.o. in fear jmdn. in Angst versetzen; to ~ s.th. in order etw. ordnen; to ~ s.th. right etw. in Ordnung bringen⟩ | schleudern, werfen, (Kugel) stoßen (*auch* Sport) | ansetzen, antreiben, zwingen ⟨to ~ o.s. to s.th. *übertr* sich hinter etw. setzen; to ~ s.o. to work jmdn. zur Arbeit antreiben⟩ | (Uhr) stellen | (Frage) stellen, vorlegen ⟨I ~ it to you ich appelliere an Sie, ich überlasse es Ihnen; to ~ a question to s.o. jmdm. eine Frage stellen; to ~ the question zur Abstimmung bringen⟩ | (etw.) sagen, ausdrücken ⟨as Chaucer ~ it wie es bei Chaucer heißt; that's another way of ~ting it so kann man es auch sagen; how shall I ~ it? wie soll ich (es) sagen?; how will you ~ it to her? wie wirst du es ihr beibringen?; if I may ~ it so wenn ich mich (mal) so ausdrücken darf; to ~ it mildly sich gelinde ausdrücken⟩ | setzen, schreiben ⟨to ~ a comma; to ~ one's name (one's signature) to s.th. seinen Namen (seine Unterschrift) unter etw. setzen; to ~ a cross against s.th. etw. ankreuzen⟩ | ansetzen, schätzen (**at** auf) ⟨to ~ s.o.'s income at £ 60000 jmds. Einkommen auf £ 60000 schätzen; to ~ above s.o. else (jmdn.) höher schätzen als jmd. anders⟩ | (Steuern) auferlegen ⟨to ~ a tax on s.th. etw. besteuern⟩ | übersetzen, -tragen (**into** in) ⟨to ~ a text into German einen Text ins Deutsche übersetzen; to ~ a poem to music ein Gedicht vertonen⟩ ◇ **~ it there** (Abmachung) schlagen Sie ein!; **~ paid to** *Brit* (Hoffnung, Plan u. ä.) ruinieren, zunichte machen ⟨it had ~ paid to all his chances⟩;

~ about *umg* (Gerücht u. ä.) verbreiten, in Umlauf setzen ⟨to ~ a lie about⟩ | *Mar* (Schiff) stagen, wenden | *bes Schott* beunruhigen | *bes Schott* ärgern ⟨don't ~ yourself about! ärgere dich nicht!⟩ ◇ **~ it/o.s. about** *Brit Sl* ziemlich rangehen, es wissen wollen, scharf sein (Frau); **~ across** deutlich *od* verständlich machen ⟨to ~ a message across eine Botschaft an den Mann bringen; to ~ o.s. across sich klar verständlich machen⟩ | Erfolg haben mit ⟨to ~ a song across⟩ | *umg* (jmdn.) täuschen, hereinlegen ⟨to ~ s.th. across s.o. jmdn. mit etw. auf den Arm nehmen; he put it/one/that across me er hat mich (damit) hereingelegt⟩; **~ ahead,** *auch* **~ forward** (Pflanzenwuchs) fördern; **~ aside** beiseite legen, aufsparen | mißachten, nicht beachten; **~ away** weglegen, beiseite legen | (Geld u. ä.) sparen | (Ideen) abschwören | (Laster u. ä.) ablegen | sich trennen von, sich scheiden lassen von | *euphem* einsperren | *umg* verdrücken, essen | *Sl* (Gegenstände) versetzen | *auch* **~ down** (Tier) töten; **~ back** aufschieben (**to, till, until** bis, auf) | zurückschieben, -stellen | (Uhr) zurückstellen | *auch* **~ behind** zurückwerfen, aufhalten ⟨to ~ back production⟩; **~ by** beiseite schieben | (Geld) zurücklegen; **~ down** hinlegen, -stellen, absetzen | (jmdn.) absetzen (**at** an) | *Flugw* landen (lassen), zum Landen zwingen | unterdrücken ⟨to ~ down a rebellion einen Aufstand niederschlagen⟩ | auf-, niederschreiben ⟨to ~ down one's name (a telephone number); to ~ s.o. down for jmdn. eintragen *od* melden für, jmdn. anmelden zu *od* für; to ~ s.o. down for £ 2 jmdn. mit £ 2 auf die (Spenden-) Liste setzen; to ~ s.th. down to s.o. jmdm. etw. in Rechnung stellen⟩ | (Vorräte) (sich) hinlegen ⟨to ~ down some wine⟩ | halten, (ein)schätzen (**as** als, **at, for** auf) ⟨to ~ s.o. down as/for a great sportsman⟩ | zuschreiben (**to s.th.** einer Sache) ⟨he ~ it down to his illness er schob es auf seine Krankheit⟩ | *Sl* verniedlichen, minimieren | *Sl* heruntermachen, abqualifizieren; **~ forth** hervor-, hinaus-, herausstellen ⟨to ~ forth all one's strength seine ganze Kraft zeigen⟩ | (Knospen u. ä.) treiben | (Frage) stellen | veröffentlichen; **~ forward** (Meinung u. ä.) vorbringen | vorschlagen ⟨to ~ s.o.'s name forward⟩ | aufstellen ⟨to ~ forward a new method⟩ | *auch* **~ on** (Uhr) vorstellen, (Uhrzeiger) weiterstellen, -schieben | (Termin) vorziehen | *auch* **~ ahead** (Ernte) (be)fördern | *übertr* in den Vorder-

grund stellen ⟨to ~ o.s. forward auf sich aufmerksam machen⟩; **~ in,** *auch* **~ into** hineinsetzen, -legen, -stellen, -stecken (*auch übertr*) ⟨to ~ in new pipes neue Rohre legen; to ~ money into a firm; to ~ s.th. into execution *förml* etw. zur Ausführung bringen; to ~ words into s.o.'s mouth jmdm. Worte in den Mund legen; to ~ s.o. in mind of s.th. (s.o.) jmdn. erinnern an etw. (jmdn.); to ~ in an appearance sich (einmal) sehen lassen; to ~ one's foot in it *übertr umg* ins Fettnäpfchen treten⟩ | (Wort) einlegen, -schalten ⟨to ~ in a good word for⟩ | (Bemerkung) einwerfen | (Schlag) anbringen ⟨to ~ in a blow; to ~ the boot in *Sl* einen am Boden Liegenden mit den Füßen bearbeiten⟩ | (Anspruch) erheben, stellen ⟨to ~ in a claim to s.th.⟩ | ein-, anstellen (**for** für) | *umg* (Zeit) verbringen ⟨to ~ in a year's work ein Jahr [damit] verbringen⟩ | (Geld, Zeit) verwenden (**at** auf) | (Regierung) wählen | melden, einschreiben (**for** für) ⟨to ~ s.o. in for a competition jmdn. für einen Wettbewerb melden; to ~ s.th. in for a show etw. für eine Ausstellung einreichen⟩ ◇ **~ o.s./one's back/ one's heart into s.th.** sich voll *od* mit ganzer Kraft *od* mit seinem ganzen Herzen für etw. einsetzen; **~ off** weglegen, wegstellen | (Kleid) ausziehen, ablegen, (Hut) abnehmen | (jmdn.) absetzen, aussteigen lassen | auf-, verschieben ⟨to ~ off a meeting⟩ | (jmdn.) vertrösten, abspeisen (**with** mit) | *übertr* ablegen, aufgeben, fallenlassen, abschreiben | nicht zu Wort kommen lassen | vertreiben, verjagen | (Wasser, Radio u. ä.) abstellen | abbringen von, ablenken von ⟨to ~ s.o. off his food; to ~ s.o. off *mit ger* jmdn. davon abhalten zu *mit inf*⟩; **~ on** (Kleid) anziehen, (Hut) aufsetzen ⟨to ~ one's hat and one's coat on; to ~ on one's glasses die Brille aufsetzen; to ~ on powder Puder auflegen⟩ | (Fett u. ä.) ansetzen ⟨to ~ it on *umg* dick werden; to ~ on weight zunehmen; to ~ on years alt werden; Jahre älter wirken *od* erscheinen⟩ | wetten auf ⟨to ~ £ 5 on a horse; to ~ money on s.th. *übertr* einer Sache sicher sein⟩ | (Preis, Wert) ansetzen für ⟨to ~ a price on s.th.⟩ | (um Jahre) altern lassen ⟨to ~ years on s.o. jmdm. graue Haare machen⟩ | vortäuschen, vorgeben ⟨to ~ on modesty Bescheidenheit vortäuschen; to ~ on an act *verächtl* nur so tun; to ~ on airs sich aufspielen⟩ | aufführen, zeigen ⟨to ~ on a show⟩ | (jmdn.) aufstellen, spielen lassen ⟨to ~ s.o. on the next play⟩ | (Uhrzeiger) vorstellen | hinzufügen | einsetzen ⟨to ~ on another train⟩ | (Schraube, Bremse u. ä.) anziehen | *auch* **turn on** (Gas) aufdrehen, (Radio, Licht) einschalten | (Dampf u. ä.) anlassen | *umg* übertreiben ⟨to ~ it on thick dick auftragen; to ~ it on *Wirtsch* zuviel verlangen, zu teuer sein⟩ | *Am Sl* veralbern, hereinlegen ⟨you're ~ting me on⟩; **~ onto** *umg* (jmdn.) verweisen auf, vermitteln, hinweisen auf ⟨to ~ s.o. onto s.th. jmdm. einen Tip zu etw. geben⟩; **~ out** hinauslegen, -stellen | (Arm u. ä.) hinausstrecken, -halten | wegjagen, wegtreiben, hinauswerfen | entlassen | (Feuer u. ä.) (aus)löschen | (Fuß u. ä.) verrenken | (Auge) ausstechen | (Knospen u. ä.) treiben, sprießen | (Geld) aus-, verleihen | (Geld) ausgeben | (Maschinen u. ä.) produzieren, herstellen | (Buch u. ä.) herausbringen, veröffentlichen | ärgern, verstimmen ⟨to be ~ out with s.o. (about s.th.) verärgert sein über jmdn. (etw.)⟩ | (*meist pass*) verwirren, aus der Fassung bringen (**by s.th.** durch etw.) | (jmdn.) bemühen ⟨to ~ o.s. out to *mit inf* sich herablassen zu *mit inf*⟩ | außer Haus geben ⟨to ~ out the washing die Wäsche zum Waschen geben⟩; **~ over** (Boot u. ä.) übersetzen (**to** nach) | *auch* **~ across** ausdrücken, zur Geltung bringen, vermitteln ⟨to ~ one's ideas over seine Gedanken voll verständlich machen⟩ | *umg* Erfolg haben mit | *umg* (etw.) aufbinden (**on s.o.** jmdm.) ⟨to ~ s.th. over on s.o. jmdm. etw. aufbinden, jmdn. hereinlegen⟩; **~ through** aus-, durchführen, zu Ende bringen | *Tel* (jmdn.) verbinden (**to** mit) | *Tel* (Gespräch) führen | (Gesetz u. ä.) durchbringen, passieren lassen | (jmdn. e-r Sache) unterziehen ⟨to ~ s.o. through an examination⟩ | (jmdn. etw.) durchmachen lassen ⟨to ~ s.o. through a lot of pain jmdm. viel Schmerz bereiten; to ~ s.o. through it *umg* von jmdm. alles abverlangen; to ~ s.o. through his paces jmdn. auf Herz und Nieren prüfen⟩; **~ together** zusammenlegen, -stellen ⟨to ~ a team together⟩ | (Gedanken) zusammennehmen ⟨to ~ one's thoughts together seine Gedanken anstrengen; to ~ one's heads together seine Ideen vereinigen, gemeinsam beraten⟩ | (*meist pass*) zusammennehmen ⟨all the others ~ together alle anderen zusammen⟩; **~ up** hinaufstellen, -legen | (Zelt u. ä.) aufstellen, errichten | (Fahne) hissen | (Haar) hoch-, aufstecken | (Schirm) aufspannen | (Fenster) hochziehen, -schieben | (Plakat u. ä.) anschlagen | (Wild) aufjagen, aufstöbern | (Preis, Miete u. ä.) erhöhen, hochtreiben | anbieten ⟨to ~ up for/to auction zur Auktion anbieten⟩ | (Mitglied u. ä.) nominieren, vorschlagen (**for** für) | (Geld) aufbringen, beschaffen | zeigen, an den Tag legen, beweisen ⟨to ~ up a fight; to ~ up a bluff bluffen⟩ | aufnehmen (u. bewirten), beherbergen ⟨to ~ s.o. up for the night⟩ | (Schwert) einstecken | *selten* (Essen u. ä.) ein-, verpacken | *selten* (Obst u. a.) einkochen, konservieren | (jmdn.) informieren über ⟨to ~ s.o. up to s.th. jmdm. etw. eröffnen⟩ | (jmdn.) verleiten (**to** zu) ⟨who ~ you up to this? wer hat dir das eingeschwatzt?⟩ ◇ **~ s.o.'s back up** *umg* jmdn. auf die Palme bringen;
vi Mar segeln, fahren (**for** nach) ⟨to ~ to sea in See stechen⟩ | *Am* sich ergießen (**into** in); **~ about** *Mar* wenden; **~ back** *Mar* umkehren ⟨to ~ back to port in den Hafen einlaufen⟩; **~ down** *Flugw* landen; **~ forth** *Mar* auslaufen | sprießen, ausschlagen (Knospen); **~ in** *Mar* einlaufen (**at** in) | anhalten, einkehren (Kraftfahrer) (**at** an, **for** zu) | sich bewerben (**for** um) ⟨to ~ in for membership um Mitgliedschaft ansuchen⟩; **~ off, ~ out** *Mar* auslaufen, in See stechen; **~ over** *Mar* übersetzen, hinüberfahren; **~ up** *bes Brit* absteigen, über Nacht bleiben, wohnen (**at** in, **with** bei) | *bes Brit* kandidieren, sich bewerben (**for** um, für); **~ up with** aushalten, ertragen ⟨to ~ up with s.th. sich mit etw. abfinden⟩

pu·ta·tive ['pju:tətɪv] *adj förml* vermeintlich, mutmaßlich ⟨the ~ murderer⟩

put-down ['put daun] *s Am umg* Abkanzelung *f*, vernichtende Bemerkung

pute [pju:t] *adj arch* rein

put|lock ['pʌtlɒk|pʊt-], **~log** ['~lɒg] *s Arch* Rüststange *f*, -balken *m*

put|-off ['put ɒf] *umg s* Ausflucht *f*, Ausrede *f* | Verschiebung *f*; '**~-on** *umg* **1.** *s* Vortäuschung *f*, Bluff *m* | *Am* Spaß *m*, Scherz *m*; **2.** *adj* vorgetäuscht, gespielt ⟨a ≈ voice eine verstellte Stimme⟩; ˌ**~-on 'art·ist** *s* Komiker *m*, Imitator *m*; '**~-out** *s* (Sport) Ausschalten *n*

pu·tre|fac·tion [ˌpju:trɪ'fækʃn] *förml s* Fäulnis *f*, Verwesung *f* | *übertr* Verfall *m*; **~fac·tive** [ˌ~'fæktɪv] **1.** *adj* faulig | fäulniserregend; **2.** *s* Fäulniserreger *m*; **~fy** ['~faɪ] *vi* (ver)faulen | *übertr* verkommen; *vt* zum Verfaulen bringen, faulen lassen

pu·tres·cence [pju:'tresns], **pu'tres·cen·cy** *förml s* Fäulnis *f*; **pu'tres·cent** *adj* faulig | faulend, verwesend

pu·trid ['pju:trɪd] *adj* faulend | faul | Fäulnis- | *Sl übertr* eklig ⟨~ weather⟩ | *übertr* verderblich, miserabel ⟨~ influence⟩; **pu'trid·i·ty** *s* Fäulnis *f* | *übertr* Scheußlichkeit *f* | *übertr* Verderbtheit *f*

putsch [putʃ] *s* Putsch *m*

putt [pʌt] *Sport* (Golf) **1.** *vt, vi* (Ball) putten, (Ball) leicht schlagen ⟨to practise ~ing; he 3-~ed the 9th hole er schlug den Ball mit 3 leichten Schlägen ins 9. Loch⟩; **2.** *s* Putten *n*, leichter Schlag, leichter Stoß

put·tee ['pʌtɪ] *s* (*meist pl*) Wickelgamasche *f*

[1]**put·ter** ['pʊtə] *s* Steller(in) *m*(*f*) ⟨a ~ of questions ein(e) Frage(n)steller(in) *m/f*⟩

[2]**putt·er** ['pʌtə] (Golf) *s* Putter *m*, Einlochschläger *m* | (Person) Schläger *m*

[3]**put·ter** ['pʌtə] *vi, Am auch* ~ **about** Zeit vertrödeln, herumtrödeln; ~ **away** *vt Am* vertun, vergeuden

put·tie ['pʌtɪ] = **puttee**

putt·ing green ['pʌtɪŋ gri:n] (Golf) *s* Grün *n* | Rasenstück *n* zum Üben (des Puttens)

put|to ['pʊtəʊ] *s* (*pl* **~ti** ['~tɪ]) *Arch* Putte *f*

put·ty ['pʌtɪ] **1.** *s* (Glaser-) Kitt *m*, Spachtelmasse *f* ⟨to be ~ in s.o.'s hands *übertr* wie Wachs in jmds. Hand sein, sich von jmdm. alles gefallen lassen⟩ | Zinn-, Polierasche *f*; **2.** *vt* auskitten, spachteln; ~ **up** verkitten; '~ **knife** *s* (*pl* '~ **knives**) Spachtel *m*, Spatel *m*; ˌ~ '**med·al** *s Brit verächtl, scherzh* (*selten*) Blechorden *m* ⟨to give s.o. a ≈; to deserve a ≈⟩

put|-up ['pʊt ʌp] *adj umg* abgekartet ⟨a ≈ job ein abgekartetes Spiel⟩; '**~-up·on** *adj* (Person) ausgenützt, mißbraucht ⟨to feel ≈ sich ausgenützt vorkommen⟩

puz·zle ['pʌzl] **1.** *s* Rätsel *n* | Puzzle-, Geduldspiel *n* (*auch übertr*) | schwierige Aufgabe | (*nur sg*) Verwirrung *f*, Verlegenheit *f* ⟨to be in a ~ about s.th. wegen etw. in Verlegenheit sein⟩; **2.** *vt* verwirren, in Verlegenheit bringen ⟨that ~d me das machte mich stutzig⟩ | (jmdm.) Kopfzerbrechen machen ⟨to ~ one's brain; to ~ o.s. sich den Kopf zerbrechen⟩; ~ **out** erraten, herausbekommen, -kriegen; *vi* verwirrt sein (**about, over** über) | sich den Kopf zerbrechen (**over** über, **as to** wegen); '**puz·zled** *adj* verwirrt, verlegen ⟨a ≈ expression⟩; ˌ~'**head·ed** *adj* konfus, verwirrt; '~**lock** *s* Vexierschloß *n*; '**~ment** *s* Verwirrung *f*, Verlegenheit *f* | Rätsel *n*; '**puz·zler** *s umg* schwierige Frage, Problem *n* ⟨that's a real ≈!⟩; '**puz·zling** *adj* verwirrend | rätselhaft

PVC [ˌpi:vi:'si:] *Chem* **1.** *s* PVC *Abk* von **polyvinylchloride**; **2.** *adj* PVC- ⟨a ~ curtain; it's [made of] ~⟩

PX [ˌpi:'eks] *s* (*pl* **PXs** [ˌpi:'eksɪz]) *Am, bes Mil* Post *f*

pyc·nom·e·ter [pɪk'nɒmɪtə] *s* Pyknometer *n*, Dichtemesser *m*

py·e·mi·a [paɪ'i:mɪə] *s Med* Pyämie *f*, Blutvergiftung *f*; **py'e·mic** *adj* pyämisch

pyg·my, *auch* **pig·my** ['pɪgmɪ] **1.** Zwerg *m*, Knirps *m* | *übertr* unbedeutender Mensch | ~ Pygmäe *m, f*; **2.** *adj* zwergenhaft, winzig | *scherzh* unbedeutend ⟨a ~ brain ein Zwergengehirn *n*⟩

py·ja|ma [pə'dʒɑ:mə] *adj* Schlafanzug- ⟨~ trousers Schlafanzughose *f*⟩; **~mas** [~məz] *s/pl* Schlafanzug *m*, Pyjama *m*

pyk·nic ['pɪknɪk] **1.** *adj* pyknisch, dick; **2.** *s* Pykniker(in) *m*(*f*)

py·lon ['paɪlən|-lɒn] *s Arch* Pylone *f* | *El* Antennenturm *m* | (Gitter-, Hochspannungs-) Mast *m* | *Flugw* Orientierungsmast *m*

py·lor·ic [paɪ'lɒrɪk] *Anat, Zool adj* pylorisch, Pylorus-, Pförtner-; **py·lo·rus** [paɪ'lɔ:rəs] *s* (*pl* **py·lo·ri** [paɪ'lɔ:raɪ]) Pylorus *m*, Pförtner *m*

pyo- [paɪə(ʊ)] ⟨*griech*⟩ *in Zus* Eiter-

py·or·rhe·a [ˌpaɪə'rɪə] *Med s* Pyorrhöe *f*, Eiterfluß *m*; **py·o·sis** [paɪ'əʊsɪs] *s* Eiterung *f*

pyr·a·mid ['pɪrəmɪd] **1.** *s* Pyramide *f*; **2.** *vt* pyramidenförmig anordnen *od* aufbauen | *Wirtsch* (Gewinne) zur Spekulation verwenden; **py·ram·i·dal** [pɪ'ræmɪdl] *adj* pyramidenartig, Pyramiden- | *übertr* ungeheuer, gewaltig; '~ ˌ**sel·ling** *s Wirtsch* Spekulativverkäufe *m/pl*

pyre ['paɪə] *s* Scheiterhaufen *m* (bes. für Leichen)

py·ret·ic [paɪ'retɪk] *Med adj* fieberhaft, Fieber- | fiebermildernd; **py·rex·i·a** [paɪ'reksɪə] *s* Pyrexie *f*, Fieberzustand *m*

py·rite ['paɪəraɪt] *Min s* Pyrit *m*, Schwefelkies *m*; **py·ri·tes** [ˌpaɪə'raɪti:z] *s* Pyrit *m* ⟨iron ≈ Eisenkies *m*⟩; **py·rit·ic** [ˌpaɪə'rɪtɪk], ˌ**py'rit·i·cal** *adj* pyritisch | kieshaltig; **pyˌrit·ic 'ore** *s* Pyriterz *n*; **pyr·i·tif·er·ous** [ˌpɪrɪ'tɪfərəs|ˌpaɪə-] *adj* pyrithaltig

pyro- [paɪərəʊ] ⟨*griech*⟩ *in Zus* Feuer-

py·rog·ra·pher [paɪə'rɒgrəfə] *s* Pyrograph *m*; **py'rog·ra·phy** *s* Pyrographie *f*, Holzbrandmalerei *f*

py·ro·ma|ni·a [ˌpaɪərəʊ'meɪnɪə] *s* Pyromanie *f*, Brandstiftungstrieb *m*; **~ni·ac** [~nɪæk] *s* Pyromane *m*, Pyromanin *f*

py·rom·e·ter [paɪə'rɒmɪtə] *s* Pyrometer *n*, Hitzemesser *m*

py·ro·sis [paɪ'rəʊsɪs] *s Med* Pyrosis *f*, Sodbrennen *n*

py·ro|tech·nic [ˌpaɪərəʊ'teknɪk], ˌ**~'tech·ni·cal** *adj* pyrotechnisch, Feuerwerks- | *übertr* brillant; ˌ**~'tech·nics** *s/pl* (*meist sg konstr*) Pyrotechnik *f* | *förml, Tech* Feuerwerk *n* (*auch übertr*)

Pyr·rhic vic·to·ry [ˌpɪrɪk 'vɪktr̩ɪ] *s übertr* Pyrrhussieg *m*

py·ru·vic a·cid [paɪˌru:vɪk 'æsɪd] *s Chem* Brenztraubensäure *f*

Py·thag·o|ras [paɪ'θægərəs] *s* ⟨*griech*⟩ Pythagoras *m*; **~re·an** [paɪˌθægə'rɪən] **1.** *adj* pythagoreisch ⟨≈ proposition / theorem pythagoreischer Lehrsatz⟩; **2.** *s Phil* Pythagoreer *m*

py·thon ['paɪθən] *s Zool* Python-, Riesenschlange *f*

pyx [pɪks] **1.** *s Rel* Pyxis *f*, Hostienbehälter *m* | Büchse *f* für Münzproben; **2.** *vt* (Münzen) prüfen (auf Feinheit u. Gewicht)

Q

Q, q [kju:] *s* (*pl* **Q's, Qs, q's, qs** [kju:z]) Q *n*, q *n* ⟨to mind one's P's and Q's ↑ **P**⟩ | **q** *Abk von* **question** ⟨answer q 1 first⟩ | **Q** *Abk von* **queen** (Schach, Bridge); '**Q-boat,** '**Q-ship** *s* U-Boot-Falle *f*

Q.C. [ˌkju: 'si:] *Abk* von **Queen's Counsel**

QED *Abk* von ⟨*lat*⟩ **quod erat demonstrandum** was zu beweisen war

qq *Abk* von **questions** ⟨do not answer ~ 5 and 6⟩

qr *Abk* von **quarter**

qt *Abk* von **quantity | quart**

q.t. [ˌkju:'ti:] *s, nur in:* **on the ~** *umg* heimlich, geheim

qty *Abk* von **quantity**

qu *Abk* von **question**

qua [kweɪ|kwɑ:] *adv* ⟨*lat*⟩ in der Eigenschaft als, als solche(r, -s) ⟨~ friend⟩

[1]**quack** [kwæk] **1.** *vi* (Ente) quaken, quäken | *übertr* schnattern; **2.** *s* Quaken *n*, Quäken *n* | *übertr* Geschwätz *n*

[2]**quack** [kwæk] **1.** *s* Kurpfuscher *m*, Quacksalber *m* | Scharlatan *m*; **2.** *adj* quacksalberisch, Quacksalber- ⟨~ doctor; ~ remedies Quacksalbermittel *n/pl*⟩; **3.** *vi* quacksalbern, Kurpfuscherei treiben; *vt* herumpfuschen an; '**~er·y** *s* Quacksalberei *f*, Kurpfuscherei *f* | Schwindel *m*, Marktschreierei *f*

quad [kwɒd] *s Brit umg* = **quadrangle** | *umg* Vierling *m*

⟨one of the four ~s⟩ | = **quadraphonic | quadraphonics | quadrat**

Quad·ra·ges·i·ma [ˌkwɒdrəˈdʒezəmə], *auch* ˌ~ ˈ**Sunday** *s Rel* Quadragesima *f* (erster Fastensonntag)

quad·ran|gle [ˈkwɒdræŋgl] *s Math* Viereck *n* | (*bes* Oxford, Cambridge) viereckiger Hof (e-s College) | viereckiger Häuserblock; **~gu·lar** [kwɒˈdræŋgjʊlə] *adj* viereckig

quad·rant [ˈkwɒdrənt] *s Math* Quadrant *m*, Viertelkreis *m*

qua|dra·phonic, *auch* **~dri·phon·ic** [ˌkwɒdrəˈfɒnɪk], *auch* **~dro**ˈ**phonic** [ˌkwɒdrəʊ-] *adj Mus* quadrophon(isch), Vierton-; ˈ**~draˌphonics**, *auch* ˈ**~dra·phon·y** *s Mus* Quadrophonie *f*

qua|dra·sonic [ˌkwɒdrəˈsɒnɪk], *auch* **~dri·son·ic** [ˌkwɒdrɪˈsɒnɪk] = **quadriphonic**; **~dra·son·ics** = **quadraphony**

quad·rat [ˈkwɒdrət] *s Typ* Quadrat *n*, großer Ausschluß, Geviert *n* ⟨em ~ Geviert *n*; en ~ Halbgeviert *n*⟩

quad|rate [ˈkwɒdreɪt] **1.** *adj* quadratisch; **2.** *s arch* Quadrat *n*; [~ˈreɪt] *vt* passend machen (**with** mit), anpassen (**to** an) | *arch* quadrieren; *vi* übereinstimmen (**with** mit); **~rat·ic** [kwəˈdrætɪk|kwɒ-] **1.** *adj* quadratisch ⟨≈ equation *Math* quadratische Gleichung⟩; **2.** *s Math* quadratische Gleichung; **~ra·ture** [ˈ~rətʃə] *s Math, Astr* Quadratur *f*; **~ric** [ˈ~rɪk] *adj Math* quadratisch

quad·ri|ga [kwɒˈdraɪgə] *s* (*pl* **~gae** [~dʒiː]) Quadriga *f*, Viergespann *n*

quad·ri·lat·er·al [ˌkwɒdrɪˈlætərl] **1.** *adj* viereckig, -seitig; **2.** *s* Viereck *n*

qua·drille [kwəˈdrɪl] *s* Quadrille *f*

quad·ril·lion [kwɒˈdrɪlɪən] *s Brit* Quadrillion *f* (10^{24}) | *Am* Billiarde *f* (10^{15})

quad·ri·par·tite [ˌkwɒdrɪˈpɑːtaɪt] *adj* vierteilig | Vierer-

quad·ro [ˈkwɒːdrəʊ] *s Arch* (quadratisches) Häuserviertel, Block *m*

qua·droon [kwɒˈdruːn|kwə-] *s arch* Viertelneger(in) *m(f)*, Terzeron(in) *m(f)*

quad·ru|ped [ˈkwɒdrʊped] *Zool* **1.** *adj* vierfüßig; **2.** *s* Vierfüßer *m*; **~pe·dal** [kwɒdˈruːpɪdl] *adj Zool* vierfüßig

quad·ru|ple [ˈkwɒdrʊpl] **1.** *adj* vierfach, Vierer- ⟨≈ alliance Viererpakt *m*; ≈ time *Mus* Vierertakt *m*⟩; **2.** *adv* vierfach; **3.** *s* Vierfache *n* ⟨the ≈ of four⟩; **4.** *vi, vt* (sich) vervierfachen; **~plet** [ˈkwɒdrʊplɪt|kwɒˈdrʊplɪt] *s* Vierling *m*; **~plex** [ˈ~pleks] *adj* vierfach, -fältig | *El* Quadruplex-; **~pli·cate** [kwɒˈdrʊplɪkeɪt] *vt* vervierfachen; [kwɒˈdrʊplɪkət] *s* vierfache Ausfertigung ⟨in ≈ vierfach⟩; **~pli·ca·tion** [kwɒdrʊplɪˈkeɪʃn] *s* Vervierfachung *f*; **~pole** [ˈ~pəʊl] *s Phys* Quadrupol *m*

quaff [kwɒf|kwɑːf] *lit* **1.** *s* Zechen *n* | Getränk *n*; **2.** *vt, vi* zechen, pokulieren, in vollen Zügen trinken; **~ off** (Getränk) hinunterstürzen; ˈ**~er** *s* Zecher *m*

quag [kwæg|kwɒg] = ˈ**~mire**; ˈ**~gy** *adj* sumpfig, moorig | weich, schwammig; **~mire** [ˈkwægmaɪə|ˈkwɒg-] *s* Sumpfland *n*, Moor *n* | Marsch *f* | *übertr* schwierige Lage

[1]**quail** [kweɪl] *s* (*collect pl* **~**, **~s**) *Zool* Wachtel *f* ⟨to shoot ~ and duck⟩ | *Am Sl* Mitschülerin *f*

[2]**quail** [kweɪl] *vi* verzagen, verzweifeln, den Mut verlieren | zittern (**at, before, with** bei, vor)

quaint [kweɪnt] *adj* drollig, putzig, wunderlich ⟨a ~ old lady⟩ | merkwürdig | malerisch ⟨a ~ landscape⟩ | altertümlich ⟨~ villages⟩

quake [kweɪk] **1.** *vi* (Erde) beben | (Person) zittern (**for, with** vor); **2.** *s umg* Erdbeben *n* | Zittern *n*

Quak·er [ˈkweɪkə] *s Rel* Quäker *m*; ˈ**~ism** *s* Quäkertum *n*

quak·ing grass [ˈkweɪkɪŋ grɑːs] *s Bot* Zittergras *n*

quak·y [ˈkweɪkɪ] *adj* bebend, zitternd

qual·i|fi·ca·tion [ˌkwɒlɪfɪˈkeɪʃn] *s* (*meist pl*) Befähigung *f*, Qualifikation *f* (**for** für) ⟨to have the necessary ≈s den Anforderungen entsprechen⟩ | Befähigungsnachweis *m* ⟨a doctor's ≈⟩ | Voraussetzung *f* (**for, of** für) | Einschränkung *f* ⟨without any ≈ ohne jede Einschränkung; with certain ≈ mit gewissen Einschränkungen⟩; **~fi·ca·tive** [ˈ~fɪˌkeɪtɪv] *adj* einschränkend; **~fied** [ˈ~faɪd] *adj* geeignet, qualifiziert (**for** für) ⟨a ≈ doctor⟩ | bedingt, eingeschränkt ⟨≈ approval bedingte Zustimmung⟩ | *Jur* befugt; **~fi·er** [ˈ~faɪə] *s* (Sport) Qualifizierte(r) *f(m)* | *Ling* nähere Bestimmung, Bestimmungswort *n*; ˈ**~fy** *vt* befähigen, ausbilden, qualifizieren (**for** für, **to** zu, **as** als) ⟨to ≈ o.s. for die Eignung erwerben für *od* zu⟩ | berechtigen, (behördlich) autorisieren (**for** zu, **to** *mit inf* zu *mit inf*) | *Ling* näher bestimmen | bezeichnen (**as** als) | einschränken, mäßigen, mildern | (Getränk) verdünnen; *vi* sich qualifizieren (**for** für, zu, **as** als) | sich eignen, in Frage kommen, Voraussetzung mitbringen ⟨do you ≈ for the vote dürfen Sie abstimmen?, haben Sie die Stimmberechtigung? ≈ing examination Eignungsprüfung *f*⟩

qual·i|ta·tive [ˈkwɒlətətɪv] *adj* qualitativ; **~ty** [ˈkwɒlətɪ] *s* Eigenschaft *f* ⟨in the ≈ of in der Eigenschaft als⟩ | Beschaffenheit *f*, Art *f*, Natur *f* | *bes Wirtsch* Güte *f*, Qualität *f* ⟨in ≈ qualitativ; ≈ control Qualitätskontrolle *f*; ≈ goods Qualitätswaren *f/pl*⟩ | *arch* Vornehmheit *f* ⟨a lady of ≈ eine Dame von hohem Stand; person of ≈ Standesperson *f*⟩ | *auch* ˈ**~ty** ˌ**pa·per** angesehene Zeitung; ˌ**~ty of** ˈ**life** *s* Lebensqualität *f*

qualm [kwɑːm|kwɔːm] *s* Schwäche *f*, Übelkeit *f* | (*oft pl*) Skrupel *m*, Bedenken *pl* (**about** wegen) ⟨~s of conscience Gewissensbisse *pl*⟩; ˈ**~ish** *adj* übel, unwohl

quan·da·ry [ˈkwɒndərɪ] *s* Verlegenheit *f*, verzwickte Lage ⟨in a ~ in Verlegenheit⟩

quan·go [ˈkwɒŋgəʊ|ˈkwæŋ-] *s Brit* halbamtliche Regierungsinstitution, staatliche Einrichtung mit von der Regierung unabhängigen Vollmachten

quan·ti|fi·a·ble [ˈkwɒntɪfaɪəbl] *adj* meßbar, quantitativ bestimmbar, quantifizierbar; ˈ**~fi·er** *s Phil* Quantor *m* | *Ling* Quantifikator *m* | Zahlenexperte *m*; ˈ**~fy** *vt* messen, quantitativ bestimmen | *Phil* quantifizieren; **~ta·tive** [ˈ~tətɪv], ˈ**~tive** *adj* quantitativ, mengenmäßig; **~ty** [ˈkwɒntətɪ] *s* Menge *f*, Größe *f*, Quantität *f* ⟨a small ≈; in ~ties in Hülle u. Fülle; in großen Mengen⟩ | *Math* Größe *f* ⟨an unknown ≈ eine Unbekannte⟩ | *Math* Fläche *f* | *Mus* Länge *f* | *Ling, Metr* Quantität *f* | *pl Brit* (Bauwesen) Maße *n/pl*, Kosten *pl* ⟨bill of ~ties Baukostenvoranschlag *m*; ≈ surveyor Baukostensachverständiger *m*⟩; ˌ**~ty of** ˈ**X-rays** *s* Röntgendosis *f*; ˈ**~ty proˌduc·tion** *s Wirtsch* Massenherstellung *f*

quan·tum [ˈkwɒntəm] **1.** *s* (*pl* **quan·ta** [ˈkwɒntə]) Menge *f*, Quantum *n* | *Phys* Quant *n*; **2.** *adj* spektakulär, bahnbrechend ⟨a ~ improvement⟩; ˈ**~ jump**, *auch* ˈ**~ leap** *s Phys* Quantensprung *m*; ˈ**~ meˌchan·ics** *s/pl* (*sg konstr*) *Phys* Quantenmechanik *f*; ˈ**~** ˌ**phys·ics** *s/pl* (*sg konstr*) Quantenphysik *f*; ˈ**~** ˌ**the·o·ry** *s Phys* Quantentheorie *f*

quar·an·tine [ˈkwɒrəntiːn] **1.** *s* Quarantäne *f* ⟨to be in ~ unter Quarantäne stehen; to put under ~ unter Quarantäne stellen⟩ | Quarantänestation *f*, Infektionshaus *n* | *übertr* Isolierung *f*; **2.** *vt* (*meist pass*) (jmdn.) unter Quarantäne stellen ⟨~d because of unter Quarantäne wegen⟩ | *übertr* (jmdn.) isolieren

quark [kwɑːk|kwɔːk] *s Phys* Quark *n*

[1]**quar|rel** [ˈkwɒrəl] **1.** *s* Zank *m*, Streit *m*, Auseinandersetzung *f* (**about** über, **between** zwischen, **with** mit) ⟨to have no ≈ with/against nichts auszusetzen haben an; to pick a ≈ with s.o. einen Streit anzetteln *od* vom Zaune brechen mit jmdm.⟩; **2.** (ˈ**~relled**, ˈ**~relled**) *vi* (sich) zanken, (sich) streiten (**about** über, **for** wegen, **with** mit) | sich

beklagen (**with** über), etw. auszusetzen haben (**with** an) | hadern (**with** mit), sich entzweien

[2]**quar·rel** ['kwɒrəl] *s* Steinmetzmeißel *m* | Glaserdiamant *m*

quar·rel·some ['kwɒrl̩səm] *adj* zänkisch, streitsüchtig

quar·ri·er ['kwɒrɪə] *s* Steinbrecher *m*, -hauer *m*

[1]**quar·ry** ['kwɒrɪ] *s* Jagdbeute *f* | *übertr* Beute *f*, Opfer *n*

[2]**quar·ry** ['kwɒrɪ] *s* Quaderstein *m* | unglasierte Kachel

[3]**quar·ry** ['kwɒrɪ] **1.** *s* Steinbruch *m* | *übertr* Fundgrube *f*; **2.** *auch* **~ out** *vt* (Steine) brechen | *übertr* ausgraben, mühsam erarbeiten | abgraben (**for** nach) | durchstöbern (**for** auf); *vi* in einem Steinbruch arbeiten | *übertr* herumstöbern ⟨to ~ in old books⟩; '**~man** *s* (*pl* '**~men**) Steinbrecher *m*, Steinbrucharbeiter *m*; '**~stone** *s* Bruch-, Naturstein *m*

[1]**quart** [kwɔ:t] **1.** *s* Quart *n*, Viertelgallone *f* (= 1,136 l) ⟨a ~ of beer; to try to put a ~ into a pint pot *umg* das Unmögliche versuchen⟩ | Quart-, Literflasche *f*

[2]**quart** [kwɔ:t] *s* (Fechten) Quart *f* | *Kart* Folge *f* von vier Spielkarten

quar·ter ['kwɔ:tə] **1.** *s* Viertel *n*, vierter Teil ⟨a ~ of a mile; to divide into ~s vierteln; the ~ *umg* die Viertelmeile, 440-Yard-Lauf *m*; a bad ~ of an hour eine unangenehme Viertelstunde; kurze, aber unangenehme Sache⟩ | Viertelstunde *f* ⟨a ~ to two dreiviertel zwei; a ~ of two *Am* Viertel *n* vor zwei⟩ | Vierteljahr *n*, Quartal *n* | *Astr* (Mond-) Viertel *n* ⟨at the first ~ im ersten Viertel⟩ | Quarter *n* (= 290,9 l) | Viertelpfund *n* | *Am* Vierteldollar *m*, 25 Cent | (Tier) Viertel *n*, Viertelstück *n* ⟨fore-~s Vorderviertel *pl*; hind-~s Hinterviertel *pl*⟩ | *Mar* Viertelstrich *m* | Viertelmeile *f* | Himmelsrichtung *f* ⟨from all ~s aus allen Richtungen⟩ | Stadtbezirk *m*, -viertel *n*, -teil *m* ⟨the Chinese ~; at close ~s beengt; in *od* aus nächster Nähe⟩ | Gegend *f* ⟨from that ~ aus dieser Ecke⟩ | *Mil* Gnade *f*, Pardon *m* ⟨to ask for (to give) ~ Gnade erbitten (gewähren)⟩ | *übertr* Nachsicht *f* ⟨to give fair ~ Nachsicht üben⟩ | *meist* **quar·ters** *pl Mil* Quartier *n* ⟨to return to ~s wieder einrücken; winter ~s Winterquartier *n*; married ~s (Familien-) Wohnungen *f/pl* außerhalb der Kaserne⟩ | *meist* **quar·ters** *pl* Unterkunft *f*, Logis *n* ⟨to have free ~s umsonst wohnen⟩ | *meist* **quar·ters** *pl Mar* Standort *m*, Posten *m* ⟨to beat / take to ~s⟩ | *Her* Wappenfeld *n* | *übertr* Quelle *f* ⟨from a good ~ aus sicherer Quelle; higher ~s höhere Stellen *f/pl*⟩; **2.** *adj in Zus Pol verächtl* halbherzig, unentschieden ⟨~-liberal⟩; **3.** *vt* vierteln, in vier Teile teilen *od* zerlegen ⟨to ~ an apple; to ~ a beef⟩ | aufteilen | *Hist* vierteilen | zerstückeln | *Mil* einquartieren | (jmdn.) beherbergen ⟨to ~ o.s. upon s.o. sich bei jmdm. einquartieren⟩; *vi* wohnen; **~age** ['~rɪdʒ] *s* vierteljährliche Zahlung; '**~back** *s* (Fußball) Abwehrspieler *m*; '**~ ˌbind·ing** *s Buchw* Halbfranzband *m*; '**~ boat** *s Mar* Schaluppe *f*; '**~ day** *s* Quartalstag *m*; '**~ deck** *s Mar* Quarter-, Achter-, Hinterdeck *n*; **ˌ~'fi·nal** *s* Viertelfinale *n*; '**~ing** *s* Vierteilen *n* | *Mil* Einquartierung *f* | *Her* gevierteiltes Wappen (mit fremdem Wappenschild); **ˌ~ ˌleath·er 'bind·ing** *s Buchw* Halblederband *m*; '**~ light** *s Brit* (Fahrzeug) Seitenfenster *n*; '**~ly** **1.** *adj* Viertel- | vierteljährlich, Vierteljahrs-, Quartals- ⟨≈ payments⟩; **2.** *adv* in Vierteln | vierteljährlich ⟨to be paid ≈⟩; **3.** *s* Vierteljahresschrift *f*; '**~ˌmas·ter** *s Mil* Quartiermeister *m* | *Mar* Steuerer *m*; **ˌ~mas·ter-'gen·er·al** *s Mil* Generalquartiermeister *m*; **quar·tern** ['kwɔ:tən] *s Brit* Viertelpinte *f* | *auch* '**quar·tern loaf** *s* Vierpfundbrot *n*; '**~ note** *s Am Mus* Viertel(note) *n(f)*; **ˌ~ note 'rest** *s Mus* Viertelpause *f*; '**~ plate** *s Foto* Platte *f*; '**~ ˌses·sions** *s/pl Jur Brit* vierteljährliche Gerichtssitzungen *f/pl* der Friedensrichter; '**~staff** *s* (*pl* '**~staves** ['~steɪvz]) *s Hist* (Waffe) dicker Stock; '**~ tone** *s Mus* Viertelton *m*

quar·tet[te] [kwɔ:'tet] *s Mus* Quartett *n* ⟨a string ~ ein Streichquartett⟩

quar·tile ['kwɔ:tɪl] *s Astr* Quadratur *f*, Geviertschein *m*

quar·to ['kwɔ:təʊ], *auch* **4to** [~] *Typ* **1.** *s* Quartformat *n* | Quarto(ausgabe) *f(f)* | Quartband *m* ⟨the first ~ of 'Hamlet'⟩; **2.** *adj* Quart-

quartz [kwɔ:ts] *s Min* Quarz *m* ⟨crystallized ~ Bergkristall *n*⟩; '**~ ˌbear·ing**, *auch* **~if·er·ous** [kwɔ:t'sɪfərəs] *adj* quarzhaltig; '**~ clock** *s* Quarzuhr *f*; '**~ glass** *s* Quarzglas *n*; '**~ite** *s* Quarzit *m*; '**~ lamp** *s Tech* Quarzlampe *f* | künstliche Höhensonne; '**~ thread** *s* Quarzfaden *m*; '**~ watch** *s* Quarzarmbanduhr *f*

qua·sar ['kweɪzɑ:] *s Astr* Quasar *m*

quash [kwɒʃ] *vt* (etw.) vernichten, zerstören | *Jur* aufheben, annullieren ⟨to ~ a verdict ein Urteil für ungültig erklären⟩

qua·si ['kweɪsaɪ|-zaɪ|'kwɑ:zɪ] **1.** *adj* Quasi-; **2.** *adv* quasi, gleichsam, als ob; **3.** *in Zus* Quasi- (*z. B.* **~-official** halbamtlich; **~-scientific** scheinwissenschaftlich; **in a ~-legal fashion** quasigesetzlich *od* -rechtmäßig)

quas·si·a ['kwɒʃə|-ʃɪə] *s Bot* Quassia *f*, Bitterholzbaum *m*

quat·er·cen·te·nar·y [ˌkwætəsen'ti:nərɪ|ˌkwɔ:t-|'kweɪt-|'kwɒt-] *s* vierhundertster Jahrestag, Vierhundertjahrfeier *f*

qua·ter|na·ry [kwə'tɜ:nərɪ] **1.** *adj* aus vier bestehend | *Chem* quaternär; **2.** *s Geol* Quartär *n*; **~nate** [~nɪt|~neɪt] *adj* aus vier bestehend

quat·rain ['kwɒtreɪn] *s Metr* Vierzeiler *m*

quat·tro·cen·to [ˌkwætrəʊ'tʃentəʊ] *s* (Kunst) Quattrocento *n*

qua·ver ['kweɪvə] **1.** *vi* zittern ⟨with ~ing hands; in a ~ing voice mit Zittern in der Stimme⟩ | *Mus* (Stimme) tremolieren, trillern; *vt, meist* **~ out** tremolierend singen | trällern ⟨to ~ forth dahinträllern⟩; **2.** *s* Zittern *n* | *Mus* Achtel(note) *n(f)*; '**~ rest** *s Mus* Achtelpause *f*; '**~y** *adj* zitternd | *Mus* tremolierend

quay [ki:] *s Mar* Kai *m*; '**~age** *s* Kaigeld *n*

quean [kwi:n] *arch verächtl s* Weibsbild *n* | Dirne *f*

quea·sy ['kwi:zɪ] *adj* (Magen) (über)empfindlich ⟨a ~ stomach⟩ | unwohl, kodd[e]rig ⟨I feel ~; to be ~ about s.th. sich gar nicht wohl fühlen bei etw.⟩ | mäkelig, heikel (im Essen) | übertrieben | sensibel, empfindsam | (Speise) Übelkeit erregend | gewagt, bedenklich ⟨a ~ plan⟩

queen [kwi:n] **1.** *s* Königin *f* (*auch übertr*) ⟨~ Elizabeth; May ~; beauty ~⟩ | *Zool* Königin *f* | *Kart* Dame *f* ⟨the ~ of spades Pikdame *f*⟩ | (Schach) Dame *f* ⟨~'s pawn Damenbauer *m*⟩ | *Brit Sl verächtl* (älterer) Homosexueller; **2.** *vi* (Schach) in eine Dame verwandelt werden; *vt* (Schach) zur Dame machen ◇ **~ it** *umg* die große Dame spielen; **~ it over s.o.** *umg* (Frau) die Chefin herauskehren bei; *übertr* (jmdn.) terrorisieren, bevormunden; **ˌ~ 'ant** *s Zool* Ameisenkönigin *f*; **ˌ~ 'bee** *s Zool* Bienenkönigin *f*; **ˌ~ 'con·sort** *s* (*pl* **ˌ~s 'con·sort**) Königin *f*, Gemahlin *f* des Königs; '**~dom** *s* Königinwürde *f*; **ˌ~ 'dow·a·ger** *s* Königinwitwe *f*; '**~like** *adj* königlich, wie eine Königin; '**~ly** *adj* königlich ⟨≈ robes; ≈ duties⟩; **ˌ~ 'moth·er** *s* Königinmutter *f*; **ˌQueen's 'Bench** *s Brit Jur* Oberster Gerichtshof; **ˌQueens·ber·ry 'rules** *s/pl* (Boxen) Queensberry-Regeln *pl* | *übertr* Regeln *pl* des Fair play; **ˌQueen's 'Coun·sel** *s* Kronanwalt *m*, Anwalt *m* der Krone, Staatsanwalt *m*; **ˌqueen's 'ev·i·dence** *s in:* **turn queen's ev·i·dence** *Jur* als Kronzeuge auftreten; **ˌqueen's 'peace** *s Jur* öffentliche Ordnung ⟨breach of the ≈ öffentliche Ruhestörung; to keep the ≈ die öffentliche Ordnung einhalten, sich ordnungsgemäß verhalten⟩

queer [kwɪə] **1.** *adj* seltsam, sonderbar, ungewöhnlich ⟨a ~ way of talking; ~ noises⟩ | (Person) verschroben, schrullig, wunderlich ⟨~ folk; ~ fish komischer Kauz; ~ in the head *umg* verrückt im Kopf⟩ | *umg* unwohl, unpäßlich ⟨a ~ sensation⟩ | *umg* fragwürdig, verdächtig ⟨~ money Blüten *f/pl*; ~ goings-on dunkle Geschäfte *n/pl*⟩ | *Sl verächtl* (Mann) homosexuell, schwul ◇ **in ≁ Street** *Brit Sl* pleite, blank; (finanziell) in Schwulitäten; **2.** *vt Sl* stören, in Unordnung bringen ⟨to ~ s.o.'s (one's own) pitch jmdm. (sich) alles vermasseln⟩; **3.** *s umg verächtl* Homo(sexueller) *m(m)* | *Sl* Blüten *f/pl*, Falschgeld *n*; **'~ish, '~some** *adj* verdreht, sonderbar

quell [kwel] *vt* (Aufstand) niederschlagen, (Aufständische) unterdrücken, bezwingen ⟨to ~ rebels⟩ | (Gefühl u. ä.) niederhalten, bezwingen, (Leidenschaft) bändigen, zügeln

quench [kwentʃ] **1.** *vt* (Feuer) löschen (**in, with** in, mit) | *poet* (Aufruhr u. ä.) unterdrücken | *übertr poet* (Durst u. ä.) löschen, stillen | *übertr* (Begeisterung u. ä.) dämpfen | *Tech* (Metall) abkühlen, abschrecken ⟨to ~ steel⟩; *vi* verlöschen (Feuer) | *übertr* nachlassen, sich legen (Aufregung u. ä.); **2.** *s Tech* Abschreckmittel *n*; **ˌ~ed 'lime** *s* gelöschter Kalk; **'~er** *s umg* Schluck *m*, Trunk *m*; **'~ing bath** *s Tech* Abschreckbad *n*; **'~less** *adj lit* unauslöschlich ⟨a ≈ flame eine ewige Flamme⟩

quer·ce·tin ['kwɜ:sɪtɪn] *s Chem* Quercetin *n*

quern [kwɜ:n] *s* Handmühle *f* | Pfeffermühle *f*

quer·u·lous ['kwerjələs|'kwerələs] *adj* mürrisch, nörgelnd, unzufrieden ⟨in a ~ tone⟩

que·ry ['kwɪərɪ] **1.** *s* Frage *f*, Erkundigung *f* | (*bes* unangenehme *od* anzweifelnde) (An-) Frage ⟨to raise a ~ eine Frage aufwerfen, Zweifel laut werden lassen⟩ | *Typ* (zweifelndes) Fragezeichen (am Rand) | Zweifel *m* | *Wirtsch* Rückfrage *f*; **2.** *vt* fragen (**whether, if** ob) | mit einem Fragezeichen versehen | beanstanden, Zweifel hegen an | *bes Am* (Politiker) befragen, Fragen stellen an (**about** nach, über); *vi* zweifeln

quest [kwest] **1.** *s* Suchen *n*, Nachforschen *n* (**for** nach) ⟨in ~ of *arch poet* auf der Suche nach⟩ | *arch* Untersuchung *f*; **2.** *vi förml* suchen, forschen (**after, for** nach) | (Hund) Wild suchen; *vt* suchen *od* streben nach

ques·tion ['kwestʃən] **1.** *s* Frage *f* ⟨to ask ~s Fragen stellen; to put a ~ to s.o.⟩ | Streitfrage *f*, strittiger Punkt ⟨beyond [all] ~ außer [allem] Zweifel; out of ~ außer Frage; there is no ~ of es ist nicht die Rede von; to call s.th. in[to] ~ etw. in Frage stellen; without ~ ohne Frage, fraglos, sicher[lich]⟩ | Frage *f*, Problem *n* ⟨a difficult ~; a ~ of time eine Frage der Zeit; in ~ fraglich; zur Debatte; out of the ~ unmöglich, nicht zur Debatte, undiskutabel; to be some (no) ~ of *mit ger* die (keine) Rede davon sein, daß; to beg the ~ behaupten, von vornherein als bewiesen ansehen; von einer falschen Voraussetzung ausgehen; to come into ~ zur Debatte stehen, in Frage kommen; the ~ is die Sache ist die; that's not the ~ darum geht es nicht⟩ | *Pol* Anfrage *f* ⟨≁! zur Sache; to put the ~ zur Abstimmung schreiten⟩ | *Jur* Verhör *n*, Befragung *f* | *Hist* Folter *f*; **2.** *vt* (be-, aus)fragen (**about** über) ⟨to ~ s.o. on jmd. fragen nach⟩ | bezweifeln, in Frage stellen (**if, whether** ob) | verhören ⟨~ed by the police⟩; *vi* Fragen stellen; **'~a·ble** *adj* fraglich, zweifelhaft ⟨≈ assertion zweifelhafte Behauptung⟩ | fragwürdig ⟨≈ friends unsichere Freunde⟩; **'~ar·y** *s* Fragebogen *m*; **'~er** *s* Fragende(r) *f(m)*, Fragesteller(in) *m(f)*; **'~ing** *adj* fragend ⟨a ≈ look⟩; **'~less 1.** *adj* fraglos, unstreitig; **2.** *adv* fraglos, ohne Frage; **'~ mark** *s* Fragezeichen *n*; **'~ˌmas·ter** *s Brit* (Diskussion, Quiz) Gesprächsleiter *m*, Moderator *m*, Fragesteller *m*; **~naire** [ˌ~'nɛə|ˌkestʃə'nɛə] *s* Fragebogen *m*; **'~ tag** *s Ling* Frageanhängsel *n*; **'~ time** *s Parl* Fragestunde *f*

quet|zal ['ketsl|'kwetsl] *s Zool* Que[t]zal *m*, Pfauentrogon *m* | [ket'sɑ:l] (*pl* **~'zal·es** [-leɪs]) Que[t]zal *m* (Goldmünze)

queue [kju:] *bes Brit* **1.** *s* (Personen-, Auto-) Reihe *f*, Schlange *f* ⟨a ~ of people eine Menschenschlange; to form a ~; to stand in a ~ Schlange stehen; to jump the ~ sich vordrängen⟩ | Haarzopf *m*; **2.** *vi, meist* **~ up** sich anstellen, Schlange stehen (**for** nach) | einen Zopf flechten

quib|ble ['kwɪbl] **1.** *s* Wortspiel *n* | Spitzfindigkeit *f*, Wortklauberei *f* | Ausflucht *f*; **2.** *vi* herumreden | Ausflüchte gebrauchen; **~ble over/about** *umg* herumkritteln an | viel Aufhebens machen von, sich aufspielen wegen | (sich) streiten wegen (**with** mit); **'~bling** *adj* haarspalterisch

quick [kwɪk] **1.** *adj* flink, rasch, schnell ⟨a ~ worker; as ~ as lightning schnell wie der Blitz; at a ~ pace schnellen Schrittes; be ~ (about it)! beeil dich (damit)!; ~ march! im Gleichschritt, marsch!; to have a ~ one einen Schluck auf die Schnelle trinken⟩ | (geistig) gewandt, beweglich, intelligent, fix ⟨a ~ child; ~ mind leichte Auffassungsgabe; ~ at figures fix im Rechnen; ~ wit Schlagfertigkeit *f*; not so ~ *umg* (Kind) schwerfällig, schwer von Begriff⟩ | schnell, prompt ⟨a ~ answer⟩ | reizbar, hitzig ⟨a ~ temper⟩ | scharf ⟨a ~ ear ein feines Gehör⟩ | *Wirtsch* flüssig, liquid ⟨~ assets Liquida *pl*⟩ | *arch* lebend ⟨the ~ and the dead⟩; **2.** *adv* schnell, geschwind, rasch ⟨to get rich ~⟩ | *in Zus* schnell ⟨~-acting schnell wirkend⟩; **3.** *s übertr* (lebendiges) Inneres, Mark *n* ⟨to the ~ bis ins Fleisch, bis ins Mark; durch und durch; to cut s.o. to the ~ jmdn. zutiefst verletzen; to paint s.o. to the ~ jmdn. malen, wie er leibt und lebt⟩; **4.** *vt arch* beleben; **ˌ~-and-'dir·ty** *s Am Sl* Schnellschlucke *f*, billiges Imbißlokal; **ˌ~ and 'dir·ty** *adj Am Sl* hingehauen, auf die Schnelle (gemacht *od* gebaut) ⟨a ≈ plant ein schludrig errichteter Betrieb⟩; **ˌ~ 'ash** *s Tech* Flugasche *f*; **ˌ~-'change** *adj* (schnell) verwandelbar, umstellbar ⟨≈ aircraft Flugzeug, das sehr schnell vom Passagier- in ein Transportflugzeug verwandelt werden kann; ≈ artist *Theat* Verwandlungskünstler *m*⟩; **'~en** *vt lit* kräftigen, beleben | (Schritt) beschleunigen ⟨to ≈ one's pace⟩; *vi* sich regen, sich bewegen ⟨the child ≈ed [in the womb]⟩ | lebendig werden | (Schritt, Puls) schneller werden; **'~en·ing** *s* Belebung *f*; **ˌ~-'eyed** *adj* scharfsichtig (*auch übertr*); **'~fire** *adj Mil* Schnellfeuer-; **'~ fix** *s umg verächtl* billiges Mittel, Lückenbüßer *m*; **'~-freeze** (**'~-froze, '~-ˌfrozen**) *vt* einfrosten, einfrieren, tiefkühlen; **'~ ˌfreez·ing** *s* Tiefkühlen *n*, Tiefkühlung *f*; **'~-ˌfrozen** *adj* Gefrier-, tiefgekühlt; **ˌ~-'frozen pack** *s* Tiefgefrierkonserve *f*; **'~hatch** *s Zool* Vielfraß *m*; **~ie** ['~ɪ] *umg s* etw. Hingehauenes, auf die Schnelle Gemachtes, schlechter Film | etwas Kurzdauerndes, schnelle Sache | Schnäpschen *n* | kurzanberaumter (inoffizieller) Streik; **'~lime** *s Chem* ungelöschter Kalk; **ˌ~-'lunch bar, ˌ~-'lunch ˌcount·er** *s* Schnellimbiß *m*; **'~ march** *s Mil* Eilmarsch *m*; **'~match** *s* Zündschnur *f*; **ˌ~-mo·tion 'cam·er·a** *s Foto* Zeitraffer(kamera) *m(f)*; **'~sand** *s* (*oft pl*) Treib-, Schwimmsand *m* ⟨a bed of ≈⟩; **'~set** *s Gartenb* Setzling *m* | *auch* **ˌ~set 'hedge** lebender Zaun; **ˌ~-'sight·ed** *adj* scharfsichtig; **'~ˌsil·ver 1.** *s Chem* Quecksilber *n* | *übertr* lebhaftes Temperament; **2.** *vt* mit Quecksilber überziehen; **'~step** *s Mil* Schnellschritt *m* | (Tanz) Quickstep *m*; **ˌ~-'tem·pered** *adj* leicht erregbar; **'~thorn** *s Bot* Weiß-, Hagedorn *m*; **'~ time** *s Mil* schnelles Marschtempo | Gleichschritt *m* ⟨in ≈⟩; **ˌ~'wit·ted** *adj* schlagfertig, schlau

[1]**quid** [kwɪd] *s* Priem *m*

[2]**quid** [kwɪd] (*pl* ~) *s Brit umg* Pfund *n* Sterling ⟨ten ~⟩ | *arch* Guinee *f*

quid·di·ty ['kwɪdətɪ] *s* Wesen *n* (e-r Sache) | Spitzfindigkeit *f*

quid·nunc ['kwɪdnʌŋk] *s* Neuigkeitskrämer *m*, Schwätzer *m*

quid pro quo [ˌkwɪd prəʊ 'kwəʊ] *s* (*pl* **ˌquid pro 'quos**) ⟨*lat*⟩ Gegenleistung *f*, Vergütung *f*

qui·es|cence [kwaɪ'esns|kwɪ-], **~cen·cy** [~nsɪ] *s* Ruhe *f*, Stille *f*; **'~cent** *adj* ruhig, still, bewegungslos | *Ling* stumm

qui·et ['kwaıət] **1.** *adj* ruhig, still ⟨a ~ evening⟩ | bewegungslos ⟨a ~ sea⟩ | geräuschlos ⟨~ footsteps; be ~ sei still!; ~, please! Ruhe bitte!; to keep ~ still sein; *übertr* den Mund halten⟩ | friedlich ⟨~ life; ~ times⟩ | ruhig, ausgeglichen ⟨a ~ mind⟩ | sanft, still ⟨a ~ child; a ~ old lady⟩ | zurückgezogen, abgeschlossen, zurückhaltend ⟨~ resentment heimlicher Ärger; to keep s.th. ~ etw. geheimhalten⟩ | unauffällig, gedeckt, gedämpft ⟨~ colours⟩ | *Wirtsch* ruhig, flau; **2.** *s* Ruhe *f*, Stille *f* ⟨in the ~ of the night; to have an hour's ~ eine Stunde Ruhe haben; a period of ~ eine Ruhepause; peace and ~ Ruhe und Frieden; on the ~, *auch* on the qt *umg* im stillen, heimlich, im Vertrauen⟩ | Ruhe *f*, Ausgeglichenheit *f* ⟨at ~ with o.s. mit sich selbst zufrieden⟩; **3.** *vt Am* = *Brit* **~en**; **'~en** *bes Brit vt* beruhigen, besänftigen ⟨to ≈ a child⟩ | (Angst u. ä.) mildern ⟨to ≈ s.o.'s suspicions jmds. Argwohn beschwichtigen⟩; *vi* **~en down** sich beruhigen

quiet|ism ['kwaıətızm] *s Rel* Quietismus *m* | Ruhe *f*; **'~ist** *s Rel* Quietist *m*; **ˌ~'is·tic** *adj Rel* quietistisch; **qui·e·tude** ['kwaıətju:d] *s* Ruhe *f*, Stille *f* | Ausgeglichenheit *f*, innerer Friede

qui·e·tus [kwaı'i:təs] *s* (*meist sg*) *lit* Tod *m*, Ende *n* ⟨to give s.o. his ~ jmdm. den Gnadenstoß geben⟩ | *selten* Quittung *f*

quiff [kwıf] *s Brit umg* Stirnlocke *f* | *umg* Masche *f*, Trick *m*

quill [kwıl] **1.** *s*, *auch* **'~ˌfeath·er** Schwanzfeder *f* | *auch* **ˌ~'pen** Federkiel *m* | *Zool* Stachel *m* | *Tech* Hohlwelle *f*; **2.** *vt* falten, kräuseln | (Faden) aufspulen; **'~ bit** *s Tech* Hohlbohrer *m*; **'~ ˌdriv·er** *s verächtl* Federfuchser *m*; **'~ing** *s* Krause *f*, Rüsche *f*

quilt [kwılt] **1.** *s* Steppdecke *f* | *Tech* Steppstich *m*; **2.** *vt* steppen, durchnähen | einnähen | wattieren, (aus)polstern ⟨~ed dressing gown gesteppter Morgenrock⟩; **'~er** *s* Steppmaschine *f*; **'~ing** *s* Steppen *n*, Durchnähen *n* | Stepperei *f* | Füllung *f*, Füllmaterial *n*, Wattierung *f*

quin [kwın] *s Brit umg* Fünfling *m*

qui·na ['ki:nə] *s Bot* Chinarinde *f* | Chinin *n*

quince [kwıns] *s Bot* Quitte *f*

quin·cen·te·nar·y [ˌkwınsən'ti:nərı], **quin·gen·te·nar·y** [ˌkwındʒən'ti:nərı] **1.** *adj* fünfhundertjährig; **2.** *s* fünfhundertster Jahrestag, Fünfhundertjahrfeier *f*

qui|nin[e] [kwı'ni:n|'kwıni:n] *s Chem, Med* Chinin *n*; **~nin·ism** [~'ni:nızm], **~nism** ['kwaınızm] *s Med* Chininvergiftung *f*

Quin·qua·ges·i·ma [ˌkwıŋkwə'dʒesımə] *auch* **Quin·quaˌges·i·ma 'Sun·day** *s Rel* Quinquagesima *f*

quin·que·va|lence [ˌkwıŋkwı'veıləns], **~len·cy** [~lənsı] *s Chem* Fünfwertigkeit *f*; **~lent** [~lənt] *adj Chem* fünfwertig

quin·sy ['kwınzı] *s Med* Halsbräune *f*

quint [kwınt] *s Mus* Quint[e] *f* | *Kart* Quinte *f* | *Am umg* Fünfling *m*

quin·tal ['kwıntl] *s* Doppelzentner *m*

quin·tet[te] [kwın'tet] *s Mus* Quintett *n* ⟨string ~ Streichquintett *n*; wind ~ Bläserquintett *n*⟩

quin·tes|sence [kwın'tesns] *s* Quintessenz *f*, Inbegriff *m*, Kern *m* | klassisches Beispiel (**of** für, von) | *Chem* Auszug *m*; **~sen·tial** [ˌ~'senʃl] *adj* Kern-, reinste(r, -s), typisch, wesentlich

quin·tile ['kwıntıl|-taıl] *s Astr* Quintil-, Gefünftschein *m*

quin·tu|ple ['kwıntju:pl] **1.** *adj* fünffach; **2.** *s* Fünffache *n*; **3.** *vi, vt* (sich) verfünffachen; **~plet** ['~plıt] *s* (*meist pl*) Fünfling *m*

quip [kwıp] **1.** *s* treffende Bemerkung, Bonmot *n* | witziger Einfall | treffender Hieb, Stichelei *f* | Spitzfindigkeit *f*; **2.** **(quipped, quipped)** *vi* Bonmots von sich geben, witzige Bemerkungen machen; **~ster** ['~stə] *s* Spötter *m*

quire ['kwaıə] *s Typ* Buch *n* Papier | (Buchbinderei) Lage *f* ⟨in ~s in Lagen⟩

quirk [kw3:k] **1.** *s* Kniff *m* | Spitzfindigkeit *f*, Witzelei *f* | plötzliche Wendung ⟨by some ~ of fate durch eine Laune des Schicksals⟩ | Marotte *f*, seltsame Eigenart ⟨~s in s.o.'s character Eigenheiten *pl* in jmds. Charakter⟩ | Schnörkel *m* | *Arch* Hohlkehle *f*; **2.** *vt Arch* spitzkehlen; **'~y** *adj* schlau, spitzfindig | schnörkelig

quis|le ['kwızl] *vi Pol* kollaborieren; **'~ling** *s* Quisling *m*, Kollaborateur *m*, Volksverräter *m*; **'~ling·ism** *s* Kollaboration *f*

quit [kwıt] **1.** (**'~ted, '~ted**) *vt* (Ort) verlassen | aufgeben, verzichten auf | *urspr Am* aufhören mit ⟨to ~ work; ~ that! hör auf damit!⟩ | (Schuld u. ä.) bezahlen | *arch refl* sich befreien (**of** von) | *poet* vergelten; *vi* weggehen | aufhören | ausziehen ⟨to give s.o. notice to ~ jmdm. die Arbeit *od* Wohnung kündigen; notice to ~ Kündigung *f*⟩; **2.** *adj präd* frei ⟨to go ~ frei ausgehen; to be ~ for davonkommen mit⟩ | frei, befreit (**of** von) ⟨~ of charges *Wirtsch* spesenfrei⟩

quit·claim ['kwıtkleım] *Jur* **1.** *s* Verzicht *m*; **2.** *vt* Verzicht leisten auf

quite [kwaıt] *adv* ganz, völlig, gänzlich ⟨~ alone ganz allein; ~ another ein ganz anderer; ~ the thing *umg* genau das Richtige; I ~ agree ich bin ganz dieser Meinung; I ~ understand ich verstehe vollkommen⟩ | ganz, wahrhaftig, wirklich ⟨~ a beauty eine ausgesprochene Schönheit; ~!, ~ so! ganz recht!; ~ something *umg* ganz ungewöhnlich; that's ~ all right das geht schon in Ordnung, so ist es recht⟩ | *umg* ganz, durchaus, recht, einigermaßen ⟨~ good ganz ordentlich; ~ warm recht warm; she ~ likes him sie findet ihn ganz nett; he was ~ polite, but … er war schon ganz höflich, aber …⟩

quits [kwıts] *präd adj* quitt ⟨double or ~ alles oder nichts; to be ~ with s.o. mit jmdm. quitt sein; to call it ~ es bewenden lassen, sich einigen, sich zufriedengeben; to cry ~ genug haben⟩

quit·tance ['kwıtns] *s* Vergeltung *f* ⟨in ~ of als Vergeltung für⟩ | *arch Wirtsch* Quittung *f* | *Jur* Schulderlaß *m* ◇ **give s.o. his/her ~** jmdn. hinauswerfen

quit·ter ['kwıtə] *s umg* Drückeberger *m*, einer, der nichts zu Ende bringt

[1]**quiv·er** ['kwıvə] **1.** *vt* (er)zittern lassen, zucken mit (Tier) ⟨to ~ one's nose⟩ | (Flügel) flatternd schlagen; *vi* (Zweig, Blatt u. ä.) zittern, beben (**with** vor); **2.** *s* (*meist sg*) Zittern *n*, Beben *n* ⟨in a ~ of excitement zitternd vor Aufregung⟩

[2]**quiv·er** ['kwıvə] *s* Köcher *m*

quiv·er·ing ['kwıvərıŋ] **1.** *adj* zitternd, bebend; **2.** *s* Zittern *n*, Beben *n*

qui vive [ˌki: 'vi:v] ⟨*frz*⟩ *s in*: **be on the qui vive** auf dem Quiviv sein, gut aufpassen

quix·ot·ic [kwık'sɒtık] *adj* donquichottisch, weltfremd, närrisch

quiz [kwız] **1.** **(quizzed, quizzed)** *vt*, *urspr Am* prüfen, abfragen, testen (**about** nach) | *Brit* hänseln, necken, aufziehen | *arch* fixieren, (frech) anstarren; **2.** *s* (*pl* **~zes** ['~ız]) Quiz *n*, Denksportaufgabe *f*, Wissenstest *m* | Scherz *m*, Neckerei *f* | *Am* Prüfung *f* | *arch* spöttischer Blick; **'~ game** *s* Ratespiel *n*, Quiz *n*; **'~ ˌmas·ter, '~zer** *s Am* Quizmaster *m*; **'~zi·cal** *adj* spöttisch ⟨a ≈ smile⟩ | lächerlich, komisch

quod [kwɒd] *s Brit Sl* Loch *n*, Gefängnis *n*, Knast *m* ⟨in ~ im Kittchen⟩

quod·li·bet ['kwɒdlıˌbet] *s Mus* Quodlibet *n*

quod vi·de [kwɒd 'vaıdi:] ⟨*lat*⟩ *Buchw förml* siehe

quoin [kɔın] **1.** *s Arch* Gebäudeecke *f* | *Arch* Eckstein *m* | *Typ* Keil *m*; **2.** *vt Arch* mit einem Eckstein versehen | *Typ* (Druckform) einkeilen

quoit [kɔɪt] *s* Wurfring *m*; **quoits** *s/pl* (*sg konstr*) Scheibenwerfen *n*
quon·dam ['kwɒndæm] *attr adj förml* ehemalig ⟨a ~ friend⟩
Quon·set hut [ˌkwɒnset 'hʌt] *s Am* Nissenhütte *f*
quor·ate ['kwɔ:rɪt] *adj Brit* beschlußfähig, vollzählig; **quo·rum** ['kwɔ:rəm] *s* beschlußfähige Mitgliederzahl, Beschlußfähigkeit *f* ⟨to have / form a ≈ beschlußfähig sein⟩
quo·ta ['kwəʊtə] *s* Quote *f*, Anteil *m* ⟨the ~ of students⟩ | *Wirtsch* Kontingent *n*, (Liefer-) Soll *n* ⟨~ goods kontingentierte Waren *f/pl*; ~system Zuteilungssystem *n*⟩; *Am Hist* Einwanderungsquote *f*; *Am* (Gleichberechtigung garantierende) Zahl der einzustellenden Frauen und Afroamerikaner
quot·a·ble ['kwəʊtəbl] *adj* zitierbar | *Wirtsch* notierbar; **quo·ta·tion** [kwəʊ'teɪʃn] *s* Zitat *n* ⟨familiar ≈s geflügelte Worte *n/pl*⟩ | Zitieren *n* | *Wirtsch* (Börsen-, Kurs-) Notierung *f* | (vorläufige) Preisangabe, geschätzter Preis | *Wirtsch* Preis *m*; **quo'ta·tion mark** *s* Anführungszeichen *n*; **quote 1.** *vt* zitieren, anführen ⟨to ≈ the Bible⟩ | als Nachweis anführen, belegen ⟨to ≈ (s.o.) an instance (jmdm.) ein Beispiel angeben⟩ | *Wirtsch* (Kurs) notieren | (Preis) festsetzen; *vi* zitieren (**from** aus, nach); **2.** *s umg* Zitat *n* ◇ **in quotes** in Anführungszeichen, -strichen
quoth [kwəʊθ] *v* (*3. Pers prät*) *arch* sprach, sagte ⟨~ he; ~ she⟩
quo·tid·i·an [kwəʊ'tɪdɪən] *förml adj* täglich | alltäglich ⟨~ duties⟩ | *Med* täglich wiederkehrend ⟨~ fever⟩
quo·tient ['kwəʊʃnt] *s Math* Quotient *m*
q.v. *Abk* von **quod vide** ⟨*lat*⟩ siehe ⟨~ page 7⟩

R

R, r [ɑ:] *s* (*pl* **R's, Rs, r's, rs** [ɑ:z]) R *n*, r *n* ⟨the three R's Lesen, Schreiben und Rechnen⟩
r *Abk* von **recto**
R *Abk* von **Royal** ⟨R.A.F.⟩ | *Geogr* **river** | **Rex** *od* **Regina** ⟨Victoria R⟩
rab·bet ['ræbɪt] *Tech* **1.** *s* Falz *m*, Nut *f*; **2.** *vt* (ein)falzen, (ein)fugen; **'~ joint** *s* Einfalzung *f*, Einfugung *f*; **'~ plane** *s* Falzhobel *m*
rab|bi[n] ['ræbaɪ|'ræbɪn] *s* Rabbi *m*; **~bin·ic** [rə'bɪnɪk], **~'bin·i·cal** *adj* rabbinisch
rab·bit ['ræbɪt] **1.** *s* Kaninchen *n* | Kaninchenfell *n* | *Sl* (*bes* Tennis) Stümper *m* ◇ **Welsh ~** = **rarebit**; **2.** *vi* Kaninchen jagen ⟨to go ~ting auf Kaninchenjagd gehen⟩; **'~ ˌbur·row** *s* Kaninchenbau *m*; **'~ ˌfe·ver** *s* Hasenpest *f*; **'~ hole** *s* Kaninchenbau *m*; **'~ hutch** *s* Kaninchenstall *m*; **'~ punch** *s* (Boxen) (unerlaubter) Schlag ins Genick; **'~ ˌwar·ren** *s* Kaninchengehege *n* | *übertr* Labyrinth *n*, enges Straßengewirr | Mietskaserne *f*
[1]**rab·ble** ['ræbl] *s* Mob *m*, wilder Haufen ⟨the ~ *verächtl* der Pöbel⟩
[2]**rab·ble** ['ræbl] *Tech* **1.** *s* Rührhaken *m*, -krücke *f*, Krähler *m*; **2.** *vt* (durch)rühren
[3]**rab·ble** ['ræbl] *vt, vi Schott, dial* plappern
rab·ble fur·nace ['ræbl ˌfɜ:nɪs] *s Tech* Krähl-, Rührofen *m*
rab·ble-rous|er ['ræbl ˌraʊzə] *s* Aufrührer *m*, Demagoge *m*; **'~ing** *adj* aufwieglerisch, demagogisch
Ra·be·lai·si·an [ˌræbə'leɪzɪən] *adj* von Rabelais | im Stil des Rabelais, grob-satirisch ⟨~ humour⟩
rab·id ['ræbɪd] *adj* wütend, wild, rasend ⟨~ hate⟩ | *verächtl* fanatisch ⟨a ~ conservative⟩ | (Hund) tollwütig; **ra·bid·i·ty** [rə'bɪdətɪ] *s* Wut *f* | *verächtl* Tollheit *f*, Rabiatheit *f*
ra·bies ['reɪbi:z] *s Vet* Tollwut *f*, Rabies *f*
RAC [ˌɑ:r eɪ 'si:] *Abk* von **Royal Automobile Club**
rac·coon [rə'ku:n] *s Zool* Waschbär *m* | Waschbärenfell *n*
[1]**race** [reɪs] **1.** *s* Rasse *f* ⟨the Caucasian ~; the Negroid ~⟩ | Rasse *f*, Geschlecht *n*, Stamm *m* ⟨the Anglo-Saxon ~⟩ | Abstammung *f* ⟨of noble ~ von vornehmer Abstammung⟩ | *Bot, Zool* Gattung *f* ⟨the human ~ die Gattung Mensch; the feathered ~ *humor* die Vögel *m/pl*; the finny ~ *humor* die Fische *m/pl*⟩; **2.** *adj* Rassen- ⟨~ hatred; ~ relations⟩
[2]**race** [reɪs] **1.** *s* (Wett-) Rennen *n*, (-) Lauf *m*, (-) Fahrt *f* (**against** gegen, **between** zwischen, **with** mit) ⟨a boat ~⟩ | *übertr* Wettlauf *m*, Kampf *m* ⟨a ~ against time; a ~ for the train ein Gehetze nach dem Zug⟩ | (Gestirne, Leben, Zeit) Lauf *m* ⟨his ~ is nearly run seine Zeit ist fast abgelaufen⟩ | Strömung *f*; Flußbett *n* | (Ge-) Rinne *n(f)* ⟨mill~ Mühlgraben *m*⟩ | *Tech* (Kugellager-) Laufring *m*; **2.** *vi* (um die Wette) laufen, rennen, fahren (**with** mit, **against** gegen); (dahin)rasen | *Tech* (Motor) rasen, überschnell laufen | am Rennen teilnehmen ⟨to ~ at Newmarket⟩ | sich dem Rennsport widmen; *vt* um die Wette laufen mit | (Pferd) laufen lassen | (im Eiltempo) befördern ⟨to ~ s.o. to the station⟩ | (Gesetz) durchpeitschen | *Tech* (Motor) abjagen, durchdrehen lassen ⟨to ~ an engine⟩; **'~ boat** *s* Rennboot *n*; **'~ card** *s* (gedrucktes) Rennprogramm; **'~course** *s* Rennbahn *f*, -platz *m*; **'~ ˌdriv·er** *s* (Auto-) Rennfahrer *m*; **'~horse** *s* Rennpferd *n*
ra·ceme [reɪ'si:m] *s Bot* Traube *f*
race meet·ing ['reɪs ˌmi:tɪŋ] *s* (Pferde) Rennen *n*, Renntag *m*, -veranstaltung *f*; **'rac·er** *s* Rennfahrer *m* | Rennpferd *n* | Rennwagen *m*; **'ra·ces** *s/pl* Pferderennen *n* ⟨to go to the ≈⟩; **'race·track** *s bes Am* Rennbahn *f*
ra·chit·ic [rə'kɪtɪk] *Med adj* rachitisch; **ra·chi·tis** [rə'kaɪtɪs] *s* Rachitis *f*, englische Krankheit
ra·cial ['reɪʃl] *adj* rassisch, Rassen- ⟨~ conflict; ~ discrimination; ~ minorities⟩; **'~ism** *s verächtl* Rassenhaß *m*; **'~ly** *adv* in rassenmäßiger Hinsicht, in bezug auf die Abstammung
rac·ing ['reɪsɪŋ] **1.** *s* (Wett-) Rennen *n* | Rennsport *m*; **2.** *adj* Renn- ⟨~ club; a ~ man ein Rennsportanhänger⟩; **'~ boat** *s* Rennboot *n*; **'~ car** *s* Rennwagen *m*; **'~ ˌcy·clist** *s* Radrennfahrer *m*; **'~ ˌdriv·er** *s* Rennfahrer *m*; **'~ route** *s* Rennstrecke *f*; **'~ ˌsta·ble** *s* Rennstall *m*
rac|ism ['reɪsɪzm] *verächtl s* Rassenhaß *m*; **'~ist** *s* Rassist *m*, Vertreter *m* des Rassenhasses
[1]**rack** [ræk] **1.** *s* Gerüst *n*, Gestell *n* | Futterraufe *f* | Kleiderständer *m*, -leiste *f* ⟨clothes ~; hat ~ Hutablage *f*; magazine ~ Zeitungsständer *m*⟩ | Bord *n*, Brett *n* ⟨plate ~ Tellerbrett *n*⟩ | Gepäcknetz *n* ⟨luggage ~; roof ~ Dachgepäckträger *m*, Dachgarten *m*⟩ | (Fächer) Regal *n* ⟨tool ~ Werkzeugregal *n*⟩ | *Typ* Setzregal *n* | Folterbank *f* ⟨on the ~ auf der Folter⟩ | *übertr* Folter *f* ⟨to put s.o. on the ~ *übertr* jmdn. auf die Folter spannen⟩ | *Tech* Zahnstange *f*; **2.** *vt* in ein Regal legen | (Raufe) füllen | *übertr* quälen, foltern ⟨a ~ing headache quälende Kopfschmerzen *pl*; ~ed with pain schmerzgequält; to ~ one's brains for s.th. sich wegen *od* über etw. den Kopf zerbrechen⟩ | *verächtl* Wuchermieten verlangen von, aussaugen ⟨to ~ one's tenants⟩; **~ up** *umg* (Sport) anschreiben, gutschreiben ⟨to ~ up 10 points for/to s.o.⟩ | (Sport) sich erspielen,

schaffen ⟨to ~ up a string of triumphs⟩; *vi* ~ **up** Futter nachschütten

[2]**rack** [ræk] **1.** *s poet* vom Wind getriebene Wolken *f/pl*; **2.** *vi* (Wolken) treiben, dahinziehen

[3]**rack,** *auch* **wrack** [ræk] *s* Vernichtung *f* ⟨to be in ~ and ruin völlig verkommen sein; to go to ~ and ruin völlig zugrunde gehen⟩

[4]**rack** [ræk] *vt, meist* ~ **off** (Wein u. ä.) abziehen, abfüllen | (Bierfässer) füllen

rack car ['ræk kɑ:] *s Am Eisenb* Waggon *m* zur Anlieferung von PKW ab Werk

[1]**rack·et** ['rækɪt] *s* (Tennis u. ä.) Schläger *m*, Rakett *n* | *pl* (*sg konstr*) Rakettspiel *n* | Schneereifen *m*

[2]**rack·et** ['rækɪt] **1.** *s* Lärm *m*, Krach *m* ⟨what a ~!⟩ | Taumel *m*, Ausgelassenheit *f*, Rummel *m*, Trubel *m* ⟨the ~ of modern life das Gehetze des heutigen Lebens; the ~ of the London season die Hektik der Londoner Saison; to go on the ~ *umg* ein wüstes Leben führen, auf die Pauke hauen, es toll treiben; to stand the ~ *umg* eine Prüfung aushalten; *übertr* eine Sache ausbaden, für alles herhalten⟩ | *urspr Am umg* Schiebung *f*, Gaunerei *f* ⟨to be on the ~ mit von der Partie sein⟩ | *Am Sl* Erpressung *f*; **2.** *vi* Krach schlagen, lärmen | *auch* ~ **about** *Sl* es toll treiben, sumpfen; **~eer** [ˌ~'ɪə] *s urspr Am umg verächtl* Schieber *m*, Geschäftemacher *m* | *Am Sl* Erpresser *m* | *Am Sl* Gangster *m*; **ˌ~'eer·ing** *s Am Sl* Erpresserwesen *n* | *urspr Am umg verächtl* Schieberei *f*, Geschäftemacherei *f*; **'~y** *adj* lärmend | ausschweifend, liederlich ⟨to lead a ≈ life⟩

rack| rail·way ['ræk ˌreɪlweɪ] *s* Zahnradbahn *f*; **'~ rent** *s verächtl* Wuchermiete *f* ⟨to pay/charge ~ rents⟩ | *Brit* Höchstmiete *f*, höchster (erlaubter) Mietsatz; **'~-rent** *vt* Wuchermieten fordern von; **'~-ˌrent·er** *s* Mietwucherer *m* | jmd., der Wuchermieten bezahlen muß; **'~ ˌsteer·ing** *s Kfz* Zahnstangenlenkung *f*; **'~wheel** *s Tech* Zahnrad *n*; **'~work** *s Tech* Zahnradgetriebe *n*

rac·on·teur [ˌrækɒn'tɜ:] *s* Erzähler *m*

ra·coon [rə'ku:n] *Brit* = **raccoon**

rac·quet ['rækɪt] = [1]**racket**

rac·y ['reɪsɪ] *adj* (Pferd) rassig, edel | (Worte) stark, kernig | (Wein u. ä.) kräftig, würzig ⟨~ flavour pikanter Geschmack; ~ of the soil urwüchsig⟩ | geistreich, spritzig ⟨a ~ speech⟩ | *Am umg* gewagt ⟨~ anecdotes⟩

rad [ræd] *s umg Pol* Radikaler *m* (*Kurzw* von **radical**)

ra·dar ['reɪdɑ:] *El s* Radar *n*, Funkmeßtechnik *f* ⟨by ~⟩ | Radargerät *n*; **'~ beam** *s* Radarstrahl *m*; **'~ flip** *s* (Radar-) Echozacken *m*; **'~ ˌjam·ming** *s* Radarstörung *f*; **'~ net[work]** *s* Radarnetz *n*; **'~ screen** *s* Radarschirm *m*; **'~ set** *s* Radargerät *n*; **'~ trap** *s* Radarfalle *f*; **'~ watch** *s* Radarüberwachung *f*

rad·dle ['rædl] **1.** *s* Rötel *m*, Rotstein *m*; **2.** *vt* mit Rötel bemalen | rot anmalen

ra·di·al ['reɪdɪəl] **1.** *adj* radial, strahlen-, sternförmig, Radial-; **2.** *s Tech* Radialbohrmaschine *f* | = **ˌ~ 'tyre**; **ˌ~ 'blow·er** *s Tech* Radialgebläse *n*; **ˌ~ 'drill[·ing maˌchine]** *s* Radialbohrmachine *f*; **ˌ~ 'en·gine** *s Tech* Sternmotor *m*; **~i·ty** [ˌreɪdɪ'ælətɪ], **~i·za·tion** [ˌreɪdɪəlaɪ'zeɪʃn] *s* strahlenförmige Anordnung; **'~ize** *vt* strahlenförmig anordnen; **ˌ~ 'load·ing** *s* Radialbelastung *f*; **ˌ~ 'play** *s* Radialspiel *n*; **ˌ~ 'tyre** *s Kfz* Radialreifen *m*

ra·di|ance ['reɪdɪəns], **'~an·cy** *s* Strahlen *n*, strahlender Glanz (*auch übertr*); **'~ant 1.** *adj* leuchtend, strahlend (*auch übertr*) (**with** vor) ⟨the ≈ sun; a ≈ face; ≈ with joy⟩ | *Phys* Strahlungs-, Strahlung abgebend; **2.** *s Phys* Strahlungsquelle *f*; **ˌ~ant 'den·si·ty** *s Phys* Strahlungsdichte *f*; **ˌ~ant 'en·er·gy** *s Phys* Strahlungsenergie *f*; **ˌ~ant 'field** *s Phys* Strahlungsfeld *n*; **ˌ~ant 'heat** *s* Wärmestrahlung *f*; Strahlungswärme *f*; **ˌ~ant 'heat·ing** *s* Strahlungsheizung *f*; **ˌ~ant**

in'ten·si·ty *s Phys* Strahlungsintensität *f*; **~ate** ['-eɪt] *vi* leuchten, strahlen (*auch übertr*) | ausstrahlen, ausgehen (*auch übertr*) (**from** von) | (Straßen u. a.) strahlenförmig ausgehen (**from** von) | *El* ausstrahlen, (aus)senden; *vt* ausstrahlen, verbreiten (*auch übertr*) ⟨to ≈ warmth; to ≈ happiness; to ≈ enthusiasm⟩ | an-, bestrahlen | *El* ausstrahlen, (aus)senden; ['-ɪt] *adj* strahlig, strahlenförmig | *Bot* Strahl(en)-, strahlenblütig; **ˌ~'a·tion** *s* Ausstrahlung *f* (*auch übertr*) | An-, Bestrahlung *f* | (Röntgen- u. a.) Strahlung *f*; **ˌ~'a·tion ˌbar·ri·er** *s* Strahlenschranke *f*; **ˌ~'a·tion burn** *s* Strahlungsverbrennung *f*; **ˌ~'a·tion ˌcham·ber** *s* Bestrahlungsraum *m*, Ionisationskammer *f*; **ˌ~'a·tion ˌdan·ger** *s* Strahlengefahr *f*; **ˌ~'a·tion death** *s* Strahlentod *m*; **ˌ~'a·tion dose** *s Phys* Strahlendosis *f*; **ˌ~'a·tion inˌten·si·ty** *s Phys* Strahlungsintensität *f*; **ˌ~'a·tion loss** *s Phys* Strahlungsverlust *m*; **ˌ~'a·tion ˌsick·ness** *s Med* Strahlenkrankheit *f*; **ˌ~'a·tion ˌtreat·ment** *s Med* Strahlenbehandlung *f*; **~a·tive** ['~eɪtɪv] *adj* Strahlungs-; **~a·tor** ['~eɪtə] *s Tech* Radiator *m*, Heizkörper *m* | *El* Sendeantenne *f* | *Kfz* Kühler *m*; **ˌ~a·tor 'bon·net** *s Kfz* Kühlerhaube *f*; **ˌ~a·tor 'fin** *s Kfz* Kühlrippe *f*; **ˌ~a·tor 'grid, ˌ~a·tor 'grill** *s Kfz* Kühlergrill *m*; **ˌ~a·tor 'mas·cot** *s Kfz* Kühlerfigur *f*

rad·i·cal ['rædɪkl] **1.** *adj* gründlich, Grund- | wesentlich, fundamental ⟨~ difference⟩ | radikal ⟨~ reforms⟩ | eingewurzelt, ursprünglich, Ur- ⟨~ evil Erb-, Grundübel *n*⟩ | *Pol* radikal, Radikal- | *Mus* Grund(ton)- | *Ling, Math, Bot* Wurzel- | *Chem* Radikal-; **2.** *s Pol* Radikale(r) *f(m)* | *Mus* Grundton *m* | *Ling, Math* Wurzel *f* | *Math* Wurzelgröße *f* | *Chem* Radikal *n* | *übertr* Basis *f*, Grundlage *f*; **ˌ~ 'chain** *s Chem* Radikalkette *f*; **'~ism** *s Pol* Radikalismus *m*; **'~ize** *vt Pol* radikalisieren; **ˌ~ 'quan·ti·ty** *s Math* Wurzelgröße *f*; **ˌ~ 'sign** *s Math* Wurzelzeichen *n*

rad·i·cand ['rædɪkənd] *s Math* Radikand *m*

rad·i·ces ['reɪdɪsi:z] *s/pl* von ↑ **radix**

rad·i·cle ['rædɪkl] *s Bot* Keimwurzel *f* | *Med* (Gefäß-) Wurzel *f*; **ra·dic·u·lar** [rə'dɪkjʊlə] *adj Bot* (Keim-) Wurzel-

rad·i·i ['reɪdɪaɪ] *s/pl* von ↑ **radius**

ra·di·o ['reɪdɪəʊ] **1.** *s* (*pl* **'ra·di·os**) Funk *m* ⟨by ~ durch Funk, über Funk⟩ | Radio *n*, Rundfunk *m* ⟨on the ~ im Radio; to talk over the ~ im Funk sprechen⟩ | *auch* **'~ set** Radio(apparat) *n(m)* ⟨portable ~ Kofferradio *n*⟩ | Funkspruch *m* | Röntgenstrahlen *m/pl*; **2.** *vi* drahtlos senden, funken ⟨to ~ for help per Funk um Hilfe rufen⟩; *vi* funken, funken an (jmdn.) | mit Radium behandeln | durchleuchten; **ˌ~'ac·tive** *adj* radioaktiv; **ˌ~ac'tiv·i·ty** *s* Radioaktivität *f*; **'~ ˌbea·con** *s* Funkbake *f*, -feuer *n*; **'~ beam** *s* Richtstrahl *m*; **'~ ˌbear·ing** *s* Funkpeilung *f* | Peilwinkel *m*; **'~ call** *s* Funkruf *m*; **ˌ~'car·bon ˌdat·ing** *s Phys* (Altersermittlung mit Hilfe der) Radiokohlenstoffmethode; **'~ ˌchan·nel** *s* Funkkanal *m*; **ˌ~ com·mu·ni'ca·tion** *s* Funkverbindung *f*; **ˌ~ 'dra·ma** *s* Hörspiel *n*; **ˌ~ ˌen·gi'neer·ing** *s* Funk-, Radiotechnik *f*; **'~ ˌfre·quen·cy** *s* Radiofrequenz *f*; Hochfrequenz *f*; **~gram** ['~græm] *s Am* Funktelegramm *n* | Röntgenaufnahme *f* | *Brit selten* Radio *n* mit Plattenspieler, Musiktruhe *f*; **ˌ~'gram·o·phone** *s* Radio *n* mit Plattenspieler; **~graph** ['~grɑ:f] **1.** *s* Röntgenbild *n*; **2.** *vt* ein Röntgenbild machen von; **~graph·ic** [ˌ-'græfɪk], **ˌ~'graph·i·cal** *adj* röntgenologisch; **ra·di·og·ra·phy** [ˌreɪdɪ'ɒgrəfɪ] *s* Röntgenkunde *f*; **ˌ~'i·so·tope** *s* Radioisotop *n*

ra·di·o·lar·i·an [ˌreɪdɪəʊ'lɛərɪən] *s Zool* Strahlentierchen *n*

ra·di·o| link ['reɪdɪəʊ lɪŋk] *s* Richtfunkstrecke *f* | Gemeinschaftssendung *f*; **ˌ~lo'ca·tion** *s El* Funkortung *f*, Radar *n*; **~log·i·cal** [ˌ~'lɒdʒɪkl] *adj* radiologisch, Röntgen-; **ra·di·ol·o·gist** [ˌreɪdɪ'ɒlədʒɪst] *s* Röntgenologe *m*; **ra·di·ol·o·gy** [ˌreɪdɪ'ɒlədʒɪ] *s* Radiologie *f*, Röntgenkunde *f*; **'~ mast** *s*

Antennenmast *m*; '~ ˌ**mes·sage** *s* Funkmeldung *f*; **ra·di·om·e·ter** [ˌreɪdɪ'ɒmɪtə] *s* Radiometer *n*, Strahlungsmesser *m*; **ra·di·om·e·try** [ˌreɪdɪ'ɒmətrɪ] *s* Radiometrie *f*; ˌ~ '**net·work** *s* Funknetz *n*, Sendernetz *n*; ˌ~ '**pho·to[graph]** *s* Funkbild *n*; '~ **reˌceiv·er** *s* Rundfunkgerät *n*; **ra·di·os·co·py** [ˌreɪdɪ'ɒskəpɪ] *s* Radioskopie *f*, Röntgendurchleuchtung *f*; '~ **set** *s* Rundfunkgerät *n*; '~ ˌ**sta·tion** *s* Rundfunkstation *f*, Sender *m*; ˌ~ '**tel·e·gram** *s* Funktelegramm *n*; ˌ**~te'leg·ra·phy** *s* Funktelegraphie *f*; ˌ**~te'leph·o·ny** *s* Funktelephonie *f*; ˌ**~'tel·e·scope** *s* Radioteleskop *n*; ˌ**~ˌther·a'peu·tics** *s/pl (oft sg konstr)*, ˌ**~'ther·a·py** *s* Strahlentherapie *f*; ˌ**~'ther·a·pist** *s Med* Radiologe *m*, Arzt *m* für Strahlenheilkunde; '~ **transˌmit·ter** *s* Rundfunksender *m*

rad·ish ['rædɪʃ] *s Bot* Rettich *m*

ra·di·um ['reɪdɪəm] *s Chem* Radium *n*

ra·di|us ['reɪdɪəs] *s* (*pl* **~i** [~aɪ], **~us·es** [~əsɪz]) Radius *m*, Halbmesser *m* | *Anat, Zool* Radius *m*, Speiche *f* | *Bot* Strahl *m* | *Tech* Auslenkung *f* | *übertr* Umkreis *m* ⟨within a ≈ of two miles im Umkreis von zwei Meilen⟩ | *übertr* Wirkungs-, Einflußbereich *m*

ra·dix ['reɪdɪks] *s* (*pl* **rad·i·ces** ['reɪdɪsi:z], **~es** ['~ɪz]) *Math* Grundzahl *f* | *Ling* Wurzel *f* | *Bot* Wurzel *f*

ra·don ['reɪdɒn] *s Chem* Radon *n*

R.A.F. [ˌɑ:r eɪ 'ef] *Brit umg Abk* von **Royal Air Force** ⟨to join the ~ zu den Fliegern gehen⟩

raf·fi·a ['ræfɪə] *s* Raffiabast *m*

raf·fin·ate ['ræfɪnɪt|-neɪt] *s* Raffinat *n*

raf·fi|né [ræfi:'neɪ] **1.** *adj* (*f* **~née**) ⟨*frz*⟩ kultiviert, besonders gebildet, sehr vornehm; **2.** *s* Dandy *m*, Lebemann *m*

raff·ish ['ræfɪʃ] *verächtl adj* liederlich ⟨a ~ young man⟩ | gemein, ordinär, pöbelhaft ⟨with a ~ air in pöbelhafter Weise⟩

[1]**raf·fle** ['ræfl] **1.** *s* Tombola *f* ⟨tickets for a ~ Tombolalose *n/pl*⟩; **2.** *vt, auch* **~ off** verlosen; *vi* würfeln, losen (**for** um)

[2]**raf·fle** ['ræfl] *s* Abfall *m* | Plunder *m*, Gerümpel *n*

raft [rɑ:ft] **1.** *s* Floß *n* (aus Baumstämmen) | *auch* '**life~** *s Mar, Flugw* Rettungsfloß *n* | *Am umg* Menge *f*, Trupp *m*, Meute *f* ⟨a ~ of people⟩; **2.** *vt* (Holz) zu einem Floß zusammenfügen | flößen | mit einem Floß fahren auf; *vi* flößen; auf einem Floß fahren ⟨to ~ down the stream⟩; [1]'**~er** *s* Flößer *m*

[2]**raft·er** ['rɑ:ftə] *Arch* **1.** *s* Dachsparren *m*, -balken *m*; **2.** *vt* mit Sparren versehen ⟨~ed roof Sparrendach *n*⟩

rafts|man ['rɑ:ftsmən] *s* (*pl* '**~men**) Flößer *m*

[1]**rag** [ræg] *s* Fetzen *m*, Lumpen *m* ⟨in ~s zerlumpt⟩ | Tuch *n*, Lappen *m* | *scherzh* (Kleid) Fetzen *m* ⟨glad ~s Sonntagsstaat *m*⟩ | Fetzen *m*, Bruchstück *n* ⟨~ of cloud Wolkenfetzen *m*⟩ | *verächtl* Wurst-, Schundblatt *n* | *Am umg verächtl* Waschlappen *m* | *übertr* Spur *f* ⟨not a ~ of evidence nicht der geringste Beweis⟩ ◇ **feel like a wet ~** *umg* sich völlig ausgelaugt *od* ausgepumpt fühlen; **like a red ~ to a bull** *umg* wie ein rotes Tuch (**to** für)

[2]**rag** [ræg] *s Geol* Kalksandstein *m*

[3]**rag** [ræg] *Brit umg* **1.** (**ragged, ragged**) *vt* anschnauzen, heruntermachen | necken, hochnehmen, Schabernack treiben mit; *vi* Radau machen | sich streiten; **2.** *s* Radau *m*, Klamauk *m*, Jux *m*, (Studenten-) Ulk *m* ⟨for/as a ~ aus Ulk *od* Spaß⟩

[4]**rag** [ræg] *s Mus* in Ragtime komponiertes Stück

ra·ga ['rɑ:gə] *s Ind Mus* Raga(musik) *f(f)* | Raga(stück) *f(n)*

rag|a·muf·fin ['rægəˌmʌfɪn] *s* zerlumpter Kerl | Gassenjunge *m*; '~ **bag** *s* Lumpensack *m* ⟨out of the ≈ *übertr* aus der Klamottenkiste⟩ | *übertr verächtl* Durcheinander *n*, Sammelsurium *n* ⟨a ≈ of facts⟩ | *Sl* liederlich gekleidete Person; '~ **day** *s Brit* (Universität) (alljährliches) Klamaukfest (für Wohltätigkeitszwecke)

rage [reɪdʒ] **1.** *s* Zorn *m*, Wut(ausbruch) *f(m)* ⟨to be in a ~ with s.o. auf jmdn. wütend sein; to fly into a ~ in Wut geraten⟩ | Toben *n* (des Windes etc.) | Manie *f*, Gier *f*, Sucht *f* (**for** nach) ⟨a ~ for collecting things Sammelwut *f*⟩ | Begeisterung *f* | *umg* Mode *f* ⟨to be [all] the ~ die große Mode sein⟩ | *arch* Wahnsinn *m*; **2.** *vi* (Person, Wind u. ä.) toben, rasen, wüten (*auch übertr*) (**against, at** gegen) ◇ **~ o.s. out/to a standstill** (Sturm u. ä.) aufhören zu toben, zu Ende toben

rag| fair ['ræg fɛə] *s* Trödelmarkt *m*; **~ged** ['~ɪd] *adj* zerlumpt ⟨≈ clothes⟩ | (Fell u. ä.) ruppig, zottig, struppig; zerrissen, zerfetzt ⟨≈ edges zerrissene Ränder *m/pl*; ≈ clouds⟩ | uneben, rauh ⟨≈ rocks (scharf)kantige Felsen; a ≈ voice⟩ | (Arbeit u. a.) roh, unfertig ⟨≈ performance unausgereifte Leistung; ≈ rhymes⟩; '**~ger** *s* Lumpensammler *m*

rag·lan ['ræglən] *s* Raglan *m*

rag|man ['rægmæn] *s* (*pl* **~men** ['~men]) Lumpensammler *m*

ra·gout ['rægu:|ræ'gu:] *s* ⟨*frz*⟩ *Kochk* Ragout *n*

rags [rægz] *s/pl* Lumpen *pl*, zerlumpte Kleider *n/pl*

rag|tag ['rægtæg] *s verächtl* Pöbel *m*, Gesindel *n* ⟨≈ and bobtail Krethi und Plethi⟩; '**~time** **1.** *s* Ragtime *m*, stark synkopierte Musik; **2.** *umg adj* Ragtime- ⟨a ≈ band⟩ | ausgelassen | komisch; '~ **trade** *s* (*mit best art*) *umg* Kleider-, Bekleidungsbranche *f*; '~ ˌ**trad·er** *s umg* Anzug-, Kleiderfabrikant *m*; Bekleidungshändler *m*; '**~ week** *s Brit* (Universität) alljährliche Woche studentischer Aufführungen zu Wohltätigkeitszwecken

rah [rɑ:] *interj Am* (Sport) hurra ⟨~, ~, ~!⟩

raid [reɪd] **1.** *s* Angriff *m*, feindlicher Überfall (**upon** auf) | *auch* '**air ~** Luftangriff *m* | Razzia *f* (**on** auf) | Beutezug *m* | Überfall *m* (**on** auf) | *übertr* Ansturm *m* (**[up]on** auf) | *Wirtsch* Druck *m* (auf Preise); **2.** *vt* überfallen, stürmen, plündern ⟨to ~ a bank⟩ | einfallen in | eine Razzia machen auf | *Wirtsch* drücken ⟨to ~ the market⟩; *vi* einen Überfall machen (**[up]on** auf) | einfallen (**into** in) | eine Razzia durchführen | *Wirtsch* auf die Preise drücken; '**~er** *s* Plünderer *m* | *Mil* angreifendes Flugzeug *od* Schiff

[1]**rail** [reɪl] *s Zool* Ralle *f*

[2]**rail** [reɪl] **1.** *s* Riegel *m*, Querholz *n*, -stange *f* | Querstück *n* | *Tech* Schiene *f* | (*meist pl*) (Bahn-) Gleis *n*, Schiene *f* ⟨off the ~s entgleist; *übertr* nicht in Ordnung, aus der Bahn geraten; to jump the ~s aus dem Gleis springen⟩ | Bahn *f* ⟨by ~ mit der Bahn; British ~ Britische Staatsbahn⟩ | Geländer *n*, Brüstung *f* ⟨wooden ~s Holzgeländer *n*; metal ~s Metallbrüstung *f*; ~s Umzäunung *f*, Einfassung *f*⟩ | *Mar* Reling *f*; **2.** *vt* mit einem Geländer versehen ⟨to ~ off (in) ab-, (ein)zäunen⟩ | mit Schienen belegen | mit der Bahn befördern; *vi selten* mit der Bahn reisen

[3]**rail** [reɪl] *vi* fluchen, schimpfen (**against, at** auf, über)

rail| break·age ['reɪl ˌbreɪkɪdʒ] *s* Schienenbruch *m*; '**~ bus** *s* Schienenbus *m*; '**~ car** *s* Triebwagen *m*; '**~ fence** *s* Schienenzaun *m*; '**~ gauge** *s* Spurweite *f*; '**~head** *s* Schienenkopf *m* | Ende *n* einer (im Bau befindlichen) Strecke; [1]'**~ing** *s* Geländer *n* | *Mar* Reling *f* | Schienen *f/pl*

[2]**rail·ing** ['reɪlɪŋ] **1.** *adj* fluchend, schimpfend; **2.** *s* Geschimpfe *n* | Klage *f*, Protest *m* (**against, at** über, gegen)

rail·lay·er ['reɪl ˌleɪə] *s* Schienenleger *m*

rail·ler·y ['reɪlərɪ] *s* (*oft pl*) Spötterei *f*, Hänselei *f*

rail mo·tor [coach] ['reɪl ˌməʊtə (kəʊtʃ)] *s* Triebwagen *m*

rail·road ['reɪlrəʊd] **1.** *Am s* Eisenbahn *f*; **2.** *vt Am* mit der Eisenbahn befördern | *umg* (jmdn.) rücksichtslos treiben, bewegen (**to** zu, **into** in) | hetzen (**through** durch) | *umg Parl* (Gesetz u. ä.) durchpeitschen | *Sl* (jmdn.) loswerden, abschieben, abservieren | *Am* (jmdn.) durch falsche Beschuldigungen hinter Gitter bringen; *vi Am* mit der Bahn fahren; '**~er** *s Am* Eisenbahner *m*; '**~ ˌsta·tion** *s Am* Bahnhof *m*

rail| switch ['reɪl swɪtʃ] *s* Weiche *f*; '**~ track** *s* Gleis *n*

rail·way ['reɪlweɪ] *Brit s* Eisenbahn *f* ⟨circular ~ Ringbahn *f*; on the ~ bei der (Eisen-) Bahn⟩ | (Eisenbahn-) Gleis *n*; '**~ ˌcar·riage** *s* Eisenbahnwagen *m*; '**~ ˌcross·ing** *s* Eisenbahnübergang *m*; '**~ gate** *s* Bahnschranke *f*; '**~ guard** *s* Schaffner *m*; '**~ guide** *s* Kursbuch *n*; '**~ ˌjunc·tion** *s* Eisenbahnknotenpunkt *m*; '**~ line** *s* Eisenbahnlinie *f*; **~man** ['reɪlweɪmən] *s* (*pl* '**~men**) Eisenbahner *m*; '**~ ˌsta·tion** *s* Bahnhof *m*; '**~ ˌtrack·age** *s* Gleisanlage *f*; '**~ train** *s* Eisenbahnzug *m*

rai·ment ['reɪmənt] *s poet* Kleidung *f*

rain [reɪn] **1.** *s* Regen *m* ⟨in the ~ im Regen; ~ or shine bei jedem Wetter; the ~s die Regenzeit; to look like ~ nach Regen aussehen⟩ | Regenguß *m* ⟨a heavy ~⟩ | Regenwetter *n* | *übertr* Regen *m*, -wolke *f*, Schwarm *m* ⟨~ of ashes Aschenregen *m*; a ~ of bullets ein Regen von Geschossen⟩ | (*meist sg mit indef art*) *übertr* Strom *m*, Erguß *m* ⟨a ~ of congratulations⟩ ◇ **as right as ~** *übertr umg* völlig gesund; **2.** *vt* (Tropfen) regnen ⟨it ~s cats and dogs *umg* es gießt in Strömen, es regnet Bindfäden⟩ | (Tränen) vergießen | *übertr* (Schläge u. ä.) niederhageln lassen (**[up]on** auf) | überhäufen mit (Dank u. ä.), niederregnen lassen (**[up]on** auf); **~ off** (*Am* **~ out**) (Wettbewerb u. ä.) wegen Regen absetzen ⟨to be ~ed off wegen Regen ausfallen (müssen)⟩; *v refl* **~ itself out** sich ausregnen, aufhören zu regnen; *vi* (*unpers*) regnen | *auch* **~ down** (Tränen) (hinunter)fließen | *auch* **~ down** (Schläge u. ä.) herniederprasseln (**[up]on** auf) ◇ **it never ~s but it pours** *Sprichw* ein Unglück kommt selten allein; **~bow** ['~bəʊ] *s* Regenbogen *m* ⟨in all the colours of the ≈ in den buntesten Farben⟩; '**~bow trout** *s Zool* Regenbogenforelle *f*; '**~coat** *s* Regenmantel *m*; '**~drop** *s* Regentropfen *m*; '**~fall** *s* Regen(schauer) *m*(*m*) | Niederschlagsmenge *f*; '**~ ˌfor·est** *s* tropischer Regenwald; '**~ gauge** *s* Regenmesser *m*; '**~glass** *s* Barometer *m*; '**~proof 1.** *adj* regen-, wasserdicht; **2.** *s* Regenmantel *m*; '**~storm** *s* Wolkenbruch *m*; '**~ˌwa·ter** *s* Regenwasser *n*; '**~wear** *s* Regenbekleidung *f*; '**~worm** *s Zool* Regenwurm *m*; '**~y** *adj* regnerisch, Regen- ⟨a ≈ climate; ≈ season Regenzeit *f*⟩; **ˌ~y 'day** *s* Regentag *m* | *übertr* schlechte Zeiten *f/pl* ⟨to put away for a ≈ für schlechte Zeiten zurücklegen⟩

raise [reɪz] **1.** *vt, oft* **~ up** hochheben, -ziehen, erheben ⟨to ~ a sunken ship; to ~ one's eyes aufblicken; to ~ a/one's glass to s.o. auf jmds. Wohl trinken; to ~ one's hand to die Hand erheben gegen, drohen; to ~ one's hat to den Hut ziehen vor; to ~ s.o. to the peerage jmdn. in den Adelsstand erheben; to ~ the temperature die Temperatur erhöhen; *übertr* die Spannung anheizen⟩ | aufstellen, aufrichten ⟨to ~ s.o. from his knees jmdn. sich aufrichten lassen; to ~ s.o. from the dead jmdn. wieder zum Leben erwecken⟩ | aufsteigen lassen, auf(er)stehen lassen, entstehen lassen, bewirken, verursachen ⟨to ~ a blister eine Blase entstehen lassen; to ~ a cloud of dust eine Staubwolke erzeugen; to ~ a dust/a commotion *übertr* Staub aufwirbeln; to ~ a blush erröten lassen; to ~ a laugh Gelächter hervorrufen; to ~ doubts (fears) Zweifel (Befürchtungen) aufkommen lassen; to ~ a spirit einen Geist beschwören; to ~ Cain/hell/the devil/the roof *umg* alles verrückt machen, fürchterlich toben, den Verrückten spielen⟩ | (Belagerung) aufheben ⟨to ~ a blockade; to ~ an embargo⟩ | *förml* errichten, erbauen, aufstellen ⟨to ~ a house⟩ | (Geschrei u. ä.) erheben ⟨to ~ one's voice die Stimme erheben, lauter sprechen⟩ | (Lied) anstimmen | (Frage) aufwerfen, stellen, zur Diskussion stellen ⟨to ~ an objection Einspruch erheben; to ~ a question/a point eine Frage aufwerfen⟩ | (Anspruch, Forderung u. ä.) stellen ⟨to ~ a claim⟩ | aufstellen ⟨to ~ an army⟩ | (Geld) aufbringen, sammeln | (Gewinn) einbringen | (Getreide) anbauen | (Pflanzen) ziehen | züchten ⟨to ~ sheep⟩ | (Familie) gründen ⟨to ~ a family⟩ | *Bergb* fördern | *Jur* (Klage) erheben | *übertr* antreiben, anfeuern, aufputschen, aufwiegeln (**against, upon** gegen) | (Preise u. ä.) erhöhen, steigern; vergrößern, vermehren, verstärken ⟨to ~ s.o.'s hopes jmds. Hoffnungen stärken⟩ | *Mar* (Land) sichten ⟨to ~ land⟩ | (Tuche) aufrauhen | *Am* (Scheck) fälschen ◇ **~ to the power of** *Math* (Zahl) potenzieren ⟨to ~ 5 to the power of 3 (5^3) is 125⟩; *vi Kart* (den Einsatz) erhöhen; **2.** *s* Erhöhung *f* | *Am* Lohn-, Gehaltserhöhung *f*; '**rais·er** *s in Zus* Züchter(in) *m*(*f*) ⟨cattle-≈ Rinderzüchter⟩ | *in Zus* Anzünder(in) *m*(*f*) ⟨fire-≈ Brandstifter⟩ | Gründer(in) *m*(*f*), Stifter(in) *m*(*f*) | *Kart* gute Karte

rai·sin ['reɪzn] *s* Rosine *f*

rais·ing ['reɪzɪŋ] *s* Heben *n* | Aufzucht *f* (von Tieren) | Rauhen *n* (von Stoff) | *Ling* (An-) Hebung *f* ⟨subject ~⟩; '**~ screw** *s Tech* Schraubwinde *f*

rai·son d'ê·tre [ˌreɪzɒn 'detrə|ˌreɪzɔ̃ '~] *s* ⟨*frz*⟩ Daseinsberechtigung *f*, -zweck *m*

rai·son·neur [ˌresɔː'nɜː] *s Theat, Lit* reflektierender Charakter

raj [rɑːdʒ] *s Ind* Herrschaft *f* ⟨the British ~⟩

ra·ja[h] ['rɑːdʒə] *s* Radscha *m*

[1]**rake** [reɪk] **1.** *s* Rechen *m*, Hacke *f* | *Tech* Kratze *f*, Rühreisen *n*, -stange *f* | (Croupier) Harke *f* | *Landw* Feldrechen *m*, Egge *f*; **2.** *vt* rechen, harken ⟨to ~ a path; to ~ the soil smooth⟩ | *auch* **~ together**, **~ up** zusammenrechen, zusammenkratzen, zusammenscharren | schüren, stochern | *übertr* durchstöbern (**for** nach) ⟨to ~ one's memory⟩ | absuchen, überblicken |*Mil, Mar* mit Feuer bestreichen; **~ in** *übertr umg* (Geld) abschöpfen, scheffeln ⟨to ~ in £ 100 a day; to ~ it in es dick haben⟩; **~ out** *übertr umg* ausgraben ⟨to ~ out enough facts⟩; **~ over** harken | *übertr* begraben ◇ **~ over old ashes** unangenehme Erinnerungen wecken; **~ through** (Bücher, Akten, Kleider) durchwühlen, durchstöbern, durchforsten; **~ up** *übertr umg* (Vergangenheit u. ä.) ans Licht zerren ⟨to ~ up old quarrels alte Streitigkeiten aufrühren⟩ | *auch* **~ together** *übertr* zusammenkratzen, -scharren ⟨to ~ up enough money⟩; *vi* rechen, harken | scharren, kratzen | *auch* **~ about/[a]round** herumstöbern, herumsuchen (**after, for** nach, **among** unter, **in** in)

[2]**rake** [reɪk] *s arch* Wüstling *m*, Lebemann *m*

[3]**rake** [reɪk] **1.** *s* Neigung *f*, Neigungswinkel *m*, schiefe Stellung ⟨at a ~ of bei einer Neigung von⟩ | *Mar* (Mast, Schornstein) Fall *m*, Überhängen *n*, Schiefstellung *f* | *Geol* Einfallen *n*; **2.** *vi* sich neigen, geneigt sein | *Mar* überhängen; *vt* biegen, in eine schräge Lage bringen; **raked** *adj* überhängend, geneigt; '**~ face** *s Tech* Spanfläche *f*

rake-|off ['reɪk ɒf] *s urspr Am umg* Gewinn(anteil) *m*(*m*), Profit *m*; '**~through** *s* Durchwühlen *n* | Durchstöbern *n*

ra·ki [rɑː'kiː|'rækɪ] *s* Raki *m*

rak·ing ['reɪkɪŋ] *adj* schief, geneigt

[1]**rak·ish** ['reɪkɪʃ] *adj* ausschweifend, liederlich, wüst ⟨~ appearance⟩

[2]**rak·ish** ['reɪkɪʃ] *adj Mar* überhängend | (Auto u. ä.) schnittig | *übertr* flott, schmissig, verwegen ⟨a ~ habit⟩

ral·len·tan·do [ˌrælən'tændəʊ] *Mus* **1.** *adv, adj* rallentando, verlangsamt; **2.** *s* Rallentando *n*

[1]**ral·ly** ['rælɪ] **1.** *vt* wieder vereinigen, scharen (**round** um) | (Truppen u. ä.) zusammenziehen, sammeln | (Kräfte) zu-

sammennehmen ⟨to ~ one's strength⟩ | beleben, stärken | aufrütteln | *Wirtsch* (Preise) festigen; *vi* sich (wieder) versammeln (**round** um) ⟨to ~ to the support of gemeinsam unterstützen *od* beistehen⟩ | *auch Wirtsch* Fortschritte machen, sich erholen (**from** von) ⟨to ~ from an illness; the market rallied⟩ | sich zusammenreißen | sich (wieder) fangen | (Tennis) rasch den Ball wechseln | eine Rallye fahren ⟨to go ~ing eine Rallye machen⟩; **2.** *s* Sammeln *n* | *Mil* Sammeln *n* | Tagung *f*, Zusammenkunft *f* | *urspr Am* Massenversammlung *f* ⟨a peace ~; a political ~⟩ | Kräftigung *f* | Erholung *f* | *Am Wirtsch* (Börse) Belebung *f* | (Tennis) rascher Ballwechsel | (Auto, Motorrad) Rally[e] *f*, Sternfahrt *f*, Motorsportwettbewerb *m*

[2]**ral·ly** ['rælı] *vt förml* (jmdn.) aufziehen, necken, verspotten (**about, on** wegen)

ral·lye ['rælı] *s* Rallye *f*

ram [ræm] **1.** *s Zool* Widder *m* | *Mil Hist* Sturmbock *m* | *Tech* Ramme *f*, Fallhammer *m*, Rammbär *m* | *Tech* Preßstempel *m* | *Tech* Tauchkolben *m* | *Mar* Rammsporn *m* | ∸ (*mit best art*) *Astr* Widder *m*; **2.** (**rammed, rammed**) *vt* ein-, festrammen ⟨to ~ piles into a river bed Pfähle in ein Flußbett rammen; to ~ down the soil Erde feststampfen⟩ | (Auto u. a.) rasen (**into** in, an) | hineinstopfen (**into** in) ⟨to ~ one's clothes into a suitcase *umg* die Kleider in den Koffer schmeißen; to ~ s.th. into s.o. *übertr* jmdm. etw. einbleuen; to ~ s.th. down s.o.'s head/throat *übertr umg* jmdn. vollstopfen mit, jmdm. mit etw. Eindruck machen⟩ | schmettern (**against, at** gegen) | *Mar* rammen ⟨to ~ and sink a ship⟩ ◇ **~ home** *umg* ein für allemal klären, nachdrücklich bekräftigen; **~ through** *Am umg* durchboxen, durchdrücken; *auch* **~ up** verrammeln; *vi* rammen

RAM [ræm] *s Abk* von **random access memory** (Computer) RAM, Speicher *m* mit wahlfreiem Zugriff

Ram·a·dan ['ræmədæn|-dɑ:n|,ræmə'dɑ:n|-'dæn] *s* (*mit best art*) *Rel* Ramadan *m*

ram|ble ['ræmbl] **1.** *vi* umherwandern, umherstreifen, bummeln (**through** durch) | *Bot* wuchern | *übertr* abschweifen; **~ble about** schwafeln von; **~ble on** immer weiter wandern (**across** durch) | (mit Reden, Schreiben) nicht aufhören, immer weiter reden (**about** von); (Text) immer weitergehen; **2.** *s* Herumstreichen *n*, Streifzug *m*, Bummel *m*, Wanderung *f* (*auch übertr*) ⟨to go for a country ≈ einen Landspaziergang machen⟩; **'~bler** *s* Wanderer *m*, Bummler *m* | *auch* **,~bler 'rose** *Bot* Kletterrose *f*; **'~bling 1.** *adj* bummelnd, umherwandelnd, umherstreifend | *Bot* wuchernd, rankend | *Arch* unregelmäßig gebaut | *übertr* abschweifend, weitschweifig ⟨a ≈ speech⟩; **2.** *s* Umherschweifen *n*

ram·bunc·tious [ræm'bʌŋkʃəs] *adj urspr Am scherzh* laut, lärmend

ram·e·kin ['ræməkən] *s Kochk* Käseauflauf *m*

ram·ie ['ræmı] *s Bot* Ramie *f*, Chinagras *n* | Ramiefaser *f*

ram·i|fi·ca·tion [,ræmıfı'keıʃn] *s* Verzweigung *f*, Verästelung *f* (*auch übertr*) | Zweig *m*, Sproß *m*; **'~form** *adj* verzweigt; zweigförmig; **~fy** ['~faı] *vi, vt* (sich) verzweigen, (sich) aufspalten ⟨a ~fied system ein verzweigtes System⟩

ram·jet ['ræmdʒet], *auch* **'~ ,en·gine** *s Tech* Staustrahltriebwerk *n*

ram·mer ['ræmə] *s Tech* Ramme *f*, Stampfer *m* | *Mil Hist* Ladestock *m*

[1]**ramp** [ræmp] **1.** *s* Rampe *f* | schräge Auffahrt | *Flugw* (fahrbare) Treppe | *Arch* Rampe *f*, Abschrägung *f* | *Mil Hist* Rampe *f*; **2.** *vi* sich zum Sprung erheben | wüten; **~ about** *meist scherzh* herumtoben; *vt Arch* mit einer Rampe versehen

[2]**ramp** [ræmp] *Brit Sl* **1.** *s* Schwindel *m*, Geldschneiderei *f* ⟨the whole thing is a ~ es ist alles Schwindel⟩; **2.** *vt* beschwindeln, betrügen, erpressen; *vi* Geld erpressen

ram|page ['ræmpeıdʒ|ræm'peıdʒ] **1.** *s* Herumtoben *n* ⟨to be/go on the ≈ sich austoben⟩; **2.** *vi* herumtoben; **~pa·geous** [ræm'peıdʒəs] *adj* wild, laut

ramp|an·cy ['ræmpənsı] *s Bot* Wuchern *n* | Überhandnehmen *n*, Umsichgreifen *n* | *übertr* Ausgelassenheit *f*, Zügellosigkeit *f*; **'~ant** *adj Bot* üppig, wuchernd ⟨≈ growth of Wuchern von; to be ≈ wuchern⟩ | (Tier u. ä.) sprungbereit, auf den Hinterbeinen stehend | *Her* auf den Hinterbeinen stehend ⟨two lions ≈ zwei aufsteigende Löwen⟩ | wild, zügellos | (Krankheit, Unrecht) unkontrolliert, überhandnehmend ⟨to be ≈ um sich greifen, grassieren⟩ | *Arch* ansteigend

ram·part ['ræmpɑ:t] **1.** *s* (*meist pl*) *Mil* Schutzwall *m* | *übertr* Schutz *m*; **2.** *vt* durch einen Wall schützen

ram·pi·on ['ræmpıən] *s Bot* Rapunzelglockenblume *f*

ram·rod ['ræmrɒd] *s Mil Hist* Ladestock *m* | *übertr* harter Vorgesetzter, gestrenger Mensch ◇ **stiff as a ~** als habe er (sie, es) einen Besen verschluckt, furchtbar steif; extrem streng, wie ein gestrenger Vorgesetzter

ram·shack·le ['ræmʃækl] *adj* (Haus, Auto) wacklig, baufällig (*auch übertr*) ⟨a ~ house; a ~ empire ein vom Untergang bedrohtes Reich⟩

ram·son ['ræmsn] *s Bot* Bärenlauch *m*

[1]**ran** [ræn] *s* Docke *f* Bindfaden

[2]**ran** [ræn] *prät* von ↑ **run 3.**

ranch [rɑ:ntʃ] **1.** *s* (westliches) *Am, Kan* Ranch *f*, Viehwirtschaft *f* | *Am* Farm *f* ⟨chicken ~ Geflügelfarm *f*; fruit ~ Obstfarm *f*⟩; **2.** *vi* Viehzucht treiben | auf einer Ranch arbeiten; **'~er** *s Am* Rancher *m*, Viehzüchter *m* | Farmer *m* | *auch* **'~ hand** *s* Rancharbeiter *m*; **'~ house** *s Am* Farmhaus *n* | *auch* **,~-style 'house** *s* Haus *n* mit Flachdach, Bungalow *m*; **'~man** (*pl* **'~men**) = **rancher**

R and R, *auch* **R & R** [,ɑ:rən'dɑ:] *Am Mil Abk* von **Rest and Recuperation** Erholungskurzurlaub *m*

ran·cid ['rænsıd] *adj* ranzig ⟨~ butter; to grow ~ ranzig werden⟩ | *übertr* widerlich ⟨~ smell⟩; **~i·ty** [ræn'sıdətı] *s* Ranzigkeit *f*, ranziger Geruch

ran|cor·ous ['ræŋkərəs] *adj* bitter, boshaft, haßerfüllt; **~cour** ['~kə] *s* Erbitterung *f*, Groll *m*, Haß *m* (**against** gegen) ⟨to feel ≈ against s.o. gegen jmdn. Groll hegen⟩

rand [rænd] *s Südafr* Rand *m* (Währungseinheit)

ran·dan ['rændæn|ræn'dæn] *s Mar* Randanboot *n*

ran·dom ['rændəm] **1.** *s*, **at ~** aufs Geratewohl, zufällig, blindlings ⟨to talk at ~ drauflosreden, ins Blaue hineinreden⟩; **2.** *adj* ziellos, zufällig, Zufalls- ⟨~ motion *Phys* unkontrollierbare Bewegung; ~ shot Schuß *m* ins Blaue⟩ | *Biol* unbeeinflußt ⟨~ mating Zufallspaarung *f*⟩ | (Computer) stochastisch, wahlfrei ⟨~ access storage Speicher *m* mit beliebigem Zugriff; ~ number beliebige Zahl⟩; **~i·za·tion** [,~aı'zeıʃn] *s* (Statistik) maximale Zufallsstreuung | Randommethode *f*; **'~ize** *vt* zufallsmäßig verteilen, randomisieren; **,~ 'sam·ple** *s* Stichprobe *f*; **,~ 'var·i·a·ble** *s* Zufallsvariable *f*

rand·y ['rændı] **1.** *adj umg* geil, scharf ⟨a ~ old man⟩ | *Schott* lärmend, laut, ausgelassen; **2.** *s dial* Tumult *m* ⟨to raise ~ Verwirrung stiften⟩

rang [ræŋ] *prät* von ↑ [2]**ring 2.**

range [reındʒ] **1.** *s* Abstand *m*, Entfernung *f* ⟨at close ~ von nahem; to take the ~ die Entfernung schätzen⟩ | Umfang *m*, Ausdehnung *f*, Skala *f* ⟨~ of temperature Temperaturunterschied *m*, -umfang *m*; ~ of voice Stimmumfang *m*⟩ | Raum *m*, Gebiet *n*, Bereich *n*, Spielraum *m* (*auch übertr*) ⟨the ~ of the nightingale das (Verbreitungs-) Gebiet der Nachtigall; a wide ~ of interest ein breites Interessenfeld; a ~ of colours eine Farbenpalette; to be outside s.o.'s ~

jmds. Kenntnisse übersteigen⟩ | Reichweite *f*, Schuß-Tragweite *f* ⟨beyond/out of ~ außer Schußweite; in/within ~ in Reichweite⟩ | (ausgedehnte) Fläche | *Am* offenes Weide- *od* Jagdgebiet *n* | Schießstand *m*, -platz *m* ⟨shooting ~⟩ | Reihe *f*, Kette *f* ⟨~ of mountains Gebirgskette *f*⟩ | *Wirtsch* Sortiment *n*, Kollektion *f* ⟨a ~ of spare parts Ersatzteilsortiment *n*⟩ | Kochherd *m* ⟨a kitchen ~⟩; **2.** *vt* einreihen, einordnen; in Reihen (auf)stellen ⟨to ~ s.th. neatly etw. säuberlich aneinandereihen; to be ~d against aufgefahren sein gegen⟩ | (Gebiet) durchstreifen ⟨to ~ the hills die Berge durchwandern⟩ | entlangfahren an | *Am* (Vieh) auf einer Ranch halten ⟨to ~ 500 cattles⟩; **~ in** *Mil* (Geschütz) einrichten, einstellen (**on** auf); *vi* sich aufstellen; in einer Reihe stehen (**with** mit) | sich ausdehnen, sich erstrecken, reichen (**from** von, **to** bis) ⟨ages ~ from 5 to 15⟩ | (Vertrag u. a.) sich befassen (**over** mit) ⟨the talk ~d over many subjects der Vortrag befaßte sich mit vielen Themen⟩ | im gleichen Rang stehen (**with** mit) | (Preis u. ä.) schwanken, sich bewegen, variieren (**from ... to** von ... bis) | (umher)streifen, wandern (**along** entlang, **over** über, **through** durch) | (Geschütz, Rakete) tragen, Reichweite haben ⟨to ~ (over) ten miles eine Reichweite von (über) 10 Meilen besitzen⟩ | *Bot, Zool* vorkommen; **'~ ,find·er** *s Foto* Entfernungsmesser *m*; **'~ light** *s Mar* Richtfeuer *n*; **'rang·er** *s* Wanderer *m* | *Brit* (ältere) Pfadfinderin | *Am* Förster *m*, Aufseher *m* | *Am* Mitglied *n* einer Schutztruppe | *Am Mil* Ranger *m*, Soldat *m* einer Sondereinheit | Spür-, Vorstehhund *m*; **rang·ers** ['~əz] *s/pl Am* Sonderkommando *n*; **'rang·y** *Am adj* lang, schmal | weiträumig

¹rank [ræŋk] **1.** *s* Reihe *f*, Linie *f* ⟨a cab ~ ein Taxistand⟩ | Ordnung *f*, Formation *f* | *Mil* Glied *n* ⟨to break ~[s] wegtreten; *übertr* durcheinandergeraten; to keep ~[s] in Reih und Glied stehen; the front, centre and the rear ~s das vordere, mittlere und hintere *od* letzte Glied⟩ | Klasse *f*, Rang *m*, Stand *m* ⟨people of all ~s and classes Menschen aller Klassen und Schichten; of high ~ von gehobener Stellung; of the first ~ allererster Klasse⟩ | *Mil* Dienstrang *m*, -grad *m* ⟨a high ~; to pull one's ~ on s.o. jmdn. herumkommandieren⟩ ◇ **~ and file** *Mil* die Mannschaften *pl*; *übertr* Basis *f*, einfache Mitglieder *pl*; **2.** *vt* einreihen, ordnen, klassifizieren | in einer Reihe aufstellen | zählen, rechnen (**among, with** zu); *vi* in einer Reihe stehen | *auch Mil* einen Rang einnehmen, rangieren (**above** über, **next to** hinter) ⟨to ~ above s.o. einen höheren Rang haben als; to ~ next to s.o. kommen nach⟩ | gehören, zählen (**among, with** zu) | gelten, angesehen werden (**as** als) | *Am* den höchsten Rang haben, an erster Stelle stehen ⟨~ing executive erster Beamter; ~ officer ranghöchster Offizier⟩; **~ off** *Mil* losmarschieren

²rank [ræŋk] *adj* (Pflanzen u. ä.) üppig, geil wachsend ⟨~ grass; ~ roses⟩ | (Garten u. a.) verwildert, unkrautüberwachsen ⟨~ with thistles von Disteln überzogen⟩ | fruchtbar, fett ⟨~ soil⟩ | (Gift u. ä.) stark | widerlich, übelriechend ⟨~ smell⟩ | kraß, in extremem Maße schlecht ⟨a ~ beginner ein blutiger Anfänger; a ~ traitor ein ganz gemeiner Verräter; ~ injustice krasse Ungerechtigkeit⟩ | *übertr* schmutzig, gemein ⟨~ language⟩

rank·er ['ræŋkə] *Mil s* aus dem Mannschaftsstand hervorgegangener Offizier | gemeiner Soldat

ran·kle ['ræŋkl] *vi selten* eitern | *übertr* (Beleidigung, Ärger u. ä.) nagen, wühlen, schmerzen ⟨to ~ in one's mind jmdm. am Herzen nagen⟩

ranks [ræŋks] *s/pl Mil* Mannschaftsstand *m*, Mannschaften *pl* ⟨the other ~ die einfachen Soldaten; to join the ~ in die Armee eintreten; to be reduced to the ~ degradiert werden; to rise from the ~ zum Offizier befördert werden; to rise from the ~ von der Pike auf dienen⟩ | große Masse

⟨the ~ of the unemployed das Arbeitslosenheer⟩

ran·sack ['rænsæk] *vt* (Ort) durchsuchen, durchwühlen (**for** nach) ⟨to ~ one's pockets⟩ | plündern, ausrauben ⟨to ~ a town⟩

ran·som ['rænsəm] **1.** *s* Lösegeld *n* ⟨to hold s.o. to ~ jmdn. gefangenhalten (bis zur Zahlung e-s Lösegelds); *übertr* jmdn. erpressen; a king's ~ *übertr* eine Menge Geld⟩ | Auslösung *f* | *Rel* Erlösung *f*; **2.** *vt* gegen Lösegeld freilassen | frei-, loskaufen ⟨to ~ a kidnapped person⟩ | *Rel* erlösen

rant [rænt] **1.** *s* Geschrei *n* | Wort-, Redeschwall *m*, Schwulst *m* | *Schott* Zechgelage *n*; **2.** *vi* schreien | hochtrabend (daher)reden, pathetisch sprechen ⟨to ~ and rave at s.o. mit jmdm. wüst schimpfen⟩ | *Schott* zechen; *vt* (Rolle u. a.) theatralisch vortragen ⟨to ~ one's part⟩; **'~ing** *adj* laut | pathetisch

ra·nun·cu|lus [rə'nʌŋkjələs] *s* (*pl* **~li** [~laɪ], **luses** [~ləsɪz]) *Bot* Hahnenfuß *m*

¹rap [ræp] *s übertr* Pfennig *m*, Pfifferling *m* ⟨I don't care / give a ~ es ist mir völlig gleichgültig⟩

²rap [ræp] **1.** (**rapped, rapped**) *vt* schlagen ⟨to ~ the table auf den Tisch klopfen; to ~ s.o. on/over the knuckles *übertr umg* jmdm. eins überziehen *od* eins überbraten⟩ | *urspr Am umg* (jmdn.) scharf rügen, kritisieren; **~ out** (Fluch u. ä.) hervorstoßen, herauspoltern ⟨to ≈ an oath⟩ | (Medium, Häftling) durch Klopfen mitteilen ⟨to ≈ a message eine Botschaft verkünden⟩; *vi* schlagen, klopfen (**at** an, **on** auf) | *Am Sl* (offen) reden (**with** mit) | *Am Sl* auskommen, sympathisieren (**with** mit); **2.** *s* leichter Schlag, Klaps *m* ⟨to take a ~ *Am umg* eins mitbekommen; to get a ~ on/over the knuckles *bes übertr* eins auf die Finger bekommen; to give s.o. a ~ on/over the knuckles jmdm. auf die Finger klopfen (*bes übertr*)⟩ | *urspr Am umg* Tadel *m*, Strafe *f* ⟨to beat the ~ ungeschoren davonkommen; to take the ~ for s.o. für jmdn. den Dummen machen, für jmdn. die Kastanien aus dem Feuer holen⟩ | *Am Sl* (angeregte) Unterhaltung ⟨to get into a ~ with sich angeregt unterhalten mit⟩

ra·pa·cious [rə'peɪʃəs] *adj förml* habsüchtig, (geld)gierig | raubgierig, Raub-; **ra·pac·i·ty** [rə'pæsətɪ] *s* Habsucht *f*, (Geld-) Gier *f* | Raubgier *f*

¹rape [reɪp] **1.** *s* Vergewaltigung *f*, Schändung *f* (*auch übertr*) ⟨~ and murder Lustmord *m*; the ~ of nature die Verschandelung der Landschaft⟩ | *arch* Entführung *f*, Raub *m*; **2.** *vt* notzüchtigen, vergewaltigen | rauben; *vi* Notzucht begehen | rauben

²rape [reɪp] *s Bot* Raps *m*, Rübsen *m*

³rape [reɪp] *s* (Weinbau) Treber *pl*, Trester *pl*

rape| oil ['reɪp ɔɪl] *s* Rapsöl *n*; **'~seed** *s* Rübsamen *m*

rap group ['ræp gru:p] *s Am Sl* Diskussionsgruppe *f*

rap·id ['ræpɪd] **1.** *adj* schnell, rasch, geschwind, rapid, Schnell- ⟨~ fire *Mil* Schnellfeuer *n*; ~ pulse schneller Puls(schlag); ~ service Schnelldienst *m*; ~ worker⟩ | (Fluß u. ä.) reißend ⟨~ river⟩ | (Hang) steil ⟨a ~ slope⟩ | *übertr* jäh, plötzlich; **2.** *s, meist* **'rap·ids** *pl* Stromschnelle *f* ⟨to shoot the ~s die Stromschnellen überwinden⟩; **,~-'fire** *adj* Schnellfeuer- ⟨≈ gun⟩ | *übertr* prasselnd, wie ein Feuerwerk ⟨≈ jokes⟩; **ra·pid·i·ty** [rə'pɪdətɪ] *s* Schnelligkeit *f*; **,~ 'mem·o·ry** *s* (Computer) Schnellspeicher *m*; **,~ 'meth·od** *s* Schnellverfahren *n*; **,~ 'test** *s* Kurzzeitversuch *m*; **,~ 'trans·it** *s Am* (Stadt-) Schnellverkehr *m*, Stadtnahverkehr *m*

ra·pi·er ['reɪpɪə] *s* Rapier *n* | *auch* **'~ thrust** Stoß *m* mit dem Rapier | *übertr* spitze *od* schlagfertige Antwort

rap·ine ['ræpaɪn|'ræpɪn] *s lit* Raub *m*, Plünderung *f*

rap·ist ['reɪpɪst] *s* (Frauen-, Mädchen-) Schänder *m*, Notzuchtverbrecher *m*; ˌ~ ˈ**kil·ler** *s* Lustmörder *m*

rap·per [ˈræpə] *s Am Sl* Redner *m*, Teilnehmer *m* an einer Gesprächsrunde

rap·ping [ˈræpɪŋ] *s* Klopfen *n*

rap·port [ræˈpɔː] *s* ⟨*frz*⟩ Verbindung *f*, Zusammenhang *m* ⟨to be in (close) ~ with in (enger) Verbindung stehen mit; to feel ~ with harmonieren mit⟩

rap·proche·ment [ræˈprɒʃmɑ̃ː|-ˈprəʊʃmɑːŋ] *s* ⟨*frz*⟩ *bes Pol* (Wieder-) Annäherung *f* (**between** zwischen)

rap·scal·lion [ræpˈskælɪən] *s arch, scherzh* Halunke *m*, Schurke *m* ⟨you ~!⟩

rap ses·sion [ˈræp ˌseʃn] *s Am Sl* Gesprächsrunde *f*, -gruppe *f*

rap sheet [ˈræp ʃiːt] *s Am Sl* Polizeiakte *f*

rapt [ræpt] *adj* (Person) versunken, vertieft ⟨~ in a book; ~ in contemplation in Betrachtung vertieft⟩ | gespannt (**upon** auf), hingerissen, entzückt (**by, with** von) ⟨with ~ attention von Aufmerksamkeit hingerissen, mit gespannter Aufmerksamkeit⟩

rap·to·ri·al [ræpˈtɔːrɪəl] *Zool* **1.** *adj* räuberisch, Raub-; **2.** *s* Raubvogel *m*

rap|ture [ˈræptʃə] *s* Entzücken *n*, Verzückung *f* ⟨with ≈ voller Entzücken, entzückt⟩ | *meist pl* Taumel *m*, Begeisterung *f* ⟨to be in ≈s begeistert sein; to be sent into ≈s about/over hingerissen sein von; to go into ≈s in Begeisterung geraten⟩; ˈ**~tur·ous** [~tʃərəs] *adj* entzückt, hingerissen ⟨a ≈ look⟩ | begeistert, stürmisch ⟨≈ welcome⟩ | toll, begeisternd ⟨≈ news⟩

rare [rɛə] *adj* selten, rar ⟨a ~ book; a ~ occurrence ein seltener Vorfall⟩ | ungewöhnlich ⟨it is ~ for s.o. to *mit inf* es ist ungewöhnlich, daß jmd. …⟩ | *Phys* verdünnt ⟨~ air⟩ | (Fleisch) halbroh, nicht durchgebraten, noch blutig, englisch ⟨~ steak; medium ~ nicht mehr ganz blutig⟩ | *auch* ~ **old** *umg* köstlich, hervorragend ⟨a ~ time eine herrliche Zeit⟩; **~bit** [ˈrɛəbɪt|ˈræbɪt] *s in*: ˌ**Welsh** ˈ**~bit** überbackene Käseschnitte; ˌ~ ˈ**earth** *s Chem* seltene Erde; ˌ~ ˈ**gas** *s* Edelgas *n*; ˌ~ ˈ**met·al** *s* Edelmetall *n*

rar·ee show [ˈrɛəriː ʃəʊ] *s* Guck-, Raritätenkasten *m* | Straßenvorführung *f*

rar·e|fac·tion [ˌrɛərɪˈfækʃn] *s Phys* Verdünnung *f*; **~fac·tive** [ˌ~ˈfæktɪv] *adj* verdünnend, Verdünnungs-; **~fy** [ˈ~faɪ|ˈrerəfaɪ] *vt* verdünnen ⟨~fied air of the mountains dünne Bergluft⟩ | *übertr, oft scherzh* verfeinern ⟨~fied pleasures geistige *od* exklusive Freuden *f/pl*⟩

rare·ly [ˈrɛəlɪ] *adv* selten ⟨~ have I seen such birds⟩ | *förml* ungewöhnlich, ausnehmend ⟨a ~ good show⟩

rar·ing [ˈrɛərɪŋ] *adj umg* wild, scharf ⟨to be ~ to go ganz verrückt darauf sein zu gehen⟩

rar·i·ty [ˈrɛərətɪ] *s* Dünnheit *f* (der Luft) | Ungewöhnlichkeit *f*, Seltenheit *f* | Rarität *f*, Seltenheit *f*

ras·cal [ˈrɑːskl] **1.** *s* Schurke *m*, Schuft *m* ⟨you ~!⟩ | *scherzh* (Kind) Schelm *m* ⟨little ~⟩; **2.** *adj* schurkisch, schuftig, gemein; **~i·ty** [rɑːsˈkælətɪ] *s* Schurkerei *f*; ˈ**~ly 1.** *adj* schuftig, gemein ⟨a ≈ trick⟩ | erbärmlich; **2.** *adv* auf gemeine Art

rase [reɪz] = **raze**

[1]**rash** [ræʃ] *s Med* Hautausschlag *m* ⟨nettle ~ Nesselfieber *n*; to come out in a ~ einen (Haut-) Ausschlag bekommen⟩ | *übertr* plötzliches Auftauchen ⟨a ~ of new red brick bungalows; a ~ of complaints massenhafte Beschwerden⟩

[2]**rash** [ræʃ] *adj* hastig, vorschnell ⟨a ~ act; a ~ statement; in a ~ moment in einem unüberlegten Moment⟩ | unbesonnen, tollkühn ⟨a ~ young man⟩

rash·er [ˈræʃə] *s* gebratene (Schinken-) Speckschnitte *f*, -scheibe *f* ⟨three ~s and two fried eggs for breakfast⟩

rasp [rɑːsp] **1.** *vt* raspeln, (ab)kratzen, abschreiben, schaben | *übertr* verletzen ⟨to ~ s.o.'s feelings/nerves⟩; ~ **away/off** abschaben; ~ **out** in schnarrendem Ton äußern, herausschnarren, ausstoßen ⟨to ~ out orders laut kommandieren; to ~ out insults Beleidigungen ausstoßen⟩; *vi* schaben, raspeln (**[up]on** auf) | kratzen, krächzen (Stimme u. ä.) ⟨to ~ [away] with a violin häßliche Töne mit der Geige produzieren⟩; **2.** *s* Schaben *n*, Raspeln *n* | Kratzen *n* | Gekrächze *n* | *Tech* Raspel *f*

rasp·ber·ry [ˈrɑːzbr̩ɪ] *s Bot* Himbeere *f* ⟨~ jam Himbeermarmelade *f*⟩ | Himbeerstrauch *m* | *Sl* verächtlicher Laut, Grimasse *f*, Rüffel *m* ⟨to blow a ~ at s.o. jmdm. die Zunge rausstecken; to get/give s.o. the ~ jmdn. abfahren lassen, jmdn. hochnehmen⟩ | *Brit Sl* Furz *m*

rasp|er [ˈrɑːspə] *s* Raspler *m* | *Tech* Kratzeisen *n* | *Sl* Kratzbürste *f*; ˈ**~ file** *s* Raspelfeile *f*; ˈ**~ing 1.** *adj* raspelnd | kratzend, krächzend, rauh ⟨a ≈ voice⟩; **2.** *s* Raspeln *n*; ˈ**~ings** *s/pl* Raspelspäne *m/pl*; ˈ**~y** *adj* = ˈ**~ing** | reizbar

ras·ter [ˈræstə] *s Ferns* Raster *m*; ˈ**~ disˌplay** *s* (Computer) Rasterbrett *n*

rat [ræt] **1.** *s Zool* Ratte *f* ⟨to look like a drowned ~ *übertr* wie ein begossener Pudel aussehen; to smell a ~ *umg übertr* den Braten riechen⟩ | *Pol* Überläufer *m* | *Sl* Streikbrecher *m*; **2.** (ˈ**~ted,** ˈ**~ted**) *vi Pol umg* überlaufen (**on** von) | *Sl* Streikbrecher sein | *umg* im Stich lassen (**on s.o.** jmdn.) ⟨he's ~ted on you er hat dich sitzengelassen⟩ | Ratten fangen ⟨to go ~ting auf Rattenjagd gehen⟩

rat·a|bil·i·ty [ˌreɪtəˈbɪlətɪ] *s* Abschätzbarkeit *f* | Steuerbarkeit *f*; ˈ**~ble** *adj* abschätzbar | (kommunal) steuerpflichtig, steuerbar, zu versteuern ⟨≈ property; the ≈ value of a house der zu versteuernde Wert eines Hauses⟩

ra·tan [ræˈtæn] = **rattan**

rat-a-tat [ˌræt ə ˈtæt], *auch* **~-tat** [ˌrætətætˈtæt] = **rat-tat**

ratch [rætʃ], *auch* **~et** [ˈ~ɪt] *s Tech* Sperrstange *f*, Ratsche *f*, Gesperr *n* | Sperrhaken *m*, -klinke *f*; ˈ**~et drill** *s* Knarrenbohrer *m*; ˈ**~et efˌfect** *s übertr* ruckweises Ansteigen, Vorrücken *n* mit Unterbrechungen; ˈ**~et jaw** *s Am Sl* Quasselstrippe *f*; ˈ**~et pawl** *s* Sperrklinke *f*; ˈ**~et wheel** *s* Sperrad *n*

[1]**rate** [reɪt] **1.** *s* Anteil *m*, Rate *f*, Maß *n*, Verhältnis *n*, Satz *m* ⟨birth ~ Geburtenziffer *f*; death ~ Sterbefälle *m/pl*; failure ~ Durchfallrate *f*; pulse ~ Puls *m*⟩ | Kurs *m*, Tarif *m* ⟨~ of exchange Wechselkurs *m*; ~ of interest Zinssatz *m*⟩ | (fester) Betrag, Taxe *f* | *Brit* (Gemeinde) Abgabe *f*, (Kommunal-) Steuer *f* ⟨~s and taxes Abgaben und Steuern⟩ | (Post, Strom) Gebühr *f*, Porto *n* | (Wasser) Zins *m* | Rang *m*, Grad *m* ⟨first ~ erstrangig; second ~ zweitrangig; third ~ drittklassig⟩ | Geschwindigkeit *f* ⟨at the ~ of 10 miles an hour⟩ | *Mar* (Schiffs-) Klasse *f* ◇ **at any ~** auf jeden Fall; **at this/that ~** auf diese Weise, derart; **2.** *vt* ab-, einschätzen, taxieren (**as** als) | (*meist pass*) *Brit* (Haus u. ä.) besteuern, veranlagen (**at** auf, mit) ⟨your house is ~d too low⟩ | *Mar* (Schiff) klassen | *Mar* einstufen (**as** als) | halten für | rechnen, zählen (**among** zu); *vi* rangieren; angesehen werden (**as** als)

[2]**rate** [reɪt] *vt* aus-, beschimpfen, ausschalten (**for** wegen) ⟨to ~ s.o. soundly jmdm. gehörig die Leviten lesen⟩; *vi* zanken, schimpfen (**at** auf)

rate·a|bil·i·ty [ˌreɪtəˈbɪlətɪ] = **ratability**; ˈ**~ble** = **ratable**

rate cap·ping [ˈreɪt ˌkæpɪŋ] *s Brit Wirtsch* Begrenzung *f* der Kommunalsteuern (durch die Regierung) und Verminderung der kommunalen Leistungen ⟨local authorities selected for ~⟩

rate·pay·er [ˈreɪt ˌpeɪə] *s Brit* (Gemeinde-) Steuerzahler *m*

rat·fink [ˈrætfɪŋk] *s Am umg* gemeiner Kerl, Nichtsnutz *m*

rath·er [ˈrɑːðə] *adv* eher, lieber (**than** als) ⟨I would/had ~ go ich möchte lieber gehen; I [would] ~ believe ich möchte fast glauben⟩ | (*vor adj, s, part*) recht, ziemlich, etwas ⟨she's ~ pretty sie ist ziemlich hübsch; it's ~ a pity es ist ziemlich schade!; she's ~ a dear sie ist so lieb; it's ~ a lot es ist eine ganze Menge; ~ exhausted ziemlich erschöpft⟩ | (*vor comp und* **too**) viel, erheblich ⟨~ better viel besser; ~ too difficult erheblich zu schwer⟩ | eigentlich, vielmehr ⟨or ~ in the morning genaugenommen erst am Morgen; I ~ think ich denke vielmehr; the ~ that um so mehr, da⟩; [rɑːˈðɜː] *Brit umg interj* (als Antwort) gewiß!, freilich!, und ob!

rat·i|fi·ca·tion [ˌrætɪfɪˈkeɪʃn] *s* Bestätigung *f* | *Pol* Ratifizierung *f*; **~fy** [ˈ~faɪ] *vt* bestätigen | *Pol* ratifizieren

[1]**rat·ing** [ˈreɪtɪŋ] *s* (Ab-) Schätzung *f* | *Brit* (Gemeinde-) Steuer(einschätzung) *f(f)* | *Mar* Dienstgrad *m* | *pl Mar* Mannschaften *f/pl* ⟨officers and ~s⟩ | *Tech* Leistung *f* | *Tech* Belastungsziffer *f* | *Rundf, Ferns* Popularitätsindex *m*, Einschaltquote *f* | *Am Wirtsch* Ansehen *n*, Ruf *m*

[2]**rat·ing** [ˈreɪtɪŋ] *s* Schelte *f* ⟨to give s.o. a good ~ jmd. gehörig ausschimpfen⟩ | Ausschelten *n*, Ausschimpfen *n*

ra·tio [ˈreɪʃɪəʊ|-ʃəʊ] *s Math* Verhältnis *n* (**of** von) ⟨the ~ of 1 to 10⟩ | Portion *f*, Ration *f*

ra·ti·oc·i|nate [ˌrætɪˈɒsɪneɪt] *förml vi* (vernunftmäßig) schließen, folgern; **ˌ~ˈna·tion** *s* Schlußfolgerung *f*

ra·tion [ˈræʃn] **1.** *s* Portion *f*, Ration *f*, Zuteilung *f* ⟨~ book / card Lebensmittelkarte(n) *f(pl)*; off the ~ markenfrei; to be put on short ~s auf Rationen gesetzt werden⟩ | *Mil, Mar* Verpflegungssatz *m*, Tagesration *f* ⟨iron ~ eiserne Ration; to go and draw ~s Verpflegung fassen⟩; **2.** *vt* (Lebensmittel u. ä.) rationieren, einschränken ⟨to ~ water⟩ | verpflegen; **~ out** in Rationen aus-, verteilen

ra·tion·al [ˈræʃnl] *adj* rational, vernunftmäßig | vernünftig ⟨~ explanation⟩ | verständig, vernunftbegabt ⟨~ creature⟩ | zweckmäßig ⟨a ~ orthography⟩ | *Math* rational; **ra·tion·ale** [ˌræʃəˈnɑːl|-ˈnɑːlɪ] *s* logische Grundlage | vernünftige Erklärung; **ˈ~ism** *s* Rationalismus *m*; **ˈ~ist 1.** *s* Rationalist *m*; **2.** *auch* **ˌ~ˈis·tic, ˌ~ˈis·ti·cal** *adj* rationalistisch; **~i·ty** [ˌræʃəˈnælətɪ] *s* Vernunftmäßigkeit *f* | vernünftige Denkweise | Vernunft *f* | Rationalismus *m*; **~i·za·tion** [ˌræʃnļaɪˈzeɪʃn] *s Wirtsch* Rationalisierung *f*; **ˈ~ize** *vt* rational *od* vernunftgemäß erklären | der Vernunft unterordnen ⟨to ≈ one's behaviour; to ≈ one's fears Abstand zu seinen Ängsten bekommen⟩ | *bes Brit Wirtsch* rationalisieren; *vi* vernunftgemäß denken | vernunftgemäß handeln

rat| kil·ler [ˈræt ˌkɪlə] *s* Rattenvernichtungsmittel *n*; **~lin,** *auch* **~line** [ˈ~lɪn] *s* (*meist pl*) *Mar* Webeleine *f*; **ˈ~ ˌpoi·son** *s* Rattengift *n*; **ˈ~ race** *s übertr umg* rücksichtsloser (Konkurrenz-) Kampf | tägliche(s) (Ge-) Hetze *f(n)* | Teufelskreis *m*; **ˈ~ˌrac·er** *s Am umg* rücksichtsloser Konkurrent | Gehetzte(r) *f(m)*; **rats** *interj Sl* Quatsch!, Blödsinn!, Unsinn!; **ˈ~tail 1.** *s* Rattenschwanz *m* | (Pferd) Rattenschwanz *m*, dünner Schweif; **2.** *adj* rattenschwänzig; **ˈ~-tailed** *adj* (Löffel) rattenschwänzig, mit nach hinten gebogenem Griff

rat·tan [ræˈtæn] *s Bot arch* **ˈ~ palm** Rotang *m*, Schilfpalme *f* | Rohrstock *m* | spanisches Rohr ⟨a chair with a ~ seat ein Stuhl mit einem Sitz aus Rohr⟩

rat-tat [ˌræt ˈtæt] **1.** *s* Rattern *n*, Knattern *n*, Geknatter *n* | Geklopfe *n*; **2.** *vi* knattern

rat·ten [ˈrætn] *Brit vt* (jmdn.) an der Arbeit hindern; *vi* die Arbeit sabotieren; **ˈ~ing** *s Brit* Sabotage *f*

rat·tle [ˈrætl] **1.** *vi* rasseln, klappern ⟨to ~ in the wind⟩ | plappern | röcheln; **~ along** (Fahrzeug) dahinrattern; **~ away** drauflosplappern, drauflosreden | drauflosklappern, herumhämmern (**at, on** auf); **~ down** (Hagel) (her)niederprasseln; *vt* rasseln mit, klappern mit ⟨to ~ the sabre *übertr* mit dem Säbel rasseln⟩ | klappern lassen, schütteln ⟨the wind ~d the window⟩ | treiben, jagen | *umg* verwirren, nervös machen; **~ off** (Worte u. ä.) herunterrasseln, herunterleiern ⟨to ~ off a poem⟩; **~ on** ständig weiterreden, (gedankenlos) daherreden; **~ through, ~ up** *übertr* aufrütteln; **2.** *s* Rasseln *n*, Gerassel *n*, Klappern *n*, Geklapper *n* | *übertr* Lärm *m*, Krach *m*, Trubel *m* | Schnarre *f*, Klapper *f* | *Zool* Rassel (der Klapperschlange) | Röcheln *n* ⟨death ~ Todesröcheln *n*⟩ | Schwätzer *m*; **ˈ~box** *s* Rassel *f*, Schnarre *f* | *Bot* Klappertopf *m*; **ˈ~brain** *s* Schwätzer *m*; **ˈ~brained** *adj* geschwätzig; **ˈ~head** *s arch* Schwätzer *m*; **ˈ~pate = ˈ~brain**; **ˈ~pat·ed = ˈ~brained**; **rat·tler** [ˈrætlə] *s* Schwätzer *m* | Lärmmacher *m* | derber Schlag | Eisenbahnzug *m* | *umg* Mordskerl *m*, -ding *n* ⟨a ≈ of a storm ein gewaltiger Sturm⟩ | Klapperschlange *f*; **ˈ~snake** *s Zool* Klapperschlange *f*; **ˈ~trap 1.** *s* ratterndes Fahrzeug, Klapperkasten *m* | *umg* Schwätzer *m*; **2.** *adj* klapprig; **ˈ~weed** *s Bot* Mannstreu *f*; **ˈrat·tling 1.** *adj* rasselnd, ratternd, klappernd | schnell, geschwind ⟨at a ≈ pace in schnellem Tempo⟩ | *umg selten* toll, enorm ⟨a ≈ game ein Klassespiel; to have a ≈ time sich bestens fühlen⟩; **2.** *adv umg* äußerst, mords- ⟨a ≈ good speech⟩; **ˈrat·tly** *adj* klapprig

rat-trap [ˈræt træp] *umg s* Bruchbude *f* | *übertr* Falle *f*

rat·ty [ˈrætɪ] *adj* voller Ratten, Ratten- | *Brit umg* gereizt, erbost, aufgebracht | *Am umg* verlottert, schäbig

rau·cous [ˈrɔːkəs] *adj* rauh, heiser ⟨~ laughter heiseres Lachen; a ~ voice eine rauhe Stimme⟩

raunch [rɔːntʃ] *umg s* Dreck *m*, Schmutz *m* | Schäbigkeit *f* | Vulgarität *f*, Geschmacklosigkeit *f*; **ˈ~y** *adj Am Sl* geil | abgetakelt, heruntergekommen

rav·age [ˈrævɪdʒ] **1.** *s* Verwüstung *f*, Verheerung *f* | *pl* verheerende Auswirkungen *f/pl*, (schlimme) Folgen *f/pl* ⟨the ~s of time der Zahn der Zeit⟩; **2.** *vt* verwüsten, verheeren ⟨~d by fire⟩ | *übertr* (Gesicht u. ä.) entstellen ⟨~d by disease⟩; *vi* Verheerungen anrichten

rave [reɪv] **1.** *vi* (Mensch, Wind u. ä.) rasen, toben, wüten (**about, at** über, **against** gegen) | (wild) phantasieren, irre reden, faseln | *umg* schwärmen (**about** über, **of** von); *vt* **~ up** *auch umg* begeistert äußern | herausschreien; *refl* (Mensch, Wind u. ä.) (sich aus)toben ⟨to ~ o.s. hoarse sich heiser schreien; the storm ~d itself out der Sturm tobte sich aus⟩; **2.** *s* Toben *n*, Wüten *n* | *auch* **ˈ~-up** *Sl* tolle Party, glänzende Sache | Pracht *f* ⟨a ~ of colour eine Farbenpracht⟩ | *Sl* Schwärmerei *f* ⟨to be in a ~ about s.o. toll begeistert sein von jmdm.⟩; **3.** *attr adj umg* begeistert, lobend ⟨a ~ review eine glänzende Besprechung⟩

rav|el [ˈrævl] **1.** (**ˈ~elled, ˈ~elled**) *vt* (Haar, Faden) verwickeln, verwirren | *übertr* komplizieren; **~el out** aufflechten, aufknoten | *übertr* klären; *vi* ausfransen, sich auffasern, sich auftrennen | sich verwickeln; **2.** *s* Verwirrung *f*, Verwicklung *f*

rave·lin [ˈrævlɪn] *s Mil* Ravelin *m*, Vorschanze *f*

[1]**ra·ven** [ˈreɪvn] **1.** *s Zool* Rabe *m*; **2.** *attr adj lit* rabenschwarz ⟨~ hair; ~-haired⟩

[2]**rav·en** [ˈrævn] **1.** *vi* rauben, plündern | heißhungrig essen | gierig sein, lechzen (**for** nach); *vt* verschlingen; **2.** *s* Rauben *n*, Plündern *n* | Beute *f*, Raub *m*; **ˈ~ing 1.** *adj* räuberisch ⟨a ≈ wolf⟩; **2.** *s* Raubgier *f*; **ˈ~ous** *adj* heißhungrig | gefräßig | gierig (**for** auf) ⟨≈ hunger Mordshunger *m*⟩ | (Tier) räuberisch, raubgierig; **rav·in** [ˈrævɪn] *s poet* Raub *m* ⟨beast of ≈ Raubtier *n*⟩ | Raubgier *f* | Raub *m*, Beute *f*

rav·er [ˈreɪvə] *s umg* (Mann) Draufgänger *m*, (Frau) flotte Biene

ra·vine [rəˈviːn] *s* Hohlweg *m* | Schlucht *f*

rav·ing [ˈreɪvɪŋ] **1.** *adj* tobend, rasend ⟨~ madness Tollwut *f*⟩ | *umg* ungewöhnlich, toll ⟨a ~ beauty eine ausnehmende Schönheit⟩; **2.** *adv umg* absolut, extrem ⟨~ mad einfach wahnsinnig⟩; **ˈrav·ings** *s/pl* Delirien *n/pl*, Phantasterei *f*, Toben *n*

rav·i·o·li [ˌrævɪˈəʊlɪ] *s* ⟨*ital*⟩ *Kochk* Ravioli *pl*

rav·ish ['rævɪʃ] *vt* hinreißen, entzücken ⟨~ed with s.o.'s beauty von jmds. Schönheit hingerissen⟩ | *poet* hinwegraffen ⟨~ed by death⟩ | *arch* rauben | *arch* notzüchtigen, schänden; **'~er** *s* Räuber *m* | Schänder *m*; **'~ing** *adj* hinreißend, entzückend ⟨a ≈ view⟩; **'~ment** *s* Entzücken *n* | Schändung *f*

raw [rɔ:] **1.** *adj* roh, ungekocht ⟨~ meat; to eat s.th. ~⟩ | unbearbeitet, Roh- ⟨~ sugar⟩ | (Fell, Leder) ungegerbt ⟨~ hide⟩ | (Wolle) unversponnen | (Diamant) ungeschliffen | (Alkohol) rein, unverdünnt ⟨~ spirit⟩ | blutig, wund, aufgerieben | (Wunde) offen ⟨~ with cold durch Kälte aufgesprungen⟩ | *Foto* unbelichtet | (Wetter) rauh, naßkalt ⟨~ winds⟩ | (Stil) roh ⟨a ~ style⟩ | (Person) ungeübt, unerfahren ⟨~ recruits⟩] | unfertig, grob ⟨~ statistics; a ~ thesis⟩ | *umg* unsanft, ungerecht ⟨to give s.o. a ~ deal jmdm. übel mitspielen⟩; **2.** *s* wunde Stelle (*auch übertr*) ⟨to touch s.o. on the ~ an jmds. wunder Stelle rühren⟩ | Rohstoff *m* ◇ **in the ~** im Natur- *od* Rohzustand; *übertr* nackt ⟨life in the ~ das Leben in seiner ganzen Härte⟩; **ˌ~'boned** *adj* (Pferd u. a.) knochig, mager; **ˌ~ 'fi·bre** *s* Rohfaser *f*; **'~hide 1.** *s* Rohhaut *f* | Reitpeitsche *f*; **2.** *adj* aus ungegerbtem Leder ⟨≈ boots derbe Lederstiefel *pl*⟩; **ˌ~ ma'te·ri·al** *s* Rohmaterial *n*, -stoff *m*; **ˌ~ 'oil** *s* Rohöl *n*; **ˌ~ 'silk** *s* Rohseide *f*; **ˌ~ 'steel** *s* Rohstahl *m*

¹ray [reɪ] **1.** *s* (Licht-) Strahl *m* ⟨the ~s of the sun; X-~s; heat ~s⟩ | *übertr* (Hoffnungs- u. ä.) Strahl *m*, Schimmer *m* ⟨a ~ of hope⟩ | *Math* Strahl *m* ⟨parallel ~⟩; **2.** *vi* strahlen; *vt* ausstrahlen | an-, bestrahlen, beleuchten | *Med* bestrahlen

²ray [reɪ] *s Zool* Rochen *m*

rayed [reɪd] *adj* strahlenförmig; **ray·less** ['reɪləs] *adj* strahlenlos | unbeleuchtet

ray·on ['reɪɒn|-ən] **1.** *s* Viskose-, Kunstseide *f*; **2.** *adj* kunstseiden ⟨~ shirt⟩

raze [reɪz] *vt förml* (Haus) zerstören, vernichten, wegrasieren ⟨to ~ to the ground dem Erdboden gleichmachen⟩ | (Festung) schleifen | *übertr* ausmerzen, vertilgen (**from** von, aus)

ra·zor ['reɪzə] **1.** *s* Rasiermesser *n* ⟨as sharp as a ~ haarscharf⟩ | *auch* **'safe·ty ˌ~** Rasierapparat *m* ⟨electric ~⟩; **2.** *vt* rasieren ⟨a well-~ed chin⟩ | *übertr* verringern; **'~back** *s Zool* Finnwal *m*; **'~-backed** *adj* scharfkantig; **'~ blade** *s* Rasierklinge *f*; **ˌ~'edge** *s* scharfe Trennungslinie | scharfer Gebirgsrücken | *auch* **ˌ~'s 'edge** *übertr* kritische Situation ⟨to be on ~'s edge auf des Messers Schneide stehen⟩; **ˌ~ 'hair·cut** *s* Messerschnitt *m*; **'~ job** *s Brit umg* brutaler Angriff (**on** auf); **'~ strap** *s* Streichriemen *m*

razz [ræz] *Am Sl* **1.** *vi* spotten; *vt* auf den Arm nehmen, verspotten | auspfeifen, fertigmachen; **2.** *s* Abfuhr *f* ⟨to give s.o. the ~ jmdn. abkanzeln⟩

raz·zi·a ['ræzɪə] *s* Ein-, Überfall *m*

raz·zle[-daz·zle] [ˌræzl 'dæzl] *Sl s* Bummel *m* | Durcheinander *n*, Kuddelmuddel *m* | Zecherei *f* ⟨to be / go on the ~ einen draufmachen, auf die Pauke hauen⟩

razz·ma·tazz ['ræzmæˌtəz|ˌræzmæ'tæz] *umg s* Rummel *m* | zweideutges Gerede

r & b, *auch* **R & B** *Abk* von **rhythm and blues**

R.C. *Abk* von **Roman Catholic**

R & D, *auch* **R and D** [ˌɑ:rən'di:] *Abk* von **research and development**

Rd *Abk* von **Road**

RDA *Abk* von **recommended dietary allowance** empfohlene tägliche Lebensmittelmenge, Tagessatz *m*

¹re [ri:] *präp Wirtsch* betreffs ⟨~ your letter⟩ | *Jur* in Sachen | *umg* bezüglich, was ... anbelangt

²re [reɪ] *s Mus* re *n*

re- [ri:|rɪ] *präf zur Bildung von s u. v mit der Bedeutung:* wieder, noch einmal, von neuem, wiederholt (*z. B.* **reread, rebuild, reprint, reappearance, remake**) | zurück, Rück- (*z. B.* **retranslate, reflux, repurchase**)

're [ə] *umg kontr von* ↑ **are**

reach [ri:tʃ] **1.** *vt* (hin-, her)reichen, langen, nehmen ⟨to ~ s.th. for s.o. / to ~ s.o. s.th. jmdm. etw. reichen; to ~ out one's hand for die Hand ausstrecken nach⟩ | erreichen ⟨to ~ London; to ~ the end of s.th. bis zum Ende von etw. kommen; to ~ a branch hochkommen *od* hochreichen bis zu einem Ast⟩ | sich erstrecken bis an, reichen an *od* bis ⟨to ~ the hills; to ~ s.o.'s knees bis ans Knie gehen⟩ | *Am* bestechen | *übertr* beeinflussen, einwirken auf; **~ down** herunterholen; *vi* (mit der Hand) greifen, langen (**after, at, for** nach, **to** bis) | reichen ⟨as far as the eye can ~ so weit das Auge reicht⟩ | sich ausdehnen, sich erstrecken (**to** bis) | *übertr* streben (**after** nach); **2.** *s* (Er-) Reichen *n* ⟨to get s.th. by a long ~ nach etw. ausholen; to make a ~ for nach etw. greifen *od* langen⟩ | Bereich *m*, Spielraum *m* | Reich-, Sichtweite *f* ⟨to have a long ~ weit reichen können; beyond / out of ~ außer Reichweite, unerreichbar; within ~ in Reichweite, erreichbar⟩ | *übertr* Fassungsvermögen *n* | Fluß-, Stromstrecke *f*; **'~a·ble** *adj* erreichbar; **'~-me-ˌdowns** *s/pl Brit umg* fertige Kleidung *f*, Kleidung *f* von der Stange

re·act [ri:'ækt|rɪ-] *vi* (zu)rückwirken, reagieren (**[up]on** auf) | reagieren, empfindlich sein (**to** auf) | günstig einwirken (**on** auf) | entgegenwirken, opponieren (**against s.th.** e-r Sache) | *Chem* reagieren, eine Reaktion bewirken (**on** auf, bei); **re·ac·tion** [ri:'ækʃn|rɪ-] *s* Reaktion *f*, Rückwirkung *f* (**to** auf) | Reaktion *f*, Stellungnahme *f* (**to** auf) | Gegenwirkung *f* (**against** gegen) | Einwirkung *f* (**on** auf) | *Pol* Reaktion *f*, Rückschritt *m* ⟨the forces of ≈⟩ | *Phys, Chem* Reaktion *f* | *Wirtsch* Rückgang *m*, Umschwung *m*, Rückschlag *m* | *El* Rückkopplung *f*; **re·ac·tion·ar·y** [rɪ'ækʃnr̩ɪ|ri:-] *bes Pol* **1.** *adj* reaktionär, rückschrittlich; **2.** *auch* **re'ac·tion·ist** *s* Reaktionär *m*

re·ac|ti·vate [ri:'æktɪveɪt|rɪ-] *vt* reaktivieren; *vi Chem* wieder aktiv werden; **re'ac·tive** *adj* reaktiv, rück-, gegenwirkend | reagierend (**to** auf) | empfänglich (**to** für); **ˌ~tive 'cur·rent** *s El* Blindstrom *m*; **ˌ~'tiv·i·ty** *s* Reaktivität *f* | Reaktionsfähigkeit *f*; **~tor** [~tə] *s Phys* Kernreaktor *m*; **'~tor feed** *s* Reaktorbeschickung *f*; **'~tor plant** *s* Kernenergieanlage *f*; **'~tor ˌpow·er** *s* Reaktorleistung *f*; **'~tor shell** *s* Reaktormantel *m*; **'~tor waste** *s* Reaktor-, Atommüll *m*

read [ri:d] (**~, ~** [red]) *vt* lesen ⟨to ~ s.th. to s.o. jmdm. etw. vorlesen; to ~ s.th. aloud etw. laut lesen; to ~ between the lines zwischen den Zeilen lesen, herauslesen; to ~ o.s. to sleep lesen, bis man einschläft; to ~ s.o. to sleep jmdm. vor dem Einschlafen vorlesen⟩ | lesen können, verstehen ⟨to ~ French; to ~ music Noten lesen; to ~ the time / the clock⟩ | (Gedanken) erkennen, lesen, interpretieren ⟨to ~ s.o.'s thoughts; to ~ s.th. as ... etw. als ... interpretieren⟩ | (Rätsel) lösen ⟨to ~ a riddle⟩ | (Zukunft) vorher-, voraussagen; (Traum u. ä.) deuten, erklären, auslegen | (Universität) (Fach) studieren ⟨to be ~ing physics Physik studieren⟩ | (Thermometer) (an)zeigen ⟨to ~ 10°⟩ | *Biol* dekodieren ⟨to ~ a genetic message⟩ | *Pol* (Gesetzesvorlage) lesen | (Computer) lesen, abtasten; **~ into** hineinlesen, hineininterpretieren; **~ off** ablesen; **~ out** laut (vor)lesen | zu Ende lesen | *Am Pol* (aus einer Partei) ausschließen | (Computer) ausspeichern; **~ over/through** durchlesen; **~ up** gründlich studieren; *vi* lesen (**about** über, **of** von) | vorlesen (**to s.o.** jmdm.) | Vorlesungen halten, lehren | studieren (**for s.th.** etw.) ⟨to be ~ing for the Bar Jura studieren; to be ~ing for a diploma sich auf ein

Diplom vorbereiten⟩ | sich (gründlich) vorbereiten (**for** auf, für) | sich lesen lassen ⟨the play ~s well⟩ | lauten, heißen ⟨to ~ as follows wie folgt lauten⟩;
[red] *adj* gelesen ⟨the most-~ book das meistgelesene Buch⟩ | belesen, bewandert (**in** in) ⟨a well-~ man ein sehr belesener Mann; deeply ~ in s.th. ausgezeichnet beschlagen sein in⟩;
[ri:d] *s bes Brit umg* Lesen *n*, Lesepause *f* ⟨to have a good ~ allerhand lesen; to have a quiet ~ in Ruhe lesen⟩ | etw. zum Lesen ⟨it's a very good ~ es liest sich glänzend⟩; **~a·bil·i·ty** [ˌ~əˈbɪlətɪ] *s* Lesbarkeit *f*; Verständlichkeit *f*; **ˈ~a·ble** *adj* lesbar

re·ad·dress [ˌri:əˈdres] *vt* um-, neuadressieren; **~ oneself** *refl* sich erneut wenden an

read|er [ˈri:də] *s* Leser(in) *m(f)* (*auch übertr*) ⟨a poor ≈ ein schlechter Leser; a mind/thought≈ ein Gedankenleser *m*⟩ | Lektor *m* ⟨publisher's ≈ Verlagslektor *m*⟩ | *Brit* (Universität) außerordentlicher Professor, Dozent *m* ⟨≈ in English⟩ | *Rel* Vorleser *m* | *Typ* Korrektor *m* | Lesegerät *n* | Anthologie *f*, Lesebuch *n* ⟨a Russian ≈⟩; **ˈ~er·ship** *s* Vorleseramt *n* | Leserschaft *f* | *Brit* Dozentenstelle *f*; **ˌ~er's ˈmark** *s Typ* Korrekturzeichen *n*; **ˌ~er's ˈproof** *s* Fahnenkorrektur *f*; **ˈ~ing** *s* (Vor-, Ab-) Lesen *n* | Lektüre *f*, Lesestoff *m* ⟨set ≈ Pflichtlektüre *f*⟩ | *Pol* Lesung *f* | (öffentliche) Lesung ⟨≈ from Dickens⟩ | Belesenheit *f* ⟨of wide ≈ sehr belesen⟩ | *Lit* Lesart *f*, Version *f* | Auslegung *f*, Interpretation *f*, Deutung *f* | (Thermometer-) Stand *m*; **ˈ~ing desk** *s* Lesepult *n*; **ˈ~ing glass** *s* Vergrößerungsglas *n*; **ˈ~ing ˌglass·es** *s/pl* Lesebrille *f*; **ˈ~ing lamp** *s* Leselampe *f*; **ˈ~ing maˌchine** *s* Lesegerät *n*; **ˈ~ing room** *s* Lesesaal *m*, -zimmer *n*; **ˈ~ing wand** *s Brit Tech* elektronischer Lesestift

re·ad·just [ˌri:əˈdʒʌst] *vt* wiedereinrichten, wieder in Ordnung bringen | (jmdn.) wieder einstellen (**to** auf) ⟨to ~ o.s. to sich wieder anpassen an⟩ | *Tech* nachrichten, nachstellen; *vi* sich neu *od* wieder anpassen (**to** an), sich neu *od* wieder einstellen (**to** auf); **ˌre·adˈjust·ment** *s* Wiederherstellung *f* | Neuordnung *f* | Wiedereinstellung *f* (**to** auf) | *Tech* Nachstellung *f*

re·ad|mis·sion [ˌri:ədˈmɪʃn] *s* Wiederzulassung *f* (**to** zu); **~mit** [ˌ~ˈmɪt] (**ˌ~ˈmit·ted, ˌ~ˈmit·ted**) *vt* wieder zulassen (**to** zu); **~mit·tance** [ˌ~ˈmɪtns] *s* Wiederzulassung *f* (**to** zu)

read|-on·ly mem·o·ry [ˌri:d əunlɪ ˈmemrɪ], *auch* **ˌ~-on·ly ˈstore** (Computer) *s* Festspeicher *m*; **ˈ~out 1.** *s* Ausspeicherung *f*, Resultat *n*, Ausdruck; **2.** *vi, vt* ausgeben, auslesen ⟨to ≈ in real-time⟩; **ˌ~-out ˈtime** *s* Zugriffszeit *f*

read·y [ˈredɪ] **1.** *adj* fertig, bereit (**for** für, zu; **to** *mit inf* zu *mit inf*) ⟨~ for work arbeitsbereit; ~ for take-off *Flugw* startklar; ~ to help hilfsbereit; to make ~ vorbereiten, fertig machen⟩ | geneigt (**to** *mit inf* zu *mit inf*) | im Begriff (**to** *mit inf* zu *mit inf*) | schnell, rasch ⟨a ~ answer; to be ~ to *mit inf* schnell dabei sein zu *mit inf*; to be too ~ with s.th. etw. zu schnell parat haben, voreilig sein mit etw.⟩ | gewandt (**at, in** in) | leicht, bequem | leicht zur Hand ⟨~ for use gebrauchsfertig⟩ | *Wirtsch* greifbar ⟨~ money Bargeld *n*⟩; **2.** *adv* (*in Zus*) fertig ⟨~ cooked vorgekocht, im voraus gekocht⟩; **3.** *interj Brit in*: **ˈ~, ˌsteady, go!** (Sport) auf die Plätze, fertig, los!; **4.** *vt bes Am* (sich) fertig machen, vorbereiten ⟨to ~ o.s.⟩; **5.** *s*, **at the ~** schußbereit, im Anschlag (*auch übertr*) ⟨with ones' pen at the ~ mit gespitzter Feder, mit gezücktem Federhalter⟩; **ˌ~-ˈfaded** *adj* (Jeans u. ä.) vorgebleicht; **ˌ~-ˈmade 1.** *adj* fertig, Konfektions- ⟨≈ clothes⟩ | gebrauchsfertig, Fertig- | *übertr verächtl* nachgemacht, schablonenhaft, wenig originell ⟨≈ ideas wenig Neues⟩; **2.** *s* Konfektionsanzug *m*, -kleid *n* | als Objektkunst ausgegebener (produzierter) Gegenstand; **ˌ~ ˈreck·on·er** *s* Rechentabelle *f*; **ˌ~-to-ˈfit** *adj* einbaufertig; **ˌ~-to-ˈwear** *adj* Konfektions-; **ˌ~-ˈwit·ted** *adj* schlagfertig

re·af|firm [ˌri:əˈfɜ:m] *vt* nochmals versichern ⟨to ≈ one's loyalty die Treue versichern⟩; **ˌ~ˈfirm·ance, ~fir·ma·tion** [ˌri:æfəˈmeɪʃn] *s* nochmalige Versicherung

re·af·for·est [ˌri:əˈfɒrɪst], *Am* **re·for·est** [ri:ˈfɒrɪst] *vt* (Land) wiederaufforsten; **~a·tion** [ˌri:əˌfɒrɪstˈeɪʃn], *Am* **re·for·est·a·tion** [ˌri:fɒrɪstˈeɪʃn] *s* Wiederaufforstung *f*

re·a·gen·cy [ri:ˈeɪdʒənsɪ] *s* Rück-, Gegenwirkung *f*; **reˈa·gent** *s Chem, Phys* Reagens *n* | Gegenwirkung *f*

[1]**re·al** [rɪəl|ri:l̩] **1.** *adj* wirklich, tatsächlich, real ⟨is it ~? existiert es wirklich?; the ~ thing das einzig Wahre; ~ life⟩ | rein, unverfälscht, echt ⟨~ silk⟩ | *Jur* unbeweglich, Real- ⟨~ assets Immobilien *pl*⟩ | *Math, Phys, El* reell; **2.** *adv urspr Am umg* sehr ⟨we had a ~ good time uns ging es glänzend; ~ rich; I'm ~ sorry es tut mir herzlich leid⟩; **3.** *s, in*: **the ~** die Realität ◇ **for ~** *Am umg* wirklich, echt; ernst; **ˈ~ acˌcount** *s Wirtsch* Sachkonto *n*; **ˈ~ esˌtate** *s Jur* Grundbesitz *m*, Immobilien *pl* (*Ant* personal estate) | *Am* Häuser *pl* ⟨to be in ≈ Häusermakler sein⟩; **ˈ~-es·tate ˌa·gent** *s Am* Grundstücksmakler *m*

[2]**re·al** [reɪˈɑ:l] *s Hist* Real *m* (spanische Münze)

re·a·lign [ˌri:əˈlaɪn] *vt* neu formieren ⟨to ~ one's forces⟩

re·al|ism [ˈrɪəlɪzm] *s auch Phil* Realismus *m* | Wirklichkeitssinn *m*; **ˈ~ist 1.** *s* Realist *m*; **2.** *auch* **ˌ~ˈis·tic** *adj* realistisch, sachlich wirklichkeitsnah; **~i·ty** [rɪˈælətɪ] *s* Realität *f*, Wirklichkeit *f* ⟨in ≈ in Wirklichkeit, tatsächlich; grim ~ities die harte Wirklichkeit; to bring back to ≈ auf den Boden der Tatsachen zurückbringen⟩ | Wirklichkeitstreue *f*, Echtheit *f* ⟨with extraordinary ≈⟩

re·al|iz·a·ble [ˈrɪəlaɪzəbl] *adj* zu verwirklichen(d), aus-, durchführ-, realisierbar | *Wirtsch* verwertbar; **ˌ~iˈza·tion** *s* Verwirklichung *f*, Aus-, Durchführung *f*, Realisation *f* | *Wirtsch* Verwertung *f*, Realisierung *f*; **ˈ~ize** *vt* verwirklichen, aus-, durchführen, (in die Tat) umsetzen, realisieren ⟨to ≈ one's hopes⟩ | sich vergegenwärtigen, erfassen, erkennen, sich vorstellen (**that** daß) ⟨to ≈ an error⟩ | *förml* (Nutzen u. ä.) erzielen | *Wirtsch* (Aktien, Besitz u. ä.) verwerten, realisieren, zu Geld machen ⟨to ≈ shares⟩; **ˈ~ize on** *Wirtsch* bekommen für, Gewinn machen bei ⟨how much did you ≈ on it wieviel haben Sie dafür bekommen?; s.th. ≈d a high price etw. hat einen hohen Preis eingebracht⟩

real·ly [ˈrɪəlɪ] **1.** *adv* wirklich, tatsächlich ⟨she ~ loves him⟩ | wirklich, echt, ziemlich, sehr ⟨it's ~ hot⟩ | (nach **ought/should**) *emph* eigentlich *od* tatsächlich (lieber) ⟨we ought ~ to have left wir hätten tatsächlich lieber gehen sollen⟩; **2.** *interj* wirklich!, nicht möglich! ⟨well ~! also wirklich!; not ~! ach wirklich?⟩

realm [ˈrelm] *s poet, Rhet, Jur* Königreich *n* | *übertr* Bereich *m*, Gebiet *n* ⟨in the ~ of chemistry auf dem Gebiet der Chemie⟩ | Reich *n* ⟨~ of the imagination Vorstellungsbereich *m*; in the ~s of fancy im Reich der Phantasie⟩

re·al·pol·i·tik [reɪˈɑ:lpɒlɪti:k] *s* (*auch* ≗) ⟨*dt*⟩ *Pol* Realpolitik *f*

re·al| pow·er [ˌrɪəl ˈpauə] *s El* Wattleistung *f*; **ˌ~ ˈprop·er·ty** *s Jur* Grundbesitz *m*; **ˈ~ time** *s* (Computer) Echtzeit *f*; **ˌ~-ˈtime** *adj* Echtzeit- ⟨≈ systems⟩; **~tor** [ˈrɪəltə] *s Am* Grundstücksmakler *m*; **~ty** [ˈrɪəltɪ] *s Jur* Grundbesitz *m* | Grundstück *n*

[1]**ream** [ri:m] *s* Ries *n* Papier (480 Bogen); **reams** *s/pl umg* große Menge (Papier) ⟨≈ and ≈ of riesige Massen an; ≈ of verse massenhaft Verse; he writes ≈ er schreibt Bände⟩

[2]**ream** [ri:m] *vt Tech* erweitern | *Tech* (Bohrung) (auf-, aus)reiben | (Kaliber) nach-, ausbohren; **ˈ~er** *s Tech* Reibahle *f*; **ˈ~ing** *s Tech* Aufreiben *n*; **ˈ~ing press** *s Tech* Aufweitepresse *f*

re·an·i|mate [riːˈænɪmeɪt] *vt* wiederbeleben (*auch übertr*); *vi* sich wieder beleben; **ˌ~ˈma·tion** *s* Wiederbelebung *f* (*auch übertr*)

reap [riːp] *vt* (Korn u. ä.) schneiden, mähen, ernten ⟨to ~ the corn⟩ | *übertr* ernten, sammeln (**from** aus) ⟨to ~ a profit einen Gewinn einstecken; to ~ the reward of s.th. den Lohn von etw. ernten *od* einstecken⟩; *vi* ernten (*auch übertr*) ⟨~ where one has not sown ernten, wo man nicht gesät hat; to sow the wind and ~ the whirlwind Wind säen und Sturm ernten⟩; **ˈ~er** *s selten* Schnitter(in) *m(f)* | **~er** *übertr* Sensenmann *m* | Mähmaschine *f* | Getreidemäher *m*; **ˌ~er and ˈbind·er** *s* Mähbinder *m*; **ˈ~ing** *s* Ernten *n*; **ˈ~ing hook** *s* Sichel *f*; **ˈ~ing maˌchine** *s* Mähbinder *m*, -maschine *f*

re·ap·pear [ˌriːəˈpɪə] *vi* wieder erscheinen; **~ance** [~rns] *s* Wiedererscheinen *n*

re·ap|pli·ca·tion [ˌriːæplɪˈkeɪʃn] *s* wiederholte Anwendung | erneutes Gesuch; **~ply** [ˌriːəˈplaɪ] *vt* wiederholt anwenden; *vi* wiederholt angewendet werden

re·ap·point [ˌriːəˈpɔɪnt] *vt* wieder ernennen; **ˌre·apˈpoint·ment** *s* Wiederernennung *f*

re·ap·prais·al [ˌriːəˈpreɪzl] *s* Neueinschätzung *f*, Neubeurteilung *f*, Überdenken *n*

[1]**rear** [rɪə] *vt Brit* auf-, erziehen ⟨to ~ a family⟩ | (Tiere) züchten ⟨to ~ poultry Geflügel züchten⟩ | (Pflanzen) ziehen | aufrichten, aufstellen ⟨to ~ one's head den Kopf erheben; *übertr* drohen; to ~ one's voice die Stimme erheben⟩ | *Arch* errichten ⟨to ~ a monument⟩; *vi* (Haus) aufragen | (Pferd) sich (auf)bäumen; **~ up** *übertr* auffahren

[2]**rear** [rɪə] **1.** *s* Hinter-, Rückseite *f* ⟨in the ~ hinten; in the ~ of hinter; at the ~ of im hinteren Teil von, auf der Rückseite von⟩ | Hintergrund *m* | *Mil* Nachhut *f* ⟨to bring up the ~ die Nachhut bilden⟩ | *euphem* Hinterteil *n* | *Brit Sl* Abtritt *m*, Lokus *m*; **2.** *adj* Hinter-, Nach- ⟨~ entrance Hintereingang *m*⟩; **ˌ~ ˈad·mi·ral** *s Mar* Konteradmiral *m*; **ˌ~ ˈax·le** *s* Hinterachse *f*; **ˌ~ ˌax·le ˈdrive** *s Kfz* Hinterradantrieb *m*; **ˌ~ ˈbrake** *s* Hinterradbremse *f*; **ˌ~ ˈdrive** *s* Heckantrieb *m*; **ˌ~ ˈen·gine** *s* Heckmotor *m*; **ˈ~guard** *s Mil* Nachhut *f*; **ˌ~guard ˈac·tion** *s Mil* Nachhutgefecht *n* (*auch übertr*); **ˌ~ ˈgun·ner** *s Mil* Heckenschütze *m*; **ˌ~ ˈlamp, ˌ~ ˈlight** *s Kfz* Schlußlicht *n*

re·arm [riːˈɑːm] *vr* wiederbewaffnen; *vi* aufrüsten; **reˈar·ma·ment** [~əmənt] *s* Neuausrüstung *f* | (Wieder-) Aufrüstung *f*

rear·most [ˈrɪəməʊst] *adj* hinterste(r, -s) ⟨the ~ carriage der letzte Wagen⟩

re·ar·range [ˌriːəˈreɪndʒ] *vt* neu ordnen | *Math* umschreiben, ordnen | *El* umschalten | *Chem* umlagern; **ˌre·arˈrange·ment** *s* Neuordnung *f* | *Chem* Umlagerung *f*

rear| re·flec·tor [ˌrɪə rɪˈflektə] *s Kfz* Rückstrahler *m*; **ˌ~ ˈseat** *s* Hintersitz *m*; **ˌ~ ˈsight** *s Mil* Kimme *f*; **ˌ~ ˈspring** *s* Hinterfeder *f*; **ˌ~ susˈpen·sion** *s Kfz* Hinterradaufhängung *f*; **ˌ~ ˈview** *s* Rückansicht *f*; **ˌ~ ˌview ˈmir·ror, ˌ~ ˌvi·sion ˈmir·ror** *s Kfz* Rückspiegel *m*; **~ward** [ˈ~wəd] **1.** *adj* rückwärtig, hintere(r, -s); **2.** *auch* **~wards** [ˈ~wədz] *adv* nach hinten, rückwärts; **3.** *s* Rückseite *f*, Ende *n* ⟨to [the] ≈ nach hinten⟩ ◇ **to ~ward of** ein Stück hinter; **ˌ~ ˈwheel** *s* Hinterrad *n*; **ˌ~ ˈwheel brake** *s* Hinterradbremse *f*

re·as|cend [ˌriːəˈsend] *vi* wieder aufsteigen; **ˌ~ˈcen·sion, ˌ~ˈcent** *s* Wiederaufstieg *m*

rea·son [ˈriːzn] **1.** *s* Vernunft *f*, Verstand *m* ⟨to lose one's ~ den Verstand verlieren⟩ | Vernunft *f* ⟨to bring s.o. to ~ jmdn. zur Vernunft bringen; to do anything within ~ alles tun, was der Vernunft zu Gebote steht; to hear/listen to ~ Vernunft annehmen; in ~ vernünftig, mit Vernunft; it / that stands to ~ das ist (ganz) logisch; without rhyme or ~ ohne Sinn und Zweck⟩ | Ursache *f*, Grund *m* (**for** für) ⟨by ~ of wegen; for the same ~ aus demselben Grund; with ~ mit Recht, aus gutem Grund; there is ~ to believe that es gibt Grund zur Annahme, daß⟩ | Rechtfertigung *f*, Begründung *f* ⟨~ of state Staatsräson *f*⟩ | *arch* Gerechtigkeit *f*; **2.** *vi* vernünftig denken, urteilen (**about, upon** über) ⟨ability to ~ Fähigkeit zu denken⟩ | schließen (**from** aus) | diskutieren (**with** mit) | zu überzeugen suchen (**with s.o.** jmdn.); *vt, auch* **~ out** schließen, folgern (**that** daß) | argumentieren, überzeugen ⟨to ~ s.o. into s.th. jmdm. etw. einreden; to ~ s.o. out of s.th. jmdm. etw. ausreden⟩ | begründen | logisch formulieren; **ˌ~aˈbil·i·ty** *s* Vernünftigkeit *f* | Annehmbarkeit *f*; **ˈ~a·ble** *adj* (Person) vernünftig, verständig, einsichtig (*Ant* unreasonable) ⟨to be ≈ mit sich reden lassen; to be not very ≈ recht unvernünftig sein; beyond ≈ doubt ohne jeden berechtigten Zweifel⟩ | vernünftig, vernunftmäßig | annehmbar, tragbar, angemessen ⟨a ≈ offer; a ≈ price⟩ | leidlich, mäßig ⟨≈ weather⟩ | gerecht ⟨to be ≈ in one's demands vernünftige *od* gerechte Forderungen stellen; a ≈ excuse eine akzeptable Entschuldigung⟩; **ˈ~a·bly** *adv* vernünftig | ziemlich, recht, ganz ⟨≈ good performance⟩; **rea·soned** [ˈriːznd] *adj* (Erklärung u. a.) durchdacht, ausgewogen; **ˈ~er** *s* Denkender *m*; **ˈ~ing** *s* Urteilen *n* | Beweisführung *f* | Urteil *n*, Schluß *m*, Schlußfolgerung *f*; **ˈ~ing pow·er** *s* Urteilskraft *f*; **ˈ~less** *adj* unvernünftig | sinnlos

re·as·sem|blage [ˌriːəˈsemblɪdʒ] *s* Wiederversammlung *f*; **~ble** [~bl] *vi, vt* (sich) wieder versammeln

re·as|sert [ˌriːəˈsɜːt] *vt* wieder behaupten; **~ser·tion** [ˌ~ˈsɜːʃn] *s* Wiederbehauptung *f*

re·as·sume [ˌriːəˈsjuːm] *vt* wieder auf- *od* übernehmen

re·as|sur·ance [ˌriːəˈʃʊərəns|-ˈʃʊrəns] *s* Beruhigung *f* | wiederholte Versicherung; **~sure** [ˌriːəˈʃʊə] *vt* beruhigen ⟨to feel ~sured sich beruhigt fühlen, wieder beruhigt sein⟩ | wiederholt versichern; **ˌ~ˈsur·ing** *adj* beruhigend

[1]**reave** [riːv] (**reaved** [riːvd] *od* **reft** [reft]) *arch, poet vt* (jmdn.) berauben (**of** *mit gen*) | (etw.) rauben (**from** von); *vi* plündern, rauben

[2]**reave** [riːv] *vi, vt* (**reaved** [riːvd], *od* **reft** [reft]) *arch, dial* zerbrechen, zerreißen

re·bap|tism [riːˈbæptɪzm] *s* Wiedertaufe *f*; **~tize** [~taɪz|ˌriːbæpˈtaɪz] *vt* wiedertaufen

re·bar·ba·tive [rɪˈbɑːbətɪv] *adj förml* abstoßend ⟨a ~ character⟩

[1]**re·bate** [ˈriːbeɪt|ˈræbɪt] *Tech* **1.** *s* Falz *m*; **2.** *vt* falzen

[2]**re·bate** [ˈriːbeɪt] *s Wirtsch* Rabatt *m*, Preisnachlaß *m* ⟨a ~ of £ 1 £ 1 Rabatt⟩ | Erstattung *f*, Rückzahlung *f*

reb·el [ˈrebl] **1.** *s* Rebell *m*, Aufrührer *m*, Aufständischer *m* (*auch übertr*) | *Am Hist* (Amerikanischer Bürgerkrieg) Anhänger *m* der Südstaaten; **2.** *adj* rebellisch, aufrührerisch, Rebellen- ⟨~ forces aufständische Streitkräfte *f/pl*⟩; [rɪˈbel] (**reˈbelled, reˈbelled**) *vi* auflehnen, rebellieren (**against** gegen); **ˈ~dom** *s* Aufruhrgebiet *n* | Rebellentum *n*; **re·bel·lion** [rɪˈbelɪən|-ljən] *s* Rebellion *f*, Aufruhr *m* (**against** gegen) ⟨to rise in ≈ sich zum Aufstand erheben⟩; **re·bel·lious** [rɪˈbeljəs] *adj* aufrührerisch, rebellisch, Rebellen- ⟨≈ subjects rebellierende Untertanen *m/pl*⟩ | *übertr* widerspenstig, hartnäckig ⟨a ≈ temper⟩

re·bind [ˌriːˈbaɪnd] (**re·bound, re·bound** [ˌriːˈbaʊnd]) *vt Buchw* (Buch u. ä.) neu binden

re·birth [ˌriːˈbɜːθ] *s Rel* Wiedergeburt *f* | *übertr* Neubelebung *f*, Wiedergeburt *f*

re·born [ˌriːˈbɔːn] *adj* wiedergeboren

[1]**re·bound** [riːˈbaʊnd] *adj Buchw* neugebunden

[2]**re·bound** [riːˈbaʊnd] *vi* (Ball u. a.) zurückprallen (**from** von) | *übertr* zurückfallen (**[up]on** auf); [ˈriːbaʊnd] *s* Rück-

prall *m*, -schlag *m* ⟨on the ~ beim Zurückprallen, nach dem Aufprall⟩ | (Ball) Abpraller *m* | *übertr* Enttäuschung *f* (nach e-m Rückschlag) ⟨on the ~ als Reaktion darauf; to take s.o. at / on the ~ jmds. Enttäuschung *od* seelische Lage ausnutzen⟩

re·buff [rɪˈbʌf] **1.** *vt* zurückstoßen | zurück-, abweisen; **2.** *s* Zurückstoßen *n* | Rückstoß *m* | Zurück-, Abweisung *f* ⟨to meet with/suffer a ~ from s.o. von jmdm. eine Abfuhr erhalten *od* abgewiesen werden⟩

re·build [ˌriːˈbɪld] *vt* (**re·built, re·built** [ˌriːˈbɪlt]) wieder (auf)bauen | umbauen ⟨a rebuilt typewriter⟩ | *übertr* umgestalten, erneuern ⟨to ~ one's life⟩ | (Reifen) runderneuern

re·buke [rɪˈbjuːk] *förml* **1.** *vt* rügen, tadeln, zurechtweisen (**for** wegen, auf Grund von) | *arch* aufhalten, hindern; **2.** *s* Rüge *f*, Tadel *m*, Verweis *m* ⟨to administer ~s to s.o. jmdn. ernsthaft tadeln⟩; **reˈbuke·ful, reˈbuk·ing** *adj* tadelnd, vorwurfsvoll

re·bus [ˈriːbəs] *s* (*pl* **~es** [ˈ~ɪz]) Rebus *m*, Bilderrätsel *n*

re·but [rɪˈbʌt] (**reˈbut·ted, reˈbut·ted**) *vt auch Jur* (durch Beweise) widerlegen, entkräften; **reˈbut·ment, reˈbut·tal** *s* Zurückweisung *f* | *Jur* Widerlegung *f*

re·cal·ci·trance [rɪˈkælsɪtrəns], **reˈcal·ci·tran·cy** *s* Widerspenstigkeit *f*; **reˈcal·ci·trant 1.** *adj* widerspenstig, ungehorsam ⟨a ≈ child⟩; **2.** *s* Widerspenstige(r) *f*(*m*)

re·call [rɪˈkɔːl] **1.** *vt* zurückrufen (*auch übertr*) ⟨to ~ a face sich an ein Gesicht erinnern; to ~ s.th. to (s.o.'s) mind (jmdm.) etw. ins Gedächtnis zurückrufen⟩ | (Gefühl u. ä.) wieder wachrufen | (jmdn.) erinnern (**to** an) ⟨to ~ s.o. to his duty jmdn. an seine Pflicht mahnen⟩ | (Aufmerksamkeit u. ä.) erneut lenken auf | (bes. Gesandten) abberufen (**from** von, **to** nach) | *auch Wirtsch* (Versprechen, Auftrag u. ä.) zurückziehen, widerrufen, rückgängig machen ⟨until ~ed bis auf Widerruf⟩; **2.** *s* Zurückrufen *n*, Zurück-, Abberufung *f* | *Tel* Rückruf *m* | Abberufung *f* (bes. e-s Diplomaten) | Zurücknahme *f*, Widerruf *m* ⟨beyond / past ~ unwiderruflich⟩ | *Wirtsch* (Auf-) Kündigung *f* | *übertr* Wachrufen *n* (von Erinnerungen u. ä.) | *Mil* Signal *n* zur Rückkehr ⟨to sound the ~ zum Sammeln blasen⟩

re·cant [rɪˈkænt] *vt* (Glauben u. ä.) abschwören, widerrufen | (Behauptung, Meinung) (öffentlich) zurücknehmen; *vi* (öffentlich) abschwören, widerrufen; **re·can·ta·tion** [ˌriːkænˈteɪʃn] *s* (öffentliche) Widerrufung

[1]**re·cap** [ˌriːˈkæp] *Am* (ˌ**reˈcapped,** ˌ**reˈcapped**) *vt* (Reifen) runderneuern; [ˈriːkæp] *s* runderneuerter Reifen

[2]**re·cap** [ˈriːkæp] **1.** (ˈ**re·capped,** ˈ**re·capped**) *vi*, *vt umg* kurz zusammenfassen; **2.** *s* kurze Zusammenfassung

re·ca·pit·u·late [ˌriːkəˈpɪtʃuleɪt] *vt*, *vi* rekapitulieren, kurz wiederholen; ˌ**re·caˌpit·uˈla·tion** *s* Rekapitulation *f*, kurze Wiederholung; ˌ**re·caˈpit·u·la·to·ry** *adj* rekapitulierend, Wiederholungs-

re·cap·tion [riːˈkæpʃn] *s Jur* Zurücknahme *f*; **reˈcap·ture 1.** *vt* wieder ergreifen ⟨to ≈ a thief⟩ | *Mil* zurückerobern | ins Gedächtnis zurückrufen ⟨to ≈ the past⟩; **2.** *s* Wiederergreifung *f* | *Mil* Zurückeroberung *f* | *übertr* Wiederhervorholen *n*

re·cast [ˌriːˈkɑːst] **1.** (**~, ~**) *vt* umarbeiten, neu schreiben ⟨to ~ a chapter⟩ | *Theat* neu besetzen | *Tech* umschmelzen, wieder einschmelzen ⟨to ~ a bell⟩; **2.** *s* Umarbeitung *f*, Neufassung *f* | *Theat* Neu-, Umbesetzung *f* | *Tech* Umschmelzung *f*

rec·ce [ˈrekɪ] *s Brit Mil Sl Kurzw für* **reconnaissance** Aufklärung *f*

recd *Abk von* **received**

re·cede [rɪˈsiːd] *vi* zurücktreten, zurückweichen ⟨a receding chin ein fliehendes Kinn; a receding forehead eine fliehende Stirn⟩ | entschwinden ⟨the coast ~d⟩ | zurücktreten, Abstand nehmen (**from** von) | an Wert verlieren, zurückgehen ⟨receding prices⟩

re·ceipt [rɪˈsiːt] **1.** *s* Empfang *m*, Eingang *m* ⟨on ~ of *förml* bei Eingang von; to be in ~ of s.th. *förml* etw. erhalten haben⟩ | Quittung *f*, Empfangsbescheinigung *f* ⟨against / on ~ gegen Quittung; to get a ~ for, to sign a ~; to make out a ~ eine Quittung ausstellen⟩ | *selten* (Koch-) Rezept *n* | *arch, bibl* Zollamt *n* ⟨*bes in:* at the ~ of custom auf dem Zollamt⟩; **2.** *vt* quittieren, eine Quittung ausstellen für ⟨to ~ a hotel bill⟩; *vi Am* eine Quittung ausstellen (**for** über); **reˈceipts** *Wirtsch s/pl* Einnahmen *f/pl* (*Ant* expenditure) | (Waren-) Eingänge *m/pl*; ˈ**~ book** *s* Quittungsblock *m* | Rezeptbuch *n*; ˈ**~ stamp** *s* Quittungsstempel *m*, -marke *f*

re·ceiv·a·bil·i·ty [rɪˌsiːvəˈbɪlətɪ] *s* Annehmbarkeit *f*; **re·ceiv·a·ble** [rɪˈsiːvəbl] *adj* annehmbar | *Jur* zulässig, zugelassen ⟨≈ evidence⟩ | *Rundf* empfangbar, zu empfangen ⟨≈ over a wide area⟩ | *Wirtsch* ausstehend ⟨accounts ≈ Außenstände *pl*; bills ≈ Wechselforderungen *f/pl*⟩; **reˈceiv·a·bles** *s/pl Wirtsch* Außenstände *pl*; **re·ceive** [rɪˈsiːv] *vt* erhalten, bekommen, empfangen ⟨to ≈ a telegram⟩ | *Rundf* (Wellen) empfangen | (Schlag u. ä.) hinnehmen ⟨to be on the receiving end of s.th. *umg* durch etw. benachteiligt sein⟩ | *förml* (Gast) aufnehmen ⟨to ≈ guests⟩ | (Gesuch) entgegennehmen; empfangen, begrüßen | (etw.) annehmen, akzeptieren, anerkennen ⟨to ≈ a theory⟩ | zulassen, als Mitglied aufnehmen (**into** in, **to** zu) ⟨to ≈ back in the fold wieder mit offenen Armen aufnehmen⟩ | *übertr* erleben, erfahren ⟨to ≈ a good education; to ≈ a warm welcome⟩; *vi* empfangen | *Rundf* empfangen | *förml* Gäste empfangen, einladen; **reˈceived** *adj* erhalten ⟨≈ with thanks dankend erhalten⟩ | *förml* anerkannt, allgemein angenommen ⟨the ≈ view; ≈ pronunciation Standardaussprache *f*; *Brit* gewählte Aussprache; Public-School-Aussprache *f*⟩ | gültig ⟨the ≈ version⟩ | *umg* alltäglich, gewöhnlich ⟨≈ ideas; ≈ opinions⟩; **reˈceiv·er** *s* Empfänger *m* | Rundfunkempfänger *m* | (Steuer- u. ä.) Einnehmer *m* | Hehler *m* | *Jur* Masseverwalter *m* ⟨Public ≈ gerichtlich eingesetzter Zwangs-, Konkursverwalter *m*; official ≈ Treuhänder *m*⟩ | *Tel* Hörer *m*, Handapparat *m* | *Tech* Sammelbehälter *m*, Auffänger *m* | *Chem* Vorlage *f* | *Phys* Rezipient *m* | (Tennis) Rückschläger *m*; **reˈceiv·er·ship** *s Jur* Zwangs-, Konkursverwaltung *f* | Posten *m* eines Konkursverwalters; **reˈceiv·ing** *s* Annahme *f*, Empfänger- ⟨at the ≈ end auf der Empfängerseite⟩ | *Rundf* Empfang *m* | *Jur* Hehlerei *f*; **reˈceiv·ing** ˌ**fre·quen·cy** *s Rundf* Empfangsfrequenz *f*; **reˈceiv·ing set** *s* Rundfunkgerät *n*, -empfänger *m*

re·cen·cy [ˈriːsnsɪ] *s* Frische *f*, Neuheit *f*

re·cense [rɪˈsens] *vt förml* (Text) revidieren, durchsehen, prüfen; **reˈcen·sion** *s* (Text-) Revision *f*, Durchsicht *f*, Prüfung *f* | revidierter Text

re·cent [ˈriːsnt] *adj* neu, frisch ⟨within ~ memory noch frisch im Gedächtnis⟩ | letzte(r, -s), jüngste(r, -s) ⟨ours is a ~ acquaintance wir kennen uns noch nicht lange; the ~ news⟩ | vor kurzem geschehen ⟨~ events; ~ history jüngste Geschichte⟩ | vor kurzem angekommen ⟨a ~ guest⟩; ˈ**~ly** *adv* neulich, vor kurzem ⟨until quite ≈ bis vor ganz kurzer Zeit⟩

re·cep·ta·cle [rɪˈseptəkl] *s Tech* Sammelbecken *n*, Behälter *m* | *Bot* Fruchtboden *m* | *El* Steckdose *f* | *El* Fassung *f*

re·cep|tion [rɪˈsepʃn] *s* Aufnahme *f* | (Hotel) Empfang *m*, Rezeption *f* ⟨the ≈ of guests⟩ | Annahme *f* | Empfang *m* ⟨to hold a ≈ einen Empfang geben⟩ | *Rundf, Ferns* Empfang *m* ⟨≈ of TV programmes⟩ | (*meist sg*) *übertr* Aufnahme *f* ⟨to get/meet with a favourable ≈ günstig *od* positiv aufgenommen werden⟩ | Zulassung *f*, Aufnahme *f* (als Mitglied) ⟨his ≈ into the Academy⟩; **'~tion ˌam·pli·fi·er** *s Rundf* Empfangsverstärker *m*; **'~tion ˌa·re·a** *s* Auffanggebiet *n*; **'~tion clerk** *s Am* Portier *m*; **'~tion comˌmit·tee** *s* Empfangskomitee *n*; **'~tion desk** *s* (Hotel) Empfang(stisch) *m*(*m*); **re'cep·tion·ist** *s* Empfangsdame *f* | Sprechstundenhilfe *f*; **'~tion room** *s* Empfangsraum *m* | Wartezimmer *n*; **re'cep·tive** *adj* aufnahmefähig, empfänglich (**of, to** für) ⟨≈ to new ideas⟩ | rezeptiv ⟨a ≈ mind⟩ | *Biol* rezeptorisch, Sinnes- | *Biol.*Empfängnis-; **ˌre·cep'tiv·i·ty** *s* Aufnahmefähig-, Empfänglichkeit *f*; **re'cep·tor** *s Biol* Rezeptor *m*

re·cess [rɪ'ses|'ri:ses] **1.** *s* Rückgang *m* | Pause *f*, Unterbrechung *f* | *Parl* Ferien *pl* | *Am* (Schul-, Universitäts-) Ferien *pl* | (*oft pl*) entlegener Winkel (*auch übertr*) ⟨the dark ~es of a cave; the innermost ~es of the heart der tiefste Winkel des Herzens⟩ | *Arch* Nische *f*, Vertiefung *f* | *Arch* Aussparung *f*; **2.** *vt Arch* ausbuchten, aussparen ⟨to ~ a wall; a ~ed bookshelf ein eingebautes Bücherregal⟩; *vi Am* eine Pause *od* Ferien machen, sich vertagen, die Sitzung *od* Verhandlung unterbrechen⟩; **re'ces·sion** *s* Rückgang *m*, Zurückweichen *n* | *Wirtsch* Rezession *f*, Krise *f* | Rücktritt *m* | *Arch* Ausbuchtung *f* | *Jur* Rückgabe *f*; **re'ces·sion·al** *Rel* **1.** *adj* Schluß- ⟨≈ hymn Schlußchoral *m*⟩; **2.** *s Rel* Schlußgesang *m*; **re'ces·sive** *adj* zurücktretend | *Biol* rezessiv, überdeckt

re·charge [ˌri:'tʃɑ:dʒ] **1.** *vt, vi* wieder laden (*auch El*) | von neuem anklagen | *Mil* wieder angreifen; **2.** *s* Neuladung *f* | Wiederanklage *f* | *Mil* neuer Angriff; **~a·ble** *adj El* (wieder)aufladbar ⟨≈ torch⟩

ré·chauf·fé [reɪ'ʃəufeɪ] *s* ⟨*frz*⟩ aufgewärmte Mahlzeit | Aufgewärmtes *n* | *übertr* Aufguß *m*

re·cher·ché [rə'ʃɛəʃeɪ] *adj* ⟨*frz*⟩ (Mahlzeiten u. ä.) sorgfältig ausgewählt | exquisit, elegant | ausgeklügelt, gesucht, ausgefallen ⟨~ words⟩

re·chris·ten [ˌri:'krɪsn] *vt* umtaufen

re·cid·i·vism [rɪ'sɪdəvɪzm] *s* Rückfall *m*, Rückfälligkeit *f* (e-s Kriminellen); **re'cid·i·vist** *s* Rückfalltäter *m*, **reˌcid·i'vis·tic, re'cid·i·vous** *adj* rückfällig, erneut straffällig

rec·i·pe ['resəpɪ|'resɪpɪ] *s* Kochrezept *n* | *Med* Rezept *n* | *übertr* Mittel *n*, Rezept *n* (**for** für)

re·cip·i·ence [rɪ'sɪpɪəns], **re'cip·i·en·cy** *s* Empfangen *n* | Empfänglichkeit *f*; **re'cip·i·ent** **1.** *s* Empfänger(in) *m*(*f*) (**of** von); **2.** *adj* empfänglich

re·cip·ro|cal [rɪ'sɪprəkl] **1.** *adj* wechsel-, gegenseitig ⟨≈ affection gegenseitige Liebe, Gegenliebe *f*; ≈ help; ≈ insurance Versicherung *f* auf Gegenseitigkeit⟩ | entsprechend, Gegen- ⟨≈ service Gegendienst *m*⟩ | *Math, Phys* reziprok, umgekehrt ⟨≈ly proportional umgekehrt proportional⟩ | *Ling* reziprok, wechselseitig ⟨≈ pronoun⟩; **2.** *s* Gegenstück *n* | *Math* Reziprokwert *m*; **ˌ~cal 'ac·tion** *s* Wechselwirkung *f*; **~cal·i·ty** [rɪˌsɪprə'kæləti] *s* Gegenseitigkeit *f*; **ˌ~cal re'la·tion·ship** *s* Wechselbeziehung *f*; **ˌ~cal 'val·ue** *s Math* Kehrwert *m*; **re'cip·ro·cate** *vt* (Glückwünsche u. ä.) austauschen, erwidern ⟨to ≈ s.o.'s good wishes⟩ | *Tech* (Maschinenteile) hin- u. hergehen lassen; *vi* sich erkenntlich zeigen, sich revanchieren (**for** für, **with** mit) ⟨glad to ≈ zu Gegendiensten gern bereit⟩ | in Wechselbeziehungen stehen, sich abwechseln | *Tech* hin- u. hergehen, schwingen; **re'cip·ro·cat·ing** *adj Tech* hin- und hergehend, abwechselnd wirkend; **'~cat·ing ˌen·gine** *s Tech* Kolbenmotor *m*; **'~cat·ing saw** *s Tech* Gattersäge *f*; **'~cat·ing ˌta·ble** *s Tech* Längstisch *m*; **~ca·tion** [rɪˌsɪprə'keɪʃn] *s* Erwiderung *f* | Austausch *m* | Wechselwirkung *f* | *Tech* Hinundherbewegung *f*; **rec·i·proc·i·ty** [ˌresɪ'prɒsətɪ] *s* Gegen-, Wechselseitigkeit *f* | Austausch *m* | *Wirtsch* Gegenseitigkeit *f* ⟨≈ in trade gegenseitiger Handel⟩

re·cit·al [rɪ'saɪtl] *s* öffentlicher Vortrag, Lesung *f* ⟨a Thackeray ~⟩ | *Mus* Solovortrag *m* ⟨vocal ~ Liederabend *m*⟩ | Aufzählung *f* (**of** von) ⟨a ~ of details⟩ | *förml* Bericht *m*, Schilderung *f*, Darstellung *f* | *Jur* Darlegung *f* (des Sachverhalts) ⟨a ~ of facts⟩ | *Päd* Aufsagen *n*, Schülervortrag *m*; **rec·i·ta·tion** [ˌresɪ'teɪʃn] *s* Aufsagen *n*, Rezitieren *n* | Vortrag *m*, Rezitation *f*; **rec·i·ta·tive** [ˌresɪtə'ti:v] **1.** *adj Mus* rezitativartig, Rezitativ-; **2.** *s Mus* Rezitativ *n*, Sprechgesang *m*; **re·cite** [rɪ'saɪt] *vt* auf-, hersagen, (auswendig) vortragen, (Gedicht) rezitieren | aufzählen, berichten ⟨to ≈ one's grievances seine Beschwerden vorbringen⟩ | *Jur* darstellen ⟨to ≈ the facts⟩ | *arch* schildern; *vi* vortragen, rezitieren; **re'cit·er** *s* Rezitator *m* | Vortragsbuch *n*

reck [rek] *arch, poet vi* sich sorgen (**for, on** um) | achten (**of** auf) ⟨they ~ed little of hardship die Not kümmerte sie wenig⟩; *vt* sich Sorgen machen um; **'~less** *adj* unbekümmert (**of** um) ⟨≈ of danger ohne sich um die Gefahr zu kümmern⟩ | rücksichtslos ⟨≈ driving⟩ | sorglos, leichtsinnig, leichtfertig ⟨a ≈ spender Geldverschwender *m*⟩

reck·on ['rekən] *vt* (be-, er)rechnen, zählen ⟨to ~ the cost of s.th.⟩ | halten für, ansehen als ⟨to ~ s.o. [to be] s.th.⟩ | anrechnen (**to s.o.** jmdm.) | rechnen, zählen (**among** unter, **as** als, **with** zu) | fest annehmen (**that** daß); **~ in** einbeziehen, ein(be)rechnen, mitrechnen ⟨to ~ in the cost of s.th.⟩; **~ up** zusammenzählen, zusammenrechnen; *vi* rechnen, zählen ⟨the child can't ~ yet⟩ | *übertr* rechnen (**with** mit) ⟨to ~ with s.o. mit jmdm. rechnen, jmdn. (ernsthaft) in Betracht ziehen; mit jmdm. abrechnen; s.o. to be ~ed with jmd., mit dem zu rechnen ist; to ~ without one's host die Rechnung ohne den Wirt machen⟩ | sich verlassen (**[up]on** auf) ⟨to ~ on s.o.'s help; he can be ~ed on auf ihn kann man bauen⟩ | *urspr Am umg* denken, meinen, schätzen ⟨I ~ he'll go⟩; **~er** ['reknə] *s* Rechner(in) *m*(*f*) ⟨to be a bad ≈ schlecht rechnen können⟩; **~ing** ['reknɪŋ] *s* Rechnen *n* | Berechnung *f* ⟨to be in/out of one's ≈ *übertr* sich verrechnet haben⟩ | *arch* (Hotel) Rechnung *f*, Zeche *f* | *übertr* Abrechnung *f* ⟨day of ≈⟩ | *Mar* Gissung *f*, Besteck *n* ⟨dead ≈ Besteckaufnahme *f* auf Grund des zurückgelegten Weges⟩

re·claim [rɪ'kleɪm] **1.** *vt* zurückfordern | (Land) urbar machen, kultivieren | (Tier) zähmen | (jmdn.) bessern, bekehren ⟨to ~ a drunkard⟩ | *übertr* (jmdn.) ab-, zurückbringen (**from** von, **to** zu) ⟨to ~ s.o. from error jmdn. von seinem Irrtum abbringen; to ~ s.o. from vice jmdn. vom Laster abbringen⟩ | *Tech* zurück-, wiedergewinnen ⟨~ed paper regeneriertes Papier; ~ed rubber Regeneratgummi *m*; ~ed wool Reißwolle *f*⟩; **2.** *s Tech* Zurückgewinnung *f*; **re'claim·a·ble** *adj* verbesserungsfähig | *Tech* regenerierbar; **re'claim·ant** *s Jur* Beschwerdeführer *m*; **rec·la·ma·tion** [ˌreklə'meɪʃn] *s* Rückforderung *f*, Reklamation *f* | Einspruch *m*, Beschwerde *f* | Urbarmachung *f*, Kultivierung *f* ⟨≈ of land Neulandgewinnung *f*⟩ | Besserung *f* (**from** von) | *Tech* Rückgewinnung *f*

re·cline [rɪ'klaɪn] *vi* sich (zurück)lehnen (**against** gegen, **[up]on** an, auf) | *übertr* sich stützen (**upon** auf); *vt* stützen, anlehnen (**[up]on** an, auf) | hinlegen (**on** auf); **re'clin·ing chair** *s* Lehnstuhl *m* (mit verstellbarer Lehne)

re·cluse [rɪ'klu:s] **1.** *adj* eingeschlossen, eingesperrt | zurückgezogen, einsiedlerisch; **2.** *s* Einsiedler *m* | *Rel* Eremit *m*; **re·clu·sion** [rɪ'klu:ʒn] *s* Einkerkerung *f*, Einzelhaft *f*; Zurückgezogenheit *f*; **re'clu·sive** *adj* zurückgezogen

rec·og|ni·tion [ˌrekəg'nɪʃn] *s* Erkenntnis *f* | Wiedererkennen *n* ⟨aircraft ≈ *Flugw* Flugerkennung *f*; past all ≈ nicht wiederzuerkennen; to change/alter beyond/out of all ≈ (sich) völlig verwandeln⟩ | Anerkennung *f* ⟨in ≈ of als Anerkennung für, in Anerkennung *mit gen*; to win ≈ Anerkennung finden, sich durchsetzen⟩ | *Pol* Anerkennung *f* ⟨≈ of the GDR⟩; ˌ~ˈ**ni·tion ˌsig·nal** *s* Erkennungssignal *n*; **~ni·tive** [rɪˈkɒgnətɪv] *adj* anerkennend; **~niz·a·bil·i·ty** [ˌ~ˌnaɪzəˈbɪlətɪ] *s* Anerkennbarkeit *f*; ˈ**~niz·a·ble** *adj* (wieder)erkennbar; **~ni·zance** [rɪˈkɒgnɪzns] *s* (*meist pl*) *Jur* schriftliche Verpflichtung ⟨to enter into ≈s sich gerichtlich binden; on his own ≈ als gerichtlich verbindliche Absicht⟩ | Sicherheitsleistung *f*, Kaution *f*, Haft-, Garantiesumme *f* ⟨to enter into ≈ for s.o. für jmdn. Kaution stellen⟩; ˈ**~nize** *vt* (wieder)erkennen (**as** als, **by** an) ⟨to ≈ a tune eine Melodie wiedererkennen⟩ | anerkennen, zugeben (**that** daß) | grüßen | anerkennen (**as** als) ⟨to ≈ as lawful heir als gesetzlichen Erben anerkennen⟩ | *Pol* anerkennen | lobend anerkennen, würdigen ⟨to ≈ s.o.'s services⟩; *vi Jur* sich schriftlich verpflichten (**in** zu)

re·coil [rɪˈkɔɪl] **1.** *vi* zurückprallen, zurückschnellen | zurückschrecken, zurückfahren, zurückweichen (**from** vor) ⟨to ~ from *mit ger* davor zurückschrecken, zu *mit inf*⟩ | *Mil* (Gewehr) zurückstoßen | *übertr* zurückfallen (**[up]on** auf) ⟨revenge may ~ on s.o. die Rache kann jmdn. treffen⟩; **2.** *s* Rückprall *m*, Rückstoß *m*, Zurückspringen *n* | Zurückschrecken *n*, Zurückfahren *n* (**from** von) | *Mil* (Gewehr) Rückstoß *m*; ˈ**~ ˌcyl·in·der** *s Tech* Bremszylinder *m*; ˈ**~ efˌfect** *s Phys* Rückstoßeffekt *m*; ˈ**~ spring** *s Tech* Rückschnellfeder *f*

re·coin [riːˈkɔɪn] *vt* umprägen; **reˈcoin·age** *s* Umprägung *f* | umgeprägte Münze

[1]**re·col·lect** [ˌriːkəˈlekt] *vt* wieder sammeln (*auch übertr*) ⟨to ~ o.s. sich fassen, sich zusammenreißen; to ~ one's courage wieder Mut fassen⟩

[2]**re·col·lect** [ˌrekəˈlekt] *vi, vt* sich erinnern (an), sich besinnen (auf); ˌ**rec·olˈlec·tion** *s* Erinnerung *f*, Gedächtnis *n*, Erinnerungsvermögen *n* ⟨in ≈ of in Erinnerung an; it is within (beyond) my ≈ es ist mir (nicht mehr) in Erinnerung; to the best of my ≈ soweit ich mich entsinne⟩ | Erinnerung *f* (**of** an) ⟨to bring many ≈s to s.o.'s mind viele Erinnerungen bei jmdm. wachrufen⟩; ˌ**rec·olˈlec·tive** *adj* Erinnerungs-

re·com|bi·na·tion [ˌriːkɒmbɪˈneɪʃn] *s* Wiedervereinigung *f* | *Phys* Rekombination *f*; ˌ**~biˈna·tion light** *s Phys* Rekombinationsleuchten *n*; **~bine** [ˌriːkəmˈbaɪn] *vt* wieder verbinden

re·com·mence [ˌriːkəˈmens] *vi, vt* wieder beginnen; **~ment** *s* Wiederbeginn *m*, Neubeginn *m*

rec·om|mend [ˌrekəˈmend] *vt* empfehlen, vorschlagen, befürworten (**for** für, **to s.o.** jmdm.) ⟨to be ≈ed for s.th. empfohlen sein durch etw.; to have much to ≈ it vieles für sich haben⟩ | raten, empfehlen ⟨to ≈ s.o. to do s.th.⟩ | empfehlen, anziehend machen, sprechen für ⟨her manners ≈ her⟩ | *förml* (an)empfehlen, anvertrauen (**to s.o.** jmdm.) ⟨to ≈ one's soul to God seine Seele dem Himmel anvertrauen⟩; ˌ**~ˈmend·a·ble** *adj* empfehlenswert; ˌ**~menˈda·tion** *s* Empfehlung *f*, Vorschlag *m* ⟨in ≈ of zugunsten von, für; on the ≈ of auf Empfehlung von⟩ | Befürwortung *f* ⟨letter of ≈ Empfehlungsschreiben *n*⟩ | empfehlende Eigenschaft, Empfehlung *f* ⟨it is no ≈; it is a big ≈⟩; **~mend·a·to·ry** [ˌ-ˈmendətərɪ] *adj* empfehlend, Empfehlungs-; ˌ**~ˈmend·er** *s* Fürsprecher *m*

rec·om·pense [ˈrekəmpens] *förml* **1.** *vt* (etw.) belohnen, entschädigen (**for** für); (Schaden) wiedergutmachen | (etw.) vergelten ⟨to ~ good with evil Gutes mit Schlechtem vergelten⟩ | (etw.) ersetzen; **2.** *s* Entschädigung *f*, Wiedergutmachung *f* ⟨to receive a ~ for⟩ | Vergeltung *f* | Belohnung *f* ⟨in ~ for zur Belohnung für; without ~ ohne etw. dafür zu bekommen⟩

re·com|pose [ˌriːkəmˈpəuz] *vt* wieder zusammensetzen | neu ordnen | umgruppieren | *Typ* neu setzen | *übertr* wieder beruhigen; **~po·si·tion** [ˌriːkɒmpəˈzɪʃn] *s* Wiederzusammensetzung *f*; Umgestaltung *f*, Umgruppierung *f* | *Typ* Neusatz *m* | *übertr* Wiederberuhigung *f*

rec·on|cil·a·bil·i·ty [ˌrekənˌsaɪləˈbɪlətɪ] *s* Versöhnbarkeit *f*; Vereinbarkeit *f*; **~cil·a·ble** [ˌrekənˈsaɪləbl|ˈrekənsaɪləbl] *adj* versöhnbar; vereinbar (**with** mit); ˈ**~cile** *vt* versöhnen (**to, with** mit) ⟨to become ≈d versöhnt werden; to be ≈d to s.th. sich mit etw. abgefunden haben⟩ | in Einklang bringen, vereinbaren (**to, with** mit) | (Streit u. ä.) schlichten, beilegen | *refl* sich aussöhnen, sich abfinden ⟨to ≈ o.s. to s.th. sich mit etw. abfinden⟩; ˈ**~cile·ment** *s* = **~ciliation**; ˈ**~cil·er** *s* Versöhner *m*; **~cil·i·a·tion** [ˌ~sɪlɪˈeɪʃn] *s* Versöhnung *f*, Aussöhnung *f* (**to, with** mit) ⟨to bring about a ≈ between eine Aussöhnung herbeiführen zwischen⟩ | Einklang *m*, Übereinstimmung *f* (**between** zwischen) | Schlichtung *f*, Beilegung *f*; **~cil·i·a·to·ry** [ˌ-ˈsɪlɪətərɪ] *adj* versöhnend, Versöhnungs-, versöhnlich

rec·on·dite [ˈrekəndaɪt|rɪˈkɒndaɪt] *adj* schwer verständlich, dunkel, ausgefallen, abstrus ⟨~ studies⟩ | wenig bekannt, obskur ⟨a ~ author⟩

re·con·di·tion [ˌriːkənˈdɪʃn] *vt* wieder instand setzen, überholen, reparieren ⟨a ~ed engine⟩; ˌ**re·conˈdi·tion·ing** *s* Instandsetzung *f*, Überholung *f*, Reparatur *f*

re·con·duct [ˌriːkənˈdʌkt] *vt* zurückführen, zurückleiten

re·con·fig·ure [ˌriːkənˈfɪgə] *vt Tech* (Teile) umstellen, umbauen

re·con·nais·sance [rɪˈkɒnɪsns] *s Mil* Erkundung *f*, Aufklärung *f* ⟨~ in force gewaltsame Erkundung; to be on ~ auf *od* bei einem Aufklärungseinsatz sein; to make a ~ auf Erkundung gehen⟩ | *übertr* gründliche Untersuchung, Erforschung *f* ⟨a ~ of the work to be done eine genaue Erfassung der zu verrichtenden Arbeit⟩; ˈ**~ flight** *s Mil, Flugw* Aufklärungsflug *m*; ˈ**~ ˌpar·ty** *s Mil* Spähtrupp *m*; ˈ**~ plane** *s Mil, Flugw* Aufklärer *m*, Aufklärungsflugzeug *n*

rec·on·noi·tre [ˌrekəˈnɔɪtə] **1.** *vt Mil* (Gelände u. ä.) erkunden, auskundschaften ⟨to ~ the ground⟩ | *übertr* untersuchen, erforschen | *Geol* (Gebiet) rekognoszieren; *vi* Erkundungen anstellen; **2.** *s Mil, übertr* Erkundung *f*

re·con|quer [riːˈkɒŋkə] *vt* zurückerobern; **~quest** [~kwest] *s* Zurückeroberung *f*

re·con·sid·er [ˌriːkənˈsɪdə] *vt* wieder erwägen | *Pol* erneut beraten; *vi Pol* noch einmal beraten; **~a·tion** [ˌriːkənˌsɪdəˈreɪʃn] *s* nochmalige Erwägung ⟨on ≈ nach nochmaliger Überlegung⟩

re·con·sti|tute [riːˈkɒnstɪtjuːt] *vt* (Gremium u. ä.) rekonstituieren, (Form) wiederherstellen | (Nahrungsmittel u. ä.) aus einem Konzentrat zubereiten, (in Wasser) auflösen ⟨to ≈ dried milk⟩; ˌ**~ˈtu·tion** *s* Wiederherstellung *f* | Zubereitung *f* aus einem Konzentrat, Auflösen *n* in Wasser

re·con|struct [ˌriːkənˈstrʌkt] *vt* rekonstruieren ⟨to ≈ a crime⟩ | wiederaufbauen ⟨to ≈ a building⟩ | *Biol* (Organe) wiederherstellen | umarbeiten, umgestalten ⟨to ≈ society⟩ | *Am* bekehren; **~struc·tion** [ˌ~ˈstrʌkʃn] *s* Rekonstruktion *f* | Wiederaufbau *m* | Umgestaltung *f* | *Wirtsch* Sanierung *f* | ˌ**~ˈstruc·tion** *Am Hist* Rekonstruktion *f* (der Südstaaten nach dem Bürgerkrieg); ˌ**~ˈstruc·tive** *adj* wieder aufbauend, Aufbau-

re·con·ven·tion [ˌriːkənˈvenʃn] *s Jur* Gegenklage *f*

re·con|ver·sion [ˌriːkənˈvɜːʃn] *s* Wiederverwandlung *f*; **~vert** [ˌ~ˈvɜːt] *vt* wieder verwandeln (**into** in) | (Produktion) für friedliche Zwecke umstellen; *vi* sich wieder verwandeln

re·cord [rɪˈkɔːd] *vt* auf-, verzeichnen, auf-, niederschreiben, registrieren, eintragen; zu Protokoll nehmen | *Jur* protokollieren | *Tech* (Meßwerte) anzeigen, aufzeichnen | (Computer) speichern | auf Schallplatte *od* Tonband aufnehmen; *vi* registrieren, aufzeichnen; **rec·ord** ['rekɔ:d] **1.** *s* Aufzeichnung *f* ⟨a matter of ≈ eine verbürgte Tatsache; for the ≈ der Ordnung halber, zur Mitschrift, just for the ≈ damit es jeder genau weiß; off the ≈ *umg* inoffiziell; on the ≈ offiziell; on ≈ belegt⟩ | authentischer Bericht | Liste *f*, Verzeichnis *n* | *Jur* Protokoll *n* ⟨to go on ≈ *Am* sich erklären, sich festlegen; to place on ≈ aktenkundig machen⟩ | Urkunde *f*, Dokument *n* ⟨[Public] ≈ Office englisches Staatsarchiv⟩ | Ruf *m*, Leumund *m*, persönliche Vergangenheit ⟨a good (bad) ≈; to bear ≈ to s.th. etw. bezeugen; to make a great ≈ sich einen Namen machen⟩ | *übertr* Urkunde *f*, Zeugnis *n* ⟨≈s of past history⟩ | *auch* **'gram·o·phone ,≈** Schallplatte *f* | Rekord *m*, Höchstleistung *f* ⟨to break/beat a ≈ einen Rekord brechen; to hold a ≈ for einen Rekord halten in; to set up a ≈ einen Rekord aufstellen⟩; **2.** *adj* Rekord- ⟨≈ crop Rekordernte *f*; ≈ score (Sport) Rekordergebnis *n*⟩; **'rec·ord-,break·ing** *adj* einen Rekord brechend, einen neuen Rekord aufstellend, Rekord- ⟨a ≈ jump⟩; **'~ ,chang·er** *s* Plattenwechsler *m*; **re'cord·ed** *adj* (Programm u. a.) aufgezeichnet ⟨≈ music⟩ | (Kassette) bespielt | (Geschichte) schriftlich belegt; **re,cord·ed de'liv·er·y** *s Brit* (Post) Einschreiben *n* ⟨to send s.th. by ≈ etw. per Einschreiben verschicken⟩; **re'cord·er** *s* Registrator *m* | Archivar *m* | Protokollführer *m* | *Brit* Stadtrichter *m* | *Mus* Blockflöte *f* | *Tech* Schreiber *m*, Zähler *m*, Registriergerät *n* | *auch* **'tape re'cord·er** Rekorder *m*, Tonband(gerät) *n*(*n*); **re'cord·ing 1.** *adj* registrierend, aufzeichnend, Registrier- | Protokoll-; **2.** *s* Registrierung *f*, Aufzeichnung *f* | (Rundfunk u. ä.) Aufnahme *f*, Aufzeichnung *f* ⟨a BBC ≈⟩ | (Computer) gespeicherte Information; **re'cord·ing bal,loon** *s* Ballonsonde *f*; **re'cord·ing ,in·stru·ment** *s* Aufzeichnungs-, Meßgerät *n*; **re'cord·ist** *s* Tonmeister *m*; **'rec·ord ,li·bra·ry** *s* Plattenarchiv *n*, -sammlung *f* | Plattenverleih *m*; **'rec·ord ,play·er** *s* Plattenspieler *m*

[1]**re·count** [rɪ'kaʊnt] *vt* berichten, erzählen, schildern

[2]**re-count** [,ri:'kaʊnt] *vt* (*bes* Wahlstimmen) noch einmal zählen ⟨to ~ the votes⟩; ['ri:kaʊnt] *s* nochmalige Zählung ⟨to demand a ~⟩

re·count·al [rɪ'kaʊntl] *s* Erzählung *f*, Bericht *m* | Wiederholung *f*

re·coup [rɪ'ku:p] **1.** *vt* zurückerstattet bekommen, wiederbekommen ⟨to ~ one's expenses Auslagen erstattet bekommen⟩ | (Verlust u. ä.) wiedereinbringen, wiedergewinnen, wiedergutmachen ⟨to ~ one's losses⟩ | (jmdn.) entschädigen, schadlos halten (**for** für) ⟨to ~ o.s. for one's losses⟩; **2.** = **re'coup·ment** *s* Entschädigung *f* | Wiedereinbringung *f*

re·course [rɪ'kɔ:s] *s* Zuflucht *f* (**to** zu) | Zuhilfenahme *f* (**to s.th.** e-r Sache) ⟨to have ~ to Zuflucht nehmen zu, greifen zu, konsultieren; one's only ~ jmds. einzige Zuflucht⟩ | *Wirtsch*, *Jur* Rückgriff *m*, Regreß *m* ⟨liable to ~ regreßpflichtig⟩

[1]**re·cov·er** [rɪ'kʌvə] *vt* wiedererhalten, wiedererlangen, wiederbekommen, wiederfinden, zurückerhalten ⟨to ~ one's hearing (sight) wieder hören (sehen) können; to ~ consciousness das Bewußtsein wiedererlangen; to ~ one's strength wieder zu Kräften kommen⟩ | wiedereinbringen, wiedergutmachen ⟨to ~ lost time verlorene Zeit aufholen; to ~ one's losses, to ~ what was lost⟩ | zurückgewinnen, wiedererobern | (jmdn.) wieder zu sich bringen | (Schiff u. ä.) bergen, retten (**from** von) | *arch* (jmdn.) heilen (**from** von) | *refl* sich wieder erholen | *Jur* (Schulden u. ä.) eintreiben; *vi* sich erholen (**from** von) | wieder zu sich kommen | *Jur* entschädigt werden ⟨to ~ in one's suit seinen Prozeß gewinnen⟩

[2]**re·cov·er** [,ri:'kʌvə] *vt* wieder bedecken | (Schirm u. ä.) neu beziehen

re·cov·er|a·bil·i·ty [rɪ,kʌvərə'bɪlətɪ] *s* Wiedererlangbarkeit *f*; Wiederbelebbarkeit *f* | *Jur* Eintreibbarkeit *f* | *Tech* Rückgewinnbarkeit *f*; **re'cov·er·a·ble** *adj* wiedererlangbar | wiederherstellbar | *Jur* eintreibbar | (Anzahlung) zurückzahlbar | *Tech* rückgewinnbar ⟨≈ oil⟩ | regenerierbar; **~y** [rɪ'kʌvr̩ɪ] *s* Wiedererlangung *f* ⟨≈ of s.th. lost; beyond/past ≈ unwiederbringlich dahin⟩ | Wiederherstellung *f* | Genesung *f*, Erholung *f* ⟨beyond/past ≈ unheilbar; to make a quick ≈ from sich schnell erholen von⟩ | *Jur* Eintreibung *f* | *Tech* Rückgewinnung *f* | Bergung *f*, Rettung *f*; **'~y ,serv·ice** *s* Abschlepp-, Bergungsdienst *m*

rec·re|an·cy ['rekrɪənsɪ] *förml s* Feigheit *f*, Verzagtheit *f* | Abtrünnigkeit *f*; **'~ant 1.** *adj poet* feige, verzagt | abtrünnig, herzlos (**to** gegenüber) ⟨a ≈ knight ein ungetreuer Ritter⟩; **2.** *s* Feigling *m* | Abtrünniger *m*, Verräter *m*

[1]**re·cre·ate** [,ri:krɪ'eɪt] *vt* von neuem schaffen, wiedererschaffen ⟨to ~ the past⟩

[2]**rec·re|ate** ['rekrɪeɪt] *förml vt* erquicken, erfrischen ⟨to ~ o.s. sich erholen⟩; *vi* ausspannen, sich erholen; [1],**~'a·tion** *s* Erholung *f*, Entspannung *f* ⟨for ≈ zur Erholung⟩ | Spiel *n*, Belustigung *f* ⟨an innocent ≈ ein harmloser Spaß, etw. ohne ernste Absichten⟩

[2]**re·cre·a·tion** [,ri:krɪ'eɪʃn] *s* Neuschaffung *f*

rec·re·a|tion·al [,rekrɪ'eɪʃnl] *adj* Erholungs-, Entspannungs- ⟨≈ facilities Erholungsmöglichkeiten *f/pl*, Freizeiteinrichtungen *f/pl*⟩; **,~tion·al 've·hi·cle** *s* Wohnwagen *m*, Campingfahrzeug *n*; **'~tion ground** *s* Spiel-, Sportplatz *m*; **'~tion room** *s Am* Freizeitraum *m*; [1]**'~tive** *adj* entspannend | erheiternd, unterhaltend

[2]**re·cre·a·tive** [,ri:krɪ'eɪtɪv] *adj* neuschaffend ⟨~ power Originalität *f*, Schöpferkraft *f*⟩

re·crim·i|nate [rɪ'krɪmɪneɪt] *vi*, *vt* Gegenanklagen vorbringen (**s.o./against s.o.** gegen jmdn.); **re,crim·i'na·tion** *s* Gegenanklage *f* ⟨to indulge in ≈s Gegenbeschuldigungen vorbringen⟩; **~na·to·ry** [~nətr̩ɪ] *adj* Gegenbeschuldigungs- ⟨≈ speeches Gegenbeschuldigungen enthaltende Reden *f/pl*⟩

re·cru|desce [,ri:kru:'des] *förml vi* (Krankheit u. ä.) wieder aufbrechen, verschlimmern | (Wunde) wieder aufbrechen | *übertr* wieder aufleben, wieder aufflackern; **,~'des·cence** *s* (Krankheit u. ä.) Wiederausbruch *m*, Verschlimmerung *f*, Rückfall *m* (**of** von) | (Wunde) Wiederaufbrechen *n* | *übertr* (Aufstand u. ä.) Wiederaufleben *n*, Wiederausbrechen *n* ⟨a ≈ of slogans ein Neuauftauchen von Losungen⟩; **,~'des·cent** *adj* wieder ausbrechend | wieder aufbrechend | *übertr* wieder auflebend

re·cruit [rɪ'kru:t] **1.** *s Mil* Rekrut *m* | neues Mitglied ⟨~s to a party⟩ | *übertr* Neuling *m*, Anfänger *m*; **2.** *vt Mil* rekrutieren, ausheben, einziehen (**into** in) | (Leute u. ä.) heranziehen, gewinnen, zusammenstellen ⟨to ~ a party from eine Partei schaffen aus⟩ | erneuern, ergänzen ⟨to ~ supplies Vorräte ergänzen⟩ | *förml* wiederherstellen ⟨to ~ one's health⟩ | *vi* Rekruten ausheben | sich erholen; **re'cruit·al** *s* Stärkung *f*, Erholung *f*; **re'cruit·ing** *s* Rekrutierung *f*; Stärkung *f*; **'~ing ,of·fice** *s* Rekrutenerfassungsstelle *f*; **'~ing ,of·fi·cer** *s Mil* Werbeoffizier *m*; **re'cruit·ment** *s Mil* Rekrutierung *f* | Stärkung *f*

rec·tal ['rektl] *adj Med* rektal ⟨~ syringe Klistierspritze *f*⟩

rec·tan|gle ['rektæŋgl] *s* Rechteck *n*; **~gu·lar** [rek'tæŋgjʊlə] *adj* rechteckig | rechtwinklig; **~gu·lar·i·ty** [rek,tæŋgjʊ'lærətɪ] *s* Rechteckigkeit *f* | Rechtwinkligkeit *f*; **,~gu·lar 'tim·ber** *s* Kantholz *n*

rec·ti|fi·a·ble ['rektɪfaɪəbl] *adj* zu berichtigen(d) | *Math* rektifizierbar | *El* gleichrichtbar; **~fi·ca·tion** [,rektɪfɪ'keɪʃn] *s* Berichtigung *f*, Verbesserung *f*, Korrektur *f* ⟨≈ of errors

Fehlerkorrektur *f*〉 | *Math, Chem* Rektifikation *f* 〈≈ of alcohol Alkoholreindestillation *f*〉 | *El* Gleichrichtung *f*; **~fi'ca·tion ˌfac·tor** *s El* Gleichrichtungsfaktor *m*; **~fied** ['~faɪd] *adj* verbessert | *Math, Chem* rektifiziert | *El* gleichgerichtet; **'~fi·er** *s* Berichtiger *m* | *Math, Chem* Rektifizierer *m* | *El* Gleichrichter *m* | *Phys* Entzerrungsgerät *n*; **'~fy** *vt* verbessern, berichtigen, korrigieren 〈to ≈ an error〉 | abschaffen, beseitigen 〈to ≈ abuses Mißstände abstellen〉 | *Math, Chem* rektifizieren 〈to ≈ spirits〉 | *El* gleichrichten | *Phys* entzerren

rec·ti·lin·e|al [ˌrektɪ'lɪnɪəl], **~ar** [~ə] *förml adj* geradlinig; **~ar·i·ty** [ˌrektɪˌlɪnɪ'ærətɪ] *s* Geradlinigkeit *f*

rec·ti·tude ['rektɪtju:d] *s förml* Ehrlichkeit *f*, Geradheit *f*, Redlichkeit *f*

rec|to ['rektəʊ] Typ **1.** *s* (*pl* **'~tos**) Schauseite *f*, rechte Seite | Vorderseite *f* (des Buchdeckels); **2.** *adj* Vorder-, rechte 〈≈ page〉

rec|tor ['rektə] *s Rel* (anglikanische Kirche) Pfarrer *m* | *meist* **ˌLord '∸tor** *bes Schott* Universitätspräsident *m* | *Schott* Schuldirektor *m* | (deutschsprachige Länder) (Universitäts-) Rektor *m*; **~tor·ate** ['~tərət], **'~tor·ship** *s* Rektorat *n* | Pfarrstelle *f* | Amtszeit *f*; **'~to·ry** *s* Pfarre *f*, Pfarrhaus *n*

rec|to·scope ['rektəskəʊp] *Med s* Rektoskop *n*; **~tot·o·my** [~'tɒtəmɪ] *s* Rektotomie *f*

rec·tress ['rektrəs] *s* Rektorin *f*

rec|tum ['rektəm] *s* (*pl* **~ta** ['~tə]) *Anat, Zool* Rektum *n*, Mastdarm *m*

re·cum·bence [rɪ'kʌmbəns], **re'cum·ben·cy** *förml s* Liegen *n* | *übertr* Ruhelage *f*; **re'cum·bent** *adj* liegend, lehnend 〈a ≈ figure〉 | *übertr* ruhend, untätig

re·cu·per|ate [rɪ'kju:pəreɪt|-'ku:p-] *vt* wieder zu Kräften bringen, wiederherstellen 〈to ≈ one's health〉 | (Verlust) wiedergutmachen; *vi* sich erholen (*auch übertr*); **~a·tion** [rɪˌkju:pə'reɪʃn] *s* Erholung *f*; **~a·tive** [rɪ'kju:pərətɪv] *adj* erholsam, kräftigend, Kräftigungs-, Stärkungs- 〈≈ powers Kraftreserven *f/pl*; ≈ remedies Stärkungsmittel *n/pl*〉 | Erholungs- 〈≈ capacity Erholungsvermögen *n*〉; **~a·tor** [rɪ'kju:pəreɪtə] *s Tech* Rekuperator *m*, Lufterhitzer *m*

re·cur [rɪ'kɜ:] (**re'curred, re'curred**) *vi* sich wiederholen, immer wiederkehren 〈a ~ring event; to ~ periodically in Abständen wiederkehren〉 | *übertr* (in Gedanken u. ä.) zurückkommen (**to** auf) 〈~ring to what you said um auf das von dir Gesagte zurückzukommen; to ~ to s.o.'s memory jmdm. wieder ins Gedächtnis kommen〉 | zurückkehren (**to** zu) | zurückgreifen (**to** auf) | *Math* periodisch wiederkehren 〈~ring decimal periodischer Dezimalbruch〉 | *Ling* rekurrieren; **~rence** [rɪ'kʌrəns], *selten* **~ren·cy** [rɪ'kʌrənsɪ] *s* Wiederholung *f*, Wiederkehr *f* 〈frequent ≈〉 | *übertr* Zurückkommen *n* (**to** auf); Zurückgreifen *n* (**to** auf) | *Math* Rekursion *f*; **'~rence rate** *s* Impulsfrequenz *f*; **re'cur·rent** *adj* wiederkehrend, periodisch auftretend 〈≈ expenses ständige *od* laufende Ausgaben *f/pl*; ≈ pains wiederkehrende Schmerzen *m/pl*〉 | *Ling, Math* rekurrent, rekursiv | *Med* rückläufig; **ˌ~rent ed·u'ca·tion** *s* Erwachsenen-, Weiterbildung *f*; **ˌ~rent 'fe·ver** *s Med* Rückfallfieber *n*; **~sion** [rɪ'kɜ:ʃn|-ʒn] *s* Rückkehr *f* | *Math* Rekursion *f*; **~sive** *adj* (Programm) rekursiv, sich wiederholend

re|curve [rɪ'kɜ:v] *vi* gekrümmt sein | nach rückwärts gebogen sein; *vt* zurückbiegen; **~'curved** *adj* nach innen *od* rückwärts gekrümmt *od* gebogen 〈≈ horns〉

rec·u|san·cy ['rekjʊznsɪ] *s förml* Widerspenstigkeit *f* | *Rel Hist* Rekusantentum *n*; **'~sant 1.** *adj förml* widerspenstig | *Rel Hist* die anglikanische Kirche nicht anerkennend; **2.** *s* Widerspenstige(r) *f(m)* | *Rel Hist* Rekusant *m*

rec·vec [ˌrek'vek], *auch* **rec·v** [ˌrek'vi:] *s umg Kurzw* für **recreational vehicle**

re·cy·cla·ble [ˌri:'saɪkləbl] *adj Tech* wiederverwendbar; **re'cy·cle** *vt Tech* (Abfälle u. a.) wiederaufbereiten | *übertr* umgestalten, erneuern, auf neu machen | (Gebäude) modernisieren, einer neuen Verwendung zuführen | *Wirtsch* (*bes* Ölprofite) in Investitionen umwandeln 〈to ≈ OPEC funds〉; **re'cy·cling** *s* Recycling *n*, Wiedereinsetzen *n*, Wiederverwendung *f*, Rückführung *f*

red [red] **1.** *adj* (Farbe) rot | (wein)rot | rothaarig | rotglühend | blutig 〈with ~ hands mit blutbefleckten Händen〉 | gerötet 〈~ with anger rot vor Zorn; with ~ eyes mit verweinten Augen〉 | *übertr* hitzig | (*oft* ∸) *Pol* kommunistisch, revolutionär, sowjetisch 〈the ∸ Army〉 | (*oft* ∸) *verächtl* rot ◇ **paint the town ~** *umg* sich rowdyhaft aufführen, auf die Pauke hauen; **see ~** rot sehen, aus der Haut fahren, wild werden; **2.** *s* Rot *n*, rote Farbe 〈too much ~ in the picture; the ~s and browns die roten und braunen Töne〉 | rote Kleidung, Rot *n* 〈dressed in ~〉 | Röte *f* | Rothaut *f*, Indianer *m* | ∸ *Pol* Kommunist *m* | ∸ *verächtl* Roter *m* | *übertr* Minus *n*, Defizit *n* 〈to be (get) in the ~ *umg* Verlust haben, in der Kreide stehen (in die Kreide kommen); to be/get out of the ~ schuldenfrei sein, aus den Schulden heraussein *od* herauskommen〉

re·dact [rɪ'dækt] *vt* herausgeben, redigieren; abfassen; **re·dac·tion** [rɪ'dækʃn] *s* Redigierung *f*, Herausgabe *f* | Abfassung *f* | Neubearbeitung *f*; **re'dac·tor** *s* Redakteur *m*, Herausgeber *m*

red| ad·mi·ral [ˌred 'ædmr̩l] *s Zool* Admiral *m*; **ˌ~ 'beech** *s Bot* Rotbuche *f*; **ˌ~-'blood·ed** *adj* heißblütig, temperamentvoll | mutig, energisch; **'~breast** *s Zool* Rotkehlchen *n*; **ˌ∸'brick** *adj* neuzeitlich, nach Oxford und Cambridge gegründet (aber vor 1945) 〈≈ university〉; **'~cap** *s Brit Sl* Militärpolizist *m* | *Am* (Bahnhofs-) Gepäckträger *m*; **ˌ~ 'car·pet** *s* roter Teppich 〈≈ reception *umg* großer Bahnhof〉; **ˌ~ 'cent** *s übertr umg* roter Heller 〈not worth a ≈ keinen Pfifferling wert; I wouldn't give a ≈ ich gebe keine müde Mark aus〉; **'~coat** *s Mil Hist* Rotrock *m*; **ˌ∸ 'Cross** *s* Rotes Kreuz; **ˌ~ 'cur·rant** *s Bot* Rote Johannisbeere; **ˌ~ 'deer** *s Zool* Rotwild *n*

red|den ['redn] *vt* röten, rot machen; *vi* sich röten, rot werden; erröten (**with** vor); **'~dish** *adj* rötlich; **'~dle** *s* Rötel *m*

red|dust·er [ˌred 'dʌstə] *s, umg auch* **ˌ~ 'en·sign** *s Brit* Handelsflagge *f*

re·dec·o|rate [ri:'dekəreɪt] *vt* (Raum) neu streichen, renovieren; **ˌ~'ra·tion** *s* Neuanstrich *m*, Renovierung *f*

re·deem [rɪ'di:m] *vt* los-, zurückkaufen (*auch übertr*) | los-, freikaufen 〈to ~ a prisoner〉 | (Pfand) einlösen 〈to ~ a watch〉 | (Versprechen) erfüllen, einlösen; wiedergutmachen, büßen | (schlechte Eigenschaft u. ä.) wettmachen, aufwiegen 〈~ing feature versöhnender Zug〉 | *Wirtsch* amortisieren, abzahlen 〈to ~ a mortgage eine Hypothek ablösen〉 | *Rel* erlösen (**from** von) | bewahren (**from** vor) | (Zeit) wieder einbringen; **ˌ~a'bil·i·ty** *s* Abzahlbarkeit *f*, Tilgbarkeit *f* | Einlösbarkeit *f*; **re'deem·a·ble** *adj* abzahlbar, tilgbar | einlösbar | wiedergutzumachen(d); **ˌ~a·ble 'loan** *s Wirtsch* Tilgungsdarlehen *n*; **Re'deem·er** *s Rel* Erlöser *m*, Heiland *m*

re·demp·tion [rɪ'dempʃn] *s* Rückkauf *m* | Ab-, Rückzahlung *f*, Tilgung *f* | (Pfand-) Einlösung *f* | *übertr* (Versprechen, Verpflichtung) Einlösung *f*, Einhaltung *f* 〈the ≈ of a promise〉 | Auslösung *f* | *Rel* Sühne *f*, Erlösung *f*, Errettung *f* 〈beyond/past ~ rettungslos verloren〉 | Bewahrung *f* (**from** vor) | Wiedergutmachung *f*; **re'demp·tive** *adj Rel* erlösend, Erlösungs-

red| en·sign [ˌred 'ensaɪn] = **~ duster**

re·de·ploy [ˌri:dɪ'plɔɪ] *vt Mil* (Truppen) verlegen | (Arbeitskräfte) umsetzen, umdisponieren; ˌ**re·de'ploy·ment** *s Mil* Verlegung *f* (von Truppen) | Umsetzung *f* ⟨≈ of labour⟩

re·de·scend [ˌri:dɪ'send] *vi* wieder hinabsteigen

red|finch ['redfɪntʃ] *s Zool* Hänfling *m*; ˌ~ **'flag** *s* rote Warnflagge | *oft* ˌ~ **'flag** rote Fahne (der Revolution) | *oft* ˌ~ **'flag** Rote Fahne (Arbeiterlied); '~ **fox** *s Zool* Rotfuchs *m*; ˌ~-**'hand·ed** *adj in*: **catch s.o. ~-hand·ed** jmdn. auf frischer Tat ertappen; '~ **hat** *s Rel* Kardinalshut *m* | *umg* Kardinal *m*; '~**head** *s* Rotschopf *m*; ˌ~ **'heat** *s* Rotglut *f*; ˌ~ **'her·ring** *s* Bückling *m* ⟨neither fish, flesh, nor good ≈ *übertr* weder Fleisch noch Fisch, etw. Undefinierbares⟩ | *übertr* Ablenkungsmanöver *n* ⟨to draw a ≈ across the trail vom wahren Sachverhalt ablenken⟩; ˌ~-**'hot** *adj* rotglühend | *übertr* jähzornig

re·dif·fu·sion [ˌri:dɪ'fju:ʒn] *s Brit Rundf, Ferns* Hausfunk *m*, interne Übertragung

Red In·di·an [ˌred 'ɪndɪən] *s* Indianer(in) *m(f)*

red·in·gote ['redɪŋgəʊt] *s* Redingote *f*

red·in·te|grate [re'dɪntɪgreɪt] *vt* erneuern, wiederherstellen; ˌ~**'gra·tion** *s* Erneuerung *f*, Wiederherstellung *f*

re·di|rect [ˌri:dɪ'rekt|-daɪ-|-də-] *arch vt* (Brief) umadressieren; **~rec·tion** [~'rekʃn] *s* Umadressierung *f*

red i·ron ore [ˌred 'aɪən ɔ:] *s Min* Roteisenstein *m*

re·dis·cov·er [ˌri:dɪs'kʌvə] *vt* wiederentdecken; **~y** [ˌri:dɪs'kʌvr̩ɪ] *s* Wiederentdeckung *f*

re·dis|trib·ute [ˌri:dɪs'trɪbju:t] *vt* neu verteilen; **~tri·bu·tion** [~trɪ'bju:ʃn] *s* Neuverteilung *f*

re·di|vide [ˌri:dɪ'vaɪd] *vt* neu aufteilen; **~vi·sion** [~'vɪʒn] *s* Neuaufteilung *f*

red| lead [ˌred 'led] *s Chem* (Blei-) Mennige *f*; ˌ~-**'let·ter** *adj* Fest- | *übertr* denkwürdig; ˌ~-**'let·ter day** *s* Festtag *m* | *übertr* Glückstag *m* ˌ~ **'light** *s* rotes Licht | *übertr* Warnsignal *n*; ˌ~-**'light ˌdis·trict** *s* Amüsier-, Prostituierten-, Bordellviertel *n*; '~**line** *vt Am Wirtsch* Kredite u. ä. sperren für ⟨to ≈ a community eine Gemeinde nicht finanziell unterstützen⟩; '~ **meat** *s* (Rind, Schaf) rotes Fleisch (*Ant* white meat)

re·do [ˌri:'du:] (**re·did** [ˌri:'dɪd], **re·done** [ˌri:'dʌn]) *vt* noch einmal machen | (Zimmer) neu streichen, renovieren ⟨to have the walls redone die Wände neu herrichten *od* machen lassen⟩

red·o|lence ['redələns], '~**len·cy** *s förml* Duft *m*; '~**lent** *adj förml* (stark) duftend (**of** nach) | *übertr* umwittert (**of** von) ⟨≈ of age altersumwittert; to be ≈ of ausstrahlen⟩

re·dou·ble [rɪ'dʌbl] **1.** *vi* sich verdoppeln, noch einmal so groß *od* stark werden ⟨his zeal ~d⟩; *vt übertr* verdoppeln, verstärken ⟨to ~ one's efforts⟩ | (Bridge) rekontrieren; **2.** *s* (Bridge) Rekontra *n*

re·doubt [rɪ'daʊt] *s Mil* Redoute *f*, Feldschanze *f* ⟨to capture a ~⟩

re·doubt·a·ble [rɪ'daʊtəbl] *adj Rhet* schrecklich, fürchterlich

re·dound [rɪ'daʊnd] *vi förml* führen, gereichen, beitragen (**to** zu) ⟨to ~ to s.o.'s honour⟩ | zurückfallen, zurückwirken (**upon** auf)

red pep·per [ˌred 'pepə] *s Bot* Cayennepfeffer *m* | Ziegenpfeffer *m*

re·draft ['ri:drɑ:ft] *s* neuer Entwurf | *Wirtsch* Rückwechsel *m*; *vt* [ri:'drɑ:ft] neu entwerfen

red rag [ˌred 'ræg] *s* rotes Tuch (*auch übertr*) ⟨like a ~ to a bull wie ein rotes Tuch, aufreizend⟩

re·dress [rɪ'dres] **1.** *vt* wiedergutmachen ⟨to ~ a wrong ein Unrecht wiedergutmachen⟩ | entschädigen | (Übelstand u. ä.) beseitigen, abhelfen (**s.th.** e-r Sache) | wiederherstellen (*auch übertr*) ⟨to ~ the balance das Gleichgewicht wiederherstellen⟩; **2.** *s auch Jur* Wiedergutmachung *f* | Entschädigung *f* (**for** für) | Behebung *f* | Abhilfe *f* ⟨to seek ~ Abhilfe suchen; legal ~ Rechtshilfe *f*⟩ | *Wirtsch* Regreß *m* ⟨to obtain ~ from s.o. gegen jmdn. Regreß nehmen⟩

red set·ter [ˌred 'setə] *s* (Roter) Setter (Hund)

red|shirt ['redʃɜ:t] **1.** *s Am* (Universität, Sport) Fördersportler(in) *m(f)*; **2.** *vt* (Studentensportler) besonders fördern; '~**skin** *s* Rothaut *f*, Indianer *m*; ˌ~ **'squir·rel** *s* (Rotes) Eichhörnchen; '~**start**, '~**tail** *s Zool* Rotschwänzchen *n*; ˌ~ **'tape** *s* Amtsschimmel *m*, Bürokratismus *m*; ˌ~-**'tape** *adj* bürokratisch

re·duce [rɪ'dju:s] *vt* vermindern, verringern, reduzieren ⟨to ~ speed; to ~ one's weight; to be almost ~d to a skeleton fast zu einem Skelett abgemagert sein⟩ | (Preise) herabsetzen | zurückführen, bringen, veranlassen (**to** zu) ⟨to ~ to writing in schriftliche Form *od* zu Papier bringen; to ~ s.o. to silence jmdn. zum Schweigen bringen; in ~d circumstances *arch* in beschränkten *od* ärmlichen Verhältnissen; ~d to tears zu Tränen gerührt; to ~ to tears zum Weinen bringen⟩ | zwingen (**to** zu) ⟨to ~ s.o. to order jmdn. zur Ordnung zwingen; to ~ s.o. to poverty jmdn. an den Bettelstab bringen; to be ~d to do s.th. gezwungen sein, etw. zu tun⟩ | verwandeln (**to** in) ⟨to ~ s.th. to an absurdity etw. ad absurdum führen⟩ | *übertr* erniedrigen, unterwerfen, besiegen, erobern | *Mil* degradieren ⟨to ~ a sergeant to the ranks einen Unteroffizier zum Soldaten degradieren⟩ | *Math* reduzieren, vereinfachen (**to** zu), zurückführen (**to** auf), kürzen ⟨to ~ an equation⟩ | *Chem* reduzieren, zerlegen ⟨to ~ water by electrolysis⟩ | *Med* einrenken; *vi* abnehmen, sich vermindern | *umg* fasten, hungern (um abzunehmen) ⟨she has been reducing for a week⟩; **re'duc·er** *s Tech* Reduziermaschine *f* | *Foto* Abschwächer *m*; **reˌduc·i'bil·i·ty** *s* Zurückführbarkeit *f*, Reduzierbarkeit *f*; **re'duc·i·ble** *adj* reduzierbar, zurückführbar (**to** auf); **re'duc·ing** **1.** *adj* Reduzier-; **2.** *s* Reduzieren *n*; **re'duc·ing ˌa·gent** *s Chem* Reduktionsmittel *n*; **re·duc·ti·o ad ab·sur·dum** [rɪˌdʌktɪəʊ ˌæd əb'sɜ:dəm] *s* ⟨*lat*⟩ Ad-absurdum-Führen *n*; **re·duc·tion** [rɪ'dʌkʃn] *s* Reduzierung *f*, Herabsetzung *f*, Verminderung *f* ⟨a ≈ in/of numbers eine zahlenmäßige Verminderung *f*; ≈ of a sentence *Jur* Strafnachlaß *m*⟩ | (Preis-) Herabsetzung *f* ⟨≈s in prices/price ≈s⟩ | Zurückführung *f* (**to** auf) | Verwandlung *f* (**into, to** in) | Bezwingung *f*, Unterwerfung *f* (**to** unter) | Verkleinerung *f* (eines Bildes) (*Ant* enlargement) | *Foto* Abschwächung *f* | *Math* Reduktion *f* | *Med* Einrenkung *f*; **re'duc·tive** **1.** *adj* verringernd; **2.** *s Chem* Reduktionsmittel *n*; **re'duc·tor** *s* Druckminderer *m*

re·dun|dance [rɪ'dʌndəns], **re'dun·dan·cy** *s* Überfluß *m*, Überfülle *f*, Übermaß *n* | *Wirtsch* Arbeitslosigkeit *f* | Arbeitslose(r) *f(m)* ⟨1000 ~dancies in the docks 1000 Arbeitslose in der Schiffsindustrie⟩ | *Ling* Redundanz *f*; '~**dan·cy pay** *s Brit* Arbeitslosenunterstützung *f*; **re'dun·dant** *adj* überflüssig, redundant ⟨a ≈ word⟩ | übermäßig, überreichlich | *Brit Wirtsch* arbeitslos ⟨to become ≈ arbeitslos werden⟩

re·du·pli|cate [rɪ'dju:plɪkeɪt] **1.** *vt* verdoppeln | wiederholen; *vi* sich verdoppeln | sich wiederholen; **2.** [-keɪt|~kɪt] *adj* verdoppelt | wiederholt; ˌ~**'ca·tion** *s* Verdopplung *f* | Wiederholung *f*; **re'du·pli·ca·tive** *adj* verdoppelnd | wiederholend

red|wing ['redwɪŋ] *s Zool* Rotdrossel *f*; '~**wood** *s Bot* Rotholz *n* | Eibensequoie *f*, Rotholzbaum *m*

re·dye [ri:'daɪ] *vt* auffärben | umfärben

re-ech|o [ri:'ekəʊ] **1.** *vi* widerhallen; **2.** *s* (*pl* **~oes** [~əʊz]) Widerhall *m*

reed [ri:d] **1.** *s* (Schilf-) Rohr *n*, Ried *n* ⟨broken ~ *übertr umg* schwankendes Rohr, unzuverlässiger Mensch, unsichere Sache⟩ | *umg* Riedgras *n*, Rohr *n* ⟨in the ~s im

Schilf, im Rohr⟩ | *auch* '~ ˌ**in·stru·ment** Rohrpfeife *f*, -flöte *f* ⟨the ~s die Rohrblattinstrumente *n/pl*⟩ | *Mus* Zunge *f* | *Arch* Rundstab *m*; **2.** *vt* mit Rohr bedecken | *Mus* mit einer Zunge versehen | *Arch* mit Rundstäben versehen; ˌ~ '**bas·ket** *s* Korb *m* aus Schilfrohr; '~ ˌ**bunt·ing** *s Zool* Rohrammer *f*

re·ed·it [riː'edɪt] *vt* Buch u. ä.) neu herausgeben; **re·e·di·tion** [ˌriːɪ'dɪʃn] *s* Neuausgabe *f*

reed|mace ['riːd meɪs] *s Brit Bot* Rohrkolben *m*; '~ ˌ**or·gan** *s* Harmonium *n*; '~ **pipe** *s* (Orgel) Zungenpfeife *f* | Schalmei *f*; **reeds** *s/pl* getrocknetes Schilf, Schindeln *pl*; '~ **stop** *s* (Orgel) Pfeifenwerk *n*, Zungenregister *n*

re·ed·u|cate [riː'edʒʊkeɪt] *vt* umerziehen, umschulen; ˌ~'**ca·tion** *s* Umerziehung *f*, Umschulung *f*

reed| war·bler ['riːd ˌwɔːblə] *s Zool* Rohrsänger *m*; '~**y** *adj* schilfreich ⟨a ≈ lake⟩ | *übertr* lang und dünn | (Ton u. ä.) schnarchend, pfeifend | (Stimme) biegsam

[1]**reef** [riːf] *s* Felsenriff *n* ⟨coral ~ Korallenriff *n*⟩

[2]**reef** [riːf] *Mar* **1.** *s* Reff *n* ⟨to take in a ~ das Segel reffen, *übertr* vorsichtiger sein⟩; **2.** *vt, auch* ~ **in** (Segel) reffen | *Am Sl* (Tasche) durchwühlen; '~**er** *s Mar* Reffer *m* | Seemannsjacke *f* | *Am Sl* Taschendieb *m* | *Am* Kühlwaggon *m*, -schiff *n* | *urspr Am Sl* Marihuanazigarette *f*; '~ **knot** *s Mar* Reffknoten *m*, Doppelknoten *m*; '~ **line** *s Mar* Reffleine *f*

reef·y ['riːfɪ] *adj* voller Felsenriffe

reek [riːk] **1.** *s* schlechter Geruch | Ausdünstung *f* | *lit, Schott* (dicker) Rauch | Dampf *m*; **2.** *vi* (übel) riechen, stinken (*auch übertr*) (**of** nach) ⟨to ~ of whisky nach Whisky stinken; to ~ of corruption nach Korruption riechen⟩ | dampfen | rauchen ⟨a ~ing chimney⟩ | bedeckt sein (**of, with** mit) ⟨hands ~ed of blood blutbeschmierte Hände *f/pl*; ~ing with sweat schweißüberströmt⟩; '~**y** *adj* dampfend | rauchend | dunstig

[1]**reel** [riːl] **1.** *s* Haspel *f* ⟨straight/off the ~ *übertr umg* ununterbrochen, ständig, hintereinander⟩ | (Garn-) Rolle *f*, Spule *f* ⟨cable ~ Kabelrolle *f*; fishing ~ Angelrolle *f*⟩ | Filmrolle *f*; **2.** *vt* haspeln | wickeln, spulen; ~ **in** (Leine) einholen | (Fisch) (mit der Leine) herausziehen; ~ **off** abhaspeln | *übertr umg* herunterleiern ⟨to ~ off a poem⟩; ~ **up** aufhaspeln | aufrollen, aufspulen

[2]**reel** [riːl] **1.** *vi* wirbeln, sich (schnell) drehen ⟨my head ~s mir schwindelt der Kopf; everything ~ed before his eyes alles drehte sich vor ihm *od* vor seinen Augen⟩ | schwanken, taumeln ⟨to ~ like a drunken man⟩; ~ **back** zurücktaumeln; *vt* schnell (herum)wirbeln, (herum)drehen ⟨to ~ s.o. in a dance⟩; **2.** *s* Wirbeln *n*, Drehen *n* | Schwanken *n*, Taumeln *n*

[3]**reel** [riːl] *s Mus* Reel *m* | schottischer Volkstanz

re·e·lect [ˌriːɪ'lekt] *vt* wiederwählen; **re·e·lec·tion** [ˌriːɪ'lekʃn] *s* Wiederwahl *f*; **re·el·i·gi·ble** [riː'elɪdʒəbl] *adj* wiederwählbar

re·em|bark [ˌriːɪm'bɑːk] *vi, vt* (sich) wieder einschiffen; ~**bar·ka·tion** [ˌriːˌembɑː'keɪʃn] *s* Wiedereinschiffung *f*

re·e|merge [ˌriːɪ'mɜːdʒ] *vi* wieder auftauchen; ˌ~'**mer·gence** *s* Wiederauftauchen *n*

re·en·act [ˌriːɪ'nækt] *vt* wieder in Kraft setzen | wiederholen | *Theat* neu inszenieren; **re·en'act·ment** *s* Wiederinkraftsetzung *f* | Wiederholung *f* | *Theat* Neuinszenierung *f*

re·en·gage [ˌriːɪn'geɪdʒ] *vt* wieder anstellen, wieder einstellen; ˌ**re·en'gage·ment** *s* Wiederanstellung *f*, Wiedereinstellung *f*

re·en·list [ˌriːɪn'lɪst] *vi, vt Mil* (sich) wieder anwerben (lassen); ˌ**re·en'list·ment** *s Mil* Wiederanwerbung *f*

re·en·ter [ˌriː'entə] *vi* wieder eintreten (**into** in); *vt* wieder eintreten in, betreten | neu eintragen; ˌ**re'en·trance** *s* Wiedereintreten *n*; ˌ**re'en·trant 1.** *adj Math* einspringend; **2.** *s Math* einspringender Winkel; **re'en·try** *s* Wiedereintreten *n* | (Raumschiff) Wiedereintritt *m* in die Erdatmosphäre ⟨a successful ≈⟩; **reˌen·try 've·hi·cle** *s* Rückkehrkapsel *f*

re·es·tab·lish [ˌriːɪs'tæblɪʃ] *vt* wiederherstellen; ˌ**re·es'tab·lish·ment** *s* Wiederherstellung *f*

re·e·val·u·ate [ˌriːɪ'væljʊeɪt] *vt* neu bewerten

[1]**reeve** [riːv] *s Brit Hist* Vogt *m*, Statthalter *m* | *Kan* Gemeindevorsteher *m*

[2]**reeve** [riːv] *vt* (**rove, rove** [rəʊv]) *Mar* (Tau) einscheren, einziehen; '**reev·ing line** *s Mar* Scherleine *f*

re·ex·am·i·na·tion [ˌriːɪgzæmɪ'neɪʃn] *s* Nachprüfung *f*; ˌ**re·ex'am·ine** *vt* noch einmal prüfen

re·ex·change [ˌriːɪks'tʃeɪndʒ] **1.** *vt* noch einmal tauschen; **2.** *s* nochmaliger Tausch | *Wirtsch* Rückwechsel *m*

ref [ref] *s umg* Schiri *m* (Schiedsrichter)

ref. *Abk* von **reference** betr.

re·fash·ion [ˌriː'fæʃn] *vt förml* umändern, umgestalten

re·fec·tion [rɪ'fekʃn] *s förml* Erfrischung *f*, Imbiß *m*; **re'fec·to·ry** *s* Refektorium *n*, Speisesaal *m*

re·fer [rɪ'fɜː] (**re'ferred, re'ferred**) *vt* zuschreiben, zurückführen (**to** auf) | beziehen (**to** auf), verweisen, hinweisen (**to** an) | zuordnen, zuweisen (**to s.th.** e-r Sache) | (zur Entscheidung) übergeben, überreichen, weiterleiten, aushändigen (**to** an); ~ **back** zurückverweisen, (zur weiteren Bearbeitung) zurückschicken (**to** an); *vi* Bezug nehmen, sich beziehen (**to** auf) | sich berufen (**to** auf) | hinweisen (**to** auf) | sich wenden (**to** an); **ref·er·a·ble** [rɪ'fɜːrəbl] *adj* zuzurechnen(d) | bezüglich | zurückzuführen ⟨to be ≈ to zurückgehen auf, zurückzuführen auf⟩

ref·er·ee [ˌrefə'riː] **1.** *s* (Sport) Schiedsrichter *m*, Kampfrichter *m*, Ringrichter *m*, Unparteiischer *m* | *Jur* Schiedsmann *m*, Schiedsrichter *m* | *Brit* (Person) Referenz *f*, Sachverständiger *m*; **2.** *vt* als Schiedsrichter tätig sein bei, leiten ⟨to ~ a match⟩; *vi* als Schiedsrichter fungieren

ref·er·ence ['refrəns] **1.** *s* Hinweis *m*, Verweis *m* (**to** auf) ⟨to make ~ to verweisen auf; cross ~ Querverweis *m*⟩ | Erwähnung *f*, Anspielung *f* (**to** auf) | Bezug(nahme) *m(f)* (**to** auf) ⟨in / with ~ to mit *od* unter Bezugnahme auf; without ~ to s.th. ohne etw. zu berücksichtigen, ohne Bezug auf; ~ your letter *Wirtsch* mit Bezug auf Ihr Schreiben⟩ | Referenz *f*, Empfehlung *f*, Zeugnis *n* ⟨excellent ~s; to give ~s Referenzen angeben⟩ | (Person) Referenz *f*, Auskunftsperson *f* | Verweisungszeichen *n* | *Jur* Überweisung *f* (an ein Schiedsgericht) (**to** an) | Nachschlagen *n* ⟨work of ~ Nachschlagewerk *n*; for easy ~ zum schnellen Nachschlagen⟩ | Zuständigkeitsbereich *m* ⟨terms of ~ Vollmachten *pl*; Aufgabenbereich *m* (eines Komitees); Themenbereich *m* (einer Dissertation)⟩; **2.** *vt* (Buch) mit Verweisen versehen; '~ **book** *s* Nachschlagewerk *n* | *Wirtsch* Referenzbuch *n*; '~ ˌ**da·ta** *s* Vergleichs-Richtwerte *m/pl*; '~ ˌ**li·brar·y** *s* Handbibliothek *f* | Präsenzbibliothek *f*; '~ **mark** *s Typ* Verweisungszeichen *n*; '~ ˌ**num·ber** *s Wirtsch* Aktenzeichen *n*; '~ **point** *s* Bezugspunkt *m*

ref·er·en|dum [ˌrefə'rendəm] *s* (*pl* ~**dums** [~dəmz], ~**da** [~də]) *Pol* Referendum *n*, Volksentscheid *m* ⟨by ≈ durch Volksentscheid; to hold a ≈ eine Volksbefragung durchführen⟩

ref·er·en·tial [ˌrefə'renʃl] *adj* hinweisend (**to** auf) | Verweis(ungs)-

re·fill [ˌriː'fɪl] *vt* neu füllen, auffüllen; *vi* sich wieder füllen; ['riːfɪl] *s* Neufüllung *f* | Ersatzmine *f*; ~**ing** [ˌriː'fɪlɪŋ] *s* Nachfüllung *f*

re·fine [rɪ'faɪn] *vt Tech* (Zucker, Öl) raffinieren ⟨to ~ sugar; to ~ oil⟩ | (Erz) läutern, reinigen ⟨to ~ ores⟩ | (Silber) treiben | *übertr* veredeln, verfeinern, verbessern ⟨to ~ one's taste; to ~ a language⟩; *vi* sich läutern | *übertr* sich verfeinern | grübeln, tüfteln (**on** über); ~ **[up]on** weiterentwickeln, verbessern ⟨to ~ upon one's methods⟩; **re'fined** *adj Tech* raffiniert, gereinigt ⟨≈ oil⟩ | *übertr* geläutert | *übertr oft verächtl* (übertrieben) vornehm, kultiviert, gebildet ⟨≈ pronunciation; ≈ manners⟩; **,re·fined 'cop·per** *s* Feinkupfer *n*; **,re·fined 'sug·ar** *s* Feinzucker *m*, Raffinade *f*; **re'fine·ment** *s Tech* Raffinierung *f*, Läuterung *f* | Veredlung *f*, Verfeinerung *f* | Vornehmheit *f* | Spitzfindigkeit *f*; **re'fin·er** *s* (Zucker) Sieder *m*, Raffineur *m*, (Eisen) Frischer *m* | Verfeinerer *m* | *verächtl* Haarspalter *m*, Tüftler *m*; **re'fin·er·y** *s Tech* (Erdöl- u. ä.) Raffinerie *f*; **re'fin·ing** *s Tech* Raffination *f*, Raffinierung *f*; **re'fin·ing plant** *s* Raffinerie *f*, Raffinationsanlage *f*

re·fit [,ri:'fɪt] (**re'fit·ted, re'fit·ted**) *vt* (Schiff u. ä.) ausbessern, wieder instand setzen | neu ausrüsten; *vi* repariert werden; ['ri:fɪt], *auch* **re'fit·ment** *s* Wiederinstandsetzung *f* | Neuausrüstung *f*

refl. *Abk* von **reflexive**

re·flate [ri:'fleɪt] *Wirtsch vt* durch Reflation beleben *od* ankurbeln; *vi* sich beleben, die Konjunktur ankurbeln; **re·fla·tion** [ri:'fleɪʃn] *s* Reflation *f*, neue Inflation (nach einer Deflation), Konjunkturankurbelung *f*

re·flect [rɪ'flekt] *vt* (Licht u. ä.) zurückwerfen, widerspiegeln | *übertr* (Gedanken u. ä.) (wider)spiegeln, ausdrücken ⟨the novel reflects the ideas of its author der Roman spiegelt die Gedanken des Autors wider⟩ | überlegen (**that** daß, **how** wie) | (Ehre, Verachtung u. ä.) einbringen (**[up]on s.o.** jmdm.) ⟨to ~ great [no] credit upon s.o. jmdm. zu großem (nicht zum) Vorteil gereichen⟩ | *arch* (Augen) richten (**to** auf); *vi* zurückwerfen, reflektieren, zurückstrahlen | sich nachteilig auswirken, Schande bringen (**[up]on s.o.** für jmdn.) | sich abfällig äußern (**[up]on** über) | überlegen, nachdenken (**[up]on** über); **re'flect·ing** *adj* reflektierend, Reflexions- | widerspiegelnd | nachdenkend, überlegend; **'~ing ,pow·er** *s Phys* Reflexionsvermögen *n*; **'~ing ,tel·e·scope** *s* Spiegelteleskop *n*; **re·flec·tion** [rɪ'flekʃn] *s* Zurückstrahlung *f* ⟨the ≈ of heat⟩ | Widerschein *m* | Spiegelbild *n* | Reflexbewegung *f*, Reflex *m* | Überlegung *f* (**on** über) ⟨on ≈ bei näherer Betrachtung; without ≈ gedankenlos, ohne zu überlegen⟩ | Reflexion *f*, gedankliche Vertiefung, ⟨lost in ≈ gedankenverloren⟩ | Reflexion *f*, (geäußerter) Gedanke, Sentenz *f* (**on** über) | Tadel *m* (**on** an) ⟨to cast ≈s on tadeln⟩ | Schande *f* ⟨to be/cast a ≈ [up]on s.th. einer Sache Schande machen⟩; **re'flec·tive** *adj* zurückwerfend, reflektierend | (wider)spiegelnd | nachdenklich | auf Denken beruhend; **re'flec·tor** *s Phys* Reflektor *m*, Scheinwerfer *m* ⟨rear ≈ Rückstrahler *m*, Katzenauge *n*⟩; **re'flec·tor fire** *s* Heizstrahler *m*; **re'flec·tor stud** *s Brit* (in Straße eingelassener) Reflektor

re·flex ['ri:fleks] **1.** *s* Reflex *m*, Widerschein *m* (**from** von) | (*oft pl*) *Med* Reflex *m* ⟨quick ~es; to test s.o.'s ~es⟩ | *übertr* Abglanz *m* | *übertr* Widerspiegelung *f*; **2.** *adj* rückwirkend, Rück- | *Med* reflektorisch, Reflex- ⟨~ action Reflexhandlung *f*⟩ | *Bot* zurückgebogen | entgegengesetzt, Gegen- | *El* Reflex-; [rɪ'fleks] *vt* zurückbiegen; **'~ ,cam·er·a** *s* Spiegelreflexkamera *f*; **re'flexed** *adj, bes Bot* zurückgebogen; **~i·ble** [rɪ'fleksəbl] *adj* reflektierbar; **re'flex·ion** = *Brit* (neben) **re'flection**; **re'flex·ion·al** = **re'flectional**; **re'flex·ive** *adj Ling* **1.** *adj* reflexiv, rückbezüglich ⟨≈ pronoun Reflexivpronomen *n*; ≈ verb reflexives Verb⟩; **2.** *s* Reflexivpronomen *n*; **~iv·i·ty** [,ri:flek'sɪvətɪ] *s Ling* Reflexivität *f*, Rückbezüglichkeit *f*; **'~ re,sponse** *s Med* Reflexwirkung *f*

re·float [ri:'fləʊt] *Mar vt* (Schiff) wieder flottmachen; *vi* wieder flott werden

re·flux [,ri:'flʌks] *s* Zurückfluten *n*, Zurückfließen *n* ⟨flux and ~⟩

re·foot [ri:'fʊt] *vt* (Strumpf) mit einem neuen Fuß versehen

re·for·est [ri:'fɒrɪst] *vt, bes Am* aufforsten; **,~'a·tion** *s* Aufforstung *f*

[1]**re·form** [rɪ'fɔ:m] **1.** *vt* reformieren, verbessern, neugestalten ⟨to ~ the world⟩ | (jmdn.) bessern ⟨to ~ o.s. sich bessern; to ~ a sinner einen Sünder bekehren⟩ | beseitigen ⟨to ~ an abuse einen Mißstand bessern⟩; *vi* sich bessern, besser werden; **2.** *s* Reform *f*, Umgestaltung *f*, Verbesserung *f* ⟨a political ~; a ~ in teaching methods eine Verbesserung der Lehrmethoden⟩ | Besserung *f* ⟨~ school Besserungsanstalt *f*⟩

[2]**re·form** [,ri:'fɔ:m] *vi, vt* (sich) umformen, (sich) neugestalten

re·form·a·ble [rɪ'fɔ:məbl] *adj* besserungsfähig; [1]**ref·or·ma·tion** [,refə'meɪʃn] *s* Reformierung *f*, Umgestaltung *f* ⟨the ≈ *Rel* die Reformation⟩ | Verbesserung *f*

[2]**re·for·ma·tion** [,ri:fɔ:'meɪʃn] *s* Umformung *f*, Umgestaltung *f*, Neuformierung *f*

re·form|a·to·ry [rɪ'fɔ:mətrɪ] **1.** *adj* Besserungs-; Reform-; **2.** *s arch, Am* Besserungsanstalt *f*; **re'formed** *adj* verbessert | gebessert ⟨a ≈ man einer, der sich gebessert hat⟩ | **Re'formed** *Rel* reformiert; **re'form·er** *s Rel* Reformator *m* | *Pol* Reformer *m*; **re'form·ist** *s Rel* Reformierte(r) *f(m)* | *Rel* Reformator *m* | *Pol* Reformist *m*

re·found [ri:'faʊnd] *vt* neugründen

re·fract [rɪ'frækt] *vt Phys* (Strahlen, Wellen) brechen; **re'fract·ing** *adj Phys* Brechungs-; **'~ing ,an·gle** *s* Brechungswinkel *m*; **re·frac·tion** [rɪ'frækʃn] *s Phys* Refraktion *f*, (Strahlen) Brechung *f* (*auch übertr*); **re'frac·tion·al** *adj Phys* Brechungs-; **re'frac·tive** *adj* brechend, Brechungs-; **re·frac·tiv·i·ty** [,ri:fræk'tɪvətɪ] *s* Brechungsvermögen *n*; **re·frac·tom·e·ter** [,ri:fræk'tɒmɪtə] *s Phys* Refraktometer *m*, Brechungsmesser *m*; **re'frac·tor** *s* Refraktor *m*; **re'frac·to·ry** *adj* störrisch, eigensinnig ⟨a ≈ child⟩ | (Krankheit) hartnäckig | strengflüssig, feuerfest ⟨≈ metal⟩; **re,frac·to·ry 'brick** *s* Schamottstein *m*

[1]**re·frain** [rɪ'freɪn] *s* Refrain *m*, Kehrreim *m*

[2]**re·frain** [rɪ'freɪn] *vi* abstehen, absehen (**from** von) ⟨to ~ from doing s.th. etw. unterlassen⟩ | zurückhalten (**from** von); *vt selten* (Gefühl) unterdrücken

re·fran·gi·bil·i·ty [rɪ,frændʒə'bɪlətɪ] *s Phys* Brechungsvermögen *n*; **re'fran·gi·ble** *adj* brechbar

re·fresh [rɪ'freʃ] *vt* erfrischen (*auch übertr*) ⟨to ~ o.s. sich erfrischen, etw. zu sich nehmen; to feel much ~ed sich gut erholt fühlen⟩ | auffrischen, erneuern ⟨to ~ one's memory sein Gedächtnis auffrischen⟩ | (Feuer, Batterie) auffüllen, aufladen, erneuern | *selten* (ab)kühlen; *vi* sich erfrischen, sich laben | (Schiff) frische Vorräte aufnehmen; **re'fresh·er 1.** *adj* Wiederholungs- ⟨≈ course Wiederholungslehrgang *m*, Auffrischungskurs *m*⟩; **2.** *s* Erfrischung *f* | *umg* Drink *m* | *Jur Brit* Extrahonorar *n* (e-s Anwalts); **re'fresh·ing** *adj* erfrischend, erquickend, belebend ⟨a ≈ breeze; a ≈ sleep⟩ | *übertr* wohltuend, erfrischend ⟨≈ innocence⟩; **re'fresh·ment** *s* Erfrischung *f*, Stärkung *f* (Getränk, Imbiß) ⟨to provide ≈s Erfrischungen reichen⟩ | *übertr* Erholung *f* **'~ment bar**, *auch* **'~ment stall** Bufett *n*, Imbiß(stand) *m(m)*; **'~ment room** *s* Erfrischungs-, Imbißraum *m*

re·frig|er·ant [rɪ'frɪdʒərənt] **1.** *adj* kühlend; **2.** *s Med, Tech* Kühlmittel *n* | *übertr* Abkühlungsmittel *n*; **re'frig·er·ate** [-eɪt] *vt* (ab)kühlen, erfrischen | tiefkühlen ⟨≈d beer eisgekühltes Bier; ≈d truck Kühlwagen *m*⟩; *vi* sich (ab)kühlen; **re'frig·er·at·ing** *adj* (ab)kühlend, Kühlungs-; **'~er·at·ing ,cham·ber** *s* Kühlraum *m*; **'~er·at·ing ef,fect** *s* Kühlwirkung *f*; **'~er·at·ing plant** *s* Gefrieranlage *f*; **re,frig·er'a·tion** *s* (Ab-) Kühlung *f* | Kältetechnik *f* ⟨≈ industry Kühlindustrie *f*⟩; **re'frig·er·a·tive** *adj* (ab)kühlend; **re'frig·er·a·tor** *s* Kältemaschine *f*; Kühlschrank *m*; Eisschrank *m*; Kühlraum *m*; Kühlschlange *f*; **re'frig·er·a·to·ry 1.** *adj* (ab)kühlend, Kühl-; **2.** *s* Kühlkondensator *m*

reft [reft] *prät* u. *part perf* von ↑ [1]**reave**, [2]**reave** | = *lit* **bereft**

re·fu·el [ˌrɪːˈfjuːḷ] (**re'fu·elled, re'fu·elled**) *vt* auftanken, mit Brennstoff versorgen; *vi* tanken; **re'fu·el·ling** *s* Tanken *n*

ref|uge [ˈrefjuːdʒ] **1.** *s* Zuflucht(sort) *f*(*m*), -stätte *f* ⟨to take ≈ in flüchten in⟩ | Schutzhütte *f* | Verkehrsinsel *f* | Schutz *m*, Zuflucht *f* ⟨to seek (find) ≈ from Zuflucht suchen (finden) vor; to take ≈ in silence lieber schweigen⟩ | *übertr* Ausweg *m* | *Brit* Verkehrsinsel *f*; **2.** *selten vt* (jmdm.) Zuflucht gewähren; *vi* Zuflucht suchen; **~u·gee** [ˌ~jʊˈdʒiː] *s* Flüchtling *m*; **ˌ~u'gee camp** *s* Flüchtlingslager *n*

re·ful·gence [rɪˈfʌldʒəns] *lit s* Glanz *m*, Leuchten *n*; **re'ful·gent** *adj* glänzend, strahlend (*auch übertr*) ⟨a ≈ sunset⟩

[1]**re·fund** [rɪˈfʌnd] *vt* ersetzen, zurückzahlen, zurückerstatten ⟨to ~ the cost of postage die Portogebühren zurückerstatten⟩; *vi* Rückzahlung leisten; [ˈriːfʌnd] *s* Zurückerstattung *f*, Rückzahlung *f*, -vergütung *f* (**on** für) ⟨to obtain a ~ eine Rückzahlung erhalten⟩

[2]**re·fund** [riːˈfʌnd] *vt Wirtsch* neu fundieren

re·fur·bish [ˌriːˈfɜːbɪʃ] *vt* renovieren, (wieder)aufpolieren, auffrischen (*auch übertr*)

re·fur·nish [riːˈfɜːnɪʃ] *vt* neu möblieren

re·fus·al [rɪˈfjuːzl] *s* Ablehnung *f* ⟨~ to do s.th. Ablehnung, etw. zu tun⟩ | Verweigerung *f* ⟨in case of ~ im Weigerungsfall; ~ of acceptance Annahmeverweigerung⟩ | Absage *f*, abschlägige Antwort ⟨to meet with a ~ eine abschlägige Antwort erhalten⟩ | Abweisung *f* | *Wirtsch* Vorkaufsrecht *n*, Vorhand *f* ⟨the first ~ of erstes Anrecht auf⟩ | *Kart* Nichtbedienung *f*

[1]**re·fuse** [rɪˈfjuːz] *vt* (Bitte) abschlagen ⟨to ~ a gift⟩ | (Einladung, Angebot u. ä.) ablehnen, keinen Gebrauch machen von | (Erlaubnis, Hilfe u. ä.) verweigern ⟨to ~ admittance Zugang verwehren; to ~ s.o. permission jmdm. die Erlaubnis verweigern; to ~ one's consent seine Zustimmung verweigern; to ~ to help⟩ | (Freier) abweisen | (Hindernis) verweigern, nicht annehmen (Pferd) | *Kart* (Farbe) nicht bedienen; *vi* (es) ablehnen, sich weigern ⟨permission to ~ Recht *n* auf Ablehnung⟩ | absagen ⟨although invited he ~d⟩ | verweigern (Pferd) | *Kart* nicht bedienen

[2]**ref·use** [ˈrefjuːs] *s förml* Abfall *m*, Kehrricht *m*, Müll *m* | *übertr* Auswurf *m*; **'~ bin** *s* Mülltonne *f*; **'~ col|lect·or** *s* Müllräumer *m*; **'~ dump** *s* Müllhalde *f*; **'~ tank** *s* Abfallbehälter *m*

ref·u·ta·ble [ˈrefjʊtəbl|rɪˈfjuː-] *adj* widerlegbar; **re·fut·al** [rɪˈfjuːtl], **ref·u·ta·tion** [ˌrefjʊˈteɪʃn] *s* Widerlegung *f*; **re·fute** [rɪˈfjuːt] *vt* (Person, Sache) widerlegen

re·gain [rɪˈgeɪn] **1.** *vt* wiedergewinnen, wiedererlangen, zurückgewinnen, zurückerhalten ⟨to ~ consciousness das Bewußtsein wiedererlangen; to ~ one's freedom die Freiheit wieder erhalten⟩ | (Ort u. ä.) wieder erreichen ⟨to ~ the shore wieder ans Ufer gelangen; to ~ one's footing / balance wieder auf die Beine kommen, wieder stehen⟩; **2.** *s* Wiedergewinnung *f*

[1]**re·gal** [ˈriːgl] *s Mus* Regal *n*

[2]**re·gal** [ˈriːgl] *adj* königlich, Königs- ⟨~ power⟩ | *übertr* prächtig, stattlich ⟨~ splendour prächtiger Glanz⟩

re·gale [rɪˈgeɪl] **1.** *vt* festlich bewirten, erquicken (**with** mit); *refl* sich laben (**with, on** an); *vi* sich gütlich tun (**on** an); **2.** *s* Festessen *n*, Schmaus *m*; Leckerbissen *m*; **re'gale·ment** *s* festliche Bewirtung | Erquickung *f*

re·ga·li·a [rɪˈgeɪlɪə] *s/pl* königliche Hoheitsrechte *n/pl* | (*oft sg konstr*) Krönungsinsignien *f/pl* | Insignien *pl* ⟨a mayor's ~ Amtszeichen *pl* eines Bürgermeisters⟩ ◇ **in full ~** *scherzh* in großem Staat, herausgeputzt; **re·gal·i·ty** [rɪˈgælətɪ] *s* Königswürde *f* | Souveränität *f*, Königsherrschaft *f*

re·gard [rɪˈgɑːd] **1.** *vt* (jmdn., etw.) ansehen, betrachten (**as** als) | betrachten, blicken auf ⟨to ~ s.o.'s behaviour with suspicion jmds. Verhalten mit Argwohn betrachten; to be ~ed with angesehen werden mit⟩ | (*meist interrog* und *neg*) *förml* sich kümmern um ⟨he never [seldom] ~s my advice er kümmert sich nie (wenig) um meinen Rat⟩ | hochschätzen, achten ⟨to ~ s.o.'s wishes jmds. Wünsche respektieren⟩ | beachten, angehen ⟨as ~s him was ihn betrifft *od* anbelangt⟩ | *lit, arch* genau, (aufmerksam) betrachten; *vi* achtgeben; **2.** *s* Hinblick *m*, Bezug *m* ⟨in ~ of/to, with ~ to in Hinsicht auf, in bezug auf; in every ~ in jeder Hinsicht; in his ~ was ihn anbelangt; in this ~ in dieser Hinsicht⟩ | Aufmerksamkeit *f*, Rücksichtnahme *f* (**for, to** auf, für) ⟨to have little ~ for wenig übrighaben für; to pay ~ to s.th. e-r Sache Aufmerksamkeit schenken; without ~ to ohne Rücksicht auf⟩ | Wertschätzung *f*, Ehrerbietung *f*, Achtung *f* (**for** vor) ⟨to hold s.o. in high ~ jmdn. hochachten; to have a high [low] ~ for s.th. viel (wenig) Achtung e-r Sache entgegenbringen⟩ | *arch, lit* langer *od* starrer Blick ⟨to turn one's ~ on⟩; **re'gard·ful** *adj förml* rücksichtsvoll (**of** gegen) | aufmerksam; **re'gard·ing** *präp* hinsichtlich, in Anbetracht; **re'gard·less 1.** *adj* nachlässig, unachtsam, achtlos; **2.** *adv umg* trotzdem ⟨he did it ≈ er hat es trotzdem getan⟩; **re'gard·less of** *präp umg* ohne Rücksicht ⟨≈ of the consequences ungeachtet der Folgen⟩; **re'gards** *s/pl* Grüße *m/pl* (am Briefende) ⟨kind ≈ freundliche Grüße; give my best ≈ to your mother grüßen Sie Ihre Mutter herzlich von mir⟩

re·gat·ta [rɪˈgætə] *s* Regatta *f*

re·gen·cy [ˈriːdʒənsɪ] **1.** *s* Regentschaft *f* | ∻ *Brit* Zeit *f* der Regentschaft (1810–20); **2.** ∻ *adj* (Kunst) Regency-, aus dem frühen 19. Jahrhundert ⟨∻ furniture Möbel *n* im Regency-Stil⟩

re·gen·er|a·cy [rɪˈdʒenərəsɪ] *s* Erneuerung *f*, Wiedergeburt *f*; **re'gen·er·ate** [-eɪt] *förml vt Bot* wieder erzeugen, neu hervorbringen, regenerieren | *übertr* (geistig, moralisch) erneuern, umgestalten | *Rel* neu beleben ⟨to be ≈d wiedergeboren werden⟩ | *Tech* regenerieren, wiedergewinnen ⟨to ≈ heat Wärme zurückgewinnen⟩; *vi* sich erneuern, wieder werden | wieder wachsen, nachwachsen, sich regenerieren; [rɪˈdʒenərət] *adj förml* erneuert, regeneriert, verjüngt (*Ant* unregenerate) ⟨a ≈ society eine reformierte Gesellschaft⟩ | wiederhergestellt | *Rel* wiedergeboren; **ˌ~'a·tion** *s* Regeneration *f*, Erneuerung *f*; Neubelebung *f*; Verjüngung *f* | *Bot* Neubildung *f* | *Rel* Wiedergeburt *f* | *Tech* Wiedergewinnung *f*; **re'gen·er·a·tive** *adj* erneuernd, Erneuerungs- | umgestaltend | Besserungs- | *Tech* Regenerativ-; **re'gen·er·a·tor** *s* Erneuerer *m* | *Tech* Regenerator *m*

re·gent [ˈriːdʒənt] **1.** *s* Regent(in) *m*(*f*) | *Schott* (Universität) Studienleiter *m* | *Am* (Universität) Mitglied *n* des Verwaltungsrates; **2.** *adj* (nachgestellt) regierend, herrschend ⟨the Prince ∻ der Prinzregent⟩; **'~ship** *s* Regentschaft *f*

reg·gae [ˈregeɪ|ˈreɪˌgeɪ] *s* (*oft* ∻) *Mus* Reggae *m*

reg·i·cide [ˈredʒɪsaɪd] *s* Königsmörder *m* | Königsmord *m*

re·gime, ré·gime [reɪˈʒiːm|ˈreɪʒiːm] *s* ⟨*frz*⟩ *Pol* Regime *n*, Regierungssystem *n* ⟨under the old ~⟩ | = **regimen**

reg·i·men [ˈredʒɪmən] *s Med* geregelte Lebensführung, -weise *f*, Diät *f* ⟨to follow a ~ eine Kur machen⟩ | *arch* Regierung *f*, Regime *n*; **re·gim·i·nal** [rɪˈdʒɪmɪnl] *adj* Diät-

reg·i|ment [ˈredʒɪmənt] **1.** *s Mil* Regiment *n* | *Mil* Traditionsregiment *n*, -einheit *f* ⟨the Manchester ≈⟩ | *übertr* große Zahl, Schar *f*; **2.** *vt Mil* in Regimenter einteilen, ein Regiment bilden aus | *übertr* ordnen, organisieren, reglementieren, ausrichten ⟨to ≈ the industries of a country⟩ | *verächtl* einer strengen Disziplin unterwerfen, disziplinieren ⟨to ≈ children⟩; **~men·tal** [ˌ~'mentl] *adj Mil* Regiments- ⟨≈ hospital Feldlazarett *n*; ≈ officer *Brit* Truppenoffizier *m*⟩; **ˌ~'men·tals** *s/pl* (Regiments-, Traditions-) Uniform *f* ⟨in full ≈⟩; **ˌ~men'ta·tion** *s Mil* Einteilung *f* in Regimenter | *übertr* Organisierung *f* | *übertr* Reglementierung *f*

Re·gi·na [rɪ'dʒaɪnə] *s Brit* die Königin ⟨Elizabeth ~⟩ | *Brit Jur* die Krone, der Staat ⟨~ v[ersus] Johnson die Königin *od* der Staat gegen Johnson⟩

re·gion ['ri:dʒən] *s* Gegend *f*, Landstrich *m*, Gebiet *n* ⟨the Arctic ~s die Polargebiete; in the ~ of in der Gegend von; *übertr* ungefähr, um die ... (herum); from the ~s vom Land (außerhalb der Hauptstadt), aus der Provinz; the lower ~s *übertr* die Hölle; the upper ~s *übertr* der Himmel⟩ | Bezirk *m*, Distrikt *m* | *übertr* Bereich *m*, Gebiet *n* ⟨the ~ of metaphysics⟩ | *Anat* (Körper-) Teil *m* ⟨cardiac ~ Herzgegend *f*⟩; **'~al** *adj* örtlich, regional, lokal ⟨≈ geography Länderkunde *f*; ≈ studies Regionalwissenschaft *f*⟩ | *Med* lokal, örtlich ⟨≈ an[a]esthesia⟩ | Bezirks-, Regional-, Orts- ⟨≈ station *Radio* Ortssender *m*⟩; **'~ar·y** *adj* regional

reg·is|ter ['redʒɪstə] **1.** *s* Registrierung *f*, Aufzeichnung *f* | Register *n*, (amtliches) Verzeichnis | (Wähler- u. ä.) Liste *f* ⟨parish ≈ Kirchenbuch *n*; ≈ of deaths Sterberegister *n*⟩ | Index *m* | Protokoll *n* | Tabelle *f*, Zahlentafel *f* | Kataster *m*, Grundbuch *n* | *Mus* Orgelregister *n* | *Mus* Tonlage *f*, Stimmumfang *m* | Buchzeichen *n* | *Tech* Registrier-, Zählvorrichtung *f*, Zählwerk *n* ⟨cash ≈ Registrierkasse *f*⟩ | *Tech* (Rauch-) Schieber *m*, Ventil *n*, (Luft-) Klappe *f* ⟨hot-air ≈ Heißluftklappe *f*⟩ | (Telephon) Selbstwähler *m* | *Foto* genaue Einstellung | *Ling* Funktionalstil *m* ⟨legal ≈⟩ | Sprach-, Stilebene *f* ⟨formal ≈⟩; **2.** *vt* registrieren, aufzeichnen, einschreiben, erfassen ⟨to ≈ the birth [of a baby] die Geburt melden; to ≈ one's car sein Auto anmelden⟩ | *Jur* protokollieren | (Brief) einschreiben lassen ⟨to ≈ a letter⟩ | *Brit* (Gepäck) aufgeben | *Tech* selbsttätig anzeigen | (im Gesicht) (an)zeigen, ausdrücken ⟨her face ≈ed surprise ihr Gesicht drückte Erstaunen aus, sie machte ein erstauntes Gesicht⟩; *vi* sich einschreiben (lassen) | sich anmelden ⟨to ≈ [o.s.] with the police sich polizeilich anmelden⟩ | einen Eindruck hinterlassen (**with s.o.** bei jmdm.); **'~tered** *adj* registriert, eingetragen ⟨≈ company eingetragene Gesellschaft *f*⟩ | patentiert | eingeschrieben ⟨a ≈ letter; ≈ Einschreiben!⟩ | staatlich zugelassen, anerkannt ⟨a State ≈ Nurse eine staatlich geprüfte Krankenschwester⟩; **'~ter ˌof·fice** *s* Standesamt *n* | Meldestelle *f* | **'reg·is·trant** *s* Registrierte(r) *f(m)*; **~trar** [ˌredʒɪ'strɑ:|'redʒɪstrɑ:] *s* Registrator *m*, Standesbeamter *m* ⟨≈'s office Standesamt *n*⟩ | Registrator *m*, Archivar *m* | *Brit* (Universität) Registrator *m* (höchster Verwaltungsbeamter); **'~trate** *vi Mus* registrieren; **ˌ~'tra·tion** *s* Eintragung *f*, Registrierung *f* ⟨≈ fee Einschreibgebühr *f*⟩ | (Hotel- u. ä.) Anmeldung *f* ⟨≈ certificate Zulassung *f*; ≈ number *Kfz* Zulassungsnummer *f*⟩ | Einschreibung *f* (von Post) | (Universität) Einschreibung *f* (von Studenten) ⟨≈ for an academic course Immatrikulation *f* für ein Fachgebiet⟩ | *Mus* Registrierung *f* | *Brit* (Gepäck-) Aufgabe *f*; **~'tra·tion ˌof·fice** *s* Meldestelle *f*; **'reg·is·try** *s* Einschreibung *f*, Registrierung *f* | Standesamt *n* ⟨married at the ≈ standesamtlich getraut⟩ | Arbeitsnachweis *m*

re·gi·us ['ri:dʒɪəs] *adj* ⟨*lat*⟩ königlich ⟨≈ Professor *Brit Univ* (Oxford, Cambridge) durch königliches Patent ernannter Professor, Inhaber *m* e-s durch den Monarchen eingerichteten Lehrstuhls⟩

reg·let ['reglət] *s Arch* Leiste *f* | *Typ* Setzsteg *m*, Reglette *f*

reg|nal ['regnəl] *förml adj* Regierungs-; **'~nant** *adj* (nachgestellt) regierend ⟨Queen ≈⟩ | *übertr* (vor)herrschend

re·grant [ri:'grɑ:nt] **1.** *vt* von neuem bewilligen; **2.** *s* erneute Bewilligung

re·grate [rɪ'greɪt] *vt* (Putz) abkratzen

re·gress [rɪ'gres] *vi* zurückkehren (**to** zu) | *übertr* zurückgehen; ['ri:gres] *s* Rückkehr *f* | *übertr* Rückgang *m*; **re'gres·sion** *s* Rückkehr *f* | *Biol* Regression *f*, Rückbildung *f* | *übertr* Rückfall *m* (**into** in); **re'gres·sive** *adj* zurückgehend, rückläufig | *Biol* regressiv

re·gret [rɪ'gret] **1.** *vt* (**re'gret·ted, re'gret·ted**) bedauern, bereuen ⟨to ~ lost opportunities verpaßte Gelegenheiten bereuen⟩ | (etw.) bedauern (**that** daß) ⟨I ~ to say / to inform you / to tell you es tut mir leid, (Ihnen) sagen zu müssen⟩ | beklagen, trauern um ⟨he died ~ted by all sein Tod wurde von allen betrauert⟩; **2.** *s* Bedauern *n*, Reue *f* ⟨to express ~ at sein Bedauern ausdrücken über; to have no ~[s] keine Reue empfinden⟩ | *oft pl* Bedauern *n* (über Ablehnung u. a.) ⟨much to my ~ zu meinem großen Bedauern; please accept my ~s at *mit ger* entschuldigen Sie bitte, daß; with ~ mit Bedauern⟩ | Kummer *m*, Trauer *m* (**for** um); **re'gret·ful** *adj* schmerzlich, kummervoll | bedauernd, mit Bedauern erfüllt; **re'gret·ta·ble** *adj* bedauerlich; **re'gret·ta·bly** *adv* bedauerlicherweise, leider ⟨to be ≈ late sich leider verspätet haben; ≈, I can't ich kann leider nicht⟩

re·grind [ri:'graɪnd] (**re·ground, re·ground** [ri:'graʊnd]) *vt Tech* nachschleifen

re·group [ri:'gru:p] *vt* umgruppieren, neu gruppieren, neu (an)ordnen

regs [regz] *s/pl Am Sl Kurzw für* **regulations** Vorschriften *pl*

reg·u|la·ble ['regjələbl|-jʊ-] *adj* regulierbar; **~lar** [~lə] **1.** *adj* regelmäßig, gleichmäßig, eben ⟨≈ features ebenmäßige Gesichtszüge *pl*; a ≈ pulse ein regelmäßiger Puls⟩ | periodisch, regelmäßig (wiederkehrend) ⟨≈ meals regelmäßige Mahlzeiten *f/pl*⟩ | ordentlich, geordnet ⟨to have no ≈ work keiner geordneten Arbeit nachgehen; to keep ≈ hours e-n geordneten Tagesablauf einhalten⟩ | pünktlich, genau | fahrplanmäßig | *Mil* regulär ⟨≈ army; ≈ soldier Berufssoldat *m*⟩ | gelernt, richtig ⟨a ≈ doctor ein richtiger Arzt (kein Quacksalber)⟩ | normal, korrekt, adäquat ⟨to be considered ≈ als korrekt angesehen werden, für normal gehalten werden; without a ≈ introduction ohne eine entsprechende Einleitung⟩ | *Am Wirtsch* (Größe u. a.) normal (*Ant* big) ⟨≈ size⟩ | *umg* vollkommen, richtig, geradezu ⟨he is a ≈ rascal er ist ein richtiggehender Schuft; she is a ≈ spinster sie benimmt sich geradezu wie eine Jungfer⟩ | *umg* toll, prima ⟨a ≈ guy ein Pfundskerl *m*⟩ | *Ling* (Wortform) regelmäßig (*Ant* irregular) ⟨a ≈ verb⟩ | *Rel* Ordens- (*Ant* secular) ⟨≈ clergy⟩; **2.** *s* Ordensgeistlicher *m* | *Mil* Berufssoldat *m*, regulärer Soldat | *Pol Am* zuverlässiges Parteimitglied | *umg* Stammkunde *m*, -kundin *f*, -gast *m* | *Am Wirtsch* Normalgröße *f* (*Ant* outsize); **~lar·i·ty** [ˌ~'lærətɪ] *s* Regelmäßigkeit *f* ⟨≈ of attendance regelmäßige Teilnahme⟩ | Ordnung *f* ⟨for ≈'s sake ordnungshalber⟩; **~lar·i·za·tion** [ˌ~ləraɪ'zeɪʃn] *s* Regulierung *f*, Festlegung *f*; **'~lar·ize** *vt* (gesetzlich) regeln, festlegen | vereinheitlichen; **'~lar·ly** *adv* regelmäßig | gleichmäßig; **'~late** *vt* regulieren, regeln, einrichten ⟨to ≈ one's expenditure die Ausgaben einteilen *od* planen; to ≈ the traffic den Verkehr regeln⟩ | (an)ordnen | regulieren, ein-, nach-, verstellen ⟨to ≈ a clock⟩ | *Tech* einstellen, justieren; **'~lat·ing 1.** *adj* regulierend, regelnd | *Tech* Stell- ⟨≈ screw Stellschraube *f*⟩; **2.** *s* Regulierung *f*; **ˌ~'la·tion 1.** *s* Regulierung *f*, Regelung *f* ⟨the ≈ of affairs⟩ | (offizielle u. ä.) Anordnung, Anweisung *f*, Verordnung *f*, (Dienst-) Vorschrift *f* ⟨contrary to ≈s entgegen den Vorschriften; ≈s Statuten *n/pl*, Satzungen *f/pl*;

rules and ≈s Festlegungen *pl*; safety ≈s Sicherheitsvorschriften *f/pl*; traffic ≈ Verkehrsregelung *f*; Queen's/King's ≈s *s Brit Mil* Dienstvorschriften *pl*⟩ | *Tech* Regulierung *f*, Einstellung *f*; **2.** *adj* vorschriftsmäßig, üblich; **3.** *attrib adj* vorschriftsmäßig, vorgeschrieben ⟨of [the] ≈ size; ≈ speed vorgeschriebene Geschwindigkeit⟩ | *Mil* Dienst-, vorschriftsmäßig ⟨≈ uniform⟩; **'~la·tive** *adj* regulierend, regelnd; **'~la·tor** *s* Ordner *m* | *El* Regler *m* | *Tech* Regler *m*, Reguliervorrichtung *f* | (Uhr) Regulator *m*, Gangvorrichtung *f*; **'~la·to·ry** *adj* regelnd

reg·u·line ['regjʊlaɪn|-jə-|-lɪn] *adj Chem* regulinisch

reg·u·lo ['regjʊləʊ] *s Brit* (Gaskocher) Brennstufe *f*, Flamme *f* ⟨on ~ 3 auf Stufe 3⟩

reg·u|lus ['regjʊləs] *s* (*pl* **~lus·es** [-ləsɪz], **~li** [-laɪ]) *Tech* Regulus *m*

re·gur·gi|tate [riː'gɜːdʒɪteɪt|rɪ-] *förml vi* (Flüssigkeit) zurückfließen; *vt* zurückfließen lassen | wieder ausströmen, ausspeien | (Essen) erbrechen; **ˌ~'ta·tion** *s bes Med* Rückfluß *m* | Rückstauung *f*, Brech-, Würgbewegung *f*

re·ha·bil·i|tate [ˌriːə'bɪlɪteɪt|ˌriːhə-] *vt* (Person, Ruf u. ä.) rehabilitieren | (in Stellung u. a.) wieder einsetzen | (Versehrte u. a.) wieder arbeitsfähig machen, wieder eingliedern | (Gebäude) erneuern | *Wirtsch* sanieren; **ˌ~'ta·tion** *s* Rehabilitierung *f* | Wiedereinsetzung *f*; **~'ta·tion ˌcen·tre** *s* Rehabilitationszentrum *n*; **ˌre·ha'bil·iˌta·tive** *adj* rehabilitierend

re·hash ['riːhæʃ] *umg s* (*meist sg*) *übertr* Aufgewärmtes *n*, Wiederholung *f*, Aufguß *m*; [riː'hæʃ] *vt übertr* aufwärmen, wiederkäuen, auf neu machen

re·hear [riː'hɪə] *vt* (**re·heard, re·heard** [riː'hɜːd]) wieder hören | *Jur* noch einmal verhandeln; **re'hear·ing** *s* neuerliches Anhören | *Jur* erneute Verhandlung

re·hears·al [rɪ'hɜːsl] *s Theat* Probe *f* ⟨dress ~ Kostümprobe *f*, Hauptprobe *f*; to put a play into ~ ein Stück einstudieren⟩ | Wiederholung *f* | Aufzählung *f*, Litanei *f* ⟨~ of grievances⟩; **re'hearse** *vt Theat, Mus* proben, einstudieren, einüben ⟨to ≈ a play⟩ | proben mit, proben lassen ⟨to ≈ the players⟩ | wiederholen, aufsagen, aufzählen ⟨to ≈ one's grievances seine Beschwerden vorbringen⟩ | *förml* erzählen, berichten ⟨to ≈ the events of the day⟩; *vi* proben

re·house [ˌriː'haʊz] *vt* (jmdn.) in einer neuen Wohnung unterbringen, neuen Wohnraum beschaffen für

Reich [raɪk] *s* ⟨*dt*⟩ (*mit best art*) Deutsches Reich

re·i|fi·ca·tion [ˌriːɪfɪ'keɪʃn|-əfə-] *s* Konkretisierung *f*, Vergegenständlichung *f*; **~fy** ['~faɪ] *vt* konkretisieren, vergegenständlichen, verdinglichen

reign [reɪn] **1.** *s* Herrschaft *f* ⟨under the ~ of unter der Herrschaft von; ~ of terror Schreckensherrschaft *f*; the ~ of law (reason) die Herrschaft des Gesetzes (der Vernunft)⟩ | Regierung *f*, Regierungszeit *f* ⟨in/under the ~ of während der Regierung von⟩; **2.** *vi* regieren (**over** über) | *übertr* (vor)herrschen ⟨silence ~ed everywhere überall herrschte Schweigen; the ~ing beauty die schönste (und einflußreichste) Frau (ihrer Zeit)⟩

re·il·lu·sion [ˌriːɪ'luːʒn] *vt* (jmdm.) neue Hoffnungen *od* Illusionen machen

re·im·burse [ˌriːɪm'bɜːs] *vt* zurückzahlen, ersetzen, vergüten ⟨to ~ s.o. the costs⟩ | (jmdn.) entschädigen (**for** für) | *refl* sich entschädigen (**for** für); **ˌre·im'burse·ment** *s* Zurückzahlung *f*, Vergütung *f* | Entschädigung *f*

re·im·pres·sion [ˌriːɪm'preʃn] *s Typ* Nachdruck *m* | neuer Eindruck

rein [reɪn] **1.** *s* (*oft pl*) Zügel *m*, Zaum *m* (*auch übertr*) ⟨to assume (drop) the ~s of government die Regierung antreten (verlassen); to draw ~ innehalten, sich zügeln; to give a horse the ~[s] einem Pferd die Zügel geben; to give [free] ~s to one's imagination seiner Phantasie freien

Lauf lassen; to give the ~s to s.o. jmdn. schalten und walten lassen; to hold / take the ~s die Zügel in der Gewalt haben, etwas in der Gewalt haben; to keep a tight ~ on s.o. (s.th.) jmdn. (etw.) fest an die Kandare nehmen, streng kontrollieren; to let loose the ~s die Zügel locker lassen⟩; **2.** *vt* (Pferd) aufzäumen | lenken (*auch übertr*); *vi* **~ back**, *auch* **~ in**, **~ up** die Zügel ziehen, anhalten, zügeln; *vt* (Pferd) zügeln; **~ in** (Pferd) zügeln, langsamgehen lassen | *übertr* (Gefühle) im Zaum halten; **~ up** (Pferd) zügeln

re·in·car|nate [ˌriːɪn'kɑːneɪt] *vt* wieder körperliche Form *od* fleischliche Gestalt geben; [ˌriːɪn'kɑːnət] *adj* wiedergeboren; **ˌ~'na·tion** *s* Reinkarnation *f*, Wiederverkörperung *f*

rein·deer ['reɪndɪə] (*pl* **'~**) *s Zool* Renntier *n*, Ren *n*

rei·nette [reɪ'net] *s Bot* Renette *f*

re·in|fect [ˌriːɪn'fekt] *vt Med* wiederanstecken; **~fec·tion** [~'fekʃn] *s* Wiederinfektion *f*

re·in|force [ˌriːɪn'fɔːs] **1.** *vt auch Mil* verstärken ⟨to ≈ an army⟩ | (Beweis, Worte u. ä.) *übertr* untermauern, bekräftigen | *Tech* verstärken ⟨to ≈ a bridge; to ≈ a garment⟩ | (Beton) armieren | *Psych* (Reiz) verstärken | *Psych* (Versuchsperson, -tier) bestätigen, belohnen; **2.** *s Tech* Verstärkung *f*; **ˌ~'forced** *adj* verstärkt ⟨≈ concrete Eisen-, Stahlbeton *m*; ≈ hosiery Strümpfe mit verstärkten Fersen und Fußspitzen; ≈ with metal (Gewebe) mit Metalleinlagen⟩; **ˌ~'force·ment** (*Mil bes pl*) *s* Verstärkung *f* | *Tech* Armierung *f*, Bewehrung *f*

rein·less ['reɪnləs] *adj* zügellos (*auch übertr*)

reins [reɪnz], *auch* **'lead·ing ~** *s/pl* Laufgeschirr *n* (für Kleinkind)

re·in·sert [ˌriːɪn'sɜːt] *vt* wieder einfügen, -führen, -stecken, -zurückstellen ⟨to ~ an advert wieder annoncieren⟩

re·in·stall [ˌriːɪn'stɔl] *vt* wiedereinsetzen; **ˌre·in'stall·ment** *s* Wiedereinsetzung *f*

re·in·state [ˌriːɪn'steɪt] *vt* (Person) wiedereinstellen, wiedereinsetzen (**in** in, **as** als) | (jmdn., etw.) wiederherstellen | (etw.) wieder instand setzen | (Versicherung u. a.) wieder aufleben lassen; **ˌre·in'state·ment** *s* Wiedereinstellung *f*, -setzung *f* | Wiederherstellung *f*

re·in|sur·ance [ˌriːɪn'ʃʊərns|-'ʃɔːr-] *s Wirtsch* Rückversicherung *f*; **~sure** [ˌ~'ʃʊə] *vt* rückversichern | erneut versichern

re·in·te|grate [riː'ɪntɪgreɪt] *vt* wieder aufnehmen *od* eingliedern (**into** in) | wiedervereinigen | wiederherstellen; **ˌ~'gra·tion** *s* Wiedereingliederung *f*, Reintegration *f* | Wiedervereinigung *f* | Wiederherstellung *f*

re·in·vest [ˌriːɪn'vest] *vt Wirtsch* (Geld) wieder anlegen | wiedereinsetzen (**in** in) | wieder bekleiden (**with** mit); **ˌre·in'vest·ment** *s* Wiederanlage *f*

re·is·sue [ˌriː'ɪʃu|ˌriː'ɪsjuː] **1.** *s Typ* Neuauflage *f* | Neuausgabe *f* (von Banknoten etc.); **2.** *vt* (Buch) neu auflegen | (Briefmarken, Geld u. ä.) neu (her)ausgeben

re·it·er|ate [riː'ɪtəreɪt] *vt* ständig wiederholen; [-ret] *adj* wiederholt; **~a·tion** [riːˌɪtə'reɪʃn] *s* (ständige) Wiederholung; **re'it·er·a·tive 1.** *adj* sich wiederholend; **2.** *s Ling* Iterativum *n*

re·jas|er [riː'dʒeɪsə] *Am Sl s* Abfallverwerter *m*; **~ing** [riː'dʒeɪsɪŋ] *s* (organisierte) Abfallverwertung (Wortmischung von **re**using **j**unk **as** something **e**lse)

re·ject [rɪ'dʒekt] *vt* (als unbrauchbar *od* wertlos) wegwerfen ⟨to ~ overripe fruit⟩ | *Tech* ausstoßen | ab-, zurückweisen, verwerfen, ablehnen ⟨to ~ a counsel einen Rat verschmähen; to ~ food Nahrung verweigern; to ~ an offer ein Angebot ablehnen⟩ | *Med* (Speise) wieder von sich geben | *Med* unverträglich finden ⟨to ~ a heart transplant⟩ | *Math* weg-, abstreichen; ['riːdʒekt] *s* Ausschuß *m* ⟨export ~ (im Inland verkaufter) fehlerhafter Exportartikel⟩ | *Mil* Untauglicher *m*; **re'ject·a·ble** *adj* ablehnbar; **re·jec·tion** [rɪ'dʒekʃn] *s* Ablehnung *f* | *Wirtsch* Ramschartikel *m* | *Med pl* Exkremente *n/pl*, Fäzes *pl*; **re'jec·tion slip** *s* Ablehnungsbescheid *m*, Absagebrief *m*; **re'jec·tor** *s El* Sperrkreis *m*

re·jig [ˌri:'dʒɪg] *vt* (Betrieb u. ä.) (mit neuen Anlagen) ausstatten, technisch erneuern

re·joice [rɪ'dʒɔɪs] *vi förml, lit* sich freuen, jubeln, jauchzen (**at, over** über) ⟨to ~ to hear sich freuen zu hören; ~ in the Lord *Rel* freut Euch im Herrn!⟩ | (*oft iron*) sich gefallen (**in** in), seine Freude haben (**in** an) ⟨to ~ in the name of *scherzh* er erfreut sich des (komischen) Namens ...⟩; *vt* erfreuen ⟨to be ~d at sich freuen über; to ~ s.o.'s heart jmds. Herz erfreuen⟩; **re'joic·ing 1.** *förml s* Freude *f* | *oft pl* (Freuden-) Fest *n*, Lustbarkeit *f*; **2.** *adj* erfreut, froh (**at, in** über, **that** daß, **to** *mit inf* zu *mit inf*)

[1]**re·join** [rɪ'dʒɔɪn] *vt* antworten, erwidern ⟨"Never", she ~ed⟩ | *Brit* zurückkehren an *od* zu ⟨to ~ camp das Lager wieder beziehen; to ~ ship wieder an Bord gehen⟩; *vi* entgegnen | *Jur* duplizieren

[2]**re·join**, *auch* **re-join** [ˌri:'dʒɔɪn] *vt* sich wieder anschließen, wieder vereinigen (**to, with** mit) ⟨to ~ the broken pieces with a wire; the road ~s the motorway die Straße trifft wieder auf die Autobahn⟩; *vi* sich wieder vereinigen

re·join·der [rɪ'dʒɔɪndə] *s* (*oft* unverblümte) Erwiderung | *Jur* Duplik *f*

re·joint [ˌri:'dʒɔɪnt] *vt* wieder zusammenfügen | *Arch* (Fugen) verstreichen

re·ju·ve|nate [rɪ'dʒu:vəneɪt] *vi, vt* (sich) verjüngen; **ˌ~'na·tion** *s* Verjüngung *f*; **re'ju·ve·na·tor** *s* Verjüngungsmittel *n*; **~nesce** [ˌ~'nes] *vi, vt* (sich) verjüngen; **ˌ~'nes·cence** *s* Verjüngung *f*; **ˌ~'nes·cent** *adj* (sich) verjüngend

re·kindle [ˌri:'kɪndl] *vt* wieder anzünden ⟨to ~ a fire⟩ | *übertr* neu beleben; *vi* sich wieder entzünden | *übertr* (Hoffnung u. ä.) wieder aufleben

re·laid [ˌri:'leɪd] *prät* u. *part perf* von ↑ [2]**relay**

re·lapse [rɪ'læps] **1.** *vi* zurückfallen, wieder verfallen (**into** in) ⟨to ~ into an error wieder denselben Fehler machen⟩ | rückfällig werden | *Wirtsch* einen Rückschlag erfahren | *Med* einen Rückfall bekommen | *Rel* abtrünnig werden; **2.** *s* Rückfall *m*; **re'laps·er** *s* Renegat(in) *m(f)* | Rückfällige(r) *f(m)*; **re'laps·ing** *adj Med* rezidivierend

re·late [rɪ'leɪt] *vt förml* erzählen, schildern, berichten (**to s.o.** jmdm.) | verbinden, in Verbindung bringen (**to, with** mit); *vi* erzählen ⟨strange to relate, ... so seltsam es auch klingt, ...⟩ | in Beziehung stehen (**to** zu, **with** mit) | verwandt sein (**with** mit) | sich beziehen, Bezug haben (**to** auf) | (*meist neg*) auskommen, sich (gut) stehen (**to** mit), eine Beziehung finden (**to** zu) ⟨he can't ~ to the others⟩; **re'lat·ed** *adj* erzählt | verwandt (**to, with** mit) (*Ant* unrelated) ⟨≈ by marriage verschwägert⟩ | verbunden ⟨to be ≈ to in Zusammenhang stehen mit⟩; **re'lat·er** *s* Erzähler *m*; **re'la·tion** *s* Erzählung *f*, Bericht *m* | Verhältnis *n*, Beziehung *f* ⟨the ≈ between mother and child⟩ | Bezug *m* ⟨in / with ≈ to *förml* in bezug auf; to bear no (little / some) ≈ to gar nichts (wenig *od* etwas) zu tun haben mit⟩ | *meist* **re'la·tions** *pl* Beziehungen *f/pl* ⟨business ≈s Geschäftsverbindungen *f/pl*; friendly ≈s *Pol* Freundschaftsbeziehungen; to break off all ≈s with zu jmdm. sämtliche Beziehungen abbrechen; to enter into ≈s with s.o. mit jmdm. in Verbindung treten; to have (sexual) ≈s with *förml* (geschlechtlich) verkehren mit, (intime) Beziehungen unterhalten zu⟩ | Verwandte(r) *f(m)* ⟨to be a near ≈ of s.o. mit jmdm. nah *od* eng verwandt sein; a ≈ by marriage ein angeheirateter Verwandter⟩ | *selten* Verwandtschaft *f* | *Math* Relation *f*; **re'la·tion·al** *adj* Bezugs-; verwandtschaftlich, Verwandtschafts-; **re'la·tion·less** *adj* ohne Verwandte; **re'la·tion·ship** *s* Beziehung *f*, Verhältnis *n* (**between, to, with** zwischen, zu, mit) | Verbindung *f* ⟨a lasting ≈ eine Verbindung auf Dauer⟩ | Verwandtschaft *f* (*auch übertr*) | *euphem* (Liebes-) Verhältnis *n*

rel·a|ti·val [ˌrelə'taɪvl] *adj* relativisch; **'~tive** ['relətɪv] **1.** *adj* relativ, verhältnismäßig (*Ant* absolute) ⟨the ≈ advantages die jeweiligen Vorzüge; in ≈ comfort verhältnismäßig bequem⟩ | sich beziehend (**to** auf) ⟨≈ to bezüglich, betreffs; to be ≈ to s.th. sich auf etw. beziehen, für etw. gelten⟩ | *Ling* Relativ-, bezüglich ⟨≈ clause Relativsatz *m*; ≈ pronoun Relativpronomen *n*⟩ | bedingt | verwandt | *Mus* parallel; **2.** *s förml* Verwandte(r) *f(m)* | *übertr* Verwandtes *n* | *Ling* Relativpronomen *n*; **'~tive·ly** *adv* relativ, verhältnismäßig ⟨≈ small; ≈ speaking ... relativ gesehen⟩; **'~tiv·ism** *s Phil* Relativismus *m*; **'~tiv·ist** *s* Relativist *m*; **ˌ~tiv'is·tic** *adj* relativistisch; **ˌ~'tiv·i·ty** *s* Bedingtheit *f*, Abhängigkeit *f* (**to** von) | *Phys* Relativität *f* ⟨≈ theory; theory of ≈ Relativitätstheorie *f*⟩; **'~tiv·ize** *vt, vi* relativieren

re·la·tor [rɪ'leɪtə] *s förml* Erzähler(in) *m(f)* | *Jur* Anzeigenerstatter(in) *m(f)*

re·lax [rɪ'læks] *vt* entspannen, lockern ⟨to ~ the muscles die Muskeln lockern, sich entspannen; to ~ one's grip/hold on s.o. (s.th.) jmdn. (etw.) nicht mehr so fest anfassen / halten; *übertr* weniger streng regieren, beherrschen; ~ing climate Schonklima *n*⟩ | *übertr* (Aufmerksamkeit u. ä.) vermindern, nachlassen in ⟨to ~ discipline; to ~ one's efforts⟩ | *übertr* lockern ⟨to ~ a rule eine Vorschrift lockern⟩ | verweichlichen ⟨~ed by prosperity⟩; *vi* sich entspannen ⟨to ~ in a smile sich zu einem Lächeln entspannen⟩ | *übertr* Nervosität ablegen ⟨~! reg dich ab!; immer mit der Ruhe!⟩ | sich ausruhen, sich erholen ⟨to ~ for an hour⟩ | sich lockern | nachlassen (**in** in) | *Med* erschlaffen; **re'lax·ant** *Med* **1.** *adj* entspannend; **2.** *s* Relaxans *n*, Entspannungsmittel *n*; **~a·tion** [ˌri:læk'seɪʃn] *s* Entspannung *f* ⟨≈ of the muscles⟩ | Erholung *f*, Ausspannen *n* ⟨favourite ≈s Lieblingsfreizeitbeschäftigung *f*⟩ | Lockerung *f* | Nachlassen *n* | *Med* Erschlaffung *f*; **re'lax·a·tive** *adj Med* abführend; **re'laxed** *adj* entspannt, gelöst

[1]**re·lay** ['ri:leɪ|rɪ'leɪ] *s* Pferdewechsel *m* | Ablösung *f* ⟨to work in/by ~s umschichtig arbeiten, sich in der Arbeit ablösen⟩ | *umg* (Laufen, Schwimmen) | *förml auch* **'~ race** *s* (Sport) Staffellauf *m*, -schwimmen *n*, Stafettenlauf *m* | (Sport) Teilstrecke *f* | *El* Relais *n* ⟨~ broadcast *Rundf* Übertragung *f*; ~ control Relaissteuerung *f*; ~ station *Rundf* Relaisstation *f*, Zwischensender *m*⟩ | *Tech* Hilfs-, Servomotor *m*; [rɪ'leɪ] *vt* (Pferde) auswechseln | ablösen | *El* durch Relais steuern; *vi El* Nachrichten durch Relais übertragen | *Rundf* durch Relaisstationen übertragen

[2]**re·lay** [ˌri:'leɪ] *vt* (**ˌre'laid, ˌre'laid** [ˌri:'leɪd]) neu legen ⟨to ~ a cable ein Kabel verlegen; to ~ a carpet einen Teppich wieder hinlegen; to ~ a roof ein Dach neu decken⟩

re·lease [rɪ'li:s] **1.** *vt* lösen, losschrauben ⟨to ~ the handbrake of a car die Handbremse eines Autos lösen; to ~ one's hold of s.th. etw. loslassen⟩ | (aus dem Gefängnis) entlassen, freilassen | *übertr* befreien, entbinden (**from** von) ⟨to ~ s.o. from his sufferings jmdn. von seinen Leiden befreien; to ~ s.o. from his word jmdm. sein Wort zurückgeben⟩ | (Nachrichten, Filme u. ä.) freigeben ⟨to ~ a film einen Film (zur Aufführung) freigeben; to ~ the line *Tel* die Leitung freigeben⟩ | (Schallplatte) herausbringen | *Jur* aufgeben ⟨to ~ a right auf ein Recht verzichten⟩ | *Tech* auslösen, ausrücken, ausschalten ⟨to ~ bombs Bomben ausklinken *od* werfen; to ~ the clutch pedal *Kfz* einkuppeln; to ~ the handbrake *Kfz* die Handbremse lösen⟩; **2.** *s* Ent-, Freilassung *f* (**from** aus) | Befreiung *f*, Erlösung *f* (**from** von) | Freigabe *f* ⟨a press ~ Presseverlautbarung *f*; on general ~ (Film) für den Verleih freigegeben⟩ | *Jur* Aufgabe *f*, Verzicht(leistung) *m(f)* | *Tech* Auslöser *m* | *Tech* Auslösung *f*; **'~ ˌa·gent** *s Chem* Gleit-, Trennmittel *n*; **'~ ˌbut·ton** *s Tech* Auslöseknopf *m*, -taste *f*; **'~ cord** *s Flugw* (Fallschirm-) Reißleine *f*; **'~ key** *s Tech* Freigabetaste *f*; **re'lease·ment** *s* Befreiung *f* (**from** von); **re'leas·er** *s* Befreier *m* | *Foto* Auslöser *m*; **'~ spring** *s Tech* Auslösefeder *f*

rel·e|gable ['reləgəbl] *adj* zuweisbar; **~gate** ['~geɪt] *vt* relegieren, verbannen (**out of** aus, **to** nach) | verweisen (**to** an, auf) ⟨to ≈ the note in den Anmerkungen unterbringen⟩ | zuschreiben (**to s.th.** einer Sache) | überweisen, übergeben (**to** an) | verdrängen | (zurück)versetzen, degradieren ⟨to be ≈d to fifth place *Sport* auf den 5. Platz verwiesen werden; to be ≈d to a lower division (Fußball) in eine untere Klasse absteigen (müssen)⟩; **ˌ~'ga·tion** *s* Relegation *f*, Verbannung *f* (**to** nach) | Verweisung *f* | *Sport* Abstieg *m* | Überweisung *f* (**to** an)

re·lent [rɪ'lent] *vi* weich werden, sich erweichen lassen, einlenken | (Wind) nachlassen; **re'lent·ing** *adj* mitleidig; **re'lent·less** *adj* unnachsichtig, unnachgiebig, hart

re·let [ˌri:'let] *s* Wiedervermieten *n* | *Brit* wiedervermietete Wohnung

rel·e|vance ['reləvəns], *auch* **'~van·cy** *s* Relevanz *f* | Bedeutung *f* (**to** für) | *übertr* wesentliche Fragen *pl*, das, worauf es (heute) ankommt ⟨a demand for ≈⟩ | *Jur* (Beweis) Erheblichkeit *f*; **'~vant** *adj* relevant, sachdienlich, wichtig, entscheidend (**to** für) (*Ant* irrelevant) ⟨to be ≈ to sich (im wesentlichen) beziehen auf, relevant sein für⟩ | *übertr* aktuell relevant, (heute) wesentlich

re·li·a·bil·i·ty [rɪˌlaɪə'bɪlətɪ] *s* Zuverlässigkeit *f*, Verläßlichkeit *f* (*Ant* unreliability); **re'li·a·ble** *adj* zuverlässig, verläßlich ⟨≈ information⟩ | *Tech* zuverlässig, betriebssicher ⟨≈ machine⟩ | glaubwürdig ⟨a ≈ witness ein glaubwürdiger Zeuge⟩ | vertrauenswürdig, seriös ⟨a ≈ firm⟩; **re'li·a·bly** *adv* zuverlässig ⟨to be ≈ informed that aus zuverlässiger *od* sicherer Quelle wissen, daß⟩

re·li·ance [rɪ'laɪəns] *s* Vertrauen *n* ⟨to have ≈ in s.o. zu jmdm. Vertrauen haben; to place ≈ [up]on s.o. in jmdn. Vertrauen setzen⟩ | Hilfe *f*; **re'li·ant** *adj* zuversichtlich, vertrauensvoll, vertrauend (**on** auf) ⟨to be ≈ on sich verlassen auf⟩ | vertrauensselig, leichtgläubig

rel·ic ['relɪk] *s* Überrest *m*, Überbleibsel *n* | Reliquie *f* | Erinnerungsstück *n*, Andenken *n* (**of** an); **'rel·ics** *pl lit* sterbliche Überreste *pl*, Gebeine *pl*

rel·ict ['relɪkt] **1.** *s arch* Witwe *f* | *Biol* Relikt *n*, Restvorkommen *n*; **2.** *adj Biol* Relikt-, erhalten geblieben ⟨a ~ species⟩

[1]**re·lief** [rɪ'li:f] *s* Erleichterung *f*, Hilfe *f* ⟨to my [great] ~; a sigh of ~⟩ | Wohltat *f* (**to** für) | Abwechslung *f*, Entspannung *f*, angenehme Unterbrechung ⟨by way of ~ zur Abwechslung; light ~ Unterhaltung *f*, Auflockerung *f*⟩ | Trost *m* | Unterstützung *f*, Hilfe *f* ⟨to provide ~ for refugees Flüchtlinge unterstützen *od* versorgen; to send ~ Hilfsgüter schicken⟩ | (Armen-) Fürsorge *f* | *Mil* Entsatz *m*, Entlastung *f* ⟨~ of a fortress⟩ | *auch Mil* Ablösung *f* ⟨the ~ is on the way; with only two hours ~ mit nur 2 Stunden Pause⟩ | *Jur* Rechtshilfe *f* | *auch* **'tax ˌ~** *Brit* (Steuer-) Nachlaß *m*; Erleichterung *f*

[2]**re·lief** [rɪ'li:f] **1.** *s Arch, Geogr* Relief *n* (*auch übertr*) ⟨[high] low ~ (Hoch-) Flachrelief *n*; in bold/sharp ~ *Mal* deutlich *od* klar vom Hintergrund abgesetzt; to bring/throw into ~ hervortreten lassen; to set into vivid ~ etw. plastisch schildern; to stand out/be in ~ [against] sich scharf abheben (gegen); to throw into ~ etw. (scharf) hervortreten lassen⟩ | *Typ* Reliefdruck *m*; **2.** *adj* Relief- ⟨~ map⟩

re·lief| driv·er [rɪ'li:f ˌdraɪvə] *s* Beifahrer *m*; **'~ fund** *s* Unterstützungsfonds *m*; **'~ road** *s* Entlastungsstraße *f*; **'~ valve** *s Tech* Überdruckventil *n*; **'~ ˌwork·er** *s* Ersatzarbeiter *m*; **'~ works** *pl* Notstandsarbeiten *f/pl*

re·lieve [rɪ'li:v] *vt* (Gemüt u. ä.) erleichtern ⟨to be ~d to hear erleichtert sein, zu hören; to ~ one's feelings seinen Gefühlen Luft machen; to ~ s.o.'s mind jmdn. beruhigen; to ~ nature/o.s. *förml euphem* sein Bedürfnis verrichten, sich erleichtern⟩ | (Schmerz u. ä.) lindern | befreien (**from** von) ⟨to ~ s.o. of s.th. jmdm. etw. abnehmen; *scherzh* jmdm. etw. stehlen⟩ | *übertr* entlasten, entbinden, entheben (**from s.th.** von einer Sache) ⟨to be ~d of one's post seines Postens enthoben werden⟩ | (Programm u. ä.) auflockern, abwechslungsreicher machen ⟨to ~ a dull evening⟩ | *Tech* entlasten | *Mil* entsetzen | *Mil* ablösen ⟨to ~ the guard die Wache ablösen⟩ | unterstützen | beleben (**with** mit) | abstechen lassen | hervorheben (**against** gegen); *vi* sich abheben (**against** gegen, **from** von); **re'lieved** *adj* (Person) erleichtert ⟨a ≈ look⟩

re·lie·vo [rɪ'li:vəʊ] *s* Relief *n*

re·li·gion [rɪ'lɪdʒən] *s* Religion *f* | Frömmigkeit *f* | Ehrensache *f*, Herzenspflicht *f* | heilige Sache, Fetisch *m*, Religion *f* ⟨it's a ~ with him es ist ihm heilig; to make a ~ of *mit ger to mit inf* es als Ehrensache ansehen, etw. zu *mit inf*⟩ | *Rel* Orden *m* ⟨to be in ~ einem Orden angehören⟩; **re'li·gion·ism** *s* Frömmelei *f*; **re'li·gion·ist** *s* Frömmler *m*; **re'li·gion·ize** *vt* fromm machen; *vi* frömmeln; **re'li·gion·less** *adj* religions-, glaubenslos; **re·lig·i·ose** [rɪˌlɪdʒɪ'əʊs] *adj* frömmelnd; **re·lig·i·os·i·ty** [rɪˌlɪdʒɪ'ɒsətɪ] *s* Religiosität *f*, Frömmelei *f*; **re·li·gious** [rɪ'lɪdʒəs] **1.** *adj* religiös | Religions- ⟨≈ liberty Freiheit *f* der Religionsausübung⟩ | fromm, gottesfürchtig (*Ant* irreligious) | äußerst gewissenhaft, übertrieben sorgfältig ⟨with ≈ care mit übertriebener Sorgfalt⟩ | *Rel* Ordens- ⟨≈ house Kloster *n*; ≈ order geistlicher Orden⟩; **2.** *s* (*pl* **re'li·gious**) Mönch *m* ⟨several ≈ mehrere Mönche *pl*⟩ | Nonne *f*; **re'li·gious·ly** *adv* gottesfürchtig | *übertr* gewissenhaft, treu und brav | ernsthaft, allen Ernstes

re·line [ˌri:'laɪn] *vt* (Kleidung) neu (aus)füttern

re·lin·quish [rɪ'lɪŋkwɪʃ] *förml vt* fahren lassen, loslassen ⟨to ~ one's hold of/over s.o. [s.th.] jmdn. (etw.) loslassen⟩ | (Plan, Gewohnheit u. ä.) aufgeben, fahren lassen ⟨to ~ a habit eine Gewohnheit aufgeben⟩ | (Recht u. ä.) abtreten, verzichten auf ⟨to ~ one's rights to s.o.⟩; **re'lin·quish·ment** *s* Preisgabe *f* | Verzicht *m* (**of** auf)

rel|i·quar·y ['relɪkwərɪ] *s* Reliquienschrein *m*; **~ique** ['relɪk] *arch* für ↑ **relic**

rel·ish ['relɪʃ] **1.** *vi* schmecken (**of** nach) | *übertr* einen Anstrich haben (**of** von); *vt* gern essen ⟨to ~ caviar⟩ | *übertr* gern haben, Geschmack *od* Gefallen finden an | *übertr* schmackhaft machen, würzen (**with** mit); **2.** *s* Wohlgeschmack *m* | Relish *n*, Würze *f*, Gewürz *n*, Appetitshappen *m* | *übertr* Würze *f* | *übertr* Reiz *m* ⟨to lose its ~ seinen Reiz verlieren⟩ | (*oft neg*) *übertr* Neigung *f*, Vorliebe *f* (**for** für) ⟨to have no further ~ for s.th. sich für etw. nicht mehr erwärmen können⟩ | Appetit *m*, Lust *f* (**for** auf) ⟨with [great] ~ mit (großem) Appetit; mit Wonne; to have no ~ for s.th. sich nichts machen aus etw.⟩; **'~a·ble** *adj* schmackhaft

re·live [ˌri:'lɪv] *vi* wieder (auf)leben | *vt* noch einmal er-, durchleben

re·load [ˌri:'ləʊd] *vt, vi* neu laden | umladen

re·lo|cate [ˌri:ləʊ'keɪt] *vt* umsiedeln | (Fluß, Straße, Werk) verlegen; *vi* sich wieder ansiedeln; **ˌ~'ca·tion** *s* Umsiedlung *f* | Verlegung *f*

re·luc·tance [rɪ'lʌktəns], **re'luc·tan·cy** *s* Widerstreben *n*, Abneigung *f*, Widerwille *m* (**to** gegen) ⟨with ≈ nur ungern⟩ | *Phys* magnetischer Widerstand, Reluktanz *f*; **re'luc·tant** *adj* widerstrebend, widerwillig, abgeneigt ⟨to be ≈ to do s.th. sich sträuben, etw. zu tun, etw. nur ungern tun; I'm ≈ to do that es widerstrebt mir, das zu tun⟩; **re'luc·tant·ly** *adj* widerwillig | (vor Aussage) leider, bedauerlicherweise ⟨≈, I must say no ich muß leider ablehnen⟩

re·ly [rɪ'laɪ] *vi* sich verlassen, vertrauen (**[up]on** auf) ⟨you may ~ upon it Sie können sich darauf verlassen; to ~ on doing s.th. fest damit rechnen, etw. zu tun; to ~ on s.o./ s.o.'s doing s.th. sich darauf verlassen, daß jmd. etw. tut⟩ | sich berufen auf ⟨to ~ on foreign sources sich auf ausländische Quellen berufen⟩

re·main [rɪ'meɪn] **1.** *vi* zurück-, übrigbleiben ⟨it ~s to be seen es bleibt abzuwarten; much ~s to be settled viel ist noch zu tun; nothing ~s but es bleibt nichts weiter übrig, als ...⟩ | bleiben, verweilen ⟨to ~ in town⟩ | (in einem Zustand) (ver)bleiben ⟨he ~d silent er schwieg weiter; let things ~ as they are alles soll bleiben, wie es ist⟩ | verbleiben (Briefschluß) ⟨I ~ yours sincerely ich verbleibe mit freundlichen Grüßen⟩; **2.** *s meist* **re'mains** *pl* Überreste *m/pl*, Überbleibsel *n/pl* ⟨the ≈ of a meal die Überreste einer Mahlzeit⟩ | *förml* (irdische) Überreste *m/pl* ⟨his [mortal] ≈ seine sterblichen Überreste *m/pl*⟩ | (literarischer) Nachlaß ⟨literary ≈ hinterlassene Werke *n/pl*⟩ | Überlebende *m(f)/pl*; **re'main·der 1.** *s* (Über-) Rest *m* | *Math* Rest *m* | *Tech* Rückstand *m* | *Wirtsch* Restbetrag *m* | *Jur* Anwartschaft *f*; **2.** *vt* (*meist pass*) (Preise) herabsetzen, (Bücher) billig verkaufen; **re'main·ders** *pl* die Übriggebliebenen *pl*; **re'main·der·man** *s* (*pl* **re'main·der·men**) *Jur* Nacherbe *m*; **re'main·ing** *adj* übrig, Rest-, restlich ⟨the ≈ die übrigen⟩

re·make [ˌri:'meɪk] (**re·made, re·made** [ˌri:'meɪd]) *vt* umarbeiten | neu verfilmen; ['ri:meɪk] *s* Remake *n*, Neuverfilmung *f* ⟨the ~ of a film⟩

re·mand [rɪ'mɑ:nd] *Jur* **1.** *vt* (*meist pass*) (jmdn.) in Untersuchungshaft zurückschicken, weiter in Haft behalten ⟨to be ~ed in custody in Untersuchungshaft bleiben⟩; **2.** *s* Zurücksendung *f* in die Untersuchungshaft | Untersuchungshaft *f* ⟨detention on ~ Untersuchungshaft *f*; prisoner on ~ Untersuchungsgefangener *m*⟩; '**~ home** *s Brit* Erziehungsanstalt *f*

re·mark [rɪ'mɑ:k] **1.** *vt* beobachten, (be)merken, gewahr werden (**that** daß) ⟨he ~ed nothing⟩ | äußern, bemerken, sagen, erwähnen (**that** daß); *vi* eine Bemerkung machen, sich äußern (**[up]on** über); **2.** *s* Äußerung *f*, Bemerkung *f* (**about, on** über) ⟨rude ~s abfällige Bemerkungen; to make a ~ to s.o. on s.th. eine Bemerkung machen zu jmdm. über etw.⟩ | *förml* Beachtung *f*, Kommentar *m* ⟨to give cause to ~ Aufsehen erregen; to escape ~ der Aufmerksamkeit entgehen; without ~ kommentarlos; nothing worthy of ~ nichts Erwähnenswertes, nichts von Bedeutung⟩; **re'mark·a·ble** *adj* bemerkenswert ⟨a ≈ event⟩ | ungewöhnlich, auffallend (**for** wegen, auf Grund von); **re'mark·a·bly** *adv* außer-, ungewöhnlich, bemerkenswert ⟨≈ well; a ≈ good player⟩

re·mar·riage [ˌri:'mærɪdʒ] *s* Wiederverheiratung *f*, Wiederheirat *f*; **re'mar·ry** *vi* wieder heiraten; sich wieder verheiraten; einander wieder heiraten (**to, with** mit); *vt* wieder heiraten | wieder verheiraten (**to, with** mit)

re·me|di·a·ble [rɪ'mi:dɪəbl] *adj* heilbar; **re'me·di·al** *adj* heilend, Heil- ⟨≈ gymnastics Heilgymnastik *f*⟩ | Abhilfe-, Hilfs-, korrigierend ⟨≈ course Sonderkurs *m* (zur Beseitigung von Fehlern); ≈ measures Abhilfemaßnahmen *f/pl*⟩; **~di·less** ['remədɪləs] *adj* unheilbar ⟨a ≈ suffering ein unheilbares Leiden⟩ | *arch* hilflos; **~dy** ['remədɪ] **1.** *s Med* Arznei *f*, Heilmittel *n* ⟨a good ≈ for colds ein gutes Mittel gegen Erkältungen⟩ | *Jur* Rechtsmittel *n* | *übertr* (Gegen-) Mittel *n* (**against, for** gegen) ⟨beyond / past ≈ nicht mehr behebbar⟩; **2.** *vt Med* heilen | (Schaden u. ä.) beheben, abstellen, beseitigen, in Ordnung bringen ⟨to ≈ a loss einen Verlust wiedergutmachen; to ≈ an injustice ein Unrecht beheben⟩ | verbessern, berichtigen ⟨to ≈ a fault⟩

re·mem|ber [rɪ'membə] *vt* sich erinnern an ⟨I can't ≈ his name ich kann mich nicht mehr an seinen Namen erinnern⟩ | denken an ⟨I will ≈ it ich werde daran denken⟩ | nicht vergessen, sich merken ⟨≈! wohlgemerkt!⟩ | bedenken ⟨≈ the waiter vergiß das Trinkgeld für den Kellner nicht⟩ | gedenken (einer Sache) ⟨to ≈ the dead der Toten gedenken; to ≈ s.o. in one's prayers für jmdn. beten⟩ | *umg* empfehlen (**to** an) ⟨please, ≈ me to your mother grüße bitte Deine Mutter von mir; to ≈ s.o. in one's will jmdn. in seinem Testament berücksichtigen⟩; *vi* sich erinnern, sich entsinnen ⟨as far as I can ≈ soweit ich mich entsinnen kann⟩; **re'mem·ber·a·ble** *adj* bemerkenswert; **~brance** [~brns] *s* Erinnerung *f*, Gedächtnis *n* ⟨to the best of my ≈ soweit ich mich auch erinnern kann; to call s.th. to ≈ etw. in die Erinnerung zurückrufen; to come to s.o.'s ≈ jmdm. einfallen; to escape s.o.'s ≈ jmdm. entfallen; to have no ≈ of sich nicht erinnern können an⟩ | An-, Gedenken *n*, Gedächtnis *n* ⟨a small ≈ of ein kleines Andenken an; in ≈ of zum Andenken an⟩; **'~brance Day** *s Brit, Kan* Volkstrauertag *m*; **~brances** [~brnsɪz] *s/pl* Grüße *m/pl* (**to** an) ⟨give my kind ≈s to him grüße ihn freundlich von mir⟩

re·mil·i·ta·ri·za·tion [ˌri:ˌmɪlɪtəraɪ'zeɪʃn] *s* Remilitarisierung *f*; **ˌre'mil·i·tar·ize** *vt* remilitarisieren

re·mind [rɪ'maɪnd] *vt* (jmdn.) erinnern, mahnen (**of** an, **to** *mit inf* zu *mit inf*, **that** daß) ⟨that ~s me da(bei) fällt mir ein⟩; **re'mind·er** *s* Wink *m*, Mahnung *f*, Mahnbrief *m* ⟨to send s.o. a ≈⟩ | *übertr* Denkzettel *m*; **re'mind·ful** *adj* (sich) erinnernd, gedenkend (**of** an)

rem·i|nisce [ˌremɪ'nɪs] *vi* in Erinnerungen schwelgen (**about** an); **ˌ~'nis·cence** *s* Erinnerung *f* ⟨to live on ≈s von seinen Erinnerungen zehren⟩ | Entlehnung *f* (**of** von) | Anklang *m* (**of** an) | Ähnlichkeit *f* (**of** mit); **~nis·cences** [ˌ~'nɪsnsɪz] *s/pl* Memoiren *pl*, Lebenserinnerungen *f/pl*; **ˌ~'nis·cent** *adj* Erinnerungs- ⟨a ≈ smile ein Lächeln der Erinnerung; ≈ talk Austausch *m* von Erinnerungen⟩ | sich erinnernd (**of** an) ⟨to be / become ≈ sich erinnern an⟩ | Erinnerung(en) wachrufend, auslösend (**of** an) ⟨s.th. ≈ of s.th. else etw., das an etw. anderes erinnert⟩

[1]**re·mise** [rɪ'maɪz] *Jur vt* zurückerstatten | (Recht) abtreten

[2]**re·mise** [rɪ'mi:z] **1.** *vt* (Fechten) nachstoßen; **2.** *s, selten* Remise *f*, Wagenschuppen *m*

re·miss [rɪ'mɪs] *adj* träge | (nach)lässig ⟨this was very ~ of you das war unachtsam von dir⟩ | säumig ⟨to be ~ in one's duties seine Pflichten vernachlässigen⟩

re·mis·si·ble [rɪ'mɪsəbl] *adj* erläßlich | verzeihlich ⟨~ sins⟩; **re'mis·sion** *s* Nachlassen *n* ⟨≈ of a fever⟩ | (Schuld- u. ä.) (*auch* teilweiser) Erlaß, Nachlaß *m*, Ermäßigung *f* ⟨≈ of a fee Erlassen *n* einer Gebühr; tax ≈ Steuerermäßigung *f*; ≈ for good conduct Straferlaß *m* wegen guter Führung⟩ | *Med* Abklingen *n*, Nachlassen *n* | *Rel* Vergebung *f* (der Sünden) | *Rel* Ablaß *m*; **re'mis·sive** *adj* nachlassend | nachsichtig (**to** gegen)

re·mit [rɪ'mɪt] (**re'mit·ted, re'mit·ted**) *vt* (Schuld, Strafe u. ä.) erlassen, aufheben | (Sünde) vergeben | (Unwillen) mäßigen | *förml* einstellen, nachlassen in, aufhören mit ⟨to ~ one's efforts in seinen Kräften nachlassen; to ~ one's work die Arbeit einstellen⟩ | *Wirtsch* (Geld) überweisen ⟨to ~ by cheque durch *od* mit Scheck überweisen⟩ | (jmdn.) verweisen (**to** an) | *Jur* (Fall) überweisen (**to** an);

vi nachlassen | *Med* (Krankheit u. ä.) abklingen | durch Überweisung bezahlen; **re'mit·tance** *s* Geldsendung *f*, Überweisung *f* | *Wirtsch* Rimesse *f* ⟨to make ≈ remittieren, Deckung anschaffen⟩; **re'mit·tance man** *s arch verächtl* jmd., der im Ausland (*bes* Kolonien) von Geldsendungen von zu Hause lebt; **~tee** [rɪˌmɪ'ti:] *s* Zahlungsempfänger(in) *m(f)*; **re'mit·tent** *adj* nachlassend | *Med* remittierend ⟨≈ fever remittierendes Fieber; **re'mit·ter** *s* Absender *m* einer Geldsendung

rem·nant ['remnənt] **1.** *s* Überrest *m*, -bleibsel *n* (*auch übertr*) | (Stoff) Rest *m* ⟨a ~ sale Resteverkauf *m*⟩; **2.** *adj* noch übrig, restlich

re·mod·el [ˌri:'mɒdl] (**re'mod·elled, re'mod·elled**) *vt* umbilden, umgestalten

re·mold [ˌri:'məʊld] *vt* umformen

re·mon|strance [rɪ'mɒnstrəns] *s* Einwand *m*, Einspruch *m*, Protest *m* (**against** gegen) ⟨to provoke violent ≈ heftigen Protest hervorrufen⟩; **re'mon·strant 1.** *adj* ermahnend, remonstrierend | protestierend; **2.** *s* Protestierende(r) *f(m)*; **~strate** ['remənstreɪt] *vi* Einwände erheben, protestieren (**against** gegen) | Vorhaltungen (Vorwürfe) machen (**on, about** über; **that** daß; **with s.o.** bei, gegenüber jmdm.) | *arch* darlegen; **'~strat·ing** *adj* protestierend; **ˌ~'stra·tion** *s* Einwendung *f*; **~stra·tive** [rɪ'mɒnstrətɪv] *adj* protestierend, Protest-, vorhaltend

re·morse [rɪ'mɔ:s] *s* Reue *f*, Gewissensbisse *pl* (**at** über, **for** wegen) ⟨to be filled with ~ for s.th. etw. zutiefst bereuen⟩ | Rücksicht *f*, Mitleid *n* ⟨without ~ rücksichtslos⟩ | **re'morse·ful** *adj* reuig, reuevoll, reumütig ⟨≈ cries Tränen *pl* der Reue⟩; **re'morse·less** *adj* grausam, unbarmherzig | reuelos

re·mote [rɪ'məʊt] *adj* (Raum) entlegen, fern (**from** von) | (Zeit) fern ⟨in the ~ future in ferner Zukunft; in the ~ past in alten Zeiten⟩ | (*bes sup*) *übertr* unbedeutend, gering ⟨a ~ possibility eine entfernte Möglichkeit; to have not the ~st idea nicht die geringste Ahnung haben⟩ | *übertr* weit entfernt, verschieden (**from** von) | *übertr* (Verhalten) distanziert, unnahbar, zurückhaltend; **ˌ~ con'trol** *s* Fernsteuerung *f*, -bedienung *f*; **ˌ~-con'trolled** *adj* ferngesteuert; **ˌ~ 'drive** *s Tech* Fernantrieb *m*; **ˌ~-'guid·ed** *adj Flugw*, *Mil* ferngelenkt, Fernlenk-; **ˌ~ 'sens·ing** *s Foto* Fernerkundung *f*; **ˌ~ 'sen·sor** *s Tech* Fernerkundungsgerät *n*; **ˌ~ trans'mis·sion** *s* (Computer) Fernübertragung *f*

re·mou·lade [ˌreɪmə'lɑ:d] *s Kochk* Remoulade *f*

re·mould [ˌri:'məʊld] **1.** *vt* umformen, umgestalten | (Reifen) runderneuern; **2.** *s* runderneuerter Reifen

re·mount [ˌri:'maʊnt] **1.** *vt* (Pferd, Leiter, Berg u. ä.) wieder be-, ersteigen, wieder steigen auf ⟨to ~ a horse wieder aufsitzen⟩ | *Mil* neue Pferde beschaffen für | *Tech* (Maschine) wieder aufstellen, montieren | (Fotografie, Karte) neu aufziehen; **2.** *s* neues *od* frisches Pferd

re·mov|a·bil·i·ty [rɪˌmu:və'bɪlətɪ] *s* Entfernbarkeit *f*; **re'mov·a·ble** *adj* entfernbar | absetzbar (Beamter) | abnehmbar, transportabel; **re'mov·al** *s* Entfernen *n*, Fort-, Wegschaffen *n*, -räumen *n* | Absetzung *f*, Entlassung *f* | Umzug *m* | *übertr* Abstellung *f*, Beseitigung *f*; **'~al van** *s* Möbelwagen *m*; **re'move 1.** *vt* entfernen, weg-, fortnehmen, forträumen, wegschaffen (**from** von, aus) ⟨to ≈ a boy from school einen Jungen von der Schule herunternehmen; to ≈ mountains *übertr* Berge versetzen⟩ | (Hut) abnehmen, (Kleidungsstück) ablegen | (Tisch) abdecken | *übertr* entfernen, beseitigen, beheben ⟨to ≈ an obstacle ein Hindernis entfernen; to ≈ difficulties Schwierigkeiten beseitigen⟩ | absetzen, entlassen ⟨to ≈ a man from office⟩ | verlegen (**to** nach) | (Möbel) umräumen, umstellen | entladen (**from** aus); *vi förml* fort-, (um)ziehen (**to** nach); weggehen, sich entfernen; **2.** *s Brit* Versetzung *f* (in der Schule) ⟨to get one's ≈ versetzt werden⟩ | *Brit Päd* Klasse *f* für lernschwache Schüler | *selten Brit* Umzug *m* | *selten Brit* Gang *m* (Essen) | Verwandtschaftsgrad *m* | Abstand *m*, Entfernung *f* ⟨at a slight ≈ from aus einer gewissen Entfernung⟩ (nach Zahlwörtern) Schritt *m*, Stufe *f* ⟨only one/a few ≈s from nur noch um weniges entfernt von⟩; **re'moved** *adj* (weit) entfernt (*auch übertr*) (**from** von) ⟨far ≈ from the truth⟩ | um eine Generation verschieden ⟨first cousin once ≈ Kind *n* einer Cousine *od* eines Cousins; twice ≈ zweiten Grades (verwandt)⟩ | *Brit* (Speise) gefolgt von, anschließend ⟨fish ≈ by a steak⟩; **re'mov·er** *s* Spediteur *m*, Möbelräumer *m* | (Fleck-, Haar- u. ä.) Entferner *m* ⟨hair ≈⟩

re·mu·ner·a·ble [rɪ'mju:nṛəbl] *adj* belohnbar | vergeltbar; **re·mu·ner·ate** [-eɪt] *vt förml* belohnen, entschädigen (**for** für) | (Dienst u. ä.) vergüten; **reˌmu·ner'a·tion** *s* Belohnung *f* | Vergütung *f* | Lohn *m*, Entgelt *n*; **re'mu·ner·a·tive** *adj* (Arbeit u. ä.) lohnend, einträglich | belohnend

ren·ais·sance [rɪ'neɪsns] **1.** *s* Wiedergeburt *f*, -belebung *f* ⟨the ∸ die Renaissance⟩; **2.** *adj* Renaissance- ⟨∸ art; ∸ man Renaissancemensch *m*; *übertr* Humanist *m*⟩; **Ren'ais·sant** *adj* Renaissance-; **ren'ais·sant** *adj* wieder auflebend, -erwachend ⟨≈ business wirtschaftliche Neubelebung⟩

re·nal ['ri:nl] *adj Anat* renal, Nieren-

re·name [ˌri:'neɪm] *vt* umbenennen

re·nas·cence [rɪ'næsns] *förml s* Wiedergeburt *f*; **Re'nas·cence** Renaissance *f*; **re'nas·cent** *adj* wieder-, neugeboren | neu, wiederauflebend ⟨≈ love neu aufkeimende Liebe⟩

rend [rend] (**rent, rent** [rent]) *lit vt* reißen (**from** von … los) ⟨to ~ the air die Luft zerreißen, schrillen; to ~ away ab-, losreißen; to ~ down niederreißen; to ~ in twos entzweireißen; to ~ off abreißen; to ~ one's hair sich die Haare raufen; to ~ to pieces in Stücke zerreißen; to ~ up ausreißen⟩ | spalten (*auch übertr*); *vi* (zer)reißen | bersten

ren·der ['rendə] *förml* **1.** *vt* zurückgeben, vergelten ⟨to ~ good for evil Böses mit Gutem vergelten⟩ | (Dienst, Hilfe) leisten ⟨to ~ a service [help] to s.o.⟩ | (Dank) abstatten ⟨to ~ thanks to s.o.⟩ | *auch* **~ up** übergeben ⟨to ~ up a fort to the enemy⟩ | (künstlerisch) wiedergeben ⟨to ~ a solo well⟩ | übersetzen (**into** in) | (Ehre u. ä.) erweisen (**to s.o.** jmdm.) | *Wirtsch* (Rechnung) vorlegen ⟨to ~ an account eine Rechnung schicken⟩ | (Gewinn) abwerfen | *Jur* (Urteil) fällen (**upon** über) | Rechenschaft) ablegen (**of** über) | (*mit adj*) (berühmt, fähig, schwierig, sichtbar, nötig u. ä.) machen ⟨to ~ famous berühmt machen; to ~ s.o. unable to do s.th. es jmdm. unmöglich machen, etw. zu tun⟩ | *Arch* (Mauer) putzen, bewerfen | *auch* **~ down** (Fett u. ä.) auslassen ⟨to ~ down fat⟩; **~ up** *förml* (Gebet) sprechen; *vi* vergelten; **2.** *s Jur* Gegenleistung *f* | Zahlung *f* | *Arch* Bewurf *m*; **'~ing** *s* (künstlerische) Wiedergabe, Darstellung *f* | Übersetzung *f*, Übertragung *f* | Übergabe *f* | *Arch* Bewurf *m*

ren·dez|vous ['rɒndɪvu:|-deɪvu:] **1.** *s* (*pl* **~vous** ['~vu:z]) Rendezvous *n*, Verabredung *f*, Stelldichein *n* ⟨to make a ≈ sich verabreden⟩ | Treffpunkt *m* | *Mil* Sammelplatz *m*; **2.** (**~voused, ~voused** ['~vu:d]) *vi* sich treffen | sich versammeln | (Raumfahrt) ein Rendezvous-Manöver durchführen; *vt Mil* versammeln, vereinigen

ren·di·tion [ren'dɪʃn] *s* (künstlerische) Wiedergabe ⟨~ of a song⟩ | Übersetzung *f*

ren·e|gade ['renɪgeɪd] **1.** *s Rel, Pol verächtl* Renegat *m*, Abtrünniger *m*; **2.** *adj* abtrünnig ⟨a ≈ priest⟩; **3.** *vi* abtrünnig werden, abfallen; **ˌ~'ga·tion** *s* Abfall *m*

re·nege, re·negue [rɪ'ni:g|-'neɪg] *vi Kart* nicht bedienen *od* zugeben | *förml* sein Wort brechen (**on s.o.** jmdm. gegenüber), sich drücken (**on s.th.** vor etw.) ⟨you can't ~ now

Sie können jetzt Ihre Zusage nicht zurücknehmen⟩

re·new [rɪ'nju:] *vt* erneuern | wiederherstellen, renovieren, ausbessern | wiederbeleben, wiedererwecken ⟨with ~ed enthusiasm mit neuer Begeisterung⟩ | (Versuch u. ä.) wiederholen | (Spiel u. ä.) wiederaufnehmen | ersetzen, wiedererlangen | *Wirtsch* (Vertrag) erneuern ⟨to ~ a contract⟩ | *Wirtsch* (Wechsel) prolongieren, (Abonnement u. ä.) verlängern; *vi* sich erneuern | *Wirtsch* (Vertrag) verlängern | *Wirtsch* (Wechsel) prolongieren; **re'new·a·ble** *adj* zu erneuern(d), neu zu beantragen | *Wirtsch* verlängerbar; **re'new·al** *s* Erneuerung *f* ⟨urban ≈ Rekonstruktion *f* von ganzen Stadtvierteln⟩ | Wiederaufnahme *f* ⟨≈ of negotiations⟩ | *Wirtsch* Prolongation *f*; **re'new·als** *s/pl Wirtsch* Neuanschaffungskosten *pl*

reni- [renɪ|ri:nɪ] ⟨*lat*⟩ Nieren-

re·ni|ten·cy [rɪ'naɪtənsɪ|'renɪtənsɪ] *s selten* Widerstand *m* | Auflehnung *f* (**against** gegen); **~tent** [rɪ'naɪtənt] *adj selten* widerstandsfähig; widerspenstig (**against** gegen)

[1]**ren·net** ['renɪt] *s* Käselab *n* | *Zool* Labmagenhaut *f*

[2]**ren·net** ['renɪt] *s Bot Brit* Renette *f*

reno- [renə(ʊ)|ri:nə(ʊ)] ⟨*lat*⟩ Nieren-

re·nom·i|nate [ˌri:'nɒmɪneɪt] *vt* wieder nominieren; **ˌ~'na·tion** *s* erneute Nominierung

re·nounce [rɪ'naʊns] **1.** *vt* verzichten auf ⟨to ~ a claim auf einen Anspruch verzichten; to ~ the throne⟩ | (jmdn.) verstoßen, verleugnen ⟨to ~ one's children⟩ | (e-r Sache) entsagen, sich lossagen von ⟨to ~ the world einsam *od* für sich leben⟩ | (Vertrag u. ä.) kündigen | *Kart* (Farbe) nicht bedienen; *vi Kart* nicht bedienen | *bes Jur* verzichten; **2.** *s Kart* Nichtbedienen *n*; **re'nounce·ment** *s* Entsagung *f*, Verzicht *m*

ren·o|vate ['renəveɪt] **1.** *vt* erneuern, wiederherstellen, renovieren; *auch* ['~vɪt] **2.** *adj* renoviert, erneuert; **ˌ~'va·tion** *s* Renovierung *f*, Erneuerung *f*; **'~va·tor** *s* Erneuerer *m*

re·nown [rɪ'naʊn] *s* Ruhm *m*, Berühmtheit *f* ⟨to acquire/win ~ Ruhm erwerben⟩ | *arch* Gerücht *n*; **re'nowned** *adj* berühmt (**as** als, **for** wegen), namhaft ⟨≈ as a translator; ≈ for his translations⟩

[1]**rent** [rent] **1.** *s* (Zimmer, Haus, Fernseher) Miete *f* ⟨free of ~ mietfrei; to collect the ~ die Miete eintreiben *od* kassieren⟩ | (Land) Pacht *f* ⟨to let for ~ verpachten; to take at ~ pachten⟩ | *bes Am* Leihgebühr *f* ⟨cars for ~ Autoverleih *m*⟩; **2.** *vt* vermieten | verpachten ⟨to ~ land to s.o.⟩ | verleihen | mieten, gemietet haben ⟨to ~ a house from s.o.⟩ | gepachtet haben | *auch* **~ out** *bes Am* (Auto, Fernseher) ausleihen; *vi* vermietet werden ⟨the house ~s at £ 500 a year das Haus kostet £ 500 Miete im Jahr⟩ | Leihgebühr kosten | verpachtet werden

[2]**rent** [rent] *s* Riß *m* ⟨a ~ in the fabric ein Riß im Gewebe⟩ | Spalte *f* | Spalt *m*, Sprung *m* | *übertr auch Pol* Spaltung *f*

[3]**rent** [rent] *prät* u. *part perf* von ↑ **rend**

rent|a·ble ['rentəbl] *adj* zu (ver)mieten(d) | zu pachten(d), verpachtbar | Miete, Pacht (ein)bringend; **ˌ~-a-'crowd** *s Brit verächtl* bezahlte Demonstranten *pl*; **'~al** *förml* **1.** *s* Mieteinnahme *f* | Pachteinnahme *f* | Mietsumme *f* | Pachtsumme *f* | Leihgebühr *f* | Leih-, Mietgegenstand *m* ⟨TV ≈ Leihfernseher *m*⟩ | Ausleihe *f*; **2.** *adj* Miet- | Pacht- | Leih-; **ˌ~-a-'mob** *s Brit verächtl* bezahlte Unruhestifter *pl*; **'~ed** *adj* vermietet; verpachtet; **'~er** *s bes Am* Mieter *m*, Pächter *m* | Verpächter *m*, Vermieter *m* | Filmverleiher *m*; **ˌ~ 'fee** *s bes Am* Leihgebühr *f* **ˌ~-'free** *adj* miet-, pachtfrei

ren·tier ['rɒ̃tɪeɪ|'rɒntɪeɪ] *s oft verächtl* Rentier *m*

rent| re·bate ['rent ˌri:beɪt] *s* Mieterleichterung *f*, -nachlaß *m*; **'~ roll** *selten s* Miet-, Zinsbuch *n* | Mieteinkommen *n*, Mietbeträge *m/pl*; **'~ strike** *s* Mietstreik *m*, Mieterstreik *m*

re·num·ber [ˌri:'nʌmbə] *vt* umnumerieren, neu numerieren

re·nun·ci·a·tion [rɪˌnʌnsɪ'eɪʃn] *s* Zurückweisung *f* | Entsagung *f*, Verzicht *m* (**of** auf) | (Selbst-) Verleugnung *f* | Verzichterklärung *f*; **re'nun·ci·a·tive** [-ətɪv], **re'nun·ci·a·to·ry** [-ətərɪ] *adj* entsagungsvoll, verzichtend | ablehnend

re·o·pen [ˌri:'əʊpən] *vt* wieder öffnen | wieder beginnen; *vi* sich wieder öffnen | wieder geöffnet werden | wieder beginnen ⟨school ~s on Monday⟩

re·or·gan·i·za·tion [ˌri:ɔ:gənaɪ'zeɪʃn] *s* Reorganisation *f*, Umgestaltung *f* | *Wirtsch* Sanierung *f*; **re'or·gan·ize** *vt* reorganisieren, umgestalten | *Wirtsch* sanieren, wieder leistungsfähig machen

[1]**rep,** *auch* **repp** [rep] *s* Rips *m*

[2]**rep** [rep] *s umg* für **repetition**

[3]**rep** [rep] *s umg* für **repertory theatre** ⟨the local ~⟩ | **repertory** ⟨to act in ~ in verschiedenen Stücken spielen⟩

[4]**rep** [rep] **1.** *s Sl*, *Kurzw* für **representative 1.**; **2.** (**repped, repped**) *vi Brit umg* Vertreter sein

[5]**rep** [rep] *s Sl* Schürzenjäger *m*, Lebemann *m* ⟨you old ~!⟩

[6]**rep** [rep] *s Phys* rep *n*

[7]**rep** [rep] *s Am Sl* Ruf *m*, Reputation *f* ⟨on ~! Ehrenwort!⟩

re·pack [ˌri:'pæk] *vt* umpacken

[1]**re·pair** [rɪ'pɛə] **1.** *vt* reparieren, instand setzen ⟨to ~ a watch eine Uhr reparieren⟩ | ausbessern, flicken ⟨to ~ a shirt⟩ | (Gesundheit) wiederherstellen, heilen ⟨to ~ s.o.'s strength⟩ | beheben, wiedergutmachen ⟨to ~ an error⟩; **2.** *s* Reparatur *f*, Instandsetzung *f*, Ausbesserung *f* ⟨under ~ in Reparatur; road under ~ Straßenbauarbeiten!; to carry out the ~s to s.th. die Reparatur an etw. ausführen⟩ | Wiederherstellung *f* | (baulicher) Zustand ⟨in good (out of) ~, *auch* in good (bad) [state of] ~ in gutem (schlechtem) Zustand⟩

[2]**re·pair** [rɪ'pɛə] *förml* **1.** *vi* gehen, sich begeben (**to** nach) ⟨we all ~ed to a bar⟩ | in großer Zahl gehen ⟨to ~ to the seaside massenweise an die See fahren⟩ | zurückkehren; **2.** *s arch* Zufluchtsort *m* | Aufenthaltsort *m*

re·pair|a·ble [rɪ'pɛərəbl] *adj* reparaturbedürftig; zu reparieren(d); **re'pair·er** *s* Reparateur *m*; **'~ shop** *s* Reparaturwerkstatt *f*

rep·a·ra|ble ['repṛəbl] *adj* (Verlust, Schaden u. ä.) zu ersetzen(d), wiedergutzumachen(d) (*Ant* irreparable) | ersetzbar | *selten* reparaturfähig; **~tion** [ˌrepə'reɪʃn] *s* Entschädigung *f*, Wiedergutmachung *f* ⟨to make ≈ Genugtuung leisten⟩; **ˌrep·a'ra·tions** *pl Pol* Reparationen *f/pl*; **re·par·a·tive** [rɪ'pærətɪv], **re·par·a·to·ry** [rɪ'pærətərɪ] *adj* wiederherstellend | Entschädigungs- | heilend, Heil-

rep·ar·tee [ˌrepɑ:'ti:] *s* schlagfertige Antwort ⟨a witty ~ eine geistreiche Erwiderung⟩ | Schlagfertigkeit *f* ⟨to be good/quick at ~ sehr schlagfertig sein⟩

re·par·ti·tion [ˌri:pɑ:'tɪʃn] **1.** *s* Auf-, Verteilung *f* | Neuaufteilung *f*; **2.** *vt* aufteilen

re·pass [ˌri:'pɑ:s] *vt* wieder vorbeigehen an, wieder vorbeikommen an | wieder überqueren | *Pol Parl* erneut beschließen; *vi* wieder vorbeikommen | zurückgehen, zurückkehren

re·past [rɪ'pɑ:st] *s förml* Mahlzeit *f* | Mahl *n*

re·pa·tri|ate [rɪ:'pætrɪeɪt] *vt* (Kriegsgefangene) in den Heimatstaat zurücksenden, repatriieren; [-rɪɪt|-rɪeɪt] *s* Heimkehrer(in) *m(f)*; **ˌ~'a·tion** *s* Rückführung *f* (Kriegsgefangener) in die Heimat

re·pay [ri:'peɪ|rɪ-] (**re·paid, re·paid** [-'peɪd]) *vt* (Geld) zurückzahlen, zurückerstatten ⟨to ~ £ 5; to ~ s.o. jmdm. etw. zurückzahlen⟩ | (jmdn.) entschädigen (for für) | (Besuch, Freundschaft, Gruß u. ä.) erwidern ⟨to ~ s.o.'s kindness, to ~ s.o. for his kindness jmds. Freundlichkeit erwidern, sich für jmds. Freundlichkeit revanchieren⟩ | *übertr* (jmdm.) heimzahlen (**with** mit); *vi* (be)zahlen; **re'pay·a-**

·ble *adj* rückzahlbar; **re'pay·ment** *s* Rückzahlung *f* ⟨due for ≈ rückzahlbar, zurückzuzahlen⟩ | Erwiderung *f* (e-s Grußes etc.)

re·peal [rɪ'pi:l] **1.** *vt* (Gesetz u. ä.) aufheben, außer Kraft setzen | (Erklärung u. ä.) widerrufen; **2.** *s* Aufhebung *f* | Widerruf *m* | **re'peal·a·ble** *adj* aufhebbar

re·peat [rɪ'pi:t] **1.** *vt* wiederholen ⟨to ~ a sentence; to ~ o.s. sich wiederholen; to ~ a year *Päd* ein Jahr nochmal machen; these words do not bear ~ing diese Worte kann man einfach nicht wiederholen⟩ | weitersagen ⟨to ~ a secret⟩ | aufsagen, rezitieren ⟨to ~ a poem ein Gedicht aufsagen⟩ | *Wirtsch* (Ware u. a.) nachliefern ⟨to ~ an order (for s.th.) (etw.) nachbestellen⟩; *vi* sich wiederholen (*auch Math*) | repetieren (Uhr) | aufstoßen, einen Nachgeschmack haben (Speisen) ⟨this wine ~s on me nach diesem Wein stößt mir auf⟩; **2.** *s* Wiederholung *f* | *auch* **'~ sign** *Mus* Wiederholungszeichen *n* | *Wirtsch* Nach-, Neubestellung *f*; **re'peat·a·ble** *adj* wiederholbar; **re'peat·ed** *adj* wiederholt, mehrmalig ⟨a ≈ failure⟩; **re'peat·ed·ly** *adv* ständig, mehrfach; **re'peat·er** *s* Wiederholende(r) *f(m)* | *Am Pol* Wähler *m*, der widerrechtlich mehrere Stimmen abgibt | *Jur* Rückfälliger *m* | Repetieruhr *f* | *auch* **'~ing ˌrifle** Repetiergewehr *n* | *Math* periodischer Dezimalbruch | *El* Verstärker *m* | *Tech* Repetiermaschine *f*; **re'peat·ing** *adj* wiederholend, Repetier-; **'~ing watch** *s* Repetieruhr *f*; **'~ ˌor·der** *s Wirtsch* Nachbestellung *f*; **'~ perˌform·ance** *s Theat* Wiederholung(svorstellung) *f(f)*

re·pe·chage [ˌrepɪ'ʃɑ:ʒ|'repɪʃɑ:ʒ] *s* (Sport) Hoffnungslauf *m*

re·peg [ˌri:'peg] (**ˌre'pegged, ˌre'pegged**)*vt Wirtsch* (Währung) festsetzen, nicht mehr floaten lassen

re·pel [rɪ'pel] (**re'pelled, re'pelled**) *vt* ab-, zurückstoßen | abschlagen, abwehren ⟨to ~ an attack⟩ | *übertr* ab-, zurückweisen ⟨to ~ an offer ein Angebot ausschlagen⟩ | *übertr* (jmdm.) zuwider sein, (jmdn.) abstoßen; *vi* abstoßen; **re'pel·lance, re'pel·len·cy** *s* Abstoßung *f* | Abwehr *f*; **re'pel·lent 1.** *adj* (wasser)abstoßend | abstoßend, widerlich ⟨≈ food unappetitliche Speisen *pl*; to be ≈ to s.o. jmdn. abstoßen *od* anwidern; ≈ work wenig attraktive Arbeit⟩; **2.** *s* wasserabstoßender Stoff | Abwehrmittel *n*, *bes* Insektenmittel *n*, -pulver *n* | *Med* Repellens *n*

[1]**re·pent** [rɪ'pent] *förml vi* Reue empfinden (**of** über) ⟨to ~ of what s.o. had done bereuen, was jmd. getan hat; to ~ of having done s.th. bereuen, etw. getan zu haben⟩; *vt* bereuen ⟨to ~ one's folly seine Dummheit bereuen; to ~ having done s.th. bereuen, etw. getan zu haben⟩ | (*refl* mit **me** u. **him**) *arch* bereuen ⟨he hath ~ed him of his sins er hat seine Sünden bereut⟩

[2]**re·pent** ['ri:pənt] *adj, Bot, Zool* kriechend

re·pent·ance [rɪ'pentəns] *s* Reue *f* ⟨to show ~ for Reue zeigen wegen⟩; **re'pent·ant** *adj* reuig, reumütig (**of** über) ⟨a ≈ face ein reuevolles Gesicht; a ≈ sinner ein reuiger Sünder; to feel ≈ Reue empfinden⟩

re·per·cus·sion [ˌri:pə'kʌʃn] *s* Zurückstoßen *n*, Zurückwerfen *n*, Zurückprallen *n* | Rückstoß *m* | (*meist pl*) Auswirkung *f*, Widerhall *m*, Echo *n* ⟨to produce ≈s Auswirkungen nach sich ziehen⟩ | *Mus* Wiederholung *f* (desselben Tons), Reperkussion *f*; **ˌre·per'cus·sive** *adj* zurückwerfend | widerhallend

rep·er·toire ['repətwɑ:] *s Theat* Repertoire *n*, Spielplan *m* | *übertr* Repertoire *n*, Vorrat *m* ⟨a ~ of jokes; a ~ of songs⟩

rep·er·to·ry ['repətrɪ] *s Theat* Repertoire *n* ⟨to act/play in ~ Repertoire-Stücke spielen⟩ | *auch* **'~ ˌthe·at·re** Repertoiretheater *n* ⟨to be in ~ an einem Repertoiretheater spielen⟩ | Vorratskammer *f*, Aufbewahrungsort *m*, Lager *n* ⟨type ~ *Typ* Schriftzeichenvorrat *m*⟩ | *übertr* Fundgrube *f*; Schatzkammer *f* ⟨a ~ of useful information⟩; **'~ ˌcom·pa·ny** *s* Repertoire-Ensemble *n*

rep·e·ti·tion [ˌrepə'tɪʃn] *s* Wiederholung *f* | Hersagen *n* | Stück *n* zum Auswendiglernen | Kopie *f*, Nachbildung *f*; **ˌrep·e'ti·tion·al, ˌrep·e'ti·tion·ar·y** *adj selten* sich wiederholend; **ˌrep·e'ti·tious** *adj* gleichbleibend | sich wiederholend | langweilig; **re·pet·i·tive** [rɪ'petətɪv] *adj verächtl* sich (ständig) wiederholend ⟨≈ work sich dauernd wiederholende Arbeit(en) *f(pl)*⟩

re·pine [rɪ'paɪn] *förml, lit vi* sich grämen, murren, klagen (**at** über) | sich beklagen (**against** bei), hadern (**against** gegen); *vt arch* murren, sich ärgern über; **re'pin·ing** *adj* unzufrieden, mürrisch

re·place [rɪ'pleɪs] *vt* (Buch) wieder hinstellen, (Hörer) wieder auflegen | ersetzen (**by, with** durch) | wiederherstellen | wieder zurückerstatten | (jmdn.) ersetzen, (jmds.) Stelle einnehmen, an die Stelle treten für | *Math* aus-, vertauschen; **re'place·a·ble** *adj* ersetzbar (*Ant* irreplaceable); **re'place·ment** *s* Ersetzen *n* ⟨need ≈ erneuert werden müssen⟩ | Wiederherstellung *f* | Ersatz *m* ⟨to get a ≈ for Ersatz finden für⟩; **re'place·ment ˌlev·el** *s* (Bevölkerung) (einfache) Reproduktionsrate

re·plant [ˌri:'plɑ:nt] *vt* umpflanzen | *übertr* wieder einsetzen | *Med* wieder annähen ⟨to ~ a finger⟩

re·play [ˌri:'pleɪ] *vt* (Sport) (Spiel) wiederholen; ['ri:pleɪ] *s* (Sport) Wiederholungsspiel *n* | (Schallplatte) wiederholtes Abspielen | Playback *n*

re·plen·ish [rɪ'plenɪʃ] *vt* (Vorräte u. ä.) wieder (auf)füllen, erneuern, ergänzen (**with** mit); **~ with** *Tech* von neuem zusetzen; (nach)tanken; **re'plen·ish·ment** *s* Wieder(auf)füllen *n* | Ergänzung *f*

re·plete [rɪ'pli:t] *förml adj* angefüllt (**with** mit) | reichlich versehen (**with** mit), überreich (**with** an) | vollgestopft, vollgepfropft (**with** mit) | übervoll, übersättigt ⟨feeling ~⟩; **re·ple·tion** [rɪ'pli:ʃn] *s* (Über-) Fülle *f* ⟨full to ≈ voll bis zum Rand, zum Bersten gefüllt⟩ | Übersättigung *f*

rep·li·ca ['replɪkə] *s* (Kunst) Originalkopie *f* | Abdruck *m*, Nachbildung *f* | *Mus* Wiederholung *f* | *übertr* Ebenbild *n*

rep·li|cate ['replɪkɪt] *adj Bot* zurückgebogen (Blatt); [-keɪt] *vt* zurück-, umbiegen | kopieren; *vi Biol* sich durch (Zell-) Teilung vermehren; **ˌ~'ca·tion** *s* Antwort *f*, Erwiderung *f* | Echo *n*, Widerhall *m* | Kopie *f* | *Jur* Replik *f* | *Biol* Vermehrung *f* durch Zellteilung; **'~ˌca·tive** *adj Biol* replikativ

re·ply [rɪ'plaɪ] **1.** *vi* entgegnen, antworten (**to** auf, **for** im Namen von) | widerhallen; *vt* erwidern, antworten ⟨to ~ (to s.o.) that (jmdm.) antworten, daß⟩; **2.** *s* Antwort *f*, Erwiderung *f* ⟨in ~ to in Erwiderung auf; ~ paid gebührenfrei, Antwort bezahlt; to make a (no) ~ (nicht) antworten⟩; **ˌ~-'paid** *adj* (Telegramm u. ä.) freigemacht, mit bezahlter Rückantwort ⟨a ≈ telegram⟩

re·pop·u·late [ˌri:'pɒpjuleɪt] *vt* wieder besiedeln

re·port [rɪ'pɔ:t] **1.** *s* Bericht *m* (**of, on** über) ⟨annual ~ Jahresbericht *m*; to give a ~ on berichten über; to make ~ berichten⟩ | Protokoll *n* ⟨law ~s⟩ | Untersuchungsergebnis *n* | Gerücht *n* ⟨the ~ goes that / ~ has it that es geht das Gerücht, daß; idle ~s haltlose Gerüchte⟩ | (Schul-) Zeugnis *n* ⟨school ~⟩ | Knall *m*, Schlag *m* ⟨the ~ of a gun; with a loud ~ mit lautem Knall⟩ | *förml* Ruf *m* ⟨to be of good (evil / ill) ~ in gutem (bösem *od* schlechtem) Ruf stehen⟩; **2.** *vt* berichten (**to s.o.** jmdm.) ⟨to ~ an event über ein Ereignis berichten (Reporter); to ~ progress über den Stand der Sache berichten; to move to ~ progress *Brit Parl* die Debatte unterbrechen⟩ | melden ⟨it is ~ed that es wird gemeldet, daß⟩ | protokollieren ⟨to ~ a debate⟩ | anzeigen (**for** wegen); **~ back** berichten (**that** daß); *vi* Bericht erstatten, berichten (**of** über) | *Rundf, Ferns* berichten (**from** aus) | Berichterstatter sein (**for** für) | referieren, einen Bericht (ab)geben ([up]on über), to s.o. jmdm.) | sich melden (to bei, for zu); sich stellen, sich einfinden (at, to in, bei); ~ back Bericht erstatten (to s.o. jmdm.) | sich zurück melden; **re'port·a·ble** *adj Med* anzeige-, meldepflichtig (Krankheit); **re·port·age** [rɪ'pɔ:tɪdʒ|ˌrepɔ:'tɑ:dʒ] *s* Reportage *f* | Zeitungsstil *m*; **'~ card** *s Am Päd* Zeugnis *n*; **'~ed·ly** *adv* wie verlautet; **ˌ~ed 'speech** *s Ling* indirekte Rede; **re'port·er** *s* Reporter *m*, Berichterstatter *m* | Protokollführer *m*

[1]**re·pose** [rɪ'pəuz] *förml* **1.** *vi* (sich) ausruhen, schlafen | sich stützen *od* lehnen, liegen (on auf) | *euphem* ruhen, begraben liegen | *übertr* beruhen (on auf) (Beweis u. ä.) | *übertr* sich verlassen (on auf), vertrauen (in auf); *vt* (jmdn.) ausruhen lassen | zur Ruhe legen | (nieder)legen (on auf) | *übertr* (Hoffnung u. ä.) setzen (in in) | *refl* sich zur Ruhe legen, sich ausruhen; **2.** *s* Ruhe *f* ⟨in ~ in Ruhe, untätig (Vulkan u. ä.); to disturb s.o.'s ~ jmdm. die Ruhe stören⟩ | Erholung *f* (from von) | Ruhe *f*, Gelassenheit *f* ⟨in ~ gelassen; unverkrampft (Gesicht)⟩

re·pose·ful [rɪ'pəuzfl] *adj* ruhevoll, ruhig

re·pos|it [rɪ'pɒzɪt] *vt* ab-, zurücklegen, deponieren; **~i·to·ry** [~ɪtrɪ] *s* Speicher *m* | Aufbewahrungsort *m* (for für) | Behälter *m* | *Bergb* Lager *n* | Leichenhalle *f* | *übertr* Fundgrube *f* ⟨a ≈ of wisdom⟩

re·pos|sess [ˌri:pə'zes] *vt* wieder besitzen | wieder in Besitz nehmen; **~ses·sion** [ˌ~'zeʃn] *s* Wiederinbesitznahme *f*

re|pot [ˌri:'pɒt] *vt* (ˌ**~'pot·ted, ˌ~'pot·ted**) (Pflanze) umtopfen

rep·re|hend [ˌreprɪ'hend] *vt förml* tadeln, kritisieren; **~hen·si·ble** [~'hensəbl] *adj* zu tadeln(d), tadelnswert; **ˌ~'hen·sion** *s* Tadel *m*, Zurechtweisung *f*

[1]**re·pre·sent** [ˌri:prɪ'zent] *vt* wieder vorlegen | wieder vorführen | neu darbieten

[2]**rep·re|sent** [ˌreprɪ'zent] *vt* (symbolisch) bedeuten, darstellen, vertreten ⟨to ≈ a tradition⟩ | (bildlich, graphisch) darstellen ⟨to ≈ sounds; to ≈ a scene⟩ | schildern, vortragen ⟨to ≈ s.th. to s.o.⟩ | repräsentieren, verkörpern | *förml* (Beschwerden u. a.) vorbringen (to s.o. jmdm.; that daß) | *auch Pol* (Staat, Wähler u. ä.) repräsentieren, vertreten, sprechen für | *Wirtsch* vertreten, Vertreter sein für | (sich, jmdn., etw.) hinstellen, ausgeben (as als) ⟨she ≈ed me as her husband sie gab mich als ihren Mann aus⟩ | *förml* darstellen, vorstellen (s.o. (s.th.) to be jmdn. (etw.) als) ⟨he ≈ed me to be his only friend er erklärte, ich sei sein einziger Freund⟩ | *förml Theat* aufführen, darstellen, spielen; **ˌ~sen'ta·tion** *s* (bildliche, symbolische) Verkörperung, Darstellung | Schilderung *f*, Darstellung *f* ⟨false ≈s *Jur* falsche Angaben *f/pl*⟩ | (*meist pl*) Vorhaltung *f*, Vorstellung *f* ⟨to make ≈s to s.o. about s.th. Vorstellungen erheben gegenüber jmdm. wegen etw.⟩ | (*meist pl*) *auch Pol* Protest *m* | Vertretung *f* ⟨proportional ≈ Verhältniswahlsystem *n* ⟩ | *förml Theat* Aufführung *f*, Vorstellung *f*; **ˌ~sen'ta·tion·al** *adj* (Kunst) gegenständlich (*Ant* abstract); **ˌ~'sent·a·tive** **1.** *s* (typischer) Vertreter | Repräsentant *m* | Abgeordnete(r) *f*(*m*), Volksvertreter *m* ⟨House of ≈s *Am* Repräsentantenhaus *n*⟩ | (Stell-) Vertreter *m*, Beauftragter *m*, Repräsentant *m* ⟨authorized ≈ Bevollmächtigter *m*; diplomatic ≈ diplomatischer Vertreter *m*; legal ≈ gesetzlicher Vertreter, Vormund *m*; personal ≈ *Jur* Nachlaßverwalter *m*; real/natural ≈ *Jur* Erbe *m*, Rechtsnachfolger *m*; sole ≈ of *Wirtsch* Alleinvertreter *m* für⟩; **2.** *adj* repräsentativ | vorstellend, verkörpernd, darstellend ⟨to be ≈ of s.th. etw. verkörpern⟩ | charakteristisch, typisch (of für) (*Ant* unrepresentative) | *Pol* repräsentativ ⟨≈ government parlamentarische Regierung⟩ | *Bot, Zool* entsprechend, ähnlich

re·press [rɪ'pres] *vt* (Antwort u. ä.) unterdrücken, zurückhalten, (Aufstand u. ä.) niederschlagen | *übertr* (Gefühl) nicht aufkommen lassen, (e-r Sache) Einhalt gebieten | *Psych* verdrängen; **re'pressed** *adj Psych* (Gefühl u. ä.) verdrängt ⟨a ≈ desire⟩ | (Person) an Verdrängungen leidend ⟨a terribly ≈ man⟩; **re'press·er** *s* Unterdrücker *m*; **re'pres·sion** *s* Unterdrückung *f* | *Psych* Verdrängung *f*; **re'pres·sive** *adj verächtl* unterdrückend, repressiv ⟨≈ measures; a ≈ system⟩ | hemmend; **re'pres·sor** *s Biol* Repressor *m*

re·prieve [rɪ'pri:v] **1.** *vt Jur* (jmdm.) Strafaufschub gewähren | (jmdn.) begnadigen | (jmdm.) eine Atempause gewähren, (etw.) aufschieben; **2.** *s Jur* Aufschub *m* einer Urteilsvollstreckung | Begnadigung *f* | Gnadenfrist *f* | Atempause *f* ⟨to grant s.o. a ~⟩

rep·ri·mand [ˌreprɪ'mɑ:nd] *vt* (jmdn.) tadeln, (jmdm.) einen scharfen Verweis erteilen, (jmdn.) rügen; ['reprɪmɑ:nd] *s* Verweis *m*, Tadel *m*, Maßregelung *f* (for wegen) ⟨to receive a ~ gemaßregelt werden; without ~ ungestraft⟩

re·print [ˌri:'prɪnt] *Typ vt* wieder drucken | neu auflegen; ['ri:prɪnt] *s* Nachdruck *m* | Neudruck *m*

re·pris·al [rɪ'praɪzl] *s* Vergeltung *f* ⟨as a ~ for als Vergeltung für; by way of ~ zur Vergeltung, als Vergeltungsmaßnahme; in ~ als Vergeltung⟩ | (*meist pl*) Vergeltungsmaßnahme *f*, Repressalie *f* ⟨to make ~s [up]on Repressalien ergreifen gegen; to take ~s zu Repressalien greifen⟩

re·prise [rɪ'praɪz|-'pri:z] *s Mus* Reprise *f*, Wiederholung *f* eines Themas | *selten* Wiederaufnahme *f* einer Tätigkeit

re·proach [rɪ'prəutʃ] **1.** *vt* tadeln (for wegen) | vorhalten, vorwerfen, zum Vorwurf machen (s.o. with s.th. jmdm. etw.) | in Verruf bringen | *refl* sich Vorwürfe machen; **2.** *s* Tadel *m*, Vorwurf *m* ⟨a term of ~ ein tadelndes Wort; a look of ~ ein vorwurfsvoller Blick; beyond / past ~ über jeden Tadel erhaben; to heap ~ upon s.o. jmdn. mit Vorwürfen überschütten⟩ | Schande *f*, Schmach *f* ⟨to bring ~ [up]on s.o. jmdm. Schande bringen⟩; **re'proach·a·ble** *adj* tadelnswert; **re'proach·ful,** *auch* **re'proach·ing** *adj* tadelnd, vorwurfsvoll ⟨a ≈ look⟩

rep·ro|bate ['reprəbeɪt] **1.** *adj* verworfen, ruchlos | *scherzh* verkommen ⟨≈ habits schlimme Sitten⟩ | *arch* unbrauchbar; **2.** *s* Verworfener *m* | *scherzh* Taugenichts *m* ⟨an old ≈ ein Schlimmer⟩; **3.** *förml selten* verurteilen, verwerfen | *Rel* verdammen; **ˌ~'ba·tion** *s förml* Verurteilung *f*, Verwerfung *f* | *Rel* ewige Verdammnis

re·pro·cess [ˌri:'prəuses] *vt* wiederverarbeiten, wiederverwerten, wiederaufbereiten ⟨~ed wool Reißwolle *f*⟩

re·pro|duce [ˌri:prə'dju:s] *vt* (wieder) hervorbringen | *Biol* erzeugen ⟨to ≈ one's kind die Art vermehren⟩ | *Biol* (Glied u. ä.) regenerieren ⟨to ≈ one's tail⟩ | reproduzieren, hervorbringen, wiedergeben ⟨to ≈ music Musik abspielen; to ≈ words Worte wiedergeben⟩ | ab-, nachbilden ⟨to ≈ s.o.'s face jmdn. porträtieren⟩ | kopieren, vervielfältigen | sich vergegenwärtigen | *Theat* neu inszenieren ⟨to ≈ a play⟩; *vi* sich fortpflanzen; sich vervielfältigen lassen; **ˌ~'duce·a·ble** *adj* reproduzierbar; **ˌ~'duc·er** *El s* Tonabnehmer *m* | (Ton-) Wiedergabegerät *n*; **ˌ~'duc·i·ble** *adj* reproduzierbar; **~duc·tion** [~'dʌkʃn] *s* Reproduktion *f*, Wiedergabe *f* | *Foto* Abzug *m* | *Typ* Abdruck *m* | Vervielfältigung *f* | *Tech* Nachbildung *f* | *Biol* Fortpflanzung *f* | *Kunst* Reproduktion *f* | *Psych* Reproduktion *f*; **ˌ~'duc·tive** *adj* sich vermehrend | Fortpflanzungs- ⟨≈ organs⟩ | wieder erzeugend | *Biol* Regenerations- | *Psych* reproduktiv

re·pro·graph·ic [ˌri:prə'græfɪk] *Tech adj* reprographisch, Vervielfältigungs-; **re·prog·ra·phy** [ˌri:'prɒgrəfɪ] *s* Reprographie *f*, Vervielfältigung *f*

[1]**re·proof** [rɪ'pru:f] *s förml* Tadel *m*, Verweis *m* ⟨a glance of ~ ein tadelnder Blick; deserving of ~ tadelnswert; in ~ of mißbilligend⟩ | *arch* Schande *f*

[2]**re·proof** [ˌri:'pru:f] *vt* (Kleidungsstück, Zelt) neu imprägnieren

re·prov|al [rɪ'pru:vl] *s* Tadel *m*, Mißbilligung *f*; **re'prove** *vt förml* tadeln, zurechtweisen (**for** wegen) | *selten* (etw.) mißbilligen; **re'prov·ing** *adj förml* tadelnd, mißbilligend

rep|tant ['reptənt] *adj Bot, Zool* kriechend; **~'ta·tion** *s* Kriechen *n*; **~tile** ['~taɪl] **1.** *s Zool* Reptil *n*, Kriechtier *n* | *übertr* Kriecher *m*; **2.** *adj* kriechend | *übertr verächtl* kriecherisch ⟨≈ prudence übertrieben ängstliche Vorsicht⟩; **~til·i·an** [~'tɪlɪən] **1.** *adj Zool* zu den Reptilien gehörend | Reptil- | reptilienartig | *übertr verächtl* gemein ⟨a ≈ villain ein gemeiner Schurke⟩; **2.** *s* Reptil *n*, Kriechtier *n*

re·pub·lic [rɪ'pʌblɪk] *s* Republik *f* (*auch übertr*) ⟨a constitutional ~; the ~ of letters die Schriftsteller *m/pl*⟩; **re'pub·li·can 1.** *adj* republikanisch ⟨the ≈ Party *Am Pol* Republikanische Partei⟩ **2.** *s* Republikaner *m* | **Re'pub·li·can** *Am Pol* Mitglied *n od* Anhänger(in) *m(f)* der Republikanischen Partei ⟨to vote ≈ (die) Republikaner *od* republikanisch wählen⟩; **re'pub·li·can·ism** *s* republikanische Regierungsform | republikanische Gesinnung, Republikanismus *m* | **Re'pub·li·can·ism** *Am Pol* Politik *f* der Republikanischen Partei

re·pub·li·ca·tion [ˌri:pʌblɪ'keɪʃn] *s* Wiederveröffentlichung *f* | Neuauflage *f*; **re'pub·lish** *vt* wiederveröffentlichen, neu auflegen

re·pu·di|ate [rɪ'pju:dɪeɪt] *vt* ablehnen, ab-, zurückweisen ⟨to ≈ a gift⟩ | nicht anerkennen, bestreiten, in Abrede stellen ⟨to ≈ the authorship; to ≈ a charge einen Vorwurf zurückweisen; to ≈ a debt eine Zahlungsverpflichtung nicht anerkennen⟩ | (Freund, Sohn) verstoßen ⟨to ≈ an old friend sich von einem alten Freund trennen *od* lossagen⟩ | *Jur* (Vertrag) für unverbindlich erklären; **ˌ~'a·tion** *s* Zurückweisung *f*, Nichtanerkennung *f* | Verstoßung *f*; **~a·tive** [~ˌeɪtɪv] *adj* zurückweisend

re·pugn [rɪ'pju:n] *vt förml* (jmdn.) peinlich berühren, abstoßen; *vi förml* sich widersetzen (**against s.o.** jmdm.); **re·pug·nance** [rɪ'pʌgnəns], **re'pug·nan·cy** *s* Abneigung *f*, Widerwille *m* (**against, to** gegen) | Unvereinbarkeit *f* (**to, with** mit); **re'pug·nant** [-'pʌgn-] *adj* widrig, zuwider(laufend), anstößig, im Gegensatz (**to** zu) ⟨to be ≈ to s.o. jmdn. anwidern⟩ | unvereinbar (**to, with** mit) | *poet* widerspenstig

re·pulse [rɪ'pʌls] **1.** *vt* (Angriff, Gegner) zurückschlagen, zurückstoßen | (Angebot) abschlagen, zurückweisen | (Freier) abweisen | *übertr* vereiteln; **2.** *s* Zurückschlagen *n*, Abwehr *f* (*auch Mil*) | Zurückweisung *f*, abschlägige Antwort; Korb *m*; **re'pul·sion** *s Phys* Abstoßung *f* (*Ant* attraction) | *Tech* Rückstoß *m* | Abneigung *f* ⟨to feel ≈ for s.o. gegenüber jmdm. Abneigung empfinden⟩; **re'pul·sive** *adj Phys* abstoßend, Repulsions- ⟨≈ forces⟩ | *übertr* abstoßend, ekelhaft ⟨a ≈ sight ein widerwärtiger Anblick; ≈-looking einen abstoßenden Anblick bietend⟩ | abweisend | *poet* widerspenstig

re·pur·chase [ˌri:'pɜ:tʃəs] **1.** *vt* wieder zurückkaufen; **2.** *s* Rückkauf *m*

rep·u·ta|bil·i·ty [ˌrepjʊtə'bɪlətɪ] *s* Acht-, Ehrbarkeit *f*, Ehre *f*; **~ble** ['repjʊtəbl] *adj* achtbar, angesehen, geachtet, seriös ⟨a ≈ scientist; a ≈ newspaper; a ≈ firm⟩ | akzeptiert, gebräuchlich ⟨≈ speech übliche Ausdrucksweise⟩; **ˌrep·u'ta·tion** *s* (guter) Ruf, Ansehen *n* ⟨good (bad) ≈; to have a ≈ for courage als mutig bekannt sein; to live up to one's ≈ seinem Ruf Ehre machen; to ruin one's ≈ seinen guten Ruf ruinieren⟩; **re·put·a·tive** [rɪ'pju:tətɪv] *adj* vermeintlich, mutmaßlich; **re·pute** [rɪ'pju:t] **1.** *s* Ruf *m*, Ansehen *n* ⟨to know s.o. by ≈ jmds. Ruf kennen; to be in bad ≈ with s.o. bei jmdm. schlecht angeschrieben sein⟩ | guter Ruf ⟨of ≈ von gutem Ruf; of some ≈ recht gut angeschrieben⟩ | Meinung *f* ⟨to hold s.o. in high ≈ von jmdm. eine hohe Meinung haben⟩; **2.** *vt arch* halten für | *meist pass* **be re·puted as / to be** gelten als, angesehen werden als ⟨to be ≈d to be / as the best surgeon er gilt als der beste Chirurg; to be well ≈d sich eines guten Rufs erfreuen⟩; **re'put·ed** *adj* angeblich, mutmaßlich, vermutlich ⟨the ≈ father⟩ | berühmt; **re'put·ed·ly** *adv* nach allgemeiner Meinung ⟨to be ≈ the best als der *od* die *od* das beste gelten⟩

re·quest [rɪ'kwest] **1.** *s* Begehren *n*, An-, Ersuchen *n*, Bitte *f* ⟨~ for help Hilfeersuchen *n*; at s.o.'s ~, at the ~ of s.o. auf jmds. Bitte hin; by ~ of auf Ansuchen, auf Wunsch von⟩ | *auch Wirtsch* Nachfrage *f* ⟨on ~ bei Nachfrage, auf Wunsch; to be in (great) ~ (stark) gefragt, gesucht sein⟩ | Wunsch *m*, Gewünschtes *n* ⟨you'll have your ~ du bekommst, was du willst; to grant s.o.'s ~ jmds. Wunsch erfüllen⟩; **2.** *vt* er-, nachsuchen um, bitten um ⟨to ~ s.th. from / of s.o. jmdn. um etw. ersuchen; to ~ s.o. to do s.th. jmdn. auffordern, etw. zu tun⟩; **'~ stop** *s* (Bus) Bedarfshaltestelle *f*

re·qui·em ['rekwɪəm|-wɪem] *auch* **ˌ~ 'mass** *s Rel, Mus* Requiem *n*

req·ui·es·cence [ˌrekwɪ'esns] *s förml* Ruhe *f*

re·quire [rɪ'kwaɪə] *vt förml* fordern, verlangen ⟨to be ~d to do s.th. angehalten *od* verpflichtet sein, etw. zu tun; to be ~d reading Pflichtliteratur sein; what do you ~ of me? was verlangst du von mir?⟩ | *förml* erfordern ⟨if ~d erforderlichenfalls⟩ | brauchen, nötig haben ⟨we ~ extra help wir brauchen zusätzliche Hilfe⟩ | *Brit* wünschen | (jmdn.) zwingen; *vi* verlangen; **re'quire·ment** *s* (An-) Forderung *f* ⟨to meet the ≈s den Anforderungen genügen⟩ | Bedingung *f* | Bedürfnis *n*

req·ui|site ['rekwɪzɪt] **1.** *adj* nötig, erforderlich | vorgeschrieben (**for** für); **2.** *s* Erfordernis *n*, Bedingung *f* (**for** für) | Artikel *m* ⟨≈ for travel Reiseartikel *m*⟩; **~si·tion** [ˌ~'zɪʃn] **1.** *s* Erfordernis *n*, Bedingung *f* | Anforderung *f* (**for** an) ⟨to make a ≈ for s.th. etw. anfordern⟩; Forderung *f* (**for** nach), Ansuchen *n* (**for** um) | Beanspruchung *f*, Einsatz *m* ⟨to be in constant / continual ≈ ständig gebraucht *od* beansprucht werden; to put s.o. (s.th.) in[to] ≈ jmdn. (etw.) einsetzen⟩ | *Mil* Requirierung *f*, Beschlagnahmung *f* ⟨to make a ≈ on s.o. for s.th. von jmdm. etw. beschlagnahmen⟩ | *Jur Pol* Auslieferungsantrag *m*; **2.** *vt* (an)fordern | beanspruchen ⟨to ≈ s.o.'s services⟩ | *Mil* requirieren, beschlagnahmen ⟨to ≈ s.th. for s.o.⟩

re·quit·al [rɪ'kwaɪtl] *förml s* Belohnung *f*, Lohn *m* ⟨in ~ for / of als Lohn für⟩ | Vergeltung *f* | Vergütung *f* (**for** für); **re'quite** *vt* belohnen (**for** für) | vergelten ⟨to ≈ s.o. es jmdm. heimzahlen⟩ | entschädigen, aufwiegen ⟨to ≈ s.th. / s.o. with s.th. etw. mit etw. aufwiegen, jmdn. durch etw. entschädigen⟩

rere·dos ['rɪərə-|'reərədɒs]] (*pl* **~es** [~ɪz]) *s Arch* Retabel *n*

re·roll [ˌri:'rəʊl] *vt Foto* (Film) umspulen | *Tech* nachwalzen

re·route [ˌri:'ru:t] *vt* (Verkehr, Flugzeug) umleiten | *El* neu verlegen

re|run ['ri:rʌn] *s* (Film) Wiederaufführung *f*, Reprise *f* | (Computer) Wiederholung *f*; [ˌri:'rʌn] (**~ran** [-'ræn], **~run** [-'rʌn]) *vt* (Film) wiederaufführen; *vi* erneut laufen

re·sack [ˌri:'sæk] *vt* umsacken

re·sale ['ri:seɪl] *s* Wieder-, Weiterverkauf *m*

re·scind [rɪ'sɪnd] *Jur vt* (Urteil) aufheben | kassieren | (Vertrag, Kauf) widerrufen, rückgängig machen; **re'scind·a·ble** *adj* anfechtbar

re·script ['ri:skrɪpt] *s* Neuschrift *f* | *Rel* Reskript *n*, Erlaß *m*, Verfügung *f*

res|cu·a·ble ['reskju:əbl] *adj* rettbar; **'~cue 1.** *vt* befreien, retten ⟨to ≈ s.o. from danger jmdn. aus einer Gefahr retten⟩ | bewahren (**from** vor) | *Mil* entsetzen; **2.** *s* Befreiung *f*, Hilfe *f*, Rettung *f* ⟨to come / go to the ≈ of s.o. jmdm. zu Hilfe kommen *od* eilen | Rettungsfall *m* ⟨three ≈s⟩; **3.** *adj* Rettungs- ⟨≈ squad Rettungsmannschaft *f*⟩; **'~cu·er** *s* Retter(in) *m(f)*, Befreier(in) *m(f)*

re·search [rɪ'sɜːtʃ|'riːsɜːtʃ] **1.** *s* Forschung(sarbeit) *f(f)* (**in[to]**, **on** über) ⟨my ~es meine Forschungen, Forschungsarbeiten *f/pl*; to be engaged in ~ Forschung betreiben; to carry out a ~ into the causes of cancer nach den Krebsursachen forschen⟩ | Untersuchung *f*, Nachforschung *f* (**after, for** nach); **2.** *vi* wissenschaftliche Forschungen anstellen, forschen (**into** nach) ⟨to ~ into a problem ein Problem erforschen, untersuchen⟩ | Untersuchungen anstellen (**on** über); *vt* erforschen ⟨to ~ a field⟩; **'~ as,sis·tant** *s* Forschungsassistent(in) *m(f)* | Forschungsmitarbeiter(in) *m(f)*; **re'search·er** *s* Forscher *m*; **'~ ,fel·low** *s* Forschungsstipendiat(in) *m(f)*; **'~ ,fel·low·ship** *s* Forschungsstipendium *n*; **'~ prof,fes·sor** *s* nur mit Forschungsarbeit betrauter Professor; **'~ ,sta·tion** *s* Versuchsanstalt *f*; **'~ ,stu·dent** *s* Forschungsstudent(in) *m(f)*, Doktorand(in) *m(f)*; **'~ work** *s* Forschungsarbeit *f*; **'~ ,work·er** *s* Forscher(in) *m(f)*

re·seat [,riː'siːt] *vt* (Stuhl) mit neuem Sitz versehen | einen neuen Hosenboden einnähen *od* einsetzen in ⟨to ~ an old pair of trousers⟩ | wieder setzen (**on** auf) ⟨to be ~ed wieder sitzen, sich wieder gesetzt haben; to reseat o.s.⟩

re·sect [rɪ'sekt] *Med vt* resezieren, herausschneiden; **re·sec·tion** [rɪ'sekʃn] *s* Resektion *f*; **re'sec·tion·al** *adj* Resektions-

re·se·da [rɪ'siːdə|'resɪdə] *s Bot* Reseda *f*

re·sell [,riː'sel] *vt* (**re·sold, re·sold** [,riː'səʊld]) wieder verkaufen; **re'sell·er** *s* Wiederverkäufer *m*

re·sem·blance [rɪ'zembləns] *s* Ähnlichkeit *f* (**between** zwischen, **to** mit) ⟨to have / show ~ to s.o. jmdm. ähnlich sehen⟩; **re'sem·blant** *adj selten* ähnlich (**to** mit); **re'sem·ble** *vt* (jmdm. e-r Sache) ähnlich sein, gleichen (**in** in) ⟨to ≈ one's father; to ≈ each other⟩; *vi* sich gleichen; **re'sem·bling** *adj* ähnlich

re·sent [rɪ'zent] *vt* übelnehmen, verübeln, sich ärgern über ⟨I ~ it es stört mich; to ~ s.o.'s doing s.th. jmdm. verübeln, daß er etw. tut⟩; *vi* sich ärgern; **re'sent·ful** *adj* ärgerlich, aufgebracht (**against, of** gegen) | empfindlich, nachtragend | reizbar; **re'sent·ment** *s* Ärger *m*, Groll *m*, Verdruß *m* (**at** über) ⟨to bear / feel ≈ against s.o., to bear s.o. ≈ gegen[über] jmdm. Ärger empfinden *od* Groll hegen⟩ | Verstimmung *f* ⟨in ≈ verstimmt⟩

res·er·va·tion [,rezə'veɪʃn] *s* Vorbehalt *m*, Einschränkung *f* ⟨with (without) ~ mit (ohne) Vorbehalt; with ~ as to vorbehaltlich⟩ | *oft pl* Bedenken *n*, Zweifel *m* ⟨to have (some) ~s about (einige) Bedenken haben in bezug auf⟩ | *Jur* Reservat *n*, Sonderrecht *n* | *bes Am* Vorbestellung *f*, Reservierung *f* ⟨the ~ of a hotel room⟩ | *Am, Austr* Reservat *n*, (Indianer- u. a.) Schutzgebiet *n* | Schutzstreifen *m* ⟨the central ~ of a motorway⟩

re·serve [rɪ'zɜːv] **1.** *vt* (zurück)behalten, aufbewahren, aufheben ⟨to ~ one's strength seine Kräfte sparen⟩ | vorsehen, (zurück)halten (**for** für) | *bes Am* (Platz, Zimmer u. a.) vorbestellen, reservieren (**for, to** für) ⟨to ~ a seat⟩ | *Jur* (Recht u. ä.) vorbehalten (**to s.o.** jmdm.) ⟨all rights ~d alle Rechte vorbehalten⟩ | *übertr* (Schicksal u. ä.) bestimmen, vorbehalten (**for** für) | (Urteil u. a.) zurückstellen, aufschieben ⟨to ~ one's judgment⟩ | *selten* bewahren (**from** vor); **2.** *s* Zurückbehalten *n* | Rückstellung *f*, -lage *f*, Reserve *f* ⟨the bank's ~s; the gold ~; his ~ strength⟩ | Vorrat *m*, Reserve *f* ⟨in ~ in Reserve, vorrätig⟩ | *auch Mil* Ersatz *m* | Vorbehalt *m*, Einschränkung *f* ⟨without ~ rückhaltlos⟩ | Zurückhaltung *f*, Diskretion *f* ⟨~ of manner reserviertes Auftreten; to break through s.o.'s ~ jmdn. aus der Reserve locken, jmdn. zum Reden bewegen⟩ | Schutzgebiet *n*, Reservation *f* ⟨a game ~ ein Wildschutzgebiet⟩ | ≗ *Mil* (*mit best art*) Reserve *f*; **re'served** *adj* vorbehalten, reserviert ⟨≈ seats⟩ | Reserve- | (Person) zurückhaltend, reserviert; **re·serv·ed·ly** [rɪ'sɜːvədlɪ] *adv übertr* zurückhaltend, reserviert; **re'serv·ist** *s Mil* Reservist *m*;

res·er·voir ['rezəvwɑː] *s* (Vorrats-) Behälter *m*, Reservetank *m* | Staubecken *n*, Talsperre *f* | Vorrat *m* (**of** an) | *übertr* Sammelbecken *n*, Vorrat *m*, Fundgrube *f* ⟨a ≈ of facts⟩

re·set [,riː'set] (,**re'set,** ,**re'set**) *vt* wieder einsetzen | (Säge, Messer) neu schärfen ⟨to ~ a saw⟩ | (Edelstein) neu fassen ⟨to ~ a diamond in a ring⟩ | *Typ* neu setzen | *Tech* (Maschine u. ä.) umstellen, umrichten | *Med* (Knochen) wieder einrenken *od* einrichten ⟨to ~ a broken bone⟩; ['riːset] *s* Wiedereinsetzen *n* | *Typ* Neusatz *m*

re·set·tle [,riː'setl] *vt* neu ordnen, wieder in Ordnung bringen | neu ansiedeln | (Land) neu besiedeln | wieder einsetzen; *vi* sich wieder setzen; **re'set·tle·ment** *s* Neuordnung *f* | Wiederansiedlung *f*; Neubesiedlung *f*; Umsiedlung *f* | Wiedereinsetzung *f*

re·shape [,riː'ʃeɪp] *vt* neugestalten | *Tech* umformen

re·shuffle [,riː'ʃʌfl] **1.** *vt* umgruppieren | *Pol* (Kabinett) neubilden | (Ausschuß) neubesetzen, umbesetzen | *Kart* neu mischen; **2.** *s* Umgruppierung *f* ⟨cabinet ~ *Pol* Kabinettsumbildung *f*⟩

re·side [rɪ'zaɪd] *förml vi* sich aufhalten, ansässig sein, wohnen (**at, in** in) ⟨to ~ abroad⟩ | *übertr* (inne)wohnen | (Gewalt, Macht u. ä.) liegen (**in** in, bei) | *übertr* ruhen, liegen;

res·i·dence ['rezɪdəns] *s* Wohnort *m*, -sitz *m*, Aufenthalt *m* ⟨permanent ≈ ständiger Wohnsitz; to take up one's ≈ seinen Wohnsitz nehmen; sich einmieten; *förml* permit of ≈ Aufenthaltsgenehmigung *f*⟩ | *förml* (herrschaftliches) Wohnhaus, (Land-) Sitz *m*, Herrenhaus *n* ⟨humble ≈ *scherzh* bescheidenes Heim; ≈ for sale (Annonce) Wohnhaus zu verkaufen; town ≈ (Annonce) Wohnhaus in der Stadt⟩ | Residenz *f* ⟨official ≈ Amtssitz *m*; Amtswohnung *f*⟩ | (Schwestern-, Studenten-) Wohnheim *n* | Ortsansässigkeit *f* ⟨in ≈ (Beamter) *Am* amtsansässig; (Universitätsangehörige) im College *od* Studentenheim wohnend; poet in ≈ zeitweilig (auf Stipendium) an einer Universität weilender Schriftsteller; doctor in ≈ Arzt immer anwesend; ≈ is required es besteht Residenzpflicht; to be in ≈ (Studenten) am Hochschulort weilen⟩; **'res·i·den·cy** *s* Residenz *f*, Amtssitz *m*; Amtsbereich *m* | *Am Päd* Internatslehrgang *m*; **'res·i·dent 1.** *adj* (ständig) wohnhaft, ansässig ⟨the ≈ population; to be ≈ in wohnen in⟩ | *Zool* seßhaft | (im Hause) wohnend ⟨a ≈ tutor ein Hauslehrer⟩ | (in der Klinik, im Heim) wohnend ⟨a ≈ physician; a ≈ student⟩ | *übertr* innewohnend (**in s.th.** e-r Sache); **2.** *s* Einwohner(in) *m(f)*, Ortsansässige(r) *f(m)* (*Ant* visitor) | Hotelgast *m*, Heimbewohner *m* ⟨for ≈s only⟩ | **'Res·i·dent** *Pol* Resident *m*, Regierungsvertreter *m*; **,res·i'den·tial** *adj* Wohn-, Villen- ⟨≈ area/district Wohngegend *f*; ≈ estate Wohngrundstück *n*⟩ | einwohnend, im Haus *od* Heim wohnend ⟨≈ student im Internat wohnender Student⟩ | Wohnsitz- ⟨≈ allowance Ortszulage *f*; ≈ qualifications for voters *Pol* den Wohnort betreffende Bedingungen für die Wahlberechtigung⟩ | Residenz-; **,res·i'den·ti·ar·y** [-ʃərɪ] **1.** *adj* ansässig, seßhaft, wohnhaft; **2.** *s* Ortsansässige(r) *f(m)*; an bestimmten Wohnsitz gebundener Geistlicher; **'res·i·dent·ship** *s* Residentschaft *f*

re·sid·u|al [rɪ'zɪdjʊəl|-dʒʊ-] **1.** *adj* restlich, Rest-, übrigbleibend | *Phys* Residual- | *Chem* Rückstands-, rückständig | *Math* residuell, zurückbleibend; **2.** *s* Rückstand *m*, Rest *m* | *Phys* Residuum *n* | *Chem* Rückstand *m* | *Math* Differenz *f*, Abweichung *f* | *Am Ferns* Wiederaufführungshonorar *n*

⟨≈s for actors⟩; ˌ**~al** ˈ**re·lay** *s El* Erdschluß-, Erdstromrelais *n*; ˌ**~al** ˈ**soil** *s Geol* Alluvialboden *m* | Verwitterungsboden *m*; ˌ**~al** ˈ**volt·age** *s El* Remanenzspannung *f*; **reˈsid·u·ar·y** *adj* übrig(bleibend), restlich ⟨≈ estate *Jur* Reinnachlaß *m*; ≈ legatee *Jur* Nachlaßvermächtnisnehmer *m*⟩; **res·i·due** [ˈrezɪdjuː] *s (meist sg)* Rest *m* | Restbetrag *m* | *Chem* Rückstand *m* | *Jur* Reinnachlaß *m* | *Math* Rest *m*; **~um** [-əm] *s (pl* **~a** [~ə]) Rückstand *m*, Rest *m* | *Math* Rest *m* | *übertr* Abschaum *m* | *Jur* Reinnachlaß *m*

[1]**re·sign** [rɪˈzaɪn] *vt* verzichten auf, zurückgeben, abtreten ⟨to ~ a right auf ein Recht verzichten⟩ | *förml* überlassen (**to s.o.** jmdm.) | *refl* sich abfinden (**to** mit) | *refl* sich hingeben ⟨to ~ o.s. to s.o. sich jmdm. unterwerfen⟩; *vi* sich fügen, resignieren | abdanken, zurücktreten (**from** von)

[2]**re·sign** [ˌriːˈsaɪn] *vt* noch einmal unterzeichnen

res·ig·na·tion [ˌrezɪgˈneɪʃn] *s* Verzicht *m*, Aufgabe *f* | Rücktritt *m* ⟨to offer one's ~ seinen Rücktritt anbieten⟩ | Rücktrittsgesuch *n* ⟨to send in/hand in one's ~ sein Rücktrittsgesuch einreichen⟩ | Überlassung *f* (**to** an) | Ergebung *f* (**to** in) | Resignation *f* ⟨with ~ resigniert⟩; **re·signed** [rɪˈzaɪnd] *adj* resigniert, ergeben ⟨a ≈ look; to be ≈ to s.th. sich in etw. fügen⟩ | abgedankt

re·sile [rɪˈzaɪl] *vi* (elastisch) zurückspringen, zurückfedern, zurückschnellen, elastisch sein | zurückweichen | zurücktreten; **re·sil·i·ence** [rɪˈzɪlɪəns], **reˈsil·i·en·cy** *s* Zurückschnellen *n* | *auch* **eˌlas·tic reˈsil·i·en·cy** *Phys* Elastizität *f* ⟨the ≈ of rubber⟩ | *übertr* Elastizität *f*, Spannkraft *f*; **reˈsil·i·ent** *adj* zurückspringend, zurückschnellend, federnd, elastisch | *übertr* (Person) unverwüstlich, spannkräftig

res|in [ˈrezɪn] **1.** *s* Harz *n* | Kolophonium *n*; **2.** *vt Tech* harzen, mit Harz tränken; ˈ**~in·ate 1.** *s Chem* Resinat *n*; **2.** *vt* mit Harz imprägnieren; **~in·if·er·ous** [ˌ~ɪˈnɪfərəs] *adj* harzhaltig; **re·sin·i·fi·ca·tion** [rɪˌzɪnɪfɪˈkeɪʃn] *s* Verharzung *f* | Harzgewinnung *f*; **~in·i·form** [rɪˈzɪnɪfɔːm] *adj* harzhaltig; **~in·i·fy** [rɪˈzɪnɪfaɪ] *vt* mit Harz behandeln; *vi* verharzen; ˈ**~in·like** *adj* harzartig; ˈ**~in·ous** *adj* harzig, Harz-, harzartig

re·sist [rɪˈzɪst] *vt* (jmdm.) widerstehen, standhalten ⟨to ~ an attack; to ~ the enemy; to ~ temptation der Versuchung widerstehen⟩ | sich sträuben gegen, sich widersetzen ⟨to ~ authority⟩ | beständig sein gegen ⟨to ~ heat⟩ | *(meist neg)* sich enthalten, sich erwehren ⟨he could hardly ~ laughing er konnte sich kaum das Lachen verkneifen; to ~ a smile sich des Lächelns erwehren; not to ~ doing s.th. sich nicht enthalten können, etw. zu tun⟩; *vi* sich widersetzen, Widerstand leisten; **reˈsist·ance** *s* Widerstand *m* (**to** gegen) ⟨to offer ≈ Widerstand leisten; passive ≈⟩ | *auch Med, Phys* Widerstandskraft *f* ⟨drug ≈; ≈ of the air Luftwiderstand *m*; line of least ≈ Weg *m* des geringsten Widerstands⟩ | *auch Pol* Résistance *f*, Widerstandsbewegung *f* | *El* Widerstand *m* | *Tech* Widerstand *m*, Festigkeit *f* ⟨heat ≈ Hitzebeständigkeit *f*⟩ | *Med* Resistenz *f* (der Bakterien); **reˈsist·ant 1.** *adj* widerstehend | *Tech* beständig (**to** gegen) | *Med, Zool* resistent (**to** gegen[über]); **2.** *s Tech* Schutzmittel *n*; **reˈsist·er** *s* Widerpart *m* ⟨passive ≈ einer, der passiven Widerstand leistet⟩; ˌ**~iˈbil·i·ty** *s* Widerstandskraft *f*, -fähigkeit *f*; **reˈsist·i·ble** *adj* widerstandsfähig, zum Widerstand geneigt (*Ant* irresistible); **reˈsis·tive** *adj* widerstandsfähig; widerstrebend | *Tech* Widerstands-; **re·sis·tiv·i·ty** [ˌrezɪsˈtɪvətɪ] *s* Widerstandskraft *f*; **reˈsist·less** *adj* unwiderstehlich | wehr-, hilflos | unabwendbar; **reˈsis·tor** *s El* Widerstand *m*

re·sit [ˌriːˈsɪt] *Brit Päd* **1.** *vt* (eine schriftliche Prüfung) wiederholen; **2.** *s* (schriftliche) Wiederholungsprüfung

re·sole [ˌriːˈsəʊl] *vt* (Schuh) neu besohlen

res·o·lu|bil·i·ty [ˌrezəljʊˈbɪlətɪ] *s* Lösbarkeit *f* | Löslichkeit *f*; **~ble** [rɪˈsɒljʊbl] *adj* lösbar, sich lösend (**into** in) | löslich | *übertr* lösbar

res·o|lute [ˈrezəluːt|-ljuːt] *adj* entschlossen, entschieden, resolut ⟨a ≈ man; ≈ for peace zum Frieden entschlossen⟩; ˌ**~ˈlu·tion** *s* Entschlossenheit *f*, Entschiedenheit *f*, Entschlußkraft *f* ⟨to show great (not much) ≈ große (nicht viel) Entschlußkraft beweisen; to lack ≈ es an Enschlußkraft mangeln lassen⟩ | Entschluß *m*, Vorsatz *m* ⟨a New Year ≈⟩ | *Pol* Resolution *f*, Entschließung *f* ⟨to adopt (reject) a ≈ eine Resolution annehmen (ablehnen)⟩ | *Math, Mus, Phys* Auflösung *f* | *Med* Zerteilung *f* | *übertr* Beseitigung *f*, Lösung *f* ⟨the ≈ of a doubt das Ausräumen eines Zweifels⟩; ˈ**~lu·tive 1.** *adj Jur* auflösend | *Med* auflösend, zerteilend; **2.** *s Med* Solvens *n*

re·solv·a·bil·i·ty [rɪˌzɒlvəˈbɪlətɪ] *s* Auflösbarkeit *f*; **reˈsolv·a·ble** *adj* (auf)lösbar (**into** in) *(auch übertr)*; **reˈsolve 1.** *vt* auflösen (**in** in) | (Rätsel, Problem) lösen | (Zweifel) beheben, zerstreuen | *Chem, Math, Mus* auflösen | *Med* zerteilen, erweichen | beschließen, sich entschließen (**that** daß; **to** *mit inf* zu *mit inf*) ⟨(be it) ≈d that als Beschluß wurde angenommen *od* beschlossen wurde, daß⟩ | ver-, umwandeln (**into** in) | *refl* sich auflösen | *refl* sich vergewissern; *vi* sich auflösen, zergehen, zerfallen, sich zersetzen, sich zerteilen (**into** in) | beschließen (**[up]on/against s.th.** *mit ger* etw. zu *mit inf od* etw. nicht zu *mit inf*); **2.** *s* Entschluß *m*, Vorsatz *m* ⟨a firm ≈ ein fester Vorsatz; to keep one's ≈ an seinem Entschluß festhalten; to make a ≈ to *mit inf* sich dazu entschließen, zu *mit inf*⟩ | *poet* Entschlossenheit *f* ⟨deeds of high ≈ kühne Taten *f/pl*⟩ | *Am* Resolution *f*, Entschließung *f*; **reˈsolved** *adj* entschlossen (**to** *mit inf* zu *mit inf*) | beschlossen, entschieden; **reˈsol·vent 1.** *adj Chem, Med* auflösend; **2.** *s Med* Solvens *n* | *Chem* Lösemittel *n*

res·o|nance [ˈrezənəns] *s* Resonanz *f*, Mitschwingen *n* | Widerhall *m*, Nachhallen *n* | *Phys* (Kern) Resonanz *f*; ˈ**~nant** *adj* widerhallend, nachklingend (**with** von) ⟨≈ notes; ≈ walls⟩ | volltönend ⟨a ≈ voice⟩ | *Phys* resonant, Resonanz-, mitschwingend ⟨≈ circuit *El* Resonanzkreis *m*⟩; ˈ**~nate** *vi* widerhallen | *Phys* mitschwingen, -klingen, auf Resonanz bringen; ˈ**~na·tor** *s* Resonator *m*, Verstärker *m* | Schwingkreis *m*

re·sorb [rɪˈsɔːb] *vt* resorbieren, aufsaugen; **reˈsorb·ence** *s* Resorption *f*, Aufsaugung *f*; **reˈsorb·ent** *adj* resorbierend, aufsaugend

res·or·cin·[ol] [reˈzɔːsɪˌnɒl|-ˌnəʊl] *s Chem* Resorcin *n*

re·sorp·tion [rɪˈsɔːpʃn] *s* Resorption *f*, Aufsaugung *f*

re·sort [rɪˈzɔːt] **1.** *vi* seine Zuflucht nehmen (**to** zu) ⟨to ~ to force Gewalt anwenden; to ~ to s.o. for s.th. jmdn. wegen etw. angehen⟩ | sich oft begeben (**to** zu) | oft aufsuchen (**to s.th.** etw.) | pilgern, in großen Scharen gehen (**to** nach); **2.** *s* Zuflucht *f* (**to** zu) | (letztes Hilfs-) Mittel ⟨as a last ~; in the last ~ als letzter Versuch, letzten Endes; to have ~ to seine Zuflucht nehmen zu, greifen zu; without ~ to s.th. ohne zu etw. greifen zu müssen⟩ | Zufluchtsort *m* ⟨the only ~ left die einzig verbliebene Zufluchtsstätte⟩ | vielbesuchter Ort ⟨health ~ Kurort *m*; seaside ~ Seebad *n*; summer ~ Sommerfrische *f*; winter ~ Wintersportplatz *m*⟩ | Zustrom *m* (von Besuchern) ⟨a place of popular ~ ein von vielen gern besuchter Ort⟩ | Menschenmenge *f*

re·sound [rɪˈzaʊnd] **1.** *vi* (er)schallen, (er)tönen (**through** durch) | widerhallen (**with, to** von) | *übertr* (Ruhm u. ä.) erschallen (**through** in); *vt* (Ton) widerhallen lassen | (Laut) laut ertönen lassen | *poet* verkünden; **2.** *s* Widerhall *m*; **reˈsound·ing** *adj* widerhallend, klangvoll ⟨a ≈ voice⟩ | beachtlich, weithin bekannt ⟨a ≈ success ein stark beachteter Erfolg⟩

re·source [rɪˈsɔːs|rɪˈzɔːs] *s* Hilfsquelle *f*, -mittel *n* ⟨at the end of one's ~s; to exhaust every ~; to leave s.o. to his/her own ~s jmdn. sich selbst überlassen⟩ | Zuflucht *f* ⟨her usual ~⟩ | Erholung *f*, Entspannung *f* ⟨favourite ~s Lieblingsbeschäftigungen *pl*; healthy ~s gesunde Lebensgewohnheiten *pl*⟩ | Geschicklichkeit *f*, Findigkeit *f* ⟨a man of ~ ein findiger Geist⟩; **re'source·ful** *adj* reich an Hilfsmitteln | (Person) einfallsreich, findig; **re'sourc·es** *s/pl* Resourcen *f/pl*, Mittel *n/pl*, Reichtümer *m/pl* ⟨mineral ≈ Bodenschätze *pl*; natural ≈ natürliche Rohstoffe *pl*⟩

re·spect [rɪ'spekt] **1.** *s* Hinblick *m*, Hinsicht *f*, Bezug *m* ⟨in all ~s in jeder Hinsicht; in this ~ in dieser Hinsicht; in ~ of *förml* in bezug auf; *Wirtsch* (als Entgelt) für; in some (no) ~s in einiger (keiner) Hinsicht; with ~ to mit Bezug auf; without ~ to ohne Rücksicht auf⟩ | Respekt *m*, Hochachtung *f* ⟨to hold s.o. in great ~ große Hochachtung bezeugen für jmdn.; to show ~ for respektieren, achten⟩ | Rücksicht(nahme) *f(f)* ⟨to have ~ for, to pay ~ to berücksichtigen, Beachtung schenken; without ~ of ohne Ansehen von⟩; **2.** *vt* respektieren, achten ⟨to be ~ed by everyone⟩ | Rücksicht nehmen auf ⟨to ~ the law; to ~ s.o.'s wishes⟩ | sich beziehen auf, betreffen; **ˌ~a'bil·i·ty** *s* Ehr-, Achtbarkeit *f*, Ansehen *n* | *meist pl* Etikette *f* ⟨to maintain the ~abilities (of life) die (im Leben) notwendigen Gepflogenheiten einhalten⟩ | Respektsperson *f*; **re'spect·a·ble** *adj* (Person u. a.) achtbar, angesehen, geachtet, ehrbar ⟨poor but ≈ arm, aber anständig; a ≈ innkeeper ein ehrlicher Gastwirt⟩ | ehrenhaft, anständig ⟨≈ motives⟩ | (Kleidung, Verhalten) anständig, exakt, respektabel ⟨≈ clothes; ≈ authority⟩ | *iron* (Erscheinung, Verhalten) wohlanständig, sittsam, konventionell ⟨to worry about being ≈ sich über seine Wohlanständigkeit Gedanken machen⟩ | ansehnlich, respektabel ⟨a ≈ income⟩ | leidlich ⟨≈ weather⟩ | *Wirtsch* solid; **re'spect·er** *s* jmd., der (etw., jmdn.) übermäßig schätzt ⟨to be no ≈ of persons keine Rücksicht auf die soziale Stellung nehmen; death is no ≈ of persons für den Tod sind alle gleich⟩; **re'spect·ful** *adj* ehrerbietig, respektvoll (**to** zu, gegenüber); **re'spect·ful·ly** *adv* (Briefschluß) in: **yours respectfully** mit vorzüglicher Hochachtung; **re'spect·ing** *präp* betreffs, hinsichtlich; **re'spec·tive** (*meist vor pl*) *adj* jeweilig, entsprechend ⟨their ≈ titles⟩; **re'spec·tive·ly** *adv* beziehungsweise ⟨her father or her mother ≈⟩ | entsprechend ⟨to act ≈⟩; **re'spects** *s/pl* (höfliche) Grüße *m/pl*, Empfehlungen *f/pl* ⟨give my ≈ to your mother grüßen Sie Ihre (Frau) Mutter von mir!; please send her my ≈ grüßen Sie sie bitte von mir⟩ ◇ **pay one's respects to** *förml* einen Höflichkeitsbesuch abstatten bei

re·spir·a·ble ['respərəbl] *adj* atmungsfähig | (Luft, Gas) atembar; **ˌres·pi'ra·tion** *s* Atemholen *n*, Atmung *f*, Respiration *f*; **res·pi·ra·tor** ['respəreɪtə] *s* Atemfilter *m, n* | Respirator *m*, Sauerstoffapparat *m* | *Brit* Gasmaske *f*; **re·spir·a·to·ry** [rɪ'spɪrətrɪ|'respəreɪtrɪ] *adj* Atem-, Atmungs-, Luft- ⟨≈ disease *Med* Erkrankung *f* der Luftwege; ≈ tract Atemtrakt *m*⟩; **re·spire** [rɪ'spaɪə] *vi* atmen | *übertr* aufatmen; *vt* (ein)atmen

res·pite ['respɪt|'respaɪt] (*meist sg*) **1.** *s* Frist *f*, (Zahlungs-) Aufschub *m*, Stundung *f* ⟨days of ~ *Wirtsch* Respekttage *pl*⟩ | *Jur* Strafaufschub *m* | Unterbrechung *f*, (Ruhe-) Pause *f*, Erholung *f* (**from** von), Nachlassen *n* ⟨a welcome ~; without [a] ~ unablässig, ohne Pause⟩; **2.** *vt* (Schulden) stunden | aufschieben | *Jur* begnadigen ⟨to ~ a murderer⟩

re·splend·ence [rɪ'splendəns], **re'splend·en·cy** *s* Glänzen *n*, Glanz *m*; **re'splend·ent** *adj* strahlend, blendend, glänzend

re·spond [rɪ'spɒnd] **1.** *vi* antworten, erwidern (**to s.o.** jmdm.) | *Rel* im Chor antworten | *El* ansprechen | *übertr* eingehen, reagieren (**to** auf) | *Med, Tech* ansprechen (**to** auf); *vt arch* erwidern, antworten; **2.** *s Arch* Wandpfeiler *m*; **re'spond·ence, re'spond·en·cy** *s* Reaktion *f* (**to** auf); **re'spond·ent 1.** *adj* reagierend (**to** auf); **2.** *s Jur* (Scheidungs-) Beklagte(r) *f(m)* | (Berufungs-) Beklagte(r) *f(m)*; **re·sponse** [rɪ'spɒns] *s* Antwort *f*, Erwiderung *f* ⟨in ≈ to in Erwiderung auf; to make no ≈ nicht antworten⟩ | (*meist pl*) *Rel* Erwiderung *f* (in der Liturgie) | Reaktion *f* (**to** auf) | Anklang *m*; **reˌspon·si'bil·i·ty** *s* Verantwortung *f* (**for** für, **to** gegenüber) (*Ant* irresponsibility) ⟨on one's own ≈ auf eigene Verantwortung; sense of ≈ Verantwortungsgefühl *n*; to accept/take the ≈ for die Verantwortung übernehmen für⟩ | Verantwortlichkeit *f*, Verantwortung *f*, Vertrauen(swürdigkeit) *n(f)* ⟨a position of great ≈ ein außerordentlich verantwortungsvolles Amt⟩ | Verpflichtung *f* ⟨heavy responsibilities umfangreiche Verpflichtungen *pl*⟩ | *Am* Zahlungsfähigkeit *f*; **re'spon·si·ble** *adj* verantwortlich (**for** für, **to** gegenüber) | zuverlässig, verläßlich (*Ant* irresponsible) ⟨a ≈ man⟩ | (Amt u. a.) verantwortungsvoll ⟨a very ≈ job⟩ | *Wirtsch* zahlungsfähig | zurechnungsfähig (**for** für) | verantwortlich, schuld (**for** für, an) ⟨to be ≈ for s.th. die Ursache sein für etw., schuld sein an etw.⟩; **re'spon·sive** *adj* antwortend, Antwort- ⟨a ≈ gesture eine zustimmende Geste⟩ | (leicht) reagierend (**to** auf) | *Rel* Wechsel(gesangs)- | *übertr* zugänglich, empfänglich, verständnisvoll (**to** für) ⟨a ≈ nature Zugänglichkeit *f*⟩; **re'spon·so·ry** *s Rel* Responsorium *n*

res·sen·ti·ment [rəˌsõtiː'mõ] *s* ⟨*frz*⟩ Ressentiment *n*

[1]**rest** [rest] **1.** *s* Ausruhen *n*, Ruhe *f* ⟨at ~ in Ruhe, still, unbeweglich; to take a ~ sich ausruhen; without ~ ruhelos; unverzüglich, sofort⟩ | Nachtruhe *f*, Schlaf *m* ⟨a good night's ~ ein guter Schlaf⟩ | Ruhe *f*, Frieden *m* ⟨to set s.o.'s mind/fears at ~ jmdn. beruhigen⟩ | *übertr* letzte Ruhe, Tod *m* ⟨at ~ tot, begraben; to lay s.o. to ~ jmdn. begraben⟩ | Ruheplatz *m* | Aufenthalt *m*, Wohnstätte *f* ⟨a seamen's ~ ein Seemannsheim *n*⟩ | *Phys* Ruhe *f* ⟨to come to ~ zum Stillstand kommen⟩ | *Tech* Support *m* (**for** für) | *Mus* Pause *f*; Pausenzeichen *n* | (Brillen- u. ä.) Steg *m* | *Metr* Zäsur *f*; **2.** *adj* Erholungs-, Ruhe- ⟨~ home Erholungsheim *n*⟩; **3.** *vi* (aus)ruhen, rasten | schlafen ⟨to ~ easy ruhig schlafen⟩ | begraben sein, ruhen | (in einem Zustand) bleiben, weiterhin sein ⟨you may ~ assured du kannst überzeugt sein; ~ assured that sei versichert, daß⟩ | sich beruhigen ⟨I shall not ~ until ich gebe mich nicht zufrieden, bis⟩ | sich erholen | (Feld) brachliegen | (Gewicht u. ä.) ruhen, liegen (**on** auf) | *übertr* ruhen, bleiben, auf sich beruhen ⟨let the matter ~ there laß es damit bewenden⟩ | *Jur* (Plädoyer) abgeschlossen sein ⟨my case ~s ich habe nichts weiter hinzuzufügen⟩ | sich lehnen (**against** gegen) | sich ausruhen, stützen (**on** auf) ⟨to ~ on one's laurels *übertr* sich auf seinen Lorbeeren ausruhen; to ~ on one's oars zu rudern aufhören; *übertr* eine Verschnauf-, Ruhepause einlegen⟩ | *übertr* beruhen, sich stützen (**on** auf) (Beweis u. ä.) ⟨his decision ~ed on his belief that; to ~ solely on lediglich basieren auf⟩ | (Blick u. a.) fallen, gerichtet sein, ruhen (**[up]on** auf); **~ with** obliegen, zukommen ⟨it ~s with you to decide du hast zu entscheiden; es ist deine Aufgabe, zu entscheiden⟩; *vt* zur Ruhe bringen | (aus)ruhen lassen ⟨to ~ one's horse sein Pferd verschnaufen lassen; to ~ one's eyes den Augen gut tun⟩ | (auf)stützen, auflehnen (**on** auf) | lehnen (**against** gegen) | (Blick) richten (**on** auf) | *übertr* stützen (**on** auf)

[2]**rest** [rest] *immer mit best art* **1.** *s* Rest *m*, Übriges *n* ⟨all the ~ alles andere; for the ~ im übrigen; the ~ of it das weitere⟩ | (*mit pl*) die anderen ⟨the ~ of you⟩ | *Wirtsch Brit* Reservefonds *m*; **2.** *vi* übrig-, zurückbleiben

re·stage [ˌriː'steɪdʒ] *vt Theat* (Stück) wiederaufführen

re·stamp [ˌriː'stæmp] *vt* neu prägen | noch einmal stempeln | neu frankieren

re·state [ˌriːˈsteɪt] *vt* neu formulieren; umformulieren | (Problem u. ä.) erneut vorbringen | *Mus* (Thema) wieder aufnehmen; **ˌreˈstate·ment** *s* Neuformulierung *f*

res·tau|rant [ˈrestrɔ̃|-rɔːnt|-rɒnt|-rənt] *s* Restaurant *n*, Gaststätte *f* ⟨~ car *Eisenb* Speisewagen *m*⟩; **~ran·teur** [ˌrestrɔ̃ˈtɜː], **~ra·teur** [ˌrestrəˈtɜː] *s* Gastwirt *m*

rest| cure [ˈrest kjʊə] *s Med* Liegekur *f*; **ˈ~ day** *s* Ruhetag *m*; **ˈ~ed** *adj* ausgeruht; **ˈ~ful** *adj* ruhig, friedlich ⟨a ≈ death⟩ | erholsam, beruhigend ⟨a ≈ day⟩; **ˈ~ home** Altersheim *n*; **ˈ~ house** *s* Rasthaus *n*; **ˈ~ing** *adj* ruhend; **ˈ~ing-place** *s* Ruheplatz *m* | *euphem* letzte Ruhestätte, Grab *n* | Treppenabsatz *m*

res·ti|tute [ˈrestɪtjuːt] *förml vi* Ersatz leisten; *vt* ersetzen; **ˌ~ˈtu·tion** *s* Wiederherstellung *f* (von Rechten) (**to s.o.** jmdm., gegenüber jmdm.) ⟨≈ of protective rights Freigabe *f* von (Patent-) Schutzrechten⟩ | Entschädigung *f*, Ersatz *m* ⟨≈ of property Zurückerstattung *f* von Eigentum; to make ≈ to s.o. jmdm. Genugtuung *od* Ersatz leisten⟩ | Wiedergutmachung *f* | *Phys* (elastische) Rückstellung | *Foto* Entzerrung *f*; **ˌ~ˈtu·tion deˌlay** *s Tech* Wiedergabeverzögerung *f*

res·tive [ˈrestɪv] *adj* (Person) unruhig, nervös | (Person) widerspenstig, störrisch, aufsässig | (Pferd u. a.) bockig, störrisch

rest·less [ˈrestləs] *adj* ruhe-, rastlos | schlaflos | unruhig, nervös

re·stock [ˌriːˈstɒk] *vt* wieder auffüllen (**with** mit) | (Gehege u. ä.) mit neuen Tieren füllen *od* besetzen; (Teich) neu (mit Fischen) besetzen; *vi* neue Vorräte einlagern

re·stor·a·ble [rɪˈstɔːrəbl] *adj* wiederherstellbar; **res·to·ra·tion** [ˌrestəˈreɪʃn] *s* Wiederherstellung *f*, Wiedereinsetzung *f* (**to** in) ⟨≈ to health Wiederherstellung der Gesundheit; the ≈ *Hist* die Restauration (des englischen Königstums 1660)⟩ | Zurückerstattung *f* ⟨≈ of stolen property⟩ | Wiedererrichtung *f* | Rekonstruktion(smodell) *f(n)* | *Mal* restauriertes Gemälde | Restaurierung *f* ⟨a ≈ of a painting; closed during ≈s wegen Restaurierung geschlossen⟩; **re·stor·a·tive** [rɪˈstɔːrətɪv] **1.** *adj* wiederherstellend | *Med* stärkend ⟨≈ food Stärkungsmittel *n*⟩ | erholsam ⟨a ≈ day⟩; **2.** *s Med* Stärkungsmittel *n*; **re·store** [rɪˈstɔː] *vt* wiederherstellen ⟨to ≈ law and order die öffentliche Ordnung wiederherstellen; to ≈ to life ins Leben zurückrufen⟩ | (Angestellten, Offizier u. ä.) wieder einsetzen (**to** in) | zurückerstatten ⟨to ≈ stolen property⟩ | rekonstruieren | (Gebäude, Tierkörper) restaurieren; **reˈstor·er** *s* Restaurator *m* ⟨a picture ≈⟩ | *Med* Stärkungsmittel *n* ⟨hair ≈ Haarwuchsmittel *n*⟩

re·strain [rɪˈstreɪn] *vt* zurückhalten (**from** von), bändigen, im Zaum halten | (Recht u. ä.) schmälern | (Macht u. ä.) be-, einschränken | einsperren | *übertr* (Ärger, Freude) zurückhalten, unterdrücken ⟨to ~ one's anger seinen Zorn unterdrücken; to ~ o.s. sich beherrschen⟩; **reˈstrain·a·ble** *adj* zurückhaltend | bezähmbar, einschränkbar; **reˈstrained** *adj* (Person) eingeschränkt, maßvoll (*Ant* unrestrained) | (Stil u. ä.) schlicht, zurückhaltend ⟨≈ colours gedeckte Farben⟩; **reˈstraint** *s* Ein-, Beschränkung *f*, Restriktion *f*, Zwang *m* ⟨≈ of/[up]on s.th. Beschränkung von etw.; ≈ of trade *Wirtsch* Wettbewerbsbeschränkungen *pl*; ≈s on cultivation Anbaubeschränkung *f*; to lay ≈ on s.o. jmdm. Beschränkungen auferlegen⟩ | Haft *f*, Freiheitsbeschränkung *f* ⟨to place s.o. under ≈ jmdn. in Haft nehmen; put/kept under ≈ *euphem* in Gewahrsam gehalten (*bes* von Geisteskranken)⟩ | Zurückhaltung *f*, Beherrschtheit *f*, Zucht *f* ⟨without ≈ ungehemmt, zügellos⟩

re·strict [rɪˈstrɪkt] *vt* be-, einschränken (**to** auf); **reˈstrict·ed** *adj* eingeschränkt, (gesetzlich) geregelt | beschränkt, begrenzt ⟨≈ area Sperrgebiet *n*⟩ | gering, eingeschränkt ⟨≈ demand⟩ | *verächtl* eingeengt ⟨a ≈ life⟩; **re·stric·tion** [rɪˈstrɪkʃn] *s* Ein-, Beschränkung *f* (**against** gegenüber) ⟨≈ of expenditure Ausgabenbegrenzung *f*; currency ≈s Währungsbeschränkungen *pl*; to place ≈s on Beschränkungen auferlegen auf; without ≈(s) uneingeschränkt⟩; **reˈstric·tive** **1.** *adj oft verächtl* ein-, beschränkend (**of s.th.** eine Sache) ⟨≈ practices Einschränkungsmaßnahmen *f/pl*; to find s.th. too ≈ etw. als Einengung empfinden⟩ | *Ling* restriktiv, einschränkend ⟨≈ clause *Ling* einschränkender Relativsatz⟩; **2.** *s* Einschränkung *f*

rest room [ˈrest ruːm] *s Am* (Hotel, Restaurant) Toilette *f*

re·struc·ture [ˌriːˈstrʌktʃə] *vt* rekonstruieren, neuaufbauen; umstrukturieren

re·stuff [ˌriːˈstʌf] *vt* nachpolstern

re·sult [rɪˈzʌlt] **1.** *s* Ergebnis *n*, Resultat *n* ⟨football ~s Fußballergebnisse *pl*⟩ | Erfolg *m* ⟨to obtain good ~s gute Ergebnisse erzielen; without ~ erfolglos⟩ | *Brit Sl* (Fußball) Sieg *m* ⟨we must get a ~ wir müssen siegen⟩ | *Math* Lösung *f*, Resultat *n* | Folge *f*, Auswirkung *f* ⟨~ of an accident Unfallfolge *f*⟩ ◇ **as a ~ (of s.th.)** *förml* im Ergebnis *mit gen*; **with the ~ that** *förml* so daß, daher; **2.** *vi* sich ergeben, resultieren (**from** aus) | ausgehen, enden (**in** mit), führen (**in** zu) | *Jur* zurückfallen (**to** an); **reˈsult·ant** **1.** *adj* sich ergebend, resultierend ⟨the ≈ effects die nachfolgenden *od* daraus folgenden Wirkungen⟩; **2.** *s* Resultat *n*, Ergebnis *n* | *Math, Phys* Resultante *f*

re·sume [rɪˈzjuːm|-zuːm] *förml vt* wiederaufnehmen ⟨to ~ one's work seine Arbeit wiederaufnehmen⟩ | (Position) wiedergewinnen | (Platz) wieder einnehmen ⟨to ~ one's seat⟩ | (Geschichte, Rede) fortsetzen, fortfahren mit ⟨to ~ the thread of one's discourse den Faden wiederfinden; fortfahren, wo man aufgehört hat⟩ | zusammenfassen, resümieren; **ré·su·mé** [ˈrezumeɪ|-zjʊ-|ˈreɪ-] *s* Resümee *n*, Zusammenfassung *f*, Übersicht *f* | *Am* Lebenslauf *m*

re·sum·mons [riːˈsʌmənz] *s Jur* erneute Vorladung

re·sump·tion [rɪˈzʌmpʃn] *s* Wiederaufnahme *f*, Fortsetzung *f* | Zurücknahme *f* | Wiederinbesitznahme *f*, erneute Übernahme | (Unterricht) Wiederbeginn *m*; **reˈsump·tive** *adj* wiederholend | zusammenfassend

re·su·pi·nate [rɪˈsjuːpɪneɪt] *adj Bot* umgekehrt, nach oben gebogen; **reˌsu·piˈna·tion** *s* Rückwärtsdrehung *f*

re·sur·face [ˌriːˈsɜːfɪs] *vt Tech* die Oberfläche neu bearbeiten ⟨to ~ a tool⟩ | die Straßendecke erneuern von; *vi Mar* wieder an die Wasseroberfläche kommen, wiederauftauchen (U-Boot)

re·surge [rɪˈsɜːdʒ] *vi* sich wieder erheben | wieder aufstehen | wieder auftauchen; **reˈsur·gence** *s* (Ideen u. ä.) Wiederaufleben *n* | Auferstehung *f*; **reˈsur·gent** **1.** *adj* wieder auflebend, wiedererwachend, neu entstehend, auferstehend ⟨≈ hope; ≈ nationalism⟩ | aufrührerisch; **2.** *s* Aufständischer *m*

res·ur|rect [ˌrezəˈrekt] *vi* auferstehen; *vt* wiederbeleben, erneuern ⟨to ≈ an ancient custom einen alten Brauch wiederbeleben⟩ | (Leiche) exhumieren, ausgraben | *umg scherzh* ausbuddeln | *selten* wieder zum Leben erwecken; **~rec·tion** [ˌ~ˈrekʃn] *s* Wiederaufleben *n*, Wiederbelebung *f* ⟨the ≈ of hope⟩ | Auferstehung *f* ⟨the ≈ *Rel* die Auferstehung, *Rel* das Jüngste Gericht⟩ | Leichenraub *m*

re·sus·ci·tate [rɪˈsʌsɪteɪt] *vt Med* (Ertrunkenen u. ä.) wiederbeleben | *übertr* (Ideen u. ä.) zu neuem Leben erwecken; *vi* wieder aufleben; **reˌsus·ciˈta·tion** *s* Wiederbelebung *f* (*auch übertr*) | Auferstehung *f*

ret [ret] (**ˈ~ted, ˈ~ted**) *vt* (Flachs) rösten, rötten; *vi* (Heu) verfaulen

re·ta·ble [rɪˈteɪbl] *adj Rel* Retabel *n*, Altaraufsatz *m*

[1]re·tail [ˈriːteɪl] **1.** *s Wirtsch* Kleinverkauf *m*, Einzelhandel *m*

⟨by ~ im Kleinen⟩; **2.** *adj* Einzel(handels-) ⟨~ dealer Einzelhändler *m*; ~ price Einzelhandelspreis *m*⟩; **3.** *adv* im Einzelhandel, en detail ⟨to buy wholesale or ~⟩; **4.** [*auch* ˌriːˈteɪl] *vt Wirtsch* im Kleinen verkaufen (**at** zum Preis von); *vi* en Détail verkauft werden; im Einzelhandel kosten ⟨to ~ at 50 p⟩

²**re·tail** [rɪˈteɪl] *vt* (Gerüchte u. a.) weitererzählen, verbreiten ⟨to ~ gossip⟩ | ausführlich erzählen; ¹**reˈtail·er** *s* Erzähler(in) *m(f)* | Klatschmaul *n*

²**re·tail|er** [ˈriːteɪlə] *s* Einzel-, Kleinhändler *m*; ˌ~ **ˈout·let** *s* Einzelhandelsverkaufsstelle *f*, Laden *m*, (Einzelhandels-) Geschäft *n*; ˌ~ **ˈtrade** *s* Einzelhandel *m*

re·tain [rɪˈteɪn] *vt* (zurück)halten ⟨to ~ water⟩ | (Eigenschaft, Stelle u. ä.) behalten ⟨to ~ one's position; to ~ the colour⟩ | (Sitte) beibehalten ⟨to ~ a custom; to ~ an old name⟩ | (im Sinn) behalten, sich merken ⟨to ~ a memory of s.th. etw. im Gedächtnis haben⟩ | (Platz) belegen | sich halten ⟨to ~ s.o. in one's services jmdn. in seinen Diensten halten⟩ | (Rechtsanwalt) nehmen, beauftragen ⟨~ing fee Anwaltsgebühren *f/pl*⟩ | festhalten, stützen, sperren ⟨~ing wall Schutz-, Sperrmauer *f*⟩; **reˈtain·a·ble** *adj* annehmbar; **reˈtain·er** *s Jur* Prozeßvollmacht *f* | Anwaltsvorschuß *m* | *Tech* (Lager) Käfig *m* | *Tech* Feststellvorrichtung *f*, Anschlag *m*, Raste *f*, Klinke *f*, Arretierung *f* | *Tech* Laufrille *f* | *Hist* Lehnsmann *m* | *arch* Bediensteter *m*, Diener *m* ⟨an old family ≈⟩

re·take [ˌriːˈteɪk] *vt* (**re·took** [ˌriːˈtʊk], **re·tak·en** [ˌriːˈteɪkən]) wieder nehmen | *Mil* wieder erobern, zurückerobern | *Film* (Szene) nochmals drehen; [ˈriːteɪk] *s Film* Neuaufnahme *f*, Wiederholungsaufnahme *f*, Retake *n*

re·tal·i·ate [rɪˈtælɪeɪt] *vi* sich rächen, Vergeltung üben, es heimzahlen (**against, upon** an, **for** für); *vt* vergelten, sich rächen für, (etw.) heimzahlen (**upon s.o.** jmdm.); **reˌtal·iˈa·tion** *s* Vergeltung *f* ⟨in ≈ als Vergeltungsmaßnahmen⟩; **reˈtal·i·a·tive** [-lɪətɪv], **reˈtal·i·a·to·ry** [-lɪətr̩ɪ] *adj* Vergeltungs- ⟨≈ measures⟩

re·tard [rɪˈtɑːd] *förml* **1.** *vt* (etw.) verzögern, hinziehen ⟨to ~ progress⟩ | (jmdn.) aufhalten, stoppen ⟨to ~ a pupil einen Schüler sitzenbleiben lassen⟩ | *Tech* (Zündkerze) auf Spätzündung einstellen, verzögern ⟨a ~ed plug; to ~ the ignition Zündung (auf) spät einstellen⟩; *vi* zurückbleiben ⟨a mentally ~ed child ein geistig zurückgebliebenes Kind⟩ | *auch Tech, Phys* sich verspäten, retardieren, zögern; **2.** *s* Verzögerung *f* | *auch* [ˈriːˌtɑːd] *Am Sl* Minderbemittelte(r) *f(m)*; **re·tar·da·tion** [ˌriːtɑːˈdeɪʃn] *s* Verzögerung *f*, Verlangsamung *f*, Verspätung *f* | Zurückbleiben *n* | *Biol* Retardation *f* | *Mus* Verlangsamung *f*; **reˈtard·a·tive, reˈtard·a·to·ry** *adj* verzögernd; **reˈtard·ed** *adj* verzögert, verlangsamt, gehemmt, retardierend | (entwicklungsmäßig) zurückgeblieben; **re·tard·ee** [ˌriːtɑːˈdiː] *s* geistig zurückgebliebene Person; **reˈtard·ment** = **retardation**

re·tar·get [ˌriːˈtɑːgɪt] *vt* (Raumkörper) auf ein neues Ziel lenken | *Wirtsch* (Produkt) auf eine neue Zielgruppe ausrichten

retch [retʃ] **1.** *vi* (beim Erbrechen) würgen | sich erbrechen; *vt* erbrechen; **2.** *s* Würgen *n* | Erbrechen *n*

retd *Abk* von **retired**

re·tell [ˌriːˈtel] (**re·told, re·told** [ˌriːˈtəʊld]) *vt* weiter-, nacherzählen | (Nachricht) durchgeben

re·ten|tion [rɪˈtenʃn] *s* Be-, Zurückhalten *n* | Beibehaltung *f* | *Med* (Harn u. ä.) Verhaltung *f* ⟨≈ of urine⟩ | Einbehaltung *f* | Merken *n*, Behalten *n*; **~tive** [~tɪv] *adj* bewahrend, festhaltend ⟨≈ of moisture feuchtigkeitshaltend, -bewahrend⟩ | leicht behaltend, aufnahmefähig ⟨a ≈ memory ein gutes Gedächtnis; ≈ of details Einzelheiten leicht merkend⟩ | *Med* Halte- | wasserspeichernd ⟨a ≈ soil⟩; **~tiv·i·ty** [ˌriːtenˈtɪvətɪ] *s* Merkfähigkeit *f* | Speicherfähigkeit *f*

re·tex·ture [ˌriːˈtekstʃə] **1.** *vt* (Kleidung u. ä.) chemisch regenerieren, auf neu machen; **2.** *s* (chemische) Regenerierung, Erneuerung *f*

re·think [ˌriːˈθɪŋk] (**re·thought, re·thought** [ˌriːˈθɔːt]) *vt* noch einmal überlegen | *vt* neu durch-, überdenken; [ˈriːθɪŋk] *s umg* Umdenken *n*, Überdenken *n* (**on s.th.** *mit gen*) ⟨a thorough ~ ein gründliches Umdenken; to have a ~ on s.th. sich etw. noch einmal überdenken⟩

ret·i|cence [ˈretɪsns], **ˈ~cen·cy** *s* Schweigsamkeit *f*, Verschwiegenheit *f* | Zurückhaltung *f* ⟨≈s zurücknehmende Bemerkungen *f/pl*⟩; **ˈ~cent** *adj* schweigsam, verschwiegen | zurückhaltend (**about, on** über, in bezug auf) ⟨to be ≈ about/on s.th. zurückhalten mit etw.⟩

ret·i·cle [ˈretɪkl] *s* Fadenkreuz *n* (im Objektiv)

re·tic·u|late [rɪˈtɪkjʊlət] *adj* netzartig, -förmig | *Zool* genetzt | *Bot* netzartig geädert; [~leɪt] *vt* netzförmig anlegen | netzartig ädern *od* mustern; *vi* sich verästeln; **~lat·ed** [~leɪtɪd] *adj* netzförmig, Netz- ⟨≈ glass Faden-, Filigranglas *n*⟩; **~la·tion** [rɪˌtɪkjʊˈleɪʃn] *s* (*meist pl*) Netz(werk) *n(n)* (*auch übertr*); **ret·i·cule** [ˈretɪkjuːl] *s* = **reticle** | Strickbeutel *m* | *arch, scherzh* Handtäschchen *n*; **~lum** [rɪˈtɪkjələm] *s* (*pl* **~la** [-lə]) netzförmige Struktur | *Zool* Netzmagen *m*; **re·ti·form** [ˈriːtɪfɔːm|ˈret-] *adj* netzförmig

ret·i|na [ˈretɪnə] (*pl* **~nas** [ˈ~nəz], **~nae** [ˈ~niː]) *s Anat* Retina *f*, Netzhaut *f*; **ˈ~nal** *adj* Netzhaut-; **~ni·tis** [ˌ~ˈnaɪtɪs] *s Med* Retinitis *f*, Netzhautentzündung *f*

ret·i·nue [ˈretɪnjuː] *s* Gefolge *n*, Begleiter *m/pl*

re·tire [rɪˈtaɪə] **1.** *vi* sich zurückziehen (**to** in, an, auf) ⟨to ~ into o.s. *übertr* sich verschließen, sich abkapseln⟩ | sich entfernen (**from** von, aus) ⟨to ~ from the world *übertr* ins Kloster gehen; zum Einsiedler werden⟩ | *auch* **~ to bed** *förml* zu Bett gehen | *Mil* den Rückzug antreten, sich zurückziehen (**to** auf) | sich zur Ruhe setzen, sich pensionieren lassen ⟨to ~ at 60 mit 60 in Rente gehen; to ~ on a pension at 65⟩ | zurücktreten; *vt* zurückziehen | verabschieden, pensionieren, in den Ruhestand versetzen | *Wirtsch* (Wechsel) einlösen; **2.** *s Mil* Rückzugssignal *n*; **reˈtired** *adj* zurückgezogen ⟨to live a ≈ life⟩ | verborgen | abgelegen ⟨a ≈ valley ein abgeschiedenes Tal⟩ | pensioniert, im Ruhestand, Pensions- ⟨to be placed on the ≈ list *Mil* den Abschied erhalten⟩; **reˌtired ˈpay** *s* Ruhegehalt *n*, Pension *f*; **reˈtire·ment** *s* (Sich-) Zurückziehen *n* ⟨≈s Abgänge *m/pl*⟩ | Austritt *m* (**from** aus) | Pensionierung *f* | Ruhestand *m* ⟨early ≈ (Universität) vorzeitige Emeritierung; on s.o.'s ≈ bei jmds. Rentenantritt; during ≈ in der Rente; to go into ≈ sich zur Ruhe setzen⟩ | Zurückgezogenheit *f* | Abgeschiedenheit *f*; **ˈ~ment age** *s* Pensions-, Pensionierungsalter *n*; **ˈ~ment comˌmu·ni·ty** *s bes Am* Wohngebiet *n* mit besonders viel älteren Bürgern, Rentnerviertel *n*; **ˈ~ment ˌpen·sion** *s* Pension *f*, Altersrente *f*; **reˈtir·ing** **1.** *adj* (Person) zurückhaltend, bescheiden ⟨a ≈ child; a ≈ character⟩ | Ruhestands-, Pensions-; **reˈtir·ing age** *s* Pensions-, Pensionierungsalter *n*; **reˈtir·ing place** *s* Zufluchtsort *m*

re·tool [ˌriːˈtuːl] *Tech vt* (Fabrik) mit neuen Maschinen ausrüsten | (Werkzeugmaschine) umrüsten, umrichten; **reˈtool·ing** *s* Neuausrüstung *f* | Umrüstung *f*, Umrichtung *f*

¹**re·tort** [rɪˈtɔːt] **1.** *s Chem* Retorte *f*, Destillierblase *f*, Kolben *m* | *Tech* Verkokungskammer *f* ⟨~ furnace Kammer-, Muffelofen *m*⟩; **2.** *vt* destillieren

²**re·tort** [rɪˈtɔːt] **1.** *vi* scharf *od* treffend erwidern (**upon s.o.** jmdm.); *vt förml* (Kränkung u. ä.) vergelten, zurückgeben (**on s.o.** jmdm.) ⟨to ~ insult for insult Beleidigung mit Beleidigung zurückzahlen; to ~ an argument against s.o.

sich an jmdm. mit einem Argument rächen; to ~ an affront [up]on s.o. jmdm. eine Beleidigung zurückgeben⟩ | (etw.) erwidern; **2.** *s* scharfe *od* treffende Entgegnung, Erwiderung *f* ⟨to say s.th. in ~ etw. als Erwiderung vorbringen; to make an insolent ~ eine freche Bemerkung [darauf] machen⟩ | Vergeltung *f*; **re'tor·tion** *s* Umbiegen *n* | *arch* Vergeltung *f*

re·touch [ˌri:'tʌtʃ] *Foto* **1.** *vt* überarbeiten, retuschieren; **2.** *s* Retuschieren *n*; ˌ**re'touch·ment** *s selten* Retuschierung *f*

re·trace [rɪ'treɪs|ˌri:'treɪs] *vt* zurückverfolgen ⟨to ~ one's steps nochmals (denselben Weg) zurückgehen⟩ | (einer Sache) nachgehen | (etw.) rekonstruieren ⟨to ~ past events⟩ | nachzeichnen ⟨to ~ a drawing⟩ | (Linien) nachziehen

re·tract [rɪ'trækt] *vt* (Angebot u. ä.) zurücknehmen, widerrufen | (Krallen) einziehen | (Muskel) zusammenziehen | *Tech* (Fahrwerk u. ä.) einziehen, -fahren; *vi* widerrufen | zurücktreten (**from** von); **re'tract·a·ble** *adj auch Tech* (*bes* Räder) zurück-, einziehbar | (Angebot u. ä.) widerrufbar, zurücknehmbar, zu widerrufen(d); **re·trac·ta·tion** [ˌri:træk'teɪʃn] *s bes Jur* Widerruf *m* | Zurücknahme *f*; **re·trac·tile** [rɪ'træktaɪl] *adj* einziehbar ⟨≈ claws einziehbare Krallen *f/pl*⟩; **re·trac·tion** [rɪ'trækʃn] *s Tech* Zurück-, Einziehen *n*, Einfahren *n* | *Med* Retraktion *f* | *Jur* Rücknahme *f*, Widerruf *m* | Rückzieher *m*; **re'trac·tor** *s Anat* Retraktionsmuskel *m* | *Med* Wundhaken *m* | *Mil* Hülsenauszieher *m*

re·trans·form [ˌri:træns'fɔ:m] *vt* zurück- *od* wiederverwandeln

re·trans|late [ˌri:træns'leɪt|-trɑns-|-trænz-|-trɑ:nz-] *vt* rückübersetzen; ˌ**~'la·tion** *s* Rückübersetzung *f*

re·tread [ˌri:'tred] *vt* (Reifen) runderneuern; ['ri:tred] *s* runderneuerter Reifen | *Sl verächtl* jmd., der Altes auf neu macht; **~ing** [ˌri:'tredɪŋ] *s* Vulkanisation *f*, Runderneuerung *f*

re·treat [rɪ'tri:t] **1.** *s bes Mil* Rückzug *m* (**from** von, aus; **to** nach) ⟨to be in full ~ sich auf der ganzen Linie zurückziehen; to beat a (hasty) ~ *übertr* (überstürzt) den Rückzug antreten, kehrtmachen; to make good one's ~ sich erfolgreich zurückziehen; der Gefahr glücklich entkommen; to sound the ~ zum Rückzug blasen⟩ | *Mil* Zapfenstreich *m* | Zurückgezogenheit *f* | Zufluchtsort *m* ⟨a quiet country ~ ein ruhiger Schlupfwinkel auf dem Lande⟩ | (Trinker- u. ä.) Heim *n*, Anstalt *f* | *Arch* Zurücksetzung *f* | *Rel* Exerzitien *n/pl* ⟨to go into ~ Einkehr halten, *auch übertr*⟩; **2.** *vi bes Mil* sich zurückziehen (**from** von, aus, **to** auf, nach, in) | (Wasser u. a.) zurückweichen, zurückgehen ⟨a ~ing forehead eine fliehende Stirn⟩; *vt* (Schachfigur) zurückziehen

re·trench [rɪ'trentʃ] *vt* (Ausgaben) beschneiden, einschränken | (Buch) kürzen, zusammenstreichen; *vi* sich einschränken, haushalten; **re'trench·ment** *s* Einschränkung *f*, Kürzung *f* ⟨to make a few ≈s einige Kürzungen vornehmen⟩

re·tri·al [ˌri:'traɪl] *s Jur* Wiederaufnahmeverfahren *n*

ret·ri·bu·tion [ˌretrɪ'bju:ʃn] *förml s* Strafe *f*, Vergeltung *f* (**for** für) ⟨day of ~; in ~ als Vergeltung⟩; **re·trib·u·tism** [rɪ'trɪbjʊtɪzm] *s Jur* Prinzip *n* der Vergeltung *od* Rache; **re·trib·u·tive** [rɪ'trɪbjʊtɪv] *adj* strafend, vergeltend, Vergeltungs- ⟨≈ justice ausgleichende Gerechtigkeit⟩; **re·trib·u·ti·vist** [rɪ'trɪbjʊtɪvɪst] *adj* auf Vergeltung bedacht, Vergeltungs- ⟨≈ theories of punishment⟩; **re·trib·u·to·ry** [rɪ'trɪbjʊtərɪ] *adj* vergeltend

re·triev·a·ble [rɪ'tri:vəbl] *adj* ersetzbar, wiedergutzumachen(d); **re'triev·al** *s* Wiedergewinnung *f*, Wiedererlangung *f* ⟨the ≈ of the key das Wiederfinden des Schlüssels; the ≈ of one's fortunes die Wiedererlangung seines Vermögens; ≈ of information Informationssuche *f*⟩ | Wiedergutmachung *f* | Wiederherstellung *f*, Besserung *f* ⟨beyond/past ≈ ohne Aussicht auf Wiederherstellung; hoffnungslos⟩; **re'triev·al** ˌ**sys·tem** *s* Recherchesystem *n*; **re'trieve 1.** *vt* wiedergutmachen ⟨to ≈ an error⟩ | wieder in Ordnung bringen, wiederherstellen, rehabilitieren ⟨to ≈ one's honour; to ≈ o.s. sich rehabilitieren⟩ | wiedergewinnen, wiedererlangen ⟨to ≈ a lost suitcase einen verlorenen Koffer wiederbekommen; to ≈ one's fortunes wieder zu Geld kommen⟩ | (Informationen u. a.) abrufen; (ins Gedächtnis) zurückrufen ⟨to ≈ information⟩ | retten (**from** aus) | bewahren (**from** vor) | (Wild) aufstöbern u. bringen (durch Hund); *vi* apportieren; **2.** *s* Rettung *f* ⟨beyond/past ≈ unwiderbringlich verloren *od* dahin⟩; **re'triev·er** *s* Retriever *m*, Apportierhund *m*

ret·ro ['retrəʊ] *s umg Kurzw* für **retrospective 2.**

retro- ['retrə(ʊ)] *in Zus* ⟨*lat*⟩ zurück-, rückwärts- (*z.B.* **retrospect, retroflective, retroflector**)

ret·ro|act [ˌretrəʊ'ækt] *vi* zurückwirken; **~ac·tion** [ˌ~'ækʃn] *s* Rückwirkung *f* (**on** auf); ˌ**~'ac·tive** *adj* rückwirkend; ˌ**~ac'tiv·i·ty** *s* Rückwirkung *f*

ret·ro|-en·gine ['retrəʊˌendʒɪn] *s* = **~-rocket**; **'~fire** *s* Zündung *f* einer Bremsrakete

ret·ro·fit [ˌretrə(ʊ)'fɪt] *Tech vt* (Motoren, Gebäude nachträglich serienmäßig) nachrüsten *od* ausstatten ⟨to ~ engines with emission-control devices Motoren mit abgassteuernden Anlagen ausstatten; to ~ public buildings with solar energy systems in öffentlichen Gebäuden Sonnenenergiesysteme einbauen⟩; ['retrə(ʊ)fɪt] *s* Nachrüstung *f*, Modernisierung *f*, nachträglicher Einbau; **~table** [ˌretrə(ʊ)'fɪtəbl] *adj* nachträglich einbaubar

ret·ro|flex ['retrəfleks] **1.** *vi* sich zurückbiegen; *vt* nach hinten biegen | *Ling* retroflektieren; **2.** *adj*, *auch* **'~flexed** nach rückwärts gebogen (*bes Tech*) | *Ling* retroflex ⟨≈ l⟩; **~flex·ion** [ˌretrə'flekʃn] *s* Zurückbiegung *f* | *Med* Retroflexion *f*

ret·ro|gra·da·tion [ˌretrə(ʊ)greɪ'deɪʃn] *s* Zurückgehen *n* | *Astr* rückläufige Bewegung; **'~grade 1.** *adj Astr* rückläufig | zurückgehend, rücklaufend, -läufig ⟨≈ motion Rückwärtsbewegung *f*⟩ | rückschrittlich ⟨a ≈ policy⟩ | *Tech* Brems- ⟨≈ rocket⟩; **2.** *vi Astr* zurückgehen | *Biol* entarten

ret·ro|gress [ˌretrə'gres] *vi förml, Tech* zurückgehen (*auch übertr*) | sich verschlechtern; **~gres·sion** [ˌ~'greʃn] *s* Rückschritt *m* | Rückwärtsgehen *n* | *Astr* rückläufige Bewegung | *Biol* Degeneration *f*, Rückentwicklung *f*; ˌ**~'gres·sive** *adj* rückschreitend | rückschrittlich | *übertr* zurückgehend | *Biol* rückläufig; **~ˌgres·sive 'step** *s* Rückschritt *m* (*auch übertr*)

ret·ro-rock·et ['retrəʊˌrɒkɪt] *s* Bremsrakete *f*

ret·ro|spect ['retrəspekt] **1.** *s* Rückblick *m* (**of, on** auf) ⟨in ≈ zurückschauend⟩ | Rücksichtnahme *f*; **2.** *vi, vt selten* zurückblicken (auf); **~spec·tion** [ˌ~'spekʃn] *s* Rückblick *m*, Rückschau *f* (**of, on** auf); ˌ**~'spec·tive 1.** *adj* zurückschauend, -blickend, retrospektiv | *Jur* zurückwirkend ⟨≈ legislation; ≈ wage increase rückwirkende Lohnerhöhung⟩; **2.** *s* (Film, Kunst) Retrospektive *f*; ˌ**~'spec·ti·vist** *s* (Film, Kunst) Verfasser *m* einer Retrospektive

ret·rous·sé [rə'tru:seɪ] *adj* ⟨*frz*⟩ (Nase) etw. nach oben gebogen ⟨~ nose Stupsnase *f*⟩

ret·ro·ver·sion [ˌretrəʊ'vɜ:ʃn] *s* Rückschau *f* | *Med* Retroversion *f*, Rückwärtsbeugung *f* (des Uterus) | Rückübersetzung *f*

re·try [ˌri:'traɪ] *vt Jur* erneut verhandeln

ret·si·na [ret'si:nə] *s* Retsina *m* (griechischer Wein)

re·turn [rɪ'tɜ:n] **1.** *vi* zurückkehren, wiederkommen (**from** von, **to** nach) ⟨to ~ home heimkehren; to ~ to London⟩ | zurückkehren, zurückkommen (**to** auf) ⟨to ~ to one's old habits s-e alten Gewohnheiten wieder annehmen; to ~ to dust sich in Staub verwandeln⟩ | (Besitz) zurückfallen (**to** an) | *übertr* zurückkommen (**to** auf) | *selten* erwidern, antworten; *vt* wieder-, zurückgeben ⟨to ~ a book⟩ | zurückstellen, zurückbringen | zurückzahlen | umwenden, umkehren | vergelten ⟨to ~ a favour sich revanchieren; to ~ like for like Gleiches mit Gleichem vergelten⟩ | zurückschicken, zurücksenden | (Ball) zurückschlagen | antworten, erwidern ⟨to ~ greetings; to ~ thanks danken; *Rel* dem Herrn danken, bei Tisch beten⟩ | (Zinsen u. ä.) einbringen, eintragen ⟨to ~ a good interest⟩ | (amtlich) berichten, schreiben, melden | (für die Steuer) erklären ⟨to ~ one's earnings as £ 10.000 £ 10.000 als Verdienst angeben⟩ | *Jur* (Urteil) fällen ⟨to ~ a verdict⟩ | *Jur* (Angeklagten) sprechen, erklären für ⟨to ~ s.o. guilty⟩ | *Brit Pol* (Abgeordnete) wählen ⟨to be ~ed as member for Watford als Abgeordneter für Watford gewählt werden⟩ | *Tech* zurückführen | *Arch* zurücksetzen; **2.** *s* Rück-, Wiederkehr *f* ⟨a ~ home eine Heimkehr; on my ~ bei meiner Rückkehr⟩ | Wiederauftreten *n* ⟨~ of cold weather Kälteeinbruch *m*⟩ | Rückgabe *f* | Rückzahlung *f* | (Sport) Rückschlag *m* | Rückspiel *n* | *umg* Rückfahrkarte *f* ⟨day-~ Hin- u. Rückfahrkarte *f* für den gleichen Tag⟩ | *Med* Rückfall *m* | Rücksendung *f*, Rücklieferung *f* ⟨by ~ of post postwendend⟩ | Antwort *f* (auf Befragung *od* Umfrage) ⟨~s indicate Umfragen weisen aus⟩ | Gegenleistung *f*, Entgelt *n* ⟨in ~ for als Gegenleistung für⟩ | Erwiderung *f* | Gewinn *m*, Ertrag *m*, Umsatz *m* ⟨to get good ~s/a good ~ on einen beträchtlichen Gewinn ziehen aus⟩ | (amtliche) Aufstellung, Bericht *m* ⟨official ~s amtliche Ziffern *f/pl*; the Board of Trade ~ amtlicher Wirtschaftsbericht⟩ | *Brit Parl* Wahl(ergebnis) *f(n)* ⟨the election ~s⟩ | Steuererklärung *f* ⟨~ of income Einkommensteuererklärung *f*⟩ | *Arch* Einkehle *f* | *Arch* Seitenflügel *m* | *Tech* Rückführung *f* ◇ **many happy ~s [of the day]** herzlichen Glückwunsch zum Geburtstag ⟨to wish s.o. ≈ jmdm. herzlich zum Geburtstag gratulieren⟩; **ˌpoint of ˌno ˈ~** Position, von der man nicht mehr zurück kann (*auch übertr*); **3.** *adj Brit* einschließlich Rückfahrt ⟨single and ~ hin und zurück⟩; **reˈturn·a·ble** *adj* zurückzusenden(d) | (Flasche) mit Pfand ⟨≈ bottles⟩ | *Wirtsch* rückzahlbar; **ˌ~ ˈday** *s Jur* Verhandlungstag *m*; **ˌ~ ˈfare** Geld *n od* Preis *m* für die Rückfahrt; **ˈ~ing ˌof·fi·cer** *s Brit Pol* Wahlleiter *m*; **ˌ~ ˈmatch** *s* Rückspiel *n*; **ˈ~ ˌtick·et** *s* Fahrkarte *f* mit Rückfahrt; **ˈ~ val·ve** *s Tech* Rückflußventil *n*

re·u·ni·fi·ca·tion [ˌri:ju:nɪfɪˈkeɪʃn] *s* Wiedervereinigung *f*

re·un·ion [ri:ˈju:nɪən] *s* Wiedervereinigung *f* | *übertr* Einigung *f*, Versöhnung *f* | Wiedersehen(sfeier) *n(f)* ⟨a family ~ ein Familientreffen⟩; **re·u·nite** [ˌri:ju:ˈnaɪt] *vi, vt* (sich) wiedervereinigen (**with** mit)

re|us·a·ble [ˌri:ˈju:zəbl] *adj* wiederverwendbar; **ˌ~ˈuse** *vt* wiederverwenden

rev [rev] *Tech umg* **1.** *s* Umdrehung *f* (eines Motors, eines Plattenspielers) pro Minute, Dreh-, Tourenzahl *f* ⟨at maximum ~s auf Hochtouren; at 33¹/₃ ~s (per minute) mit 33¹/₃ Umdrehungen⟩; **2.** (**revved, revved**), *meist* ~ **up** *umg vt* (Motor) hochjagen, auf Touren bringen | *Am übertr* (Tempo) beschleunigen, (Musik) schneller spielen | *Am übertr* munter machen; anheizen; *vi* auf Touren kommen, aufheulen (Motor) | den Motor auf Touren bringen; den Motor aufheulen lassen

Rev [rev] *s* (*mit best art*) *Brit Sl* Pastor *m* | *Kurzw* für **Reverend** ⟨the ~ Charles Fox Pastor Charles Fox⟩

re·val|u·ate [ri:ˈvælju:eɪt|-ljʊ] *vt* umwerten; **ˌ~uˈa·tion** *s* Um-, Neubewertung *f* ⟨≈ of the currency Aufwertung *f*⟩; **reˈval·ue** *vt* neu einschätzen ⟨to ≈ s.o.'s possessions jmds. Besitz neu festsetzen (für Versicherung)⟩ | (Währung) aufwerten ⟨to ≈ a currency⟩

re·vamp [ˌri:ˈvæmp] *umg vt* (Auto, Haus u. a.) auffrischen, aufmöbeln, aufpolieren, auf neu herrichten ⟨to ~ an old car⟩ | (Truppe) auf Vordermann bringen | *übertr* (Theaterstück) modernisieren, neu bearbeiten

re·vas·cu·lar|iz·a·tion [ˌri:væskjʊləraɪˈzeɪʃn] *Med s* Revaskularisation *f*, Erneuerung *f* der Blutgefäße; **reˈvas·cu·lar·ize** *vt* neue Blutgefäße einsetzen in ⟨to ≈ the heart⟩

rev count·er [ˈrev ˌkaʊntə] *s Kfz* Drehzahlmesser *m*

re·veal [rɪˈvi:l] **1.** *vt* enthüllen, zeigen, sichtbar machen ⟨her dress ~s everything⟩ | *übertr* (Geheimnis) aufdekken, enthüllen, verraten ⟨to ~ a secret; to ~ s.th. to s.o. jmdm. etw. eröffnen *od* klarmachen⟩ | *auch Rel* offenbaren ⟨~ed religion Offenbarungsreligion *f*⟩; **2.** *s Tech* (Fenster) Laibung *f*; **reˈveal·a·ble** *adj* enthüllbar; **reˈveal·ing** *adj* aufschlußreich

rev·eil·le [rɪˈvælɪ] *s Mil* Reveille *f*, Wecksignal *n* ⟨to sound the ~ zum Wecken blasen⟩

rev|el [ˈrevl] **1.** (**ˈ~elled, ˈ~elled**) *vi arch, scherzh* ausgelassen sein, (laut) feiern ⟨to ≈ until dawn bis in den frühen Morgen feiern⟩ | schwelgen, schmausen | Gefallen finden, sich freuen, sich ergötzen (**in** an); *vt*, **~el away** (Zeit, Geld) mit Feiern verbringen, vergeuden; **2.** *s* (*oft pl*) *arch, scherzh* Schwelgerei *f*, Gelage *n* | Lustbarkeit *f*; **~e·la·tion** [ˌ~əˈleɪʃn] *s* Enthüllung *f*, Offenbarung *f* ⟨the ≈ *Rel* die Offenbarung des Johannes⟩; **~el·ler** [ˈ~l̩ə] *s* Zecher *m* | Nachtschwärmer *m*; **~el·ry** [ˈ~l̩rɪ] (*oft pl*) laute Feier, Rummel *m* | Trubel *m* | (Trink-) Gelage *n*, Orgie *f*

re·venge [rɪˈvendʒ] **1.** *vt* rächen ⟨to ~ one's friend; to ~ o.s. on s.o. for s.th. sich bei jmdm. für etw. rächen; to be ~d on s.o. for s.th. sich bei jmdm. für etw. rächen⟩ | sich rächen für, vergelten (**[up]on** an) ⟨to ~ an injustice sich für ein Unrecht rächen⟩; **2.** *s* Rache *f*, Genugtuung *f* ⟨to have / get / take one's ~ on s.o. sich rächen an jmdm.; to take ~ on s.o. for s.th. sich an jmdm. für *od* wegen etw. rächen; to do s.th. in / out of ~ for s.th. etw. aus Rache für etw. tun⟩ | Rachsucht *f*, -gier *f* | (Sport) Revanche(spiel) *f(n)* ⟨to give s.o. his ~ jmdm. die Möglichkeit zur Revanche geben *od* bieten⟩; **reˈvenge·ful** *adj* rachsüchtig

rev·e·nue [ˈrevənju:] *s Jur, Parl, Wirtsch* Einkommen *n*, Staatseinkünfte *pl* ⟨public ~, national ~ öffentliche Einnahmen *pl*; internal ~ Steueraufkommen *n*; Staatskasse *f*; Inland ~ *Brit* Aufkommen *n* an Steuern u. Zöllen; Finanzamt *n*⟩ | Finanzverwaltung *f* ⟨~ board, ~ office Finanzamt *n*⟩ | (Kapital-) Rente *f* | Ertrag *m* | Einkommensquelle *f*; **ˈ~ ˌof·fi·cer** *s* Zollbeamter *m* | Finanzbeamter *m*; **ˈrev·e·nues** *s/pl* Einnahmen *pl*, Einkünfte *pl* ⟨the ≈ of the City Council⟩; **ˈ~ ˌstamp** *s* Banderole *f*, Steuermarke *f*; **ˈ~ ˌtar·iff**, *auch* **ˈ~ tax** *s* Ertragssteuer *f*

re·ver·ber|ate [rɪˈvɜ:bəreɪt] *vt* (Licht, Schall u. ä.) zurückwerfen, reflektieren | widerhallen lassen; *vi* zurückgeworfen werden, reflektiert werden (**from** von) | nach-, widerhallen; **reˌver·berˈa·tion** *s* Zurückwerfen *n*, Reflexion *f* | (*meist pl*) Widerhall *m* ⟨≈s Echo *n*, *auch übertr*⟩ | Rückstrahlung *f*; **ˈ~a·tive** [~eɪtɪv] *adj* zurückstrahlend | widerhallend; **~a·tor** [~eɪtə] *s* Reflektor *m*; Scheinwerfer *m*; **reˈver·ber·a·to·ry** *adj* zurückschlagend, zurückwerfend; **ˌ~a·to·ry ˈfur·nace** *s Tech* Strahlungsofen *m*

re·vere [rɪˈvɪə] *vt förml* (ver)ehren; **rev·er·ence** [ˈrevərəns] **1.** *s* Hochachtung *f*, Verehrung *f* (**for** für) ⟨to do / pay ≈ to s.o.; to have / show ≈ for s.o. jmdm. Hochachtung *od* Verehrung erweisen; to have / hold in ≈ etw. *od* jmdn. in Ehren halten⟩ | *arch* Verbeugung *f* | Ehrwürdigkeit *f* | *arch, scherzh, Ir* Hochwürden *m* ⟨his ≈ the Bishop; thank you, your ≈!⟩; **2.** *vt* (ver)ehren, in Ehren halten; **rev·er·end** [ˈrevərend] **1.** *s* (*meist pl*) Geistlicher *m*, Hochwürden *m, f* ⟨a crowd of ≈s⟩; **2.** *adj förml* ehrwürdig; ehrfurchtsvoll | **ˈRev·er·end** *Rel* ehrwürdig (als Titel) ⟨[the] ≈ John Smith

Seine Hochwürden John Smith; Very ≈ Dekan; Right ≈ Bischof; Most ≈ Erzbischof⟩ | *arch* geistlich; **rev·er·ent** ['revərənt] *adj* ehrerbietig; ˌ**rev·er'en·tial** *adj* ehrfurchtsvoll ⟨≈ bow ehrfürchtige Verbeugung⟩

rev·er·ie ['revərɪ] *s* (angenehme) Träumerei ⟨lost / sunk in ~ in Träumerei versunken; to fall into a ~ about ins Träumen kommen über; to induldge in ~s sich Träumen hingeben über⟩ | Traumgebilde *n* | *Mus* Träumerei *f*

re·vers [rɪ'vɪə] *s* (*pl* ~ [~z]) (Anzug) Revers *n*, Aufschlag *m*

re·ver·sal [rɪ'vɜ:sl] *s* Umkehrung *f* (*auch El*) | *Jur* Umstoßung *f*, Aufhebung *f* (eines Urteils) | *Wirtsch* Stornierung *f* | *Kfz* Umsteuerung *f*; **re'verse 1.** *vt* umdrehen, umkehren, umstellen, (um)wenden (*auch übertr*) ⟨to ≈ a sheet of paper ein Blatt (Papier) umdrehen; to ≈ the order die Reihenfolge umkehren; to ≈ the charges *Brit Tel* ein R-Gespräch führen⟩ | (radikal) ändern | *Jur* (Urteil u. ä.) aufheben | *Tech* umlegen, umschalten, umsteuern ⟨to ≈ connections *El* Anschlüsse umstecken⟩ | *Wirtsch* stornieren | *Kfz* rückwärts fahren *od* lenken ⟨to ≈ a car into the garage⟩ ◇ ≈ **arms** *Mil* legt an das Gewehr!; *vi Tech Kfz* rückwärtsfahren | (Walzer) linksherum tanzen, wechseln; **2.** *adj* umgekehrt, umgedreht (*auch übertr*) ⟨the ≈ side of a cloth die linke Seite eines Stoffes; in ≈ order in umgekehrter Reihenfolge; ≈ racism *Am* Rassismus *m* gegenüber Weißen⟩ | rückläufig, Rückwärts- ⟨≈ gear *Kfz* Rückwärtsgang *m*⟩; **3.** *s* (*mit best art*) Umgekehrtes *n*, Gegenteil *n* ⟨quite the ≈ genau umgekehrt; to do the ≈ of das Gegenteil tun von⟩ | Kehrseite *f* | (Stoff) linke Seite, Rückseite *f* (einer Münze) (*Ant* obverse) | *Tech* Umsteuerung *f* | *Kfz* Rückwärtsgang *m* ⟨to put the car into ≈ beim Auto den Rückwärtsgang einschalten⟩ | *übertr* Rückschlag *m* ⟨financial ≈s; to meet with a ≈ einen Rückschlag erleiden⟩; **re'versed** *adj* umgekehrt; **reˌversed 'charge** *s Tel* Gebühr *f* für R-Gespräch; **reˌversed charge 'call** *s Tel* R-Gespräch *n*; **reˌvers·i'bil·i·ty** *s* Umkehrbarkeit *f*; **re'vers·i·ble 1.** *adj* umkehrbar, umstellbar | vertauschbar | *Jur* (Entscheidung) umstoßbar | *Tech* umschaltbar, umsteuerbar | rückläufig; **2.** *s* auf zwei Seiten tragbares Kleidungsstück; **reˌvers·ing 'gear** *s Kfz* Rückwärtsgang *m*; **re'ver·sion** [-ʃn|-ʒn] *s* Umkehrung *f* (**to** zu) | *Jur* Heimfall *m* | *Biol* Atavismus *m* | *El* Umpolung *f*; **re'ver·sion·ar·y** *adj Biol* zurückschlagend | *Jur* Anwartschafts- ⟨≈ heir Nacherbe *m*⟩

re·vert [rɪ'vɜ:t] **1.** *vi* zurückkehren (**to** zu) | (in der Rede) zurückkommen, zurückgreifen (**to** auf) | wieder zurückfallen (**to** in) ⟨to ~ to barbarism⟩ | (Kranker) in den alten Zustand zurückfallen ⟨mental patients sometimes ~⟩ | *Jur* (Eigentum u. ä.) zurück-, heimfallen ⟨to ~ to the state an den Staat fallen⟩ | *Biol* zurückschlagen ⟨to ~ to type *auch übertr* in der Art zurückschlagen⟩; *vt* umkehren | zurückwenden ⟨to ~ the eyes zurückblicken⟩; **2.** *s Rel* Wiederbekehrte(r) *f(m)*; **'~i·ble** *adj Jur* heimfällig (**to** an)

re·vet [rɪ'vet] *vt* (**re'vet·ted, re'vet·ted**) verkleiden (mit Mauerwerk etc.); **re'vet·ment** *s* Verkleidung *f*, Futtermauer *f* | *Mil* Splitterschutzwand *f*

re·view [rɪ'vju:] **1.** *s* Nach-, Überprüfung *f*, Durchsicht *f*, Revision *f* ⟨to be/come under ~ überprüft werden⟩ | Besprechung *f*, Rezension *f*, Kritik *f* | Rückblick *m*, -schau *f* ⟨to pass s.th. in ~ etw. Revue passieren lassen, Rückschau halten über etw.⟩ | *Mil* Musterung *f*, Parade *f* ⟨to hold a ~ eine Parade abhalten; to pass in ~ *übertr* mustern⟩ | Bericht *m* (**of** über) | Rundschau *f*, Zeitschrift *f*; **2.** *vt* nach-, überprüfen, durchsehen, revidieren | (prüfend) zurückblikken auf, schauen auf ⟨to ~ the past⟩ | besprechen, rezensieren | *bes Mil* mustern, inspizieren | *Päd* wiederholen; *vi* Kritiken schreiben; **re'view·a·ble** *adj* kritisierbar | zu überprüfen(d); **re'view·al** *s* Durchsicht *f*, Prüfung *f*, Revision *f* | Besprechung *f*, Rezension *f*; **'~ ˌcop·y** *s* Besprechungs-, Rezensionsexemplar *n*; **re'view·er** *s* Rezensent *m*

re·vile [rɪ'vaɪl] *förml vt* (wild) beschimpfen, schmähen, verunglimpfen ⟨to ~ one's persecutors seine Verfolger beschimpfen⟩; *vi* schimpfen ⟨to ~ at s.o. jmdn. beschimpfen, verhöhnen; to ~ at corruption die Korruption in scharfen Worten angreifen⟩; **re'vile·ment** *s* Verleumdung *f*, Schmähung *f*; **re'vil·ing 1.** *adj* schmähend; **2.** *s* Schmähung *f*

re·vis·al [rɪ'vaɪzl] *s* Durchsicht *f*, Nachprüfung *f*, Revision *f*; **re'vise 1.** *vt* nachprüfen, durchsehen ⟨to ≈ one's note seine Unterlagen überprüfen⟩ | revidieren, ändern ⟨to ≈ one's opinion of s.o. die Meinung über jmdn. revidieren⟩ | (Buch u. ä.) überarbeiten, verbessern ⟨≈d edition verbesserte Auflage⟩ | *Typ* revidieren, in zweiter Korrektur lesen | *Brit Päd* wiederholen, nochmals durchsehen ⟨to ≈ a lesson⟩; **2.** *s* erneute Durchsicht | *auch* **reˌvise 'proof** *Typ* Revision *f*, zweite Korrektur | *Typ* Korrekturabzug *m*, Revision(sbogen) *f(m)*; **Reˌvised 'Ver·sion** *s Brit* revidierte Bibelübersetzung (1870–84); **re'vis·er** *s* Revisor *m* | *Typ* Korrektur *m*; **re·vi·sion** [rɪ'vɪʒn] *s* Revision *f*, erneute Durchsicht | *Brit Päd* (Stoff) Wiederholung *f* | *Typ* revidierte Ausgabe | *Tech* Nachprüfung *f*; **re'vi·sion·al, re'vi·sion·a·ry** *adj* Revisions-; **re'vi·sion·ism** *s* Revisionismus *m*; **re'vi·sion·ist 1.** *s* Revisionist *m*; **2.** *adj* revisionistisch

re·vis·it [ˌri:'vɪzɪt] *vt* wieder besuchen

re·vi·so·ry [rɪ'vaɪzərɪ] *adj* Überprüfungs-

re·vi·tal|ize [ri:'vaɪtļaɪz] *vt* neu beleben, wiederbeleben (*auch übertr*); ˌ**reˌvi·tal·i'za·tion** *s* Neu-, Wiederbelebung *f*

re·viv·al [rɪ'vaɪvl] *s* (Wort, Stück u. ä.) Wiederaufnahme *f*, Wiederaufgreifen *n* ⟨a ~ of a play⟩ | Wiederbelebung *f* ⟨~ of trade⟩ | Erneuerung *f*; Wiederaufleben *n* ⟨~ of interest neu aufkeimendes Interesse; ~ of fascism Wiederkehr *f* des Faschismus; the ~ of Learning *Hist* der Humanismus⟩ | *Jur* Wiederinkrafttreten *n* | *Rel* (*bes Am*) Erweckung *f* ⟨a religious ~, ~ meeting Erweckungsversammlung *f*⟩; **re'vive** *vt* wiederaufnehmen, wiederaufgreifen ⟨to ≈ a word⟩; (Gewohnheit) wieder aufleben lassen ⟨to ≈ old customs⟩ | (Person) wiederbeleben ⟨this will ≈ him dadurch wird er wieder munter⟩ | erneuern; wiederherstellen ⟨to ≈ justice⟩ | *Theat* wieder aufführen ⟨to ≈ a play⟩ | *Chem* auffrischen | *Jur* wieder in Kraft treten lassen | *Tech* (Metall) frischen; *vi* wieder zu Bewußtsein kommen | aufleben, aufblühen, wieder lebendig werden ⟨flowers ≈ in water; hopes ≈d⟩ | *übertr* wieder aufkommen | *Chem* gefrischt werden | *Jur* wieder in Kraft treten; **re'viv·er** *s Tech* Auffrischungs-, Regenerierungsmittel *n* | *umg* (alkoholische) Stärkung, Lebenswecker *m*; **re·viv·i·fy** [ri:'vɪvɪfaɪ] *vt förml* wiederbeleben | *übertr* wieder aufleben lassen, neu beleben | *Chem* reinigen, frischen; *vi Chem* (als Reagenz) wieder wirksam werden

rev·o·ca|ble ['revəkəbl|rɪ'vəʊkəbl] *adj* widerruflich, -bar (*Ant* irrevocable); **~tion** [ˌrevə'keɪʃn] *s Jur* Widerruf *m* | *Jur* Aufhebung *f* ⟨≈ of licence Lizenzentzug *m*⟩ | *arch* Abberufung *f*; **~to·ry** ['revəkətr̥ɪ] *Jur adj* Widerrufungs-; **re·voke** [rɪ'vəʊk] **1.** *vt* widerrufen, zurücknehmen, aufheben ⟨to ≈ a licence eine Lizenz entziehen; to ≈ an order einen Auftrag zurückziehen⟩; *vi* widerrufen | *Kart* nicht bedienen; **2.** *s* Widerruf *m* | *Kart* Nichtbedienen *n*

re·volt [rɪ'vəʊlt] **1.** *s* Aufstand *m*, Aufruhr *m*, Revolte *f* (**against** gegen) ⟨in ~ im Aufstand⟩ | Abscheu *m*, Widerwille *m* (**against** gegen) ⟨in ~ vor Abscheu⟩; **2.** *vi* revoltieren, sich auflehnen (**against** gegen) | *übertr* sich empören, sich sträuben (**at, against, from** gegen), empört sein (**at** über); *vt* empören, abstoßen (**by** durch); **re'volt·er** *s* Aufständische(r) *f(m)*; **re'volt·ing** *adj* aufrührerisch | *übertr*

abstoßend, empörend ⟨to be ≈ to s.o. jmdn. abstoßen⟩
rev·o·lu·tion [ˌrevəˈluːʃn] *s* Umdrehung *f* | *Astr* Umlauf(zeit) *m(f)* | *Tech* Umlauf *m*, Rotation *f* | *Pol* Revolution *f* ⟨the French ≈⟩ | *übertr* Umwälzung *f*, Umschwung *m*, krasser Wandel ⟨~s in our ideas⟩ | Umsturz *m*; **ˌrev·oˈlu·tion·ar·y** **1.** *adj* Revolutions-, revolutionär; umwälzend, epochemachend (*auch übertr*) ⟨≈ forces; ≈ ideas⟩; **2.** *s* Revolutionär *m*; **ˌrev·oˈlu·tion·ist** *s* Revolutionär *m* (*auch übertr*); **ˌrev·oˈlu·tion·ize** *vt übertr* umwälzen, revolutionieren | mit revolutionärem Geist erfüllen | in Aufruhr versetzen
re·volv|a·ble [rɪˈvɒlvəbl] *adj* drehbar; **reˈvolve** *vi* rotieren, sich drehen (**round** um) (*auch übertr*) | (Jahreszeit) wiederkehren | *übertr* (im Kopf) herumgehen; *vt* rotieren lassen, kreisen lassen | umwälzen, umdrehen | *übertr förml* erwägen, nachdenken über ⟨to ≈ a problem in one's mind⟩; **reˈvolv·er** *s* Revolver *m*; **reˈvolv·ing** *adj* drehbar | drehend, kreisend | wiederkehrend; **ˌ~ing ˈchair** *s* Drehstuhl *m*; **ˌ~ing ˈdoor** *s* Drehtür *f* | *übertr* Automatismus *m*, endloser Kreis(lauf); **ˌ~ing ˈlight** *s* Blinkfeuer *n*; **ˌ~ing ˈstage** *s* Drehbühne *f*
re·vue [rɪˈvjuː] *s Theat* Revue *f*, Ausstattungsstück *n* ⟨to appear / perform in ~ in einer Revue auftreten *od* spielen⟩
re·vul·sion [rɪˈvʌlʃn] *s Med* Ableitung *f* | *förml übertr* Umschlag *m*, Umschwung *m* ⟨a ≈ of public feeling ein Umschwung in der öffentlichen Meinung⟩ | Abscheu *f* (**against**, **from** gegen); **reˈvul·sive** *adj Med* ableitend
re·ward [rɪˈwɔːd] **1.** *s* Lohn *m* (**for** für) ⟨for ~ gegen Entgelt; financial ~s finanzieller Gewinn, das, was etwas einbringt⟩ | Belohnung *f* (**for** für, **of** von) ⟨finder's ~ Finderlohn *m*; to offer a ~ of £ 20 for eine Belohnung in Höhe von £ 20 aussetzen⟩ | (*meist pl*) *übertr* Lohn *m*, Vorzug *m*, Wert *m* ⟨the ~s of art das, was Kunst ausmacht⟩ | Vergeltung *f*, (gerechte) Strafe; **2.** *vt* (jmdn.) be-, entlohnen (**for** für, **with** mit) | vergüten | vergelten, bestrafen; **reˈward·ing** *adj* lohnend, einträglich ⟨a ≈ job⟩ | nützlich; **reˈward·less** *adj* ohne Lohn
re·weigh [ˌriːˈweɪ] *vt* nachwiegen
re·wire [ˌriːˈwaɪə] *vt El* (in e-m Haus) neue Leitungen legen ⟨to ~ a building⟩
re·word [ˌriːˈwɜːd] *vt* (Rede, Telegramm u. ä.) anders formulieren ⟨to ~ a letter die Formulierungen in einem Brief ändern⟩
re·work [ˌriːˈwɜːk] *vi, vt* um-, überarbeiten, nacharbeiten; [ˈriːwɜːk] *s* Überarbeitung *f*, Nacharbeit *f*
re·write [ˌriːˈraɪt] (**re·wrote** [ˌriːˈrəʊt], **re·writ·ten** [ˌriːˈrɪtn]) *vt, vi* noch einmal schreiben | *Ling* umschreiben, umwandeln (**as** als) ⟨to ~ S as NP + VP⟩ | *Am* (Presse-, Zeitungsbericht) redigieren, umschreiben; [ˈriːraɪt] *s* Neufassung *f* | *Am umg* für die Zeitung zurechtgemachter Bericht | *Ling* (grammatische) Umschreibung; **~ man** [ˈ~ ˌmæn] (*pl* **~ men** [ˈ~ ˌmən]) *s Am Ztgsw* Überarbeiter *m*, Redakteur *m*; **ˈ~ rule** *s Ling* Umschreiberegel *f*, Umformungsregel *f*
Rex [reks] ⟨*lat*⟩ *s Brit* König *m* ⟨George ~ König Georg *m*⟩ | *Brit Jur* (Fall) König *m*, Krone *f*, Staat *m* ⟨~ v Chambers die englische Krone gegen Chambers⟩
rh *Abk* von **right hand**
rhap|so·dic·[al] [ræpˈsɒdɪk(l)] *adj Mus* rhapsodisch | *übertr* ekstatisch, hochfliegend; **~so·dist** [ˈræpsədɪst] *s poet* wandernder Sänger | Rezitator *m* | *übertr* (begeisterter) Schwärmer; **~dize** [ˈræpsədaɪz] *vt* rhapsodenartig vortragen; *vi* Rhapsodien vortragen | *übertr* schwärmen (**about**, **over**, **on** über); **~dy** [ˈræpsədɪ] *s* Rhapsodie *f* (*auch Mus*) ⟨≈ in Blue⟩ | *übertr* überschwengliche Äußerung (**about**, **over** über) ⟨to go into ~dies over sich überschwenglich auslassen über⟩

rhea [ˈrɪə] *s Zool* Pampasstrauß *m*
Rhen·ish [ˈrenɪʃ|ˈriːnɪʃ] **1.** *adj selten* rheinisch, Rhein- ⟨~ wine Rheinwein *m*⟩; **2.** *s selten* Rheinwein *m*
rheo- [rɪə-] ⟨*griech*⟩ *in Zus* Strom-, Fließ-
rhe·o·stat [ˈrɪəstæt] *s El* Rheostat *m*, Regelwiderstand *m*, Stromregler *m*
rhe·sus [ˈriːsəs], *auch* **ˈ~ ˌmon·key** *s Zool* Rhesusaffe *m*; **ˈ~ ˌfac·tor** *s Med* Rhesusfaktor *m*; **ˌ~ ˈneg·a·tive** *adj, adv Med* Rhesus negativ; **ˌ~ ˈpos·i·tive** *adj, adv Med* Rhesus positiv
rhet·o·ric [ˈretərɪk] *s* Rhetorik *f*, Redekunst *f*, Sprachgewalt *f* | Rede-, Wortschwall *m* | Vokabular *n* ⟨the ~ of liberalism⟩ | *verächtl* schöne Reden *pl*, leere Phrasen *pl* ⟨nothing but ~⟩; **rhe·tor·i·cal** [rɪˈtɒrɪkl] *adj* redegewandt, rhetorisch ⟨≈ question; ≈ skill⟩ | *verächtl* phrasenhaft, schwülstig ⟨to be just ≈ bloß Phrasen produzieren⟩; **rhet·o·ri·cian** [ˌretəˈrɪʃn] *s* Rhetoriker *m*, guter Redner | Phrasendrescher *m*
rheum [ruːm] *Med s arch, Am* wäßrige Flüssigkeit (beim Schnupfen) | *poet* Tränen *f/pl*; **rheumat·ic** [ruːˈmætɪk] **1.** *adj* rheumatisch ⟨≈ fever rheumatisches Fieber, akuter Rheumatismus; ≈ joints rheumatische Gelenke *n/pl*⟩ | (Person) rheumaleidend ⟨a ≈ old man⟩; **2.** *s* Rheumatiker(in) *m(f)* | *meist pl umg* Gliederreißen *n*, Rheuma *n* ⟨the rheumatics⟩; **rheuˈmat·i·cal** *adj* rheumatisch; **rheu·mat·ick·y** [ruːˈmætɪkɪ] *adj umg* rheumatisch; **rheu·ma·tism** [ˈruːmətɪzm] *s* Rheumatismus *m*, Rheuma *n* ⟨acute / articular ≈ Gelenkrheumatismus *m*⟩; **rheu·ma·toid** [ˈruːmətɔɪd], **ˌrheu·maˈtoi·dal** *adj* rheumaartig | chronisch rheumatisch ⟨≈ arthritis chronischer Rheumatismus, Gelenkrheumatismus⟩; **rheu·ma·tol·o·gist** [ˌruːməˈtɒlədʒɪst] *s* Rheumatologe *m*; **rheu·ma·tol·o·gy** [ˌruːməˈtɒlədʒɪ] *s* Rheumatologie *f*, Rheumakunde *f*; **ˈ~y** *adj* verschnupft | (Luft) feucht, Schnupfen hervorrufend | katarrhalisch
rhi·nal [ˈraɪnl] *adj Med* nasal, Nasen-
Rhine [raɪn] *s* (Fluß) Rhein *m*; **~land·er** [ˈ~ləndə] *s* Rheinländer(in) *m(f)*; **ˈ~stone** *s Min* (imitierter) Rheinkiesel; **ˌ~ ˈwine** *s* Rheinwein *m*
rhi·ni·tis [raɪˈnaɪtɪs] *s Med* Rhinitis *f*, Schnupfen *m* ⟨allergic ~ Heuschnupfen *m*⟩
[1]**rhi·no** [ˈraɪnəʊ] (*pl* ~), *auch* **ˌrea·dy ˈ~** *s Sl* Zaster *m*, Kies *m*, Pinkepinke *f*, Bargeld *n*
[2]**rhi·no** [ˈraɪnəʊ] *s umg* für **rhinoceros**
[3]**rhino-** [raɪnə(ʊ)] ⟨*griech*⟩ *in Zus* Nasen-
rhi·noc·er·os [raɪˈnɒsərəs] *s Zool* Rhinozeros *n*, Nashorn *n*
rhi|no·log·i·cal [ˌraɪnəˈlɒdʒɪkl] *adj Med* rhinologisch; **~nol·o·gist** [~ˈnɒlədʒɪst] *s* Rhinologe *m*, Nasenfacharzt *m*; **~nol·o·gy** [~ˈnɒlədʒɪ] *s* Rhinologie *f*, Nasenheilkunde *f*; **~no·plas·ty** [ˈ~nə(ʊ)plæstɪ] *s* Rhinoplastik *f*, Nasenplastik *f*; **~no·scope** [ˈ~nəskəʊp] *s* Rhinoskop *n*, Nasenspiegel *m*
rhi·zome [ˈraɪzəʊm] *s Bot* Wurzelstock *m*
Rho·de·si·an [rəʊˈdiːʃn|-ˈdiːzɪən|-ˈdiːʒn] **1.** *adj* rhodesisch, Rhodesien-; **2.** *s* Rhodesier(in) *m(f)*
rho·di·um [ˈrəʊdɪəm] *s Chem* Rhodium *n*
rho·do·den·dron [ˌrəʊdəˈdendrən] *s Bot* Rhododendron *m*, Alpenrose *f*
rhomb [rɒm] *s Math* Rhombus *m*, Raute *f*; **rhom·bic** [ˈrɒmbɪk] *adj Math* rhombisch, Rhomben-; **rhom·bo·he·dron** [ˌrɒmbəˈhiːdrən] *s* (*pl* **rhom·bo·he·dra** [~ˈhiːdrə], **rhom·bo·he·drons** [~ˈhiːdrənz]) Rhomboeder *n*, Rautenflach *n*; **rhom·boid** [ˈrɒmbɔɪd] **1.** *adj* rhombenartig; **2.** *s* Rhomboid *n*, Parallelogramm *n*; **rhom·boi·dal** [rɒmˈbɔɪdl] *adj* rhomboidisch; **rhom·bus** [ˈrɒmbəs] *s* (*pl* **rhom·bi** [-baɪ], **rhom·bus·es** [-bəsɪz]) Rhombus *m*, Raute *f* | *Zool* Butt *m*
rhu·barb [ˈruːbɑːb] *s Bot* Rhabarber *m* | *umg* lautes Durcheinanderreden | Stimmengewirr *n* | *auch* **ˈ~ing** *Brit Theat* Volksgemurmel *n*
rhumb [rʌm] *s Mar* Kompaßstrich *m*

rhum·ba ['rʌmbə] = **rumba**

rhumb line ['rʌmb laın] *s Flugw, Mar* Loxodrome *f,* Kursgleiche *f*

rhyme [raım] **1.** *s Metr* Reim *m,* Vers *m* ⟨a ~ for/to ein Reim auf⟩ | Reim *m,* Gedicht *n* ⟨to put into ~ in Reime bringen *od* setzen; to tell s.th. in ~ etw. in Versen sprechen, reimen⟩ | *übertr* Reim *m,* Sinn *m* ⟨without ~ or reason ohne Sinn u. Verstand⟩; **2.** *vi* Verse machen, reimen | sich reimen (**to** auf, **with** mit); *vt* reimen, dichten | reimen (**with, and** auf) ⟨to ~ box and rocks⟩; **rhymed** *adj* gereimt, in Reimen *od* Versen ⟨a ≈ speech⟩; **'~less** *adj* reimlos; **'rhym·er** *s* Reimer *m,* Dichter *m;* **~ster** ['~stə] *s* Reimerling *m,* Verseschmied *m;* **'rhym·ing** *s* Reimen *n;* **ˌrhym·ing 'coup·let** *s (meist pl) Lit* Reimpaar *n;* **'rhym·ing slang** *s* Reimslang *m,* humoristische (reimende) Wortvertauschung

rhythm ['rıðm] *s* Rhythmus *m,* Takt *m* | *Metr* Versmaß *n* | *Med* Pulsschlag *m* | *übertr* Takt *m,* Rhythmus *m;* **'rhyth·mic, 'rhyth·mi·cal** *adj* rhythmisch | periodisch, taktmäßig ⟨≈ tread Taktschritt *m*⟩; **'rhyth·mics** *s/pl (sg konstr) Metr, Mus* Rhythmik *f;* **'rhythm·less** *adj* unrhythmisch

ri·ant ['raıənt] *adj förml* strahlend, heiter ⟨~ landscape⟩

ri·a·ta [rı'ɑ:tə] *s* Fangseil *n,* Lasso *n*

rib [rıb] **1.** *s Anat, Bot, Zool* Rippe *f* ⟨to break a ~; to dig / poke s.o. in the ~s jmdn. anstoßen (aus Spaß *od* Freude)⟩ | *scherzh* bessere (Ehe-) Hälfte | *Kochk* Rippe(nstück) *f(n)* | *Tech* Rippe *f,* Speiche *f,* Steife *f* | *Arch* Rippe *f* | (Vogel) (Feder-) Schaft *m* | (Stoff-) Rippe *f* | *Mar* Spant *n,* Rippe *f* | *Mus* Zarge *f* | *auch* **'~ stitch** (Stricken) linke Masche; **2.** *vt umg* hänseln, aufziehen | *Tech* mit Rippen versehen, rippen

rib·ald ['rıbld] **1.** *s* Spötter *m;* **2.** *adj* (Person) frech, lästerlich, respektlos | (Sprache) saftig, derb, zotig, gemein ⟨~ songs⟩; **'~ry** *s* Zoten *f/pl* | Obszönität *f,* saftige Späße *m/pl*

rib·and ['rıbənd] *s arch* Band *n*

ribbed ['rıbd] *adj* gerippt, Rippen- ⟨~ cloth⟩ | *Bot* geädert; **rib·bing** ['rıbıŋ] *s* Rippen *f/pl* | *Bot* Äderung *f*

rib|bon ['rıbən] **1.** *s* Band *n,* Borte *f* | Ordensband *n* | Farbband *n* ⟨typewriter ≈⟩ | *Tech* Band *n,* Streifen *m,* Leiste *f* | Streifen *m,* Strich *m* ⟨a ≈ of mist ein Nebelstreif(en) *m(m)*⟩; **2.** *vt* bebändern, mit Bändern schmücken | in Fetzen reißen; *vi* sich lang hinziehen; **'~bon ˌbuilding, '~bon deˌvel·op·ment** *s Brit Arch* Reihen-, Zeilenbau(weise) *m(f);* **~boned** ['~bənd] *adj* gebändert, gestreift; **'~bon·fish** *s Zool* Bandfisch *m;* **~bons** ['~bənz] *s/pl* Fetzen *m/pl* ⟨to tear to ≈ in Fetzen reißen; *übertr* in der Luft zerreißen⟩ | *arch* (Fahr-) Zügel *m/pl* ⟨to take the ≈ die Zügel führen *auch übertr*⟩; **'~bon saw** *s* Bandsäge *f;* **'~bon worm** *s Zool* Schnurwurm *m*

rib| cage ['rıb keıdʒ] *s Anat* Brustkorb *m;* **'~less** *adj* rippenlos | dick

ri·bo|fla·vin [ˌraıbəʊ'fleıvın] *s Chem* Riboflavin *n;* **ˌ~nuˌcle·ic 'ac·id** *s Chem* Ribonukleinsäure *f*

rib·wort ['rıbˌwɜ:t] *s Bot* Spitzwegerich *m*

rice [raıs] *s Bot, Kochk* Reis *m* ⟨ground ~ Reismehl *n;* polished ~ polierter Reis⟩; **'~ˌgrow·ing** *adj* reisanbauend; **'~ ˌpa·per** *s* Reispapier *n;* **ˌ~ 'pud·ding** *s Kochk* Milchreis *m;* **'~ wine** *s* Reiswein *m*

rich [rıtʃ] *adj* reich ⟨a ~ man; the ~ and the poor⟩ | reich (**in** an) | (Kleidung, Schmuck u. ä.) reich verziert | reichlich | ergiebig, fruchtbar ⟨~ soil⟩ | prächtig, kostbar ⟨a ~ gift⟩ | kräftig, satt ⟨a ~ colour⟩ | gehaltvoll, süffig ⟨~ wine⟩ | (Speise) schwer, fett, gehaltvoll, kräftig ⟨a ~ diet eine fette *od* fettreiche Kost⟩ | (Stimme) voll | *umg* glänzend, köstlich ⟨a ~ joke; that's ~ *oft iron* das ist ja herrlich!⟩; **'~es** [~ız] *s/pl* Reichtum *m,* Reichtümer *pl;* **'~ly** *adv* prächtig, üppig, reich (*auch übertr*) ⟨≈ rewarded reichlich belohnt; to deserve s.th. ≈ *iron* etw. mehr als verdient haben⟩; **ˌ~ 'milk** *s* Vollmilch *f;* **'~ness** *s meist übertr* Reichtum *m* | Pracht *f,* Großartigkeit *f* | (Speise) Schwere *f,* hoher Fettgehalt | (Boden) Fruchtbarkeit *f* | (Farbe) Sattheit *f* | (Stimme) Volltönigkeit *f;* **ˌ~ 'oil** *s Chem* Schweröl *n*

¹rick [rık] **1.** *s* (Getreide-, Heu-) Schober *m,* Miete *f;* **2.** *vt* zu Schobern zusammenstellen, schobern

²rick [rık] = *Br* **wrick**

rick|ets ['rıkıts] *s (sg od pl konstr) Med* Rachitis *f,* englische Krankheit; **~et·y** ['~ıtı] *adj* rachitisch | gebrechlich, schwach ⟨a ≈ old man⟩ | klapprig, wacklig, baufällig ⟨a ≈ building; ≈ furniture⟩

rick·sha[w] ['rıkʃɔ:] *s* Rikscha *f*

rick·y|-tick ['rıkıˌtık] *Am Sl* **1.** *adj* altmodisch, trivial, kitschig | *auch* **'~-ˌtick·y** *Mus* (Geräusch) Zupf- ⟨≈ banjo music⟩; **2.** *s Mus* Zupfgeräusche *pl*

ric·o·chet ['rıkəʃeı] **1.** *s* Abprallen *n,* Hüpfen *n (bes* eines Steins von einer Fläche) | *Mil* Rikoschettieren *n,* Abprallen *n* (eines Geschosses); **2.** (**ric·o·cheted** ['rıkəʃeıd] **ric·o·chet·ted** ['rıkətəd]) *vi* rikoschettieren, abprallen (Geschoß) (**off** von); **'~ fire** *s* Rikoschettfeuer *n;* **ˌ~ free 'kick** *s* (Sport) indirekter Freistoß; **'~ shot** *s Mil* Abpraller *m,* Prellschuß *m*

rid [rıd] (~, ~ *od* **~ded, ~ded**) *vt* (etw., jmdn.) befreien, freimachen (**of** von) | säubern | *selten* vertreiben ◇ **to be / get ~ of s.th.** etw. los sein *od* werden

rid·a·ble ['raıdəbl] *adj* reitbar | zum Reiten geeignet

rid·dance ['rıdns] *umg s* Befreiung *f* | Erlösung *f,* Loskommen *n* (**from** von) ⟨(it's a) good ~ es ist eine Erlösung, endlich los!; he is a good ~ wir sind froh, daß wir ihn (wieder) los sind; to show 100 % ~ absoluten Erfolg gewährleisten, daß man etwas los ist, absolute Beseitigung garantieren⟩ | Entkommen *n* (**from** an, von)

rid·den ['rıdn] **1.** *part perf* von ↑ **ride 2.;** **2.** *adj (in Zus)* gequält, gepeinigt ⟨bed-~ an das Bett gefesselt; fever-~ vom Fieber geplagt; pest-~ von der Pest heimgesucht; police-~ von Polizei unterdrückt; priest-~ von Priestern bevormundet⟩

¹rid·dle ['rıdl] **1.** *s* Rätsel *n (auch übertr)* ⟨to ask s.o. a ~ jmdm. ein Rätsel aufgeben; to solve a ~ ein Rätsel lösen; to read a ~ ein Geheimnis enträtseln; to speak in ~s in Rätseln sprechen⟩; **2.** *vt* enträtseln ⟨~ me this rate mal!, kriegst du das raus?⟩ | *übertr* (jmdm.) ein Rätsel aufgeben; *vi übertr* in Rätseln sprechen

²rid·dle ['rıdl] **1.** *s* grobes (Draht-) Sieb, Erdsieb *n,* Durchwurf *m,* Rätter *m;* **2.** *vt* (aus)sieben | (Rost) durchrütteln | durchsieben, durchlöchern (**with** mit) ⟨to ~ s.o. with bullets jmdn. wie ein Sieb mit Kugeln durchlöchern; to be ~d with holes voller Löcher *od* ganz zerlöchert sein⟩ | *übertr* (Theorie u. ä.) zerpflücken | *übertr* zerstören, untergraben (**with** durch, von) ⟨~d with graft durch Bestechung korrumpiert⟩ | *übertr* mit Fragen bestürmen

ride [raıd] **1.** *s* Ritt *m;* Fahrt *f* ⟨to go for a ~; to take a ~ ausfahren; to give s.o. a ~ jmdn. mitnehmen; to take s.o. for a ~ *umg* jmdn. reinlegen, jmdn. auf den Arm nehmen⟩ | Reitweg *m* | *umg* Karussell *n;* **2.** (**rode** [rəʊd], **rid·den** ['rıdn]) *vi* reiten (**on** auf) ⟨to ~ for a fall verwegen reiten; *übertr* riskant handeln; to ~ on s.o.'s shoulders; to ~ to hounds auf Fuchsjagd gehen⟩ | fahren ⟨~ in / on a bus mit dem Bus fahren; ~ on a bicycle mit dem Rad fahren⟩ | sich fortbewegen | (Gestirn, Wolke) dahinziehen, schweben (**on** auf) | treiben, schwimmen | *Mar* vor Anker liegen ⟨to ~ at anchor vor Anker liegen⟩ | sich drehen (**on** auf) | zum Reiten geeignet sein, sich reiten ⟨the ground ~s well der Boden ist gut zum Reiten geeignet; to ~ hard sehr fest sein⟩ | *urspr Am umg* seinen Lauf nehmen ⟨let it ~! laß es laufen, wie es läuft!⟩; ~ **off** wegreiten; ~ **up** (Kragen, Rock u. ä.) hochrutschen; *vt* (Pferd) reiten ⟨to ~ a pony; to ~ a hobby *übertr* ein Steckenpferd reiten⟩ | (Fahrrad u. ä.) fahren ⟨to ~ a bicycle⟩ | reiten lassen ⟨to ~ s.o. on my shoulder⟩ | (Rennen) reiten ⟨to ~ a race⟩ | (Gewicht) mitbringen, tragen ⟨he ~s 10 stone er trägt 63,5 kg⟩ | (Land) durchreiten ⟨to ~ the desert durch die Wüste reiten⟩ | schwimmen auf ⟨to ~ the waves auf den Wellen schwimmen⟩ | rittlings sitzen auf | *Mar* vor Anker liegen lassen | (jmdn.) beherrschen, unterjochen, unterdrücken | *bes Am* plagen, quälen; ~ **down** einreiten, einholen | niederreiten | überfahren; ~ **over** überfahren | tyrannisieren | *übertr* niederdrücken ⟨to ~ over s.o. jmdn. nicht gelten lassen⟩; **rid·er** *s* Reiter(in) *m(f)* | (Fahrrad, Motorrad) Fahrer(in) *m(f)* | Zusatz *m*, Einschränkung *f* (*bes Jur*) ⟨to add a ≈⟩ | *Tech* Laufgewicht *n*, Reiter *m* | (Karteikarte) Reiter(chen) *m(n)*; **'rid·er·less** *adj* (Pferd) reiterlos; **'rid·er·ship** *s Am* (Zahl der) Fahrgäste *m/pl* (eines Verkehrssystems)

ridge [rɪdʒ] **1.** *s* (Wellen-) Kamm *m* | (Berg-, Nasen- u. ä.) Rücken *m* | Riff *n*, Untiefe *f* | Ackerreihe *f* | Dachfirst *m*, Grat *m* | Wasserscheide *f* | *Tech* Gewinderippe *f*, Gang *m*, Wulst *m*; **2.** *vt* mit einem First versehen | (Acker) furchen | (Wogen) durchfurchen | *Tech* riefen, furchen; *vi* sich gratartig erheben | Furchen bilden; **ˌridged 'roof** *s Arch* Satteldach *n*; **'~ plough** *s* Häufelpflug *m*; **'~ pole** *s Arch* Firstbalken *m* | (Zelt) Firststange *f*; **'~ tile, '~ ˌtur·ret** *s Arch* Dachreiter *m*; **'ridg·y** *adj* mit einem Grat versehen | ge-, zerfurcht

rid·i·cule ['rɪdɪkju:l] **1.** *s* Spotten *n*, Spott *m*, Lächerlichkeit *f* ⟨to hold s.o. up to ~ jmdm. der Lächerlichkeit preisgeben; to lay o.s. open to ~ zur Zielscheibe des Spotts werden⟩ | lächerliche Person *od* Sache; **2.** *vt* verspotten, lächerlich machen; **ri·dic·u·lous** [rɪ'dɪkjələs|-kjʊ-] *adj* lächerlich, lachhaft ⟨to look ≈⟩

¹rid·ing ['raɪdɪŋ] *s Brit Hist* Riding *n*, Verwaltungsbezirk *m* (bis 1974) ⟨the West (North, East) ≈ der westliche (nördliche *od* östliche) Teil von Yorkshire⟩

²rid·ing ['raɪdɪŋ] *s* Reiten *n* | Reitsport *m* | Reitweg *m*; **'~ ˌbreech·es** *s/pl* Reithose *f*; **ˌ~ 'crop** *s* Reitgerte *f*; **'~ ˌhab·it** *s* (Frauen) Reitanzug *m*; **'~ horse** *s* Reitpferd *n*; **'~ lamp, '~ light** *s Mar* Ankerlicht *n*; **'~ ˌmas·ter** *s* Reitlehrer(in) *m(f)*; **'~ school** *s* Reitschule *f*, -station *f*; **'~ whip** *s* Reitpeitsche *f*

ri·dot·to [rɪ'dɒtəʊ] *s* Redoute *f*, Ball *m*

Ries·ling ['ri:slɪŋ] *s* (Wein) Riesling *m*

rife [raɪf] *lit adj* (*nur präd*) weit verbreitet, häufig ⟨to be ~ grassieren; viel geben, in Menge vorkommen⟩ | allgemein bekannt | reichlich, voll (**with** von)

riff [rɪf] *s Mus* (Jazz) ständig wiederholte Passage, Ostinato *n*

rif·fle ['rɪfl] **1.** *s Tech* Riffelung *f*, Riefelung *f* | *Kart* (Art) Mischen *n* | felsiges Flußbett | Stromschnelle *f* | *Am* kleine Welle **2.** *vt Tech* riffeln, furchen | *Kart* mischen | (Seiten) schnell durchblättern; ~ **through** *Kart* durchmischen | (Buch, Zeitung) (schnell *od* gleichgültig) durchblättern; *vi* kleine Wellen bilden | eine Stromschnelle bilden

riff-raff ['rɪfræf] **1.** *s* (*mit best art*) Abschaum *m* (Person); Gesindel *n*, Pack *n*; **2.** *adj* Ausschuß-

¹ri·fle ['raɪfl] **1.** *s* Gewehr *n*, Büchse *f*; **2.** *vt* (mit einem Gewehr) schießen auf | (Lauf, Rohr) ziehen, Züge einarbeiten in | *Tech* riffeln, furchen; *vi* (mit einem Gewehr) schießen

²ri·fle ['raɪfl] *vt* ausplündern ⟨to ~ s.o.'s pockets of s.th. jmds. Taschen durchwühlen nach etw.⟩ | berauben

ri·fle| butt ['raɪflbʌt] *s* Gewehrkolben *m*; **'~man** *s* (*pl* **'~men**) Scharfschütze *m* | Schütze *m* ⟨~man Smith⟩; **'~ match** *s* Preisschießen *n*; **'~ pit** *s Mil* Schützenloch *n*

ri·fler ['raɪflə] *s* Plünderer *m* | Räuber *m*

ri·fle| range ['raɪfl reɪndʒ] *s* Schießstand *m* | Schußweite *f* ⟨out of / within ≈⟩; **'ri·fles** *s/pl Mil* Scharfschützen *m/pl* ⟨the Royal Irish ≈⟩; **'~ saˌlute** *s Mil* Präsentiergriff *m*; **'~ shot** *s* Gewehrschuß *m* | (guter) Schütze; **'ri·fling** *s* Ziehen *n* (des Gewehrlaufs) | Züge *m/pl* (Lauf)

rift [rɪft] *förml* **1.** *s* (Fels-, Wolken- u. ä.) Spalte *f* | Sprung *m*, Riß *m* | *übertr* Spaltung *f*, Entzweiung *f*; **2.** *vt* aufreißen, (zer)spalten; *übertr* zerreißen; *vi* sich spalten; **'~y** *adj* voller Spalten; **'~ ˌval·ley** *s Geol* (Senkungs-) Graben *m*; **'~ zone** *s Geol* Grabenzone *f*

¹rig [rɪg] **1.** *vt* (**rigged, rigged**) *Wirtsch, Pol* (Preise u. ä.) betrügerisch manipulieren ⟨to ~ the market den Markt manipulieren; to ~ an election eine Wahl fälschen⟩ | *Sl* (jmdn.) zum Narren halten; **2.** *s Wirtsch, Pol* (Schwindel-) Manöver *n* | *Sl* Trick *m*, Schwindel *m* ⟨to run a ~ einen Streich spielen⟩

²rig [rɪg] **1.** *vt* (**rigged, rigged**) (Schiff) auftakeln | *Mar* in Ordnung bringen | *oft* ~ **out** ausstatten (**with** mit) | *umg* ausstaffieren, herausputzen | *oft* ~ **up** zusammenbauen | *Flugw* montieren; *vi Mar* (Schiff) ausgerüstet werden; **2.** *s Mar* Takelage *f* | Ausrüstung *f*, Ausstattung *f* ⟨oil ~, drilling ~ Bohrturm *m*; Ölbohrinsel *f*⟩ | *umg* Aufmachung *f*, Kluft *f* ⟨working ~⟩ | *Am umg* Gespann *n*

ri·ges·cence [rɪ'dʒesns] *förml, Tech s* Versteifung *f*; **ri'ges·cent** *adj* steif werdend

rigged [rɪgd] *adj Mar* aufgetakelt; **ˌ~ 'out** *adj umg* herausgemacht, ausstaffiert ⟨~ out in one's best im Sonntagsstaat⟩; **¹rig·ger** ['rɪgə] *s Mar* Takler *m* | *Flugw* Monteur *m* | Schutzgerüst *n*

²rig·ger ['rɪgə] *s Wirtsch* Kurstreiber *m*

rig·ging ['rɪgɪŋ] *s Mar* Takelage *f* | *Flugw* Verspannung *f*; **'~ line** *s Flugw* Fallschirmleine *f*; **'~ loft** *s Mar* Takelboden *m* | *Theat* Schnürboden *m*

right [raɪt] **1.** *adj* recht, richtig (*Ant* wrong) ⟨to think it ~ es für richtig halten; you were quite ~ du hattest ganz recht; to be ~ in doing s.th. recht daran tun, etw. zu machen; to keep on the ~ side of the law das Gesetz einhalten, nichts Unrechtes tun⟩ | passend, geeignet ⟨he is the ~ man for the job er ist der geeignete Mann für den Job; ~ enough in Ordnung; in der Tat, tatsächlich; to come at the ~ moment zur rechten Zeit kommen⟩ | korrekt, richtig, wahr(heitsgemäß) ⟨the ~ time die genaue Zeit; the ~ fare das richtige Fahrgeld; it's not quite ~ es stimmt nicht ganz; all ~! gut!, recht so!; ~ you are!/~ oh! *umg* in Ordnung!, wird gemacht!, jawohl!; that's ~! ganz recht!; to be ~ richtig sein, sich zurechtfinden; to get s.th. ~ etw. richtig verstehen; to put / set s.th. ~ etw. [wieder] in Ordnung bringen; to put s.o. ~ jmdn. korrigieren⟩ | rechtmäßig ⟨the ~ heir⟩ | echt (Edelstein) | normal (im Kopf), gesund ⟨~ as rain, as ~ as a trivet *umg* ganz in Ordnung; do you feel all ~? fühlst du dich wohl?, geht es dir gut?; not [quite] ~ in one's / the head *umg* nicht ganz richtig im Kopf; not in one's ~ mind nicht normal, nicht bei Trost⟩ | rechte(r, -s) (*Ant* left) ⟨my ~ hand; one's ~ hand / arm *übertr* jmds. rechte Hand; one's ~ hand *übertr* die geschicklichere Hand; on / to the ~ side rechts, rechter Hand; on the ~ side of 40 noch nicht 40 [Jahre alt]; the ~ side (Stoff) die rechte Seite; to get on the ~ side of s.o. *übertr* jmdn. für sich gewinnen⟩ | rechtwinklig, gerade ⟨at ~ angles, at a ~ angle im rechten Winkel; a ~ line⟩ | *Pol* rechtsgerichtet ⟨extreme ~ ganz rechts⟩; **2.** *adv* gerade(aus) ⟨~ on geradeaus⟩ | genau, gerade ⟨put it ~ in the middle stelle es genau in die Mitte⟩ | sogleich, sofort ⟨I'll come ~ away *Brit*/off *Am* ich komme sofort; ~ now sofort, sogleich⟩ | ganz, völlig ⟨~ to end ganz bis ans Ende; ~ round the corner gleich an der Ecke; ~ through durch und durch; to turn ~ round sich ganz herumdrehen⟩ | korrekt, richtig, recht ⟨if I remember ~ wenn ich mich recht entsinne; it serves him ~ das geschieht ihm ganz recht; to guess ~ or wrong richtig *od* falsch raten⟩ | passend, schicklich ⟨to behave ~ sich richtig benehmen⟩ | rechts, auf der rechten Seite (**from** von) ⟨to look ~ nach rechts schauen; eyes ~! *Mil* Augen rechts!; ~ and left überall⟩ | hoch, sehr (in Titeln) ⟨The ~ Honourable der Sehr Ehrenwerte⟩ | *umg* ordentlich | *arch* recht, sehr ⟨he knows ~ well⟩; **3.** *vt* wieder aufrichten, geraderichten, in die rechte Lage bringen ⟨to ~ o.s. sich wieder aufrichten; the problem will ~ itself das Problem wird sich selbst lösen⟩ | (jmdm.) Recht verschaffen ⟨to ~ o.s. sich rechtfertigen, sich rehabilitieren⟩ | (Fehler u. a.) wiedergutmachen, berichtigen; *vi Mar* (Schiff) sich wiederaufrichten; **4.** *s* Recht *n* ⟨by ~[s], of ~s rechtmäßig; in the ~ im Recht⟩ | *Jur* Berechtigung *f*, Anspruch *m*, (An-) Recht *n* ⟨all ~s reserved alle Rechte vorbehalten; by ~ of auf Grund, kraft; in one's own ~ aus eigenem Recht, allein, selbständig; ~ of common (Land) Nutzungsrecht *n*; ~ of movement Freizügigkeit *f*; ~ of possession Eigentumsrecht *n*; ~ of primogeniture Erstgeburtsrecht *n*; the ~s and wrongs das Für und Wider; to stand on/assert one's ~ auf seinem Recht bestehen; women's ~s Gleichberechtigung *f* der Frau; to be (quite) within one's ~s (völlig) im Recht sein⟩ | das Rechte, Richtige ⟨between ~ and wrong zwischen Gut und Böse; to do the ~⟩ | *meist pl* Ordnung *f* ⟨by ~s eigentlich; to put/set s.o. (s.th.) to ~s jmdm. zu seinem Recht verhelfen (*od* etw. in Ordnung bringen)⟩ | rechte Seite ⟨at/on / to the ~ rechts, zur Rechten; to turn to the ~ sich nach rechts drehen⟩ | rechter Schuh, rechte Hand | *Pol* die Rechte, Rechtspartei *f* ⟨on the extreme ~ ganz rechts⟩;

'~a·bout 1. *s* Drehung *f*, Kehrtwendung *f* ⟨to turn to the ≈ kehrtmachen; to send s.o. the ≈ jmdn. abschieben, entlassen, jmdm. heimleuchten⟩; **2.** *adj* Kehrt- ⟨≈ face / turn Kehrtwendung *f, auch übertr*; to do a ≈ face/turn kehrtmachen; *übertr* ganz das Gegenteil machen⟩; **3.** *vi, vt* kehrtmachen (lassen); **'~-ˌan·gle(d)** *adj* rechtwinklig; **'~en** *vt arch* in Ordnung bringen; **~eous** ['~ʃəs] *adj* rechtschaffen, gerecht ⟨the ≈ and the wicked die Guten und die Schlechten⟩ | den Gesetzen gemäß | berechtigt ⟨≈ anger gerechter Zorn⟩; **'~ful** *adj* gerecht, rechtmäßig; **ˌ~-'hand** *adj* rechte(r, -s), zur rechten Seite gehörig | *Tech* rechtsgängig, Rechts- ⟨≈ drive rechtsgesteuert; a ≈ screw eine Schraube mit Rechtsgewinde⟩ ◇ **one's ~-hand man** *übertr* jmds. rechte Hand; **ˌ~'hand·ed 1.** *adj* rechtshändig | *Tech* rechtsläufig, Rechts-; **2.** *adv* mit der rechten Hand; **ˌ~-'hand·er** *s umg* Rechtshänder *m* | Schlag *m* mit der Rechten; **'~ist 1.** *s Pol* Rechter *m* | Reaktionär *m*; **2.** *adj Pol* rechts, konservativ | reaktionär; **'~less** *adj* rechtlos, ohne Recht; **'~ly** *adv* richtig, recht ⟨≈ or wrongly ob zu Recht oder zu Unrecht, ob es stimmt oder nicht⟩ | gerechterweise, zu Recht, rechtmäßig ⟨to be sentenced ≈⟩ | (*neg*) *umg* bestimmt, mit Sicherheit ⟨I can't ≈ say ich kann nicht genau sagen⟩ **ˌ~-'mind·ed** *adj* rechtschaffen, ehrlich; **~o** [ˌ~'təʊ] *interj umg* richtig!; jawohl!; **ˌ~ of 'way** *s* (*pl* **ˌ~s of 'way**) *Jur* Durchgangsrecht, Durchfahrtsrecht *n*, Wegerecht *n* | (Fahrzeug) Vorfahrt(srecht) *f*(*n*); **'~-on** *adj Am Sl* hundertprozentig, absolut zuverlässig, genau richtig ⟨a ≈ document; a ≈ lawyer⟩; **ˌ~-to-'die** *adj* Euthanasie- ⟨≈ movement Bewegung *f*, die das Recht (schwerkranker Patienten) auf Sterben fordert⟩; **ˌ~-to-'life** *adj* das Recht (der Ungeborenen) auf Leben fordernd ⟨≈ propagandists⟩; **ˌ~-to-'lif·er** *s* Gegner(in) *m*(*f*) der Schwangerschaftsunterbrechung; **ˌ~-to-'work** *adj Am* das Recht auf Arbeit betreffend ⟨a ≈ law⟩; **~ward** ['~wəd] **1.** *adj* rechtsgerichtet ⟨a ≈ turn eine Rechtskehre⟩; **2.** *auch* **~wards** ['-wədz] *adv* nach rechts; **ˌ~ 'wing** *s Pol,* (Sport) rechter Flügel; **ˌ~ 'wing·er** *s Pol* Rechte(r) *f*(*m*) | (Sport) Rechtsaußen *m*; **'~y** *Brit Pol verächtl* **1.** *s* Konservativer *m*, reaktionärer Rechter; **2.** *adj* konservativ, rechts-reaktionär

rig·id ['rɪdʒɪd] *adj* steif, starr, unbiegsam ⟨a ~ face; ~ with pain starr vor Schmerz; to shake s.o. ~ *umg* jmdn. ziemlich schocken⟩ | *Tech* fest, stabil, starr, unbeweglich ⟨~ mounting feste Anbringung⟩ | *Flugw* starr, Trag- ⟨~ airship Starrluftschiff *n*; ~ helicopter Traghubschrauber *m*⟩ | *übertr* hart, unbeugsam, unnachgiebig, unerbittlich (**to** gegen) | *Jur* unabänderlich; **'~ly** *adv* strikt, stur ⟨≈ against s.th.⟩; **ri'gid·i·ty** *s* Steifheit, Starrheit *f* | *Tech* Stabilität *f*, Starrheit *f*, Festigkeit *f* | *übertr* Härte *f*, Unnachgiebigkeit *f*

rig·ma·role ['rɪgmərəʊl] *umg verächtl* **1.** *s* Faselei *f*, sinnloses Geschwätz ⟨to tell a ~ lang und breit daherreden⟩ | *iron* Hokuspokus *m*, Ritual *n*, Getue *n*, Drum und Dran *n*, Gedöns *n*; **2.** *adj* sinnlos, verworren

rig·or ['raɪgɔ:|'rɪgə] *s Med* Schüttelfrost *m*; **~ mor·tis** [ˌ~ 'mɔ:tɪs] *s Med* Leichenstarre *f*

rig|or·ous ['rɪgərəs] *adj* streng, hart, unerbittlich ⟨≈ discipline⟩ | (Klima) rauh, unfreundlich ⟨a ≈ climate⟩ | exakt, genau ⟨≈ search⟩; **~our** ['~ə] *s* Härte *f*, Strenge *f*, Unerbittlichkeit *f* ⟨with utmost ≈ mit größter Härte⟩ | *meist pl* Rauhheit *f*, Strenge *f*, schwierige Bedingung ⟨the ≈s of the winter in Siberia⟩ | Exaktheit *f* ⟨scientific ≈⟩ | Steifheit *f* | Sittenstrenge *f*

rig-out ['rɪg aʊt] *s umg, oft verächtl* (meist ungewöhnliche) Kleidung, Ausputz *m*, Staat *m* ⟨what a queer ~!⟩

rile [raɪl] *umg vt* (jmdn.) ärgern ⟨it ~d him that es wurmte ihn, daß⟩; *vi,* **~ up** sich aufregen; **'~y** *adj Am* gereizt

rill [rɪl] **1.** *s poet* Rinnsal *n*, kleiner Bach | *Astr* Mondfurche *f*, -graben *m*; **2.** *vi* rinnen, rieseln; **~et** ['~et] *s* Bächlein *n*

rim [rɪm] **1.** *s* Rand *m*, Kante *f* (von etw. Rundem) ⟨the ~ of a cup der Tassenrand⟩ | (Hut u. ä.) Krempe *f* | *Tech* (Rad-) Felge *f* | (Zahnrad) Kranz *m* | Zarge *f* | (Brillen-) Gestell *n* | *poet* Reif *m*; **2.** *vt* (**'rimmed, 'rimmed**) mit einem Rand etc. versehen | Reifen legen um | einfassen, umstehen (Bäume u. ä.); **'~ brake** *s Tech* Felgenbremse *f*; **'~ clutch** *s Tech* Bandkupplung *f*

[1]**rime** [raɪm] *arch, poet* = **rhyme**

[2]**rime** [raɪm] *Poes* **1.** *s* Rauhreif *m*, -frost *m*; **2.** *vt* mit Reif bedecken

[3]**rime** [raɪm] *s* (Leiter-) Sprosse *f*

[1]**rim·er** ['raɪmə] *arch, poet* = **rhymer**

[2]**rim·er** ['raɪmə] = **reamer**

rim|less ['rɪmləs] *adj* ohne Rand, randlos ⟨≈ spectacles randlose Brille⟩; **'~ lock** *s* Kastenschloß *n*; **'rimmed** *adj in Zus* mit einem Rand etc. versehen ⟨gold-≈ (Brille u. ä.) mit Goldrand; red-≈ (Augen) mit roten Rändern, verweint⟩ | *Tech* (Rad) befelgt, mit Felgen (versehen) | *Tech* (Stahl) unberuhigt, vergossen

ri·mose ['raɪməʊs], **rim·ous** ['raɪməs] *adj Biol, Zool* furchig, rissig

rim·ple ['rɪmpl] **1.** *s* Kräuselung *f* | Falte *f*; **2.** *vt* runzeln | kräuseln; *vi* sich kräuseln

[1]**rim·y** ['raɪmɪ] *adj poet* bereift

[2]**rim·y** ['raɪmɪ] *adj* reimend, Reim-

rind [raɪnd] **1.** *s* (Baum-) Rinde *f*, Borke *f* | (Brot-, Käse-) Rinde *f* | (Frucht-) Schale *f* | (Speck-) Schwarte *f* | *Zool* Haut *f* | *übertr* das Äußere; **2.** *vt* entrinden | die Rinde etc. entfernen von, abschälen

rin·der·pest ['rɪndəpest] *s Vet* Rinderpest *f*

[1]**ring** [rɪŋ] **1.** *s* Ring *m*, Kreis *m* ⟨a key ~; to form a ~ einen Kreis bilden; ~s round one's eyes Augenringe *pl*; to make / run ~s around s.o. *übertr umg* jmdn. in die Tasche stecken⟩ | Ring *m*, Reif *m* ⟨an ear~; a wedding ~⟩ | *Tech* Ring *m*, (Ketten-) Glied *n*, Öse *f*, Ohr *n* | *Astr* Hof *m*, Halo *m* | Boxring *m* ⟨to throw one's hat into the ~ *übertr* zum Wettkampf antreten, sich zum Kampf stellen⟩ | Zirkusring *m*, Manege *f* | (Ausstellung) (Führ-) Ring *m* | (Spekulanten-, Spionage-) Ring *m*, Clique *f* ⟨spy ~ Spionagering *m*⟩ | *Wirtsch* Ring *m*, Kartell *n* | *Bot* Jahresring *m* ⟨~ of a tree⟩ | (Pferderennen) Buchmacherplatz *m* | (*mit best art*) *collect* Buchmacher *m/pl* ◇ **hold the ~** tatenlos zusehen; **2.** *vt auch* **~ about/around/round** umringen, umgeben, umkreisen | (Tiere) umkreisen, zusammenreiten, zusammentreiben ⟨to ~ in einschließen⟩ | (Tieren) Ringe anlegen, beringen | Ringe anbringen an, (Baum) mit Ringen versehen, ringeln | (mit dem Stift) umringen, einen Kreis machen um ⟨to ~ a figure⟩ | in Ringe schneiden ⟨to ~ onions⟩ | (Sport) mit einem Ring treffen, umringen; *vi* einen Ring bilden, sich im Kreis bewegen; in Spiralen hochsteigen

[2]**ring** [rɪŋ] **1.** *s* Läuten *n*, Klingeln *n* ⟨there is a ~ at the door es läutet, es klingelt; two ~s zweimaliges Klingeln⟩ | *umg Tel* Anruf *m* ⟨to give s.o. a ~ jmdn. anrufen⟩ | Geläute *n* | (*nur sg*) Klingen *n* | Klang *m*, Schall *m* (*auch übertr*) ⟨to have a good ~ einen schönen Klang haben; a ~ of sincerity ein aufrichtiger Ton⟩; **2.** (**rang** [ræŋ], **rung** [rʌŋ]) *vi* läuten, klingeln ⟨the bell ~s; the bell is ~ing es läutet⟩ | klingeln (**for** nach) | klingen ⟨to ~ hollow hohl klingen; to ~ true (false) wahr (falsch) klingen *od* erscheinen; to ~ in one's ears *übertr* in den Ohren klingen⟩ | klingen, summen (Ohren) | erschallen, widerhallen (*auch übertr*) (**of, with** von) ⟨to ~ with shouts von Rufen erfüllt sein; to ~ with praise of s.o. des Lobes voll sein über jmdn.⟩; *vt* klingeln lassen, läuten ⟨to ~ a bell klingeln, läuten; *übertr umg* jmdm. bekannt vorkommen; to ~ the bell *umg* Erfolg haben, triumphieren; to ~ the hours alle Stunden schlagen; to ~ an alarm Sturm läuten; to ~ the knell of s.th. das Ende von etw. ankündigen; to ~ the changes (Glocken) mit unterschiedlichem Klang läuten, wechselläuten; *übertr* auf immer neue Weise variieren (**on s.th.** etw.)⟩ | (Münze u. ä.) klingen lassen; *übertr* (Lob u. ä.) ertönen lassen, erschallen lassen ⟨to ~ s.o.'s praises⟩; **~ [a]round** *Tel vi* herumtelefonieren; *vt* durchtelefonieren, hintereinander anrufen; **~ back** *Tel vi, vt* zurückrufen, wiederanrufen; **~ in** einläuten ⟨to ~ in the New Year⟩; **~ off** *vi Brit Tel* (Hörer) auflegen, abhängen | *Sl* abschalten; **~ out** *vi* (Schrei u. ä.) ertönen, gellen | *Tel* (Nummer) klingeln ⟨the number is ~ing out das Rufzeichen ertönt⟩; *vt* ausläuten ⟨to ~ out the Old Year⟩; **~ up** *vi, vt* anrufen | (Geldbetrag) kassieren, eintippen (an der Kasse)

ring| ar·mour ['rɪŋ ˌɑːmə] *s Hist* Kettenpanzer *m*; '**~ ˌbind·er** *s* Ringbuch *n*; '**~bolt** *s Tech* Ringbolzen *m*; '**~ dove** *Zool s* Ringeltaube *f* | Lachtaube *f*; **ringed** *adj* beringt, einen Ring tragend | *übertr* verheiratet

ring·er ['rɪŋə] *s* Glockenläuter *m*, Glöckner *m* | *Am* (Sport) unerlaubter Teilnehmer ◇ **a dead ~ for s.o.** *Sl* jmd., der einem andern aufs Haar gleicht

ring| fence ['rɪŋ fens] *s* Einfriedung *f*; '**~ ˌfin·ger** *s* Ringfinger *m*; '**~ gear** *s Tech* Drehkranz *m*

ring·ing ['rɪŋɪŋ] **1.** *s* Läuten *n*, Klingeln *n* | Klingen *n*, Tönen *n* ⟨a ~ in one's ears Ohrenklingen⟩; 2. *adj* klingelnd | klingend, schallend ⟨~ frost klirrender Frost⟩

ring||lead·er ['rɪŋˌliːdə] *s* Rädelsführer *m*; '**~less** *adj* ohne Ring, unberingt; **~let** ['-lət] *s* Ringlein *n* | Löckchen *n*; '**~like** *adj* ringartig; '**~lock** *s Tech* Ringschloß *n*; '**~mail** *s Hist* Kettenpanzer *m*; '**~ˌmas·ter** *s* Zirkusdirektor *m*; '**~net** *s* Schmetterlingsnetz *n*; '**~pull** *s* Ringlasche *f* (Öffner); '**~ road** *s Brit* Umgehungsstraße *f*; '**~-ˌshaped** *adj* ringförmig; '**~side 1.** *s* (Boxen) Platz *m* (vorn) am Ring ⟨at/by the ≈⟩; **2.** *adj, adv* (vorn) am Ring ⟨a ≈ seat ein guter Platz⟩; '**~ snake** *s Zool* Ringelnatter *f*; '**~ ˌspan·ner** *s Tech* Ringschlüssel (Schraubenschlüssel) *m*; '**~wall** *s* Ringmauer *f*; '**~way** *s Brit* Umgehungsstraße *f*; '**~worm** *s Med* (Kopf) Grind *m* | *Vet* Scherpilzflechte *f*

rink [rɪŋk] **1.** *s* Rollschuhbahn *f* | (künstliche) Eisbahn; **2.** *vi* auf einer Rollschuh- od. Eisbahn laufen; '**~er** *s* Rollschuhläufer(in) *m(f)* | Eisläufer(in) *m(f)*

rin·ky-dink ['rɪŋkɪ ˌdɪŋk] *Am Sl* **1.** *adj* kitschig, billig, abgedroschen; **2.** *s* etw. Kitschiges | (Person) lahme Ente, Dämmernelke *f*, Traumbuch *n*

rinse [rɪns] **1.** *vt auch* **~ out** (Mund, Gefäß) ab-, ausspülen ⟨to ~ one's mouth (out) (sich) den Mund (aus)spülen; to ~ s.th. away etw. fortspülen; to ~ s.th. out of s.th. etw. aus etw. [her]ausspülen, auswaschen⟩ | (Wäsche) spülen; **~ down** (Essen) hinunterspülen; **2.** *s* Ab-, Ausspülen *n* ⟨to give s.th. a good ~ etw. gut aus-, durch-, spülen⟩ | Haartönung(smittel) *f(n)*; '**rins·ing** *s* Spülen *n*, Spülung *f* | *meist* '**rinsings** *pl* Spülwasser *n*, Rest *m* (*auch übertr*)

ri·ot ['raɪət] **1.** *s* Aufruhr *m*, Tumult *m*, Zusammenrottung *f* | Krawall *m*, Lärm *m*, Toben *n* ⟨to run ~ sich austoben⟩ | *Bot* (wild) wuchern | (*mit indef art*) Ausschweifung *f*, Orgie *f*, Schwelgerei *f* (*auch übertr*) ⟨a ~ of colour⟩ | (*mit indef art*) *übertr* (Gefühls-) Ausbruch *m*, Aufruhr *m* ⟨a ~ of emotion⟩ | *umg* umwerfender Erfolg ⟨the play was a ~ das Stück war einfach toll⟩; **2.** *vi* Aufruhr stiften, sich am Aufruhr beteiligen | sich austoben, schwelgen (**in** in); *vt* (Zeit) sorglos verbringen ⟨to ~ out one's life sich ausleben⟩; '**~ Act** *s Brit Hist* Aufruhrgesetz *n* ⟨to read the ~ Act *Jur* zur Warnung (vor Unruhestiftern) bestimmte Ausschnitte des Unruhegesetzes verlesen⟩ ◇ **read the ~ act** *übertr scherzh* die Leviten lesen; '**~er** *s* Unruhestifter *m* | Prasser *m*; '**~ous** *adj* aufrührerisch | tobend, lärmend | ausgelassen, wild ⟨to have a ≈ time sich toll amüsieren⟩ | ausschweifend; '**~ shield** *s* Schutzschild *n* gegen (gewalttätige) Demonstranten; '**~ squad** *s* Überfallkommando *n*

[1]**rip** [rɪp] *s* alter Klepper, Mähre *f* | *umg* Taugenichts *m* | *selten umg* Wüstling *m* ⟨an old ~⟩

[2]**rip** [rɪp] *s Mar* Kabbelung *f*

[3]**rip** [rɪp] **1.** (**ripped, ripped**) *vt* (ab-, heraus-, ent-) losreißen (**from** von, **out of** aus) ⟨to ~ in two entzweireißen⟩ | (Kleidungsstück) auf-, zertrennen | *Tech* (Holz) (der Maserung nach) sägen, spalten; **~ off** abreißen, abtrennen, herunterreißen | *Sl* (jmdn.) neppen, ausnehmen, zu viel Geld abnehmen | *Am Sl* klauen ⟨to ≈ s.o.'s watch⟩; **~ open** aufschlitzen; **~ out** herausreißen | *übertr* heftig hervorstoßen, einwerfen; **~ up** aufreißen ⟨to ~ up s.o.'s back *übertr* jmdm. in den Rücken fallen⟩; *vi* aufplatzen, (zer)reißen | *Tech* (Holz u. ä.) sich spalten, reißen | *umg* rennen, sausen (*auch übertr*) ⟨to let her / it ~ *umg* (Motor u. ä.) voll laufen lassen, voll aufdrehen; to let things ~ den Dingen freien Lauf lassen, sich nicht besonders um etwas kümmern; to let one's anger ~ seinen Ärger voll austoben, seine Wut voll auslassen⟩ | *übertr, auch* **~ out** herausplatzen; **~ along** dahinrasen (Auto, Boot); **2.** *s* Riß *m*, Schlitz *m* ⟨a ~ in the tyre⟩

ri·par·i·an [raɪ'pɛərɪən] **1.** *adj* Ufer-, das (Fluß- *od* See-) Ufer betreffend, am Ufer wohnend ⟨~ rights *Jur* Fischereirechte *pl* der Anlieger⟩; **2.** Uferbewohner(in) *m(f)* | *Jur* Uferanlieger, -eigentümer *m*

rip·cord ['rɪpkɔːd] *s* (Fallschirm) Reißleine, -schnur *f* |

Handabzug *m*

ripe [raɪp] *adj* (Obst, Getreide u. ä.) reif (*Ant* unripe) ⟨~ fruit⟩ | (Wein, Käse u. ä.) ausgereift ⟨~ wine⟩ | (Alter) reif, gereift ⟨a person of ~ age eine reife Persönlichkeit; a person of ~ years *euphem, scherzh* jmd. im gereiften Alter; a ~ judgment ein reifes Urteil⟩ | entwickelt, herangereift ⟨a ~ girl⟩ | (Zeit, Sache) fertig, bereit, reif (**for** für) | (Schönheit, Wissen u. ä.) vollendet | (Lippen) voll, blühend, schwellend; **'rip·en** *vi* reif werden, (heran)reifen, sich entwickeln (**into** zu); *vt* zum Reifen bringen, reifen lassen | *übertr* zur Vollendung bringen

rip|-off ['rɪpɒf], *auch* **'~off** *Sl s urspr Am* Diebstahl *m* | Wucher *m*, Nepp *m*, Schwindel *m* | (Buch, Film u. a.) Abklatsch *m*

ri·poste [rɪ'pəʊst|-'pɒst] **1.** *s* (Fechten) Riposte *f*, Gegen-, Nachstoß *m* | *übertr* schlagfertige Antwort; **2.** *vi* (Fechten) parieren | *übertr* (schlagfertig) kontern

rip|per ['rɪpə] *s* Trennmesser *n* | *Austr Sl* famoser Kerl; Prachtstück *n*; **'~ping 1.** *adj* (auf)trennend, aufschlitzend | *umg arch* glänzend, großartig ⟨we had a ≈ time uns ging es prima⟩; **2.** *adv Sl arch* toll ⟨≈ good mordsmäßig gut⟩; **3.** *s* (Auf-) Trennen *n*, (Auf-) Reißen *n*; **'~ping bar** *s* Brechstange *f*, Kistenöffner *m*; **'~ping ˌchis·el** *s* Stemmeisen *n*, Stechbeitel *m*; **'~ping knife** *s* (*pl* **'~ping knives**) Trennmesser *n*

[1]**rip·ple** ['rɪpl] **1.** *vi* (dahin)rieseln, plätschern | (Getreidefeld u. ä.) sich wiegen, auf- und abgehen | *übertr* murmeln | (Gespräch) auf- u. abschwellen; *vt* in Wellenbewegung versetzen, kräuseln; **2.** *s* Rieseln *n*, Plätschern *n* | *übertr* Auf und Ab *n* ⟨a long ~ of laughter ein mehrmaliges Gelächter⟩ | *Rundf* Netzbrummen *n*; **3.** *adj El* pulsierend

[2]**rip·ple** ['rɪpl] **1.** *s* Flachsriffel *m*; **2.** *vt* (Flachs) riffeln, kämmen

rip|ple cloth ['rɪpl klɒθ] *s* Zibeline *f*; **'~ple efˌfect** *s übertr* sich allmählich ausbreitende Wirkung; **~plet** ['~lət] *s* kleine Welle; **'~pling** *adj* plätschernd (*auch übertr*) | sich kräuselnd; **'~ply** *adj* wellig | gekräuselt | *übertr* plätschernd, murmelnd

rip-roar|ing [ˌrɪp 'rɔːrɪŋ], **~i·ous** [-rɪəs] *adj umg* ausgelassen, lärmend ⟨a ≈ party eine wilde Fete⟩ | aufregend, sagenhaft ⟨a ≈ experience ein tolles Erlebnis⟩

rip|saw ['rɪpsɔː] *s Tech* Brettsäge *f*; **'~tide** *s Mar* (Strom-) Kabbelung *f*

rip·stop ['rɪpstɒp] *adj* (Stoff) reißfest

rise [raɪz] **1.** (**rose** [rəʊz], **ris·en** ['rɪzn]) *vi* aufstehen, sich erheben ⟨to ~ from one's seat sich von seinem Platz erheben, aufstehen⟩ | aufbrechen, die Sitzung schließen, sich vertagen ⟨the House rose at 8 p.m.⟩ | (Flugzeug, Rauch u. ä.) auf-, emporsteigen, sich in die Luft erheben | *Astr* (Sonne, Mond) aufgehen | (Wasser, Wert etc.) (an)steigen | (Stimme, Farbe, Wind) anschwellen, lauter (kräftiger, stärker) werden | *Rel* auferstehen ⟨to ~ from the dead von den Toten auferstehen⟩ | (Fisch) hochkommen, an die Oberfläche kommen | (Berg) auftauchen, sichtbar werden | (Haar) zu Berg stehen | (Hang u. ä.) ansteigen | (Pflanze) gedeihen, wachsen, sprießen | (Fluß, *übertr* Streit u. ä.) entspringen (**from** aus) | *übertr* aufsteigen, vorwärtskommen ⟨to ~ in the world; to ~ to greatness⟩ ◇ **~ to the occasion** *übertr* einer Situation gewachsen sein, mit etw. fertig werden; **~ above** erhaben sein *od* stehen über; **~ against** *übertr* aufstehen, sich empören; *vt* (Vögel) aufjagen | (Fische) an die Oberfläche bringen; **2.** *s* (Auf-) Steigen *n* | Hügel *m*, Anhöhe *f* | *Arch* Pfeil-, Stichhöhe *f* | Anstieg *m* ⟨a ~ in prices⟩ | (sozialer) Aufstieg | *Rel* Auferstehung *f* | *Astr* Aufgehen *n*, Aufgang *m* (Sonne, Mond) ⟨at ~ of sun⟩ | Hochkommen *n* (der Fische etc.) | Hochgehen *n*, Heben *n* (des Vorhangs) | *Tech* Abhebung *f* (eines Werkzeugs) | Ansteigen *n*, Anschwellen *n* (des Wassers etc.) ⟨~ and fall⟩ | Steigerung *f*, Zunahme *f* (**in** an) | *Brit* Lohnerhöhung *f*, Gehaltszulage *f* | Ursprung *m*, Quelle *f* (eines Flusses etc.) (*auch übertr*) | *übertr* Ursache *f* ⟨to give ~ to veranlassen, verursachen⟩ ◇ **get / take a/the ~ out of s.o.** *umg* jmdn. auf die Palme *od* in Harnisch *od* in Rage bringen; **ris·en** ['rɪzn] *part perf von* ↑ **rise 1.**; **'ris·er** *s* Aufstehende(r) *f(m)* ⟨(early) late ≈ (Früh-) Spätaufsteher *m*⟩ | (Futter-, Setz-) Stufe *f* | *Tech* Steigrohr *n*, -leitung *f* | *Arch* Vorderseite *f* | *Mar* (Schiff) Decksunterzug *m* | *Geol* Verwerfungskluft *f*

ris·i|bil·i·ty [ˌrɪzə'bɪlətɪ] *s* (*meist pl*) *förml* Lachlust *f* ⟨to keep down one's ~bilities seine Lachlust bezähmen⟩; **~ble** ['rɪzɪbl] *adj förml* lachlustig, zum Lachen geneigt | Lach- ⟨≈ muscles⟩ | *selten* spaßig

ris·ing ['raɪzɪŋ] **1.** *adj* aufstehend | (auf-, empor-, hoch)steigend, aufgehend | *übertr* emporkommend, aufstrebend | steigend, sich verstärkend | *förml* heranwachsend ⟨~ generation Nachwuchs *m*, junge Generation⟩ | *urspr Am umg* fast ... alt ⟨~ 14 fast 14 Jahre alt⟩; **2.** *s* Aufstehen *n* | *Rel* Auferstehung *f* | Aufstand *m*, Revolte *f* | (An-) Steigen *n* | Steigung *f* | Anhöhe *f* | Steigerung *f*, Erhöhung *f* | *Med* Pustel *f*, Knötchen *n* | *Parl* Vertagung *f*; **ˌ~ 'damp** *s* aufsteigende Nässe (in Wänden) | Bodenfeuchtigkeit *f*; **ˌ~ 'ground** *s Geol* Bodenerhebung *f*; **ˌ~ 'main** *s Tech* Steigrohr *n*

risk [rɪsk] **1.** *s* Wagnis *n*, Risiko *n* ⟨at ~ *förml* gefährdet; at one's own ~ auf eigene Gefahr; at the ~ of one's life unter Lebensgefahr; at the ~ of *mit ger* auf die Gefahr hin zu *mit inf*; to run / take a ~ / ~s ein Risiko eingehen; to run/ take the ~ of *mit ger* Gefahr laufen zu *mit inf*⟩ | *Wirtsch* (Versicherung) Risiko *n*, Verlustgefahr *f*, versichertes Wagnis ⟨accident ~ Unfallrisiko; ~ of fire Brandgefahr *f*; at owner's ~ zu Lasten des Eigentümers; to be on ~ das Risiko tragen, haften; to be a good (poor) ~ kein (ein schlechtes) Risiko sein⟩; **2.** *vt* wagen, riskieren, aufs Spiel setzen ⟨to ~ one's life sein Leben riskieren⟩ | (Verlust u. a.) riskieren, in Kauf nehmen, es ankommen lassen auf ⟨to ~ failure; to ~ *mit ger* riskieren zu *mit inf*⟩; **ˌ~-'ben·e·fit ˌra·ti·o** *s* Verhältnis *n* zwischen Vorteilen und Nachteilen; **'~ful** *adj* gefahrvoll; **'~less** *adj* gefahrlos | *Wirtsch* risikolos; **'~y** *adj* gewagt, gefährlich, riskant | verwegen | schlüpfrig, gewagt

ri·sot·to [rɪ'zɒtəʊ] *s Kochk* Risotto *m*

ris·qué ['riːskeɪ] *adj* ⟨*frz*⟩ (Bemerkung, Situation) gewagt, heikel ⟨a ~ story⟩

ris·sole ['rɪsəʊl] *s Kochk* Rissole *f*, Fleischklößchen *n*, Frikadelle *f*, Brisolette(e) *n(f)*

ri·tar·dan·do [ˌrɪtɑː'dændəʊ] *Mus* **1.** *adj, adv* ritardando, langsamer werdend; **2.** *s* Ritardando *n*

rite [raɪt] *s* (*oft pl*) Ritus *m*, feierliche Handlung ⟨funeral ~s Trauerfeier *f*; last ~s Sterbesakramente *n/pl*⟩

ri·te·nu·to [rɪtə'nuːtəʊ] *adj, adv Mus* zurückgehalten

rit·u·al ['rɪtʃʊəl] **1.** *s* Ritual *n* ⟨to go through the ~s of doing s.th. etw. wie eine rituelle Handlung tun⟩ | *Rel* Gottesdienstordnung *f* ⟨the ~ of the Catholic Church⟩; **2.** *adj* ritual ⟨~ murder⟩ | rituell, feierlich ⟨~ dance⟩; **'~ism** *s* Einhaltung *f* des Rituals | *übertr* übertriebenes Festhalten an rituellen Formen | *Rel* Ritualismus *m* | Ritenkunde *f*; **'~ist** *s* Ritenkundige(r) *f(m)* | *Rel* Ritualist *m*; **ˌ~'is·tic** *adj* ritualistisch, Ritual- | *Rel* hochkirchlich

ritz·y ['rɪtsɪ] *adj urspr Am Sl* nobel, stinkfein, -vornehm | angeberisch, protzig

ri·val ['raɪvl] **1.** *s* Rivale *m*, Nebenbuhler *m* (**for, in** bei, in) ⟨business ~ *Wirtsch* Konkurrent *m*, Mitbewerber *m*; without a ~ ohnegleichen; to be ~s for rivalisieren um⟩; **2.** *adj* (*nur attr*) rivalisierend, wetteifernd ⟨~ firm Konkurrenzfirma *f*⟩; **3.** (**'ri·valled, 'ri·valled**) *vt* wetteifern mit, rivalisieren mit ⟨to ~ s.o. for s.th. mit jmdm. konkurrieren in etw.⟩ | *übertr* (jmdm.) gleichkommen (**in** in [bezug auf]); *vi* wetteifern (**with** mit); **'~ry, '~ship** *s* Rivalität *f*, Nebenbuhlerschaft *f* | Wetteifer *m* ⟨friendly ≈ between⟩ | Konkurrenz *f* (**in** in, bei) ⟨to enter into ≈ with konkurrieren mit⟩

rive [raɪv] (**rived, rived** *od* **riv·en** ['rɪvn]) *arch vt* (auf-, zer)spalten | zerreißen (*auch übertr*) ⟨a heart riven by grief ein von Schmerz zerrissenes Herz⟩; ~ **off** abreißen; *vi* reißen (**at** an) | zerreißen | *übertr* brechen; **riv·en** ['rɪvn] *part perf von* ↑ **rive**

riv·er ['rɪvə] *s* Fluß *m*, Strom *m* ⟨the ∸ Thames die Themse; down the ~ stromabwärts; up the ~ stromauf; to sell s.o. down the ~ *umg* jmdn. im Stich lassen *od* verraten⟩ | *übertr* Flut *f*, Strom *m* ⟨a ~ of tears ein Tränenstrom; ~s of blood großes Blutvergießen⟩; **'~bank** *s* Flußufer *n*; **'~ ˌba·sin** *s* Fluß-, Stromgebiet *n*; **'~bed** *s* Flußbett *n*; **'riv·ered** *adj* bewässert; **'~ hog** *s Zool* Flußschwein *n*; **'~ horse** *s Zool* Nilpferd *n*; **'~mouth** *s* Flußmündung *f*; **'~side 1.** *s* Flußufer *n* ⟨by the ≈ am (Fluß-) Ufer⟩; **2.** *adj* Ufer- ⟨a ≈ villa⟩; **'~ ˌtraf·fic** *s* Flußverkehr *m*; **'~way** *s* Wasserweg *m*

riv·et ['rɪvɪt] **1.** *s Tech* Niete *f*, Niet *m*; **2.** *vt Tech* (ver)nieten | festmachen, befestigen (**on** auf) | *übertr* fest einwurzeln lassen, fest einprägen ⟨to ~ partition die Teilung festschreiben⟩ | (Blick) haften (**on** auf) ⟨to ~ one's eyes on⟩ | *übertr* (jmdn.) fesseln ⟨to ~ s.o.'s attention; to stand ~ted to the ground / spot wie angewurzelt stehenbleiben⟩; **'~er** *s* Nieter *m* | Nietmaschine *f*; **'~ing 1.** *s* Nietung *f* | Nieten *n*; **2.** *adj übertr* spannend, fesselnd ⟨a ≈ account eine spannende Schilderung⟩; **'~ ˌham·mer** *s* Niethammer *m*; **'~ set** *s* Nietstempel *m*, Döpper *m*, Kopfmacher *m*; **'~ stock** *s* Nieteisen *n*; **'~ tongs** *s* Niethalter *m*, -zange *f*

ri·vi·e·ra [ˌrɪvɪ'ɛərə] *s* (*oft* ∸) Riviera *f* ⟨the Cornish ∸⟩

ri·vose ['raɪvəʊs|rɪ'vəʊs] *adj* faltig, zerfurcht

riv·u·let ['rɪvjʊlət|-let] *s* Flüßchen *n*

RN *Abk* von **Royal Navy** ⟨Captain Jones, RN⟩

RNA [ˌɑːrə'neɪ] *s Chem* RNA (*Abk* von **ribonucleic acid**)

[1]**roach** [rəʊtʃ] *s Zool* Plötze *f*, Rotauge *n* ⟨sound as a ~ *übertr* munter wie der Fisch im Wasser⟩

[2]**roach** [rəʊtʃ] = **cock~** | *Sl* angerauchte Marihuana-Zigarette, Drogenstempel *m*

road [rəʊd] **1.** *s* (Land-) Straße *f* ⟨main and subsidiary ~s Haupt- und Nebenstraßen; the London ~ die Straße nach London; by ~ auf dem Straßenweg; zu Fuß; rules of the ~ Verkehrsregeln *f/pl* (auch für Schiffe); to take to the ~ *Brit Hist* zum Straßenräuber werden; vagabundieren⟩ | ∸ Straße *f* ⟨39 Town ∸⟩ | (Reise-) Weg *m* ⟨for the ~ für unterwegs, zum Abschied; in the ~ im Weg; on the ~ unterwegs; *Theat* auf Gastspielreise; royal ~ to glatte Straße nach *od* zu, leichter Zugang zu; to go to the end of the ~ *übertr* bis zum Äußersten gehen; to take the ~ auf die Reise gehen, sich auf den Weg machen; over the ~ *Am* ins Gefängnis⟩ | *Bergb* Strecke *f* | *Mar oft pl, auch* **'~stead** Reede *f* ⟨to ride at the ~; to be in the ~s auf der Reede liegen⟩ | *Am* Eisenbahn *f* | *übertr* Weg *m* ⟨to be in s.o.'s ~ jmdm. im Weg stehen; to get out of s.o.'s ~ jmdm. den Weg freimachen; the ~ to ruin der Weg ins Verderben⟩ | *übertr* Problem *n*, Schwierigkeit *f*; **2.** *vt, vi* (Flugwild) aufspüren; **ˌ~a'bil·i·ty** *s Kfz* Straßenlage *f*; **'~ ˌa·gent** *s Am umg* Straßenräuber *m*; **'~ ˌat·las** *s* Straßenverkehrskarte *f*, Straßenatlas *m*; **'~bed** *s Tech* Straßenbett(ung) *n(f)* | *Eisenb* Unterbau *m*, Gleiskörper *m*; **'~ beˌhav·iour** *s* Verkehrsdisziplin *f*, Verhalten *n* im Straßenverkehr; **'~block** *s Mil* Straßensperre *f*; **'~craft** *s Brit Kfz* fahrerisches Können; **'~ fund** *s Brit* Mittel *pl* für den Straßenbau; **'~ hog** *s umg* Verkehrsrowdy *m*; **'~-ˌhog** *vi umg* rücksichtslos fahren; **'~ˌhold·ing** *s Kfz* Straßenlage *f*; **'~ horse** *s* Reisepferd *n*; **'~ie** *s Sl* Tourassistent(in) *m(f)* ⟨the Rolling Stones and their ≈s⟩; **'~ing** *s* Straßenbau *m*; **'~house** *s* Rasthaus *n*; **'~ ˌjunc·tion** *s* Straßenkreuzung *f*; **'~less** *adj* straßenlos, ohne Straßen; **'~ ˌmak·ing** *s* Straßenbau *m*; **'~man** *s* (*pl* **'~men**) Straßenarbeiter *m*; **'~man·ship** *s* Verkehrsverhalten *n*; **'~ map** *s* Verkehrsatlas *m*; **'~ˌmend·er** *s* Straßenbauarbeiter *m*; **'~ ˌmet·al** *s* Straßenschotter *m*; **'~ ˌroll·er** *s Tech* Straßenwalze *f*; **'~ sense** *s Kfz* Fahrverstand *m*; **'~side 1.** *s* (Land-) Straßenrand *m* ⟨by the ≈ an der Landstraße, am Wege⟩; **2.** *adj* an der Landstraße gelegen ⟨≈ inn⟩; **~stead** ['~sted] *s Mar* Reede *f*; **~ster** ['~stə] *s* Reisepferd *n* | *Mar* Schiff *n* auf der Reede | erfahrener Reisender | Tourenrad *n* | *Am Kfz* Roadster *m*, Sportzweisitzer *m*; **'~ stud** *s* Markierungsknopf *m*; **'~ test** *s Kfz* Straßentest *m*, Probefahrt *f*; **'~way** *s* Landstraße *f* | Fahrbahn *f*, -damm *m* (*Ant* footpath) | Landstraße *f*, Fahrweg *m*; **'~works** *s pl* Straßen(bau)arbeiten *pl*; **'~ˌwor·thy** *adj* verkehrssicher, -tüchtig

roam [rəʊm] **1.** *vi, auch* **~ about / around** (umher)wandern, -streifen ⟨to go ~ing auf Wanderschaft gehen⟩; *vt* durchwandern, durchstreifen ⟨to ~ the seas die Meere befahren⟩; **2.** *s* Wandern *n*; **'~er** *s* Vagabund *m* | (Hund) Herumstreuner *m* | *übertr* jmd., der (an einem Ort) keine Ruhe findet ⟨a ≈ by nature ein Wandervogel; jmd., der immer etwas Neues kennenlernen muß⟩

roan [rəʊn] **1.** *adj* (Tier) gescheckt, gefleckt ⟨a ~ cow⟩ | rötlichgrau ⟨a ~ horse ein Rotschimmel⟩; **2.** *s* Rotgrau *n* | *Zool* Rotschimmel *m* | (Buchbinderei) weichgegerbtes Schafleder

roar [rɔː] **1.** *vi* brüllen, schreien (**with** vor, **for** um) ⟨to ~ at s.o. jmdn. anbrüllen; to ~ with anger (pain) vor Wut (Schmerz) brüllen⟩ | toben, brausen | donnern, grollen | dröhnen (**with** vor) ⟨to ~ with laughter laut lachen⟩ | krachen | (Pferd) keuchen; *vt, auch* **~ out** laut herausschreien ⟨to ~ one's approval Zustimmung brüllen; to ~ out an order einen Befehl brüllen; to ~ o.s. hoarse sich heiser schreien⟩; **~ down** (jmdn.) niederbrüllen, -schreien; **2.** *s* Brüllen *n*, Gebrüll *n*, Geschrei *n* ⟨a ~ of rage ein Wutschrei; to set the room (table) in a ~ den Raum (Tisch) laut zum Lachen bringen⟩ | Heulen *n*, Brausen *n*, Toben *n* ⟨~ of the sea⟩ | Krachen *n* | (Geschütz u. ä.) Donner *m* | (Sturm- u. ä.) Getöse *n* ⟨in a ~ mit Getöse⟩; **'~er** *s* Schreier *m* | keuchendes Pferd; **'~ing 1.** *adj* brüllend, schreiend | stürmisch, tosend ⟨a ≈ storm; the ≈ forties stürmischer Teil des Atlantischen Ozeans (auf den 40er Breitengraden)⟩ | donnernd, krachend | *umg* glänzend, großartig ⟨a ≈ success ein Riesenerfolg *m*; in ≈ health bei glänzender Gesundheit; to do a ≈ trade in s.th. ein Bombengeschäft machen mit etw.⟩; **2.** *adv* unmäßig, völlig ⟨≈ drunk⟩; **3.** *s* Brüllen *n*, Schreien *n*, Gebrüll *n* | Stürmen *n*, Tosen *n* | Donnern *n*, Krachen *n* | Keuchen *n* (des Pferdes)

roast [rəʊst] **1.** *vt* (am Spieß *od* im Bratofen Fleisch, Kartoffeln u. a.) braten, rösten ⟨to ~ a chicken⟩ | (Äpfel u. a.) backen | *übertr* (in der Sonne) schmoren ⟨to ~ o.s.; to be ~ed alive *umg* sich totschwitzen, (in der Sonne) gebraten werden⟩ | (Kaffee) rösten, brennen | *Tech* ab-, ausschwelen, ausglühen | *übertr urspr Am umg* (jmdn.) aufziehen ◇ **fit to ~ an ox** (Feuer) hell lodernd, gut brennend; *vi* braten, rösten, schmoren ⟨to ~ in an oven⟩; **2.** *s* Braten *m* ⟨to give s.th. a good ~ etw. gut durchbraten⟩ | Gebratenes *n* ⟨cold ~ kalter Braten⟩ | *Am* Braten *n* (im Freien), Grillparty *f* | *umg* Hänselei *f*; **3.** *adj* (im Bratofen *od* auf dem

Spieß) gebraten, geröstet, Röst- ⟨~ beef Roastbeef *n*, Rinderbraten *m*; ~ chicken gebratenes Hühnchen; ~ potatoes Bratkartoffeln *pl*⟩; **'~er** *s* (Brat-) Rost *m* | Kaffeebrennmaschine *f*, -trommel *f* | Brathähnchen *n* | Spanferkel *n* | *umg* Spötter(in) *m(f)*; **'~ing** **1.** *s* Rösten *n* ⟨to give s.o. a good/real ≈ *übertr* jmdn. auf die Schippe nehmen; jmdn. heftig kritisieren⟩; **2.** *adj* Röst-, Brat- | *übertr* (Wetter) knallheiß, zum Braten; **3.** *adv* glut-, kochend- ⟨≈ hot⟩; **'~ing jack** *s* Bratenwender *m*

rob [rɒb] **(robbed, robbed)** (aus)rauben ⟨to ~ a bank⟩ | *auch übertr* (jmdn.) berauben **(of s.th.** einer Sache) ⟨to ~ s.o. of his watch; to ~ s.o. of his happiness⟩ | *Tech* Raubbau treiben mit; *vi* rauben, stehlen; **'~ber** *s* Räuber *m*; **ˌ~ber 'bar·on** *s Hist* Raubritter *m*; **'~ber·y** *s* Raub *m* **(from** an) ⟨≈ with violence gewaltsamer Raub⟩ | *umg* Ausbeutung *f* ⟨daylight ≈ *Wirtsch* schamlose Preistreiberei, Preiswucher *m*; sheer ≈ reinster Nepp⟩

robe [rəʊb] **1.** *s* (*oft pl*) Robe *f*, Amtstracht *f*, Talar *m* ⟨state ~ Amtskleid *n*; coronation ~s Krönungsornat *m*⟩ | langes Kleid, Abendkleid *n* | loser Mantel ⟨bath~ Bademantel *m*⟩ | *Am* (warme) Decke | *übertr* Hülle *f*, Mantel *m*; **2.** *vt* feierlich ankleiden **(in** in) | *übertr* einhüllen; *vi* die Amtstracht anlegen | *übertr* sich schmücken; **robed** *adj* in Amtstracht (gekleidet)

rob·in ['rɒbɪn] *Zool s*, *auch* **ˌ~ 'red·breast** Rotkehlchen *n* | *Am* Wanderdrossel *f*

rob·ing ['rəʊbɪŋ] *s* feierliche Einkleidung | Kleid *n*, Gewand *n* | Volant *m*, Rüsche *f*

Rob·in Good·fel·low [ˌrɒbɪn 'gʊdfeləʊ] *s Brit* (Haus-) Kobold *m*, (Art) Heinzelmännchen *n*

ro·bin·i·a [rəʊ'bɪnɪə] *s Bot* Robinie *f*

rob·o·rant ['rɒbərənt] *Med* **1.** *adj* stärkend, kräftigend; **2.** *s* Roborans *n*, Stärkungsmittel *n*

ro·bot ['rəʊbɒt] *s* Roboter *m*, künstlicher Mensch | Automat *m* | *Mil* vollautomatische Waffe; **~ics** [rəʊ'bɒtɪks] *s* Robotertechnik *f*; **~ism** ['rəʊbətɪzm] *s* Robotertum *n* | Mechanisierung *f*; **~ize** ['rəʊbətaɪz] *vt Am* mechanisieren; **~ry** ['rəʊbətrɪ] *s* Robotertum *n*

ro·bust ['rəʊbʌst|rə'bʌst] *adj* kräftig, robust ⟨a ~ health⟩ | gesund ⟨~ appetite⟩ | herb; schwer ⟨~ work⟩ | *oft euphem* (Witz u. ä.) grob, derb | *Tech* stabil, widerstandsfähig

¹rock [rɒk] *s* Felsen *m*, Felsgestein *n* ⟨built upon ~; as firm/solid/steady as a ~ unbeweglich, festgefügt; *übertr* (Person) zuverlässig⟩ | Felsblock *m*, Steinbrocken *m* | Klippe *f* (*auch übertr*) ⟨on the ~s *Mar* aufgelaufen; *übertr umg* pleite, auf dem trockenen; *übertr* (Ehe) kaputt, in die Brüche gegangen; (Whisky u. ä.) mit Eiswürfeln; to see ~s ahead *Mar* Klippen sichten; *übertr* Unheil voraussehen⟩ | *übertr* Fels *m*, Zuflucht *f* ⟨the Lord is my ~, the ~ of ages Christus, der christliche Glaube⟩ | Zuckerstange *f* ⟨a stick of ~⟩

²rock [rɒk] **1.** *vt* (Kind) wiegen, schaukeln ⟨to ~ s.o. to sleep jmdn. in den Schlaf wiegen⟩ | ins Wanken bringen, erschüttern ⟨to ~ the boat *übertr verächtl* eine Sache gefährden, ins Wanken bringen⟩ | *Bergb* rütteln, schütteln; *vi* sich wiegen, sich schaukeln | schaukeln, schwanken **(on** auf) | (Schiff) schlingern | *Bergb* (Erz) sich waschen lassen

³rock [rɒk] *s* Spinnrocken *m*

⁴rock [rɒk] *s* Rock(musik) *m(f)* ⟨hard ~⟩

rock| and roll [ˌrɒk ən 'rəʊl] *s* Rock'n'Roll *m* (Musik, Tanz); **'~ ˌbal·lett** *s* Rockballett *n*; **ˌ~ 'bot·tom** *s umg* Tiefpunkt *m*, Allerniedrigstes *n* ⟨to reach ≈ den niedrigsten Stand erreichen; to get down to ≈ (e-r Sache) auf den Grund gehen⟩; **ˌ~-'bot·tom** *adj umg* allerniedrigste(r, -s) ⟨≈ prices Niedrigpreise *pl*⟩; **'~bound** *adj* (Küste) von Felsen umschlossen | *übertr* eisern; **'~ cake** *s* Plätzchen *n*; **'~ ˌcan·dy** *s* Plätzchen *n* | Kandiszucker *m*; **'~ ˌclimb·ing** *s* Bergsteigen *n*; **'~ ˌcrys·tal** *s Min* Bergkristall *m*; **'~er** *s* Kufe *f* | Schaukelpferd *n* | *Am* Schaukelstuhl *m* | *Tech* Wippe *f* | *Min* Schwingtrog *m* | *Brit* Rocker *m*, Halbstarker *m* | *Mus* Schlager *m* | Rockmusical *n* | Rocksänger(in) *m(f)* | Rockfan *m* ◇ **ˌoff one's '~er** *Sl* bescheuert; **'~er·y** *s* Steingarten *m*

¹rock·et ['rɒkɪt] **1.** *s* Rakete *f*, Feuerwerkskörper *m* | *auch Mil* Rakete *f* ⟨carrier ~ Trägerrakete *f*; step ~ Stufenrakete *f*⟩ | *Brit umg* Anpfiff *m*, Zigarre *f* ⟨to get (give) s.o. a ~ einen Anpfiff bekommen (jmdn. scharf rannehmen)⟩; **2.** *vt Mil* mit Raketen beschießen; *vi* (Preise u. ä.) (wie eine Rakete) (vorbei)zischen, hochschießen (*auch übertr*) | rasch Karriere machen

²rock·et ['rɒkɪt] *Bot s* Senfkohl *m*, Rauke *f* | Nachtviole *f*

rock·et| base ['rɒkɪt beɪs] *s* Raketen(abschuß)basis *f*; **'~ bomb** *s* Bombe *f* mit Raketenantrieb; **'~ drive** *s* Raketenantrieb *m*; **'~drome** *s* Weltraumflugplatz *m*; **ˌ~ 'launch·ing site** *s* Raketenabschußbasis *f*; **'~ plane** *s* Raketenflugzeug *n*; **'~-proˌpelled** *adj* raketengetrieben, mit Raketenantrieb; **'~ proˌpul·sion** *s* Raketenantrieb *m*; **'~ range** *s* Raketenschießstand *m*, -gelände *n*; **'~ry** *s* Raketenantrieb *m* | Raketentechnik *f*

rock·fest ['rɒkfest] *s Am* Rockfestival *n*

rock| garden ['rɒk ˌgɑ:dn] *s* Steingarten *m*; **'~ goat** *s Zool* Steinbock *m*; **'~-hewn** *adj* in Fels gehauen; **'~ies** *s/pl Am umg* Rocky Mountains *pl*

rock·ing ['rɒkɪŋ] **1.** *adj* schaukelnd, Schaukel-; **2.** *s* Schaukeln *n*; **'~ chair** *s* Schaukelstuhl *m*; **'~ horse** *s* Schaukelpferd *n*

rock|less ['rɒkləs] *adj* felsenlos; **'~like** *adj* felsartig; **~ 'n' roll** [ˌ~ ən 'rəʊl] *s Mus* Rock 'n' Roll *m*; **'~ oil** *s Min* Stein-, Erdöl *n*; **'~ ˌpi·geon** *s Zool* Felsentaube *f*; **'~ ˌpip·it** *s Zool* Strandpieper *m*; **'~ plant** *s Bot* Alpen-, Felsen-, Steingartenpflanze *f*; **ˌ~ 'sal·mon** *s Zool Brit* Köhlerfisch *m* | *Am* Amberfisch *m* | *Brit* (Handelsbezeichnung für) Dorsch *m*; **'~ salt** *s* Steinsalz *n*; **'~slide** *s* Felssturz *m*; **'~weed** *s Bot* Seetang *m*; **'~work** *s* natürliche Felsenmauer | Steingarten *m* | (künstliches) Grottenwerk; **¹'~y** *adj* felsig, voller Felsen ⟨a ≈ ground steiniger Untergrund; ≈ Mountains *Am* Rocky Mountains *pl*⟩ | Klippen- | felsartig | *übertr* steinhart

²rock·y ['rɒkɪ] *adj umg* (Tisch u. ä.) wacklig, torkelig | *übertr* wankend, unsicher

ro·co·co [rə'kəʊkəʊ|rəʊ-] **1.** *s* Rokoko *n*; **2.** *adj* Rokoko- | schnörk(e)lig

rod [rɒd] **1.** *s* Gerte *f*, Rute *f* | *auch* **'fish·ing ~** Reis *n*, Angelrute *f* ⟨to go fishing with ~ and line⟩ | (Zucht) Rute *f*, Stock *m* (*auch übertr*) ⟨to give s.o. the ~ jmdn. züchtigen; to make a ~ for one's own back *übertr* sich die Rute selber flechten; to have a ~ in pickle for s.o. *übertr selten* mit jmdm. noch ein Hühnchen zu rupfen haben; spare the ~ and spoil the child *Sprichw* wer die Rute spart, verzieht das Kind⟩ | Amtsstab *m*, Zepter *n* | *Tech* Stab *m*, Stange *f*, Bügel *m*, Strebe *f*, Querhaupt *n*, Draht *m* ⟨piston ~ Kolbenstange *f*⟩ | *Tech* Meßlatte *f* | Rute *f* (Längenmaß = 5½ Yard) | 306 Kubikfuß (Raummaß) | *Am Sl* Schießeisen *n*, Kanone *f*; **2.** (**'~ded, '~ded**) *vt* mit Stangen versehen; **'~ ˌaer·i·al** *s* Stabantenne *f*; **'~ ˌbay·o·net** *s Mil* Stangenbajonett *n*; **'~ding** *s Tech* Gestänge *n*

rode [rəʊd] *prät* von ↑ **ride**

ro·dent ['rəʊdnt] *Zool* **1.** *adj* nagend, Nage- | *Med* fressend; **2.** *s* Nagetier *n*

ro·de·o [rəʊ'deɪəʊ] *Am, Kan s* Zusammentreiben *n* des Viehs | Rodeo *n, f*, Cowboyturnier *n* | Schauvorführung *f*, -turnier *n* ⟨bicycle ~; parachute ~⟩

rod|like ['rɒdlaɪk] *adj* stabförmig; **'~ mill** *Tech s* Rohr-, Stabmühle *f* | Feineisenstraße *f*, Stabstraße *f*

rod·o·mon·tade [ˌrɒdəmɒnˈteɪd|-ˈtɑ:d] *förml verächtl* **1.** *s* Großtuerei *f*, Prahlerei *f*; **2.** *adj* aufschneiderisch; **3.** *vi* aufschneiden, prahlen

¹**roe** [rəʊ] *s Zool* (Fisch-) Rogen *m*, Fischlaich *m* ⟨hard ~ Rogen *m*; soft ~ Fischmilch *f*⟩

²**roe** [rəʊ] *s Zool* Reh *n*; **ˈ~buck** *s Zool* Rehbock *m*; **ˈ~ deer** *s Zool* Reh *n*

roent·gen, *auch* **rönt·gen** [ˈrɒntjən|-ntgən|ˈrʌn-|ˈrɜ:n-] *Phys* **1.** *s* Röntgen *n*; **2.** *vt* = **ˈ~ize**; **ˈ~ism** *s* Röntgentherapie *f* | Röntgendiagnostik *f*; **ˌ~iˈza·tion** *s* Röntgen *n*, Durchleuchten *n* | Röntgenbestrahlung *f*; **ˈ~ize** *vt* röntgen, durchleuchten | mit Röntgenstrahlen behandeln; **ˈ~o·gram** [ˈ~əgræm] *s* Röntgenaufnahme *f*; **~o·graph** [ˈ~əgrɑ:f] **1.** *s* Röntgenbild *n*; **2.** *vt* ein Röntgenbild machen von; **~o·graph·ic** [ˌ~əˈgræfɪk] *adj* röntgenologisch; **~og·ra·phy** [ˌ~ˈɒgrəfɪ] *s* Röntgenphotographie *f*; **~o·log·ic** [ˌ~əˈlɒdʒɪk], **ˌ~oˈlog·i·cal** *adj* röntgenologisch, Röntgen- ⟨≈ examination Röntgenuntersuchung *f*⟩; **~ol·o·gist** [ˌ~ˈɒlədʒɪst] *s* Röntgenologe *m*, Radiologe *m*; **ˌ~ˈol·o·gy** *s* Röntgenologie *f*, Röntgenkunde *f*; **~o·ther·a·py** [ˌ~əˈθerəpɪ] *s* Röntgentherapie *f*; **ˈ~ ray** *s* Röntgenstrahl *m*; **ˈ~ tube** *s* Röntgenröhre *f*

ro·ga·tion [rəʊˈgeɪʃn] *s Rel* Bittlitanei *f*, Bitte *f* | *meist pl* Prozession *f*; **ˈ~ week** *s Rel* Bittwoche *f*

ro·ger [ˈrɒdʒə] *interj* (Funkverkehr) Roger!, verstanden!

Rog·er [ˈrɒdʒə] *s*, *oft* **ˌJolly ˈ~** schwarze Piratenflagge ◇ **Sir ˌ~ de ˈCoverley** alter englischer Volkstanz

rogue [rəʊg] **1.** *s* Schurke *m*, Schuft *m* | *selten umg scherzh* Schlingel *m* ⟨you little ~⟩ | Spaßvogel *m* | *arch* Landstreicher *m* | *Zool* bösartiger Einzelgänger (*bes* Elefant) | bokkendes Pferd | Ausreißer *m* | *Bot* minderwertiger Setzling, Sämling *m*; **2.** *adj* Einzelgänger-, abgesondert von der Herde ⟨~ elephant⟩; **3.** *vt* betrügen | *Bot* von minderwertigen Pflanzen befreien; *vi* unredlich handeln | *arch* ein Landstreicherleben führen; **ˈro·guer·y** *s* Schurkerei *f*, Bubenstück *n* | *umg* Schalkhaftigkeit *f*; **ˌrogues' ˈgal·ler·y** *s* Verbrecheralbum *n*; **ˈro·guish** *adj* betrügerisch | *selten* schelmisch, verschmitzt, schalkhaft ⟨≈ eyes; ≈ as a kitten frech wie ein Kätzchen⟩ | *Bot* entartet

roist·er|er [ˈrɔɪstərə] *s* Krakeeler *m*, Radauschlager *m*; **ˈ~ous** *adj* krakeelend, lärmend

role, *auch* **rôle** [rəʊl] *s Theat, übertr* Rolle *f* ⟨to play a ~ eine Rolle spielen⟩; **ˈrole ˌmod·el** *s* Vorbild *n*; **ˈrole-play** *vt* die Rolle spielen von, nachahmen | *übertr* nachleben; *vi* andere nachahmen, eine Rolle spielen, sich in andere versetzen; **ˈrole ˌplay·ing** *s* Rollenspiel *n* (*auch übertr*)

Rolf·ing [ˈrɒlfɪŋ], *auch* ≁ *s* Muskelmassage *f*

roll [rəʊl] **1.** *s* (Papier-, Film-, Stoff-, Teppich- u. ä.) Rolle *f* | Schriftstück *n*, Urkunde *f* | Liste *f*, Verzeichnis *n* | Namensverzeichnis *n* ⟨to call the ~ die Namen ver-, vorlesen; ~ of honour Ehrentafel *f*; Namen *pl* der Gefallenen⟩ | Anwaltsliste *f* ⟨to strike off the ~ Anwaltsgenehmigung entziehen; (Arzt) nicht mehr praktizieren lassen⟩ | *Am* Bündel *n* Papiergeld | etw. Zusammengerolltes *n* | *Kochk* Fleischroulade *f* ⟨sausage ~ Wurst *f* im Schlafrock⟩ | Semmel *f*, Brötchen *n* | *übertr* Wulst *m* ⟨~s of fat⟩ | *Arch* Schnörkel *m* | Umschlag *m* (e-s Kleidungsstücks) | *Tech* Walze *f*, Rolle *f* | *Tech* Ablaufhaspel *f* | *Tech* Rollen *n*, Walzen *n* | rollende Bewegung, Wälzen *n* ⟨a ~ on the grass⟩ | *Mar* Schlingern *n* | schlenkernder Gang | *Flugw* Rolle *f* | Rollen *n* (des Donners) | Trommelwirbel *m*;

2. *vi* rollen ⟨to keep the ball ~ing alles in Schwung halten, nicht locker lassen; to set/start the ball ~ing *übertr* den Stein ins Rollen bringen⟩ | sich rollen lassen | *Tech* sich walzen lassen | *Mar* schlingern, rollen | *Flugw* eine Rolle machen | sich wiegen, schlenkernd gehen | (Augen) rollen (**at** nach) | (Donner) rollen | (Trommel) wirbeln | (Wogen, Zeit) (dahin)rollen, vergehen | sich (dahin)wälzen (**from** von, **into** in) | widerhallen | (Landschaft) sich wellenförmig ausbreiten *od* hinziehen | *übertr* sich ergießen; **~ about** *umg* (vor Freude) sich wälzen, sich kringeln; **~ along** *Sl* abdampfen; **~ away** sich verziehen; **~ back** (Wellen) zurückgehen, zurückfließen; **~ by** (Fahrzeug) vorbeirollen | (Zeit) dahingehen; **~ in** (ständig neu) eingehen, eintreffen | *umg* (*meist* Verlaufsform) sich wälzen in, übergenug haben an ⟨to be ~ing in money⟩; **~ down** (Tränen u. a.) herabrollen; **~ off** (Fahrzeug u. ä.) weg-, davonrollen | (Person, Gegenstand) herunter-, hinunterrollen; **~ on** gut rutschen, (Kleid) sich (leicht) überziehen lassen | (Fluß u. ä.) dahinfließen, sich ergießen | (*oft imp*) (Zeit) fortschreiten, verfliegen, (Zeitpunkt) herankommen ⟨~ on my time! *umg* wenn doch meine Zeit bald um wäre!⟩; **~ over** sich kugeln, sich herumwälzen | (im Bett) sich auf die andere Seite legen; **~ up** (Igel) sich zusammenrollen | *umg* eintrudeln, angewalzt kommen, aufkreuzen (*Ant* unroll) | (*meist imp*) sich versammeln ⟨~ up!, ~ up! (Ausschreier) treten Sie ein!, immer herein!⟩;

vt rollen, wälzen, zusammenrollen (**into** in) | herumwälzen, herumdrehen | *Tech* (Metall) ausrollen, walzen | rollend aussprechen ⟨to ~ one's r's das R rollen⟩ | (Augen) rollen (**at** nach) | (Trommel) wirbeln | *Mar* (Schiff) zum Rollen bringen; **~ away** fortrollen, fortwälzen; **~ back** *bes Mil* aufrollen, zurückschlagen (*auch übertr*) | *Am Wirtsch* (Preise) (behördlich angeordnet) senken; **~ by** (Kopien) vervielfältigen, abziehen; **~ on** (Strumpf) anziehen; (Pullover u. ä.) überziehen; **~ out** hinausrollen, hinausfahren | (Teig) ausrollen, auswellen | *Tech* auswalzen | (Lied) hinausschmettern; **~ over** überfahren | umstoßen; **~ up** heranrollen, heranfahren | aufrollen | aufwickeln ⟨to ~ up a map eine Karte entfalten; to ~ one's sleeves up *umg* sich die Ärmel hochkrempeln, sich an die Arbeit machen⟩ | *Mil* (Stellung) aufrollen | anhäufen, ansammeln;

ˈ~a·ble *adj* (auf)rollbar | *Tech* walzbar; **ˈ~ bar** *s Kfz* Überrollbügel *m*; **ˈ~cage** *s* Drahtschutz *n*, -gitter *n*; **ˈ~ call** *s* Namensverlesung *f* ⟨to have a ≈ alle Namen aufrufen *od* verlesen⟩ | *Mil* (Anwesenheits-) Appell *m* ⟨after ≈⟩; **ˌ~ ˈcol·lar** *s* Schalkragen *m*; **rolled** *adj* gerollt, Roll- ⟨≈ ham Rollschinken *m*⟩ | *Tech* (Metall) gewalzt, Walz- ⟨≈ gold Walzgold *n*; ≈ iron Walzeisen *n*⟩; **ˈ~er** *s* Rolle *f* | *Tech* Läufer *m*, Rädchen *n*, Röllchen *n* | *Tech* Lauf-, Bandrolle *f* | *Tech* Welle *f* | *Tech* Walze *f*, Zylinder *m* | *Typ* Druckwalze *f* | *Mar* Sturzwelle *f* | *Am Sl* Polyp *m*; **ˈ~er ˌband·age** *s Med* Rollbinde *f*; **ˈ~er ˌbear·ing** *s Tech* Rollenlager *n*; **ˈ~er blind** *s Brit* Rolladen *m*, Rollvorhang *m*, Rouleau *n*; **ˈ~er clutch** *s Tech* Rollenkupplung *f*; **ˈ~ ˌcoast·er** *s* Achterbahn *f*, Berg-und-Talbahn *f*; **ˈ~er ˌdis·co** *s bes Am* Rollschuhdisko(thek) *f*(*f*); **ˈ~er drome** *s Am* Rollschuhbahn *f*; **ˈ~er ˌhock·ey** *s* (Sport) Rollhockey *n*; **ˈ~er skate** *s* (*meist pl*) Rollschuh *m*; **ˈ~er-ˌskat·ing** *s* Rollschuhlaufen *n*; **ˈ~er ˌtow·el** *s* Rollhandtuch *n*; **ˈ~ film** *s* Rollfilm *m*

rol·lick [ˈrɒlɪk] **1.** *s* Herumtollen *n*, Ausgelassenheit *f*; **2.** *vi* herumtollen, ausgelassen sein; **ˈ~ing, ˈ~some** *adj* ausgelassen, übermütig ⟨to have a ~ing time ausgelassen sein⟩

roll·ing [ˈrəʊlɪŋ] **1.** *s* Rollen *n* | Brausen *n*, Dahinfließen *n* | *Mar* Schlingern *n* | *Tech* Walzen *n*; **2.** *adj* rollend, Roll- | wellig, wellenförmig (Gelände) | *Tech* Walz- | *Mar* schlingernd | (Gang) wiegend | *umg* (Person) schwerreich ⟨to be simply ~ die Taschen voller Geld haben⟩; **ˈ~ chair** *s* Rollstuhl *m*; **ˈ~ door** *s* Rolltür *f*; **ˈ~ maˌchine** *s* Walzmaschine *f*; **ˈ~ mill** *s* Walzwerk *n* | Walzmaschine *f*; **ˈ~ pin** *s* Nudelholz *n*; **ˈ~ stock** *s Eisenb* rollendes Material, Fahrzeuge *pl*, Wagenpark *m* | *Wirtsch* Betriebsmittel *n/pl*; **ˌ~ing ˈstone** *s* *umg* jmd., der ständig auf Achse ist ◇ **a ~ing stone gathers no moss** *Sprichw* ein unsteter Mensch bringt es zu nichts

roll|-neck ['rəʊlnek] *adj* Rollkragen- ⟨≈ pullover⟩; **'~-on 1.** *s* (Damen-) Hüftgürtel *m* | Miederhöschen *n* | (Deo-) Roller *m*; **2.** *adj* Roll-on-, zum Auftragen ⟨≈ deodorant; ≈ night-cream⟩ | *Mar* für Lastzüge, Roll-on- ⟨≈ ship⟩; **~-ˌon roll-'off** *adj Mar* Roll-on-Roll-off-, Ro-Ro- ⟨≈ system⟩; **'~-out** *s Flugw* Ausrollen *n* | Vorstellung *f* eines neuen Flugzeugtyps; **'~ top** *s* Rolladen *m* (eines Rollpults) | Rollpult *n*; **ˌ~top 'desk** *s* Rollpult *n*; **'~-up 1.** *s* (Schinken- u. ä.) Röllchen *n* | *umg* selbstgedrehte Zigarette | *Austr* (Menschen-) Ansammlung *f*; **2.** *adj* hoch-, aufrollbar ⟨≈ blinds Rolladen *pl*⟩

ro·ly-po·ly [ˌrəʊlɪ 'pəʊlɪ] **1.** *s, Brit auch* **ˌ~ 'pud·ding** gerollter Pudding | *umg* dickes Kind, Pummelchen *n*; **2.** *adj* mollig, dick u. rund ⟨a ~ baby⟩

Ro·ma·ic [rəʊ'meɪɪk] **1.** *s* Neugriechisch *n* | **2.** *adj* neugriechisch, demotisch

Ro·man ['rəʊmən] **1.** (*auch* ≁) *adj* römisch ⟨~ numerals römische Ziffern *f/pl*; ~ letters, ~ type *Typ* Antiquaschrift *f*⟩; **2.** *s* Römer(in) *m(f)* | *Ling* Latein *n* | *umg* Katholische(r) *f(m)*; **ˌ~ 'arch** *s Arch* romanischer (Rund-) Bogen; **ˌ~ 'cam·o·mile** *s Bot* Römische Kamille; **ˌ~ 'can·dle** *s* (Feuerwerk) Leuchtkugel *f* | *Flugw Sl* harte Landung; **ˌ~ 'Cath·o·lic** *Rel* **1.** *adj* römisch-katholisch ⟨≈ Church⟩; **2.** *s* Römisch-Katholische(r) *f(m)*

[1]**Ro·mance** [rə'mæns|rəʊ-] **1.** *s* Romanisch *n*; **2.** *adj* romanisch ⟨~ languages⟩

[2]**ro·mance** [rə'mæns|rəʊ-] **1.** ≁ *Hist Lit* Ritterversroman *m* | Abenteuer- *od* Liebesroman *m* | Phantasterei *f*, phantastische Geschichte | *Mus* Romanze *f* | (Liebes-) Romanze *f*, Abenteuer *n*, Affaire *f* | Romantik *f*, Zauber *m* ⟨the ~ of a summer; an air of ~ ein Hauch von Romantik⟩; **2.** *vi* dichten | erdichten, aufschneiden (**about** von, über) | eine Affäre haben (**with** mit); **3.** *adj* romanhaft, abenteuerlich

Rom·a·nes ['rɒmənes] *s* Zigeunersprache *f*

Ro·man·esque [ˌrəʊmə'nesk] **1.** *adj Arch* romanisch; **2.** *s Arch* Romanisch *n*, romanischer Baustil

Ro·ma|nia [rəʊ'meɪnɪə] *s* Rumänien; **~ni·an 1.** *adj* rumänisch; **2.** *s* Rumänisch *n*

Ro·man|ic [rə'mænɪk] **1.** *adj* romanisch | römisch; **2.** *s* romanische Sprache; **~ish** ['rəʊmənɪʃ] *adj verächtl* römisch-katholisch; **~ism** ['rəʊmənɪzm] *s* römisch-katholisches Bekenntnis | *Hist* Römertum *n*; **~ist** ['rəʊmənɪst] **1.** *s* Römisch-Katholische(r) *f(m)* | Romanist(in) *m(f)*; **2.** *adj Jur, Rel* römisch | *Ling* romanistisch; **ˌ~i'za·tion** [rəʊ-] *s* Romanisierung *f*, Latinisierung *f*; **~ize** ['rəʊ-] *vt* romanisieren, latinisieren | römisch-katholisch machen; *vi* römisch werden | römisch-katholisch werden; **ˌ~ 'nose** *s* Adlernase *f*

Ro·ma·no- [rə'mɑ:nəʊ] *in Zus* römisch- ⟨~-British art⟩

Ro·mansh [rə'mænʃ] **1.** *s* Rätoromanisch *n* | Westrätisch *n*, Bündnerisch *n*; **2.** *adj* rätoromanisch | westrätisch, bündnerisch

ro·man|tic [rə'mæntɪk] **1.** *adj* romantisch, wirklichkeitsfremd, schwärmerisch ⟨a ≈ girl⟩ | romantisch, voll Romantik, malerisch ⟨a ≈ old castle; ≈ scenes⟩ | *Mal, Lit* romantisch (*Ant* classic[al]) ⟨the ≈ poets⟩; **2.** *s Mal, Lit* Romantiker(in) *m(f)*; **~ti·cism** [~tɪsɪzm] *s Mal, Lit* Romantik *f* | romantische Art, romantischer Charakter | *meist pl* romantische Ideen *od* Gefühle *pl*; **~ti·cist** [~tɪsɪst] *s Mal, Lit* Romantiker *m*; **~ti·cize** [~tɪsaɪz] *vt* romantisch machen | *vi* schwärmen; **ˌ≁tic 'Move·ment** *s* (*mit best art*) *Lit* Romantik *f*

Rom·a·ny ['rɒmənɪ|'rəʊ-] **1.** *s* Zigeuner(in) *m(f)* | *collect* Zigeuner *m, f/pl* | Zigeunersprache *f*; **2.** *adj* Zigeuner-

Rome [rəʊm] *s* Rom (*bes übertr*) ⟨~ was not built in a day Rom ist nicht an einem Tag erbaut worden; to do in ~ as the Romans do sich dem anpassen, was man vorfindet; mit den Wölfen heulen⟩; **'Rom·ish** *adj verächtl* römisch-katholisch ⟨≈ practices⟩

romp [rɒmp] **1.** *vi, auch* **~ about/around** herumtollen, ausgelassen sein (*bes* Kinder); **~ home** leicht gewinnen (Pferd); **~ through** *umg vi* etw. spielend schaffen; *vt* (Prüfung u. ä.) mit Leichtigkeit bestehen; **2.** *s* ausgelassenes Herumtollen ⟨to have a ~⟩ | Wildfang *m*, Range *f*; **'~er** *s* Spielanzug *m*; **'~ers** *s/pl* (Kinder-) Spielanzug *m* ⟨a pair of ≈⟩; **'~ish, '~y** *adj* ausgelassen

ronde [rɒnd] *s Typ* Ronde *f*, Rundschrift *f*

ron·deau ['rɒndəʊ] *s* (*pl* **'~s, '~**[~z]) *Metr* Rondeau *n*, Rondel *n*; **ron·del** ['rɒndl] *s Metr* Rondeau *n*

ron|do ['rɒndəʊ] *s* (*pl* **'~dos**) *Mus* Rondo *n*

Ro·ne·o ['rəʊnɪəʊ] **1.** *s Brit Typ* Vervielfältigungsmaschine *f* (für Matrizen); **2.** *vt* (mit Matrize) vervielfältigen *od* abziehen

rönt·gen ['rɒntjən|-ntgən|'rʌn-|'rɜ:n-] = **roentgen**

rood [ru:d] *s* Rute *f* (Längenmaß) | *Brit selten* Viertelmorgen *m* (1011 m²) | *Rel* Kruzifix *n*, Kreuz *n* (in Kirchen) | *Rel arch* Kreuzesstamm *m*; **'~ ˌal·tar** *s Arch* Lettneraltar *m*; **'~loft** *s Arch* Empore *f* des Lettners, Chorbühne *f*; **'~screen** *s* Lettner *m*; **'~spire, '~steeple** *s Arch* Vierungsturm *m*

roof [ru:f] **1.** *s* Dach *n* ⟨gable ~ Giebeldach; to raise the ~ *umg* die Decke wackeln lassen, Krach schlagen⟩ | *Kfz* Verdeck *n* | *übertr* Dach *n*, Haus *n* ⟨under the same ~ unter dem gleichen Dach; the ~ of heaven das Himmelszelt, der Himmel; ~ of the mouth *Med* Gaumendach *n*; the ~ of the world das Dach der Welt, hohe Gebirgskette⟩ | *Bergb* Hangendes *n*; **2.** *vt* be-, überdachen (**with** mit) ⟨red ~ed mit rotem Dach⟩ | *übertr* bergen; **~ in,** *auch* **~ over** überdachen ⟨to ≈ a yard⟩; **'~age** = **'~ing**; **'~er** *s* Dachdecker *m*; **'~ ˌgar·den** *s* Dachgarten *m*; **'~ing** *s* Bedachung *f* | Dachmaterial *n* | *übertr* Schutz *m*; **'~ felt, '~ ˌpa·per** *s* Dachpappe *f*; **'~less** *adj* ohne Dach | *übertr* obdachlos; **'~ plate** *s Arch* Mauerlatte *f*; **'~ rack** *s Brit* Dachgepäckträger *m*; **'~top** *s* Dach(spitze) *n(f)* ⟨to shout/scream s.th. from the ≈s *übertr* etw. in die Welt hinausposaunen; etw. an die große Glocke hängen⟩; **'~tree** *s Arch* Firstbalken *m* | *übertr* Dach *n* ⟨under one's ≈ im eigenen Hause⟩; **'~y** *adj* mit (vielen) Dächern

[1]**rook** [rʊk] **1.** *s Zool* Saatkrähe *f* | *übertr* Gauner *m*; **2.** *vt* betrügen, übers Ohr hauen (**of s.th.** um etw.)

[2]**rook** [rʊk] *s* (Schach) Turm *m*

rook·er ['rʊkə] *s* Betrüger *m*; **'~y** *s* Krähenhorst *m* | Krähenkolonie *f* | (Seevögel) Brut-, Nistplatz *m* | *übertr* Elends-, Massenquartier *n* | *übertr* Mietskaserne *f*

rook·ie ['rʊkɪ] *Am Mil Sl s* Rekrut *m* | Neuling *m*, Anfänger *m*

room [rʊm|ru:m] **1.** *s* Raum *m*, Zimmer *n* | Raum *m*, Platz *m* (**for** für, zu) ⟨to make ~ Platz [frei] machen; standing ~ only! nur Stehplätze!; no ~ for doubt kein Platz für Zweifel; to take up too much ~ zuviel Platz einnehmen; enough ~ to *mit inf* genügend Platz, um zu *mit inf*⟩ | *übertr* (Spiel-) Raum *m*, Grund *m*, Anlaß *m*, Gelegenheit *f* ⟨~ for complaint Anlaß zur Klage; no ~ for hope kein Grund zur Hoffnung; there is ~ for improvement manches läßt sich noch verbessern⟩ | *übertr* Stelle *f*, Statt *f* ⟨in the ~ of s.o. an jmds. Stelle⟩; **2.** *vi Am* wohnen (**at** in, **with** bei), das Zimmer teilen (**with** mit); *vt Am* in einem Zimmer unterbringen; **'~ ˌaer·i·al** *s* Zimmerantenne *f*; **roomed** *adj* (*in Zus*) -zimmrig ⟨double-≈ zweizimmrig; a 10-≈

house ein Haus mit 10 Zimmern⟩; **'~er** *s Am* Untermieter(in) *m(f)*; **~ette** [ru:'met] *s Am* Schlafwagenabteil *n*, -kabine *f*; **'~ing house** *s Am* Logierhaus *n* | Miethaus *n* (mit möblierten Wohnungen); **'~ful** *s* ein Zimmer voll ⟨a ≈ of people; the whole ≈⟩; **'~mate** *s* Zimmergenosse *m*, -genossin *f* | *euphem* (Wohn-) Partner(in) *m(f)*, Lebenskamerad(in) *m(f)*; **rooms** *s/pl Brit* Zimmer *pl*, (Miet-) Wohnung *f* ⟨to move into ≈ eine Wohnung beziehen, zur Miete wohnen⟩; **'~ ˌser·vice** *s* Zimmerservice *m*, Etagendienst *m* ⟨to ring for ≈ nach dem Zimmerkellner *od* Zimmermädchen klingeln⟩; **'~y** *adj* geräumig, mit viel Platz

roost [ru:st] **1.** *s* Hühnerstange *f* | Hühnerstall *m* ⟨at ~ auf der Stange; curses come home to ~ *Sprichw* ein Fluch fällt auf den Flucher zurück; to come home to ~ *übertr* auf den Urheber zurückfallen; to rule the ~ *übertr umg* das Regiment führen, Wortführer sein⟩ | *umg* Ruheplatz *m* ⟨to go to ~ zur Ruhe gehen⟩; **2.** *vt* (jmdn.) unterbringen; *vi* (sitzend) schlafen (Geflügel) | sich zur Ruhe begeben, übernachten; **'~er** *s Zool, dial, Am* Hahn *m* | *Am Sl* Geck *m*

[1]**root** [ru:t] **1.** *s Bot* Wurzel *f* (*auch übertr*) ⟨the ~s of a tree Baumwurzeln *pl*; ~ and branch *übertr* mit Stumpf und Stiel; to have no ~s *übertr* wurzellos sein, sich nicht eingewöhnen können; to pull out by the ~ mit der Wurzel ausreißen, ausrotten (*auch übertr*); to pull up one's ~s *übertr* seine Zelte abbrechen, einen altgewohnten Ort aufgeben; to put down (new) ~s *übertr* (neue) Wurzeln schlagen, sich an einem (neuen) Ort eingewöhnen; to strike/take ~ Wurzel schlagen (*auch übertr*)⟩ | *Anat* (Zunge, Haar, Zahn) Wurzel *f* | *übertr* Ursprung *m*, Quelle *f* ⟨to get at/to the ~ of s.th. einer Sache auf den Grund gehen; the ~ of the matter der Kern der Sache⟩ | *Ling* Sprachwurzel *f* | *Math* Wurzel *f* | *Mus* Grundton *m*; **2.** *vi* Wurzel schlagen (Pflanzen) (*auch übertr*) ⟨deeply ~ed tief verwurzelt; to stand ~ed to the spot wie angewurzelt auf der Stelle stehen⟩ | beruhen (**in** in); *vt* einwurzeln lassen (*auch übertr*) ⟨to ~ a plant eine Pflanze Wurzeln schlagen lassen; fear ~ed him to the ground *übertr* er stand vor Furcht wie angewurzelt⟩; **~ out** (Übel u. a.) ausrotten

[2]**root** [ru:t], *auch* **~le** ['ru:tl] *vt* (Boden) auf-, umwühlen (Schwein); **~ out / up** ausgraben, hervorwühlen | *übertr* ausfindig machen, aufspüren; *vi, auch* **~ about** (mit der Schnauze) wühlen (**for** nach), *auch übertr* ⟨to ~ about for documents; to ~ about among s.th. etw. durchwühlen, in etw. herumsuchen⟩; **~ for** *urspr Am Sl* (Sport) anfeuern | Stimmung machen für, die Daumen drücken für | *Pol* (etw.) unterstützen, sich für (etw.) einsetzen, für (etw.) sein

root| beer ['ru:t bɪə] *s bes Am* (Art) Limonade *f*; **'~ cause** *s übertr* wirklicher Grund; **'~ crop** *s* Wurzelgemüse *n*

root|ed ['ru:tɪd] *adj* (fest) eingewurzelt (*auch übertr*) ⟨≈ objection to tiefsitzende Abneigung gegen⟩ | *Med* chronisch; **'~less** *adj* wurzellos, ohne Wurzel | *übertr* entwurzelt; **~let** ['~lət] *s Bot* Wurzelfaser *f*; **'~stalk** *s Bot* Wurzelstock *m*; **'~stock** *s Bot* Wurzelstock *m* | *übertr* Wurzel *f*, Quelle *f*; **'~ word** *s Ling* Wortstamm *m*, Wurzel *f*; **'~y** *adj* voller Wurzeln | wurzelartig, Wurzel-

rope [rəʊp] **1.** *s* Seil *n*, Strick *m* ⟨a piece of ~ ein Stück Seil; the ~ der Strick, Erhängen *n*; to be at the end of one's ~ *übertr* mit seinem Latein am Ende sein⟩ | *Mar* Reep *n*, Tau *n* | Kletterseil *n* ⟨on the ~ angeseilt; on the high ~s *umg* in gehobener Stimmung; anmaßend⟩ | *meist pl* (Boxen) Ring(seile) *m(n/pl)* ⟨to be on the ~s angeschlagen in den Seilen hängen; *übertr umg* fertig sein, am Ende sein; to have s.o. on the ~s *übertr umg* jmdn. zur Schnecke gemacht haben; to know the ~s *übertr umg* den Bogen raushaben; to learn the ~s *übertr umg* den Dreh mitkriegen; to show s.o. the ~s *umg* jmdm. die Kniffe beibringen⟩ | *übertr* Kette *f*, Strang *m* ⟨a ~ of pearls eine Perlenschnur; ~ of ova *Zool* Eischnur *f*; ~ of sand *übertr* Illusion *f*, falsche Sicherheit⟩ | *übertr* Handlungsfreiheit *f*, Spielraum *m* ⟨to give s.o. [plenty of] ~⟩ ◇ **give s.o. enough ~ to hang himself** jmdn. sich selbst seinen Strick drehen lassen; **money for old ~** *umg* leicht verdientes Geld; **2.** *vt* mit einem Seil festbinden (**to** an), zusammenschnüren | anseilen | *Am* (Tier) mit einem Lasso fangen ⟨to ~ the cattle⟩; **~ in** *umg* einfangen | (jmdn.) sich schnappen, rankriegen ⟨to ~ in s.o. to do the work jmdm. die Arbeit aufhalsen⟩; **~ off / out** mit Seilen absperren; **~ up** (mit einem Seil) verschnüren, zusammenbinden; *vi* (Flüssigkeit) dicke Fäden ziehen | *auch* **~ up** sich anseilen; **~ down** sich mit dem Seil hinablassen; **~ up** mit dem Seil hochklettern; **'~ ˌdanc·er** *s* Seiltänzer(in) *m(f)*; **'~ ˌlad·der** *s* Strickleiter *f*; **'~ˌmak·er** *s* Seiler *m*; **'rop·er·y** *s* Seilerei *f*; **ˌrope's 'end** *s Mar* Tauende *n*; **'~walk** *s Tech* Seiler-, Reeperbahn *f*; **'~ˌwal·ker** *s* Seiltänzer(in) *m(f)*; **'~ˌwalk·ing** *s* Seiltanzen *n*; **'~way** *s* (Draht-) Seilbahn *f*, Luftseilbahn *f*; **'rop·(e)y** *adj Brit Sl* miserabel, mies; **'rop·y** *adj* fadenziehend, klebrig ⟨≈ sirup⟩ | seilartig; **'~yard** *s* Seilerei *f*; **'~ yarn** *s Tech* Kabelgarn *n* | *übertr* (unbedeutende) Kleinigkeit

Roque·fort ['rɒkfɔ:] *s* Roquefort(käse) *m(m)*

ro-ro ship ['rəʊrəʊ ˌʃɪp] *s* Lastzugfrachter *m*

ror·ty ['rɔ:tɪ] *adj Sl* flott

ro·sace ['rəʊzeɪs] *s Arch* Rosette *f*; **ro·sa·cean** [rəʊ'zeɪʃn] **1.** *s* Rosazee *f*; **2.** = **ro'sa·ceous** *adj Bot* Rosen-; rosenfarbig | rosenähnlich; **ros·an·i·lin[e]** [rəʊ'zænɪlaɪn|-lɪn|-li:n] *s Chem* Rosanilin *n*; **ro·sar·i·an** [rəʊ'zɛərɪən|rə-] *s* Rosenzüchter *m*; **ro·sar·i·um** [rəʊ'zɛərɪəm|rə-] *s* (*pl* **ro·sar·i·a** [-'zɛərɪə]) Rosarium *n*; **ro·sar·y** ['rəʊzərɪ] *s* Rosengarten *m* | Rosenstrauch *m* | *Rel* Rosenkranz *m*

[1]**rose** [rəʊz] **1.** *s Bot, übertr* Rose *f* ⟨a bed of ~s ein Rosenbeet; not all ~s nicht alles rosig; no ~ without a thorn *übertr* keine Rose ohne Dornen; to be reposed on a bed of ~s auf Rosen gebettet sein; to come up ~s *übertr* perfekt sein; to gather [life's] ~s die Rosen des Lebens pflükken, sein Leben genießen; under the ~ *übertr förml* unter dem Siegel der Verschwiegenheit⟩ | Rosette *f* | Rosenbusch *m* | Rosafarbe *f* | *Med* Wundrose *f*, Erysipel *n* | Brause *f* (Gießkanne); **2.** *adj in Zus* rosen-, rosa- ⟨~-pink rosarot⟩; **3.** *vt* rosenrot färben | (Wangen) röten

[2]**rose** [rəʊz] *prät von* ↑ **rise 1.**

ro·sé ['rəʊzeɪ] *s* Roséwein *m* ⟨a bottle of ~⟩

ro·se|ate ['rəʊzɪət|-zɪɪt|-zɪeɪt] *adj* Rosen- | *lit* rosig, rosenfarbig (*auch übertr*) | *übertr* optimistisch; **'~bay** *s Bot* Oleander *m*; **'~ ˌbee·tle** *s Zool* Rosenkäfer *m*; **'~bud 1.** *s* Rosenknospe *f* (*auch übertr*) | *Am* Debütantin *f*; **2.** *adj* einer Rosenknospe ähnlich; **'~-ˌcol·oured** *adj* rosa-, rosenrot | *übertr* rosarot, rosig ⟨to see s.th./the world through ≈ spectacles etw. *od* die Welt durch die rosarote Brille sehen⟩; **'~ ˌdi·a·mond** *s* Rosendiamant *m*; **'~fish** *s Zool* Rotbarsch *m*; **'~ haw, '~ hip** *s Bot* Hagebutte *f*; **~mar·y** ['~mərɪ] *s Bot* Rosmarin *m*; **~o·la** [rə'zi:ələ] *s Med* Roseole *f*; **ˌ~-'pink** *adj* rosa, rosarot (*auch übertr*); **ˌ~-'red** *adj* rosenrot; **'~ tree** *s* Rosenstock *m*; **ro·sette** [rə'zet|rəʊ-] *s* Rosette *f* (*auch Arch, Bot*) | Rosendiamant *m*; **'~ ˌwa·ter** *s* Rosenwasser *n*; **'~ ˌwin·dow** *s Arch* (Fenster-) Rosette *f*, (Fenster-) Rose *f*; **'~wood** *s Bot* Rosenholz *n*

ros·in ['rɒzɪn] **1.** *s* Kolophonium *n*; **2.** *vt* mit Kolophonium einreiben; **'~y** *adj* harzig

ros·ter ['rɒstə] *s bes Mil, Mar* Dienstplan *m* | Liste *f*

ros|tral ['rɒstrəl] *adj* schnabelförmig; **~trum** ['~trəm] *s* (*pl* **~tra** ['~trə]) Schiffsschnabel *m* | Rednerbühne *f* | *Zool*

Rüssel *m* (der Insekten)

ros·y ['rəʊzɪ] *adj* rosig, rosenrot | *übertr* rosig, blühend, frisch ⟨~ cheeks rosige Wangen *f/pl*; ~ prospects glänzende Aussichten *f/pl*⟩

rot [rɒt] **1.** ('~**ted**, '~**ted**) *vi, auch* ~ **away** (ver)faulen, verwesen | *übertr* verkommen, ab-, wegfaulen ⟨to let s.o. ~ *umg* jmdn. vor die Hunde gehen lassen⟩ | (*nur Verlaufsform*) *Brit Sl* quatschen, Unsinn reden; ~ **off** ab-, wegfaulen; *vt* verfaulen lassen; modrig machen ⟨to ~ the wood⟩; ~ **off** zum Faulen bringen | *Brit Sl* anpflaumen, aufziehen; **2.** *s* Fäulnis *f*, Verwesung *f* ⟨dry ~ Trockenfäule *f*⟩ | (*mit best Art*) *Bot, Vet, übertr* Fäule *f* ⟨to stop the ~ den Fäulnisprozeß aufhalten (*auch übertr*); the ~ sets in *übertr* der Verfall beginnt⟩ | *auch* ,**tom·my**'~ *Brit Sl* Unsinn *m* ⟨to talk ≈ Unsinn quatschen⟩

ro·ta ['rəʊtə] *s, bes Brit* regelmäßiger Turnus | *auch* '~ ,**sys·tem** *s* Dienst-, Turnusplan *m* | *meist* ∸ *Rel* Rota *f*

ro·ta·ry ['rəʊtərɪ] **1.** *adj* rotierend, sich drehend, umlaufend ⟨~ traffic Kreisverkehr *m*⟩ | *Tech* (Maschine) Dreh-, Rotations- ⟨~ printing Rotationsdruck *m*; ~ pump Kreiselpumpe *f*⟩ | *Tech* drehbar, Dreh- ⟨~ clothes rack eine drehbare Wäschestange; ~ controls Drehknöpfe *pl*⟩ | *Tech Flugw* Radial-, Sternmotor-; **2.** *s Typ* Rotationsmaschine *f* | Kreisverkehr *m*; '∸ **Club** *s* Rotary-Club *m*; ,~ '**cur·rent** *s El* Drehstrom *m*

Ro·tar·i·an [rəʊ'tɛərɪən] **1.** *s* Rotarier *m*, Mitglied *n* eines Rotary-Clubs; **2.** *adj* Rotary-, Rotarier-

ro·tat·a·ble [rəʊ'teɪtəbl] *adj* drehbar

[1]**ro·tate** [rəʊ'teɪt] *vi* rotieren, sich drehen | kreisen | *übertr* regelmäßig abwechseln ⟨the office ~s das Amt wechselt, der Posten rotiert⟩; *vt* drehen lassen, rotieren lassen | (etw.) regelmäßig abwechseln lassen | *Landw* (Frucht) wechseln ⟨to ~ crops Fruchtfolgen wechseln⟩

[2]**ro·tate** ['rəʊteɪt] *adj, Bot, Zool* radförmig

ro·tat·ing [rəʊ'teɪtɪŋ] *adj* sich drehend, Dreh-; **ro'ta·tion** *s* Rotation *f*, Umdrehung *f* ⟨the ≈ of the earth die Erdumdrehung; to make 50 ≈s a second sich in der Sekunde 50mal umdrehen⟩ | Wechsel *m*, Ablauf *m* ⟨by ≈, in ≈ der Reihe nach, abwechselnd⟩ | *Landw* (Frucht-) Wechsel *m* ⟨crop ≈ Fruchtfolge *f*⟩; **ro'ta·tion·al** *adj* Rotations-, Drehungs- | abwechselnd; '**ro·ta·tive**, *auch* **ro·ta·to·ry** ['rəʊtətərɪ|rəʊ'teɪtərɪ] *adj* sich drehend, rotierend ⟨≈ movement Drehbewegung *f*⟩ | abwechselnd

rote [rəʊt] *s* Routine *f*, *bes in*: ,**by** '~ auswendig, rein mechanisch ⟨to do s.th. by ~ etw. [rein] mechanisch *od* automatisch tun⟩; '~ ,**learn·ing** *s* Auswendiglernen *n*

rot·gut ['rɒtgʌt] *s umg* Fusel *m*

ro·tis·se·rie [rəʊ'tɪsərɪ] *s* Rotisserie *f*, Grillrestaurant *n*, -bar *f* | Grill(apparat) *m(m)*

ro·to·gra·vure [,rəʊtəʊgrə'vjʊə] *s Typ* Rollen-, Rotations-, Zylinder-, Kupfertiefdruck *m* | Kupfertiefdruckbeilage *f* (e-r Zeitung)

ro·tor ['rəʊtə] *s Flugw* Tragschraube *f*, Drehflügel *m* | *El, Tech, Mar* Rotor *m* | *Tech* Drehkörper *m*, Schaufelrad *n*; '~ **disk** *s Tech* Laufrad *n*

rot|ten ['rɒtn] *adj* verfault, verdorben | brüchig, morsch | brandig, stockig ⟨≈ wood⟩ | (moralisch) schlecht ⟨a ≈ mind eine gemeine Phantasie; a ≈ trick ein gemeiner Schwindel; ≈ to the core verderbt bis ins Mark⟩ | *Sl* miserabel ⟨what ≈ luck! welches elende Pech!; to feel ≈ sich ganz mies fühlen⟩; ,~**ten** '**bor·ough** *s Brit Parl Hist* Scheinwahlkreis *m*, Wahlkreis, der nur auf dem Papier steht; '~**ten·ly** *adv* mies, gemein ⟨to treat s.o. ≈ jmdn. auf ganz üble Weise behandeln⟩; '~**ter** *s Brit Sl scherzh* Lump *m*, gemeiner Kerl | Nichtsnutz *m*, Gammler *m*

ro·tund [rəʊ'tʌnd] *adj* rund, kreisförmig, gerundet | *förml, scherzh* (Person) dicklich, rund | *übertr* abgerundet, ausgewogen | *übertr* (Stimme) klangvoll ⟨a ~ voice⟩ | (Sprache, Stil) pompös, hochtrabend ⟨~ phrases⟩; **ro·tun·da** [~ə] *s Arch* Rotunde *f*, Rundbau *m*; **ro'tun·di·ty** *s* Rundheit *f*, Rundung *f* | *förml, scherzh* Rundlichkeit *f* | *übertr* Abgerundetheit *f*, Ausgewogenheit *f*

rou·ble ['ru:bl] *s* Rubel *m*

rou·é ['ru:eɪ] *s* ⟨*frz*⟩ *arch* Lebemann *m*, Wüstling *m*

rouge [ru:ʒ] **1.** *s* Rouge *n*, rote Schminke | *Tech* Englischrot *n*, Polierrot *n*; **2.** *vi, vt* (sich) schminken

rough [rʌf] **1.** *adj* (Stoff u.a.) rauh, uneben ⟨~ cloth; ~ paper⟩ | (Straße) holprig ⟨a ~ road⟩ | rauh, rissig, aufgesprungen ⟨~ skin⟩ | struppig, unrasiert | herb ⟨~ wine⟩ | rauh, stürmisch ⟨a ~ crossing; ~ sea; ~ weather⟩ | *übertr* roh, grob ⟨~ behaviour⟩ | *übertr* rauh, barsch ⟨to have a ~ tongue barsch sein; to give s.o. the ~ side of one's tongue jmdn. scharf anfahren⟩ | heftig, ungestüm ⟨~ children⟩ | *umg* unschön, häßlich, garstig, unangenehm ⟨to be ~ on s.o. für jmdn. gar nicht schön *od* unangenehm sein; to give s.o. a ~ time jmdm. schwer zu schaffen machen; to have a ~ time vieles durchmachen müssen; ~ luck Pech *n*⟩ | schrill ⟨a ~ voice⟩ | unbearbeitet, unfertig ⟨~ material; a ~ diamond ein ungeschliffener Diamant; *übertr* (Person) ein guter Kern mit rauher Schale; ~ and ready aufs Geratewohl, Behelfs-, Not-⟩ | *übertr* grob, annähernd ⟨~ calculation Überschlag *m*; ~ sketch Faustskizze *f*⟩ | *Brit Sl* schlecht, ungenießbar ⟨~ fish⟩; **2.** *s* rauher Zustand, Rauheit *f* | Rohzustand *m* ⟨in ~ im groben; to write s.th. in ~ etw. ins Unreine schreiben; in the ~ (Kunstwerk) im Rohzustand⟩ | rauhe Seite (des Lebens) ⟨to take the ~ with the smooth *übertr* das Leben so nehmen, wie es ist⟩ | (*mit best art*) *selten* die gröbste (Haus-) Arbeit, das Gröbste ⟨to help with the ~ das Gröbste mitmachen⟩ | Rowdy *m*, Schläger *m*, Rohling *m* ⟨a gang of ~s⟩ | Stollen *m* (an Hufeisen) | (*auch Kricket*) unebener *od* holpriger Boden *m* ⟨a lot of ~ ziemlich schlechter Boden; in the ~ auf dem Geholper⟩; **3.** *adv übertr* rauh, roh, hart ⟨to play [it] ~ hart rangehen, rauhbeinig spielen; to treat s.o. ~ jmdn. brutal behandeln; to cut up ~ *umg* grob werden, hochgehen⟩ | ungeschützt, im Freien ⟨to live ~ vagabundieren; to sleep ~ kein Dach über dem Kopf haben, im Freien nächtigen⟩ | grob, flüchtig | unvollkommen; **4.** *vt* rauh machen | roh bearbeiten | skizzieren, im groben entwerfen | zureiten | (Huf) mit Stollen versehen | (Fußballgegner) hart zusetzen; ~ **in** grob einzeichnen, skizzieren; ~ **out** (in Umrissen) entwerfen, planen; ~ **up** durcheinanderbringen, zerzausen | *umg* anpöbeln | *Sl* (Gegenspieler) hart nehmen | (Haar, Gefieder) gegen den Strich streichen ⟨to ~ s.o. up the wrong way *umg* jmdn. aufbringen⟩; *vi, meist* '~ **it** sich roh benehmen, sich durchschlagen | spartanisch leben, mit wenig auskommen | (Fußball) hart spielen; '~**age** *s Landw* Rauhfutter *n* | grobe Nahrung; ,~-**and**-'**read·y** *adj umg* provisorisch | zusammengeschustert | (Person) grobschlächtig; ,~-**and**-'**tum·ble** **1.** *s* wildes Durcheinander | Balgerei *f*; **2.** *adj* wüst, wild durcheinander; '~**cast** **1.** *s Arch* Rauhputz *m* | *Tech* Rohguß *m* | *übertr* grober *od* roher Entwurf; **2.** *adj* unfertig, im Entwurf; **3.** *vt* ('~**cast**, '~**cast**) rauh verputzen | skizzieren, grob entwerfen; '~ **coat** *s* Rohputz *m*, Unterputz *m*, Rauhputz *m*; '~**dry** *adj* (Wäsche) nur getrocknet ⟨≈ clothes Trockenwäsche *f*⟩; '~-**dry** *vt* (Wäsche) einfach trocknen (ohne zu bügeln); '~**en** *vi* rauher werden | verrohen; *vt, auch* '~**en up** an-, aufrauhen; ,~'**hewn** *adj Tech* grob behauen | *übertr* grob entwerfen | *übertr* ungehobelt, grobschlächtig; '~**house** **1.** *s* Radau *m*; **2.** *vt* (jmdm.) zusetzen; *vi* Krach schlagen; '~**ly** *adv* grob, hart, roh | ungefähr, etwa ⟨≈ 50 people an die 50 Leute; ≈ speaking grob gesagt *od* gesprochen⟩; **'~neck** *s Am umg* Grobian *m*; **'~ˌrid·er** *s* Zureiter *m*; **'~shod** *adj* (Pferd) scharf beschlagen ⟨to ride ≈ over s.o. (s.th.) jmdn. (etw.) rücksichtslos behandeln; rücksichtslos über etw. hinweggehen⟩; **ˌ~-'spok·en** *adj* (Worte) ungehobelt, grob; **'~ stuff** *s Brit umg* Flegelei *f* | Brutalität *f*; **'~-up** *s Sl* wüste Schlägerei; **ˌ~ 'work** *vt* grob bearbeiten

rou·lade [ru:'lɑ:d] **1.** *s Mus* Roulade *f*, Lauf *m* | *Kochk* Roulade *f*; **2.** *vi Mus* Rouladen singen

rou·leau [ru:'ləʊ] *s* (*pl* **~x** [~z], **~s** [~z]) Rolle *f* | Geldrolle *f* | *Mil* Faschinenbündel *n*

rou·lette [ru:'let] **1.** *s* Roulett *n* | Rollrädchen *n* | *Math* Rollkurve *f* | Lockenwickel *m*; **2.** *vt* mit einem Rollrädchen lochen

Rou|man ['ru:mən], **~ma·nia(n)** [ru:'meɪnɪə(n)] = **Ru|man, ru|mania(n)** *od* **Romanian**

round [raʊnd] **1.** *adj* rund ⟨a ~ table⟩ | rundlich, dick ⟨a ~ face⟩ | (ab)gerundet ⟨~ figures abgerundete *od* runde Zahlen *pl*⟩ | gebogen ⟨~-arched *Arch* rundbogig⟩ | rund, drehend, im Kreis ⟨a ~ trip eine Rundreise⟩ | rund, beträchtlich, ansehnlich, voll ⟨a ~ dozen ein rundes Dutzend; a ~ sum⟩ | voll(tönend) ⟨a ~ voice⟩ | *übertr* fließend ⟨a ~ style⟩ | *übertr* offen, aufrichtig, unverblümt ⟨a ~ answer⟩; **2.** *adv* rings, rundherum, überall, im Kreis herum ⟨to come ~ vorsprechen; to hand ~ herumreichen; to turn ~ sich umdrehen⟩; | (Umfang) dick ⟨30 inches ~⟩ | (e-e Zeit) hindurch ⟨all the year ~ das ganze Jahr lang⟩ | (Richtung) hinüber, herüber, herum ⟨~ by the bridge hinten um die Brücke herum⟩ | ringsum ⟨all the country ~ überall im Lande; a mile ~ im Umkreis einer Meile⟩ | *auch* **~ about** in der Nähe ⟨somewhere ~ [about] here ungefähr hier in der Nähe⟩ ◇ **the other (wrong, right, opposite) way ~** anders (falsch, richtig, umgekehrt) herum (*auch übertr*); **3.** *s* Rund *n*, Kreis *m*, Ring *m* | runder Gegenstand | Rundung *f* | Rundteil *n* | (Leiter-) Sprosse *f* | Runde *f* ⟨a doctor's ~; the daily ~ die tägliche Arbeit⟩ | *Mil* Ronde *f* | *Mil* Streife *f*, Patrouille *f* ⟨to do/go/make one's ~ seinen Rundgang machen⟩ | *Astr* Umlauf *m* | Runde *f* | Rundreise *f* ⟨to go for a good ~ einen langen Spaziergang machen⟩ | *Brit* (Brot u. ä.) Scheibe *f* | *Mus* Rundgesang *m* | Rundtanz *m* | Runde *f*, Kreis *m* (Personen) | *übertr* Runde *f*, Verbreitung *f* ⟨to go/make the ~[s] reihumgehen, kursieren, die Runde machen⟩ | Lage *f*, Runde *f* (Bier) ⟨a ~ of drinks⟩ | *Mil, übertr* Salve *f* | Folge *f*, Reihe *f* ◇ **in the ~** (Kunst), *Theat* rundum betrachtbar, plastisch ⟨sculpture in the ~ Rund-, Vollplastik *f*; theatre in the ~ Arenatheater *n*⟩; **4.** *präp* um ... herum ⟨~ the bend um die Ecke; *übertr Sl* nicht ganz normal, behämmert; the earth moves ~ the sun die Erde dreht sich um die Sonne; he got him ~ *übertr* er kriegte ihn herum⟩ | während, durch ⟨~ the clock um die Uhr (24 Stunden); ~ the day den ganzen Tag lang⟩ | *auch* **~ about** *übertr* annähernd ⟨~ about 5 o'clock um 5 herum; ~ £ 1000 um die £ 1000⟩; **5.** *vt* rund machen, runden ⟨to ~ one's eyes große Augen machen⟩ | umgeben, umschließen, umkreisen | herumgehen, herumfahren, herumreiten um ⟨to ~ a corner⟩ | (Gesicht) (her)umdrehen (**towards** nach); **~ down** (Preis, Ziffer) abrunden; **~ off** (Kante u. ä.) abrunden | *übertr* zum glücklichen Abschluß bringen, krönen (**with, by** mit) ⟨to ~ off a sentence; to ~ off a career⟩; **~ out** rund *od* voll machen, dick werden lassen | ausfüllen, ausschmücken, vervollständigen (*auch übertr*); **~ up** (Vieh) zusammentreiben | (Bande) ausheben | (Leute) zusammentrommeln, auftreiben | (Preis, Zahl) aufrunden (**to** auf); **~ [up]on** herumfahren *od* sich stürzen auf | (jmdn.) anfahren, heruntermachen | (jmdn.) schlecht machen, denunzieren; *vi* rund werden, sich runden | sich herumdrehen | *Mar* wenden | *übertr* sich abrunden; **~ out** sich runden, dick werden | sich wieder erholen; **~ to** sich (wieder) erholen | *Mar* beidrehen;

~a·bout ['~əbaʊt] **1.** *adj* weitschweifig, umständlich ⟨in a ≈ way⟩ | umwegig ⟨by a ≈ route auf einem Umweg⟩ | umfassend (*auch übertr*); **2.** *s* Kreis *m* | Rundteil *n* | *Brit* Kreisverkehr *m* | Umweg *m* | Umschweif *m* | Karussell *n* ⟨you lose on the swings what you make on the ≈ *Sprichw* Gewinn und Verlust halten sich die Waage⟩ | *Am* kurzes Herrenjackett; **ˌ~ 'brack·et** *s* (*meist pl*) runde Klammer; **'~ dance** *s* Rundtanz *m* | Walzer *m*; **'~ed** *adj* abgerundet, rund, Rund- | voll (Stimme) | *übertr* abgerundet

roun·del ['raʊndl] *s Arch* Rundnische *f* | *Arch* Ochsenauge *n* | (Kunst) Rund-, Vollplastik *f* | *Her* Medaillon *n* | *Metr* Rondel *n* | *Flugw* (rundes) Erkennungszeichen

roun·de·lay ['raʊndɪleɪ] *s Mus* Rundgesang *m* mit Kehrreim

round|er ['raʊndə] *s Am Sl* Gewohnheitsverbrecher *m* | *Am Sl* Stromer *m*, Herumtreiber *m*; **'~ers** *s/pl* (*sg konstr*) *Brit* (Sport) Schlagballspiel *n*; **ˌ~-'eyed** *adj* mit (weit) offenen Augen, überrascht; **'~ hand** *s* Rundschrift *f*; **'~head** *s* Rundkopf *m* (*auch Tech*) ⟨≈ *Hist* Rundkopf (Anhänger Cromwells)⟩; **ˌ~'head·ed** *adj* rundköpfig; **'~house** *s bes Am Eisenb* Lokomotivschuppen *m* | *Mar Hist* Achterhütte *f*; **'~ing** **1.** *adj* sich rundend; **2.** *s* (Ab-) Rundung *f*; **'~ ˌi·ron** *s Tech* Rund-, Stabeisen *n*; **'~ish** *adj* rundlich | fast rund; **'~ly** *adv* gründlich, ohne Umschweife ⟨to denounce s.o. ≈ jmdn. nachdrücklich verdammen⟩ | vollständig, völlig ⟨≈ defeated⟩; **ˌ~ 'rob·in** *s* gemeinsame Petition (mit Unterschriften im Kreis ohne Erstunterzeichner) | Rundtischgespräch *n*, -veranstaltung *f* | *Am* (Sport) Turnier, in dem jeder gegen jeden anzutreten hat | *Am* Folge *f*, Serie *f*; **'~ shot** *s* Kanonenkugel *f*; **ˌ~'shoul·dered** *adj* mit hängenden Schultern; **'rounds·man** *s* (*pl* **'~men**) Austräger *m*, Laufbursche *m* ⟨milk ≈ Milchmann *m*⟩ | Wachmann *m* | *Am* Polizeiwachtmeister *m*; **ˌ~ 'ta·ble** *s* Tafelrunde *f* | Konferenztisch *m* | Rundtischgespräch *n*, -veranstaltung *f* ⟨to organize a ≈⟩; **ˌ~-the-'clock** *adj* 24-stündig ⟨a ≈ race⟩; **ˌ~-'trip** *adj* Hin- und Rückfahr- ⟨a ≈ ticket⟩; **ˌ~ 'trip** *s* Hin- und Rückfahrt *f*; **'~up** *s* Zusammentreiben *n* (von Vieh) | *umg* Razzia *f*

roup [ru:p] *s Vet* Darre *f*, Pips *m*

¹rouse [raʊz] **1.** *s Mil* Reveille *f*, Wecken *n* | Aufwachen *n* (*auch übertr*); **2.** *vt* (jmdn.) aufwecken | (Wild) aufjagen | (Gefühl) anstacheln, erwecken | *übertr* (jmdn.) aufrütteln, ermuntern (**from** von, aus; **to** zu) ⟨to ~ s.o. (o.s.) to action (sich) jmdn. zur Tat (aufraffen) anstacheln⟩ | *übertr* (jmdn.) ärgern, aufregen; *vi, meist* **~ up** aufwachen, aufwecken, wach werden (*auch übertr*) | *übertr* sich aufraffen

²rouse [raʊz] *vt* (Hering u. ä.) einsalzen

rous|er ['raʊzə] *s* Aufregendes *n*, Sensation *f* ⟨a real ≈⟩ | *umg* faustdicke Lüge; **'~ing** *adj* aufrüttelnd ⟨a ≈ speech⟩ | aufregend, heftig | brausend, stürmisch ⟨≈ applause⟩ | *umg* ungeheuer ⟨a ≈ lie⟩ | *umg* gewaltig

roust·a·bout ['raʊstəbaʊt] *s Am, Austr* ungelernter Arbeiter, Handlanger *m* | *Am* Deck-, Hafenarbeiter *m*

¹rout [raʊt] **1.** *s arch* Bande *f*, Mob *m* | *Jur* Zusammenrottung *f*, Auflauf *m*, Tumult *m* | *Mil* Niederlage *f* ⟨to put to ~ vernichtend schlagen⟩ | *arch* Abendgesellschaft *f*; **2.** *vt Mil* (Heer) vernichtend schlagen ⟨to ~ the enemy⟩

²rout [raʊt] *vt* (jmdn.) herausholen ⟨to ~ s.o. out of his bed jmdn. aus dem Bett holen⟩ | (etw.) hervorholen | (jmdn.) vertreiben (**out of** aus) | *Typ, Tech* ausfräsen; **~ up** (etw.) aufwühlen; *vi* **~ about** herumwühlen

route [ru:t] **1.** *s* Route *f*, Weg *m*, Kurs *m* ⟨en ~ unterwegs⟩ | *Mil* Marschroute *f* ⟨column of ~ Marschkolonne *f*⟩ | *Mil*

Brit Marschbefehl *m* ⟨to get the ~ Marschbefehl erhalten⟩; **2.** *vt Mil* in Marsch setzen ⟨to ~ troops⟩ | senden, befördern, transportieren (**through** durch, **by** über) ⟨~d by way of Dover über Dover geleitet⟩ | (Antrag u. a.) weiterleiten | *El* legen, führen ⟨to ~ lines⟩; **'~ march** *s Brit Mil* Übungsmarsch *m*

rou|tine [ru:'ti:n] **1.** *s* Routine *f*, gewohnheitsmäßiger Ablauf ⟨according to ≈ wie üblich, gewohnheitsmäßig, wie man es gewohnt ist; a question of ≈ eine Routinesache; to be quite ≈ reine Formsache sein⟩ | (Eislauf etc.) Pflicht(übungen) *pl*; **2.** *adj* routine-, gewohnheitsmäßig ⟨≈ duties laufende Pflichten *pl*⟩ | alltäglich, üblich ⟨a ≈ job eine ganz alltägliche Sache⟩; **~ti·nier** [ˌru:ti:'njeɪ] *s Mus verächtl* wenig origineller Dirigent; **~'tin·ism** *s* Schablonenhaftigkeit *f*; **~'tin·ist** *s* Routinier *m*

roux [ru:] *s* (*pl* ~ [ru:z]) ⟨*frz*⟩ *Kochk* Mehlschwitze *f*, Einbrenne *f*

[1]**rove** [rəʊv] *oft lit vt* durchwandern, durchstreifen ⟨to ~ the forest; to ~ the room⟩; *vi, auch* **~ about** umherwandern, umherschweifen (*auch übertr* Augen) ⟨to ~ over sea and land Wald und Flur durchstreifen⟩

[2]**rove** [rəʊv] *prät* u. *part perf* von ↑[2]**reeve**

[3]**rove** [rəʊv] **1.** *s* leicht gedrehte (Garn-) Strähne, Vorgespinst *n*; **2.** *vt* zusammendrehen, vorspinnen

[1]**rov·er** ['rəʊvə] *s* Herumstreicher *m*, Herumtreiber *m* | *arch auch* **'sea-ˌ~** Seeräuber *m* | Wandertier *n* | *Brit* älterer Pfadfinder | (Schießen) Fernziel *n*

[2]**rov|er** ['rəʊvə] *s Tech* Vorspinnmaschine *f*; [1]**'~ing** *s* Vorspinnen *n* | Vorgespinst *n*

[2]**rov·ing** ['rəʊvɪŋ] **1.** *adj* umherstreifend, umherziehend ⟨a ~ life ein vagabundierendes Leben⟩ | häufig den Ort wechselnd, fliegend ⟨a ~ commission *förml umg* Reisemandat *n*; eine Aufgabe, die einen häufig an verschiedene Orte führt; ~ police force Einsatztruppe *f* der Polizei; ~ reporter fliegender Reporter⟩ | *übertr* (aus)schweifend, unruhig ⟨a ~ eye ein koketter Blick; to have a ~ eye einen Blick riskieren⟩

[1]**row** [rəʊ] **1.** *s* Reihe *f* ⟨in a ~ auf *od* in einer Reihe, hintereinander; in ~s in Reihen, reihenweise; nacheinander; a hard ~ to hoe *übertr* eine schwierige Aufgabe⟩ | *Theat* Sitzreihe *f* ⟨a front ~ seat ein Vorderplatz⟩ | ≁ (Adresse) Reihe *f*, Straße *f* ⟨21 Long ≁⟩; **2.** *vt* aneinanderreihen

[2]**row** [rəʊ] **1.** *vi* rudern ⟨to ~ against the tide *übertr* gegen den Strom schwimmen; to ~ in the same boat *übertr* im gleichen Boot sitzen⟩ | sich rudern (Boot); *vt* (etw., jmdn.) rudern ⟨to ~ s.o. across jmdn. hinüberrudern; to ~ a race wettrudern; to ~ 45 [strokes] to the minute 45er Schlag rudern; to ~ s.o. down jmdn. beim Rudern überholen; to be ~ed out vom Rudern erschöpft sein⟩ | um die Wette rudern mit; **2.** *s* Rudern *n* | Ruderpartie *f* ⟨to go for a ~ eine Ruderpartie machen⟩

[3]**row** [raʊ] *umg* **1.** *s* Krach *m*, Lärm *m* ⟨hold your ~! *Sl* halt die Klappe!⟩ | lauter Streit *od* Zank, Rauferei *f* ⟨to have a ~ with sich laut streiten mit; to be always ready for a ~ ständig zum Streit aufgelegt sein; to get into a ~ for Scherereien haben wegen; to make/kick up a ~ lauten Streit anfangen, Krach schlagen⟩; **2.** *vi* lärmen | laut streiten (**with** mit); *vt* (jmdn.) zusammenstauchen

row·an ['raʊən|'rəʊən], *auch* **'~ tree** *s Bot* Eberesche *f*, Vogelbeerbaum *m* | *auch* **'~ˌber·ry** *s* Vogelbeere *f*

row·boat ['rəʊbəʊt] *s, bes Am* Ruderboot *n*

row·dy ['raʊdɪ] **1.** *s* Rowdy *m*, Rohling *m*, Krakeeler *m*; **2.** *adj* rowdyhaft, roh ⟨~ scenes Rowdyszenen *f/pl*⟩; **'~ish** *adj* flegelhaft; **'~ism** *s* Rowdytum *n*, gewalttätiges Benehmen

rowed [rəʊd] *adj* gereiht, -reihig ⟨two-~ zweireihig⟩

row·el ['raʊəl] **1.** *s* Spornrädchen *n*; **2.** *vt* (e-m Pferd) die Sporen geben

row|er ['rəʊə] *s* Ruderer *m*, Ruderin *f*; **'~ing 1.** *s* Rudern *n*; **2.** *adj* Ruder-; **'~ing boat** *s, bes Brit* Ruderboot *n*; **'~ing club** *s* Ruderverein *m*; **~lock** ['rɒlək|'rʌl-] *s Brit* Ruderdolle *f*

roy·al ['rɔɪəl|'rɔɪl̩] **1.** *adj* königlich, Königs- ⟨Her ≁ Highness Ihre Königliche Hoheit⟩ | fürstlich (*auch übertr*) ⟨a ~ welcome ein fürstlicher Empfang⟩ | *umg* herrlich, prächtig, großartig; **2.** *s umg* Mitglied *n* der königlichen Familie | *Mar* Oberbramsegel *n*; **ˌ≁ A'cad·e·my** *s Brit* Königliche Akademie; **ˌ≁ 'Air Force** *s* Royal Air Force *f*, Britische Luftwaffe; **ˌ≁ 'Au·to·mo·bile Club**, *auch* **ˌ≁ Au·to·mo'bile Club** *s Brit* Automobilklub *m*; **ˌ~ 'col·o·ny** *s* Kronkolonie *f*; **ˌ≁ Com'mis·sion** *s* Königliche Untersuchungskommission; **ˌ≁ Ex'change** *s* Londoner Börse; **ˌ~ 'flush** *s* (Poker) Royal Flush *m*; **'~ism** *s* Royalismus *m*, Königstreue *f*; **'~ist 1.** *s* Royalist *m* | **≁ist** *Hist* Anhänger *m* Charles I.; **2.** *adj* royalistisch, königstreu; **ˌ~ 'jel·ly** *s Bot* Weiselfuttersaft *m*; **ˌ≁ 'Na·vy** *s* Britische Marine; **ˌ≁ pre'rog·a·tive** *s* Königliches Privileg; **ˌ≁ So'ci·e·ty** *s* Royal Society *f*, Königliche Gesellschaft der Mathematik u. Naturwissenschaften ⟨Fellow of the ≁ Society Mitglied *m* der Royal Society⟩; **ˌ~ 'speech** *s* Thronrede *f*; **'~ty** *s* Königtum *n*, Königswürde *f* | Mitglied(er) *n*(*pl*) der königlichen Familie ⟨in the presence of ≈ in Anwesenheit von Angehörigen des Königshauses⟩ | Gewinn-, Patentanteil *m*, Tantieme *f* | Verfasserhonorar *n*, Verkaufsanteil *m* ⟨to get a ≈ on a book⟩ | Lizenzgebühr *f* | *Jur* Abgabe *f* (an den Besitzer), Pachtgeld *n* ⟨oil ≈ Bohrgebühr *f*; mining ≈ Bergwerksabgabe *f*⟩

RPM *Abk* von **revolutions per minute** Umdrehungen pro Minute

RPV *Abk* von **remotely piloted vehicle** ferngesteuertes Flugzeug

r. & r., *auch* **r.-'n'-r.** *Abk* von **rock'n'roll**

RSM *Abk* von **Regimental Sergeant Major** Regiments-Hauptfeldwebel *m*

RSVP *Abk* von **répondez s'il vous plâit** ⟨*frz*⟩ (auf schriftlichen Einladungen) Antwort erwünscht

r-t-w *Abk* von **ready-to-wear [clothes]**

rub [rʌb] **1.** *s* Reiben *n* ⟨to give s.th. a ~ etw. reiben⟩ | *übertr* Schwierigkeit *f*, Hindernis *n* ⟨there's the ~! *umg* da liegt der Haken⟩ | *übertr* Vorwurf *m* | *übertr* Mangel *m*; **2.** (**'rubbed**, **'rubbed**) *vt* reiben (**against** gegen) ⟨to ~ noses with *übertr umg* in engem Kontakt stehen mit, auf gutem Fuß stehen mit; to ~ one's hands *meist übertr* sich die Hände reiben; to ~ shoulders with *übertr* in nähere Berührung kommen mit; verkehren mit; to ~ s.o.'s nose in s.th. *umg* jmdn. mit der Nase auf etw. stoßen⟩ | putzen, scheuern, wischen (**with** mit) | frottieren | (sich) (etw.) einreiben (**with** mit) ⟨to ~ oil on one's skin Öl auf die Haut auftragen; to ~ one's hands with soap⟩ | (ab)feilen, (ab)schleifen | (Geweih) fegen; **~ away** ab-, wegreiben, beseitigen (*auch übertr*); **~ down** abreiben, striegeln | trockenreiben | *umg* (jmdn.) durchsuchen, filzen; **~ in[to]** *umg* auf (etw.) herumreiten, ständig einhämmern ⟨he ~bed it in a little too far er ist gar zu oft darauf herumgeritten⟩; **~ off** ab-, wegreiben, wegwischen (*auch übertr*); **~ out** *Brit* ausradieren, auslöschen | *Am Sl* (jmdn.) umbringen; **~ up** aufpolieren | *übertr umg* auffrischen ⟨to ~ up one's knowledge⟩ ◇ **~ s.o. up the right way** *umg* jmdm. um den Bart gehen; **~ s.o. up the wrong way** *umg* jmdn. verschnupfen, es jmdm. nicht recht machen können; *vi* (sich) reiben (**against**, **on** an) | (Rad, Tür) schleifen | *übertr* sich mühen; **~ along** *Brit umg* sich durchschlagen, sich über Wasser halten (**on** mit, **by** durch, mit Hilfe von) ⟨to ~ along on very little money⟩ | verkehren, zurechtkommen (**with** mit) ⟨to ~ along together miteinander auskommen⟩; **~ off** (Glanz u. ä.) abgehen; **~ off onto** *übertr* abfärben auf, sich übertragen auf; **~ up against** *umg* treffen, kennenlernen, in Berührung kommen mit ⟨to ~ up against many famous people⟩; **~-a-dub** [ˌ~əˈdʌb] **1.** *s* Trommelwirbel *m*, -schlag *m*; **2.** *vi* trommelnd ziehen (**through** durch); **1.** [1]**~ber 1.** *s* Reiber *m*, Polierer *m* | Masseur *m*, Masseuse *f* | Frottiertuch *n* | Reiber *m*, Reibkissen *n* | Scheuerlappen *m* | *Tech* Schleif-, Wetzstein *m* | Schmirgelpapier *n*

[2]**rub·ber** [ˈrʌbə] **1.** *s* Gummi *m*, Kautschuk *m* | Radiergummi *m*; **2.** *adj* Gummi- ⟨~ band Gummiring *m*, Schnipsgummi *m*; ~ plantation⟩

[3]**rub·ber** [ˈrʌbə] *s Kart* Robber *m*

rub·ber| boat [ˌrʌbə ˈbəʊt] *s* Schlauchboot *n*; ˌ**~ ˈbul·let** *s* (Hart-) Gummigeschoß *n*; ˌ**~-ˈchick·en** *adj Am, Kan Pol umg* obligatorisch (für einen Wahlkandidaten) ⟨≈ circuit Wahlfeldzug durchs Land⟩; ˌ**~ ˈdin·ghy** *s* (Gummi-) Schlauchboot *n*; ˈ**~heel** *s* Gummiabsatz *m*; ˈ**~ize** *vt* mit Gummi überziehen, gummieren, imprägnieren; ˈ**~neck** *urspr Am Sl* **1.** *s* Neugierige(r) *f(m)*; **2.** *adj* neugierig; **3.** *vi* sich neugierig umsehen | an einer Vergnügungsfahrt *od* Fahrt ins Blaue teilnehmen; *vt* (etw., jmdn.) neugierig ansehen; ˈ**~ plant** *s Bot* Gummibaum *m*; **rub·bers** [ˈrʌbəz] *s/pl urspr Am umg* (Gummi-) Überschuh *m/pl* | *Vet* (Schaf-) Räude *f*; ˌ**~ ˈsheath** *s* Kondom *m od n*; ˌ**~ ˈstamp** *s* Gummistempel *m* | *Am Sl* Jasager *m*, Nachbeter *m*; ˌ**~-ˈstamp** *vt* (ab)stempeln | *übertr umg* routinemäßig befürworten *od* genehmigen; ˈ**~ tree** *Bot s* Kautschukbaum *m* | Gummibaum *m*; ˈ**~y** *adj* gummiartig, gummielastisch, Gummi- | *oft verächtl* (Fleisch) zäh, wie Gummi | (Lippen) wulstig

rub·bing [ˈrʌbɪŋ] *s* Reiben *n* | Reibung *f* | Putzen *n*, Scheuern *n* | *Tech* Nitscheln *n*, Würgeln *n* | *Typ* Reiberdruck *m* | *Tech* Abrieb *m* | *auch* ˈ**brass** ˌ**~** *s* Durchpausen *n* | Pauszeichnung *f*; ˈ**~ cloth** *s* Wisch-, Scheuertuch *n*; ˈ**~** ˌ**leath·er** *s Tech* Nitschelhose *f*; ˈ**~** ˌ**var·nish** *s* Schleiflack *m*; ˈ**~ wax** *s* Bohnerwachs *n*

rub·bish [ˈrʌbɪʃ] **1.** *s* Abfall *m*, Kehricht *m*, *n*, Müll *m* | *Geol* Schutt *m* | *umg* Ramsch *m*, Schund *m* | *umg* Unsinn *m*, Quatsch *m* ⟨to talk ~⟩; **2.** *vt*, *urspr Austr Sl* (jmdn., etw.) runtermachen, kritisieren ⟨to be ~ed sehr schlecht wegkommen⟩ | auslöschen, zerstören, beseitigen; ˈ**~ bin** *s Brit* Abfall-, Mülleimer *m*, Müllkasten *m*; ˈ**~ heap** *s* Schutthaufen *m*; ˈ**~y** *adj* schuttbedeckt | *umg* wertlos, kitschig, Schund-

rub·ble [ˈrʌbl] *s* Steinschutt *m* | Trümmer *pl* ⟨a heap of ~ Trümmer-, Schutthaufen *m*⟩ | *Geol* Geröll *n* | loses Packeis; ˌ**~ ˈfloor** *s* Estrich *m*

rub|down [ˈrʌbdaʊn], *auch* ˌ**~ ˈdown** *s* Abreibung *f* (*auch übertr*) ⟨to give s.th. a good ~ etw. gut abreiben⟩

ru·bel·la [ruːˈbelə] *s Med* Röteln *pl*

ru·be·o·la [ruːˈbiːələ] *s Med* Masern *pl*

ru·bes·cence [ruːˈbesns] *förml s* Rotwerden *n*, Erröten *n*; **ruˈbes·cent** *adj* rot werdend, errötend

Ru·bi·con [ˈruːbɪkən] *s in*: **to cross/pass the ~** *übertr* den Rubikon überschreiten, nicht mehr zurückkönnen

ru·bi·cund [ˈruːbɪkənd] *adj poet* rötlich, rot, rosig (Gesicht)

ru·ble [ˈruːbl] *s* Rubel *m*

ru·bric [ˈruːbrɪk] **1.** *s* Rubrik *f* | roter Titelbuchstabe | *Rel* liturgische Vorschrift | Rot *n*, rote Farbe; **2.** *adj* rot; ˈ**ru·bri·cal** *adj* Rubrik- | *Rel* liturgisch; ˈ**ru·bri·cate** *vt* rot bezeichnen | rot anstreichen; rubrizieren; ˌ**ru·briˈca·tion** *s* Rubrik *f* | Rubrizieren *n*

rub·stone [ˈrʌbstəʊn] *s* Schleifstein *m*

rub-up [ˈrʌb ʌp] *s* Aufpolierung *f* ⟨to give s.th. a good ~ etw. gut aufpolieren⟩

ru·by [ˈruːbɪ] **1.** *s Min* Rubin *m* | Rubinrot *n*; **2.** *adj* rubinrot; **3.** *vt* rubinrot färben

ruche [ruːʃ] *s* Rüsche *f*; **ruched** *adj* mit Rüschen besetzt

[1]**ruck** [rʌk] (*mit best art*) **1.** *s* Haufe(n) *m* | (Rennen) Feld *n* | (Spieler-) Traube *f* ⟨a ~ of players⟩ | *auch* **the** ˌ**com·mon** ˈ**~** *übertr* große Menge, Masse *f* ⟨to get out of the common ~ sich aus der Masse absondern, etw. Besonderes sein wollen⟩ | Gedränge *n*; **2.** *vi* (*bes* Rugby) eine dichte (Spieler-) Traube bilden, um den Ball kämpfen

[2]**ruck** [rʌk], *auch* **~le** [ˈrʌkl] **1.** *s* Falte *f*, Runzel *f*; **2.** *vt* zerknüllen, zerknittern; *vi*, *auch* **~ up** (ver-, zer-)knittern ⟨to be all ~ed up völlig zerknittert sein⟩

ruck·sack [ˈrʌksæk|ˈrʊk-] *s* ⟨*dt*⟩ *bes Brit* Rucksack *m*

ruck·us [ˈrʌkəs] *s* (*meist sg*) *Am Sl* Krawall *m* ⟨to raise a ~ Krach schlagen⟩

ruc·tion [ˈrʌkʃn] *s Am umg* Schlägerei *f*; ˈ**ruc·tions** *s/pl umg* Protest *m*, Aufruhr *m*, Krawall *m*

rudd [rʌd] *s Zool* Rotfeder *f*

rud·der [ˈrʌdə] *s Mar* (Steuer-) Ruder *n* | *Flugw* Seitenruder *n*, -steuer *n* | *übertr* Triebfeder *f*; ˈ**~ blade** *s* Ruderblatt *n*; ˈ**~ heel** *s* Ruderhacke *f*; ˈ**~less** *adj* ohne Ruder | steuerlos | *übertr* steuer-, hilflos; ˈ**~post** *s* Rudersteven *m*; ˈ**~stock** *s* Ruderstange *f*; ˈ**~** ˌ**til·ler** *s* Ruderpinne *f*

rud|dle [ˈrʌdl] **1.** *s Min* Rötel *m*; **2.** *vt* mit Rötel bemalen, rot färben | (Schafe) (rot) zeichnen, markieren; ˈ**~dy 1.** *adj* rötlich, rot | (Gesicht) frisch, gesund, rosig ⟨≈ cheeks⟩ | (*auch adv*) *Brit Sl euphem* verflucht, verdammt ⟨what the ≈ hell are you doing?⟩

rude [ruːd] *adj* roh, grob, unverschämt ⟨a ~ reply⟩ | (Person) ungebildet, unfein, ungehobelt ⟨to be ~ to s.o.⟩ | primitiv, unzivilisiert ⟨our ~ forefathers⟩ | unverarbeitet ⟨~ ore Roherz *n*; ~ state Rohzustand *m*⟩ | grob (gefertigt) ⟨a ~ plough⟩ | rauh, stürmisch ⟨~ weather⟩ | robust, kräftig ⟨in ~ health bei guter Gesundheit⟩ | hart, grob ⟨~ work⟩ | derb, unsanft ⟨a ~ awakening ein schlimmes Erwachen; a ~ shock ein schlimmer Schock⟩ | wild, zerklüftet ⟨a ~ landscape⟩ | ungefähr, annähernd ⟨a ~ sketch eine flüchtige Skizze⟩

ru·di|ment [ˈruːdɪmənt] **1.** *s* Anfang *m*, Grundlage *f* ⟨≈ knowledge elementare Kenntnisse *pl*⟩ | *Biol* Rudiment *n*; **2.** *adj*, *auch* ˌ**~ˈmen·tal**, ˌ**~ˈmen·ta·ry** *adj* rudimentär | elementar, Anfangs-; ˈ**~ments** *s/pl* Grundlagen *f/pl*, Anfangsgründe *pl* ⟨to learn the ≈ of s.th. in die Anfangsgründe von etw. eindringen⟩

[1]**rue** [ruː] *s Bot* Gartenraute *f*

[2]**rue** [ruː] *vt poet, arch, scherzh* bereuen, bedauern ⟨you'll ~ the day when …⟩ | beklagen; *vi* Reue empfinden; ˈ**~ful** *adj* reumütig, bedauernd, voll Reue ⟨a ≈ smile⟩ | traurig, kläglich | beklagenswert

[1]**ruff** [rʌf] *s* Halskrause *f* | *Zool* Feder-, Haarkrause *f* | *Zool* Kampfläufer *m*

[2]**ruff** [rʌf] *Kart* **1.** *s* Stechen *n*, Trumpfen *n*; **2.** *vt*, *vi* mit Trumpf stechen

ruf·fi·an [ˈrʌfɪən] *selten* **1.** *s* Rohling *m*, Grobian *m* | Halsabschneider *m*; **2.** *adj* brutal, roh; ˈ**~ism** *s* Roheit *f*; ˈ**~ly** *adj förml* brutal, roh

ruf·fle [ˈrʌfl] **1.** *vt*, *umg auch* **~ up** (Wasser) kräuseln, wellen | (Stirn) in Falten ziehen ⟨to ~ one's brow⟩ | in Unordnung bringen | (Haar) zerzausen ⟨to ~ one's hair⟩ | (Papier) zerknüllen | (Federn u.ä.) aufplustern, sträuben ⟨to ~ one's feathers⟩ | *übertr* aufregen, verstimmen ⟨to get ~d sich aufregen⟩ | (Stimmung) verderben ⟨to ~ s.o.'s temper jmdn. aus der Ruhe bringen *od* aufregen⟩; *vi* sich kräuseln | flattern (Fahne) | sich aufregen; **2.** *s* Kräuseln *n* | Welle *f* | Falte *f* | (Feder-, Haar-, Hals-) Krause *f* | Rüsche *f*, Falbel *f* | Sträuben *n* (der Federn etc.) | Aufregung *f*

ru·fous ['ru:fəs] *adj* rötlichbraun, rotbraun
rug [rʌg] *s* wollene Decke ⟨a travelling ~ eine Reisedecke⟩ | Brücke *f*, kleiner Teppich | Bettvorleger *m* ⟨hearth ~ Kaminvorleger *m*⟩
ru·ga ['ru:gə] *s* (*pl* **ru·gae** ['ru:dʒi:]) *Anat* Falte *f*; **ru·gate** ['ru:gɪt|-geɪt] *adj* faltig, gerunzelt
rug·by ['rʌgbɪ], *auch förml* ˌ~ **'foot·ball** *s Brit* Rugby *n*; ˌ~ **'League** *s Brit* (Profi-) Rugbyverband *m*; ˌ~ **'Un·ion** *s Brit* (Amateur-) Rugbyunion *f*
rug·ged ['rʌgɪd] *adj* roh, grob, hart | rauh ⟨~ cloth⟩ | uneben, durchfurcht ⟨a ~ surface⟩ | schroff, zerklüftet ⟨~ coast⟩ | runzlig ⟨a ~ face⟩ | *übertr* unfreundlich, mürrisch, ruppig, verbissen ⟨~ manners⟩ | *übertr* holprig ⟨a ~ style⟩
rug·ger, ~ ['rʌgə] *s Brit umg* für ↑ **rugby**
ru·gose ['ru:gəʊs|ru:'gəʊs] *adj*, *bes Bot* gerunzelt, runzlig; **ru·gos·i·ty** [ru:'gɒsətɪ] *s* Runzligkeit *f* | Runzel *f*; **ru·gous** ['ru:gəs] *adj* gerunzelt
ruin ['ru:ɪn] **1.** *s* Ruinieren *n* ⟨the ~ of s.o.'s hopes die Zerschlagung von jmds. Hoffnung⟩ | Verfall *m*, Ruin *m*, Untergang *m*, Vernichtung *f* ⟨to bring to ~ ruinieren, ins Unglück stürzen; to fall/go/run to ~ verfallen⟩ | Ruine *f* (*auch übertr*) | *arch*, *poet* Verführung *f* | Ruin *m*, Grund *m* des Niedergangs; **2.** *vt* ruinieren, zerstören, zunichtemachen ⟨to ~ one's eyes sich die Augen verderben⟩ | (finanziell) ruinieren, bankrott machen | *arch*, *poet* verführen, entehren; *vi* verfallen | einstürzen; **'ru·in·ate** *vt* zerstören, ruinieren; ˌ**ru·in'a·tion** *s* Zerstörung *f* | Verderben *n* ⟨to mean ≈ to s.o. jmds. Ruin bedeuten⟩; **'ru·ined** *adj* verfallen | ruiniert | verwüstet; **'ru·in·ous** *adj* verfallen, baufällig | mörderisch, unheilvoll, schrecklich ⟨≈ folly gefährliche Dummheit; ≈ price Schleuderpreis *m*⟩; **'ruins** *s/pl* Ruinen *pl*, Trümmer *pl* ⟨in ≈ eine Ruine; *übertr* ruiniert; to lay in ≈ in Schutt und Asche legen⟩
rule [ru:l] **1.** *s* Vorschrift *f*, Regel *f* ⟨according to/by ~ nach Vorschrift; as a ~ in der Regel; ~[s] of the road Verkehrsregel(n) *f(pl)*; ~ of thumb Faustregel *f*; ~s and regulations Regeln und Bestimmungen; to become the ~ zur Regel werden; to bend/stretch the ~s die Vorschriften (etwas) großzügig auslegen; to work to ~ nach Vorschrift arbeiten (als Protest), im Bummelstreik stehen⟩ | Gewohnheit *f* ⟨my ~ is ich bin gewohnt; ties are the ~ man trägt (gewöhnlich) Krawatte⟩ | Grundsatz *m*, Richtschnur *f* | Richtscheit *n* | Zollstock *m* | Lineal *n*, Maßstab *m* | *Brit Typ* Strich *m* | *Jur* Verfügung *f*, Verordnung *f* | Satzung *f* | Regierung *f*, Herrschaft *f* (**over** über) ⟨the ~ of the people⟩; **2.** *vt* regeln, verfügen, anordnen | *Jur* entscheiden | (*meist pass*) verwalten | leiten, lenken ⟨to be ~d by hatred⟩ | herrschen über, regieren ⟨to ~ with an iron hand / a rod of iron mit eiserner Hand regieren⟩ | *übertr* beherrschen, zügeln | linieren; ~ **off** (durch Linien) abtrennen, abteilen | unterstreichen; ~ **out** ausschließen ⟨to ≈ the possibility⟩ | verbieten; *vi* herrschen, regieren (**over** über) | vorherrschen | *Jur* entscheiden (Richter) ⟨to ~ against s.th. etw. ablehnen, etw. abschlägig entscheiden; to ~ on s.th. über etw. entscheiden *od* urteilen⟩ | *Wirtsch* notieren, stehen (Preis) ⟨prices ~d high⟩; **'~book** *s* Dienstvorschrift *f*; **'~less** *adj* regellos | ohne Regierung, regierungslos | zügellos; **'rul·er** *s* Herrscher(in) *m(f)* | Lineal *n* | Richtscheit *n*; **'rul·er·ship** *s* Herrschaft *f*, Regierung *f*; **'rul·ing 1.** *adj* (vor)herrschend ⟨the ≈ class die herrschende Klasse⟩ | *Wirtsch* Durchschnitts-; **2.** *s* Herrschaft *f* | (amtliche) Entscheidung; **'rul·ing pen** *s* Reißfeder *f*; **'rul·ing price** *s Wirtsch* Marktpreis *m*
[1]**rum** [rʌm] *s* Rum *m* | *Am* Alkohol *m*
[2]**rum** [rʌm] *adj Brit Sl* wunderlich, komisch
Ru·ma|nia [ru:'meɪnɪə]; **~ni·an**, *auch* **Ru·man** ['ru:mən] **1.** *adj* rumänisch; **2.** *s* Rumäne *m* | Rumänin *f* | Rumänisch *n*
rum·ba ['rʌmbə] **1.** *s* Rumba *f*, *m* (Tanz); **2.** *vi* Rumba tanzen
[1]**rum·ble** ['rʌmbl] **1.** *vi* rumpeln, holpern, ⟨to ~ in the distance in der Ferne donnern⟩ | rattern ⟨to ~ along entlangpoltern, vorbeirattern⟩ | knurren (Magen) | murmeln; *vt*, *auch* ˌ~ **out/forth** (etw.) herauspoltern ⟨to ~ out remarks⟩ | (Person, Trick) durchschauen, heraus-, spitzkriegen | *Tech* in einer Poliertrommel behandeln; **2.** *s* Gepolter *n*, Rumpeln *n* ⟨~ of thunder Donnergrollen *n*⟩ | (Magen) Knurren *n* ⟨to give a ~ knurren⟩ | *Tech* Poliertrommel *f* | Gepäckraum *m* | *Am Kfz* Notsitz *m* | *Am Sl* Schlägerei *f*; **'~ seat** *s Am* Klapp-, Notsitz *m*; **'~ stripe** *s* Rumpelstreifen *m*, -strecke *f* (auf Straßen); **'~-ˌtum·ble** *s umg* rumpelndes Fahrzeug, Klapperkasten *m*; **'rum·bling 1.** *adj* polternd; **2.** *s* Gepolter *n* | (*oft pl*) Gerede *n*, (öffentliche) Diskussion, Rederei *f* (**about** über) ⟨a lot of ≈ viel Gerede; ≈s of discontent verbreitete Klagen, allgemeine Unzufriedenheit⟩ | (*meist pl*) Gerücht *n* ⟨to hear ≈s that reden hören, daß⟩; **'rum·bly** *adj* rumpelnd
rum·bus·tious [rʌm'bʌstʃəs] *adj*, *bes Brit umg* lärmend, ausgelassen
rum·dum ['rʌmdʌm] *Am Sl verächtl* **1.** *adj* gewöhnlich, alltäglich, wenig bemerkenswert ⟨~ lives⟩; **2.** *s* Durchschnittstyp *m*
ru·men ['ru:men] *s* (*pl* **ru·mi·na** ['ru:mənə]) *Zool* Pansen *m*; **ru·mi·nant** ['ru:mɪnənt] **1.** *adj Zool* wiederkäuend | *übertr* grübelnd; **2.** *s Zool* Wiederkäuer *m*; **'ru·mi·nate** *vt* wiederkäuen | *übertr* erwägen, nachdenken über; *vi* wiederkäuen *übertr* grübeln (**on**, **over**, **about** über); **'ru·mi·nat·ing** *adj* wiederkäuend | *übertr* nachdenklich; ˌ**ru·mi'na·tion** *s* Wiederkäuen *n* | Nachsinnen *n*, Grübeln *n*; **'ru·mi·na·tive** *adj* wiederkäuend | nachdenklich, grübelnd
rum·mage ['rʌmɪdʒ] **1.** *s* Durchsuchen *n*, Durchstöbern *n* (*bes.* e-s Schiffes durch Zoll) | *auch* **'~ goods** *s Wirtsch* Ramsch *m*, Ausschußware *f* | *bes Am* alte Kleider *pl*, abgelegte Sachen *f/pl*; **2.** *vt* durchsuchen ⟨to ~ a ship⟩; **~ out** auskramen; *vi*, *auch* **~ about** (herum)stöbern (**among**, **in** in); **'~ sale** *s Am* Resteverkauf *m* | (Wohltätigkeits- u. ä.) Basar *m*
rum·mer ['rʌmə] *s* Pokal *m*, Römer *m*
[1]**rum·my** ['rʌmɪ] *s Kart* Rommé *n*
[2]**rum·my** ['rʌmɪ] *s* = ↑ [2]**rum**
ru·mour ['ru:mə] **1.** *s* Gerücht *n*, Gerede *n* (**about**, **of** über) ⟨~ has it es geht das Gerücht; there is a ~ that es wird geredet, daß⟩; **2.** *vt*, *auch* **~ about / abroad** (*meist pass*) als Gerücht verbreiten ⟨it is ~ed [about] that es geht das Gerücht, daß; s.o. ~ed it about that jmd. setzte das Gerücht in Umlauf, daß; he is ~ed to have escaped es wird (davon) geredet, er sei geflohen⟩; **~mon·ger** ['~ˌmʌŋgə] *s* Gerüchtemacher *m*, Verleumder *m*
rump [rʌmp] *s* Hinterteil *n*, Steiß *m* | *Brit Kochk* Schwanzstück *n* | *scherzh* Gesäß *n*, Hinterer *m* | *übertr* (kümmerlicher) Rest | *Pol* Rumpfparlament *n*
rum·ple ['rʌmpl] *vt* zerknittern, zerdrücken ⟨to ~ one's dress⟩ | in Unordnung bringen | (Haar) zerzausen ⟨~d hair⟩
rump·steak ['rʌmpsteɪk|ˌrʌmp'steɪk] *s Kochk* Rumpsteak *n*
rum·pus ['rʌmpəs] *s* (*nur sg*) *umg* Lärm *m*, Krawall *m* ⟨to have a ~ with s.o. sich mit jmdm. krachen; to kick up / make / cause a ~ Krach schlagen⟩; **'~ room** *s Am* Spielzimmer *n*
rum·run·ner ['rʌmˌrʌnə] *s* (Person, Schiff) Alkoholschmuggler *m*
run [rʌn] **1.** *s* Laufen *n* (zu Fuß), Rennen *n* (*auch übertr*) ⟨at

a ~ im Laufschritt; to be on the ~ *umg* immer auf den Beinen sein; auf der Flucht sein; to go for a ~ einen Lauf machen, laufen gehen; to take the dog for a ~ den Hund ausführen; to get / give s.o. a [good] ~ for his money jmdn. für seine Mühe belohnen, es jmdm. nicht leicht machen⟩ | Lauf *m* ⟨a 2-mile ~ ein 2-Meilen-Lauf *m*⟩ | Ausflug *m*, Abstecher *m*, Fahrt *f* ⟨a ~ to Paris; how many hours' ~ is it by train? wie lange fährt man mit dem Zug?⟩ | *Mar* zurückgelegte Strecke ⟨day's ~ Tagesabschnitt *m*⟩ | (Preis, Temperatur) starker Fall ⟨to come down with a ~⟩ | (Kricket, Baseball) (erfolgreicher) Lauf | Jagd *f* (**for** nach) | Anlauf *m* | Zulauf *m*, Zuspruch *m* | Ansturm *m* ⟨a ~ on the bank⟩ | *Wirtsch* Nachfrage *f* (**on** nach) | Auslauf *m*, Weide *f* (für Tiere) ⟨a chicken ~⟩ | *Am* Laufmasche *f* | (Amts-) Dauer *f* | ununterbrochene Dauer | ununterbrochene Folge, Reihe *f* ⟨a ~ of bad luck eine Pechsträhne⟩ | *Theat* Laufzeit *f* ⟨a ~ of two years⟩ | *Tech* Lauf(en) *m*(*n*), Betrieb *m* ⟨trial ~ Probelauf *m*, -fahrt *f*⟩ | *Flugw* Rollstrecke *f* | Rodelbahn *f* | Bach *m*, Fluß *m* | *umg* freie Benutzung, freier Zugang ⟨to get / give s.o. the ~ of s.th. etw. frei benützen dürfen, freien Zutritt haben zu; the ~ of the garden die Gartenbenutzung; the ~ of the library Zugang *m* zur Bibliothek⟩ | *übertr* Verlauf *m*, Fortgang *m*, Richtung *f*, Tendenz *f* ⟨the ~ of events der Lauf der Dinge; the ~ of the cards das Fallen, die Sequenz der Karten⟩ | *auch Wirtsch* Art *f*, Sorte *f* ⟨the common / ordinary ~ of mankind die große Masse, der Durchschnitt; out of the common/ordinary ~ von durchschnittlicher Qualität⟩ | *Mus* Lauf *m* | (Fische) Schwarm *m* ⟨a ~ of salmon ein Lachsschwarm⟩ ◇ **in the long ~** auf die Dauer, auf lange Sicht, schließlich; **in the short ~** fürs nächste, auf kurze Sicht; **2.** *adj* fortgelaufen, geschmolzen, ausgelassen

3. (**ran** [ræn], ~ [rʌn]) *vi* laufen, rennen ⟨to ~ for one's life so schnell wie möglich fliehen⟩ | galoppieren (Pferd) | fahren, verkehren (öffentliche Verkehrsmittel) ⟨to ~ every 5 minutes⟩ | *Mar* fahren, laufen (Schiff) ⟨to ~ aground *Mar* auf Grund laufen; to ~ into port in den Hafen (ein)laufen; to ~ foul of each other miteinander kollidieren⟩ | (Sport) an einem Wettrennen teilnehmen ⟨to ~ in the 100 metres 100 m laufen; also ran ferner liefen, nicht unter den ersten drei, nicht plaziert⟩ | *bes Am Pol* kandidieren (**for** als) | sich schnell fortbewegen, dahingleiten, fahren ⟨to ~ on wheels auf Rädern laufen *od* fahren⟩ | sich verbreiten (Gerücht, Schmerz u. ä.) | *Tech* arbeiten, in Betrieb sein ⟨to ~ hot heiß laufen (Maschine); to cease ~ning schließen (Fabrik)⟩ | ziehen, wandern (Fische, Wolken etc.) | fließen, strömen, laufen (*auch übertr*) | auslaufen (Farbe) | vergehen, verstreichen (Zeit) | dauern, anhalten ⟨seven times ~ning sieben Mal hintereinander; to have a year to ~ eine Laufzeit von einem Jahr haben⟩ | sich erstrecken, laufen (**from** von, **to** bis) ⟨to ~ across s.th. über etw. hinweggehen (Narbe u. ä.)⟩ | *Theat* laufen, gespielt werden | schmelzen, zerfließen (Eis) | *Wirtsch* umlaufen (Geld) | lauten (Text) ⟨the words ran as follows die Worte lauteten wie folgt⟩ | vorherrschen (**in** in) | ausfallen ⟨to ~ small⟩ | *urspr Am* laufen (Masche) | klettern, sich ranken (Pflanze) | *Jur* gelten | werden, sein ⟨to ~ cold erstarren; to ~ low zur Neige gehen; to ~ mad wahnsinnig werden; to ~ riot völlig durcheinander geraten; to ~ short ausgehen (Vorrat); to ~ a temperature *umg* Fieber kriegen; to ~ wild verwildern; ausarten; nicht zu bändigen sein⟩; ~ **about** umherlaufen, herumtollen ⟨to ~ about the streets sich auf der Straße herumtreiben⟩; ~ **after** (jmdm.) nachlaufen, nachrennen | *übertr* hinter (etw., jmdm.) her sein | *übertr* hinter (jmdm.) herlaufen, (jmdm.) zu Diensten sein; ~ **against** (Sport) laufen mit, gegen | *Am Pol* als Gegenkandidat haben; ~ **along** (*oft imp*) *umg* sich wegscheren; ~ **around** gehen mit, sich herumtreiben mit ⟨to ~ around with the girls⟩; ~ **at** sich stürzen auf (Hund u. ä.); ~ **away** fort-, davonlaufen; ~ **away with** (jmdn.) entführen | mit (jmdm.) durchgehen (Pferd, Temperament) | (jmdm.) aus der Kontrolle geraten (Fahrzeug) | (Geld, Kosten) verbrauchen, verschlingen | erbeuten, durchgehen mit | klar gewinnen gegen | glauben, der (irrigen) Meinung sein ⟨to ~ away with the idea/notion that sich in die Vorstellung verrennen, daß, sich einbilden, daß⟩; ~ **back** sinken (Kurse); ~ **back over** sich vergegenwärtigen, noch einmal durchgehen ⟨to ≈ one's childhood⟩; ~ **down** hinunterlaufen, hinunterfließen | ablaufen (Uhr) | abnehmen (Zeit) | schwach werden (Batterie) | *übertr* herunterkommen ⟨to be (feel/look) ≈ erschöpft *od* überarbeitet sein, (sich erschöpft fühlen *od* aussehen)⟩; ~ **in** hereinlaufen | sich anschließen (**with s.o.** jmdm.) | einen kurzen Besuch machen; ~ **into** unerwartet treffen, zusammenplatzen mit | kollidieren mit | überfahren | in (Schulden) geraten ⟨to ~ into debts⟩ | (bestimmte Höhe) erreichen, sich belaufen auf ⟨to ~ into 10 editions; to ~ into millions⟩; ~ **off** fort-, davonlaufen, fliehen | durchbrennen (**with** mit) | *bes Kan* schmelzen (Schnee, Eis) | *Wirtsch* fällig werden; ~ **on** weiterlaufen | in Kraft bleiben | vergehen (Zeit) | immer weiter reden, kein Ende finden | betreffen, sich beziehen auf (Gespräch) ⟨to ~ on the future⟩ | = ↑ ~ **upon**; ~ **out** heraus-, hinauslaufen, überlaufen | sich abspulen in, sich erstrecken in (Schnur, Seil) | auslaufen (Gefäß) | ablaufen (Zeit) | erschöpft sein (Vorrat) | ausarten | eintreten (Ebbe) ⟨the tide is ~ning out⟩ | hervorstechen, herausragen (Mole) | (Sport) (Kampf, Spiel) beenden ⟨to ~ out a winner als Sieger hervorgehen⟩; ~ **out of** (bald) nicht mehr haben ⟨to ~ out of food nichts mehr zu essen haben; he ran out of time die Zeit wurde ihm knapp⟩; ~ **out on** *Sl* (jmdn.) sitzen lassen; ~ **over** überlaufen, überfließen; ~ **to** reichen für (Geld) | sich leisten können (Person) ⟨she can't ~ to a car⟩ | neigen *od* tendieren zu ⟨to ~ to fat leicht dick werden; to ~ to ruin (immer mehr) verkommen; to ~ to waste vergeudet werden (Wasser); to ~ to details sich in Einzelheiten verlieren⟩; ~ **up** hinauflaufen | *Sport* anlaufen | *Wirtsch* steigen, anziehen (Preise) (**to** auf, bis) | einlaufen, eingehen; ~ **up against** auftreffen auf, stoßen an ⟨to ~ up against a wall⟩ | *umg* (plötzlich) stoßen auf ⟨to ~ up against an old friend⟩ | *umg übertr* stoßen auf, zu tun kriegen ⟨to ~ up against difficulties⟩; ~ **[up]on** sich drehen um (Gedanken) | *Mar* auflaufen auf (Schiff);

vt (Strecke) (durch)laufen, durchfahren | laufen | rennen über | (Weg) einschlagen | (Rennen) laufen | (Wild) jagen, verfolgen | (Pferd) jagen, laufen lassen | fliehen aus, weglaufen von | (Vieh) treiben | *Tech* (Maschine) in Gang halten, bedienen | schmelzen, gießen | (jmdn.) mitnehmen, transportieren, befördern | schmuggeln | (Fabrik u. ä.) betreiben, leiten, führen | (Haus) bewirtschaften | *Pol* (jmdn.) (als Kandidaten) aufstellen (**for** für) | hineingeraten in ⟨to ~ debts Schulden machen⟩ | *Wirtsch* (Konto) anlaufen lassen | (Vieh) weiden lassen | zusammennähen, säumen | (jmdn.) versetzen, bringen (**into** in, zu); ~ **across** (jmdn.) zufällig treffen, stoßen auf; ~ **back** (Band) zurücklaufen lassen; (Film) zurückspulen; ~ **down** überfahren, umwerfen | (jmdn.) abkanzeln, schlechtmachen | (Gefangenen) zur Strecke bringen | (Batterie) erschöpfen | (Fabrik) herunterwirtschaften | (Qualität, Preis) herabsetzen, mindern; ~ **in** *Kfz* einfahren | *umg* (jmdn.) einlochen; ~ **off** ablaufen lassen, ausleeren (**from** aus) | (Gedicht) herunterrasseln | (Brief) schnell hinwerfen, (etw.) hinhauen | *Typ* (Kopien) abziehen | (Rennen) entscheiden ⟨to ~ off a heat

einen Zwischenlauf austragen⟩; ~ **on** *Typ* (Buchstaben) fortlaufend setzen, (Satz) anhängen; ~ **out** (Kabel) ausrollen | (Lauf) beenden | *übertr* auslaufen lassen, beendigen | erschöpfen ⟨to ~ o.s. out bis zur Erschöpfung laufen; to be ~ out ausgepumpt sein; *übertr Wirtsch* ausverkauft sein⟩; ~ **over** überfahren | *übertr* überfliegen; ~ **through** (mit dem Schwert u. ä.) durchdringen, durchstechen ⟨to ~ s.o. through and through jmdn. mittendurch stechen⟩ | durchstreichen ⟨to ~ one's fingers through one's hair; to ~ a pencil through a line mit dem Bleistift eine Linie nachziehen⟩ | (Vermögen) durchbringen | *auch* ~ **over** (Post u. a.) (schnell) durchschauen, überfliegen | *(ohne pass) übertr* (Gefühl) (jmdn.) durchziehen, erfüllen; ~ **up** *Wirtsch* (Preise) in die Höhe treiben | (Schulden) machen | (Flagge) hissen | (schnell) errichten | (Kleid) zusammenflicken | *übertr* (einer Sache) nachgehen;
'~a,bout, *auch* **'~-a,bout** *s* Herumtreiber *m*, Landstreicher *m* | Kleinauto *n* | Roadster *m*; **'~a,round** *s umg* herablassende Behandlung ⟨to give s.o. the ≈ jmdn. warten *od* herumstehen lassen⟩ ◇ **give/get the ~around** (Ehefrau *od* Ehemann) betrügen *od* betrogen werden; **'~a,way**, *auch* **'~-a,way 1.** *s* Flüchtling *m* | Ausreißer *m* | Durchgänger *m* (Pferd); **2.** *adj* flüchtig, davongelaufen, ausgerissen ⟨≈ child; a ≈ wedding eine heimliche Hochzeit⟩ | durchgegangen (Pferd) | (Resultat) leicht errungen ⟨a ≈ victory ein sehr leichter Sieg⟩ | *Wirtsch* schnell veränderlich (Preise etc.) ⟨a ≈ increase ein rapider Anstieg⟩

run·dle ['rʌndl] *s* Rolle *f* | (Leiter-) Sprosse *f*

run|down ['rʌndaʊn], *auch* **'~-down** *s urspr Am umg* (Über-) Prüfung *f*, Analyse *f* ⟨to give [s.o.] a ≈ on s.th.⟩ | *Brit* Niedergang *m*; **,run-'down** *adj* baufällig, heruntergekommen ⟨≈ houses⟩ | erschöpft, überarbeitet ⟨to look quite ≈ ziemlich mitgenommen aussehen⟩ | (Uhr) abgelaufen

rune [ru:n] *s* Rune *f* | *übertr* Rätsel *n*

run flat [,rʌn 'flæt] *s Brit Kfz* Sicherheitsreifen *m*

¹rung [rʌŋ] *prät* u. *part perf* von **¹ring 2.**

²rung [rʌŋ] *s* Speiche *f* | (Leiter-) Sprosse *f* | Querleiste *f*, Steg *m* (zwischen Stuhlbeinen) | *übertr* Stufe *f*, Rang *m* ⟨to start on the lowest ~ ganz unten anfangen; to reach the highest/top ~ [of the ladder] die höchste Stufe erklimmen, es ganz weit bringen⟩

ru·nic ['ru:nɪk] **1.** *adj* Runen- | altertümlich; **2.** *s* Runenschrift *f* | *Typ* Runenschrift *f*

run-in ['rʌn ɪn] *s Brit* (Sport) Einlauf *m* | *Kfz* Einfahren *n* | *bes Brit* Zeitspanne *f* (**to** bis) | *Typ* Einschub *m*, neuer Text | *Am umg* Streit *m*, Gerangel *n* (*bes* mit Polizei *od* Behörde)

run|let ['rʌnlət|-lɪt] *s* Bächlein *n*; **~nel** ['rʌnl] *s* Rinne *f*, Rinnstein *m* | Bächlein *n*; **'~ner** *s* Renner *m* | (Sport) Läufer *m*, Sprinter *m* | Rennpferd *n*, Renner *m* | Rennhund *m* | Botenläufer *m* | Laufbursche *m* | *Mil* Melder *m* | *Wirtsch* Schlepper *m* | *Zool* Laufvogel *m* | *Bot* Ausläufer *m* | *Bot* Kletterpflanze *f* | (Tisch-) Läufer *m* | *Tech* Laufschiene *f*, -rolle *f* | Hülse *f*, Schieber *m* | Schlaufe *f* | *Typ* Zeilenzähler *m* | *Am* Laufmasche *f*; **-~ner** *in Zus* -läufer *m*, -träger *m*, -verteiler *m* ⟨gun-≈ (heimlicher) Waffenlieferant; rum-≈ Schnapsschmuggler⟩; **,~ner 'bean** *s Bot* Kletterbohne *f*; **,~ner-'up** *s* (*pl* **,~ners-'up**, **,~ner-'ups**) (Sport) Zweite(r) *f(m)*, Zweitbeste(r) *f(m)*; **'~ning 1.** *s* Rennen *n*, Laufen *n* | Wettlauf *m (auch übertr)* ⟨to be in (out of) the ≈ (keine) Aussicht auf Erfolg haben; to make the ≈ *übertr* das Tempo angeben *od* bestimmen; to take up the ≈ die Führung übernehmen⟩ | *umg* Abstecher *m*; **2.** *adj* laufend, im Lauf ⟨≈ jump Sprung *m* mit Anlauf; ≈ kick Schuß *m* aus dem Lauf⟩ | andauernd, laufend, ununterbrochen | (Wasser) fließend ⟨hot and cold ≈ water⟩ | *Med* (Wunde) eiternd; (Nase) laufend | *Bot* kriechend | *Wirtsch* laufend, offen ⟨≈ costs⟩ | *Wirtsch* umlaufend, zirkulierend; **3.** *adv* (*nach pl*) hintereinander ⟨3 times ≈⟩; **,~ning ac'count** *s* laufende Rechnung | Verrechnungskonto *n*; **,~ning 'battle** *s Mil* Gefecht *n*, in dem eine Seite ständig zurückgedrängt wird | *übertr* Kleinkrieg *m*; **'~ning board** *s* Tritt *m*, Laufbrett *n*; **,~ning 'com·men·tar·y** *s Ferns* fortlaufender Kommentar | *Rundf* Hörbericht *m*; **,~ning 'fight** *s Mil* Rückzugsgefecht *n*; **,~ning 'fire** *s* Trommelfeuer *n (auch übertr)* | Lauffeuer *n*; **'~ning gear** *s Tech* Lauf-, Fahrwerk *n*; **'~ning hand** *s* Kurrentschrift *f*; **'~ning knot** *s Mar* laufender Knoten; **'~ning mate** *s* (Pferderennen) Schrittmacher *m* | *Pol* Mitkandidat *m (bes Am* für Vizepräsidentschaft); **,~ning 'ti·tle** *s Typ* Kolumnentitel *m*; **'~ny** *adj umg* nicht sehr fest, halbflüssig ⟨≈ jam⟩ | (Nase) verschnupft ⟨my nose is ≈ meine Nase läuft⟩; **'~off**, *auch* **'~-off** *s* (Sport) Entscheidungslauf *m*; **,~off 'pri·ma·ry** *s Am Pol* Stichwahl *f*, endgültige Vorwahl; **,~-of-the-'mill** *adj* durchschnittlich, gewöhnlich; **'~-on 1.** *s* angehängtes Wort | *Tech* An-, Vorlauf *m*; **'~out**, *auch* **'~-out** *s Tech* Gewindeende *n* | *Tech* (Getriebe-) Abnutzung *f* | *übertr* Flucht *f*; **'~-out groove** *s* Auslaufrille *f* (einer Schallplatte); **runs** *s/pl (mit best art) umg* Durchfall *m*, Durchmarsch *m*, flotter Otto

runt [rʌnt] *s umg* untersetzte Person | *verächtl* Zwerg *m* | *Zool* Zwergrind *n* | *Zool* kleinstes Tier (e-s Wurfs) | *Bot* schwach entwickelte Pflanze

run|through ['rʌn θru:], *auch* **'~-through** *s* Überfliegen *n* | kurze Zusammenfassung | *Theat* (schnelle) Probe; **'~-up** *s bes Brit umg* Zeitspanne *f* (**to** bis), Vorfeld *n* | (Weitsprung) Anlauf *m* | (Preis) Hochgehen *n* | *Flugw* (Motoren) Probelauf *m* (vor dem Start); **'~way 1.** *s Flugw* Rollbahn *f* | *Am* Laufsteg *m* | *Am* Wildpfad *m*, -wechsel *m*; **2.** *vt* mit einer Rollbahn versehen

ru·pee [ru:'pi:] *s* Rupie *f*

rup·ture ['rʌptʃə] **1.** *s* Bruch *m*, Riß *m (auch übertr)* | Abbruch *m* | *Med* Bruch *m*, Ruptur *f*; **2.** *vt* brechen *(auch übertr)* | *Med* (Gefäß u. ä.) zerreißen, (Muskel) reißen ⟨to ~ o.s. sich einen Bruch heben⟩; *vi* bersten | *Med* einen Bruch bekommen

ru·ral ['rʊərl] *adj* ländlich, Land- (*Ant* urban) ⟨~ areas; ~ life⟩ | landwirtschaftlich ⟨~ economy Landwirtschaft *f*⟩; **,~ 'dean** *s Rel* Landsuperintendent *m*; **'~ism** [-l̩ɪzm] *s* Ländlichkeit *f*; **'~ist** *s* Landbewohner *m*; **~i·ty** [rʊə'ræləti] *s* ländlicher Charakter; ländliche Umgebung; **'~ize** [-l̩aɪz] *vt* ländlich machen; *vi* aufs Land gehen | ländlich werden

Ru·ri·tan·i·an [,rʊərɪ'teɪnɪən] *adj Pol, Lit übertr* räuberisch, voller Intrigen, räuberromantisch

ruse [ru:z] *s* List *f*, Trick *m*

ru·sé ['ru:zeɪ] *adj* ⟨*frz*⟩ verschlagen, raffiniert

¹rush [rʌʃ] **1.** *vi* rennen, eilen, vorwärtshasten, losstürzen (**at** auf), hasten, hetzen, stürzen | brausen, sausen (Wind) | herabstürzen (Wasser) | *Am* (Fußball) stürmen | *übertr* sich stürzen (**to** auf) ⟨to ~ to conclusions voreilige Schlüsse ziehen⟩; ~ **into** sich stürzen in, hineinplatzen in ⟨to ~ into marriage Hals über Kopf heiraten⟩; ~ **out** heraus-, hinausstürzen, heraus-, hinauseilen; *vt* (jmdn.) drängen, hetzen, jagen (*auch übertr*) ⟨to ~ s.o. into s.th. jmdn. in etw. hineinziehen, jmdn. zu etw. überreden; to ~ s.th. into print etw. überstürzt *od* voreilig drucken *od* herausbringen; to ~ s.o. off his feet jmdn. zu einer unüberlegten Handlung bewegen, jmdn. überfordern⟩ | transportieren, schnell befördern | rasen mit (Fahrzeug) | (Arbeit) überstürzen | losstürmen auf | *bes Mil* im Sturm nehmen, erstürmen | hinwegsetzen über | *Sl* (jmdn.) übers Ohr hauen, neppen (**for s.th.** um etw.); ~ **out** (Brief) in Eile wegschicken | (Truppen) eilends hintransportieren | *Wirtsch* (Produkt) unter Zeitnot herstellen; ~ **through** (Arbeit) unter Zeitnot beenden; (Auftrag) schnellstens erledigen | *Parl* (Gesetz) durchpeitschen | *umg* (jmdn.) beschwindeln; **2.** *s* Hasten *n*, Eilen *n*, Hetze *f* | Dahinstürmen *n*, Vorwärtsstürzen *n* | Andrang *m*, Ansturm *m* (**for** auf) ⟨gold ~ Goldrausch *m*⟩ | *übertr umg* Hochdruck *m*, -betrieb *m*, Zeit *f* des stärksten Verkehrs ⟨Christmas ~ Weihnachtssaison *f*; Easter ~ Osterverkehr *m*⟩ | *Tech* plötzlicher Ausbruch, plötzliche Anwandlung | Sofortrausch *m* (durch Droge) | *übertr* unmittelbare Begeisterung, Begeisterungsanfall *m* | *El* Stromstoß *m* | *Mil* Sturm *m* | *Am* (Fußball) Stürmer *m* | *meist pl* (Film) Erst-, Schnellkopie *f* ◇ **give s.o. the bum's ~** *Am Sl* jmdn. (aus einem Lokal) rausschmeißen; **3.** *adj* eilig, drängend

[2]**rush** [rʌʃ] **1.** *s* Binse *f* | *übertr* Kleinigkeit ⟨not worth a ~ keinen Pfifferling wert⟩; ˌ~ ˈ**bas·ket** *s* Binsenkorb *m*; ˌ~ ˈ**can·dle** = **~light**

rush·er [ˈrʌʃə] *s Am* (Sport) Stürmer *m*

rush hour [ˈrʌʃ aʊə] *s* (*meist pl*) Hauptgeschäftszeit *f*; ˌ**rush-hour ˈtraf·fic** *s* Hauptverkehr(szeit) *m*(*f*)

rush|light [ˈrʌʃlaɪt] *s* Binsenlicht *n* | *übertr verächtl* (Person) kleines Licht; ˈ~ **mat** *s* Schilfmatte *f* ˈ**~y** *adj* voller Binsen, binsenbestanden | Binsen-

rusk [rʌsk] *s* Zwieback *m* | biskuitähnliches Gebäck

rus·sel cord [ˈrʌsl kɔ:d] *s* Wollrips *m*

rus·set [ˈrʌsɪt] **1.** *adj* rot-, rostbraun; **2.** *s* rotbraune Farbe, Rostbraun *n* | *Bot* Boskop *m* | grobes Tuch; ˈ**~y** *adj* rostbraun

Rus·sia [ˈrʌʃə] *s* Rußland

Rus·sia leath·er [ˌrʌʃə ˈleðə] *s* Juchtenleder *n*

Rus·sian [ˈrʌʃn] **1.** *s* Russe *m*, Russin *f* | *Ling* Russisch *n*; **2.** *adj* russisch; ˌ~ ˈ**boots** *s* Russenstiefel *pl* (für Damen); ˌ~ ˈ**Church** *s Rel* (Russisch-) Orthodoxe Kirche; ˌ~ ˈ**dres·sing** *s Kochk* Remoulade *f*; ˌ~ **rouˈlette** *s* russisches Roulette; ˌ~ ˈ**this·tle** *s Bot* Salzkraut *n*; ˌ~ ˈ**wolf·hound** *s* Barsoi *m*

Rus·so- [ˈrʌsəʊ] *in Zus* Russen- (*z. B.* **~phile** Freund Rußlands) | russisch- (**~-German** russisch-deutsch)

rust [rʌst] **1.** *s* Rost *m* | Rostfleck *m* | *übertr* Untätigkeit *f* | *Bot* Rost *m* | Rostbraun *n* | *in Zus* rost- ⟨~-eaten rostzerfressen⟩; **2.** *vi* rostig werden, (ver)rosten | *auch* ~ **out** *übertr* einrosten | *Bot* brandig werden; ~ **away** weg-, dahinrosten; *vt* verrosten lassen | *übertr* einrosten lassen | *Bot* brandig machen

rus|tic [ˈrʌstɪk] **1.** *adj* bäuerlich, ländlich, Land- ⟨≈ house Bauernhaus *n*; ≈ simplicity ländliche Einfachheit⟩ | bäu(e)risch, grob, unfein ⟨≈ manners⟩ | roh gearbeitet, rustikal, im Bauernstil ⟨a ≈ bench eine Bauernbank⟩ | *Arch* Rustika-; **2.** *s* Bauer *m*, Landmann *m* | *übertr* Bauer *m*, einfacher Mensch; ˈ**~ti·cal** *adj* ländlich | bäurisch, grob; ˈ**~ti·cate** *vt* aufs Land schicken | verländlichen | *Arch* mit Bossenwerk verzieren | *bes Brit* (von der Universität) relegieren, zeitweilig beurlauben; *vi scherzh* sich aufs Land zurückziehen | *förml* ein ländliches Leben führen; ˌ**~tiˈca·tion** *s* zurückgezogenes Landleben | Verbauerung *f* | *Päd, bes Brit* (zeitweise) Relegation ⟨to be threatened with ≈ Relegierung angedroht bekommen⟩ | *Arch* Bossenwerk *n*; **~tic·i·ty** [~ˈtɪsətɪ] *s* bäurisches Wesen | Ländlichkeit *f* | Einfachheit *f*; ˈ**~tic work** *s Arch* Bossenwerk *n*

rus·tle [ˈrʌsl] **1.** *s* Rascheln *n* ⟨the ~ of paper⟩ | Rauschen *n*, Säuseln *n* ⟨the ~ of the wind⟩; **2.** *vi* rascheln (Blätter), rauschen (Wind), knistern (Seide); *vt* rascheln mit, Geräusch verursachen mit ⟨to ~ leaves/paper⟩ | *Am umg* (Pferde, Rinder) stehlen; ~ **up** *umg* schnell beschaffen, organisieren (**for** für); ˈ**rust·ler** *s Am umg* Viehdieb *m* | *Am Sl* Wühler *m*, emsiger Mensch

rust·less [ˈrʌstləs] *adj* ohne Rost | rostfrei, nichtrostend ⟨~ steel⟩

rus·tling [ˈrʌslɪŋ] **1.** *adj* raschelnd, knisternd; **2.** Rascheln *n*, Knistern *n* | raschelndes Geräusch | *Am* Viehdiebstahl *m*

rust|proof [ˈrʌstpru:f] **1.** *adj* rostsicher, nichtrostend; **2.** *vt* rostfrei machen; ˌ~ ˈ**red 1.** *adj* rostrot; **2.** *s* Rostrot *n*; ˈ**~y** *adj* rostig, verrostet ⟨to get ≈ verrosten⟩ | Rost-, rostrot | *übertr* eingerostet, schwach ⟨≈ knowledge⟩ | (Kleider) schäbig, verblichen | (Stimme) rauh | *arch* mürrisch

[1]**rut** [rʌt] **1.** *s* (Wagen-) Spur *f* | Furche *f* | *übertr* altes Geleise, alter Trott ⟨to be in a ~ eingefahren sein; to get into a ~ in den alten Trott verfallen⟩; **2.** (ˈ**~ted**, ˈ**~ted**) *vt* (zer)furchen

[2]**rut** [rʌt] **1.** *s Zool* (*bes* Hirsch) Brunst *f* | *auch* ˈ**~ting sea·son** *s* Brunstzeit *f*; **2.** (ˈ**~ted**, ˈ**~ted**) *vi* in Brunst sein, brunsten ⟨~ting stags brünstige Hirsche⟩; *vt* bespringen, decken

ru·the·ni·um [ru:ˈθi:nɪəm] *s Chem* Ruthenium *n*

ruth·less [ˈru:θləs] *adj* unbarmherzig, grausam, skrupellos ⟨~ treatment⟩ | schonungslos, ohne Rücksichten ⟨a ~ analysis⟩

rut|ted [ˈrʌtɪd], *auch* ˈ**~ty** *adj* ausgefahren ⟨a ~ road⟩

RV *Abk* von **recreational vehicle** | **reentry vehicle**

Rx *Abk* von **recipe** *Med*

-ry [-rɪ] *suff* = **~ery**

ry·a [ˈri:ə] *s* handgewebte Decke | Handwebmuster *n*

rye [raɪ] *s Bot* Roggen *m* | *auch* ˌ~ ˈ**whis·ky** *Am* Kornschnaps *m*, Roggenwhisky *m*; ˈ~ **bread**, *auch* ˌ~ ˈ**bread** *s* Roggenbrot *n*; ˈ~ **grass** *s Bot* Raigras *n*, Lolch *m*

S

S, s [es] **1.** *s* (*pl* **S's, Ss, s's, ss** [ˈesɪz]) S *n*, s *n*

S *Abk* von **south[ern]**

-s [s|z|ɪz] *suff zur Bildung des pl* ⟨cats, dogs, roses⟩ | *zur Bildung der 3. pers sg* ⟨gets, sings, ranges⟩

[1]**'s** [s, z] *umg* für ↑ **is, has** ⟨it's; he's⟩

[2]**'s** [s] *umg* für ↑ **us** ⟨let's go⟩

[3]**'s** [s|z|ɪz] *suff zur Bildung des poss gen* ⟨Jack's; Jane's⟩

sa·ble [ˈseɪbl] **1.** *s Zool* Zobel *m* | Zobelpelz *m* | *Her* Schwarz *n*; **2.** *adj* Zobel- ⟨a ~ coat⟩ | *poet* düster, schwarz | *Her* schwarz

sa·bot [ˈsæbəʊ] *s* Holzschuh *m*

sab|ba·tar·i·an [ˌsæbəˈtɛərɪən] *s, oft* ˌ**≁baˈtar·i·an** *Rel* strenger Befolger des Sonntags- *od* Sabbatgebots; **≁bath** [ˈsæbəθ] *s Rel* Sabbat *m* ⟨to keep (break) the ≈ den Sabbat heiligen (entheiligen)⟩ | Sonntag *m*, Ruhetag *m* | *meist*, ˌ**black / ˈwitches' ˈ~bath** Hexensabbat *m*; **≁bat·ic** [səˈbætɪk], **≁ˈbat·i·cal** *adj* Sabbat- ⟨≈ calm feierliche Ruhe⟩; **~ˈbat·i·cal** ≈ *auch* ~ˌ**bat·i·cal ˈyear** *s Rel* Sabbatjahr *n* | (Universität) Arbeits-, Studienurlaub *m* (eines Hochschullehrers für ein Jahr) ⟨to have a/be on ≈ Forschungsurlaub haben⟩

sab·o|tage [ˈsæbətɑ:ʒ] **1.** *s* Sabotage *f* **2.** *vt, vi* sabotieren; **~teur** [ˌsæbəˈtɜ:] *s* Saboteur *m*

sa·bra [ˈsɑ:brə] *s Am umg* eingeborener Bürger Israels

sa·bre [ˈseɪbə] **1.** *s* Säbel *m* (*auch* Sport); **2.** *vt* niedersäbeln; ˈ~ **cut** *s* Säbelhieb *m*; ˈ**~-ˌrattling 1.** *s übertr* Säbelrasseln *n*; **2.** *adj* säbelrasselnd; ˈ**~toothed** mit Säbelzähnen ⟨≈ tiger

Zool Säbel[zahn]tiger *m*⟩

sac [sæk] *s Bot, Zool, Anat* Sack *m*, Beutel *m*

sac·cha|rine ['sækərɪn] *s Chem* Saccharin *n*; **~rine** [~ri:n] *adj* Zucker- | *übertr* zuckersüß, süßlich; **~rin·i·ty** [ˌsækə'rɪnətɪ] *s* Zuckerhaltigkeit *f* | *übertr* Süßlichkeit *f*; **~ri·za·tion** [ˌsækəraɪ'zeɪʃn] *s* Verzuckerung *f*; **'~rize** *vt* verzuckern, in Zucker verwandeln | mit Saccharin süßen; **~rose** ['~rəʊz] *s Chem* Rohrzucker *m*, Saccharose *f*; **'~rous** *adj* zuckerartig

sac·er·do·tal [ˌsækə'dəʊtl] *adj* priesterlich, Priester-; **ˌsac·er'do·tal·ism** *s* Priestertum *n*, -herrschaft *f*

sa·chet ['sæʃeɪ] *s* Duftkissen *n* | kleiner Plastebeutel *n*, Plastepäckchen *n* ⟨a ~ of shampoo⟩

[1]**sack** [sæk] **1.** *s* (Leinen-, Papier- u. ä.) Sack *m*, Beutel *m* ⟨mail ~ Postsack *m*⟩ | (Mehl-, Kohlen- u. a.) Sack *m* ⟨2 ~s of potatoes⟩ | Überwurf *m*, Umhang *m* | *Am* Sakko *m* | *urspr Am umg* Falle *f*, Koje *f* ⟨to hit the ~ sich in die Falle hauen⟩ | *umg* Entlassung *f*, Laufpaß *m* ⟨to get the ~ den Laufpaß bekommen, entlassen werden, (hinaus)fliegen; to give s.o. the ~ jmdm. den Laufpaß geben, jmdn. entlassen⟩; **2.** *vt* in einen Sack füllen, einsacken | *umg* (jmdm.) den Laufpaß geben, (jmdn.) entlassen; **~ out** *vi Am Sl* sich in die Falle hauen

[2]**sack** [sæk] **1.** *s* (*meist sg*) Plünderung *f* ⟨to put to ~ plündern⟩; **2.** *vt* (aus)plündern ⟨to ~ a city⟩

[3]**sack** [sæk] *s* heller Südwein ⟨sherry ~ weißer Sherry⟩

sack|but ['sækbʌt] *s Mus Hist* Posaune *f*; **'~cloth** *s* Sackleinwand *f* ⟨≈ and ashes *übertr* Reue *f*; Trauer *f*⟩; **'~coat** *s Am* Sakko *m*; **'~dress** *s* Sackkleid *n*; **'~ful** *s* ein Sack *m* voll; **'~ing** *s* Sackleinwand *f*; **'~ race** *s* Sackhüpfen *n*

sa·cral ['seɪkrəl] **1.** *adj Rel* sakral | *Anat* sakral, Sakral-; **2.** *s Med* Sakral-, Kreuzbeinwirbel *m*

sac·ra|ment ['sækrəmənt] *s Rel* Sakrament *n* ⟨the Blessed/Holy ≈ das (Heilige) Abendmahl; to take the ≈ zur Kommunion gehen⟩ | feierlicher Schwur; **~men·tal** [ˌsækrə'mentl] *adj Rel* sakramental, sakramentlich, Sakraments- ⟨≈ wine⟩ | *übertr* feierlich

sa·cred ['seɪkrəd] *adj Rel* heilig, geheiligt, geweiht ⟨a ~ place; ~ writings heilige Schrift; ~ to the memory of in geheiligtem Andenken an (auf Grabstein)⟩ | kirchlich, sakral ⟨~ music Kirchenmusik *f*⟩ | *übertr* heilig, unantastbar ⟨a ~ promise ein heiliges Versprechen; to hold s.th. ~ etw. heilighalten⟩; **ˌ~ 'cow** *s* heilige Kuh | *übertr umg verächtl* etwas Unantastbares, heilige Kuh

sac·ri|fice ['sækrɪfaɪs] **1.** *s Rel* Opfer *n* | *übertr* Opfer *n*, (Auf-) Opferung *f* ⟨to give s.th. as a ≈, to make a ≈ of s.th. etw. opfern; to make ≈s Opfer bringen, sich aufopfern⟩ | *Wirtsch* Verlust *m*, Einbuße *f* ⟨to sell at a ≈ *Wirtsch* mit Verlust verkaufen⟩; **2.** *vt Rel* opfern (**to s.o.** jmdm.) | *übertr* opfern, aufgeben, verzichten auf (**to** zugunsten von) ⟨to ≈ o.s. for s.o. sich für jmdn. aufopfern⟩ | *Wirtsch umg* mit Verlust verkaufen; *vi Rel* opfern | *übertr* Opfer bringen | *Wirtsch* Abstriche machen (**on** mit, auf, bei) ⟨to ≈ on the price of s.th. mit dem Preis von etw. heruntergehen⟩; **'~fic·er** *s Rel* Opferpriester *m* | Opfernder *m*; **~fi·cial** [ˌsækrɪ'fɪʃl] *adj Rel* Opfer- ⟨≈ lamb⟩

sac·ri|lege ['sækrɪlɪdʒ] *s* Kirchenraub *m*; Frevel *m* | Gotteslästerung *f*; **~le·gious** [ˌsækrɪ'lɪdʒəs] *adj* kirchenräuberisch | frevelhaft | gotteslästerlich

sa·cring ['seɪkrɪŋ] *Rel s* Weihung *f* (von Hostie u. Wein) | (Priester) Weihe *f* | Salbung *f* (e-s Herrschers); **'~ bell** *s Rel* Altarschelle *f*

sa·crist ['sækrɪst], **sac·ris·tan** ['sækrɪstən] *s Rel* Sakristan *m*, Küster *m*, Kirchendiener *m*; **sac·ris·ty** ['sækrɪstɪ] *s Rel* Sakristei *f*

sac·ro·il·i·ac [ˌsækrəʊ'ɪlɪæk] *Anat* **1.** *s* Kreuz *n*, Gegend um Sakrum und Ilium; **2.** *adj* Sakrum und Ilium betreffend, Kreuz- ⟨~ distress⟩

sac·ro|sanct ['sækrəʊsæŋkt] *adj, auch iron, scherzh* sakrosankt, heilig, unantastbar; **~sanc·ti·ty** [ˌsækrəʊ'sæŋktətɪ] *s* Heilig-, Unantastbarkeit *f*

sa·crum ['seɪkrəm] *s* (*pl* **sa·cra** ['seɪkrə]) *Anat* Sakrum *n*, Kreuzbein *n*

sad [sæd] *adj* traurig, betrübt, niedergeschlagen (**at** über) ⟨to look ~; ~der but wiser *umg* durch Schaden klug geworden⟩ | betrüblich ⟨a ~ story; ~ to say leider, bedauerlicherweise⟩ | beklagenswert, melancholisch, schwermütig ⟨in ~ earnest in bitterem Ernst⟩ | jämmerlich, kläglich ⟨a ~ state ein schlimmer Zustand⟩ | *verächtl* furchtbar, miserabel, verkommen ⟨a ~ slut eine heruntergekommene Schlampe; a ~ dog ein verkommenes Subjekt⟩ | teigig, klitschig ⟨~ bread⟩ | dunkel, matt ⟨~ colours⟩; **'~-ˌcol·oured** *adj* dunkelfarbig; **~den** ['sædn] *vt* traurig machen, betrüben; *vi* traurig werden (**at** über) | (Farbe) nachdunkeln; **~den down** glanzlos werden

sad·dle ['sædl] **1.** *s* (Pferd, Fahrrad) Sattel *m* ⟨to be in the ~ *übertr umg* an der Macht sein⟩ | (Tier) Rücken *m* ⟨~ of mutton Hammelrücken *m*⟩ | *Tech* Werkzeugschlitten *m* | *Geogr* Bergsattel *m* | *Mar* Klampe *f* | *Zool* Bürzel *m*; **2.** *vt* satteln | *übertr* (jmdn.) belasten (**with** mit) ⟨to be ~d with hart tragen an⟩ | (etw.) aufbürden (**on, upon s.o.** jmdm.); *vi* aufsitzen, in den Sattel steigen; **~ up** *vi* aufsatteln; **'~-backed** *adj* (Pferd) hohlrückig; **'~bag** *s* Satteltasche *f* (*auch* Fahrrad) | Möbelbezugsstoff *m* (mit orientalischem Muster); **'~ ˌblan·ket** *s* Woilach *m*; **'~cloth** *s* Satteldecke *f*; **'~girth** *s* Sattelgurt *m*; **'~ horse** *s* Reitpferd *n*; **'~nose** *s* Sattelnase *f*; **'~ pad** *s* Sattelkissen *n*; **'sad·dler** *s* Sattler *m*; **'~ roof** *s Arch* Satteldach *n*; **'sad·dler·y** *s* Sattlerei *f* | Sattelzeug *n*; **'~ sore** *s* Satteldruck *m*; **'~-sore** *adj* (Reiter) wundgeritten; (Pferd) wundgescheuert ⟨to get ≈ sich wundreiten, -scheuern⟩; **'~ stitch** *s Buchw* Hefteinband *m* | Zierstich *m*

sad·du·cee ['sædju:si:] *s bibl* Sadduzäer *m*

sa·dhu ['sɑ:du:] *s* Sadhu *m* (hinduistischer Wanderasket)

sad|ism ['sædɪzm|'seɪd-] *s* Sadismus *m*; **'~ist** *s* Sadist *m*; **sa·dis·tic** [sə'dɪstɪk] *adj* sadistisch

sad·ly ['sædlɪ] *adv* bedauerlich, unglücklicherweise, leider ⟨~, he lost bedauerlicherweise hat er verloren; ~ mistaken völlig im Irrtum⟩

sa·do·mas·o·chism [ˌseɪdəʊ'mæsəkɪzm] *s* Sadomasochismus *m*

s.a.e. *Abk* von **stamped addressed envelope** (frankierter Rückumschlag)

sa·fa·ri [sə'fɑ:rɪ] **1.** *s* Safari *f*, Jagdexpedition *f* ⟨on ~ auf Safari⟩; **2.** *adj* (Mode) Safari- ⟨~ shirt⟩; **sa'fa·ri park** *s Brit* Safaripark *m*, Wildpark *m*

safe [seɪf] **1.** *adj* sicher, heil, unversehrt ⟨~ and sound gesund und munter⟩ | sicher (**from** vor) ⟨~ from attacks vor Angriffen gefeit⟩ | gefahrlos, ungefährlich ⟨~ for bathing; to be on the ~ side sichergehen; it is ~ to say man kann ruhig sagen; is your dog ~? beißt dein Hund auch nicht?; to play it ~ *umg* auf Nummer Sicher gehen⟩ | (Ort u. ä.) sicher, ungefährdet, Sicherheit *od* Schutz bietend ⟨keep s.th. in a ~ place; as ~ as houses *übertr umg* absolut sicher⟩ | vorsichtig ⟨a ~ diplomat; a ~ man einer, der kein Risiko eingeht⟩ | zuverlässig, gewiß, sicher ⟨a ~ seat *Parl* ein sicherer Sitz; he is ~ to win er wird bestimmt gewinnen⟩; **2.** *s* Safe *m*, Geldschrank *m* | Speiseschrank *m* ⟨meat ~⟩; **'~ˌblow·er** *Am* = *Brit* **'~ˌbreak·er** *s* Geldschrankknacker *m*; **ˌ~-'con·duct** *s* Schutz-, Geleitbrief *m* | freies Geleit; **'~ˌcrack·er** *s Am* Geldschrankknacker *m*; **ˌ~ de'pos·it** *s* Geldschrank *m*, Stahlkammer *f*; **'~guard** **1.** *s* Bürgschaft *f*, Schutz *m*, Garantie *f*, Sicherung *f* (**against** gegen) | Geleit-, Schutzbrief *m*; **2.** *vt* sichern, schützen, beschirmen (**against** vor); **'~ house** *s* sicherer *od* geheimer Ort; **'~keep** *vt* in sicherem Gewahrsam halten; **ˌ~'keep·ing** *s* sicherer Gewahrsam; **~ty** ['seɪftɪ] **1.** *s* Sicherheit *f*, Gefahrlosigkeit *f* (**against** vor) ⟨≈ against explosion Explosionssicherheit; ≈ first! Sicherheit geht vor!; road ≈ Sicherheit im Straßenverkehr; there's ≈ in numbers wenn mehrere etw. denken *od* tun, ist es weniger riskant; to be in ≈ in Sicherheit sein; to play for ≈ sichergehen⟩ | *auch* **'~ty catch** Sicherheits-, Schutzvorrichtung *f* | *Am* (Fußball) Sicherheits-, Touchdown *n* | *auch* **'~ty man** *Am* (Fußball) Ausputzer *m*; **2.** *adj* Sicherheits-, Schutz-; **'~ty belt** *s* Sicherheits-, Anschnallgurt *m* | Rettungsgürtel *m*; **'~ty bolt** *s Tech* Sicherungsbolzen *m*; **'~ty catch** *s Tech* Fangvorrichtung *f* | (Ge-) Sperre *f(n)*, Sperrung *f*; **'~ty cock** *s Tech* Sicherungshahn *m*; **'~ty conˌtrols** *s* Sicherheitseinrichtungen *f/pl*; **'~ty ˌcur·tain** *s Theat* eiserner Vorhang; **'~ty deˌvice** *s Tech* Sicherheitsvorrichtung *f*; **'~ty ˌfac·tor** *s Tech* Sicherheitsfaktor *m*; **ˌ~ty-'first** *adj, oft verächtl* übervorsichtig; **'~ty fuse** *s El* Schmelzsicherung *f* | *Tech* Zündschnur *f*; **'~ty glass** *s Tech* splittersicheres Glas; **'~ty ˌis·land** *s Am* Verkehrsinsel *f*; **'~ty joint** *s Tech* Sicherheitsmuffe *f*; **'~ty lamp** *s Bergb* Gruben-, Sicherheitslampe *f*; **'~ty lock** *s Tech* Sicherheitsschloß *n*; **'~ty match** *s* Sicherheitszündholz *n*; **'~ty ˌmeas·ure** *s* Sicherheitsmaßnahme *f*; **'~ty net** *s Wirtsch* Sicherheit *f*, Absicherung *f*; **'~ty pin** *s* Sicherheitsnadel *f*; **'~ty ˌra·zor** *s* Rasierapparat *m*; **'~ty reg·uˌla·tions** *s/pl* Sicherheitsvorschriften *f/pl*, Schutzbestimmungen *f/pl*; **'~ty screw** *s* Sicherungsschraube *f*; **'~ty switch** *s El* Sicherheitsschalter *m*; **'~ty valve** *s Tech* Sicherheitsventil *n* | *übertr* Ventil *n* ⟨to sit on the ≈ eine Politik der Unterdrückung betreiben⟩; **'~ty zone** *s* (Fußgänger-) Schutzweg *m*, -übergang *m*; **'saf·ing** *adj* (Raumfahrt) Sicherheits- ⟨≈ procedures⟩

saf·fi·an ['sæfɪən] *s* Saffian *m*

saf·flower ['sæˌflaʊə] *s Bot* Saflor *m*, Färberdistel *f*

saf·fron ['sæfrən] **1.** *s Bot* Safran *m* | Safrangelb *n*; **2.** *adj* safrangelb

sag [sæg] **1.** (**sagged, sagged** [sægd]) *vi* (in der Mitte) absacken, sich biegen, sich senken, durchsinken ⟨a ~ging roof⟩ | durch-, herabhängen ⟨~ging cheeks⟩ | *Mar* abtreiben | *Wirtsch* sinken, fallen, nachgeben ⟨~ging prices⟩ | *übertr* nachlassen, sinken, abflauen ⟨~ging spirits sinkender Mut; the novel ~ged towards the end der Roman ließ gegen Ende nach⟩; *vt* (in der Mitte) durchdrücken, zum Sacken bringen; **2.** *s* Durchbiegung *f*, Senkung *f*, Durch-, Absacken *n* | *Tech* Durchhang *m* | *Wirtsch* Preisrückgang *m*, -abschwächung *f* | *übertr* Nachlassen *n*, Sinken *n*

sa·ga ['sɑːgə] *s* (altnordische) Saga | Sage *f*; (Helden-) Erzählung *f* | (mehrteiliger) Familienroman ⟨the Forsyte ∸⟩ | *umg* (ereignisreiche) Geschichte, Story *f*

sa·ga·cious [sə'geɪʃəs] *lit adj* klug, weise, scharfsinnig (auch Tier); **sa·gac·i·ty** [sə'gæsətɪ] *s* Klugheit *f*, Weisheit *f*, Scharfsinn *m*

[1]**sage** [seɪdʒ] **1.** *adj lit* klug, weise | *iron* klug dreinschauend; **2.** *s* (*oft pl*) Weiser *m*

[2]**sage** [seɪdʒ] *s Bot* Salbei *m*; **'~brush** *s Bot* (nordamerikanischer) Beifuß; **ˌ~ 'green** *s* Salbeigrün *n*

sag·e·nite ['sædʒənaɪt] *s Min* Sagenit *m*

sag·gar ['sægə] *s Tech* Brennkapsel *f*, -kasten *m*, Koker *m*

Sag·it·ta·ri·us [ˌsædʒɪ'tɛərɪəs] *s Astr* Schütze *m*

sa·go ['seɪgəʊ] *s* Sago *m*; **'~ palm** *s Bot* Sagopalme *f*

sa·gua|ro [sə'gwɑːrəʊ] *s* (*pl* **~ros**) *Bot* Saguaro(kaktus) *m* (*m*)

sa·hib [sɑːb|'sɑː-ɪb] *s* (*meist nach Titel od Namen*) *Ind* Sahib *m*, Herr *m* ⟨Colonel ~, Raja ~⟩ | *Ind Hist* Europäer *m* ⟨the prewar white ~⟩ | *übertr* feiner Herr, Gentleman *m*

said [sed] **1.** *adj bes Jur* vorerwähnt, besagt ⟨~ witness⟩; **2.** *prät* u. *part perf* von ↑ **say**

sai·ga ['seɪgə|'saɪgə] *s Zool* Steppenantilope *f*

sail [seɪl] **1.** *s* Segel *n* ⟨in full ~ mit vollen Segeln; under ~ auf Fahrt; to hoist ~ die Segel hissen, in See stechen; to lower/strike ~ die Segel streichen (*auch übertr*); to set ~ die Segel setzen; to set ~ from segeln, auslaufen von (**to, for** nach); to take in ~ die Segel einholen; *übertr* zurückstecken; to take the wind from/out of s.o.'s ~ *übertr* jmdm. den Wind aus den Segeln nehmen⟩ | Windmühlenflügel *m* | Segelschiffe ⟨a fleet of 10 ~; ∸ ho! *Mar* Schiff in Sicht!⟩ | (*meist sg*) Segelfahrt *f* ⟨to go for a ~ eine Segelfahrt machen; five days' ~ fünf Tage Fahrt (per Schiff)⟩ | *poet* Flügel *m*; **2.** *vi* segeln ⟨to go ~ing segeln gehen; to ~ along the coast entlang der Küste segeln; to ~ close/near to the wind *Mar* dicht beim Wind laufen; *übertr* nahe an etw. vorbeisegeln, beinahe etw. falsch machen⟩ | fahren, auslaufen (Schiff), (zu Schiff, mit dem Schiff) fahren, reisen (**for** nach, **from** von) ⟨when does the ship ~? wann fährt das Schiff?; to ~ for New York per Schiff nach New York reisen⟩ | *Flugw* fliegen | *übertr* dahingleiten, dahinsegeln (Wolken u. ä.) | stolz dahinschreiten ⟨to ~ down the corridor den Gang entlangstolzieren⟩; *vt* befahren, durchsegeln ⟨to ~ the Pacific⟩ | (Boot) steuern ⟨to ~ a yacht⟩; **~ in** sich einschalten in (Diskussion u. ä.); **~ into** *vi umg* anfahren, losplatzen, (in Worten) losgehen auf, sich machen an; **'~boat** *s Am* Segelboot *n*; **'~cloth** *s* Segeltuch *n*; **'~er** *s Mar* Segler *m*; **'~ing 1.** *s* Segeln *n* | Abfahrt *f* (**for** nach) | Schiffahrt *f*; **2.** *adj* segelnd; Segel-; Fahrt- ⟨≈ order *Mar* Befehl *m* zur Ausfahrt⟩; **'~ing boat** *s Brit* Segelboot *n*; **'~ing ˌmas·ter** *s* Navigator *m* (e-r Jacht); **'~ing match** *s* Wettsegeln *n*, Segelwettbewerb *m*; **'~ing ship, '~ing ˌves·sel** *s* Segelschiff *n*; **'~off** *s Am* Segelwettfahrt *f*; **'~or** *s* Seemann *m*, Matrose *m* ⟨to be a good (bad) ≈ seefest sein, (nicht) seefest sein, leicht seekrank werden⟩ | *auch* **'~or hat** *s* Matrosenhut *m* | Matrosenhütchen *n* (für Damen); **'~or ˌcol·lar** *s* Matrosenkragen *m*; **~or·ly** ['~əlɪ] *adj* seemännisch; **'~or's knot** *s* Schifferknoten *m*; **'~or suit** *s* Matrosenanzug *m* (für Kinder); **'~plane 1.** *s* Segelflugzeug *n*; **2.** *vi* segelfliegen

saint [seɪnt] **1.** *s Rel meist* ∸, *auch* **St** [snt], Heilige(r) *f(m)* | (vor Personennamen) Sankt ⟨∸ George St. Georg⟩ | *übertr* Heilige(r) *f(m)*, selbstloser Mensch ⟨the patience of a ~; he's not a ~⟩; **2.** *vt Rel* heiligsprechen; *vi* den Heiligen spielen; **3.** *adj* heilig

Saint| An·drew's Day [snt 'ændruːz deɪ] *s* (Schottland) Andreastag *m* (30. November); **~ Ber·nard [dog]** [snt 'bɜːnəd dɒg] *s* Bernhardiner *m*; **~ Da·vid's Day** [snt 'deɪvɪdz deɪ] *s* (Wales) Davidstag *m* (1. März)

saint·ed ['seɪntɪd] *adj* heilig(gesprochen) | heilig, gläubig, fromm | geheiligt, geweiht

Saint El·mo's fire [snt 'elməʊz ˌfaɪə] *s Met* Elmsfeuer *n*

Saint George's Day [snt 'dʒɔːdʒɪz deɪ] *s* (England) Georgstag *m* (23. April)

saint|hood ['seɪnthʊd] *s* Heiligkeit *f* | *collect* Heilige *m, f/pl*; **'~like** *adj* heilig, fromm, wie ein Heiliger

Saint Luke's sum·mer [snt 'luːks ˌsʌmə] *s* Altweibersommer *m*

saint|ly ['seɪntlɪ] *adj* heilig, fromm ⟨a ≈ life⟩; **ˌ∸ 'Pat·rick's Day** *s* (Irland) Patrickstag *m* (17. März); **'~'s day** *s Rel* Heiligenfest *n*, Tag der *od* des heiligen …; **'~ship** *s* Heiligkeit *f* | *collect* Heilige *m, f/pl*; **~ Vi·tus's dance** [snt ˌvaɪtəsɪz 'dɑːns] *s Med* Veitstanz *m*

saith [seθ] *arch, poet 3. sg präs* von ↑ [1]**say**

sake [seɪk] *in:* **for the ~ of** um … willen ⟨for Christ's/God's /heaven's ~ *emph* um Gottes *od* Himmels willen;

for goodness/mercy's ~ du liebe Güte!; for your ~ deinetwegen, dir zuliebe⟩
sa|ke, ~kie ['sɑ:kɪ] *s* Sake *m*, Reiswein *m*
sal [sæl] *s Chem* Salz *n*
sa·laam [sə'lɑ:m] **1.** *s* (orientalischer Gruß) Selam *m*, Salem *m*, | tiefe Verbeugung ⟨to make one's ~ before s.o. sich vor jmdm. (aus Ehrfurcht) tief verbeugen⟩; **2.** *vi, vt* sich (zum Gruß) tief verbeugen (vor)
sal·able = ↑ **saleable**
sa·la·cious [sə'leɪʃəs] *adj* (Bild, Buch) obszön, zotig ⟨~ pictures⟩ | geil, wollüstig; **sa·lac·i·ty** [sə'læsətɪ] *s* Obszönität *f* | Geilheit *f*
sal·ad ['sæləd] *s* Salat *m* ⟨a green ~ ein grüner Salat; chicken ~ Geflügelsalat; fruit ~ Obstsalat⟩ | Gartensalat *m* | *Am* Salatschnitte *f* ⟨egg ~ Brot *n* mit Eiersalat⟩; '**~ cream** *s* Mayonnaise *f*; '**~ days** *s/pl umg* Jugendjahre *n/pl*; '**~ ˌdres·sing** *s* Salatsoße *f*; -tunke *f*; '**~ oil** *s* Salatöl *n*
sal·a·man·der ['sæləmændə] *s Zool* Salamander *m* | *Tech* Ofensau *f* | *Tech* Schüreisen *n* | Feuerfresser *m*
sa·la·mi [sə'lɑ:mɪ] *s* Salami *f*
sal am·mo·ni·ac [sælə'məʊnɪæk] *s Chem* Salmiak *m*
sal·a|ried ['sælərɪd] *adj* Gehalt beziehend, fest angestellt, besoldet ⟨the ≈ classes die Gehaltsempfänger *m/pl*; ≈ employee Festangestellte(r) *f(m)*⟩ | bezahlt ⟨≈ post, ≈ position feste Arbeitsstelle, bezahlte Stelle⟩; '**~ry 1.** *s* (Jahres-, Monats-) Gehalt *n* ⟨a ≈ of £ 5 000 per annum; monthly ≈⟩ | Besoldung *f*; **2.** *vt* besolden, bezahlen; '**~ry ˌearn·er** *s* Gehaltsempfänger *m*
sale [seɪl] **1.** *s* Verkauf *m* ⟨by private ~ unter der Hand; for ~ zu verkaufen, zum Verkauf, verkäuflich; not for ~ unverkäuflich; to put up for ~ zum Verkauf anbieten; on ~ (im Laden) im Angebot, zu kaufen; [on] ~ or return in Kommission; ~ by agent Kommissionsverkauf *m*; ~ of work (Verkaufs-) Basar *m*⟩ | Absatz *m*, Umsatz *m* ⟨to make a ~ etw. absetzen; to find a ~ Absatz finden⟩ | Ausverkauf *m* ⟨winter ~s Winterschlußverkauf *m*; at a ~/*Am* on ~ im Ausverkauf⟩ | (öffentliche) Versteigerung, Auktion *f* ⟨to put up for ~ meistbietend verkaufen⟩; **2.** *adj* zu verkaufen, verkäuflich ⟨~ ware⟩ | industriell gefertigt ⟨~ tools⟩ | Verkaufs- ⟨special ~ price⟩; **3.** *vi* einen Verkauf abhalten; **ˌ~a'bil·i·ty** *s* Verkäuflichkeit *f*; '**~a·ble** *adj* verkäuflich, absetzbar; ' **~room** *s* Auktionssaal *m*
sales|book ['seɪlzbʊk] *s* Verkaufsbuch *n*; '**~ clerk** *s Am* Verkäufer(in) *m (f)*; '**~ deˌpart·ment** *s Wirtsch* Verkaufsabteilung *f*; '**~girl** *s* Verkäuferin *f*; '**~ˌlady** *s förml* Verkäuferin *f*, Verkaufsangestellte *f*; '**~man** *s* (*pl* '**~men**) Verkäufer *m* | Großhändler *m* | Handlungsreisender *m*; '**~man·ship** *s* Geschäftstüchtigkeit *f*; '**~ reˌsist·ance** *s Wirtsch* geringes Kaufinteresse, mangelnde Kauflust; '**~room** *s Am* Verkaufsraum *m*; '**~ slip** *s Am* Kassenzettel *m*; '**~ talk** *s Wirtsch* Verkaufsgespräch *n* | *übertr* Überredungskünste *f/pl*; '**~ tax** *s Am* Verkaufs-, Umsatzsteuer *f*; '**~ˌwom·an** *s* (*pl* '**~ˌwom·en**) Verkäuferin *f* | Großhändlerin *f* | Handlungsreisende *f*
sal·i·cyl ['sælɪsɪl] *s Chem* Salizyl *n*; **~ic** [ˌsælɪ'sɪlɪk] *adj* Salizyl- ⟨≈ acid Salizylsäure *f*⟩
sa·li|ence ['seɪlɪəns], '**~en·cy** *s* Vorspringen *n*, Herausragen *n* | Vorsprung *m*; '**~ent 1.** *adj* vorspringend, hervor-, herausragend ⟨≈ nose⟩ | *übertr* hervorstechend, ins Auge fallend ⟨a ≈ characteristic⟩ | (Tier) springend, hüpfend ⟨a ≈ animal⟩ | *poet* sprudelnd; **2.** *s Math, Mil* vorspringender Winkel
sa·lif·er·ous [sə'lɪfərəs] *adj* (Flüssigkeit) salzhaltig, salzführend; **sal·i·fi·a·ble** ['sælɪfaɪəbl] *adj* salzbildend; **sal·i·fi·ca·tion** [ˌsælɪfɪ'keɪʃn] *s* Salzbildung *f*; **sal·i·fy** ['sælɪfaɪ] *vi* Salze bilden; **sa·li·na** [sə'laɪnə] *s* Saline *f* | Salzsee *m*; **sa·line** ['seɪlaɪn] **1.** *adj* salzig, Salz-, salzartig, salzhaltig ⟨≈ solution Salzlösung *f*⟩ | *Med* salinisch; **2.** *s* Saline *f*, Salzwerk *n* | Salzsee *m* | Salzquelle *f* | *Med* salinisches Mittel; **sa·lin·i·ty** [sə'lɪnətɪ] *s* Salzhaltigkeit *f*, Salzigkeit *f*; **sal·i·nom·e·ter** [ˌsælə'nɒmɪtə] *s Chem, Tech* Salz(gehalt)messer *n*, Salzwaage *f*

sa·li·va [sə'laɪvə] *s* Speichel *m*; **sal·i·var·y** ['sælɪvərɪ] *adj* Speichel-; '**sal·i·var·y gland** *s* Speicheldrüse *f*; **sal·i·vate** ['sælɪveɪt] *Med vt* (vermehrten) Speichelfluß hervorrufen; *vi* Speichelfluß haben, Speichel absondern; **sal·i·va·tion** [ˌsælɪ'veɪʃn] *s* Speichelfluß *m*
[1]**sal·low** ['sæləʊ] *s Bot* Salweide *f*
[2]**sal·low** ['sæləʊ] **1.** *adj* (Haut, Gesicht) bleich, fahl, blaß, bläßlich; **2.** *vt, vi* fahl machen (werden)
sal·ly ['sælɪ] **1.** *s Mil* Ausfall *m* | *übertr* Ausbruch *m* ⟨a ~ of kisses ein Schwall von Küssen; a ~ of words eine Tirade⟩ | witzige Bemerkung, Geistesblitz *m* | *umg* Abstecher *m*; **2.** *vi, auch* **~ out** *Mil* ausfallen, einen Ausfall machen (**against** gegen); *auch* **~ forth**, **~ out** *förml, scherzh* aufbrechen, sich auf den Weg machen, losziehen
salm·on ['sæmən] (*collect pl* ~) **1.** *s Zool* Lachs *m*, Salm *m* | Lachsfarbe *f*; '**~ trout** *s Zool* Lachsforelle *f*; **2.** *adj* lachsfarben
sal·on ['sælɒn] *s* Salon *m*, Empfangszimmer *n* | Ausstellungssaal *m* | Salon *m* ⟨beauty ~⟩ | *meist* ∸ *Hist* Salon *m*, schöngeistiger Treffpunkt | *übertr* Empfang *m*
sa·loon [sə'lu:n] *s* Halle *f*, Saal *m* ⟨dancing ~ Tanzsaal; dining ~ Speisesaal⟩ | *lit* Salon *m*, Empfangszimmer *n* | *Wirtsch* Salon *m* ⟨beauty ~⟩ | *Brit Eisenb* Salonwagen *m* | *auch* '**~ car** *Brit* Limousine *f* | *Am* Saloon *m*, Kneipe *f*; '**~ bar** *s Brit* Bar *f* (erster Klasse), vornehmerer Teil eines Lokals, Salon *m*; '**~ deck** *s Mar* Salondeck *n*
sal·pin·gi·tis [ˌsælpɪn'dʒaɪtɪs] *s Med* Salpingitis *f*, Eileiterentzündung *f*
sal·si·fy ['sælsɪfaɪ] *s Bot* lauchblättriger Bockbart
salt [sɔ:lt] **1.** *s, auch* **com·mon ~** Salz *n* ⟨in ~ eingesalzen, gepökelt; hardly (not worth) one's ~ kaum etwas (nichts) wert; table ~ Speise-, Tafelsalz *n*; the ~ of the earth *übertr förml* das Salz der Erde, die Besten; to rub ~ into s.o.'s wound(s) *übertr* Salz auf jmds. Wunde(n) streuen; with a grain/pinch of ~ mit Vorbehalt⟩ | *Chem* Salz *n* | Salzfäßchen *n* | *meist pl Med* (Abführ-) Salz *n* ⟨Epsom ~s Bittersalz *n*; smelling ~s Riechsalz *n*⟩ | *übertr* Würze *f* ⟨the ~ of life⟩ | *übertr* Scharfsinn *m*, Geist *m*, Witz *m* | *umg* Seebär *m* ⟨an old ~ ein alter Seebär⟩; **2.** *vt* salzen ⟨to ~ the food⟩ | *auch* **~ down** einsalzen, pökeln ⟨~ed meat Pökelfleisch *n*⟩ | *Chem* mit einem Salz behandeln | (*meist pass*) *übertr* würzen | *übertr* (Bücher) frisieren; (Mine u. a.) betrügerisch anreichern | (Rechnung) pfeffern; **~ away** *umg* beiseite legen ⟨to ≈ money Geld auf die hohe Kante legen⟩; **3.** *adj* salzig, Salz- ⟨~water; ~ flats Salzwüste *f*⟩; ~ marshes salzhaltiger Sumpfboden⟩ | gesalzen, gepökelt ⟨~ beef Pökelrinderbrust *f*; ~ butter Salzbutter *f*⟩ | *übertr* salzig, bitter | *Sl* gesalzen, gepfeffert ⟨~ price⟩
SALT [sɔ:lt] **1.** *s Mil* SALT-(Abkommen) *n(n)* (*Abk* von **Strategic Arms Limitation Treaty**) ⟨~ I and II⟩ **2.** *adj* SALT-⟨~ talks⟩
salt-and-pepper [ˌsɔ:lt ən 'pepə] *adj Am* (Gegend, Bevölkerung) gemischt bewohnt, von Weißen und Schwarzen bewohnt ⟨~ integration⟩
sal·ta|tion [sæl'teɪʃn] *förml s* Springen *n* | Tanz *m* | *Biol* Erbsprung *m*; **~to·ry** ['sæltətərɪ] *adj* springend, Sprung- | *übertr* sprunghaft
salt|bath ['sɔ:lt bɑ:θ] *s* Salzbad *n*; '**~brine** *s* Salzlake *f*; '**~ˌcel·lar** *s* Salznäpfchen *n*; -faß *n*; *Brit* Salzstreuer *m*; '**~ed** *adj* (ein)gesalzen, gepökelt | *Sl* abgebrüht, abgefeimt |

(Tier) abgehärtet, immun; **'~er** *s* Salzhändler *m*; Einsalzer *m*; **'~ing** *s* Einpökeln *n*; **,~ing-'out** *s Chem* Aussalzen *n* | *Med* Schwangerschaftsabbruch *m* durch Salzinjektion

sal·tire ['sɔ:ltaɪə] *s Her* Schrägkreuz *n*

salt|lake ['sɔ:ltleɪk], **'~lick** *s* Salzlecke *f*; **'~mine** *s* Salzbergwerk *n*; **'~pan** *s Geogr* Salzpfanne *f*; **~pe·tre** [,~'pi:tə] *s Chem* Salpeter *m* ⟨≈ lye Salpeterlauge *f*⟩; **~pe·trous** [,~'pi:trəs] *adj* Salpeter-, salpeterhaltig; **'~pit** *s* Salzgrube *f*; **'~plug** *s Geol* Salzdurchbruch *m*; **'~,shak·er** *s Am* Salzstreuer *m*; **'~,wa·ter** *s* Salzwasser *n*; **'~,wa·ter 'bath** *s* Solbad *n*; **'~,wa·ter 'fish** *s* Seefisch *m*; **'~works** *s/pl* Saline *f*; **'~y** *adj* salzig ⟨≈ flavour Salzgeschmack *m*⟩ | *übertr* gesalzen, gepfeffert ⟨≈ criticism⟩ | *übertr* gerissen, raffiniert | (Pferd) schwierig | *umg* Seemanns- ⟨to have a ≈ look wie ein Seemann aussehen⟩

sa·lu·bri|ous [sə'lu:brɪəs] *förml adj* (Klima) gesund, heilsam ⟨≈ air⟩; **~ty** [sə'lu:brətɪ] *s* Bekömmlichkeit *f*; Heilsamkeit *f*

sal·u·tar·y ['sæljʊtr̩ɪ] *adj* heilsam, gesund, wohltuend ⟨ ~ advice helfender Rat; ~ exercise gesunde Ausarbeitung⟩

sal·u·ta·tion [,sæljʊ'teɪʃn] *s* Begrüßung *f*, Gruß *m* ⟨in ~ zur Begrüßung⟩ | (Brief) Anrede *f* | Grußformel *f*; **sa·lu·ta·to·ry** [sə'lju:tətərɪ] *adj* grüßend, Gruß-, Begrüßungs-; **sa·lute** [sə'lu:t] **1.** *s* Begrüßung *f*, Gruß *m* ⟨in ≈ zum Gruß⟩ | *Mil, Mar* Salut *m* ⟨to give/fire a ≈ einen Salut schießen; to stand at the ≈ salutieren; to take the ≈ die Parade abnehmen⟩; **2.** *vt förml* (be)grüßen | *Mil, Mar* salutieren | *förml* feiern, feierlich begehen; *vi förml* grüßen | *Mil, Mar* salutieren (**to** vor)

sal·vage ['sælvɪdʒ] **1.** *s Mar* Rettung *f*, Bergung *f* ⟨~ company Bergungsgesellschaft *f*⟩ | Bergungsgut *n* | *auch* **'~ ,mon·ey** Bergungsgeld *n* | *Tech* Wiedergewinnung *f*, Wiederverwertung *f* | wiederverwertetes Material | *Kfz* Ausschlachtung *f* ⟨to collect for ~ als Altstoffe sammeln⟩; **2.** *vt* (Personen) retten, bergen (**from** aus) | *Med* (Organ) retten, erhalten | *übertr* herüberretten (**from** aus), (jmdm.)(übrig)bleiben (**from** von) | *Tech* verwerten | ausschlachten; **'~ ar·chae,ol·o·gy** *s* Rettungsarchäologie *f*, Rettung *f* gefährdeter Bauwerke; **'~ sheet** *s* Sprungtuch *n*; **'~ ship** *s* Bergungsschiff *n*; **'~ tug** *s* Bergungsschlepper *m*; **'~ ,val·ue** *s Tech* Schrottwert *m*; **'~ ,ves·sel** *s* Bergungsfahrzeug *n*

sal·va·tion [sæl'veɪʃn] *s* Rettung *f* ⟨to work out one's own ~ sich selbst helfen⟩ | *Rel* Erlösung *f*; **,≈ 'Ar·my** *s* Heilsarmee *f*; **sal'va·tion·ist,** *oft* **Sal'va·tion·ist** *s* Mitglied *n* der Heilsarmee

[1]**salve** [sælv] *vt Mar* retten, bergen ⟨to ~ a ship ein Schiff heben⟩

[2]**salve** [sɑ:v] **1.** *s* (Heil-) Salbe *f* ⟨lip ~ Lippenpomade *f*⟩ | *übertr* Pflaster *n*, Balsam *m* ⟨a ~ to wounded feelings ein Trostpflästerchen *n*⟩; **2.** *vt* beruhigen, besänftigen, beschwichtigen ⟨to ~ one's conscience jmds. Gewissen beruhigen⟩ | *arch* einsalben, einbalsamieren

[3]**sal·ve** ['sælvɪ] *interj* salve!, sei gegrüßt!

sal·ver ['sælvə] *s* Präsentierteller *m*, Tablett *n*

sal·via ['sælvɪə] *s Bot* Salbei *m*

[1]**sal|vo** ['sælvəʊ] *s* (*pl* **'~vos, '~voes** [~z]) *Mil* Salve *f* | *Mil* Bombensalve *f* | *übertr* Beifallssalve *f*, starker Applaus

[2]**sal·vo** ['sælvəʊ] *s* Ausrede *f* | *Jur* Vorbehalt *m* ⟨with an express ~ unter ausdrücklichem Vorbehalt⟩ | *übertr* Beruhigungsmittel *n*

sal vo·lat·i·le [,sæl və'lætəlɪ] *s Chem* Hirschhornsalz *n*, Riechsalz *n*

SAM [sæm] *s Mil umg* Boden-Luft-Rakete *f* (*Abk von* **surface-to-air missile**)

Sa·mar·i·tan [sə'mærɪtən], **,good Sa'mar·i·tan** *s Rel, übertr* guter Samariter | (*meist pl*) barmherziger Bruder

sam·ba ['sæmbə] **1.** *s* Samba *m, f*; **2.** *vi* Samba tanzen

same [seɪm] **1.** *adj* (*mit best art* od. *hinweisendem pron*) gleich, selbe(r, -s) ⟨at the ~ time zur gleichen Zeit, gleichzeitig; dabei, jedoch, gleichzeitig; by the ~ token gleichermaßen; [all] in the ~ boat *übertr* in der gleichen schwierigen Lage, in demselben Boot; in this ~ town in ebendieser Stadt; to be the ~ age gleichaltrig sein; the ~ dress dasselbe Kleid; it amounts/comes to the ~ thing es läuft auf dasselbe hinaus; the ~ old story immer wieder dieselbe alte Geschichte; the very ~ thing genau dasselbe; the ~ ... that/the ~ ... as das gleiche wie⟩; **2.** *pron* der-, die-, dasselbe ⟨it's all just the ~ to me es ist mir ganz egal; one and the ~ ein und derselbe; ~ here *umg* ganz meinerseits, das geht mir auch so; the ~ *Jur* besagte Person; [the] ~ again, please *umg* nochmal das gleiche! (Bestellung)⟩ | *Wirtsch arch, umg* selbige(r,-s) ⟨washing shirt, £ 1; ironing ~ 40 p⟩; **3.** *adv in*: **all the ~** trotzdem; **the ~** in derselben Weise, ebenso ⟨to feel ≈ das gleiche fühlen, ebenso denken⟩; **not the ~ without s.o.** nicht mehr so wie damals, als jmd. noch da war; **~ as** *umg* (ebenso) wie; **the ~ to you** (danke) gleichfalls!; **'~ness** *s* Identität *f* ⟨the ≈ of their hats⟩ | Monotonie *f*, geringe Abwechslung, Eintönigkeit *f* ⟨the ≈ of the work⟩

sam·o·var ['sæməvɑ:]*s* Samowar *m*

samp [sæmp] *s Am* Maisgrütze *f*

sam·pan ['sæmpæn] *s* Sampan *m* (chinesisches Boot)

sam|ple ['sɑ:mpl] **1.** *s* Muster *n*, Probe *f* ⟨up to ≈ nach Muster⟩ | Stichprobe *f*; **2.** *vt* probieren, eine Probe nehmen von ⟨to ≈ wines e-e Weinprobe machen⟩ | erleben, ausprobieren ⟨to ≈ the pleasures of s.th. die Freuden von etw. auskosten⟩ | eine Stichprobe machen von | stichprobenweise ergeben; **'~ple card** *s* Musterkarte *f*; **'~ple fair** *s* Mustermesse *f*; **'~pler** *s* Probenehmer *m* | Probenahmegerät *n* | (Stick-) Mustertuch *n* | *Ferns* Abtaster *m*; **'~pling** *s* Probieren *n* (von Speisen u. ä.) | *Wirtsch* Musterstück *n* | *Wirtsch* Musterkollektion *f* | *Wirtsch* Werbung *f* (durch Muster), Probe(ent)nahme *f* | Stichprobenerhebung *f* | *Math* Stichprobenprüfung *f* | *Ferns* Abtastung *f*; **'~pling rate** *s El* Abtastfrequenz *f*

sam·u|rai ['sæmʊraɪ] *s* (*pl* **'~rai, '~rais**) *s* Samurai *m*

san·a|tive ['sænətɪv] *adj förml* heilsam, heilend, kräftigend; **~to·ri·um** [,sænə'tɔ:rɪəm] *s* (*pl* **,~'to·ri·ums, ~to·ri·a** [~'tɔ:rɪə]) Sanatorium *n*, Kur-, Genesungsheim *n*; Luftkurort *m*; **~to·ry** ['sænətərɪ] *adj* heilend, heilsam

sanc·ti|fi·ca·tion [,sæŋktɪfɪ'keɪʃn] *Rel s* Heiligung *f*, Weihung *f*, Heiligsprechung *f*; **'~fied** *adj* geheiligt, geweiht | sanktioniert; **'~fy** *vt* heiligen, weihen | (*bes pass*) sanktionieren | *Rel* von Sünden reinigen

sanc·ti·mo|ni·ous [,sæŋktɪ'məʊnɪəs] *adj* scheinheilig; **~ny** ['sæŋktɪmənɪ] *s* Scheinheiligkeit *f*

sanc·tion ['sæŋkʃn] **1.** *s* Genehmigung *f*, Zustimmung *f*, Sanktion *f* ⟨to give ~ to s.th. etw. genehmigen; without the ~ of ohne offizielle Zustimmung von⟩ | allgemeine Billigung, (öffentliche) Sanktionierung ⟨to receive the ~ of tradition durch Tradition sanktioniert werden⟩ | *Jur* Sanktionierung *f* (e-s Gesetzes u. ä.) | *Jur* Sanktion *f*, Zwangsmaßnahme *f* ⟨to apply ~s against Sanktionen erlassen gegen⟩ | Rechtfertigung *f*, (moralischer) Handlungsgrund ⟨moral ~⟩; **2.** *vt* sanktionieren, billigen, gutheißen, genehmigen | *Jur* Gesetzeskraft verleihen

sanc|ti·ty ['sæŋktətɪ] *s* Heiligkeit *f* | (*meist pl*) *übertr* Heiligkeit *f*, Unantastbarkeit *f*, Unverletzlichkeit *f* ⟨the ~tities of the home die Unverletzlichkeit der Wohnung⟩; **~tu·a·ry** ['sæŋktʃʊərɪ] *s* Heiligtum *n*, heiliger Platz, heilige Stätte | *Am* Altar-, Kultraum *m* | Asyl *n*, Freistätte *f* ⟨to seek ≈ Schutz suchen; to be offered ≈ Asyl geboten bekommen〉 | Schongebiet *n* 〈bird ≈ Vogelkolonie *f*〉; **~tum** ['sæŋktəm] *s* Heiligtum *n* | *übertr umg* Allerheiligstes *n*, Privatzimmer *n*, -gemach *n* | Arbeitszimmer *n* | *übertr* innerste Sphäre; **≗tus** ['sæŋktəs] *s Rel* Sanktus *n*, Lobgesang *m* (in der Messe)

sand [sænd] **1.** *s* Sand *m* 〈grain of ~ Sandkorn *n*; to build on ~ *übertr* auf Sand bauen〉 | Scheuersand *m* | *auch* **sands** *pl* Sandbank *f* | *auch* **sands** *pl* Sandwüste *f* | *Am Sl* Mumm *m*, Schneid *m*; **2.** *vt* mit Sand bestreuen, mit Sand bedecken | *auch* **~ down** mit Sand scheuern, schmirgeln

san|dal ['sændl] *s* Sandale *f* | Sandalette *f*; **'~dalled** *adj* mit Sandalen *od* Sandaletten bekleidet

san·dal·wood ['sændlwʊd] *s Bot* Sandelbaum *m* | Sandelholz *n*

sand|bag ['sændbæg] **1.** *s* Sandsack *m*; **2.** (**'~bagged, '~bagged**) *vt* mit Sandsäcken bedecken; **'~bank** *s* Sandbank *f*; **'~bar** *s* (längliche) Sandbank; **'~bed** *s Tech* Sandbett *n*, -form *f*; **'~blast** *Tech* **1.** *s* Sandstrahl *m*; Sand(strahl)gebläse *n*; **2.** *vt* mit Sandstrahlen abblasen; *vi* sandstrahlen; **ˌ~blast 'clean·ing** *s* Sandstrahlputzen *n*; **'~ˌblast·ing** *s* Sandstrahlen *n*; **'~blast·ing maˌchine** *s* Sandstrahlgebläse *n*; **'~box** *s Tech* Sandform *f* | Sandkasten *m* (mit Streumaterial) | *Am* Sandkasten *m* (für Kinder); **'~boy** *nur in*: **as happy as a ~boy** *umg* quietschvergnügt, kreuzfidel; **'~burg** *s* 〈*dt*〉 Sandburg *f*; **'~ˌcast·ing** *s Tech* Sandguß *m*; **'~ˌcas·tle** *s* Sandburg *f*; **'~drift** *s* Flugsand *m*; **'~dune** *s* Sanddüne *f*; **'~dust** *s* Sandstaub *m*; **'~er** *Tech, s auch* **'~ing maˌchine** Schmirgelschleifmaschine *f* | Sandstrahlgebläse *n*; **'~fly** *s Zool* Sandfliege *f*, Gnitze *f*; **'~glass** *s* Sanduhr *f*, Stundenglas *n*; **'~heap** *s* Sandhaufen *m*; **'~ing** *s* Sanden *n*, Schleifen *n*; **'~jet** *s* Sandstrahl *m*; **~man** ['~mæn] *s* (*pl* **~men** ['~men]) Sandmann *m*; **'~ˌpa·per** **1.** *s* Sand-, Schmirgelpapier *n*; **2.** *vt* abschmirgeln; **'~ˌpip·er** *s Zool* Wasserläufer *m*; **'~pit** *s* Sandgrube *f*; **sands** *s/pl* (Sand-) Strand *m* | Sandflächen *pl* 〈the ≈ of the desert〉 | *übertr* Stundenglas *n* 〈the ≈ [of life] are running out die Zeit geht zu Ende〉; **'~shoe** *s Brit* Strandschuh *m*; **'~spout** *s* Sand-, Windhose *f*; **'~stone** *s Geol* Sandstein *m*; **'~storm** *s* Sandsturm *m*; **'~ ˌta·ble** *s* Sandkasten *m*; **'~ trap** *s Am* (Golf) Sandloch *n*

sand·wich ['sænwɪdʒ] **1.** *s* Sandwich *n*, belegtes Brot; **2.** *vt* dazwischenlegen, dazwischenschieben | *Tech* einlegen; **'~ bar** *s* Imbißgaststätte *f*; **'~ board** *s* umgehängte Reklametafel, *scherzh* Sandwich *n*; **'~ conˌstruc·tion** *s* Verbundbauweise *f*; **'~ course** *s Brit Päd* Teilstudium *n* zwischen Betriebspraktika, (mit dem Beruf) kombiniertes Studium *n*; **~man** ['~mæn] *s* (*pl* **~men** ['~men]) (Reklame-) Plakatträger *m*, lebendes Plakat

sand| yacht ['sændjɒt] *s* (Sport) Strandsegler *m*; **'~ ˌyacht·ing** *s* Strandsegeln *n*

sand·y ['sændɪ] *adj* sandig, Sand- | sandfarben | (Haar) strohblond; **≗** *s* Spottname für einen Schotten

sane [seɪn] *adj* bei gesundem Verstand, normal 〈a ~ person〉 | *übertr* vernünftig, ausgewogen, gescheit 〈~ views〉

san·for·ize ['sænfəraɪz], *auch* **≗**, *vt Tech* sanforisieren

sang [sæŋ] *prät* u. *part perf* von ↑ **sing**

sang·froid [ˌsɒŋ'frwɑ:] *s* 〈*frz*〉 Gelassenheit *f*, Kaltblütigkeit *f*

san·gri·a [sæŋ'gri:ə|sæn-] *s* 〈*span*〉 Sangria *f* (Getränk)

sangui- [sæŋgwɪ] 〈*lat*〉 *in Zus* Blut-

san|gui·nar·y ['sæŋgwɪnərɪ] *lit adj* blutig, mörderisch 〈a ≈ battle〉 | blutdürstig, blutgierig, blutrünstig 〈a ≈ ruler〉 | *Brit euphem* für ↑ **bloody** 〈≈ language unfeine *od* derbe Sprache〉; **~guine** ['sæŋgwɪn] **1.** *adj* optimistisch, hoffnungsvoll, zuversichtlich (**that** daß) 〈≈ of success erfolgssicher〉 | (Gesichtsfarbe) frisch, rot | heiter, lebhaft | voll-, heißblütig | *lit* Blut-, wie Blut; **2.** *s* Rötelstift *m* | Rötelzeichnung *f*; **3.** *vt* röten; **~guin·e·ous** [sæŋ'gwɪnɪəs] *adj* blutig, Blut-, blutfarben, blutrot | vollblütig | heiter, optimistisch

san·i·fy ['sænɪfaɪ] *vt* sanieren

san·i|tar·i·um [ˌsænɪ'tɛərɪəm] (*pl* **~taria** [-rɪə], **~tariums**) *s Am* Sanatorium *n*

san·i|tar·y ['sænɪtr̩ɪ] **1.** *adj* hygienisch, sanitär 〈≈ conditions; poor ≈ arrangements schlechte sanitäre Anlagen *f/pl*〉 | gesundheitlich, Gesundheits(schutz)-, Sanitäts-; **'~tar·y en·giˌneer·ing** *s* Sanitärtechnik *f*; **'~tar·y inˌspec·tor** *s* Sanitätsinspektor *m*; **'~tar·y ˌnapkin** *Am*, **'~tar·y ˌtow·el** *s Brit* Damen-, Monatsbinde *f*; **ˌ~tar·y 'wall·pa·per** *s* abwaschbare Tapete; **~ta·tion** [ˌsænɪ'teɪʃn] *s* Hygiene *f*; Gesundheitspflege *f* | Sanierung *f* | sanitäre Einrichtungen *f/pl* (e-s Hauses); **~'ta·tion en·giˌneer** *s Am euphem* Stadtreinigungsarbeiter *m*

san·i·tize ['sænɪtaɪz] *vt* desinfizieren, hygienisch machen | *übertr* (Sprache u. ä.) reinigen, von negativen Aspekten *od* Assoziationen befreien 〈to ~ the public image of s.th. das Bild von etw. in der Öffentlichkeit aufwerten〉

san·i·to·ri·um [ˌsænɪ'tɔ:rɪəm] *Am* = **sanatorium**

san·i·ty ['sænətɪ] *s* geistige Gesundheit, *bes Jur* Zurechnungsfähigkeit *f* | gesunder Verstand

sank [sæŋk] *prät* von ↑ **sink**

san|man ['sænmæn] *s* (*pl* **'~men**) *s Am umg* Müllräumer *m*

sans [sænz] *präp arch*, *lit* 〈*frz*〉 ohne 〈~ teeth〉

san·ser·if, *auch* **sans ser·if** [ˌsæn'serɪf] *s Typ* Grotesk *f*

san·se·vie·ri·a [ˌsænsɪ'vɪərɪə] *s Bot* Sansevieria *f*, Bogenhanf *m*

San·skrit ['sænskrɪt] **1.** *s* Sanskrit *n*; **2.** = **~ic**; **~ic** [sæns'krɪtɪk] *adj* sanskritisch, Sanskrit-

San·ta Claus [ˌsæntə 'klɔ:z] *s* (Sankt) Nikolaus *m*, Weihnachtsmann *m*

san·tic·iz·er ['sæntɪsaɪzə] *s Am Chem* Weichmacher *m*

[1]sap [sæp] **1.** *s Bot* Saft *m* | *übertr* Kraft *f*, Energie *f*, Lebensmark *n* | *auch* **'~wood** Splintholz *n* | *Geol* freiliegendes Gestein | *Am* Knüttel *m*, Schläger *m*; **2.** *vt* Saft abziehen von

[2]sap [sæp] **1.** *s Mil* Sappe *f*; **2.** (**sapped, sapped** [sæpt]) *vt Mil* untergraben, unterminieren | *übertr* unterminieren, erschöpfen, schwächen (**by** durch) 〈~ped by disease krankheitsgeschwächt; to ~ s.o.'s confidence jmds. Vertrauen untergraben〉; *vi Mil* eine Sappe anlegen

[3]sap [sæp] **1.** *s Brit* Büffeln *n*, Büffelei *f* | Büffler *m*, Streber *m* | *Sl* Dummkopf *m*, Einfaltspinsel *m* 〈you poor ~! du armer Tor!〉; **2.** *vi* büffeln

sap|ful ['sæpfl] *adj* saftig; **'~green** **1.** *s* Saftgrün *n*; **2.** *adj* saftgrün

sap·head ['sæphed] *s Mil* Sappenkopf *m* | *umg* Trottel *m*

sap·id ['sæpɪd] *förml adj* wohlschmeckend, schmackhaft | *übertr* interessant; **sa·pid·i·ty** [sæ'pɪdətɪ] *s* Schmackhaftigkeit *f* | Geschmack *m*

sa·pi|ence ['seɪpɪəns], **'~en·cy** *lit s*, *oft iron* Weisheit *f*, Überschlauheit *f*; **'~ent** **1.** *adj*, *oft iron* klug, überschlau; **2.** *s* Urmensch *m*, Homo sapiens *m*

sap|less ['sæpləs] *adj* saftlos | *übertr* kraftlos, ohne Energie; **'~ling** *s* junger Baum | *übertr* Grünschnabel *m*

sap·o·na·ceous [ˌsæpə'neɪʃəs] *adj* seifig, seifenartig; **sa·pon·i·fi·a·ble** [sæ'pɒnɪfaɪəbl] *adj* verseifbar; **sa·pon·i·fi·ca·tion** [sæˌpɒnɪfɪ'keɪʃn] *s Chem* Seifenbildung *f*, Verseifung *f*; **sa·pon·i·fy** [sæ'pɒnɪfaɪ] *vt, vi* verseifen; **sap·o·nin** ['sæpənɪn] *s Chem* Saponin *n*; **sap·o·nite** ['sæpənaɪt] *s Min* Saponit *m*, Seifenstein *m*

sap·o·rif·ic [ˌseɪpəˈrɪfɪk] **1.** *adj* geschmackanregend; **2.** *s* geschmackanregendes Mittel | *übertr* (billiges) Reizmittel
sap·per [ˈsæpə] *s Mil* Sappeur *m* | *Tech* Pionier *m*, Tiefbauingenieur *m*
Sap·phic [ˈsæfɪk] **1.** *adj Lit* sapphisch ⟨~ stanza⟩; ⁓ *lit* lesbisch; **2.** *s Lit* sapphischer Vers
sap·phire [ˈsæfaɪə] **1.** *s Min* Saphir *m* | Saphirblau *n*; **2.** *adj* Saphir- | saphirblau
sap|py [ˈsæpɪ] *adj* saftig | *Brit übertr umg* markig, kraftvoll | *Am umg* dämlich, trottelig, vertrottelt; **ˈ~wood** *s Bot* Splintholz *n*
sar·a·band[e] [ˈsærəbænd] *s Mus* Sarabande *f*
sar|casm [ˈsɑːkæzm] *s* Sarkasmus *m* | sarkastische Bemerkung; **~cas·tic** [sɑːˈkæstɪk] *adj* sarkastisch
sarco- [sɑːkə(ʊ)] ⟨*griech*⟩ *in Zus* Fleisch-
sar·co|ma [sɑːˈkəʊmə] *s* (*pl* **sarˈco·mas, ~ma·ta** [~mətə]) *Med* Sarkom *n*; **~ma·tous** [~mətəs] *adj* sarkomatös, Sarkom-
sar·coph·a·gous [sɑːˈkɒfəgəs] *adj Zool* fleischfressend
sar·coph·a|gus [sɑːˈkɒfəgəs] *s* (*pl* **~gi** [~gaɪ], **~gus·es** [~ɪz]) Sarkophag *m*, Steinsarg *m*
sard [sɑːd] *s Min* Sard *m*
sar·del[le] [sɑːˈdel] *s Zool* Sardelle *f*
sar|dine [sɑːˈdiːn] *s Zool* Sardine *f* ⟨packed like ≈s *umg* zusammengequetscht wie Heringe, eng wie die Heringe⟩; **~ˈdined** *adj übertr* dicht an-, nebeneinandergedrängt, eng wie Heringe
Sar·din·i·an [sɑːˈdɪnɪən] **1.** *adj* sardinisch; **2.** *s* Sardinier(in) *m(f)* | Sardinisch *n*
sar·don·ic [sɑːˈdɒnɪk] *adj* sardonisch, bitter ⟨a ~ laugh⟩
sar·do·nyx [ˈsɑːdənɪks] *s Min* Sardonyx *m*
sarge [sɑːdʒ] *s umg* ↑ **sergeant**
sa·ri [ˈsɑːrɪ] *s* Sari *m*
sark [sɑːk] *s Schott, dial* Hemd *n*
sar·ky [ˈsɑːkɪ] *adj Brit Sl* sarkastisch
sa·rong [səˈrɒŋ] *s* Sarong *m*
sar·sa·pa·ril·la [ˌsɑːspəˈrɪlə] *s Bot* Sarsaparille *f*
sarse·net [ˈsɑːsnɪt] *s* Sarsenett *m*
sar·to·ri|al [sɑːˈtɔːrɪəl] *adj lit* Schneider-; Kleidung- ⟨≈ elegance Eleganz *f* in der Kleidung⟩; **~us** [~əs] *s Anat* Schneidermuskel *m*
[1]**sash** [sæʃ] *s* Schärpe *f*
[2]**sash** [sæʃ] *s* Schiebefensterrahmen *m*; schiebbarer Fensterrahmen
sa·shay [sæˈʃeɪ] *Am umg* **1.** *vi* hüpfen, tänzeln; stolzieren; **2.** *s* Ausflug *m*, Spritztour *m* (*auch übertr*)
sash|cord [ˈsæʃkɔːd], **ˈ~ line** *s Tech* Gewichtsschnur *f* am Schiebefenster; **ˈ~ ˌwin·dow** *s* Schiebefenster *n*
sass [sæs] *Am Sl* **1.** *s* Frechheit *f*; **2.** *vt* (jmdm.) eine freche Antwort geben
sas·sa·fras [ˈsæsəfræs] *s Bot* Sassafras *m* | Sassafraswurzelrinde *f*
sas·sy [ˈsæsɪ] *adj Am Sl* frech, unverschämt
sat [sæt] *prät* u. *part perf* von ↑ **sit**
Sa·tan [ˈseɪtn] *s* Satan *m*, Teufel *m*; **~ic** [səˈtænɪk] *adj* Satans- ⟨his ≈ Majesty König Satan⟩; **saˈtan·ic** satanisch, teuflisch, böse ⟨a ≈ plan⟩; **ˈ~ism** *s* Teufelskult *m*, -verehrung *f*; **ˈ⁓ism** *s* Bosheit *f*
satch·el [ˈsætʃl] *s* Schulranzen *m* | Büchertasche *f*
sat·com [ˈsætkɒm] *s* Satellitenverbindungsstation *f*
sate [seɪt] *vt* (*oft pass*) *lit* (Appetit u.ä.) stillen, (Lust) befriedigen (**with** mit, durch) ⟨now that she was ~d nun, da ihre Lüste gestillt waren; to ~ oneself s-e (sexuelle) Lust befriedigen; to feel ~d with übersättigt sein von⟩
sa·teen [sæˈtiːn] *s* Baumwollatlas *m*, ~satin *m*
sate·less [ˈseɪtləs] *adj poet* unersättlich
sat·el|lite [ˈsætəlaɪt] **1.** *s Astr* Satellit *m*, Trabant *m* | künstlicher Satellit ⟨communications ≈ Nachrichtensatellit *m*⟩ | *übertr* Satellit *m*, Anhängsel *n* | *auch* **ˈ~lite town** Trabantenstadt *f*; **2.** *vt* über Satellit senden *od* übertragen ⟨to ≈ a TV program⟩; **~lite-ˈlaunch·ing ˌrock·et** *s* Trägerrakete *f* für einen Satelliten; **ˈ~lite ˌrock·et** *s* Satellitenrakete *f*; **ˌ~lite ˌsep·a'ra·tion** *s* Trennung *f* des Satelliten von der Trägerrakete; **ˌ~lite transˈmit·ter** *s Rundf* Satellitensender *m*; **~lit·ic** [ˌsætəˈlɪtɪk] *adj* Satelliten-; **ˌ~liˈza·tion** *s übertr* (politische) Unterordnung, Abhängigkeit *f*
sa·tem lan·guag·es [ˈsɑːtəm ˌlæŋgwɪdʒɪz] *s/pl Ling* Satemsprachen *f/pl*
sa·ti|a·bil·i·ty [ˌseɪʃəˈbɪlətɪ] *s* Sättigungsfähigkeit *f*; **~a·ble** [ˈseɪʃəbl] *adj* zu sättigen(d); **~ate** [ˈseɪʃɪeɪt] **1.** *vt* (*oft pass*) (über) sättigen ⟨to be ~ated with food (pleasure) sich übergessen haben (ein Vergnügen überhaben)⟩; **2.**, *auch* [-ɪt] *adj* übersättigt; **~a·tion** [ˌseɪʃɪˈeɪʃn] *s* (Über-) Sättigung *f*; **~e·ty** [səˈtaɪətɪ] *s* Übersättigung *f* (**of** mit), Überdruß *m* (**of** an) ⟨to [the point of] ≈ bis zum Überdruß⟩
sa·tin [ˈsætɪn] **1.** *s* Satin *m*, Seidenatlas *m* | (Weberei) Atlasbindung *f*; **2.** *adj* satinartig | Satin- ⟨~ dress⟩ | seidenglatt, -glänzend; **3.** *vt Tech* (Papier) satinieren, glätten; **ˈ~ ˌpa·per** *s* satiniertes Papier, Satinpapier *n*; **ˈ~weave** *s* (Weberei) Atlasbindung *f*; **ˈ~wood** *s Bot* (indisches) Satin- *od* Atlasholz; **ˈ~ize** *vt* (Papier) glätten, satinieren; **ˈ~y** *adj* atlasartig, seidig (glänzend) | (Haut) samtig
sat·ire [ˈsætaɪə] *s* Satire *f*, Spottschrift *f*, -rede *f* (**on, upon** auf); **sa·tir·ic** [səˈtɪrɪk], **saˈtir·i·cal** *adj* satirisch; **sat·i·rist** [ˈsætərɪst] *s* Satiriker(in) *m(f)*; **sat·i·rize** [ˈsætəraɪz] *vt* eine Satire schreiben auf, (jmdn.) verspotten; *vi* Satiren schreiben (**on, upon** auf)
sat·is|fac·tion [ˌsætɪsˈfækʃn] *s* Zufriedenheit *f*, Freude *f* ⟨to take great ~ from sehr zufrieden sein über⟩ | Freude *f*, Vergnügen *n* ⟨one of my greatest ≈s⟩ | (*mit indef art u. sg*) Befriedigung *f*, Genugtuung *f* ⟨to be a ≈ to s.o. jmdn. befriedigen *od* zufriedenstellen; it is a ≈ *mit inf* es befriedigt zu *mit inf*⟩ | *förml* Zufriedenheit *f*, Gewißheit *f* (**at, with** über) ⟨to the ≈ of s.o. zu jmds. Zufriedenheit⟩ | *förml* Genugtuung *f*, Satisfaktion *f* ⟨to demand (give, obtain) ≈ Genugtuung verlangen (leisten, erhalten)⟩ | *bes*, *Jur* Wiedergutmachung *f*, Erfüllung *f* ⟨in ≈ of als Wiedergutmachung für⟩ | *Rel* Buße *f*; **~fac·to·ry** [ˌ~ˈfæktr̩ɪ] *adj* zufriedenstellend, befriedigend ⟨a ≈ result⟩ | *Rel* büßend, sühnend; **~fy** [ˈsætɪsfaɪ] *vt* zufriedenstellen, befriedigen ⟨to be ~fied with zufrieden sein mit; to ≈ the examiners *Päd* gerade noch bestehen⟩ | (Hoffnung, Wunsch u. ä.) stillen ⟨to ≈ one's hunger⟩ | überzeugen (**of** von, **that** daß) ⟨to ≈ o.s. sich vergewissern⟩ | (Schuld u.ä.) begleichen, wiedergutmachen, (Verpflichtung) nachkommen; *vi* Genüge leisten, nichts zu wünschen übriglassen; **ˈ~fy·ing** *adj* zufriedenstellend, befriedigend | genügend, ausreichend ⟨a ≈ meal⟩
sat·rap [ˈsætrəp] *s Hist* Satrap *m* | *übertr* Tyrann *m*
sat·su·ma [sætˈsuːmə] *s Brit Bot* Satsuma *f* (Art Mandarine)
sat·u|ra·bil·i·ty [ˌsætʃərəˈbɪlətɪ] *s Chem* Sättigungsfähigkeit *f*; **~ra·ble** [ˈsætʃərəbl] *adj* sättigungsfähig; **~rant** [ˈsætʃərənt] **1.** *adj Chem* sättigend; **2.** *s* Sättigungs-, Imprägniermittel *n*; **~rate** [ˈsætʃəreɪt] *vt* durchtränken (**with** mit, von) ⟨to come home ~rated völlig durchnäßt nach Hause kommen⟩ | *übertr* durchdringen, anfüllen ⟨~rated with knowledge mit Wissen vollgestopft⟩ | *Wirtsch* (Markt) sättigen | *Chem* sättigen | *Mil* mit Bombenteppichen belegen, ausbomben; [ˈsætʃərɪt] *adj* satt, kräftig ⟨≈ colours⟩; **ˈ~rat·ed** [~reɪtɪd] *adj* gesättigt, durchtränkt | (Farbe) satt, kräftig | *Chem* gesättigt ⟨≈ solution⟩; **ˌ~rat·ed ˈsteam** *s* Sattdampf

m; ,~'ra·tion [~'reɪʃn] *s* Durchtränkung *f*; Sättigung *f* | (Farbe) Sattheit *f* | *Chem* Sättigung *f*; ,~'ra·tion ,bomb·ing *s Mil* Ausbombung *f*, Belegung *f* mit Bombenteppichen; ,~,ra·tion 'cur·rent *s El* Sättigungsstrom *m*; ,~'ra·tion point *s* Sättigungspunkt *m*; ~ra·tor ['sætʃəreɪtə] *s Tech* Sättigungsapparat *m*

Sat·ur·day ['sætədɪ] *s* Sonnabend *m*, Samstag *m* ⟨on ~ am Sonnabend; on ~s *Brit*; ~s *Am* an Sonnabenden⟩; ,~'**night** ,**spe·cial** *Am umg s* billige (Import-) Pistole | *Wirtsch* plötzliches Aktienangebot

Sat|urn ['sætən] *s Myth* Saturn *m* | *Astr* Saturn *m* | *Chem arch* Blei *n* | *Her* Schwarz *n*; **~ur·na·li·a** [,sætə'neɪlɪə] *s/pl Hist* Saturnalien *pl* | (*mit unbest art sg konstr*) *übertr* Orgie(n) *f(pl)*; ,**~ur'na·li·an** *adj* wild, ausschweifend; **~ur·nine** ['~ənaɪn] *adj* düster; Blei-; **~ur·nism** [~ənɪzm] *s Med* Saturnismus *m*, Bleivergiftung *f*

sat·yr ['sætə] *s Myth* Satyr *m* | *übertr lit* Lüstling *m* | *Med* Satyromane *m*; **sat·y·ri·a·sis** [,sætɪ'raɪəsɪs] *s Med* Satyriasis *f*; **sa·tyr·ic** [sə'tɪrɪk], **sa,tyr·i·cal** *adj* Satyr-

sauce [sɔ:s] **1.** *s* Soße *f*, Tunke *f* ⟨tomato ~ Tomatensoße *f*⟩ | *Am* Kompott *n* | *Tech* Beize *f* | *übertr* Würze *f* ⟨the ~s of life die Reize *m/pl* des Lebens⟩ | *umg* Frechheit *f*, Unverschämtheit *f* ⟨none of your ~! werde nicht frech!; what ~! so 'ne Frechheit!⟩ ◇ **what's ~ for the goose [is ~ for the gander]** *Sprichw* was dem einen recht ist, ist dem andern billig; **2.** *vt* würzen | *umg* frech *od* unverschämt werden *od* sein zu, anpflaumen; '**~boat** *s* Soßenschüssel *f*, Sauciere *f*; **~pan** ['~pæn|'~pən] *s* Kasserolle *f*

sau·cer ['sɔ:sə] *s* Untertasse *f* ⟨flying ~ fliegende Untertasse⟩ | Untersatz *m* (für e-n Blumentopf) | *Tech umg* Schirm *m* (e-s Radioteleskops) | *Geol umg* Bodensenke *f*; '**~ eye** *s* Glotzauge *n*; ,**~'eyed** *adj* glotzäugig, mit großen Augen

sau·cy ['sɔ:sɪ] *adj* frech, dreist, unverschämt ⟨~ remarks⟩ | *umg* saftig, (leicht) gewagt ⟨a ~ joke⟩ | *umg* flott, keß ⟨a ~ little hat⟩

Sa·u·di ['saʊdɪ|sɑ:'u:dɪ] = **Saudi Arabian**; **Sa·u·di A·ra·bi·a** ['saʊdɪ ə'reɪbɪə|sɑ:'u:dɪ-] *s* Saudi-Arabien; '**~ A'ra·bi·an 1.** *adj* saudisch, saudiarabisch; **2.** *s* Saudi(arabier) *m*, Saudiarabierin *f*

sau·er·kraut ['saʊəkraʊt] *s* ⟨*dt*⟩ Sauerkraut *n*

sault [sɑ:lt] *s Am* Stromschnelle *f*

sau·na ['saʊnə|'sɔ:nə] *s* Sauna *f*

saun·ders·wood ['sɔ:ndəzwʊd] *s Bot* Sandelholz *n*

saun·ter ['sɔ:ntə] **1.** *vi* bummeln, schlendern ⟨to ~ about umherbummeln; to ~ along the street die Straße entlangschlendern⟩; **2.** *s* Schlendern *n*, gemächlicher Spaziergang *m* | schlendernder Gang ⟨to come at a ~ angeschlendert kommen⟩; '**~er** *s* Spaziergänger *m*

sau·ri·an ['sɔ:rɪən] *Zool* **1.** Saurier *m*, Echse *f*; **2.** *adj* eidechsenähnlich

sau·sage ['sɒsɪdʒ] *s* Wurst *f* | *auch* ,**~ bal'loon** *Mil Sl* Fesselballon *m*; '**~ dog** *s Brit umg* Dackel *m*; '**~ ma,chine** *s Tech* Wurstmaschine *f*; '**~ meat** *s* Wurstteig *m*, -masse *f*; ,**~ 'roll** (Brat-) *s* Wurst *f* in Pastetenteig, Würstchen *n* im Schlafrock; '**~ ,stuf·fer** *s* Wurststopfmaschine *f*

sau|té ['səʊteɪ] *Kochk* **1.** *adj* sautiert, rasch gebraten; **2.** *s* Sauté *n*; **3. (~téed, '~téed** *od* **~téd, ~téd)** *vt* sautieren, schnell (unter Umschwenken) in der Pfanne braten

sav·a·ble ['seɪvəbl] *adj* rettbar

sav·age ['sævɪdʒ] **1.** *adj* wild, primitiv, unzivilisiert ⟨a ~ tribe⟩ | roh, grausam ⟨a ~ attack⟩ | (Landschaft) wild, schroff ⟨~ scenery⟩ | *Brit umg* aufgebracht, wütend ⟨to make s.o. ~ jmdn. aufbringen *od* in Rage bringen⟩; **2.** *s* Wilde(r) *f(m)* | grober Mensch, Rohling *m*; **3.** *vt* (jmdn.) roh behandeln, (jmdm.) übel mitspielen | (jmdn.) anfallen, beißen (Hund, Pferd u. ä.); '**~ry** *s* Wildheit *f*, Primitivität *f*, Unzivilisiertheit *f* ⟨to live in ≈⟩ | Roheit *f*, Grausamkeit *f* ⟨to treat with ≈⟩ | *collect* Wilde *pl*

sa·van·na[h] [sə'vænə] *s Geogr* Savanne *f*

sa·vant ['sævənt|'sævɑ̃] *s* ⟨*frz*⟩ *lit* Gelehrter *m*

[1]**save** [seɪv] **1.** *vt* (er)retten (**from** von, vor) ⟨Help, ~ me! (Zu) Hilfe!; to ~ one's bacon mit heiler Haut davonkommen; to ~ one's skin heil davonkommen, ausreißen; to ~ s.o.'s life jmdm. das Leben retten⟩ | *Mar* bergen | retten, erhalten, bewahren, schützen (**from** vor) ⟨God ~ the King Gott erhalte den König!; to ~ one's face das Gesicht wahren; to ~ the situation die Lage retten⟩ | *auch* **~ up** (Geld u. ä.) aufheben, aufbewahren (**for** für) ⟨to ~ for a rainy day auf die hohe Kante legen⟩ | (ein-, er)sparen (*auch übertr*) ⟨to ~ fuel Treibstoff sparen; to ~ s.o. money on s.th. jmdm. Geld für etw. ersparen; to ~ s.o. trouble jmdm. Mühe ersparen⟩ | (Augen u. ä.) schonen | *Rel* erlösen; *vi* sparen, sparsam sein | (Fußball) retten, halten; **2.** *s* (Fußball) (Tor-) Verhinderung *f*, Halten *n*, Retten *n*

[2]**save** [seɪv] *präp, conj Rhet* außer, abgesehen von ⟨all ~ him alle außer ihm; ~ for bis auf; ~ that nur daß; abgesehen davon, daß⟩

save-all ['seɪv ɔ:l] *s Tech* Sparbüchse *f*, -vorrichtung *f*; Rückgewinnungsanlage *f*, Stoffänger *m* | *dial* Schutzanzug *m*

sav·e·loy ['sævəlɔɪ] *s* Zervelatwurst *f*

save-oil ['seɪv ɔɪl] *s Tech* Ölwanne *f*, -sammler *m*

sav|er ['seɪvə] **1.** *s* Sparer(in) *m(f)* (*auch übertr*) ⟨to be a ≈ of labour Arbeit einsparen (Maschine u. a.); time ≈ zeitsparendes Gerät, zeitsparende Maßnahme⟩ | Retter(in) *m(f)* (*auch übertr*) ⟨to be s.o.'s ≈ jmds. Retter sein, jmdn. bewahren⟩; **2.** *in Zus* etw., wodurch man einspart ⟨it's a time (money) ≈ es spart Zeit (Geld)⟩; [1]'**~ing 1.** *adj* sparsam, haushälterisch (**of** mit) | *Rel* rettend, erlösend | rettend, befreiend ⟨≈ grace versöhnende Eigenschaft (neben schlechten Eigenschaften)⟩ | *Jur* Vorbehalts- ⟨≈ clause Vorbehaltsklausel *f*⟩; **2.** *s* Sparen *n* ⟨≈ in cost Einsparung *f*; ≈ in material Materialeinsparung *f*⟩ | Rettung *f*

[2]**sav·ing** ['seɪvɪŋ] *arch präp, conj* außer | unbeschadet

sav·ings ['seɪvɪŋz] *s/pl* Ersparnisse *pl*, Spargelder *pl*; '**~ ac,count** *s* Sparkonto *n*; '**~ bank** *s* Sparkasse *f*; '**~ de,pos·it** *s* Spareinlage *f*

sav·iour ['seɪvɪə] *s* Retter *m* | ∸ *Rel* Heiland *m*

sa·voir-faire [,sævwɑ:'fɛə] *s* ⟨*frz*⟩ Taktgefühl *n*, gute Umgangsformen *pl*, Gewandtheit *f*

sa·vor·y ['seɪvərɪ] *s*, *auch* ,**summer** '**~** *Bot* Bohnenkraut *n*

sa·vour ['seɪvə] **1.** *s* Geschmack *m* (**of** nach) | Geruch *m*, Duft *m* | *übertr* Beigeschmack *m*, Anflug *m* (**of** von) | *übertr* Reiz *m*, Würze *f* ⟨to add ~ to a conversation; s.th. has lost its ~⟩; **2.** *vt lit* (durch)schmecken ⟨to ~ the wine⟩ (*auch übertr*) | genießen | *bes übertr* würzen, schmackhaft machen; *vi* schmecken (**of** nach) | *übertr* einen Beigeschmack haben (**of** von), riechen (**of** nach); '**~less** *adj* geschmacklos, fade; '**~ous** [-r] *adj* schmackhaft; '**~y** [-r-] **1.** *bes Brit s* pikante (Vor- *od* Nach-) Speise; **2.** *adj* schmackhaft, wohlschmeckend | pikant, würzig | appetitlich | duftend | ungesüßt | *übertr* (moralisch) angenehm, ersprießlich, einladend (*Ant* unsavoury) ⟨≈ reading heilsame Lektüre⟩

sa·voy [sə'vɔɪ] *s Bot* Wirsingkohl *m*

sav·v[e]y ['sævɪ] *Sl* **1.** *vt*, **no ~** keine Ahnung; **2.** *s* Verstand *m* ⟨where's your ~? wo hast du deinen Grips gelassen?⟩

[1]**saw** [sɔ:] *prät von* ↑ [1]**see**

[2]**saw** [sɔ:] **1.** *s* Säge *f*; **2. (sawed, sawed** *od* **sawed, sawn)** *vt* (zer)sägen) ⟨to ~ wood Holz sägen; *übertr* schnarchen⟩ | hin- u. herbewegen ⟨to ~ a towel across one's back sich

mit dem Handtuch den Rücken abreiben⟩; ~ **down** umsägen; ~ **off** absägen; ~ **up** zersägen; *vi* sägen; sich sägen lassen | *umg* (auf der Geige) fiedeln ⟨to ~ at a fiddle⟩

[3]**saw** [sɔ:] *s, bes* **old** ~ (altes) Sprichwort

saw| band ['sɔ: bænd] *s* Bandsägeblatt *n*; '~ **blade** *s* Sägeblatt *n*; '**~bones** *s* (*pl* '**~bones**) *s scherzh, bes Am* Knochenbrecher *m* (Arzt, Chirurg); '**~dust** *s* Sägespäne *m/pl*, Sägemehl *n*; '**~horse** *s* Sägebock *m*; '**~log** *s* Sägeblock *m*; '**~mill** *s* Sägewerk *n*; Sägegatter *n*

sawn [sɔ:n] *part perf* von ↑ [2]**saw**; ˌ**~-off** '**shot·gun** *s* Gewehr *n od* Revolver *m* mit abgesägtem Lauf; ˌ~ '**tim·ber**, ~ **ve'neer** *s* Sägefurnier *n*; ˌ~ '**wood** *s* Schnittholz *n*

saw|set ['sɔ: set] *s Tech* Schränkeisen *n*; '**~tooth** *s* (*pl* '**~teeth**) Sägezahn *m*; '**~tooth** ˌ**cur·rent** *s El* Sägezahnstrom *m*; **~wort** ['~wɜ:t] *s Bot* Färberdistel *f*; **~yer** ['sɔ:jə] *s* Sägewerker *m* | *Am* Treibholz *n*

[1]**sax** [sæks] *s* Spitzhacke *f*

[2]**sax** [sæks] *Kurzw* für **saxophone**

sax·horn ['sækshɔ:n] *s Mus* Saxhorn *n*

sax·i·frage ['sæksɪfrɪdʒ] *s Bot* Steinbrech *m*

Sax·on ['sæksn] **1.** *s* Sachse *m*, Sächsin *f* | Angelsachse *m*, Angelsächsin *f* | Sächsisch *n*; **2.** *adj* sächsisch; angelsächsisch; ˌ~ '**gen·i·tive** *s Ling* sächsischer Genitiv

sax·o|phone ['sæksəfəʊn] *s Mus* Saxophon *n*; **~phon·ist** [sæk'sɒfənɪst] *s* Saxophonist *m*

say [seɪ] **1.** (**said, said** [sed]) *vt* sagen, sprechen, äußern, erzählen, berichten ⟨what did you ~? was hast du gesagt?; wouldn't ~ no da sage ich nicht nein; that is to ~ das heißt; to have nothing/anything to ~ for o.s. nichts zu seiner Verteidigung vorbringen können; to ~ nothing of ganz zu schweigen von; to ~ the word das entsprechende *od* entscheidende Wort sagen; to ~ a good word for s.o. (s.th.) für jmdn. ein gutes Wort einlegen (etw. herausstreichen); you said it *umg, bes Am* du sagst es, genau!⟩ | *umg* denken, meinen, annehmen ⟨let's ~ nehmen wir einmal an, sagen wir mal, etwa; ~ what you like du kannst sagen, was du willst, was du auch darüber denkst; so ~ all of us das glauben wir alle; there is no ~ing es läßt sich nicht absehen; to ~ to o.s. sich sagen, (für sich) denken; what do you ~ to s.th./to (*mit ger*) was halten Sie von etw. *od* davon zu (*mit inf*)⟩; *vi* sagen ⟨I ~ hören Sie mal!, ich muß schon sagen; it ~s (here) es heißt (hier); they ~/it's said es heißt, man spricht davon; you don't ~ (so)! was du nicht sagst!⟩; ~ **on** (*meist imp*) *umg* fortfahren, weitermachen; **2.** *s* Recht *n* darauf, etw. zu sagen, *meist in*: **it's my ~ now!** jetzt bin ich mit dem Reden dran!; **have/say one's** ~ seine Meinung sagen; **have a (no, not much) ~ in s.th.** bei einer Sache etw. (nichts *od* nicht viel) zu sagen haben; **3.** *interj Am umg* sag mal!, he!; **~est** ['~ɪst] *arch 2. pers sing präs* von **say 1.**; '**~ing** *s* Reden *n* ⟨it goes without ≈ es versteht sich von selbst⟩ | Redensart *f*, Sprichwort *n* ⟨as the ≈ goes wie man sagt⟩; '**~-so** *umg s* Daherreden *n*; unbewiesene Behauptung (**on** auf Grund von) ⟨just on s.o.'s ≈ nur weil das jmd. gesagt hat⟩ | Erlaubnis *f*, Placet *n*, grünes Licht ⟨on the teacher's ≈ mit Zustimmung des Lehrers⟩ | Autorität *f*, letzte Entscheidung ⟨the government's ≈⟩; **sayst** [-st] *arch 2. pers sing präs* von **say 1.**

scab [skæb] **1.** *s* Grind *m*, Schorf *m*, Kruste *f* | *Vet* Räude *f* | *umg* Streikbrecher *m* | *Tech* Schorf *m*, Schuppe *f*; **2.** *vi* eine Kruste bilden, verschorfen | *urspr Am Sl* als Streikbrecher arbeiten (**against** gegen)

scab·bard ['skæbəd] **1.** *s* (Degen- u. ä.) Scheide *f*; **2.** *vt* in die Scheide stecken

scab·by ['skæbɪ] *adj* grindig, schorfig | räudig ⟨a ~ sheep⟩ | *Tech* schorfig | *umg* gemein, schuftig

sca·bi|es ['skeɪbi:z] *s Med* Skabies *f*, Krätze *f* | *Vet* Räude *f*; **~et·ic** [ˌskeɪbɪ'etɪk] *adj Med* krätzig | *Vet* räudig

sca·bi·o·sa [ˌskeɪbɪ'əʊsə] *s Bot* Skabiose *f*

[1]**sca·bi·ous** ['skeɪbɪəs] *adj Med* skabiös, krätzig; *Vet* räudig

[2]**sca·bi·ous** ['skeɪbɪəs] *s Bot* Skabiose *f*

sca·brous ['skeɪbrəs] *lit adj* (Pflanzen, Tiere) schuppig, rauh | (Thema u. ä.) heikel, schwierig ⟨a ~ subject⟩ | anstößig, zweideutig ⟨~ gossip⟩

scads [skædz] *s/pl Am umg* Menge *f*, Haufen *m* ⟨~ of money ein Haufen Geld⟩

scaf·fold ['skæfld|-fəʊld] **1.** *s* Baugerüst *n* | *Tech* Arbeitsbühne *f* | *Tech* (Hochofen-) Ansatz *m* | Schafott *n* ⟨to go to the ~ aufs Schafott kommen⟩; **2.** *vt* mit einem Gerüst versehen; *vi* ein Gerüst aufbauen; '**~age** *s* Gerüst *n*; Bretterbühne *f*; '**~ing** *s* Baugerüst *n* ⟨tubular ≈ Rohr(stangen)gerüst *n*⟩ | Rüstmaterial *n*; '~ **pole** *s* Gerüststange *f* | Rundholz *n*; '~ ˌ**stand·ard** *s* (Ge-)Rüstbaum *m*, Aufrüster *m*

scag [skæg] *s Am Sl* Heroin *n*

sca·lar ['skeɪlə] *Math* **1.** *adj* skalar, ungerichtet; **2.** *s* Skalar *m*, ungerichtete Größe *f*; '~ **field** *s* Skalarfeld *n*; ˌ~ '**flux** *s* skalarer Fluß

sca·la·re [skə'lɛərɪ] *s Zool* Blattfisch *m*

scal·a·wag ['skæləwæg] *bes Am* = **scallywag**

scald [skɔ:ld] **1.** *vt* verbrennen, verbrühen ⟨to ~ one's hand sich die Hand verbrennen; to be ~ ed to death tödliche Verbrennungen erleiden⟩ | (Milch) abkochen | (Gans u. ä.) abbrühen | (Geschirr u. ä.) (heiß) auf-, abwaschen | *auch* ~ **out** auskochen, ausbrühen; *vi* sich verbrühen | sieden, sich stark erhitzen; **2.** *s* Verbrennung *f*, Verbrühung *f*, Brandwunde *f* ⟨burns and ~s Verbrennungen und Verbrühungen⟩ | (Obst u. ä.) Braunfleckigkeit *f*; '**~ing** *adj* brühend, siedend ⟨≈ hot brühend heiß⟩ | *übertr* brennend ⟨≈ tears heiße Tränen *f/pl*⟩ | *übertr* vernichtend, scharf ⟨a ≈ report⟩

[1]**scale** [skeɪl] **1.** *s* Schale *f*, Hülse *f* | *Zool* (Fisch- u. ä.) Schuppe *f* | *Med* (Haut-) Schuppe *f*, Abschilferung *f* ⟨to remove the ~s from s. o.'s eyes *übertr* jmdm. die Augen öffnen⟩ | Kesselstein *m* | *Tech* Sinter *m* | *Tech* Glühspan *m* | *Zool* Schildlaus *f*; **2.** *vt* abschälen ⟨to ~ peas⟩ | *auch* ~ **off** (Fisch, Rinde u. ä.) ab-, entschuppen, abschaben | (Kessel-, Wasser-, Zahnstein u. ä.) entfernen | *Tech* Kesselstein ansetzen an ⟨water ~s a boiler⟩ | *Tech* ausglühen; *vi*, *auch* ~ **off** sich schuppen, abblättern (Farbe u. ä.), abbröckeln (Putz u. ä.) | Zahnstein ansetzen | *Tech* Kesselstein ansetzen

[2]**scale** [skeɪl] **1.** *s* Waagschale *f* | (Jockey-) Waage *f*; ⟨to go to ~ einwiegen⟩ **2.** *vt* wiegen | *umg* aus-, abwiegen; *vi* (Jokkey) gewogen werden; **scales** [~z] *s/pl*, *auch* **pair of scales** Waage *f* ⟨bathroom ≈ Zimmerwaage *f*; to hold the ≈ even *übertr* gerecht urteilen; to turn/tip the ≈ *übertr* den Ausschlag geben; to turn/tip the ≈ at *umg* auf die Waage bringen, wiegen⟩

[3]**scale** [skeɪl] **1.** *s* Skala *f*, Abstufung *f*, Stufenleiter *f* (*auch übertr*) ⟨~ of wages Lohntarif *m*; in the social ~ im gesellschaftlichen Ansehen; to sink in the ~ auf der Stufenleiter sinken⟩ | Maßeinteilung *f*, Maßstab *m* (*auch übertr*) ⟨drawn to ~ maßstabgetreu; on a large ~ in großem Maßstab; on the ~ of 10 to 1 im Maßstab von 10 zu 1; out of ~ nicht maßstabgerecht⟩ | *Math* (numerische) Zahlenreihe ⟨decimal ~ Dezimalsystem *n*⟩ | *Mus* Tonleiter *f*, Skala *f* ⟨to learn one's ~s Tonleitern üben⟩; **2.** *vt* (Mauer u. ä. mit einer Leiter) erklettern, er-, besteigen, erklimmen | nach Maßstab zeichnen ⟨to ~ a map⟩; ~ **down** nach Maßstab verkleinern (*auch übertr*) ⟨to ≈ taxes Steuern senken⟩; ~ **up** nach Maßstab vergrößern | (proportional, nach Maßgabe) senken, verringern, (abgestimmt) reduzieren | *übertr*

hochschrauben, (nach Maßgabe) erhöhen (**to** auf) ⟨to ≈ taxes⟩ | *übertr* ab-, einstufen; *vi* steigen, klettern (*auch übertr*) | sich messen lassen; ~ **down** fallen; ~ **up** steigen
scale ar·mour ['skeɪl ˌɑ:mə] *s Hist* Schuppenpanzer *m*
scale beam ['skeɪl bi:m] *s* Waagebalken *m*
scale break·er ['skeɪl ˌbreɪkə] *s Tech* Zunderbrecher *m*
[1]**scaled** [skeɪld] *adj* schuppig | abgeschuppt
[2]**scaled** [skeɪld] *adj* maßstabgerecht, maßstabgetreu, maßstäblich; ˌ**scale 'di·al** *s* Skalenblatt *n*, Skalenscheibe *f*; '**scale ˌdrawing** *s* maßstabgerechte Zeichnung
scale fern ['skeɪl fɜ:n] *s Bot* Schuppenfarn *m*
scale| for·ma·tion ['skeɪl fɔ:ˌmeɪʃn] *s* Kesselsteinbildung *f*; '~ ˌ**form·ing** *adj* kesselsteinbildend
scale mod·el ['skeɪl ˌmɒdl] *s* maßstabgerechtes Modell, Maßstabsmodell *n*
sca·lene ['skeɪli:n] *Math* **1.** *s* ungleichseitiges Dreieck; **2.** *adj* ungleichseitig
scale pan ['skeɪl pæn] *s* Waagschale *f*
scale pit ['skeɪl pɪt] *s* Sinter-, Schlackengrube *f*
scal·ing lad·der ['skeɪlɪŋ ˌlædə] *s Mil* Sturmleiter *f* | Feuerleiter *f*
scall [skɔ:l] *s* Schorf *m*, Grind *m*
scal·la·wag ['skæləwæg] = **scallywag**
scal·lion ['skælɪən] *s Bot Am, arch* Schalotte *f*
scal·lop ['skɒləp] **1.** *s Zool* Kammuschel *f* | Muschelform *f*, -schale *f* | Langette *f*; **2.** *vt Kochk* (Muscheln) in der Schale kochen | in einer Muschelform (über)backen ⟨~ed potatoes Pommes frites *pl* in Eierteig⟩ | auszacken, mit Langetten besticken ⟨a ~ed neck ein gezackter Kragen⟩; '**~shell** *s* Muschelschale *f*
scal·ly·wag ['skælɪwæg] *s Brit umg scherzh* Schlingel *m*, Strolch *m*
scalp [skælp] **1.** *s* Skalp *m* (Indianer), erbeutete Kopfhaut (*meist übertr*) ⟨out for/after ~s angriffslustig, auf Sieg erpicht; to call for s.o.'s ~ jmds. Kopf haben wollen, jmdn. fertigmachen wollen⟩ | *Anat* Kopfhaut *f*; **2.** *vt* skalpieren, die Kopfhaut abziehen | *Am umg* (Eintrittskarten u. ä.) zu Überpreisen weiterverkaufen ⟨to ~ tickets⟩
scal·pel ['skælpl] *s* Skalpell *n*
scalp·er ['skælpə] *s* Skalpierer *m* | *Tech* Stückgutscheider *m*, Grobsieb *n*
scal·y ['skeɪlɪ] *adj* schuppig, geschuppt, Schuppen- | bedeckt, überzogen (**with** von, mit) | *Sl* gemein
scam [skæm] *s Am Sl* Schwindel *m*
scamp [skæmp] **1.** *s* Taugenichts *m* | *scherzh* Schuft *m*; **2.** *vt* (Arbeit u. ä.) (ver-, hin-) pfuschen; '**~er** *s* Pfuscher *m*
[2]**scam·per** ['skæmpə] **1.** *vi* (herum)springen (kleine Tiere, Kinder) | hetzen, flitzen; **2.** *s* Herumspringen *n*, Herumtollen *n* | Hetzen *n*, Flitzen *n* | Hetzjagd *f*, Galopp *m*
scam|po ['skæmpəu] *s, meist* **~pi** [~pɪ] *s/pl (sg konstr) Zool* norwegischer Hummer, große Garnele(n) *f(pl)*, Scampi *pl*
scan [skæn] **1. (scanned, scanned)** *vt* prüfen, genau betrachten, absuchen ⟨to ~ the horizon⟩ | *übertr* überfliegen ⟨to ~ the newspaper⟩ | *Ferns* abtasten, zerlegen | (Radar) absuchen, bestreichen ⟨to ~ the sky⟩ | *Metr* skandieren; *vi* sich skandieren lassen; **2.** *s* Prüfung *f*, genaue Betrachtung | Überfliegen *n* (e-r Zeitung etc.) | *Ferns* Abtastung *f*, Auflösung *f* in Bildelemente | (Radar) Abtastung *f* | *Med* Scan *m*, Test *m* mit Hilfe radioaktiv markierter Substanzen | *Metr* Skandierung *f*
scan·dal ['skændl] *s* Skandal *m* | Ärgernis *n*, Aufsehen *n* ⟨to create a ~ Aufsehen erregen⟩ | Schande *f*, Schmach *f* | Klatsch *m*, Verleumdung *f* ⟨to talk ~ klatschen⟩; **~ize** ['skændəlaɪz] *vt* (jmdn.) ärgern, Anstoß erregen bei ⟨to ≈ the neighbours die Nachbarn gegen sich aufbringen; to be ≈d at s.th über etw. empört sein⟩; '**~ˌmon·ger** *s* Klatschbase *f*; '**~ˌmon·ger·ing** *s* Klatscherei *f*, Gerüchtemacherei *f*; **~ous** ['skændələs] *adj* anstößig, schockierend, skandalös; schändlich, schimpflich | (Person) klatschsüchtig | (Reden u. a.) verleumderisch
Scan·di·na·vi|a [ˌskændɪ'neɪvɪə] *s* Skandinavien; **~an 1.** *adj* skandinavisch; **2.** *s* Skandinavier(in) *m(f)* | Skandinavisch *n*
scan·di·um ['skændɪəm] *s Chem* Skandium *n*
scan|ner ['skænə] *s Ferns* Abtaster *m* | (Radar) Drehantenne *f*; '**~ning** *s Ferns* Abtastung *f*, Bildzerlegung *f* | *Med* Scanning *n*, Untersuchung mit Hilfe (radioaktiv) markierter Substanzen; '**~ning beam** *s* Abtaststrahl *m*; ˌ**~ning 'e·lec·tron ˌmi·cro·scope** *s Phys* Rasterelektronenmikroskop *n*; '**~ning line** *s* Bild-, Abtastzeile *f*
scan·sion ['skænʃn] *s Metr* Skandierung *f*
scant [skænt] **1.** *adj lit* knapp, spärlich, ungenügend ⟨a ~ chance eine geringe Chance; to be ~ of breath kurzatmig sein; to pay ~ attention kaum Aufmerksamkeit schenken⟩; **2.** *vt* zurückhalten mit | verringern | kaum beachten
scant·ling ['skæntlɪŋ] *s* Halb-, Kantholz *n* | *übertr* Mindestmaß *n*; '**~ gauge** *s* Holzmaß *n*
scant·y ['skæntɪ] *adj* knapp, dürftig, spärlich (*Ant* ample) ⟨~ hair schütteres Haar; a ~ harvest eine magere Ernte; a ~ bikini ein knappsitzender Bikini; a ~ meal ein kärgliches Mahl⟩
scape [skeɪp] *s Bot* Stiel *m*, Schaft *m* | *Arch* Säulenschaft *m*
-scape [-skeɪp] *in Zus* -ansicht *f*, -blick *m* (*z. B.* **city~** Stadtansicht *f*, Stadtbild *n*)
scape|goat ['skeɪpgəut] *s* Sündenbock *m*; '**~grace** [~greɪs] *s arch, scherzh* Tunichtgut *m*, Taugenichts *m*
scap·u|la ['skæpjʊlə] *s* (*pl* '**scap·u·las, ~lae** [~li:]) *Anat* Skapula *f*, Schulterblatt *n*
[1]**scar** [skɑ:] **1.** *s* Narbe *f*, Schramme *f*, (*auch übertr*) | Schandfleck *m*, Makel *m*; **2. (scarred, scarred** [skɑ:d]) *vt* mit einer Narbe zeichnen, Narben hinterlassen auf *od* an | ritzen, schrammen, einreißen | *übertr* entstellen, verunstalten ⟨war-~red vom Krieg verwüstet⟩; *vi, auch* ~ **over** vernarben (*auch übertr*)
[2]**scar** [skɑ:] *s Brit* Klippe *f*, Steilabhang *m*
scar|ab ['skærəb] = **~a·bae·us** [ˌskærə'bi:əs] *s* (*pl* **~a·bae·us·es** [~ɪz], **~a·bae·i** [~'bi:aɪ]) *Zool* (Kunst) Skarabäus *m*; ˌ**~ab**, *auch* ˌ**~ab 'bee·tle** *s Zool* Skarabäus *m*
scarce [skɛəs] **1.** *adj* karg, knapp, gering ⟨~ goods *Wirtsch* Mangelware(n) *f(pl)*; to be ~ [etw.] wenig geben; to be ~ of food knapp an Lebensmitteln sein⟩ | selten, rar ⟨a ~ picture; to make o.s. ~ *umg* sich rar machen; sich dünn(e) machen; **2.** *adv lit* kaum; '**~ly** *adv* kaum, gerade erst ⟨≈ anything fast nichts, kaum etwas; ≈ ... when kaum ... als⟩ | wohl nicht, kaum, schwerlich ⟨he can ≈ hope er kann wohl kaum annehmen⟩; **scar·ci·ty** ['skɛəsətɪ] *s* Mangel *m*, Knappheit *f* (**of** an) | Seltenheit *f* ⟨≈ value Seltenheitswert *m*⟩
scare [skɛə] **1.** *vt* erschrecken, einen Schrecken einjagen ⟨to be ~d of s.th. vor etw. Angst haben; to ~ s.o. out of his wits/to death jmdn. zu Tode erschrecken; to ~ s.o. stiff/silly *umg* jmdm. einen Schreck(en) einjagen⟩; ~ **away/off** verjagen, verscheuchen; ~ **up** Wild aufscheuchen | *Am umg* (Gericht) zusammenbrauen (**from** aus); *vi* erschrecken ⟨to ~ easily leicht erschrecken, schreckhaft sein⟩; **2.** *s* Schreck *m*, Panik *f* ⟨to cause a ~ Furcht erzeugen, Schrecken hervorrufen; to give s.o. a ~ jmdn. einen Schrecken einjagen (*auch übertr*) | *übertr* Schreckgespenst *n*, Popanz *m*; **3.** *adj umg* Panik erzeugend, hysterisch ⟨~ stories Greuelmärchen *pl*⟩; **scared** [~d] *adj* eingeschüchtert, verstört ⟨to be ≈ (of, to do s.th.) Angst haben (vor,

etw. zu tun)⟩; **'~head[·ing]**, **'~ ,head·line** *s urspr Am umg* dicke Schlagzeile; **'~,mon·ger** *s* Bange-, Miesmacher *m*, Verbreiter *m* von Schreckensgerüchten

¹scarf [skɑ:f] **1.** *s* (*pl* **~s** [~s], **scarves** [skɑ:vz]) Halstuch *n*, Schal *m* | Kopftuch *n* | breite Krawatte | Schärpe *f* | Tischläufer *m*; **2.** *vt* (e-n Schal etc.) umbinden

²scarf [skɑ:f] *Tech* **1.** *s* Laschenverbindung *f*, (Ver-) Blattung *f*, Laschung *f* | zugeschärfter Rand; **2.** *vt* zusammenblatten; an-, zuschärfen, abschrägen; **'~ cut** *s Tech* Fallkerb *m*; **'~er** *s Tech* Zuschärfmaschine *f*; **'~ joint** *s Tech* Verblattung *f*, Blattfuge *f*, Stumpfstoß *m* unter 45°; **'~ ,ten·on** *s Tech* Blattzapfen *m*

scarf·pin ['skɑ:fpɪn] *s* Krawattennadel *f*

scar·i|fi·ca·tion [,skærɪfɪ'keɪʃn] *s Med* Skarifizierung *f*, Hautritzung *f*; **~fi·er** ['skærɪfaɪə] *s Med* Sichelmesser *n* | *Tech* Aufreißkamm *m* | *Landw* Messeregge *f*; **'~fy** *vt Med* skarifizieren, sticheln | *Tech* aufreißen | *Landw* (Boden) auflokkern | *übertr* (durch scharfe Kritik) verletzen

scar·la·ti·na [,skɑ:lə'ti:nə] *s Med* Scharlach (fieber) *m*(*n*)

scar·let ['skɑ:lət] **1.** *s* Scharlachrot *n*; **2.** *adj* scharlachrot, -farben; **,~ 'ad·mi·ral** *s Zool* Admiral *m*; **,~ 'fe·ver** *s Med* Scharlach *m*; **,~ 'hat** *s* Kardinalshut *m*; **,~ 'pim·per·nel** *s Bot* Rote Pimpernelle, (Acker-) Gauchheil *m*; **,~ 'runner** *s Bot* Feuerbohne *f*; **,~ 'wom·an** *s* (*pl* **,~ 'wom·en**) *euphem scherzh* Hure *f*

scarp [skɑ:p] **1.** *s* Böschung *f*, Abhang *m* | *Mil* Eskarpe *f*; **2.** *vt* abböschen | *Mil* eskarpieren

scar·per ['skɑ:pə] *vi Brit Sl* (sich) verduften, abhauen

scarred [skɑ:d] *adj* narbig, vernarbt

scarves [skɑ:vz] *s/pl* von ↑ **¹scarf 1.**

scar·y ['skɛərɪ] *adj umg* gruselig, unheimlich, schreckenerregend, schaurig ⟨a ~ story⟩ | ängstlich, furchtsam, schreckhaft ⟨a ~ horse⟩

¹scat [skæt] *Sl* **1.** *interj* (oft gegenüber Tieren) verschwinde!, hau ab!, zieh ab!; **2.** *s* Tempo *n*; **3.** (**~ted, ~ted**) *vi* sich davonmachen; *Am* sausen

²scat [skæt] *s* (Fliegen-, Hunde- u. a.) Dreck *m*

scathe [skeɪð] **1.** *s* Nachteil *m*, Schaden *m* ⟨without ~ ohne Schaden⟩; **2.** *vt* kritisieren; **'scath·ing** *adj* scharf, verletzend, vernichtend ⟨a ≈ retort eine scharfe Entgegnung; a ≈ review eine vernichtende Kritik⟩

sca·to·lo|gi·cal [,skætə'lɒdʒɪkl] *adj Med* skatologisch | *übertr* (Sprache) schmutzig, im Schmutz wühlend, skatologisch; **~gy** [skæ'tɒlədʒɪ] *s Med* Koprologie *f* | *übertr* Skatologie *f*, Fäkalsprache *f*

scat·ter ['skætə] **1.** *vt* (aus-, ver-, umher)streuen ⟨to ~ sand⟩ | zerstreuen, zersprengen ⟨to ~ a crowd⟩ | *Phys* (zer)streuen | aus-, verbreiten ⟨to ~ a news⟩ | *übertr* (Hoffnung u. ä.) vernichten, vereiteln, zunichtemachen; **~ about/[a]round** herumliegen lassen, herumwerfen, umherstreuen; *vi* streuen | sich zerstreuen, sich zerteilen | auseinanderlaufen; sich verbreiten; **2.** *s* (Umher-, Ver-, Zer-) Streuen *n* ⟨a ~ of hailstones ein Hagelschauer⟩ | *auch* **'~ing** (kleine) Anzahl (in Abständen) ⟨a ~ing of people einzelne verstreute Leute⟩ | *Phys*, *Math* Streuung *f* | (Radar) Streuecho *n*; **'~brain** *s* Wirrkopf *m*; **'~brained** *adj* wirr, zerstreut; **scat·tered** ['skætəd] *adj* ver-, zerstreut, weit auseinander, vereinzelt (stehend etc.) ⟨≈ villages; thinly ≈ dünn-, weitverstreut⟩ | *übertr* wirr, zerstreut | *Phys* zerstreut, diffus ⟨≈ light Streulicht *n*; ≈ radiation Streustrahlung *f*; ≈ wave Streuwelle *f*⟩; **'~ing 1.** *adj* vereinzelt, zerstreut; **2.** *s Phys* Streuung *f* ⟨≈ factor Streufaktor *m*; ≈ power Streuvermögen *n*⟩; **'~ rug** *s* (Teppich-) Brücke *f*

scat·ty ['skætɪ] *adj Brit umg* verrückt ⟨to drive s.o. ~ jmdn. verrückt machen⟩

scav|enge ['skævɪndʒ] *vt* (Straße u. ä.) reinigen, kehren | *Tech* reinigen, (aus-, durch) spülen | *Kfz* ausschlachten; *vi* Straße kehren, Straße reinigen | *Tech* gereinigt werden, aus-, durchgespült werden | (Tier) Nahrung suchen; **'~enge pump** *s Kfz* Absaug-, Spülpumpe *f*; **'~en·ger** *s* Straßenkehrer *m*, -reiniger *m* | *Tech* Straßenreinigungsmaschine *f* | *Zool* Aas-, Unratfresser *m* ⟨≈ beetle aasfressender Käfer⟩; **'~en·ger ,pis·ton** *s Kfz* Spülkolben *m*; **'~enge stroke** *s Kfz* Auspuffhub *m*, Spültakt *m*; **'~eng·ing** *s* Reinigung *f*, Säuberung *f* | *Tech* (Aus-) Spülung *f* ⟨≈ loop *Kfz* Umkehrspülung *f*⟩

scel·e·ton ['skelɪtn] *s* Schiffsgerippe *n*

sce·na|ri·o [sɪ'nɑ:rɪəʊ] *s* (*pl* **sce'na·ri·os**, *selten* **-ri** [ʃeɪ'nɑ:rɪ]) *Theat* Szenarium *n* | *Film* Drehbuch *n* | *übertr* Ablauf(folge) *m*(*f*), Geschehen *n*; **~rist** [sɪ'nɑ:rɪst|'si:nərɪst] *s* Drehbuchautor *m*; **~ri·za·tion** [sɪ,nɑ:raɪ'zeɪʃn|-nər-] *s* Dramatisierung *f*; Drehbuchbearbeitung *f*; **~rize** [sɪ'nɑ:raɪz|'sɪ:nəraɪz] *vt* zu einem Drehbuch umarbeiten

scene [si:n] *s* Bühne *f*, Schauplatz *m* (*auch übertr*) ⟨the ~ of a battle; to come on the ~ in Erscheinung treten; to set the ~ (**for s.th.** etw.) vorbereiten, inszenieren⟩ | *Theat* (*auch* Roman) Schauplatz *m*, Ort *m* der Handlung | *Theat* Auftritt *m*, Szene *f* ⟨behind the ~s hinter den Kulissen (*auch übertr*); the first ~ of "Othello"; to steal the ~ die Schau stehlen⟩ | Vorfall *m*, Ereignis *n* ⟨distressing ~s bewegende Szenen⟩ | (heftiger) Auftritt, Szene *f* ⟨to have a ~ aneinandergeraten; to make s.o. a ~ jmdm. eine Szene machen⟩ | Ansicht *f*, Anblick *m* ⟨a beautiful ~; to do s.th. for a change of ~ etw. tun, um neue Eindrücke zu bekommen, etw. zur Abwechslung tun⟩ | *umg* Szene *f*, Gebiet *n*, Sektor *m* ⟨the drug ~ die Drogenszene, der Drogenmißbrauch; the literary ~ Schriftstellerkreise *m/pl*⟩ ◇ **be on the ~** immer mit dabei *od* von der Partie sein; **make the ~ with s.o. (s.th.)** *Sl* bei jmdm. (etw.) mitmachen, (bei etw.) dabei sein; sich einlassen (mit jmdm.); **'~,paint·er** *s* Bühnenmaler *m*; **scen·er·y** ['si:nərɪ] *s* Landschaft *f*, Gegend *f* ⟨ mountain ≈⟩ | Szenerie *f* | *Theat* Dekoration *f*, Bühnenbild *n*, -ausstattung *f*; **'~,shift·er** *s Theat* Kulissenschieber *m*, Bühnenarbeiter *m*; **'sce·nic 1.** *adj* malerisch, landschaftlich schön gelegen ⟨≈ drive eine Straße, die schöne Ausblicke bietet, Touristenstraße *f*; a ≈ lake ein malerischer See; ≈ splendours landschaftliche Schönheiten *f/pl*⟩ | Landschafts- ⟨≈ shot *Foto* Landschaftsaufnahme *f*; ≈ wallpaper Bildertapete *f*⟩ | *Theat* szenisch, Bühnen-, dramatisch ⟨≈ effects⟩

scent [sent] **1.** *s* Duft *m*, Wohlgeruch *m* (**of** nach) | *bes Brit* Parfüm *n* ⟨a bottle of ~ ein Fläschchen Parfüm⟩ | (*meist sg*) Spur *f*, Fährte *f* (*auch übertr*) ⟨a hot (cold) ~ eine heiße (kalte) Spur; to be on the false/wrong ~ auf der falschen Fährte sein; to get ~ of Wind bekommen von; to lose the ~ die Spur verlieren; to put on the ~ auf die Fährte setzen; to put/throw s.o. off the ~ *umg* jmdn. irreführen *od* von der Wahrheit ablenken⟩ | Geruchssinn *m*, Witterung(svermögen) *f*(*n*) (bes. Hund) ⟨to hunt by ~; to have a ~ for *übertr* eine Nase haben für⟩; **2.** *vt* (*meist pass*) duftend machen ⟨to ~ the air with s.th. die Luft besprühen mit etw.⟩ | *bes Brit* parfümieren ⟨to ~ a handkerchief⟩ | riechen; wittern (*auch übertr*) ⟨to ~ game Wild wittern⟩; *vi* Witterung haben; **'~ bag** *s* Duftkissen *n* | *Zool* Duftdrüse *f*; **'~ ,bot·tle** *s* Parfümfläschchen *n*; **'~ ,com·pound** *s* Duftstoff *m*; **'~ed** *adj* duftend | parfümiert; **'~ gland** *s Zool* Duftdrüse *f*; **'~less** *adj* geruchlos

scep|sis ['skepsɪs] *s* Skepsis *f*, Zweifel *m* | Skeptizismus *m*; **'~tic 1.** *adj* skeptisch; **2.** *s* Skeptiker(in) *m*(*f*); **'~ti·cal** *adj* skeptisch, zweifelnd ⟨to be ≈ about/of s.th. an etw. zweifeln⟩; **~ti·cism** ['~tɪsɪzm] *s* Skeptizismus *m*, Skepsis *f*, Zweifel *m*

scep|tre ['septə] **1.** *s* Zepter *n* ⟨to wield the ≈ das Zepter schwingen, herrschen⟩; **2.** *vt* das Zepter weitergeben an; **'~tred** [~təd] *adj* zeptertragend, herrschend, regierend | *übertr* königlich

schap·pe[·silk] ['ʃæpsılk] *s* Schappeseide *f*

sched·ule ['ʃedju:l|*Am* 'skedʒʊl] **1.** *s* Verzeichnis *n*, Liste *f*, Tabelle *f*, Aufstellung *f* | Formular *n* | (Arbeits-, Zeit- u. ä.) Plan *m* ⟨a production ~; a full/tight ~ ein volles *od* übervolles Programm; [according] to ~ nach Plan, wie geplant; behind ~ in Rückstand, mit Verspätung, verspätet; on ~ pünktlich, planmäßig⟩ | *Am* Fahrplan *m* | *Am* Stundenplan *m*; **2.** *vt* listenmäßig erfassen, in eine Tabelle eintragen | (*meist pass*) vorsehen, planen (**for** für), terminmäßig festlegen (**for** auf) ⟨~d flights *Flugw* reguläre *od* planmäßige Flüge *m/pl*; to be ~d to do s.th. laut Plan etw. tun *od* zu tun haben⟩; **'~ speed** *s Am* Reisegeschwindigkeit *f*

schee·lite ['ʃi:laıt] *s Min* Scheelit *m*, Tungstein *m*

scheik [ʃeık] = **sheik**

sche|ma ['ski:mə] *s* (*pl* **~ma·ta** [~mətə]) *förml* Schema *n*, Plan *m*; **~mat·ic** [ski:'mætık] *adj* schematisch; **~ˌmat·ic 'di·a·gram** *s* Schemazeichnung *f* | *El* Schaltbild *n*; **~ma·tism** [~mətızm] *s* Schematismus *m*, schematische Anordnung *f*; **~ma·ti·za·tion** ['ski:mətaı'zeıʃn] *s* Schematisierung *f*; **~ma·tize** ['~mətaız] *vt* schematisieren, schematisch anordnen

scheme [ski:m] **1.** *s* Schema *n* | schematische Darstellung, Diagramm *n* ⟨~ of connections *El* Schaltanordnung *f*⟩ | Anordnung *f*, System *n* ⟨a colour ~ eine Farbabtönung, ~kombination *f*⟩; | Plan *m*, Entwurf *m*, Projekt *n* (**for** für zu) ⟨~ of work Arbeitsplan *m*; to form a ~ einen Plan entwerfen⟩ | *Brit* (offizielles) Programm, System *n* ⟨health insurance ~ Krankenversicherung *f*⟩ | Intrige *f*, Komplott *n*; **2.** *vt* schematisch anordnen | planen, entwerfen | intrigieren gegen; *vi* Pläne schmieden, intrigieren (**against** gegen) | heimlich streben (**for s.th.** nach etw.); **'schem·er** *s* Projektemacher *m* | Intrigant *m*; **'schem·ing** *adj* planend | intrigierend

scher|zan·do [skɛə'tsændəʊ] *Mus adj, adv* scherzando, heiter, beschwingt; **~zo** ['skɛətsəʊ] *s* (*pl* **~'zos, ~zi** ['~tsi]) Scherzo *n*

schism ['sızm|'ʃızm|'skızm] *s* Spaltung *f* | *Rel* Schisma *n*; **schis·mat·ic** [sız'mætık|sk-] *Rel* **1.** *adj* schismatisch, abtrünnig; **2.** *s* Schismatiker *m*, Abtrünniger *m*; **schis'mat·i·cal** *adj Rel* schismatisch

schist [ʃıst] *s Geol* Schiefer *m*; **'~ic, ~ose** ['~əʊs], **'~ous** *adj* schieferartig, Schiefer-; **schis·tos·i·ty** [ʃı'stɒsətı] s Schieferung *f*

schiz [skıts|skız] *Am, Kan umg s* Schizophreniker *m* | Schizophrenie *f*

schizo- [skıtsəʊ] ⟨*griech*⟩ *in Zus* Spalt-

schiz·o·carp [ˌskıtsəʊ'kɑ:p] *s Bot* Schizokarp *n*, Spaltfrucht *f*

schiz·o·gen|e·sis [ˌskıtsəʊ'dʒenısıs] *s Zool* Schizogonie *f*; **~ic** [ˌskıtsəʊ'dʒenık] *adj* schizogen

schiz|oid ['skıtsɔıd] *Med* **1.** *adj* schizoid, gespalten, kontaktarm; **2.** *s* Schizoid *m*; **~o·phre·ni·a** [ˌskıtsəʊ'fri:nıə] *s Med* Schizophrenie *f*, Spaltungsirresein *n*; **~o·phren·ic** [ˌskıtsəʊ'frenık] *Med* **1.** *adj* schizophren; **2.** *s* Schizophrene(r) *f*(*m*); **~zy** ['skıtsı|'skızı] *adj Am umg* schizophren

schlie|re ['ʃlıərə] *s Min* Schliere *f*; **'~ren meth·od** *s* Schlierenmethode *f*; **'~ric** *adj Min* schlierig

schmaltz [ʃmɔ:lts] *urspr Am Sl* ⟨*dt*⟩ *s* sentimentaler Kitsch; **'~y** *adj* sentimental, schmalzig, kitschig

schnap[p]s [ʃnæps] *s* ⟨*dt*⟩ Schnaps *m*

schnau·zer ['ʃnaʊtsə] *s* ⟨*dt*⟩ *Zool* Schnauzer *m*, rauhhaariger Pinscher

schnit·zel ['ʃnıtsl] *s* ⟨*dt*⟩ *Am* (Kalbs-) Schnitzel *n*

schnor·kel ['ʃnɔ:kl] *s* ⟨*dt*⟩ *Mar* Schnorchel *m*

schol·ar ['skɒlə] *s* Gelehrter *m*, Forscher *m*, Wissenschaftler *m* ⟨a Latin ~ ein Latinist; a young ~ ein junger Wissenschaftler⟩ | (Universitäts-) Stipendiat *m* | *Brit arch, Am* Studierende(r) *f*(*m*), Schüler(in) *m*(*f*) ⟨to be a quick ~ leicht lernen⟩ | (*meist neg*) *umg* wissenschaftlich Gebildete(r) *f*(*m*) *od* Interessierte(r) *f*(*m*) ⟨he's not much of a ~ er kann kaum lesen und schreiben⟩ | *Hist* Scholar *m*; **'~ly** wissenschaftlich, akademisch (*Ant* popular), seriös ⟨≈ treatment wissenschaftliche Darstellung⟩ | gelehrt, hochgeistig, (hoch)gebildet, gelehrsam ⟨a ≈ life⟩; **'~ship** *s* Gelehrsamkeit *f*, Wissenschaftlichkeit *f* | Stipendium *n* ⟨to win a ≈ ein Stipendium bekommen⟩

scho·las|tic [skə'læstık] **1.** *adj* akademisch gebildet, gelehrt ⟨a ≈ piece of work⟩ | schulisch, schulmäßig, Schul-, Schüler- ⟨a ≈ post eine Lehrerstelle; ≈ performance schulische Leistungen *pl*; ≈ profession Lehrerberuf *m*⟩ | scholastisch | *übertr* pedantisch, kleinlich ⟨a ≈ argument⟩; **2.** *s* Scholastiker *m* | *übertr* Pedant *m*; **~ti·cism** [~tısızm] *s* Scholastik *f* | *übertr* Pedanterie *f*

[1]**school** [sku:l] **1.** *s* Schule *f*, Schulinstitution *f* ⟨primary ~ Grundschule *f*; evening ~ Abendschule *f*; Volkshochschule *f*; secondary ~ Oberschule *f*; Sunday ~ Sonntagsschule *f*; ~ of navigation Seefahrtsschule *f*⟩ | *Am* Hoch-, Fachschule *f* ⟨~ of mines *Am* Bergakademie *f*⟩ | (*ohne art*) Schule *f*, Unterricht *m* ⟨at/in ~ in der Schule; to be of ~ age schulpflichtig sein; to go to ~ zur Schule gehen; to leave ~ aus der Schule kommen⟩ | Schule *f*, Schulhaus *n*, -gebäude *n* ⟨a modern ~⟩ | (*mit best art*) *collect* Schüler(innen) *m/pl*(*f/pl*) ⟨the whole ~⟩ | *Mal u. ä.* Schule *f*, Richtung *f* ⟨the Lake ~ die Seeschule; ~ of thought *übertr* Schule *f*, Auffassung *f*, Strömung *f*⟩ | Fakultät *f*, selbständige Abteilung, Bereich *m* ⟨the Law ~ die Juristische Fakultät; the Medical ~ der Bereich Medizin; the ~ of Dentistry die zahnmedizinische Abteilung⟩ | *Am* Universität *f* | *übertr* Schule *f*, Lehre *f* ⟨a hard ~⟩ | *meist pl* (*mit best art*) *Hist* (die) Scholastik(er) *f*(*m/pl*); Scholastik *f*; **2.** *vt* einschulen | bilden, erziehen, unterrichten, schulen (**in** in) | *übertr* beherrschen ⟨to ~ o.s. to patience sich in Geduld üben; to ~ one's temper sich zügeln, sich beherrschen⟩ | (Pferd) zureiten

[2]**school** [sku:l] **1.** *s Zool* Schwarm *m* (*auch übertr*) ⟨~ of fish Fischschwarm⟩; **2.** *vi Zool* in Schwärmen schwimmen

school|bag ['sku:lbæg] *s* Schultasche *f*; **'~board** *s* Schulamt *n*; -behörde *f*; **'~book 1.** *s* Schulbuch *n*; **2.** *adj Am* primitiv, simpel; **'~boy 1.** *s* Schuljunge *m*, Schüler *m*; **2.** *adj* Schüler-; **'~days** *s/pl* Schulzeit *f*, -jahre *n/pl*; **'~'doc·tor** *s* Schularzt *m*; **'~fee** *s* Schulgeld *n*; **'~ˌfel·low** *s* Schulkamerad *m*; **'~girl** *s* Schulmädchen *n*, Schülerin *f*; **'~house** *s* Schule *f*, Schulgebäude *n*; **'~ing** *s* Schulunterricht *m* ⟨10 years of ≈ 10 Jahre Schule⟩ | Ausbildung *f*, Schulung *f* | Schulgeld *n* | (Sport) Schulreiten *n*; **'~ inˌspec·tor** *s* Schulinspektor *m*; **ˌ~-leav·ing 'age** *s* (Schul-) Abgangsalter *n*; **~marm, ~ma'am** ['~mɑ:m] *s umg, scherzh* Lehrerin *f* | *verächtl* gouvernantenhafte Dame; **~man** ['~mæn] *s* (*pl* **~men** ['~men]) Scholastiker *m*; **'~ˌmas·ter** *s* Lehrer *m* (*bes* in Privatschule) | Schulleiter *m*, -direktor *m*; **'~mate** *s* Mitschüler(in) *m*(*f*); **'~ˌmis·tress** *s* Lehrerin *f* (*bes* in Privatschule) | Schulleiterin *f*, -direktorin *f*; **ˌ~ re'port** *s Brit* Zeugnis *n*; **'~room** *s* Schul-, Klassenzimmer *n*; **'~ship** *s* Schulschiff *n*; **'~ˌteach·er** *s* Lehrer(in) *m*(*f*); **ˌ~ 'tel·e·vi·sion** *s* Schulfernsehen *n*; **ˌ~ 'text·book** *s* Lehrbuch *n*; **'~time** *s* Unterrichtszeit *f*; **'~work** *s* Unterricht(sarbeit) *m*(*f*), Schule *f*; **'~yard** *s* Schulhof *m*; **ˌ~ 'year** *s* Schuljahr *n*

schoon·er ['sku:nə] *s Mar* Schoner *m* | *Am* Humpen *m*
schorl [ʃɔ:l] *s Min* Schörl *m*
schot|tische, ~tish [ʃɒ'ti:ʃ|'skɒtɪʃ] *s Mus* Schottischer *m*, schottische Polka
schwa [ʃwɑ:] *s Ling* Schwa *n*, Schwa-Laut *m*
sci·at|ic [saɪ'ætɪk] *adj Med* Ischias-, Hüft- ⟨≈ nerve⟩; **~i·ca** [~ɪkə] *s Med* Ischias *f*, Hüftschmerz *m*
sci·ence ['saɪəns] *s* Wissenschaft *f* ⟨man of ~ Wissenschaftler *m*; ~ of colours Farbenlehre *f*; to have s.th. down to a ~ *übertr* etw. wissenschaftlich betreiben⟩ | *auch* ˌ**natural** '~ Naturwissenschaft *f* | Wissenschaft(sgebiet) *f(n)*, Wissensgebiet *n* ⟨historical ~ Geschichtswissenschaft *f*; the ~s die exakten Wissenschaften *pl*; social ~s Gesellschafts-, Sozialwissenschaften *pl*; the applied ~s die Ingenieurwissenschaften *pl*; the physical ~s die Physik⟩ | *übertr* Lehre *f*, Kunde *f* (**of** von) ⟨domestic ~ Hauswirtschaftskunde *f*; ~ of gardening Gartenbaukunst *f*⟩; ˌ**~ 'fic·tion** *s Lit* Science-fiction *f*, utopische Literatur, Zukunftsromane *m/pl*; '~ ˌ**jour·nal·ism** *s* Wissenschaftsjournalismus *m*; **sci·en·tif·ic** [ˌsaɪən'tɪfɪk] *adj* wissenschaftlich, exakt ⟨≈ methods⟩ | naturwissenschaftlich | wissenschaftlich betrieben, auf wissenschaftlicher Grundlage ⟨≈ farming⟩ | *übertr* geschickt | (Sport) (wissenschaftlich) trainiert ⟨a ≈ boxer⟩; **sci·enˌtif·ic 'so·cial·ism** *s* wissenschaftlicher Sozialismus; **sci·en·tism** ['saɪəntɪzm] *s* Wissenschaftlichkeit *f* | *Phil* Szientismus *m*, Szientifismus *m*; '**sci·en·tist** *s* (Natur-)Wissenschaftler *m*; **sci·en·tol·o·gy** [ˌsaɪən'tɒledʒɪ] *s Rel* Szientologie *f*; **sci·fi** ['saɪˌfaɪ] *adj bes Am umg* Science-fiction betreffend, Science-fiction- ⟨≈ thriller; ≈ world⟩
scil·la ['sɪlə] *s Bot* Scilla *f*, Meerzwiebel *f*
scim·i·tar ['sɪmɪtə] *s* (orientalischer) Krummsäbel
scin·til|la [sɪn'tɪlə] *s übertr* Fünkchen *n*, Spur *f* ⟨not a ≈ of kein Fünkchen von, nicht die Spur von⟩; **~lant** ['sɪntɪlənt] *adj* sprühend, funkelnd, schillernd; **~late** ['sɪntɪleɪt] *vi* funkeln, flimmern, glitzern (**with** vor) (Stern u. ä.) | *übertr* vor Geist sprühen, funkeln (**with** vor) ⟨to ≈ with ideas⟩ | Funken sprühen | *Phys* szintillieren | *vt* funkelnd ausstrahlen ⟨stars ≈ their light⟩ | (Funken) sprühen; **~lat·ing** ['sɪntɪleɪtɪŋ] *adj* funkelnd, schimmernd | *übertr* strahlend, sprühend ⟨a ≈ discussion eine brillante Diskussion⟩; ˌ**~lat·ing 'light** *s* Leuchtfeuer *n*; **~la·tion** [ˌsɪntɪ'leɪʃn] *s* Funkeln *n*, Glitzern *n* | *Phys* Szintillation *f*, Flimmern *n* | *übertr* Geistesblitz *m*; **~la·tor** ['sɪntɪleɪtə] *s Phys* Szintillator *m*, szintillierendes Material *n*; **~lom·e·ter** [ˌsɪntɪ'lɒmɪtə] *s* Szintillometer *n*
sci·on ['saɪən] *s Bot* Ableger *m*, Reis *n* | *übertr* Sproß *m*
scis·sel ['sɪsl] *s Tech* Blechabfall *m*
scis|sile ['sɪsɪl] *adj Tech* schneidbar; **~sion** ['sɪʒn] *s* Schneiden *n* | Schnitt *m* | *übertr* Spaltung *f*
scis|sor ['sɪzə] *vt* schneiden (**out of** aus; **off** weg, ab); '**~sors** *s/pl* Schere *f* ⟨a pair of ≈ eine Schere⟩ | *auch* '**~sors jump** (Turnen) Schersprung *m*, Schere *f*; ˌ**~sors-and-'paste** *adj umg verächtl* zusammengeflickt, -geschustert ⟨a ≈ job eine billige Imitation⟩; '**~sors** ˌ**grind·er** *s* Scherenschleifer *m*; '**~sors** ˌ**tel·es·cope** *s Astr* Scherenteleskop *n*
scis·sure ['sɪʃə] *s Med* Spalt *m*, Fissur *f*
scle·ra ['sklɪərə] *s Anat* Sklera *f*, (Augen-) Lederhaut *f*
sclero- [sklɪərə] ⟨*griech*⟩ *in Zus* Härte-, Sklera-, sklero-
scle·rom·e·ter [sklɪə'rɒmɪtə] *s Tech* Härtemesser *m*, Sklerometer *n*
scle|ro·sis [sklɪə'rəʊsɪs] *Med s* Sklerose *f*; **~rot·ic** [~'rɒtɪk] *adj* sklerotisch; **~ro·ti·tis** [~'rɒtɪtɪs] *s* Skleritis *f*, Lederhautentzündung *f*; **~rot·o·my** [~'rɒtəmɪ] *s* Sklerotomie *f*, Lederhautschnitt *m*; **~rous** ['~rəs] *adj* sklerös, hart
scobs [skɒbz] *s/pl Tech* (Raspel-, Säge-) Späne *m/pl*

[1]**scoff** [skɒf] **1.** *s* Hohn *m*, Spott *m* | Gegenstand *m* des Spottes ⟨to be the ~ of the town dem Gespött der Leute ausgesetzt sein⟩; **2.** *vi* spotten, verächtlich sprechen (**at** über); '**~er** *s* Spötter *m*
[2]**scoff** [skɒf] *umg* **1.** *vt, vi, auch* ~ **up** (ver-)schlingen, (auf)fressen, futtern; **2.** *s* Futtern *n* | Fressalien *pl*, Futter *n* (Essen)
scold [skəʊld] **1.** *vt* ausschimpfen, auszanken, schelten (**for** wegen); *vt* schimpfen, schelten, keifen (**at** über); **2.** *s* zänkisches Weib, Zankteufel *m*; '**~ing** *s* Schelten *n*, Schelte *f* ⟨to get (give s.o.) a ≈ for tüchtig ausgeschimpft werden wegen (jmdn. tüchtig ausschimpfen)⟩
sco·li|o·sis [skɒlɪ'əʊsɪs] *s Med* Skoliose *f*; **~ot·ic** [ˌskɒlɪ'ɒtɪk] *adj* skoliotisch
scol·lop ['skɒləp] = **scallop**
scom·ber ['skɒmbə] *s Zool* Makrele *f*
[1]**sconce** [skɒns] *s* Wandleuchte *f*
[2]**sconce** [skɒns] **1.** *s Mil* Schanze *f*, Verschanzung *f* | Schutzwand *f*; **2.** *vt Mil arch* durch eine Schanze schützen
[3]**sconce** [skɒns] *s Sl* Schädel *m*, Birne *f* (Kopf)
scone [skɒn|skəʊn] *s* (kleiner runder) Kuchen, weiches Teegebäck
scoop [sku:p] **1.** *s* Schaufel *f*, Schippe *f* | Schöpfer *m*, Schöpfkelle *f* | *Tech* Schaufler *m*, Greifer *m* | *Med* Spatel *m*, Löffel *m* | *Kfz* Luftklappe *f*, -öffnung *f* | *auch* '**~ful** Löffel *m*, Portion *f*, Kugel *f* ⟨two ~s of ice creams⟩ | Schippen *n*, Schaufeln *n* ⟨at one ~ mit einem Schub; *übertr* auf einmal⟩ | *umg* guter Fang | *Wirtsch* Gewinn *m*, Schnitt *m* | *umg* (Zeitungs-) Exklusivbericht *m*, Knüller *m*; **2.** *vt, auch* ~ **out/up** ausschaufeln, ausschöpfen; schaufeln ⟨to ~ a hole⟩ | *Med* auskratzen | *umg* (Geld) scheffeln, einheimsen | *umg* (Zeitung) mit einer Meldung zuvorkommen | *Wirtsch umg* ausstechen, schlagen; *vi Mus* unsauber singen; '**~ chain** *s Tech* Eimerkette *f*; '**~ neck** *s* U-Ausschnitt *m*; '**~-necked** *adj* mit rundem *od* U-Ausschnitt; '**~ plough** *s* Schaufelpflug *m*; '**~ wheel** *s Tech* Schöpfrad *n*
scoot [sku:t] *umg* **1.** *vi* sausen, flitzen | (*meist imp*) abhauen ⟨~!; tell him to ~⟩; ~ **away** wegrasen; ~ **down** hinunterjagen; ~ **off** lossausen; ~ **up** hinflitzen, -stürzen; **2.** *s* Sausen *n*; '**~er** *s* (Kinder-) Roller *m* | *auch* '**mo·tor** ˌ**~er** Motorroller *m*; '**~er·ist** *s* Motorrollerfahrer *m*
[1]**scope** [skəʊp] *s* Bereich *m*, Gebiet *n*, Reichweite *f* ⟨beyond (within) the ~ of außerhalb (innerhalb) der Reichweite von; ~ of work Arbeitsbereich⟩ | Gesichtskreis *m*, Horizont *m* ⟨the ~ of s.o.'s ideas⟩ | Spielraum *m*, Betätigungsfeld *n*, Möglichkeiten *pl*, Entfaltungsmöglichkeit *f*, Platz *m* (**for** für) ⟨there is ~ for improvement es könnte noch verbessert werden; to give s.o. full ~ to do s.th. jmdm. freie Hand geben, etw. zu tun; to give free ~ to one's imagination seiner Phantasie freien Lauf lassen⟩ | Länge *f* ⟨the ~ of a cable⟩ | *El* Oszilloskop *n* | *Ling* Skopus *m*
[2]**scope** [skəʊp] *s umg* Glas *m*, Sehgerät *n*
sco·pol·a·min[e] [skə'pɒləmi:n] *s Chem* Skopolamin *n*
scor·bu·tic [skɔ:'bju:tɪk] *adj Med* skorbutisch, an Skorbut leidend
scorch [skɔ:tʃ] **1.** *vt* verbrennen, versengen, verdörren ⟨~ed grass; ~ed earth policy *Mil* Politik *f* der verbrannten Erde⟩ | *Tech* anvulkanisieren | *übertr* kritisieren; *vi* versengt werden, (Gras) verdörren | *umg* schnell fahren, rasen (Fahrzeug); **2.** *s* Brandmal *n* | *umg* Rasen *n*, Raserei *f*; '**~er** *s umg* sehr heißer Tag | *umg* Raser *m*, rücksichtsloser Fahrer; '**~ing 1.** *adj, adv* brennend, sengend ⟨≈ hot⟩ | *übertr* scharf, beißend ⟨≈ critique⟩; **2.** *s* Versengen *n* | *Tech* Anvulkanisation *f* | *umg* Rasen *n*, rücksichtsloses Fahren

score [skɔ:r] **1.** *s* Einschnitt *m*, Kerbe *f* | *auch* '~ **mark** Kratzer *m* | Rechnung *f*, Zeche *f* ⟨to pay/settle/wipe off old ~s *übertr* eine alte Rechnung begleichen, sich für etw. rächen; to run up a ~ Schulden machen⟩ | (Sport) Spielstand *m*, Punktzahl *f* ⟨to keep the ~ die Punkte aufschreiben; what's the ~? wie steht das Spiel?; to know the ~ *übertr umg* Bescheid wissen⟩ | (Sport) Start-, Ziellinie *f* | (Satz *m* von) zwanzig Stück ⟨a ~ of people an die zwanzig Leute; ~s of times sehr oft; three ~ and ten siebzig⟩ | *Mus* Partitur *f* ⟨to follow the ~ die Partitur verfolgen⟩ | Grund *m* ⟨on this/that ~ was das anbelangt; on more ~s than one aus mehr als einem Grund; on the ~ of wegen⟩ | *Sl übertr* kluger Schachzug ⟨to make a ~ of s.o. jmdn. abfahren lassen, jmdm. eins auswischen⟩; **2.** *vt* zerfurchen, zerkratzen, kerben, zeichnen ⟨to ~ the floor⟩ | markieren, Rillen machen in, einschneiden ⟨to ~ paper; to ~ the meat ⟩ | (Sport) (Punkte) notieren, aufschreiben ⟨to ~ s.o. 10 points/10 points to / for s.o. jmdm. 10 Punkte geben *od* anschreiben⟩ | *bes* (Sport) erzielen ⟨to ~ a goal ein Tor schießen; to ~ an advantage einen Vorteil herausholen; to ~ a success einen Erfolg buchen; to ~ a point over s.o. es jmdm. tüchtig geben, jmdm. eins auswischen⟩ | *meist* ~ **up** anrechnen, ankreiden ⟨to ~ up a debt against/to s.o. jmdm. eine Schuld anschreiben⟩ | *übertr* ankreiden | *Mus* instrumentieren (**for** für) | *bes Am umg oft* ~ **off** *umg* (jmdn.) heruntermachen, abkanzeln, abfahren lassen; ~ **out**, ~ **through** aus-, durchstreichen; ~ **under** unterstreichen; *vi* (Sport) Punkte erzielen *od* machen ⟨the team failed to ~ die Mannschaft schoß kein Tor⟩ | Punkte zählen, mitzählen | *umg* Erfolg haben ⟨we shall ~ by it damit werden wir Erfolg haben⟩ | *meist* ~ **against/over** triumphieren über, ausstechen; ~ **for** *Mus* komponieren, setzen für ⟨~d for two flutes⟩; ~ **with** *vulg* (Frau) herumkriegen; '~**board** *s* (Sport) Anzeigetafel *f* | *bes Ferns* Tabelle *f* (der Ergebnisse), Ergebnistafel *f*; '~**book** *s* (*bes* Kricket) Anschreibebuch *n*; '~**card** *s* Punkt-, Wertungsliste *f*; '~ˌ**keep·er** *s* Punktrichter *m*; '~**less** *adj* torlos; '**scor·er** *s* Punktrichter *m* | Torschütze *m*; Punktemacher(in)

sco·ri|a ['skɔ:rɪə] *s* (*pl* ~**ae** [-rɪi:]) *Tech* (Metall) Schlacke *f*; *Geol* (Gestein) Schlacke *f*; ~**a·ceous** [-'reɪʃəs] *adj Tech* schlackig; ~**fi·ca·tion** [ˌ~fɪ'keɪʃn] *s* Verschlackung *f*, Schlackenbildung *f*; '~**fy** *vt* verschlacken

scor·ing ['skɔ:rɪŋ] **1.** *s* (Sport) Punktemachen *n*; Toreschießen *n*, Torschuß *m* ⟨to do most of the ~ die meisten Tore schießen⟩ | Zählen *n* ⟨rules for ~ (Punkt) Regeln *pl*⟩ | *Mus* Instrumentierung *f*; **2.** *adj in Zus* -punkte, -tor ⟨high-(low-)~ match Spiel *n* mit viel (wenigen) Toren; a fast-/high-~ batsman (Kricket) ein Schlagmann, der viele Punkte erzielt⟩; '~ ˌ**hard·ness** *s Tech* Ritzhärte *f*; '~ **knife** *s Tech* Ritz(el)messer *n*; '~ **maˌchine** *Typ s* Rill-, Nutmaschine *f*

scorn [skɔ:n] **1.** *s* Hohn *m*, Spott *m*, Verachtung *f* ⟨to be filled with ~ for voller Verachtung sein für; to hold s.th. in ~, to think ~ of s.th. etw. verachten; to laugh s.o. (s.th.) to ~ (etw.) jmdn. verlachen; to pour ~ on s.o. Spott ausschütten über jmdn.⟩ | Gegenstand *m* des Spottes *od* der Verachtung (**of** für) ⟨to be a ~ of s.o. das Gespött von jmdm. sein⟩; **2.** *vt* verachten, verschmähen ⟨he ~s lying er verschmäht es zu lügen; to ~ advice Rat in den Wind schlagen; to ~ women Frauen verachten⟩; '~**er** *s* Spötter *m*; '~**ful** *adj* verächtlich, spöttisch, höhnisch ⟨a ≈ smile; to be ≈ of verachten⟩

scorp·er ['skɔ:pə] *s Tech* Stichel *m*

Scor·pi·o ['skɔ:pɪəʊ] *s Astr* Skorpion *m*

scor·pi·on ['skɔ:pɪən] *s Zool* Skorpion *m* | ∸ *Astr* Skorpion *m* | *übertr* Geißel *f*

[1]**Scot** [skɒt] *s* Schotte *m*, Schottin *f*

[2]**scot** [skɒt] *s* Zahlung *f, nur in*: **pay ~ and lot** auf Heller und Pfennig bezahlen

[1]**Scotch** [skɒtʃ] **1.** *adj selten* schottisch; **2.** *s collect mit best art selten* die Schotten *m, f/pl* | *Ling selten* Schottisch *n* | *auch* ˌ~ '**whisky** schottischer Whisky | Whiskyglas *n*

[2]**scotch** [skɒtʃ] **1.** *vt* schrammen, abschürfen | (Gerücht) aus der Welt schaffen | (e-m Plan) einen Riegel vorschieben; (e-e Sache) unterbinden | unschädlich machen, vernichten | (Rad) (mit Bremsklotz) blockieren; **2.** *s* Kerbe *f* | *Tech, übertr* Hemmschuh *m*

Scotch| broth [ˌskɒtʃ 'brɒθ] *s* (schottische) Perlgräupchensuppe; ˌ~ '**egg** *s Brit* in einer Wursthülle gebratenes gekochtes Ei; '~**man** [-mən] *s* (*pl* '~**men**) *selten* Schotte *m*; ˌ~ '**mist** *s* dichter Nebel (mit Nieselregen); ˌ~ '**tape**, *auch* '~ **tape** *s* durchsichtiger Klebestreifen; ˌ~ '**ter·rier** *s Zool* Scotchterrier *m*, schottischer Terrier; '~ˌ**wom·an** *s* (*pl* '~ˌ**wom·en**) Schottin *f*; ˌ~ '**wood·cock** *s Kochk* Rührei *n* auf Toast (mit Anchovis und Kapern)

scot-free [ˌskɒt 'fri:] *adj umg* unbestraft, *bes in*: **go/get off/escape ~** ungestraft *od* ungeschoren davonkommen; nichts zu bezahlen haben

sco·ti·a ['skəʊʃə] *s Arch* Hohlkehle *f*

Scot·land ['skɒtlənd] *s* Schottland *n*; ˌ~ '**Yard** *s* Scotland Yard (Londoner Kriminalpolizei)

scot·o- ['skɒtə|'skəʊtə] ⟨*griech*⟩ *in Zus* dunkel (*z. B.* **scotophil[ic]** dunkelheitliebend)

Scot·o- ['skɒtə|'skəʊtə] *in Zus* schottisch (und) (*z. B.* **~-Irish**)

scot·o·graph ['skəʊtəgrɑ:f] *s Phys* Skotograph *m* | Röntgenbild *n*

sco·to·ma [skɒ'təʊmə] *s* (*pl* **~ta** [~tə]) *Med* Skotom *n*, Gesichtsfeldausfall *m*

Scots [skɒts] (*bes Schott*) **1.** *adj* schottisch; **2.** *s* Schotten *m, f/pl* | *Ling* Schottisch *n*; **~man** ['~mən] (*pl* **~men** ['~mən]) Schotte *m*; '~ˌ**wom·an** *s* (*pl* '~ˌ**wom·en**) Schottin *f*

Scot·ti·cism ['skɒtɪsɪzm] *s* schottische Spracheigenheit

Scot·tish ['skɒtɪʃ] **1.** *adj* schottisch | *scherzh, verächtl* geizig; **2.** *s* Schotten *m, f/pl* | *Ling* Schottisch *n*; ˌ~ '**ter·ri·er** *s Zool* schottischer Terrier, Scotchterrier *m*

scoun·drel ['skaʊndrl] *s* Schurke *m*, Lump *m*, gemeiner Kerl; **~ism** ['skaʊndrəlɪzm] *s* Gemeinheit *f*; **~ly** ['skaʊndrəlɪ] *adj* schurkisch, gemein

[1]**scour** ['skaʊə] **1.** *vt* reinigen, säubern | (Fußboden u. ä.) polieren, scheuern | (Messer u. ä.) putzen, blank reiben | *auch* ~ **out** (Flußbett u. a.) auswaschen; ~ **away/off** (Fleck u. ä.) entfernen (**from** von [weg]) | *übertr* fortjagen; ~ **out** (Topf u. a.) ausscheuern; **2.** *vi* reinigen, säubern | scheuern | putzen; **3.** *s* Reinigen *n*, Säubern *n* | Scheuern *n* | Putzen *n* ⟨to give s.th. a good ~ etw. tüchtig scheuern⟩

[2]**scour** ['skaʊə] **1.** *vi* herumstöbern | umherwandern, umherstreifen | *auch* ~ **about** herumhetzen, herumjagen (**after, for** nach); **2.** *vt* durchsuchen (**for** nach); durchstreifen ⟨to ~ a forest⟩; [1]'~**er** [-rə] *s* Vagabund *m*

[2]**scour·er** ['skaʊərə] *s* Reinigungsmittel *n*

scourge [skɜ:dʒ] **1.** *s arch* Geißel *f* | *übertr* Geißel *f*, Plage *f* ⟨the ~ of war⟩; **2.** *vt arch* geißeln | *übertr* züchtigen, strafen | *übertr* quälen

scour·ing rush ['skaʊərɪŋ rʌʃ] *s Bot* Schachtelhalm *m*, Scheuerkraut *n*

[1]**scouse** [skaʊs] *s* Labskaus *n*

[2]**scouse**, *auch* ∸ [skaʊs] **1.** *Brit Sl s* Dialekt *m* von Liverpool | Einwohner(in) *m(f)* von Liverpool; **2.** *adj* Liverpool-, im Dialekt von Liverpool; '**scou·ser**, *auch* '**Scou·ser** *s Brit Sl* Einwohner(in) *m(f)* von Liverpool; '**scous·i·an**, *auch* '**Scous·i·an** = [2]**scouse**

[1]**scout** [skaʊt] **1.** *s Mil* Erkundung *f*, Spähen *n* | Umschau *f*, suchender Blick ⟨to take a ~ [a]round sich umschauen⟩ | *Mil* Kundschafter *m*, Späher *m* | *übertr* Sucher *m* ⟨a talent ~ ein Talentsucher (Sport, Kunst)⟩ | Pfadfinder(in) *m(f)* | *Brit* Verkehrs-, Pannenhelfer *m*, Patrouillenfahrer *m* (des Automobilklubs) | (Universität Oxford) Aufwärter *m*, Universitätsdiener *m* ◇ **good ~** *umg* jmd., der zuverlässig ist ⟨he's a ≈ auf ihn kann man sich verlassen⟩; **2.** *vi* kundschaften, spähen; **~ about/around** herumsuchen, Ausschau halten (**for** nach); *vt* auskundschaften, erkunden, erspähen | beobachten

[2]**scout** [skaʊt] *vt* verächtlich zurückweisen ⟨to ~ a proposal⟩

scouth [sku:θ] *s Schott* Spielraum *m*

scout|ing ['skaʊtɪŋ] *s* Kundschaften *n*, Spähen *n*; **'~ˌmas·ter** *s Mil* Patrouillenführer *m* | Anführer *m* einer Pfadfindergruppe

scow [skaʊ] *s Mar Am, Schott, Ir* Schute *f*, (See-) Leichter *m*, flaches, offenes Boot

scowl [skaʊl] **1.** *vi* die Stirn runzeln *od* in Falten ziehen | mürrisch blicken ⟨to ~ at s.o. jmdn. böse ansehen⟩; *vt* (etw.) durch finstere Blicke zum Ausdruck bringen ⟨to ~ one's disappointment at s.o.⟩ | *auch* **~ down** (durch finstere Blicke) einschüchtern; **2.** *s* Stirnrunzeln *n* | mürrischer Blick

[1]**scrab·ble** ['skræbl] **1.** *vi* scharren, kratzen | *umg oft* **~ about** suchen (**for** nach) | *übertr* sich abmühen, sich plagen; *vt* scharren, kratzen | bekritzeln; **~ together, ~ up** *umg* zusammenkratzen; **2.** *s* Scharren *n*, Kratzen *n* | *umg* Gekritzel *n*

[2]**scrab·le** ['skræbl] *s, oft* ~ Scrabble(spiel) *n(n)*

scrag [skræg] **1.** *s* magere Person, Gerippe *n* | mageres Tier | *umg* Hals *m*, Nacken *m* | *meist* ˌ~ **'end** *s* Hammelhals *m*, Halsstück *n* | *Brit* verkrüppelter Baum *od* Ast; *vt* **(scragged, scragged)** *Sl* aufhängen | *umg* (Tier) den Hals umdrehen | *umg* (jmdn.) am Hals zerren

scrag·gly ['skræglɪ] *adj Am umg* zerrissen, zerklüftet | ungekämmt, wirr

scrag·gy ['skrægɪ] *adj* mager, dürr ⟨a long ~ neck⟩ | zerrissen, zerklüftet | (Fleisch) sehnig, minderwertig

scram [skræm] *(nur imp und inf) Sl* abhauen, sich verziehen ⟨~! hau ab!, verdufte!; I told him to ~ ich habe ihm gesagt, er soll abhauen⟩

scram|ble ['skræmbl] **1.** *vi* kriechen, krabbeln, klettern ⟨to ≈ over a rock; to ≈ to one's feet sich aufrappeln⟩ | sich schlagen, sich reißen (**for** um) ⟨to ≈ to get s.th. darum kämpfen, etw. zu bekommen⟩; *vt, oft* **~ble together, ~ble up** (Geld u. ä.) zusammenraffen, zusammenscharren | (*bes* Eier) durcheinanderrühren ⟨≈d eggs Rührei *n*⟩ | durcheinanderbringen, durcheinanderwerfen ⟨to ≈ cards⟩ | (Nachrichten) verschlüsseln, unkenntlich machen; **2.** *s* Kriechen *n*, Krabbeln *n*, Klettern *n* | *übertr* Jagd *f* (**for** nach), Kampf *m* (**for** um); **'~bler** *s* (Nachrichten) Verschlüssel-, Verwürfelgerät *n*

scran·nel ['skrænl] *adj* (Stimme u. ä.) schnarrend, kreischend

[1]**scrap** [skræp] **1.** *s* Fetzen *m*, Stückchen *n* ⟨a ~ of paper ein Fetzen Papier; some ~s of meat ein paar Fleischbrokken; not a ~ nicht das kleinste Stückchen, kein bißchen⟩ | (Zeitungs-) Ausschnitt *m* | (*meist pl*) Rest *m*, Fragment *n* ⟨to give the ~s to the dog⟩ | *Tech* Schrott *m*, Altstoff *m* ⟨to collect ~ Schrott sammeln; to sell s.th. for ~ etw. als Schrott verkaufen⟩; **2.** *adj Tech* verschrottet, Schrott-; **3.** *vt* **(scrapped, scrapped)** wegwerfen | *Tech* verschrotten | *übertr* ausrangieren

[2]**scrap** [skræp] *umg* **1.** *s* Zank *m* ⟨to have a bit of a ~ with s.o. sich mit jmdm. in die Haare kommen⟩ | Schlägerei *f*; **2. (scrapped, scrapped)** *vi* sich zanken | sich prügeln, sich schlagen

scrape [skreɪp] **1.** *s* Kratzen *n*, Scharren *n* | Kratzfuß *m* | Abkratzen *n* | Kratzer *m* | *übertr* Verlegenheit *f* ⟨in a ~ in der Klemme; to get into ~s *umg* in Schwulitäten *od* eine dumme Lage geraten⟩; **2.** *vt* kratzen, scharren (mit) ⟨to ~ a speaker down einen Redner durch Scharren zum Schweigen bringen; to ~ one's feet mit den Füßen scharren⟩ | (ab)kratzen, (ab)schaben, abputzen ⟨to ~ the dirt from s.th. Schmutz von etw. abkratzen; to ~ one's boots die Schuhe abputzen; to ~ the bottom of the barrel *übertr umg* das Letzte vom Letzten aufbieten⟩ | scheuern, reiben, stoßen (**against** gegen) ⟨to ~ one's chair against the wall mit dem Stuhl an die Wand stoßen; to ~ [up] an acquaintance sich bei jmdm. einkratzen (wollen), sich krampfhaft um jmds. Bekanntschaft bemühen⟩ | aufscheuern, verletzen ⟨to ~ one's knee; to ~ the skin off one's knee sich das Knie aufschürfen⟩ ◇ **~ a living** gerade das Auskommen verdienen, gerade so auskommen, sich recht und schlecht durchschlagen; **~ away, ~ off** abkratzen, abschaben, abscheuern ⟨to ~ the rust off⟩; **~ out** auskratzen, leerkratzen, reinigen ⟨to ≈ a pipe⟩; **~up, ~together** mit Mühe und Not zusammenbringen, zusammenkratzen (*auch übertr*); *vi* kratzen, scharren | schaben | einen Kratzfuß machen | scheuern (**against** an); mühsam vorankommen ⟨to bow and ~ *förml* gebückt und schleppend gehen; *übertr* katzbuckeln⟩ | *übertr* sich abrackern ⟨to ~ through one's examination mit Ach und Krach durch die Prüfung kommen⟩ | sparsam sein | schleifen | *übertr* sich durchschlagen; **'~pen·ny** *s* Pfennigfuchser *m*, Geizhals *m*; **'scrap·er** *s* Fußabstreicher *m* | *Tech* Schaber *m* | Schabeisen *n*; Ziehklinge *f* | *Tech* Abstreifer *m*, Kratzer *m* | *Bergb* Kratze *f*, Schrapper *m* | *Tech* Bodenhobel *m*, Flachbagger *m*

scrap| heap ['skræp hi:p] *s* Müllhaufen *m* ⟨≈ policy *übertr* Brauch *m*, alles Überholte zu verwerfen⟩ | Schrotthaufen *m*

scrap·ings ['skreɪpɪŋz] *s/pl* Abfall *m*, Kehricht *m*, Späne *m/pl*

'scrap i·ron ['skræp ˌaɪən], *auch* **'~ ˌmet·al** *s* Alteisen *n*, Schrott *m*; **~nel** ['skræpnl] *s* Splitter *pl* einer selbstgebauten Bombe, Schrottsplitter *pl*; **'~ ˌpa·per** *s* Notizblock *m* | Altpapier *n*

scrap·per ['skræpə] *s Sl* Schläger *m*

[1]**scrap·py** ['skræpɪ] *adj* Schrott- | bunt zusammengewürfelt | *übertr* fragmentarisch, bruchstückhaft

[2]**scrap·py** ['skræpɪ] *adj Am umg* rauflustig, wild

[1]**scratch** [skrætʃ] **1.** *s* Kratzer *m*, Kratzwunde *f*, Schramme *f* ⟨a ~ on the desk; cuts and ~es Schnitte und Kratzer *pl*; without a ~ *umg* ohne den geringsten Kratzer (*auch übertr*)⟩ | Kratzen *n*, kratzendes Geräusch ⟨with a ~ of a pen mit einem Federstrich⟩ | Kratzen *n*, kratzende Bewegung ⟨to have a ~ sich kratzen⟩ | Gekritzel *n* | (Billard) Fuchs *m*, Fehlstoß *m* | (Sport) Streichung (vor einem Wettkampf) | Startlinie *f* | *übertr* Startvoraussetzungen *f/pl* ⟨to be up to ~ *übertr* in Form sein; to start from ~ ohne Vorgabe starten; *übertr* ganz von vorn anfangen; to bring s.o. up to ~ *übertr* jmdn. zwingen, seinen Verpflichtungen nachzukommen; to come [up] to [the] ~ seinen Mann stehen⟩ | *Am Sl* Pinke *f*, Geld *n* ⟨to have plenty of ~ viel Geld haben⟩; **2.** *adj* uneinheitlich, bunt zusammengewürfelt ⟨a ~ dinner ein Resteessen, Gericht *n* aus dem, was gerade da war; a ~ team eine unausgeglichene Mannschaft⟩ | unbeabsichtigt | (Sport) ohne Vorgabe (startend) ⟨~ race Rennen *n* ohne Vorgabe *od* zu gleichen Bedin-

gungen⟩; **3.** *vt* kratzen ⟨to ~ one's hand sich die Hand kratzen; ~ my back and I'll ~ yours *Sprichwort* eine Hand wäscht die andere; to ~ one's head sich den Kopf kratzen; to ~ s.o.'s back *übertr* jmdm. um den Bart gehen; to ~ the surface of s.th. *übertr* etw. nur oberflächlich machen *od* behandeln⟩ | (Tier) kraulen | zerkratzen, zerschrammen ⟨to ~ one's hands sich die Hände zerkratzen; to ~ s.o.'s face jmdm. das Gesicht zerkratzen⟩ | auskratzen | (hin)kritzeln ⟨to ~ a few lines to s.o. jmdm. schnell ein paar Zeilen schreiben⟩ | *oft* **~ off/out/through** aus-, durchstreichen | (Sport) (Läufer, Pferd) vom Rennen zurückziehen, streichen ◇ **~ a living** = **scrape a living**; **~ up** aufscharren, ausbuddeln; **~ up/ together** (Geld u. a.) zusammenkratzen; *vi* kratzen, scharren | (hörbar) kratzen, ein Kratzgeräusch verursachen ⟨the pen ~es⟩ | sich kratzen | (Sport) ausscheiden; gestrichen *od* zurückgezogen werden; **~ about** scharren (**for** nach)

²Scratch [skrætʃ] *s umg* Teufel *m* ⟨Old ~ der Leibhaftige⟩

scratch| cat ['skrætʃ kæt] *s übertr* Kratzbürste *f*; **'~er** *s Tech* Kratzeisen *n*; **'~es** [~ɪz] *s/pl* (*meist sg konstr*) *Vet* Mauke *f*; **'~pad** *s bes Am* Notizblock *m*; **'~ ˌpa·per** *s Am* = **scrap paper**; **'~ test** *s Med* Allergietest *m*; **'~y** *adj* kratzend ⟨a ≈ pen⟩ | zerkratzt | hingekritzelt, flüchtig | bunt zusammengewürfelt

scrawl [skrɔ:l] **1.** *vt* (hin)kritzeln ⟨to ~ a few words on a postcard⟩ | bekritzeln, beschmieren ⟨to ~ a wall⟩; *vi* kritzeln, schmieren; **2.** *s* Gekritzel *n*, Kritzelei *f* | (*nur sg*) schlechte Handschrift, Schmiere *f*

scraw·ny ['skrɔ:nɪ] *adj verächtl* dürr, mager, knochig ⟨a ~ neck⟩

screak [skri:k] *dial* **1.** *vi* kreischen; **2.** *s* Kreischen *n*

scream [skri:m] **1.** *vi* kreischen, schreien ⟨to ~ in anger vor Wut schreien; to ~ with laughter vor Lachen brüllen⟩ | *meist* **~ out** laut aufschreien | (Wind u. ä.) heulen, pfeifen | *übertr* schreien; *vt* schreien ⟨to ~ one's head off laut und anhaltend schreien; to ~ out one's lungs sich die Lunge aus dem Hals schreien⟩; **2.** *s* Schrei *m*, Geschrei *n*, Gekreische *n* ⟨~s of laughter Lachsalven *f/pl*; ~s of pain Schmerzensschreie *m/pl*⟩ | Heulen *n*, Pfeifen *n* | *umg* Grund *m* zum Schreien, etw. Lächerliches *n* ⟨he (it) was a (perfect) ~er (es) war (einfach) zum Lachen⟩; **'~er** *s Am Sl* Sensationsmeldung *f*; **'~ing·ly** *adv* zum Schreien ⟨≈ funny zum Schreien komisch⟩

scree [skri:] *s Brit Geol* Geröll *n* | (Geröll-) Halde *f*

screech [skri:tʃ] **1.** *vi, vt* kreischen, gellend schreien ⟨to ~ to a halt/standstill/stop, *auch* to come to a ~ing halt kreischend zum Stehen kommen⟩ | (Lokomotive) pfeifen, (Motor) heulen; **~ out** herausschreien, herauskrietschen ⟨to ≈ a song⟩; **2.** *s* Gekreisch *n*, gellender Schrei | Heulen *n*, Krietschen *n* (Maschine u. ä.) ⟨the ~ of tyres das Kreischen von Reifen⟩; **'~ owl** *s Zool* Käuzchen *n*

screed [skri:d] **1.** *s* (*oft pl mit sg Bedeutung*) lange Aufzählung | langatmiger Brief | weitschweifige Rede, Roman *m*, Sermon *m* | Landstreifen *m* | *Schott* Riß *m*; **2.** *vi, vt dial, arch* (zer)reißen

screen [skri:n] **1.** *s* Schirm *m*, Schutzwand *f* ⟨folding ~ spanische Wand *f*; smoke ~ Vernebelung *f*, Nebelwand *f*⟩ | *Arch* Zwischenwand *f*, (Kirche) Lettner *m* | *auch* **'wind ~** *Kfz* Windschutzscheibe *f* | Projektionswand *f* ⟨on the ~ im Film⟩ | *übertr* Film *m*, Kino *n*, Fernsehen *n* ⟨stars of the ~ Filmstars *pl*⟩ | *Ferns* Bildschirm *m* | *Tech* Röntgenschirm *m* | (Sport) (Kricket) weiße Sichtplane, -wand *f* | Gitter *n*, Netz *n* ⟨window ~ Fliegenfenster *n*⟩ | *Tech* Sieb *n*, Rost *m* | *Foto, Typ* Raster *m* | *Mil* Absicherung *f*, Tarnung *f* ⟨a ~ of cavalry Kavalleriedeckung *f*⟩ | *Mar* Geleitschutz *m* | *übertr* Schutz *m*, Schirm *m* ⟨under the ~ of night im Schutze der Nacht; to put on a ~ of indifference Gleichgültigkeit zur Schau tragen⟩; **2.** *vt* beschützen, beschirmen (**from** vor) | *auch* **~ off** abschirmen, bedecken | *übertr* decken, in Schutz nehmen ⟨to ~ s.o.'s faults; to ~ s.o. from blame⟩ | *Tech* (Kohle u. ä.) (durch)sieben | projizieren | (Roman u. ä.) verfilmen | *Pol, Mil, übertr* (auf Zuverlässigkeit) prüfen; **~ out** abschirmen, durch (einen) Schirm fernhalten | *übertr* (Person) fernhalten, aussondern; *vi* projiziert werden | verfilmt werden; sich zur Verfilmung eignen (Drama u. ä.) | vor der Kamera spielen können (Schauspieler) ⟨he ~s badly (easily)⟩; **'~age** *s* Abschirmung *f*, Abschirmen *n*; **'~er** *s Tech* Sieber *m*; **'~ing** *s* Projizierung *f*, Aufführung *f* | Verfilmung *f* | *übertr* Prüfung *f*; **'~play** *s* Filmdrehbuch *n* | Film *m*; **'~ test** *s* Probeaufnahmen *pl*; **'~wash** *s Kfz* (automatische) Scheibenwäsche; **'~ˌwash·er** *s Kfz* (automatische) Scheibenwaschanlage; **'~ˌwrit·er** *s* Drehbuchautor *m*

screw [skru:] **1.** *s* Schraube *f* ⟨endless ~ Schraube ohne Ende; female ~ Schraubenmutter *f*; male ~ Schraubenspindel *f*; he has a ~ loose *umg* bei ihm ist eine Schraube locker; there is a ~ loose *übertr* da ist etw. nicht in Ordnung; to put s.o. under the ~, to put the ~[s] on s.o. *übertr* jmdn. unter Druck setzen; to give s.o. another turn of the ~ jmdn. noch mehr unter Druck setzen⟩ | Schraubenumdrehung *f* ⟨to give it another ~ etw. noch fester schrauben⟩ | (Ball) Effet *n*, seitliche Drehbewegung ⟨to put the ~ on a ball einem Ball Effet geben⟩ | *auch* **'~ proˌpel·ler** *Mar* (Schiffs-) Schraube *f* ⟨a twin-~ steamer ein Zweischraubendampfer⟩ | *auch* **'air ~** *Flugw* Propeller *m* | Korkenzieher *m* | alte Mähre | *Am umg* Eselsbrücke *f* | Geizhals *m* ⟨an old ~ ein alter Geizkragen⟩ | *Brit* (kleines) Tütchen ⟨a ~ of tea (tobacco)⟩ | *Brit Sl* Lohn *m*, Gehalt *n* ⟨to draw one's ~ sein Gehalt beziehen⟩ | *vulg* Vögeln *n*, Bumsen *n*, Nummer *f*; Koitus-(partner) *m(m)* ⟨to have a ~ vögeln; to be a good ~ gut bumsen⟩; **2.** *vt, auch* **~ up** (fest-, an)schrauben ⟨his head is ~ed [on] the right way *übertr umg* er hat was los, er ist nicht auf den Kopf gefallen; to have one's head ~ed on right *übertr* in Ordnung sein; to ~ up one's courage *übertr* Mut fassen; to ~ up one's eyes (bei plötzlichem Licht) die Augen zusammenkneifen; to ~ up one's mouth den Mund verziehen; to ~ up the prices die Preise hochschrauben⟩ | *meist* **~ down** festschrauben; **~ off** abschrauben | *meist* **~ up** zuschrauben ⟨to ~ up a door⟩ | (Schraube) anziehen | (Wasser) ausdrücken ⟨to ~ water out of a sponge⟩ | (Geld u. ä.) herauspressen (**out of s.o.** aus jmdm.) | *meist* **~ up** *Mus* (Saite) anziehen, spannen | (Ball) seitlich wegdrehen | *übertr* (jmdn.) unter Druck setzen | *meist* **~ up** *Am Sl* vermasseln ⟨~ you Scher dich zum Teufel!⟩ | *vulg* (Frau) vögeln, bumsen; *vi* sich schrauben lassen | (Ball) eine seitliche Drehbewegung machen | *übertr* Druck ausüben | *übertr* geizen | *vulg* bumsen, vögeln; **'~ball** *bes Am* **1.** *s* (Baseball) Effetball *m* | *Am Sl* Spinner *m*, Sonderling *m*; **2.** *adj Am Sl* verschroben; **'~ bolt** *s Tech* Schraubenbolzen *m*; **'~ cap** *s Tech* Schraubenkopf *m* | Schraubverschluß *m*; **'~ ˌcou·pling** *s Tech* Schraubenkupplung *f*; **'~ˌdriv·er** *s* Schraubenzieher *m*; **'screwed** *adj* (an)geschraubt | verdreht | *Sl* betrunken; **'~ gear[·ing]** *s Tech* Schrauben-, Schneckengetriebe *n* | *Tech* Schrauben-, Schneckenrad *n*; **'~head** *s Tech* Schraubenkopf *m*; **'~ key** *s* Schraubenschlüssel *m*; **'~ proˌpel·ler** *s* Propeller *m*; **'~ spike** *s Tech* Gewindedorn *m*; **'~ tap** *s* Gewinde-, Schraubenbohrer *m*; **'~ top** *s* Schraubverschluß *m* ˌ**~-'topped** *adj* mit Schraubverschluß; **'~up** *s Am Sl* Schlamassel *n*, Scheißdreck *m*; **'~ wheel** *s Tech* Schraubenrad *n*; **'~ wrench** *s* Schraubenschlüssel *m*; **'~y** *adj* gewunden, gedreht | geizig | *umg* betrunken | *Brit umg* komisch, seltsam | *Am Sl* verrückt, absurd

scrib·al ['skraɪbl] *adj* Schreib(er)- ⟨~ error Schreibfehler *m*⟩

[1]**scrib·ble** ['skrɪbl] **1.** *vt*, *auch* ~ **down** (hin)kritzeln, hinschmieren | *auch* ~ **over** bekritzeln; *vi* kritzeln | oberflächlich schreiben; **2.** *s* Gekritzel *n*, Geschmiere *n*

[2]**scrib|ble** ['skrɪbl] *vt* (Wolle) krempeln; [1]'**~bler** *s Tech* Krempelmaschine *f*

[2]**scrib·bler** ['skrɪblə] *s verächtl, scherzh* Schreiberling *m*

scribe [skraɪb] **1.** *s bes Hist* Schreiber *m*, Abschreiber *m*, Kopist *m* ⟨he is no great ~ das Schreiben fällt ihm schwer⟩ | Abschreiber *m* | *meist* ≗ *Rel* Schriftgelehrter *m* | *scherzh* Journalist *m*, Autor *m* | *auch* '~ **awl** Reißahle *f*; **2.** *vt* mit einer Reißahle vorzeichnen | *selten* schreiben; *vi* schreiben; '**scrib·er** *s* Reißnadel *f*

scrim [skrɪm] *s* leichter Leinen- oder Baumwollstoff

scrim·mage ['skrɪmɪdʒ] **1.** *s selten* Gedränge *n*, Handgemenge *n* | (*Am* Fußball) Ringen *n* um den Ball (beim Anspiel) | = ↑ **scrummage**; **2.** *vi* herumwühlen | *Am* um den Ball kämpfen; *vt Am* (Ball) ins Gedränge werfen

scrimp [skrɪmp] *vt* geizen mit | (jmdn.) knapp halten; *vi* knausern (**on** mit) ◇ ~ **and save** geizen und sparen; '**~y** *adj* geizig, knauserig | knapp, eng

scrim·shank ['skrɪmʃæŋk] *vi Brit Mil Sl selten* sich drükken

scrim·shaw ['skrɪmʃɔ:] *s* feine Schnitzerei *od* Schnitzarbeit (aus Elfenbein u. ä.)

scrip [skrɪp] *s Wirtsch* Berechtigungsschein *m* | *Wirtsch* Scrip *m*, Interimswechsel *m* | *arch, dial* Zettel *m* | *auch* '~ ˌ**mon·ey** Notgeld *n*, Besatzungsgeld *n* | *Am umg* Drogenrezept *n*

script [skrɪpt] **1.** *s* Schrift *f*; Schriftart *f* ⟨phonetic ~ Lautschrift *f*⟩ | Handschrift *f* (*Ant* print) | *Typ* Schreibschrift *f* | *Jur* Urschrift *f*, Original *n* | *Theat* Manuskript *n* | *Film* Drehbuch *n* | *Rundf, Ferns* (Programm) Text *m*, Buch *n* | (*meist pl*) *Brit Päd* (schriftliche) Arbeit, Text *m* zum Abgeben; **2.** *vt, vi* ein Drehbuch schreiben (für); '**~ed** *adj* (Rede, Sendung u. ä.) textgebunden, vorgeschrieben ⟨a ≈ discussion⟩; '~ **girl** *s Film* Skriptgirl *n*

scrip|tur·al ['skrɪptʃərl] *adj* schriftmäßig | *Rel* die Bibel betreffend, auf die Bibel zurückgehend; '**≗ture**, *auch* ˌ**Ho·ly** '**≗ture** *s* (*mit best art*) *Rel* Bibel *f*, Heilige Schrift | *auch* '**≗ture** (*meist pl*) heiliges Buch | *Rel* Bibelstelle *f*

script·writ·er ['skrɪpt ˌraɪtə] *s Rundf, Ferns* (Programm) Autor *m*, Verfasser *m* (des Buchs)

scriv·en·er ['skrɪvənə] *Hist s* (öffentlicher) Schreiber | Notar *m*

scrof·u|la ['skrɒfjʊlə] *s Med* Skrofulose *f*; '**~lous** *adj Med* skrofulös | *übertr* sehr schlecht, (krank) aussehend | *übertr* unmoralisch ⟨≈ wealth⟩

scroll [skrəʊl] **1.** *s* Schriftstück *n* | (Pergament, Papyrus u. a.) Schriftrolle *f* | altes Schriftdenkmal | Schriftschnörkel *m* | Verzeichnis *n*, Liste *f*; **2.** *vt* mit Schnörkeln verzieren; '~ **saw** *s Tech* Laubsäge *f*; '**~work** *s* Schnörkelverzierung *f* | Laubsägearbeit *f*

Scrooge [skru:dʒ] *s, auch* ≗ *übertr umg, verächtl* Geizhals *m*

scroop [skru:p] **1.** *vi* knirschen, knarren; **2.** *s* Knirschen *n*, Knarren *n*

scro|tal ['skrəʊtl] *Anat adj* skrotal, Hodensack-; '**~tum** [~təm] *s* Skrotum *n*, Hodensack *m*

scrouge [skraʊdʒ] *umg vi* drängeln; *vt* zusammendrängen, zusammendrücken

scrounge [skraʊndʒ] *umg, oft verächtl vi* stehlen, mausen, organisieren | schmeicheln, schmarotzen; *vt* stehlen, klauen; '**scroung·er** *Sl s* Dieb *m* | Schmarotzer *m*

[1]**scrub** [skrʌb] **1.** (**scrubbed, scrubbed**) *vt* schrubben, scheuern ⟨to ~ the floor⟩ | (ab)reiben, (ab)bürsten ⟨to ~ out a pan einen Topf ausscheuern; to ~ the dirt off (the floor) den Schmutz (vom Fußboden) scheuern⟩ | *auch* ~ **out** *Sl* ausfallen lassen, streichen, ignorieren ⟨to ~ one's plans; to ~ [out] an order⟩; *vi* scheuern, schrubben | *umg* sich abrackern ⟨to ~ hard for one's living⟩; *vi, auch* ~ **up** sich die Hände gründlich scheuern (Arzt); **2.** *s* Scheuern *n* | Schrubben *n* ⟨it needs a good ~ es muß tüchtig gescheuert werden⟩

[2]**scrub** [skrʌb] **1.** *s* Gestrüpp *n*, Gebüsch *n* | verkümmerter Baum | *übertr* Kümmerling *m*, Zwerg *m*, Knirps *m* ⟨a ~ of a man ein winziger Kerl⟩; **2.** *adj* verkümmert, kümmerlich ⟨~ pine Kümmerkiefer *f*⟩ | *übertr* unbedeutend

scrub|ber ['skrʌbə] *s* Schrubber *m*, Scheuerbürste *f* | *Brit Sl* (billiges) Flittchen | *Brit Sl* Nutte *f*; '**~bing brush** *s* Scheuerbürste *f*

scrub·by ['skrʌbɪ] *adj* voller Gestrüpp; verkümmert, verkrüppelt | *umg verächtl* kümmerlich, armselig | zottig, strubblig, stoppelig

scruff [skrʌf], *auch* ~ **of the neck** *s* Genick *n* ⟨to take s.o. by the ~ of the neck jmdn. beim Genick *od* am Kragen packen; *übertr* jmdn. beim Kanthaken nehmen⟩

scrum [skrʌm], *förml auch* **~mage** ['skrʌmɪdʒ] **1.** *s* Handgemenge *n* | (Rugby) dichtes Gedränge | (Rugby) Spielerknäuel *n*; **2.** *vt* (Rugby) (Ball) ins Gedränge werfen; *vi* (Rugby) im Gedränge sein, ein Gedränge hervorrufen; '**~cap** *s* Rugbyhelm *m*; **~ag·er** *s* ['skrʌmɪdʒə] *s* (Rugby-) Spieler *m* im Gedränge; '**~half** *s* Gedrängehalbspieler *m*

scrum·ble ['skrʌmbl] *vt Mal* (Lasur) dünn auftragen | (Farben, Umrisse) vertreiben, dämpfen | (Bild) weicher machen | *Tech* erweichen, aufweichen

scrump·tious ['skɪʌmpʃəs] *adj umg* (*bes* Essen) prima, lekker, fein ⟨~food⟩

scrum·py ['skrʌmpɪ] *s* (Südwestengland) starker Obstwein

scrunch [skrʌntʃ] **1.** *vt* zerkauen | zerdrücken; *vi* knirschen; **2.** *s* Knirschen *n*

scru|ple ['skru:pl] **1.** *s* Skrupel *m*, Bedenken *n*, Gewissensnot *f* ⟨a man of no ≈s ein gewissenloser Mensch; without ≈s ohne Bedenken, skrupellos; to have (no) ≈s about doing s.th. (keine) Bedenken haben *od* tragen, etw. zu tun; to make no ≈s to do s.th. etw. ohne Bedenken *od* Skrupel tun⟩ | (Apothekermaß) Skrupel *n* (=1,296 g) | *übertr* Kleinigkeit *f*; **2.** *vt* (*meist neg*) Skrupel haben (**to** *mit inf* zu *mit inf*) ⟨he doesn't ≈ to tell a lie er lügt bedenkenlos⟩; **~pu·lous** ['skru:pjələs] *adj* voller Skrupel, ängstlich | übergenau ⟨≈ly honest grundehrlich⟩ | *arch* vorsichtig

scru·ti·neer [ˌskru:tɪ'nɪə] *s Brit Pol* Wahlprüfer *m*; **scru·ti·nize** ['skru:tɪnaɪz] *vt* gründlich prüfen, erforschen, untersuchen; *vi* eine gründliche Prüfung durchführen; **scru·ti·ny** ['skru:tɪnɪ] *s* Prüfung *f*, Untersuchung *f* | *Brit Pol* (offizielle) Wahlprüfung ⟨to demand a ≈ eine Wahl überprüfen⟩ | forschender Blick

scu·ba ['skju:bə] *s* (Schwimmen) Tauchgerät *n*; '~ ˌ**div·er** *s* Sporttaucher(in) *m*(*f*)

scud [skʌd] **1.** *vi* eilen, laufen, schnell ziehen (Wolken) | *Mar* lenzen, mit dem Wind segeln; **2.** *s* Eilen *n*, Laufen *n*, Dahinjagen *n* | *Mar* Lenzen *n* | Windbö *f*; (treibende) Wolkenfetzen *pl*

[1]**scuff** [skʌf] **1.** *vi* schlurfen, schlürfend gehen; *vt* scharren | (Schuhe u. a.) abtragen, abnutzen | *auch* ~ **up** (Fußboden) zerkratzen, abwetzen | *bes Schott* schlagen, puffen; **2.** *s* Schlurfen *n*, Schlürfen *n* | *Schott* Schlag *m*, Puff *m* | *auch* '**~mark** *s* Kratzer *m*, abgewetzte Stelle

[2]**scuff** [skʌf] *s* Genick *n*, Nacken *m*

scuf·fle ['skʌfl] **1.** *vi* sich balgen, sich raufen | *übertr* sich in die Haare kommen (**with** mit) | schlurfen; **2.** *s* Balgerei *f*, Rauferei *f*, Handgemenge *n* | Schlurfen *n*, Scharren *n*

scul·dud·der·y [skʌl'dʌdərɪ] *s Am, Schott* Zote *f*

scull [skʌl] *Mar* **1.** *s* Skull(riemen) *n*(*m*), kurzes Ruder ⟨~ and sweep Skull *n* und Riemen *m*⟩ | Skuller *m*, Skullboot *n* | Ruderfahrt *f*; **2.** *vt, vi* skullen, wriggen, mit zwei Riemen rudern; **'~er** *Mar s* Skullboot *n* | Ruderer *m* eines Skullbootes

scul·ler·y ['skʌlərɪ] *s Brit* Spülküche *f*; **'~ maid** *s* Küchenmädchen *n*, -hilfe *f*

scul·lion ['skʌlɪən] *s arch, poet* Küchenjunge *m* | *verächtl* gemeiner Kerl, Lump *m*

sculpt [skʌlpt] = **sculpture 2.**

sculp|tor ['skʌlptə] *s* Bildhauer *m*; **~tress** ['~trəs] *s* Bildhauerin *f*; **~tur·al** ['~tʃərəl] *adj* bildhauerisch, plastisch, Skulptur- ⟨the ≈ arts die Bildhauerkunst⟩; **'~ture 1.** *s* Skulptur *f*, Plastik *f* | Bildhauerei *f*, Bildhauerkunst *f*; **2.** *vt* (Stein) (aus)meißeln, plastisch darstellen, (Holz) schnitzen; *vi* als (Holz- *od* Stein-) Bildhauer tätig sein; **~tur·esque** [ˌskʌlptʃə'resk] *adj* statuenhaft

scum [skʌm] **1.** *s* Abfall *m*, (Ab-) Schaum *m* | *Tech* Abstrich *m*, Abzug *m* | *Tech* Schlacke *f* | (*mit best art*) *übertr* Abschaum *m* ⟨the ~ of the earth der Abschaum der Menschheit; the social ~ der Abschaum der Gesellschaft⟩ | gemeiner Kerl, Schuft *m*; **2. (scummed, scummed)** *vt* abschäumen | abschöpfen | Schaum bilden auf | *Tech* abschlacken; *vi* einen Überzug (Schaum) bilden; **'~ guard** *s Tech* Spritzschutz *m*; **'~mer** *s Tech* Schaum-, Abstreichlöffel *m*

scum·my ['skʌmɪ] *adj* schaumig, schaumbedeckt, voller Schaum | *übertr umg* gemein, fies, schmutzig

scup·per ['skʌpə] **1.** *s Mar* Speigatt *n*; **2.** *vt Mar* (Schiff) versenken | (*meist pass*) (Plan u. ä.) ruinieren, zunichte machen; **'~ hole** *s* Speigattöffnung *f*

scurf [skɜ:f] *s Med* Schorf *m*, Grind *m* | Kopfschuppen *f/pl*; **'~y** *adj* schorfig

scur·ril|i·ty [skʌ'rɪlətɪ] *s* Skurrilität *f*, Possenreißerei *f* | Zote *f*, derber Scherz *m* ⟨to indulge in ~ities Zoten reißen⟩; **~ous** ['skʌrɪləs] *adj* skurril, possenhaft | zotig, derb, unanständig ⟨≈ attacks on wüste Anschuldigungen gegen⟩

scur·ry ['skʌrɪ] **1.** *vi auch* **~ about** (davon)eilen, (fort)hasten ⟨to ~ for shelter hastig *od* eilig Schutz suchen⟩; *vt* (fort)treiben; **~ through** (Arbeit u. ä.) sich abhetzen mit, durchhasten; **2.** *s* Eilen *n*, Hasten *n* ⟨~ of feet eilige Schritte *pl*⟩ | (Schnee- u. ä.) Schauer *m* ⟨a ~ snow⟩ | (Staub-) Wolke *f* | (Sport) schnelles Rennen

scur·vy ['skɜ:vɪ] **1.** *s Med* Skorbut *m*; **2.** *adj* niederträchtig, gemein ⟨a ~ trick⟩

scut [skʌt] *s Zool* (Jagd) kurzer Schwanz, Blume *f* (e-s Hasen), Wedel *m* (des Rotwilds)

scutch [skʌtʃ] **1.** *vt* (Flachs) schwingen; **2.** *s* Schwingmaschine *f* | *Tech* Mauerhammer *m*; **'~ blade** *s* Schwingmesser *n*; **'~er** *s* Schlagmaschine *f*

scutch·eon ['skʌtʃən] *s* Wappenschild *n* ⟨a blot on the ~ *übertr* eine Schande für die Familie⟩ | Namensschild *n* | Schlüssellochverdeckung *f*

scute [skju:t] *s Zool* Schuppe *f*

[1]**scut·tle** ['skʌtl] *s, auch* **'coal~** Kohlenkasten *m*

[2]**scut·tle** ['skʌtl] **1.** *s* Luke *f* | *Mar* Springluke *f*, kleine Luke; **2.** *vt Mar* (Schiff) anbohren, durch Anbohren versenken | die Bodenventile öffnen von, (selbst) versenken

[3]**scut·tle** ['skʌtl] **1.** *vi* schnell laufen, rennen | krabbeln (Insekten) | *übertr* sich drücken (**from** von); **~ away, ~ off** wegrennen, fortlaufen; **2.** *s* Eilen *n*, Hasten *n* | schnelle Flucht | *übertr* Drückerei *f*, Feigheit *f* ⟨a policy of ~⟩

scuz·zy ['skʌzɪ] *adj Am Sl* dreckig

Scyl·la ['sɪlə] *s Myth, lit* Scylla *f* ⟨between ~ and Charybdis *übertr* zwischen Scylla und Charybdis⟩

scyphi- [saɪfɪ] ⟨*griech*⟩ *in Zus* becher-, kelch-

scythe [saɪð] **1.** *s* Sense *f*; **2.** *vt* abmähen; *vi* mähen; **'~stone** *s* Wetzstein *m*; **'scyth·ing** *s* weitausholender Schlag ⟨to aim a ≈ at s.o. zu e.m. Schlag ausholen gegen jmdn.⟩

SE *Abk* von **southeast(ern)**

sea [si:] *s* (*mit best. art*) See *f*, Meer *n*, Ozean *m* ⟨across/beyond the ~[s] in *od* nach Übersee, übers Meer; in the ~ im Meer; in the open ~ auf hoher See; on the ~ an der See, an der [Meeres-] Küste; the high ~s die hohe See; follow the ~ Seemann sein⟩ | (in Eigennamen) See *f*, Meer *n* ⟨the Black ≁; the Caspian ≁; the Seven ≁s die sieben Ozeane, die Weltmeere⟩ | (*ohne art*) See *f*, Meer *n* ⟨at ~ auf See, im Meer, auf dem Meer, zur See; (all/completely) at ~ *übertr* (ganz *od* völlig) durcheinander, in großer Verlegenheit; by ~ per Schiff; to go to ~ Seemann werden; to put [out] to ~ in See stechen⟩ | (*mit unbest. art od pl*) *Mar* Seegang *m*, Woge *f* ⟨a heavy ~ ein hoher Seegang; the ~s were high es herrschte hoher Seegang; half ~s over *übertr* betrunken⟩ | *übertr* Flut *f*, große Menge ⟨a ~ of flame ein Flammenmeer⟩ ◇ **by/on-~** *in Zus* (vor Ortsnamen) an der See ⟨Shoreham-by-≁; Sutton-on-≁⟩; **'~ air** *s* Seeluft *f*; **'~ ˌan·chor** *s Mar* See-, Treibanker *m*; **'~ aˌnem·o·ne** *s Zool* Seeanemone *f*; **'~ ˌan·i·mal** *s* Meerestier *n*, Meeresbewohner *m*; **'~ ˌbath·ing** *s* Meeresbad(en) *n*; **'~ bear** *Zool s* Seebär *m*, Eisbär *m*; **'~bed** *s* Meeresgrund *m*; **'~bird** *s* Seevogel *m*; **'~ ˌbis·cuit** *s* Schiffszwieback *m*; **'~board** *s* Küste(nstrich) *f*(*m*); **'~ boat** *s* seefestes Schiff, Seeboot *n*, Seeschiff *n* | *Mar* Unfallboot *n*; **'~borne** *adj* See-, auf dem Seeweg transportiert ⟨≈ attack Angriff von der See aus; ≈ goods Seefrachtgüter *pl*; ≈ trade Seehandel *m*⟩; **'~ ˌbot·tom** *s* Meeresgrund *m*; **'~ breeze** *s* Seebrise *f*, Seewind *m*; **'~ ˌcap·tain** *Mar* Kapitän *m* zur See, Kapitän *m* eines Handelsschiffes; **'~ change** *s bes lit* totaler Umschwung, plötzliche Wende; **'~ chart** *s* Seekarte *f*; **'~ clam** *s Zool* Strandmuschel *f*; **'~ coal** *s* Steinkohle *f* (*Ant* charcoal); **'~coast** *s* Meeresküste *f*; **'~ cook** *s* Schiffskoch *m*; **'~ cow** *s Zool* Seekuh *f*, Sirene *f* | Walroß *n* | Flußpferd *n*; **'~ crow** *s Zool* Lachmöwe *f*; **'~ ˌcu·cum·ber** *s Zool* Seegurke *f*; **'~ dog** *s Zool* Seehund *m* | *übertr* Seebär *m*; **'~far·ing** *lit* **1.** *adj* seefahrend, See- ⟨≈ man Seemann *m*; ≈ nation Seenation *f*⟩; **2.** *s* Seefahrt *f*; **'~ ˌfarm·ing** *s* Meeresbewirtschaftung *f*, wirtschaftliche Nutzung des Meeresbodens; **'~ fog** *s* Meernebel *m*; **'~food 1.** *s* Meeresfrüchte *pl*; *coll* Seefisch *m*; **2.** *adj* Fisch- ⟨≈ restaurant⟩; **'~front** *s* Seeseite *f*, Strand *m*; **~girt** ['~gɜ:t] *adj poet* vom Meer eingeschlossen; **'~-god** *s Myth* Meeresgott *m*; **'~ˌgo·ing 1.** *adj* seetüchtig, Hochsee- ⟨≈ ship⟩ | (Person) zur See fahrend ⟨≈ man Seemann *m*⟩; **2.** *s* Seefahrt *f*; **'~ grass** *s Bot* Seegras *n*; **ˌ~ 'green** *adj* meergrün; **'~gull** *s Zool* Seemöwe *f*; **'~ hare** *s Zool* Seehase *m*; **'~ horse** *s Zool* Seepferdchen *n* | Seepferd *n*, Meeresungeheuer *n*; **ˌ~-is·land 'cot·ton** *s* Sea-Island-Baumwolle *f*, hochwertige Baumwolle; **'~kale** *s Bot* See-, Strandkohl *m*

[1]**seal** [si:l] **1.** *s Zool* Robbe *f*, Seehund *m* | Seehundsleder *n* | Seal *n*; **2.** *vi* auf Robbenfang gehen ⟨to go ~ing Robben jagen gehen; ~ing expedition Robbenfangexpedition *f*⟩

[2]**seal** [si:l] **1.** *s* Siegel *n*, Siegelabdruck *m* ⟨given under my hand and ~ *Jur* von mir unterschrieben und versiegelt; to set one's ~ to s.th. etw. genehmigen⟩ | Stempel *m* | Petschaft *n* | (Zoll- u. ä.) Plombe *f* | *Tech* Abdichtung *f*, Verschluß *m* | *Tech* Geruchsverschluß *m* | *übertr* Bekräftigung *f*, Bestätigung *f*, feierliches Versprechen ⟨to put/set the ~ of approval on s.th. *lit* seine feste Zustimmung geben

zu etw., seine Zustimmung besiegeln; under [the] ~ of secrecy unter dem Siegel der Verschwiegenheit⟩; **2.** *vt* (be)siegeln ⟨to ~ [up] an envelope⟩ | plombieren | *Tech* abdichten, verkitten ⟨to ~ hermetically luftdicht verschließen⟩ | besiegeln, entscheiden ⟨to ~ s.o.'s doom/fate⟩ | bestätigen, bekräftigen ⟨to ~ a bargain eine Abmachung perfekt machen⟩ | *meist* **~ up** *übertr* fest verschließen; **~ in** *Tech* einschmelzen | (Geruch u.ä.) fest einschließen, nicht entweichen lassen ⟨boats ~ed in by ice von Eis eingeschlossene Schiffe⟩; **~ off** (Gebiet) absperren, abriegeln | (Behälter) abdichten; **~ out** (Geruch u.ä.) nicht eindringen lassen; **'~ant** *s Tech* Isoliermittel *n*; **'sealed** *adj* versiegelt ⟨≈ orders *Mar* versiegelte Order⟩ | *übertr* schweigsam ⟨my lips are ≈ ich darf nicht sprechen⟩

seal·er ['si:lə] *s Mar* Robbenfänger *m*; **'~y** *s* Robbenfang *m*

sea| legs ['si: legz] *s Mar* Seefestigkeit *f* ⟨to get/find one's ≈ seefest werden⟩; **'~ ,lev·el** *s* Meeresspiegel *m*, -höhe *f* ⟨above (below) ≈⟩; **'~ ,lil·y** *s Zool* Seelilie *f*

seal·ing wax ['si:lɪŋ wæks] *s* Siegellack *m*

sea| li·on ['si: laɪən] *s Zool* Seelöwe *m*; **'~ Lord** *s Brit Mar* Seelord *m* (der Admiralität)

seal ring ['si:l rɪŋ] *s* Siegelring *m* | *Tech* Dichtungsring *m*

seal·skin ['si:l skɪn] *s* Seal *n*, Seehundspelz *m*

Sea·ly·ham ['si:lɪəm], **,~ 'ter·rier** *s Zool* Sealyhamterrier *m*

seam [si:m] **1.** *s* Saum *m*, Naht *f* ⟨to burst at the ~ aus den Nähten platzen (*auch übertr*)⟩ *Tech* Fuge *f*, Falz *m* | *Tech* Lötstelle *f* | *Tech* Riß *m* | *Geol* Lager *n*, Schicht *f*, Flöz *n* | Narbe *f* | Runzel *f*, Falte *f*; **2.** *vt* säumen, zusammennähen | *Tech* falzen | (zer)furchen ⟨a face ~ed with sorrow ein von Sorgen gezeichnetes Gesicht⟩ | *übertr* einsäumen; **~ together** zusammennähen; *vi* aufreißen, rissig werden | Furchen bekommen | *dial* nähen

sea|man ['si:mən] *s* (*pl* **~men** [~mən]) Matrose *m*, Seemann *m*; **'~man·like** *adj* seemännisch; **'~man·ship** *s* Seemannskunst *f*; **'~mark** *s* Seezeichen *n*, Seemarke *f*; **'~ mile** *s* Seemeile *f* (=1852 m)

seam|ing ['si:mɪŋ] *s* Säumen *n* | Saum *m* | *Tech* Falzen *n*; **'~ing ma,chine** *s Tech* (Konserven) Verschließmaschine *f*; **'~less** *adj* nahtlos ⟨≈ drawn *Tech* nahtlos gezogen⟩; **'~stress** *s* Näherin *f*; **'~ ,weld·ing** *s Tech* Nahtschweißen *n*; **'~y** *adj* gesäumt ⟨the ≈ side die linke Seite, die Nahtseite⟩ | gefurcht, faltig | *übertr* unangenehm ⟨the ≈ side of life die Schattenseite des Lebens⟩

sé·ance, *auch* **se·ance** ['seɪɑ̃:s|'seɪɒns|'seɪɑ:ns] ⟨*frz*⟩ (Komitee- u ä.) Sitzung *f* | spiritistische Sitzung, Séance *f*

sea| on·ion ['si: ,ʌnɪən] *s Bot* Meerzwiebel *f*; **'~ pear** *s Zool* Seebirne *f*; **'~plane** *s* Wasserflugzeug *n*; **'~port** *s* Seehafen *m*; **'~,pow·er** *s* Seemacht *f* | Seestärke *f*, Flottenstärke *f*; **'~quake** *s* Seebeben *n*

sear [sɪə] **1.** *vt* verbrennen, versengen | *Med* ätzen, ausbrennen | einbrennen | *übertr* (Gewissen u.ä.) abstumpfen, abhärten (**by** durch); *vi* verwelken; **2.** *s* Brandwunde *f*, ~mal *n*; **3.** *adj poet* welk, verwelkt, verdorrt

search [sɜ:tʃ] **1.** *vt* unter-, durchsuchen, durchstöbern ⟨to ~ a criminal einen Verbrecher durchsuchen; ~ me! *umg* ich hab keinen blassen Dunst, keine Ahnung!⟩ | prüfen, untersuchen | *übertr* erforschen, ergründen ⟨to ~ one's heart/conscience seinen eigenen Standpunkt gründlich überdenken⟩ | *Med* sondieren; **~ out** heraussuchen | (Person) ausfindig machen, aufspüren; (Grund) herausfinden; **~ through** durchsuchen; *vi* suchen, forschen (**after, for** nach; **into** in); **2.** *s* Suchen *n*, Forschen *n* (**for** nach) | Suche *f* ⟨in ~ of auf der Suche nach⟩ | Durch-, Untersuchung *f* ⟨right of ~ *Mar, Mil* Recht *n* auf Durchsuchung neutraler Schiffe⟩ | *Jur* Fahndung *f*, (Leibes-) Visitation *f*, Haussuchung *f*; **'~er** *s* Forscher *m* | Zollkontrolleur *m* | *Med* Sonde *f*; **'~ing 1.** *adj* tiefschürfend, gründlich | forschend, scharf, durchdringend ⟨a ≈ look⟩; **'~light** *s* Scheinwerfer *m*; **'~ ,par·ty** *s Brit* Suchtrupp *m*; **'~ ,war·rant** *s Jur* Haussuchungsbefehl *m*

sear·ing ['sɪərɪŋ] *adj* glühend, brennend, unangenehm heiß | *übertr* (Schmerz u.ä.) scharf, brennend | *übertr umg* (Gefühl) quälend, peinigend; **'~ ,i·ron** *s* Brenneisen *n*

sea| rov·er ['si: ,rəuvə] *s* Seeräuber *m*, Pirat *m* | Piratenschiff *n*; **'~ salt** *s* Meersalz *n*; **'~scape** *s* Seegemälde *n*; **'~shell** *s* Schale *f* von Meeresweichtieren, Muschel(schale) *f*(*f*); **'~shore** *s* Seeküste *f*; **'~sick** *adj* seekrank; **'~side 1.** *s* Seeküste *f* ⟨by the ≈ an der See⟩; **2.** *adj* Meeres-, See- ⟨a ≈ town eine Stadt an der See⟩; **'~ snake** *s Zool* Seeschlange *f*

sea·son [si:zn] **1.** *s* Jahreszeit *f* ⟨the rainy ~ die Regenzeit, regnerische Jahreszeit⟩ | *übertr* günstige *od* geeignete Zeit ⟨nesting (hunting/pairing) ~ Brut-, Nistzeit *f*, (Jagdzeit *f od* Paarungszeit *f*); a word in ~ ein Rat zur rechten Zeit; everything in its ~ alles zu seiner Zeit; in ~ rechtzeitig; out of ~ ungelegen⟩ | Saison *f* ⟨football ~; holiday ~ Urlaubssaison *f*; in ~ während der Saison; in and out of ~ dauernd, jahrein (und) jahraus; in the dead/off ~ außerhalb der Saison⟩ | *Brit* Festzeit *f* ⟨~'s greetings Festgrüße *m/pl*; ~ of good cheer/will Fest *n* der Nächstenliebe (Weihnachten); with the best compliments of the ~! mit den besten Wünschen zum Fest!⟩ | *arch* Zeitlang *f* ⟨for a ~ *lit* eine Weile⟩ | *umg Brit* Dauerkarte *f*; **2.** *vt* salzen, würzen (*auch übertr*) ⟨highly ~ed stark gewürzt; ~ed with wit geistsprühend⟩ | reifen lassen | (Holz) lufttrocknen; (Fleisch) abhängen lassen | gebrauchsfähig machen | gewöhnen (**to** an) | *förml* mildern ⟨mercy ~s justice⟩; *vi* reif werden, reifen | (Holz) trocken werden | sich akklimatisieren; **'~a·ble** *adj* der Jahreszeit angemessen ⟨≈ weather⟩ | *förml* angebracht, passend, rechtzeitig ⟨≈ help⟩; **'~al** *adj* jahreszeitlich | Saison-, saisonbedingt ⟨≈ occupation Saisonarbeit *f*⟩; **'~ crack** *s* (Holz) Frostriß *m*; **'~ing** ['si:zn̩ɪŋ] *s* Würze *f*, Gewürz *n* | Reifen *n*, Ablagern *n* | Altern *n* | *übertr* Würze *f*; **'~ ,tick·et** *s Brit* (Eisenbahn u.ä.) *umg* Dauerkarte *f* | (Konzert u.ä.) Abonnement *n*

seat [si:t] **1.** *s* Sitz *m*, Sitzgelegenheit *f* ⟨back ~ Rücksitz *m*; to take a back ~ to s.o. *übertr umg* nach jmdm. kommen, jmdm. die Kontrolle überlassen; in the driver's ~ auf dem Fahrersitz; *übertr* am Ruder, an der Spitze; keep your ~s! behalten Sie Platz!, bleiben Sie sitzen!; take your ~s! einsteigen!; I lost my ~ mein Stuhl ist besetzt; to take a ~ Platz nehmen⟩ | (Stuhl-) Sitz *m* ⟨a chair ~⟩ | Sitzfläche *f*, Gesäß *n* | Hosenboden *m* ⟨the ~ of s.o.'s trousers⟩ | (Reitsport) Sitz *m*, Haltung *f* ⟨to have a good ~⟩ | (Theater-) Platz *m*, Sitz *m* | Amts-, Land-, Wohnsitz *m*, Niederlassung *f* ⟨~ of government Regierungssitz *m*; country ~ Landsitz *m*, großes Landhaus⟩ | *übertr* Stätte *f*, Ort *m* ⟨a ~ of learning eine Stätte der Bildung⟩ | *übertr* (*meist Pol*) Mitgliedschaft *f*, Sitz *m* ⟨a ~ in Parliament; to take one's ~ Abgeordneter werden; to win (lose) one's ~ einen Sitz (im Parlament) gewinnen (verlieren)⟩ | *Tech* Fundament *n* | *Med* Herd *m*, Stelle *f*; **2.** *vt* einen Sitz anweisen, (hin)setzen ⟨to be ~ed seinen Sitz haben; to ~ o.s. sich setzen; ~ing arrangement Sitzordnung *f*⟩ | (Sitz-) Platz bieten für ⟨to ~ 1000 für 1000 Personen Plätze haben⟩ | mit Sitzplätzen versehen, bestuhlen | *meist* **re'~** (Stuhl) mit einem neuen Sitz versehen; einen neuen Hosenboden einsetzen in | *Tech* aufsetzen, einpassen; *vi Tech* auffliegen, eingepaßt sein

sea·tang ['si:tæŋ] *s Bot* Seetang *m*

seat| bath ['si:t bɑ:θ] *s* Sitzbad *n*; **'~ belt** *s* Sicherheitsgurt *m*; -'**~er** *s in Zus* -sitzer *m* ⟨four-≈ Viersitzer *m*⟩; '**~ing** **1.** *adj* Sitz-; **2.** *s* Sitzgelegenheit(en) *f(pl)*, Sitzplätze *pl* | Polsterzeug *n* | *Tech* Einsetzen *n*, Einpassen *n*, Einfassung *f* ⟨valve ≈ Röhrenfassung *f*⟩; '**~ing face** *s* Sitzfläche *f*; '**~ room** *s* Sitzkapazität *f*, Platz *m* ⟨≈ for 50 persons⟩

sea| trade ['si: treɪd] *s* Seehandel *m*; '**~ train** *s* Eisenbahnfähre *f*, Trajektschiff *n*; '**~ ˌur·chin** *s Zool* Seeigel *m*; '**~ ˌvoy·age** *s* Seereise *f*; ˌ**~'wall** *s* Deich *m*; '**~ward** **1.** *adj, adv* seewärts; **2.** *s* Seeseite *f*; '**~wards** *adv* seewärts; '**~ ˌwa·ter** *s* Salz-, Meerwasser *n*; '**~way** *s* Seeweg *m* | Seegang *m* | *Mar* Binnenschiffahrtsweg *m* (für Hochseeschiffe); '**~weed** *s Bot* Seetang *m*, Alge *f*; '**~worth·y** *adj* (Schiff) seetüchtig

se·ba·ceous [sɪ'beɪʃəs] *adj Med, Zool* Talg-, talgig; ˌ**~ 'gland** *s* Talgdrüse *f*

seb·or·rh[o]e|a [ˌsebə'rɪə] *s Med* Seborrhoe *f*, Talgfluß *m*; **~ic** [~ɪk] *adj* seborrhoisch

sec [sek] *s umg* Sekunde *f* ⟨just wait a ~⟩

sec *Kurzw für* **secretary**

se·cant ['si:kənt] **1.** *s Math* Sekante *f*, Schnittlinie *f*; **2.** *adj* schneidend

sec·a·teurs ['sekətɜ:z] *s/pl Brit* Baumschere *f* ⟨a pair of ~⟩

se·cede [sɪ'si:d] *vi* sich (von Organisation u. ä.) lossagen, sich zurückziehen (**from** von); **se'ced·er** *s* Abtrünnige(r) *f(m)*; **se·ces·sion** [sɪ'seʃn] *s* Lossagung *f*, Abfall *m* (**from** von) | *oft* **Se·ces·sion** *Am Hist* Sezession *f*; **se·ces·sion·ist** [sɪ'seʃn̩ɪst] *s* Separatist *m*, Abtrünniger *m* | *Am Hist* Sezessionist *m*, Südstaatler *m*

se·clude [sɪ'klu:d] *vt* (Person, sich) abschließen, absondern (**from** von) ⟨to keep s.o. ~d jmdn. abgesondert halten⟩ | *selten* ausschließen; **se'clud·ed** *adj* (Ort) einsam, abgeschieden, abgelegen; **se·clu·sion** [sɪ'klu:ʒn] *s* Abgeschieden-, Zurückgezogenheit *f* ⟨to live in ≈ zurückgezogen leben⟩ | einsamer Ort; **se·clu·sive** [sɪ'klu:sɪv] *adj förml* absondernd

[1]**sec·ond** ['sekənd] **1.** *adj* zweite(r, -s) ⟨a ~ time noch einmal; every ~ day jeden zweiten Tag, aller zwei Tage; in the ~ place an zweiter Stelle, zweitens; ~ to none *umg* unübertroffen; to be ~ to s.o. jmdm. nachstehen; the ~ largest city die zweitgrößte Stadt⟩ | andere(r, -s), neu ⟨a ~ pair of shoes⟩; **2.** *s* Zweite(r) *n, f(m)* ⟨the ~ of March; James the ~⟩ | (Sport) Zweiter *m* ⟨to be a good ~ nur knapp geschlagen werden⟩ | Helfer *m*, Helferin *f* | Sekundant *m* | *Kfz* zweiter Gang | *Mus* zweite Stimme | *Brit* (Universität) mittlere Note (in Prüfung) ⟨to get a ~; an upper ~ eine gute 2; a lower ~ 2 bis 3⟩ | *Eisenb umg* 2. Klasse *f* | Befürwortung *f* (eines Antrags) | *meist pl Wirtsch* Waren zweiter Wahl | *(meist pl) umg* Nachschlag *m*; **3.** *adv* zweitens, an zweiter Stelle ⟨to come [in] ~ Zweiter werden⟩; **4.** *vt (oft pass)* (jmdm.) beistehen, (jmdn.) unterstützen ⟨to be ~ed in s.th. bei etw. Beistand finden⟩ | (Antrag) befürworten ⟨will anyone ~ the motion? I ~ it⟩ | sekundieren; *vi* sekundieren, Beistand leisten

[2]**sec·ond** ['sekənd] *s* Sekunde *f (auch Math, Mus)* | *übertr* Augenblick *m* ⟨in a ~ or two in wenigen Augenblicken⟩

[3]**se·cond** [sɪ'kɒnd] *vt (meist pass) Brit bes Mil* abkommandieren

sec·ond·ar·y ['sekəndr̩ɪ] **1.** *adj* zweitrangig, nebensächlich, untergeordnet, Neben- | *Phys, Chem* sekundär | *Ling* abgeleitet, Neben- ⟨~ stress Nebenakzent *m*⟩; **2.** *s* Stellvertreter *m* | *El* Sekundärwicklung *f*; ˌ**~ 'cost** *s* Nebenkosten *pl*; '**~ 'dry·ing** *s* Nachtrocknung *f*; ˌ**~ ed·u 'ca·tion** *s* höhere Schulbildung; ˌ**~ 'mod·ern**, *umg auch* ˌ**~ 'mod** *s Brit Päd* Realschule *f*; ˌ**~ 'road** *s* Nebenstraße *f*; '**~ school** *s* Oberschule *f* | Oberstufe *f* (für Kinder über 11 Jahre); ˌ**~ 'store** *s* (Computer) Hilfsspeicher *m*; ˌ**~ 'wind·ing** *s El* Sekundärwicklung *f*

sec·ond| bal·lot [ˌsekənd 'bælət] *s Pol* Stichwahl *f*; ˌ**~-'best** **1.** *adj* zweitbeste(r, -s); **2.** *s* (etw.) Zweitrangiges *n* ⟨to put up with ≈ sich abspeisen lassen; to settle for ≈ sich mit der zweiten Garnitur zufrieden geben⟩; **3.** *adv* hinterher ⟨to come off ≈ *umg* sich geschlagen geben; den Dummen machen⟩; ˌ**~ 'birth** *s Rel* Wiedergeburt *f*; ˌ**~ 'cham·ber** *s Parl* Oberhaus *n*; ˌ**~ 'childhood** *s euphem* zweite Kindheit; ˌ**~-'class** *adj* zweitklassig, -rangig; ˌ**~ 'class** *s Brit* (Briefe) zweiter Klasse, Normalbeförderung *f* | *Am, Kan* Drucksache *f* | *Eisenb* zweite Klasse | *Brit* (Universität) mittlere Abschlußnote; ˌ**≈ 'Com·ing** *s Rel* Wiederkunft *f*; ˌ**~ 'cous·in** *s* Cousin(e) *m(f)* zweiten Grades; ˌ**~-de'gree** *adj* zweiten Grades ⟨≈ burning Verbrennung *f* zweiten Grades; ≈ murder *Jur* Totschlag *m*⟩

se·conde [sɪ'kɒnd] *s* (Fechten) Sekond *f*

sec·ond| fid·dle [ˌsekənd 'fɪdl] *s übertr* zweite Geige ⟨to play ≈ to s.o. jmdm. bedeutend nachstehen⟩

sec·ond| floor [ˌsekənd 'flɔ:] *s Brit* zweites Stockwerk | *Am* erstes Stockwerk; ˌ**~ 'gear** *s Kfz* zweiter Gang; ˌ**~ 'growth** *s Bot* Nachwuchs *m*; ˌ**~-'hand** **1.** *adj* gebraucht ⟨≈ clothes⟩ | antiquarisch ⟨≈ books⟩ | (Nachricht, Wissen) aus zweiter Hand, übernommen ⟨≈ news⟩; **2.** *adv* gebraucht; aus zweiter Quelle ⟨to get news ≈⟩; '**~ hand** *s* Sekundenzeiger *m* | Hilfsarbeiter *m*; ˌ**~hand 'smoke** *s* Mitrauchen *n*, passives Rauchen; ˌ**~-in-com'mand** *s Mil* stellvertretender Kommandeur; ˌ**~ 'lan·guage** *s* Zweitsprache *f* (neben Landessprache) | Unterrichtssprache *f* (neben Muttersprache); ˌ**~ 'lieu'te·nant** *s Brit Mil* Unterleutnant *m*

se·cond·ment [sɪ'kɒndmənt] *s Mil* Abkommandierung *f* | *Univ* Auslandseinsatz *m* ⟨to be on ~ in Nigeria⟩

sec·ond|-rate [ˌsekənd 'reɪt] *adj* zweitrangig; ˌ**~-'rat·er** *s* mittelmäßige Person, etw. Zweitrangiges; ˌ**~ 'sight** *s* zweites Gesicht, Prophetie *f*; ˌ**~-'sight·ed** *adj* prophetisch; ˌ**~-'strike** *adj Mil* Zweitschlags- ⟨≈ capability⟩; ˌ**~-'string** *adj bes Am* (Sport) Ersatz-; ˌ**~ 'thought** *s* nochmaliges Nachdenken ⟨on ≈s nach reiflicher Überlegung; to have ≈s sich etw. anders überlegen⟩; ˌ**~ 'wash·ing** *s Tech* Nachwaschen *n*

se·cre·cy ['si:krəsɪ] *s* Verschwiegenheit *f* ⟨to rely on s.o.'s ~ sich auf jmds. Verschwiegenheit verlassen⟩ | Heimlichkeit *f* ⟨in ~ im geheimen⟩ | Geheimhaltung *f* | Schweigepflicht *f* ⟨to swear/bind s.o. to ~ jmdn. zum Schweigen verpflichten⟩ | Abgeschiedenheit *f*

se·cret ['si:krət] **1.** *adj* heimlich, geheim, Geheim- ⟨a ~ door; to keep s.th. ~ from etw. geheimhalten, etw. verheimlichen vor⟩ | (Ort) verborgen, verschwiegen ⟨a ~ place⟩ | (Person) verschwiegen ⟨a ~ friend; to be ~ about s.th. über etw. schweigen⟩ | (Person) heimlich ⟨a ~ admirer⟩; **2.** *s* Geheimnis *n* (**from** vor) ⟨an open ~ ein offenes Geheimnis; in the ~ eingeweiht; to keep a ~ ein Geheimnis bewahren; to let s.o. into a (the) ~ jmdn. in ein (das) Geheimnis einweihen; to make a ~ of s.th. ein Geheimnis aus etw. machen⟩ | Geheimnis *n*, Schlüssel *m* ⟨the ~ of s.o.'s success⟩ | Geheimnis *n*, Wunder *n* ⟨the ~s of nature⟩ | Heimlichkeit *f* ⟨in ~ heimlich, im geheimen⟩; ˌ**~ 'a·gent** *s* Geheimagent *m*, Kundschafter *m*

sec·re·tar|i·al [ˌsekrə'tɛərɪəl] *adj* Sekretärs-; ˌ**~i·al 'a·gen·cy** *s* Sekretärinnenvermittlung *f*; ˌ**~i·al 'staff** *s* Sekretärinnen und Schreibkräfte *pl* | *Pol* Stab *m*, Hilfspersonal *n*; ˌ**~ial 'help** *s* Unterstützung *f* durch eine Sekretärin; **~i·at[e]** [-ɪət] *s* Sekretariat *n*; **~y** ['sekrətr̩ɪ] *s* Sekretär *m* ⟨private ≈ Privatsekretär *m*; ≈ of embassy Botschaftsrat *m*⟩ | *auch* ˌ**~y to the 'board** Schriftführer *m* | Sekretär *m*, Schreibschrank *m* | *Pol* Minister *m* ⟨Foreign ≈ Außenminister *m*;

Permanent ≈ Staatssekretär m; ≈ of Defense (of the Interior/of the Treasury) *Am* Verteidigungs-, (Innen-/Finanzminister) m⟩; '~y ˌbird *s Zool* Sekretär m; ˌ~y-'gen·er·al *s* (*pl* ˌ~ies-'gen·er·al) Generalsekretär m; '~y of 'State *s Am* Außenminister m | *Brit* Staatsminister m ⟨~y for Home Affairs Innenminister m; First ~y stellvertretender Premierminister m⟩

se·crete [sɪ'kri:t] *vt Biol* aus-, abscheiden | verbergen, absondern ⟨to ~ o.s. sich verbergen⟩; **se·cre·tion** [sɪ'kri:ʃn] *s Biol, Med* Sekretion f, Ausscheidung f, Absonderung f | Sekret n | Verheimlichung f, Verbergen n ⟨the ≈ of stolen goods⟩; **se·cre·tive** ['si:krətɪv] *adj* verschwiegen, verschlossen, schweigsam | verborgen, geheim; [sɪ'kri:tɪv] *Med* absondernd; **'se·cretˌmon·ger** *s* Geheimniskrämer m; **se·cre·to·ry** [sɪ'kri:tərɪ] *Biol, Med* **1.** *adj* ausscheidend, absondernd, Sekretions-; **2.** *s* Ausscheidungsdrüse f; **ˌse·cret 'serv·ice** *s* Geheimdienst m

sect [sekt] *oft verächtl s* Sekte f; **sec·tar·i·an** [sek'tɛərɪən] **1.** *s* Anhänger m einer Sekte; **2.** *adj* sektiererisch

sec|tile ['sektaɪl] *adj* schneidbar; **~til·i·ty** [sek'tɪlətɪ] *s* Schneidbarkeit f

sec|tion ['sekʃn] **1.** *s* Abschnitt m, Teil m ⟨≈s of an orange Apfelsinenscheiben f/pl⟩ | *Tech* Bauteil n | Einzelteil n | Schnitt m | Durchschneidung f | *Med* Sektion f | *Jur* Paragraph m | (Zeitung) Seite f, Teil n ⟨sports ≈⟩ | Stadtteil m; Bezirk m ⟨residential ≈ Wohngebiet n⟩ | *Arch* Profil n | *Math* Schnitt m | *Tech* Querschnitt m ⟨in ≈ im Schnitt⟩ | (Verwaltung) Abteilung f, Referat n ⟨the Postal ≈⟩ | *Mil Brit* Gruppe f | *Am Päd* Studentengruppe f; **2.** *vt* ein-, abteilen, in Abschnitte zerlegen | *Tech* einen Schnitt machen durch; im Schnitt darstellen; **~tion·al** ['sekʃnl] *adj* Schnitt-, Teil- ⟨≈ drawing Darstellung f im Schnitt; ≈ view Teilansicht f⟩ | zusammensetzbar ⟨≈ furniture Anbaumöbel n/pl⟩ | lokal, regional ⟨≈ interests⟩ | partikularistisch; **'~tion·al·ism** *s* Partikularismus m; Lokalpatriotismus m; **'~tion gang** *s Am Eisenb* Gleisbautrupp m, -brigade f; **'~tion steel** *s* Formstahl m; **'~tion wire** *s* Profildraht m

sec|tor ['sektə] *s* Abschnitt m | *Math* Sektor m, Kreisausschnitt m | *übertr* Sektor m, Bereich m ⟨the American ≈ of Berlin; the private ≈ of industry⟩; **~tor·al** ['~tərəl] *adj* Sektoren; **~to·ri·al** [sek'tɔ:rɪəl] **1.** *adj* Sektoren-; Schneide-; **2.** *s Zool* Reißzahn m

sec·u·lar ['sekjulə] **1.** *adj* weltlich, profan ⟨~ art⟩ | nichtkirchlich ⟨~ education⟩ | *Rel* weltgeistlich, Säkular- ⟨~ clergy Weltgeistlichkeit f⟩ | hundertjährlich, säkular; jahrhundertelang ; **2.** *s* Weltgeistlicher m; **'~ism** *s* Säkularismus m; **'~ist 1.** *adj* säkularistisch, freidenkerisch; **2.** *s* Säkularist m, Freidenker m; **ˌ~'is·tic** *adj* säkularistisch; **~i·ty** [ˌsekju'lærətɪ] *s* Weltlich-, Diesseitigkeit f, weltlicher Sinn; **~i·za·tion** [ˌsekjuləraɪ'zeɪʃn] *s* Säkularisierung f, Verstaatlichung f, Verweltlichung f | Entheiligung f, Entweihung f; **~ize** ['sekjuləraɪz] *vt* säkularisieren, verstaatlichen ⟨to ≈ church property⟩ | verweltlichen | entheiligen, entweihen ⟨~ized Sunday weltlicher Sonntag m [mit Sportveranstaltungen u. ä.]⟩

se·cun·dus [sɪ'kʌndəs] *adj Brit, bes Päd* der zweite ⟨Brown ~ Brown zwei⟩

se·cure [sɪ'kjuə] **1.** *adj* sicher, geschützt (**against, from** vor) | sorglos, ruhig ⟨to feel ~ about s.th. sich wegen einer Sache keine Sorgen machen⟩ | sicher, fest ⟨a ~ door⟩ | gewiß, garantiert, sicher, zuverlässig ⟨a ~ position⟩; **2.** *vt* sichern, schützen (**against, from** gegen, vor) | befestigen, festmachen (**to** an) | sich sichern ⟨to ~ a ticket⟩ | sichern, garantieren (**s.th. to s.o.** etw. jmdm.; **s.o. s.th.** jmdm. etw.) | *Mil* befestigen; *vi* sicher sein (**against** vor); **Se·curi·cor** [sɪ'kjuərɪkə] *s Brit* Firma f für Sicherheitstransporte ⟨≈ van Sicherheitsfahrzeug n⟩; **se·cu·ri·ties** [~rətɪz] *s/pl Wirtsch* Effekten pl, Wertpapiere n/pl; **se'cu·ri·ty** [~rətɪ] *s* Sicherheit f, Schutz m (**against, from** gegen, vor) | Sorglosigkeit f | Gewißheit f, Zuversichtlichkeit f | Bürgschaft f, Kaution f ⟨to lend money on ≈ Geld gegen Sicherheit leihen; to give s.th. as [a] ≈ etw. als Sicherheit geben; to give/put up/stand ≈ Bürgschaft leisten, Kaution stellen⟩ | *Mil* Abschirmung f; **se'cu·ri·ty ˌblan·ket** *s* Tröster m, Gegenstand, der Sicherheit gibt | *übertr* Sicherheitsspender m, Sicherheit f ⟨tenure, the ≈ of the professor; gold as ≈⟩; **Se'cu·ri·ty ˌCoun·cil** *s Pol* UNO-Sicherheitsrat m; **se'cu·ri·ty guard** *s* Wachmann m, Sicherheitsbeamter m, Sicherheitskraft f; **se'cu·ri·ty risk** *s* Sicherheitsrisiko n | staatsgefährliche Person

se·dan [sɪ'dæn] *s, auch* ˌ~ **'chair** Sänfte f | *Am* Limousine f

se·date [sɪ'deɪt] *adj* ruhig, gelassen | ernst, gesetzt; **se'da·tion** *s Med* Verabreichung f von Sedativa, Ruhigstellen n | Wirkung f von Sedativa ⟨to be under ≈⟩; **sed·a·tive** ['sedətɪv] **1.** *adj* beruhigend ⟨a ≈ effect⟩ | *Med* sedativ; **2.** *Med* Sedativum n; Beruhigungsmittel n ⟨to take a ≈⟩

sed·en·tar·y ['sedntr̩ɪ] **1.** *adj* sitzend ⟨to lead a ~ life viel sitzen [müssen]⟩ | seßhaft ⟨~ tribe⟩; **2.** *s* viel sitzender Mensch; ˌ~ **'bird** *s Zool* Standvogel m

sedge [sedʒ] *s Bot* Segge f; **'sedg·y** *adj* voller Schilf

sed·i|ment ['sedɪmənt] *s* Niederschlag m, Bodensatz m | *Geol* Sediment n, Ablagerung f; **~men·ta·ry** [ˌsedɪ'mentr̩ɪ] *adj* sedimentär, Sediment- ⟨≈ rock[s] Sedimentgestein n⟩; **~men·ta·tion** [ˌsedɪmən'teɪʃn] *s* Sedimentablagerung f, -bildung f; **ˌ~men'ta·tion test** *s Med* Blutsenkung f

se·di|tion [sɪ'dɪʃn] *s* Aufruhr m, Meuterei f; **~tion·a·ry** [-ərɪ] **1.** *adj* aufwieglerisch; **2.** *s* Aufwiegler m, Aufrührer m; **~tious** [~ʃəs] *adj* aufwieglerisch ⟨≈ writings⟩

se·duce [sɪ'dju:s] *vt* verleiten, verführen (**into** zu) | *auch* ~ **away** *förml* abbringen (**from** von) ⟨to ~ s.o. from his duty⟩ | (sexuell) verführen; **se'duce·ment** *s* Verführung f; **se'duc·er** *s* Verführer m; **se·duc·tion** [sɪ'dʌkʃn] *s* Verführung f | (*oft pl*) Versuchung f, verbotener Reiz; **se'duc·tive** [sɪ'dʌktɪv] *adj* verführerisch, verlockend ⟨a ≈ offer⟩; **se'duc·tress** *s* Verführerin f

se·du·li·ty [sɪ'djulətɪ] *förml, lit s* Eifer m, Fleiß m, Emsigkeit f; **sed·u·lous** ['sedjuləs] *adj* eifrig, (bienen)fleißig, emsig ⟨≈ attention übertriebene Aufmerksamkeit⟩

¹see [si:] (**saw** [sɔ:], **seen** [si:n]) *vt* sehen ⟨I can't ~ you; to ~ s.th. in s.o. *umg* etw. an jmdm. finden, etw. in jmdm. sehen; to ~ stars *umg* Sternchen sehen; to ~ the sights Sehenswürdigkeiten besichtigen; to ~ the back of s.o. jmdn. loswerden; to ~ the last of s.th. etw. hinter sich haben; to be ~ing things Halluzinationen haben; to ~ little (more/a lot/less/nothing) of s.o. *umg* jmdn. wenig (mehr, dauernd, weniger, überhaupt nicht) sehen; to ~ visions Gespenster sehen⟩ | besuchen ⟨to go to ~ s.o. jmdn. besuchen; be ~ing you/~ you later/soon *umg* bis bald!, mach's gut!⟩ | (Besuche) empfangen ⟨to be too ill to ~ anyone⟩ | aufsuchen, befragen, konsultieren (**about** wegen) ⟨can I ~ you on business? kann ich Sie dienstlich sprechen?; to ~ a doctor⟩ | (ein)sehen, verstehen ⟨I do not ~ what you mean ich verstehe nicht, worauf du hinauswillst; to ~ the joke die Pointe begreifen; not ~ the use of it nicht einsehen, wozu etwas gut sein soll⟩ | sehen, erleben, kennenlernen ⟨to have ~n better days (einmal) bessere Zeiten erlebt haben; to have ~n the day/time when miterlebt haben, als; he will never ~ 50 again er ist schon über 50⟩ | mit ansehen, zusehen ⟨he can't ~ people starve⟩ | entnehmen, ersehen (**from** aus) | sorgen für, darauf achten (**that** daß) ⟨to ~ justice done to s.o. dafür sorgen, daß jmdm. Gerechtigkeit widerfährt; to ~ s.o. damned/dead /in hell first (before that happens) *umg* lieber in der Hölle braten wollen, ehe [man etw. tut]⟩; **~ across** hinüberbegleiten, hinübergeleiten; **~ back**, **~ home** zurück-, nach Hause begleiten; **~ off** wegbringen, verabschieden ⟨to ~ s.o. off at the station jmdn. zum Bahnhof bringen⟩ | (heil) überstehen ⟨to ≈ an enemy attack⟩; **~ out** zu Ende sehen, bis zum Schluß bleiben *od* aushalten ⟨to ≈ a performance⟩ | überdauern, reichen über (Vorräte u. ä.) ⟨to ~ the winter out⟩ hinausbegleiten; **~ over**, *auch* **~ round** besichtigen ⟨to ≈ the new building⟩ | durchsehen, prüfen ⟨to ≈ the report⟩; **~ through** durchschauen ⟨to ≈ a lie⟩ | (jmdn.) unterstützen ⟨enough money to ~ him through a month genug Geld, daß er einen Monat davon leben kann; to ~ s.o. through a bad time jmdm. über eine schwere Zeit (weg)helfen⟩ | (etw.) durchhalten ⟨£ 100 should ~ you through mit £ 100 solltest du es schaffen⟩; *vi* sehen ⟨I can't ~⟩ | nachsehen ⟨to ~ for o.s. sich überzeugen⟩ | einsehen, verstehen ⟨I ~! ich verstehe!, aha!; ~ here *förml* bitte! seht doch ein!; you ~ wissen Sie; *umg* verstehst du?; as far as I can ~ soweit ich sehen kann; so I ~ das merke ich auch⟩ ◇ **let me ~** warten Sie mal!; Moment mal!; **~ about** sich kümmern um ⟨to ≈ dinner⟩ | *umg* sich überlegen ⟨he'll ≈ the proposal⟩ ◇ **we'll ~ about that** *umg* dafür werden wir sorgen!, das wollen wir mal sehen!; **~ after** sorgen für | *umg* suchen; **~ beyond** weiter sehen als, überblicken; **~ through** durchblicken | *umg* durchhalten; **~ to** sich kümmern um ⟨will you ≈ it? sorgen Sie dafür?; go and ≈ that coffee! kümmere dich bitte um den Kaffee!⟩; **~ up** herauf-, hinaufsehen ⟨to ≈ s.o.'s dress jmdm. unters Kleid sehen⟩

[2]**see** [si:] *Rel s* Bischofssitz *m* | Bistum *n* ⟨the ≁ of Canterbury, the Holy ≁ der Heilige Stuhl⟩

seed [si:d] **1.** *s* (*pl* ~, **~s**) Samen *m*, Saat *f* ⟨in ~ im Korn; to go/run to ~ in Samen schießen; *übertr* sich vernachlässigen, herunterkommen⟩ | *arch* Nachkommen(schaft) *m/pl(f)* ⟨the ~ of Adam⟩ | *Biol* Samen *m*, Sperma *n* | *übertr* Keim *m*, Saat *f*, Ursprung *m* ⟨to sow the ~s of s.th. den Keim von etw. legen, den Grund legen für⟩ | (Tennis) gesetzter Spieler ⟨the number two ~ Nummer Zwei; to be the 10th ~ als 10. gesetzt sein⟩; **2.** *vt* (Samen) säen | (Flachs) riffeln | besäen | (Frucht) entkernen | (Tennis) setzen ⟨~ed players⟩; *vi* säen | *Bot* sich aussäen, Samen tragen; **'~ bank** *s* Samenbank *f*; **'~bed** *s* Treib-, Mistbeet *n*; **'~cake** *s* Kümmelkuchen *m*; **'~ corn** *s* Saatgut *n*; **'~ drill** *s* Sämaschine *f*; **'~less** *adj* ohne Kern(e); **'~ling** *s Bot* Sämling *m*; **'~s·man** *s* Samenhändler *m*; **'~ ˌmon·ey** *s Wirtsch* Startgeld *n*, Vorschuß *m*, (vorgeschossenes) Anfangskapital; **'~ pearl** *s* Staubperle *f*; **'~ poˌta·to** *s* Saatkartoffel *f*; **'~ ˌves·sel** *s Bot* Samenkapsel *f*; **'~y** *adj* samentragend, voller Samen *od* Kerne | *umg* schäbig, abgerissen ⟨≈ clothes; a ≈ place ein übler Ort⟩ | *umg* niedergeschlagen, elend ⟨to feel ≈ sich mies fühlen⟩

see·ing ['si:ɪŋ] **1.** *adj* sehend; **2.** *s* Sehen *n*; **3.** *conj*, **'~ that** in Anbetracht dessen; **'~ as** *umg* da; **4.** *präp* in Anbetracht, angesichts ⟨~ his problems angesichts seiner Probleme⟩

seek [si:k] (**sought, sought** [sɔ:t]) *vt* suchen ⟨to ~ shelter from Schutz suchen vor⟩ | aufsuchen ⟨to ~ the shade⟩ | *übertr* suchen, trachten nach, erstreben ⟨to ~ one's fortune sein Glück versuchen; to ~ a quarrel Streit suchen⟩ | erbitten (**of** von) ⟨to ~ s.o.'s advice jmds. Rat erbitten⟩ | *arch* versuchen; **~ out** ausfindig machen | *übertr* aufs Korn nehmen; *vi* suchen (**for** nach) ⟨unsought-for unerwünscht; (much) sought-after (viel) gefragt; not far to ~ nicht schwer *od* leicht herauszufinden⟩; **'~er** *s bes Rel* Sucher *m* ⟨≈ after truth Wahrheitssucher *m*⟩ | *Med* Sonde *f*

seem [si:m] *vi* scheinen, den Anschein haben, erscheinen

⟨it ~s that es scheint, daß, es sieht so aus, als (ob)⟩; **'~ing 1.** *adj* scheinbar ⟨≈ friendship⟩ | anscheinend; **2.** *s* (An-)Schein *m* ⟨the ≈ and the real Schein *m* und Sein *n*⟩; **'-ing·ly** *adv* anscheinend | scheinbar

seem·ly ['si:mlɪ] *adj, adv* schicklich, korrekt, passend | anständig

seen [si:n] *part perf* von [1]**see**

seep [si:p] *vi* sickern (**through** durch) | *übertr* durchsickern; **'~age** *s* Ein-, Durchsickern *n*, Eindringen *n* | Lecken *n* | Leckflüssigkeit *f* | Leck *n*

se·er [sɪə] *arch, lit s* Wahrsager(in) *m(f)*, Seher(in) *m(f)*; **seer·ess** ['~rəs] *s* Seherin *f*, Wahrsagerin *f*

seer·suck·er ['sɪəˌsʌkə] *s* Krepp *m*, Seersucker *m*

see·saw ['si:sɔ:] **1.** *s* Wippen *n*, Schaukeln *n* | Wippe *f* ⟨on the ~⟩ | *übertr* Schwanken *n*, ständiges Auf und Ab *n od* Hin und Her *n*; **2.** *adj* wippend, schaukelnd (*auch übertr*) ⟨~ motion Schaukelbewegung *f*; ~ policy unentschiedene *od* schwankende Politik⟩; **3.** *vi* wippen | schaukeln | *übertr* schwanken ⟨to ~ between two opinions⟩; *vt* wippen (lassen)

seethe [si:ð] **1.** *vt arch* aus-, abbrühen | durchtränken; *vi* sieden, kochen | *übertr* brodeln, schäumen (**with** vor); wimmeln (**with** von); **2.** *s* Sieden *n*, Kochen *n* | *übertr* Brodeln *n*

see-through ['si:θru:] **1.** *adj* durchsichtig ⟨~ blouse; ~ package Klarsichtpackung *f*⟩; **2.** *s* durchsichtiges Kleidungsstück | durchsichtige Mode

seg|ment ['segmənt] **1.** *s* Abschnitt *m*, Teil *m* | *Math* Segment *n* | *Biol* Glied *n*; **2.** *vt* in Abschnitte teilen; **~men·tal** [seg'mentl], **~men·tar·y** [seg'mentr̩ɪ] *adj* segmentär; **~men·ta·tion** [ˌsegmen'teɪʃn] *s* Segmentation *f* | *Biol* Furchung *f*; **'~ment gear** *s Tech* Zahnradgetriebe *n*; **'~ment saw** *s Tech* Baumsäge *f*

seg·re|gate ['segrɪgɪt] *adj* abgesondert, getrennt, isoliert; [~geɪt] *vt* absondern, (voneinander) trennen, isolieren ⟨to ≈ the sexes Männer und Frauen trennen; to ≈ races Rassentrennung betreiben⟩ | *Tech* seigern, entmischen; *vi* sich aussondern; | *Pol* Rassentrennung betreiben | *Biol* sich aufspalten, mendeln; **~gat·ed** [~geɪtɪd] *adj* getrennt | *Pol* Rassentrennungs- | *Pol* nach Rassen getrennt ⟨≈ schools⟩; **~ga·tion** [ˌsegrɪ'geɪʃn] *s* Absonderung *f* | *Chem* Ausscheidung *f* | *Biol* Aufspaltung *f* | *auch* **'ra·cial ~'ga·tion** *Pol* Rassentrennung *f* (*Ant* integration); **~ga·tive** [~geɪtɪv] *adj* sich trennend

sei·gneur [se'njɜ:], **seign·ior** ['seɪnjə] *s Hist* Lehens-, Feudalherr *m* | Herr *m*

seine [seɪn] **1.** *s Mar* Schlagnetz *n*; **2.** *vt, vi* mit dem Schlagnetz fischen

seis|mic ['saɪzmɪk] *adj* seismisch, Erdbeben-; **~mo·graph** [~məgrɑ:f] *s* Seismograph *m*, Erdbebenschreiber *m*; **~mo·graph·ic** [ˌsaɪzmə'græfɪk], **ˌ~mo'graph·i·cal** *adj* seismographisch; **~mog·ra·phy** [saɪz'mɒgrəfɪ] *s* Seismographie *f*; **~mo·log·ic** [ˌsaɪzmə'lɒdʒɪk], **ˌ~mo'log·i·cal** *s* Seismologe *m*; **~mol·o·gist** [saɪz'mɒlədʒɪst] *s* Seismologe *m*; **~mol·o·gy** [saɪz'mɒledʒɪ] *s* Seismologie *f*, Erdbebenkunde *f*

seize [si:z] *vt* ergreifen, fassen, packen ⟨to ~ a thief⟩ | an sich reißen, sich aneignen | *Jur* beschlagnahmen ⟨to ~ goods⟩ | *übertr* packen, ergreifen ⟨to ~ an opportunity⟩ | *übertr auch* **~ (up)on** (geistig) erfassen, begreifen ⟨to ~ (up[on]) an idea⟩ | *Mar* befestigen | *Tech* festklemmen | *auch* **seise** (*meist pass*) *förml*, *Jur* (jmdn.) in Besitz setzen (**of** von) ⟨to be/stand seised of s.th. as of a certain date von einem bestimmten Zeitpunkt an in Besitz von etw. sein⟩; *vi, auch* **~ up** *Brit Tech* sich festklemmen, sich festfressen; **'seiz·ing** *s* Ergreifen *n* | *Mar* Zurren *n* | *Mar* Zurrtau *n*, kurzes Tau; **sei·zure** ['si:ʒə] *s* Ergreifung *f*, Festnahme *f* | *Jur* Beschlagnahme *f* | *Med* plötzlicher Anfall

sel·dom ['seldəm] *adv* selten, kaum

se·lect [sɪ'lekt] **1.** *vt, vi* (aus)wählen; **2.** *adj* ausgewählt ⟨~ passages; ~ committee *Brit Parl* Sonderausschuß *m*⟩ | erlesen, auserwählt ⟨a ~ audience⟩ | wählerisch; **se·lec·tion** [sɪ'lekʃn] *s* Auswählen *n* | (*meist sg*) Auslese *f* | (Aus-)Wahl *f* ⟨a ≈ of wines⟩ | *Biol* Selektion *f* ⟨natural ≈ natürliche Auslese, Zuchtwahl *f*⟩; **se'lec·tion com,mit·tee** *s Päd u. ä.* Auswahlkommission *f*; **se'lec·tive** *adj* auswählend, Auswahl- ⟨≈ Service *Am Mil* Einberufung *f*, Wehrdienst *m*⟩ | wählerisch, selektiv ⟨to be ≈ in s.th. eine besondere Auswahl treffen bei etw.⟩ | *El* trennscharf; **se·lec·tiv·i·ty** [ˌselek'tɪvətɪ] *s El* Trennschärfe *f*; **se'lec·tor** *s Tech* Wähler *m* | *Ferns* Programmknopf *m*, -taste *f* | (Plattenspieler) Geschwindigkeitsregler *m* | *Kfz* Schaltgriff *m*, Gangwähler *m* | (Sport) Mitglied *n* einer Auswahlkommission, Auswahlverantwortlicher *m*

se·le·ni·um [sɪ'li:nɪəm] *s Chem* Selen *n*; **'~ cell** *s Phys* Selenzelle *f*

self [self] **1.** *s* (*pl* **selves** [selvz]) Selbst *n* ⟨his whole ~ seine ganze Person; my second ~ mein zweites Ich; knowledge of ~ Selbstgefühl *n*⟩ | Selbstsucht *f* ⟨to have no thought of ~ nicht an sich selbst denken, selbstlos sein⟩ | *Wirtsch arch* Firma *f*, Unterzeichner *m* ⟨your good ~ Ihre werte Firma; pay to ~ [Scheck-] Auszahlung *f* an Unterzeichner⟩ | *scherzh* mich, dich ... selbst ⟨a room for ~ and wife⟩; **2.** *adj arch* selbige(r, -s) | nämliche(r, -s); **3.** *pron* selbst; **ˌ~-a'base·ment** *s* Selbsterniedrigung *f*; **ˌ~-ab'sorbed** *adj* mit sich selbst beschäftigt | egozentrisch; **ˌ~-a'buse** *s* Selbstbefleckung *f*; **ˌ~-ac·cu'sa·tion** *s* Selbstanklage *f*; **ˌ~-'act·ing** *adj* selbsttätig, automatisch; **ˌ~-'ac·ti·va·ting** *adj* (Sprengstoff u. ä.) selbstzündend; **ˌ~-ad'dressed** *adj* an sich selbst adressiert ⟨≈ envelope Freiumschlag *m*⟩; **ˌ~-ad'just·ing** *adj* selbstregelnd, selbstoptimierend | *Tech* selbsteinstellend; **ˌ~-ad'just·ment** *s Tech* Selbsteinstellung *f*, automatische Regelung; Selbstabgleich *m*; **ˌ~-ap'point·ed** *adj* selbsternannt; **ˌ~-as'ser·tion** *s* Geltungsbedürfnis *n*; **ˌ~-as'ser·tive** *adj* selbstbewußt | *verächtl* von sich selbst eingenommen; **ˌ~-as'sur·ance** *s* Selbstbewußtsein *n* | Selbstzufriedenheit *f*; **ˌ~-as'sured** *adj* selbstbewußt, selbstsicher, selbstzufrieden; **ˌ~-'cen·tred** *adj* ichbezogen, egozentrisch; **ˌ~-'charg·ing** *adj* selbstladend ⟨≈ torch⟩; **ˌ~-'clean·ing** *adj* selbstreinigend; **ˌ~-col'lect·ed** *adj* ruhig, gefaßt | geistesgegenwärtig; **ˌ~-'col·oured** *adj* naturfarben | einfarbig; **ˌ~-com'bus·tion** *s Tech* Selbstverbrennung *f*; **ˌ~-com'mand** *s* Selbstbeherrschung *f*; **ˌ~-com'pla·cence, ˌ~com'pla·cen·cy** *s* Selbstgefälligkeit *f*; **ˌ~-com'pla·cent** *adj* selbstgefällig; **ˌ~-com'posed** *adj* ruhig, gefaßt; **ˌ~-con'ceit** s Eigendünkel *m*; **ˌ~-con'ceit·ed** *adj* eingebildet, überheblich; **ˌ~-con'fessed** *adj* geständig ⟨a ≈ thief⟩ | selbsterklärt ⟨a ≈ drinker jmd., der zugibt, daß er trinkt⟩; **ˌ~-'con·fi·dence** *s* Selbstvertrauen *n*; **ˌ~-'con·fi·dent** *adj* selbstbewußt, selbstvertrauend; **ˌ~-'con·scious** *adj umg* befangen, gehemmt | *Phil* sich seiner selbst bewußt; **ˌ~-con'tained** *adj* (Person) selbstgenügsam, zurückhaltend, reserviert | (Wohnung) abgeschlossen, separat ⟨≈ house Einfamilienhaus *n*⟩ | *Tech* Einbau- | *Tech* mit eigenem Antrieb; **ˌ~-con'tempt** *s* Selbstverachtung *f*; **ˌ~-con'tent** *s* Selbstgefälligkeit *f*; **ˌ~-con'tent·ed** *adj* selbstgefällig; **ˌ~-con·tra'dic·to·ry** *adj* sich selbst widersprechend; widersprüchlich; **ˌ~-con·'trol** *s* (Selbst-) Beherrschung *f* ⟨to exercise ≈ sich beherrschen können; to lose one's ≈ die Beherrschung verlieren⟩; **ˌ~-'crit·i·cal** *adj* selbstkritisch ⟨to be ≈ sich einschränken⟩; **ˌ~-'crit·i·cism** *s* Selbstkritik *f*; **ˌ~-de'feat·ing** *adj* sich selbst widerlegend | sinnlos, unsinnig; **ˌ~-de'fence** *s* Selbstverteidigung *f* | *Jur* Notwehr *f*; **ˌ~-de'ni·al** *s* Selbstverleugnung *f*; **ˌ~-de'ny·ing** *adj Rel* selbstverleugnend | selbsteinschränkend; **ˌ~-de'struct** *vi* sich selbst zerstören | *übertr* verschwinden, sich in nichts auflösen; **ˌ~-de·ter·mi'na·tion** *s Pol* Selbstbestimmung *f* ⟨right of ≈⟩ | *Phil* freier Wille; **ˌ~-'dis·ci·pline** *s* Selbstdisziplin *f*; **ˌ~-'doubt** *s* Zweifel *m* an sich selbst; **ˌ~-'drive** *adj Brit* (Mietwagen) für Selbstfahrer; **ˌ~-'ed·u·cat·ed** *adj* autodidaktisch; **ˌ~-ef'face·ment** *s* Zurückhaltung *f*; **ˌ~-ef'facing** *adj* zurückhaltend; **ˌ~-em'ployed** *adj* selbständig; **ˌ~-es'teem** *s* Selbstachtung *f*, Selbstüberschätzung *f*, Eigendünkel *m*; **~-'ev·i·dent** *adj* offenbar, offensichtlich, deutlich; **ˌ~-ex·am·in'a·tion** *s* Selbstprüfung *f*, Selbstbeurteilung *f*; **ˌ~-ex'plan·a·to·ry** *adj* selbstverständlich, für sich selbst sprechend, einleuchtend; **ˌ~-'gov·erned** *auch* **ˌ~-'gov·ern·ing** *adj* selbstverwaltet, selbständig, autonom; **ˌ~-'gov·ern·ment** *s* Selbstverwaltung *f*; **ˌ~-'help** *s* Selbsthilfe *f*; **ˌ~-ig'ni·tion** *s Tech* Selbstzündung *f*; **ˌ~-im'por·tance** *s* Eigendünkel *m*, Selbstüberschätzung *f*, Wichtigtuerei *f*; **ˌ~-im'por·tant** *adj* aufgeblasen, dünkelhaft, wichtigtuerisch; **ˌ~-im'posed** *adj* selbstauferlegt; **ˌ~-in'duced** *adj El* selbstinduziert; **ˌ~-in'duc·tion** *s El* Selbstinduktion *f*; **ˌ~-in'dul·gence** *s* Sichgehenlassen *n* | Zügellosigkeit *f*, Genußsucht *f*; **ˌ~-in'dul·gent** *adj* nachgiebig gegen sich selbst, bequem | hemmungs-, maß-, zügellos; **ˌ~-'in·ter·est** *s* Eigennutz *m*; eigenes Interesse ⟨in your own ≈ in deinem eigenen Interesse⟩; **ˌ~-'in·ter·est·ed** *adj* eigennützig; **~ish** *adj* selbstsüchtig, egoistisch, nur auf den eigenen Vorteil bedacht; **'~less** *adj* selbstlos, uneigennützig; **ˌ~-'lock·ing** *adj Tech* (Tür u. a.) selbstschließend, selbstsperrend; **ˌ~-'love** *s* Eigenliebe *f*; **ˌ~-'made** *adj* selbstgemacht ⟨≈ man Selfmademan *m*, jmd, der aus eigener Kraft etwas geworden ist; Emporkömmling *m*⟩; **ˌ~-'mo·tion** *s* Eigenbewegung *f*; **ˌ~-mu·ti'la·tion** *s* Selbstverstümmelung *f*; **ˌ~-'noise** *s* Eigengeräusch *n*; **ˌ~-o'pin·ion·at·ed** *adj* von sich eingenommen, eingebildet, rechthaberisch; **ˌ~-'pit·y** *s* Selbstmitleid *n*; **ˌ~-'pleas·ing 1.** *adj* selbstgefällig; **2.** *s* Selbstzufriedenheit *f*; **ˌ~-pol·li'na·tion** *s Bot* Selbstbestäubung *f*; **ˌ~-pos'sessed** *adj* ruhig, gelassen | geistesgegenwärtig; **ˌ~-pos'ses·sion** *s* Gelassenheit *f* | Geistesgegenwart *f*; **ˌ~-pres·er'va·tion** *s* Selbsterhaltung *f*; **ˌ~-pro'pelled** *adj Tech* mit Selbstantrieb; **ˌ~-pro'tec·tion** *s* Selbstschutz *m*; **ˌ~-ra·di'·a·tion** *s Phys* Eigenstrahlung *f*; **ˌ~-'rais·ing** *adj Brit* (Mehl) backfertig; **ˌ~-'ref·er·ence** *s Phil* Selbstverweis *m*; **ˌ~-ref·er'en·tial** *adj* (Urteil) auf sich selbst verweisend | eine wahre *od* falsche Aussage enthaltend; **ˌ~-reg·u'lat·ing** *adj Tech* selbstregelnd; **ˌ~-re'li·ance** *s* Selbstvertrauen *n*; **ˌ~-re'li·ant** *adj* selbstvertrauend; **ˌ~-re'spect** *s* Selbstachtung *f*; **ˌ~-re'spect·ing** *adj* sich selbst achtend, etw. auf sich selbst haltend, anständig; **ˌ~-re'straint** *s* Selbstbeherrschung *f*; **ˌ~-'right·eous** *adj verächtl* selbstgerecht; **ˌ~-'ris·ing** *adj Am* = **~raising;** **ˌ~-'rule** *s Pol* Unabhängigkeit *f*; **ˌ~-'sac·ri·fice** *s* Selbstaufopferung *f*; **ˌ~-'sac·ri·fic·ing** *adj* aufopferungsvoll; **'~-same** *adj lit* ebender-, ebendie-, ebendasselbe ⟨on the ≈ day am gleichen *od* an einem Tag⟩; **ˌ~-'sat·is·fied** *adj* selbstzufrieden; **ˌ~-'seat·ing** *adj Tech* (Schlauch, Tank) selbst(ab)dichtend; **ˌ~-'seek·er** *s* Egoist(in) *m(f)*; **ˌ~-'seek·ing** *adj* selbstsüchtig, nur auf sich selbst bedacht; **ˌ~-'serve** *adj Am* = **~service 2.;** **ˌ~-'serv·ice 1.** *s* (Laden, Restaurant, Tankstelle) Selbstbedienung *f*; **2.** *adj* Selbstbedienungs-; **ˌ~-'sown** *adj* wild gewachsen, (selbst)ausgesät; **ˌ~-'start·er** *s Tech* Selbststarter *m*, automatischer Anlasser; **ˌ~-'steer·ing** *adj* selbststeuernd; **ˌ~-'styled** *adj iron* von eigenen Gnaden, selbsternannt ⟨≈ experts Leute, die sich selbst als Experten bezeichnen⟩; ˌ~-**suf'fi·cien·cy** *s* Autarkie *f*, Selbstversorgung *f* | Eigendünkel *m*; ˌ~-**suf'fi·cient** *adj* nicht auf fremde Hilfe angewiesen | *Wirtsch* autark | dünkelhaft; ˌ~-**suf'fic·ing** = ˌ~-**suf'ficient;** ˌ~-**sug'ges·tion** *s* Autosuggestion *f*; ˌ~-**sup'port·ing** *adj* (Person) sich selbst ernährend *od* versorgend; finanziell unabhängig | *Tech* (Schornstein, Maschine) freistehend; (Bau) freitragend, selbsttragend; ˌ~-**sur'ren·der** *s* Selbstaufgabe *f*; ˌ~-**sus'tain·ing** *adj* sich selbst versorgend | *Tech* sich selbst entladend; ˌ~-**'taught** *adj* selbsterlernt; ˌ~-**'will** *s* Eigenwille *m*, Eigensinn *m*; ˌ~-**'willed** *adj* eigenwillig | eigensinnig; ˌ~-**'wind·ing** *adj* (Uhr) automatisch, Automatik-

sell [sel] (**sold, sold** [səʊld]) **1.** *vt* verkaufen, veräußern, *Wirtsch* absetzen (**for** *für*) ⟨to ~ s.th. at a good price etw. zu einem guten Preis verkaufen; to ~ dear teuer verkaufen; to ~ one's soul (to the devil) *übertr* (dem Teufel) s-e Seele verkaufen; to ~ the pass *übertr* alles verraten; to ~ short *Wirtsch* ohne Deckung verkaufen, auf Baisse spekulieren; *übertr* (jmdn., etw.) unterschätzen⟩ | (Waren) führen | *übertr* verkaufen, Absatz sichern für ⟨their quality will ~ our goods⟩ | handeln mit | *Am Sl* anpreisen, zum Kauf bewegen, aufschwatzen ⟨to ~ a plan to s.o.; to ~ o.s. sich im besten Licht zeigen; *übertr* sich verkaufen⟩ | *urspr Am umg* überreden (**on** zu) ⟨to be sold on s.th. sich von etw. nicht abbringen lassen, scharf sein auf⟩ | *umg* an den Mann bringen (**to** bei) ⟨to ~ a new idea; you'll never ~ that to anyone das wird dir keiner abnehmen⟩ | *umg* (*meist pass*) betrügen, beschwindeln ⟨I've been sold man hat mich reingelegt⟩; ~ **off** *Wirtsch* billig verkaufen; ~ **out** *Wirtsch* ausverkaufen ⟨to ≈ all one's goods alle Waren im Ausverkauf absetzen; to be sold out (of goods) ausverkauft sein, alles verkauft haben, nichts mehr haben⟩ | *übertr umg* verraten (**to** an) ⟨to ≈ one's ideals seine Ideale für Geld verkaufen *od* verraten⟩; ~ **up** *Wirtsch* zu Geld machen, ganz verkaufen ⟨to ≈ one's business⟩ | *Jur* (Schulden) einpfänden;

vi handeln, verkaufen ⟨to be willing to ~ die Absicht haben zu verkaufen⟩ | sich verkaufen lassen, weggehen (**at, for** für) ⟨to ~ like hot cakes wie warme Semmeln weggehen⟩; ~ **out** (*prät*) (aus)verkauft haben ⟨the shop sold out of bread das Geschäft hat kein Brot mehr⟩ | sich ganz absetzen lassen ⟨to ≈ fast⟩ | *Wirtsch* alles verkaufen, sein Geschäft verkaufen ⟨he sold out at 50⟩ | *übertr* alles verraten (**to** an); ~ **up** *Wirtsch* alles zu Geld machen;

2. *s umg* Reinfall *m*⟨what a ~!⟩; '~**er** *s* Verkäufer *m* | Verkaufsschlager *m* ⟨to be a ≈ sich sehr gut verkaufen⟩ | *auch in Zus* Verkaufsgegenstand *m*, -objekt *n* ⟨a best-≈; to be a bigger ≈ sich besser verkaufen lassen⟩; ˌ~**ers' 'mar·ket** *s Wirtsch* Verkäufermarkt *m*; '~**ing 1.** *adj* Verkaufs- | (Ware) verkäuflich, gut gehend, gängig; **2.** *s* Verkaufen *n*; '~**ing ˌa·gen·cy** *s* Vertriebsbüro *n*; '~**ing out** *s* Ausverkauf *m*; '~**ing point** *s* Verkaufsanreiz *m*

sel·lo·tape ['seləteɪp|'seləʊ-] **1.** *s* (durchsichtiges) Klebeband; **2.** *vt* (mit Klebeband) kleben

sell-out ['selaʊt] *s* Ausverkauf *m* | ausverkaufte Veranstaltung | *umg* Verrat *m*

Selt·zer ['seltsə] *s Am* Selterwasser *n*

sel·vage ['selvɪdʒ] *s* Salband *n*, Borte *f*, Webekante *f*

selves [selvz] *s/pl* von ↑ **self**

se·man|tic [sɪ'mæntɪk] *adj Ling* semantisch; ~**ti·cist** [~tɪsɪst] *s* Semantiker *m*; ~**tics** [~tɪks] *s/pl* (*sg konstr*) Semantik *f*, Bedeutungslehre *f*; ˌ-**ic 'net** *s* semantisches Netzwerk

sem·a·phore ['seməfɔ:] **1.** *s* Eisenbahnsignal *n* | *Mil, Mar* Winkgerät *n*, optischer Telegraph ⟨to send s.th. by ~ etw. durch Winksignal weitergeben⟩; **2.** *vt, vi* durch Winkzeichen *od* mit einem Winkgerät signalisieren

se·ma·si|o·log·i·cal [sɪˌmeɪsɪə'lɒdʒɪkl] *adj Ling* semasiologisch; ~**ol·o·gist** [sɪˌmeɪsɪ'ɒlədʒɪst] *s* Semasiologe *m*; ~**ol·o·gy** [sɪˌmeɪsɪ'ɒlədʒɪ] *s* Semasiologie *f*, Wortbedeutungslehre *f*

sem·blance ['sembləns] *s* Erscheinung *f* | Anschein *m* ⟨to put on a ~ of gaiety sich den Anschein von Fröhlichkeit geben⟩ | Andeutung *f*, Spur *f* ⟨to put on a ~ of friendliness Freundlichkeit zur Schau tragen; without the ~ of an excuse ohne auch nur die Andeutung einer Entschuldigung⟩ | Ähnlichkeit *f*, Eben-, Abbild *n*

se·mei|ol·o·gy [ˌsi:maɪ'ɒlədʒɪ] *s* Semiologie *f*, Semiotik *f*; ~**ot·ic** [ˌsi:maɪ'ɒtɪk], ˌ~**'ot·i·cal** *adj selten* semiotisch; ˌ~**'ot·ics** *s/pl* (*sg konstr*) *selten* Semiotik *f*

se·men ['si:mən] *s Biol* Samen *m*, Sperma *n*

se·mes|ter [sə'mestə] *s Am Päd* Semester *n*, Halbjahr *n*; ~**tral** [~trəl], ~**tri·al** [~trɪəl] *adj* Semester-

semi- [semɪ] *präf mit der Bedeutung*: halb-, Halb- (*z. B.* **~circle; ~darkness; ~monthly**)

sem·i|an·nu·al [ˌsemɪ 'ænjʊəl] *adj* halbjährlich; ˌ~**au·to'mat·ic 1.** *adj* halbautomatisch; **2.** *s* Halbautomat *m*; '~**breve** *s Brit Mus* ganze Note ⟨≈ rest *Mus* ganze Pause⟩; '~ˌ**cir·cle** *s* Halbkreis *m*; ˌ~**'co·lon** *s* Semikolon *n*, Strichpunkt *m*; ˌ~**con'duc·tor** *s El* Halbleiter *m*; ˌ~**'con·scious** *adj* nicht bei vollem Bewußtsein; ˌ~**de'tached 1.** *adj* halb freistehend ⟨≈ house Doppelhaus *n*⟩; **2.** *s Brit* Doppelhaus *n*; ˌ-**di'am·e·ter** *s* Halbmesser *m*, Radius *m*; ˌ~**'fi·nal** *s* (Sport) Halbfinale *n*; ˌ~**'fi·nal·ist** *s* (Sport) Halbfinalist *m*; ˌ~**fin·ished 'ar·ti·cle** *s* Halbfabrikat *n*

sem·i·nal ['semɪnl] *adj Biol* Samen- | keimhaft, embryonisch | *übertr* fruchtbar, zukunftsweisend, grundlegend ⟨a ~ idea; a ~ book⟩; '~ **'cap·sule** *s* Samenkapsel *f*; '~ **'duct** *s Anat* Samengang *m*

sem·i·nar ['semɪnɑ:] *s Päd* Seminar *n*; ~**i·an** [ˌsemɪ'nɛərɪən] *s* Seminarteilnehmer(in) m(*f*); ~**ist** ['semɪnərɪst] *s* Priesterschüler *m* | Seminarteilnehmer(in) *m*(*f*); ~**y** ['semɪnṛɪ] *s* Priesterseminar *n* | *arch* (private) Erziehungsanstalt (für Mädchen) | *übertr* Stätte *f*

sem·i·nif·er·ous [ˌsemɪ'nɪfərəs] *adj Bot* samentragend

sem·i-of·fi·cial [ˌsemɪ ə'fɪʃl] *adj* halbamtlich, offiziös

se·mi|ol·o·gy [ˌsemɪ'ɒlədʒɪ] *s* Semiologie *f*; ~**ot·ic** [~'ɒtɪk] *adj* semiotisch; ~**ot·ics** [~'ɒtɪks] *s/pl* (*sg konstr*) Semiotik *f*

sem·i|pre·cious [ˌsemɪ'preʃəs] *adj* halbedel; ˌ~**pre·cious 'stone** *s* Halbedelstein *m*; '~ˌ**qua·ver** *s Mus* Sechzehntelnote *f*; ˌ~**'rig·id** *adj Flugw* (Luftschiff) halbstarr; ˌ~**'skilled** *adj* angelernt, nicht voll ausgebildet ⟨a ≈ worker⟩; ˌ~**'steel** *s Tech* Halbstahl *m*, Grauguß *m*

Sem·ite ['si:maɪt] **1.** *s* Semit(in) *m*(*f*); **2.** *adj* semitisch; **Se·mit·ic** [sɪ'mɪtɪk] **1.** *adj* semitisch; **2.** *s Ling* Semitisch *n*

sem·i|tone ['semɪtəʊn] *s Mus* Halbton *m*; '~ˌ**trail·er** *s Tech* Sattelschlepper *m*, -auflieger *m*; ˌ~**'trop·i·cal** *adj* subtropisch; '~ˌ**vow·el** *s* Halbvokal *m*; ˌ~**'week·ly** *adj* halbwöchentlich

sem·o·lina [ˌsemə'li:nə] *s* Grieß *m*

semp·stress ['sempstrəs] *s Brit* = **seamstress**

SEN [ˌes i: 'en] *Abk* von **State Enrolled Nurse**

sen|ate ['senət] *s Hist* Senat *m* | Ratsversammlung *f* | (Universität) Senat *m*; ≈**ate** *Am* Senat *m*; '~**a·tor** ['senətə] *s* Senator *m*, Ratsmitglied *n*; '≈**a·tor** *Am* Senator *m*; ~**a·to·ri·al** [ˌsenə'tɔ:rɪəl] *adj* Senats-; '~**a·tor·ship** *s* Senatorenwürde *f*

send [send] **1.** (**sent, sent** [sent]) *vt* (jmdn.) senden, schikken ⟨to ~ to bed ins Bett schicken *od* stecken; to ~ to school in die Schule schicken; to ~ to town in die Stadt schicken⟩ | (etw.) senden, schicken ⟨to ~ s.o. a message/ ~ word to s.o. jmdn. benachrichtigen; to ~ by water ver-

schiffen, auf dem Wasserweg senden⟩ | fortschicken, fortjagen ⟨to ~ s.o. packing/about his business *umg* jmdn. hinauswerfen, abschieben⟩ | (*mit part präs*) in Bewegung setzen ⟨to ~ s.th. crashing etw. schleudern; to ~ s.o. flying jmdn. umwerfen⟩ | (Ball u. ä.) (ab)schießen | (*mit adv*) machen ⟨to ~ s.o. crazy/mad⟩ | *Sl* (Zuschauer) hinreißen ⟨that ~s me! das haut mich um!⟩ | *arch* gewähren ⟨heaven ~ that Gott gebe, daß⟩; ~ **after** nachsenden; ~ **away** fortschicken | entlassen; ~ **down** hinunterschicken | *übertr* (Preise) fallenlassen | aufs Land schicken | (Studenten) relegieren | *Brit umg* verurteilen (**for** zu); ~ **forth** treiben ⟨to ~ forth leaves⟩ | ausstrahlen; ~ **in** einsenden, einschicken | *Mil* (Truppen) einsetzen | abgeben ⟨to ~ one's card in seine Karte [zum Besuch] abgeben⟩; ~ **off** absenden, abschicken | fortschicken | (jmdn.) verabschieden | (Sport) (Spieler) hinausstellen, des Platzes verweisen; ~ **on** (Gepäck u. ä.) voraussenden | (Post) nachsenden; ~ **out** hinausschicken, aussenden | (Blätter u. ä.) hervorbringen; ~ **up** hinaufschicken | (Ballon) in die Luft schießen | (Rauch) aufsteigen lassen | *Wirtsch* (Preise) in die Höhe treiben | *Brit* (jmdn., etw.) lächerlich machen, verspotten, parodieren | *Am* (jmdn.) verurteilen;
vi mitteilen lassen (**to s.o.** jmdm.) ⟨to ~ to say that sagen lassen, daß⟩ | *Rundf* senden; ~ **away for** *Wirtsch* (von auswärts) bestellen, sich schicken lassen; ~ **for** verlangen, rufen nach, holen *od* rufen lassen, schicken nach ⟨to ≈ the doctor⟩;
2. *s* Antrieb *m* | *Mar* Triebkraft *f* | *übertr* Impuls *m*; **'~a·ble** *adj* versendbar; **'~er** *s* (Ab-) Sender *m* | Rundfunksender *m*; **'~ing** *s* Senden *n* | Versand *m* | *Rundf* Sendung *f*, Übermittlung *f*; **'~ing key** *s* Sendetaste *f*; Morsetaste *f*; **'~-off** *s* Verabschiedung *f* | Abschiedsfeier *f* | Anfang *m*, Start *m*; **'~-up** *Brit* **1.** *s* Parodie *f*; Verspottung *f* ⟨to do a ≈ of s.th. (s.o.) jmdn. aufziehen (etw. verulken)⟩; **2.** *adj* parodistisch, lächerlich machend ⟨a ≈ comedy⟩

Sen·e·gal [ˌsenɪ'gɔːl] *s* Senegal; **~ese** [ˌsenɪgə'liːz] **1.** *adj* senegalesisch; **2.** *s* Senegalese *m*, Senegalesin *f*

sen·e·schal ['senəʃl] *s Hist* Seneschall *m*, Majordomus *m*

se·nes|cence [sə'nesns] *förml s* Altern *n*; **~cent** [sə'nesnt] *adj* alternd, nicht mehr ganz jung

se·nile ['siːnaɪl] *adj* senil, greisenhaft; **se·nil·i·ty** [sɪ'nɪlətɪ] *s* Senilität *f*, Altersschwäche *f*

sen·ior ['siːnɪə] **1.** *adj* (*Abk* **sen., Sr.**) älter (*Ant* junior) ⟨he is two years ~ to me er ist zwei Jahre älter als ich; Mr. Brown sen. Herr Brown sen., der ältere Herr Brown⟩ | ranghöher, dienstälter ⟨~ fellow *Brit Univ* rangältester Fellow; ~ officer höherer Offizier; ~ partner *Wirtsch* Seniorchef *m*; ~ student höheres Semester⟩ | alt ⟨to be too ~ zu alt sein (für etw.)⟩; **2.** *s* Ältere(r) *f(m)* ⟨he is my ~ by two years er ist zwei Jahre älter als ich⟩ | Ranghöherer *m* | Vorgesetzter *m* | *Am Päd* Student *od* Schüler *m* im letzten Studien- *od* Schuljahr; **ˌ~ 'cit·i·zen** *s euphem* Veteran *m*, (Alters-)Rentner *m*; **ˌ~ 'cit·i·zen·ship** *s* Rentenstand *m*; **ˌ~ 'high school** *s Am Päd* Oberstufe *f* der High School; **~i·ty** [ˌsiːnɪ'ɒrətɪ] *s* höheres Alter | höherer Rang, höheres Dienstalter ⟨promotion through ≈ Beförderung *f* nach Dienstjahren⟩

sen·na ['senə] *s Bot* Sennesstrauch *m* | Sennesblätter *n/pl*

Se·ñor [se'njɔː] *s* (*pl* **Se·ño·res** [se'njɔːreɪz], **Se'ñors**) *s* ⟨*span*⟩ Señor *m*, Herr *m*; **Se·ño·ra** [se'njɔːrə] *s* Señora *f*, Frau *f*; **Se·ño·ri·ta** [ˌsenjɔː'riːtə] *s* Señorita *f*, Fräulein *n*

sen·sa·tion [sen'seɪʃn] *s* Gefühl *n*, Empfindung *f* ⟨to lose all ~ in one's arm im Arm kein Gefühl mehr haben; to have a ~ of s.th. etw. fühlen⟩ | Sinneseindruck *m*, -wahrnehmung *f* | Aufsehen *n*, Sensation *f* ⟨to cause/create a ~ Aufsehen erregen; to deal in ~ von Sensationen leben (Zeitung)⟩; **sen'sa·tion·al** *adj* gefühlvoll | Empfindungs- | aufsehenerregend, sensationell ⟨a ≈ murder⟩ | auf Sensationen bedacht, Sensations- ⟨≈ newspaper⟩ | *Phil* sensualistisch; **~al·ism** [sen'seɪʃnḷɪzm] *s* Sensationsgier *f*, Sensationslust *f* | *Phil* Sensualismus *m*; **~al·ist** [sen'seɪʃnḷɪst] *s* sensationslüsterner Mensch; Anhänger *m* des Sensualismus

sense [sens] **1.** *s* Sinn *m*, Sinnesorgan *n* ⟨the five ~s die fünf Sinne; sixth ~ sechster Sinn⟩ | (*oft pl*) Sinne *pl*, Vernunft *f*, (klarer) Verstand ⟨in one's ~s bei Verstand; out of one's ~s nicht bei Verstand; to bring s.o. to his ~s jmdn. zur Vernunft bringen; to come to one's ~s zur Vernunft kommen; to lose one's ~s den Verstand verlieren; to take leave of one's ~s wahnsinnig werden, verrückt handeln⟩ | Vernunft *f*, Verstand *m*, Urteilsvermögen *n* ⟨a man of ~ ein vernünftiger Mensch; common ~ gesunder Menschenverstand; to have the ~ to do s.th. so klug sein, etw. zu tun; there's a lot of (no) ~ in s.th. etw. hat viel Sinn (ist sinnlos); what's the ~ of *mit ger* welchen Sinn hat es zu *mit inf*; to talk ~ vernünftig reden⟩ | (*mit unbest art od poss pron*) Empfindung *f*, Gefühl *n*, Sinn *m* ⟨his ~ of duty sein Pflichtgefühl *n*; a ~ of locality Orientierungsvermögen *n*⟩ | Bedeutung *f*, Sinn *m* ⟨a word with several ~s ein Wort mit mehreren Bedeutungen; in a ~ in gewissem Sinn; in every ~ in jeder Hinsicht; to make ~ sinnvoll sein, Sinn ergeben, eindeutig sein; vernünftig sein; to make ~ [out] of s.th. in etw. einen Sinn finden⟩ | Ansicht *f*, Auffassung *f* (e-r Gruppe) ⟨to take the ~ of a public meeting eine Versammlung um ihre Meinung befragen⟩; **2.** *vt* (etw.) spüren, fühlen, empfinden | *Am* verstehen | *Tech* abtasten, erfassen; **'~ful** *adj* sinnvoll; **'~less** *adj* sinnlos, unsinnig, töricht ⟨a ≈ idea⟩ | dumm, unvernünftig ⟨what a ≈ fellow he is! wie dumm ist er nur!⟩ | gefühllos; bewußtlos ⟨to fall ≈ to the ground⟩; **'~ ˌor·gan** *s* Sinnesorgan *n*

sen·si|bil·i·ty [ˌsensə'bɪlətɪ] *s* Sensibilität *f*, Empfindungsvermögen *n*, Aufnahmefähigkeit *f*, Empfänglichkeit *f* (**to, of** für) | *auch Phys* Empfindlichkeit *f* (**to** gegen) ⟨≈ to light Lichtempfindlichkeit *f*⟩ | Sensibilität *f*, Empfindsamkeit *f* ⟨the ≈ of an artist⟩ | Fein-, Zartgefühl *n* | *meist pl* Gefühl *n*, Empfinden *n* (**to** für) ⟨to wound s.o.'s ~bilities jmds. Gefühl verletzen⟩; **'~ble** *adj* einsichtig, vernünftig ⟨a ≈ woman; ≈ clothing passende Kleidung⟩ | fühl-, spürbar, merklich ⟨a ≈ fall in temperature; ≈ phenomena wahrnehmbare Erscheinungen *f/pl*⟩ | aufnahmefähig (**to** für) | empfindlich (**to** gegen) | *arch, förml* bewußt (**of s. th.** e-r Sache) ⟨to be ≈ of the danger to Gefahr spüren⟩

sen·si|tive ['sensɪtɪv] *adj* sensibel, feinfühlig (**to** gegenüber) | (über)empfindlich (**to** gegen) ⟨a ≈ skin⟩ | empfänglich (**to** für) | *Tech, Chem, übertr* empfindlich ⟨a ≈ thermometer; ≈ to light lichtempfindlich; to be ≈ to (genau) reagieren auf⟩ | *übertr* sensitiv, delikat, geheim ⟨≈ documents⟩ | *Foto* (Film) lichtempfindlich; **~tiv·i·ty** [ˌsensɪ'tɪvətɪ] *s* Empfindungsvermögen *n*, Sensibilität *f* (**to** für) | Feingefühl *n* | Empfindlichkeit *f* (**to** gegen), leichte Verletzlichkeit (**to** gegenüber) | *Tech* Genauigkeit *f*, Empfindlichkeit *f*; **~ti·za·tion** [ˌsensɪtaɪ'zeɪʃn] *s* Sensibilisierung *f*; **'~tize** *vt* sensibilisieren, empfindlich machen ⟨≈d paper lichtempfindliches Papier⟩; **'~tiz·er** *s* Sensibilisator *m*; **~tom·e·ter** [ˌsensɪ'tɒmɪtə] *s* Lichtempfindlichkeitsmesser *m*

sen·sor ['sensə] *s Tech* Sensor *m*; **sen·so·ri·al** [sen'sɔːrɪəl], **~ry** ['sensərɪ] *adj* Sinnes-, Empfindungs- ⟨≈ organs Sinnesorgane *n/pl*⟩

sen·su·al ['senʃʊəl] *adj* sinnlich, Sinnes- ⟨~ perception Sinnesempfindung *f*; ~ experience sinnliche Erfahrung⟩ | *lit, verächtl* sinnlich, fleischlich, wollüstig ⟨~ enjoyment Sinnenfreude *f*; ~ lips sinnliche Lippen *f/pl*⟩ | *Phil* sensualistisch; '**~ism** *s lit* Sinnlichkeit *f*, Wollust *f* | *Phil* Sensualismus *m*; '**~ist** *s verächtl* sinnlicher Mensch | *Phil* Sensualist *m*; **~is·tic** [ˌsenʃʊəˈlɪstɪk] *adj* sinnlich | *Phil* sensualistisch; **~i·ty** [ˌsenʃʊˈæləti] *s* Sinnlichkeit *f*, Wollust *f*, Triebhaftigkeit *f*; '**~ize** *vt* sinnlich machen

sen·su·ous [ˈsenʃʊəs] *lit adj* sinnlich, Sinnes-, Sinnen- ⟨~ satisfaction Befriedigung *f* der Sinne⟩ | sinnenfreudig, -froh ⟨a ~ woman; ~ painting⟩

sent [sent] *prät* u. *part perf* von **send 1.**

sen|tence [ˈsentəns] **1.** *s Ling* Satz *m* | *Jur* Urteil *n*, Richterspruch *m* ⟨a life ≈ eine lebenslängliche Strafe *od* Haft; ≈ of death Todesurteil *n*; to give/pass/pronounce ≈ (on s.o.) das Urteil fällen (über jmdn.); to serve a ≈ eine Strafe verbüßen; under ≈ of death zu Lebenslänglich verurteilt⟩; **2.** *vt Jur, übertr* (jmdn.) verurteilen (**to** zu); *vi* ein Urteil fällen; **~ten·tious** [senˈtenʃəs] *adj selten* kurz, knapp, prägnant ⟨a ≈ style⟩ | *verächtl* moralisierend, aufgeblasen, salbungsvoll, phrasenhaft ⟨a ≈ speech⟩

sen|ti·ence [ˈsenʃəns], **~ti·en·cy** [ˈ~ʃənsɪ] *s* Empfindung *f*, Gefühl *n*; **~tient** [~ʃənt] *adj lit* fühlend, empfindend ⟨to be ≈ of s.th. e-r Sache bewußt werden⟩ | empfindungsfähig ⟨≈ creatures⟩

sen·ti|ment [ˈsentɪmənt] *s* Empfindung *f*, Gefühl *n*, Gefühlsregung *f* (**towards** gegenüber) ⟨lofty ≈s erhabene Gefühle *n/pl*⟩ | Zart-, Feingefühl *n* | Sentimentalität *f*, Rührseligkeit *f* ⟨there's no place for ≈⟩ | (*oft pl mit sg Bedeutung*) Auffassung *f*, Gedanke *m*, Haltung *f*, Einstellung *f* ⟨to explain one's ≈s seine Auffassung kundtun; to share s.o.'s ≈s; antislavery ≈s⟩ | Gruß(formel) *m(f)* ⟨a card with a suitable ≈⟩; ˌ**~'men·tal** *adj* gefühlsmäßig, Gefühls- ⟨to do s.th. for ≈ reasons etw. tun, weil es das Gefühl vorschreibt; ≈ attachment gefühlsmäßige Zuneigung; ≈ value Liebhaberwert *m*⟩ | empfindsam, gefühlvoll ⟨≈ music⟩ | sentimental, rührselig ⟨a ≈ story; to be ≈ about s.th. sentimentale Regungen haben bei⟩; **~men·tal·ism** [ˌsentɪˈmentəlɪzm] *s* Empfindsamkeit *f* | Sentimentalität *f*; **~men·tal·ist** [ˌsentɪˈmentəlɪst] *s* Gefühlsmensch *m* | Sentimentale(r) *f(m)*; **~men·tal·i·ty** [ˌsentɪmənˈtæləti] *s* Sentimentalität *f*, Rührseligkeit *f*; **~men·tal·ize** [ˌsentɪˈmentəlaɪz] *vt* sentimental darstellen; *vi* sentimental sein

sen·ti|nel [ˈsentɪnəl] **1.** *s Mil* Schildwache *f*, Posten *m* ⟨to stand ≈ Wache stehen⟩ | *lit übertr* Wache *f* ⟨to stand ≈ over bewachen⟩; **2.** (**'~nelled, '~nelled**) *vt Mil* als Wache einsetzen | *lit* Posten stehen bei, säumen

sen·try [ˈsentrɪ] *s Mil* Wache *f*, Posten *m*; '**~ box** *s Mil* Schilderhaus *n*; '**~-go** *s* Wachdienst *m* ⟨to be on ~-go Wache stehen⟩

se·pal [ˈsepl] *s Bot* Kelchblatt *n*

sep·a|ra·bil·i·ty [ˌseprəˈbɪləti] *s* Trennbarkeit *f*; **~ra·ble** [ˈseprəbl] *adj* trennbar; **~rate** [ˈseprət] **1.** *adj* separat, (ab)getrennt, geschieden, gesondert, Sonder- (**from** von) ⟨to keep s.th ≈ from etw. auseinanderhalten *od* getrennt halten von; to live ≈ getrennt leben⟩ | verschieden, unterschiedlich, zu unterscheidend ⟨two ≈ methods⟩ | einzeln ⟨all the ≈ pieces alle einzelnen Teile⟩; **2.** *s Typ* Separat-, Sonderdruck *m* | (*meist pl*) zweiteiliges Kleid (Rock u. Bluse); [ˈsepəreɪt] *vt* absondern, (ab)trennen, auseinanderhalten (**from** von) | *Jur* (Ehe) scheiden, trennen | *auch* **~rate up** (auf)teilen (**into** in) | *Tech* auslesen, (aus)sortieren, scheiden | *Tech* zentrifugieren; **~rate off** (ab)trennen (**from** von); **~rate out** trennen, auseinanderhalten; *vi* sich trennen, auseinandergehen | sich lösen, sich lossagen (**from** von) | *auch* **~rate out** *Tech* sich scheiden, sich absondern; **~rat·ing** [ˈsepəreɪtɪŋ] **1.** *adj* trennend, Trenn-; **2.** *s Tech* Trennen *n* | *Tech* Scheidung *f*; '**~rat·ing ˌa·gent** *s Tech* Scheidemittel *n*; **~ra·tion** [ˌsepəˈreɪʃn] *s* Trennung *f*, Absonderung *f*, Scheidung *f* (**from** von) | *Jur* Ehescheidung *f*, -trennung *f* ⟨judicial ≈ Aufhebung *f* der ehelichen Gemeinschaft; ≈ of property Gütertrennung *f*; to live in ≈ getrennt leben⟩ | Trennung *f*, Getrenntsein *n* ⟨after two years of ≈⟩; '**~ra·tion alˌlow·ance** *s* Trennungsentschädigung *f*; **~ra·tism** [ˈseprətɪzm] *s* Separatismus *m*; **~ra·tist** [ˈseprətɪst] **1.** *s* Separatist *m*, Sonderbündler *m* | *Rel* Sektierer *m* | *Hist* Sezessionist *m*; **2.** *adj* separatistisch; **~ra·tor** [ˈsepəreɪtə] *s* Trennender *m* | *Tech* Separator *m*, Trennanlage *f* | *El* Trennstufe *f* | (Milch-) Zentrifuge *f* | Sortierapparat *m*

se·pi·a [ˈsiːpɪə] *s Zool* Tintenfisch *m* | Sepia *f* | Sepiazeichnung *f* | *Foto* Sepiadruck *m*

se·poy [ˈsiːpɔɪ] *s Ind Hist* Sepoy *m* (indischer Soldat in britischem Dienst)

sep|sis [ˈsepsɪs] *s* (*pl* **-ses** [-siːz]) *Med* Sepsis *f*, Blutvergiftung *f*

Sep·tem·ber [sepˈtembə] *s* September *m*

sep·te·na·ry [sepˈtiːnərɪ] **1.** *adj* aus sieben bestehend | wöchentlich, Wochen-; **2.** *s* Satz *m* von sieben Dingen | sieben Jahre

sep·tet [sepˈtet] *s Mus* Septett *n*

sep·tic [ˈseptɪk] **1.** *adj Med* septisch, keimhaltig, infiziert ⟨~ finger vereiterter Finger; ~ poisening Sepsis *f*, Blutvergiftung *f*; ~ ward septische Station; to become/turn ~ eitern, eitrig werden⟩ | *übertr* faul, verrottet | ekelhaft; **2.** *s* Keim *m*, Fäulniserreger *m*; '**~ tank** *s* Faul-, Klärbehälter *m*

sep·ti·c(a)e·mi·a [ˌseptɪˈsiːmɪə] *s Med* Septikämie *f*, Blutvergiftung *f*

sep·time [ˈseptiːm] *s* (Fechten) Septime *f*

sep·tu|a·ge·nar·i·an [ˌseptʃʊədʒɪˈnɛərɪən] **1.** *s* Siebzigjährige(r) *f(m)*; **2.** *adj* siebzigjährig; **~ag·e·nar·y** [ˌ~əˈdʒiːnərɪ] **1.** *adj* siebzigteilig; **2.** *s* Siebzigjährige(r) *f(m)*

Sep·tu·a·ges·i·ma [ˌseptʃʊəˈdʒesɪmə] *s Rel* Sonntag *m* Septuagesima

Sep·tu·a·gint [ˈseptʃʊədʒɪnt] *s bibl* Septuaginta *f* (Übersetzung des Alten Testaments ins Griechische)

se·pul·chral [sɪˈpʌlkrl] *adj* Grab-, Begräbnis-, Toten- | *übertr* düster, ernst ⟨~ looks; in a ~ voice mit Grabesstimme⟩; **sep·ul·chre** [ˈseplkə] **1.** *s arch, bibl* Grabstätte *f*, Gruft *f* ⟨the Holy ≈ das Heilige Grab; whited ≈ *übertr* Heuchler *m*⟩ | Reliquienschrein *m*; **2.** *vt* beisetzen, begraben, bestatten; **se·pul·tu·ral** [sɪˈpʌltʃrl] *adj* Begräbnis-; **sep·ul·ture** [ˈsepltʃə] **1.** *s* Begräbnis *n*, Bestattung *f*, Beisetzung *f*; **2.** *vt* beisetzen, bestatten

se·qua·cious [sɪˈkweɪʃəs] *förml adj* gehorsam, folgsam | folgerichtig; **se·quac·i·ty** [sɪˈkwæsətɪ] *s* Gehorsam *m* | Folgerichtigkeit *f*

se·quel [ˈsiːkwl] *s* Folge *f* ⟨in the ~ in der Folge, nachträglich⟩ | Folgeerscheinung *f*, Nachspiel *n* (**to** zu) | (Roman u. ä.) Folge *f*, Fortsetzung *f* (**to** von)

se·quence [ˈsiːkwəns] *s* Reihenfolge *f* ⟨in ~ der Reihe nach; in historical ~ chronologisch; the ~ of events die Folge der Ereignisse; ~ of tenses *Ling* Zeitenfolge⟩ | Reihe *f*, Serie *f* ⟨a ~ of good harvest eine Reihe guter Ernten⟩ | logische Folge, Konsequenz *f*; Ergebnis *n* ⟨in ~ to als Ergebnis von⟩ | Filmszene *f* | *Mus* Sequenz *f* | *Kart* Sequenz *f*, Folge *f* ⟨a ~ of hearts⟩; '**se·quence conˌtrol** *s Tech* Ablauf-, Folgesteuerung *f*; '**se·quenc·ing** *s* Reihenfolge *f*, Abfolge *f*, Anordnung *f*; '**sequent 1.** *förml adj* aufeinanderfolgend | konsequent; **2.** *s* Folge *f*; **se·quen·tial** [sɪˈkwenʃl] *adj* aufeinanderfolgend | konsequent

se·ques|ter [sɪˈkwestə] *vt* trennen, absondern ⟨to ≈ o.s. from the world; a ≈ed life ein zurückgezogenes Leben *n*⟩ | *auch* **~trate** [~treɪt] *Jur* beschlagnahmen, sequestrieren;

~tered [~təd] *adj* einsam, abgelegen ⟨a ≈ place⟩; **~tra·tion** [ˌsi:kwəˈstreɪʃn] *s* Absonderung *f* (**from** von) | Zurückgezogenheit *f* | *Jur* Beschlagnahme *f*, Zwangsverwaltung *f*
se·quin [ˈsi:kwɪn] *s* Ziermünze *f* | *Hist* Zechine *f*
se·quoi·a [sɪˈkwɔɪə] *s Bot* Mammutbaum *m*
se·ra [ˈsɪərə] *s/pl* von ↑ **serum**
se·ragli·o [sɪˈrɑ:lɪəʊ] *s* Serail *n*, Harem *m* | (türkischer) Palast
se·ra·i [seˈraɪ] *s* Karawanserei *f*
ser|aph [ˈserəf] *s* (*pl* **ˈser·aphs, ~a·phim** [ˈ~əfɪm]) Seraph *m*, Engel *m*; **se·raph·ic** [sɪˈræfɪk], **seˈraph·i·cal** *adj* seraphisch, engelhaft, Engels- ⟨a ≈ voice⟩
Serb [sɜ:b] **1.** *s* Serbe *m*, Serbin *f* | *Ling* Serbisch *n*; **2.** *adj* serbisch; **Ser·bi·an** [ˈsɜ:bɪən] **1.** *adj* serbisch; **2.** *s* Serbe *m*, Serbin *f* | *Ling* Serbisch *n*
sere [sɪə] = **sear 3.**
ser·e·nade [ˌserəˈneɪd] *Mus* **1.** *s* Serenade *f*, Ständchen *n*; **2.** *vt* (jmdm.) ein Ständchen bringen; *vi* eine Serenade spielen
ser·en·dip·i|tist [ˌserənˈdɪpətɪst] *s* Zufallsentdecker *m*; **~tuous** [~tjʊəs] *s* Zufalls- ⟨≈ discovery⟩; **~ty** [~tɪ] *s* Gabe *f* für zufällige *od* unerwartete Entdeckungen, Spürsinn *m*
se·rene [sɪˈri:n] **1.** *adj* ruhig, heiter, friedlich ⟨a ~ smile⟩ | klar, hell ⟨a ~ sky⟩ | (Person) ruhig, gelassen | ≗ Durchlaucht ⟨his ≗ Highness Seine Durchlaucht, Serenissimus *m*⟩; **2.** *vt poet* erheitern; **se·ren·i·ty** [sɪˈrenətɪ] *s* Ruhe *f*, Gelassenheit *f*, Heiterkeit *f*
serf [sɜ:f] *s Hist* Leibeigene(r) *f(m)* | *übertr* Sklave *m*; **ˈ~age, ˈ~dom** *s* Leibeigenschaft *f* | *übertr* Sklaverei *f*
serge [sɜ:dʒ] *s* Serge *f* ⟨a blue ~ suit⟩
ser·geant [ˈsɑ:dʒənt] *s Mil* Sergeant *m*, Feldwebel *m* | Polizeiwachtmeister *m*; **ˌ~-at-ˈarms** = **serjeant-at-arms**; **ˌ~ ˈma·jor** *s* (*pl* **ˌ~s ˈma·jor**) Oberfeldwebel *m*
serg·ette [sɜ:ˈdʒet] *s* Sergette *f*
se·ri·al [ˈsɪərɪəl] **1.** *s* Serienwerk *n*, Serie *f* | periodische Zeitschrift | Fortsetzungsroman *m* | *Rundf*, *Ferns* Serie *f*, Sendereihe *f*; **2.** *adj* serienmäßig, Serien-, Reihen- ⟨~ number laufende Nummer⟩ | periodisch (erscheinend), Reihen-, Serien- ⟨~ rights Rechte *pl* für die Veröffentlichung *od* Sendung in Fortsetzungen; ~ story Fortsetzungsgeschichte *f*⟩; **ˌ~ ˈac·cess** *s* (Computer) Serienzugriff *m*, Zugriff *m* in Reihenfolge der Speicherung; **ˌ~ ˈac·cess ˌmem·o·ry** *s* (Computer) Serienkernspeicher *m*; **ˌ~ comˈput·ing** *s* Serienrechnung *f*; **~i·za·tion** [ˌsɪərɪəlaɪˈzeɪʃn] *s* periodische Veröffentlichung | *Rundf*, *Ferns* Sendung *f* in Folgen *od* Fortsetzungen; **ˈ~ize** *vt* periodisch *od* in Fortsetzungen veröffentlichen | *Rundf*, *Ferns* als Folge *od* Serie senden; **ˌ~ ˈmar·riage** *s* Mehrfachheirat *f*
se·ri·a·tim [ˌsɪərɪˈeɪtɪm] *adv* der Reihe nach ⟨to deal with s.th. ~ etw. der Reihe nach angehen⟩; **se·ri·a·tion** [ˌsɪərɪˈeɪʃn] *s* reihenweise Anordnung
se·ri·ceous [seˈrɪʃəs] *adj* seidig, seidenartig, Seiden-; **ser·i·cul·ture** [ˈserɪˌkʌltʃə] *s* Seidenraupenzucht *f*; **ˈser·iˌcul·tur·ist** *s* Seidenraupenzüchter *m*
se·ries [ˈsɪəri:z] (*pl* ~) *s* Serie *f*, Reihenfolge *f*, Reihe *f*, Folge *f* ⟨in ~ der Reihe nach⟩ | Anzahl *f*, Reihe *f* ⟨a ~ of statesmen; a concert ~ e-e Konzertreihe; a TV ~ e-e Fernsehfolge, -serie⟩ | Satz *m* ⟨a ~ of coins (stamps)⟩ | *Tech* Baureihe *f* | *Math* Reihe *f* | *Biol* Gruppe *f* | *El* Serienschaltung *f* ⟨in ~ in Reihe [geschaltet]⟩; **ˌ~ ˈgen·er·a·tor** *s El* Hauptstrommaschine *f*, Hauptschlußgenerator *m*; **ˌ~ ˈmo·tor** *s El* Allstrommotor *m*; **ˌse·ries ˈmount·ing** *s El* Serienschaltung *f*; **ˌ~ ˈnotch** *s El* Reihenschaltstufe *f*; **ˌ~ ˈpar·al·lel** *s El* mehrgängige Windung; **ˈ~ proˌduc·tion** *s* Serienherstellung *f*; **ˌ~ transˈform·er** *s* Reihentransformator *m*; **ˌ~ ˈwind·ing** *s* Reihenwicklung *f*
ser·if [ˈserɪf] *Typ s* Serife *f* | Haarstrich *m*
se·ri·o·com·ic [ˌsɪərɪəʊˈkɒmɪk] *adj* ernst-komisch, komisch-ernst
se·rio·so [serɪˈəʊsəʊ] *adj*, *adv Mus* feierlich
se·ri·ous [ˈsɪərɪəs] *adj* feierlich, ernst ⟨a ~ face; a ~ worker; to be ~ about s.th. etw. ernst nehmen⟩ | ernst, gefährlich ⟨a ~ mistake; a ~ illness⟩ | ernsthaft, seriös ⟨to look ~⟩ | wichtig, bedeutend ⟨~ matters⟩; **ˈ~ly** *adv* schwer, ernstlich ⟨≈ wounded⟩ | ernsthaft, intensiv ⟨to study ≈; to take s.th. ≈ etw. ernst nehmen⟩ | (am Satzanfang) *umg* im Ernst, wirklich ⟨≈, I can't ich kann wirklich nicht⟩
ser·jeant-at-arms [ˌsɑ:dʒntətˈɑ:mz] (*pl* **ˌser·jeants-at-ˈarms**) *s Jur*, *Parl* Ordnungsbeamter *m*
ser·mon [ˈsɜ:mən] *s Rel* Predigt *f* | *übertr* Standpauke *f*, Strafpredigt *f*; **ˈ~ize** *vt* (jmdm.) eine Moralpredigt halten; *vi* predigen; Predigten verfassen | *iron* moralisieren
se·ro·log·ic [ˌsɪərəˈlɒdʒɪk], **ˌse·roˈlog·i·cal** *adj Med* serologisch; **se·rol·o·gist** [sɪˈrɒlədʒɪst] *s* Serologe *m*; **seˈrol·o·gy** Serologie *f*, Serumkunde *f*
se·ros·i·ty [sɪəˈrɒsətɪ] *s Med* seröser Zustand | seröse Flüssigkeit; **se·rous** [ˈsɪərəs] *adj* serös | Serum absondernd
ser|pent [ˈsɜ:pənt] *s Zool* (große) Schlange | (Person) *übertr* (Gift-) Schlange *f* ⟨the old ≈ *Rel* der Teufel⟩ | Feuerwerksschwärmer *m*; **ˈ~pent ˌcharm·er** *s* Schlangenbeschwörer *m*; **~pen·tine** [ˈsɜ:pəntaɪn] **1.** *adj* schlangenartig, -förmig | *lit* sich windend, sich schlängelnd ⟨a ≈ road⟩ | *übertr* falsch; **2.** *s* Schlangenlinie *f* | *Min* Serpentin *m*; **3.** *vi* sich winden, sich schlängeln; **ˌ~pen·tine ˈdance** *s* Schlangentanz *m*
ser|rate [ˈserɪt], **~rat·ed** [seˈreɪtɪd] *adj* gezackt, gezähnt ⟨≈ leaves⟩ | *Tech* geriffelt, gerippt, gezackt, sägeartig; kerbverzahnt ⟨≈ blade geriffeltes Messer; ≈ profile Sägezahn-, Kerbzahnprofil *n*⟩; **~ra·tion** [seˈreɪʃn] *s* Einkerbung *f*, Auszackung *f* | *Tech* (Kerb-) Verzahnung *f*
ser·ried [ˈserɪd] *lit adj* (Personen) dichtstehend, Schulter an Schulter | (Reihen) dicht geschlossen ⟨in ~ ranks in geschlossenen Reihen⟩
ser·ri·form [ˈserɪfɔ:m] *adj* gezackt
ser·ry [ˈserɪ] *vi* eng anschließen; *vt* (Reihen) dicht schließen ⟨to ~ ranks⟩
se·rum [ˈsɪərəm] *s* (*pl* **ˈ~s, se·ra** [ˈsɪərə]) Serum *n*, Blutflüssigkeit *f* | Heilserum *n* | Molke *f*
ser·val [ˈsɜ:vl] *s Zool* Serval *m*, afrikanische Buschkatze
ser·vant [ˈsɜ:vənt] *s*, *auch* **doˌmestic ˈ~** Diener(in) *m(f)*, Dienstbote *m*, Dienstbotin *f*, Hausangestellte(r) *f(m)* | *übertr lit* Instrument *n*, Mittel *n*, Diener *m* ⟨a ~ of the people ein Diener des Volkes⟩ | *bes* **ˌpub·lic ˈ~** Beamter *m*, Angestellter *m* (e-s öffentl. Dienstes) ⟨civil ~ Regierungsangestellte(r), -beamte(r) *f(m)*⟩ | *übertr* Diener *m* ⟨your humble/obedient ~ *förml* Ihr ergebener [Diener]⟩ | *Hist Am* Sklave *m*; **ˈ~ girl** *s* Dienstmädchen *n*; **ˈser·vants** *s/pl* Dienstboten *m/pl*, Gesinde *n*
serve [sɜ:v] **1.** *vi* dienen, in Stellung sein ⟨to ~ as gardener als Gärtner arbeiten⟩ | bedienen ⟨to ~ in a shop⟩ | bedienen, servieren ⟨to ~ in a restaurant⟩ | *Mil* dienen (**under** unter) | *übertr* nützen, dienen (**as** als, **for** für) | amtieren, ein Amt bekleiden ⟨to ~ on a committee einer Kommission angehören⟩ | hinreichen, genügen ⟨it ~s to show es zeigt *od* beweist hinreichend; as (the) occasion ~s bei passender Gelegenheit; that will ~ das wird genügen⟩ | *Rel* Ministrant sein | (Tennis) angeben ⟨to ~ well (badly)⟩; *vt* (jmdm.) dienen ⟨to ~ one's master⟩ | (jmdm.) dienlich sein, helfen | (jmdn.) bedienen | *auch* **~ out** (Speise) servieren, auftragen | *übertr* servieren, verabreichen, behandeln ⟨to ~ s.o. a trick jmdm. einen Streich spielen; to ~ s.o. shamefully jmdn. schändlich behandeln; to ~ s.o. out for s.th. jmdm. für etw. heimzahlen⟩ | (Amt) ausüben, be-

kleiden ⟨to ~ a function⟩ | (jmdm.) nützen, dienen ⟨if my memory ~s me wenn mich mein Gedächtnis nicht im Stich läßt⟩ | ausreichen für ⟨it ~s him right *umg iron* es schadet ihm gar nichts; that will not ~ you das nützt dir nichts; to ~ s.o.'s needs (purpose[s]) jmds. Bedürfnissen (Absichten) dienen; to ~ a purpose einen Zweck erfüllen⟩ | (Strafe) absitzen ⟨to ~ a sentence; to ~ time (for a crime)⟩ | (Tennis) (Ball) angeben, aufschlagen | *Jur* (Vorladung u. ä.) zustellen ⟨to ~ a writ on s.o. jmdn. vorladen⟩ | *Zool* (Stute, Kuh u. a.) decken; **~ out** (Dienstzeit) ableisten, (Funktion) bis zum Ende ausfüllen *od* ausüben; **2.** *s umg* (Tennis) Aufschlag *m*, Angabe *f*; **'serv·er** *s* Servierer(in) *m(f)* | *Rel* Ministrant *m* | Tablett *n* | *auch* **'sal·ad ˌserv·ers** Salatbesteck *n*; **ser·ve·ry** ['sɜːvrɪ] *s Brit* Anrichte *f*

serv·ice ['sɜːvɪs] **1.** *s* Dienst *m*, Stellung *f* ⟨to be in ~ in Stellung sein⟩ | (öffentlich) Dienst *m*, Amt *n* ⟨the Civil ~ der Staatsdienst; the Diplomatic ~⟩ | Militärdienst *m* ⟨in the ~s *Brit* beim Militär; on active ~ im aktiven Dienst; Senior ~ Marine *f*; to see ~ in s.th. als Soldat teilnehmen an etw.⟩ | *Wirtsch* Service *m*, Kundendienst *m*, Wartung *f* ⟨to send a car in for ~ das Auto zur Durchsicht geben⟩ | Dienstleistung *f*, Dienst *m* ⟨his ~s to the State; the ~s of a doctor (lawyer)⟩ | Gefälligkeit *f*, Hilfe *f*, Unterstützung *f* ⟨to be of ~ to s.o.; to be at s.o.'s ~ jmdm. zu Diensten sein; to do s.o. a ~ jmdm. einen Dienst erweisen, jmdm. eine Gefälligkeit tun⟩ | Versorgungsdienst *m* ⟨the bus (train) ~ der Bus- (Eisenbahn-) Verkehr; the postal ~ die Post⟩ | Bedienung *f*, Service *m*, Servieren *n* ⟨10% for ~; poor ~⟩ | Tafelgerät *n*, Service *n* ⟨a dinner ~ ein Speiseservice⟩ | *Tech* Betrieb *m* ⟨in (out of) ~ in (außer) Betrieb⟩ | *Tech, auch Mil* Bedienung *f* ⟨the ~ of a gun⟩ | Gottesdienst *m* | *Jur* (Anklage-) Zustellung *f* | (Sport) (Ball-) Angabe *f*, Aufschlag *m*; **2.** *vt Tech* überholen, überprüfen ⟨to have a car ~d regularly ein Auto regelmäßig durchsehen lassen⟩; **'~a·ble** *adj* brauchbar, dienlich, nützlich | haltbar ⟨≈ clothes⟩ | *Tech* funktionstüchtig | wartbar; **ˌ~a'bil·i·ty** *s Tech* Funktionstüchtigkeit *f*, Verwendbarkeit *f*, Tauglichkeit | Wartbarkeit *f*, Wartungsmöglichkeit *f*; **'~ ˌa·re·a** *s Rundf* Sendebereich *m*; **'~ brake** *s Tech* Betriebsbremse *f*; **'~ charge** *s* Bedienungszuschlag *m*; **'~ court** *s* (Tennis) Aufschlagsfeld *n*; **'~ deˌpart·ment** *s* Kundendienstabteilung *f*; **'~ dress** *s* Dienstkleidung *f*; **'~ drop** *s* Hausanschlußleitung *f*; **'~ flat** *s Brit* Appartement *n* mit vollem Service; **'~ kit** *s* Werkzeugkasten *m*; **'~ line** *s* (Tennis) Grundlinie *f*; **'~man** *s* (*pl* **'~men**) Militärangehöriger *m*; **'~ ˌmod·ule** *s* (Raumfahrt) Versorgungskapsel *f*; **'~ pipe** *s* Anschlußrohr *n*; **'~ road** *s* Zufahrtsstraße *f* | Zubringerstraße *f*; **'~ ˌsta·tion** *s* Kundendienstwerkstatt *f* | *Kfz* Großtankstelle *f* (mit Reparaturwerkstatt); **'~ stress** *s* Betriebsspannung *f*; **'~ ˌu·ni·form** *s* Dienstanzug *m*; **'~ ˌve·hi·cle** *s* Dienstfahrzeug *n*; **'~ˌwom·an** *s* (*pl* **'~ˌwom·en**) *s* (weibliche) Armeeangehörige

ser·vi·ette [ˌsɜːvɪ'et] *s* Serviette *f* ⟨a paper ~⟩

ser|vile ['sɜːvaɪl] *adj* unterwürfig, servil (**to** gegenüber), knechtisch ⟨to be ≈ to public opinion vor der öffentlichen Meinung zu Kreuze kriechen⟩ | sklavisch, Sklaven- ⟨≈ revolt Sklavenaufstand *m*⟩; **~vil·i·ty** [sɜː'vɪlətɪ] *s* Unterwürfigkeit *f* | Kriecherei *f* | knechtisches Wesen

serv·ing ['sɜːvɪŋ] *s* Servieren *n* ⟨~ a meal⟩ | Portion *f* ⟨another ~⟩; **'~ hatch** *s* Ausgabefenster *n*, Durchreiche(fenster) *f(n)*; **'~ ˌta·ble** *s* Serviertisch *m*

ser·vi·tor ['sɜːvɪtə] *s arch* Diener(in) *m(f)*

ser·vi·tude ['sɜːvɪtjuːd] *s lit* Knechtschaft *f*, Sklaverei *f* (**to** gegenüber) | *Jur* Nutzungsrecht *n*

servo ['sɜːvəʊ] *vt Tech* durch einen Servomechanismus unterstützen *od* steuern

ser·vo- [sɜːvəʊ] *präf mit der Bedeutung* Servo-, Hilfs-; **'ser·vo** *s* = **'servoˌmotor**

ser·vo|ac·tion ['sɜːvəʊˌækʃn] *s Tech* Servowirkung *f*; **'~ˌbrake** *s* Servobremse *f*; **'~ˌdrive** *s* Servoantrieb *m*; **'~ loop** *s El* Folgeregelkreis *m*; **'~ˌmech·a·nism** *s* Servomechanismus *m*; **'~ˌmo·tor** *s Tech* Servo-, Hilfsmotor *m*; **'~ˌpist·on** *s Tech* Stell-, Arbeitskolben *m*; **'~ˌu·nit** *s Flugw* Rudermaschine *f*

SES *Abk* von **socioeconomic status** ⟨a low SES child ein Kind mit niedrigem sozialökonomischem Status⟩

ses·a·me ['sesəmɪ] *s Bot* Sesam *m* ⟨open ~! Sesam, öffne dich!⟩; **'~ oil** *s* Sesamöl *n*

sesqui- [seskwɪ] *präf* ⟨*lat*⟩ anderthalb-

ses·qui·pe·da·li·an [ˌseskwɪpɪ'deɪlɪən] *adj* (Wort) sehr lang, monströs ⟨~ word⟩ | *übertr* bombastisch

ses·sion ['seʃn] *s* Sitzung *f*, Tagung *f*, Versammlung *f*, Konferenz *f*, Besprechung *f* | *Med* Behandlung *f* ⟨a dentist's ~⟩ | *Jur* Gerichtssitzung *f* ⟨petty ~s *pl Brit* Bagatellgericht *n*; Court of ~ *Schott* Oberstes Gericht *n* für Zivilsachen⟩ | *Jur Parl* Sitzungsperiode *f* ⟨the autumn ~; to be in ~ tagen; to go into ~ die Sitzung beginnen⟩ | *Päd Brit* Studienjahr ⟨academic ~⟩ | *Päd Am, Schott* Semester *n*; **'~al** *adj* Sitzungs-

set [set] **1.** *s* Serie *f*, Reihe *f* (zusammengehörender Dinge), Garnitur *f*, Set *n* ⟨a ~ of false teeth ein künstliches Gebiß; a ~ of stamps ein Briefmarkensatz; a dinner ~⟩ | Gruppe *f* von Personen mit gleichen Interessen, Kreis *m*, *verächtl* Clique *f* ⟨a nice ~ of people nette Leute *pl*; the literary ~ die literarische Welt; the tennis ~ die Tennisfreunde; the jet ~ Vergnügungen in aller Welt nachjagende junge Leute *pl*; the smart ~ die Lebewelt⟩ | Rundfunkgerät *n*, -apparat *m* ⟨a transistor ~⟩ | (*ohne pl*) (Wind-, Strömungs-) Richtung *f* | (*ohne pl*) *übertr* Tendenz *f*, Neigung *f* ⟨the ~ of the tide der Meinungstrend⟩ | Schnitt *m*, Sitz *m* (e-s Kleides) | (*ohne pl*) Stellung *f*, Haltung *f* ⟨the ~ of his head⟩ | Einteilung *f* | *Tech* Erstarren *n*, Fest-, Hartwerden *n* ⟨to take a ~ fest werden⟩ | *Arch* Feinputz *m* | Vorstehen *n* (des Jagdhundes) ⟨to make a dead ~ at *Brit übertr* herfallen über, aufs Korn nehmen; es abgesehen haben auf, hinterher sein nach (Mann, Frau)⟩ | Gespann *n* | *Theat* Bühnenbild *n*; *Film* Szenenaufbau *m* | (Dach u. a.) Bau *m* | *Tech* Folge *f*, Gruppe *f* | *Tech* Aggregat *n*, Gerät *n* | (Tennis) Satz *m* | *Math* Zahlensystem *n*, Reihe *f* | *Bot* Ableger *m*, Setzling *m* | (Haar) (Ein-) Legen *n* ⟨shampoo and ~ £ 2.00 Waschen und Legen £ 2⟩ | *Typ* Satz *m* | *poet* (Sonnen- u. ä.) Untergang *m*; **2.** *adj* vorgeschrieben, festgelegt, festgesetzt ⟨at a ~ time; ~ reading Pflichtliteratur *f*; a ~ lunch ein festes Gericht *od* Essen⟩ | unverändert, fest ⟨a man of ~ opinions; ~ in one's ways mit festen Gewohnheiten (alter Mensch)⟩ | regelmäßig wiederkehrend, habituell ⟨~ phrase feste Redewendung⟩ | unbeweglich, fest, starr ⟨a ~ smile, ~ looks; with ~ teeth mit zusammengebissenen Zähnen⟩ | (Wetter) unverändert, schön ⟨~ fair⟩ | (Edelstein) (ein)gefaßt | versessen (**on, upon** auf) | besetzt (**with** mit) | *Tech* eingebaut;

3. (**~, ~**) *vt* (etw.) setzen, legen, stellen (**before** vor, **on** auf, **in** in, **to** an, zu) ⟨to ~ fire/a match/a light to s.th. etw. in Brand stecken *od* anzünden; to ~ one's hand to a document etw. unterschreiben; to ~ pen to paper zur Feder greifen, mit Schreiben anfangen⟩ | (etw. in e-n bestimmten Zustand) (ver)setzen, ver(an)lassen ⟨to ~ one's affairs in order seine Angelegenheiten in Ordnung bringen; to ~ s.o. at (his/her) ease jmdn. beruhigen; jmdm. die Befangenheit nehmen; to ~ right in Ordnung bringen; (jmdn.) (über einen Irrtum) aufklären; (einen Irrtum) richtigstellen; (jmdn.) wiederherstellen; to ~ s.th. to rights etw. wieder in Ordnung bringen; to ~ s.o. at liberty, to ~ s.o. free jmdn. freilassen, jmdn. auf freien Fuß setzen; to ~ s.o. at loggerheads/variance with jmdn. in Widerspruch versetzen zu; to ~ s.th. in motion etw. in Gang bringen; to ~ s.o. on his feet jmdn. wieder aufrichten; *übertr* jmdm. wieder auf die Beine helfen; to ~ s.th. on fire etw. in Brand setzen; not/never ~ the Thames on fire *übertr* keine Bäume ausreißen; to ~ s.o. right jmdn. korrigieren; to ~ s.o.'s teeth on edge jmdn. nervös machen⟩ | veranlassen zu, bewegen zu ⟨to ~ s.th. going etw. in Gang bringen, etw. in Gang setzen; to ~ s.o. laughing jmdn. zum Lachen bringen; to ~ s.o. thinking jmdm. zu denken geben⟩ | (Aufgabe, Frage u. ä.) stellen, aufgeben ⟨to ~ s.o. a problem jmdm. eine Aufgabe stellen⟩ | (an)geben, bestimmen ⟨to ~ s.o. an example jmdm. ein Vorbild geben; to ~ a pattern ein Beispiel geben; to ~ the fashion die Mode angeben; to ~ the pace (Sport) führen; *übertr* den Ton angeben; to ~ the stroke (Rudern) die Schlagzahl angeben⟩ | befehlen, veranlassen ⟨to ~ s.o. to do s.th. jmdn. dazu bringen, etw. zu tun; to ~ o.s. to do s.th. sich vornehmen, etw. zu tun; to ~ a thief to catch a thief *Sprichw* den Bock zum Gärtner machen⟩ | (Zeitpunkt) festsetzen, -legen, bestimmen ⟨to ~ a date⟩ | (Blick, Sinn u. ä.) richten, lenken ⟨to ~ eyes on s.o. jmdn. ansehen; to ~ one's face against s.th. gegen etw. opponieren; to ~ one's cap at s.o. *arch* auf jmdn. (Mann) aus sein, sich jmdn. angeln wollen; to ~ one's heart/hopes/mind on s.th. seine Hoffnung auf etw. setzen; to ~ great (little) store by s.th. großen (wenig) Wert auf etw. legen⟩ | (mit Schmuck) besetzen; (Edelstein) (ein)fassen | *auch* ~ **up** *Typ* setzen, absetzen | *Bot* (Baum u. ä.) pflanzen | *Bot* (Frucht) ansetzen | (Messer, Klinge, Säge) schärfen, schleifen, abziehen | (Tisch) decken | (Falle) stellen (*auch übertr*) ⟨to ~ a trap for s.o.⟩ | (Uhr) stellen | (Zähne) zusammenbeißen (*auch übertr*) ⟨to ~ one's teeth⟩ | *Med* (Glied) einrenken ⟨to ~ s.o.'s leg⟩ | *Mus* in Musik setzen, vertonen, komponieren ⟨to ~ words to music⟩ | treiben, tragen (Flut, Strömung) (*auch übertr*) | (Haare) eindrehen, legen | *Arch* mit Putzschicht überziehen | *Theat* aufbauen ⟨to ~ a scene⟩ | (Wild) anzeigen, stellen | *Tech* erhärten, fest machen, (Werkzeug) aufspannen | (Maschine) einrichten;

~ **about** beginnen, in Angriff nehmen ⟨to ≈ a job⟩ | in Umlauf setzen ⟨to ~ a rumour about⟩ | *umg* sich hermachen über, angreifen; ~ **across** übersetzen ⟨to ≈ a river⟩; ~ **against** gegenüberstellen, -halten | absetzen von (e-n Betrag) | *übertr* einnehmen gegen, Zwietracht säen zwischen; ~ **apart** herausheben (**from** aus) ⟨to ~ s.o. apart from others⟩ | = ~ **aside**; ~ **aside** beiseitelegen | aufgeben (*auch übertr*) | aufheben, sparen (**for** für) | *Jur* für ungültig erklären ⟨to ≈ a claim⟩; ~ **back** aufhalten, behindern | (Uhr) zurückstellen | *umg* (jmdn.) viel kosten, (jmdn.) zu stehen kommen ⟨it will ~ you back quite a bit⟩ | (Gebäude u. a.) zurück(ver)setzen; ~ **beside** (*meist pass*) vergleichen mit; ~ **down** ab-, niedersetzen | *Brit* aussteigen lassen, absetzen (Passagier) | auf-, niederschreiben | zuschreiben (**to s.th.** e-r Sache), zurückführen (**to s.th.** auf etw.) | *Jur* (Zeit) bestimmen, festlegen, festsetzen; ~ **forth** *förml* auseinandersetzen, erklären, darlegen ⟨to ≈ one's views⟩; ~ **in** einsetzen; ~ **off** hervorheben, hervortreten lassen | abteilen | (*meist pass*) (Satz u. ä.) abheben, unterteilen | ausgleichen ⟨to ≈ against gegenüberstellen; to ≈ gains against losses⟩ | (Wirkung u. a.) auslösen, verursachen ⟨to ≈ a strike⟩ | (Sprengstoff u. a.) zünden, explodieren lassen | (jmdn.) dazubringen, veranlassen ⟨to ~ s.o. off laughing jmdn. zum Lachen bringen; to ~ s.o. off on another joke jmdn. dazu bringen, einen neuen Witz zu erzählen⟩; ~ **on** loslassen ⟨to ~ one's dog on s.o.⟩ | veranlassen | in Gang bringen | angreifen; ~ **out** bekanntmachen, darlegen, erklären | (Ware) ausstellen | abgrenzen, abstecken, markieren | zuteilen, zuweisen | herrichten, anordnen | auspflanzen; ~ **up** errichten, aufstellen ⟨to ≈ a statue ein Denkmal aufstellen⟩ | ausstatten (**with** mit, **for** für) ⟨to be well ≈ sich gut stehen⟩ | gründen, einrichten ⟨to ≈ an institution; to ~ o.s. up as sich niederlassen als⟩ | (Geschäft) eröffnen ⟨to ≈ shop as sich selbständig machen als⟩ | (jmdn.) finanziell auf die Beine helfen ⟨to ~ s.o. up as jmdm. eine Existenz gründen als; to ~ s.o. up in a shop jmdm. ein Geschäft einrichten; to ~ up house (together) zusammenziehen (als Mann und Frau), einen Hausstand gründen⟩ | (sich) ausgeben (**as** als) ⟨to ~ o.s. up as an artist⟩ | (Theorie) aufstellen | (Geschrei u. ä.) erheben | (Problem u. ä.) verursachen, veranlassen ⟨to ≈ irritation Ärger erregen⟩ | (Rekord) aufstellen ⟨to ≈ a record⟩ | (Kandidaten) aufstellen, nominieren | *umg* (jmds. Gesundheit) wiederherstellen ⟨it will ~ me up; to be well ~ up (körperlich) gut entwickelt sein⟩ | *Typ* setzen, absetzen | *Tech* (Stahl) aushärten | (Werkstück) aufspannen | (Maschine) einrichten | (Beton) abbinden | *Tel* (Verbindung) herstellen ⟨to ~ up a call⟩ ◇ **be ~ [up]on s.th.** erpicht sein auf, entschlossen sein zu; *vi* (Sonne u. ä.) untergehen | (Kleid) sitzen, passen ⟨to ~ well gut passen⟩ | sich in Bewegung setzen | strömen | (Wind) wehen, kommen (**from** aus) | sich aufstellen (Tänzer) ⟨to ~ to partners⟩ | sich neigen *od* richten (**against** gegen) | hart werden, gelieren | (Wetter) beständig werden | ausreifen | (Uhr) stillstehen | *Bot* Frucht ansetzen | (Henne) brüten | (Jagdhund) vorstehen | *Med* sich einrenken | *Tech* erstarren, abbinden, fest werden;

~ **about** sich anschicken; ~ **at** angreifen; ~ **back** zurückfließen; ~ **down** sich niedersetzen; ~ **forth** sich aufmachen, aufbrechen (**for** nach); ~ **forward** sich auf den Weg machen, weiterreisen; ~ **in** einsetzen, beginnen; ~ **off** sich anschicken (**to** *mit inf* zu *mit inf*) | aufbrechen (**on** zu); ~ **out** planen | aufbrechen (**for** nach); ~ **up** sich niederlassen (**as** als); sich ausgeben (**for** für);

'~back *s* Rückschlag *m* | *Med* Rückfall *m* | (Sport) Niederlage *f* | *Wirtsch* Rückgang *m*; **'~bolt** *s Tech* Stellschraube *f*; **'~down** *s* Verweis *m*, Rüffel *m*, Rüge *f*; **'~ ˌham·mer** *s Tech* Setzhammer *m*; **'~off** *s* Kontrast *m*, Gegensatz *m* | *Arch* Mauerabsatz *m* | *Jur* Entschädigung *f*; **'~out** *s* Aufbruch *m*, Anfang *m* | Auslage *f*, Ausstellung *f* | Gespann *n* | Ausrüstung *f* | (Kleidung) Aufmachung *f* | (Tafel) Garnitur *f* | Party *f*, Fete *f*; **ˌ~ 'piece** *s Lit* Standardwerk *n* | *Mil* (geplante) Operation | (Feuerwerk) Schaubild *n* | (Fußball) Standardsituation *f*; **'~screw** *s* Klemm-, Stellschraube *f*; **'~square** *s* Zeichendreieck *n*, Winkel *m*

SETI *Abk* von **search for extraterrestrial intelligence** Suche nach außerirdischen Wesen

sett [set] *s* Vorstehen *n* (des Jagdhundes)

set·tee [se'ti:] *s* Sitzbank *f* | kleines Sofa

set·ter ['setə] *s Zool* Setter *m*, Vorstehhund *m* ⟨English ~⟩ | *(in Zus)* Schriftsetzer *m* ⟨type~⟩ | *(in Zus)* Einrichter *m* ⟨bone~⟩ | jmd., der etw. einleitet ⟨a ~ of fashions jmd., der die Mode bestimmt; a ~ of traps ein Fallensteller⟩

set the·o·ry ['set ˌθɪərɪ] *s Math* Mengenlehre *f*

set·ting ['setɪŋ] *s* (Ein-) Setzen *n*, (Ein-) Fassen *n* | Fassung *f* ⟨the ~ of a jewel⟩ | Lage *f* ⟨a beautiful ~⟩ | *Theat, Film* Bühnenbild *n*, Ausstattung *f* | Erstarren *n*, Hartwerden *n* | (Sonnen- u. ä.) Untergang *m* | Richtung *f*, Verlauf *m* (e-s Flusses u. ä.) | *Mus* Vertonung *f* | Vorstehen *n* | *Typ* (Schrift-) Satz *m* | *Foto* Blendeneinstellung *f* | (Eier) Gelege *n* | *auch* **'ta·ble ˌ~** Gedeck *n* | *Tech* Einrichten *n* (e-r Maschine) | *Tech* Justierung *f* | *Tech* Aufspannen *n*; **'~**

ac,cu·ra·cy *s Tech* Einstellgenauigkeit *f*; **'~ an·gle** *s Tech* Einstellwinkel *m*; **'~ coat** *s* Überputz *m*; **'~ ,mag·net** *s* Richtmagnet *m*; **'~ mark** *s* Einstellmarke *f*; **'~ range** *s* Einstellbereich *m*; **'~ screw** *s* Stellschraube *f*; **'~ stick** *s Typ* Winkelhaken *m*

[1]**set·tle** ['setl] *s* Sitzbank *f* mit hoher Lehne

[2]**set·tle** ['setl] *vt* (etw.) (fest)setzen, unterbringen, legen ⟨to ~ a child in its crib ein Kind in die Wiege legen; to ~ o.s. in a chair sich auf einem Stuhl niederlassen; to ~ one's feet in the stirrups die Füße in die [Steig-] Bügel setzen⟩ | festsetzen, festlegen, ausmachen, vereinbaren, bestimmen, entscheiden ⟨to ~ a date; it's all ~d es ist alles erledigt; that ~s it! *umg* damit steht alles fest!⟩ | in Ordnung bringen ⟨to ~ the matter; to ~ one's affairs⟩ | (Streit u. ä.) beilegen, schlichten ⟨to ~ s.th. out of court etw. außerhalb des Rechtsweges regeln⟩ | *auch* **~ down** beruhigen, zur Ruhe bringen ⟨to ≈ one's nerves; to ~ the audience down⟩ | (Rechnung) bezahlen, begleichen ⟨to ~ a bill; to have an account to ~ with s.o. *umg* mit jmdn. noch ein Hühnchen zu rupfen haben⟩ | (Besitz u. ä.) übereignen, überschreiben (**[up]on** auf), vermachen (**on s.o.** jmdm.) | versorgen, unterbringen ⟨to ~ one's son in business s-m Sohn eine Stelle in der Firma verschaffen⟩ | unter die Haube bringen, verheiraten | (Staub u. ä.) setzen lassen | (Flüssigkeit u. ä.) klären, absetzen lassen | (Land) besiedeln, bevölkern | (jmdn.) ansiedeln, ansässig machen | (be)festigen, gründen (*auch übertr*) ⟨to ~ a road⟩ | (Sprache) regeln | *Tech* festigen, stabil machen;
vi sich einigen, eine Vereinbarung treffen, einig werden | *Jur* zu einem Vergleich kommen | sich entschließen, sich entscheiden (**[up]on** für; **on** *mit ger* zu *mit inf*) | (Wetter) beständig werden | sich ansiedeln, sich niederlassen (**as** als) | (Boden) sich senken | (Staub u. ä.) sich setzen; (Flüssigkeit) sich (ab)klären; **~ down** sich niederlassen, es sich bequem machen | sich senken, sinken | sich widmen (**to s.th.** e-r Sache) | sich hineinfinden (**in** in), sich gewöhnen (**in, to** an) ⟨to ~ down to married life sich an das Verheiratetsein gewöhnen⟩ | sich beruhigen, ruhig werden; **~ for** sich abfinden mit, akzeptieren ⟨to ≈ £ 50 mit £ 50 zufrieden sein (für etw.)⟩ ; **~ in** (in ein Haus) einziehen | sich eingewöhnen (**in** in); **~ into** (ein)ziehen in, sich einrichten in ⟨to ≈ a new office⟩; **~ up** (finanziell) ins reine kommen (**with s.o.** mit jmdm.) | miteinander abrechnen (Gruppe);

set·tled *adj* fest (selbst), bestimmt ⟨≈ convictions feste Überzeugungen *f/pl*, feste Ansichten *f/pl*⟩ | (Wetter) beständig | fest begründet ⟨≈ principles of law⟩ | etabliert ⟨to feel ≈ sich wohl fühlen⟩ | ernst, ruhig, gesetzt ⟨a ≈ life⟩ | verheiratet | besiedelt, fest ansässig, seßhaft ⟨no ≈ population⟩ | (Rechnung) bezahlt | *Jur* übereignet; **set·tle·ment** ['setlmənt] *s* Festlegung *f*, Festsetzung *f*, Regelung *f*, Vereinbarung *f*, Abmachung *f* | Vergleich *m* ⟨to reach a ≈ with s.o. mit jmdm. zu einem Vergleich kommen⟩ | Beilegung *f*, Schlichtung *f* | Bezahlung *f* ⟨in ≈ of s.th. zur Bezahlung e-r Sache⟩ | Unterbringung *f*, Versorgung *f* | Absinken *n* | Klärung *f* (von Flüssigkeiten) | Beruhigung *f* | *Jur* Vermächtnis *n*, Schenkung *f*, Übertragung *f* ⟨marriage ≈ Ehevertrag *m*; to make a ≈ on s.o. jmdm. als Schenkung überlassen⟩ | Besiedlung *f*; Ansiedlung *f*, Kolonie *f* ⟨a Dutch ≈⟩ | *auch* **'wel·fare ,set·tle·ment** Wohlfahrtsverein *m* ⟨≈ in the East End of London⟩; **'set·tler** *s* Ansiedler *m*, Kolonist *m* | *Tech* Absetzgefäß *n* | *umg* harter Schlag; **'set·tling** *s* Festsetzen *n* | Entscheiden *n* | Absetzen *n*, Ablagern *n* | Schlichtung *f* | *Wirtsch* Abrechnung *f* | Bodensatz *m*, Rückstand *m*; **'set·tling pond** *s* Klärteich *m*; **'set·tling tank** *s* Klärbecken *n*, Klärgefäß *n*; **'set·tling ,water** *s* Klärwasser *n*

set|-to ['set ,tu|,set 'tu:] *umg s* (Box-) Kampf *m* | Schlägerei *f* | kurzer (heftiger) Wortwechsel; **~-up** ['setʌp] *umg s* Zustände *pl*, Umstände *pl* ⟨what's the ≈ here? wie hängt hier alles zusammen?⟩ | Organisation *f*, Arrangement *n* ⟨it's a funny ≈ das ist vielleicht ein komischer Verein⟩ | Geräte *pl*, Instrumente *pl*, Anlagen *pl* | *Film* Kameraeinstellung *f* | (Sport) *Am* (Körper)haltung *f*, Konstitution *f* | *Am* Projekt *n*, Plan *m* | *Am Sl* Dreh *m*, Masche *f*, Trick *m*

sev·en ['sevn] **1.** *adj* sieben; **2.** *s* Sieben *f*; **~fold** [~fəʊld] *adj, adv* siebenfach; **~teen** [,sevn'ti:n] **1.** *adj* siebzehn; **2.** *s* Siebzehn *f*; **,~'teenth 1.** *adj* siebzehnte(r, -s); siebzehntel; **2.** *s* Siebzehnte(r, -s) *f*(*m, n*); Siebzehntel *n*; **'sev·enth 1.** *adj* siebente(r, -s) ⟨in the ≈ heaven⟩ | siebentel; **2.** *s* Siebente(r, -s) *f*(*m, n*); Sieb(en)tel *n*; *Mus* Septime *f*; **~ti·eth** [~tɪθ] **1.** *adj* siebzigste(r, -s); siebzigstel; **2.** *s* Siebzigste(r, -s) *f*(*m, n*); Siebzigstel *n*; **'~ty 1.** *adj* siebzig; **2.** *s* Siebzig *f* ⟨the ~ties die siebziger Jahre (des Jh.); die Siebziger (Lebensjahre); siebziger Temperaturen (Fahrenheit)⟩; **,~ty 'eight** *s* 78er Schallplatte *f*; **,~-year 'itch** *s* (*mit best art*) verflixtes siebentes Jahr (e-r Ehe)

sev·er ['sevə] *vt* (ab)trennen, lösen (**from** von) ⟨to ~ the head from the body⟩ | auseinanderreißen, zerreißen, zerschneiden ⟨to ~ a rope⟩ | *übertr* lösen ⟨to ~ one's connexions with s.o. die Verbindungen mit jmdm. lösen; to ~ o.s. from s.th. sich von etw. trennen⟩; *vi* (zer)reißen; sich trennen, sich lösen (**from** von); **'~a·ble** *adj* trennbar

sev·er·al ['sevrl] **1.** *förml adj* verschiedene, mehrere (drei und mehr, aber nicht viele) ⟨~ times mehrmals; ~ more ein paar mehr⟩ | einzeln, getrennt ⟨they went their ~ ways sie gingen ihre eigenen Wege⟩; **2.** *pron, s/pl* mehrere, einige ⟨~ of you⟩; **'~ly** *adv förml* einzeln, getrennt ⟨to treat the two problems ≈⟩

sev·er|al·ty ['sevərəltɪ] *s* Getrenntheit *f* | *Jur* Eigenbesitz *m*; **'~ance** [-r̥əns] *s* Trennung *f*, Lösung *f* (**from** von) ⟨≈ of diplomatic relations⟩ | *Wirtsch förml* Lösung *f* des Arbeitsvertrages, Kündigung *f*; **'~ance pay** *s* Abfindung(ssumme) *f*(*f*)

se·vere [sɪ'vɪə] *adj* streng ⟨to be ~ on/with s.o. gegen jmdn. streng sein⟩ | schonungslos, hart ⟨a ~ sentence ein hartes Urteil⟩ | finster, ernst ⟨~ looks⟩ | heftig, stark ⟨~ pain⟩ | (Wetter) rauh, streng ⟨~ frost⟩ | schwierig, schwer ⟨a ~ competition⟩ | (Stil) einfach, schlicht | gründlich, genau ⟨~ investigations⟩; **se·ver·i·ty** [sə'verətɪ] *s* Härte *f*, Strenge *f* ⟨to punish with ≈ streng *od* hart bestrafen; acts of ≈ strenge Maßnahmen *f/pl*⟩ | Ernst *m*, Schwere *f*, Heftigkeit *f* ⟨the ≈ of illness⟩ | Rauheit *f*, Strenge *f* (des Wetters) | Schwierigkeit *f* | Einfachheit *f*, Schlichtheit *f* (des Stils) | Gründlich-, Genauigkeit *f*; **se'ver·i·ties** *s/pl* Härten *f/pl*, Anstrengungen *f/pl*, harte Behandlung

sew [səʊ] (**sewed, sewed** *od* **sewn** [səʊn]) *vt* nähen ⟨to ~ a dress; hand-sewn handgenäht⟩ | *Buchw* heften, broschieren; **~ in** einheften; **~ on** auf-, annähen ⟨to ≈ a button⟩; **~ up** ein-, zusammen-, zunähen | *Brit Sl* restlos fertigmachen *od* erschöpfen ⟨~ed up betrunken⟩ | *urspr Am Sl* (etw.) sich sichern, perfekt machen, unter Dach und Fach bringen ⟨to ~ up a deal einen Dreh machen⟩; *vi* nähen

sew·age ['su:ɪdʒ|sju:-] **1.** *s* Abwasser *n* ⟨raw ~ Primärabwässer *pl*⟩ | Abwasserversorgung *f*; **2.** *vt* mit Abwässern berieseln, düngen | kanalisieren; **,~ ,clar·i·fi·'ca·tion plant** *s* Kläranlage *f*; **'~ dis,pos·al** *s* Abwasserbeseitigung *f*; **'~ farm** *s* Rieselfeld *n*; **'~ ,treat·ment** *s* Abwasserbehandlung *f*, Abwasserreinigung *f*; **'~ works** *s* = **'~ farm**

[1]**sew·er** ['səʊə] *s* Näherin *f* | *Buchw* Hefter *m* | *Tech* Näh-, Heftmaschine *f*

[2]**sew·er** ['su:ə|'sju:ə] **1.** *s* Abwasserleitung *f*, Abwasserkanal

m, Abflußkanal *m*, Kloake *f* | Straßenrinne *f*, Gosse *f*; **2.** *vt* kanalisieren; **~age** [~rɪdʒ] *s* Kanalisation *f*, Abwasserbeseitigung *f*; **'~ gas** *s* Klär-, Sumpfgas *n*; **'~ pipe** *s* Abwasserrohr *n*; **'~ rat** *s Zool* Wanderratte *f*

sew·ing ['səʊɪŋ] *s* Nähen *n*, Näharbeit *f*; **'~ ˌcot·ton** *s* Nähzwirn *m*; **'~ maˌchine** *s* Nähmaschine *f*; **'~ silk** *s* Nähseide *f*

sewn [səʊn] *part perf* von ↑ **sew**

sex [seks] *s* Geschlecht *n* ⟨what is its ~?; without distinction of ~⟩ | Vertreter *pl* des männlichen *od* weiblichen Geschlechts ⟨the opposite ~ das andere Geschlecht; the gentle ~ das schwache Geschlecht; the sterner ~ das starke Geschlecht⟩ | Sex *m*, Erotik *f*, Sex-Appeal *m*, sexuelle Aktivität ⟨a film with a lot of ~ in it⟩ | Geschlechtstrieb *m*, Sexualität *f* ⟨to suppress one's ~⟩ | Sex *m*, Geschlechtsverkehr *m* ⟨to have ~ with s.o.; ~ outside marriage⟩

sex|a·ge·nar·i·an [ˌseksədʒɪ'nɛərɪən] **1.** *adj* sechzigjährig; **2.** *s* Sechziger(in) *m(f)*; **~ag·e·nar·y** [ˌseksə'dʒi:nərɪ] **1.** *adj* sechzigjährig | sechzigteilig; **2.** *s* Sechzigjährige(r) *f(m)*; **~a·ges·i·mal** [ˌseksə'dʒesɪml] *Math* **1.** *adj* sexagesimal ⟨≈ division Sexagesimalteilung *f*⟩; **2.** *s* Sexagesimalbruch *m*; **~an·gle** ['seksæŋgl] *s Math* Sechseck *n*

sex| ap·peal ['seks əˌpi:l] *s* Sex-Appeal *m*, geschlechtliche Anziehungskraft; **'~-blind** *adj* nicht zwischen den Geschlechtern unterscheidend; **'~ ˌclin·ic** *s Med* Sexualklinik *f*; **ˌ~ di·scrim·i'na·tion** *s* Diskriminierung auf Grund des Geschlechts; **-sexed** [sekst] *in Zus* … sexuell veranlagt (*z. B.* **over-~** sexuell unersättlich, **under-~** sexuell uninteressiert); **'sex ed·uˌca·tion** *s* Sexualerziehung *f*, Aufklärungsunterricht *m*; **'~i·ly** *adv umg* sexy, aufreizend ⟨≈ dressed⟩; **'~ism** *s* Sexismus *m*, Unterdrückung *f od* Benachteiligung *f* der Frau; **'~ist** **1.** *s* jemand, der die Gleichberechtigung der Frau ablehnt; **2.** *adj* frauenfeindlich, die Würde der Frau erniedrigend ⟨≈ words⟩; **'~ ˌkit·ten** *s* Sexkätzchen *n*, Betthäschen *n*; **'~less** *adj* geschlechtslos; **'~ life** *s* Sexualleben *n*; **'sex·o-** *in Zus* sexo-, sexual- ⟨≈cultural⟩; **'~ ˌob·ject** *s* Sexobjekt *n*; **'~ ˌor·gan** *s* Geschlechtsorgan *n*; **ˌ~ploi'ta·tion** *s* Mißachtung *f* der Würde der Frau, Herabwürdigung *f* der Frau (*bes* in Filmen); **ˌ~'ploit·er** *s Film* Frauen erniedrigender Film, Sexfilm *m*; **'~ role** *s* Geschlechterfunktion *f*, Sexrolle *f*; **'~ shop** *s* Sexshop *m*, Pornoshop *m*

sex·tant ['sekstənt] *s Astr* Sextant *m*

sex·tet[te] [seks'tet] *s Mus* Sextett *n*

sex·ton ['sekstən] *s* Kirchendiener *m*, Küster *m* | Totengräber *m*

sex·tu·plet [sek'stju:plət] *s* Sechsling *m*

sex-|typed ['sekstaɪpt] *adj* auf Geschlechter festgelegt ⟨≈ jobs⟩; **'~-ˌtyp·ing** *s* Festlegung *f* der Geschlechterrollen

sex·u·al ['sekʃʊəl] *adj* sexuell, geschlechtlich, Sexual-, Geschlechts-; **ˌ~ 'har·ass·ment** *s* sexuelle Belästigung *od* Nötigung; **ˌ~ 'in·stinct** *s* Geschlechtstrieb *m*; **ˌ~ 'in·ter·course** *s* Geschlechtsverkehr *m*; **~i·ty** [ˌsekʃʊ'ælɪtɪ] *s* Sexualität *f*, Geschlechtlichkeit *f*; **ˌ~ 'pol·i·tics** *s* Politik *f*, bei der ein Geschlecht das andere unterdrückt

sex·y ['seksɪ] *adj umg* sexy, sinnlich ⟨~ language⟩ | sexy, scharf ⟨a ~ girl; to look ~⟩ | *übertr umg* attraktiv, das öffentliche Interesse erweckend ⟨~ technology⟩

SF *Abk* von **science fiction**

sfor·zan·do [sfɔ:t'sændəʊ] *adj, adv Mus* sforzando, stark betont

Sgt *Abk* von **sergeant**

sh, *auch* **shh, ssh** [ʃ] *interj* sch[t]!, still!

shab·by ['ʃæbɪ] *adj* (Kleidung u. ä.) schäbig, fadenscheinig, abgerissen, abgetragen ⟨a ~ hat⟩ | gemein, niederträchtig ⟨to play a ~ trick on s.o. jmdm. übel mitspielen⟩ | billig, knauserig, kleinlich ⟨a ~ excuse⟩; **ˌ~-gen·'teel** *adj* arm, aber vornehm, von verblichener Eleganz

shab·rack ['ʃæbræk] *s Mil* Schabracke *f*, Satteldecke *f*

shack [ʃæk] **1.** *s urspr Am umg* (*meist* Holz-) Hütte *f*, Blockhaus *n* | Schuppen *m* ⟨a gardener's ~⟩; **2. ~ up** *vi Sl* zusammenleben, miteinander schlafen, zusammenziehen (**with** mit); *vt* **~ up** *Am Sl* (jmdn.) unterbringen

shack·le ['ʃækl] **1.** *s* Kettenglied *n* | *Tech* Lasche *f* | *meist pl lit* Fessel(n) *f(pl)*, Ketten *f/pl* (*auch übertr*) ⟨the ~s of convention⟩; **2.** *vt* fesseln, ketten | *übertr* hemmen; **'~ joint** *s Tech* Laschengelenk *n*

shad [ʃæd] (*pl* **~**, *selten* **~s** [~z]) *s Zool* Shad *m*, Alse *f*

shad·dock ['ʃædək] *s Bot* (Gattung der) Pampelmuse *f*

shade [ʃeɪd] **1.** *s* Schatten *m*, Dunkel *n* ⟨in the ~ im Schatten; *übertr* im Dunkel, zurückgezogen; to cast/put/throw s.o. (s.th.) in[to] the ~ *übertr* jmdn. (etw.) in den Schatten stellen; light and ~⟩ | schattiger Ort, schattiges Plätzchen | Schattierung *f*, Farbton *m* ⟨several ~s of green⟩ | *oft in Zus* (Lampen- u. ä.) Schirm *m* ⟨a lamp~⟩ | *übertr* Schattierung *f*, Abstufung *f* ⟨~s of meaning Bedeutungsnuancen *pl*⟩ | (*meist sg*) *umg* Kleinigkeit *f*, Andeutung *f*, Spur *f* ⟨to be a ~ better sich ein wenig besser fühlen⟩ | *übertr lit* Schatten *m*, Seele *f* nach dem Tode ⟨the ~ of his dead father⟩; **2.** *vt* beschatten, verdunkeln (*auch übertr*) | bedekken, verhüllen ⟨to ~ one's eyes with one's hands die Hand vor die Augen halten⟩ | schützen, abschirmen (**from** vor) | *Mal* schattieren; ausmalen, abtönen | *Wirtsch* (Preise) allmählich senken | *vi, auch* **~ away, ~ off** allmählich übergehen (**from, into, to** in); **'~less** *adj* schattenlos, ohne Schatten; **shades** *s/pl lit* Dunkel *n* ⟨the ≈ of the evening⟩ | *umg* Sonnenbrille *f*, Sonnengläser *n/pl* | (*mit best art*) *Myth* Schattenreich *n*, Unterwelt *f* ◇ **shades of** *umg* wie mich das erinnert an ⟨≈ good old John!⟩; **'~ tree** *s* Schattenspender *m*; **'shad·ing** *s* Beschatten *n* | Bedecken *n*, Verhüllen *n* | Schattierung *f*, Abstufung *f*

shad·ow ['ʃædəʊ] **1.** *s* Schatten *m*, Schattenbild *n* ⟨a ~ on the wall; *übertr* to be afraid of one's own ~ sich vor seinem eigenen Schatten fürchten, sehr ängstlich sein⟩ | *übertr* Schatten *m*, Vorzeichen *n* ⟨coming events cast their ~s before⟩ | Dunkel *n*, Dunkelheit *f* ⟨in deep ~⟩ | dunkler Fleck, Schatten *m* ⟨to have ~s under one's eyes⟩ | Schemen *m*, Phantom *n*, etw. Unwirkliches ⟨to catch at ~s, to run after a ~ einem Phantom nachjagen; worn to a ~ heruntergekommen, abgemagert; only a ~ of one's former self nur noch ein Schatten seiner selbst⟩ | Schatten *m*, Schutz *m* ⟨under the ~ of s.o.⟩ | *übertr* Schatten *m*, ständiger Begleiter | *übertr* Verfolger *m*, Spion *m*, Detektiv *m* | (*ohne pl*) *übertr* Kleinigkeit *f*, Spur *f* ⟨beyond / without a ~ of doubt ohne den geringsten Zweifel⟩; **2.** *vt* verdunkeln, überschatten | *übertr* beschatten, verfolgen | *meist* **~ forth, ~ out** andeuten, anspielen auf⟩; **3.** *adj Brit Pol* Schatten- ⟨the ~ Foreign Secretary der Außenminister des Schattenkabinetts⟩ | potentiell, heimlich ⟨a ~ army⟩; **'~ˌbox·ing** *s* (Sport) Schattenboxen *n* | *übertr* Scheingefecht *n*, Spiegelfechterei *f*; **'~ 'cab·i·net** *s Brit Pol* Schattenkabinett *n*; **'~graph** *s* Schattenbild *n* | Schattenspiel *n*; **'~less** *adj* schattenlos; **'~ print** *s Typ* Schattendruck *m*; **'shad·ows** *s/pl* Dunkel *n*, Dämmerung *f* ⟨the ≈ of evening⟩; **'~y** *adj* schattig | schattenspendend ⟨≈ woods⟩ | schattenhaft, verschwommen ⟨a ≈ outline⟩

shad·y ['ʃeɪdɪ] *adj* schattig, Schatten-; im Schatten liegend ⟨the ~ side of the street⟩; schattenspendend | unbestimmt, verschwommen, undeutlich | dunkel, undurchsichtig, fragwürdig ⟨~ transactions; ~-looking⟩

shaft [ʃɑ:ft] **1.** *s* Schaft *m* | Stiel *m*, Griff *m* | Deichsel *f* |

(Fahnen-) Stange *f* | *Arch* (Säulen-) Schaft *m* | *Tech* Spindel *f*, Achse *f*, Welle *f* | (Hochofen-) Schacht *m* | (Luft-) Schacht *m* | *Bergb* Schacht *m* | Strahl *m* ⟨a ~ of light⟩ | *übertr* Pfeil *m*, Spitze *f* ⟨the ~s of Cupido Amors Pfeile; ~s of envy Pfeile *pl* des Neids⟩ | *lit* Speer *m* ◇ **give s.o. the ~** *Am Sl* (jmdn.) reinlegen, (jmdm.) eins mitgeben; **get the ~** *Am Sl* gemein behandelt werden, eins mitbekommen; **2.** *vt* (*meist pass*) *Am Sl* (jmdn.) reinlegen; **'~ˌbear·ing** *s Tech* Wellenlager *n*; **'~ fire** *s Bergb* Schachtbrand *m*; **'~ing** *s Bergb* Abteufen *n* | *Tech* Transmission *f*; **'~ frame** *s Bergb* Förderturm *m*

shag [ʃæg] **1.** *s* Gerstenstroh *n* | Zotte *f*, zottiges Haar | Shag(tabak) *m*(*m*) | rauhes Tuch; Loden *m* | *übertr* Rauheit *f*; **2.** *vt* (**shagged, shagged**) aufrauhen | *vulg* bumsen; **shagged** [ʃægd], *auch* **ˌshagged 'out** *adj Brit Sl* fertig, fix und alle; **'~gy** *adj* rauh, zottig, struppig ⟨a ≈ dog⟩ | verkommen | *übertr* grob; **ˌ~gy-'dog ˌsto·ry** *s* unglaubwürdige Geschichte, Geschichte, die witzig sein soll; angeblicher Witz, Witz *m* mit schwacher Pointe

sha·green [ʃə'gri:n] *s* Chagrin-, Narbenleder *n*

shah [ʃɑ:] *s* Schah *m*

shaikh [ʃeɪk] *s* Scheich *m*; **'~dom** *s* Scheichtum *n*

shake [ʃeɪk] **1.** *s* (*meist sg*) Schütteln *n*, Rütteln *n* ⟨a ~ of the head ein Kopfschütteln; to give s.th. a good ~ etw. gut schütteln⟩ | Erschütterung *f* | Ruck *m*, Stoß *m* | Händedruck *m* | *Mus* Triller *m* | *Am umg* Shake *m*, Milchmischgetränk *n* | *umg* Augenblick *m*, Moment *m* ⟨in a ~, in half a ~ im Handumdrehen⟩ | *Am umg* Behandlung *f*, Abfertigung *f* ⟨to give s.o. a fair ~ jmdn. nicht übers Ohr hauen⟩ | (*meist pl*) Zittern *n*, nervöses Schütteln, Tatterich *m* ⟨to get the ~s das große Zittern bekommen⟩ ◇ **no great ~s** *Sl* nichts zum Umwerfen, nicht die Masse; **2.** (**shook** [ʃʊk], **shak·en** ['ʃeɪkən]) *vt* schütteln ⟨to ~ hands with s.o. jmdm. die Hand geben; to ~ one's finger at s.o. jmdm. mit dem Finger drohen; to ~ one's fist at s.o. gegen jmdn. die Faust ballen; to ~ one's head (at) den Kopf schütteln (über); to ~ one's sides with laughing sich vor Lachen die Seiten halten⟩ | (Teppich u. ä.) ausschütteln ⟨to ~ a rug⟩ | *übertr* erschüttern ⟨to ~ s.o.'s courage; to be (badly) ~n by s.th.⟩ | *übertr* aufrütteln | *Mus* trillern | *Am Sl* abschütteln, abwimmeln | *Mil Sl* aufscheuchen | *Tech* rütteln; **~ down** (Obst) herunterschütteln (**from** von) | *Am umg* (jmdn.) ausnehmen | *Am umg* filzen | *Mar* auf eine Probefahrt mitnehmen; **~ off** abschütteln (*auch übertr*); **~ out** ausschütteln; **~ up** (Flasche) (durch)schütteln | (Kissen u. ä.) aufschütteln | *übertr* (jmdn.) auf-, wachrütteln | *übertr* (Unternehmen u. ä.) völlig neuorganisieren, auf den Kopf stellen, auf Zack bringen ◇ **~ it up** *umg* mach ran!, halt dich ran!; *vi* sich schütteln, zittern, beben (**with** vor) | *Mus* trillern; **~ down** sich eingewöhnen, sich einleben | *umg* kampieren, sich hinhauen; **~ out** *Mil* sich verteilen; **'~down 1.** *s* Herunterschütteln *n* | Notlager *n* | *Am umg* Erpressung *f*, Sauerei *f* | *Am umg* Razzia *f*, Filzung *f*; **2.** *adj Mar, Flugw* Probe- ⟨≈ cruise Probefahrt *f*; ≈ flight Testflug *m*⟩; **'shak·en 1.** *part perf* von ↑ **shake 2.**; **2.** *adj* erschüttert; **'~-out** *s* Ausschütteln *n* | *Wirtsch* Entlassung *f* (von Arbeitskräften); **'shak·er** *s* Mix-, Schüttelbecher *m* ⟨a cocktail ≈⟩ | *Tech* Rüttelmaschine *f*; **'~-up** *s* Aufschütteln *n* | Umbesetzung *f*, Umgruppierung *f*, Umstrukturierung *f*; **'shak·ing 1.** *s* Schütteln *n* ⟨to give s.th. a good ≈ etw. gut durchschütteln⟩ | Zittern *n*, Beben *n* | Erschütterung *f* ⟨to get a ≈ erschüttert werden⟩; **2.** *adj* schüttelnd, Schüttel-; **'shak·ing screen** *s Tech* Schüttel-, Rüttelsieb *n*; **'shak·y** *adj* zittrig, bebend ⟨ ≈ hands; a ≈ voice⟩ | hinfällig, schwach, gebrechlich ⟨to feel ≈⟩ | wakkelig, schwach (*auch übertr*) ⟨a ≈ table; ≈ knowledge⟩; *übertr* wankelmütig, schwankend ⟨≈ courage wankender Mut⟩

shale [ʃeɪl] *s Min* Schiefer *m*; **'~ oil** *s* Schieferöl *n*

shall [ʃəl|ʃæl] *va* (*nur präs*; *prät* **should** [ʃʊd|ʃəd]) ⟨I ~ ich werde; we ~ wir werden⟩ | sollen ⟨~ I? soll ich?⟩

shal·lop ['ʃæləp] *s Mar* Schaluppe *f*

shal·lot [ʃə'lɒt] *s Bot* Schalotte *f*, kleine Zwiebel

shal·low ['ʃæləʊ] **1.** *adj* flach, seicht, nicht tief ⟨~ water seichtes Wasser; ~ dish flache Schüssel⟩ | *übertr* seicht, oberflächlich ⟨~ talk⟩ | (Atmen) flach, oberflächlich; **2.** *s* seichte Stelle, Untiefe *f*; **3.** *vt* seicht machen, abflachen; *vi* flach werden, sich verflachen; **'~-brain·ed** *adj* oberflächlich; einfältig; **'shal·lows** *s/pl* seichtes Gewässer | Sandbank *f*

shalt [ʃælt|ʃəlt] *arch 2. pers sg präs* von ↑ **shall**

sham [ʃæm] **1.** *s* Schwindel *m*, Täuschung *f*, leerer Schein ⟨it's all ~⟩ | Schwindler(in) *m*(*f*) ⟨he's a ~⟩ | Nachahmung *f*, Imitation *f*; **2.** *adj* falsch, nachgemacht, unecht, imitiert ⟨~ piety falsche Frömmigkeit; ~-Tudor in imitiertem Tudorstil⟩ | Schein-, Schwindel- ⟨a ~ battle ein Übungsgefecht⟩; **3.** (**shammed, shammed**) *vt* vortäuschen, vorspiegeln ⟨to ~ death⟩ | imitieren, nachahmen; *vi* sich verstellen ⟨he's only ~ming er tut bloß so; to ~ dead sich totstellen; to ~ stupid sich dumm stellen⟩

sha·man ['ʃɑ:mən|'ʃæm-] *s* Schamane *m*, Medizinmann *m*

sham·ble ['ʃæmbl] **1.** *s* Torkeln *n*; **2.** *vi*, *auch* **~ up** torkeln ⟨to ~ up to s.o. auf jmdn. zuwanken⟩

sham·bles ['ʃæmblz] *s/pl* (*oft sg konstr*) Schlachthaus *n*, Szene *f* des Blutvergießens | *übertr* Schlachtfeld *n*, Durcheinander *n* ⟨a complete ~ ein völliges Durcheinander; to make a ~ of s.th. etw. vollkommen verpatzen⟩

shame [ʃeɪm] **1.** *s* Scham *f*, Schamgefühl *n* ⟨to have no ~ kein Schamgefühl haben; to feel ~ at Scham empfinden bei⟩ | Schande *f*, Schmach *f* ⟨~! [~!] pfui! [pfui!]; ~ on you!, *förml* for ~! Pfui!, schämen Sie sich!; to bring ~ on s.o. jmdm. Schande bereiten; to cry ~ on s.o. sich über jmdn. entrüsten; to put s.o. to ~ jmdn. in Schande bringen, jmdn. beschämen⟩ | (*mit unbest. art, ohne pl*) Schande *f*, Gemeinheit *f* ⟨what a ~! so eine Gemeinheit!, wie schade!; it's a ~ to *mit inf* es ist jammerschade zu *mit inf*⟩; **2.** *vt* (jmdn.) beschämen ⟨to ~ s.o. into (out of) doing s.th. jmdn. so beschämen, daß er etw. (nicht) tut⟩ | (jmdm.) Schande bereiten ⟨to ~ one's family⟩ | entehren, schänden | *übertr* beschämen, in den Schatten stellen; **'~faced** *adj* schamhaft, verschämt | schüchtern, zaghaft; **'~ful** ['~fl] *adj* schändlich, schmählich, schmachvoll ⟨≈ conduct⟩ | anstößig, unanständig entehrend; **'~less** *adj* schamlos; frech, dreist

sham·my ['ʃæmɪ], *auch* **'~ ˌleath·er** *s* Chamoisleder *n*

sham|poo [ʃæm'pu:] **1.** (**~'pooed, ~'pooed**) *vt* (Haar) waschen; (jmdm.) den Kopf waschen; **2.** *s* (*pl* **~'poos**) Shampoo *n*, Haarwaschmittel *n* | Haar-, Kopfwäsche *f* ⟨≈ and set Waschen *n* und Legen *n*; to give s.o. a ≈ jmdm. das Haar waschen⟩

sham·rock ['ʃæmrɒk] *s Bot* Weißer Klee | Kleeblatt *n* (irisches Nationalabzeichen)

shan·dy(·gaff) ['ʃændɪ(gæf)] *s* Getränk *n* aus Bier und Ingwerbier oder Limonade

shang·hai [ʃæŋ'haɪ] *vt Mar Sl* (jmdn.) mit Gewalt anheuern | *übertr umg* überlisten, verschaukeln, zwingen (**into doing s.th.** etw. zu tun)

Shan·gri-la [ˌʃæŋgrɪ'lɑ:] *s* paradiesischer Ort | *Mil* geheime Operationsbasis

shank [ʃæŋk] **1.** *s* Unterschenkel *m*, Schienbein *n* ⟨to go on ~s'[s] mare/pony *übertr Brit scherzh* auf Schusters Rappen reiten⟩ | *Tech* Schaft *m*, Stiel *m*, Griff *m*, Konus *m* |

Bot Stengel *m*, Stiel *m* | *Mar* Ankerschaft *m* | *Arch* (Säulen-) Schaft *m* | *Typ* (Schrift-) Kegel *m*; **2.** *vi, meist* ~ **off** *Bot* welken, abfallen

shan't [ʃɑ:nt] *kontr umg* für **shall not**

shan·tung [ʃæn'tʌŋ] *s* Schantungseide *f*

[1]**shan·ty** ['ʃæntɪ] *s* Shanty *n*, Matrosenlied *n*

[2]**shan·ty** ['ʃæntɪ] *s* Bude *f*, Hütte *f*, Baracke *f*; '**~town** *s* Barackenviertel *n*, Vorstadt *f* aus Hütten

shap·a·ble ['ʃeɪpəbl] *adj* = **shapeable**

shape [ʃeɪp] **1.** *s* Gestalt *f*, Form *f* ⟨in the ~ of in Form von; in any ~ or form *umg* in irgendeiner Weise, irgendwelcher Art; to get/put s.th. into ~ etw. gestalten, in eine entsprechende Form bringen; to give ~ to etw. ausdrükken; to knock s.th. into (out of) ~ etw. zurechtrücken *od* -biegen (zerstören *od* zerhauen); to take ~ Gestalt annehmen; to take ~ in Ausdruck finden in⟩ | Erscheinung *f*, Gestalt *f*, Figur *f* ⟨a devil in human ~ ein Teufel in Menschengestalt; a huge ~ eine massige Gestalt⟩ | Form *f*, (Ver-) Fassung *f*, Zustand *m* ⟨in ~ in guter Verfassung; to be in good (bad) ~ in guter (schlechter) Form *od* Verfassung sein; out of ~ außer Fasson⟩ | *Tech* Form *f*, Modell *n* | *Tech* Profil *n*; **2.** *vt* formen, gestalten (**into** in) ⟨to ~ clay Ton formen; ~d like a pear birnenförmig⟩ | entwerfen, planen; lenken | *Tech* formen, konstruieren, modellieren, profilieren, vorwalzen | anpassen (**to s.th.** einer Sache); *vi* sich formen lassen | sich gestalten, sich entwickeln ⟨to ~ well sich gut entwickeln⟩; ~ **up** *umg* sich machen, sich (gut) entwickeln | *emph* sich zusammenreißen, sich zusammennehmen ⟨you'd better ≈! reiß dich mal zusammen!⟩ | *Am umg* sich anpassen; '**~a·ble** *adj* formbar | entwicklungsfähig; **shaped** [ʃeɪpt] *adj* geformt, gestaltet ⟨≈ brick Formziegel *m*⟩ | *in Zus* -förmig ⟨round-≈⟩; '**~less** *adj* form-, gestaltlos | unförmig; '**~ly** *adj* gut proportioniert, wohlgeformt, ebenmäßig, hübsch ⟨a ≈ pair of legs⟩ | *übertr* wohlgeordnet, exakt ⟨a ≈ conception⟩; '**shap·er** *s* Former *m* | *Tech* Shapingmaschine *f*, Feil-, Fräsmaschine *f*; '**shap·ing 1.** *adj* formend, gestaltend; **2.** *s* Formgebung *f* | *Tech* (Metall) Kurzhobeln *n* | *Tech* (Holz) Fräsen *n*

shard [ʃɑ:d] *s* (Ton) Scherbe *f*

[1]**share** [ʃɛə] *s* Pflugschar *f*

[2]**share** [ʃɛə] **1.** *s* (An-) Teil *m* (**in, of** an) ⟨for my ~ für meinen Teil; to fall to s.o.'s ~ jmdm. zufallen⟩ | Beitrag *m*, (An-) Teil *m* ⟨~ and ~ alike zu gleichen Teilen; to do one's ~ seinen Teil leisten; to go ~s with s.o. in s.th. *Brit* sich mit jmdm. in etw. teilen; to have a ~ in teilnehmen an; to take a ~ in beitragen zu⟩ | *Wirtsch* Beteiligung *f*, Geschäftsanteil *m* ⟨a ~ of 50 per cent; ~ of capital Stammkapital *n*⟩ | *Wirtsch* Gewinnanteil *m*, Aktie *f* ⟨to hold/own ~s Aktionär sein⟩; **2.** *vt, auch* ~ **out** zuteilen, aus-, verteilen (**among, between** unter) | teilen, weggeben ⟨to ~ one's last penny with s.o. seinen letzten Pfennig mit jmdm. teilen⟩ | (Zimmer, Ansicht u. ä.) teilen ⟨to ~ a room; to ~ s.o.'s faith; to ~ the points (Sport) die Punkte teilen⟩ | teilhaben an, sich beteiligen an ⟨to ~ the costs⟩ | sich austauschen (über etw.) (**with** mit); *vi* teilnehmen, sich beteiligen, sich (hinein)teilen (**in** an, in) ◇ ~ **and ~ alike** brüderlich teilen | *Jur* zu gleichen Teilen in Beşitz sein

share|bro·ker ['ʃɛəˌbrəʊkə] *s* Aktionär *m*; '**~ ˌcap·i·tal** *s* Aktienkapital *n*; '**~ cerˌtif·i·cate** *s Wirtsch* Anteilschein *m*; Aktienzertifikat *n*, Mantel *m*; '**~ˌcrop·per** *s Am* Sharecropper *m*, Pächter *m*; '**~ˌhold·er** *s* Aktionär *m*, Aktienbesitzer *m*; '**~-out** *s* Verteilung *f* | *Wirtsch* Aktienausschüttung *f*; **shar·er** ['ʃɛərə] *s* Teiler *m* | Teilnehmer *m* | Mitinhaber *m*; ˌ**shar·ing 'pow·er** *s Pol* Gewaltenteilung *f*

shark [ʃɑ:k] **1.** *s Zool* Hai(fisch) *m* | *umg* Schwindler *m*, Betrüger *m*, Halsabschneider *m*; **2.** *vi* schwindeln, betrügen; '**~skin** *s* Haifischhaut *f* | seidenglänzender Baumwollstoff, Azetathaifischhaut *f*

sharp [ʃɑ:p] **1.** *adj* scharf ⟨a ~ knife⟩ | spitz ⟨a ~ needle⟩ | deutlich, scharf, klar ⟨a ~ photograph⟩ | scharfgeschnitten ⟨~-featured mit scharfgeschnittenen Gesichtszügen⟩ | steil, jäh ⟨a ~ curve⟩ | (Ton) schrill, durchdringend ⟨a ~ cry⟩ | scharf, schneidend, beißend ⟨~ frost; ~ language; ~ criticism; ~ tongue *übertr* spitze Zunge⟩ | (Geruch) herb, bitter, beißend ⟨a ~ smell⟩; stechend ⟨a ~ look; a ~ pain⟩ | heftig, angespannt ⟨a ~ struggle⟩ | *umg* akkurat, solide ⟨a ~ piece of work ein sauberes Stück Arbeit⟩ | (Person, Geist) scharfsinnig, schnell, lebhaft ⟨a ~ mind⟩ | aufmerksam ⟨~ eyes; to keep a ~ lookout genau aufpassen⟩ | aufgeweckt ⟨a ~ child⟩ | heftig, hitzig ⟨a ~ temper⟩ | gerissen, spitzfindig ⟨a ~ lawyer; a ~ practice eine Gaunerei⟩ | *Mus* zu hoch | *Mus* um einen halben Ton erhöht ⟨C ~ Cis⟩; **2.** *adv* pünktlich, genau ⟨at six ~ pünktlich um 6 Uhr, Punkt 6⟩ | jäh, plötzlich ⟨turn ~ right/to the right⟩ | *Mus* zu hoch ⟨to sing ~⟩ ◇ **look ~** *umg* paß auf!; Tempo!, dalli!; **3.** *s Mus* Kreuz *n* | *Mus* durch ein Kreuz erhöhte Note | *Am Sl* Schwindler *m*, Gauner *m*; ˌ**~-'cut** *adj* scharfgeschnitten; deutlich; ˌ**~-'edged** *adj* scharfkantig; '**~en** *vt* (Klinge u. ä.) schärfen, schleifen, wetzen; (an)spitzen ⟨to ≈ a pencil⟩ | *übertr* schärfen ⟨to ≈ the mind⟩; anregen ⟨to ≈ one's appetite⟩ | verschärfen, verschlimmern, verschlechtern, verstärken ⟨to ≈ s.o.'s pain⟩ | *Mus* (durch Kreuz) erhöhen; '**~en·er** *s* Spitzer *m*; Spitzmaschine *f*; '**~en·ing** *s* Schärfen *n* | Spitzen *n*; '**~en·ing stone** *s* Abziehstein *m*

sharp·er ['ʃɑ:pə] *s* Schwindler *m*, Betrüger *m* | *auch* '**cardˌ~** Falschspieler *m*

sharp|-eyed [ˌʃɑ:p'aɪd] *adj* scharfsichtig | *übertr* scharfsinnig; '**~ie** *s umg* Schwindler *m*, Gauner *m* | gerissene Person; '**~-set** *adj* heißhungrig (**on** auf) | erpicht (**after, on** auf); '**~ˌshoot·er** *s* Scharfschütze *m*; '**~ˌshoot·ing** *s* Scharfschießen *n*; ˌ**~-'sight·ed** *adj* scharfsichtig | *übertr* scharfsinnig; ˌ**~-'wit·ted** *adj* scharfsinnig, klug

shat·ter ['ʃætə] *vt* zerschlagen, zerschmettern, zertrümmern (*auch übertr*) ⟨~ed windows; ~ed health stark angegriffene Gesundheit; ~ed hopes zerstörte Hoffnungen⟩ | *umg* schockieren, entsetzen ⟨a ~ ed look⟩ | *Brit umg* mitnehmen, erledigen ⟨completely ~ed völlig fertig⟩; *vi* entzweigehen, zerbrechen, zerspringen; '**~proof** *adj* bruchsicher, splitterfrei; '**~y** *adj* zerbrechlich

shave [ʃeɪv] **1.** *vt* rasieren ⟨to ~ o.s. sich selbst rasieren⟩ | (Rasen, Haar u. ä.) scheren, kurzschneiden | abschaben, abschälen | *umg* knapp vorbeikommen an, vorbeifahren an; leicht berühren *od* streifen ⟨~d by a car⟩ | (Leder) falzen | (Holz) hobeln; ~ **away,** ~ **off** ab-, wegrasieren; *vi* sich rasieren | Wucher treiben; ~ **through** *umg* Prüfung gerade noch bestehen, durchrutschen; **2.** *s* Rasieren *n* ⟨to have a ~ sich rasieren lassen⟩ | Ziehklinge *f* | Schnittchen *n*, Blättchen *n* | *umg* knappes Durchkommen ⟨by a ~ um ein Haar; to have a close/narrow ~ mit knapper Not entkommen, gerade noch um einen Unfall herumkommen⟩ | *Brit* Gaunerei *f* ⟨clean ~ glatter Betrug⟩ | *Am Sl Wirtsch* Wucherzins *m*; '**~ knife** *s* (*pl* '**~ knives**) (Furnier-) Schälmesser *n*; '**shav·en** *adj* (*meist in Zus*) geschoren, rasiert ⟨clean-≈ glattrasiert⟩; '**shav·er** *s* Barbier *m* | Gauner *m* | *meist* ˌ**young 'shav·er** *scherzh* Milchbart *m*, junger Spunt | Rasierapparat *m* ⟨dry ≈; electric ≈⟩; '**shav·ing** *s* Rasieren *n*; '**shav·ing brush** *s* Rasierpinsel *m*; '**shav·ing cream** *s* Rasiercreme *f*; '**shav·ing head** *s* Scherkopf *m*; '**shav·ing maˌchine** *s* Falzmaschine *f*; '**shav·ings** *s/pl* Hobelspäne *m/pl*; '**shav·ing soap** *s* Rasierseife *f*

shaw [ʃɔ:] *s Brit arch, poet* Wäldchen *n*

shawl [ʃɔ:l] **1.** *s* Schal *m*, Umschlagtuch *n*; **2.** *vt* (jmdm.) einen Schal umbinden, (jmdn.) mit einem Schal verhüllen

shawm [ʃɔ:m] *s* Schalmei *f*

shay [ʃeɪ] *s arch, umg, scherzh* Chaise *f*, Kutsche *f* | *Am* (mit Holz geheizte) kleine Lokomotive

she [ʃɪ|ʃi:] **1.** *pron* sie; (bei Ländern, Fahrzeugen, Schiffen) es; (beim Mond) er | *verächtl* die ◇ **~ who** diejenige, die; **2.** *s umg* weibliches Wesen | Weibchen *n*; **3.** *in Zus Zool* weiblich ⟨~-cat Katze *f*; ~-goat Ziege *f*⟩ | *verächtl* Weibs- ⟨~-devil Weibsteufel *m*⟩

s/he [ʃɪ ə 'hɪ|ʃi: ɔ: 'hi:] *pron Am* = **she or he** ⟨~ replaces he⟩

sheaf [ʃi:f] **1.** *s* (*pl* **sheaves** [ʃi:vz]) Garbe *f* | (Akten u. ä.) Bündel *n*, Bund *n*; **2.** *vt* (Korn) binden; *vi* Garben binden; '**~ bind·er** *s* Garbenbinder *m*; ˌ**~ bind·ing ma'chine** Garbenbindmaschine *f*

shear [ʃɪə] **1.** (**sheared, sheared,** *arch* **shore** [ʃɔ:], **shorn** [ʃɔ:n]) *vt* (Schaf) scheren | abschneiden, (ab)scheren | *Tech* beschneiden | *übertr* (jmdn.) entkleiden, berauben (**of s.th.** e-r Sache) ⟨shorn of his privileges s-r Rechte enthoben⟩ | *übertr* schröpfen ⟨shorn of his money ausgenommen, mit keinem Pfennig mehr⟩ | *dial* mähen; *vi* mähen | Schafschur durchführen; **~ through** zerschneiden | *übertr* (Luft) durchsegeln; (Wasser) durchpflügen; **2.** *s Phys* Scherung *f*, Schub *m* | *dial* (Schaf-) Schur *f*; '**~er** *s* Scherer *m* | Schnitter *m*, Mäher *m* | *Tech* Schermaschine *f*; '**~ing** *s* Scheren *n*; Schur *f* | Mähen *n* | *Bergb* Schrämen *n*; '**~ing blade** *s* Schermesser *n*; **~ing force** *s Phys* Schubkraft *f*; '**~ing strength** *s* Schubfestigkeit *f*; '**~ing test** *s* Schubversuch *m*; **shears** *s/pl* große Schere ⟨a pair of ≈⟩

sheath [ʃi:θ] *s* (*pl* **~s**) Klingenscheide *f* | Futteral *n*, Hülle *f* | *Anat, Bot* Scheide *f* | *auch* **proˌtec·tive '~** Kondom *n* | *auch* **'wing ~** *Zool* Flügeldecke *f*; **2.** *adj* (Kleidung) eng anliegend ⟨a ~ gown⟩; **sheathe** [ʃi:ð] *vt* (Schwert) in die Scheide stecken ⟨to ≈ the sword⟩ | in ein Futteral stecken | *übertr* tief stoßen (**in** in) | (Krallen) einziehen | *auch Tech* umhüllen, verkleiden, überziehen, ummanteln ⟨≈d electrode *El* Mantelelektrode *f*⟩; **sheath·ing** ['ʃi:ðɪŋ] *s* Einstecken *n* | *Mar* Beschlagen *n* | Schutzhülle *f*, Metallhaut *f* | Verkleidung *f* | *Tech* Verschalung *f*, Ummantelung *f* | *Am* Dachschalung *f*; **'sheath·ing ˌcom·pound** *s Tech* Kabelmasse *f*; '**~ knife** *s* feststehendes Messer

[1]**sheave** [ʃi:v] *s Tech* Seil-, Rillenscheibe *f*, (Flaschenzug-) Rolle *f*

[2]**sheave** [ʃi:v] *vt* = **sheaf 2.**

sheaves [ʃi:vz] *s/pl* von ↑ **sheaf 1.**

she·bang [ʃə'bæŋ] *Am umg s* Bude *f*, Laden *m* | Kram *m* ⟨the whole ~ der ganze Krimskrams⟩

she·been [ʃə'bi:n] *s Ir* Kaschemme *f*, Spelunke *f*

[1]**shed** [ʃed] *s* (*oft in Zus*) Schuppen *m* ⟨coal~⟩ | Unterstand *m* ⟨bicycle-~⟩

[2]**shed** [ʃed] **1.** (**~, ~**) *vt* ausschütten, ausgießen, verschütten, vergießen ⟨to ~ blood Blut vergießen, verwundet werden; to ~ tears weinen⟩ | abschütteln, loswerden ⟨to ~ one's followers s-e Verfolger hinter sich lassen⟩ | (Blätter, Haare) abwerfen, abstoßen ⟨to ~ one's skin sich häuten⟩ | ablegen (*auch übertr*) ⟨to ~ one's clothes; to ~ an old friend *übertr* einen alten Freund „ablegen"⟩ | (Licht, Wärme u. ä.) ausbreiten, aussenden, ausstrahlen ⟨to ~ happiness; to ~ light [up]on s.th. *übertr* etw. aufhellen, Licht in etw. bringen⟩; *vi* abfallen | *Zool* sich mausern, sich häuten; **2.** *s* Verschütten *n* | Wasserscheide *f*

she'd [ʃɪd|ʃi:d] = **she had** *od* **she would**

sheen [ʃi:n] **1.** *s* Glanz *m*, Schein *m* ⟨the ~ of silk der seidige Glanz; a ~ like gold ein goldiger Schein⟩; **2.** *adj arch* glänzend, scheinend; '**~y** *adj* glänzend

sheep [ʃi:p] *s* (*pl* **~**) *Zool* Schaf *n* ⟨a wolf in ~'s clothing ein Wolf im Schafspelz; the black ~ *übertr* das schwarze Schaf; to make / cast ~'s eyes at s.o. *umg* jmdn. anhimmeln; to separate the ~ from the goats *bibl* die Böcke von den Schafen trennen, gut und böse auseinanderhalten; you may / might as well be hanged for a ~ as a lamb *übertr* wenn schon, denn schon; das macht das Kraut *od* den Kohl auch nicht fett⟩ | *übertr verächtl* (Person) Schaf *n* | *pl Rel* Schäflein *n/pl*, Herde *f*; '**~dip** *s* Desinfektionsbad *n* für Schafe | *Vet* Räudebad *n*; '**~dog** *s* Schäferhund *m*; '**~farm** *s Brit* Schäferei *f*; '**~ˌfarm·ing** *s Brit* Schafzucht *f*; '**~fold** *s* Schafhürde *f*, Pferch *m*; '**~hook** *s* Hirtenstab *m*; '**~ish** *adj* linkisch, verlegen ⟨≈-looking⟩ | dumm; '**~pen** *s* Schafhürde *f*; '**~ˌshear·ing** *s* Schafschur *f*; '**~skin** *s* Schaffell *n* | Schafleder *n* | Pergament *n* | *umg* Urkunde *f* | *Am scherzh* Diplom *n*

[1]**sheer** [ʃɪə] **1.** *Mar s* Sprung *m* (des Schiffes) | Kursabweichung *f*; **2.** *meist* **~ away, ~ off** *vi Mar* vom Kurs abweichen, abgieren | *übertr* sich trennen (**from** von), aus dem Wege gehen (**from s.o.** jmdm.), links liegenlassen (**from s.o.** jmdn.)

[2]**sheer** [ʃɪə] **1.** *adj* unvermischt, rein ⟨~ ale⟩ | rein, bloß ⟨by ~ chance rein zufällig; ~ nonsense glatter Unsinn; a ~ waste of time eine pure Zeitvergeudung⟩ | durchsichtig, durchscheinend, hauchdünn ⟨~ fabrics zarte Gewebe *n/pl*; ~ nylon⟩ | jäh, steil ⟨a ~ drop⟩; **2.** *adv* völlig, ganz, gänzlich | direkt, kerzengerade ⟨to fall 100 feet ~ 100 Fuß nach unten fallen⟩; **3.** *s* durchsichtiges Gewebe, durchscheinender Stoff *m*

sheer| mast ['ʃɪə mɑ:st] *s Mar* Zweibeinmast *m*; '**~legs** *s/pl* (*auch sg konstr*) *Mar* Mastenkran *m*

sheet [ʃi:t] **1.** *s* Bettlaken *n*, Leintuch *n* ⟨to put clean ~s on the bed das Bett neu *od* sauber be- *od* überziehen⟩ | Scheibe *f*, Platte *f*, Tafel *f* ⟨~ of copper Kupferplatte *f*⟩ | *Tech* Feinblech *n* ⟨~ iron Eisenblech *n*⟩ | (Papier-) Bogen *m*, Blatt *n* ⟨a ~ of paper ein Blatt Papier; a ~ of stamps ein Bogen Briefmarken; a clean ~ *übertr* e-e saubere Weste; in ~s *Buchw* ungefalzt, roh; as white as a ~ *übertr* kreidebleich⟩ | Backblech *n* | *Mar* Schot *f* | Eisscholle *f* | (Wasser) Fläche *f* | (Regen) Guß *m* ⟨to come down in ~s niederprasseln⟩ | (Feuer) Woge *f*; **2.** *vt* bedecken, einhüllen (**with** mit) | (Bett) überziehen | *Tech* (Plast) auswalzen | *Mar* (Segel) anholen ⟨to ~ it home to s.o. *übertr* es jmdm. geben⟩; '**~ ˌan·chor** *s Mar* Notanker *m* | *übertr* Rettungsanker *m*; '**~ brass** *s* Messingblech *n*; '**~ ˌcop·per** *s* Kupferblech *n*; '**~ drill** *s* Blechbohrer *m*; '**~ glass** *s* Tafelglas *n*; '**~ing** *s* Bettuchleinen *n* | (Blech-) Verkleidung *f* | *Tech* Absteifung *f* | Straßendecke *f*; '**~ ˌi·ron** *s* Eisenblech *n*; ˌ**~ 'light·ning,** *auch* ['~ ˌ~] *s* Wetterleuchten *n* | Flächenblitz *m*; '**~ ˌmet·al** *s* Feinblech *n*; '**~ mill** *s* Blechwalzwerk *n*; '**~ ˌmu·sic** *auch* [ˌ~ '~] *s Mus* Noten *f/pl*, Notenblätter *n/pl*; ˌ**~ of 'foam** *s* Schaumstoffolie *f*; ˌ**~ 'plas·tic** *s* Plastfolie *f*; '**~ steel** *s* Stahlblech *n*; '**~ zinc** *s* Zinkblech *n*

sheik[h] [ʃeɪk] *s* Scheich *m* (*auch übertr*); '**~dom** *s* Scheichtum *n*

shei·la ['ʃi:lə] *s Austr Sl* Biene *f*, Puppe *f*

shek·el ['ʃekl] *s Hist* (hebräische) Münze *f* | **'shek·els** *pl umg* Zaster *m*, Mäuse *f/pl*

shel|drake ['ʃeldreɪk] *Zool s* (männliche) Brandente; '**~duck** *s* Brandente *f*

shelf [ʃelf] *s* (*pl* **shelves** [ʃelvz]) Gestell *n*, Regal *n*, Bord *n*; Bücherbrett *n*; Fach *n*; Sims *m* | Felsvorsprung *m* | *Mar* Schelf *m*, Küstensockel *m* ⟨continental ~ Festlandsockel *m*⟩ ◇ **on the ~** *umg* ausrangiert; *übertr* (Person) abgeschoben, abgedankt; *übertr umg* (Frau) sitzengeblieben ⟨to put ≈ beiseitelegen, beiseiteschieben; *übertr* auf die lange

Bank schieben⟩

shell [ʃel] **1.** *s* Schale *f*, Hülse *f*, Hülle *f* (*auch übertr*) ⟨to come out of one's ~s aus sich herausgehen; to go / retire into one's ~s sich zurückziehen⟩ | *Bot* Schale *f* | Muschel *f* | Schildpatt *n*; Schneckenhaus *n* | Gerüst *n*, Gerippe *n* (*auch übertr*) ⟨the ~ of a factory die äußeren Mauern einer Fabrik⟩ | *Mil* Patronenhülse *f* | *Mil* Granate *f* | *Mar* Schiffsrumpf *m*, Außenhaut *f* | *Mar Am* leichtes Rennboot | (ärmellose) Bluse, (kragenloser) Hänger | *übertr* Form *f*, äußerer Schein; **2.** *vt* schälen, enthülsen; (Ei) abschälen; (Nuß) knacken, (Austern) von der Schale befreien ⟨as easy as ~ing peas *übertr* kinderleicht⟩ | *Mil* beschießen; ~ **out** *umg* bezahlen; *vi, auch* ~ **off** sich schälen, sich schälen lassen; ~ **out** *umg* blechen, bezahlen

she'll [ʃɪl|ʃi:l] *kontr umg* für **she will/shall**

shel|lac [ʃə'læk] **1.** *s* Schellack *m*; **2.** (~'**lacked**, ~'**lacked**) *vt* mit Schellack streichen | *Am übertr* verhauen | *übertr* vernichtend schlagen; ˌ~'**lack·ing** *s* (*meist sg*) *Am umg* schwere Schlappe

shell|back ['ʃelbæk] *s umg* Seebär *m*, alter Seemann; '~ ˌ**but·ton** *s* Perlmuttknopf *m*; '~**fire** *s Mil* Granatfeuer *n*; '~**fish** *s* (*pl* '~**fish**) *Zool* Schalentier *n*; '~**ing** *s* Schälen *n*, Enthülsen *n* | *Mil* Artilleriebeschuß *m*; '~**proof** *adj* bombenfest, sicher; '~ **roof** *s* Schalendach *n*; '~**shock** *s Med* Kriegsneurose *f*; '~**y** *adj* schalig | muschelreich, voller Muscheln | Muschel-

shel·ter ['ʃeltə] **1.** *s* Schutzhütte *f* ⟨a wooden ~⟩ | Schutzraum *m*, -dach *n* ⟨a bus ~; to get under ~ einen Unterstand aufsuchen⟩ | *Mil* Bunker *m* | Obdach *n*, Herberge *f* ⟨food, clothing, and ~ Essen, Kleidung und Unterkunft⟩ | Zufluchtsort *m* | *übertr* Zuflucht *f*, Schutz *m*, Sicherheit *f* ⟨to seek ~ with Zuflucht suchen bei; to take ~ from Schutz suchen vor⟩; **2.** *vt* (jmdn.) beherbergen | (jmdn.) beschützen, beschirmen, bewahren (**from** vor) | (jmdm.) Zuflucht gewähren | verbergen, verstecken; *vi* Schutz suchen (**from** vor); sich unterstellen; '~ **deck** *s Mar* Schutzdeck *n*; '**shel·tered** *adj* (Platz) geschützt; (Leben) behütet; '~ **zone** *s Flugw* Windschatten *m*

[1]**shelve** [ʃelv] *vt* (Bücher u. ä.) in ein Regal stellen | mit Fächern versehen | (Problem u. a.) beiseiteschieben; aufschieben ⟨to ~ a plan⟩ | (jmdn.) entlassen

[2]**shelve** [ʃelv] *vi* sanft abfallen, sich neigen, abschüssig sein (Land) | vorspringen

shelves [ʃelvz] *s/pl* von ↑ **shelf**

[1]**shelv·ing** ['ʃelvɪŋ] **1.** *adj* abschüssig, schräg; **2.** *s* Abhang *m*

[2]**shelv·ing** ['ʃelvɪŋ] *s* Regale *pl*; (Regal-) Bretter *pl*

she·nan·i·gan [ʃɪ'nænɪgən] *s* (*meist pl*) Mumpitz *m*, komischer Auftritt, Faxen *pl* | Trick *m*, fauler Zauber

shep·herd ['ʃepəd] **1.** *s* Hirt *m*, Schäfer *m* | *Am* Schäferhund *m*; **2.** *vt* (Schafe u. ä.) hüten | *übertr* (jmdn.) führen, geleiten (**across** über) | *übertr* überwachen; '~ **dog** *s* Schäferhund *m*; '~**ess** *s* Schäferin *f*; ˌ~'**s** '**pie** *s* Hammelfleischpastete *f*; ˌ~'**s** '**plaid**, *auch* ˌ~'**s** '**check** *s* schwarz und weiß gewürfelter Wollstoff; ˌ~'**s** '**purse** *s Bot* Hirtentäschelkraut *n*; ˌ~'**s** '**rod** *s Bot* Kardendistel *f*

sher·ard·ize ['ʃerədaɪz] *vt Tech* sherardisieren, mit Zink überziehen, verzinken

Sher·a·ton ['ʃerətn] *adj* (Möbel) Sheraton-, im Stil um 1800 ⟨a ~ table⟩

sher·bet ['ʃɜ:bət] *s* Scherbet(t) *n* | *Am* (italienisches) Speiseeis, Fruchteis *n*; '~ ˌ**pow·der** *s* Brausepulver *n*

sherd [ʃɜ:d] *s* = **shard**

sher·iff ['ʃerɪf] *s Jur, auch* **High** ∸ Sheriff *m*, höchster Verwaltungs- und Polizeibeamter *m* einer Grafschaft | *Am* Sheriff *m*, oberster Exekutivbeamter *m* eines Distrikts; '~**dom** *s* Sheriffamt *n*

Sher·pa ['ʃɜ:pə] *s* Scherpa *m* | ∸ *Brit Sl* Gepäckträger *m*

sher·ry ['ʃerɪ] *s* Sherry *m*; Jerezwein *m*

she's [ʃɪz|ʃi:z] *umg* für **she is, she has**

Shet·land| po·ny [ˌʃetlənd 'pəunɪ] *s Zool* Shetlandpony *n*; ˌ~ '**wool** *s* Shetlandwolle *f*

shew [ʃəu] (**shewed** [ʃəud], **shewn** [ʃəun]) = *arch* für ↑ **show 2.**

shib·bo·leth ['ʃɪbəleθ] *s* Schibboleth *n*, Losungswort *n*

shiel [ʃi:l] *s Schott, dial* Hütte *f*

shield [ʃɪəld] **1.** *s* Schild *m* | Schutzschirm *m*, -wand *f* ⟨wind~ *Am Kfz* Windschutzscheibe *f*⟩ | *Zool* Schild *m* | *Her* Wappenschild *n* | *Am* Verkehrsschild *n* | *Tech* Abschirmung *f* | *übertr* Schutz *m*, Schirm *m*; Beschützer(in) *m*(*f*); **2.** *vt* (be)schützen, (be)schirmen (**from** vor, gegen) ⟨to ~ one's eye with one's hand die Hand schützend vors Auge halten⟩ | (jmdn.) decken | verteidigen | *Tech* abschirmen; *vi* Schutz gewähren; **3.** *adj Am* Schutz- ⟨~ legislation⟩; '~ ˌ**bear·er** *s Hist* Schildknappe *m*; '~**ing** *s* Abschirmung *f* | *Phys* Strahlenschutz *m*; '~**ing** ˌ**win·dow** *s* Schutzfenster *n*; '~ **law** *Am s Ztgsw* gesetzlicher Schutz der Journalisten (vor Informantenpreisgabe) | *Jur* Gesetz *n* zum Schutz der Persönlichkeit *od* zum Schutz vor Preisgabe persönlicher Informationen; '~**less** *adj* schutzlos

shift [ʃɪft] **1.** *vi* sich bewegen, die Stellung wechseln, den Platz wechseln ⟨to ~ in one's seat hin- und herrutschen⟩ | sich verschieben, sich verlagern (Ladung u. ä.); sich verwandeln (Situation u. ä.) | vorankommen ⟨to ~ for o.s. für sich selbst sorgen⟩ | *Brit Tech, Kfz* (um)schalten ⟨to ~ into third gear in den 3. Gang schalten⟩ | (Wind) sich drehen, umspringen ⟨to ~ to the south⟩ | *Ling* (Laut) sich verschieben; ~ **away** sich fortmachen; *vt* verschieben, verlagern, die Stellung ändern von ⟨to ~ the furniture die Möbel umstellen⟩ | verändern, vertauschen, um-, auswechseln ⟨to ~ one's ground eine neue Position einnehmen; *übertr* seine Einstellung *od* Haltung ändern⟩ | befördern | *Tech* umschalten, *Kfz* (Gang) schalten | *Ling* (Laut) verschieben | *meist* ~ **off** abwälzen, abschieben ⟨to ~ [off] the responsibility [up]on s.o. die Verantwortung auf jmdn. abwälzen⟩; **2.** *s* Wechsel *m*, Veränderung *f* ⟨a ~ in emphasis ein neuer Akzent⟩ | Notbehelf *m*, Trick *m* ⟨as a last desparate ~ als letzter verzweifelter Ausweg; to make ~ with (without) sich behelfen mit (ohne); to resort to dubious ~s zu zweifelhaften Manövern Zuflucht nehmen⟩ | Belegschaft *f*, Schicht *f* ⟨on the night ~⟩ | (Arbeits-) Schicht *f* ⟨an eight-hour ~⟩ | *Geol* Verwerfung *f* | Umspringen *n* (des Windes) | *dial* Wohnungswechsel *m*, Umzug *m* | *Ling* Lautverschiebung *f* | *arch* (Frauenunter-) Hemd *n* | *Tech* Umstellung *f* | *Tech* Schaltung *f*, *Kfz* Gangschaltung *f* ⟨manual ~ Schaltung mit Hand⟩; '~ **chain** *s* (Computer) Schiebekette *f*; '~**er** *s* Kulissenschieber *m* | unzuverlässiger Mensch *m* | *Tech* Ein-, Ausrücker *m*, Ausrückvorrichtung *f*; Schalthebel *m*; '~**ing** *adj* wechselnd | beweglich, veränderlich; '~ **key** *s* Umschalttaste *f* (der Schreibmaschine); '~**less** *adj* hilflos, ratlos; ungeschickt; '~ **lock** *s* Umschaltfeststeller *m* (der Schreibmaschine); '~ ˌ**reg·is·ter** *s* (Computer) Schieberegister *n*; '~ **work** *s* Schichtarbeit *f*; '~ ˌ**work·er** *s* Schichtarbeiter *m*; '~**y** *adj* schlau, durchtrieben, gerissen | einfallsreich

shill [ʃɪl] *adj dial* schrill

shil·ling ['ʃɪlɪŋ] *s Hist* Shilling *m* ⟨a ~ in the pound 5 Prozent; a ~'s worth im Wert von einem Shilling, für einen Shilling⟩ | *umg* Shilling *m*, 5-Pence-Münze; ˌ~ '**shock·er** *s* Schundroman *m*

shil·ly-shal·ly [ʃɪlɪ 'ʃælɪ] *umg* **1.** *vi* zögern, schwanken; **2.** *s* Zögern *n*, Schwanken *n*; **3.** *adj, adv* zögernd, schwankend

shim [ʃɪm] *Tech* **1.** *s* (Blech-) Zwischen-, Unterlage *f* | (Ein-)

Stellring *m*; **2.** *vt* (**shimmed, shimmed**) unterlegen, unterbauen

shim·mer ['ʃɪmə] **1.** *vi* schimmern, glitzern, flimmern (Mondschein u. ä.); **2.** *s* Schimmer *m* ⟨the ~ of pearls⟩

shim·my ['ʃɪmɪ] **1.** *s* Shimmy *m* (Tanz) | *Tech* Vibrieren *n*, Flattern *n* | *umg, dial* Hemdröckchen *n*; **2.** *vi* Shimmy tanzen | *Tech* vibrieren, flattern

shin [ʃɪn] **1.** *s* Schienbein *n* | *Zool* unterer Teil des Vorderfußes ⟨~ of beef Rinderhachse *f*⟩; **2.** (**shinned, shinned**) *vi meist* **~ down/~ up** *umg* klettern ⟨to ~ down a pole e-e Stange herunterrutschen; to ~ up a tree⟩; *vt* (jmdn.) ans Schienbein treten ⟨to ~ o.s. sich ans Schienbein stoßen⟩ | hinaufklettern auf; '**~bone** *s* Schienbein *n*

shin·dig ['ʃɪndɪg], **shin·dy** ['ʃɪndɪ] *umg selten s* Lärm *m*, Krawall *m* ⟨to kick up a ~ Krach schlagen⟩ | Rummel *m*, tolle Party

shine [ʃaɪn] **1.** (**shone, shone** [ʃɒn|ʃəʊn]) *vi* glänzen, funkeln, strahlen ⟨the moon is shining⟩ | *übertr* (Gesicht, Augen) strahlen, leuchten (**with** vor) | *übertr* glänzen, brillieren (**at** bei) ⟨he does not ~ in conversation er ist kein guter Unterhalter⟩; **~ out** hervorleuchten, hervortreten (*auch übertr*); *vt* leuchten lassen | (**shined, shined**) *umg* (Schuhe, Metall u. ä.) polieren; **2.** *s* heller Schein, Leuchten *n* | Glanz *m* ⟨to take the ~ out of s.o. jmdn. in den Schatten stellen; to take a ~ to s.o. *umg* in jmdn. verknallt sein⟩ | Sonnenschein *m* ⟨(come) rain or ~ bei jedem Wetter; *übertr* unter allen Umständen⟩ | Schuhputzen *n* ⟨to get a ~ sich die Schuhe putzen lassen⟩ | *umg* Krach *m*, Tumult *m* ⟨to kick up a ~ Krawall machen⟩; '**shin·er** *s umg* blaues Auge

[1]**shin·gle** ['ʃɪŋgl] *s Brit* grober Kies; Kieselstein *m*

[2]**shin·gle** ['ʃɪŋgl] **1.** *s* Dachschindel *f* | Herrenschnitt *m*, kurzer Haarschnitt | *Am umg* (Arzt, Anwalt) Namensschild *n* ⟨to hang up/hang out/put up one's ~ eine (Anwalts-, Arzt-) Praxis aufmachen⟩; **2.** *vt* mit Schindeln bedecken | (Haare) kurz schneiden | (e-r Frau) einen Herrenschnitt schneiden

shin·gles ['ʃɪŋglz] *s/pl* (*sg konstr*) *Med* Gürtelrose *f*

shin·gly ['ʃɪŋglɪ] *adj* kiesig, steinig ⟨a ~ beach⟩

shin·guard ['ʃɪngɑ:d] *s* (Sport) Schienbeinschützer *m*

shin|ing ['ʃaɪnɪŋ] *adj* strahlend, leuchtend ⟨≈ eyes⟩ | *übertr* hervorragend, glänzend ⟨a ≈ example ein leuchtendes Beispiel⟩; '**~y** *adj* leuchtend, glänzend | strahlend, hell, klar, blank ⟨≈ shoes⟩ | glänzend, abgetragen, fadenscheinig ⟨≈ trousers⟩

shin·ny ['ʃɪnɪ] *Am* = **shin 2.**

shin·to ['ʃɪntəʊ], *auch* '**~ism** *s Rel* Shintokult *m*, Schintoismus *m*

-ship [-ʃɪp] *suff zur Bildung von s aus s und z. T. adj mit der Bedeutung* Zustand, Position von *s*, -schaft (*z. B.* **citizen~, member~, hard~**); Gruppe, Gesamtheit von *s* (*z. B.* **acquaintance~, reader~**)

ship [ʃɪp] **1.** *s* Schiff *n* ⟨about ~! klar zum Wenden; by ~ mit dem Schiff, auf dem Schiffsweg; merchant ~ Handelsschiff *n*; on board ~ an Bord des Schiffes; sailing ~ Segelschiff *n*; ~ of state *übertr* Staatsschiff *n*; war ~ Kriegsschiff *n*; to take ~ an Bord gehen, sich einschiffen; when my ~ comes *übertr umg* wenn ich mein Glück gemacht habe⟩ | Schiffsbesatzung *f* | *umg* Raumschiff *n* | *urspr Am umg* Luftschiff *n*, (Groß-) Flugzeug *n*; **2.** (**shipped, shipped**) *vt* verschiffen, verladen, an Bord nehmen | *urspr Am, Wirtsch* versenden, transportieren | *Mar* anheuern, anmustern | *umg* abschieben | *Mar* (Wasser) aufnehmen ⟨to ~ water lecken⟩ | (Ruder) einlegen; **~ off** (Person) einschiffen (**to** nach) | *Wirtsch* versenden; **~ out** *Mar, Wirtsch* per Schiff versenden; *vi* sich einschiffen | *auch* **~ out** *Mar* anheuern (**on** auf); '**~ ˌbis·cuit** *s* Schiffszwieback *m*; '**~board** *s Mar* Bord *m* ⟨on ≈ an Bord⟩; '**~ ˌbreak·er** *s Mar* Abwracker *m*; '**~ ˌbro·ker** *s* Schiffsmakler *m*; '**~ ˌbuild·er** *s* Schiffbauer *m*; '**~ ˌbuild·ing** *s* Schiff(s)bau *m*; '**~ caˌnal** *s* Seekanal *m*; '**~ ca·nal ˌlift** *s* Schiffshebewerk *n*; ˌ**~ 'chan·dler** *s* Schiffszubehörhändler *m*; ˌ**~ de·sign·ing de'part·ment** *s* Schiffbaukonstruktionsbüro *n*; '**~ lift** *s* Schiffshebewerk *n*; '**~load** *s* Schiffsladung *f*; **~man** ['~mən] *s* (*pl* '**~men**) Seemann *m*; '**~mate** *s* Schiffskamerad *m*; '**~ment** *s* Schiffsladung *f* | Verschiffung *f* (**for** nach) | *Wirtsch* Versand *m*; '**~ˌown·er** *s* Reeder *m*; '**~per** *s* Verlader *m* | *urspr Am Wirtsch* Spediteur *m* | Absender *m*; '**~ping** *s* Verschiffung *f*, Verladung *f* | Schiffahrt *f* | Schiffsbestand *m*, Flotte *f* | *arch* Seereise *f*; '**~ping ˌa·gent** *s* Schiffsmakler *m* | Schiffsagent *m*; '**~ping auˌthor·i·ty** *s* Schiffahrtsbehörde *f*; '**~ping bill** *s* Zollfreischein *m*; '**~ping charge** *s* Versandspesen *pl*; '**~ping ˌcom·pa·ny** *s* Reederei *f*; '**~ping lane** *s* Fahrtroute *f*; '**~ proˌpel·ler** *s* Schiffsschraube *f*; ˌ**~'s 'chand·ler** = **~ chandler**; '**~shape** *adj, adv* sauber, ordentlich; '**~'s 'pa·pers** *s/pl* Schiffspapiere *pl*; '**~way** *s* Helling *f* | Schiffskanal *m*; '**~wreck 1.** *s* Schiffbruch *m*; Wrack *n* | *übertr* Schiffbruch *m*, Scheitern *n*, völliger Zusammenbruch ⟨to suffer/make ≈ Schiffbruch erleiden⟩; **2.** *vt* (*meist pass*) scheitern lassen, zum Scheitern bringen ⟨to be ≈ed schiffbrüchig werden⟩ | *übertr* zum Scheitern bringen; *vi* Schiffbruch erleiden | *übertr* scheitern; '**~wrecked** *adj* schiffbrüchig, gescheitert (*auch übertr*); '**~wright** *s* Schiffbauer *m*; Schiffszimmermann *m*; '**~yard** *s* Schiffswerft *f*

shire ['ʃaɪə] *s arch* Grafschaft *f*; '**Shires** (*mit best art*) die (wegen der Fuchsjagden bekannten) Grafschaften Leicestershire, Rutland und Northamptonshire; '**~ 'horse** *s Zool* schweres Zugpferd

shirk [ʃɜ:k] **1.** *vt* sich drücken vor ⟨to ~ school die Schule schwänzen⟩ | umgehen, vermeiden, ausweichen | *Am* (etw.) abschieben (**on** auf); *vi* sich drücken (**from** vor); **2.** *s, auch* '**~er** Drückeberger *m*

shirr [ʃɜ:] *bes Am* **1.** *s* Falten *f/pl* | Zugband *n*; **2.** *vt* fälteln, kräuseln; **shirred** *adj* mit eingewebten Gummischnüren, mit Gummizug; elastisch, gekräuselt ⟨≈ fabrics Material *n* mit eingewebten Gummifäden⟩; **~ing** ['ʃɜ:rɪŋ] *s* Gurtwaren *pl*

shirt [ʃɜ:t] **1.** *s* (Männer-) Hemd *n* ⟨in one's ~ in Hemdsärmeln; sports ~ Sporthemd *n*; stuffed ~ *umg* eingebildete Person, Fatzke *m*; to lose one's ~ *umg* sein letztes Hemd verlieren; to keep one's ~ on *Sl* sich beherrschen, ruhig bleiben; to put one's ~ on *umg* seinen letzten Heller setzen auf⟩ | Unterhemd *n* | Trikot *n*; **2.** *vt* mit einem Hemd bekleiden ⟨to ~ o.s. ein Hemd anziehen⟩ | *übertr* bekleiden, bedecken; '**~ ˌcol·lar** *s* Hemdkragen *m*; '**~front** *s* Hemdeinsatz *m*, Vorhemd(chen) *n*(*n*); '**~ing** *s* Hemdenstoff *m*; '**~[-]ˌjack·et** *s* Hemdjacke *f*; '**~sleeve 1.** *s* Hemdsärmel *m* ⟨in one's ≈s in Hemdsärmeln⟩; **2.** *adj* in Hemdsärmeln, hemdsärmlig ⟨≈ weather Wetter, bei dem man in Hemdsärmeln gehen kann⟩; '**~stud** *s* Hemdenknopf *m*; '**~-suit** *s* Freizeitanzug *m*; **~-tail** ['ʃɜ:t-teɪl] *s* Hemd(en)schoß *m*; '**~ˌwaist** *Am s* Hemdbluse *f* | Hemdblusenkleid *n*; '**~ˌwaist·er** *s* Hemdblusenkleid *n*; '**~y** *adj umg* aufgebracht, sauer, vergnatzt

shish ke·bab ['ʃɪʃ kəˌbæb] *s Kochk* Kebab *m*, Schaschlyk *n*

shit [ʃɪt] *vulg* **1.** *s* Scheiße *f* ⟨to have a ~ scheißen⟩ | *übertr* Scheiße *f*, Mist *m* ⟨not give a ~ einen Scheißdreck drauf geben; not give s.o. that ~ jmdn. nicht solchen Scheiß erzählen; not worth a ~ keinen (Scheiß-) Dreck wert⟩ | *Sl* Haschisch *m* | *Sl verächtl* Scheißer *m*, Scheißkerl *m*, Arschloch *n* ⟨you big ~!⟩; **2.** (**shit** *od scherzh* **shat** [ʃæt], **shit** *od* '**shitten**) *vi* scheißen; **~ on** verscheißen, verpfeifen; *v refl* (sich) in die Hosen machen | *übertr* eine Scheißangst haben, vor Angst in die Hosen machen; **3.** *interj* Scheiße!, Mist!; **'~less** *adj* in: **be scared ~less** (sich) vor Angst in die Hosen scheißen; **shits** *s/pl* (*mit best art*) Dünnschiß *m*; **'~ty** *adj* beschissen, Scheiß-

[1]**shiv·er** ['ʃɪvə] **1.** *s* (*oft pl*) Splitter *m*, Bruchstück *n* ⟨to break [in]to ~s zerbrechen; to burst into ~s zerschellen⟩ | *Tech* Span *m*; **2.** *vt* zerbrechen, zertrümmern, zerschlagen; *vi* entzweigehen

[2]**shiv·er** ['ʃɪvə] **1.** *vi* schauern, frösteln, zittern, beben, sich schütteln (**with** vor) ⟨to be ~ing in one's shoes vor Angst mit den Beinen schlackern⟩; **2.** *s* Schauer *m*, Frösteln *n*, Zittern *n*, Beben *n* ⟨a ~ of cold; cold ~s kalte Schauer; to send ~s [up and] down s.o.'s spine es jmdm. kalt den Rücken hinunterlaufen lassen⟩ | (*meist pl, mit best art*) Fieberschauer *m*, Schüttelfrost *m* | Schaudern *n*, Gänsehaut *f*, Mordsangst *f* ⟨to give s.o. the ~s jmdm. eine Gänsehaut machen, jmdm. eine furchtbare Angst machen; to get/have the ~s *umg* erschaudern, das Zittern kriegen⟩; **'~ing** *s* Fieberschauer *m*, Schüttelfrost *m*; [1]**'~y** *adj* fröstelnd, zitternd | zittrig, bebend | schauererregend | (Wetter) zum Frieren

[2]**shiv·er·y** ['ʃɪvərɪ] *adj* zerbrechlich | *Tech* brüchig

[1]**shoal** [ʃəʊl] **1.** *s* (Fisch-) Schwarm *m* ⟨~ of herring Heringsschwarm⟩ | *übertr* Masse *f*, Unmenge *f* ⟨a ~ of people; in ~s haufenweise⟩; **2.** *vi* in Schwärmen auftretend (Fisch) | *übertr* wimmeln

[2]**shoal** [ʃəʊl] **1.** *s* flache Stelle, Untiefe *f* | Sandbank *f* | *übertr* Klippe *f*, verborgene Gefahr; **2.** *adj* flach, seicht ⟨~ water Flachwasser *n*⟩; **3.** *vi* seicht(er) werden; *vt* seicht(er) machen; **'~y** *adj* flach, seicht

shoat [ʃəʊt] *s Am, Brit dial* Ferkel *n*

[1]**shock** [ʃɒk] **1.** *s* heftiger Stoß, Zusammenprall *m*, Zusammenstoß *m* ⟨the ~ of a fall der Aufprall; earthquake ~s Erdstöße *m/pl*⟩ | Schlag *m*, Elektroschock *m* ⟨to get a ~ einen elektrischen Schlag bekommen, sich elektrisieren⟩ | Erschütterung *f*, Schlag *m*, Schock *m*, Schreck *m* (**to s.o.** für jmdn.) ⟨it gave me quite a ~ es hat mich sehr erschüttert; to die of ~ am Schock sterben⟩ | Anstoß *m*, Ärgernis *n* | *Med* Nervenschock *m* | *Tech umg* Stoßdämpfer *m*; **2.** *vt* (jmdm.) einen Stoß versetzen | *Med* schocken | (jmdn.) mit Entsetzen erfüllen, entsetzen, in Furcht versetzen | abstoßen, empören, schockieren ⟨to be ~ed empört sein (**at** über, **by** durch)⟩; *vi* zusammenstoßen, zusammenprallen

[2]**shock** [ʃɒk] **1.** *s* Hocke *f*, Kornpuppe *f*, Mandel *f*; **2.** *vt* (Garben) in Puppen aufstellen

[3]**shock** [ʃɒk] *s, meist* **a ~ of hair** (Haar-) Schopf *m*, Strähne *f*

shock| ab·sorb·er ['ʃɒk əbˌsɔːbə] *s Tech* Stoßdämpfer *m*; **'~ abˌsorb·ing** *adj* stoßdämpfend; **'~ abˌsorp·tion** *s* Stoßdämpfung *f*; **'~ briˌgade** *s* Stoßbrigade *f*; **'~er** *s umg* etw. Schockierendes | böse Überraschung | ekelhafte Person | Schundroman *m* | *Tech* Elektrisierapparat *m*; **'~free** *adj Tech* stoßfrei

shock·head·ed [ʃɒk'hedɪd] *adj* struwwelig

shock·ing ['ʃɒkɪŋ] **1.** *adj* empörend, ungehörig, abstoßend, schockierend ⟨~ behaviour⟩ | schrecklich, entsetzlich ⟨~ news⟩ | *umg* eklig, scheußlich ⟨a ~ dinner ein abscheuliches Essen⟩; **2.** *adv umg* höchst, sehr ⟨a ~ bad cold eine sehr schlimme Erkältung⟩

shock| pow·er ['ʃɒk paʊə] *s Tech* Stoßkraft *f*; **'~proof** *adj* stoßfest; **'~ ˌtac·tics** *s* (*als sg konstr*) *Mil* Durchbruchstaktik *f* (*auch übertr*); **'~ test** *s Tech* Schlagprobe *f*; **'~ ˌther·a·py, '~ ˌtreat·ment** *s Med* Schocktherapie *f*; **'~troops** *s/pl Mil* Stoßtruppen *f/pl* (*auch übertr*); **'~ wave** *s Phys* Stoßwelle *f* ⟨to send ≈s through *bes übertr* gewaltig erschüttern, völlig durcheinanderbringen⟩; **'~ ˌwork·er** *s* Stoßarbeiter(in) *m(f)*, Aktivist(in) *m(f)*

shod [ʃɒd] *prät* u. *part perf* von ↑ **shoe 2.**

shod·dy ['ʃɒdɪ] **1.** *s* Lumpen-, Reißwolle *f* | Shoddytuch *n* | *übertr* Schund *m*, Ausschuß *m* | *übertr* Kitsch *m*; **2.** *adj* Lumpen- ⟨~ clothes Lumpen *pl*⟩ | *übertr* wertlos, unecht, Schund- ⟨~ cloth Ausschußstoff *m*, -ware *f*; a ~ piece of work eine Schundarbeit, Pfusch *m*⟩ | *übertr* kitschig

shoe [ʃuː] **1.** *s* Schuh *m* ⟨a pair of ~s; if the ~ fits (wear it) *Sprichw Am* wem die Jacke paßt (, der soll sie sich anziehen); up to the ~s *übertr* bis über die Ohren; to fill s.o.'s ~s *übertr* jmds. Platz einnehmen, in jmds. Fußtapfen treten; to be/stand in s.o.'s ~s *übertr* in jmds. Haut stecken; to know where the ~ pinches wissen, wo der Schuh drückt; to put o.s. in another man's ~s sich in die Lage eines anderen versetzen; to shake in one's ~s mit den Knien schlottern⟩ | *auch* **'horse~** Hufeisen *n* | Hemmschuh *m* | *Tech* Gleitplatte *f*, -schuh *m* | *Tech* Bremsbacke *f*; **2.** *vt* (**shod, shod** [ʃɒd]) beschuhen ⟨well shod⟩ | (Pferd, Stock u. ä.) beschlagen | (durch Zwinge) schützen; **'~black** *s* Schuh-, Stiefelputzer *m*; **'~ˌblack·ing** *s* schwarze Schuhcreme; **'~brush** *s* Schuhbürste *f*; **'~horn** *s* Schuhanzieher *m*; **'~smith** *s* Hufschmied *m*; **'~lace** *s* Schnürsenkel *m*; **'~less** *adj* ohne Schuhe, barfuß | ohne Hufeisen; **'~ˌmak·er** *s* Schuhmacher *m*, Schuster *m*; **'sho·er** *s* Hufschmied *m*; **'~shine** *Am s* Schuhkrem *f* | Schuhputzer *m*; **'~string 1.** *s Am* Schnürsenkel *m*, Schuhband *n* ◇ **on a ~string** mit wenig Geld, mit ein paar Pfennigen; **2.** *adj Am* lang und dünn ⟨≈ potatoes Strohkartoffeln *pl*⟩ | *übertr* Mini- ⟨≈ budget⟩

Sho·gun ['ʃəʊguːn] *s Hist* Shogun *m* (japanischer Titel)

shone [ʃɒn] *prät* u. *part perf* von ↑ **shine 1.**

shoo [ʃuː] **1.** *interj* sch!, husch!; **2.** *vt, auch* **~ away, ~ off** (Vögel u. ä.) verscheuchen

[1]**shook** [ʃʊk] *prät* von ↑ **shake 2.**

[2]**shook** [ʃʊk] *Am* **1.** *s* Kistenbretter *n/pl*; Faßdauben *f/pl* | Heu-, Garbenpuppe *f*; **2.** *vt* bündelweise zusammenstellen

shoot [ʃuːt] **1.** (**shot, shot** [ʃɒt]) *vt* (Pfeil, Kugel u. ä.) (ab)schießen (**at** auf, nach) ⟨to ~ one's bolt *übertr* sein Pulver verschießen⟩ | (Wild) erlegen, jagen, schießen ⟨to ~ a lion; to ~ the bull *Am umg* ein Palaver abhalten, drauflosreden *od* diskutieren; to ~ the works *bes Am* das ganze Geld (beim Spiel) setzen; *übertr* sich voll ins Zeug legen⟩ | (in einem Revier) jagen ⟨to ~ the woods⟩ | (Mensch) erschießen ⟨to ~ o.s. sich erschießen⟩ | sich durch Schießen bahnen ⟨to ~ one's way sich seinen Weg freischießen⟩ | *auch übertr* (ver)schießen, schleudern ⟨to ~ dice würfeln; to ~ rubbish Müll wegwerfen; to ~ a line *umg* angeben, große Bogen spucken⟩ | (Strahlen u. ä.) aus-, entsenden | (Blick) werfen (**at** auf) ⟨to ~ s.o. an angry look jmdm. einen ärgerlichen Blick zuwerfen⟩ | hindurchschießen (Boot) ⟨to ~ a bridge; to ~ a rapid über e-e Stromschnelle hinwegschießen; to ~ the traffic lights bei Rot über die Kreuzung fahren; to ~ Niagara *übertr* Kopf und Kragen riskieren⟩ | *Bergb* sprengen, schütten | *Foto* aufnehmen, fotografieren; *Film* drehen | (Gewebe) changierend machen | *Tech* anpeilen; **~ down** ab-, niederschießen | *übertr umg* (Vorschlag u. ä.) zunichte machen; **~ in** *Mil* (jmdm.) Feuerschutz geben; **~ off** (Waffe) abschießen ⟨he had his arm shot off sein Arm wurde ihm abgeschossen; to ~ one's mouth off *übertr umg* angeben, protzen⟩; **~ out** herausstrecken (Zunge u. ä.) | (Kricket) anspielen, schlagen | *umg* hinauswerfen, ausweisen (aus Haus u. ä.) ◇ **~ it out** eine Schießerei beginnen, es zum Schußwechsel kommen lassen; **~ up** *urspr Am umg* durch Schießerei terrorisieren, niederknallen ⟨to ~ the place up an einem Ort wild herumschießen⟩ | *Sl* fixen

vi schießen (**at** nach) | (Waffe) sich entladen | hervorschießen, strömen | *übertr* stürzen, jagen, hasten | *Bot* ausschlagen, sprießen, keimen | *übertr* sich entwickeln | fotografieren; *Film* eine Szene drehen; ~ **ahead** voraneilen; ~ **for**, *auch* ~ **at** *bes Am* aus sein auf; ~ **forth** sprossen, keimen; ~ **out** herausschießen (Zunge u. ä.); ~ **up** *umg* in die Höhe schießen, heranwachsen (Kind, Pflanze) | ansteigen, hochschnellen (Preis u. ä.) | *Sl* fixen;
2. *s* Jagdgesellschaft *f* | Wettschießen *n* | Jagdrevier *n* ⟨to rent a ~ ein Revier pachten⟩ | *bes Am* (Raketen) Abschuß *m*, Start *m* ⟨a moon ~⟩ | *Bot* Sprießen *n* | *Bot* Sproß *m*, Schößling *m* | Stromschnelle *f* | *Foto* Aufnahme *f* | *übertr* Schießen *n*; **'~a·ble** *adj* jagdbar; **'~er** *s* (*bes in Zus*) Schütze *m* ⟨a sharp ≈⟩ | *umg* Revolver *m* ⟨a six-≈ ein 6-Schuß-Revolver⟩; **'~ing 1.** *s* Schießen *n* | Sprengen *n* | Jagen *n*; Jagd *f* | Jagdberechtigung *f* | Jagdrevier *n* | *Bot* Sprießen *n* | *Film* Drehen *n*; **2.** *adj* schießend, Schuß-, Schieß- | jagend, Jagd- | *übertr* stechend; **'~ing box** *s* Jagdhütte *f*; **'~ing brake** *s Brit Kfz*, *selten* Kombiwagen *m*; **'~ing coat** *s* Jagdrock *m*; **'~ing ˌgal·ler·y** *s* Schießstand *m*; Schießbude *f*; **'~ing ˌi·ron** *s Am Sl* Schießeisen *n*, Revolver *m*; **'~ing ˌli·cence** *s* Jagdschein *m*; **'~ing match** *s* Preisschießen *n* ⟨the whole ≈ *übertr umg* der ganze Laden⟩; **'~ing range** *s* Schießstand *m*; **'~ing script** *s Film* Drehplan *m*; **ˌ~ing 'star** *s* Sternschnuppe *f*; **'~ing stick** *s* Jagdstuhl *m*; **'~ing war** *s* heißer Krieg *m* (*Ant* cold war); **'~-out** *s umg* Schießerei *f* | (Sport) Entscheidungsschießen *n* ⟨a penalty ≈ ein Elfmeterschießen⟩; **'~-up** *s Sl* Fixen *n*

shop [ʃɒp] **1.** *s* Laden *m*, Geschäft *n* ⟨a butcher's ~; fruit ~ Obsthandlung *f*; to come/go to the right (wrong) ~ *übertr umg* an den Rechten (Unrechten) geraten, an die richtige (falsche) Stelle kommen; to keep a ~ ein Geschäft führen; to keep ~ im Laden stehen, verkaufen; to set up ~ einen Laden aufmachen; to close/shut up ~ das Geschäft zumachen⟩ | *auch* **shoppe** *Am* Spezialgeschäft *n* ⟨a beauty ~ ein Kosmetikgeschäft; a gift shoppe e-e Geschenkboutique⟩ | Werkstatt *f* ⟨a machine ~ eine Maschinenwerkstatt; closed ~ obligatorische Gewerkschaftszugehörigkeit, Organisierungspflicht *f*⟩ | Beruf *m*, Fach *n* ⟨to talk ~ fachsimpeln; to shut up ~ *umg* mit etwas aufhören *od* Schluß machen⟩ | Produktionsabteilung *f* ◇ **all over the ~** überall, in der ganzen Gegend; durcheinander; in jede(r) Richtung, überallhin; **2.** (**shopped, shopped**) *vt* (jmdn.) einsperren; *vi* einkaufen, Einkäufe tätigen ⟨to go ~ping einkaufen gehen⟩; ~ **around** *umg* einen Einkaufsbummel machen, sich vor dem Kauf umschauen, nicht gleich zugreifen (*auch übertr*); ~ **on** (jmdn.) anzeigen (bei der Polizei); **'~ ˌac·ci·dent** *s* Betriebsunfall *m*; **'~ asˌsist·ant** *s Brit* Verkäufer(in) *m(f)*; **'~board** *s* Ladentisch *m* | Werkbank *f*; **'~ boy** *s* Ladenjunge *m*, -gehilfe *m*, junger Verkäufer; **'~ comˌmit·tee** *s* Betriebsrat *m*; **'~ ˌdraw·ing** *s* Werkstattzeichnung *f*; **'~floor** *s* Werkstatt(geschoß) *f(n)* ⟨the men on the ≈ die (einfachen) Arbeiter *m/pl*⟩; **'~front** *s* Ladenfront *f*, Fensterfront *f* (e-s Ladens); **'~girl** *s* Verkäuferin *f*; **'~ˌkeep·er** *s* Ladeninhaber *m* | Krämer *m* | *Sl* Ladenhüter *m*; **'~ˌkeep·ing** *s* Einzelhandel *m*; Betreiben *n* eines Geschäfts; **'~lift·er** *s* Ladendieb *m*; **~man** ['~mən] *s* (*pl* **'~men**) Ladengehilfe *m*; **'~per** *s* Einkäufer(in) *m(f)*; **'~ping 1.** *adj* Laden-, Einkaufs- ⟨≈ centre Einkaufszentrum *n*⟩; **2.** *s* Einkaufen *n*, Einkauf *m* ⟨to do one's ≈s Einkäufe machen; window ≈ Schaufenstern *n*⟩; **'~ping bag** *s* Einkaufstasche *f*; **'~ping street** *s* Geschäftsstraße *f*; **'~ping ˌtrol·ley** *s* Einkaufswagen *m*, -trolley *m*; **ˌ~ 'prac·tice** *s* Betriebspraxis *f*; **'~py** *adj* voller Läden | fachsimpelnd | fachlich | krämerhaft, kleinlich; **'~soiled** *adj Brit* = **'~worn**; **ˌ~ 'stew·ard** *s* Betriebsrat *m*; **'~talk** *s* Fachsimpelei *f*; **ˌ~'win·dow** *s* Laden-, Schaufenster *n* ⟨to put all one's goods in the ≈ *übertr* auf Show aussein, sich voll verausgaben⟩; **'~ˌwork·er** *s* Produktionsarbeiter *m*; **'~-worn** *adj Am* (Ware) angestaubt, leicht beschädigt | *übertr* schäbig, abgerissen | *Brit übertr* (Vorstellungen u. ä.) verstaubt, veraltet ⟨≈ phrases⟩

[1]**shore** [ʃɔː] *s* Ufer *n*, Küste *f* ⟨in ~ *Mar* in Küstennähe; on ~ auf dem Land, an Land; to go on ~ an Land gehen⟩ | Strand *m*

[2]**shore** [ʃɔː] **1.** *s* Stütz-, Strebebalken *m*; **2.** *vt* ~ **up** (ab)stützen | *übertr* unterstützen

shore|-based ra·dar [ˌʃɔːbeɪst 'reɪdɑː] *s Mar* Küstenradar *n*; **'~ leave** *s Mar* Landurlaub *m*; **'~less** *adj* uferlos, ohne Ufer | *Mar* ohne Landemöglichkeit | *übertr* ufer-, grenzenlos; **'~ paˌtrol** *s Mar* Küstenstreife *f*; **'~ward** *adj*, *adv* ufer-, küstenwärts (gelegen); **'~wards** *adv* ufer-, küstenwärts

shor·ing ['ʃɔːrɪŋ] *s* Abstützung *f* | Versteifung *f*, Verschalung *f*

shorn [ʃɔːn] *part perf* von ↑ **shear 1.**

short [ʃɔːt] **1.** *adj* (räumlich, zeitlich) kurz (*Ant* long) ⟨a ~ holiday; a ~ time ago vor kurzem; a ~ street; for ~ kurz gesagt, kurz; ~ and sweet *umg* ohne Schmus; to make ~ work of kurzen Prozeß machen mit; to be ~ for e-e Abkürzung sein *od* stehen für; to get the ~ end of the stick *Am umg* schlecht(er) dabei wegkommen⟩ | kurz, gedrungen, klein von Gestalt (*Ant* tall) ⟨~ grass; a ~ man⟩ | unzureichend, unzulänglich, knapp ⟨~ of breath kurzatmig; ~ of cash nicht bei Kasse; ~ change zu wenig Wechselgeld; little/nothing ~ of nahezu, wirklich; to be ~ of s.th. nicht genug von etw. haben; ~ on knapp an, mit wenig⟩ | kurz angebunden, barsch (**with s.o.** gegenüber jmdm.) | (Gebäck) mürbe ⟨~ pastry Mürbeteig *m*⟩ | (Metall) brüchig | *Ling* kurz ⟨a ~ vowel⟩ | *Wirtsch* mit kurzer Laufzeit, kurzfristig ⟨a ~ paper⟩ | *umg* (Getränk) stark, unverdünnt ⟨~ drinks⟩ | *umg* (Getränk) in kleinen Gläsern (serviert); **2.** *adv* jäh, plötzlich, unerwartet ⟨to be taken ~ *umg* plötzlich verschwinden *od* austreten müssen; to cut ~ unterbrechen; to stop ~ plötzlich anhalten; to turn ~ sich plötzlich umdrehen⟩ | zu kurz, zu knapp ⟨to come/fall ~ of s.th. hinter etw. zurückbleiben; I go ~ of s.th. mir fehlt es an etw.; to run ~ of fast aufbrauchen; knapp werden an⟩ | *Wirtsch* ungedeckt, ohne Deckung ⟨to sell ~ ohne Deckung verkaufen; to sell s.o. ~ *übertr* jmdn. hintergehen, jmdm. etw. vormachen⟩; **3.** *s* Abkürzung *f*, Kürze *f* ⟨in ~ in Kürze, kurzum; the long and the ~ of it um es kurz zu machen⟩ | *El umg* Kurzschluß *m* | *Metr* kurze Silbe | *Ling* kurzer Laut | *Film* (kurzer) Vorfilm | Schnaps *m*, starkes Getränk (*Ant* long drink)

short·age ['ʃɔːtɪdʒ] *s* Knappheit *f*, Mangel *m* (**of** an) | *Wirtsch* Defizit *n*, Fehlbetrag *m* | Gewichtsverlust *m*

short|bread ['ʃɔːtbred] *s* Sandkuchen *m*; **ˌ~-'breathed** *adj* kurzatmig | *übertr* kurzlebig; **'~cake** *s* Mürbegebäck *n*, Sandkuchen *m* | *Am* (Frucht-) Törtchen *n* ⟨strawberry ≈ Erdbeertörtchen *n*⟩; **ˌ~-'change** *vt* (jmdm.) zu wenig Wechselgeld herausgeben | *übertr Sl* (jmdn.) übers Ohr hauen; **ˌ~ 'cir·cuit** *s El* Kurzschluß *m*; **ˌ~-'cir·cuit** *vt El* einen Kurzschluß verursachen in | *El* kurzschließen | *übertr* (etw.) abkürzen ⟨to ≈ a procedure⟩; *vi* einen Kurzschluß verursachen; **ˌ~-'coat·ed** *adj* kurzhaarig ⟨a ≈ dog⟩; **'~ˌcom·ing** *s* Mangel *m*, Fehler *m* | Unzulänglichkeit *f* | Defizit *n*; **'~ cut**, *auch* [ˌ~ '~] *s* Abkürzungsweg *m*; **ˌ~-'cut** *vi* den Weg abkürzen; **ˌ~-'dat·ed** *adj Wirtsch* kurzfristig

short·en ['ʃɔːtn] *vt* ab-, verkürzen | *Mar* (Segel) einholen, reffen | *übertr* vermindern, verringern; *vi* (Tag u. ä.) abnehmen, kürzer werden; **'~ing** *s* Abnehmen *n* | (Ab-, Ver-) Kürzung *f* | *bes Am Kochk* Backfett *n*

short|fall ['ʃɔ:tfɔ:l] *s Wirtsch* Fehlbetrag *m*, Manko *n*; '**~ fuse** *s Am umg* leichte Erregbarkeit, Nervenschwäche *f*; '**~hand** **1.** *s* Kurzschrift *f* ⟨to write ≈ stenographieren⟩; **2.** *adj* stenographisch ⟨≈ expression Kürzel *n*⟩; **3.** *vt* stenographieren; ˌ**~hand 'typ·ist** *s* Stenotypist(in) *m(f)*; ˌ**~hand 'writ·er** *s* Stenograph(in) *m(f)*; '**~haul** **1.** *s* Nahtransport *m*; **2.** *adj* Kurzstrecken- ⟨≈ jet⟩; '**~horn** *s Zool* Shorthorn *n*, Kurzhornrind *n*; '**~ie** **1.** *s verächtl* (Person) Kleine(r) *f(m)*, Knirps *m*; **2.** *adj* (Kleidungsstück) Kurz-, Mini- ⟨a ≈ nightdress⟩; '**~-life**, *auch* ˌ**~-'lived** *adj* kurzlebig, von kurzer Dauer; '**~list** *s Brit* Liste *f* der am meisten geeigneten Kandidaten ⟨to be on the ≈ in die engere Wahl kommen⟩; '**~-list** *vt* in die engere Wahl ziehen; '**~ly** *adv* bald, in Kürze ⟨to arrive ≈⟩ | (Entfernung) kurz (vor, nach) ⟨≈ beyond the crossing⟩ | (in Worten) knapp, bündig ⟨to answer ≈⟩ | brüsk, ungeduldig; ˌ**~ 'or·der** *s Am* Schnellgericht *n* ◇ **in ~ order** kurzfristig; ˌ**~-'range** *adj* (Plan u. ä.) kurzfristig | *Mil* (Rakete) Kurzstrecken-; **shorts** *s/pl* Shorts *pl*, kurze Hose(n) *f(pl)* | *Am* kurze Unterhosen *pl*; ˌ**~ 'shrift** *s übertr* kurzer Prozeß *in*: **get ~ shrift** kurz abgefertigt werden; **give ~ shrift** kurzen Prozeß machen mit; ˌ**~ 'sight** *s* Kurzsichtigkeit *f*; ˌ**~-'sight·ed** *adj* kurzsichtig (*auch übertr*); ˌ**~ 'sto·ry** *s* Kurzgeschichte *f*; ˌ**~-'tem·pered** *adj* reizbar; ˌ**~-'term** *adj* kurzfristig, auf kurze Sicht ⟨≈ memory Kurzzeitgedächtnis *n*⟩; ˌ**~ 'time** *s* Kurzarbeit *f*; ˌ**~-'time** *adj* Kurzzeit-; ˌ**~ 'wave** *s El* kurze Welle *f*, Kurzwelle *f*; ˌ**~-ˌwave trans'mit·ter** *s* Kurzwellensender *m*; ˌ**~ 'weight** *s* Untergewicht *n*; ˌ**~-'wind·ed** *adj* kurzatmig; '**~y** = **~ie**

shot [ʃɒt] **1.** *s* Schuß *m* ⟨to have/take a ~ at schießen auf; to hear ~s⟩ | Kugel *f*, Geschoß *n*, Schuß *m* ⟨like a ~ *umg* sofort, wie aus der Pistole geschossen; ohne Zögern, bereitwillig; (off) like a ~ pfeilgeschwind⟩ | *auch* '**lead ~** Schrotkugel *f* | Schußweite *f* ⟨within ~ in Schußweite⟩ | Reichweite *f* | Schütze *m* ⟨a poor ~ ein schlechter Schütze; a big ~ *übertr verächtl* ein großes *od* hohes Tier, eingebildete Person⟩ | *Tech* Sprengung *f* | *Foto* Aufnahme *f* ⟨long ~ Totale *f*⟩ | (Sport) Wurf *m*, Stoß *m*, Schlag *m*, Schuß *m* ⟨a penality ~ Strafstoß *m*⟩ | (Raketen) Abschuß *m*, Start ⟨a moon ~⟩ | *urspr Am umg* Spritze *f*, Injektion *f* ⟨to have a ~ in the arm *übertr* (*bes* Finanz-) Spritze *f*⟩ | *umg* Schuß *m* (Rum u. ä.), Gläschen *n* ⟨to pay one's ~ *übertr* s-n Anteil bezahlen; to stand ~ die Zeche übernehmen⟩ | *übertr* Versuch *m* ⟨a long ~ kühner *od* gewagter Versuch, eine entfernte Möglichkeit; not by a long ~ nicht entfernt, schwerlich; to have a ~ at s.th. etw. versuchen⟩ | (Wett) Chance *f* ⟨ten to one ~ eine Chance von 10 zu 1; to call one's ~ *Am umg* genau sagen, worauf man hinaus will⟩; **2.** *prät* u. *part perf* von ↑ **shoot 1.**; **3.** *adj* abgeschossen | (Gewebe) changierend, schillernd ⟨~ with blue blauschimmernd⟩ | gesprenkelt | *meist* **~ through** *lit* durchsetzt (**with** mit) | *Am übertr umg* am Ende, fertig, hinüber, nieder ⟨my nerves are ~⟩ | *umg* los, fertig (**of** mit) ⟨to be ~ of the job den Job los sein⟩; '**~fir·er** *s Bergb* Sprengmeister *m*; '**~gun** **1.** *s* Schrotflinte *f*; **2.** *adj umg* erzwungen ⟨≈ marriage Mußheirat *f*⟩; '**~hole** *s Bergb* (Spreng-) Bohrloch *n*; '**~proof** *adj* kugelsicher, schußfest; '**~ put** *s* (Sport) Kugelstoßen *n*; **~ten** [ʃɒtn] *adj Med* ausgerenkt; '**~ting** *s Tech* Granulieren *n*; '**~ ˌtow·er** *s* Schrotturm *m*; '**~ up** *adj Mil* dezimiert; '**~-up** *adj* zerschossen, zerstört ⟨≈ tanks⟩

should [ʃəd|ʃʊd] *prät* von ↑ **shall**

shoul·der ['ʃəʊldə] **1.** *s* Schulter *f*, Achsel *f* ⟨~ to ~ Schulter an Schulter; dicht beeinander (*auch übertr*); over the ~ *übertr* über die Schulter hinweg; (straight) from the ~ *übertr* unverblümt, offen; to have broad ~s viel tragen können; *übertr* einen breiten Rücken haben, die ganze Verantwortung übernehmen können; to open one's ~ (Sport) einen Ball mit vollem Körpereinsatz schlagen *od* werfen; to put one's ~ to the wheel *übertr* seine ganzen Kräfte einsetzen, voll bei der Sache sein; to rub ~s (with) *umg* eng miteinander verkehren (mit); to stand head and ~s above others die anderen überragen (*auch übertr*); to turn a cold ~ [up]on s.o. *übertr* jmdm. die kalte Schulter zeigen⟩ | (Tier) Schulterstück *n*, -blatt *n* ⟨~ of mutton Hammelkeule *f*⟩ | *übertr* Schulter *f*, schulterähnlicher Vorsprung *od* Absatz *m* (e-r Flasche, e-s Berges u. ä.) | *Arch* Brüstung *f*, Vorsprung *m* | *Flugw* Sicherheitsstreifen *m* | *Tech* Ansatz *m*, Stufe *f* | *Tech* ungepflasterter Straßenrand, Bankette *f* ⟨hard ~ fester Randstreifen⟩; **2.** *vt* mit der Schulter stoßen ⟨to ~ s.o. aside jmdn. wegstoßen⟩ | auf die Schulter nehmen, schultern ⟨~ arms *Mil* das Gewehr über!; to ~ a burden⟩ | *übertr* auf sich nehmen ⟨to ~ the responsibility for s.th. die Verantwortung für etw. übernehmen⟩; *vi* (mit der Schulter) stoßen; sich drängen; **3.** *adj* Übergangs- ⟨~ period⟩; '**~ bag** *s* Umhängetasche *f*; '**~ belt** *s Mil* Schulterriemen *m*; '**~ blade** *s* Schulterblatt *n*; '**~ ˌcut·ting** *s Tech* Ansatz-, Stufenfräsen *n*; '**~ flash** *s Mil* Dienst-, Rangabzeichen *n*, Schulterstück *n*, Achselklappe *f*; '**~-high** *adj* schulterhoch, auf den Schultern ⟨to carry s.o. ≈⟩; '**~ joint** *s* Schultergelenk *n*; '**~ strap** *s Mil* Schulterstück *n*, Achselklappe *f* | (Kleid) Schulterband *n* | Tragriemen *m*

shouldn't ['ʃʊdnt] *kontr umg* für **should not**

shouldst [ʃədst|ʃʊdst] *arch 2. Pers sg* von ↑ **should** ⟨thou ~ du solltest⟩

shout [ʃaʊt] **1.** *s* lauter Ruf, Schrei *m* ⟨~s of joy Freudenrufe *m/pl*⟩ | Geschrei *n* | *Brit, Austr umg* (Bestell-) Runde *f* ⟨it's my ~ jetzt bin ich dran⟩; **2.** *vt* (etw.) laut rufen ⟨to ~ one's disapproval laut sein Mißfallen bekunden; to ~ o.s. hoarse sich heiser schreien⟩ | *umg bes Austr* (Getränk) spendieren; **~ down** niederbrüllen, durch Geschrei zum Schweigen bringen ⟨to ~ the speaker down⟩; **~ out** ausrufen, laut rufen ⟨to ≈ one's orders seine Befehle brüllen⟩; *vi* schreien, laut rufen (**for** nach) ⟨to ~ at s.o. jmdn. anschreien; to ~ to s.o. jmdm. zurufen⟩ | jauchzen (**with** vor); '**~ing** *s* Geschrei *n* ⟨it's all over bar the ≈ die Schlacht ist gewonnen, es ist alles vorüber *od* gelaufen; within ≈ distance auf Rufweite⟩

shove [ʃʌv] **1.** *vt* schieben, (weg)stoßen | *umg* anrempeln, schubsen; **~ aside** beiseite stoßen; **~ down** hinwerfen | *umg* hinschmieren, hinhauen ◇ **~ down s.o.'s throat** *umg* (jmdm.) einhämmern, eintrichtern; *vi* schieben, stoßen, sich drängen (**through** durch) ⟨stop shoving! drängen *od* schieben Sie nicht so!; pushing and shoving Schieben und Stoßen⟩; **~ off** (vom Ufer) abstoßen | *Sl* sich davonmachen, losziehen, abhauen ⟨let's ~ off!⟩; **2.** *s* Schub *m*, kräftiger Stoß | *übertr* Anstoß *m*

shove-ha'pen·ny [ʃʌv 'heɪpnɪ] *s* Münzenstoßen *n* (Spiel)

shov|el ['ʃʌvl] **1.** *s* Schaufel *f*, Schippe *f* | *Tech* Löffelbagger *m*; **2.** ('**~elled,** '**~elled**) *vt* schaufeln ⟨to ≈ a path through the snow; to ≈ s.th. away etw. wegschaufeln⟩; **~el up** aufschaufeln, aufhäufeln, einschaufeln ⟨to ≈ money Geld scheffeln⟩; *vi* schaufeln; '**~el·ful** *s* eine Schaufel voll; '**~el ˌhan·dle** *s* Schaufelstiel *m*; '**~el plough** *s* Schaufelpflug *m*

show [ʃəʊ] **1.** *s* (Her-) Zeigen *n* ⟨by [a] ~ of hands durch Handzeichen, durch Hochheben der Hand⟩ | Schau-, Ausstellung *f* ⟨flower ~; on ~ ausgestellt⟩ | Show *f*, Vorstellung *f*, Darbietung *f* ⟨a poor ~ eine schwache Leistung; good ~! gut gemacht!; to put on a ~ eine Schau abziehen; to put up a good (poor) ~ gut (schlecht) abschneiden; etw. (nichts) leisten; to steal the ~ *übertr* (jmdm.) die Schau

stehlen, in den Schatten stellen〉 | *Theat, Film umg* Vorstellung *f* 〈musical ~ Musical *n*, Operette *f*; TV ~ Fernsehstück *n*, -schau *f*〉 | Pomp *m*, Schein *m*, Zurschaustellung *f* 〈for ~ um den Schein zu wahren; zum Anschauen; to be fond of ~ gern großtun〉 | äußerer Eindruck 〈not even a ~ of resistance nicht eine Spur von Widerstand; with a ~ of reason unter dem Schein der Vernunft; with some ~ of justice anscheinend mit gewisser Berechtigung; to make a fine ~ prächtig aussehen〉 | *umg* Unternehmen *n*, Sache *f* 〈to get this ~ on the road mit der Sache (endlich) anfangen, sich an den Laden ranmachen; to run the ~ die Sache schmeißen; to give the ~ away *übertr* alles vorher verraten〉 | (*nur sg*) *umg* Gelegenheit *f*, Chance *f* 〈to give s.o. a fair ~ jmdm. eine echte Chance geben; to have no ~ at all sich überhaupt nicht verteidigen können〉;
2. (**showed, shown** [ʃəʊn], *selten* **shewed, shewn** [ʃəʊn]) *vt* zeigen 〈to ~ o.s. sich in der Öffentlichkeit zeigen; anwesend sein; to ~ one's cards/hand *übertr* seine Karten aufdecken; to ~ one's face sich zeigen, hingehen; to ~ a leg *umg* [vom Bett] aufstehen; to ~ one's teeth die Zähne fletschen, böse sein; to have nothing to ~ for it (s.th.) auf nichts [als Beweis] dafür (für etw.) verweisen können〉 | vorzeigen, vorweisen 〈to ~ one's ticket seine Fahrkarte zeigen〉 | zeigen, sichtbar machen, aufweisen 〈to ~ the dirt; to ~ signs of wear etw. abgenutzt aussehen〉 | aufzeigen, erklären 〈to ~ s.o. how to do s.th.; to ~ s.o. the way jmdm. den Weg zeigen; *übertr* Vorbild sein für jmdn.〉 | ausstellen, in einer Ausstellung zeigen | zeigen, führen 〈to ~ a visitor; to ~ s.o. the door jmdn. hinauswerfen〉 | *Theat* aufführen | zeigen, beweisen 〈to ~ great courage großen Mut beweisen; to ~ s.o. to be s.th. zeigen, daß jmd. etw. ist〉 | *Jur* nachweisen | zeigen, erweisen 〈to ~ s.o. kindness〉; ~ **[a]round** herumführen; ~ **forth** bekanntmachen; ~ **in** hereinführen, hereinbringen; ~ **off** (vorteilhaft) herausstellen; zur Schau stellen, angeben mit; ~ **out** hinausbegleiten, hinausbringen; ~ **over** *Brit* herumführen; ~ **up** hinaufführen | *umg* aufdecken, enthüllen; *vi* sich zeigen, erscheinen | zu sehen sein 〈the wound is ~ing man sieht die Wunde〉 | zeigen, beweisen 〈it goes to ~ da zeigt (es) sich wieder mal〉 | ausstellen | eine Vorstellung geben | (Sport) sich plazieren, plaziert sein (Pferd); ~ **off** protzen, prahlen, großtun; ~ **up** hervortreten | *umg* erscheinen, auftauchen, sich blicken lassen 〈they didn't ≈ at the party〉;
ˈ**~bill** *s* Theaterzettel *m*; ˈ**~biz** *s umg* = ˈ~ ˌ**business**; ˈ**~boat** **1.** *s Am* Showboat *n*, Theaterschiff *n* | *Am Sl* Star *m*, Publikumsmagnet *m*; **2.** *vi, vt* auf die Öffentlichkeit wirken (mit), theatralisch auftreten (mit); ˈ~ ˌ**busi·ness** *s* Unterhaltungsindustrie *f*; ˈ**~card** *s Wirtsch* Musterkarte *f*; ˈ**~case** *s* Schaukasten *m*; ˈ**~down** *s* (*meist sg*) Aufdecken *n* (der Karten) (*auch übertr*) | Kraftprobe *f* 〈to force a ≈ with es zur Kraftprobe kommen lassen mit〉

[1]**show·er** [ˈʃaʊə] **1.** *s* (Regen-, Hagel- u. ä.) Schauer *m* | *auch* ˈ~ **bath** Dusche *f* 〈to have a ~ duschen〉 | *übertr* Regen *m*, Fülle *f*, Überfluß *m* 〈in ~s in Hülle u. Fülle; ~ of tears Tränenstrom *m*〉 | *Phys* (Teilchen-) Schauer *m* | *Astr* (Meteoriten-) Schwarm *m* | *Am* Hochzeitsgeschenke *n/pl*; **2.** *vt* begießen, besprengen, übergießen, überschütten (*auch übertr*) 〈to ~ honours upon s.o./to ~ s.o. with honours jmdn. mit Ehrungen überhäufen〉; *vi* gießen | *auch* ~ **down** herabströmen, sich ergießen (**upon** auf, über)

[2]**show·er** [ˈʃəʊə] *s* Aussteller *m* | Schausteller *m*

show·er| bath [ˈʃaʊə bɑ:θ] *s* Dusche *f*, Brausebad *n*; Duschraum *m*; ˈ~ ˌ**cur·tain** *s* Duschvorhang *m*; ˈ**~y** *adj* regnerisch 〈≈ weather〉

show| girl [ˈʃəʊ gɜ:l] *s* Revuegirl *n*; ˈ**~glass** *s* Spiegel *m*; ˈ**~ground** *s* Ausstellungsgelände *n*; ˈ**~ing** *s* (*nur sg*) Zeigen

n | Ausstellung *f* 〈a ≈ of new dresses〉 | Darstellung *f*, Erscheinung *f*, Eindruck *m*, Abschneiden *n* 〈with a poor financial ≈ in einer schwierigen Finanzlage; on present ≈ wie die Dinge jetzt liegen, wie es jetzt aussieht〉 | Filmvorführung *f* 〈first ≈ Erstaufführung *f*〉 | Erklärung *f*, Behauptung *f* 〈on/by s.o.'s own ≈ nach jmds. eigenen Angaben〉; ˈ**~jump·ing** *s* Schaureiten *n*, Springturnier *n*; ˈ**~man** [~mən] *s* (*pl* ˈ**~men**) Schausteller *m* | jmd., der auf Schau aus ist, geschickter Schauspieler, Effekthascher *m*; ˈ**~man·ship** *s* effektvolle Darbietung | Effekthascherei *f* | Publikumswirkung *f*

shown [ʃəʊn] *part perf* von ↑ **show**

show|-off [ˈʃəʊ ɒf] *s* Zurschaustellung *f* | *umg* Angeber *m*; ˈ**~ˌpeo·ple** *s collect* (*pl konstr*) Unterhaltungskünstler *pl* | Schausteller *pl*; ˈ**~piece** *s* Schaustück *n*; ˈ**~place** *s* Anziehungspunkt *m*, Sehenswürdigkeit *f*; ˈ**~room** *s* Ausstellungsraum *m*; ˈ**~ tri·al** *s* Schauprozeß *m*; ˈ~ ˌ**win·dow** *s bes Am* Schaufenster *n*; ˈ**~y** *adj* auffallend 〈a ≈ dress〉 | protzig, prahlerisch | prächtig 〈≈ flowers〉

shrank [ʃræŋk] *prät* von ↑ **shrink**

shrap·nel [ˈʃræpnl] *Mil s* Schrapnell *n* | Granatsplitter *m*; ˈ~ **bomb** *s* Splitterbombe *f*

shred [ʃred] **1.** *s* Fetzen *m*, Lumpen *m* 〈to tear to ~s zerfetzen (*auch übertr*)〉 | Splitter *m*; Span *m* | *übertr* Bruchstück *n* 〈not a ~ of truth keine Spur von Wahrheit〉; **2.** (**~ded, ~ded**) *vt* in Fetzen reißen, zerfetzen, zerreißen | *Tech* zerfasern; schroten; zerreißen | *Kochk* (zer)schnitzeln, (Sauerkraut u. ä.) einschneiden, raspeln 〈~ded coconut Kokosraspel *f*; ~ded wheat Weizenschrot *m*〉; *vi* zerreißen; ˈ**~der** *s Tech* Reißwolf *m* | *Landw* Futterschneider *m* | *Kochk* (Bohnen u. ä.) Schnitzelmaschine *f* | *Kochk* Reibeisen *n*; ˈ**~ding drum** *s Tech* Zerreißertrommel *f*; ˈ**~ding maˌchine** *s Tech* Zerreißer *m*

[1]**shrew** [ʃru:] *s* zänkisches Weib

[2]**shrew** [ʃru:], *auch* ˈ~ **mouse** *s Zool* Spitzmaus *f*

shrewd [ʃru:d] *adj* klug, schlau, scharfsinnig 〈~ arguments; a ~ observer〉 | pfiffig, gerissen 〈a ~ fellow〉 | *selten* (Schmerz, Schlag, Wind u. a.) scharf, beißend, heftig 〈~ pain〉 | *dial* hinterlistig

shrew·ish [ˈʃru:ɪʃ] *adj* boshaft, zänkisch

shriek [ʃri:k] **1.** *s* Aufschrei *m*, lauter (Angst- u. ä.) Schrei | Gekreisch *n* 〈~s of laughter kreischendes Lachen〉 | schriller Pfiff 〈the ~ of a railway engine das Pfeifen einer Lokomotive〉; **2.** *vi* kreischen, laut schreien | aufschreien (**with** vor) 〈to ~ with laughter gellend lachen〉 | pfeifen; *vt* schreien 〈to ~ o.s. hoarse sich heiser schreien〉; ~ **out** gellend schreien 〈to ≈ a warning〉

shrift [ʃrɪft] *s arch Rel* Beichte *f* | *arch Rel* Lossprechung *f* ◇ **short** ~ *übertr* Galgenfrist *f* 〈to get ≈ barsch behandelt werden; to give ≈ to s.o. kurzen Prozeß machen mit jmdm.〉

shrike [ʃraɪk] *s Zool* Würger *m*

shrill [ʃrɪl] **1.** *adj* gellend, schrill, durchdringend 〈a ~ sound〉 | *übertr* (Farbe u. ä.) schreiend, grell | *übertr* durchdringend, schneidend 〈a ~ voice〉; **2.** *vi* gellen, schrill ertönen; *vt, auch* ~ **forth,** ~ **out** kreischend äußern; **3.** *s* Schrillen *n*, Gellen *n*

shrimp [ʃrɪmp] **1.** *s Zool* Garnele *f*, Krabbe *f* | *übertr scherzh* Knirps *m*; **2.** *vi* Garnelen fangen 〈to go ~ing〉

shrine [ʃraɪn] **1.** *s Rel* (Reliquien-) Schrein *m*, Grabstätte *f* | *übertr* Heiligtum *n*; **2.** *vt selten* in einem Schrein aufbewahren | *poet* heilighalten

shrink [ʃrɪŋk] (**shrank** [ʃræŋk], **shrunk** [ʃrʌŋk] *od* **shrunken** [ʃrʌŋkən]) **1.** *vi* (Wolle u. ä.) zusammenschrumpfen, eingehen; (Zahnfleisch u. ä.) schrumpfen, sich zusammenziehen; (Stoff u. a.) einlaufen ⟨to ~ in the wash beim Waschen eingehen⟩ | schwinden, abnehmen | sich zurückziehen (**into** in) | zurückweichen, zurückschrecken (**from** vor); ~ **away** sich zurückhalten; ~ **back** zurückschrecken (**from** vor); ~ **up** *übertr* wenig auffallen wollen, sich verkrümeln; *vt* zusammenschrumpfen *od* einlaufen lassen ⟨to ~ clothes⟩ | vermindern, verkürzen (*auch übertr*) | (Tuch) krimpen; ~ **on** *Tech* (Reifen u. ä.) warm aufziehen; **2.** *s Am Sl scherzh* Klapsdoktor *m*; '**~age** *s* Abnahme *f*, Schwund *m* ⟨≈ in value Wertabnahme *f*⟩ | Einlaufen, Schrumpfen *n* ⟨to allow for ≈ das Eingehen berücksichtigen⟩ | *Tech* Schrumpf-, Schwindmaß *n* | (Textilien) Dekatieren *n*; '**~ing 1.** *adj* schrumpfend | widerwillig | scheu, verschüchtert; **2.** *s* Schrumpfen *n* | (Textilien) Krumpfen *n*; '**~ing re,sis·tant** *adj* schrumpffest | krumpffrei; '**~proof** *adj* nicht einlaufend, eingehend; '**~-,wrap 1.** *s* Plastfolie *f*; **2.** *vt* einschweißen; '**~ ,wrap·ping** *s* Plastfolienverpackung *f*

shrive [ʃraɪv] (**~d, shrove** [ʃrəʊv]; **~d, shriven** ['ʃrɪvn]) *vt arch, Rel* (jmdm.) die Beichte abnehmen und Absolution erteilen

shriv|el ['ʃrɪvl] ('**~elled,** '**~elled**) *vt, oft* **~el up** ausdörren, zusammenschrumpfen, vertrocknen lassen ⟨a ≈ed face ein runzliges Gesicht⟩ | *übertr* verkümmern lassen; *vi, oft* **~el up** runzlig werden, ein-, zusammenschrumpfen | *übertr* verkümmern

shroud [ʃraʊd] **1.** *s* Leichentuch *n*, Leichen-, Sterbehemd *n* | *übertr* Hülle *f* ⟨~ of mist⟩ | *meist pl Mar* Wante *f* | *Tech* Verstärkungsflansch *m*, Ummantelung *f* | *auch* '**~ line** *Flugw* (Fallschirm-) Fangleine *f*; **2.** *vt* (jmdm.) das Leichenhemd anziehen | *übertr* einhüllen (**in** in) | *übertr* verschleiern ⟨~ed in mystery geheimnisumwoben⟩; '**~less** *adj übertr* unverhüllt

shrove [ʃrəʊv] *prät von* ↑ **shrive**

Shrove| Mon·day [,ʃrəʊv 'mʌndɪ] *s* Rosenmontag *m*; '**~ Tide** *s* Fastnachtszeit *f*; **,~ 'Tues·day** *s* Faschings-, Fastnachtsdienstag *m*

shrub [ʃrʌb] *s Bot* Strauch *m*, Busch *m*, Staude *f*; '**~ber·y** *s* Gebüsch *n*, Gesträuch *n*; '**~by** *adj* voller Gebüsch, mit Strauchwerk bedeckt | buschig, strauchig, Strauch-

shrug [ʃrʌg] **1.** (**shrugged, shrugged**) (Schultern) hochziehen ⟨to ~ one's shoulders mit den Achseln zucken⟩; ~ **off** abschieben, abwimmeln, mit Achselzucken abtun ⟨to ≈ criticism⟩; *vi* die Achseln zucken; **2.** *s* Achselzucken *n* ⟨with a ~ of the shoulders; a ~ of despair ein verzweifeltes Achselzucken⟩

shrunk [ʃrʌŋk] **1.** *part perf von* ↑ **shrink**; **2.** *adj* (Stoff) eingelaufen; **~en** ['~ən] *adj* eingefallen, abgemagert

shuck [ʃʌk] *Am* **1.** *s* (Erbsen- u. ä.) Schote *f*, Hülse *f* | *Sl* Trick *m*, Bluff *m*; **2.** *vt* enthülsen; **shucks** *interj, Am umg* Unsinn!, Quatsch!

shud·der ['ʃʌdə] **1.** *s* Schaudern *n*, Schauder *m*, Beben *n* ⟨it gives me the ~s *umg* es überläuft mich eiskalt⟩; **2.** *vi* schaudern, beben, zittern (**with** vor, **at** bei) ⟨he ~ed to think of it ihm schauderte, wenn er daran dachte⟩

shuf·fle ['ʃʌfl] **1.** *s* Schlurren *n*, Schlurfen *n*, schlurfender Gang | (Tanz) Schleifschritt *m*, Schleifer *m* | *Kart* Mischen *n* ⟨to give the cards a good ~ die Karten gut [durch]mischen⟩ | Umstellung *f* ⟨a Cabinet ~ Kabinettsumbildung *f*⟩ | *übertr* Ausflucht *f*, Schwindel *m*, Kunstgriff *m*; **2.** *vi* schlurren, schlurfen, nachlässig gehen | *Kart* mischen | *übertr* Ausflüchte machen ⟨don't ~⟩; ~ **along** entlang-, vorbeischlurfen; ~ **through** nachlässig *od* flüchtig erledigen ⟨to ≈ one's work⟩; *vt* (Füße) schleifen ⟨to ≈ one's feet schlurfen⟩ | durcheinanderwerfen | (Karten) mischen; ~ **off** *übertr* abschütteln, abwälzen, abschieben (**on, upon, on to** auf) | (Kleidung u. a.) abwerfen; ~ **on** (Kleidung u. ä.) hastig anlegen, umhängen; ~ **together** zusammenraffen, zusammenwerfen

shuf·fle·board ['ʃʌflbɔ:d] *s Mar* Beilkespiel *n*, Shuffleboard *n*

shuf|fler ['ʃʌflə] *s* Kartengeber *m*, -mischer *m* | Schwindler *m*; '**~fling** *adj* schlurrend, schlurfend | *übertr* ausweichend

shuf·ty ['ʃʊftɪ] *s Brit Sl bes in:* **have/take a ~ (at)** einen Blick riskieren (auf), lunzen (nach)

[1]**shun** [ʃʌn] *vt* (**shunned, shunned**) meiden, scheuen ⟨to ~ publicity⟩ | (jmdm., e-r Sache) ausweichen

[2]**shun** [ʃʌn] *interj Mil umg* Achtung!, stillgestanden!

shun|pike ['ʃʌnpaɪk] *Am* **1.** *s* Nebenstraße *f* (auf der keine Autobahngebühr verlangt wird); **2.** *vi* auf einer Nebenstraße reisen, dem Hauptverkehr entgehen; '**~pik·er** *s* jmd., der den Autobahnverkehr umgeht

shunt [ʃʌnt] **1.** *vt Eisenb* schieben, rangieren ⟨to ~ a train on to a siding e-n Zug auf ein Nebengleis schieben⟩ | abzweigen | *El* nebenschließen, shunten | *übertr* beiseite legen *od* schieben, verdrängen | *umg* kaltstellen, nicht zum Zuge kommen lassen; *vi Eisenb* rangiert werden, auf ein Nebengleis fahren; **2.** *s Eisenb* Rangieren *n* | *Eisenb* Weiche *f* | *El* Nebenwiderstand *m*, Shunt *m* | *übertr* Ausweichen *n* | *Sl* Autounfall *m*; '**~er** *s Eisenb* Rangierer *m*, Weichensteller *m* | *Sl* Schieber *m*; '**~ing 1.** *s Eisenb* Rangieren *n* | *El* Parallelschaltung *f*; **2.** *adj* Rangier-; '**~ing lo·co,mo·tive** *s* Rangierlokomotive *f*; '**~ing ,sid·ing** *s Eisenb* Abstellgleis *n*; '**~ing ,sta·tion** *s* Rangier-, Verschiebebahnhof *m*; '**~ing track** *s* Rangiergleis *n*; '**~ ,wind·ing** *s El* Nebenschlußwicklung *f*

shush [ʃʊʃ] **1.** *interj* sch!, pst!; **2.** *vt umg* zum Schweigen bringen, beruhigen ⟨to ~ the children⟩

shut [ʃʌt] **1.** (**~, ~**) *vt* zumachen, (ver)schließen ⟨to ~ the window; ~ your mouth! halte den Mund!; to ~ one's ears (eyes) to s.th. etw. nicht hören (sehen) wollen; to ~ s.o.'s mouth *übertr* jmdn. zum Schweigen verpflichten; to ~ the door against/on s.o. jmdm. die Tür vor der Nase zuschlagen; to ~ the door in/on s.o.'s face jmdm. die Tür ins Gesicht schlagen; to ~ one's fingers in the door sich die Finger in der Tür einklemmen⟩; ~ **away** (etw.) wegschließen, verwahren | (Person) verborgen halten ⟨to ~ o.s. away sich verstecken⟩; ~ **down** schließen, herunterziehen | außer Betrieb setzen, stillegen, schließen ⟨to ≈ a factory⟩; ~ **in** einschließen, einsperren | umgeben, umschließen | versperren; ~ **off** (Gas u. ä.) abstellen, abdrehen, drosseln | ausschließen (**from** von); ~ **out** ausschließen, aussperren (*auch übertr*); blockieren, verhindern; ~ **to** fest schließen, zuschließen ⟨the door wasn't ~ to die Tür war nicht ganz (richtig) zu⟩; ~ **up** ein-, ab-, verschließen ⟨to ~ o.s. up sich einschließen; to ~ s.o. up jmdn. zum Schweigen bringen; to ≈ shop den Laden schließen⟩; *vi* sich schließen; sich schließen lassen ⟨the door won't ~⟩; ~ **down** zumachen, schließen, nicht geöffnet sein (Geschäft) | *umg* ein Ende machen (**on, upon** mit); ~ **to** sich schließen; ~ **up** *Sl* den Mund (das Maul) halten ⟨≈! halt den Mund!⟩; **2.** *s* (Ver-, Zu-) Schließen *n* | *Tech* Kaltschweißstelle *f*; '**~down** *s* Betriebsstillegung *f* | Arbeitseinstellung *f*; '**~down switch** *s Tech* Abschaltvorrichtung *f*; '**~-eye** *s umg* Schlaf *m* ⟨I need some ≈ ich brauche etwas Schlaf⟩; '**~in** *Am* **1.** *adj* krank, invalide; **2.** *s* Kranker *m*, Invalide *m*; '**~off** *s* Schonzeit *f* (für Wild)

shut·ter ['ʃʌtə] **1.** *s* Fensterladen *m*, Jalousie *f* ⟨to put up the ~s *übertr umg* den Laden dichtmachen⟩ | Klappe *f*, Schieber *m* | Sicherheitsvorrichtung *f* | *Foto* Verschluß *m*, Blende *f*; **2.** *vt* (*meist pass*) mit Fensterläden versehen; '**~ bug** *s Am Sl* Fotonarr *m*; '**~ lock** *s Foto* Blendenschloß *n*; '**~ re,lease** *s Foto* Verschlußauslöser *m*; '**~ speed** *s Foto*

Verschlußzeit *f*

shut·tle ['ʃʌtl] **1.** *s* Weberschiff *n*, Webschütze *m* | Nähmaschinenschiffchen *n* | *auch* '~ ˌ**ser·vice** Pendelverkehr *m* | Rohrpost *f* | *auch* '~ **diˌplo·ma·cy** *s* diplomatische Vermittlung durch ein Drittland; '~ ˌ**di·plo·mat** *s* diplomatischer Vermittler | *auch* '**space** ~ Raumfähre *f*; **2.** *vt* schnell hin- u. herbefördern | überqueren; *vi* pendeln, hin- u. herfahren | *übertr* schwanken; '**~box** *s* (Weberei) Schützenkasten *m*; '~ˌ**catch·er** *s* (Weberei) Schützenfänger *m*; '**~cock 1.** *s* (Sport) Federball *m* | Federballspiel *n* | *übertr* Spielball *m*; **2.** *vt* wie einen Ball hin- u. herwerfen; **3.** *adj* sich hin- u. herbewegend; '~ **train** *s* Zubringer-, Vorortzug *m*

[1]**shy** [ʃaɪ] **1.** *adj* (Person) schüchtern, scheu, befangen, verlegen (**with** gegenüber) ⟨a ~ look⟩ | (Tier) scheu; argwöhnisch | vorsichtig, behutsam (**of** gegen) ⟨to be ~ of doing s.th. nicht wagen, etw. zu tun; to be ~ of speaking to one another sich scheuen, miteinander zu sprechen; to fight ~ of s.th. etw. zu vermeiden suchen⟩ | *umg* anrüchig | *Am umg* knapp, mangelnd (**of** an) ⟨we are still 2 votes ~ of the needed number uns fehlen noch ganze zwei der nötigen Stimmen⟩ | *in Zus* -scheu ⟨camera-~; girl-~⟩ ◇ **once bitten, twice ~** *Sprichw* gebranntes Kind scheut Feuer; **2.** (**shied, shied**) *vi* (Pferd) scheuen | *auch* **~ off/away** *übertr* zurückweichen, zurückschrecken (**at** vor) ⟨to ~ away from doing s.th. nicht wagen, etw. zu tun⟩; **3.** *s* (*pl* **shies**) Scheuen *n* (des Pferdes) (**at** vor)

[2]**shy** [ʃaɪ] **1.** (**shied, shied**) *vt, vi umg* werfen, schmeißen (**at** auf); **2.** *s* (*pl* **shies** [~z]) Wurf *m* ⟨ten p a ~ 10 Pennys der *od* pro Wurf⟩ | *umg* Versuch *m* ⟨to have a ~ at s.th. etw. versuchen, etw. riskieren⟩

shy·ster ['ʃaɪstə] *Am umg s* Winkeladvokat *m* | *übertr* Gauner *m*, prinzipienloser Kerl

si [si:] *s Mus* Si *n*

Si·a·mese [ˌsaɪə'mi:z] **1.** *adj* siamesisch ⟨~ twins siamesische Zwillinge *m/pl*⟩; **2.** *s* Siamese *m*, Siamesin *f* | *Ling* Siamesisch *n*; '~ **cat** *s Zool* Siamkatze *f*

sib [sɪb] *adj arch, Schott* verwandt (**to** mit)

Si·be|ri·a [saɪ'bɪərɪə] *s* Sibirien *n*; '**~ri·an 1.** *adj* sibirisch; **2.** *s* Sibirier(in) *m(f)*

sib·i|lant ['sɪbɪlənt] **1.** *s Ling* Zischlaut *m*; **2.** *adj* zischend; '**~late** *vt* auszischen; *vi* zischen; ˌ~'**la·tion** *s* (Aus-) Zischen *n* | *Ling* Zischlaut *m*

sib·ling ['sɪblɪŋ] *s arch* Verwandte(r) *f(m)* | *förml* Bruder *m od* Schwester *f* ⟨~s Geschwister *pl*⟩ | *Biol* Nachkommenschaft *f* (e-s Elternpaares)

sib·yl ['sɪbl] *s Myth* Sibylle *f* | *übertr, scherzh od verächtl* Wahrsagerin *f*, Hexe *f*; **~line** ['sɪblaɪn] *adj* prophetisch, düster, rätselhaft

[1]**sic** [sɪk] *adv* ⟨*lat*⟩ sic, so, wirklich so

[2]**sic** = *Am* für [2]**sick**

sic·ca·tive ['sɪkətɪv] *Tech* **1.** *adj* trocknend; **2.** *s* Sikkativ *n*, Trockenmittel *n*

Si·cil·i·an [sɪ'sɪlɪən] **1.** *adj* sizilianisch; **2.** *s* Sizilianer(in) *m(f)*; '**Si·ci·ly** *s* Sizilien

[1]**sick** [sɪk] **1.** *adj* (*Brit nur attr*) krank ⟨a ~ man; ~ at heart traurig, enttäuscht; to fall ~ krank werden; to go / report ~ *Mil* sich krank melden⟩ | (*nur präd*), *Am auch* **~ to one's stomach** unwohl, übel ⟨sea~ seekrank; air~ luftkrank; car~ übel vom Autofahren; I feel ~ mir ist übel; to be / feel / turn ~ sich übergeben müssen; it makes me ~ mir wird ganz übel; *Sl* es kotzt mich an⟩ | *übertr* blaß | *umg* überdrüssig ⟨~ to death of s.th.; to be ~ [and tired] of s.th. etw. gründlich satt haben⟩ | *übertr* krank (**of** vor) | *übertr* sich verzehrend, verlangend (**for** nach) | *übertr umg* traurig (**at, about** über) ⟨to be ~ of failing to do s.th. bedauern, daß man etw. nicht getan hat⟩ | (Nahrungsmittel) schlecht, verdorben | (Wein) trüb | *übertr* makaber, pervertiert ⟨~ humour schwarzer Humor⟩ ◇ **the** ~ die Kranken *m, f/pl*; **2.** *s* Erbrochenes *n*; **3.** *vt* ~ **up** *Brit umg* (etw.) erbrechen, brechen

[2]**sick** [sɪk] *vt* (*oft imp*) (Hund) hetzen (**at, on** auf) ⟨~ him! faß!⟩

sick|bag ['sɪkbæg] *s Flugw* Spucktüte *f*; '**~bay** *s Mar* Schiffslazarett *n*; Krankenrevier *n*; '**~bed** *s* Krankenbett *n*; '~ **berth** *s Mar* Schiffslazarett *n*; '~ **call** *s Am Mil* (tägliche) Krankmeldung; **~en** ['sɪkən] *Brit vi* krank werden, erkranken (**for** an) | dahinsiechen | Übelkeit empfinden, sich ekeln (**at** vor) ⟨to ≈ to see s.th. Ekel empfinden, wenn man etw. sieht⟩ | überdrüssig sein (**of s.th.** e-r Sache) ⟨he ≈ed of doing s.th. er ist es überdrüssig *od* hat es satt, etw. zu tun⟩; *vt* krank machen | anekeln, anwidern ⟨he ≈s me er ekelt mich an⟩ | mit Überdruß erfüllen; '**~en·ing** *adj* widerlich, ekelhaft ⟨a ≈ smell⟩; ˌ~ '**head·ache** *s bes Am* Migräne(anfall) *f(m)*; '~ **inˌsur·ance** *s* Krankenkasse *f*; '**~ish** *adj* unwohl, kränklich ⟨to feel ≈ sich nicht wohl fühlen⟩ | eklig, widerwärtig ⟨a ≈ smell⟩

sick·le ['sɪkl] *s* Sichel *f*; ˌ**~-cell a'nae·mi·a** *s Med* Sichelzellenanämie *f*; **~man** ['~mən] *s* (*pl* '**~men**) Schnitter *m*; '**~-shaped** *adj* sichelförmig; '**~wort** *s Bot* Brunelle *f*

sick leave ['sɪk li:v] *s* Kranken-, Krankheitsurlaub *m* ⟨on ≈ krankgeschrieben⟩

sick| list ['sɪk lɪst] *s Mil, Mar* Krankenliste *f* ⟨to be on the ≈ krank sein⟩; '**~ly 1.** *adj* kränklich, schwächlich ⟨a ≈ child⟩ | blaß ⟨a ≈ face⟩ | matt, siech, schwach (*auch übertr*) ⟨a ≈ smile; ≈ sentiments wehleidige Gefühle *n/pl*⟩ | ungesund ⟨a ≈ climate⟩ | ekelhaft, widerlich, ekelerregend ⟨a ≈ smell⟩; **2.** *adv* kränklich, krankhaft; **3.** *vt* krank machen; '**~ness** *s* Krankheit *f*; '**~ness ˌben·e·fit** *s Brit* Krankenunterstützung *f*, -rente *f*; '**~ness inˌsur·ance** *s* Krankenversicherung *f*; '~ **nurse** *s* Krankenschwester *f*; '**~-out** *s* organisierte Krankmeldung (an Stelle eines Streiks); '~ **paˌrade** *s Mil* Vorführung der Kranken ⟨to go on ≈ sich beim Arzt melden⟩; '~ **pay** *s* Krankengeld *n*; '~ **reˌlief** *s* Krankenbeihilfe *f*; '**~room** *s* Krankenzimmer *n*

side [saɪd] **1.** *s* Seite *f* ⟨from (on) all ~s, from (on) every ~ von (auf) allen Seiten; on the left (right, sunny) ~ of the street auf der linken (rechten, Sonnen-) Seite der Straße; on the other ~ *übertr* andererseits; on the right (wrong) ~ of 50 unter (über) 50 Jahre[n]; this ~ up! Vorsicht! nicht stürzen!; (to do s.th.) on the ~ (etw.) nebenbei (tun), im geheimen (tun); *Am* zusätzlich (tun); to take s.o. on one ~ jmdn. beiseitenehmen, mit jmdm. im Vertrauen sprechen; to put s.th. on one ~ etw. beiseite legen, etw. hinausschieben⟩ | (Papier-, Stoff- u. ä.) Seite *f* | Seite *f*, Teil *m* ⟨the east ~ of the town; this ~ of *umg* in diesem Teil von; credit (debit) ~ of an account Plus- *od* (Minus-) Seite eines Kontos⟩ | *Math* Seitenlinie *f*, -fläche *f* | *Math* (Winkel-) Schenkel *m* | Seitenwand *f*, Innenseite *f* | Außenseite *f* | (Körper-) Seite *f*, Weiche *f* ⟨at/by my ~ an meiner Seite, mir zur Seite; ~ by ~ nebeneinander; to burst / shake / split one's ~s [with laughter] sich vor Lachen ausschütten⟩ | Seitenstück *n* (von Fleisch) ⟨~ of beef Rindsseite *f*; ~ of bacon Speckseite *f*⟩ | Seite *f*, Partei *f* ⟨to be on s.o.'s ~ auf jmds. Seite sein; to be on the winning (losing) ~ gewinnen (verlieren); to change ~s die Partei wechseln; (Sport) die Seiten wechseln; to let the ~ down seine Anhänger (Mannschaft u. ä.) enttäuschen; to pick ~s wählen, sich entscheiden; to take ~s with s.o. für jmdn. Partei ergreifen⟩ | *Brit* (Sport) Spielhälfte *f* ⟨off ~ abseits; on ~ nicht im Abseits⟩ | Seite *f*, Abstammungslinie *f* ⟨on my father's ~ väterlicherseits⟩ | Rand *m*; Ufer *n* | *übertr* Seite *f*, Aspekt *m* ⟨all ~s of a question; on the high (low) ~ *übertr* (Preise u. ä.) ziemlich hoch (niedrig); the dark ~ of life; there are two ~s to s.th. etw. hat zwei Seiten⟩ | Seite *f*, (Charakter-) Zug *m* ⟨a man with many ~s to his character ein Mann mit vielen Gesichtern⟩ | (*ohne art*) *umg selten* Angeberei *f*, Wichtigtuerei *f* ⟨to have no ~, to be without ~ bescheiden sein; to put on ~ angeben⟩; **2.** *adj* seitlich, Seiten- ⟨a ~ view⟩ | Neben- ⟨a ~ agreement⟩ **3.** *vi* Partei ergreifen (**against** gegen; **with** für); *vt* zur Seite schieben, beiseite stellen; **'~ aisle** *s Arch* Seitenschiff *n*; **'~ arm** *s* (*meist pl*) Seitengewehr *n* | *Hist* Seitschwert *n*; **'~board** *s* Serviertisch *m*, Anrichte(tisch) *f*(*m*); **'~boards,** *Am* **'~burns** *s/pl* Koteletten *pl*, Backenbart *m*; **'~car** *s* (Motorrad-) Beiwagen *m*; **'~ chain** *s Chem* Nebenkette *f*; **'~-cut** *s* Seiten-, Nebenstraße *f* | Seitenhieb *m*; **'-sid·ed** *adj in Zus* -seitig (*z. B.* **four-≈**); **'~ dish** *s* Nebengericht *n* | Beilage *f*; **'~ drum** *bes Mil Mus* kleine (Wirbel-) Trommel; **'~ ef'fect** *s* Nebenwirkung *f*; **'~ face** *s* Profil *n*, Seitenansicht *f*; **'~-face** *adv* im Profil, von der Seite ⟨to photograph s.o. ≈⟩; **'~foot** *vt, vi* (Fußball) (Leder) mit dem Außenrist schlagen; **'~ glance** *s* Seitenblick *m*; **'~ horse** *s Am* (Turnen) Seitpferd *m*; **'~ ˌis·sue** *s* Randproblem *n*, Nebenfrage *f*; **'~kick** *s Am* Handlanger *m*, Kumpel *m*; **'~-light** *s Kfz* Begrenzungslicht *n* | *Mar* Seitenlampe *f* (*oft pl*) Positionslicht *n* | kleines Seitenfenster | (*oft pl*) *übertr* Streiflicht *n*; **'~line** *s* (Sport) Seitenlinie *f* | *El* Nebenleitung *f* | *Eisenb* Nebenlinie *f* | Nebenprodukt *n*; Nebenbeschäftigung *f*; **'~lines** (Sport) *s/pl* Außenfeld *n* | Zuschauerplatz *m* ⟨on the ≈ *übertr* als Außenstehender, von draußen⟩; **'~long 1.** *adv* seitwärts, zur Seite ⟨to look ≈⟩; **2.** *adj* seitwärts ⟨a ≈ glance ein verstohlener Blick⟩; **'~note** *s* Randbemerkung *f*; **'~ ˌor·der** *s Am* zusätzliche Bestellung; **'~piece** *s* Seitenstück *n*; **'~ plate** *s* Seitenleiste *f*, -platte *f*; **'~ ˌpres·sure** *s* Seitendruck *m*

si·de·re·al [saɪ'dɪərɪəl] *adj Astr* siderisch, Sternen- ⟨~ time Sternzeit *f*; ~ year Sternjahr *n*⟩

sid·er|ite ['saɪdəraɪt] *s Min* Siderit *m*, Eisenspat *m*; **~it·ic** [ˌsaɪdə'rɪtɪk] *adj* Siderit-

side road ['saɪd rəʊd] *s* Nebenstraße *f*

sid·er·o·sis [ˌsaɪdə'rəʊsɪs] *s Med* Siderosis *f*

side|sad·dle ['saɪd ˌsædl] **1.** *s* Damensattel *m*; **2.** *adv* im Damensattel ⟨to ride ≈⟩; **'~-scan = ~-looking, '~show** *s* Nebenvorstellung *f* | Sonderausstellung *f* | *übertr* Zwischenspiel *n*, Episode *f*; **'~slip 1.** (**~slipped, slipped**) *vi Kfz* schleudern | seitwärts rutschen; **2.** *s* Schleudern *n* | Seitwärtsrutschen *n*; **'~ slip** *s Bot* Seitentrieb *m* | *übertr* Fehltritt *m*; **sides·man** ['~zmən] *s Rel* Kirchenratsmitglied *n* | Kirchendiener *m*; **'~ˌsplit·ting** *adj* zum Totlachen ⟨a ≈ joke⟩; **'~ step** *s* Seitenschritt *m*; **'~step** (**'~stepped, '~stepped**) *vt* (Boxen) (einem Schlag) ausweichen; (jmdm., einer Sache) ausweichen (*auch übertr*); *vi* einen Seitenschritt machen, beiseite treten, zur Seite treten | ausweichen (*auch übertr*); **'~ street** *s* Nebenstraße *f*; **'~stroke** *s* (*meist sg*) Seitenschwimmen *n*; **'~swipe 1.** *vt Am* (jmdn.) seitlich treffen; (Auto) an der Seite streifen; **2.** *s Am* seitlicher Schlag | *umg übertr* Seitenhieb *m*; **'~ ˌta·ble** *s* Beistelltisch *m*; **'~track 1.** *s Eisenb* Abstellgleis *n* | Nebenstraße *f*; **2.** *vt Eisenb* auf ein Nebengleis schieben | (etw.) hinausschieben | *umg* (jmdn.) abschieben | *umg* (jmdn.) kaltstellen; **'~ view** *s* Seitenansicht *f*; **'~walk** *s, bes Am* Bürgersteig *m*, Gehweg *m*; **'~ward** *adj, adv bes Am* seitwärts; **'~wards** *adv* seitwärts, nach der Seite zu; **'~way 1.** *s* Seitenweg *m* | *Am* Bürgersteig *m*; **2.** *auch* **'~ways** *adj, adv* seitlich ⟨to look ≈ zur Seite schauen; to carry s.th. ≈ etw. längsseits tragen; to walk ≈ seitwärts gehen⟩; **'~ˌwhisk·ers** *s/pl* Backenbart *m*; **'~ wind** *s* Seitenwind *m*; **'~wise** *adj, adv* seitwärts; **'sid·ing** *s Eisenb* Anschluß-, Abstell-, Nebengleis *n* | *Arch* Seitenwandung *f* | Parteinahme *f*

si·dle ['saɪdl] **1.** *vi* sich heranmachen, sich schlängeln, schleichen; **~ away** sich wegschleichen, sich verdrücken (**from** von); **~ up** sich heranschleichen (**to** an); **2.** *s* Seitwärtsbewegung *f*

siege [si:dʒ] *s* Belagerung *f* ⟨to lay ~ to belagern; *übertr* bestürmen; to raise the ~ die Belagerung aufheben⟩; **'~ gun** *s* Belagerungsgeschütz *n*

si·en·na [sɪ'enə] *s* ⟨*ital*⟩ *Mal* Siena(erde) *n*(*f*) ⟨burnt ~ gebrannte Siena; raw ~ hellgelber Ocker⟩

si·er·ra [sɪ'erə] *s* ⟨*span*⟩ Sierra *f*, Gebirgskette *f*

si·es·ta [sɪ'estə] *s* ⟨*span*⟩ Siesta *f*, Mittagsruhe *f*

sieve [sɪv] **1.** *s* Sieb *n* ⟨to carry / fetch water in a ~ *übertr* Wasser in ein Sieb schöpfen, sich umsonst abmühen; to have a memory (head) like a ~ *übertr umg* ein(en) Gedächtnis (Kopf) wie ein Sieb haben, alles vergessen⟩ | *übertr* Klatschbase *f*; **2.** *vt* (aus-, durch-)sieben | *übertr* sichten; *vi* sieben; **'siev·ing** *s* Durchseihen *n*

sift [sɪft] *vt, auch* **~ out** aussieben (**from** aus) | (durch)sieben ⟨to ~ flour Mehl sieben⟩ | *übertr* sichten, sorgfältig prüfen ⟨to ~ the evidence das Beweismaterial prüfen⟩; *vi* durch ein Sieb fallen | sieben | (Licht u. ä.) eindringen (**into** in) | Nachforschungen anstellen; **'~er** *s* Sieber(in) *m*(*f*) | Schüttelsieb *n*, Siebmaschine *f*; **'~ing** *s* Sieben *n* | *übertr* gründliche Untersuchung; **'~ings** *s/pl* Siebabfälle *m/pl*

sigh [saɪ] **1.** *vi* (auf)seufzen, tief aufatmen ⟨to ~ with relief erleichtert aufatmen⟩ | schmachten, sich sehnen (**for** nach) | (Wind u. ä.) stöhnen, seufzen; *vt, auch* **~ out** seufzend äußern | beseufzen, seufzen über; **2.** *s* (Auf-) Seufzen *n*, Seufzer *m* ⟨to heave / utter a ~ einen Seufzer ausstoßen⟩

sight [saɪt] **1.** *s* Sehen *n*, Sehvermögen *n* ⟨long (short) ~ Weit- (Kurz-) Sichtigkeit *f*; to have a good (poor) ~ gut (schlecht) sehen; to lose one's ~ blind werden⟩ | Anblick *m*, Sicht *f* ⟨at / on / upon first ~ auf den ersten Blick; at ~ *Mus* vom Blatt; at [the] ~ of beim Anblick; by ~ vom Ansehen; to catch / get / have a ~ of erblicken, zu Gesicht bekommen; to keep ~ of s.th., to keep s.th. in ~ etw. nicht aus den Augen lassen; to know s.o. by ~ jmdn. vom Sehen kennen; to lose ~ of aus den Augen verlieren (*auch übertr*) | Sicht(weite) *f* ⟨in/within ~ in Sichtweite; *übertr* in absehbarer Zeit; out of ~ außer Sicht; *übertr umg* außer Kontrolle, unermeßlich; *Am Sl* wunderbar, unvorstellbar (schön), sagenhaft; to come in[to] ~ in Sicht kommen; to get out of ~ verschwinden; to keep out of ~ sich versteckt halten; to keep out of s.o.'s ~ sich nicht von jmdm. blikken lassen⟩ | Anblick *m*, Erscheinung *f* ⟨a beautiful ~; to be a ~ to see ein herrlicher Anblick sein; a ~ for sore eyes eine Augenweide⟩ | *umg* schlimmer Anblick, lächerliches *od* unmögliches Aussehen ⟨to look a ~ zum Schreien aussehen; she looks a ~ sie sieht vielleicht aus; what a ~ you are! du siehst ja aus!⟩ | Sehenswürdigkeit *f* ⟨one of the ~s of the world⟩ | *Wirtsch* Sicht *f*, Vorzeigen *n* ⟨at ~ bei Sicht⟩ | (*oft pl*) *Mil Tech* (Gewehr, Fernrohr u. a.) Visier *n* (-einrichtung *f*) ⟨the ~s of a rifle; to have an animal in one's ~s ein Tier im Visier haben; to set one's ~s on *übertr* ein Auge werfen auf; to take a (careful) ~ (sorgfältig) zielen, anvisieren⟩ | Meinung *f*, Sicht *f*, Anschauung *f* ⟨in your own ~ deiner Ansicht nach; in the ~ of s.o. aus der Sicht von jmdm.⟩ | *dial, umg* (*nur sg mit unbest art*) Masse *f*, Menge *f* ⟨a ~ of trouble viel Mühe; not by a long ~ noch lange nicht, bei weitem nicht; to be a ~ too clever viel zu klug⟩; **2.** *vt* erblicken, sichten, zu Gesicht bekommen ⟨to ~ land *Mar* Land sichten⟩ | *Mil* anvisieren, zielen auf | (Waffe) mit einem Visier versehen | beobachten, betrachten ⟨to ~ a star einen Stern anvisieren, einen Stern beobachten⟩; *vi* zielen, visieren; **'~ bill** *s Wirtsch* Sichtwechsel *m*; **'~ed** *adj* (Person) sehend | *in Zus* -sichtig, -sehend ⟨short-≈ kurzsichtig⟩; **'~ glass** *s* Schauglas *n*; **'~ hole** *s* Guckloch *n*; **'~ing 1.** *s* Sichten *n* ⟨new ≈s of s.th. neuerliches Auftauchen von etw.⟩ | *Mil* Zielen *n*, (An-) Visieren *n*; **2.** *adj Mil* Ziel-, Visier-; **'~ing de,vice** *s* Visiereinrichtung *f*; **'~ing ,dis·tance** *s* Zielweite *f*; **'~ing shot** *s* Anschuß *m*; **'~ing ,tel·e·scope** *s* Zielfernrohr *n*; **'~less** *adj* blind; **'~ly** *adj* gut aussehend, stattlich | *bes Am* weithin sichtbar | *bes Am* eine schöne Aussicht bietend; **'~-read** (**'~-read, '~-read**) *vt, vi Mus* vom Blatt spielen; **'~see** *vi* (*keine 3. pers präs; kein prät, kein part prät*) Sehenswürdigkeiten besichtigen ⟨he goes ≈ing; he went ≈ing; he has been ≈ing⟩; **'~,see·ing 1.** *s* Besichtigen *n* von Sehenswürdigkeiten; **2.** *adj* schaulustig | Besichtigungs- ⟨≈ tour Rundfahrt *f*⟩; **'~,se·er** *s* Tourist *m* | Schaulustige(r) *f*(*m*); **'~wor·thy** *adj* sehenswert

sign [saɪn] **1.** *s* (Ab-) Zeichen *n*, Abbild *n*, Symbol *n* ⟨~ of exclamation Ausrufungszeichen *n*; ~ of interrogation Fragezeichen *n*⟩ | *Math, Mus* Vorzeichen *n* | Zeichen *n*, Signal *n* ⟨traffic ~ Verkehrszeichen *n*⟩ | (Hand-) Zeichen *n*, Wink *m* ⟨~ of the cross Bekreuzigung *f*; to give / make a ~ to s.o. jmdm. ein Zeichen geben⟩ | *oft* **'~board** Firmenzeichen *n*, -schild *n* ⟨shop ~s Geschäftsschilder *pl*⟩ | *auch* **,~ of the 'zo·di·ac** Tierkreiszeichen *n* | *Med* Zeichen *n*, Symptom *n* ⟨no ~ of life⟩ | *übertr* Anzeichen *n* ⟨a ~ of strength ein Zeichen von Stärke; a ~ of the times ein Zeichen der Zeit⟩ | *bes bibl* Wunder *n*, Zeichen *n* ⟨~s and wonders Zeichen und Wunder⟩; **2.** *vt* unterschreiben, unterzeichnen, signieren ⟨to ~ a letter; to ~ one's name, to ~ o.s. unterschreiben⟩ | *Jur* übertragen, abtreten ⟨to ~ a right⟩ | (Schauspieler etc.) verpflichten | kennzeichnen, mit einem Zeichen versehen ⟨to ~ a street eine Straße beschildern⟩ | (jmdm. etw.) durch ein Zeichen zu verstehen geben ⟨the policeman ~ed them to stop⟩; **~ away** (Recht u. ä.) aufgeben, abtreten; **~ in** (für jmdn.) unterschreiben (beim Eintritt); (jmdn.) eintragen; **~ on** (*umg* **up**) (jmdn.) einstellen | (Berufssport) unter Vertrag nehmen, einkaufen; **~ out** (jmdn.) austragen ⟨to ~ o.s. out *Mil* sich abmelden⟩; **~ over** *Wirtsch* vertraglich binden, den Kaufvertrag (von etw.) besiegeln; **~ up** verpflichten; *Mil* anwerben; *Mar* anheuern; *vi* unterschreiben, unterzeichnen, die Unterschrift leisten (**on** auf) ⟨please ~ bitte unterschreiben! to ~ on the dotted line *übertr umg* sich binden, sich festlegen⟩ | *Wirtsch* zeichnen | Zeichen geben; **~ for** den Empfang bestätigen; **~ off** *umg Rundf, Ferns* (das Ende) den Beginn einer Sendung ankündigen; **~ off on** *Am Sl* (etw.) gutheißen, absegnen; **~ on** eine Arbeit annehmen | *Rundf, Ferns* das Programm beginnen, die Sendung aufnehmen, sich melden; **~ out** sich austragen; **~ up** sich verpflichten; sich melden (**with** zu); sich einschreiben (**for** für)

sig|nal ['sɪgnl] **1.** *s* Signal *n*, Zeichen *n* ⟨a ≈ of danger ein Gefahrensignal; hand ≈s Zeichen *pl* mit der Hand; traffic ≈ Verkehrsampel *f*; to make a ≈ ein Signal geben⟩ | *Mil* Losung *f* | *übertr* (auslösendes) Zeichen, Signal *n* (**for** für) | *El* Funkspruch *m* ⟨Royal Corps of ≈s *Brit* Fernmeldetruppe *f*⟩ | *El, Ferns, Rundf* Signal *n* ⟨a poor TV ≈ ein schlechter Fernsehempfang⟩; **2.** *adj* Signal ⟨≈ code Zeichenschlüssel *m*⟩ | *lit* außerordentlich, bemerkenswert, ungewöhnlich ⟨a ≈ success⟩; **3.** (**'~nalled, '~nalled**) *vt* anzeigen, signalisieren, (jmdm.) Zeichen geben (**with** mit) | (etw.) signalisieren, übermitteln ⟨to ≈ a message eine Botschaft übermitteln⟩ | *übertr* zu verstehen geben; *vi* Zeichen geben, signalisieren; **'~nal board** *s* Signaltafel *f*; **'~nal box** *s Eisenb* Stellwerk *n*; Signalgeber *m*; **'~nal ,cen·tre** *s* Nachrichtenzentrum *n*; **'~nal en·gi,neer·ing** *s* Fernmeldetechnik *f*; **'~nal flag** *s Mar* Winkerflagge *f*; **'~nal gun** *s* Signalgeschütz *n* | Signalschuß *m*; **'~nal ,in·put** *s* Signaleingabe *f*; **~nal·ize** ['sɪgnəlaɪz] *vt* (etw.) hervorheben, besonders betonen | auszeichnen ⟨to ≈ o.s. by s.th. sich durch etw. auszeichnen⟩ | (durch Signale) ankündigen; *vi* signalisieren; **'~nal lamp** *s* Signallicht *n*; Leuchtzeichen *n* | Blinkgerät *n*; **~nal·ler** ['sɪgnələ] *s Mil* Blinker *m, Mar* Signalgast *m*; **~nal·ling** ['sɪgnəlɪŋ] *s* Signalisieren *n*, Nachrichtenübermittlung *f*; **'~nal·ling in·stal,la·tion** *s* Signaleinrichtung *f*; **~nal·ly** ['sɪgnəlɪ] *adv lit* bemerkenswert, eklatant; **'~nal·man** [-mən] *s* (*pl* **'~nal·men**) Bahn-, Stellwärter *m* | *Mar* Signalgast *m*; **'~nal mast** *s* Signalmast *m*; **'~nal ,rock·et** *s Mil* Leuchtkugel *f*; **'~nal ,serv·ice** *s* Signalwesen *n*, Nachrichtendienst *m*; **'~nal ,tow·er** *s* Stellwerksturm *m*; **,~nal 'trans·fer** *s* Signalübertragung *f*; **,~nal ve'loc·i·ty** *s* Signalgeschwindigkeit *f*

sig·na|to·ry ['sɪgnətr̩ɪ] **1.** *adj* unterzeichnend, Vertrags-, Signatar- ⟨the ≈ powers die Signatarmächte, -länder *pl*; the ≈ powers to a treaty die Signatarmächte eines Vertrags(schreibens)⟩; **2.** *s Typ* Signatur *f* | *Mus* Vorzeichnung *f*, Signatur *f*

sig·na·ture ['sɪgnətʃə] *s* Unterschrift *f* | Unterschriftsleistung *f* | *Mal* Signatur *f* | *Mus* Vorzeichnung *f*; **'~ tune** *s Rundf* Stationszeichen *n*, Erkennungsmelodie *f*

sign|board ['saɪnbɔːd] *s* Firmenschild *n*; **'~er** *s* Unterzeichner(in) *m*(*f*)

sig·net ['sɪgnɪt] **1.** *s* Siegel *n* ⟨privy ~ Privatsiegel des Königs; writer to the ~ *Schott* Rechtsanwalt *m*, Notar *m*⟩; **2.** *vt* (be)siegeln; **'~ ring** *s* Siegelring *m*

sig·nif·i|cance [sɪg'nɪfɪkəns] *s* Bedeutsamkeit, Wichtigkeit *f* ⟨of great ≈ von großer Bedeutung; of no ≈ ohne Bedeutung⟩ | Sinn *m*, Bedeutung *f*; **~cant** [~kənt] *adj* bedeutsam, wichtig ⟨a ≈ speech; to be ≈ of kennzeichnend sein für⟩ | vielsagend ⟨a ≈ look⟩

sig·ni|fi·ca·tion [,sɪgnɪfɪ'keɪʃn] *s* (bestimmte) Bedeutung *f*, Sinn *m* ⟨the ≈ of a word⟩ | *lit* Andeutung *f*, Bezeichnung *f*; **~fy** ['sɪgnɪfaɪ] *vt förml* bezeichnen, andeuten, kundtun ⟨to ≈ one's agreement seine Zustimmung geben⟩ | *förml* bedeuten ⟨it ~fies intelligence es deutet auf Intelligenz⟩; *vi umg* bedeuten, ausmachen ⟨it ~fies little es hat wenig zu sagen⟩

sign-in ['saɪnɪn] *s umg* Unterschriftensammlung *f*

sign| lan·guage ['saɪn ,læŋgwɪdʒ] *s* Zeichen-, Fingersprache *f*; **'~ ,man·u·al** *s* eigenhändige Unterschrift, Handzeichen *n* (bes. e-s Herrschers); **'~ ,paint·er** *s* Schildermaler *m*; **'~post** *s* Wegweiser *m*; **'~,post·ed** *adj Brit* ausgeschildert, mit Wegweisern versehen

Si|gnor [siː'njɔː|'siːnjɔː] ⟨*ital*⟩ *s* Signor *m*, Herr *m*; **~gno·ra** [siː'njɔːrə] *s* Signora *f*, Frau *f*; **~gno·ri·na** [,siːnjɔː'riːnə] *s* Signorina *f*, Fräulein *n*

Sikh [siːk] *s* Sikh *m*

si·lage ['saɪlɪdʒ] **1.** *s* Silofutter *n*, Silage *f*; **2.** *vt* in Silos einbringen

si·lence ['saɪləns] **1.** *s* Schweigen *n*, Stillschweigen *n* (**on** zu) ⟨in ~ im stillen; ~ gives consent *Sprichw* wer schweigt, sagt ja; to keep ~ schweigen, ruhig sein; to pass over in ~ mit Stillschweigen übergehen; to reduce to ~ zum Schweigen bringen, widerlegen⟩ | Verschwiegenheit *f* | Stille *f*, Ruhe *f* ⟨~! Ruhe!; ~ of the grave Grabesstille *f*⟩ | Vergessenheit *f* ⟨to pass into ~ in Vergessenheit geraten⟩ | *Tech* Geräuschlosigkeit *f*; **2.** *vt* zum Schweigen bringen, beschwichtigen, beruhigen ⟨to ~ a baby's crying⟩ | *übertr* totschweigen, nicht hochkommen lassen ⟨to ~ one's opponents; to ~ rumours Gerüchte verbieten⟩; **'si·lenc·er** *s Tech* Schalldämpfer *m*; **'si·lent** *adj* schweigend, schweigsam ⟨to be ≈ about s.th. sich über etw. ausschweigen; to keep ≈ schweigen, Schweigen bewahren⟩ | still, ruhig | *Tech* geräuscharm ⟨a ≈ machine⟩ | *Ling* stumm ⟨a ≈ letter⟩; ˌ**si·lent 'but·ler** *s* Abfallgefäß *n*; ˌ**si·lent 'film** *s* Stummfilm *m*; ˌ**~ Ma'jor·i·ty** *s bes Am Pol* schweigende Mehrheit | *Ferns* amerikanisches Massenpublikum; ˌ**si·lent 'mov·ie proˌjec·tor** *s* Stummfilmprojektor *m*; ˌ**si·lent 'part·ner** *s Wirtsch* stiller Teilhaber

sil·hou·ette [ˌsɪlu:'et] **1.** *s* Silhouette *f*, Umriß *m*, Schattenbild *n* ⟨to stand out in ~ against s.th. sich als Silhouette gegen etw. abheben⟩; **2.** *vt* (*meist pass*) als Silhouette darstellen ⟨~ed against the sky gegen den Himmel sich abzeichnend⟩; *vi* eine Silhouette bilden

sil·i|ca ['sɪlɪkə] *s Chem* Kieselerde *f*, Siliziumdioxid *n*; **'~ca glass** *s* Silikatglas *n*; **'~ca lamp** *s* Quarzlampe *f*; **~cate** [-keɪt|-kət] *s* Silikat *n* ⟨≈ of soda Natriumsilikat *n*⟩; [~keɪt] *vt* verkieseln; **~ cat·ed** [~keɪtɪd] *adj* kieselsauer; **si·li·ceous** [sɪ'lɪʃəs] *adj* kieselartig, kieselig; kieselsauer; **si·lic·ic** [sɪ'lɪsɪk] *adj* Silizium-; **si'lic·ic 'ac·id** *s* Kieselsäure *f*; **~cide** [~saɪd] *s* Silizid *n*; **~cif·er·ous** [ˌsɪlɪ'sɪfərəs] *adj* siliziumhaltig; **si·lic·i·fi·ca·tion** [sɪˌlɪsɪfɪ'keɪʃn] *s* Verkieselung *f*; **si·lic·i·fy** [sɪ'lɪsɪfaɪ] *vt, vi* verkieseln; **si·li·ci·um** [sɪ'lɪsɪəm], **~con** [~kən] *s* Silizium *n*; **~cone** ['~kəʊn] *s* Silikon *n*; **~co·sis** [ˌsɪlɪ'kəʊsɪs] *s Med* Silikose *f*, Staublunge *f*

silk [sɪlk] **1.** *s* Seide *f*, Seidenfaden *m*, Seidenstoff *m* ⟨artificial ~ Kunstseide *f*; raw ~ Rohseide *f*⟩ | *pl* Seidenkleid *n*, seidenes Gewand ⟨in ~s and satins *lit* in Samt und Seide⟩ | *Brit umg* Kronanwalt *m* ⟨to take ~ Kronanwalt werden⟩; **2.** *adj* seiden, Seiden- ⟨~ hat; ~ stocking⟩; **3.** *vt* in Seide kleiden; **'~en** *adj arch, poet* seiden, Seiden- ⟨≈ dresses⟩ | *übertr* seidenartig, -weich, seidig, glänzend ⟨≈ hair⟩ | *übertr* zart, weich, sanft ⟨a ≈ voice⟩ | *übertr* verweichlicht; **'~ grass** *s Bot* Seidengras *n*; **'~ hat** *s* Zylinder *m*; ˌ**~'screen**, *auch* ˌ**~screen 'print·ing** *Typ* **1.** *s* Siebdruck *m*; **2.** *vt* im Siebdruckverfahren herstellen; **'~ ˌspin·ner** *s Zool* Seidenspinner *m*; ˌ**~ 'veil** *s* Seidenschleier *m*; **'~worm** *s Zool* Seidenraupe *f*; **'~y** *adj* seidig, Seiden- ⟨≈ hair⟩ | *übertr* lieblich, zart ⟨≈ manners einschmeichelnde Manieren *f/pl* | *verächtl* aalglatt, ölig ⟨a ≈ person⟩ | (Wein) ölig

sill [sɪl] *s* (Tür-) Schwelle *f* | *auch* **'win·dow~** Sims *m*, Fensterbrett *n* ⟨~-high in Fensterhöhe⟩ | *Geol* Intrusivlager *n*, Lagergang *m*

sil·la·bub ['sɪləbʌb] *s* Auflauf *m* (aus Milch, Zitrone und Wein)

sil·ly ['sɪlɪ] **1.** *adj*, albern, dumm, einfältig, töricht ⟨a ~ girl; ~ things dummes Zeug; don't be ~! mach keinen Unsinn!⟩ | leichtfertig, unklug ⟨how ~ of you! wie dumm von dir!⟩ | *umg* betäubt, benommen *bes in*: **bore s.o.~** jmdn. zu Tode langweilen; **knock s.o. ~** jmdn. windelweich schlagen | (Kricket) ganz dicht beim Schläger ⟨~ point⟩; **2.** *s* (meist über Kinder) *umg* Dummkopf *m* ⟨don't be a ~! benimm dich nicht so!⟩; ˌ**~ 'sea·son** *s* Sauregurkenzeit *f*

si·lo ['saɪləʊ] **1.** *s* (*pl* **'si·los**) *Landw* Silo *m*, Speicher *m* | *Mil* (Raketen-) Silo *n*, unterirdische Startrampe; **2.** *vt* einsilieren; **'~ ˌbus·ter** *s Mil* Nuklearrakete *f* zur Zerstörung gegnerischer Raketensilos

silt [sɪlt] **1.** *s Geol* Schlamm *m*, Schlick *m*, Treibsand *m*; **2.** *vt, vi meist* **~ up** verschlammen, versanden; **'~ loam** *s* Schlufflehm *m*; **'~y** *adj* schlammig, verschlammt

sil·van ['sɪlvn] *adj lit*= **sylvan**

sil·ver ['sɪlvə] **1.** *s* Silber *n* | Silberglanz *m* | Silbergeld *n*, Silbermünzen *f/pl* ⟨a handful of ~; £ 10 in notes and £ 2 in ~⟩ | Silberzeug *n* ⟨to sell one's ~⟩; **2.** *adj* silbern, Silber- ⟨~ moon⟩ | *übertr* silberhell ⟨~ voice⟩ | *übertr* Silber-, zweitbeste(r, s) ⟨the ~ age das silberne Zeitalter⟩; **3.** *vt* versilbern, mit Silber überziehen; *vi* silbrig werden; ˌ**~ a'mal·gam** *s* Silberamalgam *n*; ˌ**~ 'birch** *s Bot* Silber-, Weißbirke *f*; ˌ**~ 'coin** *s* Silbermünze *f*; **'~fish** *s Zool* Silberfischchen *n*; ˌ**~ 'foil** *s* Blattsilber *n*, Silberfolie *f*; **'~ ˌgrey** *adj* silbergrau; **'~ing** *s* Versilbern *n*; ˌ**~ 'ju·bi·lee** *s* 25-Jahr-Feier *f*; ˌ**~ 'lining** *s* Silberbeschlag *m* | *übertr* Lichtblick *m*; ˌ**~ 'mine** *s* Silbergrube *f*; **'sil·vern** *adj arch, lit übertr* silbern ⟨speech is ≈ but silence is golden *Sprichw* Reden ist Silber, Schweigen ist Gold⟩; **'~ 'ni·trate** *s* Silbernitrat *n*, Höllenstein *m*; ˌ**~ 'pa·per** *s umg* Silberpapier *n*; ˌ**~ 'plate** *s* (Tafel-) Silber *n*; **'~-plate** *vt* versilbern; **'~side** *s Brit* bester Teil der Rindskeule; **'~smith** *s* Silberschmied *m*; ˌ**~ 'spoon** *s* Silberlöffel *m* ⟨to be born with a ≈ in one's mouth reiche Eltern haben, Glück im Leben haben⟩; **'~ ˌstand·ard** *s Wirtsch* Silberwährung *f*; ˌ**~-'tongued** *adj* redegewandt; **'~ware** *s Am* Silberzeug *n*, Tafelsilber *n*; ˌ**~ 'wed·ding** *s* Silberhochzeit *f*; **'~weed** *s Bot* Gänsefingerkraut *n*; **'~y** *adj* silberartig, silbern | *lit* silberhell

sil·vi·cul|tur·al [ˌsɪlvɪ'kʌltʃərl] *adj* Waldbau-; **~ture** ['sɪlvɪˌkʌltʃə] *s* Waldbau *m*, Forstwirtschaft *f*

sim·i·an ['sɪmɪən] **1.** *adj* affenartig, Affen-; **2.** *s* (Menschen-) Affe *m*

sim·i·lar ['sɪmɪlə] **1.** *adj* ähnlich, gleich (**to s.th.** e-r Sache) | *Phys* gleichnamig; **2.** *s* Ebenbild *n*; **~i·ty** [ˌsɪmɪ'lærətɪ] *s* Ähnlichkeit *f* (**to** mit) | (*meist pl*) ähnlicher Zug, Ähnlichkeit *f* (**between** zwischen); **'~ly** *adv* ähnlich, auf ähnliche Weise | genauso, ebenso

sim·i·le ['sɪmɪlɪ] *s Rhet* Vergleich *m*, Gleichnis *n*, Simile *n* ⟨rich in ~s voller Gleichnisse⟩

si·mil·i·tude [sɪ'mɪlɪtju:d] *s* Ähnlichkeit *f* | Ebenbild *n* | äußere Gestalt | Gleichnis *n*, Parabel *f* ⟨to talk in ~s in Gleichnissen reden⟩ | *Math* Ähnlichkeitstheorie *f*

sim·i·tar = **scimitar**

sim·mer ['sɪmə] **1.** *vi* leicht kochen, brodeln, wallen | *übertr* kochen (**with** vor); **~ down** *umg* sich beruhigen, sich abregen; *vt* zum (Auf-) Wallen bringen (und ziehenlassen); **2.** *s* leichtes Kochen *n*, Sieden *n*, Simmern *n* ⟨to keep s.th. at/on the ~ etw. ständig leicht kochen lassen⟩

sim·o·ny ['sɪmənɪ] *s* Simonie *f*, Ämterkauf *m*

si·moon [sɪ'mu:n] *s* Samum *m*, Wüstenwind *m*

simp [sɪmp] *s umg* Dummkopf *m*, Simpel *m*

sim·per ['sɪmpə] **1.** *vi* geziert lächeln, albern lachen; *vt* mit geziertem *od* einfältigem Lächeln äußern; **2.** *s* geziertes Lächeln, albernes Lachen

sim·ple ['sɪmpl] **1.** *adj* einfach, leicht ⟨a ~ task; in ~ English⟩ | einfach, geringfügig ⟨~ efforts⟩ | einfach, glatt, absolut ⟨a ~ fact; pure and ~ *umg* ganz einfach, auf eine einfache Formel gebracht⟩ | einfach, schlicht, schmucklos ⟨a ~ life; a ~ style⟩ | unverfälscht, rein ⟨the ~ truth⟩ | einfach, nicht zusammengesetzt ⟨a ~ fracture *Med* ein glatter Bruch; ~ interest *Wirtsch* einfacher Zins; a ~ sentence ein einfacher Satz⟩ | einfach, niedrig ⟨of ~ birth von einfachen Eltern; ~ forms of life niedere Lebensformen *f/pl*⟩ | einfältig, töricht, dumm ⟨to be not so ~ as to do s.th. nicht so dumm sein, etw. zu tun⟩ | unschuldig, harmlos ⟨as ~ as a child⟩; **2.** *s* Dummkopf *m*, Einfaltspinsel *m* | *arch* Heilpflanze *f*, Heilkraut *n*; ˌ**~ e'qua·tion** *s Math* einfache Gleichung; ˌ**~ 'frac·tion** *s Math* gemeiner Bruch; ˌ**~-'heart·ed** *adj* naiv; ˌ**~ ma'chine** *s Tech* einfache Maschine; ˌ**~-'mind·ed** *adj* einfältig ⟨a ≈ mistake⟩ | arglos ⟨a ≈ customer⟩; **'sim·pler** *s arch* Kräutersammler *m*; **~ton** [~tən] *s* Dummkopf *m*, Einfaltspinsel *m*

sim·plex ['sɪmpleks] *adj* einfach | *El* Simplex-, Einfach-; ˌ**~ 'brake** *s* Simplexbremse *f*; ˌ**~ 'cir·cuit** *s* Einfachleitung *f*, Einfachkreis *m*; ˌ**~ 'wind·ing** *s El* eingängige Wicklung

sim|plic·i·ty [sɪm'plɪsətɪ] *s* Einfachheit *f* | Schlichtheit *f*,

Schmucklosigkeit *f* ⟨the ≈ of the task; to speak with ≈ schlicht und einfach sprechen; to be ≈ itself *umg* die einfachste Sache der Welt sein⟩ | Deutlichkeit *f* | Einfalt *f*, Naivität *f* ⟨a look of ≈ ein einfältiger Blick⟩ | Dummheit *f*; **~pli·fi·ca·tion** [ˌsɪmplɪfɪˈkeɪʃn] *s* Vereinfachung *f*; **~pli·fy** [ˈsɪmplɪfaɪ] *vt* vereinfachen | erleichtern | als einfach hinstellen; **ˈ~ply** *adv* einfach, natürlich, leicht | bloß, nur | *intens* einfach, wirklich ⟨≈ great⟩

sim·u·la|crum [ˌsɪmjʊˈleɪkrəm] *s* (*pl* **~cra** [~krə]) *lit* Abbild *n*, Nachbildung *f* | Schattenbild *n*, Phantom *n* | Abklatsch *m*, Imitation *f*, hohle Form

sim·u|late [ˈsɪmjʊleɪt] *vt* simulieren, vorgeben, vortäuschen, heucheln ⟨to ≈ innocence; ≈d account *Wirtsch* fingierte Rechnung⟩ | (etw.) nachahmen | (e-r Sache) ähneln ⟨≈d diamonds Diamantenimitationen⟩ | *Mil* simulieren, (Bedingungen) annehmen ⟨under ≈d combat conditions gefechtsmäßig⟩; [ˈsɪmjʊlɪt] *adj* geheuchelt; **~la·tion** [ˌsɪmjʊˈleɪʃn] *s* Verstellung *f*, Heuchelei *f* | Nachahmung *f* | *Tech* Simulation *f*, Modellierung *f*, Nachbildung *f* ⟨computer ≈⟩; **ˈ~la·tive** *adj* nachahmend; **ˈ~la·tor** *s* Heuchler(in) *m(f)*, Simulant(in) *m(f)* | *Tech* Simulator *m*

si·mul·ta·ne|i·ty [ˌsɪməltəˈniːətɪ] *s* Gleichzeitigkeit *f*; **~ous** [ˌsɪməlˈteɪnɪəs] *adj* gleichzeitig, simultan (**with** mit) ⟨≈ interpreting Simultandolmetschen *n*⟩

sin [sɪn] **1.** *s* Sünde *f* ⟨deadly/mortal ~ Todsünde *f*; original ~ Erbsünde *f*; to confess one's ~s seine Sünden beichten; to live in ~ *arch* sündhaft leben; *übertr euphem scherzh* in wilder Ehe leben⟩ | *übertr umg* Vergehen *n*, Verstoß *m*, Schande *f* (**against** gegen); **2.** (**sinned, sinned**) *vi* sündigen, eine Sünde begehen | sich vergehen, sich verstoßen (**against** gegen); *vt* (Sünde u.ä.) begehen

si·na·pis [ˈsɪnəpɪs] *s Bot* Senf *m*

sin bin [ˈsɪn bɪn] *s Sl* (Eishockey) Strafbank *f*

since [sɪns] **1.** *adv* seitdem, seither ⟨ever ~ seitdem; how long ~? seit wann?⟩; **2.** *präp* seit ⟨~ last seeing you seit ich Sie zum letzten Mal sah; ~ his marriage; ~ 1962; when ~? seit wann?⟩; **3.** *conj* seit(dem) ⟨~ I saw you last seit ich dich letztmalig gesehen habe⟩ | da (ja), weil ⟨~ we have no money da wir kein Geld haben⟩

sin|cere [sɪnˈsɪə] *adj* (Personen) aufrichtig, offen, ehrlich, redlich ⟨a ≈ friend ein wahrer Freund; to be ≈ in s.th. etw. aufrichtig meinen, ehrlich sein bei etw.⟩ | (Gefühl u.ä.) echt, wahr ⟨a ≈ wish ein ehrlicher Wunsch⟩; **~ˈcere·ly** *adv* aufrichtig, ernsthaft ⟨we ≈ hope⟩ ◇ **Yours ~cerely** (in Briefen) hochachtungsvoll; mit freundlichen Grüßen; **~cer·i·ty** [sɪnˈserətɪ] *s* Aufrichtigkeit *f*, Offenheit *f*, Ehrlichkeit *f*, Redlichkeit *f* ⟨in all ≈ offen und ehrlich⟩ | Echtheit *f*, Wahrheit *f*

sine [saɪn] *s Math* Sinus *m*; **ˈ~ ˌfunc·tion** *s* Sinusfunktion *f*; **ˈ~ law** *s* Sinussatz *m*

si·ne·cure [ˈsaɪnɪkjʊə] *s* Sinekure *f*, einträglicher Ruheposten

si·ne | di·e [ˌsaɪnɪ ˈdaɪiː|ˌsɪnɪ ˈdiːeɪ] *adv* ⟨*lat*⟩ *Jur* auf unbestimmte Zeit ⟨to adjourn ≈ auf unbestimmte Zeit vertagen⟩; **~ qua non** [ˌsɪnɪ kwɑː ˈnəʊn] *s* ⟨*lat*⟩ Conditio sine qua non *f*, unerläßliche Bedingung

sin·ew [ˈsɪnjuː] **1.** *s Anat* Sehne *f*, Flechse *f* | *übertr* Stärke *f* | *meist* **ˈsin·ews** *pl übertr* Hauptstütze *f* ⟨the ~s of war die Mittel *n/pl* zur Kriegsführung⟩; **2.** *vt* stärken, stützen; **ˈ~less** *adj* kraftlos; **ˈ~y** *adj* sehnig ⟨≈ arms⟩ | *übertr* (Stil u. a.) kräftig, stark ⟨≈ prose kraftvolle Prosa⟩

sin·ful [ˈsɪnfl] *adj* sündig, sündhaft | *umg* schändlich ⟨a ~ waste of money e-e skandalöse Geldverschwendung⟩

sing [sɪŋ] **1.** (**sang** [sæŋ], **sung** [sʌŋ]) *vi* singen ⟨she ~s well; to ~ out of tune falsch singen; to ~ small *übertr umg* klein beigeben; to ~ to s.o. jmdm. vorsingen⟩ | summen, klingen ⟨my ears are ~ing⟩ | zirpen | (Bach) murmeln | *poet* singen, dichten (**of** über, von); **~ out** schreien (**for** nach); **~ up** lauter singen; *vt* singen ⟨to ~ another song/tune *übertr* einen anderen Ton anschlagen; to ~ the same song *übertr* ins gleiche Horn blasen⟩ | besingen ⟨to ~ s.o.'s exploits jmds. Taten besingen; to ~ s.o.'s praises jmdn. loben⟩ | vorsingen ⟨to ~ s.o. a song⟩ | (jmdn.) (durch Singen) beruhigen ⟨to ~ a baby to sleep ein Kind in den Schlaf singen⟩; **~ out** hinausschreien; **2.** *s* singender Ton | *Am umg* (Gemeinschafts-) Singen *n*; **ˈ~able** *adj* singbar, zu singen(d)

singe [sɪndʒ] **1.** *vt* versengen, verbrennen (*auch übertr*) | (Geflügel) sengen; **~ off** absengen; *vi* (ver)sengen; **2.** *s* (Ver-) Sengen *n* | versengte Stelle | leichte Brandwunde | leichter Brandschaden

sing|er [ˈsɪŋə] *s* Sänger(in) *m(f)* | *poet* Dichter *m*, Sänger *m*; **ˈ~ing 1.** *adj* singend, Sing-, Gesangs-; **2.** *s* Gesang *m*, Singen *n* | *El* Pfeifen *n*; **ˈ~ing bird** *s* Singvogel *m*; **ˈ~ing book** *s* Liederbuch *n*; **ˈ~ing club** *s* Gesangverein *m*; **ˈ~ing ˌles·son** *s* Gesangstunde *f*; **ˈ~ing ˌmas·ter** s Gesanglehrer *m*; **ˈ~ing voice** *s* Singstimme *f*

Sing·ha·lese [ˌsɪŋgəˈliːz] = **Sinhalese**

sing-in [ˈsɪŋ ɪn] *s Am* Mitsingen *n* (des Publikums), Miteinstimmen *n*, gemeinsames Singen

sin·gle [ˈsɪŋgl] **1.** *adj* einzig ⟨not a ~ one kein einziger⟩ | einzeln, allein, einfach, Einzel- ⟨~ bed Einzelbett *n*; ~ room Einzelzimmer *n*; ~ ticket Hinfahrkarte *f*; ~ track eingleisige Strecke⟩ | einmalig ⟨~ payment⟩ | alleinig, bloß, einzig ⟨~ purpose alleiniger Zweck; to have a ~ eye for *übertr* nur Augen haben für, nur denken an⟩ | einsam, allein, für sich ⟨a ~ life ein einsames Leben⟩ | alleinstehend, ledig ⟨~ men and women⟩ | *Bot* einfach, ungefüllt ⟨a ~ tulip⟩ | *El* Einfach- | *übertr* ehrlich, aufrichtig ⟨~ devotion ganze Hingabe⟩; **2.** *s* (der, die das) einzelne ⟨in ~s einzeln⟩ | einzelnes Stück | *Brit* einfache Fahrkarte ⟨two first-class ~s to London⟩ | *umg* £ 1 oder $ 1-Note *f* | Single *f* (Schallplatte) | (*meist pl*) Ledige(r) *f(m)* | *umg* Einzelzimmer *n* | (*meist pl*) *Sport* Einzelspiel *n*, Einzelkampf *m* ⟨the ~s finals das Finale im Einzel⟩ | *Sport* (Kricket) Schlag *m* für einen Lauf; (Baseball) Lauf *m* zum ersten Mal; **3.** *vt, meist* **~ out** auswählen, auslesen, aussondern (**for** für, zu); **ˌ~-ˈblind** *adj Psych* (Test) einfach verdeckt (*Ant* double-blind); **ˌ~-ˈbreast·ed** *adj* einreihig ⟨a ≈ jacket⟩; **ˌ~-ˈcol·oured** *adj* einfarbig; **ˌ~ ˈcom·bat** *s* Zweikampf *m* | Kampf Mann gegen Mann; **ˌ~-ˈdeck·er** *s* einstöckiger (Omni-) Bus, Eindecker *m*; **ˌ~-enˈten·dre** *s* unverblümter Ausdruck (*Ant* double-entendre); **ˌ~-ˈeyed** *adj* einäugig | ehrlich; zielbewußt; **ˌ~-ˈeye glass** *s* Monokel *n*; **ˌ~ ˈfile** *s* Gänsemarsch *m* ⟨walking in ≈ im Gänsemarsch gehen⟩; **ˌ~ ˈgame** *s* (Sport) Einzelspiel *n*; **ˌ~-ˈhand·ed** *adj* einhändig | *übertr* selbständig, allein; **ˌ~-ˈheart·ed** *adj* ehrlich, aufrichtig; **ˈ~hood** *s* Ledigenstand *m*, -dasein *n*; **ˌ~ ˈhouse** *s* Einfamilienhaus *n*; **ˌ~-ˈline** *adj* eingleisig; **ˌ~-ˈmind·ed** *adj* zielstrebig; **ˈ~ness** *s* Eindeutigkeit *f*, Konzentration *f* ⟨≈ of mind geistige Konzentration (auf ein Thema); ≈ of purpose Zielstrebigkeit *f*⟩ | Alleinsein *n*, Ehelosigkeit *f* | Einmaligkeit *f*; **ˌ~ˈpart proˌduc·tion** *s* Einzelteilfertigung *f*; **ˌ~-ˈphase** *adj El* einphasig, Einphasen-; **ˌ~-phase ˈwind·ing** *s El* Einphasenwicklung *f*; **ˌ~ ˈprice** *s* Einheitspreis *m*; **ˌ~ proˈduc·tion** *s* Einzelfertigung *f;* **ˌ~ ˈpur·pose** *adj* Einzweck- ⟨≈ machine⟩; **ˌ~-ˈrail** *adj* eingleisig; **ˌsingles ˈbar** *s* Lokal *n* für Alleinstehende; Treffpunkt *m* für Unverheiratete; **ˌ~-ˈseat·ed** *adj* einsitzig; **ˌ~-ˈsex** *adj Brit* nur für Jungen oder Mädchen ⟨≈ schools⟩; **ˌ~-ˈspace** *adj* (Text) einzeilig (geschrieben); **ˌ~-ˈstage** *adj Tech* einstufig; **ˈ~stick** *s*

(Fechten) Fechtstock *m* | Knüppel *m*, Stock *m*; ˌ~-ˈ**sto·rey** *adj* einstöckig

sin·glet [ˈsɪŋglət] *s Brit* Unterhemd *n* | Trikot *n*

sin·gle·ton [ˈsɪŋgəltən] *s Kart* Singleton *m*, einzige Karte einer Farbe | Alleinstehende(r) *f(m)* | Einzelkind *n*

sin·gle|-track [ˌsɪŋgl ˈtræk] *adj* eingleisig; ˌ~ ˈ**wave** *s El* Einzelwelle *f*; ˌ~-ˈ**wire** *s El* eindrähtig, Eindraht-

sin·gly [ˈsɪŋglɪ] *adv* einzeln, getrennt ⟨to arrive ~⟩

sing·song [ˈsɪŋsɒŋ] **1.** *s* Singsang *m*, Gesinge *n* | *Brit* (Gemeinschafts-) Singen *n* ⟨to have a ~ round the camp fire am Lagerfeuer singen⟩ ◇ **in a ~** monoton, mit monotoner Stimme; **2.** *adj* eintönig ⟨in a ~ voice mit eintöniger Stimme⟩; **3.** *vt, vi* eintönig singen

sin·gu·lar [ˈsɪŋgjʊlə] **1.** *adj* vereinzelt, einzeln ⟨a ~ fact⟩ | einzigartig, einmalig, außergewöhnlich ⟨a ~ success⟩ | einzig, allein | eigenartig, eigentümlich, seltsam ⟨a ~ dog⟩ | *Jur* einzeln | *Ling* Singular-; **2.** *s Ling* Singular *m*, Einzahl *f*; **~i·ty** [ˌsɪŋgjʊˈlærətɪ] *s* Einzigartigkeit *f* | Eigentümlichkeit *f*, Besonderheit *f*; ˈ**~y** *adj Ling* singulär (*Ant* binary)

Sin·ha·lese [ˌsɪnhəˈliːz] **1.** *adj* singhalesisch; **2.** *s Ling* Singhalesisch *n*

sin·is·ter [ˈsɪnɪstə] *adj* unheilvoll, böse, schlimm ⟨a ~ beginning⟩ | düster, unheimlich, finster ⟨a ~ face⟩ | ungünstig (**to** für) | *Her* im linken Wappenfeld liegend ⟨bar ~ Schräglinksbalken *m*; *übertr* Stigma *n*⟩

sink [sɪŋk] **1.** (**sank** [sæŋk], **sunk** [sʌŋk]) *vi* (herab-) sinken (**into** in) | sinken, untergehen ⟨~ or swim *übertr* auf Biegen oder Brechen; the ship sank⟩ | sich neigen, sich senken, abfallen, einsinken (*auch übertr*) ⟨sunken cheeks eingefallene Wangen *f/pl*⟩ | zusammenbrechen, umsinken | einsickern (**in** [**to**] in) | eindringen (**into** in) | *übertr* sich einprägen (**into** in) | schwächer werden, nachlassen ⟨he is ~ing fast er wird bald sterben⟩ | *übertr* (ver)sinken ⟨to ~ into sleep in Schlaf versinken; to ~ into insignificance *übertr* in der Versenkung verschwinden, bedeutungslos werden; to ~ in s.o.'s estimation in jmds. Achtung *od* Ansehen sinken⟩ | *übertr* (Stimme u. ä.) sich senken ⟨his heart sank er verzagte⟩; **~ in** einsickern | *übertr umg* verstanden *od* kapiert werden, eingehen ⟨the lesson has sunk in der Groschen ist gefallen⟩; *vt* sinken lassen, zum Sinken bringen; versenken ⟨to ~ a ship⟩ | (Loch) ausgraben; (Brunnen) bohren | (Mast u. ä.) setzen | *Bergb* (ab)teufen | *Tech* einarbeiten; eingravieren; einfräsen | (Stimme, Kopf u. ä.) senken ⟨to ~ one's head⟩ | (Streit u. ä.) beilegen ⟨to ~ one's differences seine Meinungsverschiedenheiten vergessen⟩ | (Geld) investieren (**in** in) | (Schuld) tilgen | (jmdn.) ruinieren | *Sl* (jmdn.) erledigen; **2.** *s* Ausguß *m*; Abwaschbecken *n* ⟨kitchen ~⟩ | Vertiefung *f* | Senkgrube *f* | *Theat* Versenkung *f* | *urspr Am übertr* Sumpf *m* ⟨a ~ of iniquity ein Sündenpfuhl, eine Lasterhöhle⟩; ˈ**~a·ble** *adj* versenkbar; ˈ**~** ˌ**ba·sin** *s* Abwasch-, Spülbecken *n*; ˈ**~er** *s* Schachtarbeiter *m* | *Mar* Senkblei *n*, Senker *m* (am Netz) ◇ **hook, line and sinker** ↑ **hook**; ˈ**~ hole** *s* Abzugsgrube *f*; Senkgrube *f*; ˈ**~ing 1.** *s* (Ein-, Ver-) Sinken *n* | (Ver-) Senkung *f* | Vertiefung *f* | *übertr* Angst *f*, Schwäche *f*, Unwohlsein *n* ⟨a ≈ feeling ein Schwächegefühl *n*; a ≈ of the heart eine Beklommenheit; a ≈ in the stomach ein komisches *od* flaues Gefühl im Magen⟩ | *Bergb* Abteufen *n* | *Tech* Einfräsung *f* | *Wirtsch* (Schuld-) Tilgung *f*; **2.** *adj* sinkend | versenkend | nachlassend | *Wirtsch* Tilgungs-; ˈ**~ing fund** *s Wirtsch* Tilgungsfonds *m*

sin|less [ˈsɪnləs] *adj* sünden-, schuldlos, unschuldig; ˈ**~ner** *s* Sünder(in) *m*(*f*)

Sinn Fein [ˌʃɪn ˈfeɪn] *s Ir Pol* Sinn Fein *m* (nationalistische Partei)

Sino- [saɪnə(ʊ)] *in Zus* ⟨*lat*⟩ Chinesen-, chinesisch, Sino- (*z. B.* **~-Japanese**)

Sin·o·log·i·cal [ˌsaɪnəˈlɒdʒɪkl] *adj* sinologisch; **Si·nol·o·gist** [saɪˈnɒlədʒɪst] *s* Sinologe *m*, Sinologin *f*; **Si·nol·o·gy** [saɪˈnɒlədʒɪ] *s* Sinologie *f*, Chinakunde *f*

sin tax [ˈsɪn tæks] *s Am umg* Luxus-, Vergnügungssteuer *f*

sin·ter [ˈsɪntə] **1.** *s Geol* Sinter *m*, Tropfstein *m* | *Tech* Sinter *m*, Hammerschlag *m*; **2.** *vt Tech* sintern, fritten | *Tech* verschlacken; ˈ**~** ˌ**i·ron** *s* Sintereisen *n*; ˈ**~ steel** *s* Sinterstahl *m*

sin·u|ate [ˈsɪnjʊət] *adj Bot* ausgebuchtet; **~a·tion** [ˌsɪnjʊˈeɪʃn] *s* Biegung *f*, Krümmung *f*, Windung *f*; **~os·i·ty** [ˌsɪnjʊˈɒsətɪ] *s* Windung *f*, Krümmung *f*; Gekrümmtheit *f* | *übertr* Kompliziertheit *f* | *übertr* Winkelzug *m*; ˈ**~ous** [ˈsɪnjʊəs] *adj* gewunden, gekrümmt, geschlängelt | *übertr* kompliziert ⟨a ≈ system⟩ | *übertr* krumm, ausgefeimt ⟨≈ arguments⟩

si·nus [ˈsaɪnəs] *s* (*pl* ˈ**~**, ˈ**~es**) Krümmung *f*, Kurve *f* | *Bot* Ausbuchtung *f* | *Anat, Zool* Sinus *m*, Höhle *f*, Ausbuchtung *f*; **si·nus·i·tis** [ˌsaɪnəˈsaɪtɪs] *s Med* Sinusitis *f*, Nebenhöhlenentzündung *f*

si·nus·oid [ˈsaɪnəsɔɪd] *s Math* Sinuskurve *f*, -linie *f*

sip [sɪp] **1.** (**sipped, sipped**) *vt* langsam trinken, schlürfen, nippen an ⟨to ~ one's coffee⟩; *vi* nippen (**at** an; **of** von) **2.** *s* Schlürfen *n*, Nippen *n* | Schlückchen *n*

si·phon [ˈsaɪfən] **1.** *s* Saugheber *m*, Siphon *m* | *auch* ˈ**~** ˌ**bot·tle** Siphon *m*, Druckflasche *f* | *Tech* Kanaldü(c)ker *m*, Unterführung *f* | *Zool* Sipho *m*; **2.** *vt* absaugen | *auch* **~ out** *Med* aushebern; **~ off** absaugen, ablassen | *übertr* abziehen (**from** von, **into** in) ⟨to ≈ traffic Verkehr umleiten⟩; *vi* aus-, ablaufen; ˈ**~ re**ˌ**cord·er** *s El* Heberschreiber *m*

sir [sɜː] **1.** *s* (mein) Herr! (als Höflichkeitsform) *auch Mil, Päd* ⟨yes, ~! ja, mein H.; *Mil* jawohl!; *Päd* ja, (Herr Lehrer); als Briefanfang: [Dear] ∸ sehr geehrter H.; [Dear] ∸s sehr geehrte Herren, Dear Sirs; *umg* my dear ~! *iron* Verehrtester!, mein lieber Freund!⟩ | ∸ *Brit* Sir *m* ⟨als Adelstitel vor dem Vornamen: ∸ Winston Churchill⟩ ◇ **no ~!** *Am umg* niemals!, bestimmt nicht!; **2.** *vt* (jmdn.) mit Sir anreden

sir·dar [ˈsɜːdɑː] *s Ind Mil* Sirdar *m*, Befehlshaber *m*

sire [ˈsaɪə] **1.** *s arch* Vater *m* | *arch* Ahnherr *m* | Vatertier *n* | *auch* ˈ**ped·i·gree ~** Zuchthengst *m* | *arch* ∸! Sire! Eure Majestät!; **2.** *vt* (Pferd) zeugen ⟨~d by Nijinski von Nijinski abstammend, mit Nijinski als Vater⟩ | *übertr* hervorbringen

si·ren [ˈsaɪərən] **1.** *s Myth* Sirene *f* | *Tech* Sirene *f* ⟨an air-raid ~; with its ~ wailing mit heulender Sirene⟩ | *übertr* verführerische Frau, Versucherin *f* **2.** *adj* lockend, verführerisch, Sirenen-; ˈ**~ suit** *s* Luftschutzanzug *m*

sir·loin [ˈsɜːlɔɪn] *s* Lendenstück *n*; ˌ**~** ˈ**steak** *s* Lenden(beef)steak *n*, Filetsteak *n*

si·roc·co [sɪˈrɒkəʊ] *s* (*pl* **siˈroc·cos**) *s* Schirokko *m*

sir·rah [ˈsɪrə] *s verächtl, arch* (Anrede) Kerl *m*, Bube *m*

sir·up [ˈsɪrəp] = **syrup**

sis [sɪs] *s umg* Schwester *f*

si·sal [ˈsaɪsl] *s auch* ˌ**~** ˈ**grass** *Bot* Sisalagave *f*, Sisalhanf *m*; ˌ**~** ˈ**fi·bre** *s* Sisalfaserplatte *f*; ˌ**~** ˈ**rope** *s* Hanfseil *n*

sis·sy [ˈsɪsɪ] **1.** *s umg* Muttersöhnchen *n* | Feigling *m* | *Am Sl* Tunte *f*, Homosexueller *m* | *Am umg* Schwester *f* | *Am umg* Mädchen *n*; **2.** *adj* weibisch, verweichlicht ⟨a ~ boy⟩

sis·ter [sɪstə] **1.** *s* Schwester (*auch übertr*) ⟨your ~; half ~⟩ | (Gewerkschaft) Kollegin *f* | Schwester *f*, Mitkämpferin *f* für die Gleichberechtigung | (*meist* ∸) *Brit* Oberschwester *f* ⟨∸ Smith⟩ | *Rel* Ordensschwester *f* ⟨~s of Mercy Barmherzige Schwestern *f/pl*⟩ | *umg* Krankenschwester *f* ⟨the night ~⟩ | *Am Sl* (in Anrede) *iron* Mädchen!, meine Liebe!; **2.** *adj* verschwistert, Schwester- (*auch übertr*) ⟨~ cells Schwesterzellen *f/pl*; ~ ship *Mar* Schwesterschiff *n*⟩; **~hood** ['~hʊd] *s Rel* Schwesternorden *m* | (*mit best art*) Gemeinschaft *f* der um Gleichberechtigung kämpfenden Frauen; **'~-in-law** *s* (*pl* **'sis·ters-in-law**) Schwägerin *f*; **'~less** *adj* ohne Schwester, schwesterlos; **'~ly** *adj* schwesterlich ⟨≈ kiss Schwesternkuß *m*; ≈ love Schwesternliebe *f*⟩

sit [sɪt] (**sat, sat** [sæt]) *vi* sitzen ⟨to ~ on a chair; to ~ at a table; to ~ for one's portrait sich porträtieren lassen; to ~ to an artist einem Künstler Modell sitzen; to ~ in judgment on/over zu Gericht sitzen über; to sit on one's hands *umg* die Hände in den Schoß legen, nichts unternehmen; to ~ pretty *umg* gut dran sein⟩ | (Henne) brüten | sich setzen, Platz nehmen (**on** auf) | Sitzung abhalten, tagen ⟨to be still ~ting noch tagen⟩ | sitzen bleiben, verharren ⟨to ~ tight fest sitzen, sich nicht rühren; *übertr umg* (an einem Vorhaben etc.) festhalten⟩ | (Kleid) passen ⟨to ~ well gut sitzen; to ~ well on s.o. *übertr* jmdm. gut stehen⟩ | *Tech* ruhen, aufliegen; **~ about/around** herumsitzen; **~ back** sich zurücklehnen | sich passiv verhalten; **~ by** dabeisitzen (und nichts tun), sich um nichts kümmern; **~ down** sich (hin-, nieder-)setzen, Platz nehmen ⟨to ≈ to work sich an die Arbeit machen⟩ | *Flugw* aufsetzen, landen | sich festsetzen; **~ down under** *übertr* (Beleidigung u. ä.) sich gefallen lassen, hinnehmen; **~ for** *Brit* sich (auf eine Prüfung) vorbereiten; (eine Prüfung) ablegen | *Parl* (einen) Wahlkreis vertreten, Abgeordnete(r) sein für; **~ in** ein (*meist* öffentliches) Gebäude besetzen, eine Protestveranstaltung durchführen (**at** in) | an einem Sit-in teilnehmen | auf einer Sitzung vertreten (**for s.o.** jmdn.; **as** als) | *umg* hospitieren (**on s.th.** bei jmdn.) | miterleben (**on s.th.** etw.), mitmachen (**on** bei); **~ on** gehören zu, Mitglied sein von ⟨to ~ on a committee⟩ | *umg* sitzen auf, (etw.) verbummeln ⟨to ≈ a letter⟩ | *umg* (jmdm.) einen Denkzettel geben ⟨he needs to be sat on er muß tüchtig herangenommen werden⟩; **~ out** *umg* draußen *od* im Freien sitzen; **~ up** sich aufrichten, sich aufsetzen ⟨≈ straight! sitz gerade!; to make s.o. ≈ *umg* jmdn. erschrecken; *umg* jmdn. aufrütteln; to ≈ and take notice *übertr* munter werden, aufhorchen⟩ | wachen, aufbleiben | seinen Platz einnehmen (**at, to** an); **~ upon** = **~ on**; *vt* setzen ⟨to ~ the child at the little table⟩ | zum Sitzen veranlassen | (Pferd u. a.) aufsitzen, sitzen auf ⟨to ~ one's horse well⟩ | *Brit* (schriftliche Prüfung) ablegen ⟨to ~ one's A levels das Abitur ablegen⟩; **~ down** zum Sitzen nötigen; **~ out** (etw.) nicht mitmachen; (bei etw.) sitzen bleiben ⟨to ≈ a dance⟩ | (bei etw.) bis zum Ende bleiben ⟨to ≈ a play⟩; **~ upon** *förml* beraten über ⟨to ≈ the new proposals⟩

sit·com ['sɪt kɒm] *s Rundf, Ferns* (Situations-)Komödie *f*

sit-|down ['sɪddaʊn], **1.** *auch* **ˌ~-down 'strike** *s umg* Sitzstreik *m*; **2.** *adj* (Mahlzeit) am Tisch, mit Bedienung (*Ant* self-service)

site [saɪt] **1.** *s* Lage *f* | Standort *m* | *auch* **'build·ing ~** Bauplatz *m*; **2.** *vt* placieren | hinstellen, errichten; **'sit·ed** *adj* gelegen; **'~ ˌof·fice** *s* Bau(stellen)büro *n*

sit-in ['sɪt ɪn] *s umg* Sitzstreik *m* | (demonstrative) Besetzung (e-r Fabrik, Universität u. ä.)

sit|ter ['sɪtə] *s* Sitzende(r) *f(m)* | *Mal* Modell *n* | *auch* **'ba·by-ˌ~ter** *s* Babysitter *m*, jmd., der auf ein Kind aufpaßt | Bruthenne *f*, Glucke *f* ⟨a good ≈⟩ | (Jagd) leichte Beute; leichter Schuß | (Sport) leichter Ball | *Sl* todsichere Sache; **'~ting 1.** *adj* sitzend, Sitz- ⟨≈ space Sitzfläche *f*⟩ | Sitzungs-, Tagungs- | brütend; **2.** *s* Sitzen *n* | *bes Jur, Pol* Sitzung *f*, Tagung *f* ⟨all-night ≈ Nachtsitzung⟩ | Sitzung *f* ⟨at one ≈ auf einmal, in einem Durchgang (Mittagessen u. ä.)⟩ | Sitzungszeit *f* ⟨at one ≈ hintereinanderweg, auf

einmal⟩ | Brüten *n* | Gelege *n* | Kirchstuhl *m*; **ˌ~ting 'duck** *s übertr* leichte Beute; Kinderspiel *n*; **ˌ~ting 'mem·ber** *s Parl* derzeitiger Abgeordneter *m* (vor der Neuwahl); **'~ting room** *s* Wohnzimmer *n*

sit·u|ate ['sɪtʃʊeɪt] *vt* an eine bestimmte Stelle bringen, in eine (bestimmte) Lage bringen; **'~at·ed** *adj* (Haus u. ä.) gelegen, liegend ⟨≈ at a lake⟩ | (*meist in Zus*) (Personen) plaziert, situiert, befindlich ⟨well-≈ gutgestellt, wohlhabend⟩; **ˌ~'a·tion** *s* Situation *f*, Lage *f*, Stellung *f*, Umstand *m* ⟨to be in an embarrassing ≈ in einer heiklen Lage sein⟩ | Lage *f*, Platz *m* ⟨the ≈ of a town⟩ | Posten *m*, Stelle *f*, Stellung *f* ⟨≈s vacant *Ztgws* Stellenangebote *n/pl*; ≈s wanted Stellengesuche *n/pl*; to be in (out of) a ≈ beschäftigt (arbeitslos) sein⟩; **ˌ~'a·tion room** *s Mil* Raum *m* für Lagebesprechungen

sit-up·on ['sɪtəˌpʌn] *s Brit scherzh, euphem* Allerwertester *m*

six [sɪks] **1.** *adj* sechs ⟨~ of one and half a dozen of the other *übertr* gehupft wie gesprungen; ~ to one todsicher⟩; **2.** *s* Sechs *f* ⟨at ~es and sevens *umg* wild durcheinander; in ~es halbdutzendweise⟩ | (Kricket) Sechserschlag *m*; **'~fold** *adj, adv* sechsfach; **ˌ~-'foot·er** *s umg* (Person) lange Latte; **'~-pack** *s, bes Am* Sechserpackung *f* (Flaschen *od* Büchsen); **'~pence** *s Hist* 6-Pence-Stück *n* | 6 Pennys *m/pl*; **'~-ˌshoot·er** *s umg* sechsschüssige Pistole; **ˌ~'teen 1.** *adj* sechzehn; **2.** *s* Sechzehn *f*; **ˌ~'teenth 1.** *adj* sechzehnte(r, -s) | sechzehntel; **2.** *s* Sechzehnte(r, -s) *f(m,n)* | Sechzehntel *n*; **'~teenth note** *s Am Mus* Sechzehntelnote *f*; **sixth** [sɪksθ] **1.** *adj* sechste(r, -s); **2.** *s* Sechste(r, -s) *f(m,n)* | Sechstel *n* | *Mus* Sexte *f*; **'sixth ˌform** *s Brit Päd* Abiturklasse *f*, -stufe *f*; **'sixth ˌform·er** *s Brit Päd* Abiturient *m*, Schüler(in) *m(f)* der letzten Klasse der Oberschule; **ˌsixth 'sense** *s* sechster Sinn *m*, Vorahnung *f*; **~ti·eth** ['~tɪəθ] **1.** *adj* sechzigste(r, -s) | sechzigstel; **2.** *s* Sechzigste(r, -s) *f(m,n)* | Sechzigstel *n*; **'~ty 1.** *adj* sechzig; **2.** *s* Sechzig *f* ⟨in the ~ties in den Sechzigern; like ≈ *Am umg* wie verrückt; ≈-four [-thousand]- dollar question *Am umg* wichtigste Frage, Hauptproblem *n*, Gretchenfrage *f*⟩

siz·a·ble ['saɪzəbl] *adj* von beträchtlichem Umfang, ansehnlich, ziemlich groß

[1]**size** [saɪz] **1.** *s* Umfang *m*, Größe *f*, Maß *n* ⟨about the ~ of so groß wie; of all ~s in allen Größen; of some ~ ziemlich groß; of vast ~ gewaltig, (riesen-)groß; ~ of type Schriftgrad *m*; standard ~ Normalgröße *f*; that's about the ~ of it *umg* das entspricht [etwa] den Tatsachen, das wäre es etwa; what ~ is it? wie groß ist es?⟩ | (Schuh- u. ä.) Größe *f*, Nummer *f* ⟨hat ~ Hutgröße *f*; ~ 7 Größe 7; all ~s of gloves alle Handschuhgrößen⟩ | *Tech* (Bohrung) Durchmesser *m* | *übertr* Ausmaß *n*, Größe *f*, Bedeutung *f*, Format *n* ⟨to cut s.o. down to ~ jmdn. in seine Schranken verweisen⟩; **2.** *vt* nach Größen ordnen, sortieren | *Tech* kalibrieren; **~ up** *umg* richtig einschätzen, taxieren

[2]**size** [saɪz] **1.** *s* Kleister *m*, Leim *m* | (Weberei) Schlichte *f*, Appretur *f* | *Mal* Grundierleim *m*, Vorlack *m*; **2.** *vt* leimen, mit Leim überstreichen | (Weberei) schlichten, appretieren | *Mal* grundieren

size·a·ble ['saɪzəbl] = **sizable**

-sized [saɪzd] *adj in Zus* -groß, von Gestalt *od* Größe ⟨medium-~ mittelgroß⟩; **'siz·er** *s* Sortierer(in) *m(f)* | *Tech* Kalibrierwerkzeug *n*

[1]**siz·ing** ['saɪzɪŋ] *s* Sortierung *f* nach Größe | *Tech* Siebung *f* ⟨~ of ores Erzklassierung *f*⟩ | *Tech* Kalibrieren *n*

[2]**siz·ing** ['saɪzɪŋ] *s* Leimen *n*, Leimung *f* | (Weberei) Schlichten *n* | *Mal* Grundieren *n* | Leim *m* | Schlichte *f* | Grundiermasse *f*; **'~ bath** *s* (Weberei) Schlichtebad *n*

siz·ing| de·vice ['saɪzɪŋ dɪ,vaɪs] *s Tech* Meßsteuereinrichtung *f*; **'~ pin** *s* Sortierstift *m*
siz·y ['saɪzɪ] *adj* leimig, klebrig
siz|zle ['sɪzl] **1.** *vi* (Braten u. ä.) zischen, brutzeln | *Rundf* knattern, knistern; **2.** *s* Zischen *n*, Brutzeln *n* | *Rundf* Knattern *n*, Knistern *n*; **'~zler** *s umg* furchtbar heißer Tag ⟨a red ≈⟩; **'~zling** *adj* zischend, brutzelnd ⟨a ≈ steak⟩ | *übertr* sehr heiß ⟨a ≈ hot day ein glühend heißer Tag⟩
SJ *Abk* von **Society of Jesus** (Angehöriger des Jesuitenordens) ⟨John Smith, SJ⟩
skag [skæg] *s Am Sl* Heroin *n*
skat [skɑ:t] *s* ⟨*dt*⟩ Skat *m*
[1]**skate** [skeɪt] *s* (*pl* **~**, **~s**) *Zool* (e-e Art) Rochen *m*
[2]**skate** [skeɪt] **1.** *s auch* **'ice ~** Schlittschuh *m* | *auch* **'roller ~** Rollschuh *m*; **2.** *vi* Schlittschuh laufen | Rollschuh laufen | *übertr* gleiten, sich vorsichtig bewegen ⟨to ~ over/round a difficulty sich geschickt über eine Schwierigkeit hinwegsetzen; to ~ on thin ice ein heikles Thema anschneiden; to ~ over thin ice sich aufs Glatteis begeben⟩; *vt* (Figur) auf Schlittschuhen laufen; **'~board** **1.** *s* Skateboard *n*, Rollbrett *n*; **2.** *vi* Rollbrett fahren; **'~,board·er** *s* Rollbrettläufer(in) *m(f)*; **'~park** *s* Gelände *f* für Rollbrettläufer; **'skat·er** *s* Eisläufer(in) *m(f)* | Rollschuhläufer(in) *m(f)*; **'~ ,sail·ing** *s* Eissegeln *n*; **'skat·ing** *s* Schlittschuh-, Rollschuhlaufen *n*; **'skat·ing rink** *s* (künstliche) Eisbahn | Rollschuhbahn *f* | *Brit Sl* Glatzkopf *m*
ske·dad·dle [skɪ'dædl] *umg* **1.** *vi* (*meist imp*) sich davonmachen, ausreißen; **2.** *s* Ausreißen *n*
skeet [ski:t] *s, auch* **'~ ,shoot·ing** Tontaubenschießen *n*, Skeetschießen *n*
skeigh [ski:x] *adj Schott* scheu
skein [skeɪn] *s* (Garn, Wolle) Strähne *f*, Strang *m* | (Vogel- u. ä.) Schwarm *m* | *übertr* Durcheinander *n*
skel·e·ton ['skelɪtən] *s* Gerippe *n* | Skelett *n* (*auch übertr*) ⟨a ~ in the closet (*Am*)/cupboard (*Brit*) *übertr* eine geheime Familienschande, ein dunkler Punkt, über den nicht geredet wird; reduced to a ~ abgemagert zum Gerippe; to look like a living ~ wie der Tod aussehen⟩ | *Tech* Gestell *n*, Gerüst *n* ⟨steel ~⟩ | Rohbau *m* | Entwurf *m*, Skizze *f* | Rahmen *m*, Umriß *m* | (Sport) kleiner Rennschlitten | *Mil* Kader *m*, Stammtruppe *f*; **,~ a'gree·ment** *s* Rahmenabkommen *n*; **,~ con'struc·tion** *s* Skelettbauweise *f*; **'~ize** *vt* skizzieren, im Umriß darstellen | im Rohbau vorbereiten | (Tiere) präparieren; **'~ key** *s* Nachschlüssel *m*, Dietrich *m*; **,~ 'law** *s* Rahmengesetz *n*; **'~ ,ser·vice** *s* Minimalbesetzung *f*, Einsatz *m* des Stammpersonals; **'~ staff** *s* Stammpersonal *n*
skelp [skelp] *s Tech* Röhrenstreifen *m*
skep [skep] *s* Weidenkorb *m* | Bienenkorb *m*
skep|tic, -ti·cal ['skeptɪk(l)] *Am* = **sceptic[al]**; **'~ti·cism** *Am* = **scepticism**
sketch [sketʃ] **1.** *s* Skizze *f*, Entwurf *m*, Schema *n* ⟨to make a ~ of s.th. etw. skizzieren *od* grob entwerfen⟩ | knappe Schilderung ⟨to give s.o. a ~ of s.th.⟩ | *Lit* Sketch *m*, Kurzgeschichte *f* | *Theat* Sketch *m* | *umg* (Person, Sache) komische Erscheinung *od* Gestalt, seltsamer Anblick ⟨what a ~ you are!⟩; **2.** *vt, auch* **~ in, ~ out** skizzieren, flüchtig entwerfen; *vi* eine Skizze anfertigen | Skizzen zeichnen; **'~block** *s* Skizzenblock *m*; **'~book** *s* Skizzenbuch *n*; **'~er** *s* Skizzenzeichner(in) *m(f)*; **'~pad** *s* Skizzenblock *m*; **'~y** *adj* flüchtig, skizzenhaft | *übertr* oberflächlich, unvollständig, unvollkommen, unklar ⟨a ≈ knowledge⟩
skew [skju:] **1.** *vi* seitwärts blicken (**at, upon** auf) | *umg* schielen (*auch übertr*) | *Tech* (sich) klemmen; *vt* zur Seite wenden | *Tech* (ab)schrägen | *übertr* (Tatsachen u. a.) verdrehen; **2.** *adj* schief, schräg | (schief)winklig, verzerrt | windschief | (Säge) geschweift
skew·bald ['skju:bɔ:ld] **1.** *s* (Pferd) Schecke *f*; **2.** *adj* gescheckt
skew| curve ['skju: kɜ:v] *s Math* mehrfach gekrümmte Raumkurve; **skewed** [skju:d] *adj* schief, abgeschrägt
skew·er ['skju:ə] **1.** *s* Speil(er) *m* | Fleischspieß *m*; **2.** *vt* (Fleisch) spießen, speilen | *übertr* aufspießen
skew|-eyed ['skju:aɪd] *adj umg* schielend; **'~ gear** *s Tech* Schrägzahnrad *n*; **~-gee** [,~'dʒi:] *Am umg* **1.** *adj* schief, verdreht; **2.** *s* Schielen *n*; **,~-'whiff** *adj, adv Brit umg, scherzh* schief
ski [ski:] **1.** *s* (*pl* **~**, **~s** [~z]) Ski *m*, Schneeschuh *m*; **2.** (**skied, skied** [ski:d]) *vi* Ski laufen; **'~,bind·ing** *s* (Ski-) Bindung *f*; **'~bob** *s* Bobski *m*; **'~bob·ber** *s* Bobskifahrer(in) *m(f)*; **'~ boot** *s* Skistiefel *m*; **,~'doo**, *auch* **skid·doo** [skɪ'du:] *s Am* motorisierter Skischlitten
skid [skɪd] **1.** *s* Bremsklotz *m*, Hemmschuh *m* | *Tech* Ladebock *m*, -baum *m*, -schlitten *m* | *Tech* Gleitschiene *f* | (*meist sg*) Schleudern *n*, Rutschen *n* ⟨to go into a ~ *Kfz* ins Schleudern geraten⟩; **2.** (**~ded, ~ded**) *vt* (etw.) auf einer Gleitschiene transportieren | bremsen; *vi* gleiten, rutschen | ins Schleudern geraten; **'~ chain** *s Kfz* Schneekette *f*; **'~-lid** *s Brit umg* Sturzhelm *m*; **'~ mark** *s* Bremsspur *f*; **'~pan** *s* (künstliche) Rutschbahn (für Bremsproben); **'~ plate** *s* Gleitblech *n*; **'~-re,sis·tant** *adj Kfz* rutschsicher; **'~ row** *s Am* (billiges) Kneipenviertel, Animierviertel *n*; **skids** *s/pl* Unterleghölzer *n/pl* ◇ **put the skids on/under** *umg* zu Fall bringen; auf Trab bringen; **be on/hit the skids** *Am umg* sozial absacken ⟨he is on the ≈ mit ihm geht es abwärts⟩
ski·er ['ski:ə] *s* Skiläufer(in) *m(f)*
skiff [skɪf] *s Mar* Skiff *n*, kleines Ruderboot
skif·fle ['skɪfl] **1.** *s* Skiffle *m*, als Jazz gespielte Volksmusik; **2.** *vi* Skiffle spielen; **'~ group** *s* Skiffleband *f*
ski| fly·ing ['ski: ,flaɪɪŋ] *s* Skifliegen *n*; **'~ hoist** *s* Skilift *m*; **'~ing** *s* Skilauf(en) *m(n)*; **'~ jump** *s* Skisprung *m* | Sprungschanze *f*; **'~ ,jump·ing** *s* Skispringen *n*, Sprunglauf *m*
skil·ful ['skɪlfl] *adj* geschickt, gewandt (**with** mit), geübt (**at, in** in)
ski lift ['ski: lɪft] *s* Skilift *m*
skill [skɪl] *s* Geschicklichkeit *f*, Gewandtheit *f*, Fähigkeit *f* (**at** in, bei) | Fachkenntnis *f* ⟨language ~s Sprachkenntnisse⟩; **skilled** *adj* geschickt, gewandt, erfahren (**in** in) | Geschick *od* Fachwissen verlangend *od* erfordernd, Fach- ⟨≈ job Stelle, die Fachkenntnisse erfordert; ≈ trades Facharbeiterberufe *m/pl*; ≈ work gelernte Arbeit; ≈ worker Facharbeiter *m*⟩
skil·let ['skɪlɪt] *s Tech* Gußstahlriegel *m* | *Am* Bratpfanne *f*
skil·ly ['skɪlɪ] *s Brit Sl* Wassersuppe *f*
skim [skɪm] **1.** (**skimmed, skimmed**) *vt, auch* **~ off** ab-, entrahmen, abschöpfen, abschäumen (*auch übertr*) ⟨to ~ milk; to ~ the cream off den Rahm abschöpfen (*auch übertr*); to ~ off the best pupils die besten Schüler aussondern *od* wegnehmen⟩ | flüchtig berühren, streifen | (Stein) hüpfen *od* springen lassen ⟨to ~ stones over the water⟩ | *auch* **~ through** *übertr* flüchtig lesen, überfliegen | *Am Sl* (Steuergelder) unterschlagen; vor der Steuer verheimlichen; *vi* gleiten, (flach) überfliegen ⟨to ~ over the water⟩ | *Am Sl* Steuern hinterziehen; **2.** *s* Gleiten *n* | *übertr* flüchtiger Überblick | *Am Sl* Steuerbetrug *m*; **'~ ,coul·ter** *s Tech* Vorschneider *m*, Hobelpflug *m*; **'~med milk** = **~ milk**; **'~mer** *s* Schaumkelle *f* | *Tech* Abstreicher *m*, Kratze *f* | *Tech* Planierlöffelbagger *m* | *Zool* Scherenschnabel *m* | *Mar* Ölräumschiff *n* | *Am* (einfaches) Hängerkleid; **'~ milk** *s* entrahmte Milch, Magermilch *f*; **'~ming** *s* Abschöpfen *n*,

Abschäumen *n* | *Tech* Abkrammen *n*; **'~mings** *s/pl* Abgeschäumtes *n*, Schaum *m* | *Tech* Schlacke(n) *f(pl)* | Kratze *f*

skimp [skɪmp] **1.** *vt* knausern mit | wenig nehmen | (Arbeit) nachlässig verrichten; *vi* knausern (**in** mit) | pfuschen, schludern; **2.** = **'~y** *adj* knauserig | zu knapp, dürftig ⟨a ≈ meal⟩

skin [skɪn] **1.** *s* Haut *f* (*auch übertr*) ⟨under the ~ *übertr* im Grunde, im Kern; to be only ~ and bone[s] nur noch Haut und Knochen sein; to escape by the ~ of one's teeth *übertr* mit heiler Haut davonkommen; to get wet to the ~ bis auf die Haut naß werden; to get under s.o.'s ~ *umg* jmdm. unter die Haut *od* an die Nieren gehen; jmdm. auf die Nerven gehen; she gets under my ~ *umg* ich bin in sie verknallt; to have a thin (thick) ~ feinfühlig (dickfellig) sein; to leap out of one's ~ *übertr* aus der Haut fahren; to save one's ~ *übertr* mit heiler Haut davonkommen⟩ | *Bot* Hülse *f*, Rinde *f*; (Bananen-) Schale *f* | Fell *n*, Pelz *m*, Balg *m* ⟨rabbit ~ Kaninchenfell *n*⟩ | (Milch-) Haut *f* | (Wasser-) Schlauch *m* | *Mar* Außenhaut *f* | *Tech* Gußhaut *f* | *Sl* Gauner *m*; **2.** (**skinned, skinned**) *vt* (Tier) häuten, abbalgen, abziehen ⟨to ~ a rabbit; to keep one's eyes ~ned *umg* höllisch aufpassen, die Augen offenhalten⟩ | (Obst u. ä.) abschälen | *Sl* (jmdn.) ausnehmen, plündern ⟨to be ~ned of s.th. etw. abgenommen bekommen⟩ | *Am umg* beschwindeln | die Haut verletzen *od* aufreißen von ⟨to ~ one's knee sich das Knie aufschürfen⟩; *vi* sich häuten | = **~-pop**; **~ over** (Wunde) heilen, vernarben | *Sl* abschreiben, spicken; **3.** *adj Am Sl* mit Aktbildern, Sex- ⟨~ magazines⟩ | *Film* Sex-, mit Aktaufnahmen ⟨~ house Pornokino *n*⟩; **ˌ~-'deep** *adj, adv* oberflächlich (*auch übertr*); **'~ disˌease** *s Med* Hautkrankheit *f*; **'~-dive** *vi* sporttauchen, Tauchsport machen *od* ausüben; **'~ ˌdiv·er** *s* Sporttaucher *m*; **'~ ˌdiv·ing** *s* Sporttauchen *n*; **'~ flick** *s Am Sl* Sexfilm *m*; **'~ˌflint** *s* Geizhals *m*, Geizkragen *m*; **'~ game** *s urspr Am Sl* gemeine Gaunerei, Schwindel *m*; **'~ graft** *s Med* Hauttransplantat *n*; **'~ ˌgraft·ing** *s Med* Hauttransplantation *f*; **'~head** *s Brit* Skinhead *m*, Glatzkopf *m*, Bürstenkopf *m* (Halbstarker); **'~ ˌir·ri·tat·ing** *adj* hautreizend; **'~less** *adj* ohne Haut, hautlos; **skinned** *adj* häutig; **-skinned** *in Zus* -häutig ⟨light-≈ von heller Hautfarbe; thick-≈ *übertr* dickfellig⟩; **'~ner** *s* Pelz-, Rauchwarenhändler *m* | Betrüger *m*, Gauner *m*; **'~ner·y** *s* Kürschnerei *f*; **'~ny** *adj* hautartig | *verächtl* mager, dürr | *übertr* knauserig; **'~ny-dip** *Am Sl* **1.** *vi* nacktbaden; **2.** *s* Nacktbaden *n* ⟨to go for a ≈⟩; **'~-pop** *vi, vt Am Sl* (Rauschgift) fixen; **'~ proˌtec·tive** *s* Hautschutzmittel *n*; **'~ search** *s umg* Leibesvisitation *f*; **'~-ˌtight** *adj* (Kleidung u. ä.) hauteng; **'~ wool** *s* Gerber-, Hautwolle *f*

skint [skɪnt] *adj Brit Sl* pleite, ausgebrannt

[1]**skip** [skɪp] *s Bergb* Förderkorb *m* | *Tech* (Förder-) Kübel *m*, Gefäß *n*, Skip *m*

[2]**skip** [skɪp] **1.** (**skipped, skipped**) *vi* springen, hüpfen, hopsen (**over** über) | seilhüpfen | *übertr* einen Sprung machen, sprunghaft vorgehen (**from** von) | *übertr* (beim Lesen) Seiten überspringen; **~ about** herumhüpfen, herumspringen; **~ off** *umg* abschweifen; **~ over** einen Abstecher machen (**to** nach); **~ out, ~ up** *umg* sich davonmachen; *vt* überspringen, springen über ⟨to ~ a ditch⟩ | *übertr* überspringen, auslassen, sich schenken ⟨to ~ a chapter ein Kapitel überspringen; to ~ it *Am umg* sich aus dem Staub machen⟩; **2.** *s* Hüpfen *n*, Sprung *m* ⟨by ~s sprungweise⟩ | *übertr* Überspringen *n* | (Computer) Auslassung *f*, Aussetzer *m*

skip| bridge ['skɪp brɪdʒ] *s Tech* Schrägaufzug *m* (Hochofen); **'~ hoist** Kübelaufzug *m*, Muldenheber *m*

ski pole ['ski: pəʊl] *s* Skistock *m*

skip·per ['skɪpə] **1.** *s Mar* Schiffer *m*, Kapitän *m* (e-s kleinen Schiffes) | *Flugw* Flugkapitän *m* | (Sport) *umg* Mannschaftskapitän *m*; **2.** *vt umg* anführen ⟨to ~ a team⟩

skip·ping rope ['skɪpɪŋ rəʊp] *s* Springseil *n*

skirl [skɜ:l] *s* Kreischen *n*, Gekreisch *n* | Pfeifen *n* ⟨the ~ of the bagpipes das Pfeifen des Dudelsacks⟩

skir·mish ['skɜ:mɪʃ] **1.** *s Mil* Scharmützel *n*, Geplänkel *n* | *übertr* Wortgeplänkel *n*; *vi Mil* scharmützeln, plänkeln (*auch übertr*) (**with** mit); **'~er** *s Mil* Schütze *m*, Plänkler *m*

skirr [skɜ:] **1.** *vi* schwirren; **2.** *s* Schwirren *n*

skirt [skɜ:t] **1.** *s* (Frauen-) Rock *m* | (Rock-) Schoß *m* | (*meist pl*) Kante *f*, Saum *m*, Rand *m* ⟨on the ~s of the town am Stadtrand⟩ | *vulg* Weibsbild *n*, Schürze *f* ⟨a piece/bit of ~ ein Weibsstück⟩; **2.** *vt* besetzen, einfassen, (um)säumen; begrenzen ⟨the road ~ed the forest die Straße führte am Waldrand entlang⟩ | *übertr* (etw.) umgehen | *übertr* (e-r Sache) entgehen; *vi* am Rande liegen | am Rande leben; **~ along** sich entlangziehen; **'~ing** *s* Saum *m*; Rand *m* | Rockstoff *m* | Leiste *f*, Einfassung *f*; **'~ing board** *s* Scheuerleiste *f*

ski-scoot·er ['ski:ˌsku:tə] *s Brit* Ski-Scooter *m*, motorisierter Skischlitten

ski| stick ['ski:stɪk] *s* Skistock *m*; **'~ suit** *s* Skianzug *m*

skit [skɪt] **1.** *s* Stichelei *f*, Spottrede *f*; **2.** (**~ted, ~ted**) *vi* sticheln | (Pferd) scheuen; *vt* (jmdn.) lächerlich machen

ski| tour·er ['ski: ˌtʊərə] *s* Ski-Wanderer *m*; **'~ ˌtour·ing** *s* Ski-Touristik *f*, Ski-Wandern *n*

skit·tish ['skɪtɪʃ] *adj* (Pferd) scheu | (Person) lebhaft, ausgelassen | (Frau) kokett, neckisch | *übertr* unberechenbar

skit·tle ['skɪtl] **1.** *s Brit* Kegel *m*; **2.** *vi* kegeln; **~ out** *vt* (Gegner) in rascher Folge ausschalten (Kricket); **'~ ˌal·ley** *s* Kegelbahn *f*; **'~ ball** *s* Kegelkugel *f*; **'~pins, 'skit·tles** *s/pl* (*sg konstr*) Kegeln *n*, Kegelspiel *n*; **skit·tles** *interj umg* Quatsch!, Unsinn! ◇ **not all beer and skittles** *Brit umg* kein Kinderspiel ⟨life is not all beer and ~s das Leben besteht nicht nur aus Vergnügungen⟩

[1]**skive** [skaɪv] **1.** *vt* (Edelstein) schleifen | *Tech* (Plast u. ä.) aufspalten, glätten; **2.** *s* Diamantenschleifscheibe *f*

[2]**skive** [skaɪv] *Brit umg* **1.** *vi* blaumachen; **~ off** sich abseilen, sich verdünnisieren; **2.** *s* Drückerei *f*, Bummelei *f* ⟨to be on the ~ blaumachen, schwänzen⟩

skiv·vy ['skɪvɪ] **1.** *s Brit Sl verächtl* (Dienstmädchen) Dienstbolzen *m*; **2.** *vi* Dreckarbeiten (im Hause) machen (**for** für)

ski·wear ['ski:wɛə] *s* Ski-, Wintersportkleidung *f*

skoal [skəʊl] *interj* ⟨*schwed*⟩ prosit!, Prost!

sku·a ['skju:ə] *s Zool* Raubmöwe *f*

skulk [skʌlk] *vi, auch* **~ around** umherschleichen | sich verstecken | *bes Brit* sich drücken; *vt* sich drücken um; **'~er** *s* Drückeberger *m*; **'~ing** *adj* feige

skull [skʌl] *s Anat* Schädel *m*, Hirnschale *f* ⟨fractured ~ Schädelbruch *m*⟩ | *verächtl* Schädel *m*, Kopf *m* ⟨to have a thick ~ dumm sein⟩ ◇ **ˌ~ and 'cross·bones** *s* Totenkopf(zeichen) *m(n)*; **'~cap** *s* (Scheitel-) Käppchen *n*; **-skulled** *adj in Zus* -schädelig, -köpfig ⟨broad≈ breitschädelig; thick≈ dickschädelig, -köpfig⟩

skul[l]·dug·ge·ry [ˌskʌl'dʌgrɪ] *s bes scherzh* Gemeinheit *f*, (üble) Tricks *pl* ⟨a piece of ~ ein gemeiner Trick; some ~ was planned man hatte ziemliche Schuftigkeiten vor⟩

skunk [skʌŋk] **1.** *s Zool* Skunk *m*, Stinktier *n* | Skunkspelz *m* | *Sl* Schuft *m*; **2.** *vt Am Sl* (jmdn.) fertigmachen

sky [skaɪ] **1.** *s* Himmel *m* ⟨a clear/blue ~; in the ~ am Himmel; out of a clear ~ aus heiterem Himmel (*auch übertr*); under the open ~ unter freiem Himmel; to praise/extol/land s.o. to the skies *übertr* jmdn. in den

Himmel heben; the ~ is the limit! *umg* nach oben sind keine Grenzen gesetzt, Geld spielt keine Rolle⟩ | *meist* **skies** *pl* Klima *n*, Wetter *n* ⟨the sunny skies of Greece das sonnige Klima Griechenlands⟩; **2.** *vt* (Ball u. ä.) hochwerfen, zu einer Kerze schlagen | (etw.) (zu) hoch hängen; ˌ~ ˈ**blue** *s* Himmelblau *n*; ~-ˈ**blue** *adj* himmelblau; ˈ**~-clad** *s* (Hexe) unbekleidet; ˈ**~dive** (Fallschirmsport) in freiem Fall springen; ˌ~-ˈ**high** *adj, adv umg* himmelhoch ⟨to blow s.th. ≈ etw. in die Luft sprengen; *übertr* etw. über den Haufen werfen⟩ | *Am umg* wahnsinnig teuer | *urspr Am umg* riesig ⟨≈ sums⟩; ˈ**~hook** *s Am scherzh* Haken *m* am Himmel ⟨to hang s.th. from ≈s etw. am blauen Himmel aufhängen⟩; ˈ**~jack 1.** *vi* (Flugzeug) entführen; **2.** *s* Flugzeugentführer *m*; ˈ**~ˌjack·er** *s* Flugzeugentführer *m*; ˈ**~lab** *s Am* Weltraumstation *f*; ˈ**~lark 1.** *s Zool* Feldlerche *f*; **2.** *vi* herumtollen; herumblödeln; ˈ**~less** *adj* dunkel, bewölkt; ˈ**~lift** *s Flugw* Luftbrücke *f*; ˈ**~light** *s* Oberlicht *n* | Dachfenster *n*; ˈ**~line** *s* Silhouette *f*, Horizont *m* ⟨the ≈ of Manhattan⟩; ˈ~ ˌ**mar·shal** *s Am* Sicherheitsbeamter (gegen Luftpiraten); ˈ~ ˌ**par·lour** *s* Dachstube *f*; ˈ~ ˌ**pi·lot** *s Sl* Schwarzrock *m*, (bes. Schiffs-) Geistlicher *m*; ˈ**~ˌrock·et 1.** *s* (Feuerwerks-) Rakete *f* | Signalrakete *f*; **2.** *vi, bes Am umg* (Preise) steigen, hochschnellen; ˈ**~ˌscrap·er** *s* Wolkenkratzer *m*, Hochhaus *n*; ˈ**~ sign** *s* Lichtreklame *f*; ˈ**~ward 1.** *adv* himmelwärts, himmelan; **2.** *adj* himmelwärts gerichtet; ˈ**~wards** *adv* himmelwärts; ˈ**~way** *s Am Flugw* Luftweg *m*; ˈ**~ˌwrit·ing** *s* Luftwerbung *f*, Himmelsschrift *f*

slab [slæb] **1.** *s* (Stein-, Holz- u. ä.) Platte *f* ⟨a ~ of stone; a mortuary ~ eine Grabplatte⟩ | (*mit best art*) *umg* Grabstein *m* | (Holz) Schwarte *f* | Scheibe *f* ⟨a ~ of cheese⟩ | *Tech* (Eisenblech) Bramme *f*; **2.** *vt Tech* (Metall) flachwalzen | (Holzstamm) zurichten, abschwarten | mit Platten auslegen; ˈ**~bing** *s Tech* Flachwalzen *n*; ˈ**~bing mill** *s Tech* Brammenwalzwerk *n*; ˈ**~ stone** *s* (Stein-) Fliese *f* | leicht spaltbares Gestein

[1]**slack** [slæk] **1.** *adj* locker, schlapp, lose ⟨a ~ rope ein schlaffes Seil; to feel ~ *übertr* sich schlapp fühlen; to keep a ~ hand/rein die Zügel locker lassen (*auch übertr*)⟩ | langsam, träge ⟨~ water⟩ | nachlässig ⟨to be ~ at one's work bei der Arbeit nachlässig sein⟩ | *Wirtsch* flau ⟨a ~ demand wenig Nachfrage⟩; **2.** *vt, auch* **~ away**, **~ off** (Seil u. ä.) lockern, lösen | (Arbeit u. ä.) vernachlässigen | (Kalk) löschen | *auch* **~ up** verzögern, Geschwindigkeit verringern | (Schraube) lockern; *vi* locker werden | nachlässig sein | *Tech* (Kalk) gelöscht werden; **~ up** (Schraube) sich lockern | die Geschwindigkeit verringern, das Tempo drosseln; **3.** *s Mar* Lose *f*, loses Tauende ⟨to take up the ~ das Seil straffziehen; (Schießen) Druckpunkt nehmen⟩ | Nachlassen *n* | *Wirtsch* Flaute *f* ⟨to take up the ~ die Wirtschaft ankurbeln⟩ | *umg* Ruhepause *f*

[2]**slack** [slæk] *s* Grus-, Feinkohle *f*

[3]**slack** [slæk] *Schott, dial s* Tal *n* | Sumpf *m*

slack·en [ˈslækn] *vt* lockern, lockermachen ⟨to ~ the reins die Zügel lockern⟩ | entspannen, verzögern, verlangsamen ⟨~ing speed⟩ | nachlässig werden in, nachlassen in; *vi* locker werden | (Kraft u. ä.) erschlaffen | (Wind u. ä.) nachlassen | *Wirtsch* flau werden ◇ **~ away/off!** *Mar* legt ab!

slack·er [ˈslækə] *s* Bummelant *m*

slacks [slæks] *s/pl* lange (weite) Hose(n)

slack wa·ter [ˌslæk ˈwɔːtə] *s* Stau-, Tot-, Stillwasser *n*

slag [slæg] **1.** *s* Schlacke *f*; **2.** (**slagged**, **slagged**) *vt*, **~ off** abschlacken; *vi* sintern, verschlacken; ˈ**~ brick** *s* Schlackenstein *m*; ˈ**~ dump**, *auch* ˈ**~heap** *s* Schlackenhalde *f*; ˈ**~gy** *adj* schlackig, schlackenreich; ˈ**~ tap** *s* Schlackenabstich *m*

slain [sleɪn] *part perf* von ↑ **slay**

slake [sleɪk] *vt* (Durst) löschen, stillen | (Verlangen u. ä.) befriedigen, stillen | (Kalk) löschen; *vi* (Schlacke) zerfallen | (Kalk) löschen; ˌ**slaked** ˈ**lime** *s* Löschkalk *m*; ˈ**~less** *adj poet* unstillbar

sla·lom [ˈslɑːləm] *s* Slalom *m*, Torlauf *m* ⟨giant ~ Riesenslalom *m*⟩; ˈ**~ caˌnoe** *s* Kanuslalom *m*

slam [slæm] **1.** (**slammed**, **slammed**) *vt* zuwerfen, zuschlagen, zuknallen ⟨to ~ the window [shut]; to ~ the door in s.o.'s face jmdm. die Tür vor der Nase zuschlagen (*auch übertr*)⟩ | (hin)werfen, (hin)knallen, hinschmeißen | *Ztgsw* scharf attackieren, heruntermachen, verreißen; **~ down** hinwerfen; ~ **on** plötzlich (heftig) treten auf (Bremse); *vi, auch* **~ to** (Tür) zuschlagen ⟨the door ~med [to]⟩; **2.** *s* Knall *m*, Zuschlagen *n* (der Tür) | *Kart* (Bridge) Schlemm *m* ⟨grand ~ Groß-Schlemm *m*; little/small ~ Klein-Schlemm *m*⟩ | *auch* ˈ**~mer** (*mit best art*) *Am Sl* Knast *m*, Kittchen *n*

slan·der [ˈslɑːndə] **1.** *s* Verleumdung *f* (**about s.o.** von jmdm.) | *Jur* üble Nachrede ⟨to bring a ~ action against s.o. jmdn. wegen übler Nachrede verklagen⟩; **2.** *vt* (jmdn.) schmähen, verleumden; ˈ**~er** *s* Verleumder(in) *m*(*f*); ˈ**~ous** [-r-] *adj* verleumderisch

slang [slæŋ] **1.** *s* Slang *m*, lässige *od* saloppe Umgangssprache ⟨army ~ Armeeslang; general ~ allgemein übliche Slangausdrücke *m/pl*; schoolboy ~ Schülerslang *m*; special ~ sondersprachliche Jargonismen *m/pl*; thieves' ~ Rotwelsch *n*, Gaunersprache *f*⟩; **2.** *adj* Slang-, salopp-umgangssprachlich ⟨~ terms⟩; **3.** *vt* (jmdn.) aus-, beschimpfen; *vi* Slangausdrücke benutzen; ˈ**~ing match** *s* gegenseitige Beschimpfung; ˈ**~y** *adj* slangartig, Slang- | slangsprechend | *übertr* unfein

slant [slɑːnt] **1.** *s* Schräge *f*, schiefe Ebene, Schrägung *f*, Neigung *f*, Gefälle *n* ⟨on a/the ~ schräg, schief⟩ | *urspr Am umg* Richtung *f*, Tendenz *f* ⟨to get a new ~ on the political situation die politische Lage in einem neuen Licht sehen⟩ | Seitenblick *m* ⟨to take a ~ at einen Seitenblick werfen auf⟩ | *Am Mil Sl verächtl* Asiat *m*; **2.** *adj* schief, schräg; **3.** *vi* sich neigen, schräg sein; *vt* (jmdn., e-r Sache) eine schräge Richtung geben | schief legen | *urspr Am* (Nachricht) subjektiv (schief, einseitig) darstellen, manipulieren ⟨to ~ the news⟩; ˈ**~ing** *adj* schief, seitlich abfallend; ˈ**~ing lift** *s* Schrägaufzug *m*; ˈ**~ways** *adv* schief, schräg; ˈ**~wise** *adj, adv* schief, schräg

slap [slæp] **1.** *s* Schlag *m*, Klaps *m* ⟨at a ~ mit einem Schlag; a ~ in the face ein Schlag ins Gesicht (*auch übertr*); a ~ on the wrist *übertr* ein harmloser Klaps, leichte Warnung⟩ | *übertr* Beleidigung *f* ◇ ˌ**~ and** ˈ**tickle** *Brit umg, scherzh* Kalberei *f*; **2.** (**slapped**, **slapped**) *vt* (mit der Handfläche) schlagen, klapsen ⟨to ~ s.o.'s face; to ~ s.o. on the face jmdm. eine Ohrfeige geben; to ~ s.o. on the back jmdm. auf die Schulter klopfen⟩ | *auch* **~ down** hinknallen, hinwerfen, hinschmeißen | *umg* (jmdm.) eins mitgeben, etw. auswischen; **~ on [to]** *umg* klatschen, hauen (auf) ⟨to ~ paint on, to ~ on paint⟩ | *umg* (Aufschlag, Steuer u. ä.) draufschlagen ⟨to ~ another 5 per cent on the price⟩; *vi* schlagen, klopfen; **3.** *adv umg* direkt, voll, gerade(n)wegs ⟨~ into the wall voll gegen die Wand⟩; ˌ**~-ˈbang** *umg* **1.** *adj* heftig; **2.** *adv* kopfüber; plötzlich, heftig; ˈ**~dash 1.** *adj* hastig | oberflächlich, schlud[e]rig ⟨a ≈ worker⟩; **2.** *adv* Hals über Kopf; auf die Schnelle; aufs Geratewohl; ˈ**~ˌhap·py** *adj* ausgelassen, übermütig | = **~dash 1.**; ˈ**~stick 1.** *s* Narrenpritsche *f* | *Theat* Klamauk *m*, Clownerie *f* | (Hanswurst) Komödie *f*; **2.** *adj* Radau-, Klamauk- ⟨≈ comedy⟩ | Schwank *m*; ˈ**~-up** *adj Brit* prima, piekfein, toll ⟨a ≈ restaurant⟩

slash [slæʃ] **1.** *vt* peitschen ⟨to ~ one's horse⟩ | (jmdm.)

Wunden schlagen | (etw.) (auf)schlitzen, zerfetzen ⟨~ed sleeve Schlitzärmel *m*⟩ | (Kleid u. ä.) (*meist pass*) unterlegen ⟨~ed with blue blau unterlegt, mit blauen Schlitzen⟩ | (Baum) fällen | *übertr* geißeln, kritisieren ⟨to ~ a new book⟩ | *umg* (Preise, Gehalt u. ä.) drastisch senken; *vi* hauen, schlagen (**at** nach) | scharfe Kritik üben; **2.** *s* Hieb *m*, (Schwert-) Streich *m* | Peitschenschlag *m* | Schnittwunde *f*, Schmiß *m* | (Kleid-) Schlitz *m* | *auch* **'~ mark** Schrägstrich *m* | *Wirtsch* (Preis-) Nachlaß *m* | Lichtung *f*, Holzschlag *m* | *Brit vulg* Wasserabschlagen *n*; **'~er** *s* scharfer Kritiker *m*; **'~ing 1.** *adj* schlitzend | *übertr* scharf, beißend | *umg* gewaltig; **'~ings** *s/pl* gefällte Bäume *m/pl*, Schlagabraum *m*

[1]**slat** [slæt] **1.** *s* dünner (Holz- u. ä.) Stab *m*, Latte *f*, Leiste *f* | Jalousiestab *m*; **2.** *vt* mit Leisten versehen

[2]**slat** [slæt] (**~ted, ~ted**) *vt dial* klatschen, knallen (**against** gegen); *vi Mar* (Segel) heftig schlagen

[1]**slate** [sleɪt] **1.** *s Geol* Schiefer *m* | Dachschiefer *m* ⟨a falling ~; to have a loose ~ *Sl* einen leichten Dachschaden haben, nicht ganz normal sein⟩ | Schiefertafel *f* ⟨on the ~ *Sl* auf Pump *od* Borg; to have a clean ~ *übertr* eine reine Weste haben; to clean/wipe the ~ *übertr* reinen Tisch machen⟩ | Schiefergrau *n* | *Film* Klappe *f* | *Am Pol* Kandidatenliste *f*; **2.** *vt* mit Schiefer decken ⟨~d roof Schieferdach *n*⟩ | *Am umg* (jmdn. für ein Amt u. ä.) vorschlagen, vormerken, (vorläufig) nominieren ⟨to ~ s.o. for a prominent role⟩ | *Am umg* planen, vorsehen, ansetzen ⟨elections ~d for June⟩

[2]**slate** [sleɪt] *umg vt* (ver)prügeln | *übertr* heruntermachen, (heftig) kritisieren (**for** wegen)

slate|-col·oured, *auch* **~-grey** ['sleɪt ˌkʌləd, '~greɪ] *adj* schieferfarben, -grau; **'~-ˌcov·ered** schiefergedeckt; **ˌ~ 'pen·cil** *s* Griffel *m*; **'~ ˌquar·ry** *s* Schieferbruch *m*; **'slat·er** *s* Schiefer-, Dachdecker *m*; **'~ spar** *s Min* Schieferspat *m*

slat grat·ing ['slæt ˌgreɪtɪŋ] *s* Lattenrost *m*

slath·er ['slæðə] *Am umg* **1.** *vt* (Butter u. ä.) dick schmieren | *übertr* verschwenden; **2.** (*meist pl*) große Menge

slat|i·fy ['sleɪtɪfaɪ] *vt* verschiefern; [1]**'~ing** *s* Schieferdecken *n* | Schieferbedachung *f*

[2]**slat·ing** ['sleɪtɪŋ] *s Sl* scharfe Kritik ⟨to give s.o. a sound ~ jmdn. ordentlich heruntermachen⟩

slatted ['slætɪd] *adj* Leisten-, Latten-

slat·tern ['slætən] **1.** *s lit* Schlampe *f*, unordentliche Frau | *Am* Nutte *f*, Hure *f*; **2.** *vt* verschlampen; *vi* schlampig sein; **'~ly** *adj, adv* schlampig | *Am* Nutten-

slat·y ['sleɪtɪ] *adj* schieferartig | schieferfarben

slaugh·ter ['slɔ:tə] **1.** *s* (Vieh-) Schlachten *n* | *übertr* Gemetzel *n*, Blutbad *n* ⟨the ~ on the roads die vielen Unfallopfer *od* Verkehrstoten *pl*⟩; **2.** *vt* (Vieh) schlachten | *übertr* niedermetzeln | (Sport) *umg* niedermachen, erledigen | *Am Sl Wirtsch* verschleudern; **'~er** *s* Metzger *m*, Schlächter *m*, Fleischer *m* | *übertr* Mörder *m*; **'~house** *s* Schlachthaus *n*; **~ous** ['slɔ:tr̥əs] *adj* mörderisch

Slav [slɑ:v] **1.** *s* Slawe *m*, Slawin *f*; **2.** *adj* slawisch, Slawen-

slave [sleɪv] **1.** *s* Sklave *m*, Sklavin *f* | *übertr* Sklave *m*, Arbeitstier *n* ⟨to work like a ~; to make a ~ of s.o. jmdn. zum Sklaven machen⟩ | *übertr* Sklave *m*, Knecht *m*, Abhängiger *m* ⟨a ~ to convention ein Sklave der Konvention; a ~ of fashion ein Sklave der Mode⟩ | *arch* Schurke *m*, Bube *m*; **2.** *vi, auch* **~ away** sich abplagen (**at s.th.** mit etw.); **'~ ˌdeal·er** *s* Sklavenhändler *m*; **'~ ˌdriv·er** *s* Sklavenaufseher *m* | *übertr* Leuteschinder *m*, Antreiber *m*; **'~ ˌhold·er** *s* Sklavenhalter *m*; **ˌ~ 'la·bour** *s* Sklavenarbeit *f* | *scherzh* Schinderei *f* | *Pol* Zwangsarbeit *f*; **'~ ˌmar·ket** *s* Sklavenmarkt *m*; [1]**'slav·er** *s* Sklavenhalter *m* | Sklavenschiff *n*

[2]**slav·er** ['slævə] **1.** *vi* geifern (*auch übertr*) (**over** über, wegen) | grob schmeicheln, lobhudeln; *vt* begeifern; **2.** *s* Geifer *m*, Speichel *m* | *übertr* Speichelleckerei *f* | *übertr* Geschwätz *n*; **~er** ['-rə] *s* Geiferer *m* | *übertr* Speichellecker *m*, Lobhudler *m*

[1]**slav·er·y** ['sleɪvərɪ] *s* Sklaverei *f*, Knechtschaft *f* (*auch übertr*) | Sklavenhaltergesellschaft *f* | *übertr* Schinderei *f*, schlecht bezahlte Arbeit

[2]**slav·er·y** ['slævərɪ] *adj* geifernd

slave| ship ['sleɪv ʃɪp] *s* Sklavenschiff *n*; **'~ states** *s/pl Hist Am* Sklaven-, Südstaaten *m/pl*; **'~ ˌsta·tion = ~ transmitter**; **'~ trade** *s* Sklavenhandel *m*; **'~ ˌtrad·er** *s* Sklavenhändler *m*; **'~ ˌtraf·fic = '~ trade**; **'~ transˌmit·ter** *s Rundf* Nebensender *m*

slav·ey ['sleɪvɪ] *s Brit Sl* (Dienst-) Mädchen *n*, Dienstbotin *f*

Slav·ic ['slɑ:vɪk|'slæ-] **1.** *adj* slawisch; **2.** *s Ling* Slawisch *n*

slav·ish ['sleɪvɪʃ] *adj* sklavisch, Sklaven- | *übertr* knechtisch, unterwürfig, kriecherisch | *übertr* sklavisch ⟨a ~ imitation⟩

Slav|ism ['slɑ:vɪzm] *s* Slawentum *n*; **~ist** ['slævɪst|'slɑ:v-] *s* Slawist(in) *m(f)*

Sla|vo·ni·an [slə'vəunɪən] **1.** *adj* slawonisch | slawisch; **2.** *s* Slawone *m*, Slawonin *f* | Slawe *m*, Slawin *f* | *Ling* Slawonisch *n*; **~von·ic** [slə'vɒnɪk] **1.** *adj* slawisch; **2.** *s Ling* Slawisch *n*; **~von·i·cize** [slə'vɒnɪsaɪz] *vt* slawisieren

slaw [slɔ:], *oft* **'cole~** *s Am* Krautsalat *m*

slay [sleɪ] (**slew** [slu:], **slain** [sleɪn]) *lit, scherzh vt* erschlagen, töten | vernichten; *vi* morden; **'~er** *s Ztgsw* Mörder *m*, Totschläger *m*

SLBM *Abk* von **submarine-launched ballistic missile** *s* U-Boot-gestützte Rakete

SLCM *Abk* von **submarine-launched cruise missile** *s* U-Boot-gestützte Flügelrakete

sleaze [sli:z] *s umg* Schäbigkeit *f*, mieser Zustand | Verdrecktheit *f*; Schmutz *m*; **slea·zo** ['-zəu] *adj Sl* schmutzig | mies; **'slea·zy** *adj* dünn, leicht (*auch übertr*) ⟨≈ cloth; ≈ story⟩ | *umg* schmutzig, ungepflegt ⟨a ≈ hotel⟩

sled [sled] **1.** *s* Rodelschlitten *m*; **2.** (**'~ded, '~ded**) *vt* auf einem Schlitten transportieren; *vi* rodeln, Schlitten fahren

[1]**sledge** [sledʒ] **1.** *s* Schlitten *m* | *Brit* Pferdeschlitten *m* | *Am* Transportschlitten *m* | *Tech* Schlitten *m*; **2.** *vt* auf einem Schlitten befördern; *vi* rodeln, Schlitten fahren ⟨to go sledging⟩

[2]**sledge** [sledʒ] **1.** *s Bergb* Schlägel *m* | *auch* **'~ ˌhammer** *Tech* Vorschlaghammer *m*, Schmiedehammer *m*; **2.** *vt* hämmern, mit dem Hammer schlagen auf; *vi* hämmern, mit dem Hammer schlagen

sledge dog ['sledʒ dɒg] *s* Schlittenhund *m*

sledge| ham·mer ['sledʒ ˌhæmə] *s Tech* Vorschlaghammer *m*; **'~-ˌham·mer 1.** *vt* mit dem Hammer einschlagen auf; **2.** *adj* schonungslos, Holzhammer- ⟨≈ method⟩

sled plane ['sled pleɪn] *s* Kufenflugzeug *n*

sleek [sli:k] **1.** *adj* (Pelz, Haar u. ä.) glänzend, weich, glatt | *übertr* geschmeidig, gewandt ⟨as ~ as a cat *übertr* aalglatt; ~ words⟩ | gepflegt, schick ⟨a ~ young man; a ~ car ein schnittiger Wagen⟩; **2.** *vt* glatt machen, glätten | (Leder) schlichten; **'~y** *adj* weich, glatt | *übertr, bes Schott* schlau

sleep [sli:p] **1.** (**slept, slept** [slept]) *vi* schlafen ⟨to ~ [for] 10 hours; to ~ on weiterschlafen; to ~ like a log/top wie ein Murmeltier schlafen; to ~ round the clock, to ~ the clock round 12 Stunden durchschlafen; to ~ on/over/upon a question ein Problem überschlafen; to ~ on it etw. überschlafen, etw. überdenken⟩ | *übertr* schlafen, ruhen, untätig sein; **~ around** *umg* mit jedem *od* jedermann schlafen, ständig den Partner wechseln; **~ in** ausschlafen | (es) verschlafen | zu Hause *od* im Hause schlafen *od* übernachten; **~ out** außer Haus schlafen; **~ with** (bei)schlafen,

Geschlechtsverkehr haben mit; *vt* (jmdm.) eine Schlafgelegenheit bieten ⟨the hotel ~s 200 guests⟩ | schlafen ⟨not to ~ a wink kein Auge zumachen; to ~ one's fill sich ausschlafen; to ~ o.s. sober seinen Rausch ausschlafen⟩; ~ **away** (Zeit) verschlafen; ~ **off** (Rausch u. ä.) ausschlafen ⟨to ~ off a big meal sich nach einem guten Essen ausschlafen⟩ ◇ ~ **it off** seinen Rausch ausschlafen; ~ **through** nicht munter werden durch; **2.** *s* Schlafen *n*, Schlaf *m* ⟨broken ~ gestörter Schlaf; full of ~ schläfrig, verschlafen; want of ~ Schlaflosigkeit; the big/long/last ~ *übertr* der ewige Schlaf; to get to some ~ etw. *od* ein wenig schlafen, etw. Schlaf finden; to get to ~ einschlafen; to go to ~ ins Bett gehen; einschlafen (Hand, Fuß u. ä.); to have a good ~ einen guten Schlaf haben; to have one's ~ out sich richtig ausschlafen; to lose ~ over s.th. *umg* wegen etw. nicht schlafen können; to put s.o. to ~ *euphem* (Tier) einschläfern; *übertr* bewußtlos schlagen; vergiften; *Med scherzh* betäuben; to talk in one's ~ im Schlaf sprechen⟩ | *Zool* Winterschlaf *m*; **'~-drunk** *adj* schlaftrunken; **'~er** *s* Schläfer(in) *m(f)* ⟨a heavy (light) ≈ jmd., der einen festen (leichten) Schlaf hat⟩ | *übertr* Tote(r) *f(m)* | nicht aktivierter Agent, Schläfer *m* | Schlafwagen *m* | Schlafwagenabteil *n*, -platz *m* | *Arch* Schwelle *f* | *Brit* (Eisenbahn-) Schwelle *f* | *Arch* Unterzug *m* | *Am Sl* Schlafmittel *n* | (einfacher) Ohrring, ständiger Einsatz (für Ohrring); **'~-in 1.** *s* demonstrative Besetzung (e-s Gebäudes u. a.) über Nacht; **2.** *vi* an einer nächtlichen Protestbesetzung teilnehmen; **'~ing 1.** *adj* schlafend, Schlaf-, Ruhe-; **2.** *s* Schlafen *n*; **'~ing bag** *s* Schlafsack *m*; **'~ing 'Beau·ty** *s* Dornröschen *n*; **'~ing car** *s* Schlafwagen *m*; **'~ing draught** *s* Schlaftrunk *m*; **,~ing 'part·ner** *s Brit Wirtsch* stiller Teilhaber; **'~ing pill, '~ing ,tab·let** *s* Schlaftablette *f*; **'~ing ,sick·ness** *s Med* Schlafkrankheit *f*; **'~less** *adj* schlaflos | *übertr* ruhelos; **'~,walk·er** *s* Nachtwandler(in) *m(f)*; **'~,walk·ing 1.** *s* Nacht-, Schlafwandeln *n*; **2.** *adj* nacht-, schlafwandelnd | nachtwandlerisch; **'~y** *adj* schläfrig, müde ⟨to feel ≈ schläfrig sein⟩ | träge, schlafmützig | verträumt, träumerisch ⟨a ≈ little village ein verschlafenes Dörfchen⟩ | (Frucht) überreif | mehlig, teigig ⟨≈ pears⟩; **'~y·head** *s übertr* (*bes* Kind) Schlafmütze *f* (*bes* Anrede)

sleet [sli:t] **1.** *s* Schloße *f* ⟨squalls of ~ Hagelschauer *m/pl*⟩; **2.** *vi* hageln, graupeln ⟨it's ~ing es hagelt⟩; **'~y** *adj* graupelig, Hagel-, Graupel-

sleeve [sli:v] **1.** *s* Ärmel *m* ⟨shirt ~s Hemdsärmel; to roll up one's ~s (sich) die Ärmel hochkrempeln (*auch übertr*); to have/keep s.th. in/up one's ~ *übertr* etw. in petto haben; to laugh in/up one's ~ sich (heimlich) ins Fäustchen lachen; to wear one's heart on one's ~ seine Neigung offen zur Schau tragen, aus seinem Herzen keine Mördergrube machen; sich nicht beherrschen⟩ | Schallplattenhülle *f* | *Tech* Muffe *f* ⟨~ joint Muffenverbindung *f*⟩ | *Tech* Lauf-, Zylinderbüchse *f*; **2.** *vt* mit Ärmeln versehen, Ärmel einarbeiten in | *Tech* vermuffen, mit Muffen versehen; **'~ ,bear·ing** *s Tech* Gleitlager *n*; **'~board** *s* Ärmelbügelbrett *n*; **'~ ,but·ton** *s* Ärmel-, Manschettenknopf *m*; **'sleeved** *adj* (*in Zus*) -ärmelig ⟨short-≈ kurzärmelig⟩; **'~less** *adj* ärmellos; **'~ link** *s* Manschettenknopf *m*; **'~ note** *s Brit* (Schallplatten-) Hüllentext *m*; **'~ valve** *s Tech* Schiebe-, Buchsenventil *n*

sleigh [sleı] **1.** *s* (Pferde-) Schlitten *m* ⟨a ride in a ~ eine Schlittenfahrt⟩; **2.** *vi* Schlitten fahren; *vt* auf einem Schlitten befördern; **'~ bell** *s* Schlittenglocke *f*, -schelle *f*; **'~er** *s* Schlittenfahrer(in) *m(f)*; **'~ing** *s* Schlittenfahren *n*; **'~ ride** *s* Schlittenfahrt *f*

sleight [slaıt] *s*, *nur in*: **,~ of 'hand** Fingerfertigkeit *f* | Taschenspielerei *f*, Taschenspieler-, Zaubertrick *m*; **,~ of 'mouth** *umg* Trick *m* mit Worten ⟨political ≈⟩

slen·der ['slendə] *adj* schlank, dünn, schmal ⟨~ fingers schmale Finger; a ~ stem ein dünner Stiel; a ~ waist eine schlanke Taille⟩ | (Person) schlank ⟨a ~ girl⟩ | dürftig, mager, karg ⟨a ~ income ein spärliches Einkommen⟩ | *übertr* schwach, schwächlich ⟨a ~ hope⟩; **'~ize** *Am umg*, *vt* schlank(er) machen; *vi* schlank(er) werden, abnehmen, eine Abmagerungskur machen

slept [slept] *prät* u. *part perf* von ↑ **sleep 1.**

sleuth [slu:θ] *s*, *auch* **'~ hound** Bluthund *m* | *übertr umg* Spürhund *m*, Detektiv *m*

[1]**slew** [slu:] *prät* von ↑ **slay**

[2]**slew** [slu:] *s Am* sumpfiges Gebiet

[3]**slew** [slu:], *auch* ~ **[a]round** *vt* schwenken, drehen ⟨to ~ a crane [round] einen Kran schwenken⟩; *vi* sich (herum)drehen, schwenken ⟨the crane ~ed round⟩

[4]**slew** [slu:] *s*, *bes Am umg* große Menge ⟨a ~ of people⟩

slew|a·bil·i·ty [,slu:ə'bılıtı] *s* Schwenkbarkeit *f*; **'~a·ble** *adj* dreh-, schwenkbar

slewed [slu:d] *adj Sl* besoffen

slew·ing ['slu:ıŋ] *s* Schwenken *n*; **'~ crane** *s* Dreh-, Schwenkkran *m*

sley [sleı] *s Tech* Weblade *f*, Weberkamm *m*

slice [slaıs] **1.** *s* Scheibe *f*, Schnitte *f* ⟨a ~ of bread eine Scheibe Brot⟩ | (Braten u. ä.) Heber *m* | *übertr* Teil *m*, Stück *n*, Portion *f* ⟨a ~ of good luck eine Portion Glück; a ~ of life ein echtes Stück Leben⟩ | *Bergb* Abbauscheibe *f* | *Tech* Scheibe *f*, Keil *m* | *Tech* (Farben-) Spatel *m* | (Golf) (schlechter) Schlag (mit Rechtsdrall); (Tennis) angeschnittener Ball; **2.** *vt* in Scheiben schneiden, zerteilen; (Luft) durch-, zerschneiden | raspeln | *übertr* zerstückeln, aufteilen ◇ **any way you ~ it** *Am umg* wie man es auch dreht und wendet; ~ **off** abschneiden; ~ **through** durchschneiden; ~ **up** (Brot) aufschneiden, in Scheiben schneiden; *vi* schneiden; ~ **into** hineinschneiden in | sich schneiden in ⟨to ≈ one's finger⟩; **'slic·er** *s* (Kraut- u.ä.) Hobel *m* | Schneid-, Schnitzelmaschine *f*

slick [slık] **1.** *adj* (Straße) glatt, schlüpfrig | geschniegelt, aufgemacht ⟨~ dress; ~ hair angeklatschtes Haar⟩ | gewieft, clever ⟨a ~ customer ein ganz Gerissener; a ~ job ein raffinierter Trick; a ~ operator ein geriebener Bursche⟩ | glatt, professionell ⟨a ~ play ein gekonntes Stück⟩ | *Kfz* (Rennreifen) ohne Profil, glatt; **2.** *adv* geschickt, clever | *umg* wie geschmiert, glatt | *umg* peng, direkt, genau ⟨~ in the eye⟩; **3.** *vt*, *auch* ~ **down** (Haar) glätten, anklatschen | *auch* ~ **up** *umg* auf Hochglanz bringen, aufpolieren; **4.** *s Geol* glatte Trennfläche (zwischen Schichten) | *auch* **'oil ~** Ölschicht *f*, Ölteppich *m*; **~en·side** ['~ənsaıd] *s Geol* Rutschfläche *f*; **'~er** *s Am umg* langer Regenmantel *m* | *umg* raffinierter Mensch, Schlitzohr *n* ⟨city ≈ gewiefter Städter⟩

slid [slıd] *prät* u. *part perf* von ↑ **slide 1.**

slide [slaıd] **1.** (**slid, slid** [slıd]) *vi* (aus)gleiten, (hinunter-)rutschen, abgleiten, abrutschen, sich leicht bewegen (**into** in, **on** auf) | schlittern ⟨sliding on the ice⟩ | huschen, sich verstecken ⟨to ~ behind the curtain⟩ | *übertr* seinen Lauf nehmen ⟨to let s.th. ~ etw. schleifen lassen; to let things ~ den Dingen ihren Lauf lassen⟩ | *übertr* vergehen | dahin-, hineingleiten (**into** in) ⟨to ~ into bad habits schlechten Gewohnheiten verfallen⟩ | *übertr* hinweggehen (**over** über); ~ **down** hinunterrutschen; *vt* schieben, gleiten lassen, rutschen lassen; **2.** *s* Gleiten *n*, Rutschen *n* | Schlittern *n* ⟨to have a ~ on the ice⟩ | *auch* **'land~** *Geol* Erdrutsch *m*, Verwerfung *f* | (Kinder-) Rutschbahn *f* | Schlittenbahn *f* | *Tech* Gleitbahn *f*, -fläche *f*, Rutsche *f* | *Mil* Visierschieber *m* | *Math* Läufer *m* (am Rechenschieber) | Objektträger *m* (des Mikroskops) | *Foto* Diapositiv *n*, Lichtbild *n* | (Haar-, Gürtel-) Spange *f* | (Uhrband-) Schlaufe *f* | Roll-, Gleitsitz *m* (des Ruderboots); **'~a·ble** *adj* verschiebbar; **'~ bar** *s Tech* Gleitschiene *f*; **'~ ,bear·ing** *s Tech* Gleitlager *n*; **'~ box** *s El* Schieberkasten *m*; **'~ ,cal·i·per** *s Tech* Schieblehre *f*; **'~ ,fas·ten·er** *s* Reißverschluß *m*; **'~ gate** *s* Schleusentor *n*; **'~ gauge** *s* Schublehre *f*; **'~ ,lec·ture** *s* Lichtbildervortrag *m*; **'~ lock** *s Mil, Tech* Bajonettverschluß *m*; **'slid·er** *s* Schieber *m* | *El* Gleitkontakt *m*, Schleifer *m* | (Karten-) Reiter *m*; **'~ rule** *s* Rechenschieber *m*; **'~ valve** *s* Schieberventil *n*; **'~way** *s Tech* Gleitbahn *f*; **'~ ,win·dow** *s* Schiebefenster *n*; **'~ wire** *s El* (Widerstands-) Schleifdraht *m*

slid·ing ['slaɪdɪŋ] **1.** *adj* gleitend, rutschend | verschiebbar, Schiebe-; **2.** *s* Gleiten *n*, Rutschen *n*; **,~ 'bow** *s El* Schleifbügel *m*; **,~ 'door** *s* Schiebetür *f*; **,~ 'pan·el** *s* Schiebewand *f*; **,~ 'roof** *s* Schiebedach *n*; **,~ 'sash** *s* Schiebefenster *n*; **,~ 'scale** *s* Staffeltarif *m*; gleitende Lohnskala; **,~ 'seat** *s* Gleitsitz *m* (des Ruderboots); **,~ 'sleeve** *s Tech* Schiebemuffe *f*; **'~ speed** *s* Gleitgeschwindigkeit *f*; **,~ 'ta·ble** *s* Schiebetisch *m*; **,~ 'time** *s Wirtsch* Gleitzeit *f*, gleitende Arbeitszeit

slight [slaɪt] **1.** *adj* schlank, schwach, zart ⟨a ~ figure⟩ | geringfügig, leicht, unwesentlich ⟨a ~ difference; a ~ error⟩ | oberflächlich ⟨a ~ impression⟩ | (Duft u. ä.) mild, schwach ⟨a ~ odour⟩ | gering ⟨to have not the ~est idea nicht die leiseste Ahnung haben; not in the ~est nicht im geringsten⟩; **2.** *vt* (jmdn.) geringschätzig behandeln, kränken ⟨to feel ~ed sich hintenangeschoben *od* zurückgesetzt fühlen⟩ | (etw.) mißachten, auf die leichte Schulter nehmen | vernachlässigen ⟨to ~ one's duties seine Pflichten versäumen⟩; **2.** *s* Herabsetzung *f*, Beleidigung *f*, Kränkung *f* ⟨to put a ~ on s.o. jmdn. beleidigen; to suffer ~s Kränkungen hinnehmen müssen⟩ | Mißachtung *f*, Vernachlässigung *f*; **'~ing** *adj* geringschätzig ⟨a ≈ remark⟩; **'~ly** *adv* leicht, ein wenig ⟨≈ too much etwas zu viel⟩ | leicht, schwach, zierlich ⟨≈-built⟩

sli·ly ['slaɪlɪ] = **slyly**

slim [slɪm] **1.** *adj* zart, zierlich, schlank, schmächtig ⟨a ~ girl⟩ | *Brit* schlau, raffiniert | *umg* klein, unwesentlich, fadenscheinig ⟨a ~ chance⟩ | *Am* knapp, spärlich ⟨a very ~ audience⟩ **2.** **(slimmed, slimmed)** *vi* schlank werden | eine Schlankheitskur durchführen

slime [slaɪm] **1.** *s Zool* Schleim *m* | Schlamm *m*, Schlick *m*; **2.** *vt* mit Schleim überziehen | (Fisch) entschleimen | mit Schlamm bedecken; *vi Brit Sl* rutschen; **~ away** *Brit Sl* abhauen; **'~ ,lay·er** *s* Schlammschicht *f*; **'~ pit** *s* Schlammgrube *f*; **'slim·ing** *s* Schlammbildung *f*

slim|ming ['slɪmɪŋ] *s* Schlankheitskur *f*; **~'nas·tics** *s/pl* (*sing konstr*) Schlankheitsgymnastik *f*; **~sy** ['~sɪ] *adj Am umg* (Stoff) dünn, nicht strapazierfähig

slim·y ['slaɪmɪ] *adj* schleimig; schlammig | *übertr* schmierig, kriecherisch ⟨a ~ fellow⟩; **,~-'tongued** *adj* kriecherische Reden führend, schmeichlerisch

[1]**sling** [slɪŋ] **1.** *s* Schlinge *f*, Schlaufe *f* | *Med* Schlinge *f*, (Arm-) Binde *f* | Trag-, Schulterriemen *m*, Gurt *m*; **2.** **(slung, slung** [slʌŋ]**)** *vt* schlingen, hängen (**over** über) | mit einer Schlinge befestigen, an einer Schlinge aufhängen ⟨to be slung from hängen *od* baumeln von⟩ | auf-, umhängen (**over** über, **to** an) ⟨to ~ one's hook *Sl* abhauen, Leine ziehen⟩ | *auch* **~ up** hochheben, hochziehen ⟨to ~ up a barrel⟩

[2]**sling** [slɪŋ] **1.** *s* Schleuder *f* | Schleudern *n*, Wurf *m*; **2.** **(slung, slung** [slʌŋ]**)** *vt* schleudern ⟨to ~ a stone einen Stein werfen; to ~ ink *Sl* Tinte verspritzen, schriftstellern; to ~ mud at s.o. *übertr* jmdn. beschimpfen⟩; **~ out** (jmdn.) hinauswerfen, vor die Tür setzen; *vi* mit der Schleuder werfen | schlenkern

[3]**sling** [slɪŋ] *s Am umg* alkoholisches Mischgetränk

sling bag ['slɪŋ bæg] *s* Schultertasche *f*

sling shot ['slɪŋ ʃɒt] *s Am* Katapult *m*, (Stein-) Schleuder *f*

slink [slɪŋk] **1.** **(slunk, slunk** [slʌŋk]**)** *vi* (beschämt, verstohlen) schleichen | (Kuh) verwerfen; **~ away, ~ off** fortschleichen, sich davonstehlen; **~ by** vorbeischleichen; **~ in** hineinschleichen; **~ out** hinausschleichen; *vt* (Junges) vor der Zeit werfen; **2.** *s* (Tier) Früh-, Fehlgeburt *f*

[1]**slip** [slɪp] *s* Schlicker *m* (für Keramik)

[2]**slip** [slɪp] **1.** *s* (Aus-) Gleiten *n*, (Aus-) Rutschen *n* (**on** auf) | Erdrutsch *m* | Entkommen *n* ⟨to give s.o. the ~, to give the ~ to s.o. *umg* jmdm. entkommen⟩ | Fehltritt *m*, Verstoß *m* | Fehler *m*, Versehen *n* ⟨~ of the pen Schreibfehler; ~ of the tongue Versprecher *m*; to make a ~ einen Fehler begehen⟩ | Unterkleid *n*, -rock *m* ⟨gym ~ Turnhemd *n*; waist ~ Halbrock *m*⟩ | (Kinder-) Lätzchen *n* | *auch* **'pillow ~** (Kissen-) Bezug *m* | (*oft pl*) *auch* **'~way** *Mar* Slip *m*, Helling *f* ⟨on the ~s auf der Helling⟩ | *Tech* Schlupf *m* | (schmaler) Streifen, Zettel *m* | *Typ* Fahnenabzug *m* | schmächtige *od* schlanke Person ⟨a mere ~ of a boy ein schlankes Kerlchen⟩ | *Bot* Ableger *m*, Sprößling *m*, Setzreis *n* | *Am* Hausschuh *m* | (Sport) (Kricket) Eckmann *m* ⟨first ~⟩;

2. **(slipped, slipped** [slɪpt]**)** *vi* (aus)gleiten, (aus)rutschen ⟨my foot ~ped ich bin mit dem Fuß ausgerutscht⟩ | sich versehen, sich irren | entschlüpfen, entwischen ⟨to let s.th. ~ etw. fallen *od* aus der Hand gleiten lassen; *übertr* sich etw. entgehen lassen; *übertr* etw. verraten *od* ausplaudern⟩ | (zeitlich) zurückfallen; sich zeitlich verschieben | entschwinden; **~ away** entwischen, entkommen | (Zeit) entschwinden; **~ by** vergehen ⟨the years ~ped by⟩; **~ down** sich hinunterschleichen | (Speise u. ä.) hinunterrutschen; **~ in[to]** sich (hin)einschleichen; **~ off** entwischen | (Kleid) herunterrutschen; **~ out** hinausschlüpfen (**of** aus); **~ past** vorbeischleichen; **~ through** durchrutschen, durchgleiten; entwischen ⟨to ≈ one's fingers *übertr* jmdm. weglaufen, jmdm. entrinnen⟩; **~ up** stolpern | *übertr umg* einen Fehler machen; *vt* (hinein)gleiten lassen | (jmdm.) entwischen | (e-r Sache) entgehen | (etw.) loslassen | (Wagen) abhängen | *übertr* entfallen ⟨it ~ped my attention es entging meiner Aufmerksamkeit; to ~ one's mind einem entfallen⟩ | (Kalb) vor der Zeit werfen | abstreifen ⟨the dog ~ped its collar der Hund kam frei⟩ | (Knoten) aufmachen, lösen ◇ **~ a disk** *Med* sich einen Bandscheibenschaden holen; **~ in** (Wort) einfließen lassen in | (Münze) einwerfen in; **~ off** herunterrutschen von | (Kleid) abstreifen; **~ on** (Kleid u. ä.) überziehen; **~ over** (Kleid u. ä.) überziehen | übergehen ◇ **~ s.th. over on s.o.** *Am umg* jmdn. mit etw. austricksen *od* beschummeln; **~ through** (heimlich) durchlassen;

'~ bolt *s* (Schub-) Riegel *m*; **'~ ,car·riage, '~ coach** *s Eisenb* Wagen *m*, der vom fahrenden Zug abgehängt wird; **'~,cov·er** *s* Schutzüberzug *m*, -hülle *f*; **'~knot** *s* Laufknoten *m* | Schleife *f*; **'~-on, '~o·ver** *s urspr Am* Sweater *m*, Pullover *m*; **~page** ['slɪpɪdʒ] *s* zeitliche Verschiebung, zeitliches Zurückfallen, Nachhinken *n*; **,slipped 'disc** *s Med* Bandscheibenvorfall *m*; **'~per** *s* Pantoffel *m*, leichter Hausschuh | leichter Damenschuh | *Tech* Hemmschuh *m*; **'~pered** *adj* in Pantoffeln; **'~per·wort** *s Bot* Pantoffelblume *f*; **'~per·y** *adj* schlüpfrig, glatt, glitschig ⟨a ≈ road⟩ | *übertr* (Thema u. ä.) heikel ⟨to be on a ≈ slope *übertr* sich in einer riskanten Lage befinden⟩ | *übertr umg* windig, gerissen ⟨a ≈ customer ein übler Bursche; as ≈ as an eel aalglatt, nicht zu fassen⟩; **'~py** *Brit umg adj* schlüpfrig, glatt | schnell, fix ⟨be ≈ about it! beeile dich!⟩; **'~ road** *s Brit* Autobahnzufahrt *f*, -abfahrt *f*; **slips** *s/pl Brit*, *Theat* Bühnenloge *f* | (Kricket) Position *f* neben dem Torwächter, Stellung *f* des Eckmanns; **'~shod** *adj* liederlich, nachlässig, schlampig (*auch übertr*); **'~slop** *s umg* Brühe *f*, Gesöff *n* | *übertr* leeres Gerede; **'~sole** *s* (Schuh-) Einlegesohle *f*; **'~stream** *s Flugw* Sog *m* | *Kfz* Windschatten *m*; **'~-up** *s umg* Fehler *m*, Schnitzer *m*; **'~way** *s Mar* Helling *f*

slit [slɪt] **1.** **(~, ~)** *vt* aufschlitzen, aufschneiden ⟨to ~ s.o.'s throat; to ~ a letter open einen Brief aufschneiden⟩ | ab-, zerschneiden ⟨to ~ cloth into strips Stoff in Streifen schneiden⟩; *vi* zerreißen, einen Schlitz bekommen ⟨the shirt has ~ down the back das Hemd ist hinten der Länge lang (auf)gerissen⟩; **2.** *s* Schlitz *m*, Einschnitt *m*, Spalt *m* | Blende *f*; **'~ ˌburn·er** *s* Schlitz-, Schnittbrenner *m*; **'~-eyed** *adj* schlitzäugig

slith·er ['slɪðə] **1.** *s* Rutschen *n*; **2.** *vi* rutschen, schlittern; *vt* zum Rutschen bringen; **'~y** *adj* schlüpfrig, glatt

slit|ted ['slɪtɪd] *adj* geschlitzt, gespalten; **ˌ~ 'trench** *s Mil* Splitter-, Laufgraben *m*

sliv·er ['slɪvə] **1.** *s* Splitter *m*, Span *m* | Scheibe *f* ⟨a ~ of cheese⟩ | Florband *n* | *übertr* Deut *m*, Spur *f* ⟨not a ~ of evidence⟩; **2.** *vt* ab-, auf-, zerspalten, zersplittern | in Scheiben schneiden | (Wolle u.ä.) teilen; *vi* zersplittern

slob [slɒb] *s umg verächtl* (Mann) Ochse *m*, Rüpel *m*; (Frau) Schlampe *f*, Vettel *f*

slob·ber ['slɒbə] **1.** *vi* geifern, sabbern | herumalbern; **~ over** übertrieben schwärmen für *od* von | abschmatzen; *vt* begeifern, besabbern | geifernd äußern; **2.** *s* Geifer *m*, Speichel *m* | Faselei *f*; **'~y** *adj* geifernd, sabbernd | schlammig, morastig | *übertr* süßlich

sloe [sləʊ] *s Bot* Schlehe *f* ⟨black as a ~ pechschwarz⟩; **ˌ~ 'gin** *s* Schlehenschnaps *m*, -likör *m*

slog [slɒg] *umg* **1.** **(slogged, slogged)** *vt* prügeln, verdreschen | fest schlagen auf, knallen an ⟨to ~ the ball⟩; *vi* (los)schlagen, (los)dreschen (**at** auf) | sich abmühen; **~ along/away/on** mühsam vorankommen, sich mühsam voranarbeiten (**at s.th.** mit etw.); **2.** *s* harter Schlag

slo·gan ['sləʊgən] *s* Losung *f*; Schlagwort *n* ⟨political ~s⟩

slog·ger ['slɒgə] *s* (Sport) harter Schläger | *übertr* (Mensch) Arbeitspferd *n*, -tier *n*, unermüdlicher Arbeiter

sloid [slɔɪd] *s Päd* Werkunterricht *m*

sloop [slu:p] *Mar s* Schaluppe *f* | *Mil*, *Mar* Geleitboot *n*

[1]**slop** [slɒp] **1.** *s* verschüttete Flüssigkeit | nasse Stelle, Pfütze *f* | Matsch *m* | *umg verächtl* Schlabber *m*, dünnes Zeug (Speise) | Schweinetrank *m*, -abfälle *pl* | *Am Sl* rührseliges Zeug, Geseiche *n*; **2.** **(slopped, slopped)** *vt* verschütten | begießen, naßmachen | mit Abfällen füttern; **~ out** *Brit* (Zelle) reinigen; *vi, auch* **~ over** überlaufen, überfließen | (Wasser) verschütten | (durch Morast u. ä.) patschen, waten; **~ about** herummatschen | breitlaufen, auslaufen (Flüssigkeit) | *umg* herumlungern; **~ out** die Zelle säubern (Häftling); **~ over** *urspr Am umg* schwärmen, lobhudeln

[2]**slop** [slɒp] *s* weite Jacke | *Mar* Bettzeug *n* | *Mar* billige Kleidung

[3]**slop** [slɒp] *s Brit Sl* Polyp *m*, Polizist *m*

slop ba·sin ['slɒp ˌbeɪsn] *s* Ausguß *m*, Spüle *f*, Abwaschschüssel *f*

slop chest ['slɒp tʃest] *s Mar* Kleiderkiste *f*

slope [sləʊp] **1.** *s* Böschung *f*, Abhang *m* ⟨a steep ~ ein steiler Abhang; a ski ~⟩ | Neigung *f*, Gefälle *n*, Schräge *f* ⟨on the ~ schräg abfallend⟩ | Böschungswinkel *m* | (Straße) Quergefälle *n*, Querneigung *f* | *Wirtsch* Konjunkturabfall *m* | *Geol* Senke *f* | *Am Sl verächtl* Asiate *m* ◇ **at the ~** *Mil* Gewehr über!; **2.** *vi* sich neigen, schräg sein ⟨to ~ forward or backward⟩; **~ down** nach unten abfallen; **~ off** *Brit umg* (heimlich) abhauen, sich verdrücken; *vt* abfallen lassen, abschrägen, schräg anlegen ◇ **~ arms!** *Brit Mil* das Gewehr über!; **'slop·ing** *adj* abschüssig, schräg

slop·py ['slɒpɪ] *adj* naß, schmutzig ⟨~ roads⟩ | (Speisen) dünn, verwässert, wässerig | *umg* rührselig, sentimental ⟨~ sentiment Rührseligkeit *f*; ~ talk seichtes Gerede⟩ | *umg* nachlässig ⟨a ~ piece of work eine nachlässige Arbeit⟩ | (Kleidung) abgerissen, schäbig

slops [slɒps] *s/pl* Spülwasser *n*, Schmutzwasser *n* | Exkremente *pl* | *übertr* Brühe *f*, Gesöff *n*

slop·shop ['slɒpʃɒp] *s* Laden *m* für billige Kleidung

slop·y ['sləʊpɪ] *adj* abschüssig, geneigt, schräg

slosh [slɒʃ] **1.** *s umg* (Schnee-) Matsch *m* | *übertr umg* dünne Brühe, Gesöff *n*; **2.** *vi, auch* **~ about** im Schmutz herumpatschen | schwappen, klatschen (Flüssigkeit); *vt Sl* schlagen, hauen ⟨to ~ s.o. on the chin jmdm. einen Kinnhaken geben⟩ | schwappen mit, schwappen lassen; **~ about** (etw.) herumspritzen, spritzen mit; **~ on** (Farbe u. ä.) dick auftragen, schmieren; **~ed** *adj umg* betrunken

[1]**slot** [slɒt] **1.** *s* Schlitz *m*, schmale Öffnung, Spalte *f* | *Tech* Kerbe *f*, Nut *f*, Rille *f* | *übertr umg* passende Stelle, Lücke *f*, Plätzchen *n* ⟨to find a ~ for s.th.⟩ | *Rundf*, *Ferns umg* gewohnte Sendezeit **2.** *vt* **('~ted, '~ted)** *Tech* einschneiden, schlitzen, nuten | *bes* **~ in[to]** *übertr* eine Stelle finden für, (etw.) einbauen *od* einfügen in ⟨to ~ s.o. into a job jmdn. (auf e-m Posten) unterbringen; to ~ a song into a programme ein Lied in einem Programm unterbringen⟩

[2]**slot** [slɒt] *s* (Wild-) Spur *f*

slot car ['slɒt kɑ:] *s* (ferngelenktes) Rennauto (in e-m Spielautomaten)

sloth [sləʊθ] *s, bes lit* Trägheit *f*, Faulheit *f* | *Zool* Faultier *n*; **~ful** ['~fl] *adj, bes lit* faul, träge

slot| ma·chine ['slɒt məʃi:n] *s Brit* (Münz-, Verkaufs-) Automat *m* | *Am* Spielautomat *m*; **'~ ˌme·ter** *s* Münzzähler *m*; **'~ ˌrac·ing** *s* Autorennspiel *n*, -automat *m*; **'~ ˌshut·ter** *s Foto* Schlitzverschluß *m*

slouch [slaʊtʃ] **1.** *s* schlaffe Haltung | nachlässiger Gang | herabhängende Hutkrempe | *urspr Am Sl* Versager *m*, Pfuscher *m* ⟨to be no ~ at s.th. etw. ganz gut beherrschen, ein Meister sein in etw.⟩ **2.** *vi* eine schlechte Haltung haben; nachlässig gehen, latschen ⟨a ~ing figure e-e hingelümmelte Gestalt⟩ | (Hutkrempe u. ä.) herabhängen; *vt* (Schultern) hängen lassen | (Hut) herabbiegen; **ˌ~ 'hat** *s* Schlapphut *m*; **'~ing** *adj* nach vorn gebeugt | (Hutkrempe) herabhängend | (Kleidung) schlampig

[1]**slough** [slaʊ] *s* Sumpf *m*, Morast *m*, Schmutz *m* (*auch übertr*) ⟨a ~ of self-pity grenzenloses Selbstmitleid; the ~ of despond *lit* tiefste Verzweiflung⟩

[2]**slough** [slʌf] **1.** *s* abgeworfene (Schlangen- u. ä.) Haut | *Med* Schorf *m* | *übertr* abgelegte Gewohnheit; **2.** *vi* sich häuten | *Med* verschorfen; *vt, auch* **~ off** (Haut) abwerfen | (Tier) abbalgen | *übertr lit* (Gewohnheit u. ä.) ablegen, aufgeben

[1]**slough·y** ['slaʊɪ] *adj* sumpfig, morastig, schmutzig

[2]**slough·y** ['slʌfɪ] *adj Med* schorfig

Slo|vak ['sləʊvæk], **~va·ki·an** [sləʊ'vækɪən] **1.** *adj* slowakisch; **2.** *s* Slowake *m*, Slowakin *f* | *Ling* Slowakisch *n*

slov·en ['slʌvn] *lit s* Schlampe *f*, Schmutzfink *m* | nachlässiger Arbeiter, Pfuscher *m*

Slo|vene ['sləʊvi:n], **~ve·ni·an** [sləʊ'vi:nɪən] **1.** *adj* slowenisch; **2.** *s* Slowene *m*, Slowenin *f* | *Ling* Slowenisch *n*

slov·en·ly ['slʌvnlɪ] *adj, adv* schlampig, liederlich ⟨a ~ appearance eine unordentliche Erscheinung; to be ~ in one's dress sich nachlässig kleiden⟩

slow [sləʊ] **1.** *adj* langsam ⟨a ~ runner⟩ | verlangsamt, langsamer (als normal) ⟨a ~ march Trauerschritt *m*; in ~ motion *Film* in Zeitlupe⟩ | träge, langsam ⟨to be ~ to do s.th. etw. widerwillig *od* mit Mühe tun; to be ~ in acting nur zögernd handeln⟩ | schwerfällig, zurückgeblieben ⟨a ~ child; a ~ learner; ~ of speech nicht redegewandt; ~ off the mark, ~ on the uptake schwer von Begriff⟩ | *meist präd* (Uhr) nachgehend, zurück(geblieben) ⟨my clock is five minutes ~ meine Uhr geht fünf Minuten nach⟩ | langsam wirkend, schleichend ⟨~ poison⟩ | *Wirtsch* flau ⟨business was ~⟩ | uninteressant, langweilig ⟨a ~ party ⟩ | (Straße u.ä.) langsam, schwer ⟨a ~ running track (Sport) e-e Bahn, die keine schnellen Zeiten zuläßt⟩ | unmodern, rückständig; **2.** *adv* (*nach v*; *in Zus*; *nach* **how**) langsam ⟨to go ~ *Wirtsch* (aus Protest) langsam arbeiten, sich in acht nehmen, sich zurückhalten; ~-moving mit langsamer Bewegung; how ~ he goes!⟩; **3.** *vt, auch* **~ down** (Maschine) langsamer laufen lassen | (etw.) verzögern | *übertr* (jmdm.) Einhalt gebieten, zu großer Vorsicht anhalten; *vi* sich verlangsamen; **~ down** langsam fahren | *übertr* vorsichtiger sein, sich mehr in acht nehmen; **~ up** langsamer fahren | nachlassen; weniger aktiv werden; **'~-ˌact·ing** *adj* langsam (auf etw.) ansprechend, langsam reagierend, umständlich; **'~-burn·ing ˌstove** *s* Dauerbrandofen *m*; **'~coach** *s umg* Trödelfritze *m*; Langweiler *m*; **'~down** *s* Verlangsamung *f* | *Wirtsch* Produktionseinschränkung *f*; **'~ match** *s Tech* Lunte *f*; **ˌ~-'mo·tion ˌpic·ture** *s* Zeitlupenaufnahme *f*; **ˌ~ 'run·ning** *adj Tech* Leerlauf-; **'~ train** *s* Personenzug *m*; **ˌ~-'speed** *adj Tech* langsam laufend; **ˌ~ 'tun·ing** *s El* Feinabstimmung *f*; **ˌ~-'wit·ted** *adj* schwer von Begriff; **'~worm** *s Zool* Blindschleiche *f*

sloyd [slɔɪd] = **sloid**

slub [slʌb] *s* Wulst *m*; **'~ber** *s* Lunte *f*; **'~bing** *s* Lunte *f*; Vorgespinst *n*; **'~bing maˌchine** *s* Vorspinnmaschine *f*; **'~ twist** *s* Knotenzwirn *m*

sludge [slʌdʒ] *s* Schlamm *m*, Schlick *m* | Schneematsch *m* | Faul-, Klärschlamm *m* | Ölschlamm *m*; Bohrschmant *m* | *Med* Blutklumpen *m*; **'~ gas** *s* Klärgas *n*; **'~ pump** *s* Schlammpumpe *f*; **'~ ˌwa·ter** *s* Schlammtrübe *f*; **'sludg·ing** *s* Entschlammung *f*; **'sludg·y** *adj* schlammig, matschig

slue [slu:] **1.** *auch* **~ [a]round** *vi, vt* (sich) herumdrehen; **2.** *s* Herumdrehen *n*

[1]**slug** [slʌg] *s Zool* Ackerschnecke *f*

[2]**slug** [slʌg] *s* Luftgewehrkugel *f* | *Hist* Musketenkugel *f* | *Tech* Rohling *m* | *Tech* Metallklumpen *m* | *Typ* Satzzeile *f* | *Typ* gegossene Zeile | *Phys* Masseeinheit *f* | Schluck *m* ⟨a ~ of bourbon⟩

[3]**slug** [slʌg] **(slugged, slugged)** *vt* = **slog** | *Am umg* auf (jmdn.) einschlagen, (jmdn.) (bewußtlos) schlagen ◇ **~ it out** bis zum letzten kämpfen

slug·gard ['slʌgəd] *lit* **1.** *s* Faulpelz *m*; **2.** *adj* träge, faul

slug·ger ['slʌgə] *s Am umg* Preisboxer *m*

slug·gish ['slʌgɪʃ] *adj* träge, langsam ⟨a ~ pulse⟩ | *Wirtsch* flau

sluice [slu:s] **1.** *s auch* **'~ valve** Schleuse *f*, Wehr *n* | *auch* **'~way** Schleusenkanal *m* | Abflußgraben *m*, -rinne *f* | Stauwasser *n* | Goldwaschrinne *f*; **2.** *vt* (Schleuse) öffnen | (Wasser) durch eine Schleuse ausströmen lassen | (Erz u. ä.) (aus)spülen ⟨to ~ ore⟩; **~ down** hinunterspülen; **~ out** (mit viel Wasser) auswaschen, ausspritzen; *vi* herausströmen, sich ergießen; **'~ gate** *s* Schleusentor *n*; **'~ keel** *s* Schleusenkiel *m*

[1]**slum** [slʌm] **1.** *s* schmutzige *od* heruntergekommene Straße, Elendsquartier *n*, -hütte *f* ⟨to live in a ~⟩ | *meist* **slums** *pl* Slums *pl*, Elendsviertel *n/pl*; **2. (slummed, slummed)** *vi* die Slums aufsuchen ⟨to go ~ming sich unters gemeine Volk mischen⟩ | *auch* **~ it** *umg* primitiv wohnen ⟨he's been ~ming for years⟩

[2]**slum** [slʌm] *s, bes Brit* Harzrückstand *m* (Ölgewinnung)

[3]**slum** [slʌm] *s Sl* Gesöff *n*

slum·ber ['slʌmbə] **1.** *vi lit* schlummern; *vt*, **~ away** (Zeit) verschlafen; **2.** *s*, *oft pl* Schlummer *m*, Schlaf *m* ⟨to disturb s.o.'s ~s jmds. Schlaf stören; *übertr* jmdn. wachrütteln⟩; **'~er** [-rə] *s* Schläfer *m*; **~ous** ['slʌmbr̥əs] *adj* schläfrig, verschlafen | einschläfernd | schlummernd; Schlummer-; **'~y** [-br̥ɪ] *adj* schläfrig

slum| clear·ance ['slʌm ˌklɪərəns] *s* Beseitigung *f* von Elendsvierteln, (Städte-) Sanierung *f*; **'~ ˌdwel·ler** *s* Slumbewohner(in) *m(f)*; **'~lord** *s Am* Besitzer *m* von Slumgrundstücken; **'~mer** *s* Slumbewohner(in) *m(f)* | Slumbesucher(in) *m(f)*; **'~my** *adj* Slum-, voller Elendsquartiere ⟨a ≈ part of the town⟩

slump [slʌmp] **1.** *vi* (schwer) hineinfallen ⟨to ~ into a chair sich in einen Sessel fallen lassen⟩ | zusammenbrechen, umfallen ⟨he ~ed down to the floor er stürzte zu Boden⟩ | *Wirtsch* (Preise) fallen | *Geol* rutschen | *übertr* sinken; **2.** *s* Fallen *n* | *Wirtsch* Preissturz *m*, Baisse *f*; (Wirtschafts-) Krise *f* | *Geol* Rutschung *f*; **ˌ~'fla·tion** *s Wirtsch* Zusammenfall *m* von Krise und Inflation

slung [slʌŋ] *prät* u. *part perf* von ↑ [1]**sling 2.** u. [2]**sling 2.**

slunk [slʌŋk] *prät* u. *part perf* von ↑ **slink 1.**

slur [slɜ:] **1. (slurred, slurred)** *vt* (etw.) vertuschen, verschleiern | (jmdn.) verleumden | *Ling* (Silbe) undeutlich aussprechen | *Mus* (Töne) binden, gebunden spielen *od* singen | *arch, dial* besudeln; **~ over** hinweggehen über, nicht erwähnen; *vi* darüber hinweggehen | undeutlich sprechen *od* schreiben; **2.** *s* Verleumdung *f* | Schandfleck *m* | Tadel *m*, Vorwurf *m* | undeutliche Aussprache *od* Schrift | *Mus* Bindung *f*

slurb [slɜ:b] *s bes Am* häßliches Neubaugebiet

slurp [slɜ:p] **1.** *vi, vt* schlürfen; **2.** *s* Schlürfen *n*

slur·ry ['slʌrɪ] *s* Kohlenschlamm *m*, Aufschlämmung *f* | (Zement-) Rohschlamm *m*; **'~ reˌac·tor** *s* Suspensionsreaktor *m*

slush [slʌʃ] **1.** *s* Morast *m*, Schlamm *m* | Schneematsch *m* | *Tech* Schmiere *f* | *übertr* Geschwätz *n*, Schwärmerei *f* | Kitsch *m*, Schund *m*; **2.** *vt* beschmutzen, bespritzen | *Tech* (ein)schmieren; *vi* durch Matsch waten; **'~er** *s Bergb* Schrapper *m*; **'~ing oil** *s Tech* Rostschutzmittel *n*; **'~y** *adj* schlammig, matschig | *übertr* sentimental, kitschig

slut [slʌt] *s* Schlampe *f* | Dirne *f*; **'~tish** *adj* liederlich, schlampig | *arch* unzüchtig

sly [slaɪ] *adj* schlau, durchtrieben, verschlagen ⟨a ~ look⟩ | verborgen, heimlich ⟨on the ~ im geheimen; a ~ dog *übertr* ein heimlicher Genießer⟩ | schalkhaft; **'~boots** *s scherzh* Schlauberger *m*, schlauer Fuchs *m*; **'~ly** *adv* schlau | heimlich

[1]**smack** [smæk] **1.** *s* (Bei-) Geschmack *m* | *übertr* Beigeschmack *m*, Anzeichen *n*, Spur *f* (**of** von) | *Am Sl* Heroin *n*; **2.** *vi* schmecken (**of** nach) | *übertr* einen Anstrich haben (**of** von)

[2]**smack** [smæk] **1.** *s* klatschender Schlag, Klatsch *m* ⟨to get a ~ in the eye *übertr umg* einen Schlag ins Gesicht bekommen; to give the ball a hard ~ den Ball richtig treffen *od* hart schlagen⟩ | Knallen *n*, Knall *m* ⟨~ of a whip Peitschenknall *m*⟩ | (Lippen) Schnalzen *n*, Schmatzen *n* | Schmatz *m*, lauter Kuß ⟨to give s.o. a ~ on the lips⟩ | *umg* Versuch *m* ⟨to have a ~ at s.th. etw. versuchen⟩; **2.** *vt* (jmdn.) schlagen, (jmdm.) einen Klaps geben ⟨to ~ a child⟩ | hinklatschen, hinwerfen | knallen mit | schmatzen mit ⟨to ~ one's lips mit den Lippen schnalzen⟩ | *arch, dial*

(jmdn.) schmatzend küssen; *vi* klatschend schlagen (**on** auf) | knallen | schmatzen; **3.** *interj* patsch!; **4.** *adv umg, Am auch* ,~-'**dab** direkt, gerade, voll ⟨to hit s.o. ~ in the eye; to run ~ into a wall⟩

³**smack** [smæk] *s Mar* Schmack[e] *f*

smack·er ['smækə] *Sl s (meist pl)* Pfund *n* | Dollar *m* ⟨100 ~s⟩ | Schmatz(er) *m(m)*

smack·head ['smækhed] *s Am Sl* Heroinsüchtige(r) *f(m)*

smack·ing ['smækɪŋ] *s* Prügel *pl* ⟨a good ~ eine anständige Tracht Prügel⟩

small [smɔ:l] **1.** *adj* klein (*Ant* large) ⟨a ~ room⟩ | geringfügig, geringen Umfangs, klein ⟨~ business kleines Unternehmen, kleines Geschäft; ~ farmer Kleinbauer *m*⟩ | unbedeutend, nebensächlich, trivial ⟨in a ~ way unbedeutend, im Kleinen, bescheiden; to feel (look) ~ sich schämen; ~ mercies kleine Freuden des Alltags⟩ | wenig ⟨to have ~ cause for wenig Anlaß haben für; ~ wonder kein Wunder⟩ | bescheiden ⟨a ~ eater ein schlechter Esser⟩ | niedrig (an Rang), arm ⟨great and ~ alle Schichten⟩ | niedrig, kleinlich ⟨a ~ mind; only a ~ man⟩ | zart, leise, schwach ⟨a ~ voice; the still, ~ voice *übertr* die leise Stimme des Gewissens⟩; **2.** *adv* klein ⟨to sing ~ kleinlaut werden, kleinlaut sein; to write ~ eine kleine Schrift haben, winzig schreiben⟩ | verächtlich; **3.** *s (mit best art)* dünner *od* schmaler Teil ⟨the ~ of the back das Kreuz⟩ | kleine Person; '~ **arms** *s/pl Mil* Hand(feuer)waffen *f/pl*; ,~ '**beer** *arch s* Dünnbier *n* | *bes Brit übertr* unbedeutende Person ⟨to be ≈ ein Klacks sein; to think no ≈ of o.s. *umg* sich etw. einbilden, sich für etw. Besseres halten⟩; ,~ '**cat·tle** *s* Kleinvieh *n*; ~ '**change** *s* Kleingeld *n* | Geschwätz *n* | *Am* Lappalie *f*; '~ **coal** *s* Grus *m*; ,~ '**fruit** *s* Beerenobst *n*; '~ **fry** *s umg* kleine Fische *m/pl (auch übertr)*; unbedeutende Person; '~,**hold·er** *s Brit* Siedler *m*, Kleinbauer *m*; '~,**hold·ing** *s Brit* Kleinlandbesitz *m*; '~ **hours** *s/pl* erste Stunden *f/pl* nach Mitternacht; ,~ **in'tes·tine** *s Anat* Dünndarm *m*; '~**ish** *adj* ziemlich klein; ,~ '**let·ter** *s* Kleinbuchstabe *m*; ,~-'**mind·ed** *adj* kleinlich, engstirnig; ,~ '**pi·ca** *s Typ* Korpus *f*; ,~ '**plane** *s* Fausthobel *m*; '~**pox** *s Med* Pocken *pl*; ,~ '**print** *s* Kleingedrucktes *n*; **smalls** *s/pl* Unterwäsche *f*, -zeug *n* ⟨to wash one's ≈ Buntes waschen⟩ | Kurzwaren *f/pl* | *Brit umg* erste Universitätsprüfung in Oxford; ,~-'**scale** *adj* in kleinem Rahmen; ,~-**scale** '**ser·ies pro·duc·tion** *s Tech* Kleinserienfertigung *f*; ,~**sec·tion** '**rol·ling mill** *s* Feineisen-, Feinstahlwalzwerk *n*; ,~ '**shot** *s* Schrot *m*; '~ **side** *s, nur in*: **on the ~ side** etwas zu klein *od* unbedeutend; '~ **talk** *s* Geplauder *n*, Smalltalk *m* ⟨to engage in ≈ with s.o. mit jmdm. höflich Konversation machen⟩; '~-**time** *adj urspr Am umg* unbedeutend, klein, drittrangig, mickrig ⟨≈ crooks kleine Betrüger⟩; '~**wares** *s/pl* Kurzwaren *f/pl*

smalt [smɔ:lt] *s Chem* Schmalte *f*, Kobaltblau *n* | Kobaltglas *n*; ~**ite** ['~aɪt] *s Min* Glanzkobalt *m*

smar·agd ['smærægd] *s Min* Smaragd *m*; **sma·rag·dine** [smə'rægdɪn] **1.** *adj* smaragdfarben, Smaragd-; **2.** *s* Smaragd *m*; **sma·rag·dite** [smə'rægdaɪt] *s Min* Smaragdit *m*

smarm·y ['smɑ:mɪ] *adj Brit Sl* schleimig; scheißfreundlich

smart [smɑ:t] **1.** *adj* schick, flott, elegant, hübsch ⟨to look ~ hübsch aussehen; to make o.s. ~ sich schick machen⟩ | modisch, modern ⟨a ~ car; the ~ set die elegante Welt, Schickeria *f*⟩ | klug, intelligent ⟨a ~ student; to play it ~ *Am* das Richtige tun⟩ | gewandt, geschickt ⟨a ~ physique ein gewandter Körper⟩ | schlau, gerissen, pfiffig ⟨a ~ retort eine kesse Antwort; a ~ move ein schlauer Schritt; ~ politics gerissene Politik⟩ | schneidig, forsch, lebhaft ⟨look ~! halte dich ran!, Tempo!; to start out at a ~ pace ein schnelles Tempo vorlegen, forsch ausschreiten⟩ | streng ⟨a ~ rebuke ein strenger Tadel⟩ | (Geschmack) scharf, beißend | derb, fest, kräftig ⟨a ~ blow⟩ | *arch* (Schmerz) schneidend, stechend; **2.** *s* (stechender) Schmerz, Brennen *n* | *übertr* Kummer *m*; **3.** *vi* schmerzen | Schmerzen haben (*auch übertr*) ⟨to ~ under an injustice unter einem Unrecht leiden⟩ | büßen (**for** für); *vt* (jmdm.) Schmerz bereiten; ~ **al·eck** ['smɑ:t ,ælək] *s urspr Am umg* Neunmalkluger *m*; ~**en** ['smɑ:tn], *oft* ~ **up** *vt* herausputzen, aufpolieren, zurechtmachen ⟨to ~ o.s. up sich zurechtmachen⟩; ~**en up** (Schritt) beschleunigen; '~ ,**mon·ey** *s* Schmerzensgeld *n* | *Wirtsch* Abfindung *f*; **smarts** *s/pl (sg konstr), auch* ~ *Am, Kan Sl* Grips *m* ⟨you've got enough ≈ du bist schlau genug⟩

smash [smæʃ] **1.** *vt* zerbrechen, zerschlagen, zertrümmern ⟨to ~ a window ein Fenster einschlagen⟩ | *Wirtsch* bankrott machen, ruinieren | (Tennisball) schmettern | (jmdn.) schlagen, besiegen ⟨to ~ the enemy; to ~ a record einen Rekord einstellen⟩; *vi* in Stücke gehen, zerbrechen, zerschellen, zerspringen | krachen (**against** gegen) | zusammenstoßen | *Buchw* pressen | *Wirtsch, oft* ~ **up** bankrott machen; **2.** *adv* klatschend, krachend ⟨to go/run ~ into a wall⟩; **3.** *s* Zerschmettern *n*, Zerkrachen *n*, Zertrümmern *n* | *auch* '~-**up** Zusammenstoß *m* (*auch übertr*) | *Wirtsch* Bankrott *m* ⟨to go [to] ~ bankrott machen⟩ | (Tennis) Schmetterschlag *m* | (Weberei) Schützenschlag *m*; ,~-**and-'grab raid** [,smæʃ ən 'græb reɪd] *s* Schaufenstereinbruch *m*; '~**er** *Sl s* schwerer Schlag | vernichtender Artikel | toller Typ, Klasseweib *n* | Wucht *f*; tolle Sache; ,~ '**hit** *s* (Erfolgs-) Schlager *m*; '~**ing** *adj* heftig | vernichtend ⟨a ≈ defeat eine vernichtende Niederlage⟩ | *Brit umg* überwältigend, hinreißend | *Sl* dufte, prima, ausgezeichnet; '~-**up** *s* Zusammenbruch (*auch übertr*) | Zusammenstoß *m* ⟨a 3-car ≈⟩

smat·ter ['smætə] **1.** *vt* herumstümpern in; **2.** *s* Halbwissen *n*; '~**er** *s* Stümper(in) *m(f)*; '~**ing** (*mit unbest art*) *s* oberflächliche Kenntnis ⟨a ≈ of languages⟩ | geringe Anzahl *od* Menge, Häuflein *n* ⟨a ≈ of lookers⟩

smaze [smeɪz] *s* Rauchnebel *m*

smear [smɪə] **1.** *vt* schmieren (**on, over** an, auf, über) | (ein-, be)schmieren (**with** mit) | beschmieren, beschmutzen | verschmieren, verwischen ⟨to ~ a word⟩ | *übertr* verleumden, verunglimpfen ⟨to ~ s.o.'s reputation⟩ | *Tech* schmieren ⟨to ~ an axle⟩; *vi* schmieren, sich verwischen; **2.** *s* Schmiere *f* | Schmutz-, Fettfleck *m* ⟨a ~ of paint ein Farbfleck; a ~ of blood ein Blutfleck⟩ | *Med* Abstrich *m* | Verleumdung *f*, Verunglimpfung *f*; '~ **cam,paign** *s* Verleumdungskampagne *f*, -feldzug *m*; '~ **test** *s Med* Abstrich *m*; '~ **word** *s* Schimpfwort *n*; '~**y** *adj* schmierig, fettig | verschmiert, verwischt | beschmutzt

smeech [smi:tʃ] *s dial* Gestank *m*

smell [smel] **1.** (**smelled, smelled** *od* **smelt, smelt** [smelt]) *vt* riechen ⟨can you ~ anything?; to ~ a rat *übertr* den Braten riechen⟩ | riechen an | wittern | *übertr* beriechen; ~ **out** aufspüren, ausfindig machen (*übertr*) ⟨to ≈ a traitor e-n Verräter ausfindig machen⟩ | verpesten ⟨to ~ the room out⟩; *vi* riechen (**at** an, **of** nach) (*auch übertr*) | riechen, duften ⟨to ~ good⟩ | *ohne adj* schlecht riechen, stinken ⟨fish soon ~s; her breath ~s sie riecht aus dem Mund; to ~ to high heaven *umg* entsetzlich stinken; *übertr* zum Himmel stinken⟩ | riechen können, einen Geruchssinn haben; ~ **about**, ~ **round** *lit, übertr* herumhorchen, -schnüffeln; **2.** *s* Geruch *m* ⟨~ of gas Gasgeruch *m*⟩ | Duft *m* | Gestank *m* ⟨a horrible ~⟩ | Geruchssinn *m* | (*mit indef art*) Riechen *n* ⟨to have a ~ of s.th.⟩ | *übertr* Anflug *m*, Spur *f* (**of** von); '~**er** *s Zool* Fühler *m* | *Sl* Schnüffler *m*; '~**ing** *s* Riechen *n*; '~**ing** ,**bot·tle** *s* Riechfläschchen *n*;

'~ing salts *s/pl* Riechsalz *n*; '~proof *adj* geruchssicher; '~y *adj umg* übelriechend | *übertr* anrüchig

[1]**smelt** [smelt] *s Zool* Stint *m*

[2]**smelt** [smelt] *prät* u. *part perf* von ↑ **smell 1.**

[3]**smelt** [smelt] *vt* (Erz) (ein)schmelzen, blasen, verhütten; *vi* (Erz) (ein)schmelzen; **'~a·ble** *adj* verhüttbar; **,~ed 'cop·per** *s* Schmelzkupfer *n*; **'~er** *s* Schmelzer *m* | Schmelztiegel *m*; **'~er·y** *s* Schmelzhütte *f*; **'~ing** *s* Schmelzen *n*, Verhütten *n*, Verhüttung *f*; **'~ing ,fur·nace** *s* Schmelzofen *m*; **'~ing point** *s* Schmelzpunkt *m*; **'~ing pot** *s* Schmelztiegel *m*; **'~ing work[s]** *s(pl)* Hüttenwerk *n*

smi·lax ['smaɪlæks] *s Bot* Stechwinde *f*

smile [smaɪl] **1.** *vi* lächeln ⟨to ~ at s.o. jmdm. zulächeln⟩ | lächeln (**on, upon** über) ⟨may Fortune ~ upon you *förml* möge dir das Glück lächeln *od* gewogen sein⟩; *vt* durch Lächeln ausdrücken ⟨to ~ one's thanks lächelnd danken⟩ | *bes* **~ away** durch Lächeln vertreiben ⟨to ~ s.o.'s fears away jmds. Befürchtungen mit einem Lächeln zerstreuen⟩; **2.** *s* Lächeln *n* ⟨to be all ~s eitel Freude sein⟩ | *übertr* Gunst *f*

smirch [smɜ:tʃ] **1.** *vt* beschmutzen | *übertr* beflecken, besudeln; **2.** *s* Schmutzfleck *m* | *übertr* Schandfleck *m*

smirk [smɜ:k] **1.** *vi* grinsen, geziert lächeln; **2.** *s* Grinsen *n*, geziertes *od* affektiertes Lächeln

smite [smaɪt] *arch, lit, scherzh* (**smote** [sməʊt], **smit·ten** ['smɪtn]) *vt* (etw.) schlagen, (jmdn.) (er)schlagen, hinstrekken ⟨to ~ the ball den Ball wuchten; to ~ s.o. dead jmdn. totschlagen⟩ | treffen auf ⟨to ~ one's ear⟩ | besiegen | züchtigen, strafen | *übertr* quälen ⟨his conscience smote him sein Gewissen schlug ihm⟩ | (*meist pass*) *übertr* pakken, ergreifen | (*meist pass*) *übertr* hinreißen ⟨to be smitten with s.th. von etw. hingerissen sein⟩; *vi* schlagen, Schläge austeilen | zusammenschlagen, zusammenstoßen ⟨his knees smote together⟩ | schmerzen

smith [smɪθ] *s* Schmied *m* ⟨gold~ Goldschmied *m*⟩ | (Waffen-) Hersteller *m* ⟨gun~⟩

smith·er·eens [,smɪðə'ri:nz] *s/pl* Stücke *n/pl*, Splitter *m/pl* ⟨to smash s.th. to/into ~ etw. in Stücke schlagen, etw. kurz und klein schlagen⟩

smith·er·y ['smɪθərɪ] *s* Schmiedehandwerk *n*, -arbeit *f*

smith·son·ite ['smɪθsənaɪt] *s Min* Smithsonit *m*, Zinkspat *m*

smith·y ['smɪθɪ] *s* (Eisen-) Schmiede *f*

smit·ten ['smɪtn] **1.** *part perf* von ↑ **smite**; **2.** *adj umg, scherzh* verliebt, verknallt

smock [smɒk] **1.** *s* Arbeitskittel *m* | Hänger *m*, Umstandskleid *n*; **2.** *vt* (Arbeitskittel) anziehen | (Stoff) mit Zierstichen fälteln, smoken; **'~ frock** *s Hist* Arbeitskittel *m*; **'~ing** *s* Smokarbeit *f*; Smokstiche *m/pl*

smog [smɒg] **1.** *s umg* Smog *m*, Rauchnebel *m*, Dunstglocke *f*; **2.** *vt* von Smog umgeben, in Smog einhüllen; **'~bound** *adj* smogverseucht; **'~out** *s* Smogverseuchung *f*

smok·a·ble ['sməʊkəbl] *adj* rauchbar

smoke [sməʊk] **1.** *s* Rauch *m*, Qualm *m* ⟨no ~ without fire *Sprichw* kein Rauch ohne Feuer, von nichts kommt nichts; to end/go up in ~ *übertr* in Rauch aufgehen, sich in nichts auflösen⟩ | Rauchschleier *m*, Dunst *m* | Rauchen *n* ⟨to have a ~ *umg* eine rauchen, einen Zug tun⟩ | *umg* Zigarette *f*, etw. Rauchbares *n* ⟨to pass the ~s round Zigaretten reichen⟩ | *Sl* Marihuana *n* ⟨to blow ~⟩; **2.** *vi* rauchen, qualmen ⟨to ~ badly zu stark rauchen⟩ | rauchen (Tabak) ⟨to ~ like a chimney *übertr* wie ein Schlot qualmen⟩ | *Sl* Marihuana rauchen; *vt* (Pfeife u. ä.) rauchen ⟨to ~ a cigar; to ~ o.s. sick sich durch Rauchen krank machen⟩ | (Fleisch u. ä.) räuchern | (Pflanzen u. ä.) mit Rauch behandeln; (Ungeziefer) ausräuchern | rußig machen, schwärzen ⟨a ~d ceiling eine verrußte Decke⟩; **~ out** (durch Rauch) vertreiben, ausräuchern; **'~ bomb** *s Mil* Rauchbombe *f*; **'~box** *s Tech* Rauchkammer *f*; **'~ con,sum·er** *s* Rauchverzehrer *m*; **'~dried** *adj* geräuchert ⟨≈ ham⟩; **'~ dust** *s* Flugstaub *m*; **,smoked 'glass** *s* Rauchglas *n*; **'~ gas** *s* Rauchgas *n*; **'~-in** *s umg* demonstratives Marihuana- *od* Haschischrauchen; **'~less** *adj* rauchlos ⟨≈ zone rauchfreie Zone, Gebiet *n*, in dem Kohlenfeuerung verboten ist⟩; **'~er** *s* Raucher *m* | Räucherer *m* | *Eisenb* Raucherabteil *n* | Schornstein *m* | *selten* Herrenabend *m*; **'~screen** *s Mil* Nebelschleier *m* | *übertr* Tarnmanöver *n*, Irreführung *f*; **'~shade** *s* Rauchschleier *m*, Luftverschmutzung *f*; **'~ shell** *s Mil* Nebelgranate *f*; **'~stack** *s Tech, Mar* Schornstein *m*, Schlot *m*; **'~stone** *s Min* Rauchquarz *m*

smoking ['sməʊkɪŋ] **1.** *adj* Rauch- | Raucher-; **2.** *s* Rauchen *n* ⟨no ~ Rauchen verboten!⟩; **'~ car**, *auch* **'~ ,car·riage, '~ com,part·ment** *s Eisenb* Raucher(abteil) *n*; **'~ gun**, *auch* **'~ ,pis·tol** *s Am Sl* unwiderlegbarer Beweis (für ein Verbrechen); **'~ jack·et** *s* Hausrock *m*; **'~ ,mix·ture** *s* Tabakmischung *f*; **'~ ,pa·per** *s* Zigarettenpapier *n*; **'~ room** *s* Rauchzimmer *n*; Herrenzimmer *n*; **'~-room** *adj* derb, gewagt ⟨≈ talk Gespräche *pl* unter Männern, Herrenwitze *pl*⟩; **'~ to,bac·co** *s* Pfeifentabak *m*

smok·y ['sməʊkɪ] *adj* rauchend, qualmend | rauchig, dunstig ⟨a ~ atmosphere⟩ | rauchgrau; **,~ 'quartz** *s Min* Rauchquarz *m*; **,~ 'to·paz** *s Min* Rauchtopas *m*

smol·der ['sməʊldə] *Am* = **smoulder**

[1]**smooch** [smu:tʃ] *Am* **1.** *vt* beschmutzen; **2.** *s* Schmutzfleck *m*

[2]**smooch** [smu:tʃ] *umg* **1.** *vi* knutschen (**with** mit); **2.** *s* Abknutschen *n*, Abgeknutsche *n* ⟨to have a ~ sich abknutschen⟩; **'~y** *adj* (Musik) zum Knutschen, Knutsch- | *übertr* romantisch

smooth [smu:ð] **1.** *adj* eben, glatt ⟨~ paper; ~ skin; to make things ~ for s.o. *übertr* jmdm. alle Steine aus dem Weg räumen⟩ | ruhig, glatt ⟨a ~ sea⟩ | (Flüssigkeit) glatt, sämig, ohne Klumpen ⟨a ~ paste⟩ | *Tech* ruhig, stoßfrei, gleichmäßig ⟨a ~ run⟩ | angenehm, sanft ⟨a ~ voice⟩ | flüssig, fließend, geschmeidig, schwungvoll ⟨a ~ style⟩ | höflich ⟨~ manners⟩ | heuchlerisch, kriecherisch, schmeichlerisch ⟨a ~ face⟩; **2.** *adv* glatt | ruhig; **3.** *vt* ebnen (*auch übertr*) ⟨to ~ s.o.'s path jmdm. den Weg ebnen⟩ | glätten, glatt machen | *Tech* abschleifen, abziehen; ebnen, schlichten, ausspachteln | *übertr* besänftigen, beruhigen | *Ling* monophthongieren; **~ away** wegräumen, beseitigen ⟨to ≈ obstacles Hindernisse beseitigen⟩; **~ down** glätten ⟨to ≈ one's dress das Kleid glattstreichen⟩ | (Streit) schlichten; **~ out** glattstreichen | *übertr* (Schwierigkeiten u. ä.) beseitigen, in Ordnung bringen, aus der Welt schaffen; **~ over** (Schwierigkeiten) beseitigen | (Streit) schlichten | beschönigen | beruhigen; **~ up** ebnen; *vi* sich glätten | *auch* **~ down** sich beruhigen; **4.** *s* Glätten *n*, Glätte *f* ⟨to take the rough with the ~ *übertr* alles gelassen hinnehmen⟩; **'~bore** *adj* (Gewehr) mit glattem Lauf; **'~en** *vi, vt* (sich) glätten; **'~er** *s* Glätter(in) *m(f)* | Polierer(in) *m(f)* | *Tech* Spachtel *m* | *Tech* Schleifmaschine *f*; **,~-'faced** *adj* bartlos | *übertr* heuchlerisch; **'~ing** *s* Glätten *n* | *Tech* Schlichten *n*, Glatthobeln *n*; **'~ing ,cir·cuit** *s El* Glättungskreis *m*, Abflachschaltung *f*; **'~ing file** *s Tech* Polierfeile *f*; **'~ing i·ron** *s* Plätteisen *n*; **'~ing plane** *s Tech* Schlichthobel *m*; **'~ing tool** *s Tech* Schlichtmeißel *m*; **,~-'shav·en** *adj* glattrasiert; **,~-'spoken, ,~-'tongued** *adj* glattzüngig, schmeichlerisch

smor·gas·bord ['smɔ:gəsbɔ:d] *s* kaltes Buffet, bunte Platte

smote [sməʊt] *prät* von ↑ **smite**

smoth·er ['smʌðə] **1.** *s* (*meist sg mit unbest art*) erstickender Rauch, stickige Luft | dichter Nebel | Wirrwarr *m*; **2.** *vt* (Person) ersticken, durch Ersticken töten ⟨to ~ a child⟩ |

(Feuer) auslöschen, ersticken, niederhalten (**with** mit) | bedecken, überschütten, -häufen (**with** mit) | unterdrükken ⟨to ~ a yawn ein Gähnen unterdrücken⟩; **~ up** verhüllen, nicht bekanntwerden lassen ⟨to ≈ a scandal⟩; *vi* ersticken | *dial* schwelen; **'~ love** *s* Affenliebe *f*; **'~y** *adj* rauchig, stickig | erstickend

smoul·der ['sməuldə] **1.** *vi* schwelen, glimmen; qualmen | *übertr* schwelen ⟨~ing rebellion⟩; **~ out** verglimmen; **2.** *s* Schwelen *n*, schwelender Brand | Rauch *m*, Qualm *m* | Rußfleck *m*

smudge [smʌdʒ] **1.** *s* Schmutzfleck *m* | *bes Am* qualmendes Feuer (im Freien); **2.** *vt* beschmutzen, beschmieren | verschmieren | *übertr* beflecken | *Am* durch qualmendes Feuer (vor Insekten) schützen; *vi* klecksen, schmieren (Tinte u. ä.) | schwelen, qualmen; **'smudg·y** *adj* beschmutzt, beschmiert | rauchend, qualmend | *dial* schwül

smug [smʌg] **1.** *adj* sauber, schmuck ⟨a ~ town⟩ | herausgeputzt, geschniegelt ⟨to look ~⟩ | selbstgefällig, eingebildet, überheblich ⟨a ~ smile; ~ optimism⟩ | bequem; **2.** *s* blasierte *od* eingebildete Person

smug|gle ['smʌgl] *vi, vt* schmuggeln (*auch übertr*); **~gle in[to]** einschmuggeln; **~gle out [of]** herausschmuggeln; **~gle past** vorbeischmuggeln an; **'~gler** *s* Schmuggler *m* | Schmuggelschiff *n*; **'~gling** *s* Schmuggel(ei) *m(f)*

smut [smʌt] **1.** *s* Schmutz(fleck) *m(m)*; Rußfleck *m* | *Bot* (Getreide-) Brand *m* | *übertr* Zote *f* ⟨to talk ~ Schweinereien erzählen⟩; **2. (~ted, ~ted** ['~ɪd]) *vt* beschmutzen | *Bot* (Getreide) mit Brand infizieren, brandig machen; *vi* schmutzig werden | *Bot* vom Brand befallen werden

smutch [smʌtʃ] **1.** *vt* beschmutzen; **2.** *s* Schmutzfleck *m*

smut·ty ['smʌtɪ] *adj* schmutzig; rußig | *Bot* brandig | *übertr* schmutzig, schweinisch, zotig, obszön ⟨a ~ joke⟩

snack [snæk] **1.** *s* Imbiß *m*, Happen *m* ⟨to go ~s (untereinander) teilen; to have a ~ einen Happen *od* wenig essen⟩; **2.** *vi Am* einen Imbiß einnehmen, einen Happen essen; **'~ bar** *s* Imbißstube *f*, -halle *f*; **'~ ˌcount·er** *s* Imbißstand *m*

snaf·fle ['snæfl] **1.** *s, auch* **'~ bit** Trense *f*, Pferdegebiß *n* ⟨to ride s.o. on the ~ *übertr* jmdn. am Gängelband führen⟩; **2.** *vt* (jmdm.) die Trense anlegen | *umg* stehlen, mausen, sich unter den Nagel reißen | (Ball) (weg) schnappen

sna·fu [snæ'fu:] *Am Sl* **1.** *adj* heillos durcheinander | belämmert; **2.** *s* heilloses Durcheinander, Wirrwarr *m*, Mist *m*; **3.** *vt* durcheinanderbringen, versauen

snag [snæg] **1.** *s* Aststumpf *m*, verborgener Stein, Gefahrenstelle *f* | (Stoff) gezogener Faden | Zahnstumpf *m* | *Am* Baumstamm *m* (in Flüssen) | *übertr umg* Haken *m*, Schwierigkeit *f* ⟨there is a ~ in it die Sache hat einen Haken; to come upon/strike a ~ auf ein Problem stoßen⟩; **2. (snagged, snagged)** *vt bes Am* (Schiff) auf ein Hindernis fahren lassen | verfangen, festhaken ⟨to get ~ged hängenbleiben⟩ | *Am umg* schnappen, einheimsen ⟨to ~ a profit⟩; **~ged** ['~ɪd], **'~gy** *adj* knorrig, knotig | *Am* durch ein Hindernis im Fluß beschädigt ⟨the ship was ≈⟩

snail [sneɪl] *s Zool* Schnecke *f* ⟨at a ~'s pace *übertr* im Schneckentempo⟩; **'~ shell** *s* Schneckenhaus *n*

snake [sneɪk] **1.** *s* Schlange *f* ⟨a ~ in the grass *scherzh* ein heimlicher Feind; ~s! Donnerwetter!; to raise ~s *übertr* in ein Wespennest stechen; to see ~s *umg* weiße Mäuse sehen; to warm/cherish/nourish a ~ in one's bosom *übertr* eine Schlange am Busen nähren⟩ | *übertr* heimtückische Person, Schlange *f* | (*mit best art*) *Wirtsch* Währungsschlange *f*; **2.** *vi* sich schlängeln; *vt* sich durchschlängeln durch | *Am* (Baumstamm) schleifen, fortbewegen; **'~bite** *s* Schlangenbiß *m*; **'~ ˌcharm·er** *s* Schlangenbeschwörer *m*; **'~root** *s Bot* Schlangenwurz *f*; **ˌsnakes and 'ladders** *s* (Brettspiel) Auf und Ab *n*, Vorrücken und Zurückmüssen *n*; **'~skin** *s* Schlangenhaut *f*; Schlangenleder *n*; **'~weed** *s Bot* Natterwurz *f*; **'snak·y** *adj* voller Schlangen | schlangengleich | Schlangen-; geschlängelt | *übertr* heimtückisch

snap [snæp] **1. (snapped, snapped)** *vi* schnappen (**at** nach) (*auch übertr*) | (Schloß) zu-, einschnappen | knacken, klikken, knallen | anschnauzen ⟨to ~ at s.o. jmdn. anfahren⟩ | zerspringen, zerknicken, zerkrachen | *Foto* einen Schnappschuß machen ◇ **~ [in]to it** *umg* ein bißchen dalli!, halt dich ran!; **~ out of it** laß das sein!, reg dich ab!; *vt* schnappen, schnell fassen (nach) ⟨to ~ s.o.'s bag⟩ | schnipsen, schnalzen ⟨to ~ one's fingers mit den Fingern schnalzen; to ~ one's fingers at s.o. / in s.o.'s face jmdn. verhöhnen⟩ | ein-, zuschnappen lassen ⟨to ~ a lid einen Deckel zuschlagen⟩ | knallen mit ⟨to ~ one's whip mit der Peitsche knallen⟩ | *meist* **~ up** (etw.) wegschnappen *od* an sich reißen | (jmdn.) anfahren, anschnauzen ⟨to ~ s.o.'s head/nose off jmdn. grob anfahren⟩ | (jmdm.) in die Rede fallen | *meist* **~ out** gereizt hervorstoßen ⟨to ~ [out] an answer⟩ | *Foto* knipsen, einen Schnappschuß machen von | *auch* **~ off** zerknicken, zerbrechen; **~ up** schnell kaufen, wegschnappen; **2.** *adj* rasch, unüberlegt ⟨a ~ judgement⟩ | kurz anberaumt, auf die Schnelle ⟨a ~ election⟩ | kurz, nicht lange dauernd ⟨a ~ meeting⟩; **3.** *adv* mit einem Knall *od* Knacks, krachend ⟨~ went the oar das Ruder knackte entzwei⟩; **4.** *s* Schnappen *n*, Beißen *n*, Biß *m* (**at** nach) ⟨the ~ of a dog⟩ | Krachen *n*, Krach *m*; Knallen *n*, Knall *m* ⟨with a ~⟩ | Klicken *n*; Knacks *m* | *auch* **ˌ~ 'fas·ten·er** Druckknopf *m* | knuspriges Gebäck ⟨lemon ~ Zitronenkeks *m*⟩ | grober Wortwechsel *m* | *umg* Schwung *m*, Schmiß *m*, Mumm *m* ⟨to put some ~ into it Dampf dahinter machen⟩ | Schnappschloß *n*, Schnapper *m* | *Foto* Schnappschuß *m*, Momentaufnahme *f* | *dial* Happen *m* | kurze (Wetter-) Periode *f* ⟨cold ~ Kältewelle *f*; in a ~ im Nu⟩ | *Am umg* (e-e Art) Kinderspiel *n* | *Am Sl* Klacks *m*, Lappalie *f* ⟨a soft ~ eine leichte Sache⟩; **'~ beans** *s/pl Am* Schnittbohnen *f/pl*; **'~ˌdrag·on** *s Bot* Löwenmaul *n* | Rosinenfischen *n* (Weihnachtsspiel) | herausgefischte Rosine *f*; **'~ hook** *s Tech* Karabinerhaken *m* | Bergsteigerkarabiner *m*; **ˌ~-in 'con·tact** *s* Einschnappkontakt *m*; **'~ lock** *s* Schnappschloß *n*; **'~ ˌmag·net** *s* Schnappmagnet *m*; **'~per** *s* Peitschenriemen *m* | *Zool* (Art) Tropenfisch *m*; **'~ping** *adj* schnappend, beißend ⟨≈ cold bitter kalt⟩; **'~pish** *adj* bissig, beißend | schnippisch | grob, barsch; **'~py** *adj* bissig, beißend | mürrisch | schnippisch | *umg* munter, lebhaft, energisch ⟨make it ≈!, look ≈! *umg* ein bißchen fix *od* munter!⟩ | *urspr Am* schick, elegant; **'~shot** *Foto* **1.** *s* Schnappschuß *m*, Momentaufnahme *f*; **2.** (**'~shot·ted, '~shot·ted**) *vi, vt* einen Schnappschuß machen (von)

snare [snɛə] **1.** *s* Schlinge *f*, Fallstrick *m* | (*oft pl*) *übertr* Falle *f*, Versuchung *f*; **2.** *vt* mit einer Schlinge fangen | *übertr* einfangen, erhaschen, ergattern ⟨to ~ a good job e-e gute Stelle erwischen⟩ | *übertr* umgarnen, (jmdm.) eine Falle stellen; **'~ drum** *s Mus* Schnarrtrommel *f*; **snar·er** ['~rə] *s* Schlingenleger *m*, Fallensteller *m*

¹snarl [snɑ:l] **1.** *vi* sich verfitzen (Wolle u. ä.); *vt* (*oft pass*) verwirren, verwickeln | *bes* **~ up** *umg* (Verkehr u. ä.) blokkieren, durcheinanderbringen | (Plan) vermasseln; **2.** *s* (Garn u. ä.) Knäuel *m*, Knoten *m* | *dial* (Holz) Knorren | *übertr* Verwicklung *f*; Verwirrung *f* | Mißverständnis *n*

²snarl [snɑ:l] **1.** *vi* (wütend) knurren, Zähne fletschen (Hund) | brummen, murren (Person) ⟨to ~ at s.o. jmdn. anfauchen⟩; **2.** *s* Knurren *n*, Zähnefletschen *n*; **'~er** *s übertr* Brummbär *m*

snarl-up ['snɑ:lʌp] *s umg* Schlamassel *m*, Drunter und Drüber *n*, Kuddelmuddel *n* | Verkehrschaos *n*

snatch [snætʃ] **1.** *vi* schnappen, greifen (**at** nach) ⟨to ~ at an offer bei einem Angebot zugreifen⟩; *vt* schnappen, (er)greifen, erhaschen, an sich reißen (*auch übertr*) ⟨to ~ a kiss einen Kuß rauben; to ~ a meal schnell etw. essen; to ~ an opportunity eine Gelegenheit wahrnehmen⟩ | wegnehmen, entreißen (**from s.o.** jmdm., **out of s.th.** aus etw.) | *Am Sl* (Kind) entführen; ~ **away** wegnehmen, wegziehen; ~ **up** fassen, aufgreifen, packen; **2.** *s* Schnappen *n*, Zugreifen *n*, schneller Griff (**at** nach) ⟨to make a ~ at s.th. gierig nach etw. greifen⟩ | (*meist pl*) kurze Zeit ⟨by ~es ruckweise, unregelmäßig; to work in ~es keine ständige Arbeit haben⟩ | *meist pl* Stückchen *n*, Bruchstück *n* ⟨short ~es of verse; ~es of conversation⟩ | *Am Sl* Kindesentführung *f*, Kidnapping *n* ⟨to put the ~ on s.o. jmdn. mit Gewalt entführen⟩; **3.** *adj* schnell getroffen, Gelegenheits-, Zufalls- ⟨a ~ decision⟩; **'~er** *s* Taschendieb *m* | *Am Sl* Kidnapper *m*; **'~ squad** *s Brit Mil* Eingreiftruppe *f* (zum Ergreifen von Aufrührern); **'~y** *adj* ruckweise

snaz·zy ['snæzɪ] *adj umg* flott, schnieke

sneak [sni:k] **1.** *vi* schleichen ⟨to ~ about herumschnüffeln⟩ | *übertr* kriechen (**on s.o.** gegenüber jmdm.) | *auch* ~ **away,** ~ **off** sich wegschleichen | *Brit Sl Päd* (ver)petzen (**on s.o.** jmdn.); ~ **up** sich heranschleichen (**on, behind** an); *vt umg* klauen, stehlen; **2.** *s umg* Schleicher *m*, Feigling *m* | *Brit Sl Päd* Petze *f*; **'~ers** *s/pl, auch* **ˌpair of '~ers** *Am umg* leichte Segeltuchschuhe *m/pl* | Turnschuhe *m/pl*; **'~ing** *adj* schleichend | heimlich, still ⟨a ≈ feeling; a ≈ suspicion ein leiser Verdacht⟩ | heimtückisch, hinterlistig, gemein; **'~ thief** *s* (*pl* **'~ thieves**) Gelegenheitsdieb *m*; **'~y** *adj* schleichend, heimtückisch | heikel, wählerisch

sneer [snɪə] **1.** *vi* höhnisch grinsen (**at** über) | spötteln, spotten, sich lustig machen (**at** über); *vt* höhnisch äußern; ~ **down** verhöhnen, verspotten; **2.** *s* höhnisches Grinsen, Hohnlächeln *n* | Hohn *m*, Spott *m* (**at** über); **'~er** *s* Spötter(in) *m(f)*; **'~ing** *adj* höhnisch, spöttisch

sneeze [sni:z] **1.** *vi* niesen ⟨it makes me ~ dadurch muß ich niesen; that is not to be ~d at *übertr umg scherzh* das ist nicht zu verachten⟩; **2.** *s* Niesen *n*; Nieser *m*; **'sneez·er** *Sl s* Riecher *m*, Nase *f* | Kittchen *n*, Gefängnis *n* | alkoholisches Getränk; **'~wort** *s Bot* Nieskraut *n*

[1]**snell** [snel] *s Am* (Stück) Darmsaite *f*, Roßhaar *n* (für Angelhaken)

[2]**snell** [snel] *adj Schott, dial* schnell | scharf, beißend

snick [snɪk] **1.** *vt* (ein)kerben | (Kricket) (den Ball) leicht treffen; **2.** *s* Kerbe *f*, Einschnitt *m* | (Kricket) leichter Schlag

snick·er ['snɪkə] **1.** *vi, bes Am* kichern | wiehern (Pferd); *vt umg* kichernd äußern; **2.** *s bes Am* Kichern *n*, Gekicher *n*

sniff [snɪf] **1.** *vi* schnuppern, schnüffeln (**at** an) | schniefen | *übertr* die Nase rümpfen, sich verächtlich äußern (**at** über) ⟨not to be ~ed at nicht zu verachten⟩ | *umg* (Tabak) schnupfen; *vt auch* ~ **up** riechen, durch die Nase einziehen | *übertr* wittern | *Sl* (Drogen) schnüffeln; ~ **out** *umg* ausschnüffeln, entdecken; **2.** *s* Schnuppern *n*, Schniefen *n*, Schnüffeln *n* | eine Nase voll ⟨to get a ~ of fresh air frische Luft schnappen; one ~ of it is enough einmal daran riechen genügt⟩ | *Sl* kleiner Schluck | *Am umg* Angeber *m*

snif|fle ['snɪfl] **1.** *vi* schnaufen, die Nase hochziehen | schluchzen; **2.** *s* Schnaufen *n*; **'~fles** *s/pl umg* verstopfte Nase, Schnupfen *m*

snif·fy ['snɪfɪ] *adj Brit* übelriechend | *umg* unfreundlich | naserümpfend | anmaßend

snif·ter ['snɪftə] *s Brit* kleiner Schluck Alkohol | *Am* Kognakschwenker *m*

snift·ing valve ['snɪftɪŋ ˌvælv] *s Tech* Schnüffelventil *n*

snift·y ['snɪftɪ] *adj Am* hochmütig, anmaßend

snig·ger ['snɪgə] **1.** *vi* kichern (**at** über); **2.** *s* Kichern *n*, Gekicher *n*

snip [snɪp] **1.** (**snipped, snipped**) *vt* (Papier, Tuch u. a.) schnippeln, schnipseln, schneiden ⟨to ~ paper; to ~ cloth⟩ | (Fahrkarte) knipsen; ~ **away,** ~ **off** ab-, wegschneiden ⟨to ~ off the ends⟩; *vi* schnippeln, schnipseln (**at** an); **2.** *s* Schnippeln *n*, Schnipseln *n* | Schnippel *m*, Schnipsel *m* | Schnitt *m* | *umg* Schneider *m* | (*meist sg*) *Brit umg* Gelegenheitskauf *m* ⟨only 10 p! it's a ~!⟩ | *Am umg* Knirps *m*, kleiner Kerl

snipe [snaɪp] **1.** *s* (*pl* ~) *Zool* Schnepfe *f* | *Mil* Schuß *m* aus dem Hinterhalt | *Am Sl* Zigarren-, Zigarettenstummel *m*; **2.** *vi* Schnepfen schießen | *Mil* aus dem Hinterhalt schießen (**at** auf) | *übertr* angreifen, anschießen (**at s.o.** jmdn.); *vt Mil* aus dem Hinterhalt erschießen; **'snip·er** *s Mil* Scharf-, Heckenschütze *m*

snip|pet ['snɪpɪt] *s* Schnipsel *n*; **'~pets** *s/pl übertr* Bruchstücke *n/pl* | Brocken *m/pl*; **'~ping** *s* Schnipsel *n*, abgeschnittenes Stück

snip·py ['snɪpɪ] *adj umg, dial* schnippisch, kurz angebunden

snips [snɪps] *s* Hand-, Blechschere *f* ⟨a pair of ~⟩

snitch [snɪtʃ] *umg* **1.** *vt* klauen, stibitzen; *vi* verraten, anschwärzen (**on s.o.** jmdn.); **2.** *s* Gauner *m*, Betrüger *m* | *Brit umg scherzh* Rüssel *m* (Nase); **'~er** *s Sl* Anschwärzer *m*, Petze *f*; **'~y** *adj Sl* gemein

sniv|el ['snɪvl] **1.** (**'~elled, '~elled**) *vi* schniefen, die Nase hochziehen | greinen, plärren ⟨≈ing children⟩ | wehleidig tun; *vt* greinen, schluchzend äußern; **2.** *s* Geschluchze *n*, Gewimmer *n*; Geplärr *n* | scheinheiliges Getue *n* | *arch* Nasenschleim *m*; **'~el·ler** *s* weinerlicher Mensch; **'~el·ling** **1.** *adj* weinerlich, wehleidig | triefnasig; **2.** *s* Gejammer *n*

snob [snɒb] *s* Snob *m*, eingebildeter Mensch; **'~ apˌpeal** *s* Snobappeal *m*, Anziehung(skraft) *f(f)* für Snobs, Wirkung *f* auf Snobs; **'~ber·y** *s* Snobismus *m*, Vornehmtuerei *f* ⟨~beries eingebildete Bemerkungen *f/pl*, vornehmes Getue⟩; **'~bish** *adj* snobistisch; vornehmtuend; **'~ism** *s* Snobismus *m*

snog [snɒg] *Brit umg* **1.** *vi* sich abküssen, sich abknutschen; **2.** *s* Abknutschen *n*, Geknutsche *n*

snood [snu:d] *s Schott, dial* Haarband *n* | *Brit* (Schmuck) Haarnetz *n*

snook [snu:k] *s Brit Sl* lange Nase *f* ⟨to cock / cut / make a ~ at s.o. jmdm. eine lange Nase machen⟩

snook·er ['snu:kə] *s* (Art) Billardspiel *n* ◇ **to be ~ed** *umg* in der Klemme sitzen; **'~ ˌta·ble** *s* Billardtisch *m*

snoop [snu:p] *urspr Am umg* **1.** *vi übertr* schnüffeln (**into** nach) | *auch* ~ **around** *übertr* herumschnüffeln; *vt bes Am umg* (jmdn.) bespitzeln, (jmdm.) nachschnüffeln; **2.** *s* Schnüffelei *f* | Schnüffler *m*; Spitzel *m*; **'~er** *s urspr Am umg* Schnüffler(in) *m(f)*; Spitzel *m*; **'~y** *adj Am umg* schnüffelnd, herumspionierend

snoot [snu:t] *s Am Sl* Riecher *m*, Zinken *m* (Nase); **'~y** *adj urspr Am umg* großkotzig, eingebildet, hochnäsig

snooze [snu:z] *umg* **1.** *vi* dösen; *vt, meist* ~ **away** (Zeit) vertrödeln; **2.** *s* Nickerchen *n*, Schläfchen *n* ⟨to have a ~ ein Nickerchen machen⟩

snopes [snəʊps] *s Am umg* (*bes* Südstaaten) rücksichtsloser Geschäftsmann *od* Politiker

snore [snɔ:] **1.** *vi* schnarchen; *vt* (Zeit) verschlafen; **2.** *s* Schnarchen *n*; **'snor·er** *s* Schnarcher *m*

snor·kel ['snɔ:kl] *s Mar* Schnorchel *m*; **'~ mask** *s Mar* Tauchmaske *f*, Schnorchel *m*

[1]**snort** [snɔ:t] *s Brit Mar* Schnorchel *m*

[2]**snort** [snɔ:t] **1.** *vi* schnauben, schnaufen ⟨to ~ at s.o. jmdn. anfahren; to ~ with rage vor Wut schnauben⟩ | *umg* geradeheraus lachen; *vt, oft* ~ **out** (Worte) wütend ausstoßen,

schnauben ⟨to ~ defiance at s.o. jmdn. trotzig anfahren; to ~ out a reply barsch antworten⟩ | (Luft u. ä.) ausblasen, schnaubend ausstoßen, prusten; **2.** *s* Schnauben *n*, Schnaufen *n* ⟨to give a ~ of contempt eine wegwerfende Bemerkung machen⟩ | *Am Sl* Katzensprung *m*, kurze Entfernung; **'~er** *s* Schnaubende(r) *f(m)* | *(meist sg) umg* tolles Ding, tolle Sache ⟨it's a real ≈ das haut einen um⟩ | Mordskerl *m* ⟨a real ≈ at chess ein Riesenas in Schach⟩ | *Am Sl* Raufbold *m*, Unruhestifter *m*; **'~y** *adj umg* aufgebracht, gereizt | naserümpfend

snot [snɒt] *s dial, vulg* Rotz *m*; **'~ty 1.** *adj vulg* rotzig, Rotz- | *umg* schlecht gelaunt; **2.** *s Brit Mar Sl* Oberfähnrich *m*; **'~ty-nosed** *adj Sl* unverschämt

snout [snaʊt] *s* (Tier) Schnauze *f*, Rüssel *m* | *umg* Riecher *m*, Rüssel *m* | *Tech* Mundstück *n*, Tülle *f* | *Sl* Knaster *m*

snow [snəʊ] **1.** *s* Schnee *m* ⟨a heavy fall of ~; deep in ~ tief verschneit; the ~s of old age *übertr* die weißen Haare des Alters⟩ | *Kochk* Schnee *m*, Schaum *m* | *Sl* Koks *m*, Kokain *n*; **2.** *vi* schneien ⟨it ~ed all day⟩; **~ in** *übertr* hereinschneien, in großer Zahl ankommen; *vt* **~ in/up** *(meist pass)* einschneien, mit Schnee bedecken; **~ off** (Sport) wegen Schnee absetzen ⟨to be ~ed off wegen starken Schneefalls ausfallen⟩; **~ under** *übertr* erdrücken, dekken ⟨they were ~ed under with invitations sie wurden mit Einladungen überschüttet⟩; **'~ball 1.** *s* Schneeball *m* | Schneeballschlacht *f* | *Bot* Schneeball *m* | *Brit* Reisauflauf *m* ◇ **a ~ball's chance in hell** *umg* nicht die Spur einer Chance; **2.** *vi* sich mit Schneebällen werfen | *übertr umg* aufschneiden | *übertr* plötzlich schnell anwachsen *od* zunehmen ⟨prices have ≈ed die Preise sind maßlos geklettert⟩; *vt* (jmdn.) mit Schneebällen bewerfen; **'~bank** *s* Schneeverwehung *f*; **'~ber·ry** *s Bot* Schneebeere *f*; **'~bird** *s Sl* Rauschgiftsüchtige(r) *f(m)*; **'~-blind** *adj* schneeblind; **'~bound** *adj* eingeschneit, durch Schnee von der Außenwelt abgeschnitten; **'~capped** *adj lit* (Berg u. ä.) schneebedeckt; **'~ chain** *s* Schneekette *f*; **'~-clad, '~-ˌcov·ered** *adj* schneebedeckt; **'~drift** *s* Schneewehe *f*; **'~drop** *s Bot* Schneeglöckchen *n*; **'~fall** *s* Schneefall *m*; **'~ fence** *s* Schneezaun *m*; **'~field** *s* Schneefläche *f*; **'~flake** *s* Schneeflocke *f*; **'~ˌflow·er** *s Bot* Schneeglöckchen *n*; **'~ ˌgog·gles** *s/pl* Schneebrille *f*; **'~ ˌleop·ard** *s Zool* Schneeleopard *m*; **'~ ˌlim·it** *s* Schneegrenze *f*; **'~line** *s* (ständige) Schneegrenze; **'~man** ['~mæn] *s* (*pl* **'~men** ['~men]) Schneemann *m*; **'~moˌbile** *s Am* Schneemobil *n*; **'~moˌbil·er** Fahrer *m* eines Schneemobils; **'~plough,** *Am* **'~plow** *s* Schneepflug *m*; **snows** *s/pl* Schneefälle *m/pl* | Schneemassen *f/pl*; **'~shoe 1.** *s* Schneeschuh *m*, -teller *m*; **2.** *vi* mit Schneeschuhen laufen; **'~slide** *s Am* Lawine *f*; **'~storm** *s* Schneesturm *m*; **'~tread** *s Kfz* Schneeprofil *n* (Reifen); **ˌ~-'white** *adj* schneeweiß, weiß wie Schnee; **'~y** *adj* schneeig, schneebedeckt | Schnee- ⟨≈ weather⟩ | schneeweiß | *übertr* makellos, rein

Snr *Abk* von **Senior**

snub [snʌb] **1.** **(snubbed, snubbed)** *vt* (jmdn.) grob anfahren, ausschimpfen, zurechtweisen; (jmdn.) herablassend behandeln ⟨to get ~bed by s.o. von jmdm. einen Rüffel bekommen; to ~ s.o. into silence jmdn. barsch zum Schweigen bringen⟩ | *Mar* (Tau) mit einem Ruck straffziehen; **2.** *s* Verweis *m* ⟨to meet with / suffer a ~ kurz abgefertigt werden⟩ | *selten* Stupsnase *f*; **3.** *auch* **~bed** *adj* abgestumpft, stumpf ⟨a ~ figure⟩; **'~ber** *s Kfz* Stoßdämpfer *m*; **'~by** *adj* grob, barsch | abgestumpft | stupsnäsig; **'~nose** *s* Stupsnase *f*; **'~-nosed** *adj* stupsnäsig, stumpfnasig

snuff [snʌf] **1.** *vt* schnupfen, durch die Nase einziehen, riechen an | (etw.) wittern | (Licht) putzen, schneuzen | (Flamme) löschen | *auch* **~ out** (Kerze) auslöschen | *übertr* (Aufstand u. ä.) niederwerfen | (Hoffnung) zunichte machen | *Sl* umbringen; *vi* (Tabak) schnupfen | riechen; **~ out** *umg* sterben, abkratzen; **2.** *s* Einatmen *n*, Schnüffeln *n* | Schnupftabak *m* ⟨a pinch of ~ eine Prise Schnupftabak; to be up to ~ *umg* gerissen *od* auf Draht sein; kerngesund sein; to give s.o. ~ *übertr* jmdm. schwer zusetzen, jmdm. Saures geben⟩ | Schnuppe *f*, Kerzendocht *m* | *übertr* klägliches Überbleibsel; **'~box** *s* Schnupftabaksdose *f*; **'~-ˌcol·oured** *adj* tabakfarben, gelbbraun; **~'er** *s* Tabakschnupfer(in) *m(f)*; **'~ers** *s/pl* Lichtputzschere *f*

snuf·fle ['snʌfl] **1.** *vi* schnuppern, schnüffeln | näseln, durch die Nase sprechen; *vt, meist* **~ out** (Worte) näseln; **2.** *s* Schnuppern *n*, Schnüffeln *n* | Näseln *n*, näselnder Ton(fall) *m*; **'snuf·fles** *s/pl* Erkältung *f*, Schnupfen *m*

snuff·y ['snʌfɪ] *adj* schnupftabakartig | voll Schnupftabak, mit Schnupftabak beschmutzt | *übertr* verschnupft, gekränkt, beleidigt

snug [snʌg] **1.** *adj* bequem, angenehm, behaglich, geborgen ⟨as ~ as a bug in a rug *übertr umg* urgemütlich, wie die Made im Speck; ~ in bed im warmen Bett⟩ | ordentlich, sauber ⟨a ~ cabin eine saubere Kajüte⟩ | hübsch, stattlich, ausreichend ⟨a ~ fortune⟩ | enganliegend ⟨a ~ dress⟩ | verborgen, geheim ⟨to keep s.th. ~ etw. geheimhalten; to lie ~ sich versteckt halten⟩; **2.** *adv* gemütlich | enganliegend, straffsitzend ⟨~-fitting⟩; **3.** **(snugged, snugged)** *vi* sich anschmiegen; *vt* behaglich herrichten, gemütlich machen; **'~ger·y** *bes Brit s* gemütliches Zimmer, behagliche Bude | Nebenzimmer *n*, -raum *m* (in e-m Gasthaus); **'~gish** *adj* recht gemütlich; **'~gle** *vi* sich anschmiegen; **~gle down** sich hineinkuscheln; **~gle up** sich anschmiegen, sich eng aneinanderdrücken *od* aneinanderschmiegen **(to** an); *vt* (warm) einhüllen | (Kind u. ä.) (an sich) drükken, pressen, liebkosen **(to** an)

so [səʊ] **1.** *adv* so, auf diese Weise ⟨and ~ on, and ~ forth und so weiter; even ~ selbst dann, selbst in diesem Fall; if ~ falls es sich so verhält, wenn ja; is that ~? wirklich?; just/quite ~ ganz recht, eben; or ~ oder so, etwa; ~, and only ~ so und nur so; why ~? warum?, warum denn das?; why did you laugh ~? warum hast du so gelacht?⟩ | *(meist vor adj, adv)* so, dermaßen ⟨be ~ kind as to read sei so gut und lies; ~ … that so …, daß; ~ as so … wie; not ~ … as nicht so … wie; ~ far, ~ good soweit so gut; ~ far as I know soviel ich weiß; ~ long *umg* bis bald!; ~ much for soviel zu; ~ much for that das genügt!, Schluß damit!; ~ much the better (worse) um so besser (schlimmer)⟩ | so (daß) ⟨it was ~ late he left at once⟩ | so (sehr), überaus ⟨ever ~ much so sehr; I am ~ glad ich freue mich so⟩ | also, nun, so … denn ⟨~ it happened so geschah es denn; ~ there! da hast du es!⟩ | *(als Objekt)* es, das ⟨I think ~ das denke ich; I hope ~ ich hoffe (es); I told you ~ das habe ich dir gleich gesagt⟩ | auch ⟨you are tall and ~ am I du bist groß und ich auch⟩; **2.** *conj* daher, deshalb ⟨it was late, ~ we went home es war spät, deshalb gingen wir nach Hause⟩ | so ⟨~ that's that *umg* das ist es also!⟩ ◇ **just ~** solange, wenn nur; **~ what?** *umg* was ist (schon) dabei?

soak [səʊk] **1.** *vt* (ein)weichen **(in** in) | durchnässen, durchweichen ⟨~ed to the skin bis auf die Haut naß; to ~ o.s. in s.th. *übertr* sich in etw. vertiefen⟩ | (Erbsen u. ä.) quellen lassen, einweichen | aufsaugen | imprägnieren | *umg* saufen, viel trinken | *Sl* ausnehmen, neppen, schröpfen ⟨to ~ the tourists⟩ | *Sl* verpfänden, versetzen | *Sl* (jmdm.) einen Schlag versetzen; **~ in** einsaugen; **~ off** (Papier u. ä.) abweichen, ablösen, abziehen; **~ out** aussaugen; (Schmutz u. ä.) aufsaugen; **~ through** (jmdn.) durchnässen, -weichen; **~ up** aufsaugen | abwischen | *übertr* (Wissen u. ä.) in sich aufnehmen, aufsaugen; (Schläge) verdauen; *vi* weichen | sickern (**through** durch) | einsickern (**into** in) | *umg* saufen | *übertr* (Ideen u. ä.) langsam eindringen (**into** in); **2.** *s* (Ein-, Durch-) Weichen *n* ⟨to give s.th. a good ~ etw. gut einweichen⟩ | Einweichwasser *n*, -flüssigkeit *f* ⟨in ~⟩ | *umg* Regenguß *m* | *Sl* Sauferei *f* | *Sl* Säufer *m*, versoffener Kerl ⟨an old ~⟩ | *Sl* schwerer Schlag | *Sl* Pfand *n*; **soaked** [səʊkt] *adj* (völlig) durchnäßt | *übertr* erfüllt (**with, in** von) ⟨≈ in memories reich an Erinnerungen⟩ | *Sl* besoffen; **'~er** *umg s* Regenguß *m* | Säufer *m*

so-and-so ['səʊnˌsəʊ] *s* (*pl* **'so-and-ˌsos**) Soundso *m*, *f* ⟨Mr ≈ Herr Soundso⟩ | *umg verächtl, euphem* Bursche *m*, Halunke *m* ⟨he's an old ~ er ist ein alter Halunke⟩

soap [səʊp] **1.** *s* Seife *f* ⟨a bar/cake of ~ ein Stück Seife; household ~ Kernseife *f*; shaving ~ Rasierseife *f*; soft ~ Schmierseife *f*; toilet ~ Toilettenseife *f*⟩ | *Am Sl, bes Pol* Schmiergeld *n* | = **~ opera** ◇ **no ~** *Am umg* ohne Erfolg, umsonst; **2.** *vt, auch* **~ up** ein-, abseifen ⟨to ~ o.s. down sich richtig abseifen⟩ | *übertr umg* (jmdm.) schmeicheln; *vi* sich einseifen; **'~ ˌboil·er** *s* Seifensieder *m*; **'~ ˌboil·ing** *s* Seifensieden *n*; **'~box** *s* Seifenkiste *f*, -behälter *m* | *Sl* behelfsmäßige Rednerbühne; **ˌ~box 'der·by** *s* Seifenkistenrennen *n*; **'~ˌbox·er** *s* Dauerredner *m*; **'~ ˌbub·ble** *s* Seifenblase *f* (*auch übertr*); **'~ dish** *s* Seifenschale *f*; **'~flakes** *s/pl* Seifenflocken *f/pl*; **'~ ˌop·er·a** *s urspr Am umg Rundf, Ferns* Rührstück *n*; **'~ ˌpow·der** *s* Seifenpulver *n*; **'~root** *s Bot* Seifenwurz *f*; **'~stone** *s Min* Seifen-, Speckstein *m*; **'~suds** *s/pl* Seifenlauge *f*; **'~works** *s/pl* Seifensiederei *f*; **'~wort** *s Bot* Seifenkraut *n*; **'~y** *adj* seifig, Seifen- | *übertr* schmeichlerisch, einschmeichelnd ⟨a ≈ voice⟩ | *übertr umg* rührselig, schmalzig, kitschig, sentimental

soar [sɔ:] **1.** *vi* in großer Höhe fliegen | *Flugw* segeln | (Gebäude u. ä.) sich hoch erheben | *übertr* sich aufschwingen | *übertr* steigen ⟨prices ~ed⟩; **2.** *s* Aufsteigen *n* | *übertr* Gedankenflug *m*; **'~ing 1.** *adj* hoch, hochfliegend ⟨a ≈ flight ein Flug in großer Höhe⟩ | hoch-, emporragend ⟨a ≈ spire⟩ | *übertr* ehrgeizig, hochfliegend | *übertr* erhaben; **2.** *s* Segelflug *m*, Segeln *n*

sob [sɒb] **1.** (**sobbed, sobbed**) *vi* schluchzen; *vt, auch* **~ out** schluchzend hervorstoßen ⟨to ~ out the whole story die ganze Geschichte unter Schluchzen erzählen⟩ | (heraus)schluchzen ⟨to ~ one's heart out bitterlich weinen; to ~ o.s. to sleep schluchzen, bis man einschläft⟩; **2.** *s* Schluchzen *n*, Geschluchze *n*; Schluchzer *m*

so·ber ['səʊbə] **1.** *adj* nüchtern, nicht betrunken ⟨as ~ as a judge stocknüchtern⟩ | (Person) mäßig | (Person) beherrscht, gelassen, ruhig | nüchtern, ernst, vernünftig, sachlich denkend, klar ⟨a ~ estimate eine nüchterne Einschätzung; in ~ earnest in vollem Ernst; in ~ fact in Wirklichkeit, nüchtern betrachtet⟩ | vorsichtig ⟨a ~ judgment⟩ | (Farbe) matt, gedämpft | (Kleidung) schlicht, unauffällig; **2.** *vt umg, oft* **~ down** nüchtern machen, ernüchtern; *vi* nüchtern werden; **~ up** *umg vt* munter *od* nüchtern machen; *vi* aufwachen, munter werden; **'~ˌmind·ed** *adj* ruhig, besonnen; **'~sides** *s scherzh* Trauerkloß *m*

so·bri·e·ty [sə'braɪətɪ] *meist lit s* Nüchternheit *f* | Besonnenheit *f*, Ruhe *f* | Ernsthaftigkeit *f*

so·bri·quet ['səʊbrɪkeɪ] *s* Spitzname *m*

sob|sis·ter ['sɒbsɪstə] *s* Heulsuse *f* | *Am Sl* Schreiber *m* sentimentaler Geschichten; **'~ ˌsto·ry** *s umg* Rührstory *f*; **'~ stuff** *s urspr Am Sl* Schnulze *f*, rührselige Story, kitschiger Film

soc [sɒk] *Hist Jur s* Gerichtsbarkeit *f* | Gerichtsbezirk *m*; **'~age** *Hist Jur s* Lehensleistung *f* | Belehnung *f* | Dienstlehen *n*, Fron *f*

so-called ['səʊ kɔ:ld] *adj* sogenannt | angeblich

soc·cage ['sɒkɪdʒ] = **socage**

soc·cer ['sɒkə] **1.** *s umg* Fußball(spiel) *m*(*n*); **2.** *adj* Fußball- ⟨~ team⟩

so·cia|bil·i·ty [ˌsəʊʃə'bɪlətɪ] *s* Geselligkeit *f*; **~ble** ['səʊʃəbl] **1.** *adj* gesellig ⟨a ≈ animal⟩ | freundlich, umgänglich, liebenswürdig ⟨a ≈ fellow⟩ | gemütlich, ungezwungen ⟨a ≈ evening⟩ | Gesellschafts-; **2.** *s* Plaudersofa *n* | Kremser *m* | *Am* geselliges Beisammensein (*bes* der Kirchengemeinde)

so·cial ['səʊʃl] **1.** *adj* Gesellschafts-, sozial ⟨~ advancement sozialer Aufstieg; ~ equals sozial Gleichgestellte *m/pl*; ~ reforms⟩ | *Pol* Sozial-, sozialistisch ⟨~ democrats⟩ | gesellschaftlich ⟨~ activities gesellschaftliche Veranstaltungen *f/pl*⟩ | (Tiere u. ä.) in Gemeinschaft lebend, gesellig ⟨~ ants⟩ | (Person) gesellig, umgänglich ⟨a ~ club ein Geselligkeitsverein⟩ | gemütlich, in Gesellschaft ⟨a ~ evening⟩ | Volks- ⟨~ customs Volksbräuche *m/pl*⟩; **2.** *s* geselliges Beisammensein, Treffen *n*; **ˌ~ an·thro'pol·o·gy** *s* Sozialanthropologie *f*; Volkskunde *f*; **ˌ~ 'climb·er** *s verächtl* jmd., der nur auf seinen sozialen Aufstieg bedacht ist; *verächtl* Emporkömmling *m*; **ˌ~ 'dem·o·crat** *s Pol* Sozialdemokrat *m*; **ˌ~ 'hall** *s Am* Gemeindesaal *m*; **ˌ~ 'his·to·ry** *s* Kultur-, Sittengeschichte *f*; **ˌ~ in'sur·ance** *s* Sozialversicherung *f*

so·cial|ism ['səʊʃlɪzm] *s Pol* Sozialismus *m*; **'~ist 1.** *s* Sozialist(in) *m*(*f*) | *Pol* Angehörige(r) *f*(*m*) einer sozialistischen Partei | *Brit Pol umg* Mitglied *n* der Labour-Party ⟨the ≈s⟩; **2.** *adj* sozialistisch; **≈ist** *Brit Pol umg* Labour-; **ˌ~'is·tic** *adj* sozialistisch

soc·ial|ite ['səʊʃlaɪt] *s urspr Am umg* Prominente(r) *f*(*m*), Angehörige(r) *f*(*m*) der oberen Zehntausend | Dame *f* der Gesellschaft; **~i·ty** [ˌsəʊʃɪ'ælətɪ] *s* Geselligkeit *f*; Geselligkeits-, Gesellschaftstrieb *m*

soc·ial|i·za·tion [ˌsəʊʃlaɪ'zeɪʃn] *s* Sozialisierung *f*; **'~ize** *vt* sozialisieren, verstaatlichen ⟨~ized medicine *Am* freie medizinische Versorgung⟩ | gesellig machen; gesellschaftsfähig machen | *vi Am* gesellschaftlich verkehren (**with** mit); **ˌ~ 'sci·ence** *s* Gesellschafts-, Sozialwissenschaft *f*; **ˌ~ se'cu·ri·ty** *s* Wohlfahrtsunterstützung *f* ⟨to be on ≈ Unterstützungsempfänger sein, Wohlfahrtsunterstützung erhalten⟩; **ˌ~ 'serv·ice** *s* (staatliche) Fürsorge; **'~ work** *s* Fürsorgearbeit *f*; **'~ ˌwork·er** *s* Fürsorger(in) *m*(*f*), Sozialarbeiter(in) *m*(*f*)

so·ci·e·ty [sə'saɪətɪ] **1.** *s* Gesellschaft *f* ⟨human ~⟩ | elegante Gesellschaft, große Welt ⟨high ~; the leaders of ~ die Spitzen *f/pl* der Gesellschaft⟩ | Gesellschaft *f*, (gesellschaftlicher) Umgang, Verkehr *m* ⟨in the ~ of s.o.⟩ | gesellschaftliches Leben, Geselligkeit *f* | Gesellschaft *f*, Verein *m* ⟨building ~ Baugenossenschaft *f*; debating ~ Diskutierklub *m*; co-operative ~ (Konsum) Genossenschaft *f*; secret ~ Geheimbund *m*⟩; **2.** *adj* Gesellschafts-, aus der vornehmen Gesellschaft ⟨~ gossip vornehmer Klatsch; ~ news Gesellschaftsnachrichten *pl*; ~ lady/woman Dame *f* von Welt, Lebedame *f*; ~ verse Salonlyrik *f*⟩

so·ci·o- [səʊʃəʊ|səʊsɪə(ʊ)] *Wortelement mit der Bedeutung:* Sozio-, Gesellschafts-, Sozial-, soziologisch (*z. B.* **~economic; ~economics**)

so·ci·o·ec·o·nom·ic sta·tus [ˌsəʊsɪəˌekəˌnɒmɪk 'steɪtəs] *s* sozialökonomischer Status *od* Index

so·ci|o·gram ['səʊsɪəʊgræm] *s* Soziogramm *n*; **~og·ra·phy** [ˌsəʊsɪ'ɒgrəfɪ] *s* Soziographie *f*; **~o·lin·guis·tic** [ˌsəʊsɪəʊlɪŋ'gwɪstɪk] *adj* soziolinguistisch; **~o·lo·gese** [ˌsəʊsɪəle'dʒi:s] *s* Jargon *m* der Soziologen; **~o'log·ic, ~o'log·i·cal** *adj* soziologisch; **~ol·o·gist** [ˌsəʊsɪ'ɒlədʒɪst] *s* Soziologe *m*; **~ol·o·gy** [ˌsəʊsɪ'ɒlədʒɪ] *s* Soziologie *f*; **~o·met·ric** [ˌsəʊsɪə'metrɪk] *adj* soziometrisch; **~om·etry** [ˌsəʊsɪ'ɒmɪtrɪ] *s* Soziometrie *f*

[1]**sock** [sɒk] *s* Socke *f* ⟨ankle ~s Söckchen *pl*⟩ | *Brit* Einlege-

sohle *f* | Wind-, Luftsack *m* ◇ **put a ~ in it!** *bes Brit scherzh* (nun) hör (aber) auf!, sei still!; **pull up your ~s** *Brit umg* streng dich mal an!

²**sock** [sɒk] *Sl* **1.** *vt* schlagen, knallen ⟨to ~ s.o. on the jaw jmdm. eins in die Fresse hauen; ~ it to him! verpaß ihm was!; *übertr* stoß ihm mal Bescheid!, gib's ihm mal richtig!⟩ | (jmdn.) verdreschen; **2.** *s* harter Schlag ⟨give him ~s! gib's ihm!⟩; **3.** *adj* genau, direkt, geradewegs ⟨to hit s.o. ~ in the eye jmdm. eins genau ins Auge hauen *od* knallen⟩

³**sock** [sɒk] **1.** *s Brit Sl* Bonbon *n*; **2.** *vt* (jmdm.) Süßigkeiten geben; *vi* naschen

sock·dol·a·ger [sɒk'dɒlədʒə] *Am Sl s* entscheidender Schlag | *übertr* entscheidende Sache | etw. Außergewöhnliches ⟨a real ~ ein ganz dicker Hund⟩

sock·er ['sɒkə] *umg* für **soccer**

sock·et ['sɒkɪt] **1.** *s Anat* (Augen-, Zahn-) Höhle *f* | *Anat* Gelenkpfanne *f* | *Tech* Muffe *f*, Flansch *m* | *El* Fassung *f*; **2.** *vt* mit einem Ansatz versehen | *Tech* in eine Muffe stekken | (Golfball) socketieren; '**~ joint** *s Anat, Tech* Kugelgelenk *n*

so·cle ['sɒkl] *s Arch* Sockel *m*, Untersatz *m*

¹**sod** [sɒd] **1.** *s* Rasen *m*, Grasnarbe *f* ⟨under the ~ unterm Rasen, im Grab⟩ | Rasenstück *n* | *übertr umg* Heimat(land) *f*(*n*) ⟨back to the old ~ zurück in die vertraute Heimat⟩; **2.** ('**~ded,** '**~ded**) *vt* mit Rasen bedecken

²**sod** [sɒd] *Brit Sl* **1.** *s* (Person) Schwein *n*, Saukerl *m* ⟨you stupid ~ du blöde Sau!⟩ | *scherzh* Kerl *m*, Bruder *m*, Bursche *m* ⟨a nice old ~⟩ | *verächtl* Mist *m*, Dreck *m*, Scheiße *f* ⟨it's a real ~!⟩ ◇ **not give/care a ~** sich einen Dreck kümmern; **2.** *vulg vt, vi in:* **~ it!** Scheiße!; **~ off!** hau ab!, zieh Leine!; **~ you!** verdammt!

so·da ['səʊdə] *s Chem* Soda *n*, Natriumkarbonat *n*, kohlensaures Natrium | Soda-, Mineralwasser *n* ⟨whisky and ~⟩; '**~ ash** *s Wirtsch* Soda *n* | *Chem* Sodaasche *f*; '**~ ˌcrack·er** *s Am* (Backpulver-) Plätzchen *n*; '**~ ˌfoun·tain** *s* Siphon *m* | *urspr Am* Ausschank *m* alkoholfreier Getränke; Imbißstube *f*, Eisbar *f*

so·da·lite ['səʊdəlaɪt] *s Min* Sodalith *m*

so·dal·i·ty [səʊ'dælətɪ] *s Rel* karitative Brüderschaft

so·da| lye ['səʊdə ˌlaɪ] *s Chem* Natronlauge *f*; '**~ pop** *s Am umg* Limonade *f*, Mineralwasser *n* mit Geschmack | Soda *n* mit Eis; '**~ ˌwa·ter** *s* Soda-, Mineralwasser *n*, Selterwasser *n*, Sprudel *m*; '**~ works** *s/pl* Sodafabrik *f*

sod·den ['sɒdn] **1.** *adj* ein-, durchgeweicht, triefnaß ⟨~ with wet durchnäßt⟩ | (Brot) schliff[ig], nicht durchgebacken | (Gesicht) aufgedunsen | *übertr* betrunken ⟨~ with drink sinnlos betrunken⟩ | *umg* albern, dumm ⟨drink-~ durch Alkohol verdummt⟩ | *arch* gesotten, gekocht; **2.** *vt* durchnässen, einweichen; *vi* durchnäßt werden

sod lift·er ['sɒd ˌlɪftə] *s Tech* Rasenheber *m*

so·di·um ['səʊdɪəm] *s Chem* Natrium *n*; **ˌ~ bi'car·bon·ate** *s* Natriumbikarbonat *n*; **ˌ~ 'car·bon·ate** *s* Natriumkarbonat *n*; **ˌ~ 'chlo·ride** *s* Natriumchlorid *n*, Kochsalz *n*; **ˌ~ 'ni·trate** *s* Chilesalpeter *m*, Natriumnitrat *n*

sod|om·ite ['sɒdəmaɪt] *s* Sodomit(in) *m*(*f*); **~om·y** ['~əmɪ] *s* Sodomie *f*

so·ev·er [səʊ'evə] **1.** *adv* (*bes nach* **any**) auch immer, nur immer ⟨any player ~ welcher Spieler auch immer; how fair ~ she may be⟩; **2.** *in Zus* … auch immer ⟨how~ wie auch immer; who~ wer auch immer⟩

so·fa ['səʊfə] *s* Sofa *n*; '**~bed** *s* Bett-, Schlafcouch *f*

sof·fit ['sɒfɪt] *s Arch* Soffitte *f*, Laibung *f* (e-s Bogens)

soft [sɒft] **1.** *adj* weich (*Ant* hard) ⟨~ soil; ~ landing⟩ | (Oberfläche) glatt, geschmeidig, weich ⟨a ~ fur; ~ goods Textilgewebe *n/pl*⟩ | (Klima) mild, angenehm ⟨a ~ breeze eine leichte Brise⟩ | *Brit* feucht, regnerisch ⟨~ weather Tauwetter *n*⟩ | (Licht, Farbe) angenehm, gedämpft | weich, sanft ⟨a ~ voice⟩ | (Töne) leise, gedämpft ⟨~ music⟩ | (Umriß) unscharf | (Wasser) weich, enthärtet | *urspr Am umg* alkoholfrei ⟨a ~ drink⟩ | (Droge) weich | (Worte) ruhig, gelassen ⟨a ~ answer eine höfliche Antwort⟩ | (Wein) leicht, lieblich | sanftmütig, mitfühlend, gütig ⟨a ~ character; a ~ heart; to have a ~ spot for s.o. für jmdn. eine Schwäche haben⟩ | *umg* verliebt, zärtlich ⟨to be ~ about s.o. alles für jmdn. tun; vernarrt sein in jmdn.⟩ | freundlich; einschmeichelnd, schmeichlerisch ⟨~ words⟩ | mild, nachgiebig ⟨a ~ line eine nachgiebige Haltung; a ~ sentence ein mildes Urteil⟩ | empfindsam ⟨to be not as ~ as one looks⟩ | weichlich, verweichlicht, schlaff ⟨to get ~ schwach werden; verwöhnt werden⟩ | *Phys* weich | *Ling* weich, palatalisiert; stimmhaft | bequem, leicht ⟨a ~ job, a ~ thing *Sl* eine bequeme Beschäftigung, eine Masche, ein gut bezahlter Job⟩ | *umg* einfältig, dumm ⟨you must be ~ du spinnst wohl!⟩; **2.** *adv* leise; **3.** *interj* langsam; **4.** *s umg* Schwächling *m*; '**~ball** *s Am* Softball(spiel) *m*(*n*); **ˌ~ 'birth** *s* schmerzarme Geburt; **ˌ~-'boiled** *adj* (Ei) weichgekocht; **ˌ~ 'coal** *s Tech* Fett-, Weichkohle *f*, bituminöse Kohle; **ˌ~ 'cur·ren·cy** *s Wirtsch* weiche Währung; **ˌ~ 'drug** *s* weiche Droge

sof·ten ['sɒfn] *vt* weich machen, biegsam machen | (Wasser) enthärten, weich machen | (Geräusch, Licht) dämpfen | (Schmerz) lindern, mildern | *umg auch* **~ up** besänftigen, weich machen | zarter machen, veredeln | *umg auch* **~ up** schwächen; **~ up** *Mil* (Gegner) zermürben, weich machen | (Person) milde stimmen | (Kunden) kaufwillig machen | einschüchtern; *vi* weich werden, biegsam werden | sich mildern | (Farben) sich verschmelzen; **~ up** weich werden (Material) | schwach *od* nachgiebiger werden (**on s.o.** gegenüber jmdm.); '**~er** *s* Enthärtungsmittel *n*; Weichmacher *m*; '**~ing** ['sɒfn̩ɪŋ] *s* Erweichen *n* | *Ling* Erweichung *f* | *übertr* Weichwerden *n*, Nachgiebigkeit *f*; '**~ing of the 'brain** *s Med* Gehirnerweichung *f*

soft|foot·ed [ˌsɒft'fu:tɪd] *adj* (Person) leise, behende, vorsichtig; **ˌ~ 'fur·nish·ings** *s/pl Brit* Vorhänge, Teppiche, Kissen *pl* (eines Zimmers); '**~ goods** *s/pl Brit* Textilien *f/pl*; '**~head** *s* Dummkopf *m*; **ˌ~'head·ed** *adj* dumm, schwachsinnig; **ˌ~'heart·ed** *adj* weichherzig; '**~ie** *s* = **softy**; '**~ish** *adj* etw. weich; **ˌ~-'land 1.** *vi Flugw* weich landen; **2.** *s* weiche Landung; **ˌ~-'land·er** *s* (Raum-) Fahrzeug *n* für weiche Landung; **ˌ~'land·ing** = **ˌ~-'land 2.**; **ˌ~ 'lens** *s* Plastik(kontakt)linse *f*; '**~ line** *s Pol* weicher Kurs (*Ant* hard line); '**~-ˌlin·er** *s Pol* Verfechter eines weichen *od* flexiblen Kurses; '**~ ˌmon·ey** *s* Papiergeld *n*; **ˌ~ 'op·tion** *s übertr* Dünnbrettbohrerei *f*, Entscheidung *f* für die leichte Sache; **ˌ~ 'pal·ate** *s* weicher Gaumen; **ˌ~-'ped·al** (**~-'ped·alled, ~-'ped·alled**) *vi, vt Mus* mit gedämpftem Pedal spielen | *urspr Am umg übertr* (etw.) gemildert *od* weniger laut vorbringen, (etw.) mildern, dämpfen; **ˌ~ 'porn** *s* weicher Porno; **ˌ~ 'science** *s, Am umg* nicht exakte Wissenschaft, Geisteswissenschaft *f*; **ˌ~ 'sell** *s Wirtsch* Softsell *m*, weiche Verkaufstaktik; **ˌ~ 'snap** *s Am Sl* Druckposten *m*; **ˌ~ 'soap** *s* Schmierseife *f* | *urspr Am Sl* Schmeichelei *f*, Schmus *m* ⟨to hand out ≈ Komplimente machen⟩; '**~-soap** *vt* mit Schmierseife einschmieren | *urspr Am Sl* (jmdm.) schmeicheln; *vi* Schmierseife benutzen; **ˌ~-'sol·der** *Tech* **1.** *vt* weich-, schnellöten; **2.** *s* Weich-, Schnellot *n*; **ˌ~-'spo·ken** *adj* leise sprechend | *übertr* gewinnend, freundlich, (ein)schmeichelnd; '**~ spot** *s umg* schwache Seite *od* Stelle; **ˌ~ 'tack** *s Mar* Weißbrot *n*; '**~ware** *s* (Computer) Software *f*, Computerprogramm(ierung) *n*(*f*); **ˌ~-'wit·ted** *adj* dumm, blöd; '**~wood** *s* Weichholz *n*; '**~y** *s umg*

Schwächling *m*, Waschlappen *m* | Dummkopf *m*

sog·gy ['sɒgɪ] *adj* durchnäßt | (Boden) feucht, sumpfig | *übertr* verdrießlich | *Am* geistlos

soi-di·sant [ˌswɑ:'di:zɒ̃|zɑ:ŋ] ⟨*frz*⟩ *adj* angeblich, sogenannt

soi|gné ['swɑ:njeɪ] ⟨*frz*⟩ *adj* (Mann) gepflegt; **'~gnée** *adj* (Frau) gepflegt

[1]**soil** [sɔɪl] *s* Erde *f*, Boden *m* ⟨good/poor ~; clay ~s⟩ | *übertr förml* Heimaterde *f* ⟨one's native ~ die heimatliche Scholle⟩ | *(mit best art) förml* Scholle *f*, Landwirtschaft *f* ⟨to live from the ~⟩

[2]**soil** [sɔɪl] **1.** *vt* schmutzig machen, beschmutzen | *übertr* besudeln ⟨to refuse to ~ one's hands sich nicht die Hände schmutzig machen wollen⟩ | (Boden) düngen; *vi* schmutzig werden, schmutzen ⟨to ~ easily leicht schmutzen⟩; **2.** *s* Beschmutzen *n* | Schmutzfleck *m* | *übertr* Schmutz *m* | Dünger *m*, Dung *m*, Kompost *m*

[3]**soil** [sɔɪl] *vt* mit Grünfutter füttern; **'~age** *s* Grünfutter *n*

soil·ed ['sɔɪld] *adj* schmutzig, beschmutzt

soil pipe ['sɔɪl paɪp] *s* Abflußrohr *n* (am Wasserklosett)

soi|ree, ~rée ['swɑ:reɪ] *s* ⟨*frz*⟩ Soiree *f*, Abendgesellschaft *f*

so·journ ['sɒdʒɜ:n] *förml* **1.** *vi* sich vorübergehend aufhalten (**at a place** an einem Ort; **in** in; **with** bei); **2.** *s* vorübergehender Aufenthalt; **'~er** *s* Besucher *m*, Gast *m*

soke [səʊk] *s Brit Jur Hist* Recht *n* der Ausübung der Gerichtsbarkeit | Gerichtsbarkeitsbezirk *m*

Sol [sɒl] ⟨*lat*⟩ *lit, scherzh* Sonne *f* ⟨old ~ die gute alte Sonne⟩

[1]**sol** [sɒl] *s Chem* kolloide Lösung

[2]**sol** [sɒl] *s Mus* Sol *n* ⟨to sing [a] ~⟩

so·la ['səʊlə] *s Bot* Solastrauch *m*

sol·ace ['sɒlɪs] **1.** *s* Trost *m* (**in** in, **to** für) | Erquickung *f*; **2.** *vt* trösten ⟨to ~ o. s. with s. th sich mit etw. trösten⟩ | erquicken, aufmuntern, aufheitern | mildern, lindern; **'~ment** *s* Trost *m*

so·lan ['səʊlən] *s Zool* Tölpel *m*, Weißer Seerabe

sol·a·na·ceous [ˌsɒlə'neɪʃəs] *adj Bot* Nachtschatten-, zu den Nachtschattengewächsen gehörig

so·lan goose ['səʊlən gu:s] = **solan**

so·la·num [sɒ'leɪnəm] *s Bot* Nachtschatten *m*

so·lar ['səʊlə] **1.** *adj* Sonnen-, Solar-; von der Sonne ausstrahlend; **2.** *s* Sonnenenergie *f* | *Hist* Söller *m*; **ˌ~ 'cell** *s Phys, Tech* Sonnenzelle *f*; **ˌ~ col'lec·tor** = **~ panel**; **'~ ˌcy·cle** *s Astr* Sonnenfleckenzyklus *m*; **'~ eˌclipse** *s Astr* Sonnenfinsternis *f*; **'~ism** *s* Solarismus *m*, Sonnenanbetung *f*; **~i·um** [səʊ'lɛərɪəm] *s* (*pl* **~i·a** [-ɪə]) *Med* Solarium *n*, Sonnenliegeraum *m*, Raum *m* für Sonnenbäder; **~i·za·tion** [ˌsəʊləraɪ'zeɪʃn] *s Foto* Solarisation *f*; **~ize** [~raɪz] *vt Foto* überbelichten; **ˌ~ 'pan·el** *s* Sonnenkollektor *m*; **ˌ~ 'plex·us** *s Anat* Solarplexus *m*, Sonnengeflecht *n*; **ˌ~ 'pow·er** *s* Sonnenkraft *f*, -energie *f*; **'~ ˌspec·trum** *s Phys* Sonnenspektrum *n*; **'~ ˌsys·tem** *s Astr* Sonnensystem *n*; **ˌ~ 'time**, **ˌ~ 'year** *s Astr* Sonnenjahr *n*

so·la·ti|um [səʊ'leɪʃɪəm] *s* (*pl* **~a** [~ə]) Trostpreis *m* | *Jur* Entschädigung *f*

sold [səʊld] *prät* u. *part perf* von ↑ **sell**

sol·der ['sɒldə|'səʊldə] **1.** *s Tech* Lot *n*, Lötmetall *n* ⟨hard ~ Hart-, Schlaglot; soft ~ Weich-, Schnellot⟩ | *übertr* Bindemittel *n*; **2.** *vt Tech* löten | *übertr* verbinden, zusammenfügen; *vi* löten | gelötet werden; **'~ing aid** *s* Lötzubehör *n*; **'~ing ˌcop·per**, **'~ing ˌi·ron** *s* Lötkolben *m*; **'~ing ˌliq·uid** *s* Lötwasser *n*; **'~ing paste** *s* Lötmittel *n*; **'~ing seam** *s* Lötstelle *f*

sol·dier ['səʊldʒə] **1.** *s* Soldat *m* (*Ant* officer) ⟨old ~ *umg* alter Kämpfer; *Sl* altes Exemplar; *Sl* leere Flasche; *Sl* Zigarrenstummel *m*; private ~ einfacher Soldat, Schütze *m*; to play at ~s Soldat spielen⟩ | Feldherr *m*, Befehlshaber *m* ⟨a great/poor ~⟩ | *übertr* Soldat *m*, Krieger *m*, Kämpfer *m* ⟨a ~ in the cause of s.th. jmd., der sich für etw. einsetzt *od* um etw. verdient macht⟩ | *Zool* (Ameisen) Krieger *m*; **2.** *vi* als Soldat dienen, Soldat sein ⟨to go ~ing Soldat werden⟩; **~ on** *vi Mil* weiterdienen | *übertr* weiter mitmachen, durchhalten, sich nicht unterkriegen lassen; **~like** ['~laɪk], **'~ly** *adj* soldatisch, Soldaten- | *übertr* soldatisch, stramm; **ˌ~ of 'for·tune** *s* Glücksritter *m* | Söldner *m*; **'~ship** *s* Soldatentum *n* | militärische Erfahrung *f*; **'~'s home** *s* Soldaten-, Versehrtenheim *n*; **~y** [~rɪ] *s lit* Militär *n*; Soldaten *m/pl* | Soldateska *f*, wilder Soldatenhaufen ⟨brutal ≈⟩

[1]**sole** [səʊl] **1.** *s* Fußsohle *f* | (Schuh-) Sohle *f* | *Tech* Bodenfläche *f*, Boden *m* | *Geogr* Talsohle *f* | *übertr* untere Fläche, unterer Teil; **2.** *vt* besohlen ⟨to ~ a shoe; rubber~ mit Gummisohlen⟩

[2]**sole** [səʊl] *adj* einzig, alleinig, Allein- ⟨the ~ cause; the ~ right⟩ | *poet* einsam, allein | *Jur, Wirtsch* Allein- ⟨~ heir Allein-, Universalerbe *m*; ~ agency Alleinvertretung *f*⟩ ◇ **feme ~** ['fi:m 'səʊl] *Jur* unverheiratete Frau, Ledige *f*

[3]**sole** [səʊl] *s Zool* Seezunge *f*

sol·e|cism ['sɒlɪsɪzm] *s* Sprachfehler *m*, grammatischer Fehler | Unschicklichkeit *f*, Fauxpas *m* | *übertr* Verstoß *m*, Irrtum *m*; **~cis·tic** [ˌsɒlɪ'sɪstɪk] *adj, Ling* fehlerhaft, grammatisch falsch | unschicklich

sole·ly ['səʊl-lɪ] *adv* einzig und allein, nur, ausschließlich ⟨to be ~ responsible⟩

sol·emn ['sɒləm] *adj* erhebend, erhaben, feierlich ⟨~ music⟩ | *auch Jur* feierlich, bindend ⟨~ oath; ~ declaration eidesstattliche Erklärung⟩ | feierlich, ernst ⟨a ~ face⟩ | ernst, (ge)wichtig ⟨a ~ warning⟩ | ehrwürdig, erhaben, hehr ⟨a ~ cathedral⟩ | *verächtl* wichtigtuerisch, geschwollen ⟨~ behaviour⟩; **so·lem·ni·ty** [sə'lemnətɪ] *s* Feierlichkeit *f*, Erhabenheit *f* | zeremonielle Form, feierliches Zeremoniell ⟨with all ≈ in aller Form⟩ | Würde *f*, Ehrwürdigkeit *f* | *Jur* Formalität *f*; **sol·emn·i·za·tion** [ˌsɒləmnaɪ'zeɪʃn] *s* Feier(lichkeit) *f*; **'sol·em·nize** *vt förml* feierlich begehen, feiern ⟨to ≈ a marriage eine Ehe schließen⟩ | feierlich stimmen | *Jur* formell behandeln

so·len ['səʊlən] *s Zool* Messerscheide *f*; -muschel *f*

so·le·noid ['sɒlənɔɪd] *s El* Solenoid *n*, Magnetspule *f*, Relais *n*

sol·fa [ˌsɒl'fɑ:] *Mus s* Tonleiter *f*, Solmisation *f* | *auch* **ˌ~ 'syl·la·bles** *pl* Solmisationssilben *f/pl*

so·lic|it [sə'lɪsɪt] *vt* (jmdn.) dringend bitten (**for** um, **to** *mit inf* zu *mit inf*) | (etw.) erbitten (**from, of s.o.** von jmdm.) | (Männer) ansprechen, belästigen (Prostituierte); *vi* dringend bitten (**for** um, **to** *mit inf* zu *mit inf*) | sich anbieten, Kunden werben (Prostituierte); **~i·ta·tion** [səˌlɪsɪ'teɪʃn] *s* dringende Bitte, Ansuchen *n* | Belästigung *f* (durch Prostituierte); **~it·ing** [sə'lɪsɪtɪŋ] *s* Aufforderung *f* zur Unzucht; Prostitution *f*; **~i·tor** *s Brit Jur* Rechtsanwalt *m* (bei niederen Gerichten) | Bittsteller *m* (**for** um) | *Am* Agent *m*, Sammler *m*, Werber *m*; **ˌ~i·tor 'gen·er·al** *s* (*pl* **ˌ~i·tors 'gen·er·al**) *Jur* zweiter Kronanwalt | *Am* höchster Richter eines Bundesstaates | *Am* stellvertretender Justizminister; **~it·ous** [sə'lɪsɪtəs] *adj* bekümmert, besorgt (**about, for** um) | begierig (**of** nach, **to** *mit inf* zu *mit inf*); **~i·tude** [sə'lɪsɪtju:d] *s* Sorge *f*, Besorgnis *f*, Beunruhigung *f* (**about, for** um, wegen)

sol·id ['sɒlɪd] **1.** *adj* fest, nicht flüssig ⟨~ fuels feste Brennstoffe *m/pl*⟩ | kompakt, fest ⟨~ food feste Nahrung; a ~ crowd e-e dichte Menge⟩ | haltbar, dauerhaft, fest, stabil ⟨~ shoes⟩ | stabil, massiv, fest ⟨a ~ building⟩ | massiv, nicht hohl ⟨~ rock; ~ tire *od* tyre Vollgummireifen *m*⟩ | *Math* körperlich, Raum- ⟨~ geometry Stereometrie *f*⟩ | (Metall) massiv, gediegen ⟨~ silver⟩ | (Grund) stichhaltig, triftig ⟨~ arguments⟩ | *Typ* kompreß, ohne Durchschuß | *übertr* gediegen, zuverlässig ⟨a man of ~ character ein zuverlässiger Mensch; ~ citizens ehrbare Bürger *pl*⟩ | *Wirtsch* reell, solid ⟨a ~ business firm⟩ | *urspr Am umg* einmütig, solidarisch (**for** für; **against** gegen) ⟨a ~ vote ein einmütiges Votum; to be ~ for peace sich einmütig für den Frieden entscheiden⟩ | *umg* ununterbrochen, genau ⟨I've been waiting a ~ hour! ich habe eine geschlagene Stunde gewartet!⟩ | *Ling* ohne Bindestrich, in einem Wort ⟨written ~ zusammengeschrieben⟩ | *Am Sl* großartig, prima ⟨that's ~⟩; **2.** *adv* einstimmig ⟨to vote ~ against (for) einstimmig gegen (für) wählen⟩ | *Am Sl* ganz bestimmt ⟨he ~ did it⟩; **3.** *s Math* Körper *m* | *Phys* fester Körper, Festkörper *m* | (*meist pl*) feste Nahrung | (*meist pl*) Feststoff *m*, fester Bestandteil ⟨~s in blood; milk ~s⟩

sol·i·dar|i·ty [ˌsɒlɪˈdærətɪ] *s* Solidarität *f*, Gemeinschaftssinn *m*; **~y** [ˈsɒlɪdərɪ] *adj* solidarisch

sol·id| blank [ˌsɒlɪd ˈblæŋk] *s Tech* Rohling *m*; ˌ**~ ˈbod·y** *s Phys* Festkörper *m*; **so·lid·i·fi·ca·tion** [səˌlɪdɪfɪˈkeɪʃn] *s* Verdichten *n*, Erstarren *n*; **so·lid·i·fy** [səˈlɪdɪfaɪ] *vt* (Flüssigkeit) verdichten | *übertr* festigen; *vi* sich verdichten, erstarren | *übertr* sich festigen; **so·lid·i·ty** [səˈlɪdətɪ] *s* Dichte *f*, Festigkeit *f* | Zuverlässigkeit *f*, Gediegenheit *f* | *Wirtsch* Kreditfähigkeit *f*; ˌ**~ ˈmat·ter** *s* Feststoff *m* | *Typ* kompresser Satz; ˌ**~ ˈmeas·ure** *s* Festmaß *n* (Holz); ˌ**~ ˈpar·af·fin** *s* Hartparaffin *n*; ˌ**~ proˌpel·lant ˈrock·et** *s Flugw* Feststoffrakete *f*, Feststoffraketentriebwerk *n*; ˌ**~-ˈstate** *adj* volltransistorisiert, ohne Röhren; Halbleiter-; ˌ**~-state ˈphys·ics** *s/pl* (*sg konstr*) Festkörperphysik *f*

sol·i|dus [ˈsɒlɪdəs] *s* (*pl* **~di** [~daɪ]) *s Hist* Solidus *m* (Goldmünze) | Schrägstrich *m*

so·lil·o|quize [səˈlɪləkwaɪz] *vi* Selbstgespräche führen; *vt* (etw.) zu sich selbst sagen, vor sich hinsagen; **~quy** [~ kwɪ] *s* Selbstgespräch *n*

sol·ip|sism [ˈsɒlɪpsɪzm] *s Phil* Solipsismus *m*; ˈ**~sist** *s* Solipsist *m*; ˌ**~ˈsis·tic** *adj* solipsistisch

sol·i|taire [sɒlɪˈtɛə] *s Kart* Solitär *n* | Solitär *m*, einzeln gefaßter großer Edelstein | *selten* Einsiedler *m*; **~tar·y** [ˈsɒlɪtr̩ɪ] *adj* allein (lebend), einsiedlerisch ⟨a ≈ life⟩ | einzig, alleinig (*auch übertr*) ⟨a ≈ rider; a ≈ exception⟩ | abgelegen, einsam ⟨a ≈ valley⟩ | *Zool* solitär, einzeln lebend | *Bot* solitär, alleinwachsend ⟨a ≈ tree⟩; ˌ**~tary conˈfine·ment** *s* Einzelhaft *f* ⟨in ≈ in Einzelhaft⟩; **~tude** [ˈsɒlɪtju:d] *s* Einsamkeit *f* ⟨to live in ≈⟩ | Einöde *f*, Abgelegenheit *f*

so·lo [ˈsəʊləʊ] **1.** *s* (*pl* **ˈso·los, so·li** [ˈsəʊli:]) *Mus* Solo *n* ⟨a violin ~⟩ | *Kart* Solo *n*, (e-e Art) Whist *m* | *Flugw* Soloflug *m* | Solomaschine *f*; **2.** *adj* allein, Solo- ⟨a ~ voice; a ~ flight⟩; **3.** *adv* allein; **4.** *vi umg Mus* solo spielen *od* singen | *Flugw* einen Alleinflug machen; ˈ**~ist** *s Mus* Solist(in) *m(f)*

Sol·o·mon·ic [ˌsɒləˈmɒnɪk] *adj* salomonisch, weise

sol|stice [ˈsɒlstɪs] *s Astr* Sonnenwende *f* ⟨summer ~⟩ | *übertr* Wendepunkt *m*; **~sti·tial** [sɒlˈstɪʃl] *adj* Sonnenwende-

sol·u|bil·i·ty [ˌsɒljuˈbɪlətɪ] *s Chem* Löslichkeit *f* | *übertr* Lösbarkeit *f*; **~ˈbil·i·ty ˌlim·it** *s Chem* Löslichkeitsgrenze *f*; **~bil·ize** [ˈsɒljʊbɪlaɪz] *vt Chem* löslich machen; **~ble** [ˈsɒljʊbl] *adj Chem* löslich (**in** in) | *übertr* lösbar ⟨a ≈ problem⟩; ˈ**~ble ˈglass** *s* Wasserglas *n*

so·lu·tion [səˈlu:ʃn] *s Chem* Lösung *f* | Auflösung *f*, Erklärung *f* (**of, to s.th.** e-r Sache), Antwort *f* (auf etw.) | *Math* (Auf-) Lösung *f* | *Med* Krise *f*, Wendung *f*, Lysis *f*; ˈ**~ ˌpres·sure** *s Tech* Lösungsdruck *m*

solv·a|bil·i·ty [ˌsɒlvəˈbɪlətɪ] *s* Lösbarkeit *f*; ˈ**~ble** *adj Chem* löslich | lösbar, erklärbar | *Math* lösbar

solve [sɒlv] *vt* (Rätsel) lösen ⟨to ~ a crossword puzzle ein Kreuzworträtsel lösen⟩ | *Math* lösen ⟨to ~ an equation eine Gleichung lösen⟩ | (Schwierigkeit) beseitigen, lösen | *arch* lösen, aufmachen, aufknoten

sol·ven·cy [ˈsɒlvənsɪ] *s Wirtsch* Solvenz *f*, Zahlungsfähigkeit *f*, Kreditwürdigkeit *f*

sol·vent [ˈsɒlvənt] **1.** *adj Chem* lösend | *Wirtsch* solid, zahlungsfähig | *übertr* (ab)mildernd, schwächend; **2.** *s Chem* (Auf-) Lösungsmittel *n*, Lösemittel *n* ⟨grease ~ fettlösliches Mittel⟩; ˈ**~ ˌpow·er** *s Chem* Lösungsvermögen *n*

so·ma [ˈsəʊmə] *s* (*pl* **~ta** [~tə]) ⟨*griech*⟩ *Biol* Körper *m*; Körperzelle *f*

So·ma·li [səʊˈmɑ:lɪ] **1.** *adj* somalisch; **2.** *s* Somali *m/f*; Somalier(in) *m(f)*; **~a** [səˈmɑ:lɪə] *s* Somalia; ˈ**~land** *s* Somaliland

so·mat·ic [səʊˈmætɪk] *adj Med* körperlich, leiblich, physisch | somatisch; **soˈmat·ics** *s/pl* (*sg konstr*) *Med* Somatologie *f*, Körperlehre *f*; **so·ma·to·log·ic** [ˌsəʊmətəˈlɒdʒɪk], ˌ**so·ma·toˈlog·i·cal** *adj* somatologisch; **so·ma·tol·o·gist** [ˌsəʊməˈtɒlədʒɪst] *s* Somatologe *m*; **so·ma·tol·o·gy** [ˌsəʊməˈtɒlədʒɪ] *s* Somatologie *f*; **so·ma·to·psy·chic** [ˌsəʊmətəˈsaɪkɪk] *adj* psychosomatisch

som·bre [ˈsɒmbə] *adj* dunkel, düster, trübe ⟨a ~ day⟩ | dunkel(farbig) ⟨~ clothes⟩ | *übertr* düster, schwermütig ⟨a ~ picture⟩

som·bre·ro [sɒmˈbrɛərəʊ] *s* (*pl* **somˈbre·ros**) Sombrero *m*

some [səm|sʌm] **1.** *adj* irgend(ein) ⟨in ~ way or other auf irgendeine Weise, irgendwie; ~ day eines Tages; ~ man irgendeiner; ~ time irgendeinmal⟩ | etwas, ein wenig ⟨give me ~ tea! gib mir etwas Tee!⟩ | beträchtlich, ziemlich viel ⟨it cost ~ money es hat allerhand Geld gekostet⟩ | mehrere ⟨~ few einige wenige⟩ | manche ⟨~ children learn easily manche Kinder lernen leicht⟩ | *emph* besondere(r, -s), gewisse(r, -s) ⟨that is ~ help das ist eine gewisse Hilfe⟩ | *umg* außerordentlich ⟨(quite) ~ party! e-e (ganz) tolle Party!; that was ~ speech war das eine Rede!⟩ | *umg iron* vielleicht ein ⟨~ experts! das sind vielleicht Experten!; ~ people! Leute gibt's (vielleicht)!⟩; **2.** *adv* (vor Zahlwörtern) ungefähr, etwa ⟨~ ten years ago das war vor etwa zehn Jahren⟩ | *bes Am* etwas ⟨I worked ~ ich habe ein bißchen gearbeitet⟩; **3.** *pron* etwas ⟨~ of it etwas davon⟩ | einige, manche ⟨~ of them einige *od* manche von ihnen⟩ | *Am Sl* noch mehr ⟨they improved ~ and then ~ sie verbesserten einiges und dann noch mehr⟩; [1]**-some** [-səm] *suff zur Bildung von adj aus s, v* (*z. B.* **fear~** furchtsam; **tire~** ermüdend); [2]**-some** [ˈ-səm] *suff zur Bildung von s aus num* Gruppe, Spiel von (**a four~** ein Spiel zu viert); **~bod·y** [ˈsʌmbədɪ] **1.** *pron* irgendeine(r), jemand ⟨≈ else jemand anderes⟩ ◇ **or ~body** oder sonstwer, -jemand; **2.** *s* (*oft mit unbest art*) Persönlichkeit *f* ⟨he thinks himself a ≈ er hält sich für jemanden⟩; ˈ**~day** *adv* eines Tages, einmal ⟨perhaps ≈ vielleicht (ein)mal⟩; **~how** [ˈsʌmhaʊ] *adv* irgendwie ⟨≈ or other aus irgendeinem Grunde, auf die eine *od* andere Art⟩; **~one** [ˈsʌmwʌn] **1.** *s* Jemand *m*; **2.** *pron* irgendeine(r, -s)

som·er·sault [ˈsʌməsɔ:lt] **1.** *s* Purzelbaum *m* ⟨to turn a ~ einen Purzelbaum schlagen⟩ | Salto *m* ⟨double ~ doppelter Salto⟩; *vi* einen Purzelbaum schlagen | einen Salto machen | *Flugw* sich überschlagen

some|thing [ˈsʌmθɪŋ] **1.** *pron* (irgend) etwas ⟨≈ else etw. anderes, etw. Besonderes; *übertr Am Sl* etwas ganz Besonderes; ≈ for nothing aus nichts etwas; ≈ or other irgend etw.; ≈ to do with etw., was zusammenhängt mit; ≈ tells me *umg* irgendwie glaube ich, daß; there is ≈ in to what he says an dem, was er sagt, ist etwas dran; to see ≈ of s.o. jmdn. hin und wieder sehen *od* treffen⟩ | etw. Bedeutendes ⟨he thinks himself ≈ er hält sich für eine wichtige Person⟩ | *umg* etw. Ähnliches ⟨he's ≈ of a liar er ist so was wie ein

Lügner; or ≈ oder so etw. Ähnliches⟩; **2.** *adv Am umg* ziemlich toll ⟨to swear ≈ awful gewaltig fluchen⟩ | etwas, einiges ⟨≈ over £ 100 etwas über £ 100⟩ | *umg* ungefähr ⟨≈ like 5 000 an die 5 000⟩ | *umg* so etwas wie ⟨that's ≈ like it das lasse ich mir gefallen!⟩; **'~time 1.** *adj förml* frühere(r, -s), ehemalige(r, -s) ⟨a ≈ doctor⟩ | *umg* unsicher, unzuverlässig ⟨a ≈ friend⟩; **2.** *adv* irgendwann ⟨≈ last summer irgendwann im vergangenen Sommer⟩; **'~times** *adv* manchmal, hin und wieder; **'~way** *adv Am umg* irgendwie; **'~what 1.** *adv* ein wenig, etwas ⟨he was ≈ disappointed er war etwas enttäuscht; more than ≈ *förml* ganz erheblich⟩; **2.** *pron* etwas, ziemlich ⟨it was ≈ of a blow es war ein ziemlicher Schlag⟩; **'~when** [~wen] *adv, selten* irgendwann; **'~where 1.** *adv* irgendwo ⟨≈ else anderswo; ≈ near (irgendwo) in der Nähe von⟩ | irgendwohin ⟨≈ else woandershin; or ≈ oder sonstwohin; to get ≈ *umg* vorankommen, Erfolg haben⟩ | (so) ungefähr, (so) etwa ⟨≈ about 20 um die 20⟩; **2.** *s* Irgendwo *n*

so·mite ['səʊmaɪt] *s Zool* Somit *n*, Ursegment *n*

som·nam·bu·lant [sɒm'næmbjulənt] *adj* nachtwandelnd; **som'nam·bu,late** *vi* nacht-, schlafwandeln; *vt* nachtwandeln über; **som,nam·bu'la·tion** *s* Schlaf-, Nachtwandeln *n*; **som'nam·bu,la·tor** *s* Schlafwandler(in) *m(f)*; **som'nam·bu·list** *s* Schlaf-, Nachtwandler *m*; **som,nam·bu'lis·tic** *adj* nachtwandlerisch

som·nif·er·ous [sɒm'nɪfərəs] *adj* schlafbringend, einschläfernd

som·nil·o|quous [sɒm'nɪləkwəs] *adj* im Schlaf redend; **~quy** [~kwɪ] *s* Reden *n* im Schlaf

som·no|lence ['sɒmnələns], **'~len·cy** *s* Schläfrigkeit *f* | *Med* Somnolenz *f*, Schlafsucht *f*; **'~lent** *adj* schläfrig | einschläfernd | fast schlafend, im Halbschlaf befindlich

son [sʌn] *s* Sohn *m* ⟨~ and heir Stammhalter *m*; ~ of a bitch *vulg* Huren-, Hundesohn *m*, Scheißkerl *m*; ~ of a gun[s] (Anrede) *umg* Schlawiner *m*, (mein lieber Schwan)⟩ | *übertr lit* Sohn *m* ⟨a son of the soil einer, der wie sein Vater auf dem Lande arbeitet⟩ | (Anrede an e-n Jüngeren) Sohn!, Junge!

so·nance ['səʊnəns], **'so·nan·cy** *Ling s* Stimmhaftigkeit *f* | Laut *m*; **'so·nant 1.** *adj* stimmhaft | tönend; **2.** *s* stimmhafter Laut

so·nar ['səʊnɑ:] *s Mar* Sonar *n*, Unterwasserschallmeßgerät *n*, Echolot *n*

so·na|ta [sə'nɑ:tə] *Mus s* Sonate *f*; **~ti·na** [ˌsɒnə'ti:nə] *s* Sonatine *f*

son·der[·class] ['zɒndəklɑ:s] *s Am* Sonderklasse *f* (beim Segelboot)

son et lu·mière [ˌsɒn eɪ 'lu:mɪɛə] *s* ⟨*frz*⟩ (meist an historischen Orten) dramatischer Vortrag mit Lichteffekten, Son et Lumière *n*

song [sɒŋ] *s* Gesang *m*, Lied *n* ⟨drinking ~ Trinklied; folk ~ Volkslied; marching ~ Marschlied; part ~ mehrstimmiges Lied; the same old ~ *übertr* das alte Lied, die alte Leier; nothing to make a ~ [and dance] about *umg* nichts von Bedeutung, nicht der Rede wert; to burst into ~ laut zu singen beginnen; to buy (sell) for a ~/an old ~ spottbillig kaufen (verkaufen)⟩ | *übertr* Dichtung *f*, Poesie *f*, Gedicht *n* ⟨renowned in ~ als Dichter bekannt⟩ | *übertr* laute Reaktion, Lärm *m* ⟨to put up quite a ~ Lärm schlagen⟩; **'~bird** *s* Singvogel *m*; **'~book** *s* Liederbuch *n*; **'~ful** *adj* sangesfreudig | klangvoll; **~ster** ['~stə] *s* Sänger *m* | Singvogel *m*; **~stress** ['~strəs] *s* Sängerin *f*

son·ic ['sɒnɪk] *adj* (*auch in Zus*) Ton-, Schall- ⟨~ waves; super~ Überschall-⟩; **~a·tion** [ˌsɒnɪ'keɪʃn] *s Phys, Tech* Ultraschallbehandlung *f*; **ˌ~ 'bang** = **ˌ~ 'boom**; **ˌ~ 'bar·ri·er** *s Flugw, Phys* Schallmauer *f*; **ˌ~ 'boom** *s Flugw, Phys* Überschallknall *m*; **ˌ~ de'lay line** *s* Ultraschallspeicher *m*, akustischer Laufzeitspeicher; **ˌ~ 'depth ˌfind·er** *s Mar* Echolot *n*; **ˌ~ 'fre·quen·cy** *s* Tonfrequenz *f*; **ˌ~ 'pres·sure** *s* Schalldruck *m*; **ˌ~ 'speed** *s* Schallgeschwindigkeit *f*; **ˌ~ 'wall** *s umg* Schallmauer *f*

so·nif·er·ous [sɒ'nɪfərəs] *adj* tönend

son|-in-law ['sʌn ɪn ˌlɔ:] *s* (*pl* **'~s-in-ˌlaw**) Schwiegersohn *m*; **'~less** *adj* ohne (einen) Sohn

son·net ['sɒnɪt] *s Metr* Sonett *n*; **~eer** [ˌsɒnɪ'tɪə] *s verächtl* Dichterling *m*, Verseschmied *m*

son·ny ['sʌnɪ] *s umg selten* Kleiner *m*, Söhnchen *n* (auch Anrede)

so·nom·e·ter [sə'nɒmɪtə] *s Phys* Sonometer *n*, Schallmesser *m*

so·nor·i·ty [sə'nɒrətɪ] *s* Klang *m* | Klangfülle *f*, -reichtum *m* | Wohlklang *m* | *Ling* Tonstärke *f*; **so·nor·ous** [sə'nɔ:rəs] |'sɒnərəs] *adj* (*auch Ling*) sonor, tönend ⟨a ≈ voice⟩ | (Sprache, Worte u. ä.) klangvoll, wohlklingend, sonor ⟨a ≈ style; a ≈ title⟩

sons [sʌnz] *s/pl collect* Nachkommenschaft *f* | *übertr* Söhne *m/pl*, Schüler *m/pl*, Jünger *m/pl* ⟨~ of freedom⟩

son·sy ['sɒnsɪ] *adj Schott* (Frau) kräftig, gesund aussehend, drall ⟨a ~ lass⟩

soon [su:n] *adv* bald ⟨as ~ as sobald als; ~ after bald darauf⟩ | früh, frühzeitig ⟨an hour too ~ eine Stunde zu früh; how ~ wie schnell, wann; to speak too ~ voreilig sein⟩ | gern ⟨just as ~ ebensogern, -gut; as ~ … as not lieber … als nicht⟩; **'~er** *adv* früher, eher ⟨no ≈ … than kaum …, als; ≈ or later früher oder später; the ≈ the better je eher, desto besser⟩ | lieber, statt ⟨≈ than lieber als, statt zu⟩

soot [sʊt] **1.** *s* Ruß *m*; **2.** *vt* mit Ruß bedecken *od* beschmieren; **'~ black** *s* Lampenruß *m*; **'~ coal** *s* Rußkohle *f*; **'~ door** *s* Schornsteinreinigungsklappe *f*

sooth [su:θ] *s arch, lit* Wahrheit *f* ⟨in ~ wahrhaftig, wirklich⟩

soothe [su:ð] *vt* (Person u. ä.) besänftigen, beruhigen ⟨to ~ s.o.'s anger jmds. Zorn beschwichtigen⟩ | lindern, mildern ⟨to ~ s.o.'s pains jmds. Schmerzen stillen⟩; **'sooth·er** *s* Schnuller *m*; **'sooth·ing** *adj* beruhigend | lindernd, mildernd, wohltuend | beschwichtigend

sooth·say ['su:θseɪ] *arch vi* (**sooth·said, sooth·said** ['su:θsed]) wahrsagen, prophezeien; **'~er** *s* Wahrsager *m*; **'~ing** *s* Wahrsagen *n* | Wahrsagung *f*, Prophezeiung *f*

soot·y ['sʊtɪ] *adj* rußig, voller Ruß, verrußt, geschwärzt

sop [sɒp] **1.** *s* eingetunktes Brot *n* etc. | *übertr* Beschwichtigungsmittel *n* (**to s.o.** für jmdn.) ⟨to throw a ~ to s.o. jmdn. beschwichtigen, jmdn. einlullen⟩; **2.** (**sopped, sopped**) *vt* (Brot u. ä.) eintauchen, eintunken | durchnässen; **~ up** aufwischen; *vi* triefen (**with** vor) ⟨to be ~ping wet *umg* patschnaß sein⟩

soph|ism ['sɒfɪzm] *s* Sophismus *m*, Spitzfindigkeit *f* | Trugschluß *m*; **'~ist** *s* Sophist *m*; **so·phis·tic** [sə'fɪstɪk], **so'phis·ti·cal** *adj* sophistisch; **so'phis·ti·cate** *vt* (ver)fälschen | (Text u. ä.) verdrehen | (jmdn.) verbilden, unnatürlich machen | (geistig) verfeinern, weltklug machen | komplizieren | *vi* Spitzfindigkeiten anwenden, Sophismen gebrauchen, Sophisterei treiben; **so'phis·ti·cat·ed** *adj* unecht, verfälscht ⟨≈ oil; a ≈ text⟩ | intellektuell, erfahren, weltklug ⟨a ≈ girl⟩ | *verächtl* blasiert, aufgeblasen, gekünstelt | effekthaschend ⟨≈ manners; ≈ clothes⟩ | (geistig) anspruchsvoll, auf hohem Niveau ⟨≈ discussion⟩ | modern, raffiniert, hochentwickelt ⟨≈ modern equipment⟩; **soˌphis·ti'ca·tion** *s* Verfälschung *f* | Sophisterei *f*, Trugschluß *m* | Intellektualismus *m* | Modernität *f*, Raffinesse *f*; **'~ist·ry** *s* (*meist pl*) Spitzfindigkeit *f* | Sophisterei *f*

soph·o|more ['sɒfəmɔ:] *s Am* Student(in) *m(f)* im zweiten

Jahr; **~mor·ic** [ˌsɒfəˈmɒrɪk], **ˌ~ˈmor·i·cal** *Am adj* Studenten im zweiten Jahr *od* das zweite Studienjahr betreffend | unreif, grün

so·por [ˈsəʊpə] *s Med* Sopor *m*, Schlafsucht *f*; **so·po·rif·ic** [ˌsɒpəˈrɪfɪk] **1.** *adj* schläfrig; Schlaf- ⟨a ≈ drug⟩ | *übertr* einschläfernd, langweilig ⟨a ≈ speech⟩; **2.** *s* Schlafmittel *n*

sop·ping [ˈsɒpɪŋ], *auch* **ˌ~ ˈwet** *adj* klitsch-, patschnaß

sop·py [ˈsɒpɪ] *adj* durchweicht, durchnäßt | regnerisch ⟨a ~ day⟩ | *Brit umg* sentimental, rührselig ⟨a ~ story⟩ | *Brit umg* weibisch ⟨~ clothes⟩ | *Brit umg* schmachtend, vernarrt ⟨to be ~ on s.o. in jmdn. vernarrt sein⟩

so·pra·no [səˈprɑːnəʊ] *Mus* **1.** *s* (*pl* **soˈpra·nos**) Sopran(stimme) *m(f)*; Sopranistin *f*; **2.** *adj* Sopran-

Sorb [sɔːb] *s* Sorbe *m*; Sorbin *f*

sor·bet [ˈsɔːbɪt|-beɪ] *s* Sorbet[t] *n*, Scherbett *m, n*, eisgekühltes Fruchtsaftgetränk | Fruchteis *n*

Sor·bi·an [ˈsɔːbɪən] **1.** *adj* sorbisch; **2.** *s Ling* Sorbisch *n*, sorbische Sprache ⟨Lower ~; Upper ~⟩

sorb·ic a·cid [ˌsɔːbɪk ˈæsɪd] *s Chem* Sorbinsäure *f*; **sor·bi·tol** [ˈsɔːbɪtɒl] *s Chem* Sorbit *m*

sor·cer|er [ˈsɔːsərə] *s* Zauberer *m*; **~ess** [~rəs] *s* Hexe *f*, Zauberin *f*; **~y** [-rɪ] *s* Hexerei *f*, Zauberei *f*

sor·des [ˈsɔːdiːz] *s/pl* (*auch sg konstr*) *Med* Schmutz *m*, Fäulnisreste *m/pl*

sor·did [ˈsɔːdɪd] *adj* (Sache, Umstand) scheußlich, schmutzig, gemein, elend ⟨~ murder; ~ slums⟩ | (Person) niedrig, gemein, selbstsüchtig, geizig

sor·dine [sɔːˈdiːn] *s Mus* Sordine *f*, Dämpfer *m*

sore [sɔː] **1.** *adj* schmerzend, schmerzhaft, entzündet ⟨a ~ throat Halsschmerzen *m/pl*; a sight for ~ eyes *übertr* eine Augenweide; like a bear with a ~ head *übertr* wie ein alter Brummbär⟩ | wund, krank ⟨to be foot~ wunde Füße haben⟩ | traurig, betrübt ⟨a ~ heart⟩ | peinlich, heikel ⟨a ~ point⟩ | *umg, bes Am* ärgerlich, erbost, gekränkt ⟨to feel ~ about s.th. wegen etw. beleidigt sein; to get ~ at s.o. auf jmdn. böse werden⟩ | *arch* sehr ernst, äußerst schwer ⟨to be in ~ need of help dringend Hilfe brauchen⟩; **2.** *adv arch, poet* arg, sehr ⟨~ oppressed arg bedrückt⟩; **3.** *s* wunde Stelle, Wunde *f* (*auch übertr*) ⟨let's not reopen old ~s wir wollen keine alten Wunden aufreißen⟩ | *übertr* Übel *n*, Ärger *m* ⟨an open/a running ~ ein ständiges Ärgernis⟩; **ˈ~head** *Am umg s* Meckerer *m* | Hitzkopf *m*; **ˈ~ly** *adv* sehr schwer, äußerst

sor·ghum [ˈsɔːgəm] *s Bot* Sorghum *n*, Mohrenhirse *f*

so·ri·tes [səʊˈraɪtiːz] *s Phil* Sorites *m*, Kettenschluß *m*

so·ror·i·ty [səˈrɒrətɪ] *s Rel* Schwesternschaft *f* | *Am Päd* Studentinnenverein *m*, -vereinigung *f*

sorp·tion [ˈsɔːpʃn] *s Chem, Phys* Sorption *f*, Aufnahme *f*

[1]**sor·rel** [ˈsɒrəl] *Bot s* Sauerampfer *m* | Sauerklee *m*

[2]**sor·rel** [ˈsɒrəl] **1.** *s* Rotbraun *n* | Fuchs *m* (Pferd); **2.** *adj* rotbraun, fuchsrot

sor·row [ˈsɒrəʊ] **1.** *s* Kummer *m*, Sorge *f*, Leid *n* (**over, at, for** wegen, über, um) ⟨in ~ and in joy in Freud und Leid⟩ | Reue *f*, Bedauern *n* ⟨to express ~ for s.th. *od ger*⟩ | Klage *f*, Betrübnis *f* ⟨to my ~ zu meinem Leidwesen; more in ~ than in anger mehr bedauernd als verärgert⟩; **2.** *vi* sich Sorgen machen (**at, over** über; **for** um) | trauern, jammern, klagen (**at, over** über; **for** um); **ˈ~ful** *adj* kummervoll, bekümmert | klagend, düster ⟨a ≈ song⟩ | elend

sor·ry [ˈsɒrɪ] *adj* (*nur präd*) bekümmert, traurig ⟨I am ~ to say leider muß ich sagen; I am very ~ for that das bedaure ich sehr; ~! Verzeihung!; to feel ~ for s.o. mit jmdm. Mitleid haben⟩ | (*attr*) schäbig, jämmerlich, kläglich ⟨a ~ excuse eine faule Ausrede; in a ~ state in einem jämmerlichen Zustand⟩

sort [sɔːt] **1.** *s* Gattung *f*, Sorte *f*, Klasse *f* ⟨a new ~ of bread eine neue Brotsorte⟩ | Art *f*, Beziehung *f*, Hinsicht *f* ⟨after/in a ~ auf gewisse Art, in gewisser Weise⟩ | (*meist sg*) *umg* Kerl *m* ⟨a good ~; not such a bad ~ after all gar nicht so übel⟩ | *Typ* Schriftgarnitur *f* ◇ **~ of** *umg* Art *f* (von); *vor v* irgendwie, in gewisser Weise *od* Hinsicht ⟨a ~ of painter so etwas wie ein Maler; he ~ of hinted er machte so vage Andeutungen; I ~ of thought it ich habe es mir fast gedacht⟩; **of a ~/of ~s** *verächtl* so etwas wie; **of all ~s** alle Arten; **nothing of the ~** nichts dergleichen; **out of ~s** *umg* unpäßlich, unwohl, verstimmt; **it takes all sorts [to make a world]** es gibt solche und solche **2.** *vt* sortieren, auslesen | trennen (**from** von) | *Schott* reparieren; **~ out** aussortieren, auslesen (**from** aus) | *übertr umg* ins reine *od* in Ordnung bringen, zurechtkommen mit, klären, schlichten ⟨to ≈ a dispute; to ~ o.s. out *umg* sich einrichten, zurechtkommen⟩ | *übertr umg* fertigwerden mit, kleinkriegen, zur Räson bringen ⟨to ~ the mob out die Bande überwältigen⟩; *vi lit* übereinstimmen (**with** mit) ⟨to ~ well (ill) gut (schlecht) übereinstimmen mit⟩; **ˈ~er** *s* (*bes* Post) Sortierer(in) *m(f)* | Sortiermaschine *f*; **ˈ~er ˌread·er** *s* Sortierleser, Sortierer und Leser *m*; **ˈ~ file** *s* (Computer) Sortierdatei *f*

sor·tie [ˈsɔːtɪ] *s Mil* Ausfall *m* | *Flugw* Einzelflug *m*, -einsatz *m*, Feindflug *m* | *übertr* Abstecher *m*, Ausflug *m* (**into** in, nach)

sort·ing [ˈsɔːtɪŋ] *s* Sortieren *n*, Auslesen *n* | *Tech* Scheidung *f* (von Erzen); **ˈ~ belt** *s* Sortier-, Leseband *n*; **ˈ~ screen** *s* Sortiersieb *n*

sort-out [ˈsɔːtaʊt] *s* (*meist sg*) *Brit* Aufräumen *n*, Saubermachen *n*

SOS [ˌes əʊ ˈes] *s Mar* SOS *n* | *Rundf* Suchmeldung *f* | *umg* Hilferuf *m*, Notschrei *m*

so-so [ˈsəʊsəʊ] *adj, adv umg* so lala, gerade so, leidlich ⟨a ~ sportsman; it's just ~; to play [just] ~⟩

sot [sɒt] *verächtl* **1.** *s* (Gewohnheits-) Säufer *m*; **2.** *vi* saufen; **ˈ~ted** *adj* besoffen; **ˈ~tish** *adj* versoffen | dumm

sot·to vo·ce [ˌsɒtəʊ ˈvəʊtʃɪ] *adv Mus* leise, gedämpft | *übertr* leise

sou [suː] *s* Sou *m* ⟨he hasn't a ~ *umg* er hat keinen roten Heller⟩

sou·brette [suːˈbret] *s Theat* (kokettes) Dienstmädchen, Soubrette *f*

sou·bri·quet [ˈsuːbrɪkeɪ] *s* = **sobriquet**

souf·flé [ˈsuːfleɪ] *s Kochk* Soufflé *n*, Auflauf *m* | Eiweißschnee *m*

sough [sʌf] *lit* **1.** *s* Sausen *n*, Rauschen *n*, Heulen *n* (des Windes); **2.** *vi* säuseln, rauschen, heulen

sought [sɔːt] *prät u. part perf* von ↑ **seek**; **ˈ~ ˌaf·ter** *adj bes Brit* begehrt, gesucht, selten

soul [səʊl] **1.** *s Phil, Rel* Seele *f* ⟨the immortality of the ~; bless my ~! *selten* bei meiner Treu!; upon my ~ *selten* bei meiner Seele!, ganz bestimmt!⟩ | Seele *f*, Herz *n*, Inneres *n* ⟨from one's ~ aus tiefster Seele; with all one's heart and ~ von ganzem Herzen; to have no ~ gefühllos *od* egoistisch sein; to keep body and ~ together *übertr* Leib und Seele beisammenhalten, mit seinem Geld auskommen; to put one's heart and ~ into s.th. mit Leib und Seele bei der Sache sein; to sell one's ~ s-e Seele *od* sein Gewissen verkaufen⟩ | *übertr* Triebkraft *f*, -feder *f* ⟨to be the life and ~ of s.th. die Seele einer Sache sein⟩ | (*mit best art*) Verkörperung *f*, Inbegriff *m* ⟨the ~ of virtue die Tugend selber⟩ | Person *f*, Seele *f* ⟨not a ~ keine Menschenseele⟩ | (vertraute *od* bemitleidete) Person ⟨be a good ~ sei so gut; the poor ~ das arme Ding⟩ | *Am* Soul *m*, künstlerischer Ausdruck | *Am* Soul(musik) *m(f)*; **2.** *adj Am umg* afroamerikanisch ⟨~ food; ~ banks⟩ | typisch für afroamerikanische Kultur ⟨~ films⟩; '~ ˌ**broth·er** *s Am* (unter Afroamerikanern) schwarzer Bruder; '**~-deˌstroy·ing** *adj* geist-, seelentötend; '**souled** *adj* (*in Zus*) -herzig ⟨high ≈ hochherzig⟩; '**~ful** *adj* seelen-, gefühlvoll ⟨≈ eyes ausdrucksvolle Augen *n/pl*⟩; '**~less** *adj* herzlos, roh | mutlos; '~ ˌ**mu·sic** *s* Soul(musik) *m(f)*; '**~-ˌsearch·ing** **1.** *s* Gewissensprüfung *f*; **2.** *adj* intensiv, gewissenhaft, ernsthaft; '~ ˌ**sis·ter** *s Am* (unter Afroamerikanern) schwarze Schwester; '**~-stir·ring** *adj* aufwühlend, ergreifend, bewegend ⟨≈ music⟩

[1]**sound** [saʊnd] **1.** *adj* gesund ⟨a ~ mind in a ~ body gesund in Geist und Körper; in ~ health bei guter Gesundheit; safe and ~ gesund und munter; ~ in wind and limb *umg* gesund bis auf die Knochen⟩ | gesund, tief ⟨a ~ sleep⟩ | fehlerlos, -frei, ganz, unbeschädigt ⟨~ fruit unverdorbenes Obst⟩ | vernünftig ⟨a ~ argument ein stichhaltiges Argument; ~ advice kluger Rat⟩ | *Wirtsch* solid ⟨a ~ firm⟩ | zuverlässig, sicher ⟨a ~ friend; a ~ tennis player; a ~ person to have on the committee ein richtiges Mitglied für den Ausschuß⟩ | *Jur* gültig | *iron* tüchtig, gehörig ⟨a ~ thrashing eine anständige Tracht Prügel⟩; **2.** *adv* tief, fest ⟨to sleep ~; to be ~ asleep⟩

[2]**sound** [saʊnd] **1.** *s* Laut *m*, Ton *m*, Geräusch *n* ⟨without a ~ lautlos⟩ | Klang *m*, Schall *m* ⟨the ~ of voices Stimmen *f/pl*⟩ | *Ling* Laut *m* | (*nur sg*) *übertr* Ton *m*, Eindruck *m* ⟨I don't like the ~ of it der Ton gefällt mir nicht⟩ | Hör-, Schallweite *f* ⟨within ~ of the guns⟩; **2.** *vi* erschallen, erklingen, ertönen ⟨the trumpet ~ed⟩ | *übertr* klingen, sich anhören ⟨his excuse ~s very hollow seine Entschuldigung klingt nicht sehr glaubwürdig⟩; **~ off** *umg* sich verbreiten, sich auslassen | große Töne spucken (**about, on s.th.** über etw.); *vt poet* erschallen lassen, erklingen *od* ertönen lassen ⟨to ~ a trumpet Trompete blasen⟩ | äußern ⟨to ~ a note of alarm ein alarmierendes Zeichen geben⟩ | ankündigen ⟨to ~ the alarm Alarm schlagen; to ~ the retreat zum Rückzug blasen⟩ | verkünden, ausposaunen ⟨to ~ s.o.'s praises jmds. Lob singen⟩ | *Ling* aussprechen | *Med* (jmdn.) abhorchen, abklopfen | *Eisenb* (Räder) abklopfen

[3]**sound** [saʊnd] *s* Meerenge *f*, Sund *m* | *Zool* Fischblase *f*

[4]**sound** [saʊnd] **1.** *vt Mar* loten, peilen | *Med* sondieren | *übertr* erkunden, erforschen; **~ out** (jmdn.) aushorchen (**on, about s.th.** über etw.); *vi Mar* loten; **2.** *s Mar* Loten *n*, Peilen *n* | *Mar* Lot *n* | *Med* Sonde *f*

sound| ab·sorb·ing ['saʊnd əbˌsɔ:bɪŋ] *adj* schall-, geräuschdämpfend; '~ ˌ**am·pli·fi·er** *s* Tonverstärker *m*; ˌ~ '**ar·chives** *s/pl* Tonarchiv *n*; '~ ˌ**bar·ri·er** *s Flugw* Schallmauer *f*; '**~board** *s Mus* Schallbrett *n*, -deckel *m*; '~ **box** *s* Schalldose *f* | *Mus* Resonanzkasten *m*; ˌ~ '**broad·cast·ing** *s* Hörfunk *m*; '~ ˌ**cam·er·a** *s* Tonkamera *f*; ˌ~ '**change-o·ver** *s* Tonüberblendung *f*; '~ **con·ducˌtiv·i·ty** *s* Schalleitfähigkeit *f*; '~ **conˌduc·tor** *s* Schalleiter *m*; '~ **corˌrec·tor** *s* Ton-, Klangregler *m*; '~ **deˌtec·tor** *s* Horchgerät *n*; '~ **efˌfect** *s* Ton-, Klangwirkung *f* ⟨≈s *Rundf, Theat, Film* Geräusche *n/pl*, Klang-, Toneffekte *m/pl*⟩; ˌ~ ˌ**en·gi'neer** *s* Tonmeister *m*; [1]'**~er** *s El* Klopfer *m*

[2]**sound·er** ['saʊndə] *s Mar* Lot *n*, Tiefenmeßgerät *n*

[3]**soun·der** ['saʊndə] *s Brit* Wildschweinrudel *n*

sound| film ['saʊnd fɪlm] *s* Tonfilm *m*; [1]'**~ing** **1.** *adj* tönend, schallend | *übertr* hochtrabend; **2.** *s* Tönen *n*

[2]**sound·ing** ['saʊndɪŋ] *s Mar* Loten *n*, Lotung *f* ⟨to take ~s loten; *übertr* erkunden, sondieren⟩ | *Am Sl* (rituelles) gegenseitiges Beschimpfen (unter Jugendlichen); '~ ˌ**ap·paˌra·tus** *s Mar* Tiefenlot *n*; '~ **balˌloon** *s* Ballonsonde *f*

soun·ding board ['saʊndɪŋ bɔ:d] *Mus s* Klang-, Schallboden *m* | Schallmuschel *f* | *übertr* Podium *n*, Tribüne *f* ⟨to use as a ~⟩

soun·ding| boat ['saʊndɪŋ bəʊt] *s Mar* Peilboot *n*; '~ **deˌvice** *s Mar* Echolot *n*; '~ **lead** *s Mar* Lot *n*, Senkblei *n*; '~ **line** *s Mar* Lotleine *f*; '~ **pole**, '~ **rod** *s Mar* Lotstock *m*, -stange *f*; '**sound·ings** *Mar s/pl* ausgelotete Tiefe; auslotbare Wassertiefe ⟨to be in ≈ in Ufernähe sein⟩

sound|less ['saʊndləs] *adj* klang-, tonlos; '~ ˌ**lev·el** *s* Lautstärke *f*, Schallpegel *m*; '~ **loˌca·tor** *s* Horchgerät *n*; '~ ˌ**mea·sure·ment** *s* Schallmessung *f*; '~ ˌ**mix·er** *s* Tonmischpult *n* | Tontechniker *m*; '~ ˌ**mix·ing** *s* Tonmischung *f*; '~ ˌ**pick-up** *s* Tonabnehmer *m*; '~ **polˌlu·tion** *s* Lärmbelästigung *f*; '~ **post** *s Mus* Stimmholz *n*; '~ ˌ**pres·sure** *s* Schalldruck *m*; '**~proof** **1.** *adj* schalldicht ⟨a ≈ studio⟩; **2.** *vt* schalldicht machen; '**~ˌproof·ing** *s* Schalldämpfung *f*, -schutz *m*; ˌ~ **pro·pa'ga·tion** *s* Schallausbreitung *f*; '~ **pulse** *s* Schallimpuls *m*; ˌ~ '**qual·i·ty** *s* Tonqualität *f*; '~ **reˌcord·ing** *s* Tonaufnahme *f*, -aufzeichnung *f*; '**~scape** *s* musikalisches Panorama; '**~ˌsig·nal** *s* akustisches Signal; '**~track** *s Film* Tonspur *f*; Filmmusik(aufnahme) *f* ⟨the original ≈ die Originalmusik⟩; ˌ~ **ve'loc·i·ty** *s* Schallgeschwindigkeit *f*; ˌ~ **vi'bra·tion** *s* Schallschwingung *f*; '~ ˌ**vol·ume** *s* Klangfülle *f*, Tonumfang *m*; '~ **wave** *s* Schallwelle *f*

[1]**soup** [su:p] *s* Suppe *f*, Brühe *f* ⟨chicken ~ Hühnersuppe; from ~ to nuts *Am umg* von A bis Z; to be in the ~ *umg* in der Patsche *od* Tinte sitzen⟩ | *Sl Foto* Entwickler *m* ⟨to put a film in the ~ einen Film entwickeln⟩ | *übertr* dichter Nebel, Waschküche *f*

[2]**soup** [su:p] *Am Sl* **1.** *s Tech* Pferdestärke *f* | Sprit *m*, Kraftstoff *m*; **2.** *vt* (Pferd) dopen | *meist* **~ up** *Kfz Sl* hochfrisieren, hochtrimmen ⟨a ~ed-up car⟩ | *übertr Sl* Dampf machen hinter, aufmöbeln, aufmotzen

soup bowl ['su:p bəʊl] *s* Suppentasse *f*

soup·çon ['su:(p)sɒn] *s* Spur *f* ⟨a ~ of garlic eine Prise Knoblauch⟩ | *übertr* Anzeichen *n*, Verdacht *m*, Anflug *m*, Hauch *m* ⟨a ~ of malice Anzeichen *n* von Bosheit⟩

soup| kitch·en ['su:p ˌkɪtʃn] *s* Armen-, Suppenküche *f*, Notverpflegungsstelle *f*; '~ ˌ**la·dle** *s* Suppenkelle *f*; '~ **plate** *s* Suppenteller *m*; '**~spoon** *s* Suppen-, Eßlöffel *m*; '~ **square** *s* Suppenwürfel *m*; '~ **stock** *s Kochk* Fond *m*; '~ **tuˌreen** *s* Suppenschüssel *f*, -terrine *f*

sour ['saʊə] **1.** *adj* herb, bitter, sauer ⟨~ milk; ~ grapes *übertr* saure Trauben *f/pl*; to go ~ sauer werden⟩ | ranzig ⟨a ~ smell⟩ | *übertr* (Wetter) rauh, unfreundlich | *übertr* bitter, zynisch ⟨made ~ by disappointment aus Enttäuschung verbittert⟩ | *übertr* mürrisch, sauer, unfreundlich ⟨a ~ face⟩ ◇ **go/turn ~** schlecht ausgehen, sich als ein Fehlschlag erweisen; **2.** *s* Saures *n* | *übertr* Bitterkeit *f*; **3.** *vi* sauer werden, gerinnen | *übertr* verbittert werden (**by** durch); *vt* säuern, sauer machen | *übertr* verbittern (**by** durch) | *Am* (jmdm.) verleiden (**on s.th.** etw.)

source [sɔ:s] *s* Quelle *f* ⟨where does the Thames take its ~? wo entspringt die Themse?⟩ | *übertr* Ursprung *m*, Quelle *f* ⟨a reliable ~ eine zuverlässige Quelle⟩ | *Wirtsch* Quelle *f* ⟨~ of supply Bezugsquelle⟩ | *El* Stromquelle *f* | *Phys* Strahlen-, Strahlungsquelle *f*; '~ ˌ**language** *s Ling* Ausgangs-, Quellen-, Ursprungssprache *f*; '~ **rock** *s Geol* Muttergestein *n*; '**sourc·es** *s/pl* (historische u. a.) Quellen *f/pl* ⟨to study the ≈⟩

sour|dough ['saʊədəʊ] *Am Sl s* Sauerteig *m* | Falschgeld *n* | *übertr* Pionier *m*, erfahrener Goldgräber (in Alaska *od* Kanada); '**~ish** [-r-] *adj* säuerlich; **~puss** ['~pʊs] *s urspr Am, scherzh* Miesmacher *m*; Miesepeter *m*, Griesgram *m*

sour·dine [sɔ:'di:n] = **sordine**

sou·sa·phone ['su:zəfəʊn] *s Mus* Sousaphon *n* (Blasinstrument)

souse [saʊs] **1.** *s* Pökellake *f*, -brühe *f* | Pökelfleisch *n* |

Eintauchen *n* | Sturz *m* ins Wasser | Dusche *f*, Regenguß *m* | *Am Sl* Trinker *m*, Säufer *m* | Trinkerei *f*, Sauferei *f*; **2.** *vt* (ein)pökeln ⟨~d herrings marinierte Heringe *m/pl*⟩ | eintauchen, ins Wasser werfen | übergießen (**in** mit) | durchnässen; *vi* ins Wasser plumpsen | durchnäßt werden | *Sl* saufen, sich besaufen; **3.** *adv, arch* plumps!, plauz!; **soused** [~t] *adj Sl* sternhagelvoll

sou·tache [su:'tæʃ] *s* Soutache *f* (schnurähnliches Besatzmaterial)

sou·tane [su:'tɑ:n] *s* Soutane *f*, Priesterleibrock *m*

sou·ter ['su:tə] *s Schott, dial* Schuhmacher *m*, Schuster *m*

south [sauθ] **1.** *s* Süden *m* ⟨in the ~ of im Süden von; to the ~ of südlich von; towards the ~ nach Süden⟩ | *poet* Südwind *m*; **2.** *adj* südlich, Süd- ⟨≁ Afrika Südafrika; ≁ African südafrikanisch; Südafrikaner *m*; ≁ America Südamerika *n*⟩; **3.** *adv* südwärts, nach Süden ⟨to go ~⟩ | aus dem Süden; **4.** *vi* nach Süden fahren | *Astr* kulminieren, durch den Meridian gehen; **ˌ~'east 1.** *s* Südosten *m*; **2.** *adj* südöstlich, Südost-; **3.** *adv* südöstlich, nach Südosten zu; **ˌ~'east·er** *s* (starker) Südostwind; **ˌ~'east·er·ly 1.** *adj* südöstlich, Südost-; **2.** *adv* von Südosten, nach Südosten; **ˌ~'east·ern** *adj* südöstlich, Südost-; **ˌ~'east·ward 1.** *adj* südöstlich; **2.** *adv Am* nach Südosten, südostwärts; **ˌ~'east·wards** *adv* nach Südosten, südostwärts; **~er·ly** ['sʌðəlɪ] **1.** *adj* (Wind) südlich, Süd-; **2.** *adv* nach Süden, von Süden; **~ern** ['sʌðən] **1.** *adj* südlich, Süd- | *Am* südstaatlich; **≁ern·er** ['sʌðənə] *s* Südländer(in) *m(f)*; **ˌ~ern 'lights** *s/pl* Südlicht *n*; **~ern·ly** ['sʌðənlɪ] **1.** *adj* südlich, Süd-; **2.** *adv* von Süden, nach Süden; **~ern·most** ['sʌðnməust] *adj* südlichste(r, -s); **'~ernwood** *s Bot* Eberraute *f*; **'~ing** *s Mar* südliche Richtung, Südkurs *m* | *Mar* Breitenunterschied *m* | *Astr* Kulmination *f*; **'~paw 1.** *s Am* Linkshänder *m* | *Brit* (Sport) Linkshänder *m*; (Boxen) Rechtsausleger *m*; **2.** *adj Am* linkshändig | *Brit* Rechtsausleger- ⟨≈ stance Rechtsauslage *f*⟩; **ˌ≁ 'Pole** *s* Südpol *m*; **~ron** ['sʌðrən] *bes Schott* **1.** *adj* südlich, dem Süden eines Landes angehörend; **2.** *s* Südländer(in) *m(f)*, Engländer(in) *m(f)*; **ˌ≁ 'Sea** *s* Südsee *f*; **ˌ≁ ˌSea 'Is·lands** *s/pl* Südseeinseln *f/pl*; **ˌ~ˌ-~'west 1.** *s* Südsüdwesten; **2.** *adj* Südsüdwest-, südsüdwestlich; **3.** *adv* nach Südsüdwesten; **'~ward 1.** *adj* südlich, Süd-; **2.** *adv Am* nach Süden; **3.** *s* Süden *m*; **'~wards** *adv Brit* südwärts, nach Süden; **ˌ~'west 1.** *adj* südwestlich, Südwest-; **2.** *adv* nach Südwesten, von Südwesten; **3.** *s* Südwesten *m*; **ˌ~'west·er** *s* Südwestwind *m* | Südwester *m*, Sturmkappe *f*; **ˌ~'west·er·ly 1.** *adj* südwestlich; **2.** *adv* nach Südwesten, aus Südwesten; **ˌ~'west·ern** *adj* südwestlich, Südwest-; **ˌ~'west·ern·most** *adj* südwestlichste(r, -s); **ˌ~'west·ward 1.** *adj* nach Südwesten; **2.** *adv Am* südwestwärts, nach Südwesten; **3.** *s* Südwesten *m*; **ˌ~'west·wards** *adv Brit* nach Südwesten

sou·ve·nir [ˌsu:və'nɪə|'su:vənɪə] *s* Souvenir *n*, Andenken *n*

sou'-west·er [sau'westə] = **southwester**

sov·er·eign ['sɒvrɪn] **1.** *s* Herrscher(in) *m(f)*, Landesherr(in) *m(f)*, Souverän *m* | *Brit Hist* Sovereign *m*, (goldene) 20-Shilling-Münze *f*; **2.** *adj* souverän, unumschränkt ⟨a ~ ruler; a ~ state⟩ | *lit* wirksam, ausgezeichnet, souverän ⟨the ~ remedy das beste Mittel⟩ | höchste(r, -s), oberste(r, -s) ⟨with ~ contempt mit äußerster Verachtung⟩; **~ty** ['sɒvrəntɪ] *s* Souveränität *f*; Oberherrschaft *f*, Oberhoheit *f*

so·vi·et ['səuvɪət] **1.** (*oft* ≁) *s* Sowjet *m*, (gewählter) Rat ⟨Supreme ≁ Oberster Sowjet⟩; **2.** ≁ *adj* sowjetisch, Sowjet- ⟨~ citizen Sowjetbürger(in) *m(f)*; ~ power Sowjetmacht *f*⟩; **'~ize** *vt* sowjetisch machen, das Sowjetsystem einführen in; **ˌ≁ 'U·ni·on** *s* (*mit best art*) Sowjetunion *f*

¹sow [sau] *s Zool* Sau *f* ⟨to get the wrong ~ by the ear *übertr* den Falschen erwischen⟩ | *Tech* Ofensau *f*

²sow [səu] (**sowed, sowed** *od* **sown** [səun]) *vt* (aus)säen, ausstreuen (*auch übertr*) ⟨to ~ grass; to ~ the seeds of hatred Haß säen⟩ | besäen ⟨to ~ a plot of land ein Stück Land einsäen⟩; *vi* säen

sow|bel·ly ['sauˌbelɪ] *s umg* fettes Schweinepökelfleisch, Schweinebauch *m*; **'~ bug** *s Zool* Kellerassel *f*

sow|er ['səuə] *s* Sämann *m*, Säer *m* | *Landw* Sämaschine *f*; **'~ing 1.** *adj* säend, Saat-; Sä-; **2.** *s* Säen *n*; Aussaat *f*; **'~ing ˌa·re·a** *s* Aussaatfläche *f*; **'~ing maˌchine** *s* Sämaschine *f*; **'~ing time** *s* Säzeit *f*

sown [səun] *part perf* von ↑ **²sow**

sow this·tle ['sau ˌθɪsl] *s Bot* Sau-, Gänsedistel *f*

sox [sɒks] *s/pl Wirtsch* Socken *f/pl*

soy [sɔɪ] *s* Sojabohnensoße *f*; **so·ya** ['sɔɪə], *auch* **'so·ya bean** *s Bot* Sojabohne *f*; **'so·ya bean ˌoil** *s* Sojabohnenöl *n*; **'~ sauce** *s* Sojasauce *f*

soz·zled ['sɒzld]*adj Brit Sl* sternhagelvoll, völlig blau

spa [spɑ:] *s* Mineralquelle *f* | Bad(ekurort) *n(m)* | *Am* heißes Bad

space [speɪs] **1.** *s* Weltraum *m*, Kosmos *m* ⟨to travel through ~⟩ | *Math* Raum *m* | Raum *m*, Platz *m* ⟨open ~s Freiflächen *f/pl*; to clear a ~ freien Platz schaffen, Platz frei machen; to leave some ~ Platz lassen; there's not enough ~ es gibt nicht genügend Platz⟩ | Abstand *m*, Zwischenraum *m* (**between** zwischen) | (*nur sg*) Frist *f*, Zeitraum *m* ⟨a ~ of two years; for a ~ eine Weile; [with]in the ~ of an hour innerhalb einer Stunde⟩ | *Typ* Spatium *n*, Ausschlußstück *n*, Durchschuß *m* | (Computer) Impulspause *f*, -lücke *f* | *Sl* (jmds.) Eigenart *f*, Typ *m*; **2.** *vt auch* **~ out** mit Zwischenräumen *od* in Abständen aufstellen | (etw. über e-e Fläche *od* e-n Zeitraum) verteilen ⟨to ~ out payments over 10 years; a well-~d family eine Familie, in der die Kinder in regelmäßigen Abständen geboren wurden⟩ | *Typ* (Zeile) ausschließen; **~ out** *Typ* (Wörter) sperren; **'~ age** *s* Weltraumzeitalter *n*; **'~ bar** *s* Leertaste *f* (der Schreibmaschine); **'~borne** *adj* im Weltraum stationiert ⟨≈ radio stations; ≈ seedlings im Weltraum gezüchtete Pflanzen; ≈ science im Weltraum betriebene wissenschaftliche Untersuchungen⟩; **'~ ˌcap·sule** *s* Raumkapsel *f*; **'~ charge** *s El* Raumladung *f*; **'~craft** *s* (*pl* **'~craft**) Raumschiff *n*; **spaced**, *auch* **'spaced-out** *adj Am Sl* ausgeflippt, unter Drogeneinfluß; **ˌ~ 'ex·pert** *s* Weltraumexperte *m*; **'~ˌfar·ing 1.** *adj* Raumfahrts-; **2.** *s* Raumfahrt *f*; **ˌ~ 'fic·tion** *s* Weltraumromane *m/pl*; **'~ flight** *s* Weltraumflug *m*; **'~ ˌheat·er** *s* Raumheizer *m*, Heizgerät *n*; **'~ ˌhel·met** *s* Kosmonautenhelm *m*; **'~-lab**, *auch* **'~ laˌbor·a·tory** *s* Weltraumlabor(atorium) *n(n)*; **'~man** *s* (**'~men**) *s* Kosmonaut *m*; **'~ probe** *s* (Welt-) Raumsonde *f*; **'spac·er** *s Tech* Zwischen-, Distanzstück *n* | = **'~ bar**; **ˌ~ ra·di'a·tion** *s* Raumstrahlung *f*; **'~ rate** *s Am* (Zeitung) Zeilenhonorar *n*; **'~ reˌsearch** *s* Weltraumforschung *f*; **'~ ˌrock·et** *s* kosmische Rakete; **ˌ~ 'rule** *s Typ* Querlinie *f*; **'~ ˌsav·ing** *adj* raum-, platzsparend; **'~ship** *s* Raumschiff *n*, -fahrzeug *n*; **'~ ˌshut·tle** *s* (Welt-) Raumfähre *f*; **'~sick** *adj* (welt)raumkrank ⟨to get ≈⟩; **'~ ˌsta·tion** *s* Weltraum-, Außenstation *f*; **'~suit** *s* Raumanzug *m*; **ˌ~ 'time** *s Phys, Phil* Raumzeit *f*; **'~ ˌtrav·el** *s* Raumfahrt *f*, -flug *m*; **'~ ˌtrav·el·ler** *s* Astro- *od* Kosmonaut *m*, Weltraumfahrer *m*; **'~ tug** *s* Weltraumtransporter *m*; **'~ type** *s Typ* Sperrdruck *m*; **'~ walk** *s* Weltraumspaziergang *m*, Verlassen *n* der Raumkapsel; **'~ˌwalk·er** *s* Astro-, Kosmonaut *m*, der das Raumschiff verläßt; **'~ warp** *s* (eingebildete) kosmische Anomalie; **'~ˌwom·an** *s* (*pl* **'~ˌwom·en**) Astro-, Kosmonautin *m*, Weltraumfahrerin *f*; **'~ ˌwrit·er** *s Am* nach Zeilenhonorar bezahlter Zeitungsmitarbeiter; **spac·ey** ['-y] *adj* benommen, verwirrt; **'spac·ing** *s*

Zwischenraum *m*, Abstand *m* ⟨single ≈, double ≈ Einzeilig-, Zweizeiligkeit *f*⟩ | *Typ* Ausschließen *n*, Sperren *n*; **'spac·ing key** *s Typ* Ausschlußtaste *f*

spa·cious ['speɪʃəs] *adj* geräumig, ausgedehnt, weit, umfangreich (*auch übertr*)

spac·y ['speɪsɪ] = **spacey**

spade [speɪd] **1.** *s* Spaten *m* ⟨to call a ~ a ~ *übertr* das Kind beim rechten Namen nennen⟩ | Spatenstich *m* | *Kart* Pik *n*, Schippe *f* ⟨the five of ~s die Pikfünf⟩ | *vulg verächtl* Nigger *m*; **2.** *vt, auch* **~ up** umgraben; **~ful** ['~fʊl] *s* Spaten *m* voll; **'~work** *s übertr* mühevolle Vorarbeit, Klein- *od* Pionierarbeit *f*

spadg·er ['spædʒə] *s Sl* Spatz *m*

spa·dille [spə'dɪl] *s Kart* Pik-As *n*

spad·ing ['speɪdɪŋ] *s* Umgraben *n*; **'~ fork** *s* Grabegabel *f*

spa|dix ['speɪdɪks] *s* (*pl* **~di·ces** ['~dɪsi:z]) *Bot* Spadix *m*, Blütenkolben *m*

spae [speɪ] *vi Schott* wahrsagen, prophezeien

spa·ghet·ti [spə'getɪ] *s* Spaghetti *pl* | *El* Isolierschlauch *m* | *Sl* Filmsalat *m*; **ˌ~ 'west·ern** *s, umg Film* Italowestern *m*

Spain [speɪn] *s* Spanien *n*

spake [speɪk] *arch, poet prät* von ↑ **speak**

spall [spɔ:l] **1.** *s* Erz-, Steinsplitter *m* | Ziegelbruch *m*; **2.** *vt Tech* (Erz) zerspalten, zerstückeln; *vi* absplittern | *Phys* (sich) abspalten; **ˌ~'a·tion** *s Phys* Spallation *f*; **'~ing** *Tech s* Abspalten *n*, Abmeißeln *n* | Abblättern *n*

spal·peen [spæl'pi:n] *s Ir* Taugenichts *m*, Nichtsnutz *m*

spam [spæm] *s* Schinkenfleisch *n* (in Dosen)

span [spæn] **1.** *s* (Hand-) Spanne *f* | Zeitspanne *f* ⟨for a short ~ of time eine kurze Zeit; the ~ of life das ganze Leben, die Lebensspanne⟩ | (Aufmerksamkeits- u. ä.) Spanne *f*, Umfang *m* ⟨the ~ of attention; memory ~⟩ | *Arch* Spannweite *f*, Stützlänge *f* ⟨a ~ of 10 metres⟩ | Brückenbogen *m* ⟨in a single ~ in einem Bogen⟩ | *Mar* Spann *m*, Hanger *m* | *Flugw* Spannweite *f* (der Tragflächen) | *Am, Südafr* (Ochsen-, Pferde-) Gespann *n*; **2. (spanned, spanned)** *vt* umspannen | (nach Augenmaß) abmessen | (Fluß) überbrücken, -spannen ⟨~ned by many bridges⟩ | *Mar* mit Tauen befestigen | *übertr* bedecken | sich (zeitlich) erstrecken über ⟨to ~ a century⟩; *vi Am* zusammenpassen; **'~ lenght** *s Arch* Stützweite *f*, -länge *f*

span·drel ['spændrəl] *s Arch* Bogenzwickel *m* | *Tech* Hohlkehle *f*; **'~ steps** *s/pl* Dreiecksstufen *f/pl*

spa·ne|mi·a [spæ'ni:mɪə] *Med s* Anämie *f*, Blutarmut *f*; **~mic** [~mɪk] *adj* anämisch, blutarm; **~my** ['spænəmɪ] *s* Anämie *f*

spang [spæŋ] *adv Am umg* direkt ⟨~ in the face⟩

span|gle ['spæŋgl] **1.** *s* Flitter *m*, Flitterplättchen *n* | Metallfolie *f*; **2.** *vt* mit Flitter besetzen | *übertr* übersäen, besprenkeln (**with** mit) ⟨the Star-≈d Banner *Am* das Sternenbanner⟩; *vi* glitzern; **'~gle oak** *s Bot* Gallapfel *m*; **~gly** [~glɪ] *adj* glitzernd, Flitter-

Span·iard ['spænɪəd] *s* Spanier(in) *m(f)*

span·iel ['spænɪəl] *s Zool* Spaniel *m*; Wachtelhund *m* | *übertr* Kriecher *m*, Schmeichler *m*

Span·ish ['spænɪʃ] **1.** *adj* spanisch; **2.** *s Ling* Spanisch *n* | (*mit best art*) *collect* Spanier *m/pl*; **ˌ~ A'mer·i·can 1.** *adj* lateinamerikanisch; **2.** *s* Lateinamerikaner(in) *m(f)*; **ˌ~ 'chest·nut** *s Bot* Edel-, Eßkastanie *f*; **ˌ~ 'fly** *s Zool* Spanische Fliege, Kantharide *f*; **ˌ~ 'gui·tar** *s Mus* Schlaggitarre *f*; **ˌ~ 'leath·er** *s* Saffian *m*; **'~ 'Main** *s* (*mit best art*) *Hist* Südostküste *f* Südamerikas und südliche Karibik; **ˌ~ 'white** *s* Schlämmkreide *f*

spank [spæŋk] **1.** *vt* (Kind) schlagen, prügeln | (Pferd) antreiben | (Schiff) vorwärtstreiben; *vi Mar* gegen die Wellen schlagen; **2.** *s* leichter Schlag, Klaps *m*; **~ along** *vi* (*bes* Pferd, Schiff) dahineilen, -jagen; **'~er** *s* guter Läufer (Pferd) | *Mar* Besan *m* | *Sl* Prachtexemplar *n*; **'~ing 1.** *adj umg* schnell, schnell fahrend | scharf, kräftig ⟨a ≈ breeze⟩ | *arch umg* fein, schön, prima ⟨a ≈ time⟩; **2.** *adj emph* (*vor adj*) prächtig, fein ⟨a ≈ good time eine ganz tolle Zeit⟩; **3.** *s* Tracht *f* Prügel ⟨to give a child a ≈⟩

span·ner ['spænə] *Brit Tech s* Schrauben-, Bolzenschlüssel *m* ⟨to throw a ~ in[to] the works *übertr umg* etw. sabotieren, Sand ins Getriebe werfen⟩ | Pleuelstange *f*

span|roof ['spænru:f] *s Arch* Sattel-, Giebeldach *n* **'~rope** *s* Abspannseil *n*; **'~ wire** *s* Abspanndraht *m*, Spanndraht *m*, Tragdraht *m*

[1]**spar** [spɑ:] *s Mar* Spiere *f*, Rundholz *n* | *Flugw* (Trag-, Flügel-) Holm *m*

[2]**spar** [spɑ:] *s Min* Spat *m*

[3]**spar** [spɑ:] **1. (sparred, sparred)** *vi* (Boxen) sparren, Scheinhiebe machen (**at** nach) | mit den Sporen kämpfen (Hähne) | *übertr* streiten, zanken; **2.** *s* Boxkampf *m* | Hahnenkampf *m* | *übertr* Streit *m*, Wortgefecht *n*, Zank *m*

spar·a·ble ['spærəbl] *s* Schuhnagel *m*

spar| buoy ['spɑ: bɔɪ] *s Mar* Spierenboje *f*; **'~deck** *s Mar* Spardeck *n*

spare [spɛə] **1.** *vt* (ver)schonen ⟨if we are ~d wenn wir noch am Leben sind; to ~ o.s. sich schonen, sich vorsehen; to ~ s.o.'s life/to ~ s.o. his life jmds. Leben schonen⟩ | sparsam umgehen mit, geizen mit ⟨to ~ no expense keine Kosten scheuen; to ~ no pains keine Mühe scheuen; ~ the rod and spoil the child *Sprichw* wer die Rute spart, verzieht das Kind⟩ | erübrigen, entbehren ⟨to ~ s.o. s.th., to ~ s.th. for s.o. etw. für jmdn. übrig *od* zur Verfügung haben; to have enough and to ~ es reichlich haben; to have no time to ~ keine Zeit übrig haben⟩; *vi* sparsam sein, sparen | Gnade walten lassen; **2.** *adj* sparsam, spärlich, kärglich ⟨a ~ meal⟩ | (Person) dünn, mager ⟨a ~ figure, ~ of build von hagerer Statur⟩ | überflüssig, -schüssig, übrig ⟨~ time freie Zeit⟩ | Ersatz-, Reserve- ⟨~ wheel Reserverad *n*⟩ | Extra- ⟨~ room Extra-, Gastzimmer *n*⟩ | *umg* wütend, wild, *bes in:* **drive s.o. ~** jmdn. wahnsinnig machen; **go ~** durchdrehen, verrückt werden; **3.** *s* Sparen *n* | *oft pl Tech* Ersatzteil *n* | *Kfz* Ersatzreifen *m*; **ˌ~ 'an·chor** *s Mar* Not-, Reserveanker *m*; **ˌ~ 'part** *s Tech* Ersatz-, Reserveteil *n*; **ˌ~ part 'sur·ge·ry** *s Med umg* Ersatzteilchirurgie *f*, Organverpflanzung *f*; Einsetzen *n* künstlicher Organe

spare|rib ['spɛə ˌrɪb] *s* Rippenspeer *m*; **'~ribs** *s/pl Kochk* Rippchen *pl*

spare tyre [ˌspɛə 'taɪə] *s* Ersatzreifen *m*

sparg·er ['spɑ:dʒə] *s* Wassersprenger *m*, -sprühgerät *n*, Rasensprenger *m*

spar·ing ['spɛərɪŋ] *adj* sparsam, karg (**in** in; **of** mit) ⟨~ of words wortkarg⟩ | spärlich, dürftig | rücksichtsvoll, schonend ⟨~ in speech⟩

[1]**spark** [spɑ:k] **1.** *s* Funke *m* ⟨shower of ~s Funkenregen *m*⟩ | *übertr* zündender Funke | *übertr* Rest *m*, Spur *f*, Funke *m* ⟨a ~ of decency eine Spur von Anstand⟩ | Diamant *m* | *Tech* Zündung *f*; **2.** *vi* Funken sprühen | *El* funken | *Tech* zünden; *vt übertr* entflammen, anfeuern, begeistern | *Am* = **~ off; ~ off** *übertr* unmittelbar auslösen, vom Zaun brechen, entfachen | (Interesse) wecken

[2]**spark** [spɑ:k] **1.** *s* flotter junger Mann | Galan *m*, Lebemann *m*; **2.** *vi, vt Am umg* flirten (mit), den Hof machen

spark| ar·rest·er ['spɑ:k əˌrestə] *s Tech* Funkenfänger *m*; **'~ coil** *s El* Zündspule *f*; **'~ disˌcharge** *s El* Funkenentladung *f*; **'~ ig·ni·tion ˌmo·tor** *s Tech* Ottomotor *m*; **'~ing** *s El* Funkenbildung *f*; **'~ing plug** *s Brit Tech* Zündkerze *f*; **'~ing plug ˌspan·ner** *s Brit Tech* (Zünd-) Kerzenschlüssel *m* **'~ing plug ˌwire** *s Brit Tech* Zündkabel *n*

spark·ish ['spɑ:kɪʃ] *adj* galant

spar|kle ['spɑ:kl] **1.** *s* Funkeln *n*, Glanz *m* | Funke *m* | *übertr* Lebhaftigkeit *f*; **2.** *vi* funkeln, glänzen, glitzern (*auch übertr*) (**with** vor) | (Wein) schäumen, moussieren; *vt* ausstrahlen; '**~kler** *s* Schaumwein *m* | Wunderkerze *f* | *Sl* Diamant *m*; '**~kling** *adj* glitzernd, funkelnd, strahlend ⟨≈ ice⟩ | *übertr* brillierend, brillant, faszinierend ⟨a ≈ performance⟩ | (Wein) perlend, schäumend ⟨≈ Burgunder⟩ | *übertr* sprühend, witzig ⟨≈ wit⟩

spark plug ['spɑ:k plʌg] *s bes Am* Zündkerze *f*; **sparks** [spɑ:ks] *s/pl Mar umg* Bordfunker *m*

spar·ring ['spɑ:rɪŋ] *s* Übungsboxen *n*, Sparring *n*; '**~ match** *s* (Boxen) Übungs-, Demonstrationskampf *m* | *übertr* Streit *m*, Wortgeplänkel *n*; '**~ ˌpart·ner** *s* (Boxen) Übungspartner *m*

spar·row ['spærəʊ] *s Zool* Sperling *m*, Spatz *m* ⟨house ~ Hausspatz⟩; '**~ hawk** *s Zool* Sperber *m*

spar·ry ['spɑ:rɪ] *adj Min* spatig, spatartig

sparse [spɑ:s] *adj* dünn gesät, spärlich ⟨a ~ population⟩ | dünn, schütter ⟨a ~ beard⟩; **spar·si·ty** ['spɑ:sətɪ] *s* Spärlichkeit *f*

Spar·tan ['spɑ:tn] **1.** *adj Hist* spartanisch | *übertr* spartanisch, einfach ⟨to live a ~ life; in ~ simplicity⟩; **2.** *s Hist* Spartaner(in) *m(f)*; '**~ism** *s* Spartanertum *n*

spar·te·ine ['spɑ:tɪɪn] *s Chem* Spartein *n*

spasm ['spæzm] *s Med* Krampf *m*, krampfartiger Schmerz, Spasmus *m*, Zuckung *f* | Anfall *m* ⟨~ of pain Schmerzanfall; ~ of coughing Hustenanfall; ~ of fear plötzliche Angst; ~ of indignation Anflug *m* von Entrüstung⟩; **spas·mod·ic** [spæs'mɒdɪk] *adj Med* spasmodisch, krampfhaft ⟨≈ asthma asthmatische Krämpfe *m/pl*⟩ | sprunghaft, vereinzelt ⟨≈ action⟩; **spas·tic** ['spæstɪk] *Med* **1.** *adj* spastisch, Krampf-; **2.** *s* Spastiker(in) *m(f)*; **ˌspas·tic paˌral·y·sis** *s* krampfartige Lähmung

[1]**spat** [spæt] *s* (Schuh-) Gamasche *f* ⟨a pair of ~s Gamaschen *f/pl*⟩

[2]**spat** [spæt] *Zool* **1.** *s* Austern-, Muschellaich *m*; **2.** (**~ted, ~ted**) *vt, vi* laichen

[3]**spat** [spæt] *prät* u. *part perf* von ↑ [1]**spit 1.**

[4]**spat** [spæt] *Am umg* **1.** *s* Knall *m*, Klatsch *m* | Knatsch *m*, Krach *m*, Streit *m*; **2.** (**~ted, ~ted**) *vi* in die Hände klatschen | sich streiten, sich krachen, sich zanken (**with** mit) *vt* (Hände) zusammenschlagen

spatch·cock ['spætʃkɒk] **1.** *s* geschlachtetes u. sofort gekochtes Geflügel; **2.** *vt umg* (Zitate u. ä.) einflechten, einfügen (**in, into** in)

spate [speɪt] *s Brit* (Fluß) Hochwasser *n*, Überschwemmung *f* ⟨to be all in ~ überschwemmt sein, Hochwasser führen⟩ | *übertr* Flut *f*, Erguß *m*, Welle *f*, Schwall *m* ⟨a ~ of orders eine Flut von Aufträgen *od* Bestellungen⟩

spathe [speɪð] *s Bot* Blütenscheide *f*

spath·ic ore [ˌspæθɪk 'ɔ:] *s Min* Eisenspat *m*

spa|tial ['speɪʃl] *förml adj* räumlich, Raum-; **~ti·al·i·ty** [ˌspeɪʃɪ'ælətɪ] *s* Räumlichkeit *f*; **ˌ~tial 'mod·el** *s* Raummodell *n*

spat·ter ['spætə] **1.** *vt* (etw.) spritzen (**on, over s.th.** auf, über etw.) | bespritzen, beschmutzen (**with** mit) | *übertr* beschmutzen, besudeln; *vi* spritzen | *auch* ~ **down** (Regen) niederprasseln (**on** auf); **2.** *s* Spritzen *n* | Klatschen *n*, Prasseln *n* ⟨a ~ of rain ein Regenguß; a ~ of bullets ein Kugelregen⟩ | Spritzer *m*, Spritzfleck *m*; '**~dash·es** *s/pl* (Reit-) Gamaschen *f/pl*; '**~work** *s Tech* Spritzarbeit *f*, -malerei *f*

spat|u·la ['spætjʊlə] *s* Spatel *m*, Spachtel *m* | Rührwerk *n* | *Zool* Löffelente *f*; **~u·late** ['-jʊleɪt] *adj* spatelförmig, Spatel-

spav|in ['spævɪn] *s Vet* Spat *m*; '**~ined** *adj* spatig, mit Spat behaftet, lahm

spawn [spɔ:n] **1.** *s Zool* Laich *m*, Fischrogen *m* | *Bot* Myzel *n* | *übertr* Produkt *n*, Resultat *n* ⟨the ~ of instinct⟩ | *übertr verächtl* Brut *f* ⟨the ~ of Satan⟩; **2.** *vi Zool* laichen | *übertr verächtl* wimmeln (**with** vor) | *vt* laichen | *übertr verächtl* (massenhaft) hervorbringen ⟨slums ~ criminals⟩; '**~er** *s Zool* laichendes Fischweibchen | Fischzüchter *m*; '**~ing** **1.** *adj* laichend; **2.** *s* Laichen *n*; '**~ing time** *s* Laichzeit *f*

spay [speɪ] *vt* (weibliches Tier) sterilisieren ⟨to have a cat ~ed eine Katze sterilisieren lassen⟩

speak [spi:k] (**spoke** [spəʊk], **spok·en** ['spəʊkən]) *vi* reden, sprechen (**about, of** über; **to** [*selten* **with**] mit, zu) ⟨so to ~ sozusagen; to ~ like a book wie ein Buch reden; to ~ to s.th. auf etw. eingehen; to ~ against sich aussprechen gegen, eine Äußerung machen gegen; to ~ without book frei reden⟩ | eine Rede halten, (öffentlich) sprechen ⟨to ~ in a debate; to ask s.o. to ~ jmdm. das Wort erteilen⟩ | (Instrument) ertönen, erklingen | *Mar* signalisieren | *Brit* (Hund) anschlagen; **~ for** sprechen für ⟨that ~s for itself das spricht für sich selbst⟩ | bezeugen, zeugen für; **~ of** sprechen von ⟨nothing to ≈ nicht der Rede wert; not to ≈ ganz zu schweigen von⟩; **~ to** *euphem* ermahnen ⟨to ≈ the child⟩ | ansprechen ⟨this picture doesn't ≈ me das Bild sagt mir nichts⟩; **~ out, ~ up** frei heraussprechen | deutlich sprechen ⟨~ up sprich lauter!; to ~ up for s.o. sich für jmdn. einsetzen⟩; **to ~ out against** protestieren gegen, scharf verurteilen; *vt* (aus)sprechen, sagen, äußern ⟨to ~ one's mind (deutlich) seine Meinung sagen; to ~ s.o. fair jmdm. gute Worte geben; to ~ the truth die Wahrheit sagen⟩ | (Sprache) sprechen, beherrschen ⟨to ~ English⟩ | rezitieren, aufsagen ⟨to ~ a piece⟩ | verraten, anzeigen ⟨that ~s a little mind das verrät einen kleinen Geist; to ~ volumes for *umg* Bände sprechen über⟩ | *Mar* (Schiff) anrufen | *arch* zeigen, bedeuten; **~ out** aussprechen; '**~ˌeas·y** *s Am Sl Hist* geheimer Alkoholausschank, Flüsterkneipe *f*; '**~er** *s* Redner *m*, Sprecher *m* | Sprecher *m* (einer Sprache) ⟨≈s of Russian Russischsprechende *pl*⟩ | (*meist* **~er**) (*mit best art*) Präsident *m* des englischen Unterhauses *od* des amerikanischen Repräsentantenhauses ⟨Mr ≈! Herr Vorsitzender!⟩ | *El* Lautsprecher *m*; '**~er·ship** *s Parl* Amt(speriode) *n(f)* des Sprechers; '**~ing** *adj* sprechend ⟨a ≈ acquaintance eine flüchtige Bekanntschaft; frankly ≈ offen gesagt; generally ≈ im allgemeinen; strictly ≈ streng genommen⟩ | beredt, ausdrucksvoll | (Porträt) sprechend ähnlich ⟨a ≈ likeness eine auffallende Ähnlichkeit⟩ | Sprech-, Sprach- ⟨≈ disorder Sprachstörung *f*⟩; '**~ing terms** *s, nur in*: **be on ~ing terms** einander kennen (und grüßen); **be not on ~ing terms with s.o.** mit jmdm. nicht (mehr) sprechen; '**~ing trip** *s Am* Wahlreise *f*; '**~ing ˌtrum·pet** *s* Sprachrohr *n*, Megaphon *n*; '**~ing tube** *s* Sprachrohr *n*, Sprechverbindung *f* (zwischen 2 Räumen)

spear [spɪə] **1.** *s* Speer *m*, Spieß *m*, Lanze *f* | *Bot* Sproß *m*, Halm *m*; **2.** *vt* durchbohren, aufspießen; *vi Bot* sprießen, in die Höhe schießen; '**~ ˌcar·ri·er** *s übertr* Statist *m*, zweitrangige Person | *Pol* Standartenträger *m*, Vorreiter *m*; '**~fish** *s Zool* Speerfisch *m*; '**~head** **1.** *s* Lanzenspitze *f* | *übertr, Mil* Stoßtrupp *m*, Vorhut *f*; **2.** *vt übertr* an der Spitze stehen von, die Vorhut bilden von ⟨to ≈ an offensive⟩; '**~mint** *s Bot* Grüne Minze | Kaugummi *m* mit Minzgeschmack; **ˌ~-'shaped** *adj Bot* lanzenförmig

spec [spek] *s umg* Spekulation *f* ⟨to do s.th. on ~ etw. auf gut Glück unternehmen⟩

spe·cial ['speʃl] **1.** *adj* besondere(r, -s), speziell, Sonder-, extra ⟨as a ~ favour als besonderes Entgegenkommen⟩ | (Menge, Umfang) außergewöhnlich ⟨~ treatment Sonderbehandlung *f*; to take ~ trouble sich außergewöhnliche Mühe geben⟩ | speziell, spezialisiert, Spezial- ⟨~ steel Spezial-, Edelstahl *m*⟩; **2.** *s* Extrablatt *n* | Sonderzug *m* | Sonderberichterstatter *m* | Hilfspolizist *m* | *Am* Sondergesetz *n* | *Am Wirtsch* Sonderangebot *n* ⟨to be on ~ besonders billig sein⟩ | *Am* (Tages-)Spezialität *f* (in e-m Restaurant); ˌ~ **at'tach·ment** *s Tech* Zusatz-, Sondereinrichtung *f*; ˌ~ **'case** *s* Sonderfall *m*; ˌ~ **com'mis·sion** *s* Sonderausschuß *m*; ˌ~ **'con·sta·ble** *s* Hilfspolizist *m*; ˌ~ **cor·re'spond·ent** *s* Sonderkorrespondent *m*; ˌ~ **'court** *s* Sondergericht *n*; ˌ~ **de'liv·er·y** *s* (Post) Eilzustellung *f*; ˌ~ **de'sign** *s* Sonderausführung *f*; ˌ~ **'du·ty** *s* Sondereinsatz *m*; ˌ~ **e'di·tion** *s* Sonderausgabe *f*; ˌ~ **e'quip·ment** *s* Sonderausrüstung *f*; ˌ~ **'field** *s* Fachrichtung *f*; **~ism** ['speʃl̩ɪzm] *s* Spezialisierung *f*; Spezialgebiet *n*; **~ist** ['speʃl̩ɪst] **1.** *s* Fachmann *m*, Spezialist *m*; *Med* Facharzt *m*, Spezialist *m* (**in** für) ⟨an eye ≈ ein Facharzt für Augenkrankheiten⟩; **2.** = **~is·tic** [ˌspeʃə'lɪstɪk] *adj* fachmännisch, Spezial-; **~i·ty** [ˌspeʃɪ'ælətɪ] *s* Besonderheit *f* | Spezialität *f* | Spezialfach *n* | *Wirtsch* Spezialartikel *m* | *Jur Brit* besiegelte Urkunde; **~i·za·tion** [ˌspeʃl̩aɪ'zeɪʃn] *s* Spezialisierung *f*; **~ize** ['speʃl̩aɪz] *vt* besonders aufführen, einzeln angeben | (*meist part perf*) spezialisieren, auf ein spezielles Gebiet festlegen ⟨≈d knowledge Spezialwissen *n*; ≈d staff Kräfte *pl* mit Sonderausbildung *od* Spezialqualifizierung; ≈d wards *Med* Spezialabteilungen *f/pl* (in einem Krankenhaus)⟩; *vi* sich spezialisieren (**in, on** auf); ˌ~ **'know·ledge** *s* Sachkenntnis *f*; ˌ~ **'lan·guage** *s* Sondersprache *f*; ˌ~ **'li·cense** *s Rel, Jur* Ehedispens *m*; ˌ~ **'line** *s* Spezialfach *n*; **'~ly** *adv* besonders ⟨≈ for you; not ≈ cold⟩; ˌ~ **'plead·ing** *s Jur* Sonderschriftsatz *m* (zum offiziellen Tatbestand); Beibringen von neuem Beweismaterial | *übertr* Berufung *f* auf einen Sonderfall | Spitzfindigkeit; ˌ~ ˌ**pur·pose com'put·er** *s* Spezialrechner *m*; ˌ~ **'quality** *s* Sonderqualität *f*; ˌ~ **'school** *s Päd* Sonderschule *f* (für Behinderte); ˌ~ **'stu·dent** *s Am Päd* Student(in) *m(f)*, der (die) nicht mit einem akademischen Grad abschließt; ˌ~ **'ses·sion** *s* Sondersitzung *f*; ˌ~ **'sub·ject** *s* Spezialgebiet *n*; ˌ~ **'train** *s* Sonderzug *m*; **~ty** ['speʃltɪ] *s bes Am* Spezialität *f* | Spezialfach *n* | *Wirtsch* Spezialartikel *m* | *Jur, auch Brit* besiegelter Vertrag

spe·ci·a·tion [spiːʃɪ'eɪʃn] *s Biol* Artenbildung *f*

spe·cie ['spɪːʃiː] *s förml* Metall-, Hartgeld *n* ⟨in ~ in bar; *übertr* mit gleicher Münze⟩

spe·cies ['spiːʃiːz] *s* (*pl* ~) *Bot, Zool* Spezies *f*, Art *f* ⟨the human ~ die Menschheit⟩ | Sorte *f*, Art *f* ⟨a ~ of crime⟩

spe·cif·ic [spə'sɪfɪk] **1.** *adj* eigen(tümlich) ⟨faults ~ to past centuries Mängel *m/pl*, die für vergangene Jahrhunderte charakteristisch sind⟩ | besondere(r, -s) ⟨a ~ purpose⟩ | ausdrücklich, präzise, bestimmt ⟨~ orders⟩ | *Phys* spezifisch | *Med* spezifisch (wirkend) | *Biol* Art- ⟨~ name Artname *m*⟩; **2.** *s Med* spezifisches Heilmittel; **spe'cif·ic·al·ly** *adv* speziell | ausdrücklich ⟨to mention ≈⟩ | genau; **spec·i·fi·ca·tion** [ˌspesɪfɪ'keɪʃn] *s* Spezifikation *f*, genaue Aufzählung | spezieller Punkt (e-r Aufzählung) | *Jur* Patentbeschreibung *f* | *oft* ˌ**spec·i·fi'ca·tions** *pl Arch* Voranschlag *m*; ˌ~ **'grav·i·ty** *s Phys* spezifisches Gewicht, Wichte *f*; ˌ~ **'heat** *s Phys* spezifische Wärme; ˌ~ **'mass** *s* spezifische Masse; **spe'cif·ics** *s/pl* nähere Einzelheiten ⟨to get down to ≈ in Detail gehen⟩; ˌ~ **'vol·ume** *s* spezifisches Volumen; ˌ~ **'weight** *s* Dichte *f*; **spec·i·fy** ['spesɪfaɪ] *vt* spezifizieren, einzeln angeben, gesondert aufführen | spezialisieren

spec·i·men ['spesɪmən] *s* Exemplar *n*, Stück *n*, Muster *n* ⟨a fine ~; ~s of rocks Gesteinsproben *f/pl*⟩ | Teststück *n*, Probe(stück) *f(n)* ⟨a ~ of s.o.'s urine jmds. Urinprobe⟩ | *umg verächtl* Beispiel *n*, Muster(stück) *n(n)*, Exemplar *n*, (komischer) Kauz, Type *f* ⟨a queer ~ of humanity ein seltenes (Muster-) Exemplar⟩; '~ ˌ**cop·y** *s* Probeexemplar *n*; '~ **page** *s* Probeseite *f*

spe·cious ['spiːʃəs] *adj förml* (vordergründig) bestechend, trügerisch, fadenscheinig, leer, scheinbar, Schein- ⟨a ~ argument ein Scheinargument; ~ prosperity scheinbarer Wohlstand⟩

speck [spek] *s* Fleck(chen) *m(n)* | Punkt *m*, Pünktchen *n* ⟨to see ~s in front of one's eyes Punkte vor den Augen sehen⟩ | faule Stelle (im Obst); **specked** [spekt] *adj* gesprenkelt, gefleckt, fleckig ⟨≈ apples Äpfel *pl* mit Flecken; to be ≈ with black schwarze Stellen *od* Flecken haben⟩

speck|le ['spekl] **1.** *s* Fleck(chen) *m(n)*, Tüpfelchen *n*; **2.** *vt* sprenkeln, tüpfeln; **'~led** *adj* gesprenkelt, getüpfelt ⟨a ≈ hen⟩

speck|less ['spekləs] *adj* fleckenlos, rein; **'~y** *adj* fleckig

specs [speks] *s/pl umg* Brille *f*

spec·ta|cle ['spektəkl] *s* (öffentliches) Schauspiel, feierliches Ereignis ⟨a great dramatic ≈⟩ | Anblick *m* ⟨a fine ≈; a sad ≈; to make a ≈ of o.s. sich lächerlich machen⟩; **'~cled** *adj* bebrillt, mit Brille | *Zool* Brillen-; **'~cle frame** *s* Brillengestell *n*; **'~cleˌmak·er** *s* Brillenmacher *m*; **'~cles** *s/pl* Brille *f* ⟨a pair of ≈ eine Brille; to see everything through rose-coloured ≈ alles durch eine rosarote Brille sehen⟩

spec|ta·tor [spek'teɪtə] *s* (*bes* Sport) Zuschauer *m*, Besucher *m*; **~ta·to·ri·al** [ˌspektə'tɔːrɪəl] *adj* Zuschauer-; **~ta·tress** [~'teɪtrəs] *s* Zuschauerin *f*

spec·tac·u·lar [spek'tækjulə] **1.** *adj* großartig, grandios, pompös, pomphaft ⟨a ~ display ein grandioses Schauspiel⟩ | Schauspiel-, schauspielartig; **2.** *s* (das) Sensationelle | *Am* große Fernsehschau

spec|ter ['spektə] *Am* für ↑ **~tre**

spec·tra ['spektrə] *s/pl* von ↑ **spectrum**

spec·tral ['spektrəl] *adj* geisterhaft | *Phys* spektral, Spektral-; ˌ~ **a'na·ly·sis** *s* (*pl* ˌ~ **a'na·ly·ses**) *Phys* Spektralanalyse *f*; ˌ~ **'col·our** *s* Spektral-, Regenbogenfarbe *f*

spec·tre ['spektə] *s* Geist *m*, Geistererscheinung *f*, Gespenst *n* | *übertr* Phantasiegebilde *n*, Vision *f* ⟨the ~ of want das Gespenst der Not⟩

spectro- [spektrɒ] ⟨*lat*⟩ *in Zus* Spektrum-, Spektro-

spec·tro|chem·i·cal [ˌspektrə'kemɪkl] *adj* spektrochemisch; ˌ~**'chem·is·try** *s* Spektrochemie *f*; **'~gram** *s Phys* Spektrogramm *n*; **'~graph** *s Phys* Spektrograph *m*; ˌ~**'graph·ic** *adj* spektrographisch; **spec·trom·e·ter** [spek'trɒmɪtə] *s Phys* Spektrometer *n*; ˌ~**'met·ric** *adj* spektrometrisch; **'~scope** *s Phys* Spektroskop *n*; ˌ~**'scop·ic** *adj* spektroskopisch; **spec·tros·co·py** [spek'trɒskəpɪ] *s Phys* Spektroskopie *f*

spec|trum ['spektrəm] *s* (*pl* **'~tra** [-trə]) *Phys* Spektrum *n* | *El* Frequenzband *n* | *übertr* Bereich *m* ⟨a ≈ of opinion(s) ein Meinungsspektrum⟩; ˌ**~trum a'nal·y·sis** *s* (*pl* ˌ**~trum a'nal·y·ses**) *Phys, Chem* Spektralanalyse *f*; **'~trum line** *s Phys* Spektrallinie *f*

spec·u|la ['spekjulə] *s/pl* von ↑ **~lum**; **'~lar** *adj* spiegelnd, reflektierend; ˌ**~lar ef·'fect** *s* Spiegelung *f*; ˌ**~lar 'stone** *s Min* Marienglas *n*

spec·u|late ['spekjuleɪt] *vi* grübeln, spekulieren, nachdenken, nachsinnen (**about, on, upon** über) | *Wirtsch* spekulieren ⟨to ≈ in oil shares mit Ölaktien spekulieren⟩; ˌ~**'la·tion** *s* Grübeln *n*, Grübelei *f*, Nachdenken *n*, Nachsinnen *n* | *auch Phil* Spekulation *f*, Theorie *f*, Annahme *f* | *Wirtsch* Spekulation *f* (**in** mit) ⟨to buy s.th. as a ≈ etw. auf gut Glück kaufen⟩; **'~la·tive** *adj* grübelnd, nachdenkend | theoretisch, auf Annahme beruhend | forschend, abwägend ⟨a ≈ glance⟩ | *Phil* spekulativ ⟨≈ philosophy⟩ | *Wirtsch* Spekulations- ⟨≈ purchase Spekulationskauf *m*⟩;

ˈ**~la·tor** *s* Denker *m* | *Wirtsch* Spekulant *m*; ˈ**~la·to·ry** *adj* spekulativ

spec·u|lum [ˈspekjʊləm] *s* (*pl* **~la** [~lə]) Teleskop-, Metallspiegel *m* | *Med* Spiegel *m*

sped [sped] *prät* u. *part perf* von ↑ **speed 3.**

speech [spi:tʃ] **1.** *s* Sprechen *n*, Reden *n*, sprachliche Äußerung ⟨figure of ~ Redewendung *f*; freedom of ~ Redefreiheit *f*; slow of ~ langsam *od* unbeholfen im Reden; ~ is silver but silence is golden *Sprichw* Reden ist Silber, Schweigen ist Gold⟩ | Sprechfähigkeit *f*, Sprache *f* ⟨the faculty of ~ das Sprechvermögen⟩ | gesprochene Sprache | Ansprache *f*, Rede *f* ⟨to deliver/make a ~ on/about eine Rede halten über⟩ | Vortrag *m*, Sprech-, Ausdrucksweise *f* | *Am* (Universität) Redekunst *f*, Sprechwissenschaft *f* ⟨School of ~⟩; **2.** *adj* Sprach-, Sprech- ⟨~ defect Sprachstörung *f*⟩; ˈ**~ cen·tre** *s* Sprachzentrum *n*; ˈ**~ day** *s Brit Päd* Abschlußfeier *f*; **~i·fi·ca·tion** [ˌ~ɪʃɪˈkeɪʃn] *s umg, scherzh* Gerede *n*; **~i·fy** [ˈ~ɪfaɪ] *vi umg, scherzh* große Reden halten, herumreden; ˈ**~ ˌis·land** *s Ling* Sprachinsel *f*; ˈ**~less** *adj* wortkarg, stumm | *übertr* sprachlos, stumm (**with** vor) | *übertr* unsagbar, unsäglich ⟨≈ rage⟩; ˈ**~ map** *s Ling* Sprachenkarte *f*; ˈ**~ sit·uˌa·tion** *s* Sprachsituation *f*; ˌ**~ ˈther·a·py** *s* Sprachheilkunde *f*

speed [spi:d] **1.** *s* Schnelligkeit *f*, Geschwindigkeit *f* ⟨at a ~ of mit einer Geschwindigkeit von; at ~ schnell; at full ~, with all ~ mit höchster Geschwindigkeit; full ~ ahead *Mar* volle Kraft voraus; more haste, less ~ *Sprichw* Eile mit Weile!⟩ | *Tech* Gang *m*; Drehzahl *f* ⟨a three-~ bicycle Fahrrad *n* mit Dreigangschaltung; ~ drop Drehzahlabfall *m*⟩ | *Foto* Empfindlichkeit *f*, Lichtstärke *f* | *Sl* Speed *n*, Kokain *n*, Hasch *n* | *arch* Glück *n*, Erfolg *m* ⟨good ~! viel Glück!⟩; **2.** *adj* Geschwindigkeits- **3.** (**sped, sped** [sped]) *vt* absenden, schnell befördern ⟨to ~ an arrow from the bow einen Pfeil mit dem Bogen abschießen⟩ | *arch* (jmdm.) Glück bringen, beistehen ⟨God ~ you⟩; **~ down** (Geschwindigkeit) verlangsamen; **~ up** beschleunigen, die Geschwindigkeit erhöhen von ⟨to ≈ the engine⟩; *vi* sich sputen, eilen | zu schnell fahren, die (zugelassene) Geschwindigkeit überschreiten, rasen ⟨you were ~ing Sie sind zu schnell gefahren⟩; **~ up** die Geschwindigkeit erhöhen; ˈ**~ adˌjust·ment** *s Tech* Drehzahleinstellung *f*; ˈ**~boat** *s* Motor-, Rennboot *n*; ˈ**~ bump** *s* Geschwindigkeitshindernis *n* (vor Straßeneinmündungen), Asphaltschwelle *f*; ˈ**~ change ˌgear** *s Kfz* Gangschaltung *f*; ˈ**~ conˌtrol** *s Tech* Drehzahlregelung *f*; ˈ**~ cop** *s umg* motorisierter Verkehrspolizist; ˈ**~ ˌcount·er** *s Tech* Tachometer *n*, Drehzahlmesser *m*; ˈ**~er** *s* Schnellfahrer *m*; ˈ**~ ˌin·di·ca·tor** *s Tech* Drehzahlmesser *m*, Tachometer *n*; ˈ**~ing** *s* Geschwindigkeitsüberschreitung *f* ⟨to be guilty of ≈ zu schnell gefahren sein⟩; ˈ**~ lathe** *s Tech* Schnelldrehbank *f*; ˈ**~ ˌlim·it** *s* Geschwindigkeitsbeschränkung *f*, zulässige Höchstgeschwindigkeit; ˈ**~ ˌmer·chant** *s Brit Sl* Raser *m*, Geschwindigkeitssünder *m*; **~o** [ˈ~əʊ] *s, Brit, Kfz, umg* Tacho *m*; **~om·e·ter** [spi:ˈdɒmɪtə| ˈspi:dɒ-] *s Kfz* Tachometer *n*, Geschwindigkeitsmesser *m*; Kilometerzähler *m*; ˈ**~ range** *s* Drehzahlbereich *m*; ˈ**~-read** *vt* schnell lesen, überfliegen; ˈ**~-read·er** *s* schneller *od* hastiger Leser; ˈ**~-read·ing** *s* schnelles Lesen, Überfliegen *n*; ˈ**~ ra·tio** *s Kfz* Übersetzungsverhältnis *n*; ˈ**~ trap** *s* Radarfalle *f*; ˈ**~-up** *s umg* schnelleres Tempo, Beschleunigung *f* ⟨a ≈ in house building⟩ | Antreiberei *f* | Antreiber *m*; ˈ**~way** *s* Rennstrecke *f* | *Am* Schnell(verkehrs)straße *f* | (Sport) Speedway *n*

speed·well [ˈspi:dwel] *s Bot* Ehrenpreis *m*

speed·y [ˈspi:dɪ] *adj* schnell, flink, rasch, geschwind ⟨~ vehicles⟩ | baldig, zügig, eilig ⟨to wish s.o. a ~ recovery jmdm. baldige Genesung wünschen⟩ | prompt, schlagfertig

spe·le·ol·o|gist [ˌspi:lɪˈɒlədʒɪst] *s* Höhlenforscher *m*; **~gy** [~dʒɪ] *s* Höhlenforschung *f*, Speläologie *f*

[1]**spell** [spel] **1.** *s* Zauber *m*, Zauberspruch *m* ⟨to cast a ~ over s.o. jmdn. verzaubern⟩ | (*meist sg*) *übertr* Reiz *m*, Zauber *m*, Anziehungskraft *f* ⟨the ~ of music der Zauber der Musik; to be under a ~ einem geheimen Zauber unterliegen⟩; **2.** *vt* be-, verzaubern

[2]**spell** [spel] (**spelled** *od.* **spelt** [spelt], **spelt** *vt* buchstabieren ⟨to ~ one's name⟩ | richtig schreiben ⟨to learn to ~ s.o.'s name⟩ | (Wörter) bilden, (Buchstaben) ergeben ⟨D-O-G ~s dog⟩ | *übertr* bedeuten, führen zu (**for** für, bei) ⟨to ~ failure for s.o.⟩; **~ out** entziffern, herausfinden ⟨to ≈ a letter word by word⟩ | *übertr* (Absicht u. ä.) herausstellen, enthüllen, ankündigen ⟨to ≈ s.th. in detail etw. genauer andeuten⟩; *vi* (orthographisch) richtig schreiben | buchstabieren

[3]**spell** [spel] **1.** *s* Zeitabschnitt *m*, Periode *f* ⟨a ~ of warm weather; a cold ~⟩ | Arbeitszeit *f*; (Arbeits-) Schicht *f* ⟨to give s.o. a ~ jmdn. ablösen; to take ~s at the wheel einander am Lenkrad ablösen⟩ | *urspr Am umg* Krankheitsanfall *m* ⟨a coughing ~⟩ | *Am umg* Stück *n*, Wegstrecke *f* ⟨it's quite a ~ from here es ist ziemlich weit von hier aus⟩; **2.** *vt* (jmdn.) ablösen (**at s.th** bei etw.) ⟨will you ~ me at rowing kannst du mich beim Rudern ablösen?⟩; *vi* die Schicht wechseln

spell|bind·er [ˈspelˌbaɪndə] *s umg* faszinierender Redner *m*; ˈ**~ˌbind·ing** *adj umg* faszinierend; ˈ**~bound** *adj* (wie) verzaubert, fasziniert ⟨to hold s.o. ≈ *übertr* jmdn. gefangenhalten *od* faszinieren⟩

spell|er [ˈspelə] *s* Buchstabierer(in) *m(f)* ⟨he is a bad ≈ er kann nicht richtig schreiben⟩ | *Am* Fibel *f*; ˈ**~ing** *s* Buchstabieren *n* | Rechtschreibung *f*, Orthographie *f* ⟨American or English ≈⟩; ˈ**~ing bee** *s* Rechtschreibewettbewerb *m*; ˈ**~ing book** *s* Fibel *f*; ˈ**~ing reˌform** *s* Rechtschreibereform *f*; ˈ**~ing pro·nun·ciˌa·tion** *s* buchstabengetreue *od* orthographiegetreue Aussprache

[1]**spelt** [spelt] *s Bot* Spelt *m*, Dinkelweizen *m*

[2]**spelt** [spelt] *prät* u. *part perf* von ↑ [2]**spell**

spel·ter [ˈspeltə] *s* Rohzink *n*

spen·cer [ˈspensə] *s* Spenzer *m*, kurze Überjacke

spend [spend] (**spent, spent** [spent]) *vt* (Geld) ausgeben, verbrauchen (**on** für) ⟨to ~ all one's money sein ganzes Geld ausgeben⟩ | verschwenden, vergeuden, durchbringen | (Zeit, Kraft u. ä.) aufwenden (**on** für) ⟨to ~ a lot of time (care) on zuviel Zeit (Aufmerksamkeit) verwenden für⟩ | (Zeit) zu-, verbringen ⟨to ~ a weekend; to ~ one's leisure seine Freizeit verbringen⟩ | erschöpfen ⟨to ~ o.s. sich verausgaben⟩; *vi* Geld ausgeben ⟨he's always ~ing⟩ | sich verzehren | (Fisch) laichen; ˈ**~er** *s* Verschwender(in) *m(f)*; ˈ**~ˌthrift 1.** *s* Verschwender(in) *m(f)*; **2.** *adj* verschwenderisch

spent [spent] **1.** *prät* u. *part perf* von ↑ **spend**; **2.** *adj* matt, erschöpft, entkräftet, kraftlos ⟨a ~ swimmer; a ~ horse⟩ | *Tech* ge-, verbraucht ⟨a ~ cartridge eine leere Patronenhülse; ~ air verbrauchte Luft⟩ | ˌ**~ ˈgas** *s Tech* Abgas *n*

sperm [spɜ:m] *s* (*pl* **~, ~s**) *Biol* Sperma *n*, Samenflüssigkeit *f* | **sper·ma·ce·ti** [ˌspɜ:məˈsetɪ] *s* Walrat *m*, *n*; ˈ**sper·ma·ry** *s Biol* Keimdrüse *f*; **sperˌmat·ic** [spɜ:ˈmætɪk] *adj* samenartig, Samen- | *übertr* fruchtbar; **sper·mat·ic ˈcord** *s* Samenstrang *m*; **sperˌmat·ic ˈfluid** *s* Samenflüssigkeit *f*; **sper·ma·toid** [ˈ~ətɔɪd] *adj* samenartig; **sper·ma·to·zo·on** [ˌspɜ:mətəˈzəʊɒn] (*pl* **sper·ma·to·zo·a** [ˌspɜ:mətəˈzəʊə]) *s Biol* Spermatozoon *n*, Samenzelle *f*; ˈ**sper·mic,** ˈ**sper·mous** *adj* Samen-; ˈ**~ whale** *s Zool* Pottwal *m*

spew [spju:] **1.** *vi* spucken, sich erbrechen | (Vulkan) speien, aufbrechen; *vt* erbrechen | speien, auswerfen; **2.** *s* Auswurf *m*

sphaero- [sfɪərə] ⟨*griech*⟩ *in Zus* Kugel-, Sphären-

sphag|num ['sfægnəm] *s* (*pl* **~na** [~nə], **'~nums**) *Bot* Torfmoos *n* | Torfmull *m*; **'~num bog** *s* Hochmoor *n*

sphene [sfi:n] *s Min* Sphen *m*, Titanit *m*

spheno- [sfi:nə] ⟨*griech*⟩ *in Zus* Keil-, keilförmig

sphere [sfɪə] **1.** *s Math* Kugel *f* | *Astr* Himmelsgewölbe *n*; *lit* Himmel *m* ⟨music of the ~s Sphärenmusik *f*⟩ | Erdglobus *m* | *übertr* Wirkungskreis *m*, Tätigkeitsfeld *n*, Interessengebiet *n* ⟨in many ~s auf vielen Gebieten; ~ of research Forschungsgebiet *n*⟩ | *übertr* Reichweite *f* ⟨~ of action Wirkungssphäre *f*; ~ of influence Einflußbereich *m*⟩; **2.** *vt* einschließen, umgeben | *übertr* abrunden, (kugel-) rund machen | vervollkommnen, vollenden; **-sphere** *in Zus* -sphäre ⟨strato~⟩; **spher·ic** ['sferɪk] *adj* kugelförmig | *poet* himmlisch

spher·i·cal ['sferɪkl] *adj* kugelförmig | *Math* sphärisch, gekrümmt | *Astr* Sphären-; **ˌ~ 'buoy** *s Mar* Kugelboje *f*; **ˌ~ 'func·tion** *s Math* Kugelfunktion *f*; **ˌ~ 'ge·om·e·try** *s* sphärische Geometrie, Kugelgeometrie *f*; **ˌ~ 'joint** *s Tech* Kugelgelenk *n*; **ˌ~ 'sec·tor** *s Math* Kugelsektor *m*; **ˌ~ 'seg·ment** *s Math* Kugelsegment *n*; **ˌ~ ˌtrig·o'nom·e·try** *s* sphärische Trigonometrie

spher|ics ['sferɪks] *s/pl* (*sg konstr*) *Math* Sphärik *f*, Kugellehre *f*; **sphe·roid** ['sfɪərɔɪd] **1.** *s Math* Sphäroid *n*; **2.** = **'sphe·roi·dal** *adj* sphäroidisch, kugelig; **~ule** ['sferu:l] *s* Kügelchen *n*; **~y** ['sfɪərɪ] *adj poet* sphärisch

sphinc·ter ['sfɪŋktə] **1.** *s Anat* Sphinkter *m*, Schließmuskel *m*; **2.** = **'~al** *adj* Schließmuskel-

sphinx [sfɪŋks] *s Myth, Zool* Sphinx *f* | *übertr* rätselhafter Mensch; **'~like** *adj* sphinxartig, rätselhaft

sphygmo- [sfɪgmə] ⟨*griech*⟩ *in Zus* Puls-

sphyg·mus ['sfɪgməs] *s Med* Puls *m*

spice [spaɪs] **1.** *s* Würze *f*, Gewürz *n* | *collect* Gewürze *n/pl* ⟨a dealer in ~ ein Gewürzhändler *m*, -krämer *m*⟩ | *übertr* Würze *f* ⟨the ~ of life; to lack ~ fade sein⟩ | *übertr* Anflug *m*, Beigeschmack *m* ⟨a ~ of malice ein übler Beigeschmack⟩ | *Am umg* Schneid *m*, Mut *m*; **2.** *vt* würzen (*auch übertr*) (**with** mit) | *auch* **~ up** *Am umg* übertreiben ⟨to ~ things up etw. hoch loben, übertrieben preisen⟩; **'~ box** *s* Gewürzschränkchen *n*; **'spiced** *adj* gewürzt; würzig; **'~ nut** *s* Pfeffernuß *f*; **'~rack** *s* Gewürzbord *n*; **'~wood** *s Bot* Benzoebaum *m*

spick-and-span [ˌspɪk ən 'spæn] *adj* blitzsauber, geschniegelt ⟨to look ~⟩ | funkelnagelneu

spick up [spɪk 'ʌp] *vt Am umg* (etw.) aufpolieren, auf neu herrichten

spic·u|la ['spɪkjulə] *s* (*pl* **~lae** [~li:]) *Zool* Skelettnadel *f* | *Bot* Granne *f* | spitzer Gegenstand *m*; **'~lar** *adj Zool* nadelförmig | *Bot* grannenartig

spic·y ['spaɪsɪ] *adj* pikant, würzig, gewürzt, Gewürz- ⟨a ~ flavour⟩ | *übertr* aromatisch, würzig ⟨~ air⟩ | *übertr* scharf, witzig ⟨~ language⟩ | *übertr* pikant, schlüpfrig ⟨~ magazine; a ~ scene⟩ | *Sl* rassig, schick | *Sl* gerissen, gewieft ⟨to have a ~ temper äußerst durchtrieben sein⟩

spi·der ['spaɪdə] *s Zool* Spinne *f* | *Tech* Drehkreuz *n*, Spinne *f* | *Tech* Arm-, Radstern *m* | *El* Verteilerkasten *m* | *Am* Bratpfanne *f*; **'~ ˌcatch·er** *Zool s* Mauerspecht *m* | Spinnenfresser *m*; **'~ crab** *s Zool* Spinnenkrabbe *f*; **'~ hole** *s Mil* Scharfschützennest *n*; **'~like** *adj* spinnenartig; **'~ line** *s Tech* Fadenstrich *m*; **'~ web, '~'s web** *s* Spinnwebe *f*, -gewebe *n*; **'~wort** *s Bot* Tradeskantie *f*; **'~y** *adj* Spinnen-, spinnenartig, -förmig, -gleich, dünn (*auch übertr*) ⟨a ≈ hand eine spinnendürre Hand; to write a ≈ hand eine Spinnenschrift haben⟩ | voller Spinnen ⟨a ≈ thicket⟩

spie·gel i·ron ['ʃpi:gəl ˌaɪən] *s Tech* Spiegeleisen *n*, manganhaltiges Eisen

spiel [ʃpi:l] *urspr Am Sl* **1.** *s* Gequassel *n*, Geschwätz *n* | Anpreisung *f*, Lobrede *f*, Blabla *n*; **2.** *vi* quasseln, endlos reden, schwätzen; **'~er** *s Am Sl* Quasselkopf *m*, Marktschreier *m*

spi·er ['spaɪə] *s* Spion *m*

spiff·y ['spɪfɪ] *adj Sl* schick, fesch | prima, großartig

spif·li·cate ['spɪflɪkeɪt] *Am Sl vt* (jmdn.) fertigmachen, erledigen | (jmdn.) verwirren, durcheinanderbringen

spig·ot ['spɪgət] *s* (Faß-) Hahn *m*, Zapfen *m* | *Am, Schott* Wasserhahn *m* | *Tech* (Dreh-) Zapfen *m* | *auch* **'~ joint** *Tech* Muffenverbindung *f* (von Röhren) | *Tech* Drucklager *n*; **'~ nut** *s Tech* Überwurfmutter *f*

spike [spaɪk] **1.** *s* scharfe Spitze | eiserne Zaunspitze | *Landw* Eggenzahn *m* | Zimmermannsnagel *m* | *Tech* Bolzen *m*, Schienennagel *m* | *Bot* (Korn-, Blüten-) Ähre *f* | *Am Zool* junge Makrele **2.** *vt* mit eisernen Stacheln versehen | festnageln; *Mil* (Geschütz) vernageln | durchbohren | mit Spikes beschädigen *od* verletzen | (mit Bajonett u. ä.) aufspießen | *übertr* (Plan u. ä.) vereiteln ⟨to ~ a proposal einen Antrag nicht durchgehen lassen; to ~ a rumour ein Gerücht aus der Welt schaffen; to ~ a story *Ztgsw* eine Geschichte verschwinden lassen⟩ | *Am* (Getränk) mit Alkohol mischen ⟨to ~ coffee with cognac⟩ | *Am* verschönern, würzen, pfeffern ⟨to ~ a discussion with s.th.⟩ ◇ **~ s.o.'s guns** *übertr* jmds. Pläne zunichte machen, jmdm. einen Strich durch die Rechnung machen; **ˌspiked** *adj* mit eisernen Spitzen | *Bot* ährentragend; **spiked 'shoes** *s/pl* Nagelschuhe *m/pl*; **'~ heel** *s* spitzer (Stiletto-) Absatz; **'~ 'lav·en·der** *s Bot* Spieke *f*, Gemeiner Lavendel; **~nard** ['~nɑ:d] *s* Lavendel-, Nardenöl *n* | *Bot* Indischer Speik; **spikes** *s/pl* Spikes *m/pl*, Rennschuhe *m/pl*; **'~tail,** *auch* **ˌ~tail[ed] 'coat** *s Am umg* Frack *m*, Schwalbenschwanz *m*; **'spik·y** *adj* spitz(ig), stachlig | *übertr* halsstarrig, eigensinnig

spile [spaɪl] **1.** *s* Faßspund *m*, -zapfen *m*; **2.** *vt* verspunden | *Am* anzapfen

[1]**spill** [spɪl] **1.** (**spilled, spilled** *od* **spilt, spilt** [spɪlt]) *vt, auch* **~ out** aus-, verschütten, überlaufen lassen ⟨to ~ milk⟩ | (Blut) vergießen ⟨to ~ blood töten⟩ | ab-, herunterwerfen ⟨his horse spilt him⟩ | *Sl* (Geheimnis u. a.) ausplaudern, verraten ⟨to ~ everything, to ~ the beans *übertr* auspakken, das Geheimnis verraten⟩; *vi, auch* **~ out** sich ergießen | aus-, überlaufen ⟨the ink has spilt⟩; **~ over** einen Überschuß an Bevölkerung haben; übervoll sein, wimmeln (**with** von) ⟨to ≈ from the house into the street vom Haus bis auf die Straße hinaus stehen⟩ | sich hinziehen (Sitzung u. ä.) (**into** bis); **2.** *s* Aus-, Überlaufen *n* | Vergießen *n* | Vergossenes *n* | Regenguß *m* | Sturz *m*, Fall *m* (von e-m Pferd, Wagen u. ä.) ⟨to have a nasty ~ böse fallen⟩

[2]**spill** [spɪl] *s* Fidibus *m* | *Tech* Getriebepfahl *m*

spill·age ['spɪlɪdʒ] *s Mar* Ladungs-, Schüttverlust *m*, Fegsel *n* | Rieselgut *n*, verschüttetes Gut

spil·li·kin ['spɪlɪkɪn] *s* Stäbchen *n* (im Federspiel) | *übertr* Stückchen *n*, Splitter *m*

spill|over ['spɪl ˌəuvə] *s* Überquellen *n* | Übergelaufenes *n* | *auch* **ˌpop·u'la·tion ˌ~over** (Bevölkerungs-) Überschuß *m*; **'~ dam** *s* Stauwehr *n*; **'~ way** *s* Überlauf(kanal) *m(m)*

spilt [spɪlt] *prät* u. *part perf* von ↑ **spill 1.**

spin [spɪn] **1.** (**spun, spun** [spʌn] *prät auch* **span** [spæn]) *vt* spinnen ⟨to ~ wool⟩ | drehen, wirbeln ⟨to ~ a top einen Kreisel drehen⟩ | *Flugw* trudeln lassen | *Tech* (Metall) drücken | *übertr* (etw.) ausdenken ⟨to ~ a yarn Seemannsgarn spinnen, eine Geschichte erzählen; to ~ a theory eine Theorie ersinnen⟩ | *Sl* (Prüfling) durchsausen lassen | *auch* **~ out** in die Länge ziehen, strecken (*auch übertr*) ⟨to ~

one's money out mit dem Geld haushalten; to ~ out a story eine Geschichte ausspinnen〉; *vi* spinnen | sich drehen, herumwirbeln 〈to send s.o. ~ning jmdn. so treffen, daß er taumelt〉 | *Flugw* trudeln, sich abtrudeln lassen | *Sl* durchfallen | *übertr* (Zeit) schnell vergehen | *Astr* rotieren; ~ **along** schnell dahinfahren 〈the carriage was ~ning along〉; ~ **down** *Astr* weniger rotieren; ~ **round** sich im Kreise drehen; ~ **up** *Astr* stärker rotieren; **2.** *s* Drehen *n*, Wirbeln *n* | schnelle Drehung | *Flugw* (Ab-) Trudeln *n* 〈to go into a ~ ins Trudeln geraten〉 | kurze Fahrt 〈to go for a ~ *umg* eine Spritztour machen〉 | kurzer Ritt | *Phys* (Kern) Spin *m*, Eigendrehimpuls *m*

spi·na bif·i·da [ˌspaɪnə ˈbɪfɪdə] *s Med* Spina bifida *f*

spi·na·ceous [spɪˈneɪʃəs] *adj Bot* spinatartig, Spinat-; **spin·ach** [ˈspɪnɪdʒ] *s Bot* Spinat *m*

spi·nal [ˈspaɪnl] *adj Anat* spinal, Rückgrat-; ˌ~ ˈ**col·umn** *s* Wirbelsäule *f*, Rückgrat *n*; ˌ~ ˈ**cord**, ˌ~ ˈ**mar·row** *s* Rückenmark *n*

spin·dle [ˈspɪndl] **1.** *s* Spindel *f* | *Tech* Achse *f*, Spindel *f*, Welle *f* | *Bot* Spindel *f* | Spindel *f* (Garnmaß von Baumwolle); **2.** *vi Bot* (auf)schießen, treiben | *übertr* (Person) in die Höhe schießen, groß werden; ˈ~ **drive** *s Tech* Spindelantrieb *m*; ˈ~ **head** *s Tech* Spindelstock *m*; ˈ~**-leg·ged** *adj* storchbeinig; ˈ~ **oil** *s* Spindelöl *n*; ˈ~**-shanked** *adj* dünnbeinig; ˈ~**shanks** *s/pl* lange, dünne Beine *n/pl* | (*sg konstr*) langbeiniger Mensch; ˈ~**-shaped** *adj* spindelförmig; ˈ~ **speed** *s* Spindeldrehzahl *f*; ˈ~ **tree** *s Bot* Spindelbaum *m*, Pfaffenhütchen *n*; ˌ**spin·dly** *adj* spindeldürr

spin-down [ˈspɪndəʊn] *s Astr* Rotationsverminderung *f* | *Phys* Spin-down *m* (*Ant* ~**-up**)

spin| dri·er, *auch* ~ **dry·er** [ˌspɪn ˈdraɪə] *s* Wäscheschleuder *f*

spin·drift [ˈspɪndrɪft] *s* Gischt *m*, Wellenschaum *m*

spin-dry [spɪnˈdraɪ] *vt* (Wäsche) schleudern

spine [spaɪn] *s Anat* Wirbelsäule *f*, Rückgrat *n* | *Bot* Dorn *m*, Stachel *m* | *Zool* Stachel *m* | Gebirgsgrat *m*, Kamm *m* | (Buch-) Rücken *m* | *übertr* Rückgrat *n*, Mut *m*, ˈ**spined** *adj* Stachel- | Rückgrat-

spi·nel [spɪˈnel] *s Min* Spinell *m*

spine·less [ˈspaɪnləs] *adj* stachellos | rückgratlos | *übertr* schwach, haltlos

spi·nelle [spɪˈnel] = **spinel**

spin·et [spɪˈnet] *s Mus* Spinett *n*

spin-flip [ˈspɪnflɪp] *s Phys* Spinflip *m*, Spinumschlag *m*; **spi·nif·er·ous** [spaɪˈnɪfərəs] *adj* stach[e]lig, stacheltragend, mit Stachel; **spi·ni·form** [ˈspaɪnɪfɔːm] *adj* spitz, stachelförmig

spin·na·ker [ˈspɪnəkə] *s Mar* Spinnaker *m*, großes Dreiecksegel

spin·ner [ˈspɪnə] *s* Spinner(in) *m(f)* | *Zool* Spinner *m* | *Zool* Spinndrüse *f* | *Tech* Spinnmaschine *f* | *poet, dial* Spinne *f* | (Angel-) Spinner *m*, Blinker *m* | Wäscheschleuder *f* | (Kricket) Drehball *m* | (Spielautomat) (Dreh-) Scheibe *f*, Rad *n*; ˈ~**et** [~rət] *s Zool* Spinndrüse *f* | *Tech* Spinndüse *f*; ~**y** [~rɪ] *s Tech* Spinnerei *f*

spin·ney [ˈspɪnɪ] *s Brit* Gestrüpp *n*, Gebüsch *n*, Dickicht *n*

spin·ning [ˈspɪnɪŋ] **1.** *adj* spinnend | sich drehend, (herum)wirbelnd | Spinn-; **2.** *s* Spinnen *n* | Gespinst *n* | Trudeln *n* | *Tech* (Metall-)Drücken *n*; ˈ~ **frame** *s Tech* Spinnmaschine *f*; ˈ~ **gland** *s Zool* Spinndrüse *f*; ˈ~ ˌ**jen·ny** *s Tech* Jennymaschine *f*, Feinspinnmaschine *f*; ˈ~ **lathe** *s Tech* (Metall-) Drückbank *f*; ˈ~ **mill** *s Tech* Spinnerei *f*; ˈ~ **wheel** *s* Spinnrad *n*

spin·off [ˈspɪnɒf] *s bes Tech* (zufälliges) Nebenprodukt, nichtgeplantes Resultat 〈~ from research〉 | Anregung *f*, Stimulus *m* 〈a ~ from the new programme〉

spi|nose [ˈspaɪnəʊs] *adj* stachlig; ~**nos·i·ty** [spaɪˈnɒsətɪ] *s* stachliger Gegenstand | Stachligkeit *f* | *übertr* spitze Bemerkung; ˈ~**nous** *adj Bot* dornig, stachlig | *Zool* stacheltragend | *übertr* spitz

spinout [ˈspɪnaʊt] *s Kfz* Schleudern *n* (in der Kurve)

spin·ster [ˈspɪnstə] *s oft verächtl* alte Jungfer | *Brit Jur* unverheiratete Frau; ˈ~**hood** *s* Altjüngferlichkeit *f* | *Jur* lediger Stand

spin-up [ˈspɪnʌp] *s Astr* Rotationsintensivierung *s* (*Ant* ~**-down**) | *Phys* Spin-up *m*, Spinerhöhung *f*

spin wave [ˈspɪn weɪv] *s Phys* Spinwelle *f*

spin·y [ˈspaɪnɪ] *adj* dornenartig | *Bot, Zool* stachlig, dornig | *übertr* voller Dornen, dornenreich | *übertr* heikel, schwierig 〈a ~ problem〉

spi|ra·cle [ˈspaɪərəkl] *s* Atem-, Luftloch *n*, -kanal *m* | *Zool* Trachealöffnung *f* | *Zool* Spritzloch *n* (des Wales); ~**rac·u·lar** [spaɪˈrækjʊlə] *adj* Atemloch-

spi|ral [ˈspaɪərəl] **1.** *adj* schrauben-, schneckenförmig, gewunden, spiralig, Spiral-; **2.** (ˈ~**ralled,** ˈ~**ralled**) *vt* spiralförmig machen; *vi* sich spiralförmig bewegen; ≈ **up** auf-, emporsteigen (*auch übertr*); **3.** *s* Spirale *f*, Schneckenlinie *f* | Spiralfeder *f* | *El* Spule *f* | *Flugw* Spiralgleitflug *m* | *Wirtsch* Preisschraube *f* 〈inflationary ≈ Lohn- und Preisspirale *f*〉; ˈ~**ral** ˈ**neb·u·la** *s Astr* Spiralnebel *m*; ˈ~**ral** ˈ**or·bit** *s Astr* Spiralbahn *f*; ˈ~**ral** ˈ**spring** *s* Spiralfeder *f*

spi·rant [ˈspaɪərənt] *Ling* **1.** *s* Spirant *m*, Reibelaut *m*; **2.** *adj* spirantisch

spire [ˈspaɪə] **1.** *s* spitzer Gegenstand | Baumspitze *f* | Bergspitze *f*, steiler Gipfel | *Arch* (Turm- u. ä.) Spitze *f* | *Bot* Sprößling *m* | *Zool* Geweihgabel *f*; **2.** *vi* spitz zulaufen | gipfeln; *vt* mit einer Spitze versehen; [1]**spired** *adj* spitz

[2]**spired** [ˈspaɪəd] *adj* spiralförmig

spir·it [ˈspɪrɪt] **1.** *s* Geist *m*, Inneres *n* 〈in ~ im Innern; to be with s.o. in [the] ~ im Geiste bei jmdn. sein; the ~ is willing but the flesh is weak〉 | Geist *m od* Seele *f* (eines Verstorbenen) | Geist *m*, Gespenst *n* 〈to believe in ~s〉 | böser Dämon | Elf *m* | (*mit adj*) Genie *n*, Geist *m*, Kopf *m* 〈the leading ~ of the revolution〉 | *übertr* Mut *m*, Energie *f*, Elan *m* 〈to put a little more ~ into s.th. etw. mit mehr Schwung tun〉 | (*nur sg*) geistige *od* moralische Haltung 〈in a ~ of mischief in böswilliger Absicht〉 | *meist pl* Stimmung *f*, Laune *f* 〈in high ~s in gehobener Stimmung; in low/poor ~s in gedrückter Stimmung; out of ~s niedergeschlagen; to keep up one's ~s den Mut nicht sinken lassen〉 | *übertr* Geist *m*, Gehalt *m*, Wesen *n*, Sinn *m* (*Ant* letter) 〈the ~ of the law〉 | (*nur sg*) *übertr* Geist *m*, Tendenz *f* 〈the ~ of the times〉 | *Chem* Destillat *n*, Spiritus *m* 〈~ of wine Weingeist *m*〉 | *meist pl* hochprozentiger Alkohol, Spirituosen *f/pl*; **2.** *vt, auch* ~ **up** (jmdn.) aufmuntern; ~ **away,** ~ **off** hinwegzaubern, verschwinden lassen; ~**ed** [~ɪd] *adj* lebhaft, munter, lebendig | mutig 〈a ≈ attack〉 | feurig 〈a ≈ horse〉 | geistsprühend, -voll, -reich 〈a ≈ conversation〉; -ˈ~**ed** *in Zus* -gestimmt 〈low-≈ niedergeschlagen; public-≈ öffentlichkeitsbewußt〉; ˈ~**ism** *s* Spiritismus *m*; ˈ~**ist** *s* Spiritist *m*; ˌ~ˈ**is·tic** *adj* spiritistisch; ˈ~ **lamp** *s Brit* Petroleum-, Spirituslampe *f*; ˈ~**less** *adj* niedergeschlagen, mutlos | geistlos, uninteressant; ˈ~ ˌ**lev·el** *s Tech* Libelle *f*, Wasserwaage *f*

spi·ri·to·so [ˌspɪrɪˈtəʊsəʊ] *Mus adj, adv* lebhaft, munter

spir·it stove [ˈspɪrɪt stəʊv] *s* Spirituskocher *m*; Petroleumöfchen *n*

spir·it·u·al [ˈspɪrɪtʃʊəl] **1.** *adj* geistig, nicht körperlich 〈concerned about one's ~ welfare um sein geistiges Wohl besorgt; ~ home geistige Heimat〉 | vergeistigt, intellektuell (*Ant* animal) | geistreich, -voll | übernatürlich | göttlich (inspiziert) 〈the ~ law das göttliche Recht; ~ man das

Göttliche im Menschen⟩ | *förml* geistlich, kirchlich ⟨lords ~ geistliche Lords *m/pl* des englischen Oberhauses⟩; **2.** *s* Spiritual *n* ⟨Negro ~s⟩ | Geistlicher *m*; **~ism** [ˈspɪrɪtʃʊlɪzm] *s* Geistigkeit *f* | *Phil* Spiritualismus *m* | Spiritismus *m*; **~ist** [ˈspɪrɪtʃʊlɪst] *s Phil* Spiritualist *m* | Spiritist *m*; **~is·tic** [ˌspɪrɪtʃʊˈlɪstɪk] *adj Phil* spiritualistisch | spiritistisch; **~i·ty** [ˌspɪrɪtʃʊˈælətɪ] *s* Geistigkeit *f*, geistiges Wesen, Unkörperlichkeit *f* | Geistliches *n*, Kirchliches *n* | *Hist* Geistlichkeit *f* | *oft* **~i·ties** *pl Hist* Kirchengüter *n/pl*; **~i·za·tion** [ˌspɪrɪtʃʊlaɪˈzeɪʃn] *s* Vergeistigung *f*; **~ize** [ˈspɪrɪtʃʊlaɪz] *vt* vergeistigen; **~ty** [ˈspɪrɪtʃʊəltɪ] *s collect* Geistlichkeit *f*

spi·ri·tu·el[le] [ˌspɪrɪtjuːˈel] *adj* geistreich, -sprühend

spir·it·u·ous [ˈspɪrɪtjʊəs] *adj förml* alkoholisch, Alkohol-; **ˌ~ ˈliq·uors** *s* Spirituosen *f/pl*

spir·ket·ing [ˈspɜːkɪtɪŋ] *s Mar* Plankengang *m*

spiro- [spaɪərəʊ] ⟨*griech*⟩ *in Zus* Atmung(s)-

spi·ro·chete [ˈspaɪərəʊkiːt] *s Zool* Spirochäte *f*

spi·rom·e·ter [ˌspaɪəˈrɒmɪtə] *s Med* Spirometer *n*, Atmungsmesser *m*; **spi·ro·met·ric** [ˌspaɪərəˈmetrɪk], **ˌspi·roˈmet·ri·cal** *adj* spirometrisch; **spi·rom·e·try** [spaɪəˈrɒmətrɪ] *s* Spirometrie *f*; **spi·ro·scope** [ˈspaɪərəskəʊp] *s* Atmungsmesser *m*

spirt [spɜːt] *selten* **1.** *vi* heraussspritzen; *vt* ausspritzen; **2.** *s* Wasserstrahl *m* | *übertr* (leidenschaftlicher) Ausbruch

[1]**spir·y** [ˈspaɪərɪ] *adj* spitz zulaufend | vieltürmig

[2]**spir·y** [ˈspaɪərɪ] *adj* spiralförmig, gewunden

[1]**spit** [spɪt] **1.** (**spat, spat** [spæt], *selten* **spit**) *vi* speien, spukken ⟨to ~ at/upon s.o. jmdn. anspucken; *übertr* jmdm. seine Verachtung zeigen; to ~ blood Blut spucken; to ~ in s.o.'s eye *übertr umg* auf jmdn. spucken⟩ | (Katze) fauchen, zischen ⟨the cat spat at the dog die Katze fauchte den Hund an⟩ | (Federhalter) klecksen | spritzen (Regen) | leicht schneien | sprühen ⟨to ~ fire⟩; **~ up** ausspucken | *euphem* spucken, sich erbrechen; *vt, auch* **~ out** ausspucken, ausspeien | *oft* **~ out** (Worte) heraus-, hervorsprudeln, scharf äußern (**at** zu) ⟨to ~ out curses at s.o. Flüche gegen(über) jmdm. ausstoßen; ~ it out! *umg* na, spuck's aus!, heraus mit der Sprache!⟩; **~ up** (aus)spucken | *euph* spukken, (er)brechen; **2.** *s* Speichel *m*, Spucke *f* | (Aus-) Spukken *n* ⟨~ and polish Sauberwienern *n*; *Mil Sl* Putzen *n*⟩ | Fauchen *n*, Zischen *n* (der Katze) | Sprühregen *m*, Spritzer *m* | kurze Strecke | *übertr* Ebenbild *n*, Abbild *n* ⟨to be the dead/the very ~ of s.o., to be ~ and image of s.o. jmdm. wie aus dem Gesicht geschnitten sein⟩ | *Zool* Speichel *m* (von Insekten)

[2]**spit** [spɪt] **1.** *s* Bratspieß *m* | Landzunge *f*, Nehrung *f* | *Tech* Kurbel *f*; **2.** (**ˈ~ted, ˈ~ted**) *vt* aufspießen

[3]**spit** [spɪt] *s* Spatenstich *m* ⟨two ~[s] deep⟩

spite [spaɪt] **1.** *s* böser Wille, Bosheit *f*, Gehässigkeit *f* ⟨to do s.th. from/out of ~ etw. aus Bosheit tun⟩ | (*mit unbest art*) Groll *m* ⟨to have a ~ against s.o. gegen jmdn. Groll hegen⟩ ◇ **in ~ of** trotz, ungeachtet; **2.** *vt* (jmdn.) ärgern, kränken, quälen, beleidigen ⟨just to ~ us bloß um uns zu ärgern, bloß uns zum Hohn; to cut off one's nose to ~ one's face sich ins eigene Fleisch schneiden⟩; **ˈ~ful** *adj* boshaft, gehässig

spit·fire [ˈspɪtfaɪə] *s* Hitzkopf *m*

spit·ting [ˈspɪtɪŋ] **1.** *s* (Aus-) Spucken *n* | Speichel *m*, Spucke *f*; **2.** *adj in*: **the ˌ~ ˈimage of** das ganze Ebenbild von

spit·tle [ˈspɪtl] *s* Speichel *m*, Spucke *f* | *Zool* Speichel *m*

spit·toon [spɪˈtuːn] *s* Spucknapf *m*

spitz[·dog] [ˈspɪts(dɒg)] *s Zool* Spitz *m*

spiv [spɪv] *s Brit Sl*, *selten* Schieber *m*, Schwarzhändler *m*

splash [splæʃ] **1.** *vt* (be)spritzen ⟨to ~ water on/over the floor; to ~ water over one another einander mit Wasser bespritzen⟩ | sprenkeln | (den Weg) patschend bahnen ⟨to ~ one's way across the stream quer durch den Bach patschen⟩ | *Ztgsw* (Geschichte) groß aufmachen *od* herausbringen | *Am* (Holzstämme) abtreiben; **~ about** *Sl* (Geld) um sich werfen ⟨to ~ one's money about⟩; *vi* spritzen, sprühen ⟨fountains ~ing in the park Springbrunnen im Park; a tap ~es ein Wasserhahn sprüht *od* spritzt⟩ | planschen, platschen; **~ about** herumspritzen; **~ down** *Flugw* wassern; auf dem Wasser niedergehen (Raumschiff); **~ out** *umg* (Geld) hinauswerfen (**on** für); **2.** *adv* patsch, klatschend, patschend ⟨to fall ~ into the water⟩; **3.** *s* Spritzen *n* | Klatschen *n*, Platschen *n* ⟨with a ~ klatschend, mit einem Platsch⟩ | Spritzer *m* | (Farb-) Fleck *m* ⟨white ~es⟩ | *Brit umg* Schuß *m* Sodawasser ⟨a whisky and ~⟩ | *umg* Aufsehen *n* ⟨to make a ~ Aufsehen erregen⟩ | *Ztgsw umg* große Aufmachung ⟨a one-page ~ eine ganzseitige Aufmachung⟩ | *Am* Abtreiben *n* (von Holzstämmen); **ˈ~board** *s* Spritzbrett *n* | *Mar* Wellenbrecher *m*; **ˈ~down** *s* Wasserung *f*, Aufsetzen *n* (e-s Raumschiffs) auf dem Wasser; **ˈ~er** *s* Wandschoner *m*, Spritzschutz *m* | Kotflügel *m*; **ˈ~y** *adj* spritzend, plätschernd | bespritzt, naß | scheckig, gesprenkelt | *Sl* sensationell | *Am umg* herausgeputzt, grell

splat [splæt] **1.** *s* Platschen *n*; **2.** *adv* platsch ⟨to go ~ into klatschen in *od* an⟩

splat·ter [ˈsplætə] **1.** *s* Spritzen *n* | Prasseln *n* (Regen) | Fleck *m*, Klecks *m* (Tinte u. ä.) | *Rundf* Störung *f* (durch einen Nachbarsender) | *Tech* Spritztechnik *f*; **2.** *vi* spritzen | prasseln (Regen) | klecksen (Farbe u. ä.); *vt* bespritzen | beklecksen ⟨to ~ s.th. over mit etw. beschmutzen⟩

splay [spleɪ] **1.** *vt* schief machen | *Arch* ab-, ausschrägen; **~ off** ausschrägen, nach innen erweitern; (ab-, aus)schrägen; **~ outward** *Tech* ausschmiegen; *vi* schräg sein *od* verlaufen; **2.** *adj* schräg, schief; **3.** *s Arch* Ausschrägung *f*, Fensterschmiege *f*; **splayed** *adj* schräg, schief | auswärts gebogen, gespreizt; **ˈ~foot** *s* (*pl* **ˈ~feet**) *Med* Spreiz-, Plattfuß *m*; **ˌ~ˈfoot·ed** *adj Med* mit Spreiz- *od* Plattfüßen behaftet | *übertr* plump, linkisch

spleen [spliːn] *s* Milz *f* | *übertr* Rage *f*, Zorn *m*, schlechte Laune ⟨in a fit of ~ übelgelaunt, in schlechter Laune; to vent one's ~ on s.o. seine schlechte Laune an jmdm. auslassen⟩ | *arch* Spleen *m*, Tick *m*; **ˈ~ful** *adj* übelgelaunt, verdrießlich, mürrisch

sple·nal·gi·a [splɪˈnældʒə] *s Med* Seitenstechen *n*, Milzschmerz *m*

splen·dent [ˈsplendənt] *förml adj* glänzend, leuchtend | *übertr* hervorstechend, glänzend

splen|did [ˈsplendɪd] *adj* herrlich, prächtig ⟨a ≈ house; a ≈ victory⟩ | *umg* großartig, toll ⟨a ≈ dinner; a ≈ idea⟩ | **~dif·er·ous** [splenˈdɪfərəs] *adj scherzh* od. *iron umg* prächtig, herrlich, blendend; **ˈ~dour** [~də] *s* Glanz *m*, Leuchten *n*, Strahlen *n* ⟨the ≈ of the jewels⟩ | *oft pl* (*mit sing Bedeutung*) Pracht *f*, Herrlichkeit *f*, Größe *f*, Erhabenheit *f* ⟨the ≈s of the Alps⟩

sple·net·ic [splɪˈnetɪk] **1.** *adj Med* Milz-; milzkrank | *lit* mürrisch, verdrießlich, übelgelaunt; **2.** *s Med* Milzkranke(r) *f(m)* | Griesgram *m*, Hypochonder *m*; **splen·ic** [ˈspliːnɪk] *adj Med* Milz-; **sple·ni·tis** [splɪˈnaɪtɪs] *s Med* Splenitis *f*, Milzentzündung *f*

spleno- [spliːnə] ⟨*griech*⟩ *in Zus* Milz-

sple·not·o·my [spliːˈnɒtəmɪ] *s Med* Milzschnitt *m*

splice [splaɪs] **1.** *vt Mar* (Seil) spleißen ⟨to ~ the main brace *Sl scherzh* einen drauf machen, sich besaufen⟩ | *Tech* durch Falz verbinden, falzen (**together** zusammen) | (Band, Film) zusammenkleben | (Holz) verblatten, überlaschen | *Tech* pfropfen (in den Spalt) | (*meist pass*) verheiraten ⟨to get ~d sich verheiraten⟩; **2.** *s* Spleißen *n* | *Tech*

Falzung *f* | Spleiß *m* | *Tech* Klebestelle *f* (eines Films *od* Tonbands) | *umg* Hochzeit *f* | **'splic·er** *s Tech* Spleißer *m* | Filmkittlehre *f*; **'splic·ing** *s* Spleißen *n*, Spleißung *f* | Kleben *n* (e-s Films *od* Tonbands); **'splic·ing tape** *s* Klebeband *n*

splint [splɪnt] **1.** *s Tech* Splint *m*, Vorsteckkeil *m* | *Med* Schiene *f* ⟨to put in ~s schienen⟩ | *Min* Schiefer-, Splitterkohle *f* | *Brit dial* Splitter *m*; **2.** *vt Med* schienen; **'~age** *s Med* Schienen *n*; **'~ bone** *s Anat* Wadenbein *n*; **'~ coal** *s* Splint-, Splitterkohle *f*

splin·ter ['splɪntə] **1.** *s* Splitter *m* ⟨to go [in]to ~s in tausend Stücke gehen, zerbrechen⟩ | (Hobel-, Holz-) Span *m* | *übertr* Bruchstück *n*, Splitter *m*; **2.** *vt* auf-, zersplittern; *vi* ab-, zersplittern, zerbrechen, in Stücke gehen; **'~ bar** *s* Ortscheit *n*; **'~ group**, *auch* **'~ 'par·ty** *s Pol* Splitterpartei *f*, abgespaltene Gruppe *f*; **'~proof** *adj* splittersicher; **'~y** *adj* splittrig, Splitter- | splitterartig

split [splɪt] **1.** (~, ~) *vt* zerspalten, zerreißen, zerteilen, zerschlitzen (**into** in) ⟨to ~ s.th. in two etw. in zwei Teile *od* Hälften teilen; to ~ one's sides *übertr* vor Lachen fast platzen⟩ | (Holz, Gestein u.ä.) zerspalten, zerkleinern | untereinander teilen, auf-, verteilen ⟨to ~ the cost; to ~ the difference *Wirtsch* sich in die Differenz teilen; *übertr* sich auf halbem Wege einigen⟩ | entzweien | *Phys* spalten ⟨to ~ the atom⟩ | *Wirtsch* (Anteile) splitten; **~ off** abspalten; **~ up** (auf)teilen (**into** in); *vi* (zer)reißen, (zer)platzen, zerspalten (*auch übertr*) | sich spalten (**into** in) | (Schiff) zerschellen | sich entzweien | *übertr* scheitern (**on** an) | *umg* schnell laufen, schnell fahren, rasen | *Sl* abhauen, Leine ziehen | *Sl* ausreißen, desertieren | *Sl* quatschen, Information ausplaudern ⟨to ~ on s.o. jmdn. verpetzen⟩; **~ away**, **~ off** sich abspalten; absplittern; **~ open** aufreißen; **~ up** *umg* sich trennen, sich scheiden lassen (Mann u. Frau); **2.** *adj* gespalten, zerrissen | *Bot* gespalten; **3.** *s* Spalten *n*, Brechen *n*, Bersten *n* | Schlitz *m*, Spalt *m* | Riß *m*, Sprung *m* | Splitter *m*, Bruchstück *n* | *meist pl* Spagat *m*, (Turnen) Grätsche *f* ⟨to do the ~s⟩ | *übertr* Spaltung *f* ⟨a ~ in a party⟩ | *Am Wirtsch* (Aktien) Splitting *n* | abgespaltete Gruppe | *umg* angebrochene *od* halbe Flasche (Sodawasser u.ä.) | *umg* Fruchteisbecher *m* ⟨banana ~⟩; **ˌ~ 'board** *s* Sägebock *m*; **ˌ~ in'fin·i·tive** *s Ling* gespaltener Infinitiv; **ˌ~ 'mind**, *auch* **~ per·son'al·i·ty** *s Psych* gespaltene Persönlichkeit; **ˌ~ 'pin** *s* Splint *m* | (Umschlag) Musterklammer *f*; **ˌ~ 'plug** *s El* Bananenstecker *m*; **ˌ~ 'reel** *s Tech* zweiteilige Spule; **ˌ~ 'ring** *s* Schlüsselring *m*; **ˌ~ 'sec·ond** *s* Bruchteil *m* einer Sekunde; **'~ter** *s* Spalter *m*; Spaltmaschine *f* | *übertr* Haarspalter *m*; **'~ting 1.** *adj* spaltend, zerreißend ⟨hair-≈ haarspalterisch; side-≈ zum Totlachen⟩ | rasend ⟨a ≈ headache entsetzliche Kopfschmerzen *m/pl*⟩ | blitzschnell; **2.** *s Chem, Tech* (Auf-) Spaltung *f* | *Phys* Zerfall *m*; **ˌ~ 'weld** *s Tech* Klauenschweißung *f*

splodge [splɒdʒ] *Brit* = **splotch**

splosh [splɒʃ] = **splash**

splotch [splɒtʃ] **1.** *s* (Tinten-, Schmutz-) Fleck *m*, Klecks *m*; **2.** *vt* beklecksen; **'~y** *adj* schmutzig, fleckig

splore [splɔ:] *s Schott* Vergnügen *n*, Lustbarkeit *f*

splurge [splɜ:dʒ] *umg* **1.** *s* Angeberei *f*, Getue *n*, Aufschneiderei *f* | Kauforgie *f* | Schau *f*, Sensation *f* ⟨a film ~⟩; **2.** *vi* angeben, aufschneiden, sich wichtig machen, protzen; **'splurg·y** *adj umg* protzig

splut·ter ['splʌtə] **1.** *vi* spritzen | klecksen | hastig sprechen | stottern, spucken (Motor); *vt* be-, verspritzen | *auch* **~ out** undeutlich aussprechen; hervorstoßen, heraussprudeln ⟨to ~ out a threat⟩; **2.** *s* Spritzen *n* | (Feuer) Zischen *n* | Prusten *n* | Lärm *m*, Streitigkeit *f* | Gerede *n*, Geplapper *n*; **'~print** *s* (Plast) Spritzdruck *m*

spode [spəʊd] *s Brit* (e-e Art) verziertes Porzellan

spoil [spɔɪl] **1.** (**spoiled, spoiled** *od* **spoilt, spoilt**) *vt* unbrauchbar machen, beschädigen, verderben, ruinieren (*auch übertr*) ⟨~ ed angegriffen; ~t verdorben; ~t fruit verdorbenes Obst; ~t ballot papers ungültig gemachte Stimmzettel *m/pl*; to ~ one's appetite sich den Appetit verderben; to ~ an evening einen Abend verderben⟩ | (Kind) verderben, verwöhnen, verziehen | (Plan) vereiteln | (*prät* u. *part perf nur* **~ed, ~ed**) *arch, lit* (aus)plündern, aus-, berauben (**of s.th.** e-r Sache); **~ for** (jmdn.) versessen machen auf, scharf machen auf; *vi* (Lebensmittel) verderben, schlecht werden ◇ **be ~ing for s.th.** auf etw. versessen sein, sich nach etw. verzehren ⟨to be ~ing for a fight streitlustig *od* kampfwütig sein⟩ | *arch, lit* plündern, rauben; **2.** *s, oft pl* Beute *f*; Beutestück *n* | *meist pl* Ausbeute *f*, Gewinn *m* ⟨the ~s of office das, was ein Amt einbringt, die Vorteile eines Postens; ~s system Parteibuchsystem *n*⟩ | Erdhaufen *m* | *Typ* Ausschuß-, Fehlbogen *m* | *Tech* Abraum *m*; **'~age** *s Typ* Makulatur *f*, Fehldruck *m*; **'~ bank** *s* Schutt-, Abraumhalde *f*; **'~er** *s* Verderber *m*, Verwüster *m* | Plünderer *m* | *Am Pol Sl* dritter Kandidat, der den beiden ersten Kandidaten Stimmen abnimmt; **'~er ˌpar·ty** *s Am Pol Sl* dritte Partei, die einer anderen Partei Stimmen wegnimmt; **'spoils·man** *s* (*pl* **'spoils·men**) *Am Pol* Konjunkturritter *m*, Postenjäger *m*; **'~sport** *s* Spaßverderber(in) *m(f)*

spoilt [spɔɪlt] *prät* u. *part perf* von ↑**spoil 1.**

¹spoke [spəʊk] **1.** *s* Speiche *f* | Sprosse *f* | *Mar* Spake *f* | *übertr* Bremse *f*, Hemmschuh *m* ⟨to put a ~ in s.o.'s wheel jmdm. einen Knüppel zwischen die Beine werfen⟩; **2.** *vt* Speichen einziehen

²spoke [spəʊk] *prät* von ↑**speak**

spoke bone ['spəʊk bəʊn] *s Anat* Speiche *f*

spo·ken ['spəʊkən] **1.** *part perf* von ↑**speak**; **2.** *adj* mündlich, gesprochen ⟨~ English⟩; **-ˌspo·ken** *in Zus* -sprechend ⟨well-≈ redegewandt⟩

spoke·shave ['spəʊkʃeɪv] *s Tech* Speichen-, Schabhobel *m*

spokes|man ['spəʊksmən] *s* (*pl* **'~men**) Sprecher *m*, Wortführer *m*; **'~peo·ple** *s* (*pl konstr*) Sprecher *pl* (**for** für); **'~per·son** *s* Sprecher(in) *m(f)* ⟨a Cabinet ≈⟩; **'~ˌwom·an** *s* (*pl* **'~ˌwom·en**) Sprecherin *f*

spo·li|ate ['spəʊlɪeɪt] *förml vt, vi* plündern, (aus)rauben; **ˌ~'a·tion** *s* Plünderung *f*, Beraubung *f* | *übertr* Erpressung *f*

spon|da·ic [spɒn'deɪɪk] *adj Metr* spondeisch; **~dee** ['spɒndi:] *s Metr* Spondeus *m*

spon·dy·li·tis [spɒndɪ'laɪtɪs] *s Med* Spondylose *f*

spondylo- [spɒndɪlə] ⟨*griech*⟩ *in Zus* Wirbel-

sponge ['spʌndʒ] **1.** *s* Schwamm *m* (*auch Zool*) ⟨to pass the ~ over *übertr* aus dem Gedächtnis streichen; to throw in/(*Brit auch*) up the ~ (Boxen) sich besiegt geben, aufgeben; *übertr* die Flinte ins Korn werfen⟩ | *Med* Wattetupfer *m* | Abwaschung *f* | *übertr* Schmarotzer *m*, Parasit *m* | *Brit* = **~ cake**; **2.** *vt* mit einem Schwamm abwaschen ⟨~ it! *übertr umg* Schwamm drüber!⟩ | *übertr umg* (jmdn.) ausnehmen, ausnützen | *umg* (etw.) schnorren, kostenlos ergattern (**from s.o.** von jmdm.) ⟨to ~ a meal; to ~ money from s.o. von jmdm. Geld abluchsen⟩; **~ away, ~ down, ~ off** ab-, wegwischen; **~ up** (Flüssigkeit mit e-m Schwamm) aufsaugen, aufnehmen; *vi* sich vollsaugen | nach Schwämmen tauchen | *umg* schmarotzen ⟨to ~ on/upon/from s.o. *umg* auf jmds. Kosten leben⟩; **'~ bag** *s Brit* Wasch-, Kulturbeutel *m*; **'~ bath** *s* Abreibung *f*; **'~ cake** *s* Rührkuchen *m*; Sandtorte *f*; **'~ cloth** *s* Frotteestoff *m*; **'~-down** *s* Abreibung *f* (mit dem Schwamm); **spon·geous** ['spʌndʒəs] *adj* schwammig; **'spong·er** *s* Wischer *m*, Reiniger *m* | Schwammtaucher *m*, -sammler *m* | *übertr* Schmarotzer *m*, Nassauer *m*; **ˌ~ 'rub·ber** *s* Schaumgummi *m*; **spon·gi·form**

['~ɪfɔ:m] *adj* schwammförmig; **'spong·ing** *s* Abwaschen *n* | Schwammsammeln *n* | *Tech* Krumpen *n*, Krimpen *n*; **'spon·gy** *adj* schwammig, Schwamm-, porös | sumpfig, weich ⟨≈ soil⟩

spon·sal ['spɒnsəl] *adj förml* bräutlich, hochzeitlich, Hochzeits-

spon|sion ['spɒnʃən] *s Jur* Bürgschaft *f*; **~sor** [-sə] **1.** *s Jur* Bürge *m* | *Parl* Befürworter(in) *m(f)* (eines Gesetzentwurfs) | Taufpate *m*, -patin *f* | Förderer *m*, Gönner *m* | *Rundf, Ferns* Sponsor *m*, Geldgeber *m* (für Reklame) (auch Sport); **2.** *vt* bürgen für | *Parl* befürworten | unterstützen, fördern | *Rundf, Ferns* (Sendung) finanzieren; **~so·ri·al** [spɒn'sɔ:rɪəl] *adj* Paten-; **'~sor·ship** *s* Bürgschaft *f* | Patenschaft *f* | Gönnerschaft *f*, Unterstützung *f*

spon·ta·ne|i·ty [ˌspɒntə'ni:ətɪ] *s* Spontaneität *f*, Freiwilligkeit *f*, Ungezwungenheit *f*; **~ous** [spɒn'teɪnɪəs] *adj* freiwillig, spontan, ungezwungen, aus eigenem Antrieb ⟨a ≈ cheer spontaner Beifall⟩ | instinktiv, unwillkürlich | *Bot* wildwachsend; **ˌ~ous com'bus·tion** *s Tech* Selbstentzündung *f*, -verbrennung *f*; **ˌ~ous de'cay** *s Phys* Spontanzerfall *m*; **ˌ~ous ig'ni·tion** *s Tech* Selbstzündung *f*

spoof [spu:f] *umg* **1.** *s* Schwindel *m*, Betrug *m* | Verulkung *f*, Lächerlichmachung *f*, Ulk *m*, Parodie *f*; **2.** *vt* beschwindeln, betrügen ⟨you've been ~ed man hat dich reingelegt⟩ | verulken, lächerlich machen; *vi* schwindeln | Ulk machen (**about** über); **'~er** *s* Schwindler *m*, Betrüger *m* | Witzbold *m*

spook [spu:k] **1.** *s scherzh* Spuk *m*, Gespenst *n* | *Am Sl* Spion *m*; **2.** *vi* spuken; **'~y** *adj* geister-, spukhaft, Spuk- ⟨a ≈ house⟩ | *Am* (Tier) scheu ⟨≈ animals⟩

spool [spu:l] **1.** *s* (Band-, Garn-, Draht-, Film-, Tonband-, Schreibband- u. ä.) Spule *f* ⟨a ~ of thread eine Rolle Zwirn⟩; **2.** *vt* (auf)spulen, (auf)wickeln

spoon [spu:n] **1.** *s* Löffel *m* (*oft in Zus*) ⟨egg~; soup~; table~; tea~; to be born with a silver ~ in one's mouth *übertr* als Kind reicher Eltern geboren werden⟩ | Löffel *m* (voll) ⟨a ~ of tea ein Löffel Tee⟩ | Kochlöffel *m* | löffelartiger Gegenstand | *umg* Einfaltspinsel *m* | *Sl* Verliebter *m* ⟨to be ~s on s.o. in jmdn. vernarrt sein⟩; **2.** *vt* löffeln | *Sl selten* schmusen mit; **~ out** austeilen, servieren; **~ up** auslöffeln, mit dem Löffel essen; *vi* mit Löffelköder angeln | *Sl selten* poussieren (**with** mit); **'~bill** *s Zool* Löffelreiher *m* | Löffelente *f* | Stör *m*; **'~ bit** *s Tech* Löffelbohrer *m*; **'~ ˌchis·el** *s Tech* Hohlmeißel *m*

spoon|ey ['spu:nɪ] = **'~y**; **'~feed** (**'~fed, '~fed**) *vt* mit dem Löffel füttern | *übertr* übertriebene Hilfe geben, es (jmdm.) sehr leicht machen ⟨to ≈ one's pupils⟩; **'~ful** ['~fʊl] *adj* Löffel *m* voll; **'~y** *Sl selten adj* verliebt, vernarrt, verknallt ⟨to be ≈ on s.o. in jmdn. verknallt sein⟩ | rührselig, dümmlich, sentimental

spoon·er·ism ['spu:nərɪzm] *s* Schüttelreim *m*

spoor [spɔ:] **1.** *s* (Wild-) Fährte *f*, Spur *f*; **2.** *vt* (Wild) aufspüren, verfolgen; *vi* eine Spur verfolgen

spo·ra·ceous [spɒ'reɪʃəs] *adj Bot* Sporen-

spo·rad·ic [spə'rædɪk] *adj* sporadisch, vereinzelt (vorkommend)

spore [spɔ:] **1.** *s Bot, Zool* Spore *f* | *übertr* Keim *m*, Ursprung *m*; **2.** *vi* Sporen bilden; **spo·rif·er·ous** [spɔ:'rɪfərəs] *adj Bot* sporentragend, -bildend

sporo- [spɒrə] ⟨*griech*⟩ *in Zus* Sporen-

spo·ro·zo·on [ˌspɒrə'zəʊən] *s Zool* Sporozoon *n*, Sporentierchen *n*

spor·ran ['spɒrən] *s* Felltasche *f* (der Schotten)

sport [spɔ:t] **1.** *s* Belustigung *f*, Vergnügen *n*, Spiel *n* (im Freien) ⟨great ~ Hauptvergnügen *n*⟩ | Sport *m* ⟨~ of kings königlicher Sport, Reitsport *m*; to be devoted to ~ sich dem Spiel verschrieben haben; to be fond of ~ gern Sport treiben⟩ | Jagdsport *m* | Angelsport *m* | Scherz *m*, Spaß *m* ⟨to make ~ of s.o. sich über jmdn. lustig machen; to say s.th. in ~ etw. im Spaß sagen⟩ | Zeitvertreib *m* | *übertr* Spielball *m* ⟨to be the ~ of Fortune⟩ | *umg* prima Kerl ⟨be a ~! sei kein Spielverderber!; to be a real ~ (wirklich) Spaß verstehen, nichts übelnehmen⟩ | *Brit selten, Austr umg* Freund *m*, Kumpel *m* ⟨old ~!⟩ | *Biol* Mutation *f*; **2.** *vi, auch* **~ about** *lit* sich vergnügen, sich tummeln | spaßen, Spaß machen, sich lustig machen (**at, upon** über) | Sport treiben; *vt umg* zur Schau stellen ⟨to ~ a diamond ring⟩; **'~ coat** *s* Sportbekleidung *f*; **'~er** *s* Jagdflinte *f* | Jagdhund *m* | *umg* Aufschneider *m*; **'~ful** *adj* amüsant, lustig; **'~ing 1.** *adj* sporttreibend ⟨a ≈ man⟩ | Sport-, sportlich (*bes* Jagd, Reiten) ⟨≈ scenes⟩ | fair ⟨a ≈ chance; it is very ≈ of you das ist sehr fair von Ihnen⟩; **'~ing ˌed·i·tor** *s* Sportredakteur *m*; **'spor·tive** *adj* vergnügt, lustig, übermütig ⟨a ≈ little dog⟩ | spaß-, scherzhaft | *lit* Sport-, sportlich ⟨a ≈ young man⟩ | *Biol* Mutations-

sports [spɔ:ts] **1.** *s/pl* Sport *m* ⟨athletic ~ Leichtathletik *f*; country ~ Jagen, Fischen, Schießen u. Reiten *n*⟩ | Wettkampf *m*, Sportveranstaltung *f* ⟨school ~ Schulsportwettkämpfe *m/pl*⟩; **2.** *adj* Sport- ⟨~ coverage *od* reporting Sportberichterstattung *f*⟩; **'~ bag** *s* Sporttasche *f*; **'~ car** *s* Sportwagen *m*; **'~ clothes** *s/pl* Sportbekleidung *f*; **'~ field** *s* Sportplatz *m*; **~man** *s* (*pl* **'~men**) Sportler *m* | Angler *m* | Jäger *m*; **'~man·like** *adj* sportlich, anständig, fair; **'~man·ship** *s* sportliches Können | Sportlichkeit *f* | *übertr* anständige Haltung, Fairness *f*; **'~ ˌmedi·cine** *s* Sportmedizin *f*; **'~ plane** *s* Sportflugzeug *n*; **'~ˌwom·an** *s* (*pl* **'~ˌwom·en**) Sportlerin *f*

sport·y ['spɔ:tɪ] *adj umg* sportlich | angeberisch

spor·u|late ['spɔ:jʊleɪt] *vi Bot* Sporen bilden; **ˌ~'la·tion** *s* Sporenbildung *f*

spot [spɒt] **1.** *s* (Schmutz- u. ä.) Fleck *m* ⟨~s of mud⟩ | (Farb-) Tupfen *m* | *Phys* Leuchtfleck *m* | Pickel *m*, Leberfleck *m* | *übertr* Makel *m*, Schandfleck *m* ⟨a ~ on s.o.'s reputation⟩ | (besondere[r]) Ort *m*, Platz *m*, Stelle *f* (*auch übertr*) ⟨a soft/tender ~ eine schwache Stelle; in a ~ *umg* in der Klemme; on the ~ auf der Stelle, sofort; the person on the ~ die für etw. verantwortliche *od* zuständige Person; to change one's ~s sich ändern, sein Leben umstellen; to keep off the ~ *Am Sl* sich nicht die Finger verbrennen; to put one's finger on s.o.'s weak ~ jmds. schwache Stelle aufdecken; to put s.o. on the ~ jmdn. in eine schwierige Lage versetzen, auf die Probe stellen; *urspr Am Sl* jmdn. umlegen, jmdn. unschädlich machen⟩ | *Rundf, Ferns* (Reklame) Spot *m*, Durchsage *f* | *Brit umg* = **~light 1.** | *Am Sl* (Nacht-) Lokal *n* | Tropfen *m* ⟨~s of rain Regentropfen⟩ | (Zeit-) Punkt *m* | (Würfeln) Auge *n* ⟨to knock ~s off s.o. jmdn. austricksen *od* leicht besiegen⟩ | *Brit umg* Gläschen *n*, Schluck *m*, Bißchen *n* ⟨a ~ of gin; to do a ~ of work etwas arbeiten; a ~ of bother ein kleiner Streit⟩; **2.** (**'~ted, '~ted**) *vt* beschmutzen, beflecken (**with** mit) | sprenkeln, tüpfeln | *übertr* (Ruf u. ä.) beflecken, besudeln, verleumden | *umg* herausfinden, ausfindig machen, sehen, erblicken ⟨to ~ a tree einen Baum markieren; to ~ s.o. in a crowd; to ~ a winner den Sieger vorhersagen⟩ | (Holz) masern | *Flugw* sichten | *Mil* örtlich festlegen, lokalisieren | (Billard) (Ball) auf die Marke setzen | *Am* (Sport) (Gegenspieler) Vorteil lassen; **~ out**, *auch* **~ up** entflecken; *vi* fleckig werden ⟨to ~ easily schnell Flecke kriegen⟩ | tröpfeln, nieseln, leicht regnen ⟨it's ~ting with rain es regnet unregelmäßig⟩ | *Flugw, Mil* Ziel sichten, Position festlegen; **3.** *adv in:* **~ on** *Brit umg* genau auf den Punkt ⟨to arrive ≈ time⟩; **'~ cash** *s Wirtsch* Barzahlung *f*; '~ **check** *s* Stichprobe *f*; ˌ~-'**check** *vt* überprüfen, Stichproben machen von; '~ **lamp** *Kfz s* Suchscheinwerfer *m*; '~**less** *adj* fleckenlos; *übertr* makellos, rein; '~**light** **1.** *s* Scheinwerfer(licht) *m(n)* | *Kfz* Suchscheinwerfer *m* | *übertr* Rampenlicht *n* ⟨to be in the ≈ im Brennpunkt des Interesses stehen⟩; **2.** *vt* mit Scheinwerfer anstrahlen | *übertr* die Aufmerksamkeit lenken auf; ˌ~-'**on** *adj, adv* genau, exakt, treffend; ˌ~ '**price** *s Wirtsch* Sofortpreis *m*; '~ **reˌmov·er** *s* Fleckentferner *m*, Fleckenwasser *n*; **spots** *s/pl Wirtsch* Lokowaren *pl*, sofort lieferbare Waren; '~**ted** *adj* gefleckt, getüpfelt, punktiert, scheckig | *übertr* besudelt, beschmutzt | verdächtig | *Med* Fleck- ⟨≈ fever Fleckfieber *n*⟩; ˌ~**ted** '**dick**, *auch* ˌ~**ted** '**dog** *s Kochk* Kochpudding *m* mit Rosinen; '~**ter** *s Flugw* Beobachter *m*, Beobachtungsflugzeug *n* | (Person) Beobachter *m* ⟨aircraft-≈; bird ≈; train≈ (meist jugendlicher) Lokomotivenbeobachter (als Hobby)⟩ | *Am umg* Detektiv *m* | *Am umg* Straßenbahnkontrolleur *m*; '~ **test** *s* Stichprobe *f*; '~**ting** *s* Fleckigwerden *n*; '~**ting plane** *s* Artillerieflugzeug *n*; '~**ting scope** *s* Sucherfernrohr *n*; ˌ~ '**twist** *s* Knotenzwirn *m*; '~**ty** *adj* fleckig, gefleckt, gesprenkelt (**with** von) ⟨a ≈ complexion ein unreiner Teint; ≈ wood gemasertes Holz⟩ | zusammengeflickt, ungleichmäßig ⟨a ≈ piece of work⟩; '~-**weld** *Tech* **1.** *vt* punktschweißen; **2.** = '~-ˌ**weld·ing** *s* Punktschweißung *f*, -schweißen *n*

spous·al ['spauzl] **1.** *adj* bräutlich, hochzeitlich, Hochzeits-; ehelich; **2.** *meist* '**spous·als** *s/pl* Hochzeit *f*; **spouse** [spauz] *s poet, arch, Jur* Gatte *m*, Gattin *f*; '**spouse·less** *adj* unvermählt

spout [spaut] **1.** *vt* (Flüssigkeit) herausspritzen, herausschleudern (**from** aus, von) | mit einem Abflußrohr versehen | *umg* (Verse u. ä.) deklamieren | *Sl* versetzen, verpfänden; *vi* spritzen, sprudeln, herausschießen | Wasser ausspritzen (Wal) | *umg* deklamieren, (ständig) zitieren, große Reden schwingen; **2.** *s, auch* '**water** ~ starker Wasserstrahl, Kaskade *f* | Abflußrohr *n* | Schnauze *f*, Schneppe *f*, Tülle *f* (e-r Kanne) | *Arch* Wasserspeier *m* | Dachrinne *f*, Traufe *f* | *auch* '~ **hole** *Zool* Spritzloch *n* (des Wals) | Rutsche *f*, Schütte *f* | *Sl* Leih-, Pfandhaus *n* ◇ **up the** ~ *Sl* (Gegenstand) versetzt; (Person) fertig, bankrott; (Frau) schwanger; '~**er** *s Zool* (spritzender) Wal | *Mar* Walfänger *m* | *umg* pathetischer Redner; '~ **plane** *s* Rund(kehl)hobel *m*

sprag [spræg] **1.** *s* Bremsknüppel *m* | *Bergb* Strebe *f*, Spreizstempel *m*; **2.** (**spragged**, **spragged**) *vt Kfz* durch Bremsknüppel sichern | *Bergb* verspreizen, abstempeln

sprawl [sprɔ:l] **1.** *vi, auch* ~ **out** sich rekeln (**on** auf) | (mit den Beinen) schlenkern | sich ausstrecken (**across, over** über) | sich erstrecken, sich hinziehen ⟨to ~ for miles⟩ | (sehr) ausladend sein (Handschrift) ⟨~ing hand⟩ | *Bot* wuchern | krabbeln, kriechen | *übertr* sich ausbreiten ⟨a ~ing town⟩ | *Mil* ausschwärmen; ~ **about** lässig *od* unordentlich (herum)sitzen | sich hinlümmeln; *vt, meist* ~ **out** ausspreizen, ausstrecken | *Mil* ausschwärmen lassen; **2.** *s* Rekeln *n*; (Aus-)spreizen *n* | Krabbeln *n*, Kriechen *n* | *übertr* Ausbreitung *f*, Wuchern *n* ⟨suburban ~ Ausbreitung der Vororte⟩ | *Am Sl* Mumm *m*, Energie *f* ⟨he has no ~⟩; '~**y** *adj* sich spreizend | sich ausbreitend | *Am* geräumig ⟨a ≈ apartment⟩

sprain [spreɪn] **1.** *vt* verrenken, verstauchen ⟨a ~ed ankle; to ~ one's wrist⟩; **2.** *s* Verrenkung *f*, Verstauchung *f*

sprang [spræŋ] *prät von* ↑ **spring 1.**

sprat [spræt] **1.** *s Zool* Sprotte *f* ⟨to throw a ~ to catch a herring *übertr* mit der Wurst nach der Speckseite werfen⟩ | *umg* kleiner Knirps; **2.** *vt* (Sprotten) fischen; '~**ter** *s* Sprottenfischer *m*

sprat·tle ['sprætl] *Schott* **1.** *vi* sich abrackern; **2.** *s* Abrackern *n*, Plagen *n*

[1]**spray** [spreɪ] *s* (Blüten-) Zweig *m* | (Strauß) Reisig *n* | Brosche *f* (in Form eines Zweiges) ⟨a ~ of diamonds⟩

[2]**spray** [spreɪ] **1.** *s* Schaum *m*, Gischt *m* ⟨sea ~; the ~ of a waterfall⟩ | Sprühregen *m* | Spray(dose) *m(f)*, Zerstäuber *m*, Atomiseur *m* | Spray *m*, Zerstäuberflüssigkeit *f* | *Tech* Sprühnebel *m*; *Tech* Ölnebel *m* | *übertr* Regen *m*, Schwarm *m*; **2.** *vt* (ver)sprühen, zerstäuben, besprühen, (be)spritzen; überschütten (**with** mit, **on** auf) ⟨to ~ fruit trees⟩; *vi* spritzen, sprühen; '~**er** *s* Zerstäuber *m*, Sprühgerät *n* | Sprüher *m*, Zerstäuber *m* (Person); [1]'~**ey** ['~ɪ] *adj* sprühend

[2]**spray·ey** ['spreɪɪ] *adj* verzweigt, Zweig-

spray|guard ['spreɪ gɑ:d] *s* Spritzschutz *m*; '~ **gun** *s* Spritzpistole *f*; '~**ing** ˌ**lac·quer**, '~**ing** ˌ**var·nish** *s* Spritzlack *m*; '~ ˌ**noz·zle** *s* Spritzdüse *f*, Dusche *f*; '~ **oils** *s/pl* Sprühöle *n/pl*; '~-**paint** *vt* mit Spritzpistolen bemalen ⟨to ≈ buses⟩; '~ **valve** *s* Einspritzventil *n*

spread [spred] **1.** (~, ~) *vt* auf-, ausbreiten, ausspannen, ausstrecken ⟨to ~ [out] one's arms die Arme ausbreiten; to ~ a cloth on a table; to ~ the table den Tisch decken⟩ | auftragen, aufstreichen ⟨to ~ butter on bread, to ~ a slice of bread with butter eine Scheibe Brot mit Butter bestreichen⟩ | *übertr* (Gerücht, Krankheit u. ä.) verbreiten (**over** über, **through** durch) ⟨flies ~ disease⟩ ◇ ~ **o.s.** *umg* sich breitmachen | sich auslassen über | sich finanziell (mächtig) anstrengen; *vi* sich aus-, sich verbreiten, sich entfalten, (räumlich *od* zeitlich) sich erstrecken (**for, over** über) | (Butter u. ä.) sich streichen lassen | *übertr* (Gerücht u. ä.) sich verbreiten; **2.** *s* (*selten pl*) Ausdehnen *n*; Ausdehnung *f*, Ausbreitung *f* ⟨the ~ of a tree die Ausbreitung eines Baumes; a middle-age ~ *umg* ein Altersbäuchlein⟩ | Verbreitung *f* ⟨the ~ of disease; the ~ of knowledge⟩ | Breite *f*, Weite *f*; Spannweite *f*; Fläche *f* | *auch* '**bed**~ (Bett- u. ä.) Decke *f* | *Kochk* Aufstrich *m* ⟨cheese ~⟩ | *umg* Schmaus *m*, reich gedeckter Tisch; ⟨a fine ~; what a ~!⟩ | Abstand *m*, Auseinanderklaffen *n* ⟨~ between theory and fact⟩ | *Wirtsch* (Gewinn-, Verdienst-, Verkaufs-) Spanne *f* | (Statistik) Abweichung *f* | *Typ, Ztgsw* Aufschlageseite *f*; groß aufgemachter Artikel ⟨a two-page ~⟩; (ganzseitige) Werbeanzeige | *Mil* Torpedosalve *f*; ˌ~ '**ci·ty** *s Am* Wucherstadt *f*; ˌ~ '**eagle** *s Her* Adler *m*; ˌ~-'**eagle** **1.** *adj* ausgebreitet, gespreizt; **2.** *vt* (Gegner) Arme und Beine gespreizt an die Wand drücken | (von einem Körper die Umrisse) auf den Boden zeichnen; ˌ~-'**eagled** *adj* mit ausgespreizten Armen und Beinen ⟨to be/lie ≈⟩; '~**er** *s Tech* Leimauftragsmaschine *f*; Verteiler *m*, Torpedo *n* | (Flachs) Anlegemaschine *f*; '~**er beam** *s* Traverse *f*; '~**er roll** *s Tech* Auftragswalze *f*

spree [spri:] *umg* **1.** *s* Vergnügen *n*, Jux *m*, lustiger Abend ⟨to be on the ~, to go out on a ~ sich einen vergnügten Abend machen; to have a ~ sich amüsieren⟩ | (Kauf- u. ä.) Orgie *f*, -wut *f* ⟨a buying ~, a spending ~ großes Geldausgeben⟩; **2.** *vi* sich vergnügen, sich amüsieren

sprig [sprɪg] **1.** *s* kleiner Zweig, Zweiglein *n*, Reis *n* ⟨a ~ of laurel ein Lorbeerzweig⟩ | *scherzh, verächtl* Sprößling *m*, Sproß *m*, Ableger *m* ⟨a ~ of the nobility ein Adelssprößling⟩ | *umg* Bürschchen *n* | *Tech* Drahtstift *m*, (Nagel-) Stift *m* (ohne Kopf) | *Tech* Kernnagel *m*; **2.** *vt* (**sprigged**, **sprigged**) mit Zweigen schmücken | (Busch u. ä.) beschneiden | mit Stiften befestigen; **sprigged** *adj* (Stoff) mit Zweigmuster versehen, geblümt; '~**gy** *adj* mit kleinen Zweigen geschmückt

spright·ly ['spraɪtlɪ] *adj, adv* lebhaft, munter

spring [sprɪŋ] **1.** (**sprang** [spræŋ], **sprung** [sprʌŋ]) *vi* springen ⟨to ~ at s.o. auf jmdn. zuspringen; to ~ to one's feet aufspringen; to ~ to the eyes *übertr* in die Augen springen, auffallen⟩ | abstammen (**from** von) | entspringen (**from** aus) | explodieren | *Tech* springen, splittern, zerbrechen | *meist* ~ **up** (schnell) in die Höhe schießen, entstehen ⟨a breeze has sprung up eine Brise ist plötzlich aufgekommen; a doubt sprang up in her mind ihr kamen [auf einmal] Zweifel⟩ | *Bot* sprießen; ~ **back** zurückschnellen, zurückschnappen; ~ **forth** hervorschnellen, herausschießen; ~ **off** abspringen; ~ **open** aufspringen; ~ **out** (aus)springen; *vt* (heraus)springen lassen | zerbrechen, zerspringen ⟨to ~ a leak ein Leck bekommen⟩ | zuschnappen lassen ⟨to ~ a trap⟩ | zur Explosion bringen, explodieren lassen | (zer)sprengen | (Wild) aufjagen, aufscheuchen | *übertr* plötzlich hervorbringen *od* bekannt machen ⟨to ~ a surprise on s.o. jmdn. überraschen⟩ | *Brit umg* (Geld) springen lassen | *Brit umg* (jmdn.) erleichtern (**for** um); **2.** *s* Sprung *m*, Satz *m* ⟨in one ~ mit einem Sprung *od* Satz; to make a ~ at (los)springen auf; to take a ~ Anlauf nehmen⟩ | Schnellen *n*; Zurückschnellen *n*, -schnappen *n* | Sprungkraft *f*, Elastizität *f* ⟨to walk with a ~ in one's step mit federnden *od* wippenden Schritten gehen⟩ | *übertr* Spannkraft *f*, Energie *f* ⟨to put a new ~ into s.o.'s step jmdn. beflügeln⟩ | Riß *m*, Sprung *m* | Feder *f* ⟨the ~ of a watch⟩ | *Tech* (Rück-) Federung *f* ⟨the ~s of a motor-car⟩ | *oft pl übertr* Triebfeder *f*, Anlaß *m* ⟨the ~s of human conduct⟩ | Quelle *f*, Brunnen *m* ⟨mineral ~s⟩ | *übertr* Quelle *f*, Ursprung *m* ⟨a ~ of pity⟩ | Frühling *m*, Frühjahr *n* ⟨in ~ im Frühjahr; in the ~ of one's life im Lenz des Lebens⟩ | Springflut *f*; ˌ~ **'ac·tion** *s Tech* Federwirkung *f*, -antrieb *m*; ˌ~ **'bal·ance** *s* Federwaage *f*; ˌ~ **'bar·ley** *s* Sommergerste *f*; **'~ bed** *s* ↑~ **'mattress**; ˌ~ **'blind** *s* Schnapprollo *n*; **'~board** *s* Sprungbrett *n* (*auch übertr*); **~bok** ['~bɒk] *s Zool Südafr* Springbock *m*; ˌ~ **'bolt** *s Tech* Federbolzen *m*; ˌ~ **'catch** *s* Schnappschloß *n*; **'~-clean** *vt* (Haus, Wohnung) gründlich säubern, dem Frühjahrsputz unterziehen; **'~-clean·ing** *s* Frühjahrsputz *m*, gründliches Reine-, Saubermachen *n*; ˌ~ **'con·tact plug** *s El* Bananenstecker *m*

springe [sprɪndʒ] **1.** *s* Dohne *f*, Schlinge *f* | *übertr* Falle *f*; **2.** *vt* in einer Schlinge fangen; *vi* Schlingen legen

spring|er ['sprɪŋə] *s* Springer(in) *m(f)* | *Zool* Springbock *m* | *auch* ˌ**~er 'span·iel** *Zool* Spaniel *m*; Wachtelhund *m* | *Arch* Kämpfer *m*; **'~ ˌfe·ver** *s* Frühlingsgefühle *n/pl* | Frühjahrsmüdigkeit *f*; **'~ gun** *s* Selbstschuß(anlage) *m(f)*; **'~halt** *s Vet* Lähme *f*, Hahnenspat *m*; **'~head** *s* Ursprung *m*; **'~hook** *s* Karabinerhaken *m*; **'~ latch** *s* Schnappschloß *n*; **'~ leaf** *s* (*pl* **'~ leaves**) *Tech* Federblatt *n*; **'~less** *adj* ohne Federn; **~let** ['~lət] *s* kleine Quelle; **'~like** *adj* frühlingsmäßig ⟨≈ weather⟩; **'~ lock** *s* Schnappschloß *n*; ˌ~ **'mat·tress** *s* Sprungfedermatratze *f*; ˌ~ **'on·ion** *s Brit* Frühlingszwiebel *f*, Röhrenlauch *m*; **'~ pin** *s* Federstift *m*; ˌ~ **'screw** *s* Federschraube *f*; **'~seed** *s* Frühsaat *f*; ˌ~ **'steel** *s* Federstahl *m*; **'~tide** *s* Frühling(szeit) *m(f)*; ˌ~ **'tide** *s* Springflut *f* | *übertr* Überschwemmung *f*; **'~time** *s* Frühling *m*; **'~ ˌwa·ter** *s* Quellwasser *n*; **'~ wheat** *s* Sommerweizen *m*; ˌ~ **'wire** *s* Federdraht *m*; **'~y** *adj* federnd, elastisch ⟨a ≈ step⟩ | voller Quellen, reich an Quellen

sprin|kle ['sprɪŋkl] **1.** *vt* berieseln, bespritzen, besprengen, benetzen (**with** mit) | bestreuen | (zer)streuen (**on** auf) | sprenkeln, tüpfeln (**with** mit) | übersäen (**with** mit); *vi* spritzen, sprühen (Regen) ⟨it ≈s⟩; **2.** *s* Spritzen *n*, Sprühen *n*, Besprengen *n* | Sprühregen *m*; **'~kler** *s* Rasensprenger *m* | Sprengwagen *m* | Sprinkler *m*, Feuerlöschbrause *f* | *Rel* Weihwedel *m*; **'~kler in·stal,la·tion** *s* Beregnungsanlage *f*; **'~kling** *s* Sprengen *n*, Spritzen *n*, Sprühen *n* | Spritzer *m* | (*meist sg*) *übertr* kleine Menge, Spur *f* ⟨a ≈ of intellectuals ein paar wenige Intellektuelle⟩

sprint [sprɪnt] **1.** *vi* schnell laufen, rennen; (Sport) sprinten, über kurze Strecken laufen; **2.** *s* (Sport) Kurzstreckenlauf *m*, Sprint *m* ⟨to make a ~ sprinten⟩ | *übertr* Endspurt *m*; **'~er** *s* Sprinter *m*, Kurzstreckenläufer *m*

sprit [sprɪt] *s Mar* Spriet *n*

sprite [spraɪt] *s* Elfe *f*, Fee *f* | Kobold *m*

sprit·sail ['sprɪtsl] *s Mar* Sprietsegel *n*

sprock·et ['sprɒkət] *s Tech* Zahn *m* (e-s Kettenrades); **'~ chain** *s Tech* Kettenrad-, Zahnkette *f*; **'~ wheel** *s Tech* (Ketten-) Zahnrad *n* | (Film, Tonband u. ä.) Transportrolle *f*, -trommel *f*

sprout [spraʊt] **1.** *vi, auch* ~ **up** keimen, sprießen, aufschießen; *vt* keimen lassen, sprießen lassen ⟨to ~ the grain das bereits gemähte Getreide neu anwachsen lassen⟩ | hervorbringen ⟨to ~ a moustache sich einen Schnurrbart wachsen lassen⟩; **2.** *s Bot*, *übertr* Sproß *m*, Sprößling *m*; *Bot* Ableger *m*; **sprouts**, *auch* ˌ**Brus·sels '~s** *s/pl* Rosenkohl *m*

[1]**spruce** [spru:s] *s*, *auch* **'~ fir** *Bot* Fichte *f*; Fichtenholz *n*

[2]**spruce** [spru:s] **1.** *adj* sauber, hübsch, schmuck | geziert; **2.** *vt*, *meist* ~ **up** *umg* (sich, jmdn.) herausputzen ⟨~d up for the party⟩; *vi*, *meist* ~ **up** *umg* sich hübsch machen

[1]**sprue** [spru:] *s Med* Sprue *f*

[2]**sprue** [spru:] *s Tech* Gießtrichter *m*; **'~ hole** *s Tech* Trichterloch *n*

sprung [sprʌŋ] **1.** *part perf* von ↑**spring 1.**; **2.** *adj* zerborsten | (ab)gefedert, mit Federn versehen ⟨a ~ mattress e-e Sprungfedermatratze⟩ | *umg* beschwipst

spry [spraɪ] *adj* lebhaft, flink, munter ⟨still ~ at ninety noch sehr wohlauf mit 90; to look ~ sich sputen⟩

spud [spʌd] **1.** *s* kleiner Spaten | Schäleisen *n* | kleiner dikker Mensch, Stöpsel *m* | *umg* Kartoffel *f*; **2.** (**~ded, ~ded**) *vt* (Unkraut) jäten; ~ **out**, ~ **up** ausgraben, ausstechen; *vi Tech* bohren

spud·dle ['spʌdl] *vi dial* graben, buddeln

spue [spju:] = **spew**

spume [spju:m] *lit* **1.** *s* Schaum *m*, Gischt *f*; **2.** *vi* schäumen; **spu·mes·cence** [spju:'mesns] *s* Schäumen *n*; **spu·mes·cent** [spju:'mesnt], **'spum·y** *adj* schaumig, schäumend

spun [spʌn] **1.** *prät* u. *part perf* von **spin**; **2.** *adj* gesponnen | (Metall) gedrückt; ˌ~ **'glass** *s* Glaswatte *f*, -wolle *f*

spunk [spʌŋk] **1.** *s* Zunder *m*, Lunte *f* | Schwefelholz *n* | *umg* Feuer *n*, Mumm *m*, Courage *f* ⟨man of ~ Hitzkopf *m*; to have no ~ keinen Mumm haben; s.o. with plenty of ~ jmd., der rangeht, ein Draufgänger⟩ | *Brit vulg* Soße *f* (Samen); **2.** *vi* sich entzünden | *umg* Mut fassen; **'~y** *adj* feurig, lebhaft, couragiert | *Am* leidenschaftlich ⟨≈ and determined leidenschaftlich und entschlossen⟩

spun silk [ˌspʌn 'sɪlk] *s* Seidengarn *n*

spur [spɜ:] **1.** *s* Sporn *m* (*auch Bot, Zool*) ⟨to put/set ~s to a horse einem Pferd die Sporen geben; to win one's ~s *übertr* sich die Sporen verdienen⟩ | Steigeisen *n* | *Arch* Strebe *f*, Stütze *f* | Gebirgsausläufer *m* | *übertr* Ansporn *m*, Antrieb *m*, Stachel *m* ⟨on the ~ of the moment einer plötzlichen Eingebung folgend; to be a ~ to einen Anreiz darstellen, anstacheln⟩; **2.** (**spurred, spurred**) *vt* die Sporen geben | mit Sporen versehen | *auch* ~ **on** *übertr* anspornen, antreiben; *vi* die Sporen geben | *auch* ~ **on**, ~ **forward** galoppieren | *übertr* vorwärtsdrängen

spurge [spɜ:dʒ] *s Bot* Wolfsmilch *f*

spur gear ['spɜ: gɪə] *s Tech* Stirnrad *n*; **'~ing** *s Tech* Stirnradgetriebe *n*

spu·ri·ous ['spjʊərɪəs] *adj* nachgemacht, unecht, falsch, gefälscht ⟨a ~ coin; a ~ claim ein unberechtigter Anspruch; ~ interest fingiertes Interesse; a ~ thought ein falscher Gedanke⟩ | *Bot, Zool* Schein- | *El* Stör-, Neben- | unehelich;

ˌ~ **ˈfre·quen·cy** *s El* Störfrequenz *f*; ˌ~ **ˈvolt·age** *s El* Nebenspannung *f*
spur·less [ˈspɜ:ləs] *adj* ohne Sporen, sporenlos
spurn [spɜ:n] **1.** *vt* verwerfen, verschmähen ⟨to ~ an offer⟩ | *arch* (jmdm.) einen Fußtritt geben; **2.** *s* Verachtung *f* | Fußtritt *m*
spur-of-the-moment [ˌspɜ:rəfðəˈməʊmənt] *adj umg* spontan, unvorbereitet
spurred [spɜ:d] *adj* sporentragend
spur|rey, ~ry [ˈspʌrɪ], *s Bot* Spark *m*
[1]**spurt** [spɜ:t] **1.** *s* plötzliche (ruckartige) Kraftanstrengung ⟨in ~s ruckweise⟩ | (Sport) Spurt *m* ⟨to put on a ~ einen Spurt anziehen⟩ | *Wirtsch* (plötzliches) Anziehen (der Preise); **2.** *vi* sich anstrengen | (Sport) spurten
[2]**spurt** [spɜ:t] **1.** *s* kräftiger (Wasser-) Strahl | *übertr* Gefühlsausbruch *m* ⟨a ~ of anger ein Zorneswallen⟩; *vi, auch* **~ out** herausspritzen (**from** aus) (Flüssigkeit, Flammen); *vt* ausspritzen
spur wheel [ˈspɜ: wi:l] *s Tech* (Zahn-) Kettenrad *n*
sput·nik [ˈspʊtnɪk] *s* ⟨*russ*⟩ Sputnik *m*, Erdsatellit *m*
sput·ter [ˈspʌtə] **1.** *vt* verspritzen | (Worte) hervorsprudeln, undeutlich sprechen; *vi* spritzen, sprühen, zischen (Braten u. ä.) | undeutlich sprechen | *übertr* lossprudeln; **~ out** unter Zischen verlöschen *od* ausgehen (Kerze u. ä.); **2.** *s* Spritzen *n*, Sprühen *n*, Zischen *n* | Gesprudel *n*, Sprudeln *n* | hastiger Wortschwall
spu|tum [ˈspju:təm] *s* (*pl* **~ta** [~tə]) *Med* Sputum *n*, Speichel *m*
spy [spaɪ] **1.** *vt, meist* **~ out** ausspionieren, auskundschaften, erkunden ⟨to ~ out the land in der Gegend herumspionieren⟩ | entdecken, erspähen ⟨to ~ s.o.'s faults jmds. Fehler herausfinden⟩; *vi* spionieren ⟨to ~ into s.th. etw. ausspionieren; *übertr* seine Nase in etw. stecken; to ~ [up]on s.o. jmdm. nachspionieren⟩ | Spionage betreiben (**on, upon** über) | *übertr* herumstöbern; **2.** *s* Spion *m* ⟨industrial ~ Industriespion⟩ | Spitzel *m* ⟨police ~⟩ | *übertr* Schnüffler *m*; **ˈ~glass** *s* Fernglas *n*, -rohr *n*; **ˈ~hole** *s* Guckloch *n*; **ˈ~ ˌsat·el·lite** *s* Spionagesatellit *m*
sq *Abk* von **square** ⟨10 ~ metres⟩
squab [skwɒb] **1.** *s* junger Vogel (*bes.* Taube) | *übertr* Küken *n*, junges Ding | *Wirtsch* Sofa-, Sitzkissen *n* | *Brit* (Auto) Rückenlehne *f* | dicke Person; **2.** *adj* ungefiedert | untersetzt, dick | schwerfällig
squab·ble [ˈskwɒbl] **1.** *vi* sich streiten, sich zanken (**with** mit, **about** über, um) | *Typ* (Satz) quirlen; **2.** *s* Hader *m*, Zank *m*, Streiterei *f* | *Typ* gequirlter Satz
squab·by [ˈskwɒbɪ] *adj* dick, untersetzt
squab pie [ˈskwɒb paɪ] *s* Taubenpastete *f*
squad [skwɒd] **1.** *s Mil* Abteilung *f*, Gruppe *f*, Korporalschaft *f* ⟨awkward ~ grüne Rekruten *m/pl*; *übertr* müder Haufen⟩ | (Arbeits-) Gruppe *f*, Trupp *m*, Team *n* ⟨flying ~ Überfallkommando *n*; rescue ~ Rettungstrupp *m*; vice ~ Sittenpolizei *f*⟩ | *urspr Am* Turnriege *f*, (Fußball- u. ä.) Mannschaft *f*; **2.** (**~ded, ~ded**) *vt Mil* in Korporalschaften einteilen | in Gruppen einteilen; **ˈ~ car** *s bes Am* (Funk-) Streifenwagen *m*; **ˈ~ drill** *s Mil* Grundausbildung *f*
squad·ron [ˈskwɒdrən] **1.** *s Mil* Schwadron *f* | *Flugw, Mil* Geschwader *n* | *Flugw, Mil* Staffel *f* | Gruppe *f*, Mannschaft *f*; **2.** *vt* in ein Geschwader formieren; **ˈ~ ˌlead·er** *s Brit Mil* (Flieger-) Major *m* | *Am Mil* Gruppenführer *m*
squails [skweɪlz] *s/pl* Flohspiel *n*
squal·id [ˈskwɒlɪd] *adj* unsauber, schmutzig ⟨a ~ house⟩ | *übertr* schmutzig, gemein, niederträchtig ⟨a ~ affair⟩; **ˌsquaˈlid·i·ty** *s* Unsauberkeit *f* (*auch übertr*)
squall [skwɔ:l] **1.** *s* lauter Schrei (bes. e-s Kindes) | heftiger Windstoß, Bö *f* ⟨to look out for ~s *meist übertr* auf der Hut sein⟩; **2.** *vi* laut (auf)schreien, kreischen ⟨a ~ing baby⟩ | stürmen; **ˈ~er** *s* Schreihals *m*; **ˈ~y** *adj* böig, stürmisch (*auch übertr*) ⟨a ≈ day⟩
squal·or [ˈskwɒlə] *s* Verwahrlosung *f*, Schmutz *m* ⟨the ~ of the slums⟩
squa|ma [ˈskweɪmə] *s* (*pl* **ˈ~mae** [~mi:]) *Bot, Zool* Schuppe *f*; **ˈ~mate** [~meɪt] *adj* schuppig; **~ma·tion** [skweɪˈmeɪʃn] *s* Beschuppung *f*; **ˈ~mous** [~məs] *adj* schuppig
squan·der [ˈskwɒndə] **1.** *vt, auch* **~ away** (Geld, Zeit) vergeuden, verschwenden ⟨to ~ money⟩; *vi* verschwenden; **2.** *s* Vergeuden *n*, Verschwenden *n*; **ˈ~er** *s* Verschwender(in) *m(f)*; **ˈ~ing 1.** *adj* verschwenderisch; **2.** *s* Vergeuden *n*, Verschwenden *n*; **~ma·ni·a** [ˌskwɒndəˈmeɪnɪə] *s* Verschwendungssucht *f*
square [skwɛə] **1.** *s* Quadrat *n*, Viereck *n* | (Schachbrett-) Feld *n* ⟨to be back to ~ one *Brit übertr* von vorn anfangen müssen⟩ | viereckiger Platz ⟨Trafalgar ~; barrack ~ Kasernenhof *m*⟩ | *Math* Quadrat *n* ⟨the ~ of 7 is 49⟩ | *Tech* Anschlagwinkel *m* ⟨by the ~ *übertr* genau; on the ~ rechtwinklig; *übertr umg* anständig, ehrlich; out of ~ nicht rechtwinklig; *übertr* nicht in Ordnung⟩ | *Tech* Vierkant *m* | (Wort-, Zahlen-) Quadrat *n* ⟨word ~⟩ | *Arch* Säulenplatte *f* | *bes Am* Häuserblock *m* | *Mil* (angetretener) Block | *Sl selten* Spießer *m*, rückständiger Mensch; **2.** *adj* quadratisch | viereckig ⟨a ~ table; a ~ peg in a round role *übertr* jmd. am falschen Platz, ein unpassendes Mittel⟩ | eckig, kantig ⟨~ brackets eckige Klammern *f/pl*; a ~ chin⟩ | *übertr* vierschrötig, derb | senkrecht | rechtwinklig (**to, with** zu, mit) | gleichmäßig, gerade | (Golf) gleichstehend ⟨we're all ~s (*auch übertr*) wir stehen alle gleich⟩ | *übertr* passend, stimmend, in Ordnung | *Wirtsch* quitt, gleich ⟨to get ~ with s.o. sich mit jmdm. vergleichen; *übertr* mit jmdm. abrechnen; to get one's accounts ~ seine Konten ausgleichen⟩ | *umg* ehrlich, offen, anständig ⟨to get a ~ deal (from s.o.) (von jmdm.) anständig behandelt werden; to give s.o. a ~ deal jmdn. nicht zu kurz kommen lassen; to play a ~ game (Sport) fair spielen⟩ | deutlich ⟨to meet with a ~ refusal eine glatte Absage erhalten⟩ | *umg* (Person) konservativ, spießig; (Idee) überholt, verstaubt ⟨to be rather ~ in s.th. ziemlich überholte Auffassungen haben von etw.⟩ | *umg* reichlich, ordentlich ⟨a ~ meal⟩ | *Math* im Quadrat, Quadrat- ⟨a ~ metre⟩; **3.** *adv* quadratisch, rechtwinklig, im rechten Winkel | breit ⟨to stand ~ breitbeinig dastehen⟩ ◇ **fair and ~** *umg* offen und ehrlich ⟨to play ≈⟩; **~ly** direkt (gegenüber) ⟨to face s.o. ≈ across the table jmdm. direkt gegenübersitzen⟩; **4.** *vt* viereckig machen ⟨to ~ the circle *übertr* das Unmögliche versuchen⟩ | rechtwinklig schneiden ⟨to ~ timber Holz abvieren⟩ | *Math* quadrieren, ins Quadrat erheben ⟨3 ~d is nine 3 im Quadrat ist 9⟩ | (Arm) abwinkeln | (Schultern) gerade halten | *Wirtsch* (Konten) ausgleichen ⟨to ~ accounts with s.o. *übertr* mit jmdm. ins reine kommen *od* abrechnen⟩ | *übertr* einrichten, regulieren, anpassen, in Übereinstimmung bringen (**to** an) ⟨to ~ things die Angelegenheit ins reine bringen; to ~ one's practice with one's principles⟩ | bestechen ⟨to ~ an official⟩; **~ off** rechtwinklig abschneiden | (Papier u. ä.) in Quadrate aufteilen; *vi* einen rechten Winkel bilden | im Einklang stehen, übereinstimmen (**with** mit); **~ up to s.o.** sich breitbeinig vor jmdm. aufpflanzen | *übertr umg* sich jmdm. zum Kampf stellen; **~ up** *umg* zahlen, die Rechnung begleichen (**with** bei); *übertr* ins reine kommen *od* seine Rechnung begleichen (mit) ⟨to ~ up with the waiter; it'a time you and I ~d up es wird Zeit, daß wir (einmal) miteinander abrechnen⟩; **ˈ~-ˌbash·ing** *s Brit Mil Sl* Drill *m*, Schleifen *n*; **ˌ~-ˈbuilt** *adj* stämmig, vierschrötig; **ˈ~ dance** *s* Quadrille *f*; **ˌsquared ˈtim·ber** *s* Kantholz *n*; ˌ~

'file *s* Vierkantfeile *f*; '~ 'foot *s* (*pl* '~ 'feet) *Math* Quadratfuß *m*; '~head *s Tech* Vierkantkopf *m*; '~ 'inch *s* Quadratzoll *m*; '~ knot *s Am* Kreuzknoten *m*, Weberknoten *m*; '~ 'meas·ure *s* Flächenmaß *n*; '~ 'mile *s* Quadratmeile *f*; '~ 'num·ber *s Math* Quadratzahl *f*; '~ nut *s Tech* Vierkantmutter *f*; '~ 'pa·per *s* Millimeterpapier *n*; ,~-'rigged *adj Mar* vollgetakelt; ,~ 'root *s Math* Quadratwurzel *f*; '~ sail *s Mar* Rahsegel *n*; ,~-'set *adj* stämmig, vierschrötig; '~ ,shoot·er *s Am* ehrlicher Geschäftsmann; ,~-'shoul·dered *adj* breitschultrig; '~ stern *s Mar* Plattgatt *n*, -heck *n*; '~ thread *s Tech* Flachgewinde *n*; '~-toed *adj* pedantisch, steif | *übertr* altmodisch; '~ toes *s/pl* (*sg konstr*) Pedant *m*; '~ wave *s El* Quadrat-, Rechteckwelle *f*; 'squar·ing *s Math* Quadrieren *n* | *Tech* Bearbeiten *n* auf rechten Winkel | *Wirtsch* Ausgleich *m*

squar·rous ['skwærəs] *adj Bot* sparrig

[1]**squash** [skwɒʃ] **1.** *vt* zerquetschen, zerdrücken, auspressen ⟨to ~ fruit; to ~ s.th. flat etw. plattdrücken⟩ | *übertr* quetschen, stopfen ⟨to ~ too many people into a bus⟩ | *übertr umg* (Aufruhr, Hoffnung u. ä.) unterdrücken, ersticken | *umg* (jmdn.) abfahren lassen, fertigmachen ⟨he was completely ~ed er war völlig fertig⟩; *vi* ge-, zerquetscht werden ⟨soft fruit ~es easily⟩ | sich drängen, sich quetschen (**into** in [hinein], **through** durch) | *übertr* zusammengequetscht werden | *umg* patschen, platschen; **2.** *s* Brei *m*, Matsch *m* | *Brit* Fruchtsaft *m* ⟨orange ~⟩ | (*selten pl*) *umg* Gedränge *n* ⟨there was a frightful ~⟩ | Patschen *n*, Platschen *n* ⟨with a ~ platschend⟩ | *meist* ~ **hat** Schlapphut *m*, weicher Filzhut | *auch* '~ ,rack·ets Squash *n* (Art Tennis)

[2]**squash** [skwɒʃ] *s* (*pl* ~) *Bot* Kürbis *m*

squash| hat [skwɒʃ 'hæt] *s* Schlapphut *m*; '~y *adj* weich | matschig

squat [skwɒt] **1.** (~ted, ~ted) *vi* sich (nieder)hocken, kauern | (Tier) am Boden kriechen | *umg* sich setzen, dasitzen | *urspr Am* sich ohne Genehmigung ansiedeln, (unberechtigt) in eine unbewohnte (meist verfallene) Wohnung einziehen bzw. darin wohnen; *vt* kauern lassen ⟨to ~ o.s. sich hinhocken⟩; **2.** *adj* untersetzt, gedrungen ⟨a ~ man⟩ | hockend, kauernd | flach, platt(gedrückt) ⟨a ~ teapot⟩; **3.** *s* Hocken *n*, Kauern *n* | (Sport) Hocke *f* | *Mar* Trimmänderung *f*, Fahrttrimm *m* | *Min* Erznest *n*; '~ter *s* Hockende(r) *f(m)* | *Austr* Schafzüchter *m* | *urspr Am* Squatter *m*, Ansiedler *m* ohne Rechtstitel; jmd., der eine leere (meist heruntergekommene) Wohnung unberechtigt bewohnt, Hausbesetzer *m*; '~ty *adj* hockend, kauernd | untersetzt

squaw [skwɔ:] *s* Indianerfrau *f*, Indianerin *f* | *Am scherzh* (ältere) Ehefrau, bessere Hälfte

squawk [skwɔ:k] **1.** *vi* kreischen, schreien ⟨a ~ing bird⟩ | *umg* (laut) meckern, zetern | *Sl* pfeifen, petzen, singen ⟨to ~ to the police⟩; **2.** *s* Kreischen *n*, Schreien *n*, Geschrei *n* | *umg* Meckern *n*, Nörgeln *n*, Schimpfen *n*

squeak [skwi:k] **1.** *vi* (Maus) piep(s)en, quieken | (Tür, Schuh u. ä.) quietschen, knarren | *Sl* pfeifen, petzen, sich beschweren; *vt meist* ~ **out** (hervor)quiek(s)en ⟨to ~ out a few words⟩; **2.** *s* Piepsen *n*, Quieken *n* | Quietschen *n*, Knarren *n* ◇ **a narrow/close** ~ ein knappes Entrinnen ⟨to have a narrow ~ gerade noch davonkommen⟩; '~er *s* junger Vogel | Ferkel *n* | Schreihals *m* | *Sl* Denunziant *m*; '~y *adj* quiekend, piepsend ⟨in a ≈ voice⟩ | quietschend, knarrend ⟨a ≈ floor⟩ ◇ ≈ **clean** *Am umg* pieksauber

squeal [skwi:l] **1.** *vi* schreien, kreischen ⟨to ~ like a pig⟩ | schimpfen | *Sl* petzen, verraten | *El* pfeifen, heulen; *vt* kreischend äußern | *Sl* (ver)petzen, verraten; **2.** *s* Gekreisch *n* | *Sl* Verpetzen *n*, Verpfeifen *n* | *El* Pfeifen *n*, Heulen *n*; '~er *s* junger Vogel | Schreihals *m* | *Sl* Verräter *m*, Denunziant *m*

squeam·ish ['skwi:mɪʃ] *adj* empfindlich, zimperlich | wählerisch, mäkelig, heikel | (leicht) Ekel *od* Übelkeit empfindend | übergewissenhaft, penibel

squee·gee ['skwi:dʒi:] **1.** *s* Gummischrubber *m*, Wischgummi *m* (für Fenster) | *Foto* Rollenquetscher *m*, Gummitrockner *m* | *Typ* Schaber *m* | *Am Sl* großes Tier *n*; **2.** *vt Foto* abtrocknen

squeez·a·ble ['skwi:zəbl] *adj* zusammendrückbar | *übertr* nachgiebig; **squeeze** [skwi:z] **1.** *vt* drücken, quetschen ⟨to ≈ s.o.'s hand jmdm. die Hand drücken; to ≈ one's fingers sich die Finger [ein]quetschen⟩ | (etw.) ausdrücken, auspressen, ausquetschen, auswringen ⟨to ≈ a lemon⟩ | (Wasser u. ä.) herauspressen ⟨to ≈ the juice out of a lemon; to ≈ the water out⟩ | drücken, zwängen ⟨to ≈ one's way/o.s. into/through sich hinein- *od* hindurchzwängen⟩ | *umg* erpressen, bedrängen ⟨to ≈ money out of s.o. aus jmdm. Geld herausschinden⟩; *vi* drücken, pressen, quetschen | sich (aus)drücken lassen ⟨sponges ≈ easily⟩ | sich drängen; ≈ **in** sich hineinzwängen; **2.** *s* Drücken *n*, Quetschen *n*; Ausgedrücktes *n* ⟨a ≈ of lemon ein Spritzer Zitrone⟩ | Druck *m* | Händedruck *m* ⟨to give s.o. a ≈ jmdm. die Hand drücken⟩ | (innige) Umarmung ⟨to give s.o. a hug and a ≈ jmdn. herzlich umarmen⟩ | Gedränge *n* ⟨a tight ≈ eine ziemliche Drängelei⟩ | *umg* Klemme *f*, Geldverlegenheit *f* | *umg* Erpressung *f* ⟨to put the ≈ on s.o. jmdn. unter Druck setzen⟩ | *Wirtsch umg* Engpaß *m*, Kreditbeschränkung *f*, deflationäre Wirtschaftspolitik | *Sl* Entkommen *n* ⟨a close/narrow/tight ≈ ganz knappes Davonkommen⟩; 'squeeze ,bot·tle *s* Plastikspritzflasche *f*; 'squeeze box *s Sl Mus* Quetschkommode *f*; 'squeez·er *s* Presse *f* ⟨lemon ≈⟩ | *Tech* Quetschwalzwerk *n* | *Tech* Preßmaschine *f*; 'squeez·ing *s* (Aus-) Drücken *n*, Quetschen *n*

squelch [skweltʃ] **1.** *vi* patschen, quatschen; glucksen ⟨the water ~ed in my shoes; to ~ through the mud⟩; *vt* zerquetschen, zerdrücken, zermalmen | unterdrücken, niederhalten ⟨to ~ a desire for freedom⟩; **2.** *s* Glucksen *n*, glucksender Laut, Patscher *m* | Zerquetschen *n*, Zerdrükken *n* | Matsch *m*

squib [skwɪb] **1.** *s* (kleiner) Feuerwerkskörper, Schwärmer *m* | *Tech* Zündladung *f*; *Tech* Sprengkapsel *f* | Spottgedicht *n*; Spottrede *f* ◇ **a damned** ~ *Brit umg* eine ziemliche Pleite; **2.** (**squibbed, squibbed**) *vi* knallen, verpuffen | Feuerwerkskörper steigen lassen | Spottgedichte schreiben; *vt* verpuffen lassen, knallen lassen | verspotten

squid [skwɪd] **1.** *s Zool* Tintenfisch *m* | künstlicher Köder; **2.** (~ded, ~ded) *vi* mit einem künstlichen Köder fischen

squiffed [skwɪft], **squif·fy** ['skwɪfɪ] *adj Brit umg* (leicht) beschwipst

squig|gle ['skwɪgl] *umg s* (Schrift-) Schnörkel *m*, Gekritzel *n*; '~gly *adj* verschnörkelt, gekritzelt

squill [skwɪl] *s Bot* Meerzwiebel *f*

squinch [skwɪntʃ] *s Arch* Stützbogen *m*

squint [skwɪnt] **1.** *vi* schielen | blinzeln, zwinkern | *übertr* schielen, verstohlene Blicke werfen (**at** nach, **through** durch) | *übertr* ein Auge werfen (**to** auf); *vt* (Augen) verdrehen ⟨to ~ one's eyes schielen⟩ | *umg* blinzeln; **2.** *s* Schielen *n* ⟨a man with a ~ jmd., der schielt⟩ | *umg* Seitenblick *m*, flüchtiger Blick (**at** auf) ⟨to have/take a ~ at schielen auf⟩ | Neigung *f* (**to** zu); **3.** *adj* schief, schräg; ,~-'eyed *adj* schielend | *übertr* scheel, argwöhnisch

squire ['skwaɪə] **1.** *s* (in England) Landjunker *m*, Gutsherr *m* | *Am* Friedensrichter *m* | *Hist* Knappe *m*, Edelknabe *m* | Kavalier *m*, Begleiter *m* (einer Dame) | *scherzh* Galan *m*, Liebhaber *m* | (Anrede) *Brit umg* Meister *m*, Chef *m*; **2.** *vt umg* (eine Dame) begleiten; ~**arch·y** ['~rɑ:kɪ] *s* Junkertum *n* | *collect* Junker *m/pl*

squirm [skwɜ:m] **1.** *vi* sich winden, sich krümmen (vor Verlegenheit etc.); **2.** *s* Krümmen *n*, Sichwinden *n* | *Mar* Kink *f*

squir·rel ['skwɪrl] *s Zool* Eichhörnchen *n*; '**~ cage** *s El* Kurzschlußwicklung *f*, Käfiganker *m*; '**~ cup** *s Bot* Leberblümchen *n*; '**~ fish** *s Zool* Knurrhahn *m*; '**~ ˌmon·key** *s Zool* Pinseläffchen *n*

squirt [skwɜ:t] **1.** *vi* (heraus-, hervor)spritzen; *vt* herausspritzen; **2.** *s* Spritzen *n* | Spritzer *m*; (dünner) (Wasser-) Strahl | Spritze *f*; Wasserpistole *f* | *umg verächtl* Wichtigtuer *m*, Affe *m* | *Sl* Düsenflugzeug *n*; '**~er** *s* Spritze *f*; '**~y** *adj verächtl* wichtigtuerisch, affig

squish [skwɪʃ] *Sl s* Marmelade *f* | Unsinn *m*, Quatsch *m*; '**~y** *adj* matschig | *Sl* nachgiebig

Sr *Abk* von **Senior** | **Sister** | *Ind* **Sri**

Sri [ʃri:] *s Ind* Sri *m*, Herr *m*

Sri Lan·ka [ˌsri: 'læŋkə] *s* Sri Lanka *n*; **Sri 'Lan·kan 1.** *adj* srilankisch; **2.** *s* Srilanker(in) *m(f)*

SRN *Abk* von **State Registered Nurse**

S.R.O. ho·tel [ˌesɑ:'rəʊ həʊˌtel] *s Am* Hotel *od* Heim *n* für Alleinstehende, Sozialunterkunft *f* mit Einzelzimmern

SS *Abk* von **steamship**

Ssh [ʃ] *interj* = **sh**

SST *Abk* von **supersonic transport** (Überschallbeförderung)

-st [ɪst] *suff* **-est** nach **-e** (z. B. **safest, latest**) | = *arch, bibl* **est** | zur Bildung der Ordinalzahl von 1 (**the 1st**; **the 51st**)

st *Abk* von **stone**

St *Abk* von **Street** | **Saint**

stab [stæb] **1.** (**stabbed, stabbed**) *vt* (jmdn.) durchbohren, durchstechen, erdolchen, erstechen ⟨to ~ s.o. to death jmdn. erstechen⟩ | stechen (**in[to]** in) ⟨to ~ s.o. in the back jmdn. von hinten (er)stechen⟩ | *übertr* verletzen, verwunden ⟨his conscience ~bed him das Gewissen schlug ihm⟩; *vi* stechen (**at** nach) | *übertr* stechen (Schmerzen u. ä.) ⟨~bing pains⟩ | *übertr* verletzen; **2.** *s* Erdolchen *n*, Erstechen *n* | Dolchstoß *m* | Stichwunde *f* | *übertr* Stich *m* ⟨a ~ in the back ein Stoß aus dem Hinterhalt, ein gemeiner Angriff⟩ | *urspr Am umg* Versuch *m* ⟨to make a ~ at s.th. etw. versuchen, einen Anlauf nehmen⟩; '**~ber** *s* Meuchelmörder *m*

sta|bil·i·ty [stə'bɪlətɪ] *s* Stabilität *f*, Standfestigkeit *f*, Beständig-, Stetigkeit *f* | *Tech* Stabilität *f*, Standfestigkeit *f*, Widerstandsfähigkeit *f* | *übertr* Festigkeit *f*, Standhaftigkeit *f*; **~bil·i·za·tion** [ˌsteɪbɪlaɪ'zeɪʃn] *s* Stabilisierung *f*, Festigung *f*; **~bi·li·za·tor** ['steɪbɪlaɪzeɪtə] *s Chem* Stabilisator *m*; '**~bi·lize** *vt* stabilisieren, festigen, konstant halten; '**~bi·li·zer** *s* Stabilisator *m* (*auch Mar*) | *El* Spannungsgleichhalter *m* | *Flugw* Flosse *f*

[1]**sta·ble** ['steɪbl] **1.** *s* Pferdestall *m* | (*oft pl mit sing Bedeutung*) Rennstall *m* | (*meist sg*) *übertr* Stall *m*, Kette *f* ⟨a ~ of newspapers eine Zeitungskette; out of the same ~ aus dem gleichen Stall⟩; **2.** *vt* (Pferd) halten | (Pferd) einstallen

[2]**sta·ble** ['steɪbl] *adj* stabil, standfest, haltbar, dauerhaft ⟨a ~ job eine feste Beschäftigung; ~ in water *Tech* wasserbeständig⟩ | *übertr* standhaft | *Chem, Phys* stabil; resistent

sta·ble| boy ['steɪbl bɔɪ] *s* Stalljunge *m*; '**~ comˌpan·ion** *s* (Pferd) Stallgefährte *m* (*auch übertr*); '**~man** *s* (*pl* '**~men**) Stallknecht *m*; '**~ ˌma·nure** *s* Stalldünger *m*; '**sta·bling** *s* Einstallung *f*, Standfläche *f* (für Pferde) ⟨to have ≈ for 10 horses Platz *m* für 10 Pferde haben⟩

stac·ca·to [stə'kɑ:təʊ] *adj, adv Mus* stakkato, staccato

stack [stæk] **1.** *s* (Bücher- u. ä.) Stapel *m*, Stoß *m*, Haufen *m* | (Heu-) Schober *m* | *Brit* Stack *n* (Holzmaß) | (*oft pl*) (Bücher-) Regal *n* | (*meist pl*) Magazin *n* | Schornstein *m*, Kamin *m* ⟨tall factory ~s hohe Fabrikschornsteine⟩ | *Tech* Hochofenschacht *m* | *Mil* (Gewehr-) Pyramide *f* | (*oft pl*) *umg* Haufen *m*, Menge *f* ⟨~s of work ein Haufen Arbeit⟩ | *Flugw* auf Landeerlaubnis wartende Flugzeuge *n/pl* (in unterschiedlicher Höhe über dem Flugplatz); **2.** *vt, auch* **~ up** aufhäufen, (aufeinander-, übereinander)stapeln ⟨to ~ up chairs Stühle übereinanderstellen; to ~ wood⟩ | aufschobern ⟨to ~ hay⟩ | vollpacken (**with** mit) | *Mil* (Gewehre) zusammensetzen | *Am Kart* packen, mogeln ⟨to ~ the cards die Karten unehrlich mischen⟩ | (Verkehr) stauen | *Flugw* vor Erteilung der Landeerlaubnis (in unterschiedlicher Höhe) kreisen lassen; **~ against** *umg* (*oft pass*) wenden gegen ⟨the chances/odds/cards are ~ed against him die Chancen *od* Karten stehen schlecht für ihn⟩; *vi* **~ up** sich übereinanderstellen *od* stapeln lassen | sich (an)stauen (Menschen, Verkehr) | *Am* sich anlassen, sich erweisen ⟨as things ~ up wie sich die Sache anläßt⟩; **stacked** *adj Am Sl* (Frau) gut beieinander ⟨to be [well] ≈ Holz vor der Hütte haben⟩; '**~er** *Am s* Stapler *m*; Garbenbinder *m*; '**~ gas** *s Tech* Gichtgas *n*; '**~ing** *s* Aufschichten *n*, Stapeln *n* | Schobern *n*; '**~ ground**, '**~ yard** *s* Stapel-, Lagerplatz *m*

stac·tom·e·ter [stæk'tɒmɪtə] *s* Pipette *f*, Tropfenzähler *m*

sta·di·a ['steɪdɪə] *s/pl* von ↑ **stadium**

sta·di·a rod ['steɪdɪə rɒd] *s Tech* Meßlatte *f*

sta·di|um ['steɪdɪəm] *s* (*pl* '**~a** [~ə], '**~ums** [~əmz]) Sportstadion *n*, -platz *m* | *übertr* (Krankheits- u. ä.) Stadium *n*

staff [stɑ:f] **1.** *s* Stab *m*, Stock *m*, Knüppel *m* | *übertr* Stütze *f* ⟨to be the ~ of s.o.'s old age jmds. Stütze im Alter sein; the ~ of life *förml* das tägliche Brot⟩ | (Lanzen-) Schaft *m* | (Fahnen-) Stange *f* ⟨a flag ~⟩ | *Tech* Meßlatte *f* | *auch* **stave** [steɪv] (*pl* **staves** [steɪvz]) *Mus* Notenliniensystem *n* | Belegschaft *f*, Personal *n* ⟨editorial ~ Redaktion *f*, Schriftleitung *f*; to be on the ~ of Mitarbeiter sein bei⟩ | *Mil* Stab *m* ⟨officer of the ~ Stabsoffizier *m*⟩; **2.** *vt* mit Personal versehen, besetzen ⟨to ~ an office⟩; **~ up** voll besetzen; '**~ ˌcol·lege** *s* Militärakademie *f*; **staffed** [~t] *adj* (mit genügend Personal) besetzt ⟨under-~ed unterbesetzt; well-~ed gut besetzt⟩; '**~man** *s* (*pl* '**~men**) Vermessungsgehilfe *m*; '**~ nurse** *s* vollausgebildete Krankenschwester, Fachschwester *f*; '**~ ˌser·geant** *Mil s Brit* Hauptfeldwebel *m* | *Am* Feldwebel *m*; '**~ ˌshort·age** *s* Personalmangel *m*

stag [stæg] **1.** *s Zool* Hirsch *m* | (Tier) Bock *m*, Bulle *m* | *Schott, dial* Hengstfohlen *n* | *Brit Wirtsch* (Aktien-) Spekulant *m* | *Am Sl* Herr *m* ohne Damenbegleitung, jmd., der solo ist; **2.** *adj* Sex-, nur für Männer ⟨~ films; ~ books⟩; **3.** (**stagged, stagged**) *vt Brit Wirtsch* (Preise) hochtreiben; *vi Brit Wirtsch* mit Aktien spekulieren | *Am Sl* ohne Damenbegleitung ausgehen; '**~ ˌbee·tle** *s Zool* Hirschkäfer *m*; '**~ ˌdin·ner** *s* Herrenessen *n*

stage [steɪdʒ] **1.** *s* Gerüst *n*, Gestell *n*, Bühne *f* ⟨landing ~ *Mar* Anlegebrücke *f*, -steg *m*⟩ | *Theat* Bühne *f* ⟨the ~ *übertr* das Theater, der Schauspielerberuf; to go to the ~ zur Bühne gehen⟩ | Plattform *f*, Podium *n* | *übertr* Schauplatz *m* ⟨to set the ~ for den Weg bereiten für⟩ | *auch* '**~-coach** *Hist* Postkutsche *f* | *Hist* Poststation *f* | Abschnitt *m*, Teilstrecke *f* ⟨to travel by easy ~s auf der Reise oft Halt einlegen; fare ~ (Bus u. ä.) Fahrpreiszone *f*⟩| *übertr* Stadium *n*, Stufe *f*, Abschnitt *m* ⟨at this ~ in diesem Stadium; critical ~⟩ | Raketenstufe *f* ⟨a multi-~ rocket⟩ | *Am* Wasserspiegel *m*; **2.** *vt Tech* mit einem Gerüst versehen | *Theat* (Stück) inszenieren | *übertr* in Szene setzen, veranstalten ⟨to ~ a comeback ein Comeback feiern⟩; *vi* sich inszenieren lassen ⟨to ~ badly (well) sich schlecht (gut) für die Bühne eignen⟩; '**~ coach** *s Hist* Postkutsche *f*; '**~ ˌcoach·man** *s* (*pl* '**~ ˌcoach·men**) *Hist* Postillion *m*; '**~craft** *s* Bühnenkunst *f*, -technik *f*; Bühnenerfahrung *f*; '~ di͵rec·tions *s/pl* Bühnenanweisungen *f/pl*; ͵~ 'door *s* Bühneneingang *m*; '~ ef͵fect *s* Bühneneffekt *m*; '~ fright *s* Lampenfieber *n*; '~hand *s* Bühnenarbeiter *m*; '~ ͵light·ing *s* Bühnenbeleuchtung *f*; '~-͵man·age *vt Theat* Inspizient sein bei | *übertr* inszenieren, die Fäden ziehen bei; ͵~ 'man·ag·er *s* Intendant *m*; '~ name *s* Künstlername *m*; '~ play *s* Bühnenstück *n*; '~ ͵prop·er·ties *s/pl* Requisiten *n/pl*

stag·er ['steɪdʒə] *s umg* Postpferd *n* | *umg* Postkutsche *f* ◇ **old ~** alter Hase, Mensch *m* mit Erfahrung

stage rights ['steɪdʒ raɪts] *s/pl* Bühnenrechte *n/pl*

stage rock·et ['steɪdʒ ͵rɒkɪt] *s* Stufenrakete *f*, mehrstufige Rakete

stage| set·ter ['steɪdʒ ͵setə] *s* Bühnenbildner *m*, -techniker *m*; '~ ͵set·ting *s* Bühnenbild *n*; '~-struck *adj* theaterbesessen, verrückt aufs Theater; '~ ͵ver·sion *s* Bühnenbearbeitung *f*; ͵~ 'whis·per *s* Bühnenflüstern *n* | hörbares Geflüster, lautes Flüstern; '~y *adj* theatralisch

stag·fla·tion [stæg'fleɪʃn] *s Wirtsch* Stagflation *f*, (gleichzeitige) Stagnation und Inflation *f*; '~a·ry *s* Stagflation *f*

stag·ger ['stægə] **1.** *vi* schwanken, taumeln, wanken, torkeln ⟨he could hardly ~ er konnte sich kaum auf den Beinen halten; to ~ along the street die Straße entlangtaumeln; to ~ to one's feet mühsam auf die Beine kommen⟩ | wanken, zurückweichen | *übertr* wankend werden, zaudern, stutzen; *vt* jmdm. den Atem verschlagen, (jmdn.) verblüffen, maßlos überraschen, schockieren; *umg* umhauen ⟨you ~ me! *umg* da bin ich aber platt; she was ~ed to hear es hat ihr die Sprache verschlagen, als sie hörte; to ~ the imagination die Vorstellungskraft übersteigen⟩ | *auch Tech* auf Lücken setzen, versetzen, versetzt anordnen | (Zeit u. ä.) staffeln ⟨to ~ office hours⟩ | *Flugw* staffeln; **2.** *s* Taumeln *n*, Schwanken *n*, Wanken *n* ⟨to give a ~ zu taumeln anfangen, leicht taumeln⟩ | *Tech* Zickzackanordnung *f*, versetzte Anordnung | *Flugw* Staffelung *f* | (Arbeitszeit- u. ä.) Staffelung *f*; **'stag·gered** *adj Tech* gestaffelt, versetzt ⟨≈ riveting Zickzacknietung *f*; ≈ teeth Kreuzverzahnung *f*⟩; '~ing *adj* schwankend, taumelnd, wankend | (Schlag) niederschmetternd ⟨a ≈ blow⟩ | (Beweis) unglaublich, verblüffend; **'stag·gers** *s/pl* (*sg konstr*) (*mit best art*) *Vet* Drehkrankheit *f*, Koller *m* | *Med umg* Schwindel *m*

stag·horn ['stæghɔ:n] *s* Hirschhorn *n*

stag·ing ['steɪdʒɪŋ] *s* Gerüst *n* | *Mar* Stellage *f*, Hellinggerüst *n* | *Theat* Inszenierung *f* | *Mil* Truppensammelstelle *f* | (Raumfahrt) Abwerfen *n od* Abtrennen *n* einer Raketenstufe; '~ ͵ar·e·a *s Mil* Bereitstellungsraum *m* | Auffangraum *m*, -gebiet *n*; '~ post *s* Zwischenlandung *f* | *übertr* Etappe *f*, Zwischenstation *f* | = '~ area

stag|nan·cy ['stægnənsɪ] *s* Stillstand *m*, Stockung *f*, Stagnation *f* | *Wirtsch* Flaute *f*; '~nant *adj* stillstehend, stockend, stagnierend | (Gewässer) stehend ⟨to lie ≈⟩ | (Wasser) abgestanden | *Wirtsch* flau ⟨≈ industry⟩; '~nate *vi* stillstehen, stocken, stagnieren | *Wirtsch* flau sein; ~'na·tion *s* Stillstand *m*, Stockung *f*, Stagnation *f*

stag par·ty ['stæg ͵pɑ:tɪ] *s Am umg* Herren-, Männerabend *m*

stag·y ['steɪdʒɪ] *adj, meist übertr* theatralisch, auf Effekt bedacht ⟨~ gestures⟩

staid [steɪd] *adj* (Person) ruhig, gesetzt, seriös, gelassen | (Auffassung u. ä.) konservativ, unveränderlich ⟨~ opinions⟩

stain [steɪn] **1.** *s* (Schmutz-) Fleck *m* ⟨blood ~s; ink ~s⟩ | *übertr lit* Schandfleck *m*, Makel *m* ⟨a ~ on one's reputation⟩ | *Tech* Farbstoff *m*, Färbungsmittel *n* | Holzbeize *f*; **2.** *vt* beflecken, beschmutzen | (Holz) beizen, farbig polieren ⟨to ~ the wood brown⟩ | *Chem* einfärben | (Stoff u. ä.) bedrucken | *übertr* beflecken, besudeln; *vi* schmutzen, flekkig werden | ab-, verfärben | rosten, korrodieren; '~a·ble *adj* färbbar; **stained** *adj* beschmutzt, fleckig ⟨≈ with nicotine nikotinbefleckt⟩ | farbig, bunt ⟨≈ glass buntes Glas, Kirchenfensterglas *n*; ≈ paper Buntpapier *n*⟩ | *übertr* beschmutzt, besudelt; '~er *s* Färber *m* | Farbstoff *m*, Beize *f*; '~ing *s* Verfärbung *f*, Färben *n* | (Ein-) Färben *n*, Beizen *n* | Rosten *n*, Korrodieren *n*; '~less *adj* fleckenlos | farblos | rostbeständig, rostfrei ⟨≈ steel nichtrostender *od* rostfreier Stahl⟩ | *übertr lit* makellos, untadlig ⟨a ≈ reputation⟩ '~ re'mov·er *s* Fleckentferner *m*

stair [stɛə] *s* Treppe *f* ⟨a winding ~ eine Wendeltreppe⟩ | Stufe *f* ⟨on the bottom ~ auf der untersten Stufe⟩; '~ carpet *s* Treppenläufer *m*; '~case *s* Treppenhaus *n*; '~head *s* oberster Treppenabsatz; '~ ͵light·ing *s* Treppenbeleuchtung *f*; '~ rail *s* Treppengeländer *n*; '~ rod *s* Treppenläuferstange *f*; **stairs** *s/pl* Treppe *f* ⟨at the foot [at the head] of the ≈ unten vor der [oben] auf der Treppe, am Treppenabsatz; below ≈ unten; *übertr* unter der Dienerschaft; flight of ≈ Treppenflucht *f*; on the ≈ auf der Treppe; down (up) the ≈ die Treppe hinunter (hinauf)⟩; '~way *s* Treppenhaus *n*, '~well *s* Treppenauge *n*, Treppenschacht *m*

stake [steɪk] **1.** *s* Pfosten *m*, Pfahl *m*, Stange *f* ⟨to pull up ~s *umg* (von Haus und Arbeit) abhauen, seine Zelte abbrechen⟩ | Brand-, Marterpfahl *m* ⟨to go to the ~ auf dem Scheiterhaufen verbrannt werden; *übertr* schwer für eine Dummheit büßen müssen⟩ | Wagenrunge *f* | Wetteinsatz *m* | *übertr* Interesse *n*, Anteil *m* (**in** an) ⟨a ~ in the firm's business ein Anteil am Firmengewinn; to have a ~ in the country am Wohl des Landes interessiert sein⟩ | *übertr* Risiko *n*, gewagtes Spiel ⟨to be at ~ auf dem Spiel stehen⟩; **2.** *vt* anpflocken, durch Pfähle stützen | *auch* **~ out** *oft* abstecken ⟨to ~ [out] a/one's claim einen *od* seinen Anspruch anmelden, ein *od* sein Anrecht sichern⟩ | mit einem Pfahl durchbohren | (Geld) setzen (**on** auf) ⟨to ~ £ 10 on the favourite⟩ | *übertr* aufs Spiel setzen, wagen ⟨to ~ all one's life on s.th.⟩ | (jmdm.) kaufen, spendieren (**to s.th.** etw.) | *Am Sl* (jmdm.) Geld pumpen; **~ in** einpfählen; **~ off**, **~ out** (Land) abstecken (*auch übertr*) | *Sl* heimlich beobachten; '~͵hold·er *s* Dritter *m*, der Wetteinsätze aufbewahrt | *Jur* Treuhänder *m*; **stakes** *s/pl* Preis *m* (im Pferderennen)

sta|lac·tite ['stæləktaɪt] *s Min* Stalaktit *m*; **stal·ac·tit·ic** [͵stælək'tɪtɪk], **͵stal·ac'tit·i·cal** *adj* stalaktitisch, Stalaktiten-; **~lag·mite** [~ləgmaɪt] *s Min* Stalagmit *m*; **stal·ag·mit·ic** [͵stæləg'mɪtɪk], **͵stal·ag'mit·i·cal** *adj* stalagmitisch; **stal·ag·mom·e·ter** [͵stæləg'mɒmɪtə] *s Med* Stalagmometer *n*, Tropfenmesser *m*

stale [steɪl] **1.** *adj* schal | alt(backen) ⟨~ bread⟩ | *übertr* abgegriffen, langweilig, alltäglich ⟨a ~ joke ein alter Witz⟩ | *übertr* verbraucht, überanstrengt ⟨a ~ pianist⟩ | (Sport) abgewirtschaftet, ausgelaugt ⟨to become ~ keine Leistung mehr bringen⟩ | *Jur* verjährt; **2.** *vt* alt machen; *vi* alt werden | *übertr* fade *od* langweilig werden (Vergnügen u. ä.)

stale·mate ['steɪlmeɪt] **1.** *s* Patt *n* (Schach) | *übertr* Sackgasse *f*, Stillstand *m*; **2.** *vt* (*meist pass*) patt setzen | *übertr* (jmdn.) in die Enge treiben | *übertr* (etw.) zum Stillstand bringen

[1]**stalk** [stɔ:k] *s Bot* (*oft in Zus*) Stengel *m*, Halm *m*, Stiel *m* ⟨bean ~⟩ | *Tech* Einspannzapfen *m*

[2]**stalk** [stɔ:k] **1.** *vi, oft* **~ along** einherstolzieren, -schreiten ⟨to ~ out of the room⟩ | sich heranpirschen | (Krankheit u. ä.) sich ausbreiten, um sich greifen ⟨to ~ through the land⟩ | *arch* schleichen; *vt* sich heranpirschen an, auf Pirsch gehen nach ⟨to ~ deer⟩; **2.** *s* (Einher-) Stolzieren *n*, stolzer Gang | Pirsch *f*

stalked [stɔ:kt] *adj Bot, Zool* gestielt

stalk-eyed [stɔ:k'aɪd] *adj Zool* stieläugig

stalk·er ['stɔ:kə] *s* Pirschjäger *m* ⟨a deer ~⟩

stalk·ing ['stɔ:kɪŋ] **1.** *adj* einherstolzierend | pirschend; **2.** *s* Pirschen *n*, Pirsch *f*; '~ **horse** *s Hist* Versteckpferd *n* (e-s Jägers) | *übertr* Vorwand *m*

stalk|less ['stɔ:kləs] *adj* stiellos | *Bot* stengellos; '~**y** *adj* stengel-, stielartig | aufgeschossen | *Sl* gerissen

[1]**stall** [stɔ:l] **1.** *s arch* Stall *m* | Einzelstall *m*, Koben *m*, Box *f* | (Messe-, Verkaufs-) Stand *m* ⟨book ~; flower ~⟩ | *Brit* Kirchenstuhl *m* | (*meist pl*) *Brit Theat* Sperrsitz *m* | *auch* **finger~** Fingerling *m* | *Bergb* (Abbau-) Platz *m*, Streb *m* | *Flugw* Sackflug *m*; **2.** *vt* einstallen | im Stall mästen ⟨~ed oxen⟩ | (Wagen) zum Stehen bringen, festfahren | (Motor) abwürgen | *Flugw* überziehen, absacken lassen; *vi* (Vieh) im Stall stehen | steckenbleiben, sich festfahren | (Motor) stehenbleiben | *Flugw* abrutschen, absacken

[2]**stall** [stɔ:l] **1.** *s Am umg* Vorwand *m*, faule Ausrede; **2.** *vi umg* Ausflüchte machen ⟨quit/stop ~ing weichen Sie nicht aus!⟩ | (Sport) auf Zeit spielen ⟨to ~ for time⟩; *vt*, *auch* ~ **off** *umg* hinhalten, abwimmeln ⟨to ≈ creditors Gläubiger vertrösten⟩

stall|age ['stɔ:lɪdʒ] *s Brit* Standgeld *n*; '~-**fed** *adj* Trockenaufzucht-; '~ ˌ**feed·ing** *s* Trockenfütterung *f*; '~ˌ**hold·er** *s Brit* (Markt) Budenbesitzer(in) *m(f)*, Standinhaber(in) *m(f)*

stall·ing flight [ˌstɔ:lɪŋ 'flaɪt] *s Flugw* Langsamflug *m*

stal·lion ['stælɪən] *s Zool* (Zucht-) Hengst *m*

stal·wart ['stɔ:lwət] **1.** *adj* kräftig, stramm, handfest ⟨~ sons⟩ | fest, unverrückbar ⟨~ wall⟩ | *übertr* unentwegt, unerschütterlich ⟨~ supporter treuer Anhänger⟩; **2.** *s Pol* treuer Parteianhänger

sta·men ['steɪmən] *s Bot* Stamen *n*, Staubgefäß *n*

stam·i·na ['stæmɪnə] *s* Ausdauer *f*, Zähigkeit *f*, Widerstandskraft *f*, Stehvermögen *n* | Vitalität *f*, Lebenskraft *f*, Stärke *f*

stam·mer ['stæmə] **1.** *vi* stottern, stammeln; *vt*, *meist* ~ **out** stammeln ⟨to ~ out a request⟩; **2.** *s* (*meist sg*) Stammeln *n*, Stottern *n*; '~**er** *s* Stotterer *m*; '~**ing** *adj* stammelnd, stotternd

stamp [stæmp] **1.** *vt* stampfen ⟨to ~ one's foot aufstampfen⟩ | zerstampfen, zertreten, zertrampeln ⟨to ~ the ground [flat]⟩ | (Geld) prägen | *auch* ~ **out** *Tech* (aus)stanzen ⟨to ~ metal⟩ | *Tech* pressen | (Erz) pochen | *Tech* einstampfen | aufdrucken ⟨to ~ patterns on cloth Muster auf Stoff drucken⟩ | (Stempel) aufdrücken, (ab)stempeln | frankieren, mit Porto versehen, freimachen ⟨to ~ a postcard⟩ | (Butter) formen | *übertr* kennzeichnen, stempeln (**as** als) ⟨to ~ s.o. as s.o. jmdn. zeigen als jmd.⟩ | *übertr* einprägen ⟨to ~ one's personality on s.th. einer Sache den Stempel seiner Persönlichkeit aufdrücken; to ~ s.th. on one's memory sich etw. fest einprägen⟩; ~ **down** niedertreten; ~ **out** unterdrücken, niederschlagen, bekämpfen ⟨to ≈ a fire⟩; *vi* stampfen, festtreten (**on, upon** auf) | (mit dem Fuß) aufstampfen; **2.** *s* Stampfen *n* | Stempeln *n*, Stempelung *f* | Stempel *m* ⟨rubber ~ Gummistempel⟩ | *auch* '**post·age** ~ Briefmarke *f*, Wertzeichen *n* ⟨a one-penny ~; revenue ~ Gebührenmarke *f*⟩ | Firmenzeichen *n* | Prägung *f* | Stempelabdruck *m* | Aufdruck *m* | *Tech* Prägestempel *m* | (*meist sg*) Gepräge *n* ⟨the ~ of genius⟩ | (*meist sg*) *übertr* Sorte *f*, Art *f* ⟨men of that ~⟩; '~ ˌ**al·bum** *s* Briefmarkenalbum *n*; '~ ˌ**book·let** *s* Briefmarkenheft(chen) *n*; '~ **col|lec·tion** *s* Briefmarkensammlung *f*; '~ **col|lec·tor** *s* Briefmarkensammler *m*; '~ ˌ**deal·er** *s* Briefmarkenhändler *m*; '~ ˌ**du·ty** *s* Stempelsteuer *f*

stam|pede [stæm'pi:d] **1.** *s* wilde Flucht, Panik *f* | Massenansturm *m* | *Am Pol* Meinungsumschwung *m*; **2.** *vi* panisch *od* panikartig flüchten | sich (in Massen) in Bewegung setzen | *Am* unüberlegt handeln; *vt* in die Flucht jagen | in Panik versetzen | (jmdn.) (an)treiben, überrumpeln (**into** *mit ger*, zu etw./etw. zu *mit inf*) ⟨to ~ s.o. into buying the house⟩; '~**ped·er** *s* Goldsucher *m*

stamp|er ['stæmpə] *Tech s* Schlagmaschine *f* | Stampfer *m*; '~**ing** *s* Stampfen *n* | Prägen *n* | *Tech* Stanzen *n* | *Tech* Pressen *n* | *Tech* Stanzteil *n* | *Tech* Preßteil *n*; '~**ing ground** *s* (*oft pl*) (Tier) Gehege *n*, Revier *n*, Tummelplatz *m* (*auch übertr*); '~**ing press** *s Tech* Stanzpresse *f*; '~ **mill** *s* Pochwerk *n*, -mühle *f*; '~ **pad** *s* Stempelkissen *n*; '~ **pad 'ink** *s* Stempelfarbe *f*

stance [stæns] *s* (*meist sg*) (Golf, Kricket) Stellung *f*, Haltung *f* ⟨batting ~ Schlagstellung *f*; crouching ~ gebückte Haltung⟩ | *übertr* Einstellung *f*, Position *f* ⟨a moral ~ eine moralische Einstellung; threatening ~ drohende Haltung; to take up a ~ eine Haltung einnehmen⟩

[1]**stanch** [stɑ:ntʃ] = [1]**staunch**

[2]**stanch** [stɑ:ntʃ] *vt arch* (Blut) stillen | *arch* lindern; *vi* (Blut) zu fließen aufhören

stan·chion ['stɑ:ntʃən] **1.** *s* Strebe *f*, Stütze *f* | *Mar* Deckstütze *f* | Runge *f* | *Landw* Freßgitter *n*; **2.** *vt* mit Stützen versehen, stützen

stand [stænd] **1.** (**stood, stood** [stʊd]) *vi* (aufrecht) stehen ⟨don't just ~ there steh nicht (einfach) so rum!; he is too weak to ~ er ist zu schwach, um aufrecht zu stehen; he ~s six foot high in his stockings er mißt sechs Fuß ohne Schuhe; his hair stood on end die Haare sträubten sich ihm; ~ at ease! *Mil* rührt euch!; to ~ on one's head auf dem Kopf stehen; *übertr* (vor Freude) kopfstehen; to ~ on one's own [two] feet/legs *übertr* fest auf beiden Beinen stehen, nicht auf andere angewiesen sein; to ~ still stillstehen⟩ | sich befinden, sein ⟨as things ~ wie die Dinge liegen, nach Lage der Dinge; to know how/where one ~s with s.o. wissen, wie man bei jmdm. angeschrieben ist *od* wie jmd. zu einem steht; to ~ accused angeklagt sein; to ~ alone allein stehen; to ~ convicted of s.th. einer Sache schuldig befunden *od* überführt werden; to ~ corrected sein Unrecht zugeben; to ~ in need of help Hilfe brauchen; to ~ ready bereit sein; to ~ well with s.o. sich mit jmdm. gut stehen⟩ | (stehen)bleiben, stillstehen ⟨~ fast! *Mil* Abteilung halt!; to ~ firm/fast sich nicht abbringen lassen; let the words ~ laß alles stehen!; the house will ~ das Haus bleibt stehen⟩ | kandidieren (**as** als) | sich stellen, treten (**against** gegen, **on** auf) ⟨to ~ clear of s.th. sich nicht vor etw. stellen, etw. frei halten⟩ | *Mar* segeln (**for, to** nach) ⟨to ~ upon the course den Kurs halten⟩ | gelten, gültig sein ⟨the agreement must ~ die Vereinbarung muß bestehen bleiben *od* aufrechterhalten werden *od* weiter gelten⟩ | (*mit inf*) können, Aussicht haben zu ⟨to ~ to gain/win (lose) (möglicherweise) zu gewinnen (zu verlieren) haben⟩ | *Am* kurz parken ⟨no ~ing Halteverbot⟩; ~ **about** herumstehen; ~ **aloof** sich abseits halten; ~ **aside** beiseite treten; ~ **by** (tatenlos) dabeistehen, dabeisein, zusehen | *Rundf* auf Empfang bleiben; ~ **down** ab-, zurücktreten | (Sport) ausscheiden; ~ **in** sich zusammentun (**with** mit) | aushelfen (**for** für); ~ **off** *umg* sich fernhalten (**from** von) | zurücktreten ⟨~ off! weg da!⟩; ~ **out** abstehen, hervortreten, hervorspringen ⟨to ≈ a mile *übertr* klar ins Auge springen⟩ | *übertr* herausragen, hervorstechen, sich abheben (**against** gegen, vor) | sich wehren (**against** gegen); ~ **over** (für später) stehenbleiben, zurückgestellt sein | verschoben werden; ~ **to** *Mil* Posten beziehen, in Bereitschaft *od* Waffen stehen ⟨≈! an die Gewehre!⟩ | (Sport) sich bereithalten ◇ ~ **to reason** einleuchten, klar sein ⟨it ~s to reason that es liegt doch wohl auf der Hand, daß⟩; ~ **up** aufstehen, sich erheben | eintreten (**for** für) | sich zur

Wehr setzen, (mutig) gegenübertreten (**to s.o.** jmdm.) ⟨to ≈ to an opponent einem Gegner mutig entgegentreten⟩ | vertragen, aushalten, überstehen (**to s.th.** etw.) ⟨to ≈ well to high temperatures⟩ | *arch* tanzen (**with** mit); *vt* lehnen, (hin)stellen ⟨to ~ s.th. on its head etw. auf den Kopf stellen⟩ | aushalten, ertragen, erdulden ⟨I can't ~ him ich kann ihn nicht ausstehen; to ~ one's ground sich behaupten; to ~ pain Schmerz aushalten⟩ | vertragen ⟨she can't ~ hot weather⟩ | bestehen ⟨to ~ the test sich bewähren⟩ | sich unterziehen ⟨to ~ one's trial sich vor Gericht verantworten⟩ | *umg* spendieren ⟨to ~ s.o. a dinner; to ~ treat die Zeche bezahlen⟩ ◇ **~ a chance** eine Chance haben, Aussicht haben; **~ by** (jmdm.) beistehen | stehen zu ⟨to ≈ one's word⟩; **~ for** stehen für, bedeuten | eintreten für ⟨to ≈ peace⟩ | *Brit Parl* kandidieren für | *Am umg* sich gefallen lassen; **~ off** abhalten | (Arbeiter u. a.) zeitweilig entlassen; **~ on** Wert legen auf, halten auf; **~ over** beaufsichtigen, kontrollieren ⟨to ~ s.o. over⟩; **~ to** bleiben bei, stehen zu ⟨to ≈ one's principles⟩ | *Mil* (Soldaten) in Bereitschaft versetzen; **~ up** *umg* (jmdn.) sitzenlassen ⟨she stood me up⟩; **~ upon** bestehen auf, halten auf; **2.** *s* Stehen *n*, Stillstand *m* ⟨to bring (come) to a ~ zu Stehen bringen (kommen)⟩ | Aufstellung *f*, Standort *m*, -platz *m* ⟨to take one's ~ sich aufstellen; to take one's ~ upon s.th. *übertr* sich stützen auf etw., ausgehen von etw.⟩ | Widerstand *m* ⟨to make a ~ against Widerstand leisten gegen⟩ | Eintreten *n* ⟨to make a ~ for one's principles; to take a ~ (on s.th.) einen klaren Standpunkt vertreten (zu etw.)⟩ | Ständer *m* ⟨music ~ Notenständer *m*⟩ | (Ausstellungs-, Verkaufs-) Stand *m*, (Markt) Bude *f* ⟨a fruit ~ ein Obststand *m*; to book a ~ eine (Messe-) Koje mieten⟩ | Podium *n*, Plattform *f*, (Redner-) Tribüne *f* ⟨a judge's ~ ein Richterpult *n*; a band~ eine Orchestertribüne⟩ | *Theat* Gastspiel *n*; (Kapelle) Konzert *n*, Auftreten *n* ⟨a one-night ~ ein einmaliges Gastspiel, ein einmaliges Auftreten; ein Partner für eine Nacht⟩ | *Am Jur* Zeugenstand *m* ⟨to take the ~ in den Zeugenstand treten⟩ | *Landw* Anbaustand *m* ⟨a good ~ of wheat gut stehender Weizen, eine zu erwartende gute Weizenernte⟩ | *Mar* Stauwasser *n* | Taxistand *m* | (*oft pl*) (Sport) Tribüne *f*

stand·ard ['stændəd] **1.** *s* Standarte *f*, Fahne *f*, Flagge *f*, Stander *m* ⟨the royal ~⟩ | *übertr* Banner *n* ⟨to raise the ~ of revolt⟩ | Standard *m*, Norm *f* ⟨~ of living Lebensstandard⟩ | Durchschnitt *m* ⟨above (below) ~ über (unter) dem Durchschnitt⟩ | Niveau *n*, Stand *m* ⟨a low ~⟩ | Maßstab *m*, Muster *n*, Beispiel *n* ⟨to set a ~ for s.th. den Maßstab für etw. abgeben, als Beispiel dienen⟩ | Feingehalt *m* ⟨monetary ~ Münzfuß *m*⟩ | Währung *f*, Standard *m* ⟨gold ~⟩ | Pfosten *m*, Pfeiler *m*, Mast *m* | Ständer *m* | freistehender Stamm; **2.** *adj* normal; Durchschnitts-; genormt, standardisiert ⟨~ weights⟩ | *Wirtsch* Einheits- ⟨~ market, ~ quotation Einheitskurs *m*⟩ | Standard-, empfohlen, mustergültig ⟨a ~ book⟩ | *Ling* (allgemein) gebräuchlich, Standard- ⟨~ pronunciation⟩ | stehend, Steh- | hochstämmig; **,~ 'au·thor** *s* Klassiker *m*; **'~ ,bear·er** *s* Standartenträger *m* | *übertr* Anführer *m*; **,~ 'English** *s Ling* Standardenglisch *n*, hochsprachliches Englisch, englische Literatursprache; **,~ 'field** *s El* Eich-, Standardfeld *n*; **,~ 'gauge** *s Eisenb* Normalspur *f*; **,~i'za·tion** *s* Normierung *f*, Normung *f*, Standardisierung *f*, Vereinheitlichung *f* | Eichung *f*; **'~ize** *vt* normieren, normen, standardisieren, vereinheitlichen | eichen; **'~ lamp** *s* Standleuchte *f*, Stehlampe *f*; **,~ 'meas·ure** *s* Eich-, Normalmaß *n*; **,~ 'part** *s* Normteil *n*; **,~ 'price** *s Wirtsch* Richtpreis *m*; **,~ 'size** *s* Normalgröße *f* | Standardgröße *f* | Normalformat *n*; **,~ so'lu·tion** *s Chem* Normallösung *f*; **,~ 'time** *s* Normalzeit *f*, gesetzliche Zeit; **,~ 'wage** *s* Tariflohn *m*

stand|-by, *auch* [illegible] ['stændbaɪ] **1.** *s* (*pl* **'~bys**) Stütze *f*, Beistand *m* ⟨at ≈ [illegible] Bereitschaft⟩ | *Flugw* Entlastungsmaschine *f* | Standby-Ticket *n* | Passagier *m* mit Standby-Ticket | *Mar* Ersatzschiff *n*; **2.** *adj* Reserve-, Hilfs-, Ersatz-; Bereitschafts-; **'~-in** *s urspr Am Theat, Film* Double *n* | (Arbeits-) Vertretung *f*; **'~ing 1.** *adj* stehend, stationär ⟨a ≈ army ein stehendes Heer; ≈ corn Getreide *n* auf dem Halm; ≈ water stehendes Gewässer⟩ | Steh- | bleibend, dauernd ⟨≈ invitation Dauereinladung *f*; ≈ rule feststehende Regel⟩ | laufend, ständig | bewährt, alt ⟨a ≈ joke⟩; **2.** *s* Stehen *n*; Rang *m*, Stand *m*, Stellung *f*, Ruf *m*, Ansehen *n* ⟨of [high] ≈ hochgestellt; in good ≈ angesehen, ohne Beitragsrückstände⟩ | Dauer *f*, Bestand *m* ⟨of long ≈ lange bestehend⟩ | *Jur* Recht *n* zum Prozessieren; **'~ing com,mis·sion** *s Pol* Ständige Kommission; **'~ing desk** *s* Stehpult *n*; **'~ing jump** *s* Sprung *m* aus dem Stand; **'~ing ,mat·ter** *s Typ* Stehsatz *m*; **,~ing 'or·der** *s Wirtsch* (Bank) Dauerauftrag *m* ⟨to pay by ≈ im *od* mit Dauerauftrag bezahlen⟩ | (Zeitung u. ä.) (Dauer-) Abonnent *m*; **,~ing o'va·tion** *s* stürmischer Beifall; **'~ing room** *s* Stehplatz *m* ⟨≈ only nur Stehplätze⟩; **'~ing ,tim·ber** *s* Stammholz *n* | Nutzholz *n*; **'~-off 1.** *s* (Sport) Unentschieden *n* ⟨to play to a ≈ unentschieden spielen⟩; **2.** = **~off·ish** [,~'ɒfɪʃ] *adj* zurückhaltend, reserviert, abweisend, hochmütig; **'~-out** *s Am* hohe Persönlichkeit; **'~ pat** *adj Am umg* konservativ; **'~,pat·ter** *s Am umg* Reaktionär *m*; **'~pipe** *s* Standrohr *n* | Hydrant *m*; **'~point** *s* Standpunkt *m* (*auch übertr*); **'~still 1.** *s* Stillstand *m* ⟨to be at/come to a ≈ zum Stillstand kommen; to bring to a ≈ zum Stillstand bringen; *übertr* lahmlegen, stoppen⟩; **2.** *adj* stillstehend ⟨≈ agreement *Pol* Stillhalteabkommen *n*⟩; **'~-up** *adj* aufrecht, stehend, Steh- ⟨≈ collar Stehkragen *m* | (Mahlzeit) im Stehen, Steh- ⟨≈ buffet Stehbuffet *n*⟩ | heftig, erbittert ⟨a ≈ fight eine Schlägerei⟩ | *Theat* Hanswurst- ⟨a ≈ comedy; a ≈ actor ein (bloßer) Spaßmacher⟩

stang [stæŋ] *Schott, dial* **1.** *s* Stachel *m* | stechender Schmerz; **2.** *vt* stechen; *vi* schmerzen

stank [stæŋk] *prät* von ↑ **stink 1.**

stan|nic ['stænɪk] *adj* Zinn-; **,~nic 'a·cid** *s* Zinnsäure *f*; **,~nic 'ox·ide** *s* Zinnoxid *n*; **,~nic 'salt** *s* Zinnsalz *n*; **~nif·er·ous** [stæ'nɪfərəs] *adj* zinnhaltig, -führend; **'~nite** *s* Stannit *n* | *Min* Stannin *n*, Zinnkies *m*

stan|za ['stænzə] *Metr s* Stanze *f* | Strophe *f*

staph·y·lo·coc|cus [,stæfɪləʊ'kɒkəs] *s* (*pl* **~ci** [~saɪ]) *Med* Staphylokokkus *m*

[1]**sta·ple** ['steɪpl] **1.** *s* Haupterzeugnis *n*, -produkt *n* ⟨the ~s of a country⟩ | *Wirtsch* Massenware *f* | (Weberei) Stapel *m* | Rohstoff *m* | Rohwolle *f* ⟨~ fibre Baumwolle⟩ | (*meist sg*) Baumwollfaden *m* ⟨cotton of (long) short ~ (lang-) kurzfädige Baumwolle⟩ | Stapelplatz *m* | *übertr* Hauptthema *n*, -gegenstand *m* ⟨the ~ of the conversation⟩; **2.** *adj* Haupt- ⟨~ food; ~ product⟩ | *Wirtsch* Stapel- | **3.** *vt* (Wolle) sortieren

[2]**sta·ple** ['steɪpl] *Tech* **1.** *s* (Heft-) Klammer *f*, -draht *m* | Drahtöse *f* | Krampe *f* | Haspe *f*; **2.** *vt* mit Draht heften

[1]**sta·pler** ['steɪplə] *s* Sortierer *m*

[2]**sta·pler** ['steɪplə] *s Tech* Heftmaschine *f*

star [stɑː] **1.** *s* Stern *m*, Gestirn *n* (*auch übertr*) ⟨fixed ~ Fixstern; north/polar ~ Polarstern; shooting ~ Sternschnuppe *f*; to see ~s *übertr* die Sterne sehen, Sterne vor den Augen sehen⟩ | *übertr* (Glücks-) Stern *m* ⟨born under a lucky ~; what do the ~s foretell? was sagen die Sterne voraus?⟩ | Ordensstern *m* | *Typ* Sternchen *n* | *auch* **'film ~** (Film-) Star *m* | *übertr* Größe *f*, Berühmtheit *f*; **2.** *adj* Haupt-, hervorragend, Star- ⟨an all-~ cast eine nur aus Stars bestehende Besetzung; a ~ offer ein herausragendes Angebot; the ~ turn der Auftritt der Hauptperson⟩; **3.** (**starred, starred**) *vt* mit Sternen schmücken ⟨a lawn ~red with daisies ein mit Gänseblümchen übersäter Rasen⟩ | *Typ* mit Sternchen versehen | *Theat, Film* (jmdn.) in der Hauptrolle haben *od* zeigen ⟨a film ~ring Clark Gable ein Film mit Clark Gable in der Hauptrolle⟩; *vi* funkeln, glänzen | *Theat, Film* in der Hauptrolle auftreten, die Hauptrolle spielen (**in** in)

star·board ['sta:bəd] *Mar* **1.** *s* Steuerbord *n* ⟨to alter course to ~ Kurs nach Steuerbord wechseln⟩; **2.** *adj* Steuerbord- ⟨on the ~ bow auf der Steuerbordseite⟩; **3.** *adv* nach Steuerbord; **4.** *vt* (Ruder) nach Steuerbord halten ⟨to ~ the helm⟩; *vi* nach Steuerbord halten

starch [sta:tʃ] **1.** *s* Stärkemehl *n*, Stärke *f* | *übertr* Steifheit *f*, Förmlichkeit *f*; **2.** *vt* (Wäsche) stärken

star chart ['sta: tʃa:t] *s* Sternkarte *f*

starched [sta:tʃt] *adj* gestärkt ⟨~ collar⟩ | *übertr* steif, förmlich ⟨a ~ manner⟩; **starch·y** ['sta:tʃɪ] *adj* stärkehaltig, reich an Stärke ⟨≈ foods⟩ | gestärkt | *übertr* steif

star| con·nec·tion ['sta: kə,nekʃn] *s El* Sternschaltung *f*; '**~-crossed** *adj* unter einem unglücklichen Stern stehend; '**~dom** *s* Startum *n*; Berühmtheit *f*, Ruhm *m* (als Star); '**~ dust** *s* kosmischer Staub

stare [stɛə] **1.** *vi* starren ⟨to ~ at s.o. jmdn. anstarren; to ~ into the distance ins Weite starren⟩ | große Augen machen, staunen ⟨to make s.o. ~ jmdn. überraschen *od* in Staunen versetzen; to ~ with astonishment überrascht dreinschauen⟩; *vt* anstarren ⟨to ~ s.o. in the face jmdn. unverwandt ansehen; jmdm. in die Augen springen, jmdm. deutlich vor Augen stehen, für jmdn. unausweichlich sein; to ~ s.o. out/down jmdn. solange ansehen, bis er wegschaut; to ~ s.o. out of countenance jmdn. aus der Fassung bringen⟩; **2.** *s* Starren *n*, starrer Blick ⟨with a glassy ~ mit starrer *od* gleichgültiger Miene; with a ~ of horror schreckstarrend; to give s.o. a rude ~ jmdn. unverschämt anstarren⟩

star|fish ['sta:fɪʃ] *s Zool* Seestern *m*; '**~gaze** *vi* (berühmten) Stars nachlaufen; '**~gaz·er** *s Zool* Sterngucker *m* | *scherzh* Astronom *m* | *scherzh* Astrologe *m* | Fan *m* von Filmstars

star·ing ['stɛərɪŋ] *adj* starrend | (Farbe) grell, auffallend

stark [sta:k] **1.** *adj* steif, starr ⟨~ and stiff stocksteif⟩ | völlig, rein, schlicht ⟨~ folly, ~ nonsense purer Irrsinn; ~ facts nackte Tatsachen⟩ | (splitter)nackt (**except** bis auf) | *dial* rauh | *arch* streng, hart; **2.** *adv* gänzlich ⟨~ mad total verrückt; ~ naked *umg* splitternackt; ~ staring mad *scherzh* total verrückt⟩; '**~ers** *adj Brit scherzh* im Adamskostüm, (Kind) nackig

star| knob ['sta: nɒb] *s* Stern-, Kreuzgriff *m*; '**~less** *adj* stern(en)los; '**~let** *s* kleiner Stern, Sternchen *n* | Filmsternchen *n*, Starlet *n*; '**~light 1.** *s* Sternenlicht *n*; **2.** *adj* sternenhell, -klar; '**~like** *adj* sternförmig | sternengleich

[1]**star·ling** ['sta:lɪŋ] *s Zool* Star *m*

[2]**star·ling** ['sta:lɪŋ] *s* Pfeilerhaupt *n* (e-r Brücke)

star|lit ['sta:lɪt] *adj* stern(en)hell, -klar ⟨a ≈ night⟩; '**~ ,mag·ni·tude** *s* Sterngröße(nklasse) *f*; '**~ map** *s* Sternkarte *f*; '**~ point** *s El* Sternpunkt *m*; **starred** *adj* sternbesät, sternengeschmückt | gestirnt | *Typ* mit Sternchen versehen; '**~ry** *adj* sternenförmig | sternklar ⟨a ≈ night⟩ | Sternen-, gestirnt | glänzend ⟨≈ eyes⟩ | *übertr* hochfliegend ⟨≈ plans⟩; **,~ry-'eyed** *adj* unrealistisch ⟨a ≈ reformer⟩; **,~s and 'Stripes** *s/pl* Sternenbanner *n*; '**~ shell** *s Mil* Leuchtgranate *f*; '**~ show·er** *s* Sternschnuppenschwarm *m*; **~-span·gled** *adj poet* mit Sternen besät; **,~-Span·gled 'Ban·ner** *s* (*mit best art*) *förml* Sternenbanner *n* (Flagge); **,~-'stud·ded** *adj lit* (Nacht) stern(en)klar, voller Sterne | *übertr umg* voll bekannter Namen ⟨≈ cast Starbesetzung *f*⟩

start [sta:t] **1.** *s* Anfang *m*, Beginn *m* ⟨at the ~ am Anfang, bei Beginn; for a ~ zunächst; from ~ to finish von Anfang bis zu Ende; from the ~ von Anfang an⟩ | Aufbruch *m*, Abreise *f* ⟨to make an early ~ zeitig aufbrechen⟩ | *Flugw* Abflug *m*, Start *m* | (Sport), *auch übertr* Start *m* ⟨false ~ Fehlstart; to get a good ~ in life unter günstigen Umständen anfangen können⟩ | (Sport) *übertr* Startzeichen *n* ⟨to give the ~⟩ | Ruck *m*, Zusammenfahren *n* ⟨to give s.o. a ~ jmdn. aufschrecken⟩ | (*nur sg*) (Sport) Vorgabe *f* ⟨to give s.o. a ~ of 20 yards jmdm. 20 Yard vorgeben; to get the ~ of one's rivals einen Vorteil gegenüber seinen Gegnern herausholen⟩ | *Tech* Anlauf *m*, Instandsetzung *f*; **2.** *vi* beginnen, anfangen ⟨to ~ with um es vorwegzunehmen, als erstes; to have nothing to ~ with nichts haben, mit dem man etw. anfangen kann; five people to ~ with zunächst fünf Leute haben⟩ | aufbrechen, sich aufmachen, sich auf den Weg machen (**for** nach) | *Flugw* (Sport) starten | (Zug) abfahren | (Motor) anspringen | auf-, zusammenfahren, hochschrecken; stutzen | springen, treten ⟨tears ~ed to her eyes Tränen traten ihr in die Augen⟩ | *Mar* losspringen, gappen ⟨the planks have ~ed⟩; **~ back** umkehren; **~ in** *umg* anfangen (**on s.th.** mit etw.; **to do s.th.** etw. zu tun) | Druck ausüben (**on s.o.** auf jmdn.); **~ off** sich aufmachen, losgehen; **~ out** *umg* anfangen, beginnen (**to do s.th.** etw. zu machen, mit etw.); **~ up** aufspringen | sich erheben | *übertr* auftauchen, sich ergeben ⟨difficulties ~ed up⟩; *vt* beginnen, anfangen ⟨to ~ work⟩ | in Gang bringen, in Bewegung setzen | *auch* **~ up** (Motor) anlassen | (jmdn.) veranlassen, lassen ⟨to ~ s.o. thinking jmdn. zum Nachdenken bringen; to ~ s.o. coughing jmdn. husten lassen⟩ | (Geschäft) gründen | (Balken u. ä.) lockern | (Wild) aufstöbern | (Frage) aufwerfen | *Mar* (Anker) lichten | *Mar* (Tau) auffieren; **~er** *s* (Sport) Starter *m* (Läufer, Pferd u. ä.) | Starter *m*, Startrichter *m* ⟨to be under ≈'s orders sich am Start befinden⟩ | jmd., der etw. anfängt, Beginner *m* ⟨to be a quick ≈ schnell zum Zuge kommen⟩ | *Kfz* Anlasser *m*, Starter *m* ⟨≈ knob Starterklappe *f*; self-≈ Selbststarter *m*⟩ | *umg* Vorspeise *f*, erster Gang (einer Mahlzeit) | erster Schritt, Anfang *m* ⟨it was just a ≈ damit ging es erst los; for ≈s für den Anfang⟩ | (*meist neg*) *Brit* etw. Erfolgversprechendes (*Ant* non-≈) ⟨that wasn't a ≈ das war keine Offenbarung⟩; '**~ing** *s* Anfang *m* | Inbetriebnahme *f* | (Motor) Anlassen *n*; '**~ing ,an·ode** *s* Zündanode *f*; '**~ing block** *s* (Sport) Startblock *m*; '**~ing ,cur·rent** *s El* Anlaufstrom *m*; '**~ing gate** *s* (Pferderennen) Startmaschine *f*; '**~ing gear** *s Kfz* Anlaßvorrichtung *f*; '**~ing ,mo·tor** *s* Anlaßmotor *m*; '**~ing ,pis·tol** *s* (Sport) Startpistole *f*; '**~ing point** *s* Ausgangspunkt *m*; '**~ing post** *s* Startpfosten *m*; '**~ing ,prices** *s pl* (Pferderennen) (letzter Wett-) Kurs (vor Beginn des Rennens) | *Wirtsch* (Auktion) Einsatzpreis *m*; '**~ing ,re·lay** *s* Anlaßrelais *n*; '**~ing shot** *s* (Sport) Startschuß *m*; '**~ing ,sig·nal** *s* Ausfahrtsignal *n*; '**~ing switch** *s* Anlasser *m*

star|tle ['sta:tl] **1.** *vt* aufscheuchen, -schrecken ⟨≈d out of one's sleep aus dem Schlaf aufgescheucht⟩ | *übertr* aufrütteln ⟨≈d out of one's wits völlig entgeistert⟩; *vi* zusammenfahren; **2.** *s* Schreck *m*, Bestürzung *f*; '**~tling** *adj* erschreckend, bestürzend ⟨≈ news⟩

star·va·tion [sta:'veɪʃn] *s* Verhungern *n*, Hungertod *m* ⟨to die of ~ verhungern⟩; '**~ ,di·et** *s* ungenügende Nahrung ⟨to be on a ≈ nicht genug zum Leben haben⟩; '**~ ,wag·es** *s pl* Hungerlohn *m*, -löhne *m/pl*; **starve** *vi* hungern, Hunger leiden | verhungern | *umg scherzh* großen Hunger haben, vor Hunger umkommen ⟨we're simply starving wir sterben vor Hunger⟩; *vt* (ver)hungern lassen (*auch übertr*) ⟨to be ≈d of s.th. dürsten nach etw., das dringende Bedürfnis nach etw. haben⟩ | durch Hunger zwingen (**into** zu); **starve out** aushungern ⟨to starve s.o. out⟩; **'starve·ling** *lit* **1.** *s* Hungerleider *m*; **2.** *adj* hungrig | halb verhungert, unterernährt | kümmerlich

star wars ['stɑ: wɔ:z] *s Mil* Sternenkrieg *m*, SDI *n*, amerikanische Weltraumrüstung

stash [stæʃ] *s Am Sl* (Schnurr-) Bärtchen *n*

sta|sis ['steɪsɪs] *s* (*pl* **~ses** [~si:z]) *Med* Stase *f*, Stauung *f*

state [steɪt] **1.** *s* Zustand *m*, Lage *f* ⟨~ of affairs Sachlage; ~ of emergency Ausnahmezustand; Notstand; ~ of health Gesundheitszustand⟩ | *umg* Aufregung *f*, Nervosität *f* ⟨to be in quite a ~ about/over s.th. *umg* über etw. ziemlich aufgebracht sein; to get into a ~ sich (heftig) erregen⟩ | Status *m* | Familienstand *m* | Stand *m*, soziale Stellung *f* | Staat *m*, Land *n* ⟨a modern ~⟩; Bundesstaat *m* ⟨the ∸ of California; the ∸s *umg* die (Vereinigten) Staaten *pl* (von Nordamerika)⟩ | Aufwand *m*, Pracht *f*, Glanz *m* ⟨to lie in ~ feierlich aufgebahrt liegen; to live in great ~ auf großem Fuß leben⟩ | ∸ *in*: **De·part·ment of** ∸ *s Am* Außenministerium *n*; **Se·cre·ta·ry of** ∸ *s Am* Außenminister *m*; **2.** *adj* Staats- ⟨~ archives Staatsarchiv *n*⟩; **3.** *vt* darlegen, auseinandersetzen ⟨to ~ one's views seine Ansichten darlegen⟩ | festsetzen, -legen, bestimmen ⟨as ~d in the contract wie im Vertrag festgelegt⟩ | *Jur* aussagen, behaupten ⟨to ~ positively that eindeutig aussagen, daß⟩ | bemerken, erwähnen | *Math* (Problem) aufstellen; **'~ call** *s umg* Staatsbesuch *m*; **'~ 'cap·i·tal·ism** *s* Staatskapitalismus *m*; **ˌ~ con'trol** *s* staatliche Aufsicht; **ˌ~-con'trolled** *adj* unter staatlicher Aufsicht stehend; **'∸ 'Coun·cil** *s* Staatsrat *m*; **'~craft** *s* Staatskunst *f*; **ˌ~ 'crim·i·nal** *s* Staatsverbrecher *m*; **'stat·ed** *adj* festgesetzt | festgestellt | dargelegt; erwähnt, berichtet ⟨as ≈ wie erwähnt; at ≈ times zu den angekündigten Zeiten⟩ | *Am* regelmäßig; **'∸ Deˌpart·ment** *s Am* Außenministerium *n*; **ˌ∸ En·rolled 'Nurse** *s Brit* staatlich geprüfte Krankenschwester; **'~ 'fu·ner·al** *s* Staatsbegräbnis *n*; **'~hood** *s* Eigenstaatlichkeit *f* | unabhängiger Staat; **'~less** *adj* staatenlos ⟨a ≈ person ein Staatenloser⟩; **'~ly 1.** *adj* stattlich, prächtig, imposant ⟨a ≈ home/house ein (Wohn-) Schloß *n*, Prachthaus *n*; a ≈ palace⟩ | würdevoll ⟨with ≈ grace in Glanz und Würde⟩; erhaben, vornehm; **2.** *adv* würdevoll; **'~ment** *s* Erklärung *f*, Bericht *m*, Angabe *f*, Darlegung *f*, Aussage *f* ⟨to make/issue a ≈ eine Erklärung abgeben⟩ | Behauptung *f* | *Wirtsch* Auszug *m* ⟨≈ of account Rechnungsauszug; bank ≈ Bank-, Kontoauszug⟩; **ˌ~-of-the-'art** *adj* (Bericht u. ä.) den jüngsten Entwicklungsstand darstellend; **ˌ~ of the 'art** *s* jüngster Entwicklungsstand; **ˌ∸ Reg·is·tered 'Nurse** *s Brit* Fach(kranken)schwester *f*; **'~room** *s* Staats-, Prunkzimmer *n* | *Mar* Luxuskabine *f* | *Am Eisenb* Privatabteil *n*; **ˌ~'s 'ev·i·dence** *s Am Jur* Kronzeuge *m* ⟨to turn ≈ als Belastungszeuge auftreten, gegen Komplizen aussagen⟩ | belastendes (Beweis-) Material; **'~side** *adj, adv Sl* die USA betreffend; in den USA; **'states·man** *s* (*pl* **'states·men**) Staatsmann *m*, Politiker *m*; **'states·man·like, 'states·man·ly** *adj* staatsmännisch; **'states·man·ship** *s* Staatskunst *f*; **'statesˌper·son** *s* Politiker(in) *m(f)*

stat|ic ['stætɪk] **1.** *adj bes Phys* statisch, ruhend, Ruhe- ⟨≈ electricity; ≈ water stehendes Wasser⟩ | *El* elektrostatisch | *übertr* stagnierend, unbeweglich, eintönig (*Ant* dynamic) ⟨a ≈ style⟩; **2.** *s Rundf* (atmosphärische) Störungen *pl* | *Am umg* laute Kritik, Lärm *m*; **ˌ~ic 'cur·rent** *s El* Ruhestrom *m*; **ˌ~ic 'field** *s* statisches Feld; **'~ics** *s/pl* (*sg konstr*) *Phys* Statik *f*; **ˌ~ic sta'bil·i·ty** *s* Standsicherheit *f*

sta·tion ['steɪʃn] **1.** *s* Stelle *f*, Lage *f*, Standort *m* | Station *f* ⟨broadcasting ~ Rundfunkstation, -sender *m*; fire ~ Feuerwache *f*; police ~ Polizeiwache *f*; radar ~ Radarstation *f*⟩ | Eisenbahnstation *f* ⟨goods ~ Güterbahnhof *m*⟩ | Funkstation *f* | *Am* Haltestelle *f* | *Am* Poststation *f* | *Mil* Posten *m*, Stellung *f* ⟨at action ~s in Bereitschaft(sstellung)⟩; Stützpunkt *m* ⟨naval ~⟩ | *Biol* Standort *m* | trigonometrischer Punkt | *Bergb* Füllort *m* | Posten *m*, Platz *m* ⟨to take up one's ~ seinen Platz *od* Posten einnehmen⟩ | *Flugw, Mar* Position *f* ⟨out of ~ außer Position⟩ | *lit* (gesellschaftlicher) Rang, Stand ⟨in all ~s of life in allen sozialen Stellungen; men of ~ Leute *pl* von Rang; to marry below one's ~ nicht standesgemäß heiraten⟩ | *Austr* Rinder- *od* Schaffarm *f*; **2.** *vt* postieren, aufstellen ⟨to ~ o.s. seinen Platz einnehmen⟩ | *Mar, Mil* stationieren ⟨to be ~ed at stationiert sein in⟩

sta·tion·a·ry ['steɪʃnr̩ɪ] *adj* feststehend, stationär, ortsfest, unbeweglich, Stand- ⟨~ crane fester Kran; ~ engine Standmotor *m*⟩ | gleichbleibend, unveränderlich ⟨a ~ van ein stehender *od* geparkter Lieferwagen; to remain ~ unverändert bleiben⟩; **ˌ~ po'si·tion** *s* Ruhelage *f*, -stellung *f*

sta·tion| a·gent ['steɪʃn eɪdʒnt] *s* = **~master**; **'~ break** *s Am Rundf, Ferns* Senderkanalangabe *f*

sta·tion·er ['steɪʃn̩ə] *s* Papier-, Schreibwarenhändler *m*; **'~'s [shop]** *s* Schreibwarenhandlung *f* ⟨at the ≈ im Schreibwarenladen⟩; **'~y** *s* Papier-, Schreibwaren *f/pl*, Bürobedarf *m* ⟨office ≈ Büromaterial *n*⟩; **'∸y ˌOf·fice** *s* Vertrieb *m* von regierungsamtlichen Publikationen ⟨Her Majesty's ≈ Britischer Staatsverlag⟩

sta·tion| house ['steɪʃn haʊs] *s* Stationsgebäude *n* | *Am* Polizeirevier *n*; **'~ˌmas·ter** *s* Bahnhofsvorsteher *m*; **ˌ∸ of the 'Cross** *Rel* (Kreuzweg) Station *f*; **'~ ˌwag·on** *s Kfz Am* Kombiwagen *m*

stat·ist ['steɪtɪst] *s* Statistiker *m*

sta·tis|tic [stə'tɪstɪk], **sta'tis·tic·al** *adj* statistisch ⟨≈ table[s] Statistik *f*, statistische Aufstellung⟩; **stat·is·ti·cian** [ˌstætɪ'stɪʃn] *s* Statistiker *m*; **sta'tis·tics** *s/pl* (*sg konstr*) Statistik *f* (Wissenschaft) | (*pl konstr*) statistische Zahlen *f/pl*, Statistik *f* ⟨popular ≈ Bevölkerungsstatistik⟩

stat|u·ar·y ['stætʃʊərɪ] **1.** *s* Bildhauerei *f*, Bildhauerkunst *f*, Plastik *f* | Plastiken *f/pl*, Skulpturen *f/pl* | Bildhauer *m*; Steinmetz *m*; **2.** *adj* statuarisch, Statuen- | plastisch, figürlich | Bildhauer- ⟨≈ marble (feiner) Marmor für Bildhauer⟩; **stat·ue** ['stætʃu:] *s* Statue *f*, Standbild *n*; **~u·esque** [ˌstætʃʊ'esk] *adj* statuenhaft; plastisch | *übertr* starr, streng; **~u·ette** [ˌstætʃʊ'et] *s* Statuette *f*, kleine Statue

stat·ure ['stætʃə] *s* Statur *f*, Gestalt *f*, Körperwuchs *m* ⟨of mean ~ von mittlerer Größe; short of ~ von kleinem Körperwuchs⟩ | *übertr* Größe *f*, Format *n* ⟨a playwright of ~ ein Dramatiker von Format; to advance in ~ an Bedeutung zunehmen⟩

sta·tus ['steɪtəs] *s Jur* Status *m* ⟨equality of ~ politische Gleichberechtigung; legal ~ Rechtslage *f*, rechtliche Stellung; national ~ Staatsangehörigkeit *f*; to have no official ~⟩ | (Familien-) Stand *m* | (gesellschaftlich) Stellung, Rang *m*, Stand *m* ⟨to desire ~ and security soziale Stellung und Sicherheit anstreben⟩ | *Mil* Rang *m*; **'~ ofˌfend·er** *s Am Jur* vergehensgefährdete Person; **~ quo** [ˌ~ 'kwəʊ] *s* ⟨*lat*⟩ Status quo *m*, jetziger Zustand; **~ quo an·te** [ˌ~ kwəʊ'æntɪ] *s* ⟨*lat*⟩ Status quo ante *m*, vorheriger Zustand; **'~ ˌsym·bol** *s* Statussymbol *n*

stat|u·ta·ble ['stætʃu:təbl] *adj* gesetzlich, verfassungsmäßig | *Jur* Verjährungs-; **~ute** ['stætʃu:t] *s Jur* (vorgeschriebenes, vom Parlament erlassenes) Gesetz, Gesetzesbestimmung *f* ⟨penal ≈ Strafgesetz⟩ | *Jur* Satzung *f*, Statut *n* | Parlamentsakte *f*; **'~ute book** *s Jur* Gesetzbuch *n*, -sammlung *f*; **'~ute law** *s* geschriebenes Recht (in England); **'~ute roll** *s* Gesetzblatt *n*; **~u·to·ry** ['~ʃʊtrɪ] *adj Jur* gesetzlich, Gesetz- ⟨≈ control of prices gesetzliche Preisvorschrift⟩ | rechtsgültig | satzungsgemäß | eidesstattlich | *Jur* Verjährungs-; ˌ~u·to·ry de·claˈra·tion *s* eidesstattliche Erklärung; ˌ~u·to·ry ˈpe·ri·od *s* Verjährungsfrist *f*

[1]**staunch** [stɔ:ntʃ] *adj* (Person) zuverlässig, treu ⟨a ~ friend; a ~ defender of s.th. einer, der sich unermüdlich für etw. einsetzt⟩ | solide (gearbeitet), fest, in gutem Zustand ⟨a ~ cabin⟩ | wasser-, luftdicht ⟨a ~ ship⟩

[2]**staunch** [stɔ:ntʃ] = [2]**stanch**

stave [steɪv] **1.** *s* Faßdaube *f* | Runge *f*, Sprosse *f* | *Mus* Notenlinie *f* | *Metr* Strophe *f*, Vers *m*; **2.** (**staved, staved,** *bes Mar* **stove, stove** [stəʊv]) *vt* mit Dauben versehen | (Faß) zerschlagen | *meist* **~ in** *Mar* leck schlagen, einschlagen; **~ in** (Fenster u. ä.) eindrücken; **~ off** (Gefahr) abwehren, abwenden | aufschieben; *vi, Mar auch* **~ in** leck geschlagen werden, leck gehen; zerschellen | *Am, Schott* rasen, eilen; **ˈ~ rhyme** *s Metr* Stabreim *m*

staves [steɪvz] *s/pl* von **staff** *Mus*

[1]**stay** [steɪ] *Mar* **1.** *s* Stag *n* | Wenden *n*; **2.** *vt* (Mast) stagen | (Schiff) wenden, gegen den Wind bringen; *vi* wenden

[2]**stay** [steɪ] **1.** *s Tech* Träger *m*, Bolzen *m*, Strebe *f*, Stütze *f* | *übertr* Stütze *f* ⟨the ~ of his old age⟩; **2.** *vt Tech* stützen, absteifen | *übertr lit* stützen, dreinsetzen ⟨to ~ one's trust in s.o. auf jmdn. fest vertrauen⟩

[3]**stay** [steɪ] **1.** *vi* bleiben ⟨to ~ away fortbleiben; to be/come to ~ *umg* andauernd *od* ständig bleiben *od* anhalten, sich einbürgern; to ~ put *umg* halten, an der Stelle bleiben; sich nicht rühren; to ~ single ledig bleiben, nicht heiraten; to ~ in bed im Bett bleiben⟩ | wohnen, weilen, sich aufhalten ⟨to ~ at a hotel; to ~ with friends⟩ | (*meist imper*) einhalten, stehenbleiben ⟨~! you've forgotten s.th.⟩ | warten ⟨to ~ for s.o. (to s.th.) auf jmdn. (etw.) warten⟩ | (Sport) *umg* durchhalten | *selten* aufhören; **~ in** zu Hause bleiben | (Schüler) nachsitzen; **~ out** draußen *od* außer Haus bleiben | streiken, sich im Ausstand befinden; **~ up** aufbleiben, nicht zu Bett gehen; *vt* hemmen, hindern, auf-, fest-, zurückhalten (**from** von) ⟨to ~ one's (s.o.'s) hand sich (jmdn.) zurückhalten; to ~ judgment die Entscheidung verzögern; to ~ the progress of s.th. den Fortschritt von etw. auf-, einhalten, Einhalt gebieten, daß etw. fortschreitet⟩ | *lit* stillen, befriedigen ⟨to ~ one's hunger⟩ | (Verfahren) einstellen | (Streit) schlichten | (*bes* Sport) durchhalten, -stehen ⟨to ~ the course nicht aufgeben, nicht schlappmachen (*auch übertr*)⟩; **~ out** überleben; **2.** *s* (*meist sg*) (vorübergehender) Aufenthalt ⟨to make a short ~⟩ | Hemmung *f*, Stockung *f*, Halt *m* | *Jur* Einstellung *f* | *Jur* Aufschub *m* ⟨~ of execution Vollzugsaussetzung *f*⟩; **ˈ~-at-ˌhome** *s umg* Stubenhocker *m*

stay| ˌbear·er [ˈsteɪ bɛərə] *s Tech* Strebebalken *m*; **ˈ~ block** *s Tech* Ankerklotz *m*; **ˈ~ bolt** *s Tech* Stehbolzen *m* | Ankerbolzen *m*

stay|-down strike [ˌsteɪ daʊn ˈstraɪk] *s* Sitzstreik *m* (der Bergarbeiter); **ˈ~er** *s* (Sport) (Läufer, Pferd) Steher *m*; **ˈ~ing ˌpow·er** *s* Widerstandskraft *f*, Durchhaltevermögen *n*; **ˌ~-in ˈstrike** *s Brit* Sitzstreik *m*

stay|less [ˈsteɪləs] *adj* miederlos; **ˈ~ˌmak·er** *s* Korsettmacher *m*; **ˈstay| rod** *s Tech* Stehbolzen *m*; **stays** [steɪz] *s/pl, fast arch* Korsett *n*, Mieder *n*

stay·sail [ˈsteɪseɪl] *s Mar* Stagsegel *n*

stay wire [ˈsteɪ waɪə] *s* Ankerdraht *m*

St Ber·nard [snt ˈbɜ:nəd] *s Zool* Bernhardiner *m*

std *Abk* von **standard**

STD [ˌesti:ˈdi:] *Abk* von **subscriber trunk dialling** *s Brit Tel* Selbstwählferndienst *m*

stead [sted] **1.** *s* Statt *f*, Stelle *f* ⟨in s.o.'s ~ an jmds. Stelle; to stand s.o. in good ~ jmdm. von Nutzen sein⟩; **2.** *vt* (jmdm.) nützlich sein, helfen

stead·fast [ˈstedfɑ:st] *adj* fest, unverwandt ⟨a ~ gaze⟩ | standhaft, unerschütterlich, treu ⟨to be ~ to one's principles seinen Grundsätzen treu sein⟩

stead·y [ˈstedɪ] **1.** *adj* unbeweglich, sicher, fest(stehend) ⟨to make a table ~ einen wackligen Tisch richten⟩ | stetig, ständig, gleich-, regelmäßig, ununterbrochen ⟨~ boy friend fester Freund; ~ speed gleichbleibende Geschwindigkeit; ~ work feste Arbeit⟩ | (Personen, Verhalten) gesetzt, ruhig, fest, beherrscht ⟨~ nerves feste Nerven *pl*; ~ temper ruhiges Temperament⟩ | solide ⟨a ~ young man⟩ | beharrlich, standhaft, unerschütterlich ⟨a ~ faith⟩ | *Mar* stetig, stüttig ⟨keep her ~ (Schiff) auf Kurs halten!⟩; **2.** *adv* fest, beständig ⟨to go ~ *umg* fest miteinander gehen⟩; **3.** *vt* festigen, standfest, standhaft machen ⟨to ~ a table leg⟩ | (Person) zügeln, zur Vernunft bringen ⟨he had a ~ing influence on her unter s-m Einfluß wurde sie ausgeglichener; to ~ o.s. sich unter Kontrolle bringen, sich beherrschen⟩ | *Tech* stabilisieren | *Mar* (Schiff) auf Kurs halten ⟨to ~ a boat⟩; *vi* fest werden, Halt gewinnen | gleichmäßig werden ⟨prices are ~ing⟩; **~ down** ruhiger *od* besonnener werden; **4.** *auch* **~ on** *interj umg* vorsichtig!, nun mal langsam!; **5.** *s umg* festes (Liebes-) Verhältnis ⟨to have a ~⟩; **ˌ~-ˈstate** *adj* relativ, stabil, im relativen Gleichgewicht ⟨≈ economics⟩; **ˌ~ ˈstate ˌthe·o·ry** *s Phys* Theorie *f* des stationären Weltalls

steak [steɪk] *s* Steak *n*, Fleischschnitte *f* ⟨a bacon ~ gebratener Schinken; rump ~ Rumpsteak *n*⟩ | (Fisch-) Filet *n* ⟨a cod ~ ein Kabeljaufilet⟩; **ˌ~ and ˌkid·ney ˈpie** *s* Fleischpastete *f* mit Nieren; **ˈ~ ˌdin·ner** *s* Steak-Menü *n*; **ˈ~ house** *s* Steakhouse *f*, -restaurant *n*

steal [sti:l] **1.** (**stole** [stəʊl], **stolen** [ˈstəʊlən]) *vt* stehlen, entwenden (**from** von) ⟨to ~ a watch⟩ | *übertr* erlisten, erhaschen ⟨to ~ a kiss einen Kuß rauben; to ~ a look/glance at einen verstohlenen Blick werfen auf; to ~ a march on s.o./to ~ s.o.'s thunder jmdm. zuvorkommen; jmdm. den Wind aus den Segeln nehmen⟩; *vi* stehlen | schleichen, sich stehlen ⟨a tear stole down her cheek; the light was ~ing through the shutters das Licht lugte durch die Rolladen⟩; **~ away** sich fort-, wegschleichen, -stehlen; **~ into** sich einschleichen in; **~ over** (Gefühl u. ä.) allmählich überkommen ⟨a strange feeling stole over him ein seltsames Gefühl überfiel ihn⟩; **~ up on** sich heranschleichen, sich heranpirschen | *übertr* (Gefühl) übermannen, überfallen; **2.** *s Am umg* Diebstahl *m* | *übertr* Trick *m* | *Wirtsch umg* Masche *f*; **ˈ~ing 1.** *s* Stehlen *n*; **2.** *adj* stehlend | verstohlen, heimlich

stealth [stelθ] *s* Heimlichkeit *f* ⟨by ~ unbemerkt, heimlich⟩ | *arch* Diebstahl *m*; **ˈ~y** *adj* heimlich, verstohlen ⟨≈ glance; ≈ movement⟩ | leise, still ⟨a ≈ revolution eine Revolution im stillen⟩

steam [sti:m] **1.** *s* Dampf *m* | Dampfkraft *f* ⟨full ~ ahead! mit Volldampf voraus!⟩ | *übertr umg* Dampf *m*, Kraft *f*, Energie *f* ⟨to get up/raise ~ Dampf aufmachen; to let off/work off ~ sich Luft machen; to put on ~ sich ins Zeug legen; to run out of ~ sich erschöpfen, nicht mehr mitkommen; under one's own ~ auf sich selbst gestellt, mit eigener Kraft⟩ | Dunst *m*, Beschlag *m* ⟨~-covered windows⟩; **2.** *vi* dampfen, Dampf ablassen | dampfen (Schiff u. a.), von Dampfkraft getrieben werden ⟨to ~ into the harbour⟩ | (sich) beschlagen | *meist* **~ ahead, ~ away** sich ins Zeug legen, Fortschritte machen; **~ up** sich beschlagen; *vt* dämpfen, dünsten ⟨to ~ fish; ~ed rice⟩ | (Holz) dämpfen | (Stoff) dekatieren; **~ open** durch Dampf öffnen ⟨to ≈ an envelope⟩; **~ up** (*oft pass*) *umg* (jmdn.) hochbringen, aufregen ⟨don't all get ~ed up about it⟩ | beschlagen (lassen)

⟨to become ~ed up⟩; '~ **bath** *s* Dampfbad *n*; '~ ˌ**blow·er** *s* Dampfstrahlgebläse *n*; '~**boat** *s* Dampfer *m*, Dampfschiff *n*; ~ '**boil·er** *s* Dampfkessel *m*; ~'**coal** *s* Bunkerkohle *f*; '~ **drive** *s* Dampfantrieb *m*; '~ ˌ**en·gine** *s* Dampfmaschine *f*; '~**er** *s* Dampfer *m*, Dampfschiff *n* | Dampfkochtopf *m* | Dämpfapparat *m*; '~ **gauge** *s* Dampfdruckmesser *m*, Manometer *n*; ~ '**heat·ing** *s* Dampfheizung *f*; '~ **i·ron** *s* Bügeleisen *n*; '~ **jet** *s* (Turbinen-) Dampfstrahl *m*; '~ **lo·coˌmo·tive** *s* Dampflokomotive *f*; '~ **na·viˌga·tion** *s* Dampfschifffahrt *f*; '~ ˌ**pow·er** *s* Dampfkraft *f*; '~ **pump** *s* Dampfpumpe *f*; '~ˌ**rol·ler** **1.** *s* Straßenwalze *f* | *übertr umg* Unterdrückung *f* von Opposition; **2.** *vi umg* gegen alle Widerstände durchsetzen ⟨to ≈ a bill ein Gesetz durchpeitschen⟩; '~**ship** *s* Dampfer *m*; '~ ˌ**shov·el** *s Am* Bagger *m*; '~ **trawl·er** *s* Fischdampfer *m*; '~ **tug** *s* Schleppdampfer *m*, Schlepper *m*; '~ ˌ**tur·bine** *s* Dampfturbine *f*; '~ ˌ**ves·sel** *s* Dampfschiff *n*; '~**y** **1.** *adj* dampfig, dunstig, Dampf- | beschlagen ⟨≈ windows⟩ | erotisch ⟨a ≈ scene⟩; **2.** *Am Sl* Pornofilm *m*

ste|a·rate ['stɪəreɪt] *s Chem* Stearat *n*; ~**ar·ic** [stɪ'ærɪk] *adj* Stearin-; ~ˌ**ar·ic 'a·cid** *s* Stearinsäure *f*; ~**a·rin** ['stɪərɪn] *s* Stearin *n*

ste·a·tite ['stɪətaɪt] *s Min* Steatit *m*, Seifen-, Speckstein *m*

steato- [stɪətə] ⟨*griech*⟩ *in Zus* Fett-

steed [sti:d] *s poet* Roß *n* | *scherzh* Drahtesel *m* (Fahrrad)

steel [sti:l] **1.** *s* Stahl *m* | *Tech* Gesteinsbohrer *m* | *auch* **cold** · *poet* Stahl *m*, Schwert *n* ⟨worthy of one's ~ kampfstark⟩ | *übertr* Stärke *f*, Kraft *f* ⟨a man of ~ ein stahlharter Mann⟩; **2.** *adj* stählern, Stahl- | stahlhart (*auch übertr*) ⟨~ door Stahltür *f*⟩; **3.** *vt Tech* an-, verstählen, mit Stahl überziehen | *übertr* stärken, wappnen ⟨to ~ o.s./one's heart against s.th. sich gegen etw. wappnen⟩; '~ **band** *s* Blechkapelle *f*, Stahlband *f*; '~ **bar** *s* Stahlschiene *f*; '~ **beam** *s* Stahlträger *m*; ˌ~-'**belt·ed** *adj* (Reifen) Stahlgürtel- ⟨≈ radials⟩; ˌ~-'**blue** *adj* stahlblau; '~ **brush** *s* Drahtbürste *f*; '~ ˌ**cast·ing** *s* Gußstahl *m*; ˌ~-'**clad** *adj* stahlgepanzert; ˌ~ '**con·crete** *s* Eisenbeton *m*; '~-**drawn** *adj* aus gezogenem Stahl; '~ **enˌgrav·ing** *s* Stahlstich *m*; '~ ˌ**fur·ni·ture** *s* Stahlmöbel *n/pl*; ˌ~-'**grey** *adj* stahlgrau; '~ '**grit** *s* Stahlkies *m*; ˌ~'**heart·ed** *adj* hartherzig | mutig; ˌ~ '**lock·er** *s* Stahlschrank *m*; '~ **mill** *s* Eisenhütten-, Stahlwerk *n*; ˌ~-'**plat·ed** *adj* stahlgepanzert, mit Stahlplatten geschützt; ˌ~ '**rope** *s* Stahlseil *n*; ˌ~ '**sec·tion** *s* Profilstahl *m*; ˌ~ '**sheet** *s* Stahlblech *n*; ˌ~ '**spring** *s* Stahlfeder *f*; ˌ~ '**wire** *s* Stahldraht *m*; ˌ~'**wool** *s* Stahlwolle *f*, -späne *m/pl*; '~ ˌ**work·er** *s* Stahlarbeiter *m*, Hüttenwerker *m*; '~**works** *s/pl* (*auch sg konstr*) Stahlwerk *n*; '~**y** *adj* stählern, Stahl- | *übertr* stahlhart; '~**yard** *s* Laufgewichts-, Schnellwaage *f*

steen·bok ['sti:nbɒk] *s Zool* Steenbok *m* (südafrikanische Antilope)

[1]**steep** [sti:p] **1.** *adj* steil, abschüssig ⟨a ~ path⟩ | *übertr* schnell, rasch ⟨a ~ fall⟩ | *umg* (Forderung, Preis u. ä.) übertrieben ⟨it's a bit ~ das ist zuviel verlangt; a ~ price ein unverschämter Preis; a ~ story eine haarsträubende Geschichte⟩; **2.** *s* steiler Abhang

[2]**steep** [sti:p] **1.** *vt* eintauchen, einweichen ⟨to ~ gherkins in vinegar Gurken einlegen⟩ | durchnässen, (durch)tränken (**in** in, **with** mit) | (Leder) imprägnieren | *übertr* durchdringen ⟨~ed in ignorance von Dummheit geschlagen; ~ed in prejudice voller Vorurteile; ~ed in vice dem Laster verfallen; to ~ o.s. in s.th. sich in etw. vertiefen⟩; *vi* eingeweicht sein; **2.** *s* Eintauchen *n*, Einweichen *n* | Einweichwasser *n*, Lauge *f*

steep·en ['sti:pən] *vt* steil[er] machen; *vi* steil[er] werden

stee·ple ['sti:pl] *s* Kirchturm(spitze) *m(f)* | Spitzturm *m*; '~**chase** (Sport) **1.** *s* Querfeldein-, (3 000 m-) Hindernislauf *m* | (Pferde) schweres Jagdrennen; **2.** *vi* an einem Hindernislauf teilnehmen; '~**jack** *s* Schornstein-, Turmarbeiter *m*; '~ **roof** *s* Turmdach *n*

[1]**steer** [stɪə] *s Zool* junger Ochse

[2]**steer** [stɪə] **1.** *vt* steuern, lenken ⟨to ~ a boat by the stars den Kurs eines Schiffs nach den Sternen bestimmen⟩ | *übertr* leiten, lenken, dirigieren; bugsieren; ~ **off** ablenken; *vi* steuern, lenken ⟨to ~ for home heimwärts fahren⟩ | sich steuern lassen ⟨the ship ~s well⟩; gesteuert werden ◇ ~ **clear (of s.th.** etw.) *umg* sich fernhalten von, meiden; **2.** *s* Richtungshinweis *m* ⟨to give s.o. a ~ towards home jmdm. sagen, wie er nach Hause kommt⟩ | *Am Sl* Fingerzeig *m*, Hinweis *m*, Tip *m* ⟨a bum ~ ein schlechter Rat; to give s.o. a ~⟩; '~**a·ble** *adj* steuer-, lenkbar; '~**age** *s* (*nur sg*) Steuern *n* | *übertr* Lenkung *f*, Leitung *f* | *Mar* Zwischendeck *n*; '~**age way** *s Mar* Steuerfahrt *f*, -fähigkeit *f*; '~**ing** *s* Steuern *n*; Steuerung *f*, Lenkung *f* | *übertr* Führung *f*, Leitung *f*; '~**ing arm** *s* Lenkhebel *m*; '~**ing gear** *s Kfz* Lenkgetriebe *n* | *Mar* Rudermaschine *f*; '~**ing rod** *s Mar* Ruderstange *f*; '~**ing wheel** *s Kfz* Steuer-, Lenkrad *n* | *Mar* Steuer(rad) *n*; '**steers·man** *s* (*pl* '**steers·men**) *Mar* Steuermann *m*, Rudergänger *m*; '**steers·man·ship** *s* Steuerkunst *f*

stein [staɪn] *s bes Am* Bierkrug *m*

stein·bock ['staɪnbɒk] = **steenbok**

ste|le ['sti:lɪ] *s* (*pl* ~**lae** [~li:], **les** [~lɪz]) *Hist, Arch* Stele *f*

stel|lar ['stelə] *adj Astr* stellar, sternförmig, Stern- ⟨≈ light Sternenlicht *n*⟩ | *übertr* hervorragend ⟨a ≈ production⟩ | *Theat, Film* Star-, Hauptdarsteller- ⟨≈ names; a ≈ role⟩; ˌ~**lar 'bod·y** *s* Himmelskörper *m*; ˌ~**lar 'time** *s* Sternzeit *f*; ˌ~ **lar 'wind** *s* Sternsturm *m*; '~**late** [~ɪt] *adj* sternförmig | mit Sternen besetzt

stel·lite ['stelaɪt] *s* Stellit *n*

stel·lu|lar ['steljʊlə], ~**late** [~lɪt] *adj* sternchenartig | voller Sternchen

St Elmo's fire [snt ˌelməʊz 'faɪə] *s* Elmsfeuer *n*

[1]**stem** [stem] **1.** *s* (Baum- *u. ä.*) Stamm *m* | Stengel *m*, Halm *m*, Stiel *m* | Griff *m*, (Glas-, Pfeifen-) Stiel *m*, Schaft *m*, (Lampen-) Fuß *m* ⟨the ~ of a glass⟩ | *Ling* Wortstamm *m* | *Mar* (Vorder-) Steven *m*, Vorschiff *n* ⟨from ~ to stern von vorn bis achtern⟩ | *Hist* Schiffsschnabel *m*; **2.** (**stemmed, stemmed**) *vt* (Blätter) entrippen, -stielen | *vi* abstammen, herkommen (**from** von), zurückgehen (**from** auf)

[2]**stem** [stem] (**stemmed, stemmed**) *vt* hemmen, aufhalten, Einhalt gebieten | (Bohrloch u. ä.) zustopfen, abdichten | (Blutung) stillen | *Mar* ankämpfen gegen (*auch übertr*) ⟨to ~ the tide of s.th. dagegen kämpfen, daß etw. überhand nimmt⟩; *vi* zum Stillstand kommen

stemmed [stemd] *adj* Stiel-, gestielt

-stemmed *adj in Zus* -stämmig, -stielig

stem·ming ['stemɪŋ] *s* Besatzmaterial *n* (für Bohrlöcher)

stem·ple ['stempl] *s Bergb* Stempel *m*, Stütz-, Grubenholz *n*

stem-wind·ing ['stem, waɪndɪŋ] *adj Am umg* hervorragend, exzellent ⟨a ~ speech⟩

stench [stentʃ] *s* Gestank *m*; '~ **trap** *s* Geruchsverschluß *m* (Sanitärtechnik); '~**y** *adj* stinkend, übelriechend

sten|cil ['stensl] **1.** *s* Matrize *f*, Schablone *f* ⟨to cut a ≈ auf einer Matrize schreiben⟩; **2.** ('~**cilled**, '~**cilled**) *vt* mit Schablone bemalen | auf Matrize vervielfältigen

stend [stend] *Schott* **1.** (**stent, stent** [stent]) *vt* hüpfen, springen; **2.** *s* Sprung *m*

Sten gun ['sten ˌgʌn] *s Mil* leichtes Maschinengewehr

sten·o·graph ['stenəgra:f] **1.** *s* Stenogramm *n* | stenografisches Zeichen, Kurzschriftzeichen *n*; **2.** *vt* stenografieren; **ste·nog·raph·er** [stə'nɒgrəfə] *s* Stenograf(in) *m(f)*; **sten·o-**

·**graph·ic** [ˌstenəˈgræfɪk], ˌ**sten·oˈgraph·i·cal** *adj* stenografisch; **ste·nog·ra·phist** [stəˈnɒgrəfɪst] *s* Stenograf(in) *m(f)*; **ste·nog·ra·phy** [stəˈnɒgrəfɪ] *s* Stenografie *f*, Kurzschrift *f*

stent [stent] *prät u. part perf* von ↑ **stend**

sten·to·ri·an [stenˈtɔːrɪən], *auch* **stenˈto·ri·ous** *adj* (Stimme) überlaut

step [step] **1.** *s* Schritt *m* (*auch übertr*) ⟨in ~ with in gleichem Schritt mit; ~ by ~ Schritt für Schritt, schrittweise; to be in (out of) ~ with (nicht) gleichen Schritt halten mit; *übertr* in Einklang stehen (nicht im Einklang stehen) mit; to break ~, to get out of ~ aus dem Schritt kommen; to keep ~ with Schritt halten mit; to know s.o. by his ~ jmdn. am Schritt erkennen; to take ~s Schritte unternehmen; to watch one's ~ aufpassen, vorsichtig sein⟩ | Tanzschritt *m* ⟨a fast ~⟩ | *auch* **ˈfoot~** (hörbarer) Schritt, Schrittgeräusch *n* ⟨to hear ~s⟩ | Fußstapfen *m* (*auch übertr*) ⟨to tread in s.o.'s ~s in jmds. Fußstapfen treten⟩ | Sprosse *f*, Stufe *f* ⟨in ~s stufenweise; mind the ~! Vorsicht, Stufe!; the bottom ~s die untersten Stufen⟩ | Beförderung *f*, nächsthöhere Stufe, Rang *m* ⟨to get one's next ~ up die nächsthöhere Stufe erreichen⟩ | kurze Strecke, Katzensprung *m* ⟨just a ~ from our house nur ein Sprung von unserem Haus⟩ | Strich *m*, Abschnitt *m* (auf e-r Skala) | *Mus* Intervall *n*; **2. (stepped, stepped)** *vi* schreiten, treten ⟨~ this way! treten Sie ein!; to ~ on the gas aufs Gas(pedal) treten⟩; ~ **aside** ausweichen; ~ **back** zurücktreten; ~ **down** hinuntergehen | *übertr* zurücktreten; ~ **forward** vortreten; ~ **in** hineingehen | *übertr* sich ins Mittel legen, intervenieren; ~ **on it** *umg* schneller fahren | sich dazuhalten; ~ **out** ausschreiten, sich beeilen | (*meist Verlaufsform*) *übertr umg* aktiv sein, viel erleben *od* auf die Beine stellen ⟨he's really been ~ping out this month⟩ | aussteigen | *Am Sl* abkratzen | untreu werden (**on s.o.** jmdm.); ~ **up** hinaufsteigen | zugehen (**to** auf); *vt* (Schritt) machen, ausführen | *Mar* (Mast) einsetzen | *selten* tanzen, *bes in* ~ **a measure**, *auch* ~ **it out** ein Tänzchen machen, fröhlich tanzen; ~ **down** verzögern, aufhalten; ~ **out**, ~ **off** mit Schritten abmessen ⟨to ~ out a distance of 5 metres⟩; ~ **up** steigern ⟨to ≈ production⟩ | befördern, höherstufen | *Mar* (Mast) aufrichten; ~ **upon** *Am Sl übertr* herunter-, fertigmachen

step|broth·er· [ˈstepˌbrʌðə] *s* Stiefbruder *m*; **ˈ~child** *s* (*pl* **ˈ~child·ren**) Stiefkind *n*

step dance [ˈstepdɑːns] *s* Steptanz *m*

step|daugh·ter [ˈstep ˌdɔːtə] *s* Stieftochter *f*; **ˈ~fa·ther** *s* Stiefvater *m*

step·lad·der [ˈstepˌlædə] *s* Stufen-, Trittleiter *f*

step|moth·er [ˈstepˌmʌðə] *s* Stiefmutter *f*; **ˈ~ˌmoth·er·ly** *adj* stiefmütterlich (*auch übertr*); **ˈ~ˌparents** *s/pl* Stiefeltern *pl*

steppe [step] *s* (*meist pl* mit *sing* Bedeutung) Steppe *f*

stepped [stept] (ab)gestuft, abgesetzt ⟨~ drill Stufenbohrer *m*⟩

step·ping·stone [ˈstepɪŋ stəun] *s* (Tritt-) Stein *m* (in Wasser) | *übertr* Sprungbrett *n*

step rock·et [ˈstepˌrɒkɪt] *s* Stufenrakete *f*; **steps** *s/pl* (Außen-)Stufen *f/pl* ⟨a flight of ≈ eine (Außen-, Vor-) Treppe⟩ | Leiter *f* ⟨a pair of ≈ eine Stufen- *od* Treppenleiter⟩

step|sis·ter [ˈstepˌsɪstə] *s* Stiefschwester *f*; **ˈ~son** *s* Stiefsohn *m*

step·wise [ˈstepˌwaɪz] *adj*, *adv* stufenweise

-ster [-stə] *suff zur Bildung von s mit der Bedeutung*: Person e-r bestimmten Gruppe *od* Art (*z. B.* **youngster; trickster**)

stereo- [ˈsterɪə] ⟨*griech*⟩ *in Zus* Stereo-, Raum-, Körper-

ster·e·o [ˈsterɪəu] *adj umg* Stereo- ⟨a ~ recording; a ~ record player⟩

ster·e|o·chem·ic [ˌsterɪəˈkemɪk], ˌ**~oˈchem·i·cal** *adj* stereochemisch; **~o·chem·is·try** [ˌsterɪəˈkemɪstrɪ] *s* Stereochemie *f*; **~o·graph·ic** [ˌsterɪəˈgræfɪk], ˌ**~oˈgraph·i·cal** *adj* stereographisch; **~og·ra·phy** [ˌsterɪˈɒgrəfɪ] *s Math* Stereographie *f*; **~om·e·ter** [ˌsterɪˈɒmɪtə] *s Phys* Stereometer *n*; **~o·met·ric** [ˌsterɪəˈmetrɪk], ˌ**~oˈmet·ri·cal** *adj* stereometrisch; **~om·e·try** [ˌsterɪˈɒmɪtrɪ] *s* Stereometrie *f*; **~o·phon·ic** [ˌsterɪəˈfɒnɪk] *adj* Stereoton-, Raum- ⟨≈ recording Stereowiedergabe *f*⟩; **~oph·o·ny** [ˌsterɪˈɒfənɪ] *s* Raumtonwiedergabe *f*, Stereophonie *f*; **~o·scope** [ˈsterɪəskəup] *s* Stereoskop *n*; **~o·scop·ic** [ˌsterɪəˈskɒpɪc], ˌ**~oˈscop·i·cal** *adj* stereoskopisch; **~os·co·py** [ˌsterɪˈɒskəpɪ] *s* Stereoskopie *f*; **~o·type** [ˈsterɪətaɪp] **1.** *s* Stereotypie *f*, Plattendruck *m* | Stereotype *f*, Druckplatte *f* | *übertr* Klischee *n*; **2.** *vt* stereotypieren | *übertr* stereotyp wiederholen; **ˈ~o·typed** *adj* stereotypiert | *übertr* abgedroschen, schablonenhaft ⟨a ≈ phrase⟩; **ˈ~o·typ·er**, **ˈ~o·typ·ist** *s* Stereotypeur *m*, Materngießer *m*; **~o·ty·pog·ra·phy** [ˌsterɪətaɪˈpɒgrəfɪ] *s* Stereotypdruckverfahren *n*; **~o·typ·y** [ˈsterɪətaɪpɪ] *s* Stereotypie *f*

ster|ile [ˈsteraɪl] *adj* (Person, Tier) unfruchtbar, steril | (Land) unfruchtbar ⟨≈ region⟩ | steril, keimfrei ⟨≈ soil⟩ | *übertr* frucht-, nutz-, ergebnislos ⟨a ≈ discussion⟩ | *übertr* überprüft, sauber, agentensicher ⟨a ≈ telephone⟩; **ste·ril·i·ty** [stəˈrɪlətɪ] *s* Sterilität *f*, Unfruchtbarkeit *f* (*auch übertr*) | Sterilität *f*, Keimfreiheit *f*; **~i·li·za·tion** [ˌsterɪlaɪˈzeɪʃn] *s* Sterilisierung *f*, Unfruchtbarmachung *f* | Sterilisation *f*, Keimfreimachung *f*; **~i·lize** [ˈsterɪlaɪz] *vt* sterilisieren, kastrieren, unfruchtbar machen | sterilisieren, keimfrei machen | *übertr* überprüfen, von Geheimnissen säubern ⟨to ≈ information⟩; **ˈ~i·liz·er** *s* Sterilisator *m*

ster·let [ˈstɜːlɪt] *s Zool* Sterlet *m*

ster·ling [ˈstɜːlɪŋ] **1.** *adj Wirtsch* Sterling- ⟨the ~ area; ~ bloc⟩ | (Gold, Silber) dem gesetzlichen Münzfuß entsprechend ⟨~ silver, ~ cutlery Silberbesteck *n*; of ~ gold⟩ | *übertr* echt, gediegen, lauter ⟨~ qualities lautere Eigenschaften *f/pl*; what a ~ fellow he is! ein anständiger Kerl!⟩; **2.** *s* Sterling *m* ⟨in ~ in Pfund Sterling; the pound ~ das Pfund Sterling; the value of ~ der Wert des Pfund Sterling⟩ | Sterlingsilber *n*

[1]**stern** [stɜːn] **1.** *s Mar* Heck *n*, Achter-, Hinterschiff *n* | *Zool* Spiegel *m* | hinterer Teil; **2.** *adj Mar* Heck-, achtern

[2]**stern** [stɜːn] *adj* (Person) hart, streng, unerbittlich (**to** gegen) ⟨a ~ master⟩ | (Strafe, Schuld u. ä.) schwer (zu ertragen), hart ⟨~ punishment⟩ | unfreundlich, ernst, finster, düster ⟨a ~ face⟩

stern frame [ˈstɜːn freɪm] *s Mar* Hintersteven *m*; **ˈ~most** *adj* (zu)hinterst

ster|na [ˈstɜːnə] *s/pl* von ↑ **sternum; ~nal** [ˈstɜːnl] *adj Anat, Zool* Sternal-, Brustbein-

ster|num [ˈstɜːnəm] *s* (*pl* **ˈ~nums, ~na** [ˈstɜːnə]) *Anat, Zool* Sternum *n*, Brustbein *n*

stern|way [ˈstɜːn weɪ] *s Mar* Heckfahrt *f*; **ˈ~wheel** *s* Heckrad *n*; **ˈ~ˌwheel·er** *s* Heckraddampfer *m*

ster·oid [ˈstɪərɔɪd] **1.** *s Chem* Steroid *n*; **2.** *adj* Steroid-

ster·to·rous [ˈstɜːtərəs] *adj lit, scherzh* röchelnd, schnarchend ⟨a ~ sleeper⟩

stet [stet] ⟨*lat*⟩ *Typ* **1.** *interj* bleibt!, stehen lassen! **2. (~ted, ~ted)** *vt* mit 'stet' *od* Pünktchen auszeichnen

stetho~ [steθə] ⟨*griech*⟩ *in Zus* Brust-

steth|o·scope [ˈsteθəskəup] *Med* **1.** *s* Stethoskop *n*, Hörrohr *n*; **2.** *vt* auskultieren, abhorchen; **~o·scop·ic** [ˌsteθəˈskɒpɪk], ˌ**~oˈscop·i·cal** *adj* stethoskopisch; **ste·thos·co·py** [steˈθɒskəpɪ] *s* Stethoskopie *f*

stet·son [ˈstetsən] *s* Schlapphut *m*, Cowboyhut *m*

ste·ve·dore [ˈstiːvədɔː] *Mar* **1.** *s* Schauermann *m*, Stauer *m*; **2.** *vt*, *vi* (be-, ent)laden

[1]**stew** [stjuː] **1.** *vt* dämpfen, schmoren, langsam kochen

⟨~ed chicken Huhn *n* im eigenen Saft; ~ing fruit Kochobst *n*⟩; *vi* schmoren, langsam braten (*auch übertr*) ⟨to let s.o. ~ for a bit *umg* jmdn. eine Weile schmoren lassen; to ~ in one's own juice *übertr umg* im eigenen Saft schmoren⟩ | *Sl* büffeln | *umg* sich aufregen; **2.** *s* Fleischeintopf *m*, Schmorgericht *n* ⟨mutton ~; Irish ~⟩ | *umg* Aufregung *f*, selbstverschuldete Schwierigkeit ⟨to be in (get into) a ~ in Schwulitäten sein (geraten)⟩ | *Sl* Büffler *m* | *meist pl* (*mit best art*) *arch Sl* Bordell *n*

²**stew** [stju:] *s Am Flugw umg* Steward *m*, Stewardeß *f*

stew·ard ['stju:əd] **1.** *s* Verwalter *m*, Inspektor *m* | Haushofmeister *m*, Haushalter *m* | Butler *m* | Tafelmeister *m*, Kämmerer *m* (Klub, College) | (*meist pl*) (Pferdesport) (Mitglied *n* der) Rennleitung | (Fest-) Ordner *m* | *Mar* Steward *m* ⟨cabin ~; deck ~⟩ | *bes* **shop** '**~** Gewerkschaftsvertrauensmann *m*; **2.** *vt* verwalten; *vi* als Steward arbeiten; '**~ess** *s* Verwalterin *f* | *Mar, Flugw arch* Stewardeß *f*; '**~ship** *s* Verwaltung *f* | Verwalteramt *n*

stewed [stju:d] *adj Brit* (Tee) zu lange gezogen, zu bitter | *umg* voll, besoffen

¹**stick** [stɪk] **1.** *s* (Holz-) Scheit *n* | Zweig *m* ⟨to gather ~s Reisig sammeln⟩ | Stab *m*, Stock *m*, Stecken *m* ⟨to get/(hold of) the wrong end of the ~ etwas völlig falsch verstehen; to get the dirty end of the ~ Pech haben⟩ | *auch* '**walking ~** Spazierstock *m* | Stange *f* ⟨a ~ of rock eine Zuckerstange⟩ | Stück *n* ⟨a ~ of chalk ein Stück Kreide⟩; Stengel *m* ⟨a ~ of rhubarb⟩ | Knüppel *m*, Prügel *m* ⟨the big ~ *Pol übertr* Gewaltandrohung *f*; to wield a/the big ~ *übertr* mit dem Knüppel drohen; to give s.o. the ~ jmdn. verprügeln⟩ | (Sport) Schläger *m* ⟨hockey ~⟩ | *Mus* Dirigentenstab *m*, Taktstock *m* | *Flugw* Steuerknüppel *m* | *Typ* Winkelhaken *m* | *Mar* Mast *m* | *umg* schwerfälliger *od* umständlicher Kerl, Klotz *m* ⟨he's a dull/dry old ~⟩; **2.** *vt* (Pflanze) mit einem Stock stützen | *Typ* in den Winkelhaken nehmen

²**stick** [stɪk] **1.** *s* Stich *m*, Stoß *m* | Halt *m*; **2.** (**stuck, stuck** [stʌk]) *vt* stechen mit | durchbohren, -stechen | stecken, stoßen ⟨to ~ pins into s.th. Nadeln in etw. stecken; to ~ a fork into s.th. mit einer Gabel etw. anstechen; to be stuck full of pins voller Nadeln stecken⟩ | abstechen ⟨to ~ pigs⟩ | befestigen, festmachen | kleben ⟨to ~ a stamp on a letter; to be *od* get stuck with s.o. *od* s.th. von jmdm. nicht mehr loskommen, aus etw. nicht heraus- *od* wegkommen; the bus was stuck in the mud der Bus war im Schlamm steckengeblieben⟩ | bedecken, schmücken (**with** mit) | *umg* setzen, legen ⟨to ~ one's hands in one's pockets die Hände in die Taschen stecken⟩ | *Am umg* in Verlegenheit bringen | *Sl* aushalten, -stehen ⟨I can't ~ it any longer⟩; **~ down** *umg* hinsetzen, -legen, -stellen | *umg* aufschreiben | festkleben; **~ in** einkleben; **~ out** (Zunge) herausstecken ⟨to ~ one's tongue out at s.o.; to ~ one's neck out (for) *umg* etw. riskieren (für); sich über Gebühr einsetzen (für)⟩ | durchstehen ⟨to ≈ an exam eine Prüfung zu Ende machen; to ~ it out *umg* durchhalten, es aushalten⟩; **~ up** errichten, aufstellen ⟨to ~ one's hands up, *umg* to ~ 'em up die Hände hochnehmen⟩ | *Sl* überfallen ⟨to ≈ a bank⟩; *vi* stecken (**in** in) ⟨to ~ one's throat im Hals steckenbleiben; *übertr* nicht übers Herz bringen; *übertr* (Worte) nicht herausbringen⟩ | haften, festkleben ⟨to ~ together aneinanderkleben; *übertr umg* zusammenhalten, -stehen⟩ | (sich) festhalten, halten (**to** an); **~ out** abstehen | *umg* bestehen (**for** auf); **~ together** *umg* zusammenhalten, sich gegenseitig unterstützen; **~ up** *umg* sich einsetzen, eintreten (**for** für) ⟨to ≈ for o.s. sich behaupten⟩ | Widerstand leisten (**to** gegen); **~ with** (treu) stehen zu ⟨to ≈ a friend; to ≈ an ideal⟩;
'**~er** *s* Schweineschlächter *m* | Plakatankleber *m* | Aufkleber *m*, Aufklebezettel *m* | ausdauernder Mensch ⟨to be a ≈ zäh sein⟩ | *Am umg* Klette *f* | *Wirtsch umg* Ladenhüter *m* | *übertr* verwirrende Sache; '**~ing** *s* Stechen *n* | Heften *n*, Kleben *n* | Steckenbleiben *n*, Stockung *f* | *Ferns* Bildkonservierung *f*; '**~ing ˌplas·ter** *s* Heftpflaster *n*; '**~ing point** *s* Halte-, Wendepunkt *m*; '**~ing strip** *s* Klebestreifen *m*; '**~-in-the-ˌmud** **1.** *umg adj* langsam; **2.** *s übertr* Muffel *m*, rückständiger Mensch; '**~ lac** *s* Stocklack *m*

stick·le ['stɪkl] *vi* Skrupel vorbringen | (sich) zanken, streiten

stick·le·back ['stɪklbæk] *s Zool* Stichling *m*

stick·ler ['stɪklə] *s* Eiferer *m*, Kleinigkeitskrämer *m*, Pedant *m* ⟨a ~ for accuracy einer, der alles übergenau nimmt⟩ | kompliziertes Problem

stick|-on ['stɪkɒn] *adj* (Auf-) Klebe-, festklebend ⟨≈ labels⟩; '**~pin** *s Am* Krawattennadel *f*

sticks [stɪks] *s/pl urspr Am umg verächtl* ländliche Gegend, Land *n* ⟨out in the ~ *übertr* hinter dem Mond⟩ | *auch* **ˌ~ of 'fur·ni·ture** *umg* (billige) Möbel(stücke) *n(pl)*

stick shift ['stɪk ʃɪft] *s Am Kfz* Knüppelschaltung *f*

stick-up [col·lar] ['stɪkˌʌp (ˌkɒlə)] *s* Stehkragen *m*

stick·y ['stɪkɪ] *adj* zäh, klebrig ⟨~ fingers; to be ~ with s.th. voller … kleben, kleben vor etw.; ~ wicket (Kricket) glitschige Spielfläche; to be/bat on a ~ wicket *Brit übertr umg* einen schweren Stand haben, schwer ins Schwimmen kommen⟩ | schwül, stickig ⟨~ weather⟩ | *umg* zögernd; kritisch, heikel ⟨he was ~ about letting her go er ließ sie nur ungern gehen⟩ | *umg* elend, kläglich ⟨to feel ~; to come/meet a ~ end ein klägliches Ende nehmen⟩

²**stick·y** ['stɪkɪ] *adj* hölzern | *übertr* steif, hölzern

stiff [stɪf] **1.** *adj* steif, unbiegsam, starr ⟨a ~ collar; as ~ as a poker stocksteif; to keep a ~ upper lip *übertr* die Ohren steifhalten, sich nicht unterkriegen lassen⟩ | schwer beweglich, steif ⟨to have a ~ leg⟩ | stark, steif, kräftig ⟨a ~ breeze⟩ | *umg* stark, scharf ⟨a ~ drink⟩ | *Wirtsch* stabil | *Wirtsch* übermäßig (hoch) ⟨~ prices gepfefferte Preise *m/pl*⟩ | *übertr* steif, unbeholfen ⟨a ~ bow⟩ | *übertr* kühl, förmlich ⟨a ~ reception⟩ | *übertr* hartnäckig, unnachgiebig ⟨~ denial hartnäckiges Leugnen⟩ | streng, hart ⟨a ~ sentence ein hartes Urteil⟩ | schwierig, schwer ⟨a ~ examination; a ~ job⟩ | *umg* unglaublich, unverschämt ⟨it's a bit ~ es ist ziemlich stark⟩; **2.** *adv umg* äußerst, extrem ⟨to bore s.o. ~ jmdn. tödlich langweilen; scared ~ zu Tode erschrokken⟩; **3.** *Sl s* Leiche *f* | falsches Papiergeld *n* | hohes Tier, Bonze *m* | unbelehrbarer Mensch *m* ⟨you big ~ du Erz-, Riesennarr!⟩ | förmlicher Mensch; **~en** ['stɪfn] *vt* steif machen, (ver)steifen ⟨to ≈ a dress⟩ | *auch* **~en up** (jmdn.) mitnehmen, überanstrengen (Mühe u. ä.) | *übertr* stärken | *Sl* kaltmachen, töten; *vi* steif werden, sich versteifen, erstarren ⟨to ≈ at zusammenzucken bei⟩ | sich festigen | *Wirtsch* (Preise) anziehen | sterben | *übertr* hart werden, sich verhärten; **~en·er** ['stɪfn̩ə] *s* Versteifung *f*, steife Einlage ⟨collar ≈⟩; **~en·ing** ['stɪfn̩ɪŋ] *s* Steifen *n*, Stärken *n* | Versteifung *f* | Steifleinen *n*; **ˌ~-'necked** *adj* mit steifem Genick | *übertr* halsstarrig, hartnäckig, stur

¹**sti·fle** ['staɪfl] *s* Kniegelenk *n* (des Pferdes) | *Vet* Flußgalle *f*

²**sti|fle** ['staɪfl] *vt* ersticken (**by** an, durch) | *übertr* zurückhalten, unterdrücken ⟨to ≈ a rebellion; to ≈ one's laughter⟩; *vi* ersticken; '**~fling** *adj* erstickend, stickig ⟨≈ air; a ≈ [hot] day⟩

stig|ma ['stɪgmə] *s* Schandfleck *m*, -mal *n*, Schimpf *m* | Brandmal *n* | Kennzeichen *n*, Symptom *n* | (*pl* **~mata** ['stɪgmətə|stɪg'mɑ:tə]) *Rel* Wundmal *n* | *Bot* Narbe *f*, Stigma *n* (der Blüte); '**~ma disk** *s Bot* Narbenscheibe *f*;

~mat·ic [stɪg'mætɪk] **1.** *adj* stigmatisch, stigmatisiert, gebrandmarkt | *Bot* Narben- | *Phys* stigmatisch; **~ma·ti·za·tion** [ˌstɪgmətaɪ'zeɪʃn] *s* Stigmatisierung *f*, Brandmarkung *f*; **'~ma·tize** *vt* stigmatisieren, brandmarken

stile [staɪl] *s* Zaunübertritt *m* ⟨to help a lame dog over a ~ *übertr* jmdm. in der Not beistehen⟩

sti·let|to [stɪ'letəʊ] **1.** *s* (*pl* **~tos, ~toes**) Stilett *n* | *umg* (Damen-) Schuh *m* mit Pfennigabsatz; **2.** *vt* (mit einem Stilett) erdolchen; **ˌ~to 'heel** *s* Pfennigabsatz *m*

¹**still** [stɪl] **1.** *adj* ruhig, still, bewegungslos ⟨keep ~! halte still!, sei ruhig!⟩ | windstill ⟨a hot ~ day⟩ | (Gewässer) still, stehend ⟨~ waters run deep *Sprichw* stille Wasser sind tief⟩ | (Getränk) ohne Kohlensäure ⟨~ orange juice⟩; (Wein) nicht moussierend | gedämpft, leise ⟨a ~ small voice die Stimme des Gewissens⟩; **2.** *s poet* Stille *f*, Ruhe *f*, Schweigen *n* ⟨in the ~ of night in tiefer Nacht⟩ | Standfoto *n* | *umg* Stilleben *n*; **3.** *vt* zum Schweigen bringen | stillen, beruhigen, beschwichtigen; *vi* still werden

²**still** [stɪl] **1.** *adv* noch (immer), immer noch ⟨he is ~ busy; he ~ hopes⟩ | noch dazu, außerdem ⟨~ another reason noch ein weiterer Grund⟩ | trotzdem, dennoch ⟨but it's ~ unfair that es ist aber doch unfair, daß⟩ | *vor comp* noch ⟨~ better⟩; **2.** *conj* trotzdem, dennoch, nichtsdestoweniger ⟨~, he's your brother trotz alledem ist er dein Bruder⟩

³**still** [stɪl] **1.** *s* Destillierkolben *m*, Retorte *f* | Brauerei *f*; Destillationsanlage *f*; **2.** *vt, vi arch, poet* destillieren

stil·lage ['stɪlɪdʒ] *s* Gestell *n*, Plattform *f*, Ladeplatte *f*

still|birth ['stɪlbɜːθ] *s* Totgeburt *f*; **'~born** *adj* totgeboren | *übertr* kraft-, fruchtlos, (von vornherein) vergeblich ⟨a ≈ treaty ein zum Scheitern verurteilter Vertrag⟩

still|head ['stɪlhed] *s* Destillierkolben *m*; **'~ house** *s* Schnapsbrennerei *f*

stil| life [ˌstɪl 'laɪf] *s* (*pl* **ˌ~ 'lifes** *od* **ˌ~ 'lives**) *Mal* Stilleben *n*; **ˌ~ life 'paint·ing** *s* Stilleben *n*

still pic·ture ['stɪl ˌpɪktʃə] *s Foto* Steh(licht)bild *n*

still·room ['stɪlrʊm] *s Brit* Vorratskammer *f*, Servierraum *m* | Brennerei-, Destillationsraum *m*

still·y ['stɪlɪ] *adj poet* ruhig, friedlich

stilt [stɪlt] **1.** *s* (*meist pl*) Stelze *f* ⟨to walk on ~s auf Stelzen laufen⟩ | *Arch* Pfeiler *m*; **2.** *vi* auf Stelzen gehen, stelzen; *vt* auf Stelzen stellen | *übertr* hochbringen, erheben | *Arch* durch Pfeiler heben; **'~ed** *adj* (Stil u. ä.) gestelzt, geschraubt, hochtrabend, steif ⟨≈ talk⟩ | *Arch* erhöht; **'~y** *adj* gespreizt, geschraubt

Stil·ton ['stɪltən] *s Brit* Stilton(käse) *m* (Art englischer Schimmelkäse)

stim·u|lant ['stɪmjʊlənt] **1.** *s Med* Stimulans *n*, Anregungsmittel *n* (*auch übertr*); **2.** *adj Med* stimulierend, anregend, belebend (*auch übertr*); **'~late** *vt Med* stimulieren, anregen, beleben | *übertr* anreizen, anstacheln, antreiben ⟨to ≈ s.o. to greater efforts⟩; *vi* stimulieren, anregen, beleben; **'~lat·ing** *adj* stimulierend, anregend, belebend; **ˌ~'la·tion** *s Med* Reizung *f*, Reiz *m* | Anregung *f*, Antrieb *m*; **'~la·tive** *adj* anreizend, anspornend, antreibend; **'~la·tor** *s* anregendes Mittel; **~lus** ['~ləs] *s* (*pl* **'~li** [~laɪ]) Anreiz *m*, Antrieb *m* ⟨under the ≈ of getrieben von⟩ | *Med* Stimulans *n* | *Bot* Nesselhaar *n*

sting [stɪŋ] **1.** (**stung, stung** [stʌŋ]) *vt* stechen ⟨ a hornet stung him⟩ | brennen, beißen in *od* auf ⟨to ~ s.o.'s eyes jmdm. in den Augen brennen⟩ | (jmdn.) verletzen, verwunden, (jmdm.) wehtun (Schlag u. ä.) | *übertr* verwunden, schmerzen, kränken | quälen, peinigen ⟨stung with remorse von Reue geplagt⟩ | *übertr* antreiben, anstacheln (**into** zu) ⟨anger stung him to action⟩ | *Sl* neppen, betrügen (**for** um); *vi* stechen | schmerzen | *übertr* verletzen; **2.** *s* *Zool* Stachel *m* ⟨a ~ in its tail *übertr* ein Pferdefuß⟩ | *Bot* Brenn-, Nesselhaar *n* | Stechen *n*, Brennen *n* | Stich *m*, Biß *m* (*auch übertr*) ⟨~ of conscience Gewissensbiß *m*⟩ | *übertr* Stachel *m*, Schmerz *m* ⟨the ~ of her tongue ihre verletzende Sprache⟩ | Schwung *m*, Elan *m* ⟨it has no ~ in it es steht nichts dahinter⟩ | Pointe *f*, Spitze *f*

sting·bull ['stɪŋbʊl] *s Zool* Petermännchen *n*

sting|er ['stɪŋə] *s Zool* (Insekten-) Stachel *m* | *umg* derber Schlag | *umg* beißende Bemerkung; **'~ing** *adj Zool, übertr* stechend, beißend; **'~ing ˌnet·tle** *s Bot* Brennessel *f*; **'~less** *adj Zool* stachellos; **~go** ['stɪŋgəʊ] *s Brit* Starkbier *n*; **'~ray** *s Zool* Stachelrochen *m*; ¹**~y** *adj* stechend | *voll* Stacheln

²**stin·gy** ['stɪndʒɪ] *adj umg* geizig, knauserig ⟨a ~ person; to be ~ of s.th. mit etw. geizen⟩ | kärglich, dürftig ⟨a ~ meal⟩

stink [stɪŋk] **1.** (**stank** ['stæŋk] *od* **stunk, stunk** [stʌŋk]) *vi* stinken, übel riechen (**of** nach) ⟨it ~s in my nostrils *umg übertr* es hängt mir zum Halse raus⟩ | *übertr* einen schlechten Ruf haben, sehr unbeliebt *od* verrufen sein ⟨it ~s to heaven es stinkt zum Himmel⟩ | *Sl* miserabel sein, unter aller Kanone sein ⟨his plan ~s⟩; *vt, meist* **~ out** (Tiere) durch beißenden Rauch vertreiben ⟨to ~ out a fox⟩ | *meist* **~ out** *od* **~ up** mit Gestank erfüllen ⟨to ~ the place out with s.th. einen Ort mit etw. verräuchern *od* verstänkern⟩; **2.** *s* Gestank *m*, übler Geruch | *umg* Skandal *m*, Mordskrach *m* ⟨to raise/kick up a ~ about s.th. Rabatz machen *od* Krach schlagen wegen etw.⟩ | *Brit Sl* Chemie(unterricht) *f*(*m*); **~ard** ['~əd] *s Zool* Stinktier *n*; **'~ bomb** *s* Stinkbombe *f*; **'~er** *s* Stinkbombe *f* | *Zool* Stinker *m* | Riesensturmvogel *m* | *Bot* Stinkmorchel *f* | *Sl* grober Brief | *Sl* böse Sache, Sauerei *f*, Gemeinheit *f* | *Sl* widerliche Person; **'~horn** *s Bot* Stinkmorchel *f*; **'~ing 1.** *adj* stinkend, übelriechend | *übertr Sl* miserabel ⟨to cry ≈ fish sich selbst schlecht machen⟩ | *vulg* dreckig, beschissen; **2.** *adv in*: **ˌ~ing 'rich** stinkreich; **ˌ~ing 'aw·ful** saumiserabel; **'~wood** *s Bot* Stinkbaum *m* | Stinkholz *n*

¹**stint** [stɪnt] *s Zool* Strandläufer *m*

²**stint** [stɪnt] **1.** *vt* begrenzen, be-, einschränken, knapphalten ⟨to ~ o.s. of s.th. sich einschränken in bezug auf etw.⟩ | knausern, kargen mit ⟨to ~ the food; to ~ praise mit Lob sehr spärlich umgehen⟩ | (Stute) belegen; *vi* sich einschränken, knausern; **2.** *s* Begrenzung *f*, Be-, Einschränkung *f* ⟨without ~ uneingeschränkt, rückhaltlos⟩ | Arbeitsnorm *f*, -pensum *n* ⟨to do one's daily ~ sein Tagespensum erledigen⟩; **'~ed** *adj* knapp, beschränkt; **'~less** *adj* uneingeschränkt

stipe [staɪp] *s Bot* Stiel *m*, Stengel *m*; Strunk *m* | *Zool* Stiel *m*

sti|pend ['staɪpend] *s* Besoldung *f*, Gehalt *n* (bes. für Geistliche) | Pension *f*; **~pen·di·ar·y** [staɪ'pendɪərɪ] **1.** besoldet, Gehalts- ⟨≈ curate besoldeter Geistlicher⟩; **2.** *s, auch* **~ˌpen·di·ar·y 'mag·is·trate** *Brit* Polizeirichter *m*

stip|ple [stɪpl] *Mal* **1.** *vt, vi* punktieren, tüpfeln; **2.** *s* Punktieren *n*, Punktierung *f*; **'~pler** *s* Pointillist *m* | Punktierstichel *m*

stip·u|late ['stɪpjʊleɪt] *bes Wirtsch, Jur vi* Vereinbarungen treffen (**for** über); *vt* festlegen, bestimmen, ausbedingen (**that** daß) ⟨as ≈d wie vereinbart⟩ | garantieren (**that** daß); **ˌ~'la·tion** *s* Vereinbarung *f*, Abmachung *f* ⟨on the ≈ that gemäß vertraglicher Übereinkunft, daß *od* wonach⟩ | Klausel *f*, Bedingung *f*; **'~la·tor** *s* Kontrahent *m*; **'~la·to·ry** *adj* vertraglich

stip·ule ['stɪpjuːl] *s Bot* Nebenblatt *n*

¹**stir** [stɜː] *s Sl* Kittchen *n*, Gefängnis *n* ⟨in ~ im Kittchen⟩

²**stir** [stɜː] **1.** (**stirred, stirred**) *vt* (um)rühren, regen, bewegen (*auch übertr*) ⟨to ~ one's tea; to ~ milk into s.th.; not ~ a finger keinen Finger rühren; not ~ an eyelid ungerührt bleiben; ~ yourself! sei fleißig!, tu was!; to ~ one's

stumps *umg* sich beeilen, ranhauen⟩ | schüren ⟨to ~ the fire⟩ | *oft* ~ **up** antreiben; anzetteln, aufwiegeln ⟨to ~ s.o. to s.th. jmdn. zu etw. anstacheln; to ~ up trouble Streit hervorrufen⟩ | *oft* ~ **up** erregen ⟨to ~ s.o.'s blood jmdn. begeistern; he wants ~ring up er muß wachgerüttelt werden⟩; *vi* sich rühren, sich regen, sich bewegen ⟨I haven't ~red out all morning ich bin den ganzen Vormittag nicht aus dem Haus gekommen⟩ | auf-, erwachen (*auch übertr*) ⟨pity ~red in his heart Mitleid regte sich in ihm; she is not ~ring yet sie liegt noch im Bett⟩ | beschäftigt sein, sich rühren | erregt sein; **2.** *s* (Um-) Rühren *n* ⟨to give the mixture a ~⟩ | *übertr* (*meist sg*) Rühren *n*, Bewegen *n*, Bewegung *f* ⟨a ~ of excitement eine Woge der Erregung⟩ | Lärm *m*, Tumult *m*, Aufruhr *m*, Erregung *f* ⟨to cause/make a great ~ großes Aufsehen erregen⟩; **'~a·bout** *s* Aufregung *f* | *Brit* Porridge *n*, Haferbrei *m*; **'~rer** *s* rühriger Mensch | Anstifter *m* | Rührwerk *n*, -apparat *m*; **'~ring** **1.** *adj* auf-, erregend ⟨≈ times⟩ | rührig, geschäftig; **2.** *s* Rühren *n* | Bewegung *f* | Rührigkeit *f* | Auf-, Erregung *f*; **'~ring ma,chine** *s* Rührwerk *n*

stir·rup ['stɪrəp] *s* Steigbügel *m* | *Tech* Klammer *f*, Bügel *m*; **'~ cup** *s bes Brit* (Abschieds-)-Trunk *m* (im Sattel); **'~ i·ron** *s* Steig(bügel)eisen *n*; **'~ ,leath·er** *s* Steigbügelriemen *m*; **'~ pump** *s* Handpumpe *f*, -spritze *f*; **'~ strap** *s* Steigbügelriemen *m*

stitch [stɪtʃ] **1.** *s* (Nadel-, Näh-) Stich *m* (*auch Med*) ⟨to make long ~es; to put a few ~es in vernähen; to take ~es out of a wound Fäden aus einer Wunde ziehen; a ~ in time saves nine *Sprichw* was du heute kannst besorgen, das verschiebe nicht auf morgen⟩ | Stich-, Stick-, Strickart *f* | Strick-, Häkelmasche *f* ⟨to drop a ~ eine Masche fallen lassen; to take up a ~ eine Masche aufnehmen⟩ | (*nur sg*) Stich *m*, Stechen *n* (Schmerz) ⟨a ~ in the side *Med* Seitenstechen⟩ ◇ **in ~es** hilflos vor Lachen; **without a ~ on** splitternackt; **2.** *vt* nähen; steppen; sticken; flicken | (Bücher) heften, broschieren; *vi* nähen; sticken; **'~er** *s* Näherin *f* | *Buchw* Heftmaschine *f*; **'~er·y** *s* Stickerei *f*; **'~ing** *s* Nähen *n* | Steppen *n* | Sticken *n* | *Buchw* Heften *n*; **'~ing gauze** *s Buchw* Heftgaze *f*; **'~ing ma,chine** *s Buchw* Heftmaschine *f*; **'~ing ,nee·dle** *s* Sticknadel *f*; **'~ing silk** *s* Nähseide *f*; **'~ing thread** *s* Heftzwirn *m*; **'~ing wire** *s* Heftdraht *m*

sti·ver ['staɪvə] *s übertr* Heller *m*, Kleinigkeit *f* ⟨I don't care a ~ es ist mir völlig gleichgültig, ich schere mich keinen Deut drum

St Luke's sum·mer [snt 'lu:ks ,sʌmə] *s* Altweibersommer *m*

[1]**stoat** [stəut] *s Zool* Hermelin *n*, Wiesel *n*

[2]**stoat** [stəut] *vt* zusammennähen

stob [stɒb] *s Schott dial* kleiner Pfosten

stock [stɒk] **1.** *s* (Baum-) Stamm *m* | Stengel *m* | Strunk *m* | Klotz *m*, Block *m* | Stiel *m*, Griff *m* ⟨the ~ of a whip⟩ | (Gewehr-) Kolben *m*, Schaft *m* ⟨the ~ of a rifle⟩ | *Mar* Ankerstock *m* | *Tech* Gerüst *n*, Stütze *f* | (Rad-) Nabe *f* | Glockenstuhl *m* | *Ling* Sprachstamm *m* | Stamm *m*, Herkunft *f* ⟨of Irish ~ irischer Abstammung⟩ | Stammvater *m* | Ausgangs-, Grundstoff *m*, Rohmaterial *n* ⟨paper ~ Ausgangsmaterial zur Papierherstellung⟩ | Bestand *m*, Vorrat *m* ⟨in ~ vorrätig; out of ~ ausverkauft, nicht auf Lager⟩ | Inventar *n* ⟨dead (live) ~ totes (lebendes) Inventar; to take ~ Inventur machen; to take ~ of s.o. jmdn. abschätzen; to take ~ of s.th. sich klarwerden über etw., sich von etw. ein Bild machen⟩ | *übertr* (Wissens-) Schatz *m* ⟨a ~ of information⟩ | Viehbestand *m* | *Kochk* (Fleisch-) Brühe *f*, Fond *m* | *Bot* Levkoje *f* | Stehkragen *m*, Halsbinde *f* | *Wirtsch* Aktienkapital *n* ⟨a safe ~ eine sichere Anlage; his ~ has gone up seine Aktien sind gestiegen; to take ~ in *übertr* Interesse zeigen für⟩ | *Brit Wirtsch* Staatsanleihe *f* |

Theat Repertoire *n*; **2.** *adj* auf Lager, Lager-, stets vorrätig ⟨~ sizes⟩ | Viehzucht-, Zucht- | *Wirtsch* Aktien- | *Theat* Repertoire- | *übertr* abgegriffen, abgedroschen, stereotyp ⟨a ~ character⟩; **3.** *vt* auf Lager legen ⟨do you ~ hats? führen Sie Hüte?⟩ | (mit dem Nötigen) versehen, -sorgen, ausstatten, -rüsten (**with** mit) ⟨he has a memory well ~ed with facts er hat ein ausgezeichnetes Faktenwissen⟩ | mit einem Griff versehen, schäften | (Teich) mit Fischen besetzen | (Land) bepflanzen | *Mar* (Anker) stocken; *vi, meist* ~ **up** sich eindecken (**with** mit) ⟨to ~ up for the holiday trade⟩ | *Bot* Schößlinge treiben, sich bestocken; **'~ ac,count** *s Brit Wirtsch* Effektenkonto *n*

stock·ade [stɒ'keɪd] **1.** *s* Staket *n*, Lattenzaun *m*, Einpfählung *f* | *Mil* Palisade *f*; **2.** *vt* einpfählen, mit Pfählen umgeben

stock|-blind ['stɒk blaɪnd] *adj* stockblind; **'~boat** *s* Serienboot *n*; **'~book** *s Wirtsch* Lagerbuch *n*; **'~,breed·er** *s bes Brit* Viehzüchter *m*; **'~,bro·ker** *s* Börsenmakler *m*; **'~car** *s Kfz* (frisierter) Serienwagen *m*, Stock Car *n* | *Am Eisenb* Viehwagen *m*; **,~ car 'rac·ing** *s* Stock-Car-Rennen *n*; **'~card** *s* Artikelkarte *f*; **'~ ,com·pa·ny** *Am s* Aktiengesellschaft *f* | *Theat* Repertoiretheater *m*; **'~ cube** *s* Brühwürfel *m*; **'~er** *s* Stock Car *n*; **'~ ex,change** *s* (Effekten-) Börse *f* ⟨on the ≈ auf *od* an der Börse⟩; **'~ farm** *s* Viehzuchtfarm *f*; **'~ ,farm·er** *s* Viehzüchter *m*; **'~fish** *s* Stockfisch *m*; **'~,hold·er** *s Am* Aktionär *m* | *Austr* Viehbesitzer *m*; **'~hold·ing** *s* Aktienbesitz *m*; **'~i·ly** *adv* kräftig, *in:* **,~ily 'built** stämmig

stock·i·net[te] [,stɒkɪ'net] *s* Stockinett *n*, Trikot *n*

stock·ing ['stɒkɪŋ] **1.** *s* Strumpf *m* ⟨a pair of ~s ein Paar Strümpfe; elastic ~ Gummistrumpf; in one's ~ in Strümpfen, ohne Schuhe⟩ | (Pferd) Fessel *f*; **2.** *vt* (jmdm.) Strümpfe anziehen; **'~ed** *adj* in Strümpfen; **'~ 'feet** *s/pl* Füßlinge *m/pl* ⟨in one's ~[ed] feet in Strümpfen, ohne Schuhe⟩; **'~ frame** *s* Strumpfwirkmaschine *f*; **'~less** *adj* ohne Strümpfe, strumpflos; **,~ 'mask** *s* Strumpfmaske *f*

stock|-in-trade [,stɒk ɪn 'treɪd] *s* Betriebsmittel *pl* | Warenbestand *m* | *übertr* Repertoire *n*, übliche Masche; **'~ist** *s* Fachhändler *m*; **'~,job·ber** *s* Börsenspekulant *m*; **'~,job·ber·y**, **'~,job·bing** *s* Börsenspekulation *f*; **'~,keep·er** *s* Lagerverwalter *m*; **'~less** *adj* stiellos; **'~list** *s* Börsenbericht *m*, Kurszettel *m*; **'~man** *s* (*pl* **'~men**) *Am* Lagerverwalter *m* | *Am, Austr* Viehzüchter *m* | *Am, Austr* Viehhüter *m*; **'~ ,mar·ket** *s Am, Austr* Viehmarkt *m* | Börse *f*; **'~ piece** *s Theat* Repertoirestück *n*; **'~pile** **1.** *s* Reserve *f*, Lager *n*, Vorrat *m*; **2.** *vt* lagern, anhäufen; *vi* einen Vorrat anlegen; **'~pond** *s* Setzteich *m* (für Fische); **'~ pot** *s* Suppentopf *m*, -kessel *m*; **'~ ,rais·er** *s* Viehzüchter *m*; **'~room** *s* Lager-, Vorratsraum *m*; **stocks** *s/pl Mar* Helling *f*, Stapel *m* ⟨off the ≈ vom Stapel gelaufen; on the ≈ im Bau, in Vorbereitung, in Arbeit (*auch übertr*)⟩ | *Hist* Gefangenenblock *m*, Stock *m*; **,~-'still** *adj* stocksteif, unbeweglich; **'~,tak·ing** *s* Inventur *f*, Bestandsaufnahme *f* (*auch übertr*); **'~y** *adj* (Körper) stämmig, untersetzt | *Bot* starkstämmig | *Brit dial* verstockt; **'~yard** *s* Schlacht-, Viehhof *m*

stodge [stɒdʒ] *umg* **1.** *vt*, (*vi*) (sich) vollstopfen; **2.** *s* Brei *m* ⟨potatoe ~⟩ | Fraß *m* | *übertr* schwerverdauliches Zeug, harter Brocken; **'stodg·y** *umg adj* (Essen) unverdaulich, schwer | wenig schmackhaft (*auch übertr*) ⟨a ≈ meal⟩ | (Buch, Stil) überladen, vollgestopft | (Person) langweilig, schwerfällig | spießig, borniert

stoep [stu:p] *s*, *Südafr* Veranda *f*

sto|gie, ~gy ['stəugɪ] **1.** *s Am* billige Zigarre; **2.** *adj umg* grob, schwer

sto|ic ['stəuɪk] **1.** *adj Phil* stoisch | *übertr* gelassen, gleichmütig, stoisch; 2. *s Phil* Stoiker *m* | *übertr* gleichmütiger Mensch; **'~i·cal** *adj Phil* stoisch | *übertr* gelassen, gleichmütig, stoisch; **~i·cism** [~ɪsɪzm] *s Phil* Stoizismus *m* | *übertr* Gelassenheit *f*, Gleichmut *m*, Stoizismus *m*

stoke [stəuk] 1. *vt* (Feuer u. ä.) (an)schüren); *auch* ~ **up** (Ofen) heizen ⟨to ~ up the fire with coal⟩ | *umg* (Essen) hineinstopfen; *vi* schüren | *auch* ~ **up** heizen ⟨to ~ [up] twice a day zweimal am Tag heizen⟩ | *umg* sich vollschlagen; **'~hold** *s Mar* Heizraum *m*; **'~hole** *s* Ofenloch *n*; **'stok·er** *s* Heizer *m*

[1]**stole** [stəul] *s* Stola *f*

[2]**stole** = **stolon**

[3]**stole** [stəul] *prät* von ↑ **steal 1.**; **sto·len** ['stəulən] *part perf* von ↑ **steal**

stol·id ['stɒlɪd] *adj* schwerfällig, phlegmatisch | gelassen ⟨in a ~ tone⟩ | stur, dumm ⟨a ~ creature⟩; **~i·ty** [stə'lɪdətɪ] *s* Schwerfälligkeit *f*, Phlegma *n* | Gelassenheit *f* | Dummheit *f*, Sturheit *f*

sto·lon ['stəulən] *s Bot* Stolo *m*, Ausläufer *m*, Schößling *m*

stom·ach ['stʌmək] 1. *s* Magen *m* ⟨that sticks on my ~ das liegt mir schwer im Magen; on an empty ~ mit leerem Magen⟩ | *umg euphem* Leib *m*, Bauch *m* | Appetit *m*; Hunger *m* (**for** auf) | Neigung *f*, Lust *f* ⟨to have no ~ for s.th. zu etw. keine Lust haben⟩; 2. (*meist interrog od neg*) *vt* essen ⟨I can't ~ heavy food ich kann schwere Speisen nicht vertragen⟩ | *übertr* vertragen, (Beleidigung u. ä.) einstecken ⟨how can you ~ this?⟩; **'~ ache** *s* Magen-, Leibschmerzen *m/pl*; **'~er** *s Hist* Mieder *n*, Brusttuch *n*; **~ful** ['~fʊl] *s umg* ausreichende Menge; **~ic** [stɒ'mækɪk] 1. *adj Med* stomachal, gastrisch, Magen- | magenstärkend, appetitanregend; 2. *s* Magenmittel *n*; **'~ pump** *s Med* Magenpumpe *f*; **'~ tube** *s Med* Magenschlauch *m*

sto·ma·ti·tis [ˌstɒmə'taɪtɪs] *s Med* Stomatitis *f*, Mundhöhlenentzündung *f*

stomato- [stɒmətɒ] ⟨*griech*⟩ *in Zus* Mund-

sto·ma·tol·o·gy [ˌstɒmə'tɒlədʒɪ] *s Med* Stomatologie *f*

stomp [stɒmp] 1. *vi, auch* ~ **about** stampfen, tapsen; 2. *s* Stampfen *n*; stampfender Tanz

stone [stəun] 1. *s* Stein *m* ⟨a heart of ~ ein Herz aus Stein; as hard as a ~ steinhart; a rolling ~ *übertr* jmd., der ständig auf Achse ist *od* viel herumkommt; rolling ~ ruheloser Mensch; to cast/throw ~s at s.o. mit Steinen nach jmdm. werfen; to leave no ~ unturned nichts unversucht lassen; within a ~'s throw of nicht weit von⟩ | *Min* (Ge-) Stein (*n*)*m* ⟨sand~⟩ | *auch* ˌ**precious** '~ Edelstein *m* | Schleif-, Wetzstein *m* | Grabstein *m* | *Med* (Nieren- u. ä.) Stein *m* | Mühlstein *m* | (Obst-) Kern *m*, Stein *m* | Hagelkorn *n* | (*pl* ~) *Brit* Gewichtseinheit 6.35 kg (14 englische Pfund) ⟨he weighs 10 ~⟩; 2. *vt* steinigen, mit Steinen werfen auf | (Obst) entkernen, entsteinen | pflastern, mit Pflastersteinen auslegen; 3. *adj* steinern, Stein-, irden | *Am umg* völlig, total ⟨~ madness⟩; **'~ Age** *s* Steinzeit *f*; **'~ bit** *s* Gesteinsbohrer *m*; **'~bow** *s Hist* Armbrust *f*; **'~ˌbreak·er** *s* Stein-, Bergebrecher *m* | Steinklopfer *m*; **'~ coal** *s* Steinkohle *f*; **'~crop** *s Bot* Mauerpfeffer *m*, Fetthenne *f*; **'~ˌcut·ter** *s* Steinmetz *m* | Steinbohrer *m*; **'~ˌcut·ting** *s* Steinmetzarbeit *f*; **stoned** *adj* steinig, voller Steine, Stein- | entkernt | *übertr Sl* sternhagelvoll | *Sl* unter Drogeneinfluß, high; **ˌ~-'dead** *adj* mausetot; **ˌ~-'deaf** *adj* stocktaub; **'~ drill** *s* Gesteinsbohrer *m*; **ˌ~ 'fox** *s Zool* Weißfuchs *m*; **'~ fruit** *s* Stein-, Kernobst *n*; **ˌ~ 'grey** *s* Steingrau *n*; **ˌ~-'heart·ed** *adj* hartherzig; **'~ jug** *s* Steinkrug *m*; **'~less** *adj* steinlos; **'~ˌmar·ten** *s Zool* Steinmarder *m*; **'~ˌma·son** *s* Steinmetz *m*; **'~ˌma·son·ry** *s* Steinmetzarbeit *f*; **'ston·en** *adj arch, dial* steinern; **'~ pit** *s* Steinbruch *m*; **'~shot** *s* Steinschleudern *n*; **'~'s throw** *s* Steinwurf *m*, kurze Strecke; **'~-still** *adj* mäuschenstill; **'~ wall** *s* Steinmauer *f* | *urspr Austr Sl* Obstruktion *f*; **ˌ~'wall** *vi* (Kricket) nur in der Verteidigung spielen, mauern | *urspr Austr Sl* obstruieren; *vt urspr Austr Sl* durch Obstruktion beseitigen; **ˌ~'wall·ing** *s urspr Austr Sl* Obstruktionspolitik *f* | Verschleppungstaktik *f*; **'~ware** *s* Steingut *n*; **'~work** *s* Steinmetzarbeit *f* | keramische Fabrik; **'ston·ing** *s* Steinigung *f*; **'ston·y** *adj* steinig, voller Steine ⟨≈ ground⟩ | steinern, Stein- ⟨a ≈ road⟩ | *übertr* kalt, steinhart, herz-, gefühllos ⟨a ≈ heart⟩ | reglos, starr ⟨a ≈ stare ein starrer Blick⟩; **ˌston·y 'broke** *adj Sl* pleite, mittellos; **ˌston·y-'heart·ed** *adj* gefühllos, hartherzig

stood [stʊd] *prät* u. *part perf* von ↑ **stand 1.**

stooge [stu:dʒ] *Sl* 1. *s* Strohmann *m*, Prügelknabe *m*, Kreatur *f* | *Theat* Stichwortgeber *m* | Flugschüler *m* | *Am* (Polizei-, Lock-) Spitzel *m*; 2. *vi* als Strohmann fungieren (**for** für) | meist ~ **about,** ~ **around** *Brit Sl Flugw* ziellos herumfliegen; ~ **around** *Brit Sl* umherschlendern

stool [stu:l] 1. *s* Schemel *m*, Hocker *m* ⟨piano ~ Klavierstuhl *m*; to fall between two ~s *übertr* sich zwischen zwei Stühle setzen⟩ | *Med* Stuhl(gang) *m* ⟨to go to ~ Stuhlgang haben⟩ | *arch* Nachtstuhl *m* | Baumstumpf *m* | *Bot* Schößling *m* | Fenstersims *n* | *Am Sl* Lockvogel *m*; 2. *vi* Stuhlgang haben | *Bot* Schößlinge treiben | *vt* ~ **up** *Am Sl* verlocken, -leiten; **'~ie** *s Am Sl* = **'~ ˌpigeon** *s* Lockvogel *m* | *Am Sl* Spitzel *m*, Angeber *m*

[1]**stoop** [stu:p] 1. *vi* sich bücken, sich neigen ⟨to ~ to pick s.th. up sich nach etw. bücken⟩ | gebückt *od* krumm gehen | (*meist neg*) *übertr* sich erniedrigen, sich herablassen (**to** zu) ⟨I wouldn't ~ to do this⟩ | herabstoßen (Vogel); *vt* neigen, beugen; 2. *s* Neigen *n*, Beugen *n* | gebeugte (Körper-) Haltung ⟨to walk with a ~ gebeugt gehen⟩ | Erniedrigung *f*, Herablassung *f*

[2]**stoop** [stu:p] *s Am* Veranda *f*, Terrasse *f*

stoop·er ['stu:pə] *s* Bucklige(r) *f(m)*

stop [stɒp] 1. **(stopped, stopped)** *vt* (zu-, ver)stopfen ⟨to ~ a leak ein Leck dichten; to ~ one's ears sich die Ohren zustopfen; to ~ up a mousehole ein Mäuseloch zustopfen⟩ | (zu-, ver)sperren, absperren ⟨to ~ the way den Weg versperren⟩ | (Zahn) plombieren, füllen | (Blut) stillen | hindern (**from** an) | zu-, verschließen, zukorken | auf-, zurückhalten, zum Halten bringen, stoppen, (e-r Sache) ein Ende machen ⟨to ~ a car; to ~ s.o. short jmdn. unterbrechen⟩ | aufhören mit ⟨to ~ talking⟩ | (Gas u. ä.) abstellen | (Schlag) parieren | (Zahlung) einstellen | (Scheck) sperren lassen | *Mus* (Ton) greifen | *Ling* interpunktieren; ~ **by** *Am* kurz besuchen, (auf einen Sprung) vorbeikommen bei; ~ **down** *Foto* abblenden; *vi* aufhören ⟨the rain has ~ped; to ~ dead/short plötzlich aufhören⟩ | (Rohr u. ä.) sich verstopfen | stehenbleiben, stoppen, zum Stehen kommen, halten ⟨the train ~ped⟩ | pausieren, einhalten ⟨to ~ at the first word⟩ | bleiben ⟨to ~ at home⟩ ◇ ~ **at nothing** vor nichts haltmachen; ~ **short** zurückschrecken (**at s.th.** vor etw.; **of doing s.th.** etw. zu tun); ~ **by** *bes Am umg* kurz *od* auf einen Sprung vorbeikommen, einen kurzen Besuch machen; ~ **off** *umg* kurz anhalten; ~ **out** *Am Päd* die Ausbildung (zeitweilig) unterbrechen, aussetzen; ~ **over** *Am* die Fahrt unterbrechen; ~ **round** = **stop by**; 2. *s* (Ver-, Ab-) Sperren *n* | Zustopfen *n* | Stöpsel *m*, Korken *m* | Hemmung *f*, Hemmvorrichtung *f* | Riegel *m* | (Ein-) Halt *m* ⟨to put a ~ to s.th. e-r Sache Einhalt gebieten⟩ | Aufenthalt *m* | Station *f*, Haltestelle *f* ⟨a bus ~⟩ | Aufhören *n*, Ende *n* ⟨to come to a ~ zu einem Ende kommen⟩ | *Wirtsch* Sperrung *f* | *Mus* Orgelzug *m*, -register *n* | *Tech* Anschlag *m* | *Ling, auch* **full '~** Punkt *m* | *Ling* Verschlußlaut *m* | *Foto* Blende *f* | *übertr* Register *n* ⟨to pull out all the ~s alle Register ziehen⟩; '~ ˌbut·ton *s* Ausschaltknopf *m*; '~cock *s Tech* Absperrhahn *m*; '~gap *s* Lückenbüßer *m*, Ersatz *m*; ˌ~-'go *s Brit Wirtsch umg* schnelle Folge von Inflation und Deflation, ökonomische Instabilität; ˌ~-go 'pol·i·cy *s Brit* Politik *f* des ständigen Hin und Her; '~ knob *s Mus* Registerknopf *m*, -griff *m*; '~ lamp, '~ light *s Kfz* Bremsleuchte *f*; ˌ~'mo·tion de·vice *Tech* Abstellvorrichtung *f*; '~ˌo·ver *s* kurze Fahrt- *od* Flugunterbrechung *f*; ~page ['stɒpɪdʒ] *s* (An-) Halten *n* | Unterbrechung *f* | Aufenthalt *m* | (Verkehrs-) Stockung *f* | Hindernis *n* | *Tech* Stillsetzung *f* | Lohnabzug *m* ⟨≈ of pay⟩ | *Wirtsch* Zahlungseinstellung *f* | Arbeitsunterbrechung *f*, Streik *m*; '~per 1. *s* Korken *m*, Stöpsel *m*, Verschluß *m* ⟨to put a ≈/the ≈[s] on s.th. *übertr* e-r Sache ein Ende bereiten⟩ | *Mar* Stopper *m* | (Sport) Stopper *m*; 2. *vt* zustöpseln ⟨≈ed bottle Stöpselflasche *f*⟩; '~ knot *s Mar* Stopperknoten *m*; '~-out *s Am* Studienunterbrecher *m*; '~ping *s* (An-) Halten *n* | (Zahn-) Plombe *f*, Füllung *f* | *Ling* Interpunktion *f* | *Mus* Greifen *n*; '~ping ˌa·gent *s Chem* Inhibitor *m*; '~ping deˌvice *s Tech* Abschaltvorrichtung *f*; '~ping place *s* Haltestelle *f*; '~ping train *s Brit* Personenzug *m*; ˌ~ 'press *s Brit* Spalte *f* für letzte Nachrichten, letzte Meldung(en); '~ sign *s* Stoppschild *n*; '~watch *s* Stoppuhr *f*

stor·age ['stɔːrɪdʒ] *s* Lagern *n*, Einlagerung *f* ⟨cold ~ Kühlhauslagerung; in ~ auf Lager; to put s.th. in ~ etw. einlagern⟩ | (Computer) (Daten-) Speicherung *f* | *El* Speicherung *f* | Lager(raum) *n*(*m*), Depot *n* | Lagergeld *n*; '~ ˌcab·i·net *s* Vorratsschrank *m*, Kastenschränkchen *n*; '~ ˌbat·ter·y *s El* Akkumulator *m*; '~ caˌpac·i·ty *s* (Computer) Speichervermögen *n* | Lagerungsmöglichkeit *f*; '~ cell *s* (Computer) Speicherzelle *f*, -element *n* | *El* Akkumulatorenbatterie *f*; '~ drum *s* (Computer) Speichertrommel *f*; '~ jar *s* Vorratsdose *f*; '~ ˌkey·board *s* (Computer) Speichertastatur *f*; '~ ˌra·di·a·tor *s El* (Nacht-) Speichergerät *n*, -ofen *m*; '~ 'reg·is·ter *s* (Computer) Speicherzelle *f*; '~ ˌsec·tion *s* (Computer) Speicherwerk *n*; '~ tank *s* Lagertank *m*, Vorratsbehälter *m*; '~ ˌu·nit *s* Speicherwerk *n*; '~ yard *s* Lagerplatz *m*, -hof *m*

store [stɔː] 1. *s* Vorrat *m*, Bestand *m* ⟨to have a good ~ of s.th. mit etw. eingedeckt sein⟩ | Lagerhaus *n*, Magazin *n*, Speicher *m* | (Computer) Speicher *m* | (*oft pl*) *Brit* Kauf-, Warenhaus *n*, großes Geschäft | *Am* Laden *m*, Geschäft *n* | Mastvieh *n* | Fülle *f*, Überfluß *m*, Schatz *m* (**of** an) | *übertr* Wertschätzung *f* ⟨to set great (little) ~ by s.th. etw. hoch (gering) einschätzen⟩ ◇ **in** ~ bevorstehend, bereit ⟨a treat ≈ eine Freude, die man noch vor sich hat⟩; bestimmt, ausersehen (**for** für) ⟨what the future has ≈ for us⟩; 2. *vt* (Möbel u. ä.) (ein)lagern, einstellen | ausstatten, versorgen (*auch übertr*) (**with** mit) ⟨a mind well ~d with facts ein ausgezeichnetes Faktenwissen⟩ | *meist* ~ **up** aufhäufen, auf die Seite legen | speichern, aufnehmen; '~house *s* Lagerhaus *n*, Speicher *m*; '~ˌkeep·er *s* Lagerverwalter *m* | *Am* Ladeninhaber *m*; '~ˌkeep·ing *s* Lagerhaltung *f*; '~ ˌown·er *s Am* Ladeninhaber *m*; '~room *s* Vorratskammer *f*, -raum *m*; **stores** *s/pl Mil* Lager *n*, Depot *n* | Proviant *m* ⟨naval ≈ Schiffsbedarf *m*; military ≈ Militärbedarf *m*⟩ | (*sg konstr*) Kaufhaus *n* ⟨a small general ≈⟩; '~ship *s* Proviantschiff *n*

sto|rey ['stɔːrɪ] *s* Stockwerk *n*, Geschoß *n* ⟨a house of two ≈s ein zweigeschossiges Gebäude, ein Haus mit einem Obergeschoß; to be a little wrong in the upper ≈ *umg, oft scherzh* nicht ganz richtig im Oberstübchen sein⟩; '~rey ˌcul·ture *s Landw* Terrassenanbau *m*; -~reyed ['~rɪd] *adj in Zus* mit Geschossen, -stöckig ⟨a ten-≈ building ein zehnstöckiges Gebäude⟩; '~rey ˌfarm·ing *s Landw* Terrassenanbau *m*; [1]~ried ['~rɪd] *adj Am* für ↑ ~reyed

[2]**sto·ried** ['stɔːrɪd] *adj lit* geschichtlich, berühmt ⟨the ~ greatness of s.o.⟩ | sagenumwoben ⟨the ~ Rhine der sagenumwobene Rhein⟩ | mit Bildern aus der Geschichte verziert *od* geschmückt ⟨a ~ frieze⟩

sto·ri|ette [ˌstɔːrɪ'et] *s* kleine Geschichte; ~ol·o·gy [~'ɒlədʒɪ] *s* Märchen-, Sagenkunde *f*

stork [stɔːk] *s* Storch *m*; 'storks-bill *s Bot* Storchschnabel *m*

storm [stɔːm] 1. *s* Sturm *m* | Unwetter *n* | *Mil* Sturmangriff *m* ⟨to take by ~ im Sturm nehmen (*auch übertr*)⟩ | *übertr* Sturm *m*, Erregung *f* ⟨a ~ in a teacup viel Lärm um nichts⟩ | *übertr* stürmischer Ausbruch ⟨a ~ of protests ein Proteststurm; to bring a ~ about one's ears auf heftigen Widerstand stoßen⟩ | *übertr* Regen *m*, Hagel *m* ⟨a ~ of missiles⟩; 2. *vi* stürmen | heftig regnen | schneien | hageln | *Mil* stürmen, angreifen | toben, wüten (**at** gegen) | stürmen, stürzen (**into** in); *vt* bestürmen | *Mil* (er)stürmen; '~-ˌbeat·en *adj* vom Sturm gepeitscht; '~ bell *s* Sturmglocke *f*; '~ boat *s* Sturmboot *n*; '~bound *adj* (Schiff) vom Sturm am Auslaufen gehindert | (auf See) vom Sturm festgehalten, abgeschnitten; '~ card *s Mar* Sturmrose *f*; '~ ˌcen·tre *s* Sturmzentrum *n* | *übertr* Unruheherd *n*, Hauptunruhestifter *m*; '~ cloud *s* Gewitterwolke *f* | (*meist pl*) *übertr* Gewitterwolke *f*, Gefahrenzeichen *n*; '~ful *adj* stürmisch (*auch übertr*); '~ing 1. *s* Stürmen *n*; 2. *adj* stürmisch erregt; '~ing par·ty *s Mil* Sturmtrupp *m*; '~ ˌlan·tern *s* Sturmlaterne *f*; '~less *adj* ohne Sturm; '~ ˌpet·rel *s Zool* Sturmschwalbe *f*; '~proof *adj* sturmfest, -sicher; '~ sail *s Mar* Sturmsegel *n*; '~ ˌsig·nal *s Mar* Sturm-, Signalsegel *n*; '~-tossed *adj* sturmgepeitscht | vom Sturm beschädigt; '~ ˌtroop·er *s Hist* SA-Mann *m*; '~ troops *s/pl Mil* Stoß-, Sturmtruppen *f/pl* | *Hist* (faschistische) SA; '~ ˌwin·dow *s* Doppelfenster *n*; '~y *adj* stürmisch (*auch übertr*) ⟨≈ weather; a ≈ discussion⟩; ˌ~y 'pet·rel *s* = ~ petrel | *übertr* Unglücksbote *m*, Unheilbringer *m*

[1]**sto·ry** ['stɔːrɪ] 1. *s* Geschichte *f*, Erzählung *f* ⟨ghost ~ Gespenstergeschichte; heroic ~ Heldensage *f*; the ~ goes man erzählt sich; the same old ~ immer wieder dasselbe, die alte Leier; to cut/make a long ~ short um es kurz zu machen⟩ | (Film, Drama u.ä.) Fabel *f* | Zeitungsartikel *m*, Story *f* | Hintergründe *m/pl* ⟨to get the whole ~ alle Tatsachen erfahren⟩ | Lügen-, Ammenmärchen *n*, (unwahre) Geschichte ⟨nothing but a ~; don't tell stories erzähl keine Märchen!⟩ 2. *vi* erzählen; *vt* mit historischen Szenen ausschmücken | *selten* (etw.) in Form einer Geschichte darstellen

[2]**sto·ry** ['stɔːrɪ] *s Am* für ↑ **storey**

sto·ry|book ['stɔːrɪbʊk] 1. *s* Geschichten-, Märchenbuch *n*; 2. *adj* wie im Märchen ⟨a ≈ romance⟩; '~ line *s* (Film, Drama u. ä.) Fabel *f*, Thema *n*; '~ˌtell·er *s* Geschichtenerzähler *m* | Geschichtenschreiber *m* | Schwindler *m*, Lügner *m*

stosh [stɒʃ] *s* Fischabfall *m*

stoup [stuːp] *s* Weihwasserbecken *n* | *arch, dial* Becher *m* | *Schott* Eimer *m*

stout [staʊt] 1. *adj* dick, beleibt, korpulent ⟨to become ~⟩ | derb, fest ⟨~ shoes; a ~ stick⟩ | entschlossen, furchtlos, tapfer ⟨~ resistance; a ~ supporter⟩ | (Pferd) ausdauernd; 2. *s* starkes Porterbier | untersetzter Mensch; '~en *vt* stark machen; *vi* stark werden; ˌ~'heart·ed *adj* beherzt, mutig; '~ish *adj* ziemlich dick

[1]**stove** [stəʊv] 1. *s* Ofen *m*, (Koch-) Herd *m* | Darre *f* | *bes Brit* Treibhaus *n*; 2. *vt* wärmen | trocknen | *bes Brit* im Treibhaus ziehen

[2]**stove** [stəʊv] *prät* u. *part perf* von ↑ **stave 2.**

stove| damp·er ['stəʊv ˌdæmpə] *s* Ofenklappe *f*; '~ ˌfit·ter *s*

Ofensetzer *m*; '~ **grate** *s* Ofenrost *m*; '~ ˌ**heat·ing** *s* Ofenheizung *f*; '~**pipe** *s* Ofenrohr *n*; '~ **plant** *s*, *bes Brit* Treibhauspflanze *f*; '~ **plate** *s* Ofenplatte *f*; '~ **tile** *s* Ofenkachel *f*; '~ **wood** *s* Brennholz *n*

stow [stəʊ] *vt* verstauen, packen; (voll-, be)laden (**with** mit) | *Mar* (ver)stauen ⟨to ~ cargo in a ship's holds Ladung im Schiff verstauen⟩ | *Bergb* (Berge) versetzen | *Sl* aufhören mit *nur in:* ~ **it!** halt die Klappe!; ~ **away** verstauen, wegpacken, beiseitelegen; *vi,* ~ **away** *Mar, Flugw* als blinder Passagier mitfahren; ~**age** ['-ɪdʒ] *s Mar* Verstauen *n*; Ladung *f* | Laderaum *m* ⟨not enough ≈⟩ | Staugeld *n*; '~**age plan** *s Mar* Ladeplan *m*; '~**a·way** *s Mar, Flugw* blinder Passagier | abgestellte Güter *n/pl* | Abstellraum *m*; '~**er** *s Mar* Stauer *m*, Packer *m*; '~**ing** *s Bergb* Versetzen *n*

stra|bism [strə'bɪzm], ~**bis·mus** [~'bɪzməs] *s Med* Strabismus *m*, Schielen *n*

Strad [stræd] *umg* = **Strad·i·va|ri·us** [ˌstrædɪ'vɛərɪəs] *s* (*pl* ~**ri·i** [-riːɪ]) *Mus* Stradivari(geige) *f(f)*

strad·dle ['strædl] **1.** *vi* die Beine spreizen | rittlings sitzen, spreizbeinig sitzen | sich ausstrecken | *Am umg* es mit beiden Seiten *od* Parteien halten; *vt* rittlings sitzen auf ⟨to ~ a horse; to ~ a fence⟩ | (Beine) spreizen | *übertr* sich nicht festlegen wollen bei ⟨to ~ an issue einer Frage ausweichen⟩ | (Ziel u. ä.) auf beiden Seiten *od* seitlich treffen ⟨to ~ a target *Mil* ein Ziel gabeln⟩ | *Kart* (Einsatz) verdoppeln; **2.** *s* Spreizen *n* der Beine | Rittlingssitzen *n* | Schrittweite *f* | Ausweichen *n* | *Am Wirtsch* Stellagegeschäft *n* | (Sport) Rollsprung *m*; ˌ~-'**leg·ged** *adj, adv* breitbeinig

strafe [strɑːf] **1.** *vt* im Tiefflug angreifen | bombardieren; beschießen, unter Beschuß nehmen | *übertr* herunterputzen, -machen; **2.** *s* Beschuß *m*

strag|gle ['strægl] *vi Bot* wuchern ⟨~gling vine⟩ | umherwandern, -streifen | hinterherbummeln, -zotteln | zerstreut liegen ⟨a ~gling village⟩; '~**gler** *s Bot* Sproß *m*, wilder Schößling | Nachzügler *m*; '~**gling**, '~**gly** *adj Bot* wuchernd ⟨≈ branches⟩ | umherschweifend | zerstreut liegend | zerzaust, wirr ⟨≈ hair⟩

straight [streɪt] **1.** *adj* gerade ⟨a ~ line⟩ | glatt ⟨~ hair⟩ | aufrecht, gerade ⟨as ~ as an arrow kerzengerade; to put a picture ~ ein Bild geraderücken⟩ | direkt, offen ⟨to give a ~ answer⟩ | rechtschaffen, ehrlich, anständig ⟨to be ~ in s.th. es ehrlich meinen mit etw.; to be ~ with s.o. zu jmdm. ehrlich sein; to keep ~ sich anständig verhalten; to keep s.o. ~ aufpassen, daß jmd. ehrlich bleibt; a ~ tip ein zuverlässiger Tip | (*präd*) ordentlich ⟨to put a room ~ ein Zimmer in Ordnung bringen⟩ | (*präd*) korrekt, richtig ⟨to put/set s.o. ~ about s.th. jmdm. etw. klarmachen; to put/set the record ~ alles klarstellen⟩ | ununterbrochen ⟨three ~ victories drei Siege hintereinander⟩ | konventionell, normal ⟨a very ~ man ein absolut normaler Mensch, jmd. ohne abnorme Gewohnheiten; a ~ play ein herkömmliches (Theater-) Stück⟩ | (Gesicht) unbeweglich ⟨to keep one's face ~ nicht lachen, keine Miene verziehen⟩ | (Alkohol) rein, unverdünnt ⟨whisk[e]y ~⟩ | *Am Sl Wirtsch* ohne Abzug ⟨cigars five cents ~ Zigarren zu 5 Cent das Stück⟩ | *Am Sl* linientreu ⟨a ~ follower; to vote the ~ ticket eine einzige Partei wählen; (bei der Wahl) sich an die Parteidisziplin halten⟩ | *Sl* normal, hetero(sexuell) | *Sl verächtl* etabliert, spießig; **2.** *adv* gerade(aus), in gerader Linie ⟨keep ~ on! immer geradeaus!⟩ | direkt, unmittelbar ⟨to come ~ to the point etwas deutlich sagen, zur Sache kommen; to tell s.o. ~ *umg* vor jmdm.kein Blatt vor den Mund nehmen⟩ | ehrlich ⟨to go ~ nicht (mehr) straffällig werden⟩; ~ **away,** ~ **off** stracks, sofort, im Nu; ~ **on** geradeheraus; ~ **out** offen heraus, geradezu; **3.** *s* Gerade *f* | Geradheit *f* | (Sport) Zielgerade *f Kart* (Poker) Sequenz *f* von 5 Karten ◇ **on the ~ and narrow** ohne Fehl und Tadel; ˌ~ '**ar·row** *s Am umg* zuverlässiger *od* offener Mensch; ˌ~-'**ar·row** *adj umg* offen und ehrlich; '~-'**chain** *adj Chem* normalkettig; '~**edge** *s Tech* Richtscheit *n*, -latte *f*; '~**en** *vt* (aus)richten, geraderichten, -machen ⟨to ≈ a piece of wire; to ≈ one's tie⟩ | *Tech* begradigen | *oft* ~**en out** in Ordnung bringen | *übertr* entwirren; ~**en up** verbessern, verstärken; *vi, auch* ~**en out** gerade werden; ~**en up** sich aufrichten; '~**en·er** *s Tech* Blechrichtemaschine *f*; '~**en·ing tool** *s Tech* Richtwerkzeug *n*; ˌ~'**for·ward 1.** *adj* gerade, aufrichtig, ehrlich ⟨a ≈ explanation⟩ | einfach ⟨a ≈ problem⟩; **2.** *adv* geradeheraus; ˌ~-'**line** *adj Tech* geradlinig; ˌ~-'**out** *adj Am umg* offen, ehrlich | kompromißlos; '~**way** *adv arch, bibl* sofort, unmittelbar

[1]**strain** [streɪn] *s Zool* Abstammung *f*, Zucht *f*, Art *f* ⟨~s of mosquitoes Mückenstämme *m/pl*; of good ~ von edler Abstammung⟩ | *Bot* Sorte *f* ⟨a ~ of wheat⟩ | Rasse *f* | Erbanlage *f* ⟨a ~ of madness eine Anlage zum Wahnsinn⟩ | *übertr* Zug *m*, Anflug *m*, Spur *f* (**of** von) | Wortschwall *m* | (*oft pl*) *Mus* Weise *f*, Melodie *f* ⟨a pleasant ~; the ~s of a song⟩ | *übertr* Ton *m*, Weise *f*, Charakter *m*, Stil *m* ⟨in a happy ~ in einer fröhlichen Tonart⟩

[2]**strain** [streɪn] **1.** *vt* (etw.) straff anziehen, straffen, spannen ⟨to ~ a rope⟩ | *Tech* verbiegen, verziehen | (Glied) zerren, verrenken, verstauchen ⟨to ~ one's ankle⟩ | (jmdn.) pressen, drücken ⟨to ~ s.o. to one's heart jmdn. ans Herz drücken⟩ | (Nerven u. ä.) überanstrengen ⟨to ~ one's eyes sich die Augen überanstrengen⟩ | *übertr* Gewalt antun, strapazieren ⟨to ~ a point zu weit gehen⟩ | (Flüssigkeit u. ä.) filtern, filtrieren, durchsieben, -seihen | (Miete) erhöhen; *vi* zerren, ziehen (**at** an) ⟨to ~ at the leash an der Leine ziehen (Hund); *übertr* aufmucken, nicht mehr mitmachen wollen⟩ | sich verzerren, sich verziehen | sich abmühen (**at** an, mit) | sich bemühen (**after**, **for** um) ⟨to ~ after effects nach Effekt haschen, auf Effekt aus sein; ~ing after effects Effekthascherei *f*⟩ | streben (**after**, **for** nach) | sich zieren, sich schwertun (**at** mit) | durchtropfen, -sickern; **2.** *s* Belastung *f*, Druck *m*, Anspannung *f*, Anstrengung *f* ⟨at full ~ mit höchster Anstrengung⟩ | *Tech* Verzerrung *f* | *Med* Verstauchung *f*, Verrenkung *f* | Wortschwall *m*; '~**a·ble** *adj* dehnbar; **strained** *adj* gezwungen, unnatürlich, gekünstelt ⟨a ≈ laugh ein gezwungenes Lachen⟩ | gespannt ⟨≈ relations⟩ | überanstrengt ⟨a ≈ heart⟩; ˌ**strained** '**hon·ey** *s* Schleuderhonig *m*; '~**er** *s* Durchschlag *m*, Sieb *n*, Filter *m* ⟨a tea ≈⟩; '~ **rate** *s Tech* Dehnungsgeschwindigkeit *f*

strait [streɪt] **1.** *s* Meerenge *f* ⟨the Magellan ≈ die Magellanstraße; the ≈s of Gibraltar die Straße von Gibraltar⟩ | *meist pl* Verlegenheit *f*, Klemme *f* ⟨to be in great ~s; to be in financial ~s⟩; **2.** *adj, bes bibl* eng, schmal; '~**en** *vt* enger machen, einengen | in Verlegenheit bringen; '~**en·ed** *adj* in Geldnot, knapp bei Kasse ⟨in ≈ circumstances in finanziellen Nöten⟩; '~ˌ**jack·et** *s* Zwangsjacke *f* | *übertr* Druck *m*, Beengtheit *f* ⟨the ≈ of poverty die Last der Armut⟩; ˌ~'**laced** *adj verächtl* sittenstreng, puritanisch, prüde

stra·mash [strə'mæʃ] *s bes Schott* Durcheinander *n*

stra·min·e·ous [strə'mɪnɪəs] *adj* strohig, Stroh- | strohfarben | *übertr* wertlos

stra·mo·ni·um [strə'məʊnɪəm] *s Bot* Stechapfel *m*

[1]**strand** [strænd] **1.** *s poet* Strand *m*; **2.** *vt* an Land treiben, anschwemmen | *übertr* stranden lassen, zum Scheitern bringen; *vi* auf Grund laufen, stranden | *übertr* stranden, scheitern

[2]**strand** [strænd] **1.** *s* Strang *m* | Tau *n*, Seil *n* | Faser *f* | *El* Litze *f* | (Haar-) Strähne *f* | *übertr* Faden *m*, Faser *f* ⟨to

pick up the ~s of s.th. etw. erneut aufgreifen⟩; **2.** *vt* (Seil) drehen | (Kabel) verseilen

strand|ed ['strændɪd] *adj* gestrandet (*auch übertr*) ⟨to be [left] ≈ on the airport hilflos auf dem Flughafen festsitzen; ≈ in a foreign country mittellos im Ausland; to be [left] ≈ festsitzen (Person); auf dem trockenen sitzen, kein Geld mehr haben⟩ | *Kfz* liegen-, steckengeblieben ⟨≈ on the road⟩; **'~ing** *s* Schiffbruch *m*

strange [streɪndʒ] **1.** *adj* fremd, seltsam, sonderbar, eigenartig ⟨a ~ noise; what a ~ idea; ~ to say eigenartigerweise; to feel ~ sich komisch fühlen⟩ | fremd, nicht heimisch | reserviert, kühl, fremd | *präd* nicht gewöhnt (**to** an), nicht vertraut (**to** mit) ⟨~ to one's duties⟩ | *arch* fremd, ausländisch; **2.** *adv* eigenartig; **'stran·ger** *s* Fremde(r) *f(m)*, Fremdling *m*, Unbekannte(r) *f(m)*, Neuling *m* ⟨I'm a ≈ here ich bin hier fremd; to be a ≈ to nicht vertraut sein mit; to be no ≈ to sorrow an Sorgen gewöhnt sein; to make a ≈ of s.o. jmdn. wie einen Fremden behandeln⟩ | *arch* Ausländer(in) *m(f)*

Strange|love ['streɪndʒ lʌv], *auch* ˌ**Dr** '**~** *s übertr* Atomkriegsfanatiker *m*; **'~lov·e·an**, *auch* **'~lov·i·an** *adj* atomkriegsfanatisch ⟨≈ strategies⟩

stran|gle ['stræŋgl] *vt* erdrosseln, erwürgen | *übertr* erstikken; *vi* ersticken; **'~glehold** *s* (Ringen) *übertr* Würgegriff *m* (**on** nach); **'~gler** *s* Erdroßler *m*, Würger *m*; **'~gles** *s/pl Vet* (*sg konstr*) Drüse *f*; **~gu·late** ['~gjʊleɪt] *vt Med* abschnüren; **~gu·la·tion** [ˌstræŋgjʊ'leɪʃn] *s* Erwürgung *f*, Erdrosselung *f* (*auch übertr*) | *Med* Einschnürung *f*; **~gu·ry** ['~gjʊrɪ] *s Med* Harndrang *m*

strap [stræp] **1.** *s* Lederriemen *m*, Gurt *m* ⟨leather ~; the ~ Züchtigung *f*⟩ | Schnürband *n* | Haltegriff *m*, Schlaufe *f* | (Kleid) Träger *m* ⟨silk ~s⟩ | *Tech* Metallband *n* | *Tech* Treibriemen *m* | *Mar* Stropp *m*; **2.** (**strapped, strapped**) *vt* festbinden, -schnallen, umschnallen ⟨to ~ a bag onto one's back sich einen Rucksack auf-, anschnallen⟩ | anschirren | (jmdn.) mit einem Riemen schlagen | (Rasiermesser) abziehen | (Verband) mit Heftpflaster befestigen | *Mar* stroppen; **~ up** (Paket u. a.) ver-, zuschnüren | (Wunde) verbinden, bandagieren ⟨a ~ped-up shoulder⟩; **'~ bolt** *s Tech* Bügelschraube *f*; **'~ˌhang·er** *s umg* Stehplatzfahrer *m*, stehender Fahrgast; **'~i·ron** *s Am Tech* Bandeisen *n*; **'~less 1.** *adj* trägerlos, schulterfrei ⟨a ≈ dress⟩; **~-on** (Raumfahrt) verkoppelt, angeschlossen ⟨≈ booster Zusatzrakete *f*⟩; **2.** Zusatzrakete *f*

strap·pa|do [stræ'peɪdəʊ] **1.** *s* (**~does** [~z]) *Hist* Folterstrafe *f* am Wippgalgen; **2.** *vt* am Wippgalgen foltern

strap|per ['stræpə] *s* Stall-, Pferdeknecht *m* | strammes Mädchen | kräftiger Bursche; **'~ping 1.** *adj* kräftig, stramm ⟨a fine, ≈ man ein tüchtiger und strammer Kerl⟩ | groß, gewaltig; **2.** *s* Riemen *m* | Tracht Prügel | *Med* Heftpflaster *n*

strass [stræs] *s* Straß *m*

stra|ta ['strɑ:tə|'streɪtə] *s/pl* von ↑ **~tum**

strat·a·gem ['strætədʒəm] *s* Kriegslist *f* | List *f* ⟨by ~ durch List⟩; **~i·cal** [ˌstrætə'dʒemɪkl] *adj* listig, findig

stra·tal ['strɑ:tl|'streɪtl] *adj Geol* Schichten-

stra·te·gic [strə'ti:dʒɪk], **stra'te·gic·al** *adj* strategisch ⟨a ≈ decision⟩; **stra'te·gics** *s/pl* (*sg konstr*) Militärwissenschaft *f*, Strategie *f*; **stra·te·gist** ['strætədʒɪst] *s* Stratege *m*; **'strat·e·gize** ['strætədʒaɪz] *vi* sorgfältig planen, Strategien entwerfen (**about** für); **strat·e·gy** ['strætədʒɪ] *s* Strategie *f*, Kriegskunst *f* | *übertr* Taktik *f*; Taktieren *n*, Strategie *f*

strath [stræθ] *s Schott* breites Tal

stra|ti ['streɪtaɪ] *s/pl* von ↑ **~tus**

strati- [strætɪ] ⟨*lat*⟩ *in Zus* Schicht-

strat·i|fi·ca·tion [ˌstrætɪfɪ'keɪʃn] *s* Schichtung *f*, Lagerung *f* (*auch übertr*) | *Geol* Stratifikation *f*, Schichtung *f*; **~fied** ['strætɪfaɪd] *adj* geschichtet ⟨≈ rock Schichtgestein *n*⟩ | in Schichten eingeteilt, vielschichtig ⟨≈ society; ≈ grammar *Ling* Stratifikationsgrammatik *f*⟩; **~form** ['strætɪfɔ:m] *adj Geol* schichtenförmig; **~fy** ['strætɪfaɪ] *vt bes Geol* stratifizieren, schichten | (gesellschaftliche) Schichten bilden; *vi Geol* Schichten bilden

strat·o·cruis·er ['strætəˌkru:zə] *s Flugw* Stratosphärenflugzeug *n*

stra·tose ['streɪtəʊs] *adj Bot* geschichtet

strat·o|sphere ['strætəsfɪə] *s* Stratosphäre *f*; **~spher·ic** [ˌstrætəs'ferɪk], ˌ**~'spher·i·cal** *adj* stratosphärisch

stra|tum ['strɑ:təm|'streɪtəm] *s* (*pl* **~ta** [~tə], **~tums** [-təmz]) Schicht *f* | *Geol* Formation *f*, Gesteinsschicht *f* | Gesellschaftsschicht *f*, -klasse *f* ⟨various ~ta in society verschiedene Gesellschaftsschichten⟩

stra|tus ['streɪtəs] *s* (*pl* **~ti** [~taɪ]) Schichtwolke *f*

straw [strɔ:] **1.** *s* Stroh *n* ⟨man of ~ Strohmann *m*; to make bricks without ~ *übertr* ohne das nötige Material arbeiten müssen⟩ | Strohhalm *m* ⟨a ~ in the wind *übertr* ein Hinweis, ein Wink; to catch at a ~/to cling to a ~/to clutch at a ~ *übertr* sich an einen Strohhalm klammern⟩ | Trinkhalm *m*, -röhrchen *n* ⟨to suck s.th. through a ~⟩ | *übertr* Kleinigkeit *f*, etwas Nichtiges *od* Unbedeutendes ⟨not to care a ~ sich nichts daraus machen; not worth a ~ keinen Halm wert; the last ~ [that breaks the camel's back] *Sprichw* der Tropfen, der das Faß zum Überlaufen bringt⟩; **2.** *adj* Stroh- | strohfarben | *übertr* wertlos; **3.** *vt* mit Stroh füllen

straw·ber·ry ['strɔ:bṛɪ] **1.** *s Bot* Erdbeere *f* | Erdbeerrot *n* (Farbe); **2.** *vi* Erdbeeren suchen ⟨to go ~ing Erdbeeren suchen gehen⟩; **'~ mark** *s Med* rotes Muttermal

straw|board ['strɔ:bɔ:d] *s* Strohpappe *f*, grobe Pappe; **'~-ˌcol·oured** *adj* strohgelb, strohfarben; **'~ ˌcut·ter** *s Landw* Häckselmaschine *f*; **'~ˌflow·er** *s Bot* Strohblume *f*; ˌ**~ 'hat** *s* Strohhut *m*; **'~man** *s* (*pl* **'~men**) *übertr* Strohmann *m*; ˌ**~ 'mat** *s* Strohmatte *f*; ˌ**~ 'mat·tress** *s* Strohsack *m*, -matratze *f*; ˌ**~ 'poll**, *auch* ˌ**~ 'vote** *s urspr Am Pol* Probeabstimmung *f*; **~y** ['strɔ:ɪ] *adj* mit Stroh gedeckt | strohartig, Stroh-

stray [streɪ] **1.** *vi* umherstreifen | herumstrolchen | sich verirren, sich verlaufen | *El* streuen | *übertr* abschweifen (**from** von) | *übertr* abirren ⟨~ away entlaufen (Hund)⟩; **2.** *adj* verstreut, vereinzelt ⟨a few ~ taxis⟩ | streunend ⟨a ~ cat⟩ | flüchtig, zufällig ⟨a ~ remark⟩ | *El* Streu-; **3.** *s* Irrende(r) *f(m)* | elternloses Kind ⟨waifs and strays verwahrloste Kinder *pl*⟩; | *übertr* alter Kram, Ramsch *m* | streunendes Tier | herrenloses Gut; **'~a·way 1.** *s* Ausreißer *m*; **2.** *adj* streunend; **strayed** *adj* verirrt; ˌ**~ 'cur·rent** *s El* Streustrom *m*; **'~ line** *s Mar* Vorläufer *m*; **strays** *s/pl El* atmosphärische Störungen *f/pl*

streak [stri:k] **1.** *s* (Holz-) Ader *f*, Maserung *f* | Streifen *m*, Strich *m* ⟨~s of grey graue Strähnen *f/pl*; ~ of light Lichtstreifen; ~ of lightning Blitzstrahl *m*; like a ~ of lightning schnell wie der Blitz⟩ | *übertr* Anflug *m*, Spur *f* ⟨a ~ of cruelty eine grausame Ader⟩ | *Min* Strich *m* | *Chem* Schliere *f* | *umg* Strähne *f* ⟨~ of bad luck Pechsträhne; a winning (losing) ~ eine Glücks-(Pech-) Strähne⟩ | *umg* nacktes Laufen; **2.** *vt* mit Streifen versehen *od* überziehen ⟨a face ~ed with dirt ein schmutzverschmiertes Gesicht⟩ | ädern | *vi* Streifen bekommen | sich blitzartig bewegen, flitzen | *umg* unbekleidet rennen, blitzen; **'~ ˌcul·ture** *s Med* Strichkultur *f*; **streaked** *adj* gestreift | gemasert, geädert | geschichtet | durchwachsen ⟨≈ bacon durchwachsener Speck⟩; **'~er** *s* unbekleidet (durch öffentliche Straßen) Rennende(r) *f(m)*, Blitzer(in) *m(f)*, Flitzer(in) *m(f)*; **'~y**

adj = **streaked** | *umg* unterschiedlich

stream [stri:m] **1.** *s* Strom *m*, Wasserlauf *m*; (kleiner) Fluß, Bach *m* ⟨to cross a ~⟩ | Strömung *f* (*auch übertr*) ⟨against the ~ gegen den Strom; down ~ stromabwärts; to go with the ~ mit dem Strom schwimmen; up ~ stromaufwärts⟩ | *übertr* Flut *f*, Strom *m* ⟨~ of people Menschenstrom; ~ of tears Tränenstrom; ~ of consciousness *Lit, Psych* Bewußtseinsstrom⟩ | *übertr* Lauf *m*, Gang *m* ⟨~ of events⟩ | *Brit Päd* Zug *m*, Richtung *f*, Leistungsgruppe *f* ⟨top ~; bottom ~⟩ ◇ **on ~** *Tech* in Gang, in Betrieb ⟨to come on ~⟩; **2.** *vi* fließen, strömen ⟨to ~ onto the floor; to ~ out of the cinema⟩ | überlaufen, -fluten (**with** von) | (Fahne u. ä.) flattern, wehen | dahinfliegen; **~ down** herab-, herunterfließen; strömen; **~ out** wegfliegen; | *vt* verströmen lassen | überfluten | (Fahne) flattern lassen | *Mar* (Boje) auswerfen | *Brit Päd* in unterschiedliche Lerngruppen einteilen, (Schüler) nach der Intelligenz einteilen; **'~er** *s* flatterndes Band | Wimpel *m* | Spruchband *n*, Plakat *n* | Papierschlange *f* | Lichtstreifen *m* | *übertr* Band *n*, Fahne *f*; **ˌ~er 'head·line** *s Am Ztgsw* Balkenüberschrift *f*; **'~ing 1.** *adj* strömend, fließend | ausstrahlend | triefend, überströmend; **2.** *s Brit Päd* Streaming *n*, Einteilung *f* nach der Intelligenz; **'~less** *adj* ohne Strömung, stehend ⟨a ≈ pond⟩; **~let** ['~lət] *s* Flüßchen *n*, kleiner Fluß; **'~line 1.** *s* Stromlinie *f* | *Phys* Stromfaden *m*; **2.** *adj* = **'~lined**; **3.** *vt* Stromlinienform geben, windschnittig gestalten ⟨to ≈ a car⟩ | *übertr* modernisieren, rationalisieren, durchorganisieren, effektivieren, reibungsloser gestalten ⟨to ≈ production⟩ | *Am Pol* gleichschalten; **'~lined** *adj* stromlinienförmig, Stromlinien- | *übertr* rationalisiert, verbessert, modernisiert ⟨≈ methods⟩; **'~y** *adj* strömend | stromreich

street [stri:t] *s* Straße *f*, Gasse *f* ⟨in the ~ auf der Straße; on the ~s obdachlos; auf dem Strich; not in the same ~ as *übertr umg* nicht so gut [wie]; ~s ahead of *übertr umg* meilenweit voraus gegenüber, entschieden besser als; to cross the ~ die Straße überqueren; (not) up one's ~ (nicht) in jmds. Fach fallend, jmdn. (nicht) interessierend⟩; **'~ ˌAr·ab** *s verächtl* Straßen-, Gassenjunge *m*; **'~car** *s Am* Straßenbahnwagen *m*; **'~ ˌclean·er** *Am s* Straßenkehrer *m* | Straßenkehrmaschine *f*; **'~ door** *s* Haustür *f*; **'~ ˌflush·er** *s* Straßensprengwagen *m*; **'~ lamp** *s* Straßenlaterne *f*; **'~ 'or·der·ly** *s Brit* Straßenkehrer *m*; **'~ ˌor·gan** *s* Leierkasten *m*, Drehorgel *f*; **'~ ˌpeo·ple** *s* Hippies *pl*; **ˌ~ 'ref·uge** *s Brit* Verkehrsinsel *f*; **'~ ˌroll·er** *s Tech* Straßenwalze *f*; **'~scape** *s* Straßenbild *n*; **ˌ~ 'sprin·kler** *s Am* Straßensprengwagen *m*; **'~ 'sweep·er** *s Brit* Straßenkehrmaschine *f*; **'~ˌwalk·er** *s* Straßendirne *f*, Prostituierte *f*; **'~ward** *adj, adv* nach der Straße zu; **'~wise** *adj Am* mit den Gewohnheiten der Einheimischen vertraut; **'~ˌwork·er** *s Am, Kan* Jugendarbeiter *m*, Sozialhelfer(in) *m(f)*

strength [streŋθ] *s* Stärke *f*, Kraft *f* ⟨a man of great ~ ein kräftiger Mann; ~ of body Körperkraft; ~ of purpose Willensstärke; to gather ~ wieder zu Kräften kommen⟩ | (zahlenmäßige) Stärke, *Mil* (Truppen-) Stärke *f* ⟨500 below ~ 500 Mann zu wenig; to be *od* bring up to ~ vollzählig sein *od* machen; in full ~ in voller Stärke⟩ | Gewalt *f*, Macht *f* | *Phys* Festigkeit *f* | *Chem* (Säure) Konzentration *f* | (Beweis-) Kraft *f* ⟨on the ~ of kraft, auf Grund, zufolge; in der Annahme von⟩ | *übertr* Stärke *f*, Kraftquell *m* ◇ **on the ~** zu einer Firma *od* Organisation gehörend ⟨are you ≈ here? gehören Sie hier dazu?⟩; **'~en** *vt* kräftigen, stärken, stark machen | verstärken, -mehren | *übertr* bestärken, bekräftigen | *Tech* verstärken; *vi* erstarken, stark *od* stärker werden; **'~en·er** *s Med* Stärkungsmittel *n* | *Tech* Verstärkung *f* | *übertr* Stärkung *f*; **'~en·ing 1.** *adj* kräftigend, stärkend | verstärkend; **2.** *s* Stärken *n* | *Tech, übertr* Verstärkung *f*; **'~less** *adj* kraftlos, ohne Kraft, matt

stren·u|os·i·ty [ˌstrenjuˈɒsətɪ] *s* Emsigkeit *f*, Rührigkeit *f* | Eifer *m*, Fleiß *m*, Tatkraft *f* | Energie *f*; **'~ous** *adj* emsig, rührig ⟨a ≈ worker⟩ | eifrig, tatkräftig ⟨≈ work⟩ | energisch, tüchtig ⟨to make ≈ efforts energische Anstrengungen unternehmen⟩ | anstrengend, angestrengt, mühsam, hart ⟨a ≈ day⟩

stre·pi·to·so [ˌstrepɪtəusəu] *adj Mus* strepitoso, laut, rauschend

strep·i·tous ['strepɪtəs] *adj förml* lärmend, geräuschvoll

strep·to·coc|cal [ˌstreptəˈkɒkl] *adj* Streptokokken-; **strep·to'coc|cus** [~kəs] *s* (*pl* **~ci**) [~ksaɪ|-saɪ]) *Med* Streptokokkus *m*

strep·to·my·cin [ˌstreptəuˈmaɪsɪn] *s Med* Streptomycin *n*

stress [stres] **1.** *vt* betonen, hervorheben, Nachdruck legen auf | *Ling, Metr* betonen, akzentuieren | *Tech* belasten, beanspruchen | *Tech* spannen | *übertr* beanspruchen, überlasten; **2.** *s* Nachdruck *m*, Gewicht *n* ⟨to lay ~ on s.th. auf etw. Wert legen⟩ | Zwang *m*, Druck *m* | *Ling* Ton *m*, Akzent *m*, Betonung *f* (**on** auf) ⟨main ~ Hauptton; to place the ~ on den Akzent legen auf⟩ | *Metr* betonte Silbe | *Tech* Belastung *f*, Beanspruchung *f* ⟨to put ~ on belasten⟩ | *Tech* Spannung *f* | *übertr* Belastung *f*, Anspannung *f* ⟨times of ~ schwere Zeiten *f/pl*⟩ | *Med* Stress *m* ⟨to be under ~ unter Stress stehen⟩; **'~ful** *adj* anstrengend, stark beanspruchend ⟨a ≈ situation eine angespannte Lage⟩; **'~ group** *s Ling* Betonungsabschnitt *m*, Akzentgruppe *f*; **'~ mark** *s* Betonungszeichen *n*

stretch [stretʃ] **1.** *vt* (Kopf, Glieder u. ä.) recken, strecken ⟨to ~ one's arms die Arme ausstrecken; to ~ one's legs die Beine ausstrecken; sich die Beine vertreten⟩ | (Seil) spannen, straffziehen ⟨to ~ a rope⟩ | (Handschuhe u. ä.) weiten | überdehnen | *übertr* überschreiten, -beanspruchen, -ziehen ⟨to ~ a point großzügig sein, etw. nicht so genau nehmen; to ~ it a bit *umg* ein wenig zu weit gehen; ein Auge zudrücken; fünfe gerade sein lassen; to ~ s.o.'s patience jmds. Geduld auf die Spitze treiben; to ~ one's powers sich übernehmen; to be fully ~ed ausgelastet sein; to ~ the rules die Anordnungen zu großzügig auslegen; to ~ the truth es mit der Wahrheit nicht so genau nehmen⟩ | *Tech* strecken, dehnen, ziehen | *Wirtsch* (Kredit) überschreiten | *Am Sl* (jmdn.) fertigmachen, zur Strecke bringen; **~ out** ausstrecken ⟨to ≈ one's hand; to ~ o.s. out on sich ausstrecken *od* rekeln auf⟩; *vi* sich dehnen, sich strekken | sich ausdehnen, länger werden | sich erstrecken, sich dahinziehen | reichen (**to** bis) | sich dehnen lassen, elastisch sein | *umg* übertreiben; **~ away** (Straßen u. ä.) sich entlangziehen; **~ out** sich dehnen, sich ausstrecken | reichen, genug sein; **2.** *s* (*meist sg*) Dehnen *n*, Strecken *n* ⟨to give a ~ sich rekeln, sich recken⟩ | Ausweitung *f*, Dehnung *f* | Anspannung *f*, Überanstrengung *f* ⟨at full ~ mit aller Kraft; by every ~ of imagination mit viel Phantasie; on the ~ angespannt, unter Aufbietung aller Kräfte⟩ | *bes Wirtsch* Überschreiten *n* | Übertreiben *n* | gerade Rennstrecke *f* ⟨the final/finishing/home ~ die Zielgerade⟩ | Strecke *f*, Fläche *f*, Weite *f* ⟨~ of road Wegstrecke⟩ | Zeitspanne *f* ⟨a ~ of 5 years; at a ~ ununterbrochen⟩ | *Sl* Zuchthausstrafe *f*; **'~a·ble** *adj* dehnbar; **'~er** *s Tech* Strekker *m*, Streckvorrichtung *f* | (Schuh- u. ä.) Spanner *m* ⟨a shoe ≈⟩ | (Weberei) Spannrahmen *m* | *Arch* Strecker *m*, Läufer *m* | Krankentrage *f*, (Trag-) Bahre *f*; **'~er ˌbear·er** *s* Krankenträger *m*; **'~er bond** *s Arch* Läuferverband *m*; **'~er ˌpar·ty** *s* Rettungstrupp *m*; **'~ing 1.** *adj* Streck-; **2.** *s* Strekken *n*, Dehnen *n* | Anspannung *f*, Anstrengung *f* | *Tech* (Ein-, Test-) Spannen *n*; **'~ing strain** *s Tech* Zugbeanspruchung *f*; Dehnung *f*, Zugverformung *f*; **'~ing wire** *s* Spanndraht *m*; **'~y** *adj* elastisch, biegsam ⟨≈ cotton Baumwollelastik *n*⟩

stret·to ['stretəʊ] *adj, adv Mus* stretto, gedrängt

strew [stru:] (**sttewed, strewed** *od* **strewn** [stru:n]) *vt* (aus-, ver)streuen (**over** über) | bestreuen (**with** mit) | *übertr* (Gerücht u. ä.) verbreiten, ausstreuen | *lit* ausgestreut liegen auf ⟨flowers ~ed the path⟩

strewth [stru:θ] *interj Brit Sl* oh, Schande!

stri|a ['straɪə] *s* (*pl* **~ae** [-i:]) Riefe *f*, Furche *f* | *Geol* Schramme *f* | *Arch* Riffel *m*, Furche *f*; **~ae** ['straɪi:] *s/pl Med* Striae *f/pl*, Striemen *f/pl*; **~ate** [straɪ'eɪt] *vt* streifen, furchen | *Geol* kritzen; **~'at·ed** *adj* gestreift | gefurcht | *Geol* gekritzt; **~'a·tion** *s* Streifung *f*, Furchung *f* ⟨≈ of pregnancy *Med* Schwangerschaftsnarben *f/pl*⟩ | *Geol* Furche *f*, Kritze *f*

strick·en ['strɪkən] **1.** *part perf* von ↑ **strike 2.**; **2.** *adj* schwer betroffen, heimgesucht (**with** von) | (Wild) verwundet, getroffen | schwer geprüft, leidend ⟨a ~ man⟩ | *übertr* niedergeschlagen ⟨a ~ look ein verzweifelter Blick; ~ in years vom Alter gebeugt⟩ | (Maß) gestrichen voll, randvoll ⟨a ~ measure⟩ | (Stunde) geschlagen, voll ⟨a ~ hour⟩; **-ˌstrick·en** *in Zus* -erfüllt, heimgesucht von, -betroffen ⟨grief-≈ schmerzerfüllt; panic-≈ von Panik ergriffen⟩

strick·le ['strɪkl] **1.** *s Tech* Schablone *f*, Ziehlehre *f* | Meßstab *m* | Wetzstein *m* (für die Sense); **2.** *vt Tech* schablonieren, mit Ziehbrett formen; **'~ board** *s Tech* Ziehbrett *n*

strict [strɪkt] *adj* streng, strikt, genau ⟨~ discipline; to keep a ~ watch over s.o. jmdn. streng bewachen⟩ | streng, hart (**with** gegen) | streng, vollkommen ⟨in ~ confidence streng vertraulich⟩ | exakt, präzise ⟨~ly speaking genau genommen⟩ | peinlich genau ⟨a ~ examination⟩ | *Bot* (Stempel u. ä.) straff

stric·ture ['strɪktʃə] *s* (*oft pl*) kritische Bemerkung (**on, upon** über) ⟨the ~s of the public on s.o. die öffentliche Kritik gegenüber/an jmdm.⟩ | *Med* Striktur *f*, Verengung *f*; **'~ed** *adj Med* strikturiert, verengt

stride [straɪd] **1.** (**strode** [strəʊd], **strid·den** ['strɪdn]) *vi* ausschreiten, große Schritte machen ⟨to ~ over a stream einen großen Schritt über einen Bach machen⟩ | stolz schreiten; **~ out** ausschreiten; *vt* abschreiten | *selten* rittlings sitzen auf; **2.** *s* stolzes Schreiten | großer Schritt ⟨to walk with vigorous ~s energisch ausschreiten⟩ | Schrittweite *f* | Gangart *f* | *übertr* Fortschritt *m* ⟨to make great ~s große Fortschritte erzielen; to take s.th. *od* it all in one's ~ etwas spielend erreichen *od* schaffen⟩ | (Sport) Grätsche *f*

stri|dence ['straɪdns] **~den·cy** [~dənsɪ] *s* Schrillheit *f*, Schärfe *f*, Stärke *f* (*auch übertr*) | Knirschen *n*; **'~dent** *adj* (Ton) durchdringend, schrill, kreischend (*auch übertr*) ⟨a ≈ speaker; ≈ protest lautstarker Protest⟩ | knirschend; **~dor** [~dɔ:] *s* Knirschen *n* | *Med* Stridor *m*; **strid·u·late** ['strɪdjʊleɪt] *vi* zirpen, schwirren (Insekten); **strid·u·lous** ['strɪdjʊləs] *adj* kreischend | knirschend | *Med* rasselnd

strid·den ['strɪdn] *part perf* von ↑ **stride 1.**

strife [straɪf] *s* Streit *m*, Zank *m*, Hader *m* ⟨family ~ Familienzwist *m*; political ~ politische Zwistigkeiten *f/pl*; to be at ~ sich streiten⟩

stri|ga ['straɪgə] *s* (*pl* **~gae** [~dʒi:]) *Bot* Striegelhaar *n* | *Zool* Strich *m*, Streifen *m* | *Arch* Riefe *f*

stri·gose ['straɪgəʊs] *adj Bot* Borsten-

strike [straɪk] **1.** *s* Schlag *m* | (*bes* Luft-) Angriff *m* | Aufprall *m* | Streik *m*, Arbeitseinstellung *f*, Ausstand *m* ⟨to be on ~ streiken; to call off a ~ einen Streik abbrechen; to go on ~ in Streik treten⟩ | *Tech* Abstreichlineal *n* | *Geol* Streichen *n* | (Baseball) Fehlschlag *m* | *umg Am* (Gold u. ä.) Fund *m* ⟨an oil ~⟩ | *Am umg* Glücksfall *m* | *Am Pol Sl* Scheinantrag *m*; **2.** (**struck, struck** [strʌk]) *vt* schlagen ⟨to ~ one's knee with one's hand mit der Hand aufs Bein schlagen⟩ | zusammenschlagen ⟨to ~ one's hands together die Hände zusammenschlagen⟩ | (Ball) treffen | schlagen auf, stoßen auf ⟨to ~ one's hand on the table mit der Hand auf den Tisch schlagen⟩ | (Ton u. ä.) treffen auf; fallen auf ⟨to ~ s.o.'s eyes jmdm. in die Augen springen⟩ | (Taste) anschlagen (*auch übertr*) ⟨to ~ a note on the piano; to ~ a note of warning einen warnenden Ton anschlagen⟩ | (Zündholz) anzünden, anstreichen ⟨to ~ a match⟩ | (Trommel) rühren | (Instrument) spielen | (Haltung u. ä.) einnehmen ⟨to ~ a typical pose⟩ | (Flagge, Segel u. ä.) streichen ⟨to ~ one's flag kapitulieren⟩ | (Zelt) abbrechen ⟨to ~ camp das Lager abbrechen⟩ | *Mar* auflaufen auf | prägen ⟨to ~ coins⟩ | (Uhrzeit) schlagen ⟨to ~ hours⟩ | (Wurzel) schlagen ⟨to ~ root einwurzeln (*auch übertr*) ⟩ | (jmdm.) einfallen, in den Sinn kommen ⟨an idea struck me mir kam ein Einfall; it ~s me that ... ich finde, daß ...⟩ | auffallen, Eindruck machen *od* wirken auf ⟨how does it ~ you? was fällt dir dabei auf?⟩ | finden, stoßen auf ⟨to ~ oil eine Ölquelle finden; to ~ it rich *übertr* zu plötzlichem Reichtum gelangen⟩ | erreichen ⟨to ~ a balance Bilanz [Saldo] ziehen; to ~ a bargain einen Handel abschließen⟩ | (jmdn.) erfüllen (**with** mit) ⟨to ~ s.o. with fear⟩ | (Furcht u. ä.) hervorrufen ⟨to ~ terror into s.o. jmdm. Angst einjagen⟩ | (Arbeit) einstellen, niederlegen ⟨to ~ work streiken⟩ | (Betrieb) bestreiken | *Tech* glätten, glattstreichen (*part perf selten auch* **strick·en** ['strɪkən]) | *übertr* (jmdn.) treffen, heimsuchen, schlagen ⟨to be struck (down) by illness⟩; **~ below** *Mar* wegfieren; **~ down** niederschlagen | *übertr* (jmdn.) zu Fall bringen; **~ off** aus-, wegstreichen | löschen, tilgen | aus einer (öffentlichen) Liste (*od* einem Register) streichen ⟨the doctor was struck off for dem Arzt wurde die Approbation entzogen wegen⟩ | *Typ* abziehen; **~ out** ausstreichen ⟨to ~ out a word⟩ | (Plan u. ä.) schmieden, ersinnen, ausdenken ⟨to ~ out a line for o.s. seinen eigenen Weg gehen⟩; **~ through** *förml* durchstreichen; **~ up** (Lied) anstimmen | anfangen, beginnen ⟨to ≈ a friendship with s.o. mit jmdm. Freundschaft anknüpfen⟩ | *Am* (*meist pass*) hinreißen ⟨to be struck up with s.o. von jmdm. begeistert sein⟩;
vi schlagen, stoßen (**at** auf, nach) | kämpfen, sich schlagen (**for** um) | stoßen, anschlagen (**against** gegen, **on, upon** an) | auftreffen, fallen (**on, upon** auf) | *Mar* auf Grund stoßen, auflaufen (**on, upon** auf) | zielen (**at** nach) | (Uhr) schlagen | *Mar, Mil* die Flagge streichen | (Streichholz) zünden, sich entzünden | (Blitz) einschlagen | *Mus* spielen | (durch-) dringen (**into** in, **to** zu, **through** durch) ⟨the room ~s cold (warm) das Zimmer wirkt kalt (strahlt Wärme aus)⟩ | auffallen, in die Augen fallen ⟨what ~s at first reading was beim ersten Lesen auffällt; to ~ on s.o.'s mind jmds. Gemüt treffen⟩ | (Pflanze) Wurzel schlagen | sich wenden (*auch übertr*) ⟨we struck into the woods wir bogen in den Wald ein⟩ | streiken (**against** gegen, **for** um); **~ back** zurückschlagen; **~ home** treffen (Schlag); **~ in** anfangen, beginnen | unterbrechen, einfallen, dazwischenreden, sich einmischen | nach innen schlagen; **~ on** entdekken, stoßen auf ⟨to ≈ a plan auf e-n Plan kommen⟩; **~ out** einen Schlag führen (**at** gegen) | ausschreiten | kraftvoll schwimmen; **~ up** Freundschaft schließen (**with** mit); **~ upon** = **~ on**;
'~bound bestreikt, vom Streik betroffen; **'~ˌbreak·er** *s* Streikbrecher *m*; **'~ force** *s Mil* Einsatztruppe *f*; **'~ pay** *s* Streikgeld(er) *n(pl)*, -lohn *m*; **'~ ˌpick·et** *s* Streikposten *m*; **'strik·er** *s* Schläger *m* | Streikender *m* | (Fußball) Stürmer *m*, Sturmspitze *f* | *Tech* Stößel *m*, Mitnehmer *m* | *El* Zünder *m* | *Mil* Schlagbolzen *m* | (Glocken-) Hammer *m*,

Klöppel *m* | *Mar* Harpunier *m*; **'strik·er nut** *s Tech* Schlagbolzenmutter *f*; **'strik·ing 1.** *adj* schlagend, Schlag- ⟨≈ clock Schlaguhr *f*⟩ | eindrucksvoll, auffallend ⟨a ≈ idea; a ≈ woman⟩ | treffend ⟨a ≈ likeness eine verblüffende Ähnlichkeit⟩ | *Bot* Wurzel schlagend | streikend | sehr nahe *in*: **within ~ing distance** in unmittelbare Nähe; **2.** *s* Schlagen *n* | (Wecker) Anschlag *m* | *Mus* Anschlag *m* | *Tech* Formen *n* mit Zielbrett | *Bergb* Ausschalung *f*; **'strik·ing ˌdis·tance** *s El* Schlagweite *f*; **'strik·ing ˌham·mer** *s Bergb* Schlegel *m*; **'strik·ing ˌpow·er** *s* Schlagkraft *f*; **'strik·ing work** *s* Schlagwerk *n* (der Uhr)

Strine [straɪn] *Sl* **1.** *s* Australisches Englisch; **2.** *adj* australisch

string [strɪŋ] **1.** *s* Band *n*, Schnur *f*, Bindfaden *m*, Strick *m* ⟨~ of pearls Perlenschnur *f*; to have s.o. on a ~ *übertr* jmdn. am Gängelband führen; to have s.o. on the ~ *übertr* jmdn. zappeln lassen, mit jmdm. umgehen, wie man will; to play second ~ die zweite Geige spielen, hintenanstehen müssen⟩ | Draht *m* ⟨to pull [the] ~s *übertr* der Drahtzieher sein, heimlich Einfluß geltend machen⟩ | Kordel *f* | *Mus* Saite *f* ⟨to harp on the same ~ *übertr* immer wieder auf etwas herumreiten; to touch a ~ in s.o.'s heart *übertr* eine Saite in jmds. Herz anschlagen⟩ | Bogensehne *f* ⟨to have two ~s / a second ~ to one's bow *übertr* zwei Eisen im Feuer haben⟩ | *Anat* Sehne *f*, Flechse *f* | *Bot* Faser *f*, Fiber *f* | Bund *n*, Kette *f* ⟨a ~ of onions; a ~ of beads⟩ | Reihe *f*, Kette *f*, Folge *f* ⟨a ~ of lies⟩ | Garnitur *f*, Gruppe *f* (von Spielern) ⟨the first ~ of players die Spitzenspieler *m/pl*⟩ | *Buchw* Rückenband *m* | (*bes pl*) *urspr Am umg* Bedingung *f* ⟨no ~s attached *auch Brit* ohne Bedingungen; there are no ~s to the agreement die Vereinbarung ist ohne Nebenbedingungen⟩; **2.** (**strung, strung** [strʌŋ]) *vt* verschnüren | (Perlen u. ä.) auf Schnüre ziehen, aufreihen | (Schnur) spannen | (Geige u. ä.) besaiten, mit Saiten beziehen | (Instrument) stimmen | (Bogen) bespannen | *übertr* verknüpfen, -binden ⟨to ~ words together⟩ | (Bohnen) abziehen | *oft* **~ up** (*meist part perf*) anspannen, erregen ⟨he is a very highly strung person er ist sehr sensibel⟩ | *Am Sl* (jmdn.) verkohlen, aufziehen; **~ along** *umg* (jmdn.) hinhalten ⟨they're just ~ing him along⟩; **~ out** ausdehnen, -spannen; auf eine Leine hängen; **~ up** aufhängen, -reihen ⟨to ≈ lanterns⟩ | *umg* (Verbrecher) (auf)hängen, aufknüpfen | (*meist part perf*) *übertr* anspannen, erregen ⟨the pianist was strung up before the concert⟩; *vi* (Flüssigkeit) Fäden ziehen | fasrig werden | (Auto u. ä.) sich in einer Reihe bewegen; **~ along** sich anschließen (**with s.o.** jmdm.); **'~ bag** *s* Netz(tasche) *n*(*f*); **ˌ~ 'band** *s* Streichorchester *n* | Militärkapelle *f*; **'~ bass** *s Mus* Kontrabaß *m*; **ˌ~ 'bean** *s Am umg* grüne Bohne; **'~board** *s Arch* Treppenwange *f*; **stringed** *adj* verschnürt | aufgereiht, -gefädelt | *Mus* Saiten-, Streich-; **ˌstringed 'in·stru·ment** *s Mus* Saiten-, Streichinstrument *n*; **ˌstringed 'mu·sic** *s* Streichmusik *f*

strin·gen·cy ['strɪndʒənsɪ] *s* Härte *f*, Schärfe *f*, Strenge *f* | *Wirtsch* Knappheit *f*

strin·gen·do [strɪn'dʒendəʊ] *adj, adv Mus* stringendo, schneller werdend

strin·gent ['strɪndʒənt] *adj* hart, streng, fest ⟨a ~ rule⟩ | scharf, herb ⟨~ taste⟩ | ein-, nachdrucksvoll, zwingend, bündig ⟨~ arguments⟩ | *Wirtsch* (Geld) knapp, (Geldmarkt) gedrückt

string|er ['strɪŋə] *s Arch* Längs-, Stützbalken *m* | *Mar* Stringer *m* | *Flugw* Holm *m*; **'~halt** *s Vet* Hahnenschritt *m*; **'~ing** *s Mus* Besaitung *f*; **ˌ~ 'in·stru·ment** *s Mus* Saiteninstrument *n*; **'~like** *adj* schnurähnlich; **ˌ~ 'or·ches·tra** *s Mus* Streichorchester *n*; **ˌ~ 'pea** *s Bot* Zuckererbse *f*; **ˌ~ 'quar·tet[te]** *s Mus* Streichquartett *n*; **~s** *s/pl* Streichinstrumente *n/pl*; Streicher *m/pl*; **'~y** *adj* Fäden ziehend, zähflüssig | faserig, flechsig | sehnig, stramm | *Mus* streichend

strip [strɪp] **1.** *vt* (**stripped, stripped**) (jmdn.) ausziehen, entkleiden ⟨to ~ s.o. naked jmdn. bis auf die Haut ausziehen⟩ | *auch* **~ off** (Kleid u. ä.) aus-, abziehen | *auch* **~ off** (Obst u. ä.) abschälen, abziehen | enthülsen, entrinden | (Kuh) ausmelken | *Mar* abtakeln | *auch* **~ down** *Tech* demontieren, auseinandernehmen | *Tech* aus-, entschalen | *Tech* (Draht) abwickeln | *Tech* (Schraube) lockern | *übertr* bloßstellen | ausplündern, berauben (**of s.th.** e-r Sache) ⟨to ~ s.o. of his titles jmdm. seine Titel absprechen⟩; **~ away, ~ off** entfernen, abziehen abmachen | *übertr* ablegen, sich befreien von, sich entledigen; **~ down** ganz ausziehen (**to** bis auf); *vi* sich ausziehen (**to** bis auf) ⟨to ~ to the waist den Oberkörper frei machen⟩ | *Tech* (Schraube) sich lockern; **2.** *s* schmaler Streifen ⟨a ~ of paper; a ~ of land⟩ | *Ztgsw* Bilderserie *f* ⟨comic ~s Comicstrips *pl*, lustige Bildgeschichten *f/pl*⟩ | *auch* **'air ~** *Flugw* Piste *f*, Landebahn *f* | (Fußball) (Jersey-) Farbe *f* ⟨a blue and white ~ blau-weiß⟩ | Stripteaseakt *m* ⟨to do a ~ ein Striptease vorführen⟩; **'~ ˌart·ist** *s* Stripteasetänzerin *f*; **ˌ~ 'build·ing** *Brit* Reihenbauweise *f*; **ˌ~ car'toon** *s Brit Ztgsw* Bildgeschichte *f*; **'~ chart** *s* Computerdiagramm *n*, -streifen *m*; **ˌ~ 'ci·ty** *s Am* städtische Ansiedlungen entlang der Verbindungsstraßen zwischen zwei Großstädten ⟨the ≈ Boston to Washington⟩ **'~ club** *s* Stripteaselokal *n*; **'~ ˌcrop·ping** *s Landw* Streifenpflanzung *f*

stripe [straɪp] **1.** *s* (farbiger) Streifen ⟨red ~s⟩ | *Mil* Tresse *f*, Ärmelstreifen *m* ⟨to get (lose) one's ~s befördert (degradiert) werden⟩ | Schwiele *f* | *arch* (Peitschen-) Hieb *m*, Schlag *m* ⟨10 ~s on the back⟩ | *Am übertr* Gattung *f*, Sorte *f*; **2.** *vt* streifen, mit Streifen versehen | in Streifen teilen | *arch* schlagen; **striped** *adj* gestreift, streifig ⟨≈ silk⟩

strip| fuse ['strɪp fju:z] *s El* Streifen-, Lamellensicherung *f*; **'~ light·ing** *El* Soffitten-, Röhrenbeleuchtung *f*

strip·ling ['strɪplɪŋ] **1.** *s* Bürschchen *n*, Grünschnabel *m*; **2.** *adj* jugendlich, Jugend-

strip| mine ['strɪp maɪn] *s Bergb* Tagebau *m*, Grube *f* im Tagebau; **'~ min·er** *s* Tagebauarbeiter *m*; **'~per** *s umg* Stripper *m*, Stripteasetänzerin *f*; **'~ show** *s* Stripteasevorstellung *f*; **ˌ~ 'steel** *s Tech* Bandstahl *m*; **ˌ~'tease** *s* Striptease *n*, Entkleidungsszene *f*; **ˌ~'teas·er** *s* Nackt-, Stripteasetänzerin *f*; **~y** ['straɪpɪ] *adj* streifig, gestreift ⟨a ≈ pattern ein Streifenmuster⟩

strive [straɪv] *vi* (**strove** [strəʊv], **striv·en** ['strɪvn]) streben, bestrebt sein (**after** nach) | ringen, sich (be)mühen (**for** um) ⟨to ~ for recognition, to ~ to be recognized um Anerkennung ringen; darum ringen, anerkannt zu werden⟩ | (erbittert) kämpfen, wetteifern (**against** gegen, **with** mit)

striv·en ['strɪvn] *part perf von* ↑ **strive**

strobe light ['strəʊb laɪt] *s Foto* Blitzlicht *n*, Röhrenblitz *m*

strob|i·la·ceous [ˌstrəʊbɪ'leɪʃəs] *adj Bot* zapfentragend | zapfenartig, Zapfen-; **~ile** ['strɒbaɪl] *s Bot* Zapfen *m* | *Bot* (Hopfen-) Dolde *f*

strob·o|scope ['strəʊbəskəʊp] *s Med, Phys* Stroboskop *n*; **~scop·ic** [ˌstrəʊbə'skɒpɪk], **ˌ~'scop·i·cal** *adj* stroboskopisch; **stro·bos·co·py** [strə'bɒskəpɪ] *s* Stroboskopie *f*

strob·o·tron ['strɒbətrɒn] *s Phys* Strobotron *n*

strode [strəud] *prät von* ↑ **stride 1.**

stroke [strəuk] **1.** *s* Schlag *m* ⟨at one ~ mit einem Schlag⟩ | Streich *m*, Stoß *m* | (Uhr-) Schlag *m* ⟨on the ~ pünktlich⟩ | *Mar* Ruderschlag *m* ⟨to keep ~ im Gleichtakt rudern⟩ | (Sport) Schlagart *f* | Vorruderer *m* | Schwimmstoß *m* | (Pinsel-, Feder-) Strich *m* | *Med* Schlag(anfall) *m*(*m*) | *Tech* Kolbenhub *m* ⟨two-~ engine Zweitaktmotor *m*⟩ |

Phys Hub *m* | *El* Entladung *f* | *Math* Vektor *m* | *Mus* Bogenstrich *m* | *Mus* Anschlag *m* | *Typ* Strich *m* | *auch* **ob,lique** '~ Schrägstrich *m* | Gradstrich *m* | *übertr* Strich *m*, Zug *m* ⟨to put the finishing ~ to s.th. einer Sache den letzten Schliff geben⟩ | Schicksalsschlag *m* | *übertr* Anstrengung *f*, Leistung *f* ⟨masterly ~ Meisterstück *n*⟩ | Manöver *n*, Handstreich *m*, Schachzug *m*, Einfall *m* ⟨~ of genius Geistesblitz *m*⟩ | *übertr* Streicheleinheit *f*; Mutmacher *m* | *übertr* Einfluß *m*; **2.** *vt* streichen über ⟨to ~ s.o.'s hair the wrong way *übertr* jmdn. ärgern *od* aufbringen⟩ | (Boot) als Schlagmann rudern | streicheln | *übertr* streicheln, kitzeln; gut zureden ⟨to ~ o.s. sich selbst Mut machen⟩ | *übertr* (Kunden) manipulieren | (Ball) schlagen; (Kuh) melken | (Stunde) schlagen | mit einem Strich kennzeichnen; ~ **down** glatt-, niederstreichen | *übertr* besänftigen; ~ **out** ausstreichen; *vi* (mit bestimmter Schlagzahl) rudern | (Tennis) schlagen; '~ **house** *s Am Sl* Pornokino *n*; '~ **oar** *s* (Ruder-) Schlagriemen *m*; '~ **oars·man** *s* (*pl* '~ **oars·men**), '**~s·man** *s* (*pl* '**~men**) Vorruderer *m*; '**strok·ing** *s* Streicheln *n*

stroll [strəʊl] **1.** *vi* (zum Vergnügen) umherschlendern, bummeln | umherziehen, -wandern ⟨~ing company Wandertheater *n*; ~ing musicians fahrende Musikanten⟩; **2.** *s* Umherschlendern *n*, Bummeln *n*, Spaziergang *m* ⟨to go for a ~; to have a ~; to take a ~ bummeln gehen⟩ | Umherziehen *n*, Wandern *n*; '**~er** *s* Spaziergänger(in) *m(f)* | *bes Schott* Vagabund *m* | Wander-, Schmierenschauspieler *m* | *Brit* zusammenklappbarer Kindersportwagen | *Am* (Kinder-) Sportwagen *m*

stro·ma ['strəʊmə] *s* (*pl* **~ta** ['~tə]) *Biol* Stroma *n*, Grundgewebe *n* | *Bot* Stroma *n*, Fruchtlager *n*

strong [strɒŋ] **1.** *adj* kräftig, stark ⟨a ~ fort eine starke Festung; ~ shoes festes Schuhwerk⟩ | kraftvoll, robust, gesund ⟨a ~ arm; to have ~ nerves gute Nerven haben⟩ | stark, heftig ⟨a ~ blow; a ~ wind⟩ | stark (riechend *od* schmeckend) ⟨a ~ smell of gas starker Gasgeruch; ~ tea⟩ | hell, grell ⟨~ colours⟩ | ranzig ⟨~ butter⟩ | (Getränk) stark, berauschend ⟨a ~ drink⟩ | (Speise) schwer | stark (an Zahl) ⟨a ~ army; 100 ~ 100 Mann stark⟩ | *Ling* stark ⟨a ~ verb⟩ | *übertr* standhaft, fest, stark ⟨~ beliefs unveränderbare Vorstellungen *f/pl*; a ~ will⟩ | tüchtig, energisch ⟨a ~ measure eine drastische Maßnahme⟩ | (Grund) triftig | übertrieben, kraß ⟨it's a bit ~⟩ ◇ **the ~ arm of the law** der Arm des Gesetzes, Recht und Gesetz; **2.** *adv* heftig, stark | *umg* gewaltig, tüchtig ⟨to be [still] going ~ (noch) gut in Schuß sein (Person, Sache); to come/go it rather ~ sich mächtig ins Zeug legen; ganz schön übertreiben⟩; '**~arm** *adj* Gewalt-, gewaltsam ⟨≈ methods⟩; '**~-armed** *adj* kräftig; '**~box** *s* Geldschrank *m*, -kassette *f*; ,~ '**force** *s Phys* starke Kraft, Interaktionskraft *f*; '~ **form** *s Ling* (Aussprache) Starkform *f*; '**~hand** *s* Gewalt *f*; ,**~'head·ed** *adj* eigensinnig; '**~hold** *s Mil* Festung *f* | *übertr* Bollwerk *n*, Hochburg *f*; ,~ **in·ter'ac·tion** = ~ **force**; ,~ '**lan·guage** *s oft euphem* grobe Ausdrucksweise *f*; ,**~-'mind·ed** *adj* energisch, willensstark; '~ **point** *s übertr* Stärke ⟨s.o.'s ≈ jmds. starke Seite⟩; '**~room** *s* Stahlkammer *f*, Tresor *m*; '**~-set** *adj* stark gebaut ,**~-'voiced** *adj* mit lauter Stimme; ,**~-'willed** *adj* willensstark | entschlossen

stron·ti·um ['strɒntɪəm] *s Chem* Strontium *n*; ,~ '**90** *s* Strontium 90 *n*

strop [strɒp] **1.** *s* Streichriemen *m* | *Mar* Stropp *m*; **2.** (**stropped, stropped**) *vt* (Rasiermesser) abziehen | *Mar* stroppen

stro·phan·thin [strəʊ'fænθɪn] *s Chem* Strophanthin *n*

stro·phe ['strəʊfɪ] *s Metr* Strophe *f*; **stroph·ic** ['strɒfɪk], '**stroph·i·cal** *adj* strophisch

strop·py ['strɒpɪ] *adj Brit umg* aufmüpfig; pampig

strove [strəʊv] *prät von* ↑ **strive**

struck [strʌk] **1.** *prät* u. *part perf von* ↑ **strike 2.**; **2.** *adj Tech* (Gerüst) abgebaut

struc|tur·al ['strʌktʃərl] *adj* baulich, Bau-, Struktur-, Konstruktions- | *Chem* Struktur-; '**~tur·al 'draw·ing** *s* Konstruktionszeichnung *f*; '**~tur·al 'er·ror,** '**~tur·al 'fault** *s* Konstruktionsfehler *m*; '**~tur·al 'gene** *s Biol* Erbeinheit *f*; **~tur·al·ism** ['strʌktʃərəlɪzm] *s* Strukturalismus *m*; '**~tur·al 'steel** *s* Baustahl *m*; ,**~tur·al 'un·em·ploy·ment** *s Wirtsch* strukturbedingte Arbeitslosigkeit; '**~tur·al 'u·nit** *s Tech* Bauelement *n*, -einheit *f*; **~ture** ['strʌktʃə] **1.** *s* Bauart *f*, Struktur *f*, Aufbau *m*, Gefüge *n* (*auch übertr*) | Bauwerk *n*, Gebäude *n* ⟨a tall ≈⟩ | *Biol* Organismus *m*; **2.** *vt* strukturieren; aufbauen, gliedern ⟨to ≈ one's ideas; highly ≈d stark gegliedert⟩; '**~tur·ism** *s Mal, Arch* Strukturismus *m*; '**~tur·ist** **1.** *s Mal, Arch* Strukturist *m*; **2.** *adj* strukturistisch, geometrisch betont; ,**~tur·i'za·tion** *s* Strukturierung *f*; '**~tur·ize** *vt* strukturieren, gestalten, anordnen

strug·gle ['strʌgl] **1.** *vi* kämpfen, ringen (**against** gegen, **for** um, **with** mit) | sich winden, sich wehren, zappeln | sich anstrengen, sich mühen ⟨to ~ to the surface sich anstrengen, um an die Oberfläche zu gelangen⟩; ~ **along** sich durchschlagen; *vt* erkämpfen, erringen; **2.** *s* Kampf *m*, Ringen *n* (**for** um, **with** mit) ⟨~ for freedom Freiheitskampf *m*⟩ | (*meist sg*) Streben *n*; Anstrengung(en) *f(pl)* ⟨with a ~ mühsam⟩

strum [strʌm] **1.** (**strummed, strummed**) *vt, vi* herumklimpern (auf), herumzupfen (an) ⟨to ~ [on] the banjo⟩ | (Melodie) herunterklimpern; **2.** *s* Geklimper *n*

stru|ma ['stru:mə] *s* (*pl* **~mae** ['~mi:]) *Med* Struma *f*, Kropf *m* | *Bot* Kropf *m*; **~mat·ic** [stru'mætɪk] *adj* strumös, Kropf-; **~mec·to·my** [stru:'mektəmɪ] *s* Strumaresektion *f*; **~mous** ['~məs] *adj* strumös, Kropf-

strum·pet ['strʌmpɪt] *s arch* Prostituierte *f*, Hure *f*

strung [strʌŋ] *prät* u. *part perf von* ↑ **string 2.**; ,~ '**out** *adj Am Sl* ausgeflippt, kaputt (**on** durch) ⟨≈ kids; ≈ on dope von Drogen kaputtgemacht⟩

[1]**strut** [strʌt] **1.** ('**~ted,** '**~ted**) *vi* (wie ein Hahn) stolzieren, sich brüsten ⟨~ting einherstolzierend; to ~ about [the garden] (im Garten) umherstolzieren; to ~ past vorbeistolzieren⟩; *vt* protzen mit; **2.** *s* stolzer Gang, Einherstolzieren *n*, Sichbrüsten *n* ⟨to walk with a ~ stolzieren⟩ | Gespreiztheit *f*

[2]**strut** [strʌt] *Arch, Tech* **1.** *s* (Holz, Metall) Stütz-, Tragsäule *f* | *auch Flugw* Verstrebung *f*, Strebe *f* ⟨wing ~ Tragflächenverstrebung *f*⟩; **2.** ('**~ted,** '**~ted**) *vt* abstützen, verstreben; '**~ting** *s Tech* Verstrebung *f*, Absteifung *f*

strych·nine ['strɪkni:n] *s Chem* Strychnin *n*

stub [stʌb] **1.** *s* (Baum-) Stumpf *m*, Stubben *m* | (Zigaretten-, Kerzen-, Bleistift- u. ä.) Stummel *m* | Stummelschwanz *m* ⟨a ~ of a tail⟩ | (Scheck, Fahrkarte) Kontrollabschnitt *m* | *Am umg* kleiner Kerl, Stöpsel *m*; **2.** (**stubbed, stubbed**) *vt meist* ~ **up** ausroden | (Land) roden | stoßen ⟨to ~ one's toe sich an die Zehe stoßen⟩ | *auch* ~ **out** (Zigarette) ausdrücken | zerdrücken, -quetschen; **stubbed** *adj* voller Baumstümpfe | stumpf | kurzgeschnitten

stub|ble ['stʌbl] **1.** *s* Stoppel *f* | *collect* Stoppeln *f/pl* | Stoppelfeld *n* | Stoppelbart *m* ⟨a three days' ≈ ein drei Tage alter Bart⟩; **2.** *vt* abstoppeln; **3.** '**~bled** *adj* stoppelig, voll Stoppeln; '**~ble field** *s* Stoppelfeld *n*; '**~ble plough** *s* Stoppelpflug *m*; '**~bly** *adj* stoppelig, Stoppel-

stub·born ['stʌbən] *adj* halsstarrig, stur, verstockt, eigensinnig, störrisch ⟨a ~ child; as ~ as a mule störrisch wie ein Esel⟩ | (Wille u. ä.) beharrlich, hartnäckig, unbeugsam ⟨~ courage⟩ | zäh, langwierig ⟨a ~ illness; the lock is ~ das Schloß geht sehr schwer⟩ | unerbittlich ⟨~ facts⟩

stub·by ['stʌbɪ] *adj* voller Baumstümpfe | stumpfförmig | gedrungen, stämmig, untersetzt | dick ⟨~ fingers⟩

stuc|co ['stʌkəʊ] **1.** *s* (*pl* **'~coes, '~cos**) Stuck *m*; **2.** *vt* mit Stuck verzieren; **'~co ˌmould·ing** *s* Stuckplastik *f*

stuck [stʌk] **1.** *prät* u. *part perf* von ↑ **²stick 2.**; **2.** *präd adj* fest, unbeweglich ⟨the door is ~; his head got ~ er klemmte sich den Kopf ein⟩ | festklebend, angeklebt ⟨the paper is ~ to my finger das Papier klebt mir am Finger⟩ | festsitzend, stehengeblieben ⟨I'm ~ ich sitze fest⟩ | *umg* aufgehalten (**with** durch) ⟨~ with an unexpected guest⟩ | *Brit umg* verknallt (**on** in) ⟨~ on her new teacher⟩ ◇ **get ~ in[to]** *umg* reinhauen (Essen u. ä.); **ˌ~-'up** *adj umg* eingebildet, hochnäsig

¹stud [stʌd] **1.** *s* Zier-, Beschlagnagel *m*, Knopf *m*, Knauf *m* | *Arch* Pfeiler *m*, Pfosten *m* | *Tech* Stift *m*, Steg *m* | (Manschetten-, Hemd-) Knopf *m*; (Druck-) Knopf *m* ⟨press ~⟩ **2.** *vt* (**~ded, ~ded** ['~ɪd]) beschlagen | mit Knöpfen verzieren | besetzen (**with** mit) | *übertr* übersäen, bestreuen (**with** mit) ⟨a sea ~ded with islands; a star-~ded sky; a star-~ded film *übertr* ein Film mit vielen bekannten Schauspielern⟩

²stud [stʌd] *s* Gestüt *n* ⟨at ~ in der Zucht⟩ | *Am* Beschäler *m*, Zuchthengst *m* | *vulg* Sexprotz *m*

stud bolt ['stʌd bəʊlt] *s Tech* Stiftbolzen *m*

stud book ['stʌd bʊk] *s* Zuchtbuch *n*

stu·dent ['stju:dnt] *s* (Universitäts-, College-) Student(in) *m(f)* ⟨~ of medicine Medizinstudent⟩ | Student *m*, Lehrgangsteilnehmer *m* | *auch* **'school ˌ~** Schüler *m* | Forscher *m*, Gelehrter *m* | Beobachter *m*, einer, der sich systematisch beschäftigt (**of s.th.** mit etw.) ⟨a ~ of bird life⟩; **ˌ~ 'bod·y** *s* Studentenschaft *f*; **ˌ~ 'pow·er** *s* studentische Kontrolle der Universitäten, Studentenherrschaft *f*; **'~ship** *s* Studentenzeit *f* | *Brit* Stipendium *n*; **ˌ~s 'un·ion** *s* Studentenvereinigung *f*, -verband *m* | Gebäude *n* der Studentenvereinigung, Studentenklub *m*; **'~ 'teach·er** *s* Schulpraktikant *m*

stud| farm ['stʌd fɑ:m] *s* Gestüt *n*; **'~ horse** *s* Beschäler *m*, Zuchthengst *m*

stud·ied ['stʌdɪd] *adj* gelehrt, belesen, bewandert | wohlüberlegt, geflissentlich ⟨a ~ remark⟩ | einstudiert, gekünstelt ⟨a ~ pose⟩

stu·di·o ['stju:dɪəʊ] *s* Atelier *n* | *Rundf, Ferns* Studio *n*, Senderaum *m* ⟨television ~⟩ | Filmstudio *m*; **'~ aˌpart·ment** *s Am* Einzimmerwohnung *f*; **'~ ˌau·di·ence** *s* Zuschauer *pl* im Studio; **'~ couch** *s* Bettcouch *f*

stu·di·ous ['stju:dɪəs] *adj* fleißig, lernbegierig | *förml* gewissenhaft, sorgfältig ⟨with ~ care mit peinlicher Sorgfalt⟩ | wissenschaftlich | eifrig, bedacht (**of** auf)

stud·work ['stʌdwɜ:k] *s Arch* Fachwerk *n*

stud·y ['stʌdɪ] **1.** *s selten* Eifer *m*, Fleiß *m*, Bestreben *n*, Bemühen *n* ⟨his constant ~ sein ständiges Bestreben⟩ | Lernen *n*, Studieren *n*, eingehendes *od* genaues Lesen ⟨special ~ Sonderuntersuchung *f*; to make a ~ of s.th. etw. eifrig studieren; to spend the day in ~ den Tag mit Studieren verbringen⟩ | (*oft pl*) (wissenschaftliches) Studium *n* ⟨after his studies; ~ phase Unterrichtsart *f*⟩ | Studienzweig *m*, -fach *n* | wissenschaftliche Untersuchung, Studie *f* (**in, of** über) | *Lit, Kunst* Studie *f*, Skizze *f* ⟨a ~ of a flower⟩ | *Mus* Etüde *f* | Arbeits-, Studierzimmer *n*; **2.** *vi* studieren, Studien betreiben ⟨to ~ for the bar Jura studieren; to ~ for the medical profession Medizin studieren⟩ | *arch* nachdenken (**for** über); *vt* studieren, erlernen ⟨to ~ Russian⟩ | erforschen, gründlich durchdenken, sorgsam untersuchen, sich eingehend beschäftigen mit ⟨to ~ the causes of s.th.⟩ | bedacht sein auf ⟨to ~ s.o.'s wishes jmds. Wünsche zu erraten suchen⟩ | betrachten, beobachten ⟨to ~ s.o.'s face jmds. Gesicht mustern⟩

stuff [stʌf] **1.** *s* Material *n*, (Roh-) Stoff *m* (*auch übertr*) ⟨the ~ of life das, was das Leben ausmacht⟩ | *arch* (Woll-) Stoff *m*, Gewebe *n* | *umg* Sachen *f/pl* ⟨doctor's ~ Tabletten *f/pl* etc.; green ~ Gemüse *n*; it's good ~ es ist gut⟩ | Bauholz *n* | Plunder *m*, wertloses Zeug | *übertr* Unsinn *m*, dummes Zeug ⟨~ and nonsense! dummes Zeug!⟩ | *Am Sl* Stoff *m* (Marihuana) ◇ **do one's ~** *Sl* tun, was man kann; **know one's ~** *umg* seine Sache verstehen; **that's the ~** *Sl* so ist's richtig!; **2.** *vt* vollstopfen, -packen (**with** mit) ⟨to ~ a pipe sich die Pfeife stopfen; to ~ o.s. on *umg* sich vollschlagen *od* -hauen mit; to ~ s.o. with lies *Sl* jmdm. die Hucke vollügen⟩ | *auch* **~ in[to]** (hinein)stopfen, füttern | *auch* **~ up** zu-, verstopfen ⟨to ~ a hole⟩ | *vulg* es (e-r Frau) besorgen | (Sofa) polstern | ausstopfen ⟨a ~ed animal⟩ | (Gans) mästen | *Kochk* farcieren, füllen ⟨to ~ a chicken⟩ | (Basketball) (Ball) ins Netz setzen | (Leder) fetten ◇ **get ~ed!** *Sl* so ein Quatsch!; du kannst mich mal!; **knock the ~ out of s.o.** *umg* jmdn. völlig fertigmachen; jmdn. völlig umhauen (Krankheit); *vi umg* sich vollstopfen, sich überessen; **ˌ~ed 'shirt** *s umg* eingebildeter Fatzke; **'~ing** *s* Aus-, Vollstopfen *n*, Füllen *n* | Füllung *f* Polstermaterial *n* | *Kochk* Farce *f*, Füllung *f* | Lederschmiere *f*; **'~ing box** *s Tech* Stopfbuchse *f*; **'~y** *adj* schwül, stickig, muffig, dumpf ⟨≈ room⟩ | langweilig ⟨≈ work⟩ | *umg* prüde, spießig ⟨a ≈ code of ethics⟩ | *Am umg* gereizt

stull [stʌl] *s Bergb* Strebe *f*, Spreize *f*

stul·ti|fi·ca·tion [ˌstʌltɪfɪ'keɪʃn] *s* Verdummung *f* | *Jur* Unzurechnungsfähigkeitserklärung *f*; **~fy** ['stʌltɪfaɪ] *vt* verdummen, -albern, zum Narren halten ⟨to ≈ o.s. sich lächerlich machen⟩ | *förml* wirkungs-, nutzlos machen ⟨to ≈ s.o.'s work⟩ | *Jur* für unzurechnungsfähig erklären

stum [stʌm] *s* Most *m*, Gärwein *m*

stum|ble ['stʌmbl] **1.** *vi* stolpern, straucheln (**over** über) | stottern, stammeln, sich verhaspeln ⟨to ≈ at/over one's words ins Stottern kommen⟩ | Anstoß nehmen (**at** an) | *lit übertr* straucheln, einen Fehltritt tun ⟨to ≈ into crime straucheln und zum Verbrecher werden⟩ | zufällig stoßen (**across, on, upon** auf); *vt* (jmdn.) zum Straucheln bringen; **2.** *s* Stolpern *n*, Straucheln *n* | *übertr* Fehltritt *m*; **'~bling** *s* Straucheln *n*, Stolpern *n* | Stottern *n* | *übertr* Fehltritt *m*; **'~bling block** *s* Stein des Anstoßes | Hemmschuh *m*, schwache Stelle (**to** für)

stump [stʌmp] **1.** *s* Stumpf *m*, Strunk *m*, Stummel *m* ⟨tree~ Baumstumpf; up a ~ *Am Sl* in der Patsche⟩ | *Med* (Amputations-) Stumpf *m* | (Bleistift-, Zahn- u. ä.) Stummel *m* | Stampfen *n*, schwerer Schritt | *Mal* Wischer *m* | (Kricket) Torstab *m* ⟨to draw ~s aufhören⟩ | *Am umg* Rednertribüne *f* ⟨on the ~ politisch agitieren⟩; **2.** *vt* (Baum) bis auf den Stumpf abhauen | (Land) roden | *auch* **~ up** ausroden | schwer auftreten auf, stampfen über ⟨to ~ it *Sl* zu Fuß gehen; *Sl* sich davonmachen⟩ | (Kricket) (Schläger) Aus machen, abwerfen | (Zeichnung) mit Wischer behandeln | *umg* verblüffen, -wirren ⟨it ~s me how he can do this⟩ | *Am umg* (Land) als Wahlredner bereisen ⟨to ~ the country⟩ | *Am umg* herausfordern; **~ up** *Brit umg* berappen, zusammenkratzen, blechen ⟨to ≈ £ 5⟩; *vi* schwerfällig gehen, stampfen, stapfen | *meist* **~ up** *Brit umg* bezahlen, blechen (**for** für) | *Am umg* Wahlreden halten; **'~er** *s* verblüffende Frage | *selten* (Kricket) Torhüter *m*; **'~ foot** *s* (*pl* **'~ feet**) Klumpfuß *m*; **'~ ˌor·a·tor** *s* Wahlredner *m*; **stumps** *s/pl Sl* Beine *n/pl* ⟨to stir one's ≈ *übertr* die Beine in die Hand nehmen, Tempo machen⟩; **'~ speech** *s Am* Wahlrede *f*; **'~tail** *s* Stummelschwanz *m*; **'~y** *adj* stumpfähnlich | *umg* gedrungen, untersetzt ⟨a ≈ man⟩ | *Am* voller Baumstümpfe

stun [stʌn] **1.** **(stunned, stunned)** *vt* betäuben ⟨to ~ an animal⟩ | verblüffen, bestürzen, betäuben ⟨to sit ~ned for a moment einen Augenblick wie betäubt dasitzen⟩ | (*oft pass*) *übertr* überwältigen, entzücken ⟨~ned by her beauty⟩; **2.** *s* Betäubung *f* ⟨the ~ of the blow die Schockwirkung des Schlages⟩ | Verblüffung *f*, Bestürzung *f*, Schock *m* | *übertr* Überwältigtsein *n*

stung [stʌŋ] *prät* u. *part perf von* ↑ **sting 1.**

stun|gas ['stʌngæs] *s* (leichtes) Nervengas, (zeitweiliges) Betäubungsmittel, chemische Keule; '**~ gun** *s* Sandgewehr *n*, Antidemonstrantenwaffe *f*

stunk [stʌŋk] *prät u. part perf von* ↑ **stink 1.**

stun|ner ['stʌnə] *umg s* Bombenkerl *m* | tolles Mädchen *od* Weib | feine *od* prima Sache, Wucht *f*; '**~ning** *adj* betäubend | bestürzend, verblüffend, erstaunlich | *umg* toll, phantastisch, wundervoll ⟨what a ≈ dress! ein tolles Kleid!⟩

[1]**stunt** [stʌnt] **1.** *vt* im Wachstum hindern | verkümmern lassen, verkrüppeln; **2.** *s* Wachstumshemmung *f* | Verkümmerung *f*

[2]**stunt** [stʌnt] *umg* **1.** *s* Kraft-, Kunststück *n* ⟨to pull a ~ einen [dummen] Trick anwenden, jmdn. für dumm verkaufen⟩ | Sensation *f*, Bravourstück *n*, Schaunummer *f* | *Flugw* Kunstflug *m* | Werbetrick *m*, Reklameschlager *m*; **2.** *vi* (Flug-) Kunststücke machen

stunt·ed ['stʌntɪd] *adj* verkümmert

stunt|er ['stʌntə] *s umg* Kunstflieger *m*; ˌ**~ 'fly·ing** *s umg* Kunstflug *m*; '**~ man,** '**~ ˌwoman** *s* (Film) Double *n* ⟨to act as a ≈⟩

stupe [stju:p] **1.** *s* warmer Umschlag; **2.** *vt* warme Umschläge legen auf

stu·pe|fac·tion [ˌstju:pɪ'fækʃn] *s* Betäubung *f* | Verblüffung *f*, Bestürztheit *f*; ˌ**~'fac·tive** *adj* bewußtlos, betäubt | verblüfft, bestürzt; '**~fy** *vt* (*oft pass*) betäuben ⟨~fied with tiredness betäubt vor Müdigkeit⟩ | verblüffen, bestürzen ⟨to be ~fied at s.th. verblüfft sein über⟩; *vi* betäubt werden

stu·pen·dous [stju:'pendəs] *adj* erstaunlich | enorm, gewaltig ⟨a ~ mistake ein Riesenschnitzer⟩

stu·pe·ous ['stju:pɪəs] *adj* haarig, wollig

stu·pid ['stju:pɪd] **1.** *adj* dumm, einfältig, blöde ⟨a ~ person; that was ~ of you das war dumm von dir⟩ | langweilig, stumpfsinnig ⟨~ work⟩ | gefühllos, benommen ⟨still ~ with sleep noch vom Schlaf benommen⟩; **2.** *s* einfältiger Mensch ⟨what a ~ he is! so ein Dummkopf!⟩; **~i·ty** [stju:'pɪdətɪ] *s* Dummheit *f*, Einfalt *f*, Blödheit *f* | Stumpfsinn *m*

stu·por ['stju:pə] *s* Erstarrung *f*, Betäubung *f* | *Med* Stupor *m* ⟨to lie in a ~⟩; '**~ous** *adj* betäubt, stumpf, benommen | *Med* stuporös

stur·dy ['stɜ:dɪ] *adj* fest, stabil, robust ⟨~ material⟩ | kräftig, stark ⟨a ~ man⟩ | standhaft, unnachgiebig ⟨~ resistance⟩ | verstockt, eigensinnig ⟨~ children⟩

stur·geon ['stɜ:dʒən] *s Zool* Stör *m*

sturt [stɜ:t] *Schott* **1.** *s* Störung *f*, Verwirrung *f* | Zank *m*, Streit *m*; **2.** *vt* stören, belästigen; *vi* stören

stut·ter ['stʌtə] **1.** *vi* stottern (*auch übertr*); *vt, auch* **~ out** hervorstottern; **2.** *s* Stottern *n* (*auch übertr*) ⟨to have a ~ stottern; to speak without a ~; the ~ of rain das Klatschen des Regens; the ~ of aerial fire das Knattern der Flugzeuggeschütze⟩; '**~er** *s* Stotterer *m*

[1]**sty** [staɪ] **1.** *s* Schweinestall *m*; **2.** **(stied, stied)** *vt* in einen Schweinestall sperren; *vi* in einem Schweinestall hausen

[2]**sty** [staɪ] *s Brit dial* Stiege *f*, Leiter *f*

[3]**sty** [staɪ] (*pl* **sties**), *auch* **stye** [staɪ] *s* (*pl* **styes**) *Med* Gerstenkorn *n*

Styg·i·an ['stɪdʒɪən] *adj Myth* stygisch | *übertr lit* düster

sty·lar ['staɪlə] *adj* griffelartig

style [staɪl] **1.** *s* Stil *m*, Art *f* ⟨in a formal ~⟩ | (Kunst-, Bau- u. ä.) Stil *m* ⟨architectural ~s⟩ | Lebensstil *m*, -art *f* ⟨to live in grand ~ in großem Stil leben⟩ | Stil *m*, Eleganz *f* ⟨in ~ stilvoll, niveauvoll; a woman of ~ eine elegante Frau⟩ | (Sport) Stil *m*, Technik *f* | Mode *f* ⟨in ~ modisch; out of ~ unmodern; the latest ~ in hair-dressing⟩ | Sorte *f*, Art *f* (Ware) ⟨every ~ of mirror⟩ | Entwurf *m*, Ausführung *f* | Zeitrechnung *f*, Stil *m* | *förml* Anrede *f*, Titel *m* ⟨the ~ of "Lord" der Titel "Lord"; under the ~ of ... unter dem Namen ...⟩ | *Hist* Griffel *m*, Stichel *m* | *Bot* Griffel *m* | Grammophonnadel *f* | *Med* Sonde *f*; **2.** *vt* (be)nennen, betiteln ⟨to ~ o.s. "Lord"⟩ | (Kleid u. ä.) entwerfen, zuschneiden ⟨~d by a great master⟩ | *in Zus* im Stil von, nach Art von ⟨Indian ≈ im indianischen Stil; im Indianersitz⟩; '**styl·er** *s Am* Modezeichner(in) *m*(*f*); '**sty·ling** *s* Gestaltung *f* ⟨architectural ≈ Raumgestaltung *f*⟩; '**styl·ish** *adj* stilvoll | modisch, elegant; '**styl·ist** *s Lit* Stilist *m* | *Am* Modeentwerfer(in) *m*(*f*) | *in Zus* -schöpfer, -gestalter *m* ⟨hair-≈ Modefriseur *m*, -friseuse *f*⟩; **sty·lis·tic** [staɪ'lɪstɪk], **sty'lis·ti·cal** *adj* stilistisch, Stil-; **sty'lis·tics** *s/pl* (*meist sg konstr*) Stilistik *f*; **styl·i·za·tion** [ˌstaɪlaɪ'zeɪʃn] *s* Stilisierung *f*; '**styl·ize** *vt* stilisieren

sty·lo ['staɪləʊ] *s umg* für **~graph[ic] pen** [ˌstaɪlə'græfɪk 'pen] *s* Füllfederhalter *m*

stylo- [staɪlə] ⟨*griech*⟩ *in Zus* Griffel-, Stiel- | Säulen-

sty·lus ['staɪləs] *s Hist* Stilus *m*, Schreibgriffel *m* | Grammophonnadel *f*, Saphir *m*, Diamant *m* (Tonabnahme)

sty·mie ['staɪmɪ] **1.** *s* (Golf) ungünstige Lage des gegnerischen Balles für den Spieler; **2.** *vt* (Golf) jmdn. durch die Lage des Balles behindern | *übertr* (Plan u. ä.) vereiteln, verhindern, (Gegner u. a.) lahmlegen, matt setzen

styp·tic ['stɪptɪk] *Med* **1.** *adj* blutstillend; **2.** *s* Styptikum *n*, blutstillendes Mittel; ˌ**~ 'pen·cil** *s* Alaunstift *m*

sty·rene res·in ['staɪri:n ˌrezɪn] *s Chem* Polystyrol *n*

sua|sion ['sweɪʒn] *s selten* Überredung *f* ⟨moral ≈ gütliches Zureden⟩; '**~sive** *adj* über-, zuredend | überzeugend

suave [swɑ:v] *adj* höflich, verbindlich, zuvorkommend | (Wein) lieblich, mild; '**suav·i·ty** *s* Höflichkeit *f*, Verbindlichkeit *f* | Lieblichkeit *f*, Milde *f*

[1]**sub** [sʌb] *umg* **1.** *s* Vorschuß *m* (Lohn) | Abo(nnement) *n*(*n*) | U-Boot *n* | (Sport) Ersatz(mann) *m*(*m*) | *Ztgsw* zweiter Redakteur; **2.** *vt* vorschießen | (Zeitung) redigieren; *vi* einen Vorschuß kriegen | (Sport) Ersatzmann sein *od* spielen

[2]**sub** [sʌb] ⟨*lat*⟩ *präp* unter ⟨~ rosa *Jur* im Vertrauen, unter dem Siegel der Verschwiegenheit, vertraulich; ~ voce unter dem angegebenen Wort (e-s Lexikons)⟩

sub- [sʌb] *präf zur Bildung von adj, s, v mit der Bedeutung*: unterhalb, Unter-, Sub- (*z. B.* **~terranian** unterirdisch; **~way** U-Bahn) | untergeordnet, Neben- (*z. B.* **~agent** Unteragent) | unvollkommen, fast (*z. B.* **~tropical** subtropisch)

sub·ac·id [sʌb'æsɪd] *adj Chem* säuerlich | *übertr* scharf

sub·a·cute [ˌsʌbə'kju:t] *adj Med* subakut

sub·al·pine [sʌb'ælpaɪn] **1.** *adj* subalpin; **2.** *s* subalpines Tier | subalpine Pflanze

sub·al·tern ['sʌbltən] **1.** *adj* untergeordnet, Unter-; **2.** *s* Untergebener *m* | Unterbeamter *m* | *Brit Mil* (Ober-) Leutnant *m*

sub·a·que·ous [sʌb'eɪkwɪəs] *adj* Unterwasser-; ˌ**~ 'ca·ble** *s* Unterwasserkabel *n*

sub·arc·tic [sʌb'ɑ:ktɪk] *adj* subarktisch

sub·a·tom·ic [ˌsʌbə'tɒmɪk] *adj Phys* subatomar

sub·au·di|ble [sʌb'ɔ:dəbl] *adj* kaum hörbar; **~tion**

[ˌsʌbɔːˈdɪʃn] *s lit* stillschweigende Ergänzung, Lesen *n* zwischen den Zeilen, stillschweigendes Mitverstehen | *Ling* Nebenbedeutung *f*

sub·base·ment [ˈsʌbˌbeɪsmənt] *s Arch* Unter-, Kellergeschoß *n*

sub·branch [ˈsʌbbrɑːntʃ] *s Wirtsch* Zweigstelle *f*

sub·com·mis·sion [ˌsʌbkəˈmɪʃn] *s* Unterkommission *f*

sub·com·mit·tee [ˈsʌbkəˌmɪtɪ] *s* Unterausschuß *m*

sub·com·pact [ˌsʌbˈkɒmpækt], *auch* ~ **ˈcar** *Kfz* kleiner (zweitüriger) Mittelklassewagen

sub·con·scious [sʌbˈkɒnʃəs] **1.** *adj* unterbewußt | halb-, unbewußt; **2.** *s* (*mit best art*) Unterbewußtsein *n* | Unterbewußtes *n*

sub·con·ti·nent [ˌsʌbˈkɒntɪnənt] *s* Subkontinent *m*

sub·con|tract [sʌbˈkɒntrækt] *s* Nebenauftrag *m*, Nebenvertrag *m*; [ˌsʌbkənˈtrækt] *vt* als Nebenauftragnehmer beschäftigen, als Unterlieferant übernehmen | an Nebenauftragnehmer *od* Unterlieferanten vergeben; **~trac·tor** [ˌsʌbkənˈtræktə] *s* Nebenauftragnehmer *m*, Unterlieferant *m*

sub·cor·ti·cal [sʌbˈkɔːtɪkl] *adj Anat* subkortikal

sub·cra·ni·al [sʌbˈkreɪnɪəl] *adj Anat* subkranial

sub·cul·ture [ˈsʌbˌkʌltʃə] *s* Subkultur *f*

sub·crit·i·cal [sʌbˈkrɪtɪkl] *adj Phys* unterkritisch ⟨~ mass⟩

sub·cu·ta·ne·ous [ˌsʌbkjuːˈteɪnɪəs] *adj Med* subkutan, unter der (die) Haut ⟨~ fat; ~ injection⟩

sub·dea·con [sʌbˈdiːkn] *s Rel* Subdiakon *m*

sub·dean [sʌbˈdiːn] *s Rel* Subdekan *m*, Unterdechant *m* | (Universität) Prodekan *m*

sub·dis·trict [ˈsʌbˌdɪstrɪkt] *s* Unterbezirk *m*

sub·di|vide [ˌsʌbdɪˈvaɪd] *vt* auf-, unterteilen, untergliedern; *vi* sich unterteilen; **ˌ~ˈvi·der** *s* Grundbesitzer *m od* Makler *m*, der geplante Siedlungen (in Parzellen) aufteilt; **~vi·sion** [ˌ~ˈvɪʒn] *s* Unterteilung *f*, Aufgliederung *f* | Unterabteilung *f* | *Mar* Schotteneinteilung *f*

sub·dom·i·nant [sʌbˈdɒmɪnənt] *Mus* **1.** *s* Subdominante *f*; **2.** *adj* subdominant

sub|due [səbˈdjuː] *vt* unterwerfen, -jochen ⟨Napoleon ≈d Europe⟩ | bezwingen, besiegen, überwinden | *übertr* besiegen, zähmen, bändigen, beherrschen ⟨to ≈ one's passions⟩ | (Land) kultivieren | (Licht, Ton, Begeisterung, Stimmung) dämpfen, unterdrücken | *übertr* (jmdm.) einen Dämpfer aufsetzen, bedrücken ⟨fear ≈d him⟩; **~ˈdued** *adj* unterworfen, -jocht, bezwungen | gedämpft, gemildert ⟨≈ light; a ≈ voice⟩ | still, zurückhaltend ⟨he seemed very ≈⟩

sub·ed|it [sʌbˈedɪt] *vt Ztgsw umg* redigieren, korrigieren, redaktionell bearbeiten; **~i·tor** [~ɪtə] *s* Mitherausgeber *m* | *Brit Ztgsw* Redakteur *m*

sub·em|ployed [ˈsʌbɪmˌplɔɪd] *Wirtsch adj* unterbeschäftigt, teil(zeit)beschäftigt; **ˈ~ˌploy·ment** *s* Unterbeschäftigung *f* ⟨≈ including both unemployment and underemployment⟩

su·ber [ˈsjuːbə] *s* Kork(rinde) *m(f)*

sub·fe·brile [sʌbˈfiːbraɪl] *adj Med* subfebril

sub·flo·ra [sʌbˈflɔːrə] *s Bot* Teilflora *f*

sub·form [ˈsʌbfɔːm] *s* Nebenform *f*

sub·group [ˈsʌbgruːp] **1.** *s* Untergruppe *f*; **2.** *vt* unterteilen, -gliedern

sub·head[·ing] [ˈsʌbˌhedɪŋ] *s* Unter-, Zwischentitel *m*, -überschrift *f*

sub·hu·man [sʌbˈhjuːmən] *adj* menschenunwürdig ⟨~ behaviour⟩ | halb Tier, halb Mensch ⟨the bones were ~⟩

su·bi·to [ˈsuːbɪtəʊ] *adv Mus* subito, schnell

sub·ja·cent [sʌbˈdʒeɪsnt] *adj* darunterliegend, Unter- | tiefer gelegen

sub·ject [ˈsʌbdʒɪkt] **1.** *s* (Gesprächs- u. a.) Thema *n*, Gegenstand *m*, Stoff *m* ⟨on the ~ of bezüglich, hinsichtlich; ~ of conversation Gesprächsgegenstand *m*; to change the ~ das Thema wechseln⟩ | Objekt *n*, Grund *m* ⟨a ~ for pity ein Gegenstand des Mitleids⟩; Veranlassung *f* (**for** zu) | *Mus, Mal* Thema *n* | *Lit* Sujet *n* | *Ling* Subjekt *n* | *Päd* Studienfach *n* | Versuchsperson *f* | Versuchstier *n* | Versuchsgegenstand *m* | *Med selten* Patient *m* | Untertan *m*, -gebener *m* | Staatsbürger *m*, -angehöriger *m* ⟨British ~; ~ of the U.K.; ~ of international right *Jur* Völkerrechtssubjekt *n*⟩; **2.** *adj* untergeben, -tan ⟨~ tribes unterworfene Stämme *m/pl*; a ~ province eine abhängige Provinz⟩ | ausgesetzt ⟨~ to ridicule der Lächerlichkeit preisgegeben⟩ | *übertr* unterworfen, -liegend (**to s.th.** e-r Sache) ⟨~ to contract vertragspflichtig; ~ to duty zollpflichtig; ~ to the law dem Gesetz unterworfen; ~ to [prior] sale *Wirtsch* freibleibend⟩ | abhängig (**to** von) ⟨~ to confirmation zu bestätigen⟩ | (*präd*) anfällig ⟨~ to colds für Erkältungen anfällig; to be ~ to delays sich verspäten können, Verspätung haben können⟩; [səbˈdʒekt] *vt* unterwerfen, -jochen | *übertr* aussetzen, unterwerfen, unterziehen (**to s.th.** e-r Sache) ⟨to ~ to heat *Tech* hitzebehandeln; to ~ o.s. to criticism sich der Kritik aussetzen⟩ | abhängig machen (**to** von) | empfänglich machen (**to** für); **~ed** [səbˈdʒektɪd] *adj* unterworfen | *übertr* ergeben, unterwürfig; **sub·jec·tion** [səbˈdʒekʃn] *s* Unterwerfung *f*, -jochung *f* (**to** unter) | Abhängigkeit *f* (**to** von) ⟨in complete ≈ in völliger Abhängigkeit⟩

sub·jec|tive [səbˈdʒektɪv] **1.** *adj* (*auch Phil*) subjektiv ⟨≈ image⟩ | subjektiv, einseitig ⟨a ≈ judgment⟩ | *selten Ling* subjektbezogen | *arch* unterwürfig; **2.** *s Ling* Nominativ *m*; **~tiv·ism** [səbˈdʒektɪvɪzm] *s Phil* Subjektivismus *m*; **~tiv·ist** [səbˈdʒektɪvɪst] *s Phil* Subjektivist *m*; **~ti·vis·tic** [səbˌdʒektɪˈvɪstɪk] *adj* subjektivistisch; **~tiv·i·ty** [ˌsʌbdʒekˈtɪvətɪ] *s* Subjektivität *f*, Voreingenommenheit *f*

sub·ject mat·ter [ˈsʌbdʒɪkt ˌmætə] *s* Stoff *m*, Thema *n*, Inhalt *m*

sub·join [sʌbˈdʒɔɪn] *vt förml, Ling* hinzufügen, -setzen ⟨to ~ a postscript eine Nachbemerkung hinzufügen⟩; **~der** [~də] *s* Hinzufügung *f*

sub ju·di·ce [ˌsʌb ˈdʒuːdɪsɪ] ⟨*lat*⟩ *Jur* (noch) anhängig, (noch) nicht entschieden (Rechtsfall)

sub·ju|gate [ˈsʌbdʒʊgeɪt] *vt* unterwerfen, -jochen ⟨to ≈ the opposition die Opposition niederwerfen⟩; **ˌ~ˈga·tion** *s* Unterwerfung *f*, -jochung *f*

sub·junc·tion [səbˈdʒʌŋkʃn] *s* Bei-, Anlage *f* | Hinzufügung *f*

sub·junc·tive [səbˈdʒʌŋktɪv] *Ling* **1.** *adj* konjunktivisch; **2.** *s*, *auch* ~ **ˈmood** Konjunktiv *m*

sub·lan·guage [ˌsʌbˈlæŋgwɪdʒ] *s* Sub-, Neben-, Zweitsprache *f*

sub|lease [ˈsʌb liːs] *s* Untermiete *f*; [sʌbˈliːs] *vt* unter-, weitervermieten, weiterverpachten (**to s.o.** an jmdn.); **~les·see** [ˌsʌbleˈsiː] *s* Untermieter(in), -pächter(in) *m(f)*

sub·let [sʌbˈlet] (~, ~) *vt, vi* unter-, weitervermieten

sub·lieu·ten·ant [ˌsʌbləˈtenənt] *s Mar Brit* (Unter-) Leutnant *m* zur See

sub·li|mate [ˈsʌblɪmeɪt] *vt Chem* sublimieren | *übertr* veredeln, -geistigen, läutern | *Psych* sublimieren; *vi* vergeistigt werden; [ˈsʌblɪmɪt] **1.** *s Chem* Sublimat *n*; **2.** *adj* sublimiert; **ˌ~ˈma·tion** *s Chem* Sublimation *f* | *übertr* Sublimierung *f*, Veredelung *f*, -geistigung *f* | *Psych* Sublimierung *f*; Sublimation *f*

sub|lime [səˈblaɪm] **1.** *adj* erhaben, hoch, hehr ⟨≈ language gehobene Sprache; ≈ truths hehre Wahrheiten *f/pl*⟩ | großartig, majestätisch, gewaltig ⟨≈ scenery⟩ | außergewöhnlich, höchste(r, -s), wunderbar ⟨a ≈ husband⟩ | *umg iron* kraß, ausnehmend ⟨≈ impudence äußerste Unverschämtheit⟩; **2.** *s* (*mit best art*) das Erhabene ⟨from the ≈ to the ridiculous vom Erhabenen zum Lächerlichen⟩ | *umg iron* Gipfel *m*, Höhe *f* ⟨the ≈ of folly der Gipfel der Dummheit⟩; **3.** *vt Chem* sublimieren | *übertr* veredeln, -geistigen; *vi Chem* sublimiert werden | *übertr* sich veredeln; **~ˌlimed ˈsul·phur** *s Chem* Schwefelblume *f*

sub·lim·i·nal [sʌbˈlɪmɪnl] *adj Med, Psych* unterbewußt | unterschwellig ⟨~ advertising heimliche *od* unterschwellige Werbung⟩

sub·lim·it [ˈsʌbˌlɪmɪt] *s* untere Grenze

sub·lim·i·ty [səˈblɪmətɪ] *s* Erhabenheit *f* | höchster Grad

sub·ma·chine gun [ˌsʌbməˈʃiːn gʌn] *s Mil* Maschinenpistole *f*

sub·ma·rine [ˈsʌbməriːn|ˌsʌbməˈriːn] **1.** *s Mar* Unterseeboot *n* | *Zool* Seetier *n* | *Bot* Unterwasserpflanze *f*; **2.** *adj* unterseeisch, Untersee- ⟨≈ photograph Unterwasseraufnahme *f*⟩; **ˈ~ ˌcable** *s* Tiefsee-, Unterseekabel *n*; **ˈ~ pen** *s Mar* Unterseebootbunker *m*; **sub·ma·ri·ner** [sʌbˈmærɪnə] *s* Angehöriger *m* einer U-Boot-Besatzung

sub·max·il·lar·y [ˌsʌbmækˈsɪlərɪ] *Anat* **1.** *adj* submaxillar; **2.** *s* Unterkieferknochen *m*

sub|merge [səbˈmɜːdʒ] *vt* ein-, untertauchen (*auch übertr*) | *übertr* unterdrücken, verbergen, verschütten, übertönen ⟨to ≈ s.o.'s worries⟩; *vi* untertauchen; (U-Boot) tauchen; **~ˈmerged** *adj* Unterwasser- ⟨≈ rocks⟩ | verarmt, verelendet ⟨the ≈ tenth *arch* das (ständig) verarmte Zehntel der Bevölkerung⟩; **~ˈmer·gence** *s* Ein-, Untertauchen *n* | Überschwemmung *f* | *übertr* Versinken *n*, -sunkensein *n*; **~mersed** [~ˈmɜːst] *adj* versunken | überschwemmt | *Bot* Unterwasser-; **~mer·sion** [~ˈmɜːʃn] *s* Ein-, Untertauchen *n* | Überschwemmung *f* | *übertr* Versunkenheit *f*

sub·min·i·a|ture en·gi·neer·ing [sʌbˌmɪnətʃə ˌendʒɪˈnɪərɪŋ] (Computer) *s* Subminiaturtechnik *f*; **~tur·ize** [ˌsʌbˈmɪnətʃəraɪz] *vt, vi* subminiaturisieren

sub·mis|sion [səbˈmɪʃn] *s* Unterwerfung *f*, -ordnung *f* (**to** unter) | Ergebenheit *f* (**to** gegen) ⟨with all due ≈ mit allem schuldigen Respekt⟩ | Unterwürfigkeit *f* | *Jur* Auffassung *f*, Meinung *f* ⟨my ≈ is that; in my ≈ nach meiner Auffassung ...⟩ | *Jur* Unterbreitung *f*, Vorlage *f*; **~sive** [səbˈmɪsɪv] *adj* unterwürfig, -tänig ⟨a ≈ wife⟩ | ergeben, gehorsam ⟨≈ to advice Ratschlägen gegenüber aufgeschlossen⟩;

sub|mit [səbˈmɪt] (**~ˈmitted, ~ˈmitted**) *vt* unterwerfen (**to s.o.** jmdm.) | *bes Jur* anheimstellen, in Vorschlag bringen ⟨to ≈ a plan; to ≈ the name namentlich vorschlagen⟩ | *bes Jur* (etw.) vorlegen, unterbreiten (**to s.o.** jmdm.) | *Jur, Parl* beantragen, ergebenst bemerken (**that** daß) ⟨we wish to ≈ that; counsel ≈ted that der Anwalt beantragte⟩ | *refl* sich ergeben ⟨to ≈ o.s. to the enemy⟩; *vi* sich unterwerfen, sich unterordnen (**to s.o.** jmdm.) ⟨to ≈ to the enemy; to ≈ separation sich in die Trennung schicken⟩; **~mit·tal** [səbˈmɪtl] *s* Unterwerfung *f*, -ordnung *f*; **~ˈmit·ter** *s Jur* Antragsteller(in) *m(f)*

sub·nor·mal [sʌbˈnɔːml] **1.** *adj* unternormal ⟨~ temperature⟩ | *Psych* geistesschwach ⟨to be born ~⟩; **2.** *s* Schwachsinnige(r) *f(m)*

sub·of·fi·cer [sʌbˈɒfɪsə] *s* Unterbeamter *m*

sub·or·bit·al [sʌbˈɔːbɪtl] *s Astr* suborbital

sub·or·di|nate [səˈbɔːdɪnət] **1.** *adj* untergeordnet ⟨≈ clause *Ling* Nebensatz *m*⟩ | unwichtig, unwesentlich; **2.** *s* Untergebene(r) *f(m)* | Nebensächlichkeit *f*; [səˈbɔːdɪneɪt] *vt* unterordnen (**to** unter) | unterwerfen | zurückstellen; **~nat·ing** [səˈbɔːdɪneɪtɪŋ] *adj Ling* unterordnend ⟨≈ conjunction⟩; **~na·tion** [səˌbɔːdɪˈneɪʃn] *s* Unterordnung *f* (**to** unter) | Unterwürfigkeit *f* | (Dienst-)Gehorsam *m*; **~na·tive** [səˈbɔːdɪnətɪv] *adj* unterordnend, subordinativ

sub|orn [səˈbɔːn] *vt, bes Jur* (zu falschen Aussagen) verleiten, bestechen; **~or·na·tion** [ˌsʌbɔːˈneɪʃn] *s* Verleitung *f*, Bestechung *f* ⟨≈ of witnesses Zeugenbestechung⟩; **~or·na·tive** [səˈbɔːnətɪv] *adj* Bestechungs-

sub|pe·na [səˈpiːnə] *Am* = **~poena**; **~pe·nal** [səˈpiːnl] *Am* = **~poenal**

sub·plinth [ˈsʌbplɪnθ] *s Arch* Untersockel *m*

sub·plot [ˈsʌbplɒt] *s Lit, Theat* Nebenhandlung *f*

sub·poe|na [səˈpiːnə] *Jur* **1.** *s* (schriftliche) Vorladung *f* unter Strafandrohung; **2.** *vt* unter Strafandrohung (schriftlich) vorladen; **~nal** [~nl] *adj Jur* Straf-

sub·po·lar [sʌbˈpəʊlə] *adj* subpolar

sub·pro·fes·sion·al [ˌsʌbprəˈfeʃnl] **1.** *adj* halb-, nebenberuflich; **2.** *s* Nebenberufliche(r) *f(m)*, nebenberuflich Tätige(r) *f(m)*

sub·pro·gram[me] [ˈsʌbˌprəʊgræm] *s* (Computer) Teil-, Unterprogramm *n*

sub ro·sa [sʌb ˈrəʊzə] ⟨*lat*⟩ *adj, adv Jur* sub rosa, geheim; im Vertrauen, vertraulich

sub·rou·tine [ˈsʌbˌruːtiːn] *s* (Computer) Unterprogramm *n*

sub|scribe [səbˈskraɪb] *vt* (Schriftstück) unterschreiben, -zeichnen | *förml* (unter)zeichnen mit ⟨to ≈ one's name⟩ | (e-r Sache) beipflichten; *vi* unterschreiben, -zeichnen (**to s.th.** etw.) | (Geld) zeichnen (**to** für) | *förml* spenden (**for s.th.** etw.) ⟨to ≈ £ 5⟩ | Geld (regelmäßig) beisteuern (**to** für) | (*oft neg*) billigen (**to s.th.** etw.) ⟨to ≈ to an opinion einer Ansicht beistimmen⟩ | abonnieren, abonniert haben, im Abonnement beziehen ⟨to ≈ to a newspaper eine Zeitung abonnieren⟩ | vorbestellen, subskribieren ⟨to ≈ for a book ein Buch vorbestellen⟩; **~ˈscrib·er** *s* Unterzeichner(in) *m(f)* | Subskribent *m*, Abonnent *m*, Bezieher *m* | Fernsprechteilnehmer *m* | Befürworter *m* (**to s.th.** e-r Sache); **~ˌscrib·er ˈnum·ber** *s Tel* Rufnummer *f*; **~ˌscrib·er ˌtrunk ˈdial·ling** *s Brit Tel* Selbstwählferndienst *m*; **~ˈscrip·tion** *s* Unterschreiben *n* | *förml* Unterschrift *f* | gezeichnete Summe | (regelmäßiger) Beitrag *m* | Subskription *f*, Abonnement *n* (**to s.th.** e-r Sache) ⟨by ≈ im Abonnement⟩ | Gebühr *f* (**to** für); **~ˈscrip·tive** *adj* unterschriftlich | Abonnements-

sub·sec·tion [sʌbˈsekʃn] *s* Unterabteilung *f*

sub·se|quence [ˈsʌbsɪkwəns], **ˈ~quen·cy** *s* Folge *f*; **ˈ~quent** *adj* später, (nach)folgend, Nach- ⟨≈ difficulties eingetretene Schwierigkeiten *f/pl*; ≈ to this event diesem Ereignis folgend⟩

sub|serve [səbˈsɜːv] *vt* fördern, dienlich sein; **~ser·vi·ence** [~ˈsɜːvɪəns] *s* Dienlichkeit *f*, Nützlichkeit *f*, Nutzen *m* (**to** für) | Unterwürfigkeit *f* (**to** gegenüber); **~ser·vi·ent** [~ˈsɜːvɪənt] *adj* dienlich, nützlich, von Nutzen, förderlich (**to** für) | unterwürfig, kriecherisch (**to** gegenüber, zu)

sub·set [ˈsʌbset] *s Math* Teilmenge *f*

sub|side [səbˈsaɪd] *vi* (Land, Flut, Gebäude u. ä.) sinken, sich senken | *Mar* absacken | *Chem* sich niederschlagen | (Wind, Gefühl u.ä.) abflauen, nachlassen, sich legen | *umg* sich fallen lassen, sinken ⟨to ≈ into a chair⟩; **ˈ~sid·ence** *s* Sichsenken *n*, Sinken *n*, Sichsetzen *n*, Absacken *n* | *Chem* Niederschlag *m* | *Geol* Bodensenkung *f* | Nachlassen *n*, Ruhigwerden *n* (*auch übertr*), Abflauen *n*

sub·sid·i·ar·y [səbˈsɪdɪərɪ] **1.** *adj* als Hilfe dienend (**to** für) ⟨to be ~ to unterstützen⟩ | untergeordnet, Neben- | Hilfs-, Unterstützungs-; **2.** *s* Beistand *m* | *Wirtsch* Tochtergesellschaft *f* | *Mus* Nebenthema *n*; **ˈ~ ˈcom·pa·ny** *s Wirtsch* Tochtergesellschaft *f*; **ˈ~ ˈroad** *s* Neben-, Seitenstraße *f*

sub|si·di·za·tion [ˌsʌbsɪdaɪˈzeɪʃn] *s* Subventionierung *f*, (finanzielle) Unterstützung; **~si·dize** [ˈsʌbsɪdaɪz] *vt* (von staatlicher Seite) mit Geld unterstützen, subventionieren | (jmdn.) durch Hilfsgelder unterstützen; (Truppen) unterhalten; **~si·dy** [ˈsʌbsɪdɪ] *s* finanzielle Beihilfe, Subvention *f* | Geldspende *f*, Zuschuß *m*, Stützung *f*

sub·sist [səb'sɪst] *vt* (jmdn.) unter-, erhalten; *vi* bestehen, existieren | sich ernähren, leben (**by** durch, **on, upon** von) | bestehen, in Kraft sein; **sub'sist·ence** *s* Dasein *n*, Existenz *f*, Existieren *n* | (Lebens-) Unterhalt *m*, Auskommen *n* ⟨≈ crop Ernte *f* für den eigenen Bedarf; minimum of ≈, ≈ level Existenzminimum *n*; ≈ money Lohnvorschuß *m*, Unterhaltsbeihilfe *f*⟩ | Innewohnen *n* | *Phil* Wesen *n*; **sub'sist·ent** *adj* existierend, bestehend

sub·soil ['sʌbsɔɪl] *s* Untergrund *m*, Boden | Baugrund *m*; '~ '**wa·ter** *s* Grundwasser *n*; ,~ '**wa·ter** ,**lev·el** *s* Grundwasserspiegel *m*

sub·son·ic [sʌb'sɒnɪk] **1.** *adj Phys Flugw* Unterschall- ⟨~ aircraft⟩; **2.** *s* Unterschallflugzeug *n*; ,~ '**speed** *s* Unterschallgeschwindigkeit *f*

sub·spe·cies ['sʌb,spi:ʃi:z] *s Bot* Unterart *f*

sub·stance ['sʌbstəns] *s* Substanz *f*, Masse *f*, Stoff *m*, Materie *f* ⟨various ~s⟩ | *übertr* Substanz *f*, Sinn *m* ⟨no ~ in s.th.⟩ | (*mit best art*) Wesen *n*, Inhalt *m*, Kern *m* ⟨the ~ of what he said⟩ | Festigkeit *f*, Solidität *f* ⟨the material has some ~⟩ | *Phil* Substanz *f* | Gegenständlichkeit *f*, Wirklichkeit *f* | *arch* Vermögen *n*, Kapital *n* ⟨a man of ~ ein vermögender Mann⟩

sub·stand·ard [sʌb'stændəd] **1.** *s* Substandard *m*; **2.** *adj Ling* nicht hochsprachlich, Substandard- ⟨~ forms⟩ | *Wirtsch* von minderer Qualität, von zweiter Wahl ⟨~ goods⟩; ,~ '**film** *s* Schmalfilm *m*

sub·stan|tial [səb'stænʃl] **1.** *adj* stark, fest, solide, kräftig ⟨of ≈ build von kräftigem Körperbau⟩ | materiell, wirklich, körperhaft ⟨s.th. ≈ and no ghost⟩ | substantiell, bemerkenswert, gewichtig, beträchtlich ⟨≈ changes⟩ | wesentlich, das Wesentliche *od* den Kern (e-r Sache) betreffend ⟨to be in ≈ agreement im wesentlichen übereinstimmen⟩ | *Phil* substantiell | reichlich, beträchtlich, nahrhaft ⟨a ≈ meal⟩ | vermögend ⟨a ≈ business firm⟩; **2.** *s* Hauptpunkt *m*; **~tial·ism** [~ʃəlɪzm] *s Phil* Substantialismus *m*; **~ti·al·i·ty** [səb,stænʃɪ'ælətɪ] *s* Wesenheit *f* | Wirklichkeit *f* | Reichlichkeit *f* | Gediegenheit *f* | Dauerhaftigkeit *f*; **~tial·ize** [~ʃəlaɪz] *vt* verkörpern | verwirklichen; *vi* sich verstofflichen | sich verwirklichen; **~ti·al·ly** [~ʃəlɪ] *adv* wesentlich, ziemlich ⟨≈ different⟩ | viel, eine Menge ⟨to help ≈⟩; **~ti·ate** [~ʃɪeɪt] *vt* verwirklichen | verkörpern | beweisen, begründen ⟨to ≈ a claim⟩ | festigen; **~ti·a·tion** [səb,stænʃɪ'eɪʃn] *s* Verwirklichung *f* | Verkörperung *f* | Begründung *f*, Beweisführung *f* ⟨in ≈ of zum Beweis von⟩; **~ti·a·tive** [~ʃɪ,eɪtɪv] *adj* Beweis-

sub·stan|ti·val [,sʌbstən'taɪvl] *adj Ling* substantivisch, Substantiv-; **~tive** [səb'stæntɪv] *s Ling* Substantiv *n*, Hauptwort *n* | *Phil* Wesen *n*, Ding *n*; ['sʌbstəntɪv] *adj Ling* substantivisch | *Ling* das Sein ausdrückend ⟨≈ verb Verbum substantivum *n*⟩ | wesentlich | wirklich | *Jur* materiell ⟨≈ law⟩ | fest, stark, dauernd ⟨≈ rank *Brit Mil* fester Dienstgrad⟩ | selbständig, unabhängig ⟨≈ notions⟩; **~tive mo·tion** [,sʌbstəntɪv 'məʊʃn] *s Parl* endgültige Formulierung des Antrags; ,**~tive** '**rank** *s Brit Mil* Dienstgrad *m* (mit Patent)

sub·sta·tion ['sʌb,steɪʃn] *s El* Schaltstation *f*, -stelle *f*, Unterwerk *n* | *Tel* (Teilnehmer-) Sprechstelle *f* | *Am* Zweigpostamt *n*, Postaußenstelle *f*

sub·sti|tute ['sʌbstɪtju:t] **1.** *s* Stellvertreter *m* ⟨doctor's ≈ Arztvertreter *m*; to act as a ≈ for s.o. jmdn. vertreten⟩ | Ersatzmann *m* | Ersatzstoff *m*, -mittel *n* (**for** für) | *Tech* Wechselstück *n*; **2.** *vt* ersetzen (**for** durch) | an die Stelle setzen (**for** von) | austauschen; *vi* als Ersatz dienen (**for** für) | an die Stelle treten; ,**~'tu·tion** *s* Ersetzung *f* | *Jur* Einsetzung *f*, Unterschiebung *f* | *Chem* Substitution *f* | *Psych* Verdrängung *f*; **~tu·tion·al** [,sʌbstɪ'tju:ʃnl], ,**~'tu·tion·ary** *adj* stellvertretend, Ersatz-; '**~tu·tive** *adj* Ersatz-

sub·stra|tum [,sʌb'strɑ:təm |,sʌb'streɪtəm] *s* (*pl* **~ta** [~tə]) Basis *f*, Grundlage *f* ⟨a ≈ of truth ein wahrer Hintergrund⟩ | *Biol, Chem* Trägersubstanz *f* | *Biol* Substrat *n*, Nährboden *m* | *Ling* Substrat *n*

sub·struc·ture ['sʌb,strʌktʃə] *s Arch* Fundament *n* | *übertr* Grundlage *f*

sub|sume [səb'sju:m] *vt förml* (zusammen)fassen, ordnen (**under** unter) | einordnen, -schließen (**in** in) | *Phil* (als Prämisse) vorausschicken; **~sump·tion** [~'sʌmpʃn] *s* Zusammenfassung *f* (**under** unter) | Einordnung, -reihung *f* | *Phil* Subsumtion *f* | Untersatz *m*

sub·tan·gent [,sʌb'tændʒənt] *s Math* Subtangente *f*

sub·ten·an·cy [,sʌb'tenənsɪ] *s* Untermiete *f*; ,**sub'ten·ant** *s* Untermieter *m*

sub·tend [səb'tend] *vt Math* gegenüber liegen ⟨to ~ an angle einem Winkel gegenüberliegen⟩ | abgrenzen, abschneiden ⟨a chord ~s two arcs eine Sehne grenzt *od* schneidet zwei Bogen ab⟩

sub·ter·fuge ['sʌbtəfju:dʒ] *s* Ausflucht *f*, -rede *f*, Vorwand *m* | Zuflucht *f*, List *f*

sub·ter·ra·nean [,sʌbtə'reɪnɪən] **1.** *s* Höhlenbewohner *m*; **2.** *adj, auch* ,**sub·ter'ra·ne·ous** unterirdisch ⟨≈ rivers⟩ | Höhlen-

sub·text ['sʌbtekst] *s Lit* Texthintergrund *m*, unterliegender Sinn

sub·til|i·za·tion [,sʌbtɪlaɪ'zeɪʃn] *s* Verfeinerung *f*, Veredelung *f* | Spitzfindigkeit *f*, Klügelei *f* | *Chem* Verflüchtigung *f*; **~ize** ['sʌbtɪlaɪz] *vt* verfeinern, -edeln | überspitzen | *Chem* verflüchtigen; *vi* klügeln, spitzfindig sein

sub·ti·tle ['sʌb,taɪtl] **1.** *s selten* Untertitel *m* | (*meist pl*) *Film* Untertitel, Zwischentext *m* ⟨with French ~s mit französischen Untertiteln⟩; **2.** *vt* (Film) mit Zwischentext bzw. Untertiteln versehen

sub·tle ['sʌtl] *adj* fein, zart, flüchtig ⟨a ~ flavour ein feiner Duft; a ~ difference ein feiner Unterschied⟩ | spitzfindig, scharfsinnig ⟨a ~ argument⟩ | klug ⟨a ~ observer⟩ | *arch, Rel* heimtückisch, hinterlistig, raffiniert ⟨the ~ serpent⟩; '**sub·tly** *adj* auf feine *od* raffinierte Weise; '**~ty** *s* Fein-, Zartheit *f* | Spitzfindigkeit *f*, Scharfsinn *m*, -blick *m* | Schlauheit *f*, Klugheit *f* | *arch* Heimtücke *f*, Hinterlist *f*, Raffinesse *f*

sub·tone ['sʌbtəʊn] *s* Halb-, Unterton *m*

sub·to·pi·a [sʌb'təʊpɪə] *s* (modernes) Großstadtrandgebiet; zersiedelte Landschaft, verbaute Gegend (am Stadtrand)

sub|tract [səb'trækt] *vt* wegnehmen (**from** von) | *Math* subtrahieren, abziehen (**from** von); *vi Math* subtrahieren; **~trac·tion** [~'trækʃn] *s* Wegnahme *f* | *Math* Subtraktion *f*, Abziehen *n* (**from** von); **~'trac·tive** *adj* subtraktiv ⟨≈ error Fehler *m* beim Subtrahieren⟩; **~tra·hend** ['sʌbtrəhənd] *s Math* Subtrahend *m*

sub·trop·ic [,sʌb'trɒpɪk], ,**sub'trop·i·cal** *adj* subtropisch; ,**sub'trop·ics** *s/pl* Subtropen *pl*

sub|urb ['sʌbɜ:b] *s* (*oft pl*) Vorstadt *f*, -ort *m*, Stadtrandsiedlung *f* ⟨a ≈ of Manchester; to live in the ≈s außerhalb (der Stadt) wohnen⟩; **~ur·ban** [sə'bɜ:bən] **1.** *adj* vorstädtisch, Vorstadt-, Vorort- | *übertr* klein-, spießbürgerlich; **2.** *s, auch* **~ur·ban·ite** [sə'bɜ:bənaɪt] Vorstadtbewohner(in) *m(f)*; **~,ur·ban** '**traf·fic** *s* Vorortverkehr *m*; **~,ur·ban** '**train** *s* Vorortzug *m*; **~ur·ban·i·ty** *s* [,sʌbɜ:'bænətɪ] Vorstadtcharakter *m*; **~ur·bi·a** [sə'bɜ:bɪə] *s oft verächtl* Vorstädte *f/pl*, Vorstadtgebiet *n*, Stadtrandsiedlung *f*, Randbezirke *pl* | Lebens- u. Denkweise *f* der Vorstadtbewohner

sub·ven·tion [sʌb'venʃn] *s* Subvention *f*, Geldbeihilfe *f* | Unterstützung *f*, Hilfe *f*; **sub'ven·tion·ar·y** *adj* Subventions-; **sub'ven·tioned** *adj* subventioniert

sub|ver·sion [səb'vɜ:ʃn] *s* Umsturz *m* | Zerrüttung *f*, -störung *f*; **~ver·sive** [~'vɜ:sɪv] **1.** *adj* subversiv, umstürzlerisch, Umsturz- ⟨≈ ideas⟩ | zerstörend, vernichtend ⟨to be ≈ of s.th. etw. zerstören⟩; **2.** *s* Umstürzler *m*; **~'vert** [~'vɜ:t] *vt* (Regierung u. ä.) stürzen, umstoßen ⟨to ≈ the monarchy⟩ | zerstören, vernichten | (Glauben u. ä.) untergraben | *selten* (Anhänger von etw.) verleiten, aufbringen, untreu machen *od* stimmen

sub·way ['sʌbweɪ] *s Am, Schott* Untergrundbahn *f* | *Brit* Fußgängerunterführung *f*

sub·work·er [ˌsʌb'wɜ:kə] *s* Handlanger *m*, Gehilfe *m*

suc·ceed [sək'si:d] *vi* (nach)folgen (**to s.th.** auf etw., **to s.o.** jmdm.) | erben ⟨to ~ to a fortune ein Vermögen erben⟩ | Erfolg haben (**in** mit, **with** bei) ⟨to ~ in passing an examination durch e-e Prüfung kommen; he ~s anywhere er hat überall Erfolg⟩ | gelingen, glücken ⟨the scheme ~ed der Plan glückte⟩; *vt* folgen auf ⟨silence ~ed his words⟩ | (jmdm.) nachfolgen (**as** als)

suc|cess [sək'ses] *s* (guter) Erfolg, Gelingen *n* ⟨to be a great ≈ großen Erfolg haben; to meet with ≈ erfolgreich sein; nothing succeeds like ≈ *Sprichw* wer viel hat, gewinnt immer mehr dazu⟩ | Glanzleistung *f* | (Person, Sache) Erfolg *m* ⟨he was a ≈ er kam sehr gut heraus⟩ | *arch* Ergebnis ⟨what ≈? mit welchem Ergebnis?; to have a poor ≈ schlecht ausgehen, Mißerfolg haben⟩; **~'cess·ful** *adj* erfolgreich ⟨≈ candidate; to be ≈ Erfolg haben⟩; **~ces·sion** [~'seʃn] *s* (Nach-) Folge *f* ⟨in ≈ nacheinander⟩ | (*meist sg*) Reihenfolge *f*, Reihe *f* ⟨a ≈ of wet days⟩ | Erbfolge *f* ⟨≈ to the throne Thronfolge *f*⟩ | Nachkommenschaft *f* | *Bot* Sukzession *f*; **~'ces·sion ˌdu·ty** *s Jur* Erbschaftssteuer *f*; **~ces·sive** [~'sesɪv] *adj* (aufeinander) folgend ⟨2 ≈ days zwei Tage hintereinander⟩ | fortlaufend, stufenweise | *arch* erblich; **~'ces·sor** *s* Nachfolger *m* ⟨to be ≈ to s.o. jmds. Nachfolger sein⟩

suc·cinct [sək'sɪŋkt] *adj* kurz, knapp, bündig (ausgedrückt) | barsch | *Zool* gegürtet | *arch* gegürtet

suc·cin·ite ['sʌksɪnaɪt] *Min s* Bernstein *m* | Goldgranat *m*

suc·co·ry ['sʌkərɪ] *s Bot* Zichorie *f*

suc·co·tash ['sʌkətæʃ] *s Am* (indianischer) Mais- und Bohneneintopf

suc·cour ['sʌkə] **1.** *s förml, lit* Beistand *m*, Hilfe *f* | Helfer *m* | *Mil* Entsatz *m* | *dial* Zuflucht *f*; **2.** *vt* (jmdm.) beistehen | *Mil* entsetzen; **'~er** *s* Helfer *m*

suc·cu|bus ['sʌkjʊbəs] *s* (*pl* **~bi** [~baɪ] *Myth* Sukkubus *m*, (weiblicher) Inkubus

suc·cu||ence ['sʌkjʊləns], **'~len·cy** *s* Saftigkeit *f* | Grünfutter *n*; **'~lent 1.** *adj* saftig ⟨a ≈ steak⟩ | (Frucht) fleischig | *übertr* kraftvoll, frisch; **2.** *s Bot* Sukkulente *f*, Fettpflanze *f*

suc·cumb [sə'kʌm] *vi* er-, unterliegen ⟨to ~ to temptation der Versuchung erliegen⟩ | sterben, zugrundegehen (**to** an)

suc·cus·sion [sə'kʌʃn] *s* Erschütterung *f*

such [sʌtʃ] **1.** *adj* solche(r,-s), derartig ⟨all ~ things all das, solche Sachen; ~ people solche Leute⟩ | ähnlich, derartig ⟨gold and ~ metals⟩ ◇ **~ … as** *förml* alles, was; alle, die; diejenigen, die ⟨~ books as he reads … alle die Bücher, die er liest …⟩; **any/no / some ~** etwas derartiges … ⟨don't tell us any ~ thing mach uns nicht so etwas weis; no ~ person exists eine solche Person gibt es nicht; no ~ thing nichts dergleichen; or some ~ thing oder so etwas Ähnliches⟩; **2.** *pron* solche(r,-s) ⟨~ as diejenigen, welche; trees ~ as birches and beeches Bäume, wie zum Beispiel Birken und Buchen; as ~ als solche(r, -s)⟩ | so (beschaffen), derartig ⟨~ is life so ist das Leben; ~ as it is (they are) so wie es nun einmal ist (sie nun einmal sind)⟩ | solche(r,-s), dermaßen, so (groß *od* klein) ⟨his surprise was ~ that seine Überraschung war so groß, daß; ~ was his disappointment er war derartig enttäuscht⟩; **3.** *adv umg emph* so, solch, derart ⟨~ a fright so ein Schreck; ~ a day! welch ein Tag!; ~ a lot of money as that so (furchtbar) viel Geld; don't be ~ a fool! mach dich nicht zum Narren!; we had ~ fun! es hat uns ja so gut gefallen!⟩ | solch, von der (gleichen) Art ⟨~ book as this ein solches Buch, so ein Buch⟩; **~ and ~** *umg* so und so (ein), eine (ein) gewisse(r,-s) ⟨Mr ~ and ~ Herr Soundso; on ~ and ~ a day⟩; **'~like** *adj, pron umg* desgleichen; **'~wise** *adv* derart, dergestalt

suck [sʌk] **1.** *vt* (aus-, ein)saugen, saugen an (**from, out of** aus) ⟨to ~ milk; to ~ the breast⟩ | lutschen an ⟨to ~ one's thumb am Daumen lutschen⟩ | *übertr* ziehen, herausholen ⟨to ~ s.o.'s brain jmdn. aushorchen⟩ | (hinein)ziehen, reißen ⟨to be ~ed [down] into the whirlpool in den Strudel (hinunter)gerissen werden⟩; **~ in** einsaugen, absorbieren; **~ out** aussaugen; **~ up** aufsaugen; *vi* saugen, lutschen (**at** an) ⟨he was ~ing [away] at his pipe er zog an seiner Pfeife (herum)⟩ | (Pumpe) Luft ziehen; **~ up** *umg* sich anbiedern (**to** an), in den Hintern kriechen (**to s.o.** jmdm.); **2.** *s* Saugen *n*, Lutschen *n* ⟨to give ~ to *selten* stillen⟩ | saugendes Geräusch | Sog *m*, Wirbel *m*, Strudel *m* | Muttermilch *f* | *Brit Sl* Bonbon *n*; **'~er 1.** *s* Säugling *m* | *Zool* Saugorgan *n* | *Bot* Wurzelschößling *m* | *Tech* Saugkolben *m*, -rohr *n* | Lutscher *m* | *urspr Am umg* Einfaltspinsel *m*, Trottel *m*; **2.** *vt* (Pflanze) von Schößlingen befreien; *vi Bot* Schößlinge treiben; **'~er rod** *s Tech* Pumpenstange *f*; **'~ing** *adj* saugend, Saug- | *übertr* unerfahren; **' ~ing pig** *s* Spanferkel *n*; **'~ing pump** *s* Saugpumpe *f*

suck|le ['sʌkl] *vt* (Kind) stillen, säugen | (Tier) säugen | *übertr* aufziehen; *vi* stillen, säugen | säugen (Tier); **'~ler** *s* Säugetier *n*; **'~ling** *s* Säugling *m* | Jungtier *n* | *übertr* Anfänger *m*

su·crose ['su:krəʊz|'sju:-] *s Chem* Sucrose *f*, Rohr-, Rübenzucker *m*

suc·tion ['sʌkʃn] **1.** *s* (An-) Saugen *n* | Saugmenge *f* | Sog *m* | Unterdruck *m* | *Tech* Hub *m* | *Tech* Ansaugrohr *n*; **2.** *adj* saugend, Saug-; **'~ ball** *s Tech* Gummisauger *m*, Saugball *m*; **'~ fan** *s Tech* Saugventilator *m*; **'~ ˌmeth·od** *s Med* Absaugmethode *f*; **'~ pipe** *s Tech* (An-) Saugleitung *f*; **'~ pump** *s Tech* Saugpumpe *f*; **'~ ˌsweep·er** *s* Staubsauger *m*; **'~ valve** *s Tech* Saugventil *n*

Su·dan [sʊdɑ:n] *s (mit best art)* Sudan; **Su·da·nese** [ˌsu:də'ni:z] **1.** *adj* sudanesisch; **2.** *s* (*pl* ≈) Sudanese *m*, Sudanesin *f*

Su·dan grass [su:'dɑ:n grɑ:s] *s Bot* Sorghum *n*

sud·den ['sʌdn] **1.** *adj* plötzlich, jäh, unerwartet ⟨a ~ change; a ~ shower⟩ | übereilt, -stürzt ⟨a ~ action⟩; **2.** *s, nur in*: **all of a ~, on a ~** (ganz) plötzlich

su·dor·if·ic [ˌsu:də'rɪfɪk] **1.** *adj Med* schweißtreibend; **2.** *s* Diaphoretikum *n*, schweißtreibendes Mittel

suds [sʌdz] *s/pl* Seifenlösung *f*, -lauge *f* | *Am Sl* Bier *n* ◇ **in the ~** *übertr* in der Patsche; **'~er** *s bes Am Sl Ferns* Rührstück *n*; **'~y** *adj* schaumig

sue [su:|sju:] *vt Jur* (jmdn.) belangen, verklagen (**for** wegen) | *Jur* klagen auf | (jmdn.) anflehen; *vi Jur* klagen (**for** auf) ⟨to ~ for a divorce auf Scheidung klagen; to ~ for a debt eine Schuld einklagen⟩ | bitten, flehen, nachsuchen (**to s.o.** bei jmdm., **for** um)

suede, suède [sweɪd] **1.** *s* Wildleder *n* ⟨~ shoes⟩; **2.** *vt* (Leder) aufrauhen

su·er ['su:ə|'sju:ə] *s Jur* Kläger *m* | Antragsteller *m*

su·et ['su:ɪt|'sju:ɪt] *s* Nierenfett *n*, Talg *m*; **'~y** *adj* talgig, Talg-

suf·fer ['sʌfə] *vi* leiden (**from** an, **under** unter) | Schaden erleiden, in Mitleidenschaft gezogen werden (**from** durch) |

Mil Verluste erleiden | büßen (**for** für) | hingerichtet werden; *vt* (Schmerz, Verlust u. ä.) aushalten, ertragen, erdulden, erleiden ⟨to ~ pain⟩ | (etw.) erfahren, erleiden ⟨to ~ a change; to ~ a defeat⟩ | zulassen, erlauben, gestatten ⟨to ~ s.o.'s presence jmds. Anwesenheit dulden; to ~ fools [gladly] mit Narren [viel] Geduld haben⟩; **'~a·ble** *adj* erträglich | zulässig, tragbar; **'~ance** *s* Einwilligung *f*, Duldung *f* ⟨by ≈, on ≈ nur geduldet⟩ | Ausdauer *f*, Geduld *f* | *arch* Schmerz *m*; **'~er** *s* Leidende(r) *f(m)*; **'~ing 1.** *s* Leid *n*, Dulden *n*, Ertragen *n* | (*meist pl*) Leiden *n*, Unglück *n* ⟨severe ≈s schwere Not; the ≈s of Christ die Leiden Christi⟩; **2.** *adj* leidend, duldend

suf·fice [sə'faɪs] *förml vi* (aus-, hin)reichen, genügen (**for** für) ⟨£ 20 will not ~; your word will ~; ~ it to say es reicht wohl, wenn ich sage, ich sage lediglich⟩; *vt* (jmdn.) zufriedenstellen, befriedigen, langen für (*bes* Essen, Speise) ⟨this won't ~ a growing boy davon wird ein Junge, der im Wachsen ist, nicht satt⟩

suf·fi|cien·cy [sə'fɪʃnsɪ] *s* Hinlänglichkeit *f* | (*mit unbest art*) ausreichende Menge (**of** an) ⟨a ≈ of fuel genügend Brenn-, Treibstoff⟩ | hinreichendes Vermögen | *arch* Überheblichkeit *f*; **suf'fi·cient** *adj* ausreichend, genug, genügend (**for** für) ⟨to be ≈ ausreichen, genügen⟩

suf·fix ['sʌfɪks] *s Ling* Suffix *n*, Nachsilbe *f* | Zusatz *m*; [sʌ'fɪks] *vt Ling* als Suffix anfügen | an-, hinzufügen; **~al** ['sʌfɪksl] *adj* Suffix-; **~a·tion** [ˌsʌfɪk'seɪʃn] *s Ling* Suffigierung *f*; **~ion** [sə'fɪkʃn] *s* Hinzufügung *f*

suf·fo|cate ['sʌfəkeɪt] *vt* ersticken | *übertr* ersticken, unterdrücken; *vi* ersticken (**with** an) | schwer atmen; **'~cat·ing** *adj* stickig, erstickend ⟨≈ air⟩; **ˌ~'ca·tion** *s* Ersticken *n*; **'~ca·tive** *adj* erstickend

suf·fra·gan ['sʌfrəgən] *s Rel* Weihbischof *m*

suf|frage ['sʌfrɪdʒ] *s Pol* Wahl-, Stimmrecht *n* ⟨universal ≈ allgemeines Wahlrecht⟩ | Wahl *f* | *förml* Beifall *m*, Zustimmung *f*; **~fra·gette** [ˌsʌfrə'dʒet] *s* Suffragette *f*, Stimmrechtlerin *f*; **~fra·gist** ['sʌfrədʒɪst] *s* Stimmrechtler(in) *m(f)*

suf|fuse [sə'fju:z] *vt* bedecken, erfüllen, überziehen ⟨eyes ≈d with tears tränenerfüllte Augen *n/pl*; a sky ≈d with crimson ein feuerroter Himmel⟩ | zerstreuen; **~fu·sion** [~'fju:ʒn] *s* Überflutung *f* | Übergossensein *n*, Überzug *m* | *übertr* Erröten *n*, Schamröte *f* | *Med* Suffusion *f*; **~fu·sive** [~'fju:zɪv] *adj* überströmend, -gießend

sug·ar ['ʃʊgə] **1.** *s* Zucker *m* ⟨brown ~ Rohzucker *m*; cane ~ Rohrzucker *m*; lump ~ Würfelzucker *m*⟩ | *umg* Schatz *m*, Liebling *m* (Anrede); **2.** *vt* zuckern, süßen ⟨to ~ one's tea Tee mit Zucker nehmen, Zucker in den Tee geben⟩ | *auch* **~ over** *übertr* versüßen ⟨to ~ the pill eine Pille versüßen⟩; *vi* verzuckern | kristallisieren; **'~ ˌba·sin** *s Brit* Zuckerdose *f*; **'~ beet** *s Bot* Zuckerrübe *f*; **'~ bowl** *s* Zuckerdose *f*; **'~ 'can·dy** *s* Kandiszucker *m*; **'~cane** *s Bot* Zuckerrohr *n*; **ˌ~'coat** *vt* mit Zuckerguß überziehen | *übertr* versüßen, beschönigen; abmildern; **'~ corn** *s Bot* Zuckermais *m*; **'~ ˌdad·dy** *s umg* reicher Lebemann; **su·gared** ['ʃʊgəd] *adj* gezuckert | *übertr* zuckersüß ⟨≈ words⟩; **'~ ˌic·ing** *s* Zuckerguß *m*; **'~loaf** *s* (*pl* **'~loaves**) Zuckerhut *m*; **'~ pea** *s Bot* Zuckererbse *f*; **'~plum** *s* Bonbon *n* | *übertr* Schmeichelei *f*; **'~ reˌfin·er·y** *s* Zuckerraffinerie *f*; **'~ tongs** *s pl* Zuckerzange *f*; **~y** ['ʃʊgrɪ] *adj* zuckerig, Zucker-, süß | widerlich süß | *übertr* (Musik u.ä.) süßlich, schmeichlerisch

sug|gest [sə'dʒest] *vt* (etw.) vorschlagen, anregen ⟨to ≈ a visit⟩ | (Gedanken) eingeben, nahelegen ⟨to ≈ a plan einen Plan unterbreiten⟩ | *refl* sich aufdrängen ⟨an idea ≈ed itself⟩ | hinweisen *od* schließen lassen auf ⟨to ≈ fear⟩ | andeuten, anspielen auf | erinnern an | suggerieren | *Jur* unterstellen, behaupten (**that** daß); *vi* Andeutungen machen; **~ˌgest·i'bil·i·ty** *s* Beeinflußbarkeit *f*; **~'gest·i·ble** *adj* (leicht) beeinflußbar; **~ges·tion** [sə'dʒestʃən] *s* Anregung *f*, Vorschlag *m* ⟨at the ≈ of auf Vorschlag von⟩ | Andeutung *f*, Anspielung *f* (**of** auf) | Anzeichen *n*, Hinweis *m*, Wink *m* ⟨to hold a ≈ of s.th. schließen lassen auf etw.⟩ | Eingebung *f* | Vermutung *f*, Erwägung *f*, Hypothese *f* | Erinnerung *f* (**of** an) | *Psych* Suggestion *f* | *Jur* unbeeidete Aussage; **~ges·tion·ize** [sə'dʒestʃənaɪz] *vt* suggerieren; **~'ges·tive** *adj* anregend (**of** zu) | bezeichnend, andeutend (**of s.th.** e-e Sache) | inhalts-, gedankenvoll, vielsagend | anzüglich, zweideutig ⟨a ≈ joke⟩ | suggestiv, Suggestiv-

su·i|cid·al [su:ɪ'saɪdl|sju:-] *adj* selbstmörderisch, Selbstmord- ⟨≈ tendencies selbstmörderische Neigungen *f/pl*⟩; **'~cide** ['su:ɪsaɪd|'sju:-] **1.** *s* Selbstmord *m* (*auch übertr*) ⟨to commit ≈ Selbstmord begehen; it would be ≈ es wäre [glatter] Selbstmord⟩ | *Jur* Selbstmörder(in) *m(f)*; **2.** *vi Am* Selbstmord begehen; *vt* (jmdn.) aus dem Weg schaffen, beseitigen; **'~cide atˌtempt**, *auch* **'~cide bid** *s* Selbstmordversuch *m*; **'~cide squad** *s* Selbstmorddezernat *n*; **'~cide seat** *s Kfz scherzh* Selbstmördersitz *m*, (meist gefährdeter) Sitz *m* neben dem Fahrer; **~cid·o'gen·ic** [ˌ~saɪdə'dʒenɪk] *adj* selbstmordauslösend, -fördernd; **~ci'd·o·lo·gy** [ˌ~saɪ'dɒlədʒɪ] *s Med, Psych* Selbstmordforschung *f*

su·i ge·ne·ris [ˌsu:aɪ 'dʒenərɪs] ⟨*lat*⟩ sui generis, für sich, einzig-, eigenartig

su·int [swɪnt] *s* Wollfett *n*

suit [su:t|sju:t] **1.** *s* (Jacke u. Hose *bzw.* Rock) Anzug *m*, Kostüm *n* ⟨a dress ~ ein Abendanzug; a trouser ~ ein Hosenanzug; a three-piece ~ ein Anzug mit Weste⟩ | Garnitur *f*, Anzug *m* ⟨a bathing ~; a space ~ ein Raumanzug; a ~ of armour/mail eine Rüstung *f*, ein Panzer *m*⟩ | *auch* **'law~** *Jur* Klage *f*, Prozeß *m* (**against** gegen) | *förml* Gesuch *n*, Bitte *f*, Anliegen *n* ⟨to grant s.o.'s ~ jmds. Bitte gewähren⟩ | *arch* Heiratsantrag *m* ⟨to plead/press one's ~ e-n Heiratsantrag stellen *od* vorbringen⟩ | *Kart* Farbe *f* ⟨a long ~ eine lange Farbe, eine Flöte; to follow ~ Farbe bekennen; *übertr* (jmds.) Beispiel folgen⟩; **2.** *vt* (ein-, her)richten, anpassen (**to** an) ⟨to ~ the action to the word das Wort in die Tat umsetzen⟩ | passen zu, kleiden ⟨the hat ~s you well der Hut steht dir gut⟩ | sich schicken für, sich ziemen für | (jmdn.) versorgen (**with** mit) | (jmdn.) zufriedenstellen, (jmdm.) gefallen ⟨to try to ~ everybody es jedem recht machen wollen; to ~ o.s. *umg* nach eigenem Gutdünken handeln; ~ yourself tu, was dir beliebt; it ~s me [fine] das paßt mir [glänzend]⟩ | (jmdm.) bekömmlich sein ⟨it doesn't ~ my stomach es bekommt mir nicht⟩; *vi* entsprechen (**s.th.** e-r Sache), passen (**to** zu), übereinstimmen (**with** mit); **~a·bil·i·ty** [ˌsu:tə'bɪlətɪ|sju:-] *s* Eignung *f* | Angemessenheit *f*, Schicklichkeit *f* | Übereinstimmung *f*; **~a·ble** ['su:təbl|'sju:-] *adj* geeignet, passend (**for, to** für, zu) ⟨to be ≈ passen⟩ | geziemend, schicklich (**for, to** für) | entsprechend

suit·case ['su:tkeɪs|'sju:] *s* (Hand-) Koffer *m* ⟨to live out of a ~ aus dem Koffer leben⟩

suite [swi:t] *s* Serie *f*, Satz *m*, Reihe *f* ⟨~ of rooms Zimmerflucht *f*⟩ | Wohnung *f*, Appartement *n* | (Zimmer-) Einrichtung *f* ⟨~ of furniture Möbelgarnitur *f*; a 3-piece ~ eine dreiteilige Garnitur⟩ | *Mus* Suite *f* | *selten* Gefolge *n*, Begleiter *pl* ⟨the President and his ~⟩

suit·ing ['su:tɪŋ|'sju:-] *s* (Herren-) Anzugstoff *m*

suit·or ['su:tə|'sju:-] *s* Freier *m*, Bewerber *m* | *Jur* Kläger *m* | *förml* Bitt-, Antragsteller *m*; **~ess** ['su:trəs|'sju:] *s Jur* Klägerin *f* | *förml* Bitt-, Antragstellerin *f*

sul·cate ['sʌlkeɪt] *adj Bot* furchig, gefurcht | *Zool* gespalten

sulf·am·id[e] ['sʌlfəmɪd] *s Chem* Sulfamid *n*

sul·fate ['sʌlfeɪt] *Am Chem* **1.** *s* Sulfat *n* ⟨~ of magnesium Magnesiumsulfat *n*, Bittersalz *n*⟩; **2.** *vt* sulfatieren
sul·fid[e] ['sʌlfaɪd] *Am Chem* **1.** *s* Sulfid *n*; **2.** *vt* mit einem Sulfid behandeln
sul·fite ['sʌlfaɪt] *s Chem* Sulfit *n*
sul·fon·a·mid[e] [sʌl'fɒnəmaɪd] *s Am Chem* Sulfonamid *n*
sul·fur ['sʌlfə] *Am* = *Brit* **sulphur**
sulk [sʌlk] *vi* schmollen, trotzen; **sulks** *s/pl* schlechte Laune *f* ⟨to be in the/to have the ≈ schlechte Laune haben; a fit of [the] ≈ ein Anfall schlechter Laune⟩; [1]**'~y** *adj* launisch, verdrießlich, mürrisch | schmollend, trotzend | trübe, düster ⟨a ≈ day⟩
[2]**sul·ky** ['sʌlkɪ] *s* (Sport) Sulky *n*, Trabrennwagen *m* | *Hist* zweirädriger, einsitziger Einspänner
sul·lage ['sʌlɪdʒ] *s* Schmutz *m* | Jauche *f* | Schlammablagerung *f* | Abwässer *pl* | *Tech* Schlacke *f*
sul·len ['sʌlən] *adj* unfreundlich, mürrisch, verdrießlich ⟨~ looks⟩ | trübe, düster, finster ⟨a ~ sky⟩ | dunkel ⟨a ~ colour⟩ | (Tiere, Dinge) hartnäckig, eigensinnig ⟨~ oxen⟩ | träge ⟨a ~ river⟩ | *arch* unheilvoll
sul·ly ['sʌlɪ] *lit vt, meist übertr* beschmutzen, besudeln ⟨to ~ s.o.'s reputation jmds. Ruf verunglimpfen⟩ | *übertr* trüben; *vi, meist übertr* schmutzig werden | *übertr* sich trüben
sul·pha drug ['sʌlfə drʌg], *auch* **sul·phon·a·mide** [sʌl'fʌnəmaɪd] *s Chem* Sulfonamid *n*
sul·phate ['sʌlfeɪt] *s Chem* Sulfat *n*
sul·phide ['sʌlfaɪd] *s Chem* Sulfid *n*
sul|phur ['sʌlfə] *Chem* **1.** *s* Schwefel *m* ⟨flowers of ~ Schwefelblüte *f*⟩ | *poet* Blitz *m*; **2.** *adj* schwefelhaltig, Schwefel-; **3.** *vt* (ein-, aus)schwefeln; **~phu·rat·ed** ['sʌlfəreɪtɪd] *adj* geschwefelt; **ˌ~phu'ra·tion** *s* Schwefeln *n*; **'~phu·re·ous** = **sulphurous; ~phu·ret** ['sʌlfjʊret] **1.** *s* Sulfid *n*; **2.** *vt* schwefeln; **~phu·ret·ted** [ˌsʌlfjʊ'retɪd] *adj* geschwefelt ⟨≈ hydrogen Schwefelwasserstoff *m*⟩; **~phu·ric ac·id** [sʌlˌfjʊərɪk 'æsɪd] *s Chem* Schwefelsäure *f*; **ˌ~phur 'lime** *s* Schwefelkalk *m*; **~phu·rous** ['sʌlfərəs] *adj Chem* schwefelig, Schwefel- | *übertr* feurig, beißend, höllisch, hitzig; **' ~phur-'yel·low** *adj* schwefelgelb
sul|tan ['sʌltən] **1.** *s* Sultan *m* | Tyrann *m*; **2.** *vi* als Sultan herrschen; [1]**~ta·na** [sʌl'tɑ:nə] *s* Sultanin *f* | Mätresse *f*
[2]**sul·ta·na** [sʌl'tɑ:nə] *s* Sultanine *f*
sul·tan·ate ['sʌltəneɪt] *s* Sultanat *n*
sul·try ['sʌltrɪ] *adj* drückend, schwül ⟨~ weather⟩ | *übertr* heiß, leidenschaftlich ⟨~ mutterings leidenschaftliches Gestammel; a ~ beauty e-e heißblütige Schönheit⟩ | *übertr* schwül, erotisch ⟨~ music; ~ language⟩
sum [sʌm] **1.** *s Math* Summe *f*, Ergebnis *n* ⟨the ~ of 2 and 8 is 10⟩ | Betrag *m*, Summe *f* ⟨large ~[s] of money⟩ | *umg* Rechenaufgabe *f* ⟨to be good at ~s gut rechnen können; to do ~s rechnen⟩ | *auch* **ˌ~ 'to·tal** *(mit best art)* Gesamtheit *f*, Essenz *f* ⟨the ~ of the evidence das gesamte Beweismaterial; the ~ total of his efforts der Ertrag seiner Bemühungen⟩ ◇ **in ~** in Kürze, kurz gesagt; **2. (summed, summed)** *vt, auch* **~ up** addieren, summieren, zusammenzählen, -rechnen | *übertr* zusammenfassen, resümieren; **~ up** ein-, abschätzen, taxieren ⟨to ≈ the situation; to ~ s.o. up as jmdn. einschätzen als⟩; *vi, auch* **~ up** sich belaufen (**to** auf)
su·mac, su·mach ['su:mæk] *s Bot* Sumach *m*, Färberbaum *m* | Schmack *m*
Su·me·ri·an [sju:'mɪərɪən] **1.** *s* Sumerer(in) *m(f)* | *Ling* Sumerisch *n*; **2.** *adj* sumerisch
sum|less ['sʌmləs] *adj poet* unzählig | *übertr* unendlich; **~mand** ['~ænd] *s Math* Summand *m*; **~ma·ri·za·tion** [ˌsʌməraɪ'zeɪʃn] *s* Zusammenfassung *f*; **'~ma·rize** *vt* zusammenfassen; **~ma·ry** ['sʌmərɪ] **1.** *s* Zusammenfassung *f*, Abriß *m*, Inhaltsangabe *f*; **2.** *förml adj* zusammenfassend, knapp, gedrängt, summarisch ⟨≈ dismissal fristlose Entlassung; ≈ account gedrängte Darstellung; ≈ chart Übersichtstabelle *f*⟩ | oberflächlich, übereilt, allzu fix ⟨≈ treatment⟩ | *bes Jur* verkürzt, abgekürzt ⟨≈ procedure Schnellverfahren *n*⟩
sum·mat ['sʌmət] *pron Brit dial, umg* ein bißchen, ein wenig, etwas
sum·ma·tion [sə'meɪʃn] *s förml* Zusammenzählen *n* | Zusammenfassung *f*
[1]**sum·mer** ['sʌmə] **1.** *s* Sommer *m* ⟨in ~ im Sommer; in high ~ mitten im Sommer⟩ | *(meist pl) arch, lit* (Lebens-) Jahr *n* ⟨his 80 ~s; of 10 ~s⟩ | *(mit best art) bes lit, übertr* Höhepunkt *m*, Blüte *f* ⟨the high ~ of English literature⟩; **2.** *vt* (Vieh) übersommern lassen, durch den Sommer bringen; *vi selten* den Sommer verbringen
[2]**sum·mer** ['sʌmə] *s Arch* Tragbalken *m*
sum·mer| corn ['sʌmə kɔ:n] *s* Sommergetreide *n*; **'~ day** *s* Sommertag *m*; **'~house** *s* Gartenhaus *n*, Laube *f*; **'~ly** *adj, adv* sommerlich; **'~ reˌsort** *s* Sommerfrische *f*; **'~ school** *s* Ferien-, Sommerkurs *m*; **ˌ~ 'sol·stice** *s* Sommersonnenwende *f*; **'~time** *s* Sommer *m*, Sommerzeit *f* ⟨in ≈ im Sommer⟩; **' ~ time** *s Brit* Sommerzeit *f*; **'~y** *adj* sommerlich, Sommer-
sum·ming-up [ˌsʌmɪŋ 'ʌp] *(pl* **ˌ~s-'up**) *s* kurze Zusammenfassung, Resümee *n*
sum·mit ['sʌmɪt] **1.** *s* Gipfel *m* *(auch übertr)* ⟨to reach the ~ den Gipfel ersteigen; the ~ of his ambition das höchste Ziel seines Ehrgeizes⟩ | *Arch* First *m* | *Geol* Scheitel *m* | *auch* **'~ ˌmeet·ing, '~ talk** *s Pol* Gipfeltreffen *n* ⟨the Moscow ~; talks at the ~⟩; **2.** *adj* Gipfel-⟨~ conference⟩; **3.** *vi* einen Gipfel abhalten, an einem Gipfel teilnehmen
sum·mon ['sʌmən] *förml vt* auffordern | *(meist pass)* rufen, bestellen | *(meist pass) Jur* vorladen | (Versammlung) einberufen | *übertr* hervorrufen | *übertr, meist* **~ up** aufbieten ⟨to ~ up all one's strength seine ganze Kraft aufbieten⟩; *vi* eine Aufforderung aussprechen; **'~er** *s* Bote *m*; **'sum·mons 1.** *s (pl* **'sum·mons·es**) Aufforderung *f* | *Jur* Vorladung *f* ⟨to serve a ≈ on s.o. jmdn. gerichtlich vorladen⟩ | *Mil* Aufforderung *f* zur Übergabe; **2.** *vt (oft pass) umg* vorladen
sump [sʌmp] *s Bergb* Einbruch *m*, Sumpf *m* | *Tech* Ölwanne *f*, Ölsumpf *m*
sump·ter ['sʌmptə] *s* Saum-, Lastpferd *n*; **'~ horse** *s* Packpferd *n*
sump·tion ['sʌmpʃn] *s Phil* Prämisse *f*
sump·tu|ar·y ['sʌmptjʊərɪ] *adj (attr) förml Jur* den Aufwand betreffend, Aufwands-, Luxus- ⟨≈ law *Hist* Luxusgesetz *n*⟩; **~os·i·ty** [ˌsʌmptʃʊ'ɒsətɪ] *s* Kostspieligkeit *f* | Aufwand *m*, Pracht *f*; **~ous** ['sʌmptʃʊəs] *adj* kostspielig, prächtig ⟨≈ clothes; a ≈ feast⟩
sun [sʌn] **1.** *s (mit best art)* Sonne *f* ⟨to rise with the ~ mit der Sonne aufstehen; the midnight ~ die Mitternachtssonne⟩ | *(mit best art)* Sonne *f*, Sonnenlicht *n*, -hitze *f*, -wärme *f (auch übertr)* ⟨to sit in the ~ in der Sonne sitzen; to let in (shut out) the ~ die Sonne ins Zimmer lassen (aussperren); a place in the ~ *übertr* ein Platz an der Sonne; under the ~ *übertr* auf der Erde⟩ | *Astr* Sonne *f* ⟨many ~s⟩; **2. (sunned, sunned)** *vt* sonnen, der Sonne aussetzen ⟨to ~ o.s.⟩; *vi* sich sonnen | strahlen, leuchten; **'~baked** *adj* von der Sonne ausgedörrt ⟨≈ fields⟩; **'~bath** *s* Sonnenbad *n*; **'~bathe** *vi* ein Sonnenbad nehmen; **'~ˌbath·er** *s* jmd., der ein Sonnenbad nimmt, in der Sonne Badende(r) *f(m)*, *scherzh* Sonnenanbeter(in) *m(f)*; **'~beam** *s* Sonnenstrahl *m*; **'~belt** *s Am* Sonnenstreifen *m* (Gebiet

von Virginia bis Kalifornien); '**~blind** *s Brit* Markise *f*, Jalousie | *arch* Sonnenlamelle *f*; '**~-blind** *adj* sonnenblind; '**~block** *s Chem* Sonnenblocker *m*, Sonnenschutzmittel *n*; '**~ˌbon·net** *s* breitkrempiger Hut; (Baby) Sonnenhut *m*; '**~burn 1.** *s* Sonnenbrand *m*; **2.** *vt*, *vi* bräunen; '**~burned,** '**~burnt** *adj* (sonnen)verbrannt; '**~burst** *s* plötzlicher Sonnenstrahl, plötzliches Heraustreten der Sonne; '**~ cult** *s* Sonnenkult *m*; '**~-cured** *adj* (Tabak u. ä.) in der Sonne gedörrt *od* getrocknet

sun·dae ['sʌndeɪ] *s urspr Am* Eis *n* mit Früchten und Sahne

Sun·day ['sʌndɪ|-deɪ] *s* Sonntag *m* ⟨~ morning Sonntagmorgen *m*; [on] ~ am Sonntag [dieser Woche]; on a ~ an [irgend]einem Sonntag; on the ~ am Sonntag [e-r bestimmten Woche]; a month of ~s *umg übertr* eine ewig lange Zeit; ~ night Sonntagabend *m od*-nacht *f*⟩; ˌ**~ 'best,** *auch* '**~ clothes** *s* Sonntagsstaat *m* ⟨one's ≈⟩; '**~ child** *s* (*pl* '**~ ˌchildren**) Sonntagskind *n*; '**~ school** *s Rel* Sonntagsschule *f*

sun·deck ['sʌndek] *s Mar* Sonnendeck *n* | Sonnendach *n*, Sonnenterrasse *f*

sun·der ['sʌndə] *förml poet* **1.** *vi* sich trennen, getrennt werden; *vt* trennen (**from** von) | *übertr* entzweien; **2.** *s* Trennung *f* ⟨in ~ entzwei⟩

sun|dew ['sʌndju:] *s Bot* Sonnentau *m*; '**~di·al** *s* Sonnenuhr *f*; '**~down** *s* Sonnenuntergang *m* ⟨at (before) ≈ bei (vor) Sonnenuntergang⟩ | breitkrempiger (Damen-) Hut; '**~ˌdown·er** *Brit umg* Dämmerschoppen *m* | *Austr* Landstreicher *m* | *Mar* strenger Kapitän; '**~drenched** *adj umg* von der Sonne ausgedorrt, sonnenheiß; '**~dress** *s* Strandkleid *n*

sun·dries ['sʌndrɪz] *s/pl* Verschiedenes *n* | *Wirtsch* verschiedene *od* kleinere Artikel *m/pl*

sun·dry ['sʌndrɪ] *adj* verschiedene, einige, mehrere ⟨all and ~ alle miteinander, Hinz und Kunz; on ~ occasions bei verschiedenen Gelegenheiten⟩; **~man** ['~mən] *s* (*pl* **~men** [~mən]) Kurzwarenhändler *m*

sun-dry ['sʌndraɪ] *vt*, *vi* an der Sonne trocknen

sun|fish ['sʌnfɪʃ] *s Zool* Sonnenfisch *m*; '**~ˌflow·er** *s Bot* Sonnenblume *f* | *poet* Heliotrop *n*; '**~flow·er ˌoil** *s* Sonnenblumenöl *n*; '**~ fruit** *s Bot* Strahlenfrucht *f*

sung [sʌŋ] *prät u. part perf von* ↑ **sing 1.**

sun|glass ['sʌnglɑ:s] *s* Brennglas *n*; '**~ˌglass·es** *s/pl* Sonnenbrille *f*; '**~god** *s* Sonnengott *m*; '**~ hat** Sonnenhut *m*; '**~ˌhel·met** *s* Tropenhelm *m*

sunk [sʌŋk] **1.** *part perf von* ↑ **sink 1.**; **2.** *adj Tech* eingelassen, versenkt; '**~en** *adj* ge-, versunken ⟨a ≈ ship⟩ | tiefliegen ⟨a ≈ garden ein vertieft angelegter Garten⟩ | *Tech* eingelassen, versenkt | *übertr* eingefallen, hohl ⟨≈ cheeks⟩

sun|lamp ['sʌnlæmp] *s* (künstliche) Höhensonne, Quarzlampe *f* | *Film* Jupiterlampe *f*; '**~less** *adj* ohne Sonne, trübe; '**~light** *s* Sonnenschein *m*, -licht *n*; '**~like** *adj* sonnenartig, Sonnen- | strahlend, glänzend; '**~lit** *adj* sonnenbeschienen, -überflutet, -überstrahlt; '**~ lounge** *s Brit* (Glas-) Veranda *f*, Sonnenzimmer *n*; '**~ny** *adj* sonnig, sonnenbeschienen, Sonnen- ⟨a ≈ room⟩ | strahlend, glänzend ⟨≈ sky⟩ | *übertr* sonnig, heiter ⟨a ≈ smile; on the ≈ side of 40 noch nicht 40 Jahre alt; the ≈ side of life die Sonnenseite des Lebens⟩; ˌ**~ny-side 'up** *adj Am* (Ei) nur auf einer Seite gebraten, als Spiegelei; '**~ ˌpar·lor,** '**~ porch** *s Am* Glasveranda *f*; '**~ ˌpow·er** *s* Sonnenenergie *f*; '**~proof** *adj* lichtfest, -beständig; '**~ray** *s* Sonnenstrahl *m*; '**~rise** *s* Sonnenaufgang *m* ⟨at ≈ bei Sonnenaufgang⟩; '**~roof** *s* Sonnendach | *Kfz* Schiebedach *n*; '**~ ˌseek·er** *s* Sonnensucher *m*; '**~set** *s* Sonnenuntergang *m* ⟨at ≈ bei Sonnenuntergang⟩ | *übertr* Niedergang *m*; '**~shade** *s* Sonnenschirm *m* | Markise *f* | *Foto* Gegenlichtblende *f*; '**~ shades** *s/pl umg* Sonnenbrille *f*; '**~shine 1.** *s* Sonnenschein *m*, -licht *n* ⟨hours of ≈ Sonnenstunden *pl*⟩ | *übertr* Heiterkeit *f*, Glück *n* ⟨a ray of ≈ ein bißchen Sonne⟩ | *umg* heiterer *od* freundlicher Mensch; **2.** *adj* sonnig | *übertr* heiter; '**~ side** *s* Sonnenseite *f*; '**~spot** *s Am* Sommersprosse *f* | *Astr* Sonnenfleck *m* | *Brit umg* sonnige Gegend, sonniges Eckchen; '**~ˌspot·ty** *adj Am* sommersprossig; '**~stroke** *s Med* Sonnenstich *m*, Hitzschlag *m*; '**~struck** *adj* vom Hitzschlag getroffen; '**~tan** *s* Sonnenbräune *f*; '**~tanned** *adj* sonnengebräunt; '**~trap** *s* Ort *m* mit viel Sonne, Ort, der meist Sonne hat; '**~ tree** *s Bot* Sonnenbaum *m*; '**~-up** *s Am umg* Sonnenaufgang *m*; '**~ˌvi·sor** *s Kfz* Sonnenblende *f*; '**~ward** *adj*, *adv* sonnenwärts; '**~wards** *adv* der Sonne entgegen; '**~wise** *adj*, *adv* mit der Sonne, im Uhrzeigersinn; '**~ ˌwor·ship** *s* Sonnenanbetung *f*

[1]**sup** [sʌp] *arch Schott, Nordengland* **1. (supped, supped)** *vt*, *auch* **~ off, ~ out** löffeln, (hinunter)schlürfen ⟨to ~ one's beer sein Bierchen trinken⟩ | *übertr* auskosten; *vi* löffeln, schluckweise trinken; **2.** *s* (kleiner) Schluck ⟨to take a ~ einen Schluck voll nehmen; to have a ~ of soup einen Löffel Suppe essen⟩

[2]**sup** [sʌp] **(supped, supped)** *arch vi* zu Abend essen ⟨to ~ on bread and cheese Brot u. Käse zum Abend essen; he that ~s with the devil must have a long spoon *Sprichw* wer mit dem Teufel speist, muß auch mit ihm umgehen können; wer den Teufel zum Freund hat, kommt leicht in die Hölle⟩; *vt* zum Abendessen bewirten

su[p]·awn [sjʊ'pɔ:n] *s Am dial* Maisbrei *m*

su·per ['su:pə|'sju:-] *umg* **1.** *s Theat* Statist(in) *m(f)* | (Polizei) Chef(inspektor) *m(m)* | *Wirtsch* Qualität(sware) *f(f)*; **2.** *adj* super, toll, prima, erstklassig | vornehm, fein

super- [su:pə|sju:pə] *präf zur Bildung von adj, adv, s, v mit der Bedeutung:* übermäßig, Über-, Super-, unter-, oberhalb (*z. B.* '**~fine** extrafein, ˌ**~'natural** übernatürlich, '**~ˌpower** Supermacht *f*, ˌ**~'cool** unterkühlen)

su·per·a·bun·dance [ˌsu:pərə'bʌndəns|ˌsju:] *förml s* Überfluß *m*, -fülle *f* (**of** an) ⟨food in ~ Essen in Hülle und Fülle⟩; ˌ**su·per·a'bun·dant** *adj* überreichlich ⟨≈ crops⟩ | überflüssig | übertrieben, -schwenglich ⟨≈ zeal übertriebener Eifer⟩

su·per·a·cid·i·ty [ˌsu:pəræ'sɪdətɪ|ˌsju:-] *s* Übersäuerung *f*

su·per|add [ˌsu:pər'æd|ˌsju:-]*vt* noch hinzufügen; **~ad·di·tion** [~ə'dɪʃn] *s* weitere Hinzufügung

su·per·an·nu·ate [ˌsu:pər'ænjʊeɪt|ˌsju:-] **1.** *vt* in den Ruhestand versetzen, pensionieren; *vt* in Pension gehen | *Jur* verjähren; **2.** *s* Pensionär(in) *m(f)*, Rentner(in) *m(f)*; ˌ**su·per'an·nu·at·ed** *adj* pensioniert, ausgedient | überholt, veraltet ⟨≈ ideas⟩; ˌ**su·per·an·nu'a·tion** *s* Pensionierung *f*, Ruhestand *m* | Pension *f*, Rente *f*

su·perb [su:'pɜ:b|sju:-] *adj* großartig, herrlich, prächtig; ˌ**~ 'li·ly** *s Bot* Prachtlilie *f*

su·per·car|go (*pl* **~goes,** *Am auch* **~gos**) ['su:pəˌkɑ:gəʊ|'sju:-] *s Mar* Fracht-, Ladungsaufseher *m*, Superkargo *m*

su·per|charge ['su:pətʃɑ:dʒ|'sju:-] **1.** *vt* überladen | *Tech* vorverdichten; **2.** *s Tech* Vorverdichtung *f*; '**~charged** *adj* überbeladen | *Tech* vorverdichtet ⟨≈ cabin Überdruckkabine *f*⟩ | (Person) energiegeladen; '**~ˌcharg·er** *s Tech* Vorverdichter *m*, Kompressor *m*

su·per·cil·i·ous [ˌsu:pə'sɪlɪəs|ˌsju:-] *adj* hochmütig, -näsig, stolz

su·per·ci·ty ['sju:pəsɪtɪ|'su:-] *s Am* Großraumstadt *f*, Städtezusammenballung *f* | Riesenstadt *f*

su·per·civ·i·lized [ˌsu:pə'sɪvəlaɪzd|ˌsju:-] *adj* überzivilisiert

su·per·cool [ˌsu:pə'ku:l|ˌsju:-] *vt Phys* unterkühlen; ˌ**su·per'cool·ing** *s* Unterkühlung *f*

su·per·con·duc|tive [ˌsu:pəkən'dʌktɪv|sju:-] *Phys adj* supraleitend; **~tiv·i·ty** [ˌsu:pəkɒndək'tɪvətɪ|ˌsju:-] *s* Supraleitung *f*

su·per·coun·try ['su:pəkʌntrɪ|'sju:-] *s* = **superpower**

su·per-du·per [ˌsu:pə'du:pə|ˌsju:-] *adj Sl* prima, toll

su·per·e|go [ˌsu:pə'egəʊ|-'i:gəʊ|ˌsju:-] *s* (*pl* **~gos**) *Psych* Überich *n*

su·per·er·o·ga·tion [ˌsu:pərˌerə'geɪʃn|ˌsju:-] *s förml* Übermaß *n* (**of** an) ⟨a work of ~ ein überschüssiges [gutes] Werk⟩

su·per·ex·ci·ta·tion [ˌsu:pərˌeksaɪ'teɪʃn|ˌsju:-] *s* Überreizung *f*

su·per·fat·ted [ˌsu:pə'fætɪd|ˌsju:-] *adj* überfettet ⟨~ soap⟩

su·per·fi|cial [ˌsu:pə'fɪʃl|ˌsju:-] *adj* oberflächlich, Oberflächen-, an der Oberfläche befindlich, äußerlich, nicht tief ⟨a ≈ wound eine leichte Wunde⟩ | *übertr* flüchtig, oberflächlich ⟨≈ knowledge⟩; **~ci·al·i·ty** [~fɪʃɪ'ælətɪ] *s* Oberflächlichkeit *f* (*auch übertr*); **~ci·es** [~ʃi:z|ʃɪi:z] *s förml* Oberfläche *f* (*auch übertr*) | *übertr* äußere Erscheinung

su·per·fine ['su:pəfaɪn|'sju:-] *adj* extrafein ⟨~ flour⟩ | überfeinert | übertrieben genau ⟨~ distinction übergenaue Unterscheidung⟩

su·per·flu|ent [ˌsu:pə'flu:ənt|ˌsju:-] *adj* überflüssig, -schüssig; **~i·ty** [~'flu:ətɪ] *s* Überfluß *m* (**of** an); **~ous** [su:'pɜ:flʊəs|sju:-] *adj* überflüssig ⟨≈ words⟩ | überreichlich

su·per·heat [ˌsu:pə'hi:t|ˌsju:-] **1.** *s* Überhitzung *f*; **2.** *vt* überhitzen | *Tech* (Dampf) überhitzen; **ˌsu·per'heat·er** *s Tech* (Dampf-)Überhitzer *m*

su·per·heav·y ['su:pəhevɪ|'sju:pə-] *Chem* **1.** *adj* (Element, Atomkern) superschwer; **2.** *s* superschweres Element

su·per-hea·vy·weight [ˌsu:pə'hevɪweɪt|ˌsju:-] *s* (Boxen) Superschwergewicht *n*

su·per·he·ro ['su:pəˌhɪərəʊ|'sju:] *s* Superheld *m*; **~ine** ['-ˌherəʊɪn] *s* Superheldin *f*

su·per·het[·er·o·dyne] [ˌsu:pə'het(ərədaɪn)|ˌsju:-] *s Rundf* Super(het) *m*(*m*), Überlagerungsempfänger *m*

su·per·high·way ['su:pəˌhaɪweɪ|'sju:-] *s Am* Autobahn *f*, Fernverkehrsstraße *f*

su·per·hu·man [ˌsu:pə'hju:mən|ˌsju:-] *adj* (an Kraft, Größe, Wissen u. a.) übermenschlich ⟨~ effort; of ~ size überlebensgroß⟩

su·per·im|pose [ˌsu:pərɪm'pəʊz|ˌsju:-] *vt* hinzufügen (**on** zu) | darauf-, darüberlegen | *El* überlagern; **~po·si·tion** [~pə'zɪʃn] *s* Überlagerung *f*

su·per·in|duce [ˌsu:pərɪn'dju:s|ˌsju:-] *vt* bei-, hinzufügen (**on** zu) | *übertr* aufpfropfen; **~duc·tion** [~'dʌkʃn] *s* Hinzufügung *f* | *übertr* Aufpfropfung *f*

su·per·in·fec·tion [ˌsu:pərɪn'fekʃn|ˌsju:-] *s Med* Reinfektion *f*

su·per·in·tend [ˌsu:pərɪn'tend|ˌsju:-] **1.** *vt* überwachen, beaufsichtigen; *vi* die Aufsicht haben (**over** über); **ˌsu·per·in'tend·ence** *s* Überwachung *f*, Aufsicht *f* (**over** über) | Leitung *f* (**of s.th.** e-r Sache); **ˌsu·per·in'tend·en·cy** *s* Amt *n* des Oberaufsehers | *Rel* Superintendentur *f*; **ˌsu·per·in'tend·ent** **1.** *s* Oberaufseher *m*, Inspektor *m* | Leiter *m*, Verwalter *m*, Direktor *m* | *Rel* Superintendent *m* | *Brit* (Polizei-) Kommissar *m* | *Am* Polizeichef *m*; **2.** *adj* Aufsichts-

su·pe·ri·or [sə'pɪərɪə|su:-|sju:-] **1.** *adj* höhere(r, -s), Ober-, besser (*Ant* inferior) ⟨of ~ quality von bester Qualität; ~ wool Qualitätswolle *f*; to be ~ in übertreffen an; to be ~ to besser sein als⟩ | höherstehend ⟨of ~ rank; the ~ classes die besseren Schichten *f/pl*⟩ | überragend ⟨a ~ person⟩ | überlegen, stärker, bedeutsamer (**to** als) ⟨to be ~ to s.o. jmdn. ausstechen *od* überragen⟩ | erhaben ⟨~ to flattery gegen Schmeichelei gefeit; to be ~ to s.th. über etw. stehen⟩ | *übertr* überlegen, -heblich ⟨a ~ smile; with a ~ air überheblich⟩ | *Typ* hochgestellt, hochstehend | *Bot* oberständig | *förml* obere(r, -s) ⟨the ~ limbs of man die oberen Gliedmaßen des Menschen⟩; **2.** *s* Vorgesetzte(r) *f*(*m*) | Höherstehende(r) *f*(*m*) | Überlegene(r) *f*(*m*) ⟨to be s.o.'s ~ in s.th. jmdm. in etw. überlegen sein⟩ | *Typ* hochgestellter Buchstabe | *Rel* Superior(in) *m*(*f*) ⟨Mother ≈ Äbtissin *f*, Oberin *f*⟩; **'~ 'court** *s Am* Oberster Gerichtshof; **~ess** [~rəs] *s Rel* Oberin *f*; **~i·ty** [sʊˌpɪərɪ'ɒrətɪ] *s* Überlegenheit *f*, -gewicht *n* (**in** an, **over**, **to** über) ⟨≈ in talent Talentüberlegenheit *f*, größeres Talent⟩ | Überheblichkeit *f*; **'~i·ty ˌcom·plex** *s Psych* Superioritätskomplex *m* | *umg* Überheblichkeitsfimmel *m*

su·per·ja·cent [ˌsu:pə'dʒeɪsnt|ˌsju:-] *adj Geol* darüberliegend

su·per·jet ['su:pədʒet|'sju:-] Überschallflugzeug *n*

su·perl. *Abk* von **superlative 2.** *Ling*

su·per·la·tive [su:'pɜ:lətɪv|sju:-] **1.** *adj* höchste(r, -s), größte(r, -s), hervor-, überragend ⟨a man of ~ wisdom ein Mann mit überragendem Wissen; ~ beauty überragende Schönheit⟩ | übertrieben | *Ling* superlativisch, Superlativ- ⟨the ~ degree der Superlativ⟩; **2.** *s* Glanz-, Höhepunkt *m* | Übertreibung *f* ⟨to talk in ~s⟩ | *Ling* Superlativ *m*; **su'per·la·tive·ly** *adv* ausnehmend, unübertroffen ⟨≈ good⟩

su·per|man ['su:pəmæn|'sju:-] *s* (*pl* **'~men**) [~men]) Übermensch *m* | *umg* Alleskönner *m*

su·per·mar·ket ['su:pəˌmɑ:kɪt|'sju:-] *s* Supermarkt *m*, Warenhaus *n* mit Selbstbedienung, Kaufhalle *f*

su·per·max·il·la [ˌsu:pəmæk'sɪlə|ˌsju:-] *s* Oberkiefer *m*

su·per·mol·e·cule [ˌsu:pə'mɒlɪkju:l|ˌsju:-] *s Chem* Riesenmolekül *n*

su·per·mun·dane [ˌsu:pə'mʌndeɪn|ˌsju:-] *adj* überirdisch

su·per·nal [su:'pɜ:nl|sju:-] *adj poet* himmlisch, göttlich, überirdisch

su·per·nat·u·ral [ˌsu:pə'nætʃərl|ˌsju:-] **1.** *adj* übernatürlich ⟨~ forces⟩; **2.** *s* (*mit best art*) das Übernatürliche; **su·per'nat·u·ral·ism** *s* Übernatürlichkeit *f*

su·per·nor·mal [ˌsu:pə'nɔ:ml|ˌsju:-] *adj* außergewöhnlich

su·per·no·va [ˌsu:pə'nəʊvə|ˌsju:-] *s Astr* Supernova *f*

su·per·nu·mer·ar·y [ˌsu:pə'nju:mərərɪ|ˌsju:-] **1.** *adj* überzählig; **2.** *s* Hilfsangestellte(r) *f*(*m*) | *Theat* Statist(in) *m*(*f*) | überflüssige Seele

su·per·nu·tri·tion [ˌsu:pənju:'trɪʃn|ˌsju:-] *s* Überernährung *f*

su·per·ox·ide [ˌsu:pər'ɒksaɪd|ˌsju:-] *s Chem* Super-, Peroxyd *n*

su·per·phos·phate [ˌsu:pə'fɒsfeɪt|ˌsju:-] *s Chem* Superphosphat *n*

su·per·plas·tic ['su:pəplæstɪk|'sju:-] *Tech* **1.** *adj* superplastisch; **2.** *s* Superplast *m*, superplastischer Kunststoff; **ˌsu·per·plas'ti·ci·ty** *s* Superplastizität *f*, extreme Verformbarkeit

su·per|pose [ˌsu:pə'pəʊz|ˌsju:-] *vt* obenauf legen | überlagern; **ˌ~'posed** *adj* übergelagert; **~po·si·tion** [~pə'zɪʃn] *s* Übereinanderlegen *n* | Überlagerung *f* | *Geol* Schichtung *f*

su·per·pow·er ['su:pəpaʊə|'sju:-] *s* Supermacht *f*

su·per·sat·u·rate [ˌsu:pə'sætʃəreɪt|ˌsju:-] *vt* übersättigen; **ˌsu·per'sat·u·rat·ed** *adj* übersättigt; **ˌsu·perˌsat·u·'ra·tion** *s* Übersättigung *f*

su·per|scribe [ˌsu:pə'skraɪb|ˌsju:-] *vt* überschreiben, beschriften | adressieren; **~script** ['su:pəskrɪpt|'sju:-] *s Math* (hochgestellter) Index *m*; **ˌ~'scrip·tion** *s* Überschreiben *n* | *arch* Auf-, Inschrift *f*, Adresse *f*

su·per|sede [ˌsu:pə'si:d|ˌsju:-] *vt* (*oft pass*) (jmdn.) ablösen, ersetzen (**by** durch) | (etw.) abschaffen, absetzen | *Jur* (Verfahren) einstellen, (Urteil) aufheben; **~ses·sion** [~'seʃn] *s förml* Ablösung *f*, Absetzung *f* | Abschaffung *f* | *Jur* Einstellung *f* (e-s Verfahrens), Aufhebung *f* (e-s Urteils)

su·per·son·ic [ˌsu:pə'sɒnɪk|ˌsju:-] **1.** *adj Phys* Ultraschall-, Überschall- ⟨~ jet Überschallflugzeug *n*⟩; **2.** *s* Überschallflugzeug *n*; **ˌ~ 'boom** *s* Überschallknall *m*; **ˌ~ 'sound wave** *s* Ultraschallwelle *f*; **~ 'speed** *s* Überschallgeschwindigkeit *f*; ˌ~ ˈ**test·ing** *s Tech* Ultraschallprüfung *f*; ˌ~ ˈ**trans·port** *s Flugw* Überschallverkehr *m*

su·per·star [ˈsuːpəstɑː|ˈsjuː-] *s* Superstar *m*, Weltstar *m* | *Astr* Superstern *m*

su·per·sti·tion [ˌsuːpəˈstɪʃn|ˌsjuː-] *s* Aberglaube *m*; ˌ**su·per'sti·tious** *adj* abergläubisch

su·per·store [ˈsuːpəstɔː|ˈsjuː-] *s Brit* Superstore *n*, Mammutkaufhaus *n*

su·per·struc·ture [ˈsuːpəˌstrʌktʃə|ˈsjuː-] *s, auch Arch* Oberbau *m* ⟨~ work *Arch* Hochbau *m*⟩ | *Mar* Decksaufbau *m* | *Eisenb* Oberbau *m* | *Phil* Überbau *m* ⟨ideological ~⟩

su·per·tax [ˈsuːpətæks|ˈsjuː-] *s Brit Wirtsch* Einkommensteuerzuschlag *m*

su·per·tem·po·ral [ˌsuːpəˈtempərl|ˌsjuː-] *adj* überzeitlich

su·per·ter·res·tri·al [ˌsuːpətəˈrestrɪəl|ˌsjuː-] *adj* überirdisch

su·per|vene [ˌsuːpəˈviːn|ˌsjuː-] *förml vi* hinzukommen (**on, upon** zu) | sich ergeben, eintreten, dazwischenkommen (Zeit u. ä.); ˌ~ˈ**ven·ience** *s* Hinzukommen *n* (**on** zu) | Dazwischenkommen *n*; ˌ~ˈ**ven·ient** *adj* hinzukommend (**to** zu) | sich ergebend, dazwischenkommend; ~ˈ**ven·tion** *s* Hinzukommen *n* (**on** zu) | Dazwischenkommen *n*

su·per|vise [ˈsuːpəvaɪz|ˈsjuː-] *vt* überwachen, beaufsichtigen; **~vi·sion** [ˌsuːpəˈvɪʒn|ˌsjuː-] *s* Überwachung *f* | (Ober-) Aufsicht *f*, Leitung *f*, Kontrolle *f*, Inspektion *f* (**of** über) | *selten* Revision *f*, Durchsicht *f*; ˈ**~vi·sor** *s* Aufseher *m*, Inspektor *m*; ˈ**~vi·sor·ship** *s* Aufsicht *f*; ˌ~ˈ**vi·so·ry** *adj* Aufsichts-

su·pine [ˈsuːpaɪn|ˈsjuː-] *adj* auf dem Rücken liegend (*Ant* prone) | träge, lässig, untätig | *poet* geneigt, abschüssig

sup·per [ˈsʌpə] **1.** *s* Abendessen *n*, -brot *n* ⟨for ~ zum Abendessen; the Lord's ~ *Rel* Abendmahl *n*; to have ~ Abendbrot essen, zu Abend essen⟩; **2.** *vt* zum Abendessen bewirten; *vi* zu Abend essen; ˈ**~less** *adj* ohne Abendbrot; ˈ**~time** *s* Abendbrot-, Abendessenzeit *f*

sup·pings [ˈsʌpɪŋz] *s/pl Brit dial* Brühe *f*

sup|plant [səˈplɑːnt] *vt* (jmdn.) verdrängen, beiseiteschieben, ausstechen, ablösen | ersetzen (**by** durch); **~plan·ta·tion** [ˌsʌplɑːnˈteɪʃn] *s* Verdrängung *f* | Ersatz *m*, Ersetzung *f*

sup·ple [ˈsʌpl] **1.** *adj* biegsam, geschmeidig, elastisch ⟨~ limbs⟩ | anpassungsfähig, beweglich ⟨a ~ mind⟩ | übertrieben nachgiebig, unterwürfig, kriecherisch ⟨a ~ character⟩; **2.** *vt* biegsam *od* geschmeidig machen | (Pferd) zureiten; *vi* nachgeben

sup·ple|ment [ˈsʌplɪmənt] *s* Ergänzung *f*, Zusatz *m* (**to** zu) | *Ztgsw* Beilage *f*, Magazin *n* ⟨colour ≈ farbige Beilage⟩ | Anhang *m*, Ergänzungsband *m*; [ˈsʌplɪment] *vt* ergänzen, vervollständigen; **~men·ta·ry** [ˌsʌplɪˈmentrɪ] **1.** *adj* ergänzend, Ergänzungs- ⟨≈ angle *Math* Komplementärwinkel *m*; ≈ reading zusätzliche Lektüre; to be ≈ to s.th. etw. ergänzen⟩ | zusätzlich ⟨≈ water supply zusätzliche Wasserversorgung⟩; **2.** *s* Ergänzung *f*; ~ˌ**men·ta·ry** ˈ**ben·e·fit** *s Brit* (finanzielle) Unterstützung, Sozialhilfe *f*, Fürsorgeunterstützung *f*; ~ˌ**men·ta·ry** ˈ**in·come** *s* Nebenverdienst *m*; ~ˌ**men·ta·ry** ˈ**or·der** *s* Nachbestellung *f*

sup·pli·ant [ˈsʌplɪənt] *poet* **1.** *s* Bittsteller(in) *m(f)*; **2.** *adj* flehend, bittend

sup·pli|cant [ˈsʌplɪkənt] *förml* **1.** *adj* flehend, bittend; **2.** *s bes Rel* Bittsteller(in) *m(f)*; **~cate** [ˈ~keɪt] *vi* flehen, dringend bitten (**for** um) | beten; *vt* inständig bitten (**for** um) | erbitten, erflehen; ˌ~ˈ**ca·tion** *s* Flehen *n*, inständige Bitte *f* (**for** um) | Bittgebet *n*; ˈ**~ca·to·ry** *adj* flehend, bittend, Bitt-

sup|pli·er [səˈplaɪə] *s* (*oft pl* mit *sg* Bedeutung) Lieferant *m*; **~ply** [səˈplaɪ] **1.** *vt* liefern, beschaffen, bereitstellen ⟨to ≈ food⟩ | (jmdn.) versorgen, beliefern (**with** mit) | (etw.) ergänzen, ersetzen | (Nachfrage) befriedigen ⟨to ≈ the need for s.th.⟩ | (jmdn.) ersetzen ⟨to ≈ the place of *förml* eingesetzt werden an Stelle von⟩ | *Wirtsch* nachzahlen; *vi* als Vertreter fungieren; **2.** *s* Versorgung *f* ⟨water ≈⟩ | Belieferung *f*, Beschaffung *f*, Lieferung *f* ⟨the ≈ of raw materials⟩ | Vorrat *m*, Proviant *m* (**of** an) ⟨a food ≈⟩ | *Mil* Nachschub *m* | Ersatz *m*, Stellvertreter *m* ⟨to be/go on ≈ als Aushilfe arbeiten (Lehrer, Pfarrer)⟩ | *Wirtsch* Angebot *n* ⟨excessive ≈ Überangebot *n*; ≈ and demand Angebot *n* und Nachfrage *f*; in short ≈ knapp⟩ | *meist* ~ˈ**plies** *s/pl* Material *n*, Bedarf *m* ⟨manager of ≈ Materialverwalter *m*⟩ | *Brit Parl* bewilligter Etat ⟨Committee of ~plies Haushalt(s)ausschuß *m*⟩ | Geldmittel *pl*, finanzieller Zuschuß, Unterhalt *m* ⟨to cut off the ~plies⟩; ~ˈ**plies Day** *s Brit Parl* Tag *m*, an dem über den Haushalt abgestimmt wird; ˌ**~ply** ˈ**in·dus·try** *s* Zulieferindustrie *f*; ~ˈ**ply** ˌ**ship** *s Mar* Versorgungsschiff *n*; ~ˈ**ply** ˌ**teach·er** *s* Aushilfslehrer *m*, Aushilfe *f*, Springer *m*

sup·port [səˈpɔːt] **1.** *vt* stützen, halten, tragen ⟨the bridge ~s lorries die Brücke hält Lastwagen aus; to ~ s.o. home jmdn. auf dem Heimweg stützen⟩ | (jmdn.) unterstützen, (jmdm.) beistehen | sorgen für, er-, unterhalten, ernähren ⟨to ~ a family⟩ | (etw.) erhalten, bewahren | (*meist neg*) aushalten, ertragen, erdulden ⟨I cannot ~ this heat⟩ | fördern, unterstützen, befürworten, sich einsetzen für ⟨to ~ a party⟩ | verteidigen | (etw.) beweisen, bestätigen ⟨to ~ a theory⟩ | *Arch* abstützen; **2.** *s* Stütze *f*, Untersatz *m*, Abstützung *f*, Halt *m* ⟨to need more ~⟩ | Träger *m*, Ständer *m* | *Tech* Lager *n* | (Schuh-) Einlage *f* | Beistand *m*, Hilfe *f*, Stütze *f*, Unterstützung *f* ⟨in ~ of zur Unterstützung von; to give ~ to s.o. jmdn. unterstützen; to have s.o.'s ~ von jmdm. unterstützt werden⟩ | Zuspruch *m*, Besucher *pl* ⟨the theatre gets a lot of ~⟩ | Er-, Unterhaltung *f* | (Lebens-) Unterhalt *m* ⟨to claim ~ Unterhalt fordern; means of ~ Unterhalt(smittel) *m(pl)*⟩ | Unterstützer *m*, Stütze *f* ⟨to be the chief ~ der Haupternährer sein⟩ | Ertragen *n*, Erdulden *n* | Verteidigung *f* | Beweis *m*, Bestätigung *f* | *Mil* Verstärkung *f*, Reserve *f* ⟨in ~ in Reserve⟩; **sup'port·a·ble** (*meist neg*) *förml adj* erträglich, zu ertragen(d) | tragbar, vertretbar; **sup'port·er** *s Arch* Träger *m* | Helfer(in) *m(f)* | Anhänger(in) *m(f)* ⟨football ≈⟩ | Verteidiger(in) *m(f)*, -fechter(in) *m(f)* | *Her* Wappenhalter *m*; **~ing** *adj* Beistands-, Unterstützungs-; ˌ**~ing** ˈ**art·ist** *s* Schauspieler(in) *m(f)* in einer Nebenrolle; ˌ**~ing** ˈ**film** *s* Beifilm *m*; ˌ**~ing** ˈ**part**, ˌ**~ing** ˈ**role** *s Theat, Film* Nebenrolle *f*; ˌ**~ing** ˈ**pro·gramme** *s* Beiprogramm *n*; **sup'por·tive** *adj förml* fördernd, helfend ⟨≈ efforts; ≈ factor Halt *m* und Unterstützung *f*; to be ≈ of unterstützen⟩; **sup'port·less** *adj* hilflos

sup|pose [səˈpəʊz] *vt* annehmen ⟨let us ≈ nehmen wir an; ~posing that angenommen, daß⟩ | glauben, meinen, vermuten ⟨I ≈ so ich nehme an, wahrscheinlich⟩ | vorschlagen ⟨≈ we go wie wäre es, wenn wir gingen?⟩ | (*pass*) erwarten ⟨everyone is ≈d to do this jeder soll dies tun⟩ | (*neg*) *umg* erlauben ⟨you are not ≈d to do this Sie dürfen das nicht tun⟩ | *förml* voraussetzen ⟨to ≈ a cause e-n Grund voraussetzen⟩; *vi* denken, meinen; ~ˈ**posed** *adj* vorausgesetzt | angenommen ⟨a ≈ case⟩ | angeblich, vermeintlich ⟨the ≈ officer⟩ | vermutlich; **~pos·ed·ly** [~ˈpəʊzɪdlɪ] *adv* anscheinend; ~ˈ**pos·ing** *conj* wenn, falls; **~po·si·tion** [ˌsʌpəˈzɪʃn] *s* Annahme *f*, Voraussetzung *f* ⟨on the ≈ that unter der Voraussetzung, daß; on this ≈ unter dieser Voraussetzung⟩ | Vermutung *f*; **~po·si·tious** [ˌsʌpəˈsɪʃəs] *adj* = **~posititious** | gedacht, vorgestellt ⟨a ≈ relation⟩; **~pos·i·ti·tious** [səˌpɒzɪˈtɪʃəs] *adj* untergeschoben ⟨a ≈ child⟩ | unecht | hypothetisch, angenommen ⟨a ≈ observer⟩; **~pos·i·tive** [səˈpɒzɪtɪv] *adj* angenommen | unecht

sup·pos·i·to·ry [sə'pɒzɪtr̥ɪ] *s Med* (Einführ-) Zäpfchen *n*

sup|press [sə'pres] *vt* unterdrücken, niederschlagen, -werfen ⟨to ≈ a revolt⟩ | (Gefühl u. ä.) ersticken, unterdrücken ⟨to ≈ one's feelings⟩, (Lachen) verbeißen | verschweigen, -heimlichen, -tuschen ⟨to ≈ truth⟩ | (Zeitung u. ä.) am Erscheinen hindern, einstellen | (Amt) abschaffen | (Blutung) stillen | *Tech* hemmen | *El* entstören; **~'pres·sant** *Tech* **1.** *adj* dämpfend, Dämpfungs-; **2.** *s* Dämpfungsmittel *n*; **~pres·sion** [~'preʃn] *s* Unterdrückung *f*, Niederschlagung *f*, -werfung *f* | Verschweigen *n*, -heimlichen *n*, -tuschen *n*, -tuschung *f* | Einstellung *f* (e-r Zeitung) | (Blut u. ä.) Stillung *f* | *Tech* Hemmung *f* | *El* Entstörung *f*; **~'pres·sive** *adj* unterdrückend, Unterdrückungs-, repressiv ⟨a ≈ medicine *Med* ein Unterdrückungs- *od* Linderungsmittel *n*⟩; **~'pres·sor** *s* Unterdrücker *m* | *El* Entstöreinrichtung *f*, Entstörgerät *n* | *Tech* Bremsgitter *n*

sup·pu|rate ['sʌpjureɪt] *Med vi* eitern; **ˌ~'ra·tion** *s* Eiterbildung *f*, Eiterung *f*; **'~ra·tive** **1.** *adj* eiternd, eitrig, Eiter-; **2.** *s* Eiterbildner *m*

supra- [su:prə|sju:-] *präf zur Bildung von adj u. s mit der Bedeutung:* über, oberhalb, über … hinaus (*z. B.* **ˌ~'national** überstaatlich; **ˌ~max'illa** Oberkiefer *m*)

su·pra·den·tal [ˌsu:prə'dentl|ˌsju:-] *adj Ling* alveolar

su·pra·max·il·la [ˌsu:prəmæk'sɪlə|ˌsju:-] *s Anat, Zool* Oberkiefer *m*; **ˌsu·pra·max'il·la·ry** **1.** *adj* Oberkiefer-; **2.** *s* Oberkiefer *m*

su·pra·mun·dane [ˌsu:prə'mʌndeɪn|ˌsju:-] *adj* überirdisch

su·pra·na·tion·al [ˌsu:prə'næʃnl|ˌsju:-] *adj* überstaatlich ⟨~ authority; ~ affair übernationales Anliegen⟩

su·pra|re·nal [ˌsu:prə'ri:nl|ˌsju:-] *Med* **1.** *adj* suprarenal, Nebennieren-; **2.** *auch* **~ˌre·nal 'bod·y**, **~ˌre·nal 'gland** *s* Nebenniere *f*; **~ren·al·in** [ˌsu:prə'renəlɪn|ˌsju:-] *s Chem* Adrenalin *n*

su·prem·a|cist [sə'preməsɪst] *s* jmd., der die Vorherrschaft (einer Gruppe über eine andere) befürwortet ⟨a white ≈⟩; **~cy** [sə'preməsɪ] *s* Obergewalt *f*, -hoheit *f*, Herrschaft *f* (**over** über) | *übertr* Übergewicht *n*, Vorherrschaft *f*

su·preme [sə'pri:m|su:-|sju:-] *adj* höchste(r, -s), oberste(r, -s), Ober- ⟨of ~ quality von erstklassiger Qualität; ~ courage größter Mut; ~ happiness höchstes Glück; the ~ command *Mil* der Oberbefehl⟩ | äußerste(r, -s), letzte(r, -s) ⟨to make the ~ sacrifice sein Leben hingeben⟩ | entscheidend; kritisch ⟨~ hours⟩; **ˌ~ 'Being** *s* (*mit best art*) *Rel* höchstes Wesen, Gott *m*; **ˌ~ 'Court** *s Am* Oberstes Bundesgericht

su·pre·mo [sə'pri:məu|su:-|sju:-] *s Brit* führender Vertreter, Spitzenmann *m*, *umg* Boß *m*

sur- [sɜ:] *präf zur Bildung von adj, s, v mit der Bedeutung:* über, auf (*z. B.* **'~plus** überschüssig; **~'realism** Surrealismus *m*; **~'print** überdrucken)

su·rah [silk] ['sjuərə (sɪlk)] *s* Surah *m*, Seidenköper *m*

sur·charge ['sɜ:tʃɑ:dʒ] **1.** *s* Überladung *f*, -lastung *f*, -belastung *f* | *übertr* Überforderung *f*, -belastung *f* | *Wirtsch* Überteuerung *f* | *El* Überladung *f* | *Tech* Überhitzung *f* | (Briefmarke) Überdruck *m* | Zuschlag *m* | Nach-, Strafporto *n*; Strafzuschlag *m*, -gebühr *f*; **2.** *vt* überlasten, -fordern, -belasten | *Tech* überhitzen | (Briefmarke) überdrukken | *Wirtsch* überteuern | mit Strafporto *od* Strafgebühr belegen (**on** auf, für)

sur·cin·gle ['sɜ:sɪŋgl] **1.** *s* Sattelgurt *m*; **2.** *vt* (Pferd) einen Sattelgurt anlegen

sur·coat ['sɜ:kəut] *s Mil Hist* Wappenrock *m*

surd [sɜ:d] **1.** *adj Math* irrational ⟨~ number irrationale Zahl⟩ | *Ling* stimmlos | *übertr* sinnlos; **2.** *s Math* irrationale Größe, Wurzelausdruck *m* | *Ling* stimmloser Laut

sure [ʃuə] **1.** *adj* (*nur präd*) sicher, gewiß ⟨to be/feel ~ that /of s.th. von etw. überzeugt sein, überzeugt sein, daß, einer Sache sicher sein, Vertrauen haben in etw., sicher sein, daß, vertrauen, daß; I am not quite ~ that ich bin mir nicht ganz sicher, ob; to be/feel ~ of o.s./that selbstbewußt sein, sich selbstbewußt fühlen; be ~ and/to write me a letter vergiß nicht, mir einen Brief zu schreiben; to be ~ *umg* selbstverständlich, sicher; to be ~ he may come er kann durchaus kommen; [well], I am ~! *selten* wirklich!; to make ~ of s.th./that sich von etw. überzeugen/sich überzeugen, daß; für etw. sorgen, dafür sorgen, daß; *arch* etw. als sicher annehmen, daß; sich etw. sichern, sichern, daß; to be ~ to come sicher(lich) kommen⟩ | zuverlässig, verläßlich, vertrauenswürdig ⟨a ~ hand eine sichere Hand; a ~ remedy ein wirksames Mittel⟩ | sicher, standhaft, fest ⟨a ~ faith⟩; **2.** *adv bes Am umg* zweifellos, tatsächlich ⟨it ~ was cold es war wirklich kalt; ~! sicher!; ~ I will … (ich werde) bestimmt …⟩ ◇ **as ~ as** so wahr wie; **for ~** gewiß, bestimmt; **~ enough** wirklich, tatsächlich; **'~fire** *adj umg* todsicher, bombensicher ⟨a ≈ winner⟩; **ˌ~'foot·ed** *adj* unbeirrbar; **'~ly** *adv* heil, sicher ⟨slowly but ≈ langsam, aber sicher⟩ | bestimmt | *bes Am* natürlich | doch sicher, bestimmt wohl ⟨≈ you remember him? Sie erinnern sich doch ganz gewiß an ihn?⟩; **ˌ~ 'thing** (*mit unbest art*) *s umg* todsichere(s) Sache (Ding) ⟨it's a ~ thing for me das kann mir nicht schiefgehen⟩; **~ty** ['ʃuərətɪ] *s arch* Sicherheit *f*, Gewißheit *f* ⟨of a ≈ gewiß, mit Sicherheit⟩ | *Jur* Bürgschaft *f*, Garantie *f*, Kaution *f* | *Jur* Bürge *m*; **'~ty·ship** *s Jur* Verbürgung *f*, Bürgschaft *f*

surf [sɜ:f] **1.** *s* Brandung *f*; **2.** *auch* **'~ride** *vi* wellenreiten ⟨to go ~ing⟩ | in der Brandung baden

sur·face ['sɜ:fɪs] **1.** *s* Oberfläche *f*, Außenfläche *f*, -seite *f* ⟨a smooth ~ eine glatte Oberfläche; on the ~ an der Oberfläche⟩ | (Straße) Belag *m* | Wasseroberfläche *f*, Oberfläche *f* einer Flüssigkeit ⟨across the ~ über die Oberfläche⟩ | *Math* (Ober-) Fläche *f*, Flächeninhalt *m* | *Flugw* Tragfläche *f* | *Bergb* Tagesoberfläche *f*, Tag *m* | *übertr* Oberfläche *f*, Äußeres *n* ⟨on the ~ oberflächlich, äußerlich; to get below the ~ in das Wesen eindringen, unter die Oberfläche schauen⟩; **2.** *adj* Oberflächen- ⟨~ wound äußerliche Wunde⟩ | *übertr* äußerlich, oberflächlich, flüchtig ⟨~ impressions⟩ | *übertr* Schein-; **3.** *vt* ebnen | mit einer glatten Oberfläche versehen | *Tech* plandrehen; *vi* (U-Boot) auftauchen | *übertr umg* zutage treten, auftauchen (Einwände u. ä.) | *umg, scherzh* aufstehen, aus den Federn kommen; **'~ ˌac·tive** *adj Phys* oberflächenaktiv; **'~ craft** *s Mar* Überwasserfahrzeug *n*; **'~ ef·fect ˌship** *s Am* Luftkissenfahrzeug *n*; **ˌ~ grind·ing ma'chine** *s Tech* Flächenschleifmaschine *f*; **ˌ~ plan·ing ma'chine** *s Tech* Planhobelmaschine *f*; **ˌ~ 'print·ing** *s Typ* Relief-, Hochdruck *m*; **'sur·fac·er** *Tech s* Plandrehmaschine *f* | Planhobelmaschine *f* | Oberflächenkitt *m*, Spachtelmasse *f*; **'~ ˌstruc·ture** *s Ling* Oberflächenstruktur *f*; **ˌ~-to-'air** *adj Mil* (Waffe) Boden-Luft- ⟨≈ missile⟩; **'~ ˌten·sion** *s* Oberflächenspannung *f*; **'~ ˌtreat·ment** *s* Oberflächenbehandlung *f*; **'~ ˌu·nit** *s* Flächeneinheit *f*; **ˌ~ 'wind·ing** *s El* Oberflächenwicklung *f*; **'~ ˌwork·er** *s Bergb* Tagebauarbeiter *m*, Arbeiter *m* über Tage; **'~ ˌwork·ing** *s Bergb* Tagebau *m*

surf|board ['sɜ:fbɔ:d] *s* Surfbrett *n*, Brett *n* zum Wellenreiten; **'~boat** *s* Brandungsboot *n*

sur·feit ['sɜ:fɪt] **1.** *s* (*meist sg mit unbest art*) Übersättigung *f* (**of** mit) | Überfülle *f*, -maß *n* (**of** an) | Ekel *m*, Überdruß *m* ⟨to ~ bis zum Überdruß⟩; **2.** *vt* übersättigen (**with** mit) | überfüllen; *vi* sich übersättigen (**of, with** mit) | prassen; **'~er** *s* Prasser *m*

surf|er ['sɜ:fə] *s* Wellenreiter(in) *m(f)*; **'~ride** *vi* wellenreiten; **'~ˌrid·ing** *s* Wellenreiten *n*; **'~y** *adj* Brandungs-

surge [sɜːdʒ] 1. *s* Woge *f*, Welle *f*, Brandung *f*, Sturzsee *f* ⟨in immense ~s in mächtigen Wellen; a ~ of people ein plötzlicher Menschenstrom⟩ | (*meist sg*) *übertr* Woge(n) *f*(*n*), Branden *n* ⟨a ~ of anger eine Woge des Zorns⟩; 2. *vi* wogen, branden ⟨a wave ~s; the crowd ~d past him⟩ | *auch* ~ **up** *übertr* wogen, aufwallen, aufbrausen (Gefühl) ⟨anger ~d [up] within him er entbrannte vor Wut⟩; *vt* wogen lassen | *übertr* aufbrausen lassen; ˌ~ **'volt·age** *s El* Wellenspannung *f*

sur|geon ['sɜːdʒən] *s* Chirurg *m* ⟨dental ≈ (chirurgischer) Zahnarzt; veterinary ≈ Tierarzt *m*⟩ | *Mil* Stabsarzt *m*; *Mar* Schiffsarzt *m*; **~ger·y** ['sɜːdʒṛɪ] *s* Chirurgie *f* | chirurgischer Eingriff, Operation *f* ⟨heart ≈ Herzoperation *f*; to undergo ≈ operiert werden; to have ≈ on operiert werden an⟩ | Operationssaal *m* | *bes Brit* Sprechzimmer *n* | *Brit* Sprechzeit *f* | *Brit Pol* Abgeordnetensprechstunde *f* ⟨to run very good surgeries engen Kontakt zu den Wählern halten⟩; **'~gi·cal** *adj* chirurgisch, operativ | von einer Operation herrührend ⟨≈ wound⟩ | (Kleidung) medizinisch, Gesundheits- ⟨≈ stockings⟩; **ˌ~gi·cal 'boot** *s* orthopädischer Schuh; **ˌ~gi·cal 'fe·ver** *s* spastisches Fieber, Wundfieber *n*; **ˌ~gi·cal 'in·stru·ment** *s* chirurgisches Instrument; **ˌ~gi·cal 'spir·it** *s* Wundalkohol *m*; **ˌ~gi·cal 'strike** *s Mil* begrenzter Angriff *od* Schlag; **ˌ~gi·cal 'wool** *s* Verbandwatte *f*; **'~giˌcen·ter** *s Am Med* chirurgische Ambulanz

surg·y ['sɜːdʒɪ] *adj* wogend, wallend (*auch übertr*)

sur·ly ['sɜːlɪ] *adj* mürrisch, verdrießlich ⟨a ~ person; a ~ look⟩ | (Wetter) unfreundlich | (Boden) zäh, schwer zu bearbeiten(d)

sur·mise [sə'maɪz|'sɜː-] *förml s* Annahme *f*, Vermutung *f*, Mutmaßung *f* | Verdacht *m*, Argwohn *m*; [sə'maɪz] *vt* annehmen, vermuten, mutmaßen | argwöhnen; *vi* Mutmaßungen anstellen | Argwohn hegen

sur·mount [sə'maʊnt] *vt* be-, ersteigen, erklimmen | *übertr* (Schwierigkeiten u. ä.) überwinden, bewältigen ⟨to ~ difficulties⟩ | (*meist pass*) krönen, bedecken, überragen ⟨to be ~ed by a tall chimney mit einem hohen Schornstein auf dem Dach⟩; **sur'mount·a·ble** *adj* besteigbar | *übertr* überwindbar, zu bewältigen(d)

sur·name ['sɜːneɪm] 1. *s* Zu-, Familienname *m*; 2. *vt* (jmdn.) nennen | (jmdm.) einen Beinamen geben

sur·pass [sə'pɑːs] *vt* (etw.) übersteigen ⟨to ~ s.o.'s expectations jmds. Erwartungen übersteigen⟩ | übertreffen (**in** an); **sur'pass·a·ble** *adj* übersteigbar; **sur'pass·ing** *adj* unübertrefflich, außerordentlich ⟨≈ skill⟩

sur·plice ['sɜːplɪs] *s Rel* Chorhemd *n*, Stola *f*

sur·plus ['sɜːpləs] 1. *s* Überschuß *m* (**of** an) | *Wirtsch* Profit *m*, Reingewinn *m* | *Brit* Rest(betrag) *m*(*m*); 2. *adj* überschüssig, Mehr- (**to** gegenüber) ⟨articles ~ to our requirements von uns nicht benötigte Waren *f/pl*⟩; ˌ~ **ˌpop·u'la·tion** *s* Bevölkerungsüberschuß *m*, Überbevölkerung *f*; ˌ~ **'stock** *s Wirtsch* Restbestände *m/pl*; '~ **ˌval·ue** *s Wirtsch* Mehrwert *m*; ˌ~ **'weight** *s* Über-, Mehrgewicht *n*; **~age** [~ɪdʒ] *s* Überschuß *m*, -fluß *m* (**of** an)

sur·print ['sɜːprɪnt] 1. *vt* überdrucken; 2. *s* Überdruck *m*

sur|prise [sə'praɪz] 1. *vt* (jmdn.) ertappen, überraschen ⟨to ≈ a thief⟩ | in Erstaunen versetzen, überraschen, verblüffen ⟨to be ≈d at s.th. über etw. erstaunt sein⟩ | befremden, empören, schockieren ⟨to be ≈d at s.o.'s behaviour⟩ | *Mil* überrumpeln | (jmdn.) verleiten (**into** *mit ger* zu *mit inf*) ⟨to ≈ s.o. into agreeing jmdn. so verblüffen, daß er zustimmt; ≈d into an indiscretion zu einer Indiskretion angestiftet⟩; 2. *s* Überraschen *n*, -raschung *f* ⟨to s.o.'s ≈ zu jmds. Überraschung; to take s.o. by ≈ jmdn. überraschen, jmdn. überrumpeln⟩ | Erstaunen *n*, Verblüffung *f* (**at** über) ⟨what a ≈! welche Überraschung!⟩ | Befremden *n*, Bestürzung *f*, Verwunderung *f* ⟨to my ≈ zu meinem Entsetzen; to stare in ≈ verdutzt dreinschauen⟩ | *Mil* Überrumpelung *f*, Handstreich *m*; **ˌ~prise at'tack** *s Mil* Überraschungsangriff *m*; **~'pris·ing** *adj* überraschend, erstaunlich

sur·real [sə'rɪəl] 1. *adj* surreal, unwirklich | surrealistisch, bizarr, phantastisch; 2. *s* (*mit best art*) (das) Surreale, Bizarre, Phantastische; **sur'real·ism** *s* Surrealismus *m*; **sur'real·ist** 1. *s* Surrealist(in) *m*(*f*); 2. = **~is·tic** [səˌrɪə'lɪstɪk] *adj* surrealistisch; **sur'real·ly** *adj* auf surreale Weise, surreal, bizarr

sur·ren·der [sə'rendə] 1. *vt* aus-, überliefern, übergeben, -lassen (**to s.o.** jmdm.) | *refl* sich hingeben; sich ergeben (**to s.o.** jmdm.) | *refl Mil* sich ergeben, kapitulieren | freiwillig aufgeben, verzichten auf ⟨to ~ one's liberty⟩ | *förml* (gegen Geld) auf-, zurückgeben ⟨to ~ one's insurance policy seine Versicherungspolice zum Rückkauf bringen; to ~ one's ticket den Fahrschein abgeben⟩ | *Jur* (Verbrecher) ausliefern; *vi* sich hingeben, sich ergeben (**to s.th.** e-r Sache) | sich fügen, sich schicken, nachgeben (**to s.th.** e-r Sache) | *bes Mil* sich ergeben, kapitulieren, die Waffen strecken ⟨we shall never ~⟩ | *Jur* sich stellen (**to s.o.** jmdm.); 2. *s* Aus-, Überlieferung *f*, Überlassung *f* | Hingabe *f* | Aufgabe *f*, Verzicht *m* (**of** auf) | *Mil* Übergabe *f*, Kapitulation *f* ⟨the ~ of a town⟩ | *Jur* Auslieferung *f*; '~ **ˌval·ue** *s* Rückkaufswert *m* (e-r Versicherungspolice)

sur·rep·ti·tious [ˌsʌrəp'tɪʃəs] *adj* erschlichen, betrügerisch ⟨~ rights⟩ | unecht, gefälscht ⟨a ~ copy⟩ | heimlich, verstohlen ⟨a ~ look⟩

sur·rey ['sʌrɪ] *s Am Hist* (leichter) vierrädriger Kutschwagen

sur·ro|gate ['sʌrəgeɪt] 1. *s Rel* Stellvertreter *m* (e-s Bischofs) | *Jur* Nachlaßrichter *m* | Ersatz *m*, Surrogat *n* ⟨a food ≈ ein Lebensmittelersatz⟩; 2. *adj* Ersatz- ⟨≈ material Ersatzstoff *m*⟩; 3. *vt* als Stellvertreter einsetzen | *Jur* als Nachlaßrichter bestimmen | als Ersatz benutzen; **ˌ~gate 'ba·by** *s* Säugling *m* von einer Leihmutter; **ˌ~gate 'moth·er** *s* Leihmutter *f*; **ˌ~'ga·tion** *s* Ersatz *m*

sur·round [sə'raʊnd] 1. *vt* umgeben (**with** mit, von), einschließen (**with** durch, von) (*auch übertr*) ⟨~ed by trees von Bäumen umgeben; ~ed by danger von Gefahr umringt; ~ed by comforts von Annehmlichkeiten umgeben; ~ed by suitors von Verehrern umschwärmt; circumstances ~ing s.th. Begleitumstände *m/pl* von etw.⟩ | *Mil* umzingeln, einkreisen, -schließen ⟨to ~ the enemy⟩; 2. *s Brit* Einfassung *f*, Umrandung *f*, Bodenschutzbelag *m* ⟨a linoleum ~⟩ | umgebende Gruppe, Ring *m* ⟨a ~ of guards⟩ | *Am* (e-e Art) Treibjagd *f*, Kesseltreiben *n*; **sur'round·ing** 1. *adj* umgebend ⟨≈ area⟩; 2. *s* Umgeben *n*; **sur'round·ings** *s/pl* Umgebung *f*, -gegend *f* | Umwelt *f*, Umweltbedingungen *f/pl* | (Begleit-) Umstände *m/pl*

sur·roy·al [sɜː'rɔɪəl] *s* (Geweih-) Krone *f*

sur·tax ['sɜːtæks] 1. *s* Steuerzuschlag *m*, -aufschlag *m* (für Höherverdiener); 2. *vt* mit einem Steuerzuschlag belegen

sur·veil·lance [sɜː'veɪləns] *s* Aufsicht *f*, Überwachung *f*, Kontrolle *f* ⟨under [police] ~ unter (Polizei-) Aufsicht⟩; **sur'veil·lant** 1. *adj* wachsam; 2. *s* Aufseher *m*; **sur·veille** [sɜː'veɪl] *vt Am* streng bewachen *od* kontrollieren ⟨to ≈ civilians⟩

sur·vey [sɜː'veɪ] *vt* prüfen, besichtigen, begutachten ⟨to ~ a house ein Haus taxieren *od* schätzen⟩ | ab-, einschätzen ⟨to ~ the political situation⟩ | überblicken, -schauen (**from** von) ⟨to ~ the countryside⟩ | (Gebiet) vermessen ⟨to ~ a railway eine Eisenbahnlinie vermessen⟩ | einen Überblick geben über; *vi* Land vermessen; ['sɜːveɪ] *s* Prüfung *f*, Besichtigung *f*, Begutachtung *f* ⟨to be under ~ geprüft werden⟩ | Gutachten *n* | Ab-, Einschätzung *f* | Überblick *m*,

-sicht *f* (**of** über) | (Land-) Aus-, Vermessung *f* | Lageplan *m*; **sur'vey·ing** *s* (Flur-) Aus-, Vermessen *n* | Vermessungswesen *n*, -kunde *f*; **'~ing ship** *s* Vermessungsschiff *n*; **sur'vey·or** *s* Verwalter *m*, Inspektor *m* | Sachverständiger *m* | Vermessungsingenieur *m* | Landmesser *m* ⟨≈ of mines *Bergb* Markscheider *m*⟩ | *Am* Zollinspektor *m*; **'~or's chain** *s Tech* Meßkette *f*; **'~or's ˌlev·el** *s Tech* Nivelliergerät *n*; **'~or's rod** *s Tech* Meßlatte *f*

sur|viv·al [sə'vaɪvl] *s* Überleben *n* ⟨hopes of ≈ Hoffnungen *f/pl* auf Überleben⟩ | Überrest *m*, -bleibsel *n* ⟨a ≈ of a past age; a ≈ from 1900⟩; **~'viv·al kit** *s Mil* Überlebensausrüstung *f*; **~ˌviv·al of the 'fit·test** *s Biol* Kampf *m* ums Dasein, Überleben *n* des Tüchtigsten; **~'viv·al rate** *s* Geburtenüberschuß *m*; **~'viv·al ˌshel·ter** *s* Atombunker *m*; **~'viv·al time** *s* Überlebenszeit *f*; **~'viv·al ˌval·ue** *s Biol* Erhaltungswert *m*; **~'vive** *vt* überleben, länger leben als ⟨to ≈ one's children⟩ | (etw.) überleben, -stehen ⟨to ≈ an accident⟩; *vi* überleben, am Leben bleiben; **~'viv·ing** *adj* überlebend | übrigbleibend, Rest-; **~'viv·or** *s* Überlebende(r) *f(m)* | *Jur* Hinterbliebene(r) *f(m)*

sus·cep·ti·bil·i·ty [səˌseptə'bɪlətɪ] *s* Empfänglichkeit *f* (**to** für) | Empfindlichkeit (**to** gegen), Beeindruckbarkeit *f* | leichte Entflammbarkeit, Gefühlsbetontheit *f* | (*meist pl*) (leicht) verletzbare Gefühle *n/pl*, schwache Stelle; ⟨to wound s.o.'s deepest susceptibilities jmdn. zutiefst verletzen⟩; **sus'cep·ti·ble** *adj* anfällig (**to** für), empfindlich (**to** gegen) ⟨≈ to the cold kälteempfindlich; ≈ to injuries leicht verletzlich⟩ | beeinflußbar, zugänglich (**to** für) ⟨to be ≈ to suggestions leicht auf Hinweise reagieren⟩ | gefühlsmäßig leicht beeinflußbar, gefühlsbetont, leicht entflammbar ⟨a ≈ girl; a ≈ nature⟩ ◇ **be sus'cep·ti·ble of** *förml* zulassen, gestatten ⟨to be ≈ of proof beweisbar sein⟩

sus·ci|tate ['sʌsɪteɪt] *förml vt* (jmdn.) auf-, ermuntern; **ˌ~'ta·tion** *s* Auf-, Ermunterung *f*

sus·pect [sə'spekt] *vt* Mißtrauen haben gegen, beargwöhnen ⟨to ~ s.o.'s motives⟩ | argwöhnen, befürchten ⟨to ~ danger⟩ | (jmdn.) verdächtigen *od* in Verdacht haben ⟨to ~ s.o. of s.th. (to be s.th.) jmdn. e-r Sache verdächtigen (jmdn. verdächtigen, daß er etw. ist)⟩ | *umg* annehmen, vermuten ⟨I ~ that's true das stimmt vermutlich⟩; *vi* Argwohn hegen; ['sʌspekt] **1.** *s* Verdächtige(r) *f(m)*; **2.** *adj* (Person) suspekt, verdächtig | *übertr* zweifelhaft, fragwürdig ⟨his statements are ~⟩; **sus'pect·a·ble** *adj* verdächtig; **sus'pect·ed** *adj* verdächtigt (**of s.th.** e-r Sache)

sus·pend [sə'spend] *vt* (auf)hängen (**from** an, von) | frei tragen | (*pass*) *bes Chem* suspendieren, schwebend halten ⟨dust ~ed in the air in der Luft schwebender Staub⟩ | auf-, verschieben ⟨to ~ a judgment⟩ | unterbrechen ⟨to ~ a rule; to ~ a sentence ein Urteil aussetzen⟩ | (Zahlung u. ä.) (zeitweilig) einstellen ⟨to ~ payment⟩ | *Jur* (Verfahren) einstellen | unentschieden lassen ⟨to ~ the law⟩ | (jmdn.) (zeitweilig) des Amtes entheben, suspendieren | (*bes* Sport) (jmdn.) ausschließen *od* sperren ⟨to ~ a player; to ~ s.o. from school jmdn. relegieren⟩ | *Mus* (Ton) vorhalten; *vi* die Zahlungen einstellen; **sus'pend·ed** *adj* hängend, Hänge- ⟨≈ lamp⟩ | fein verteilt, schwebend ⟨≈ material Schwebstoff *m*⟩ | unentschieden ⟨a ≈ case⟩ | suspendiert, (zeitweilig) des Amtes enthoben | ver-, aufgeschoben, ausgesetzt | unterbrochen, (zeitweilig) eingestellt; **'~ed an·i'ma·tion** *s* Scheintod *m* ⟨in a state of ~ed animation *übertr scherzh* zeitweilig inaktiv⟩; **'~ed 'roof** *s* Hängedach *n*; **sus'pend·er** *s* (*meist pl*) Strumpf-, Sockenhalter *m* | *Am* Hosenträger *m* ⟨a pair of ~ers⟩ | Aufhängevorrichtung *f* | Hängevase *f*, Ampel *f*; **'~er belt** *s Brit* Strumpfhaltergürtel *m*

sus|pense [sə'spens] *s* Schwebe *f*, Ungewißheit *f*, Unbestimmtheit *f* ⟨in ≈ in der Schwebe; to keep s.o. in ≈ jmdn. auf die Folter spannen⟩ | Spannung *f*, Ungewißheit *f* ⟨in ≈ voller Spannung, gespannt⟩ | Spannung *f* (e-s Romans) ⟨full of ≈ spannend⟩ | Unentschlossenheit *f* ⟨to be still in ≈ noch nicht entschieden sein⟩; **~ˌpen·si'bil·i·ty** *s* Auf-, Verschiebbarkeit *f* | *Chem* Suspendierbarkeit *f*; **~'pen·si·ble** *adj* auf-, verschiebbar | *Chem* suspendierbar; **~'pen·sion** *s* Aufhängen *n* | Verschiebung *f*, Aufschub *m* | *Tech, bes Kfz* Aufhängung *f* | *Chem* Suspension *f*, Schweben *n* | Suspension *f*, (vorläufige) Amtsenthebung *f* | (einstweilige) Einstellung *f*, Aussetzen *n* | (*bes* Sport) Ausschluß *m*; **~'pen·sion bridge** *s* Hängebrücke *f*; **~ˌpen·sion 'rail·way** *s* Schwebebahn *f*; **~ˌpen·sion 'tow·er** *s Tech* Tragmast *m*; **~'pen·so·ry** *adj* hängend, Hänge- | schwebend | *Med* Trag-, Stütz-; **~ˌpen·so·ry 'band·age** *s Med* Tragbinde *f*

sus·pi|cion [sə'spɪʃn] *s* Verdacht *m*, -dächtigung *f* ⟨above ≈ über jeden Verdacht erhaben; on ≈ auf Verdacht; no ≈ keine Ahnung; to arouse ≈ Verdacht erregen; to be under ≈ of s.th. wegen etw. unter Verdacht stehen⟩ | Argwohn *m* ⟨with ≈⟩ | (*sg mit indef art*) *übertr* Spur *f*, Anflug *m*, Andeutung *f* (**of** von) ⟨a ≈ of sadness⟩; **sus'pi·cion·less** *adj* arg-, ahnungslos, nichtsahnend; **sus'pi·cious** *adj* verdächtig, verdachterregend ⟨a ≈ character⟩ | argwöhnisch, mißtrauisch ⟨a ≈ glance ein argwöhnischer Blick *m*; to be ≈ about/of s.o. gegen jmdn. mißtrauisch sein⟩

sus|pi·ra·tion [ˌsʌspɪ'reɪʃn] *poet s* Seufzen *n*; **~pire** [səs'paɪə] *vi* seufzen | sich sehnen, schmachten (**for, after** nach); *vt* unter Seufzern vorstoßen

suss [sʌs], *meist* **~ out** *vt Brit Sl* durchschauen, (jmdm.) hinter die Schliche kommen von

sus·tain [sə'steɪn] *vt förml* stützen, tragen ⟨to ~ a building; to ~ the weight of s.th.⟩ | *übertr* (unter)stützen, er-, unterhalten, versorgen, verpflegen ⟨to ~ a family⟩ | aufrechterhalten ⟨to ~ an attempt⟩ | aushalten, ertragen (*auch übertr*) ⟨to ~ pressure⟩ | (Niederlage, Verlust, Schaden u. ä.) erleiden ⟨to ~ a defeat; to ~ severe damage Schaden davontragen⟩ | (Interesse) wachhalten, am Leben erhalten | *Mus* (Ton) (aus)halten ⟨to ~ a note⟩ | (Behauptung u. ä.) bekräftigen, erhärten ⟨to ~ a theory⟩ | *Jur* als rechtsgültig anerkennen, (e-r Sache) stattgeben ⟨to ~ a case eine Klage annehmen; to ~ s.o.'s claim jmds. Anspruch stattgeben⟩; **sus'tain·a·ble** *adj* aufrechtzuerhalten(d); **sus'tained** *adj* anhaltend, andauernd, ununterbrochen, Dauer- ⟨≈ flight Dauerflug *m*; ≈ interest ständiges Interesse; to make a ~ed effort ständige Anstrengungen unternehmen⟩ | bestätigt | *Mus* getragen; **sus'tain·er** *s* Erhalter *m*, Ernährer *m* | Träger *m*, Stütze *f* (*auch übertr*); **'~ing vote** *s Pol* Bestätigung *f*, Zustimmung *f* ⟨for ≈ zur Zustimmung⟩

sus·te·nance ['sʌstɪnəns] *s* Auskommen *n*, (Lebens-) Unterhalt *m* | Nahrung *f*; Lebensmittel *n* | Nährwert *m*, -kraft *f*

sut·ler ['sʌtlə] *s Mil* Marketender(in) *m(f)*, Kantinenwirt(in) *m(f)*

su·sur·ra·tion [ˌsju:sə'reɪʃn] *förml s* Gemurmel *n*

sut·tee ['sʌti:] *Hist* (Indien) *s* Sati *f*, Suttee *f* (Witwe, die sich mit dem Leichnam ihres Mannes verbrennen ließ) | Feuertod *m* einer Witwe

su·ture ['su:tʃə] **1.** *s Med* Nähen *n* | Nahtmaterial *n* | *Med* (Wund-)Naht *f* | *Tech* Lötstelle *f* | Verbindungs-, Nahtstelle *f*; **2.** *vt* zu-, vernähen | *Med* nähen

su·ze·rain ['su:zəreɪn] *Pol* **1.** *s* Oberherr *m*, Suzerän *m* | Protektorstaat *m* | *Hist* Oberlehnsherr *m*; **2.** *adj* oberhoheitlich; **~ty** ['su:zərəntɪ] *s Pol* Oberhoheit *f*, Suzeränität *f* | *Hist* Oberlehnsherrlichkeit *f*

svelte [svelt] *adj* (Frau) schlank, anmutig, grazil | gepflegt, angenehm (klingend) ⟨~ accent⟩

SW *Abk* von **southwest[ern]**

swab [swɒb] **1.** *s* Scheuer-, Putzlappen *m*, Wischtuch *n*, Mop *m* | *Mar* Schwabber *m* | *Med* Abstrich *m* ⟨to take a ~ einen Abstrich machen⟩ | *Med* Wattebausch *m*, Tampon *m*, Tupfer *m*; **2.** (**swabbed, swabbed**) *vt* auf-, wegwischen, schrubben | *Mar* schwabbern, schrubben ⟨to ~ down the decks die Decks schrubben⟩ | *Med* (Wunde) abtupfen, abwischen; ~ **up** aufwischen

Swa·bi·an ['sweɪbɪən] **1.** *s* Schwabe *m*, Schwäbin *f* | *Ling* Schwäbisch *n*; **2.** *adj* schwäbisch

swad [swɒd] *s Am Sl* Haufen *m*, Menge *f* ⟨a ~ of children⟩

swad|dle ['swɒdl] **1.** *vt* (Kind) wickeln, in Windeln legen ⟨to ≈ a baby⟩ | um-, einwickeln; **2.** *s Am* Windel *f*, Wickeltuch *n*, -band *n*; '**~dling 1.** *s* Wickeln *n*, Einwindeln *n* | Um-, Einwickeln *n*; **2.** *adj* einwickelnd; '**~dling clothes** *od* '**~dling bands** *s/pl bes bibl* Windeln *f/pl* | *übertr* Anfänge *m/pl* ⟨to be still in one's ≈ noch in den Anfängen stecken⟩

swad·dy ['swɒdɪ] *s Brit Mil Sl* Landser *m*

swag [swæg] *s Sl* Diebsgut *n*, Beute *f* | *Austr* (Reise-) Bündel *n*, Ranzen *m* | Girlande *f*

swage [sweɪdʒ] **1.** *s Tech* Gesenk *n*; Matrize *f*; **2.** *vt Tech* (Metall) gesenkdrücken, fassonschmieden | (Plast) tiefziehen | (Sägezähne) stauchen

swag·ger ['swægə] **1.** *vi* aufschneiden, angeben, prahlen, renommieren (**about** mit) | stolzieren, stolz schreiten ⟨to ~ down the street die Straße entlang- *od* einherstolzieren⟩; *vt* (jmdn.) durch Aufschneiden verleiten (**into** zu); **2.** *s* Aufschneiden *n*, Prahlerei *f*, Schwadronieren *n* | Stolzieren *n*, stolzierender Gang *m* ⟨with a ~ mit stolzem Gang⟩; **3.** *adj umg* piekfein, vornehm; '**~ cane** *s Mil* Ausgehstöckchen *n*; '**~er** *s* Aufschneider *m*, Angeber *m*; '**~ing** *adj* großtuerisch, angeberisch | stolzierend

swag·shop ['swægʃɒp] *s* Kramladen *m*

Swa·hi|li [swɑː'hiːlɪ] **1.** *s* (*pl* **~lis**; *collect* **~li**) Swahilisprecher(in) *m(f)* | *Ling* Kiswahili *n*; **2.** *adj* Swahili-

swain [sweɪn] *poet s* Schäfer *m* | Liebhaber *m*; '**~ish** *adj* ländlich, Schäfer-

swale [sweɪl] *s dial* Schatten *m*

[1]**swal·low** ['swɒləʊ] *s Zool* Schwalbe *f* ⟨one ~ doesn't make a summer *Sprichw* e-e Schwalbe macht noch keinen Sommer⟩

[2]**swal·low** ['swɒləʊ] **1.** *vt* (hinunter-, ver)schlucken, -schlingen | *meist* ~ **up** *übertr* verschlingen ⟨to ~ up money; to ~ up a novel⟩ | (Beleidigung u. ä.) einstecken, hinnehmen ⟨to ~ an insult; to ~ s.th. whole *umg* etw. unbesehen hinnehmen⟩ | *übertr* (Lachen, Erregung u. ä.) hinunterschlukken, unterdrücken ⟨to ~ one's smile⟩ | (Worte) zurücknehmen ⟨to ~ one's words⟩; *vi* schlucken, schlingen (*auch übertr*) ⟨to ~ the wrong way sich verschlucken; to ~ hard *übertr* schwer schlucken müssen, viel hinnehmen müssen⟩; **2.** *s* Schlucken *n*, Schlingen *n* | Schluck *m* ⟨at one ~ in e-m Zug⟩ | Kehle *f*, Schlund *m*, Gurgel *f*

swal·low dive ['swɒləʊ daɪv] *s* (Schwimmen) Schwalbensprung *m*

swal·low·er ['swɒləʊə] *s* Vielfraß *m*

swal·low| fish ['swɒləʊ fɪʃ] *s Zool* Knurrhahn *m*; '**~tail** *s Zool* Schwalbenschwanz *m*; '**~tailed** *adj, bes Zool* (Schmetterling, Vögel) schwalbenschwanzartig, Schwalbenschwanz-, gegabelt; ˌ**~tailed 'coat** *s* Schwalbenschwanz *m*, Frack *m*

swam [swæm] *prät von* ↑ **swim 1.**

swa·mi ['swɑːmɪ] *s Ind* Meister *m* (Anrede) | *Am übertr* Fakir *m*, Scharlatan *m*, Mystiker *m*

swamp [swɒmp] **1.** *s* Sumpf *m*, Morast *m*; **2.** *vt* überfluten, -schwemmen (*auch übertr*) ⟨~ed with orders mit Aufträgen eingedeckt; ~ed with work mit Arbeit überlastet⟩ | durchnässen, -weichen ⟨everything was ~ed alles war klitschnaß⟩ | *Mar* (Boot) vollaufen lassen, zum Sinken bringen | *Am Pol* (Gesetz) zu Fall bringen | *übertr* erdrükken, überwältigen; *vi* überschwemmt werden, versinken | *Mar* (Schiff) vollaufen, versinken, untergehen (*auch übertr*); '**~ 'fe·ver** *s Med* Sumpf-, Wechselfieber *n*, Malaria *f*; '**~land** *s* Moor *n*; '**~y** *adj* sumpfig, morastig, Sumpf-, Moor- ⟨≈ soil⟩

swan [swɒn] **1.** *s Zool* Schwan *m*; **2.** *vi, meist* ~ **around** *umg* umherstreifen; ~ **off** *umg* abschwirren; '**~ dive** = '**swallow dive**

swank [swæŋk] *umg* **1.** *s* Prahlerei *f*, Angeberei *f*, Angabe *f* ⟨just for ~ nur zur Angabe⟩ | Eleganz *f*, Vornehmheit *f* | Angeber *m*; **2.** *vi* prahlen, protzen, angeben; **3.** *adj* (Sache) protzig | (Sache) piekfein ⟨a ~ sportscar⟩; [1]'**~y** *adj umg* angeberisch, prahlerisch, großspurig ⟨her ≈ friends⟩ | piekfein, toll ⟨a really ≈ party⟩

[2]**swank·y** ['swæŋkɪ] *Schott adj* biegsam, geschmeidig | forsch, energisch, schneidig

swan| neck ['swɒn nek] *s* Schwanenhals *m*; '**~necked** *adj Tech* (Meißel) gekröpft; '**~ner·y** *s* Schwanenteich *m*; '**swans down** *s* Schwanendaune(n) *f(pl)* | weicher, dicker Wollstoff; Swandown *n*; '**~skin** *s* Swanskin *m*, Weichflanell *m*; '**~ song** *s, bes übertr* Schwanengesang *m*

swap [swɒp] **1.** (**swapped, swapped**) *vt umg* (aus-, ver)tauschen, wechseln (**for** für, gegen) ⟨to ~ stamps; to ~ places with s.o. mit jmdm. die Plätze tauschen *od* wechseln; to ~ partners die (Ehe-) Partner tauschen; to ~ years *übertr* sich gegenseitig Geschichten erzählen; ~ horses in midstream/while crossing a stream *Sprichw* seine Meinung unvermittelt *od* plötzlich ändern⟩ | *Am Sl* betrügen, übers Ohr hauen | *Sl* (jmdn.) entlassen; *vi* handeln, tauschen, kaupeln; ~ **o·ver**, ~ **round** den Platz wechseln *od* tauschen, sich umsetzen; **2.** *s umg* Tausch *m* ⟨to do a ~ tauschen⟩ | *Wirtsch* Swapgeschäft *n* | *Sl* Entlassung *f* ⟨to get the ~ den Laufpaß bekommen⟩

sward [swɔːd] *s arch, poet* Rasen *m*

swarf [swɔːf] *Tech s* Stanz-, Schleifspäne *m/pl*, Schleifschlamm *m*; '**~ pan** *s* Spanfangschale *f*; '**~ reˌmov·al** *s* Spanabfuhr *f*, Ausspänen *n*

[1]**swarm** [swɔːm] **1.** *s* Schwarm *m* ⟨a ~ of bees⟩ | Haufen *m*, Menge *f*, Schar *f* ⟨~s of children⟩; **2.** *vi* schwärmen (Bienen) | *bes übertr* umherschwärmen, in Scharen ziehen ⟨to ~ into the cinemas die Kinos bevölkern⟩ | schwärmen, wimmeln (**with** von) | sich häufen; ~ **out** ausschwärmen (**over** über) | sich ergießen (über); *vt* umschwärmen, umdrängen | (Bienen) zum Schwärmen bringen | (Bienenschwarm) einfangen ⟨to ~ a hive⟩

[2]**swarm** [swɔːm] *selten vi* (mit Händen und Füßen) klettern; *vt, auch* ~ **up** erklettern, hoch-, hinaufklettern an

swarm·ing ['swɔːmɪŋ] **1.** *s* (Bienen) Schwärmen *n*; **2.** *adj* schwärmend | *übertr* übervölkert

swarth·y ['swɔːðɪ] *adj* (Gesicht, Gestalt) schwärzlich, dunkel ⟨~ face⟩

swash [swɒʃ] **1.** *vi* platschen, schwappen (Wasser) | planschen (im Wasser) | protzen, prahlen; *vt* (Wasser) spritzen; **2.** *s* Platschen *n*, Schwappen *n* | Planschen *n* | Protzen *n*, Prahlen *n*; '**~buck·le** *vi* poltern, renommieren; '**~ˌbuck·ler** *s* Säbelraßler *m* | *Lit, Film* verwegener Held; '**~ˌbuck·ling** *adj* säbelrasselnd | *Lit, Film* verwegen, tollkühn; '**~ ˌchan·nel** *s Mar* Flutweg *m*; '**~ing** *adj* platschend, klatschend | protzend, prahlend

swas·ti·ka ['swɒstɪkə] *s* Hakenkreuz *n*

swat [swɒt] **1.** ('**~ted, '~ted**) *vt* zerdrücken, -quetschen ⟨to ~ a fly⟩; **2.** *s* Hieb *m*, Klatsch *m* | Fliegenklatsche *f*

swatch [swɒtʃ] *s* (Tuch u.ä.) Muster *n* ⟨a ~ of fabric⟩ | Musterkollektion *f* | *übertr* Fetzen *m*, Brocken *m* ⟨a ~ of dialogue⟩

swath [swɒθ] *s* (Korn- u. ä.) Schwaden *m* | abgemähte Fläche | *übertr* Reihe *f*, Streifen *m* ⟨a ~ of land⟩ | *übertr* in Mitleidenschaft gezogene Fläche ⟨to cut a ~ through s.th. Lücken reißen in⟩

[1]**swathe** [swɒθ] = **swath**

[2]**swathe** [sweɪð] **1.** *vt* (*meist pass*) *oft lit, förml* ein-, umwickeln (**in** in, **with** mit) ⟨~d in bandages dick umwickelt⟩ | *förml, poet* umgeben, umhüllen (**with** mit); **2.** *s* Binde *f*, Verband *m* | (Wickel-) Band *n* | Hülle *f*, Umhüllung *f* | *Med* Packung *f*, Umschlag *m*

swath·ing| press ['swɒθɪŋ pres] *s Tech* Schwadenpresse *f*; '~ **rake** *s* Schwadenrechen *m*

swath·y ['swɒθɪ] *adj* in Schwaden, Schwaden-

swat·ter ['swɒtə] *s* Fliegenklappe *f*, -klatsche *f*

sway [sweɪ] **1.** *vi* schaukeln, sich wiegen, sich hin- und herbewegen; taumeln, schwanken ⟨to ~ to the music sich nach der Melodie wiegen; trees ~ing in the wind⟩ | die Schritte lenken | *übertr* sich zuwenden (**to s.o.** jmdm.); *vt* schaukeln, wiegen, hin- und herbewegen, schwenken, schwingen ⟨to ~ one's head den Kopf wiegen; to ~ one's hip at s.o. mit den Hüften wackeln vor jmdm.⟩ | *meist* ~ **up** *Mar* aufheißen, -setzen | *übertr* beeinflussen (**by** durch) ⟨don't be ~ed by lassen Sie sich nicht beeinflussen durch⟩ | *arch* beherrschen ⟨to ~ the world⟩; **2.** *s* Schwanken *n*, Wiegen *n*, Hin- und Herbewegen *n* ⟨the ~ of the ship⟩ | Schwung *m* | Pendelausschlag *m* | Einfluß *m* ⟨under the ~ of unter dem Einfluß von⟩ | Herrschaft *f*, Macht *f* (**over** über) ⟨Caesar's ~⟩; '**~back** *s Anat* Hohlrücken *m* | (Pferd) Senkrücken *m*; ˌ~ '**brac·ing** *s Arch* Schlinger-, Querverband *m*

swear [swɛə] **1.** *s* Fluch *m* | Schwur *m*; **2.** (**swore** [swɔː], **sworn** [swɔːn]) *vi* fluchen (**at** auf) | schwören (**by** bei, **on** auf) ⟨to ~ by all the gods⟩ | *umg* schwören, große Stücke halten (**by** auf) ⟨he ~s by his doctor er schwört auf seinen Arzt⟩ | bürgen (**for** für) | einen Schwur ablegen; *vt* fluchen ⟨to ~ o.s. hoarse sich heiser fluchen⟩ | (Eid u. ä.) schwören, leisten ⟨to ~ a false oath einen Meineid leisten⟩ | schwören, beteuern, geloben (**to** auf) ⟨I could have sworn that ich hätte schwören können, daß; I wouldn't ~ to it darauf möchte ich nicht schwören⟩ | *auch* ~ **in** (jmdm.) den Eid abnehmen ⟨to ~ s.o. in⟩ | *auch* ~ **in** (jmdn.) vereidigen, eidlich verpflichten ⟨to ~ a witness⟩; ~ **off** *umg* abschwören, entsagen ⟨to ≈ smoking⟩; '**~er** *s* Flucher *m*; '**~ing** *s* Schwören *n* | Fluchen *n* | *Jur* Eid *m* ⟨false ≈ Meineid *m*⟩; '**~word** *s* Fluch *m*, Verwünschung *f*

sweat [swet] **1.** *vi* schwitzen, transpirieren (**with** vor) ⟨to ~ in the heat; to ~ with fear vor Angst schwitzen⟩ | *umg* sich abmühen, sich plagen | *Tech* ausdünsten, schwitzen, anlaufen | laufen (Käse) | fermentieren (Tabak); *vt* (aus)schwitzen ⟨to ~ blood *umg* Blut schwitzen, wie ein Sklave arbeiten⟩ | (jmdn.) schwitzen lassen ⟨to ~ a patient⟩ | (jmdn.) in Schweiß bringen *od* stark fordern ⟨to ~ a horse⟩ | (Arbeiter) ausbeuten | *Tech* löten | *Tech* (Metall) seigern | (Tabak) fermentieren lassen | *Sl* (jmdn.) in die Mangel nehmen, ausquetschen | *Sl* (jmdn.) bluten lassen, auspressen | *Sl* sich einen Kopf machen über (etw.); ~ **out** (Krankheit) herausschwitzen, durch Schwitzen vertreiben ⟨to ≈ a cold⟩ ◇ ~ **it out** *umg* hart trainieren; *übertr* etw. durchhalten, -stehen; etw. abwarten; **2.** *s* Schwitzen *n*, Schweißausbruch *m* | Schweiß *m* ⟨all of a ~ in Schweiß gebadet; by the ~ of one's brow im Schweiße seines Angesichts⟩ | *Med* Schwitzkur *f* | *umg* Aufregung *f* ⟨cold ~ Angstschweiß *m*; to be in a ~ in Angst sein⟩ | *umg* Plackerei *f*, Mühsal *f* | *bes* ˌ**old** '~ *Mil* Haudegen *m* (Soldat); *übertr* alter Hase; '**~band** *s* Schweißband *n*; '**~box** *s Tech* Schwitzkasten *m*; '**~ed** *adj* ausgebeutet ⟨≈ labour *auch* Arbeitskräfte *pl*; ≈ workers⟩ | für Hungerlöhne hergestellt ⟨≈ goods⟩; '**~er** *s* Sweater *m*, Pullover *m*; Strickjacke *f* | Ausbeuter *m*, Leuteschinder *m* | *umg* Schinderei *f*; '~ ˌ**eq·ui·ty** *s Am Wirtsch* Mieteranteil *m* (an e-m Gebäude durch Selbstbeteiligung an Bauarbeiten); '~ **gland** *s Anat, Zool* Schweißdrüse *f*; '**~ing** **1.** *adj* schwitzend, Schwitz-; **2.** *s* Schwitzen *n* | *übertr* Ausbeutung *f*; '**~ing bath** *s* Schwitzbad *n*; '~ **pants** *s/pl* Trainingshose(n) *f*(*pl*); '**~shirt** *s* Sweatshirt *n*; Trainingsbluse *f*, -jacke *f*; '**~shop** *s* Ausbeuterbetrieb *m*; '**~suit** *s* Trainingsanzug *m*; '**~y** *adj* verschwitzt, schweißig, schwitzig, Schweiß-, schweißüberströmt | überhitzt, -heiß | *übertr* mühsam

Swede [swiːd] *s* Schwede *m*; Schwedin *f*; '**Swed·en** *s* Schweden *n*; '**Swed·ish** **1.** *adj* schwedisch; **2.** *s Ling* Schwedisch *n*

swede [swiːd] *s Brit Bot* Kohl-, Steckrübe *f*

sweep [swiːp] **1.** (**swept**, **swept** [swept]) *vt* fegen, kehren ⟨to ~ the floor⟩ | *auch* ~ **away** wegfegen, aus dem Weg räumen, beseitigen (*auch übertr*) ⟨to ~ the dirt away; to ~ the country of crime *übertr* das Land von Verbrechen säubern⟩ | *auch* ~ **away** fort-, wegreißen ⟨to ~ s.o. off his feet jmdn. hin-, umreißen, umwerfen | *übertr* jmdn. heftig entflammen; *übertr* (jmdn.) völlig gefangennehmen *od* begeistern; to ~ an audience along with s.th. ein Publikum mitreißen mit etw.⟩ | hinwegstreichen über, hingleiten über ⟨branches swept the surface⟩ | hinwegjagen über ⟨the storm swept the country⟩ | überschauen, -blicken, schweifen ⟨his eyes swept the distance sein Blick schweifte in die Ferne⟩ | fort-, wegjagen | (Minen) räumen | *Mil* (Geschütz) bestreichen | *Mus* (Saiten) berühren, schlagen ⟨to ~ the keys of the piano⟩ | (Geld) an sich reißen ⟨to ~ the board *Kart* den Gewinn einstreichen; *übertr* den Sieg davontragen⟩; ~ **aside** beiseiteschieben; ~ **off** weg-, dahinraffen; ~ **out** auskehren, säubern ◇ ~ **under the carpet** *umg übertr* unter den Teppich kehren, verbergen, verheimlichen; *vi* fegen, kehren | (Wind u. ä.) peitschen, sausen (**over** über, durch) ⟨the storm swept over the country⟩ | *übertr* (jmdn.) überfallen *od* überkommen ⟨fear swept over him⟩ | stolz einherschreiten ⟨she swept out of the room sie rauschte aus dem Zimmer (hinaus)⟩ | schleppen, schleifen (Kleid) | vorübersausen (**by** an) | (Land) sich ausdehnen, sich erstrecken, sich entlangziehen ⟨hills ~ round the valley⟩ | *Mar* fischen, dreggen (**for** nach); ~ **down** sich herabstürzen (**on** auf); ~ **up** kehren, reinemachen, aufräumen; **2.** *s* Fegen *n*, Kehren *n* ⟨at/in one ~ auf einmal; to give the room a good ~ das Zimmer fegen, in Ordnung bringen; to make a clean ~ of *bes übertr* in Ordnung bringen, gründlich aufräumen mit; e-n eindeutigen Sieg davontragen über⟩ | Bewegung *f*, Schwung *m* ⟨with a ~ of his arm mit e-r Armbewegung⟩ | Sausen *n*, Rauschen *n* (des Windes) | Dahinfegen *n*, Stürmen *n* | Schleppen *n*, Rauschen *n* (e-s Kleides) | Bereich *m*, Ausdehnung *f*, Reichweite *f*, Spielraum *m* ⟨the broad ~ of his argument die große Linie *od* ganze Breite seiner Argumentation⟩ | *Mil* Schußbereich *m* | (*meist sg*) Krümmung *f*, Kurve *f* ⟨the ~ of the hills⟩ | Streifen *m* ⟨a fine ~ of country⟩ | *Mar* Fisch-, Dreggtau *n* | *Mil* Kampfhandlung *f* | Windmühlenflügel *m* | langes Ruder *n* | *Phys* Abtastung *f* | (Brunnen) Ziehstange *f*, Pumpenschwengel *m* | *auch* '**chimney** ~ Schornsteinfeger *m* | *Mus* Tusch *m* | (Haus-) Auffahrt *f* | *auch* '**~stake** (Art) Pferdewetten *n*; '**~er** *s* Straßenkehrer *m* | Kehrmaschine *f* | *Mar* Schleppboot *n*; '**~ing** **1.** *adj* kehrend, Kehr- | umherschweifend | radikal ⟨≈ changes⟩ | ausgedehnt, weitgestreckt ⟨≈ plans⟩ | durchschlagend ⟨≈ success⟩ | stark verallgemeinernd, summarisch ⟨a ≈ statement⟩ | heftig, mitreißend, schwungvoll ⟨≈

melodies⟩; **2.** *s* Kehren *n*, Fegen *n*; **'sweep·ings** *s/pl* Kehricht *m*; **'~ saw** *s* Schweifsäge *f*; **'~stake** *s* (Pferde-) Toto *n* | Sweepstake *n* (besonderes Pferderennen); **'~stakes** *s/pl* Rennwette *f* mit Gewinnen aus allen Einsätzen; **'~up** *s* Saubermachen *n*, Aufkehren *n*; **'~y** *adj*, *bes poet* sausend, brausend, rauschend, schleppend

sweet [swi:t] **1.** *adj* süß (schmeckend) (*Ant* sour) ⟨~ fruit; ~ tea; ~ wine⟩ | frisch ⟨~ milk⟩ | lieblich, süß (riechend), duftend ⟨~ roses⟩ | hold, lieblich, anziehend ⟨a ~ face⟩ | (Ton u. ä.) melodisch, angenehm ⟨a ~ voice⟩ | freundlich (**to** gegenüber) ⟨a ~ character; to have a ~ temper ein anziehendes Wesen haben⟩ | *umg* leicht, bequem ⟨the ~ smell of success die Verlockungen des Erfolges⟩ | *umg* süß, reizend, nett, goldig ⟨a ~ baby⟩ | *umg* tadellos, einwandfrei ◇ **~ on** *umg* verknallt in, scharf auf; **at one's own ~ will** *umg* ganz nach der eigenen Pfeife, wie es sich jmd. in den Kopf gesetzt hat; **short and ~** ohne viel Umschweife, geradeheraus; **2.** *adv* süß ⟨to taste ~⟩ | *übertr* sanft, lieblich ⟨to sleep ~⟩; **3.** *s* Süße *f*, süßer Geschmack | Süßes *n* | *Brit* Süßigkeit *f*, Bonbon *n* | *Brit* Süßspeise *f*, Nachtisch *m*, Dessert *n* ⟨for ~ als *od* zum Nachtisch⟩ | (als Anrede) Liebes *n*, Liebling *m* ⟨yes, my ~⟩ | *meist pl* Annehmlichkeit *f* ⟨to enjoy the ~s of life die Freuden des Lebens genießen⟩; **,~-and-'sour** *adj* süßsauer; **'~ bag** *s* Duftkissen *n*; **'~ 'bas·il** *s Bot* Basilikum *n*; **'~bread** *s* Kalbsbries *n*; **'~bri·ar**, *auch* **'~bri·er** *s Bot* Zaun-, Heckenrose *f*; **'~ 'cher·ry** *s Bot* Süßkirsche *f*; **'~ corn** *s Bot* Zuckermais *m*; **'~en** *vt* süßen | mildern | *übertr* versüßen, angenehm machen | beschwichtigen | *umg* schmieren, bestechen (**with** mit); *vi* süß(er) werden | milder werden | *übertr* angenehm werden; **'~en·er** *s* Süßstoff *m* | Beschwichtigungsmittel *n* | *umg* Schmiergeld *n*; **'~en·ing** *s* Süßstoff *m* | Dämpfungsmittel *n*; **'~ 'flag** *s Bot* Kalmus *m*; **'~heart 1.** *s selten* Geliebte(r) *f(m)*, Liebchen *n*, Schatz *m* | (Anrede) Liebes *n*, Liebling *m*, Schatz *m*; **2.** *vt* den Hof machen; *vi* schöntun (**with** mit); **~ie** ['swi:tɪ] *s umg* (Anrede) Liebling *m* | (Frauensprache) meine Liebe, mein Lieber | (Anrede für Kinder) Kleine(r) *f(m)*; **'~ish** *adj* süßlich; **'~meat** *s arch* Bonbon *n*; **,~-'natured** *adj* sanft; **'~ oil** *s* Olivenöl *n*; **,~ 'pea** *s Bot* Wicke *f*; **,~ 'pep·per** *s Bot* (grüner, süßer) Pfeffer *od* Paprika *m*; **'~ ,po·ta·to** *s Bot* Süßkartoffel *f*, Batate *f*; **'~shop** *s Brit* Süßwarengeschäft *n*; **'~-,smell·ing** *adj* duftend; **,~-'tem·pered** *adj* gutmütig, sanft; **'~ tooth** *s* Vorliebe *f* für süße Sachen ⟨to have a ≈ gern Süßes essen *od* naschen⟩; **'~ ,wa·ter** *s* Süßwasser *n*; **,~ 'wil·liam** *s Bot* Kartäusernelke *f*

swell [swel] **1.** (**swelled**, **swollen** ['swəulən], *selten* **swelled**) *vi, auch* **~ up** (an-, auf)schwellen | (Wasser u. ä.) steigen, anschwellen | *auch* **~ out** (Segel u. ä.) sich bauschen, sich (auf)blähen, sich aufblasen | (Tränen) hervorquellen, -brechen | zunehmen, anwachsen, sich steigern | *übertr* platzen, anschwellen (**with** vor) ⟨~ing with pride⟩ | sich brüsten, prahlen; *vt* (an)schwellen lassen, zum Schwellen bringen | *auch* **~ out** ausbauchen, aufblähen, -treiben | vergrößern, -mehren ⟨to ~ s.o.'s funds⟩ | *übertr* erfüllen, übervoll machen, zum Platzen bringen (**with** vor) ⟨pride ~ed her heart⟩; **2.** *adj urspr Am umg* prima, großartig ⟨a ~ tennis player⟩ | *umg selten* fein, schick ⟨a ~ party⟩; **3.** *adv* bestens; **4.** *s* (An-, Auf-)Schwellen *n* | (An-)Schwellung *f* | Ausbauchung *f*, -buchtung *f*, Wölbung *f* ⟨the firm ~ of her breast ihre runden festen Brüste *pl*⟩ | Bombage *f* | *Med* Geschwulst *f* | Gefühlsaufwallung *f* | Anwachsen *n*, Steigen *n* | Hügel *m*, Anhöhe *f* | *Mus* Crescendo *n* | *Mus* Schwellzeichen *n* | *Mar* Dünung *f* | *arch* feiner Pinkel ⟨what a ~ you look wie vornehm du aussiehst!⟩ | *arch Sl* großes Tier (Person) ⟨to come the heavy ~ over s.o. jmdm. imponieren wollen, den starken Max markieren *od* herausstecken⟩; **'~ box** *s Mus* Schwellkasten *m*; **swelled** *adj* aufgebläht, gebauscht; **,swelled 'head** *s Am* = **swollen head**; **,swelled-'head·ed** *adj Am* eingebildet, aufgeblasen; **'~ing 1.** *s* (An-, Auf-) Schwellen *n* | (An-) Schwellung *f* | Wölbung *f* | Vorsprung *m* | *Med* Geschwulst *f* | *übertr* Aufwallung *f*, Ausbruch *m*; **2.** *adj* anschwellend | *übertr* anwachsend, sich steigernd | *übertr* geschwollen, schwülstig ⟨a ≈ style⟩ | überschwenglich; **'~ mob** *s Sl collect* (die) Hochstapler *pl*; **'~ ,or·gan** *s Mus* Schwellwerk *n*; **'~ ,ped·al** *s Mus* Pedal-, Fußschweller *m*

swel|ter ['sweltə] **1.** *vi* vor Hitze umkommen *od* vergehen, verschmachten (*auch übertr*) | in Schweiß gebadet sein; *vt* (*meist pass*) ausdörren; **2.** *s* drückende Hitze, Schwüle *f* | Schweißausbruch *m*; **~ter·ing** ['sweltr̩ɪŋ], **'~try** ['sweltr̩ɪ] *adj* vor Hitze umkommend | in Schweiß gebadet, schwitzend | (Wetter u. ä.) schwül ⟨a ≈ hot day⟩

swept [swept] *prät u. part perf von* ↑**sweep 1.**

swerve [swɜ:v] **1.** *vi* ab-, ausweichen, -biegen, sich seitwärts wenden ⟨the car ~d⟩ | *übertr* abweichen, abschweifen (**from** von); *vt* ablenken (*auch übertr*); **2.** *s* Ab-, Ausweichen *n*, Seitwärtswendung *f* ⟨to give a sudden ~ to the left plötzlich links ausweichen⟩ | Abschweifen *n* | Ablenkung *f* (*auch übertr*)

[1]**swift** [swɪft] *s Zool* Turmschwalbe *f*

[2]**swift** [swɪft] **1.** *adj* schnell, flink, rasch, hurtig, eilig ⟨a ~ runner; a ~ revenge⟩ | schnell bereit (**to** zu) ⟨a ~ reply eine passende Antwort; to be ~ to do s.th. schnell dabei sein, etw. zu tun⟩ | hastig, jäh, plötzlich ⟨~ anger Jähzorn *m*; a ~ visit ein Besuch auf die Schnelle⟩; **2.** *adv* rasch, geschwind; **3.** *s Tech* (Seiden-) Haspel *f*; **'~-,foot·ed** *adj* schnellfüßig; **'~-,hand·ed** *adj* flink; **'~-winged** *adj poet* mit raschen Schwingen

swig [swɪg] *Sl* **1.** (**swigged, swigged**) *vt, auch* **~ off, ~ down** auskutteln, -saufen, hastig hinunterstürzen, -trinken ⟨to ~ off a glass of rum⟩; *vi* saufen; **2.** *s* kräftiger Schluck *m* ⟨a ~ of beer⟩

swill [swɪl] **1.** *vt* spülen, waschen ⟨to ~ the yard den Hof sauberspülen⟩ | *auch* **~ down** *Sl* hinunterspülen, gierig trinken, saufen ⟨to ~ beer⟩; **~ out** ausspülen; *vi* spülen, waschen | gierig trinken, sich volltrinken; **2.** *s* Spülicht *n*, Spülwasser *n* | Abspülen *n* | Schweinefutter *n*, Abfälle *pl* | *Sl* Saufen *n* | Gesöff *n*; **'~er** *s* Säufer *m*

swim [swɪm] **1.** (**swam** [swæm], **swum** [swʌm]) *vi* schwimmen ⟨he can ~; to go ~ming schwimmen gehen; to ~ against the stream *meist übertr* gegen den Strom schwimmen; to ~ with the tide *meist übertr* mit dem Strom schwimmen⟩ | (Schiff) treiben | schweben, gleiten | schwimmen (**in** in, **with** von) ⟨meat ~ming in fat; eyes ~ming with tears tränenüberströmte Augen *n/pl*⟩ | sich drehen, (ver)schwimmen ⟨the room swam before his eyes das Zimmer verschwamm vor seinen Augen; his head swam ihm war schwindelig⟩; *vt* (Fluß) durchschwimmen, hinüberschwimmen über ⟨to ~ a race um die Wette schwimmen; to ~ the English Channel⟩ | (jmdn.) schwimmen lassen *od* über Wasser halten | (Pferd) zur Schwemme bringen | treiben lassen, schwimmen lassen; **2.** *s* (*meist sg*) Schwimmen *n* ⟨to go for a ~ schwimmen gehen; to have/take a ~ baden, schwimmen⟩ | *übertr* Schweben *n* | Schwindelanfall *m* | *umg* Gang *m od* Strom *m* (der Ereignisse) ⟨to be in (out of) the ~ (nicht) auf dem laufenden, (nicht) im Bilde sein, (nicht) mithalten können; in the ~ with vertraut mit⟩; **'~mer** *s* Schwimmer(in) *m(f)* | *Zool* Schwimmvogel *m* | *Zool* Schwimmorgan *n* | *Tech* Schwimmer *m*; **'~ming 1.** *s* Schwimmen *n* | Schwindel *m*; **2.** *adj* schwimmend, Schwimm- | *übertr* leicht, reibungslos; '~ming bath *s* (*oft pl*) *Brit* (Hallen-) Schwimmbad *n*; '~ming belt *s* Schwimmgürtel *m*; '~ming ˌblad·der *s* Schwimmblase *f*; '~ming ˌles·son *s* Schwimmstunde *f*; '~ming·ly *adv übertr* mühelos, spielend, glänzend; '~ming pool *s* Swimmingpool *m*, Schwimmbassin *n*, -becken *n*; '~ming trunks *s* Badehose(n) *f*(*pl*); '~ming ˌcos·tume = 'swimsuit *s* Badeanzug *m*

swin|dle ['swɪndl] **1.** *vi* betrügen, schwindeln; *vt* (jmdn.) betrügen, beschwindeln (**out of s.th.** um etw.); **2.** *s* Betrug *m*, Betrügerei *f*, Schwindel *m* ⟨a big ≈⟩ | *umg* Betrug(sartikel) *m*(*m*), Schwindelgeschäft *n*; **'~dler** *s* Schwindler(in) *m*(*f*), Betrüger(in) *m*(*f*); **'~dling** *adj* betrügerisch

swine [swaɪn] *s* (*pl* ~) *poet, arch, Zool* Schwein *n* | *übertr Sl* Schwein *n* ⟨you ~⟩; **'~ 'fe·ver** *s Vet* Schweinepest *f*; **'~herd** *s poet* Schweinehirt *m*; **'swin·er·y** *s* Schweinestall *m* | *collect* Schweine *n*/*pl* | *übertr verächtl* Schweinerei *f*

swing [swɪŋ] **1.** (**swung, swung** [swʌŋ]) *vt* schwingen, (hin- und her)bewegen *od* (-)schwenken ⟨to ~ one's arms mit den Armen schlenkern; to ~ o.s. down from sich herunterschwingen von; no/not room to ~ a cat in *umg* winzig klein, kein Platz für e-e Stecknadel; to ~ the lead *Sl* sich drücken, den Drückeberger spielen⟩ | wedeln mit | schaukeln | hängen lassen, pendeln lassen ⟨to ~ one's legs mit den Beinen baumeln⟩ | (drohend) schwingen ⟨to ~ one's stick⟩ | *Mil* schwenken (lassen) | *Am übertr umg* schaukeln, bewerkstelligen ⟨to ~ a job ein Ding drehen⟩ | *Am umg* (Wähler) auf seine Seite ziehen; *vi* hin- und herschwingen ⟨to ~ into action richtig loslegen; to ~ into motion in Gang *od* Schwung kommen⟩ | schweben, baumeln (**from** an) | *umg* baumeln, hängen (müssen) ⟨to ~ for one's crime⟩ | pendeln, ausschlagen | (sich) schaukeln | (Tür) sich drehen ⟨to ~ shut zuschlagen⟩ | schwungvoll ausschreiten, sich elastisch bewegen ⟨~ing gaily down the street fröhlich die Straße hinunterschlendern⟩ | sich (im Bogen) hinziehen ⟨the road ~s north⟩ | *übertr* umschlagen ⟨to ~ from happiness to tears⟩ | *Mus umg* schwungvoll sein, einen tollen Rhythmus haben ⟨this band ~s⟩ | *Sl* die Mode mitmachen; sich voll ausleben | *Sl* (Sex-) Partner tauschen; **~ back** zurückschwingen; **~ off** *Flugw* (von der Startbahn) abkommen; **~ out** ausschwenken, -schwingen; **~ round** sich schnell (her)umdrehen; **2.** *s* Schwingen *n*, Hin- und Herbewegen *n*, Pendeln *n* ⟨the ~ of the pendulum Pendelausschlag *m*⟩ | Schwingung *f* | Rhythmus *m*, Schwung *m* ⟨in full ~ in vollem Gang; with a ~ schwungvoll, federnd; to get into ~ in Schwung kommen; to go with a ~ *Mus, poet* Schwung haben; *übertr* glattlaufen⟩ | Schaukel *f* ⟨to go on a ~; to have a ~ schaukeln⟩ | plötzlicher starker Wandel *od* Umschlag *m* ⟨a ~ in prices; a ~ of public opinion⟩ | *Tech* Ausschlag *m* | *übertr* Anstoß *m*, Antrieb *m* | *übertr* Aufschwung *m* | Spielraum *m*, Freiheit *f* ⟨free ~ Bewegungsfreiheit *f*; to give full ~ to s.th. e-r Sache freien Lauf lassen; to have one's ~ seinen Lauf nehmen⟩ | *auch* **'~ ˌmu·sic** *Mus* Swing *m* | *Mus* Swingrhythmus *m* | *Wirtsch* Swing *m*; **3.** *adj* Dreh-, Schwing-; **'~ ˌan·gle** *s Tech* Schwenkbereich *m* (e-s Krans); **ˌ~ 'bolt** *s Tech* Gelenkschraube *f*; **'~bridge** *s Tech* Drehbrücke *f*; **ˌ~ 'chair** *s* Schaukelstuhl *m*; **ˌ~ 'door** *s* Drehtür *f*

swinge [swɪndʒ] *vt arch* verprügeln

swing[e]·ing ['swɪndʒɪŋ] *adj umg* (*bes* Geld) umfangreich, riesig, mächtig, gewaltig ⟨~ cuts in spending eklatante Ausgabenkürzungen *f*/*pl*⟩

swing|er ['swɪŋə] *s umg* jmd., der stets mit der Mode geht, sich modern gebender Mensch, eine(r), die (der) alles mitmacht | *umg bes Am* lockerer Typ, eine(r), die (der) häufig den Partner wechselt; **'~ing 1.** *s* Schwingen *n*, Baumeln *n*, Schaukeln *n*, Pendeln *n* | Schwenkbewegung *f* (e-s Baggers u. ä.); **2.** *adj* schwingend, Schwing-, schaukelnd | pendelnd, Pendel- | schwankend, wechselnd ⟨≈ temperature *Med* Temperaturschwankung *f*⟩ | *übertr* schwungvoll, rhythmisch | *übertr* lebenslustig, fröhlich ⟨a ≈ party⟩ | *Sl* häufig den Partner wechselnd, locker ⟨a ≈ girl⟩; **'~ing door** *s* Schwing-, Drehtür *f*; **ˌ~ing 'six·ties** *s/pl* flotte 60er Jahre *pl*

¹swin·gle ['swɪŋgl] *Tech* **1.** *s* (Flachs-, Hanf-) Schwinge *f*, Schwingmaschine *f*; **2.** *vt* (Flachs) schwingen, brechen; **'~ tree** *s Tech* Ortscheit *n*, Wagenschwengel *m*

²swin·gle ['swɪŋgl] *s Am, Kan* flotte unverheiratete Person, modebewußte(r) und sexuell aktive(r) Frau (Mann)

swing| saw ['swɪŋ sɔ:] *s Tech* Pendel-, Schwungsäge *f*; **ˌ~-'wing** *s Flugw* schwenkbare Tragfläche, Flugzeug *n* mit schwenkbaren Tragflächen; **'~ wheel** *s* (Uhr) Schwungrad *n*, Unruhe *f*

swin·ish ['swaɪnɪʃ] *adj* schweinisch, schmutzig

swipe [swaɪp] **1.** *s* (Sport) harter Schlag, Hieb *m* | Anwurf *m* (in Worten) | kräftiger Schluck | *Tech* Wippe *f*; **2.** *vt* (Sport) (Ball) hart schlagen | *umg* klauen; *vi* (mit dem Arm) kräftig (zu)schlagen (**at** nach) | (Kricket) mit dem Schläger schlagen (**at** nach); **'swip·er** *s* (Sport) harter Schläger | *Sl* Säufer *m*

swipes [swaɪps] *s/pl Brit Sl* Dünnbier *n*, Gesöff *n*

swirl [swɜ:l] **1.** *vi* (Wasser, Luft) wirbeln, Strudel bilden | (Kopf) wirbeln, schwindlig sein; **~ about** in dicken Schwaden ziehen (Rauch, Wolken), in Massen umherziehen, strömen (Menschen); *vt* herumwirbeln, vom Strudel erfaßt werden ⟨to be ~ed away vom Strudel weggetrieben werden⟩; **~ about** durcheinanderwirbeln; **2.** *s* Wirbel *m*, Strudel *m* ⟨~s of water; ~s of smoke Rauchkringel *m*/*pl*⟩ | Haarwirbel *m* | Ast *m* (im Holz) | Wirbel(n) *m*(*n*), schnelles Drehen; **'~y** *adj* wirbelnd

swish [swɪʃ] **1.** *vi* (Peitsche, Sense u. ä.) zischen, sausen, pfeifen ⟨to ~ past vorbeizischen⟩ | (Kleid, Stoff) rascheln, rauschen ⟨~ing silk⟩ | (Wasser) plätschern; *vt* zischen lassen, sausen lassen ⟨to ~ one's tail mit dem Schwanz klatschen; to ~ one's whip die Peitsche schnellen lassen⟩; **~ off** (Gras u. ä.) abhauen, absäbeln, -schlagen; **2.** *s* Zischen *n*, Sausen *n*, Pfeifen *n* | Rascheln *n*, Rauschen *n* | Plätschern *n* | Gerte *f* | Pinselstrich *m*; **3.** *adj umg* schick, elegant ⟨a ~ restaurant ein piekfeines Lokal⟩; **4.** *adv* sausend; **5.** *interj* fffft!, Klatsch!, husch!

Swiss [swɪs] **1.** *s* Schweizer(in) *m*(*f*); **2.** *adj* schweizerisch

Swiss chard [swɪs 'tʃɑ:d] *s* Mangold(gemüse) *m*(*n*); **ˌ~ 'cheese** *s* Schweizer Käse *m*; **ˌ~ 'German 1.** *s* Schweizerdeutsch *n*; **2.** *adj* schweizerdeutsch; **ˌ~ 'milk** *s* Kondensmilch *f*; **ˌ~ 'roll** *s* Schnecke *f* (Gebäck)

switch [swɪtʃ] **1.** *vt* peitschen (**with** mit) ⟨to ~ a horse ein Pferd schlagen⟩ | (Schwanz u. ä.) heftig hin- und herbewegen, schlagen | zucken mit ⟨to ~ a muscle⟩ | *Eisenb* rangieren ⟨to ~ a train⟩ | *El* schalten ⟨to ~ the lights from green to red⟩ | *umg* wechseln, austauschen ⟨to ~ the conversation; to ~ positions⟩; **~ [a]round** (Möbel, Personen) (ständig) hin- und herstellen, an einen anderen Platz stellen; **~ off** (Licht, Gas, Radio u. ä.) aus-, abschalten; **~ on** (Strom, Gas) einschalten; **~ over** (Gerät) umschalten (**to** auf) | umstellen (**to** auf) ⟨to ~ the whole country over to natural gas⟩ | *Tel* (Teilnehmer, Gespräch) durchstellen (**to** nach); *vi* schlagen | *Eisenb* rangieren | *El* schalten | (Richtung) wechseln; **~ off** sich abschalten | *übertr umg* abschalten; **~ on** *Sl* sich anmachen, high werden | voll die Mode mitmachen, überall dabeisein; **~ over** *Rundf, Ferns* umschalten (**to** auf) | sich umstellen (**to** auf) | *übertr* seine Stimmung ändern, umschwenken (**from** von, **to** auf); **2.** *s* Rute *f*, Gerte *f* | falscher Zopf | (Ruten-)Hieb *m*, (-)Schlag m | *Eisenb* Weiche *f* | *Eisenb* Weichenstellen *n* | *El* Schalten *n* | *El* (Um-) Schalter *m* | *übertr* Wechseln *n*, Übergang *m*; **'~back** *s Brit* Berg- und Talbahn *f* | Zickzackstraße *f* | *übertr* ständiges Hin u. Her; **'~blade** *s Am* Springmesser *n*; **'~board** *s El* Schaltbrett *n*, -tafel *f*, Schaltzentrale *f*; **'~board ˌop·e·ra·tor** *s Tel* Telefonist(in) *m(f)*; **'~ box** *s El* Schaltkasten *m*; **'~ ˌcab·i·net** *s El* Schaltschrank *m*; **'~ ˌdi·a·gram** *s El* Schaltplan *m*; **ˌswitched-'on** *adj umg* auf Draht | *umg* modebewußt | *Sl* unter Drogeneinfluß, high; (sexuell) angemacht, auf Touren; **'~gear** *s Tech* Schaltgerät *n*; **'~ing 1.** *s El* (Um-) Schalten *n* | *Eisenb* Rangieren *n*; **2.** *adj El* Schalt- | *Eisenb* Rangier-; **'~ing desk** *s Tech* Schaltpult *n*; **'~ing key** *s El* Kippschalter *m*; **ˌ~ing-'off** *s* Abschalten *n*; **ˌ~ing-'on** *s* Einschalten *n*; **ˌ~ing-'out** *s* Ausschalten *n*; **'~ing ˌre·lay** *s El* Schaltrelais *n*; **'~ing speed** *s El* Schaltgeschwindigkeit *f*; **'~ ˌle·ver** *s Tech* Schalthebel *m*; **~man** ['-mən] *s* (*pl* **~men** ['~mən]) Weichensteller *m*; **'~ˌover** *s* plötzlicher Wandel | Umstellung *f*; **'~ ˌsel·ling** *s Brit Wirtsch* Kundenfang *m* (Teuerverkauf nach Billigwerbung); **'~ stand** *s* (Weichen-)Stellwerk *n*; **'~ ˌtrad·ing** *s Wirtsch* devisenfreier Außenhandel, Switch-Handel *m*; **'~yard** *s* Rangierbahnhof *m*

Switz·er·land ['swɪtsələnd] *s* Schweiz *f*

swiv|el ['swɪvl] **1.** *s Tech* Drehteil *n*, Drehscheibe *f*, Drehzapfen *m*; Spannschloß *n* | *Tech* Drehkopf *m*, Bohrwirbel *m* | *Mil* Riemenbügel *m*; **2.** (**'~elled**, **'~elled**) *vt* drehen, schwenken ⟨to ≈ one's chair [round]⟩ | schrägstellen; *vi* sich drehen | *Tech* sich (um e-n Drehpunkt) schwenken *od* drehen; **3.** *adj* Dreh-, Schwenk-; **'~el arm** *s Tech* Schwenkarm *m*; **'~el chair** *s* Drehstuhl *m*; **'~el joint** *s Tech* Dreh-, Kreuzgelenk *n*; **'~el pin** *s Tech* Dreh-, Achszapfen *m*; **'~el point** *s Tech* Schwenkpunkt *m*; **'~el tap** *s Tech* Schwenkhahn *m*

swiz[z] [swɪz] *s Brit umg* Schwindel *m*, Betrug *m* | schlimme Enttäuschung

swiz·zle ['swɪzl] *s* (alkoholisches) Mixgetränk, Cocktail *m*; **'~ stick** *s* Rührstäbchen *n*, Sektquirl *m*

swob = **swab**

swol·len ['swəʊlən] **1.** *part perf von* ↑ **swell 1.**; **2.** *adj* geschwollen | *übertr* geschwollen, pompös, stolz ⟨to have a ~ opinion of o.s. maßlos von sich eingenommen sein⟩; **ˌ~'head** *s* (*meist sg*) *Brit übertr* übertriebener Stolz, Wichtigtuerei *f* ⟨he gets a ≈ ihm steigen die Dinge zu Kopf⟩; **ˌ~'head·ed** *adj Brit übertr* aufgeblasen, eingebildet

swoon [swu:n] **1.** *vi selten* ohnmächtig werden (**with** vor) | *lit, scherzh* (vor Freude u. ä.) außer sich sein, in Ohnmacht fallen | *poet* schwinden, schwächer werden; **2.** *s selten* Ohnmacht *f*; **'~ing 1.** *adj* ohnmächtig; **2.** *s* Ohnmacht *f*

swoop [swu:p] **1.** *vi, auch* ~ **down** herabstoßen, niederstürzen (Raubvogel) (**at, on, upon** auf) | *übertr* sich stürzen, herfallen (**at, on, upon** auf, über); *vt* herfallen über; **2.** *s* Herabstoßen *n*, Niederstürzen *n* | *übertr* Herfallen *n*, Überfall *m*, (plötzlicher) Angriff, Razzia *f* ⟨at one ~ auf einmal⟩

swop = **swap**

sword [sɔ:d] *s* Degen *m*, Schwert *n*, Waffe *f* ⟨at point of the ~/at ~ point unter Gewalt-, Waffenandrohung; cavalry ~ Säbel *m*; small ~ Florett *n*; to cross ~s (with s.o.) *übertr* (mit jmdm.) die Klingen kreuzen *od* ein Streitgespräch führen; to draw one's/the ~ das Schwert ziehen; to put to the ~ *förml lit* enthaupten⟩; **'~ bean** *s Bot* Schwertbohne *f*; **'~bear·er** *s* Schwertträger *m*; **'~ belt** *s* Degengehenk *n*; **'~ blade** *s* Degenklinge *f*; **'~ cane** *s* Stockdegen *m*; **'~ cut** *s* Säbel-, Schwerthieb *m*; **'~ dance** *s* Schwertertanz *m*; **'~ ˌdanc·er** *s* Schwerttänzer(in) *m(f)*; **'~fish** *s Zool* Schwertfisch *m*; **'~ flag** *s Bot* Schwertlilie *f*; **'~ grass** *s Bot* Riedgras *n*; **'~ hand** *s* rechte Hand *f*; **'~ hilt** *s* Schwertgriff *m*; **'~ knot** *s* Degen-, Säbelquaste *f*; **'~play** *s* Fechtkunst *f* | *übertr* Wortgefecht *n*; **'~play·er** *s* Fechter *m*; **'~ point** *s* Schwertspitze *f* ⟨at ≈ unter Gewaltandrohung⟩; **swords·man** ['~zmən] *s* (*pl* **swordsmen** ['~zmən]) Fechter *m* | *poet* Kämpfer *m*, Streiter *m*; **'swords·man·ship** *s* Fechtkunst *f*; **'~stick** = **'~ cane**

swore [swɔ:] *prät von* ↑ **swear 2.**; **sworn** [swɔ:n] **1.** *part perf von* ↑ **swear 2.**; **2.** *adj* vereidigt ⟨≈ expert gerichtlich vereidigter Sachverständiger⟩ | eidlich ⟨≈ statement eidliche Stellungnahme⟩ | geschworen ⟨≈ enemies Todfeinde *m/pl*⟩ | verschworen ⟨≈ friends⟩

swot [swɒt] *Brit umg* **1.** (**'~ted**, **'~ted**) *vi* büffeln, pauken, ochsen; *vt, meist* ~ **up** einpauken; **2.** *s* Büffelei *f*, Paukerei *f* | Streber *m*

swum [swʌm] *part perf von* ↑ **swim 1.**

swung [swʌŋ] *prät u. part perf von* ↑ **swing 1.**

syb·a|rite ['sɪbəraɪt] *Lit, förml s* Sybarit *m*, Genüßling *m*, Schlemmer *m*; **~rit·ic** [ˌsɪbə'rɪtɪk], **ˌ~'rit·i·cal** *adj* sybaritisch, genußsüchtig, verwöhnt, verweichlicht; **'~rit·ism** *s* Genußsucht *f*, Schwelgerei *f*

syc·a·more ['sɪkəmɔ:] *Bot s Am* Platane *f* | *Brit* Bergahorn *m* | (Orient) Maulbeerfeigenbaum *m*, Sykomore *f*

sy·co·ma [saɪ'kəʊmə] *s Med* Feigwarze *f*

syc·o|phant ['sɪkəfənt] **1.** *s* Kriecher *m*, Speichellecker *m*; **2.** = **~phan·tic** [ˌsɪkə'fæntɪk], **ˌ~'phan·ti·cal** *adj* kriecherisch; **~phant·ism** [~fəntɪzm] *s* Kriecherei *f*, Sykophantentum *n*

sy·co·sis [sɪ'kəʊsɪs] *s Med* Sykose *f*, Bartflechte *f*

syl|lab·ic [sɪ'læbɪk] **1.** *adj* silbenbildend, Silben- ⟨≈ consonant silbischer Konsonant; ≈ writing Silbenschrift *f*⟩ | *in Zus* -silbig ⟨mono≈⟩; **2.** *s* silbenbildender Laut; **~'lab·i·cal** *adj* silbenbildend, Silben-; **~'lab·i·cate** [-eɪt] = **~'lab·i·fy** *vt* abteilen, in Silben trennen ⟨to ≈ words⟩; **~la·bism** ['sɪləbɪzm] *s* syllabischer Charakter *m* | Silbentrennung *f*; **~la·ble** ['sɪləbl] **1.** *s* Silbe *f* ⟨not to tell a ≈ keine Silbe verlauten lassen⟩; **2.** *vt* nach Silben aussprechen; **'~la·bled** *adj* (*in Zus*) -silbig ⟨two-≈⟩

syl|la·bus ['sɪləbəs] *s* (*pl* **~la·bi** [-baɪ], **'~la·bus·es**) Auszug *m*, Abriß *m* | Vorlesungsverzeichnis *n* | Stunden-, Lehrplan *m* | *Rel* Syllabus *m*

Syl·la·bub = **Sillabub**

syl·lep|sis [sɪ'lepsɪs] *s Ling* Syllepsis *f*; **syl'lep·tic**, **syl'lep·ti·cal** *adj* sylleptisch

syl·lo|gism ['sɪlədʒɪzm] *s Phil* Syllogismus *m*, Schluß *m* ⟨false ≈ Trugschluß⟩; **ˌ~'gis·tic**, **ˌ~'gis·ti·cal** *adj* syllogistisch; **~gi·za·tion** [ˌsɪlədʒaɪ'zeɪʃn] *s* Folgern *n*, Schließen *n*; **'~gize** *vt* durch Vernunftsschluß folgern; *vi* folgern, schließen

sylph [sɪlf] *s Myth* Sylphe *f*, Luftgeist *m* | *übertr* zierliches *od* graziles Mädchen *n*; **'~ic** *adj* sylphenhaft; **'~id 1.** *s* Sylphide *f*; **2.** *adj* sylphenhaft; **'~like** *adj* schlank und zierlich

syl·van ['sɪlvən] *lit* **1.** *adj* Waldes- ⟨~ scenes⟩ | waldig, bewaldet, Wald-; **2.** *s* Waldbewohner *m*

syl·vi·an ['sɪlvɪən] *s Zool* Grasmücke *f*

sym- [sɪm] ⟨*griech*⟩ *in Zus* zusammen, mit

sym·bi|o·sis [ˌsɪmbɪ'əʊsɪs] (*pl* **~o·ses** [~'əʊsi:z]) *s Biol* Symbiose *f*; **~ot·ic** [~'ɒtɪk], **ˌ~'ot·i·cal** *adj* symbiotisch

sym·bol ['sɪmbl] **1.** *s* Symbol *n*, Zeichen *n*, Sinnbild *n* ⟨the ~ of life⟩ | Symbol *n*, graphisches Zeichen; **2.** (**'sym·bolled, 'sym·bolled**) *vt, vi* symbolisieren, symbolisch darstellen; **~ic** [sɪm'bɒlɪk], **sym'bol·i·cal** *adj* symbolisch, sinnbildlich (**of** für) | Symbol-; **ˌ~ic 'lan·guage** *s* Zeichensprache *f*; **~ism** ['sɪmbəlɪzm] *s* Symbolik *f*, symbolische Darstellung *f* | *meist* **~ism** *Mal, Lit* Symbolismus *m*; **~ist** ['sɪmbəlɪst] *s* Symbolist *m*; **~i·za·tion** [ˌsɪmbəlaɪ'zeɪʃn] *s*

Symbolisierung *f*, symbolische Darstellung; **~ize** ['sɪmbəlaɪz] *vt* symbolisieren, sinnbildlich darstellen; *vi* Symbole benutzen

sym|met·ric [sɪ'metrɪk], **~'met·ri·cal** *adj* symmetrisch, eben-, gleichmäßig | *Math* symmetrisch, Symmetrie-; **~me·trize** ['sɪmɪtraɪz] *vt* symmetrisch machen; **~me·try** ['sɪmɪtrɪ] *s* Symmetrie *f*, Ebenmaß *n* ⟨to spoil the ≈ of s.th. etw. ungleichmäßig machen, das Ebenmaß zerstören⟩ | *Math* Symmetrie *f*

sym·pa|thet·ic [ˌsɪmpə'θetɪk] **1.** *adj* sympathisch, teilnehmend, verständnisvoll, mitfühlend ⟨≈ words; to be/feel ≈ to[wards] s.o. jmdm. gegenüber mitfühlen⟩ | auf Sympathie beruhend | empfänglich, aufgeschlossen (**to** für) | gleichgesinnt, -gestimmt ⟨≈ strike Sympathiestreik *m*⟩ | *Anat* sympathisch, Sympathikus- | *Phys* mitschwingend, Resonanz- | *umg* wohlmeinend (**to, towards** gegen[über]); **2.** *auch* **~ˌthet·ic 'nerve** *s Anat* Sympathikus *m*; **~ˌthet·ic 'mag·ic** *s* Sympathiezauber *m*; **~thize** ['sɪmpəθaɪz] *vi* sympathisieren, mitfühlen, -leiden (**with** mit), Sympathie empfinden (**with** für) | sein Beileid ausdrücken (**with s.o.** jmdm.) | übereinstimmen (**with** mit) | in Mitleidenschaft gezogen werden (**with** von); **'~thiz·er** *s* Anhänger *m*; **~thy** ['sɪmpəθɪ] *s* Sympathie *f*, Zuneigung *f* ⟨one's ~thies are/lie with sympathisieren mit, auf der Seite stehen von; to feel ≈ for s.o. für jmdn. Zuneigung empfinden⟩ | Einklang *m*, Harmonie *f*, Übereinstimmung *f* ⟨in ≈ with in Übereinstimmung mit; to come out in ≈ s-e Sympathie bezeugen, s-e Zustimmung kundtun⟩ | (*meist pl*) Mitleid *n*, Mitgefühl *n* (**for** für, **with** mit) ⟨a man of wide ~thies ein sehr mitfühlender Mensch; letter of ≈ mitfühlendes Schreiben, Beileidsschreiben; to offer one's ~thies to s.o. jmdm. sein Beileid bezeugen; you have my ~thies ich fühle mit Ihnen⟩ | *Phys* Wechselwirkung *f*

sym|phon·ic [sɪm'fɒnɪk] *adj* sinfonisch, Sinfonie-; **~pho·ni·on** [~'fəʊnɪən] *s* Symphonion *n*; **~pho·ni·ous** [~'fəʊnɪəs] *adj* harmonisch; **~pho·nist** ['sɪmfənɪst] *s* Symphoniker *m*; **~pho·nize** ['sɪmfənaɪz] *vi, vt* zusammenklingen (lassen); **~pho·ny** ['sɪmfənɪ] *s* Sinfonie *f* | *übertr* Harmonie *f*, Einklang *m*; **'~pho·ny 'or·ches·tra** *s* Sinfonieorchester *n*

sym·po·si|um [sɪm'pəʊzɪəm] *s* (*pl* **~a** [~ə], **~ums**) Symposium *n*, wissenschaftlicher Meinungsaustausch, Forum *n*

symp|tom ['sɪmptəm] *s* Symptom *n*, Anzeichen *n*, äußeres Zeichen *n* ⟨a ≈ of discontent ein Zeichen der Unzufriedenheit⟩ | *Med* Symptom *n*, Krankheitszeichen *n* (**of** für) ⟨a ≈ of cancer⟩; **~to·mat·ic** [ˌsɪmptə'mætɪk], **ˌ~to'mat·i·cal** *adj* symptomatisch, Symptom- | bezeichnend, kennzeichnend (**of** für); **~tom·a·tol·o·gy** [ˌsɪmptəmə'tɒlədʒɪ] *s Med* Symptomatologie *f*; **'~tom·less** *adj* symptomlos

syn- [sɪn] ⟨*griech*⟩ *in Zus* zusammen, mit

syn·a|gog·i·cal [ˌsɪnə'gɒdʒɪkl] *adj* Synagogen-; **~gogue** ['sɪnəgɒg] *s Rel* Synagoge *f*

sync[h] [sɪŋk] *umg s* Einklang *m*, Gleichmäßigkeit *f*, *bes in:* **out of ~** ungleichmäßig, nicht in (bester) Ordnung, unregelmäßig (*auch übertr*)

syn·chro·cy·clo·tron [ˌsɪŋkrəʊ'saɪklətrɒn] *s Phys* Synchrozyklotron *n*

syn·chro·mesh [ˌsɪŋkrəʊ'meʃ], *auch* **ˌ~ 'gear** *s Kfz* Synchrongetriebe *n*

syn·chro|nism ['sɪŋkrənɪzm] *s* Synchronismus *m*, Gleichzeitigkeit *f* | Synchronisierung *f*, Synchronisation *f*; **ˌ~'nis·tic, ˌ~'nis·ti·cal** *adj* synchronistisch; **~ni·za·tion** [ˌsɪŋkrənaɪ'zeɪʃn] *s Film, Ferns* Synchronisation *f* | Gleichzeitigkeit *f*; **'~nize** *vi* zeitlich zusammenfallen, gleichzeitig sein | *Tech* synchron laufen; *vt Film, Ferns* synchronisieren ⟨to ≈ the sound track of a film Bild und Ton e-s Films in Übereinstimmung bringen; a badly ~nized film⟩ | *Tech* synchronisieren, gleichschalten | (Uhr) gleichgehend machen ⟨to ≈ the clocks⟩ | (Ereignisse u. ä.) gleichzeitig darstellen *od* zusammenstellen ⟨to ≈ events die Ereignisse aufeinander abstimmen⟩; **'~niz·er** *s Tech* Synchronisator *m*, Synchronisiervorrichtung *f*; **'~niz·ing** *s El* Synchronisierung *f*;

syn·chron·o·log·i·cal [ˌsɪŋkrənə'lɒdʒɪkl] *adj* synchronistisch; **~nol·o·gy** [ˌsɪŋkrə'nɒlədʒɪ] *s* synchronistische Zusammenstellung *f*; **'~nous** *adj* synchron, gleichzeitig, -laufend, -gehend, zeitlich zusammenfallend | synchronistisch; **ˌ~nous 'mo·tor** *s Tech* Synchronmotor *m*

syn·chro·tron ['sɪŋkrəʊtrɒn] *s Phys* Synchrotron *n*

syn·co·pal ['sɪŋkəpəl] *adj* synkopisch | *Med* Ohnmachts-

syn·co|pate ['sɪŋkəpeɪt] *vt Ling* (Wort) synkopieren, kürzen | *Mus* synkopieren, den Rhythmus verschieben; *vi Ling, Mus* synkopieren; **'~pat·ed** *adj* synkopiert, Synkopen-; **ˌ~'pa·tion** *s Ling, Mus* Synkope *f*, Verschiebung *f* des Rhythmus; **~pe** ['sɪnkəpɪ] *s Ling, Mus* Synkope *f* | *Med* schwere Ohnmacht; **syn·cop·ic** [sɪŋ'kɒpɪk] *adj* synkopisch

syn|dic ['sɪndɪk] *Jur s* Syndikus *m*, Justitiar *m* | Bevollmächtigter *m* | (Cambridge) Senatsmitglied *n* | Rechtsberater *m*; **'~di·cal** *adj* Syndikus-, Syndikats-; **'~di·cal·ism** *s* Syndikalismus *m*; **'~di·cal·ist 1.** *s* Syndikalist *m*; **2.** = **ˌ~di·cal'is·tic** *adj* syndikalistisch; **~di·cate** ['sɪndɪkɪt] *s Wirtsch* Syndikat *n*, Kartell *n*, Interessengemeinschaft *f* | *Jur* Syndikat *n*, Konsortium *n* | *Ztgsw* Pressezentrale *f*; ['sɪndɪkeɪt] *vt Jur* zu einem Konsortium vereinigen | *Wirtsch* zu einem Syndikat zusammenschließen | *Ztgsw* (Artikel u. a.) in mehreren Zeitungen gleichzeitig erscheinen lassen ⟨~dicated report von mehreren Zeitungen gebrachter Bericht, Reportage *f* für mehrere Zeitungen⟩; *vi Jur* ein Konsortium bilden | *Wirtsch* ein Syndikat bilden; ['sɪndɪkɪt] *adj* Konsortial-; **ˌ~di'ca·tion** *s* Syndikatsbildung *f*

syn·drome ['sɪndrəʊm] *s Med* Syndrom *n*, Symptomenkomplex *m* | Verhaltensmuster *n*, Phänomen *n*

syn·ec|do·che [sɪ'nekdəkɪ] *s Rhet* Synekdoche *f*; **~doch·ic** [ˌsɪnek'dɒkɪk], **ˌ~'doch·i·cal** *adj* synekdochisch

syn·er·ga·my [sɪ'nɜ:gəmɪ] *s* Gemeinschaftsehe *f*

syn·er|get·ic [ˌsɪnə'dʒetɪk] **~gic** [sɪ'nɜ:dʒɪk] *Anat adj* synergistisch, zusammenwirkend; **'~gism** *s* Synergie *f*; **'~gist** *s* Synergist *m*; **ˌ~'gis·tic, ˌ~'gis·ti·cal** *adj* synergistisch, zusammenwirkend, sich gegenseitig stützend ⟨≈ action⟩

syn·od ['sɪnəd] *s Rel* Synode *f* | Tagung *f*; **'~al** *adj* synodal, synodisch, Synodal-

syn|o·nym ['sɪnənɪm] *Ling s* Synonym *n*, sinnverwandtes Wort; **~o·nym·ic** [ˌsɪnə'nɪmɪk], **ˌ~o'nym·i·cal** *adj* synonym, Synonym-; **~on·y·mous** [sɪ'nɒnɪməs] *adj* synonym, bedeutungsgleich, sinnverwandt; **~on·y·my** [sɪ'nɒnɪmɪ] *s* Synonymik *f*, Synonymie *f*, Bedeutungsgleichheit *f*, Sinnverwandtschaft *f*

syn·op|sis [sɪ'nɒpsɪs] *s* (*pl* **~ses** [~si:z]) Synopse *f*, Synopsis *f*, Zusammenfassung *f*, Übersicht *f*; **syn'op·tic, syn'op·ti·cal** *adj* synoptisch, zusammenfassend, übersichtlich | *Rel* synoptisch, Synoptiker- ⟨≈ gospels Synopse *f*⟩

syn|tac·tic [sɪn'tæktɪk], **~'tac·ti·cal** *Ling adj* syntaktisch, Syntax-; **~tax** ['sɪntæks] *s* Syntax *f*, Satzlehre *f*

syn|the·sis ['sɪnθəsɪs] *s* (*pl* **~the·ses** [~θəsi:z]) Synthese *f*, Verbindung *f* | *Chem* Aufbau *m*; **~the·size** ['~θəsaɪz] *vt* verbinden, zusammenfügen | *Chem* synthetisieren, synthetisch herstellen ⟨to ≈ a drug⟩; **'~the·siz·er** *s Chem, Tech* Synthetisator *m* | *Mus* Synthesizer *m* | *übertr* jmd., der eine Synthese herstellt; **~thet·ic** [sɪn'θetɪk] **1.** *adj* synthetisch, zusammenfügend | *Chem* synthetisch, künstlich, Kunst- ⟨≈ plastics⟩ | *Ling* (Sprache) synthetisch, stark flektierend (*Ant* analytic) ⟨≈ language⟩ | *verächtl* künstlich, unecht; **2.** *s Chem* Kunststoff *m*; **~ˌthe·tic 'fer·ti·liz·er** *s* Kunstdünger *m*; **~ˌthe·tic 'fi·bre** *s* Kunstfaser *f*; **~ˌthe·tic**

'rub·ber *s* synthetischer Kautschuk *m*; ~the·tize ['sɪnθətaɪz] *vt* zusammenfügen | *Chem* künstlich herstellen

syn|ton·ic [sɪn'tɒnɪk], ~'ton·i·cal *El adj* auf die gleiche Wellenlänge abgestimmt; ~to·ni·za·tion [ˌsɪntənaɪ'zeɪʃn] *s* Frequenzabstimmung *f*; ~to·ny ['sɪntənɪ] *s* Abstimmung *f*, Resonanz *f*

syph·i|lis ['sɪfəlɪs] *Med s* Syphilis *f*, Lues *f*; ~lit·ic [ˌsɪfə'lɪtɪk] **1.** *adj* syphilitisch; **2.** *s* Syphilitiker(in) *m(f)*; '~lize *vt* mit Syphilis infizieren

sy·phon ['saɪfən] = **siphon**

Syr·i|a ['sɪrɪə] *s* Syrien; ~ac ['sɪrɪæk] **1.** *adj* (alt)syrisch; **2.** *s* (Alt-) Syrisch *n*; ~a·cist ['sɪrɪækɪst] *s* Syrologe *m*; ~an ['sɪrɪən] **1.** *adj* syrisch; **2.** *s* Syrer(in) *m(f)* | Aramäer(in) *m(f)*

sy·rin·ga [sɪ'rɪŋgə] *s Bot* Flieder *m*

syr·inge [sɪ'rɪndʒ] **1.** *s Med* (Injektions-) Spritze *f*; **2.** *vt Med* (ein-, aus)spritzen | (Pflanzen) ab-, bespritzen; *vi* spritzen

syr·in·gi·tis [ˌsɪrɪn'dʒaɪtɪs] *s Med* Syringitis *f*, Ohrtubenkatarrh *m*

syr|inx ['sɪrɪŋks] *s* (*pl* ~ing·es [~ɪndʒi:z], ~inx·es [~ɪŋksɪz]) Syrinx *f*, Hirten-, Panflöte *f*

Syr·i·ol·o·gist [ˌsɪrɪ'ɒlədʒɪst] *s Ling* Syrologe *m*

syr·up ['sɪrəp] **1.** *s* Sirup *m* | dicker Saft, Dicksaft *m*; **2.** *vt* zu Sirup eindicken; '~y *adj* sirupartig, dick, klebrig | *übertr* honigsüß, schmalzig, sentimental

sys·tem ['sɪstəm] *s* System *n*, Einheit *f*, geordnetes Ganzes, Anordnung *f* ⟨railway ~ Eisenbahnnetz *n*; ~ of roads Straßennetz *n*⟩ | System *n*, Methode *f*, Plan *m*, Verfahren *n* (**of s.th.**) ⟨a ~ of government ein Regierungssystem; a good ~ of teaching languages⟩ | (*mit best art*) *verächtl* (etabliertes System ⟨the ~ in America⟩ | Systematik *f*, Ordnung(ssinn) *f(m)* ⟨to work without ~ unsystematisch arbeiten⟩ | Maßsystem *n* | *Med* Organismus *m* ⟨digestive ~ Verdauungssystem *n*; nervous ~ Nervensystem *n*⟩ | *Geol* Formation *f* ⟨carboniferous ~ Steinkohlenformation⟩; ~at·ic [ˌsɪstə'mætɪk], ˌ~'at·i·cal *adj* systematisch, planmäßig, methodisch vorgehend ⟨a ≈ attempt⟩; ~ˌat·ic e'con·o·my *s* Planwirtschaft *f*; ˌ~'at·ics *s/pl* (*sg konstr*) Systematik *f*; '~a·tist *s* Systematiker *m*; ~a·ti·za·tion [ˌsɪstəmətaɪ'zeɪʃn] *s* Systematisierung *f*; '~a·tize *vt* systematisieren; '~a·tiz·er *s* Systematiker *m*; ~a·tol·o·gy [ˌsɪstəmə'tɒlədʒɪ] *s* Systematologie *f*; ~ic [sɪs'temɪk|-'ti:mɪk] *adj* System- | *Anat, Zool* Körper-, Organ-; ˌ~ic cir·cu'la·tion *s Med* großer Blutkreislauf; '~less *adj* systemlos, unsystematisch; 'sys·tems ˌan·a·lyst *s* Systemanalytiker *m*; 'sys·tems en·giˌneer·ing *s* Systemtechnik *f*, detaillierte Gesamtausarbeitung eines Systems

sys|to·le ['sɪstəlɪ] *s Med, Metr* Systole *f*; ~tol·ic [sɪs'tɒlɪk] *adj Med* systolisch, Systolen-

T

T, t [ti:] **1.** *s* (*pl* **T's, Ts, t's, ts**) T *n*, t *n* ⟨to a T bis aufs I-Tüpfelchen, peinlich genau; that's her to a T das ist sie, wie sie leibt und lebt; that's it to a T genau so ist es; to cross one's "t's" peinlich genau *od* penibel sein⟩ | *Tech* T-Stück; **2.** *adj* T-, T-förmig ⟨T-shaped⟩

t *Abk* von **tense**

't [t] *pron arch, poet* = **it** ⟨'tis/'twas/'twere/'twould = it is/was/were/would⟩

ta [tɑ:] *interj Brit umg* (Kindersprache) danke ◇ ~ **ever so much** *Brit Sl* tausend(mal) Dank

tab [tæb] **1.** *s* Band *n*, Streifen *m* | Schuhlasche *f* | (Rock-) Aufhänger *m* | Schlaufe *f*, Schlinge *f*, Öse *f* | Etikett *n*, Schild *n* | (Karteikasten-) Reiter *m* | *Sl* Tabulator *m* | *Mil* Kragenspiegel *m* | Kennschild *n* | *Flugw* Trimmruder *n* | *urspr Am umg* Konto *n*, Rechnung *f* ⟨to keep tabs/a tab on s.th. etw. unter Kontrolle behalten, sich auf dem laufenden halten über, etw. berücksichtigen; to pick up the ~ die Rechnung bezahlen⟩; **2.** (**tabbed, tabbed**) *vt* mit Streifen etc. versehen

tab·ard ['tæbəd] *Hist s* Wappen-, Heroldsrock *m* | am Horn befestigtes Banner

tab·a·ret ['tæbəret] *s* Stickrahmen *m* | gestreifter Seidenstoff

ta·bas·co, *auch* ˌ~ **'sauce** [tə'bæskəʊ] *s* Tabasco(pfeffer) *n(m)*, Tabascosauce *f*

tab·a|sheer, ~shir [ˌtæbə'ʃɪə] *s* Bambuszucker *m*

tab·by ['tæbɪ] **1.** *s* Moiré *m*, *n* | getigerte Katze | weibliche Katze | *umg* Klatschbase *f* | *umg* alte Jungfer; **2.** *adj* wie Moiré schimmernd, geflammt | gefleckt, gestreift, getigert | scheckig; **3.** *vt* (Seide) moirieren, wässern

tab·er·nac|le ['tæbənækl] **1.** *s bibl* Hütte *f* | *meist* ≈le *Rel* Stiftshütte *f* ⟨Feast of ≈s Laubhüttenfest *n*; ≈ of the Congregation Bundeszelt *n*⟩ | *Rel* Tabernakel *n* | *Arch* überdeckte Kirche | *Mar* Mastbock *m*; **2.** *vt* vorübergehend unterbringen | in ein Tabernakel einschließen; *vi* sich aufhalten, vorübergehend wohnen; ~u·lar [ˌtæbə'nækjʊlə] *adj Rel* Tabernakel- | *Arch* mit überdachten Nischen

ta·bes ['teɪbi:z] *Med s* Tabes *f*, Rückenmarkschwindsucht *f* | *übertr* Auszehrung *f*; ~cence [tə'besns] *s* Auszehrung *f*; ta'bes·cent *adj* auszehrend; ta'bet·ic, tab·id ['teɪbɪd] **1.** *adj* Tabes-, tabisch; **2.** *s* Tabetiker(in) *m(f)*

ta·bla ['tɑ:blɑ:] *s Ind* kleine Handtrommel, Tamburin *n*

tab·la·ture ['tæblətʃə] *s* Tafelbild *n* | bildliche Darstellung

ta·ble ['teɪbl] **1.** *s* Tisch *m*, Tafel *f* ⟨dining ~ Eßtisch *m*; sliding ~ Ausziehtisch *m*; at ~ bei Tisch, zu Tisch, beim Essen; at the ~ am Tisch; a ~ for 4 ein Tisch für 4 Personen; on the ~ *Brit* zur Diskussion (stehend), *Am* zurückgestellt, aufgeschoben; to lay s.th. on the ~ *Brit Parl* etw. als Antrag einbringen; *Am Pol* etw. vertagen; to lay/set/spread the ~ den Tisch decken; to rise from ~ die Tafel aufheben⟩ | Kost *f* ⟨cold ~ kaltes Büfett; an excellent ~ eine ausgezeichnete Mahlzeit; to keep a good ~ eine gute Küche führen⟩ | (*nur sg*) Tischrunde *f*, Spiel-, Tischgesellschaft *f* ⟨a ~ of cardplayers⟩ | Tafel *f*, Platte *f* ⟨the ~s are turned *übertr* das Blatt hat sich gewendet; to turn the ~s on s.o. *übertr* den Spieß umdrehen gegen jmdn.; under the ~ *umg* schwer betrunken; *übertr* heimlich, als Bestechung⟩ | *Geol* Ebene *f*, Plateau *n* | *Tech* (Maschinen-) Tisch *m*, Auflage *f* | *Astr, Math* Tafel *f*, Tabelle *f* ⟨~ of interest Zinstabelle *f*; ~ of logarithms Logarithmentafel *f*⟩ | Liste *f*, Tabelle *f* ⟨~ of contents Inhaltsverzeichnis⟩ | *Arch* Fries *m*; **2.** *vt* auf den Tisch legen | *Brit Jur* vorlegen | (Antrag) einbringen ⟨to ~ a motion⟩ | *Am Pol* zurückstellen, vertagen, verschieben | tabellarisch zusammenstellen, in eine Tabelle eintragen | *Kart* ausspielen, aufdecken | (Erz) aufbereiten

tab|leau ['tæbləʊ] *s* (*pl* **'~leaux, '~leaus**) Gemälde *n*, Bild *n* | überraschende Szene, dramatische Situation ⟨what a ≈! welche Zusammenstellung!⟩ | *Jur* Register *n* | *auch* **ˌ~leau 'vi·vant** [~ 'vi:võ] *s* (*pl* **~leaux vi·vants** [ˌ-z 'vi:võ]) lebendes Bild | *übertr* malerische Szene

ta·ble|cloth ['teɪbl klɒθ] *s* Tischtuch *n*, Tischdecke *f*; **~ d'hôte** [ˌtɑ:bl 'dəʊt] *s* (*pl* **~s d'hôte**) ⟨*frz*⟩ Table d'hôte *f*, Wirtstafel *f* | (gemeinsames) Essen (mit fester Speisenfolge); **'~lamp** *s* Tischlampe *f*; **'~land** *s* (*oft pl*) *Geol* Tafelland *n*, Hochebene *f*; **'~ˌlin·en** *s* Tischwäsche *f*; **'~ˌman·ners** *s/pl* (gute) Tischsitten *f/pl*; **'~mat** *s* Untersatz *m*; **'~ˌmoun·tain** *s Geol* Tafelberg *m*; **'~plate** *s* Tafelsilber *n*; **'~spoon** *s* Eßlöffel *m*; **'~ˌspoon·ful** *s* (*pl* **'~ˌspoons·ful, '~spoonfuls**) (ein) Eßlöffel voll

tab·let ['tæblət] *s* Täfelchen *n* ⟨~ of slate Schieferplatte *f*⟩ | *Hist* Schreibtafel *f* | *selten* Notizblock *m* | (Gedenk-) Tafel *f*, Platte *f* | Tafel *f*, Stück *n* ⟨a ~ of soap⟩ | *Math* Tabelle *f* | *Med* Tablette *f* ⟨throat ~s Hustentabletten *f/pl*⟩ | *Arch* Kappenstein *m*

ta·ble| talk ['teɪbl tɔ:k] *s* Tischgespräch *n*; **'~ˌten·nis** *s* Tischtennis *n*; **'~top** *s* Tischplatte *f*; **ˌ~-'top** *adj* Tisch- ⟨≈ barbecue Tischgrill *m*⟩

tab|lette ['tæblət] = **tablet**; **'~let·ting maˌchine** *s Tech* Tablettiermaschine *f*

ta·ble|ware ['teɪblwɛə] *s* Tafelgeschirr *n*; **'~ˌwa·ter** *s* Tafel-, Mineralwasser *n*; **'~work** *s Typ* Tabellensatz *m*

ta·blier ['tæblɪeɪ] *s* Servierschürze *f* | Lendenschurz *m*

tab·loid ['tæblɔɪd] **1.** *s Pharm* Tablette *f* | *oft* (reißerische) Bildzeitung *f* in Kleinformat | *Am* (Informations-) Blatt *n*, Broschüre *f* ⟨a company ~ eine kurze Broschüre über die Firma⟩ | Kurzfassung *f*, Übersicht *f*, Zusammenstellung *f*; **2.** *adj* konzentriert ⟨in ~ form in konzentrierter Form⟩ | *Ztgsw* Sensations- ⟨~ press⟩; **'~ ˌjour·nal·is·m** *s*, *auch* **'~ press** *s* Sensations-, Boulevardpresse *f*

ta·boo [tə'bu:|tæ'bu:] **1.** *s* Tabu *n*, Bann *m*, Ächtung *f* ⟨to break a ~ ein Tabu [durch] brechen; to put s.th. under a ~ etw. für tabu erklären⟩ | Tabu *n*, Verbot *n* (**against** gegen) | Tabu *n*, etw. Verbotenes ⟨is sex a ~?⟩; **2.** *adj* tabu, unantastbar, geweiht, heilig ⟨the place is ~⟩ | verboten, geächtet ⟨~ words; a ~ act⟩; **3.** *vt* für tabu erklären

ta·bor ['teɪbə] *Mus* **1.** *s* kleine Trommel, Tamburin *n*; **2.** *vi* trommeln

tab·o[u]·ret ['tæbərɪt] *s* Hocker *m*, Taburett *n* | Stickrahmen *m*

ta·bu [tə'bu:] = **taboo**

tab·u·lar ['tæbjʊlə] *adj* tafelförmig, flach ⟨~ deposits⟩ | blätterig, geschichtet ⟨a ~ mineral⟩ | tabellarisch, Tabellen- ⟨in ~ form in Tabellenform⟩ | *Typ* tabellenförmig gesetzt; **ˌ~ 'mat·ter** *s Typ* Tabellensatz *m*

ta·bu·la ra·sa [ˌtæbjʊlə 'rɑ:sə] *s* ⟨*lat*⟩ Tabula rasa *f*

tab·u|lar·i·za·tion [ˌtæbjʊlərаɪ'zeɪʃn] *s* Tabellarisierung *f*; **~lar·ize** ['tæbjʊləraɪz] *vt* tabellarisieren; **~late** ['tæbjʊleɪt] *vt* tabellarisieren, in Tabellenform zusammenstellen; ['tæbjʊlət] *adj* tabellarisch; **'~la·ting maˌchine** *s Tech* Tabelliermaschine *f*; **ˌ~'la·tion** *s* Tabellarisierung *f* | Tabelle *f*; **ˌ~'la·tor** *s Tech* Tabulator *m* | *Tech* Tabelliermaschine *f*

tach·ism ['tæʃɪzm] *s Mal* Tachismus *m*

tach·o·graph ['tækəgrɑ:f] *s* Tachograph *m*, Geschwindigkeitsschreiber *m*; **ta·chom·e·ter** [tæ'kɒmɪtə] *s* Tachometer *n*, Geschwindigkeitsmesser *m*; **ta·chom·e·try** [tæ'kɒmɪtrɪ] *s* Geschwindigkeitsmessung *f*

tachy- [tækɪ] ⟨*griech*⟩ *in Zus* schnell-

tach·y·car·di·a [ˌtækɪ'kɑ:dɪə] *s Med* Tachykardie *f*

tac|it ['tæsɪt] *adj* stillschweigend ⟨≈ consent stillschweigende Zustimmung⟩; **~i·turn** ['tæsɪtɜ:n] *adj förml* schweigsam, wortkarg; **~i·tur·ni·ty** [ˌtæsɪ'tɜ:nətɪ] *s förml* Schweigsamkeit *f*, Wortkargheit *f*

tack [tæk] **1.** *s* Zwecke *f*, kleiner Nagel, Täcks *m*, Stift *m* ⟨to hammer a ~ into einen Nagel einschlagen in⟩ | Heftstich *m* ⟨to put a few ~s in ein paar Heftstiche machen in⟩ | Heften *n* | *Mar* Halse *f* | *Mar* Schlag *m*, Gang *m* (beim Lavieren) ⟨a change of ~ Kurswechsel *m*⟩ | *Mar, übertr* Lavieren *n* | *übertr* Kurs *m*, Weg *m*, Richtung *f* ⟨on the right ~ auf der richtigen Fährte *od* Spur; on the wrong ~ auf dem Holzweg; to change one's ~ eine andere Richtung einschlagen⟩ | Klebrigkeit *f* (bei Plasten) | *Typ* Zügigkeit *f*; **2.** *vt*, *auch* **~ down** (an-) nageln, mit kleinen Nägeln befestigen ⟨to ~ down a carpet⟩ | befestigen, anmachen ⟨to ~ a notice to the board⟩ | anhängen, (ein)heften ⟨to ~ a ribbon [on] to a hat⟩ | lose zusammenheften | *auch* **~ on** (*auch übertr*) (an-) hinzufügen ⟨to ~ on a new clause to a draft einen Entwurf durch einen Satz ergänzen; to ~ o.s. onto the end of a queue sich an das Ende einer Schlange stellen⟩ | *Mar* lavieren | *Flugw* beidrehen; **~ together** aneinanderfügen; *vi Mar* lavieren, wenden (*auch übertr*); **'~ ˌham·mer** *s* Zweckenhammer *m*; **'~ing** *s Mar* Lavieren *n* | (Zusammen-) Heften *n* (mit langen Stichen)

tack·le ['tækl] **1.** *s* Gerät *n*, Ausrüstung *f* ⟨fishing ~ Angelgerät *n*⟩ | *Tech* Flaschenzug *m*, Winde *f* | *Bergb* Haspel *f* | *Mar* Talje *f* | *Mar* Takel(werk) *n* | Pferdegeschirr *n* | (Fußball, Rugby) Angreifen *n*; (Ball-) Abnahme *f* | (Amerikanischer Fußball) Stürmer *m* ⟨right ~ rechter Halbstürmer⟩; **2.** *vt* (an)packen, angreifen, angehen (gegen) ⟨to ~ a thief sich auf einen Dieb stürzen, einen Dieb festhalten⟩ | (Sport) angreifen, packen | (Fußball) (Gegner) den Ball abnehmen | (Rugby) hart nehmen *od* angreifen, zu Boden werfen (bei der Ballabnahme) | (Pferd) anspannen, anschirren | *übertr* in Angriff nehmen, anpacken ⟨to ~ a problem⟩ | *übertr* sich (jmdn.) vornehmen, vorknöpfen (**about** wegen); *vi* (Sport) angreifen; **~ up** (Pferd) anschirren, anspannen; **'~ block** *s* Flaschenzug *m*, Hebezeug *n*

tack·y ['tækɪ] *adj* klebrig, zäh ⟨~ paint⟩ | *Am umg* schäbig, heruntergekommen | *Am umg* flegelhaft, grob

tact [tækt] *s* Takt *m*, Feingefühl *n* (**of** für) | *Mus* Takt *m*; **'~ful** *adj* taktvoll

tac|ti·cal ['tæktɪkl] *adj Mil* taktisch ⟨≈ movement of forces⟩ | *übertr* taktisch, überlegt ⟨a ≈ decision⟩; **~ti·cian** [tæk'tɪʃn] *s* Taktiker *m*; **~tics** ['tæktɪks] *s/pl* (*sg* u. *pl konstr*) *Mil* Taktik *f* | (*pl konstr*) *übertr* Taktik *f*, kluges Vorgehen

tac|tile ['tæktaɪl] *adj* greif-, tastbar; Tast-, Gefühls-; **ˌ~tile 'sense** *s* Tastsinn *m*; **~til·i·ty** [tæk'tɪlətɪ] *s* Tastbarkeit *f*

tact·less ['tæktləs] *adj* taktlos

tac|tor ['tæktə] *s Biol* Fühler *m*, Tastorgan *n*; **~tu·al** [~tʃʊəl] *adj Tech* tastbar, Tast-, durch Abtasten

tad [tæd] *Am umg s* Kleinigkeit *f* ⟨a ~ of pepper⟩ | kleines Kind

tad·pole ['tædpəʊl] *s Zool* Kaulquappe *f*

tae·ni|a ['ti:nɪə] *s Hist* Tänie *f*, Stirnband *n* | *Arch* Regula *f* | *Anat* (Muskel-) Band *n*, Tänie *f* | *Zool* Bandwurm *m*; **'~ˌoid** *adj Zool* Bandwurm-, bandwurmförmig, -artig

taf·fe·ta ['tæfɪtə] **1.** *s* Taft *m*; **2.** *adj* Taft- ⟨a ~ dress⟩

taff·rail ['tæfreɪl] *s Mar* Heckreling *f*

taf·fy ['tæfɪ] *s Am* für ↑ **toffee**

Taf·fy ['tæfɪ] *s Brit Sl* Waliser(in) *m(f)*

tag [tæg] **1.** *s* loses Ende, Zipfel *m* | Stiefelschlaufe *f* | Senkelstift *m* | (Mantel-) Aufhänger *m* | (Koffer- u. ä.) Anhänge-Schildchen *n*, Anhänger *m* | Quaste *f* | (Preis) Schild *n*, Etikett *n* ⟨a price ~⟩ | Schwanzspitze *f* | Haarsträhne *f* | Schriftschnörkel *m* | Kehrreim *m* | *Theat* Stichwort *n* | Redensart *f*, geflügeltes Wort | *Ling*, *auch* **'question ~** Frageanhängsel *n* | Fangen *n*, Hasche(n) *f(n)* (Kinderspiel); **2. (tagged, tagged)** *vt* (Senkel) mit einem Stift versehen | mit einem An-, Aufhänger versehen | befestigen (**to** an) | zusammenfügen | ein Etikett anbringen an | (Ware) auszeichnen | *Am umg* (jmdm.) einen Strafzettel verpassen | *übertr* (jmdn.) einstufen, bezeichnen (**as** als) ⟨to ~ s.o. as stupid⟩ | (Rede u. ä.) ausschmücken (**with** mit) | *umg* (jmdm.) nachlaufen, (jmdn.) verfolgen, (jmdn.) fangen, haschen; *vi*, *auch* **~ along** *umg* hinterherlaufen ⟨children ~ging after their mother⟩ | mittrotten, -zukkeln; **~ around with** *umg* immer zusammensein mit | (jmdm.) andauernd nachlaufen

ta·ge·tes [tæ'dʒi:ti:z] *s Bot* Tagetes *f*, Studentenblume *f*

tagged [tægd] *adj* etikettiert | *Phys* markiert ⟨~ atom⟩

tag·ger ['tægə] *s Tech* dünnes Feinblech

tag·ging ['tægɪŋ] *s Phys* (radioaktive) Markierung

tag·rag ['tægræg] **1.** *s* Lumpen *m*, Fetzen *m*; **2.** *adj* zerlumpt, zerfetzt

tag sale ['tæg seɪl] *s* Trödelmarkt *m* (mit ausgezeichneten Preisen)

Ta·hi·ti [tɑ:'hi:tɪ] *s* Tahiti; **~an** [tɑ:'hi:ʃn] **1.** *s* Tahitier(in) *m(f)* | Tahitisch *n*; **2.** *adj* tahitisch

tahr [tɑ:] *s Zool* Tahr *m*, Wildziege f

tai·ga ['taɪgə] *s Geogr* Taiga *f*

tai·gle ['teɪgl] *Schott vt* verzögern; *vi* zögern

[1]**tail** [teɪl] **1.** *s* Schwanz *m* ⟨a dog's ~ ein Hundeschwanz; ~s up *übertr* gutgelaunt; to turn ~ ([on] to s.th.) *übertr* (vor etw.) ausreißen; with one's ~ between one's legs mit hängendem Schwanz; *übertr umg* niedergeschlagen⟩ | (Pferd u. ä.) Schweif *m*, Steiß *m*, Sterz *m* | *auch* **~ of a comet** Kometenschweif *m* | hinteres Ende, Schluß *m* ⟨out of the ~ of one's eye mit einem Seitenblick⟩ | *Flugw* Heck *n*, Rumpfende *n* | (Rock-) Schoß *m* | (Kleid-) Schleppe *f* | Haarzopf *m* | *meist pl* Rückseite *f*, Wappenseite *f* (einer Münze) ⟨heads or ~s Zahl oder Wappen⟩ | Menschenreihe *f*, Menschenschlange *f* | *Mar* Tauende *n*, Steert *m* | *Mus* Notenhals *m* | *dial* Hintern *m*, Gesäß *n* | Anhang *m* (einer Partei) | *Sl* Beschatter *m* ⟨to put a ~ on s.o. jmdn. beschatten lassen⟩ | *vulg* Frau *f* ⟨a bit/piece of ~ etw. fürs Bett⟩ | *vulg* Sex *m*; **2.** *adj* hinterste(r, -s), Schluß-, Rükken-; **3.** *vt* mit einem Schwanz versehen | am Schwanz packen | (einem Hund u. ä. den Schwanz) stutzen, beschneiden ⟨to ~ a dog⟩ | (Früchte) entstielen, zupfen ⟨to top and ~ Blüten und Stiele entfernen (von)⟩ | an einem Ende befestigen (**to** an) | beschließen, das Ende *od* Schlußlicht bilden von (*auch übertr*); **~ after** nachlaufen; **~ in** in die Wand einlassen; **~ on** anhängen (**to** an); *vi* sich lang (dahin)ziehen; **~ away, ~ off** abfallen, abnehmen, abflauen | (Bemerkung, Stimme u. ä.) steckenbleiben, stokken | zurückbleiben, -fallen | *Tech* allmählich abklingen

[2]**tail** [teɪl] *Jur* **1.** *s* Beschränkung *f*; **2.** *adj* beschränkt, begrenzt

tail| as·sem·bly ['teɪl əˌsemblɪ] *s Flugw* Leitwerk *n*; **'~back** *s Brit* Fahrzeugstau *m*, -schlange *f*; **'~board** *s Kfz* Ladeklappe *f*; **'~coat** *s* Frack *m*; **'~ed** *adj* (*in Zus*) geschwänzt, -schwänzig ⟨short-≈⟩; **ˌ~ 'end** *s* (*meist sg*) Letzte *n*, Schluß *m*; **ˌ~'end·er** *s Am umg* Schlußlicht *n*; **'~ fin** *s Flugw* Schwanz-, Heckflosse *f*; **'~gate 1.** *s Am* = **'~board**; **2.** *vt Am Sl* dicht auffahren auf ⟨to ≈ a car⟩; **'~ ˌgun·ner** *s Mil* Heckschütze *m*; **'~ing** *s Arch* eingemauertes Ende; **'~ings** *s/pl* Abfall *m* | Rückstände *m/pl*; **'~ lamp** *s* Schlußlicht *n* | *Kfz* Schlußleuchte *f*, Rücklicht *n*; **'~ ˌland·ing** *s Flugw* Hecklandung *f*

taille [taɪ] *s* Taille *f*

tail|less ['teɪlləs] *adj* ohne Schwanz, schwanzlos; **'~light** *s* Schlußlicht *n*

tai|lor ['taɪlə] **1.** *s* Schneider *m* ⟨the ≈ makes the man Kleider machen Leute⟩; **2.** *vt* schneidern ⟨well-≈ed gut gearbeitet⟩ | (jmdn.) kleiden | *übertr* passend machen für ⟨to ≈ s.th. for a special purpose etw. für einen bestimmten Zweck zuschneiden; ≈ed to an audience für ein Publikum bestimmt⟩; *vi* schneidern; **'~lor bird** *s Zool* Schneidervogel *m*; **'~lored** *adj* (Kleid u. ä.) gut sitzend; **ˌ~lored 'suit** *s* Maßanzug *m*; **~lor·ess** ['-rɪs] *s* Schneiderin *f*; **'~lor·ing** *s* Schneidern *n*; **ˌ~lor-'made** *adj* vom Schneider angefertigt; Schneider- | maßgeschneidert, gut gearbeitet, gut sitzend | *übertr* besonders geeignet (**for** für), abgestimmt (**for** auf); **ˌ~lor's 'chalk** *s* Schneiderkreide *f*; **ˌ~lor's 'dum·my** *s* Schneiderbüste *f*; **ˌ~lor's 'mus·cle** *s Anat* Schneidermuskel *m*; **'~lor·y** *s* Schneiderei *f*

tail|piece ['teɪlpi:s] *s* Schwanzstück *n* | *übertr* Anhang *m*, Anhängsel *n* | *Typ* Schlußvignette *f* | *Arch* Stichbalken *m*; **'~pipe** *s Tech* Strahl-, Saugrohr *n*; **'~plane** *s Flugw* Höhenflosse *f*; **tails** *s/pl umg* Frack *m*, Schwalbenschwanz *m*; **'~spin** *s Flugw* Abtrudeln *n*; **'~stock** *s Tech* Reitstock *m*; **'~ ˌu·nit** *s Flugw* Heckleitwerk *n*; **'~ ˌwa·ter** *s* Stauwasser *n*; **'~wind** *s* Rückenwind *m*

tain [teɪn] *s Tech* feines Weißblech

taint [teɪnt] **1.** *s*, *auch übertr* Makel *m*, Fleck *m*, Spur *f* ⟨free from ~ makellos⟩ | *Med* (verborgene) Ansteckung, Seuche *f* | *Med* verborgene Anlage, Krankheitskeim *m* ⟨a ~ of insanity⟩ | *übertr* Verderbtheit *f*, Gift *n* ⟨moral ~⟩; **2.** *vt* beflecken, beschmutzen | verderben ⟨~ed meat⟩ | *meist übertr* vergiften, verpesten (**with** durch) ⟨~ed with belastet mit; a character ~ed with dishonesty ein von Unehrlichkeit nicht freier Charakter⟩ | anstecken, infizieren; *vi* verderben, schlecht werden

tak·a·ble ['teɪkəbl] *adj* greifbar

take [teɪk] **1. (took** [tʊk], **tak·en** ['teɪkən]) *vt* nehmen, ergreifen, fassen, packen (**with** mit) ⟨to ~ a seat Platz nehmen; to ~ hold of s.th. etw. ergreifen; to ~ s.o.'s arm jmdn. beim Arm nehmen; to ~ s.o.'s hand jmds. Hand nehmen; to ~ s.o. to one's arms and breast jmdn. umarmen⟩ | (jmdn.) fangen, erwischen, ertappen, überraschen (*auch übertr*) ⟨to ~ s.o. at a disadvantage jmdn. überrumpeln; to ~ s.o. unawares/by surprise jmdn. überraschen; to ~ s.o. in the act jmdn. auf frischer Tat ertappen⟩ | *Mil* (ein)nehmen ⟨to ~ a town⟩ | *Mil* gefangennehmen ⟨to ~ s.o. prisoner jmdn. gefangennehmen⟩ | an-, entgegennehmen ⟨to ~ a gift⟩ | (Geld u. ä.) einnehmen, bekommen, erhalten | einnehmen, zu sich nehmen ⟨to ~ dinner die Mahlzeit einnehmen; to ~ tea Tee trinken; to ~ the air an die Luft gehen, Luft schnappen; to ~ the waters Brunnen trinken⟩ | an-, aufnehmen, anziehen ⟨to ~ a dye Farbe annehmen⟩ | mitnehmen ⟨to ~ s.o. for a walk mit jmdm. spazierengehen; to ~ s.o. home jmdn. heimbringen⟩ | mitnehmen, mit-, überbringen ⟨to ~ a message to s.o.⟩ | (etw.) unternehmen, durchführen ⟨to ~ a bath ein Bad nehmen; to ~ a walk einen Spaziergang machen⟩ | befallen, überkommen ⟨to be ~n ill krank werden, erkranken⟩ | (Krankheit) sich zuziehen, bekommen ⟨to ~ a cold sich erkälten⟩ | (heraus)nehmen, entnehmen (**from** von) | übernehmen ⟨to ~ a task⟩ | (Gelegenheit u. ä.) ergreifen, wahrnehmen, nutzen ⟨to ~ one's chance seine Chance wahrnehmen, etw. riskieren; to ~ a chance on s.th. etw. einkalkulieren⟩ | verwenden, benutzen ⟨to ~ s.o.'s car⟩ | wegnehmen ⟨to ~ s.th. by mistake⟩ | *Ling* annehmen ⟨to ~ a case einen Fall verlangen; to ~ the accent den Akzent bekommen⟩ | abonniert haben ⟨to ~ the 'Morning Star'⟩ | *Foto* aufnehmen ⟨to ~ a snapshot⟩ | (Beleidigung u. ä.) hinnehmen, aushal-

ten ⟨to be able to ~ it; to ~ s.th. in one's stride etw. spielend meistern *od* schaffen; I won't ~ this das laß ich mir nicht gefallen⟩ | sich herausnehmen, sich leisten ⟨to ~ liberties with s.o. sich jmdm. gegenüber Freiheiten herausnehmen⟩ | ansehen, halten (**for** für) ⟨to ~ s.o. for an honest man in jmdm. einen ehrlichen Menschen sehen⟩ | betrachten (**as** als) ⟨to ~ s.th. for granted etw. voraussetzen; to ~ (s.th.) as read etw. als gegeben ansehen, etw. nicht anzweifeln⟩ | annehmen, verstehen, begreifen, auf-, erfassen ⟨as he ~s it seiner Meinung nach; I ~ it that ich nehme an, daß; to ~ a view of Stellung nehmen zu; to ~ s.th. ill of s.o. jmdm. etw. übelnehmen; to ~ things as they are die Dinge nehmen, wie sie sind⟩ | (Zeit u. ä.) brauchen, erfordern, in Anspruch nehmen ⟨it took her a week sie brauchte eine Woche; it ~s two to make a quarrel zu einem Streit gehören zwei; to ~ one's time over s.th. sich Zeit lassen *od* nehmen mit etw.; bummeln mit etw.⟩ | glauben ⟨~ my word for it that, you may ~ it from me that du kannst mir glauben, daß⟩ | (Gefühl) haben, bekommen, empfinden ⟨to ~ a liking to s.o. Zuneigung fassen zu jmdm.; to ~ comfort sich trösten; to ~ courage Mut fassen; to ~ pity on Mitleid haben mit⟩ | sich befassen mit, sich beschäftigen mit ⟨to ~ a problem⟩; **~ aback** verblüffen; **~ aboard** *Mar, Flugw* an Bord nehmen; **~ about** umherführen; **~ along** mitnehmen; **~ apart** auseinandernehmen | *übertr umg* (jmdn.) herunterputzen; **~ aside** beiseite nehmen; **~ away** wegnehmen, ab-, wegräumen, entfernen (**from** von), beseitigen | (jmdn.) dahinraffen; **~ back** zurücknehmen ⟨to ≈ one's word widerrufen⟩ | *Wirtsch* (Waren) wieder annehmen, zurücknehmen ⟨to ≈ damaged goods⟩ | (Person) wieder aufnehmen; **~ down** (Haus) abreißen, abtragen | (Gerüst) abnehmen | *umg* (jmdn.) demütigen, drücken ⟨to ~ s.o. down a peg [or two] *übertr* jmdm. einen Zahn ziehen⟩ | (*meist pass*) (jmdn.) niederwerfen, krank machen ⟨to be ~n down with the flu mit Grippe im Bett liegen⟩ | notieren, niederschreiben; **~ in** einnehmen | hereinführen, hineinnehmen ⟨to ~ a lady in to dinner e-e Dame zu Tisch führen⟩ | (Gast) aufnehmen | *Mar* (Segel) einholen | einnähen, enger machen | *übertr* umfassen, einschließen | (Zeitung) halten | (Arbeit) übernehmen | verstehen, begreifen ⟨to ≈ the scene at a glance mit einem Blick die Lage erfassen⟩ | hereinfallen auf, abnehmen ⟨to ≈ all her lies⟩ | *umg* (jmdn.) hereinlegen, täuschen ⟨don't let yourself be ~n in⟩; **~ off** fortschaffen, fortbringen | abführen ⟨he was ~n off to prison⟩ | (Kleid u.ä.) ausziehen (*Ant* put on) | (Hut) abnehmen, ziehen (**to s.o.** vor jmdm.) | entlassen | (Bein) abnehmen | *Wirtsch* abziehen ⟨to ~ 10p. off the price⟩ | (Steuer) aufheben | hinraffen | nachahmen, -äffen, -machen | *übertr* (Blicke u.ä.) ablenken, abbringen; **~ on** (Arbeiter) an-, einstellen | (Mitglied) aufnehmen | übernehmen ⟨to ≈ a job⟩ | (Herausforderung) annehmen | (Eigenschaft) annehmen; **~ out** herausnehmen, herausholen, entnehmen ⟨to have a tooth ~n out sich einen Zahn ziehen lassen⟩ | (Fleck) entfernen | *übertr* austreiben (**out of s.o.** jmdm.) ⟨to ~ the nonsense out of s.o. jmdn. zur Räson bringen; to ~ s.o. out of himself jmdm. neuen Mut machen, jmdn. zu sich bringen⟩ | (Kind) ausfahren | (jmdn.) führen, ausgehen mit (jmdn.) ⟨to ~ s.o. out to the theatre⟩ | (Patent u.ä.) erwirken | (Versicherung, Abonnement u.ä.) abschließen | ausschalten, außer Gefecht setzen, erledigen (*auch übertr*) ⟨to ~ a factory out by bombing it; the defence was ~n out; to ~ it out of s.o. *umg* jmdn. erschöpfen *od* fertigmachen⟩ | sich rächen *od* schadlos halten (**on s.o.** an jmdm.) ⟨to ~ one's annoyance out on s.o. seinen Ärger auslassen an jmdm.; to ~ it out on s.o. es (seine Wut) jmdn. spüren lassen⟩ | *Kart* überbieten, übertrumpfen ⟨to ~ one's partner out⟩; **~ over** (Geschäft u.ä.) übernehmen | überführen ⟨to ~ s.o. over to an island⟩ | *Tel* verbinden (**to** mit); **~ together** zusammennehmen; **~ up** ergreifen, aufnehmen, aufheben ⟨to ≈ one's pen die Feder ergreifen⟩ | (Beruf u.ä.) ergreifen | (Arbeit) aufnehmen | (Fahrgast) an Bord nehmen | annehmen, aufgreifen ⟨to ≈ s.o.'s suggestion; *Am* I'll ~ you up on your offer ich möchte dein Angebot aufgreifen⟩ | (Zeit u.ä.) in Anspruch nehmen ⟨to ≈ s.o.'s attention jmds. Aufmerksamkeit in Anspruch nehmen; to be ~n up with voll beschäftigt sein mit⟩ | auf sich nehmen, übernehmen ⟨to ~ the responsibility [up] on o.s.⟩ | (Wohnsitz) aufschlagen ⟨to ≈ one's residence at⟩ | (jmdn.) bei sich aufnehmen | (Strickmasche) aufnehmen, auffangen | *Wirtsch* (Wechsel) akzeptieren | (Unterhaltung) fort-, weiterführen | (Redner) unterbrechen | (Pflaster) auf-, abreißen | *Tel* (Hörer) abnehmen | *Med* (Arterie) unterbinden;
vi nehmen, greifen | (ergriffen) werden ⟨he took ill er wurde krank⟩ | wirken, einschlagen, ankommen, ziehen ⟨the play did not ~ das Stück fand keinen Anklang⟩ | Abbruch tun, schaden (**from s.th.** einer Sache) ⟨to ~ from s.o.'s reputation jmds. Ruf schmälern⟩ | *Kart* stechen | (Schach) schlagen (können) | *Jur* erben, (als Erbe) zum Zuge kommen ⟨he ~s as heir⟩ | Feuer fangen | anbeißen (Fisch) | *umg* sich photographieren lassen ⟨he ~s well er ist leicht zu photographieren⟩ | *Bot* Wurzeln schlagen, anwachsen | (Medizin) anschlagen; **~ away** beeinträchtigen, mindern (**from s.th.** etw.); **~ off** *Flugw* aufsteigen, starten ⟨ready to ≈ startbereit⟩ | (Zug) abfahren | (Sturm) nachlassen | (Sport) abspringen | sich abnehmen lassen (Deckel u.ä.); **~ on** *umg* sich aufregen | *umg* modern werden, Anklang finden; **~ over** *Pol* die Macht übernehmen; **~ to** (Gewohnheit u.ä.) annehmen ⟨to ≈ drinking aufs Trinken verfallen⟩ | (Zuflucht) nehmen ⟨to ≈ the woods in die Wälder flüchten⟩ | Gefallen finden an ⟨Jane took to Jim Jane hatte Jim gern⟩; **~ up** anfangen, sich einlassen (**with** mit) | sich anfreunden (**with** mit); **~ with** verfangen *od* ankommen bei ⟨that won't ≈ me⟩;
2. *s* Beute *f*, Fang *m* | *Theat* Einnahme *f* | *Film, Ferns* Aufnahme *f*, Szene *f*, Take *m* | *Typ* Stück *n*, Manuskript *n*; **'~a·way 1.** *s* Laden *m*, der über die Straße verkauft; **2.** *adj Brit* zum Mitnehmen ⟨a ≈ meal⟩; **'~-down** *s* Auseinandernehmen *n*, Zerlegen *n* | *umg* Demütigung *f*; **tak·en** *part perf* von ↑ **take 1.**; **~-'home pay** *s* Nettolohn *m*, reines Geld; **'~-in** *umg s* Schwindel *m*, Betrug *m*, Reinfall *m* | Schwindler(in) *m(f)*; **'~off** (Sport) *s* Absprung *m* | Absprungstelle *f* | *Flugw* Start *m* | *übertr* Start *m*, Ausgangspunkt *m* | *umg* Nachahmung *f*, -äffung *f*, Karikatur *f* ⟨a funny ≈ of s.o.⟩; **'~on 1.** *s umg* Erregung *f*; **2.** *adj Am* = **'~away**; **'~out** *adj* zum Mitnehmen ⟨≈ pizzas⟩; **'~o·ver** *s Wirtsch* Übernahme *f* | Machtergreifung *f*; **'tak·er** *s* Nehmer(in) *m(f)* | *Wirtsch* Abnehmer *m*; **'~up** *s Tech* Spanner *m* | Vorrichtung *f* zum Aufnehmen *od* Aufwickeln; **'tak·ing 1.** *s* Nehmen *n* | *Mil* Eroberung *f*, Einnahme *f* | *Foto* Aufnahme *f* | *Wirtsch* (Geld-) Einnahme *f*

talc [tælk] *s Min* Talk *m*; **tal·cite** ['tælkaɪt] *s Min* Talkit *m*; **'tal·c[um] ˌpow·der** *s Min* Talkpuder *n* | Körperpuder *m*

tale [teɪl] *s* Geschichte *f*, Erzählung *f*, Bericht *m* ⟨~s of adventure Abenteuergeschichten *pl*; to tell one's own ~ für sich selbst sprechen⟩ | Märchen *n*, Sage *f* ⟨fairy ~s⟩ | *übertr* Märchen *n*, Lüge *f* ⟨to tell s.o. ~s jmdm. etw. vormachen⟩ | Klatschgeschichte *f* ⟨to tell ~s klatschen, Tratsch verbreiten; to tell ~s out of school *übertr* aus der Schule plaudern⟩ | *poet* Zahl *f* ⟨out of ~ zahllos; the ~ of dead and wounded die Zahl der Toten und Verwundeten⟩; '~ˌ**bear·er** *s* Zu-, Zwischenträger(in) *m(f)*; '~ˌ**bear·ing** **1.** *s* Zu-, Zwischenträgerei *f*, Klatscherei *f*; **2.** *adj* klatschsüchtig

tal·ent ['tælənt] *s* Talent *n*, Begabung *f*, Anlage *f*, Fähigkeit *f* ⟨a man of great ~ ein sehr begabter Mensch; to have a ~ for Talent haben für⟩ | begabter Mensch | *collect* Talente *pl*, talentierte Personen ⟨a lack of local ~ fehlende Talente am Ort; to engage the best ~ die besten Kräfte verpflichten⟩ | *umg* (Frau) Biene *f*, Mieze *f*, hübsches Ding | (Mann) Typ *m* | *bibl* Pfund *n* | *Hist* Talent *n* (Münzeinheit) ⟨10 ~s of silver⟩; '**~ed** *adj* begabt, talentiert; '**~less** *adj* talentlos, untalentiert, unbegabt; '**~ scout** *umg* Talent(e)sucher(in) *m(f)*

ta·ler ['tɑːlə] *s* (*pl* '~) *Hist* Taler *m*

ta·les ['teɪliːz] *s/pl Jur* Ersatzjury *f*

tale·tell|er ['teɪlˌtelə] *s* Märchen-, Geschichtenerzähler *m* | Schwindler *m*; '**~ing** *s* Märchen-, Geschichtenerzählen *n* | Schwindel *m*, Schwätzerei *f*, Tratsch *m*

tal·i·pes ['tælɪpiːz] *s Med* Klumpfuß *m*

tal·is·man ['tælɪzmən] *s* Talisman *m*, Amulett *n*

talk [tɔːk] **1.** *s* Gespräch *n*, Unterhaltung *f* ⟨to have a ~ with sich unterhalten mit; small ~ Plauderei *f*⟩ | Vortrag *m*, Ansprache *f* (**on, about** über) ⟨to give a ~ on s.th.⟩ | Reden *n*, Gerede *n*, Geschwätz *n* ⟨just ~ nur Gerede; to be all ~ nur reden, immer nur reden⟩ | Gesprächsgegenstand *m* ⟨the ~ of the town das Stadtgespräch⟩ | Redeweise *f*, Sprache *f* ⟨baby ~; the ~ of monkeys⟩; **2.** *vi* reden, sprechen ⟨he can ~⟩ | einen Vortrag halten (**on** über) | plaudern, sich unterhalten (**about, on** über, **of** von, **to, with** mit) | reden, schwätzen, klatschen (**of** über) ⟨people ~ too much; to ~ through one's hat *umg* Unsinn faseln⟩ | reden, etw. verraten ⟨he won't ~⟩ | sich verständlich machen ⟨to ~ by using signs⟩; ~ **at** einreden auf; ~ **back** erwidern, entgegnen | eine freche Antwort geben; ~ **big** prahlen, großtun; *vt* reden, sprechen, (in Worten) ausdrücken ⟨to ~ nonsense unvernünftig reden; to ~ scandal klatschen; to ~ sense vernünftig reden; to ~ shop fachsimpeln⟩ | sich unterhalten über ⟨to ~ music⟩ | (Sprache) sprechen ⟨to ~ French⟩; ~ **about** reden über ⟨to be ~ed about im Gerede sein⟩; ~ **away** (Zeit) verplaudern; ~ **down** *Flugw* (ein Flugzeug) zur Landung einweisen | *umg* von oben herab *od* anmaßend behandeln (**to s.o.** jmdn.) | *Am* zum Schweigen bringen, niederschreien; ~ **into** (jmdn.) beschwatzen, mit Worten bewegen zu; ~ **out** aussprechen über; ~ **out of** (jmdn.) von etw. abbringen; ~ **over** (etw.) durchsprechen (**with** mit) | (jmdn.) überreden; ~ **round** (jmdn.) überreden (**to** zu) | um (etw.) herumreden; ~ **up** *Am* anpreisen, loben; '**~a·tive** *adj* redselig, geschwätzig; ˌ**~-back 'cir·cuit** *s Tel* Gegensprechschaltung *f* | Rundfunkmeldeleitung *f*; **~ee-~ee** ['~ɪ'~ɪ] *s* Kauderwelsch *n* | *umg* Geschwätz *n*; '**~er** *s* Sprechende(r) *f(m)*, Redner(in) *m(f)* ⟨a good ≈⟩ | Schwätzer(in) *m(f)* | sprechendes Tier (Vogel); '**~fest** *s Am Sl* Kaffeeklatsch *m*; '**~ film** *s* Tonfilm *m*; **~ie** ['~ɪ] *s arch umg* Tonfilm *m*; '**~-in** *Am s* Protestversammlung *f* | *umg* zwangloser Vortrag | Ansprache *f*, Diskussion *f*; **~ing** **1.** *s* Reden *n*, Sprechen *n* ⟨no ≈ please bitte Ruhe!; to do the ≈ das Gespräch führen, selber reden⟩ | Gerede *n*, Geschwätz *n* ⟨that's enough ≈ es ist genug geredet worden⟩ | Geplauder *n*, Unterhaltung *f*, **2.** *adj* redend, sprechend (*auch übertr*) | geschwätzig; '**~ing ˌcur·rent** *s* Sprechstrom *m*; '**~ing film,** '**~ing ˌpic·ture** *s* Tonfilm *m*; '**~ing point** *s* Gesprächsthema *n*; '**~ing shop** *s Brit umg* Quasselbude *f*, -verein *m*; '**~ stick** *s* sprechendes Holz; '**~ing-to** *s umg* Standpauke *f*, Tadel *m* ⟨to give s.o. a good ≈ jmdm. eine tüchtige Standpauke halten⟩; **talks** *pl förml* (offizielle) Gespräche ⟨peace ≈ Friedensgespräche *pl*; to meet for ≈ sich zu Gesprächen treffen⟩; '**~ shop** = '**~ing shop**; '**~ show** *s Am* Talkshow *f*; '**~y** redselig, geschwätzig

tall [tɔːl] **1.** *adj* (Person) groß, hochgewachsen ⟨a ~ man⟩ | (nach Größenangaben) groß ⟨five feet ~⟩ | (Gebäude u.ä.) hoch | lang und dünn | *Sl* großartig | *Sl* übertrieben, zuviel ⟨a ~ order eine Nummer zu groß; eine Zumutung; a ~ story/tale *übertr* ein Märchen *n*⟩; **2.** *adv Sl* stolz ⟨to talk ~ große Reden führen⟩

tal·lage ['tælɪdʒ] *s Brit Hist* Steuer *f*, Abgabe *f*

tall|boy ['tɔːlbɔɪ] *s Brit* hohe (Schlafzimmer-) Kommode | *Am* langstieliges (Wein-) Glas; '**~boy 'cup·board** *s* Besenschrank *m*; '**~ish** *adj* ziemlich groß

tall oil ['tɑːl ɔɪl] *s Tech* Tallöl *n*

tal·low ['tæləʊ] **1.** *s* Talg *m* | *Tech* Schmiere *f*; **2.** *vt* talgen, (ein)fetten, (ein)schmieren; '**~ ˌcan·dle** *s* Talgkerze *f*; ˌ**~-'faced** *adj* bleich; '**~ oil** *s* Talgöl *n*; '**~wood** *s Bot* Talgholz *n*; '**~y** *adj* talgig, Talg-, talgartig

tall ship ['tɔːl ˌʃɪp] *s Mar* Segelschulschiff *n*

tal·ly ['tælɪ] **1.** *s Hist* Kerbholz *n* | Seiten-, Gegenstück *n*, Duplikat *n* (**of** zu) | Kennzeichen *n*, Marke *f*, Etikett *n* | Zählbogen *m* | *Wirtsch* Warenliste *f* | *Wirtsch* Stückzahl *f* ⟨to buy by ~ nach dem Stück kaufen⟩ | *umg* (Sport) Punkt(stand, -zahl) *m* (*m, f*); **2.** *vt* kontrollieren, stückweise nachzählen | (Waren) auszeichnen | (miteinander) in Übereinstimmung bringen ⟨to ~ our stories⟩ | (Sport) (Punkte) zählen, notieren, erzielen; *vi* stimmen, entsprechen, genau übereinstimmen (**with** mit, zu) | *Kart* die Bank halten

tal·ly·ho [ˌtælɪ'həʊ] **1.** *interj* hallo!; **2.** *s* Hallo *n*, Weidruf *m*; **3.** *vt* (Hunde) durch Hallorufe antreiben; *vi* hallo rufen

tal·ly|man ['tælɪmən] *s* (*pl* '**~men**) *Wirtsch, Mar* Kontrolleur *m*; Ladungsprüfer *m* | *Brit Wirtsch* Inhaber *m* eines Abzahlungsgeschäftes | (Sport) Punktrichter *m*; '**~shop** *s Brit Wirtsch* Abzahlungsgeschäft *n*

tal·mi gold ['tælmɪ ˌgəʊld] *s* Talmigold *n*

Tal·mud ['tælmʊd] *s* (*mit best art*) *Rel* Talmud *m*; **~ic** [tæl'mʊdɪk], **Tal'mud·i·cal** *adj* talmudisch

tal·on ['tælən] *s Zool* Kralle *f*, Klaue *f* (eines Raubvogels) | (Fechten) Stoß *m* | *Kart, Wirtsch* Talon *m* | *Arch* Kehlleiste *f*

ta·lus ['teɪləs] *s Geol* Geröllhalde *f* (am Fuß eines Abhangs)

tam·a|bil·i·ty [ˌteɪmə'bɪlətɪ] *s* Zähmbarkeit *f*; '**~ble** *adj* zähmbar

ta·ma·le [tə'mɑːlɪ] *s* (mexikanisches) Maisgericht (mit Kochfleisch)

ta·ma·noir [ˌtæmən'wɑː] *s Zool* Ameisenbär *m*

tam·a·rind ['tæmərɪnd] *s Bot* Tamarinde *f* | Tamarindenfrucht *f*

tam·a·risk ['tæmərɪsk] *s Bot* Tamariske *f*

tam·bour ['tæmbʊə] **1.** *s Mus* große Trommel | *Arch* Tambour *m*, Säulentrommel *f* | *auch* '**~ frame** runder Stickrahmen, Tambur *m* | Tamburierstickerei *f* | Rouleau *n*, Rollo *n* (z. B. an Pult) | *Mil* Palisade *f*; **2.** *vt* tamburieren

tam·bou·rine [ˌtæmbə'riːn] *s Mus* Tamb(o)urin *n*

tam·bour| lace ['tæmbʊəˌleɪs] *s* auf Tüll gestickte Spitze; '**~ stitch** *s* Tamburierstich *m*; '**~ work** *s* Tamburierstickerei *f*

tame [teɪm] **1.** *adj* (Tier) zahm, gezähmt ⟨a ~ monkey⟩ | (Pflanze) veredelt | (Person) mutlos, unterwürfig, gefügig ⟨a ~ little man⟩ | *Am* (Land) kultiviert | *übertr umg* langweilig, geistlos ⟨a ~ baseball match; a ~ ending⟩; **2.** *vt* (Tier) zähmen, bändigen ⟨to ~ a lion⟩ | (jmdn.) gefügig machen, unterwerfen ⟨to ~ nature⟩; *vi* zahm werden; '**~less** *adj* unzähmbar | ungezähmt; '**tam·er** *s in Zus* -bändiger *m* ⟨a lion ≈⟩

Tam·il ['tæmɪl] *s* (*pl* **~, ~s**) Tamile *m*, Tamilin *f* | *Ling* Tamil *n*

Tam·ma·ny ['tæmənɪ] *bes Am Pol* **1.** *s* politische Korruption; **2.** *adj* Korruptions-

[1]**tam·my** ['tæmɪ] *s* Etamin *n*

[2]**tam|my** ['tæmɪ] *s umg* für **~-o'-shan·ter** [ˌtæm ə 'ʃæntə] *s* Baskenmütze *f*, runde Wollmütze (mit Bummel)

tamp [tæmp] **1.** *s Tech* Ramme *f*, Handstampfer *m*; **2.** *vt Tech* (Bohrlöcher) besetzen | (Erde, Lehm) (fest)stampfen | (Gleisbau) unterstopfen; **'~er** *s Tech* Stampfer *m* | *Eisenb* Schwellenstopfer *m*

[2]**tam·per** ['tæmpə] *vi* sich (unbefugt) zu schaffen machen (**with** mit), sich (ein)mischen (**with** in) | herumpfuschen (**with** an) | *arch* intrigieren | zu bestechen suchen (**with s.o.** jmdn.); *vt* (Text) verfälschen, unberechtigt ändern

tamp·ing ['tæmpɪŋ] *s* Stampfen *n* | (Gleisbau) Unterstopfen *n*; **'~ bag** *s* Besatzpatrone *f*; **'~ bar** *s* Ladestock *m*; **'~ pick** *s* Stopfhacke *f*; **'~ stick** *s* Ladestock *m*

tam·pon ['tæmpən] **1.** *s Med* Tampon *m*, Wattebausch *m* | Pfropfen *m*; **2.** *vt Med* mit einem Tampon verstopfen, tamponieren; **~ade** [tæmpə'neɪd], *auch* **'~age** *s Med* Tamponieren *n*, Verstopfen *n*

[1]**tan** [tæn] **1.** *s* (Gerber-) Lohe *f* | Leder-, Lohfarbe *f*, Gelbbraun *n* | (Sonnen-) Bräune *f* ⟨to get a good ~ schön braun werden⟩; **2.** (**tanned, tanned**) *vt* (Leder) gerben, beizen | (Haut) bräunen | *Sl* (jmdm.) das Fell gerben, durchprügeln ⟨to ~ s.o.'s hide, to ~ the hide of s.o. jmdn. windelweich schlagen⟩; *vi* (Leder) sich gerben lassen | braun werden ⟨to ~ quickly schnell braun werden⟩; **3.** *adj* leder-, lohfarben, gelbbraun ⟨~ shoes⟩

[2]**tan** *Abk* von **tangent 2.**

tan·dem ['tændəm] **1.** *s* Tandem *n* | *auch* **'~ ˌbicycle** Fahrrad *n* mit zwei hintereinander angeordneten Sitzen, Tandem *n* | *El* Kaskade *f*; **2.** *adj* Tandem-; **3.** *adv* hintereinander ⟨to drive ~ mit hintereinander gespannten Pferden fahren; to ride ~ mit einem Tandem fahren⟩; **4.** *vi* mit einem Tandem fahren; *vt* hintereinander anordnen; **'~ conˌnec·tion** *s El* Serienschaltung *f*; **'~ drive** *s Tech* Tandemantrieb *m*; **'~ trunk** *s Tel* Durchgangsleitung *f*; **'~ ˌwind·ing** *s Tech* Tandemförderung *f*

[1]**tang** [tæŋ] **1.** *s Tech* Heftzapfen *m*, Angel *f*, Lappen *m* | *Tech* Schaft *m* | (*meist sg*) Beigeschmack *m* (*auch übertr*) ⟨~ of garlic Knoblauchgeschmack *m*; ~ of humour humoristische Note⟩; **2.** *vt Tech* (Werkzeug) mit Zapfen versehen, lappen | (einer Sache) einen Beigeschmack geben (*auch übertr*)

[2]**tang** [tæŋ] *s Bot* Seetang *m*

[3]**tang** [tæŋ] **1.** *s* Schrillen *n* | scharfer Klang | schriller Laut; **2.** *vt* scharf klingen lassen | schrillen lassen; *vi* erklingen

tan|gen·cy ['tændʒənsɪ] *s Math* Berührung *f*; **ˌ~gent 1.** *adj Math* sich berührend (**to** mit); **2.** *s Math* Tangente *f* | *übertr* plötzliches Abweichen, Abgehen *n*, Abspringen *n* ⟨to fly/go off at a ≈ *umg* vom Gegenstand abweichen⟩; **ˌ~gent 'arc** *s Math* Tangentenbogen *m*; **ˌ~gent 'point** *s* Tangentialpunkt *m*; **~gen·tial** [tæn'dʒenʃl] *adj Math* tangential, Tangential- ⟨to be ≈ to s.th. etw. berühren⟩ | *übertr* flüchtig, sprunghaft ⟨a ≈ comment eine zufällige Randbemerkung⟩ | *förml* abweichend ⟨≈ forces⟩; **~'gen·tial 'law** *s Math* Tangentensatz *m*

tan·ge·rine [ˌtændʒə'ri:n] *s* (Art) Mandarine *f*, Tangerine *f* | Rotorange *n* (Farbe) | ∸ Bewohner(in) *m(f)* von Tanger

tan·gi|bil·i·ty [ˌtændʒə'bɪlətɪ] *s* Fühl-, Berühr-, Greifbarkeit *f*; **~ble** ['tændʒəbl] *adj* fühl-, greifbar (*auch übertr*) ⟨a ≈ proof ein handfester Beweis⟩ | *Wirtsch* real ⟨≈ assets Sachwerte *m/pl*⟩

tan|gle ['tæŋgl] **1.** *s* Gewirr *n*, Knäuel *m*, Gefitz *n* ⟨a ≈ of hair⟩ | Wirrwarr *m*, Durcheinander *n*, Verwicklung *f* ⟨a ≈ of opinions⟩ | *umg* Streit *m*, Gewörtel *n* (**with** mit) ⟨a ≈ with the neighbours⟩; **2.** *vt* verwirren, verwickeln, durcheinanderbringen (*auch übertr*) ⟨≈d hair zerzaustes Haar; to become ≈d untrennbar miteinander verbunden sein⟩; *vi* sich verwickeln, sich verheddern (*auch übertr*) | *übertr umg* sich einlassen, sich anlegen (**with** mit); **'~gling** *adj* verwirrend; **'~gly** *adj* verwickelt, wirr

tan|go ['tæŋgəʊ] **1.** *s* (*pl* **'~gos**) *Mus* Tango *m* | Tango *m* (Tanz); **2.** *vi* Tango tanzen

tank [tæŋk] **1.** *s* Zisterne *f*, Wasserbehälter *m*, Bottich *m* ⟨a rainwater ~⟩ | *Tech* Kanister *m*, Tank *m* ⟨a petrol ~⟩ | *Mil* Panzer *m*, Tank *m* | *Foto* Bad *n*, Wanne *f*; **2.** *vt* in einen Tank füllen | in einem Tank speichern; *vi, meist* **~ up** *Flugw, Kfz, Mar* auftanken, volltanken | *Sl* (Bier) saufen ⟨to get ~ed up *Sl* sich [mit Bier] schwer einen antrinken, sich besaufen⟩; **'~age** *s* Tankanlage *f* | Tankgebühr *f* | Tankinhalt *m*

tank·ard ['tæŋkəd] *s* Bierkrug *m*, Deckelkanne *f*

tank| car ['tæŋk kɑ:] *s Eisenb* Kesselwagen *m*; **'~ ditch** *s Mil* Panzergraben *m*; **'~er** *s* Tankwagen *m* | *Mar* Tanker *m*, Tankschiff *n*; **'~ ship**, *auch* **'~ ˌsteamer** *s Mar* Tanker *m*; **'~ top** *s Am* Achselschlußhemd *n*, -bluse *f*, Pullunder *m*; **'~ trap** *s Mil* Panzerfalle *f*

tan|nage ['tænɪdʒ] *s* Gerbung *f* | Gerbstoff *m*; **tanned** *adj* (sonnen)gebräunt; **'~ner** *s* (Loh-) Gerber *m*

[2]**tan·ner** ['tænə] *s Brit arch Sl* Sixpencestück *n*

tan|ner·y ['tænərɪ] *s* (Loh-) Gerberei *f*; **'~nic** *adj* Gerb-; **ˌ~nic 'a·cid** *s* Gerbsäure *f*; **~nin** [tænən|-ɪn] *s* Tannin *n*, Gerbsäure *f*; **'~ning** *s* Gerben *n* | *Sl* Tracht *f*, Prügel ⟨to give s.o. a ≈ jmdm. das Fell gerben⟩; **'~ pit** *s* Lohgrube *f*

tan·noy ['tænɔɪ] *s bes Brit* Lautsprecher(anlage) *m(f)* ⟨over/on the ~ über Lautsprecher⟩

tan·sy ['tænzɪ] *Bot s* Rainfarn *m* | Gänsefingerkraut *n*

tan·ta|li·za·tion [ˌtæntəlaɪ'zeɪʃn] *s* Quälen *n*, Schmachtenlassen *n*; **'~lize** *vt* quälen, peinigen, schmachten lassen; *vi* schmachten, sich sehnen; **'~liz·ing** *adj* quälend, peinigend ⟨a ≈ smell verlockender Duft⟩

tan·ta·lum ['tæntələm] *s Chem* Tantal *n*

tan·ta·lus ['tæntələs] *s* verschließbarer Flaschenhalter, -ständer *m*

tan·ta·mount ['tæntəmaʊnt] *adj* gleichwertig, von gleichem Wert (**to** wie) | gleichbedeutend (**to** mit ⟨to be ~ to s.th. einer Sache gleichkommen, hinauslaufen auf etw.⟩

tan·ta·ra [tæn'tɑ:rə] *s* Fanfare *f*

tan·tiv·y [tæn'tɪvɪ] **1.** *s* Galopp *m* | Jagen *n*, Hasten *n*; **2.** *adj, adv* schnell

tan·trum ['tæntrəm] *s umg* schlechte Laune ⟨to be in one's ~s schlechte Laune haben⟩ | Wutanfall *m*, Koller *m* ⟨to fly/get into a ~ in Rage kommen *od* geraten⟩

tan·yard ['tænˌjɑ:d] *s* (Loh-) Gerberei *f*

Tan·za·ni|a [ˌtænzə'nɪə] *s* Tansania; **~an 1.** *adj* tansanisch; **2.** *s* Tansanier(in) *m(f)*

Tao·ism ['taʊɪzm|'tɑ:əʊ-] *s Rel* Taoismus *m*

[1]**tap** [tæp] **1.** *s* Zapfen *m*, Hahn *m*, Spund *m* ⟨on ~ (Bier u. ä.) angezapft, vom Faß; *übertr* verfügbar⟩ | *Brit* (Wasser-) Hahn *m* ⟨to turn the ~ on⟩ | *Tech* Gewindebohrer *m* | *El* Anzapfung *f* | Getränk *n* | *auch* **'~ room** Schenke *f*, Kneipe *f* | *umg* Getränk *n* | *umg* Sorte *f*, Typ *m*; **2.** (**tapped, tapped**) *vt* (Faß u. ä.) anzapfen, anstechen ⟨to ~ a barrel⟩ | (Baum) anbohren ⟨to ~ a rubbertree⟩ | *auch* **~ off** abzapfen, abziehen ⟨to ~ off cider from a cask Apfelwein aus einem Faß abziehen⟩ | mit einem Zapfen versehen | *Tel* anzapfen, mithören bei | *Med* punktieren | *übertr* ausbeuten, ausnutzen ⟨to ~ the mineral wealth of a country⟩ | *umg* (jmdn.) aushorchen | *Sl* (jmdn.) anpumpen, angehen (**for** um); *vi Tel* mithören

[2]**tap** [tæp] **1.** (**tapped, tapped**) *vt* pochen auf, klopfen auf,

leicht schlagen auf ⟨to ~ one's fingers on mit dem Finger klopfen auf; to ~ s.o. on the shoulder jmdm. auf die Schulter klopfen⟩ | leicht berühren, tippen auf | (Basketball) (Ball) durch leichten Schlag weitergeben, (an)tippen; ~ **out** signalisieren, funken ⟨to ~ out a message⟩; *vi* pochen, klopfen, leicht schlagen (**at, on** gegen, an) ⟨to ~ at/on the door⟩; ~ **off** (Sport) (Ball) abklatschen; **2.** *s* Pochen *n*, leichter Schlag | leichte Berührung, Taps *m* ⟨a ~ at the door; a ~ on the shoulder⟩ | Absatzfleck *m* | (*oft pl*) *Am Mil* Zapfenstreich *m* ⟨~s was sounded der Zapfenstreich wurde geblasen⟩

tap| bolt ['tæp bəult] *s Tech* Kopf-, Stiftschraube *f*; '~ ˌ**bor·er** *s Tech* Zapfenbohrer *m*; '~ **conˌnec·tion** *s El* Anzapfstelle *f*

tap| dance ['tæp dɑ:ns] *s* Stepptanz *m*; '~-**dance** *vi* Stepp tanzen, steppen; '~ ˌ**danc·er** *s* Stepptänzer(in) *m(f)*; '~ ˌ**danc·ing** *s* Steppen *n*

tape [teɪp] **1.** *s* schmales Zwirnband | Bandstreifen *m* | Gurt *m* | *auch* '**in·su·lat·ing** ~ Isolierband *n* | (Sport) Zielband *n* ⟨to breast the ~ durchs Ziel gehen⟩ | *Wirtsch* Kontrollstreifen *m* (Registrierkasse) | *Tel* Papierstreifen *m* | *auch* **mag'net·ic** ~ *El* Tonband *n* ⟨recording ~ Bandmaterial *n*⟩ | *auch* '~ **reˌcord·ing** *El* Bandaufnahme *f* ⟨to hear a ~⟩ | *Buchw* Heftband *n* | Bandmaß *n* ⟨measuring ~⟩ | *auch* '**tick·er** ~ Morsestreifen *m*; **2.** *vt* mit einem Band versehen | *auch* ~ **up** mit einem Band (zusammen)binden | *Buchw* auf Band heften | *auch* '~-**reˌcord** *El* auf Tonband aufnehmen ◇ **have s.o. / s.th. ~d** *Sl* jmdn. *od* etw. kapiert haben; *vi* mit einem Bandmaß messen; ˌ~ **ad'he·sive** *s* Klebestreifen *m*; ˌ~ **con'trol** *s* (Computer) Lochstreifensteuerung *f*; '~ **deck** *s* Kassettendeck *n*; ˌ~ **e'ras·er** *s El* Tonbandlöschgerät *n*; '~ ˌ**fas·ten·er** *s* (Schuh) Klettverschluß *m*; '~ **line,** '~ ˌ**meas·ure** *s* Bandmaß *n*, Maßband *n*; '~ ˌ**play·er** *s El* Bandgerät *n*, Recorder *m*; ~ '**punch** *s* Band-, Streifenlocher *m*

tap·er ['teɪpə] **1.** *s* dünne Wachskerze | Wachsstock *m*, -faden *m* | *poet* Fackel *f* | Abschrägung *f*, Verjüngung *f*; **2.** *adj* (spitz) zulaufend, sich verjüngend | (Finger) schlank | *umg* nachlassend; **3.** *vt* zuspitzen | *auch* ~ **off** (Produktion u. ä.) allmählich auslaufen lassen *od* zurückschrauben; *vi, auch* ~ **off** spitz zulaufen, sich verjüngen | *übertr* abnehmen, nachlassen; '~ **bore** *s Tech* Kegelbohrung *f*

tape| reader ['teɪp rɪdə] *s* (Computer) Band-, Streifenleser *m*; '~ **reˌcord·er** *s* Tonbandgerät *n*; '~ **reˌcord·ing** *s* Tonbandaufnahme *f*

ta·pered ['teɪpəd] *adj* spitz zulaufend, sich verjüngend; '**ta·per shank** *s Tech* Kegelschaft *m*

tape| speed [ˌteɪp 'spi:d] *s El* Bandgeschwindigkeit *f*; ˌ~ '**spool** *s El* Bandspule *f*; ˌ~ '**store** *s* (Computer) Bandspeicher *m*

tap·es|try ['tæpɪstrɪ] **1.** *s* Gobelin *m*, Wandteppich *m* | Polstermöbelstoff *m* | Tapisserie *f*; **2.** *vt* mit Gobelins versehen ⟨a ~tried hall ein mit Teppichen behangener Saal⟩; ˌ~**try** '**car·pet** *s* Wandteppich *m*

tape·worm ['teɪpwɜ:m] *s Zool* Bandwurm *m*

tap·house ['tæp haus] *s selten* Schenke *f*, Kneipe *f*

tap·i·o·ca [ˌtæpɪ'əukə] *s* Tapioka *f*, Maniokstärke *f*

ta·pir ['teɪpə] *s Zool* Tapir *m*

tap·is ['tæpi:] *s arch* Tischteppich *m*, Läufer *m* ◇ **on the** ~ zur Diskussion *od* Debatte

tap·per ['tæpə] *s Tech* Gewindebohrmaschine *f* | *Tel* Abgreifer *m*

tap·pet ['tæpət] *Tech s* Stößel *m* | Nocken *m* | Mitnehmer (-zapfen, -stift) *m* (*m, m*) | Exzenter *m*; '~ ˌ**clear·ance** *s Tech* Stößel-, Ventilspiel *n*; '~ **wheel** *s* Daumenrad *n* (Webstuhl)

tap·ping ['tæpɪŋ] *s Tech* Innengewindebohrer *m* | *El* Anzapfung *f* | *Med* Perkutieren *n*, Beklopfen *n* | *Med* Punktieren *n*; '~ ˌ**cut·ter** *s Tech* Gewindefräser *m*; '~ **maˌchine** *s Tech* Gewindebohrmaschine *f*

tap| room ['tæp rum] *s* Schankstube *f*; '~**root** *s Bot* Pfahlwurzel *f*; ~**ster** [~stə] *s* Schankkellner *m*; ~**stress** [~strɪs] *s* Schankkellnerin *f*

ta·pu ['tɑ:pu:|tɑ:'pu:] = **taboo**

tar [tɑ:] **1.** *s* Teer *m* | (Zigaretten) Teergehalt *m* ⟨low (middle, high) ~⟩ | *auch* **Jack** ~ *arch umg* Teerjacke *f*, Matrose *m*; **2.** (**tarred, tarred**) *vt* teeren ⟨to ~ a road; to ~ and feather s.o. jmdn. teeren und federn; to ~ with the same brush über einen Kamm scheren; ~red with the same brush die gleichen Mängel aufweisend⟩; *vi* zu Teer werden

tar·a·did·dle ['tærədɪdl] *umg* **1.** *s* Lüge *f*; **2.** *vi* lügen; *vt* (jmdm.) etw. vorlügen

tar·an|tel·la [ˌtærən'telə], ~**telle** [ˌtærən'tel] *s Mus* Tarantella *f*

tar·ant·ism ['tærəntɪzm] *s Med* Tarantismus *m*, Tanzwut *f*

ta·ran·tu·la [tə'ræntjulə] *s Zool* Tarantel *f*

ta·rax·a·cum [tə'ræksəkəm] *s Bot* Löwenzahn *m*

tar·board ['tɑ:bɔ:d] *s* Dachpappe *f*

tar·boosh [tɑ:'bu:ʃ] *s* Tarbusch *m*, Fes *m*

tar|brush ['tɑ:brʌʃ] *s* Teerpinsel *m*; '~ ˌ**can·cer** *s Med* Teerkrebs *m*

tar·do ['tɑ:dəu] *adj Mus* tardo, langsam

tar·dy ['tɑ:dɪ] *adj förml* langsam ⟨~ progress⟩ | säumig, träge, faul ⟨to be ~ in offering help nur zögernd Hilfe gewähren⟩ | *Am* spät, verspätet ⟨to be ~ for school zu spät zur Schule kommen⟩

[1]**tare** [tɛə] *s Bot* Wicke *f* | *bibl, übertr* Drachensaat *f*

[2]**tare** [tɛə] *Wirtsch* **1.** *s* Tara *f*, Verpackungsgewicht *n* ⟨~ and tret Tara und Gutgewicht *n*⟩ | Gewicht *n* des Transportfahrzeuges; **2.** *vt* tarieren, das Gewicht der Verpakkung festhalten

tar·get ['tɑ:gɪt] **1.** *s* Schieß-, Zielscheibe *f* ⟨to hit the ~⟩ | *Wirtsch* Produktionssoll, -ziel *n* ⟨to reach the ~⟩ | *El* Fangelektrode *f* | Radarziel *n* | *Phys* Target *n* | *Foto* (beschriftete) Platte (Mikrofilm) | *übertr* Zielscheibe *f* (**of** für) ⟨the ~ of criticism⟩ ◇ **on** ~ auf dem richtigen Weg ⟨to be on ~ *umg* richtig liegen⟩; **2.** *vt Mil* zielen auf, unter Beschuß nehmen, bombardieren | *übertr* anvisieren, ins Auge fassen| *Wirtsch* (Soll) festlegen, planen (**for** auf) ⟨production was ~ed for a million tons⟩ | *Foto* (Mikrofilm) kennzeichnen, mit beschrifteter Platte versehen; '~**a·ble** *adj Mil* (auf ein Ziel) lenkbar ⟨individually ≈ war heads⟩; '~ **date** *s* End-, Fertigstellungstermin *m*; '~ ˌ**lan·guage** *s Ling* Zielsprache *f*; '~ ˌ**prac·tice** *s* Scheibenschießen *n*; '~ **range** *s* Schießstand *m*; '~ **rod** *s* (verstellbare) Ziellatte; '~ˌ**shoot·ing** *s* Scheibenschießen *n*

tar·iff ['tærɪf] **1.** *s* Tarif *m* | Zolltarif *m* | (Einfuhr-) Zoll *m* | *Brit* Preisverzeichnis *n*; **2.** *vt* Tarife festlegen für | (Ware) mit (Einfuhr-) Zoll belegen | (Ware) auszeichnen; '~ **proˌtec·tion** *s* Zollschutz *m*; '~ **wall** *s* Zollschranke *f*

tar·la·tan ['tɑ:lətən] *s* Tarlatan *m*

tar|mac ['tɑ:mæk], *förml auch* ~**mac·ad·am** [ˌtɑ:mə'kædəm] **1.** *s Brit* Teermakadam *m* | *Flugw* Rollbahn *f*, Hallenvorfeld *n*; **2.** ('~**macked,** '~**macked**) *vt* mit Teermakadam versehen *od* überziehen

tarn [tɑ:n] *s* kleiner Bergsee

tar·nish ['tɑ:nɪʃ] **1.** *vt* trüben, blind *od* stumpf machen ⟨~ed brass angelaufenes Messing⟩ | *übertr* besudeln, beflecken ⟨~ed honour befleckte Ehre⟩ | *Tech* mattieren; *vi* trübe werden, anlaufen; **2.** *s* Trübung *f* | Belag *m* | Anlaufen *n* | *übertr* Fleck *m*, Makel *m*

ta|ro ['tɑ:rəu] *s* (*pl* '~**ros**) *Bot* Taro *m*, Wasserbrotwurzel *f*

tar|oc ['tærɒk], ~**ot** ['tærəu] *s Kart* Tarock *m, n*

tar·pau·lin [tɑ:'pɔ:lɪn] *s* Zeltbahn *f*, Plane *f* | *Mar* Persenning *f*
tar·pon ['tɑ:pɒn] *s Zool* Tarpon *m*
tar·ra·did·dle ['tærədɪdl] = **taradiddle**
tar·ra·gon ['tærəgən] *s Bot* Estragon *m*
tar res·i·due ['tɑ: 'resɪdju:] *s* Teerrückstand *m*; [1]**tar·ry** ['tɑ:rɪ] *adj* geteert, teerartig, Teer- | *übertr* schmierig
[2]**tar·ry** ['tærɪ] *arch, lit* **1.** *s* Verweilen *n*; **2.** *vi* bleiben, verweilen, sich aufhalten ⟨to ~ a few days at/in a place; to ~ [behind] for s.o. auf jmdn. warten⟩ | säumen, zögern, sich (zu viel) Zeit nehmen ⟨to ~ about marriage sich nicht zur Ehe entschließen können⟩
tar·sal ['tɑ:sl] *s Anat* Fußwurzelknochen *m*
tar·si·a ['tɑ:sɪə] *s* Intarsia *f*, Einlegearbeit *f*
tar|sus ['tɑ:səs] *s* (*pl* **~si** [~saɪ]) *Anat* Fußwurzel *f*
[1]**tart** [tɑ:t] *s* Obsttorte *f* | Obsttörtchen *n*, Pastete *f*
[2]**tart** [tɑ:t] *adj* herb, sauer, scharf ⟨a ~ flavour⟩ | *übertr* scharf, beißend, schroff ⟨a ~ reply⟩
[3]**tart** [tɑ:t] **1.** *s Sl* Dirne *f*, Prostituierte *f*; **2.** *vt* **~ up** *Brit Sl* (jmdn.) aufdonnern, (etw.) aufmotzen, groß herausbringen, ausstaffieren ⟨to ~ up an old cottage⟩
tar·tan ['tɑ:tn] **1.** *s* Tartan *m*, Schottentuch *n*, -muster *n* | *übertr* schottischer Hochländer | Schottenregiment *n*; '**~ plaid** *s* Schottenplaid *n*; '**~ ˌTurf** *s* künstliche Grasnarbe
[1]**tar·tar** ['tɑ:tə] *s, auch* ˌ**cream of** '**~** *Chem* Weinstein *m* | Weinstein(belag) *m* (in Fässern) | *Med* Zahnstein *m*
[2]**tar·tar** ['tɑ:tə], *oft* **~** *s übertr* Hitzkopf *m* ⟨to catch a ~ an den Falschen geraten⟩
tar·tar| e·met·ic [ˌtɑ:tə ɪ'metɪk] *s Med* Brechweinstein *m*; **~ic** [tɑ:'tærɪk] *adj Chem* Wein-; ˌ**~ic 'a·cid** *s* Weinsäure *f*; **~ous** ['tɑ:tərəs] *adj* weinsteinhaltig, Weinstein-; '**~[e] sauce** *s Kochk* Sauce *f* à la tartare, Remoulade *f*
tart·ish ['tɑ:tɪʃ] *adj* säuerlich
tart·let ['tɑ:tlət] *s* Törtchen *n*
tar·trate ['tɑ:treɪt] *s Chem* Tartrat *n*, Weinsäurestein *m*
task [tɑ:sk] **1.** *s* Aufgabe *f* ⟨to set s.o. a ~ jmdm. eine Aufgabe stellen; to take s.o. to ~ about / for s.th. *übertr* jmdn. wegen etw. zur Rede stellen *od* ins Gebet nehmen⟩ | Arbeit *f*, Beschäftigung *f* | schwieriges Problem; **2.** *vt* (jmdn.) beschäftigen | (jmdm.) eine Aufgabe stellen | *übertr* belasten, anstrengen ⟨to ~ one's brain das Gehirn *od* den Kopf anstrengen⟩; '**~ force** *s Mil* Kampfverband *m*, Spezialtruppe *f* | *Am übertr* Expertengruppe *f*; '**~ˌmas·ter** *s* strenger Auftraggeber;jmd., der viel verlangt ⟨a hard ≈⟩; '**~ ˌmis·tress** *s* strenge Auftraggeberin; '**~ time** *s* Zeitvorgabe *f*; '**~ wage** *s* Akkordlohn *m*; Leistungslohn *m*; '**~ work** *s* Akkordarbeit *f*
tas·ma·nite ['tæzmənaɪt] *s Min* Tasmanit *m*
tass [tæs] *s Schott, dial* Becher *m*
tas·sel ['tæsl] **1.** *s* Quaste *f*, Troddel *f*, Bummel *f* | am Buch befestigtes Band *n* (als Lesezeichen) **2.** *vt* mit Quasten versehen; '**~ grass** *s Bot* Salde *f*; '**~led** *adj* mit Bummeln
taste [teɪst] **1.** *vt* herausfinden, schmecken ⟨I cannot ~ anything⟩ | (ab)schmecken, kosten, probieren (*auch übertr*) ⟨to ~ the soup⟩ | (Wein) verkosten | kosten, (Essen) anrühren, (zu essen) kriegen ⟨he had not ~d food for days er hatte tagelang nichts zu essen bekommen⟩ | *übertr* erleben, erfahren, genießen ⟨to ~ the joys of freedom⟩ | *poet* riechen | *arch* betasten; *vi* kosten (**of** von) | schmecken (**of** nach) ⟨to ~ of garlic nach Knoblauch riechen; to ~ nice gut schmecken⟩ | *übertr* einen Beigeschmack haben (**of** von); **2.** *s* Geschmack *m* (*auch übertr*) ⟨to leave a bad ~ in the mouth einen üblen Nachgeschmack haben *od* hinterlassen⟩ | (*meist sg*) (Kost-) Probe *f* (**of** von) | kleiner Schluck | (*sg*) Erlebnis *n*, Erfahrung *f* ⟨to have a ~ of life das Leben kennenlernen⟩ | Geschmackssinn *m* | Neigung *f*, Vorliebe *f* (**for, in** für) | *übertr* Beigeschmack *m*, Anflug *m* (**of** von) | Takt(gefühl) *m*(*n*) ⟨it would be bad ~ to *mit inf* es wäre taktlos, zu *mit inf*⟩; '**~ bud,** '**~ bulb** *s Anat* Geschmacksbecher *m*, -knospe *f*; '**tast·ed** *adj* -schmeckend ⟨sweet-≈⟩; '**~ful** *adj* schmackhaft, wohlschmeckend | *übertr* geschmackvoll; '**~less** *adj* nicht schmackhaft, fade | ohne Geschmack, geschmackfrei | *übertr* geschmacklos | taktlos; '**tast·er** *s* (Tee-, Wein- u. ä.) (Ver-) Koster *m*, Prüfer *m* | Probierbecher *m* | Käsestecher *m*; '**tast·y** *umg adj* schmackhaft ⟨a ≈ meal⟩ | *übertr* geschmack-, stilvoll | *umg* (Nachricht u. ä.) sensationell, interessant ⟨a ≈ piece of news eine hochinteressante Nachricht⟩
[1]**tat** [tæt] (**~ted, ~ted**) *vi* Schiffchenarbeit *od* Frivolitätenarbeit machen, Okkispitze herstellen; *vt* in Schiffchenarbeit anfertigen
[2]**tat** [tæt] *Brit Sl* raue *od* grobe Leinwand | billiges Material
[3]**tat** ↑ **tit for ~**
ta-ta [tæ'tɑ:] (Kindersprache) **1.** *interj, auch scherzh* tschüs!; **2.** *s* Spaziergang *m* ⟨to go ~s Spazierengehen *n*⟩
tat|ter ['tætə] **1.** *s* Fetzen *m*, Lumpen *m* ⟨in ≈s zerlumpt, abgerissen; to tear s.o.'s reputation to ≈s *übertr* jmds. Ruf verunglimpfen⟩; **2.** *vt* zerfetzen, in Fetzen reißen; *vi* in Fetzen gehen, zerreißen; **~ter·de·mal·ion** [ˌtætədə'meɪljən] **1.** *s* Lumpenkerl *m*; **2.** *adj* zerlumpt | Bettler-, Bettel-, heruntergekommen ⟨the most ≈ party⟩; '**~tered** *adj* (Kleid, Person) zerlumpt, abgerissen | (Haus) verfallen, baufällig | *übertr* hinfällig geworden, überlebt ⟨≈ conventions⟩
tat·ting ['tætɪŋ] *s* Schiffchenarbeit *f*, Frivolitätenarbeit *f*, Okkiarbeit *f*
tat|tle ['tætl] **1.** *vi* schwatzen, plaudern, klatschen; *vt* ausplaudern; **2.** *s* Geschwätz *n*; '**~tler** *s* Schwätzer(in) *m*(*f*) | *Zool* Wasserläufer *m*; '**~tle·tale** *s umg* Klatschbase *f*; '**~tling** *adj* geschwätzig, klatschsüchtig
[1]**tat·too** [tə'tu:|tæ'tu:] **1.** *s* (*nur sg*) *Mil* Zapfenstreich *m* ⟨to beat / sound the ~ zum Zapfenstreich blasen⟩ | Trommeln *n* (**on** auf, **with** mit) ⟨to play a ~ einen Trommelwirbel spielen⟩ | *Mil* Musikparade *f* ⟨the Edinburgh ~⟩; **2.** *selten vi* zum Zapfenstreich blasen | mit den Fingern trommeln
[2]**tat·too** [tə'tu:|tæ'tu:] **1.** *vt* tätowieren (**on** in, auf); **2.** *s* Tätowierung *f*; **~ing** *s* Tätowieren *n* | Tätowierung *f*; **~ist** Tätowierer(in) *m*(*f*)
tat·ty ['tætɪ] *adj Brit umg* schmutzig, unordentlich ⟨~ clothes⟩ | *übertr* billig, unglaubhaft ⟨a ~ story⟩
taught [tɔ:t] *prät* u. *part perf* von ↑ **teach**
taunt [tɔ:nt] **1.** *vt* verhöhnen, verspotten (**with s.th.** wegen etw., aufgrund von etw.) ⟨to ~ s.o. with s.th. jmdm. etw. (höhnisch) vorwerfen, jmdn. aufziehen mit *od* wegen etw.⟩; *vi* spotten; **2.** *s* (*oft pl*) Hohn *m*, Spott *m*, Stichelei *f* (**about** über) ⟨to endure the ~s of s.o. jmds. Spott hinnehmen⟩; '**~ing** *adj* spottend, höhnend
taupe [təʊp] *adj* taupe, maulwurfsfarben
tau|rine ['tɔ:raɪn] **1.** *s Zool* Rind *n*, Stier *m*; **2.** *adj* Stier-; **~rus** ['~rəs] *s Astr* Stier *m*
taut [tɔ:t] **1.** *adj* (Tau u. ä.) straff, fest gespannt ⟨~ muscles; to pull s.th. ~ etw. straff ziehen⟩ | (Nerven, Situation) (an)gespannt ⟨a ~ expression ein angespannter (Gesichts-) Ausdruck *m* | (Person) streng, hart ⟨a ~ bargain ein unerbittlicher Handel⟩ | schmuck, in bestem Zustand ⟨a ~ ship⟩
taut·ed ['tɔ:tɪd] *adj Schott* zottig, struppig
taut·en ['tɔ:tn] *vt* straff ziehen; *vi* sich straffen, straff werden
tauto- [tɔ:tə] ⟨*griech*⟩ *in Zus* dasselbe, das gleiche
tau|to·log·ic [tɔ:tə'lɒdʒɪk], **~to'log·i·cal** *adj* tautologisch; **~tol·o·gism** [tɔ:'tɒlədʒɪzm], **~'tol·o·gy** *s* Tautologie *f*
tav·ern ['tævn] *s arch* Taverne *f*, Schenke *f*

[1]**taw** [tɔ:] *vt* (Leder) weißgerben, abbeizen

[2]**taw** [tɔ:] *s* Murmel *f* | Murmelspiel *n*

taw·dry ['tɔ:drɪ] **1.** *adj* bunt, grell, knallig, Flitter- ⟨a ~ dress; ~ jewellery billiger Flitter(kram) *m(m)*⟩ | geschmacklos, zurechtgemacht ⟨to appear ~⟩ | wertlos, billig; **2.** *s* Flitter *m*, geschmackloser Aufputz

taw·er ['tɔ:ə] *s* Weißgerber *m*; '**~y** *s* Weißgerberei *f*

taw·n[e]y ['tɔ:nɪ] **1.** *adj* lohfarben, gelbbraun; **2.** *s* Gelbbraun *n*

taws[e] [tɔ:z] *Schott* **1.** *s* Peitsche *f*; **2.** *vt* peitschen

tax [tæks] **1.** *vt* besteuern ⟨to ~ s.o.'s income; tobacco is ~ed⟩ | (ein-, ab)schätzen, taxieren, veranschlagen | anstrengen, in Anspruch nehmen ⟨to be too ~ing for s.o. jmdn. zu sehr anstrengen *od* mitnehmen; to ~ s.o.'s patience jmds. Geduld auf die Probe stellen⟩ | *förml* zurechtweisen, tadeln (**with** wegen) | *förml* konfrontieren (**with** mit) | *förml* beschuldigen, anklagen (**with s.th.** einer Sache); **2.** *s* Steuer, Abgabe *f* (**on** auf) ⟨to levy a ~ on s.th. Steuer erheben auf etw.⟩ | Beitrag *m* | *übertr* Last *f*, Belastung *f*, Bürde *f* (**on** für), Inanspruchnahme *f* (**on s.o.**, jmds., **on s.th.** einer Sache) | *arch* Verweis *m*; '**~ a,bate·ment** *s* Steuernachlaß *m*; **,~a'bil·i·ty** *s* (Be-) Steuerbarkeit *f* | *Jur* Gebührenpflichtigkeit *f*; '**~a·ble** *adj* besteuerbar | Steuer-, steuerpflichtig | *Jur* gebührenpflichtig; **~a·tion** [tæk'seɪʃn] *s* Besteuerung *f* | *Jur* Taxierung *f*, Abschätzung *f* | *collect* Steuern *f/pl* ⟨high ≈; to reduce ≈⟩ | *arch* Verweis *m*; '**~ a,void·ance** *s* Steuerhinterziehung *f*; '**~ col,lec·tor** *s* Steuereinnehmer *m*; **,~-de'duc·tible** *adj* (von der Steuer) absetzbar; '**~ disk** *s Brit Kfz* Steuermarke *f* (an der Frontscheibe); '**~ ,dodg·er** *s* Steuerhinterzieher *m*; '**~ ,eat·er** *s umg* Unterstützungsempfänger *m*; '**~ e,va·sion** *s* Steuerhinterziehung *f*; **,~-'ex·empt, ,~-'free** *adj* abgaben-, steuerfrei, gebührenfrei; '**~ ,ex·ile,** *auch* '**~ ex,pat·ri·ate** *s* Steuerflüchtling *m*; '**~ ,ha·ven** *s* Steuerparadies *n*

tax·i ['tæksɪ] **1.** *s* (*Kurzw* für *förml* **~cab**) Taxe *f*, Taxi *n*, Mietauto *n* ⟨by ~ mit dem Taxi, mit der Taxe⟩; **2.** *vi* ein Taxi benutzen, in einem Taxi fahren | *Flugw* (auf der Rollbahn) rollen (**across** über); *vt* in einem Taxi befördern | *Flugw* rollen lassen, über die Rollbahn fahren; '**~cab** *s förml* Taxi *n*, Mietauto *n*; '**~ ,danc·er** *s* bezahlte Tänzerin

tax·i·der|mist ['tæksɪdɜ:mɪst] *s* Präparator *m*; '**~my** *s* Taxidermie *f* | Präparieren *n* u. Ausstopfen *n* von Tieren

tax·i| driv·er ['tæksɪ ,draɪvə] *s* Taxifahrer *m*, -chauffeur *m*; '**~ girl** = **~ dancer**; '**~,me·ter** *s* Taxameter *n*, Fahrpreisanzeiger *m*, Zähler *m*; '**~plane** *s* Mietflugzeug *n*; '**~ rank** *s* Taxistand *m*, Taxenhaltestand *m*; '**~ squad** *s Am* (Sport) Reservespieler *pl*; '**~ stand** *s Am* = '**~ rank**; '**~strip** *s Flugw* Rollbahn *f*

tax·less ['tæksləs] *adj* steuer-, abgabefrei

tax·o·nom·ic[al] [,tæksə'nɒmɪk(l)] *Biol, Ling adj* taxonomisch, Klassifizierungs-, klassifizierend; **tax·on·o·my** [tæk'sɒnəmɪ] *s* Taxonomie *f*, Klassifikation(slehre) *f(f)*

tax|pay·er ['tæks ,peɪə] *s* Steuerzahler *m*; '**~ rate** *s* Steuersatz *m*; '**~ re,turn** *s* Steuererklärung *f*; '**~ ,shel·ter** *s* Steuervergünstigung *f*, -absetzung *f*

tax·us ['tæksəs] *s Bot* Taxus *m*, Eibe *f*

TB *Abk* von **tuberculosis**

T band·age ['ti: ,bændɪdʒ] *s Med* T-Binde *f*

T bar ['ti: ba:] *Tech s* T-Eisen *n* | Bügel *m* | Schlepplift *m*

T beam ['ti: bi:m] *s Tech* T-Träger *m*

T-bone ['ti: bəʊn], *auch* **,~ 'steak** *s Am* (großes Rinds-) Steak (mit einem T-förmigen Knochen)

tbs[p] *Abk* von **tablespoonful[s] | tablespoon[s]**

tchu [tʃu:] *interj* pfui!

[1]**T.D.** *Abk* von *Am* **Treasury Department**

[2]**T.D.** *Abk* von **touchdown**

T-dress ['ti:dres] *s* T-Shirt-Kleid *n*

tea [ti:] **1.** *s Bot* Teestrauch *m* | Teeblätter *pl*, -pulver *n* | (Getränk) Tee *m* ⟨a cup of ~ eine Tasse Tee; to have/take ~ Tee trinken⟩ | (*meist pl*) Tasse *f* Tee ⟨2 ~s⟩ | kleine Mahlzeit mit Tee, Tee *m* (am Nachmittag) ⟨afternoon ~; five-o'clock ~ Fünfuhrtee; high ~ kaltes Abendbrot mit Tee⟩ ◇ **one's cup of ~** *übertr* Geschmack *m*, Lieblingsbeschäftigung *f*, jmds. Sache *f* ⟨it's not my cup of ~ das ist nicht mein Fall⟩; **2.** *umg vi* Tee trinken; *vt* (jmdn.) mit Tee bewirten; '**~bag** *s* Teebeutel *m*; '**~ball** *s Am* Tee-Ei *n*; '**~ blend** *s* Teemischung *f*; '**~ break** *s* kleine (Tee-) Pause; '**~ cad·dy** *s* Teebüchse *f*; '**~,cake** *s* Teekuchen *m*

teach [ti:tʃ] (**taught, taught** [tɔ:t]) *vt* (etw.) lehren, unterrichten ⟨to ~ French to beginners Französisch für Anfänger unterrichten⟩ | (jmdn.) unterrichten, (jmdm.) Unterricht geben in ⟨to ~ s.o. [how] to swim⟩ | *übertr* (jmdm.) beibringen, lehren ⟨experience taught him that he was wrong; to ~ s.o. better jmdn. eines Besseren belehren⟩ | (Tier) dressieren, abrichten; *vi* lehren, unterrichten, Unterricht geben, Lehrer sein ⟨to ~ at a school⟩; **~a·bil·i·ty** [,ti:tʃə'bɪlətɪ] *s* Lehrbarkeit *f* | Belehrbarkeit *f* | Gelehrigkeit *f*; '**~a·ble** *adj* lehrbar | belehrbar | gelehrig; '**~er** *s* Lehrer(in) *m(f)* ⟨language ≈⟩ | Dozent(in) *m(f)*; '**~ers' in·sti·tute** *s* pädagogisches Institut; '**~ers' lounge** *s* Lehrerzimmer *n*

'teach|er train·ing ['ti:tʃə treɪnɪŋ] *s* Lehrer(aus)bildung *f*; **,~er 'train·ing** *adj* Lehrer(ausbildungs)- ⟨≈ certificate Lehrerdiplom *n*⟩; **~-in** ['ti:tʃɪn] *s umg* Teach-in *n*, öffentliche Diskussion (*meist* an einer Bildungsstätte); '**~ing 1.** *s* Lehren *n*, Unterricht *m* | *meist* '**~ings** *pl meist Pol, Rel* Lehre *f* ⟨the ≈s of Christ⟩; **2.** *adj* lehrend, unterrichtend, Lehr-, Unterrichts- ⟨≈ hours Unterrichtsstunden *pl*⟩; '**~ing ,hos·pi·tal** *s* Ausbildungsklinik *f*; '**~ing ma,chine** *s Päd* Lehr-, Unterrichtsmaschine *f*; **,~ing-'mind·ed** *adj* lehrbewußt; '**~ing pro,fes·sion** *s* Lehrerberuf *m*, -stand *m*

tea| cloth ['ti:klɒθ] *s* kleine Tischdecke | Geschirrtuch *n*; '**~ ,co·sy** *s* Teewärmer *m*; '**~cup** *s* Teetasse *f* ⟨a storm in a ≈ *übertr* ein Sturm im Wasserglas⟩; '**~cup·ful** (*pl* '**~cup·fuls** *od* '**~cupsful**) *s* (Inhalt *m* einer) Teetasse *f*, eine Teetasse voll; '**~ dance** *s* Tanztee *m*; '**~ ,gar·den** *s* Teeplantage *f* | Gartenrestaurant *n* (in dem vor allem Tee serviert wird); '**~ gown** *s* Nachmittagskleid *n*; '**~house** *s* Teehaus *n*

teak [ti:k] *s Bot* Teakholzbaum *m* | Teakholz *n*

tea·ket·tle ['ti: ,ketl] *s* Tee-, Wasserkessel *m*

teal [duck] ['ti:l (dʌk)] (*pl* '**~**) *s Zool* Krickente *f*

tea·leaf ['ti:li:f] *s* (*pl* '**~leaves**) Teeblatt *n*

team [ti:m] **1.** *s* (Sport) Mannschaft ⟨a football ~⟩ | (Arbeits-) Gruppe *f*, Team *n* ⟨an able ~⟩ | Abteilung *f*, Schicht *f* | Gespann *n* ⟨a ~ of oxen⟩ | Zug *m*, Flug *m* (Vögel) | *dial* Brut *f*; **2.** *vt* (Pferde) zusammenspannen | mit einem Gespann befördern; *vi* mit einem Gespann fahren; **~ up** sich zu einer Gruppe zusammenschließen | zusammenarbeiten | miteinander gehen ⟨Jack and Joan have ~ed up Jack und Joan gehen (jetzt) miteinander⟩ | zusammenpassen (**with** mit) ⟨to ≈ nicely with gut passen zu⟩

tea mer·chant ['ti: ,mɜ:tʃənt] *s* Teehändler *m*

team| game ['ti:m geɪm] (Sport) *s* Mannschaftsspiel *n*; '**~ play** *s* Zusammenspiel *n*; '**~ ,spir·it** *s* Mannschaftsgeist *m* (*auch übertr*); '**~-,teach** *vi Am, Kan, Päd* als Team unterrichten; '**~ ,teach·ing** *s Päd* Unterricht *m* durch ein Team (von verschiedenen Spezialisten); **~ster** ['~stə] *s* Fuhrmann *m* | *Am* LKW-Fahrer *m*; '**~work** *s* Teamwork *n*, Kollektiv-, Zusammenarbeit *f*

tea par·ty ['ti: ,pa:tɪ] *s* Teegesellschaft *f*; '**~ plant** *s* Teestrauch *m*; '**~pot** *s* Teekanne *f*

[1]**tear** [tɪə] *s* Träne *f* ⟨to be in ~s weinen; to burst into ~s in Tränen ausbrechen; to move s.o. to ~s jmdn. zum Weinen bringen⟩ | Tropfen *m*

[2]**tear** [tεə] **1.** *s* (Zer-) Reißen *n*, Zerfetzen *n* ⟨wear and ~ Abnutzung *f*, Verschleiß *m*⟩ | Riß *m*, Schlitz *m* (in Papier, Stoff u. ä.) | Dahinstürmen *n*, rasendes Tempo ⟨at full ~ in vollem Schwung, mit voller Geschwindigkeit⟩ | heftige Erregung | *Am Sl* Vergnügen *n*, Ausgelassenheit *f* ⟨to go on a ~ auf die Pauke hauen, einen draufmachen⟩; **2.** (**tore** [tɔ:], **torn** [tɔ:n]) *vt* (an-, auf-, auseinander-, zer)reißen ⟨to ~ one's hair *übertr* sich die Haare raufen; to ~ s.th. to pieces etw. in Stücke reißen⟩ | (ein)reißen ⟨to ~ a hole in one's jacket sich ein Loch in die Jacke reißen⟩ | (Haut) ritzen, reißen ⟨to ~ one's hand on a nail⟩ | ent-, wegreißen | (*meist pass*) *übertr* zerreißen, -fleischen, quälen ⟨a country torn by civil war ein vom Bürgerkrieg zerfleischtes Land; torn between hin- und hergerissen zwischen⟩; ~ **a·part** *übertr umg* zerreißen | niedermachen ⟨to ~ a book apart⟩ | *übertr* ausschimpfen, auseinandernehmen | entsetzen, heftig mitnehmen; ~ **away** weg-, losreißen ⟨to ~ o.s. away sich losreißen⟩; ~ **down** herunterreißen | (Haus) abreißen; ~ **off** ab-, wegreißen | *übertr umg* (Arbeit) schnell erledigen, schaffen ⟨to ~ s.o. off a strip, to ~ a strip/strips off s.o. *umg übertr* jmdm. die Leviten lesen, an jmdm. keinen guten Faden lassen⟩; ~ **out** herausreißen ⟨to ~ a page out of a book; to ~ one's hair out *übertr* außer sich sein, stark erregt sein; to ~ s.o.'s heart out *übertr* jmdm. das Herz aus dem Leibe reißen⟩; ~ **up** aufreißen | zerreißen | *übertr* untergraben, zunichte machen; *vi* reißen, zerren (**at** an) | (ein-, zer)reißen ⟨to ~ easily⟩ | rasen, stürzen, eilen ⟨to ~ noisily down the road⟩; ~ **along** dahinstürmen; ~ **down** hinabeilen; ~ **into** eindringen in, sich bohren in, ein Loch reißen in ⟨to ≈ the wall⟩ | sich stürzen *od* losgehen auf, herfallen über ⟨to ≈ a dish⟩ | abkanzeln, keinen guten Faden lassen an ⟨to ≈ one's opponent⟩; ~ **off** wegrasen | sich abtrennen lassen, sich lösen von; ~ **out** herausstürzen; ~ **up** angerast kommen

tear·a·way ['tεərəweɪ] *s Brit Sl* Rabauke *m*, einer, der keinen Halt kennt

tear|drop ['tɪədrɒp] *s* Träne *f*; '~ **duct** *s Anat* Tränenkanal *m*; '**~ful** *adj* weinend, in Tränen | traurig ⟨≈ looks⟩; '**~gas** *s* Tränengas *n*; '~ **gland** *s Anat* Tränendrüse *f*

tear·ing ['tεərɪŋ] *adj* zerreißend | zerreißbar | quälend ⟨a ~ headache⟩ | stürmisch, heftig, stark ⟨a ~ rage; to be in a ~ hurry es höllisch eilig haben⟩ | *bes Brit* toll, glänzend, rasant ⟨~ success⟩; '~ **strength** *s* Zerreißfestigkeit *f*

tear|jerk·er ['tɪə͵dʒɜ:kə] *s urspr Am umg* Schnulze *f*, Schmachtfetzen *m*; '**~less** *adj förml* tränenlos | ohne zu weinen

tear-off ['tεərɒf] *s* Abriß *m*, Abschnitt *m* zum Abreißen; ͵**~-off 'cal·en·dar** *s* Abreißkalender *m*

tea|room ['ti:rʊm|'~ru:m] *s* Teestube *f*; '~ **rose** *s Bot* Teerose *f*

tear|stained ['tɪə steɪnd] *adj* tränenüberströmt | verweint ⟨≈ eyes⟩; '**~y** *adj* voller Tränen | tränennaß | *übertr* rührselig, sentimental ⟨a ≈ story⟩

tease [ti:z] **1.** *vt* (Flachs) hecheln | (Wolle) krempeln, kämmen | *Tech* kardieren, aufrauhen | *übertr* aufziehen, ärgern, hänseln, necken (**about** wegen) | *übertr* bestürmen, belästigen (**for** wegen, **with** mit); *vi* sticheln | lästig sein; **2.** *s* Hecheln *n* (Flachs) | Kämmen *n* (Wolle) | *Tech* Aufrauhen *n* (Tuch) | Necken *n*, Neckerei *f* | Plage *f* | *umg* jmd., der gern neckt *od* hänselt ⟨what a ~ she is!⟩ | *umg* Quälgeist *m*; **tea·sel** ['ti:zl] **1.** *s Bot* Kardendistel *f* | *Tech* Karde *f*; **2.** *vt* (Tuch) aufrauhen, krempeln, karden; **teas·er** ['ti:zə] *s* Hänsler *m*, Necker *m* | Quälgeist *m* | *umg* harte Nuß | schwierige Frage | *Sl* verlockende Sache | *Sl* Schäker *m*; Frau, die mehr verspricht, als sie hält | *Tech* Reißwolf *m*

tea| ser·vice ['ti: ͵sɜ:vɪs], *auch* '~ **set** *s* Teeservice *n*; '~ **shop** *s* Teestube *f* | *Brit* Imbißstube *f*

teas·ing ['ti:zɪŋ] *s* Necken *n*, Hänseln *n*, Hänselei *f*

tea|spoon ['ti:spu:n] *s* Teelöffel *m*; '**~spoonful** *s* ein Teelöffel voll; '~ ͵**strain·er** *s* Teesieb *n*

teat [ti:t] *s Anat* Brustwarze *f* | *Zool* Zitze *f* | (Gummi-) Sauger *m* (einer Flasche) | *Tech* Warze *f*

tea| ta·ble ['ti: ͵teɪbl] *s* kleiner Teetisch; '~ **things** *s/pl umg* Teegeschirr *n*; '**~time** *s* Teezeit *f* ⟨at ≈⟩; '~ ͵**tow·el** *s* Geschirrtuch *n*; '~ **tray** *s* Teetablett *m*; '~ ͵**trol·ley** *s Brit* Teewagen *m*; '~ **urn** *s* Teemaschine *f*; '~ ͵**wag·[g]on** *bes Am* = '~ **trolley**

tea·zle, *auch* **tea·zel** ['ti:zl] = **teasel 1.**

tec [tek] *s Sl* Kriminalbeamter *m*, Detektiv *m*

tech [tek] *s Kurzw für umg Päd* **technical college** Technikum *n*, Technische Hochschule

techn- [tekn] *in Zus* = **techno-**

tech·ne·ti·um [tek'ni:ʃɪəm] *s Chem* Technetium *n*

tech·ne·tron·ic [͵teknə'trɒnɪk] *adj* technoelektronisch ⟨~ revolution; ~ era⟩

tech|nic ['teknɪk] **1.** *adj* = **~nical**; **2.** *s* = **~nicality; ~ni·cal** ['~nɪkl] *adj* technisch ⟨≈ skill gute Technik⟩ | technisch, fachmännisch, Fach-, Spezial-, fachlich, speziell ⟨≈ expert/man Fachmann *m*; ≈ word Fachwort *n*; too ≈ zu speziell⟩ | *übertr* technisch, rein formal ⟨a ≈ defect eine Niederlage im technischen Sinne; ≈ knock-out (Sport) technischer K.o.; on ≈ grounds *Jur* aus formal-juristischen [verfahrenstechnischen] Gründen⟩ | '**~ni·cal** ͵**col·lege** *s* technische Hoch-, Fachschule *f*; ͵**~ni·cal 'guid·ance** *s* fachmännische Anleitung; ͵**~ni'cali·ties** *s/pl* = **technique; ~ni·cal·i·ty** [͵teknɪ'kæləti] *s* technische Einzelheit | Fachausdruck *m*; '**~ni·cal school** *s* Technikum *n*; ͵**~ni·cal 'term** *s* Fachausdruck *m*; ͵**~ni·cal 'wri·ter** *s* Verfasser *m* von technischer Literatur; **~ni·cian** [tek'nɪʃn] *s* technischer Fachmann, Techniker *m* (*auch übertr*); '**~ni·cism** *s* Technizismus *m*; **~ni·col·our** ['teknɪkʌlə] *s Film* Farbfotografie *f*, Technicolor *n*; '**~ni·col·oured** *adj* in Technicolor; **~nics** ['teknɪks] *s/pl* (*meist sg konstr*) Technik *f*, technische Methode | technische Einzelheit | Fachausdrücke *m/pl*; '**~ni·fy** *vi, vt* technisieren; **~nique** [tek'ni:k] *s auch Mus,*(Sport) Technik *f*, Methode *f*, Art der Ausführung ⟨the ≈ of his music⟩ | Kunstfertigkeit *f*, technisches Geschick | Technik *f*, (Arbeits-) Verfahren *n* ⟨≈ of welding schweißtechnisches Verfahren⟩; '**~nism** ≈ **~nicism**

tech·no ['teknə|tek'nɒ] ⟨*griech*⟩ *in Zus* Techno-, Technik betreffend

tech·no·chem·is·try [͵teknə'kemɪstrɪ] *s* Industriechemie *f*

tech|noc·ra·cy [tek'nɒkrəsɪ] *s* Technokratie *f*; **~no·crat** ['teknəkræt] *s* Technokrat *m*

tech|no'log·i·cal *adj* technisch, technologisch ⟨≈ advance technischer Fortschritt; ≈ dictionary technisches Fachwörterbuch; ≈ training polytechnische Ausbildung⟩ | *Wirtsch* durch Technisierung bedingt ⟨≈ unemployment⟩; **~no͵log·i·cal 'train·ing** *s Päd* polytechnische Erziehung; **~nol·o·gist** [tek'nɒlədʒɪst] *s* Technologe *m*; **~'nol·o·gy** *s* Technologie *f*; **~'nol·o·gy as͵sess·ment** *s* Technikprognose *f*; **~'nol·o·gy ͵trans·fer** *s* Technologietransfer *m*; ͵**~no'ma·ni·a** *s* Techniksucht *f*, Technomanie *f*; ͵**~no'pho·bi·a** *s* Technikfeindlichkeit *f*

tech·y ['tetʃɪ] = **tetchy**

tec·ton·ic [tek'tɒnɪk] *adj Geol* tektonisch, baulich; **tec'ton·ics** *s/pl* (*meist sg konstr*) *Geol* Tektonik *f*

ted [ted] *Sl* für **teddy boy**

Ted [ted] *dimin* für **Edward**

ted·der ['tedə] *s Landw* Heuwender *m*

ted·dy| bear ['tedı bεə] *s* Teddybär *m*, Spielzeugbär *m*; '~ **boy** *s Brit* (50er Jahre) Teddyboy *m*, Halbstarker *m*

Te De·um [ˌteı 'deıəm|ˌti: 'di:əm] *s* (*pl* ˌ**Te 'De·ums**) *Mus, Rel* Tedeum *n*, Lobgesang *m* (*auch übertr*)

te·di|ous ['ti:dıəs] *adj* ermüdend, langweilig ⟨≈ work⟩ | weitschweifig ⟨a ≈ lecture⟩ | langweilig, öde ⟨a ≈ subject⟩; **~um** ['~əm] *s* Langweiligkeit *f* | Weitschweifigkeit *f*

tee [ti:] **1.** *s* (Sport) (Wurf-) Ziel *n* ⟨to a ~ *übertr* aufs Haar genau⟩ | (Golf) Abschlagmal *n*, -stelle *f*; **2.** *vt, auch* ~ **up** (Golfball) auf das Abschlagmal legen | (Fußball) sich (den Ball) zurechtlegen; ~ **up** *übertr umg Mil* vorbereiten, arrangieren; ~ **off** *vi* (Golf) das Spiel eröffnen

[1]**teem** [ti:m] *vi* strotzen, wimmeln (*auch übertr*) (**with** von) ⟨his head ~ed with bright ideas⟩ | *lit* reichlich vorhanden sein *od* vorkommen (**in** in) ⟨fish ~ in this river; lakes ~ing with pike⟩

[2]**teem** [ti:m] *vt Tech* (Metall) in Kokillen abgießen; *vi umg* gießen, schütten ⟨~ing rain strömender Regen; it's ~ing es gießt; it's ~ing with rain es schüttet nur so⟩; ~ **down** herunterprasseln (Regen) ⟨rain ~ed down for hours⟩

[1]**teem·ing** ['ti:mıŋ] *adj lit* strotzend, wimmelnd (**with** von)

[2]**teem·ing** ['ti:mıŋ] *s Tech* Vergießen *n*; '~ **rate** *s* Gießgeschwindigkeit *f*

teen|age ['ti:neıdʒ] *adj* im Alter von 13–19 Jahren, Jugend-, jugendlich ⟨a ≈ boy ein halbwüchsiger Junge; ≈ fashions Jugendmoden *pl*⟩; '**~aged** *adj* (Person) im Alter von 13–19, halbwüchsig; '**~ag·er** *s* Teenager *m*, Halbwüchsige(r) *f*(*m*), Jugendliche(r) *f*(*m*); **teens** *s/pl* Jugendjahre *n/pl* (13.–19. Lebensjahr) ⟨to be in one's ≈ noch nicht 20 Jahre sein⟩

teen·y ['ti:nı] **1.** *adj* = **tiny**; **2.** *s umg* Teenager *m*; '**~ˌbop·per** *s Sl* jugendlicher Popfan (Schulmädchen von 9–14 Jahren); ~ **wee·ny** [ˌti:nı 'wi:nı], *auch* **teen·sy ween·sy** [ˌti:nzı 'wi:nzı] *adj* winzig (klein), klitzeklein

tee·pee ['ti:pi:] *s* Indianerzelt *n*

tee shirt ['ti: ʃɜ:t] = **T-shirt**

tee·ter ['ti:tə] **1.** *vi Am umg* schaukeln, wippen | schwanken, taumeln | (*auch übertr*) ⟨to ~ from enemy attacks durch Angriffe des Gegners ins Wanken geraten; to ~ between schwanken zwischen; to ~ on the edge of s.th. gefährlich nahe an etw. [dran] sein⟩ | *auch* ~ **along** einherstolzieren; *vt Am umg* schaukeln; **2.** *s* Schaukeln *n*

teeth [ti:θ] *s/pl* von ↑ **tooth** | *übertr umg* Gewalt *f* (zum Durchgreifen) ⟨the necessary ~ to deal with s.o. alles, was nötig ist, um gegen jmdn. durchzugreifen⟩ | *Tech* Verzahnung *f*; **teethe** [ti:ð] *vi* zahnen, Zähne bekommen; '**~ˌdraw·ing** *s* Zahnziehen *n*; **~ing** ['ti:ðıŋ] *s Med* Zahnen *n*; '**~ing ˌtrou·bles** *s/pl* Zahnen *n* | *übertr* Kinderkrankheiten *f/pl*

tee·to·tal [ˌti:'təutl] *adj* abstinent, enthaltsam, Abstinenz-; **tee'to·tal·ler, tee'to·tal·list** *s* Abstinenzler(in) *m*(*f*)

tee·to·tum [ti:'təutəm] *s* Kreisel *m*

TEFL ['tefl] *Abk* von **Teaching Englisch as a Foreign Language**

Tef·lon ['teflɒn] *s Tech* (Pfannen- u. ä.) Anti-Haft-Beschichtung *f*

teg [teg] *s* Schaf *n* im zweiten Jahr

teg·u|ment ['tegjumənt] *s* Decke *f* | *Zool* Flügeldecke *f* ⟨the ≈ of a turtle⟩; ˌ**~'men·tal** *adj* Decken-

teil [tree] [ti:l (tri:)] *s Bot* Linde *f*

tel·au·to|gram [te'lɔ:təgræm] *s* Bildtelegramm *n*; **~graph** [~grɑ:f] *s* Bildschreiber *m*

tel·au·to·mat·ics [telˌɔ:tə'mætıks] *s/pl* (*meist sg konstr*) Fernsteuerung *f*

tel·e ['telı] *s Brit umg* Fernsehen *n*, Röhre *f* ⟨on the ~⟩

tele- [telı] ⟨*griech*⟩ *in Zus* fern, Fern-, Tele- | Fernseh-, Tele-

tel·e|cast ['telıkɑ:st] *umg* **1.** ('**~cast**, '**~cast** *od* '**~cast·ed**, '**~cast·ed**) *vt* (etw.) im Fernsehen übertragen; *vi Ferns* senden; **2.** *s* Fernsehsendung *f*, -übertragung *f*; '**~ˌcast·er** *s* Fernsehsprecher(in) *m*(*f*) | Fernsehschauspieler(in) *m*(*f*); ˌ**~com·mu·ni'ca·tion** *s* Nachrichtenvermittlung *f*, Fernverbindung *f* | *meist pl* Fernmeldetechnik *f*; Nachrichtenwesen *n*; '**~conˌtrol** *s* Fernsteuerung *f*; '**~film** *s* Fernsehfilm *m*; **~gen·ic** [ˌtelı'dʒenık] *adj* telegen, gut für Fernsehsendungen geeignet

tel·e·gram ['telıgræm] *s* Telegramm *n* ⟨by ~ telegrafisch⟩

tel·e·graph ['telıgrɑ:f] **1.** *s* Telegraf *m*, Fernschreiber *m* | Telegramm *n* | Semaphor *m* | Zeichengebung *f* ⟨bush ~ Buschfunk *m*⟩ | *selten* Anzeigetafel *f*; **2.** *vi, vt* telegrafieren, drahten; '~ **board** *s* (Sport) Anzeigetafel *f*; '~ **boy** *s* Telegrafenbote *m*; '~ ˌ**ca·ble** *s* Telegrafenkabel *n*; '~ **code** *s* Telegrammschlüssel *m*; **te·leg·ra·pher** [tə'legrəfə] *s* Telegrafist(in) *m*(*f*); **~ese** [ˌtelıgrɑ:'fi:z] *s* Telegrammstil *m*; '~ **form** *s* Telegrammformular *n*; **~ic** [telı'græfık] *adj* telegraphisch ⟨≈ apparatus; ≈ message⟩ | *übertr* kurz; ˌ**~ic ad'dress** *s* Telegrammadresse *f*; **~i·cal** [~'græfıkl] *adj* telegrafisch; **te·leg·ra·phist** [tə'legrəfıst] *s* Telegrafist(in) *m*(*f*); '~ **key** *s* Morsetaste *f*; '~ **line** *s* Telegrafenleitung *f*; '~ **pole**, '~ **post** *s* Telegrafenmast *m*; '~ **wire** *s* Telegrafendraht *m*; **te·leg·ra·phy** [tə'legrəfı] *s* Telegrafie *f* ⟨wireless ≈ drahtlose Telegrafie⟩

tel·e·guided ['telıˌgaıdıd] *adj* ferngesteuert, -gelenkt

te·lem·e|ter [tə'lemıtə] *s* Telemeter *n*, Entfernungsmesser *m*; **tel·e·met·ric** [telı'metrık] *adj* telemetrisch; **~try** [~trı] *s* Telemetrie *f*

tel·e|o·log·ic [ˌtelıə'lɒdʒık], ˌ**~o'log·i·cal** *adj Phil* teleologisch; **~ol·o·gy** [ˌtelı'ɒlədʒı] *s Phil* Teleologie *f*

tel·e·op·er·a·tor [ˌtelə'ɒpəreıtə] *s Tech* ferngelenktes System, Roboter *m*

tel·e·ost [telı'ɒst] *s Zool* Knochenfisch *m*

tel·e·path·ic [ˌtelı'pæθık] *adj* telepathisch; **te·lep·a·thist** [tə'lepəθıst] *s* Telepath *m*; **te·lep·a·thize** [tə'lepəθaız] *vt* (jmdn.) durch Telepathie beeinflussen; *vi* Telepathie betreiben; **te·lep·a·thy** [tə'lepəθı] *s* Telepathie *f*, Gedankenübertragung *f*

tel·e|phone ['teləfəun] **1.** *s* Telefon *n*, Fernsprecher *m* ⟨by ≈ telefonisch; to be on the ≈ am Telefon sein; ein(en) Telefon(anschluß) haben⟩; **2.** *vt* (jmdn.) antelefonieren, anrufen | (etw.) telefonisch übermitteln | einen Telefonanschluß einrichten bei; *vi* telefonieren; '**~phone bank** *s* Telefonstudio *n*, Anruferzentrale *f*; '**~phone book** *s* Telefonbuch *n*; '**~phone booth**, '**~phone box** *s* Fernsprechzelle *f*; '**~phone conˌnec·tion** *s* Fernsprechanschluß *m*; '**~phone diˌrec·to·ry** *s* Fernsprechverzeichnis *n*, -buch *n*; '**~phone exˌchange** *s* Fernsprechamt *n*; '**~phone girl** *s* Telefonistin *f*; '**~phone ˌnum·ber** *s* Telefonnummer *f*; '**~phone ˌof·fice** *s* Fernsprechamt *n*; '**~phone reˌceiv·er** *s* Telefonhörer *m*, Handapparat *m*; '**~phone ˌservi·ce** *s* Fernsprechdienst *m*; '~ **phone subˌscrib·er** *s* Fernsprechteilnehmer *m*; **~phon·ic** [ˌtelə'fɒnık] *adj* telefonisch, Telefon-, fernmündlich; **~pho·nist** [tə'lefənıst] *s* Telefonist(in) *m*(*f*); **te·leph·o·ny** [tə'lefənı] *s* Telefonie *f*, Fernsprecher *n*

tel·e·pho|to [ˌtelı'fəutəu] *s* Fernaufnahme *f* | Bildtelegramm *n* | Funkbild *n*; '**~to atˌtach·ment** *s* Vorsatzlinse *f*; ˌ**~to 'lens** *s* Teleobjektiv *n*; **~to·graph·ic** [ˌtelıfəutə'græfık] *adj* fernfotografisch | bildtelegrafisch; **~tog·ra·phy** [ˌtelıfə'tɒgrəfı] *s* Fernfotografie *f* | Bildtelegrafie *f*

tel·e·print|er ['telɪˌprɪntə] *s* Fernschreiber *m*; '~ '**net·work** *s* Fernschreibnetz *n*

tel·e·prompt·er ['telɪprɒmptə] *s, auch* ≈ *Ferns* optisches Souffliergerät, Filmband *n*

tel·e·ran ['telərӕn] *s Flugw* Teleran *n*, durch Fernsehanweisung vom Boden gelenkte Navigation

tel·e·re·cord·ing [ˌtelərɪ'kɔ:dɪŋ] *s* Fernsehaufzeichnung *f*

tel·e·screen ['teləskri:n] *s* Fernsehschirm *m*

tel·e|scope ['teləskəʊp] **1.** *s* Teleskop *n*, Fernrohr *n*; **2.** *vt* ineinanderschieben; *vi* sich ineinanderschieben; **3.** *adj* ausziehbar, Auszieh-, Teleskop-; ˌ**~scope** '**berth** *s Mar* Ausziehkoje *f*; ˌ**~scope** '**eye** *s Zool* Teleskopauge *n*; '**~scope sight** *s Mil* Visier-, Zielfernrohr *n*; '**~scope** ˌ**ta·ble** *s* Ausziehtisch *m*; **~scop·ic** [ˌtelə'skɒpɪk], ˌ**~'scop·i·cal** *adj* teleskopisch, Fernrohr-, ⟨≈ lens Teleskoplinse *f*; ≈ sight *Mil* Zielfernrohr *n*⟩ | nur durch ein Fernrohr sichtbar ⟨≈ star⟩ | ausziehbar, Auszieh-, ineinanderschiebbar ⟨≈ antenna Teleskopantenne *f*; ≈ handle Ausziehgriff *m*; ≈ shock absorber Teleskopgabel *f*; ≈ umbrella Taschenschirm *m*, Knirps *m*⟩ | *übertr* weitblickend ⟨a ≈ view Weitblick *m*⟩; **te·les·co·py** [tə'leskəpɪ] *s* Teleskopie *f*

tel·e·scrip·tor [ˌtelə'skrɪptə] *s* Fernschreiber *m*

te·le|sta·tion ['teləˌsteɪʃn] *s* Fernsehsender *m*; '**~text** *s Ferns* Teletext *m*

tel·e·type ['telɪˌtaɪp] **1.** *s* Fernschreiber *m*; **2.** *vi* fernschreiben; *vt* (etw.) durch Fernschreiber übermitteln; '~ˌ**writ·er** *s* Fernschreiber *m*

tel·e|view ['telɪvju:] *vt* im Fernsehen sehen; *vi* fernsehen; '**~view·er** *s* Fernsehteilnehmer(in) *m(f)*, Zuschauer(in) *m*(f); **~vise** [~vaɪz] *vt* durch Fernsehen übertragen; *vi* durch Fernsehen übertragen werden ⟨to ≈ well sich gut übertragen lassen, für das Fernsehen geeignet sein⟩; **~vi·sion** ['teləˌvɪʒn|ˌtelə'vɪʒn] *s* Fernsehen *n* ⟨on [the] ≈ im Fernsehen⟩ | *auch* **~'vi·sion set** *s* Fernsehapparat *m*; '**~vi·sion** ˌ**aer·i·al** *s* Fernsehantenne *f*; ˌ**~'vi·sion·al** *adj* Fernseh-; '**~vi·sion an**ˌ**nounc·er** *s* Fernsehansager(in) *m(f)*; '**~vi·sion band** *s* Fernsehband *n*; '**~vi·sion** ˌ**broad·cast** *s* Fernsehsendung *f*; ˌ**~vi·sion broad·cast 'sta·tion** *s* Fernsehsender *m*; '**~vi·sion** ˌ**cam·er·a** *s* Fernsehkamera *f*; '**~vi·sion car** *s* Aufnahme-, Fernsehwagen *m*; '**~vi·sion** ˌ**chan·nel** *s* Fernseh-, Bildkanal *m*; ˌ**~vi·sion en·gi·'neer·ing** *s* Fernsehtechnik *f*; ˌ**~vi·sion 'im·age,** '**~vi·sion** ˌ**pic·ture** *s* Fernsehbild *n*; ˌ**~vi·sion 'pic·ture tube** *s* Bildröhre *f*; '**~vi·sion re**ˌ**ceiv·er** *s* Fernsehempfänger *m*, -gerät *n*; '**~vi·sion re**ˌ**cep·tion** *s* Fernsehempfang *m*; '**~vi·sion set** *s* Fernsehgerät *n*; ˌ**~vi·sion 'stu·di·o** *s* Fernsehstudio *n*; '**~vi·sion** ˌ**tow·er** *s* Fernsehturm *m*; '**~vi·sion trans**ˌ**mis·sion** *s* Fernsehübertragung *f*; '**~vi·sion trans**ˌ**mit·ter** *s* Fernsehsender *m*; **~vi·sor** [~vaɪzə] *s* Fernsehapparat *m*; **~vis·u·al** [ˌtelə'vɪʒʊəl] *adj bes Brit* Fernseh- | telegen

tel·ex ['teleks] **1.** *s* Fernschreibnetz *n* | Telex *n*, Fernschreiben *n*; **2.** *vt, vi* durch Fernschreiber übermitteln oder senden

tel·fer ['telfə] = **telpher**

tel·ic ['telɪk] *adj Ling* Zweck-, Absichts-; '~ ˌ**clause** *s Ling* Final-, Absichtssatz *m*

tell [tel] (**told, told** [təʊld]) *vt* sagen, erzählen, berichten ⟨to ~ s.o. s.th.; to ~ s.th. to s.o.; all told alles in allem; ~ me another *umg* das kannst du mir nicht erzählen!; you are ~ing me! *Sl* wem sagst du das!; to ~ it like it is *Am umg* sagen, wie es (wirklich) ist, unverblümt reden; to ~ a lie lügen; to ~ a story eine Geschichte erzählen; to ~ the time die Zeit sagen; to ~ the truth die Wahrheit sagen; to ~ s.o. to do s.th. jmdm. sagen, er solle etw. tun, jmdn. etw. tun heißen⟩ | eröffnen, bekanntgeben, nennen ⟨to ~ s.o. one's name⟩ | verraten, offenbaren, mitteilen ⟨to ~ a secret⟩ | (jmdn.) heißen, (jmdm.) befehlen ⟨~ him to wait⟩ | unterscheiden, auseinanderhalten (**from** von) | feststellen, herausfinden (**by, from** durch; **whether, if** ob) ⟨to ~ the difference between unterscheiden; there is no ~ing ... es ist unmöglich zu sagen ...⟩ | versichern ⟨I can ~ you that ich kann Ihnen versichern, daß⟩ | *arch* zählen ⟨to ~ the votes *Parl* die Stimmen zählen⟩; **~ against** sprechen gegen, nachteilig sein für; **~ apart** auseinanderhalten; **~ off** abzählen | *Mil* abkommandieren | *umg* heruntermachen, abkanzeln;

vi berichten, erzählen, sprechen (**about** über, **of** von) | verraten (**of s.th.** etw.) ⟨to ~ of/on s.o. *umg* jmdn. verpetzen⟩ | wissen ⟨you can never ~, you never can ~ man kann nie wissen⟩; **~ [up]on** (*meist* negativen) Einfluß haben, sich (nachteilig) auswirken auf | *umg* (ver)petzen ⟨why did you ~ on me?⟩; '**~a·ble** *adj* erzählbar | erzählenswert; '**~er** *s* Berichter(in) *m(f)* | *Pol* Stimmenzähler *m* | Zähler *m* | *bes Am Wirtsch* (Bank-) Kassierer(in) *m*(f), Schalterbeamter *m*; '**~ing** *adj* eindrucksvoll, wirksam ⟨a ≈ argument ein durchschlagendes Argument⟩ | (etw.) andeutend, enthüllend, verratend ⟨a ≈ study; a ≈ expression⟩; '**~tale 1.** *s umg* Zwischenträger(in) *m*(f), Angeber(in) *m*(f) | *übertr* verräterisches (An-) Zeichen | *Tech* Anzeiger *m* | *Mar* Hängekompaß *m* | *Eisenb* Warnzeichen *n*; **2.** *adj* klatschsüchtig | verräterisch ⟨a ≈ look ein alles verratender Blick⟩ | *Tech* Warn-, Warnungs-; '**~tale board** *s* Anzeigetafel *f*; '**~tale lamp,** '**~tale light** *s* Kontroll-, Anzeigelampe *f*; '**~tale trans**ˌ**mit·ter** *s* Kontrollsender *m*; '**~tale watch** *s* Wächterkontrolluhr *f*

tel·lu|rate ['teljʊreɪt] *s Chem* Tellurat *n*; **~rid[e]** ['~əraɪd|'~ərɪd] *s Chem* Tellurid *n*; '**~rite** [~raɪt] *s Chem* Tellurit *n*; **~ri·um** [tel'jʊərɪəm] *s Chem* Tellur *n*

tel·ly ['telɪ] *s Brit umg* für ↑ **television,** ↑ **television set**

tel·pher ['telfə] **1.** *s* Wagen *m* einer elektrischen Hängebahn | Einschienenhängebahn *f*; **2.** *adj* Hängebahn-; **3.** *vt* mit (einer) Hängebahn befördern; '**~age** *s* Kabelkrananlage *f*, (elektrische) Lastenbeförderung

tem·er·ar·i·ous [ˌtemə'reərɪəs] *förml adj* verwegen, tollkühn;

te·mer·i·ty [tə'merətɪ] *s* Verwegen-, Tollkühnheit *f*

temp [temp] **1.** *s umg* Aushilfe *f*, Aushilfskraft *f*; **2.** *vi* als Aushilfe arbeiten

tem·per ['tempə] **1.** *s Tech* (Stahl- u. ä.) Härte *f*, Härtegrad *m* | *Tech* (Mörtel-) Mischung *f* | Temperament *n*, Naturell *n* ⟨even ~ Gleichmut *m*; quick ~ hitziges Temperament; sweet ~ sonniges Gemüt⟩ | Laune *f*, Stimmung *f*, Gemütszustand *m* ⟨to be in a bad (good) ~ in schlechter (guter) Laune sein⟩ | Gemütsruhe *f* ⟨out of ~ *förml* ärgerlich, wütend; to get out of ~ ärgerlich werden; to keep (lose) one's ~ die Ruhe bewahren (die Geduld verlieren, ärgerlich werden)⟩ | Zorn *m*, Wut *f* ⟨in a ~ gereizt; to fly/get into a ~ wütend werden⟩; **2.** *vt Tech* (Metall) anlassen, härten | *Tech* richtig mischen | (Getränk) verdünnen (**with** mit) | mäßigen, mildern, lindern (**with** durch) ⟨to ~ justice with mercy Gnade für Recht ergehen lassen⟩ | *Mus* stimmen, temperieren; *vi Tech* biegsam werden | *übertr* nachgiebig werden

tem·per·a ['tempərə] *s Mal* Temperamalerei *f* | Temperafarbe *f*

tem·per·a|bil·i·ty [ˌtempərə'bɪlətɪ] *Tech s* Härtbarkeit *f* (des Stahls) | Mischbarkeit *f*; '**~ble** *Tech adj* härtbar | mischbar

tem·per·a|ment ['tempṛəmənt] *s* Temperament *n*, Naturell *n* ⟨she has an artistic ≈ sie ist künstlerisch veranlagt⟩ | richtige Mischung | *Mus* temperierte Stimmung; **~men·tal** [ˌtemprə'mentl] *adj* durch das Temperament bedingt, Temperaments- ⟨≈ peculiarities konstitutionelle Besonderheiten *pl*⟩ | leicht erregbar, launisch ⟨a ≈ player ein von der

Laune abhängiger Spieler⟩ | sehr eigenwillig, ausgeprägt persönlich ⟨a ≈ opera singer⟩

tem·per|ance ['temprəns] *s* Mäßigung *f*, Mäßigkeit *f*, Beherrschung *f*, Enthaltsamkeit *f* | Temperenz *f*, Enthaltsamkeit *f* (von Alkohol); **'~ance drink** *s* alkoholfreies Getränk; **'~ance ho,tel** *s* alkoholfreies Hotel; **'~ance so,ci·e·ty** *s* Abstinenzverein *m*; **~ate** ['temprət] *adj* beherrscht, gemäßigt, zurückhaltend (**in** mit) ⟨to be more ≈ in sich mäßigen in *od* mit⟩ | (Klima) gemäßigt | mäßig, enthaltsam, abstinent | *Mus* temperiert; **,~ate 'zone** *s Geogr* gemäßigte Zone

tem·per·a·ture ['temprətʃə] *s Phys* Temperatur *f* ⟨at a ~ of 10 degrees bei einer Temperatur von 10 Grad⟩ | *Med* (Körper) Temperatur *f* ⟨to have/run a ~ Fieber haben; to take the ~ of s.o. jmds. Temperatur messen⟩ | *arch* Temperament *n*; **'~ curve** *s* Fieberkurve *f*

tem|pered ['tempəd] *adj in Zus* gelaunt ⟨bad-≈ übelgelaunt; good-≈ gutmütig⟩ | maßvoll, gemäßigt ⟨a wonderfully ≈ mind eine wunderbar ausgewogene Denkart⟩ | gedämpft, gemildert ⟨a ≈ sunlight; a finely ≈ air eine angenehm milde Luft⟩ | *Mus* temperiert ⟨well-≈⟩ | *Tech* tempergehärtet, angelassen ⟨≈ steel; ≈ [hard]board vergütete Faserplatte; ≈ glass Hartglas *n*⟩; **'~per·er** *s Tech* Stahlhärter *m* | *Tech* Mörtelmischmaschine *f* | *übertr* Vermittler(in) *m(f)*; **'~per·ing** *s Tech* Härten *n* ⟨≈ of steel Stahlhärtung *f*⟩; **'~ing ,fur·nace** *s Tech* Temper-, Anlaßofen *m*; **'~ing ,pro·cess** *s Tech* Härteverfahren *n*; **'~ing steel** *s* Vergütungsstahl *m*

tem·pest ['tempɪst] **1.** *s lit* Unwetter *n*, Sturm *m*, Orkan *m* | *übertr* Ausbruch *m*, Sturm *m* ⟨~ of laughter Lachsalve *f*⟩; **2.** *vt* aufwühlen; *vi* stürmen ⟨to ~ out⟩ | fortstürzen; **'~-,beat·en, '~-,tossed** *adj* sturmgepeitscht, -durchwühlt; **'~-swept** *adj* sturmgetrieben, -gejagt; **tem·pes·tu·ous** [tem'pestʃuəs] *adj* ungestüm, stürmisch (*auch übertr*) ⟨the ≈ sea; a ≈ meeting; in a ≈ mood heftig erregt⟩

tem·plar ['templə] *s Brit* (im Londoner Temple wohnender) Jurastudent | ∸ *Hist* Tempelritter *m*, -herr *m*

tem·plate ['templət] *s Tech* Schablone *f*, Lehre(nform) *f(f)* (*auch übertr*) | *Tech* Kopierlineal *n*, -schiene *f* | *Arch* Kragholz *n* | *Chem* Modell *n*, Muster *n*; **'~ ,cast·ing** *s Tech* Schablonenguß *m*; **'~ ,mak·er** *s* Modelltischler *m*, -bauer *m*

[1]**tem·ple** ['templ] *s* Tempel *m* (*auch übertr*) ⟨Inner/Middle ∸ Londoner Rechtskollegien *n/pl*⟩ | Mormonentempel *m*

[2]**tem·ple** ['templ] *s Anat* Schläfe *f* | Brillenbügel *m*

[3]**tem·ple** ['templ] *s Tech* Breithalter *m*, Tempel *m* (des Webstuhls)

tem·plet ['templət] = **template**

tem|po ['tempəu] *s* (*pl* **~pi** ['~pi:], **'~pos**) Tempo *n*, Geschwindigkeit *f* | *Mus* Tempo *n*, Zeitmaß *n*

[1]**tem·po·ral** ['tempərəl] *adj* zeitlich, Zeit- ⟨spatial and ~ patterns räumliche und zeitliche Strukturen⟩ | weltlich, irdisch ⟨Lords ~ *Brit Parl* weltliche Oberhausmitglieder *n/pl*; ~ power⟩ | zeitweilig, vorübergehend ⟨~ matters Dinge, die nicht für immer gelten⟩ | *Ling* temporal, Temporal-, Zeit- ⟨~ clause Temporalsatz *m*⟩

[2]**tem·po·ral** ['tempərəl] *Anat* **1.** *adj* Schläfen-; **2.** *s* Schläfenbein *n*

tem·po|ral·i·ty [,tempə'rælətɪ] *s* vorübergehender Zustand, Zeitweiligkeit *f*; **~rar·y** ['temprɪ|'temprərɪ|'tempərɪ|'tempərərɪ] *adj* zeitweilig, vorübergehend, vorläufig (*Ant* permanent) ⟨a ≈ job⟩ | Not-, Hilfs-, behelfsmäßig ⟨≈ home⟩; **,~rar·y 'sto·rage** *s* (Computer) Zwischenspeicher *m*; **,~rar·y 'switch** *s Eisenb* Notweiche *f*; **'~rar·y work** *s* Aushilfsarbeit *f*; **~ri·za·tion** [,tempəraɪ'zeɪʃn] *s* Zaudern *n*, Zögern *n*, Abwarten *n* | zeitweilige Anpassung; **~rize** ['tempəraɪz] *vi* Zeit zu gewinnen suchen, Zeit abwarten ⟨to ≈ with s.o. jmdn. hinhalten⟩ | sich anpassen, den Mantel nach dem Wind hängen | mit jmdm. verhandeln, einen Kompromiß schließen (**with** mit); *vt* ex tempore vortragen; **'~riz·ing** *adj* abwartend, hinhaltend | opportunistisch, sich anpassend ⟨a ≈ politician⟩

tempt [tempt] *vt* verleiten, verlocken, überreden (**to** zu, **with** mit, durch) ⟨to ~ s.o. to drink heavily⟩ | in Versuchung führen, verführen, verlocken ⟨what a ~ing offer! ein verführerisches Angebot!⟩ | geneigt machen ⟨to be ~ed geneigt sein⟩ | *arch* versuchen ⟨to ~ Providence die Vorsehung herausfordern⟩; **'~a·ble** *adj* leicht zu verführen(d); **temp'ta·tion** *s* Verführung *f*, Versuchung *f* ⟨a great ≈ for s.o.; to resist ≈ der Versuchung widerstehen; to yield to ≈ der Versuchung erliegen⟩ | Lockmittel *n*; **'~er** *s* Verführer *m* ◇ **the ∸er** *Rel* der Versucher *m*; **'~ing** *adj* verführerisch, verlockend ⟨a ≈ offer ein attraktives Angebot⟩; **~ress** ['~rɪs] *s* Verführerin *f*

ten [ten] **1.** *adj num* zehn ⟨~ to one zehn zu eins; *übertr* sehr wahrscheinlich⟩; **2.** *s* Zehn *f* ⟨by ~s, in ~s (in Gruppen) zu zehn; ~s of thousands Zehntausende *pl*; ~ a penny *umg* jede Menge, massenweise⟩ | *umg* Zehner(geldschein) *m(m)*

ten·a|bil·i·ty [,tenə'bɪlətɪ] *s übertr* Haltbarkeit *f*; **~ble** ['tenəbl] *übertr adj* haltbar ⟨a ≈ theory⟩ | (Stelle, Posten) besetz-, vergebbar, frei, eingerichtet (**for** für, auf) ⟨scholarships ≈ for a full year Stipendien, die für ein ganzes Jahr vergeben werden können; a chair ≈ at a university ein an einer Universität eingerichteter Lehrstuhl⟩; **te·na·cious** [tə'neɪʃəs] *adj förml* festhaltend ⟨to be ≈ of s.th. (an) etw. zäh festhalten⟩ | klebrig, zäh | hartnäckig, beharrlich | verläßlich, gut ⟨a ≈ memory⟩ | *Phys* zäh, fest zusammenhaltend; **te·nac·i·ty** [tə'næsətɪ] *s* Zähigkeit *f*, zähes Festhalten | Hartnäckigkeit *f* | Zähig-, Klebrigkeit *f* | Verläßlichkeit *f*; **te'nac·i·ty test** *s* Festigkeitstest *m*; **te·nac·u|lum** [tə'nækjʊləm] *s* (*pl* **~la** [~lə]) *Med* Tenakel *n*, Halter *m*

ten|an·cy ['tenənsɪ] *s Jur* Miet-, Pachtverhältnis *n* | Miet-, Pachtbesitz *m* | Miet-, Pachtdauer *f*; **'~ant 1.** *s Jur* Pächter *m*, Mieter *m* ⟨to let out to ≈s verpachten⟩ | Bewohner *m*, Insasse *m*; **2.** *vt Jur* (*meist pass*) in Pacht *od* Miete haben, pachten, mieten ⟨houses ≈ed by mine workers⟩ | (*meist pass*) bewohnen | verpachten, vermieten; *vi* (als Pächter *od* Mieter) wohnen; **'~ant·a·ble** *adj Jur* pacht-, mietbar | bewohnbar; **,~ant'farm·er** *s* Farm-, Gutspächter *m*; **'~ant·less** *adj* unverpachtet, -mietet | unbewohnt; **'~ant·ry** (*meist pl konstr*) *s collect* Mieter *m/pl*, Pächter *m/pl* ⟨the ≈ of New York⟩ | Miet-, Pachtbesitz *m* | Miet-, Pachtverhältnis *n*

tench [tentʃ] *s* (*pl* **~, '~es**) *Zool* Schleie *f*

[1]**tend** [tend] *vi* sich bewegen, sich richten, streben (**to, toward** nach) ⟨to ~ upwards immer mehr in die Höhe gehen⟩ | *übertr* abzielen, hinarbeiten (**to** auf) | *übertr* neigen (**to** zu) | *Mar* schwoien; *vt Mar* (Tau) handhaben

[2]**tend** [tend] *vt* (Tiere) hüten ⟨to ~ one's sheep⟩ | (Personen u. ä.) pflegen, sorgen für, sich kümmern um ⟨to ~ a patient; to ~ s.o.'s wounds jmds. Wunden behandeln; to ~ the shop in den Laden gehen; to ~ store *Am* im Laden stehen, Kunden bedienen⟩; *vi* aufwarten, dienen | sorgen (**to** für); **'~ance** *s* Hüten *n* | Pflege *f*

ten·den·cious [ten'denʃəs] *adj* = **tendentious**; **tend·en·cy** ['tendənsɪ] *s* Tendenz *f*, Richtung *f*, Hinneigung *f* ⟨an upward ≈ eine Tendenz nach oben⟩ | Gang *m*, Lauf *m* ⟨the ≈ of events der Lauf der Ereignisse⟩ | Neigung *f*, Hang *m*, Vorliebe *f* (**to, towards** für, zu) ⟨an artistic ≈ eine künstlerische Neigung, eine Neigung zur Kunst⟩; **ten·den·tious** [ten'denʃəs] *adj verächtl* (Buch u. ä.) tendenziös, Tendenz-

[1]**tend·er** ['tendə] *s Eisenb* Tender *m* | *Tech* Anhänger *m* | *Mar* Tender *m*, Begleitboot *n* | (Kranken-) Pfleger *m* | *Tech* Maschinenwärter *m*

[2]**ten·der** ['tendə] **1.** *adj* weich, zart ⟨a ~ steak⟩ | *übertr* zart ⟨~ age; ~ passion Liebe *f*⟩ | zart, empfindlich ⟨~ blossom⟩ | *übertr* empfindlich, sensibel ⟨a ~ conscience⟩ | schmerzend, schmerzempfindlich ⟨a ~ scar⟩ | heikel ⟨a ~ subject⟩ | zärtlich, liebevoll ⟨a ~ lover⟩ | mitleidig, mitfühlend ⟨a ~ heart⟩; **2.** *vt* weich machen; *vi* weich werden

[3]**ten·der** ['tendə] *förml* **1.** *vt* anbieten ⟨to ~ one's services to s.o. jmdm. seine Dienste anbieten; to ~ one's resignation seine Entlassung einreichen⟩ | (Dank u. ä.) ausdrükken, aussprechen | *Wirtsch* zahlen mit, in Zahlung geben ⟨to ~ money⟩; *vi Wirtsch* ein Angebot machen (**for** auf); **2.** *s* Anerbieten *n*, Angebot *n* | *Wirtsch* Angebot *n*, Offerte *f*, Kostenanschlag *m* | *Wirtsch* Ausschreibung *f*, Tender *m* | *Wirtsch* Zahlungsmittel *n* ⟨legal ~ gesetzliche Zahlung⟩; '**~er** *s Wirtsch* Anbietender *m*, Bewerber *m*

ten·der|foot ['tendəfʊt] *s pl* **~foots, ~feet** [~fi:t] *Am umg* blutiger Anfänger, Grünschnabel *m* (in einer unwirtlichen Gegend) | *übertr* Neuling *m* ⟨a political ≈; a ≈ in the office⟩; ˌ**~'heart·ed** *adj* weichherzig | mitleidig, -fühlend; '**~ize** *vt* (Fleisch) weich und zart machen ⟨to ≈ meat⟩; **~loin** [~lɔɪn] *s* (zartes) Lendenstück, (Rinds-, Schweins-) Filet *n* | **~loin** *Am* üble Gegend, Verbrecherviertel *n* ⟨shady ≈s⟩; ˌ**~'mind·ed** *adj* sanftmütig

ten|di·ni·tis [ˌtendɪ'naɪtɪs] *s Med* Sehnenentzündung *f*, Tendinitis *f*; **~di·nous** ['tendɪnəs] *adj* sehnig, flechsig | *Anat* Sehnen-; **~don** ['tendən] *s Anat* Sehne *f*; '**~don** ˌ**sheath** *s Anat* Sehnenscheide *f*

ten·dril ['tendrɪl] *s Bot* Ranke *f*; '**~ous** *adj* rankenartig

ten·e·brous ['tenəbrəs] *adj förml* düster, dunkel

ten·e|ment ['tenəmənt] *s* Wohnhaus *n* | Wohnsitz *m*, -platz *m* | Mietwohnung *f*; ˌ**~'men·tal**, ˌ**~'men·ta·ry** *adj* Pacht-, Miet-; '**~ment house** *s* Mietskaserne *f*

ten·et ['tenet] *förml s* Dogma *n*, Lehrsatz *m*, Lehre *f* | Meinung *f*, Ansicht *f*, Auffassung *f*

ten·fold ['tenfəʊld] *adj, adv* zehnfach

ten-four [ˌten 'fɔ:], *auch* **10-4** *interj Am Sl Rundf* Nachricht erhalten, O.K., in Ordnung!

ten·ner ['tenə] *Brit umg s* zehn Pfund *n/pl* | Zehnpfundschein *m*

ten·nis ['tenɪs] *s* Tennis *n*; ˌ**~ 'arm** *s Med* Tennisarm *m*; '**~ ball** *s* Tennisball *m*; '**~ court** *s* Tennisplatz *m*; ˌ**~ 'el·bow** *s* = ˌ**~ 'arm**; '**~** ˌ**play·er** *s* Tennisspieler(in) *m(f)*; '**~** ˌ**rack·et** *s* Tennisschläger *m*; '**~ shoe** *s* Tennisschuh *m*; '**~ toe** *s Med* Tenniszehe *f*, -fuß *m*

ten·on ['tenən] **1.** *s Tech* Zapfen *m* | Vorsprung *m*, Zinken *m*; **2.** *vt* (Zapfen) schneiden, verzapfen; '**~ bill** *s Tech* Stoß-, Stichaxt *f*; '**~ ma**ˌ**chine** *s Tech* Zapfenschneidemaschine *f*; '**~ saw** *s Tech* Ansatz-, Zapfensäge *f*, Fuchsschwanz *m*

ten·or ['tenə] **1.** *s* (*meist sg*) *förml* Gang *m*, Verlauf *m*, Fortschritt *m* ⟨the even ~ of their way der gleichmäßige Verlauf ihres Kurses⟩ | (*meist sg*) *förml* Gedankengang *m*, Sinn *m*, Inhalt *m* ⟨the ~ of the book der Grundgedanke des Buches; to get the ~ of s.th. den Sinn einer Sache verstehen⟩ | *Jur* Abschrift *f* | *Mus* Tenor *m* | *Mus* Tenorinstrument *n* (*bes* Bratsche *f*); **2.** *vi* Tenor singen; '**~ist** *s Mus* Tenorist *m*, Tenorsänger(in) *m(f)*, -spieler(in) *m(f)*

ten·pin ['tenpɪn] *s* Kegel *m*; ˌ**~ 'bowl·ing** *s Brit* Kegelspiel *n* mit 10 Kegeln; '**ten·pins** (*sg konstr*) *Am* = ˌ**~ 'bowling**

[1]**tense** [tens] *s Ling* Tempus *n*, Zeitform *f* ⟨past ~ Vergangenheit *f*⟩

[2]**tense** [tens] **1.** *adj* (an)gespannt, straff ⟨~ nerves⟩ | voll Spannung, spannend, spannungsvoll ⟨to be ~ [innerlich] erregt sein; a moment of ~ excitement⟩ | *Ling* (Laut) gespannt, geschlossen (*Ant* lax) ⟨a ~ sound⟩; **2.** *vt* straffen, straff werden; **~ up** *umg* nervös machen, erregen ⟨to be ~d up aufgeregt sein⟩ | *Ling* gespannt *od* geschlossen aussprechen; *vi* sich straffen

ten·si·bil·i·ty [ˌtensə'bɪlətɪ] *s* Spannbar-, Streckbarkeit *f*; '**ten·si·ble** *adj* spann-, streckbar; **ten·sile** ['tensaɪl] *adj* dehn-, spann-, streckbar ⟨≈ rubber⟩ | *Phys* Spannungs-, Zug-, Dehnungs- ⟨≈ force Zugkraft *f*; ≈ strength Zug-, Dehnfestigkeit, -beanspruchung *f*, Zerreißfestigkeit *f*⟩; **ten·sil·i·ty** [ten'sɪlətɪ] *s* Dehnbarkeit *f*

ten·sion ['tenʃn] **1.** *s* Spannung *f* ⟨the ~ of a string; to increase the ~ of s.th.⟩ | Zug *m*, Ziehen *n* | *Phys* Zug-, Spannkraft *f* | *Tech* Spannvorrichtung *f* | *El* Spannung *f* ⟨high ~ Hochspannung⟩ | *Med, Phys* Druck *m* | *übertr* (An-) Spannung *f*, (An-) Gespanntheit *f* ⟨nervous ~⟩ | *übertr* gespanntes Verhältnis, Spannung *f* ⟨international ~; racial ~s Rassenunruhen *f/pl*; **2.** *vt* straffen, anspannen; '**~al** *adj* Spann-, Spannungs-; '**~ bar**, '**~ rod** *s Tech* Zugstab *m*; '**~ spring** *s Tech* Spannfeder *f*; '**~ test** *s Tech* Zerreißversuch *m*

ten·si·ty ['tensətɪ] *s* Gespanntheit *f*, Spannung *f* (*auch übertr*); **ten·sor** ['tensə] *s Math* Tensor *m* | *Anat* Spann-, Streckmuskel *m*

ten·sor ['tensə] *s Math* Tensor *m*; '**~ light** *s El* Strahler *m*

[1]**tent** [tent] **1.** *s* Zelt *n* ⟨to pitch one's ~ sein(e) Zelt(e) aufschlagen; *übertr* sich häuslich niederlassen⟩ | *Med* Zelt *n*, Stütze *f* ⟨oxygen ~ Sauerstoffzelt *n*⟩ | *übertr* Wohnstätte *f*; **2.** *vt* im Zelt unterbringen; *vi* zelten | *übertr* wohnen

[2]**tent** [tent] *Med* **1.** *s* Quellstift *m*; **2.** *vt* tamponieren

ten|ta·cle ['tentəkl] *s Zool* Fühler *m*, Fühlhorn *n* | *Zool* Fangarm *m* | *Bot* Tentakel *n* | *übertr* Fühler *m*; '**~ta·cled** *adj Bot, Zool* mit Fühlern; **~tac·u·lar** [ten'tækjʊlə] *adj* Tentakel-, Fühler-; **~tac·u·lum** [ten'tækjʊləm] *s* (*pl* **~tac·u·la** [-lə]) *Zool* Fühler *m* | *Zool* Fangarm *m* | *Bot* Tentakel *n*

tent·age ['tentɪdʒ] *s* Zeltausrüstung *f*

ten·ta·tive ['tentətɪv] **1.** *adj* zögernd ⟨~ steps⟩ | versuchend, Versuchs-, Probe- ⟨a ~ programme⟩ | vorläufig, provisorisch ⟨a ~ offer⟩; **2.** *s* Versuch *m*, Probe *f*; '**~ly** *adv* probe-, versuchsweise

tent bed ['tent bed] *s* Himmelbett *n* | Feldbett *n*

ten·ter ['tentə] **1.** *s* (Weberei) Spannrahmen *m*; **2.** *vt* in einen Rahmen spannen; '**~hook** *s* Spannhaken *m* ◇ **on** '**~hooks** *übertr* gespannt und besorgt ⟨to be ≈ wie auf (glühenden) Kohlen sitzen; to keep s.o. ≈ *übertr* jmdn. auf die Folter spannen *od* zappeln lassen⟩

tenth [tenθ] **1.** *adj* zehnte(r, -s); **2.** *s* Zehnte(r, -s) | Zehntel *n* | *Hist* Zehnt *m*

tent| peg ['tent peg] *s* Zeltpflock *m*, Hering *m*; '**~ pole** *s* Zeltstange *f*; '**~ stitch** *s* Perlstich *m*; '**~** ˌ**trail·er** *s Kfz* Klappfix *m*; '**~work** *s* Pelzstickerei *f*

tent·y ['tentɪ] *adj Schott* aufmerksam, vorsichtig

ten·u|i·ty [tə'nju:ətɪ] *förml s* Dünne *f*, Dünnheit *f* | Schlankheit *f* | Zartheit *f* | Schwäche *f* (der Stimme etc.) | *übertr* Einfachheit *f*; **~ous** ['tenjʊəs] *adj* dünn ⟨the ≈ web of a spider dünne Spinnweben *f/pl*⟩ | schlank, zart, fein | schwächlich, spärlich ⟨≈ growth⟩ | *übertr* klein, unbedeutend, dürftig ⟨the ≈ character of his strength seine unbedeutenden Kräfte; a ≈ distinction ein winziger Unterschied⟩

ten|ure ['tenjʊə] *s* (Grund-) Besitz *m* | *Jur* Besitzart *f*, -titel *m* ⟨≈ by lease Pachtbesitz *m*⟩ | *Hist* Lehen *n* | Innehaben *n* (eines Amtes) ⟨during the ≈ of his office während seiner Amtszeit⟩ | *bes Am* (Universität) feste *od* unbefristete Planstelle *f* (nach Probezeit) ⟨a professor with ≈⟩ | *übertr* Besitz *m*, Genuß *m*; **~u·ri·al** [ten'jʊərɪəl] *adj* Besitz-

te·pee ['ti:pi:] *s* Indianerzelt *n*, Wigwam *m*

tep·id ['tepɪd] *adj* (Flüssigkeit) lau(warm) | *lit übertr* lau, wenig ausgeprägt; **te'pid·i·ty** *s* Lauheit *f*

te·qui·la [tə'ki:lə] *s* Tequila *m*

ter·a|mor·phous [ˌterəˈmɔːfəs] *adj* monströs, ungeheuerlich; **~tism** [ˈterətɪzm] *s Med* Mißgeburt *f,* Monstrum *n*

ter·bi·um [ˈtɜːbɪəm] *s Chem* Terbium *n*

ter·cen|te·nar·y [ˌtɜːsenˈtiːnərɪ], **~ten·ni·al** [~ˈtenɪəl] **1.** *adj* dreihundertjährig; **2.** *s* dreihundertster Jahrestag | Dreihundertjahrfeier *f*

ter·cet [ˈtɜːsɪt] *s Metr* Terzine *f*

ter·gi·ver|sate [ˈtɜːdʒɪvəseɪt] *förml vi* Ausflüchte machen | abtrünnig werden, abfallen | wankelmütig sein; **~sa·tion** [ˌtɜːdʒɪvəˈseɪʃn] *s* Ausflucht *f,* Vorwand *m* | Abtrünnigwerden *n,* Abfall *m* | Wankelmut *m;* **ˈ~sa·tor** [ˈtɜːdʒɪvəˌseɪtə] Renegat *m*

term [tɜːm] **1.** *s* Zeit *f,* Dauer *f* ⟨~ of office Amtszeit⟩ | Termin *m,* Frist *f* ⟨at ~ zum festgelegten Termin; to set a ~ einen Termin festsetzen⟩ | *Wirtsch* Laufzeit *f* | *Wirtsch* Ziel *n,* Zeit *f* ⟨on ~ auf Zeit⟩ | Zahltag *m* | Amtsperiode *f* ⟨a 5 year ~⟩ | *Päd* Semester *n,* Quartal *n* ⟨summer ~⟩ | Kollegien-, Studienzeit *f* ⟨during ~ während der Studienzeit *od* der Vorlesungen⟩ | *Jur* Sitzungsperiode *f* | (Fach-) Ausdruck *m,* Terminus *m,* Wort *n,* Begriff *m* ⟨technical ~s Fachtermini *pl*⟩ | *Math, Phil* Glied *n* | *Phil* Begriff *m* ⟨major ~ Oberbegriff *m*⟩ | *Arch* Terme *m,* Grenzstein *m* ◇ **in the long (short) ~** *übertr* auf lange (kurze) Sicht; **2.** *vt* (be)nennen, bezeichnen ⟨to ~ o.s. sich nennen; to ~ s.th. beautiful etw. als schön bezeichnen; to be ~ed heißen, genannt werden⟩

ter·ma|gan·cy [tɜːˈmægənsɪ] *lit s* Zanksucht *f;* **~gant** [ˈtɜːməgənt] **1.** *adj* streitsüchtig, zänkisch; **2.** *s* Zankteufel *m,* zänkisches Weib

ter·mi|na·bil·i·ty [ˌtɜːmɪnəˈbɪlətɪ] *s* Begrenzbarkeit *f* | Befristung *f;* **ˈ~na·ble** *adj* begrenzbar, befristet, kündbar; **ˈ~nal** **1.** *adj* begrenzend, Grenz- ⟨≈ figure Grenzstein *m,* -säule *f*⟩ | End-, Abschluß-, letzte(r, -s) ⟨≈ accounts Endabrechnung *f;* ≈ examination Abschlußprüfung *f;* ≈ station Endstation *f*⟩ | *Med* unheilbar, zum Tode führend ⟨≈ cancer; ≈ ward Sterbestation *f*⟩ | *übertr* nicht mehr gutzumachen, extrem ⟨the impact is ≈ die Auswirkungen sind nicht mehr zu beheben⟩ | Termin- | *Bot* end-, gipfelständig | *Wirtsch* Zustell- | *Phil* Begriffs-; **2.** *s* Ende *n,* Spitze *f,* Endstück *n* | Zielhafen *m* | *Eisenb* Endstation *f,* Kopfbahnhof *m* ⟨air ≈ *Flugw* Zubringerbahnhof *m*⟩ | *Flugw* (Container) Terminal *m* | (Computer) Ein- und Ausgabestation *f* | *El* Pol *m* ⟨the ≈s of a battery⟩ | *El* Klemme *f* | *Ling* Endsilbe *f* | *Päd* Semesterprüfung *f* (an Universität) | *Arch* Endglied *n;* **ˌ~nal beˈhav·iour** *s Päd* Zielverhalten *n,* angestrebtes Können; **ˌ~nal moˈraine** *s Geol* Endmoräne *f;* **ˈ~nal plug** *s El* Anschlußklemme *f;* **ˌ~nal ˈstate** *s* Endzustand *m;* **ˈ~nal ˌval·ue** *s Math* Endwert *m;* **ˈ~nal wire** *s El* Anschlußdraht *m*

ter·mi|nate [ˈtɜːmɪneɪt] *vt* begrenzen | beenden, abschließen | *Wirtsch* beendigen, kündigen ⟨to ≈ s.o.'s contract⟩; *vi* aufhören, enden (**in** auf, mit) (Wort u. ä.) | zu Ende sein, beendet werden, enden ⟨to ≈ at 1 o'clock um 1 Uhr zu Ende gehen⟩; [ˈtɜːmɪnɪt] *adj* begrenzt | *Math* endlich; **ˌ~ˈna·tion** *s* Aufhören *n* | (Ab-) Schluß, *m,* Ende *n* ⟨to put a ≈ to s.th. einer Sache ein Ende machen⟩ | *Ling* Endung *f* (eines Wortes) | *Jur, Wirtsch* Ablauf *m,* Erlöschen *n,* Aufhebung *f,* Kündigung *f* ⟨the ≈ of a contract⟩ | Resultat *n,* Ausgang *m* ⟨to bring s.th. to a satisfactory ≈⟩; **~ˌna·tion of ˈpreg·nan·cy** *s Med* Schwangerschaftsunterbrechung *f;* **~na·tive** [ˈ~neɪtɪv] *adj* End-, Schluß- | *Ling* terminativ

ter·mi|no·log·i·cal [ˌtɜːmɪnəˈlɒdʒɪkl] *adj* terminologisch; **~nol·o·gy** [~ˈnɒlədʒɪ] *s* Terminologie *f,* Fachsprache *f* ⟨technical ≈⟩ | Terminologiekunde *f*

ter·mi|nus [ˈtɜːmɪnəs] *s* (*pl* **ˈ~nus·ses, ~ni** [~naɪ]) *bes Brit Eisenb* End-, Kopfstation *f* | Endpunkt *m,* -ziel *n* | Grenze *f,* Grenzzeichen *n,* -stein *m;* **~nus ad quem** [ˌ~ æd ˈkwem] *s Jur* Zeitpunkt, bis zu dem gerechnet wird; **~nus a quo** [ˌ~ ɑː ˈkwəʊ] *s Jur* Zeitpunkt *m,* von dem an gerechnet wird

ter·mite [ˈtɜːmaɪt] *s Zool* Termite *f;* **ˈ~ hill** *s* Termitenbau *m*

term·less [ˈtɜːmləs] *adj* unbegrenzt, endlos | bedingungslos;

terms [tɜːmz] *s/pl* Ausdrucksweise *f,* Worte *f* ⟨in ≈ of in bezug auf, ausgedrückt in; in money ≈ in Geld ausgedrückt; to think in ≈ of vorhaben, planen, beabsichtigen; contradiction in ≈ Widerspruch *m* in sich selbst; ≈ of reference Gesichtspunkt *m*⟩ | Bedingungen *f/pl* ⟨on any ≈ unter jeder Bedingung; on equal ≈ zu gleichen Bedingungen; to bring s.o. to ≈ jmdn. zur Annahme der Bedingungen bringen *od* zwingen; to come to/to make ≈ sich einigen; to come to ≈ with akzeptieren⟩ | Honorar *n,* Preis(e) *m(pl)* ⟨at reasonable ≈ zu einem günstigen Preis; what are your ≈? was verlangen Sie?⟩ | Verhältnis *n,* Beziehung *f* ⟨to be on bad ≈ nicht miteinander auskommen; to be on good/friendly ≈ with s.o. mit jmdm. auf gutem Fuß stehen; to be on speaking ≈ miteinander verkehren⟩ | gute Beziehungen *pl* ⟨to be on ≈ with⟩ | *Wirtsch* (Vertrags-) Bedingungen *pl,* Bestimmungen *pl* ⟨≈ of delivery Lieferbedingungen; ≈ of trade Austauschverhältnis (Außenhandel)⟩; **ˌterms of ˈref·e·rence** *s* Aufgabe *f,* Programm *n,* Bereich *m* (e-r Untersuchung, e-s Ausschusses u. ä.)

tern [tɜːn] *s Zool* Seeschwalbe *f*

ter|na·ry [ˈtɜːnərɪ], **~nate** [ˈ-nɪt|ˈ-neɪt] *adj* aus je drei bestehend, dreifach | *Bot* dreizählig

ter·pene [ˈtɜːpiːn] *s Chem* Terpen *n*

terp·si·cho·re·an [ˌtɜːpsɪkəˈrɪən] *adj lit, förml* Tanz-, tänzerisch

ter·rain [teˈreɪn|tə-] *s* Gelände *n,* Terrain *n* ⟨rocky ~⟩

ter·ra in·cog·ni·ta [ˌterə ɪnˈkɒgnɪtə] *s* (*pl* **ter·rae in·cog·ni·tae** [-iː|-iː]) ⟨*lat*⟩ Terra *f* incognita, unbekanntes Land

ter·ra al·ba [ˈterə ˈælbə] *s Min* Kaolin *n*

ter|race [ˈterəs] **1.** *s* Terrasse *f* | *Geol* Erdstufe *f,* Terrasse *f* | *Arch* Flachdach *n* | Häuserreihe *f* | *Brit* (Zuschauer-) Rang *m* (im Stadion) ⟨the ≈s die Ränge⟩ | *Am* Grünstreifen *m;* **2.** *vt* terrassenförmig anlegen; **ˈ~raced** *adj* terrassenförmig angelegt ⟨a ≈ lawn⟩ | flach ⟨a ≈ roof⟩; **ˈ~raced ˌhouse** *s Brit* Reihen-, Zeilenhaus *n*

ter·ra| cot·ta [ˌterə ˈkɒtə] *s* Terrakotta *f* | Terrakotte *f,* Terrakottafigur *f;* **ˌ~ˈcot·ta** *adj* Terrakotta- ⟨a ≈ vase⟩ | rötlichbraun; **~ fir·ma** [ˌ~ ˈfɜːmə] *s* ⟨*lat*⟩ *förml scherzh* fester Boden ⟨glad to be on ≈ again⟩

ter·ra·pin [ˈterəpɪn] *s* (*pl* **ˈ~, ˈ~s**) *Zool* Dosenschildkröte *f*

ter·rar·i|um [təˈreərɪəm] *s* (*pl* **~ums, ~a** [~ə]) Terrarium *n*

ter·raz·zo [təˈrætsəʊ] *s Arch* Terrazzo *m,* Zementmosaik *n*

ter|rene [teˈriːn] **1.** *adj* erdig, Erd- | irdisch, weltlich; **2.** *s* Erde *f;* **~res·tri·al** [təˈrestrɪəl] **1.** *adj* irdisch, weltlich, profan ⟨≈ practicality⟩ | Erd-, zur Erde gehörig, terrestrisch (*Ant* celestial) ⟨a ≈ globe eine Erdkugel *f,* ≈ plants⟩ | *Zool* auf dem Land lebend, Land- ⟨≈ birds⟩ | *Bot, Geol* Land-, terrestrisch ⟨the ≈ parts of the world die Landflächen *f/pl* der Erde⟩; **2.** *s* Erdbewohner(in) *m(f);* **~ˌres·tri·al ˈmag·net·ism** *s* Erdmagnetismus *m*

ter·ri|ble [ˈterəbl] *adj* schrecklich, entsetzlich ⟨a ≈ war⟩ | *übertr* entsetzlich, höchst unangenehm ⟨we had a ≈ time; a ≈ heat⟩ | *umg* furchtbar ⟨what ≈ food; a ≈ state of disorder ein furchtbares Durcheinander⟩; **ˈ~bly** *adv emph* miserabel, entsetzlich, auf unmögliche Weise ⟨to sing ≈⟩ | *umg emph* furchtbar, sehr, ziemlich ⟨it was ≈ nice of you es war wirklich ganz toll von dir⟩

ter·ri·er [ˈterɪə] *s Zool* Terrier *m*

ter|rif·ic [təˈrɪfɪk] *adj* fürchterlich, furchterregend, schrecklich ⟨≈ destruction⟩ | *umg* ungeheuer, toll ⟨to drive at a ≈ pace fürchterlich schnell fahren, rasen⟩ | glänzend, brillant, phantastisch ⟨a ≈ view⟩; ~'**rif·i·cally** *adv umg* unheimlich, extrem ⟨≈ cold⟩; ~**ri·fy** ['terɪfaɪ] *vt* (jmdm.) Angst einjagen, (jmdn.) erschrecken ⟨to ≈ s.o. into s.th. jmdn. durch Drohungen zu etw. bringen; to ≈ s.o. out of his wits jmdn. durch Angst um den Verstand bringen; to be ~rified of s.th. große Angst haben vor etw.; a ≈ing experience eine entsetzliche Erfahrung⟩; *vi* Angst haben

ter·ri·to|ri·al [ˌterɪ'tɔ:rɪəl] **1.** *adj* Boden-, Land-, Grund- ⟨≈ property Grundbesitz *m*⟩ | territorial, Landes-, Gebiets-, Hoheits- ⟨≈ waters *Mar* Hoheitsgewässer *n/pl*⟩; ˌ**Ter·ri'tori·al** *adj* Territorial-, ein Territorium der USA betreffend | *Brit Mil* Territorial- ⟨≈ army, ≈ force Territorialarmee *f*, Landwehr *f*⟩; **2.** *s Mil* Landwehrmann *m*; ~**ry** ['terɪtr̩ɪ] *s* Territorium *n*, Gebiet *n* | Hoheitsgebiet *n* ⟨Federal ≈ *Am* Bundesgebiet *n*; on British ≈⟩ | *Am Pol* unabhängiges *od* autonomes Gebiet *n* | *Hist, Pol* Schutzgebiet *n* ⟨North African ~ries⟩ | *übertr* Bereich *n*, Gebiet *n* | (Sport) Spielfeldhälfte *f*

ter·ror ['terə] *s* Angst *f*, Schrecken *m*, Entsetzen *n* ⟨deadly ~ Todesangst; in ~ in Schrecken⟩ | *übertr* etw. Schreckliches, Schrecken (Mensch) *m* | Terror *m*, Gewaltherrschaft *f* | *umg* Quälgeist *m* ⟨the child is a perfect ~ das Kind ist eine richtige Plage⟩; '~**ism** *s* Terrorismus *m*, Schreckens-, Gewaltherrschaft *f* | Terrorisierung *f*; '~**ist** *s* Terrorist *m*; ~**is·tic** [ˌterə'rɪstɪk], ˌ~'**is·ti·cal** *adj* terroristisch, Terror-; ~**i·za·tion** [ˌterəraɪ'zeɪʃn] *s* Terrorisierung *f* | Einschüchterung *f*; '~**ize** *vt* terrorisieren | einschüchtern; '~-ˌ**strick·en**, '~-**struck** *adj* angsterfüllt

ter·ry ['terɪ] *s* Frottee *m*, *n* | ungeschnittener Samt *od* Plüsch; '~**cloth** *s* Frottierstoff *m*; '~ ˌ**tow·el** Frottee(hand)tuch *n*; '~ ˌ**vel·vet** *s* Halbsamt *m*

terse [tɜ:s] *adj* kurz und bündig, knapp, gedrängt ⟨a ~ speech⟩

ter|tian ['tɜ:ʃn] *adj Med* alle drei Tage eintretend ⟨≈ fever⟩; ~**ti·ar·y** ['tɜ:ʃərɪ] **1.** *adj* tertiär, Tertiär-, an dritter Stelle stehend; '≈**ti·ar·y 1.** *adj Geol* Tertiär-, tertiär- ⟨≈ period Tertiär *n*⟩ | *Med* dritten Grades ⟨≈ burns; ≈ care Betreuung *f* von Schwerstkranken⟩; **2.** *s Geol* Tertiär *n*; ˌ~**ti·ar·y re'cov·er·y** *s Tech* (Gas-, Öl- u. ä.) Ausbeutung *f*, Abbau *m*, wo herkömmliche Methoden versagt haben

ter·y·lene ['terəli:n] *s* Terylen(e) *n*

ter·zet [tɜ:t'set] = ~**to** [~əʊ] *s* (*pl* ~**tos**, ~**ti** [~ɪ]) *Mus* Terzett *n*, Trio *n*

TESL ['tesl] *s Abk* von **Teaching English as a Second Language** Englisch als Fremdsprache

Tes·la ['teslə] *s Phys* Tesla *n*

tes·sel|late ['tesəleɪt] **1.** *vt* tessellieren, mit Mosaiksteinchen auslegen; **2.**, *auch* '~**lat·ed** *adj* schachbrett-, mosaikartig | *Bot* gewürfelt; ˌ~**lat·ed 'mir·ror** *s* Facettenspiegel *m*; ˌ~**lat·ed 'pave·ment** *s* Mosaikfußboden *m*; ˌ~'**la·tion** *s* Mosaikarbeit *f* | Auslegen *n* mit Mosaiksteinchen

test [test] **1.** *s* Probe *f*, Versuch *m*, Experiment *n* (*auch übertr*) ⟨to put s.th. to the ~ etw. auf die Probe stellen; to stand the ~ die Probe bestehen; to use s.th. as a ~ *übertr* etw. als einen Test ansehen⟩ | *Med* Probe *f*, Test *m* ⟨blood ~⟩ | *Chem* Nachweis *m*, Analyse *f* | *bes Päd* (Eignungs-) Prüfung *f*, Test *m* ⟨intelligence ~; to pass a ~ eine Prüfung ablegen; to take a driving ~ die Fahrerlaubnis machen⟩ | *übertr* Prüfstein *m*, Kriterium *n*, Prüfungsmaßstab *m* ⟨a fair ~⟩ | = '~ **match**; **2.** *vt* prüfen, testen, untersuchen ⟨to have one's eyes ~ed sich die Augen untersuchen lassen⟩ | *Math* die Probe machen auf | (aus)probieren, einem Test unterziehen ⟨to ~ a car⟩ | (jmdn.) auf die Probe stellen | absuchen (**for** nach), untersuchen (**for** auf) ⟨to ~ ore for gold Erz auf Goldgehalt untersuchen⟩; *vi* einen Test machen, prüfen (*auch Chem*) (**for** auf) ⟨to ~ for a leak die Leitung (u. a.) auf eine undichte Stelle prüfen; to ~ for a loose connection prüfen, ob die Anschlüsse locker sind⟩; '~**a·ble** *adj* prüf-, untersuchbar | *Jur* testierfähig

tes·ta|cean [te'steɪʃn] *Zool* **1.** *adj* hartschalig, zu den Schaltieren gehörend; **2.** *s* Testazee *f*, Schaltier *n*; ~**ceous** [te'steɪʃəs] *adj Zool* hartschalig, Schalen-

tes|ta·ment ['testəmənt] *s förml* Testament *n*, Vermächtnis *n*, letzter Wille ⟨last will and ≈ letztwillige Verfügung; to contest a ≈ ein Testament anfechten; to make one's ≈ sein Testament machen⟩ | '≈**ta·ment** *Rel* Testament *n* ⟨New ≈; Old ≈⟩; ~**ta·men·ta·ry** [ˌtestə'mentr̩ɪ] *adj* testamentarisch, durch Testament festgelegt | Testier-; '~**tate** [-eɪt|-ɪt] *adj* ein Testament hinterlassend; ~'**ta·tor** *s* Testator *m*, Erblasser *m*; ~**ta·trix** [te'steɪtrɪks] *s* (*pl* ~**ta·tri·ces** [te'steɪtrɪˌsi:z]) Testatorin *f*, Erblasserin *f*

test| bal·loon ['test bəˌlu:n] *s Flugw* Ballonsonde; '~ **ban** *s* Verbot *n* von (Atom-) Versuchen; '~ **bar** *s Tech* Zerreißstab *m*; '~ **call** *s Tel* Probeanruf *m*; '~ **case** *s Jur* Präzedenzfall *m* | Musterbeispiel *n*; '~ **chart** *s Ferns* Testbild *n*; '~ **drive** *s* Probefahrt *f*; **teste** ['testɪ] *s Jur* (als Zeuge) *m*; '~**ed** *adj* getestet, geprüft, erprobt; **tes·tee** [te'sti:] *s* Prüfling *m*; [1]'~**er** *s* Prüfer *m* | Prüfvorrichtung *f*

[2]**tes·ter** ['testə] *s Arch* Baldachin *m* | Betthimmel *m*

tes|tes ['testi:z] *s/pl* von ↑ ~**tis**; ~**ti·cle** ['testɪkl] *s Anat, Zool* Testikel *m*, Hoden *m*

tes|tis ['testɪs] *s* (*pl* ~**tes** ['~ti:z]) *Anat* Hoden *m*

tes·ti|fi·ca·tion [ˌtestɪfɪ'keɪʃn] *s Jur* Zeugnis *n*, Beweis *m* (**of, to** für); ~**fi·er** ['testɪfaɪə] *s Jur* Zeuge *m*, Zeugin *f*; '~**fy** *vi Jur* zeugen, Zeugnis ablegen (**for, to** für, **that** daß, **against** gegen, **in favour of** zugunsten) | Beweis sein (**to** für) ⟨his face ~fied to his guilt⟩ | eine feierliche Erklärung ablegen; *vt Jur* beeiden, bezeugen, unter Eid aussagen | zeugen von | (etw.) bezeugen, beweisen, kundtun (*auch übertr*)

tes·ti·mo|ni·al [ˌtestɪ'məʊnɪəl] *s* (Führungs- u. ä.) Zeugnis *n* | Gutachten *n* | Empfehlungsschreiben *n* | *übertr* Anerkennungszeichen *n*; ~**ni·al·ize** [~nɪəlaɪz] *vt selten* ein Zeugnis ausstellen; ~**ny** ['testɪmənɪ] *s bes Jur* Zeugnis *n*, Beweis *m*, Zeugenaussage *f* ⟨to bear ≈ to s.th. etw. bezeugen; to call s.o. in ≈ jmdn. als Zeugen aufrufen⟩ | *coll* Aussagen *f/pl*, Bericht *m*, Zeugnis *n*, Meinung *f* ⟨according to the ≈ of nach Meinung von; the ≈ of history die Lehren *pl* der Geschichte⟩

test·ing ['testɪŋ] **1.** *s* Probe *f*, Versuch *m*, Erprobung *f*; **2.** *adj* anstrengend, hart ⟨≈ times⟩; '~ ˌ**cir·cuit** *s El* Meßkreis *m*; '~ **ground** *s* Versuchsgelände *n*, Erprobungsgebiet *n* (*auch übertr*); '~ ˌ**in·stru·ment** *s Tech* Prüfgerät *n*; '~ **room** *s* Prüfraum *m*; '~ **stand** *s Tech* Prüfstand *m*; '~ **van** *s Tech* (Kabel-) Meßwagen *m*

test| launch·ing ['test ˌlɔ:ntʃɪŋ] *s Flugw* (Raketen-) Versuchsstart *m*; '~ **load** *s* Prüflast *f*, Probebelastung *f*; '~ **mark** *s* Prüfzeichen *n*; '~ **match** *s* (Kricket, Rugby) internationaler Vergleichskampf; '~ ˌ**ob·ject** *s* Testobjekt *m*

tes·tos·ter·one [te'stɒstərəʊn] *s Chem* Testosteron *n*

test| pa·per ['test ˌpeɪpə] *s Chem* Reagenz-, Lackmuspapier *n* | Prüfungsformular *n* | (schrifliche) (Prüfungs-) Arbeit | *Am* Handschriftenprobe *f*; '~ ˌ**pat·tern** *s Ferns* Testbild *n*; '~ ˌ**pi·lot** *s Flugw* Testpilot *m*; '~ **probe** *s* Meßsonde *f*; '~ **re·lay** *s El* Prüfrelais *n*; ˌ~ **re'sult** *s* Versuchs-, Meßergebnis *n*; '~ **room** *s* Prüfraum *m*; '~ **rouˌtine** *s* (Computer) Prüfprogramm *n*; '~ ˌ**sat·el·lite** *s* Versuchssatellit *m*; '~ **shot** *s Ferns* Probeaufnahme *f*; '~ **stand** *s Tech* Prüfstand *m*; '~ **strip** *s* (Mikrofilm) Teststreifen *m*; '~ **tube** *s Chem* Probe-, Reagenzglas *n*, -röhrchen *n*; '~-**tube** *adj* in der Retorte erzeugt; '~-**tube** ˌ**ba·by** *s* Retortenbaby *n*, durch künstliche Insemination (außerhalb des Mutterleibes) gezeugtes Kind

tes·ty ['testɪ] *adj* (Person) reizbar, verdrießlich, mürrisch | (Bemerkung u. ä.) unwirsch, gereizt

te·tan·ic [te'tænɪk] *adj Med* tetanisch, Starrkrampf-; **tet·a·nism** ['tetənɪzm] *s Med* gesteigerter Muskeltonus; **tet·a·nus** ['tetənəs] *s Med* Tetanus *m*; **tet·a·ny** ['tetənɪ] *s Med* Tetanie *f*

tetch·y ['tetʃɪ] *adj* (Person, Verhalten) reizbar, mürrisch, verdrießlich, (über)empfindlich | (Bemerkung) gereizt

tête-à-tête [ˌteɪt ɑ: 'teɪt] **1.** *s* Tête-à-tête *n*, Zwiegespräch *n*, vertrauliches Beieinandersein ⟨to have a ~ with s.o.⟩; **2.** *adj, adv* vertraulich, unter vier Augen ⟨to have a ~ walk; to have dinner ~; to sit ~⟩

teth·er ['teðə] **1.** *s* Leine *f*, Haltestrick *m* (zum Viehanbinden) | *übertr* Kraft *f*, Spielraum *m* ⟨to be at the end of one's ~ am Ende sein, sich nicht mehr zu helfen wissen, am Ende seiner Geduld sein, (finanziell) nicht mehr aus noch ein wissen⟩; **2.** *vt* (Vieh) anbinden | *übertr* beschränken ⟨to ~ one's plans to one's resources seine Pläne mit seinen Mitteln in Einklang bringen⟩

tet·ra·chord ['tetrəkɔ:d] *s Mus* Tetrachord *n*

tet·ra|gon ['tetrəgən] *s Math* Tetragon *n*, Viereck *n*; **te·trag·o·nal** [te'trægənəl] *adj Math* tetragonal, viereckig; **~he·dral** [ˌtetrə'hedrəl] *adj Math, Min* tetraedrisch, vierflächig; **ˌ~he·dral 'an·gle** *s Math* Vierkant *m*; **~he·dron** [ˌtetrə'hi:drən] *s* (*pl* **~he·dra** [-drə], **~dras** [-drəz]) *Math* Tetraeder *n*, Vierflächner *m*

te·tral·o·gy [te'trælədʒɪ] *s Lit* Tetralogie *f*

tet·ra·pod ['tetrəpɒd] *Zool* **1.** *adj* vierfüßig, zu den Tetrapoden gehörend; **2.** *s* Tetrapode *m*, Vierfüßler *m*

tet·ter ['tetə] *Med* **1.** *s* Flechte *f*, Ausschlag *m*; **2.** *vt* einen Ausschlag hervorrufen bei; *vi* einen Ausschlag bekommen

Teu·ton ['tju:tn] **1.** *s* Germane *m*, Germanin *f*, Teutone *m*, Teutonin *f* | *umg* Deutsche(r) *f*(*m*); **2.** *adj* germanisch, teutonisch ⟨ancient ≈ languages altgermanische Sprachen *pl*⟩; **~ic** [tju:'tɒnɪk] **1.** *adj* germanisch, teutonisch; **2.** *s* Germanisch *n*; **~i·cism** [tju:'tɒnɪsɪzm] *s Ling* Germanismus *m*, deutsche Spracheigentümlichkeit

Tex·an ['teksn] **1.** *adj* texanisch, aus Texas; **2.** *s* Texaner(in) *m*(*f*)

text [tekst] *s* Text *m* (*Ant* pictures etc.) ⟨too much ~⟩ | Text *m*, genauer Wortlaut ⟨to examine the ~⟩ | Fassung *f*, Version *f* ⟨the original ~⟩ | Bibeltext *m* | textkritische Ausgabe | Thema *n*, Gegenstand *m* ⟨to stick to one's ~ bei der Sache bleiben⟩ | (Lehr-) Text *m*, Lehrbuch *n*; **'~book** *s* Lehrbuch *n*, Leitfaden *m* | *Mus* Textbuch *n*, Libretto *n*; **'~hand** *s Typ* große Kurrentschrift

tex|tile ['tekstaɪl] **1.** *s* Gewebe *n*; **2.** *adj* Textil-, Stoff- ⟨a ≈ factory; ~ finishing Textilveredlung *f*; ~ industry Textilindustrie *f*; ~ machinery Textilmaschinen *f/pl*; ~ printing Zeugdruck *m*⟩ | gewebt; **'~tiles** *s/pl* Textilien *f/pl*

text| lin·guis·tics ['tekst lɪŋ'gwɪstɪks] *s Ling* Textlinguistik *f*; **'~ type** *s Ling* Texttyp *m*

tex·tu|al ['tekstʃʊəl] *adj* textlich, Text- ⟨≈ differences⟩ | wörtlich, wortgetreu ⟨≈ reading⟩; **ˌ~al 'crit·i·cism** *s* Textkritik *f*, genaueres Studium von (literarischen *od* biblischen) Texten; **'~al·ism** *s* strenges Festhalten am Wortlaut

tex|tur·al ['tekstʃərəl] *adj* Gewebe-, Struktur-; **'~ture** *s* Gewebe *n* | Fadendichte *f* (eines Gewebes) ⟨cloth with a close ≈ dicht gewebtes Tuch⟩ | Struktur *f*, Aufbau *m*, Gefüge *n* ⟨the ≈ of a mineral⟩ | Anordnung *f*, Beschaffenheit *f* | *Biol* Textur *f* | (Holz-)Maserung *f*; **'~tured** *adj in Zus* strukturiert, texturiert | gewebt ⟨coarse-≈ grob gewebt⟩; **'~ture·less** *adj* strukturlos, ungegliedert

-th [θ] *suff* zur Bildung von Ordinalzahlen (außer 1., 2., 3.) (*z. B.* **fifth**, **tenth**)

Thai [taɪ] **1.** *s* Bewohner *m*(*pl*) von Thailand, Thai *m*, *f/pl* | *Ling* T(h)ai *n*, Siamesisch *n*; **2.** *adj* siamesisch, thailändisch; **'~land** *s* Thailand

tha·ler ['tɑ:lə] *s Hist* Taler *m*

tha·li·an [θə'laɪən] *adj* komisch, Komödien-

tha·li·do·mide [θə'lɪdəmaɪd] *s* Thalidomid *n* (gesundheitsgefährdendes Schlafmittel); **'~ ˌba·by** *s* Kleinkind *n* mit (durch Thalidomide hervorgerufenen) Mißbildungen

thal|line ['θælɪn|'~aɪn] *s Chem* Thallin *n*; **~li·um** ['θælɪəm] *s Chem* Thallium *n*

Thames [temz] *s* Themse *f* ◇ **he'll never set the ~ on fire** *übertr* er hat das Pulver (auch) nicht erfunden

than [ðæn|ðən] *conj* (in Vergleichen) als ⟨he is taller ~ his sister er ist größer als seine Schwester; I'd rather go ~ stay ich würde lieber gehen als bleiben *od* statt zu bleiben; more often ~ not gewöhnlicherweise, in der Regel; none other ~ you niemand anderes als Sie; nothing more or less ~ nichts anderes als; ~ what *Brit vulg* als wie⟩

thanato- [θænətə] *in Zus* Tod, tot

thane [θeɪn] *s Hist* Than *m*, Lehnsmann *m*

thank [θæŋk] *vt* (jmdm.) danken, sich bedanken (**for** für) ⟨to ~ s.o. for doing s.th. jmdm. danken, daß er etw. tut; ~ you danke; ~ you for nothing *iron* vielen Dank!, ich danke!; ~ God/goodness/heaven! Gott sei Dank!; to have o.s. to ~ sich selbst zuzuschreiben haben; to have s.o. to ~ jmdm. zuzuschreiben haben, jmdm. danken [müssen]⟩ | *iron* dankbar sein, sich freuen ⟨I'll ~ you for that book ich würde mich freuen, wenn ich das Buch wiederbekäme; I'll ~ you to mind your own business kümmern Sie sich gefälligst um Ihre eigenen Angelegenheiten⟩; **'~ful** *adj* (Person) dankbar (**to s.o.** jmdm.) ⟨I'm ≈ that ich bin heilfroh, daß⟩ | (Verhalten) dankbar, Dankes- ⟨a ≈ look ein dankbarer Blick, ein Blick des Dankes⟩; **'~less** *adj* undankbar, nicht lohnend, unerfreulich, -giebig ⟨a ≈ task⟩; **thanks** *s/pl* Dank *m*, Danksagung *f* ⟨in ≈ for zum Dank für; (many) ≈ danke (sehr), besten Dank; no, ≈ nein, danke; small ≈ I got Undank war mein Lohn; with ≈ mit Dank⟩ ◇ **thanks to** dank, auf Grund von ⟨≈ your help dank deiner Hilfe⟩; **ˌthanks'giv·ing** *s Rel* Danksagung *f*, -gebet *n*; **'Thanks·giv·ing Day** *s Am* (Ernte-)Dankfest *n* (letzter Donnerstag im November); **'~wor·thy** *adj* dankenswert, verdienstvoll; **'~you** *s* **1.** Danke(schön) *n*(*n*) ⟨a special ≈ for s.o.⟩; **2.** *adj* Dank(es)- ⟨a ≈ letter⟩

that [ðæt] **1.** *adj, pron* (*pl* **those** [ðəʊz]) der, die, das ⟨after ~ nach all dem; and all ~ und so weiter; and ~ *umg* und so; at ~ zudem, noch dazu; at ~ point dann; for all ~ trotz alledem; like ~ so, auf diese Art; ~ is [to say] das heißt; ~'s ~! damit basta!; what of ~? na und?; with ~ dann, darauf⟩ | der-, die-, dasjenige ⟨those who diejenigen, welche⟩; **2.** *adv umg* so, derartig, dermaßen ⟨I can't walk ~ far⟩; **3.** *rel pron* der, die, das, welche(r, -s) ⟨all ~ alles, was; the only person ~ can help me der einzige Mensch, der mir helfen kann⟩; **4.** *conj* daß ⟨in order ~ damit; it so happens ~ I know her zufällig kenne ich sie; oh, ~ I should live … wenn ich es doch erleben würde …!; supposing ~ angenommen, daß⟩

thatch [θætʃ] **1.** *s* Dachstroh *n*, Strohdach *n* | *umg scherzh* dichtes Haar, Haarschopf *m*; **2.** *vt* (Dach) mit Stroh dekken ⟨~ed roof Strohdach *n*⟩; **'~ing** *s* Dachstroh *n* | Strohdecken *n*

thaw [θɔ:] **1.** *vi* (auf)tauen, schmelzen, abtauen ⟨it is ~ing es taut; the snow is ~ing der Schnee schmilzt⟩ | *auch* **~ out** *übertr* auftauen, warm werden, aus sich herausgehen; **~ off** abtauen; *vt auch* **~ out** auftauen, zum Tauen bringen | *übertr* warm machen; **2.** *s* (Auf-) Tauen *n* | Tauwetter *n* (*auch übertr*) ⟨a/the ~ sets in Tauwetter setzt ein⟩ | *übertr* Auftauen *n*, Warmwerden *n*, Aussichherausgehen *n*; **'~y**

adj umg tauend

the [*vor Vokalen*: ðɪ, *vor Konsonanten*: ðə, *betont*: ði:] **1.** *best art* der, die, das ⟨~ sun; *vor Titeln*: ~ Empress Victoria Kaiserin Viktoria; *vor Familiennamen im Plural*: ~ Stuarts; *vor Ländern und Inseln im Plural*: ~ Netherlands die Niederlande; ~ Azores die Azoren; *vor Flüssen, Meeren, Gebirgen*: ~ Thames die Themse; ~ Atlantic der Atlantik; ~ Alps die Alpen; *bei Hervorhebungen*: ~ England of Queen Elizabeth das England Königin Elisabeths, England zur Zeit Königin Elisabeths; *vor Maßangaben*: by ~ dozen dutzendweise; *vor substantivierten adj*: ~ young die Jüngeren⟩; **2.** *adv* (*vor comp*) je ... desto, umso mehr ⟨so much ~ better um so besser; ~ more he has, ~ more he wants je mehr er hat, desto mehr will er; ~ sooner ~ better je eher, desto besser⟩

the- [θɪ-] = **theo-**

the·ar·chy ['θi:ɑ:kɪ] *s* Theokratie *f*, Gottesherrschaft *f*

the|a·tre ['θɪətə] *s* Theater *n* ⟨open-air ≈ Freilichttheater; to go to the ≈ ins Theater gehen⟩ | (*nur sg*) Schauspielkunst *f*, Bühne *f* ⟨the American ≈⟩ | (*nur sg*) Drama *n*, Dramen *pl*, Bühnenwerke *pl* ⟨the ≈ of O'Neill; ≈ of the absurd absurdes Theater⟩ | Saal *m* ⟨lecture ≈ Hörsaal; operating ≈ *Brit Med* Operationssaal⟩ | *übertr auch* ˌ**~a·tre of 'war** (*bes* Kriegs-) Schauplatz *m* ⟨the Pacific ≈ der Kriegsschauplatz im Pazifik⟩; **'~a·tre ˌgo·er** *s* Theaterbesucher(in) *m(f)*; **'~a·tre ˌgo·ing** *s* Theaterbesuch *m*; **~at·ri·cal** [θi:'ætrɪkl] *adj* bühnenmäßig, Bühnen-, Theater- ⟨≈ company Schauspielergesellschaft *f*; ≈ performance Theatervorstellung *f*⟩ | theatralisch, gekünstelt, übertrieben, affektiert; **~at·ri·cal·i·ty** [θɪˌætrɪ'kælətɪ] *s* affektiertes Wesen | Theatervorstellung *f*; **~at·ri·ca·lize** [θɪ'ætrɪkəlaɪz] *vt* dramatisieren; **~at·ri·cals** [θɪ'ætrɪklz] *s/pl* (bes Laien-)Theateraufführungen *f/pl*; **~'at·rics** *s/pl* (*sg konstr*) Theaterkunst *f*

the|ca ['θi:kə] *s* (*pl* **~cae** [~si:]) Hülle *f* | *Zool* Schutzhülle *f*, -häutchen *n* | *Bot* Kapsel *f* | *Anat* Sehnenscheide *f*; **~ci·tis** [θɪ'saɪtɪs] *s Med* Sehnenscheidenentzündung *f*

thee [ði:] *pron, arch, poet* dich, dir

thee|lin ['θi:lɪn] *s Chem* Theelin *n*, Östron *n*; **~lol** [~lɒl] *s Chem* Theelol *n*, Östriol *n*

theft [θeft] *s* Diebstahl *m* | *arch* Diebesbeute *f*, -gut *n*

thegn [θeɪn] *s* = **thane**

the·in[e] ['θi:ɪn] *s Chem* Tein *n*, Koffein *n*

their [ðə|ðεə] *pron* ihr, ihre ⟨they lost ~ home⟩; **theirs** [ðεəz] *pron* der ihrige, die ihrige, das ihrige *od* ihre ⟨that dog is ≈ dieser Hund gehört ihnen⟩

the|ism ['θi:ɪzm] *s* Theismus *m*; **'~ist 1.** *s* Theist(in) *m(f)*; **2.** *adj* theistisch; **~'is·tic**, **~'is·ti·cal** *adj* theistisch

them [ðəm|ðem] *pron* sie, ihnen ⟨we saw ~⟩ | *dial, vulg* diese ⟨some of ~ girls ein paar von diesen Mädchen, die Mädchen da⟩ ◇ ˌ**~-and-'us** *adj* antagonistisch | durch (soziale) Ressentiments gekennzeichnet ⟨≈ attitudes⟩

the|ma ['θi:mə] *s* (*pl* **~ma·ta** [-tə]) (Dissertations-) Thema *n* | wissenschaftliche Abhandlung; **~mat·ic** [θɪ'mætɪk] *adj* thematisch | *Mus* zum Thema gehörend, thematisch | *Ling* Stamm- ⟨≈ verb; ≈ vowel⟩

theme [θi:m] *s* Thema *n*, Gegenstand *m* ⟨to have for ~ zum, als Thema haben⟩ | *Mus* Thema *n* | *Ling* (Wort-) Stamm *m* | *Ling* Thema *n* (*Ant* rheme) | *bes Am* (Schul-) Aufsatz *m* | *Rundf* Kennmelodie *f*; **'~ park** *s Am* Vergnügungspark *m* (mit thematischen Abteilungen); **'~ song**, **'~ tune** *s Mus, Film u. ä.* Haupt-, Titelmelodie *f* | *umg* alte Leier, ständiger Einwand

them·selves [ðəm'selvz] *refl pron* sich (selbst) ⟨they hurt ~ sie verletzten sich⟩ | *emph* (sie) selbst ⟨they ~ have often made that mistake sie haben diesen Fehler selbst oft gemacht⟩ ◇ **in** ~ an sich ⟨these things in ~⟩; **[all] by ~** ganz allein; **be/come to ~** (wieder) zu sich kommen; **feel ~** sich wie gewohnt *od* sich normal fühlen

then [ðen] **1.** *adv* damals ⟨we were living in London ~⟩ | dann, alsdann, darauf, hierauf ⟨but ~ (again) aber andererseits (wieder); every now and ~ immer wieder, von Zeit zu Zeit; now and ~ dann und wann; now ~ nun also; what ~? was dann?⟩ | also, folglich | denn ⟨well ~ nun gut⟩; **2.** *adj* damalig ⟨the ~ chancellor der damalige Kanzler⟩; **3.** *s* (vergangene) Zeit, diese bestimmte Zeit ⟨by ~ inzwischen; from ~ von da an; since ~ seitdem; till ~ bis dahin; bis dann; not till ~ erst von da ab, dann erst⟩ | Damals *n* ⟨the ~ and now die Zeit damals und jetzt⟩

thence [ðens] *förml adv* von da (an) ⟨~ to London von da nach London⟩ | daher, deshalb ⟨~ we may say deshalb können wir sagen⟩; **~'forth**, **~'for·ward[s]** *adj förml* von da an, seit der Zeit

theo- [θɪə|θɪ'ɒ] ⟨*griech*⟩ *in Zus* Gott-

the·o·cen·tric [θɪə'sentrɪk] *adj* theozentrisch ⟨a ~ culture⟩; **the·oˌcen'tric·i·ty** *s* Theozentrismus *m*

the·o·bro·min[e] [ˌθi:əʊ'brəʊmi:n] *s Chem* Theobromin *n*

the|oc·ra·cy [θɪ'ɒkrəsɪ] *s* Theokratie *f*; **~o·crat** ['θi:əkræt] *s* Theokrat *m*; **~o·crat·ic** [θɪə'krætɪk], **~o'crat·i·cal** *adj* theokratisch

the·od·o|lite [θɪ'ɒdəlaɪt] *s* Theodolit *m*, Landvermessungsgerät *n*

the|o·lo·gi·an [ˌθi:ə'ləudʒən] *s* Theologe *m*; **~o·log·i·cal** [ˌθi:ə'lɒdʒɪkl], ˌ**~o'log·ic** *adj* theologisch; **~ol·o·gy** [θɪ'ɒlədʒɪ] *s* Theologie *f*

the·o|rem ['θɪərəm] *s Math, Phil* Theorem *n*, Erkenntnis-, Lehrsatz *m*; **~re·mat·ic** [ˌθɪərə'mætɪk], ˌ**~re'mat·i·cal** *adj* theorematisch, zu einem Theorem gehörend

the·o|ret·ic [θɪə'retɪk], **~'ret·i·cal** *adj* theoretisch ⟨≈ physics⟩ | hypothetisch, spekulativ; **~ˌret·i·cal 'strength** *s Mil* Sollstärke *f*; **~re·ti·cian** [ˌθɪərə'tɪʃn] *s* Theoretiker *m* | reiner Theoretiker, unpraktischer Mensch; **~'ret·ics** *s/pl* (*sg konstr*) Theoretik *f*; **~rist** ['θɪərɪst] *s* Theoretiker *m*; **~ri·za·tion** [ˌθɪəraɪ'zeɪʃn] *s* Theoretisieren *n*; **'~rize** *vi* theoretisieren, Theorien aufstellen (**about**, **on** über); **'~ry** *s* Theorie *f*, Lehre *f* ⟨Darwin's ~ries; ≈ of relativity *Phys* Relativitätstheorie⟩ | Theorie *f*, System *n* von Verallgemeinerungen ⟨musical ≈ Musiktheorie; ≈ and practice Theorie und Praxis⟩ | Vorstellung *f*, Einbildung *f* ⟨a mere ≈ nichts als Einbildung; in ≈ in der Theorie, theoretisch; to have a ≈ that sich vorstellen, daß⟩

the|o·soph·ic [θɪə'sɒfɪk], **~o'soph·i·cal** *adj* theosophisch; **~os·o·phism** [θi:'ɒsəfɪzm] *s* Theosophie *f*; **~'os·o·phist 1.** *s* Theosoph *m*; **2.** *adj* theosophisch; **~'os·o·phy** *s* Theosophie *f*

ther·a|peu·tic [ˌθerə'pju:tɪk] **1.** *adj* therapeutisch; **2.** *s* Therapeutikum *n*, Heilmittel *n*; ˌ**~'peu·ti·cal** *adj* therapeutisch; ˌ**~'peu·tics** *s/pl* (*meist sg konstr*) Therapeutik *f*; ˌ**~'peu·tist**, **~pist** ['θerəpɪst] *s* Therapeut *m* ⟨mental ≈ Psychotherapeut *m*⟩; **'~py** *s* Therapie *f*, Heilverfahren *n*, Behandlung *f* ⟨occupational ≈ Beschäftigungstherapie *f*⟩

there [ðεə] **1.** *adv* da, dort ⟨to stand ~ dort stehen; here and ~ hier und dort; over ~ da drüben; then and ~/~ and then hier und jetzt; ~ and back hin und zurück; ~ you are! da hast du's!, bitte [schön]!; ~ he goes da geht er [ja]⟩ | *übertr* hier, an der Stelle, da ⟨to be not all ~ *umg* nicht ganz richtig im Kopf sein; ~ we are so steht es, so ist die Lage; ~ you go *umg* da haben Sie es wieder, natürlich, wie immer; to get ~ sein Ziel erreichen⟩; **2.** [ðə|ðεə] *pron od adv* (vor **be**) es ⟨~ is/~ are es gibt⟩ | [ðεə] (du, Sie) dort, da ⟨hello ~! he da!; (Gruß) grüß dich!, hi ~! *Am* grüß dich!, grüßt Euch⟩; **3.** *interj* da! schau! ⟨~! na!; so ~!; ~ how! na bitte!, na also!, da hast du's!; ~, ~! beruhige dich!, gut, gut!⟩ | **4.** *adj* (*nach pron, s*) *umg* da, dort ⟨I'd rather take those ~ ich möchte lieber die dort; those men ~ diese Männer da⟩ | (*nach best pron*) *vulg* da, dort ⟨that ~ fellow dieser Kerl da⟩; **ˈ~a·bout[s]** [-r-] *adv umg* (räumlich, zeitlich) da herum, ungefähr da ⟨somewhere ≈ irgendwo; 2 o'clock or ≈ so ungefähr um 2 [herum]⟩; **~ˈaft·er** [-ˈr-] *adv förml* danach, nachher, später; **~ˈby** *adv förml* daran, dabei ⟨[and] ≈ hangs a tale und damit hängt folgende interessante Sache zusammen⟩ | *Jur* damit, dadurch, kraft dessen | nahe dabei; **ˈ~fore** *adv, conj* daher, deshalb, darum, deswegen, aus diesem Grund | also, folglich ⟨I think, ≈ I exist⟩; **~ˈfrom** *adv förml, Jur* davon, daher; **~ˈin** *adv förml, Jur* darin, in dieser Hinsicht ⟨≈ lay the cause⟩ | *Jur* darin, damit ⟨everything ≈ contained alles darin ausgeführte⟩; **ˌ~in ˈaft·er** [-r-] *adv förml, Jur* später, nachstehend (im Text); **~ˈof** [-ˈr-] *adv förml, Jur* davon, daraus, von etw. ⟨the laws ≈ dessen *od* deren Gesetze⟩; **~ˈon** *adv förml* (räumlich) darauf | (zeitlich) darauf, danach; **~ˈo·ver** [-ˈr-] *adv förml* darüber; **~ˈto** *förml, Jur adv* (noch) dazu | außerdem; **~ˈun·der** [-ˈr-] *adv förml, Jur* darunter; **~upˈon** [-r-] *förml adv* darauf, danach | darum, demzufolge; **~ˈwith** *adv förml* damit | = **~uˈpon**; **ˈ~with·al** *adv arch* überdies, außerdem

therm [θɜːm] *s Phys* Einheit *f* der Wärmemenge

ther·mal [ˈθɜːml] **1.** *adj* thermisch, Thermal-, Warm-, Wärme-, Hitze-; **2.** *s Flugw* Thermik *f*; **ˌ~ ˈbar·rier** *s Phys* Hitzemauer *f*; **ˌ~ ˈbreed·er** *s Phys* warmer Brüter; **ˌ~ caˈpac·i·ty** *s Phys* Wärmekapazität *f*; **ˌ~ con·ducˈtiv·i·ty** *s Phys* Wärmeleitfähigkeit *f*; **ˌ~ efˈfect** *s El* Thermoeffekt *m*; **ˌ~ fluc·tuˈa·tion** *s* Wärmeschwankung *f*; **ˌ~ ra·diˈa·tion** *s Phys* Wärmestrahlung *f*; **ˌ~ reˈac·tor** *s Phys* Wärmereaktor *m*; **ˌ~ ˈspring** *s* Thermalquelle *f*; **ˌ~ staˈbil·i·ty** *s* Wärmebeständigkeit *f*; **ˈ~ ˈu·nit** *s* Wärmeeinheit *f*

therme [θɜːm] = **therm**

-therm·i·a [θɜːmɪə] *in Zus* -Wärme, -Hitze (*z. B.* **hypothermia**)

ther·mic [ˈθɜːmɪk] *adj* thermisch, Wärme-, kalorisch; **ˈ~ ˈu·nit** *s* Wärmeeinheit *f*; **ˈ~ ˈval·ue** *s Phys* Heizwert *m*

therm|i·on·ic [ˌθɜːmɪˈɒnɪk] *adj* thermionisch, glühelektrisch | Elektronen-, Glühkatoden-, Röhren-; **~iˌon·ic ˈcath·ode** Glühkatode *f*; **~iˌon·ic ˈcur·rent** *s El* Glühelektronenstrom *m*; **~i·on·ics** [ˌθɜːmɪˈɒnɪks] *s/pl* (*sg u. pl konstr*) *El* Theorie *f* der Elektronenröhrentechnik; **~iˌon·ic ˈtube** *Am* = **~iˌon·ic ˈvalve** *s Brit El* Elektronenröhre *f*

therm·is·tor [ˈθɜːmɪstə] *s El* Thermistor *m*, Heißleiter *m*

ther·mite [ˈθɜːmaɪt], *auch* **Ther·mit** [ˈ~|-mət] *s Chem, Tech* Thermit *n* ⟨~process Thermitverfahren *n*, -schweißung *f*⟩

thermo- [θɜːmə(ʊ)] ⟨*griech*⟩ *in Zus* Thermo-, Wärme-, Hitze-

ther·mo|chem·i·cal [ˌθɜːməʊˈkemɪkl] *adj* thermochemisch; **ˌ~ˈchem·ist** *s* Thermochemiker *m*; **ˌ~ˈchem·is·try** *s* Thermochemie *f*; **ˌ~dyˈnam·ic**, **ˌ~dyˈnam·i·cal** *adj* thermodynamisch; **ˌ~dyˈnam·ics** *s/pl* (*sg konstr*) Thermodynamik *f*, Wärmelehre *f*; **ˌ~eˈlec·tric**, **ˌ~eˈlec·tri·cal** *adj* thermoelektrisch, wärmeelektrisch; **ˌ~e·lecˈtric·i·ty** *s* Thermoelektrizität *f*; **ˌ~e·lecˈtrom·e·ter** *s* Thermoelektrometer *n*; **ˌ~ˈel·e·ment** *s* Thermoelement *n*; **~graph** [ˈθɜːməgrɑːf] *s* Thermograph *m*; **ther·mog·ra·phy** [θəˈmɒgrəfɪ] *s* Thermographie *f*; **~log·i·cal** [ˌθɜːməˈlɒdʒɪkl] *adj* thermologisch; **ther·mol·o·gy** [θɜːˈmɒlədʒɪ] *s* Thermologie *f*; **ther·mol·y·sis** [θɜːˈmɒlɪsɪs] *s Chem* Thermolyse *f* | *Med* Wärmeverlust *m*; **~lyt·ic** [ˌθɜːməʊˈlɪtɪk] *adj* thermolytisch | *Med* Wärme verlierend; **~lyze** [ˈθɜːməlaɪz] *vt* thermolysieren

ther·mo|m·e·ter [θəˈmɒmɪtə] *s* Thermometer *n* ⟨clinical ≈ Fieberthermometer⟩; **~met·ric** [ˌθɜːməˈmetrɪk], **ˌ~ˈmet·ri·cal** *adj* thermometrisch, Thermometer-; **ther·mom·e·try** [θəˈmɒmɪtrɪ] *s* Thermometrie *f*, Wärmemessung *f*

ther·mo|nu·cle·ar [ˌθɜːməʊˈnjuːklɪə] *adj* thermonuklear ⟨≈ bomb Wasserstoffbombe *f*⟩; **ˌ~ˈplas·tic** *Chem* **1.** *adj* thermoplastisch; **2.** *s* Thermoplast *m*, in der Wärme formbarer Stoff; **ˌ~ˈreg·u·late** *vi* die Körpertemperatur selbst regulieren (Fisch u. ä.); **ˌ~reg·uˈla·tion** *s* Wärmeregulierung *f*; **ˌ~reˈsist·ant** *adj* thermoresistent, hitzebeständig

ther·mos [ˈθɜːmɒs], *auch* **ˈ~ ˌbot·tle** *s* Thermosflasche *f*

ther·mo|scope [ˈθɜːməskəʊp] *s Phys* Thermoskop *n*; **~scop·ic** [ˌθɜːməˈskɒpɪk], **ˌ~ˈscop·i·cal** *adj Phys* thermoskopisch

ther·mos flask [ˈθɜːmɒs flɑːsk] *s* Thermosflasche *f*

ther·mo|set·ting [ˈθɜːməʊˌsetɪŋ] *adj Tech* (Plaste) hitzehärtbar, duroplastisch; **~sta·ble** [ˌθɜːməˈsteɪbl] *adj* thermostabil; **~stat** [ˈθɜːməstæt] *s El* Thermostat *m* | *Med* Brutschrank *m*; **ˌ~ˈstat·ic** *adj* thermostatisch; **ˌ~ˈstat·ics** *s/pl* (*meist sg konstr*) Thermostatik *f*; **~ther·a·py** [ˌθɜːməˈθerəpɪ] *s Med* Thermotherapie *f*, Wärmebehandlung *f*

-thermy [θɜːmɪ] ⟨*griech*⟩ *in Zus* = **-thermia**

the·sau|rus [θɪˈsɔːrəs] *s* (*pl* **~ri** [~raɪ], **theˈsau·rus·es**) Thesaurus *m*, (Sach-)Wörterbuch *n* | Wissensschatz *m*, -speicher *m*

these [ðiːz] *pl* von ↑ **this**

the|sis [ˈθiːsɪs] *s* (*pl* **ˈ~ses** [ˈ~siːz]) These *f*, Satz *m*, Behauptung *f* | Dissertation *f* ⟨postgraduate ≈ Diplomarbeit *f*⟩ | Aufsatzthema *n* | *Metr* Thesis *f*, unbetonte Silbe

Thes·pi·an [ˈθespɪən] *adj förml* dramatisch, Dramen-, Schauspiel- ⟨the ~ art die Schauspielkunst, das Drama⟩

the·ta [ˈθiːtə|ˈθeɪ-] *s* ⟨*griech*⟩ Theta *n*

the·ur|gic [θiːˈɜːdʒɪk], *auch* **~gi·cal** *adj* theurgisch, magisch, wundertätig; **~gist** *s* Theurg *m*, Magier *m*, Wundertäter *m*; **ˈthe·ur·gy** *s* Theurgie *f*, Magie *f*

thews [θjuːz] *lit s/pl* Muskeln *m/pl* ⟨to have ~ of steel stählerne Muskeln haben, sehr stark sein⟩ | *übertr* Kraft *f*, Stärke *f* ⟨~ and sinews Körperstärke *f*; *übertr* Kraft *f*⟩

they [ðeɪ] *pron* (*pl*) sie ⟨~ who diejenigen, welche⟩ | man ⟨~ say man sagt, es heißt⟩; **they'd** [ðeɪd] *umg* für **~ had**, **~ would**; **they'll** [ðeɪl] *umg* für **~ will**; **they're** [ðə|ˈðeɪə|ðɛə|ðə] *umg* für **~ are**; **they've** [ðeɪv] *umg* für **~ have**

thi·a·min[e] [ˈθaɪəmɪn] *s Chem* Thiamin *n*, Aneurin *n*

thick [θɪk] **1.** *adj* dick ⟨a ~ board ein dickes Brett; ~ wire dicker Draht; a ~ line ein dicker Strich, eine breite Linie; a tree ~ with leaves ein dichtbelaubter Baum⟩ | (mit Maßangabe) dick, breit ⟨3 centimeters ~ 3 cm dick⟩ | dicht ⟨~ hair dichtes Haar; ~ fog dichter Nebel; a ~ forest ein dichter Wald⟩ | *Geol* mächtig | dick bedeckt, erfüllt (**with** von) ⟨~ with smoke rauchgefüllt; ~ with dust voller Staub⟩ | undurchdringlich ⟨~ mud; a ~ crowd⟩ | dick (flüssig) ⟨~ soup⟩ | unklar, trübe, neblig ⟨~ weather⟩ | heiser ⟨a ~ voice⟩ | schmerzhaft, schwer ⟨my head is rather ~⟩ | (Akzent) deutlich zu hören, ausgeprägt | *umg* (Person) dumm, beschränkt ⟨as ~ as two short planks *Sl* dumm wie Bohnenstroh⟩ | *Sl übertr* stark, frech ⟨a bit ~/a little too ~⟩ | *umg* intim (**with** mit) ⟨~ friends dicke Freunde *m/pl*; to be ~ with each other *umg* miteinander verkehren; to be as ~ as thieves wie Pech und Schwefel zusammenhalten⟩; **2.** *adv* dick ⟨his blows fell ~ and fast seine Schläge fielen hart hintereinander; to lay it on ~ *übertr Sl* dick auftragen; to spread ~ dick bestreichen mit, dick auftragen⟩ | dicht ⟨to grow ~ dicht wachsen; ~ and fast dicht hintereinander⟩ | undeutlich, schwerfällig; **3.** *s* dickster Teil, dickste Stelle ⟨the ~ of one's thumb⟩ | *übertr.* dichtester Teil, Brennpunkt *m* ⟨in the ~ of it mittendrin; in the ~ of the fight im dichtesten Kampfgetümmel; the ~ of the crowd das dichteste Menschengewühl; through ~ and thin *übertr* durch dick und dünn⟩; **ˌ~ˈbrained** *adj* beschränkt; **ˌ~ ˈear** *s* (*nur sg*) *umg* Schlag *m* aufs Ohr, kräftige Ohrfeige; **'~en** *vt* dick machen, verdicken | eindicken ⟨to ≈ by boiling einkochen, gelieren lassen; to ≈ the gravy die Soße eindikken⟩ | verstärken | trüben, verdunkeln | *Tech* stauchen; *vi* dick werden | sich verdichten | sich trüben, sich verdunkeln | *Lit* sich verwickeln ⟨the plot ≈ die Verwicklung nimmt zu⟩; **'~en·ing** *s* Verdicken *n* | Verdickung *f* | Verdichtung *f* | Eindicken *n* | Eindickmittel *n* | *Med* Anschwellung *f*

thick·et ['θɪkɪt] *s* Dickicht *n* ⟨a ~ of bushes⟩ | *übertr* Gewirr *n*, Knäuel *m*, Wust *m* ⟨an impenetrable ~ of superstition⟩; **'~ed** *adj* voller Gestrüpp; **~y** *adj* gestrüppreich, dicht bewachsen | *übertr* verwirrend, schwer zu entwirren(d)

thick| film [ˌθɪk 'fɪlm] *s Phys* (Computer) Dickschicht *f*; **ˌ~-'film** *adj* Dickschicht- ⟨≈ materials⟩; **'~head** *s* Dummkopf *m*; **ˌ~'head·ed** *adj* dumm | dickköpfig; **'~ish** *adj* dicklich; **ˌ~'set 1.** *adj* dicht be-, gepflanzt ⟨≈ wood; ≈ trees⟩ | dicht besetzt ⟨≈ with jewels⟩ | (Person) stämmig, untersetzt ⟨a ≈ man⟩; **2.** *s* Dickicht *n*; **ˌ~'shelled** *adj* dickschalig; **'~skin** *s* dickfelliger Mensch; **ˌ~-'skinned** *adj* dickschalig | dickhäutig | *Zool* zu den Dickhäutern gehörig, Dickhäuter- | *verächtl übertr* dickfellig ⟨a ≈ boy⟩; **ˌ~'skulled** *adj* dickköpfig, dumm; **'~wit** *s* Dummkopf *m*; **ˌ~-'wit·ted** *adj* beschränkt, dumm

thief [θi:f] *s* (*pl* **thieves** [θi:vz]) Dieb *m* ⟨to set a ~ to catch a ~ den Bock zum Gärtner machen⟩ | Schnuppe *f* (Docht) | *Bot* wilder Schößling | *Sl* (Sport) Versager *m* (Pferd); **'~proof** *adj* diebessicher

thieve [θi:v] *vi* stehlen | *vt* (etw.) stehlen; **'thiev·er·y** *s förml* Diebstahl *m* | Diebesbeute *f*, -gut *n*; **thieves** *s/pl* von ↑ **thief**; **'thieves 'Lat·in** *s* Gaunersprache *f*; **'thiev·ing 1.** *s bes förml, lit* Diebstahl *m*; **2.** *adj* diebisch, Räuber- ⟨a ≈ disposition ein Hang zum Stehlen; s.o.'s ≈ hands *übertr* jmds. lange Finger; a ≈ lot eine Räuberbande⟩; **'thiev·ish** *adj lit* diebisch, Diebes-, unehrlich ⟨≈ habits⟩ | heimlich, verstohlen

thigh [θaɪ] *s* Oberschenkel *m*; **'~bone** *s Anat* Femur *m*, Oberschenkelknochen *m*; **thighed** *adj* -schenk(e)lig

thill [θɪl] *s* Gabeldeichsel *f*; **'~ ˌwag·gon** *s* Gabelwagen *m*

thim·ble ['θɪmbl] *s* Fingerhut *m* | *Tech* Zwinge *f*, Metallring *m* | *Mar* Kausche *f* | *Bot* Roter Fingerhut; **'~ful** *s umg* Schlückchen *n* | *übertr* Kleinigkeit *f*; **'~rig 1.** *s* Becherspiel *n* (Taschenspielerkunststück); **2.** (**'~rigged, '~rigged**) *vt* betrügen; *vi* ein Taschenspielerkunststück vorführen; **'~rig·ger** *s* Taschenspieler *m*

thin [θɪn] **1.** *adj* dünn ⟨a ~ slice of bread eine dünne Scheibe Brot⟩ | mager, schlank, schmächtig, schmal ⟨rather ~ in the face ein ziemlich schmales Gesicht⟩ | dünn, leicht, durchsichtig ⟨a ~ dress; ~ mist; ~ air⟩ | (Ton u. ä.) schwach ⟨~ high notes⟩ | (Haar) leicht, schütter ⟨~ on top *umg* nur noch wenig Haare⟩ | (Raum) nicht voll, schwach besetzt ⟨a ~ audience⟩ | (Getränk) leicht, dünn (flüssig), verdünnt ⟨~ beer⟩ | dürftig, spärlich ⟨~ vegetation; ~ on the ground *umg* rar, knapp⟩ | (Boden) karg, unfruchtbar, unergiebig | *übertr* kümmerlich, fadenscheinig ⟨a ~ excuse eine fadenscheinige Entschuldigung; a ~ story eine langweilige Geschichte, eine unglaubwürdige Ausrede⟩ | *umg* schlecht, mies ⟨to have a ~ time keine angenehme Zeit haben⟩; **2.** *adv* dünn ⟨to cut the bread too ~⟩; **3.** *vt, auch* **~ down, ~ off** dünn machen, verdünnen | (Getränk) verdünnen | *auch* **~ out** (Pflanzen) pikieren, auseinandersetzen | (Wald) lichten | *übertr* verringern, vermindern; *vi, auch* **~ down, ~ off** dünner werden | *auch* **~ out** (Nebel, Verkehr u. ä.) abnehmen, sich verringern, sich vermindern | sich lichten

thine [ðaɪn] *arch, bibl, poet* **1.** *pron* dein(e, -er), der, die, das, deine ⟨for ~ is the kingdom, the power, and the glory denn dein ist das Reich und die Kraft und die Herrlichkeit⟩; **2.** *adj* (für **thy** vor Vokalen u. stummem h) dein ⟨with ~ eyes⟩

thin| film [ˌθɪn 'fɪlm] *s Phys* (Computer) Dünnschicht *f*; **ˌ~-'film** *adj* Dünnschicht- ⟨≈ materials⟩

thing [θɪŋ] *s* Ding *m*, Gegenstand *m* ⟨what's that ~ was ist das für ein Ding?; there wasn't a ~ to eat es war nichts zum Essen da⟩ | Kleidungsstück *n* ⟨I haven't got a ~ to wear ich habe nichts anzuziehen⟩ | *übertr* Ding *n*, Sache *f*, Angelegenheit *f* ⟨above all ~s vor allen Dingen, vor allem; a pretty ~! eine schöne Bescherung!; a terrible ~ etwas Schreckliches; first ~ als erstes, zuerst; for one ~ erstens *od* zunächst einmal; in all ~s in jeder Hinsicht; it's a good ~ es ist gut [daß]; it's a good (bad) ~ to *mit inf* es ist gut/richtig (nicht gut/schlecht) zu *mit inf*; of all ~s noch dazu, ausgerechnet; quite the ~/the very ~ *umg* genau das Richtige; taking one ~ with another wenn man alles bedenkt; that's another ~ das ist etw. anderes; the only ~ das Einzige; to know a ~ or two Bescheid wissen; to have a ~ about etwas übrig haben für; sich stoßen an; to make a good ~ [out] of s.th. aus etw. Kapital schlagen, aus etw. Gewinn ziehen; to make a ~ of it *umg* es an die große Glocke hängen; to put ~s into s.o.'s head jmdm. Flausen in den Kopf setzen⟩ | Wesen *n*, Geschöpf *n* ⟨a sweet little ~⟩ | (*mit best art*) das Notwendige ⟨I've got just the ~ you need⟩ | (*mit best. art*) *umg* das Übliche, das Richtige ⟨it's not the ~ to do this das macht man einfach nicht; the latest ~ der letzte Schrei⟩ | *Sl* Lieblingsbeschäftigung *f*, Hobby *n*, Vorliebe *f* ⟨to do one's [own] ~ tun, was einem beliebt; what's your ~? was kannst du am besten?⟩; **~a·ma·jig** ['~əmədʒɪg], **~a·ma·bob** ['~əməbɒb], **~a·my** ['~əmɪ] *s umg* (Person, Ding) Dingsda *m, f, n*; **things** *s/pl* Angelegenheiten *f/pl*, Dinge *n/pl* ⟨as ≈ stand wie die Dinge liegen; how are ≈? *umg* wie geht's?⟩ | Sachen *pl*, Kleidung *f*, Kleider *n/pl* ⟨pack your ≈ pack deine Sachen!; to put on one's ≈ sich anziehen⟩ | Geschirr *n* ⟨to wash up the tea ≈⟩ | *Jur* persönlicher Besitz, Hab und Gut *n* ⟨≈ real Grundstücke *n/pl*⟩ | Unnatürliches *n* ⟨to be seeing ≈ Geister sehen⟩; **~u·ma·jig** ['~əmədʒɪg], **~um·bob** ['~əmbɒb], **~um·my** ['~əmɪ] *s umg* Dingsda *m, f, n*; **'~y** *adj* dinglich

think [θɪŋk] (**thought, thought** [θɔ:t]) **1.** *vt* (etw.) denken ⟨to ~ great thoughts über Großes nachdenken⟩ | meinen, glauben ⟨we ~ we know it⟩ | denken an | sich (aus)denken, sich vorstellen ⟨to ~ God⟩ | bedenken ⟨~ what you've done⟩ | halten für ⟨to ~ it a shame es für eine Schande halten; to ~ it probable es für wahrscheinlich halten⟩ | beabsichtigen, planen ⟨to ~ no harm nichts Böses beabsichtigen⟩; **~ away** (sich) wegdenken; **~ out** ausdenken, ersinnen; **~ over** nachdenken über; **~ through** *bes Am* durchdenken; **~ up** *umg* ausdenken; *vi* denken (**of** an) ⟨I wouldn't ~ of doing this *umg* es würde mir nicht einfallen, das zu tun⟩ | glauben, meinen (**about, of** von) ⟨to ~ better of s.o. jmdn. günstiger bewerten, besser über jmdn. denken; to ~ better of s.th. sich eines besseren besinnen; to ~ much (nothing) of viel (nichts) halten von; to ~ highly/well (little/poorly) of s.o. (s.th.) von jmdm. (etw.) viel (wenig) halten⟩ | überlegen, nachdenken (**about, over** über) ⟨to ~ aloud laut (nach)denken; to ~ twice zweimal nachdenken; it makes s.o. ~ es macht jmdn. nachdenklich, es gibt jmdm. zu denken⟩ | sich vorstellen (**of s.th.** etw.) | berücksichtigen, beachten (**of s.th.** etw.) | (*meist nach cannot, could not*) sich besinnen (**of** auf) ⟨I can't ~ what it's called ich weiß nicht mehr, wie es heißt⟩ ◇ **~ big** in größeren Zusammenhängen denken; großzügig planen;

I don't ~ *Sl verächtl* ganz und gar nicht; **2.** *s umg* Nachdenken *n*, Überlegen *n* (**about** über) ⟨to have a ~ about s.th. sich etw. durch den Kopf gehen lassen; to have a good/quiet ~ gründlich *od* in aller Ruhe nachdenken; you've got another ~ coming da mußt du dir schon was Besseres einfallen lassen, da irrst du aber gewaltig⟩; **'~a·ble** *adj* denkbar, begreifbar | denkbar, möglich; **'~er** *s* Denker *m*, Philosoph *m*; **'~-in** *s umg* Konferenz *f*, Symposium *n*, Arbeitstagung *f*; **'~ing 1.** *adj* denkend | vernünftig | nachdenklich; **2.** *s* Denken *n* ⟨way of ≈ Denkart *f*; to do some hard ≈ about s.th. über etw. ernsthaft nachdenken, sich etw. gründlich überlegen⟩ | Ansicht *f*, Meinung *f* ⟨to his [way of] ≈ seiner Meinung nach⟩ | Denkvermögen *n*; **'~ing cap** *in*: **put on one's ~ing cap** *umg* darüber (erst einmal) gut nachdenken, es sich (alles) genau überlegen; **'~ tank** *s* Expertenkommission *f*, Denkfabrik *f*; **'~ ˌtank·er** *s* bedeutender Fachmann, großer Experte, Koryphäe *f*

thin|-lay·er ['θɪn leɪə] *adj Phys, Chem* Dünnschicht- ⟨≈ chromatography⟩; **ˌ~-'lipped** *adj* dünnlippig, mit schmalen Lippen; **'~ner** *s* (Farb-) Verdünnungsmittel *n*; **'~ning** *s* Verdünnen *n* | (Rüben-) Verziehen *n* | Ausforsten *n*, Ausholzen *n*; **ˌ~-'skinned** *adj* dünnhäutig | *übertr* feinfühlig | *verächtl* empfindlich

thio- ['θaɪə] ⟨*griech*⟩ *in Zus* Schwefel-

thi|ol ['θaɪɒl|-əʊl] *s Chem* Thiolalkohol *m*, Merkaptan *n*; **~on·ic** ['θaɪ'ɒnɪk] *adj Chem* Thio(n)- ⟨≈ acid Thionsäure *f*⟩

third [θɜ:d] **1.** *adj* dritte(r, -s); **2.** *s* Dritte(r, -s) *f(m, n)* | Drittel *n* | *Mus* Terz *f*; **ˌ~ 'age** *s* Rentenalter *n* (*Ant* middle age); **'~-class** *adj, adv* drittklassig, minderwertig | *Eisenb* dritter Klasse; **ˌ~ de'gree** *s urspr Am umg* brutales Verhör ⟨to give s.o. the ≈⟩; **ˌ~-de'gree** *vt Am umg* brutal verhören | *übertr* (jmdn.) in die Zange nehmen; **ˌ~-de·gree 'burn** *s Med* Verbrennung *f* dritten Grades; **ˌ~ 'eye·lid** *s Zool* Nickhaut *f*; **ˌ~-lev·el 'car·ri·er** *s Am Flugw* Fluggesellschaft *f* für Kleinflüge (zwischen kleineren Städten), Lufttaxengesellschaft *f*; **ˌ~ 'par·ty** *Jur, Wirtsch* Dritte(r) *f(m)*, dritte Person | *Pol* dritte Partei; **ˌ~ par·ty in'sur·ance** *s Wirtsch* Haftpflichtversicherung *f*; **ˌ~ par·ty li·a'bil·i·ty [risk]** *s* Haftpflicht *f*; **ˌ~ 'per·son** *s Ling* dritte Person; **ˌ~ 'rail** *s Tech* Stromschiene *f*; **ˌ~-'rate** *adj* drittklassig, minderwertig; **ˌ~-'rat·er** *s umg* jmd., der nicht viel fertigbringt, Schwächling *m*; **ˌ∸ 'World** (*mit best art*) *s Pol* dritte Welt; **'~-world** *adj* die dritte Welt betreffend, der dritten Welt ⟨≈ countries; a ≈ woman⟩; **'∸ ˌWorld·er** *s* Angehörige(r) *f(m)* *od* Bewohner(in) *m(f)* der Dritten Welt

thirst [θɜ:st] **1.** *s* Durst *m* ⟨it gives me a ~ es macht mich durstig; to die of ~ verdursten; to have a ~ Durst haben; to satisfy one's ~ seinen Durst stillen⟩ | *übertr* Durst *m*, Begierde *f*, Verlangen *n* (**for**, **of**, *förml, bibl* **after** nach) ⟨~ for knowledge Wissensdurst *m*⟩; **2.** *vi* dürsten, Durst haben, durstig sein (**for**, *förml, bibl* **after** nach) | *übertr* dürsten, lechzen, verlangen (**for**, *förml, bibl* **after** nach); **'~y** *adj* durstig ⟨to be/feel ≈ Durst haben⟩ | (Erde) dürr, trokken ⟨to be ≈ for rain nach Regen verlangen, dringend Regen brauchen⟩ | *umg* Durst machend, Durst verursachend ⟨tennis is a ≈ game⟩ | *übertr* begierig, verlangend (**for**, *förml* **after** nach)

thir|teen [θɜ:'ti:n] **1.** *adj* dreizehn; **2.** *s* Dreizehn *f*; **~teenth** [~'ti:nθ] **1.** *adj* dreizehnte(r, -s); **2.** *s* Dreizehnte(r, -s) *f(m, n)* | Dreizehntel *n*; **~ti·eth** ['θɜ:tɪəθ] **1.** *adj* dreißigste(r, -s); **2.** *s* Dreißigste(r, -s) *f(m, n)* | Dreißigstel *n*; **~ty** ['θɜ:tɪ] **1.** *adj* dreißig; **2.** *s* Dreißig *f* ⟨the ~ties die dreißiger Jahre *n/pl*; to be in one's ~ties in den Dreißigern sein⟩

this [ðɪs] (*pl* **these** [ði:z]) **1.** *pron* diese(r, -s), das (*Ant* that) ⟨all ~ all das; before ~ zuvor; by ~ bis dahin, inzwischen; for all ~ deshalb; like ~ so; is ~ what you want? ist es das, was du willst?; ~, that, and the other *umg* dieses und jenes, dies und das; what's all ~? was ist los?⟩; **2.** *adj* diese(r, -s) (hier) (*Ant* that) ⟨~ book; ~ book of yours; all ~ month den ganzen Monat; in these days heutzutage; in ~ country hier[zulande]; one of these days dieser Tage, in den nächsten Tagen; ~ day week heute in einer Woche; ~ evening heute abend; ~ time diesmal; ~ time last week letzte Woche um diese Zeit; ~ year dieses Jahr⟩ | (*vor collect pl*) so ⟨~ many a day schon so manchen Tag⟩ | (in Erzählung) *umg* diese(r, -s) (da, genannte, vorerwähnte) ⟨these ~ girl turned up⟩ ◇ **at ~ point** jetzt; **3.** *adv umg* so, derart ⟨~ far so weit; ~ late so spät; ~ much so viel⟩

this|tle ['θɪsl] *s Bot, Her* Distel *f*; **'~tle·bird** *s Zool* Distelfink *m*; **'~tle·down** *s Bot* Distelwolle *f*; **'~tle·finch** *s Zool* Distelgoldfink *m*; **~tly** ['θɪslɪ] *adj* distelig, voller Disteln | stachlig

thith·er [ðɪðə] *adv arch* dorthin ⟨hither and ~ hin und her, nach allen Richtungen⟩

tho' [ðəʊ] *adv, conj* = **though**

thole [θəʊl] *s Mar, auch* **'~pin** Dolle *f*, Ruderpflock *m*

thom·son·ite ['tɒmsənaɪt] *s Min* Thomsonit *m*

thong [θɒŋ] **1.** *s* schmaler Lederriemen | Peitschenschnur *f*; **2.** *vt* mit Riemen versehen | mit Riemen peitschen

tho·rac·ic [θɔ:'ræsɪk] *adj Anat* thorakal, Brust- | *Zool* Brust-; **ˌ~ 'ver·te·bra** *s* Brustwirbel *m*

thoraco- [θɔ:'reɪkəʊ|'θɔ:rəkəʊ] ⟨*griech*⟩ *in Zus* Thorax-, Brust-

tho|ra·co·plas·ty ['θɔ:rəkəʊˌplæstɪ] *s Med* Thoraxplastik *f*; **~rax** ['θɔ:ræks] *s* (*pl* **'~rax·es, ~races** ['θɔ:rəsi:z]) *Anat* Thorax *m*, Brust(korb) *f(m)* | *Zool* Bruststück *n*

tho·rite ['θɔ:raɪt] *s Min* Thorit *m*

tho·ri·um ['θɔ:rɪəm] *s Chem* Thorium *n*

thorn [θɔ:n] **1.** *s* Stachel *m*, Dorn *m* (*auch übertr*) ⟨a rose without ~s; a ~ in the (one's) flesh/side jmdm. ein Dorn im Auge; to be/sit on ~s auf glühenden Kohlen sitzen⟩ | *Bot* Weißdorn *m*; **2.** *vt* stechen | *übertr* ärgern; **'~ ˌap·ple** *s Bot* Stechapfel *m*; **'~bush** *s* Dornbusch *m*; **'~less** *adj* dornenlos; **'~y** *adj* dornig, voller Dornen, stachlig | *übertr* dornenreich, mühselig ⟨a ≈ road⟩ | heikel ⟨a ≈ subject ein heikles Thema⟩

thor·ough ['θʌrə] *adj* gründlich, sorgfältig ⟨a ~ worker⟩ | genau, eingehend ⟨a ~ search⟩ | vollkommen, vollständig, perfekt, echt, durch und durch ⟨a ~ delight eine reine Freude; a ~ politician durch und durch ein Politiker; a ~ fool *iron* ein perfekter Narr⟩; **'~ 'bass** *s Mus* Generalbaß *m*; **'~bred 1.** *adj* (Pferd) reinrassig, Vollblut- | *übertr* gebildet; **2.** *s* Vollblutpferd *n*, -blüter *m*; **'~fare** *s* Durchgang *m*, -fahrt *f* ⟨No ≈! Durchfahrt verboten!⟩ | Hauptverkehrsstraße *f* | Wasserstraße *f*; **ˌ~'go·ing** *adj* gründlich | tatkräftig, durchgreifend | krompromißlos, radikal ⟨a ≈ reform⟩ | vollkommen, absolut ⟨a ≈ fool⟩; **'~paced** *adj* ausgemacht, durch und durch, abgefeimt | geübt, bewandert | (Pferd) in allen Gangarten geübt; **'~pin** *s Vet* (Pferd) Sprunggelenkgalle *f*

Thos *Abk von* **Thomas**

those [ðəʊz] *pron pl von* ↑ **that**

thou [ðaʊ] *poet, Rhet, bibl* **1.** *pron* du ⟨~ shalt not kill⟩; **2.** *vt* (jmdn.) duzen, mit du anreden

though [ðəʊ] **1.** *conj* (*förml auch* **al'~**) obgleich, obwohl ⟨~ it was cold⟩ | (*auch* **even ~**) (selbst) wenn auch, wenngleich, zwar ⟨even ~ it's hard work, I enjoy it; important ~ it is so wichtig es auch ist⟩ | aber, (je)doch ⟨he spoke firmly ~ pleasantly er sprach bestimmt, aber in angenehmem Ton⟩ ◇ **as ~** als ob, wie wenn ⟨as ~ he know als ob er wüßte⟩; **2.** *adv* (nicht am Satzanfang) trotzdem, doch ⟨he said he would come, he didn't ~ er sagte, er käme, kam aber doch nicht; he's quite young; there's no reason, ~, to refuse him er ist zwar noch recht jung, doch sollte man ihn deshalb nicht zurückweisen⟩

[1]**thought** [θɔ:t] *s* Gedanke *m* ⟨quick as ~ blitzschnell; to give a ~ to s.th. über etw. nachdenken, sich Gedanken machen über; to read s.o.'s ~s jmds. Gedanken lesen⟩ | Denken *n* ⟨to be capable of ~ denken können; beyond ~ unvorstellbar⟩ | Überlegen *n*, Nachdenken *n* ⟨deep in ~ gedankenversunken; lost in ~ gedankenverloren⟩ | Erwägung *f*, Überlegung *f*, Erinnerung *f* ⟨on second ~s nach reiflicher Überlegung; to give up all ~ on jede Erinnerung aufgeben an, nicht mehr denken an⟩ | Aufmerksamkeit *f*, Rücksichtnahme *f* (**for** auf) ⟨to take ~ for Sorge tragen für; to take no ~ for/to nicht achten auf; with little ~ for one's own safety ohne auf seine eigene Sicherheit Rücksicht zu nehmen⟩ | Denkart *f*, -weise *f* ⟨scientific ~ wissenschaftliches Denken; ancient Greek ~ das Denken der alten Griechen⟩ | *meist pl* Meinung *f*, Ansicht *f* ⟨let me have your ~s on sagen Sie mir Ihre Meinung über; to keep one's ~s to o.s. seine Meinung für sich behalten⟩ | Plan *m*, Absicht *f* ⟨to have [no] ~ of *mit ger* [nicht] die Absicht haben, zu *mit inf*⟩ | *umg* ein wenig, eine Idee *f* ⟨a ~ more salt eine Winzigkeit *f* mehr Salz⟩

[2]**thought** [θɔ:t] *prät* u. *part perf* von ↑ **think 1.**

thought|ful ['θɔ:tfl|-ful] *adj* nachdenklich, gedankenvoll, bedächtig ⟨to look ≈⟩ | aufmerksam, rücksichtsvoll ⟨a ≈ friend; it was ≈ of you es war rücksichtsvoll von dir⟩ | achtsam (**of** auf) ⟨to be ≈ of achten, aufpassen auf⟩; '**~less** *adj* gedankenlos, unbesonnen, unüberlegt ⟨a ≈ action; it was ≈ of you es war unbedacht von dir; to be ≈ of s.th. nicht denken an etw., etw. nicht beachten⟩ | rücksichtslos, egoistisch | fahrlässig

thought-out [ˌθɔ:t'aut] *adj* durchdacht, ausgedacht, überlegt ⟨a well ~ plan⟩

thought-read|er ['θɔ:tˌri:də] *s* Gedankenleser(in) *m(f)*; **~ing** *s* Gedankenlesen *n*, -erraten *n*

thou|sand ['θauznd] **1.** *adj* tausend ⟨a ≈ thanks! tausend Dank!; a ≈ to one excuses zahllose, immer wieder neue Ausreden *pl*⟩; **2.** *s* Tausend *n* ⟨by the ≈ zu Tausenden; hundreds of ≈s hunderttausende; one in a ≈ eine(r, -s) unter Tausend⟩; '**~sand·fold 1.** *adj* tausendfältig; **2.** *adv* tausendfach, -mal; **~sandth** ['θauznθ] **1.** *s* Tausendste(r, -s) *f(m, n)* | Tausendstel *n*; **2.** *adj* tausendste(r, -s)

Thra·cian ['θreɪʃɪən] **1.** *s* Trakier(in) *m(f)* | Thrakisch *n*; **2.** *adj* trakisch

thral·dom, *Am* **thrall·dom** ['θrɔ:ldəm] *s* Leibeigenschaft *f* | *übertr* Knechtschaft *f*, Sklaverei *f*; **thrall** [θrɔ:l] **1.** *s Hist* Leibeigener *m* | *übertr* Sklave *m*, Knecht *m* ⟨to be ≈ to one's passions Sklave seiner Leidenschaften sein⟩ | *Hist* Leibeigenschaft *f* ⟨in ≈ leibeigen; in ≈ to s.o. jmdm. hörig⟩; **2.** *vt* zum Leibeigenen machen, versklaven; **3.** *adj* leibeigen, versklavt

thrash [θræʃ] *vt* (ver)prügeln, (ver)dreschen ⟨to ~ the life out of s.o. *umg* jmdm. die Jacke vollhauen, jmdn. grün und blau schlagen⟩ | *Mar* knüppeln | *übertr* besiegen, schlagen; **~ out** *übertr* ausdiskutieren ⟨to ≈ a problem⟩ | (Ergebnis u. ä.) zustande bringen, hinkriegen, lösen ⟨to ≈ a solution⟩; *vi, auch* **~ about** sich (wild) hin- und herwerfen | *Mar* knüppeln, sich vorwärtsarbeiten; '**~ing** *s* Dresche *f*, Prügel *pl* ⟨to get a good ≈ eine ordentliche Tracht Prügel bekommen; to give s.o. a ≈ jmdn. verprügeln⟩ | (schwere) Niederlage

thread [θred] **1.** *s* Faden *m* (*auch übertr*) ⟨~ and thrum Gutes und Schlechtes durcheinander; the ~ of one's argument jmds. Gedankengang; to gather up the ~s zusammenfassen; to hang by a ~ an einem Faden hängen; to lose the ~ of one's story den (roten) Faden einer Geschichte verlieren; to resume/take up the ~ den Faden wiederaufnehmen⟩ | *übertr* dünner Faden, Streifen *m*, Strich *m* ⟨a ~ of light ein feiner Lichtstrahl⟩ | *übertr* Anstrich *m*, durchgängiger Zug ⟨a ~ of poetry eine poetische Note⟩ | Zwirn *m*, Garn *n* ⟨nylon ~⟩ | *Bot* Staubfaden *m* | *Geol* dünne Erzader | *Tech* (Schrauben-) Gewinde *n*; **2.** *vt* einfädeln ⟨to ~ a needle⟩ | aufreihen, auffädeln ⟨to ~ pearls; to ~ shells together Muscheln zusammenfädeln⟩ | (wie mit Fäden) durchziehen, erfüllen, sich durchwinden durch ⟨hair ~ed with silver von silbernen Fäden durchzogenes Haar; to ~ one's way through sich durchschlängeln durch, sich [mühsam] hindurchwinden⟩ | *Foto* einen Film einlegen in | *Tech* Gewinde schneiden in; *vi* sich durchwinden (**through** durch) | *Kochk* Fäden ziehen; '**~bare** *adj* fadenscheinig, schäbig, abgetragen ⟨a ≈ coat⟩ | *übertr* abgenutzt, abgedroschen ⟨a ≈ joke⟩; '**~ ˌbot·tom** *s Tech* Gewindefuß *m*; '**~ cut·ter** *s Tech* Gewindefräser *m*; '**~er** *s* Einfädler *m* | *Tech* Gewindeschneider *m*; '**~ ˌhob·bing** *s Tech* Gewindewalzfräsen *n*; '**~ing lathe** *s Tech* Gewindeschneidebank *f*; '**~like** *adj* fadenförmig ⟨≈ worms⟩; '**~mark** *s* Silberfaden *m* (in Banknoten); '**~ ˌmil·ler** *s Tech* Gewindefräser *m*; **threads** *s/pl Am Sl* Kleider *n/pl*, Anzug *m*; '**~ tap** *s Tech* Gewindebohrer *m*; '**~ tool** *s Tech* Gewindemeißel *m*; '**~worm** *s Zool* Fadenwurm *m*; '**~y** *adj* fadenartig, Fäden ziehend

threat [θret] *s* (An-) Drohung *f* (**of** mit, **to** gegen) ⟨under ~ of unter Androhung von; his ~s to do s.th. seine Androhungen, etw. zu tun⟩ | drohendes (An-) Zeichen ⟨a ~ of rain drohender Regen⟩ | Bedrohung *f*, Gefahr *f* (**to** für) ⟨a ~ to peace eine Gefahr für den Frieden⟩; '**~en** *vt* (jmdn.) bedrohen | (jmdm.) drohen (**with** mit) | (etw.) androhen ⟨he ≈ed to murder him⟩ | drohend ankündigen ⟨the clouds ≈ed rain⟩; *vi* drohen ⟨danger ≈s⟩; '**~ened** *adj* (Pflanzen, Tiere) gefährdet; '**~en·ing 1.** *adj* drohend, Droh- ⟨a ≈ letter⟩ | bedrohlich ⟨a ≈ sign⟩; **2.** *s* Drohung *f*

three [θri:] **1.** *adj* drei; **2.** *s* Drei *f*; **ˌ~-'cor·nered** *adj* dreieckig, -kantig ⟨a ≈ hat ein Dreispitz⟩ | *übertr* Dreier-, zu dritt ⟨a ≈ discussion eine Dreierdiskussion; a ≈ political system *Pol* ein Dreiparteiensystem⟩; **ˌ~-'D,** *auch* **3-D 1.** *adj* (Film) dreidimensional, 3-D- ⟨a ≈ picture⟩; **2.** *s* 3-D-Film *m*, 3-D-Bild *n*; '**~-cor·nered 'drill** *s Tech* Dreikantbohrer *m*; '**~-day ˌfe·ver** *s Med* Dreitagefieber *n*; **ˌ~-'deck·er** *s Mar* Dreidecker *m*; **ˌ~-'dig·it** *adj Math* dreistellig; **ˌ~-di'men·sion·al** *adj* dreidimensional; **ˌ~-di'men·sion·al 'block** *s Arch* Raumzelle *f*; '**~fold** *adj adv* dreifach; **ˌ~-'fig·ure** *adj* dreistellig; **~-'half·pence** *s* Anderthalbpencestück *n*; **ˌ~-'heat switch** *s El* Dreistufenschalter *m*; **ˌ~-'lane** *adj* (Straße) dreispurig; **~-leg·ged** [ˌ~'legɪd] *adj* dreibeinig, auf drei Beinen ⟨a ≈ race ein Dreibeinwettlauf⟩; **ˌ~-line 'whip** *s Brit Parl* Fraktionszwang *m* (bei der Abstimmung); **ˌ~-mar'ti·ni lunch** *s Am umg* Mahlzeit *f* auf Spesen; '**~-'mast(·ed)** *adj Mar* dreimastig; '**~ ˌmast·er** *s Mar* Dreimaster *m*; **ˌ~-mile 'lim·it** *s Mar* Dreimeilengrenze *f*; **~pence** ['θrepəns] *s/pl* drei Pence *m/pl* | Dreipencestück *n*; **~pen·ny** ['θrepənɪ] *adj* Dreipence- | *übertr* wertlos; **ˌ~pen·ny 'bit** *s* Dreipencestück *n*; '**~-phase** *adj El* dreiphasig, Dreiphasen-; **ˌ~-'piece** *adj* dreiteilig; **ˌ~-'quar·ter 1.** *adj* dreiviertel; **2.** *s auch* **ˌ~'quar·ter back** (Rugby) Dreiviertelspieler *m*; **~ R's** [ˌ~ 'ɑ:z] *s/pl* (*mit best art*) Rechnen *n*, Schreiben *n* und Lesen *n*; **ˌ~ 'score** *adj* sechzig; **~some** ['~səm] *s Sport* Dreierspiel *n*; '**~-way** *adj Tech* Dreiweg(e)- ⟨≈ switch Dreifachumschalter *m*; ≈ valve Dreiwegeschieber *m*⟩; '**~ ˌwheel·er** *s* Dreirad *n*

threep [θri:p] *vt Schott, dial* ausschimpfen

thre·no·dy ['θrenədɪ] *s Lit* Threnodie *f*, Klagelied *n* | *übertr*

Klage(lied) *f(n)* (**for** über) ⟨~ for British industry⟩

thresh [θreʃ] **1.** *vt* (Korn) dreschen | *auch* **~ over, ~ out** eingehend besprechen | (Lied) herunterleiern; *vi* dreschen; **2.** *s* Dreschen *n*; **'~er** *s* Drescher *m* | Dreschmaschine *f* | *auch* **'~er shark** *s Zool* Fuchshai *m*; **'~ing 1.** *s* Dreschen *n*; **2.** *adj* Dresch-; **'~ing flail** *s* Dreschflegel *m*; **'~ing floor** *s* Tenne *f*, Dreschboden *m*; **'~ing ma,chine** *s* Dreschmaschine *f*

thresh·old ['θreʃhəuld|'θreʃəuld] **1.** *s* (Tür-) Schwelle *f* ⟨to cross the ~ die Schwelle überschreiten, (*auch übertr*)⟩ | (*meist sg*) *übertr* Schwelle *f*, Anfang *m*, Beginn *m* ⟨at the ~ am Anfang von; on the ~ of manhood an der Schwelle des Mannesalters; to be on the ~ of s.th. unmittelbar vor etw. stehen⟩ | *Med, Psych* (Reiz-) Schwelle *f* ⟨on the ~ of pain an der Schmerzgrenze; ~ of consciousness Bewußtseinsschwelle *f*⟩ | *Brit Wirtsch* mit dem Lebenshaltungsindex gekoppelter Lohn; **2.** *adj Brit Wirtsch* Gleitlohn- ⟨~ agreement⟩

threw [θru:] *prät* von ↑ **throw 2.**

thrice [θraɪs] *adv, selten* dreimal ⟨~ the amount dreimal soviel⟩

thrift [θrɪft] *s* Sparsam-, Wirtschaftlichkeit *f* ⟨to value ~ Sparsamkeit einhalten⟩ | *selten* Knausrigkeit *f*, übertriebene Sparsamkeit | *Bot* Grasnelke *f* | *Bot* üppiges Wachstum ⟨lack of ~ ausbleibendes Wachstum⟩; **'~less** *adj* verschwenderisch; **'~y** *adj* sparsam, haushälterisch ⟨a ≈ housewife⟩ | *Bot* üppig wachsend | *übertr* blühend, gedeihend ⟨a ≈ town⟩

thrill [θrɪl] **1.** *vt* überlaufen, durchschauern | (jmdn.) begeistern, packen, erregen ⟨the play ~ed the audience das Stück fesselte die Zuschauer; to be ~ed with horror (joy) von Schrecken gepackt (von Freude erfüllt) werden⟩; *vi* erschauern, beben, zittern (**with** vor) ⟨to ~ with delight vor Glück zittern⟩ | erschüttert werden, ergriffen werden (**at** vor, **with** von) | überaus glücklich sein, vor Wonne erbeben (**with** über); **2.** *s* (Er-) Beben *n*, Zittern *n*, Schauer *m*, plötzliche Erregung ⟨a ~ of pleasure eine freudige Erregung; a ~ of horror ein Schreckensschauer; to get a ~ out of s.th. etw. mit großer Lust tun, sich begeistern an etw.; to give s.o. quite a ~ jmdn. in ziemliche Erregung versetzen; the ~ of a lifetime das Tollste, was man erleben kann⟩; **'~er** *s umg* Reißer *m*, (Film) Thriller *m*, Schauerroman *m*, -drama *n*; **'~ing** *adj* aufregend, spannend, packend, umwerfend, überwältigend ⟨a ≈ finish⟩ | Schauer erregend | (sexuell) erregend

thrive [θraɪv] *vi* (**throve** [θrəuv], **thriv·en** ['θrɪvən], *selten* **thrived**) (Kind, Pflanze) gedeihen, sich gut entwickeln | *übertr* gedeihen, florieren, hochkommen, reich werden (**on** durch); **'~less** *adj* erfolglos; **'thriv·ing** *adj* gedeihend | *übertr* blühend ⟨a ≈ business ein gut gehendes Geschäft⟩

thro', thro [θru:] = **through**

throat [θrəut] **1.** *s* Gurgel *f*, Kehle *f*, Rachen *m*, Schlund *m* ⟨a sore ~ Halsschmerzen *m/pl*; it stuck in my ~ es blieb mir im Halse stecken; to clear the ~ sich räuspern; to force / ram / thrust s.th. down s.o.'s ~ *übertr* jmdm. etw. aufzwingen *od* einbläuen; to jump down s.o.'s ~ *übertr* jmdm. die Luft nehmen, jmdn. aus heiterem Himmel angreifen; to lie in one's ~ jmdm. ins Gesicht lügen⟩ | Hals ⟨to cut s.o.'s ~ jmdm. den Hals abschneiden; to cut one's ~ sich die Halsschlagader durchschneiden; *übertr* sich selbst ruinieren; to grip s.o. by the ~ jmdn. an der Gurgel packen⟩ | *Tech* (Hochofen-) Gicht *f* | *Arch* Hohlkehle *f* | *Mar* Ankerhals *m* | *übertr* Verengung *f*; **2.** *vt* auskehlen; **'~band** *s* Halsband *n*; **'~ed** *adj* -kehlig ⟨red-≈⟩ | *Tech* gekehlt; **'~ing** *s Arch* Auskehlung *f*; **'~y** *adj* kehlig, guttural ⟨a ≈ singer⟩ | heiser, rauh ⟨a ≈ voice; to sound ≈⟩

throb [θrɒb] **1.** (**throbbed, throbbed**) *vi* (Herz u. ä.) schlagen, klopfen, pochen, pulsieren (**with** vor) | (Maschine) stampfen | vibrieren, erbeben; **2.** *s* Schlagen *n*, Klopfen *n*, Pochen *n*, Pulsieren *n* | Pulsschlag *m* | Stampfen *n* ⟨the ~ of machinery⟩ | Vibrieren *n* | (Gefühls-) Aufwallung *f* ⟨~s of joy Freudentaumel *m*⟩

throe [θrəu] *s, meist* **~s** *pl lit* heftiger Schmerz ⟨death ~s Todesschmerzen⟩ | *übertr* Geburtswehen *f/pl* ⟨in the ~s of s.th. *umg* im heftigen Kampf mit, mitten in etw. [Unangenehmem]⟩ | *übertr* Schmerz *m* ⟨lover's ~s⟩

throm|bo·cyte ['θrɒmbə,saɪt] *s Med* Thrombozyt *m*, Blutplättchen *n*; **~bo·sis** [θrɒm'bəusɪs] *s Med* Thrombose *f*; **~bus** [~bəs] *s* (*pl* **~bi** [~baɪ]) *Med* Thrombus *m*, Blutgerinnsel *n*

throne [θrəun] **1.** *s* Thron *m*, Herrscherstuhl *m* (*auch übertr*) ⟨to come to the ~ auf den Thron kommen⟩ | Herrscher *m*, Souverän *m*; **2.** *vt* (jmdn.) auf den Thron erheben; *vi* thronen

throng [θrɒŋ] **1.** *s* Andrang *m*, Gedränge *n* | Haufen *m*, Masse *f*, Menge *f* ⟨~s of passengers⟩ | Menschenmenge *f*; **2.** *vi* sich (zusammen)drängen, sich scharen; *vt* umdrängen, sich drängen in, (an-)füllen ⟨streets ~ed with people Straßen *f/pl* voller Menschen⟩; *vi* sich drängen ⟨people ~ed to see the play⟩

thros·tle ['θrɒsl] *s Tech* Flügelspinnmaschine *f* | *poet, dial* Drossel *f*

throt·tle ['θrɒtl] **1.** *s umg* Kehle *f*, Gurgel *f* | *Tech* Drossel(-klappe) *f(f)* ⟨at full ~ mit Vollgas; *übertr* in vollem Umfang; to open the ~ Gas geben⟩; **2.** *vt* (jmdn.) erdrosseln, erwürgen | *übertr* ersticken, unterdrücken ⟨to ~ freedom⟩ | *auch* **~ down** *Tech* (ab)drosseln ⟨to ~ down growth⟩; *vi* ersticken | *auch* **~ down** *Kfz* das Gas wegnehmen, den Motor drosseln; **'~ ,le·ver** *s Tech* Gashebel *m*; **'~ ring** *s Tech* Drosselring *m*; **'~ valve** *s Tech* Drosselklappe *f*

through [θru:] **1.** *adv* (räumlich) durch ⟨to let s.o. ~; to push a needle ~⟩ | (zeitlich) (hin)durch ⟨all ~ ständig, die ganze Zeit; to sleep the whole night ~⟩ | (ganz) durch (ohne Halt) ⟨the train goes ~ to London⟩ | durch, völlig ⟨wet ~ völlig durchnäßt; ~ and ~ gänzlich, völlig, durch und durch⟩ | (vom Anfang bis Ende) durch ⟨to read a book ~⟩ | (erfolgreich) durch ⟨to get ~; to carry s.th. ~ etw. durchführen; to go ~ with s.th./to see s.th. ~ etw. zu Ende führen, etw. durchhalten, -stehen⟩ | *Tel* verbunden ⟨to be ~ verbunden sein; to put s.o. ~ to s.o. jmdn. mit jmdm. verbinden⟩; **2.** *präp* durch, durch ... hindurch ⟨to see ~ glass⟩ | (eine Zeit) hindurch, lang, während ⟨all ~ his life sein ganzes Leben lang⟩ | *übertr* durch ⟨he saw ~ the trick er durchschaute den Trick; to get ~ an examination eine Prüfung bestehen⟩ | aus, durch ⟨~ fear aus Angst⟩ | mittels, durch ⟨~ a fault of yours durch deinen Fehler⟩ | trotz, durch ... durch ⟨to hear s.o. ~ the noise⟩ | *Am* bis ⟨Monday ~ Friday⟩; **3.** *adj* durchgehend, direkt, Durchgangs- ⟨a ~ road eine Durchgangsstraße *f*; ~ traffic Durchgangsverkehr *m*⟩ | (*nur präd*) durch, fertig (*auch übertr*) ⟨to be ~ with s.th. etw. fertig haben; to be ~ with s.o. *umg* mit jmdm. fertig *od* durch sein; I'm ~ with it *umg* ich habe es satt⟩; **'~ ,di·al·ling** *s Tel* Durchwahl *f*; **~'out 1.** *adv* (nachgestellt) durch und durch, gänzlich, durchgängig, überall ⟨painted ≈; loyal ≈ völlig loyal⟩; **2.** *präp* durch ... hindurch ⟨≈ the country im ganzen Land; ≈ the night die ganze Nacht durch⟩; **'~put** *s* Verarbeitungsmenge *f*, Durchsatz *m* | (Computer) Leistung *f* (in der Zeit); **'~way** = **thruway**

throve *prät* von ↑ **thrive**

throw [θrəu] **1.** *s* Werfen *n*, Schleudern *n*, Wurf *m* ⟨a ~ of 100 metres ein 100-m-Wurf; a record ~ ein Rekordwurf;

within a stone's ~ of nicht weit entfernt von⟩ | *Tech* Hub *m* | *Geol* Verwerfung *f* | leichte Wolldecke | Töpferscheibe *f* | *übertr* Wurf *m*; **2.** (**threw** [θru:], **thrown** [θrəʊn]) *vt* werfen, schleudern (*auch übertr*) ⟨to ~ a glance [look] at s.o. jmdm. einen Blick zuwerfen; to ~ a tree einen Baum fällen; to ~ dust in s.o.'s eyes *übertr* jmdm. Sand in die Augen streuen; to ~ caution / discretion to the winds *übertr* Bedenken in den Wind schlagen; to ~ light on *übertr* Licht werfen auf; to ~ o.s. at [the head of] s.o. sich stürzen auf; sich jmdm. an den Hals werfen; *übertr* sich jmdm. aufdrängen; to ~ s.o. into *übertr* sich stürzen in, sich werfen auf; to ~ s.o. to the ground; to ~ stones⟩ | (Mantel) werfen (**on, over** über) | (Reiter) abwerfen | (Netz) auswerfen | (Brücke) schlagen (**across, over** über) | (Haut u. ä.) abwerfen, abstreifen | (Sport) zu Boden werfen, besiegen | (Junge) werfen | (Seide) zwirnen | (auf der Töpferscheibe) formen, drehen | *Am umg* (Wettspiel u. ä.) (durch Schiebung) hindrehen | *übertr* bringen in, versetzen in ⟨to ~ into confusion in Verwirrung bringen; to ~ into shape anordnen⟩ ◇ **~ a fit (over s.th.)** *Sl* sich fürchterlich (über etw.) aufregen; **~ a party** *umg* eine Party geben; **~ a scare into s.o.** jmdm. Angst einjagen; **~ about** umherwerfen mit ⟨to ~ one's money about *umg* Geld hinausschmeißen; to ~ one's weight about *umg* sich dicketun, herumprahlen⟩; **~ around** überziehen über; **~ aside** beiseite werfen; **~ away** fort-, wegwerfen ⟨to ≈ one's chance *übertr* seine Chance verspielen; to ~ o.s. away on s.o. *übertr* sich an jmdn. wegwerfen⟩ | verschwenden, vergeuden ⟨to ≈ money⟩; **~ back** zurückwerfen (*auch übertr*) | zurückstrahlen ◇ **be ~n back [up]on** auf (etw.) wieder angewiesen sein *od* zurückgreifen müssen; **~ down** hin-, um-, niederwerfen, -reißen ⟨to ≈ the gauntlet *übertr* den Fehdehandschuh hinwerfen, eine Herausforderung aussprechen; to ~ o.s. down sich niederwerfen⟩; **~ in** hineinwerfen ⟨to ≈ one's lot with s.o. *übertr* jmds. Los teilen⟩ | *übertr* (Bemerkung u. ä.) einwerfen, einflechten | *Wirtsch umg* dazugeben, zusätzlich bieten; **~ off** abwerfen, ablegen (*auch übertr*) ⟨to ≈ one's clothes; to ≈ one's cold eine Erkältung überstehen; to ≈ one's balance (jmdn.) aus der Fassung bringen⟩ | abschütteln ⟨to ≈ one's followers⟩ | *übertr* ablenken, verwirren ⟨the noise has ~n me off⟩ | (Gedicht u. ä.) schnell hinwerfen ⟨to ≈ a few lines⟩ | *Tech* auskuppeln; **~ open** weit öffnen, aufreißen | *übertr* öffnen, zulassen (**to** für); **~ out** hinaus-, wegwerfen ⟨to ≈ old papers; to ~ the baby out with the bathwater *Sprichw* das Kind mit dem Bade ausschütten⟩ | hervorbringen, aussenden ⟨to ≈ heat⟩ | vorschlagen, zu verstehen geben, äußern ⟨to ≈ a warning eine Warnung ausstoßen⟩ | verwerfen ⟨to ≈ s.o.'s proposal⟩; **~ over** aufgeben, verwerfen, über Bord werfen ⟨to ≈ a plan⟩ | im Stich lassen ⟨to ≈ an old friend⟩; **~ together** (Worte, Mahlzeit u. ä.) schnell zusammenfassen *od* zusammenstellen | (Personen) zusammenbringen | zusammenwerfen; **~ up** in die Höhe werfen, hochwerfen, heben ⟨to ≈ one's eyes nach oben blicken⟩ | (Schanze, Wall) aufwerfen | *übertr* hervorbringen, produzieren | (Speise) erbrechen | *Typ* hervorheben | (Stellung) aufgeben ⟨to ≈ one's job⟩; *vi* werfen | würfeln; **~ back** nachgeraten (**to s.o.** jmdm.) | *Biol* rückarten; **~ off** (Jagd) beginnen; **~ up** sich erbrechen | zurückkehren (zu), zurückverfallen (auf); **'~a·way 1.** *s umg urspr Am* (auf der Straße verteilter) Reklamezettel; **2.** *adj* Wegwerf- ⟨≈ bottle⟩ | (Bemerkung u. ä.) hingeworfen, im Nebenher ⟨a ≈ remark⟩ | *übertr* Schleuder-, billig ⟨≈ prices⟩; **'~back** *s* Zurückwerfen *n* | *Biol* Atavismus *m*, Entwicklungsrückschlag *m* | *übertr* Rückkehr (**to** zu) ⟨he's a ≈ to his grandfather er kommt nach seinem Großvater⟩ | Rückgriff *m* (**to** auf) | Neubelebung *f* (**to** *mit gen*) | *Film* Rückblende *f* | *umg* Rückschlag *m*; **'~down** *s* (Sport)

Schiedsrichterball *m*; **'~er** *s* (Sport) Werfer(in) *m(f)* | (Töpferei) Dreher(in) *m(f)*, Former(in) *m(f)* | *Tech* Schutzring *m*; **'~-in** (Fußball) Einwurf *m*; **'~ing ˌen·gine** Töpferscheibe *f*; **thrown** [θrəʊn] **1.** *part perf* von ↑ **throw 2.**; **2.** *adj* gezwirnt; **'~off** *s* Aufbruch *m* (zur Jagd) | Beginn *m* | *Am umg* Täuschung *f*, Blendwerk *n* | *Wirtsch* (abgeworfener) Betrag, Ertrag *m*; **'~out** *s* Hinauswurf *m*, Rausschmiß *m* | hinausgeworfene Person | *Tech* Ausschaltvorrichtung *f* | *Typ* Faltblatt *n*; **'~ weight** *s Mil* (Rakete) Wurflast *f*

thru [θru:] *Am* für ↑ **through**

[1]**thrum** [θrʌm] **1.** (**thrummed, thrummed**) *vi* klimpern (**on** auf) | mit den Fingern trommeln (**on** auf) | klappern (Huf) | dröhnen (Maschine); *vt* (Melodie) klimpern | klimpern auf; **2.** *s* Klimpern *n*, Geklimper *n* | Geklapper ⟨~ of hoofs⟩ | Dröhnen *n* | Schnurren *n* (einer Katze)

[2]**thrum** [θrʌm] **1.** *s* (Weberei) Trumm *n* | Saum *m*, Kante *f* | Franse *f*, Quaste *f* | loser Faden, Fussel *f*; **2.** (**thrummed, thrummed**) *vi* mit Fransen versehen

[1]**thrush** [θrʌʃ] *s Zool* Drossel *f*

[2]**thrush** [θrʌʃ] *s Med* Soor *m*, Schwämmchen *n/pl* | *Vet* Strahlfäule *f*

thrust [θrʌst] **1.** (**~, ~**) *vt* (Waffe u. ä.) heftig stoßen (**into** in, **through** durch) | stecken, schieben ⟨to ~ one's hands into one's pockets die Hände in die Taschen stecken; to ~ one's nose in s.th. *übertr* die Nase in etw. hineinstecken⟩ | drängen, stoßen ⟨to ~ o.s. forward sich vordrängen, *übertr* auf sich aufmerksam machen; to ~ one's way through s.th. sich seinen Weg durch etw. bahnen⟩ | *übertr* (mit etw.) überhäufen (**upon s.o.** jmdn.); **~ out** herausstrecken; *vi* stoßen (**at** nach) | sich werfen (**at** auf) | sich drängen (**through** durch); **2.** *s* Stoß *m* | *übertr* Stoßkraft *f*, Wucht *f* | *Mil übertr* Vorstoß *m* | Angriff *m*, Hieb *m*, Stich *m* ⟨to parry a ~ einen Hieb parieren⟩ | *Geol* Überschiebung *f*, Schub *m* | *Tech*, *Arch* Druck *m* | *Phys* Schub(kraft) *m(f)* | *Tech*, *Arch* (Seiten-, Horizontal-) Schub *m*; **'~ ˌbear·ing** *s Tech* Schub-, Axiallager *n*; **'~ ˌcham·ber** *s* (Raumfahrt) Schubkammer *f*, -stufe *f*; **'~ ˌcol·lar** *s Tech* Stoßring *m*; **'~er** *s* Stoßende(r) *f(m)* | *umg* jmd., der sich vordräng(el)t | *umg* Emporkömmling *m* | *Sl* (Fuchsjagd) jmd., der zu dicht hinter den Hunden reitet; **'~ force** *s Tech* Schubkraft *f*; **'~ ˌpow·er** *s* (Rakete) Schubleistung *f*; **'~ shaft** *s Tech* Drucklagerwelle *f*; **'~ spring** *s Tech* Kupplungsfeder *f*; **'~ stage** *s* nach vorn weit offene Bühne

thru·way ['θru:weɪ] *s Am* Schnellstraße *f*

thud [θʌd] **1.** *s* dumpfer Schlag ⟨with a ~⟩; **2.** (**~ded, ~ded**) *vi* dumpf aufschlagen; *vt* dumpf schlagen auf ⟨to ~ into mit dumpfem Schlag eindringen in⟩

thug [θʌg] *s* Meuchelmörder *m*, Schwerverbrecher *m* | Rowdy *m*; **~ge·ry** ['θʌgərɪ] *s* gemeines Verbrechen, Mord *m* und Verbrechen *n*; **'~gish** *adj Am* brutal, halsabschneiderisch

thu·li·um ['θju:lɪəm] *s Chem* Thulium *n*

thumb [θʌm] **1.** *s* Daumen *m* ⟨all ~s *umg* ungeschickt, sehr umständlich; rule of ~ *übertr* Faustregel *f*; ~s up! *Sl* bestens! Klasse!; Tom ~ Däumling *m* (im Märchen); to stick out like a sore ~ *übertr umg* wie die Faust aufs Auge passen; to turn ~s down on verdammen, strikt ablehnen, verwerfen; to twiddle one's ~s *umg* Däumchen drehen; under s.o.'s ~ *übertr umg* unter jmds. Einfluß, in jmds. Gewalt⟩; **2.** *vt* mit dem Daumen (be)fühlen, anfassen | mit dem Daumen zeigen auf ⟨to ~ one's fingers / nose at s.o. *Am* jmdm. eine lange Nase machen⟩ | *auch* **~ through** (Akte u. ä.) (mit dem Daumen schnell) um-, durchblättern | (Buch) abgreifen, beschmutzen | ungeschickt handhaben

| *Mus* herumklimpern auf | (Melodie) klimpern | *urspr Am umg* (Auto) (mit dem Daumen) zum Mitfahren anhalten | *urspr Am umg* (Fahrt) per Anhalter machen ⟨to ~ it, to ~ a lift / ride per Anhalter fahren⟩; *vi Mus* ungeschickt spielen; ˈ~-ˌ**fin·gered** *adj* ungeschickt; ˈ~ ˈ**in·dex** *s Typ* Daumenindex *m*; ˈ**~mark** *s* Daumenabdruck *m*; ˈ**~nail** *s* Daumennagel *m*; ˈ**~-nail** *adj* flüchtig, hingeworfen ⟨a ≈ sketch eine grobe Darstellung *od* Skizze⟩; ˈ**~-nut** *s Tech* Flügelmutter *f*; ˈ**~print** *s* Daumenabdruck *m*; ˈ**~screw** *s Tech* Klemm-, Flügelschraube *f*; ˈ**~stall** *s* Däumling *m*, Daumenkappe *f*; ˈ**~tack** *s Am* Reiß-, Heftzwecke *f*; ˈ**~y** *adj* ungeschickt

thump [θʌmp] **1.** *s* dumpfer (Faust-) Schlag (**on** auf) | Bums *m*, Plumps *m* ⟨with a ~⟩; **2.** *vt* heftig schlagen auf (bes. mit den Fäusten) | *Mus* (Melodie) hämmern, laut spielen (**on** auf) | *umg* verdreschen, verprügeln; *vi* laut aufschlagen (**on** auf), (an)schlagen, donnern (**at, against** an, gegen) | *auch* ~ **along** poltern, lärmend gehen | schlagen, pochen (Herz); **3.** *adv* plumps, mit einem Plumps, mit einem lauten Aufschlag ⟨it landed ~ on his head⟩; ˈ**~er** *s Sl* Mordsding *n* | *Sl* Mordskerl *m*; ˈ**~ing** *umg* **1.** *adj* riesig, gewaltig ⟨a ≈ majority eine überwältigende Mehrheit⟩; **2.** *adv* gewaltig ⟨a ≈ great lie eine Mordslüge⟩

thun·der [ˈθʌndə] **1.** *s* Donner *m* ⟨a long roll of ~ ein langes Donnergrollen; ~ and lightning Donner und Blitz *m*; like / as black as ~ *übertr umg* furchtbar verärgert; to steal s.o.'s ~ *übertr* jmdm. die Schau stehlen, jmdm. den Wind aus den Segeln nehmen⟩ | *übertr* Donner *m*, Lärm *m* ⟨~s of applause Beifallsstürme *m/pl*, donnernder Applaus⟩ | *übertr förml* Donner *m*, Unmut *m* ⟨to risk s.o.'s ~ jmds. Unmut auf sich ziehen *od* riskieren⟩ ◇ **by** ~ *umg emph* zum Donner nochmal; **in** ~ *emph* zum Donner ⟨what in ~ is this?⟩; **2.** *vi* donnern ⟨it ~s⟩ | (Zug o. ä.) donnern, brausen | donnernd schlagen (**at** auf) | *übertr* donnern, wettern, Drohungen ausstoßen (**against** gegen); *vt, auch* ~ **out** donnernd brüllen | (Drohung) ausstoßen; ˈ**~blast** *s* Donnerschlag *m*; ˈ**~bolt** *s* Blitz(strahl) *m*(*m*) | *Geol* Donnerkeil *m*, Belemnit *m* | *übertr* drohende Anklage | *übertr* unerwartetes Ereignis, Blitz *m* aus heiterem Himmel; ˈ**~clap** *s* Donnerschlag *m* (*auch übertr*); ˈ**~cloud** *s* Gewitterwolke *f* (*auch übertr*); ˈ**~fish** *s Zool* Wetterfisch *m*; ˈ**~head** *s* Gewitterwolke *f*; ˈ**~ing** **1.** *adj* donnernd, Donner- | *übertr* donnernd, tosend | *umg* gewaltig, riesig ⟨to be in a ≈ rage tüchtige Wut haben⟩; **2.** *adv umg* Riesen-, riesig ⟨a ≈ big house ein riesengroßes Haus⟩; ˈ**~less** *adj* donnerlos, ohne Donner; ˈ**~ous** *adj übertr* donnernd, tosend ⟨≈ applause⟩; ˈ**~peal** *s* Donnerschlag *m*; ˈ**~storm** *s* Gewitter *n*, Unwetter *n*; ˈ**~stroke** *s* Donnerschlag *m*; ˈ**~struck** *adj* vom Blitz getroffen | *übertr* wie vom Donner gerührt, entsetzt; ˈ**~y** *adj* donnernd | (Wetter) gewitterschwül

thu·ri·ble [ˈθjʊərəbl] *s Rel* (Weih-) Rauchfaß *n*

Thurs·day [ˈθɜ:zdɪ|-deɪ] *s* Donnerstag *m* ⟨on ~ am Donnerstag; ~s donnerstags⟩

thus [ðʌs] *adv förml* so, auf diese Weise | so, dementsprechend, folglich ◇ ~ ˈ**far** soweit, bis jetzt

thwack [θwæk] = **whack**

thwart [θwɔ:t] **1.** *vt* durchkreuzen, vereiteln, zunichte machen ⟨to ~ s.o.'s plans⟩ | (jmdm.) entgegenarbeiten, einen Strich durch die Rechnung machen; **2.** *s Mar* Ducht *f*, Ruderbank *f*; ˈ**~ship** *adj Mar* querschiffs liegend; ˈ**~ships** *adv Mar* querschiffs

thy [ðaɪ] *pron arch, poet* dein(e)

thyme [taɪm] *s Bot* Thymian *m*

thy·mol [ˈθaɪmɒl] *s Chem* Thymol *n*

thy·mus [gland] [ˈθaɪməs (glænd)] *s Anat, Zool* Thymus(drüse) *m*(*f*)

thym·y [ˈtaɪmɪ] *adj* voller Thymian | Thymian-, nach Thymian duftend

thyre- [θaɪrɪ], **thyreo-** [θaɪrɪə] = **thyro-**

thy·re·oid [ˈθaɪrɔɪd] = **thyroid**

thy·ris·tor [θaɪˈrɪstə] *s El* Thyristor *m*, steuerbarer Gleichrichter

thyro- [θaɪrə(ʊ)] ⟨*griech*⟩ *in Zus* Schilddrüsen-

thy·roid [ˈθaɪrɔɪd] *Anat* **1.** *adj* Schilddrüsen-; **2.** *s* Schilddrüse *f*; **~ec·to·my** [ˌθaɪrɔɪˈdektəmɪ] *s Med* Thyreoidektomie *f*, Schilddrüsenexstirpation *f*; ˈ~ ˌ**ex·tract** *s* Schilddrüsenextrakt *m*; ˈ~ ˌ**gland** *s* Schilddrüse *f*

thy·self [ðaɪˈself] *pron arch, Poes euphem* du (dich) selbst | *refl* dir, dich

Ti [ˌti:ˈaɪ] *s Chem* Titanium *n*

ti [ti:] *Mus* Ti *n*

ti·ar·a [tɪˈɑ:rə] *s* Tiara *f*, Papstkrone *f* | Papstwürde *f* | Stirnreif *m*

Ti·bet·an [tɪˈbetn] **1.** *adj* tibetisch; **2.** *s* Tibeter(in) *m*(*f*) | Tibetisch *n*

tib·i·a [ˈtɪbɪə] *Anat, Zool s* (*pl* **~ae** [~i:], **~as** [-z]) Schienbein *n*, Tibia *f*; ˈ**~al** *adj* Schienbein-

tic [tɪk] *s Med* Tick *m*, Muskel-, Gesichtszucken *n*

[1]**tick** [tɪk] *s Zool* Zecke *f* | *Brit umg übertr* (Person) Niete *f*

[2]**tick** [tɪk] *s* (Kissen-) Be-, Überzug *m*

[3]**tick** [tɪk] **1.** *s* (Uhr- u. ä.) Ticken *n* ⟨at / on the ~ of mit dem Glockenschlag, auf die Sekunde (pünktlich)⟩ | Haken *m*, Häkchen *n*, Strich *m* (in einer Liste) | *bes Brit umg* Moment *m* ⟨half a ~! einen Moment!; in a ~ im Nu⟩; **2.** *vi* tikken | *umg* funktionieren ⟨to make s.o. ~ jmdn. antreiben *od* motivieren; what makes it ~? was steckt dahinter?⟩; ~ **away** dahinticken | *übertr* verstreichen (Zeit); ~ **over** *Kfz* (im Leerlauf) tuckern (Motor) | *übertr umg* gerade so existieren, keine Bäume ausreißen ⟨to keep things ~ing over alles (gerade so) in Gang halten, sich nicht übernehmen⟩; *vt* durch Ticken anzeigen | abhaken; ~ **off** abhaken, abstreichen | der Reihe nach vorlesen, herbeten | genau beschreiben *od* ausdrücken ⟨to ≈ in a phrase in einem Wort sagen⟩ | *umg* (jmdn.) heruntermachen, zusammenstauchen, anpfeifen | *Am Sl* (jmdm.) einen Wink geben, (jmdm.) auf die Sprünge helfen; ~ **out** telegrafieren

[4]**tick** [tɪk] *umg* **1.** *s* Schuldposten *m* | Kredit *m*, Pump *m* ⟨on ~ auf Kredit; to get ~ Kredit bekommen⟩; **2.** *vi* Kredit geben | Schulden machen | auf Kredit kaufen; *vt* (jmdm.) Kredit geben | (etw.) auf Kredit kaufen

[5]**tick** [tɪk] *s* Haschespiel *n*

tick·bean [ˈtɪkbi:n] *s Bot* Pferde-, Saubohne *f*

ticked [tɪkt] *adj* (Tier) gezeichnet, mit Zeichen versehen

tick·er [ˈtɪkə] *s* automatischer Schreibtelegraf, Börsentelegraf *m* | *El* Schnellunterbrecher *m*, Zerhacker *m*, Ticker *m* | *umg* Wecker *m*, Uhr *f* | *Sl* Herz *n* ⟨my dicky ~ meine müde Pumpe⟩; ˈ**~tape** *s* Papierstreifen *m* (eines Börsentelegrafen); ˈ**~tape paˌrade** *s* Konfettiparade *f*; ˈ**~tape reˌcep·tion** *s Am umg* toller Empfang ⟨to get a ≈⟩

tick·et [ˈtɪkɪt] **1.** *s* Fahrkarte *f* ⟨to take a ~ eine Fahrkarte lösen⟩ | Flugschein *m*, -karte *f* | Eintrittskarte *f* | Theaterkarte *f* | Mitgliedskarte *f* | *Flugw, Mar* Lizenz *f* | Pfandschein *m* | Gepäckschein *m* | Lotterielos *n* | (Bücherei) Buchzettel *m* | Etikett *n*, Preisschild *n* | *urspr Am* Strafzettel *m*, gebührenpflichtige Verwarnung, Stempel *m* (für Autofahrer) ⟨a parking ~ eine Strafe für falsches Parken; to give s.o. a ~ jmdm. einen Stempel geben *od* verpassen⟩ | *Am* Krankenschein *m* | *Am Pol* Kandidatenliste *f*, Wahlvorschlag *m* ⟨to run behind the ~ nicht die Stimmenmehrheit erhalten; to vote the straight ~ [immer] die gleiche Partei wählen; to write one's own ~ *umg* seine eigenen Forderungen stellen⟩ | *auch* ˌ~ **of** ˈ**leave** *Brit Jur*

Entlassungsschein *m* ⟨on ~ of leave unter Polizeiaufsicht, ~-of-leave man vorzeitig entlassener Sträfling; to get one's ~ *umg Mil* entlassen werden, gehen müssen⟩ ◇ **the** ~ *umg selten* das Richtige ⟨that's just the ~⟩; **work one's** ~ *Sl selten* sich (vor der Arbeit) drücken, schwänzen, markieren; **2.** *vt Wirtsch* auszeichnen, mit einem Preisschild versehen | vorsehen, bestimmen (**for** für); '~ **box** *s Am* Fahrkartenschalter *m*; '~ **col,lec·tor** *s* Fahrkartenkontrolleur *m*; '~ **man** *s* Kontrolleur *m*; '~ **,of·fice** *s Am* Fahrkartenschalter *m*; '~ **punch** *s* (Fahrkarten-) Lochzange *f*

tick·ing ['tɪkɪŋ] *s* (Inlett-) Drell *m*

tick·ing off [,tɪkɪŋ 'ɒf] *s umg* Abkanzeln, Heruntermachen *n* | scharfe Rüge

tick|le ['tɪkl] **1.** *vt* kitzeln ⟨to ≈ s.o. in the ribs jmdn. kitzeln⟩ | *übertr* kitzeln, freudig erregen ⟨I was ≈d at the idea *umg* der Gedanke machte mir Spaß; to ≈ s.o. to death *umg* jmdn. köstlich amüsieren⟩ | schmeicheln ⟨to ≈ s.o.'s vanity jmds. Eitelkeit schmeicheln⟩ | *umg* bestechen ⟨to ≈ s.o.'s palm jmdm. ein Trinkgeld geben, jmdn. bestechen⟩ | *arch* ärgern; *vi* jucken | kitzeln ⟨my nose ≈s⟩; **2.** *s* Jukken *n* | Kitzeln *n* | Kitzel *m* (*auch übertr*); **,~led 'pink** *adj Sl* ganz weg vor Freude, ganz aus dem Häuschen; **'~ler** *s umg* kitzliche *od* schwierige Frage, heikles Problem | *auch* **'~ler coil** *s El* Rückkopplungsspule *f*; **'~lish** *adj* kitzlig | *übertr* kitzlig, heikel, schwierig, gefährlich ⟨in a ≈ situation⟩ | (Person) überempfindlich

tick·tack ['tɪktæk] *s* Ticktack *n* | (Kindersprache) Ticktack *f*, Uhr *f* | (Pferderennen) (geheime) Zeichen(sprache) *n*(*f*) (für die Buchmacher); '~ **man** *s* (Pferderennen) Buchmachergehilfe *m*; **,~'toe, ,~'too,** *auch* **tic-tac'toe** *s Am* (Art) Schreibspiel *n* (mit Kreuzen und Nullen), Kreuzchen- und Kringelspiel *n*

tick·y-tack·y ['tɪkɪ,tækɪ] **1.** *s bes Am* billiges (Bau-) Material, minderwertige Konstruktion; **2.** *adj* Billig-, minderwertig ⟨~ houses⟩

tid·al ['taɪdl] *adj* den Gezeiten unterworfen, Gezeiten- | Flut-; '~ **,ba·sin** *s Mar* Flutbecken *n*; '~ **,har·bour** *s Mar* Fluthafen *m*; **,~ 'pow·er plant** *s* Gezeitenkraftwerk *n*; '~ **quay** *s Mar* Flutkai *m*; '~ **wave** *s* Flutwelle *f* | *übertr* Welle *f*, Woge *f*

tid·bit ['tɪdbɪt] *Am* = **titbit**

tid|dle·dy·winks ['tɪdldɪwɪŋks] *s/pl Am* Floh-, Schnipsspiel *n*; **'~dler** *s umg* sehr kleiner Fisch | *umg* kleines Kind | *Sl Hist* halbe Pennymünze; **~dl[e]y** ['tɪdlɪ] *Brit Sl* **1.** *adj* klein, beschwipst, besoffen; **2.** *s* Gesöff *n*; **'~dl[e]y wink** *s Brit Sl* Kneipe *f* ohne Schankerlaubnis; **'~dl[e]y winks** *s/pl* Flohspiel *n*

tide [taɪd] **1.** *s* Ebbe *f* und Flut *f*, Gezeiten *pl* ⟨high ~ Flut *f*; low ~ Ebbe *f*; the ~ is in es ist Flut⟩ | Strömung *f*, Gezeitenstrom *m* ⟨strong ~s⟩ | *übertr* Strömung *f*, Strom *m*, Lauf *m* ⟨to go / swim with (against) the ~ mit dem (gegen den) Strom schwimmen⟩ | *übertr* Auf und Ab *n*, Meinungsbarometer *n* ⟨a change in the ~ ein Meinungswandel *m*; the ~ has turned das Glück *od* Blatt hat sich gewendet⟩ | (*in Zus*) *selten* -zeit ⟨winter~⟩; **2.** *vi* mit dem Strom treiben; *vt* treiben | sich (mit dem Strom) fortbewegen ⟨to ~ one's way sich begeben⟩; ~ **over** (jmdm.) hinweghelfen über ⟨to ~ s.o. over a difficulty; to ~ s.o. over the next month⟩ | (finanziell u. ä.) unterhalten, -stützen ⟨to ~ s.o. over a little longer⟩; '~ **gate** *s* Flutschleuse *f*; '~ **gauge** *s Mar* Flutuhr *f*, Gezeitenpegel *m*; **'~land** *s Geogr* Watt *n*; **'~less** *adj* ohne Gezeiten, gezeitenlos; **'~lock** *s* Flutschleuse *f*; **'~mark** *s* Flutmarke *f* | *scherzh* schwarzer Rand (am Kragen, in der Wanne); **'~,wa·ter** *s* Flut-, Gezeitenwasser *n* ⟨≈ district Wattgebiet *n*⟩ | Watt *n* | *Am* flaches Gebiet an der Küste; '~ **wave** *s* Flutwelle *f*; **'~way** *s* Priel *m*

ti·dings ['taɪdɪŋz] *s/pl* (*sg od pl konstr*) *lit* Botschaft *f*, Nachricht *f* ⟨the ~ came too late⟩

ti·dy ['taɪdɪ] **1.** *adj* ordentlich, sauber (*auch übertr*) ⟨a ~ room; ~ thoughts wohlgeordnete Gedanken *pl*⟩ | *umg* beträchtlich ⟨a ~ sum of money⟩; **2.** *vt* in Ordnung bringen, ordnen ⟨to ~ o.s. [up] sich zurechtmachen⟩; ~ **away** wegräumen, wegstecken; ~ **out** (Kasten u. a.) (aus)räumen, sortieren; ~ **up** aufräumen, zurechtmachen; *vi* ~ **up** aufräumen; **3.** *s* Schutz-, Zierdeckchen *n*, (Möbel-) Schoner *m* | (Arbeits-, Abfall- u. ä.) Beutel *m*, Behälter *m*; **,~-'up** *s umg* Aufräumen *n* ⟨to give the place a bit of a ≈ einen Ort ein wenig in Ordnung bringen⟩

tie [taɪ] **1.** *s auch* **'neck~** Schlips *m*, Krawatte *f*, Binder *m* | Schleife *f* | Halstuch *n* | Band *n*, Verbindung *f* (*meist übertr*) ⟨family ~s; ~s of blood⟩ | (*meist sg*) *umg* Fessel *f*, Last *f* ⟨the dog is often a ~ ⟩ | *Am Eisenb* Schwelle *f* | *El* Anker *m* | *Arch* Verbindungsstück *n* | *Tech* Befestigung *f*, Band *n*, Bund *n* | (Sport) (Punkt-, *Pol* Stimmen-) Gleichheit *f* | *Sport* Entscheidungsspiel *n* | *Mus* Bindung *f*, Bindezeichen *n* | *Wirtsch* Stillegung *f*; **2.** *vt* binden (**down to, to an**) ⟨to ~ a bow eine Schleife binden; to ~ a knot einen Knoten machen; to ~ in a bow (etw.) zu einer Schleife binden; to ~ one's shoe laces die Schuhe binden; to ~ a scarf einen Schal umbinden; to ~ s.o.'s hands *übertr* jmdm. die Hände binden; to ~ s.o.'s tongue *übertr* jmdn. zum Schweigen verpflichten⟩ | *Arch* verankern | (Sport) gleichstehen *od* -ziehen mit | *Pol* die gleiche Stimmenzahl erreichen wie | *Mus* binden | *Med* unterbinden | *übertr* verbinden, zusammenfügen (**to** mit); ~ **back** anbinden; ~ **down** fest-, niederbinden | *übertr* beschränken, fesseln | *übertr* (jmdn.) festlegen (**to** auf); ~ **on** befestigen (**with** mit); ~ **together** zusammenbinden | zueinander passend machen, zusammenstellen; ~ **up** an-, festbinden ⟨to ≈ a parcel ein Paket verschnüren⟩ | *Mar* vertäuen | *umg* verbinden, in Verbindung bringen (*auch übertr*) (**with** mit) | *umg* verheiraten ⟨to get ~d up sich binden⟩ | *umg* (etw.) erledigen, fertigmachen ⟨he got all that tied up er hat alles unter Dach und Fach gebracht⟩ | *umg* (jmdn.) beschäftigen, anspannen, in Bewegung halten ⟨I'm a bit tied up ich habe ziemlich viel zu tun⟩ | *Wirtsch* (Kapital) binden, fest anlegen (**in** in, mit) | *Jur* (Erbgut) festlegen, einer Verfügungsbeschränkung unterwerfen | (Verkehr) behindern, stoppen; *vi* binden | sich binden lassen | (Sport) gleichstehen (**with** mit) | *Pol* das gleiche Wahlergebnis haben (**with** wie); ~ **in with** übereinstimmen mit, passen zu; ~ **up** sich verbinden (**with** mit); **'tie-back** *s Tech* Schlaufe *f* | Raffgardine *f*; '~ **bar** *s* Zuganker *m* | Ankerbolzen *m*; '~ **beam** *s Arch* Spannbalken *m*; '~ **belt** *s* Bindegürtel *m*; '~ **block** *s* Lasche *f* (Holzbau); '~ **bolt** *Tech s* Ankerbolzen *m* | Ankerschraube *f*; **'~break(er)** *s* (Tennis) Tie-Break *m*, Spiel *n* bis zur Entscheidung

tied| cot·tage [,taɪd 'kɒtɪdʒ] *s Brit* Gesindehaus *n*, Landarbeiterhütte *f*; **,~ 'house** *s Brit* (an eine bestimmte Brauerei gebundenes) Gasthaus, Brauereigaststätte *f*, brauereieigene Gaststätte

tie|-dye ['taɪ daɪ] **1.** *vt, vi* im Bandhanaverfahren färben, unterschiedlich intensiv färben; **2.** *s* bandhanagefärbtes Kleid; '~ **line** *s Tel* Querverbindung *f*; **'~-on** *adj* Ansteck-, angebunden, -gemacht ⟨≈ label⟩ | übergebunden ⟨a ≈ overskirt Überrock *m*⟩; **'~pin** *s* Krawattennadel *f*; '~ **plate** *s Mar* Längsband *n*; Lukenstrang *m* | *Eisenb* Stoßplatte *f*

tier [tɪə] **1.** *s* Reihe *f*, Lage *f*, Schicht *f*, Stapel *m* ⟨in ~s gestapelt, lagenweise⟩ | *übertr* Abteilung *f*, Stufe *f* ⟨three-~ system *Päd* 3-Stufen-System (Schule, Hochschule, Erwachsenenbildung)⟩ | *Theat* (Sitz-) Reihe *f*, Rang *m*; **2.** *vt* übereinander anordnen, aufschichten; *vi, oft* ~ **up** schichtenweise geordnet sein

tierce [tɪəs] *s* (Fechten) Terz *f* | *Kart* Terz *f*

tie| rod ['taɪ rɒd] *s Kfz* Lenkspurstange *f*; '~ **silk** Krawattenseide *f*; '~ **tack** *s* Krawattennadel *f*; '~-**up** *s* Verbindung *f* | *Wirtsch* Zusammenschluß *m* | *Am Wirtsch* (kurzzeitige) Stillegung, Unterbrechung *f* | (Verkehrs-) Stau *m*

tiff [tɪf] **1.** *s* Mißstimmigkeit *f*, (schlechte) Laune ⟨in a ~ in einer Mißstimmung, ärgerlich⟩ | geringfügiger Streit, (kleine) Reiberei ⟨a lover's ~ Kabbelei *f* unter Liebenden; to have a ~ with s.o. e-n kleinen Krach mit jmdm. haben⟩; **2.** *vi* sich streiten

tif·fa·ny ['tɪfənɪ] *s* Mull *m*, Gaze *f*

tif·fin ['tɪfɪn] *s Ind* Mittagessen *n*

tiff·ish ['tɪfɪʃ] *adj umg* schlecht gelaunt, mißmutig

ti·ger ['taɪgə] *s Zool* Tiger *m* ⟨American ~ Jaguar *m*; to ride the ~ *übertr umg* den wilden Mann markieren; to rouse the ~ in s.o. das (wilde) Tier in jmdm. wecken⟩ | *übertr* Tiger *m*, Wüterich *m* ⟨paper ~ *verächtl* Papiertiger *m*⟩ | *Am Sl* Zuchthäusler *m* | *Am Sl* Beifallsgebrüll *n* ⟨three cheers and a ~!⟩; '~ **cat** *s Zool* Tigerkatze *f* | getigerte Katze; '~ ˌ**flow·er** *s Bot* Tigerblume *f*; '~**ish** *adj* tigerhaft | *übertr* blutdürstig; '~ ˌ**li·ly** *s Bot* Pantherlilie *f* | Tigerlilie *f*; '~ **moth** *s Zool* Bärenspinner *m*; '~ **shark** *s Zool* Tigerhai *m*

tight [taɪt] **1.** *adj* fest(sitzend) ⟨a ~ knot; a ~ screw eine festangezogene Schraube⟩ | eng (anliegend), knapp ⟨~ shoes⟩ | (Seil u.ä.) straff, gespannt ⟨a ~ rope⟩ | gepreßt ⟨~ lips verkniffene Lippen *f/pl*; a ~ feeling ein (unangenehmes) Druckgefühl⟩ | undurchlässig, dicht, nicht leck ⟨a ~ ship⟩ | (*in Zus*) -dicht, -fest ⟨water~⟩ | voll(gepackt), prall, dichtgedrängt (*auch übertr*) ⟨to pack a case ~; ~ space wenig Platz; a ~ schedule ein volles Programm; a ~ squeeze ein dichtes Gedränge⟩ | (Sport) geschlossen, engmaschig ⟨a ~ game⟩ | (Sport) knapp, Brust-an-Brust ⟨a ~ race⟩ | schwierig ⟨to be in a ~ corner/spot in der Klemme sitzen⟩ | *Wirtsch* (Geld) knapp, schwer zu beschaffen ⟨~ money⟩ | *Wirtsch* (Waren) rar, (Markt) angespannt | *umg* knauserig, zugeknöpft | *Sl* blau, betrunken ⟨as ~ as a boiled owl sternhagelvoll⟩; **2.** *adv* eng, knapp ⟨to hold s.th. ~ etw. festhalten; to sit ~ sich nicht vom Platz rühren; *übertr* fest im Sattel sitzen; *übertr* seine Meinung nicht ändern⟩ | gründlich, fest ⟨sleep ~ schlaf gut!⟩; '~**en** *vt* festmachen, straff machen, straffen ⟨to ≈ a screw eine Schraube anziehen⟩ | (Gürtel) enger schnallen ⟨to ≈ one's belt *übertr* sich den Riemen enger schnallen, sich einschränken; ~**en up** *übertr* verschärfen ⟨to ≈ controls⟩; *vi* sich straffen, straff werden | sich zusammenziehen; ~**en up** härter durchgreifen (**on** bei); ˌ~'**fist·ed** *adj umg* geizig, knausrig; '~**fit·ting** *adj* (Kleid) enganliegend, knapp; ˌ~-'**lipped** *adj* schmallippig, verkniffen | *übertr* verschlossen; '~**rope 1.** *s* (gespanntes) (Draht) Seil; **2.** *adj* (Draht) Seil- ⟨≈ artist/walker Seiltänzer(in) *m(f)*; **tights** *s/pl* Trikot *n* ⟨acrobats in ≈⟩ | Strumpfhose *f*; '~**wad** *s urspr Am Sl* Geizhals *m*

ti·gress ['taɪgrəs] *s Zool* Tigerin *f* | *übertr* böses Weib

tike [taɪk] = **tyke**

til·de [tɪld] *s Ling, Typ* Tilde *f*

tile [taɪl] **1.** *s* Dachziegel *m* ⟨to have a ~ loose *umg* nicht ganz richtig sein; he has a ~ loose *umg* bei ihm fehlt ein Rädchen; to be [out] on the ~s *übertr umg* (herum)sumpfen, -stromern, ein wüstes Leben führen⟩ | Kachel *f*, Fliese *f*, Platte *f* | (Teppich) Fliese *f* | Dachstein *m*, Dachziegel *m* | *umg* steifer Hut; **2.** *vt* (Boden u.ä.) mit Kacheln aus-, belegen, kacheln, fliesen; (Dach) decken | *übertr* behüten, bewachen ⟨to ~ the door⟩ | *übertr* (*bes* Logenmitglied) (durch Eid) zum Schweigen verpflichten; '~ ˌ**burn·er** *s* Ziegelbrenner *m*; '~ **kiln** *s* Ziegelbrennofen *m*; '~ ˌ**lin·ing** *s* Kachelauskleidung, Kachelverkleidung *f*; '**til·er** *s* Fliesenleger *m* | Dachdecker *m* | Ziegelbrenner *m* | Logenhüter *m* (Freimaurerei); '~ **red** *s* Ziegelrot *n*; **til·er·y** ['taɪlr̩ɪ] *s* Ziegelei *f*; '~ **stove** *s* Kachelofen *m*; '**til·ing** *s* Fliesenlegen *n*, Kacheln *n*, Fliesen *n* | Dachdecken *n* | Fliesen-, Plattenbelag *m*

[1]**till** [tɪl] *s* Ladenkasse *f*, Geldfach *n* ⟨to have one's fingers in the ~ *umg* Geld aus der Ladenkasse stehlen; with one's fingers in the ~ *umg* beim Stehlen *od* Klauen *od* Mausen⟩

[2]**till** [tɪl] *s Geol* Geschiebelehm *m*, Grundmoräne *f*

[3]**till** [tɪl] **1.** *präp* bis (zu) ⟨~ 5 o'clock; not ~ erst nach; ~ now bis jetzt; ~ then bis dahin, bis nachher; ~ tomorrow bis morgen⟩; **2.** *conj* bis ⟨wait ~ the rain stops warten, bis der Regen aufhört⟩

[4]**till** [tɪl] *vt* pflügen, bestellen, bebauen; *vi* pflügen, ackern; '~**a·ble** *adj* kultivierbar ⟨≈ soil⟩; '~**age** *s* Ackern *n*, Pflügen *n* ⟨in ≈ kultiviert, bebaut⟩ | Ackerbau *m* | Ackerland *n*; [1]'~**er** *s* Pflüger *m*

[2]**till·er** ['tɪlə] *s Mar* (Ruder-) Pinne *f*

[3]**till·er** ['tɪlə] *dial* **1.** *s Bot* Wurzelsproß *m*, Schößling *m*; **2.** *vi* sprossen, Schößlinge treiben

till·er rope ['tɪlə ˌrəʊp] *s Mar* Steuerreep *n*

till mon·ey ['tɪl ˌmʌnɪ] *s* Kassen(be)stand *m*, Kasse *f*

[1]**tilt** [tɪlt] **1.** *s* (Wagen-) Plane *f*, Markise *f*; **2.** *vt* mit Plane bedecken, überdecken

[2]**tilt** [tɪlt] **1.** *vt* kippen, neigen, schräglegen, -stellen ⟨to ~ a chair against the wall einen Stuhl an die Wand lehnen; to ~ one's head den Kopf neigen⟩ | *Film* (Kamera) schwenken | auskippen ⟨to ~ a cart⟩ | umkippen, umstoßen | *El* (Schalter) umlegen | *Mar* (Schiff) krängen | *Hist* (Lanze) einlegen | *Hist* (mit eingelegter Lanze) anrennen gegen; *vi auch* ~ **over** sich neigen, kippen ⟨don't ~ kipple nicht!⟩ | umkippen, umfallen | *Mar* krängen (Schiff) | *Hist* im Turnier antreten *od* kämpfen (**at** gegen) | mit der Lanze stechen (**at** nach) | *übertr* attackieren (**at s.o.** jmdn.), losgehen, losziehen (**at** gegen) ⟨to ~ at windmills gegen Windmühlenflügel angehen⟩ | *übertr* begünstigen (**against s.o.** jmdn.), tendieren (**toward** zu) ⟨the balance ~ed against the U.S. das Gleichgewicht entwickelte sich zu Gunsten der USA; to ~ towards a proposal einem Vorschlag zuneigen⟩; **2.** *s* Neigung *f*, schiefe Lage ⟨at a ~ schief⟩ | *übertr* Vorurteil *n*, Vorliebe *f* (**toward** für), Neigung *f* | *Tech* Schrägstellung *f* | *Bergb* Schieflage *f* | (*Film*) senkrechter Schwenk | *Ferns* Rasterverzerrung *f* | *Hist* Lanzenstechen *n*, Turnier *n* | *Hist* Lanzenstoß *m* | (Wort-) Gefecht *n* ⟨to have a ~ with s.o. *übertr* sich mit jmdm. anlegen; to make a ~ at (mit Worten) attackieren⟩ | Angriffswut *f* ⟨[at] full ~ *umg* mit voller Wucht, voll, direkt⟩; '~**a·ble** *adj* kippbar; '~ **boat** *s* Kippboot *n*; '~ **cart** *s* Kippwagen *m*; '~**er** *s Tech* Kippvorrichtung *f* | *Hist* Turnierkämpfer *m*

tilth [tɪlθ] *s* Ackerbau *m* | Bebauen *n* ⟨in good ~ gut bebaut⟩ | Ackerland *n*

tilt|ing ['tɪltɪŋ] **1.** *adj* kippbar, kipp- | *Hist* Turnier-; **2.** *s* Kippen *n*, Schrägstellen *n* | *Film* Schwenken *n* (der Kamera) | *El* (Schalter) Umlegen *n*; '~**ing car** *s* Kipper *m*; '~**ing field** *s Hist* Turnierplatz *m*; '~**ing** ˌ**table** *s Med Vet* Kipptisch *m* | *Tech* Wippe *f*; '~ **mill** *s Tech* Hammerwerk *n*

tim·bal ['tɪmbəl] *s Mus* Kesselpauke *f*

tim·bale ['tɪmbeɪl] *s Kochk* (Fleisch- u. ä.) Pastete *f*

tim|ber ['tɪmbə] **1.** *s* Bau-, Nutzholz *n* | Balken *m* | Holz *n*, Gehölz *n* | Bäume *m/pl* | Baumstämme *m/pl* | *Mar* Spanten *n/pl* | *Am umg, Brit förml übertr* Holz *n*, Schlag *m*, Art *f*, Kaliber *n* ⟨a man of real ministerial ≈ ein Mann, der das Zeug zu einem Minister hat⟩; **2.** *vt* zimmern, verschalen | *Bergb* ausbauen; **3.** *adj* hölzern, Holz-; **4.** *interj* Achtung!, Vorsicht! (beim Holzfällen); **'~bered** *adj* aus Holz gebaut, gezimmert ⟨≈ building Fachwerk *n*⟩ | *Arch* bestockt, eingeschalt | bewaldet, mit Bäumen bestanden; **'~ber con͵struc·tion** *s* Holzbau *m*, -konstruktion *f*; **'~ber ͵for·est** *s* hochstämmiger Wald, Hochwald *m*; **'~ber frame** *s Tech* Bundsäge *f*; **'~ber ͵fram·ing** *s Arch* Holzfachwerk *n*; **'~ber·ing** *s* Ausbau *m* | Zimmern *n* | Holzverkleidung *f* | *Bergb* Verzimmerung *f*; **'~ber lag** *s* Holzverkleidung *f*; **'~ber·line** *s* (*mit best art*) *Geogr* Baumgrenze *f*; **'~ber·man** [mən] *s* (*pl* **'~ber·men**) Holzfäller *m*, Waldarbeiter *m* | *Bergb* Stempelsetzer *m*; **'~ber pre͵serv·a·tive** *s* Holzschutzmittel *n*; **'~ber trade** *s* Holzhandel *m*; **'~ber tree** *s* Nutzholzbaum *m*; **'~ber·work** *s* Gebälk *n*, Balken *pl*, Fachwerk *n*; **'~ber·yard** Holzplatz, Zimmerplatz *m*, Holzlager *n*

tim·bre ['tæmbə|tɪmbə|tɑ:brə] *s* ⟨*frz*⟩ *Mus* Timbre *n* ⟨~ of sound Klangfarbe *f*⟩ | *übertr* Eigenart *f*, Charakteristikum *n*

tim·brel ['tɪmbrəl] *s Mus* Tamburin *n*

tim|bul ['tɪmbəl] = **~bal**

time [taɪm] **1.** *s* Zeit *f* ⟨for all ~ für alle Zeiten; from ~ immemorial seit unvordenklichen Zeiten; in space and ~ in Raum und Zeit; ~ past, present and to come Vergangenheit, Gegenwart und Zukunft; in the course of ~ im Laufe der Zeit; ~ will show die Zeit wird es lehren⟩ | Zeit (-rechnung, -system) *f* (*f*, *n*) ⟨British summer ~; solar ~ Sonnenzeit *f*⟩ | Uhrzeit *f* ⟨what's the ~?, what ~ is it? wie spät ist es?; at this ~ of day zu dieser Tageszeit, zu dieser (späten) Stunde; to bid/pass s.o. the ~ of [the] day *umg* jmdn. grüßen, guten Tag sagen; to know the ~ of [the] day *übertr* wissen, was die Stunde geschlagen hat; to keep good ~ richtig gehen (Uhr); to lose ~ nachgehen (Uhr); this ~ tomorrow morgen um diese Zeit; this ~ next week heute in einer Woche⟩ | Zeitdauer *f*, -abschnitt *m* ⟨a long ~; all in good ~ alles zu seiner Zeit; all the ~ die ganze Zeit; from ~ to ~ von Zeit zu Zeit, hin und wieder; in due ~ zur rechten Zeit; in no ~ im Handumdrehen, im Nu; in the mean ~ mittlerweile, inzwischen; in (good) ~ zur (rechten) Zeit; most of the ~ die meiste Zeit⟩ | Zeitpunkt *m* ⟨at the ~ zu dieser Zeit, damals; gerade; at the present ~ gegenwärtig, derzeit; at the same ~ gleichzeitig; gleichwohl, andererseits; at all ~s zu allen Zeiten; at any ~ zu jeder Zeit; at such ~s bei solchen Gelegenheiten; at ~s von Zeit zu Zeit, bisweilen, zuweilen; at that ~ zu der Zeit; at one ~ einst[mals], früher; at some ~ irgendwann, -einmal; by that ~ bis dahin, inzwischen; for the ~ für den Augenblick; for the ~ being zur Zeit, vorläufig, unter den gegenwärtigen Umständen; on ~ pünktlich; up to this ~ bis jetzt; ~, gentlemen! Feierabend, meine Herren!⟩ | (*oft pl*) Zeit(alter, -epoche) *f* (*n*, *f*) ⟨in ancient ~s/in ~s of old in alten Zeiten; in Shakespeare's ~ zur Zeit Shakespeares⟩ | (*oft pl*) Zeiten *pl*, Verhältnisse *pl* ⟨behind ~s rückständig; to be abreast of the ~s mit der Zeit gehen; to march with the ~s mit der Zeit gehen; hard ~s schwere Zeiten⟩ | Frist *f*, (bemessene) Zeit ⟨~ of delivery Lieferfrist *f*; to give s.o. ~ jmdm. Zeit lassen⟩ | (verfügbare) Zeit ⟨to have no ~ keine Zeit haben; to have ~ on one's hands viel Zeit haben; to be pressed for ~ in Zeitnot sein; to kill ~ die Zeit totschlagen; to take one's ~ sich Zeit lassen; to take [the] ~ sich Zeit nehmen; to waste ~ die Zeit vergeuden⟩ | (geeignete, passende) Zeit ⟨now is the ~ jetzt ist die passende Gelegenheit; the ~ has come es ist an der Zeit; to bide one's ~ seine Zeit *od* Chance abwarten; to take ~ by the forelock *übertr* die Gelegenheit beim Schopfe fassen *od* packen; there is a ~ for everything alles zu seiner Zeit; ~ and tide wait for no man *Sprichw* e-e verpaßte Gelegenheit kommt so schnell nicht wieder⟩ | (schöne) Zeit, Freude *f*, (angenehmes) Erlebnis ⟨to have a ~ of it es sich gut gehen lassen; to have a good ~ sich amüsieren; to have the ~ of one's life es außerordentlich gut haben, wie ein Fürst leben, jmdm. glänzend gehen (es)⟩ | *umg* Zeit *f* (im Gefängnis) ⟨to do ~ seine Jahre [in der Haft] absitzen⟩ | Zeit *f*, Lebenszeit *f* ⟨~ of life Alter *n*; ahead of ~ vorzeitig; to die before one's ~ vor der Zeit sterben⟩ | Mal *n* ⟨the first ~ das erste Mal; at a ~ auf einmal; every ~ jedesmal; ~ and [~] again/~ after ~ immer wieder; one at a ~ einzeln, immer ein(e, -r, -s)⟩ | (*pl*) mal ⟨two ~s two zwei mal zwei; fifty ~s 50 mal; three ~s the size dreimal so groß⟩ | (Sport) (erzielte) Zeit ⟨the loser's ~ die Verliererzeit⟩ | Zeitmaß *n*, Tempo *n*, Rhythmus *m*, Takt *m* ⟨out of ~ aus dem Takt; to beat ~ Takt schlagen; to keep ~ Takt halten; to mark ~ *Mil* auf der Stelle treten; *übertr* nicht vorankommen⟩; **2.** *vt* die Zeit regeln für, eine Zeit festsetzen für ⟨to be ~d for festgesetzt auf; to ~ an egg ein Ei eine bestimmte Zeit (lang) kochen⟩ | zeitlich abstimmen ⟨to ~ one's programme⟩ | (Uhr) stellen | die Zeit messen von, zeitlich bestimmen ⟨to ~ a journey⟩ | (Sport) stoppen ⟨to ~ a runner⟩ | *bes Mus* (Takt) schlagen, den Takt angeben für ⟨to ~ one's steps to the music nach der Musik tanzen⟩ | (Sport) (Ball) genau berechnen, im richtigen Moment treffen; *vi* zeitlich übereinstimmen (**with** mit) | *Mus* Takt halten (**to** mit); **3.** *adj* Zeit-, **'~ ͵bar·gain** *s Wirtsch* Zeitgeschäft *n*; **'~ bomb** *s* Zeitzünderbombe *f*; **'~ card** *s* (Arbeitszeit) Kontrollblatt *n*; **'~ check** *s* Zeitkontrolle *f*; **'~ clock** *s Am* Kontroll-, Stechuhr *f*; **'~ ͵con·stant** *s* Zeitkonstante *f*; **'~-con͵sum·ing** *adj* zeitraubend; **timed** *adj* zeitlich festgelegt ⟨well- ≈ zeitlich gut abgestimmt, zur rechten Zeit⟩; **'~ ͵dif·fer·ence** *s* Zeitunterschied *m*, -differenz *f*; **'~ di͵la·tion** *s Phys* Zeitverschiebung *f*; **'~ dis͵place·ment** *s* Zeitverschiebung *f*; **'~ draft** *s Wirtsch* Zeitwechsel *m*; **'~ ex͵po·sure** *Foto s* Zeitbelichtung *f* | Zeitaufnahme *f*; **'~ frame** *s* verfügbare Zeit, zeitlicher Rahmen; **'~ fuse** *s* Zeitzünder *m*; **'~ gate** *s* (Computer) Zeitselektor *m*; **'~-͵hon·oured** *adj* (alt)ehrwürdig, traditionell ⟨≈ customs⟩; **͵~ im·me'mo·ri·al** *s* Vorzeit, uralte Zeit ⟨from ≈ seit frühester Zeit⟩; **'~ ͵in·ter·val** *s* Zeitraum *m*, -abschnitt *m*, -intervall *n*; **'~͵keep·er** *s* Uhr *f* | (Arbeits-) Zeitmesser *m* | (Sport) Zeitnehmer *m*, Zielrichter *m* | *Mus* Taktschläger *m*; **'~ lag** *s bes Tech* (Zeit) Verzögerung *f*, zeitliche Lücke; **'~ lag ͵re·lay** *s El* Zeitrelais *n*; **͵~ lapse 'mo·tion [cam·er·a]** *s Foto* Zeitraffer *m*; **'~less** *adj* unendlich, ewig ⟨the ≈ universe⟩ | zeitlos, unberührt von der Zeit ⟨≈ beauty⟩; **'~ ͵lim·it** *s* Frist *f*, Termin *m* | *El* Grenzzeit *f*; **'~line** *s* (Raumfahrt) Ablaufprogramm *n*; **'~ loss** *s* Zeitverlust *m*; **'~ly 1.** *adj* rechtzeitig ⟨a ≈ warning⟩ | angebracht, passend, günstig ⟨a ≈ remark⟩; **2.** *adv Poes* bald; **'~ ͵par·i·ty** *s Phys* Zeitparität *f*; **'~ ͵pay·ment** *s Am* Ratenzahlung *f*; **'~piece** *s Tech, Arch* Chronometer *n*, Zeitmesser *m*; **'tim·er** *s* Zeitmesser *m* | (Sport) Zeitnehmer *m* | Stoppuhr *f* | *Tech* Schaltuhr *f*; **'tim·er switch** *s* Programmzeitschalter *m*; **'~͵sav·ing** *adj* zeitsparend; **'~ ͵sched·ule** *s* Terminplan *m*; **'~͵serv·er** *s* Opportunist *m*; **'~͵serv·ing 1.** *adj* opportunistisch; **2.** *s* Opportunismus *m*; **'~ ͵set·ting** *s Tech* Zeiteinstellung *f*; **'~-share**, *auch* **'~-͵shared** *adj* (Computer) zeitgeteilt, mit Zeitteilung ⟨≈ system⟩; **'~-͵shar·ing** *s* (Computer) Zeit(ver)teilung *f*, -schachtelung *f*, Timesharing *n*, Zeitteilungsverfahren *n* | *Am* Kostenbeteiligung *f* an einer Eigentumswohnung; **'~ sheet** = **'~ card;** **'~ ͵shut·ter** *s Foto* Zeitverschluß *m*; **'~ ͵signal** *s Rundf* Zeitzeichen *n*; **'~ ͵sig·na·ture** *s Mus* Taktvorzeichnung *f*; **'~͵stud·y**

s Arbeitszeitstudie *f*; '~ **switch** *s El* Zeitschalter *m*; '~ˌ**ta·ble** 1. *s* Zeittabelle *f* | Zeitplan *m* | Stundenplan *m* | *Eisenb* Fahrplan *m* | Flugplan *m*; 2. *vt Brit* (zeitlich) (ein)planen (**for** für) ⟨~tabling problems Probleme *pl* der Zeitplanung⟩ | nach einem Programm *od* Fahrplan anordnen; '~ ˌ**u·nit** *s* Zeiteinheit *f*; '~ **warp** *s* Zeitfalle *f*; '~**work** *s Wirtsch* nach Zeit bezahlte Arbeit; '~ˌ**work·er** *s* Zeitlöhner(in) *m(f)*, nach Zeit bezahlter Arbeiter; '~**worn** *adj* abgenützt, veraltet; '~ **zone** *s Geogr* Zeitzone *f*

tim·id ['tɪmɪd] *adj* ängstlich, furchtsam, scheu ⟨to be as ~ as a rabbit ein Angsthase sein⟩; **tim'id·i·ty** *s* Ängstlich-, Furchtsamkeit *f*, Scheu *f*

tim·ing ['taɪmɪŋ] *s* Einstellung *f* (des Zeitpunktes) | Stellen *n* (der Uhr) | *Tech* Einregeln *n* | Zeitnahme *f* (Arbeitszeitstudie) | (Sport) Zeitnahme *f* | richtige Zeitbeurteilung, -verteilung *f* ⟨to improve one's ~ besser lernen, die Zeit zu beurteilen *od* einzuteilen⟩ | rechtzeitiges *od* exaktes Handeln ⟨that was good ~ das geschah genau zur richtigen Zeit⟩; '~ **chain** *s Tech* Steuerkette *f*; '~ ˌ**con·stant** *s* Zeitkonstante *f*; '~ **gear** *s Tech* (Ventil) Steuerung *f*; '~ **range** *s Kfz* Verstellbereich *m* (der Zündung); '~ **reˌsist·ance** *s Tech* Verzögerungswiderstand *m*

tim·or·ous ['tɪmərəs] *adj* (Person) ängstlich, furchtsam

tim·o·thy (grass) ['tɪməθɪ (grɑːs)] *s Bot* Wiesenlieschgras *n*

tim·pa|ni ['tɪmpənɪ|-iː] = '~**no**; '~**nist** *s Mus* (Kessel-) Pauker *m*; ~**no** [~nəʊ] (*pl* '~**ni**) Kessel-, Orchesterpauke *f*

tin [tɪn] 1. *s* Zinn *n* | Blechbüchse *f*, -dose *f* | *Brit* (Konserven-) Büchse *f*, Dose *f* ⟨a ~ of peas⟩ | *Brit Sl* Zaster *m* (Geld); 2. *vt* (**tinned, tinned**) verzinnen | *Brit* in Büchsen einmachen, konservieren; 3. *adj* Zinn-, zinnern; '~ **box** *s* Blechbüchse *f*, -dose *f*

tin·cal ['tɪŋkl] *s Min* Tinkal *m*

tin| can ['tɪn kæn] *s* Blechdose *f*, -kanne *f* | *Mar Sl* Zerstörer *m* | *Sl* (Auto) alter Kasten, alte Heppe

tinc·ture ['tɪŋktʃə] 1. *s Med* Tinktur *f* ⟨~ of iodine Jodtinktur⟩ | *Her* Tinktur *f*, (heraldische) Farbe | *poet* Farbe *f* | (*nur mit unbest art*) *übertr lit* Spur *f*, Beigeschmack *m* ⟨a ~ of sincerity ein Schimmer (von) Aufrichtigkeit⟩ | Färbung *f*, Anstrich *m* ⟨with a ~ of modern science mit einem Anstrich von moderner Wissenschaft⟩; 2. *vt lit* leicht färben | *übertr* färben, einen Beigeschmack geben (**with** von) | *übertr* erfüllen, durchsetzen (**with** mit)

tin·der ['tɪndə] *s* Zunder *m*; '~**box** *s* Zunderbüchse *f* ⟨to be [like] a ≈ wie Zunder brennen⟩ | *übertr* Hitzkopf *m* | *übertr* Pulverfaß *n*; '~**y** *adj* leicht entzündbar

tine [taɪn] *s* Zinke *f* | (Geweih-) Sprosse *f*; **tined** *adj* -zinkig ⟨a three-≈ hayfork eine dreizinkige Heugabel⟩

tin·foil ['tɪnfɔɪl] 1. *s* Stanniol *n*, Silberpapier *n*, Folie *f* | Zinnfolie *f*; 2. *vt* in Stanniol verpacken

ting [tɪŋ] 1. *vi, vt* hell erklingen (lassen); 2. *s* helles Klingen *od* Läuten; ~**a·ling** [ˌtɪŋə'lɪŋ] *s* Klingeling *n*, heller Klang, (leichtes) Klinge(l)n

tinge [tɪndʒ] 1. *vt* (leicht) färben, schattieren, tönen (**with** mit) | *übertr* durchsetzen, einen Anstrich geben (**with** von) ⟨admiration ~d with jealousy Bewunderung *f* mit Neid gemischt⟩; *vi* sich färben; 2. *s* Tönung *f*, Schattierung *f*, Stich *m* ⟨to have a ~ of brown einen Stich ins Braune haben⟩ | *übertr* Anstrich *m*, Beigeschmack *m* ⟨a ~ of irony ein ironischer Beigeschmack; a ~ of sadness ein Anflug *m* von Trauer⟩

tin|gle ['tɪŋgl] 1. *vi* klingen, summen ⟨my ears are ~gling mir klingen die Ohren⟩ | prickeln, kribbeln, beißen ⟨his fingers ≈d with cold seine Finger prickelten vor Kälte; to make s.o.'s skin ≈ jmds. Haut zum Kribbeln bringen *od* kribbeln lassen⟩ | *übertr* erregt sein, zittern, beben ⟨~gling with excitement vor Aufregung zitternd⟩; *vt* zum Zittern bringen | *übertr* erregen; 2. *s* Klingen *n*, Summen *n* (in den Ohren) | Stechen *n*, Prickeln *n*, Beißen *n* (der Kälte) | Erregung *f*, Zittern *n*, Beben *n*; '~**gler** *s umg* (leichter) Rüffel, Verweis *m*

tin| god [ˌtɪn 'gɒd] *s umg* Götze *m*, Popanz *m* | aufgeblasener Mensch, Wichtigtuer *m*; ˌ~ '**hat** *umg scherzh s* Stahlhelm *m* | steifer Hut

tin|kal ['tɪŋkl] = ~**cal**

tink·er ['tɪŋkə] 1. *s* Kesselflicker *m* | *umg* Pfuscher *m*, Stümper *m* ⟨not worth a ~'s curse/cuss *übertr* keinen Pfifferling wert; not care/give a ~'s cuss/ damn about sich einen Dreck kehren um⟩ | Pfuscherei *f* | *umg* Frechdachs *m*, unartiges Kind | *Zool* junge Makrele; 2. *vt*, *oft* ~ **up** (Kessel u. ä.) ausbessern, flicken | (etw.) zurechtschustern, herumpfuschen an; *vi* Kessel flicken | herumpfuschen (**at** an) | herumspielen (**with** an), spielen (**with** mit) ⟨to ~ with the switches an den Knöpfen herumfummeln⟩ | *auch* ~ **about** die Zeit vertrödeln, herumlungern; '~**er** *s* Kesselflikker *m* | *umg* Pfuscher *m*; '~**ly** *adj* zurechtgeschustert | stümperhaft

tin|kle ['tɪŋkl] 1. *vi* klingeln, läuten | klirren | *übertr* plappern | *Sl euphem* pinkeln; *vt* erklingen lassen ⟨to ≈ the coins together mit den Münzen klingeln⟩ | (Glocke) läuten; 2. *s* Geklingel *n*, Klingeln *n*, Läuten *n* ⟨the ≈ of a bell; to give s.o. a ≈ *Tel umg* jmdn. anrufen⟩ | Klirren *n* ⟨the ≈ of falling glass⟩ | *übertr* Geplapper *n*, Geschwätz *n* | *Brit Sl euphem* Pinkeln *n*; '~**kler** *s umg* Glöckchen *n*; '~**kling** 1. *s* Geklingel *n*, Klingeln *n* | *Zool* Schwarzvogel *m*; 2. *adj* klingelnd, läutend

tin|man ['tɪnmən] *s* (*pl* '~**men**) Klempner *m* | Zinngießer *m*; **tinned** *adj* verzinnt | *Brit* Konserven-, Büchsen-, Dosen- ⟨≈ meat Büchsenfleisch *n*⟩; '~**ner** *s* Klempner *m*; '~**ning** *s* Verzinnen *n* | *Brit* Konservieren *n*; '~**ny** *adj* aus Zinn, zinnern | zinnhaltig | (Klang) blechern ⟨a ≈ bell⟩ | *Sl* billig, schäbig, mies ⟨≈ novels Schundromane *pl*; ≈ words leere Worte *pl*⟩; '~ ˌ**o·pen·er** *s Brit* Büchsen-, Dosenöffner *m*; ˌ~**pan 'al·ley** *s collect* die Schlagerindustrie | Zentrum *n* der Schlagerindustrie; '~**plate** *s Tech* Weißblech *n*; '~-**plate** 1. *vt* verzinnen; 2. *adj* Weißblech-

tin|sel ['tɪnsl] 1. *s* Metallfaden *m* | Rausch-, Flittergold *n* ⟨to trim a dress with ≈⟩ | Lametta *n* | *übertr* Flitterglanz *m*, falscher Glanz; 2. *adj* Flitter- | flimmernd | aufgeputzt, Schein-; 3. *vt* ('~**selled,** '~**selled**) mit Rauschgold verzieren, mit Flitter herausputzen | *übertr* mit falschem Glanz schmücken; ~**sel·ly** ['tɪnslɪ] *adj* Talmi-, Flitter-, von billigem Glanz ⟨a ≈ star ein Papierstern⟩ | *übertr* billig, kitschig

tin|smith ['tɪnsmɪθ] *s* Klempner *m*, Blechschmied *m*; '~ ˌ**sol·der** *s Tech* Lötzinn *n*, Weichlot *n*; ˌ~ '**sol·dier** *s* Zinnsoldat *m*

tint [tɪnt] 1. *s lit* Färbung *f*, Schattierung *f*, Tönung *f* ⟨~s of green Grüntöne *pl*⟩ | (*meist sg*) Farbaufhellung *f*, Helltönung *f* | Farbstoff *m*, -beimengung *f*; (Haar) Färbemittel *n* | *übertr* Anflug *m*, Stich *m* ⟨no ~ of fear for keine Spur von Furcht vor; ~s of jealousy Zeichen *pl* von Eifersucht⟩; 2. *vt* abtönen | aufhellen; '**tint·ed** *adj* getönt, (leicht) gefärbt ⟨smoke-≈ glass Rauchglas *n*; ≈ paper Bunt-, Tonpapier *n*⟩

tin·tack ['tɪntæk] *s* Tapeziernagel *m*, -stift *m* ⟨to come down to ~s *umg* zur Sache kommen⟩

tin·tin·nab·u·la·tion [ˌtɪntɪnæbjʊ'leɪʃn] *s Tech, förml* (Glokken-) Geklingel *n*, Klingeln *n*

tin·ware ['tɪnwɛə] *s* Blechwaren *f/pl*; '~**works** *s/pl* (*meist sg konstr*) Zinnwerk *n*, -hütte *f*

ti·ny ['taɪnɪ] 1. *adj* winzig, sehr klein; 2. *s* (*meist* **tinies** *pl*) (die) ganz Kleinen *m, f, n/pl*

[1]**tip** [tɪp] **1.** *s* äußerstes Ende, Spitze *f* ⟨asparagus ~s Spargelspitzen; the ~ of the ear Ohrläppchen *n*; the ~ of the finger die Fingerspitzen; on the ~s of one's toes auf den Zehenspitzen; I have s.th. on the ~ of my tongue *übertr* mir liegt etw. auf der Zunge⟩ | *arch* höchster Punkt | Mundstück *n* (einer Zigarette) ⟨filter ~⟩ | *Tech* Zwinge *f* | *Tech* Schneide *f*, Schneidplatte *f*; Kopf *m*; Bestückung *f*; **2.** *vt* **(tipped, tipped)** die Spitze bilden von | mit einer Spitze versehen | *Tech* bestücken, Plättchen (auf)löten auf

[2]**tip** [tɪp] **1.** *s* leichte Berührung; **2. (tipped, tipped)** *vt* antippen, leicht berühren ⟨to ~ the ball den Ball antippen *od* leicht schlagen⟩; *vi* trippeln, leichtfüßig gehen

[3]**tip** [tɪp] **1.** *s* Trinkgeld *n* | Tip *m*, Wink *m*, Hinweis *m* ⟨a~ for the Derby; to take s.o.'s ~ jmds. Hinweis befolgen⟩; **2. (tipped, tipped)** *vt* (jmdm.) ein Trinkgeld geben ⟨to ~ the waiter two pounds dem Kellner zwei Pfund Trinkgeld geben⟩ | tippen, setzen auf ⟨to ~ a horse; to ~ the winner⟩ | *umg* (jmdm.) einen Wink geben ⟨to ~ s.o. the wink jmdm. verstohlen zublinzeln; jmdn. heimlich warnen⟩; **~ off** *umg* (jmdm.) einen Wink geben, (jmdn.) heimlich informieren, warnen (**about** vor, **that** daß) ⟨to ~ s.o. off about s.th.; the police were ~ped off that die Polizei erhielt einen Wink, daß ...⟩; *vi* Trinkgeld geben

[4]**tip** [tɪp] **1.** *s* Neigung *f* | Kippe *f* | Müll-, Abladeplatz *m* | Halde *f* | Kippkarren *m*; **2. (tipped, tipped)** *vt* (um)kippen, -werfen ⟨to ~ the table⟩ | (etw.) auskippen (**into** in) | (aus)schütten, -werfen (**out of** aus ... heraus) | (Schutt) ent-, abladen | *Tech* (ab)kippen; **~ up** auf-, hochklappen; *vi* kippen, sich neigen

tip-and-run [ˌtɪp ən ˈrʌn] **1.** *s* Schlagballspiel *n*; **2.** *adj übertr* (Überfall) Überraschungs-, blitzschnell ⟨a ~ raid⟩

tip|car [ˈtɪp kɑ:], *auch* **ˈ~cart** *s* Kippkarren *m*

tip·ee [tɪˈpi:] *s Wirtsch* Eingeweihter *m* (an der Börse), jmd., der Tips bekommen hat

tip-off [ˈtɪp ɒf] *s umg* Wink *m*, Warnung *f* (**about** über, wegen)

tipped [tɪpt] *adj Tech* bestückt | mit Mundstück ⟨~ cigarettes⟩

tip·per [ˈtɪpə] *s* Kipp-LKW *m*, Kipper *m*

tip·pet [ˈtɪpɪt] *s* (*selten*) Pelzkragen *m*, Pelerine *f*, Schal *m* | *Zool* Halskragen *m* | *Jur, Rel* Schärpe *f*

tip·ping [ˈtɪpɪŋ] *s Tech* Bestückung *f* | *Tech* (Müll-, Schutt-) Abladen *n* ⟨~ of refuse⟩; **ˈ~ de·vice** *s Tech* Kippvorrichtung *f*

tip| plat·form [ˈtɪp ˌplætfɔ:m] *s Tech* Kippbühne *f*; **ˈ~ ˌwag·[g]·on** *s Tech* Kippwagen *m*

tip|ple [ˈtɪpl] *umg* **1.** *vt, vi* (gewohnheitsmäßig) trinken, picheln; **2.** *s* (*meist sg*) alkoholisches Getränk ⟨s.o.'s favourite ≈ jmds. Lieblingstropfen *m*; **ˈ~pler** *s* Trinker *m*, Zechbruder *m*

tip·py [ˈtɪpɪ] *adj umg* unsicher, schwankend

tip|staff [ˈtɪpstɑ:f] (*pl* **~staves** [ˈ~steɪvz], **ˈ~staffs**) *s* Gerichtsdiener *m*

tip·ster [ˈtɪpstə] *s* Berater *m* bei Rennwetten, Wettexperte *m*, Wettipverkäufer *m*

tip·sy [ˈtɪpsɪ] *umg adj* beschwipst, angeheitert, betrunken | torkelnd, wackelig

tip|toe [ˈtɪptəʊ] **1.** *s* Zehenspitze *f* ⟨on ≈s auf Zehenspitzen; *übertr* voller Erwartung⟩; **2.** *adj, adv* auf den Zehenspitzen | *übertr* erwartungsvoll, gespannt (**with** vor) ⟨≈ with expectation erwartungsgestimmt⟩ | *übertr* heimlich, unauffällig ⟨his ≈ air sein Leisetreten *n*⟩; **3.** *vi* auf den Zehenspitzen gehen; **ˌ~ˈtop 1.** *s* Höhepunkt *m* (*auch übertr*); **2.** *adj* höchste(r, -s) | *umg* tipptopp, prima, erstklassig ⟨a ≈ hotel⟩; **3.** *adv* tipptopp, glänzend, prima

ti·rade [taɪˈreɪd|tɪˈreɪd] *s* Tirade *f*, Wortschwall *m* | *Mus* Tirade *f*

[1]**tire** [ˈtaɪə] *Am* = **tyre**

[2]**tire** [ˈtaɪə] *vt* müde machen, ermüden, erschöpfen | *übertr* ermüden, langweilen; **~ out** (tod)müde machen, erschöpfen (*auch übertr*) ⟨to be ~d out völlig erschöpft sein⟩; *vi* müde werden, ermüden (**with** vor) | *übertr* müde werden (**of s.th.** einer Sache); **tired** *adj* müde, erschöpft, ermüdet (**with** von) ⟨≈ to death todmüde⟩ | *übertr* müde, überdrüssig (**of s.th.** einer Sache) ⟨to be ≈ of s.th. etw. satt haben⟩ | abgenutzt, abgedroschen ⟨the same ≈ old subjects⟩; **ˈ~less** *adj* unermüdlich ⟨a ≈ worker⟩; **ˈ~some** *adj* ermüdet | *übertr* ermüdend, langweilig | *umg* unangenehm, lästig ⟨a ≈ child⟩

tire [ˈtaɪə] *s* = **attire**; **ˈ~ˌwom·an** *s* (*pl* **ˈ~ˌwom·en**) *arch* Kammerzofe *f* | *Theat* Garderobiere *f*

tir·ing [ˈtaɪərɪŋ] *adj* ermüdend, erschöpfend ⟨a ~ day⟩ | langweilig

tir·ing room [ˈtaɪərɪŋ ˌrʊm] *s Theat* (Schauspieler-) Garderobe *f*

ti·ro [ˈtaɪərəʊ] = **tyro**

T i·ron [ˈti: ˌaɪən] *s Tech* T-Eisen *n*

'tis [tɪz] = **it is**

ti·sane [tɪˈzæn] *s* Gerstenschleim *m*

tis·sue [ˈtɪʃu:|ˈtɪsju:] *s Biol, Anat* Gewebe *n* ⟨muscular ~ Muskelgewebe⟩ | Flor *m*, Schleierstoff *m* | Papiertaschentuch *n*, Zellstoff *m* | *auch* **ˈ~ ˌpaper** Seidenpapier *n* ⟨toilet ~ Toilettenpapier *n*⟩ | *auch* **ˈcar·bon ˌ~** *Foto* Kohlepapier *n* | *übertr förml* Gewebe *n*, Netz *n* ⟨a ~ of lies⟩; **ˈ~ ˌcul·ture** *s Biol* Gewebekultur *f*; **ˈ~ ˌflu·id** *s Biol* Gewebeflüssigkeit *f*; **ˈ~ ˌpa·per** *s* Seidenpapier *n*; **ˈ~ ˌtyp·ing** *s Med* Ermittlung *f* der Gewebeverträglichkeit

[1]**tit** [tɪt] *s Zool* kleiner Vogel, *bes.* Meise *f*

[2]**tit** [tɪt] = **teat** | *s Am umg* Schnuller *m* | *auch* **ˈ~ty** *Sl vulg* Titte *f* (weibliche Brust) | *Brit Sl* Blödian *m* ⟨you ~⟩ ◇ **get on one's ~s** *Sl* jmdm. auf die Nerven/den Docht gehen

Ti·tan [ˈtaɪtn] *s Myth* Titan *m* | *auch* **∸** *übertr* Riese *m*, Hüne *m*; **2.** *auch* **∸ic** [taɪˈtænɪk] titanisch, riesig, riesenhaft

ti·tan·ic ac·id [taɪˌtænɪk ˈæsɪd] *s Chem* Titansäure *f*; **ti·tan·if·er·ous** [ˌtaɪtəˈnɪfərəs] *adj Chem, Min* titanhaltig; **ti·tan·ite** [ˈtaɪtənaɪt] *s Min* Titanit *m*; **ti·ta·ni·um** [taɪˈteɪnɪəm] *s Chem* Titan *n*; **ti·tan·ous** [taɪˈtænəs|tɪ-] *adj Chem* Titan-

tit·bit [ˈtɪtbɪt] *bes Brit s* Leckerbissen *m*, Delikatesse *f* | *übertr umg* (interessante) Neuigkeit, (bemerkenswertes) Detail

tit for tat [ˌtɪt fə ˈtæt] *s* wie du mir, so ich dir ⟨it was ~ es ging Auge um Auge *od* Zahn um Zahn; to give s.o. ~ jmdm. etw. mit gleicher Münze heimzahlen⟩ | Streit *m*, Hin und Her *n*

tithe [taɪð] **1.** *s Hist* Zehnt *m* | *meist übertr* Zehntel *n*; **2.** *vt Hist* mit dem Zehnten belegen

ti·ti [ˈti:ti:] *s Zool* Springaffe *m*

ti·tian [ˈtɪʃn] **1.** *s* Tizianrot *n*; **2.** *adj* tizianrot

tit·il|late [ˈtɪtɪleɪt] *vt, vi* kitzeln | *übertr* kitzeln, prickeln, angenehm erregen; **ˌ~ˈla·tion** *s* Kitzel(n) *m(n)* | *übertr* Kitzel *m*, Prickel *m*, angenehme Erregung; **ˈ~ˌla·tive** *adj* kitzelnd, prickelnd (*auch übertr*)

tit·i|vate [ˈtɪtɪveɪt] *umg vt* zurechtmachen; *vi* sich zurechtmachen, sich herausputzen; **ˌ~ˈva·tion** *s umg* Zurechtmachen *n*, Herausputzen *n*

ti·tle [ˈtaɪtl] **1.** *s* Titel *m*, Überschrift *f* | (Amts-, Namens-) Titel *m* | (Sport) (Meister-) Titel *m* | *Jur* Recht *n*, Anspruch *m* (**to** auf) | Berechtigung *f* (**to** auf) | *Typ* Buchrükken *m*; **2.** *vt* betiteln, (be)nennen | (Buch) mit einem Titel versehen | (jmdm.) einen Titel verleihen; **'ti·tled** *adj* betitelt | adlig ⟨≈ ladies⟩; **'~ deed** *s Jur* Eigentums-, Besitzurkunde *f*; **'~ ex,pect·ant** *s* (Sport) Titelanwärter(in) *m(f)*; **'~ fight** *s* (Sport) Titelkampf *m*; **'~,hold·er** *s* (Sport) Titelhalter(in) *m(f)*, -inhaber(in) *m(f)*; **'~ page** *s* Titelblatt *n*, Kopfseite *f*; **'~ part** *s Theat* Titelrolle *f*; [1]**'ti·tling** *s* Betitelung *f* | *Typ* Prägen *n* des Buchtitels | *Buchw* Buchtitel *m*

[2]**tit|ling** ['tɪtlɪŋ] *s Brit Zool* (Wiesen-) Pieper *m*; **'~mouse** *s* (*pl* **'~mice**) *Zool* Meise *f*

ti·trate ['taɪtreɪt] *vt, vi Chem* titrieren; **ti'tra·tion** *s Chem* Titrierung *f*, Titrieranalyse *f*; **ti·tre** [taɪtə] *s Chem* Titer *m*

[1]**tit·ter** ['tɪtə] **1.** *vi* kichern; **2.** *s* Gekicher *n*, Kichern *n*

[2]**tit·ter** ['tɪtə] *dial vi* wippen | schwanken, torkeln

tittivate ['tɪtɪveɪt] = **titivate**

tit·tle ['tɪtl] *s* Pünktchen *n* | diakritisches Zeichen | *übertr* Tüttelchen ⟨not one/a jot or ~ kein bißchen, nicht das Geringste; to a ~ aufs I-Tüpfelchen⟩

tit·tle-tat·tle ['tɪtl ˌtætl] *umg* **1.** *s* Klatsch *m*, Tratsch *m*, Geschwätz *n* | Schwätzer(in) *m(f)*; **2.** *vi* schwätzen, schwatzen, klatschen, tratschen

tit·ty ['tɪtɪ] = [2]**tit**

tit·u·lar ['tɪtjʊlə] **1.** *s Rel* Titular *m* | Titelinhaber *m*, -träger *m*; **2.** *adj* Titel- | dem Titel nach | *Rel* Titular-; **~i·ty** [ˌtɪtjʊ'lærətɪ] *s* Titularstellung *f*; **~y** ['tɪtjʊlərɪ] **1.** *adj* Titular-; **2.** *s* Titular *m*

tiz·zy ['tɪzɪ] *s* (*meist sg*) *Sl* Aufregung *f* ⟨don't get yourself in a ~ immer Ruhe!⟩

T-junction ['ti: ˌdʒʌŋkʃn] *s Tech* T-Verzweigung *f*; T-Glied *n*

TNT [ˌti:en'ti:] *s Chem* TNT *n*

to [*vor Vok*: tʊ, *vor Kons*: tə; *starke Form*: tu:] **1.** *präp* (Ort) zu, bis an, in, auf, nach, vor ⟨~ me zu mir; ~ the door an die Tür; on the way ~ the station auf dem Weg zum Bahnhof; Scotland is ~ the north of England Schottland liegt im Norden Englands; twenty miles ~ London zwanzig Meilen bis London; to fall ~ the ground zu Boden fallen; to hold s.th. ~ the light etw. ans Licht halten; to turn ~ the right sich nach rechts wenden⟩ | *umg* (Ort) in ⟨he has never been ~ New York⟩ | (Ausmaß, Grenze, Grad) bis, bis zu, bis an ⟨five ~ ten fünf bis zehn; ~ the sky bis zum Himmel; ~ perfection vollkommen, vollendet; ~ the ground bis zum (Erd)Boden; to fight ~ the last gasp bis zum letzten Atemzug kämpfen; ~ a man bis auf den letzten Mann⟩ | (Absicht, Ziel, Zweck u. ä.) zu, für, an, auf ⟨all ~ no purpose alles vergeblich; slow ~ anger nicht leicht aufzuregen; to tear ~ pieces in Stücke reißen; to live ~ eat essen, um zu leben⟩ | (Vergleich, Verhältnis, Beziehung) zu, gegen(über), mit ⟨face ~ face unter vier Augen; nothing ~ what it might be nichts im Vergleich zu dem, was es sein könnte; superior ~ s.th. einer Sache überlegen; ten ~ one zehn zu eins; drawn ~ scale maßstabgetreu gezeichnet; to compare s.o. ~ jmdn. vergleichen mit; to prefer tea ~ coffee Tee dem Kaffee vorziehen; true ~ life lebensecht, natürlich⟩ | (Gemäßheit, Übereinstimmung) für, nach, gemäß ⟨~ all appearance allem Anschein nach; ~ my feeling nach meinem Gefühl; ~ my liking/~ my taste nach meinem Geschmack; ~ my knowledge soviel, -weit ich weiß; ~ the best of my knowledge nach bestem Wissen; ~ my mind meiner Ansicht nach⟩ | per ⟨30 miles ~ the gallon⟩ | (*Zeit*) bis (an), bis zu, auf, vor ⟨from morning ~ night vom Morgen bis zum Abend; ~ the minute (genau) auf die Minute; 2 minutes ~ 4 2 (Minuten) vor 4 (Uhr); a quarter ~ four dreiviertel vier⟩ | (Besitz, Zugehörigkeit) in, zu ⟨father ~ the child Vater *m* des Kindes; cousin ~ her ihr Vetter *m*; secretary ~ s.o. jmds. Sekretär; a room ~ o.s. ein eigenes Zimmer; there is no end ~ it es hat kein Ende; that is all there is ~ it das ist alles; there is a moral ~ the story die Geschichte hat eine Moral; an introduction ~ s.th. eine Einführung zu etw.; a key ~ the door ein Schlüssel *m* zur Tür; a shirt with a tie ~ it ein Hemd *n* mit einem Binder dazu; to speak ~ the question zur Sache sprechen⟩ | (*dat bildend*) ⟨here's ~ you! auf Ihr Wohl!; ~ whom did you give it? wem hast du es gegeben?; I gave it ~ him ich gab es ihm⟩ | (*inf bildend*) (um) zu ⟨~ err is human Irren ist menschlich; he wanted ~ come er wollte kommen⟩ | (*Ersatz vorangegangener v*) ⟨we didn't want to go but we had ~ wir wollten nicht gehen, aber wir mußten⟩; **2.** *adv* zu ⟨the door fell ~ die Tür schlug zu; to set ~ sich ans Werk machen⟩ | (wieder) zu Bewußtsein kommen ⟨he didn't come ~ for an hour⟩ ◇ **,~ and 'fro 1.** *adv* hin und her, auf und ab ⟨to walk ≈⟩; **2.** *s umg* Hin *n* und Her *n*, Geschäftigkeit *f* ⟨a busy ≈⟩; **,~-and-'fro** *adj* Hin-und-Her- ⟨a ≈ movement⟩

toad [təʊd] *s Zool* Kröte *f* | *übertr* widerlicher Mensch, Ekel *n*; **'~,eat·er** *s* Speichellecker *m*; **'~,eat·ing 1.** *adj* kriecherisch; **2.** *s* Speichelleckerei *f*; **'~flax** *s Bot* Leinkraut *n*; **,~-in-the-'hole** *s* überbackenes Rindfleisch, Rindfleischpastete *f*; **'~stool** *s Bot* Giftpilz *m*; **'~y 1.** *adj* voller Kröten | krötenartig | *übertr* widerlich, eklig; **2.** *vt, vi verächtl* schmeicheln; **3.** *s verächtl* Speichellecker *m*; **'~y·ism** *s* Speichelleckerei *f*

[1]**toast** [təʊst] **1.** *s* Toast *m*, Trinkspruch *m* ⟨to drink a ~; to propose a ~ to s.o. auf jmdn. einen Toast ausbringen⟩ | (*mit best art*) Person *f od* Sache *f*, auf die getoastet wird, gefeierte Person *od* Sache (*auch übertr*) ⟨the ~ of the season⟩; **2.** *vt* toasten, trinken auf, einen Trinkspruch ausbringen auf; *vi* toasten, einen Toast ausbringen (**to** auf)

[2]**toast** [təʊst] **1.** *s* Toast *m*, geröstete Weißbrotschnitte ⟨~ for breakfast Toast zum Frühstück; to have s.o. on ~ *übertr* jmdn. in seiner Gewalt haben⟩; **2.** *vt* (Brot) rösten, toasten | *umg* warm machen, anwärmen, aufwärmen ⟨to ~ one's feet by the fire⟩; *vi* rösten, sich bräunen; **'~er** *s* Toaster *m*, Brotröster *m*; **'~ing fork** *s* Röstgabel *f*

toast mas·ter ['təʊst ˌmɑ:stə] *s* Toastmeister *m* ⟨to act as a ~ die Toasts ausbringen⟩

to·bac·co [tə'bækəʊ] *s Bot* Tabak(pflanze) *m(f)* | (Rauch-, Kau-) Tabak *m* | Tabak(sorte) *m(f)* | *auch* **'~ brown** Tabakbraun *n* | *collect* Tabakwaren *f/pl*; **'~ box** *s* Tabaksdose *f*; **~nist** [tə'bækənɪst] *s* Tabakhändler *m* | Tabakfabrikant *m*; **'~ pipe** *s* Tabakspfeife *f*; **'~ pouch** *s* Tabaksbeutel *m*; **'~ shop** *s Am* Tabakladen *m*

to·bog·gan [tə'bɒgən] **1.** *s* Rodelschlitten *m* | *Am* Toboggan *m*, Indianerschlitten *m* | *Am* Abhang *m*, Rodelbahn *f* | *übertr* Niedergang ⟨to go on the ~ *übertr umg* auf die schiefe Ebene geraten⟩ | *Tech* Schräge, Auf-, Anfahrt *f*, (Autobahn) Überführung *f* | *Am* Preissturz *m* ⟨on the ~ jäh fallend⟩; **2.** *vi* rodeln | *Am* jäh fallen, stürzen (Preise); **to'bog·gan·er** *s* Rodler(in) *m(f)*; **to'bog·gan·ing** *s* Rodeln *n*; **to'bog·gan·ist** *s* Rodler(in) *m(f)*

to·by [jug] ['təʊbɪ(dʒʌg)] *s* (irdener) Bierkrug (in Gestalt eines dicken Mannes mit Dreispitz) | *auch* **to·bie** ['təʊbɪ] *s Am* billiger Zigarillo

toc·ca·ta [tə'kɑ:tə] *Mus* Tokkata *f*

to·co ['təʊkəʊ] *s Brit Sl* Keile *pl*, Prügel *pl* ⟨to catch ~ Dresche beziehen⟩

to·coph·er·ol [tɒ'kɒfərɒl] *s Chem* Tokopherol *n*

toc·sin ['tɒksɪn] *lit s* Sturmglocke *f* | Alarm-Warnsignal *n* (*auch übertr*)

[1]**tod** [tɒd] *s Schott, dial* Fuchs *m* (*auch übertr*)

[2]**tod** [tɒd] *s Brit* altes Wollmaß, -gewicht *n* (12,7 kg) | *dial* (Woll-) Ballen *m* | *arch* Busch *m*, Gebüsch *n* ◇ **on one's ~** *Brit Sl* auf eigene Tour, für sich

to·day [tə'deɪ] **1.** *adv* heute ⟨a week ~/~ week heute in einer Woche⟩ | heutzutage, gegenwärtig, jetzt; **2.** *s* Heute *n*, heutiger Tag ⟨the tasks of ~ die heutigen Aufgaben *f/pl*⟩ | Heute *n*, Gegenwart *f* ⟨the young people of ~ die jungen Menschen der Gegenwart *od* von heute⟩

tod|dle ['tɒdl] **1.** *vi* wackeln, watscheln | *Sl* schlendern, spazierengehen ⟨to ≈ over to s.o. auf einen Sprung zu jmdm. gehen⟩; **~dle along** sich langsam aufmachen; **~dle off** *umg* loszwitschern; **2.** *s* Watscheln *n*, unsicherer Gang | *Sl* Umherschlendern ⟨to go for a ≈ sich (mal) die Beine vertreten⟩; **'~dler** *s* Kleinkind *n*; **'~dling age** *s* Kleinkindalter *n*

tod·dy ['tɒdɪ] *s* Grog *m* | Toddy *m*, Punsch *m*

to-do [tə 'du:] *(meist sg) umg s* Aufregung *f*, Krach *m*, Getöse *n* ⟨what a ~!⟩ | Getue *n*, Theater *n*, Wirbel *m* ⟨to make much ~ about s.th. viel Wind um etw. machen⟩

toe [təʊ] **1.** *s* Zehe *f* ⟨big/great ~ große Zehe; from top to ~ vom Scheitel bis zur Sohle, von Kopf bis Fuß; little ~ kleine Zehe; on one's ~s *übertr* auf der Hut; ~s up *übertr umg* tot; to tread/step on s.o.'s ~s *übertr* jmdm. auf die Zehen treten, jmdn. beleidigen; to turn one's ~s in (out) einwärts (auswärts) gehen⟩ | (Schuh-, Strumpf-) Spitze *f* | *Tech* Daumen *m*, Nase *f*; **2.** *vt* vorschuhen | mit Spitzen versehen | mit den Zehen *od* Fußspitzen berühren ⟨to ~ a chair into position einen Stuhl mit dem Fuß zurückschieben, -rücken⟩ | (Sport) (Ball) mit den Zehen stoßen ⟨to ~ a football⟩; **~ out** mit dem Fuß ausdrücken ⟨to ≈ a cigarette⟩ ◇ **~ the line** (Sport) in einer Linie antreten *od* sich aufstellen; *Pol* linientreu sein; *übertr* sich unterwerfen; **~ the mark** = **~ the line**; *vi* **~ in/out** (beim Gehen) die Füße nach innen (außen) setzen; **'~cap** *s* Schuhkappe *f*; **toed** *adj* -zehig; **'~ dance** *s* Spitzentanz *m*; **'~-dance** *vi* auf den Spitzen tanzen; **'~ˌdan·cer** *s* Spitzentänzer(in) *m(f)*; **'~hold** *s* kleiner Raum zum Stehen | *übertr* Ansatzpunkt *m*, Halt *m*; **'~less** *adj* zehenlos, ohne Zehen | (Schuh) zehenfrei; **'~nail** *s* Zehennagel *m*; **'~ rub·ber** *Am* Gummiüberschuh *m*, -zug *m* (für Damenschuhe); **'~ spin** *s* Spitzenpirouette *f*; **ˌ~-to-'~** *adj* (Kampf) Mann gegen Mann

TOEFL ['təʊfl] *s adj Abk* von **Testing of English as a Foreign Language** ⟨~ materials⟩ Testmethoden für Englisch als Fremdsprache

toff [tɒf] *s Brit Sl* Stutzer *m*, feiner Pinkel

tof|fee ['tɒfɪ], **~fy** ['tɒfɪ] *s Brit* Toffee *n*, Sahnebonbon *n*, -karamelle *f* | *Brit dial* Bonbon *n*; **'~fee ˌap·ple** *s* Zuckerapfel *m*, kandierter Apfel; **'~fee-nosed** *adj Brit Sl* eingebildet, affig, gespreizt

tog [tɒg] (**togged, togged**) *vt, meist* **~ up**, *auch* **~ out** *umg* anziehen, anlegen (**in s.th.** etw.) ⟨to ~ o.s. up sich herausputzen⟩; *vi, meist* **~ up** sich anziehen

to·ga ['təʊgə] *s* (*pl* **'~s**, **'to·gae** [~dʒi:]) ⟨*lat*⟩ Toga *f*; Amtstracht *f*

to·geth·er [tə'geðə] **1.** *adv* zusammen, miteinander ⟨to add ~ zusammenzählen; to belong ~ zusammengehören; to get ~ sich zusammentun; to put one's heads ~ die Köpfe zusammenstecken, sich beraten; to stick ~ (zusammen)halten; to stand ~ zusammenhalten, sich vereinigen; to work ~ zusammenarbeiten⟩ | zugleich, gleichzeitig ⟨both ~ beide zugleich; to come ~ auf einmal kommen⟩ | nacheinander, ununterbrochen ⟨for days ~ tagelang⟩ | zusammen(genommen), insgesamt, als Ganzes ⟨the rest of us [put] ~ wir übrigen zusammen⟩ ◇ **~ with** *präp* zusammen mit, samt, sowie ⟨flowers ~ with a letter⟩; **close/near ~** eng beieinander, direkt, (nah) zusammen *od* beieinander; **get it all ~** *Am Sl* (wieder nervlich) zu sich kommen, sich fangen; **2.** *adj Am Sl* (nervlich) beieinander, gesund ⟨the most ≈ person⟩; **~ness** [~nəs] *s* Zusammengehörigkeit *f*, Einheit *f* | Nähe *f* | (innige) Bindung, Gemeinschaft *f*, Zusammengehörigkeitsgefühl *n*

tog·ger·y ['tɒgərɪ] *umg s* Pferdegeschirr *n* | (Amts-, Berufs-, Dienst-) Kleidung *f*, Uniform *f* | *Brit* Kleidergeschäft *n* (*bes* Herrenartikel)

tog·gle ['tɒgl] **1.** *s* Knebel *m* | *auch* **'~ joint** *s Tech* (Knebel-, Knie-) Gelenk *n*, Kniehebel *m* | *El* Froschklemme *f*; **2.** *vt* mit einem Knebel versehen; **'~ link** *Tech* Gelenkstange *f*; **'~ strap** *s Kfz* Handschlaufe *f*, Handgriff *m* (an der Seite); **'~ switch** *s El* Kippschalter *m*

To·go ['təʊgəʊ] *s* Togo; **~lese** ['~li:s] **1.** *adj* togoisch; **2.** *s/pl* Togoer *pl*

togs [tɒgz] *s/pl umg* Kleidung *f*, Klamotten *f/pl*, Zeug *n* ⟨to put on one's best ~ seine besten Sachen anziehen⟩

to·hu|bo·hu ['təʊhu:'bəʊhu:], **~va·bo·hu** [ˌ~vɑ:'bəʊhu:] *s* Tohuwabohu *n*, Durcheinander *n*

[1]**toil** [tɔɪl] *förml, lit* **1.** *s* mühselige Arbeit, Plackerei *f* ⟨after long ~ nach langem Mühen⟩ | *arch* Kampf *m*; **2.** *vi* schwer schaffen, sich plagen, sich abrackern (**at, on** mit, bei) | sich (durch-, hoch-) vorwärtsarbeiten (**along** auf, **on** weiter, **over** über, **up** hinauf) ⟨to ~ [on] through a book sich durch ein Buch durcharbeiten; to ~ up a hill sich einen Berg hochmühen⟩; *vt* (etw.) schwer erarbeiten | (Boden u. ä.) mit Mühe bearbeiten

[2]**toil** [tɔɪl] *s meist pl übertr* Schlinge *f*, Fallstrick *m* ⟨in the ~s verstrickt, hilflos; caught in the ~s of law in die Netze des Gesetzes verwickelt⟩

toile [twɑ:l] *s* Toile *m*

toil·er ['tɔɪlə] *s übertr* Arbeitspferd *n*, -tier *n*

toi·let ['tɔɪlət] *s* Toilette *f*, Klosett *n* ⟨to go to the ~ auf das Klosett gehen⟩ | Ankleideraum *m*, Waschraum *m*, Badezimmer *n* | *förml* Toilette *f*, Ankleiden *n* ⟨to make one's ~ sich anziehen⟩ | *auch* **'~ ˌta·ble** Toilettentisch *m* | *förml* Abend-, Gesellschaftskleid *n*; **'~ bag**, *auch* **'~ case** *s* Kulturbeutel *m*, (Reise-) Necessaire *n*; **'~ glass** *s* Frisierspiegel *m*; **'~ ˌpa·per** *s* Toiletten-, Klosettpapier *n*; **'~ ˌpow·der** *s* Körperpuder *n*; **'~ roll** *s* Rolle *f* Toilettenpapier, Klo-Rolle *f*; **'~ry 1.** *s* (*meist pl*) Toilettenartikel *m*; **2.** *adj* Toiletten- ⟨≈ counter Stand *m* für Toilettenartikel⟩; **'~ ˌserv·ice**, **'~set** *s* Toilettengarnitur *f*; **'~ soap** *s* Toilettenseife *f*; **'~ ˌtab·le** *s* Toiletten-, Frisiertisch *m*; **'~ train** *vt* (Kind) dazu erziehen, die Toilette zu benutzen; **'~ wa·ter** *s* Gesichtswasser *n*, Eau de Cologne *n*

toil|ful ['tɔɪlfəl] *förml adj* mühsam, mühevoll; **'~less** *adj* mühelos; **'~some** *adj* mühevoll; **'~worn** *adj* abgearbeitet, erschöpft

to·ing and fro·ing [ˌtu:ɪŋ ən 'frəʊɪŋ] *s* (*meist pl* **~s and ~s**) *umg* Hin und Her *n*, Geschäftigkeit *f*, ständige Bewegung ⟨after a lot of ~ nach vielem Trara⟩

to·kay ['təʊkeɪ] *s Zool* Gecko *m*

To·kay ['təʊkaɪ|-keɪ] *s* (Wein) Tokaier *m*

toke ['təʊk] **1.** *s Am Sl* Zug *m*, Paffer *m* aus einer Marihuanazigarette; **2.** *vi* einmal ziehen (an einer Marihuanazigarette)

to·ken ['təʊkən] **1.** *s* Zeichen *n*, (äußerer) Beweis, Zeugnis *n* (**of** für) ⟨in ~ of als Zeichen für, zum Beweis für; by the same/this ~ eben deshalb; more by ~ um so mehr⟩ | *Ling* Vorkommensfall *m*, konkretes Beispiel (*Ant* type) | Andenken *n* ⟨as a ~ als *od* zum Andenken⟩ | Gutschein *m*, Bon *m* ⟨a book ~⟩ | *Hist* Scheidemünze *f* | Metallmarke *f* | Spielmarke *f*; **2.** *adj* Schein- ⟨~ resistance Scheinwiderstand *m*⟩; **'~ coin** *s* Scheidemünze *f*; **'~ eˌcon·o·my** *s Psych* System *n* der Belohnung(en); **'~ism** *s* formale Erfüllung einer Verpflichtung, Scheinhandlung *f*; **'~ ˌmo·ney** *s* Ersatzgeld *n* | *Hist* Scheidemünze *f*; **'~ strike** *s* Warnstreik *m*

tol·booth ['təʊlbu:θ] *s Schott* Gefängnis *n*
told [təʊld] *prät* u. *part perf* von ↑ **tell**
tol·er|a·bil·i·ty [ˌtɒlərəˈbɪlətɪ] *s* Erträglichkeit *f* | Mittelmäßigkeit *f*; **~a·ble** ['tɒlrəbl] *adj* leidlich, erträglich | *umg* ziemlich ⟨to feel ≈ certain about s.th. sich einer Sache ziemlich sicher sein⟩; '**~a·bly** *adv* leidlich, einigermaßen ⟨≈ well⟩; **~ance** ['tɒlərəns] *s* Duldung *f*, Toleranz *f*, Duldsamkeit *f* | *Med* Widerstandsfähigkeit *f* (**to, for, of** gegen[über]) | *Med* Verträglichkeit *f* ⟨tissue ≈ Gewebeverträglichkeit⟩ | *Tech* Toleranz *f*, zulässige Abweichung (**of** von); '**~ance 'zone** *s Tech* Toleranzfeld *n*; **~ant** ['tɒlərənt] *adj* duldsam, tolerant (**of** gegen[über]) ⟨a ≈ father; to be ≈ of s.th. sich etw. gefallen lassen⟩ | *Med* widerstandsfähig (**of** gegen); '**~ate** [~eɪt] *vt* ertragen, dulden, tolerieren | *Med* vertragen | zulassen, sich gefallen lassen; ˌ**~'a·tion** *s* Toleranz *f*, Duldsamkeit *f* ⟨religious ≈⟩ | Duldung *f*, Nachsicht *f*; **~a·tive** ['~ˌreɪt-|'~rət-] *adj* duldend, zulassend
[1]**toll** [təʊl] **1.** *s* (Brücken- u. ä.) Zoll *m* | Standgeld *n*, -gebühr *f* | Transportgebühr *f* | *Am* Fernsprechgebühr *f* | *(meist sg) übertr* Zoll *m*, Tribut *m* ⟨the death ~ die Zahl der Todesopfer; ~ of the road Verkehrsunfälle *m/pl*; to pay one's ~ seinen Tribut zahlen⟩
[2]**toll** [təʊl] **1.** *vt* (besonders Totenglocke) läuten | (Stundenzeit) schlagen ⟨to ~ the hour die volle Stunde schlagen⟩ | durch Läuten verkünden; *vi* feierlich läuten, schlagen; **2.** *s (nur sg)* feierliches Geläut
toll|age ['təʊlɪdʒ] *s* Zollerhebung *f*; '**~ bar** *s* Schlagbaum *m*; '**~booth** *s* Zollhäuschen *n*; '**~ bridge** *s* Zollbrücke *f*; '**~ call** *s Am Tel* Schnellgespräch *n*; '**~ colˌlec·tor** *s* Zolleinnehmer *m* | Zählvorrichtung (an einer Schranke)
[1]**toll·er** ['təʊlə] *s* Glöckner *m*
[2]**toll|er** ['təʊlə] *s* Zolleinnehmer *m*; '**~gate** *s* Schlagbaum *m*, Zollschranke *f* (auf Brücken u. ä.); '**~house** *s* Zollhaus *n*; '**~line** *s Am Tel* Fernleitung *f*; '**~line ˌdi·al·[l]ing** *s Am Tel* Selbstwählfernverkehr *m*; '**~ ˌof·fice** *s Am Tel* Fernamt *n*
tol-lol [ˌtɒl-'lɒl] *adj Sl* leidlich, erträglich
toll·road ['təʊl rəʊd] *s* Zollstraße *f*, gebührenpflichtige Straße
tol·u·ene ['tɒljui:n] *s Chem* Toluol *n*
tom [tɒm] *s* Männchen *n* (kleiner Tiere) | *umg* Kater *m* | ∸ *Kurzw für* Thomas *m* ⟨∸, Dick and Harry Hinz und Kunz, jedermann⟩ | ∸ *Am verächtl* serviler Neger
tom·a·hawk ['tɒməhɔ:k] **1.** *s* Tomahawk *m*, Streitaxt *f* der Indianer ⟨to bury the ~ *übertr* das Kriegsbeil begraben⟩; **2.** *vt* mit der Streitaxt erschlagen | *übertr* scharf kritisieren
to·ma·to [təˈmɑ:təʊ] *s* (*pl* **to'ma·toes**) *Bot* Tomate *f*
tomb [tu:m] *s* Grabmal *n*, Gruft *f* | *übertr* Grab *n*
tom|bac ['tɒmbæk], **~bak** *s Tech* Tombak *m*, Kupfer-Zink-Legierung *f*, Rotguß *m*
tom·bo·la [tɒmˈbəʊlə] *s bes Brit* Tombola *f*
tom·bo·lo ['tɒmbələʊ] *s* Sandbank *f*
tom·boy ['tɒmbɔɪ] *s* Range *f*, wildes Mädchen, Wildfang *m*; '**~ish** *adj* (Mädchen) ausgelassen, wild
tomb·stone ['tu:mstəʊn] *s* Grabstein *m*
tom·cat ['tɒmkæt] *s* Kater *m*
tome [təʊm] *s lit* großes schweres Buch | *scherzh* Wälzer *m*
tom·fool [tɒm'fu:l] **1.** *s* Hansnarr *m* | *Zool* Regenvogel *m*; **2.** *adj* närrisch; '**~er·y** *s* Unsinn *m*, Narretei *f*; '**~ish** *adj* albern
Tom·ism ['tɒmɪzm] *s Abk* von **Uncle Tomism**
tom·my ['tɒmɪ] *s Brit dial* Naturalien *pl* (als Lohn); ∸ **[Atkins]** *Brit Sl* Tommy *m*, (einfacher) Soldat | *Brit dial* Tropf *m*, Einfaltspinsel *m* | *umg* Kater *m* | *auch* '**~ bar** *Tech* Einsetzstab *m*; '**~ gun**, *auch* '∸ **gun** *s Sl* Maschinenpistole *f*; ˌ**~'rot** [*auch* 'tɒmɪrɒt] *s umg* Unsinn *m*, Quatsch *m* ⟨that's all ≈⟩; '**~ ˌsys·tem** *s Wirtsch* Trucksystem *n*
to·mo·graph ['tɒməgrɑ:f] *s Med* Tomograph *m*; **~ic** [ˌtɒməˈgræfɪk] *adj* tomographisch; **to·mog·ra·phy** [təˈmɒgrəfɪ] *s* Tomographie *f*, Schichtröntgen *n*
to·mor·row [təˈmɒrəʊ] **1.** *adv* morgen ⟨~ night morgen abend⟩; **2.** *s* Morgen *n*, der nächste Tag ⟨ready for ~ fertig für den nächsten Tag⟩ | Zukunft *f*, Morgen *n* ⟨a brighter ~ ein schöneres Morgen; ~'s world/the world of ~⟩
Tom Thumb ['tɒm 'θʌm] *s* Däumling *m* | Zwerg *m*
tom·tit ['tɒmˌtɪt] *s Zool umg* (Blau-) Meise *f*
tom·tom ['tɒmtɒm] **1.** *s* Eingeborenentrommel *f* | (chinesischer) Gong | Tamtam *n* | eintöniges Geräusch; **2.** *vi, vt* trommeln
-tomy [təmɪ] ⟨*griech*⟩ *in Zus bes Med* Schnitt- (*z. B.* **lobotomy**)
[1]**ton** [tʌn] *s* Tonne *f* (Gewichtsmaß) ⟨long ~ *Brit* Tonne (1 016,5 kg); metric ~ metrische Tonne (1 000 kg); short ~ *Am* Tonne (907,185 kg)⟩ | *Mar* Tonne *f* (Raummaß) ⟨register~ Registertonne; gross register ~ Bruttoregistertonne; displacement ~ Tonne der Wasserverdrängung; freight ~ Frachttonne (40 Kubikfuß)⟩ | *übertr Sl* Tonne *f*, Masse *f* ⟨this parcel weighs a ~ das Paket ist ja toll schwer⟩ | *(meist pl) umg* jede Menge, großes Gewicht, Masse *f* (**of** an, von) ⟨~s of time eine Masse Zeit; ~s of times unzählige Male; to have ~s of money massig *od* schwer Geld haben⟩ | *Sl* eine Meile *od* 160 km pro Stunde ⟨to do a/the ~ mit hundertsechzig Sachen fahren⟩ | *Sl* (Spiel) hundert Punkte *pl* ⟨to throw a ~ mit einem Wurf 100 Punkte machen *od* erreichen⟩ ◇ **like a ~ of bricks** *Sl übertr* gehagelt, massiv ⟨to come down ≈ wild drauflosgehen, explodieren (vor Wut)⟩
[2]**ton** [təʊ|tõ] *s* Eleganz *f* ⟨in the ~ modern⟩
ton·al ['təʊnl] *adj Mus* tonal, Klang-; **~i·ty** [təˈnælətɪ] *s Mus* Tonart *f*, Tonalität *f* | *Mal* Farbton *m*, Tönung *f*
tone [təʊn] **1.** *s* Ton *m*, Laut *m*, Klang *m* ⟨~ of voice Stimmausdruck *m*; to speak in an angry ~ in zornigem Ton sprechen⟩ | *Mus* Ton *m* ⟨the sweet ~s of a violin⟩ | *Mal* Kolorit *n*, Farbton *m* | *Mus* Klang *m* ⟨out of ~ verstimmt⟩ | *Ling* Betonung *f* ⟨high ~ Hochton *m*⟩ | *Ling* Akzent *m*, Tonfall *m* ⟨with a French ~⟩ | *Ling* Ton *m* | *Foto* Ton *m* | Färbung *f*, Schattierung *f*, Tönung *f* ⟨a carpet in ~s of red ein in Rot gehaltener Teppich⟩ | *Med* Tonus *m*, Spannkraft *f* | *(nur sg) übertr* Haltung *f*, (allgemeiner) Geist *m*, Charakter *m*, Atmosphäre *f* ⟨the ~ of school die Atmosphäre an der Schule; to bring down the ~ of s.th. den (guten) Ruf von etw. beeinträchtigen⟩ | *übertr* Note *f*, Ton *m*, Stil *m* ⟨a ~ of elegance eine elegante Note; to set the ~ den Ton angeben⟩; **2.** *vt* (Farbe) tönen | (einer Sache) eine Färbung geben, einen Ton geben | *Foto* kolorieren ⟨toning bath Tonbad *n*⟩ | *Mus* (Instrument) stimmen | *Foto* tonen | *übertr* (etw.) umformen, modeln | Spannkraft verleihen; **~ down** (Farbe) abtönen | *übertr* mildern, herabstimmen ⟨to ≈ one's criticism⟩; **~ in** abstimmen (**with** mit); **~ up** (Farbe) kräftiger machen | *übertr* aufmuntern ⟨it will ~ you up es wird dich (wieder) munter machen⟩; *vi* eine Färbung annehmen | *auch* **~ in** (besonders farblich) übereinstimmen, (im Farbton) harmonieren (**with** mit); **~ down** sich mildern; **~ up** stärker werden; '**~ arm** *s* Tonarm *m* (des Plattenspielers); **toned** *adj* tönend, klingend | (ab)getönt ⟨≈ paper⟩; **-toned** *in Zus* -getönt, -tönend ⟨full-≈⟩; ˌ**~'deaf** *adj* tonblind, nicht in der Lage, Tonhöhen zu unterscheiden; '**~ ˌfil·ter** *s El* Tonfilter *m*; '**~ ˌlan·guage** *s Ling* Tonsprache *f*; '**~less** *adj* tonlos ⟨a ≈ voice⟩ | *Ling* unbetont; '**~ ˌpo·em** *s Mus* Tondichtung *f*; '**~ ˌqual·i·ty** *s Mus* Klangfarbe *f*
tong [tɒŋ] *s* (China) Geheimbund *m*
ton·ga ['tɒŋgə] *s* leichter, zweirädriger Karren

tongs [tɒŋz] *s/pl* (*auch sg konstr*) Zange *f* ⟨a pair of ~ eine Zange; sugar ~ Zuckerzange; hammer and ~ (mit) Hammer und Zange, *übertr* mit ganzem Einsatz, voll⟩

tongue [tʌŋ] **1.** *s* Zunge *f* (*auch übertr*) ⟨coated/furred ~ belegte Zunge; ~s of flame *übertr* Feuerzungen; to bite one's ~off *umg* sich sehr schämen; to find one's ~ *übertr* die Sprache wiederfinden; to get one's ~ around *übertr umg* (Wort) herausbringen, (etw.) richtig aussprechen; to have lost one's ~ *übertr* sprachlos sein; to have one's ~ in one's cheek *übertr umg* Ironie mitspielen lassen, es anders meinen; to hold one's ~ (*meist imp*) den Mund halten; to wag one's ~ tratschen, klatschen; to set ~s wagging Anlaß zu Tratsch geben⟩ | *Kochk* Zunge *f* ⟨ox ~⟩ | Sprache *f*, Zunge *f* ⟨gift of ~s Sprachtalent *n*; [one's] mother/native ~ Muttersprache *f*; the confusion of ~s die babylonische Sprachverwirrung⟩ | Ausdrucks-, Redeweise *f* ⟨to have a ready ~ geschwätzig sein, fließend sprechen; to keep a civil ~ in one's head höflich bleiben⟩ | *Brit* (Hunde-) Laut *m* ⟨to give/throw ~ Laut geben, anschlagen⟩ | *Geogr* Landzunge *f* | (Schuh-) Zunge *f*, Lasche *f* | *Tech* Dorn *m*, Lasche *f* | (Glocken-) Klöppel *m* | (Wagen-) Deichsel *f* | etw. Zungenförmiges; **2.** *vt Mus* (Töne auf einem Blasinstrument) mit der Zunge hervorbringen | *umg* (jmdn.) ausschimpfen | (Holz) federn | *Tech* vernuten; *vi* klatschen, tratschen; **-tongued** *adj* (*in Zus*) mit einer Zunge ⟨double-≈ doppelzüngig⟩ | (Holzbau) gefedert; **'~less** *adj* ohne Zunge, zungenlos | *übertr* sprachlos; **'~let** *s* Zünglein *n*; **'~-tied** *adj* mit einem Sprachfehler behaftet | *übertr* maulfaul, schweigsam; **'~ tip** *s* Zungenspitze *f*; **'~ ˌtwist·er** *s* Zungenbrecher *m*, schwierig auszusprechendes Wort

to·nic ['tɒnɪk] **1.** *adj Mus* tonlich, Ton | *Ling* betont ⟨~ syllable⟩ | *Med* tonisch | *förml* kräftigend ⟨the ~ quality of the sea⟩; **2.** *s Mus* Tonika *f*, Grundton *m* | *Ling* stimmhafter Laut | *Med* Tonikum *n*, Stärkungsmittel *n* | *auch* **'~ ˌwa·ter** *s* Tonicwasser ⟨a gin and ~⟩; **ˌ~ 'ac·cent** *s Ling* Silbenton *m*, musikalischer Akzent; **ˌ~ 'chord** *s Mus* Grundakkord *m*; **to·nic·i·ty** [tɒ'nɪsɪtɪ] *s Med* Spannkraft *f*; **ˌ~ 'lan·guage** *s Ling* Tonsprache *f*; **~ sol·fa** [ˌ~ ˌsɒl'fɑ:] *s Mus* Tonika-Do-System *n*

to·night [tə'naɪt] **1.** *adv* heute abend | heute nacht; **2.** *s* der heutige Abend | diese Nacht ⟨~'s news Abendnachrichten *pl*⟩

ton·nage ['tʌnɪdʒ] *s Mar* Tonnage *f*, Tonnengehalt *m*, Tragfähigkeit *f* | *Mar* Gesamttonnage *f* | *Tech* Druckleistung *f* in Tonnen | *Mar* Tonnengeld *n*

ton[ne] [tʌn] *s* metrische Tonne

ton|neau ['tɒnəʊ] *s* (*pl* **'~neaus**, **'~neaux**) *Kfz* Fahrgastraum *m*

to·nom·e·ter [təʊ'nɒmɪtə] *s Phys* Tonhöhenmesser *m* | *Med* Tonometer *n*, Blutdruckmesser *m*; **ton·o·met·ric** [ˌtɒnə'metrɪk] *adj* tonometrisch; **to·nom·e·try** [tə'nɒmɪtrɪ] *s Med* Tonometrie *f*, Blutdruckmessung *f* | *Mus* Tonmessung *f*

ton·sil ['tɒnsl] *s Anat* Tonsille *f*, Mandel *f*; **~lar** ['tɒnsɪlə] *adj Anat* Tonsillen-, Mandel-; **~lec·to·my** [ˌtɒnsɪ'lektəmɪ] *s Med* Tonsillektomie *f*, Mandelresektion *f*; **~li·tis** [ˌtɒnsɪ'laitis] *s Med* Tonsillitis *f*, Mandelentzündung *f*

ton|so·ri·al [tɒn'sɔ:rɪəl] *adj oft scherzh* Barbier- ⟨≈ artist Haarkünstler *m*, Figaro *m*⟩; **~sure** ['tɒnʃə] **1.** *s* Haarschneiden *n* | *Rel* Tonsur *f*; **2.** *vt* tonsurieren | scheren; **'~sured** *adj* tonsuriert, mit einer Tonsur | geschoren

ton·tine [tɒn'ti:n|'tɒnti:n] *s Hist* Tontine *f*, Erbklassenrente *f* | Tontinenanteil *m*

ton-up [ˌtʌn 'ʌp] *adj Brit Sl* (Fahrer) der über 160 km/h (100 mph) fährt ⟨~ boys mit ihren Motorrädern rasende Jugendliche *pl*⟩

to·nus ['təʊnəs] *s Med* Tonus *m*, Muskelspannung *f* | *übertr* Spannkraft *f*

to·ny ['təʊnɪ] *adj Am Sl* flott, schick, toll ⟨his ~ friends; a ~ restaurant⟩

too [tu:] *adv* (*vorangestellt*) zu, allzu ⟨all ~ soon viel zu früh; it's ~ difficult a task for him es ist eine zu schwierige Aufgabe für ihn; none ~ soon nicht zu früh; ~ good to be true zu schön, um wahr zu sein; ~ much rain zu viel Regen; to carry s.th. ~ far etw. zu weit treiben⟩ | (*nachgestellt*) ebenfalls, auch, noch dazu ⟨she plays the piano, and sings, ~ sie spielt Klavier und singt auch⟩ | *umg emph* äußerst, sehr, höchst ⟨that's ~ bad! zu dumm!, so ein Pech!⟩ ◇ **only ~** außerordentlich, nur zu ⟨I'm only ~ pleased ich freue mich ganz ausnehmend⟩

took [tʊk] *prät* von ↑ **take 1.**

tool [tu:l] **1.** *s* Werkzeug *n*, Gerät *n* | *Tech* Meißel *m*, Stahl *m*, Stichel *m* | *auch* **ma'chine ~** *Tech* Werkzeugmaschine *f* | *Buchw* Prägestempel *m* ⟨words are his ~s⟩ | *vulg* Ding *n* (Penis) *m* | *übertr* Rüstzeug *n*, Mittel *n* | *übertr* Werkzeug *n* ⟨a ~ of the dictator⟩; **2.** *vt* mit einem Werkzeug bearbeiten | steinmetzmäßig bearbeiten | *auch* **~ up** (Fabrik) einrichten, ausrüsten | (Werkzeug) einspannen | *Buchw* prägen, mit einem Stempel versehen | *Brit Sl* (jmdn.) fahren, kutschieren; *vi* mit Werkzeugen arbeiten | *auch* **~ along** *Brit Sl* (dahin) kutschieren, fahren; **~ up** Maschinen und Werkzeuge anschaffen, mit Maschinen und Werkzeugen ausgerüstet werden ⟨the expense of ~ing up⟩; **'~ bag** *s* Werkzeugtasche *f*; **'~box** *s* Werkzeugkasten *m*; **ˌ~ en·gi'neer·ing** *s* Werkzeugbau *m*; **ˌ~ 'face** *s Tech* Spanfläche *f*; **'~ ˌgrind·er**, **'~ grind·ing maˌchine** *s Tech* Werkzeugschleifmaschine *f*; **ˌ~ 'han·dle** *s* Werkzeuggriff *m*; **ˌ~ 'head** *s Tech* Werkzeugträger *m*; **'~ing·time** *s Tech* Rüstzeit *f*; **'~ kit** *s* Werkzeugtasche *f*, -kasten *m*; **'~ˌmak·er** *s* Werkzeugmacher *m*; **'~ roll** *s* (zusammenrollbare) Werkzeugtasche; **'~ shop** *s* Werkzeugmacherei *f*; **ˌ~ 'steel** *s* Werkzeugstahl *m*; **'~ ˌtur·ret** *s Tech* Revolverkopf *m*; **ˌ~ 'wear** *s* Werkzeugverschleiß *m*

toot [tu:t] **1.** *vi* blasen, tuten, hupen; *vt* (Horn u. ä.) blasen ⟨to ~ one's own horn die Hupe betätigen; *übertr* sein eigenes Lob singen⟩ | *Am, Kan Sl* (Kokain) inhalieren; **2.** *s* Blasen *n*, Tuten *n*, Hupen *n* | *Am, Kan Sl* Koks *m* (Kokain) | Schuß *m* (Kokain) ⟨a quick ~⟩

tooth [tu:θ] **1.** *s* (*pl* **teeth** [ti:θ]) Zahn *m*, *auch übertr* ⟨armed to the teeth bis an die Zähne bewaffnet; in the teeth of s.th. gegenüber von etw., angesichts, trotz, entgegen einer Sache; long in the ~ *umg* bejahrt, alt; to cast/throw s.th. in s.o.'s teeth jmdm. etw. an den Kopf werfen; to draw s.o.'s teeth *übertr* jmdn. unschädlich machen; to escape by the skin of one's teeth mit knapper Not entkommen; to fight ~ and nail verbissen *od* bis aufs Messer kämpfen; to get one's teeth into s.th. *übertr* sich an etw. ranmachen; to have a great ~ for s.th. etw. gern essen, auf etw. sehr erpicht sein; to have a sweet ~ gern (Süßes) naschen; to lie in one's teeth/throat frech *od* unverschämt lügen; to praise s.o. from the teeth outwards jmdn. unaufrichtiges Lob zollen; to set one's teeth die Zähne zusammenbeißen; to set s.o.'s teeth on edge *übertr* jmdn. nervös machen, jmdm. durch und durch *od* durch Mark und Bein gehen; to show one's teeth *übertr* die Zähne zeigen, drohen⟩ | (Kamm u. ä.) Zahn *m* | *Tech* Zahn *m*, Zacke *f* | *Tech* Messer(kopf) *n*(*m*); **2.** *vt* mit Zähnen versehen | (Holzbau) verzahnen; *vi* (Zahnräder) ineinandergreifen; **'~ache** *s* Zahnschmerz *m*, -weh *n*; **'~brush** *s* Zahnbürste *f*; **'~comb** *s* Staubkamm *m*; **toothed** *adj* (*oft in Zus*) Zahn- | *Bot* gezähnt, gezackt | *Tech* verzahnt; **toothed 'chain** *s Tech* Zahnkette *f*; **ˌtoothed 'gear** *s Tech* Zahnrad *n*; **ˌtoothed 'ring** *s Tech* Zahnkranz *m*; **ˌtoothed 'wheel**

s Tech Zahnrad *n*; **'~ing** *s Tech* Verzahnen *n*; **'~less** *adj* zahnlos; **'~paste** *s* Zahnkrem *f*; **'~pick** *s* Zahnstocher *m*; **'~ ˌpow·der** *s* Zahn(putz)pulver *n*; **~some** ['~səm] *adj selten* lecker (*auch übertr*) | attraktiv; **'~wash** *s* Mundwasser *n*; **'~y** *adj* = **~some** | zahnfletschend, breit ⟨a ≈ smile⟩

toot·le ['tu:tl] *vt* tuten (auf), dudeln (auf, mit) ⟨to ~ one's horn⟩; *vi* tuten, dudeln (**on** auf) | *Sl* quasseln | *Sl* (los) gondeln, schieben ⟨to ~ down to a shop in einen Laden flitzen⟩

toots [tu:ts] *s* (Anrede) Schätzchen *n*, Liebes *n* | *Sl* Frau *f*, Mädchen *n* ⟨to pick up a ~⟩; **toot·sie** ['tʊtsɪ] *s* = **toots** | (Kindersprache) Füßchen; **toot·sy** ['tu:tsɪ] *s* = **toots**

[1]**top** [tɒp] **1.** *s* Gipfel *m*, Spitze *f* ⟨at the ~ of the hill; mountain ~s⟩ | Krone *f*, Wipfel *m*, First *m* | oberster Teil, Oberteil *n*, oberes Ende (*auch übertr*) ⟨at the ~ obenan; at the ~ of oben an; at the ~ of one's voice *übertr* aus voller Kehle; from ~ to bottom *übertr* ganz und gar, vollständig; from ~ to toe von oben bis unten; on [the] ~ of oben auf; on ~ of it obendrauf; *übertr* obendrein, noch dazu; to blow one's ~ *übertr umg* in die Luft gehen; to come out ~ *umg* am besten abschneiden; to come to the ~ sich auszeichnen, sich durchsetzen; to get on ~ of *übertr* zuviel werden *od* sein für, überwältigen⟩ | obere Seite, Oberfläche *f* ⟨the ~ of the table⟩ | höchste Stellung ⟨to be at the ~ of the ladder/tree *übertr* an oberster Stelle sein⟩ | *Mar* Topp *m*, Mars *m* | *Tech* (Hochofen-) Gicht *f* | *Kfz* Verdeck *n* | *Tech* höchster Gang ⟨in[to] ~ im *od* in den höchsten Gang⟩ | (Topf u. ä.) Deckel *m*, Verschluß *m* ⟨to unscrew the ~ of a bottle⟩ | (*oft* **~s** *pl*) *Bot* Kraut *n*, Blätter *n/pl* ⟨turnip ~s Rübenkraut⟩ | (Handschuh- u. ä.) Stulpe *f* | *übertr* Gipfel *m*, Krone *f*, höchste Stufe ⟨on ~ of the world obenauf, überglücklich⟩; **2.** *adj* oberste(r, -s), höchste(r, -s), größte(r, -s), Haupt- ⟨at ~ speed mit Höchstgeschwindigkeit; in ~ form in Hochform; our ~ man unser erster Mann; the ~ news die wichtigste Nachricht; ~ people Leute *pl* in Spitzenpositionen, Leute von Rang; ~ prices Spitzenpreise *m/pl*⟩; **3.** (**topped**, **topped**) *vt* bedecken, mit einer Spitze versehen | an der Spitze stehen von, überragen (*auch übertr*) ⟨that ~s everything das übertrifft alles; to ~ the bill *Theat* die Hauptrolle spielen⟩ | (Baum u. ä.) beschneiden, stutzen, kappen ⟨to ~ beets Rüben köpfen; to ~ and tail goosberries Stachelbeeren putzen⟩; **~ off** *bes Am umg* (be)enden, abschließen | abrunden | *Kfz* (Tank) ganz voll tanken; **~ out** Richtfest feiern von; **~ up** *umg* (Glas u. ä.) nachfüllen, -gießen | *umg* (jmdm.) das Glas nachfüllen ⟨let me ~ you up⟩ | (Batterie, Tank u. a.) (auf)füllen (**with** mit) | *übertr umg* abschließen, abrunden, (be)enden; *vi* aufsteigen, aufragen

[2]**top** [tɒp] *s* Kreisel *m* ⟨to sleep like a ~ *übertr* wie ein Murmeltier schlafen⟩

to·paz ['təʊpæz] *s Min* Topas *m* ⟨smoky ~ Rauchtopas⟩; **~ine** ['təʊpəzi:n|-zɪn] *adj* topasfarben

top| beam ['tɒp bi:m] *s* Traverse *f*; **'~ boot** *s* Stulpenstiefel *m*; **ˌ~ 'brass** *s Mil Sl* hohe Tiere *n/pl*; **ˌ~ 'class** *s* Spitzenklasse *f*; **'~coat** *s Tech* Oberschicht *f* | Deckanstrich *m*, Überzugslack *m* | Herrenmantel *m*, Überzieher *m*; **ˌ~ 'dog** *s Sl* jmd., der obenauf ist, Sieger *m*; **ˌ~-'draw·er** *adj umg* hochrangig; **'~-ˌdress** *vt* kopfdüngen (**with** mit); **'~-ˌdress·ing** *Landw* Kopfdüngung *f* | Kopfdünger *m*

[1]**tope** [təʊp] *vt, vi* (gewohnheitsmäßig) trinken, in Mengen trinken

[2]**tope** [təʊp] *s Zool* Glatthai *m*

top edge ['tɒp edʒ] *s* Oberkante *f*

to·pee ['təʊpɪ] *s Brit Ind* Tropenhelm *m*

top·er ['təʊpə] *s* Trinker *m*, Säufer *m*

top|flight [ˌtɒp 'flaɪt] *adj umg* erstklassig ⟨≈ scientists⟩; **'~ floor** *s* höchster Stock, oberstes Geschoß; **~'gal·lant 1.** *s Mar* Bramsegel *n* | *übertr* Gipfel *m*, Spitze *f*; **2.** *adj Mar* Bram- ⟨≈ sail Bramsegel *n*⟩; **'~gate** *s Bergb* Kopfstrecke *f*; **'~ gear** *s* höchster Gang ⟨in[to] ≈⟩ | *übertr* volle Kraft, höchste Leistung; **ˌ~'hat** *s* Zylinder *m*; **ˌ~-'heav·y** *adj Mar* topplastig | *Flugw* kopflastig | *Sl* voll, betrunken; **ˌ~-'hole** *adj Brit Sl* prima, tipptopp

to·pi ['təʊpɪ] =**topee**

to·pi·ar·y ['təʊpɪərɪ] **1.** *adj* in Figurenform verschnitten ⟨~ art Kunst *f* des Bäumeverschneidens⟩; **2.** *s* kunstvoll beschnittener Baum *od* Strauch

top|ic ['tɒpɪk] *s* Thema *n*, Gegenstand *m* ⟨≈ of conversation Gesprächsgegenstand *m*⟩; **'~i·cal 1.** *adj* das Thema betreffend, thematisch | örtlich, lokal (*auch Med*) ⟨a ≈ anesthetic ein örtliches Betäubungsmittel; a ≈ remedy ein örtlich wirkendes Mittel⟩ | aktuell ⟨of ≈ interest⟩; **2.** *s* aktueller Film; **~i·cal·i·ty** [ˌtɒpɪ'kæləti] *s* Aktualität *f*, aktuelle Bedeutung | (*meist pl*) Thema *n* von aktuellem Interesse ⟨international ~icalities⟩

top|knot ['tɒp nɒt] *s* Haarknoten *m*; **'~less 1.** *adj* ohne Kopf | (Frau) oben ohne, brustfrei ⟨a ≈ dancer; a ≈ waitress⟩ | (Kleid) busen-, brustfrei ⟨a ≈ dress⟩ | mit Frauen, die oben ohne gehen ⟨a ≈ bar; ≈ dancing⟩ | Busenfreiheit betreffend ⟨a ≈ ban Oben-ohne-Verbot *n*⟩; **2.** *s* Oben-ohne-Kellnerin, -Tänzerin *f* | Kleid *n od* Badeanzug ohne Oberteil | Vergnügungslokal *n*, wo Kellnerinnen oben ohne servieren; **ˌ~less 'ra·di·o** *s Am* freimütige Sexualberatung (von Anrufern) per Funk; **ˌ~-'lev·el** *adj* auf höchster Ebene ⟨≈ talk⟩; **'~ light** *s Mar* Positionslicht *n*; **'~ˌloft·y** *adj umg* anmaßend, eingebildet, hochnäsig; **'~mast** *s Mar* (Mars-) Stenge *f*; **'~most** *adj* oberste(r,-s), höchste(r,-s); **ˌ~-'notch** *urspr Am umg* = **~flight**; **ˌ~'notch·er** *s Am umg* Spitzenspieler *m*

topo- [tɒpə] ⟨*griech*⟩ *in Zus* Topo-, Orts-

to·pog·ra·pher [tə'pɒgrəfə] *s* Topograph *m*, Vermessungsingenieur *m*; **top·o·graph·ic** [ˌtɒpə'græfɪk], **ˌtop·o'graph·i·cal** *adj* topographisch; **to·pog·ra·phy** [tə'pɒgrəfɪ] *s Geogr, Med* Topographie *f* | *Mil* Geländekunde *f*

to·pos ['təʊpɒs] *s* ⟨*griech*⟩ Topos *m*, stereotyper Ausdruck, häufiges Thema

topped [tɒpt] *adj* (Baum) gestutzt, gekappt; **top·per** ['tɒpə] *s umg* Teufelskerl *m* | *umg* prima Sache | *umg* Zylinder(hut) *m(m)* | *Sl* Zigarettenkippe *f*

top·ping ['tɒpɪŋ] **1.** *adj Brit umg selten* großartig, fabelhaft | ranghöchste(r) | *Am dial* arrogant, eingebildet; **2.** *s Kochk* Garnierung *f*, Auflage *f* | (Süßwaren u. ä.) Überzug *m*; **'~-out** *adj* Richtfest- ⟨≈ ceremony⟩; **ˌ~ 'out** *s* Richtfest *n*; **'top·pings** *s Tech* (Müllerei) Nachmehl *n*

top·ple ['tɒpl] *vi* schwanken, wackeln, kippen ⟨the pile of books ~d down/over der Stoß Bücher fiel um⟩; *vt* umkippen ⟨to ~ s.th. down/over etw. umwerfen⟩

top| pri·or·i·ty [ˌtɒp praɪ'ɒrətɪ] *s* Hauptziel *n*, erstes Anliegen; **ˌ~ 'rank·ing** *adj* erstklassig, -rangig

tops [tɒps] **1.** *adj* (*präd*) *Am umg* hervorragend, prima, super ⟨to be ~ on s.th. in etw. einsame Klasse sein⟩; **2.** *s/pl* (*mit best art*) die (aller) besten ⟨the ~ in the field⟩

top|sail ['tɒpseɪl] *s Mar* Top-, Marssegel *n*; **ˌ~-'se·cret** *adj* streng geheim ⟨≈ information⟩; **'~side** *s* Oberseite *f* | *Kochk* (Braten) Oberschale *f*, besonders gutes Stück; **'~soil** *s* Mutterboden *m*; **'~spin** *s* (Ball) Drehen *n* in der Luft

top·sy·tur·vy [ˌtɒpsɪ 'tɜ:vɪ] **1.** *adv* drunter und drüber ⟨to go ~ völlig durcheinander geraten; to turn s.th. ~ etw. in ziemliche *od* völlige Unordnung bringen, durcheinanderbringen, -werfen; *übertr* über den Haufen werfen⟩; **2.** *adj* kopfüber, auf den Kopf gestellt, völlig durcheinander ⟨a ~ state of affairs⟩; **3.** *s* Durcheinander *n*, völlige Unordnung; **4.** *vt* durcheinanderbringen, in Unordnung bringen

toque [tәʊk] *s Hist* Barett *n* | Toque *f*, randloser Damenhut | *Zool* Hutaffe *m*

tor [tɔː] *s Brit* Felsgipfel *m*, spitzer Berg

tor·bern·ite ['tɔːbәnaɪt] *s Min* Torbernit *m*

torc [tɔːk] = **torque**

torch [tɔːtʃ] **1.** *s* Fackel *f* ⟨to carry a ~ for s.o. jmdn. verehren, in jmdn. [aus der Ferne] verliebt sein⟩ | *auch* **eˌlec·tric** '~ *Brit* Stab(Taschen)lampe *f* | *Tech* Schweißbrenner *m*, Gebläse *n* | *übertr* Fackel *f*, Flamme *f*, Feuer *n* ⟨the ~ of learning die Flamme des Wissens⟩; **2.** *vi* auflodern, -flammen; *vt* an-, entzünden, in Brand stecken; '**~ˌbear·er** *s* Fackelträger *m*; '**~ ˌbat·ter·y**, *auch* '**~ cell** *s* Taschenlampenbatterie *f*; '**~fish** *s Zool* Fackelfisch *m*; '**~lamp** *s* Taschenlampe *f*; '**~light 1.** *s* Licht(schein) *n(m)* der Taschenlampe | Fackelschein *m*; **2.** *adj* Fackel- ⟨≈ procession Fackelzug *m*⟩; '**~race** *s Hist* Fackellauf *m*; ˌ**~ 'weld·ing** *s Tech* Gasschweißung *f*; '**~wort** *s Bot* Königskerze *f*

tore [tɔː] *prät* von ↑ [2]**tear 2.**

tor·e·a·dor ['tɒrɪәdɔː] *s* Toreador *m*, berittener Stierkämpfer; **to·re·ro** [tɒ'rɛәrәʊ] *s* Torero *m*, Stierkämpfer *m*

to·reu·tic [tә'ruːtɪk] *adj* gehämmert, getrieben, ziseliert, Ziselier-

tor·ic ['tɒrɪk] *adj* torisch, wulstförmig | *Med* knotenförmig

tor|ment [tɔː'ment] *vt bes übertr* peinigen, quälen, foltern (**with** mit) ⟨≈ed with/by doubts gequält *od* geplagt von Zweifeln⟩ | *übertr* belästigen (**with** mit); ['tɔːment] *s* Pein *f*, Qual *f* ⟨to be in ≈/to suffer ≈s Qualen erdulden⟩ | *übertr* Quälgeist *m* | *Hist* Folter *f*; **~men·tor** [tɔː'mentә] Peiniger *m* | Quälgeist *m* | *Landw* Egge *f*

torn [tɔːn] *part perf* von ↑ [2]**tear 2.**

tor·na|do [tɔː'neɪdәʊ] *s* (*pl* **~does, ~dos**) Tornado *m*, Wirbelsturm *m* | *übertr* Ausbruch *m*, Orkan *m*

to·rose ['tɔːrәʊs] *adj Bot, Zool* wulstig

to·ro·to·ro ['tɔːrә'tɔːrәʊ] *s Zool* Torotoro *m*, Eisvogel *m*

tor·pe|do [tɔː'piːdәʊ] **1.** *s* (*pl* **~does**) *Mil, Mar* Torpedo *m* | *Zool* Zitterrochen *m*; **2.** *vt* torpedieren | *übertr* vernichten, vereiteln ⟨to ≈ a plan einen Plan zunichte machen⟩; *vi* mit einem Torpedo angreifen; '**~do boat** *s Mar* Torpedoboot *n*

tor|pid ['tɔːpɪd] **1.** *adj* abgestumpft, apathisch, träge ⟨to have a ≈ mind stumpfsinnig sein⟩ | *Zool* (Tier) erstarrt, Winterschlaf haltend; **2.** *s* Boot *n* im Oxforder Bootsrennen | Ruderer *m* im Oxforder Bootsrennen; **~pid·i·ty** [tɔː'pɪdәtɪ] *s* Stumpfheit *f*, Apathie *f*, Trägheit *f* | *Zool* Erstarrung *f* (im Winterschlaf); **~pi·fy** [~pɪfaɪ] *vt* erstarren lassen; **~por** [~pә] *s* Stumpfheit *f*, Trägheit *f* | *Zool* Erstarrung *f*

torque [tɔːk] **1.** *Tech s* Drehmoment *n*, Drall *m*, Drehkraft *f*, Verdrehungskraft *f* | *Hist* (Bronze) Halsring *m*, Torques *m*; **2.** *vt, vi* einen Drall geben, Drehkraft verleihen, ein Drehmoment erzeugen (bei); '**~ arm** *s Kfz* Schubarm *m*; '**~ ˌmo·tor** *s Tech* Momentengeber *m*, -motor *m*; '**~ rod** *s Tech* Kardanwelle *f*

tor·ques ['tɔːkwiːz] *s Zool* Halsband *n*, Kragen *m*

torque| shaft ['tɔːk ʃɑːft] *s Tech* Dreh-, Torsionsstab *m*; '**~ ˌspan·ner**, *Am* '**~ ˌwrench** *s Tech* Drehmomentenschlüssel *m*

torr [tɔː] *s Phys* Torr *n*

tor·re|fac·tion [ˌtɒrɪ'fækʃn] *s Tech* Darren *n*, Rösten *n*; **~fy** ['tɒrɪfaɪ] *vt Tech* (Kupfer) darren, rösten

tor|rent ['tɒrәnt] **1.** *s* Wild-, Sturzbach *m*, reißender Strom ⟨in ≈s in Strömen; ≈s of rain Wolkenbruch *m*⟩ | Lavastrom *m* | *übertr* Flut *f*, Strom *m*, Schwall *m*, Ausbruch *m* ⟨a ≈ of bad language eine Flut von Schimpfworten; a ≈ of insults eine Flut von Beleidigungen; a ≈ of tears ein Tränenstrom⟩; **2.** = **~ren·tial** [tә'renʃl] *adj* gießbach-, wolkenbruchartig ⟨a ≈ rain⟩ | reißend, wild | *übertr* überwältigend, ungestüm ⟨≈ applause⟩ | *übertr* heftig, wild

tor·rid ['tɒrɪd] *adj* versengt, ausgedörrt ⟨~ soil⟩ | sengend, glühend heiß ⟨~ weather; ~ zone *Geogr* heiße Zone⟩ | *übertr* feurig, glühend, unbändig ⟨a ~ beauty eine leidenschaftliche Schöne; ~ passion glühende Leidenschaft; ~ love letters; a ~ story eine leidenschaftliche Geschichte; ~ rhythms heiße Rhythmen *m/pl*⟩

torse ['tɔːs] *s* Torso *m*

tor·sion ['tɔːʃn] *s* Drehung *f* | *Phys* Torsion *f*, Verdrehung *f*, Drillung *f*; '**~al** *adj* Dreh- | *Phys* Torsions-, Drehungs-; ˌ**~al 'fre·quen·cy** *s* Drehschwingungszahl *f*; ˌ**~al 'stress** *s* Torsionsspannung *f*; '**~ ˌbal·ance** *s* Drehwaage *f*; '**~ bar** *s Tech* Drehstab *m*; '**~ ˌmo·ment** *s* Torsionsmoment; '**~ rod** *s* Torsions-, Drehstab *m*

tor|so ['tɔːsәʊ] *s* (*pl* **~si** [~sɪ], **~sos** [~z]) (*auch übertr*) Torso *m*

tort [tɔːt] *s Jur* Schaden *m*, Delikt *n*

tor|tile ['tɔːtaɪl] *adj* spiralförmig gedreht; **~til·ity** [tɔː'tɪlәtɪ] *s* spiralförmige Drehung

tor·til·la [tɔː'tɪlә] *s* (mexikanischer) Maiskuchen

tor·tious ['tɔːʃәs] *adj Jur* rechtswidrig ⟨~ act Straftat *f*⟩

tor·toise ['tɔːtәs] **1.** *s Zool* Schildkröte *f*; **2.** *adj* Schildpatt-; '**~ ˌflow·er** *s Bot* Schildblume *f*; **~shell** ['tɔːtәsʃel|'tɔːtәʃәl] *s* Schildpatt *n* | *auch* '**~shell 'but·ter·fly** *Zool* Amerikanischer Fuchs (Schmetterling) | *auch* '**~shell 'cat** *Zool* Schildpattkatze *f*

tor·tri·cid ['tɔːtrɪsɪd] *s Zool* Wickler *m*

tor·tu|ose ['tɔːtʃʊәʊs|-tj-] *adj Bot* gewunden; **~os·i·ty** [ˌtɔːtʃʊ'ɒsәtɪ|-tj-] *s* Windung *f* | Gewundenheit *f* | *übertr* Verschlagenheit *f*; **~ous** ['tɔːtʃʊәs|-tj-] *adj* gewunden, geschlängelt ⟨a ≈ stream⟩ | *Math* spiralisch | *übertr* falsch, unehrlich ⟨a ≈ policy⟩

tor|ture ['tɔːtʃә] **1.** *s* Folter *f*, Marter *f*, Tortur *f* (*auch übertr*) ⟨instruments of ≈ Folterwerkzeuge *n/pl*; ≈s of jealousy Eifersuchtsqualen *f/pl*; to put to the ≈ auf die Folter spannen⟩ | *übertr* Entstellung *f* (eines Textes u. ä.) ⟨no ≈ in interpretation keine entstellende Interpretation⟩; **2.** *vt* auf die Folter spannen, foltern (*auch übertr*) ⟨to ≈ a prisoner einen Gefangenen foltern; ≈d with anxiety von Angst zerquält⟩ | (etw.) durch Folter erpressen, herausquälen ⟨to ≈ a confession from s.o.⟩ | pressen, zwingen (**into** zu) | *übertr* (Gegenstände, Worte u. ä.) verdrehen, entstellen ⟨to ≈ wooden boards Holzbretter verbiegen; ≈d language Sprachverdrehung *f*⟩; '**~tur·er** *s* Folterknecht *m* | *übertr* Peiniger *m*

To·ry ['tɔːrɪ] *Pol* **1.** *s* Konservativer *m*, Tory *m*; **2.** *adj* toryistisch, Tory- ⟨~ principles⟩ | konservativ, reaktionär; '**~ism** *s Pol* Torytum *n*, Konservatismus *m*

tosh [tɒʃ] *s Brit Sl* Unsinn *m*, Quatsch *m*

toss [tɒs] **1.** *s* (Hoch-, Zurück-, Hin- und Her-) Werfen *n*, Schleudern *n*, Wurf *m* ⟨a contemptuous ~ of the head ein verächtliches Hoch- *od* Zurückwerfen des Kopfes; to win (lose) the ~ beim [Münz-] Werfen *od* Losen gewinnen (verlieren); to argue the ~ *übertr umg* streiten, eine getroffene Entscheidung anfechten⟩ | *Mar* Schlingern *n* ⟨the ~ of the waves⟩ | *selten* Abwurf *m*, Sturz *m* ⟨to take a ~ (besonders vom Pferd) abgeworfen werden⟩ | *arch* Auf-, Erregung *f* ⟨to be in a ~ aufgeregt sein⟩ | *Am Sl* Durchsuchung (einer Person) nach Rauschgift; **2.** **(tossed, tossed)** *vt* (zu-, hoch)werfen, schleudern ⟨to ~ a ball to s.o.; to ~ one's head back (up) den Kopf (verächtlich) zurück-, (hoch)werfen⟩ | *auch* **~ about** (hin und her) werfen, schleudern ⟨≈ed about in the sea⟩ | *Kochk* auf-, durchrühren ⟨to ~ vegetables in butter⟩ | *Mar* (Riemen) pieken ⟨to ~ oars die Riemen pieken, die Riemen (zur Begrüßung) hochheben〉 | *auch* ~ **up** losen mit 〈to ~ [up] a coin (for s.th.) eine Münze (zum Losen) hochwerfen; to ~ s.o. for s.th. mit jmdm. um etw. losen〉 | *Am Sl* (jmdn.) nach Rauschgift absuchen, filzen; ~ **off** (Getränk) rasch hinunterstürzen | (Bemerkung, Artikel u. ä.) rasch hinwerfen; *vi* hin- und her-, umhergeworfen werden | *Mar* schlingern | eine Münze hochwerfen (um zu losen) (**for** um); ~ **about** sich umherwerfen 〈to ~ about in bed sich im Bett herumwälzen〉; ~ **off** *vulg* onanieren, es sich selbst machen; ~ **up** (Sport) (*bes* eine Münze) hochwerfen (vor einem Spiel) | losen (**for** um); **'~-up** *s* Losen *n* (durch Hochwerfen einer Münze) | *umg* ungewisse Sache 〈it's a ≈ whether ... es ist noch völlig ungewiß, ob ...〉

[1]**tot** [tɒt] *s, oft* ˌ**tiny '~** sehr kleines Kind, winziges Kerlchen | *Brit umg* Gläschen *n*, Schlückchen *n* 〈a ~ of whisky ein Schluck Whisky〉

[2]**tot** [tɒt] *umg* **1.** *s* (Gesamt-) Summe *f* | Addieren *n*; **2.** (**~ted, ~ted**) *vt, meist* ~ **up** addieren, zusammenzählen; *vi* ~ **up** sich summieren, sich belaufen (**to** auf) 〈to ≈ to £ 1 000 £ 1 000 machen *od* betragen; it ~s up to quite a lot es beläuft sich auf eine ganz hübsche Summe〉

to·tal ['təʊtl] **1.** *adj* ganz, gesamt, total, völlig 〈a ~ eclipse of the sun eine totale Sonnenfinsternis; ~ population Gesamtbevölkerung *f*; ~ receipts *Wirtsch* Gesamteinnahmen *pl*; ~ silence absolutes Schweigen〉 | total, alle Mittel einsetzend 〈~ war〉; **2.** *s* Gesamtsumme *f*, -betrag *m*; **3.** (**'to·talled, 'to·talled**) *vt* addieren, zusammenzählen, -rechnen | sich belaufen auf 〈to ~ £ 1000〉 | *Am Sl* (Auto u. ä.) völlig zu Bruch fahren, kaputt fahren; *vi* sich belaufen (**to** auf) | *Am Sl* Totalschaden machen; **~i·tar·i·an** [ˌtəʊˌtælɪ'tɛərɪən] *Pol* **1.** *adj* totalitär 〈≈ government〉; **2.** *s* Anhänger *m* des Totalitarismus; **~i'tar·i·an·ism** *s* Totalitarismus *m*; **~i·ty** [təʊ'tælətɪ] *s* Gesamtheit *f* 〈in its ≈ in seiner Gesamtheit〉 | *förml* Gesamtsumme *f* | *Astr* totale Verfinsterung *f*; **~i·za·tion** [ˌtəʊtəlaɪ'zeɪʃn] *s* Zusammenfassung *f*, Addition *f*; **'~iˌza·tor** *s* Summenzählwerk *n* | *Brit* (Pferderennen) Totalisator *m*; **'~ize** *vt* addieren, summieren, zusammenzählen | zusammenfassen; *vi* am Totalisator wetten; **'~iz·er** *s* Zählwerk *n* | Totalisator *m*

[1]**tote** [təʊt] *s Brit umg, auch* **'~ board** (Pferderennen) Toto *m*, Totalisator *m*

[2]**tote** [təʊt] *urspr Am umg* **1.** *vt* tragen, schleppen 〈to ~ a gun ein Schießeisen haben〉; **2.** *s* Tragen *n*, Schleppen *n* | Last *f*; **'~bag** *s umg* Einkaufstasche *f*

to·tem ['təʊtəm] *s* Totem *n*; **'~ism** *s* Totemismus *m*; **~is·tic** [ˌtəʊtə'mɪstɪk] *adj* totemistisch; **'~ pole** *s* Totempfahl *m*

[1]**tot·ter** ['tɒtə] *s Sl* Müllverwerter *m*, Lumpenmann *m*, Altwarenhändler *m* (mit Pferdefuhrwerk)

[2]**tot·ter** ['tɒtə] **1.** *vi* wanken, torkeln 〈to ~ down the stairs die Treppe hinuntertorkeln〉 | *übertr* schwanken, wackeln 〈to ~ on the edge of ruin am Rande des Ruins stehen; to ~ to its fall allmählich zusammenbrechen〉; **2.** *s* Wanken *n*, Torkeln *n*; **'~ing** *adj* wankend, torkelnd (*auch übertr*) 〈a ≈ government〉; **~y** ['tɒtr̩ɪ] *adj* gebrechlich, schwach, unsicher (*auch übertr*) 〈a ≈ old man; a ≈ throne ein wackelnder Thron〉

tou·can ['tu:kæn] *s Zool* Tukan *m*, Pfefferfresser *m*

touch [tʌtʃ] **1.** *s* Berühren *n*, Berührung *f* 〈at a ~ beim Berühren; a ~ of the hand eine Berührung mit der Hand; on the slightest ~ bei der leisesten Berührung; to put s.th. to the ~ *übertr* etw. auf die Probe stellen〉 | (*meist sg*) Gefühl *n*, Gefühls-, Empfindungs-, Tastsinn *m* 〈a silky ~ ein Gefühl wie [von] Seide; soft to the ~ weich anzufühlen〉 | Verbindung *f*, Kontakt *m* 〈in (out of) ~ with in (ohne) Verbindung mit; to get into ~ with Verbindung aufnehmen mit; to keep in ~ with s.o. mit jmdm. Verbindung halten; to lose ~ with die Verbindung verlieren mit〉 | leichter (Krankheits-) Anfall 〈a ~ of cold ein Erkältungsanfall〉 | (leichter) Schlag, Klaps *m* 〈a ~ of the whip ein leichter Peitschenschlag〉 | Feder-, Pinselstrich *m* 〈the ~ of a master〉 | *Mus* Anschlag *m* 〈to have a delicate (firm/light) ~ einen sanften (festen *od* leichten) Anschlag haben〉 | Fertigkeit *f*, (künstlerisches) Geschick 〈to lose one's ~〉 | *übertr* Stich *m*, Anflug *m*, Spur *f* 〈a ~ of irony〉 | Spur *f*, Winzigkeit *f* 〈a ~ of salt eine Prise Salz〉 | Besonderheit *f*, Feinheit *f* 〈a nice ~ eine besondere Note; to give the finishing ~ to s.th. einer Sache den letzten Schliff geben〉 | Eigenart *f* 〈a woman's ~; personal ~ persönliche Note〉 | (Fußball, Rugby) seitliches Außenfeld 〈the ball is in ~〉;

2. *vt* anfassen, angreifen, berühren, anstoßen 〈~ wood *umg* unberufen!; to ~ bottom auf Grund kommen; *übertr* zur Sache kommen; *übertr* völlig verzweifelt sein, am Ende sein; to ~ one's hat to s.o. zu jmds. Begrüßung an den Hut tippen, jmdn. grüßen; to ~ s.o. on the arm jmdn. an den Arm fassen〉 | anrühren 〈he hasn't ~ed food for two days er hat zwei Tage lang kein Essen angerührt〉 | in Berührung kommen mit, Kontakt haben mit | reichen an, herankommen an (*auch übertr*) 〈to ~ the top of the door; not to ~ s.o.'s standards *übertr* mit jmds. Leistungen sich nicht vergleichen können〉 | befühlen, betasten 〈to ~ s.o.'s body〉 | *übertr* rühren, bewegen 〈~ed to tears zu Tränen gerührt〉 | *übertr* verletzen 〈she was not ~ed sie blieb unverletzt; to ~ s.o. in the raw *übertr* jmdn. beleidigen〉 | (jmdn.) beeinflussen | *Mus* anschlagen; (Saite) rühren | färben, schattieren | sich befassen mit, zu tun haben mit, angehen 〈the question ~es your interests〉 | *Mar* anlaufen 〈to ~ land〉 ◇ ~ **the spot** *Sl* genau das richtige sein; ~ **in** einzeichnen, hinzuzeichnen; ~ **off** skizzieren, flüchtig entwerfen | auslösen (*auch übertr*) 〈to ≈ an explosion; to ≈ a fight einen Streit vom Zaune brechen〉; ~ **up** auffrischen, -polieren | *Foto* retuschieren | *Sl* (jmdn. unsittlich) anfassen, berühren;

vi sich berühren, Berührung haben | sich auswirken (**to, upon** auf) | *Mar* anlegen (**at** in); ~ **down** *Flugw* landen | (Rugby) ein Tor erzielen; ~ **for** *umg* (jmdn.) angehen um, anpumpen 〈to ~ s.o. for a loan〉; ~ **on**, *förml* ~ **upon** *übertr* kurz berühren, sich befassen mit, eingehen auf 〈to ~ [up]on a subject〉 | grenzen an;

'~a·ble *adj* fühlbar, tastbar; ˌ**~-and-'go 1.** *s* gewagte Sache 〈it is ≈ es ist fraglich, es steht auf der Kippe〉; **2.** *adj* leicht hingeworfen, oberflächlich 〈a ≈ dialogue ein Gespräch nebenher〉 | riskant, gewagt 〈a ≈ state of affairs ein äußerst unsicherer Zustand〉; **'~** ˌ**bod·y** *s Med* Tastkörperchen *n*; **'~** ˌ**danc·ing** *s* enges Zusammentanzen, Tanzen *n* mit Körperberührung (*Ant* rock 'n roll); **'~down** *s Flugw* Landung *f*, Aufsetzen *n* | (Rugby, amerikanischer Fußball) Tor *n*

tou·ché [tu:'ʃeɪ] *adj, interj* (Fechten) Treffer!, getroffen! (*auch übertr*)

touched [tʌtʃt] *adj* berührt | *übertr* gerührt, bewegt | *übertr* verdreht 〈a bit ~ leicht verrückt〉

touch|hole ['tʌtʃ həʊl] *s Hist* Zündloch *n*; **'~ing 1.** *adj übertr* rührend, bewegend, ergreifend; **2.** *präp arch, förml* betreffs; **3.** *s* Berühren *n*; **'~ judge** *s* (Sport) Linienrichter *m*; ˌ**~ 'last** *s* Letzten-Abschlagen *n*; **'~line** *s* (Sport) Marklinie *f*, Seitengrenze *f*; **'~-me-not** *s Bot* Springkraut *n* | (Mädchen) Rührmichnichtan *n*; **'~stone** *s Min* Lydit *m*, Basanit *m*, Probierstein *m* | *übertr* Prüfstein *m*; **'~-tone** *adj Tech* Sensoren- 〈≈ input Drucktasteneingabe *f*; ≈ telephone〉; **'~-type** *vi* (auf der Schreibmaschine) blindschreiben; **'~y** *adj* (Person) empfindlich, übelnehmerisch | (Thema) heikel, gewagt, kitzlig

tough [tʌf] **1.** *adj* zäh ⟨~ meat⟩ | hart, fest ⟨~ rubber⟩ | schwierig, schwer ⟨I found it a ~ job *umg* ich fand es schwierig; a ~ lesson eine harte Lektion; it was ~ going es war eine Strapaze⟩ | (Person, Tier, Pflanze) robust, ausdauernd ⟨~ soldiers⟩ | unnachgiebig ⟨a ~ judge ein harter Richter; to be/get ~ with s.o. auf jmdn. keine Rücksicht nehmen⟩ | barsch, grob, heftig ⟨~ customer Grobian *m*⟩ | (Sturm u. ä.) stark, heftig | brutal, übel, schlimm ⟨a ~ criminal; ~ guy *Am* schwerer Junge⟩ | *umg* zu schade, unglücklich ⟨~ luck Pech *n*; the ~ part of it das Dumme an der Geschichte⟩; **2.** *s umg* Draufgänger *m* | Rowdy *m*, Rabauke *m*, schwerer Junge; **'~en** *vt* zäh machen, kräftig machen; *vi* zäh werden, hart werden; **'~ie** ['~ɪ] *Am Sl s* = **tough 2.** | *übertr* harte Nuß; **ˌ~-'mind·ed** *adj* realistisch, illusionslos, unsentimental, hart

tou·pee ['tu:peɪ] *s* Toupet *n*, Haarteil *n* | kleine Perücke

tour [tʊə] **1.** *s* (Rund-) Reise *f*, Exkursion *f*, Ausflug *m* ⟨a round-the-world ~ eine Weltreise; a ~ of Ireland eine Reise durch Irland⟩ | (*bes* Auslands-) Aufenthalt *m*, Dienst *m*, Mission *f* ⟨a 1-year ~ in Egypt⟩ | Gastspielreise *f*, Tournee *f* ⟨to go on ~ auf Tournee gehen⟩ | Rundgang *m*; **2.** *vt* (Land) bereisen, durchreisen ⟨to ~ Europe⟩ | auf Tournee gehen mit; *vi* reisen, eine Reise machen (**about, round, through** durch) | auf Tournee gehen; **~ de force** [ˌ~də 'fɔ:s] *s* Gewaltakt *m* | Glanzleistung *f*; **'~ing** *adj* Reise-, Touren-; **'~ing car** *s Kfz* Tourenwagen *m*; **'~ing ex·hiˌbi·tion** *s* Wanderausstellung *f*; **'~ing 'hol·i·day** *s* Ferientour *f*, -reise *f*; **'~ism** *s* Tourismus *m*, Fremdenverkehr *m*; **'~ist 1.** *s* Reisende(r) *f(m)*, Tourist(in) *m(f)*; **2.** *adj* Reise-, Touristen-; **'~ist ˌa·gen·cy** *s* Reisebüro *n*; **'~ist class** *s Mar* Touristenklasse *f*; **'~ist ˌin·dus·try** *s* Fremdenindustrie *f*; **'~ist ˌsea·son** *s* Reisezeit *f*, Feriensaison *f*; **'~ist ˌtick·et** *s* Rundreisefahrkarte *f*

tour·ma·lin[e] ['tʊəməlɪn|-li:n] *s Min* Turmalin *m*

tour·na·ment ['tʊənəmənt|'tɔ:-] *s Hist* (Sport) Turnier *n*

tour·nay ['tu:əneɪ] *s* plüschartiger Flor

tour·ney ['tʊənɪ] **1.** *s Hist* Turnier *n* | (Sport) *förml* Turnier *n*; **2.** *vi* turnieren, sich an einem Turnier beteiligen

tour·ni·quet ['tʊənɪkeɪ] *s Med* Tourniquet *n*, Aderpresse *f*

tou·sle ['taʊzl] **1.** *vt* (bes. Haare) zerzausen, verwirren, durcheinanderbringen ⟨~d hair⟩; **2.** *s* Durcheinander *n* | zerzauster Haarschopf

tous·y ['taʊzɪ] *adj Schott, dial* zerzaust, verwirrt, wirr

tout [taʊt] *umg* **1.** *vi* (aufdringlich) Kunden werben, schleppen ⟨to ~ for business ein Geschäft anpreisen⟩ | *Brit* Tips für Rennwetten geben; *vt* Kunden werben für | *Brit* (jmdm.) Wettips geben | (Eintrittskarten) verschachern, zu Überpreisen verkaufen | (jmdn.) hinstellen als; **2.** *s* Kundenschlepper *m*, -sucher *m*, -fänger *m* | *Brit* Rennstallspion *m*, Tipgeber *m* | *auch* **'tick·et ~** Kartenschwarzhändler *m* | *Ir Sl* Spitzel *m*

tout en·sem·ble [ˌtu:t ɒn'sɒmbl|ˌtu:t ã'sãbl] ⟨*frz*⟩ **1.** *s* Gesamteindruck *m*; **2.** *adv* insgesamt, alles zusammen

tou·zle ['taʊzl] = **tousle**

[1]**tow** [təʊ] **1.** *s* Schleppen *n* ⟨on ~ *Kfz* (Fahrzeug) wird abgeschleppt!; to have (s.th., s.o.) in ~ (etw., jmdn.) [ab]schleppen, im Schlepptau haben (*umg auch übertr*); to take in[to] ~ ins Schlepptau nehmen (*auch übertr*)⟩ | *Mar* Schleppzug *m* | Schleppseil *n*; **2.** *vt Mar* schleppen, ins Schlepptau nehmen, treideln | *Kfz* abschleppen ⟨to ~ a car to a garage⟩ | *übertr* mit sich ziehen, ins Schlepptau nehmen

[2]**tow** [təʊ] *s* Werg *n*, Hede *f* ⟨swingling ~ Schwingwerg⟩ | Wergtuch *n*

tow·age ['təʊɪdʒ] *Mar s* Schleppen *n*, Treideln *n* | (Ab)Schleppgebühr *f*

to·ward[s] [tə'wɔ:d(z)] *präp* (räumlich, zeitlich) nach ... hin, auf ... zu, gegen, zu ... hin ⟨~ the sea in Richtung auf das Meer; with his face ~ the wall; ~ the end gegen Ende⟩ | (gegen)über ⟨his feelings ~ us⟩ | (als Beitrag) zu, um ... willen, zum Zwecke (von) ⟨~ the solution of s.th. im Hinblick auf die Lösung von etw.; ~ the cost als Kostenbeitrag⟩

tow|away ['təʊəˌweɪ] **1.** *s* (gebührenpflichtiges) Abschleppen (eines falsch geparkten Autos); **2.** *adj* Abschlepp- ⟨≈ charge Strafgebühr *f* für das Abschleppen⟩ **'~ boat** *s Mar* Schlepper *m*, Schleppboot *n*

tow|el ['taʊəl] **1.** *s* Handtuch *n* ⟨to throw in the ≈ (Boxen), *übertr umg* das Handtuch werfen, sich geschlagen geben⟩; **2.** (**'~elled, '~elled**) *vt* (mit einem Handtuch) abtrocknen, abreiben | *Brit Sl* prügeln; *vi* sich abtrocknen, sich abreiben; **'~el horse** *s* Handtuchständer *m*; **'~el·ling** *s* Handtuchkreppapier *n*, Handtuchdrell *m*, -stoff *m*, Frotté(stoff) *n(m)* | *Brit Sl* Tracht *f* Prügel; **'~el·ling robe** *s* Bade-, Morgenmantel *m* (aus Frotté); **'~el rack** *s* Handtuchhalter *m*, -stange *f*

tow·er ['taʊə] **1.** *s* Turm *m* ⟨a TV ~⟩ | Feste *f*, Burg *f*, Zwinger *m* ⟨the ~ of London der Londoner Tower⟩ | *übertr* Hort *m* ⟨a ~ of strength eine feste Zuflucht, ein starker Hort⟩; **2.** *vi* (hoch-, empor) ragen, sich hoch erheben, sich auftürmen (*auch übertr*) (**above, over** über, **to** bis an); **'~ block** *s* (Büro-, Wohn-) Hochhaus *n*; **'~ clock** *s* Turmuhr *f*; **'~ crane** *s Tech* Turmdrehkran *m*; **'tow·ered** *adj* mit einem Turm versehen | hochgetürmt; **'~ing** [-r-] *adj* sich auftürmend, steil aufragend | *übertr* heftig, gewaltig ⟨in a ≈ rage wutentbrannt⟩ | ehrgeizig, hochstrebend ⟨≈ ambitions⟩; **'~y** [-r-] *adj* mit Türmen versehen

tow·head ['təʊ hed] *s* Struwwelkopf *m*

tow·ing ['təʊɪŋ] *Mar* **1.** *s* Schleppen *n*, Bugsieren *n* | Schleppschiffahrt *f* | Schleppgebühr *f*; **2.** *adj* Schlepp-; **'~ line** *s* (Ab-) Schleppseil *n* | *Flugw* Startseil *n*; **'~ rope** *s Mar* Schlepptau *n*; **'tow·line** *s* = **~ line**

town [taʊn] **1.** *s* Stadt *f* ⟨to live in a ~ in einer Stadt leben⟩ | (*sg mit best art*) Stadtbewohner *m/pl*, Einwohnerschaft *f* einer Stadt ⟨the whole ~ was talking about it die ganze Stadt redete darüber⟩ | Geschäftsviertel *n*, Verkaufszentrum *n* (einer Stadt) ⟨we went to the ~; ~ was busy today; to go [out] on the ~ *umg* groß *od* in großem Stil ausgehen⟩ | (*ohne art*) Stadt (zentrum) *f(n)* ⟨in ~ in der Stadt; man about ~ Lebemann *m*; Großstädter *m*; to go down into ~ in die Stadt gehen; to go to ~ *übertr Sl* einen draufmachen, viel Geld ausgeben⟩ | (*ohne art*) *Brit* London *n* ⟨to go up to ~ nach London gehen *od* fahren; to be out of ~ nicht in London sein⟩ | (*mit best art*) Stadtleben *n* (*Ant* the country) ⟨to like the ~⟩ | *Am* Stadtgemeinde *f* | *auch* **'mar·ket ~** *Brit* Marktflecken *m* | *dial* Dorf *n* ◇ **paint the ~ red** *umg* wild und ausgelassen sein, sich toll amüsieren; **2.** *adj* städtisch, Stadt-; **ˌ~-'bred** *adj* in der Stadt aufgewachsen; **ˌ~ 'clerk** *s* Stadtdirektor *m*; **ˌ~ 'coun·cil** *s* Stadtrat *m*, -verordnetenversammlung *f*; **ˌ~ 'coun·cil·lor** *s* Stadtrat *m*; **ˌ~ 'cri·er** *s Hist* Ausrufer *m*; **~ee** [taʊ'ni:] *s Brit* Städter *m*, Bürger *m*; **ˌ~ 'gas** *s* Stadt-, Leuchtgas *n*; **ˌ~ 'hall** *s* Rathaus *n*; **'~ house** *s* städtisches Wohnhaus, mehrgeschossiges Haus | Stadtwohnung *f* | *Am* Reihenhaus *n*; **~i·fy** ['~ɪfaɪ] *vt* verstädtern; **~let** ['~lət] *s* Städtchen *n*, Kleinstadt *f*; **'~ ˌplan·ning** *s* Städteplanung *f*, -bau *m*; **'~ˌscape** *s* (Bild) Stadtansicht *f*; **'towns·folk** *s/pl* städtische Bevölkerung, Städter *m, f/pl*; **'~ship** *s Hist* (Dorf-, Stadt-) Gemeinde *f*, Gebiet *n* | *Am, Kan* (selbständiger) Stadt-, Verwaltungsbezirk | *Am Geogr* 6 Quadratmeilen großes Gebiet | Bezirk *m* | *Austr* Stadtbauplatz *m* | *Südafr* Eingeborenenviertel *n*; **towns·man** ['taʊnzmən] *s* (*pl* '**towns·men**) Stadtbewohner *m*, Städter *m*, Bürger *m*; '**towns,peo·ple** *s/pl* Stadtbewohner *m, f/pl*; '**~ wear** *s* Stadtanzug *m*; -kleidung *f*; '**towns,wom·an** *s* (*pl* '**towns,women**) Städterin *f*; '**~y** 1. *s umg* Städter *m*; 2. *adj* städtisch ⟨≈ culture⟩

tow|path ['təʊpɑːθ] *s* Lein-, Treidelpfad *m*, Schleppweg *m*; '**~rope** *s* = '**~line**

tow-row ['taʊraʊ] *umg* 1. *s* Krawall *m*, Krach *m*; 2. *vi* Lärm schlagen, Radau machen

tox·[a]e|mi·a [tɒk'siːmɪə] *Med s* Toxämie *f*, Blutvergiftung *f*; **~mic** [-mɪk] *adj* toxämisch, Toxämie-

tox|ic ['tɒksɪk] 1. *adj* toxisch, giftig, Gift-; 2. *s* Gift *n*; '**~i·cal** *adj* toxisch; **~i·cant** ['tɒksɪkənt] 1. *adj* toxisch, giftig; 2. *s* Gift *n*, Giftstoff *m*; ,**~i'ca·tion** *s Med* Vergiftung *f*; **~ic·i·ty** [tɒk'sɪsətɪ] *s Med* Toxizität *f*, Giftigkeit *f*

toxico- ['tɒksɪkə(ʊ)] ⟨*griech*⟩ *in Zus* Gift-

tox·i|co·log·ic [,tɒksɪkə'lɒdʒɪk], ,**~co'log·i·cal** *Med adj* toxikologisch; ,**~'col·o·gist** [,~'kɒlədʒɪst] *s* Toxikologe *m*, Giftkundiger *m*; ,**~'col·o·gy** *s* Toxikologie *f*, Giftkunde *f*; **~co·sis** [,tɒksɪ'kəʊsɪs] *s* (*pl* ,**~'co·ses** [-siːz]) Toxikose *f*, Vergiftung *f*; **tox·in** ['tɒksɪn] *s* Toxin *n*, Gift(stoff) *n(m)*

toy [tɔɪ] 1. *s* Spielzeug *n* (*auch übertr*) | *übertr* Tändelei *f*, Spielerei *f*, Zeitvertreib *m* | *auch* '**~ dog** Schoßhündchen *n*; 2. *vi* spielen (*auch übertr*) (**with** mit) ⟨to ~ with an idea⟩ | *übertr* tändeln, herumspielen ⟨~ing with a pencil⟩; 3. *adj* Spiel(zeug)- ⟨~ soldier⟩ | Zwerg-, Miniatur- ⟨~ poodle⟩; '**~ book** *s* Bilderbuch *n*; '**~ box** *s* Spielzeugschachtel *f*; '**~ dog** *s* Schoßhund *m*; '**~ fish** *s* Zierfisch *m*; '**~like** *adj* spielzeughaft, winzig; '**~shop** *s* Spielwarengeschäft *n*, -handlung *f*; ,**~ 'the·a·tre** *s* Puppentheater *n*

[1]**trace** [treɪs] 1. *s* Fährte *f*, Spur *f* (*auch übertr*) ⟨to leave no ~ behind keine Spur hinterlassen; to lose all ~ of s.o. von jmdm. jede Spur verlieren⟩ | geringe Menge, Spur *f* ⟨~s of poison Giftspuren⟩ | *Math* Spurpunkt *m* | *Arch* Grundriß *m*; 2. *vt* (Weg) verfolgen, entlanggehen | (jmdm.) nachfolgen, -spüren, -gehen | *übertr* verfolgen, nachweisen, feststellen ⟨to ~ a fault einen Fehler suchen; to ~ the beginnings die Anfänge verfolgen⟩ | ausfindig machen, entdecken ⟨to ~ a letter⟩ | (Wort) sorgfältig schreiben ⟨to ~ one's name⟩ | skizzieren, entwerfen, (auf)zeichnen | (durch)pausen | *auch* **~ out** (Zeichnung) ausziehen | abstecken (Landvermessung); **~ back** zurückverfolgen (**to** bis, zu); **~ out** umreißen; *vi, auch* **~ back** zurückgehen, sich zurückverfolgen lassen (**to** [bis] auf)

[2]**trace** [treɪs] *s* Strang *m*, Zugriemen *m* ⟨in the ~s im Geschirr, angespannt; to die in the ~s *übertr* in den Sielen sterben; to kick over the ~s *übertr* über die Stränge schlagen⟩

trace|a·bil·i·ty [,treɪsə'bɪlətɪ] *s* Nachweisbarkeit *f*; '**~a·ble** *adj* aufspür-, nachweisbar, zurückzuführend (**to** auf); '**~ ,el·e·ment** *s Chem* Spurenelement *n*

trace| horse ['treɪs hɔːs] *s* Zugpferd *n*; '**~ ,leath·er** *s* Strangriemen *m*

trac·er ['treɪsə] *s* Aufspürer *m*, Spurfinder *m* | *Tech* Taster *m*, Taststift *m* | Pauser *m*, Durchzeichner *m* | *Phys, Chem* Indikator *m*, radioaktives Isotop, Leitisotop *n* | *Mil* Leuchtspurgeschoß *n*, -granate *f*, -kugel *f* | *Am* Laufzettel *m*; '**~ am·mu,ni·tion** *s Mil* Leuchtspurmunition *f*; **~ied** ['treɪsr̩ɪd] *adj Arch* mit Maßwerk versehen; **~y** ['treɪsr̩ɪ] *Arch* Maßwerk *n* | *übertr* Netzwerk *n* ⟨≈ of frost Frostblumen *pl*⟩

tra·che|a [trə'kiːə] *s* (*pl* **~ae** [~ɪ]) *Med* Trachea *f*, Luftröhre *f* | *Zool* Trachee *f*; '**~al** *adj Med* tracheal, Luftröhren- | *Zool* Tracheen-; **~ot·o·my** [,trækɪ'ɒtəmɪ] *s Med* Tracheotomie *f*, Luftröhrenschnitt *m*

tra|cho·ma [trə'kəʊmə] *s Med* Trachom *n*; **~chom·a·tous** [~'kɒmətəs] *adj* Trachom-

trac·ing ['treɪsɪŋ] 1. *s* (Auf-) Zeichnung *f* | Pause *f*, Kopie *f* | Suchen *n*; '**~ file** *s* Suchkartei *f*; '**~ ,pa·per** *s* Pauspapier *n*; '**~ rou,tine** *s* (Computer) Folgeprüfprogramm *n*, Programm *n* zum Überwachen

[1]**track** [træk] 1. *s* (Fuß-, Wagen-) Spur *f*, Fährte *f* (*auch übertr*) ⟨a fox's ~; the ~ of the storm die Spur des Sturmes; in one's ~s *übertr umg* auf der Stelle, wo man sich gerade befindet, plötzlich; off the beaten ~ abseits, wenig bekannt *od* besucht; on s.o.'s ~ auf jmds. Spur *od* Fährte; on the right (wrong) ~ auf der richtigen (falschen) Spur; to be on s.o.'s ~ jmdm. auf der Spur sein; to be off the ~ auf der falschen Fährte sein; *übertr* vom Thema abweichen; to go along in the same ~ immer wieder das gleiche machen, Spuren verwischen; to have a one-/single-~ mind *umg* einseitig denken, nur eins im Sinn haben; to keep ~ of s.th. *übertr* etw. verfolgen; to lose ~ of s.th. *übertr* etw. aus den Augen verlieren; to make ~s *Sl* verduften, Leine ziehen⟩ | *Eisenb* Gleis *n* ⟨off the ~ entgleist; *übertr* auf dem Holzweg; the wrong side of the ~s *Am übertr* die falsche Straßenseite, die weniger vornehme Gegend⟩ | (Sport) Bahn *f* ⟨a running ~ Laufbahn *f*; ~ events Laufdisziplinen *f/pl*⟩ | *Tech* Gleitbahn *f*, Laufrille *f* | (Schallplatte) Spur *f* | (Ton-) Bandspur *f* | *Mar* Route *f*, Schiffahrtsweg *m* | *Bergb* Gestänge *n* | *Kfz* Raupenkette *f* | *Kfz* Spurweite *f*; 2. *vt* (Spur) verfolgen, (Mensch, Tier) nachspüren ⟨to ~ an animal⟩ | (Weg) kenntlich machen, kennzeichnen | durchqueren; **~ down, ~ out** aus-, aufspüren; *vi* in der Spur bleiben, spüren | *Film, Ferns* (mit der Kamera) fahren ⟨~ing shot Folgebild *n*⟩

[2]**track** [træk] *vt Mar* Schleppen, treideln; [1]'**~age** *s Mar* Schleppen *n*, Treideln *n*

[2]**track|age** ['trækɪdʒ] *s Am Eisenb* Schienen *f/pl*; ,**~-and-'field** *adj* Leichtathletik- ⟨≈ events Leichtathletikdisziplinen *pl*; ≈ sport Leichtathletik *f*⟩; '**~,clear·er** *s Eisenb* Schienenräumer *m*, -räumfahrzeug *n*; '**~er** *s* Verfolger *m* | *auch* '**~er dog** Spürhund *m*; '**~ing** *s* = **~ system**; '**~ing ,sta·tion** *s* Raumfahrtverfolgungsstation *f*; '**~,lay·er** *s* Schienenleger *m*; '**~less** *adj* weglos | unbetreten ⟨≈ forest⟩ | spurlos | schienenlos ⟨a ≈ vehicle⟩; '**~ ,re·cord** *s* (Sport) Bahnrekord *m* | *übertr* bisherige gezeigte Leistungen *pl od* Qualität *f*; '**~suit** *s* Trainingsanzug *m*; '**~,suit·ed** *adj* in *od* mit Trainingsanzug; '**~ ,sy·stem** *s Am Päd* Einteilung *f* (der Schüler *od* Studenten) nach der Leistung; '**~,walk·er** *s Am Eisenb* Streckenwärter *m*; '**~way** *s* Fahrbahn *f*

[1]**tract** [trækt] *s* Gebiet *n*, Strecke *f*, Fläche *f* ⟨~ of desert Wüstengebiet⟩ | *Anat, Zool* Trakt *m*, Traktus *m* ⟨digestive ~ Verdauungsapparat *m*, -trakt *m*; respiratory ~ Atemwege *pl*; optic ~ Sehstrang *m*⟩ | Zeitraum *m* ⟨a ~ of fair weather eine Schönwetterperiode⟩

[2]**tract** [trækt] *s* kurze Abhandlung, Traktat *n* (*bes Rel*)

trac·ta|bil·i·ty [,træktə'bɪlətɪ] *s* Gefügigkeit *f*; '**~ble** *adj* willig, gefügig ⟨≈ children⟩ | *Tech* (leicht) bearbeitbar, (leicht) zu bearbeiten ⟨gold is ≈⟩

trac·tate ['trækteɪt] *s* Abhandlung *f*, Traktat *n*

trac|tion ['trækʃn] *s* Ziehen *n* | Zug *m* | *Phys, Tech* Zugkraft *f*, Traktion *f* ⟨power of ≈ *Tech* Zugkraft *f*; steam ≈ Dampfkraft *f*⟩ | *Phys, Tech* Reibungsdruck *m* | (Reifen) Griffigkeit *f*, Haftfähigkeit *f* ⟨≈ of the road Bodenhaftung *f*⟩ | *Med* Zusammenziehung *f* | *Am* (öffentlicher) Transport *m*, Beförderung *f* ⟨interurban ≈ Städtenahverkehr *m*⟩ | Anziehungskraft *f* (*auch übertr*); '**~tion·al** *adj* Zug-; '**~tion ,ban·dage** *s Med* Streckverband *m*; '**~tion ,en·gine** *s Tech* Trecker *m*, Zugmaschine *f*; '**~tion rope** *s* Zugseil *n*; '**~tive** *adj Tech* Zug-; ,**~tive 'force** *s* Zugkraft *f*; '**~tor** *s Tech* Traktor *m*, Zugmaschine *f* | *Med* Streckapparat *m*;

'~tor ˌdriver *s* Traktorist *m*; '~tor plough *s* *Tech* Motorpflug *m*

trad [træd] *s* (Kurzwort) *umg* *Mus* traditioneller Jazz

trade [treɪd] **1.** *s* Handwerk *n*, Beruf *m*, Gewerbe *n*, Branche *f*, Metier *n* ⟨the ~ of a printer das Druckereigewerbe; to be a tailor by ~ von Beruf Schneider sein⟩ | Gilde *f*, Zunft *f* | Handel *m*, Handelsverkehr *m* ⟨Board of ~ Handelsministerium *n*; domestic/home ~ Binnenhandel; foreign ~ Außenhandel⟩ | Geschäft *n* (Einzel-, Groß-) Handel *m* ⟨the cotton ~ der Baumwollhandel; the tourist ~ das Touristengewerbe; the ~ *umg* *Brit* Spirituosenerzeugung *f* u. -handel *m*; to be in ~ Geschäftsmann sein⟩ | Geschäft *n*, Gewinn *m*, Umsatz *m* ⟨to do a good ~ gute Geschäfte machen⟩ | *collect* Kaufleute *pl*, Geschäftswelt *f*, auf einem Gebiet Arbeitende *m/pl*, Eingeweihte *m/pl* ⟨of interest to the ~⟩ | *meist* **trades** *pl* *umg* Passat(winde) *m(pl)*; **2.** *vt* (Waren) handeln, ein-, verkaufen, vertauschen ⟨to ~ gold for guns Waffen gegen Gold einkaufen; to ~ dancers den Tanzpartner wechseln⟩; ~ **in** eintauschen, in Kauf geben (**for** gegen, für); ~ **off** koordinieren, in Einklang bringen | verzichten auf, opfern; *vi* handeln, Handel treiben (**in s.th.** mit etw., **with s.o.** mit jmdm.) | *Am* einkaufen (**at** bei); ~ **on**, *förml* ~ **upon** ausnützen, reisen auf ⟨to ~ upon s.o.'s sympathy aus jmds. Mitgefühl Nutzen ziehen⟩; '~ ˌ**bal·ance** *s* Handelsbilanz *f*; '~ **di'rec·to·ry** *s* Firmenverzeichnis *n*; ˌ~ '**dis·count** *s* *Wirtsch* Rabatt *m*; '~ **gap** *s* *Wirtsch* (Außen-) Handelsdefizit *n*; '~-**in** *s* Tauschobjekt *n*, in Zahlung gegebener Gegenstand; '~ ˌ**jour·nal** *s* Fachzeitschrift *f*; '~**mark** *s* Waren-, Handelszeichen *n*, Schutzmarke *f* (*auch übertr*); ˌ~-**mark pro'tec·tion** *s* Musterschutz *m*; '~ **name** *s* Firmen-, Markenbezeichnung *f*; '~-**off** *s* *Am* *übertr* Geschäft *n*, Tausch *m* | (gegenseitige) Abstimmung, Koordinierungsmaßnahme *f* (**between** zwischen) | Kompromißlösung *f* ⟨political ~s⟩; '~ ˌ**part·ner** *s* Handelspartner *m*; '~ **price** *s* Engros-, Großhandelspreis *m*; '**trad·er** *s* Händler *m*, Kaufmann *m* | *Mar* Handelsschiff *n*; '~ **route** *s* Handelsstraße *f*

trad·es·can·ti·a [ˌtrædəs'kænʃɪə] *s* *Bot* Tradeskantie *f*

trade| school ['treɪd sku:l] *s* Handels-, Gewerbeschule *f*; '**trades·folk** *s* Handels-, Geschäftsleute *pl*; '**trades·man** [-mən] *s* (*pl* '**trades·men**) Händler *m*; '**tradesˌpeo·ple** *s/pl* Geschäftsleute *pl*; ˌ~ '**un·ion** *s* Gewerkschaft *f* ⟨~ Union Congress Britischer Gewerkschaftsbund⟩; ˌ~-'**un·ion·ism** *s* Gewerkschaftsbewegung *f*; ˌ~-'**un·ion·ist** **1.** *s* Gewerkschaftler(in) *m(f)*; **2.** *adj* gewerkschaftlich

trade·wind ['treɪdwɪnd] *s* Passat *m*

trad·ing ['treɪdɪŋ] **1.** *s* Handeln *n*, Handel *m*; **2.** *adj* handelnd, Handels-; '~ ˌ**com·pa·ny** *s* Handelsgesellschaft *f*; '**trad·ing esˌtate** *s* zu bewirtschaftende Fläche; '~ **port** *s* Handelshafen *m*; '~ **post** *s* Handelsniederlassung *f*, Laden *m*; '~ **stamp** *s* *Wirtsch* Rabattmarke *f*

tra·di·tion [trə'dɪʃn] *s* Tradition *f*, Überlieferung *f*, Brauchtum *n* | *verächtl* (überlieferte) Irrlehre | *Jur* Auslieferung *f*, Übergabe *f*; **tra'di·tion·al**, *selten* **tra'di·tion·ar·y** *adj* traditionell, Traditions-; **tra'di·tion·al·ism** *s* Traditionalismus *m*, Festhalten *n* am Althergebrachten

tra|duce [trə'dju:s] *förml* *vt* verleumden; verraten, in den Schmutz ziehen; ~'**duc·er** *s* Verleumder *m*; ~'**duce·ment** *s* Verleumdung *f*

traf|fic ['træfɪk] **1.** *s* (öffentlicher Straßen-, Schiffs-, Eisenbahn- u.s.w.) Verkehr ⟨heavy ~ starker Verkehr⟩ | (Personen-, Güter- u. ä.) Verkehr *m*, (Güter-, Nachrichten- u. ä.) Umschlag *m* ⟨passenger ~; radio ~ Funkverkehr⟩ | (Handels) Verkehr *m*, Handel *m* (**in** mit) ⟨unlawful ~ ungesetzlicher Handel⟩ | *übertr* Verkehr *m*, Austausch *m* ⟨~ in ideas Gedankenaustausch *m*⟩ | (Besucher-, Kunden-) Andrang *m* ⟨floor ~ was up die Besucherzahlen *pl* nahmen zu⟩; **2.** ('~**ficked**, '~**ficked**) *vt* tauschen, verschachern; *vi* (*meist* illegal) handeln, Handel treiben (**in** in, **with** mit) | *übertr* feilschen, schachern (**for** um); ~**fi·ca·tor** ['træfɪkeɪtə] *s* *bes Brit Kfz* Fahrtrichtungsanzeiger *m*; '~**fic beam** *s* *Kfz* Abblendlicht *n*; '~**fic block** *s* Verkehrsstockung *f*; '~**fic** ˌ**cir·cle** *s* *Am* Kreisverkehr *m*; '~**fic con·cenˌtra·tion** *s* Verkehrsdichte *f*; '~**fic** ˌ**count·ing** *s* Verkehrszählung *f*; '~**fic** ˌ**is·land** *s* Verkehrsinsel *f*; '~**fic jam** *s* Verkehrsstockung *f*; '~**fick·er** *s* (*bes* illegaler) Händler (**in** mit) ⟨a ~ in drugs⟩ | Intrigant *m*, Zuträger *m*; '~**fic lane** *s* Fahrspur *f*; '~**fic light** *s* Verkehrsampel *f*; '~**fic ofˌfend·er** *s* Verkehrssünder *m*; '~**fic** ˌ**plan·ning** *s* Verkehrsplanung *f*; '~**fic reg·uˌla·tion** *s* Straßenverkehrsordnung *f*; '~**fic sign**; '~**fic** ˌ**sig·nal** *s* Verkehrsampel *f*; '~**fic** ˌ**war·den** *s* Parkkontrolleur(in) *m(f)*, (Frau) Politesse *f*

tra·ge·di·an [trə'dʒi:dɪən] *s* Tragödiendichter *m*, Tragiker *m* | *Theat* Tragöde *m*; **tra·ge·di·enne** [trəˌdʒi:dɪ'en] *s* *Theat* Tragödin *f*; **trag·e·dy** ['trædʒədɪ] *s* *Theat* Tragödie *f*, Trauerspiel *n* | *übertr* Tragödie *f*, tragischer Vorfall ⟨to end in ~ in einer Tragödie enden⟩; '**trag·ic** *adj* *Theat* tragisch, Tragödien- ⟨a ~ actress eine Tragödin⟩ | *übertr* tragisch, unheilvoll ⟨a ~ accident⟩; '**trag·i·cal** *adj* tragisch ⟨~ subjects tragische Themen *n/pl*⟩; **trag·i·com·e·dy** [ˌtrædʒɪ'kɒmədɪ] *s* Tragikomödie *f* (*auch übertr*); **trag·i·com·ic** [ˌtrædʒɪ'kɒmɪk], ˌ**trag·i·'com·i·cal** *adj* tragikomisch

trail [treɪl] **1.** *vt* schleppen, hinterherziehen, schleifen ⟨to ~ a long skirt through the dust; to ~ a toy car ein Spielzeugauto hinter sich herziehen⟩ | mühsam *od* müde ziehen *od* schleppen ⟨to ~ one's legs sich [müde] dahinschleppen⟩ | (Wild) aufspüren | (jmdm.) folgen, nachgehen ⟨to ~ a criminal⟩ | *übertr* in den Schmutz ziehen | *Am umg* zurückbleiben, (hinter jmdm.) nachhinken | *Mil* (Gewehr) nach vorn halten ⟨~ arms! Gewehr rechts!⟩; ~ **out** *übertr* in die Länge ziehen, ausdehnen; *vi* schleifen, schleppen, herunterhängen ⟨her skirt ~s; to ~ on the floor⟩ | wehen, flattern | *auch* ~ **along** (dahin) ziehen, sich [müde] (dahin) schleppen | *Am* hinterherhinken, zurückbleiben, nachzotteln | sich (da)hinziehen ⟨smoke ~s from the chimney⟩ | Wild aufspüren | *Bot* kriechen, hängen; ~ **away**, *auch* ~ **off** verklingen, sich verlieren (Stimme u. ä.); **2.** *s* (Kleid-) Schleppe *f* | (Kometen u. ä.) Schweif *m*, Schwanz *m* ⟨a ~ of dust eine Staubwolke; ~ of smoke Rauchfahne *f*⟩ | *Mil* (Lafetten-) Schwanz *m* | Spur *f*, Fährte *f* ⟨~ of blood Blutspur; hard/hot on s.o.'s ~ jmdm. direkt auf den Fersen; to put a hound on the ~ einen Hund auf Spur *od* die Witterung setzen⟩ | Trampelpfad *m* ⟨to blaze a/the ~ der erste in *od* bei etw. sein⟩; '~**a·ble** *adj* (Boot) auf Anhänger ⟨~ boat⟩; '~ **bike** *s* geländegängiges Motorrad; '~**er** *s* *Bot* kriechende Pflanze, Ausläufer *m* | (Auto-, Straßenbahn-) Anhänger *m* | *Am* Wohnwagen *m* | *Film* Vorschau *f* | (Mikrofilm) Endband *n*; '~**ing wheel** *s* Hinterrad *n*; '~ **rope** *s* Schleppseil *n*, -tau *n*

train [treɪn] **1.** *s* *Eisenb* Zug *m* ⟨to go by ~ mit dem Zug fahren⟩ | (Kleid-) Schleppe *f* | (Komet u. ä.) Schweif *m*, Schwanz *m* | *Tech* Zündschnur *f*, Zündlinie *f* | Reihe *f*, Folge *f*, Kette *f* (*auch übertr*) ⟨a ~ of people ein Menschenzug; a ~ of thought ein Gedankengang⟩ | Gefolge *n* | *Mil* Troß *m* | Folge *f* ⟨to have in its ~ mit sich bringen⟩ ◇ **in** ~ in Vorbereitung ⟨arrangements are in ~⟩; **2.** *vt* erziehen, ausbilden ⟨to ~ s.o. [how] to do s.th.⟩ | (Sport) trainieren | *Mil* drillen, ausbilden (**for** für) | (Tiere) abrichten, dressieren | (Pferd) zureiten | *Mil* (Geschütz) richten (**[up]on** auf); ~ **up** qualifizieren, weiterbilden (**to zu**) ⟨to ~ s.o. up to a high level jmdn. auf ein hohes Niveau bringen⟩; *vi* sich ausbilden (**for** zu, als) ⟨to ~ to be a doctor

Medizin studieren⟩ | (Sport) trainieren (**for** für) | *umg* mit dem Zug fahren ⟨he planed and ~ed⟩ | *Am umg* verkehren (**with** mit); **'~a·ble** *adj* erziehbar | abrichtbar | trainierbar; **'~ˌbear·er** *s* Schleppenträger *m*; **trained** *adj* gelernt, geschult, ausgebildet ⟨a ≈ doctor⟩; **~ee** [treɪ'ni:] **1.** *s* Anlernling *m*, Praktikant *m* ⟨job ≈s⟩ | *Am* Rekrut *m*; **2.** *adj* in der Ausbildung (befindlich) ⟨a ≈ reporter⟩; **'~er** *s* Erzieher *m* | (Sport) Trainer *m* | (Pferde-) Zureiter *m* | (Hunde-) Abrichter *m* | *Flugw* Schulflugzeug *n*; **'~ fer·ry** *s* Eisenbahnfähre *f*, -trajekt *n*; **'~ing 1.** *s* Erziehung *f*, Schulung *f*, Übung *f* | (*bes* Sport) Training *n* ⟨(out of) in ≈ (nicht) im Training; to go into ≈ for trainieren für⟩; **2.** *adj* Schulungs- | (Sport) Trainings-; **'~ing ˌcol·lege** *s* Lehrerbildungsanstalt *f*, -institut *n*; **'~ing ˌcy·cle** *s* Heimtrainer *m*; **'~ing diˌrec·tor** *s Am* Ausbildungsleiter *m*; **'~ing ˌre·cord** *s* Übungs(schall)platte *f*; **'~ing scheme** *s* Ausbildungsplan *m*; **'~ing ship** *s* Schulschiff *n*; **'~ing shoe** *s* Trainingsschuh *m*, Lederturnschuh *m*; **'~ing staff** *s* Ausbildungspersonal *n*; **'~man** (*pl* **'~men**) *Am* Angehöriger *m* des Zugpersonals

traipse [treɪps] = **trapse**

trait [treɪt] *s* Zug *m*, Eigenheit *f*, Charaktermerkmal *n* ⟨a pleasing ~ ein angenehmer Zug; cultural ~ kulturelle Eigenart⟩ | Gesichtszug *m* | Anflug *m*, Spur *f*

trai|tor ['treɪtə] *s* Verräter *m* (**to** an); **'~tor·ous** ['-trəs] *adj bes lit* treulos, verräterisch; **~tress** ['~trəs] *s* Verräterin *f*

tra·ject ['trædʒɪkt] *s* Trajekt *n*, Eisenbahnfähre *f*, Fährschiff *n* | Überfahrt *f* | Überfahrtstelle *f*; [trə'dʒekt] *vt* (Fluß u. ä.) überqueren | (Strahl u. ä.) hindurchlassen, -werfen | (Gedanken) übertragen

tra·jec·to·ry [trə'dʒektərɪ] *s Phys* Flugbahn *f*, -linie *f*, ballistische Kurve ⟨~ of a bullet Geschoßbahn *f*⟩; **ˌ~ 'er·ror** *s Phys* Bahnfehler *m*; **ˌ~ 'peak** *s Phys* maximale Flugbahnhöhe

tram [træm] **1.** *s Brit* Straßenbahn(wagen) *f*(*m*) | Straßenbahnlinie *f* | Straßenbahnschiene *f* | *Bergb* Hund *m*, Förderwagen *m* | *Tech* Laufkatze *f*; **2.** (**trammed, trammed**) *vt Bergb* (Erz) im Förderwagen befördern; *vi Brit* mit der Straßenbahn fahren; **'~car** *s* Straßenbahnwagen *m* | *Bergb* Förderwagen *m*; **'~ conˌduc·tor** *s* Straßenbahnschaffner *m*; **'~ ˌde·pot** *s* Straßenbahndepot *m*; **'~ line** *s* Straßenbahnlinie *f* | Straßenbahnschiene *f* | *umg* (Tennis) Korridor *m*; **'~ mains** *s/pl* Straßenbahnoberleitung *f*

tram|mel ['træml **1.** *s* Schleppnetz *n* | *Math* Ellipsenzirkel *m* | Kesselhaken *m*; **2.** *vt* (**'~melled, '~melled**) mit dem Schleppnetz fangen | *förml übertr* hemmen, hindern, fesseln; **'~mel·ler** *s* Netz-, Fallensteller *m* | *übertr* Hemmschuh *m*; **'~mels** *s/pl übertr* Hemmschuh *m*, Fessel *f* ⟨the ≈ of etiquette der Zwang der Etikette; the ≈ of superstition die Fesseln des Aberglaubens⟩

tram·mer ['træmə] *s Bergb* Schlepper *m*, Fördermann *m*

tramp [træmp] **1.** *vi* mit schweren Schritten gehen, stampfen ⟨to ~ through the snow; to ~ up and down⟩ | trampen, wandern, zu Fuß reisen ⟨to ~ in the woods; to ~ over the moors⟩ | vagabundieren | treten (**on, upon** auf) ⟨to ~ on s.o.'s toes⟩; *vt* trampen, durchwandern, -streifen ⟨to ~ the mountains⟩ | stampfen ⟨to ~ grapes for wine Trauben für Wein stampfen⟩; **2.** *s* schwerer Gang *od* Schritt ⟨the ~ of marching soldiers⟩ | Wanderung *f* ⟨to go for a ~ eine Wanderung machen⟩ | *verächtl* Landstreicher *m*, Vagabund *m* | *Sl* Dirne *f* | *auch* **'~ ˌsteam·er** *Mar* Fracht-, Trampschiff *n*; **'~er** *s* Wanderer *m* | Landstreicher *m*, Vagabund *m*

tram·ple ['træmpl] *vi* (herum)treten, -trampeln (**on, upon** auf, **over** über) ⟨to ~ on s.o.'s toe jmdm. auf die Zehe treten⟩ | *übertr* mit Füßen treten (**on, upon** auf); *vt* treten, trampeln ⟨to ~ s.o. to death jmdn. tottreten, zerquetschen⟩ | *auch* **~ down** zertreten, -trampeln ⟨to ~ the grass down das Gras niedertreten⟩ | *auch* **~ out** austreten ⟨to ~ out a fire⟩ | *übertr* herumtrampeln auf

tram·po·line ['træmpəli:n] *s* Trampoline *f*, Federbrett *n*

tram rail ['træmreɪl] *s* Straßenbahnschiene *f*; **'~ride** *s* Straßenbahnfahrt *f*

tram·way ['træmweɪ] *s Brit* Straßenbahn *f* | Straßenbahnlinie *f*, -strecke *f*

trance [trɑ:ns] **1.** *s* Trance *f*, Hypnose *f* | Benommenheit *f* ⟨in a ~ in Trance verfallen, ganz benommen⟩ | Verzükkung *f* | *Med* Bewußtlosigkeit *f*; **2.** *vt poet* entzücken, in Ekstase versetzen

trank [træŋk] *s Am, Kan Abk* von **tranquilizer**

tran|nie, *auch* **~ny** ['trænɪ] *s Brit umg* Miniradio *n*

tran·quil ['træŋkwɪl] *adj* ruhig, gelassen, friedlich, ruhevoll ⟨a ~ lake ein stiller See; a ~ life ein friedliches Leben⟩ | heiter ⟨a ~ smile⟩; **~li·za·tion** [ˌtræŋkwɪlaɪ'zeɪʃn] *s* Beruhigung *f*; **'~lize** *vt* beruhigen; *vi* sich beruhigen; **'~liz·er** *s Med* Tranquilizer *m*, Beruhigungsmittel *n*; **~li·ty** [træŋ'kwɪlətɪ] *s* Ruhe *f*, Gelassenheit *f* | Heiterkeit *f*

trans- [trænz-|træns-] *präf zur Bildung von adj, v, s mit der Bedeutung*: über, jenseits, durch, um (*z. B.* **ˌ~at'lantic** transatlantisch, überseeisch; **~'plant** um-, versetzen; **~'mission** Übersendung *f*)

trans|act [træn'zækt] *vt* (Geschäft u. ä.) abmachen, abwikkeln, zustandebringen, erledigen (**with s.o.** mit jmdm.); *vi* verhandeln (**with** mit); **~ac·tion** [træn'zækʃn] *s* Abwicklung *f*, Durchführung *f* | Verhandlung *f* | *Wirtsch* Geschäftsabschluß *m*, Transaktion *f* | *Jur* Vergleich *m*; **~'ac·tion ˌcoun·ter** *s Wirtsch* Postenzähler *m* (der Ladenkasse); **~'ac·tions** *s/pl Wirtsch* Umsatz *m* | Verhandlungen *f/pl*, Verhandlungsniederschrift *f*, Protokoll *n*, Sitzungsbericht *m/pl* (≈ of the Royal Society); **~'ac·tor** *s* Unterhändler *m*

trans·al·pine [træn'zælpaɪn] **1.** *adj* transalpin; **2.** *s* Bewohner(in) *m*(*f*) eines transalpinen Landes

trans·at·lan·tic [ˌtrænzət'læntɪk] *adj* transatlantisch, überseeisch ⟨~ military bases⟩ | (trans)atlantisch, die Länder auf beiden Seiten des Atlantik betreffend ⟨~ agreement⟩ | Übersee-, den Atlantik überquerend ⟨~ flight Ozeanflug *m*⟩

trans·bus ['trænsbʌs] *s Am* Spezialbus *m* (für Behinderte)

trans·ceiv·er [træn'si:və] *s El* Sende-Empfangsgerät *n*

tran|scend [træn'send] *vt, bes übertr* übersteigen, -schreiten, weitergehen als ⟨to ≈ national boundaries die Ländergrenzen überschreiten; to ≈ good and evil Gut und Böse hinter sich zurücklassen⟩ | *übertr* übertreffen ⟨to ≈ one's companion⟩ | *übertr* (jmdn.) erheben (**to[wards]** zu); *vi übertr* hervorragen; **~'scen·dence, ~'scen·den·cy** *s* Überlegenheit *f*, Vortrefflichkeit *f* | Größe *f*, Erhabenheit *f* | *Math, Phil* Transzendenz *f* | *Rel* Transzendenz *f*; **~'scen·dent** *adj* hervor-, überragend, vortrefflich ⟨≈ importance⟩ | vage, unbestimmt, unbegreiflich (**to** für) | *Math, Phil* transzendent ⟨≈ reality⟩ | *Rel* transzendent, überweltlich

tran·scen·den·tal [ˌtrænsen'dentl] **1.** *adj Phil* transzendental ⟨~ idealism⟩ | *Math* transzendent | abstrakt, übernatürlich, -spannt ⟨~ speculations⟩; **2.** *s Math* Transzendente *f* | *Phil* transzendentaler Begriff; **ˌtran·scen'den·tal·ism** *s Phil* Transzendentalismus *m*, Transzendentalphilosophie *f*

trans·con·ti·nen·tal [ˌtrænzkɒntɪ'nentl] *adj* transkontinental ⟨~ railway⟩ | auf der anderen Seite des Kontinents befindlich ⟨~ city⟩

tran|scribe [træn'skraɪb] *vt* abschreiben, kopieren | in Langschrift übertragen | *Ling* transkribieren (**into** in) | *Mus* transkribieren, umschreiben (**for** für) | *Ling* in phonetischer Umschrift schreiben, die phonetische Umschrift angeben für | (Computer) umschreiben, abgreifen | *Rundf*,

Ferns aufzeichnen; **~'scri·ber** *s* (Computer) Umschreiber *m*, Übersetzer *m*; **~script** ['trænskrɪpt] *s* Kopie *f*, Abschrift *f* | Aufzeichnung *f*; **~scrip·tion** [~'skrɪpʃn] *s* Transkription *f*, Umschrift *f* | Abschrift *f*, Kopie *f* | *Mus* Transkription *f* | *Rundf* Aufnahme *f* auf Tonband ⟨to make ≈s Bandaufnahmen machen⟩; **~'scrip·tive** *adj* abschreibend

trans·duc·er [træns'dju:sə] *s El* (Energie-)Umwandler *m*

trans·earth [ˌtræns'ɜ:θ] *adj* (Raumschiff) die Rückkehr zur Erde betreffend ⟨~ trajectory Rückflugbahn *f*⟩

tran·sept ['trænsept] *s Arch* Querschiff *n*

trans·fer [træns'fɜ:] (**trans'ferred, trans'ferred**) *vt* (Muster u. ä.) übertragen (**to** auf) | (Büro u. ä.) verlegen, (Person) versetzen (**from** von, **in, into** in, **to** nach) | *Jur* (Eigentumsrecht u. ä.) abtreten, überlassen, verlieren (**to s.o.** jmdm.) ⟨to ~ rights⟩ | *Wirtsch* (Geld) überweisen | *Typ* umdrukken; *vi* sich verlegen lassen | verlegt werden, versetzt werden (**to** nach) | übertreten, -wechseln (**to** zu) | *Eisenb* umsteigen; ['trænsfɜ:] *s* Übertragung *f* | Versetzung *f*, Verlegung *f*, Überführung *f* (**to** nach) | Überwechseln *n*, Überwechslung *f*, Transfer *m* (Fußballer) | *Wirtsch* Transfer *m*, Überweisung *f* | *Jur* Zession *f*, Abtretung *f* (**to** an) | *Typ* Umdruck *m* | Aufdruck *m* (auf Hemd u. ä.) | Abziehbild *n* | *Eisenb* Umsteigen *n* | *Eisenb* Umsteigefahrkarte *f* | *Päd* Transfer *m*, freie Anwendung (des Gelernten); **~a·bil·i·ty** [trænsˌfɜ:rə'bɪlətɪ] *s* Übertragbarkeit *f*; **~a·ble** [træns'fɜ:rəbl] *adj* übertragbar | versetzbar; **~ee** [ˌtrænsfə'ri:] *s Jur* Übernehmer *m*, Zessionar *m* | *Wirtsch* Indossatar *m*; **~ence** ['trænsfərəns] *s* Übertragung *f* | Verlegung *f* | *Wirtsch* Transferierung *f*; **~or** ['trænsfərə] *s Jur* Zedent *m* | *Wirtsch* Indossant *m*; **'~ ˌpa·per** *s Typ* Umdruckpapier *n*; **'~ ˌpic·ture** *s* Abziehbild *n*; **~rer** [træns'fɜ:rə] *s Wirtsch* Indossant *m* | *Tech* Übertragungsvorrichtung *f*; **'~ ˌrol·ler** *s Typ* Übertragwalze *f*; **'~ ˌtick·et** *s* Umsteigefahrkarte *f* | *Wirtsch* Überweisungsscheck *m*, -formular *n*

trans·fig·u·ra·tion [ˌtrænsfɪgə'reɪʃn] *s* Umgestaltung *f* | ≈ *Rel* Verklärung *f* (Christi) | ≈ *Rel* Fest *n* der Verklärung (6. August); **trans'fig·ure** *vt* verwandeln, umgestalten ⟨to ≈ the wasteland das unbebaute Land umgestalten⟩ | *übertr* verklären (**with** von) ⟨a face ≈d with joy ein freudenverklärtes Gesicht⟩

trans·fi·nite [træns'faɪnaɪt] *adj Math* transfinit, überendlich

trans|fix [træns'fɪks] *vt* durchbohren, -stechen (*auch übertr*) ⟨to ≈ a vein die Vene durchstechen, durch die Vene stechen; to ≈ s.o. with a glance jmdn. mit einem Blick durchbohren⟩ | (*meist pass*) *übertr* lähmen (**with** vor) ⟨to be ≈ed to the spot auf der Stelle erstarren⟩; **~'fixed** *adj übertr* starr, unbeweglich, gelähmt (**with** vor); **~fix·ion** [~'fɪkʃn] *s* Durchbohrung *f* | *übertr* Erstarrung *f*

trans|flu·ent ['trænsfluənt] *adj* hindurchfließend; **~flux** [~flʌks] *s* Hindurchfließen *n*

trans|form [træns'fɔ:m] *vt* umgestalten, umbilden, umformen, verwandeln (**into**, in, **to** zu) (*auch übertr*) | *Phys* umwandeln (**into** in) ⟨to ≈ heat into power Wärme in Energie umwandeln⟩ | *El* umspannen, umformen; *vi* sich umbilden, sich verwandeln (**into** zu); **~'form·a·ble** *adj* umwandelbar; **~for·ma·tion** [ˌtrænsfə'meɪʃn] *s* Umwandlung *f*, Umbildung *f*, Umgestaltung *f* | *El* Umspannung *f* | *Zool* Metamorphose *f* | *Math, Phys, Ling* Transformation *f*; **ˌ~form'a·tion·al** *adj Ling* transformationell ⟨≈ grammar⟩; **ˌ~form'a·tion·al·ism** *s Ling* Transformationstheorie *f*, -linguistik *f*; **ˌ~form'a·tion·al·ist** *s Ling* Transformationalist *m*, Anhänger(in) *m(f)* der Transformationsgrammatik; **ˌ~form'a·tion scene** *s Theat* Verwandlungsszene *f*; **~form·a·tive** [-'fɔ:mətɪv] *adj* um-, verwandelnd, umgestaltend; **~for·ma·tor** [ˌtrænsfə'meɪtə], **~'form·er** *s El* Transformator *m*, Umspanner *m*; **~'form·er ˌsta·tion** *s El* Trafo-, Umform(er)station *f*; **~ˌform 'fault** *s Geol* Verschiebungsfurche *f*, -falte *f*; **~'form·ism** *s Biol* Transformismus *m*, Deszendenztheorie *f*

trans|fuse [træns'fju:z] *vt* umgießen, umfüllen | *Med* (Blut) übertragen, transfundieren | *übertr* durchtränken, erfüllen (**with** mit, von); **~fu·sion** [~'fju:ʒn] *s* Umgießen *n*, Umfüllen *n* | *auch* **'blood ~ˌfusion** *Med* Transfusion *f*, Blutübertragung *f* | *übertr* Übertragung *f*

trans|gress [trænz'gres] *förml vt*, *bes übertr* überschreiten, -treten ⟨to ≈ the bounds of decency die Grenzen des Anstandes verletzen⟩ | *übertr* (Vertrag u. ä.) brechen, nicht einhalten, verletzen; *vi* sich vergehen, sündigen, fehlen; **~'gres·sion** *s* Überschreitung *f*, -tretung *f*, Verletzung *f* | Sünde *f*, Vergehen *n*; **~'gres·sive** *adj* verstoßend (**of** gegen); **~'gres·sor** *s* Übertreter *m*, Schuldiger *m*

tran·ship [træn'ʃɪp] = **transship**; **~ment** = **transshipment**

tran|sience ['trænzɪəns], **'~sien·cy** *s* Vergänglich-, Flüchtigkeit *f*; **'~sient 1.** *adj* vorübergehend, kurz ⟨a ≈ visit⟩ | flüchtig, vergänglich ⟨≈ happiness⟩ | wechselhaft | *Tech* nichtstationär | *El* einschwingend | *Am* Durchgangs- ⟨a ≈ camp; a ≈ guest⟩ | weiterwirkend ⟨a ≈ act⟩; **2.** *s Am* vorübergehender Hotelgast | *El* Ausgleichsstrom *m*; **ˌ~sient 'bear·ing** *s* Kurzzeitpeilung *f* (Radar); **ˌ~sient 'cur·rent** *s El* Einschwingstrom *m*; **'~sient hoˌtel** *s* Durchgangshotel *n*; **'~sient time** *s El* Einschwingzeit *f*; **ˌ~sient 'volt·age** *s El* Einschwingspannung *f*

trans·i·re [træn'zaɪərɪ] *s Brit* Zollbegleitschein *m*

tran·sis·tor [træn'zɪstə|-'sɪstə] *s El* Transistor *m* | = **ˌ~ 'radio; ~i·za·tion** [trænˌzɪstəraɪ'zeɪʃn|-ˌsɪst-] *s El* Transistorbestükkung *f*; **tran·sis·tor·ize** [-'zɪstəraɪz|-'sɪst-] *vt* transistorieren, mit Transistoren bestücken; **ˌ~ 'ra·di·o** *s* Transistorradio *n*, -empfangsgerät *n*

trans·it ['trænsɪt] **1.** *s* Durchgehen *n*, -fahren *n*, -fahrt *f* | Durchgang *m*, -gangsverkehr *m* | *Wirtsch* Durchfuhr *f* ⟨in ~ während des Transports⟩ | *Astr* Durchgang *m*; **2.** *adj* Durchfuhr-, -gangs-; **3.** *vt* durch-, überqueren | *Astr* durchgehen durch, passieren; **'~ camp** *s* Durchgangslager *n*; **'~ ˌdu·ty** *s* Durchgangszoll *n*; **'~ goods** *s/pl Wirtsch* Transit-, Durchgangsgüter *n/pl*

tran·si|tion [træn'zɪʃn|-'sɪ-] **1.** *s* Übergang *m* (**from ... to** von ... zu) ⟨peaceful ≈ friedlicher Übergang; period of ≈ Übergangszeit *f*, -periode *f*⟩ | *Mus* Übergang *m*; **2.** *adj* Übergangs-; **tran'si·tion·al, tran'si·tion·ar·y** *adj* Durchgangs-; **'~tion state** *s* Übergangsstadium *n*; **~tive** ['trænsətɪv|-zə] **1.** *adj* Übergangs- | *Ling* transitiv, zielend; **2.** *s Ling* Transitiv *n*, transitives Verb; **~to·ry** ['trænsɪtr̩ɪ|-zə] *adj* vergänglich, flüchtig, vorübergehend

trans·it| per·mit ['trænsɪt ˌpɜ:mɪt] *s Wirtsch* Durchfuhrgenehmigung *f*; **'~ trade** *s* Transithandel *m*; **'~ ˌtraf·fic** *s* Transitverkehr *m*; **'~ ˌvi·sa** *s* Transitvisum *n*

trans|lat·a·ble [trænz'leɪtəbl|træns-] *adj* übersetz-, übertragbar; **~'late** *vt* übersetzen, -tragen (**from** aus, **into** in) ⟨to ≈ at sight vom Blatt übersetzen⟩ | (Telegramm) dechiffrieren | auslegen, erklären ⟨to ≈ s.o.'s silence⟩ | *förml* verlegen, übertragen (**to** auf, nach) ⟨to ≈ to the stage auf die Bühne verlegen⟩ | *Rel* versetzen | umwandeln, übersetzen | *Math* parallel verschieben | *arch* entzücken, hinreißen; *vi* übersetzen, -tragen | sich übersetzen lassen ⟨the poems don't ≈ well⟩; **~'la·tion** *s* Übersetzung *f*, -tragung *f* ⟨close ≈ wörtliche Übersetzung; in ≈ in der Übersetzung; oral ≈ mündliche Übersetzung, Dolmetschen *n* ⟩ | Erklärung *f*, Auslegung *f* | *Rel* Versetzung *f* | *Math* Translation *f* | (Telegramm-) Dechiffrierung *f*; **~'la·tion·al** *adj* Übersetzungs-; **~'la·tion 'the·o·ry** *s* Übersetzungstheorie *f*, -wissenschaft *f*; **~'la·tor** *s* Übersetzer(in) *m(f)* | (Computer) Zuordner *m*, Übersetzer *m* | *Tel* Umsetzer *m*

trans·lit·er·ate [trænz'lɪtəreɪt] *vt* transkribieren, umschreiben (**into** in); ˌ**trans·lit·er'a·tion** *s* Transkription *f*

trans|lu·cence [trænz'lu:sns], **~lu·cen·cy** [-'lu:snsɪ] *s* Durchscheinen *n* | Durchsichtigkeit *f*; **-lu·cent** [-'lu:snt], **~lu·cid** [~'lu:sɪd] *adj* durchscheinend, transparent, halbdurchsichtig ⟨≈ glass Mattglas *n*⟩

trans·lu·nar [trænz'lu:nə] *adj* Mond-, in Richtung Mond ⟨~ trajectory Mondbahn *f*⟩

trans·ma·rine [ˌtrænzmə'ri:n] *adj* transmarin, überseeisch, Übersee-

trans|mi·grant [trænz'maɪgrənt] *s* Durchreisende(r) *f(m)*; **~'mi·grate** *vi* übersiedeln, fortziehen | auswandern | *Rel* (Seele) wandern; **~mi'gra·tion** *s* Übersiedlung *f* | *Rel* Seelenwanderung *f*; **~mi·gra·tor** [~'maɪgreɪtə] *s* Auswanderer *m*; **~mi·gra·to·ry** [~'maɪgrətr̩ɪ] *adj* übersiedelnd

trans|mis·si·bil·i·ty [trænzˌmɪsə'bɪlətɪ] *s* Übertragbarkeit *f*; **~mis·si·ble** [trænz'mɪsəbl] *adj* übertragbar (**to** auf) | *Med* ansteckend; **~mis·sion** [trænz'mɪʃn] *s* Übersendung *f*, -mittlung *f*, Beförderung *f*, Versand *m* | *Rundf* Übertragung *f*, -mittlung *f*, Sendung *f* ⟨≈ of news⟩ | *Jur* Überlassung *f*, Weitergabe *f* ⟨≈ of rights Rechtsübertragung *f*⟩ | *Biol* Vererbung *f*, Übertragung *f* | *Med* Ansteckung *f* | *Phys* Fortpflanzung *f* | *Tech* Transmission *f*, Übersetzung *f* | *Am Kfz* Triebwerk *n*, (Schalt-)Getriebe *n* | *Tech* (Elektronenmikroskop) Durchstrahlung *f*; **~ˌmis·sion 'belt** *s Tech* Treibriemen *m*; **~ˌmis·sion 'case** *s Kfz* Getriebegehäuse *n*; **~ˌmis·sion 'gear** *s Kfz* Übersetzungsgetriebe *n*; **~ˌmis·sion 'line** *s El* Hochspannungsleitung *f*; **~ˌmis·sion 'shaft** *s Tech* Getriebewelle *f*; **~ˌmis·sion 'tow·er** *s El* Hochspannungsmast *m*; **~'mis·sive** *adj* Übertragungs-

trans|mit [trænz'mɪt|trɑ:nz-] (**~'mitted, ~'mitted**) *vt* befördern, übersenden, -mitteln, zuleiten, zustellen (**to** an) | weitergeben, übermitteln, -liefern, -tragen (**to** an, auf) | *Biol* vererben, fortpflanzen | *Med* (Krankheit) übertragen, anstecken | *Jur* vermachen, überschreiben | *El Phys* (weiter)leiten | *Rundf, Ferns* senden ⟨to ≈ a message by radio⟩ | *Tech* (Energie u. ä.) übertragen ⟨to ≈ heat⟩; *vi* sich vererben; **~'mit·ter** *s* Übersender *m*, -mittler *m* | *Tel* Mikrophon *n* | *Rundf, Ferns* Sender *m* | *Tech, Tel* Geber *m*; **~'mit·ter ˌbut·ton** *s Tel* Sprechtaste *f*; **~'mit·ter ˌfre·quen·cy** *s* Sendefrequenz *f*; **~'mit·ting** *s* Übertragen *n*, Senden *n*; **'~mit·ting room** *s* Senderaum *m*; **~'mit·ting ˌsta·tion** *s* Sender *m*

trans·mog·ri·fi·ca·tion [trænzˌmɒgrɪfɪ'keɪʃn] *s* Verzauberung *f*, Ummodelung *f*; **trans'mog·ri·fy** *scherzh vt* völlig ummodeln, -stülpen, verzaubern (**into** in, zu)

trans|mut·a·bil·i·ty [trænzˌmju:tə'bɪlətɪ] *s* Verwandelbarkeit *f*; **~'mut·a·ble** *adj* verwandelbar; ˌ**~mu'ta·tion** *s* Um-, Verwandlung *f* | *Biol* Mutation *f* | *Phys* Transmutation *f*, Umwandlung *f*; **~'mute** *vt* um-, verwandeln (**into** in, zu) ⟨to ≈ base metals into gold⟩

trans·o·ce·an·ic [ˌtrænzəʊʃɪ'ænɪk] *adj* überseeisch, Übersee-; ˌ**~ 'flight** *s* Ozeanflug *m*

tran·som ['trænsəm] | *s Arch* Querbalken *m*, waagerechte Fenstersprosse | *auch* **'~ ˌwin·dow** *Am* geteiltes Fenster, Oberlicht *n* | *Mar* Heck *n*, Spiegel *m*; **'~ stern** *s* Spiegel-, Transomheck *n*

tran·son·ic [træn'sɒnɪk] *adj Phys* Überschall-; ˌ**~ 'speed** *s Flugw* Überschallgeschwindigkeit *f*

trans·pa·cif·ic [trænzpə'sɪfɪk] *adj* transpazifisch ⟨~ flight⟩

trans·par·en·cy [træn'spærənsɪ] *s* Transparenz *f*, Durchsichtigkeit *f* | *Phys* Strahlendurchlässigkeit *f* | *Foto* Diapositiv *n* | Transparent *n*, Leuchtbild *n* | Prokifolie *f*; **trans'par·ent** [-'pærənt|-'pεərənt] *adj* durchsichtig (*auch übertr*) ⟨≈ glass, ≈ silk; a ≈ lie eine leicht zu durchschauende *od* eine offensichtliche Lüge⟩ | (Stil) klar, verständlich; **transˌpar·ent 'pa·per** *s* Transparentpapier *n*

tran·spic·u·ous [træn'spɪkjʊəs] *adj* durchsichtig (*auch übertr*)

tran|spi·ra·tion [ˌtrænspə'reɪʃn] *s* Ausdünstung *f* | *Bot* Verdunstung *f* | *Med* Transpiration *f*, Ausdünstung *f*, Schweiß *m*; **~spire** [træn'spaɪə] *vi* ausdünsten | schwitzen, transpirieren | (*mit* **it** *als Subjekt*) *übertr* durchsickern, -dringen, bekannt werden, verlauten ⟨it ≈d that es stellte sich heraus, daß⟩ | (Zeitungsjargon) *umg* passieren, geschehen, sich ereignen; *vt* schwitzen, ausdünsten

trans|plant ['trænsplɑ:nt] *s Med* Transplantation *f*, Verpflanzung *f* ⟨a heart ≈⟩ | Transplantat *n*; [træns'plɑ:nt] *vt Gartenb* umpflanzen, umsetzen, verpflanzen | *Med* (Organ) verpflanzen, transplantieren | *übertr* (Personen) verpflanzen *od* umsiedeln, versetzen; *vi* sich versetzen *od* verpflanzen lassen; **~'plant·a·ble** *adj* verpflanzbar; **~'plant·ate** [-eɪt] *s Med* Transplantat *n*, verpflanztes Gewebe *od* Organ *n*; **~plan·ta·tion** [ˌtrænsplɑ:n'teɪʃn] *Bot* Um-, Verpflanzung *f* | *Med* Transplantation *f*, Gewebeverpflanzung *f* | *übertr* Umsiedlung *f*

trans·po·lar [træns'pəʊlə] *s* den Nord-(Süd-) Pol überquerend, Polar- ⟨~ air route⟩

trans·pon·tine [træns'pɒntaɪn] *adj* jenseits der Brücke befindlich | *Brit Theat* sentimental, rührselig

trans|port [træn'spɔ:t] *vt* befördern, versenden, transportieren | *Jur* deportieren (**to** nach) | (*meist pass*) *übertr* (jmdn.) hinreißen, entzücken, außer sich bringen ⟨to be ≈ed with joy vor Freude außer sich sein⟩; ['trænspɔ:t] *s* Beförderung *f*, Versand *m*, Transport *m*, Spedition *f* ⟨the ≈ of goods; water-borne ≈ Schiffstransport *m*, Verschiffung *f*⟩ | Verkehr *m* ⟨public ≈ öffentliche Verkehrsmittel *pl*⟩ | *umg* Beförderungsmittel, etw. zum Fahren ⟨I've no ≈ ich weiß nicht, wie ich hinkommen soll⟩ | Transportschiff *n* | *Mil* Transportflugzeug *n* | *oft pl übertr lit* heftige Erregung *f* ⟨in a ≈ of joy/in ≈s of joy in einem Freudentaumel⟩; **~ˌport·a'bil·i·ty** *s* Transportfähig- *f*, Versendbarkeit *f*; **~'port·a·ble** *adj* transportier-, versendbar | tragbar; ˌ**~por'ta·tion** *s* Transport *m*, Versendung *f*, Beförderung *f* | Transportsystem *n* | *Jur* Deportation *f*, Verbannung *f* ⟨≈ for life⟩; **~por'ta·tion 'dam·age** *s* Transportschaden *m*; **~por'ta·tion en·gi'neer·ing** *s* Transporttechnik *f*; **'~port ˌcaf·e** *s* Rasthaus *n*, -gaststätte *f*; **~'port·er** *s* Transportwagen *m* | Transportschiff *n* | *auch* **~'port·er crane** *s Tech* (fahrbarer) Verlade-, Förderkran *m* | *auch* **~'port·er bridge** *s Tech* Schiebebühne *f*; **~'port·ing** *adj förml* entzückend, hinreißend

trans|pose [træn'spəʊz] *vt* (zwei oder mehr Gegenstände) umsetzen, umstellen ⟨to ≈ the letters of a word⟩ | *Mus* transponieren | *Math* transponieren, umstellen, vertauschen, (auf die andere Seite) hinüberbringen | *El* (Drähte) kreuzen, (Leitungen) vertauschen; **~ˌposed 'twill** *s* (Gewebe) versetzter Köper; **~po·si·tion** [ˌtrænspə'zɪʃn] *s* Umsetzen *n*, Umstellen *n* | *Mus* Transponieren *n* | *Math* Transposition *f*, Vertauschung *f* | *El* Kreuzung *f*, Verdrillung *f*; **~po'si·tion 'in·su·la·tor** *s El* Verdrillungsisolator *m*; **~po'si·tion re'ceiv·er** *s El* Zwischenfrequenzempfänger *m*; **~pos·i·tive** [træn'spɒzətɪv] *adj* umtauschbar

trans·ra·cial [trænz'reɪʃl] *adj* zwischen verschiedenen Rassen ⟨~ adoption Adoption eines Angehörigen einer anderen Rasse⟩

trans·sex·u·al [trænz'sekʃʊəl] **1.** *s* transsexuell veranlagter Mensch ⟨male ~ sich als Frau fühlender Mann⟩; **2.** *adj* transsexuell ⟨~ operation geschlechtsverändernde Operation⟩; **trans'sex·u·al·ism** *s* Transsexualität *f*

trans·ship [træns'ʃɪp|-n'ʃ-] *vt Mar* umschlagen, umladen; **trans'ship·ment** *s Mar* Umschlag *m*, Umladung *f*; **'~ment ˌhar·bour, '~ment ˌport** *s* Umschlaghafen *m*

tran·sub·stan·ti·ate [ˌtrænsəb'stænʃɪeɪt] *vt* (stofflich) verwandeln (**into** in, **to** zu) | *Rel* (Brot und Wein) verwandeln; ˌ**tran·sub·stan·ti'a·tion** *s* Stoffumwandlung *f* | *Rel* Transsubstantiation *f*

tran|su·date ['trænsjʊdeɪt] *s Med* Transsudat *n* | *Chem* Ab-, Aussonderung *f*; **~su·da·tion** [ˌtrænsju:'deɪʃn] *s* Transsudation *f*; **~su·da·to·ry** [ˌtræn'sju:dətr̩ɪ] *adj Med* durchschwitzend | *Chem* ab-, aussondernd; **~sude** [træn'sju:d] *vt Chem* ab-, aussondern; *vi Med* durchschwitzen | durchdringen, -sickern | *Chem* ab-, ausgesondert werden

trans·u|ra·ni·an [ˌtrænzjʊ'reɪnɪən], **~ran·ic** [~'rænɪk] *adj Chem* transuranisch; **~ra·ni·um** [~'reɪnɪəm] *s Chem* Transuran *n*

trans·val·u·a·tion [ˌtrænzvælju:'eɪʃn] *s* Umwertung *f*; **trans'val·ue** *vt* umwerten

trans|ver·sal [trænz'vɜ:sl] **1.** *adj* schräg, quer, quer- (*auch Tech*) | *Math* transversal; **2.** *s Math* Transversale *f*; **~ver·sal·i·ty** [ˌtrænzvə'sælətɪ] *s Math* Transversalität *f*; **~'ver·sal 'strength** *s Tech* Biegefestigkeit *f*; **~'ver·sal 'turn·ing** *s Tech* Plandrehen *n*; **~'verse 1.** *adj* querlaufend, schräg, Quer- | *Math* transversal; **2.** *s* Querachse *f*; ˌ**~verse 'brac·ing** *s Arch* Querverband *m*; ˌ**~verse 'force** *s* Querkraft *f*; ˌ**~verse 'sec·tion** *s* Querschnitt *m*; ˌ**~verse 'strength** *s Tech* Biegefestigkeit *f* | Querbruchfestigkeit *f*; ˌ**~verse 'turn·ing** *s Tech* Plandrehen *n*

trans·vert·er [trænz'vɜ:tə] *s El* Umrichter *m*

trans|vest·ism [trænz'vestɪzm] *s* Transvestismus *m*; **~ves·tist** [~'vestɪst], *auch* **~ves·tite** [~'vestaɪt] *s* Transvestit *m*

[1]**trap** [træp] **1.** *s* Falle *f*, Schlinge *f* (*auch übertr*) ⟨mouse~ Mausefalle; to set a ~ for s.o. jmdm. eine Falle stellen⟩ | Fallstrick *m* | *El* Sperrkreis *m* | *El* Fangstelle *f* | *Tech* Auffangvorrichtung *f* | *Tech* Ab-, Ausscheider *m* | *Tech* (Rückstau-) Klappe *f*, (Gas-, Wasser-) Verschluß *m*, Geruchsverschluß *m* | Reuse *f* | Siphon *m* | (Sport) (Tontaubenschießen) Wurfapparat *m* | (Hunderennen) Startbox *f* | *Brit* Gig *n*, leichter, zweirädriger Wagen | *Sl* Klappe *f*, Mund *m* ⟨shut your ~! halt's Maul!⟩ | *Sl* Gaunerei *f*; **2.** (**trapped, trapped**) *vt* (in einer Falle) fangen | (Gas-, Wasser) abfangen, ab-, zurückhalten, eindämmen | *Tech* mit einem Verschluß (Entwässerungsstutzen) versehen | *übertr* erwischen, ertappen | (jmdn.) verführen, durch Trick(s) bewegen (**into** zu); **~ down** einfangen; *vi* Fallen stellen (**for s.o.** jmdm.)

[2]**trap** [træp] *s Geol* Trapp *m*

[3]**trap** [træp] (**trapped, trapped**) *vt* (Pferd) anschirren | (Pferd) herausputzen

tra·pan [trə'pæn] = **trepan**

trap door ['træp dɔ:] *s* Falltür *f* | *Bergb* Wettertür *f* | *Theat* Versenkung *f*

trapes [treɪps] = **trapse**

tra|peze [trə'pi:z] *s* (Sport) Trapez *n*; **~'pez·ist** *s* Trapezkünstler(in) *m(f)*; **~pe·zi·um** [~'pi:zɪəm] *Math s* Trapez *n* | *Am* Trapezoid *n*, beliebiges Viereck; **trap·e·zoid** ['træpəzɔɪd] *s Math* Trapezoid *n*, beliebiges Viereck | *Am* (Parallel-) Trapez *n*; **trap·e·zoid·al** ['træpəzɔɪdl] *adj* trapezförmig ⟨~ thread Trapezgewinde *n*⟩

trap|fall ['træpfɔ:l] *s* Falltür *f*; **trapped** *adj* (in einer Falle) gefangen (*auch übertr*); **'~per** *s* Trapper *m*, Fallensteller *m* | *Brit umg* Kutschpferd *n*

trap·ping ['træpɪŋ] *s Typ* Einschluß *m* (Farbe) | *Tech* Bildung *f* von Quetschflüssigkeit (Pumpe)

trap·pings ['træpɪŋz] *s/pl* Staatsgeschirr *n* (für Pferde) | *übertr* Aufmachung *f*, Staat *m*, Drum und Dran *n* ⟨the ~ of high office alles, was zu einem hohen Amt dazugehört⟩

Trap·pist ['træpɪst] *Rel* **1.** *s* Trappist *m*; **2.** *adj* Trappisten-

trap·py ['træpɪ] *adj Brit umg* heikel, problematisch

traps [træps] *s/pl umg* Habe *f*, Siebensachen *pl*

trapse [treɪps] *umg* **1.** *vi* herumbummeln | latschen ⟨to ~ upstairs sich erst hochbemühen⟩; **~ along** dahin-, entlangschlendern; **~ away** weglatschen; **~ across** (da)hinlatschen, -zotteln; *vt* herumlungern auf; **2.** *s* Herumbummeln *n*, Zottelei *f*

trap|shoot·ing ['træpˌʃu:tɪŋ] *s* (Sport) Tontaubenschießen *n*; **'~stick** *s* (Sport) Schlagholz *n*; **'~ˌwin·dow** *s* Klappfenster *n*

[1]**trash** [træʃ] **1.** *s* Schund *m*, Kitsch *m* | Schundliteratur *f* | Ausschuß *m*, Abfall *m* | Unsinn *m* | *Am* Pöbel *m* ⟨white ~ *verächtl* (Südstaaten) verarmte weiße Bevölkerung⟩ | Reisig *n* | Bagasse *f* (Zuckerrohr) | *Am* Müll *m*, Abfall *m* | *Am Sl* Zerstörung *f*, Verwüstung *f*; **2.** *vt* (Zuckerrohr) entblättern | (Baum) stutzen | *Am Sl* zerstören, verwüsten; *vi Am Sl* Verwüstungen anrichten, alles demolieren

[2]**trash** [træʃ] *s dial* (Hunde-) Halfter *n*

trash| can ['træʃ kæn] *s Am* Abfalleimer *m*; **'~er** *s Am Sl* Demolierer *m*, Zerstörer *m*; **'~ pile** *s Am* Abfallhaufen *m*; **'~y** *adj* minderwertiger Schund-, Kitsch- ⟨≈ ideas wert-, nutzlose Gedanken *pl*⟩;ˌ**~y 'nov·el** *s* Schundroman *m*

trass [træs] *s Geol* Traß *m*, Tuffstein *m*

trau|ma ['trɔ:mə|'traʊ-] *s Med, Psych* Trauma *n*, (seelischer) Schock *m*; **~mat·ic** [trɔ:'mætɪk] *adj Med, Psych* traumatisch; **~ma·tism** ['trɔ:mətɪzm] *s Med* Traumatismus *m*

[1]**tra·vail** [trə'veɪl] *s Am, Kan* Pferdeschlitten *m*

[2]**trav·ail** ['træveɪl] *vi arch* sich plagen, sich abrackern | *Med* kreißen, in den Wehen liegen; **'trav·ails** *s/pl arch Med* Geburtswehen *f/pl* ⟨a woman in ≈ eine Frau in den Wehen⟩

trav|el ['trævl] **1.** *s* Reisen *n* ⟨to be fond of ≈ gern reisen; ≈ in former times das Reisen früher⟩ | *meist pl* (längere) Reise ⟨on/during one's ≈s während jmds. Reise(n); book of ≈s Reisebeschreibung *f*⟩ | *Tech* Bewegung *f*, Verschiebung *f*, (Arbeits-) Hub *m*; **2.** (**'~elled, '~elled**) *vt* (Land) bereisen ⟨to ≈ Europe durch Europa reisen⟩ | zurücklegen ⟨to ≈ 10 miles⟩; *vi* reisen, fahren, eine Reise machen ⟨to ≈ by air mit dem Flugzeug reisen; to ≈ light ohne viel Gepäck reisen⟩ | *Wirtsch* als Vertreter (Handlungsreisender) arbeiten ⟨he ≈s for a London firm; to ≈ als Vertreter (Handlungsreisender) verkaufen, reisen in⟩ | *Tech* sich bewegen, sich verschieben | *Phys* (Licht u. ä.) sich fortpflanzen, wandern | *übertr* (Blick, Geist u. ä.) schweifen, wandern | *Sl* (dahin) flitzen, sausen; **'~el ˌa·gen·cy** *s*, *auch* **'~el ˌbu·reau** *s* Reisebüro *n*; **'~el ˌa·gent** *s* Reiseveranstalter *m*; ˌ**~el a'larm clock** *s* Reisewecker *m*; **'~el bag** *s* Reisetasche *f*; **'~velˌla·tor** *s* Rollsteg *m*; **'~elled** *adj* weit-, vielgereist ⟨a ≈ man⟩ | vielbefahren, -reist ⟨a much-≈ part of the country⟩; **'~el·ler** *s* Reisende(r) *f(m)* | *Brit* Handlungsreisender *m* | *Tech* (Spinnen) Läufer *m* | Begleitformular *n*; **'~el·ler's cheque** *s Wirtsch* Reisescheck *m*, Travellerscheck *m*; **'~el·ler's guide** s Reiseführer *m*; **'~el·ling 1.** *s* Reisen *n*; **2.** *adj* reisend, Reise- | fahrbar | *Tech* beweglich, verschiebbar; **'~el·ling ˌa·gent** *s Wirtsch* Reisender *m*; **'~el·ling belt** *s Tech* Transportband *n*; **'~el·ling case** *s* Reisekoffer *m*; ˌ**~el·ling 'cir·cus** *s* Wanderzirkus *m*; **'~el·ling clock** *s* Reisewecker *m*; ˌ**~el·ling 'crane** *s Tech* Laufkran *m*; ˌ**~el·ling 'fel·low·ship** *s Päd* Reisestipendium *n*; **'~el·ling grate** *s* Wanderrost *m*; **'~el·ling load** *s* Verkehrslast *f*; **'~el·ling ˌplat·form** Schiebebühne *f*; **'~el·ling ˌsales·man** *s* Handlungsreisender *m*; **'~el·ling ˌstair·case [stairs]** *s* Rolltreppe *f*; **~e·logue** ['trævl̩ɒg] *s* Reisebericht *m* (mit Lichtbildern), Lichtbildervortrag *m*, Reisefilmbericht *m*; **'~vel rug** *s* Reisedecke *f*, -plaid *n*; **'~velˌsick** *adj* reisekrank; ˌ**~vel 'suit cov·er** *s* Anzugskoffer *m*, -beutel *m*

trav|ers·a·ble ['trævəsəbl|trə'vɜ:səbl] *adj* befahrbar ⟨a ≈ road⟩ | leicht zu durchqueren(d); **~ers·al** [trə'vɜ:sl] *s* Durchquerung *f*; **~erse** ['trævɜ:s] **1.** *s* Durchquerung *f*,

-fahren *n* | *Arch* Traverse *f*, Querbalken *m*, -stück *n* | *Tech* (Maschine) Bewegung *f*, Gang *m*, Lauf *m*, Verschiebung *f*, Seitwärtsdrehung *f* | (Bergsteigen) Quergang *m* | *Mar* Zickzack-, Koppelkurs *m* | *Jur* Einspruch *m*; **2.** *adj* querlaufend, Quer- | *Mar* Zickzack-; [trə'vɜ:s|'trævɜ:s] *vt* durchreisen, -wandern, -queren | *übertr* (etw.) durcharbeiten, durchgehen | quer gehen über, quer führen über | durchfließen | (aus)schwenken | kreuzen, schneiden ⟨to ≈ the sky⟩ | *Tech* (Maschine) fahren, verschieben, verstellen | *übertr* (Absicht u. ä.) durchkreuzen | *Jur* Einspruch erheben gegen; *vi* durchreisen | sich drehen (*auch Tech*) | (Fechten) traversieren, seitwärts ausfallen | (Bergsteigen) queren | (Reiten) querspringen; **~ers·er** [træ'vɜ:sə|'trævəsə] *s* Durchquerer *m* | *Eisenb* Drehscheibe *f*, *Tech* Schiebebühne *f*; **~ers·ing** ['trævəsɪŋ|trə'vɜ:sɪŋ] *adj Tech* verschieb-, verstellbar; **~'ers·ing force**, *auch* ['trævəsɪŋ fɔ:s] *s Tech* Vorschubkraft *f*; **~'ers·ing gear** *s*, *auch* ['trævəsɪŋ gɪə] *Tech* Fahrwerk *n* (Kran)

trav·er·tin[e] ['trævətɪn] *s Geol* Travertin *m*

trav·es·ty ['trævəstɪ] **1.** *s lit* Travestie *f*, Karikatur *f* (*auch übertr*) ⟨a ~ of justice eine Rechtsverdrehung, ein Zerrbild des Rechts⟩; **2.** *vt lit* travestieren, karikieren, verzerren (*auch übertr*)

trawl [trɔ:l] *Mar* **1.** *s* (Grund-) Schleppnetz *n* | Lang-, Kurrleine *f*; **2.** *vt* (Fische) mit dem Schleppnetz fangen | (Gewässer) mit dem Schleppnetz abfischen ⟨to ~ the lake⟩ | (Schleppnetz) schleppen; *vi* mit dem Schleppnetz fischen ⟨to ~ for fish⟩; **'~er** *s Mar* Trawler *m*, (Schleppnetz-) Fischdampfer *m* | Schleppnetzfischer *m*; **'~ line** *s Mar* Langleine *f*; **'~ing** *s Mar* Schleppnetzfischerei *f*; **'~ net** *s Mar* Schleppnetz *n*

tray [treɪ] *s* Servier-, Teebrett *n* | Tablett *n* | Bauchladen *m* | flache Schale ⟨pen ~ Federschale *f*⟩ | *Tech* Wanne *f*, Trog *m*, Mulde *f* | Koffereinsatz *m* | Ablagekasten *m* | *auch* **'ash ~** Aschenbecher *m* | *Tech* Beschickungsbehälter *m* | *Brit* (Straßenbahn-) Fang-, Fallgitter *n*; **'~ cloth** *s* Tablettdeckchen *n*, -auflage *f*; **'~ ˌdri·er** *s Chem* Trockenschrank *m* | *Landw* Hordentrockner *m*; **'~ ˌta·ble** *s* Serviertischchen *n*

treach·er|ous ['tretʃərəs] *adj* verräterisch (**to** gegen) | hinterlistig, tückisch, heimtückisch ⟨≈ intrigues⟩ | *übertr* unsicher, trügerisch, unzuverlässig ⟨≈ weather veränderliches Wetter⟩; **'~y** *s* Verrat *m*, Treulosigkeit *f*, Falschheit *f* (**to** gegen) | (*meist pl*) gemeine Aktion *od* Handlung *f*

trea|cle ['tri:kl] *s*, *bes Brit* Sirup *m* | Melasse *f* | *übertr* Schmeichelei *f*; **'~cly** *adj* sirupartig, Sirup-, übersüß | dick und klebrig ⟨≈ black mud⟩ | *übertr* süß(lich) ⟨≈ sentimentalities; a ≈ voice⟩

tread [tred] **1.** *s* Schritt *m*, Tritt *m* ⟨with a heavy ~ mit festem Schritt⟩ | Treppenstufe *f*, Trittstufe *f* | Stufenbreite *f* | Reifenprofil *n* | (Rad-) Laufkranz *m* | (Leiter-) Sprosse *f* | Tritt-, Standfläche *f* | Stufenbelag *m*, -schutz *m* | (Schiene) Lauffläche *f* | *Zool* Treten *n* (des männl. Vogels); **2.** (**trod** [trɒd], **trod·den** ['trɒdn]) *vt* (Weg) bahnen, gehen, austreten ⟨to ~ a path⟩ | treten auf, betreten, beschreiten ⟨to ~ the same path⟩ | zertreten, -trampeln | (Trauben) keltern, einstampfen | *übertr* mit Füßen treten | (Henne) treten; **~ down** niedertreten, -trampeln | *übertr* (jmdn.) unterdrücken; **~ in** eintrampeln, -treten ⟨to ~ mud into s.th. Schmutz in etw. [hin]eintreten⟩; **~ out** (Feuer) austreten | *übertr* unterdrücken ◇ **~ wa·ter** Wasser treten; *vi* schreiten; treten, trampeln (**in** in, **on, upon** auf) ⟨to ~ in s.o.'s footsteps *bes übertr* in jmds. Fuß(s)tapfen treten, jmds. Beispiel folgen; to ~ lightly leise auftreten; to ~ on air *übertr umg* im siebenten Himmel schweben, sehr glücklich sein; to ~ on eggs wie auf Eiern gehen, sehr behutsam gehen; to ~ on s.o.'s corns/toes *übertr umg* jmdm. zu nahe treten; to ~ on s.o.'s heels *lit, übertr* jmdm. auf dem Fuß folgen⟩ | treten (Hahn) ◇ **rush in where angels fear to ~** *Sprichw* sich an etw. heranwagen, von dem man nicht genug versteht, äußerst unsicheren Boden betreten; **'~ ˌladder** *s* Sprossenleiter *f*

trea·dle ['tredl] **1.** *s* Fußhebel *m*, Pedal *n* ⟨the ~ of a sewing machine⟩; **2.** *vi* ein Pedal betätigen | *umg* radfahren; **'~ drive** *s Tech* Fußantrieb

tread·mill ['tredmɪl] *s* Tretmühle *f* (*auch übertr*)

trea·son ['tri:zn] *s auch Jur* Verrat *m* (**to** an) ⟨high ~ Hochverrat⟩; **'~a·ble** *adj* verräterisch ⟨a ≈ crime against the state Hoch- und Landesverrat⟩; **ˌ~ 'fel·o·ny** *s*, *bes Brit* Hoch-, Landesverrat *m*

treas|ure ['treʒə] **1.** *s* Schatz *m*, Hort *m* ⟨buried ≈ vergrabener Schatz⟩ | *übertr* Kostbarkeit *f*, Schatz *m* ⟨art ≈s Kunstschätze *m/pl*⟩ | *umg* Perle *f* ⟨she is a perfect/real ≈ sie ist eine wahre Perle⟩ | *umg* Schatz *m*, Liebling *m* ⟨my ≈!⟩; **2.** *vt*, *meist* **~ure up** auf-, anhäufen, horten | *auch* **~ure up** *übertr* hochschätzen, in Ehren halten ⟨to ≈ s.th. up in one's memory etw. im Andenken bewahren⟩; **'~ure house** *s* Schatzkammer *f* | *übertr* Goldgrube *f*; **'~ur·er** *s* Schatzmeister *m* | Kassenwart *m*; **ˌ~ure 'trove** *s Jur* (herrenloser) Schatz | *übertr* Fund *m*, Schatz *m*; **~ur·y** ['treʒrɪ] *s* Finanz-, Schatzkammer *f* ⟨the ≈ das englische Finanzministerium⟩ | Staatsschatz *m*, -kasse *f*, Fiskus *m* | *übertr* Schatz *m*, Fundgrube *f* ⟨a ≈ of information⟩ | *Lit* Schatzkästlein *n*, Sammlung *f*; **'~ur·y bench** *s Brit Parl* Ministerbank *f*; **'~ur·y bill** *s Brit Wirtsch* (kurzfristiger) Schatzwechsel; **'~ur·y Board** *s Brit* Finanzministerium *n*; **'~ur·y bond** *s Wirtsch* Schatzanweisung *f*; **'~ur·y DeˌpartMent** *s Am* Finanzministerium *n*; **'~ur·y note** *s Wirtsch* Schatzanweisung *f*

treat [tri:t] **1.** *vt* behandeln, umgehen mit, sich verhalten gegenüber (**as** wie [mit], **like** wie) ⟨to ~ s.o. badly jmdn. schlecht behandeln; to ~ s.th. with care mit etw. sehr sorgfältig umgehen⟩ | betrachten, behandeln (**as** als, **with** mit) ⟨to ~ s.th. as a joke etw. als einen Witz ansehen; to ~ s.o. with respect jmdn. mit Hochachtung behandeln⟩ | *Med* behandeln (**for** gegen) | *Lit, Mal* darstellen, behandeln | *Tech* be-, verarbeiten, vergüten | *Chem* behandeln | *Tech* (Erz) aufbereiten | imprägnieren, tränken | präparieren | *Tech* beschichten | (jmdn.) freihalten (**to** mit) | bewirten (**to** mit) ⟨to ~ o.s. to s.th. sich etw. leisten *od* gönnen⟩; *vi* *Lit* handeln (**of** von) | *förml* ver-, unterhandeln (**with** mit) ⟨to ~ for peace Friedensverhandlungen führen⟩; **2.** *s* Festschmaus *m*, Festlichkeit *f*, Unterhaltung *f* | Freihalten *n*, Bewirtung *f* ⟨it is my ~ es geht auf meine Rechnung; to stand ~ die Kosten tragen, die Zeche bezahlen⟩ | *umg* Genuß *m* ⟨what a ~!⟩; **'~a·ble** *adj* leicht zu behandeln(d) ⟨≈ alloys⟩ | behandelbar ⟨a ≈ disease⟩

treat·ise ['tri:tɪz|-ɪs] *s* Traktat *n*, Abhandlung *f* (**[up]on** über)

treat·ment ['tri:tmənt] *s* Behandlung *f* | *Med* Behandlung *f* ⟨to be under ~ in Behandlung sein⟩ | *Tech* Be-, Verarbeitung *f*, Vergütung *f* | Präparierung *f*, Tränkung *f* | Aufbereitung *f*

treat·y ['tri:tɪ] *s* (Staats-) Vertrag *m*, Übereinkommen *n*, Pakt *m* (**with** mit) ⟨commercial ~ Handelsvertrag; peace ~ Friedensvertrag⟩ | *Jur, förml* Ver-, Unterhandlung *f* ⟨to be in ~ with s.o. for s.th. mit jmdm. in Unterhandlung stehen wegen etw.⟩; **'~y port** *s Mar* Vertragshafen *m*

tre·ble ['trebl] **1.** *adj, adv* dreifach, dreimal soviel ⟨to earn ~ s.o.'s wages dreimal soviel wie jmd. verdienen⟩ | *Mus* Hoch-, Diskant-, Sopran- | (Stimme u. ä.) schrill, hoch ⟨a ~ voice⟩; **2.** *s Mus* Diskant *m*, Sopran *m* | *Mus* Diskantsänger(in) *m(f)* | *übertr* schrille Töne *m/pl*; **3.** *vi, vt* (sich) verdreifachen; ~ 'chance *s Brit* (Fußballtoto) (gewinngünstige) Dreifachwette, Auswahlwette *f*; ,~ 'clef *s Mus* Violinschlüssel *m*

tree [tri:] **1.** *s* Baum *m* ⟨an apple ~; ~s in the wood; at the top of the ~ in höchster Stellung (im Beruf); up a [gum] ~ *übertr umg* in der Klemme⟩ | *Bot* (baumartiger) Strauch, Busch *m* ⟨rose ~⟩ | baumartige Verzweigung *f* | *auch* **'fam·i·ly ~** *s* Stammbaum *m* | *Ling* Ableitungsbaum *m* | *auch* **'shoe ~** (Schuh-) Leisten *m* | *Tech* Baum *m*, Schaft *m*, Welle *f*; **2.** *vt* auf einen Baum treiben | *übertr* (jmdn.) in die Klemme bringen | (Schuh) auf Leisten ziehen; **'~ ,creep·er** *s Zool* Baumläufer *m*; **'~ ,di·a·gram** *s Ling* Baumdiagramm *n*, -graph *m*; **'~ fern** *Bot* Baumfarn *m*; **'~ frog** *s Zool* Laubfrosch *m*; **'~less** *adj* baumlos, kahl; **'~ ,lim·it** *s Geogr* Baumgrenze *f*; **'~nail** *s* Holznagel *m*, Dübel *m*; **'~ ,nurs·er·y** *s* Baumschule *f*; **'~ ,plant·er** *s* Baumsetzmaschine *f*; **'~top** *s* Baumkrone *f*, -wipfel *m*

tre·foil ['tri:fɔɪl|'trefɔɪl] *s Bot* Klee *m* | *Arch* Kleeblattornament *n* | *Her* Kleeblatt *n*

treil·lage ['treɪlɪdʒ] *s* Spalier *n*, Gitterwerk *n*

trek [trek] **1.** (**trekked, trekked**) *vi* reisen, auswandern | *Südafr* im Ochsenwagen ziehen, trecken | eine mühsame Reise machen; *vt Südafr* (Wagen) ziehen; **2.** *s Südafr* Treck *m*, (Ochsen-) Wagenzug *m* | anstrengender Marsch *od* Weg

trel|lis ['trelɪs] **1.** *s* (*pl* **'~lis·ses**) *Gartenb* Spalier *n* | *Tech* Gitterwerk *n*; **2.** *vt Gartenb* am Spalier ziehen | mit einem Gitter versehen; **,~lised 'rose** *s* Kletterrose *f*; **,~lised 'win·dow** *s* Gitterfenster *n*; **'~lis fruit** *s* Spalierobst *n*; **'~lis·like** *adj* gitterartig; **'~lis·work** *s* Gitterwerk *n*

trem·blant ['tremblənt] *adj* beweglich ⟨a ~ brooch⟩

trem|ble ['trembl] **1.** *vi* (er)zittern, (er)beben, erschrecken (**at** bei, **for** für, um, **with** vor) ⟨he ≈s to think ... er zittert, wenn er daran denkt ...⟩ | (sich) fürchten, sich sorgen (**for** um) | vibrieren, (sch)wanken ⟨the ground ≈d under our feet der Boden schwankte unter unseren Füßen⟩; *vt* erzittern lassen; **2.** *s* (Er-) Zittern *n*, (Er-) Beben *n*, Erschauern *n* ⟨to be all of a ≈ *umg* am ganzen Leibe zittern⟩; **'~ble·ment** *s Mus* Triller *m*; **'~bler** *s El* Kontakthammer *m*, Zungenunterbrecher *m*; **'~bler bell** *s El* Gleichstromwekker *m*; **'~bler coil** *s El* Funkeninduktor *m*; **'~bling 1.** *adj* zitternd, bebend, furchtsam ⟨≈ with fear vor Angst zitternd; in fear and ≈ in Angst und Bangen⟩; **2.** *s* Zittern *n*, Beben *n* | *Tech* Vibrieren *n*; **,~bling 'grass** *s Bot* Zittergras *n*; **'~bly** *adj umg* zitternd; **,~bling 'pop·lar** *s Bot* Zitterpappel *f*, Espe *f*

tre·men·dous [trɪ'mendəs] *adj* schrecklich, furchtbar, entsetzlich ⟨a ~ explosion⟩ | *umg* riesig, ungeheuer, außerordentlich ⟨he's a ~ talker er redet ungeheuer viel⟩ | *umg* toll, grandios ⟨a ~ party⟩

trem·o|lo ['treməlәʊ] *s* (*pl* **'~los**) *Mus* Tremolo *n*

trem|or ['tremə] *s Med* Tremor *m*, Zittern *n*, Zucken *n* ⟨≈ of the heart Herzflackern *n*⟩ | Zittern *n*, Beben *n* (**of** vor) ⟨a ≈ of fear⟩ | Angst(gefühl) *f(n)*, Bange(gefühl) *f(n)* ⟨not without ≈s nicht ohne Bangen⟩ | Beben *n* (der Erde) ⟨earth ≈s⟩; **'~u·lous** [~juləs] *adj* zitternd, bebend ⟨in a ≈ voice mit zitternder Stimme⟩ | zittrig ⟨with a ≈ hand mit zittriger Hand⟩ | ängstlich ⟨a shy ≈ girl⟩ | nervös, (über)empfindlich (**to** gegenüber) ⟨≈ to criticism⟩

trench [trentʃ] **1.** *vt* mit Gräben umgeben *od* befestigen ⟨to ~ an outport⟩ | mit Gräben durchziehen, Gräben ziehen in ⟨to ~ a field⟩ | *Landw* tief graben, tief umpflügen, rajolen | *Geol* schürfen nach; *vi* Gräben ausheben | *Geol* schürfen | *übertr* eingreifen (**[up]on** in) ⟨to ~ upon s.o.'s spare time jmdm. die freie Zeit wegnehmen *od* rauben⟩ | *übertr* übergreifen (**[up]on** auf) | *übertr* grenzen, nahe herankommen (**[up]on** an); **2.** *s* Graben *m* ⟨to dig ~es Gräben ziehen⟩ | *Mil* Schützengraben *m* | Furche *f* | *Geol* (Schürf-) Graben *m*

trench·ant ['trentʃənt] *adj* (Sprache) kräftig, energisch, bündig ⟨a ~ speech eine zündende Rede; a ~ argument ein zugkräftiges Argument⟩ | schneidend, scharf ⟨~ wit⟩ | deutlich, klar, präzise ⟨~ divisions klare Unterscheidungen *pl*⟩ | *poet* scharf ⟨a ~ sword⟩

trench coat ['trentʃ kəʊt] *s* Trenchcoat *m*, Wettermantel *m*

trench·er ['trentʃə] *s* Schanzarbeiter *m* | *arch* Schneide-, Tranchierbrett *n* | *Tech* Grabenbagger *m* | *Tech* Grabenziehgerät *n*, -maschine *f* | *arch übertr* Tafel *f*, Tafelfreuden *pl*; **'~ cap** *s* (viereckige) Studentenmütze; **'~man** [~mən] (*pl* **'~men**) *s in*: **good (poor) ~man** guter (schlechter) Esser

trench| fe·ver ['trentʃ ,fi:və] *s Med* Wolhynisches Fieber, Schützengrabenfieber *n*; **'~ hoe** *s Tech* Tieflöffelbagger *m*; **'~ ,mor·tar** *s Mil* Granatwerfer *m*; **'~ plough** *s* Grabenpflug *m*; **'~ work** *s Mil* Schanzarbeit *f*

trend [trend] **1.** *s* Richtung *f*, Lauf *m*, Verlauf *m* ⟨the ~ of a river⟩ | *übertr* Strömung *f*, Neigung *f*, Richtung *f*, Tendenz *f* ⟨modern ~s in s.th.; the ~ of thought; to set the ~ den Ton angeben, die Richtung bestimmen⟩ | *Wirtsch* Entwicklung *f*, Trend *m* ⟨~ of prices Preisentwicklung⟩ | *Geol* Streichrichtung *f*; **2.** *vi* laufen, sich erstrecken, sich neigen (**to, towards** nach) | *Geol* streichen (**to** nach) | *übertr* streben (**towards** nach); **'~,set·ter** *s umg* jmd., der die Mode bestimmt *od* den Ton angibt | Schrittmacher *m*; **'~,set·ting** *adj* modebestimmend ⟨a ≈ collection⟩; **'~y** *Brit umg* **1.** *adj* modern, schick, mit der Mode (mit)gehend ⟨a ≈ dress ein hochmodisches Kleid; a ≈ girl ein Mädchen, das immer das Neueste trägt⟩; **2.** *s* jmd., der immer mit der Mode mitgeht; jmd., der auf modern macht ⟨the ~ies die Schickeria⟩

tre|pan [trɪ'pæn] **1.** *s Med* Trepan *m*, Schädelbohrer *m* | *Bergb* Schacht-, Erdbohrer *m* | *Tech* Rundlochbohrer *m*; **2.** (**~'panned, ~'panned**) *vt Med* trepanieren, den Schädel öffnen von | *Tech* kern-, hohl-, ringbohren; **trep·a·na·tion** [,trepə'neɪʃn] *s Med* Trepanation *f*, Schädeleröffnung *f*

tre·phine [trɪ'fi:n] **1.** *s Med* Trephine *f*, Schädelsäge *f*, -bohrer *m*; **2.** *vt* = **trepan 2.**

trep·i·da·tion [,trepɪ'deɪʃn] *s Med* Trepidation *f*, (Glieder) Zittern *n* | Bestürzung *f*, Angst *f*, Erregung *f* ⟨in ~ aufgeregt⟩

tres·pass ['trespəs|-pæs] **1.** *vi* unbefugt betreten, widerrechtlich eindringen (**[up]on** in) ⟨no ~ing! Betreten verboten!⟩ | *arch, bibl* sündigen, sich vergehen (**against** an, gegen) | eingreifen (**[up]on** in) | (Zeit u. ä.) über Gebühr in Anspruch nehmen (**on s.th.** etw.) ⟨to ~ on s.o.'s generosity jmds. Großzügigkeit ausnützen; to ~ on s.o.'s time⟩; **2.** *s* Übertretung *f*, Verletzung *f*, Vergehen *n* | unbefugtes Betreten (fremden Eigentums etc.) | *übertr* Eingriff *m* | *arch, bibl* Sünde *f*, Vergehen *n* ⟨forgive us our ~es⟩; **'~ board** *s* Verbotsschild *n*; **'~er** *s* unbefugter Eindringling ⟨≈s will be prosecuted! Betreten bei Strafe verboten!⟩ | Rechtsverletzer *m* | *arch* Sünder *m*

tress [tres] (*meist pl*) *lit s* Haarlocke *f* ⟨her beautiful golden ~es ihr herrliches goldenes Haar⟩ | Haarflechte *f*, Zopf *m*; **tressed** *adj* geflochten | gelockt; **'~y** *adj* lockig

tres·tle ['tresl] *s* Bock *m*, Gestell *n*, Schragen *m* | *Arch* Holzgerüst *n*; **,~ 'board** *s* Platte *f* (zum Auflegen auf Böcke); **,~ 'bridge** *s* Joch-, Bockbrücke *f*; **,~ 'table** *s* Bock-, Zeichentisch *m*; **'~work** *s* Gerüst *n* | *Am Eisenb* Viadukt *m*

trews [tru:z] *s/pl Schott* enge karierte Hose; **'~man** *s* (*pl* **'~men**) schottischer Hochländer

trey [treɪ] *s Kart* Drei *f*

tri- [traɪ] *präf zur Bildung von adj, s, v mit der Bedeutung*: dreifach, drei, Drei- (*z. B.* **~dimensional** dreidimensional;

~angle Dreieck *n*; **~sect** dreiteilen)

tri·ad ['traɪæd] *s* Triade *f*, Dreiheit *f* | *Mus* Dreiklang *m* | *Math* Trias *f* | *übertr Am Mil* dreifache Nuklearstreitmacht (landgestützte Raketen, Atom-U-Boote, Langstreckenbomber)

tri·age [tri:'ɑ:ʒ|'tri:ɑ:ʒ] *s* ⟨*frz*⟩ Erfüllung *f* des dringendsten Bedarfs (an Nahrungsmitteln u. ä.)

tri·ag·o·nal [traɪ'ægənl] *adj* dreieckig, -seitig

tri·al ['traɪəl] **1.** *s* Versuch *m* ⟨by way of ~ versuchsweise; on ~ auf Probe; on s.o.'s third ~ bei *od* nach jmds. dritten Versuch; ~ of strength Kraftprobe *f*; to give s.th. a ~ etw. ausprobieren *od* etw. erproben; to make [a] ~ of s.th. einen Versuch mit etw. machen, etw. erproben⟩ | *Tech* Experiment *n*, Versuch *m* | *Jur* (Gerichts-) Prozeß *m*, Untersuchung *f*, Verhandlung *f*, Verhör *n* ⟨prisoner on ~ Untersuchungsgefangener *m*; to be on ~ for s.th., to stand ~ for s.th. wegen etw. vor Gericht stehen; to bring s.o. to ~, to bring s.o. up for ~, to put s.o. on ~ jmdn. vor Gericht bringen⟩ | Prüfung *f*, Bewährungsprobe *f*, Test *m* ⟨a horse ~ eine Pferdeleistungsprüfung, ein Reitturnier⟩ | *übertr* (Schicksals-) Prüfung *f*, Probe *f*, Bewährung *f* | *übertr* Plage *f*, Last *f*, Strapaze *f*, Belastung *f* ⟨that boy is a ~ dieser Junge kann einem auf die Nerven gehen⟩; **2.** *adj* Versuchs-, Probe-, Probier- ⟨~ boring; ~ test⟩ | *Jur* Untersuchungs-; **ˌ~ and 'er·ror** *s* Empirie *f*, (Herum-) Probieren *n* ⟨to do s.th. by ≈ etw. auf gut Glück tun⟩ | (Computer) Probierverfahren *n*; **ˌ~-and-'error** *adj* auf empirische Weise, Annäherungs- ⟨≈ method empirisches Ermittlungsverfahren⟩; **'~ ˌbod·y** *s* Gerichtshof *m*; **ˌ~ cal·cu'la·tion** *s* Überschlagsrechnung *f*; **ˌ~ 'dive** *s Mar* Tauchversuch *m*; **ˌ~ 'flight** *s Flugw* Probeflug *m*; **ˌ~ 'frame** *s* Probierbrille *f*; **ˌ~ 'launch·ing** *s Flugw* (Raketen-) Versuchsstart *m*; **ˌ~ 'mar·riage** *s* Probeehe *f*; **ˌ~ 'match** *s* (Sport) Ausscheidungsspiel *n*; **ˌ~ 'pe·ri·od** *s* Probezeit *f*; **ˌ~ 'run**, **ˌ~ 'trip** *s* Probefahrt *f*, -lauf *m*

tri·an|gle ['traɪæŋgl] *s* Dreieck *n* ⟨a ≈ of land ein Landdreieck⟩ | *Mus* Triangel *m* | *Tech* Winkel *m*, Zeichendreieck *n* | *übertr* Dreiecksverhältnis *n*; **~gu·lar** [traɪ'æŋgjʊlə] *adj* dreieckig, -seitig, -kantig, -schenklig | *Tech* (Gewinde) scharfgängig | *übertr* Dreier-, dreiseitig ⟨≈ trade⟩ | *auch* **ˌ~gu·lar 'file** *Tech* Dreikantfeile *f*; **~gu·lar·i·ty** [traɪˌæŋgjʊ'lærətɪ] *s* dreieckige Form; **~gu·late** [traɪ'æŋgjʊleɪt] *vt Tech* dreieckig machen, triangulieren; [-lət] *adj* aus Dreiecken bestehend; **~gu·la·tion** [traɪˌæŋgjʊ'leɪʃn] *s Tech* Triangulierung *f*, Dreiecksversteifung *f*

tri·arch·y ['traɪɑ:kɪ] *s* Triarchie *f*, Dreiherrschaft *f*

tri·as ['traɪəs] *s Geol* Trias *f* | *Mus* Dreiklang *m*

tri·a·tom·ic [ˌtraɪə'tɒmɪk] *adj Chem* dreiatomig

tri·ax·i·al [traɪ'æksɪəl] *adj* dreiachsig

tri·a·zole ['traɪəzəʊl] *s Chem* Triazol *n*

trib·al ['traɪbl] *adj* den Stamm betreffend, Stammes- ⟨~ chief Stammesfürst *m*; ~ dances *pl* Stammestänze *pl*⟩; **'~ism** *s* Stammessystem *n*; **tribe** [traɪb] *s* (Volks-) Stamm *m* | *Bot*, *Zool* Klasse *f* | *scherzh*, *verächtl* Sippe *f*, Zunft *f*; **'tribes·man** *s* (*pl* **'tribes·men**) Stammesangehöriger *m*

trib·let ['trɪblət] *s Tech* Dorn *m*, Reibahle *f*

tri·bol·o·gy [traɪ'bɒlədʒɪ] *s Tech Phys* Tribologie *f*

trib·u·la·tion [ˌtrɪbjʊ'leɪʃn] *s* Widerwärtigkeit *f*, Ärger *m*, Kummer *m* ⟨to bear one's ~s bravely sein Leid tapfer (er)tragen⟩

tri·bu·nal [traɪ'bju:nl] *s* Tribunal *n*, Gerichtshof *m*, Schiedskommission *f* | Richterstuhl *m* (*auch übertr*) ⟨the ~ of public opinion die Tribüne der öffentlichen Meinung⟩; **¹trib·une** ['trɪbju:n] *s Hist* Tribun *m* | Volksheld *m*, -vertreter *m*

²trib·une ['trɪbju:n] *s* (Redner-) Tribüne *f* | *Rel* Bischofsthron *m*

Trib·u·nite ['trɪbjʊnaɪt] *s Brit Pol* Vertreter(in) *m(f)* der Tribune-Gruppe, betont linke(r) Labour-Vertreter(in) *m(f)*

trib|u·tar·y ['trɪbjʊtrɪ] **1.** *adj* zins-, tributpflichtig | *übertr* untertan (**to s.o.** [gegenüber] jmdm.) | *übertr* helfend, beisteuernd (**to** zu) | (Fluß) zufließend, Neben- ⟨a ≈ canal; a ≈ stream; to be ≈ to fließen, sich ergießen in⟩; **2.** *s* Tributpflichtiger *m* | Nebenfluß *m*; **'~ute** [~ju:t] *s* Zins *m*, Zoll *m*, Tribut *m* ⟨to lay s.o. under ≈ sich jmdn. tributpflichtig machen⟩ | *Bergb Hist* Gedinge *n* | *übertr* Tribut *m*, Zoll *m* | *übertr* Huldigung *f*, Hochachtung *f* ⟨to pay [a] ≈ to s.o. jmdm. Hochachtung bezeigen⟩

tri·car ['traɪkɑ:] *s*, *bes Brit* Dreiradwagen *m*

¹trice [traɪs] *s umg* Augenblick *m*, kurze Zeitspanne ⟨in a ~ im Nu⟩

²trice [traɪs] *vt*, **~ up** *Mar* aufwinden, -heißen, -holen ⟨to ~ up a sail⟩

tri·ceps ['traɪseps] *s* (*pl* **~es** [~i:z], '~) *Anat* Trizeps *m*, dreiköpfiger Oberarmmuskel

trich- [trɪk] = **tricho**

tri·chi|na [trɪ'kaɪnə] *s* (*pl* **~nae** [~ni:]) *Zool* Trichine *f*; **trich·i·no·sis** [ˌtrɪkɪ'nəʊsɪs] *s Med*, *Vet* Trichinose *f*; **'trich·i·nous** [~nəs] *adj* trichinös, trichinenhaltig

tricho- [trɪkə] ⟨*griech*⟩ *in Zus* Haar

trich·o·tom·ic [ˌtrɪkə'tɒmɪk], **tri·chot·o·mous** [trɪ'kɒtəməs] *adj* dreiteilig, -geteilt; **tri·chot·o·my** [trɪ'kɒtəmɪ] *s* Dreiteilung *f*

trick [trɪk] **1.** *s* Schlich *m*, Kniff *m*, Trick *m*, List *f* ⟨a ~ worth two of that *umg* eine viel bessere Masche; not/never miss a ~ *umg* alles mitkriegen; to be up to s.o.'s ~s jmdn. durchschauen⟩ | Streich *m*, Spaß *m*, Scherz *m* ⟨a dirty/unfair ~ ein übler Spaß; to play a ~ on s.o. jmdm. einen Streich spielen⟩ | Kunstgriff *m*, -fertigkeit *f*, -stück *n* ⟨card ~s Kartenkunststücke *n/pl*; to do the ~ *Sl* sein Ziel erreichen, etw. zuwege bringen; to get/learn the ~ of s.th. hinter etw. kommen⟩ | Eigenheit *f*, Angewohnheit *f*, Art *f* (**of** *mit ger* zu *mit inf*) | *Kart* Stich *m* ⟨to win a ~ einen Stich machen⟩ | *Mar* Dienst *m* ⟨to take one's ~ at the wheel das Steuer übernehmen⟩; **2.** *adj* Trick- ⟨~ film⟩ | Kunst- ⟨~ flying⟩ | *umg* unzuverlässig, tückisch ⟨a ~ lock⟩ | *übertr* Überrumplungs-, Überraschungs- ⟨~ question⟩; **3.** *vt* überlisten, betrügen, beschwindeln ⟨to ~ s.o. out of s.th. jmdn. um etw. bringen⟩ | verleiten, verlocken, -führen (**into** zu) | *auch* **~ off**, **~ out**, **~ up** herausputzen, schmücken (**in** in, mit); *vi* betrügen | sich einen Spaß erlauben (**with** mit); **'~er** *s* Gauner *m*; **'trick·er·y** *s* Gaunerei *f*, Betrügerei *f*

trick·le ['trɪkl] **1.** *vi* tröpfeln, tropfen, rieseln (**into** in, **out of** aus [heraus]) | *übertr* langsam gehen, grüppchenweise kommen *od* gehen; **~ down** heruntertropfen, langsam hinunterlaufen; **~ out** *übertr* durchsickern; *vt* tropfen lassen; **2.** *s* Tröpfeln *n*, Tropfen *n*, Rieseln *n* | Tropfen *m* | Träne *f*; **ˌ~ 'charge** *s El* Pufferladung *f*; **ˌ~ 'charg·er** *s El* (Klein-) Batterieladegerät *n*; **ˌ~ 'cool·er** *s Tech* Berieselungskühler *m*; **'~-down** *adj Am Wirtsch* breitgefächerte (staatliche) Unterstützungs- ⟨≈ economy Politik *f* der ständigen staatlichen Subventionierung der Wirtschaft⟩; **'~ ˌfur·nace** *Tech* Sickerfeuerung *f*; **ˌ~-'ir·ri·gate** *vt Landw* benetzen, sprühbewässern; **ˌ~ ir·ri'ga·tion** *s Landw* Sprühbewässerung *f*

trick| pho·to·gra·phy [ˌtrɪk fə'tɒgrəfɪ] *s* Trickphotographie *f*; **ˌ~ 'rid·er** *s* Kunstreiter(in) *m(f)*

trick|ster ['trɪkstə] *s* Gauner *m*, Betrüger *m*; **'~sy** *adj arch* schlau, durchtrieben | mutwillig, übermütig, ausgelassen | (Arbeit u. ä.) verzwickt, raffiniert, kompliziert ⟨a ≈ job⟩ | *arch* herausstaffiert, geschmückt; **'~y** *adj* betrügerisch, raffiniert, durchtrieben, schlau ⟨a ≈ politician; a ≈ policy⟩ | verzwickt, kompliziert ⟨a ≈ problem⟩

tri·col·our ['trɪkələ] **1.** *s* Trikolore *f*; **2.** *adj* dreifarbig; ˌ~ '**fil·ter** *s Foto* Dreifarbenfilter *m*

tri·corn ['traɪkɔ:n] **1.** *s* Dreispitz *m* | Dreihorn *n*; **2.** *adj* dreihörnig | mit drei Spitzen versehen

tri·cot ['trɪkəʊ] *s* Trikot *m*; **tric·o·tine** [ˌtrɪkə'ti:n] *s* Trikotine *f*; '~ **stitch** *s* Trikotstich *m*

tri·cy·cle ['traɪsɪkl] **1.** *s* Dreirad *n*; **2.** *vi* Dreirad fahren

tri·dent ['traɪdnt] *s* Dreizack *m* | dreizackiger Fischspeer | ≁ *Am Mil* Trident-Atom-U-Boot *n* | ≁ *Am Mil* Tridentrakete *f*

tri·di·men·sion·al [ˌtraɪdɪ'menʃnəl] *adj* dreidimensional

tried [traɪd] **1.** *prät, part perf* von ↑ **try**; **2.** *adj* erprobt, bewährt ⟨a ~ method⟩

tri·en·ni|al [traɪ'enɪəl] *adj* dreijährig; **~um** [traɪ'enɪəm] *s* (*pl* **~a** [~ə], **~ums**) Triennium *n* | Zeitraum *m* von drei Jahren

tri·er ['traɪə] *s* jmd., der sich ernsthaft bemüht ⟨to be a great ~ nichts unversucht lassen⟩ | *Jur* Prüfer *m* | Prüfgerät *n* | *übertr* Prüfstein *m*

tri·fec·ta [traɪ'fektə] *s Am* (Pferderennen) große Einlaufwette, großer Einlauf

tri|fle ['traɪfl] **1.** *s* Kleinigkeit *f*, Lappalie *f* ⟨the merest ≈ die geringste *od* kleinste Kleinigkeit⟩ | (*mit indef art*) kleine Menge ⟨just a ≈ nur eine Kleinigkeit *od* Winzigkeit; a ≈ angry ein wenig verärgert; a ≈ hot etwas heiß⟩ | kleiner Geldbetrag | *übertr* Kinderspiel *n*, Leichtigkeit *f* | *Brit* Biskuitdessert *n*, -auflauf *m* (mit Wein, Sahne, Gelee); **2.** *vi* tändeln, scherzen (**with** mit) | *übertr* spielen, leichtfertig umgehen (**with** mit) | trödeln; *vt*, *auch* **~fle away** (Zeit) vertrödeln, verschwenden, vergeuden; '**~fler** *s* oberflächlicher Mensch; '**~fling 1.** *adj* belanglos, geringfügig, wertlos ⟨a ≈ matter⟩ | oberflächlich, leichtfertig ⟨a ≈ talk⟩ | scherzend, tändelnd, flirtend; **2.** *s* Spielerei *f*, Tändelei *f* | Flirt *m*

tri|form ['traɪfɔ:m], '**~formed** *adj* dreiteilig

[1]**trig** [trɪg] **1.** *s* Hemmkeil *m*, -schuh *m*; **2.** (**trigged, trigged** [trɪgd]) *vt* hemmen

[2]**trig** [trɪg] **1.** *adj* schmuck, adrett | gesund; **2.** (**trigged, trigged** [trɪgd]) *vi, vt, meist* ~ **out**, ~ **up** (sich) herausputzen

tri·gem·i·nus [traɪ'dʒemɪnəs] *s Anat, Zool* Trigeminus *m*

trig·ger ['trɪgə] **1.** *s* Auslösehebel *m*, Auslöser *m* | *Mil* (Gewehr-) Abzug *m* ⟨quick on the ~ schnell am Abzug (*auch übertr*); to pull the ~ abdrücken⟩ | *Foto* Auslöser *m*; **2.** *vt* ~ **off** auslösen (*meist übertr*) ⟨to ≈ a revolt⟩; '~ ˌ**fin·ger** *s* Zeigefinger *m*; '~-ˌ**hap·py** *umg adj* schießwütig ⟨≈ hunters⟩ | kriegsliebend, -lüstern ⟨≈ diplomats⟩ | *übertr* aggressiv ⟨≈ critics⟩

trig·o|nom·e·ter [ˌtrɪgə'nɒmɪtə] *s Tech* Trigonometer *m*; **~no·met·ric** [ˌtrɪgənə'metrɪk], ˌ**~no'met·ri·cal** *adj Math* trigonometrisch; **~nom·e·try** [ˌtrɪgə'nɒmɪtrɪ] *s Math* Trigonometrie *f*

tri·he|dral [traɪ'hi:drəl] *adj Math* dreiflächig, Trieder-; **~dron** [~drən] *s* (*pl* **~drons, ~dra** [~drə]) Trieder *m*, Dreiflächner *m*

tri·jet ['traɪdʒet] *Flugw* **1.** *s* dreistrahlige Düsenmaschine; **2.** *adj* dreistrahlig ⟨~ airbus⟩

trike [traɪk] *s Brit umg* Dreirad *n*

tri·lat·er·al [traɪ'lætr̩əl] *adj Math, übertr* dreiseitig ⟨~ agreement⟩

tril·by ['trɪlbɪ] *bes Brit s, auch* ˌ~ '**hat** weicher Filzhut | *meist pl Sl* Flossen *pl*, Latschen *pl*

tri·lin·gual [ˌtraɪ'lɪŋgwəl] *adj* dreisprachig

trill [trɪl] **1.** *vt Mus* trillern | *Ling* Konsonant rollen; *vi Mus* trillern; **2.** *s Mus* Trillern *n* | *Mus* Triller *m* | *Ling* gerollter Konsonant

tril·ling ['trɪlɪŋ] *s* Drilling *m* | *Min* Drillingskristall *m*

tril·lion ['trɪlɪən] *s Brit* Trillion *f* (= 10^{18}) | *Am* Billion *f*

tri·lo·bite ['traɪləbaɪt] *s Zool* Trilobit *m*, fossiler Krebs

tril·o·gy ['trɪlədʒɪ] *s* Trilogie *f*

trim [trɪm] **1.** (**trimmed, trimmed**) *vt* in Ordnung bringen, ordnen | den letzten Schliff geben ⟨to ~ o.s. up *umg* sich auftakeln⟩ | (Lampe) putzen | besetzen (**with** mit) ⟨~med with lace spitzenbesetzt⟩ | (Hund) trimmen | (Hecke u. ä.) beschneiden | (Bart) stutzen | *übertr* zurechtstutzen, beschneiden, senken ⟨to ~ a budget ein Budget kürzen⟩ | (Feuer) schüren | *Mar* (Segel) trimmen | *übertr* (zu jmds. Vorteil) ausrichten, zurechtlegen ⟨to ~ one's opinions; to ~ one's sails to every wind sein Mäntelchen nach dem Wind hängen⟩ | *Mar, Flugw* (Ladung) verstauen | *Typ* (Papier) beschneiden | *Tech* ab-, entgraten, bestoßen, putzen | *Mar* (Kohlen) laden, trimmen | *Mar, Flugw* (Schiff, Flugzeug) trimmen, in Gleichgewichtslage bringen, (Segel) richtig stellen | (Sport) *umg* (restlos) schlagen, (völlig) besiegen, vertrimmen | *Am Sl* betrügen (**out of** um); ~ **off** stutzen (*auch übertr*); *vi Mar* trimmen | *übertr* den Mittelweg gehen | *Pol* lavieren, sich anpassen; **2.** *adj* sauber, nett, schmuck ⟨a ~ figure; a ~ garden; a ~ ship⟩; **3.** *s* Ordnung *f*, (ordnungsgemäßer) Zustand, (richtige) Verfassung ⟨in ~ fit; in good (out of) ~ for gut (schlecht) ausgerüstet *od* vorbereitet für; in ~ for gewappnet für⟩ | Putz *m*, Staat *m* | Haarschnitt *m* | *Mar* Trimm *m*, Gleichgewichtslage *f* ⟨in sailing ~ segelfertig; ~ by the bow Kopf-, Buglastigkeit *f*; ~ by the stern Achter-, Hecklastigkeit *f*⟩ | *Am* Schaufensterdekoration *f*

tri·ma·ran ['traɪməræn] *s Mar* Dreierausleger *m*, (Dreier) Auslegeboot *n*

tri·mes·ter [trɪ'mestə] *s bes Am* Trimester *n*

trim|mer ['trɪmə] *s* Putzer *m* | Putzmacherin *f* | *Mar* (Kohlen) Trimmer *m* | *Typ* Beschneider *m*, (Papier) Beschneidemaschine *f* | *Pol* Opportunist *m*; '**~ming 1.** *adj* Besatz-, Posamenten-; **2.** *s* (Aus-) Putzen *n* | Beschneiden *n* | Haarschneiden *n* | *Tech* Abgraten *n*, Entgraten *n*; Bestoßen *n*, Besäumen *n* | *Mar* Trimmen *n*, Verstauen *n* | Besatz *m*, Garnitur *f* | (Sport) *umg* saftige Niederlage; '**~mings** *s/pl* Besatz *m*, Verzierung *f*, Posamenten *f/pl* | *Kochk* Beilagen *f/pl* | Zubehör *n* | Abfälle *pl*, Schnipsel *pl*

trin·gle ['trɪŋgl] *s* Gardinenstange *f* | *Arch* Deck-, Kranzleiste *f*

Trin·i·dad and To·ba·go ['trɪnɪˌdæd ən tə'beɪgəʊ] *s* Trinidad und Tobago, (Inseln der) Kleine(n) Antillen

tri·ni·tro·tol|u·ene [ˌtraɪˌnaɪtrəʊ'tɒljʊi:n], **~u·ol** [~jʊəʊl] *s Chem selten* Trinitrotoluol *n*, TNT *n*

trin·i·ty ['trɪnətɪ] *s förml, lit* Dreiheit *f* | ≁ *Rel* Trinität *f*, Dreifaltigkeit *f* | *auch* ˌ≁ '**Sun·day** (Sonntag) Trinitatis(fest) *n*(*n*)

trin·ket ['trɪŋkɪt] *s* Schmuckstück *n* (von geringem Wert) | *meist pl* Kram *m*, Flitterwerk *n*

tri·no·mi·al [traɪ'nəʊmɪəl] **1.** *adj Math* trinomisch, dreigliedrig | *Biol* dreigliedrig; **2.** *s Math* Trinom *n*, dreigliedrige Zahlengröße | *Biol* Trinom *n*

tri·o ['tri:əʊ] *s Mus, übertr* Trio *n* ⟨a ~ of friends⟩

tri·ode ['traɪəʊd] *s El* Triode *f*, Dreielektrodenröhre *f*, Dreipolröhre *f*

trio·mill ['trɑɪəʊmɪl] *s Tech* Drillingswalzwerk *n*

trip [trɪp] **1.** (**tripped, tripped**) *vt, auch* ~ **up** (jmdn.) zu Fall bringen, (jmdm.) ein Bein stellen (*auch übertr*) | *übertr* zunichte machen | *übertr* (jmdn.) ertappen (**in** bei) | *Mar* (Anker) lichten | *Tech* (Relais u. ä.) auslösen, schalten, ausrücken ⟨to ~ a wire an einen Draht kommen, einen Draht berühren⟩; ~ **out** *Tech* auslösen; *vi* trippeln | stolpern, straucheln (**over** über) | *übertr* straucheln, einen Fehltritt tun | mit der Zunge anstoßen | *Mar* unter Wasser treiben | *Typ* ausfallen; ~ **out** *Sl* (unter Drogeneinfluß) hinüber sein; Drogen nehmen; ~ **up** *übertr umg* tapsen, sich verheddern; **2.** *s* Ausflug *m* ⟨a weekend ~⟩ | Reise *f* ⟨honeymoon ~ Hochzeitsreise⟩ | Trippeln *n* | Stolpern *n*, Straucheln *n* | *übertr* Fehler *m*, Fehltritt *m* | *Tech* Auslösen *n*, Auslösung *f* | *Tech* Auslösevorrichtung *f* | *Bergb* Fahr-, Förderspiel *n*, Förderzug *m* | *Sl* (Drogen) Rausch *m*, Trip *m* | *Sl übertr* Erlebnis *n*, Masche *f* ⟨a good ~ eine tolle Sache⟩ | *Sl übertr* Rausch *m*, erregender Zustand, zwanghafte Handlung ⟨an ego ~ ein Ausleben des eigenen Ich⟩

tri·par|tite [traɪ'pɑ:taɪt] *adj* dreiteilig, -geteilt ⟨a ≈ leaf⟩ | *bes Pol* dreiseitig, Dreiparteien- ⟨≈ conference Dreierkonferenz *f*⟩; **~ti·tion** [ˌtraɪpɑ:'tɪʃn] *s* Dreiteilung *f*

tripe [traɪp] *s* Kaldaunen *f/pl* | *Kochk* Flecke *m/pl*, Kutteln *f/pl* ⟨boiled ~ and onions gekochte Flecke mit Zwiebeln⟩ | *übertr* Schund *m* | *umg* Unsinn *m*, Quatsch *m* ⟨stop talking ~! hör mit dem Quatsch auf!⟩

tri·plane ['traɪpleɪn] *s Flugw* Dreidecker *m*

tri·ple ['trɪpl] **1.** *adj* dreifach, -malig, drei-, Drei- ⟨a ~ dose e-e dreimalige Dosis⟩; **2.** *vi, vt* (sich) verdreifachen; ˌ~ '**crown** *s* (Papst) Tiara *f* | (Sport) (Pferderennen) dreifache Krone | *Am* (Sport) (Baseball) dreifaches (inoffizielles) Championat; '~ **jump** *s* Dreisprung *m*

tri·plet ['trɪplət] *s* Drilling *m* | *Mus* Triole *f* | Trio *n* | *Kart* Dreier *m* (Poker)

trip·le time ['trɪpl taɪm] *s Mus* Tripel-, Dreitakt *m*

tri·plex ['trɪpleks] **1.** *adj* dreifach; **2.** *s Mus* Tripeltakt *m* | *auch* '~ **glass** *s* Triplex-, Sicherheits-, Dreischichtenglas *n* | *Am* über 3 Stockwerke verteilte Wohnung

trip·li|cate ['trɪplɪkət] **1.** *adj* dreifach; **2.** *s* Triplikat *n* ⟨in ≈ in dreifacher Ausfertigung⟩; [~keɪt] *vt* verdreifachen | drei Kopien von einem Original anfertigen; ˌ~'**ca·tion** *s* Verdreifachung *f*

tri·pod ['traɪpɒd] *s* Dreifuß *m* | *Foto* Stativ *n*

tri·pos ['traɪpɒs] *s Brit Päd* (Studium für) Abschlußexamen *n* in Cambridge

trip|per ['trɪpə] *s* Trippelnde(r) *f(m)* | flotter Tänzer, flotte Tänzerin | Stolpernde(r) *f(m)* | *Brit, oft verächtl* (Tages-) Ausflügler(in) *m(f)* ⟨day ≈⟩ | *Tech* Auslösevorrichtung *f*; '**~ping** **1.** *adj* leichtfüßig, munter | stolpernd; **2.** *s* Beinstellen *n* | flotter Tanz | *Tech* Auslösung *f*

trip·tych ['trɪptɪk] *s* Triptychon *n*, dreiteiliges Altarbild

trip·wire ['trɪp ˌwaɪə] *s* Stolperdraht *m*

tri·reme ['traɪri:m] *s Mar Hist* Triere *f*, Trieme *f*

tri|sect [traɪ'sekt] *vt* dreiteilen, in drei Teile teilen; **~sec·tion** [~'sekʃn] *s* Dreiteilung *f*

triste [tri:st] ⟨*frz*⟩ *adj* trist, traurig; langweilig; **tris·tesse** [trɪ'stes] *s* Traurigkeit *f* | Langeweile *f*; **trist·ful** ['trɪstfl] *adj* traurig

trite [traɪt] *adj* abgedroschen, platt ⟨a ~ idea⟩

trit·i·um ['trɪʃɪəm] *s Chem* Tritium *n*

trit·u|rate ['trɪtjəreɪt] *vt* zerreiben, zermahlen, pulverisieren; ˌ~'**ra·tion** *s* Zerreibung *f*, Zermahlung *f*, Pulverisierung *f*

tri|umph ['traɪəmf] **1.** *s* Triumph *m*, Sieg *m* (**over** über) ⟨in ≈ triumphierend⟩ | glänzender Erfolg, Triumph *m* ⟨the ≈s of science⟩ | Triumph *m*, Frohlocken *n*, Siegesfreude *f* (**at** über) ⟨shouts of ≈ Triumphrufe *pl*⟩ | *Hist* Triumphzug *m*; **2.** *vi* triumphieren, siegen (**over** über) | frohlocken, triumphieren (**on, over** über) | *übertr* Erfolg haben; **~um·phal** [traɪ'ʌmfl] *adj* Triumph-, Sieges-; ~ˌ**um·phal 'arch** *s* Triumphbogen *m*; **~um·phant** [traɪ'ʌmfnt] triumphierend, siegreich ⟨the ≈ army⟩ | frohlockend ⟨≈ smile⟩

tri·um·vir [traɪ'ʌmvə] *Hist s* Triumvir *m*; **~ate** [traɪ'ʌmvɪrət] *s* Triumvirat *n* | *übertr* Dreigestirn *n*, Dreierherrschaft *f*

tri·une ['traɪju:n] *Rel* **1.** *s* Dreifaltigkeit *f*; **2.** *adj* dreieinig

tri·va·lence [traɪ'veɪləns|'trɪvələns], **tri'va·len·cy** *s Chem* Dreiwertigkeit *f*; **tri'va·lent** [*auch* 'trɪvələnt] *adj Chem* dreiwertig

triv·et ['trɪvɪt] *s* Dreifuß *m* (zum Kochen) | dreifüßiger Untersetzer ◇ **as right as a ~** *übertr* in bester Ordnung, bei allerbester Gesundheit

triv·i|a ['trɪvɪə] *s/pl* Nebensächlichkeiten *f/pl*, Unwesentliches *n*; **~al** ['trɪvɪəl] *adj* trivial, banal, alltäglich ⟨the ≈ round das tägliche Einerlei⟩ | belanglos, unbedeutend ⟨a ≈ loss⟩ | (Person) oberflächlich ⟨a ≈ woman eine Frau, die sich nur für Oberflächlichkeiten interessiert⟩; '**~al·ism** *s* Gemeinplatz *m*; **~al·i·ty** [ˌtrɪvɪ'ælətɪ] *s* Trivialität *f*, Plattheit *f* | Unbedeutendheit *f*; **~al·ize** ['trɪvɪəlaɪz] *vt* trivialisieren | zur Unbedeutsamkeit herabwürdigen

troat [trəʊt] **1.** *s* Schreien *n*, Röhren *n* (des Hirsches); **2.** *vi* schreien, röhren

tro·cha·ic [trəʊ'keɪɪk] *Metr* **1.** *adj* trochäisch; **2.** *s* Trochäus *m*

tro·che [trəʊk] *s* Pastille *f*

tro·chee ['trəʊki:] *s Metr* Trochäus *m*

trod [trɒd] *prät* von ↑ **tread 2.**; **~den** [trɒdn] *part perf* von ↑ **tread 2.**

trog·lo·dyte ['trɒglədaɪt] *s* Troglodyt *m*, Höhlenbewohner(in) *m(f)*

troi·ka ['trɔɪkə] *s* Troika *f*, Dreigespann *n* (*auch übertr*) | *Pol* Dreierherrschaft *f*

Tro·jan ['trəʊdʒən] **1.** *adj* trojanisch ⟨~ Horse; the ~ War⟩; **2.** *s* Trojaner(in) *m(f)* ◇ **work like a ~** schuften, wie ein Pferd arbeiten

[1]**troll** [trəʊl] *s* Kobold *m*, Troll *m*

[2]**troll** [trəʊl] **1.** *vt* (Lied) trällern | im Rundgesang singen | mit der Schleppangel fischen | *übertr* anlocken, herbeilocken; *vi* (vor sich hin) trällern, singen | fischen, angeln (**for** nach); **2.** *s* Rundgesang *m* | Schleppangel *f*

trol·ley ['trɒlɪ] **1.** *s* (Gepäck-, Hand-, Einkaufs-) Karren *m* | *auch* '**lug·gage** ˌ~ Kofferkuli *m* | (Golf) Caddie *m* | *Bergb* Hunt *m*, Förderkarren *m* | *Brit Eisenb* Draisine *f*, Schienenwagen *m* | *Am* Straßenbahn(wagen) *f(m)* | *El* Stangenstromabnehmer *m*, Kontaktrolle *f* | *Tech* (Lauf) Katze *f* | *auch* '**tea** ˌ~ *Brit* Teewagen *m*; **2.** *adj* fahrbar, mit (kleinen) Rädern ⟨~ barbecue fahrbarer Grill⟩; **3.** *vt* mit einem Karren transportieren; *vi* mit einem Karren fahren; '**~bus** *s* Obus *m*; '**~ car** *s Am* Straßenbahntriebwagen *m*; '**~ pole** *s El* Stromabnehmerstange *f*; '**~ wheel** *s El* Stromabnehmerrolle *f*; '~ ˌ**wire** *s El* Oberleitung *f*, Fahrdraht *m*

trol·lop ['trɒləp] **1.** *s* Schlampe *f* | Dirne *f*; **2.** *vi* latschen | sich wie eine Dirne benehmen

trol·ly ['trɒlɪ] = **trolley**

trom|bone [trɒm'bəʊn] *s Mus* Posaune *f*; **~ˌbon·ist** *s* Posaunist *m*

trom·pe [trɒmp] *s Tech* Gebläse *n*

troop [tru:p] **1.** *s* Trupp *m*, Haufen *m*, Horde *f*, Schar *f* ⟨a ~ of children e-e Schar Kinder; a ~ of monkeys e-e Horde Affen⟩ | Gruppe *f* von (32) Pfadfindern | *Mil* Schwadron *f* | *Mil* Marschsignal *n*; **2.** *vi, auch* ~ **together,** ~ **up** sich scharen, sich sammeln | in Scharen strömen ⟨to ~ into a meeting; to ~ out of school⟩ | *umg* marschieren; ~ **away,** ~ **off** *umg* sich fortmachen; *vt Mil* formieren, aufstellen | *Brit Mil* (die Fahne) vorantragen ⟨to ~ the colour die Fahnenparade abhalten⟩; '~ ˌ**car·ri·er** *s Flugw, Mar Mil* Truppentransporter *m*; '**~er** *s Mil* Kavallerist *m* ⟨to swear like a ≈ wie ein Landsknecht fluchen⟩ | *Mil* Kavalleriepferd *n* | *Am, Austr* berittener Polizist | *Brit* Truppentransportschiff *n*; '**~ horse** *s* Kavalleriepferd *n*; '**~ plane** *s* Truppentransportflugzeug *n*; **troops** *s/pl Mil* Truppen *pl*; '**~ship** *s* Truppentransportschiff *n*

trope [trəʊp] *s Rhet* Trope *f*, bildlicher Ausdruck | *Mus* Tropus *m*

troph- [trɒf] = **tropho-**
troph·ic ['trɒfɪk] *adj* trophisch, mit der Ernährung zusammenhängend
tropho- [trɒfə] ⟨*griech*⟩ *in Zus* Ernährungs-
tro|phy ['trəʊfɪ] *s* Trophäe *f*, Siegeszeichen *n (auch übertr)* | Preis *m*, Trophäe *f* ⟨tennis ~phies⟩
-trophy [trɒfɪ] ⟨*griech*⟩ *in Zus* Nahrung, Ernährung
trop|ic ['trɒpɪk] **1.** *s Astr, Geogr* Wendekreis *m* ⟨the ≈ of Cancer der Wendekreis des Krebses⟩; **2.** = [1]**~i·cal 1.**; [1]**~i·cal 1.** *adj* tropisch, Tropen- ⟨≈ flowers; ≈ weather⟩ | *übertr* heiß, leidenschaftlich | (Stoff) leicht, für den Sommer, Tropical- ⟨≈ worsted leichter Kammgarnstoff⟩; **2.** *s* tropischer Fisch | Tropical *m*, leichter Sommerstoff | Tropenanzug *m*, leichter Sommeranzug
[2]**trop·i·cal** ['trɒpɪkl] *adj Rhet* tropisch, bildlich
trop·i·cal| cli·mate [ˌtrɒpɪkl 'klaɪmɪt] *s* Tropenklima *n*; ˌ**~ dis·'ease** *s* Tropenkrankheit *f*; ˌ**~ 'fren·zy** *s* Tropenkoller *m*; ˌ**~ 'fruit** *s* Südfrüchte *f/pl*; ˌ**~ 'plants** *s/pl* Tropenpflanzen *f/pl*;
trop·ics ['trɒpɪks] *s/pl* (*mit best art*) Tropen *pl* ⟨in the ≈⟩
tro·pism ['trəʊpɪzm] *s Biol* Tropismus *m*, Reizbewegung *f*
trop·o·sphere ['trɒpəsfɪə] *s Met* Troposphäre *f*
trop·po ['trɒpəʊ] *adv Mus* zu (sehr)
trot [trɒt] **1.** (**~ed, ~ed**) *vi* traben, Trab reiten ⟨to ~ in double harness *übertr* seinen festen Trott gehen, mit seinem Los zufrieden sein⟩ | *umg, scherzh* sich schnell bewegen ⟨you ~ away! *umg* scher dich fort!⟩; **~ along** *scherzh* fortgehen, losschieben; *vt* (Pferd) traben lassen, in Trab bringen (*auch übertr*) | herum-, spazierenführen ⟨to ~ s.o. off his legs jmdn. bis zum Umfallen herumführen; to ~ s.o. round jmdn. (zum Einkaufen etc.) mitnehmen⟩ | *Am Päd Sl* unerlaubte (Übersetzungs-) Hilfsmittel benutzen; **~ out** (Pferd) vorreiten, vorführen | *übertr Sl* zur Schau stellen, renommieren mit ⟨to ≈ one's knowledge mit seinem Wissen angeben⟩; **2.** *s* Trab *m*, Trott *m* ⟨at a ~ im Trab⟩ | *übertr* schnelle Bewegung, Trab *m* ⟨to go for a ~ *umg* einen kleinen Spaziergang machen; to keep s.o. on the ~ jmdn. in Trab halten, jmdn. beschäftigen⟩ | *Med Sl* Durchfall *m* ⟨to be on the ~, to have the ~s Durchmarsch haben⟩ | *umg selten* kleines Kind | *Am Päd Sl* Eselsbrücke *f*, Klatsche *f* ◇ **on the ~** *umg* auf der Achse, ständig unterwegs | hintereinander, in einem Ritt ⟨to win 3 races ≈⟩
Trot [trɒt] *verächtl* = **Trotskyite**
troth [trəʊθ] *arch* **1.** *s* Gelöbnis *n* ⟨in ~! auf mein Wort!; to plight one's ~ ewige Treue schwören⟩; **2.** *vt* verloben
Trot·sky|ist ['trɒtskɪɪst] *s Pol s* Trotzkist(in) *m(f)*; **2.** *adj* trotzkistisch; **~ite** [-aɪt] *verächtl* **1.** *s* Trotzkist(in) *m(f)*; **2.** *adj* trotzkistisch
trot·ter ['trɒtə] *s* (Pferd) Traber *m* | *meist pl Kochk* Schweins-, Schafsfüße *m/pl* ⟨pig's ~s Eisbein *n*⟩
trot·toir ['trɒtwɑ:] *s* Gehweg *m*, Bürgersteig *m*
trou·ba·dour ['tru:bədɔ:] *s* Troubadour *m*
trou·ble ['trʌbl] **1.** *vt* beunruhigen, ängstigen, verwirren ⟨to be ~d by s.th. wegen etw. beunruhigt sein; to be ~d in mind sehr in Ängsten sein⟩ | (jmdn.) belästigen, stören, Mühe (Umstände) machen, behelligen, bitten (**about, with** mit) ⟨may I ~ you for a match? dürfte ich Sie um ein Streichholz bitten?; may I ~ you to pass [me] the salt, please? würden Sie mir bitte das Salz reichen?; sorry to ~ you entschuldigen Sie, daß ich Sie störe⟩ | quälen, plagen ⟨to be ~d with a cold an einer Erkältung leiden⟩ | (Wasser) aufwühlen, trüben ⟨~d waters *übertr* schwierige Lage; to fish in ~d waters *übertr* im trüben fischen⟩; *vi* sich Sorgen machen, sich aufregen, sich beunruhigen (**about** über) | (*meist neg, interrog*) sich bemühen, sich Umstände *od* Mühe machen ⟨don't ~ schon gut; why should I ~ to explain? warum sollte ich mir wegen einer Erklärung Gedanken machen?⟩; **2.** *s* Belästigung *f*, Plage *f*, Störung *f* ⟨to be a ~ to s.o. für jmdn. eine Last sein⟩ | Mühe *f* ⟨to have ~ doing s.th. Mühe haben, etw. zu tun; to take (great) ~ sich (große) Mühe geben⟩ | Unglück *n*, Not *f* ⟨he has been through much ~ er hat viel durchgemacht; to be/look in ~ in Not sein⟩ | Leid *n* | *Med* Leiden *n*, Krankheit *f* ⟨heart ~ Herzbeschwerden *pl*; mental ~ Geisteskrankheit *f*⟩ | Mißgeschick *n*, Schwierigkeit(en) *f(pl)*, Unannehmlichkeiten *f/pl* ⟨to ask/look for ~ sich Unannehmlichkeiten zuziehen; to get into ~ with in Schwierigkeiten geraten mit *od* bei; to get s.o. into ~ jmdn. in Verlegenheit bringen; to get a girl into ~ *umg* einem Mädchen ein Kind machen; she is in ~ *umg* sie hat ‚Pech' gehabt, sie ist reingefallen; not put s.o. to any ~ jmdm. keine Sorge bereiten⟩ | Schwierigkeit *f*, Problem *n* (**with** mit, bei) | *Pol* Unruhen *f/pl* ⟨labour ~s Arbeiterunruhen⟩ | *Tech* Defekt *m*, Störung *f* ⟨engine ~⟩; **'~ bell** *s* Störungsglocke *f*; **'~-free** *adj* störungsfrei; **'~ˌmak·er** *s* Unruhestifter *m*; **'~ˌshoot~er** *s Tech* (Person) Störungssucher *m*; **'~ˌshoot·ing** *s* Störungs-, Fehlersuche *f*; -behebung *f*; **'~some** ['trʌblsm] *adj* störend, lästig ⟨a ≈ headache⟩ | mühsam, beschwerlich ⟨≈ work⟩ | peinlich ⟨a ≈ problem⟩; **'~ tone** *s Tel* Störungszeichen *n*; **'~ ˌtrack·ing** *s* Störungssuche *f*;
trou·blous ['trʌbləs] *adj poet* aufgewühlt, unruhig ⟨to live in ≈ times⟩
trough [trɒf] *s* Trog *m*, Mulde *f* | Wanne *f*, Behälter *m* | *auch* ˌ**~ of the 'sea** Wellental *n* | *Met* Tiefdruckrinne *f*, Tief *n* ⟨a ~ of low pressure⟩ | *übertr* Tief *n*, Talsohle *f* | *auch* **'~ ˌbat·te·ry** *s El* Trog(batterie) *m(f)* | *Tech* Rinne *f*
trounce [traʊns] *vt* schlagen, prügeln, verhauen | *übertr* heruntermachen; **'trounc·ing** *s* Tracht *f* Prügel ⟨to give s.o. a good ≈ jmdn. ordentlich verprügeln⟩
troupe [tru:p] *s* (Schauspieler-, Zirkus-) Truppe *f*; **'troup·er** *s* Mitglied *n* einer Schauspielertruppe ◇ **a good troup·er** *s übertr* einer, mit dem man gut auskommt, ein guter Kollege
trou·ser ['traʊzə] *s* Hosenbein *n*; **'trou·sered** *adj* in langen Hosen; **'~ing** *s* Hosenstoff *m*; **'~ leg** *s* Hosenbein *n*; **'~ ˌpock·et** *s* Hosentasche *f*; **'trou·sers** *s/pl* (lange) Hose *f* ⟨a pair of ≈ eine Hose; to wear the ≈ *übertr umg* die Hosen anhaben, den Ton (in der Ehe) angeben⟩; **'~ suit** *s Brit* (Damen) Hosenanzug *m*
trousse [tru:s] *s Med* Instrumententasche *f*
trous|seau ['tru:səʊ|tru:'səʊ] *s* (*pl* **~seaux** [-z], **-seaus** [-z]) Aussteuer *f*, Brautausstattung *f*
trout [traʊt] **1.** *s Zool* Forelle *f* ◇ ˌ**old '~** *s umg* häßliche alte Schachtel; **2.** *vi* Forellen fischen; **'~y** *adj* forellenreich
trove [trəʊv] *s* Fund *m*; **'tro·ver** *s Jur* rechtswidrige Aneignung ⟨action of ≈ Fundklage *f*⟩
trow|el ['traʊəl] **1.** *s* (Maurer) Kelle *f*, Spachtel *m*, Glättkelle *f* ⟨to lay it on with a ≈ *übertr* dick auftragen⟩ | (Garten) Spatel *f* | *Tech* Streichblech *n*; **2.** (**'~ elled, '~elled**) *vt* dick auftragen, (auf)spachteln | glätten; **'~el ˌfin·ish** *s Arch* Kellenputz *m*
troy [trɔɪ] *s, auch* **'~ weight** Troygewicht *n* (für Edelmetalle etc.)
tru|an·cy ['tru:ənsɪ] *s* (Schul-) Schwänzen *n*, Fernbleiben *n*; **'~ant 1.** *adj* bummelnd, müßig, faul | (die Schule) schwänzend; **2.** *s* Schulschwänzer(in) *m(f)* ⟨to play ≈ die Schule schwänzen⟩ | *übertr verächtl* (Arbeits-) Bummelant(in) *m(f)*; Faulenzer(in) *m(f)*; **3.** *vi* (Schule) schwänzen | *übertr* bummeln; *vt* schwänzen | verbummeln
truce [tru:s] *s Mil* Waffenstillstand *m*, -ruhe *f* ⟨~! Friede!; a ~ to folly! *übertr* Schluß mit dem Unsinn!⟩; **tru·cial** ['tru:ʃl] *adj* Waffenstillstands-
[1]**truck** [trʌk] **1.** *s* Handkarren *m* | Roll-, Lastwagen *m* ⟨elec-

tric ~ Elektrokarren *m*⟩ | *Tech* Blockrad *n*, Rolle *f* | *Bergb* Förderwagen *m*, Hund *m* | *Brit Eisenb* offener Güterwaggon ⟨coal ~s⟩ | *Eisenb* Unter-, Fahrgestell *n* | *Am* Lastkraftwagen *m* | *Mar* Flaggenknopf *m*; **2.** *vt* auf Lastkarren etc. befördern; *vi* einen Lastwagen fahren

[2]**truck** [trʌk] **1.** *s* Tauschhandel *m*, -geschäft *n*, Tausch *m* | Umgang *m*, Verkehr *m* ⟨to have no ~ with s.o. nichts zu tun haben mit jmdm., nicht mit jmdm. verkehren⟩ | *collect* wertlose Gegenstände *m/pl* | *umg* Plunder *m*, Trödel *m* | *Am* Gemüse *n* | *Wirtsch* Trucksystem *n*, Naturallohn *m*; **2.** *vt* aus-, vertauschen (**for** gegen, **with** mit) | *Wirtsch* in Ware *od* Naturalien entlohnen; *vi* Tauschhandel treiben | tauschen, schachern

[1]**truck·er** ['trʌkə] *s Am* LKW-Fahrer *m* | Spediteur *m*

[2]**truck·er** ['trʌkə] *s Schott* Hausierer *m* | *Am* Gemüsegärtner *m*

truck| farm ['trʌk fɑ:m] *s Am* Gemüsefarm *f*; '~ ˌ**farm·er** *Am* Gemüsegärtner, -farmer *m*; '~ ˌ**farm·ing** *s* (industrieller) Gemüseanbau (für den Markt)

truck haul·age ['trʌk ˌhɔ:lidʒ] *s Am* LKW-Beförderung *f*; Autospedition *f*; [1]**truck·ing** *s Am* Lastwagenverkehr *m* | Gütertransport *m*, Spedition *f*

[2]**truck·ing** ['trʌkɪŋ] *s Am* Gemüsebau *m* | Tauschhandel *m*

truck|le ['trʌkl] **1.** *vi* zu Kreuze kriechen (**to** vor); *vt* rollen; **2.** *s* Rolle *f*, Rädchen *n* | *auch* '**~le bed** niedriges (unterschiebbares) Rollbett; '**~ler** *s* Kriecher *m*

truck| lift·er ['trʌk ˌlɪftə] *s Am* Wagenheber *m*; '**~man** *s* (*pl* '**~men**) *Am* LKW-Fahrer *m*; '~ ˌ**mix·er** *s Am* Mischer(fahrzeug) *m*(*n*), Transportmischer *m*; ˌ**~-mount·ed 'crane** *s Am* Autokran *m*; '~ ˌ**trac·tor** *s Am* Sattelschlepper *m*; '~ **tire** *s Am* LKW-Reifen *m*

truc·u|lence ['trʌkjʊləns], '**~len·cy** *s* Wildheit, Roheit *f*; '**~lent** *adj* wild, roh, brutal ⟨a ≈ animal⟩ | vernichtend, tödlich ⟨a ≈ bomb⟩ | gehässig, scharf ⟨≈ criticism⟩ | aufsässig, trotzig ⟨a ≈ boy⟩

trudge [trʌdʒ] **1.** *vi, auch* **~ along, ~ away** sich mühsam fort-, dahinschleppen ⟨to ~ through the deep snow durch den tiefen Schnee stapfen⟩; *vt* mühsam durchwandern; **2.** *s* mühsames Gehen | langer Weg

true [tru:] **1.** *adj* echt, wahr ⟨a ~ story; ~ to life lebensecht; is it ~? ist es wahr?; ~, but stimmt, aber; it is ~ freilich, zwar, gewiß; to be ~ of zutreffen auf; to come ~ wahr werden, sich bewahrheiten⟩ | aufrichtig, echt, lauter ⟨~ gold lauteres Gold; ~ love wahre Liebe; a ~ interest aufrichtiges Interesse⟩ | wahr, richtig, eigentlich ⟨in the ~est sense im wahrsten Sinne des Wortes⟩ | loyal, zuverlässig ⟨to be ~ to one's word sein Wort halten⟩ | rechtmäßig, legitim ⟨~ heir rechtmäßiger Erbe⟩ | sicher, eindeutig ⟨a ~ sign⟩ | genau, akkurat, exakt ⟨a ~ copy eine getreue Abschrift⟩ | *Tech* paßgenau, genau passend ⟨is the wheel ~? sitzt das Rad richtig?⟩ | genau gehend | *Tech* maß-, formgerecht ⟨~ to size maßgerecht⟩ | *Tech* unwuchtfrei | *Biol* reinrassig ⟨~ to type typenrein; *übertr* erwartungsgemäß⟩ | *Mar, Geogr* tatsächlich, rechtweisend ⟨~ course; ~ North geographischer Norden⟩; **2.** *adv* genau, echt ⟨tell me ~; to breed ~ reinrassig züchten; to shoot ~ gut treffen; to speak ~ die Wahrheit sagen⟩; **3.** *s* (*mit best art*) (das) Wahre *n* ◇ **out of ~** *Tech* unrund | nicht (genau) sitzend, nicht formgerecht; **4.** *vt Tech* abdrehen, abrichten; **~ up** *Tech* formgenau machen | *Tech* ausrichten; ˌ**~ 'blue** *Brit s* Mensch *m* mit (meist konservativen) Grundsätzen, echter Konservativer, getreuer Anhänger (der Konservativen); ˌ**~-'blue** *adj* standhaft, durch und durch treu, grundehrlich, waschecht ⟨a ≈ Tory⟩ | konservativ; ˌ**~'born** *adj* echt, von Geburt ⟨a ≈ Scot⟩; '**~bred** *adj* (Tier) reinrassig | *übertr* gebildet; ˌ**~'heart·ed** *adj* ehrlich, aufrichtig; ˌ**~-'life** *adj* faktentreu, realistisch ⟨a ≈ story⟩; '**~love** *s* Geliebte(r) *f*(*m*)

truf·fle ['trʌfl] *s Bot* Trüffel *f* | Rumkugel *f*, Trüffel(konfekt) *f*(*n*)

trug [trʌg] *s* (Gärtner-) Korb *m*

tru·ism ['tru:ɪzm] *s* Binsenwahrheit *f*

trull [trʌl] *s* Dirne *f*

tru·ly ['tru:lɪ] *adv* aufrichtig, treu ⟨~ grateful wirklich dankbar; Yours ~ (Briefschluß) Ihr sehr ergebener, hochachtungsvoll⟩ | wahrhaftig, tatsächlich, wirklich ⟨a ~ beautiful girl⟩ | genau, exakt, eigentlich ⟨he cannot ~ be described as man kann ihn nicht eigentlich bezeichnen als ...⟩

[1]**trump** [trʌmp] *s poet* Trompetenstoß *m*, -klang *m* ⟨the last ~ *übertr* das Jüngste Gericht⟩

[2]**trump** [trʌmp] **1.** *s Kart* Trumpf *m* ⟨no ~ ohne Trumpf; ~s Trumpf im Spiel; to hold all the ~s *übertr* alle Trümpfe in der Hand haben *od* halten; to put s.o. to his ~s *übertr* von jmdm. alles fordern; to come / turn up ~s *umg* Glück haben, besser als erwartet ausgehen⟩ | Trumpfkarte *f* | *übertr* Trumpf *m* ⟨a political ~⟩ | *umg selten* Prachtkerl *m*; **2.** *vt Kart* (über)trumpfen, stechen | *übertr* (jmdn.) übertrumpfen, ausstechen; **~ up** *umg* erdichten, zusammenschwindeln, sich aus den Fingern saugen ⟨~ed-up charges erlogene Anschuldigungen *f/pl*⟩; *vi Kart* trumpfen, stechen; '~ **card** *s Kart* Trumpf(karte) *m*(*f*) ⟨to play one's ≈ *übertr* seinen Trumpf ausspielen⟩

trump·er·y ['trʌmpərɪ] **1.** *s lit* Schund *m*, wertloses Zeug | *übertr* Gewäsch *n*; **2.** *adj* wertlos, nichtig ⟨~ ornaments geschmackloses Beiwerk⟩

trum·pet ['trʌmpɪt] **1.** *s Mus* Trompete *f* ⟨to blow one's own ~ *übertr* sein eigenes Loblied singen; to sound the ~ Trompete blasen⟩ | Schalltrichter *m*, Sprachrohr *n* | *Tech* Eingußtrichter *m* | *Kfz* Signalhupe *f* | Trompetenstoß *m* (*auch* Elefant); **2.** *vi* Trompete blasen; *vt* (Trompete) blasen | *übertr* ausposaunen, laut verkünden; ˌ**~ 'call** *s* Trompetensignal *n*; '**~er** *s* Trompeter *m* | *Hist* Herold *m*; '**~ist** *s* (Jazz-) Trompeter *m*

trun|cal ['trʌŋkl] *adj* Rumpf-, Stamm-; '**~cate** [-keɪt] **1.** *vt* beschneiden, stutzen, kürzen ⟨to ≈ a news item⟩ | *Math* abstumpfen | *Tech* abstechen, abflachen; **2.** *adj Bot, Zool* abgestumpft, gestutzt; '**~cat·ed** [-keɪtɪd] *adj* gestutzt, gekürzt ⟨a badly ≈ report ein übel zusammengestrichener Bericht⟩ | *Math* abgestumpft; **~'ca·tion** *s* Abstumpfung *f* | Stutzen *n*, Kürzung *f* | *Tech* Abflachung, Abrundung, Abstechung *f*; **~'ca·tion ˌer·ror** *s Math* Abbruchfehler *m*

trun·cheon ['trʌntʃən] **1.** *s Brit* (Polizei-, Gummi-) Knüppel *m* | *Her* Marschallstab *m* | *arch* Baumstumpf *m*; **2.** *vt* mit einem Gummiknüppel schlagen

trun·dle ['trʌndl] **1.** *s* Rolle *f*, Walze *f* | Rädchen *n*; **2.** *vt* (etw. Schweres *od* Sperriges) rollen, karren, transportieren | (Reifen) schlagen; *vi* sich wälzen, rollen | sich davonmachen; '~ **bed** *s Am* = **truckle bed**

trunk [trʌŋk] **1.** *s* Baumstamm *m* | *Anat* Rumpf *m* | Schrankkoffer *m* | *Eisenb* Hauptstrecke *f* | *Tel* Haupt-, Fernleitung *f* | *Zool* (Elefanten-) Rüssel *m* | *Arch* Säulenschaft *m* | *Tech* Verbindungsleitung *f* | *Am* (Computer) Kanal *m* | *Am Kfz* Kofferraum *m* | *meist* **trunks** *pl* Shorts *pl*; Badehose *f* | *auch* '**~ hose** *Hist* Pluderhose *f*; **2.** *adj* Haupt-, Fern-; '~ ˌ**cab·in** *s Mar* Kofferkajüte *f*; '**~ call** *s Tel Brit* Ferngespräch *n*; '**~ deck** *s Mar* Kofferdeck *n*; '~ ˌ**di·al·ling** *s Brit Tel* Fernwahl *f*; '**~ exˌchange** *s Tel* Fernamt *n*; '**~ lid** *s Am Kfz* Kofferraumdeckel *m*; '**~ line** *s Tel* Fernleitung *f* | *Eisenb* Hauptstrecke *f* | (Computer) Hauptlinie *f*; '~ ˌ**pis·ton** *s Tech* Hohl-, Tauchkolben *m*; '**~ road** *s* Fernverkehrsstraße *f*

trun·nel ['trʌnəl] *s* Dübel *m*

trun·nion ['trʌnɪən] *s Tech* Kurbel-, Lager-, Drehzapfen *m*

truss [trʌs] **1.** *s Brit* (Heu- u. ä.) Bündel *n*, Bund *n* | *Arch*

Träger *m*, Tragbalken *m* | *Flugw* Fachwerk *n* | *Med* Bruchband *n* | *Bot* Dolde *f*; **2.** *vt, auch* ~ **up** bündeln ⟨to ~ hay⟩ | zusammenbinden, -schnüren | *Kochk* (Geflügel) dressieren, zurichten | *Arch* stützen; **'~ bridge** *s* Fachwerkbrücke *f*; **ˌtrussed 'brake** *s Eisenb* Dreieckbremse *f*; **'~ ˌgir·der** *s* Fachwerkträger *m*; **'~ ˌmem·ber** *s* Fachwerkstab *m*

trust [trʌst] **1.** *s* Vertrauen *n* (**in** auf) | Zutrauen *n* (**in** zu) | Glaube *m*, Hoffnung *f*, Zuversicht *f* ⟨on ~ auf Treu und Glauben; to take s.th. on ~ etw. unbesehen akzeptieren⟩ | *Wirtsch* Kredit *m* ⟨on ~ auf Kredit⟩ | *Jur* Treuhand(verhältnis) *f(n)* ⟨to create ~s for s.o. für jmdn. Treuhänder einsetzen⟩ | *Jur* anvertrautes Gut, Treuhand *f* ⟨to hold s.th. in/on ~ etw. als Treuhänder verwalten⟩ | Obhut *f*, Aufbewahrung *f* ⟨to hold in ~ for verwahren für; to put in s.o.'s ~ in jmds. Obhut geben, jmdm. anvertrauen⟩ | (anvertraute) Pflicht, Verantwortung *f* ⟨a position of great ~ eine hohe Vertrauensstellung; to fulfil one's ~ seiner Verantwortung nachkommen⟩ | *Wirtsch* Trust *m*, Konzern *m*; **2.** *vi* sich verlassen, vertrauen (**in, on, to** zu, auf) | glauben, hoffen (**in** auf) | *Wirtsch* Kredit gewähren; *vt* vertrauen, sich verlassen auf ⟨to ~ s.o.'s judgment auf jmds. Urteil bauen; to ~ s.o. to do s.th. jmdm. zutrauen, daß er etw. tut⟩ | anvertrauen (**with s.th.** etw.) | glauben, zuversichtlich hoffen ⟨I ~ you are in good health ich hoffe, Sie sind gesund⟩ | *Wirtsch* überzeugt sein, fest annehmen, hoffen (**that** daß) ⟨we ~ to receive your cheque wir rechnen damit, Ihren Scheck zu erhalten⟩ | *Wirtsch* (jmdm.) Kredit gewähren ⟨to ~ s.o. for s.th. jmdm. etw. überlassen *od* borgen⟩ ◇ **~ you / him!** *iron* typisch! ⟨~ her to lose it! sie muß es natürlich verlieren⟩; **'~ ˌcom·pa·ny** *s Wirtsch* Treuhandgesellschaft *f*; **'~ deed** *s Jur* Stiftungsurkunde *f*; **'~ ˌdoc·u·ments** *s/pl Jur* Pflegschaftsakten *pl*; **trus·tee** [trʌ'stiː] **1.** *s Jur* Treuhänder *m*, Pfleger *m*, Sachverwalter *m*, Kurator *m* ⟨the Public ≈ *Brit* Staatsbeamter *m* mit Notarsfunktion; ≈ in bankruptcy Konkursverwalter *m*⟩; **trus'tee·ship** *s Jur* Treuhänderschaft *f* | Kuratorium *n* | *auch* **ˌ~ 'ter·ri·to·ry** Treuhandgebiet *n*; **'~er** *s Wirtsch* Gläubiger *m*; **'~ful** *adj* vertrauensvoll | gutgläubig, arglos; **'~ fund** *s Wirtsch* Treuhandvermögen *n*; **~i·fi·ca·tion** [ˌtrʌstɪfɪ'keɪʃn] *s* Trust-, Konzernbildung *f*; **'~i·fy** *vt* zum Konzern zusammenschließen; **'~ing** *adj* vertrauensvoll; **'~ˌwor·thy** *adj* zuverlässig, vertrauenswürdig; **'~y 1.** *adj* vertrauensvoll | *arch* vertrauenswürdig; **2.** *s* zuverlässiger Mensch | *urspr Am* Strafgefangener *m* mit besonderen Rechten, Kalfaktor *m*

truth [truːθ] *s* Wahrheit *f* ⟨in ~ tatsächlich; to face the ~ die Wahrheit akzeptieren; to tell the ~, ~ to tell *umg* um die Wahrheit zu sagen, ehrlich gesagt; tell the ~ and shame the devil *Sprichw* wer die Wahrheit sagt, braucht den Teufel nicht zu fürchten⟩ | Ehrlich-, Aufrichtigkeit *f* ⟨there was no ~ in his feelings seine Gefühle waren nicht aufrichtig⟩ | Wahrhaftigkeit *f*, Richtigkeit *f*, Gültigkeit *f* ⟨the ~ of science⟩; **'~ful** *adj* wahrheitsgemäß ⟨a ≈ account⟩ | wahrheitsliebend, ehrlich ⟨a ≈ boy⟩; **'~less** *adj* falsch | treulos

try [traɪ] *vt* versuchen, probieren, prüfen, testen, auf die Probe stellen ⟨to ~ one's best sein Bestes tun; to ~ one's hand at sich versuchen an; to ~ one's hardest sein Möglichstes tun; to ~ the door die Tür zu öffnen versuchen⟩ | experimentieren mit, einen Versuch machen mit | *Jur* verhören, untersuchen, vor Gericht bringen (**for** wegen) | (jmdn.) quälen, mitnehmen | (jmds.) Geduld (u. ä.) auf eine harte Probe stellen, (über)anstrengen ⟨small print tries the eyes kleiner Druck greift die Augen an⟩ | *meist* **~ out** *Tech* (Metall) scheiden, raffinieren; **~ on** (Kleid, Schmuck u. ä.) anprobieren, ausprobieren | *umg* (es) versuchen, (es) anlegen, sich etw. (he)rausnehmen (**with** mit, auf) ⟨you can't ~ anything on with him bei ihm kannst du nichts ausrichten; to ~ it on *Sl* sich etw. herausnehmen, sich frech benehmen; to ~ it on s.o. *Sl* versuchen, jmdn. herumzubekommen⟩; **~ out** ausprobieren, durchprobieren, testen (**on** bei, mit);
vi versuchen (**at s.th.** etwas) ⟨~ again! versuch es noch einmal!⟩ | *Brit* sich bemühen, kämpfen (**for** um), streben (**for** nach) ◇ **~ and** *mit inf* (mal) versuchen zu ⟨~ and do it versuche es mal zu tun; you must ~ and arrive on time du mußt versuchen, einmal pünktlich zu sein; I'll ~ and phone you ich will versuchen, dich anzurufen⟩; **~ out** *Am* ringen, sich bemühen (**for** um);
'~ing *adj* peinlich, schwierig, unangenehm ⟨a ≈ person to deal with eine Person, mit der nicht gut umzugehen ist⟩ | mühsam, anstrengend ⟨a ≈ day⟩; **'~-ˌon** *s* Anprobe *f* | *umg* Trick *m*, Schwindel *m*, Täuschungsversuch *m* ⟨an impertinent ≈ eine unverschämte Herausforderung⟩; **'~-ˌout** *s umg* Probe *f*, Erprobung *f* | (Sport) Ausscheidungsspiel *n* | *Theat* Probevorstellung *f*

tryp·sin ['trɪpsɪn] *s Chem* Trypsin *n*

try·sail ['traɪsl|'traɪseɪl] *s Mar* Gaffelsegel *n*

tryst [trɪst] *arch, scherzh* **1.** *s* Stelldichein *n*, Verabredung *f* ⟨to keep [break] ~ with s.o. eine Verabredung mit jmdm. einhalten (brechen *od* nicht einhalten)⟩ | verabredeter Ort; **2.** *vi, vt* (sich) verabreden

tsar[ina] = **tzar[ina]**

tset·se (fly) ['tetsɪ|'tsetsɪ|'setsɪ (flaɪ)] *s Zool* Tsetsefliege *f*

T-shirt ['tiː ʃɜːt] *s* (kragenloses Baumwolltrikot) Hemd, Freizeithemd *n*, T-Shirt *n*

tsp *Abk* von **teaspoon** ⟨one ~ of sugar⟩

T square ['tiː skwɛə] *s Tech* Reißschiene *f*

TT *Abk* von **teetotal**

tub [tʌb] **1.** *s* Kübel *m*, Bottich *m*, Zuber *m* | Faß *n* | *umg* Badewanne *f* | *umg* Bad *n* ⟨to have a ~ baden⟩ | *Sl* Fettsack *m* | *Bergb* Förderwagen *m* | *umg* (langsamer) Kahn | (Sport) Übungsruderboot *n* | *Mar* Balge *f*; **2.** (**tubbed, tubbed**) *vt* in ein Faß füllen | in einem Kübel *od* einer Wanne waschen ⟨to ~ clothes⟩ | in einen Kübel pflanzen ⟨to ~ a plant⟩ | (Sport) *Sl* (jmdm.) Rudern beibringen | *Brit umg* baden; *vi* (Sport) *Sl* rudern, trainieren | *Brit umg* baden, ein Bad nehmen

tu·ba ['tjuːbə] *s Mus* Tuba *f*

tu·bar ['tjuːbə], **tu·bate** ['tjuːbeɪt] *adj* röhrenförmig

tub|ber ['tʌbə] *s* Böttcher *m*; **'~bing** *s Bergb* Tübbing *m* | *umg* (Wannen-) Bad *n*; **'~by** *adj* faßartig | *umg* mollig, rundlich

tube [tjuːb] **1.** *s* Rohr *n* | (Blech-) Tube *f* | (Gummi-, Reifen-) Schlauch *m* | *Anat, Bot, Zool* Röhre *f* ⟨bronchial ~ Luftröhre⟩ | *Phys* Tubus *m* | *Am* Fernseh-, Radioröhre *f* | (*mit best art*) *Am Sl* Röhre *f*, Glotze *f* | (in London) Untergrundbahn *f* ⟨to go by ~ mit der U-Bahn fahren⟩; **2.** *vt* mit Röhren versehen | in Röhren *od* Tuben verpacken; **'~less** *adj* schlauchlos ⟨≈ tyre schlauchloser Reifen⟩; **'~like** *adj* röhrenartig

tu·ber ['tjuːbə] *s Bot* (Kartoffel- u. ä.) Knolle *f* | *Med* Tuber *n*, Knoten *m*

tu·ber|cle ['tjuːbəkl] *s Med, Zool* Knoten *m*, Schwellung *f* | (Lungen-) Tuberkel *m* | *Bot* Warze *f*; **~cu·lar** [tjuː'bɜːkjʊlə] *Med adj* höckerig, knotig | tuberkulös | Tuberkel-; **~cu·lin[e]** [tjuː'bɜːkjʊlɪn] *s Med* Tuberkulin *n*; **~cu·lo·sis** [tjuːˌbɜːkjʊ'ləʊsɪs] *s* Tuberkulose *f*, Lungenschwindsucht *f*; **~cu·lous** [tjuː'bɜːkjʊləs] *Med adj* knotig, höckerig | tuberkulös, schwindsüchtig

tube·rose ['tjuːbərəʊs] *s Bot* Tuberose *f*

tu·ber|os·i·ty [ˌtjuːbə'rɒsətɪ] *s Med* Knoten *m*, Schwellung *f*;

~ous ['tju:bərəs] *adj Med* knotig, höckerig | *Bot* knollentragend
tube sock ['tju:b sɒk] *s* fersenlose Socke
tub·ful ['tʌbfʊl] *s* (eine) Wanne voll ⟨a ~ of water⟩
tub·ing ['tju:bɪŋ] *s Tech* Berohrung *f*, Rohrleitung *f* | Rohrmaterial *n* | Schlauch *m* | Pump[en]rohr *n*
tub| thump·er ['tʌb ˌθʌmpə] *umg s* sich ereifernder Redner, Kanzelpauker *m*; **'~ ˌthump·ing** *adj* theatralisch, großsprecherisch, eifernd
tu·bu·lar ['tju:bjʊlə] *adj* röhrenförmig, Röhren- ⟨~ knitted fabrics Rundstrickware *f*; ~ [metal] furniture Stahlrohrmöbel *n*⟩; **ˌ~ 'bulb** *s El* Röhrenlampe *f*; **~ 'cell** *s* Stabbatterie *f*; **ˌ~ 'riv·et** *s Tech* Hohlniet *m*; **ˌ~ 'shaft** *s Tech* Gelenkrohrwelle *f*; **ˌ~ 'steel** *s Tech* Stahlrohr *n*, Röhrenstahl *m*; **ˌ~ 'struc·ture** *s* Rohrkonstruktion *f*; **tu·bu·late** ['tju:bjʊleɪt] *vt* mit Röhren versehen; [~lɪt] *adj* röhrenförmig; **tu·bule** ['tju:bju:l] *s* Röhrchen *n* | *Med* Tubus *m*
T.U.C [ˌti: ju: 'si:] *Abk* von **Trades Union Congress**
tuck [tʌk] **1.** *s* Falte *f*, Biese *f* | Abnäher *m* | *Mar* Gilling *f* | *Brit Sl* Fresserei *f*, etw. zum Naschen | (Sport) Hocksprung *m*, Hocke *f* | *Am umg* Schwung *m*, Elan *m*; **2.** *vt* in Falten legen | säumen | wegpacken, wegstecken ⟨to ~ s.th. under one's arm etw. unter den Arm klemmen⟩; **~ away** wegpacken, wegstecken | (Geld) verstecken, beiseite legen | *umg* (Essen) wegputzen, verdrücken; **~ in** einschlagen | einnähen | einwickeln, fest zudecken ⟨to ~ the baby in⟩; **~ up** (Haar) hochstecken | (Kleid) hochraffen | (Ärmel) aufkrempeln | (Beine) unterschlagen | (in e-e Decke, in ein Bett) (ein)hüllen, einwickeln, schön einpacken ⟨she ~ed the child up [in bed]⟩; *vi* sich in Falten legen | sich zusammenziehen; **~ in** *Sl* tüchtig einhauen, ordentlich essen ⟨~ in haltet euch ran; to ~ into a plate of beans⟩; **'~er 1.** *s Hist* Brusttuch *n* | *Austr Sl* Fressalien *f/pl* ◇ **in one's best bib and ~er** *umg* in Schale, in seinen besten Klamotten; **2.** *meist* **~er out** *vt Am umg* (jmdn.) fertigmachen; **'~er·bag** *s Austr Sl* Freßbeutel *m*; **'~-in** *s umg* Futter *n* ⟨to have a [good] ≈ gehörig reinhauen *od* zulangen⟩; **tucks** *s/pl* (Schülersprache) Leckereien *f/pl*; **'~ shop** *s Brit umg* (Kuchen- und Süßwaren-) Laden *m*, -stand *m* (in *od* an der Schule)
-tude [~tju:d] *suff zur Bildung von s mit der Bedeutung:* Zustand, Grad, Umfang (*z. B.* **exactitude** Exaktheit *f*, **servitude** Knechtschaft *f*; **magnitude** Größe *f*)
Tu·dor style ['tju:də staɪl] *s Arch* Tudorstil *m*
Tues. *Abk* von **Tuesday**
Tues·day ['tju:zdɪ|-di:|-deɪ] *s* Dienstag *m* ⟨~'s paper Dienstagzeitung *f*; on ~ am Dienstag; on ~ morning am Dienstag morgen; on ~s dienstags; on a ~ an einem Dienstag; ~s *bes Am* dienstags⟩
tu·fa ['tju:fə], *auch* **tuff** [tʌf] *s Min* Tuff *m*; **tuff·a·ceous** [tju:'feɪʃəs] *adj* Tuff-
tuft [tʌft] **1.** *s* (Federn, Gras, Haar u. ä.) Büschel *n*, Busch *m* ⟨~ of hair Haarbüschel, -schopf *m*⟩ | Baumgruppe *f* | Knebelbart *m* | (Faser)-Bart *m* (Baumwolle) | Quaste *f*, Troddel *f*; **2.** *vt* in Büscheln anordnen | mit einer Quaste versehen | (Matratze) durchheften; *vi Bot* in Büscheln wachsen; **'~ed** *adj Bot* in Büscheln wachsend | *Zool* Hauben- ⟨≈ duck Reiherente *f*; ≈ lark Haubenlerche *f*⟩; **'~er** *s* Stöberhund *m*; **'~ˌhunt·ing** *adj* kriecherisch | snobistisch; **'~ing** *s Tech* Noppensetzverfahren *n*; **'~y** *adj* büschelig | voller Büschel
tug [tʌg] **1. (tugged, tugged)** *vt* kräftig ziehen, reißen, zerren | *auch* **~ about** *übertr* mit sich herumtragen ⟨to ~ about a mental burden⟩ | *Mar* schleppen; **~ across, ~ along, ~ away** her-, entlang-, wegzerren, -ziehen, reißen; *vi* kräftig ziehen, zerren (**at** an) | sich abplagen, sich abmühen ⟨to ~ all one's life⟩; **2.** *s* Ziehen *n*, Zerren *n*, Ruck *m* ⟨to give a ~ at heftig ziehen an⟩ | *übertr* große Anstrengung ⟨parting from his wife was a ~ der Abschied von seiner Frau fiel ihm sehr schwer⟩ | Zugseil *n* | *Mar* Schlepper *m*, Schleppdampfer *m* ⟨~ and tow Schleppzug *m*⟩; **'~boat** *s Mar* Schlepper *m*, Schleppdampfer *m*; **ˌ~-of-'war** *s* (Sport) Tauziehen *n* (*auch übertr*)
tu·i·tion [tju:'ɪʃn] *s* Unterricht *m* ⟨private ~ Privatunterricht⟩ | Unterrichtshonorar *n*, Studiengebühr(en) *f*(*pl*), Schulgeld *n* (Privatschule) ⟨to pay ~⟩
tu·lip ['tju:lɪp] *s Bot* Tulpe *f*; **'~ist** *s* Tulpenzüchter *m*; **'~ tree** *s Bot* Tulpenbaum *m*
tulle [tju:l] *s* Tüll *m*
tul·li·bee ['tʌləbi:] *s Zool* Silbermaräne *f*
tum·ble ['tʌmbl] **1.** *s* Fall *m*, Sturz *m* | Salto *m*, Purzelbaum *m* | Schlingern *n* | *übertr* Durcheinander *n* ⟨all in a ~ völlig durcheinander⟩ | *Am Sl* Aufmerksamkeit *f* ⟨to give a ~ to s.th. von etw. Notiz nehmen⟩; **2.** *vi* (hin-, um)fallen, -stürzen | stolpern (**over** über) | sich unsicher bewegen | sich hin- und herwälzen ⟨to ~ over each other sich übereinanderwälzen⟩ | Luftsprünge machen, Purzelbäume schlagen | (Sport) Bodenübungen machen | schlagartig fallen (Preise); **~ down** hinunterfallen | zusammenbrechen, fallen; **~ in** *umg* ins Bett fallen; **~ to** *umg* (plötzlich) merken, herauskriegen, endlich begreifen ⟨she ~d to what I meant⟩ | *Am Sl* sich anpassen; **~ up** *umg* aufstehen; *vt* (jmdn.) zu Fall bringen, umwerfen | zerdrücken, zerknüllen | in Unordnung bringen | (Wäsche) schleudern ⟨to ~ clothes dry Wäsche trockenschleudern⟩ | (Leder) walken | *Tech* (Guß) trommeln, rommeln; **~ in** *Tech* einpassen, nach innen neigen; **'~down** *adj* morsch, baufällig ⟨a ≈ old building⟩
tum·bler ['tʌmblə] *s* Akrobat *m* | *Zool* Tümmler *m* | Becher(glas) *m*(*n*) | *Tech* Gußputztrommel *f*, Scheuerfaß *n* | *Tech* Nuß *f* (am Gewehrschloß); **'~ful** *s* ein Glas voll; **'~ lock** *s Tech* Zuhaltung *f*, Verschluß *m*; **'~ switch** *s El* Kipphebel-, Tumblerschalter *m*; **'~ yoke** *s Tech* Hebelschwinge *f*
tum·ble·weed ['tʌmbl wi:d] *s Am Bot* Steppenhexe *f*, -läufer *m*
tum·bling ['tʌmblɪŋ] *s Tech* Gußputzen *n*, Trommeln *n* | Aufbringen *n* von Überzügen in Lackiertrommeln; **'~ ˌbar·rel** *s Tech* Gußputztrommel *f*; **'~ bob** *s Tech* beschwerter Hebel; **'~ ˌmix·er** *s Tech* Mischtrommel *f*, rotierender Trommelmischer
tum|brel ['tʌmbrəl], **~bril** [~brɪl] *s* Schutt-, Dung-, Mistkarren *m* | *Mil* Munitionskarren *m* | *Hist* Schinderkarren *m*
tu·me·fy ['tju:mɪfaɪ] *Med vi* (an)schwellen; *vt* zum Schwellen bringen; **tu·mesce** [tju:'mes] *vi* ein geschwollenes *od* steifes Glied haben; sexuell erregt sein; *vt* (jmdn.) sexuell erregen; **tu·mes·cence** [tju:'mesns] *s Med* (An-) Schwellung *f* | Geschwulst *f*; **tu'mes·cent** *adj* anschwellend, geschwollen; **tu·mid** ['tju:mɪd] *adj* aufgebauscht | *Med* geschwollen | *übertr* geschwollen, schwülstig ⟨a ≈ style⟩; **tu·mid·i·ty** [tju:'mɪdətɪ] *s* Schwellung *f*
tum·my ['tʌmɪ] *s umg* (Kindersprache) Magen *m*, Bauch *m*, Bäuchlein *n*, Bäuchel *n*; **'~ ache** *s* Bauchweh *n*
tu·mour ['tju:mə] *s Med* Tumor *m*, Geschwulst *f* ⟨benign ~ gutartiger Tumor; malignant ~ bösartiger Tumor, ~ of the brain Gehirntumor⟩; **ˌ~i'gen·e·sis**, *auch* **ˌ~o'gen·e·sis** *s* Tumorgenese *f*; **ˌ~'gen·ic**, *auch* **ˌ~i'gen·ic** *adj* tumorbildend, geschwulstbildend; **ˌ~ge'nic·i·ty**, *auch* **ˌ~i·ge'nic·i·ty** *s* Tumor-, Geschwulstbildung *f*
tum·tum ['tʌmtʌm] *s Brit Ind* leichter zweirädriger Wagen
tu·mult ['tju:mʌlt] *s* Tumult *m*, Lärm *m* | Aufruhr *m* (*auch übertr*) ⟨in a ~ voller Erregung, erregt⟩; **tu·mul·tu·ar·y**

[tju:'mʌltʃʊərɪ] *adj* lärmend, undiszipliniert, verworren; **tu·mul·tu·ous** [tju:'mʌltʃʊəs] *adj* erregt, stürmisch, heftig, turbulent ⟨a ≈ welcome ein stürmischer Empfang⟩

tu·mu|lus ['tju:mjʊləs] *s* (*pl* **~li** [~laɪ], **'~lus·es**) Tumulus *m*, alter Grabhügel

tun [tʌn] **1.** *s* Tonne *f*, Faß *n* | Maischbottich *m* | *Brit Hist* Tonne *f* (=1 144,983 l); **2.** *vt* (**tunned, tunned**) eintonnen, in Fässer füllen

tu·na [fish] ['tju:nə] *s Zool* Thunfisch *m*

tun·dra ['tʌndrə] *s Geogr* Tundra *f*

tune [tju:n] **1.** *s Mus* Weise *f*, Melodie *f*, Lied *n* (*auch übertr*) ⟨a popular ~ eine volkstümliche Weise; a ~ to a song eine Melodie zu einem Lied; to call the ~ *übertr* den Ton angeben; to change one's ~, to sing another/a different ~ *übertr* andere Saiten aufziehen⟩ | *Mus* Stimmung *f* ⟨in ~ richtig gestimmt; out of ~ verstimmt; to put in ~ stimmen⟩ | *Ling* Intonation *f* | *Rundf* Einstellung *f* | *übertr* Stimmung *f*, Laune *f* ⟨in ~ gutgelaunt; out of ~ schlechtgelaunt⟩ | *übertr* Einklang *m*, Übereinstimmung *f* (**with** mit) ⟨to be in (out of) ~ with (nicht) übereinstimmen mit⟩ ◇ **to the ~ of** in Höhe von ⟨≈ £ 10.000⟩; **2.** *vt Mus* (ab)stimmen (**to** auf) | *Rundf* einstellen (**to** auf) ⟨to be ~d to the BBC den BBC hören⟩ | *übertr* in Übereinstimmung bringen (**to** mit), anpassen (**to** an) ⟨to ~ o.s. to sich einstellen auf⟩ | *El* abstimmen; **~ in** *Rundf* (Radio) einstellen; **~ up** *Mus* (ab)stimmen (**to** auf) | *Tech* (Motor) auf höchste Leistung bringen | *Flugw* startbereit machen; *vi* tönen | übereinstimmen (**with** mit); **~ in** *Rundf* einstellen, sich einschalten, hören ⟨to ≈ to the BBC BBC einstellen⟩ | *übertr* vertraut *od* bekannt machen (**to** mit); **~ up** *Mus* (Instrument) stimmen | *umg* zu singen beginnen; **tuned in** *übertr* vertraut (**to** mit) ⟨to be ≈ to genau kennen⟩; **'~ful** *adj* klangvoll, melodisch; **'~less** *adj* unmelodisch | tonlos, stumm; **'tun·er** *s Mus* (Instrumenten-) Stimmer *m* ⟨piano-≈ Klavierstimmer⟩ | *Rundf* Abstimmeinrichtung *f* (Antenne) | *Rundf, Ferns* Tuner *m*, Empfangsteil *n*; **'~-out** *s Am Rundf, Ferns* Abschalten *n*; **'~-up** *Tech* Einstellung *f* (einer Maschine) auf höchste Leistung | *Am Kfz* Warmlaufen(lassen) *n*(*n*)

tung·sten ['tʌŋstən] *s Chem* Wolfram *n*; **'~ lamp** *s El* Wolframlampe *f*

tu·nic ['tju:nɪk] *s Hist* Tunika *f* | *Brit Mil* Uniform-, Waffenrock *m* | Frauenjacke *f*, Überkleid *n* | *Brit* Schulkleid *n* | *Biol, Anat* Häutchen *n*

tun·ing ['tju:nɪŋ] **1.** *s Mus* (Ein-) Stimmen *n* | *Rundf* Abstimmen *n*; **2.** *adj Mus* Stimm- | *Rundf* Abstimm-; **'~ fork** *s Mus* Stimmgabel *f*; **'~ switch** *s Rundf* Wellenschalter *m*

Tu·ni·si|a [tju:'nɪzɪə] *s* Tunesien; **~an 1.** *adj* tunesisch; **2.** *s* Tunesier(in) *m*(*f*)

tun·nage ['tʌnɪdʒ] = **tonnage**

tun|nel ['tʌnl] **1.** *s* Tunnel *m*, Unterführung *f* | Kanal *m* | *Bergb* Stollen *m*, Strecke *f* | *arch* Rauchfang *m*, Esse *f*; **2.** (**'~nelled, '~nelled**) *vt* untertunneln, einen Tunnel graben *od* treiben durch ⟨to ≈ the hill⟩; *vi* einen Tunnel anlegen (**into** in, **through** durch) ⟨to ≈ under the sea⟩; **'~nel ˌdri·er** *s Tech* Kanaltrockner *m*; **'~nel·ling** *s* Tunnelbau *m* | *Bergb* Streckenvortrieb *m*; **'~nel ˌvi·si·on** *s übertr* Froschperspektive *f*, beschränkte Voraussicht; **'~nel-ˌvi·sioned** *adj* engstirnig, beschränkt, ohne Perspektive

tun·ny ['tʌnɪ] = **tuna [fish]**

tun·y ['tju:nɪ] *adj umg* melodisch

tup [tʌp] **1.** *s Zool* Widder *m* | *Tech* Rammklotz *m*; **2.** (**tupped, tupped**) *vt Zool* decken

tup|pence ['tʌpns] *s Brit umg* zwei Pence *m/pl*; **~pen·ny** ['tʌpnɪ] *adj Brit umg* zwei Pence wert ⟨not give/care a ≈ damn *umg* sich keinen Heller drum scheren⟩

tur|ban ['tɜ:bən] *s* Turban *m* | randloser Hut; **'~baned** *adj* turbantragend; **'~bantop** *s Bot* Lorchel *f*

tur·bid ['tɜ:bɪd] *adj* (Flüssigkeit) schlammig, trüb ⟨a ~ river⟩ | (Rauch, Wolken) dunkel, schwer ⟨~ smoke⟩ | *übertr* unklar, verschwommen, wirr ⟨~ thoughts⟩; **~i·ty** [tɜ:'bɪdətɪ] *s* Trübung *f* | *übertr* Wirrheit *f*, Verschwommenheit *f*

tur·bine ['tɜ:baɪn|-bɪn] *s Tech* Turbine *f*; **ˌ~ 'air·craft** *s* Turbinenflugzeug *n*; **'~ blade** *s Tech* Lauf-, Turbinenschaufel *f*; **ˌ~ 'blow·er** *s Tech* Turbinengebläse *n*; **'~ ˌcas·ing** *s Tech* Schaufelzylinder *m*, Turbinengehäuse *n*; **ˌ~ 'mix·er** *s Tech* Schaufelrad-, Turbomischer *m*; **ˌ~ 'steam·er** *s* Turbinendampfer *m*; **'~ ˌu·nit** *s Tech* Turbinensatz *m*; **'~ wheel** *s Tech* Laufrad *n*

tur·bit ['tɜ:bɪt] *s Zool* Möwchen *n*, kleine Haustaube

tur·bo|gen·er·a·tor ['tɜ:bəʊˌdʒenəreɪtə] *s El* Turbogenerator *m*; **'~jet** *s Tech* Strahlentriebwerk *n* | *Flugw* Turbojet *m*, Maschine *f* mit Strahlentriebwerk(en); **'~lin·er** *s* Düsenverkehrsflugzeug *n* | *Eisenb* Gasturbinenzug *m*; **'~oil** *s* Turbinenöl *n*; **'~prop** *s Tech* Turbinen-Propeller-(Strahl)-Triebwerk *n* | *Flugw* Turbopropmaschine *f*, -flugzeug *n*; **'~prop ˌen·gine** *s Tech* Turboproptriebwerk *n*

tur·bot ['tɜ:bət] *s Zool* Steinbutt *m*, Turbot *m*

tur·bo·train ['tɜ:bəʊtreɪn] *s Eisenb* turbinengetriebener Zug, Turbinenzug *m*

tur·bu|lence ['tɜ:bjʊləns], **'~len·cy** *s* Unruhe *f*, Ungestüm *n* | Sturm *m* | *Phys* Turbulenz *f*, Wirbelung *f*; **'~lent** *adj* ungestüm, turbulent, stürmisch (*auch übertr*) ⟨≈ waves; ≈ passions⟩ | *Phys* verwirbelt

turd [tɜ:d] *vulg s* Kacke *f*, Scheißhaufen *m*, -dreck *m* ⟨sheep ~s⟩ | *übertr* (Person) Schwein ⟨you ~!⟩

tu·reen [tjʊ'ri:n|tə'ri:n] *s* Terrine *f*, Suppenschüssel *f*

turf [tɜ:f] **1.** *s* (*pl* **~s** [~s], **turves** [~vz]) Rasen *m* | *Brit* Rasenstück *n* | *Ir* Torf *m* | (*mit best art*) (Pferde-) Rennbahn *f*, -strecke *f* | (Pferde-) Rennsport *m* ⟨to be on the ~ Rennsport (be)treiben, wetten⟩ | *übertr Pol* Terrain *n*, Gebiet *n*; **2.** *vt* mit Rasen bedecken; **~ out** *Brit umg* (jmdn., etw.) hinausschmeißen, -werfen; **'~ acˌcoun·tant** *s, auch* **ˌ~ com'mis·sion ˌa·gent** *s Brit* Buchmacher *m*; **'~ite** *s* Turffreund *m*, Rennsportliebhaber *m*; **'~y** *adj* rassig | *Ir* torfreich, Torf- | rennsportlich, Rennsport-

tur·ges·cene [tɜ:'dʒesns], **tur'ges·cen·cy** *s Med* Turgeszenz *f*, Schwellung *f* | *übertr* Schwulst *m*; **tur'ges·cent** *adj Med* turgeszent, schwellend

tur·gid ['tɜ:dʒɪd] *adj Med* (an)geschwollen | *übertr* (Sprache, Stil) schwülstig, geschwollen, bombastisch; **tur'gid·i·ty** *s Med* Aufgedunsenheit *f* | *übertr* Schwulst *m*

tur·gite ['tɜ:dʒaɪt] *s Min* Turgit *m*

tur·gor ['tɜ:gə] *s Med* Turgor *m* | Schwellung *f*

Turk [tɜ:k] **1.** *s* Türke *m*, Türkin *f* | *scherzh* Wildfang *m*, lebhaftes Kind ⟨you little ~! du kleiner Strolch!⟩ | *meist* **young ~** jugendlicher Rebell (*auch übertr*) | *arch* Tyrann *m*; **2.** *adj* türkisch, Türken-; **Tur·key** ['tɜ:kɪ] *s* Türkei

tur·key ['tɜ:kɪ] *s Zool* Truthahn *m*, Puter *m* | Truthahnfleisch *n*, Pute *f* | *Am Sl* praktisches Handeln | *nur in*: **talk ~** zur Sache sprechen, bei der Sache bleiben; **talk ~ with s.o.** mit jmdm. Fraktur reden *od* massiv werden | *Am Sl* Feigling *m* ⟨*bes in*: to turn ~ feige sein⟩ | *Am Sl Film, Theat* Pleite *f*, Mißerfolg *m* ◇ **cold ~** *Sl* strikter Drogenentzug ⟨*bes in*: to go ≈ über Nacht keine Drogen mehr nehmen, sofort mit Drogen aufhören⟩; elendes Befinden (ohne Drogen); **talk cold ~** *Am Sl* kein Blatt vor den Mund nehmen **ˌ≁ 'car·pet** *s* Türkischer Teppich, Orientteppich *m*; **ˌ≁ 'red** *s* Türkischrot *n*

Turk·ish ['tɜ:kɪʃ] **1.** *adj* türkisch, Türken-; **2.** *s* Türkisch *n*; **ˌ~ 'bath** *s* Schwitzbad *n*; **ˌ~ de'light** *s* Geleekonfekt *n*, (weicher) türkischer Honig; **ˌ~ 'tow·el** *s* Frottierhandtuch *n*

Turk|man ['tɜ:kmən] *s* (*pl* '**~men**) = **Turkoman**; **~me·ni·an** [tɜ:k'mi:nɪən] *adj* turkmenisch; **Tur·ko·man** ['tɜ:kəmən] *s* (*pl* '**Tur·ko·mans**) Turkmene *m* | *Ling* Turkmenisch *n*

Turk's-cap lil·y [ˌtɜ:kˌskæp'lɪlɪ] *s Bot* Türkenbundlilie *f*

tur·ma·lin[e] ['tɜ:məli:n|lɪn] *s Min* Turmalin *m*

tur·me·ric ['tɜ:mərɪk] *s Bot* Gelbwurz *f* | Gelbwurzpulver *n* (Gewürz) | *Pharm* Kurkuma *f*, Turmerikwurzel *f*

tur·moil ['tɜ:mɔɪl] *s* Unruhe *f*, Aufruhr *m*, Aufregung *f*

turn [tɜ:n] **1.** *vt* (im Kreis, um eine Achse) (um)drehen ⟨to ~ a wheel; to ~ a key⟩ | umkehren, umwenden, umdrehen ⟨to ~ one's head sich (um)drehen; to ~ s.o.'s head *übertr* jmdm. den Kopf verdrehen; to ~ s.th. inside out etw. umstülpen; to ~ s.th. upside down etw. umwerfen; *übertr* etw. durcheinanderbringen⟩ | (Buch, Seite) umblättern | (Magen) umdrehen | richten, lenken, wenden ⟨~ your eyes this way! schau hierher!; to ~ a deaf ear to s.o. (s.th.) sich gegen jmdn. taub stellen (etw. nicht [an]hören wollen); to ~ one's hand[s] to s.th. etw. lernen, für etw. zu gebrauchen sein; to ~ one's thoughts toward[s] s.th. seine Gedanken auf etw. richten⟩ | (Waage) zum Ausschlagen bringen | um-, verwandeln (**into, to** in) ⟨frost ~s water into ice Frost macht Wasser zu Eis; it has ~ed him into a great man es hat aus ihm einen großen Mann gemacht; to ~ s.th. to one's own advantage etw. ausnutzen, aus etw. Nutzen ziehen⟩ | (Kleid) wenden | (Boden) umpflügen | (Milch) sauer machen | verfärben ⟨to ~ colour die Farbe wechseln⟩ | herumgehen, -fahren, biegen um ⟨the car ~ed the corner der Wagen fuhr um die Ecke⟩ | *Mil* umgehen | abhalten, abwehren, abbringen (**from** von) ⟨nothing will ever ~ him from his purpose nichts wird ihn je von seinem Vorhaben abbringen⟩ | übersetzen, -tragen (**into** in) | (Holz, Metall) gestalten, bilden, formen, biegen, drechseln (*auch übertr*) ⟨to ~ wood; a nicely ~ed phrase ein gut formulierter Satz; a well-~ed ankle ein schön geformter Knöchel⟩ | überschreiten, hinausgehen über, werden ⟨he has ~ed 40 er ist über 40 Jahre alt; it has just ~ed 5 o'clock es ist 5 Uhr gewesen, es ist kurz nach 5 Uhr⟩ | (Knöchel u. ä.) verstauchen ⟨to ~ one's ankle⟩ | *übertr* verdrehen, verrückt machen ⟨to ~ s.o.'s brain jmdn. um den Verstand bringen⟩ | (*bes* Sport) drehen ⟨to ~ a circle; to ~ a round⟩; schlagen ⟨to ~ handsprings radschlagen; to ~ a somersault einen Purzelbaum schlagen⟩ | *Wirtsch* verdienen, machen ⟨to ~ a small profit⟩; **~ against** (jmdn.) aufbringen gegen, aufhetzen gegen; **~ around** *Am* (jmdn.) bekehren, heilen, (jmdm.) helfen; **~ aside** abwenden; **~ away** abwenden, abweisen, fortjagen; **~ back** abschlagen, zurückweisen | (Ecke u. ä.) ein-, umschlagen; **~ down** umkehren, umlegen | (Gas u. ä.) kleiner stellen | (Radio) leiser stellen | (Licht) schwächer *od* dunkler machen | (Bettdecke) zurückschlagen | *umg* (Antrag u. ä.) ablehnen, zurückweisen | *umg* (jmdm.) einen Korb geben; **~ in** nach innen drehen ⟨to ~ one's toes in die Zehen zusammenkrallen⟩ | *umg* zurückgeben | der Polizei melden, anzeigen | *bes Am* abliefern, leisten, schaffen ⟨to ≈ a poor piece of work⟩; **~ off** (Gas, Wasser, Radio, TV u. ä.) abstellen, abschalten, abdrehen | (Schlag u. ä.) ablenken, abwenden ⟨to ≈ a blow⟩ | entlassen, fortschicken | *umg* (jmdn.) kaltlassen, nicht reizen *od* jucken | *umg* (jmdn.) abstoßen, stören; **~ on** (Licht, Radio u. ä.) anstellen, einschalten | (Gas u. ä.) aufdrehen | *übertr* zur Geltung bringen, spielen lassen ⟨to ≈ one's charms seine Reize anbringen⟩ | *Sl* (jmdn.) anmachen, heiß machen, in Fahrt bringen, heftig erregen; geil machen | *Sl* (jmdn.) berauschen, high machen (Drogen); **~ out** fort-, hinaus-, wegjagen | ausweisen | abstellen | (Licht) ausdrehen | nach außen drehen, auswärts drehen | (Tasche u. ä.) umkehren, umstülpen | (Vieh) auf die Weide treiben | kleiden, ausstatten | *Wirtsch* herstellen, produzieren | *übertr* hervorbringen; **~ over** umwenden, umdrehen ⟨to ≈ a new leaf eine Seite umblättern; *übertr* ein neues Leben beginnen⟩ | umkippen, umlegen | *übertr* überlegen ⟨to ~ s.th. over in one's mind sich etw. [gründlich] durch den Kopf gehen lassen⟩ | *übertr* übergeben, abtreten (**to an**) | *Wirtsch* umsetzen; **~ round** umdrehen, herumdrehen; **~ up** nach oben drehen ⟨to ≈ one's nose at s.o. die Nase rümpfen über jmdn.; to ≈ one's sleeves die Ärmel hochkrempeln⟩ | (Kragen) hochklappen | (Rock, Hosenbein u. ä.) ein-, um-, hochschlagen, kürzen | zutage fördern, ausgraben ⟨to ≈ an old skull einen alten Schädel ausgraben; to ≈ new information neue Informationen zutage fördern⟩ | *Landw* umpflügen | (Gas u. ä.) voll aufdrehen | *Sl* (Arbeit) hinschmeißen | *Sl* (jmdm.) Ekel verursachen, den Magen umdrehen;

vi sich drehen (lassen) ⟨the tap ~s easily der Hahn läßt sich leicht drehen⟩ | wenden, sich (um)drehen ⟨to ~ on one's heels sich ruckartig umdrehen⟩ | sich halten, gehen, fahren ⟨to ~ right⟩ | umblättern (in einem Buch) | abbiegen, abzweigen (**to** nach) | einbiegen (**into** in) | eine Kurve machen (Straße) | sich richten, zuwenden (Aufmerksamkeit u. ä.) (**to** auf) | schwindlig werden ⟨my head ~s mir dreht sich alles im Kopf⟩ | ausschlagen (Waage) | (Blatt u. ä.) sich verfärben | sich verwandeln, sich ändern, werden (*auch übertr*) ⟨his hair has ~ed grey sein Haar ergraute; to ~ bankrupt Bankrott machen; to ~ for the worse schlimm werden; to ~ nasty gemein werden; to ~ traitor zum Verräter werden⟩ | verderben, sauer werden (Milch) | reif werden (Obst) | umschlagen (Wein); **~ about** sich umdrehen | *Mil* kehrtmachen | *übertr* umschwenken; **~ aside, ~ away** abbiegen | sich abwenden; **~ against** sich richten *od* wenden *od* stellen gegen; **~ back** zurückgehen, -kehren, umkehren; **~ down** herunterhängen; **~ in** sich einbiegen, sich nach innen biegen ⟨his toes ≈ er läuft über den (großen) Onkel⟩ | hineingehen, einkehren | *umg* zu Bett gehen; **~ off** abbiegen ⟨the road ~s off for London die Straße biegt nach London ab⟩ | abstellen, abdrehen, ausmachen | *umg* das Interesse verlieren, kaltbleiben; **~ on** abhängen von, zusammenhängen mit | *Sl* (durch Drogen) high werden; **~ out** sich nach außen wenden | abzweigen (Gleis) | hinausgehen | erscheinen, kommen (**for** zu) ⟨many ~ed out for the demonstration⟩ | enden, ausgehen ⟨everything ~ed out well alles ging gut aus; it ~ed out sunny again es schien wieder die Sonne⟩ | sich zeigen, sich erweisen, sich herausstellen ⟨as it ~ed out wie es sich ergab; to ≈ to be true sich als wahr erweisen; the day ~ed out a failure der Tag wurde ein Fiasko⟩ | *Mil* ausrücken | *umg* aufstehen | die Arbeit einstellen, streiken; **~ over** sich umwenden | *übertr* in Unordnung geraten | *Mar* kentern; **~ round** sich herumdrehen ⟨the earth ~s round the sun die Erde dreht sich um die Sonne⟩ | *übertr* umschwenken; **~ to** sich wenden *od* richten an, befragen ⟨he had no one to ≈; he ~ed to his books⟩ | sich verwandeln in | sich an die Arbeit machen ⟨we ~ed to and produced s.th. wir haben uns angestrengt und etw. geschafft⟩ | sich an etw. halten, sich (einer Sache) zuwenden ⟨to ≈ crime zum Verbrecher werden⟩; **~ up** sich nach oben drehen | sich finden, gefunden werden | sich zeigen, auftauchen, erscheinen ⟨he hasn't ~ed up yet er ist noch nicht gekommen; to ≈ trumps *umg* als Retter in der Not auftauchen⟩ | sich ereignen, geschehen ⟨she's still waiting for s.th. to ≈ sie wartet noch immer, daß etw. geschieht⟩ ◇ **~ it up** etw. aufgeben, etw. sein lassen, etw. hinschmeißen;

2. *s* (Um-) Drehung *f*, (Um-) Drehen *n* ⟨~ of the wheel Radumdrehung; ~ of the screw *übertr* Druckmittel *n*,

Druckanwendung *f*; to give the handle another ~ den Griff noch einmal herumdrehen⟩ | Richtungsänderung *f*, Wendung *f*, Kurve *f* ⟨a ~ in the river eine Flußschleife; sudden ~s in the road unerwartete Straßenkurven *f/pl*⟩ | (Zeit) Wende *f* ⟨the ~ of the century⟩ | *Math* Krümmung *f* | Wendepunkt *m* (*auch übertr*) | Krisis *f* | *übertr* Wechsel *m*, Wende *f*, Veränderung *f* ⟨a sudden ~ of events eine plötzliche Wende der Ereignisse; to take a ~ for the better (worse) sich zum Guten (Schlechten) wenden⟩ | Ausschlagen *n* (der Waage) ⟨~ of the scale⟩ | Neigung *f*, Hang *m*, Sinn *m* (**for** zu) ⟨a boy with a mechanical ~ ein Junge, der sich für Maschinen interessiert; an artistic ~ eine künstlerische Ader⟩ | Reihe *f*, Reihenfolge *f*, Turnus *m* ⟨by ~s; in ~; ~ and ~ about abwechselnd, der Reihe nach; it's my ~ ich bin an der Reihe; out of ~ außer der Reihe; im unpassenden Moment, an unpassender Stelle; to take ~s at s.th. sich bei etw. ablösen; to wait one's ~ warten, bis man an der Reihe ist⟩ | Art *f*, Beschaffenheit *f*, Gestalt *f* | kurze Beschäftigung, Versuch *m* ⟨a ~ of work ein Stück Arbeit; to take a ~ at s.th. es (einmal) versuchen mit etw., sich einmal kurz versuchen an etw.⟩ | kurzer Spaziergang, Bewegung *f* ⟨to take a ~ einen Spaziergang machen⟩ | Ergebnis *n*, Resultat *n* ⟨a good ~⟩ | Absicht *f*, Zweck *m* ⟨it will serve my ~ es wird mir nützen⟩ | Dienst *m*, Gefallen *m* ⟨one good ~ deserves another *Sprichw* hilfst du mir, so helf ich dir; eine Hand wäscht die andere; to do s.o. a good (ill) ~ jmdm. einen guten (schlechten) Dienst erweisen⟩ | (Programm-) Nummer *f* | *Mus* Doppelschlag *m* | *Tech* Windung *f* | *Mil* Kehrtwendung *f* | *umg* Schrecken *m*, Schock *m* ⟨the news gave me quite a ~⟩ | *Med umg* Anfall *m* ⟨she had another of her ~s⟩ ◇ **at every ~** auf Schritt und Tritt, ständig, überall; **on the ~** beim Umschlagen, im Begriff, sich zu verändern; (Milch) am Sauerwerden; **to a ~** *Kochk* völlig gar, gut durchgebraten; **'~a·ble** *adj* drehbar; **'~a·bout** *s* Wendung *f*, Umdrehung *f*, Kehrtwendung *f* (*auch übertr*) ⟨a sudden ≈⟩ | *Mar* Gegenkurs *m*; **'~a·round** *s Mar* Schiffsumlauf *m*, Hafenabfertigung *f* | *auch* **ˌ~a·round 'time** notwendige Zeit, Zeit *f* um eine Arbeit *od* Leistung abzuschließen; **'~ bridge** *s* Drehbrücke *f*; **'~ˌbuck·le** *s Tech* Spannschloß *n*; **'~coat 1.** *s* Überläufer *m*, Renegat *m*; **2.** *adj* abtrünnig; **'~cock** *s Brit Tech* Drehhahn *m*; **'~down ˌcol·lar** *s* Umlegekragen *m*; **'~er** *s* Drechsler *m* | Dreher *m*; **'~er·y** *s* Drehbarkeit *f* | Drechslerei *f*, Dreherei *f*; **'~ing** *s* Drehen *n*, Drehung *f* | *Tech* Drehen *n*, Drechseln *n* | Wendung *f*, Biegung *f*, Krümmung *f* | (Weg-) Abzweigung *f* | Querstraße *f*; **'~ing bar** *s Typ* Wendestange *f*; **'~ing gouge** *s Tech* Drechslerrohr *n*; **'~ing lathe** *s Tech* Drehbank *f*; **'~ing ˌmo·ment** *s Tech* Drehmoment *n*; **'~ing point** *s* Wendepunkt *m* | *Flugw* Wendemarke *f*; **'~ings** *s/pl* Drehspäne *pl*; **'~ing speed** *s Tech* Drehzahl *f*; **'~ing tool** *s Tech* Drehmeißel *m*; **'~ing ˌtraf·fic** *s* (Verkehr) Abbieger *m/pl*

tur·nip ['tɜ:nɪp] *s Bot* (Futter-, Weiße) Rübe *f* | *Sl* Zwiebel *f*, Ei *n* (Taschenuhr) | *Sl* Trottel *m*; **'~ ˌcab·bage** *s* Kohlrabi *m*; **'~ tops** *s/pl* Rübenblätter *n/pl*

turn·key ['tɜ:nki:] **1.** *s selten* Schließer *m*, Gefangenenwärter *m*; **2.** *adj umg* schlüsselfertig ⟨~ projects⟩

turn|-off ['tɜ:nɒf] *s Am* Abzweig(ung) *m(f)*, Ausfahrt *f*; **'~-on** *s urspr Am Sl* (sexuelle) Stimulation, Erregung *f*; **'~out** *s* Ausstattung *f*, Ausrüstung *f*, Ausstaffierung *f* ⟨a colourful ≈⟩ | Kutsche *f*, Gespann *n* | *Wirtsch* Gesamtproduktion *f*, Produktionsausstoß *m* | *Eisenb* Weiche *f* | *Am* Ausweichstelle *f* (auf einer Straße) | *umg* Versammlung *f* | *umg* Teilnehmer-, Zuschauerzahl *f* ⟨a poor ≈ ein schlechter Zuspruch, wenig Leute *pl*; a ≈ of 1000 1 000 Teilnehmer *pl*⟩ | *Brit umg* Arbeitseinstellung *f*, Streik *m*; **'~ˌo·ver** *s* Umwerfen *n*, Umstürzen *n* | Umwandlung *f* | *Wirtsch* Umsatz *m* ⟨a ≈ of £ 1000 a week⟩ | Ein- und Ausgang *m*, (Arbeiter) Zu- und Abgang *m* ⟨labour ≈ *Wirtsch* Personalumsatz *m*⟩ | *Brit* über zwei Seiten gehender Zeitungsartikel | *Kochk* (Obst-) Tasche *f* ⟨an apple ≈⟩; **ˌ~o·ver 'tax** *s* Umsatzsteuer *f*; **'~pike** *s* Schlagbaum *m*; **ˌ~pike 'road** *s Am* gebührenpflichtige Autobahn; **'~screw** *s Tech* Schraubenzieher *m*; **'~spit** *s* Bratenwender *m*; **'~stile** *s* Drehkreuz *n*; **'~ˌta·ble** *s Eisenb* Drehscheibe *f* | Plattenteller *m* (des Plattenspielers); **'~up 1.** *adj* auf-, hochklappbar | aufwärts gerichtet ⟨a ≈ nose eine Stupsnase⟩; **2.** *s Brit* (Hosen-) Umschlag *m* | *Brit umg* Krach *m* | *Brit umg* Schlägerei *f* | *auch* **ˌ~up for the 'book** *s umg* Überraschung *f*, unerwartetes Ereignis

tur·pen·tine ['tɜ:pəntaɪn] **1.** *s* Terpentin *n* ⟨oil of ~ Terpentinöl *n*⟩; **2.** *vt* mit Terpentin behandeln | Harz abzapfen von ⟨to ~ pine trees⟩

tur·pi·tude ['tɜ:pɪtju:d] *s poet* Schändlichkeit *f*, Verworfenheit *f* ⟨moral ~⟩

turps [tɜ:ps] *umg* für ↑ **turpentine**

tur·quoise ['tɜ:kwɔɪz|-kwɑ:z] **1.** *s Min* Türkis *m* | Türkis *n* (Farbe); **2.** *adj* türkis(farben) ⟨~ blue Türkisblau *n*⟩

tur·ret ['tʌrət] *s* kleiner Turm, Türmchen *n* | *Mil, Mar* Panzerturm *m*, Drehkuppel *f* | *Tech* Revolver(kopf) *m(m)* | *Hist* Belagerungsturm *m*; **'~ed** *adj* mit Türmchen versehen; **'~ lathe** *s Tech* Revolverdrehbank *f*; **'~ ship** *s Mar* Panzerschiff *n*

tur·tle ['tɜ:tl] **1.** *s Zool* (See-) Schildkröte *f* ⟨to turn ~ *Mar* kentern; sich überschlagen⟩; **2.** *vi* Schildkröten fangen; **'~dove** *s Zool* Turteltaube *f*; **'~neck** *bes Am s* Rollkragen *m* | Rollkragenpullover *m*

turves [tɜ:vz] *selten s/pl* von ↑ **turf 1.**

[1]**tush** [tʌʃ] *s* Eckzahn *m* (eines Pferdes)

[2]**tush** [tʌʃ] *interj selten* pah!, ach was!

tusk [tʌsk] **1.** *s* (Elefanten-, Eber-, Walroß-) Stoßzahn *m*, Hauer *m*; **2.** *vt* mit den Hauern durchbohren; **'~er** *s Zool umg* Elefant *m* | Elefantenbulle *m*, Keiler *m*

tus·sah| cloth ['tʌsə klɒθ] *s* Stoff *m* aus Seide von wilden Seidenraupen; **ˌ~ 'moth** *s Zool* Tussahspinner *m*; **ˌ~ 'silk** *s* Tussahseide *f*

tus·sis ['tʌsɪs] *s Med* Husten *m*

tus·sle ['tʌsl] *umg* **1.** *s* Balgerei *f*, Rauferei *f* | *übertr* Wortgefecht *n*; **2.** *vi* sich balgen, raufen (**for** um, **with** mit) | *übertr* streiten; *vt arch* raufen mit | *übertr* sich streiten mit

tus·sock ['tʌsək] *s* Grasbüschel *n*

tus·sor[e] ['tʌsɔ:], **tus·sur** ['tʌsə] *s* Tussahseide *f*, wilde Seide

[1]**tut** [tʌt] *s Brit* Akkord *m* ⟨by the/upon ~ im Akkord; ~ work Akkordarbeit *f*⟩

[2]**tut** [tʌt] **1.** *interj* Unsinn!, aber, aber!, na, na! | pah! | pfui!; **2.** (**~ted, ~ted**) *vt* (etw.) verwerfen, verspotten ⟨he ~ted the idea⟩

tu·te|lage ['tju:təlɪdʒ] *s* Vormundschaft *f* | Bevormundung *f* | Unmündigkeit *f* | Unterrichtung *f*, Belehrung *f*; **~lar[y]** [~lə(rɪ)] *adj* vormundschaftlich, Vormunds- ⟨≈ authority Vormundsrecht *n*⟩ | (be)schützend, Schutz- ⟨≈ goddess⟩

tu·tor ['tju:tə] **1.** *s* (Privat-, Haus-) Lehrer *m* | *Brit Päd* Tutor *m*, Studienleiter *m*, -berater *m* | *Am* Dozent *m* | Repetitor *m*, Pauker *m* | *Jur* Vormund *m*; **2.** *vt* (jmdm.) Privat-, Nachhilfeunterricht geben | (jmdn.) erziehen ⟨to ~ o.s. sich beherrschen lernen; to ~ a horse ein Pferd zum Gehorsam erziehen *od* rittig machen; ~ed in patience in *od* mit Geduld erzogen⟩ | beeinflussen, (heimlich) instruieren ⟨to ~ a witness⟩ | *übertr* (jmdn.) bevormunden; *vi* als Privatlehrer(in) tätig sein | als Tutor arbeiten | *bes Am* Privat-, Einzelunterricht nehmen; **~age** ['~rɪdʒ] *s* Amt *n* eines Tutors | Unterrichtshonorar *n* | *Jur* Vormundschaft *f*;

~ess [~rɪs] *s Brit Päd* Privat-, Hauslehrerin *f*, Erzieherin *f*;
tu·to·ri·al [tju:ˈtɔ:rɪəl] **1.** *adj* Lehrer-, Tutor- ⟨≈ system Einzelunterrichtung *f* durch Tutoren⟩; **2.** *s* Unterrichtsstunde *f* (eines Privatlehrers *od* Tutors) | *Päd* (Lehr-) Konsultation *f*; **ˈ~ship** *s* (Haus-) Lehrerstelle *f* | *Jur* Vormundschaft *f*

tut·ti [ˈtu:tɪ] *Mus* **1.** *adv* alle zusammen; **2.** *s* Tutti *n*, vollbesetztes Orchester

tut·ti frut·ti [ˌtu:tɪ ˈfru:tɪ] *s* Tuttifrutti *n*, Mehrfrucht(speise)-eis *n*, Eis mit Früchten

tut-tut [ˌtʌt ˈtʌt] **1.** *interj* Unsinn!; **2.** (**~ted, ~ted**) *vt, vi* (etw.) als Unsinn erklären, pah machen (bei), (etw.) leicht abtun

tut·ty [ˈtʌtɪ] *s Chem* Tutia *f*, Zinkschwamm *m*, Gichtschwamm *m*

tu·tu [ˈtu:tu:] *s* Ballett-, Gazeröckchen *n*, -kleidchen *n*

tu-whit tu-whoo [təˌwɪt təˈwu:] *s* Kiwitt *n*, Tuhu *n* (Eulenschrei)

tux [tʌks] *s Am umg* = **tux·e·do** [tʌkˈsi:dəʊ] *s Am* Smoking *m*

tu·yere [ˈtwi:ɛə] *s Tech* Düse *f*, Blas-, Windform *f*

TV [ti:ˈvi:] **1.** *s* (*Abk*) Fernsehen *n* ⟨on ~ im Fernsehen⟩ | Fernsehgerät *n*, Fernseher *m*; **2.** *adj* Fernseh-; **ˈ~ ˌpic·ture** *s* Fernsehbild *n*; **ˌ~ ˈmon·i·tor** *s* Bildkontrollempfänger *m*, Monitor *m*

twa [twɑ:] *adj Schott* zwei

twad|dle [ˈtwɒdl] **1.** *vi* schwatzen, quatschen; **2.** *s* Unsinn *m*, Geschwätz *n*; **ˈ~dler** *s* Schwätzer(in) *m(f)*

twain [tweɪn] *s arch poet* zwei ⟨in ~ entzwei; never the ~ have met *übertr* die beiden haben sich niemals gefunden, die zwei Dinge blieben immer voneinander getrennt⟩

twang [twæŋ] **1.** *vi* (Saite) klirren, schwirren | näseln; *vt* (Saite) schwirren lassen | klimpern *od* kratzen auf, herumspielen mit | (Wort) durch die Nase aussprechen; **2.** *s* Schwirren *n* | *meist* **ˌnasal ˈ~** Näseln *n*, näselnde Aussprache; **ˈ~y** *adj* schwirrend | näselnd

ˈtwas [twəz] *arch, poet* = **it was**

twat [twɒt] *vulg s* Fotze *f* | *Sl* Weibsbild *n* | *Sl* dummes Schwein (Schimpfwort) ⟨you ~!⟩

tweak [twi:k] **1.** *vt* zwicken | reißen, zerren ⟨to ~ s.o.'s ears jmdn. an den Ohren ziehen⟩; **2.** *s* Zwicken *n* | Reißen *n*, Zerren *n*

twee [twi:] *s Brit umg* niedlich, putzig | geziert, tantenhaft

tweed [twi:d] *s* Tweed *m*; **tweeds** *s/pl* Tweedanzug *m*, -sachen *pl* ⟨in ≈ im Sportanzug⟩

twee·dle [ˈtwi:dl] **1.** *vi* fiedeln | klimpern | (Vogel) singen; **2.** *s* Fiedelei *f* | Klimperei *f*

Twee·dle·dum and Twee·dle·dee [ˌtwi:dlˈdʌm ən ˌtwi:dlˈdi:] *s/pl Lit* Tweedledum und Tweedledee *pl* (von Lewis Carroll) | *übertr* praktisch ein und dasselbe; die reinsten Zwillinge, Max und Moritz

tweed·y [ˈtwi:dɪ] *adj* aus Tweed, Tweed- ⟨~ attire Tweedkleidung *f*⟩ | sportlich gekleidet, sportlich ⟨a ~ type⟩ | ungezwungen, gern an der frischen Luft weilend ⟨~ ladies in walking boots⟩

ˈtween [twi:n] *adv, präp poet* zwischen; **ˈ~ deck** *s Mar* Zwischendeck *n*; **ˈ~ decks** *adv Mar* im Zwischendeck

tween|y, ~ie [ˈtwi:nɪ] *s Brit umg* Aushilfe *f*, Aushilfsdienstmädchen *n*

tweet [twi:t] **1.** *vi* zwitschern, tschirpen; **2.** *s* Gezwitscher *n*, Tschirpen *n*; **ˈ~er** *s El* Hochtonlautsprecher *m*

tweez·er [ˈtwi:zə] **1.** *adj* Zangen-, Pinzetten- ⟨~ handle Zangengriff *m*⟩; **2.** *vt* (wie) mit einer Zange halten; **ˈtweez·ers** *s/pl* Pinzette *f*, kleine Kneifzange ⟨a pair of ~ eine Pinzette⟩

twelfth [twelfθ] **1.** *adj* zwölfte(r, -s); **2.** *s* Zwölfte(r, -s) *f(m, n)*; Zwölftel *n*; **ˈ~ ˌNight** *s* Dreikönigsabend *m*; **twelve** [twelv] **1.** *adj* zwölf; **2.** *s* Zwölf *f* | *Typ* Duodez *n*, Zwölftelbogenformat *n* ⟨in ≈s in Duodez⟩; **ˈtwelve·fold** *adj, adv* zwölffach; **ˈtwelve·month** *s* (*nur sg, mit unbest art*) *bes Brit umg* Jahr *n* ⟨this day ≈ heute in *od* vor einem Jahr⟩; **ˌtwelve-ˈtone** *adj Mus* Zwölfton- ⟨≈ system Zwölftonsystem *n*⟩; **ˈtwelve to ˈpi·ca** *s Typ* Punkt (Schriftgröße)

twen|ti·eth [ˈtwentɪəθ] **1.** *adj* zwanzigste(r, -s); **2.** *s* Zwanzigste(r, -s) *f(m, n)* | Zwanzigstel *n*; **ˈ~ty** [~tɪ] **1.** *adj* zwanzig ⟨I have told him ≈ times ich habe es ihm x-mal gesagt⟩; **2.** *s* Zwanzig *f* ⟨the ~ties die zwanziger Jahre *n/pl*⟩; **ˌtwenty-four ˌhour ˈser·vice** *s* durchgehender Dienst; **ˌtwenty-ˈone 1.** *s* Einundzwanzig *f* | *Am Kart* Siebzehnundvier *n*; **2.** *pron* einundzwanzig

ˈtwere [twə] *arch, poet* = **it were**

twerp [twɜ:p] = **twirp**

twi·bil[l] [ˈtwaɪbɪl] *s Hist* Hellebarde *f*

twice [twaɪs] *adv* zweimal ⟨~ as much zweimal so viel; ~ a day; ~ daily⟩; **ˌ~-ˈlaid** *adj übertr* zusammengewürfelt, -gestoppelt; **ˌ~-ˈtold** *adj* abgedroschen, alt ⟨a ≈ tale eine längst bekannte Geschichte⟩

twid·dle [ˈtwɪdl] **1.** *vt* (müßig) spielen mit, herumdrehen ⟨to ~ one's pencil mit dem Bleistift herumspielen; to ~ one's thumbs die Daumen drehen, nichts tun⟩; *vi* herumspielen (**with** mit) ⟨to ~ with a ring on one's finger; to ~ with one's hair⟩; **2.** *s* Drehen *n*, Wirbeln *n*, schnelles Drehen

[1]**twig** [twɪg] *s* Zweig *m*, Rute *f* | Wünschelrute *f* | *Anat* Äderchen *n*, Endarterie *f*; Endnerv *m*

[2]**twig** [twɪg] *Brit Sl* (**~ged, ~ged**) *vt* mitbekommen, mitkriegen, spitzkriegen ⟨I soon ~ged what he was up to ich merkte bald, was er vorhatte⟩ | estimieren, beachten | kapieren, verstehen; *vi* kapieren, schalten

twig·gy [ˈtwɪgɪ] *adj* voller Zweige | *übertr* zerbrechlich, dünn, zart

twi·light [ˈtwaɪlaɪt] **1.** *s* Zwielicht *n*, Halbdunkel *n*, Dämmerung *f auch übertr*; **2.** *adj* dämmerig, Dämmerungs-, Zwielicht- *auch übertr* ⟨the ~ years die Jahre des Verfalls⟩ | *übertr* zwielichtig ⟨a ~ character⟩; **ˈ~ sleep** *s Med* Dämmerschlaf *m*

twill [twɪl] **1.** *s* geköperter Stoff, Köper *m*; **2.** *vt* köpern; **ˈ~ weave** *s* Köperbindung *f*

ˈtwill [twɪl] *arch, poet* = **it will**

twin [twɪn] **1.** *s* Zwilling *m* ⟨identical ~s eineiige Zwillinge *m/pl*⟩ | *übertr* Gegenstück *n*; **2.** *adj* Zwillings-, doppelt ⟨~ lock⟩ | *Tech* Zwei-, Zwillings-; **3.** (**twinned, twinned**) *vt* eng verbinden | (zwei Städte) durch einen Freundschaftsvertrag verbinden ⟨Dresden is twinned with Coventry Dresden hat eine Städtepartnerschaft mit Coventry⟩; *vi* Zwillinge zur Welt bringen; **ˌ~ ˈbed** *s* (ein) Bett eines Doppelbettes ⟨~ beds Doppelbett *n*⟩; **ˌ~-ˈbedded** *adj* (Zimmer) mit Doppelbett, mit zwei Betten ⟨a ≈ room⟩; **ˈ~ ˈbrother** *s* Zwillingsbruder *m*

twine [twaɪn] **1.** *s* (starker) Bindfaden | Kordel *f*, dicke Schnur | Zwirn *m* | Abbindegarn *n* | Wickelung *f* | Windung *f* | Geflecht *n*, Knäuel *m* | *Bot* Ranke *f*; **2.** *vt* (Garn, Fäden) (ver)zwirnen, zusammendrehen ⟨to ~ strings⟩ | winden, binden, flechten ⟨to ~ flowers into a garland Blumen zu einer Girlande winden⟩ | umfassen, umschlingen ⟨to ~ one's arms round s.o. jmdn. umarmen⟩; *vi* sich verflechten | sich winden, sich schlängeln | *Bot* sich ranken ⟨to ~ round a tree⟩; **ˈtwin·er** *s Bot* Kletter-, Schlingpflanze *f* | *Tech* Zwirnmaschine *f*

twinge [twɪndʒ] **1.** *vt* stechen (*auch übertr*) | zwicken, kneifen; **2.** *s* Stechen *n*, Stich *m* (*auch übertr*) ⟨~ of conscience Gewissensbiß *m*⟩ | Zwicken *n*, Kneifen *n* | stechender Schmerz ⟨a ~ of rheumatism⟩

twin|kle [ˈtwɪŋkl] **1.** *vi* glitzern, funkeln, blitzen ⟨~kling stars⟩ | strahlen, funkeln, blitzen (Augen) (**with** vor) | (auf und ab) zucken, schnell auf und zu gehen (Lider u. ä.) | tänzeln, trippeln (Füße) | mit den Augen zwinkern; *vt* aufblitzen lassen; **2.** *s* Glitzern *n*, Funkeln *n*, Blitzen *n* ⟨a ≈ of delight ein freudiges (Auf-) Blitzen⟩ | Zucken *n* ⟨in a ≈ im Nu⟩ | Tanzschritt *m*; **ˈ~kleˌtoes** *s umg* in: **here comes ˈ~kletoes** *iron* hier kommt ja das Trampeltier! **ˈ~kling** *s* Glitzern *n*, Funkeln *n* | Zucken *n* ⟨in the ≈ of an eye im Augenblick, im Nu⟩ | kurzer Moment ⟨in a ≈ im Nu⟩

twin| lens [ˈtwɪn lenz] *s Foto* Doppel-, Zwillingslinse *f*; **ˌ~-lens ˌre·flex ˈcam·er·a** *s Foto* zweiäugige Spiegelreflexkamera; **ˌ~ ˈrud·der** *s Mar* Doppelruder *n*; **Twins** *s/pl (mit best art) Astr* Zwillinge *pl*; **ˈ~ set** *s Brit* Twinset *m*; **ˌ~ ˈships** *s/pl Mar* Schwesterschiffe *n/pl*; **ˈ~ ˈsis·ter** *s* Zwillingsschwester *f*; **ˌ~ ˈtow·er** *s* Doppelhochhaus *n*; **ˌ~ ˈtown** *s* Schwesterstadt *f* | Partnerstadt *f*; **~ˈtyre** *s Kfz* Zwillingsbereifung *f*; **ˌ~ ˈwheel** *s* Zwillings-, Doppelrad *n*

twirl [twɜːl] **1.** *vt* schnell herumdrehen, (herum)wirbeln | (Daumen u. ä.) herumdrehen, (Locke) drehen ⟨to ~ one's moustache [up] sich den Bart (hoch)zwirbeln⟩; *vi* sich herumdrehen, wirbeln ⟨to ~ about the floor auf dem Boden herumfliegen⟩ | sich wälzen (Schlange u. ä.); **2.** *s* Wirbel *m* | Schnörkel *m*

twirp [twɜːp] *Brit Sl s* Narr *m*, Dummkopf *m* | blöder Kerl ⟨you ~!⟩

twist [twɪst] **1.** *vt* (zusammen)drehen, winden, (um)wickeln, (ver)flechten ⟨to ~ a rope round s.th. etw. mit einem Seil umwickeln; to ~ s.o. round one's little finger *übertr* jmdn. um den kleinen Finger wickeln⟩ | (Fäden u. ä.) zwirnen, zusammendrehen ⟨to ~ threads⟩; (Seil u. ä.) flechten ⟨to ~ a rope⟩ | (Blumen) winden, binden | (ver)drehen ⟨to ~ the handle to the right⟩ | verdrehen, verrenken ⟨to ~ one's ankle sich den Fuß verstauchen; to ~ s.o.'s arm jmdm. den Arm umdrehen; *übertr* jmdn. nötigen *od* zu etw. zwingen⟩ | (Gesicht) verzerren | *übertr* verdrehen, entstellen ⟨to ~ s.o.'s words⟩; **~ off** (Verschluß u. ä.) abdrehen | abreißen; **~ up** (Seil) verwickeln | durcheinander bringen; *vi* sich drehen, sich winden, sich schlängeln (Fluß, Straße u. a.) | sich verziehen | (beim Tanz) die Glieder *od* sich verrenken ⟨to ~ sexily geil tanzen⟩ | twisten, Twist tanzen; **~ off** abgehen (Drehgriff u. ä.); **2.** *s* Drehen *n*, Drehung *f* ⟨to give a ~ to s.th. etw. drehen; *übertr* einer Sache eine Wendung geben⟩ | Zwirnen *n* | Biegung *f*, Krümmung *f*, Windung *f* ⟨a road with many ~s⟩ | *übertr* überraschende Wende, Knalleffekt *m* ⟨a strange ~ of fate ein seltsames Spiel des Schicksals⟩ | *übertr* Trick *m*, Dreh *m* ⟨a new ~⟩ | *übertr* Neigung *f* ⟨a criminal ~⟩ | *Tech* Verdrehung *f*, Torsion *f* | Effet *n* (Ball) | *Kochk* Kringel *m* | Twist *m* (Tanz) | Baumwollgarn *n*, Twist *m*, Zwirn *m* | Tau *n*, Strick *m*, Seil *n* | Rolle(ntabak) *f(m)* ⟨a ~ of tobacco⟩ | *Brit umg* (kräftiger) Appetit; **ˈ~a·ble** *adj* drehbar; **ˈ~ bit** *s* Holzbohrer *m*; **ˈ~ drill** *s* Spiral-, Wendelbohrer *m*; **ˈ~ed** *adj* verdreht | verseilt, verdrallt ⟨≈ wire verseilter Draht⟩ | krumm, gekrümmt | *Tech* schraubenförmig, gewunden, verwunden | *Tech* auf Torsion beansprucht; **ˈ~er** *s* Zwirner *m*, Seildreher *m* | *Tech* Zwirnmaschine *f* | *umg* Schwindler *m*, falscher Fuffziger, Intrigant *m* | *übertr* schwierige Aufgabe ⟨a real ≈ ein wirklicher Brocken⟩ | *Am umg* Wirbelsturm *m* | Effetball *m*; **ˈ~y** *adj* verdreht | kurvenreich ⟨a ≈ road⟩ | *übertr* unehrlich, unaufrichtig

twit [twɪt] *umg* **1.** (**ˈ~ted, ˈ~ted**) *vt* (jmdn.) aufziehen, verspotten, verlachen (**about, on, with** wegen) | sich lustig machen über (etw.) ⟨to ~ s.o.'s laziness⟩ | (jmdm.) Vorhaltungen machen; **2.** *s* Spott *m*, Hohn *m* | *Brit* Tor *m*, Narr *m* | Nervosität *f*, aufgeregter Zustand ⟨to be in a ~ ganz durcheinander sein; to give s.o. the ~s jmdn. auf die Palme bringen⟩

twitch [twɪtʃ] **1.** *vt* ziehen, zerren, reißen | zupfen | zwicken, kneifen; *vi* ziehen, zerren (**at** an) | zucken (**with** mit) ⟨the horse ~ed its ears⟩ | sich verziehen, zucken (**with** vor) ⟨his face ~ed with pain⟩; **2.** *s* Ziehen *n*, Zerren *n*, Reißen *n* (**at** an) | Ruck *m* | Zucken *n*, Zuckung *f* | Stich *m* (Schmerz)

twit·ter [ˈtwɪtə] **1.** *vi* zwitschern | *übertr* piepsen | *übertr* aufgeregt sein (**on, on about** über); *vt* zwitschern; **2.** *s* Zwitschern *n*, Gezwitscher *n* | *übertr umg* Aufregung *f* ⟨all of a ~ ganz aufgeregt; to set s.o. [all] in a ~ jmdn. (ganz) durcheinanderbringen⟩

ˈtwixt [twɪkst] *poet, arch, dial* für **betwixt**

two [tuː] **1.** *adj* zwei ⟨~ pieces; one or ~ people ein paar Leute; ~ heads are better than one *Sprichw* vier Augen sehen mehr als zwei⟩ | beide ⟨the ~ girls beide Mädchen⟩; **2.** *s* Zwei *f* ⟨by ~s / ~ and ~ paarweise; by ~s and threes zu zweien und dreien; in ~s *Sl* im Nu; ~ can play at that game *übertr* den Spieß kann man auch umdrehen; das kann ich auch; wie du mir, so ich dir; to put ~ and ~ together *übertr* seine eigenen Schlüsse ziehen⟩ ◇ **in ~** entzwei ⟨to come ≈ entzweigehen; to break s.th. ≈ etw. entzweischlagen⟩; **ˈ~-bit** *Am Sl adj* billig, wertlos ⟨a ≈ cigar⟩ | käuflich, bestechlich ⟨a ≈ judge⟩; **ˌ~-cy·cle ˈen·gine** *s Tech* Zweitaktmotor *m*; **ˈ~-ˌdeck·er** *s Flugw* Doppel-, Zweidecker *m*; **ˌ~-ˈdi·git** *adj* zweistellig ⟨≈ inflation⟩; **ˌ~-ˈedged** *adj* zweischneidig | zweideutig; **ˌ~-ˈfaced** *adj* zweiseitig, doppelgesichtig | *übertr* mit zwei Gesichtern, falsch, heuchlerisch; **ˈ~fold** *adj, adv* zweifach, doppelt; **ˌ~-four ˈtime** *s Mus* Zweivierteltakt *m*; **ˌ~-ˌfur·row ˈplough** *s Landw* Zweifurchenpflug *m*; **ˌ~-ˈhand·ed** *adj* zweihändig, für zwei Hände ⟨a ≈ sword⟩ | *Tech* zweihändig, mit 2 Griffen ⟨a ≈ saw⟩ | *übertr* kräftig, mit 2 Händen anpackend ⟨a ≈ worker⟩; **ˈ~-horse** *adj* zweispännig; **ˌ~-ˈjob man** [~mæn] *s* (*pl* **ˌ~-ˈjob men** [~men]) Doppelverdiener *m*; **ˌ~-line ˈlet·ter** *s Typ* großer Anfangsbuchstabe; **ˌ~-ˈmast·er** *s Mar* Zweimaster *m*; **ˌ~-men ˈsaw** *s* Zugsäge *f*; **ˌ~-ˈpar·ty** *adj* Zweiparteien- ⟨≈ system⟩; **~pence** [ˈtʌpəns] *s Brit* zwei Pence *m/pl* (Wert) ⟨not to care ≈ *übertr* sich keinen Deut darum scheren⟩ | Zwei-Penny-Stück *n*, -münze *f*; **~pen·ny** [ˈtʌpənɪ] *adj* zwei Pence (Pennys) wert, Zwei-Pence- (Penny-) ⟨a ≈ ticket⟩ | *auch* **ˌ~pen·ny-ˈhalf·pen·ny** billig, wertlos; **ˌ~pen·ny ˈpiece** *s* Zwei-Pence (Penny-) Münze *f*; **ˌ~-phase ˈcur·rent** *s El* Zweiphasenstrom *m*; **ˌ~-ˈpiece 1.** *adj* (Anzug) zweiteilig; **2.** *s, auch* **ˌ~-piece ˈsuit** Komplet *n*, Kostüm *n*, zweiteiliger Anzug, Zweiteiler *m* | zweiteiliger Badeanzug; **ˌ~-ˈpin plug** *s El* zweipoliger Stecker; **ˈ~-place** *adj* zweistellig; **ˈ~-ply** *adj* (Garn, Stoff) Doppel-, zweisträhnig, (Wolle) zweifädig ⟨≈ fabric Doppelgewebe *n*; ≈ yarn zweidrähtiges Garn⟩; **ˌ~ˈseat·er** *s Flugw* Zweisitzer *m*; **ˌ~-ˈsid·ed** *adj* zweiseitig | *übertr* unehelich; **~some** [ˈ~səm] **1.** *adj* zu zweien; **2.** *s* Tanz *m* zu zweien | *umg* Pärchen *n*; **ˌ~-speed ˈgear** *s Tech* Zweiganggetriebe *n*; **ˈ~step 1.** *s* Twostep *m*; **2.** *adj Tech* zweistufig; **ˌ~-step ˈrock·et** *s Flugw* Zweistufenrakete *f*; **ˌ~-stroke ˈen·gine** *s Tech* Zweitaktmotor *m*

twot [twɒt] = **twat**

two|-time [ˈtuː taɪm] **1.** *adj* zweimalig ⟨a ≈ winner⟩ | *urspr Am umg* (Partner) untreu; **2.** *vt urspr Am umg* betrügen ⟨to ≈ a lover⟩ | *übertr* hintergehen; **ˈ~-ˌtim·er** *s urspr Am umg* untreue(r) Ehefrau *f* (-mann *m*), untreuer Liebhaber; **ˌ~-ˈtone** *adj* zweifarbig ⟨≈ shoes⟩; **ˌ~-ˈtongued** *adj* doppelzüngig; **ˌ~-up ~-ˈdown** *s Brit umg* kleines Reihenhäuschen; **ˌ~-ˈway** *adj bes El* Doppel-, Zweiwege-; **ˌ~-way ˈplug** *s El* Doppelstecker *m*; **ˌ~-way ˈra·di·o** *s* Funksprechgerät *n*; **ˌ~-way ˈstreet** *s* Straße *f* mit Gegenverkehr *od* Verkehr in beiden Richtungen; **ˌ~-way ˈswitch** *s El* Doppelschalter *m*; **ˌ~-way ˈtraf·fic** *s* Gegenverkehr *m*; **ˈ~-wheeled** *adj* zweirädrig; **'~-ˌwheel·er** *s* Zweirad *n*

ty·coon [taɪ'ku:n] *s urspr Am umg* Industriemagnat *m*, Großindustrieller *m*

tyke [taɪk] *s* Köter *m* | (Nordengland) gemeiner Schuft ⟨you ~!⟩ | *bes Am umg* (armes) kleines Kind, Kindchen *n* | *oft* ⁓ *Brit* Bewohner *m* von Yorkshire | *Austr verächtl* Katholik(in) *m(f)*

tym·bal ['tɪmbl] = **timbal**

tym|pan ['tɪmpən] *s Typ* Preßdeckel *m* | *Anat* Trommelfell *n* | *Mus* Handtrommel *f*; **~pan·ic** [tɪm'pænɪk] *adj Anat* Mittelohr-; **~pa·nist** [~pənɪst] *s Mus* Schlagzeuger *m*; **~pa·ni·tis** [ˌtɪmpə'naɪtɪs] *s Med* Tympanie *f*, Mittelohrentzündung *f*; **'~pa·num** [~pənəm] *s* (*pl* **'~pa·nums, ~pa·na** [~pənə]) *Anat* Mittelohr *n*; Trommelfell *n* | *Mus* Trommel *f* | *Hist* Pauke *f* | *Tel* Membran *f* | *Arch* Giebelfeld *n* | *Tech* Schöpfrad *n*

typ·al ['taɪpl] *adj* typisch, Typen-; **type** [taɪp] **1.** *s* Muster *n*, Urbild *n* | Typ(us) *m(m)*, typischer Vertreter ⟨a ≈ of politician⟩ | Typ(us) *m(m)*, charakteristische Klasse ⟨a new ≈ of book⟩ | *umg* Schlag *m*, Art *f*, Sorte *f* ⟨it's of that ≈⟩ | *umg* Kerl *m*, Typ(e) *m(f)* ⟨that ≈ of man; a true ≈⟩ | *Typ* Drucktype *f*, Letter *f* ⟨a piece of ≈⟩ | *collect* (Schrift) Satz *m*, Druck *m*, Lettern *pl* ⟨in ≈ gesetzt; to set in ≈ setzen⟩ | *Biol* Typus *m* ⟨true to ≈ artecht⟩ | *übertr* Sinnbild *n*, Symbol *n* (**of** für); **2.** *vi* tippen, maschineschreiben; *vt* (ab)tippen, mit der Maschine schreiben | klassifizieren ⟨to ≈ a rare disease⟩ | *übertr* kennzeichnen, ansehen, betrachten (**as** als) ⟨to ≈ s.o. as a murderer⟩; **type out** schreiben, tippen | (Fehler) ausixen, übertippen

Type A [ˌtaɪp 'eɪ] *Med s* infarktanfälliger Typ (*Ant* Type B) | infarktförderndes Verhalten

type| a·re·a ['taɪp ˌɛərɪə] *s Typ* Satzspiegel *m*; **'~ bar** *s Tech* Typenhebel *m*; **'~ case** *s Typ* Setzkasten *m*; **'~cast** (**'~cast, '~cast**) *vt Typ* gießen ⟨to ≈ an ornament⟩ | *Theat* (Schauspieler) auf einen bestimmten Rollentyp festlegen ⟨to ≈ s.o. as an evil person⟩; **'~ face** *s Typ* Schriftbild *n* | Schriftart *f*, -type *f*; **'~ ˌfound·er** *s Typ* Schriftgießer *m*; **'~ ˌmat·ter** *s Typ* Schriftsatz *m*; **'~ page** *s Typ* Satzspiegel *m*; **'~ script** *s* Schreibmaschinenschrift *f* | Maschinenmanuskript *n* | *Typ* Maschinenschriftsatz *m*; **'~ˌset·ter** *Typ s* (Schrift-) Setzer *m* | *auch* **ˌ~set·ting ma'chine** Setzmaschine *f*; **'~write** (**'~wrote, '~ˌwrit·ten**) *vt* (ab)tippen, mit der Maschine schreiben; *vi* tippen, maschineschreiben; **'~ˌwrit·er** *s* Schreibmaschine *f* | *selten* Maschineschreiber(in) *m(f)*; **'~ˌwrit·ing** *s* Tippen *n*, Maschineschreiben *n* | Maschinenschrift *f*; **'~ˌwrit·ten** *adj* mit der Maschine geschrieben, maschinegeschrieben ⟨≈ copy Durchschlag *m*⟩

ty·phoid ['taɪfɔɪd] *Med* **1.** *adj* Typhus-; **2.** *s* Typhus *m*; **ˌ~ 'fe·ver** *s Med* Typhus *m*

ty·phon·ic [taɪ'fɒnɪk] *adj* Taifun-; **ty·phoon** [taɪ'fu:n] *s* Taifun *m*, Wirbelsturm *m*

ty·phous ['taɪfəs] *adj Med* typhusartig, Typhus-; **ty·phus** ['taɪfəs] *s Med* Flecktyphus *m*, -fieber *n*

typ·i|cal ['tɪpɪkl] *adj* typisch, charakteristisch, kennzeichnend (**of** für) ⟨the ≈ modern girl; to be ≈ of kennzeichnen, charakterisieren⟩ | sinnbildlich, symbolisch ⟨to be ≈ of s.th. etw. symbolisch darstellen *od* versinnbildlichen⟩ | vorbildlich, echt | hinweisend (**of** auf); **~fi·ca·tion** [ˌtɪpɪfɪ'keɪʃn] *s* Typisierung *f*, Symbolisierung *f*; **~fy** [~faɪ] *vt* verkörpern, typisch sein für, ein typisches Beispiel | symbolisieren, versinnbildlichen | vorbilden

typ|ing pool ['taɪpɪŋ pu:l] *s* Schreibbüro *n*, -zimmer *n*; **'~ist** *s* Stenotypist(in) *m(f)* | jmd., der Maschine schreiben kann ⟨I'm not much of a ≈ ich schreibe nicht gut Maschine⟩

ty·po·graph ['taɪpəgrɑ:f] *s Typ* Setzmaschine *f*; **ty·pog·ra·pher** [taɪ'pɒgrəfə] *s Typ* Schriftsetzer *m*, Buchdrucker *m*; **ty·po·graph·ic** [ˌtaɪpə'græfɪk] *adj* typographisch ⟨≈ error Druckfehler *m*⟩; **ˌty·po'graph·i·cal** *adj* Druck-; **ty·pog·ra·phy** [taɪ'pɒgrəfɪ] *s* Buchdruck *m* | Typographie *f*, Buchdruckerkunst *f*

ty·po·log·i·cal [taɪpə'lɒdʒɪkl] *adj* typologisch; **ty·pol·o·gy** [taɪ'pɒlədʒɪ] *s* Typologie *f*, Typenlehre *f*

ty·ran·ni·cal [tɪ'rænɪkl] *adj* tyrannisch, Tyrannen-

tyr·an|nize ['tɪrənaɪz] *vi* tyrannisch sein; *vt* unterdrücken, tyrannisieren; **'~niz·er** *s* Tyrann *m*; **~nous** ['tɪrənəs] *adj* tyrannisch, grausam; **'~ny** *s* Tyrannei *f*, Gewaltherrschaft *f* | *übertr* Herrschaft *f*, Macht *f* ⟨the ≈ of the clock⟩ | *Hist* Tyrannis *f* | (*meist pl*) *übertr* Grausamkeit *f*; **ty·rant** ['taɪərənt] *s* Tyrann *m*, Despot *m*

tyre ['taɪə] **1.** *s Brit* (Auto-, Rad-) Reifen *m* ⟨pneumatic ~ Luft-, Gummireifen⟩ | Radkranz *m*, Metallreifen *m* | (Eis) Bandage *f*; **2.** *vt* bereifen; **'~ cord** *s* Reifenkord *m*; **tyred** *adj* luftbereift; **'~ ˌfit·ting** *s* Reifenmontage *f*; **'~ gauge,** *auch* **'~ pres·sure ˌgauge** *s* Luftdruckmesser *m*; **'~ pres·sure** *s Kfz* Reifendruck *m*; **'~ pump** *s* Luftpumpe *f*; **'~ tape** *s* Isolierband *n*

ty·ro ['taɪərəʊ] **1.** *s* (*pl* **'~s, '~es**) Anfänger(in) *m(f)* | Flugschüler(anfänger) *m(m)*; **2.** *adj* Anfänger- ⟨a ~ skier⟩

Tyr·o|le·an [tɪ'rəʊlɪən|ˌtɪrə'li:ən], *auch* **~lese** [ˌtɪrə'li:z] **1.** *s* (*pl* ≈) Tiroler(in) *m(f)*; **2.** *adj* tirolisch, Tiroler-

ty·ro·sin[e] ['tɪrəsi:n|-sɪn|'taɪərə-] *s Chem* Tyrosin *n*

tzar [zɑ:|tsɑ:], **~e·vich** ['~rəvɪtʃ] *s* Zar *m*; **tza·ri·na** [zɑ:'ri:nə|tsɑ:-] *s* Zarin *f*; **'~ism** *s* Zarentum *n*; **~'is·tic** *adj* zaristisch, Zaren-

tzet·ze ['tetsɪ|'tsetsɪ|'setsɪ] *s Zool* Tsetsefliege *f*

tzi·gane [tsɪ'gɑ:n] **1.** *s* Zigeuner(in) *m(f)*; **2.** *adj* Zigeuner-

U

U, u [ju:] **1.** *s* (*pl* **U's, u's, Us, us**) U *n*, u *n* | *Brit* jugendfreier Film; **2.** *adj Brit* (Film) jugendfrei ⟨a U film⟩ | *Brit* vornehm, fein ⟨U language Sprache *f* der Upper class; non-U⟩ | *Tech* U-förmig, U- ⟨U-bend U-Rohr *n*, Doppelkrümmer *m*; U-bolt Doppelbolzen *m*, -schraube *f*⟩

u·biq·ui·tous [ju'bɪkwətəs|-wɪtəs] *förml adj* überall, allgegenwärtig; **u'biq·ui·ty** *s* Allgegenwart *f*

U-boat ['ju: bəʊt] *s Mar* (deutsches) Unterseeboot

UCCA [ˌju:si:si:'eɪ] *Abk* von **Universities Central Council on Admissions** *Brit* Zentrale Zulassungsbehörde für Universitäten

ud·der ['ʌdə] *s* Euter *n*

u·dom·e·ter [ju:'dɒmɪtə] *s Met* Regenmesser *m*; **u'dom·e·try** *s* Regenmessung *f*

UFO [ˌju:fəʊ] *s* (*pl* **'~s**) *Abk* von **unidentified flying object** Ufo *n*, UFO *n*; **u·fo·log·i·cal** [ˌ~'lɒdʒɪkl] *adj* fliegende Untertassen betreffend

U·gan|da [ju:'gændə|jʊ-] *s* Uganda; **~dan** **1.** *adj* ugandisch; **2.** *s* Ugander(in) *m(f)*

ugh [ʊx|ʌg] *interj* hu!, äks!

ug·li·fi·ca·tion [ˌʌglɪfɪ'keɪʃn] *s* Entstellung *f*; **ug·li·fy** ['ʌglɪfaɪ] *vt* entstellen, häßlich machen; **ug·ly** ['ʌglɪ] **1.** *adj* häßlich, unschön ⟨an ≈ figure⟩ | unangenehm ⟨an ≈ scene⟩ | übel, bösartig, drohend, gefährlich ⟨an ≈ customer *umg* ein übler Kunde, ein übler Bursche; an ≈ sky ein nichts Gutes verheißender Himmel; an ≈ temper ein bösartiges Temperament⟩ | schlimm, böse ⟨an ≈ wound⟩; **2.** *s* häßliches Wesen; ˌ**ug·ly** ˈ**duck·ling** *s übertr* häßliches Entlein, Spätentwickler *m*

U·gri·an [ˈu:grɪən|ˈju:-] **1.** *s* Ugrier(in) *m(f)*, Ugrisch *n*; **2.** *adj* ugrisch; **U·gric** [ˈu:grɪk] **1.** *s* Ugrisch *n*; **2.** *adj* ugrisch

UHF [ju: eɪtʃ ˈef], *auch* ˌ**ul·tra·high** ˈ**fre·quen·cy** *s El* UHF, ultrahohe Frequenz, Dezimeterwellenbereich *m*

UK [ju: ˈkeɪ] *Abk* von **United Kingdom** Vereinigtes Königreich von Großbritannien und Nordirland

U·kraine [ju:ˈkrein] *s* Ukraine; **U·krain·i·an** [juˈkreɪnɪən] **1.** *adj* ukrainisch; **2.** *s* Ukrainer(in) *m(f)* | Ukrainisch *n*

u·ku·le·le [ˌju:kəˈleɪlɪ] *s Mus* Ukulele *f* (Gitarre)

-u·lar [-jʊlə] *suff* ↑ **-ar**

ul·cer [ˈʌlsə] *s Med* Ulkus *m*, Geschwür *n* ⟨duodenal ~ Zwölffingerdarmgeschwür; stomach ~ Magengeschwür⟩ | *übertr* Eiterbeule *f*, Schandfleck *m*; **~ate** [ˈ~reɪt] *vt* ein Geschwür bilden in | *übertr* vergiften; *vi* geschwürig werden; ˌ~ˈ**a·tion** *s Med* Eiterung *f*, Geschwürbildung *f* | Geschwür *n*; **~o·gen·ic** [ˌʌlsərəˈdʒenɪk] *adj* ulzerogen, Geschwürbildung fördernd; ˈ**~ous** [-rəs] *adj* geschwürig, eiternd ⟨≈ skin⟩ | von Geschwüren befallen ⟨an ≈ person⟩ | *übertr* giftig, korrupt

ul·lage [ˈʌlɪdʒ] *s Wirtsch* Flüssigkeitsverlust *m*, Leckage *f*, Schwund *m* | Flüssigkeitsmanko *n* (Faß, Flasche) ⟨on ~ nicht ganz voll⟩

ul·na [ˈʌlnə] *Anat s* (*pl* **ul·nae** [-ni:], **~s**) Elle *f*; **ul·nar** [ˈʌlnə] *adj* Ellen-

ul·ster [ˈʌlstə] *s* Ulster *m*, loser Mantel

ult [ʌlt] *Abk* von **ultimo** ⟨your letter of the 2nd ~ Ihr Brief vom 2. letzten Monats⟩

ul·te·ri·or [ʌlˈtɪərɪə] *adj* (räumlich) jenseitig, auf der anderen Seite ⟨~ region⟩ | *übertr* tieferliegend, versteckt, verdeckt ⟨~ motive Hintergedanke *m*⟩ | *übertr* weiter, anderweitig, später ⟨~ action⟩

ul·ti|mate [ˈʌltɪmət] *adj* letzte(r, -s), äußerste(r, -s) ⟨the ≈ point⟩ | endgültig ⟨our ≈ victory⟩ | elementar, Grund-, Haupt- ⟨≈ responsibility; ≈ truths Grundwahrheiten *pl*⟩ | *Tech* Höchst-, Grenz-; ˌ**~mate con'sum·er** *s* Endverbraucher *m*; **~mate·ly** [ˈ~mətlɪ] *adv* zuletzt, schließlich, am Ende; ˌ**~mate** ˈ**stress** *s Tech* Bruchspannung *f*; ˌ**~mate** ˈ**val·ue** *s Math* Endwert *m*; **~ma·tum** [ˌ~ˈmeɪtəm] *s* (*pl* **~ma·ta** [ˌ~ˈmeɪtə], **~ma·tums**) Ultimatum *n*, letzter Vorschlag (**to** an) | Grundprinzip *n*; **~mo** [ˈ~məʊ] ⟨*lat*⟩ *adv förml* letzten Monats

ul·tra [ˈʌltrə] **1.** *adj* radikal, extrem, Erz-; **2.** *s* Radikaler *m*, Ultra *m*

ultra- [ʌltrə] *präf zur Bildung von adj und s mit der Bedeutung*: ultra-, sehr, übermäßig (*z. B.* ˌ~ˈ**modern** ultra-, übermodern; ˌ~ˈ**clean** extrem sauber, keimfrei) | ultra-, jenseits, überschreitend (*z. B.* ˌ~ˈ**red** ultrarot; ˈ**~sound** Überschall *m*)

ul·tra|crit·i·cal [ˌʌltrəˈkrɪtɪkl] überkritisch; ˌ**~high** ˈ**fre·quen·cy** *s El* Ultrahochfrequenz *f*, UHF

ul·tra|ism [ˈʌltrəɪzm] *s* Ultraismus *m*; ˈ**~ist** *s* Radikale(r) *f(m)*; ˌ~ˈ**is·tic** *adj* radikal, extrem; ˌ~ˈ**left 1.** *adj Pol* ultralinks; **2.** *s* (*mit best art*) (die) Ultralinken *pl*; ˌ~ˈ**left·ist** *s Pol* Ultralinke(r) *f(m)*; ˌ**~ma'rine 1.** *adj* ultramarin | überseeisch; **2.** *s* Ultramarin(blau) *n*; ˌ~ˈ**mil·i·tant** *adj* ultramilitant; **~mon·tane** [ˌ~mɒnˈteɪn] **1.** *adj* südlich der Alpen | *Rel* ultramontan, streng päpstlich; **2.** *s Rel* Ultramontane(r) *f(m)*; ˌ~ˈ**na·tion·al** *adj* ultranational; ˌ~ˈ**na·tion·al·ism** *s* Ultranationalismus *m*; ˌ~ˈ**na·tion·al·ism** *s* Ultranationalismus *m*; ˌ~ˈ**na·tion·al·ist 1.** *adj* ultranationalistisch; **2.** *s* Ultranationalist(in) *m(f)*; ˈ**~red** *adj* ultrarot; ˌ~ˈ**short wave** *s El*

Ultrakurzwelle *f*, UKW *n*; ˌ~ˈ**son·ic** *adj Phys* Ultraschall- ⟨≈ amplification Ultraschallverstärkung *f*⟩; ˌ~ˈ**vi·o·let** *adj Phys* ultraviolett ⟨≈ rays ultraviolette Strahlen *pl*⟩ | ultraviolett(e) Strahlen erzeugend *od* nutzend, Rotlicht- ⟨≈ lamp⟩

ul·tra vi·res [ˌʌltrə ˈvaɪəri:z] ⟨*lat*⟩ *adj, adv Jur* über jmds. Befugnisse hinausgehend ⟨a ~ contract; to act ~⟩

ul·u|lant [ˈju:ljʊlənt] *adj* heulend, wehklagend; **~late** [ˈ~leɪt] *vi* heulen, wehklagen, laut klagen ⟨~lating wolves; to ≈ with joy vor Freude aufheulen⟩; ˌ~ˈ**la·tion** *s* Heulen *n*, Geheul *n*, Wehklagen *n* ⟨the ≈ of the ambulance; ≈ of despair Verzweiflungsschreie *pl*⟩

um·bel [ˈʌmbəl] *s Bot* Dolde *f*; **~late** [ˈ~lɪt|ˈ~leɪt], ˈ**~lar**, **~lif·er·ous** [ˌ~ˈlɪfərəs] *adj Bot* doldentragend, Dolden-

[1]**um·ber** [ˈʌmbə] *s Zool* Äsche *f*

[2]**um·ber** [ˈʌmbə] **1.** *s Min* Umbra *f* | Dunkelbraun *n*, Umber *m*; **2.** *adj* dunkelbraun

um·bil·i|cal [ʌmˈbɪlɪkl|ˌʌmbɪˈlaɪkl] **1.** *adj Anat* Nabel-; **2.** *s auch* ˌ**~cal** ˈ**cord** *s* Nabelschnur *f* | *übertr* Brücke *f*, Verbindung *f*, Zugang *m* (**to** zu); ˌ**~cal** ˈ**ca·ble**, *auch* ˌ**~cal** ˈ**cord** *s* (Raumfahrt) Verbindungsleine *f* (zur Raumkapsel); **~cate** [~kɪt|~keɪt], **~cat·ed** [~keɪtɪd] *adj Anat* genabelt; **~cus** [ʌmˈbɪlɪkəs|ˌʌmbɪˈlaɪkes] *s* (*pl* **~ci** [~saɪ]) *Anat, Zool* Nabel *m* | *Bot* Nabel *m* | *Math* Nabelpunkt *m*

um·bra [ˈʌmbrə] *s* (*pl* **um·brae** [ˈʌmbri:]) *Astr* Umbra *f*, Kernschatten *m*

um·brage [ˈʌmbrɪdʒ] *s* Beleidigung *f*, Anstoß *m* ⟨to take ~ at s.th. an etw. Anstoß nehmen⟩ | *arch* Schatten *m*; **um·bra·geous** [ʌmˈbreɪdʒəs] *adj* leicht gekränkt, übelnehmerisch | schattig, schattenspendend

um·bral [ˈʌmbrəl] *adj Astr* Umbra-, Kernschatten-

um·brel·la [ʌmˈbrelə] **1.** *s* (Regen-, Sonnen-)Schirm *m* | *Mil* Abschirmung *f* | *übertr* Schirm *m*, Schutz *m* ⟨under the ~ of the U.N. unter dem Schutz der Vereinten Nationen⟩ | *übertr* Rahmen *m* ⟨to get/put under one ~ unter einen Hut bringen; a business ~ eine Firmengemeinschaft; **2.** *adj* umfassend, einschließend ⟨~ title⟩; ˈ**~ case** *s* Schirmfutteral *n*; ˈ**~ cloth** *s* Schirmstoff *m*; ˈ**~** ˌ**cov·er** *s* Schirmhülle *f*, -futteral *n*; ˈ**~ frame** *s* Schirmgestell *n*; ˈ**~ phrase**, *auch* ˈ**~ term** *s* allumfassender Ausdruck; ˈ**~ stand** *s* Schirmständer *m*

um·brif·er·ous [ʌmˈbrɪfərəs] *adj* schattenspendend, schattig

um·laut [ˈʊmlaʊt] **1.** *s* ⟨*dt*⟩ *Ling* Umlaut *m* | Umlautzeichen *n*, (ä-, ö-, ü-) Striche *m/pl*; *vt* umlauten | mit Umlautzeichen schreiben, Striche setzen über

um·pir·age [ˈʌmpaɪərɪdʒ] *s* Schiedsrichteramt *n* | Schiedsspruch *m*; **um·pire** [ˈʌmpaɪə] **1.** *s* (Baseball, Kricket, Tennis, Volleyball) Schiedsrichter *m*, Unparteiischer *m* | Schiedsspruch *m*; **2.** *vt* durch Schiedsspruch entscheiden | als Schiedsrichter leiten *od* überwachen; *vi* Schiedsrichter sein (**in** bei, **for** für)

ump|teen [ˌʌmpˈti:n] *adj umg* jede Menge, sehr viele ⟨≈ times x-mal⟩; **~teenth** [ˌ~ˈti:nθ], **~tieth** [ˌ~ˈti:θ] *adj umg* soundsovielte(r, -s) ⟨for the ≈ time zum zigsten Male⟩; **~ty-umpth** [ˌ~tɪˈʌmpθ] *adj emph umg* x-te(r, -s)

'un [ən] *pron umg* für **one 3.** ⟨he's a good ~ er ist ein prima Kerl; he's a bad ~ er ist ein ganz Schlimmer; they look like good ~s sie sehen wie gute aus (Äpfel u. ä.)⟩

[1]**un-** [ʌn] *präf zur Bildung von adj, adv, s mit negativer Bedeutung*; un-, Un-, nicht-: (*z. B.* ~ˈ**common** ungewöhnlich; ~ˈ**fruitful** unfruchtbar; **~a'voidable** unvermeidlich; ~ˈ**skilled** ungelernt; ~ˈ**compromising** kompromißlos; ~ˈ**used** unbenutzt; ˌ**~scien'tific** unwissenschaftlich; ~ˈ**certainty** Ungewißheit *f*; ~ˈ**truth** Unwahrheit *f*)

[2]**un-** [ʌn] *präf zur Bildung von v mit der reversativen Bedeu-*

tung: aus-, ent-, los-, auf-, ver- (*z. B.* ~'**dress** ausziehen; ~'**lock** aufschließen; ~'**roll** entrollen; ~'**screw** abschrauben) | *mit der privativen Bedeutung*: ab-, ent- (*z. B.* ~'**hair** enthaaren; ~'**cork** entkorken)

un·a·bashed [ˌʌnə'bæʃt] *adj* unverschämt, unverfroren | nicht verlegen, furchtlos

un·a·bat·ed [ˌʌnə'beɪtɪd] *adj* (Wind u. a.) unvermindert; ˌ**un·a'bat·ing** *adj* unablässig

un·ab·bre·vi·at·ed [ˌʌnə'bri:vɪeɪtɪd] *adj* ungekürzt

un·ab·le [ʌn'eɪbl] *adj* unfähig, ungeeignet (**to** *mit inf* zu *mit inf*) ⟨to be ~ for s.th. sich für etw. nicht eignen⟩

un·a·bridged [ˌʌnə'brɪdʒd] *adj* ungekürzt ⟨~ version⟩

un·ac·cent·ed [ˌʌnæk'sentɪd] *adj Ling* unbetont ⟨~ syllable⟩

un·ac·cept·a·ble [ˌʌnək'septəbl] *adj* unannehmbar (**to** für)

un·ac·com·mo·dat·ing [ˌʌnə'kɒmədeɪtɪŋ] *adj* unnachgiebig, unverträglich

un·ac·com·pa·nied [ˌʌnə'kʌmpənɪd] *adj* allein, ohne Begleitung ⟨~ ladies⟩ | ohne Musikbegleitung ⟨an ~ song⟩

un·ac·com|plish·a·ble [ˌʌnə'kʌmplɪʃəbl] *adj* undurchführbar | nicht bildungsfähig; **~plished** [~plɪʃt] *adj* unvollendet | *übertr* ungebildet

un·ac·count|a·ble [ˌʌnə'kaʊntəbl] **1.** *adj* nicht verantwortlich | unerklärlich, eigenartig, sonderbar, seltsam ⟨an ≈ interest⟩; **2.** *s* nicht zurechnungsfähige Person; **~ab·ly** *adv* unerklärlicher-; seltsamerweise; **~ed[-]for** [ˌ~ɪd'fɔ:] *adj* unerklärlich, nicht belegt, unerklärt (geblieben) ⟨an ≈ gap⟩

un·ac·cus·tomed [ˌʌnə'kʌstəmd] *adj* ungewöhnlich, ungewohnt | nicht gewöhnt (**to** an; **to** *mit ger* zu *mit inf*)

un·a·chiev·a·ble [ˌʌnə'tʃi:vəbl] *adj* unerreichbar

un·ac·knowl·edged [ˌʌnək'nɒlɪdʒd] *adj* nicht anerkannt | nicht zugegeben | nicht erwidert | nicht bestätigt

un·ac·quaint·ed [ˌʌnə'kweɪntɪd] *adj* unbekannt, nicht vertraut (**with** mit)

un·a·dapt·a·bil·i·ty [ˌʌnəˌdæptə'bɪlətɪ] *s* Ungeeignetheit *f* | Unanpaßbarkeit *f*; ˌ**un·a'dapt·ed** *adj* ungeeignet (**for** für, **to** zu) | nicht anpassungsfähig (**to** an); ˌ**un·a'dapt·ed** *adj* ungeeignet, nicht eingerichtet (**to** für) | nicht angepaßt (**to** an)

un·ad·just·ed [ˌʌnə'dʒʌstɪd] *adj bes Psych* nicht angepaßt (**to** an) | unerledigt

un·a·dopt·ed [ˌʌnə'dɒptɪd] *adj* (Kind) nicht adoptiert | *Brit* (Straße) nicht (öffentlich) unterhalten, von den Anwohnern zu unterhalten

un·a·dorned [ˌʌnə'dɔ:nd] *adj* schmucklos, ungeschmückt

un·a·dul·ter·at·ed [ˌʌnə'dʌltəreɪtɪd] *adj* echt, unverfälscht ⟨~ spirit unverschnittener Alkohol; ~ wine ungepanschter Wein⟩ | *übertr* völlig, vollkommen ⟨~ nonsense rein(st)er Unsinn⟩

un·ad|vis·a·ble [ˌʌnəd'vaɪzəbl] *adj* nicht zu empfehlen, nicht ratsam; **~vised** [ˌ~'vaɪzd] *adj* unberaten | unüberlegt, unvorsichtig ⟨≈ haste unbesonnene Hast⟩; **~vis·ed·ly** [ˌ~'vaɪzɪdlɪ] *adv* unberaten | unüberlegt

un·af·fect·ed [ˌʌnə'fektɪd] *adj* natürlich, ungekünstelt | aufrichtig ⟨~ astonishment⟩ | unbeeinflußt ⟨~ by light *Tech* lichtecht; ~ by wear *Tech* verschleißfrei⟩

un·a·fraid [ˌʌnə'freɪd] *adj* unerschrocken (**of** vor)

un·aid·ed [ʌn'eɪdɪd] *adj* ohne Hilfe *od* Unterstützung (**by** durch, von), (ganz) allein | unbewaffnet, bloß ⟨~ eye⟩

un·a|larmed [ˌʌnə'lɑ:md] *adj* unerschrocken, ˌ**~'larm·ing** *adj* nicht beunruhigend

un·al·lowed [ˌʌnə'laʊd] *adj* unerlaubt

un·al·loyed [ˌʌnə'lɔɪd] *adj Chem* rein, unlegiert, unvermischt | *lit übertr* ungetrübt ⟨~ pleasure⟩

un·al·ter·a·bil·i·ty [ʌnˌɔ:ltərə'bɪlətɪ] *s* Unwandelbarkeit *f*; **un'al·ter·a·ble** *adj* unwandelbar, unveränderlich; **un'al·tered** *adj* unverändert

un·am·big·u·ous [ˌʌnæm'bɪgjʊəs] *adj* eindeutig, klar

un·am·bi·tious [ˌʌnæm'bɪʃəs] *adj* nicht ehrgeizig, anspruchslos

un·a·me·na·ble [ˌʌnə'mi:nəbl] *adj übertr* unzugänglich (**to** für) | nicht verantwortlich (**to** gegenüber)

un-A·mer·i·can [ˌʌnə'merɪkən] *adj* unamerikanisch | *Pol* (angeblich) antiamerikanisch ⟨≁ Activities Committee Ausschuß *m* zur Untersuchung unamerikanischer Umtriebe; ~ activities unamerikanische Tätigkeit *f*⟩

un·a·mi·a·bil·i·ty [ʌnˌeɪmɪə'bɪlətɪ] *s* Unliebenswürdigkeit *f*; **un'a·mi·a·ble** *adj* unfreundlich, unliebenswürdig

un·an·i·mat·ed [ʌn'ænɪmeɪtɪd] *adj* unbelebt, leblos ⟨~ limbs⟩ | uninteressant, langweilig ⟨an ~ face⟩ | *übertr* unbewegt, unberührt (**by** durch) | (Karikatur u. ä.) nicht fortlaufend ⟨~ picture ruhendes Bild⟩

u·na·nim·i·ty [ju:nə'nɪmətɪ] *s* Einmütigkeit *f* | Einstimmigkeit *f*; **u·nan·i·mous** [ju:'nænɪməs] *adj* einmütig, einig ⟨to be ≈ in *mit ger* einmütig *mit inf*; to be ≈ in asking sich in der Forderung einig sein⟩ | einstimmig ⟨by ≈ vote einstimmig⟩

un·an·nealed [ˌʌnə'ni:ld] *adj Tech* (Stahl) ungeglüht, nicht wärmebehandelt ⟨~ malleable iron Temperrohguß *m*, Weiß-, Hartguß *m*⟩

un·an·nounced [ˌʌnə'naʊnst] *adj* unangemeldet, unvorbereitet

un·an·swer·a·bil·i·ty [ˌʌnɑ:nsərə'bɪlətɪ] *s* Unbeantwortbarkeit *f* | Unwiderlegbarkeit *f* | Unverantwortlichkeit *f*; **un'an·swer·a·ble** *adj* nicht beantwortbar | unwiderlegbar | *Jur* nicht entscheidbar, nicht haftbar ⟨an ≈ case in law⟩ | nicht verantwortlich (**for** für); **un'an·swered** *adj* unbeantwortet | unwiderlegt

un·ap·palled [ˌʌnə'pɔ:ld] *adj* unerschrocken

un·ap·peal·a·ble [ˌʌnə'pi:ləbl] *adj Jur* unanfechtbar

un·ap|peas·a·ble [ˌʌnə'pi:zəbl] *adj* unversöhnlich, nicht zu besänftigen | unersättlich, nicht zufriedenzustellen(d); ˌ**~'peased** *adj* unversöhnt | ungestillt

un·ap·pe·tiz·ing [ʌn'æpətaɪzɪŋ] *adj* unappetitlich

un·ap·plied [ˌʌnə'plaɪd] *adj* nicht benutzt, nicht angewandt

un·ap·pre·ci·at·ed [ˌʌnə'pri:ʃɪeɪtɪd] *adj* unbeachtet, nicht gewürdigt

un·ap·proach·a·bil·i·ty [ˌʌnəˌprəʊtʃə'bɪlətɪ] *s* Unzugänglichkeit *f*; ˌ**un·ap'proach·a·ble** *adj* (physisch) unzugänglich, unerreichbar | (Person) unzugänglich, abweisend

un·ap·pro·pri·at·ed [ˌʌnə'prəʊprɪeɪtɪd] *adj* nicht verwendet, herrenlos | *Wirtsch* (Fonds u. ä.) unverwendet

un·ap·proved [ˌʌnə'pru:vd] *adj* nicht gebilligt

un·apt [ʌn'æpt] *adj* untauglich, ungeeignet (**for** zu) | ungeschickt (**at** in) | nicht geneigt, nicht gewillt (**to** *mit inf* zu *mit inf*)

un|ar·gu·a·ble [ʌn'ɑ:gjʊəbl] *adj* unbestreitbar | unhaltbar; **~'ar·gued** *adj* unbesprochen, nicht diskutiert | unbestritten, unangefochten

un·armed [ʌn'ɑ:md] *adj* unbewaffnet, wehrlos | ohne Waffen, waffenlos ⟨~ combat⟩ | *Mil* (Munition) unscharf

un·ar·ranged [ˌʌnə'reɪndʒd] *adj* ungeordnet | nicht festgelegt, nicht verabredet

un·ar·tic·u·lat·ed [ˌʌnɑ:'tɪkjʊleɪtɪd] *adj* undeutlich, unartikuliert

una·ry ['ju:nərɪ] *adj Chem, Phys, Math* unär

un·a·shamed [ˌʌnə'ʃeɪmd] *adj* schamlos, frech | unbeschämt

un·asked [ʌn'ɑ:skt] *adj* ungefragt ⟨~ questions⟩ | unverlangt, ungebeten ⟨an ~ present; to be ~ for nicht erwünscht sein⟩

un·as·pir·ing [ˌʌnə'spaɪərɪŋ] *adj* ohne Ehrgeiz | anspruchslos, bescheiden

un·as·sail·a·ble [ˌʌnə'seɪləbl] *adj* unangreifbar, unerschütterlich | *übertr* unwiderlegbar ⟨~ argument⟩

un·as·sist·ed [ˌʌnəˈsɪstɪd] *adj* ohne Beistand; selbständig, ohne Unterstützung (**by** durch)

un·as·sum·ing [ˌʌnəˈsju:mɪŋ] *adj* bescheiden, anspruchslos ⟨her ~ ways ihr zurückhaltendes Auftreten⟩ | nachsichtig (**to** gegenüber) ⟨~ to a fault einen Fehler nicht übelnehmend⟩

un·as·sured [ˌʌnəˈʃʊəd] *adj Wirtsch* nicht versichert | unsicher

un·at·tached [ˌʌnəˈtætʃt] *adj* nicht gebunden, ungebunden, frei | nicht befestigt (**to** an) | *übertr* ledig, unverheiratet, ohne Bindung | *auch Päd* extern, nicht zu einem College gehörig ⟨~ buildings⟩ | *Jur* nicht mit Beschlag belegt | *Mil* zur Disposition stehend

un·at·tain·a·ble [ˌʌnəˈteɪnəbl] *adj* unerreichbar

un·at·tend·ed [ˌʌnəˈtendɪd] *adj* ohne Begleitung | unbemannt ⟨~ station; ~ ship⟩ | unbeaufsichtigt, unbewacht ⟨to leave s.o. ~ jmdn. allein *od* ohne Aufsicht lassen; to leave s.th. ~ etw. unbeaufsichtigt stehen lassen⟩ | vernachlässigt ⟨to be ~ vernachlässigt werden⟩ | *Tech* wartungsfrei ⟨~ power station vollautomatisches Kraftwerk⟩

un·at·trac·tive [ˌʌnəˈtræktɪv] *adj* uninteressant, wenig attraktiv

un·au·then·tic [ˌʌnɔ:ˈθentɪk] *adj* nicht authentisch

un·au·thor·ized [ʌnˈɔ:θəraɪzd] *adj* nicht bevollmächtigt, unbefugt | unerlaubt

un·a·vail·a·ble [ˌʌnəˈveɪləbl] *adj* nicht verfügbar, nicht vorhanden | nutzlos, unbrauchbar ⟨~ energy *Phys* Verlustenergie *f*⟩; **ˌun·aˈvail·ing** *adj* vergeblich ⟨an ≈ attempt; with ≈ courage mit vergeblichem Einsatz⟩

un·a·void·a·ble [ˌʌnəˈvɔɪdəbl] *adj* unvermeidlich

un·a·wak·ened [ˌʌnəˈweɪkənd] *adj* ungeweckt | *übertr* unerwacht, schlafend

un·a|ware [ˌʌnəˈweə] *adj* ohne Kenntnis, unwissend, nichtsahnend ⟨to be ≈ of s.th. von einer Sache nichts wissen; to be ≈ that nicht wissen, daß⟩; **~wares** [ˌ~ˈweəz] *adv* versehentlich, unabsichtlich | überraschend, unversehens, unerwartet ⟨at ≈ unverhofft; to take s.o. ≈ jmdn. überraschen, überraschend bei jmdm. auftauchen⟩

un·backed [ʌnˈbækt] *adj* ohne Beistand | (Pferd) nicht zugeritten | *Wirtsch* (Scheck) nicht indossiert | ohne (Rücken-) Lehne ⟨an ~ chair⟩

un·baked [ʌnˈbeɪkt] *adj* ungebacken | (Ziegel) ungebrannt | *arch übertr* unreif, unfertig

un·bal·ance [ʌnˈbæləns] **1.** *vt* aus dem Gleichgewicht bringen | *übertr* verwirren, durcheinanderbringen; **2.** *s* Gleichgewichtsstörung *f* | *übertr* Unausgeglichenheit *f*; **unˈbal·enced** *adj* nicht im Gleichgewicht befindlich | *übertr* unausgeglichen, schwankend, unausgewogen ⟨an ≈ character⟩ | *Wirtsch* nicht ausgeglichen, nicht saldiert ⟨an ≈ account⟩

un·bale [ʌnˈbeɪl] *vt* (Ware) aus Ballen auspacken

un·bar [ʌnˈbɑ:] (**unˈbarred, unˈbarred**) *vt* (Tür) aufriegeln | *übertr* (er)öffnen, erschließen ⟨to ~ the way to peace⟩; *vi* sich öffnen

un·bathed [ʌnˈbeɪðd] *adj* ungebadet

un·bear·a|ble [ʌnˈbeərəbl] *adj* unerträglich, nicht auszuhalten(d); **~bly** *adv* unerträglich ⟨≈ rude⟩ | unermeßlich, überwältigend ⟨almost ≈ beautiful hinreißend schön, fast zu schön⟩

un·beat·en [ʌnˈbi:tn] *adj* unbesiegt, ungeschlagen *auch übertr* ⟨an ~ team eine ungeschlagene Mannschaft⟩ | unübertroffen | (Weg) unbegangen, unbetreten, unerforscht

un·be·com·ing [ˌʌnbɪˈkʌmɪŋ] *adj* unpassend, unschicklich (**for, to** für) ⟨~ conduct unschönes Verhalten⟩ | unkleidsam ⟨an ~ hat⟩

un·be·fit·ting [ˌʌnbɪˈfɪtɪŋ] *adj* unpassend, ungehörig

un·be·known[st] [ˌʌnbɪˈnəʊn(st)] **1.** *präd adj umg* nicht bekannt, unbekannt (**to s.o.** jmdm.), ohne Wissen (**to s.o.** jmds.) ⟨~ to his mother⟩; **2.** *adv* unbekannterweise

un·be·lief [ˌʌnbɪˈli:f] *s Rel* Zweifel *m*, Unglaube *m*.

un·be·liev·a·bil·i·ty [ˌʌnbɪˌli:vəˈbɪlətɪ] *s* Unglaublichkeit *f*; **ˌun·beˈliev·a·ble** *adj* unglaublich, unglaubhaft; **ˌun·beˈliev·er** *s Rel* Ungläubige(r) *f(m)*; **ˌun·beˈliev·ing** *adj bes Rel* ungläubig, skeptisch

un·be·loved [ˌʌnbɪˈlʌvɪd] *adj* ungeliebt

un·belt·ed [ʌnˈbeltɪd] *adj* ohne Gürtel

un·bend [ʌnˈbend] (**unˈbent, unˈbent**) *vt* entspannen (*auch übertr*) ⟨to ~ a bow einen Bogen strecken; to ~ one's mind sich entspannen⟩ | *Mar* (Segel, Seil) losmachen | *Tech* geradebiegen; *vi* sich entspannen | *übertr* auftauen, sich einfach geben, aus sich herausgehen; **unˈbend·ing** *adj* aufrecht, ungebeugt | *übertr* unbeugsam, unnachgiebig

un·bi·as[s]ed [ʌnˈbaɪəst] *adj* sachlich, unvoreingenommen, vorurteilslos, unparteiisch ⟨~ opinions⟩ | (Statistik) frei von systematischen Fehlern

un·bid[·den] [ˌʌnˈbɪdn] *bes lit adj* ungebeten, unaufgefordert ⟨to speak ~⟩ | ungeladen, nicht eingeladen ⟨to arrive ~⟩

un|bind [ˌʌnˈbaɪnd] (**ˌ~ˈbound, ˌ~ˈbound** [-baʊnd]) *vt* (Gefangene) losbinden | (Haar) lösen, aufbinden | lösen von ⟨to ≈ a wound⟩

un·bleached [ʌnˈbli:tʃt] *adj* ungebleicht

un·blem·ished [ʌnˈblemɪʃt] *adj übertr* rein, unbefleckt

un·blend·ed [ʌnˈblendɪd] *adj* unvermischt, rein

un·blood·y [ʌnˈblʌdɪ] *adj* unblutig

un·blush·ing [ʌnˈblʌʃɪŋ] *adj* schamlos ⟨~ corruption; ~ lies; to be ~ about s.th. sich einer Sache nicht im geringsten schämen⟩

un·bolt [ʌnˈbəʊlt] *vt* los-, abschrauben | aufriegeln

un·boned [ʌnˈbəʊnd] *adj* knochenlos; nicht entgrätet

un·born [ˌʌnˈbɔ:n] *adj* ungeboren ⟨~ babies⟩ | *übertr* kommend, zukünftig ⟨~ generations; ~ ages⟩

un·bos·om [ʌnˈbʊzəm] *vt* (Gefühl) enthüllen ⟨to ~ o.s. to s.o. jmdm. sein Herz ausschütten⟩; *vi* sich offenbaren (**to s.o.** jmdm.)

un·bound [ʌnˈbaʊnd] *adj* frei, ungebunden | *Buchw* ungebunden, broschiert

un·bound·ed [ʌnˈbaʊndɪd] *adj* unbegrenzt ⟨~ space⟩ | *übertr* grenzen-, zügel-, schrankenlos ⟨~ love⟩

un·bowed [ˌʌnˈbaʊd] *adj* nicht (nach unten) gebogen | *lit* ungebrochen ⟨~ spirit⟩

un·brace [ʌnˈbreɪs] *vt* lösen, ab-, losschnallen | *übertr* entspannen ⟨to ~ o.s.⟩

un·break·a·ble [ʌnˈbreɪkəbl] *adj* unzerbrechlich

un·bred [ʌnˈbred] *adj arch* unerzogen | ungelernt, nicht ausgebildet, ungebildet

un·brib·a·ble [ʌnˈbraɪbəbl] *adj* unbestechlich

un·bridge·a·ble [ʌnˈbrɪdʒəbl] *adj* unüberbrückbar ⟨an ~ gulf⟩

un·bri·dled [ʌnˈbraɪdld] *adj* ab-, ungezäumt | *übertr* ungezügelt, hemmungslos ⟨an ~ tongue eine ungehemmte Zunge; ~ enthusiasm; ~ passions⟩

un·bro·ken [ʌnˈbrəʊkən] (Pferd) nicht zugeritten | ungebrochen, nicht verletzt ⟨an ~ rule⟩ | ununterbrochen ⟨miles of ~ forest; ~ sleep⟩ | ungepflügt ⟨~ soil⟩ | ungebrochen, unübertroffen ⟨an ~ record⟩

un·broth·er·ly [ʌnˈbrʌðəlɪ] *adj* unbrüderlich

un·buck·le [ˌʌnˈbʌkl] *vt* aufschnallen | *übertr* lösen

un·bun·dle [ʌnˈbʌndl] *vi, vt Wirtsch* getrennte Preise verlangen (für)

un·bur·den [ʌnˈbɜ:dn] *vt meist übertr* entlasten, erleichtern ⟨to ~ s.o. of his bag jmdm. sein Gepäck abnehmen; to ~

o.s./one's heart sein Herz ausschütten⟩ | sich befreien von ⟨to ~ o.s. of a secret sich e-s Geheimnisses entledigen⟩
un·bur·ied [ʌn'berɪd] *adj* unbegraben
un·bur·nished [ʌn'bɜ:nɪʃt] *adj* nicht poliert
un·bur·y [ʌn'berɪ] *vt* ausgraben *auch übertr*
un·busi·ness·like [ʌn'bɪznəslaɪk] *adj* unsachlich, nicht geschäftsmäßig
un·but·ton [ˌʌn'bʌtn] *vt* aufknöpfen; ˌ**un'but·toned** *adj* aufgeknöpft, offen | *selten übertr* gelöst, zwanglos
un·cal·cu·lat·ed [ʌn'kælkjəleɪtɪd] *adj* unberechnet
un·called [ʌn'kɔ:ld] *adj* unaufgefordert | *Wirtsch* nicht aufgerufen; **~-for** ['~fɔ:] *adj* (Sache) unverlangt; unerwünscht, unnötig | (Bemerkung) unschicklich, unangebracht ⟨an ≈ remark eine deplazierte Bemerkung⟩
un·can·celled [ʌn'kænsld] *adj* nicht abgesagt | nicht entwertet ⟨~ stamps⟩
un·can·did [ʌn'kændɪd] *adj* unehrlich, falsch
un·can·ny [ʌn'kænɪ] *adj* übernatürlich, mysteriös, geheimnisvoll, unheimlich ⟨an ~ noise⟩ | *dial* gefährlich
un·cap [ʌn'kæp] *vt* Kappe *od* Verschluß lösen von | *übertr umg* enthüllen, eröffnen ⟨to ~ a surprise mit einer Überraschung herausrücken⟩
un·cared-for [ʌn'kɛəd fɔ:] *adj* unbeachtet, vernachlässigt ⟨an ~ garden⟩
un·case [ʌn'keɪs] *vi, vt* auspacken
un·ceas·ing [ʌn'si:sɪŋ] *adj* unaufhörlich, dauernd
un·cer·e·mo·ni·ous [ˌʌnserə'məʊnɪəs] *adj* ungezwungen, zwanglos ⟨an ~ greeting⟩ | brüsk, unsanft, ruppig, ungehobelt ⟨~ treatment⟩; **~ly** *adv* ohne viel Federlesen(s), kurzerhand ⟨to dismiss s.o. ≈⟩
un·cer·tain [ʌn'sɜ:tn] *adj* unbestimmt, ungewiß, nicht sicher ⟨to be ~ of/about s.th. einer Sache nicht sicher sein; of ~ age *euphem* (Frau) von unbestimmtem Alter, in mittleren Jahren⟩ | unentschieden, unsicher ⟨to feel ~ sich unsicher fühlen; ~ plans⟩ | zweifelhaft, vage ⟨an ~ answer⟩ | unzuverlässig ⟨an ~ friend⟩ | launenhaft, unbeständig ⟨~ weather⟩; **un'cer·tain·ty** *s* (*oft pl*) Unbestimmtheit *f*, Ungewißheit *f*, Unsicherheit *f*, Zweifelhaftigkeit *f* ⟨the ~ties of life die Wechselfälle *pl* des Lebens⟩ | Unzuverlässigkeit *f* | Launenhaftigkeit *f*; Unbeständigkeit *f* ⟨the ≈ of the weather⟩; **'~ty ˌprin·ci·ple** *s Phys* Unbestimmtheitsprinzip *n*
un·cer|tif·i·cat·ed [ˌʌnsə'tɪfɪkeɪtɪd] *adj* nicht bescheinigt; **~ti·fied** [ʌn'sɜ:tɪfaɪd] *adj* unbeglaubigt, nicht bescheinigt | nicht überzeugt (**of** von)
un·chal·lenged [ʌn'tʃæləndʒd] *adj* unwidersprochen, unbestritten
un·change·a·ble [ʌn'tʃeɪndʒəbl] *adj* unveränderlich, beständig; **un'changed** *adj* unverändert; **un'chang·ing** *adj* unveränderlich
un·chain [ʌn'tʃeɪn] *vt* (Gefangenen) losketten, losbinden | die Sicherheitskette lösen von (etw.) ⟨to ~ the door⟩ | *übertr* befreien, erlösen
un·charged [ʌn'tʃɑ:dʒd] *adj bes Phys* ohne Ladung, ungeladen, ladungsfrei ⟨~ particle neutrales Teilchen⟩
un·char·i·ta·ble [ʌn'tʃærɪtəbl] *adj* unbarmherzig, lieblos, herzlos ⟨an ~ remark⟩
un·charm [ʌn'tʃɑ:m] *vt* entzaubern
un·chart·ed [ʌn'tʃɑ:tɪd] *adj lit* auf keiner Landkarte verzeichnet ⟨an ~ island⟩
un·char·tered [ʌn'tʃɑ:təd] *adj* unverbrieft, nicht privilegiert
un·chaste [ʌn'tʃeɪst] *adj* unzüchtig, unkeusch; **un·chas·ti·ty** [ʌn'tʃæstətɪ] *s* Unkeuschheit *f*
un·checked [ʌn'tʃekt] *adj* ungeprüft, unkontrolliert ⟨~ goods⟩ | ungehindert, ungehemmt ⟨an ~ flow; to spread ~⟩ | *übertr* ungezügelt, hemmungslos ⟨~ anger⟩
un·chopped [ʌn'tʃɒpt] *adj Phys* ununterbrochen ⟨~ beam ununterbrochener Strahl⟩
un·chris·tened [ʌn'krɪsnd] *adj* nicht getauft | namenlos
un·chris·tian [ʌn'krɪstʃən] *adj* unchristlich, heidnisch | *umg* unverschämt, verboten, barbarisch ⟨at this ~ hour zu dieser entsetzlich frühen Stunde⟩
un·ci|a ['ʌnʃɪə] *s* (*pl* **~ae** ['~i:]) *Hist* Unze *f*
un·ci·al ['ʌnʃɪəl] **1.** *s Typ* Unziale *f* | Handschrift *f* in Unzialen; **2.** *adj* Unzial-
un·cir·cum·cised [ʌn'sɜ:kəmˌsaɪzd] *Rel adj* unbeschnitten | *übertr* ungläubig
un·civ·il [ʌn'sɪvl] *adj* unzivilisiert, barbarisch | ungebildet | unpassend, nicht schicklich, unhöflich; **un·ci·vil·i·ty** [ˌʌnsə'vɪlətɪ] *s* Unhöflichkeit *f*; **un·civ·i·lized** [ʌn'sɪvḷaɪzd] *adj* unzivilisiert
un·clad [ʌn'klæd] *adj förml* unbekleidet, nackt
un·claimed [ʌn'kleɪmd] *adj* nicht beansprucht, nicht gefordert | nicht abgeholt ⟨an ~ letter ein unzustellbarer Brief⟩
un·clasp [ʌn'klɑ:sp] *vt* auf-, loshaken, -schnallen | aufmachen; *vi* sich lösen
un·cle ['ʌŋkl] *s* Onkel *m* | (Kindersprache) Onkel *m* | *verächtl* Onkel *m*, Freund *m* der alleinstehenden Mutter | *Sl* Pfandleiher *m* ◇ **to say/cry ~** *Am umg* aufgeben, sich geschlagen geben; ˌ**≁ 'Sam** *s umg* Onkel Sam *m*, Amerika *n*, die USA *pl*; ˌ**≁ 'Tom** *s verächtl* Onkel Tom *m*, serviler Neger; ˌ**≁-'Tom** (ˌ**≁-'Tommed,** ˌ**≁-'Tommed**) *vi* sich wie ein Onkel Tom aufführen, sich servil benehmen; ˌ**~ 'Tom·ish** *adj* typisch für servilen Neger, servil; ˌ**≁ 'Tom·ism** *s* serviles Verhalten eines Negers, Onkel-Tom-Manieren *f/pl*
un·clean [ʌn'kli:n] *adj* (moralisch) schmutzig, unrein, unsauber | unkeusch | *Rel* (Tier u. ä.) unrein, verboten ⟨~ food⟩ | schmutzig, ungepflegt, unsauber; heruntergekommen; **~ly** *adv* unsauber; **un·clean·ly** [ʌn'klenlɪ] *adj* unsauber, ungepflegt | *übertr* unrein, obszön, schmutzig
un·clear [ʌn'klɪə] *adj* unklar
un·clench [ʌn'klentʃ] *vt* gewaltsam öffnen | (Faust) öffnen; *vi* sich öffnen
un·clinch [ʌn'klɪntʃ] = **unclench**
un·cloak [ʌn'kləʊk] *vt* (jmdm.) den Mantel abnehmen ⟨to ~ o.s. den Mantel ausziehen⟩ | *übertr* enthüllen; *vi* den Mantel ausziehen
un·close [ʌn'kləʊz] *vt* öffnen | *übertr* eröffnen, enthüllen; *vi* sich öffnen
un·clothe [ʌn'kləʊð] *vt* entkleiden | *übertr* enthüllen, bloßlegen; **un'clothed** *adj* unbekleidet
un·cloud·ed [ʌn'klaʊdɪd] *adj* wolkenlos, unbewölkt | (Blick) klar ⟨~ sight⟩ | *übertr* ungetrübt, heiter ⟨~ happiness⟩
un·clutch [ʌn'klʌtʃ] *vt Tech* auslösen, entkuppeln
un·co ['ʌŋkəʊ] *Schott, dial* **1.** *adj* seltsam, ungewöhnlich ⟨an ~ sight⟩; **2.** *adv* höchst, sehr
un·cock [ʌn'kɒk] *vt* (Gewehr) entspannen
un·coil [ʌn'kɔɪl] *vi, vt* (sich) aufrollen, (sich) abspulen, (sich) abwickeln
un·col·lect·ed [ˌʌnkə'lektɪd] *adj* nicht gesammelt | *übertr* unkonzentriert
un·col·oured [ʌn'kʌləd] *adj* ungefärbt | *förml übertr* ungeschmückt ⟨an ~ description; ~ by his feelings nicht durch persönliche Gefühle beeinträchtigt⟩
un·combed [ʌn'kəʊmd] *adj* ungekämmt
un·come-at-a·ble [ˌʌnkʌm'ætəbl] *umg adj* unzugänglich | unerreichbar
un·come·ly [ʌn'kʌmlɪ] *adj* unansehnlich, ohne Reiz
un·com·fort·a·ble [ʌn'kʌmftəbl] *adj* unbequem ⟨an ~ chair⟩ | unangenehm, unerfreulich ⟨an ~ situation⟩ | verlegen, peinlich, fatal ⟨an ~ feeling; to feel ~⟩
un·com·mit·ted [ˌʌnkə'mɪtɪd] *adj* unabhängig, frei (**to** von)

⟨an ~ country; to remain ~⟩ | nicht verpflichtet (**to** zu)

un·com·mon [ʌn'kɒmən] **1.** *adj* ungewöhnlich, außergewöhnlich | selten; **2.** *adv arch* auffallend, ungewöhnlich, bemerkenswert ⟨an ~ intelligent boy⟩

un·com·pas·sion·ate [ˌʌnkəm'pæʃn̩ət] *adj* mitleidslos

un·com·plain·ing [ˌʌnkəm'pleɪnɪŋ] *adj* geduldig, zufrieden

un·com·plet·ed [ˌʌnkəm'pli:tɪd] *adj* unvollendet

un·com·ply·ing [ˌʌnkəm'plaɪɪŋ] *adj* eigensinnig, unnachgiebig

un·com·pre·hend·ing [ˌʌnkɒmprɪ'hendɪŋ] *adj* verständnislos

un·com·pro·mis·ing [ʌn'kɒmprəmaɪzɪŋ] *adj* nicht entgegenkommend, unnachgiebig, zu keinem Kompromiß bereit, kompromißlos ⟨~ opinions⟩ | entschieden, eindeutig, unerschütterlich ⟨an ~ member of the Tory party⟩

un·con·cealed [ˌʌnkən'si:ld] *adj* offen, unverhohlen

un·con|cern [ˌʌnkən'sɜ:n] *s* Gleichgültigkeit *f* ⟨with ≈ gleichgültig, unbeteiligt⟩; **ˌ~'cerned** *adj* nicht betroffen (**in** von), unbeteiligt (**in** an) | (Sache) nicht betreffend ⟨the report is ≈ with der Bericht geht nicht ein auf⟩ | uninteressiert (**with** an) | gleichgültig ⟨to look ≈⟩ | unbekümmert, sorglos (**about** über, wegen) ⟨to be ≈ about s.th. sich über etw. keine Gedanken machen; he was ≈ about it ihm war es egal⟩

un·con·cil·i·a·to·ry [ˌʌnkən'sɪlɪətr̩ɪ] *adj* unversöhnlich

un·con·di·tion·al [ˌʌnkən'dɪʃnl] *adj* bedingungslos ⟨~ surrender bedingungslose Kapitulation⟩ | absolut, vorbehaltlos ⟨~ promise⟩; **ˌun·con'di·tioned** *adj* unbedingt, unwillkürlich ⟨≈ reflex angeborener Reflex⟩

un·con·firmed [ˌʌnkən'fɜ:md] *adj* unbestätigt

un·con·gen·ial [ˌʌnkən'dʒi:nɪəl] *adj* nicht kongenial, nicht geistesverwandt | unsympathisch | nicht passend, nicht zusagend (**to** zu) ⟨an ~ task⟩ | ungeeignet, unpassend (**to** für) ⟨a soil ~ to many crops ein für viele Feldfrüchte ungeeigneter Boden⟩

un·con·nect·ed [ˌʌnkə'nektɪd] *adj* unverbunden, lose, unzusammenhängend | ungebunden

un·con·quer·a·ble [ʌn'kɒŋkərəbl] *adj* unbesiegbar | *übertr* unbezähmbar, unbezwingbar

un·con·scion·a·ble [ʌn'kɒnʃnəbl|-ʃn̩-] *förml adj* gewissen-, skrupellos ⟨an ~ villain⟩ | unverantwortlich | nicht zumutbar ⟨an ~ amount⟩ | übertrieben, -mäßig ⟨an ~ time eine ungebührlich lange Zeit⟩

un·con·scious [ʌn'kɒnʃəs] **1.** *adj* unbewußt, unwissentlich ⟨to be ~ of s.th. sich einer Sache nicht bewußt sein⟩ | unwillkürlich, unfreiwillig ⟨~ action⟩ | unabsichtlich, ungewollt ⟨an ~ bias ein ungewolltes Vorurteil⟩ | *Med* bewußtlos; **2.** *s* (*mit best art*) *Psych* (das) Unbewußte

un·con·sid·ered [ˌʌnkən'sɪdəd] *adj* unberücksichtigt, außer Betracht liegend | unüberlegt ⟨an ~ remark⟩

un·con·strained [ˌʌnkən'streɪnd] *adj* zwanglos, ungezwungen

un·con·struct·ed [ˌʌnkən'strʌktɪd] *adj* (Kleidung) ohne Drapierung, lose (am Körper) herabhängend, sehr leger

un·con·tem·plat·ed [ʌn'kɒntəmpleɪtɪd] *adj* unbeabsichtigt

un·con·test·ed [ˌʌnkən'testɪd] *adj* unbestritten, unbestreitbar

un·con|trol·la·ble [ˌʌnkən'trəʊləbl] *adj* unkontrollierbar | unbeherrscht, zügellos | *Tech* ungesteuert ⟨≈ motor Motor *m* ohne Drehzahlbeeinflussung *f*; **ˌ~'trolled** *adj* unkontrolliert, nicht unter Kontrolle ⟨an ≈ problem ein Problem, das nicht beherrscht wird⟩ | unbeherrscht, zügellos | *Tech* nicht gesteuert, ungesteuert

un·con·ven·tion·al [ˌʌnkən'venʃnl] *adj* unüblich, nicht üblich ⟨~ methods⟩ | zwanglos, unkonventionell ⟨~ behaviour⟩; **~i·ty** [ˌʌnkənˌvenʃn'ælətɪ] *s* Zwanglosigkeit *f*

un·con|vinced [ˌʌnkən'vɪnst] *adj* nicht *od* wenig überzeugt; **ˌ~'vinc·ing** *adj* nicht überzeugend

un·cooked [ʌn'kʊkt] *adj* ungekocht, roh

un·cool [ʌn'ku:l] *adj Sl* (Person, Verhalten) mies, primitiv, blöd(e)

un·cord [ʌn'kɔ:d] *vt* aufschnüren

un·cor·dial [ʌn'kɔ:dɪəl] *adj* unfreundlich

un·cork [ʌn'kɔ:k] *vt* (Flasche) entkorken | *übertr* platzen lassen, plötzlich preisgeben ⟨to ~ a surprise eine Überraschung auftischen⟩

un·cor·rect·a·ble [ˌʌnkə'rektəbl] *adj* irreparabel, nicht behebbar; **ˌun·cor'rect·a·bly** *adj* hoffnungslos

un·cor·rupt·ed [ˌʌnkə'rʌptɪd] *adj* unverdorben *auch übertr* ⟨~ values unumstößliche Werte *pl*⟩ | unbestechlich

un·cor·set·ted [ʌn'kɔ:sɪtɪd] *adj* ohne Korsett, kein Korsett tragend, nicht eingeschnürt | *übertr* ungehemmt, ohne Hemmungen

un·count·a·ble [ʌn'kaʊntəbl] *adj* unzählbar | unzählig, zahllos ⟨~ sums⟩; **un'count·ed** *adj* ungezählt | unzählig ⟨≈ millions of people⟩

un·cou·ple [ʌn'kʌpl] *vt* loslösen, trennen | (Hunde) aus der Koppel lassen | *Tech* aus-, entkuppeln, ausrücken, auslösen

un·cour·te·ous [ʌn'kɜ:tɪəs|~'kɔ:t-] *adj* unhöflich; **un·court·ly** [ʌn'kɔ:tlɪ] *adj* grob, unhöflich, ungeschliffen | unhöfisch, gegen den Hof gerichtet ⟨an ≈ faction⟩

un·couth [ʌn'ku:θ] *adj* linkisch, ungehobelt, ungeschliffen, ungelenk ⟨~ manners ungeschlachte Sitten *pl*⟩ | rauh, grob ⟨~ language unfeine Aussprache⟩ | *arch* eigenartig, sonderbar, -lich, wunderlich ⟨~ instruments⟩ | *selten* abgelegen, unerforscht ⟨an ~ forest⟩

un·cov·er [ʌn'kʌvə] *vt* freilegen, aufdecken (*auch übertr*) | *arch* (Hut) abnehmen | *Bergb* abräumen, abtragen, freilegen; *vi arch* den Hut abnehmen; **un'cov·ered** *adj* unbedeckt | unbekleidet | *Wirtsch, Mil* ungedeckt

un·creas·a·ble [ʌn'kri:səbl] *adj* knitterfrei

un·crit·i·cal [ʌn'krɪtɪkl] *adj* unkritisch, kritiklos ⟨to be ~ of s.o. jmdm. nicht kritisch gegenüberstehen⟩ | vorschnell, unüberlegt ⟨~ estimates unbewiesene Schätzungen⟩

un·cross [ʌn'krɒs] *vt* (gekreuzte Arme *od* Beine) auseinandernehmen; **un·crossed** [ʌn'krɒst] *adj* nicht gekreuzt | *Wirtsch* (Scheck) offen | *übertr* unbehindert

un·crowned [ʌn'kraʊnd] *adj* ungekrönt ⟨the ~ king (queen) of s.th. *übertr* der (die) ungekrönte König(in) von *od* in etw.⟩

unc|tion ['ʌŋkʃn] *s* Einreibung *f*, Salbung *f* | *Rel* Ölung *f* ⟨extreme ≈ letzte Ölung⟩ | *übertr* Inbrunst *f*, Wärme *f* | *übertr* Salbung *f*, Rührseligkeit *f* ⟨with ≈ salbungsvoll⟩; **~tu·os·i·ty** [ˌ~tjʊ'ɒsətɪ] *s* Öligkeit *f* | *übertr* Pathos *n*; **~tu·ous** ['~tjʊəs|~tʃʊəs] *adj* ölig, fettig, salbenartig | (Boden) fett ⟨≈ soil⟩ | *übertr* salbungsvoll, pathetisch ⟨≈ praise⟩

un·cul·ti·vat·ed [ʌn'kʌltɪveɪtɪd] *adj* unbebaut | unkultiviert (*auch übertr*) | *übertr* ungepflegt, vernachlässigt

un·cul·tured [ʌn'kʌltʃəd] *adj* unbebaut | *übertr* unkultiviert

un·curbed [ʌn'kɜ:bd] *adj* (Pferd) abgezäumt | *übertr* zügellos, unbändig

un·cured [ʌn'kjʊəd] *adj* (Fleisch) ungesalzen, ungepökelt | (Leder) ungegerbt | (Tabak) ungebeizt | nicht geheilt

un·cus·tom·ar·y [ʌn'kʌstəmərɪ|-mr̩ɪ] *adj* ungewöhnlich, nicht üblich

un·cus·tomed [ʌn'kʌstəmd] *adj* nicht verzollt ⟨~ goods⟩ | zollfrei

un·cut [ʌn'kʌt] *adj* nicht (an-, ab)geschnitten | nicht gemäht | (Stein) unbehauen | (Edelstein) ungeschliffen | (Film) ungeschnitten, in Rohfassung; ungekürzt, unzensiert | (Text) ungekürzt | (Buch) nicht aufgeschnitten

un·dat·ed [ʌn'deɪtɪd] *adj* undatiert

un·daunt·ed [ʌnˈdɔːntɪd] *adj* furchtlos, unerschrocken
un·de|cayed [ˌʌndɪˈkeɪd] *adj* unversehrt, unzerstört; ˌ**~ˈcay·ing** *adj* unvergänglich
un·de·ceive [ˌʌndɪˈsiːv] *vt förml* (jmdm.) die Augen öffnen, (jmdn.) von einem Irrtum befreien
un·de·cid·ed [ˌʌndɪˈsaɪdɪd] *adj* unentschlossen, unschlüssig ⟨to be ~ about s.th. sich nicht zu etw. entscheiden *od* entschließen können⟩ | (Spiel u. ä.) unentschieden, offen ⟨an ~ match⟩ | unbestimmt, unsicher | (Wetter) schwankend, unbeständig
un·de·clared [ˌʌndɪˈklɛəd] *adj* nicht erklärt ⟨~ war⟩ | *Wirtsch* nicht deklariert
un·de·fend·ed [ˌʌndɪˈfendɪd] *adj Mil* ungeschützt | *Jur* (Klage) unverteidigt, ohne Verteidigung
un·de·filed [ˌʌndɪˈfaɪld] *adj* makellos, rein
un·de|fin·a·ble [ˌʌndɪˈfaɪnəbl] *adj* undefinierbar, unbestimmbar; ˌ**~ˈfined** *adj* unbestimmt | unklar
un·dem·o·crat·ic [ˌʌndeməˈkrætɪk] *adj* undemokratisch
un·de·mon·stra·tive [ˌʌndɪˈmɒnstrətɪv] *adj* zurückhaltend, reserviert | verschlossen
un·de·ni·a·ble [ˌʌndɪˈnaɪəbl] *adj* unleugbar, unbestreitbar
un·de·nom·i·na·tion·al [ˌʌndɪˌnɒmɪˈneɪʃnl] *adj* nicht konfessionell gebunden, paritätisch, interkonfessionell ⟨~ school Gemeinschafts-, Simultanschule *f*⟩
un·de·pend·a·ble [ˌʌndɪˈpendəbl] *adj* unzuverlässig
un·de·praved [ˌʌndɪˈpreɪvd] *adj* unverdorben
un·der [ˈʌndə] **1.** *präp* unter, unterhalb ⟨~ the table; ~ the water; ~ one's coat unter jmds. Mantel; to come ~ the heading of *übertr* gehören zu⟩ | weniger als, unter ⟨~ age minderjährig; ~ ten unter zehn Jahren; to speak ~ one's breath flüstern⟩ | unter, während (der Zeit) ⟨England ~ the Stuarts⟩ | unter (der Autorität) ⟨~ the leader/leadership unter dem Führer *od* der Herrschaft; to be ~ orders den Befehl haben; ~ the rules nach den Vorschriften; everything ~ control *umg* es geht alles in Ordnung, es läuft alles⟩ | unter (Schutz, Zuhilfenahme von) ⟨~ arms unter Waffen, bewaffnet; ~ cover of unter dem Schutz von; ~ darkness unter dem Schutz der Dunkelheit; ~ sail unter Segel⟩ | *übertr* unter ⟨~ a heavy load unter einer schweren Last; ~ contract unter Vertrag; ~ discussion zur Diskussion (stehend); ~ oath unter Eid; ~ pain of death bei Todesstrafe; ~ repair in Reparatur; ~ the influence of unter Einfluß von; ~ a misapprehension der irrigen Meinung; ~ the (mistaken) impression unter der (falschen) Vorstellung; ~ the name of unter der Bezeichnung *od* dem Namen; ~ these circumstances unter diesen Umständen⟩; **2.** *adj* untere(r, -s), Unter-, tiefer ⟨the ~ layers⟩ | untergeordnet ⟨the ~ classes⟩; **3.** *adv* unter, darunter, unten ⟨as ~ wie unten (erwähnt); to go ~ untergehen; to keep ~ unterdrücken⟩
under- [ʌndə] *präf zur Bildung von adj, s, v mit der Bedeutung*: unter-, Unter- (*z. B.* ˌ**~ˈground** unterirdisch; ˈ**~world** Unterwelt *f*; ˌ**~ˈcool** unterkühlen)
un·der|act [ˌʌndərˈækt] *vt Theat* (Rolle) unterspielen, verhalten spielen | schlecht spielen; *vi* verhalten spielen | schlecht spielen; ˈ**~arm 1.** *adj* Unterarm-; **2.** *s euphem* Achselhöhle *f*; **~bel·ly** [ˈʌndəˌbelɪ] *s* Bauch *m* (*auch übertr*) ⟨the ≈ of a car⟩ | *übertr* empfindlichste Stelle, schwächster *od* ungeschützter Teil ⟨the ≈ of Europe⟩; ˌ**~ˈbid 1.** (**~bade** [ˌ~ˈbeɪd], **~bid·den** [ˌ~ˈbɪdn]) *vt* unterbieten; **2.** *s* Unterbieten *n*; ˌ**~ˈbred** *adj* ungebildet | gewöhnlich, vulgär | (Tier) nicht rasserein; ˈ**~brush** *s* Unterholz *n*, Gestrüpp *n*; **~buy** [ˌ~ˈbaɪ] (**~bought**, **~ bought** [ˌ~ˈbɔːt]) *vt* unter Preis kaufen ⟨to ≈ s.o. billiger kaufen als jmd.⟩; *vi* zu wenig (ein)kaufen; ˌ**~char·ac·ter·iˈza·tion** *s Lit, Mus* ungenügende Individualisierung; ˌ**~ˈchar·ac·ter·ize** *vt, Lit, Mus* (Charaktere, Tonsätze) ungenügend differenzieren; ˈ**~ˌcar·riage** *s Tech, Flugw* Fahr-, Untergestell *n*, Fahrwerk *n* | *Mil* Lafette *f*; ˈ**~cart** *s umg* = ˈ**~carriage**; ˌ**~ˈcast** (**~cast**, **~cast**) *vt Theat* (Schauspieler) eine Nebenrolle geben | (Film, Schauspiel) mit zweitrangigen Schauspielern besetzen; ˌ**~ˈcharge** *vt, vi* zu wenig berechnen, zu wenig verlangen (von) | *Tech* (Batterie u. ä.) nicht voll (auf)laden; ˈ**~charge** *s* zu geringe Berechnung | zu niedriger Preis; ˈ**~ˌclass** *s* sozial niedrigste Schicht; ˈ**~clothes** *s/pl, auch* ˈ**~clothing** *s* Unterwäsche *f*, -kleidung *f*; ˈ**~coat** *s Tech* Grundierung *f*; ˌ**~ˈcool** *vt Phys* unterkühlen; ˌ**~ˈcov·er** *adj* geheim, Geheim- ⟨≈ agent Spitzel *m*; ≈ payments heimliche Zahlungen *f/pl*⟩; ˈ**~croft** *s Arch* Gruft *f*; ˈ**~ˌcur·rent** *s* Unterströmung *f* | *übertr* verborgene Tendenz ⟨an ≈ of discontent eine unterschwellige Unzufriedenheit⟩; **~cut** [ˌ~ˈkʌt] (ˌ**~ˈcut**, ˌ**~ˈcut**) *vt* unten beschneiden | unterhöhlen | unter Preis verkaufen, unterbieten; *vi* unten ab-, beschneiden | Preise unterbieten; ˈ**~cut** *s* Unterhöhlung *f* | *Kochk* Filet-, Lendenstück *n* | (Boxen) Körperhaken *m*; ˌ**~deˈvel·op** *vi* sich (ökonomisch) rückentwickeln; *vt* ökonomisch rückentwickeln; ˌ**~deˈvel·oped** *adj* (*auch Foto*) unterentwickelt ⟨an ≈ child⟩; ˌ**~deˌvel·oped ˈcoun·try** *s, auch* ˌ**~deˌvel·oped ˈnation** *s Pol* Entwicklungsland *n*; ˈ**~dog** *s übertr* Benachteiligte(r) *f*(*m*), Unterdrückte(r) *f*(*m*) | zu kurz Gekommene(r) *f*(*m*), armer Teufel | Besiegte(r) *f*(*m*); ˌ**~ˈdog·ger** *s* jmd., der den Schwächeren unterstützt; ˌ**~ˈdone** *adj* halbgar, nicht durchgebraten, (Steak) noch roh; (Gebackenes) schliffig; ˈ**~dose** *s* zu geringe Dosis; ˌ**~ˈdose** *vt* (jmdm.) eine zu geringe Dosis geben | (etw.) zu gering dosieren; ˌ**~ˈdress** *vi* zu wenig anziehen, sich zu dünn anziehen | sich zu einfach anziehen; ˈ**~dress** *s* Unterkleidung *f*; **~es·ti·mate** [ˌ~ˈestɪmeɪt] *vt* unterschätzen, -bewerten, zu niedrig einschätzen; [ˌ~ˈestɪmɪt] = ˌ**~es·tiˈma·tion** *s* Unterschätzung *f*, -bewertung *f*; ˌ**~exˈpose** *vt Foto* unterbelichten; ˌ**~exˈpo·sure** *s Foto* Unterbelichtung *f*; ˌ**~ˈfed** *adj* unterernährt; ˈ**~ˌfeed·ing** *s* Unterernährung *f*; ˈ**~felt** *s* Filzunterlage *f*; ˈ**~floor** *s Arch* Decke *f*; ˌ**~ˈfloor-** *adj* in der Decke *od* im Fußboden befindlich ⟨≈ heating⟩; ˌ**~floor ˈen·gine** *s Tech* Unterflurmotor *m*; ˈ**~flow** *s* Unterströmung *f* (*auch übertr*); ˌ**~ˈfoot** *adv* unter den Füßen, am Boden, unten | in untergeordneter Stellung | *übertr* unter Kontrolle | *umg* im Wege, störend ⟨to get ≈ stören, im Wege sein⟩; ˈ**~frame** *s Tech* Untergestell *n*; ˌ**~ˈfund** *vt* ungenügend finanzieren, nicht genug Mittel bewilligen für; ˈ**~ˌgar·ment** *s* Unterkleid(ung) *n*(*f*) | *euphem* Unterhemd *n od* -hose *f*, Leibwäsche *f*; ˌ**~ˈglaze** *adj* Unterglasur-; **~go** [ˌ~ˈgəʊ] (**~went** [ˌ~ˈwent], **~gone** [ˌ~ˈgɒn]) *vt* durchmachen, ertragen ⟨to ≈ an operation sich einer Operation unterziehen⟩; ˌ**~ˈgrad·u·ate 1.** *adj* Studenten-; **2.** *s* Student(in) *m*(*f*); ˌ**~ˈground 1.** *adj* unterirdisch, unterhalb der Erdoberfläche | *Bergb* unter Tage ⟨≈ engineering Tiefbau *m*; ≈ passage unterirdischer Gang; ≈ water Grundwasser *n*⟩ | *übertr* Geheim- ⟨≈ movement (politische) Untergrundbewegung⟩ | *übertr* Underground-, illegal ⟨≈ press; ≈ writers⟩; **2.** *adv* unterirdisch, unter der Erde | *übertr* heimlich, im Verborgenen ⟨to go ≈ *Pol* in die Illegalität gehen⟩; **3.** *s* Underground *m*, Subkultur *f* | *bes Brit* Untergrundbahn *f* ⟨by the ≈ mit der Untergrundbahn⟩; ˈ**~growth** *s* Unterholz *n*, Gestrüpp *n*; ˌ**~ˈhand** *adj, adv übertr* heimtückisch, heimlich, verstohlen, hinterhältig ⟨≈ methods; to behave in an ≈ way⟩ | (Kricket) mit der Hand unter Schulterhöhe (ausgeführt) ⟨≈ service (Tennis) Tiefaufschlag *m*⟩; ˌ**~ˈhand·ed** *adj* heimtückisch, hinterhältig | *Wirtsch* unterbelegt; ˌ**~ˈhung** *adj Med* mit vorstehendem Unterkiefer, über den Oberkiefer vorstehend; ˈ**~jaw** *s* Unterkiefer *m*; ˈ**~kill** *s Mil* ungenügende *od* nicht ausreichende Vernichtungskraft (gegenüber dem Feind) (*Ant*

'overkill); '~lay *s* (Teppich u. ä.) Unterlage *f*; '~lease *s* Untermiete *f*; ,~les·'see *s* Untermieter *m*; ~lie [,~'laɪ] (~lay [~'leɪ], ~lain [,~'leɪn]) *vt* liegen unter | (einer Sache) unterworfen sein | *übertr* zugrunde liegen; ,~'line *vt* unterstreichen (*auch übertr*); '~line *s* Unterstreichung *f* | Bildunterschrift *f*; ~ling ['ʌndəlɪŋ] *s* Gehilfe *m*, Handlanger *m* | Kriecher *m*; '~lip *s* Unterlippe *f*; ,~'manned *adj* (Schiff u. ä.) unterbelegt | (Belegschaft) unterbesetzt; ,~'men·tioned *adj* unten erwähnt; ,~'mine *vt* unterhöhlen, -minieren | *übertr* schwächen, untergraben (by durch); '~most 1. *adj* unterste(r, -s); 2. *adv* zuunterst; ~neath [,ʌndə'ni:θ] 1. *adv* unten, darunter; 2. *präp* unter(halb); 3. *s umg* Unterseite *f* ⟨on the ≈⟩; ,~'nour·ish *vt* unterernähren; ,~'nour·ished *adj* unterernährt; ,~'nour·ish·ment *s* Unterernährung *f*; ,~'oc·cu·pied *adj* (Haus, Wohnung) unterbelegt | (Person) unterbeschäftigt; '~pants *s/pl* (Männer-) Unterhose(n) *f(pl)* ⟨a pair of ≈⟩; '~pass *s* (Straßen- *od* Fußgänger-) Unterführung *f*; ,~'pay (,~'paid, ,~'paid) *vt* unterbezahlen, schlecht bezahlen; ,~'pay·ment *s* Unterbezahlung *f*, schlechte Bezahlung; ,~'pin (,~'pinned, ,~'pinned) *vt Arch* unterbauen, -mauern; abstützen, ab-, unterfangen | *übertr* (unter)stützen, erhärten; '~,pin·ning *s Arch* Untermauerung *f* | *übertr* Unterstützung *f*; ,~'play *vt Kart* (Hand) nicht voll ausspielen (*auch übertr*) ⟨to ≈ one's hand seine Trümpfe nicht zeigen, seine Trümpfe nicht voll ausspielen⟩ | *übertr* herunterspielen, sich zurückhalten mit ⟨to ≈ the importance of s.th. so tun, als sei etw. nicht wichtig⟩ | *Theat* (Rolle) nicht voll verkörpern; '~plot *s Lit* Nebenhandlung *f*; ,~'pop·u·lat·ed *adj* unterbevölkert; ,~'po·wered *adj Tech* mit zu geringer Leistung; ,~'priv·i·leged *adj* sozial benachteiligt; ,~pro'duce *vt* weniger produzieren; '~pro,duc·tion *s* Unterproduktion *f*; ,~'proof *adj* (Alkohol) unter Normalstärke, -gehalt ⟨10 degrees ≈⟩; ,~'quote *vt Wirtsch* (jmdn.) unterbieten; ,~'rate *vt* unterbewerten, zu niedrig einschätzen, unterschätzen; ,~re'act *vi* nicht richtig *od* zu schwach reagieren; ,~'score *vt* (Wort) unterstreichen; ,~'sea *adj* Unterwasser-; ,~'sec·re·tar·y *s Brit Pol* (Unter-) Staatssekretär *m* ⟨parliamentary ≈ parlamentarischer Staatssekretär; permanent ≈ ständiger Unterstaatssekretär⟩; ,~'sell (,~'sold, ,~'sold) *vt* unterbieten | (Waren) verschleudern; ,~'sexed *adj* sexuell unterentwikkelt, sexuell inaktiv; '~,sher·iff *s Am* Vertreter *m* eines Sheriffs; '~shirt *s* Unterhemd *n*; ,~'shoot (~'shot, ~'shot) *vt Flugw* (Rollbahn) verfehlen; '~shoot *s* Landen *n* vor der Rollbahn; '~shot *adj* (Wasserrad) unterschlächtig ⟨≈ wheel⟩; '~side *s* Unterseite *f*; ~'sign *vt* unterschreiben, -zeichnen; ,~'signed 1. *adj* unterzeichnet; 2. *s* (*mit best art*) (der, die) Unterzeichnete; ,~'size[d] *adj* unter der normalen Größe | im Wachstum zurückgeblieben; '~skirt *s* Unterrock *m*; ,~'slung *adj Tech* Hänge- ⟨≈ crankshaft hängende Kurbelwelle⟩; ,~'staffed *adj* unterbesetzt

un·der|stand [,ʌndə'stænd] (~stood, ~stood [,~'stud]) *vt* verstehen, begreifen ⟨to make o.s. ~stood sich verständlich machen; to ≈ a problem; to ≈ each other/one another sich verstehen; *übertr* sich (gegenseitig) einig sein; to make o.s. ~stood sich deutlich ausdrücken⟩ | auffassen ⟨am I to ≈ that soll das heißen, daß⟩ | einsehen, verstehen ⟨that is ~stood das versteht sich; to give s.o. to ≈ jmdm. zu verstehen geben⟩ | *oft förml* hören, erfahren ⟨I ≈ that ich hörte, daß⟩ | sich verstehen auf, Verständnis aufbringen für ⟨she ≈s children sie kann mit Kindern umgehen⟩ | (*meist pass*) einbeziehen, (stillschweigend) voraussetzen ⟨this missing word is ~stood⟩; *vi* verstehen, begreifen, fassen | verstehen (by unter), meinen (by mit); ~stand·a·bil·i·ty [,~stændə'bɪlətɪ] *s* Begreifbarkeit *f*; ,~'stand·a·ble *adj* verständlich, begreifbar; ,~'stand·ing 1. *s* Verstand *m*, Intelligenz *f* ⟨a child's ≈⟩ | Verständnis *n*, Einsicht *f* ⟨according to my ≈ nach meinem Verständnis⟩ (*oft mit indef art*) Übereinkommen *n*, Abmachung *f*, Vereinbarung *f* ⟨to come to an ≈ with s.o. sich mit jmdm. verständigen, mit jmdm. zu einer Verständigung kommen⟩ | Voraussetzung *f* ⟨on the ≈ that unter der Bedingung, daß; on this ≈ unter dieser Voraussetzung⟩; 2. *adj* intelligent | verständnis-, einsichtsvoll, tolerant

un·der|state [,ʌndə'steɪt] *vt* zu gering angeben | untertreiben, abgeschwächt darstellen, zurückhaltend ausdrücken ⟨an ~stated speech eine maßvolle Rede⟩; ,~'state·ment *s* zu geringe Angabe | Untertreibung *f*, Understatement *n* ⟨the ≈ of the year der Witz des Jahres⟩; ,~'stock *vt* unzureichend versorgen; '~stock *s Gartenb* Wildling *m*; '~,strap·per *s* Untergebener *m* | Kriecher *m*; '~,stud·y *Theat* 1. *vt* (Rolle) als Ersatzschauspieler einstudieren | einspringen für; 2. *s* Ersatzschauspieler(in) *m(f)*

un·der·take [,ʌndə'teɪk] (~took [~'tuk], ~tak·en [,~teɪkən]) *vt* übernehmen ⟨to ~ a job⟩ | eingehen, übernehmen ⟨to ~ the responsibility; to ~ a risk⟩ | (Reise u. ä.) unternehmen | sich verbürgen, garantieren (that daß) ⟨to ~ to do s.th. sich erbieten, etw. zu tun⟩; *vi umg* Leichenbestatter sein; '~,tak·er *s* Leichenbestatter *m* | Unternehmer *m*; ,~'tak·ing *s* (*meist sg*) Unternehmung *f* ⟨a large ≈ ein großes Vorhaben⟩ | Übernahme *f* | Unternehmen *n* ⟨industrial ≈ Industriebetrieb *m*⟩ | Bürgschaft *f*, Garantie *f* | Zusicherung *f* ⟨on the ≈ that mit der Zusicherung, daß; to give s.o. an ≈ to do s.th. jmdm. zusagen, etw. zu tun⟩

un·der|tax [,ʌndə'tæks] *vt* zu niedrig besteuern | *übertr* unterschätzen; ,~-the-'count·er *adj, adv umg* unter dem Ladentisch ⟨≈ sales; to buy s.th. ≈⟩; '~tone *s* gedämpfte Stimme ⟨to talk in ≈s gedämpft sprechen⟩ | gedämpfte Farbe, Farbhintergrund *m* | *übertr* Unterton *m* ⟨an ≈ of sadness ein trauriger Unterton⟩; '~tow *s* Sog *m* | *übertr* Unterströmung *f*; '~val·u,a·tion *s* Unterbewertung *f*, -schätzung *f*; ,~'val·ue *vt* unterbewerten, -schätzen; '~vest *s* Unterhemd *n*; ,~'wa·ter 1. *adj* Unterwasser- ⟨≈ camera; ≈ swimming⟩; 2. *adv* unter Wasser ⟨to swim ≈⟩; '~wear *s* Unterkleidung *f*; '~weight *s* Untergewicht *n*; ,~'weight *adj* untergewichtig ⟨to be ≈ zu wenig wiegen, Untergewicht haben⟩; ,~'went *prät von* ↑ ,~'go; '~wood *s* Unterholz *n*, Gestrüpp *n*; '~world *s* Unter-, Verbrecherwelt *f* | *Myth* Hades *m*

un·der·write [,ʌndə'raɪt] (~wrote [,~'rəut], ~writ·ten [,~'rɪtn]) *vt* darunterschreiben | (Versicherungspolice) unterschreiben, (Versicherung) übernehmen | (*bes Schiff*) versichern | *Wirtsch* (Verluste) tragen, die Haftung übernehmen für | *Wirtsch* (Effekten) zeichnen, garantieren, bürgen für | *übertr* (etw.) versichern, einstehen für; *vi* unterschreiben | *Wirtsch* Versicherungsgeschäfte betreiben; '~,writ·er *s Wirtsch* Versicherer *m* | *Brit* (*bes* Schiffs-) Versicherungsgesellschaft *f* | *Am* Versicherungsagent *m*; '~,writ·ing *s* (*bes* Schiffs-) Versicherungsgeschäft *n* | *Wirtsch* Emissionsgarantie *f* | *Wirtsch* Garant *m* einer Anleihe-, Aktienemission

un·de·scrib·a·ble [,ʌndɪ'skraɪbəbl] *adj* unbeschreiblich

un·de·served [,ʌndɪ'zɜ:vd] *adj* unverdient

un·de·signed [,ʌndɪ'zaɪnd] *adj* unbeabsichtigt

un·de|sir·a·ble [,ʌndɪ'zaɪərəbl] 1. *adj* unerwünscht, lästig ⟨≈ alien unerwünschter Ausländer, unerwünschte Ausländerin; it is ≈ that es wäre (höchst) unerwünscht, wenn⟩; 2. *s* Unerwünschte *m, f, n*; unerwünschtes Element; ,~'sired *adj* unerwünscht | unverlangt, nicht bestellt

un·de·tect·ed [,ʌndɪ'tektɪd] *adj* unbemerkt

un·de·ter·mined [,ʌndɪ'tɜ:mɪnd] *adj* unentschieden | unbestimmt | unentschlossen, schwankend

un·de·terred [ˌʌndɪ'tɜ:d] *adj* nicht entmutigt (**by** durch)
un·de·vel·oped [ˌʌndɪ'veləpt] *adj* unentwickelt ⟨~ areas⟩
un·de·vi·at·ing [ʌn'di:vɪeɪtɪŋ] *adj* nicht abweichend | direkt | unbeirrbar, beständig ⟨~ kindness ständige Freundlichkeit⟩
un·did [ʌn'dɪd] *prät* von ↑ **un'do**
un·dies ['ʌndɪz|-di:z] *s/pl umg* (Damen-) Unterwäsche *f*
un·di·gest·ed [ˌʌndaɪ'dʒestɪd] *adj* unverdaut | *übertr* unverstanden, nicht verarbeitet
un·dig·ni·fied [ʌn'dɪgnɪfaɪd] *adj* unwürdig, würdelos ⟨in an ~ manner⟩ | nicht ausgezeichnet *od* gelehrt (**by** durch)
un·di·lut·ed [ˌʌndaɪ'lju:tɪd] *adj* unverdünnt
un·di·min·ished [ˌʌndɪ'mɪnɪʃt] *adj* unvermindert
un·dine ['ʌndi:n] *s Myth* Undine *f*, Nixe *f*
un·dip·lo·mat·ic [ˌʌndɪplə'mætɪk] *adj* undiplomatisch
un·di·rect·ed [ˌʌndɪ'rektɪd|-daɪ-] *adj* planlos, ziellos, unsystematisch ⟨~ efforts⟩
un·dis|cerned [ˌʌndɪ'sɜ:nd] *adj* unbemerkt, nicht erkannt | nicht unterschieden; ˌ**~'cern·ing** *adj* nicht unterscheidend | einsichtslos, dumm
un·dis·charged [ˌʌndɪs'tʃɑ:dʒd] *adj* unerledigt | *Wirtsch* (Schuld) nicht beglichen; (Konto) nicht ausgeglichen, (Schuldner) (noch) nicht entlastet ⟨an ~ bankrupt⟩ | (Geschoß) nicht abgefeuert | (Schiff) nicht entladen
un·dis·ci·plined [ʌn'dɪsəplɪnd] *adj* undiszipliniert ⟨~ behaviour⟩ | ungeübt ⟨~ talent⟩
un·dis·cov·er·a·ble [ˌʌndɪ'skʌvərəbl] *adj* unauffindbar; ˌ**un·dis'cov·ered** *adj* nicht aufgedeckt, unaufgeklärt | ungesehen
un·dis·crim·i·nat·ing [ˌʌndɪ'skrɪmɪneɪtɪŋ] *adj* unterschiedslos | unkritisch ⟨~ generalization⟩
un·dis·guised [ˌʌndɪs'gaɪzd] *adj* unverhüllt | *übertr* offen, unverhohlen ⟨~ admiration⟩
un·dis·put·ed [ˌʌndɪ'spju:tɪd] *adj* unbestritten
un·dis·solved [ˌʌndɪ'zɒlvd] *adj* unaufgelöst
un·dis·tin·guish·a·ble [ˌʌndɪ'stɪŋgwɪʃəbl] *adj* nicht erkennbar | nicht unterscheidbar (**from** von) | untrennbar; ˌ**un·dis'tin·guished** *adj* nicht zu erkennend, undeutlich | unbekannt, obskur, nicht heraus-, hervorragend ⟨an ≈ writer ein unbekannter Schriftsteller; an ≈ performance eine wenig bemerkenswerte Vorstellung⟩ | nicht getrennt *od* unterschieden (**from** von); ˌ**un·dis'tin·guish·ing** *adj* unterschieds-, wahllos
un·dis·turbed [ˌʌndɪ'stɜ:bd] *adj* ungestört
un·di·vorced [ˌʌndɪ'vɔ:st] *adj* nicht geschieden
un·do [ʌn'du:] (**un·did** [ʌn'dɪd], **un·done** [ʌn'dʌn]) *vt* (Knoten, Knopf u. ä.) öffnen, aufmachen, -binden ⟨to ~ a parcel; to come undone aufgehen⟩; auftrennen | (Rätsel) lösen | zunichte machen, rückgängig machen ⟨to ~ s.o.'s hopes; what is done cannot be undone was geschehen ist, ist geschehen⟩ | *arch* (*meist pass*) ruinieren, zerstören ⟨alas, I am undone!⟩
un·dock [ʌn'dɒk] *vt Mar* (Schiff) entdocken | (Raumschiff) abkoppeln; *vi* sich abkoppeln (Raumschiff)
un·do·ing [ʌn'du:ɪŋ] *s* Öffnen *n*, Aufmachen *n* | Lösen *n* | Rückgängigmachen *n* | (*mit poss pron*) Ruin *m*, Untergang *m*, Verderben *n* ⟨that was my ~ das hat mich ruiniert, das war mein Verderben⟩
un·do·mes·ti·cat·ed [ˌʌndə'mestɪkeɪtɪd] *adj* (Tier) ungezähmt | (Person) nicht häuslich
un·done [ˌʌn'dʌn] **1.** *part perf* von ↑ **undo**; **2.** *adj* ungetan, unvollendet, unerledigt ⟨~ work; to leave s.th. ~ etw. liegen *od* unausgeführt lassen⟩ | *arch* ruiniert | (*präd*) geöffnet, offen, auf ⟨one button is ~; there's a button ~; to come ~ aufgehen, sich öffnen; you've got a button ~ bei dir ist ein Knopf auf⟩
un·doubt·ed [ʌn'daʊtɪd] *adj* unbestritten, unzweifelhaft, sicher ⟨an ~ masterpiece ein eindeutiges Meisterwerk⟩
UNDP [ju:endi:'pi:] *s Abk* von **United Nations Development Program** Entwicklungsprogramm der Vereinten Nationen
un·draped [ʌn'dreɪpt] *adj* nicht drapiert | *förml* unbekleidet, nackt
un·dreamed[-of] [ʌn'dri:md əv|-ɒv] *auch* **un·dreamt[-of]** [ʌn'dremt əv|-ɒv] *adj* ungeahnt, unerwartet, unerhört ⟨~ happiness; s.th. ~ of a few years ago etw., wovon man vor ein paar Jahren noch nicht geträumt hat⟩
un·dress [ʌn'dres] **1.** *vt, vi* (sich) ausziehen *od* entkleiden; **2.** *s förml* Unbekleidetsein *n*, Nacktheit *f* ⟨in a state of ~ in unbekleidetem Zustand⟩ | *auch* ˌ**~ 'un·i·form** *Mil* Interimsuniform *f* | Alltags-, Hauskleidung *f* | Morgenrock *m*, Negligé *n*; **3.** *adj* Alltags-, Haus- ⟨~ blues blaue Alltagshosen *pl*⟩ | zwanglos, gewöhnlich, einfach ⟨an ~ style⟩; **un·'dressed** *adj* unbekleidet ⟨to get ≈ sich ausziehen⟩ | (Leder) ungegerbt | *Kochk* (Geflügel) unzubereitet, (noch) nicht tafelfertig, (Salat) nicht angemacht | (Wunde) unverbunden
un·due [ʌn'dju:] *adj* unpassend, unschicklich, unangemessen ⟨~ behaviour⟩ | übermäßig ⟨with ~ haste⟩ | *arch Jur* ungesetzlich, unzulässig | *Wirtsch* (Schuld u. ä.) noch nicht fällig ⟨an ~ debt⟩
un·du|late ['ʌndjʊleɪt] *vi* wallen, wogen, sich wellenförmig bewegen; ['~lət|'~leɪt] *adj* = **~lat·ed** ['~leɪtɪd] wellig, gewellt, wellenförmig; '**~lat·ing** *adj* wellig, gewellt ⟨≈ land leicht gewelltes Land⟩ | wallend, wogend ⟨≈ water⟩ | *Mus* an- und abschwellend, lauter und leise werdend; ˌ**~'la·tion** *s* Wallen *n*, Wogen *n* | Wellenbewegung *f* | *Phys* Schwingungswelle *f* | *Geogr* Undulation *f* | *Mus* Tremolo *n*; **~la·to·ry** ['~lətərɪ] *adj* wellenförmig, Wellen- ⟨≈ theory *Phys* Wellentheorie *f*⟩
un·du·ly [ʌn'dju:lɪ] *adv* übermäßig ⟨not ~ worried, *auch* not worried ~ nicht sehr besorgt⟩
un·dy·ing [ʌn'daɪɪŋ] *adj* unvergänglich, unsterblich ⟨~ love; ~ fame⟩ | unendlich ⟨~ hatred⟩
un·earned [ʌn'ɜ:nd] *adj* nicht verdient, unverdient, nicht erarbeitet ⟨~ income Kapitaleinkommen *n*; ~ increment Wertzuwachs *m*; ~ praise nicht verdientes Lob⟩
un·earth [ʌn'ɜ:θ] *vt* ausgraben ⟨to ~ a buried treasure⟩ | exhumieren | *übertr* ausfindig machen, ans Tageslicht bringen ⟨to ~ a secret⟩
un·earth·ly [ʌn'ɜ:θlɪ] *adj* überirdisch, -natürlich ⟨an ~ brightness eine übernatürliche Helligkeit; an ~ presence die Anwesenheit eines übernatürlichen Wesens⟩ | schauerlich, geisterhaft, unheimlich ⟨~ screams⟩ | *umg* (Zeit) unmöglich, höchst unpassend, abwegig ⟨at an ~ hour zu einer unmöglichen Zeit⟩
un·ease [ʌn'i:z] *s lit* Unbehagen *n*, Beklommenheit *f*
un·easy [ʌn'i:zɪ] *adj* unbehaglich, unbequem, ungemütlich; beunruhigend ⟨an ~ suspicion; an ~ feeling ein unangenehmes Gefühl⟩ | unruhig, ruhelos ⟨to pass an ~ night schlecht schlafen⟩ | (Wasser u. ä.) bewegt, aufgewühlt ⟨~ waters⟩ | besorgt, ängstlich, beklommen, unruhig ⟨~ at the threat besorgt über die Drohung; to feel ~ about s.th. über etw. beunruhigt sein; to grow ~ at s.th. wegen etw. unruhig werden; to have an ~ conscience ein schlechtes Gewissen haben⟩ | verlegen, ungeschickt, steif ⟨an ~ laugh; an ~ silence⟩ | unsicher, instabil, ungefestigt ⟨an ~ peace⟩
un·eat·a·ble [ʌn'i:təbl] *adj* nicht eßbar, ungenießbar; **un'eat·en** *adj* (Mahl) ungegessen, unverzehrt
un·e·co·nom·ic [ˌʌni:kə'nɒmɪk], ˌ**un·e·co'nom·i·cal** *adj* unökonomisch, unrentabel, unwirtschaftlich | verschwende-

un·ed·u·cat·ed [ʌn'edʒʊkeɪtɪd|-'edjuk-] *adj* ungebildet ⟨~ speech⟩ | schlecht erzogen
un·e·mo·tion·al [ˌʌnɪ'məʊʃnəl] *adj* leidenschaftslos, nüchtern (und sachlich), unbeteiligt; kühl
un·em|ploy·a·ble [ˌʌnɪm'plɔɪəbl] *adj* nicht brauchbar | arbeitsunfähig, nicht arbeitsfähig; ˌ~'**ployed** *adj* ungenutzt ⟨≈ time; ≈ tools⟩ | arbeitslos, unbeschäftigt ⟨≈ workers; the ≈ die Arbeitslosen⟩ | *Wirtsch* nicht investiert ⟨≈ capital totes Kapital⟩; ˌ~'**ploy·ment** *s* Arbeitslosigkeit *f* ⟨≈ benefit, ≈ pay, ≈ relief Arbeitslosenunterstützung *f*⟩
un·en·cum·bered [ˌʌnɪn'kʌmbəd] *adj* unbeschwert, frei ⟨an ~ life⟩ | *Jur* unbelastet | unabhängig ⟨~ woman Frau *f* ohne Anhang⟩
un·end·ing [ʌn'endɪŋ] *adj* unaufhörlich, ständig ⟨~ progress⟩ | wiederholt, dauernd, endlos ⟨~ struggle⟩ | ewig, unsterblich ⟨~ love⟩ | *umg* ausgemacht, alles überbietend ⟨the most ~ ass der größte Esel, den es gibt⟩
un·en·dur·a·ble [ˌʌnɪn'djʊərəbl] *adj* unerträglich
un·en·gaged [ˌʌnɪn'geɪdʒd] *adj* unbeschäftigt | nicht gebunden, frei | nicht verlobt
un·Eng·lish [ʌn'ɪŋglɪʃ] *adj* unenglisch ⟨~ customs⟩
un·en·light·ened [ˌʌnɪn'laɪtnd] *adj* nicht informiert, nicht unterrichtet (**about** über) | *übertr* unwissend, ignorant ⟨lamentably ~ beklagenswert beschränkt⟩ | *übertr* in Vorurteilen befangen, abergläubisch, unaufgeklärt ⟨~ men⟩
un·en·ter·pris·ing [ʌn'entəpraɪzɪŋ] *adj* nicht unternehmend | nicht unternehmungslustig, hausbacken
un·en·vi·able [ʌn'envɪəbl] *adj* nicht zu beneiden(d), wenig beneidenswert ⟨an ~ job⟩
UNEP ['ju:nep] *s* UNEP *n*, *Abk* von **United Nations Environment Program** Umweltschutzprogramm der Vereinten Nationen
un·e·qual [ʌn'i:kwl] *adj* ungleich (**in, of** in, hinsichtlich) ⟨~ in size ungleich groß⟩ | ungleichmäßig, -förmig ⟨~ speech⟩ | unausgeglichen, -wogen ⟨of ~ merit wenig solide⟩ | uneben ⟨~ surface⟩ | ungerecht, ungleich verteilt ⟨~ chances⟩ | *übertr* nicht gewachsen (**to s.th.** einer Sache); **un'e·qualled** *adj* unerreicht, unübertroffen (**by** von; **for** in, an) ⟨≈ for beauty von unübertroffener Schönheit⟩ | unvergleichlich, beispiellos ⟨≈ courage⟩
un·e·quiv·o·cal [ˌʌnɪ'kwɪvəkl] *adj* unmißverständlich, klar
un·err·ing [ʌn'ɜ:rɪŋ] *adj* unfehlbar, untrüglich ⟨~ taste sicherer Geschmack; with ~ judgement mit einem untrüglichen Sinn⟩ | unbeirrbar, nicht abzubringen(d) ⟨the ~ power of redistribution die ausgleichende Gerechtigkeit, der keiner entgeht⟩
un·es·cap·a·ble [ˌʌnɪ'skeɪpəbl|-ə's-] *adj* unentrinnbar
UNESCO [jʊ'neskəʊ] *s* UNESCO *f* (*Abk* von **United Nations Educational, Scientific, and Cultural Organization**)
un·es·sen·tial [ˌʌnɪ'senʃl|-ə's-] *adj* unwesentlich, unwichtig
un·e·ven [ʌn'i:vn] *adj* uneben | ungleich lang *od* groß | unregelmäßig ⟨at an ~ rate ungleichmäßig schnell⟩ | (Zahl) ungerade | *oft euphem* (Leistung u. ä.) unausgeglichen, Schwankungen unterworfen ⟨his work was ~ seine Leistungen waren nicht beständig⟩ | *übertr* (Charakter u. ä.) unausgeglichen ⟨of an ~ temper Stimmungen unterworfen⟩; ˌ~ '**bars** *s* (Frauenturnen) Stufenbarren *m*
un·e·vent·ful [ˌʌnɪ'ventfl|-ə'v-] *adj* ereignislos, ruhig ⟨an ~ life⟩ | normal, ohne Zwischenfälle ⟨an ~ landing⟩ | nicht (besonders) bemerkenswert, alltäglich, gewöhnlich
un·ex·am·pled [ˌʌnɪg'zɑ:mpld] *adj förml* unvergleichlich, beispiellos ⟨~ bravery beispiellose Tapferkeit⟩
un·ex·cep·tion·a·ble [ˌʌnɪk'sepʃn̩əbl] *adj* einwandfrei, ordentlich ⟨~ behaviour⟩
un·ex·pect·ed [ˌʌnɪk'spektɪd] *adj* unerwartet, plötzlich ⟨an ~ guest⟩
un·ex·pe·ri·enced [ˌʌnɪk'spɪərɪənst] *adj* unerfahren
un·ex·plored [ˌʌnɪk'splɔ:d] *adj* unerforscht
un·ex|pressed [ˌʌnɪk'sprest] *adj* nicht zum Ausdruck gebracht, nicht in Worten ausgedrückt ⟨≈ emotions; ≈ wish ungeäußerter Wunsch⟩ | stillschweigend vorausgesetzt, unausgesprochen ⟨the ≈ terms of the agreement⟩; ˌ~'**pres·sive** *adj* ausdruckslos
un·fad·ing [ʌn'feɪdɪŋ] *adj* (licht-) echt | nicht verbleichend | *übertr* unvergänglich, nicht verblassend ⟨an ~ honour⟩
un·fail·ing [ʌn'feɪlɪŋ] *adj* unerschöpflich ⟨~ patience⟩ | unfehlbar ⟨an ~ test⟩ | treu ⟨an ~ friend⟩
un·fair [ʌn'fɛə] *adj* unfair, unbillig, ungerecht ⟨~ treatment⟩ | unsportlich, unfair (**to** gegenüber) ⟨an ~ advantage unrechtmäßig erlangter Vorteil⟩ | *bes Wirtsch* rücksichtslos, unlauter ⟨an ~ competition⟩
un·faith [ʌn'feɪθ] *s bes Rel* Unglaube *m*; **un'faith·ful** *adj* treulos, untreu ⟨an ≈ husband⟩ | pflichtvergessen ⟨an ≈ servant; to be ≈ to one's work seine Arbeit nicht ordentlich machen⟩ | nicht getreu, ungenau, verfälschend ⟨an ≈ translation⟩
un·fal·ter·ing [ʌn'fɔ:ltərɪŋ] *adj* nicht zögernd *od* stockend, flüssig, glatt ⟨an ~ speech ein Vortrag ohne Stocken⟩ | fest ⟨with ~ steps festen Schrittes⟩ | *übertr* fest, entschlossen ⟨with ~ courage festen Mutes⟩
un·fa·mil·iar [ˌʌnfə'mɪlɪə] *adj* unbekannt (**to s.o.** jmdm.) | nicht vertraut (**with** mit) | ungewohnt (**to** für); **~i·ty** [ˌʌnfəˌmɪlɪ'ærətɪ] *s* Nichtvertrautsein *n*
un·fash·ion·a·ble [ʌn'fæʃnəbl] *adj* altmodisch, unmodern ⟨an ~ dress⟩ | nicht elegant, wenig gefragt, unbeliebt ⟨an ~ area⟩
un·fas·ten [ʌn'fɑ:sn] *vt* öffnen, aufmachen, aufbinden; *vi* sich lösen, aufgehen
un·fa·thered [ʌn'fɑ:ðəd] *adj* vaterlos, ohne Vater | *übertr* von unbekannter Herkunft ⟨~ slanders Verleumdungen *pl* aus unbekannter Quelle⟩; **un·fa·ther·ly** [ʌn'fɑ:ðəlɪ] *adj* unväterlich, lieblos
un·fath·om·a·ble [ʌn'fæðəməbl|-ðm̩-] *adj* unergründlich ⟨~ depth⟩ | unermeßlich ⟨~ seas; ~ darkness⟩ | unerklärlich, unfaßbar ⟨an ~ mystery⟩; **un·fath·omed** [-'fæðmd] *adj* nicht aufgeklärt ⟨an ≈ crime⟩ | unergründlich ⟨an ≈ character⟩ | unermeßlich ⟨the ≈ might of man⟩
un·fa·vour·a·ble [ʌn'feɪvr̩əbl] *adj* ungünstig, unvorteilhaft (**for, to** für) ⟨an ~ report⟩ | widrig ⟨~ weather⟩
un·fea·si·ble [ʌn'fi:zəbl] *adj* nicht durchführbar ⟨~ reforms⟩
un·feath·ered [ʌn'feðəd] *adj* ungefiedert
un·feel·ing [ʌn'fi:lɪŋ] *adj* gefühllos, hart ⟨an ~ wretch ein rücksichtsloser Schuft⟩ | unempfindlich, ohne Gefühl, stumpf ⟨an ~ corpse ein Leichnam, der nichts mehr fühlt; ~ objects tote Gegenstände⟩
un·feigned [ʌn'feɪnd] *adj* unverstellt ⟨with ~ curiosity⟩ | ehrlich, aufrichtig ⟨an ~ interest⟩
un·fer·tile [ʌn'fɜ:taɪl] *adj* unfruchtbar
un·fet·tered [ʌn'fetəd] *adj* frei, nicht angebunden | *übertr* ungehemmt, unbehindert, unbeschränkt ⟨an ~ life⟩
un·fig·ured [ʌn'fɪgəd] *adj* ungemustert, ohne Figuren ⟨an ~ pattern⟩ | nicht numeriert | *übertr* (Sprache) nicht *od* wenig bildhaft, wenig bilderreich ⟨~ style⟩
un·fin·ished [ʌn'fɪnɪʃt] *adj* unvollendet, unfertig ⟨~ work⟩ | unerledigt (*auch Parl*) ⟨~ business unerledigte Punkte *m/pl* od. Angelegenheiten⟩ | *übertr* nicht ausgereift, nicht ausgefeilt
un·fit [ʌn'fɪt] **1.** *adj* ungeeignet, untauglich (**for** für) | unfähig (**for** zu, **to** *mit inf* zu *mit inf*); **2.** (**un'fit·ted, un'fit·ted**) *vt* unfähig machen, untauglich machen (**for** für); **un'fitted**

adj ungeeignet, untauglich (**for** für) | nicht ausgerüstet (**with** mit); **un'fit·ting** *adj* ungeeignet, unpassend | unschicklich, unanständig

un·fix [ʌn'fɪks] *vt* (etw.) lösen, losmachen | *übertr* ins Wanken bringen, unsicher machen ⟨to ~ the mind den Verstand erschüttern *od* durcheinanderbringen⟩ | *Chem* löslich machen; **un'fixed** *adj* lose, unbefestigt ⟨it came ≈ es hat sich (los)gelöst⟩ | nicht festgelegt *od* fixiert ⟨an ≈ date⟩ | *übertr* unsicher, schwankend ⟨≈ notions keine festen Vorstellungen⟩

un·flag·ging [ʌn'flægɪŋ] *adj* unermüdlich, nicht erschlaffend ⟨~ energy⟩

un·flap·pa|bil·i·ty [ˌʌnflæpə'bɪlɪtɪ] *s* Unerschütterlichkeit *f*, Ruhe *f*; Selbstkontrolle *f*; **~ble** [ʌn'flæpəbl] *umg* unerschütterlich, nicht aus der Ruhe zu bringen, nicht umzuwerfen ⟨to be ≈ die Ruhe selbst sein⟩

un·fledged [ʌn'fledʒd] *adj* noch nicht flügge | *übertr* unreif, unentwickelt ⟨~ judgment⟩

un·flinch·ing [ʌn'flɪntʃɪŋ] *adj* nicht zurückschreckend, fest, standhaft ⟨~ expression; ~ eyes; he was ~ er ließ sich nicht abbringen⟩ | unentwegt, unermüdlich ⟨~ courage; ~ determination⟩

un·fold [ʌn'fəʊld] *vt* ausbreiten, entfalten ⟨to ~ a newspaper eine Zeitung aufschlagen⟩ | darlegen, unterbreiten ⟨to ~ a plan⟩ | *übertr* enthüllen, aufdecken (**to s.o.** jmdm.); *vi* sich öffnen, sich entfalten | sich entwickeln; **un'fold·ment** *s* Entwicklung *f* | Offenbarung *f*

un·forced [ʌn'fɔ:st] *adj* ungezwungen (*auch übertr*)

un·fore·seen [ˌʌnfɔ:'si:n|-fə-] *adj* unerwartet, unvorhergesehen ⟨~ circumstances⟩

un·for·get·ta·ble [ˌʌnfə'getəbl] *adj* unvergeßlich ⟨~ days⟩

un·for·giv·a·ble [ˌʌnfə'gɪvəbl] *adj* unverzeihlich; **ˌun·for'giv·en** *adj* unverziehen; **ˌun·for'giv·ing** *adj* nachtragend

un·for·got·ten [ˌʌnfə'gɒtn] *adj* unvergessen

un·for·tu·nate [ʌn'fɔ:tʃʊnət] **1.** *adj* unglücklich ⟨to be ~ in s.th. Pech haben bei etw.⟩ | bedauerns-, bemitleidenswert ⟨the ~ loser⟩ | wenig erfolgreich, unglücklich, ungünstig ⟨an ~ choice⟩ | unpassend, unglücklich ⟨an ~ remark⟩ | unglückselig, verhängnisvoll ⟨an ~ decision; an ~ experience⟩; **2.** *s* Unglückliche(r) *f(m)* | *Ir* Geisteskranke(r) *f(m)*; **un'for·tu·nate·ly** *adv* leider, unglücklicher-, bedauerlicherweise ⟨≈ delayed leider verspätet; ≈, I couldn't come ich konnte leider nicht kommen⟩

un·found·ed [ʌn'faʊndɪd] *adj* grundlos, unbegründet ⟨~ rumours leere Gerüchte *n/pl*⟩

un·framed [ʌn'freɪmd] *adj* ungerahmt

un·free [ʌn'fri:] *adj* unfrei

un·freeze [ʌn'fri:z] (**un·froze** [ʌn'frəʊz], **un·fro·zen** [ʌn'frəʊzn]) *vt* auftauen | (Löhne) beweglich gestalten, den Lohnstopp aufheben für; (Preise) freigeben

un·fre·quent·ed [ˌʌnfrɪ'kwentɪd] *adj* nicht *od* wenig besucht ⟨an ~ spot; to be ~ nur wenig besucht werden⟩ | *übertr* einsam, verlassen

un·friend·ly [ʌn'frendlɪ] *adj* unfreundlich ⟨an ~ notion⟩ | ungünstig (**to** für) | (Feuer) außer Kontrolle, um sich greifend

un·frock [ˌʌn'frɒk] *vt* (Priester) des Amtes entheben

un·fruit·ful [ʌn'fru:tfl] *adj* unfruchtbar ⟨an ~ marriage eine kinderlose Ehe; an ~ tree ein Baum, der keine Früchte trägt⟩ | *übertr* fruchtlos, ergebnislos ⟨~ discussion⟩

un·furl [ʌn'fɜ:l] *vt* (Fahne, Segel u. ä.) entrollen, entfalten, auseinanderbreiten; *vi* sich entfalten

un·fur·nished [ʌn'fɜ:nɪʃt] *adj* unmöbliert ⟨~ room⟩

un·gain·ly [ʌn'geɪnlɪ] *adj, adv* plump, ungeschickt, unbeholfen, linkisch, staksig ⟨a tall ~ gentleman⟩ | (Aussehen u. ä.) unansehnlich, häßlich, unschön ⟨an ~ coat⟩ | ungefüge, schwer handhabbar ⟨an ~ instrument⟩

un·gal·lant [ʌn'gælənt] *adj* ungalant, unhöflich (**to** gegen, zu) | feige

un·gar·bled [ʌn'gɑ:bld] *adj* (Bericht) nicht entstellt

un·gear [ʌn'gɪə] *vt Tech* auskuppeln, -lösen | (Pferd) aus-, abschirren; **un'geared** *adj Tech* räderlos

un·gen·e·rous [ʌn'dʒenr̩əs] *adj* egoistisch, nicht freigiebig, knausrig | unfair, kleinlich ⟨an ~ remark⟩

un·gen·ial [ʌn'dʒi:nɪəl] *adj* unfreundlich, mürrisch | unsympathisch ⟨an ~ theory eine wenig anziehende Theorie⟩ | (Wetter) rauh

un·gen·tle [ʌn'dʒentl] *adj* grob, unsanft

un·gen·tle·man·like [ʌn'dʒentlmənlaɪk], *auch* **un'gen·tle·man·ly** *adj* eines Gentleman unwürdig | unfein | unritterlich, grob

un·gift·ed [ʌn'gɪftɪd] *adj* unbegabt | *arch* unbeschenkt, leer ausgehend

un·gird·ed [ʌn'gɜ:dɪd], **un·girt** [ʌn'gɜ:t] *adj* ohne Gürtel, gürtellos | locker

un·glazed [ʌn'gleɪzd] *adj* unverglast, ohne Scheiben | ohne Glasur, unglasiert

un·god·ly [ʌn'gɒdlɪ] *adj* gottlos, unreligiös | *umg* unvernünftig ⟨at an ~ hour zu einer gotteslästerlichen Stunde⟩ | *umg* unerhört, unverschämt ⟨what an ~ noise!⟩

un·gov·ern·a·ble [ʌn'gʌvn̩əbl] *adj* unkontrollierbar, wild, zügellos ⟨~ passions⟩

un·grace·ful [ʌn'greɪsfl] *adj* ungraziös; plump, schwerfällig

un·gra·cious [ʌn'greɪʃəs] *adj* unfreundlich, ungnädig, nicht liebenswürdig, unhöflich, rüde ⟨an ~ refusal; to be ~ in s.th. etw. unfreundlich aufnehmen, unfreundlich reagieren auf etw.⟩ | unangenehm, unerfreulich | *arch* böse, gemein

un·grad·u·at·ed [ʌn'grædʒʊeɪtɪd] *adj* nicht graduiert, ohne akademischen Grad, nicht diplomiert

un·grate·ful [ʌn'greɪtfl] *adj* undankbar ⟨an ~ child⟩ | *arch* unfruchtbar, wenig ergiebig | *übertr förml* unangenehm, undankbar ⟨an ~ task⟩ | *übertr* störend, gemein ⟨an ~ stench⟩

un·grudg·ing [ʌn'grʌdʒɪŋ] *adj* ohne Murren, bereitwillig, gern ⟨~ efforts; to be ~ in s.th. etw. gern tun⟩

un·gual ['ʌŋgwəl] *adj Med, Zool* Nagel-, Huf-, Klauen-

un·guard·ed [ʌn'gɑ:dɪd] *adj* ungeschützt, unbewacht ⟨an ~ gate; an ~ queen (Schach) eine ungedeckte Dame⟩ | unbedacht, unüberlegt ⟨~ words; in an ~ moment in einem unbedachten Moment⟩

un·guent ['ʌŋgwənt] *s oft lit* Salbe *f*

un·gui·form ['ʌŋgwɪfɔ:m] *adj Zool* klauen-, krallenförmig; **un·guis** ['ʌŋgwɪs] *s* (*pl* **un·gues** ['ʌŋgwi:z]) *Zool* Klaue *f*, Kralle *f* | *Zool* Huf *m*; **un·gu·la** ['ʌŋgjʊlə] *s* (*pl* **un·gu·lae** ['ʌŋgjʊli:]) *Zool* Klaue *f*, Kralle *f* | *Zool* Huf *m*; **un·gu·lar** ['ʌŋgjʊlə] *adj* Krallen-; **un·gu·late** ['ʌŋgjʊlət|-leɪt] **1.** *adj* hufförmig; **2.** *s Zool* Huftier *n*

un·hal·lowed [ʌn'hæləʊd] *adj* ungeweiht, profan ⟨~ ecstasy⟩ | unheilig, nicht geheiligt ⟨~ ground⟩ | *lit* böse, bösartig ⟨with ~ joy voller Schadensfreude⟩

un·ham·pered [ʌn'hæmpəd] *adj* ungehindert, ungebunden ⟨~ by tradition⟩ | frei, unbeschränkt ⟨~ dissemination of news⟩ | nicht blockiert, offen ⟨an ~ view over s.th.⟩

un·hand [ʌn'hænd] *vt arch* (*bes imp*) loslassen ⟨~ my daughter!⟩

un·hand·y [ʌn'hændɪ] *adj* unhandlich, unbequem ⟨~ questions⟩ | ungeschickt, unbeholfen (**at** bei, mit)

un·hap·pi·ly [ʌn'hæpɪlɪ] *adv* unglücklich | unglücklicherweise, leider ⟨~, he lost⟩

un·hap·py [ʌn'hæpɪ] *adj* unglücklich, elend ⟨an ~ man⟩ | unheilvoll, un(glück)selig ⟨an ~ day⟩ | ungeschickt, unpassend ⟨an ~ statement⟩ | unangenehm, bedrückend ⟨an ~ truth⟩ | *arch* böse

un·har·ness [ʌn'hɑ:nɪs] *vt* (Pferd) abschirren, ausspannen

un·health·y [ʌn'helθɪ] *adj* (häufig) krank, kränklich, nicht gesund ⟨~ children are often ill⟩ | ungesund, (gesundheits)schädlich (*auch übertr*) ⟨an ~ habit eine krankhafte Gewohnheit; an ~ interest in s.th. ein ungesundes Interesse an etw.⟩ | unzuträglich, gefährlich (**for** für, **to** *mit inf* zu *mit inf*) | ungesund (aussehend) ⟨~ skin; ~ colour⟩

un·heard [ʌn'hɜ:d] *adj* ungehört ⟨it went ~ es blieb ungehört, es wurde überhört⟩ | *Jur* nicht verhört | unbekannt; **~-of** [ʌn'hɜ:dˌɒv] *adj* unbekannt ⟨an ≈ writer⟩ | unerhört, beispiellos ⟨on an ≈ scale in ungeahntem Ausmaß⟩

un·heat·a·ble [ʌn'hi:təbl] *adj* nicht heizbar

un·heed·ed [ʌn'hi:dɪd] *adj* unbeachtet; **un'heed·ful, un'heed·ing** *adj* unachtsam, sorglos

un·her·ald·ed [ʌn'herəldɪd] *adj* unerwartet | unbekannt, aus dem Nichts (kommend) ⟨~ and unsung sang- und klanglos⟩

un·hes·i·tat·ing [ʌn'hezɪteɪtɪŋ] *adj* unverzüglich, ohne Zögern ⟨an ~ reply⟩ | bereitwillig, unbedenklich, anstandslos ⟨~ support⟩

un·hin·dered [ʌn'hɪndəd] *adj* ungehindert

un·hinge [ʌn'hɪndʒ] *vt* (Tür) aus den Angeln heben | *übertr* aus der Fassung bringen, verwirren ⟨his mind is ~d er ist geistesgestört; to be quite ~d ganz durcheinander sein⟩; **un'hing·ing tang** *s Tech* Aushängehaken *m*

un·his·tor·ic [ˌʌnhɪ'stɒrɪk], **ˌun·his'tor·i·cal** *adj* unhistorisch

un·hitch [ʌn'hɪtʃ] *vt* auf-, loshaken, losmachen | (Pferd) ausspannen

un·ho·ly [ʌn'həʊlɪ] *adj* unheilig | *lit* gottlos | *umg* unvernünftig, schockierend, entsetzlich ⟨an ~ noise⟩

un·hook [ʌn'hʊk] *vt, vi* (Kleid u. ä.) auf-, loshaken, öffnen ⟨to ~ a collar⟩ | vom Haken (herunter)nehmen ⟨to ~ the meat; to ~ a mug from the rack einen Krug vom Haken nehmen⟩

un·hoped-for [ʌn'həʊptfɔ:] *adj* unverhofft, unerwartet

un·horse [ʌn'hɔ:s] *vt* aus dem Sattel werfen, (vom Pferd) abwerfen | *übertr* in Verlegenheit bringen

un·housed [ʌn'haʊzd] *adj* heimatlos | obdachlos

un·hu·man [ʌn'hju:mən] *adj* übermenschlich, -irdisch | *selten* unmenschlich

un·hurt [ʌn'hɜ:t] *adj* unverletzt | unbeschädigt

uni- [ju:nɪ] *präf zur Bildung von adj u. s mit der Bedeutung*: ein-, Ein-, einzig, uni- (*z. B.* **ˌ~'lateral** einseitig; **ˌ~'valence** Einwertigkeit *f*)

u·ni·cap·su·lar [ˌju:nɪ'kæpsjʊlə] *adj Bot* einkapselig

UNICEF ['ju:nɪsef] *s* UNICEF *f* (*Abk* von **United Nations International Children's Emergency Fund** Weltkinderhilfswerk der Vereinten Nationen

u·ni|cel·lu·lar [ˌju:nɪ'seljələ] *adj Biol* einzellig; **ˌ~'col·our[ed]** *adj* einfarbig; **~corn** ['ju:nɪkɔ:n] *s* Einhorn *n*; **'~corn fish** *s Zool* Narwal *m*

un·i·de·al [ˌʌnaɪ'dɪəl] *adj* nicht ideell, materialistisch

un·i·den·ti·fied [ˌʌnaɪ'dentɪfaɪd] *adj* nicht identifiziert, unerkannt, unbekannt ⟨an ~ man ein Unbekannter; an ~ object ein herrenloser Gegenstand⟩

u·ni·di·men·sion·al [ˌju:nɪdɪ'menʃnl] *adj* eindimensional

u·ni|fi·ca·tion [ˌju:nɪfɪ'keɪʃn] *s* (Ver-) Einigung *f*, Vereinheitlichung *f*; **~fied** ['~faɪd] *adj* (ver)einheitlich(t)

u·ni·fo·li·ate [ˌju:nɪ'fəʊlɪɪt|-lɪeɪt] *adj Bot* einblättrig

u·ni|form ['ju:nɪfɔ:m] **1.** *adj* einheitlich, gleich ⟨a ≈ colour; of ≈ length⟩ | gleichförmig, -mäßig, konstant ⟨≈ temperature⟩ | Einheits- ⟨≈ quotation *Wirtsch* Einheitskurs *m*⟩ | einförmig, eintönig ⟨≈ houses⟩; **2.** *s* Uniform *f*, Dienstkleidung *f* ⟨to wear ≈s; in ≈ beim Militär⟩; **'~formed** *adj* uniformiert, in Uniform ⟨≈ soldiers⟩; **ˌ~'form·i·ty** *s* Gleichheit *f*, -förmigkeit *f*, Einheitlichkeit *f* | Übereinstimmung *f* ⟨to bring into ≈ with in Übereinstimmung bringen mit⟩ | Monotonie *f*, Eintönigkeit *f*

u·ni·fy ['ju:nɪfaɪ] *vt* vereinheitlichen | vereinigen, zusammenschließen ⟨to ~ the country⟩

u·ni|lat·er·al [ˌju:nɪ'lætrl] *adj* unilateral, einseitig ⟨a ≈ declaration of independence einseitige Unabhängigkeitserklärung; ≈ disarmament einseitige Abrüstung⟩; **~lin·gual** [ˌ~'lɪŋgwl] *adj* einsprachig; **~lobed** ['~ləʊbd] *adj Bot, Zool* einlappig

un·im·ag|i·na·ble [ˌʌnɪ'mædʒn̩əbl] *adj* undenkbar, unvorstellbar; **~i·na·tive** [~n̩ətɪv] *adj* phantasielos; **~ined** [~ɪnd] *adj* ungeahnt

un·im·paired [ˌʌnɪm'pɛəd] *adj* ungeschwächt, unvermindert

un·im·peach·a·ble [ˌʌnɪm'pi:tʃəbl] *adj* nicht anzweifelbar, unanfechtbar ⟨from an ~ source aus zuverlässiger Quelle⟩ | *Jur* unanklagbar, unanfechtbar | untadelig, unbefleckt ⟨~ reputation⟩

un·im·por·tance [ˌʌnɪm'pɔ:tns] *s* Unwichtig-, Bedeutungslosigkeit *f*; **ˌun·im'port·ant** *adj* unwichtig, unwesentlich, bedeutungslos, nebensächlich

un·im|pressed [ˌʌnɪm'prest] *adj* unbeeindruckt, wenig beeindruckt ⟨to remain ≈ by unbeeindruckt bleiben durch⟩; **ˌ~'pres·si·ble** *adj* un-, nicht beeindruckbar; **ˌ~'pres·sion·a·ble** *adj* gefühllos, unberührbar ⟨an ≈ mind⟩; **ˌ~'pres·sive** *adj* wenig beeindruckend | (Person) unscheinbar | (Argument) wenig *od* kaum überzeugend

un·im·proved [ˌʌnɪm'pru:vd] *adj* unverbessert | ungenutzt ⟨~ opportunities ungenutzte Chance *pl*⟩ | (Land) unbebaut, nicht kultiviert

un·in·flec·ted [ˌʌnɪn'flektɪd] *adj Ling* unflektiert, flexionslos ⟨~ form⟩

un·in·formed [ˌʌnɪn'fɔ:md] *adj* nicht informiert, nicht unterrichtet (**on** über) ⟨the ~ public⟩ | unwissend, ungebildet

un·in·hab·it·a·ble [ˌʌnɪn'hæbɪtəbl] *adj* unbewohnbar; **ˌun·in'hab·it·ed** *adj* unbewohnt, leer

un·in·hib·it·ed [ˌʌnɪn'hɪbɪtɪd] ungehemmt ⟨to be ~ keine Hemmungen haben⟩ | unbeschwert, zwanglos, laut ⟨an ~ party⟩

un·in|struct·ed [ˌʌnɪn'strʌktɪd] *adj* nicht unterrichtet, unwissend; **ˌ~'struc·tive** *adj* nicht lehrreich

un·in·sured [ˌʌnɪn'ʃʊəd] *adj* unversichert

un·in·tel·li|gent [ˌʌnɪn'telɪdʒənt] *adj* beschränkt, geistlos, nicht intelligent; **~gi·bil·i·ty** [ˌʌnɪnˌtelɪdʒə'bɪlətɪ] *s* Unverständlichkeit *f*; **~gi·ble** [~dʒəbl] *adj* unverständlich

un·in|tend·ed [ˌʌnɪn'tendɪd], **ˌ~'ten·tion·al** *adj* unbeabsichtigt

un·in·ter·est·ed [ʌn'ɪntrəstɪd] *adj* gleichgültig; uninteressiert, interesselos (**in** an); **un'in·ter·est·ing** *adj* langweilig, fade, uninteressant

un·in·ter·rupt·ed [ˌʌnɪntə'rʌptɪd] *adj* nicht unterbrochen (**by** durch), ununterbrochen, anhaltend, fortlaufend, lückenlos, kontinuierlich ⟨~ working hours durchgehende Arbeitszeit⟩

un·in·vest·ed [ˌʌnɪn'vestɪd] *adj Wirtsch* (Kapital) nicht investiert, nicht angelegt

un·in·vit·ed [ˌʌnɪn'vaɪtɪd] *adj* ungeladen, ungebeten; **ˌun·in'vit·ing** *adj* nicht *od* wenig einladend, reizlos

un·ion ['ju:nɪən] *s* Vereinigung *f*, Verbindung *f* | *Pol* An-, Zusammenschluß *m* | *oft* ∸ *Pol* Union *f*, Vereinigung *f*, Bund *m* ⟨∸ of Soviet Socialist Republics UdSSR *f*; the state of the ∸ *Am* die Lage der Nation⟩ | *oft* ∸ Körperschaft *f*, Verein *m* ⟨Students' ∸ Studentenbund *m*, -vereinigung *f*⟩ | *auch* **ˌtrade '~** (*auch pl konstr*) Gewerkschaft *f* ⟨miners' ~⟩ | *übertr* Übereinstimmung *f*, Eintracht *f*, Harmonie *f* ⟨in unspoilt ~ in ungetrübter Eintracht⟩ | (eheliche) Verbindung *f*, Ehe(bund) *f(m)* ⟨a perfect ~ eine vollkommene Ehe⟩ | *Tech* Stutzen *m*, (Rohr) Verbindung *f* | *Mar* Gösch *f*; '≈ **Flag** *s förml* = ˌ≈ '**Jack**; '**~ism** *s Pol* Unionspolitik *f*, unionistische Bestrebungen *f(pl)* | Gewerkschaftsbewegung *f*, -wesen *n* | Gewerkschaftssystem *n* | ≈ *Am Hist* Unionismus *m*; '**~ist** **1.** *s Pol* Anhänger *m* der Unionspolitik | Gewerkschaftsmitglied *n*; **2.** *adj* Unions- | Gewerkschafts-; ≈**ist** *Am Hist* Unionist *m*; '**~ize** *vi, vt* (sich) zusammenschließen | (sich) gewerkschaftlich organisieren; ˌ≈ '**Jack** *s* Union Jack *m*, britische Nationalflagge; '**~ joint** *s Tech* Schraubverbindung *f*; '**~ man** *s (pl ~* **men**) *Am* Gewerkschaftler *m*; '**~ shop** *s bes Am* gewerkschaftlich gebundener *od* gewerkschaftspflichtiger Betrieb; '**~ suit** *s bes Am* Hemdhose *f*

u·ni|pet·al·ous [ju:nɪ'petələs] *adj Bot* einblättrig; **~po·lar** [ˌ~'pəʊlə] *adj El, Phys* einpolig, Einpol-; **~po·lar·i·ty** [ˌ~pə'lærətɪ] *s* Einpoligkeit *f*, Unipolarität *f*

u·nique [ju:'ni:k] **1.** *adj* einzig, nur einmal vorhanden *od* existierend | *umg* einzigartig, einmalig, außergewöhnlich ⟨a ~ experience ein einmaliges Erlebnis⟩ | *umg* ohne (seines)gleichen, unübertroffen ⟨a ~ knowledge⟩; **2.** *s* nur einmal existierendes Exemplar | Unikum *n*, Seltenheit *f*

un·i·sex ['ju:nɪseks] **1.** *adj* (Kleidung) für Männer und Frauen gleichzeitig, unisex ⟨~ clothes⟩ | (Laden u. ä.) Unisex- (*auch übertr*) ⟨~ boutique; the ~ generation die Generation, die die Unterschiede zwischen Mann und Frau verdrängen will⟩; **2.** *s* Gleichheit *f* der Geschlechter; ˌ**un·i'sexed** *adj* ununterscheidbar (ob Frau oder Mann)

u·ni·son ['ju:nɪsn] **1.** *s Mus* Gleich-, Einklang *m* | *übertr* Einklang *m*, Übereinstimmung *f* ⟨in ~ with in Übereinstimmung mit⟩; **2.** *adj Mus* einstimmig; **u·nis·o·nant** [ju:'nɪsənənt], **u·nis·o·nous** [ju:'nɪsənəs] *adj Mus* einstimmig | *übertr* übereinstimmend

u·nit ['ju:nɪt] *s* Einzelperson *f*, -ding *n* | Grundeinheit *f*, Kern *m* ⟨a basic ~ of s.th.⟩ | Einheit *f*, Maßeinheit *f* ⟨standard ~ of money⟩ | *Math* Eins *f* | *Math* einstellige Zahl, Einer *m* ⟨tens and ~s⟩ | *bes Mil* Verband *m*, Einheit *f* ⟨an army ~; a social ~⟩ | *Tech* Baugruppe *f*, -teil *n*, Fertigteil *n* ⟨kitchen ~ Küchenbauteil *n*; ~ furniture Anbaumöbel *n*⟩ | *Med* Dosis *f*, Einheit *f* | *Tech* Aufbaueinheit *f*, Aggregat *n* ⟨two diesel ~s⟩ | *El* Gerät *n*, Apparat *m* | *Phys* Schritt *m*

U·ni·tar·i·an [ju:nɪ'tɛərɪən] *Rel* **1.** *s* Unitarier *m*; **2.** *adj* unitarisch; ˌ**U·ni'tar·i·an·ism** *s* Unitarismus *m*

u·nite [ju:'naɪt] *vt* vereinigen, verbinden (**to, with** mit) | verehelichen, trauen | *Chem* zur Reaktion bringen, verbinden; *vi* sich vereinigen, sich verbinden, sich mischen (**with** mit) | *übertr* sich zusammenschließen, sich verbünden (**in** in, **to** *mit inf* um zu *mit inf*) | sich anschließen (**with s.o.** jmdm.) | sich vertraglich binden (**for** zu) | *Chem* sich verbinden; **u'nit·ed** [~ɪd] *adj* vereinigt, -bunden ⟨the ≈ Kingdom das Vereinigte Königreich; the ≈ States die Vereinigten Staaten *pl*; ≈ Nations [Organisation] Vereinte Nationen *f/pl*, UNO *f*⟩ | vereint, gemeinsam ⟨≈ efforts gemeinsame Bemühungen *pl*; Manchester ≈⟩ | einig, harmonisch ⟨a ≈ family⟩

u·nit trust [ju:nɪt 'trʌst] *s Brit Wirtsch* Investmentgesellschaft *f*

u·ni·ty ['ju:nətɪ] *s* Einheit *f*, Einheitlichkeit *f* (**between** zwischen) ⟨church ~ die Einheit der Kirche⟩ | Übereinstimmung *f*, Harmonie *f* (**with** mit) ⟨to live in ~ in Eintracht leben⟩ | *Math* Einheit *f* (als Zahl), Eins *f*

u·ni·va·lence [ju:nɪ'veɪləns|ju:'nɪvələns], ˌ**u·ni'va·len·cy** *Chem* Einwertigkeit *f*; ˌ**u·ni'va·lent** *adj Chem* einwertig

u·ni·ver·sal [ju:nɪ'vɜ:sl] **1.** *adj* universal, allumfassend, allseitig ⟨~ agreement⟩ | universell, generell, allgemein(gültig) ⟨~ rule⟩ | allumfassend, allgemein ⟨~ military service allgemeine Wehrpflicht⟩ | gesamt, ganz ⟨his ~ experience⟩ | *bes Tech* Universal- ⟨~ motor⟩ | Welt- ⟨~ language; ~ travel⟩; **2.** *s Phil, Ling* allgemeiner Begriff, Universale *n* | *Phil* das Allgemeine; ˌ**~ 'chuck** *s Tech* Universalfutter *n*; **u·ni·ver·sal·i·ty** [ˌju:nɪvɜ:'sælətɪ] *s* Universalität *f* | Allgemeingültigkeit *f*; ˌ**u·niˌver·sal·i'za·tion** *s* Verallgemeinerung *f*; ˌ**u·ni'ver·sal·ize** *vt* allgemeingültig machen; ˌ**~ 'joint** *s Tech* Kardan-, Kreuz-, Universalgelenk *n*; ˌ**~ ˌleg·a'tee** *s Jur* Universalerbe *m*; ˌ**u·ni'ver·sal·ly** *adv* überall, all- ⟨≈ present allgegenwärtig⟩ | generell, von allen, universell ⟨≈ accepted⟩; ˌ**~ prod·uct 'code** *s Wirtsch* Balkencode *m*; ˌ**~ 'suf·frage** *s Pol* allgemeines Wahlrecht

u·ni·verse ['ju:nɪvɜ:s] *s (meist mit best art)* Weltall *n*, Kosmos *m*, Universum *n* | Sternensystem *n*, Galaxe *f*; Welt *f* | *übertr* Bereich *m*, Raum *m* ⟨~ of discourse *Phil* Diskurswelt *f*, geistiger Raum (einer Darstellung)⟩

u·ni·ver·si·ty [ju:nɪ'vɜ:sətɪ] *s* Universität *f*, Hochschule *f* ⟨to be at/go to ~ *Brit* studieren; to go to a ~ *Am* studieren⟩ | Universität(sangehörige) *f(m/pl)* ⟨the whole ~⟩; '**~-bred** *adj* mit Hochschul(aus)bildung, akademisch gebildet; '**~ ed·uˌca·tion** *s* Hochschulbildung *f*; ˌ**~ ex'ten·sion** *s* Volkshochschule *f*; '**~ man** *s (pl* '**~ men**) Akademiker *m*; '**~ ˌwo·man** *s (pl* '**~ ˌwomen**) Akademikerin *f*

u·niv·o·cal [ju'nɪvəkl|ju:nɪ'vəʊkl] *adj* eindeutig

un·just [ʌn'dʒʌst] *adj* ungerecht, unbillig; **un·jus·ti·fi·a·ble** [ʌnˌdʒʌstɪ'faɪəbl] *adj* unverantwortlich; **un'jus·ti·fied** *adj* unberechtigt, ungerechtfertigt

un·kempt [ʌn'kempt] *adj* (Haar) zerzaust, ungekämmt | (*auch übertr*) unordentlich, vernachlässigt, verwahrlost, ungepflegt ⟨~ individuals; ~ hotel rooms; ~ prose verwilderte Prosa⟩

un·kind [ʌn'kaɪnd], **un'kind·ly** *adj* unfreundlich, ungefällig | lieb-, herz-, rücksichtslos (**to** gegen[über])

un·know·ing [ʌn'nəʊɪŋ] *adj* nicht wissend (**that** daß) | nichts wissend (**of** von); **un'known** **1.** *adj* unbekannt (**to s.o.** jmdm.) ⟨the ≈ soldier; an ≈ quantity⟩ | ohne Wissen (**to s.o.** von jmdm., jmds.) | ungekannt, beispiellos ⟨≈ delights⟩; **2.** *s (mit best art)* Unbekanntes *n* ⟨a voyage into the ≈ *übertr* eine Fahrt ins Ungewisse⟩ | *Math* Unbekannte *f*

un·la·boured [ʌn'leɪbəd] *adj* mühelos | (Boden) unbebaut, nicht kultiviert | *übertr* leicht, natürlich, spontan, ungekünstelt ⟨an ~ book ein leicht geschriebenes Buch⟩

un·la·dy·like [ʌn'leɪdɪlaɪk] *adj* nicht damenhaft, unfein, unschicklich (für eine Frau)

un·latch [ʌn'lætʃ] *vt* (Tür) öffnen, aufklinken; *vi* sich öffnen

un·law·ful [ʌn'lɔ:fl] *adj Jur* gesetzwidrig, ungesetzlich ⟨~ money; ~ measures⟩ | unerlaubt ⟨~ pleasures⟩ | unehelich ⟨~ child⟩

un·lead·ed [ʌn'ledɪd] *adj Tech* unverbleit, ohne Blei; (Benzin) bleifrei ⟨~ fuels⟩ | *Typ* ohne Durchschuß

un·learn [ʌn'lɜ:n] *vt* verlernen, vergessen | (Vorstellungen u. ä.) sich lösen von, ablegen, loswerden | umlernen; **un'learned**, *auch* **un'learnt** *adj* ungebildet ⟨an ≈ man⟩ | unvollkommen, wenig gelehrt ⟨an ≈ speech⟩ | ungeschult, nicht bewandert (**in** in) | nicht erlernt, nicht anerzogen ⟨≈ behaviour⟩ | nicht gelernt, nicht gelehrt ⟨things better ≈; an ≈ lesson⟩

un·leash [ʌn'li:ʃ] *vt* (Hund u. ä.) losbinden, loslassen ⟨to ~ a dog⟩ | *übertr* freisetzen, loslassen, entlassen ⟨to ~ energies; to ~ great evil⟩

un·leav·ened [ʌn'levnd] *adj* (Brot) ungesäuert, ohne Sauerteig | *übertr* ungemildert, nicht aufgelockert (**by** durch) ⟨a work ~ by imagination ein Buch ohne jede Phantasie⟩

un·less [ən'les|ʌn'-] **1.** *conj* wenn nicht, falls nicht, wofern nicht, ausgenommen (wenn) ⟨don't leave ~ I tell you; ~ otherwise stated sofern nicht anders angegeben *od* angezeigt⟩; **2.** *präp* außer (möglicherweise) ⟨no one ~ his teacher⟩

un·let·tered [ʌn'letəd] *adj* ungebildet | analphabetisch | ohne (In-) Schrift *f* ⟨an ~ tombstone⟩

un·lib·e·rat·ed [ʌn'lɪbəreɪtɪd] *adj* (*bes* Frau) nicht gleichberechtigt

un·li·censed [ʌn'laɪsnst] *adj* ohne Konzession, nicht konzessioniert ⟨an ~ hotel⟩ | ohne Lizenz ⟨an ~ pilot⟩ | unerlaubt, verboten | *übertr* außer Kontrolle, unbeherrscht ⟨~ passions⟩

un·licked [ʌn'lɪkt] *adj* ungeleckt | *übertr* unerzogen, ungeschliffen ⟨an ~ cub ein grüner Junge⟩

un·like [ʌn'laɪk] **1.** *adj* ungleich, unähnlich, verschieden ⟨~ amounts ungleiche Summen *pl*; to be completely ~ ganz ungleich[artig] sein⟩; **2.** *präp* nicht wie, anders als ⟨it was ~ him to be late es war nicht seine Art, zu spät zu kommen⟩ | verschieden von, im Gegensatz (Vergleich) zu ⟨~ all others⟩; **~li·hood** [~lɪhʊd] *s* Unwahrscheinlichkeit *f*; **un'like·ly** *adj, adv* unwahrscheinlich ⟨an ≈ story; it's ≈; it seems ≈ that; to be ≈ to do s.th. etw. wahrscheinlich nicht tun⟩

un·lim·it·ed [ʌn'lɪmɪtɪd] *adj* unbegrenzt, grenzenlos ⟨an ~ expanse of ocean ein sich uferlos ausdehnender Ozean⟩ | *übertr* unbeschränkt, -grenzt ⟨~ freedom⟩ | *Wirtsch* nicht limitiert ⟨~ company Gesellschaft *f* mit unbegrenzter Haftung⟩

[1]**un·lined** [ʌn'laɪnd] *adj* unliniert, ohne Linien | faltenlos, ohne Falten

[2]**un·lined** [ʌn'laɪnd] *adj* (Kleidungsstück) ungefüttert, ohne Futter

un·liq·ui·dat·ed [ʌn'lɪkwɪˌdeɪtɪd] *adj Wirtsch* nicht bezahlt, offenstehend

un·list·ed [ʌn'lɪstɪd] *adj* nicht verzeichnet, nicht eingetragen ⟨an ~ telephone number eine Nummer, die nicht im Fernsprechbuch steht⟩ | *Wirtsch bes Am* unnotiert, nicht börsenfähig

un·lis·tened[-to] [ʌn'lɪsndtʊ] *adj* unerhört, nie gehört

un·lit [ʌn'lɪt] *adj* unbeleuchtet

un·load [ʌn'ləʊd] *vt* aus-, entladen ⟨to ~ the goods; to ~ the car; to ~ one's passengers seine Passagiere aussteigen lassen⟩ | *Mar* (Schiff) löschen | (Waffe) entladen | (Film) herausnehmen | *Tech* (Werkzeuge) ausspannen | *Wirtsch* (Aktien, Waren u. ä.) abstoßen | abladen, abschieben, aufhalten (**on** auf) ⟨to ~ one's things on s.th. jmdm. seine Sachen aufbürden⟩ | *übertr* (Ärger u. ä.) abladen, abwälzen (**on** auf), auslassen (**on** an), befreien (**of** von) ⟨to ~ o.s. sich erleichtern, sein Herz ausschütten⟩; *vi* ab-, ausladen (Lastwagen u. ä.); aussteigen lassen | sich entladen lassen (Gewehr u. a.) ⟨the camera ~s easily der Film läßt sich leicht aus der Kamera nehmen⟩ | *Mar* Löschen *n*; **'~ing plant** *s Mar* Löschanlage *f*

un·lock [ʌn'lɒk] *vt* (Tür) aufschließen, öffnen | *übertr* auslösen; *vi* sich öffnen | *übertr* ausgelöst werden

un·looked-for [ʌn'lʊkt fɔ:] *adj lit* überraschend, unerwartet

un·loose [ʌn'lu:s] *lit vt* loslassen, -machen, lösen | lockern (*auch übertr*)

un·loos·en [ʌn'lu:sn] *vt* lockern, locker machen ⟨to ~ one's belt⟩ | lösen (*auch übertr*) ⟨to ~ a grip einen Griff lockern; to ~ traditional bonds traditionelle Bindungen lösen⟩

un·lov·a·ble [ʌn'lʌvəbl] *adj* unfreundlich, nicht liebenswert; **un'love·ly** *adj* unschön, häßlich, reizlos; **un'lov·ing** *adj* unfreundlich, kalt, lieblos

un·luck·y [ʌn'lʌkɪ] *adj* unglücklich ⟨to be ~ unglücklich sein⟩ | ungünstig

un·ma·chi·na·ble [ʌnmə'ʃi:nəbl] *adj Tech* unzerspanbar

un·made [ʌn'meɪd] *adj* (Bett) un-, nicht gemacht; **un'made-up** *adj* noch nicht fertig (hergestellt), unfertig | (Straße) ungeteert

un·main·tain·a·ble [ˌʌnmeɪn'taɪnəbl] *adj* unhaltbar, nicht aufrechtzuerhalten(d) ⟨~ claims⟩

un·make [ʌn'meɪk] (**un·made, un·made** [ʌn'meɪd]) *vt* rückgängig machen, aufheben, umstoßen ⟨to ~ an image⟩ | (jmdn.) absetzen | vernichten, zerstören ⟨enough to ~ any man⟩ | (Sinn) ändern ⟨to ~ one's mind⟩

un·man [ʌn'mæn] *vt* kastrieren, entmannen | entkräften, schwächen | entwürdigen; **un'man·like, un'man·like·ly** *adj* unmännlich, weichlich, weibisch; **un'manned** *adj* (Schiff u. ä.) unbemannt ⟨an ≈ space ship ein unbemanntes Raumschiff⟩ | kastriert, entmannt | entvölkert, öde

un·man·nered [ʌn'mænəd], **un'man·ner·ly** *förml adj* ungezogen, unmanierlich

un·man·u·fac·tured [ˌʌnmænjʊ'fæktʃəd] *adj* unverarbeitet

un·mar·ried [ʌn'mærɪd] *adj* unverheiratet, ledig

un-Marx·ist [ʌn'mɑ:ksɪst] *adj* unmarxistisch

un·mask [ʌn'mɑ:sk] *vt* (jmdn.) demaskieren, (jmdm.) die Maske abnehmen ⟨to ~ the thief⟩ | *übertr* entlarven, enthüllen ⟨to ~ the crime⟩; *vi* die Maske abnehmen, sich demaskieren | *übertr* die Maske fallenlassen, seinen wahren Charakter zeigen; **un'mask·ing** *s* Demaskierung *f*

un·matched [ʌn'mætʃt] *adj* unvergleichlich, unübertroffen ⟨~ courage beispielloser Mut⟩

un·mean·ing [ʌn'mi:nɪŋ] *adj* bedeutungslos, sinnlos | ausdruckslos, nichtssagend, leer ⟨an ~ expression⟩

un·meant [ʌn'ment] *adj* unbeabsichtigt

un·meas·ured [ʌn'meʒəd] *adj* grenzenlos, unermeßlich ⟨~ greatness⟩ | zügellos ⟨~ abuse zügelloser Mißbrauch⟩

un·men|tion·a·ble [ʌn'menʃn̩əbl] **1.** *adj* nicht erwähnenswert | unaussprechlich ⟨≈ cruelties⟩; **2.** *s* (*meist pl*) etw., was nicht erwähnt werden darf ⟨advertising ≈s Reklametabus *n/pl*⟩; **~tion·a·bles** [~ʃn̩əblz] *s/pl arch scherzh* (die) Unaussprechlichen *pl*, Unterhosen *pl* | *arch euphem* Hosen *pl*; **un'men·tioned** *adj* nicht erwähnt

un·mer·ci·ful [ʌn'mɜ:sɪfl] *adj* grausam, unbarmherzig

un·mer·it·ed [ʌn'merɪtɪd] *adj* unverdient

un·me·thod·i·cal [ˌʌnmə'θɒdɪkl] *adj* unmethodisch, planlos

un·mind·ful [ʌn'maɪndfl] *adj* unbedacht(sam), sorglos | *förml* uneingedenk (**of s.th.** einer Sache) ⟨to be ~ of nicht denken an⟩ | ohne Rücksicht, nicht achtend (**of** auf) ⟨to be ~ of keine Rücksicht nehmen auf, sich nicht abbringen lassen von⟩

un·min·gled [ʌn'mɪŋgld] *adj* unverfälscht, rein

un·mis·tak·a·ble [ˌʌnmɪ'steɪkəbl] *adj* unmißverständlich, unverkennbar ⟨an ≈ fault ein eindeutiger Fehler; in ≈ anger in unverkennbarem Zorn⟩; **ˌun·mis'tak·a·bly** *adv* zweifelsohne, unverkennbar, klar

un·mit·i·gat·ed [ʌn'mɪtɪgeɪtɪd] *adj* ungemildert, ganz, total ⟨~ heat; ~ horror⟩ | völlig, Erz- ⟨an ~ scoundrel ein ausgemachter Gauner⟩

un·mixed [ʌn'mɪkst] *adj* unvermischt, rein (*auch übertr*)

un·mod·i·fied [ʌn'mɒdɪfaɪd] *adj* unverändert, nicht abgeändert | *Ling* nicht umgelautet | *Ling* nicht näher bestimmt ⟨~ noun⟩

un·mo·lest·ed [ˌʌnmə'lestɪd] *adj* ungestört, unbelästigt

un·mor·al [ʌn'mɒrl] *adj* unmoralisch

un·mount·ed [ʌn'maʊntɪd] *adj* nicht beritten | (Edelstein) nicht gefaßt | *Typ* (Bild) nicht aufgezogen | *Tech* nicht montiert

un·mov·a·ble [ʌn'mu:vəbl] *adj* unbeweglich; **un'moved** *adj* unbewegt | *übertr* ungerührt (**by** durch) | *übertr* fest, standhaft; un'mov·ing *adj* regungslos

un·mu·si·cal [ʌn'mju:zɪkl] *adj* unmusikalisch | unmelodisch, unharmonisch; **~i·ty** [ˌʌnmju:zɪ'kæləti] *s* Unmusikalität *f*

un·nam(e)·a·ble [ʌn'neɪməbl] *adj* unsagbar, unbeschreiblich; **un'named** *adj* unbenannt, namenlos

un·nat·u·ral [ʌn'nætʃərl] *adj* unnatürlich ⟨of ~ size unnatürlich groß⟩ | affektiert, gekünstelt ⟨in an ~ manner⟩ | widernatürlich ⟨~ practices⟩

un·nat·u·ral·ized [ʌn'nætʃrl̩aɪzd] *adj* nicht eingebürgert | ausgebürgert

un·nav·i·ga·ble [ʌn'nævɪgəbl] *adj* nicht schiffbar, nicht befahrbar

un·nec·es·sar·y [ʌn'nesəsrɪ] *adj* unnötig, nicht notwendig, überflüssig

un·nerve [ʌn'nɜ:v] *vt* (jmdn.) schwächen, entkräften | (jmdn.) entmutigen | (jmdn.) nervös machen, aufbringen | *Med* den Nerv abtöten von ⟨to ~ a lame leg⟩; **un'nerved** *adj* schwach; entnervt; **un'nerv·ing** *adj* beängstigend, angsterregend | zermürbend

un·no·ticed [ʌn'nəʊtɪst] *adj* unbemerkt

un·num·bered [ʌn'nʌmbəd] *adj* unnumeriert | zahllos, unzählig

UNO ['ju:nəʊ] *selten* = **UN**

un·ob·jec·tion·a·ble [ˌʌnəb'dʒekʃn̩əbl] *adj* unanfechtbar

un·o·blig·ing [ˌʌnə'blaɪdʒɪŋ] *adj* ungefällig

un·ob|serv·ant [ˌʌnəb 'zɜ:vənt] *adj förml* unaufmerksam, unachtsam (**of** gegenüber) ⟨to be ≈ of s.th. etw. nicht beachten, auf etw. nicht achten⟩; **ˌ~'served** *adj* unbemerkt, unbeobachtet

un·ob·tain·a·ble [ˌʌnəb'teɪnəbl] *adj* nicht erhältlich

un·ob·tru·sive [ˌʌnəb'tru:sɪv] *adj* unauffällig, kaum zu bemerken | unaufdringlich, bescheiden ⟨an ~ remark; to make o.s. ~ sich vornehm zurückhalten⟩

un·oc·cu·pied [ʌn'ɒkjʊpaɪd] *adj* unbeschäftigt | frei, unbesetzt ⟨~ seats⟩ | unbewohnt ⟨~ houses⟩ | unbenutzt | *Mil* nicht besetzt ⟨~ territories⟩

un·of·fi·cial [ˌʌnə'fɪʃl] *adj* inoffiziell, nicht regulär, außer der Reihe ⟨an ~ meeting⟩ | inoffiziell, (noch) nicht amtlich (bestätigt) ⟨~ information; ~ strike inoffizieller Streik; to take ~ action inoffiziell streiken⟩

un·or·gan·ized [ʌn'ɔ:gənaɪzd] *adj* unsystematisch; konfus | nicht gewerkschaftlich organisiert

un·or·tho·dox [ʌn'ɔ:θədɒks] *adj* unorthodox, unüblich, unkonventionell

un·pack [ʌn'pæk] *vi, vt* auspacken ⟨to ~ after a holiday; to ~ a trunk⟩

un·paged [ʌn'peɪdʒd] *adj Buchw* nicht paginiert, ohne Seitenzahlen

un·paid [ʌn'peɪd] *adj* unbezahlt, unbeglichen ⟨~ bill⟩ | nicht frankiert ⟨~ letter⟩ | unbesoldet, unbezahlt, ehrenamtlich ⟨~ job⟩; **un'paid-for** *adj* nicht bezahlt

un·paired [ʌn'pɛəd] *adj Zool* unpaarig; unpaar | ungepaart

un·pal·at·a·ble [ʌn'pælətəbl] *adj* nicht schmackhaft | *übertr* ungenießbar

un·pa·ral·lelled [ʌn'pærəleld] *adj* beispiellos, unvergleichlich

un·par·don·a·ble [ʌn'pɑ:dnəbl] *adj* unverzeihlich, unentschuldbar

un·par·lia·men·ta·ry [ˌʌnpɑ:lə'mentrɪ] *adj* unparlamentarisch ⟨~ conduct unparlamentarisches Verhalten⟩

un·pa·tri·ot·ic [ˌʌnpætrɪ'ɒtɪk] *adj* unpatriotisch

un·paved [ʌn'peɪvd] *adj* ungepflastert

un·pay·a·ble [ʌn'peɪəbl] *adj* unbezahlbar | unrentabel ⟨~ ore deposits unrentable Erzlagerstätten⟩; **un'pay·ing** *adj* nicht zahlend ⟨≈ customers⟩

un·peo·ple [ʌn'pi:pl] **1.** *vt* entvölkern; **2.** *s übertr* träge Masse *f*, menschenunähnliche Gestalten *pl*; **un'peo·pled** *adj* entvölkert, öde

un·per·fo·rat·ed [ʌn'pɜ:fəreɪtɪd] *adj* nicht perforiert, unperforiert

un·per·formed [ˌʌnpə'fɔ:md] *adj* nicht ausgeführt, unerledigt

un·per·son [ˌʌn'pɜ:sn] *umg* **1.** *s* unbedeutende Person *od* Gestalt | jmd., der keinen Namen (mehr) hat ⟨to treat s.o. as an ~ jmdn. übergehen, so tun, als gäbe es jmdn. nicht⟩; **2.** *vt* nicht mehr offiziell erwähnen

un·per·sua·sive [ˌʌnpə'sweɪsɪv] *adj* nicht überzeugend

un·pick [ʌn'pɪk] *vt* (Naht) auftrennen; *vi* Fäden herausziehen; **un'picked** *adj* nicht sortiert, nicht ausgelesen ⟨≈ apples⟩ | ungepflückt

un·pin [ʌn'pɪn] *vt* Nadeln herausziehen aus | (Kleid) aufmachen, Verschluß lösen von ⟨to ~ a dress⟩ | aufriegeln

un·placed [ʌn'pleɪst] *adj* (Sport) nicht placiert, unplaziert, nicht unter den ersten drei ⟨to be ~ sich nicht plaziert haben⟩

un·planned [ʌn'plænd] *adj* nicht geplant | unerwartet

un·plas·tered [ʌn'plɑ:stəd] *adj* ungepflastert

un·play·a·ble [ʌn'pleɪəbl] *adj* (Ball) unerreichbar | (Platz) unbespielbar | (Schallplatte) nicht (ab)spielbar, beschädigt | *Mus* schwer *od* schwierig zu spielen

un·pleas|ant [ʌn'pleznt] *adj* unangenehm, unerquicklich, unerfreulich; **~ing** [ʌn'pli:zɪŋ] *adj* unangenehm (**to** für)

un·ploughed [ʌn'plaʊd] *adj* ungepflügt

un·plumbed [ʌn'plʌmd] *adj* un(aus)gelotet | *übertr* unergründlich ⟨~ depths⟩ | *Tech* ohne Installation(en), nicht installiert

un·po·et·ic [ˌʌnpəʊ'etɪk], **ˌun·po'et·i·cal** *adj* unpoetisch

un·pointed [ʌn'pɔɪntɪd] *adj* ungespitzt, stumpf

un·pol·ished [ʌn'pɒlɪʃt] *adj* ungeglättet, unpoliert | *übertr* ungeschliffen, ungehobelt

un·pol·i·tic [ʌn'pɒlətɪk], *meist* **un·po·lit·i·cal** [ˌʌnpə'lɪtɪkl] *adj* unpolitisch

un·pol·lut·ed [ˌʌnpə'lu:tɪd|-'lju:-] *adj* sauber, nicht (umwelt)verschmutzt, unverschmutzt

un·pop·u·lar [ʌn'pɒpjʊlə] *adj* unpopulär, nicht volkstümlich, unbeliebt; **~i·ty** [ˌʌnpɒpjʊ'lærətɪ] *s* Unpopularität *f*

un·pop·u·lat·ed [ʌn'pɒpjʊleɪtɪd] *adj* entvölkert

un·post·ed [ʌn'pəʊstɪd] *adj* nicht informiert *od* unterrichtet | *Brit* nicht zur Post gebracht, nicht aufgegeben ⟨~ letters⟩

un·prac·ti·cal [ʌn'præktɪkl] *adj* unpraktisch | ungeschickt; **un'prac·tised** *adj* ungeübt ⟨with an ≈ hand⟩

un·prec·e·dent·ed [ʌn'presɪdentɪd] *adj* noch nie dagewesen, beispiellos ⟨~ rainfall⟩ | *Jur* ohne Präzedenzfall ⟨an ~ case⟩

un·pre·dict·a·ble [ˌʌnprɪ'dɪktəbl] *adj* unberechenbar, unvorhersehbar ⟨~ weather⟩

un·prej·u·diced [ʌn'predʒədɪst] *adj* unvoreingenommen, unbefangen ⟨an ~ judge; ~ opinions⟩

un·pre·med·i·tat·ed [ˌʌnpri:'medɪteɪtɪd] *adj* improvisiert, unvorbereitet | nicht vorbedacht, unbeabsichtigt

un·pre·pared [ˌʌnprɪ'pɛəd] *adj* unvorbereitet | nicht vorbereitet (**for** auf)

un·pre·sum·ing [ˌʌnprɪ'zu:mɪŋ] *adj* bescheiden, anspruchslos; **un·pre·sump·tu·ous** [ˌʌnprɪ'zʌmptʃʊəs] *adj* nicht anmaßend, nicht überheblich

un·pre|tend·ing [ˌʌnprɪ'tendɪŋ], **ˌ~'ten·tious** *adj* anspruchslos, bescheiden, schlicht ⟨an ≈ house; an ≈ style of living⟩

un·pre·vent·a·ble [ˌʌnprɪ'ventəbl] *adj* unvermeidlich, nicht zu vermeiden

un·prin·ci·pled [ʌn'prɪnsəpld] *adj* charakterlos, ohne feste Grundsätze, unmoralisch | unaufrichtig, unehrlich

un·print·a·ble [ʌn'prɪntəbl] *adj* nicht druckbar, zum Druck

ungeeignet, anstößig ⟨~ words⟩
un·priv·i·leged [ʌnˈprɪvl̩ɪdʒd] *adj* nicht privilegiert
un·pro·duc·tive [ˌʌnprəˈdʌktɪv] *adj* unproduktiv ⟨an ~ industry⟩ | (Boden) nicht ertragreich
un·pro·fessed [ˌʌnprəˈfest] *adj* nicht erklärt, nicht zum Ausdruck gebracht ⟨~ aims nicht ausdrückliche Ziele⟩
un·prof·fes·sion·al [ˌʌnprəˈfeʃnl] *adj* nicht berufsmäßig, unprofessionell, berufswidrig, Pfuscher- ⟨an ~ architect⟩; laienhaft, Laien- ⟨~ language⟩; stümperhaft ⟨it's ~ to do this nur ein Stümper tut das⟩
un·prof·it·a·ble [ʌnˈprɒfɪtəbl] *adj* unrentabel, nichts einbringend
un·prom·is·ing [ʌnˈprɒmɪsɪŋ] *adj* aussichtslos, wenig versprechend
un·prompt·ed [ʌnˈprɒmptɪd] *adj* spontan, unaufgefordert, unbeeinflußt ⟨an ~ action; to be quite ~ ganz aus freien Stücken kommen⟩ | ohne Vorsagen
un·pro·nounce·a·ble [ˌʌnprəˈnaʊnsəbl] *adj* unaussprechlich
un·pro·tect·ed [ˌʌnprəˈtektɪd] *adj* ungeschützt, schutzlos
un·pro·test·ed [ˌʌnprəˈtestɪd] *adj* unwidersprochen
un·proved [ʌnˈpru:vd] *adj* unbewiesen
un·pro·vid·ed [ˌʌnprəˈvaɪdɪd] *adj* unversorgt, nicht versehen, nicht ausgestattet (**with** mit) ⟨to leave s.o. ~ for jmdn. mittellos zurücklassen; jmdn. (im Erbe) nicht berücksichtigen⟩ | unvorbereitet | unerwartet
un·pro·voked [ˌʌnprəˈvəʊkt] *adj* unprovoziert | (Beleidigung u. ä.) grundlos, ohne Grund, durch nichts veranlaßt, ohne Anlaß
un·pub·lished [ʌnˈpʌblɪʃt] *adj* unveröffentlicht
un·punc·tu·al [ʌnˈpʌŋktʃʊəl] *adj* unpünktlich; **~i·ty** [ˌʌnpʌŋktʃʊˈælətɪ] *s* Unpünktlichkeit *f*
un·pun·ished [ʌnˈpʌnɪʃt] *adj* unbestraft, ungestraft
un·qual·i·fied [ʌnˈkwɒlɪfaɪd] *adj* nicht qualifiziert (**for** für) | unfähig, ungeeignet (**as** als, **to** *mit inf* zu *mit inf*) | völlig, unbedingt ⟨in ~ agreement in völliger Übereinstimmung; ~ praise uneingeschränktes Lob⟩ | ausgesprochen, eindeutig ⟨an ~ liar⟩ | *Ling* nicht bestimmt
un·quench·a·ble [ʌnˈkwentʃəbl] *adj* unlöschbar, unstillbar ⟨~ thirst; ~ fire⟩ | *übertr* unersättlich ⟨~ greed unersättliche Begierde⟩ | *übertr* unauslöschbar, unauslöschlich ⟨~ interest⟩
un·ques·tion·a·ble [ʌnˈkwestʃənəbl] *adj* unzweifelhaft, unbestreitbar, unbestritten ⟨~ fact⟩; **unˈques·tioned** *adj* unbestritten, unbezweifelt; **unˈques·tion·ing** *adj* unbedenklich | bedingungslos ⟨≈ obedience blinder Gehorsam⟩
un·qui·et [ʌnˈkwaɪət] *adj bes lit* unruhig, turbulent ⟨~ times⟩ | laut, unruhig | ruhelos, gehetzt, ständig in Bewegung ⟨an ~ mind⟩
un·quote [ʌnˈkwəʊt] *vt* (Zitat) beenden ⟨~ Ende des Zitats!⟩; **unˈquot·ed** *adj* nicht zitiert | *Wirtsch* nicht notiert
un·rat·i·fied [ʌnˈrætɪfaɪd] *adj Jur* nicht ratifiziert
un·rav|el [ʌnˈrævl] (**unˈrav·elled, unˈrav·elled**) *vt* (Garn, Gewebe u. ä.) auf-, ausfasern, zerfasern; (Stoff, Gestricktes) auftrennen | *übertr* lösen, entwirren, aufdecken ⟨to ≈ a mystery⟩; *vi* sich auflösen
un·read [ʌnˈred] *adj* ungelesen | unbelesen, unwissend; **~a·ble** [ʌnˈri:dəbl] *adj* unlesbar, unleserlich ⟨≈ handwriting⟩ | nicht zu lesen, nicht lesenswert, ungenießbar ⟨an ≈ poem⟩
un·read·y [ʌnˈredɪ] *adj* (noch) nicht fertig, nicht bereit (**for s.th.** zu etw.) ⟨to be ~ to do s.th. nicht bereit sein, etw. zu tun⟩ | unentschlossen, zaudernd
un·re·al [ʌnˈrɪəl] *adj* (Erlebnis u.a.) unreal, unwirklich ⟨an ~ world eine Illusionswelt⟩ | substanz-, wesenlos | unrealistisch, wirklichkeitsfremd; **~i·ty** [ˌʌnrɪˈælətɪ] *s* Unwirklichkeit *f* | Substanz-, Wesenlosigkeit *f*; **unˈre·al·ize·able** *adj* nicht realisierbar; **unˈre·al·ized** *adj* nicht verwirklicht *od* realisiert | ungeahnt
un·rea·son [ʌnˈri:zn] *s* Unvernunft *f*; **unˈrea·son·a·ble** *adj* vernunftlos ⟨≈ beasts⟩ | unvernünftig, unsinnig ⟨≈ behaviour⟩ | ungerechtfertigt, übertrieben, -mäßig ⟨≈ prices⟩; **unˈrea·son·ing** *adj* unvernünftig, ohne Vernunft ⟨≈ anger sinnlose Wut⟩ | vernunftwidrig ⟨≈ prejudice übertriebenes Vorurteil⟩
un·re·call·a·ble [ˌʌnrɪˈkɔ:ləbl] *adj* unwiderruflich
un·re·ceipt·ed [ˌʌnrɪˈsi:tɪd] *adj* unquittiert
un·rec·og·niz·a·ble [ʌnˈrekəgnaɪzəbl] *adj* nicht erkennbar; **unˈrec·og·nized** *adj* unerkannt | nicht anerkannt
un·re·cord·ed [ˌʌnrɪˈkɔ:dɪd] *adj* (historisch) nicht überliefert *od* belegt | *Jur* (amtlich) nicht eingetragen | (Schallplatte, Tonband) nicht aufgezeichnet ⟨~ interview⟩
un·rec·ti·fied [ʌnˈrektɪfaɪd] *adj* unberichtigt, nicht verbessert | *Chem* ungereinigt
un·re·fined [ˌʌnrɪˈfaɪnd] *adj Tech* nicht raffiniert, ungereinigt, Roh- ⟨~ ore⟩ | *übertr* unfein, ungebildet ⟨~ manners⟩
un·re·formed [ˌʌnrɪˈfɔ:md] *adj* unverbessert
un·re·fut·ed [ˌʌnrɪˈfju:tɪd] *adj* unwiderlegt
un·reg·is·tered [ʌnˈredʒɪstəd] *adj* nicht eingetragen, nicht eingeschrieben | nicht aufgezeichnet
un·reg·u·lat·ed [ʌnˈregjəleɪtɪd] *adj* ungeregelt
un·re·lent·ing [ˌʌnrɪˈlentɪŋ] *adj* unnachgiebig, hart, unbeugsam ⟨an ~ leader⟩ | unvermindert, gleichbleibend ⟨~ speed⟩
un·re·li·a·bil·i·ty [ˌʌnrɪˌlaɪəˈbɪlətɪ] *s* Unzuverlässigkeit *f*; **ˌun·reˈli·a·ble** *adj* unzuverlässig
un·re·lieved [ˌʌnrɪˈli:vd] *adj* nicht erleichtert, ungemildert | nicht unterbrochen ⟨~ darkness absolute Finsternis *f*⟩ | ununterbrochen ⟨~ anxiety fortwährende Sorge⟩ | *Mil* nicht abgelöst
un·re·mit·ting [ˌʌnrɪˈmɪtɪŋ] *adj* unaufhörlich, unermüdlich, unablässig ⟨~ efforts unablässige Bemühungen *pl*; ~ concentration ständige Konzentration⟩
un·re·mu·ner·a·tive [ˌʌnrɪˈmju:nr̩ətɪv] *adj* nicht einträglich, unrentabel
un·re·peat·a·ble [ˌʌnrɪˈpi:təbl] *adj* nicht wiederholbar, unwiederholbar
un·re·pent·ant [ˌʌnrɪˈpentənt] *adj* reuelos, nicht reuig, ohne Reue, verstockt; **ˌun·reˈpent·ed** *adj* nicht bereut
un·re·pin·ing [ˌʌnrɪˈpaɪnɪŋ] *adj* ohne Klage | gelassen, ruhig
un·re·place·a·ble [ˌʌnrɪˈpleɪsəbl] *adj* unersetzbar
un·re·port·ed [ˌʌnrɪˈpɔ:tɪd] *adj* nicht berichtet
un·rep·re·sent·a·tive [ˌʌnreprɪˈzentətɪv] *adj* nicht repräsentativ, nicht charakteristisch; **ˌun·rep·reˈsent·ed** *adj* nicht vertreten
un·re·quit·ed [ˌʌnrɪˈkwaɪtɪd] *adj* unerwidert ⟨~ love unglückliche Liebe⟩ | unvergolten, unbelohnt ⟨~ services⟩ | ungesühnt ⟨~ deed⟩
un·re·sent·ing [ˌʌnrɪˈzentɪŋ] *adj* nicht nachtragend
un·re·served [ˌʌnrɪˈzɜ:vd] *adj* nicht reserviert, nicht vorbestellt | völlig uneingeschränkt, rückhaltlos | freimütig, offen(herzig)
un·re·sist·ing [ˌʌnrɪˈzɪstɪŋ] *adj* ohne Widerstand, widerstandslos, keinen Widerstand leistend ⟨to be ~ einfach nachgeben⟩
un·re·solved [ˌʌnrɪˈzɒlvd] *adj* ungelöst ⟨an ~ conflict⟩ | unentschieden, unentschlossen, unschlüssig ⟨an ~ mind⟩
un·re·spect·ed [ˌʌnrɪˈspektɪd] *adj* nicht respektiert
un·re·spon·sive [ˌʌnrɪˈspɒnsɪv] *adj* nicht reagierend (**to** auf); gleichgültig, unempfänglich (**to** gegenüber)
un·rest [ʌnˈrest] *s* Unruhe *f* | *übertr* Unruhe *f*, Aufruhr *m* ⟨political ~; signs of ~⟩ | Ruhelosigkeit *f*, Unrast *f* | Un-

behaglichkeit *f*; **un'rest·ful** *adj* unruhig, ruhelos; **un'rest·ing** *adj* ruhelos | unermüdlich

un·re|strained [ˌʌnrɪ'streɪnd] *adj* ungehemmt, ungezwungen ⟨to be ≈ ungezwungen auftreten, keine Hemmungen zeigen⟩ | hemmungs-, zügellos ⟨≈ anger; ≈ violence⟩; ˌ**~'straint** *s* Ungehemmtheit *f* | Hemmungs-, Zügellosigkeit *f*

un·re·strict·ed [ˌʌnrɪ'strɪktɪd] *adj* uneingeschränkt, unbeschränkt, unbegrenzt

un·re·turned [ˌʌnrɪ'tɜ:nd] *adj* nicht erwidert ⟨to be ~ unerwidert bleiben⟩ | nicht zurückgegeben | *Parl* nicht wiedergewählt

un·re·venged [ˌʌnrɪ'vendʒd] *adj* ungerächt

un·re·ward·ed [ˌʌnrɪ'wɔ:dɪd] *adj* unbelohnt

un·rhymed [ʌn'raɪmd] *adj* ungereimt, reimlos

un·rhyth·mi·cal [ʌn'rɪðmɪkl] *adj* unrhythmisch

un·right·eous [ʌn'raɪtʃəs] *adj* ungerecht ⟨an ~ sentence ein ungerechtes Urteil⟩ | unehrlich, unaufrichtig ⟨an ~ man⟩ | *Rel* verworfen

un·rip [ʌn'rɪp] (**un'ripped, un'ripped**) *vt* aufreißen | (Naht u. a.) auftrennen

un·ripe [ʌn'raɪp] *adj* unreif | frühreif

un·ri·valled [ʌn'raɪvld] *adj* unerreicht, unübertroffen, konkurrenzlos ⟨~ knowledge; to be ~ in/for quality⟩

un·road·wor·thy [ʌn'rəʊdˌwɜ:θɪ] *adj* nicht verkehrssicher

un·roll [ʌn'rəʊl] *vt* aufrollen, entfalten | *übertr* darlegen ⟨to ~ one's history⟩; *vi* sich aufrollen, sich entfalten, aufgehen

un·ro·man·tic [ˌʌnrə'mæntɪk] *adj* unromantisch

un·root [ʌn'ru:t] *vt* entwurzeln | *übertr* ausrotten

un·round [ʌn'raʊnd] *Ling* **1.** *adj* entrundet; **2.** *vt* (Vokal) entrunden

un·ruf·fled [ʌn'rʌfld] *adj* ungekräuselt ⟨~ water⟩ | *übertr* unbewegt, ruhig, gelassen ⟨to remain ~ by s.th. sich durch etw. nicht aus der Fassung bringen lassen⟩

un·ruled [ʌn'ru:ld] *adj* unliniert, ohne Linien | *übertr* ungezügelt; **un'ru·ly** *adj* widerspenstig, störrisch, unfolgsam ⟨≈ hair; an ≈ child⟩ | wild, zügellos, ungestüm ⟨≈ streams⟩ | aufrührerisch

un·sad·dle [ʌn'sædl] *vt* (Pferd) absatteln | (jmdn.) aus dem Sattel werfen; *vi* absatteln

un·safe [ʌn'seɪf] *adj* unsicher, gefährlich ⟨an ~ bridge⟩ | unzuverlässig ⟨an ~ method⟩ | (Gewehr) entsichert

un·said [ʌn'sed] *adj* ungesagt

un·sal·a·bil·i·ty [ˌʌnseɪlə'bɪlətɪ] *s* Unverkäuflichkeit *f*; **un'sal·a·ble** *adj* unverkäuflich

un·sal·a·ried [ʌn'sælərɪd] *adj* unbesoldet, unbezahlt ⟨an ~ officer; an ~ post⟩ | ehrenamtlich ⟨~ clerk Volontär *m*⟩

un·salt·ed [ʌn'sɔ:ltɪd] *adj* ungesalzen

un·sanc·tioned [ʌn'sæŋkʃnd] *adj* nicht sanktioniert

un·san·i·tar·y [ʌn'sænɪtṛɪ] *adj* unhygienisch

un·sat·is|fac·to·ry [ˌʌnsætɪs'fæktṛɪ] *adj* ungenügend, unbefriedigend; **~fied** [ʌn'sætɪsfaɪd] *adj* unbefriedigt | *Wirtsch* nicht beglichen; **un'sat·is·fy·ing** *adj* unbefriedigend

un·sat·u·rat·ed [ʌn'sætʃəreɪtɪd] *adj Chem* ungesättigt, unsaturiert ⟨~ oils⟩

un·sa·vour·y [ʌn'seɪvərɪ] *adj* geschmacklos, nicht schmackhaft, fade | anstößig, unangenehm ⟨an ~ task⟩ | *übertr* widerwärtig, widerlich, abscheulich ⟨~ stories; an ~ scandal⟩; fragwürdig, übel, zweifelhaft, zwielichtig ⟨an ~ character⟩

un·say [ʌn'seɪ] *vt* (**un'said, un'said**) *bes lit* widerrufen, zurücknehmen ⟨to ~ one's words s-e Worte ungesagt machen⟩

un·scale [ʌn'skeɪl] *vt* abschuppen | *übertr* (jmdm.) die Augen öffnen

un·scathed [ʌn'skeɪðd] *adj* unversehrt

un·scent·ed [ʌn'sentɪd] *adj* geruchlos

un·schol·ar·ly [ʌn'skɒləlɪ] *adj* unwissenschaftlich | ungelehrt

un·schooled [ʌn'sku:ld] *adj* ungeschult, ungelernt, natürlich ⟨his ~ talents⟩ | ungebildet (**in** in)

un·sci·en·tif·ic [ˌʌnsaɪən'tɪfɪk] *adj* unwissenschaftlich

un·scramble [ʌn'skræmbl] *vt* dechiffrieren, entschlüsseln ⟨to ~ a message⟩

un·screw [ʌn'skru:] *vt* die Schrauben entfernen von *od* herausziehen aus | ab-, auf-, losschrauben; *vi* sich losdrehen

un·script·ed [ʌn'skrɪptɪd] *adj bes Rundf, Ferns* (Text) unvorbereitet, nicht vorformuliert, natürlich, ungezwungen ⟨an ~ discussion⟩

un·scru·pu·lous [ʌn'skru:pjʊləs] *adj* skrupel-, bedenken-, gewissenlos ⟨~ methods⟩

un·seal [ʌn'si:l] *vt* entsiegeln | *übertr* öffnen | *übertr* aufdekken, enthüllen

un·sea·soned [ʌn'si:znd] *adj* (Speise) ungewürzt | nicht ausgereift, (Holz) nicht abgelagert | *übertr* unreif, unerfahren, grün | *übertr* nicht gewöhnt (**to** an); nicht abgehärtet (**to** gegen)

un·seat [ʌn'si:t] *vt* (Reiter) aus dem Sattel werfen, abwerfen, zu Fall bringen (Pferd u. ä.); den Sturz *od* Abwurf (von jmdm.) veranlassen ⟨the fence ~ed the rider durch das Hindernis kam der Reiter zu Fall⟩ | (jmdn.) stürzen, absetzen, seines Amtes entheben | *Parl* ausschließen, um den Sitz bringen

un·sea·wor·thy [ʌn'si:wɜ:ðɪ] *adj Mar* seeuntüchtig

un·se·cured [ˌʌnsɪ'kjʊəd] *adj* ungesichert, ungeschützt | *Wirtsch* nicht abgesichert

un·see·ing [ʌn'si:ɪŋ] *adj* nicht sehend, (wie) blind ⟨with ~ eyes mit starrem Blick, ohne etw. zu sehen⟩

un·seem·ly [ʌn'si:mlɪ] *adj* unpassend, unschicklich ⟨~ behaviour; to be thought ~ for s.o. sich nicht schicken für⟩

un·seen [ʌn'si:n] **1.** *adj* ungesehen ⟨an ~ translation eine Übersetzungsklausur⟩ | unbemerkt | unsichtbar ⟨~ resources⟩; **2.** *s* Jenseits *n*, Geisterwelt *f* | *Brit umg* unbekannter Übersetzungstext, Klausurtext *m* ⟨Latin ~s⟩

un·seg·re·gat·ed [ʌn'segrɪgeɪtɪd] *adj* nicht nach Rassen getrennt, Gemeinschafts- ⟨~ schools⟩

un·self·ish [ʌn'selfɪʃ] *adj* selbstlos, uneigennützig

un·serv·ice·a·ble [ʌn'sɜ:vɪsəbl] *adj* unbrauchbar, untauglich | *Tech* betriebsunfähig

un·set·tle [ʌn'setl] *vt* aus der festen Lage bringen, lockern ⟨to ~ a rock⟩ | *übertr* in Aufruhr bringen, durcheinanderbringen ⟨to ~ one's stomach den Magen verstimmen; to ~ the government⟩ | *übertr* (geistig) durcheinanderbringen, verwirren, beunruhigen, verunsichern ⟨to ~ s.o.'s mind⟩; *vi* in Unordnung kommen; **un'set·tled** *adj* nicht gefestigt | unruhig, unstet, veränderlich ⟨≈ conditions unsichere Verhältnisse; ≈ weather⟩ | unentschieden ⟨≈ questions ungeklärte Fragen; in an ≈ state of mind⟩ | unregelmäßig ⟨an ≈ life⟩ | unsicher, unausgeglichen ⟨≈ young people; to be ≈ durcheinander sein; to feel ≈ sich nicht wohl fühlen⟩ | *Wirtsch* unbezahlt ⟨≈ debts⟩ | (Gegend) unbesiedelt

un·sex [ʌn'seks] *vt* geschlechtslos machen | *lit* (jmdm.) die typischen fraulichen (männlichen) Eigenschaften nehmen; **un'sexed** *adj* (*bes* Kücken) noch nicht nach Hähnchen und Hühnern getrennt ⟨≈ chickens⟩; **~y** *adj umg* nicht sexy

un·shad·ed [ʌn'ʃeɪdɪd] *adj* nicht beschattet, ohne Schatten | (Farbe) nicht schattiert | unschraffiert

un·shak[e]·a·ble [ʌn'ʃeɪkəbl] *adj* unerschütterlich; **un'shaken** *adj* fest | *übertr* fest, unerschütterlich

un·shaped [ʌn'ʃeɪpt], **un'shap·en** *adj* formlos | unförmig, ungestalt

un·shaved [ʌn'ʃeɪvd], **un'shaven** *adj* unrasiert
un·shell [ʌn'ʃel] *vt* enthülsen, schälen | *übertr* offenbaren
un·shel·tered [ʌn'ʃeltəd] *adj* ungeschützt, schutzlos
un·ship [ʌn'ʃɪp] *vt Mar* löschen, ausladen | *Mar* abtakeln | *Mar* (Passagiere) ausschiffen | (Reiter) abwerfen | *umg* (jmdn.) ausstechen, ausbooten; *vi* sich entfernen *od* abmachen lassen, sich lösen
un·shod [ʌn'ʃɒd] *adj lit* unbeschuht, ohne Schuhe | (Pferd) unbeschlagen, ohne (Huf-) Eisen
un·shorn [ʌn'ʃɔ:n] *adj* ungeschoren | (Haar) ungeschnitten
un·shrink·a·ble [ʌn'ʃrɪŋkəbl] *adj* nicht einlaufend; **un'shrink·ing** *adj* nicht zurückweichend | unverzagt
un·shroud [ʌn'ʃraʊd] *vt* aufdecken, enthüllen
un·sift·ed [ʌn'sɪftɪd] *adj* ungesiebt | *übertr* ungeprüft
un·sight·ed [ʌn'saɪtɪd] *adj* ungesehen; **un'sight·ly** *adj* unschön, unansehnlich ⟨≈ to behold häßlich anzusehen⟩
un·signed [ʌn'saɪnd] *adj* nicht unterzeichnet
un·silt [ʌn'sɪlt] *vt Tech* ausbaggern
un·sized [ˌʌn'saɪzd] *adj Wirtsch* ohne bestimmte Größen, ohne Größenangabe(n) ⟨~ pieces; to come ~ nicht nach Größen angeboten werden⟩
un·skil·ful [ʌn'skɪlfl] *adj* unbeholfen, ungeschickt
un·skilled [ʌn'skɪld] *adj* ungelernt ⟨~ worker Hilfsarbeiter *m*; ~ job ungelernte Arbeit, Stelle *f* für Ungelernte⟩ | ungeschickt, ungeübt (**in** in)
un·skimmed [ʌn'skɪmd] *adj* (Milch) nicht entrahmt
un·slaked [ʌn'sleɪkt] *adj* ungelöscht ⟨~ lime ungelöschter Kalk⟩ | *übertr* ungestillt ⟨~ thirst⟩
un·sleep·ing [ʌn'sli:pɪŋ] *adj* immer wach, immer bewegt ⟨~ waters⟩ | *übertr* unermüdlich ⟨an ~ interest in s.th.⟩
un·smoked [ʌn'sməʊkt] *adj* ungeraucht; nicht zu Ende geraucht | ungeräuchert ⟨~ bacon⟩ | (Luft) nicht verräuchert, ohne Rauch
un·so·cia·bil·i·ty [ˌʌnsəʊʃə'bɪlətɪ] *s* Ungeselligkeit *f*; **un'so·ci·a·ble** *adj* ungesellig, zurückgezogen, -haltend
un·so·cial [ʌn'səʊʃl] *adj* ungesellig, die Gesellschaft meidend | anti-, asozial, gesellschaftsfeindlich ⟨an ~ nature⟩ | unsozial ⟨~ profits⟩ | ˌ~ **'hours** *s übertr* Überstunden *f/pl* ⟨to work ≈ außerhalb der normalen Arbeitszeit arbeiten; von früh bis spät schuften⟩
un·sold [ʌn'səʊld] *adj* unverkauft
un·so·lic·it·ed [ˌʌnsə'lɪsɪtɪd] *adj* unaufgefordert, unverlangt | freiwillig
un·sol·id [ʌn'sɒlɪd] *adj* nicht fest ⟨~ materials⟩ | *übertr* haltlos, unstet ⟨~ thinking⟩ | *übertr* anfechtbar ⟨an ~ argument⟩
un·solv·a·ble [ʌn'sɒlvəbl] *adj* unlösbar, unlöslich; **un'solved** *adj* ungelöst
un·so·phis·ti·cat·ed [ˌʌnsə'fɪstɪkeɪtɪd] *adj* unvermischt, unverfälscht, rein | einfach, schlicht | unverdorben ⟨~ Indians⟩ | unerfahren, naiv ⟨an ~ girl⟩ | einfach, unkompliziert, harmlos ⟨an ~ problem⟩
un·sought[-for] [ʌn'sɔ:t fɔ:] *adj* nicht gesucht | ungebeten ⟨~ favours⟩
un·sound [ʌn'saʊnd] *adj* ungesund, krank ⟨of ~ mind *Jur* geistesgestört, nicht voll zurechnungsfähig⟩ | (Obst) wurmstichig, faul | brüchig, rissig ⟨an ~ building⟩ | schlecht, verdorben (*auch übertr*) | unzuträglich, ungesund ⟨an ~ atmosphere⟩ | unzuverlässig | unsicher, unreell, unsolide ⟨~ plans⟩ | (Person) fragwürdig, nicht vertrauenswürdig | nicht stichhaltig, anfechtbar ⟨an ~ argument⟩ | *übertr* falsch, verkehrt ⟨an ~ doctrine eine Irrlehre; ~ policy verfehlte Politik⟩
un·sound·ed [ʌn'saʊndɪd] *adj Mar* nicht gelotet | *übertr* unergründlich ⟨~ depths⟩ | *übertr* unergründet | *Ling* unausgesprochen, nicht ausgesprochen, stumm ⟨~ letters⟩
un·soured [ʌn'saʊəd] *adj* ungesäuert | *übertr* nicht verbittert
un·spar·ing [ʌn'speərɪŋ] *adj* verschwenderisch, freigebig (**in, of** mit) ⟨to be ~ of praise nicht mit Lob geizen; with an ~ hand mit großzügiger Hand⟩ | schonungslos (**to** gegen)
un·speak·a·ble [ʌn'spi:kəbl] *adj* unsagbar, unaussprechlich, unausdrückbar ⟨~ beauty⟩ | unsäglich, unbeschreiblich ⟨~ joy⟩
un·spec·i·fied [ʌn'spesɪfaɪd] *adj* nicht einzeln angegeben
un·spir·it·u·al [ʌn'spɪrɪtʃʊəl] *adj* mechanisch, geistlos ⟨~ work⟩
un|spoiled [ʌn'spɔɪld], **~spoilt** [-'spɔɪlt] *adj* unverdorben ⟨≈ children⟩ | unberührt ⟨≈ by industry⟩ | unbeschädigt ⟨≈ by war⟩
un·spo·ken [ʌn'spəʊkən] *adj* unausgesprochen; **un'spo·ken-of** *adj* nicht erwähnt; **un'spo·ken-to** *adj* unangesprochen
un·spon·ta·ne·ous [ˌʌnspɒn'teɪnɪəs] *adj* unfreiwillig, nicht spontan
un·spool [ʌn'spu:l] *vt* abspulen, abhaspeln, abwickeln
un·sports·man·like [ʌn'spɔ:tsmənlaɪk], **un'sport·ing** *adj* unsportlich, unfair | nicht weidmännisch
un·spot·ted [ʌn'spɒtɪd] *adj* fleckenlos | *übertr selten* unbefleckt, makel-, tadellos ⟨an ~ reputation ein tadelloser Ruf⟩
un·sta·ble [ʌn'steɪbl] *adj* nicht fest, schwankend | *Tech* unstabil, instabil | radioaktiv | *übertr* unstet, wankelmütig, unbeständig
un·stained [ʌn'steɪnd] *adj* ungefärbt | fleckenlos | *übertr* makellos
un·stamped [ʌn'stæmpt] *adj* ungestempelt, unfrankiert
un·states·man·like [ʌn'steɪtsmənlaɪk] *adj* nicht staatsmännisch
un·stead·y [ʌn'stedɪ] *adj* unsicher, schwankend, wacklig ⟨an ~ hand⟩ | ungleichmäßig ⟨an ~ light⟩ | *übertr* schwankend, unbeständig ⟨~ time; ~ world⟩ | *Tech* unstetig, unbeständig; (Strömung) nichtstationär
un·stint·ed [ʌn'stɪntɪd] *adj* unbeschränkt, unbegrenzt, uneingeschränkt ⟨~ praise⟩; **un'stint·ing** *adj* freigebig, nicht zurückhaltend ⟨≈ support rückhaltlose Unterstützung; to be ≈ in s.th. nicht zurückhalten mit etw.⟩
un·stirred [ʌn'stɜ:d] *adj* unbewegt (*auch übertr*)
un·stitch [ʌn'stɪtʃ] *vt* auftrennen ⟨to come ~ed aufgehen⟩ | heraustrennen
un·stop [ʌn'stɒp] (**un·stopped, un·stopped**) *vt* öffnen, aufmachen, entkorken ⟨to ~ a bottle⟩ | (Abfluß u. ä.) freimachen; **un'stopped** *adj* offen, unverschlossen | ungehindert (*auch übertr*)
un·stow [ʌn'stəʊ] *vt Mar* umstauen, löschen
un·strained [ʌn'streɪnd] *adj* ungefiltert | *übertr* ungezwungen
un·stressed [ʌn'strest] *adj Ling* unbetont, nicht betont | *Tech* unbelastet
un·strik·a·ble [ʌn'straɪkəbl] *adj* nicht bestreikbar
un·striped [ʌn'straɪpt] *adj* ungestreift, ohne Streifen
un·strung [ʌn'strʌŋ] *adj* abgespannt, nervös, überanstrengt; demoralisiert, entnervt | *Mus* saitenlos | (Saite) entspannt
un·stuck [ʌn'stʌk] *adj* locker, los(e) ⟨to come ~ abgehen⟩ | *übertr* durcheinander, in Unordnung, kaputt ⟨his plans came ~ s-e Pläne fielen ins Wasser; he came ~ er hatte keinen Erfolg⟩
un·stud·ied [ʌn'stʌdɪd] *adj* nicht (speziell) ausgebildet (**in s.th.** in etw.) | nicht einstudiert, natürlich, ungezwungen ⟨~ grace natürlicher Charme⟩ | spontan, unvorbereitet ⟨an ~ utterance⟩
un·sub·stan·tial [ˌʌnsəb'stænʃl] *adj* unkörperlich, substanzlos ⟨an ~ phantom ein körperloser Geist⟩ | *übertr* unwe-

sentlich, unwichtig ⟨~ changes⟩ | *übertr* leer, ge-, inhaltlos, dürftig ⟨an ~ argument⟩ | (Essen) wenig substantiell ⟨an ~ meal eine leichte Mahlzeit⟩ | (Forderung) ungerechtfertigt

un·sub·stan·ti·at·ed [ˌʌnsəbˈstænʃɪeɪtɪd] *adj* unbegründet

un·suc·cess·ful [ˌʌnsəkˈsesfl] *adj* erfolglos, ohne Erfolg

un·suit·a·ble [ʌnˈsuːtəbl|-sjuː-] *adj* ungeeignet, unpassend, untauglich (**for** für, **to** zu); **unˈsuit·ed** *adj* ungeeignet (**for** für, **to** zu)

un·sul·lied [ʌnˈsʌlɪd] *adj bes lit* blütenrein, makellos sauber ⟨~ snow⟩ | *übertr* unbefleckt, makellos, ohne Fehl ⟨~ reputation⟩

un·sum·moned [ʌnˈsʌmənd] *adj Jur* nicht vorgeladen

un·sung [ʌnˈsʌŋ] *adj* ungesungen | *poet* nicht besungen ⟨an ~ hero; ~ deeds Taten *pl*, die keiner besungen hat⟩

un·sup·plied [ˌʌnsəˈplaɪd] *adj* unversorgt | *Mil* ohne Nachschub

un·sup·port·ed [ˌʌnsəˈpɔːtɪd] *adj* nicht unterstützt

un·sure [ʌnˈʃʊə|-ʃɔː] *adj* unsicher, ungewiß, zweifelhaft | *übertr* schwankend, unzuverlässig

un·sur·mount·a·ble [ˌʌnsəˈmaʊntəbl] *adj* unübersteigbar | *übertr* unüberwindlich

un·sur|pass·a·ble [ˌʌnsəˈpɑːsəbl] *adj* unübertrefflich; **ˌ~ˈpassed** *adj* unübertroffen

un·sus|pect·ed [ˌʌnsəˈspektɪd] *adj* nicht unter Verdacht stehend | ungeahnt; **ˌ~ˈpect·ing** *adj* nichtsahnend, arg-, ahnungslos ⟨to be ≈ of nichts ahnen von⟩; **~pi·cion** [ˌ~ˈpɪʃn] *s* Arglosigkeit *f*; **ˌ~ˈpi·cious** *adj* nicht verdächtig | nicht mißtrauisch, arglos

un·sus·tain·a·ble [ˌʌnsəˈsteɪnəbl] *adj* unhaltbar

un·sweet·ened [ʌnˈswiːtnd] *adj* ungesüßt | *übertr* unversüßt

un·swerv·ing [ʌnˈswɜːvɪŋ] *adj* unentwegt, unerschütterlich ⟨to pursue an ~ aim unbeirrt sein Ziel verfolgen⟩

un·sworn [ʌnˈswɔːn] *adj Jur* nicht vereidigt

un·sym|met·ric [ˌʌnsɪˈmetrɪk], **ˌ~ˈmet·ri·cal** *adj* asymmetrisch; **~metry** [ʌnˈsɪmɪtrɪ|-ətrɪ] *s* Asymmetrie *f*

un·sym·pa·thet·ic [ˌʌnsɪmpəˈθetɪk] *adj* ohne Mitgefühl, teilnahmslos | unsympathisch

un·sys·tem·at·ic [ˌʌnsɪstəˈmætɪk] *adj* planlos, unsystematisch

un·tact·ful [ʌnˈtæktfl] *adj* taktlos

un·taint·ed [ʌnˈteɪntɪd] *adj* fehlerlos, rein, unbefleckt | unverdorben | *übertr* makellos, rein

un·tal·ent·ed [ʌnˈtæləntɪd] *adj* untalentiert, ohne Talent, talentlos

un·tam·a·ble [ʌnˈteɪməbl] *adj* un(be)zähmbar; **unˈtamed** *adj* ungezähmt | *übertr* ungebändigt, -zügelt

un·tan·gle [ʌnˈtæŋgl] *vt* lösen, entwirren (*auch übertr*)

un·tanned [ʌnˈtænd] *adj* ungebräunt ⟨~ skin⟩ | ungegerbt

un·tapped [ʌnˈtæpt] *adj* unausgeschöpft, unangezapft (*auch übertr*) ⟨~ resources (noch) nicht in Anspruch genommene *od* ungenutzte Vorräte⟩

un·taxed [ʌnˈtækst] *adj* steuerfrei, nicht besteuert

un·teach·a·ble [ʌnˈtiːtʃəbl] *adj* unbelehrbar | nicht lehrbar ⟨an ~ skill⟩

un·tear·a·ble [ʌnˈtɛərəbl] *adj* unzerreißbar

un·tem·pered [ʌnˈtempəd] *adj Tech* ungehärtet, unangelassen ⟨~ steel⟩ | ungemildert (**by**, **with** durch)

un·ten·a·bil·i·ty [ˌʌntenəˈbɪlətɪ] *s* Unhaltbarkeit *f*; **unˈten·a·ble** *adj* unhaltbar

un·ten·ant·a·ble [ʌnˈtenəntəbl] *adj* unbewohnbar ⟨~ house⟩; **unˈten·ant·ed** *adj* unbewohnt, leer ⟨an ≈ house⟩ | unvermietet; unverpachtet ⟨≈ land⟩

un·ten·der [ʌnˈtendə] *adj* nicht zärtlich, roh

un·test·ed [ʌnˈtestɪd] *adj* ungeprüft

un·teth·er [ʌnˈteðə] *vt* losbinden

un·thank·ful [ʌnˈθæŋkfl] *adj* undankbar

un·think·a·ble [ʌnˈθɪŋkəbl] *adj* undenkbar, unvorstellbar ⟨it's quite ~⟩; **unˈthink·ing** *adj* acht-, gedankenlos ⟨in an ≈ moment⟩

un·thought [ʌnˈθɔːt] *adj* ungedacht | *auch* **unˈthought-of** [~ɒv|-əv] unerwartet; **unˈthought·ful** *adj* gedankenlos, unachtsam

un·thread [ʌnˈθred] *vt* ausfädeln ⟨to ~ a needle⟩ | *übertr* entwirren | *übertr* sich einen Weg bahnen ⟨to ~ a maze sich in e-m Irrgarten zurechtfinden⟩

un·throne [ʌnˈθrəʊn] *vt* entthronen

un·ti·dy [ʌnˈtaɪdɪ] *adj* unordentlich

un·tie [ʌnˈtaɪ] *vt* (etw.) auf-, losbinden, lösen (**from** von) | (Knoten u. ä.) aufmachen, lösen | *übertr* befreien ⟨to ~ s.o. from his promise⟩ | *übertr* (auf)lösen, entwirren ⟨to ~ the traffic den Verkehr entwirren; to ~ a spell e-n Zauber lösen⟩; *vi* sich lösen

un·tight [ʌnˈtaɪt] *adj* undicht

un·til [ʌnˈtɪl|ən-] *präp, conj* bis (zeitlich) ⟨~ morning; ~ Manchester; ~ it gets dark; ~ he comes⟩ ◇ **not ~** erst als *od* wenn; nicht eher als, bis

un·tilled [ʌnˈtɪld] *adj* (Land) unbestellt, unbebaut

un·time·ly [ʌnˈtaɪmlɪ] *adj, adv* vor-, frühzeitig, verfrüht ⟨an ~ end; he died ~⟩ | ungelegen, unpassend ⟨an ~ remark; an ~ joke; ~ merry zum falschen Zeitpunkt vergnügt⟩

un·tinged [ʌnˈtɪndʒd] *adj* ohne irgendwelche Anzeichen (**by** von), nicht gefärbt, ungetrübt (**by** durch) ⟨~ by politics ohne e-e Spur von Politik⟩ ◇ **not ~ with** nicht ohne, unter Eindruck von ⟨not ~ with grief von Trauer gekennzeichnet, im Zeichen der Trauer⟩

un·tir·ing [ʌnˈtaɪərɪŋ] *adj* unermüdlich, nicht ermüdend ⟨~ efforts⟩

un·to [ˈʌntuː] *arch, lit, bibl, präp* = **to** ⟨he spoke ~ her⟩

un·to·geth·er [ˌʌntəˈgeðə] *adj Am Sl* konfus, durcheinander, desorganisiert

un·told [ʌnˈtəʊld] *adj* ungesagt, nicht erzählt ⟨an ~ story⟩ | unzählig ⟨~ quantities⟩ | unsagbar ⟨~ suffering⟩ | unermeßlich ⟨~ wealth⟩ | verborgen, heimlich ⟨~ implications geheime Andeutungen; ~ secret ungelüftetes Geheimnis⟩

un·tomb [ʌnˈtuːm] *vt* ausgraben

un·touch·a·ble [ʌnˈtʌtʃəbl] **1.** *adj* unberührbar, nicht zu berühren ⟨~ articles in a museum⟩ | unantastbar, unangreifbar ⟨to be ~ to criticism⟩ | unerreichbar ⟨~ resources⟩ | unangenehm, schmutzig; **2.** *s Rel* Unberührbare(r) *f*(*m*) (Indien); **unˈtouched** *adj* unangerührt, -tastet ⟨to stand ≈; ≈ territory⟩ | intakt, unbeschädigt ⟨≈ condition⟩ | *übertr* ungerührt (**by** durch) | *übertr* unerreicht, ohne seinesgleichen ⟨≈ in English letters ohne Beispiel in der englischen Literatur⟩

un·to·ward [ˌʌntəˈwɔːd|ʌnˈtəʊəd] *arch, adj* widerspenstig ⟨an ~ wife⟩ | ungünstig, widrig ⟨an ~ event⟩ | unpassend, unschicklich ⟨~ enthusiasm⟩

un·trained [ʌnˈtreɪnd] *adj* ungeübt, ungeschult ⟨an ~ voice⟩ | *Mil* unausgebildet ⟨~ troops⟩ | laienhaft, nicht sachkundig ⟨an ~ diagnosis⟩

un·tram·melled [ʌnˈtræmld] *adj bes übertr* ungebunden, ungehindert, unbeschränkt (**by** durch), frei ⟨~ curiosity ungehemmte Neugier⟩ | unbeschwert ⟨~ old days⟩

un·trav·elled [ʌnˈtrævld] *adj* unbereist, wenig besucht ⟨an ~ desert⟩ | wenig gereist ⟨an ~ inland girl ein Mädchen, das nicht aus seinem Land hinausgekommen ist⟩ | *übertr* nicht bewandert (**in** in)

un·tried [ʌnˈtraɪd] *adj* nicht versucht, unerprobt | unerfahren (**in** in) | *Jur* noch nicht abgeurteilt ⟨an ~ prisoner⟩

un·trou·bled [ʌnˈtrʌbld] *adj* ungestört, ruhig | ungetrübt (*auch übertr*) (**by** durch)

un·true [ʌn'tru:] *adj* falsch, unwahr ⟨an ~ statement⟩ | unehrlich ⟨~ methods⟩ | untreu, treulos (**to** gegenüber) | *Tech* ungenau; unrund; versetzt ⟨~ doors and windows nicht richtig schließende Türen und Fenster⟩
un·trust·wor·thy [ʌn'trʌstwɜ:ðɪ] *adj* unzuverlässig
un·truth [ʌn'tru:θ] *s förml euphem* Unwahrheit *f*, Lüge *f* ⟨to tell s.o. ~s⟩ | Falschheit *f*; **un'truth·ful** *adj* unwahr ⟨an ≈ story⟩ | falsch, unehrlich ⟨an ≈ boy⟩
un·tune [ʌn'tju:n] *vt* verstimmen | *übertr* verwirren ⟨to ~ s.o.'s mind⟩
un·turned [ʌn'tɜ:nd] *adj* nicht (um)gewendet ⟨to leave no stone ~ nichts unversucht lassen⟩
un·tu·tored [ʌn'tju:təd] *adj* ungebildet ⟨to the ~ ear für das ungeschulte Ohr; his ~ tongue seine ungebildete Aussprache⟩ | ohne Schulbildung | *förml* einfach, natürlich, unverbildet ⟨an ~ judgment⟩
un·twine [ʌn'twaɪn], **un·twist** [ʌn'twɪst] *vt* auf-, losmachen | *auch El* aufdrehen, entdrillen | *übertr* lösen, entwirren; *vi* aufgehen, sich aufdrehen, sich lösen
un·used [ʌn'ju:zd] *adj* ungebraucht, unbenutzt ⟨~ plates and cups⟩ | *Wirtsch* nicht beansprucht ⟨~ credit; ~ capital brachliegendes Kapital⟩ | (*präd*) nicht gewöhnt (**to** an), nicht gewöhnt (**to** *mit ger* zu *mit inf*)
un·u·su·al [ʌn'ju:ʒʊəl|-'ju:ʒl] *adj* un- außergewöhnlich ⟨~ ability; of ~ beauty von äußerster Schönheit⟩ | selten, ungewohnt ⟨~ and exotic⟩
un·ut·ter·a·ble [ʌn'ʌtərəbl] *adj* unaussprechlich, unsagbar ⟨~ longing unaussprechliche Sehnsucht⟩ | *umg* unglaublich, völlig ⟨an ~ fool ein Riesennarr *m*⟩
un·val·u·ed [ʌn'væljuːd] *adj* wertlos, ohne Wert | unbewertet, nicht (ein)geschätzt | *arch* überaus wertvoll
un·var·ied [ʌn'vɛərɪd] *adj* unverändert, gleichbleibend
un·var·nished [ʌn'vɑ:nɪʃt] *adj* unpoliert, ungefirnißt ⟨an ~ floor⟩ | *übertr* einfach ⟨~ candour einfache Herzlichkeit⟩ | *übertr* unverblümt, ungeschminkt ⟨the ~ truth die reine Wahrheit⟩
un·var·y·ing [ʌn'vɛərɪɪŋ] *adj* unveränderlich, unwandelbar ⟨~ validity ständige Gültigkeit; ~ language gleichbleibende Sprache⟩
un·veil [ʌn'veɪl] *vt* enthüllen, entschleiern | *übertr Wirtsch* (neues Produkt) vorstellen | *übertr* den Schleier des Geheimnisses lüften über (etw.) | *übertr* aufdecken, entlarven; *vi* sich enthüllen
un·ven·ti·lat·ed [ʌn'ventɪleɪtɪd] *adj* ungelüftet, nicht ventiliert
un·ver·i·fied [ʌn'verɪfaɪd] *adj* unbestätigt
un·versed [ʌn'vɜ:st] *adj förml, lit* unerfahren, unbewandert (**in** in)
un·vio·lat·ed [ʌn'vaɪəleɪtɪd] *adj* unverletzt
un·vis·it·ed [ʌn'vɪsɪtɪd] *adj* unbesucht ⟨to leave s.o. ~ gehen, ohne jmdn. besucht zu haben⟩
un·vo·cal [ʌn'vəʊkl] *adj* wortkarg, stumm ⟨an ~ person⟩ | unmusikalisch, unmelodisch | *Ling* nicht vokalisiert ⟨~ air⟩
un·voiced [ʌn'vɔɪst] *adj Ling* stimmlos | unausgesprochen, still ⟨an ~ pact⟩
un·vouched [ʌn'vaʊtʃt] *adj* unbestätigt
un·waged [ʌn'weɪdʒd] *adj euphem* ohne Einkommen, erwerbslos, arbeitslos
un·want·ed [ʌn'wɒntɪd] *adj* unerwünscht
un·warmed [ʌn'wɔ:md] *adj* ungeheizt
un·war·rant·a·ble [ʌn'wɒrəntəbl] *adj* unverantwortlich, nicht zu rechtfertigen(d), untragbar, unvertretbar, unhaltbar ⟨~ liberties nicht vertretbare Freiheiten *pl*⟩; **un'war·rant·ed** *adj* unverbürgt, ohne Gewähr | unberechtigt, unbegründet, unbefugt ⟨≈ conclusions; an ≈ search⟩
un·war·y [ʌn'wɛərɪ] *adj* unbedacht, unüberlegt

un·washed [ʌn'wɒʃt] *adj* ungewaschen
un·watched [ʌn'wɒtʃt] *adj* unbeobachtet
un·wa·ver·ing [ʌn'weɪvərɪŋ] *adj* standhaft, unerschütterlich ⟨~ concentration⟩ | ungerührt, unbewegt ⟨an ~ gaze ein fester Blick⟩
un·weak·ened [ʌn'wi:kənd] *adj* ungeschwächt
un·wea·ried [ʌn'wɪərɪd] *adj* nicht ermüdet, unermüdlich; **un'wea·ry·ing** *adj* nicht ermüdend, unermüdlich
un·weath·ered [ʌn'weðəd] *adj* nicht verwittert ⟨an ~ stone⟩
un·weave [ʌn'wi:v] *vt* aufknoten, aufknüpfen ⟨to ~ a knot⟩ | *übertr* entwirren ⟨to ~ a problem⟩
un·wed [ʌn'wed] *s arch* (bes Frau) unverheiratet
un·weighed [ʌn'weɪd] *adj* ungewogen, nicht gewogen | *übertr* unüberlegt, unbesonnen
un·wel·come [ʌn'welkəm] **1.** *adj* unwillkommen ⟨an ~ visitor⟩ | unangenehm ⟨an ~ disturbance e-e unangenehme Störung⟩; **2.** *s* mangelnde Herzlichkeit ⟨feeling of ~ Gefühl *n*, daß jmd. unwillkommen ist⟩; **3.** *vt* nicht begrüßen, nicht *od* unwillkommen heißen; **un'wel·com·ing** *adj* (Art) abweisend, unfreundlich; ungastlich
un·well [ʌn'wel] *adj* nicht wohl, unpäßlich ⟨to feel ~⟩ | *euphem* (Frau) unwohl, ihre Tage habend ⟨I'm ~ today mir geht es heute nicht (besonders) gut⟩
un·whole·some [ʌn'həʊlsəm] *adj* ungesund, schädlich, nicht bekömmlich ⟨~ food⟩ | *übertr* verderbt, verdorben, gemein ⟨~ thoughts⟩ | (Anblick u. ä.) widerlich, unangenehm
un·wield·y [ʌn'wi:ldɪ] *adj* schwerfällig, unbeholfen ⟨an ~ method; an ~ argument ein plumpes Argument⟩ | unhandlich, sperrig ⟨an ~ box⟩
un·willed [ʌn'wɪld] *adj* ungewollt
un·will·ing [ʌn'wɪlɪŋ] *adj* abgeneigt, widerwillig ⟨to be ~ to do s.th. etw. nicht tun wollen⟩
un·wind [ʌn'waɪnd] (**un·wound**, **un·wound** [ʌn'waʊnd]) *vt* ab-, auf-, loswickeln, abhaspeln, abspulen ⟨to ~ the wool⟩ | abmachen | *übertr* entwirren; *vi* aufgehen, sich lösen | *übertr* sich entwickeln, sich entfalten (Geschichte); sich entwirren, deutlich werden, sich aufklären (Spur u. ä.) | *übertr umg* sich entspannen, sich abreagieren, sich beruhigen (Person)
un·wise [ʌn'waɪz] *adj* unklug
un·wished [ʌn'wɪʃt] *adj* ungewünscht | *auch* **un'wished·for** unerwünscht
un·with·ered [ʌn'wɪðəd] *adj* unverwelkt, unverblüht | *übertr* frisch
un·wit·ting [ʌn'wɪtɪŋ] *adj* unbewußt; unabsichtlich ⟨an ~ mistake⟩ | unwissend, ignorant ⟨helpless and ~; to be ~ of s.th. etw. nicht wissen⟩
un·wom·an·ly [ʌn'wʊmənlɪ] **1.** *adj* unweiblich, für eine Frau ungeeignet; **2.** *adv* einer Frau unähnlich
un·wont·ed [ʌn'wəʊntɪd] *förml adj* ungewohnt, nicht gewöhnt (**to** an) | un-, außergewöhnlich
un·wood·ed [ʌn'wʊdɪd] *adj* unbewaldet
un·work|a·ble [ʌn'wɜ:kəbl] *adj* nicht bearbeitbar | undurchführbar | nicht betriebsfähig | *Bergb* (Flöz) nicht abbauwürdig ⟨an ≈ seam⟩; **un'worked** *adj* roh, unbearbeitet (*auch übertr*); **~man·like** [~mənlaɪk] *adj* nicht fachgemäß, stümperhaft ⟨an ≈ result⟩
un·world·ly [ʌn'wɜ:ldlɪ] *adj* naiv, weltfremd ⟨an ~ woman⟩ | überirdisch ⟨an ~ stillness⟩ | uneigennützig
un·worn [ʌn'wɔ:n] *adj* ungetragen | *übertr* unverbraucht
un·wor·thy [ʌn'wɜ:ðɪ] *adj* unwürdig, nicht würdig (**of s.th.** e-r Sache) | *übertr* unverdient ⟨an ~ treatment; to be ~ of/to s.th. etw. nicht verdienen⟩ | unschicklich, ungebührlich | schändlich, verabscheuungswürdig ⟨an ~ act⟩

un·wound·ed [ʌn'wu:ndɪd] *adj* unverletzt, nicht verwundet

un·wrap [ʌn'ræp] (**un'wrapped, un'wrapped** *od* **un·wrapt, un·wrapt**) *vt* auf-, auspacken, auswickeln; *vi* sich aufwikkeln, aufgehen

un·wrin·kled [ʌn'rɪŋkld] *adj* ohne Falten, glatt

un·writ·ten [ʌn'rɪtn] *adj* ungeschrieben ⟨~ law *übertr* ungeschriebenes Recht; *Jur* Gewohnheitsrecht *n*⟩

un·wrought [ʌn'rɔ:t] *adj* roh, unbearbeitet; **,~ 'goods** *s/pl* Rohstoffe *m/pl*

un·zip [ʌn'zɪp] *vt* (den Reißverschluß) aufmachen *od* öffnen ⟨to ~ a dress; to ~ s.o. jmdm. den Reißverschluß aufmachen⟩

up [ʌp] **1.** *adv* auf, herauf, hinauf, nach oben, in die Höhe, empor ⟨hands ~! Hände hoch!; right side ~ mit der richtigen Seite nach oben; wrong end ~ falsch herum; ~ and down auf und ab, hin und her, hier und da; to get ~ aufstehen; to go ~ (Preise u.ä.) anziehen; to lift one's head ~ den Kopf heben⟩ | oben ⟨~ in the sky oben am Himmel; to live three floors ~ im dritten Stock wohnen, drei Stockwerke hoch wohnen⟩ | weiter (nach oben), höher (*auch übertr*) ⟨~ north weiter im Norden⟩ | nach, bis, in ⟨~ till now bis jetzt; ~ in London in London; ~ to town in die Stadt (nach London); to be ~ to the university an der Universität sein⟩ | (*in Verbindung mit v intens*) auf-, aus-, intensiver ⟨to speed ~ aufdrehen; to laugh s.o. ~ jmdn. auslachen; speak ~! sprich lauter!; to burn ~ heller brennen; to turn the radio ~ das Radio lauter stellen⟩ | (*in Verbindung mit v*) auf-, zu Ende-, zusammen- ⟨to add ~ zusammenzählen; to collect ~ aufsammeln; to dry ~ austrocknen; to eat ~ aufessen; to write ~ (aus)formulieren⟩ | (*in Verbindung mit v*) zu-, zusammen- ⟨to tie ~; to nail ~⟩ ◇ **~ against** (Schwierigkeit u. a.) ausgesetzt; **~ before** vor (Gericht) ⟨to be ≈ the court⟩; **~ for** *Jur* beschuldigt (**s.th.** einer Sache); *Jur* anstehend ⟨to be ≈ sale zum Verkauf angeboten werden; to be ≈ renewal erneuert werden müssen⟩; **~ to** beschäftigt mit, aus sein auf ⟨to be/get ≈ no good nicht Gutes beabsichtigen; what's he ≈? was hat er vor?; to be ≈ s.o.'s tricks jmdm. auf die Schliche kommen⟩; *übertr* gewachsen, ebenbürtig ⟨to feel ≈ s.th. sich e-r Sache gewachsen fühlen; he isn't ≈ his work er schafft s-e Arbeit nicht; ≈ par auf der Höhe⟩; bis (zu) ⟨≈ then bis dann; to count ≈ 10 bis 10 zählen; ≈ death bis zum Tode⟩; notwendig, nötig, angebracht, zustehend ⟨it's ≈ us es gehört sich für uns⟩; **'~ [with]** hoch! ⟨~ the workers! hoch die Arbeiter!; ~ with you hoch mit dir!, aufgestanden!⟩; **be ~** *umg* passieren ⟨what's up? was ist los?; to be well ~ in/on gut bewandert sein in, genau Bescheid wissen in⟩; **be one ~** *Sport* einen Punkt führen ⟨one ~ for you 1:0 für dich, ein Punkt für dich⟩; **2.** *präp* auf, hinauf ⟨~ a mountain den Berg hinauf; ~ the road die Straße (ent)lang; ~ and down the row die Reihe auf und ab⟩ | oben, hoch ⟨~ two stairs zwei Treppen hoch⟩ | hinein ⟨~ country von der Küste weg ins Landesinnere⟩ | *Brit Sl* nach, zu ⟨~ the West End⟩ ◇ **~ yours** *Brit vulg* du kannst mich mal! **3.** *adj* (*meist präd*) (nach) oben, aufwärts ⟨the flag is ~ die Fahne ist gehißt; there's a notice ~ es gibt einen Aushang; the house hasn't been ~ das Haus ist noch nicht hoch(gezogen) *od* steht noch nicht; the sun is ~ die Sonne ist aufgegangen⟩ | auf, aus dem Bett (heraus) ⟨no one is ~ yet; ~ and about auf und auf dem Posten (nach Krankheit)⟩ | (nach einer großen Stadt) fahrend ⟨~ platform Bahnsteig *m* für Stadtzüge; ~ train Zug *m* nach London⟩ | vorüber, vorbei, um ⟨time's ~ die Zeit ist um⟩ | *lit* aufgestanden, erhoben ⟨the whole country was ~ ⟩ | (Straße) im Bau (befindlich), in Reparatur ⟨Road ~! Baustelle!⟩ | (Pferde) im Sattel ⟨with Piggott ~ mit Pigott als Reiter⟩ | (zum Sprechen) aufgestanden ⟨the minister is ~⟩ | *Brit Parl* (Sitzung) geschlossen | *bes Am Sl* = **~beat** ◇ **~ and about** (nach e-r Krankheit) wieder auf den Beinen *od* auf dem Posten; **not up** (Tennis) (Ball) aus, tot; **4.** (**upped, upped**) *umg vi scherzh* sich erheben, aufstehen ⟨to ~ and leave plötzlich gehen; to ~ and tell s.o. s.th. es jmdm. einmal richtig stecken⟩; *vt* (Preis) hochdrücken, anheben; *vi Am Sl* Aufputschungsmittel nehmen; **5.** *s* Aufwärtsbewegung *f* ⟨~s and downs welliges Gelände; the ~s and downs of life die Wechselfälle des Lebens⟩ | Stadtbus *m*, Stadtzug *m* | *Wirtsch* Preisanstieg *m* | (Ball) Ansteigen *n* ⟨on the ~ beim Hochgehen, -werfen⟩ ◇ **in two ~s** *Austr umg* im Nu, im Handumdrehen

up- [ʌp] *präf zur Bildung von adj, adv, s, v mit der Bedeutung*: auf(wärts)-, hinauf-, Aus-, Hoch-, Auf- (*z. B.* **~stream** stromaufwärts; **~burst** Ausbruch *m*; **~stairs** die Treppe hoch; **~take** Aufnehmen *n*; **~raise** hochheben; **~bringing** Aufziehen *n*) | um-, umgekehrt-, ent- ⟨**~turned** umgedreht, auf den Kopf; **~root** entwurzeln; **~end** umstülpen⟩

up·an·chor [ʌp'æŋkə] *vi Mar* den Anker lichten

up-and-com·ing [ˌʌp ən 'kʌmɪŋ] *urspr Am umg, adv* rührig, betriebsam ⟨an ~ new town⟩ | vielversprechend ⟨an ~ young writer⟩

up-and-down [ˌʌp ən 'daʊn] *adj* auf- und abgehend ⟨~ door *Tech* Kipptor *n*; ~ movement Auf- und Abbewegung *f*; ~ stroke *Tech* Doppelhub *m*⟩ | steil (abfallend) ⟨an ~ bank⟩ | *Brit* bergig, hügelig ⟨an ~ place⟩ | wild durcheinander ⟨~ fighting⟩ | regelrecht ⟨an ~ quarrel⟩ | *Am umg* offen, ehrlich

up-and-up [ˌʌp ən 'ʌp] *s meist in*: **on the ~** *Am* fair, ehrlich ⟨it's on the ~ es geht alles in Ordnung; he's on the ~ er macht keine krummen Touren⟩ | *bes Brit* aufwärts, nach oben (gehend), auf dem aufsteigenden Ast ⟨business was on the ~ das Geschäft florierte⟩

up·beat ['ʌpbi:t] **1.** *s Mus* Auftakt *m*; **2.** *adj* optimistisch

up·braid [ˌʌp'breɪd] *vt förml* (jmdm.) bittere Vorwürfe machen (**with s.th.** wegen etw., **for** *mit ger* weil, daß); *vi* schimpfen; **up'braid·ing 1.** *s* Vorwurf *m*, Tadel *m*; **2.** *adj* vorwurfsvoll

up·bring·ing ['ʌpbrɪŋɪŋ] *s* Auf-, Großziehen *n* | Erziehung *f* ⟨a good ~⟩

up·burst ['ʌpbɜ:st] *s* Ausbruch *m*

up·cast ['ʌpkɑ:st] **1.** *adj, adv* in die Höhe gerichtet; **2.** *s* Hochwerfen *n*

up·com·ing ['ʌpˌkʌmɪŋ] *Am* **1.** *adj* kommend, bevorstehend ⟨the ~ events⟩; **2.** *s* (unmittelbares) Bevorstehen

up·coun·try [ˌʌp'kʌntrɪ] *umg* **1.** *adj* im Landesinneren gelegen ⟨~ districts⟩; aus dem Landesinnern ⟨~ goods⟩ | *verächtl* hinterwäldlerisch, (von) hinter dem Mond; **2.** *adv* landeinwärts ⟨to travel ~⟩; **3.** *s* Landesinnere *n*

up·date [ˌʌp'deɪt] **1.** *vt* auf den neuesten Stand *od* aufs laufende bringen, modernisieren; **2.** *s* letzte Information

up·do ['ʌpdu:] *s umg* Hochfrisur *f*

up·draft ['ʌpdrɑ:ft] *s* Aufwind *m*

up·end [ʌp'end] *vt* auf den Kopf stellen | *Tech* hochkant stellen | umdrehen, umstülpen | umwerfen (*auch übertr*) ⟨to ~ one's opponent seinen Gegner zu Boden werfen⟩

up·front [ʌp'frʌnt] *Am umg adj* offen, unverblümt ⟨~ aggressiveness⟩ | führend, vorrangig ⟨an ~ concern ein erstrangiges Anliegen⟩ | Spitzen-, Top-, hochrangig ⟨he's an ~ guy er ist einer der Bosse⟩ | Vor(aus)-, vorläufig ⟨~ outlays Anfangsausgaben *pl*⟩

up·grade [ˌʌp'greɪd] *vt* (jmdn.) aufsteigen lassen, höher (ein)stufen, steigern, anheben | *Wirtsch* (Produkt) (in der Qualität) verbessern, veredeln | *Wirtsch* (altes Produkt) durch ein neues, besseres ersetzen; ['ʌpgreɪd] **1.** *adj* aufsteigend; **2.** *adv* nach oben, aufwärts ⟨to go ~⟩; **3.** *s* Steigung *f*, Aufstieg *m* ⟨on the ~ steigend; *übertr* besser werdend, auf dem ansteigenden Ast, im Kommen⟩

up·heav·al [ʌp'hi:vl] *s Geol* Bodenerhebung *f* | *übertr* Umwälzung *f*, Umbruch *m*, Umsturz *m* ⟨political ~s⟩ | *übertr* Durcheinander *n*, Tohuwabohu *n*; **up'heave** (**up·hove, up·hove** [ʌp'həʊv] *od* **up'heaved, up'heaved**) *vt* hochheben | *übertr* durcheinander bringen, aus den Angeln heben; *vi* sich erheben, ansteigen

up·held [ʌp'held] *prät* u. *part perf* von ↑ **up'hold**

up·hill [ˌʌp'hɪl] **1.** *adj* ansteigend, bergauf | *übertr* mühsam, schwierig ⟨an ~ task⟩; **2.** *adv* aufwärts | bergauf ⟨to be ~ all the way es geht immer bergauf⟩ | *übertr* schwierig, mühsam; ['ʌphɪl] *s* Anhöhe *f*, Anstieg *m*

up·hold [ʌp'həʊld] *vt* (**up·held, up·held** [ʌp'held]) hochhalten, aufrecht halten | stützen, halten (*auch übertr*) ⟨to ~ the roof; to ~ the morale⟩ | *übertr* aufrechterhalten, billigen ⟨to ~ a right⟩ | *übertr* beibehalten ⟨to ~ a tradition⟩ | *Jur* (in zweiter Instanz) bestätigen ⟨to ~ a decision⟩ | *dial Nordengland, Schott* erklären, meinen (**that** daß) | *Brit* instandhalten, pflegen

up·hol·ster [ʌp'həʊlstə] *vt* (Sessel) (aus)polstern | (Zimmer) (mit Teppich) dekorieren, ausstatten; (mit Gardine) tapezieren; **'~er** *s* Polsterer *m* | (Zimmer) Dekorateur *m*, Tapezierer *m*; **'~y** *s* Polsterung *f* | Tapezieren *n* | Polstermaterial *n* | Polstermöbel *pl* | Möbelbezüge *m/pl*; **'~ ˌfab·ric** *s* Möbel-, Bezugsstoff *m*; **up'hol·stered** *adj* gepolstert, Polster- ⟨≈ seat Polstersitz⟩ | *übertr* in: **ˌwell up'hol·stered** *adj scherzh* (Person) gut gepolstert

up·keep ['ʌpki:p] *s* Instandhaltung *f*, Wartung *f*, Unterhaltung *f* | Unterhaltskosten *pl*

up·land ['ʌplənd] *adj* Berg-, Hochland- ⟨~ region⟩; **'up·lands** *s/pl* Hochland *n*

up·lift [ʌp'lɪft] *förml, lit vt* hochheben | (Stimme) erheben | *übertr* erbauen ⟨~ing words erbauliche Worte⟩; ['ʌpˌlɪft] *s Geol* Erhebung *f* | *übertr* Hebung *f*, Besserung *f*, Aufschwung *m*, Auftrieb *m* | *übertr* Erhebung *f*, Erbauung *f*; **~ bra·[s·sière]** ['ʌplɪftbrɑ:-|-ˌbræzjə] *s* Büstenhebe *f*, Stützbüstenhalter *m*

up·link [ʌp'lɪŋk] (Raumfahrt) **1.** *s* Boden-Raumfahrtverbindung *f*; **2.** *adj* von der Erde zum Raumschiff ⟨~ commands⟩; **3.** *vt* von der Erde an ein Raumschiff übermitteln ⟨to ~ information⟩

up·man·ship ['ʌpmənʃɪp] *s* Fähigkeit *f*, anderen immer einen Schritt voraus zu sein, Übertrumpfen *n*

up-mar·ket [ˌʌp'mɑ:kɪt] *bes Brit Wirtsch* **1.** *adj* anspruchsvoll, teuer ⟨an ~ car; an ~ women's clothing store⟩; **2.** *adv* für anspruchsvolle Kunden ⟨to move ~ sich an Finanzkräftigere wenden, teurer werden⟩; **3.** *vt* teurer machen; *vi* sich an anspruchsvollere Kunden wenden, teurer werden

up·most ['ʌpməʊst] = **uppermost**

up·on [ə'pɒn] *präp förml* = **on** ⟨once ~ a time es war einmal; ~ my word auf mein Wort!⟩

up·per ['ʌpə] **1.** *adj* obere(r, -s), höhere(r, -s), Ober- (*auch übertr*) ⟨~ arm Oberarm *m*; ~ part Oberteil *n*⟩ | höherstehend, übergeordnet, ranghöher ⟨the ~ social brackets die sozial Bessergestellten; the ~ ten (thousand) die oberen Zehntausend⟩ | höher gelegen, landeinwärts gelegen ⟨the ~ reaches die weiter vom Wasser entfernten Landstriche *pl*⟩; **2.** *s* (Schuh-) Oberleder *n* ⟨(down) on one's ~s *umg übertr* abgebrannt, auf dem Hund⟩ | *Am Sl* Aufputschmittel *n*; **ˌ~ 'brain** *s Med* Großhirn *n*; **ˌ~ 'case**, *auch* **ˌ~ ˌcase 'let·ter** *s Typ* Großbuchstabe, Versal *m*; **ˌ≈ 'Cham·ber** (*mit best art*) = **≈ House**; **ˌ~ 'cir·cle** *s Brit Theat* zweiter Rang; **ˌ~ 'class 1.** *s* (*mit best art*) (*oft pl*) herrschende Klasse, Aristokratie *f*; **2.** *adj* aristokratisch, vornehm ⟨≈ accent⟩; **ˌ~ 'coat** *s* Überrock *m*; **ˌ~ 'crust 1.** *Brit* (*mit best art*) *umg scherzh s* Aristokratie *f*, Spitzen *f/pl* der Gesellschaft; **2.** *adj* aristokratisch, Oberklassen-; **'~cut** *s* (Boxen) Kinnhaken *m*; **ˌ~ 'deck** *s Mar* Oberdeck *n*; **ˌ~ 'hand** *s* Kontrolle *f*, Herrschaft *f*, *bes in*: **have/get the ~ hand** *übertr* die Oberhand gewinnen; **ˌ≈ 'House** *s* (*mit best art*) *Brit Parl* Oberhaus *n*; **ˌ~ 'jaw** *s Med* Oberkiefer *m*; **ˌ~ 'leath·er** *s* Oberleder *n*, (Schuh-) Blatt *n*; **ˌ~ 'lip** *s* Oberlippe *f* ⟨to keep a stiff ≈ *übertr* nicht nachgeben, den Mut nicht sinken lassen⟩

up·per·most ['ʌpəməʊst] **1.** *adj* oberste(r, -s), höchste(r, -s) ⟨the ~ part⟩ | äußerste(r, -s) ⟨the ~ skin⟩ | ranghöchste(r, -s) ⟨~ councils⟩ | *übertr* wichtig, vorherrschend ⟨~ in my mind⟩; **2.** *adv* zuoberst, ganz (nach) oben ⟨to turn ~⟩ | *übertr* an erster Stelle, zuerst ⟨to say what comes ~ sagen, was am wichtigsten ist; to come ~ die Oberhand gewinnen⟩

up·per sto·rey [ˌʌpə'stɔ:rɪ] *s* oberes Stockwerk | *umg scherzh* Oberstübchen *n* ⟨there's s.th. wrong in his ~ er ist nicht ganz richtig⟩

Up·per Vol·ta [ˌʌpə 'vɒltə] *s* Obervolta

up·pish ['ʌpɪʃ] *umg adj* hochnäsig, -mütig ⟨an ~ gesture⟩ | anmaßend, unverschämt ⟨don't get ~!⟩; **up·pi·ty** ['ʌpətɪ] *adj umg* = **uppish**

up·raise [ʌp'reɪz] *vt* hoch-, erheben

up·rate [ˌʌp'reɪt] *vt* (Rang, Stellung) anheben, (Umfang, Stärke, Status) erhöhen, steigern ⟨to ~ a caution eine Warnung verschärfen⟩ | *Wirtsch* erhöhen, anheben ⟨to ~ pensions⟩

up·rear [ʌp'rɪə] *vi, vt* (sich) aufrichten

up·right ['ʌpraɪt] **1.** *adj* aufrecht, gerade ⟨an ~ walk⟩ | aufrecht, stehend | *übertr* aufrecht, anständig ⟨an ~ man⟩; **2.** *adv* aufrecht ⟨to stand ~⟩; **3.** *s* aufrechte Stellung | Pfosten *m*, Träger *m*, Ständer *m* (*auch Tech*) | *auch* **ˌ~ pi'an·o** *Mus* Klavier *n*; **'up·rights** *s/pl Mar* Hellingmast *m* | *Tech* (Maschine) Ständer *m*; **ˌ~ 'pass** *s* (Sport) Steilvorlage *f*; **ˌ~ 'size** *s* Hochformat *n*; **ˌ~ 'twill** *s* (Gewebe) Diagonal-, steiler Köper

up·rise [ʌp'raɪz] (**up·rose** [ʌp'rəʊz], **up·risen** [ʌp'rɪzn]) *vi poet* sich erheben | (Sonne) aufsteigen | (vom Bett) aufstehen | erscheinen | auferstehen | größer werden, zunehmen | *übertr* sich erheben, rebellieren, revoltieren; ['ʌpraɪz] *s* Aufstieg *m* (*auch übertr*) | (Sonnen-)Aufgang *m*; **up·ris·ing** [ˌʌp'raɪzɪŋ|'-ˌ--] *s* Aufstehen *n* | (Sonnen-)Aufgang *m* | Aufstand *m*, Revolte *f*

up·roar ['ʌprɔ:] *s* Tumult *m*, Aufruhr *m*, Lärm *m* ⟨to make an ~ einen Aufruhr erregen⟩; **~i·ous** [ʌp'rɔ:rɪəs] *adj* stürmisch, laut ⟨an ≈ welcome; ≈ laughter schallendes Gelächter⟩ | aufgeregt, erregt, tobend ⟨≈ fight⟩ | urkomisch, zum Lachen ⟨an ≈ comedy⟩

up·root [ʌp'ru:t] *vt, auch* **~ up** (mit den Wurzeln) herausreißen, entwurzeln | *übertr* entwurzeln, (des Landes) verjagen, der Grundlage(n) berauben ⟨to ~ o.s. seine Heimat verlassen; ~ed by the war durch den Krieg vertrieben⟩ | *übertr* ausmerzen; *vi* die Heimat *od* die Existenzgrundlage aufgeben; **up'root·al** *s* Herausreißen *n*, Entwurzelung *f* (*auch übertr*)

up·rose [ʌp'rəʊz] *prät* von ↑ **uprise**

up·scale ['ʌpskeɪl] *adj Am* sozial höherstehend, elitär

up·set [ˌʌp'set] *adj arch* erhoben | umgeworfen, -stürzt ⟨an ~ table⟩ | durcheinander (geraten, -geworfen) | (Magen u. ä.) verstimmt, verdorben | *übertr* aufgeregt, verwirrt; [ʌp'set] (**up'set·ted, up'set·ted**) *vt* umwerfen, umstürzen ⟨to ~ a chair⟩ | umschütten ⟨to ~ the milk⟩ | (Magen, Gesundheit) angreifen, in Unordnung bringen; verstimmen | *Mar* zum Kentern bringen | *übertr* aufregen, verwirren, aus der

Fassung bringen | *übertr* (Plan) vereiteln | *Tech* stauchen; *vi* umfallen, umstürzen | verschüttet werden, ausfließen | *Mar* umschlagen, kentern; ['ʌpset] *s* Sturz *m* | Umfallen *n* | *Mar* Kentern *n* | *übertr* Vereiteln *n* ⟨an ~ of our plan⟩ | Durcheinander *n*, Unordnung *f* | Verstimmung *f* ⟨stomach ~⟩ | *umg* Meinungsverschiedenheit *f*, Streit *m* | Aufregung *f*, Bestürzung *f*, Verwirrung *f* | *auch* **up'set·ting** *Tech* Stauchung *f*

up·shot ['ʌpʃɒt] *s umg* Resultat *n*, Ausgang *m*, Ende *n* ⟨in the ~ letzten Endes, schließlich; what was the ~ of s.th.? was ist bei etw. herausgekommen?⟩

up·side ['ʌpsaɪd] *s* Oberseite *f* | Ankunftsseite *f* der Züge; ˌ~ **'down** *adv* mit dem Kopf nach unten ⟨to turn s.th. ≈ etw. auf den Kopf stellen⟩ | umgekehrt | *übertr* drunter und drüber

up·spring [ʌp'sprɪŋ] *vi* (**up·sprang** [ʌp'spræŋ] **up·sprung** [ʌp'sprʌŋ]) aufspringen | entstehen; ['ʌpsprɪŋ] *s* Entstehen *n*

up·stage [ˌʌp'steɪdʒ] **1.** *adv* im *od* in den Hintergrund der Bühne, hinten auf der Bühne; **2.** *adj* die Hinterbühne betreffend, im Hintergrund der Bühne (befindlich) | *umg* hochnäsig, überheblich ◇ ~ **and coun·ty** *Brit* snobistisch, vornehm tuend, etw. Besseres sein wollend; **3.** *vt* (jmdn.) ausstechen wollen, in den Schatten stellen; **4.** *s* hinterer Teil der Bühne

up·stairs [ˌʌp'stɛəz] **1.** *adj* im oberen Stockwerk, oben gelegen ⟨an ~ room⟩; **2.** *adv* (nach) oben, die Treppe hinauf ⟨to go ~⟩; **3.** *s* Obergeschoß *n*, oberes Stockwerk

up·stand·ing [ˌʌp'stændɪŋ] *adj* aufrecht, stehend | groß (gewachsen) ⟨~ children⟩ | *übertr* ehrlich, aufrecht ⟨a fine ~ gentleman⟩

up·start ['ʌpstɑ:t] **1.** *adj* anmaßend; **2.** *s verächtl* Emporkömmling *m*; [ʌp'stɑ:t] *vi* auf-, hochfahren; *vt* aufstöbern, aufschrecken

up·state [ˌʌp'steɪt] *Am* **1.** *s* Hinterland *n* (e-s Staates) | nördlicher Teil des Staates New York; **2.** *adj* den nördlichen *od* ländlichen Teil (e-s Staates, e-r Provinz) betreffend ⟨in ~ New York; an ~ resort; ~ pronunciation⟩

up·stream [ˌʌp'stri:m] *adv, adj* stromaufwärts (gelegen) ⟨an ~ course; the ~ countries; to travel ~⟩ | (Ölindustrie) vor Ort, an der Quelle ⟨~ investments Ausgaben *pl* für die Erschließung⟩

up·stroke ['ʌpstrəʊk] *s* Aufstrich *m* | *Tech* Aufwärtshub *m*

up·surge [ʌp'sɜ:dʒ] *vi* aufwallen (*auch übertr*); ['ʌpsɜ:dʒ] *s* Aufsteigen *n*, Aufwallen *n* ⟨an ~ of indignation ein Anwallen von Entrüstung, ein Entrüstungsausbruch⟩

up·swing ['ʌpswɪŋ] *s bes übertr* Anstieg *m*, Aufschwung *m* (**in** in) ⟨on the ~ ansteigend; an ~ in technological progress ein Fortschritt in der Entwicklung der Technik⟩

up·take ['ʌpteɪk] *s* Aufnehmen *n* | *übertr* Begreifen *n* ⟨to be quick (slow) on the ~ schnell (langsam) begreifen⟩ | *Tech* Steigleitung *f* | Schornsteinschacht *m*

up·throw ['ʌpθrəʊ] *s* Hochwerfen *n* | *Geol* Verwerfung *f*, Überschiebung *f*

up·thrust ['ʌpθrʌst] *s* Hoch-, Emporschleudern *n* | Stoß *m* nach oben | *Tech* Auftrieb *m*

up·tick ['ʌptɪk] *s Am Wirtsch* Aufschwung *m*

up·tight [ˌʌp'taɪt] *umg adj* besorgt (**about** um) ⟨to get ~ about s.th. sich solche Gedanken machen um etw.⟩ | nervös; irritiert ⟨to be pretty ~ about s.th. wegen etw. ziemlich sauer sein⟩ | *Am* zugeknöpft, steif, nicht aufgeschlossen, abweisend

up to date [ˌʌp tə 'deɪt] *adj* aktuell, zeitgemäß, modern ⟨~ maps⟩ | modisch ⟨an ~ tie⟩ ◇ **bring s.o. ~** jmdn. ins Bild setzen; **bring s.th. ~** etw. auf den neuesten Stand bringen

up to the min·ute [ˌʌp tə ðə 'mɪnɪt] *adj* hoch-, supermodern ⟨an ~ printing press⟩ | (Information) neueste(r, -s), letzte(r, -s) ⟨the facts are ~ die Fakten sind brandfrisch⟩

up·town [ˌʌp'taʊn] **1.** *adv* in die obere Stadt, im oberen Stadtteil ⟨to walk ~⟩ | *Am* in die (den) Wohnviertel(n) (*Ant* downtown); **2.** *adj* im oberen Stadtteil liegend ⟨~ streets⟩ | *Am* in den Wohnvierteln lebend; **3.** *s* Oberstadt *f* | *Am* Wohnviertel *n/pl*; Villenviertel *n*

up·trend ['ʌptrend] *s* Aufschwung *m*

up·turn ['ʌptɜ:n] *s* Aufwärtsbewegung *f* | *übertr* Aufschwung *m* (**in** in); ˌ**up'turned** *adj* nach oben gebogen *od* gerichtet *od* gedreht ⟨≈ nose Stupsnase *f*⟩ | umgeworfen, -gekippt | *Mar* gekentert

up·ward ['ʌpwəd|-wʊd] **1.** *adj* nach oben gerichtet ⟨an ~ glance ein Blick nach oben⟩ | *übertr* sozial höher; **2.** *auch* **'up·wards** *adv* aufwärts gerichtet, nach oben ⟨to move ≈; and ≈ und darüber⟩; **'up·ward(s) of** *präp* mehr als, über ⟨≈ 50 people; ≈ 60 years old⟩; ˌ**~-'mo·bile** *adj* (sozial) aufstrebend; ˌ**~ mo'bil·i·ty** *s* Aufstiegsstreben *n*, soziale Aufstiegsmöglichkeiten *f/pl*

up·whirl [ʌp'wɜ:l] *vi, vt* aufwirbeln

up·wind ['ʌpwɪnd] *s Flugw* Aufwind *m*

u·rae·mi·a [jʊə'ri:mɪə] *s Med* Urämie *f*, Harnvergiftung *f*; **u'rae·mic** *adj* urämisch, Urämie-

U·ral ['ju:rəl] *s* (*mit best art*) Ural *m*; **~ Al·ta·ic** [ˌ~ æl'teɪɪk] *Ling* **1.** *adj* uralaltaisch; **2.** *s* Uralaltaisch *n*; **~i·an** [jʊə'reɪlɪən], *auch* **~ic** [jʊə'rælɪk|-'reɪlɪk] *Ling* **1.** *adj* uralisch; **2.** *s* Uralisch *n*; ˌ**~ 'Moun·tains**, *auch* **'U·rals** *s/pl* (*mit best art*) Ural *m*, Uralgebirge *n*

u·ran|ic [jʊ'rænɪk] *adj Chem* Uran-; **~i·nite** [~ɪnaɪt] *s Min* Uraninit *n*, Uranpecherz *n*

u·ra|nite ['jʊrənaɪt] *s Min* Uranit *n*; **~nit·ic** [ˌjʊrə'nɪtɪk] *adj* Uranit- | uranhaltig; **~ni·um** [jʊ'reɪnɪəm|jʊə-] *s Chem* Uran *n*; ˌ**~ni·um re'ac·tor** *s Phys* Uranreaktor *m*; **~nous** ['jʊrənəs] *adj Chem* Uran-

U·ra·nus [jʊ'reɪnəs] *s Astr* Uranus *m*

urb [ɜ:b] *s Am* Stadt(gebiet) *f*(*n*)

ur·ban ['ɜ:bən] *adj* städtisch, Stadt- ⟨~ life Stadtleben *n*; ~ guerilla Stadtguerilla *m*⟩; **ur·bane** [ɜ:'beɪn] *adj* gebildet, fein, höflich; **~i·ty** [ɜ:'bænətɪ] *s* Höflichkeit *f*, Weltgewandtheit *f*; ˌ**~i'za·tion** *s* Urbanisierung *f*, Verstädterung *f*; Verfeinerung *f*; **'~ize** *vt* urbanisieren, verstädtern; verfeinern; **'~oid** *adj* großstädtisch; **~o·lo·gist** [ˌɜ:bə'nɒlədʒɪst] *s* Urbanologe, -in *m, f*; **~'o·lo·gy** *s* Urbanologie *f*, Wissenschaft *f* von den Großstädten; ˌ**~ 'ore** *s* wiederverwertbare (städtische) Abprodukte *n/pl*; ˌ**~ re'new·al** *s* (Groß-) Stadtsanierung *f*; ˌ**~ 'sprawl** *s* unkontrolliertes Wachstum *od* Ausbreiten der Städte; **ur·bi·cide** ['ɜ:bɪsaɪd] *s* Stadtsterben *n*

ur·chin ['ɜ:tʃɪn] *s* Bengel *m*, Schlingel *m* | Straßenjunge *m* | *auch* **'sea** ˌ~ *Zool* Seeigel *m*

Ur·du ['ʊədu:] *s Ling* Urdu *n*

-ure [-jə] *suff zur Bildung von s aus v mit der Bedeutung* Handlung, Vorgang (*z. B.* **departure** Abreise; **pressure** Druck) | Institution (*z. B.* **legislature** Legislatur *f*)

u·re|a ['jʊərɪə|jʊə'ri:ə] *s Med* Urea *f*, Harnstoff *m*; **'~al** *adj* Harnstoff-

u·re|ter [jʊə'ri:tə] *s Anat* Ureter *m*, Harnleiter *m*; **~ter·ic** [ˌ~rɪ'terɪk] *adj* Ureter-; **~ter·i·tis** [ˌ~tə'raɪtɪs] *s Med* Ureteritis *f*, Harnleiterentzündung *f*; **~thra** [~θrə] *s* (*pl* **~thrae** [~θri:], **~thras** [~θrəz]) *Anat* Urethra *f*, Harnröhre *f*; **~thral** [~θrl] *adj* urethral; **~thrit·ic** [ˌ~rɪ'θrɪtɪk] *adj Med* urethritisch; **~thri·tis** [ˌ~rɪ'θraɪtɪs] *s* Urethritis *f*, Harnröhrenentzündung *f*; **~thro·scope** [~θrəskəʊp] *s Med* Urethroskop *n*, Harnröhrenspiegel *m*; **u·ret·ic** [jʊə'retɪk] *adj Med* diuretisch, harntreibend

urge [ɜ:dʒ] **1.** *vt* antreiben, drängen ⟨to ~ s.o. on jmdn. vorwärtstreiben⟩ | dringend bitten *od* ersuchen, anflehen (**to**

mit inf zu *mit inf*) | Nachdruck legen auf, bestehen auf ⟨to ~ a point of view einen Standpunkt verfechten⟩ | (etw.) einschärfen, ans Herz legen (**[up]on s.o.** jmdm.); *vi* drängen, treiben | dringend bitten (**for** um) | bestehen (**on** auf); **2.** *s* Antrieb *m*, innerer Drang, Verlangen *n* ⟨creative ~ Schaffensdrang *m*; sexual ~ Geschlechtstrieb *m*; to feel an ~ to do s.th.⟩ | Inbrunst *f* ⟨religious ~⟩; **ur·gen·cy** ['ɜ:dʒənsɪ] *s* Not *f*, Dringlichkeit *f*, dringende Bitte; **'ur·gen·cies** *s/pl* dringende Vorstellungen *pl*; **'ur·gent** ['ɜ:dʒənt] *adj* eilig, dringlich, drängend ⟨to be in ≈ need of s.th. einer Sache dringend bedürfen; to be ≈ in one's demand etw. dringend fordern⟩ | aufdringlich ⟨an ≈ lover⟩

u·ric ac·id [ˌjʊərɪk 'æsɪd] *s Chem* Harnsäure *f*

u·ri|nal ['jʊərɪnl|jʊ'raɪnl] *s* Urinflasche *f* | Pissoir *n*, Bedürfnisanstalt *f* (für Männer); **'~nar·y** ['~nərɪ] *adj* Harn-, Urin-; **ˌ~nar·y 'blad·der** *s Anat* Harnblase *f*; **'~nate** *vi* urinieren, Wasser lassen; **ˌ~'na·tion** *s* Wasserlassen *n*, Urinieren *n*; **'u·rine** ['jʊərɪn] *s* Urin *m*, Harn *m*

urn [ɜ:n] *s* Urne *f* ⟨cinerary ~; funeral ~ Graburne *f*⟩ | *Pol* Wahlurne *f* | Kaffee-, Teemaschine *f* ⟨coffee ~; tea ~⟩

uro- [jʊərə(ʊ)] ⟨*griech*⟩ *in Zus* Harn-, Urin-

u·ro|lith ['jʊərəlɪθ] *s Med* Harnstein *m*; **~log·ic** [ˌ~'lɒdʒɪk], **ˌ~'log·i·cal** *adj* urologisch; **u·rol·o·gist** [jʊə'rɒlədʒɪst] *s* Urologe *m*; **u'rol·o·gy** *s* Urologie *f*

Ur·sa | Ma·jor [ˌɜ:sə 'meɪdʒə] *s Astr* Großer Bär; **ˌ~ 'Mi·nor** *s* Kleiner Bär

ur·sine ['ɜ:saɪn|-sɪn] *adj Zool* Bären-, bärenartig

ur·ti·ca ['ɜ:tɪkə|ɜ:'taɪkə] *s Bot* Brennessel *f*; **ur·ti·car·i·a** [ˌɜ:tɪ'kɛərɪə] *s Med* Urtikaria *f*, Nesselsucht *f*

U·ru·guay ['jʊərəˌgwaɪ] *s* Uruguay *n*; **~an** [jʊərə'gwaɪən] **1.** *adj* uruguayisch; **2.** *s* Uruguayer(in) *m(f)*

u·rus ['jʊərəs] *s Zool* Ur *m*, Auerochse *m*

us [əs|s|ʌs] *pron* (*dat* od *acc* von ↑ **we**) uns ⟨all of ~ wir alle; both of ~ wir beide⟩ | *Sl* mir, mich ⟨give ~ a look laß mal sehen!⟩ ◇ **~ English** *umg* wir Engländer ⟨as for ≈ was uns Engländer angeht⟩

¹US [ˌju: 'es] *Abk* von **unserviceable**

²US [ˌju: 'es], *auch* **USA** [ˌju: es 'eɪ] **1.** *s* USA *f*; **2.** *adj* USA-, US- ⟨the ~ army⟩

us·a|bil·i·ty [ˌju:zə'bɪlətɪ] *s* Brauchbar-, Verwendbarkeit *f*; **'~ble** *adj* brauchbar, verwendbar

us·age ['ju:zɪdʒ|-s-] *s* Gewohnheit *f*, Brauch *m*, Gepflogenheit *f*, Praxis *f* ⟨common ~ allgemeiner Brauch⟩ | Benutzung *f*, Gebrauch *m*, Verwendung *f*, Ausnutzung *f* ⟨library ~ Bibliotheksnutzung *f*⟩ | Behandlung(sweise) *f* ⟨rough ~⟩ | Nutzen *m*, Vorteil *m* ⟨to put s.th. to one's ~ etw. für sich verwenden⟩ | Sprachgebrauch *m*, Usus *m* ⟨modern English ~⟩ | Geschäftsbrauch *m* | *Jur* Gewohnheitsrecht *n*

us·ance ['ju:zəns] *s Wirtsch* Uso *m*, (übliche) Wechselfrist ⟨at ~ nach Uso⟩ | Usance *f*, Handelsbrauch *m* | *arch* Gebrauch *m*

use [ju:z] *vt* benutzen, an-, verwenden, gebrauchen (**for** für) | *auch* **~ up** auf-, verbrauchen ⟨to have ~d up all one's strength seine ganze Kraft verbraucht haben⟩ | *förml* behandeln, verfahren mit ⟨to ~ s.o. badly mit jmdm. ungerecht verfahren; to think o.s. ill-~d sich schlecht behandelt fühlen⟩ | *arch* gewöhnen (**to** an); *vi* (*präs*) *arch* gewohnt sein (**to** an) | (*nur prät*) pflegen zu ⟨I ~d to go; I didn't ~ to go (I used not to go) ich pflegte (nicht) zu gehen, ich bin früher immer (nie) gegangen⟩; [ju:s] *s* Anwendung *f*, Benutzung *f*, Gebrauch *m* ⟨for ~ zum Gebrauch; in ~ in Gebrauch; out of ~ außer Gebrauch, ungebräuchlich; ready for ~ gebrauchsfertig; to come into ~ in Gebrauch kommen; to fall out of ~ ungebräuchlich werden; to make ~ of s.th. von etw. Gebrauch machen⟩ | Nutzen *m*, Vorteil *m*, Sinn *m*, Verwendungszweck *m* ⟨can I be of ~ kann ich helfen?; what's the ~ of it? was nützt es? it's [of] no ~ es hat keinen Sinn, es führt zu nichts; to be of (no) ~ to (nicht) von Nutzen sein für; to have no ~ for s.o. von jmdm. nichts halten, für jmdn. nichts übrig haben; to have no ~ for s.th. mit etw. nichts anfangen können; to put to (good) ~ (gut) anwenden⟩ | Kraft *f*, Fähigkeit *f* (etw.) zu gebrauchen ⟨to regain the ~ of one's leg wieder das Bein gebrauchen können⟩ | Brauch *m*, Gewohnheit *f* ⟨once a ~ and ever a custom jung gewohnt, alt getan; ~ makes perfect Übung macht den Meister⟩ | *Jur* Nutznießung *f*, Genuß *m*; **used** ['ju:st] *adj* gewöhnt (**to** an) ⟨to get ≈ to s.th. sich an etw. gewöhnen; I'm not ≈ to *mit ger* ich bin nicht gewöhnt zu *mit inf*⟩ | ['ju:zd] getragen, gebraucht ⟨≈ cars Gebrauchtwagen *m/pl*⟩; **~ful** ['ju:sfl] *adj* zweckdienlich, nützlich, brauchbar ⟨a ≈ idea⟩ | *umg* tüchtig ⟨a ≈ person⟩ | *Tech* Nutz-, Wirk- ⟨≈ current *El* Wirkstrom *m*; ≈ effect Nutzeffekt *m*; ≈ power Nutzleistung *f*⟩; **~less** ['ju:sləs] *adj* nutz-, zwecklos, unbrauchbar ⟨the car is ≈ without petrol⟩ | sinnlos, vergebens ⟨it is ≈ to *mit inf* es hat keinen Sinn zu *mit inf*⟩ | *umg* (Person) nicht zu gebrauchen, unmöglich; **us·er** ['ju:zə] *s* Benutzer(in) *m(f)* | *Wirtsch* Konsument *m*, Verbraucher *m* | *Jur* Nutznießer *m*

U-shaped i·ron [ˌju: ʃeɪpt 'aɪən] *s Tech* U-Eisen *n*

ush·er ['ʌʃə] **1.** *s* Pförtner *m*, Türhüter *m* | Platzanweiser *m* | *Jur* Gerichtsdiener *m* | *arch, scherzh* Pauker *m*, Schulmeister *m*; **2.** *förml vt* hineinführen, -geleiten (**into** in) | ankündigen; **~ette** [ˌ~'ret] *s* Platzanweiserin *f*

USSR [ˌju: es es 'ɑ:] *s* UdSSR *f* (*Abk* von **Union of Soviet Socialist Republics**)

usu. *Abk* von **usually**

u·su·al ['ju:ʒʊəl|'ju:ʒl|'ju:ʒʊl] **1.** *adj* gewöhnlich, üblich, gebräuchlich ⟨as ~ wie gewöhnlich⟩; **2.** *s umg* (das) Übliche; **~ly** ['ju:ʒl̩ɪ|'ju:ʒʊəlɪ] *adv* im allgemeinen, gewöhnlich, normalerweise; oft ⟨I'm not late, ≈⟩

u·su|fruct ['ju:zjʊfrʌkt|'ju:s-] *Jur* **1.** *s* Nutznießung *f*; **2.** *vt* die Nutznießung haben von

u·su|rer ['ju:ʒərə] *s* Wucherer *m*; **~ri·ous** [ju:'zjʊərɪəs|-ʒʊə-] *adj meist verächtl* wucherisch, Wucher- ⟨an ≈ old man ein alter Wucherer; ≈ interest Wucherzinsen *pl*⟩

u·surp [ju:'zɜ:p|-s-] *förml vt* usurpieren, widerrechtlich in Besitz nehmen, an sich reißen ⟨to ~ a throne; to ~ powers⟩; *vi* sich Übergriffe erlauben; **ˌu·sur'pa·tion** *s* Usurpation *f*, widerrechtliche Aneignung; **u'surp·er** *s* Usurpator *m* | widerrechtlich Besitzergreifender

u·su·ry ['ju:ʒr̩ɪ] *verächtl s* Wucher *m* | Wucherzinsen *m/pl*

u·ten·sil [ju:'tensl] *s* (Schreib-, Küchen- u. ä.) Gerät *n*, Werkzeug *n*; **ˌ~ 'sock·et** *s El* Gerätestecker *m*

u·ter|ine ['ju:təraɪn|-rɪn] *adj Anat* Uterus-, Gebärmutter- ⟨≈ diseases⟩ | *förml* von derselben Mutter stammend ⟨≈ brothers⟩; **~us** ['~əs] *s* (*pl* **~i** ['~aɪ]) *Med* Uterus *m*, Gebärmutter *f*

u·til·i|tar·i·an [ju:ˌtɪlɪ'tɛərɪən] **1.** *adj* utilitaristisch, Nützlichkeits-; **2.** *s* Utilitarier *m*, Anhänger *m* des Utilitarismus; **ˌ~'tar·i·an·ism** *s* Utilitarismus *m*, Nützlichkeitslehre *f*

u·til·i|ty [ju:'tɪlətɪ] **1.** *s* Nutzen *m*, Nützlichkeit *f* ⟨of no ≈ nutzlos; the ≈ of coal der Wert der Kohle⟩ | Vorteil *m*, positiver Aspekt ⟨the relative ≈ of s.th.⟩ | (*oft pl*) (Versorgungs-) Einrichtung *f* ⟨public ≈ öffentlicher Versorgungsbetrieb *m* (Gas, Wasser u. ä.); Leistung *f* der Versorgungsbetriebe; the utilities versorgungswirtschaftliche Einrichtungen *pl*; regulation of utilities Versorgungsregelung *f*⟩ | *Tech* Installation *f* | Zusatzgerät *n* | (*meist pl*) *Wirtsch* Aktie *f* öffentlicher Versorgungsbetriebe; **2.** *adj* Gebrauchs- ⟨≈ furniture Gebrauchsmöbel *n*; ≈ van Mehrzweckwagen *m*⟩; **'~ty line** *s* Versorgungsleitung *f*; **'~ty room** *s* Allzweckraum *m*; '~ty run *s* Leitungskanal *m*; '~ty trench *s* Leitungsgraben *m*; **u·ti·liz·a·ble** ['ju:tılaızəbl] *adj* verwendbar, nutzbar; ˌ**u·ti·li'za·tion** *s* Verwendung *f*, Nutzung *f*, Nutzbarmachung *f*; '**u·ti·lize** *vt förml* verwenden, verwerten, ausnutzen, nutzbar machen ⟨to ≈ one's abilities seine Fähigkeiten in Anwendung bringen⟩

ut·most ['ʌtməʊst] **1.** *adj* äußerste(r, -s), entfernteste(r, -s) ⟨the ~ point of s.th.⟩ | *übertr* größte(r, -s) ⟨of the ~ importance von größter Wichtigkeit; with one's ~ strength mit äußerster Kraft; to the ~ limits bis zum äußersten⟩; **2.** *s* Äußerstes *n*, Höchstes *n* ⟨to the ~ bis zum Äußersten; to do one's ~ sein Möglichstes tun⟩

U·to·pi·a [ju:'təʊpıə] *s* Utopie *f*, Zukunftstraum *m*; **U'to·pi·an 1.** *adj* utopisch, phantastisch; **2.** *s* Utopist *m*; **U'to·pi·an·ism** *s* Utopismus *m*; **U'to·pi·an·ist** *s* Utopist *m*

[1]**ut·ter** [ʌtə] *adj* völlig, gänzlich, vollkommen ⟨~ darkness⟩ | *verächtl* ausgesprochen, vollendet, Erz- ⟨an ~ scoundrel ein Erzschurke⟩

[2]**ut·ter** ['ʌtə] *vt* äußern, ausdrücken ⟨to ~ words; to ~ an opinion⟩ | aus-, hervorstoßen ⟨to ~ a shriek; to ~ a stream of water⟩ | *arch* aufdecken, enthüllen, bekannt machen ⟨to ~ a mystery⟩ | *Wirtsch* (bes. Falschgeld) in Umlauf bringen; [1]**~ance** ['ʌtr̩əns] *s förml* (*nur sg*) Äußerung *f*, Ausdruck *m* ⟨to give ≈ to s.th. etw. zum Ausdruck bringen, einer Sache Ausdruck verleihen, einer Sache Luft machen⟩ | Vortragsweise *f*, Sprechweise *f*, Vortrag *m* ⟨a clear ≈⟩ | (*oft pl*) Äußerung *f*, Worte *n/pl* ⟨his last ≈s seine letzten Worte; some ≈s in the papers einige Verlautbarungen in den Zeitungen⟩ | *Ling* Äußerung *f*

[2]**ut·ter·ance** ['ʌtr̩əns] *s* (*mit best art*) *arch, poet* (das) Äußerste, Tod *m* ⟨to the ~ aufs äußerste; bis zum Tod *od* bitteren Ende⟩

ut·ter·most ['ʌtəməʊst] *lit* = **utmost**

U-turn ['ju: tɜ:n] *s* Wende *f* um 180°, völlige Wende | *umg* völlige Kehrtwendung, Gegenteil *n* vom Vorangegangenen

u·vu|la ['ju:vjʊlə|-jələ] *s* (*pl* **~lae** ['~li:], '**~las**) *Anat* Uvula *f*, Zäpfchen *n*; '**~lar 1.** *adj Anat* uvulär | *Ling* Zäpfchen-; **2.** *s Ling* Uvular *m*, Zäpfchenlaut *m*

ux·o·ri·ous [ʌk'sɔ:rıəs|ʌg'zɔ:rıəs] *adj förml* treuliebend, unterwürfig ⟨an ~ husband⟩

Uz·bek ['ʌzbek] *s* Usbeke *m*, Usbekin *f* | *Ling* Usbekisch *n*

V

V, v [vi:] *s* (*pl* **V's, Vs, v's, vs**) V *n*, v *n* | (römische) Fünf | *auch* **V sign** *Brit* Zeichen *n* für Sieg (zwei gespreizte Finger) | *Tech* V-förmiger Gegenstand ⟨in a V in V-Form⟩ | *in Zus* V-(förmig) ⟨V-aerial V-Antenne *f*, V-neck spitzer Ausschnitt, V-notch Spitzkerbe *f*⟩

vac [væk] *s Brit umg* für **vacation**

va·can·cy ['veıkənsı] *s* leerer Raum, Vakuum *n*, Leere *f* | Lücke *f* | freie Stelle, Vakanz *f* | (Hotel) freies Zimmer ⟨no vacancies keine Zimmer frei⟩ | Gedankenlosigkeit *f*, geistige Leere | Muße *f*, Untätigkeit *f*; '**va·cant** *adj* frei, leer, unbesetzt | (Stelle) vakant, offen ⟨a ≈ position⟩ | (Zimmer u. a.) frei, unvermietet, leer ⟨a ≈ room⟩ | leerstehend, unbewohnt ⟨a ≈ house, ≈ possession *Jur* sofort beziehbar!⟩ | *auch Jur* herrenlos, unbebaut ⟨≈ land⟩ | geistesabwesend | leer, gleichgültig ⟨a ≈ expression⟩ | geistlos, leer | müßig, untätig ⟨≈ hours Mußestunden *f/pl*⟩

va·cate [və'keıt|veı'keıt] *vt* (Wohnung u. ä.) leermachen, räumen ⟨to ~ a room⟩ | *Mil* (Stellung) räumen | *Mil* (Truppen) evakuieren | freimachen ⟨to ~ a seat⟩ | (Amt) niederlegen, (Stelle) aufgeben | (Thron) entsagen | *Jur* (Vertrag) aufheben; *vi* kündigen; **va'ca·tion 1.** *s förml* Räumung *f* | Freiwerden *n* | Niederlegen *n* (e-s Amtes) | Erholung *f* | *bes Brit* Universitätsferien *pl* ⟨the summer ≈⟩ | *bes Am* Urlaub *m*, Ferien *pl* ⟨on ≈ auf Urlaub⟩ | *selten* Kündigung *f*; **2.** *vi Am* Ferien machen (**at, in** in); **va'ca·tion·er** *s Am* Urlauber(in) *m*(*f*)

vac·ci|nate ['væksıneıt] *Med vt* impfen (**against** gegen); *vi* impfen; ˌ~'**na·tion** *s* Schutzimpfung *f*; '**~na·tor** *s* Impfarzt *m* | Impflanzette *f*, -nadel *f*; **vac·cine** ['væksi:n] *s Med* Impfstoff *m*, Vakzine *f*; ˌ~'**nee** *s* Impfling *m*, geimpfte Person

vac·il|late ['væsıleıt|-səl-] *vi* (hin- und her)schwanken (*auch übertr*) (**between** zwischen); '**~lat·ing** *adj* schwankend | *übertr* zaudernd, schwankend, unschlüssig; ˌ~'**la·tion** *s* Schwanken *n* (*auch übertr*) | *übertr* Wankelmut *m*; '**~la·to·ry** *adj* schwankend | *übertr* unentschlossen

vac·u·a ['vækjʊə] *s/pl* von ↑ **vacuum**

va·cu·i·ty [və'kju:ətı] *s förml* Leere *f* (*auch übertr*) | Lücke *f* | *übertr* Hohlheit *f* ⟨emotional ~⟩ | (*meist pl*) leere Bemerkung *f*, Nichtigkeit *f* ⟨to utter vacuities⟩; **vac·u·o·lar** ['vækjʊələ] *adj Biol* Hohl-; **vac·u·ole** ['vækjʊəʊl] *s* Vakuole *f*, Hohlraum *m*; **vac·u·ous** ['vækjʊəs] *adj förml* leer | *Phys* luftleer | müßig, leer, nichtig ⟨a ≈ life⟩ | *übertr* leer, ausdruckslos, nichtssagend ⟨a ≈ expression⟩

vac·u·um ['vækjʊəm|-jʊm|-ju:m] **1.** *s* (*pl* **vac·u·a** ['vækjʊə], '**vac·u·ums**) *Phys* leerer Raum, Leere *f*, Vakuum *n* (*auch übertr*); **2.** *vi umg* staubsaugen; *vt, auch* **~ out** *umg* saugen, mit dem Staubsauger säubern ⟨to ~ the room [out]⟩; '**~ as·pi̦ra·tion** *s Med* Vakuumaspiration *f*, Absaugmethode *f*; '~ ˌ**bot·tle** *s* Thermosflasche *f*; '~ **brake** *s* Saugluftbremse *f*; '~ ˌ**clean·er** *s* Staubsauger *m*; '~ **flask** = ~ **bottle**; '~ **gauge** *s Tech* Unterdruckmesser *m*; ˌ~-'**packed** *adj* vakuumverpackt; '~ **pump** *s Tech* Saugluft-, Vakuumpumpe *f*; '~ **seal** *s* Vakuumdichtung *f*; '**~-tight** *adj* vakuumdicht; '~ **tube**, '~ **valve** *s Brit* Vakuumröhre *f*

va·de me·cum [ˌveıdı 'mi:kəm|ˌvɑ:dı '-] *s* Vademekum *n*, Handbuch *n*

vag-, *auch* **~o** [veıg(əʊ)] ⟨*lat*⟩ Vagus-, vago- (*z. B.* **vagal**)

vag·a·bond ['vægəbɒnd] **1.** *s* Vagabund *m*, Landstreicher *m*; **2.** *adj* vagabundierend, herumstreichend | nicht seßhaft ⟨~ tribes wandernde Stämme *pl*⟩; **3.** *vi* vagabundieren, umherstreichen; '**~age** *s* Landstreicherei *f*; ˌ~ '**cur·rent** *El* Erdstrom *m*

va·gar|i·ous [və'gɛərıəs] *adj* launisch, unberechenbar; **~i·ty** [və'gærətı] *s selten* Unberechenbarkeit *f*; **~y** ['veıgərı] *s* (*meist pl*) Grille *f*, Laune *f*, Unberechenbarkeit *f* ⟨the ~ies of love die Launen der Liebe⟩ | verrückte Idee, komischer Einfall

va·gi|na [və'dʒaınə] *s* (*pl* **~nae** [~ni:], **va'gi·nas**) *Med, Zool* Vagina *f*, Scheide *f* | *Bot* Blattscheide *f*; **va'gi·nal** *adj* Scheiden-, vaginal

va·gran·cy ['veıgrənsı] *s* Umherwandern *n* | *auch Jur* Vagabundieren *n*, Landstreicherei *f*, Herumtreiben *n* | *collect* Landstreicher *m/pl* | *übertr* Unruhe *f*; '**va·grant 1.** *adj* vagabundierend, fahrend ⟨≈ gipsies⟩ | *auch Med* wandernd ⟨≈ cells⟩ | *übertr* (umher)wandernd, nicht fest an einem Ort, unstet, umherstreifend ⟨≈ attention; ≈ fancies⟩ | hier und da auftretend, Zufalls- ⟨a ≈ light⟩; **2.** *s* Vagabund *m* | *Jur*

Herumtreiber *m*, Person ohne festen Wohnsitz und ohne feste Arbeit⟩

vague [veɪg] *adj* vage, undeutlich, verschwommen ⟨~ figures⟩ | vage, unbestimmt, unklar ⟨a ~ description; to be ~ about unklar ausdrücken⟩ | undefinierbar, unbestimmbar ⟨a ~ character⟩ | (*meist sup*) *umg* gering, winzig ⟨I haven't the ~st idea ich hab nicht die geringste Ahnung⟩

vail [veɪl] *arch, poet* **1.** *vt* (jmdm.) helfen; **2.** *s* Trinkgeld *n*

vain [veɪn] *adj* eitel, leer, nichtig ⟨~ hopes⟩ | *förml verächtl* vergeblich, fruchtlos, unnütz ⟨~ efforts⟩ | (Person) eitel, eingebildet (**of** auf) ◇ **in ~** umsonst, vergebens | unnütz ⟨to take God's name ≈ *bibl* den Namen Gottes mißbrauchen; to take s.o.'s name ≈ jmds. Namen beschmutzen⟩; **~glo·ri·ous** [ˌ~'glɔ:rɪəs] *adj lit* eingebildet, hochmütig, großtuerisch, aufgeblasen; **~glory** ['~glɔ:rɪ|ˌ~'glɔ:rɪ] *s lit* Angeberei *f*, Einbildung *f*, eitler Stolz

val·ance ['væləns] *s* ↑ **vallance**

[1]**vale** [veɪl] *s poet* Tal *n* (*auch übertr*) ⟨this ~ of tears *übertr lit, scherzh* dieses Jammertal⟩

[2]**va·le** ['veɪlɪ] **1.** *interj* adieu! lebe wohl! **2.** *s* Valet *n*

val·e·dic·tion [ˌvælɪ'dɪkʃn] *s förml* Lebewohl *n*, Abschied *m* | Abschiedsworte *n/pl* | *Am* Abschiedsrede *f*; ˌ**val·e'dic·tory** *förml* **1.** *adj* Abschieds- ⟨≈ remarks Worte *pl* zum Abschied⟩; **2.** *s* Abschiedsrede *f*

va·lence ['veɪləns], *bes Am* '**va·len·cy** *s Chem* Valenz *f*, Wertigkeit *f* | *Ling* Valenz *f*

val·en·tine ['væləntaɪn] *s* am Valentinstag (14. 2.) ausgewählte(r) Liebste(r) | Schatz *m* | Valentinsgruß *m*, -karte *f* | Valentinsvers *m* | Liebesgruß *m*, Andenken *n* ⟨a nostalgic ~ to s.o.⟩

va·le·rian [və'lɪərɪən] *s Bot* Baldrian *m* | *Med* Baldrian(tropfen) *m(pl)*

va·let ['vælɪt|'væleɪ] **1.** *s* (Kammer-) Diener *m* | (Hotel-) Hausdiener *m*; **2.** *vt* (jmdn.) bedienen, versorgen; *vi* [als] Diener [tätig] sein

val·e·tu·di·nar|i·an [ˌvælɪtju:dɪ'nɛərɪən] *förml* **1.** *adj* leidend, kränklich | immer um seine Gesundheit besorgt; **2.** *s* kränkelnder Mensch | Mensch, der übertrieben um seine Gesundheit besorgt ist; **~i·an·ism** [~ɪənɪzm] *s* Kränklichkeit *f* | übertriebene Sorge um die Gesundheit; **~y** [ˌvælɪ'tju:dɪnərɪ] *adj* kränkelnd

val|ian·cy ['vælɪənsɪ] *s förml* Mut *m*, Tapferkeit *f*; '**~iant** **1.** *adj* mutig, tapfer, heldenhaft, Helden-; **2.** *s* Held *m*

val·id ['vælɪd] *adj* gültig, rechtskräftig, bindend (*bes Jur*) | gültig ⟨a ticket ~ for 4 days⟩ | stichhaltig, annehmbar, vernünftig, begründet ⟨a ~ objection; a ~ reason⟩; '**val·i·date** *vt* für gültig *od* rechtskräftig erklären; ˌ**val·i'da·tion** *s Jur* Gültigkeitserklärung *f* (Patent) | *Päd* (Kurs) Anerkennung *f*, Bestätigung *f*; **va·lid·i·ty** [və'lɪdətɪ] *s* Gültig-, Rechtskräftigkeit *f* | Stichhaltigkeit *f*, Annehmbarkeit *f* | Gültigkeitsdauer *f*; **va'lid·i·ty** ˌ**limit** *s* Gültigkeitsgrenze *f*

va·lise [və'li:z|-li:s] *s Mil* Tornister *m*; *selten* (kleine) Reisetasche

Va·li·um ['veɪli:əm], *auch* ∸ *s Chem* Valium *n*, Beruhigungsmittel *n*

val·[l]ance ['væləns] *s* (Bett-) Volant *m*, Vorhang *m* | *Am* Blendborte *f*

val·la·tion [və'leɪʃn] *s Hist* Verschanzung *f*

val·ley ['vælɪ] *s* Tal *n* ⟨down the ~ talabwärts⟩ | Flußtal *n* ⟨the Thames ∸⟩ | *Arch* (Dach-) Kehle *f*, Tal *n* (Dach)

val·or|i·za·tion [ˌvælərаɪ'zeɪʃn] *s Wirtsch* Valorisation *f*, Preisstützung *f*, Aufwertung *f*; '**~ize** *vt Wirtsch* aufwerten, den Preis (e-r Ware) stützen ⟨to ≈ coffee⟩

val|or·ous ['vælərəs] *adj* mutig, tapfer; '**~our** *s*, *meist poet* Tapferkeit *f*, Beherztheit *f*, Heldenmut *m*

valse [væls] *s Mus* Valse *f*, Walzer *m* ⟨~ triste⟩

val·u·a|ble ['væljʊbl|-jəbl] **1.** *adj* kostbar, wertvoll (*auch übertr*) | (sehr) nützlich (**for, to** für) | *selten* (ab)schätzbar; **2.** *s*, *meist pl* Wertsachen *f/pl*; **~tion** [ˌvæljʊ'eɪʃn] *s* Bewertung *f*, Abschätzung *f* (**of s.th.** von etw.) | Schätzungs-, Veranschlagungswert *m* ⟨at the ≈ of £ 1000 zum Schätzwert von £ 1000⟩ | *übertr* Würdigung *f*, Wertschätzung *f* | Einschätzung *f* (**of** von); **~tion·al** [ˌvæljʊ'eɪʃnl] *adj* Schätzungs-; '**~tor** *s* Taxator *m*, Schätzer *m*

val·ue ['vælju:] **1.** *s* Wert *m* ⟨to be of great ~ to s.o. von großem Wert für jmdn. sein; to have little ~ von geringerem Wert sein⟩ | *Wirtsch* Wert *m* ⟨commercial ~ Handelswert; exchange ~ Tauschwert⟩ | Einschätzung *f*, Wert *m* | Preis *m*, Valuta *f*, Geld-, Gegenwert *m* ⟨for ~ received Betrag erhalten; the ~ of the Pound; ~ for money etwas Preiswertes; good ~ etwas Wertgünstiges⟩ | *übertr* Wert *m*, Nutzen *m*, Bedeutung *f*, Gewicht *n* ⟨the ~ of a word; to set a high ~ on s.th. etw. hoch bewerten, auf etw. großen Wert legen⟩ | *Mus* Notenwert *m* | *meist* '**val·ues** *pl* (sittliche u. ä.) Werte *m/pl* | *Ling* Lautwert *m* | genaue Bedeutung | *Mal* Verhältnis *n* von Licht und Schatten, Farb-, Grauwert *m* | *Chem* Wertigkeit *f* | *Math* Größe *f*, Wert *m* ⟨~ of game Spielwert *m*⟩; **2.** *vt* bewerten, veranschlagen, (ab)schätzen (**at** auf) | achten, hochschätzen ⟨to ~ s.o./s.th. highly; a ~d friend; to ~ o.s. on s.th. sich e-r Sache rühmen⟩; ˌ**~-'ad·ded tax** *s Brit* Mehrwertsteuer *f*; '**~less** *adj* wert-, nutzlos; '**val·u·er** *s* Taxator *m*

va·lu·ta [və'lu:tə] *s Wirtsch* Valuta *f*

valve [vælv] **1.** *s* Klappe *f* | *Bot, Anat, Mus* Klappe *f* ⟨cardiac ~ Herzklappe⟩ | *Zool* (Muschel-) Klappe *f* | *Tech* Ventil *n*, Klappe *f*, Hahn *m*, Absperrvorrichtung *f*, Schieber *m* ⟨safety ~ Sicherheitsventil⟩ | *auch* '**vac·u·um ~** *Phys, El* (Elektronen-) Röhre *f*; **2.** *vt* mit Ventilen versehen; '**~ box** *s* Ventilgehäuse *n*; '**~** ˌ**check·ing** *s* Röhrenprüfung *f*; '**~ cock** *s* Ventilhahn *m*; ˌ**~ e'lec·trode** *s* Röhrenelektrode *f*; '**~ flap** *s* Ventilkappe *f*; '**~less** *adj* ventillos; '**~ spring** *s* Ventilfeder *f*; **val·vu·lar** ['vælvjʊlə] *adj bes Anat* klappenartig, Klappen- ⟨≈ disease of the heart Herzklappenfehler *m*⟩

va·mo[o]se [væ'mu:s|və-] *vi Am Sl* abhauen, sich verdrükken, verduften

[1]**vamp** [væmp] **1.** *s* (Schuh-) Oberleder *n*, Vorderkappe *f* | (aufgesetzter) Flicken | *Mus umg* improvisiertes Spiel, Geklimpere *n* | *Mus* kurzes, improvisiertes Vorspiel (vor e-m Lied) | *übertr* Flickwerk *n*, Stümperei *f*; **2.** *vt* (Schuhe u. ä.) ausbessern | *auch* **~ up** *übertr umg* (etw.) zurechtschustern, zusammenstoppeln, billig zurechtmachen ⟨to ~ up an excuse eine Entschuldigung (hervor)stammeln⟩ | *meist* **~ up** *umg* auf neu machen, *Sl* aufmotzen ⟨to ~ up an old song⟩ | *Mus* aus dem Stegreif begleiten; *vi Mus* improvisieren

[2]**vamp** [væmp] *umg* **1.** *s* Vamp *m*, verführerische Frau; **2.** *vt* (Männer) verführen, aussaugen

vam·pire ['væmpaɪə] **1.** *s* Vampir *m* | *übertr* (Person) Blutsauger *m*, Erpresser *m* | *auch* '**~ bat** *Zool* Vampir *m* | *Theat* Versenkungseinrichtung *f*, Falltür *f*; **2.** *adj* blutsaugerisch

[1]**van** [væn] **1.** *s* Möbelwagen *m* | (*oft in Zus*) *Brit* Transport-, Planwagen *m* ⟨a baker's ~ Bäckereifahrzeug *n*; delivery ~ Lieferwagen *m*; gipsy's ~ Zigeunerwagen *m*; police ~ Polizeifahrzeug *n*⟩ | *Brit Eisenb* (geschlossener) Güterwaggon; **2.** (**vanned, vanned**) *vt* im Güterwagen transportieren

[2]**van** [væn] *s Mil* Spitze *f*, Vorhut *f* | *Mar* Vorgeschwader *n* | *förml übertr* vorderste Front *f* ⟨in the ~ of an der Spitze von⟩

[3]**van** [væn] **1.** *s* Ventilator *m* | *Bergb* Schwingprobe *f* | *poet* Schwinge *f*; **2.** (**vanned, vanned**) *vt Bergb* (Erz) schwingen, waschen

va·nad·ic [və'nædɪk|-'neɪd-] *adj Chem* vanadiumhaltig ⟨~

acid Vanadinsäure *f*⟩; **van·a·dif·er·ous** [ˌvænəˈdɪfərəs] *adj* vanadiumhaltig; **va·na·di·um** [vəˈneɪdɪəm] *s* Vanadium *n*; **van·a·dous** [ˈvænədəs] *adj* Vanadium-

van·dal [ˈvændl] **1.** *s übertr* Vandale *m*, Barbar *m*, mutwilliger Zerstörer *m*; **2.** *adj übertr* vandalenhaft, barbarisch, zerstörerisch; **ˈ~ism** *s* Vandalismus *m*, Barbarei *f*, mutwilliges Zerstören; **ˈ~ize** *vt* (*bes* öffentliche Anlagen) mutwillig zerstören

vane [veɪn] *s* Wetterfahne *f*, -hahn *m* | *Tech* Flügel *m*, Blatt *n*, Schaufel *f*, Rippe *f* | *Phys* Diopter *n*, Nivelliergerät *n* | *El* Rotorplatte *f*; **vanedˈmine** *s Mil* Flügelmine *f*; **ˈ~ ˌmo·tor** *s Flugw* Ruderantrieb *m*; **ˈ~ wheel** *s* Flügelradpropeller *m*; **ˈ~ wheel ship** *s* Flügelradschiff *n*

vang [væŋ] *s Mar* Gei *f*

van·guard [ˈvængɑːd] *s Mil* Vorhut *f*, Vorausabteilung *f* | *Mar* Vorgeschwader *n* | (*mit best art*) *übertr* Spitze *f* ⟨to be the ~ of die Spitze bilden von, an der Spitze von … stehen⟩

va·nil·la [vəˈnɪlə] *s Bot* Vanille *f* | Vanillestange *f*; **vaˈnil·lic** *adj Chem* Vanille- ⟨≈ acid Vanillinsäure *f*⟩

van·ish [ˈvænɪʃ] *vi* allmählich *od* plötzlich verschwinden, dahin-, entschwinden, vergehen, sich auflösen (**into** in) | aufhören zu existieren, verschwinden ⟨to ~ from the earth auf der Erde aussterben⟩ | *Math* Null werden; **ˈ~ing cream** *s* Tagescreme *f*; **ˈ~ing line** *s* Fluchtlinie *f* (Vermessung u. ä.); **ˈ~ing point** *s* Fluchtpunkt *m* (Perspektive) | *übertr* Nullpunkt *m* ⟨to reach ≈ am Ende sein⟩

van·i·ty [ˈvænətɪ] *s* Nichtigkeit *f*, Leerheit *f*, Hohlheit *f* ⟨all is ~ alles ist eitel; the vanities of the great world⟩ | (persönliche) Eitelkeit ⟨wounded ~ verletzte Eitelkeit⟩ | Stolz *m*, zur Schau getragene Sache *f* | *Am* Frisiertoilette *f* | *auch* **ˈ~ bag, ˈ~ box, ˈ~ case** Kosmetikköfferchen *n*, -täschchen *n*; **ˈ~ ˌsur·ge·ry** *s Med* Schönheitsoperation *f*

van|ner [ˈvænə] *s Am, Kan* (selbständiger) Transportunternehmer; Lastkraftwagenbesitzer *m*; **ˈ~pool** *Am* **1.** *s* Groß-, Gemeinschaftstaxenbetrieb *m*, -beförderung *f*; **2.** *vi* per Groß-, Gemeinschaftstaxe fahren

van·quish [ˈvæŋkwɪʃ] *vt* überwältigen, besiegen (*auch übertr*) | *übertr, poet* bezwingen; *vi* siegen; **ˈ~a·ble** *adj* besiegbar; **ˈ~er** *s* Sieger *m*, Eroberer *m*

van·tage [ˈvɑːntɪdʒ] *s arch* Vorteil *m*, günstige Gelegenheit | (Tennis) Vorteil *m*; **ˈ~ ground** *s* günstige Lage *od* Stellung; **ˈ~ point**, *auch* **ˌpoint of ˈ~**, *förml auch* **ˌcoign of ˈ~** günstiger Ausgangspunkt | guter Aussichtspunkt, gute Aussicht | *übertr* Ansicht *f*, Position *f*, Standpunkt *m* ⟨from your ≈ aus deiner Sicht⟩

vap·id [ˈvæpɪd|ˈveɪ-] *adj* schal, abgestanden, geschmacklos ⟨~ food⟩ | *übertr* (Person, Sprache) uninteressant, geist-, witzlos, eintönig ⟨a ~ speech⟩; **va·pid·i·ty** [vəˈpɪdətɪ] *s* Schalheit *f* | Geistlosigkeit *f*, Flachheit *f*, Leere *f*

va·por·a·bil·i·ty [ˌveɪpərəˈbɪlətɪ] *s* Verdunstbarkeit *f*; **ˈva·por·a·ble** *adj* verdampf-, verdunstbar; **ˌva·porˈes·cence** *s* Verdunsten *n* | Dunst *m*, Dunstigkeit *f*; **ˌva·porˈes·cent** *adj* dunstig, Dunst-; **va·por·if·er·ous** [ˌveɪpəˈrɪfərəs], **va·por·if·ic** [ˌveɪpəˈrɪfɪk] *adj* dampferzeugend; **ˌva·por·iˈza·tion** *s* Verdunstung *f*, Verdampfung *f*; **ˈva·por·ize** *vt* verdampfen, verdunsten; *vi* verdampfen; **ˈva·por·iz·er** *s* Zerstäuber *m*; **va·por·ous** [ˈveɪpərəs] *adj* dunstig, dampfig, Dunst-, Dampf- | dunstig, nebelig ⟨≈ cloud Nebelwolke *f*⟩ | *übertr* nebelhaft, nichtig, verschwommen | *übertr arch* eingebildet, eitel; **va·pour** [ˈveɪpə] **1.** *s* Dunst *m*, Dampf *m* | Nebel *m* | *Med* (Inhalations-) Dampf *m*, Aerosol *n* | *Tech* Gas *n*, Dampf *m* | *übertr* Einbildung *f*, leerer Wahn, Hirngespinst *n* | (*meist pl*) *arch, scherzh* Ohnmacht *f*, Schwäche *f* (von Frauen); **2.** *vi* (ver)dampfen | *übertr* prahlen; **ˈva·pour bath** *s* Dampfbad *n*; **ˈva·pour-proof** *adj* gasdicht; **ˈva·pour trail** *s Flugw* Kondensstreifen *m*; **ˈva·pour·y** *adj* dunstig, neblig

var·an [ˈværən] *s Zool* Waran *m*

var·i·a|bil·i·ty [ˌvɛərɪəˈbɪlətɪ] *s* Veränderlichkeit *f*, Schwanken *n*, Unbeständigkeit *f* | *Biol* Variabilität *f*; **ˈ~ble 1.** *adj* veränderlich, wechselnd, unbeständig ⟨≈ weather veränderliches Wetter; ≈ winds wechselnde Winde⟩ | *Astr, Biol, Math, Phys, Tech* variabel | *euphem* unterschiedlich; mal so, mal so ⟨≈ performances⟩; **2.** *s Math* Variable *f* | etwas Variables *n*, veränderliche Größe *f*; **ˌ~ble ˈcompen·sa·tor** *s Tech* Drehkompensator *m*; **ˌ~ble ˈspeed gear** *s Tech* Regelgetriebe *n*

var·i|ance [ˈvɛərɪəns] *s* Veränderung *f*, Abweichung *f* | Veränderlichkeit *f*, Schwanken *n* | Uneinigkeit *f*, Streit *m* ⟨to be at ≈ with s.o. uneinig sein mit jmdm.⟩ | *bes Jur* Widerspruch *m* ⟨at ≈ with im Widerspruch zu⟩; **ˈ~ant 1.** *adj* veränderlich, -schieden ⟨≈ points of view unterschiedliche Standpunkte *m/pl*⟩ | abweichend ⟨≈ spelling abweichende Schreibung *f*⟩; **2.** *s* Variante *f* | andere Les- *od* Schreibart *f*; **ˌ~ˈa·tion** *s* Abweichung *f*, Abänderung *f*, Veränderung *f* ⟨≈ of price Preisabweichung *f*⟩ | *Biol, Mus, Math, Phys* Variation *f* | *Ling* Flexion *f*; **ˌ~ˈa·tion·al** *adj* Variations-

var·i·cel·la [ˌværɪˈselə] *s Med* Windpocken *pl*

var·i·ces [ˈværɪsiːz|ˈvɛər-] *s/pl* von ↑ **varix**

varico- [værɪkə(ʊ)] ⟨*griech*⟩ *in Zus* Varix-, Krampfader-

ˈvar·i·col·oured [ˈvɛərɪkʌləd] *adj* vielfarbig, bunt (*auch übertr*)

var·i|cose [ˈværɪkəʊs|-kəs] *adj Med* varikös, krampfaderig ⟨≈ vein Krampfader *f*⟩; **~co·sis** [ˌ~ˈkəʊsɪs] *s* Varix-, Krampfaderbildung *f*; **~cos·i·ty** [ˌ~ˈkɒsətɪ] *s* Varikosität *f* | Krampfaderleiden *n* | Krampfader *f*

var|ied [ˈvɛərɪd] *adj* mannigfaltig, bunt ⟨a ≈ scene⟩ | abwechslungsreich ⟨a ≈ life⟩ | verschieden(artig) ⟨≈ ideas⟩; **~i·e·gate** [ˈ~ɪ(ə)geɪt] *vt* ab-, verändern, variieren | bunt *od* farbig machen; **ˈ~i·e·gat·ed** *adj* (Farbe u. ä.) bunt gefleckt, scheckig, vielfarbig ⟨≈ tulip⟩; **ˌ~i·eˈga·tion** *s* Buntheit *f*, Vielfarbigkeit *f*

va·ri·e·ty [vəˈraɪətɪ] *s* Buntheit *f*, Mannigfaltigkeit *f*, Verschiedenheit *f* ⟨lack of ~ Mangel *m* an Abwechslung⟩ | Abart *f*, Abweichung *f*, Spielart *f* ⟨of every ~ von jeder Spielart⟩ | Art *f*, Sorte *f* ⟨a new ~ of wheat⟩ | *Bot, Zool* Varietät *f* | Vielzahl *f*, Anzahl *f*, Reihe *f* ⟨a ~ of things verschiedene Dinge⟩ | Varieté *n*; **ˈ~ meat** *s Am euphem* Innereien *pl*; **ˈ~ shop** *s Am* Kramladen *m*; **ˈ~ show** *s* Varietévorstellung *f*, Show *f*; **ˈ~ ˌthe·a·tre** *s bes Brit* Varieté(theater) *n*

var·i·form [ˈvɛərɪfɔːm] *adj* bunt, abwechslungsreich

va·ri·o·la [vəˈraɪələ] *s Med* Blattern *f/pl*, Pocken *f/pl*

var·i·om·e·ter [ˌvɛərɪˈɒmɪtə] *s Phys* Variometer *n*, Luftdruckmesser *m*

var·i·o·rum [ˌvɛərɪˈɔːrəm], *auch* **ˌ~ eˈdi·tion** *s* kritische *od* kommentierte Ausgabe ⟨a Shakespeare ~⟩

var·i·ous [ˈvɛərɪəs] *adj* verschiedenartig ⟨for ~ reasons aus verschiedenen Gründen; as ~ as so verschieden wie⟩ | abwechslungsreich, mannigfaltig, bunt ⟨the story is ~⟩ | (*vor pl*) verschiedene, mehrere ⟨~ people⟩ | (*vor pl*) einzelne ⟨~ club members⟩

var|ix [ˈvɛərɪks|ˈvær-] *s* (*pl* **ˈ~i·ces**) *Med* Varixknoten *m*

var·let [ˈvɑːlət] *s arch, scherzh* Schurke *m* | *arch* Knappe *m* | *arch Kart* Bube *m*

var·mint [ˈvɑːmɪnt] *umg, dial s* Bursche *m*, Schuft *m* ⟨you ~⟩ | Racker *m* (Kind) | *Am, dial* = **vermin**

var·nish [ˈvɑːnɪʃ] **1.** *s* Firnis *m*, Lack(farbe) *m(f)* ⟨clear ~ Firnis; oil ~ Öllack⟩ | (Möbel-) Politur *f* | Glanz *m*, Politur *f* ⟨to spoil the ~⟩ | *übertr* Anstrich *m*, Glanz *m* ⟨literary ~ literarische Ausgefeiltheit; under a ~ of s.th. hinter der glatten Schale e-r Sache⟩; **2.** *vt* firnissen, lackieren ⟨to ~ a table⟩ | *Tech* tränken, imprägnieren | polieren | *übertr* übertünchen, beschönigen ⟨to ~ s.o.'s defects⟩; **~ over** lackieren | *übertr* übertünchen; *vi* firnissen, lackieren; **'~er** *s* Lackierer *m*; **'~ paint** *s* Lackfarbe *f*; **'~ re,mov·er** *s* Lackentferner *m*, Abbeizmittel *n*

va·room [və'ru:m] *vi, s, interj* = **vroom**

var·si·ty ['vɑ:sətɪ] *s, oft* ∸ *umg* Uni *f*, Universität *f* (*bes* Oxford u. Cambridge) | *Am* (Sport) Universitätsmannschaft *f*

varve [vɑ:v] *s Geol* Warve *f*

var·y ['vɛərɪ] *vt* ab-, verändern, variieren ⟨to ~ one's habits⟩ | *Mus* variieren ⟨to ~ the rhythm⟩; *vi* sich (ver)ändern | veränderlich sein, variieren (**between** zwischen) ⟨to ~ in size unterschiedlich groß sein; to ~ from ... to reichen von ... bis⟩ | abweichen (**from** von) | *Biol* variieren; **'~ing** *adj* unterschiedlich, wechselnd, veränderlich

va·sal ['veɪsl] *adj Med* (Blut-) Gefäß-

vas·cu·lar ['væskjʊlə] *adj Med, Bot* Gefäß- ⟨~ system⟩ | gefäßförmig | *übertr* leidenschaftlich; **,~i'za·tion** *s* Gefäßbildung *f*

vase [vɑ:z] *s* Vase *f*; **'~ ,paint·ing** *s* Vasenmalerei *f*

va·sec·to·my [və'sektəmɪ] *s Med* Vasektomie *f*, Samenstrangextirpation *f*

vas·e·line ['væsḷi:n] *s* Vaseline *f*

vaso- [veɪzə(ʊ)|væsə(ʊ)] ⟨*lat*⟩ *in Zus Biol* Gefäß- (*z. B.* **~active**)

vas·o|dil·a·ta·tion [,veɪzəʊ,dɪlə'teɪʃn|,væsəʊ-] *s Med* Vasodilatation *f*, Gefäßerweiterung *f*, **~di·la·tor** [,~daɪ'leɪtə] **1.** *adj* gefäßerweiternd; **2.** *s* gefäßerweiternder Nerv

vas·sal ['væsl] **1.** *s Hist* Vasall(in) *m(f)*, Lehnsmann *m* | *übertr* Untertan *m*, Sklave *m*; **2.** *adj* Vasallen-; Sklaven-; **'~age** *s Hist* Vasallentum *n* | Lehen(spflicht) *n(f)* (**to** gegenüber) | *collect* Vasallen *pl* | *übertr* Knechtschaft *f*, Unterwürfigkeit *f*, Abhängigkeit *f* (**to** von) ⟨≈ of the states through Abhängigkeit der Staaten auf Grund von; in ≈ to passion Leidenschaften unterworfen⟩

vast [vɑ:st] **1.** *adj* weit ⟨~ areas⟩ | ungeheuer, riesig, sehr groß ⟨a ~ sum of money; at ~ cost für Sündengeld⟩; **2.** *s poet* weite Fläche; **vas·ti·tude** ['~ɪtju:d] *s* Weite *f* | große Zahl *f*, Unzahl *f*; **'~y** *adj poet* ungeheuer, riesig

vat [væt] **1.** *s* großes Faß, Gefäß *n*, Kübel *m*, Trog *m*, Bottich *m*, Küpe *f*, Wanne *f*; **2.** (**~ted, ~ted**) *vt* in ein Faß füllen, verküpen | in einem Faß verarbeiten; **'~ted** *adj* faßreif ⟨≈ wine⟩

VAT [væt] *Abk* von **value-added tax**

Vat·i·can ['vætɪkən] *s* Vatikan *m*

va·tic·i·nate [və'tɪsɪneɪt] *vt, vi* prophezeien, vorhersagen; **vat·i·ci·na·tion** [,vætɪsɪ'neɪʃn] *s* Prophezeiung *f*, Weissagung *f*

vaude·ville ['vɔ:dəvɪl|'vəʊ-] *s Am* Varieté *n* | französisches Lied, Gassenhauer *m* | Vaudeville *n*, heiteres Singspiel (mit Tanz)

vau·dou [,vəʊ'du:] = **voodoo**

[1]**vault** [vɔ:lt] **1.** *s Arch* Gewölbe *n* | (Schädel-) Dach *n* | Wölbung *f* | (Zwerchfell-) Kuppel *f* | (Gaumen-) Bogen *m* | *poet* Himmelsgewölbe *n* | gewölbte Höhlung | Gruft *f*, Grabgewölbe *n* ⟨family ~⟩ | Kellergewölbe *n* ⟨wine ~ Weinkeller *m*⟩ | Stahlkammer *f*, Tresor *m*; **2.** *vi* sich wölben; *vt* wölben, mit Gewölbe versehen

[2]**vault** [vɔ:lt] **1.** *vi* springen, sich schwingen (**on to** auf, **over** über); *vt* überspringen; **2.** *s* (Sport) Satz *m*, Sprung *m* ⟨pole ~ Stabhochsprung⟩

vault·ed ['vɔ:ltɪd] *adj* gewölbt, Gewölbe-

vault|er ['vɔ:ltə] *s* Springer(in) *m(f)*; [1]**'~ing** *adj* (Sport) springend, Spring-, Sprung- | *übertr* alles übersteigend, sich über alles hinwegsetzend ⟨≈ ambition grenzenloser Ehrgeiz⟩

[2]**vault·ing** ['vɔ:ltɪŋ] *s Arch* Wölbung *f*, Gewölbe *n*

vault·ing| buck ['vɔ:ltɪŋ bʌk] *s* (Sport) (Sprung) Bock *m*; **'~ horse** *s* (Sport) Sprung-, Turnpferd *n*, Langpferd *n* (Gerät)

vault·y ['vɔ:ltɪ] *adj* gebogen, gewölbt

vaunt [vɔ:nt] **1.** *vt* rühmen, preisen, protzen mit ⟨to ~ s.o.'s success⟩; *vi poet* sich rühmen (**of, about s.th.** e-r Sache); **2.** *s* Prahlerei *f*; **'~er** *s* Prahler *m*; **'~ing** *adj* prahlerisch

VCR *Abk* von **videocassette recorder**

VD [,vi: 'di:] *Abk* von **venereal disease** Geschlechtskrankheit *f* ⟨~ clinic Klinik *f* für Geschlechtskrankheiten⟩

VDT *Abk* von **visual display terminal** Bildschirmterminal *n*

VDU *Abk* von **visual display unit** Bildschirmeinheit *f*

've [v|əv] *umg für* **have**

veal [vi:l] *s* Kalbfleisch *n* | *arch, dial* Kalb *n*

vec|tor ['vektə] **1.** *s Math* Vektor *m* | *Med* Bakterienüberträger *m* | *Flugw* Leitstrahl; **2.** *vt Flugw* einweisen | (Düsentriebwerk) umschalten; **'~tor field** *s* Vektorfeld *n*; **~to·ri·al** [~'tɔ:rɪəl] *adj* Vektoren-

vee [vi:] **1.** *s Math* Prisma *n* | *Tech* Kimme *f*; **2.** *adj Tech* V-förmig ⟨~-engine V-Motor *m*⟩; **'~ belt** *s* Keilriemen *m*

veer [vɪə] **1.** *vi* wenden, sich drehen (Wind u. ä.) | schlendern ⟨to ~ across the road⟩ | *übertr* umschwenken, sich (plötzlich) drehen (**round, to** auf, um) | *Mar* fieren, sich drehen; *vt Mar* fieren | *Mar* (Schiff) halsen; **2.** *s* Drehung *f*, Wendung *f*; **'~a·ble** *adj* wechselnd, veränderlich; **'~ing** *s Tech* Abdrehen *n* | Lockern *n*, Entstraffen *n*

veg [vedʒ] *s Kurzw Brit umg* (Speisekarte) Gemüse(art) *n(f)* ⟨meat and two ~ Fleisch und zwei verschiedene Gemüse (einschließlich Kartoffeln)

ve·gan ['vi:gən] *s* strenger Vegetarier (einschließlich Molkereiprodukte); **'~ism** *s* strenges Vegetariertum

veg·e|ta·ble ['vedʒtəbl] **1.** *s* (*oft pl*) Gemüse *n* ⟨meat and ≈s⟩ | Gemüse-, Futterpflanze *f* | *Landw* Grünfutter *n* | Pflanze(nwelt) *f* ⟨animal, ≈, or mineral Tier, Pflanze oder Stein⟩ | *übertr* körperlich und geistig schwacher Mensch *m* ⟨to be a mere ≈ gerade so dahinvegetieren⟩; **2.** *adj* Gemüse- ⟨≈ garden⟩ | pflanzlich, Pflanzen- ⟨≈ diet vegetarische Kost; ≈ life pflanzliches Leben⟩; **,~ta·ble 'but·ter** *s* Pflanzenfett *n*; **'~ta·ble ,farm·ing** *s* Gemüseanbau *m*; **'~ta·ble ,king·dom** *s* Pflanzenreich *n*; **,~ta·ble 'mar·row** *s* Kürbis(frucht) *m(f)*; **,~ta·ble 'oil** *s* Pflanzenöl *n*; **'~ta·blize** *vi* dahinvegetieren (Mensch); **~tal** ['vedʒɪtl] **1.** *adj* pflanzlich, Pflanzen-; vegetativ; **2.** *s selten* Gemüse *n*; Pflanze *f*

ve·ge·tar·i·an [,vedʒɪ'tɛərɪən] **1.** *s* Vegetarier(in) *m(f)*; **2.** *adj* vegetarisch, Vegetarier-, Pflanzen- ⟨~ meal; ~ restaurant⟩; **,ve·ge'tar·i·an·ism** *s* Vegetarismus *m*, vegetarische Lebensweise

ve·ge|tate ['vedʒɪteɪt] *vi* wachsen | (dahin)vegetieren, stumpfsinnig dahinleben | *Landw* brachliegen; **,~'ta·tion** *s* Vegetation *f*, Pflanzenwelt *f* | Wachsen *n* | Pflanzenwuchs *m* | *Med* Wucherung *f*; **~ta·tive** ['-tətɪv] *adj* vegetativ, pflanzlich | Vegetations-, Wachstums-

veg·[g]ies ['vedʒɪz] *s/pl umg* Gemüse *n*, Grünes *n*

ve·he|mence ['vi:əməns] *s* Vehemenz *f*, Heftigkeit *f* | *übertr* Ungestüm *n*, Leidenschaftlichkeit *f*; **'~ment** *adj* vehement, heftig, gewaltig ⟨a ≈ wind⟩ | *übertr* ungestüm, leidenschaftlich ⟨a ≈ hatred⟩

ve·hi·cle ['vi:ɪkl] *s* Gefährt *n*, Fahrzeug *n*, Fuhrwerk *n* ⟨road ~s; space ~s⟩ | *übertr* (Hilfs-) Mittel *n*, Medium *n*, Träger *m*, Instrument *n* ⟨~ of expression Ausdrucksmittel; a ~ for education ein Bildungsinstrument; a ~ for (of) propaganda⟩ | *Chem* Lösungs-, Bindemittel *n*, Trägersubstanz *f*; **ve·hic·u·lar** [vi:'hɪkjʊlə] *adj* Wagen-, Fahrzeug- ⟨≈ traffic⟩

veil [veɪl] **1.** *s* Schleier *m* ⟨to drop one's ~ den Schleier ablegen; to take the ~ Nonne werden⟩ | (Nebel- u. ä.)

Schleier *m* ⟨a ~ of cloud ein Wolkenschleier⟩ | *übertr* Schleier *m*, Hülle *f*, Deckmantel *m* ⟨a ~ of secrecy ein Schleier des Geheimnisses; beyond the ~ nach dem Tode; to draw a ~ over s.th. etw. verschleiern *od* verhüllen; under the ~ of darkness im Schutze der Dunkelheit⟩ | *Anat, Bot* Velum *n* | *Rel* Velum *n*; **2.** *vt* verhüllen, verschleiern (*auch übertr*); *vi* den Schleier nehmen, Nonne werden; **veiled** *adj* verschleiert (*auch übertr*); **'~ing** *s* Schleier *m* | Schleierstoff *m* | Verschleierung *f*; **'~less** *adj* unverschleiert, ohne Schleier

vein [veɪn] **1.** *s Med* Ader *f*, Vene *f* | *Bergb, Geol* Ader *f*, Gang *m* ⟨a ~ of silver⟩ | *Bot, Zool* Ader *f*, Rippe *f* | (Holz-) Maser *f* | (Fels u. ä.) Äderung *f* | (*nur sg*) *übertr* Zug *m*, Ader *f*, Neigung *f*, Veranlagung *f* ⟨a ~ of cruelty eine grausame Ader; in a sad ~ in trauriger Stimmung; in the (right) ~ in der (richtigen) Stimmung; to be in the ~ for s.th. zu etw. Lust haben⟩; **2.** *vt* masern, ädern, marmorieren; **veined** *adj* geädert, gemasert, marmoriert, gerippt ⟨≈ leaf; many-≈ vielädrig, fein geädert; ≈ growth Maserwuchs *m*⟩; **'~ing** *s* Äderung *f*, Maserung *f*, Marmorierung *f*; **'~less** *adj* ungeädert; **'~ous** *adj Bot* geädert | *Med, Zool* Adern-, venös; **'~y** *adj* gemasert, marmoriert | *Bot, Zool* geädert

ve·la ['vi:lə] *s/pl* von ↑ **velum**

ve·lar ['vi:lə] **1.** *adj* velar, Gaumensegel- | *Ling* velar; **2.** *s Ling* Velar *m*; **ˌ~i'za·tion** *s* Velarisierung *f*; **'~ize** *vt* velarisieren

veld[t] [veld|velt] *s Geogr* (südafrikanisches) Gras- *od* Buschland

ve·lic ['vi:lɪk] *adj Mar* Segel-

vel·le·i·ty [ve'li:ətɪ] *s förml* Velleität *f*, schwacher Wunsch

vel·lum ['veləm] *s* Pergament *n* | Pergamentpapier *n* | *Tech* Membrane *f*; **'~-bound** *adj* in Pergament gebunden

ve·lo·ce [ve'ləutʃe] *Mus adj, adv* veloce, schnell

ve·loc·i·pede [və'lɒsɪpi:d] *s Hist* Veloziped *n* | *scherzh* Fahrrad *n* | *Am* (Kinder-) Dreirad *n*

ve·loc·i·ty [və'lɒsətɪ] *s* Geschwindigkeit *f* ⟨at a ~ of mit einer Geschwindigkeit von; ~ of sound Schallgeschwindigkeit⟩ | hohe Geschwindigkeit, Tempo *n* ⟨the ~ of events⟩; **'~ ˌratio** *s Tech* Übersetzungsverhältnis *n*

ve·lo·drome ['vi:lədrəum] *s* (Sport) Velodrom *n*, Radrennbahn *f*

ve·lour[s] [və'luə] *s* Velours *m*

ve·lum ['vi:ləm] *s* (*pl* **ve·la**) *Anat, Zool* Velum *n*, Gaumensegel *n*

ve·lure [və'luə] *s* Velours *m*

vel·vet ['velvɪt] **1.** *s* Samt *m* | *Zool* Bast *m* (am jungen Geweih) | *umg* Vorsprung *m*, Gewinn *m* ⟨to be on ~ glänzend dastehen⟩; **2.** *adj* samtartig | Samt-, aus Samt ⟨~ finish Samtappretur *f*⟩ | *übertr* sanft, weich ⟨~ moss; the iron hand in the ~ glove die eiserne Hand unter dem Samthandschuh⟩ | *übertr* glatt, leise ⟨with ~ tread auf Katzenpfötchen⟩; **~een** [ˌ~'i:n] *s* Velveton *m*, Baumwollsamt *m*, Manchester *m*; **'~ing** *s* Flor *m*; **'~y** *adj* aus Samt, samten | samtweich, samtig ⟨≈ wine⟩

ve·nal ['vi:nl] *adj förml* käuflich ⟨a ~ vote⟩ | (Person) bestechlich, käuflich, korrupt ⟨a ~ politician⟩; **~i·ty** [vi:'nælətɪ] *s* Käuflich-, Bestechlichkeit *f*

ve·nat·ic [vi:'nætɪk], **ve'nat·i·cal** *adj* Jagd-

vend [vend] *vt Wirtsch, Jur* verkaufen | *förml* hausieren mit, feilbieten ⟨to ~ matches⟩ | *übertr* öffentlich verkünden *od* bekanntgeben, ausplaudern; **~ee** [~'i:] *s Jur* Käufer *m*; **'~er** *s* Händler *m*, Hausierer *m*

ven·det·ta [ven'detə] *s* Blutrache *f*, Vendetta *f* | *übertr* immerwährender Zwist ⟨to wage a literary ~ einen ständigen Streit mit der Feder ausfechten⟩

vend|i·bil·i·ty [ˌvendə'bɪlətɪ] *s Wirtsch* Verkäuflichkeit *f*, Gängigkeit *f*; **'~i·ble** *adj* verkäuflich, gängig; **'~ing maˌchine** *s* Verkaufs-, Münzautomat *m*; **'ven·dor** *s Jur* Verkäufer(in) *m*(*f*) | Hausierer *m*, Straßenhändler *m* ⟨fruit ≈ Obstverkäufer *m*⟩ | Verkaufsautomat *m*; **ven·due** [ven'dju:] *s Am* Auktion *f*

ve·neer [vɪ'nɪə] **1.** *vt* (Holz) furnieren, kaschieren | (Sperrholz) verleimen | verschönern (**with** mit) | *übertr* bemänteln, verdecken (**with**, durch); **2.** *s* (*meist sg*) Furnier *n* | *Tech* Straßendecke *f übertr* äußerer Glanz, Tünche *f* ⟨a ~ of Western civilization⟩ | Vorspiegelung *f*, Vortäuschung *f* ⟨a ~ of politeness eine höfliche Maske; under a ~ of good manners hinter guten Manieren versteckt⟩; **'~ ˌcut·ter** *s* Furnierschneidemaschine *f*; **'~ face** *s* Furnierdecke *f*; **'~ saw** *s* Klobsäge *f*; **'~ing** *s* Furnierschneiden *n* | Furnierholz *n* | Furnierverarbeitung *f*

ven·er|a·bil·i·ty [ˌvenərə'bɪlətɪ] *s* Ehrwürdigkeit *f*; **~a·ble** ['venr̥əbl] *adj* ehrwürdig, alt, verehrungswürdig ⟨a ≈ man⟩ | (als Titel in der anglikanischen Kirche) ⟨≐ Sir Hoch(ehr)würden⟩ | (röm.-kath. Kirche) ehrwürdig, heilig, geheiligt ⟨≈ relics⟩; **'~ate** *vt* schätzen, verehren, hochachten ⟨to ≈ s.o.'s memory die Erinnerung an jmdn. hochhalten⟩; **ˌ~'a·tion** *s* Hochachtung *f*, Verehrung *f*, Ehrfurcht *f* (**for** für, vor); **'~a·tive** *adj* ehrfürchtig; **'~a·tor** *s* Verehrer *m*

ve·ne·re|al [vɪ'nɪərɪəl] *adj* sexuell, geschlechtlich, Geschlechts- | *Med* venerisch ⟨≈ disease Geschlechtskrankheit *f*⟩; **~ol·o·gist** [ˌ~'ɒlədʒɪst] *s* Venerologe *m*, Facharzt *m* für Geschlechtskrankheiten; **ˌ~'ol·o·gy** *s* Venerologie *f*, Lehre *f* von den Geschlechtskrankheiten; **¹ven·er·y** ['venərɪ] *s selten* Geschlechtsverkehr *m*

²ven·er·y ['venərɪ] *s selten* Jagd *f*, Weidwerk *n*

Ve·ne·tian [vɪ'ni:ʃn] **1.** *adj* venezianisch ⟨~ glass⟩; **2.** *s* Venezianer(in) *m*(*f*); **ˌ≐ 'blind** *s* Jalousie *f*; **ˌ≐ 'carpet** *s* (Treppen-) Läufer *m*; **ˌ≐ 'chalk** *s* Schneiderkreide *f*; **ˌ≐ mo'sa·ic** *s* Terrazzo *m*; **ve'ne·tians** *s/pl* (starke) Jalousieschnur; **ˌ≐ 'win·dow** *s Arch* dreiteiliges Fenster (mit Rundbogen)

venge|ance ['vendʒəns] *s* Rache *f*, Vergeltung *f*, Strafe *f* ⟨to seek ≈ [up]on s.o. for s.th. gegen jmdn. auf Rache für etw. sinnen; to take ≈ [up]on s.o. sich an jmdm. rächen, an jmdm. Vergeltung üben ◇ **ˌwith a '~ance** gehörig, mit Macht; (jetzt) erst recht; wie besessen; **'~ful** *adj poet* rachsüchtig, -gierig | Rache-; **'ven·ger** *s poet* Rächer *m*

ve·ni·al ['vi:nɪəl] *adj* entschuldbar, verzeihlich, unerheblich ⟨a ~ fault; a ~ sin *Rel* eine läßliche Sünde⟩; **~i·ty** [ˌvi:nɪ'ælətɪ] *s* Entschuldbarkeit, Verzeihlichkeit *f*

ven·i·son ['venɪsn] *s* Wildbret *n*

ven|om ['venəm] **1.** *s* (Schlangen-, Skorpion-) Gift *n* | *übertr* Tücke *f*, Bosheit *f*; **2.** *vt arch* vergiften; **~omed** ['venəmd] *adj* vergiftet ⟨≈ shaft⟩ | *übertr* giftig, bösartig, tückisch; **'~om·ous** *adj* giftig, Gift- ⟨≈ snake; ≈ tooth⟩ | *übertr* giftig, bösartig ⟨≈ look⟩ *scherzh* ungenießbar, unmöglich ⟨≈ meal⟩

ve·nose ['vi:nəus] *adj Med, Zool* venös **ve·nos·i·ty** [vɪ'nɒsətɪ] *s Med* venöse Beschaffenheit *f* | Äderung *f*; **ve·nous** ['vi:nəs] *adj Med, Zool* Venen-, Adern- ⟨≈ inflammation Venenentzündung *f*⟩ | venös ⟨≈ blood⟩ | *Bot, Min* (Blatt, Fels) geädert ⟨≈ leaf, ≈ rock⟩

vent [vent] **1.** *s* Öffnung *f*, Loch *n* | Luftkanal *m* | Entlüftungsöffnung *f* | Spundloch *n* | *Tech* Zündloch *n* | (Jackett u. ä.) Schlitz *m* | *Hist* Schießscharte *f* | *Zool* After *m* | *übertr* Ausweg *m*, Ausbruch *m* ⟨to give ~ to one's indignation seiner Entrüstung Ausdruck geben *od* freien Lauf lassen⟩; **2.** *vt* mit einem Loch versehen | *Tech* ventilieren, entlüften, ablassen | *übertr* (e-r Sache) Luft machen (**on** gegenüber), (Ärger u.ä.) auslassen (**on** an) ⟨to ~ one's fury on s.o./s.th.⟩; **'~age** *s Mus* Fingerloch *n*

ven·tail ['venteıl] *s Hist* Visier *n*

ven·ter ['ventə] *s Zool* Bauch *m* | *Jur* Mutterleib *m*

vent·hole ['venthəʊl] *s* Lüftungsloch *n*, -öffnung *f*

ven·til ['ventıl] *s Mus* (Orgel-) Sperrklappe *f*

ven·ti|la·ble ['ventıləbl] *adj* lüft-, ventilierbar; **'~late** *vt* (durch-, be)lüften, ventilieren | *Bergb* bewettern, ventilieren | *Tech* luftkühlen | *übertr* vorbringen, (öffentlich) zur Sprache bringen, diskutieren ⟨to ≈ a problem⟩ | *übertr* zum Ausdruck bringen, ventilieren, äußern ⟨to ≈ an opinion⟩; **'~lat·ing** *adj* Ventilations-; **'~lat·ing fan** *s* Ventilator *m*; **'~lat·ing flap** *s* Belüftungsklappe *f*; **'~lat·ing kiln** *s* Trockenraum *m* (mit natürlicher Luftbewegung); **'~lat·ing pipe** *s Bergb* (Wetter-) Lutte *f*; **ˌ~'la·tion** *s* Ventilation *f* (Be-, Ent-, Durch-) Lüftung *f* | *Bergb* Bewetterung *f* | Ventilator *m* | *übertr* (*meist* öffentliche) Erörterung *f*, Diskussion *f*, Äußerung *f* ⟨full ≈ of s.th. breite Erörterung von etw.⟩; **ˌ~'la·tion shaft** *s Bergb* Wetterschacht *m*; **'~la·tive** *adj* Ventilations-; **'~la·tor** *s* Ventilator *m*, Lüfter *m*

ven|tose ['ventəʊs] *adj selten* windig; **~tos·i·ty** [~'tɒsətı] *s arch* Wind *m*

ven·tral [fin] ['ventrl] *s Zool* Bauchflosse *f*

ven|tri·cle ['ventrıkl] *s Anat, Zool* Körperhöhle *f*, Kammer *f* ⟨the ≈s of the heart⟩; **~tric·u·lar** [~'trıkjʊlə] *adj* ventrikulär, Kammer- | bauchig

ven|tri·lo·qui·al [ˌventrı'ləʊkwıəl] *adj* Bauchrede-; **~tril·o·quism** [~'trıləkwızm] *s* Bauchreden *n*, -redekunst *f*; **~'tril·o·quist** *s* Bauchredner *m*; **~'tril·o·quize** *vi* bauchreden

ventro- [ventrə(ʊ)] ⟨*lat*⟩ *in Zus* Bauch-

ven·trot·o·my [ven'trɒtəmı] *s Med* Bauchschnitt *m*

ven|ture ['ventʃə] **1.** *s* Risiko *n*, Wagnis *n* ⟨at a ≈ auf gut Glück; to draw a bow at a ≈ *übertr* raten, grob schätzen; to put to the ≈ riskieren⟩ | *Wirtsch* Spekulation *f*, (riskante) Unternehmung ⟨business ≈; a ≈ in oil⟩ | Spekulationsobjekt *n*, Einsatz *m* | *Mar* Schiffsroute *f*; **2.** *vt förml* riskieren, wagen, aufs Spiel setzen ⟨to ≈ a large sum; to ≈ one's life; to ≈ to do s.th.; nothing ≈ nothing have wer nicht wagt, gewinnt nicht; nothing ≈d, nothing gained nichts gewagt, nichts gewonnen⟩ | (zu sagen) wagen, äußern, sich erlauben ⟨to ≈ an opinion; to ≈ to say⟩; *vi* (sich) wagen (**[up]on** an) | sich einlassen (**on** auf) ⟨to ≈ cautiously on a statement die vorsichtige Bemerkung abgeben⟩ | sich (hin)wagen ⟨to ≈ out of doors sich aus dem Haus wagen⟩; **'~tur·er** *s* Wagehals *m* | *Wirtsch* Spekulant *m*; **'~ture·some** *adj* waghalsig, wagemutig, verwegen ⟨a ≈ gambler⟩ | gewagt, riskant ⟨a ≈ deed⟩

ven·tu·rine ['ventʃərın] *s* Goldstaub *m*

ven·tur·ous ['ventʃərəs] *adj* = **venturesome** | *selten* = **adventurous**

ven·ue ['venju:] *s Jur* Tatort *m* | *Jur* Gerichtsstand *m* | *umg* Treffpunkt *m*, Zusammenkunftsort *m* | *Sport* Austragungsort *m*

Ve·nus's| gir·dle [ˌvi:nəsız 'gɜ:dl] *s Zool* Venusgürtel *m*; **ˌ~ 'hair** *s Bot* Frauen-, Venushaar *n*

ve·ra·cious [və'reıʃəs] *förml adj* (Person) aufrichtig, wahrheitsliebend, wahrhaftig | glaubwürdig ⟨a ~ report⟩; **ve·rac·i·ty** [və'ræsətı] *s* Aufrichtig-, Wahrhaftigkeit *f* | Glaubwürdigkeit *f*

ve·ran·da[h] [və'rændə] *s* Veranda *f*

verb [vɜ:b] *s Ling* Verbum *n*, Zeitwort *n* | *arch* Wort *n*; **'ver·bal 1.** *adj Ling* verbal, Verb- ⟨≈ noun⟩ | verbal, Wort- ⟨≈ difference Unterschied *m* in Worten; ≈ skill Wortgewandtheit *f*⟩ | aus (gesprochenen) Worten bestehend, mündlich ⟨≈ explanation⟩ | wortgetreu, wörtlich ⟨≈ translation⟩; **2.** *s Ling* Verbalsubstantiv *n*, -adjektiv *n* | *umg* (mündl.) Eingeständnis *n* (*auch Jur*) | *scherzh* Wortgefecht *n*, Hin und Her *n*; **'ver·bal·ism** *s* Wortklauberei *f* | Phrase *f*; **'ver·bal·ist** *s* Wortkundiger *m* | Wortklauber *m*; **ˌver·bal·i'za·tion** *s Ling* Verbalisierung *f* | Formulierung *f*; **'ver·bal·ize** *vt Ling* in ein Verbum verwandeln | formulieren; *vi* sich wortreich ausdrücken; **ver·ba·tim** [vɜ:'beıtım] **1.** *adj, adv* (wort)wörtlich; **2.** *s* wortgetreuer Bericht *m*

ver·be·na [və'bi:nə] *s Bot* Verbene *f*

ver·ber|ate ['vɜ:bəreıt] *vt selten* schlagen; *vi* zittern; **ˌ~'a·tion** *s selten* Schlagen *n*

ver|bi·age ['vɜ:bı-ıdʒ] *s* Wortschwall *m*, -flut *f* | Wortwahl *f*; **~bose** [~'bəʊs] *adj* geschwätzig, wortreich; **~bos·i·ty** [~'bɒsətı] *s* Weitschweifigkeit *f*, Wortschwall *m*

verb phrase ['vɜ:b freız] *s Ling* Verbalphrase *f*

ver|dan·cy ['vɜ:dnsı] *s* frisches Grün *n* | *übertr* Unreife *f*; **'~dant** *adj lit* (frisch) grün, grünend, grünüberzogen ⟨≈ fields⟩ | (Farbe) grün(lich) | *übertr* unreif, unerfahren ⟨a ≈ youth⟩

ver·dict ['vɜ:dıkt] *s Jur* Verdikt *n*, Urteilsspruch *m* ⟨~ of not guilty Freispruch *m* ⟩ | *umg* Meinung *f*, Urteil *n*, Entscheidung *f* ⟨the general ~ on s.th. das allgemeine Urteil über etw.; open ~ Wahrspruch *m* (ohne Täternennung); special ~ Feststellung *f* des Tatbestands; ~ of guilty Schuldspruch *m*⟩

ver·di·gris ['vɜ:dıgrıs] **1.** *s* Grünspan *m*; **2.** *vi* Grünspan ansetzen; *vt* mit Grünspan überziehen

ver·dure ['vɜ:dʒə] *s poet* frisches Grün | grüner Pflanzenwuchs, Vegetation *f* | *übertr* Gedeihen *n*

[1]**verge** [vɜ:dʒ] **1.** *s* Grenze *f*, Rand *m* (*auch übertr*) ⟨on the ~ of *bes übertr* am Rande von; on the ~ of tears den Tränen nahe⟩ | Rand-, Seitenstreifen *m* | *Arch* Hausgiebel *m* | *Tech* Welle *f* | *Tech* Spindel *f* | *Tech* Schaft *m* | *Tech* Achse *f* | *Zool* Rute *f* | Amtsstab *m*; **2.** *vi* grenzen (**[up]on** an) | *übertr* grenzen, stoßen, streifen (**on** an)

[2]**verge** [vɜ:dʒ] *vi* sich erstrecken (**to[wards]** nach, gegen) | sich neigen, sinken (**towards** gegen) | sich nähern, übergehen (**in[to]**, **on** in) ⟨red ~ing on purple dunkler werdendes Rot⟩

ver·ger ['vɜ:dʒə] *s* Kirchendiener *m* | *Brit* (Amts-) Stabträger *m*

ver·i|fi·a·bil·i·ty [ˌverıˌfaıə'bılətı] *s* Nachweisbarkeit *f*, *Phil* Verifizierbarkeit *f*; **'~fi·a·ble** *adj* nachweisbar, *Phil* verifizierbar; **ˌ~fi'ca·tion** *s* Nachweis *m* | Nachprüfung *f*, Beglaubigung *f*, Beurkundung *f*, Bestätigung *f*; **'~fy** *vt* (auf die Richtigkeit hin) (nach)prüfen, (die Echtheit) feststellen, nachweisen, verifizieren | *Jur* beglaubigen, beurkunden, bestätigen ⟨to ≈ a statement⟩ | erfüllen, verwirklichen ⟨to ≈ one's promise⟩; **'~ly** *adv bibl* wahrlich, fürwahr; **~sim·i·lar** [ˌ~'sımılə] *adj* wahrscheinlich; **~si·mil·i·tude** [ˌ~sı'mılıtju:d] *förml s* Wahrscheinlichkeit *f* | etwas Wahrscheinliches *n*, wahrscheinliche Aussage; **ver·ism** ['vıərızm] *s Mal* Verismus *m*; **~ta·ble** ['~təbl] *adj* echt, wirklich, tatsächlich ⟨a ≈ gun⟩ | (*vor Metaphern*) *intens* wahrhaft, richtig(gehend) ⟨a ≈ mountain of papers geradezu ein Berg von Zeitungen⟩; **~ty** ['verətı] *s selten, förml* Wahrheit *f* | wahre Tatsache ⟨of a ≈ wahrhaftig, wirklich, tatsächlich⟩ | (*meist pl*) Grundwahrheit *f* | Wahrhaftigkeit *f*, Ehrlichkeit *f*

ver·mi·cel·li [ˌvɜ:mı'selı|-'tʃelı] *s* Fadennudeln *f/pl*; **ˌ~ 'soup** *s* Nudelsuppe *f*

ver|mi·cid·al [ˌvɜ:mı'saıdl] *adj Med* wurmabtreibend; **'~mi·cide** *s* Wurmmittel *n*; **~mic·u·lar** [~'mıkjʊlə] *adj* Wurm-, wurmförmig, gewunden; **~mic·u·late** [~'mıkjʊlıt|-leıt] *adj* wurmig, wurmzerfressen; [~'mıkjʊleıt] *vt Arch* mit Schlangenlinien verzieren; **~'mic·u·lat·ed** *adj Arch* geschlängelt | *übertr* spitzfindig ⟨≈ logic⟩; **~ˌmic·u'la·tion** *s Arch* Verzierung mit Schlangenlinien | Wurmstichigkeit *f* | *Med* Peristaltik *f*; **~mi·form** ['~mıfɔ:m] *adj* wurmähnlich, -förmig;

ˌ~mi·form ap'pen·dix *s Med* Wurmfortsatz *m*; ~mi·fuge ['~mɪfju:dʒ] *s Med* Wurmmittel *n*

ver·mil·ion [və'mɪlɪən] **1.** *s* Zinnober *m* | Zinnoberrot *n*, (rote) Mennige; **2.** *adj* zinnoberrot; **3.** *vt* mit Zinnober färben

ver·min ['vɜ:mɪn] *s (meist pl konstr)* Ungeziefer *n*, Parasiten *m/pl* | Schädlinge *m/pl*, schädliche Laubtiere *n/pl*, Laubzeug *n* | *übertr* Brut *f*, Schmarotzer *m*, Geschmeiß *n*; '~ous *adj* Ungeziefer-; voller Ungeziefer, verseucht | durch Ungeziefer verursacht ⟨≈ disease⟩ | *übertr* schmarotzerhaft

ver·m[o]uth ['vɜ:məθ] *s* Wermutwein *m*, Absinth *m*

ver·nac·u·lar [və'nækjʊlə] **1.** *adj* Heimat-, Volks- ⟨~ language Landessprache *f*⟩ | Dialekt- ⟨a ~ poet⟩ | *Ling* einheimisch, bodenständig ⟨a ~ word⟩ | volkstümlich ⟨~ name⟩ | *Med* endemisch, lokal ⟨~ disease⟩; **2.** *Ling s* Landes-, Volkssprache *f* | Dialekt *m* | Berufs-, Fachsprache *f* ⟨~ of the stage Bühnensprache *f*⟩ | volkstümlicher Ausdruck; **ver'nac·u·lar·ism** *s* Benutzung *f* der Landessprache | volkstümlicher Ausdruck *m*; **verˌnac·u·lar·i'za·tion** *s Ling* Einbürgerung *f* (e-s Wortes); **ver'nac·u·lar·ize** *vt* (Wort) einbürgern | (etw.) mundartlich ausdrücken

ver·nal ['vɜ:nl] *adj* Frühlings- ⟨~ flower Frühlingsblume *f*⟩ | *übertr* frisch, jung ⟨~ freshness⟩; ˌ~ 'e·qui·nox *s Astr* Frühlingsäquinoktium *n*

ver·nal|i·za·tion [ˌvɜ:nəlaɪ'zeɪʃn] *Landw s* Vorkeimen *n*; ~ize ['vɜ:nl̩aɪz] *vt* zum Vorkeimen bringen

ver·ni·cose ['vɜ:nɪkəʊs] *adj Bot* lackartig, glänzend

ver·ni·er ['vɜ:nɪə] *s Math* Nonius *m*; '~ adˌjust·ment *s Tech* Feineinstellung *f*; ˌ~ 'cal·i·per *s Tech* Meßschieber *m*, Schieblehre *f*

ve·ron·i·ca [və'rɒnɪkə] *s Bot* Ehrenpreis *m*

ver·ru|ca [və'ru:kə] *s (pl* ~cae [~si:], ~cas [~kəz]) *Med* Warze *f* | *Zool* Höcker *m*; ~cose ['verʊkəʊs]; ~cous [ve'ru:kəs|'verəkəs] *adj* warzig, voller Warzen

ver·sant ['vɜ:snt] *adj* versiert, geschickt

ver·sa|tile ['vɜ:sətaɪl] *adj* (geistig) beweglich, gewandt, vielseitig ⟨≈ actor⟩ | vielseitig verwendbar ⟨a ≈ material⟩ | unbeständig, veränderlich ⟨≈ faction *Pol* unsichere Gruppierung⟩ | *Bot, Zool* beweglich ⟨≈ antennae bewegliche Fühler *pl*⟩; ˌ~'til·i·ty *s* geistige Beweglichkeit, Gewandtheit *f*, Vielseitigkeit *f* | vielseitige Verwendbarkeit | Unbeständigkeit *f*, Veränderlichkeit *f* | *Bot, Zool* Beweglichkeit *f*

verse [vɜ:s] **1.** *s* Vers *m* ⟨free ~⟩ | Verszeile *f* ⟨to quote a ~⟩ | Vers *m*, Strophe *f* ⟨a poem of five ~s⟩ | Versmaß *n* ⟨iambic ~⟩ | *collect* Dichtung *f* ⟨prose and ~⟩ | *Rel* Vers *m*, Bibelstelle *f* ⟨to give/quote chapter and ~ for s.th. *übertr* über etw. haargenau Bescheid wissen⟩; **2.** *vt* in Versen ausdrücken; *vi* dichten, Verse machen

versed [vɜ:st] *adj* geschickt, bewandert, versiert (**in** in) ⟨well ~ in s.th. gut beschlagen in etw.⟩

verse·mon·ger ['vɜ:smʌŋgə] *s* Dichterling *m*, Reimschmied *m*; **ver·si·fi·ca·tion** [ˌvɜ:sɪfɪ'keɪʃn] *s* Versbau *m* | Verseschmieden *n*; **ver·si·fi·er** ['vɜ:sɪfaɪə] *s* Dichterling *m*; **'ver·si·fy** *vt* in Versen ausdrücken; *vi* Verse machen, dichten

ver·sion ['vɜ:ʃn|'vɜ:ʒn] *s* Version *f*, Darstellung *f* ⟨different ~s⟩ | *Theat* Bearbeitung *f*, Fassung *f* ⟨stage ~⟩ | *übertr* Verständnis *n*, Sicht *f*, Version *f* ⟨an actor's ~ of his part die Auffassung des Schauspielers von seiner Rolle⟩ | Spielart *f*, Variante *f* | Ausführung *f*, Modell *n* ⟨a cheaper ~⟩ | Übersetzung *f* | *meist* ∸ Bibelübersetzung *f*; '~al *adj* Übersetzungs-; '~ist *s* Übersetzer(in) *m(f)*

ver·so ['vɜ:səʊ] *s Typ* Verso *n*, Rückseite *f* ⟨on the ~⟩ | (Münzen-) Rückseite *f*, Revers *m*

verst [vɜ:st] *s* Werst *f*

ver·sus ['vɜ:səs] *präp* (Sport) gegen | *Jur* kontra, gegen

ver·te|bra ['vɜ:tɪbrə] *s (pl* ~brae ['~bri:|-breɪ|-braɪ] ~bras ['~brəz]) *Anat, Zool* Vertebra *f*, Rückenwirbel *m*; '~bral **1.** *adj* vertebral, Wirbelsäulen-; **2.** *s* Wirbelschlagader *f*; ˌ~bral 'col·umn *s* Wirbelsäule *f*; ~brate ['~brət|'~breɪt] **1.** *adj* vertebral, Wirbel- | *übertr* festgefügt; **2.** *s Zool* Wirbeltier *n*

ver·tex ['vɜ:teks] *s (pl* ~es ['~ɪz] **ver·ti·ces** ['vɜ:tɪsi:z]) Spitze *f*, Gipfel *m* | *Math* Scheitelpunkt *m* | *Astr* Vertex *m*, Zenit *m* | *Anat* Scheitel *m*

ver·ti·cal ['vɜ:tɪkl] **1.** *adj* vertikal, senkrecht ⟨~ pole; ~ fall⟩ | *Math Astr* Scheitel- ⟨~ angle⟩; **2.** *s* Vertikale *f*, Senkrechte *f* ⟨out of the ~ nicht senkrecht⟩; ~i·ty [ˌvɜ:tɪ'kælətɪ] *s* Vertikalität *f*, senkrechte Lage; ˌ~ 'dril·ling *s Tech* Senkrechtbohren *n*; ˌ~ 'en·gine *s Tech* stehender Motor *m*; ˌ~ 'feed *s Tech* Tiefenvorschub *m*;ˌ~ 'roll *s Tech* Kopfwalze *f*; ˌ~ 'shaft *s Kfz* Königswelle *f*; ˌ~ 'take·off *s Flugw* Senkrechtstart *m*; ˌ~ 'take·off ˌair·craft *s Flugw* Vertikalstarter *m*

ver|ti·ces ['vɜ:tɪsi:z] *s/pl* von ↑ **vertex**

ver·tig·i·nous [vɜ:'tɪdʒɪnəs] *förml adj* schwind[e]lig, Schwindel- | schwindelerregend ⟨~ height⟩ | *übertr* unstet, flatterhaft | *Tech* wirbelnd, drehend ⟨~ motion⟩; **ver·ti·go** ['vɜ:tɪgəʊ] *s (ohne pl) Med* Schwindel *m*, Schwindelanfall *m*, -gefühl *n* ⟨subjective ≈ Drehschwindel⟩

ver·vain ['vɜ:veɪn] *s Bot* Eisenkraut *n*

verve [vɜ:v|vɛəv] *s* Elan *m*, Schwung *m*, Begeisterung *f* (in literarischen Werken)

ver·y ['verɪ] **1.** *adv intens* sehr, äußerst ⟨~ quickly; ~ little⟩ | *(mit* **much**) sehr ⟨~ much better sehr viel besser; ~ much surprised höchst überrascht⟩ | *(mit sup)* aller- ⟨the ~ best quality⟩ | *(mit* **same**) genau ⟨the ~ same place genau derselbe Ort⟩ ◇ ˌ**not** '~ keinesfalls ⟨he wasn't ~ pleased⟩ | nur leicht, nicht sehr; **one's** ˌ~ '**own** (für) sich allein ⟨to have s.th. for ≈⟩; ˌ~ '**good** *förml* sehr wohl! in Ordnung! ⟨≈ Sir⟩; ˌ~ '**well** na gut, also gut; **2.** *adj* besondere(r, -s), genau, gerade ⟨the ~ thing genau das (Richtige)⟩ | *umg* bloß, rein, allein ⟨the ~ idea schon der Gedanke⟩ | rein, pur, schier ⟨the ~ truth⟩ | eigentlich, wahr ⟨the ~ heart of the matter der eigentliche Kern der Sache⟩ | *arch* wirklich, echt; ˌ~ **high 'fre·quen·cy** *s Tech* Ultrakurzwelle *f*, '∸ **light** *s Mil* Leuchtsignalpatrone *f*; '∸ ˌ**pis·tol** *s Mil* Leuchtpistole *f*

ve·si·ca [vɪ'saɪkə|'vesɪkə] *s (pl* **ve·si·cae** [və'sɪsi:]) *Anat* Vesica *f*, Blase *f*; **ves·i·cal** ['vesɪkl] *adj Anat* Blasen-; **ves·i·ca·tion** [ˌvesɪ'keɪʃn] *s* Blasenbildung *f*; **'ves·i·cle** *s Anat, Zool* Bläschen *n*

vesico ['vesɪkə(ʊ)] ⟨*lat*⟩ *in Zus* Blasen-

ves·i·cot·o·my [ˌvesɪ'kɒtəmɪ] *s Med* Blasenschnitt *m*; **ve·sic·u·lar** [vɪ'sɪkjʊlə] *adj Anat* (Lungen-)Bläschen-, Blasen- | blasenförmig, blasig; **ve·sic·u·la·tion** [vɪˌsɪkjʊ'leɪʃn] *s Med* Bläschenbildung *f*

ves·per ['vespə] **1.** *adj* Vesper-, Abend-; **2.** *s poet* Abend *m* | *auch* '**ves·pers** ['~z] *pl Rel* Abendandacht *f*, -gebet *n*, Vesper *f*

ves·sel ['vesl] *förml s* Gefäß *n*, Behälter *m* ⟨drinking ~⟩ | *Anat, Zool* Gefäß *n* ⟨blood ~⟩ | *Flugw* Wasserflugzeug *n*, Luftschiff *n* | *Mar* Schiff *n* ⟨fishing ~ Fischerboot *n*, Fischereifahrzeug *n*; motor ~ Motorschiff *n*⟩

vest [vest] **1.** *s Brit* Unterhemd *n* | *Am* Weste *f* | *Hist* Wams *n* | *poet* Gewand *n*; **2.** *vt arch* (ein)kleiden (**with** mit) | *übertr förml* bekleiden, bevollmächtigen, ausstatten (**with** mit) | *(bes pass)* (Recht u.ä.) übertragen, verleihen (**in s.o.** jmdm.) | *Am Jur* (Feindvermögen) beschlagnahmen ⟨~ing order Beschlagnahmeverfügung *f*⟩; *vi förml* übergehen (**in** auf), liegen (**in** bei)

ves·tal ['vestl] **1.** *adj* vestalisch | *übertr* jungfräulich rein; **2.** *s auch* ˌ~ '**vir·gin** Vestalin *f* | Jungfrau *f* | Nonne *f*

vest·ed ['vestɪd] *adj* unabdingbar ⟨~ rights⟩; **ˌ~'in·terest** *s verächtl* angestammtes Recht *n*, Recht *n*, auf das jmd. nicht zu verzichten bereit ist; **ˌ~ 'in·terests** *s/pl meist verächtl* einflußreiche Geschäfts- *od* Finanzkreise *pl*, maßgebliche Interessengruppen *pl* ⟨powerful ≈⟩

vest·ee [ves'ti:] *s* (Kleid- u. ä.) Einsatz *m*

ves|tib·u·lar [ves'tɪbjʊlə] *adj* zur Vorhalle gehörig | *Anat* vestibulär; **~tib·u·late** [~'tɪbjʊlɪt|-leɪt] *adj* vestibülähnlich; **~ti·bule** ['~tɪbju:l] **1.** *s* Vestibül *n*, Vorhalle *f*, Diele *f* | *Anat, Zool* Vestibulum *n*, Vorhof *m* | *Am Eisenb* Einsteigraum *m*, Harmonikagang *m* (am Ende e-s Eisenbahnwagens); **2.** *vt* eine Vorhalle einbauen in; **'~ti·bule car** *s Am Eisenb* Waggon *m* mit Verbindungsgang; **'~ti·bule train** *s Am* D-Zug *m* (aus miteinander in Verbindung stehenden Waggons)

ves|tige ['vestɪdʒ] *s* Zeichen *n*, Spur *f*, (verbliebene) Andeutung ⟨the ≈s of ancient religions⟩ | (geringe) Spur, (ein) bißchen ⟨not a ≈ of truth keine Spur von Wahrheit⟩ | (Über-) Rest *m*, Überbleibsel *n* ⟨the ≈s of the meal⟩ | *Biol* Rudiment *n*, verkümmertes Organ; **~ti·gi·al** [~'tɪdʒɪəl], **~tig·i·ar·y** [~'tɪdʒɪərɪ] *adj* Spuren- | *Biol* rudimentär, verkümmert

vest·ment ['vestmənt] *s* (*oft pl*) Amtsrobe *f* | *Rel* Meßgewand *n* | *übertr* Gewand *n*, Kleid *n*; **'~al** *adj* Gewand-

vest-pock·et [ˌvest 'pɒkɪt] *adj* Westentaschen-, im Westentaschenformat, sehr klein ⟨a ~ camera⟩

ves|tral ['vestrl] *adj* Sakristei-; **'~try** *s* Sakristei *f* | Kapelle *f* | Gemeindesaal *m* | *Rel* Gemeindeversammlung *f* ⟨ordinary ≈ Gemeindesteuerpflichtige *pl*; select ≈ Kirchenvorstand *m*⟩; **'~try·man** *s* (*pl* **'~try·men**) *Rel* Kirchenälteste(r) *f*(*m*)

ves|tur·al ['vestʃərl] *adj* Kleider-; **~ture** ['vestʃə] **1.** *s arch, poet* Gewand *n*, Kleidung *f* | *übertr* Hülle *f*; **2.** *vt arch, poet* ankleiden

[1]**vet** [vet] *umg* **1.** *s Kurzw* für **'~erinary**; **2.** *vt* (**'~ted, '~ted**) (Tier) untersuchen | *umg* (jmdn.) medizinisch (auf bestimmte Eignung) untersuchen | *übertr umg* (jmdn.) auf Herz und Nieren prüfen, (etwas) genauestens überprüfen ⟨to ~ an applicant; to ~ a report⟩

[2]**vet** [vet] *s Am umg Kurzw* für **'~eran**

vetch [vetʃ] *Bot s* Wicke *f* | Platterbse *f*

vet·er·an ['vetərən|'vetrən] **1.** *s* Veteran *m*, alter Soldat *m*, alter Beamter *m* ⟨war ~s; a ~ of 20 years service⟩ | *Am* ehemaliger Soldat, Kriegsveteran *m* | *übertr* etw. Altbewährtes *n*, Veteran *m* ⟨this machine is a ~⟩; **2.** *adj* kampferprobt ⟨~ troops⟩ | *übertr* erfahren ⟨~ teacher; a ~ traveller einer, der schon viel gereist ist⟩ | *Kfz* aus der Zeit vor 1916 ⟨~ Rolls Royce Rolls Royce Old Timer *m*⟩

vet·er·i·nar|i·an [ˌvetərɪ'nɛərɪən], **~y** ['vetr̩ɪnərɪ] **1.** *s* Veterinär *m*, Tierarzt *m*; **2.** *adj* Veterinär-, tierärztlich ⟨≈ college⟩; **ˌ~y 'med·i·cine** *s* Veterinärmedizin *f*, Tierheilkunde *f*; **ˌ~ 'sur·geon** *s* Tierarzt *m*

ve·to ['vi:təʊ] **1.** *s* (*pl* **'ve·toes**) Veto *n*, Einspruch *m* ⟨to put a ~ on s.th. etw. verbieten⟩; **2.** *vt* Veto einlegen gegen, Einspruch erheben gegen | (etw.) ablehnen

vex [veks] *vt* ärgern, aufregen ⟨to be ~ed at sich ärgern über⟩ | quälen, belästigen ⟨~ed by flies⟩ | (jmdm.) ein Rätsel sein, (jmdn.) verwirren | (Problem) eingehend behandeln, diskutieren über ⟨to ~ a question endlessly⟩ | *arch, poet* aufwühlen, peitschen ⟨to ~ the sea⟩; **ˌ~'a·tion** *s* Ärger *m*, Verdruß *m* | Sorge *f*, Kummer *m*; **~'a·tious** *adj* ärgerlich, lästig, verdrießlich ⟨≈ regulations schikanöse Bestimmungen *f/pl*⟩; **'vexed** *adj* ärgerlich, verärgert | geängstigt, beunruhigt | strittig, umstritten ⟨a ≈ problem⟩ | *poet* (Meer) aufgewühlt ⟨≈ by storms⟩

vi·a ['vaɪə] **1.** *präp* via, über ⟨~ Paris⟩ | *übertr* mittels, mit Hilfe von ⟨~ air mail mit Luftpost; ~ a translation in einer Übersetzung; ~ my brother durch meinen Bruder⟩ **2.** *s* (*pl* **'vias, vi·ae** ['vaɪi:|'vɪaɪ]) Weg *m*, Bahn *f*

vi·a|bil·i·ty [ˌvaɪə'bɪlətɪ] *s* Lebens-, Entwicklungsfähigkeit *f* | *übertr* Erfolg *m*, Chancen *pl* ⟨political ≈ politische Erfolgsaussichten *pl*⟩ | *Wirtsch* Rentabilität *f*; **'~ble** *adj* lebens-, entwicklungsfähig ⟨≈ child⟩ | *übertr* praktikabel, durchführbar, realisierbar ⟨≈ alternative; ≈ plan⟩ | *Wirtsch* rentabel ⟨a ≈ company⟩

vi·a·duct ['vaɪədʌkt] *s* Viadukt *m*, Überführung *f*

vi·al ['vaɪəl] *s* Glasflasche *f*, Phiole *f* | *übertr* Gefäß *n*

vi·ands ['vaɪəndz|'vɪəndz] *s/pl arch, förml* Lebensmittel *n/pl*, Proviant *m*

vibes [vaɪbz] *umg s* (*sg konstr*) *Mus* Vibraphon *n* ⟨to play ~⟩ | *Kurzw* für **vi'brations** *s/pl* Reaktion *f*, Widerhall *m* ⟨the ~ were bad die Stimmung war schlecht⟩

vi·bran·cy ['vaɪbrənsɪ] *s* Resonanz *f*, Schwingung *f* | *übertr* Ausstrahlungskraft *f* ⟨the ~ of her character⟩; **'vi·brant** **1.** *adj* vibrierend, schwingend | (Ton) schallend | *Ling* stimmhaft | zitternd, bebend (**with** vor) | pulsierend (**with** vor) | (Farbe) strahlend | (lebens-)sprühend, kraftvoll ⟨a ≈ personality⟩ | bewegt, erregt, aufgewühlt ⟨≈ feelings⟩; **2.** *s Ling* stimmhafter Laut

vi·bra·phone ['vaɪbrəfəʊn] *s Mus* Vibraphon *n*

vi·brate [vaɪ'breɪt] *vi* vibrieren, schwingen | pulsieren | rütteln | klingen, tönen | (Stimme) beben (**with** vor); *übertr* schwanken | *umg* (innerlich) heftig reagieren (**to** auf); *vt* vibrieren lassen, in Schwingungen versetzen; **vi·bra·tile** ['vaɪbrətaɪl] *adj* vibrierend, schwingend, schwingfähig; **vi·bra·til·i·ty** [ˌvaɪbrə'tɪlətɪ] *s* Schwingungsfähigkeit *f*; **vi'bra·tion** *s* Vibrieren *n*, Schwingen *n* | Vibration *f*, Schwingung *f* | *übertr* Schwanken *n* | (*meist pl*) *umg übertr* Widerhall *m*, Reaktion *f* ⟨to get good ≈s from s.o. bei jmdm. auf guten Willen stoßen⟩; **vi'bra·tion·al** *adj* Schwingungs-; **vi·bra·to** [vɪ'brɑ:təʊ] *s Mus* Vibrato *n*; **vi'bra·tor** *s* Vibrator *m*, Massageapparat *m* | *Tech* Rüttelapparat *m* | *El* Unterbrecher *m*, Zerhacker *m*; **vi·bra·to·ry** ['vaɪbrətərɪ] *adj* vibrierend, schwingend, Vibrations-

vibro- [vaɪbrə(ʊ)] ⟨*lat*⟩ *in Zus* Schwingungs-, Vibrations- (*z. B.* **~massage**)

vic·ar ['vɪkə] *s Rel* (anglikanische Kirche) Vikar *m* | (katholische Kirche) (Stell)Vertreter *m*; **'~age** [-r-] *s* (anglikanische Kirche) Pfarrhaus *n*, Pfründe *f* | Vikariat *n*; **vi·car·i·al** [vaɪ'kɛərɪəl|vɪ-] *adj Rel* Vikars-; **vi·car·i·ate** [vaɪ'kɛərɪ-ɪt|vɪ-|-eɪt] *s Rel* Vikariat *n*; **vi·car·i·ous** [vɪ'kɛərɪəs|vaɪ-] *adj übertr* nachempfunden, geteilt, aus zweiter Hand ⟨≈ pleasure⟩ | *selten förml* uneigennützig, für andere ⟨≈ sufferings⟩ | *selten, förml* stellvertretend ⟨≈ ruler⟩ | *selten, förml* beauftragt, kommissarisch, im Auftrag; **'~ship** *s Rel* Vikariat *n*

[1]**vice** [vaɪs] *s* Laster *n* (*Ant* virtue) | Laster(haftigkeit) *n*(*f*), Verderbtheit *f*, Unmoral *f*, Perversität *f* ⟨the amount of ~ der Umfang der Verderbtheit⟩ | Laster *n*, *umg* Untugend *f*, schlechte Angewohnheit *f* | (körperliches) Gebrechen *n*, Mangel *m* | (Tier, *bes* Pferd) Unart *f* | *auch Med* Verirrung *f*, Abnormität *f*

[2]**vice** [vaɪs] *s* Schraubstock *m* ⟨as firm as a ~ unbeweglich⟩

[3]**vi·ce** [vaɪsɪ] *präp* an Stelle von

[4]**vice** [vaɪs] *s umg* Vize *m*

vice- [vaɪs] *präf mit der Bedeutung*: Vize-, stellvertretend (*z. B.* **~president** Vizepräsident *m*)

vice|-ad·mi·ral [ˌvaɪs 'ædmr̩l] *s Mar* Vizeadmiral *m*; **ˌ~'chair·man** *s* (*pl* **ˌ~'chair·men** [-mən]) stellvertretender Vorsitzender *m*; **ˌ~'chan·cel·lor** *s* Vizekanzler *m* | *Brit* (Universität) Rektor *m*; **~ge·ral** [ˌ~'dʒɪərl] *adj* stellvertretend, Statthalter-; **~ge·rent** [ˌ~'dʒerənt|-'dʒɪər-] **1.** *s* Statthalter *m*; **2.** *adj* stellvertretend | bevollmächtigt; **ˌ~'gov·er·nor** *s* Vizegouverneur *m*

vice·less ['vaɪsləs] *adj* untadelig, ohne Laster
vice·like ['vaɪslaɪk] *s* fest, nicht loslassend ⟨a ~ grip⟩
vice|-pres·i·den·cy [ˌvaɪs 'prezɪdənsɪ] *s* Vizepräsidentschaft *f*; **ˌ~-'pres·i·dent** *s* Vizepräsident *m*; **ˌ~-pres·i·'den·tial** *adj* Vizepräsidenten-; **ˌ~-'pres·i·dent·ship** *s* Vizepräsidentschaft *f*; **ˌ~'re·gal** *adj* Vizekönigs-; **ˌ~-'re·gent 1.** *adj* Vizeregenten-; **2.** *s* Vizeregent *m*; **~roy** ['~rɔɪ] *s* Vizekönig *m*; **ˌ~'roy·al** *adj* Vizekönigs-; **ˌ~'roy·al·ty, '~roy·ship** *s* Vizekönigsamt *n*, -würde *f*
vice squad ['vaɪs skwɒd] *s* Sittenpolizei *f*
vi·ce ver·sa [ˌvaɪsɪ 'vɜ:sə] *adv* ⟨*lat*⟩ wechselseitig, umgekehrt
vi·cin·i·ty [vɪ'sɪnətɪ] *s* Nachbarschaft *f*, Nähe *f*, kurze Entfernung ⟨in the ~; in this ~ ganz in der Nähe⟩ | *förml* (unmittelbare) Nähe (**of, to** von, zu) ◇ **in the ~ of** *förml übertr* in der Nachbarschaft von | (in) etwa ⟨in the ~ of £ 1 000⟩
vi·cious ['vɪʃəs] *adj* lasterhaft ⟨a ~ life⟩ | *förml* unmoralisch, verwerflich, verderbt ⟨~ habits⟩ | boshaft, böse ⟨a ~ attack; a ~ look⟩ | heftig, wild ⟨a ~ blow⟩ | (Tier) böse, aggressiv; bissig ⟨a ~ dog⟩ | (Pferd) unartig | *umg* scheußlich, gemein, fürchterlich ⟨a ~ headache⟩ | fehlerhaft ⟨a ~ argument ein schlechtes Argument⟩ | schädlich ⟨~ air⟩ | *Med* anormal, schlecht verheilt ⟨~ union schlecht verheilter Bruch⟩ | falsch, verkehrt, gegenläufig ⟨~ cycle Teufelskreis; ~ spiral *übertr* ins Endlose führende Spirale⟩; **ˌ~ 'cir·cle** *s* Circulus *m* vitiosus, Teufelskreis *m* | *Phil* Trugschluß *m*
vi·cis·si|tude [vɪ'sɪsɪtju:d] *s* Unbeständigkeit *f*, Wechsel *m* ⟨the ≈s of life das Auf und Ab des Lebens⟩; **~tu·di·nary** [vɪˌsɪsɪ'tju:dɪnərɪ], **~tu·di·nous** [vɪˌsɪsɪ'tju:dɪnəs] *adj* wandelbar, wechselvoll
vic·tim ['vɪktɪm] *s* Opfer *n*, Leidtragende(r) *f(m)* ⟨~ of the storm Sturmopfer *n*; to fall ~ to s.th. e-r Sache zum Opfer fallen⟩ Opfertier *n*; **ˌ~i'za·tion** *s* Opferung *f* | unfaire *od* ungerechte Behandlung, Benachteiligung *f* | Schikanierung *f* | Betrug *m* | Schlachtung *f* e-s Opfertieres; **'~ize** *vt* (auf)opfern | quälen, belästigen | ungerecht *od* unfair behandeln, ungerecht bestrafen | (Arbeiter) auf die Straße werfen | betrügen, prellen ⟨≈d by swindlers⟩ | (Tier) opfern, schlachten; **'~iz·er** *s* Betrüger(in) *m(f)*; **'~less** *adj bes Am Jur* ohne Schaden für Dritte ⟨a ≈ offense⟩
vic·tor ['vɪktə] *förml* **1.** *adj* Sieges- | siegreich; **2.** *s* Sieger(in) *m(f)*
vic·to·ri·a [vɪk'tɔ:rɪə] *s* Viktoria *f*, zweisitzige Kutsche | *Bot* Wasserlilie *f*; **ˌ≈ 'Cross** *s Brit Mil* Viktoriakreuz *m* (Tapferkeitsmedaille *f*)
Vic·to·ri·an [vɪk'tɔ:rɪən] **1.** *adj* Viktorianisch ⟨~ Period Viktorianisches Zeitalter⟩; viktorianisch ⟨a ~ dress⟩ | *übertr* prüde, engstirnig ⟨~ opinions⟩; **2.** *s* Viktorianer(in) *m(f)*
vic·to·ri·a plum [vɪkˌtɔ:rɪə 'plʌm] *s Bot* Viktoriapflaume *f*
vic·to|ri·ous [vɪk'tɔ:rɪəs] *adj* siegreich (**in, over** in, über) ⟨≈ team⟩ | Sieger-, Sieges-; **~ry** ['vɪktr̩ɪ|-tərɪ] *s* Sieg *m* ⟨to gain (win) a ≈ over den Sieg erringen über; to lead s.o. to ≈ jmdn. zum Sieg führen⟩ | *übertr* Sieg *m*, Triumph *m* (**for** für, **over** über)
vict|ual ['vɪtl] **1.** (**'~ualled, '~ualled**) *vt* mit Lebensmitteln versorgen, verpflegen; *vi* sich verpflegen, sich (mit Lebensmitteln) versorgen | Proviant aufnehmen ⟨≈ling ship Proviantschiff *n*⟩; **2.** *s* (menschliche) Nahrung; **'~ual·ler** ['vɪtl̩ə] *s bes Mil* Lebensmittellieferant *m* | *auch bes* **ˌlicensed '~ual·ler** *Brit* Schankwirt *m* | *Mar* Proviantschiff *n*; **'~uals** *s/pl arch, dial* Proviant *m*, Nahrungsmittel *n/pl*
vi·cu|ña, ~na [vɪ'kju:nə|vaɪ-|-ku:-|-u:njə-] *s* (*pl* **~nas**, *collect* **~na**) ⟨*span*⟩ *Zool* Vikunja *f*, wildes Lama | *auch* **'~na wool** Vikunja-, Vigognewolle *f* | *auch* **'~na cloth** Stoff *m* aus Vikunja-, Vigognewolle
vi·de ['vaɪdɪ|'vɪdeɪ|'vi:deɪ] ⟨*lat*⟩ *imp* siehe! ⟨~ page 10 siehe Seite 10⟩; **~ infra** [ˌ~ 'ɪnfrə] siehe unten; **~ ante** [ˌ~ 'æntɪ], *auch* **~ supra** [ˌ~ 'su:prə] siehe oben
vi·de·li·cet [vɪ'di:lɪset|-'del-] ⟨*lat*⟩ *adv förml* das heißt, nämlich (*Kurzw* **viz**, gesprochen wie **namely**)
vid·e·o ['vɪdɪəʊ] **1.** *adj* Fernseh- ⟨~ broadcasting Fernseh-, Rundfunk *m*; ~ frequency Fernsehfrequenz⟩ | Videotape- ⟨a ~ recording⟩; **2.** *s*, *Am* Fernsehen *n*, Video(film) *n(m)*; **'~ casˌsette** *s* Videokassette *f*; **'~[casˌsette] reˌcord·er** *s* Videorecorder *m*; **'~ disk** *s* Videoschallplatte *f*; **ˌ~ 'nas·ty** *s* Horror- *od* Sexfilm *m* (auf Kassette); **'~phone** *s Tel* Bildtelephon *n*; **'~ˌplay·er** *s* Videowiedergabegerät *n*; **'~-reˌcord** *vt bes Brit* mit Videorecorder aufnehmen; **'~tape 1.** *s* Videoband *n* ⟨on ≈⟩; **2.** *vt* auf Videoband aufnehmen ⟨to ≈ a lesson⟩; **'~ˌtel·e·phone** *s* = **~phone**
vie [vaɪ] *vi* wetteifern (**with** mit) ⟨to ~ with each other (one another) for s.th. untereinander im Wettstreit stehen um etw.⟩
Vi·en·nese [ˌvɪə'ni:z] **1.** *adj* wienerisch, Wiener-; **2.** *s* (*pl* ~) Wiener(in) *m(f)* | *Ling* Wienerisch *n*
Viet·nam [ˌvjet'næm] *s* Vietnam; **~ese** [vɪˌetnə'mi:z] **1.** *adj* vietnamesisch; **2.** *s* (*pl* **~**) Vietnamese *m*, Vietnamesin *f*
view [vju:] **1.** *vt bes übertr* sehen, betrachten, einschätzen, denken über (**as** als, **with** mit) ⟨to ~ the future; to ~ a plan⟩ | anschauen, besichtigen ⟨to ~ a house⟩ (*bes* im Fernsehen) (an)sehen ⟨to ~ TV⟩; *vi* fernsehen; **2.** *s* (An-, Zu-) Sehen *n*, Erblicken *n* ⟨on nearer ~ bei näherem Ansehen; on ~ zur Ansicht, zum Ansehen; to keep in ~ im Auge behalten⟩ | Blickweise *f*, Sicht *f* ⟨on the long ~ *übertr* auf lange Sicht; point of ~ Gesichtspunkt *m*; to be in full ~ ganz zu sehen sein, im Blickfeld liegen; to come in ~ of s.th. etw. zu sehen bekommen, sehen können; to pass from one's ~ den Blicken entschwinden, außer Sicht kommen⟩ | Aussicht *f*, -blick *m* ⟨a fine ~ ein schöner Anblick; there is no ~ from es ist nichts zu sehen von⟩ | Bild *n*, Ansicht *f*, Photo *n* ⟨aerial ~ Luftbild *n*⟩ | Meinung *f*, Auffassung *f*, Anschauung *f* (**on, about** über) ⟨in ~ of mit Rücksicht auf; ~ of life Lebensanschauung *f*; to form a ~ on s.th. sich über etw. eine Meinung bilden; to hold/keep a ~ of s.th. über etw. eine Meinung haben; to take a dim/poor ~ of *umg* wenig (nicht viel) halten von, einer Sache skeptisch gegenüberstehen⟩ | *bes Jur* Prüfung *f*, Untersuchung *f* ⟨a clear ~ of the case⟩ | Absicht *f*, Plan *m*, Zweck *m* ⟨in ~ in Aussicht; with a ~ to, with the ~ of (*mit ger*) im Hinblick auf, mit der Absicht (zu *mit inf*); to fall in (meet) with s.o.'s ~s jmds. Wünsche teilen; to keep s.th. in ~ etw. bedenken, berücksichtigen⟩ Vorführung *f*, Darbietung *f*; **'~a·ble** *adj* sichtbar, zu sehen | sehenswert; **'~ˌda·ta** *s* Bildschirmtext *m*; **'~er** *s* Zuschauer(in) *m(f)* | Fernsehzuschauer(in) *m(f)*; **'~er·ship** *s Ferns* Bildschirmpublikum *n*, Fernsehzuschauer *pl*; **'~ˌfind·er** *s Foto* Sucher *m*; **'~ing ˌmir·ror** *s* Spiegelreflektor *m*; **'~ing screen** *s* Bildschirm *m*; **'~less** *adj* ohne Sicht | *poet, scherzh* unsichtbar | *Am* meinungslos, ohne Meinung; **'~phone** *s* = **videophone**; **'~point** *s* Ansichts-, Standpunkt *m* (*auch übertr*); **'~y** *adj umg* schwärmerisch, phantastisch
vig|il ['vɪdʒɪl] *s* Nachtwache *f* ⟨to hold / keep ≈ wachen⟩ | Wachen *n* während der Nacht | *Rel, meist* **'~ils** *pl* Vigilien *f/pl*; **'~i·lance** *s* Wachen *n* | Wachsamkeit *f*, Um-, Vorsicht *f* | *Med* Schlaflosigkeit *f*; **'~i·lance comˌmit·tee** *s Am* Bürgerwehr *f*, Selbstschutzkomitee *n*; **'~i·lant** *adj* wachsam, umsichtig ⟨a ≈ police force⟩; **~i·lan·te** [ˌ~dʒɪ'læntɪ] **1.** *s Am* Mitglied *n* einer Selbstschutzorganisation; **2.** *adj* Selbstschutz-, Wach- ⟨a ≈ system⟩

vi·gnette [vi:'njet|vɪ-] **1.** *s Typ, Foto, Arch, Lit* Vignette *f*; **2.** *vt* vignettieren

vig|or·ous ['vɪgərəs] *adj* stark, kräftig, kraftvoll, vital ⟨a ≈ youth⟩ | energisch, nachdrücklich, effektiv ⟨≈ measures; a ≈ protest⟩ | (Pflanze) kräftig ⟨a ≈ plant⟩; **~our** ['~ə] *s* (Geistes-, Körper-) Kraft *f*, Vitalität *f* | Energie *f*, Aktivität *f* | *Biol* Lebenskraft *f* | Wirkung *f*, Nachdruck *m* ⟨with ≈⟩ | *Jur* Wirksamkeit *f*, Gültigkeit *f* ⟨in ≈ gültig, in Kraft⟩

vi·king, *auch* ≗ ['vaɪkɪŋ] *Hist* **1.** *s* Wiking(er) *m*; **2.** *adj* Wikinger-, wikingisch ⟨~ ships⟩

vile [vaɪl] *adj* niedrig, gemein, ordinär ⟨~ language⟩ | schlecht ⟨~ habits⟩ | *umg* scheußlich, miserabel, mies ⟨~ food; ~ weather⟩ | *arch* nichtig, wertlos; **vil·i·fi·ca·tion** [ˌvɪlɪfɪ'keɪʃn] *s* Verleumdung *f*; **vil·i·fi·er** ['vɪlɪfaɪə] *s* Verleumder(in) *m(f)*; **vil·i·fy** ['vɪlɪfaɪ] *vt* verleumden, schmähen, diffamieren, verunglimpfen ⟨to ≈ an opponent⟩

vil·la ['vɪlə] *s* Villa *f*, Landhaus *n* | Einfamilienhaus *n*; **'~dom** *s* Villenviertel *n*

vil|lage ['vɪlɪdʒ] **1.** *s* Dorf *n*, | Gemeinde *f* | *collect* Dorfbewohner *m/f/pl* ⟨the whole ≈ came⟩; **2.** *adj* Dorf-, dörflich ⟨≈ economy⟩ | ländlich; **'~lag·er** *s* Dorfbewohner(in) *m(f)*

vil·lain ['vɪlən] **1.** *s förml* Schurke *m*, Schuft *m* ⟨you ~⟩ | *Theat, Film* Schurke *m*, Bösewicht *m* ⟨the ~ of the piece *umg scherzh* der Übeltäter, der Bösewicht⟩ | *Brit* Verbrecher *m*, Übeltäter *m* | *scherzh* Schlingel *m* ⟨you young ~ du kleiner Schlingel⟩ | *arch* Bauerntölpel *m*, -lümmel *m*; **2.** *adj* Schurken-, schurkisch, schuftig; **'~age** *s* Leibeigenschaft *f*; **'~ous** *adj* Schurken-, schurkisch, böse | *umg* schlecht, scheußlich ⟨≈ handwriting⟩; **'~y** (*bes pl*) *s* Schurkerei *f*, Gemeinheit *f* | *arch* Leibeigenschaft *f*

vil·la·like ['vɪləlaɪk] *adj* villenähnlich

-ville [vɪl] *Am Sl verächtl suff zur Bildung von s (aus s und adj) mit der Bedeutung*: ... gearteter Ort (*z. B.* **'dullsville**, *auch* **'Dullsville** langweiliger *od* öder Ort; **'doomsville** Ort *m* zum Einschlafen) | *selten suff zur Bildung von adj (aus s und adj) mit der Bedeutung*: ... geartet, von ... Charakter (*z. B.* **'doomsville** zum Umfallen, unmöglich)

vil·lein ['vɪleɪn] **1.** *adj* Leibeigenen-; **2.** *s* Leibeigener *m*; **~age** ['vɪlɪnɪdʒ] *s* Leibeigenschaft *f* | Hintersassengut *n*

vil·lous ['vɪləs] *adj Bot, Med* zottig

vim [vɪm] *s umg* Energie *f*, Schwung *m*, Schneid *m* ⟨~ and vigour; to feel full of ~ Unternehmungsgeist haben, groß in Form sein; to put more ~ into s.th. etw. mit mehr Mumm machen⟩

vin·ai·grette sauce [vɪnɪ'gret sɔ:s] *s Kochk* Vinaigrette *f*

vi·nai·grous [vɪ'neɪgrəs] *adj* sauer (*auch übertr*)

vin·ci|bil·i·ty [ˌvɪnsə'bɪlətɪ] *s* Besiegbarkeit *f*; **'~ble** *adj* besiegbar

vin·di|ca·bil·i·ty [ˌvɪndɪkə'bɪlətɪ] *s* Stichhaltigkeit *f*; **'~ca·ble** *adj* zu rechtfertigen(d), haltbar; **'~cate** *vt* verteidigen, in Schutz nehmen (**from, against** vor, gegen) | rechtfertigen, reinwaschen ⟨to ≈ o.s. sich rechtfertigen; to be ~d on all counts in allen Punkten von Anwürfen reingewaschen sein⟩ | *Jur* beanspruchen, Anspruch erheben auf ⟨to ≈ a claim⟩; **ˌ~'ca·tion** *s* Verteidigung *f* | Rechtfertigung *f* ⟨in ≈ zur Verteidigung⟩ | Beanspruchung *f* | Ehrenrettung *f*; **vin·dic·a·tive** ['~kətɪv|vɪn'dɪkətɪv] *adj* verteidigend, rechtfertigend; **'~ca·tor** *s* Verteidiger *m*; Rechtfertiger *m*; **'~ca·to·ry** *adj* rechtfertigend, Rechtfertigungs- | strafend, Straf-; **~ca·tress** ['~keɪtrəs] *s* Verteidigerin *f*, Rechtfertigerin *f*

vin·dic·tive [vɪn'dɪktɪv] *adj* nachträgerisch, nachtragend, rachsüchtig ⟨a ~ man⟩ | strafend, als Strafe ⟨with a ~ purpose mit dem Zweck der Strafe⟩

vine [vaɪn] **1.** *s Bot* (Wein-, Hopfen- u. ä.) Rebe *f*, Kletterpflanze *f* | Weinstock *m*, -rebe *f*; **2.** *adj* Wein-, Reben-; **'~ˌdress·er** *s* Winzer *m*; **'~ˌfret·ter** *s* Reblaus *f*

vin·e·gar ['vɪnɪgə] **1.** *s* Essig *m*; **2.** *adj übertr* sauer; **'~like** *adj* essigähnlich; **'~y** [-r-] *adj* (essig)sauer (*auch übertr*) ⟨a ≈ taste; ≈ remarks⟩

vine|grow·er ['vaɪnˌgrəʊə] *s* Weinbauer *m*, Winzer *m*; **'~ˌgrow·ing** *s* Weinbau *m*; **'~leaf** *s* Weinblatt *n*; **'~leek** *s Bot* Pechzwiebel *f*; **'~louse** *s* (*pl* **'~lice**) Reblaus *f*; **vin·e·ry** ['vaɪnərɪ] *s* Treibhaus *n* für Reben, Weinberg *m*; **'~ˌspray·er** *s* Rebenspritze *f*; **~yard** ['vɪnjəd|-jɑ:d] *s* Weinberg *m*

vini- [vɪnɪ] ⟨*lat*⟩ *in Zus* Wein-

vin|i·cul·tur·al [ˌvɪnɪ'kʌltʃərl] *adj* weinbaukundlich; **'~i·cul·ture** *s* Weinbau *m* (als Wissenschaft); **ˌ~i·'cul·tur·ist** *s* Weinbaukundiger *m*, Weinbauer *m*; **~ol·o·gist** [~'nɒlədʒɪst] *s* Weinkenner *m*; **~'ol·o·gy** *s* Weinkunde *f*

vi|no ['vi:nəʊ] *s* (*pl* **~noes** ['~nəʊz]) *umg* billiger Wein

vi·nous ['vaɪnəs] *adj* weinartig, wein- | weinrot | *übertr* weinselig ⟨~ laughter⟩

vin|tage ['vɪntɪdʒ] **1.** *s* (Wein) Jahrgang ⟨a good ≈; of the ≈ of 1959⟩ | (*meist sg*) Weinernte *f* ⟨to help with the ≈⟩ | (Jahreszeit) Weinlese *f* ⟨an early ≈⟩ | *umg* (Personen) Jahrgang *m*; Schuljahr *n* | (Erzeugnisse) Produktion *f*; **2.** *adj* (*attr*) Weinlese-, -ernte- ⟨≈ activities⟩ | (Wein) Qualitäts-, Marken- ⟨≈ wine⟩ | klassisch, von bewährter Qualität | *Kfz* zwischen 1916 und 1930 gebaut ⟨a ≈ car ein Oldtimer *m*, ein Autoveteran *m*⟩ | alt, gealtert ⟨a ≈ actress⟩ | altmodisch ⟨≈ plays; ≈ cut veralteter Schnitt⟩ | beste(r, -s), wie es im Buche steht, hervorragend ⟨≈ Shaw zum Besten gehörend, was Shaw geschrieben hat⟩; **'~tag·er** *s* Weinleser(in) *m(f)*, Winzer(in) *m(f)*; **vint·ner** ['vɪntnə] *s* Weinhändler *m*; **~y** ['vaɪnɪ] *adj* rebenartig, rankend | weinreich

vi·nyl ['vaɪnɪl] *adj Chem* Vinyl-, Plast-

vi·ol ['vaɪəl] *s Mus Hist* Viole *f*

[1]vi·o·la [vɪ'əʊlə] *s Mus* Viola *f*

[2]vi·o·la ['vaɪələ] *s Bot* Veilchen *n*, Stiefmütterchen *n*

vi·o·la|bil·i·ty [ˌvaɪələ'bɪlətɪ] *s* Verletzbarkeit *f*, Verletzlichkeit *f*; **'~ble** *adj* verletzbar

vi·o|late ['vaɪəleɪt] *vt* (Vertrag u. ä.) verletzen, brechen, übertreten ⟨to ≈ the law; to ≈ an oath einen Eid brechen⟩ | Gewalt antun (*auch übertr*) | (grob) stören, sich (grob) einmischen in ⟨to ≈ s.o.'s privacy jmds. Frieden stören⟩ | *förml* schänden, entweihen ⟨to ≈ a grave⟩ | *euphem* (Frau) vergewaltigen, schänden; **ˌ~'la·tion** *s* Verletzung *f*, Bruch *m*, Übertretung *f* (e-s Gesetzes etc.); ⟨in ≈ of unter Verletzung von⟩ | Störung *f* | Vergewaltigung *f*, Schändung *f*; **'~la·tor** *s* Verletzer(in) *m(f)*; **'~lence** *s* (*ohne pl*) Gewalt *f*, Gewalttätigkeit *f* ⟨an act of ≈ Gewalttat *f*⟩ | *Jur* Gewaltanwendung *f* ⟨crimes of ≈ Gewaltverbrechen *pl*; to die by ≈ e-s gewaltsamen Todes sterben⟩ | *übertr* Verletzung *f*, Übertretung *f*, Unrecht *n* ⟨to do ≈ to Gewalt antun, schaden (*mit dat*), verletzen (*auch übertr*)⟩ | Entstellung *f* (e-s Textes) | *übertr* Ungestüm *n*, Heftigkeit *f*; **'~lent** *adj* heftig, stark ⟨a ≈ attack⟩ | gewaltsam, gewalttätig, Gewalt- ⟨≈ measures; to meet a ≈ death e-s gewaltsamen Todes sterben⟩ | stark ⟨a ≈ headache heftige Kopfschmerzen *m/pl*⟩ | leidenschaftlich, heftig ⟨≈ passions⟩ | ungezügelt ⟨≈ temper⟩ | (Farben) laut, grell

vi·o·let ['vaɪələt] **1.** *s Bot* Veilchen *n* | Veilchenblau *n*, Violett *n*; **2.** *adj* veilchenblau, violett

vi·o·lin [ˌvaɪə'lɪ:n] *s* Violine *f*, Geige *f* ⟨to play the ~ Geige spielen, geigen; first ~ erster Geiger⟩; **'~ bow** *s* Geigenbogen *m*; **'~ case** *s* Geigenkasten *m*; **'~ clef** *s* Violinschlüssel *m*; **ˌvi·o'lin·ist** *s* Geiger(in) *m(f)*; **'~ ˌmak·er** *s* Geigenbauer *m*; **ˌ~ pi'a·no** *s* Harmonichord *n*; **'~ string** *s* Geigensaite *f*;

vi·ol·ist ['vaɪəlɪst] *s* Bratschist(in) *m(f)*

vi·o·lon·cel·list [ˌvaɪələn'tʃelɪst] *s* Cellist(in) *m(f)*; **~cel·lo** [ˌvaɪələn'tʃeləʊ] *s* Cello *n*

vio·lo·ne [vɪə'ləʊneɪ] *s* Baßviole *f*, große Baßgeige

vi·os·ter·ol [vaɪ'ɒstərɒl|-rəʊl] *s Chem Med* Vigantol *n*

VIP [ˌvi: aɪ 'pi:] *s umg, Abk von:* **ˌvery imˌportant 'person** Prominente(r) *f(m)*, hohes Tier, bedeutende Persönlichkeit

vi·per ['vaɪpə] *s Zool* Viper *f*, Natter *f* | *auch* **ˌcommon '~** Kreuzotter *f* | *übertr* Schlange *f*; **~i·form** ['-rɪfɔ:m] *adj Zool* schlangenförmig; **'~ish** *adj* schlangenartig, giftig (*auch übertr*); **'~ous** *adj* Vipern- | vipernartig | *übertr* giftig; **'~'s grass** *s Bot* Schwarzwurzel *f*

vi·ra·go [vɪ'rɑ:gəʊ] *s* (*pl* **~s, ~es**) Mannweib *n* | zanksüchtiges Weib, Drachen *m*

vi·ral ['vaɪərəl] *adj* Virus-, Viren-

vir·gin ['vɜ:dʒɪn] **1.** *s* Jungfrau *f* ⟨the Blessed ∼ *Rel* die Heilige Jungfrau⟩ | *Mal* Madonna *f* | *Zool* unbegattetes Weibchen | ∼ *s Astr* Virgo *f*, Jungfrau *f*; **2.** *adj* rein, jungfräulich, unberührt ⟨the ∼ Queen *Hist* Elisabeth I. von England⟩ | *übertr* jungfräulich, ungenutzt, unberührt ⟨~ forest Urwald *m*⟩ | neu, erstmalig ⟨~ cruise Jungfernfahrt *f*; ~ oil Erst-, Frischöl *n*; ~ wool Lammwolle *f*⟩ | *Tech* unvermischt, rein, gediegen ⟨~ gold⟩; [1]**~al** *adj* jungfräulich, Jungfrauen- ⟨≈ membrane *Anat* Hymen *n*⟩ | rein, keusch | *Zool* unbefruchtet

[2]**vir·gin·al** ['vɜ:dʒɪnl] **1.** *vi* mit den Fingern trommeln; **2.** *oft pl Mus Hist* Virginal *n*, englisches Spinett ⟨a pair of ~s⟩

vir·gin| birth [ˌvɜ:dʒɪn 'bɜ:θ] *s Rel* Jungfräuliche Geburt *f* (Christi) | *Biol* Parthenogenese *f*; **'~-born** *s Rel* von einer Jungfrau geboren | *Biol* parthenogenetisch; **'~hood** *s* Jungfernschaft *f*, Jungfräulichkeit *f*

Vir·gin·ia [və'dʒɪnɪə|vɜ:-] *s, auch* **ˌ~ to'bac·co** Virginia(tabak) *m*; **ˌ~ 'creep·er** *s Bot* Wilder Wein

Vir·gin·i·an [və'dʒɪnɪən] **1.** *adj* Virginia-, virginisch; **2.** *s* Virginier(in) *m(f)* | *Ling* Virginisch *n*

vir·gin·i·ty [və'dʒɪnətɪ] *s* Jungfräulichkeit *f*, Jungfernschaft *f* ⟨to lose one's ~⟩ | Reinheit *f*, Keuschheit *f*

vir·gin·i·um [və'dʒɪnɪəm] *s Chem* Virginium *n*

Vir·gin Ma·ry [ˌvɜ:dʒɪn 'mɛərɪ] *s, auch* **ˌBlessed ~** *Rel* Jungfrau Maria *f*

Vir|go ['vɜ:gəʊ] *s* (*gen* **~gi·nis** ['~dʒɪnɪs]) *Astr* Jungfrau *f*, Virgo *f*; **∼go in·tac·ta** [ˌ~gəʊ ɪn'tæktə] *s* ⟨*lat*⟩ *Jur, Anat* Virgo *f* intacta, unberührte Jungfrau

vir·gule ['vɜ:gju:l] *s Typ* Schrägstrich *m* | Komma *n*

vir·id ['vɪrɪd] *adj poet* grün(end); **vi·rid·i·an** [vɪ'rɪdɪən] **1.** *s* (Pigment) Viridin *n*; **2.** *adj* grün(end); **vi·rid·i·ty** [vɪ'rɪdətɪ] *s* grünes Aussehen | *übertr* Frische *f* | *übertr* Unerfahrenheit *f*

vir|ile ['vɪraɪl] *adj* männlich, Männer-, Mannes ⟨≈ voice⟩ | *übertr* männlich, kraftvoll, stark ⟨a ≈ style⟩ | *Med* viril, zeugungsfähig; **ˌ~ile 'pow·er** *s* Zeugungskraft *f*; **~i·lism** ['~ɪlɪzm] *s Med* Virilismus *m*; **vi·ril·i·ty** [vɪ'rɪlətɪ] *s* Männlichkeit *f*, männliches Wesen | *Med* Virilität *f*, Zeugungskraft *f* | Mannesalter *n* | *übertr* Stärke *f*, Kraft *f*

vi·ro·log·i·cal [ˌvaɪərə'lɒdʒɪkl] *adj Med* die Virusforschung betreffend; **vi·rol·o·gist** [vaɪə'rɒlədʒɪst] *s* Virologe *m*, Virusforscher *m*; **vi'rol·o·gy** *s* Virologie *f*, Virusforschung *f*

vir·tu [vɜ:'tu:] *s* Kunst-, Sammlerwert *m* ⟨article/object of ~ Kunstgegenstand *m*⟩

vir·tu·al ['vɜ:tʃʊəl] *adj* tatsächlich, eigentlich ⟨the ~ head of the business⟩ | *Phys* virtuell | (Computer) virtuell ⟨~ memory storage virtueller Speicher⟩; **~i·ty** [ˌvɜ:tʃʊ'ælətɪ] *s* Möglichkeit *f*, Virtualität *f*; **'~ly** *adv* fast, im wesentlichen, praktisch ⟨≈ finished im großen und ganzen abgeschlossen⟩

vir·tue ['vɜ:tʃu:|'vɜ:tju:] *s* Keuschheit *f*, Tugend *f* ⟨woman of ~ tugendhafte Frau; woman of easy ~ *euphem* leichtes Mädchen, Dirne *f*⟩ | Tugendhaftigkeit *f*, Rechtschaffenheit *f*, Unbescholtenheit *f* (*Ant* vice) ⟨a man of the highest ~⟩ | gute Eigenschaft, Tugend *f* ⟨to make a ~ of necessity aus der Not eine Tugend machen⟩ | Vorzug *m*, Vorteil *m*, gute Seite ⟨one of the ~s of the product⟩ | Erfolg *m*, Wirksamkeit *f* ⟨without ~ ohne Erfolg⟩ | (Rechts-) Kraft *f* ⟨by/in ~ of kraft⟩; **'~less** *adj* ohne Tugend | unwirksam

vir·tu|o·sa [ˌvɜ:tju'əʊsə|-tʃʊ-] *s* (*pl* **~o·se** [-'əʊseɪ]) Virtuosin *f*; **~o·sic** [ˌ~'əʊsɪk] *adj* virtuosenhaft, Virtuosen-; **~os·i·ty** [ˌ~'ɒsətɪ] *s* Virtuosität *f* | Kunstsinn *m*; **~o·so** [ˌ~'əʊzəʊ] *s* (*pl* **~o·sos** [ˌ~'əʊzəʊz], **~o·si** [ˌ~'əʊzi:]) Virtuose *m* | Kunstkenner *m*; **ˌ~'o·so·ship** *s* Virtuosität *f*

vir·tu·ous ['vɜ:tʃʊəs] *adj* keusch, sittsam, tugendhaft ⟨a ~ girl⟩ | unbescholten, rechtschaffen ⟨a ~ man⟩ anständig | *verächtl* übertrieben tugendhaft, von sich eingenommen, moralisch | *arch* wirksam | *arch* tapfer, männlich

vir·u|lence ['vɪrələns|-rjʊ-], **'~len·cy** *s Med* Virulenz *f*, Giftigkeit *f* | *übertr* Giftigkeit *f*, Boshaftigkeit *f*; **'~lent** *adj Med* virulent, bösartig | *Med* durch Viren hervorgerufen ⟨a ≈ disease⟩ | *übertr* giftig, böse, bitter ⟨≈ words⟩

vi·rus ['vaɪərəs] *s* (Schlangen-) Gift *n* | *Med* Virus *n* ⟨~ disease Viruskrankheit *f*⟩ | *übertr* Gift *n*

vi·sa ['vi:zə] **1.** *s* Visum *n*, Sichtvermerk *m* (auf Paß u. ä.) ⟨entrance ~ Einreisegenehmigung *f*; exit ~ Ausreisegenehmigung *f*⟩; **2.** *vt* (**'~ed, '~ed**) (Paß) mit einem Visum versehen ⟨to get one's passport ~ed⟩ | (jmdm.) die Einreisegenehmigung erteilen

vis|age ['vɪzɪdʒ] *s lit* Antlitz *n* ⟨a smiling ≈⟩; **'~aged** *adj lit* -gesichtig ⟨dark ≈ dunkelhäutig; gloomy ≈ mit düsterer Miene⟩; **vi·sa·giste** [vi:sə'ʒi:st] *s* ⟨*frz*⟩ (Gesichts-) Kosmetiker(in) *m(f)*

vis-à-vis [ˌvi:z ɑ:'vi:|ˌvi:z ə 'vi:] *förml* **1.** *adv* gegenüber, vis-à-vis (**to, with** von) ⟨to sit ~⟩; **2.** *adj* gegenüberliegend; **3.** *präp* gegenüber (*auch übertr*) ⟨~ his friend; ~ last year⟩; **4.** *s* Visavis *n*, Gegenüber *n*; **'~ ˌen·gine** *s Tech* Boxermotor *m*

vis·cer|a ['vɪsərə] *s/pl Anat* Eingeweide *n/pl*, innere Organe *n/pl*; **'~al** *adj Anat* viszeral, Eingeweide-; **'~ate** *vt* (Wild) ausweiden, die Eingeweide herausnehmen aus

vis|cid ['vɪsɪd] *adj* klebrig, haftend, haftfähig | *Phys* viskos, zähflüssig; **~'cid·i·ty** *s* Klebrigkeit *f*; Zähflüssigkeit *f*; **~co-** [~kə(ʊ)] *in Zus Tech* visko- ⟨≈-elastic⟩; **~cose** ['~kəʊs] **1.** *s Tech* Viskose *f*; **2.** *adj* viskos, zähflüssig | *Tech* Viskose-; **ˌ~cose 'silk** *s* Kunstseide *f*; **~co·sim·e·ter** [ˌ~kəʊ'sɪmɪtə] *s Tech* Viskosimeter *n*, Zähigkeitsmesser *m*; **~co·si·met·ric** [ˌ~kəʊsɪ'metrɪk] *adj* viskosimetrisch; **~co·sim·e·try** [ˌ~kəʊ'sɪmɪtrɪ] *s* Viskosimetrie *f*, Zähigkeitsmessung *f*; **~cos·i·ty** [~'kɒsətɪ] *s* Klebrigkeit *f* | *Tech* Viskosität *f*, Zähflüssigkeit *f*

vis·count ['vaɪkaunt] *s* (*oft* ∼) Vicomte *m* | *Brit Hist* Stellvertreter *m* eines Grafen; (Grafschafts-) Sheriff *m*; **~cy** ['~sɪ] *s* Rang *m* eines Vicomte; **~ess** ['~es|-ɪs|-əs] *s* Vicomtesse *f*; **'~ship, '~y** *s* Rang eines Vicomte

vis·cous ['vɪskəs] *adj Tech* viskos, dick-, zähflüssig

vis·cum ['vɪskəm] *s Bot* Mistel *f*

vis|cus ['vɪskəs] *s/sg* von **~cera**

vise [vaɪs] *Am* für [2]**vice**

vi·sé ['vi:zeɪ|vi:'zeɪ] *arch od Am* **1.** *s* = **visa 1.**; **2.** *vt* (**~d** *od* **~'d**) = **visa 2.**

vis·i|bil·i·ty [ˌvɪzə'bɪlətɪ] *s* Sichtbarkeit *f* | *Met* Sichtweite *f* ⟨≈ good/high Sichtweite gut; ≈ low Sichtweite schlecht; ≈ conditions Sichtverhältnisse *pl*⟩ | *Mar* Sichtigkeit *f*; **'~ble** *adj* sichtbar (**to** für) | offensichtlich, deutlich wahrnehmbar ⟨no ≈ purpose⟩; **vi·sion** ['vɪʒn] **1.** *s* Sehen *n*, Sehvermögen *n* ⟨field of ≈ Blickfeld *n*⟩ | Vision *f*, Traumbild *n* ⟨to have a ≈⟩ | *übertr* Blick *m*, Einbildungskraft *f*, Einsicht *f* ⟨a man of ≈⟩ | (*meist sg*) *lit* Anblick *m*, Bild *n*, Vorstellung *f* ⟨a ≈ of the mountain; she is a really ≈ sie ist wirklich traumhaft schön⟩; **2.** *vt* schauen, in der Einbildung sehen; **'vi·sion·al** *adj* visionär, unwirklich | Visions-; **'vi·sion ˌam·pli·fi·er** *s* Bildverstärker *m*; **'vi·sion·ar·y 1.** *adj* visionär, (hell)seherisch | schwärmerisch, phantastisch ⟨a ≈ plan⟩ | geisterhaft, Geister-; **2.** *s* Hellseher *m* | Schwärmer *m*, Träumer *m*, Phantast *m*; **'vi·sioned** *adj* visionär, Traum- ⟨a ≈ face⟩ | sehend, visionär, prophetisch (Person); **'vi·sion ˌfre·quen·cy** *s* Bildträger-, Fernsehfrequenz *f*; **'vi·sion-ˌmix** *vi Ferns, Film* Bildmischung betreiben, Bildeffekte benutzen *od* anwenden

vis·it ['vɪzɪt] **1.** *vt* besuchen ⟨to ~ a friend⟩ | (Stadt u. ä.) besichtigen ⟨to ~ Paris⟩ | *bes Am* (Einrichtung u. ä.) besichtigen, inspizieren | (*meist pass*) *übertr* heimsuchen, befallen ⟨to be ~ed by a disease; to be ~ed by a dream von einem Traum verfolgt werden⟩ | *übertr Rel* (Sünden u. ä.) vergelten, bestrafen, ahnden (**on, upon** an) | *Rel* (Zorn u. ä.) auslassen (**on, upon** an); *vi* einen Besuch machen, zu (auf) Besuch sein | *Am umg* plaudern (**with** mit, **together** miteinander) ⟨to ~ with one's neighbour auf e-n Plausch zum Nachbarn gehen; to ~ with a neighbour on the telephone mit dem Nachbarn ein Telefongespräch führen⟩; **2.** *s* Besuch *m* (**to** bei, in **from** von) ⟨to go on a ~ to s.o. (s.th.) jmdn. (etw.) (etwas länger) besuchen; to pay a ~ to s.o. (s.th.) jmdn. (etw.) (meist kurz) besuchen⟩ | *Am* Untersuchung *f*, Inspektion *f* | *Am umg* Plauderei *f*; **'~a·ble** *adj* besuchenswert; **'~ant 1.** *s* Besucher(in) *m(f)* | *Zool* Strichvogel *m*; **2.** *adj poet* zu Besuch; **'~ate** *vt* (offiziell) besuchen ⟨to ≈ a university⟩; **ˌ~'a·tion** *s* Besuchen *n* ⟨≈ of the sick *Rel* Krankenbesuch *m*⟩ | (offizieller) Besuch, Besichtigung *f* ⟨right of ≈ *Mar* Durchsuchungsrecht *n*⟩ | *übertr* Strafe *f*, Heimsuchung *f* ⟨a ≈ of God⟩ | *umg, scherzh* langer Besuch *m*, lästiger Besuch *m*; **ˌ~'a·tion·al** *adj* Besuchs-, Inspektions-; **'~ing 1.** *adj* besuchend, Besuchs-, Besucher-; **2.** *s* Besuchen *n* | Heimsuchung *f*; **'~ing card** *s* Visitenkarte *f*; **'~ing day** *s* Besuchstag *m*; **'~ing list** *s* Besucherliste *f*; **ˌ~ing pro·'fes·sor** *s* Gastprofessor *m*; **'vis·i·tor** *s* Besucher(in) *m(f)* ⟨summer ≈ Sommergast *m*⟩; **'vis·i·tors' book** *s* Gästebuch *n*

vis ma·jor [ˌvɪs 'meɪdʒə] *s Jur* Vis major *f*, höhere Gewalt

vi·sor ['vaɪzə] **1.** *s Hist* Visier *n* | (Mützen-) Schirm *m* | *Kfz auch* **'sun ˌ~** Sonnenblende *f* | Maske *f* (*auch übertr*); **2.** *vt* maskieren

vis·ta ['vɪstə] *s* Aus-, Durchblick *m* | *Arch* (Zimmer-) Flucht *f*, schmaler Gang | *übertr* Ausblick *m*, Möglichkeit *f* ⟨to open up new ~s neue Möglichkeiten erschließen⟩ | *übertr* (lange) Reihe, Kette *f* ⟨a ~ of events⟩; **'~ shot** *s Film, Ferns* Fernaufnahme *f*, Gesamtbild *n*

vis·u·al ['vɪʒʊəl] **1.** *adj* Seh-, Gesichts- ⟨~ nerve *Anat* Sehnerv *m*; ~ test Augentest *m*⟩ | visuell, anschaulich ⟨~ knowledge; ~ memory⟩ | sichtbar ⟨a ~ object⟩ | optisch, Sicht- ⟨~ landing Sichtlandung *f*; ~ tuning optische Abstimmung *f*⟩; **2.** *s* (*meist pl*) *bes Am* Bild(darstellung) *n(f)* ⟨~s on TV Fernsehbilder *pl*⟩ | Propagandafilm *m*; **ˌ~ a'cu·i·ty** *s* Sehschärfe *f*; **ˌ~ 'aid** *s* Anschauungsmaterial *n*; **ˌ~ 'an·gle** *s Phys* Gesichtswinkel *m*; **ˌ~ 'art** *s* (*meist pl*) bildende Kunst; **ˌ~ 'art·ist** *s* bildende Künstlerin, bildender Künstler; **ˌ~ 'cap·ture** *s Psych* visuelle Dominanz (gegenüber anderen Sinneseindrücken); **ˌ~ de'fi·cien·cy** *s Med* Fehlsichtigkeit *f*; **ˌ~ dis'play** *s* Sichtanzeige *f*, Bildschirm *m*; **ˌ~ dis·play 'u·nit** *s* Bildschirmeinheit *f*; **ˌ~ 'field** *s Phys* Gesichtsfeld *n*; **ˌ~ in'struc·tion** *s Päd* Anschauungsunterricht *m*; **ˌ~ 'in·stru·ment** *s* Lichtorgel *f*; **~i·ty** [ˌvɪʒʊ'ælətɪ] *s* Sichtbarkeit *f* | Bild *n*, Vorstellung *f*; **ˌ~i'za·tion** *s* Sichtbarmachen *n* | Vergegenwärtigung *f*; **'~ize** *vt* sichtbar machen | sich vergegenwärtigen, sich ein Bild machen von; *vi* sichtbar werden | sich ein Bild machen; **ˌ~ pol'lu·tion** *s* (Umwelt-, *bes* Häuser-) Verschandelung *f*; Zerstörung *f*

vi|ta ['vaɪtə|'vi:teɪ] *s* (*pl* **~tae** ['vaɪti:|'vi:taɪ]) ⟨*lat*⟩ (kurzer) Lebenslauf

vi·tal ['vaɪtl] *adj* Lebens-; lebensnotwendig, -wichtig ⟨a ~ organ⟩ | hochwichtig, grundlegend, entscheidend, unabdingbar (**for, to** für) ⟨a ~ necessity; of ~ importance von entscheidender Bedeutung⟩ | vital, kraftvoll ⟨a ~ personality⟩ | lebensgefährlich ⟨a ~ wound⟩; **ˌ~ 'force** *s bes lit* Lebenskraft *f*; **'~ism** *s Phil* Vitalismus *m*; **'~ist 1.** *s* Vitalist *m*; **2.** *adj auch* **ˌ~'is·tic** vitalistisch; **~i·ty** [vaɪ'tælətɪ] *s* Vitalität *f*, Lebenskraft *f* | Lebensfähigkeit *f* (*auch übertr*); **ˌ~i'za·tion** *s* Belebung *f*; **'~ize** *vt* beleben; **'~ly** *adv* absolut ⟨≈ important von absoluter Wichtigkeit⟩; **ˌ~ 'prin·ci·ple** *s Phil* Lebensprinzip *n*; **'vi·tals** *s/pl arch, scherzh* lebenswichtige (Körper-) Teile *m/pl*; **ˌ~ sta'tis·tics** *s/pl* (*meist sg konstr*) Bevölkerungsstatistik *f* | *umg* Körpermaße *n/pl* (e-r Frau: Büste, Hüfte, Taille)

vi·ta·min[e] ['vɪtəmɪn|vaɪt-] **1.** *s* Vitamin *n*, Wirkstoff *m* ⟨~ C⟩; **2.** *adj* Vitamin- ⟨~ pills⟩; **'~ize** *vt* (Margarine u. ä.) mit Vitaminen anreichern, Vitamine zusetzen (e-r Sache)

viti- [vɪtɪ] ⟨*lat*⟩ *in Zus* Wein(bau)-

vi·ti|ate ['vɪʃɪeɪt] *vt förml* (moralisch) verderben ⟨to ≈ the public taste; ≈d by luxury⟩ | beeinträchtigen ⟨to ≈ an argument⟩ | (*oft pass*) verunreinigen ⟨≈d air verbrauchte Luft *f*⟩ | *Jur* aufheben, außer Kraft setzen ⟨to ≈ a contract⟩; **ˌ~'a·tion** *s* Verderben *n* | Beeinträchtigung *f* | Verunreinigung *f* | *Jur* Aufhebung *f*

vit·i·cul·ture ['vɪtɪkʌltʃə] *s* Weinbau *m*

vit|re·ous ['vɪtrɪəs] *adj Tech* gläsern, glashart ⟨≈ body Glaskörper *m*⟩; **'~ric** *adj* Glas-; **'~rics** *s/pl* (*meist sg konstr*) Glaswaren *f/pl*; **~ri·fac·ture** [ˌ~rɪ'fæktʃə] *s* Glasfabrikation *f*; **~ri·fi·a·ble** ['~rɪfaɪəbl] *adj* verglasbar; **~ri·fi·ca·tion** [ˌ~rɪfɪ'keɪʃn] *s Tech* Verglasung *f*, Sintern *n*; **~ri·form** ['~rɪfɔ:m] *adj* glasartig; **~ri·fy** ['~rɪfaɪ] *vt* glasieren, ver-, überglasen, sintern; *vi* zu Glas werden, verglasen

vitri- [vɪtrɪ] ⟨*lat*⟩ *in Zus* Glas-

vit·rine ['vɪtri:n] *s* Vitrine *f*, Glasschrank *m*

vit·ri|ol ['vɪtrɪəl] *s Chem* Vitriol *n*, schwefelsaures Salz ⟨blue ≈; copper ≈ Kupfervitriol *n*⟩ | *auch* **ˌoil of '~ol** *Chem* Schwefel-, Vitriolsäure *f* | *übertr* Schärfe *f*; **~o·late** ['~əleɪt] *vt* vitriolisieren; **~ol·ic** [ˌ~'ɒlɪk], **~o·line** ['~əlaɪn|-lɪn] *adj* Vitriol-; vitriolartig | *übertr* scharf, bissig ⟨a ≈ remark⟩; **~ˌol·ic 'ac·id** *s Chem* Schwefel-, Vitriolsäure *f*; **'~ol·iz·a·ble** *adj* vitriolisierbar; **ˌ~ol·i'za·tion** *s* Vitriolisierung *f*; **'~ol·ize** *vt* vitriolisieren

vi·tu·per|ate [vɪ'tju:pəreɪt|vaɪ-] *vt förml* schmähen, schelten, tadeln; **ˌ~'a·tion** *s* Schelten *n*, Tadeln *n* | Schmähung *f*, Beschimpfung *f*, scharfer Tadel *m*; **vi'tu·per·a·tive** *adj* tadelnd, schmähend, Schmäh- ⟨≈ language⟩

vi·va ['vaɪvə] *Kurzw* für **ˌ~ 'voce**

vi·va·ce [vɪ'vɑ:tʃeɪ|-tʃɪ] *Mus adj, adv* vivace, lebhaft

vi·va·cious [vɪ'veɪʃəs|vaɪ-] *adj* (*bes* Frau) lebhaft, munter, fröhlich ⟨a ~ girl⟩ | *Bot* ausdauernd ⟨a ~ strain eine ausdauernde Sorte⟩; **vi·vac·i·ty** [vɪ'væsətɪ|vaɪ-] *s* Lebhaftigkeit *f*, Munterkeit *f*

vi·var|i·um [vaɪ'veərɪəm] *s* (*pl* **~ums** [~ɪəmz], **~ia** [~ɪə]) Vivarium *n*, Tiergehege *n*

vi·va vo·ce [ˌvaɪvə 'vəʊsɪ|ˌ~'vəʊtʃɪ] ⟨*lat*⟩ **1.** *adj, adv* mündlich ⟨a ~ examination⟩; **2.** *s* mündliche Prüfung; **3.** *vt* mündlich prüfen

vivi- [vɪvɪ] ⟨*lat*⟩ *in Zus* lebend(ig)

viv·id ['vɪvɪd] *adj* (Farbe, Licht u. ä.) hell, satt, kräftig ⟨~ red hair leuchtend rotes Haar; a ~ flash ein heller Strahl⟩ | lebhaft ⟨~ imagination lebhafte Einbildung⟩ | (menschliche Handlung) impulsiv; energisch; lebensvoll, lebendig ⟨a ~ performance eine wirkungsvolle Vorstellung⟩ | deutlich, klar ⟨a ~ description⟩ | (Geschehen) bunt, schwungvoll ⟨a ~ scene⟩

viv·i|fi·ca·tion [ˌvɪvɪfɪ'keɪʃn] *s* (Wieder-) Belebung *f*; **~fy** ['~faɪ] *vt* beleben, anregen (*bes übertr*)

vi·vip·a·rous [vɪ'vɪpərəs|vaɪ-] *adj Zool* (Tier) lebendgebärend ⟨a ~ fish⟩ | *Bot* (Samen) noch an der Mutterpflanze keimend ⟨~ seed⟩

viv·i|sect [ˌvɪvɪ'sekt] *vt, vi Med* vivisezieren, lebend sezieren; **~sec·tion** [ˌ~'sekʃn] *s* Vivisektion *f*; **ˌ~'sec·tion·al** *adj* Vivisektions-, vivisektorisch; **ˌ~'sec·tion·ist** *s* Anhänger *m* der Vivisektion *f*; **ˌ~'sec·tor** *s* Vivisektor *m*

vix·en ['vɪksn] *s* Füchsin *f*, Fähe *f* | *verächtl übertr* zänkisches Weib; **'~ish**, **'~ly** *adj* zänkisch

viz. [vɪz] *Abk für* ⟨*lat*⟩ **vi'delicet** nämlich (gelesen wie **namely**)

vi·zier [vɪ'zɪə|'vɪzɪə] *s* Wesir *m*

Vlach [vlæk] **1.** *s* Walache *m*, Walachin *f*; **2.** *adj* walachisch

V-neck ['vi: nek] *s* (Pullover u. ä.) spitzer Ausschnitt *m*; **'~ed** *adj* spitz ausgeschnitten

vo·cab·u|lar·y [və'kæbjʊlərɪ] **1.** *s* Wortschatz *m*, Vokabular *n* (e-r Person) | Terminologie *f*, Wortschatz *m* ⟨medical ≈⟩ Wörterverzeichnis *n* | Lexikon *n*, Wörterbuch *n*; **2.** *adj* Wort-; **'~lar·y ˌen·try** *s* Stichwort *n*

vo·cal ['vəʊkl] *adj* stimmlich, Stimm- ⟨~ chords Stimmbänder *n/pl*; ~ organs Sprechorgane *n/pl*⟩ | *Mus* Vokal- ⟨~ music⟩ | *Ling* stimmhaft, vokalisch | *umg* laut, hörbar, vernehmbar ⟨to become ~ laut werden, sich deutlich äußern⟩; **~ic** [vəʊ'kælɪk|və-] *adj* vokalisch, Vokal-; **~ism** ['vəʊklɪzm] *s Ling* Vokalsystem *n* | Gesangskunst *f*; **'~ist** *s* Sänger(in) *m(f)*; **~i·ty** [vəʊ'kælətɪ|və-] *s Ling* Stimmhaftigkeit *f*; **~i·za·tion** [ˌvəʊkəlaɪ'zeɪʃn] *s* Aussprechen *n* | *Ling* Vokalisierung *f*; **'~ize** *vt* aussprechen, äußern | *Ling* vokalisieren | *Ling* stimmhaft aussprechen; *vi Ling* in einen Vokal umgewandelt werden

vo·ca·tion [vəʊ'keɪʃn|və-] *s* (*nur sg*) (innere) Berufung, Beruf *m* (aus Neigung) ⟨teaching is a ~⟩ | Neigung *f*, Eignung *f* (**for** für) | *Rel* Berufung *f* | Beruf *m*, Beschäftigung *f* ⟨what's his ~? was tut er beruflich?⟩; **vo'ca·tion·al** *adj* beruflich, Berufs-; **ˌ~al dis'ease** *s* Berufskrankheit *f*; **ˌ~al 'guid·ance** *s* Berufsberatung *f*; **ˌ~al 'school** *s* Berufsschule *f*; **ˌ~al 'train·ing** *s* Berufsausbildung *f*

voc·a·tive ['vɒkətɪv] **1.** *adj* redend, anredend | *Ling* vokativisch; **2.** *auch* **ˌ~'case** *s Ling* Vokativ *m*, Anredefall *m*

vo·cif·er|ance [və'sɪfərəns] *s selten* Schreien *n*, Geschrei *n*; **vo'cif·er·ant 1.** *adj* schreiend; **2.** *s* Schreier *m*; **vo'cif·er·ate** *vt, vi* schreien; **ˌ~'a·tion** *s* Schreien *n*, Geschrei *n*; **vo'cif·er·a·tor** *s* Schreier *m*, Schreihals *m*; **vo'cif·er·ous** *adj* schreiend, brüllend ⟨to be ≈ laut schreien⟩ | *übertr* laut, unüberhörbar ⟨≈ demands⟩

vod·ka ['vɒdkə] *s* Wodka *m*

vo·gie ['vəʊgɪ] *adj Schott* lustig, fröhlich

vogue [vəʊg] **1.** *s* Mode *f* ⟨all the ~ *umg* ganz modern, die große Mode; in ~ in Mode, modern; a ~ for ein Hang, eine Neigung zu; to be the ~ in Mode sein; to come into (go out of) ~ Mode werden (aus der Mode kommen)⟩ | Beliebtheit *f* ⟨to have a great ~ sehr populär sein⟩; **2.** *adj* modisch, Mode- ⟨~ words⟩

voice [vɔɪs] **1.** *s* Stimme *f* ⟨to find ~ in Ausdruck finden in; in a loud (low) ~ mit lauter (leiser) Stimme; to be in good ~ gut bei Stimme sein; to have lost one's ~ nicht sprechen können; to lift up one's ~ singen; to lower one's ~ die Stimme senken; to raise one's ~ lauter sprechen; to raise one's ~ to s.o. jmdn. anschreien; to raise one's ~ against seine Stimme erheben gegen⟩ | Äußerung *f*, Ausdruck *m* ⟨at the top of one's ~ lautstark, mit lauter Stimme; to give ~ to one's indignation seiner Entrüstung Ausdruck verleihen⟩ | Meinung *f*, Stimme *f*, Entscheidung *f* ⟨with one ~ einstimmig⟩ | *übertr* Stimme *f* ⟨the ~ of conscience (reason) die Stimme des Gewissens (der Vernunft)⟩ | *übertr* Stimme *f* Sprachrohr *n*, Sprecher *m* ⟨a ~ of the poor⟩ | Stimmrecht *n* ⟨to have no (little) ~ in the matter bei etwas nichts (wenig) zu sagen haben⟩ | *Mus* (Sing-) Stimme *f* ⟨a good ~; arranged for 3 ~s⟩ | *Ling* stimmhafter Laut | *Ling* Genus *n* (verbi) ⟨passive ~ Passiv *n*⟩; **2.** *vt* in Worte kleiden, äußern, Ausdruck geben ⟨to ~ a protest⟩ | *Ling* stimmhaft aussprechen ⟨~d consonant⟩; **'~box** *s umg* Kehlkopf *m*; **-voiced** *adj in Zus* mit … Stimme ⟨rough-≈⟩; **'~ful** *adj* (*bes poet*) klangvoll; **'~less** *adj* ohne Stimme, stumm | *übertr* sprachlos | *übertr* nicht entscheidungsberechtigt | *Parl* nicht stimmfähig | *Ling* stimmlos; **ˌ~-'over** *s Film, Ferns* Kommentar *m*, (unsichtbarer) Kommentator *m*, Background *m*; **'~print** *s* Stimmspektrogramm *n*; **'~ˌprint·er** *s* Spektrograph *m* (für die menschliche Stimme); **'~ˌprint·ing** *s* Stimmspektrographie *f*; **'~tube** *s* Sprachrohr *n*

void [vɔɪd] **1.** *adj* leer ⟨a ~ space⟩ | ohne, bar (**of s.th.** e-r Sache) ⟨~ of interest⟩ | unbewohnt ⟨~ house⟩ | (Stelle) frei, unbesetzt ⟨a ~ position⟩ | *poet* nichtig, sinnlos | *Jur* ungültig ⟨null and ~ null und nichtig⟩; **2.** *s* Leere *f* (*auch übertr*) | *Tech* Blase *f*, Hohlraum *m*, Pore *f*; **3.** *vt Tech, Med* entleeren, ausscheiden | *Jur* für nichtig erklären, ungültig machen; **'~a·ble** *adj* leerbar | *Jur* annullierbar; **'~ance** *s* Leeren *n* | *übertr* Entfernung *f* | Vakanz *f*; **'~ed** *adj* ausgeleert | *Jur* für ungültig erklärt

voile [vɔɪl] *s* Voile *m*, Schleierstoff *m*

vol [vɒl] *s umg Kurzw von* **volume**

vo·lant ['vəʊlənt] *adj Zool* fliegend | *poet* schnell, flüchtig

vol·a|tile ['vɒlətaɪl] *adj Chem* (Flüssigkeit) (leicht) verdampfbar, flüchtig, ätherisch ⟨≈ solvents leicht verdampfbare Lösungsmittel⟩ | lebhaft, munter ⟨a ≈ temper⟩ | *übertr* (Person) sprunghaft, flatterhaft, unberechenbar | *Wirtsch* stark fluktuierend ⟨≈ markets⟩ | *übertr* vergänglich, schwer zu fassen ⟨a ≈ essence⟩; **~til·i·ty** [ˌ~'tɪlətɪ] *s* Vergänglichkeit *f*, Flüchtigkeit *f* | *übertr* Lebhaftigkeit *f*, Munterkeit *f* | *übertr* Flatterhaftigkeit *f*, Unberechenbarkeit *f*; **ˌ~til·i'za·tion** [-tɪl-] *s Chem* Verdampfung *f*, Verdunstung *f*; **'~til·ize** [-tɪl-] *vt Chem* verdampfen; *vi* sich verflüchtigen, verdampfen

vol·can|ic [vɒl'kænɪk] *adj* vulkanisch, Vulkan- ⟨≈ rocks⟩ | *übertr* vulkanisch, aufbrausend ⟨≈ words⟩; **ˌ~ic e'rup·tion** *s* Vulkanausbruch *m*; **~ism** ['vɒlkənɪzm] *s* Vulkanismus *m*; **ˌ~i'za·tion** *s Tech* Vulkanisierung *f*; **'~ize** *vt* vulkanisieren; **vol·ca·no** [vɒl'keɪnəʊ] *s* (*pl* **vol'ca·nos**, **vol'ca·noes**) Vulkan *m* (*auch übertr*); ⟨active ≈ tätiger Vulkan; dormant ≈ untätiger Vulkan; extinct ≈ erloschener Vulkan; to sit on the top of a ≈ *übertr* auf einem Pulverfaß sitzen; **~o·log·i·cal** [ˌvɒlkənə'lɒdʒɪkl] *adj* vulkanologisch; **~ol·o·gist** [ˌvɒlkə'nɒlədʒɪst] *s* Vulkanologe *m*, Vulkanforscher *m*; **~ol·o·gy** [ˌvɒlkə'nɒlədʒɪ] *s* Vulkanologie *f*

vole [vəʊl] *s Zool* Wühlmaus *f* ⟨field ~ Feld-, Erdmaus *f*; water ~ große Wasserratte⟩

vo·let [vəʊ'leɪ|-let] *s* (Triptychon-) Flügel *m*

vo·li·tion [və'lɪʃn] *s förml* Wille *m*, Wollen *n*, Entscheidung *f* ⟨to do s.th. of one's own ~ etw. aus eigenem Antrieb tun⟩; **vo'li·tion·al**, **vo'li·tion·ar·y** *adj* Willens- ⟨~al movements vom (eigenen) Willen abhängige Bewegungen *f/pl*⟩ | willensstark; **vol·i·tive** ['vɒlɪtɪv] *adj* Willens- | *Ling* volitiv

vol·ley ['vɒlɪ] **1.** *s* Salve *f*, Hagel *m* ⟨~ of stones Steinhagel⟩ | *übertr* Flut *f*, Schwall *m*, Strom *m* ⟨a ~ of curses⟩ | Volley *m*, Flugball *m*, -schlag *m* | (Fußball) Flugball *m*, Volleyschuß *m* ⟨to kick the ball on the ~ den Ball Volley (aus der Luft) schlagen (treten)⟩; **2.** *vt* (Geschosse) in einer Salve abfeuern | (Salve) abfeuern | (Tennisball) als Flugball spielen *od* nehmen | (Fußball) kurz vor dem Aufschlag (aus der Luft) aufnehmen; *vi* als Salve geschossen werden | sich entladen | (Fußball, Tennis) Flugbälle spielen *od* nehmen ⟨to ~ the ball⟩ | (Tennis) einen Flugball schlagen auf ⟨to ~ one's opponent⟩; **'~ball** *s* Volleyball(spiel) *m(n)*

volt [vəʊlt] *s El* Volt *n*; **'vol·tage** *s El* Spannung *f*; **'vol·tage drop, 'vol·tage loss** *s* Spannungsabfall *m*; **'vol·tage rise** *s* Spannungsanstieg *m*; **'vol·tage trans,form·er** *s* Spannungswandler *m*; **vol·ta·ic** [vɒl'teɪɪk] *adj* voltaisch; **vol,ta·ic 'cell** *s* galvanisches Element, Voltaelement *n*; **vol,ta·ic 'cur·rent** *s* galvanischer Strom; **vol·ta·ism** ['vɒltəɪzm] *s Phys* Galvanismus *m*; **vol·tam·e·ter** [vɒl'tæmɪtə] *s El* Voltameter *n*; **,vol·ta'met·ric** *adj* voltametrisch; **vol·tam·e·ter** [vəʊl'tæmɪtə|vɒl-] *s* Voltamperemeter *n*; **~-am·pere** [,~ 'æmpɛə] *s El* Voltampere *n*; **~-cou·lomb** [,~ ku:'lɒm] *s* Joule *n*, Wattsekunde *f*

volte-face [,vɒlt 'fɑ:s|fæs] *s* (*pl* **,voltes-'face**) (Fechten) Kehre *f* | *förml übertr* Wendung *f*, Gesinnungswandel *m* ⟨a last-minute ~⟩

volt·me·ter ['vəʊltmi:tə] *s El* Voltmeter *n*, Spannungsmesser *m*

vol·u|bil·i·ty [,vɒlju'bɪlətɪ] *s* Roll-, Drehbarkeit *f* | *übertr* Beweglichkeit *f* | Zungenfertigkeit *f*; **'~ble** *adj* roll-, drehbar | (Rede) geläufig, flüssig, wortreich ⟨≈ speech; ≈ explanations⟩ | zungenfertig, redegewandt ⟨a ≈ speaker⟩ | geschwätzig, redselig ⟨a ≈ person⟩

vol|ume ['vɒlju:m|-jʊm] *s* Band *m*, Buch *n* (*auch übertr*) ⟨to speak ≈s for Bände sprechen über⟩; | Jahrgang *m*, Band *m* ⟨the 1980 ≈⟩ | (dicker) Wälzer, Foliant *m* ⟨rare old ≈s⟩ | Inhalt *m*, Volumen *n*, Rauminhalt *m* ⟨the ≈ of a cask⟩ | Umfang *m*, Ausmaß *n*, Menge *f* ⟨the ≈ of travel der Umfang des Reiseverkehrs⟩ | *Mus* Klangfülle *f* ⟨to lack ≈ schwach sein⟩ Lautstärke *f* ⟨to turn the ≈ down leise stellen⟩; **'~ume con,trol** *s Rundf* Lautstärkeregelung *f*, Lautstärkeregler *m*; **~umed** ['~ju:md|-jʊmd] *in Zus* -bändig; **~u·me·nom·e·ter** [,~jʊmɪ'nɒmɪtə] *s Phys* Volumenmesser *m*; **~u·me·nom·e·try** [,~jʊmɪ'nɒmɪtrɪ] *s Phys* Volumenmessung *f*; **volu·me·ter** [və'lju:mɪtə] *s Phys* Volumeter *n*, Durchflußmesser *m*; **~u·met·ric** [,~jʊ'metrɪk], **,~u'met·ri·cal** *adj* volumetrisch; **vo·lu·me·try** [və'lju:mɪtrɪ|-lu:-] *s* Maßanalyse *f*; **vo·lu·mi·nous** [və'lu:mɪnəs|-lju:-] *adj* (Autor) produktiv | (Werk) vielbändig ⟨a ≈ history⟩ | weitläufig, groß ⟨a ≈ correspondence⟩ | bauschig, weit ⟨≈ skirts⟩ | *Mus* voll, rund ⟨a ≈ sound⟩

vol·un|tar·y ['vɒləntrɪ] **1.** *adj* freiwillig ⟨≈ service⟩ | *Jur* vorsätzlich | durch Spenden finanziert ⟨≈ school; ≈ society⟩ | *Med* willkürlich ⟨a ≈ movement; ≈ muscles⟩ | *Phil* voluntaristisch; **2.** *s* freiwillige Arbeit *f* | (Sport) Kür(übung) *f* | *Mus* Orgelsolo *n* | unfreiwilliger Sturz (vom Pferd) | *Phil* Voluntarist(in) *m(f)*; **~teer** [,~'tɪə] **1.** *s* Freiwilliger *m* (*auch Mil*) | Volontär *m*; **2.** *adj* freiwillig, Freiwilligen- ⟨≈ corps Freikorps *n*⟩; **3.** *vi* (*auch Mil*) sich freiwillig melden (**for** für); *vt* freiwillig leisten ⟨to ≈ one's services freiwillig s-e Hilfe anbieten⟩ | freiwillig äußern, von sich aus sagen ⟨to ≈ some information⟩

vo·lup·tu|ar·y [və'lʌptʃʊərɪ] **1.** *s lit verächtl* Lüstling *m*; **2.** *adj* = **~ous** [və'lʌptʃʊəs] wollüstig, sinnlich ⟨to lead a ≈ life⟩ | Sinnen- ⟨≈ pleasure Sinnesfreude *f*⟩ | lüstern, geil ⟨a ≈ look⟩ | (Frau) üppig, sinnlich ⟨a ≈ body; ≈ movements⟩

vol·u·ta·tion [,vɒlju'teɪʃn] *s* Rollen *n*; **vo·lute** [və'lju:t] **1.** *s* Schnörkel *m* | *Arch* Volute *f*, Schnecke *f*; **2.** *adj* schneckenförmig, gewunden | *Bot* eingerollt; **vo'lut·ed** *adj* gewunden | *Arch* mit Voluten verziert ⟨≈ pillars⟩; **vo'lute spring** *s Tech* Kegel-, Schneckenfeder *f*; **vo'lu·tion** *s* Rollen *n*, Wälzen *n* | Drehung *f*, Windung *f* | *Tech* Schneckenwindung *f*

vom|it ['vɒmɪt] **1.** *s* Erbrechen *n* | Erbrochenes *n* | *Med* Vomitiv *n*, Brechmittel *n*; **2.** *vt* brechen, ausspeien ⟨to ≈ blood⟩ | *auch* **vomit out** *übertr* ausstoßen ⟨to ≈ curses⟩; *vi* (er)brechen, sich übergeben, speien; **'~it·ing 1.** *s Med* Erbrechen *n*, Erbrochenes *n*; **2.** *adj* Erbrechen verursachend | sich übergebend; **'~i·tive 1.** *adj* Brech-, **2.** *s Med* Vomitiv *n*, Brechmittel *n*; **~i·tus** ['~ɪtəs] *s Med* Vomitus *m*, Brechen *n*

voo·doo, *auch* **∸** ['vu:du:] **1.** *s* Wudu *m*, Zauber(kult) *m* (*bes* auf Haïti); **2.** *adj* Wudu-; **3.** *vt* durch Wuduzauber behexen; **'~ism** *s* Wudukult *m*

vo·ra·cious [və'reɪʃəs|vɒ-] *adj* gierig, gefräßig, unersättlich (*auch übertr*) ⟨a ~ appetite; a ~ reader⟩; **vo·rac·i·ty** [və'ræsətɪ|vɒ-] *s förml* Gier *f*, Gefräßigkeit *f*, Unersättlichkeit *f* (*auch übertr*)

vor|tex ['vɔ:teks] *s* (*pl* **~tex·es** ['~teksɪz], **~ti·ces** ['~tɪsi:z]) Wirbel *m*, Strudel *m* (*auch übertr*) ⟨the ≈ of pleasure; the ≈ of war⟩ | *Anat* Wirbel *m*, Vortex *m*; **'~tex flow** *s* Wirbelströmung *f*; **~ti·cal** ['~tɪkl] *adj* wirbelnd, Wirbel-; **~ti·ces** ['~tɪsi:z] *s/pl von* ↑ **~tex**; **~ti·ci·ty** [~'tɪsətɪ] *s* Wirbelstärke *f*, Wirbligkeit *f*; **~ti·cose** ['~tɪkəʊs], **~tic·u·lar** [~'tɪkjʊlə], **~tig·i·nous** [~'tɪdʒɪnəs] *adj* wirbelnd, Wirbel-

vot·a·ble ['vəʊtəbl] *adj* wählbar | stimm-, wahlberechtigt

vo·ta·ry ['vəʊtərɪ] **1.** *s Rel* Mönch *m* | *übertr förml* Anhänger(in) *m(f)*, Verehrer(in) *m(f)* ⟨a ~ of golf⟩ | *übertr* Verfechter *m*, (Vor-) Kämpfer *m* ⟨~ of peace Friedenskämpfer *m*⟩; **2.** *adj* gebunden, versprochen, gelobt

vote [vəʊt] **1.** *s* Votum *n*, Wahlstimme *f* (**for** für, **against** gegen) ⟨~ of censure Mißtrauensvotum; ~ of confidence Vertrauensvotum; ~ of thanks öffentliche Dankesbezeugung *f*; to give one's ~ for/to stimmen für⟩ | Wahl *f*, Stimmabgabe *f*, Abstimmung *f* (**on, about** über) ⟨to take a ~ on abstimmen über; to put s.th. to the ~ über etw. abstimmen lassen⟩ | Wahlrecht *n* ⟨~s for women; to be given the ~ at the age of 18⟩ | Wahlzettel *m*, Stimme *f*, Stimmzettel *m* ⟨to cast/record one's ~ abstimmen; to place one's ~ in the box den Stimmzettel in die Urne werfen⟩ | Wahlergebnis *n*, abgegebene Stimmen *pl* ⟨the opposition ~ die Stimmen *pl* für die Opposition; the women's ~ die Frauenstimmen *pl*⟩ | bewilligte Geldsumme *f*, Budget *n* ⟨the ~ for education Bildungshaushalt *m*, Gelder *pl* für die Volksbildung⟩ | *arch* Gelübde *n*; **2.** *vi* wählen, abstimmen, seine Stimme abgeben (**against** gegen; **for** für; **on** über); *vt* wählen, abstimmen über | *umg* wählen, eintreten für ⟨to ~ communist⟩ | (Geld) bewilligen ⟨to ~ a town a large sum⟩ | (*meist pass*) *umg* halten für ⟨to be ~ed a great success⟩ | *umg* vorschlagen (**that** daß); **~ down** niederstimmen; **~ in[to]** (hinein)wählen ⟨Labour was ~d in; to ~ s.o. into power jmdn. an die Macht wählen⟩; **~ on [to]** zu-, hineinwählen ⟨to ~ s.o. on [to] the committee⟩; **~ out** abwählen ⟨to ~ Labour out; to ~ s.o. out of office jmdn. aus dem Amt wählen⟩; **~ through** billigen, durchbringen ⟨to ~ a bill through ein Gesetz durchbringen⟩; **'~less** *adj* ohne Stimmrecht; **'vot·er** *s* Wähler(in) *m(f)*, Stimmberechtigte(r) *f(m)*; **'vot·ing 1.** *s* Abstimmen *n*, Wählen *n*; **2.** *adj* Stimmen-, Wahl-; **'vot·ing ma,chine** *s* Wahlmaschine *f*, Stimmenzählapparat *m*; **'vot·ing ,pa·per** *s, bes Brit* Stimm-, Wahlzettel *m*

vo·tive ['vəʊtɪv] *adj* geweiht, Weihe-, Votiv- ⟨~ candle geweihte Kerze; ~ offering Weihopfer *n*; ~ tablet Votivtafel *f*⟩

vouch [vaʊtʃ] **1.** *vt* bestätigen, bezeugen, beweisen ⟨to ~ one's words by one's deeds⟩ | (zum Beweis) anführen *od* zitieren ⟨to ~ examples⟩ | bürgen *od* eintreten für ⟨to ~ a book⟩; *vi* zeugen, bürgen (**for** für) | verantworten (**for s.th.** etw.); **2.** *s umg* Bestätigung *f*; **~ee** [ˌ~'tʃi:] *s Jur* Bürge *m*; **'~er** *s* Bürge *m*, Zeuge *m* | *Brit* Gutschein *m*, Bon *m* ⟨gift ≈ Warengutschein *m*; luncheon ≈ Verzehrbon *m*; meal ≈ Essenmarke *f*⟩ | (Rechnungs-) Beleg *m*, Belegzettel *m* | Eintrittskarte *f* | *Jur* Unterlage *f*, Dokument *m* ⟨to support by ≈ dokumentarisch belegen⟩; **'~er check** *s Am* Verrechnungsscheck *m*

vouch·safe [vaʊtʃ'seɪf] *vt förml* bewilligen, (gnädig) gewähren | sich herablassen zu, geruhen ⟨to ~ s.o. no reply jmdn. keiner Antwort würdig befinden; to ~ to do s.th. geruhen, etw. zu tun⟩; **vouch'safe·ment** *s* Bewilligung *f*, Gewährung *f* | Herablassung *f*

vow [vaʊ] **1.** *s* Versprechen *n*, Schwur *m* ⟨to make/take a ~ e-n Schwur ablegen; to break (perform) a ~ ein Versprechen brechen (halten)⟩ | *Rel* Gelübde *n* ⟨to take ~s Profeß ablegen; in ein Kloster eintreten⟩; **2.** *vt* geloben, schwören (**to do** zu tun) | *förml selten* (Versprechen) geben; *vi* Gelübde ablegen | Versprechen geben; **vowed** *adj* durch ein Gelübde gebunden | versprochen | *selten* verlobt, versprochen

vow·el ['vaʊl] **1.** *s* Vokal *m*, Selbstlaut *m*; **2.** *vt* vokalisieren; **3.** *adj* vokalisch, Vokal-; **'~ gra͵da·tion** *s Ling* Ablaut *m*; **͵~i'z·a·tion** *s Ling* (Schrift) Punktation *f*; **'~ize** *vt* vokalisieren; **'~ mu͵ta·tion** *s Ling* Umlaut *m*

vox| pop [͵vɒks'pɒp] *s Kurzw umg* Meinungsumfrage *f*; **~ pop·u·li** [͵vɒks 'pɒpjʊlaɪ|-li:] *s* ⟨*lat*⟩ Stimme *f* des Volkes, öffentliche Meinung

voy·age ['vɔɪdʒ|'vɔɪɪdʒ] **1.** *s* (See-) Reise *f* ⟨to go on/make a ~ e-e Reise machen; ~ out Hinreise; ~ home Heimreise⟩ | Flug(reise) *m(f)* | (*meist pl*) Reisebeschreibung *f*; **2.** *förml vi* (mit dem Schiff) reisen; *vt* (Meer) bereisen, reisen durch; **'~a·ble** *adj* (Fluß) schiffbar, befahrbar; **voy·ag·er** ['vɔɪədʒə] *s* (See-) Reisende(r) *f(m)*

voy·eur [vwɑ:'jɜ:] *s Med* Voyeur *m*; **voy'eur·ism** *s* Voyeurismus *m*, Voyeurtum *n*; **~ist·ic** [vwɑ:jə'rɪstɪk] *adj* voyeuristisch

vroom [vrʊm|vru:m] **1.** *vi* aufheulen (Motor); **2.** *auch* ͵**~-'~** Aufheulen *n*, Motorheulen *n*; **3.** *interj* rumm-rumm, wumm-wumm

V-shaped ['vi: ʃeɪpt] *adj* V-förmig; **'~-sign** *s* V-Zeichen *n* (mit 2 Fingern), Siegeszeichen *n*, Zeichen *n* der Billigung

vug[g] [vʌg|vʊg] *s Geol* Druse *f*

vul·can|ite ['vʌlkənaɪt] *Chem* **1.** *s* Vulkanit *n*, Hartgummi *m*; **2.** *adj* Hartgummi-; **'~iz·a·ble** *adj* vulkanisierbar; **͵~i'za·tion** *s* Vulkanisierung *f*; **'~ize** *vt* vulkanisieren; *vi* sich vulkanisieren lassen; **͵~ized 'fi·bre** *s Chem* Vulkanfiber *f*; **'~iz·er** *s* Vulkaniseur *m* | Vulkanisierapparat *m*

vul·gar ['vʌlgə] **1.** *adj* (Person, Verhalten) unfein, gewöhnlich, gemein ⟨~ behaviour; a ~ woman⟩ | (Sprache) vulgär, unanständig ⟨~ words⟩ | billig, primitiv, vulgär ⟨~ furniture⟩ | *lit* volkstümlich, landesüblich, allgemein üblich, weit verbreitet ⟨a ~ error; ~ opinion⟩ | *Math* gemein, gewöhnlich ⟨~ fraction⟩; **2.** *s nur in:* **the ~** *pl selten* das gemeine Volk; **~i·an** [vʌl'gɛərɪən] *s* Neureicher *m*; **'~ism** *s* Unfeinheit *f* | Unanständigkeit *f* | *Ling* Vulgarismus *m*, vulgärer Ausdruck *m*; **~i·ty** [vʌl'gærətɪ] *s* Gemeinheit *f*, Roheit *f* | Unsitte *f* | (*meist pl*) vulgärer Ausdruck *m*, vulgäre Ausdrucksweise; **͵~i'za·tion** *s* Vulgarisierung *f*; **'~ize** *vt* vulgär machen; **͵~ 'Lat·in** *s Ling* Vulgärlatein *n*

Vul·gate ['vʌlgeɪt|-gɪt] **1.** *s* Vulgata *f* (Bibel); **2.** *adj* Vulgata-

vul·ner·a|bil·i·ty [͵vʌlnṛə'bɪlətɪ] *s* Verwundbarkeit *f*; **'~ble** *adj* verwund-, verletzbar ⟨a ≈ spot⟩ | anfällig (**to** für) | *Mil* ungeschützt, offen

vul|pine ['vʌlpaɪn] *adj* fuchsartig, Fuchs- | *lit übertr* schlau, verschlagen, listig; **~pin·ism** ['~pɪnɪzm] *s* Verschlagenheit *f*, List *f*

vul|ture ['vʌltʃə] *s Zool* Geier *m* | *übertr* (hab)gierige Person, Aasgeier *m* ⟨the ≈s of society⟩; **~tur·ine** ['~tʃəraɪn] *adj* geierähnlich; Geier-; **'~tur·ism** *s* Raubgier *f*; **'~tur·ous** *adj* Geier- | *übertr* raubgierig

vul|va ['vʌlvə] *Anat s* (*pl* **~vae** ['~vi:], **'~vas**) Vulva *f*, (äußere) weibliche Scham; **'~val, '~var** *adj* Scham(lippen)-

vy·ing ['vaɪɪŋ] *adj* wetteifernd

W

W, w ['dʌblju:] *s* (*pl* **W's, Ws, ws, w's**) W *n*, w *n*

W *Abk* von **west(ern)** | **Watt**

Waac [wæk] *s Brit umg* Angehörige des **Women's Army Auxiliary Corps** Armeehelferin *f*

Waaf [wæf] *s Brit umg* Angehörige der **Women's Auxiliary Air Force** Luftwaffenhelferin *f*

WAC, *auch* **Wac** [wæk] *s Am umg* Angehörige *f* des **Women's Army Corps** Armeehelferin *f*

wack [wæk] *s Brit* (*nordwestliches England, bes Liverpool dial*) Kumpel *m*, Freund *m* | *Am Sl* verrückter Bursche

wack·e ['wækə] *s Geol* Wacke *f*, Gestein *n*

wack·y ['wækɪ] *adj Am Sl* verrückt, verschroben ⟨~ patients; ~ ideas⟩

wad [wɒd] **1.** *s* Papierknäuel *m*, *n* | Bausch *m*, Pfropfen *m* ⟨a ~ of cotton ein Wattebausch⟩ | Bündel *n*, Stoß *m* ⟨a ~ of letters⟩ | zusammengerollte Geldscheine *pl* ⟨a ~ of dollars⟩ | *übertr* (*oft pl*) (große) Masse ⟨~s of publicity e-e Menge Reklame⟩ | (Schulter-) Polster *n*, Wattierung *f*; **2.** (**'~ded, '~ded**) *vt* zu einem Knäuel zusammenknüllen | zusammenlegen, -falten, längsfalten ⟨to ~ a newspaper⟩ | (Loch) ver-, zustopfen | (Kleid u. ä.) wattieren ⟨a ~ded quilt e-e wattierte Steppdecke⟩ | *übertr* aufblähen, aufblasen; **'~ding 1.** *s* Einlage *f*, Füllmaterial *n* | Watte *f* ⟨cotton ≈ Wattebausch *m*⟩ | Wattierung *f*, Polsterung *f*, Watteline *f*; **2.** *adj* Wattier-; **'~ding ͵lin·en** *s* Steifleinen *n*

wad·dle ['wɒdl] **1.** *vi*, *auch* **~ along** watscheln, wackeln (Enten u. ä.) | *übertr* sich mühsam winden ⟨to ~ out of s.th. sich aus etw. herauswinden⟩; **2.** *s* (*nur sg*) Watscheln *n*, watschelnder Gang

wade [weɪd] **1.** *vi* waten (**through** durch) | *übertr, umg* sich durcharbeiten ⟨to ~ through a book⟩; **~ in[to]** *übertr umg* (Arbeit, Problem u. ä.) anpacken, sich heranmachen an | (Gegner) attackieren, angreifen; *vt* durchwaten, durchqueren, überqueren; **2.** *s* Durchwaten *n* | Furt *f*, seichte Stelle *f*; **'wa·de·a·ble** *adj* durchwatbar, seicht; **'wad·er** *s* Watende(r) *f(m)* | (hoher) Wasserstiefel | *auch* **'wad·ing bird** *Zool* Wat-, Sumpfvogel *m*

wadge [wɒdʒ] *s Brit umg* Knäuel *m*, Bündel *n*, Packen *m*, Wust *m* ⟨a ~ of papers⟩

wad|i, *auch* **wad·y** ['wɒdɪ] *s* (*pl* **'~is, '~ies**) Wadi *n*, Trockental *n* (in der Wüste)

wa·fer ['weɪfə] **1.** *s* Oblate *f*, Siegelmarke *f* | *Rel* Hostie *f* | (Eis-) Waffel *f*, Oblate *f* | *Hist* Zündpille *f* | *El* Scheibe *f*, Schalterscheibe *f* | (Computer) Silikonplättchen *n*; **2.** *vt* (mit e-r Oblate) schließen *od* versiegeln; '~ **bread** *s Rel* Hostie *f*; '~**y** *adj* Waffel-, oblatenartig

[1]**waf·fle** ['wɒfl] *s* Waffel *f*

[2]**waf·fle** ['wɒfl] **1.** *vi Brit Sl* quatschen, quasseln, daherreden ⟨to ~ on weiterquasseln⟩; **2.** *s* Quatsch *m*, Gequassel(e) *n*, Gequatsche *n*, Geschwafel *n* ⟨don't talk such ~! red nicht solchen Quatsch!⟩

waf·fle i·ron ['wɒfl ˌaɪən] *s* Waffeleisen *n*

waf·fling ['wɒflɪŋ] *adj übertr* vage, unbestimmt, verschwommen ⟨a ~ resolution⟩

waft [wɒft|wɑːft] *förml* **1.** *vt* forttragen, fortwehen | aus-, fortsenden; *vi, auch* ~ **along** herangeweht, -getragen werden, wehen, ziehen; **2.** *s* (Wind u. ä.) Hauch *m*, Welle *f* ⟨a ~ of cigarette smoke⟩ | *übertr* Anflug *m*, Welle *f* ⟨a ~ of gossip e-e Welle von Gerüchten⟩ | *lit* (einmaliges) Winken mit der Hand | Flügelschlag *m*; '**waf·ture** *s* Wolke *f*, Schwaden *m*

wag [wæg] **1.** (**wagged, wagged**) *vi* sich (hin- u. her) bewegen, wackeln ⟨the dog's tail ~ged; their tongues ~ged *umg* sie kriegten ihr Maul nicht (wieder) zu⟩ | watscheln | *Brit Sl* (Schule) schwänzen; *vt* wedeln mit, wackeln mit ⟨the dog ~ged its tail⟩ | hin und herbewegen ◇ **a case of the tail ~ging the dog** *umg* der Dümmste gibt den Ton an; **2.** *s* Wedeln *n*, Wackeln *n* | (Mann) Spaßvogel *m* | *Brit Sl* (Schul-) Schwänzer *m*

[1]**wage** [weɪdʒ] **1.** *s, meist* **wages** *pl* Lohn *m* ⟨~s per hour Stundenlohn; weekly ~ Wochenlohn; a living ~ Existenzminimum *n*⟩ | *übertr* Lohn *m*, Entgelt *n*; **2.** *adj* Lohn- ⟨~ and price spiral Lohn-Preisspirale *f*; ~ level⟩

[2]**wage** [weɪdʒ] *vt* (Krieg) führen (**against/on** gegen) | *arch* in Dienst nehmen

wage| con·trol ['weɪdʒ kənˌtrəʊl] *s* Lohnstopp *m*; '~ **drift** *s* Lohnauftrieb *m*; '~ ˌ**earn·er** *s* Lohnempfänger *m*; '~ **freeze,** *Brit auch* '**wag·es freeze** *s* Lohnstopp *m*; '~ **fund** *s* Lohnfonds *m*; '~ ˌ**pack·et** *s* Lohnpaket *n*, -tüte *f*; ˌ**wage-push in'fla·tion** *s Wirtsch* inflationäre Lohnentwicklung

wa·ger ['weɪdʒə] *förml* **1.** *s* Wette *f* | Wetten *n* | Wettobjekt *n*; **2.** *vt* wetten um, setzen auf ⟨I ~ [you] £ 10 that ich wette (mit dir) um 10 £, daß; to ~ £ 1 on a horse £ 1 auf ein Pferd setzen⟩; *vi* wetten, eine Wette abschließen

wage| scale ['weɪdʒ skeɪl] *s* Tarif *m*; '~ **slave** *s scherzh verächtl* Lohnsklave *m*; '~ **stop** *s Brit* Arbeitslosengeldgrenze *f*; '~**-stop** *vt Brit* (Arbeitslosen) nicht mehr Unterstützung geben, als Verdienst betrug; '~ **work** *s* Lohnarbeit *f*

wag|ger·y ['wægərɪ] *s* Scherz *m* | Ausgelassenheit *f*, Mutwilligkeit *f*; '~**gish** *adj* ausgelassen, mutwillig, schalkhaft ⟨a ≈ remark⟩

wag·gle ['wægl] = **wag**

wag·gon, *Am* **wa·gon** ['wægən] **1.** *s* (vierrädriger) Plan-, Rollwagen, Fuhrwerk *n* | Spielzeugwagen *m* ⟨horse and ~⟩ | *auch* '**tea** ~ Teewagen *m* | *auch* '**sta·tion** ~ *Am* Kombiwagen *m* | *Am* Lieferwagen *m* | *Brit Eisenb* Güter-, Gepäckwagen *m*, Waggon *m*, Lore *f* ⟨by ~ *Wirtsch* per Achse⟩ | *Brit Sl* Laster *m* | *Am Sl* Auto *n* ◇ **be on the [water-] ~** *Sl* dem Alkohol abgeschworen haben; **be off the [water-] ~** *Sl* wieder trinken; *vi, vt, bes Am* in einem Wagen fahren *od* transportieren; '~**age** *s Am* Fracht(geld) *f(n)*; '~ˌ**ceil·ing** *s Arch* Tonnendecke *f*; '~**er** *s* Fuhrmann *m*; ~**ette** [ˌwægə'net] *s* Break *m*, offener Kutschwagen; '~**load** *s* Fuhre *f*, Wagenladung *f*, Waggonladung *f* ⟨by the ≈ waggonweise⟩ | *übertr* Menge *f*; '~**roof** *s Arch* Tonnendach *n*; '~ **train** *s* Zug *m* von Planwagen | *Am* Güterzug *m*; '~ **vault** *s Arch* Tonnengewölbe *n*; '~ **wright** *s* Stellmacher *m*, Wagenbauer *m*

wag·ner·ite ['wægnəraɪt] *s Min* Wagnerit *m*

wa·gon ['wægən] *s Am* = **waggon**

wag·on-lit [ˌvægɒn 'liː] *s* (*pl* ˌ**wagons-'lits** [~]) *Brit Eisenb* Schlafwagen *m*

wag·tail ['wægteɪl] *s Zool* Bachstelze *f*

wa·hoo [wɑː'huː] *s Zool* Wahoo *m*

waif [weɪf] *oft lit* **1.** *s Jur* herrenloses Gut | Heimatlose(r) *f(m)*, Obdachlose(r) *f(m)* | verwahrlostes Kind ⟨~s and strays heimatlose und verwahrloste Kinder *od* Tiere *n/pl*⟩ | streunendes Tier *n* | *übertr* Überrest *m*; **2.** *bes Schott adj* umherirrend | durch Gerüchte verbreitet ⟨a ~ word⟩

wail [weɪl] **1.** *vi* jammern, klagen (**for** um) | weinen, wimmern (**with** vor) | heulen (Wind) | *verächtl* heulen, lamentieren (**about, over** über); *vt* bejammern, beklagen, beweinen; **2.** *s* Jammern *n*, (Weh-) Klagen *n* | Klage *f* | Weinen *n*, Wimmern *n*; (Kind) Schreien *n* | *verächtl* Lamentieren *n*; '~**ful** *bes poet, adj* jammernd, klagend, traurig; '~**ing** **1.** *adj* (weh)klagend, weinend; **2.** *s* (Weh-) Klage *f*, Weinen *n*; '~**some** *selten adj* klagend | beklagenswert

wain [weɪn] *s poet* Wagen *m*, Karren *m* ⟨Charles's ~ *Astr* Großer Wagen *m*⟩

wain·scot ['weɪnskət] **1.** *s* Holzverkleidung *f*, Täfelung *f* | *Mar* hölzerne Schottwand | Sockeltäfelung *f*, Lambris *m* | Intarsien *f/pl* | Fuß-, Scheuerleiste *f*; **2.** *vt* mit Holz verkleiden, täfeln, verschalen, paneelieren; '~**ing** *s* Täfelung *f*, Täfeln *n* | Wandverkleidung *f* | Innenverkleidung *f*; '~ **chair** *s* (schwerer geschnitzter) Holzstuhl

waist [weɪst] *s* Taille *f* | Taillenweite *f* ⟨to take the ~ die Taillenweite messen⟩ | Mieder *n*, Leibchen *n* | *Tech* Einbuchtung *f*, Einschnürung *f*, schmalste Stelle | *Mar* Mitteldeck *n* (e-s Kriegsschiffes); '~**band** *s* (Rock u. ä.) Bund *m*; '~**belt** *s* Leibriemen *m*, Gürtel *m* | *Mil* Koppel *n* | *Flugw* Bauchgurt *m*; '~**cloth** *s* Lendentuch *n*; '~**coat** ['weɪskəʊt|'weskət] *s* Weste *f*, Wams *n*; ˌ~-'**deep** *adj* bis zur Taille reichend; '~**line** *s* Taille *f*, Gürtellinie *f* | Taillenumfang *m* ⟨to watch one's ≈ auf die schlanke Linie achten⟩; '~**slip** *s* Unterrock *m*, Halbrock *m*

wait [weɪt] **1.** *vi* warten ⟨~ and see abwarten; to ~ for 10 minutes; we're ~ing to go wir wollen bald gehen; to keep s.o. ~ing jmdn. warten lassen; it can ~ es hat Zeit⟩ | *oft* ~ **at** aufwarten, bedienen ⟨to ~ at table servieren⟩ | sich gedulden; ~ **about** *umg* umherlungern; ~ **behind** da-, zurückbleiben, warten; ~ **for** warten auf | fertig sein für, bereitstehen für | *umg* aufpassen, auf (etw.) achten ⟨~ for it paß auf!; du wirst schon sehen!, Moment mal!⟩; ~ **on,** *auch* ~ **upon** (jmdm.) aufwarten, (jmdn.) bedienen ⟨to ~ on the king; to be ~ed on in a shop; to ~ on s.o. hand and foot *übertr* jmdn. von hinten und vorn bedienen⟩ | *selten* (jmdm.) seine Aufwartung machen | *lit* auf dem Fuße folgen von ⟨success ~s on effort⟩; ~ **up** *umg* aufbleiben, warten, nicht ins Bett gehen ⟨≈ for s.o. warten bis jmd. kommt⟩; *vt* erwarten, warten auf, abwarten ⟨to ~ one's hour / turn / time / chance auf s-e Gelegenheit warten; s-e Zeit abwarten; to ~ one's turn warten, bis man an der Reihe ist⟩ | *umg* (Essen u. ä.) aufschieben ⟨don't ~ dinner for me warte mit dem Essen nicht auf mich!⟩ | *Am* bedienen ⟨to ~ table⟩; ~ **out** (das Ende von) abwarten, ausharren ⟨to ~ it out warten, bis es vorbei ist⟩; **2.** *s* Warten *n* ⟨to have a long ~ for s.th. auf etw. lang warten müssen; to lay ~ for s.o. jmdm. e-e Falle stellen; to lie in ~ (for s.o.) (jmdm.) auflauern⟩; '~**er** *s* Kellner *m* | Servierteller *m* | *Brit* (Börse) Portier *m*; '~**ing** **1.** *s* Warten *n* ⟨no ≈! *Kfz* Halteverbot!⟩ | Aufwarten *n*, Aufwartung *f*, Dienst *m* (bei Hof etc.) ⟨in ≈ diensttuend⟩; **2.** *adj* (ab)wartend | Warte-;

'**~ing girl**, '**~ing maid** *s* Aufwartung *f*, Aufwärterin *f* | Kellnerin *f* | *arch* Kammermädchen *n*; '**~ing list** *s* Warte-, Vormerkliste *f*; '**~ing room** *s* Wartezimmer *n*, Wartesaal *m*; **~ress** ['~rəs] *s* Kellnerin *f*; **waits** [weɪts] *s/pl* Weihnachtssänger(in) *m(f)pl* | *Brit* Dorfmusikanten *m(pl)*

waive [weɪv] *vt Jur* (Recht u. ä.) aufgeben, verzichten auf ⟨to ~ money Geld nicht beanspruchen; to ~ a privilege⟩ | (Fakten u. a.) zurückstellen, außer acht lassen ⟨to ~ a theory⟩ | (leicht) abschieben, nicht beachten ⟨to ~ s.th. out of existence so tun, als ob es etw. nicht gäbe⟩; '**~er** *Jur s* Verzicht *m* (**of** auf) | Verzichterklärung *f* ⟨to sign a ≈⟩

[1]**wake** [weɪk] *s Mar, übertr* Kielwasser *n* | *Flugw* Nachstrom *m*, (Luft-) Sog *m* | *übertr* Spur *f* ⟨in the ~ of s.o. *übertr* in jmds. Fußstapfen; in the ~ of s.th. *übertr* im Gefolge von, im Ergebnis einer Sache⟩

[2]**wake** [weɪk] **1.** (**woke** [wəʊk] *od* **waked, woke** *od* **waked** *od* **woken** ['wəʊkən]) *vi lit* wachen, wach sein ⟨to sleep or ~⟩ | *meist* **~ up** auf-, erwachen (**from, out of** aus) | sich bewußt werden (**to s.th.** e-r Sache) | sich vergegenwärtigen (**to s.th.** etw.) | *übertr* lebendig werden, sich rühren ⟨~ up! *umg* paß auf!, hör zu!⟩; *vt*, *auch* **~ up** (jmdn.) er-, aufwekken ⟨to ~ the baby⟩ | *übertr* (jmdn.) aufrütteln (**to** zu) | *übertr* wachrufen ⟨to ~ memories⟩ | (durch Lärm) munter machen, stören; **2.** *s poet* Wachen *n* ⟨between sleep and ~⟩ | Totenwache *f* | Leichenschmaus *m* | *Brit Hist* Kirmes *f*; '**~ful** wachend | schlaflos ⟨to pass a ≈ night e-e schlaflose Nacht verbringen⟩ | *übertr* wachsam; **wak·en** ['weɪkən] *auch* '**wak·en up** *förml vi* auf-, erwachen, wach werden (*auch übertr*); *vt* aufwecken (*auch übertr*) | *übertr* an-, erregen

wake frac·tion ['weɪk ˌfrækʃn] *s Tech, Mar* Nachstrom-, Sogziffer *f*; '**~ space** *s Tech, Mar* Totraum *m*

wak·ey wak·ey [ˌweɪkɪ 'weɪkɪ] *interj Brit Sl* aufwachen!, wach auf, wach auf!

wak·ing ['weɪkɪŋ] **1.** *adj* wachsam | wach ⟨~ dream Tagtraum *m*⟩ ◇ **one's ~ hours** von früh bis spät ⟨in her ~ hours solange sie wach ist *od* war; in ihren wachen Stunden⟩; **2.** *s* (Er-)Wachen *n* | (Nacht-) Wache *f*

wal [wɒl] *Schott für* ↑ **wol**

wale [weɪl] *s* Strieme *f*, Schwiele *f* | (Stoff) Rippe *f* | Maschenstäbchen *n* | *Mar* Bergholz *n*, Krummholz *n* | *Tech* Verbindungsstück *n*, Bordleiste *f* | Webkante *f*

walk [wɔːk] **1.** *vi* (zu Fuß) gehen ⟨to ~ up and down auf- und abgehen; to ~ five miles⟩ | im Schritt gehen (Pferd) | spazierengehen | wandern | umgehen, spuken (Geist) | *umg* abziehen, Beine bekommen | (Raumfahrt) langsam kreisen; **~ about** umhergehen, -wandern; **~ away** fortgehen; **~ away from** (Sport) (jmdm.) davonlaufen, (jmdn.) stehenlassen | heil davonkommen ⟨to ~ away from a crash⟩; **~ in** hineingehen; **~ into** (etw.) leicht bekommen ⟨to ≈ a job⟩ | (in etw. Unangenehmes) hineinlaufen ⟨to ≈ a trap⟩ | *Sl* herfallen über (jmdn.), einbrechen in | *Sl* ordentlich essen, reinhauen; **~ off** davongehen; **~ off with** *Sl* mit (etw.) abhauen, stehlen | (unabsichtlich) mitnehmen | (Preis u. a.) davontragen; **~ on** betreten | weitergehen | *Theat* eine Nebenrolle haben | streiken; **~ out [of]** verlassen, nicht mehr mitmachen (mit) ⟨to ~ out of the meeting der Sitzung den Rücken kehren⟩; **~ out on** *Sl* im Stich lassen, sitzenlassen; **~ out with** *umg* gehen mit, miteinander verkehren ⟨she ~s out with him⟩; **~ up** hin(auf)gehen ⟨≈! treten Sie näher!⟩;

vt (Weg) zu Fuß gehen | (Zimmer) durchschreiten, ablaufen ⟨to ~ the border die Grenze abschreiten, patrouillieren; to ~ the boards *übertr* Schauspieler sein; to ~ the hospitals die klinischen Semester durchmachen; to ~ the rounds die Runde machen; to ~ a tightrope seillaufen⟩ | (Pferd) Schritt gehen lassen | (Tier) ausführen ⟨to ~ the dog⟩ | (jmdn.) führen, geleiten, begleiten (**into, in**, hinein, **out of** aus, heraus, **to** nach) ⟨to ~ s.o. home jmdn. nach Hause bringen⟩ | (zu Fuß) gehen mit, schieben ⟨to ~ a bicycle⟩; **~ off** (jmdn.) abführen | ab-, weglaufen ⟨to ≈ one's hangover an der Luft seinen Kater loswerden wollen; to ≈ one's lunch sich nach dem Mittagessen die Beine vertreten; to ~ s.o. off his feet/legs jmdn. abhetzen⟩; **~[all] over** *umg* (Sport) leicht besiegen | *übertr* (jmdn.) völlig beherrschen, mit (jmdm.) machen, was man will ⟨to ≈ one's opponents seine Gegner völlig in der Tasche haben⟩ | *übertr* schlecht behandeln, schikanieren ⟨to ≈ one's husband sie geht mit ihrem Mann einfach spazieren⟩; **~ through** *Theat* durchgehen, üben mit ⟨to ~ s.o. through a scene⟩;

2. *s* (Zufuß-) Gehen *n*, Schrittgehen *n* ⟨to go at a ~ im Schritt gehen⟩ | Gang(art) *m(f)* | Spaziergang *m*, -weg *m* ⟨to go for a ~; to take/have a ~ einen Spaziergang machen, spazierengehen; a 30-minute ~ ein Spaziergang von 30 Minuten; quite a ~ ein gutes Stück zu gehen⟩ | *übertr* langsames Tempo, Spaziergang *m* ⟨to decrease to a ~ an Tempo verlieren⟩ | Wanderung *f*, Route *f* | (Raumfahrt) langsames Umkreisen ⟨~s around the planet⟩ | Beruf *m*, Tätigkeit *f* ⟨~ of life *förml* Lebensstellung *f*; Milieu *n*; every ~/all ~s of life alle Schichten und Berufe⟩ | Allee *f*, Promenade *f*; '**~a·ble** *adj* begehbar | (Entfernung) zurücklegbar; '**~a·bout** *s Austr, Brit umg* Umherstreifen *n* ⟨to go ≈ zu Fuß durchs Land ziehen⟩ | öffentlicher Spaziergang (einer bedeutenden Persönlichkeit) ⟨the Queen went [on a] ≈⟩; '**~er** *s* Fuß-, Spaziergänger(in) *m(f)* ⟨to be a good ≈ gut zu Fuß sein⟩ | (Sport) Geher *m*; '**~er-ˌon** *s Theat umg* Statist(in) *m(f)*; **~ie-look·ie** [ˌwɔːkɪ 'lʊkɪ] *s umg* tragbares Fernsehaufnahmegerät; **~ie-talk·ie** [ˌwɔːkɪ 'tɔːkɪ] *s* Wechselsprechgerät *n*, Sprechfunkgerät *n* | *Mil* Tornisterfunkgerät; '**~-in 1.** *s* Protestkundgebung *f* | *Am umg* begehbarer Einbauschrank | *Am umg* spielender Sieg, Spaziergang *m*; **2.** *adj Am umg* begehbar ⟨a ≈ cupboard⟩ | *Am übertr umg* leicht ⟨a ≈ victory⟩; '**~ing 1.** *s* Gehen *n* | (Sport) Gehen *n*; **2.** *adj* Geh-, Spazier- ⟨≈ speed Schrittgeschwindigkeit *f*; within ≈ distance zu Fuß erreichbar⟩ | wandernd, Wander- ⟨≈ holiday Wandertag *m*⟩ | *bes übertr* wandelnd ⟨a ≈ dictionary⟩; '**~ing boot** *s* Marschstiefel *m*; '**~ing dress** *s* Tages-, Straßenkleid *n*; '**~ing ˌgen·tle·man** *s* (*pl* '**~ing gen·tle·men**) *Theat* Statist *m*; '**~ing ˌla·dy** *s Theat* Statistin *f*; '**~ing ˌpa·pers** *s Am Sl* Entlassungspapiere *pl* | *übertr* Laufpaß *m*; '**~ing shoe** *s* Wanderschuh *m*, -stiefel *m*; '**~ing stick** *s* Spazierstock *m*; '**~-off** *s* Abgang *m*, Abtreten *n* | Abzug *m*, Verlassen *n* (*bes* aus Protest) | Abschied *m* ⟨as a ≈ zum Abschied⟩; '**~-on** *Theat* **1.** *s* Nebenrolle *f* | Statist *m*; **2.** *adj* Neben-, unbedeutend ⟨≈ part⟩; '**~out** *s* Streik *m*, Ausstand *m* | Auszug *m*, Verlassen *n*, Abzug *m*; '**~ˌover** *Sl s* (Sport) *auch übertr* leichter Sieg; '**~-up** *Am* **1.** *s umg* Wohnung *f od* Wohnblock *m* ohne Fahrstuhl; **2.** *adj* ohne Fahrstuhl ⟨a ≈ apartment; ≈ tenements⟩; '**~way** *s* Fußweg *m*

wall [wɔːl] **1.** *s* Wand *f*, Mauer *f* ⟨garden ~ Gartenmauer; [even] [the] ~s have ears *Sprichw* (sogar) (die) Wände haben Ohren; to go/be driven to the ~ *übertr* an die Wand gedrückt werden; to have one's back to the ~ *übertr* mit dem Rücken an der Wand kämpfen; to paint the devil on the ~ *übertr* den Teufel an die Wand malen; to run/bang one's head against a ~ *übertr* mit dem Kopf gegen die Wand anrennen; to send s.o. to the ~ *übertr* jmdn. an die Wand drücken⟩ | (Zimmer) Wand *f* ⟨to hang s.th. on the ~; up the ~ *übertr* völlig außer sich, empört⟩ | *Anat* Wand *f* ⟨abdominal ~ Bauchdecke *f*⟩ | Seite *f* des Bürgersteiges an der Hauswand ⟨to give s.o. the ~ *übertr* jmdm. den

Vorrang lassen⟩ | *übertr* Wand *f*, Wall *m* ⟨a ~ of fire⟩ | *übertr* (Trenn-) Wand *f*, Barriere *f*, Wall *m* ⟨a ~ of silence⟩ ◇ **jump / leap over the ~** seinen Glauben aufgeben, aus der Kirche austreten; sein Gelübde brechen; **off the ~** *Am Sl* unkonventionell, ungewöhnlich, völlig anders; **2.** *adj* Wand-, Mauer-; **3.** *vt* mit einer Mauer umgeben ⟨a ~ed town⟩ | ein-, ummauern | *übertr auch* **~ off** ein-, abschließen; **~ off** abschließen, abtrennen (**from** von) | aufteilen, unterteilen (**into** in); **~ up** zumauern ⟨to ≈ a window⟩ | einmauern ⟨to ≈ a prisoner⟩

wal·la·by ['wɒləbɪ] *s Zool* kleines Känguruh

wal·lah, *auch* **wal·la** ['wʌlə] *s Ind umg* Bedienstete(r) *f*(*m*) ⟨a book ~ ein Buchverkäufer⟩ | *Sl selten* Bursche *m*

wall| arch ['wɔ:l ɑ:tʃ] *s Arch* Wandbogen *m*; **'~ bars** *s/pl* (Sport) Sprossenwand *f*, Wandreck *n*; **'~ bed** *s* Klapp-, Wandbett *n*; **'~board** *s* (Wand-) Leichtbauplatte *f*, Wandfaserplatte *f*; **'~ bolt** *s* Steinschraube *f*; **'~ box** *s El* Wanddose *f*; **'~ brack·et** *s* Wandkonsole *f*; **'~ chart** *s* Wandkarte *f*; **'~ clamp** *s* Rohrschelle *f*; **'~ crack** *s* Wandriß *m*; **'~ clock** *s* Wanduhr *f*; **'~ cloud** *s Met* Wolkenwand *f*; **'~ ˌcov·er·ing** *s* Schmucktapete *f*; **'~ ˌcreep·er** *s Zool* Mauerspecht *m*, -läufer *m*

wal·let ['wɒlɪt] *s arch* Felleisen *n*, Ränzel *n* | Brieftasche *f*, Geldbörse *f* | Dokumentenmappe *f* | Werkzeugtasche *f* | (Fahrrad-) Satteltasche *f*

wall|eye ['wɔ:l aɪ] *s Vet* Glasauge *n* | *Anat* Hornhautfleck *m* | *Med* Auswärtsschielen *n*; **ˌ~'eyed** *adj Med* auswärts schielend | glotz-, starräugig | *Vet* glasäugig

wall| fit·ting ['wɔ:l ˌfɪtɪŋ] *s* Wandleuchte *f*; **'~ˌflow·er** *s Bot* Goldlack *m* | *übertr* Mauerblümchen *n*; **'~ fruit** *s* Spalierobst *n*; **'~ing** *s* Mauerwerk *n*; Steinmauern *f/pl*; **'~ing crib** *s Bergb* Mauerfuß *m*, -kranz *m*; **'~ ˌhang·ing** *s* Wandbehang *m*, Wandteppich *m*; **'~ line** *s* Mauerflucht *f*; **'~ map** *s* Wandkarte *f*; **'~ moss** *s Bot* Mauerpfeffer *m*

Wal·loon [wɒ'lu:n] **1.** *s* Wallone *m*, Wallonin *f* | *Ling* Wallonisch *n*; **2.** *adj* wallonisch

wal·lop ['wɒləp] *Sl* **1.** *s* Plumps *m*, Schlag *m* | *Brit* Bier *n*; **2.** *vi* brodeln, wallen; **~ along** poltern; *vt* (jmdn.) verdreschen, verprügeln | (Sport) (jmdm.) eine schwere Niederlage beibringen *od* zufügen (**at** in); **'~ing** *umg* **1.** *adj* gewaltig, riesig ⟨what a ≈ lie!⟩ | toll, hervorragend ⟨a ≈ new production⟩; **2.** *adv* schrecklich, gewaltig ⟨a ≈ big gas bill⟩; **3.** *s* Tracht *f* Prügel | (Sport) schwere Niederlage *od* Schlappe

wal·low ['wɒləʊ] **1.** *vi* sich wälzen (**in** in) | *Mar* schlingern | *übertr* schwelgen (**in** in) ⟨to ~ in money, to be ~ing in it in Geld schwimmen; to ~ in the mud im Schmutz wühlen; to ~ in vice dem Laster frönen⟩; **2.** *s* Sichwälzen *n* | Schmutz *m*, Sumpf *m* (*auch übertr*) | Suhle *f*

wall| paint·ing ['wɔ:l ˌpeɪntɪŋ] *s* Wandmalerei *f* | Wandgemälde *n*; **'~ pan·el ˌheat·ing** *s* Wandflächenheizung *f*; **'~ˌpa·per 1.** *s* Tapete *f*; **2.** *vt, vi* tapezieren; **'~pa·per ˌmu·sic** *s Brit* (leise) Hintergrundmusik *f*; **'~ plug** *s El* Stecker *m*; **'~ rug** *s* Wandteppich *m*, -behang *m*; **'~ ˌsock·et** *s El* Steckdose *f*

Wall Street ['wɔ:l stri:t] *s* Wall Street *f* (Straße in New York) | *übertr* amerikanischer Kapitalmarkt, Hochfinanz *f*

wall-to-wall [ˌwɔ:l tʊ 'wɔ:l] *adj, adv* (Auslegware, -teppich , Teppich, Fußbodenbelag) durchgängig, von Wand bis Wand reichend ⟨a ~ carpet ein Teppich für das ganze Zimmer⟩ | *Am* den ganzen Raum *od* die ganze Fläche einnehmend ⟨a ~ grille *Kfz* ein Grill über den ganzen Kühler⟩ | *übertr Am* von einem Extrem zum anderen, verschiedenartigst ⟨~ music recordings⟩

[1]**wal·ly** ['wɒlɪ] *adj Schott* gut, solide

[2]**wal·ly** ['wɒlɪ] *Brit Sl* **1.** *s* Stümper *m*, Pfuscher *m*; Lusche *f*; **2.** *adj* stümperhaft, dämlich; luschig

wal·nut ['wɔ:lnʌt] *s, auch* **'~ tree** Walnuß(baum) *f*(*m*) | Walnuß(frucht) *f*(*f*) | Nußbaumholz *n* | Nußbraun *n*

wal·rus ['wɔ:lrəs] *s Zool* Walroß *n*; **'~ mousˌtache** *s* Schnauzbart *m*

waltz [wɔ:ls] **1.** *s* Walzer *m* | *Am Sl übertr* Kinderspiel *n*, Kleinigkeit *f*; **2.** *vi* Walzer tanzen, walzen | wirbeln, herumtanzen; **~ in [to]** hereinspazieren, -schneien; **~ off** *umg* abschwirren, abziehen (**with** mit); **~ out** hinausschwirren, -schwänzeln (**of** aus); *vt* Walzer tanzen mit | herumtanzen, -wirbeln mit | *Am* rollen, wälzen

wam·pum ['wɒmpəm] *s* Wampum *m* | *Am Sl* Zaster *m*, Geld *n*

wan [wɒn] *adj* blaß, bleich, fahl ⟨~ looks⟩ | schwach ⟨a ~ smile⟩ | farb-, glanzlos, trüb ⟨~ sky⟩

wand [wɒnd] *s* Rute *f* | (Dirigenten-, Kommando-) Stab *m* | Zauberstab *m* (*auch übertr*)

wan·der ['wɒndə] *vi* wandern | *auch* **~ about** umherstreifen, -ziehen | sich winden (Fluß) (**through** durch) | irregehen, sich verirren | abirren (**from** von) | abschweifen (**from, off** von) | zerstreut sein | fiebern, phantasieren; *vt poet* durchwandern | *umg* verwirren, irreführen; **'~er** *s* Wanderer *m*; **'~ing 1.** *adj* wandernd, Wander- ⟨≈ tribe wandernder Stamm; ≈ minstrel fahrender Sänger⟩ | umherschweifend, nicht geradeaus gehend ⟨a ≈ course⟩ | ruhelos, unstet | phantasierend | zerstreut, verwirrt ⟨a ≈ mind⟩; **2.** *s* Wandern *n* | Wanderung *f* ⟨in one's ≈s auf jmds. Wanderungen⟩ | (Fieber-) Phantasie *f*; **ˌ~ing 'kid·ney** *s Med* Wanderniere *f*; **'~lust** [~lʌst] *s* ⟨*dt*⟩ Wanderlust *f*, Fernweh *n*

wan·dle ['wɒndl] *adj Schott* behende

wane [weɪn] **1.** *vi* (Mond) abnehmen | *übertr* (Einfluß, Kraft u. ä.) schwinden, abnehmen (**in** an); **2.** *s* (Mond) Abnahme *f*, Abnehmen *n* ◇ **on the ~** *übertr* im Abnehmen, im Schwinden

wan·gle ['wæŋgl] *Sl* **1.** *vt* drehen, deichseln, schaukeln, (unter der Hand) organisieren ⟨to ~ s.o. into doing s.th. jmdn. dazu bringen, etw. zu tun; to ~ an extra week's holiday noch e-e Woche Urlaub herausschinden⟩ | *meist* **~ out of** (sich, s-n Weg) herauswinden ⟨to ~ o.s. / one's way out of a problem⟩ | (Konto u. ä.) frisieren, fälschen; **2.** *s* Organisieren *n*, Trick *m*, Kniff *m* ⟨to get s.th. by a ~ etw. irgendwie hinbiegen; etw. ergattern⟩

wank [wæŋk] *Brit vulg* **1.** *auch* **~ off** *vi* masturbieren; **2.** *s* Masturbation ⟨to have a ~ sich einen abwichsen⟩; **'~er** *s* Masturbator *m*, Wichser *m*

want [wɒnt] **1.** *vt* (haben) wollen, wünschen ⟨what do you ~? was wünschen Sie?⟩ | brauchen, nötig haben, benötigen ⟨he's not ~ed er wird nicht gebraucht; rooms ~ed Zimmer gesucht⟩ | (etw.) nötig haben, müssen ⟨these clothes ~ washing diese Kleider müssen gewaschen werden; s.th. ~s some doing *umg* etw. hat es in sich⟩ | Anlaß haben zu ⟨you ~ to see a doctor du solltest zum Arzt gehen; you don't ~ to work so hard du solltest nicht so viel arbeiten⟩ | ermangeln, Mangel haben an, Not leiden an ⟨to ~ food and shelter nichts zu essen und kein Dach über dem Kopf haben⟩ | *unpers* (noch) fehlen (**to** an, bis) ⟨it ~s ten minutes to two es fehlen noch zehn Minuten an zwei⟩ | (jmdm., e-r Sache) abgehen *od* fehlen ⟨his answer ~s politeness⟩ | (*oft pass*) suchen (*bes* Polizei) ⟨the police ~s him for murder; to be ~ed for murder wegen Mordes gesucht werden⟩; *vi* Not leiden, in Armut leben ⟨you shall never ~⟩ | es fehlen lassen (**in** an) ⟨he's a little ~ing es fehlt ihm etw. an Verstand; he's ~ing in courtesy *euphem* er läßt es an Höflichkeit fehlen⟩; **~ for** (*oft fut, neg*) *förml* Mangel haben an ⟨you shall not ≈ food du wirst immer zu essen haben; he never ~s for friends ihm gehen die Freunde nie aus; to ~ for nothing alles haben, was man braucht⟩; **~ in (out)** *Am, Schott* herein- (hinaus) wollen (Katze u. ä.); **2.** *s* Notwendigkeit *f* ⟨the house is in ~ of repair das Haus muß repariert werden⟩ | Mangel *m* ⟨~ of sense Unvernünftigkeit *f*; for/from ~ of aus Mangel an, mangels; a long-felt ~ of *oft scherzh* ein seit langem empfundenes Bedürfnis, etw., was schon lange fehlt⟩ | Armut *f*, Not *f* ⟨to be in ~ Not leiden; to fall in ~ in Not geraten⟩ | (*meist pl*) Bedürfnis *n*, Wunsch *m* ⟨my ~s are few meine Ansprüche sind gering; to supply all our ~s uns mit allem Nötigen *od* Notwendigen versorgen⟩; **'~a·ble** *adj* begehrenswert, attraktiv; **~ ad** ['~ æd] *s bes Am umg* Suchanzeige *f*; **~age** ['wɒntɪdʒ] *s* Mangel *m* | *Wirtsch* Defizit *n*; **'~ing 1.** *adj* fehlend, mangelnd | ermangelnd ⟨to be found [to be] ≈ in s.th. etw. nicht genug aufweisen⟩ | nachlässig (**in** in) | *umg* geistesschwach ⟨to be bit ≈ [up top] (oben) nicht ganz normal sein⟩; **2.** *präp* ohne ⟨a letter ≈ a stamp⟩ | weniger ⟨a month ≈ two days⟩; **'~less** *adj* bedürfnislos | reich

wan·ton ['wɒntən] **1.** *adj lit* übermütig ⟨in a ~ mood ausgelassen⟩ | mutwillig ⟨~ damage⟩ | (Pflanze u. ä.) wild, üppig ⟨~ growth⟩ | liederlich, zügellos | (*bes* Frau) geil, wollüstig ⟨a ~ look⟩; **2.** *s* Wüstling *m* | Dirne *f* | (Kind) Schelm *m* | verzogenes Kind; **3.** *vi* umhertollen | buhlen | *Bot* geil wachsen

want·wit ['wɒntwɪt] **1.** *adj* dumm; **2.** *s* Dummkopf *m*

[1]**wap** [wɒp] **1.** *dial* (**wapped, wapped**) *v* = **whop 1.**; **2.** *s* = **whop 2.** | (Flügel-) Schlag *m*

[2]**wap** [wɒp] *dial* **1.** (**wapped, wapped**) *vt* einhüllen; **2.** *s* Umhüllung *f* | (Heu- u. ä.) Bündel *n*

wap·i|ti ['wɒpətɪ] *s* (*pl* **~tis, ~ti** [~taɪ]) *Zool Am* Wapitihirsch *m*

wap·per ['wɒpə] *dial* **1.** *vi* blinzeln | schwanken, taumeln; **2.** *s* Bluff *m*

war [wɔ:] **1.** *s* Krieg *m* ⟨civil ~ Bürgerkrieg; cold ~ kalter Krieg; at ~ [with] im Kriegszustand (mit); to declare ~ [upon s.o.] (jmdm.) den Krieg erklären; to go to ~ [against] in den Krieg *od* zu Felde ziehen (gegen); to make/wage ~ [up]on/against Krieg führen gegen; *übertr* (einer Sache) den Kampf ansagen; (etw.) bekämpfen; having been in the ~s *übertr umg* schwer mitgenommen *od* beschädigt; ~ of nerves *übertr* Nervenkrieg⟩ | *übertr* Kampf *m*, Konflikt *m*, Streit *m* ⟨class ~ Klassenkampf *m*; the ~ against disease⟩; **2.** *adj* Kriegs-; **3.** (**warred, warred**) *vi lit* Krieg führen, im Streit liegen (**against, on** gegen; **with** mit) | sich bekriegen ⟨ *übertr* streiten, kämpfen (**against** gegen) ⟨~ring beliefs in Widerstreit liegende Ansichten; to ~ against illness⟩; **'~ ˌba·by** *s* im Krieg *od* kurz nach dem Krieg geborenes Kind *n*, Kriegskind *n* | *übertr umg* Kriegserzeugnis *n*, Folgeerscheinung *f* des Krieges

war|ble ['wɔ:bl] **1.** *vi* trillern, singen, trällern; schmettern (Vogel, Person); *vt, auch* **~ble out** (etw.) herausschmettern; **2.** *s* Trillern *n*, Getriller *n*, Gesang *m*; **'~bler** *s* Sänger *m* | Singvogel *m*

war| bride ['wɔ:braɪd] *s* Kriegs-, Soldatenbraut *f*; **'~ cloud** *s* (*meist pl*) *übertr* heraufziehende Kriegswolke, drohende Kriegsgefahr; **'~ cor·reˌspon·dent** *s* Kriegsberichterstatter *m*; **'~ crime** *s* Kriegsverbrechen *n*; **'~ ˌcrim·i·nal** *s* Kriegsverbrecher *m*; **'~ cry** *s* Kriegsgeschrei *n* | *übertr* Schlachtruf *m*

ward [wɔ:d] **1.** *s* (Krankenhaus-) Station *f*, Abteilung *f* ⟨heart ~⟩ | Gefängnisblock *m*, Zellenblock *m* | (Stadtverwaltungs-) Bezirk *m*, Viertel *n* | Gewahrsam *m*, Verwahrung *f*, Aufsicht *f*, Schutz *m* ⟨to keep watch and ~ over s.o. jmdn. streng bewachen; *übertr* jmdn. nicht aus dem Auge lassen; to put s.o. in ~ jmdn. gefangensetzen, unter Aufsicht stellen⟩ | *Jur* Vormundschaft ⟨in ~ unter Vormundschaft⟩ | *Jur* Mündel *n* ⟨~ of court Mündel unter Amtsvormundschaft⟩ | *übertr* Schützling *m*, Schutzbefohlene(r) *f*(*m*); **2.** *vt* (jmdn.) ins Krankenhaus aufnehmen | *arch* schützen, verteidigen; **~ off** (Hieb u. ä.) abwehren, parieren | (Gefahr) abwenden, ablenken ⟨to ≈ a cold sich gegen Erkältung schützen⟩

-ward [-wəd] *suff zur Bildung von adj* (*Am auch adv*) *aus adv, s mit der Bedeutung*: -wärtig, gerichtet auf (*z. B.* **backward** rückwärtsgerichtet, rückwärtig; **southward** südwärts)

war dance ['wɔ: dɑ:ns] *s* Kriegstanz *m*

war|den ['wɔ:dn] **1.** *s poet* Wächter *m*, Hüter *m* | Aufseher *m*, Verwalter *m* ⟨traffic ≈ Parkkontrolleur *m*, -aufseher *m*; ≈ of a port Hafenmeister *m*⟩ | Herbergsvater *m* | *Am* Gefängnisdirektor *m* | *Brit* (Universität) Leiter *m*, Rektor *m* (e-s College) | *Brit* (Universität) Leiter (e-s Studentenheims), Heimleiter *m* | *Am* Pförtner *m*, Portier *m* | *Brit* (Gefangenen-) Wärter *m*, Aufseher *m* | *Rel* Kirchenvorsteher *m* | *arch* Wächter *m*; **2.** *vi* Naturschutz betreiben; Wild hüten

ward|maid ['wɔ:dmeɪd] *s* Stationshilfe *f*; **~ress** ['wɔ:drəs] *s* Gefängniswärterin *f*; **'~robe** *s* Garderobe *f*, Kleider *n/pl* ⟨summer ≈⟩ | *Theat* Kostüme *n/pl*, Garderobe *f* | *Theat* Garderobe *f*, Ankleidezimmer *n* | Garderobe *f*, Kleiderablage *f* | Kleiderschrank *m*; **'~room** *s Mar* Offiziersmesse *f* | *Am Pol* Wahllokal *n*; **wards** *s/pl* Schlüsselbart *m*

-wards [-wədz] *suff zur Bildung von adv aus adv und s mit der Bedeutung* -wärts, gerichtet auf (*z. B.* **downwards**; **skywards**)

ward·ship ['wɔ:dʃɪp] *s* Vormundschaft *f* (**of, over** über) ⟨under ≈ unter Vormundschaft⟩ | *übertr* Aufsicht *f*

[1]**ware** [wɛə] *s* (*nur sg*) Ware *f* | Steingut *n*, Geschirr *n* | *meist* **wares** *pl lit* Waren *f/pl* zum Verkauf ⟨to advertise/peddle one's ~s seine Waren zum Verkauf anbieten, anpreisen⟩ | *in Zus* -waren *pl*, -artikel *pl*, -erzeugnisse *pl* ⟨iron~ Eisenwaren *pl*; stone~ Steinzeug *n*; tin~ Zinnartikel *pl*⟩ | *in Zus Kochk* -geschirr *n*, -gerät *n* ⟨kitchen~ Küchenutensilien *pl*; oven~ feuerfeste *od* Ofenformen⟩

[2]**ware** [wɛə] **1.** *vt* (*imp*) *umg* sich hüten vor, sich vorsehen vor ⟨~ wire! Achtung! Draht!⟩; **2.** *adj* (*nur präd*) *poet* wachsam | bewußt ⟨to be ~ of s.th. etw. merken *od* beachten⟩

[3]**ware** [wɛə] *vt Schott* ausgeben, investieren

ware·house ['wɛəhaus] **1.** *s* (Waren-) Lager *n*, Speicher *m*, Lagerhaus *n*, -schuppen *m*; **2.** *vt* auf das Lager bringen, einlagern | (Möbel u. ä.) zur Aufbewahrung geben, in Aufbewahrung nehmen; **3.** *adj* Lager-, Speicher-; **'~man** *s* (*pl* **'~men**) Lagerverwalter *m*, Lageraufseher *m* | Speicherarbeiter *m* | Großhändler *m* | (Möbel-) Spediteur *m*

war|fare ['wɔ:fɛə] *s* Kriegsführung *f* | Kriegsdienst *m*, -leben *n* | *übertr* Streit *m*, Fehde *f*; **'~ˌfight·ing 1.** *s* Raketenkrieg *m*; **2.** *adj* Raketenbekämpfungs-, Raketenabwehr- ⟨≈ capabilities⟩; **'~ game** *s* Kriegsspiel *n*; **'~-game** *vi* Krieg spielen; **'~ grave** *s* Soldaten-, Kriegergrab *n*; **'~head** *s Mil* Sprengkopf *m*; **'~horse** *s* Streitroß *n* | *übertr* (alter) Haudegen, Kämpfer *m*; **'~like** *adj* kriegerisch | Kriegs-; **'~ loan** *s* Kriegsanleihe *f*

war·i·ly ['wɛərɪlɪ] *adv* vorsichtig | mißtrauisch, argwöhnisch ⟨to tread ~ *lit* sich arg vorsehen⟩

war·lock ['wɔ:lɒk] *s arch* Zauberer *m*; **'~ry** *s arch* Zauberei *f*

war·lord ['wɔ:lɔ:d] *s verächtl* Kriegsherr *m*, Kriegstreiber *m*, Militarist *m* (in der Armee) | *Pol* militärischer Herrscher

warm [wɔ:m] **1.** *adj* warm ⟨~ milk; ~ climate⟩ | wärmend, warm ⟨~ clothes; a ~ fire⟩ | *übertr* warm ⟨~ colour warme Farbe; a ~ friendship; a ~ welcome⟩ | heiß, ungemütlich ⟨to make things ~ for s.o. jmdm. die Hölle heiß machen; to be too ~ for s.o. jmdm. zu heiß werden⟩ | *übertr* heiß, leidenschaftlich, glühend ⟨a ~ argument ein hitziges Argument⟩ | lebhaft, eifrig ⟨~ support⟩ | frisch, warm ⟨a ~ trail eine heiße Spur⟩ | *übertr umg* warm, nahe dran ⟨you're getting ~ du bist ganz nahe dran⟩ | *Brit umg* reich; **2.** *vi* warm werden, sich erwärmen (*auch übertr*) (**to** für) | *auch* **~ up** warm werden, sich interessieren; *vt* (er-)wärmen (*auch übertr*) ⟨to ~ o.s. sich wärmen; to ~ one's feet sich die Füße wärmen⟩ | (Zimmer) heizen | (Substanz) erhitzen; **3.** *s* Wärme *f*, warmer Ort ⟨to come into the ~ ins Warme kommen, sich aufwärmen⟩ | Erwärmung *f*, Warmmachen *n* ⟨to have a ~ sich warm machen; to give s.th. [another] ~ etw. (nochmals) anwärmen⟩ | (etw.) Warmes, dickes Kleidungsstück; **ˌ~ ˈair** *s* Warmluft *f*; **ˌ~-air ˈheat·ing** *s* Warmluftheizung *f*; **ˌ~-ˈblood·ed** *adj* warmblütig; **ˈwarmed-ˌo·ver** *adj übertr verächtl* abgestanden ⟨≈ jokes⟩; **ˌ~ˈheart·ed** *adj* warmherzig; **ˈ~ing** *s* Wärmen *n* | *umg* Tracht *f* Prügel ⟨to give s.o. a ≈⟩; **ˈ~ing pad** *s El* Heizkissen *n*; **ˈ~ing pan** *s* Wärmflasche *f*; **ˈ~ish** *adj* lauwarm

war|mon·ger [ˈwɔːˌmʌŋgə] *s* Kriegstreiber *m*, -hetzer *m*; **ˈ~ˌmon·ger·ing, ˈ~ˌmon·ger·y** *s* Kriegshetzerei *f*

warmth [wɔːmθ] *s* Wärme *f* | *übertr* Wärme *f*, Herzlichkeit *f* | Eifer *m*; **ˈwarm-up 1.** *s* (Sport) Aufwärmen *n* | *Mus* Einspielen *n*; **2.** *adj* Aufwärme-, Vorbereitungs- (*auch übertr*) ⟨a ≈ period of 10 minutes⟩

warn [wɔːn] *vt* warnen (**against, of** vor, gegen) | (jmdn.) ermahnen, verwarnen, warnend hinweisen (**of** auf) | (jmdn.) (offiziell) unterrichten, verständigen (**of** von) ⟨to ~ the police⟩ | (jmdm.) (dringend) raten, nahelegen (**to do** zu tun); **~ off**, *auch* **~ away** (jmdn.) abhalten, abbringen (**from** von) | an-, verweisen, vertreiben (**from, out of** aus); **ˈ~ing 1.** *adj* warnend, Warn- ⟨≈ gesture⟩; **2.** *s* Warnung *f*, Mahnung *f* ⟨to give s.o. a fair ≈ of s.th. jmdn. rechtzeitig vor etw. warnen⟩ | Verwarnung *f* | warnendes Anzeichen *od* Beispiel ⟨to take ≈ from s.o. sich an jmdm. ein warnendes Beispiel nehmen; to take s.th. for a ≈ of s.th. etw. als e-e Warnung für etw. ansehen⟩ | Benachrichtigung *f* ⟨without ≈ unerwartet⟩ | *selten* Kündigung *f* ⟨at a minute's ≈ sofort, fristlos; to give s.o. a ≈ jmdm. kündigen⟩; **ˈ~ing lamp** *s Tech, Kfz* Anzeige-, Kontrollampe *f*; **ˈ~ing light** *s* Signalfeuer *n* | = **~ing lamp**; **ˈ~ing shot** *s* Warnschuß *m*; **ˈ~ing ˌsig·nal** *s Eisenb* Ankündigungs-, Warn(ungs)signal *n*

warp [wɔːp] **1.** *vt* (Holz u. ä.) verziehen, werfen, biegen, verwölben | (Garn) (an)schären, kettschären, zetteln | (Land) verschlammen | *Mar* (Boot) weiterziehen, verholen, bugsieren | *Flugw* (Tragflächen) verwinden | *übertr* verdrehen, verkehren, entstellen, verzerren | (jmdn.) (negativ) beeinflussen ⟨~ed by dogma; ~ed with suspicion durch Verdacht voreingenommen⟩ | (jmdn.) abbringen (**from** von); *vi* (Holz) sich werfen, krumm werden, sich verziehen | (Weberei) (kett)schären | *Mar* verholen | *übertr* entstellt werden; **2.** *s* Verwerfung (des Holzes) | (Raum, Zeit) Anomalie *f* | (Weberei) Aufzug *m*, Kette *f* | Kettfäden *m/pl* | *Mar* Warp *n, m*, Bugsiertau *n*, Verholleine *f* | *Geol* Schlick *m* | *übertr* Verdrehung *f*, Verstellung *f* ⟨a ~ in s.o.'s personality eine Abartigkeit in jmds. Charakter⟩ ◇ **~ and woof** *Ztgsw* Geschehen *n* ⟨the ≈ of our daily lives der Stoff, aus dem unser Alltag besteht⟩; **ˈ~age** *s* Verzug *m*, Verziehen *n*; **warped** *adj lit* wellig, verzogen | *übertr* (Charakter u. ä.) abartig, verzerrt ⟨a ≈ sense of humour⟩

war| paint [ˈwɔː peɪnt] *s* Kriegsbemalung *f* (der Indianer) | *übertr* große Aufmachung, Staat *m*; **ˈ~path** *s* Kriegspfad *m* (*auch übertr*) ⟨on the ≈ kampfbereit, kampflustig⟩

warp beam [ˈwɔːp biːm] *s* (Weberei) Kettbaum *m*

war|plane [ˈwɔː pleɪn] *s* Kampfflugzeug *n*; **ˈ~ prof·iˌteer** *s* Kriegsgewinnler *m*

warp|-proof [ˈwɔːp pruːf] *adj* (Holz u. ä.) verzugsfrei; **ˈ~ rope** *s Mar* Verzugsleine *f*, Verholleine *f*; **ˈ~ twill** *s* (Weberei) Kettköper *m*; **ˈ~ yarn** *s* (Weberei) Kettgarn *n*

war·rant [ˈwɒrənt] **1.** *s* Ermächtigung *f*, Vollmacht *f* (**for** für, zu) | Berechtigung *f*, Rechtfertigung *f* ⟨not without ~; to be ~ enough for rechtfertigen⟩ | Garantie *f*, Gewähr *f*, Sicherheit *f*, Bürgschaft *f* (*auch übertr*) | *Jur* Vollziehungsbefehl *m* ⟨~ of arrest Haftbefehl *m*; a ~ for the arrest of s.o. Haftbefehl *m* für jmdn.; ~ of apprehension Steckbrief *m*; ~ of distress Pfändungsbefehl *m*; search ~ Durchsuchungsbefehl *m*⟩ | (Berechtigungs-) Schein *m* | Lagerschein *m* | Zahlungsanweisung *f* | Patent *n*, Bestellungsurkunde *f* | Offizierspatent *n*; **2.** *vt* bevollmächtigen, berechtigen | rechtfertigen | *selten* garantieren, verbürgen, gewährleisten (**that** daß) ⟨to be ~ed [to be] pure silk garantiert aus reiner Seide bestehen⟩ | *umg* versichern ⟨I'll ~ [you] ich versichere (Ihnen); I can't ~ it to be genuine ich kann nicht dafür garantieren, daß es echt ist⟩; **ˈ~a·ble** *adj* berechtigt, gerechtfertigt, zu rechtfertigen(d) | (Hirsch) jagdbar; **ˈ~ed** garantiert; **war·ran·tee** [ˌwɒrənˈtiː] *s Jur* Sicherheitsempfänger *m*; Garantieinhaber *m*; **ˈ~ ˌof·fi·cer** *s Mil* Feldwebelleutnant *m* | *Mar* Decksoffizier *m*; **war·ran·tor** [ˈwɒrəntɔː] *s* Bürge *m*, Gewährsmann *m*; **war·ran·ty** [ˈwɒrəntɪ] *s* Berechtigung *f*, Ermächtigung *f* | Rechtfertigung (**for** für) | *Jur* Garantie *f*, Sicherheit *f*, Gewähr *f* ⟨a two-year ≈; under ≈⟩ | Zusicherung *f*

war·ren [ˈwɒrən] *s* Kaninchenbau *m*, -gehege *n* | *übertr verächtl* enges Viertel, beengte Gegend, Wirrwarr *m* ⟨a ~ of narrow streets⟩

war|ri·or [ˈwɒrɪə] **1.** *s meist poet* Krieger *m*, Kämpfer *m* ⟨cold ≈ *Pol* Kalter Krieger⟩ | Stammeskrieger *m*; **2.** *adj* kriegerisch, Krieger-; **ˈ~ship** *s* Kriegsschiff *n*

wart [wɔːt] *s* Warze *f* | *bes Bot* Auswuchs *m* | *Sl selten* (Person) Ausgeburt *f* | *übertr* Makel *m*, Fehler *m* ◇ **warts and all** mit allen Schwächen und Fehlern; **ˈ~ grass** *s Bot* Wolfsmilch *f*; **ˈ~ hog** *s Zool* Warzenschwein *n*

war·time [ˈwɔːtaɪm] **1.** *s* Kriegszeit *f*; **2.** *adj* Kriegs-, während des Krieges ⟨~ shortage⟩

wart|weed [ˈwɔːtwiːd], *auch* **ˈ~wort** *s Bot* Wolfsmilch *f*; **ˈ~y** *adj* warzig, voller Warzen | warzenartig

war|-wear·y [ˈwɔː ˌwɪərɪ|ˌwɔː ˈwɪərɪ], *auch* **ˈ~-worn** *adj* kriegsmüde; **ˈ~ˌwed·ding** *s* Kriegstrauung *f*; **ˈ~ ˌwid·ow** *s* Kriegerwitwe *f*

war·y [ˈwɛərɪ] *adj* behutsam ⟨~ tactics⟩ | um-, vorsichtig, achtsam ⟨a ~ politician; to be ~ of s.th. achthaben auf, sich hüten vor; to be ~ of *mit ger* sich hüten, zu *mit inf*⟩ | mißtrauisch, argwöhnisch ⟨a ~ look⟩

war·zone [ˈwɔːzəʊn] *s* Kriegsgebiet *n*

was [wəz|wɒz] *prät von* ↑ **be**

wash [wɒʃ] **1.** *vt* waschen ⟨to ~ one's hands sich die Hände waschen; *übertr umg* unschuldig sein (**of s.th.** an etw.)⟩ | (Land) bespülen | (Rinne) ausspülen | (Erz) waschen, schlämmen | *Mal* lavieren, waschen; **~ away** ab-, wegwaschen | wegschwemmen, fortspülen | *übertr* wegwaschen, beseitigen ⟨to ≈ s.o.'s sins⟩; **~ down** abspülen, säubern (**with mit**) | (Essen) hinunterspülen (**with**) ⟨to ~ s.th. down with a whisky nach etw. e-n Whisky trinken⟩; **~ off** abwaschen ⟨to ~ the dust off⟩; **~ out** auswaschen, ausspülen ⟨to ≈ dirt; ~ed out verwaschen, ausgeblaßt⟩ | auswaschen, aushöhlen | durch Regen *od* Nässe verhindern, ins Wasser fallen lassen ⟨to ≈ a match⟩ | *übertr umg* ausmerzen, eliminieren; (Kandidat) sausen lassen | *umg* (*meist pass*) erledigen, ermüden, fertig machen ⟨he looked ~ed out⟩; **~ over** *umg* (jmdn.) nicht (be)rühren, kalt lassen; **~ over-board** über Bord spülen; **~ up** (Geschirr u. ä.) aufwaschen | anschwemmen, an (Land) spülen | (*meist pass*) *übertr umg* erledigen, fertigmachen ⟨we're ~ed up nun ist es vorbei, wir sind auseinander (Ehe); *vi* sich waschen (lassen) | waschecht sein | Wäsche waschen | *übertr* waschecht sein ⟨that won't ~ das ist nicht waschecht⟩ | gespült werden; **~ off** (mit Wasser) abgehen, (durch Waschen) sauber werden (Stoff), herausgehen, verschwinden (Flecke); **~ out** sich auswaschen lassen; **~ up** *Brit* aufwaschen | *Am* sich (Hände und Gesicht) waschen; **2.** *s* Waschen *n* ⟨to give s.th. a ~ etw. (ab)waschen; to have a ~ sich waschen⟩ | Wäsche *f* ⟨in the ~ in der Wäsche; to do the ~ Wäsche waschen; to come out in the ~ *umg* ans Tageslicht kommen, ins reine (in Ordnung) kommen⟩ | *meist in Zus* -wäsche ⟨hair~ Haarwäsche *f*; mouth~ Mundspülmittel *n*⟩ | Spülwasser *n* | (kosmetisches) Wasser | Anstrich *m*, Tünche *f* | *Mal* Lavierung *f* | *Mar* Kielwasser *n* | *Flugw* Luftstrudel *m* | Brandung *f*, Wellenschlag *m* ⟨the ~ of the waves⟩ | Schwemmland *n* | *übertr* Gewäsch *n* | *verächtl* dünne Suppe, dünnes Zeug | (Küchen-) Abfall *m*, Schweinefutter *n*; **3.** *adj Am umg* Wasch-, waschbar ⟨~ cotton⟩; **'~a·ble** *adj* waschbar; **ˌ~-and-'wear** *adj* bügelfrei; **'~ˌba·sin** *s* Waschbecken *n*; **'~board** *s* Waschbrett *n*, Scheuerleiste *f*; **'~bowl** *s Am* Waschbecken *n*; **'~cloth** *s* Waschlappen *m* | Spüllappen *m*; **'~day** *s* Waschtag *m*; **'~down** *s* Wäsche *f*, Säuberung *f* ⟨he gives s.th. a good ≈⟩; **ˌ~down 'toi·let** *s* Spülklosett *n*; **'~ draw·ing** *s* Aquarell *n* | Aquarellmalerei *f*; **ˌ~ed-'out** *adj* verblaßt, verblichen, ausgewaschen | *übertr* fertig, erschöpft, wie ausgelaugt; **ˌ~ed-'up** *adj Sl* erledigt, k.o. ⟨we're all ≈ wir sind alle völlig am Boden⟩; **'~er** *s* Wäscher(in) *m(f)* | Waschmaschine *f* | *Tech* (Ab-) Dichtungsring *m*, Unterlegscheibe *f* | Berieselungsturm *m*, Rieselturm *m* | *Tech* Naßsortiermaschine *f*; **'~er ˌwom·an** *s* (*pl* **'~er ˌwom·en**) Waschfrau *f*, Wäscherin *f*; **~e·te·ri·a** [ˌwɒʃəˈtɪərɪə] *s* Waschpunkt *m* | Autowaschanlage *f* mit Selbstbedienung; **'~house** *s* Waschhaus *n*; **'~ing 1.** *s* Waschen *n*, Waschung *f*, Spülen *n* | Strömen *n* (des Wassers) | (Erz-) Schlämmen *n* | Auswaschen *n* | *Mal* (Farb-) Überzug *m* | Wäsche *f* zum Waschen | gewaschene Wäsche; **2.** *adj* Wasch-; **'~ing ˌa·gent** *s* Waschmittel *n*; **'~ing cloth** *s* Waschlappen *m*; **'~ing day** *s* Waschtag *m*; **'~ing drum** *s* Waschtrommel *f*; **'~ing maˌchine** *s* Waschmaschine *f*; **'~ing ˌpow·der** *s* Waschpulver *n*; **'~ings** *s/pl* Spülicht *n*, Waschwasser *n*; **'~ing silk** *s* Waschseide *f*; **'~ing ˌso·da** *s* Bleichsoda *n*, Natriumkarbonat *n*; **ˌ~ing-'up** *s Brit umg* Aufwasch(en) *m(n)*; **ˌ~ing-'up ˌba·sin** *s* Aufwaschschüssel *f*; **'~-ˌleath·er** *s* Putzleder *m*; **'~out** *s* (Flut-) Durchbruch *m* | *Sl* Niete *f* | *umg* Fehlschlag *m*, Pleite *f*; **'~stand** *s arch* Waschtisch *m*; **'~tub** *s* Holztrog *m*, -wanne *f*; **'~up** *s* Wäsche *f* | Erzwäsche *f* | Waschplatz *m*; **'~ˌwom·an** *s* (*pl* **'~ˌwom·en**) = **'~er·wom·an**; **'~y** *selten adj* wässrig, dünn ⟨≈ soup⟩ | blaß, ausgebleicht ⟨≈ colours⟩ | *übertr* (Stil u. ä.) verwässert, seicht ⟨≈ feelings; ≈ ideas⟩

was·n't [ˈwɒznt] = **was not**

WASP, *auch* **Wasp** [wɒsp] *Kurzw* für **White Anglo-Saxon Protestant** Angehörige(r) *f(m)* der weißen protestantischen, von britischen und nordeuropäischen Einwanderern abstammenden Oberschicht in den USA ⟨a quintessential ~ ein ganz typischer Vertreter der weißen protestantischen Oberschicht; a ~ community⟩; **'wasp·dom** *s* charakteristische Einstellung der elitären weißen Protestanten in den USA; **'Wasp·ish,** *auch* **Wasp·y** *adj* typisch für einen Nachkommen der weißen anglosächsischen Protestanten der USA

wasp [wɒsp] *s* Wespe *f*; **'~ish** *adj* wespenartig | *übertr verächtl* reizbar, giftig, bissig ⟨to become ≈⟩; **'~ waist** *s* Wespentaille *f*; **ˌ~-'waist·ed** *adj selten* mit einer Wespentaille, sehr eng tailliert

was·sail [ˈwɒseɪl] *arch* **1.** *s* Trinkgelage *n* | Prost! **2.** *vi* zechen, feiern | Weihnachtslieder singen (von Haus zu Haus) ⟨to go ~ing⟩

wast·age [ˈweɪstɪdʒ] *s* Verlust *m* ⟨a ~ of 20 %; natural ~ natürlicher Verschleiß⟩ | Vergeudung *f*

waste [weɪst] **1.** *adj* öde, wüst, unbebaut ⟨~ land; to lay ~ dem Erdboden gleichmachen, (Ernte im Krieg) vernichten⟩ | Abfall-, unnütz ⟨~ paper Altpapier *n*⟩ | Abfluß- ⟨~ drain⟩ | *übertr* öde, fad, uninteressant; **2.** *vt* (Land u. a.) verwüsten, verheeren | vergeuden, verschwenden ⟨to ~ money; to ~ one's words; to ~ one's breath *übertr umg* s-e Worte verschenken, umsonst reden⟩ | (Kräfte) aufzehren (Krankheit) | *Jur* (Land) verfallen lassen | *Am Mil Sl* töten, umbringen; *vi*, *auch* **~ away** verfallen, abnehmen ⟨he's wasting away by illness⟩ | *selten* verschwendet werden ⟨the water is wasting⟩ ◇ **~ not, want not** *Sprichw* Spare in der Zeit, dann hast du in der Not; **3.** *s* Verschwendung *f*, Vergeudung *f* ⟨a ~ of time⟩ | Verlust *m*, Abnahme *f* ⟨to go/run to ~ verlorengehen⟩ | Abnutzung *f* | (*oft pl*) Wüste *f*, Einöde *f* ⟨stony ~s⟩ | Abfall *m*, Müll *m*, Abfallprodukt *n* ⟨poisonous ~ giftige Abfälle *pl*; ~ from the body Körperausscheidung *f*⟩ | *Tech* Abgänge *m/pl*, Ausschuß *m* | *Typ* Makulatur *f*; **'~ˌbas·ket** *s Am* Papierkorb *m*; **'~bin** *s Brit* Abfall-, Mülleimer *m*; **'~ disˌpos·al** *s* Müllräumung *f*; **'~ disˌpos·er** *s* Müllschlucker *m*; **'~ dump** *s* (Schutt-) Halde *f*; **'~ful** *adj* verschwenderisch, kostspielig ⟨to be ≈ of verschwenden⟩; **'~ gas** *s* Abgas *n*; **'~ ˌmak·er** *s* Müllproduzent *m*; **ˌ~ 'pa·per** *s* Abfallpapier *n*, Makulatur *f* | Altpapier *n*; **ˌ~'pa·per ˌbas·ket** *s* Papierkorb *m*; **'~ pipe** *s* Abflußrohr *n* | Fallrohr *n*; **'~ ˌprod·uct** *s* Abfallprodukt *n*, -erzeugnis *n*; **'wast·er** *s* Verschwender(in) *m(f)* | (*auch übertr*) ⟨a ≈ of time, a time-≈⟩ | *lit* Zerstörer *m* | *selten* = **wastrel**; **'~ ˌwat·er** *s* Abwasser *n*; **wast·rel** [ˈweɪstrəl] **1.** *s* Ausschuß(ware) *m(f)* | *verächtl* Taugenichts *m*; **2.** *adj* Ausschuß-, Abfall- | verschwenderisch

watch [wɒtʃ] **1.** *s* Wachsamkeit *f*, Hut *f* ⟨to be on the ~ for aufpassen auf, auf der Hut sein vor; to keep ~ for Ausschau halten nach, lauern auf⟩ | Wache *f* ⟨to keep ~ Wache halten; to set a ~ on eine Wache aufstellen, bewachen, wachen über; to keep [a] close/careful ~ on sorgfältig im Auge behalten *od* beobachten⟩ | *Mar* Schiffswache *f* ⟨on ~⟩ | (*meist pl*) *poet* Nachtwache *f*, Nachtstunde *f* ⟨in the slow ~es of the night in den langsam verrinnenden Stunden der Nacht⟩ | *auch* **ˌnight '~** Nachtwache *f* ⟨to call [out] the ~ die Nachtwache alarmieren⟩ | *arch* Wächter *m* | *arch* Schildwache *f* | Taschen-, Armbanduhr *f*; **2.** *vi* beobachten, zuschauen, aufpassen, achtgeben (**for** auf) ⟨to ~ for s.o. (s.th.) nach jmdm. (etw.) Ausschau halten *od* ausschauen⟩ | *Mil* Wache haben, Posten stehen | *lit* wachen (**beside** neben; **with** bei); aufbleiben; **~ after** *Am* überwachen; **~ for** warten auf; **~ out** *umg* aufpassen, sich vorsehen; **~ out for** achtgeben *od* aufpassen auf; **~ over** bewachen, wachen über; *vt* (jmdm., einer Sache) zuschauen, (etw.) sich ansehen ⟨to ~ television⟩ | be(ob)achten, aufpassen auf, achtgeben auf ⟨to ~ the baby; to ~ one's health; to ~ one's word die Worte genau überlegen; to ~ one's step *umg* vorsichtig sein; to ~ the clock *umg* ständig auf die Uhr schauen; ~ it! *umg* paß auf!⟩ | (Gelegenheit) abpassen, wahrnehmen ⟨to ~ one's chance⟩ | (Vieh u. a.) bewachen, behüten ⟨to ~ the sheep⟩; **'~band** *s* (Uhr) Armband *n*; **'~boat** *s Mar* Wachboot *n*; **'~box** *s Mil* Schilderhaus *n*; **'~ cap** *s* Uhrdeckel *m*; **'~case** *s* Uhrgehäuse *n*; **'~ chain** *s* Uhrkette *f*; **'~dog** *s* Wachhund *m* | *übertr* Aufpasser *m*; **'~er** *s* Wächter *m*; Wärter *m* | *in Zus* (gewohnheitsmäßiger) Beobachter; Analytiker, Auswerter ⟨celebrity-≈; court-≈; China-≈⟩; **'~ful** *adj* wachsam, achtsam (**for** auf); **'~glass** *s* Uhrglas *n*; **'~ guard** *s* Uhrkette *f*, Uhrband *n*; **'~**

key *s* Uhrschlüssel *m*; **'~list** *s Am* rote Liste; **'~ˌmak·er** *s* Uhrmacher *m*; **'~man** *s* (*pl* **'~men**) *Hist* (Nacht-) Wächter *m* ⟨night ≈⟩; **'~ ˌpock·et** *s* Uhrtasche *f*; **'~point** *s* Aussichtspunkt *m*; **'~ spring** *s* Uhrfeder *f*; **'~ˌtow·er** *s* Wachturm *m*; **'~word** *s* Losung *f*, Parole *f* | Schlagwort *n*

wa·ter ['wɔːtə] **1.** *s* Wasser *n* ⟨bread and ~ Wasser und Brot; to make ~ *Mar* lecken (Schiff); like ~ *übertr umg* in Mengen; to bring the ~ to s.o.'s mouth *übertr* jmdm. den Mund wässrig machen; to hold ~ wasserdicht sein; *übertr* stichhaltig sein; to throw cold ~ on s.th. *übertr umg* etw. herabsetzen, heruntermachen⟩ | *auch* **'wa·ters** *pl* Wasser *n*, Gewässer *n/pl* ⟨by ~ zu Wasser, auf dem Wasserweg; on the ~ auf dem Wasser; the ~[s] closed over s.o.'s head jmd. ging unter; open ~ offene See; in deep ~[s] *übertr umg* in der Klemme, in Schwierigkeiten; in smooth ~ *übertr umg* aus dem Schneider; like a fish out of ~ *übertr* nicht in seinem Element; still ~s run deep *Sprichw* stille Wasser sind tief; under ~ unter Wasser; written in ~ in den Sand geschrieben; to be in low ~ *Brit übertr umg* auf dem trockenen sitzen; to be in hot ~ *übertr* in der Patsche sitzen; to get into hot ~ with s.o. *umg* mit jmdm. in Konflikt geraten⟩ | Wasserspiegel *m* ⟨above (below) ~ über (unter) Wasser *auch übertr*; to keep one's head / o.s. above ~ *übertr* sich über Wasser halten⟩ | (*oft pl*) Brunnen(wasser) *m(n)*, Wasser *n* (e-r) Heilquelle ⟨to drink the ~s aus einem Brunnen trinken⟩ | (Fluß-) Wasser *n* | Gezeiten *pl* ⟨high ~ Flut *f*; low ~ Ebbe *f*; in low ~ *übertr Sl* schlecht bei Kasse⟩ | Wasser *n*, Urin *m* ⟨to make/pass ~ Wasser lassen⟩ | *Chem* -wasser *n* ⟨lavender ~ Lavendelwasser⟩ | *Tech* (Wasser-) Glanz *m* ⟨of the first ~ (Diamant) von reinstem Wasser; *übertr* erstklassig⟩ | (Stoff) Moiré *n* | *Med* Wasser *n*, Flüssigkeit *f* ⟨~ on the brain Wasserkopf *m*; ~ on the leg Kniegelenkerguß *m*⟩ | *in Zus* Wasser *n* aus ... ⟨rose ~⟩; Wasser *n* für ... ⟨bath~; dish~ Spülwasser; mouth ~⟩;
2. *vt* (Pflanze) (be)gießen | (Straße) (be)sprengen | (Tiere) tränken | *oft* **~ down** verwässern (*auch übertr*) ⟨to ~ milk; to ~ down a statement e-e Erklärung abmildern⟩ | *Wirtsch* (Aktien u. a.) verwässern ⟨~ed shares⟩ | (*meist pass*) mit Wasserläufen durchziehen ⟨to be ~ed by 3 rivers⟩ | (*meist part perf*) (Stoff) moirieren ⟨~ed silk Moiré *n*⟩; *vi* (Mund, Augen) wässern, tränen | aus Brunnen trinken, eine Kur machen | (Schiff) Wasser einnehmen | *Flugw* wassern; **'~-ˌbear·ing** *adj* wasserführend; **'~ bed** *s Geol* Grundwasserschicht *f* | Wasserbett *n*, Wasserkissen *n*; **'~bird** *s* Wasservogel *m*; **'~ ˌbis·cuit** *s* (einfacher) Keks; **'~ ˌblis·ter** *s Med* Wasserblase *f*; **'~borne** *adj* auf dem Wasser befördert ⟨≈ trade Wasserhandel *m*⟩ | (Krankheit) durch Wasser übertragen ⟨≈ diseases⟩; **'~ ˌbot·tle** *s* Wasserflasche *f*; Trinkflasche *f*; **'~ ˌbuf·fa·lo** *s Zool* Wasserbüffel *m*; **'~ butt** *s* Wasserfaß *n*, Regenrinne *f*; **'~ ˌcan·non** *s* Wasserwerfer *m*; **'~ cart** *s* Sprengwagen *m*; **'~ ˌclos·et** *s förml* (Wasser-) Klosett *n*, Toilette *f*; **'~ˌcol·our** *s* Wasserfarbe *f* | Aquarell *n*; **'~ ˌcon·tent** *s* Wassergehalt *m*; **'~-cooled** *adj* wassergekühlt; **'~ ˌcool·ing** *s* Wasserkühlung *f*; **'~ course** *s* Wasserlauf *m* | (Fluß-) Bett *n*; **'~craft** *s* Wasserfahrzeug *n*; **'~cress** *s Bot* Brunnenkresse *f*; **'~ diˌvin·er** *s* Wünschelrutengänger *m*; **'~ drain** *s* Wasserabfluß *m*; **'~fall** *s* Wasserfall *m* | *übertr* Flut *f*, Masse *f*; **'~ ˌfind·er** *s* Wünschelrutengänger *m*; **'~flea** *s* Wasserfloh *m*; **'~fowl** *s* (*pl* **'~fowl**, **'~fowls**) Wasservogel *m* | *coll* Wasservögel *m/pl*; **'~front** *s* (*meist sg*) Gegend *f od* Häuser *pl* am Wasser, Strand *m*, Hafengegend *f* ⟨on the ≈ nahe dem Wasser⟩; **'~gas** *s* Wassergas *n*; **'~ gate** *s* Schleuse *f*; **'~ gauge** *s* Wasserstandszeiger *m*, Pegel *m*; **'~glass** *s* Wasserglas *n*; **'~head** *s* Wasser-, Druckhöhe *f*, Wassersäule *f*; **'~ hen** *s Zool* Ralle *f*, Teich-, Wasserhuhn *n*; **'~ hole** *s* kleiner Teich, Wasserlache *f*, Pfütze *f*; **'~ hose** *s* Wasserschlauch *m*; **'~ice** *s* Einfacheis *n*; **'~ing** *s* Wässern *n* | Bewässern *n* | Tränken *n* | Verwässern *n*; **'~ing can, '~ing pot** *s* Gießkanne *f*; **'~ing cart** *s* Sprengwagen *m*; **'~ing place** *s* Schwemme *f*, Tränke *f* | Seebad *n*; Bad(eort) *n(m)*; **'~ ˌjack·et** *s Tech* Kühl-, Wassermantel *m*, Wasserkühlung *f*; **'~ jump** *s* (Sport) Wassergraben *m*; **'~less** *adj* wasserlos; **'~ ˌlev·el** *s* Wasserspiegel *m* | Wasserstand *m* | *Tech* Wasserwaage *f*; **'~ ˌlil·y** *s Bot* Wasserlilie *f*, -rose *f*; **'~line** *s* Wasser(stands)linie (des Schiffes) *f*; **'~logged** *adj* voll Wasser (gelaufen); **~loo** [ˌwɔːtə'luː] *s*, *oft* **≈loo** (*meist sg*) *übertr* entscheidende Niederlage, Waterloo *n* ⟨to meet one's ≈ eine endgültige Niederlage erleiden⟩; **'~ main** *s* Haupt(wasser-) Leitung *f*; Hauptwasserrohr *n*; **'~man** *s* (*pl* **'~men**) Wasserträger *m* | Bootsführer *m* | Flußschiffer *m* | Fährmann *m*; **'~mark** *s* Pegel *m*, Wasser(stands)marke *f* ⟨high (low) ≈ Ober- (Unter-)pegel *m*; high ≈ *Mar* (Schiff) Tiefgangs-, Lademarke *f*⟩ | *Typ* Wasserzeichen *n* (im Papier); **'~ ˌmead·ow** *s Landw* Rieselwiese *f*; **'~ˌmel·on** *s* Wassermelone *f*; **'~mill** *s* Wassermühle *f*; **'~ ˌpart·ing** *s* Wasserscheide *f*; **'~ pipe** *s* Wasserleitungsrohr *n*; **'~plane** *s* Wasserflugzeug *n*; **'~plug** *s* Wasserhahn *m*; **'~ ˌpo·lo** *s* (Sport) Wasserball *m*; **'~ˌpow·er** *s* Wasserkraft *f* ⟨to produce ≈ Wasserkraft erzeugen; ≈ station Wasserkraftwerk *n*⟩; **'~proof 1.** *adj* wasserdicht; **2.** *s*, *auch* **'~proof coat** Gummimantel *m*; **3.** *vt* imprägnieren, wasserdicht machen; **'~ pulse** *s* Wassersprühung *f* (Zahnreinigung); **'~ rate** *s* Wasserzins *m*; **'~-reˌpel·lent** *adj* wasserabstoßend; **'~rod** *s* Wünschelrute *f*; **'~route** *s* Wasserstraße *f*, -weg *m*; **'~shed** *s* Wasserscheide *f*; **'~ ˌshort·age** *s* Wassermangel *m*; **'~side 1.** *s* (*mit best art*) Wasserseite *f* | Küste *f*; **2.** *adj* am Wasser befindlich; **'~ ski** (Sport) *s* Wasserski *m*; **'~-ski** *vi* Wasserski laufen; **'~ ˌsof·ten·er** *s Chem* Weichmacher *m*, -spülmittel *n*; **'~-ˌsol·u·ble** *adj* wasserlöslich; **'~ ˌspan·iel** *s Zool* Wasserspaniel *m*; **'~spout** *s* Dachrinne *f* | Wasserspeier *m* | *Met* Wasserhose *f*, Wolkenbruch *m*; **'~ supˌply** *s* Wasserversorgung *f*; **'~ ˌta·ble** *s Arch* Wasserrinne *f* | Grundwasserspiegel *m*; **'~tank** *s* Wasserbehälter *m*; **'~tap** *s* Wasserhahn *m*; **'~tight** *adj* wasserdicht ⟨a ≈ box⟩ | *übertr* zuverlässig ⟨a ≈ plan⟩; **'~ ˌtow·er** *s* Wasserturm *m*; **'~ ˌtreat·ment** *s* Wasseraufbereitung *f*; **'~ ˌva·pour** *s* Wasserdampf *m*; **'~ vole** *s Zool* Wasserratte *f*; **'~ ˌwag·on** *s Am* Sprengwagen *m*; **'~wave 1.** *s* Wasserwelle *f* (Frisur); **2.** *vt* (jmdm.) Wasserwellen legen; **'~way** *s* Wasserstraße *f*, Schiffahrtsweg *m* | Wassergang *m*; **'~wheel** *s Tech* Wasserrad *n*; **'~wings** *s/pl* Schwimmgürtel *m*; **'~works** *s/pl* (*oft sg konstr*) Wasserwerk *n* | *Anat umg* Blase *f* ⟨to have trouble with one's ≈ Blasenprobleme haben⟩ | Springbrunnen *m* ◇ **turn on the ~works** *umg* zu heulen *od* flennen anfangen; **'~-worn** *adj* vom Wasser ausgehöhlt ⟨≈ rocks⟩; **'~y** *adj* wässerig | (Auge) tränend, tränenfeucht | *poet* Wasser- ⟨≈ grave Ertrinken *n*, feuchtes Grab⟩ | blaß, verwässert ⟨≈ colours⟩ | dünn, wäßrig ⟨≈ soup⟩ | *übertr* flach, seicht ⟨a ≈ style⟩ | regnerisch ⟨a ≈ sky⟩

watt [wɒt] *s El* Watt *n*; **'~age** *s* Wattstärke *f*, -leistung *f*; **'~hour** *s* Wattstunde *f*; **ˌ~less 'cur·rent** *s* Blindstrom *m*; **'~ˌme·ter** *s* Wattmeter *n*; **'~ ˌsec·ond** *s* Wattsekunde *f*

wat|tle ['wɒtl] **1.** *s* Flecht-, Gitterwerk *n* ⟨≈ and daub mit Lehm beworfenes Flechtwerk, Fachwerk *n*⟩ | Hürde *f* | *Bot* Australische Akazie *f* | *Zool* (Huhn u. a.) Kehllappen *m*; (Fisch) Bart *m*; **2.** *vt* flechten | aus Flechtwerk herstellen | in Fachwerk bauen; **'~tled** *adj Zool* (Vogel) mit einem Bart *od* Hautlappen versehen; (Fisch) mit Bartfäden | aus Ruten geflochten; **ˌ~tle and 'daub** *s Arch* mit Lehm beworfenes Flechtwerk; **'~tle work** *s* Flechtwerk *n*; **'~tling** *s* Flechtwerk *n*

waul [wɔːl] *vi* schreien, heulen

wave [weɪv] **1.** *s* Welle *f*, Woge *f* (*auch übertr*) ⟨the ~s rose die Wellen kamen auf; a ~ of fear eine Welle der Angst; a ~ of violence eine Woge der Gewalt; heat ~; in ~s in Wellen; to make ~s *übertr* Wellen schlagen; Aufruhr erzeugen, auf sich aufmerksam machen; to rule the ~s die Meere beherrschen⟩ | *Phys* Welle *f* ⟨radio ~s⟩ | (Haar-) Welle *f* ⟨permanent ~ Dauerwelle⟩ | Wellenlinie *f* | Wellenbewegung *f* | Schwenken *n* | Wink(en) *m*(*n*) ⟨a ~ of the hand ein Wink mit der Hand⟩; **2.** *vi* wogen, wellen | wehen, flattern ⟨flags waving in the wind⟩ | wellenförmig verlaufen; *vt* schwenken, hin und her bewegen | winken ⟨to ~ one's hand to s.o. jmdm. mit der Hand winken⟩ | wellig machen | (Haar) wellen, ondulieren | (Stoff) flammen, moirieren; **~ aside** beiseite winken | *übertr* beiseite schicken ⟨to ≈ s.o.'s worries⟩; **~ away, ~ off** abweisen, wegschicken; **'~band** *s Rundf* Wellenband *n*, Wellenbereich *m*; **'~ˌbreak·er** *s* Wellenbrecher *m*; **'~length** *s Rundf* Wellenlänge *f* (*auch übertr*) ⟨to be on different ≈s verschiedene Wellenlängen haben, sich nicht einigen können; on the same ≈ auf gleicher Wellenlänge, in Übereinstimmung, konform⟩; **'~ˌme·ter** *s El* Wellenmesser *m*

wa·ver ['weɪvə] *vi* schwanken, wanken | flackern ⟨~ing flames⟩ | flimmern, zittern | *übertr* schwanken, unschlüssig sein (**between** zwischen) ⟨to ~ in one's resolution⟩ | *übertr* zögern

wave range ['weɪv reɪndʒ] *s Rundf* Wellenbereich *m*

wa·ver|er ['weɪvərə] *s* Zauderer *m*; **'~ing** *adj* flatternd, wogend | *übertr* schwankend

wave trap ['weɪv træp] *s Rundf* Wellenfalle *f*, -schlucker *m*, Sperrkreis *m*; **wav·y** ['weɪvɪ] *adj* wellig, gewellt ⟨≈ hair⟩ | wogend, wallend | Wellen-, wellenförmig ⟨a ≈ line⟩

[1]**wax** [wæks] **1.** *s* Wachs *n* (*auch übertr*) ⟨cobbler's ~ Schusterpech *n*; to be like ~ in s.o.'s hands wie Wachs in jmds. Händen sein, alles von jmdm. mit sich machen lassen⟩ | Siegellack *m* | *auch* **'ear~** Ohrenschmalz *n*; **2.** *adj* wächsern, Wachs-; **3.** *vt* wachsen, mit Wachs überziehen | bohnern ⟨to ~ linoleum⟩ | pichen, mit Pech überziehen | *Am Rundf* auf Wachsplatten aufnehmen

[2]**wax** [wæks] **1.** *vi* (Mond) zunehmen (*Ant* wane) ⟨~ing moon⟩ | *arch* werden ⟨to ~ happy/merry sich freuen; to ~ indignant zornig werden⟩ | *übertr* wachsen, zunehmen (**in** an); **2.** *s* Anwachsen *n*, *meist in*: **on the ~** zunehmend; im Anwachsen begriffen

[3]**wax** [wæks] *s Brit Sl selten* Ärger *m* ⟨to be in a ~ ärgerlich sein; to get into a ~ aufgebracht werden; to put s.o. into a ~ jmdn. aufbringen⟩

wax|ber·ry ['wæksbərɪ] *s Bot* Wachsbeere *f*; **'~ ˌcan·dle** *s* Wachslicht *n*, -kerze *f*, Kerze *f*; **'~ ˌchan·dler** *s* Wachslichtzieher *m*; **'~cloth** *s* Wachstuch *n*; **'~doll** *s* Wachspuppe *f*; **~en** ['wæksən] *adj übertr* wächsern, wachsähnlich, bleich ⟨a ≈ face⟩ | *übertr* weich | *arch* wächsern, Wachs-; **'~end** *s* Pechdraht *m*; **'~ ˌfig·ure** *s* Wachsfigur *f*; **'~light** *s* Wachslicht *n*; **ˌ~ 'pa·per,** *auch* **ˌwaxed 'pa·per** *s* Wachspapier *n*; **'~work** *s* Wachsbildnerei *f*, Wachsfiguren *f/pl* ⟨≈ show Wachsfigurenausstellung *f*⟩; **'~works** *s/pl* Wachsfigurenkabinett *n*; [1]**~y** ['wæksɪ] *adj* wächsern, wachsartig | Wachs- | *übertr* weich

[2]**wax·y** ['wæksɪ] *adj Sl* ärgerlich, aufgebracht

way [weɪ] **1.** *s* Weg *m*, Pfad *m* (*auch übertr*) ⟨a cycle ~ ein Radweg; by the ~ auf dem Weg, am Weg; *übertr* nebenbei (gesagt); by ~ of auf dem Weg über; *übertr* an Stelle von; *übertr* zum Zweck; from the ~ vom Weg, abseits; in the ~ im Wege, störend; no ~! *Sl* auf keinen Fall!, niemals!; on one's/the ~ to unterwegs nach; out of the ~ of aus dem Wege, (weg) von; out of the ~ abseits, abgelegen; ungewöhnlich, außergewöhnlich; under ~ *auch Mar* in Fahrt, unterwegs, im Gange; the parting of the ~s *bes übertr* das Auseinandergehen, die Trennung; to come / fall in s.o.'s ~ jmdm. über den Weg laufen; to force one's ~ sich e-n Weg bahnen; to get one's own ~ machen, was man will, sich durchsetzen; to go/get out of the/one's ~ to do s.th. sich außerordentlich anstrengen, etw. zu tun; to go one's ~ seinen Weg gehen; *übertr* seinen Lauf nehmen; to have one's own ~ *übertr* seinen Willen durchsetzen; to lose one's ~ sich verirren; to pave the ~ *übertr* den Weg ebnen; to pay one's ~ keine Schulden machen; to put s.o. in the ~ of (doing) s.th. jmdn. in die Lage versetzen, etw. zu bekommen (*od* zu tun); to put s.o. out of the ~ *übertr* jmdn. um die Ecke bringen, jmdn. loswerden; to see one's ~ [clear] to *mit ger* den Weg vor sich sehen; *übertr* eine Möglichkeit sehen zu *mit inf*⟩ | Straße *f*, Weg *m* ⟨over the ~ gegenüber; right of ~ Vorfahrt *f*⟩| (*nur sg*) Strecke *f*, Entfernung *f* ⟨a long ~ off weit entfernt; all the ~ die ganze Strecke; *Am* all the ~ from ... to durchgängig von ... bis⟩ | Richtung *f* ⟨to go the other ~ nach der anderen Richtung gehen; to look the other ~ wegschauen⟩ | *übertr* Gang *m*, Lauf *m* ⟨the ~ of the world der Lauf der Welt⟩ | Methode *f*, Art *f* u. Weise *f*, Weg *m* ⟨the right ~ der richtige Weg; in its ~ auf seine Art; ~s and means Mittel *n/pl* u. Wege *m/pl*; *Am* Finanzierung *f*, Mittelbeschaffung *f*; to have a ~ with one e-m sympathisch sein; to mend one's ~s sich (ver)bessern, dazulernen⟩ | Fortschritt *m*, Fortgang *m* ⟨to gather ~, to make [one's] ~ Fortschritte machen⟩ | Platz *m*, freie Bahn ⟨to give ~ aus-, zurückweichen; to make ~ for Platz machen für⟩ | Gewohnheit *f*, Sitte *f* ⟨set in one's ~s mit festen Gewohnheiten, konservativ; the American ~ of life amerikanische Lebensart *f*; to my ~ of thinking meiner Meinung nach⟩ | Hinsicht *f*, Beziehung *f* ⟨in a/one ~ in e-r Beziehung; in every ~ in jeder Hinsicht; in some ~ in mancher Hinsicht; to have it both ~s in den Genuß sowohl des einen wie auch des anderen kommen; you can't have it both ~s entweder so oder so, das eine oder das andere, beides geht nicht⟩ | Zustand *m*, Lage *f* ⟨in the family ~ *umg euphem* schwanger; in a bad ~ schlecht dran, ziemlich krank; things are in a bad ~ die Sache steht schlecht; to live in a small ~ in kleinen Verhältnissen leben; to put s.o. in the ~ of doing s.th. jmdn. in die Lage versetzen, etw. zu tun⟩ | Geschäftsbereich *m*, Fach *n* ⟨such matters never come/fall in my ~ für solche Angelegenheiten bin ich nicht zuständig⟩; **2.** *adv bes Am* weit, ziemlich ⟨~ back weit zurück, weit hinten; ~ back in 1920 (schon) damals 1920⟩ | nahe bei ⟨down Mexico ~ drüben in Mexiko⟩; **'~bill** *s Eisenb, Mar* Passagierliste *f* | *Am Wirtsch* Frachtbrief *m*; **'~fare** *vi arch* zu Fuß reisen, wandern; **'~ˌfar·er** *s arch, lit* Wanderer *m*; **'~ˌfar·ing 1.** *adj arch* reisend, wandernd ⟨≈ man Wandersmann *m*⟩ **2.** *s* Reise *f*, Wandern *n*; **~'lay** (**~'laid, ~'laid** *od* **~'lain**) *vt* (jmdm.) auflauern; **~'lay·er** *s* Wegelagerer *m*; **'~leave** *s Brit Jur* Wegerecht *n*; **'~less** *adj* unwegsam; **'~ˌmak·er** *s* Bahnbrecher *m*, Schrittmacher *m*; **'~mark** *s* Wegzeichen *n*, Meilenstein *m*; **ˌ~-'out 1.** *s* Ausweg *m* | *Am Sl* Außenseiter *m*, jmd. mit abwegigen *od* unkonventionellen Ideen; **2.** *adj Sl* abwegig, ungewöhnlich, höchst unkonventionell, selten ⟨a ≈ field ein ganz außergewöhnliches Gebiet; a ≈ proposal ein ziemlich radikaler Vorschlag⟩; **'~post** *s* Wegweiser *m*; **ways** *s/pl Tech* Führungsbahn *f*, Führungen *f/pl* | *Mar* Helling *f* | *Mar* Bettung *f*; **-ways** *suff* -wärts ⟨side~s⟩; **'~side 1.** *adj* am Weg stehend, an der Straße stehend ⟨≈ flowers⟩; **2.** *s* Straßen-, Wegrand *m* ⟨by the ≈ am Weg; to fall by the ≈ *übertr* auf der Strecke bleiben, aufgeben⟩; **'~-up** *adj Am umg* prima, großartig

way·ward ['weɪwəd] *adj* (Kind) eigensinnig | ungeraten, aus der Art geschlagen ⟨a ~ son⟩ | unberechenbar, launisch ⟨~ behaviour⟩

way·worn ['weɪwɔ:n] *adj* ermüdet, erschöpft

WC [ˌdʌblju: 'si:] *Kurzw* für **water closet** WC *n*

we [wɪ|wi:] *pers pron pl* wir *pl* | ≗ Wir *förml* ⟨the Royal ≗ pluralis majestatis⟩ | (zu Kindern u. Kranken) wir ⟨now ~ must be a good boy; how are ~ today?⟩ | *Sl* uns

weak [wi:k] *adj* schwach ⟨a ~ team e-e schwache Mannschaft; a ~ wall e-e nicht sehr feste Mauer⟩ | kränklich, anfällig ⟨a ~ heart; ~ nerves; to feel ~ sich schwach fühlen⟩ | dünn, schwach, wässerig ⟨~ soup; ~ tea⟩ | kraftlos, schwach ⟨a ~ voice⟩ | *übertr* (charakterlich) schwach, haltlos ⟨a ~ character; ~ point schwache Stelle⟩ | schwach, anfällig ⟨~ in/at French⟩ | *Wirtsch* flau | *Ling* schwach ⟨a ~ verb⟩ | *Ling* unbetont ⟨~ forms⟩; **'~en** *vt* schwächen (*auch übertr*) | (Bier u. ä.) verdünnen; *vi* schwach werden, nachlassen; **'~en·ing** *s* Schwäche *f*; **'~er sex** *s* (*mit best art*) *euphem* schwaches Geschlecht, Frauen *f/pl*; **ˌ~-'eyed** *adj* schlecht sehend, schwachsichtig; **ˌ~'hand·ed** *adj* schwach, kraftlos | mutlos, hilflos | knapp an Arbeitskräften; **ˌ~'head·ed** *adj* dumm, schwachköpfig; **ˌ~-'kneed** *adj* mit schwachen Knien | *übertr* nachgiebig, (Charakter) schwach; **'~ling 1.** *s* Schwächling *m*; **2.** *adj* schwächlich; **ˌ~-'mind·ed** *adj* schwachsinnig | charakterschwach

[1]**weal** [wi:l] *s, lit meist in:* **~ and woe** Wohl *n* und Wehe *n*, ⟨the public ~ das Allgemeinwohl, Wohl *n* zum Nutzen aller⟩

[2]**weal** [wi:l] *s* Schwiele *f*, Striemen *m*

weald [wi:ld] *s poet* weite Landschaft | (*mit best. art*) ≗ Weald *m* (Hügellandschaft im SO Englands)

wealth [welθ] *s* Wohlstand *m*, Reichtum *m*, Wohlhabenheit *f* ⟨a man of ~ ein wohlhabender Mann⟩ | Besitzungen *f/pl*, Reichtümer *n/pl* | *übertr* Fülle *f* ⟨a ~ of illustrations⟩ | *arch* Glück *n*; **'~ tax** *s* Vermögenssteuer *f*; **'~y** *adj* reich, begütert, wohlhabend | *übertr* reich (**in** an)

[1]**wean** [wi:n] *vt* (Kind) (von der Brust) absetzen, entwöhnen | *übertr* (jmdn.) abbringen (**of, away, from** von)

[2]**wean** [wi:n] *s Schott dial* Kind *n*

weap|on ['wepən] *s* Waffe *f* (*auch übertr*); **'~oned** *adj* mit Waffen ausgerüstet; **'~on·less** *adj* unbewaffnet, waffenlos; **'~on·ry** *s* Waffen *f/pl* | Waffenkunst *f*; -technik *f* ⟨nuclear ≈⟩

[1]**wear** [wɛə] **1.** (**wore** [wɔ:], **worn** [wɔ:n]) *vt* (am Körper) tragen ⟨to ~ glasses e-e Brille tragen; to ~ one's hair long die Haare lang tragen; to ~ one's heart upon one's sleeve *übertr* das Herz auf der Zunge tragen; to ~ the breeches *umg* die Hosen anhaben; to ~ the petticoat *umg* unter dem Pantoffel stehen⟩ | zur Schau stellen, tragen, zeigen ⟨to ~ an expression e-n Gesichtsausdruck zeigen; to ~ a smile (ständig) lächeln; the house ~s a neglected look das Haus sieht vernachlässigt aus⟩ | abtragen, abnutzen, verschleißen ⟨stones worn by the water vom Wasser ausgewaschene Steine *m/pl*; worn by anxiety *übertr* von Angst ausgehöhlt⟩ | durch Abnutzung erzeugen, (ein)reißen, (ein)treten ⟨to ~ a hole in a stocking; to ~ a path through s.th.⟩ | (*meist neg*) *umg* mitmachen, akzeptieren ⟨I don't think he'll ~ it⟩; **~ away** (Treppen) austreten | (Fels u. ä.) abtragen, auswaschen | ausmergeln, entkräften | (Zeit) verbringen; **~ down** (Schuhe) ab-, niedertreten | (Reifen) abnutzen | überwinden, niederringen ⟨to ≈ an enemy⟩; **~ off** abnutzen; **~ out** (Kleid) abtragen | (Kraft) erschöpfen, müde machen; **~ through** durchwetzen, durchscheuern; durchlaufen; *vi* sich abtragen, sich abnutzen | *übertr* schwächer werden | sich tragen, (sich) halten (Kleid u. ä.) ⟨to ~ well sich gut tragen; she has worn well sie hat sich gut gehalten⟩; **~ away** langsam vergehen ⟨the long winter wore away der lange Winter ging allmählich zu Ende⟩; **~ off** sich abtragen, sich abnutzen | *übertr* vergehen, sich verlieren; **~ on** (Zeit) langsam vergehen; **~ out** (Kindersachen) abgetragen werden, zu klein werden | sich erschöpfen; **~ through** sich durchwetzen, -scheuern | sich ablaufen; **2.** *s* Tragen *n* (von Kleidung) ⟨a year's ~ ein Jahr Tragen; clothes for summer ~ Sommerkleider *n/pl*; in constant ~ ständig getragen; to have in ~ (gewöhnlich, ständig) tragen⟩ | Mode *f*, Kleidung *f* ⟨in general ~ in Mode, modern; children's ~ Kinderkleidung; to be the ~ Mode sein, getragen werden⟩ | Abnutzung *f*, Verschleiß *m* ⟨the carpets are showing ~; ~ and tear (natürliche) Abnutzung, Abschreibung *f*; the worse for ~ stark abgenutzt; *übertr* stark mitgenommen⟩ | Haltbarkeit *f* ⟨there's a lot of ~ in s.th. etw. ist außerordentlich haltbar *od* strapazierfähig⟩

[2]**wear** [wɪə] = **weir**

[3]**wear** [wɪə] **1.** *vt dial, Schott* bewachen, beschützen, hüten | zusammentreiben; **2.** *s* Bewachung *f*

wear|a·ble ['wɛərəbl] *adj* tragbar ⟨a ≈ dress⟩; **'~er** *s* Träger(in) *m(f)* ⟨≈ of spectacles Brillenträger(in) *m(f)*⟩

wea·ri|ful ['wɪərɪfl] *adj* ermüdend, langweilig; **'~less** *adj* unermüdlich

wear·ing ['wɛərɪŋ] *adj* Kleidungs- ⟨≈ apparel *förml* Kleidung(sstücke) *f(pl)*, Bekleidung *f*⟩ | abnutzend, verschleißend ⟨≈ parts Verschleißteile *pl*⟩ | ermüdend, aufreibend, anstrengend ⟨a ≈ journey⟩

wea·ri·some ['wɪərɪsm] *adj* beschwerlich, mühsam ⟨a ≈ day⟩ | langweilig ⟨to be ≈ ermüdend sein⟩

wear-out ['wɛəraut] *s Tech* Abnutzung *f*

wea·ry ['wɪərɪ] **1.** *adj* müde, ermüdet, matt, erschöpft (**with** von) ⟨to feel ~ müde sein⟩ | langweilig, lästig ⟨a ~ journey⟩ | verdrießlich, überdrüssig (**of s.th.** einer Sache); **2.** *vt* ermüden (**with** mit) ⟨to ~ s.o. with complaints jmdn. mit ständigen Klagen müde machen⟩; **~ out** (Geduld u. ä.) erschöpfen; *vi* müde werden (**of s.th.** einer Sache) | *Schott* sich sehnen (**for** nach)

wea·sand ['wi:zənd] *s arch, dial* Gurgel *f*, Kehle *f*

wea·sel ['wi:zl] *s Zool* Wiesel *n*

weath·er ['weðə] **1.** *s* Wetter *n*, Witterung *f* ⟨in fine ~ bei schönem Wetter; April ~ Aprilwetter; in all ~s bei jedem Wetter; to be/feel under the ~ *übertr umg* sich nicht wohl fühlen; in finanziellen Schwierigkeiten sein; to go out in all ~s bei jedem Wetter hinausgehen; to keep one's/a ~ eye open *übertr* auf der Hut sein; to make heavy ~ of s.th. *übertr, umg* sich bei *od* mit etw. fürchterlich anstellen *od* schwertun⟩ | Gewitter *n*, Unwetter *n* | *Mar* Luv-, Windseite *f*; **2.** *adj Mar* Luv-; **3.** *vt* dem Wetter aussetzen, lüften, austrocknen ⟨~ed wood⟩ | *Geol* verwittern (lassen) | *Mar* (Sturm) abwettern | *Arch* abschrägen | *auch* **~ out** *übertr* (Sturm, Gefahr u. ä.) aushalten, trotzen ⟨to ~ bad times schwere Zeiten überstehen⟩ | *Mar* luvwärts umschiffen; *vi* sich abnutzen | *Geol* verwittern | *Mar* die Luv gewinnen; **'~-ˌbeat·en** *adj* verwittert | (Gesicht) wetterhart, vom Wetter gegerbt; **'~-ˌbit·ten** *adj* verwittert; **'~board 1.** *s* Abwässerungsleiste *f*, Wasser-, Wetterschenkel *m* | *Mar* Waschbord *n* | *Mar* Luvseite *f*; **2.** *Arch vt* (Wand) verschalen, verkleiden; *vi* verschalen; **'~ˌboard·ing** *s* Verschalung *f*, Verkleidung *f* | *collect* Verschalungsbretter *n/pl*; **'~-bound** *adj* durch schlechtes Wetter behindert | (Verkehrsmittel) witterungsbedingt verspätet ⟨≈ flights⟩; **'~ box** *s* Wetterhäuschen *n*; **'~ ˌbu·reau** *s* Wetterwarte *f*, -amt *n*; **'~ chart** *s* Wetterkarte *f*; **'~cock** *s* Wetterhahn *m*, -fahne *f* | *übertr* unsicherer Kandidat, jmd., der seine Meinung oft wechselt; **'~ deck** *s Mar* Wetter-, Sturmdeck *n*; **'weath·ered** *adj* verwittert | *Arch* abgeschrägt; **'~ ˌfore·cast** *s* Wetterbericht *m*, -vorhersage *f*; **'~glass** *s selten* Wetterglas *n*, Barometer *n*; **'~ing** [-r-] *s* Aus-, Verwitterung *f* | (Metalle) Altern *n*, Lagern *n* | *Arch* Abschrägung *f*; **'~ize** [-r-] *vt Am* (Haus) wetterfest machen, mit modernen Mitteln gegen Kälte u. Wärme isolieren; **~man** *s* ['~mæn] (*pl* **~men** ['~men]) *umg* Meteorologe *m* | Wetteransager *m*; **'~ map** *s* Wetterkarte *f*; **'~proof 1.** *adj* (Kleidung) wetterfest, -dicht | (Ort) wetterbeständig; **2.** *vt* (Stoff u.a.) wetterfest machen | *El* isolieren; **'~ ˌserv·ice** *s* Wetterdienst *m*; **'~ship** *s* schwimmende Wetterstation; **'~ side** *s* Wetterseite *f*; **'~ ˌsta·tion** *s* Wetterwarte *f*; **'~tight** *adj* wetterfest, -dicht; **'~ vane** *s* Wetterfahne *f*; **'~wise** *adv* wettermäßig, in bezug auf das Wetter; **'~worn** *adj* verwittert

weave [wi:v] **1.** (**wove** [wəuv], *selten* **weaved** [wi:vd], **wo·ven** ['wəuvən] *od* **wove**) *vt* weben, wirken ⟨to ~ a mat⟩ | flechten ⟨to ~ a basket e-n Korb flechten; to ~ branches together Zweige zusammenflechten⟩ | einweben, einflechten (*auch übertr*) (**into** in) ⟨to ~ one's own ideas in[to] s-e eigenen Vorstellungen einbauen in⟩ | *auch* **~ up** verweben, verflechten (**into** zu; **with** mit) | *übertr* (Geschichte, Plan u. ä.) ausdenken, ersinnen, erfinden ⟨to ~ a story⟩ | (*prät, part perf* nur **weaved**) (Weg) im Zickzack gehen ⟨to ~ one's way through sich (hindurch)schlängeln durch⟩; *vi* weben, wirken | (*prät, part perf* nur **weaved**) im Zickzack gehen; **~ in (out of)** sich hinein- (heraus)schlängeln *od* -winden ◇ **get weaving** *Brit umg* (Arbeit u. a.) sich tüchtig ranmachen, ranklotzen; **2.** *s* Gewebe *n* ⟨a loose (fine) ~⟩ | Webart *f*; **'weav·er** *s* Weber(in) *m(f)* | *auch* **'weav·er bird** *s Zool* Webervogel *m*; **'weav·ing** *s* Weben *n*, Wirken *n*; **'weav·ing loom** *s* Webstuhl *m*

web [web] **1.** *s* (Spinnen-) Netz *n* | Gewebe *n* | Gespinst *n*, Netz *n* (*auch übertr*) ⟨a ~ of lies ein Lügengewebe⟩ | *Zool* Schwimm-, Flughaut *f* | *Tech* Gewebe *n*, Gurtband *n*, Flor *m* | *Tech* (Schlüssel-) Bart *m* | *Tech* Rippe *f*, Versteifung *f* | Papierrolle *f* für Zeitungen | *Tech* Steg *m*, Schenkel *m* | *Tech* (Bohrer) Kern *m*, Seele *f*; **2.** (**webbed, webbed**) *vt* in ein Netz verwickeln; **webbed** *adj* mit einem Gewebe versehen | *Zool* mit Schwimmhäuten ⟨≈ feet; ≈ toes⟩; **'~bing** *s Tech* Gewebe *n*, Gurtband *n*; **'~by** *adj* gewebeähnlich; **'~ eye** *s Med* Pterygium *n*, Flügelfell *n*; **ˌ~-'foot·ed** *adj* schwimmfüßig; **ˌ~ 'off·set** *s Typ* Rollenrotations-, Offsetdruck *m*; **'~ ˌprint·ing** *s Typ* Rollendruck *m*; **'~ rib** *s Flugw* Stegrippe *f*; **'~ sling** *s Tech* Gurtstropp *m*, Gurtschlinge *f*; **ˌ~-'toed** *adj* = **~-footed**

wed [wed] **1.** (**~ded, ~ded**) *vt arch, lit* (ver)heiraten (**to** an) ⟨to be ~ded getraut werden⟩ | *übertr* (eng) verbinden, einigen (**to, with** mit) ⟨~ded to one's job mit s-r Arbeit verheiratet; beauty ~ded to truth Schönheit im Verein mit Wahrheit⟩ | *übertr* scharf sein, erpicht sein (**to** auf) ⟨very ~ded to this idea ganz verrückt auf diese Idee⟩ | *dial, Schott* verpfänden; *vi* (sich ver-)heiraten (**with** mit); **2.** *adj* verheiratet ⟨much-~ mehrfach verheiratet⟩

we'd [wɪd|wi:d] *umg* für **we had, we would, we should**

Wed *Abk* von **Wednesday**

wed|ded ['wedɪd] *adj* verheiratet (**with** mit) | ehelich, Ehe- ⟨(lawful ≈ wife (husband) (rechtmäßig) angetraute(r) Frau (Mann); ≈ life Eheleben *n*⟩; **'~ding** *s* Hochzeit *f* ⟨golden ≈ goldene Hochzeit⟩; **'~ding an·niˌver·sa·ry = ~ding day; '~ding band = '~ding ring; '~ding ˌbreak·fast** *s* Hochzeitsessen *n*, -mahl *n*; **'~ding card** *s* Vermählungsanzeige *f*; **'~ding ˌcer·e·mo·ny** *s* Trauung *f*; **'~ding day** *s* Hochzeitstag *m*; **'~ding dress** *s* Brautkleid *n*; **'~ding ˌfin·ger** *s* Ringfinger *m*; **'~ding ˌpres·ent** *s* Hochzeitsgeschenk *n*; **'~ding ring** *s* Trauring *m*; **'~ding tour, '~ding trip** s Hochzeitsreise *f*

wedge [wedʒ] **1.** *s* Keil *m* ⟨to put a ~ in einen Keil treiben in; the thin end of the ~ *übertr* der erste Anfang, das leichtere Stück⟩ | Ecke *f*, (Eck-) Stück *n*, etw. Keilförmiges *n* ⟨a ~ of cake ein Stück Kuchen; a ~ of salt ein Klumpen Salz⟩ | *Math* spitzwinkliges Dreieck | keilförmiges Schriftzeichen ⟨~ writing Keilschrift *f*⟩ | Keilabsatz(schuh) *m* | (Art) Golfschläger *m* | *Met* Hochdruckkeil *m*; **2.** *vt* (ver)keilen ⟨to ~ the door open (shut) die Tür mit e-m Keil öffnen (verschließen)⟩ | pressen (**in,** in; **through** durch) ⟨to ~ o.s. in sich hineinzwängen; to ~ s.o. into a corner⟩; **~ off** abspalten; **~ up** festkeilen; *vi* sich keilen, gekeilt werden, sich zwängen (**in, into** in); **wedged** *adj* keilförmig | verkeilt | eingekeilt, eingezwängt (**between** zwischen, **in** in) ⟨≈ in one's chair; ≈ together zusammengepfercht⟩; **'~ gear** *s Tech* Keilrädergetriebe *n*; **'~ heel** *s* Keilabsatz *m* (am Schuh); **ˌ~-'shaped** *adj* keilförmig; **'wedg·ing** *s* Verkeilen *n* | Aufbereiten *n* von Ton

Wedg·wood ['wedʒwud], *auch* **'≈wood ware** *s* Wedgewoodware *f*, feines Steingut

wedg·y ['wedʒɪ] *adj* keilförmig

wed·lock ['wedlɒk] *s* Ehe(stand) *f(m)* ⟨out of ~ unehelich⟩ | *arch* Trauung *f*

Wednes·day ['wenzdɪ|-deɪ|'wednz-] *s* Mittwoch *m* ⟨on ~ am Mittwoch; on a ~ an e-m Mittwoch; on the ~ am Mittwoch (e-r bestimmten Woche); [on] ~s mittwochs; ~ afternoon Mittwoch nachmittag⟩

wee [wi:] *adj bes Schott* klein, winzig, sehr jung ⟨a ~ tot ein winziges Kerlchen⟩ | sehr früh ⟨in the ~ hours of in den frühen Morgenstunden des⟩ ◇ **a ~ bit** *umg* **1.** *s* ein winziges bißchen, ein ganz kleines Stück; **2.** *adv* ein (ganz) klein wenig ⟨a ~ bit drunk; to bide a ~ bit *Schott* noch ein Stückchen bleiben⟩

[1]**weed** [wi:d] **1.** *s* Unkraut *n* ⟨ill ~s grow apace *übertr* Unkraut verdirbt nicht; running to ~s von Unkraut überwuchert⟩ | *umg* Kraut *n* (Tabak) | *umg* Marihuana *n* | *Sl verächtl* Schwächling *m*; **2.** *vt* jäten ⟨to ~ the garden⟩| (Unkraut) ausjäten, beseitigen (**out of, from** aus) | *oft* **~ out, ~ up** ausrotten, ausmerzen | *übertr* aussondern, säubern (**of** von); *vi* Unkraut jäten

[2]**weed** [wi:d] *s Am umg* Trauerflor *m* | (*meist pl*) Trauerkleid, -gewand *n* ⟨widow's ~s⟩ | *arch* Gewand *n*

weed| ex·ter·mi·na·tor ['wi:d ɪks'tɜ:mɪneɪtə], **~i·ci·de** ['~ɪsaɪd], **'~ˌkiller** *s* Unkrautvertilgungs-, -vernichtungsmittel *n*; **'~y** *adj* voller Unkraut, verunkrautet, unkrautverwildert ⟨a ≈ garden⟩ | unkrautartig | *umg* schlaksig, lang aufgeschossen ⟨a ≈ young man⟩

week [wi:k] *s* Woche *f* ⟨by the ~ wochenweise; for ~s wochenlang; on Sunday ~, a ~ on Sunday *Brit* am Sonntag in e-r Woche; a ~ last Sunday am Sonntag vor e-r Woche; next/this Sunday ~ am Sonntag in e-r Woche; tomorrow ~ morgen in e-r Woche; twice a ~ zweimal in der Woche; yesterday ~ gestern vor e-r Woche; ~ in, ~ out Woche um Woche⟩ | *auch* **'work·ing ~** Arbeitswoche *f*; **'~day** *s* Wochentag *m* ⟨on ≈s *Brit*, ≈s *Am* an Wochentagen⟩; **ˌ~'end 1.** *s* Wochenende *n* ⟨at ≈s *Brit*/[on] ~s *Am* an Wochenenden⟩; **2.** *adj* Wochenend- ⟨≈ ticket Sonntags(rück)fahrkarte *f*⟩; **3.** *vi* das Wochenende verbringen ⟨≈ing in the mountains⟩; **ˌ~'end·er** *s* Wochenendausflügler *m*; **'~ly 1.** *adj*, *adv* wöchentlich ⟨≈ visit; to shop ≈⟩; **2.** *s* Wochenzeitschrift *f*, -blatt *n*; **ˌ~ly 'earn·ing** *s* Wochenlohn *m*; **ˌ~ly 'sea·son ˌtick·et** *s* Wochenkarte *f*; **'~night** *s* Abend *m od* Nacht *f* an einem Wochentag (in der Woche) (außerhalb des Wochenendes) ⟨to work on ≈s/*Am* ≈s⟩

ween [wi:n] *vt arch* meinen, vermuten (**that** daß)

wee·ny ['wi:nɪ] *adj umg* winzig, klein| ↑ **teeny ~**; **'~ˌbop·per** *s Sl* mode- u. schlagerfanatisches Mädchen (unter 14 Jahren)

weep [wi:p] **1.** (**wept, wept** [wept]) *vi bes förml* weinen, Tränen vergießen (**at, over** über; **for, with** um) ⟨to ~ for/with joy aus Freude weinen; to ~ over/for one's loss einen Verlust beweinen; to ~ for one's mother nach seiner Mutter weinen⟩ | nässen, schwitzen, tropfen (Wunde u. ä.) | *poet* regnen ⟨~ing skies⟩ | (Trauerweide) die Zweige hängen lassen; *vt lit* beklagen, beweinen ⟨to ~ one's fate⟩ | (Tränen) vergießen, weinen ⟨to ~ one's eyes out sich die Augen ausweinen; to ~ o.s. to sleep sich in den Schlaf weinen⟩; **2.** *s umg* Weinen *n* | Leck *n*; '**~er** *s* Weinende(r) *f(m)* | Trauerflor *m* | Witwenschleier *m* | *Arch* (Brücken-) Abzugsloch *n*; '**~ hole** *s* Sicker-, Tropfloch *n* | Entwässerungsschlitz *m* | Leckloch *n*; **~ie** ['~ɪ] *s Brit Sl* Schnulze *f*, Rührstück *n*; '**~ing 1.** *adj* weinend | triefend, tropfend | *Med* nässend | *Bot* Trauer-; **2.** *s* Weinen *n*, Klagen *n*; '**~ing 'wil·low** *s Bot* Trauerweide *f*; '**~y** *umg adj* weinerlich, ständig zum Weinen aufgelegt | *übertr* (Film, Geschichte) rührselig, zum Weinen

weet [wi:t] *vi, vt poet* wissen

wee·ver ['wi:və] *s Zool* Drachenfisch *m* ⟨greater ~ Petermännchen *n*⟩

wee·vil ['wi:vɪl] *s Zool* Rüsselkäfer *m* | Kornwurm *m*, Getreidekäfer *m*

weft [weft] *s* (Weberei) Schußfaden *m* | (Weberei) Schuß *m*, Einschuß *m*, Einschlag *m* | Gewebe *n* (*auch übertr*) | Nebel-, Rauchwolken, -schicht *f*; '**~thread** *s* Schußfaden *m*; '**~ ˌwind·er** *s* Schußspulmaschine *f*

[1]**weigh** [weɪ] **1.** *vt* (ab)wiegen, wägen ⟨to ~ o.s. sich wiegen⟩ | Gewicht anzeigen, wiegen (Waage) ⟨to ~ up to 1 ton⟩ | *übertr* erwägen, abwägen (**against, with** gegen) ⟨to ~ one's words s-e Worte abwägen⟩ | *Mar* (Anker) lichten ⟨to ~ anchor den Anker lichten⟩ | schätzen, berücksichtigen; **~ down** niederdrücken (*auch übertr*) ⟨~ed down by snow; ~ed down with bags mit Taschen überlastet; ~ed down niedergeschlagen; ~ed down with grief schmerzbeladen; ~ed down by lack of money unter Geldmangel leidend⟩ | überwiegen; **~ in** (Jockey) nach dem Rennen wiegen | *umg* (Boxer etc.) vor dem Kampf wiegen; **~ out** auswiegen ⟨to ≈ eggs Eier nach Gewicht verkaufen⟩ | (Jockey) vor dem Rennen wiegen; **~ up** *umg* abwägen, sorgsam prüfen ⟨to ≈ a situation e-e Situation ab-, einschätzen⟩ | sich ein Urteil über (jmdn.) bilden ⟨to ≈ a teacher⟩ | abwarten, sich klar werden (**whether** ob); *vi* wiegen, schwer sein ⟨to ~ a ton e-e Tonne wiegen⟩ | *übertr* Gewicht haben, ausschlaggebend sein (**with** bei) ⟨the point that ~s with me⟩ | lasten (*auch übertr*) (**on, upon** auf) | (Sport) sich wiegen, gewogen werden; **~ against** sprechen gegen, nachteilig sein für; **~ in** (Sport)sich wiegen lassen, gewogen werden (Boxer, Ringer vor dem Kampf, Jockey nach dem Rennen) (**at** mit) | *umg* sich beteiligen, mitmachen (**with** bei) ⟨to ≈ to stop a fight einschreiten, um einen Kampf zu schlichten⟩; **2.** *s* Wiegen *n*

[2]**weigh** [weɪ] *s, nur in:* **under ~** in Fahrt, im Gang, in Bewegung ⟨to get under ~ *Mar* unter Segel gehen⟩

weigh|a·ble ['weɪəbl] *adj* wägbar; '**~age** *s Brit* Wägegeld *n*; '**~beam** *s* Wiegebalken *m*; '**~bridge** *s* Brückenwaage *f*, Fuhrwerkswaage *f*; '**weighed** *adj* gewogen | *übertr* gewiegt, erfahren; '**~er** *s* Wäger *m* | Waagemeister *m* | Dosiervorrichtung *f*; '**~ing** *s* Wiegen *n* | *übertr* Abwägen *n*; '**~ing maˌchine** *s* Waage *f*; '**~ˌmas·ter** *s* Waagemeister *m*; '**~shaft** *s Tech* Steuerwelle *f*

weight [weɪt] **1.** *s* Gewicht *n*, Schwere *f* ⟨over (under) ~ zu leicht (schwer); to lose ~ abnehmen; to sell by ~ nach Gewicht verkaufen; to put on ~ zunehmen⟩ | Masse *f*, Last *f*, Wucht *f* | Gewicht *n* ⟨a one-pound ~; a set of ~s ein Satz Gewichte⟩ | Gewichtseinheit *f*, -maß *n* ⟨metric ~⟩ | *Phys* Schwere *f*, (Massen-) Anziehungskraft *f* ⟨the ~ of an object⟩ | *übertr* Last *f*, Bürde *f* | *übertr* Gewicht *n*, Bedeutung *f*, Einfluß *m* ⟨of ~ von Bedeutung; of no ~ ohne Bedeutung, bedeutungslos; to add ~ to Gewicht verleihen; to carry great ~ großes Gewicht haben, viel gelten; (Sport) to pull one's ~ (behind s.th.) mitmachen, sich voll beteiligen (bei etw.); to throw one's ~ about/around herumkommandieren⟩ | (Sport) Gewichtsklasse *f* | (Sport) Kugel *f* ⟨putting the ~ Kugelstoßen *n*⟩; **2.** *vt* (mit einem Gewicht) belasten, beschweren (*auch übertr*) (**with** mit) ⟨to be ~ed with belastet sein durch ⟩ | *Math* (Zahl) relative Bedeutung geben ⟨~ed average gewogenes Mittel⟩; **~ down** (*meist pass*)niederdrücken, schwer beladen ⟨~ed down with parcels⟩ | beschweren | *übertr* belasten, niederdrükken ⟨~ed down with care sorgenbeladen⟩; '**~ed** *adj* beladen, belastet | *übertr* voreingenommen (**against** gegen, **towards** für); '**~ing** *s Brit* Zuschlag *m* ⟨to get a London ≈ einen London- *od* hauptstädtischen (Lohn-) Zuschlag bekommen⟩; '**~less** *adj* ohne Gewicht, leicht | *übertr* bedeutungslos; '**~ ˌlift·er** *s* (Sport) Gewichtheber *m*; '**~ ˌlift·ing** *s* (Sport) Gewichtheben *n*; '**~ loss** *s* Masseverlust *m*; '**~ ˌwatch·er** *s* jmd., der auf sein Gewicht achtet; '**~y** *adj übertr* schwergewichtig, ernst ⟨≈ arguments⟩ | schwer ⟨a ≈ load⟩ | wuchtig ⟨a ≈ blow⟩ | einflußreich, maßgeblich ⟨a ≈ impact⟩

weir [wɪə] *s* Wehr *n* | Fischreuse *f*

weird [wɪəd] *adj* Schicksals- ⟨~ sisters *s/pl Schott* Hexen *f/pl*, Nornen *f/pl*⟩ | überirdisch, unheimlich ⟨~ voices⟩ | *umg* seltsam, sonderbar, verrückt ⟨~ ideas⟩; **~ie** ['~ɪ] *s umg* verrückte Gestalt, exzentrisch gekleidete Person; **~o** ['~əʊ] *umg* **1.** *s* verrückter Kauz *od* Typ, Exzentriker(in) *m(f)*; **2.** exzentrisch, verrückt ⟨a ≈ youth⟩

welch [welʃ] = **welsh**

wel·come ['welkəm] **1.** *adj* willkommen, gern gesehen, erwünscht ⟨a ~ visitor; a ~ suggestion; to make s.o. ~ jmdn. herzlich begrüßen *od* empfangen⟩ | willkommen, angenehm ⟨a ~ change e-e willkommene Abwechslung⟩ | herzlich eingeladen *od* aufgefordert (**to** zu) ⟨you are ~ to *mit inf* es steht Ihnen frei, zu *mit inf*; you are ~ to it es steht Ihnen zu Diensten, nehmen Sie es bitte! Sie können es behalten!⟩ | *iron* (jmdm.) unbenommen, freistehend ⟨he's ~ to *mit inf* soll er ruhig *mit inf*; you are ~ to it wenn du unbedingt willst⟩ ◇ **you are ~** keine Ursache!, gern geschehen!, nichts zu danken! ⟨"Thank you." "≈" "Danke!" – "Bitte"⟩; **2.** *interj* willkommen! (**to** in) ⟨~ to England; ~ home! willkommen zu Hause!⟩; **3.** *s* Willkommen *n*, freundliche Aufnahme ⟨to bid s.o. ~ jmdn. willkommen heißen; to find a ready ~ gut aufgenommen werden; to give a ~ to s.o. jmdn. empfangen; to give s.o. a warm ~ jmdn. herzlich willkommen heißen; to outstay one's ~ länger bleiben, als erwartet wird *od* als es sich gehört⟩; **4.** *vt* (jmdn.) begrüßen (beim Eintreffen) | willkommen heißen, bewillkommnen ⟨to ~ a friend⟩ | *übertr* begrüßen, gutheißen ⟨to ~ a suggestion warmly e-n Vorschlag aufs wärmste befürworten⟩; **~ in[to]** einladen in, mitnehmen in ⟨to ~ s.o. into one's home⟩

[1]**weld** [weld] *s Bot* Färberwau *m* | Wau *m*

[2]**weld** [weld] **1.** *vt Tech* ver-, (zusammen)schweißen (**to** an) | *auch* **~ together** *übertr* eng verbinden, zusammenschweißen; **~ on** auf-, anschweißen; *vi Tech* sich schweißen lassen | *übertr* sich eng miteinander verbinden; **2.** *s Tech* Schweißung *f*, Schweißen *n* | Schweißstelle *f*, -naht *f*; **ˌ~a'bil·i·ty** *s* Schweißbarkeit *f*; '**~a·ble** *adj* schweißbar; '**~ed** *adj* geschweißt, Schweiß-; '**~er** *s* Schweißer *m*; '**~ ˌhard·en** *vt Tech* schweißhärten; '**~ing** *s* Schweißen *n*, Verschweißung *f*; '**~ing ˌburn·er** *s* Schweißbrenner *m*; '**~ing ˌgog·gles** *s/pl*

Schweißbrille *f*; ˌ~ing 'hot *adj* weißglühend; '~ing joint *s* Schweißverbindung *f*, -naht *f*; '~ing point *s* Schweißpunkt *m*; '~ing torch *s* Schweißbrenner *m*; '~less tube *s* nahtloses Rohr

wel·fare ['welfɛə] *s* Wohlfahrt *f*, -ergehen *n* ⟨we only want his ~ wir wollen nur sein Bestes⟩ | Fürsorge *f* ⟨social ~ Sozialfürsorge⟩ | *Am* Wohlfahrtsunterstützung *f* ⟨to be on ~ Unterstützung beziehen, Unterstützungsempfänger sein⟩; '~ ˌ**cen·tre** *s* Fürsorgeamt *n*; '~ **home** *s* Fürsorgeheim *n*; '~ ˌ**hot·el** *s* Obdachlosenherberge *f*; '**wel·far·ite** *s Am verächtl* Almosenempfänger(in) *m(f)*; '~ ˌ**of·fi·cer** *s* Fürsorgebeamter *m*, Fürsorgebeamtin *f*; '~ ˌ**mother** *s Am* auf Fürsorgeunterstützung angewiesene (alleinstehende) Mutter; ˌ~ '**state** *s Pol* Wohlfahrtsstaat *m*; '~ **work** *s* Fürsorge *f*; '~ ˌ**work·er** *s* Fürsorger(in) *m(f)*; '**wel·far·ist** *s* Befürworter *m* von Unterstützungsprogrammen, Anhänger(in) *m(f)* des Wohlfahrtsstaates

wel·kin ['welkɪn] *s poet* Firmament *n*, Himmelszelt *n*

[1]**well** [wel] (*comp* **bet·ter** ['betə], *sup* **best** [best]) **1.** *adv* gut, wohl ⟨to be ~ off gutgestellt sein; to be doing ~ sich wohlfühlen, Fortschritte (in der Gesundheit) machen; to do o.s.~ es sich wohl sein lassen; to do ~ by s.o. jmdm. viel (e-e Menge) bieten; to sing ~; to live ~⟩ | gut, günstig ⟨to come off ~ Glück haben; to do ~ Erfolg haben (mit); to do ~ out of einen Gewinn machen mit, profitieren aus; to speak ~ of s.o. Gutes über jmdn. sagen⟩ | passend, richtig ⟨to do ~ to *mit inf* gut daran tun, zu *mit inf*; ~ done! gut gemacht!⟩ | ganz, völlig, ziemlich ⟨~ above him⟩ | tüchtig, gründlich ⟨shake the bottle ~ die Flasche kräftig schütteln⟩ ◇ **as ~** ebenfalls, gleichfalls; **as ~ as** ebenso wie; **just as ~** (Antwort) außerdem; **[may] ~** bestimmt, unter Umständen, durchaus ⟨you may ~ need a coat du wirst bestimmt e-n Mantel brauchen; it may ~ rain es kann durchaus regnen⟩; **[may] just as ~** ruhig, ohne weiteres, durchaus ⟨you may just as ~ tell me du kannst es mir ruhig *od* wirklich sagen⟩; **pretty ~** fast ⟨pretty ~ finished⟩; **~ and truly** *umg* vollkommen ⟨≈ drunk⟩; **~ away** voran, ziemlich fortgeschritten (weit); *Sl* leicht angeschlagen *od* betrunken; **~ out of** *umg* gut (schön) heraus, nicht (mehr) davon betroffen ⟨she wished she were ≈ sie wünschte, es ginge ihr besser⟩; **~ up in** bestens im Bilde über; **2.** *adj* wohl, gesund ⟨I am not ~ mir ist nicht gut; I'm not a ~ man *bes Am* ich bin nicht gesund; to be/feel ~ sich wohl fühlen⟩ | richtig, gut ⟨[just] as ~ schon gut, ganz gut; that's ~ das ist gut; it's all very ~ [but] es ist alles schön und gut (aber)⟩ | *selten* günstig, ratsam, wünschenswert ⟨it would be ~ es wäre angebracht⟩; **3.** *interj* nun, na, ach ⟨~, ~! schon gut!; oh ~! na ja!, ach!; ~ then nun also; ~ then? na und?⟩ | (Überraschung) Oh, ah! ⟨~, ~! gut!, so, so!⟩ | (als Einleitung) also, und ⟨~, then he said und dann sagte er ...⟩; **4.** *s* Gesunde(r) *f(m)* | das Gute, Wohl *f* ⟨let ~ alone! laß gut sein!, laß das (mal) lieber sein!; to wish s.o. ~ jmdm. alles Gute wünschen; to wish s.o. ~ but ... jmdm. nichts Böses wünschen, aber ...⟩

[2]**well** [wel] **1.** *s* Brunnen *m* | Heilquelle *f* | *Bergb* Senkschacht *m*, Bohrung *f*, Bohrloch *n* ⟨to drive/sink a ~ e-n Brunnen bohren⟩ | *Arch* Licht-, Luftschacht *m* | *auch* '**stair~** Treppenhaus *n* | *Kfz* Felgenbett *n* | Cockpit *n* | *Brit Jur* eingefriedeter Platz der Anwälte (Gerichtssaal) | *Theat* Parkett *n* | *übertr* Quelle *f*, Ursprung *m*; **2.** *vi* fließen, quellen (**from** aus); **~ out** herausfließen; **~ up** (Wasser) aufwallen, (Tränen) aufsteigen, (Gefühl) aufkommen; **~ over** überfließen; *vt* fließen lassen, ergießen

we'll [wɪl|wi:l] *umg* für **we will, we shall**

well|-ad·vised [ˌwel əd'vaɪzd] *adj* wohlbedacht | wohlberaten; ˌ~-**ap'point·ed** *adj* wohlausgestattet ⟨a ≈ hotel⟩; ˌ~-'**bal·anced** *adj* (innerlich) ausgeglichen | gut abgestimmt ⟨a ≈ diet⟩; ˌ~-'**be·haved** *adj* wohlerzogen; ˌ~'**be·ing** *s* Wohl(fahrt) *n(f)* | Wohlgefühl *n* ⟨a sense of ≈ Wohlbehagen *n*, ein angenehmes Gefühl⟩; ˌ~-**be'loved** *adj* vielgeliebt; '~**born** *adj* aus guter Familie stammend; ˌ~-'**bred** *adj* wohlerzogen; ˌ~-'**cho·sen** *adj* gutgewählt, treffend, passend ⟨≈ words⟩; ˌ~-**con'nect·ed** *adj* mit guten Beziehungen, mit Beziehungen zu *od* in höheren Kreisen

well deck ['wel dek] *s Mar* Brunnendeck *n*, Versaufloch *n*

well|-de·fined [ˌweldɪ'faɪnd] *adj* klar umrissen ⟨a ≈ picture; a ≈ concept⟩; ˌ~-**de'served** *adj* wohlverdient; ˌ~-**dis'posed** *adj* wohlgesinnt, wohlmeinend, wohlwollend (**to, towards** gegen); ˌ~-'**done** *adj Brit* (Fleisch) gut durchgebraten, gar (*Ant* rare); ˌ~-'**earned** *adj* wohlverdient ⟨a ≈ rest⟩; ˌ~-**es'tab·lished** *adj* wohlbegründet, fundiert ⟨≈ principles⟩ | *Wirtsch* gut eingeführt ⟨a ≈ firm⟩; ˌ~-'**fa·voured** *adj arch* gut aussehend, hübsch, schön; ˌ~-'**fed** *adj* gut genährt; ˌ~-'**fixed** *adj Am umg* wohlhabend; ˌ~-'**found** *adj Mar* (Schiff) voll ausgerüstet ⟨a ≈ ship⟩; ˌ~-'**found·ed** *adj* gut fundiert, wohlbegründet; ˌ~-'**groomed** *adj* (Aussehen) gepflegt; ˌ~-'**ground·ed** *adj* = ˌ~-'**founded** | gut ausgebildet (**in** in); ˌ~-'**heeled** *adj Sl* betucht (reich)

well hole ['wel həʊl] *s* Brunnen-, Bohrloch *n* | *Arch* Treppenhaus *n*, -schacht *m*

well-hung [ˌwel 'hʌŋ] *adj* (Zunge) gewandt | (Rock) gut sitzend | (Wild) gut abgehangen | *vulg* (Mann) gut ausgestattet, mit imposanter Männlichkeit, (Frau) mit üppigem Busen; ˌ**well-in'formed** *adj* gut informiert | gebildet

wel·ling·ton ['welɪŋtən], *auch* ˌ~ '**boot** *s* (*meist pl*) Langschäfter *m/pl*, Stulpenstiefel *m/pl*

well|-in·ten·tioned [ˌwel ɪn'tenʃnd] *adj* (Person) wohlmeinend | wohlgemeint ⟨≈ effort⟩; ˌ~-'**judged** *adj* wohlberechnet ⟨a ≈ action⟩; ˌ~-'**knit** *adj* festgefügt | kräftig, stramm ⟨a ≈ body⟩ | gut fundiert; ˌ~-'**known** *adj* wohlbekannt; ˌ~-'**lined** *adj umg* voller Geld, dick ⟨≈ pockets⟩ | (Magen) rund, dick; ˌ~-'**look·ing** *adj* gutaussehend; ˌ~-'**made** *adj* gut gebaut (Figur); ˌ~-'**marked** *adj* ausgeprägt; ˌ~-'**mean·ing** *adj* (Person) wohlmeinend | gut gemeint ⟨≈ efforts⟩; ˌ~-'**meant** *adj* gut gemeint; '~-**nigh** *adv förml* fast, beinahe; ˌ~-'**off** *adj* gut versehen (**for** mit) | gut situiert, wohlhabend (*Ant* badly-off) ⟨you don't know when you're ≈ du weißt nicht, wie gut es dir geht⟩; ˌ~-'**oiled** *adj* gut geölt | *übertr* schmeichlerisch, ölig ⟨≈ words⟩ | *Sl* (ziemlich) angesäuselt; ˌ~-**pre'served** *adj* gut erhalten, wohlbehalten | *euphem* (alter Mensch) noch rüstig, noch gut beieinander; ˌ~-**pro'por·tioned** *adj* wohlproportioniert; ˌ~-'**read** *adj* belesen | bewandert (**in** in); ˌ~-'**round·ed** *adj* korpulent | *übertr* ausgeglichen, umfassend, allseitig ⟨a ≈ education⟩; ˌ~-'**set** = ˌ~-'**knit**; ˌ~-'**set-up** *adj umg* gut gebaut

well sink·ing ['wel ˌsɪŋkɪŋ] *s* Brunnenbau *m*

well-spo·ken [ˌwel 'spəʊkən] *adj* beredt, redegewandt | gut gesagt, treffend ausgedrückt | gewählt (im Ausdruck) | *Brit* mit guter *od* gepflegter Aussprache

well|spring ['wel sprɪŋ] *lit s* Quell *m* | *übertr* Urquell *m*, eigentlicher Ausgangspunkt; '~ ˌ**stair·case** *s Arch* Wendeltreppe *f*; '~ **sweep** *s* Brunnenschwengel *m*

well|-thought-of [ˌwel 'θɔ:t ɒv] *adj* (Person) angesehen; ˌ~-'**timed** *adj* rechtzeitig, zur rechten Zeit | (Uhr) richtiggehend; ˌ~-**to-'do** **1.** *adj umg* wohlhabend; **2.** *s* (*pl konstr*) (*mit best art*) (die) Reichen *pl*; ˌ~-'**tried** *adj* bewährt, erprobt; ˌ~-'**turned** *adj* (Ausdruck) wohlgeformt, wohlgestaltet ⟨a ≈ phrase⟩ | gut ausgedrückt ⟨a ≈ compliment⟩; '~-ˌ**wish·er** *s* Gönner(in) *m(f)*, Freund(in) *m(f)* | Gratulant *m*, Anhänger *m*; '~-ˌ**wish·ing** **1.** *adj* wohlwollend; **2.** *s* Wohlwollen *n*; ˌ~-'**worn** *adj* abgetragen, abgenutzt | *übertr* (Ausdruck) abgedroschen

Welsh [welʃ] 1. *s collect* Waliser *m/f/pl* | Walisisch *n*; 2. *adj* walisisch

welsh [welʃ] *vt* (jmdm.) mit dem Wettgeld durchbrennen | *Sl* betrügen; ~ **on** *vi* mit dem Wettgeld durchbrennen ⟨to ~ on a bet e-e Wette nicht auszahlen⟩ | nicht zahlen ⟨to ~ on one's debts mit den Schulden durchgehen⟩ | nicht einhalten ⟨to ~ on one's promises⟩; '**~er** *s* Wettbetrüger *m* | *Sl* Schwindler *m*

Welsh|man ['welʃmən] *s* (*pl* '**~men**) Waliser *m*; ,**~ 'rab·bit**, *auch* ,**~ 'rare·bit** *s Kochk* Welsh Rabbit *n*, Käsetoast *m*; ,**~ 'ter·ri·er** *s* Welshterrier *m*; '**~,wom·an** *s* (*pl* '**~,wom·en**) Waliserin *f*

welt [welt] 1. *s* Rahmen *m* (e-s Schuhes) | Einfassung *f*, Kante *f*, Borte *f*, Saum *m* (am Kleid) | Strieme *f* | *umg* derber Schlag | *Tech* Falz *m* (Blechbearbeitung); 2. *vt* (Kleid) einfassen, säumen | (Schuh) mit einem Rahmen versehen | *Tech* falzen | *dial*, *umg* verdreschen

Welt·an·schau·ung ['velt,ænʃauəŋ] *s* ⟨*dt*⟩ Weltanschauung *f*, Ideologie *f*, Geisteshaltung *f* ⟨the ~ of the middle classes⟩

[1]**wel·ter** ['weltə] 1. *vi selten* rollen, sich wälzen (**in** in) | (Tier) sich suhlen | *übertr* frönen (in s.th. e-r Sache); 2. *s* Wogen *n*, Toben *n* ⟨a ~ of foam schäumende Gischt⟩ | *übertr* Durcheinander *n*, Wirrwarr *m*, Chaos *n* ⟨a ~ of ideas⟩

[2]**wel·ter** ['weltə] (Sport) 1. *s* Weltergewicht *n* | Weltergewichtler *m* | schwerer Reiter | *umg* (schwerer) Brocken; '**~ ,hand·i·cap** *s* (Pferderennen) Gewichtsausgleich *m*; '**~ race** *s* (Pferderennen) Rennen *n* für schwere Reiter; '**~weight** *s* Weltergewicht *n*

wen [wen] *s Med* Grützbeutel *m*, Geschwulst *f* | *übertr* übervölkerte große Stadt ⟨the great ~ London⟩

wench [wentʃ] 1. *s arch* Mädchen *n*, junge Frau | *arch* Dirne *f*, Hure *f* | *umg* (bei Bauern) Mädel *n*; 2. *vi arch* huren (Mann)

wend [wend] *vi selten* reisen (**to** nach); *vt*, *in*: **to ~ one's way** *lit* sich begeben, sich auf den Weg machen (**to** nach) ⟨I must be ~ing my way ich muß aufbrechen; to ~ one's way home sich nach Hause begeben⟩

Wend [wend] *s* Wende *m*, Wendin *f*; Sorbe *m*, Sorbin *f*; '**~ic**, '**~ish** 1. *adj* wendisch, sorbisch; 2. *s* Wendisch *n*, Sorbisch *n*

Wens·ley·dale ['wenzlɪdeɪl] *s* Wensleydale *m* (englische Käsesorte) | *Zool* langhaarige Schafart

went [went] *prät von* ↑ **go**

wept [wept] *prät u. part perf von* ↑ **weep**

were [wə|wɜ:] *2. pers sg, 1., 2., 3. pers pl prät von* ↑ **be**

we're [wɪə|wi:ə] *umg für* **we are**

weren't [wɜ:nt] *umg für* **were not**

were|wolf ['wɛəwulf|'wɪə-] *s* (*pl* '**~wolves**) *Myth* Werwolf *m*

wert [wɜ:t] *poet 2. sg prät von* ↑ **be** ⟨thou ~ du warst⟩

Wes·ley·an ['wezlɪən] *Rel* 1. *adj* wesleyanisch, methodistisch; 2. *s* Wesleyaner(in) *m(f)*, Methodist(in) *m(f)*; '**~ism** *s* Methodismus *m*

west [west] 1. *s* West(en) *m* ⟨in the ~ im Westen⟩ | **∸** (*mit best art*) Westen *m* (der USA) | **∸** *Pol* Westen, die westlichen Länder *pl* | Abendland *n* | *poet* Westwind *m*; 2. *adj* westlich, west- ⟨the ~ door⟩; 3. *adv* westwärts, gegen Westen ⟨to travel ~ nach Westen reisen; to go ~ *Sl oft scherzh* abkratzen, draufgehen; kaputtgehen, verlorengehen⟩ ◇ **~ of** westlich von, im Westen von ⟨≈ London⟩; 4. *vi* sich in westlicher Richtung bewegen, untergehen (Sonne); '**~bound** *adj* nach Westen fahrend *od* gehend; ,**~ by 'north** *s Mar* West *m* zu(m) Nord(en); ,**~ by 'south** *s Mar* West *m* zu(m) Süd(en); '**~ ,Coun·try** *s* Westen *m* Englands; ,**~ 'End** *s* Westend *n* (in London); ,**~ 'end** *übertr* vornehmes Stadtviertel; '**~er·ly** 1. *adj* westlich, West- ⟨≈ shore; ≈ wind⟩; 2. *adv* westwärts, gegen Westen; '**~ern** 1. *adj* westlich, West- ⟨the ≈ Empire *Hist* das weströmische Reich⟩; westwärts, West- | im Westen gelegen | *meist* '**∸ern** westlich, abendländisch ⟨the ~ nations⟩ | westamerikanisch; 2. *s*, *oft* '**∸ern** Westländer(in) *m(f)*, Westler *m* | *Am* Weststaatler(in) *m(f)* | Wildwestgeschichte *f* | Western *m*, Wildwestfilm *m*; **∸ern·er** ['-ənə] *s* Weststaatler(in) *m(f)*; | Abendländer(in) *m(f)* | **≛** *Am* Weststaatler(in) *m(f)*; '**∸ern 'Is·lands** *s/pl* Hebriden *pl*; '**~ern·ize** *vt* verwestlichen; **~ern·most** ['~ənməust] *adj* westlichste(r, -s), am weitesten westlich; ,**∸ 'In·dian** 1. *adj* westindisch ⟨≈ cooking⟩; 2. *s* Westindier(in) *m(f)*; '**~ing** *Mar s* nach Westen zurückgelegte Entfernung | Westkurs *m*; '**∸min·ster 'Ab·bey** *s* Westminster-Abtei *f* (in London); ,**~-north-'~** 1. *adj* westnordwestlich, Westnordwest-; 2. *adv* nach Westnordwesten; 3. *s* Westnordwest(en) *m*

West·pha·li·an [west'feɪljən] 1. *adj* westfälisch; 2. *s* Westfale *m*, Westfälin *f*

West| Sax·on [,west 'sæksn] *s* Westsächsisch *n*; ,**~-south-'~** 1. *adj* westsüdwestlich, Westsüdwest-; 2. *adv* nach Westsüdwesten; 3. *s* Westsüdwest(en) *m*; '**~ward** 1. *adj* westlich, West-; 2. *adv Am* westwärts; 3. *s* Westen *m*; '**~ward·ly** 1. *adj* westlich; 2. *adv* westwärts; '**~wards** *adv* westwärts

wet [wet] 1. *adj* naß, feucht ⟨~ clothes; ~ ground; to get ~ naß werden; ~ behind the ears *übertr* noch nicht trocken hinter den Ohren, unerfahren; ~ to the skin naß bis auf die Haut; ~ through durchnäßt⟩ | feucht, regnerisch ⟨a ~ day; ~ weather⟩ | naß, noch nicht trocken ⟨~ paint frisch gestrichen!⟩ | *Tech* Naß- ⟨~ cleaning Naßaufbereitung *f*; ~ process Naßverfahren *n*⟩ | *Am* feucht, nicht unter Alkoholverbot stehend ⟨a ~ state⟩ | *umg verächtl* feige, schlapp (Person) ⟨don't be so ~! sei kein Schlappschwanz!⟩ | *Am Sl* falsch, verrückt, behämmert ⟨a ~ idea e-e Schnapsidee⟩; 2. *s* (*mit best art*) Nässe *f*, Feuchtigkeit *f* | (*mit best art*) Regen *m*, regnerisches Wetter | *Am* Gegner *m* des Alkoholverbots | *Brit Sl* Getränk *n* ⟨to have a ~ e-n trinken⟩ | *Brit Pol umg* gemäßigter konservativer Politiker; 3. (**~**, **~** *od* **~ted, ~ted**) *vt* anfeuchten, benetzen | *Sl* (etw.) begießen | (*nur* **~**, **~**) (Bett) nässen ⟨he has ~ the bed⟩; *vi* naß werden; ,**~'back** *s Am* illegaler mexikanischer Einwanderer; ,**~ 'blan·ket** *s übertr* kalte Dusche | *verächtl* Spielverderber(in) *m(f)*; ,**~ 'cell** *s El* Naß-, Füllelement *n*; ,**~ 'dock** *s Mar* Flutbecken *n*; ,**~-'dog shakes** *s/pl Sl* heftiges Zittern *od* Schütteln (als Folge von Alkohol- *od* Drogenentziehung); ,**~ 'dream** *s umg* erotischer *od* feuchter Traum

weth·er ['weðə] *s Zool* Hammel *m*

wet| lab ['wet læb] *s Mar* Ansteigekammer *f* (eines Tauchbootes); '**~-,leas·ing** *s Flugw* Chartern *n* einer einsatzfähigen Maschine samt Besatzung; '**~-look** *adj* (Hoch-) Glanz- ⟨≈ coat; ≈ leather⟩; '**~ nurse** *s* Amme *f*; '**~-nurse** *vt* säugen | *übertr* verhätscheln; ,**~ 'pack** *s Med* feuchter Umschlag; '**~ suit** *s* Unterwasseranzug *m*; '**~ting** *s* Durchnässen *n* ⟨to get a ≈ durchnäßt werden⟩ | *Tech* Benetzung *f* | *Tech* Verzinnung *f*; '**~ting ,a·gent** *s Chem* (Be-) Netz(ungs)mittel *n*

we've [wɪv|wi:v] *umg* für **we have**

whack [wæk] 1. *vt* verprügeln, schlagen | (im Spiel) besiegen; *vi* prügeln; 2. *s* (lauter) Schlag | *Sl* Anteil *m* | (*meist sg*) *umg* Versuch *m* ⟨to take a ~ at s.th. etw. versuchen⟩; **whacked**, *auch* ,**~ed 'out** *umg* erschöpft, todmüde; '**~er** *umg s* Mordsding *n*, tolle Sache | faustdicke Lüge, ausgemachter Schwindel; '**~ing** 1. *adj*, *adv umg* kolossal, gewaltig, groß ⟨a ≈ lie⟩; 2. *s* Prügel *pl*

[1]**whale** [weɪl] 1. *s* (*pl* **~s**, *collect* **~**) *Zool* Wal *m* ⟨bull ~ Walbulle *m*; cow ~ Walkuh *f*⟩ | *übertr umg* (etw.) Tolles, Großes, Gewaltiges *n* (**of** an) ⟨a ~ of a fellow ein Riesenkerl; a

~ of a lot eine tolle Menge; a ~ of a time ein tolles Erlebnis; to be a ~ at s.th. e-e Kanone in etw. sein; to be a ~ for/on s.th. auf etw. ganz verrückt sein〉; **2.** *vi* Wale fangen

²**whale** [weɪl] *Am umg vt* schlagen, (ver)prügeln

whale|bone ['weɪlbəʊn] **1.** *s* Fischbein *n* | *Zool* Barte *f* | Gegenstand *m* aus Fischbein; **2.** *adj* Fischbein- | *übertr* starr, unbiegsam; '**~,fish·er·[man]** *s* (*pl* '**~,fish·er·men**) Walfänger *m*; '**~,fish·er·y** *s* Walfang *m* | Walfanggebiet *n*; '**~ lance** *s* Harpune *f*; '**~ oil** *s* Tran *m*; ¹'**whal·er** *s* Walfänger *m* | *Mar Hist* Walfänger *m* | Walfangboot *n*

²**whal·er** ['weɪlə] *s Am Sl* Mordsding *n*

¹**whal·ing** ['weɪlɪŋ] **1.** *adj* Walfang-; **2.** *s* Walfang *m*

²**whal·ing** ['weɪlɪŋ] *Am Sl* **1.** *adj, adv* riesig, gewaltig; **2.** *s* Haue *pl*, Prügel *pl*

whal·ing gun ['weɪlɪŋ gʌn] *s* Harpunengeschütz *n* (für den Walfang)

wham [wæm] *s umg* Knall *m*, Bums *m*

whame [weɪm] *s Zool* Viehbremse *f*

whang [wæŋ] *umg* **1.** *vt* schlagen, knallen; **2.** *s* Knall *m*

wharf [wɔ:f] **1.** *s* (*pl* **wharves** [wɔ:vz] *od* **~s**) *Mar* Kai *m*, Ladeplatz *m* | *arch* Küste *f*; **2.** *vt Mar* löschen, ausladen; '**~age** *s* Löschen *n*, Ausladen *n* | Kaianlage *f* | Kai-, Löschgeld *n*; '**~ crane** *s* Hafenkran *m*; '**~ing** *s* Kaianlage *f*; '**~in·ger** [-ɪndʒə] *s* Kaimeister *m*; '**~man** *s* (*pl* '**~men**) Kai-, Dockarbeiter *m*; '**~,mas·ter** *s* Kaimeister *m*

wharve [wɔ:v] *s* (Spinn-) Wirtel *m*

wharves [wɔ:vz] *s/pl von* ↑ **wharf 1.** und ↑ **wharve**

what [wɒt] **1.** *pron* was, wie 〈~ about/ of wie steht es mit; and ~ not und was nicht noch alles, und anderes mehr; so ~? na und?; ~ of it? *förml* was ist schon dabei?; ~ for *umg* wozu, wofür?; ~ happened? was ist passiert?; ~ have you *umg* und noch alles mögliche, und sonstwas; ~ if? was passiert, wenn; ~ is s.th. for? wozu soll etw. sein?, wozu dient etw.?; ~ is (was) s.th. like? wie sieht (sah) etw. aus?; ~ it takes *umg* worauf es ankommt; ~ little few wie wenig(e); ~ next? was (kommt) noch?, was kommt dann?; ~ luck! welches Glück!; ~ of it/that?, so? was ist schon dabei?; ~'s more noch dazu, sogar; ~'s your name? wie heißen Sie?; to give s.o. ~ for *umg* es jmdm. heimzahlen; to know ~'s ~ genau Bescheid wissen〉 | (Ausruf) was für ein(e), welche(r, -s) 〈~ weather? was für ein Wetter!; ~ a pity! wie schade!〉 ◇ **~ the ...** zum ...! 〈~ the hell do you want was zum Teufel willst du?〉; **~ though** *förml* selbst wenn, wenn auch 〈~ though the battle be lost wenn auch die Schlacht verloren gehen sollte ...〉; **2.** *adj* welche(r, -s), was für ein(e) 〈~ time is it? wie spät ist es?; ~ size welche Größe?〉 | soviel ... wie 〈~ little he said wie wenig er auch sagte〉; **3.** *adv* was 〈~ does it matter? was tut es schon?; ~ do you care? was kümmert dich's?〉 ◇ **~ with** bei 〈≈ all this work I can't come bei all dieser Arbeit kann ich nicht kommen〉; **4.** *interj* was!, wie!; **~ d'you call her/him/it** ['wɒdʒə,kɔ:l ə/ɪm/ɪt]|'wɒtʃʊ-] *s umg* Dings *f, m, n* 〈Mrs ≈ Frau Dingsda *f*〉; **~e'er** *poet* = **~ev·er** [wɒt'evə] **1.** *pron* was (auch immer); alles, was; egal, was; ganz gleich, was 〈do ≈ you like mach, was du willst; keep calm ≈ happens was auch immer geschieht, bleibe ruhig〉; **2.** *adj* welche(r, -s) auch immer | (*nachgestellt*) überhaupt, gar 〈to have no intention ≈ nicht die geringste Absicht haben〉; **~not** ['~nɒt] *s umg* was (nicht) noch alles | Etagere *f*; '**what's it**, *auch* '**what's its ,name** *s umg* (kleines) Dings(da), Kleinigkeit *f*, Dingsbums *n*; **,~so'ev·er** *poet für* **~'ever**

¹**wheal** [wi:l] **1.** *s* Bläschen *n*, Pustel *f* | Strieme *f*; **2.** *vt* Bläschen bewirken auf

²**wheal** [wi:l] *s* Bergwerk *n*, Grube *f* (in Cornwall)

wheat [wi:t] *s* Weizen *m*; '**~ bread** *s* Weißbrot *n*; '**~en** *adj lit* Weizen- 〈≈ products〉; '**~ flour** *s* Weizenmehl *n*; '**~ germ** *s* Weizenkeim *m*; '**~ grass** *s Bot* Quecke *f*

whee|dle ['wi:dl] *vt* beschwatzen, überreden (**into** zu) 〈to ≈ s.o. into *mit ger* jmdn. dazu überreden, zu *mit inf*〉; **~dle out** abschwatzen, abschmeicheln 〈to ≈ s.th. out of s.o. jmdm. etw. abschwatzen〉; *vi* schmeicheln; '**~dling 1.** *adj* schmeichelnd, schmeichlerisch; **2.** *s* Schmeichelei *f*

wheel [wi:l] **1.** *s* Rad *n* (*auch übertr*) 〈on ~s auf Rädern; *übertr* glatt, schnell; on oiled ~s wie geölt, ohne Schwierigkeiten; to oil the ~s alle Schwierigkeiten beseitigen; to put one's shoulder to the ~ sich tüchtig einsetzen; ~s within ~s *übertr* e-e verwickelte Sache, e-e komplizierte Geschichte, gewisse Verbindungen *pl*〉 | *Kfz* Lenk-, Steuerrad *n* 〈the man at the ~ der Mann am Steuer, der Fahrer; to take the ~ sich ans Steuer setzen, fahren〉 | *Mar* Ruder(rad) *n(n)* 〈at the ~ *übertr* am Ruder, an der Macht〉 | *Hist* Rad *n*, Folter *f* 〈to break s.o. on the ~ jmdn. rädern; to break a fly on the ~ *übertr* mit Kanonen auf Spatzen schießen〉 | Glücksrad *n* | *Am umg* Fahrrad *n* | Rad *n*, Scheibe *f* | *Tech* Schleifscheibe *f* | Töpferscheibe *f* | Kreis *m*, Drehung *f* | (Turnen) Rad *n* 〈to turn ~s radschlagen〉 | *Mil Brit* Schwenkung *f* 〈right ~! rechts schwenkt!〉 | *Mus* Kehrreim *m* | *auch* **,big '~** *Am Sl* Macher *m*, einflußreicher Bursche; **2.** *vt* fahren, rollen, schieben, drehen | *Hist* rädern | *Tech* auf der Töpferscheibe formen | *Mil Brit* eine Schwenkung ausführen lassen; **~ about**, **~ round** herumdrehen, -fahren; **~ in[to]** hereinrollen, -fahren | *übertr umg* hereinlassen 〈~ him in herein mit ihm!〉; *vi* sich drehen, rollen, sich umwenden | *Mil Brit* schwenken | *umg* radfahren; **~ about** sich herumdrehen | *übertr* umschwenken 〈to ≈ in the other extreme ins andere Extrem verfallen〉; '**~age** *s* Räder-, Wegegeld *n*; '**~,bar·row 1.** *s* Schubkarren *m*; **2.** *vt* in einem Schubkarren fahren; '**~base** *s Tech Kfz* Achsabstand *m*; '**~chair** *s* Rollstuhl *m*; '**~ chuck** *s Tech* Schleifscheibenfutter *n*; **wheeled** *adj* fahrbar, Roll- 〈≈ bed Rollbett *n*〉 | mit Rädern; '**~er** *s* Stangenpferd *n* | *Brit* Stellmacher *m* | (*in Zus*) Fahrzeug mit ... Rädern 〈four-≈ Vierradwagen *m*, Zweiachser *m*〉 | *auch* **,~er-'deal·er** *Am Sl* gerissener Bursche, schlauer Geschäftsmann; **,~er-,deal·er** *vi Am Sl* raffinierte Tricks anwenden, tricksen, jonglieren; **~ie** ['~ɪ] *s* (Fahrrad, Motorrad) Auf-einem-Rad-Fahren *n*, Kunststück(chen) *n(n)*; '**~horse** *s* Deichsel-, Stangenpferd *n* | *übertr* Arbeitstier *n*; '**~house** *s Mar* Ruderhaus *n*; '**~ hub** *s* Radkörper *m*, Radnabe *f*;''**~ing** *s* Karrentransport *m* | Schwenkung *f* | *umg* Radfahren *n* | Befahrbarkeit *f* 〈to be good ~ing gut befahrbar sein〉; '**~ing and 'deal·ing** *s Sl* (schlaue) Tricks *pl*, Machenschaften *pl*; '**~ jack** *s* Wagenwinde *f*; '**~less** *adj* ohne Räder, räderlos; '**~ load** *s Kfz* Radlast *f*; '**~ lock** *s Hist* (Gewehr) Radschloß *n*; '**~shaft** *s Tech* Radachse *f*, Radwelle *f*; **wheels** *s/pl Sl* Auto *n*, Wagen *m*, Karre *f* 〈my new ≈〉; '**wheels·man** *s* (*pl* '**wheels·men**) *bes Am Mar* Rudergänger *m* | *Flugw* Pilot *m* | *umg* Radfahrer *m*; '**~ spoke** *s* Radspeiche *f*; '**~ track** *s* Radspur *f*; '**~ ,win·dow** *s Arch* Radfenster *n*; '**~wright** *s* Stellmacher *m*, Wagner *m*; '**~y** *adj umg* radförmig, rund

wheen [wi:n] *s dial, Schott* Kleinigkeit *f* 〈a ~ ein bißchen〉

whee up ['wi: ʌp] (**wheed up, wheed up**) *vt Am Sl* begeistern, animieren

wheeze [wi:z] **1.** *vi* keuchen, schnaufen (**with** vor), keuchend *od* pfeifend atmen; *vt, auch* **~ out** keuchend äußern; **2.** *s* Keuchen *n*, Schnaufen *n* | *Sl* fauler Witz | *Sl* Gag *m*, Jux *m* 〈to think up a ~ sich etwas einfallen lassen〉; '**wheez·y** *adj* keuchend, pfeifend, schnaufend | pfietschend, quietschend 〈a ≈ old pump〉

¹**whelk** [welk] *s Zool* Wellhornschnecke *f*

²**whelk** [welk] *s* Pickel *m* | Strieme *f*; **whelked** *adj* voller Pickel, pickelig

whelp [welp] **1.** *s* Welpe *m* | (Raubtier u. ä.) Junges *n* | Balg *m*, ungezogenes Kind; **2.** *vt* (Raubtier, Hund etc.) (Junge) werfen | *übertr* ausbrüten

when [wen] **1.** *adv* (*interrog*) wann ⟨~ will you come?; do you know ~ they're coming?; ~ can you come?⟩ | (*relat*) wenn, als, da, wo ⟨Sunday is the day ~ I am least busy Sonntag ist der Tag, an dem ich am wenigsten tue⟩; **2.** *conj* wann ⟨he knows ~ to go⟩ | als, wenn ⟨at the time ~ zu der Zeit als; ~ a boy als Junge⟩ | sobald, sooft, immer wenn ⟨come ~ you please⟩ | während, obwohl ⟨he walks ~ he might take a taxi er geht zu Fuß, obwohl er ein Taxi nehmen könnte⟩ ◇ **hardly ~, scarcely ~** (zeitlich) kaum ... als ⟨hardly had I seen him ~ he said ich hatte ihn kaum gesehen, als er sagte ...⟩; **3.** *pron* (*interrog*) wann, zu welcher Zeit ⟨from ~ does it date? aus welcher Zeit stammt es?; since ~ seit wann?; till ~? bis wann?⟩ | (*relat*) welche Zeit, welcher Zeitpunkt, wann ⟨I went at 8, before ~ I had eaten; next spring, by ~ I'll be home⟩; **4.** *s* Wann *n* ⟨the ~ and how das Wann und Wie; the ~ and where das Wann und Wo⟩

whence [wens] *arch, bes poet* **1.** *adv* (von) woher, woraus (*auch übertr*) ⟨~ comes it that ... wie kommt es, daß ...⟩; **2.** *conj* woher | *übertr* daher ⟨return ~ you come geh wieder dahin, woher du gekommen bist⟩; **3.** *pron* (*relat*) welche(r, -s) ⟨the town from ~ he comes die Stadt, aus der er kommt⟩

when|ever [wen'evə], **~so·ev·er** [ˌwensəʊ'evə] **1.** *conj* wann auch immer, immer wenn ⟨come ≈ you like⟩ | jedesmal, wenn ⟨≈ he comes ...⟩; **2.** *adv umg* wann denn (nur) ⟨≈ did you see him?⟩ ◇ **or ~ever** *umg* oder wann auch immer ⟨tonight, tomorrow or ≈⟩

where [wɛə] **1.** *adv* (*interrog*) wo ⟨that's ~ it is *umg* so steht es, das ist der Punkt; ~ does he live? wo wohnt er?⟩ | (*relat*) wo ⟨that's the place ~ I met him das ist der Ort, wo ich ihn traf⟩ | wohin ⟨~ are you going wohin gehst du?; ~ will this lead? wohin führt das?⟩ | woher ⟨~ are you coming⟩; **2.** *conj* wo ⟨stay ~ you are bleib, wo du bist⟩ | wohin ⟨I'll go ~ you go wo du hingehst, gehe ich auch hin⟩ | *auch* ~'**as** wohingegen ⟨he wants a car, ~ she wants a bike⟩ ◇ **~ it's at** *Sl* toll, klasse ⟨this thing is really ≈! to know ≈ wissen, wo was los ist⟩; **~abouts** [ˌwɛərə'bauts] *adv* wo etwa, wo ungefähr ⟨≈ did you find it? wo etwa hast du es gefunden?⟩; ['wɛərəbauts] *s* (*sg konstr*) Aufenthalt(sort) *m*, Wohnort *m* ⟨her present ≈ is unknown ihr gegenwärtiger Wohnort ist unbekannt⟩; **~as** [wɛə'ræs] *conj* wohingegen, während | *Jur* da, in Anbetracht dessen, daß, alldieweil; **~at** [wɛə'ræt] *arch adv, conj* wobei, worauf, woran, worüber | (*relat*) an dem (der), wo; ˌ**~'by** *förml adv, conj* wodurch, womit | (*relat*) durch welche(n, -s); **~'er** [wɛə'rɛə] *poet* = **wherever;** '**~fore 1.** *adv arch, förml* warum; **2.** *conj* warum, weshalb; **3.** *s meist pl* Warum *n* ⟨the whys and the ≈s die Gründe⟩; **~in** [wɛə'rɪn] *adv förml* worin, in welch(em, -r) | in welche(n, -s); **~of** [wɛə'rɒv] *adv förml* wovon, woraus; **~on** [wɛə'rɒn] *arch, scherzh adv, conj* worauf | wohin | (*relat*) wohin, an den (die, das); **~o·ver** [wɛə'rəuvə] *adv, conj* worüber; ˌ**~so'ev·er** *adv* überall | wo nur; **~'to** [wɛə'tu:] *förml adv, conj* wozu | (*relat*) wohin; **~in·to** [wɛə'rɪntə] *arch* = **~'to; ~up·on** [ˌwɛərə'pɒn] *adv, conj* worauf | und dann, daraufhin; **wher·ev·er** [wɛə'revə] *adv, conj* wo auch immer ⟨sit ≈ you like⟩ | *umg* wo nur (denn) ⟨≈ could he be? wo kann er nur sein?⟩; ˌ**~'with** *arch, adv, conj* womit; **~with·al** ['~wɪðɔ:l] *s* (*mit best art*) Geldmittel *pl* ⟨the ≈ for an expensive dinner⟩

wher·ry ['werɪ] *Mar* **1.** *s* Jolle *f* | Skullboot *n* | *Brit* Frachtsegler *m*; **2.** *vi, vt* in einer Jolle fahren *od* befördern; '**~man** *s* (*pl* '**~men**) *Mar* Fährmann *m*

whet [wet] **1.** **('~ted, '~ted)** *vt* (Messer u. ä.) schärfen, abziehen, wetzen, schleifen | *übertr* anspornen, anregen, reizen, anstacheln ⟨to ~ s.o.'s appetite jmds. Appetit anregen (*auch übertr*)⟩; **2.** *s* Schärfen *n*, Wetzen *n*, Schleifen *n* | *übertr* Anreiz *m* | Appetitanregungsmittel *n*; Schnäpschen *n*

wheth·er ['weðə] *conj* ob ⟨he asked me ~ she was coming; ~ or not ob ... oder nicht; ~ or no so oder so, auf jeden Fall⟩ ◇ **~ ... or** entweder (sei es, daß) ... oder ⟨~ by accident or design sei es durch Zufall oder mit Absicht⟩

whet|stone ['wetstəun] *s* Wetz-, Schleifstein *m* | *übertr* Ansporn *m*, Anreiz *m*; '**~ter** *s* Wetzer *m* | Wetzstein *m*

whew [hju:] **1.** *interj* (Überraschung) hui!, hu!, Mann! | puh!; **2.** *s* Huruf *m* | Pfiff *m*; **3.** *vi* „hui" rufen | pfeifen, „puh" rufen

whey [weɪ] *s* Molke *f*

which [wɪtʃ] **1.** (*relat*) *pron* (nur von Dingen od. Tieren) der, die, das, welche(r, -s) ⟨the house ~ is for sale das Haus, das zu verkaufen ist⟩; **2.** *interr pron* (bezogen auf Dinge u. Personen) welche(r, s) ⟨~ is taller? wer ist größer?; ~ of them wer von ihnen; ~ is ~? worin unterscheiden sie sich (beide)?; welche(r, -s) gehört mir?⟩; **3.** *adj* (*relat od interrog*) welche(r, -s) ⟨~ way shall we go? welchen Weg sollen wir gehen?⟩ | (nachgestellt) und diese(r, -s), welche(r, -s) ⟨I told him to go to a doctor, ~ advise he took ich sagte ihm, daß er e-n Arzt konsultieren solle, und diesen Rat nahm er auch an⟩; **~'ev·er**, *auch förml* ˌ**~so'ev·er** *pron, adj* irgendein(e, -es) ⟨have ≈ you want nimm irgendeines, was du willst⟩ | welche(r, -s) (wie) auch immer ⟨≈ you want is yours; it has the same result ≈ way you do it wie du es auch machst, es kommt immer auf das gleiche heraus⟩ | *umg* (Überraschung) welche(r, -s) (was) nur ⟨≈ did you choose was hast du bloß gewählt?⟩

whick·er ['wɪkə] *dial* **1.** *vi* wiehern; **2.** *s* Wiehern *n*

whiff [wɪf] **1.** *s* Luftzug *m* ⟨a ~ of fresh air ein frischer Luftzug⟩ | Hauch *m*, leichter Duft ⟨a ~ of newly-baked bread⟩; schwacher Geruch, Schuß *m* ⟨a ~ of chloroform⟩ | Dampf-, Rauchwolke ⟨a ~ of smoke⟩ | (*oft pl*) Atemzug *m* ⟨a few ~s of this gas ein mehrmaliges Einatmen dieses Gases⟩ | *umg* kleine Zigarre | Zug *m*; | (Rauch) Paffer *m* | *übertr* Anflug *m*, Spur *f* ⟨a ~ of propaganda⟩; **2.** *vi* (Wind) blasen, wehen | paffen (Rauch) | riechen, stinken ⟨it ~s a bit⟩; *vt* wegblasen, wegpusten | (Rauch u. a.) ausstoßen *od* einatmen | (Tabak) paffen

whif|fle ['wɪfl] **1.** *vi* (Wind) hin- u. herspringen | (Flamme) flackern | *übertr* abschweifen; *vt* wegblasen, wegpuffen; **2.** *s* leichter Windstoß | Flattern *n*; '**~fler** *s* Windbeutel *m* (Person); '**~fler·y** *s* Leichtsinn *m*

whif·fle·tree ['wɪfltri:] *s* Ortscheit *n*

whiff·y ['wɪfɪ] *adj Brit* stinkend, übelriechend ⟨it's a bit ~ es riecht etwas⟩

Whig [wɪg] *Hist, Pol* **1.** *s* Whig *m* (englischer Liberaler); **2.** *adj* Whig-, whiggistisch; '**~gism** *s Pol* Whiggismus *m*, Liberalismus *m*

while [waɪl] **1.** *s* Weile *f*, Zeit *f* ⟨a little (long) ~ ago vor kurzer (langer) Zeit; all this ~ die ganze Zeit; at ~s manchmal, ab und zu; by ~s zuzeiten, zeitweilig; for a long ~ seit langem, vor langer Zeit; in a little ~; once in a ~ hin und wieder; within a ~ bald, in kurzer Zeit; worth one's/s.o.'s ~ der *od* jmds. Mühe wert⟩; **2.** *conj* während, solange ⟨~ there is life, there is hope solange Leben ist, ist Hoffnung⟩ | während, wogegen ⟨he is a strong boy, ~ his brother is slightly built er ist ein kräftiger Junge, während sein Bruder schmächtig ist⟩ | obwohl, obgleich ⟨~ I understand what you say, I cannot support you⟩; **3.** *präp* (Nordengland) *dial* bis ⟨I can't see you ~ Friday⟩; **4.** *vt,* *meist* ~ **away** (Zeit) verbringen, -treiben, zubringen ⟨to ~ away the hours die Stunden vertun⟩; **whilst** [waılst] *bes Brit* **1.** *conj* = ~ **2.**; **2.** *s arch* Zeit *f* ⟨the ~ während⟩

whim [wım] **1.** *s* Grille *f*, Laune *f*, Marotte *f* ⟨a sudden ~; to indulge one's every ~ jeder Laune nachgeben⟩ | *Bergb* Göpel *m*, Windemaschine *f*; **2. (whimmed, whimmed)** *vi* launenhaft sein; *vt* (jmdn. durch eine Laune) abbringen (**from** von); **'~my** *adj* launenhaft, schrullig

whim·per ['wımpə] **1.** *vi, vt* wimmern, winseln | mit weinerlicher Stimme sprechen; **2.** *s* Wimmern *n*, Winseln *n*

whim|sey ['wımzı] = **~sy; 'whim·si·cal** *adj* launenhaft | schrullig, sonderlich; **~si·cal·i·ty** [ˌwımzı'kælətı] *s* Launenhaftigkeit *f* | Wunderlichkeit *f*; **'~sy 1.** *s* Laune *f*, Grille *f*, | Launenhaftigkeit *f*; **2.** *adj* launenhaft | sonderlich

whim·wham ['wımwæm] *s* Laune *f*, Grille *f* | Schnickschnack *m*

whin [wın] *s Bot, bes Brit* Stechginster *m*

whine [waın] **1.** *vi* wimmern, winseln | jammern, klagen | jaulen (Hund) | *vt, oft* ~ **out** weinerlich sagen; **2.** *s* Gewimmer *n*, Gewinsel *n* | Jammern *n*, Gejammer *n* | (Hund) Jaulen *n*; **'whi·ner** *s verächtl* Lamentierer *m*, Querulant *m*, Jammerlappen *m*

whing [wıŋ] *interj* zisch!

whin·ing ['waınıŋ] *adj* wimmernd, winselnd | jaulend

whin·ny ['wını] **1.** *vi* leise wiehern; **2.** *s* leises Wiehern

whin·y ['waını] *adj* weinerlich

whip [wıp] **1.** *s* Peitsche *f*, Geißel *f* (*auch übertr*) | Peitschenschlag *m* | Wellenschlag *m* | *bes Brit* Kutscher *m* | (Fuchsjagd) Pikör *m* | *Tech* Wippe *f* | *Kochk* Schlagcreme *f* | *Brit Pol Parl* Einpeitscher *m*, Zusammentrommler *m* (zur Abstimmung) | Geschäftsführer *m* | *Brit Pol Parl* Rundschreiben *n* ⟨three-line ~ Aufforderung *f*, unbedingt zu erscheinen; to send a ~ round die Abgeordneten (e-r Partei) zusammentrommeln⟩ | = **~-round** | überwendliche Naht; **2.** *adv* flugs; **3. (whipped, whipped** *od* **whipt, whipt)** *vt* (aus-)peitschen; schlagen, klopfen; geißeln (*auch übertr*) ⟨to ~ into shape *umg* zurechtmachen, auf Zack bringen; to ~ s.th. into s.o. jmdm. etw. einbleuen⟩ | (Sahne u. ä.) schlagen | werfen, schleudern | verprügeln | schnell bewegen *od* schaffen ⟨to ~ s.o. into hospital⟩ | *umg* (vernichtend) schlagen, ausstechen, abservieren | *Mar* betakeln | umsäumen, übernähen | *Tech* abbinden, umwikkeln | fegen, wischen ⟨to ~ s.th. from the table etw. vom Tisch fegen⟩ | *Pol* (jmdn.) zur Disziplin anhalten | mit Rute angeln in ⟨to ~ a stream⟩; ~ **away** wegreißen; ~ **in** (Fuchsjagd) (Hunde) zusammentreiben | *Brit Pol Parl* (Parteimitglieder) zusammentrommeln; ~ **off** herunterreißen; ~ **on** (mit der Peitsche) antreiben; ~ **out** (Revolver u. ä.) (plötzlich) herausziehen; ~ **up** (Sahne u. ä.) schlagen (**to** zu) | *übertr* (Menge u. a.) anstacheln, aufwiegeln (**to** zu) | *übertr* (Mahlzeit) schnell zubereiten | (Plan u. ä.) zusammenschustern; *vi* flitzen, eilen ⟨to ~ past vorbeisausen⟩ | flattern; ~ **back** zurückschnellen, -federn; ~ **round** *umg* (Geld) sammeln gehen; **'~ and 'der·ry** *s Tech* Flaschenzug *m*; **'~ ˌaer·i·al** *s* Stabantenne *f*; **'~cord 1.** *s* Peitschenschnur *f* | Whipcord *m*; **2.** *adj übertr* kräftig, athletisch ⟨≈ muscles⟩; **'~ crane** *s Tech* Wippkran *m*; **'~ hand** *s* Peitschenhand *f*, rechte Hand *bes in*: **get (have) the ≈ of** *übertr* die Oberhand gewinnen (haben) über; **'~ ˌhan·dle** *s* Peitschenstiel *m*; **'~lash** *s* Peitschenhieb *m* | *übertr* Schock *m* ⟨the ≈ of fear⟩ | *auch* **'~-lash 'in·ju·ry** *Med* Aufprall-, Peitschenhiebverletzung *f*; **whipped** *adj* gepeitscht | geschlagen ⟨≈ cream Schlagsahne *f*⟩; **'~per** *s Mar* Kohlentrimmer *m* | *Hist* Auspeitscher *m*; **ˌ~per-'in** (*pl* **ˌ~pers-'in**) *s* (Fuchsjagd) Pikör *m*; **'~perˌsnap·per 1.** *s* Grünschnabel *m*, Knirps *m* ⟨you ≈⟩ | unbedeutende Person; **2.** *adj* wichtigtuerisch ⟨a ≈ clerk⟩

whip·pet ['wıpıt] *Zool* Whippet *m* | *auch* **'~ tank** *Mil* leichter Panzer

whip|ping ['wıpıŋ] *s* Peitschen *n*, Prügeln *n* | Schläge *m/pl* | *Sport* Niederlage *f* | *Mar* Tautakelung *f*; **'~ping boy** *s Hist* Prügelknabe *m* | *übertr* Prügelknabe *m*, Sündenbock *m* ⟨to use s.o. as a ≈ jmdn. zum Prügelknaben machen⟩; **ˌ~ping-'in** *s Pol* Einpeitschen *n*; **'~ping post** *s Hist* Schandpfahl *m*; **'~ping top** *s* Kreisel *m*

whip·ple·tree ['wıpltri:] *s* = **whiffletree**

whip·poor·will ['wıp(ʊ)əwıl] *s Zool* Schreiender Ziegenmelker

whip|py ['wıpı] *adj* biegsam; **'~round** *s Brit* (Geld-, Spenden-) Sammlung *f* ⟨a ≈ for s.o.⟩; **'~saw 1.** *s* Fuchsschwanz(säge) *m(f)*; **2.** *vt* mit einem Fuchsschwanz sägen | *übertr Am Sl* (Wette) verlieren; *vi Am Pol* von zwei Seiten Bestechungsgelder annehmen; **'~ snake** *s* Peitschenschlange *f*; **'~stitch 1.** *vt* überwendlich nähen | *Buchw* heften; **2.** *s* überwendlicher Stich | *Am umg* Augenblick *m* ⟨at every ≈ immerzu, dauernd⟩; **'~stock** *s* Peitschengriff *m*, -stiel *m*; **'~worm** *s Zool* Peitschenwurm *m*

whipt [wıpt] *prät* u. *part perf* von ↑ **whip 3.**

whir [wɜ:] *Am* = *Brit* **whirr**

whirl [wɜ:l] **1.** *vi* wirbeln, sich schnell bewegen ⟨my head ~s mir dreht sich der Kopf, mir ist schwindelig⟩; *vt* wirbeln, schleudern ⟨to ~ up dust Staub aufwirbeln⟩; **2.** *s* Wirbeln *n*, Wirbel *m*, Strudel *m* (*auch übertr*) ⟨in a ~ durcheinander, ganz konfus; to give s.th. a ~ *umg* etw. (schnell) mal probieren⟩; **'~blast** *s* Wirbelwind *m*; **~i·gig** ['~ıgıg] *s* Drehbewegung *f*, Kreisel *m* | Karussell *n* (*auch übertr*) ⟨the ≈ of time das Auf und Ab der Zeit⟩; **'~ing** *adj* wirbelnd, Wirbel-; **'~pool** *s* Strudel *m* | *übertr* Strudel *m*, Wirbel *m*; **'~wind** *s* Wirbelwind *m*, -sturm *m* (*auch übertr*); **~y·bird** ['~ıbɜ:d] *s Am Sl* Hubschrauber *m*

whirr [wɜ:] *Brit* **1. (whirred, whirred)** *vi* surren, schwirren; *vt* schnell bewegen; **2.** *s* Surren *n*, Schwirren *n* | Hast *f*; **3.** *interj* brr!

whir·tle ['wɜ:tl] *s Tech* Zieheisen *n*

whisk [wısk] **1.** *s* (*meist sg*) Wischen *n*, Fegen *n* ⟨with a ~ of one's hand mit e-r leichten Handbewegung⟩ | (leichtes) Schlagen (Pferdeschwanz u. ä.) | (Haar- u. ä.) Büschel *n*, Wisch *m* | (Fliegen-, Staub-) Wedel *m* ⟨a fly ~⟩ | *Kochk* Schneebesen *m* ⟨an egg ~⟩ | *Tech* Garnwinde *f*; **2.** *vt* (Staub u. ä.) fegen, wischen | (Schwanz u. a.) hin- u. herbewegen, schlagen ⟨to ~ one's tail mit dem Schwanz schlagen⟩ | *auch* ~ **up** *Kochk* (Sahne) mit dem Schneebesen schlagen (**to** zu); ~ **away** wegfegen, verjagen ⟨to ~ flies away⟩ | *auch* ~ **off** plötzlich *od* schnell wegnehmen, verschwinden lassen, fort-, wegschaffen, wegzaubern; *vi* wischen, huschen ⟨to ~ away forthuschen⟩; **'~er** *s, meist* **'~ers** *pl* Backenbart *m* | *Zool* Barthaar *n* (e-r Katze, Ratte etc.) | *Phys* Spiralfeder *f* (e-s Kristalldetektors) | *Phys* Whisker *m* (Kristall); **'~ered** *adj* backenbärtig, einen Bakkenbart tragend | *Zool* Barthaare tragend; **'~ers** *s/pl Tech* Monokristallverbindungen *pl* (als Stützmittel), Kristallstützen, -stützmaterialien *pl*

whis|key *Ir, Am* = *Brit* **~ky** ['wıskı] **1.** *s* Whisky *m* | (Schluck *m od* Glas *n*) Whisky; **'~ky and 'so·da** Whisky Soda **2.** *adj* Whisky- ⟨~ liver Säuferleber *f*; ~ tumbler Whiskyglas *n*⟩

whisp [wısp] **1.** *vi* rascheln; **2.** *s* Rascheln *n*

whis·per ['wıspə] **1.** *vi* flüstern, wispern | munkeln, tuscheln (**about s.th.** über etw.; **against s.o.** über jmdn.; **to** mit) | rascheln, rauschen (Wind, Blätter); *vt* flüstern, wispern | zuflüstern, flüstern mit; **2.** *s* Wispern *n*, Flüstern *n*, Gewisper *n*, Geflüster *n* ⟨in a ~, in ~s flüsternd⟩ | Getuschel *n*,

Gemunkel *n* ⟨a ~ of scandal⟩ | Rascheln *n*, leichtes Rauschen *n*; **'~ing** 1. *adj* flüsternd, Flüster- ⟨≈ campaign Flüsterkampagne *f*; ≈ gallery Flüstergalerie *f*⟩; 2. *s* Flüstern *n*, Wispern *n*; **'~ous**, *auch* **'~y** *adj* flüsternd

[1]**whist** [wɪst] 1. *interj* pst! 2. *adj* (Wind) still; 3. *s Ir* Schweigen *n* ⟨hold your ~ schweig still!⟩

[2]**whist** [wɪst] *Kart* 1. *s* Whist *n*; 2. *vi* Whist spielen; **'~ drive** *s* Whistturnier *n*

whis·tle ['wɪsl] 1. *vt* (Melodie) pfeifen | pfeifen nach ⟨to ~ one's dog⟩; ~ **away** *übertr* (wie nichts) wegwischen, abtun; ~ **back** zurückpfeifen; ~ **off** abpfeifen, abtun, wegschicken; ~ **up** herbeipfeifen | *übertr* erfinden, aus der Luft greifen, aufbauschen; *vi* (Melodie) pfeifen | Flöte spielen | heulen (Wind) | Zeichen geben, pfeifen (**for, to** nach) | *umg* lange (vergeblich) warten auf ⟨I may ~ for it da kann ich lange drauf warten⟩; 2. *s* Pfeifen *n*, Pfiff *m* ⟨to give a loud ~ laut pfeifen⟩ | Pfeife *f* ⟨to pay for one's ~ *übertr* den Spaß teuer bezahlen⟩ | Flöte *f* | *umg* Gurgel *f* ⟨to wet one's ~ *umg* e-n heben⟩; **'~-ˌblow·er** *s Am Sl* Denunziant(in) *m(f)* | jmd., der Dinge bloßstellt; **'~-ˌblow·ing** *s Am Sl* Denunziantentum *n* | Bloßstellung *f*; **'whis·tler** *s* Pfeifer(in) *m(f)* | *Zool* Goldregenpfeifer *m*; **'~-stop** *Am* 1. *s* kleine Eisenbahnhaltestelle | *Pol* (kurze) Vorstellung (e-s) Kandidaten | Stippvisite *f* | *übertr* unwesentliche Zwischenstation; 2. *Am vi* mit Zwischenaufenthalt reisen | *Pol* auf die Dörfer gehen, als Wahlredner durchs Land reisen; **ˌ~-stop 'speech** *s* kurze Wahlrede; **ˌ~-stop 'tour** *s* Wahltournee *f*; **whis·tling** *s* Pfeifen *n*; **'whis·tling buoy** *s Mar* Pfeifboje *f*; **ˌwhis·tling 'duck** *s Zool* Pfeifente *f*; **ˌwhis·tling 'swan** *s Zool* Singschwan *m*; **ˌwhis·tling 'thrush** *s Zool* Singdrossel *f*; **ˌwhis·tling 'tone** *s Rundf* Pfeifton *m*

[1]**whit** [wɪt] *s arch, förml* Kleinigkeit *f* ⟨no ~, not a ~ kein bißchen, durchaus nicht⟩

[2]**whit** [wɪt] *interj* kiwitt! (Vogelrufnachahmung)

Whit [wɪt] *adj* (*in Zus*) pfingstlich, Pfingst- ⟨~ week⟩

white [waɪt] 1. *adj* (Farbe) weiß ⟨~ paint⟩ | (Hautfarbe) weiß, hell ⟨~ skin; the ~ race⟩ | (mit Milch) weiß (*Ant* black) ⟨~ coffee⟩ | (Wein) weiß (*Ant* red) ⟨~ Burgundy⟩ | (Haar) weiß, grau ⟨~ head⟩ | (Licht) hell, Tages-, natürlich | bleich, farblos ⟨~ with fear blaß vor Angst; her face went ~ sie wurde ganz blaß⟩ | *Tech* weißglühend | *Typ* leer | *Pol* weiß, royalistisch, reaktionär ⟨~ terror⟩ | *arch übertr* rein, makellos | *übertr* harmlos, unschuldig | *Am umg* anständig ⟨that's ~ of you⟩; 2. *s* weiße Farbe, Weiß *n* ⟨dressed in ~⟩ | Weiße(r) *f(m)* ⟨for ~s only nur für Weiße!⟩ | *arch* Silber *n* | Eiweiß *n* ⟨egg ~⟩ | Weißes *n* (im Auge) | *übertr* Reinheit *f*, Unschuldigkeit *f* | *meist pl Typ* Lücke *f*, ausgesparter Raum; 3. *vt, auch* ~ **out** *Typ* weiße Stellen freilassen auf | *übertr* übertünchen; **ˌ~ 'al·loy** *s Tech* Weiß-, Lagermetall *n*; **ˌ~ 'ant** *s Zool* Weiße Ameise, Termite *f*; **ˌ~ 'ash** *s Bot* Weißesche *f*; **ˌ~ 'back** *s Bot Am* Weiß-, Silberpappel *f*; **'~bait** *s Zool* Breitling *m*; **'~beam** *Bot* Mehlbeere *f*; **'~ bear** *s Zool* Eisbär *m*; **'~beard** *s* Graubart *m*; **ˌ~-'beard·ed** *adj* weiß-, graubärtig; **'~ 'birch** *s Bot* Weiß-, Mai-, Pfingstbirke *f*; **ˌ~ 'blood cell** *s Med* weißes Blutkörperchen, Leukozyt *m*; **'~ 'book** *s Pol* Weißbuch *n*; **'~ brass** *s* Weißmessing *n*, Neusilber *n*; **'~ 'bread** *s* Weißbrot *n*; **'~cap** 1. *s Zool* Rotschwänzchen *n* | *Bot* Egerling *m* | *auch* **'~ˌcap·per** *Am* Weißvermummter *m*, Mitglied *n* e-r Feme-, Terrororganisation; 2. *vt Am umg* lynchen; **ˌ~-'col·lar** *adj umg* Kopf-, Geistes-, Büro- ⟨a ≈ criminal Schreibtischtäter *m*; Wirtschaftsverbrecher *m*; a ≈ job eine Schreibtischarbeit; ≈ worker Angestellte(r) *f(m)*⟩; **ˌ~ 'cor·pus·cle**, *auch* **ˌ~ cor'pus·cle** = ~ **blood cell**; **'~ 'cur·rant** *s Bot* weiße Johannisbeere; **'~ 'damp** *s Bergb* giftige (böse) Wetter *pl*; **whited sep·ul·chre** [ˌ~ɪd 'seplkə] *bibl, übertr* übertünchtes Grab | Heuchler(in) *m(f)*, scheinheilige Person; **'~ 'duck** *s Zool* Moorente *f*; **ˌ~ 'dwarf** *s Astr* weißer Zwerg; **ˌ~ 'el·e·phant** *s Zool* weißer Elefant | *umg* lästiger Besitz, etw., was man gern (wieder) loswerden will; **ˌ~ 'en·sign** *s Mar* Flagge *f* der britischen Flotte; **'~face** *s* Blesse *f*; **ˌ~-'faced** *adj* mit blassem Gesicht, bleich | (Tier) auf der Stirn weiß gezeichnet, mit Blesse; **ˌ~ 'feather** *s übertr* Schwäche *f*, Feigheit *f* ⟨to show the ≈ kneifen, feige sein⟩; **'~fish** *s Zool* Weißfisch *m*; **ˌ~ 'flag** *s* weiße Fahne, Parlamentärflagge *f* ⟨to hoist the ≈ sich ergeben, *auch übertr*⟩; **'≈ 'Fri·ar** *s Rel* Karmelitermönch *m*; **'~ 'frost** *s* Rauhreif *m*; **'≈hall**, *auch* **ˌ≈'hall** *s* Whitehall *n*, Straße *f* der Ministerien | *übertr* britische Regierung; **ˌ~ 'heat** *s* Weißglut *f* | *übertr* Weißglut *f*, Zorn *m*; **ˌ~ 'hope** *s* (*meist sg*) *übertr* große Hoffnung, jmd., auf dem große Hoffnungen ruhen | *Am* weißer Boxer, der Meister werden soll (will); **ˌ~ 'horse** *s Zool* Schimmel *m* | *auch* **'~cap** (*meist pl*) *poet* Welle *f* mit weißer Schaumkrone; **ˌ~-'hot** *adj* weißglühend | *übertr* leidenschaftlich erregt; **'≈ House** *s* (*mit best art*) das Weiße Haus (in Washington); **ˌ~ 'i·ron** *s Tech* Weißeisen *n*, Roheisen *n* | Weißblech *n*; **ˌ~ 'knight** *s Pol* Reformpolitiker *m*, jmd., der sich für eine gute Sache einsetzt; **ˌ~ 'lead** *s Chem* Bleiweiß *n*; **ˌ~ 'lie** *s* Notlüge *f*; **ˌ~-'lipped** *adj* mit blassen Lippen, angstbleich; **ˌ~-'liv·ered** *adj* blaß | feige; **ˌ~ 'mag·ic** *s* weiße Magie; **'~ man** *s* (*pl* **'~ men**) (*mit best art*) Weißer *m* ⟨the ≈'s burden die Bürde des weißen Mannes, Kolonialdünkel⟩; **'~ meat** *s* (Geflügel, Kalb) weißes Fleisch, Weißfleisch *n*; **ˌ~ 'met·al** *s Tech* Weißmetall *n* | Neusilber *n*; **ˌ~ 'me·ter** *s El* Nachtstromzähler *m*

whit·en ['waɪtn] *vt* weißen, weiß machen | tünchen | bleichen | *vi* weiß werden | bleich werden, erbleichen | (Haar) grau *od* weiß werden, ergrauen; **'~ing** *s* Weißen *n* | Tünchen *n* | Bleichen *n* | Erblassen *n*

white| noise [ˌwaɪt 'nɔɪz] *s Phys* weißes Rauschen | Geräuschkosmetik *f*, Geräuschüberlagerung *f* (gegen Geräuschbelästigung); **ˌ~ 'pa·per** *s Pol* Weißbuch *n* ⟨a government ≈⟩; **ˌ~ 'pep·per** *s* weißer Pfeffer; **'~ 'pine** *s Bot* Edeltanne *f*; **'~ 'pop·lar** *s Bot* Silberpappel *f*; **'~ 'rot** *s Bot* Weißfäule *f*; **'~ 'Rus·sian** 1. *s* Belorusse *m*, -russin *f* | *Ling* Weißrussisch *n*; 2. *adj* weißrussisch; **whites** *s/pl Med* Weißfluß *m* | (Weizen) Auszugsmehl *n* | weiße (Sport-) Kleidung *f*; **'~ 'sap·phire** *s Min* weißer Korund; **ˌ~ 'sauce** *Kochk* weiße Mehlsoße; **ˌ~ 'sheet** *s* Büßerhemd *n* ⟨to stand in a ≈ *übertr* beichten⟩; **ˌ~ 'slave** *s* weiße Sklavin, Opfer *n* eines Mädchenhandels; **ˌ~ 'slav·er** *s* Mädchenhändler *m*; **ˌ~ 'slav·er·y**, **ˌ~-slave 'trade** *s* Mädchenhandel *m*; **'~smith** *s* Klempner *m* | Feinschmied *m*; **ˌ~ 'spir·it** *s Brit Chem* Waschbenzin *n*, Verdünner *m*; **ˌ~-'tailed** *adj Zool* weißschwänzig, Weißschwanz-; **'~thorn** *s Bot* Weißdorn *m*; **'~throat** *s Zool* Grasmücke *f*; **ˌ~ 'tie** *s* weiße Fliege | *übertr* Abendanzug *m* ⟨≈ required Abendanzug Pflicht⟩; **ˌ~-'tie** *adj* sehr förmlich ⟨a ≈ affair⟩; **'~wash** 1. *vt* weißen, kalken, tünchen | *übertr* übertünchen, beschönigen, reinwaschen; *vi* getüncht werden; 2. *s* Tünche *f* | *umg übertr* Tünche *f*, Beschönigung *f* | *umg übertr* Ehrenrettung *f*, Mohrenwäsche *f* ⟨to get a ≈ rehabilitiert werden⟩ | *Am umg* Zu-Null-Niederlage *f*; **'~ˌwash·er** *s* Anstreicher *m*, Tüncher *m* | jmd., der beschönigt; **'~weed** *s Bot* Margerite *f*; **'~ 'wine** *s* Weißwein *m*; **'~wort** *s Bot* Weißwurz *f*

whith·er ['wɪðə] *arch, poet, scherzh* 1. *adv* (*interrog*) wohin ⟨~ are you going?; ~ France? wohin geht es in Frankreich? was ist die Zukunft Frankreichs?⟩ | (*relat*) wohin, dahin, wo ⟨the place ~ he went⟩ | (*interrog, relat*) *übertr* wozu, wofür ⟨~ will this drive him? wozu wird ihn das führen?⟩; 2. *s* Wohin *n*; **ˌ~so'ev·er** *adv arch* wohin auch immer; gleich, wohin

[1]**whit·ing** ['waɪtɪŋ] *s* Schlämmkreide *f*

[2]**whit·ing** ['waɪtɪŋ] *s Zool* (*pl* ~ *od* ~**s**) Weißfisch *m*, Merlan *m*

whit·low ['wɪtləʊ] *s Med* Nagelgeschwür *n*

Whit|mon·day [wɪt'mʌndɪ] *s* Pfingstmontag *m*; ~**sun** ['wɪtsn] *adj* Pfingst-; ~'**sun·day** *s* Pfingstsonntag *m*; ~**sun·tide** ['wɪtsntaɪd] *s* Pfingstzeit *f*, Pfingsten *n*

whit·tle ['wɪtl] **1.** *vt* (zurecht)schneiden *od* schnitzen ⟨to ~ wood⟩ | ab-, wegschnippeln; ~ **away** abschneiden, -schnitzen | *übertr* (Stück für Stück) beschneiden, kürzen, wegnehmen, vermindern ⟨to ~ away the extra money; to ~ s.o.'s strength away an jmds. Kraft zehren⟩; ~ **down** dünner machen, zurechtstutzen ⟨to ≈ a stick⟩ | *übertr* stutzen, (noch und noch) reduzieren ⟨to ~ down the staff Personal kürzen⟩; **2.** *s dial* langes Taschenmesser | Schnitzmesser *n*, Schnitzer *m*

whit·y ['waɪtɪ] *adj* hell, weiß

whiz[z] [wɪz] **1.** (**whizzed, whizzed**) *vi* (Pfeil u. ä.) sausen, zischen, pfeifen ⟨to ~ past vorbeisausen, -zischen⟩; *vt* zischen lassen | *Tech* schleudern, zentrifugieren; ~ **out** ausschleudern; **2.** *s* Sausen *n*, Zischen *n*, Pfeifen *n* | *Am Sl* Schlaukopf *m*, Kanone *f* ⟨a ~ at mathematics ein Mathematikas⟩ | *Am Sl* Knüller *m* ⟨it's a ~! abgemacht!⟩; '**whiz·zer** *s* Knarre *f* | *Tech* Trockenzentrifuge *f*; '~ **kid** *s urspr Am umg* Erfolgsmensch *m*, jmd., der Ideen hat und sie erfolgreich umsetzt; Senkrechtstarter *m*

who [hʊ|hu:] *pron* (*relat*) der, die, das, welche(r, -s) ⟨this is the man ~ wanted to see you das ist der Mann, der dich sprechen wollte⟩ | (*interrog*) wer ⟨~ told you so? wer hat dir das erzählt?⟩ | (*interrog*) *umg* wen, wem ⟨~ [else] did you see? wen hast du (noch) gesehen?⟩

WHO [ˌdʌblju: eɪtʃ 'əʊ] *Kurzw* für **World Health Organization** WHO *f*, Weltgesundheitsorganisation *f*

whoa [wəʊ|həʊ] *interj* brr!, halt!

who'd [hʊd|hu:d] *umg* für **who had** *od* **who would**

who·dun·[n]it [ˌhu:'dʌnɪt] *s umg* Krimi *m*, Detektivgeschichte *f*, -film *m*

who·ev·er [hu:'evə] *pron* (*relat*) jeder, der, wer auch immer | (*interrog*) wer nur ⟨~ can that be?⟩

whole [həʊl] **1.** *adj* ganz, gesamt, vollständig, vollkommen ⟨a ~ half hour e-e volle halbe Stunde; to swallow s.th. ~ *übertr* etw. ohne Bedenken schlucken⟩ | ganz, unzerteilt ⟨the ox was roasted ~ der Ochse wurde im Ganzen gebraten⟩ | heil, unverletzt ⟨to escape with a ~ skin mit heiler Haut davonkommen⟩ | unvermindert, rein, Voll- ⟨~meal Vollkornschrot *m*; ~meal bread Vollkorn-, Schrotbrot *n*; out of ~ cloth *Am Sl* erfunden⟩ | *Math* ganz, ungebrochen ⟨a ~ number; ~ note *Mus* ganze Note; to go the ~ figure *Am Sl übertr* ganze Arbeit leisten⟩ | *arch* gesund; **2.** *s* das Ganze, Gesamtheit *f* ⟨the ~ of London ganz London⟩ | Ganzes *n*, Einheit *f* | *Math* Ganzes *n*, Summe *f* der Teile ⟨two halves make a ~; as a ~ als Ganzes; in ~ or in part ganz oder teilweise; on the ~ im ganzen gesehen, im großen und ganzen, alles in allem⟩; '~**blood** *s* Vollblut *n*; ˌ~-'**col·oured** *adj* einfarbig; '~**food** *s Brit* reines Naturprodukt, ohne chemische Düngung erzeugtes Nahrungsmittel; ˌ~-'**heart·ed** *adj* warmherzig | aufrichtig, ehrlich ⟨≈ sympathy⟩; '~**meal** *adj* Vollkorn- ⟨≈ bread⟩; '~ **milk** *s* Vollmilch *f*

whole·sale ['həʊl seɪl] **1.** *s Wirtsch* Großhandel *m*, Engrosverkauf *m* (*Ant* retail) ⟨by ~ en gros, im Großen; *übertr* in Bausch und Bogen⟩; **2.** *adj Wirtsch* Engros-, Großhandels- ⟨~ merchant Großhändler *m*; ~ trade Großhandel *m*⟩ | *übertr* Groß-, Massen- ⟨a ~ rush ein Massenansturm⟩; **3.** *adv* en gros, im Ganzen ⟨to sell ~⟩ | *übertr* haufenweise | *übertr* ohne weiteres, in Bausch und Bogen ⟨to apply s.th. ~⟩; **4.** *vt* en gros verkaufen; *vi* Großhandel betreiben | e-n Großhandelspreis haben (**at** von); '**wholeˌsal·er** *s Wirtsch* Großhändler *m*; '~ '**price** *s Wirtsch* Großhandelspreis *m*

whole·some ['həʊlsəm] *adj* heilsam, gesund, zuträglich ⟨~ food⟩ | gut, nützlich ⟨a ~ advice; it's not ~ for him⟩ | *arch Mar* (Schiff) seetüchtig | *Sl* ungefährlich, sicher, problemlos

whole-souled [ˌhəʊl'səʊld] *adj* aus *od* mit ganzem Herzen

who'll [hʊl|hu:l] *umg* für **who will** *od* **who shall**

whol·ly ['həʊl-lɪ] *adv* ganz, völlig, vollkommen ⟨I ~ agree with you ich bin ganz deiner Meinung⟩ | ausschließlich, allein ⟨to be not ~ to blame nicht allein schuld sein⟩

whom [hu:m] (*bes nach präp, sonst förml*) *pron* (*interrog*) wen, wem ⟨from ~; of ~ von wem; to ~ wem⟩ | (*relat*) den welchen, die (das) welche(s) ⟨the man ~ I met last year der Mann, den ich vergangenes Jahr kennenlernte; of ~ von welchem, dessen, deren; to ~ dem (der, denen)⟩; ˌ~**[so]-'ever** *pron* wen auch immer

whoo [wu:] *interj umg* huh!

whoop [wu:p|hu:p] **1.** *s* lauter Schrei ⟨~s of joy Freudenrufe *m/pl*⟩ | Atemgeräusch *n*, -gerassel *n* (bei Keuchhusten) | *umg* Pfifferling *m* ⟨not give a ~ keinen Heller geben; not worth a ~ keinen Pfifferling wert⟩; **2.** *vi* laut schreien | keuchen (beim Husten); *vt* (etw.) schreien, brüllen | (jmdn.) anschreien | *auch* ~ **up** sich laut einsetzen für, Krach schlagen für | *auch* ~ **up** entfachen, auslösen | (Preis) hochtreiben ◇ ~ **it up** *umg* lärmend feiern | viel Lärm machen, einen Rummel machen um etw.; **3.** *interj* ho!, he!; ~**ee** ['wʊpi:] *umg s* Freudenruf *m* | *urspr Am* (wilde) Orgie, Sauf-, Sexparty *f* ⟨to make ≈ sich austoben; auf die Pauke hauen | Rummel *m*, Party *f* ⟨college-boy ≈ Studentenvergnügen *n*⟩; [wʊ'pi:] *interj* hurra, juchhei; '~**ing cough** ['hu:pɪŋ kɒf] *s Med* Keuchhusten *m*; '~**ing swan** *s Zool* Singschwan *m*; **whoops** [wu:ps] *interj* na! na!, hoppla!

whoosh [wʊʃ] *s* (*meist sg*) (leichtes) Zischen, Streichen *n* (von Luft u. ä.)

whop [wɒp] *dial, umg* **1.** (**whopped, whopped**) *vt* (ver)prügeln, verdreschen | besiegen, schlagen; *vi* plötzlich verschwinden; **2.** *s Am Sl* schwerer Schlag, Bums *m*; **3.** *interj Am Sl* bums!, krach!; '~**per** *s umg* tolle Sache, Mordsding *n* ⟨what a ≈!⟩ | faustdicke Lüge ⟨to tell a real ≈ das Blaue vom Himmel runterlügen⟩; '~**ping** *umg* **1.** *s* Prügel *pl*; **2.** *adj, adv* ungeheuer, riesig ⟨a ≈ lie e-e faustdicke Lüge⟩

whore [hɔ:] *arch, bibl, verächtl* **1.** *s* Hure *f*; **2.** *vi* huren | *übertr* wild verfolgen (**after s.th.** etw.), nachjagen (**after** nach) ⟨to go a whoring after strange gods *auch übertr* fremden Götzen *od* Göttern dienen⟩; *vt* zur Hure machen

who're ['hu:ə] *umg* für **who are**

whore|dom ['hɔ:dəm] *s arch* Hurerei *f*; '~**house** *s arch* Freudenhaus *n*, Bordell *n*; '~ˌ**mas·ter** *s arch* Hurer *m* | *verächtl* Hurenbock *m*; '~ˌ**mon·ger** *s arch* Hurer *m*

whorl [wɜ:l] *s* Kringel *m* | Wirbel *m* (Fingerabdruck) | *Bot* Wirtel *m*, Quirl *m* | *Zool* Windung *f* (des Schneckenhauses) | *Tech* Spiralenwindung *f* | Scheibe *f* (e-r Spindel); **whorled** *adj* wirtelförmig | spiralförmig gewunden

whor·tle·ber·ry ['wɜ:tlˌbərɪ] *s Bot* Heidelbeere *f*, Blaubeere *f*

who's [hu:z] *umg* für **who is**

whose [hu:z] *pron* (*gen sg* u. *pl* von **who**) (*interrog*) wessen? ⟨~ is it? wem gehört es?⟩ | (*relat*) dessen, deren ⟨the house ~ windows are broken das Haus, dessen Fenster zerbrochen sind⟩

whos·ev·er [ˌhu:'zevə] *gen von* **whoever; 'who·so** *arch* für **whoever** *od* ˌ**who·so'ev·er** *pron arch* wer auch immer

who·sit ['hu:zɪt] *s* (*kontr von* **who's it**) irgendein Soundso, Dingsda *m*, Dingsbums *m*

who've [hu:v] *umg* für **who have**

whuff [wʌf], **whuf·fle** ['wʌfl] *vi* (Pferd) schnauben

why [waɪ] **1.** *adv* (*interrog*) warum, weshalb ⟨~ did you do it? he asked him ~ he did it; ~ so? warum das? wieso?; ~ not? warum nicht?; ~ not leave? warum gehen wir nicht?⟩ | (*relat*) warum, weshalb ⟨the reasons ~ he did it… die Gründe, warum er es getan hat; this is [the reason] ~ deshalb, darum; ~ you should always be late I don't know weshalb du immer zu spät kommst, ist mir schleierhaft⟩; **2.** *interj* nun, nun ja, aber (ja) ⟨~, it's quite easy! aber, das ist doch ganz leicht!; ~, it's you! ach, du bist es!; ~, yes doch, ja⟩; **3.** *s* (*oft pl*) Warum *n* ⟨the hows and ~s das Wie und Warum; the ~s and wherefores of s.th. das Warum und Weshalb e-r Sache⟩ | Wozu *n*, (große) Frage, (Grund-) Problem *n*, Rätsel *n* ⟨all the great ~s of life⟩

wick [wɪk] *s* (Kerzen-, Lampen-) Docht *m* ⟨to get on s.o.'s ~ *Brit umg* jmdm. auf den Docht *od* Wecker gehen⟩ | *Med* Gazetampon *m*; '~ ˌ**oil·ing** *s Tech* Dochtschmierung *f*

[1]**wick·ed** ['wɪkɪd] *adj* böse, schlecht ⟨a ~ man ein Bösewicht⟩ | boshaft ⟨a ~ look⟩ | mutwillig ⟨a ~ waste of money⟩ | unanständig ⟨~ songs⟩ | unverschämt ⟨~ prices⟩ | gefährlich ⟨a ~ blow⟩ | *dial, umg* (Tier) wild | *umg selten* ungezogen, garstig ⟨you ~ child!⟩ | *Am Sl* toll, perfekt ⟨to play a ~ game⟩

[2]**wicked** [wɪkt] *adj* mit einem Docht versehen, -dochtig ⟨a two-~ lamp⟩

wick·er ['wɪkə] **1.** *s* Weidenrute *f* | Flechtweide *f* | Flechtwerk *n* | Weidenkorb *m*; **2.** *vt* mit Weidenzweigen bedekken; '~ ˌ**bas·ket** *s* Weidenkorb *m*; '~ **chair** *s* Korbstuhl *m*, -sessel *m*; '~**work** *s* Flechtwerk *n* | Korbwaren *f/pl*

wick·et ['wɪkɪt] *s, auch* '~ **gate** Pförtchen *n*, kleine Tür (in e-r größeren Tür) | (Tür *f* mit) Drehkreuz *n* | Halbtür *f* | Schalterfenster *n* | (Wehr-) Schutz *m* | (Kricket-) Tor *n*, Dreistab *m* ⟨to keep [the] ~ Torwart sein⟩ | Spielfeld *n* ⟨to be on a good (sticky) ~ gut (schlecht) stehen, *auch übertr*⟩ | Zeit, in der ein Schlagmann an der Reihe ist, Spielvorgang, der im Kricket zählt ⟨to get/take a ~ e-n Schläger ‚aus' machen; to lose three wickets drei Schläge ‚aus' haben; to win by 7 wickets mit noch 7 Schlägern im Spiel gewinnen; first ~ out erster Schläger ausgeschieden⟩ | *Am* (Krocket-) Tor *n*; '~ˌ**keep·er** *s* (Kricket) Torhüter *m*

wid·dle ['wɪdl] *umg euphem* **1.** *vi* pinkeln; **2.** *s* Pinkeln *n*

wide [waɪd] **1.** *adj* weit, groß, ausgedehnt ⟨the ~ world die weite Welt; over the ~ seas über das große Meer, über die Ozeane⟩ | breit ⟨a ~ river; a ~ road; 3 inches ~ 3 Zoll breit⟩ | *auch* ~ **o·pen** weit offen, aufgerissen ⟨~ eyes⟩ | lose, weit ⟨a ~ dress⟩ | weit entfernt ⟨a ~ ball ein Ball, der weit daneben geht; ~ of the mark (Sport) weit vom Ziel; *übertr* ganz unzutreffend, völlig daneben⟩ | *Ling* breit ⟨a ~ vowel⟩ | *übertr* weitreichend, umfassend, ausgedehnt ⟨a man with ~ interests ein Mann mit vielseitigen Interessen; ~ reading große Belesenheit⟩ | weitherzig, großzügig ⟨to take ~ views großzügig sein⟩ | *Brit Sl* aufgeweckt, helle ⟨~ boys⟩ | (*in Zus*) -weit, für das gesamte …, in dem gesamten … ⟨country-~ landesweit; factory-~ die ganze Fabrik umfassend⟩; **2.** *adv* breit | weit ⟨the window was ~ open das Fenster war weit geöffnet; to open s.th. ~ etw. weit aufmachen; ~ apart weit auseinander⟩ | (Sport) weit daneben, ganz neben (**of s.th.** etw.) ⟨~ of the field weit neben dem *od* über das Spielfeld⟩; **3.** *s poet* Weite *f* | (Krikket, Baseball) vom Schläger unerreichbarer Ball ◇ **to the ~** *übertr* bis zum äußersten, völlig; ˌ~-'**an·gle** *adj Foto* weitwinklig, Weitwinkel- ⟨≈ lens Weitwinkelobjektiv *n*⟩ | *Film* Breitwand-; ˌ~-a'**wake 1.** *adj* hellwach | wachsam | aufmerksam (**to** auf) ⟨≈ interest⟩ | voll bewußt (**to s.th.** e-r Sache) | *übertr* aufgeweckt, klug ⟨≈ ideas⟩; **2.** *s* Schlapphut *m*, weicher Filzhut; '~-ˌ**bod·y** *adj Flugw* Großraum- ⟨≈ jets⟩; ˌ~-'**eyed** *adj* mit weit aufgerissenen Augen | *übertr* erstaunt; '~**gap** *s Zool* Meerteufel *m*; '~**ly** *adv* weit (*auch übertr*) ⟨≈ scattered weit verstreut; ≈ known weit und breit bekannt⟩ | schwer, stark ⟨≈ different⟩ | umfassend, ausgedehnt ⟨≈ read vielbelesen⟩; ˌ~-'**mind·ed** *adj* großzügig; '**wid·en** *vt* verbreitern ⟨to ≈ a road⟩ | erweitern, ausdehnen | (Kluft) vertiefen; *vi* sich verbreitern, breiter werden | sich erweitern, sich ausdehnen | (Kluft) sich vertiefen, tiefer werden; '~-**screen** *adj Film* Breitwand-, Raumbild- ⟨≈ film Breitwandfilm *m*⟩; '~**spread** *adj* ausgedehnt, weit ausgebreitet ⟨≈ wings breite Flügel *pl*⟩ | weit verbreitet, üblich ⟨a ≈ disease; a ≈ doctrine⟩

widg·eon ['wɪdʒən] *s* (*pl* ~ *od* ~**s**) (e-e Art) Ente *f* | *arch* Dummkopf *m*

wid|ow ['wɪdəʊ] **1.** *s* Witwe *f* ⟨grass ≈ Strohwitwe⟩; **2.** *vt* zur Witwe *od* zum Witwer machen | *poet* berauben (**of s.th.** e-r Sache); '~**owed** *adj* verwitwet; ~**ow·er** ['wɪdəʊə] *s* Witwer *m*; '~**ow·hood** *s* Witwenschaft *f* | *arch* Wittum *n*, Witwengut *n*; ˌ~**ow's 'boun·ty**, ˌ~**ow's 'pen·sion** *s* Witwenrente *f*; ˌ~**ow's 'weeds** *s/pl* Witwenkleidung *f*

width [wɪtθ|wɪdð] *s* Breite *f*, Weite *f*, Dicke *f* ⟨a road of great ~ e-e sehr breite Straße⟩ | (Rock-, Stoff-, Tapeten- u. ä.) Bahn *f*, Breite *f* ⟨half a ~ die halbe Breite⟩ | *Arch* Spannweite *f* ⟨inside ~ lichte Weite⟩ | *Geol* (Flöz- u. ä.) Mächtigkeit *f* | *übertr* Weite *f*, Größe *f* ⟨~ of mind⟩; '~**ways**, '~**wise** *adv* der Breite nach

wield [wi:ld] *vt* (Macht u. ä.) ausüben, geltend machen (**over** über) ⟨to ~ power⟩ | *arch, poet übertr* handhaben, führen, schwingen ⟨to ~ an axe⟩ | *arch* regieren; '~**a·ble** *adj* leicht zu handhaben(d)

wie|ner [wurst] ['vi:nə(vɜ:st)] *s Am* (Wiener) Würstchen *n*; ~**nie** ['vi:nɪ] *Am Sl* (Wiener) Würstchen *n*

wife [waɪf] *s* (*pl* **wives** [waɪvz]) (Ehe-) Frau *f*, Gattin *f* ⟨my ~ meine Frau; the ~ *umg* die *od* meine Frau; old wive's tale Ammenmärchen *n*; to take s.o. to ~ jmdn. zur Frau nehmen⟩ | *Zool* Weibchen *n*; '~**less** *adv* ohne Frau, unbeweibt; '~**like**, *auch* '~**ly** *adj* fraulich, frauenhaft ⟨≈ duties Pflichten *pl* als Ehefrau, eheliche Pflichten; ≈ devotion Hingabe *f* einer Ehefrau⟩; '~-ˌ**rid·den** *adj übertr* unter dem Pantoffel stehend; '~-ˌ**swap·ping** *s* Partnertausch *m*

wig [wɪg] **1.** *s* Perücke *f* | *umg* Perücke *f*, Haartour *f*, langes Haar | Perückenträger *m* | *auch* '**big~** *umg* hohes Tier, wichtige Persönlichkeit | *Am Sl* Kopf *m*, Geist *m* | *umg* Anpfiff *m* ◇ ~**s on the green** *umg* Rauferei *f*, heftiger Streit, Zusammenstoß *m*; **2.** (**wigged, wigged**) *vt* mit einer Perücke bedecken | *Brit umg* (jmdn.) abkanzeln ⟨to ~ s.o. for s.th. jmdn. wegen etw. abkanzeln⟩; ~ **out** *Am Sl vi* ausflippen (**on** mit) | ganz verrückt sein (**over** auf); **wigged** *adj* eine Perücke tragend, mit Perücke

wig·ging ['wɪgɪŋ] *s* (*meist sg*) *bes Brit umg* Anschnauzer *m* ⟨to give s.o. a good ~ jmdm. e-e Standpauke halten⟩

wig·gle ['wɪgl] **1.** *vi* sich winden (**through** durch) | sich hin- u. herbewegen | schwankend gehen, beim Gehen mit den Hüften wackeln ⟨her high heels make her ~⟩; *vt* wackeln mit, zucken mit ⟨to ~ one's toes; to ~ one's eyebrows⟩ | (Weg) schlängelnd zurücklegen ⟨to ~ one's way sich hindurchschlängeln⟩; **2.** *s* schlängelnde Bewegung | Wackeln *n* ⟨to give a ~ zucken⟩ | Schlangenlinie *f* ◇ **get a ~ on** *Sl* sich dazuhalten

wight [waɪt] *arch s* menschliches Wesen, Geschöpf *n* | Wicht *m* ⟨luckless ~ armer Wicht⟩

wig·let ['wɪglət] *s* Haarteil *n*, Toupet *n*

wig·wam ['wɪgwæm] *s Am* Wigwam *m*, Indianerzelt *n*

wil·co ['wɪlkəʊ] *interj* (Sprechfunk) verstanden!

wild [waɪld] **1.** *adj* wild, ungezähmt ⟨~ animals⟩ | *Bot* wild wachsend, nicht kultiviert ⟨~ flowers⟩ | (Land) unbebaut, unbewohnt, wild, wüst | (Pferde u. ä.) scheu | (Person, Volk) unzivilisiert | heftig, ungestüm ⟨a ~ storm⟩ | aufgebracht (**with** vor) ⟨to feel ~ heftig reagieren⟩ | erregt, leidenschaftlich, ungezügelt ⟨~ laughter⟩ | *umg* wild, versessen ⟨to be ~ about s.th.; to be ~ to do s.th. auf etw. scharf sein, begierig sein, etw. zu tun⟩ | unordentlich ⟨a room in ~ disorder ein Zimmer in wüster Unordnung⟩ | *umg* toll, ausschweifend ⟨a ~ party⟩ | ziellos ⟨a ~ blow ein ungezielter Schlag⟩ | unüberlegt, unsinnig, phantastisch, verrückt, haarsträubend ⟨a ~ idea; a ~ plan; to make a ~ guess aufs Geratewohl (los)raten, blind raten⟩; **2.** *adv übertr* wild ⟨to go ~ over verrückt werden bei oder über⟩ | frei, ungehemmt, aufs Geratewohl ⟨to run ~ *Bot* ins Kraut schießen; sich frei bewegen (Tier); *übertr* außer Kontrolle geraten; to shoot ~ (wild) drauflosschießen; to talk ~ sinnloses Zeug (daher)reden, phantasieren⟩; **3.** *s* (*oft pl*) Wildnis *f*, Wüste *f* (*auch übertr*) ⟨in the ~s of Africa im tiefsten Afrika; the call of the ~ der Ruf der Wildnis⟩ | freie Natur, unbebautes Land ⟨in the ~ wildwachsend⟩; **ˌ~ 'boar** *s Zool* Wildschwein *n*; **ˌ~ 'cam·o·mile** *s Bot* Echte Kamille; **'~cat 1.** *s Zool* Wildkatze *f* | *Am* Rotluchs *m* | *Am* Polarluchs *m* | *übertr* Draufgänger(in) *m(f)* | *Bergb* Probeschürfung *f* | *Wirtsch* Schwindelunternehmen *n*; **2.** *adj Wirtsch* Schwindel- ⟨≈ banks⟩ | *Wirtsch* unsicher, riskant ⟨≈ operation⟩ | illegal, nicht offiziell ⟨≈ airline⟩ | wild, nicht von der Gewerkschaft gebilligt ⟨≈ strike wilder Streik; ≈ work stoppage illegale Arbeitsniederlegung⟩; **3.** *vi Geol* auf eigene Faust Versuchsbohrungen anstellen, Probebohrungen machen | *Wirtsch* riskant spekulieren | *Am Eisenb* (nicht planmäßig) allein mit Lok und Tender fahren | wilde Streiks durchführen; **'~ˌcat·ter** *s Am Wirtsch* wilder Spekulant | jmd., der auf eigene Faust Erdölbohrungen durchführt | illegal Streikende(r) *f(m)*; **ˌ~cat 'well** *s Geol* Prospektions-, Suchbohrung *f*; **ˌ~ 'duck** *s Zool* Wildente *f*, Stockente *f*

wil·de·beest ['wɪldəbi:st] *s Zool* Gnu *n*

wil·der·ness ['wɪldənəs] *s* Wildnis *f*, Wüste (*auch übertr*) *f* ⟨a voice in the ~ Rufer in der Wüste, vergeblicher Mahner; to go into the ~ *Pol* aus der Regierung austreten; to send s.o. into the ~ *übertr* jmdn. in die Wüste schicken *od* ausbooten⟩ | *übertr* Gewirr *n*, Masse *f* ⟨a ~ of houses⟩

wild|fire ['waɪldfaɪə] *s*, *meist in:* **to go round (spread) like ~-·fire** (Gerücht u. ä.) (sich) wie ein Lauffeuer umgehen (verbreiten) | Wetterleuchten *n* | Irrlicht *n* | *übertr* Sturm *m* ⟨a ≈ of applause ein Beifallssturm⟩; **'~fowl** *s Zool* Wasserhühner *n/pl*; **'~ˌfowl·ing** *s* Wildvogeljagd *f*; **ˌ~ 'goose** *s* (*pl* **ˌ~ 'geese**) *Zool* Wildgans *f*; **ˌ~-'goose chase** *s* Wildgansjagd *f* | *übertr* vergebliche Mühe, aussichtsloses Unternehmen ⟨to lead s.o. a ≈ jmdn. an der Nase herumführen; to run a ≈ Hirngespinsten nachjagen⟩; **'~ing 1.** *s Bot* Wildling *m*, unveredelte Pflanze | *Bot* Holzapfelbaum *m* | *Zool* wildes Tier | *übertr* Außenseiter *m*; **2.** *adj poet* wild(wachsend) | *poet* (Tier) wild, ungezähmt; **'~life** *s collect* Tiere (und Pflanzen) *pl* in freier Wildbahn; **'~ˌlif·er** *s* jmd. der sich für den Schutz der Tiere (und Pflanzen) in der freien Natur einsetzt; **~ling** [~lɪŋ] *s Bot* Wildling *m*, unveredelte Pflanze | *Zool* wildes Tier; **'~ly** *adv* wild ⟨to run ≈⟩ | völlig, vollkommen ⟨≈ wrong⟩; **ˌ~ 'man** *s* (*pl* **ˌ~ 'men**) Wilder *m* | *Pol* Extremist *m*; **ˌ~ 'oats** *s/pl* Flug-, Blindhafer *m* | *übertr in:* sow one's ~ oats sich die Hörner abstoßen; **'~ proˌtec·tion** *s* Naturschutz *m*; **ˌ~ 'rad·ish** *s Bot* Ackerrettich *m*, Hederich *m*; **ˌ~ 'swan** *s Zool* Singschwan *m*, wilder Schwan; **ˌ~-'track** *adj Film, Ferns* (Tonaufnahme) separat (von der Bildaufnahme), nachträglich besprochen *od* bespielt; **ˌ~ 'wat·er** *s* Wildwasser *n*; **'~ 'West** *Am* **1.** *s* Wilder Westen *m*; **2.** *adj* Wildwest-; **'~wood** *s* Urwald *m*

wile [waɪl] **1.** *s* Tücke *f*, List *f* | *meist* **wiles** *pl* Schliche *m/pl*, Kniffe *m/pl*; **2.** *vt* (jmdn.) (ver)locken (**into** zu) | *oft* **~ away** (Zeit) angenehm verbringen; vertändeln

wil·ful, *Am* **will·ful** ['wɪlfl] *adj* absichtlich, vorsätzlich ⟨~ murder; ~ deception bewußte Täuschung⟩ | eigensinnig, -willig ⟨a ~ child; ~ behaviour⟩

wil·i·ly ['waɪlɪlɪ] *adv* schlau

will [wɪl] **1.** *va* (*nur präs*; *prät* ↑ **would**) *mit folgendem inf ohne* **to**) (*fut*) werden, (du) wirst, (er, sie, es) wird, (ihr) werdet, (sie) werden ⟨you'll come du wirst kommen; he ~ not do it er wird es nicht tun⟩ | wollen, willens sein ⟨~ you come in? willst du hereinkommen?⟩ | (Höflichkeit ausdrückend) würde(st, -t, -n) ⟨~ you pass me the salt? würdest du mir bitte das Salz reichen⟩ | (höfl. Frage) möchte(st, -t, -n) ⟨~ you have some more tea? möchtest du noch Tee?⟩ | (etw. Selbstverständliches ausdrückend) werden ⟨accidents ~ happen Unfälle wird es immer geben; boys ~ be boys Jungen sind nun mal so⟩ | (Eignung ausdrückend) können ⟨the car ~ hold 6 das Auto kann 6 aufnehmen⟩ | (*meist* **would**) (Gewohnheit) pflegen zu, gewöhnlich sein ⟨he would come at this time er pflegte (gewöhnlich) um diese Zeit zu kommen⟩ | (wahrscheinlich) sein ⟨he ~ be the father er ist sicherlich der Vater; that would be in 1970, I think das war vermutlich 1970⟩ | (*betont*) (Befehl) (unbedingt) werden ⟨~ you do as [what] I say? wirst du (denn, auch wirklich) tun, was ich sage!; shut the door, ~ you schließe bitte (unbedingt) die Tür!⟩ ◇ **~ you,won't you** nicht wahr? ⟨you won't go there, ~ you?; you ~ go there, won't you?⟩ | (nach Aufforderungen) bitte! ⟨shut the door, ~ you/won't you!⟩; **2.** **(willed, willed)** *arch vt* wollen, bestimmen ⟨what you ~ was ihr wollt; god ~ed that … Gott wollte, daß …⟩ | (durch Willenskraft) zwingen (**to** *mit inf* zu *mit inf*); ⟨we ~ed him to stop wir wollten, daß er unbedingt anhält; he ~ed the ball into the net er hypnotisierte den Ball ins Netz; to ~ o.s. into sich zwingen zu⟩ | *Jur* hinterlassen, vermachen ⟨to ~ s.o. s.th.⟩; *vi* wollen; **3.** *s* Wille *m* ⟨free ~ freier Wille⟩ | Wille *m*, Willenskraft *f* ⟨against one's own ~ gegen seinen Willen; a strong (weak) ~ ein starker (schwacher) Wille; of one's own ~ freiwillig, aus freien Stücken; where there's a ~ there's a way wo ein Wille ist, ist auch ein Weg; to have no ~ of one's own keinen eigenen Willen haben, leicht beeinflußbar sein⟩ | (*nur sg*) Wunsch *m*, Verlangen *n* ⟨at ~ nach Belieben; ~ to live Lebenswille⟩ | Wille *m*, Gesinnung *f* ⟨good (ill) ~ Wohlwollen *n*, Gunst *f* (*iron* Bosheit *f*)⟩ | Energie *f*, Enthusiasmus *m* ⟨to work with a ~ gern arbeiten⟩ | *Jur* Letzter Wille *m*, Testament *n* ⟨to make one's ~ sein Testament machen⟩; **willed** *adj* (*meist in Zus*) -willig ⟨ill-≈ böswillig; self-≈ eigenwillig, strong-≈ energisch; weak-≈ energielos⟩

wil·lies ['wɪlɪz] *s/pl umg* nervöse Angst ⟨to give s.o. the ~ jmdn. einen Schreck einjagen; to get the ~ auf und davon gehen können⟩

will·ing ['wɪlɪŋ] *adj* gewillt, geneigt ⟨to be ~ to geneigt sein zu⟩ | willfährig ⟨a ~ worker⟩ | freiwillig ⟨~ help gern geleistete Hilfe⟩

wil·li·waw ['wɪlɪˌwɔ:] *s* (e-e Art) Wirbelwind-Bö *f*

will-o'-the-wisp [ˌwɪl ə ðə 'wɪsp] **1.** *s* Irrlicht *n* | *übertr* Phantom *n*, Trugbild *n*, etw. Unerreichbares *od* Flüchtiges ⟨the ~ of perfection die Illusion, daß etwas vollkommen ist⟩; **2.** *adj* irreführend, täuschend

[1]**wil·low** ['wɪləʊ] *s Bot, auch* '~ **tree** Weide(nbaum) *f(m)* | Weidenholz *n* | (Kricket) Schlagholz *n*, Schläger *m*
[2]**wil·low** ['wɪləʊ] *Tech* **1.** *s* (Spinnerei-) Klopf-, Reißwolf *m*; **2.** *vt* reißen, krempeln
[1]**wil·lowed** ['wɪləʊd] *adj* mit Weiden bewachsen
[2]**wil·lowed** ['wɪləʊd] *adj Tech* gerissen, mit dem Reißwolf bearbeitet
wil·low|herb ['wɪləʊhɜːb] *s Bot* Weidenröschen *n*; '~ ˌ**pat·tern** *s* (Porzellan) Weidenmuster *n*; '**~y** *adj* weidenbehangen | weidenartig | biegsam, geschmeidig, gertenschlank ⟨a ≈ figure⟩
will·pow·er ['wɪlˌpaʊə] *s* Willenskraft *f* ⟨to have a lot of ~ einen starken Willen haben, voller Willenskraft sein⟩
wil·ly ['wɪlɪ] *Tech* **1.** *s* Reißwolf *m*, Karde *f*; **2.** *vt* wolfen, krempeln
wil·ly-nil·ly [ˌwɪlɪ'nɪlɪ] **1.** *adv* wohl oder übel, nolens volens; **2.** *adj* zögernd
wil·ly-wil·ly ['wɪlɪ 'wɪlɪ] *s Austr* Wirbelsturm *m*
[1]**wilt** [wɪlt] *2. sg präs arch* von ↑ **will 1.** ⟨thou ~ du willst⟩
[2]**wilt** [wɪlt] **1.** *vi* (Pflanzen) verwelken, verdorren | erschlaffen | *übertr* den Mut verlieren | *umg* schlappmachen, eingehen; *vt* verwelken lassen | erschlaffen lassen | *umg* fertigmachen; **2.** *s* Verwelken *n* ⟨~ disease Welke (Krankheit) *f*⟩ | Erschlaffen *n* | Schlaffheit *f* | Niedergeschlagenheit *f*
wil·y ['waɪlɪ] *adj* schlau, gerissen ⟨a ~ old fox⟩
wimp [wɪmp] *s Am, Kan Sl* Schwächling *m*, Feigling *m*
wim·ple ['wɪmpl] **1.** *s* Nonnenschleier *m* | *Schott übertr* Winkelzug *m*; **2.** *vt* verschleiern | *selten* in Falten legen; *vi* sich kräuseln | sich in Falten legen
wim·py ['wɪmpɪ] *s Kochk* Bulette *f* mit Brötchen, Grillette *f*
win [wɪn] **1.** (**won, won** [wʌn]) *vt* gewinnen, erlangen (*auch übertr*) ⟨to ~ a prize e-n Preis gewinnen; to ~ a victory e-n Sieg erringen; to ~ honour zu Ehren gelangen; to ~ the day/field siegen; to ~ one's way sich durchsetzen⟩ | verdienen, erwerben ⟨to ~ one's bread sein Brot verdienen⟩ | (Wette u. a.) gewinnen, treffen ⟨to ~ a bet⟩ | (durch Wette, Spiel u. a.) abnehmen (**from, off s.o.** jmdm.) ⟨to ~ a watch off s.o.; to ~ the cup from another team⟩ | *auch* ~ **over** (jmdn.) für sich gewinnen | *förml* anlangen an, erreichen ⟨to ~ the top of the mountain⟩ | *Bergb* gewinnen, abbauen; ~ **back** zurückgewinnen; ~ **over**, ~ **round** überreden, herumkriegen (**to** zu); *vi* siegen, den Sieg davontragen, gewinnen ⟨to ~ at cards beim Kartenspiel gewinnen; to ~ by a head um e-e Kopflänge gewinnen; to ~ hands down spielend leicht gewinnen⟩; ~ **out**, ~ **through** sich durchsetzen (**over** gegen); **2.** *s* (Sport) Sieg *m*, gewonnenes Spiel ⟨two ~s and two defeats 2 Siege und 2 Niederlagen⟩
wince [wɪns] **1.** *vi* erschrecken, zusammenfahren, -zucken (**at** über) ⟨without wincing ohne die Miene zu verziehen⟩; **2.** *s* Zusammenschrecken *n*, -zucken *n*, -fahren *n*
win·cey ['wɪnsɪ] *s* (eine Art) halbwollener Stoff, Flanell *m*; **~ette** [ˌ~'et] *s* Flanellette *n*; ˌ**~-'wool·sey** *s* Wollflanell *m*
winch [wɪntʃ] **1.** *s Tech* Haspel *f*, Kurbel *f*, Winde *f* | *Mar* Ladewinde *f* | *dial* Schraubstock *m*; **2.** *vt* hochwinden
[1]**wind** [wɪnd] **1.** *s* Wind *m* ⟨against the ~ gegen den Wind; before/down the ~ *Mar* mit dem Wind; by the ~ *Mar* am Wind; in[to] the ~'s eye,in[to] the teeth of the ~ dem Wind entgegen, gegen den Wind; like the ~ wie der Wind, schnell; off the ~ aus dem Wind; under the ~ *Mar* in Lee; to be in the ~ in der Luft liegen; drohen; to cast/fling/throw to the ~[s] in alle vier Winde zerstreuen; *übertr* verschleudern; *übertr* (Vorsicht u. a.) in den Wind schlagen; to have/take the ~ *Mar* (e-m Schiff) den Wind abgewinnen; *übertr* e-n Vorteil haben vor; to get/have the ~ up *Sl* Angst kriegen; to see (know) how/which way the ~ blows *übertr* sehen (wissen), woher der Wind weht; to put the ~ up s.o. *umg* jmdm. Angst einjagen; to raise the ~ *übertr* das nötige Geld auftreiben; to raise the ~ over Staub aufwirbeln wegen; to sail close to/near the ~ *Mar* hart am Wind segeln; *übertr* sich hart an der Grenze des Erlaubten bewegen; to take the ~ out of s.o.'s sails *übertr* jmdm. den Wind aus den Segeln nehmen; to twist in the ~ *übertr* in ständiger Angst (und Unsicherheit) leben; it's an ill ~ that blows no good/nobody any good *Sprichw* kein Unglück ist so groß, es trägt ein Glück im Schoß⟩ | Wind *m*, Himmelsrichtung *f* ⟨from the four ~s aus allen Himmelsrichtungen⟩ | Hauch *m*, Atem *m* ⟨to get one's ~ atmen können; to get one's second ~ wieder Luft holen können, *übertr* neue Kraft schöpfen, neuen Mut fassen; to have a good ~ e-e gute Lunge haben; to have lost one's ~ außer Atem sein⟩ | Witterung *f* (*auch übertr*) ⟨to catch ~ of Wind bekommen von; to get [the] ~ of wittern; *übertr* auf die Spur kommen⟩ | *Med* Wind *m*, Blähung *f* ⟨to break ~ e-n Wind abgehen lassen⟩ | *umg* leeres Geschwätz, Wind *m* | Schwätzer *m* | (*mit best art, sg od pl konstr*) Blasinstrumente *n/pl* | *auch pl* Bläser *m/pl* (im Orchester); **2.** *vt* (Wild) wittern, aufspüren ⟨to ~ a fox⟩ | (Tier) zu Atem kommen lassen ⟨we stopped to ~ our horses wir hielten an, um unsere Pferde verschnaufen zu lassen⟩ | (jmdm.) den Atem nehmen ⟨to be ~ed by außer Atem kommen durch; keine Luft mehr kriegen durch⟩
[2]**wind** [waɪnd] **1.** *s* Windung *f*, Biegung *f*, Krümmung *f* | (Um-) Drehung *f*, (Um-) Drehen *n* ⟨to give the clock a ~ die Uhr aufziehen; to give it one more ~ etw. nochmal um- *od* weiterdrehen⟩ | (Uhr u. ä.) Aufziehen *n* | Winden *n* | Verbiegung *f* (des Holzes) | *Tech* Winde *f*; **2.** (**wound, wound** [waʊnd]) *vi* sich winden | sich schlängeln (**through** durch) | (Pflanze) sich ranken | (Holz) sich verziehen | sich drehen *od* aufziehen lassen | *Mar* sich drehen | *übertr* sich einschleichen (**into** in); ~ **down** ablaufen (Uhr) | *übertr* an Kraft nachlassen, verebben | sich abregen; ~ **up** aufhören, schließen (**by** durch) | *umg* enden, dahinkommen, anlangen (**with** bei) ⟨to ~ up drunk zum Schluß betrunken sein; to ~ up feeling ashamed sich schließlich noch schämen müssen⟩ | *Wirtsch* bankrott machen; *vt* (herum)winden, -wickeln, umwickeln (**into** in, **round** um) ⟨to ~ s.o. round one's little finger *übertr* jmdn. um den kleinen Finger wikkeln⟩ | winden, schlängeln ⟨to ~ o.s. sich winden; to ~ one's way into s.o.'s affections sich bei jmdm. einschleichen⟩ | umschlingen ⟨to ~ s.o. in one's arms jmdn. umarmen⟩ | (Wolle) wickeln | (Kurbel u. a.) drehen | *Mar* hieven | *Mar* (Schiff) drehen | *Foto* (Film) (weiter)drehen, transportieren | *oft* ~ **up** (Uhr) aufziehen; ~ **back** zurückdrehen; ~ **down** herunterdrehen ⟨to ≈ the window in a car⟩ | *übertr* reduzieren, vermindern, einschränken | *Wirtsch* liquidieren ⟨to ≈ one's business⟩; ~ **in** (Leine u. ä.) einrollen; ~ **off** abwickeln, abrollen; ~ **on** weiter drehen; ~ **up** aufspulen, aufwickeln | (Fenster u. ä.) hochdrehen, rollen | (Uhr) aufziehen | abschließen, beenden (**with** mit) ⟨to ≈ one's speech seine Rede abschließen; to ≈ one's affairs s-e Angelegenheiten abwickeln⟩ | *Wirtsch* liquidieren ⟨to ≈ a company⟩ | *übertr* wieder in Gang bringen, ankurbeln | *übertr* in Erregung bringen, anstacheln, steigern (**to** zu) ⟨wound up about aufgeregt wegen *od* über⟩
[3]**wind** [waɪnd] (**wound, wound** *od* **~ed, ~ed**) *vt lit* (Horn, Trompete) blasen
wind|bag ['wɪndbæg] *s umg* Angeber *m*, Schwätzer *m*, Windbeutel *m*; '~ˌ**bag·ger·y** *s umg* leeres Geschwätz
wind band ['wɪnd bænd] *s* Blaskapelle *f*; Blasinstru-

mente *n/pl*

wind|break ['wɪndbreɪk] *s* Windschutz *m* (Hecke u. ä.); '~ˌ**break·er** *Am*, '~ˌ**cheat·er** *Brit s umg* Windjacke *f*; '~**chill** *s* Körperabkühlung *f* durch Wind; '~**-cone** *s Flugw* Luftsack *m*

wind-down ['waɪnd daʊn] *s* Abschluß *m* | Reduzierung *f*, Verminderung *f*

wind egg ['wɪnd eg] *s* Windei *n*

[1]**wind·er** ['wɪndə] *s Mus* Bläser(in) *m(f)*

[2]**wind·er** ['waɪndə] *s Tech* Haspel *f*, Kurbelvorrichtung *f* | *Bot* Schlingpflanze *f*

wind|fall ['wɪndfɔːl] *s* Windbruch *m*, -schlag *m* | Fallobst *n* | *übertr* unerwarteter Glücksfall ⟨a ≈ of £ 500 e-e unverhoffte Erbschaft von £ 500; to come into a ≈ zu e-m unerwarteten Gewinn kommen⟩; '~**flaw** *s* Bö *f*; '~ˌ**flow·er** *s Bot* Anemone *f*, Buschwindröschen *n*; '~ **force** *s* Windkraft *f*; '~ **gate** *s Bergb* Wettertür *f*; '~ **gauge** *s* Windstärkemesser *m*; '~**hole** *s Bergb* Wetterschacht *m*; '~**i·ly** *adv* windig | *übertr* durchsichtig

wind·ing ['waɪndɪŋ] **1.** *s* Biegung *f*, Krümmung *f* ⟨in ~ gebogen, krumm; out of ~ schnurgerade⟩ | *Tech* Haspeln *n*, Winden *n* | Wickeln *n* | *El* Wicklung *f*; **2.** *adj* sich windend, sich schlängelnd ⟨a ~ path⟩ | *Arch* Wendel- ⟨~ stairs⟩ | schief, krumm (*auch übertr*) | *Tech* Haspel- | *Bergb* Förder-; '~ ˌ**en·gine** *s Tech* Dampfwinde *f* | *Bergb* Dampfgöpel *m*; '~ **rope** *s Bergb* Förderseil *n*; '~ **sheet** *s* Leichentuch *n*; '~ ˌ**tow·er** *s Bergb* Förderturm *m*; '~**-up** *s* Aufziehen *n* (der Uhr) | Ende *n* | *Wirtsch* Liquidation *f* ⟨≈ sale Ausverkauf *m*⟩; '~ **wire** *s El* Spulen-, Wicklungs-, Wickeldraht *m*

wind| in·stru·ment ['wɪnd ˌɪnstrʊmənt] *s Mus* Blasinstrument *n*; '~ˌ**jam·mer** *s Mar* Windjammer *m*, Rahsegler *m* | *Mar* Segelmatrose *m* | *Brit* Windjacke *f* | *Am Mus Sl* Bläser *m* | *Am Sl* Schwätzer *m*

wind·lass ['wɪndləs] *Tech* **1.** *s* (Montage-) Winde *f* | *Bergb* Förderhaspel *f* | *Mar* Ankerspill *n*, -winde *f*; **2.** *vt* mit einer Montagewinde hochziehen; *vi* eine Montagewinde etc. verwenden

wind|less ['wɪndləs] *adj* ohne Wind, windstill | atemlos; '~ **load·ing** *s Tech* Windbelastung *f* (von Gebäuden); '~**mill** **1.** *s* Windmühle *f* ⟨≈ on trestles Bockmühle *f*; to tilt at ≈s *übertr* gegen Windmühlen kämpfen; to throw one's cap over the ≈ *übertr* unvorsichtig sein; Luftschlösser bauen⟩ | Windrädchen *n* | *Flugw Sl* Hubschrauber *m*; **2.** *vt* wie eine Windmühle kreisen lassen; *vi* sich wie eine Windmühle bewegen; '~**mill sail** *s* Flügel *m* einer Windmühle

win·dow ['wɪndəʊ] **1.** *s* Fenster *n* ⟨to look out of the ~ aus dem Fenster schauen; car ~ Autofenster; front ~ Vorderfenster⟩ | Fensterscheibe *f* ⟨to break a ~ e-e Fensterscheibe zerbrechen⟩ | Schaufenster *n*, Auslage *f* (*auch übertr*) ⟨to dress the ~ das Schaufenster dekorieren⟩ | Schalter *m* ⟨ticket ~ Fahrkartenschalter⟩ | *Arch* Fensterrahmen *m* | *Tech* Düppel *m* (Radarstörung); **2.** *vt* Fenster einsetzen in; '~ **blind** *s* Jalousie *f*; '~ **board** *s* Fensterbrett *n*; '~ **box** *s* Blumen-, Fensterkasten *m*; '~ **lock** *s* Fensterschloß *n*, -verriegelung *f*; '~ **disˌplay** *s* Schaufensterauslage *f*; '~ ˌ**dres·ser** *s* Schaufensterdekorateur *m*; '~ ˌ**dress·ing** *s* Schaufensterdekoration *f* | *übertr* Fassade *f*, Aufmachung *f* | *Wirtsch* Verschleiern *n* | Frisieren *n*, Zurechtrücken *n* (e-r Bilanz u. ä.); '~ ˌ**en·ve·lope** *s* Briefumschlag *m* mit Fenster; '~ **frame** *s* Fensterrahmen *m*; '~ **glass** *s* Fenster-, Scheibenglas *n*; '~ **ledge** *s* Fenstersims *n, m*; '~**pane** *s* Fensterscheibe *f* | *umg* Monokel *n*; '~ **seat** *s* Fenstersitz *m*, -bank *f*; '~ **shade** *s Am* Jalousie *f*; '~**-shop** *vi* einen Schaufensterbummel machen; '~ ˌ**shop·per** *s* Schaufensterbummler(in) *m(f)*; '~ ˌ**shop·ping** *s* Schaufensterbummel *m* ⟨to go ≈ sich die Schaufenster ansehen⟩; '~ ˌ**shut·ter** *s* Fensterladen *m*; '~**sill** *s* Fensterbrett *n*, -bank *f*; (außen) Fenstersims *m*

wind|pipe ['wɪndpaɪp] *s Anat* Luftröhre *f*; '~ **pol·liˌna·tion** *s Bot* Windbestäubung *f*; '~ ˌ**pow·er** *s* Windkraft *f*; '~**proof** *adj* windundurchlässig; '~ **rose** *s Met* Windrose *f*; '~ **scale** *s Met* Windstärkenskala *f*; '~**screen** *s* Windschirm *m*, -schutz *m* | *Brit Kfz* Windschutzscheibe *f*; '~**shield** *s Brit* (Motorrad) Windschutz *f* | *Am Kfz* Windschutzscheibe *f* ⟨≈ wiper Scheibenwischer *m*⟩; '~ **side** *s* Windseite *f*; '~**sleeve**, '~**sock** *s Flugw* Luftsack *m*; '~ **spout** *s* Wirbelwind *m*, Windhose *f*; '~**storm** *s* Sturm *m od* heftiger Wind *m* ohne Regen; '~ˌ**surf·er** *s* Windsurfer(in) *m(f)*; '~ˌ**surf·ing** *s* Windsurfen *n*; '~**swept** *adj* (Gegend) windgepeitscht | vom Wind zerzaust ⟨a ≈ appearance⟩; '~ ˌ**tun·nel** *s Tech* Windkanal *m*; '~**ward** *Mar* **1.** *adj* windwärts, nach Luv zu liegend; **2.** *adv* wind-, luvwärts; **3.** *s* Windseite *f*, Luv *f* ⟨to get to the ≈ of s.o. *übertr* jmdm. ein Schnippchen schlagen⟩; '~**y** *adj* windig, wind- | stürmisch | *Med* blähend | *übertr* windig, wetterwendisch | *übertr* aufgeblasen, hohl | *Brit Sl* ängstlich

wine [waɪn] **1.** *s* Wein *m* ⟨apple ~; Burgundy ~; in ~ betrunken; ~, women, and song Wein, Weib und Gesang, fröhliche Runde mit Trinken und Tanzen⟩ | Weinrot *n*; **2.** *vt* (jmdm.) Wein vorsetzen | mit Wein behandeln; *vi* Wein trinken; ˌ~ **and 'dine** *vt* (jmdm.) Essen und Getränke vorsetzen, jmdn. gut bewirten; *vi* gut essen und trinken; '~ ˌ**bib·ber** *s* jmd., der gern ein Glas trinkt; '~ ˌ**bib·bing** *s* Weinsüffeln, -trinken *n*; '~ ˌ**bot·tle** *s* Weinflasche *f*; '~ **cask** *s* Weinfaß *n*; '~ ˌ**cel·lar** *s* Weinkeller *m*; '~ ˌ**con·ner** *s* Weinprüfer *m*; '~**glass** *s* Weinglas *n*, Glas *n* (voll) Wein; '~ˌ**grow·er** *s* Weinbauer *m*; '~ˌ**grow·ing** *s* Weinbau *m*; '~ ˌ**mer·chant** *s* Weinhändler *m*; '~**press** *s* Weinkelter *f*; '**win·er·y** *s* Weinkellerei *f*; '~**skin** *s* Weinschlauch *m*; '~ **stone** *s Chem* Weinstein *m*; '~ ˌ**tast·er** *s* Weinprüfer *m*; '~ **vault** *s* Weinkeller *m*; '~ ˌ**vin·e·gar** *s* Weinessig *m*

wing [wɪŋ] **1.** *s* Flügel *m* (*auch übertr*) ⟨on the ~ (Vogel) im Flug; *übertr* in Bewegung, auf den Beinen, auf der Flucht; ~ of the nose Nasenflügel; in the ~s *übertr* versteckt, auf der Lauer; to chip s.o.'s ~s *übertr* jmdm. die Flügel beschneiden; to give/lend ~s to *übertr* Schwingen verleihen, Schnelligkeit geben; to take s.o. under one's ~s *übertr* jmdn. unter seine Fittiche nehmen *od* bemuttern; to take ~ auffliegen, aufbrechen; *übertr* verfliegen (Zeit)⟩ | Fensterflügel *m* | Windmühlenflügel *m* | *Arch* (Seiten-) Flügel *m* ⟨the west ~⟩ | (*meist pl*) (Seiten) Kulisse *f* | *Flugw* Tragfläche *f* | *Brit Flugw Mil* Gruppe *f*, Staffel *f* | *Am Flugw Mil* Geschwader *n* | *Flugw Mil* Schwinge *f* | (*meist pl*) Pilotenabzeichen *n* ⟨to get one's ~s Pilot werden, selbst fliegen dürfen⟩ | *Kfz* Kotflügel *m* | (Fußball) Flügel(spieler) *m(m)* | *Pol* Flügel ⟨the right ~⟩; **2.** *vt* mit Flügeln etc. versehen | (Vogel) flügeln, am Flügel streifen | (Flugzeug) an der Tragfläche treffen | (jmdn. am Arm) verwunden | (Strecke) durchfliegen ⟨to ~ one's way dahinfliegen⟩ | (Geschoß) abschießen | (Schlag, Hieb) loslassen, versetzen | *übertr* beflügeln, beschwingen | *meist* ~ **it** *Am umg* improvisieren; *vi* fliegen; '~ **beat** *s* Flügelschlag *m*; '~ **case** *s Zool* Flügeldecke *f*; '~ **chair** *s* Ohrensessel *m*; '~ **comˌmand·er** *s Brit Mil* Oberstleutnant *m* der Luftwaffe | *Am Mil* Geschwaderkommodore *m*; '~ ˌ**com·pass** *s Tech* Bogenzirkel *m*; '~ ˌ**cov·ert** *s Zool* Deckfeder *f*; **winged** *adj* mit Flügeln, geflügelt | *Bot* befiedert | *poet* voller Vögel | *übertr* schnell, beflügelt ⟨the ≈ god *Myth* Merkur *m*⟩ | *übertr* hoch, erhaben; ˌ**winged 'screw** *s Tech* Flügelschraube *f*; '~**er** *s Brit* (Sport) Flügelstürmer *m* | *in Zus Pol* zum … Flügel gehörend ⟨right≈⟩; '~**less** *adj* ohne Flügel, flügellos; '~ **nut** *s Tech*

Flügelmutter *f*; '~**span** *s Flugw* Spannweite *f* (der Tragfläche); '~**spread** *s Zool* Flügelspannweite *f* | *Flugw* Spannweite *f*; '~**y** *adj* geflügelt | flügelförmig | *übertr* beflügelt, schnell | *übertr* hochfliegend

wink [wɪŋk] **1.** *vi* (absichtlich) blinzeln, zwinkern ⟨to ~ at s.o. jmdm. zublinzeln; to ~ at s.th. *übertr umg* ein Auge zudrücken bei etw.⟩ | *arch* einnicken; *vt* blinzeln mit ⟨to ~ one's eyes mit den Augen blinzeln⟩ | *Brit, bes Kfz* blinken (mit) ⟨to ~ one's lights Lichtsignale geben⟩ | durch Zwinkern signalisieren ⟨to ~ s.o. out of one's eye jmdm. mit einem Augenzwinkern zu verstehen geben⟩; ~ **back** (durch Blinzeln) verdrücken, verdrängen ⟨to ≈ one's tears⟩; **2.** *s* Blinzeln *n*, Zwinkern *n* ⟨with a ~ of the eye mit e-m Augenzwinkern⟩ | Zublinzeln *n* ⟨to give s.o. a ~ jmdn. zuzwinkern; to tip s.o. the ~ *umg* jmdm. e-n Wink geben; a nod's as good as a ~ [to a blind man] *umg* ein Wink genügt, ich habe schon verstanden⟩ | Nu *m*, kurze Zeit ⟨in a ~ im Nu; not a ~ of sleep kein bißchen Schlaf⟩; '~**er** *s* Blinzelnde(r) *f(m)* | Scheuklappe *f* | *(meist pl) Brit Kfz umg* Blinkleuchte *f*; '~**ing** *s* Blinzeln *n* | Blinken *n*, Blitzen *n* ⟨like ≈ *umg* wie der Blitz, im Nu⟩

win·kle ['wɪŋkl] **1.** *Zool s* Uferschnecke *f* | große Meeresschnecke; **2.** *meist* ~ **out** *vt umg* herausziehen, -holen (*auch übertr*) ⟨to ~ s.th. out of a hole; to ~ the truth out of s.o.⟩

win|ner ['wɪnə] *s* Gewinner(in) *m(f)*, Sieger(in) *m(f)* | sicherer Gewinner, Siegeskandidat *m* | *umg* todsichere Sache, Schlager *m* ⟨it's a real ≈⟩; '~**ning 1.** *adj* gewinnend, siegreich, Sieger- ⟨≈ team⟩ | *übertr* gewinnend ⟨a ≈ smile⟩; **2.** *s* Gewinnen *n*, Sieg *m*; '~**ning post** *s* (Sport) Ziel *n*; '~**nings** *s/pl* Gewinn(summe) *m(f)*, Spiel-, Renn-, Wettgewinn *m*; '~**ning stroke** *s Kart* (Sieg) Stich *m*

win·now ['wɪnəʊ] **1.** *vt* (Getreide) worfeln, reinigen | trennen, sieben, sondern, scheiden (**from** von) ⟨to ~ grain from chaff die Spreu vom Weizen scheiden⟩ | *übertr* (*urspr bibl*) sichten, sieben, ausmerzen ⟨to ~ truth from falsehood die Wahrheit von der Lüge unterscheiden⟩; *vi* Getreide schwingen; **2.** *s* Futterschwinge *f* | Worfeln *n*; '~**ing fan** *s* Kornschwinge *f*; '~**ing ma,chine** *s* Getreidereinigungsmaschine *f*, Kornschwinge *f*; '~**ing screen** *s* Schwingsieb *n*

win·some ['wɪnsəm] *adj* anziehend, reizend, gefällig, attraktiv ⟨a ~ appearance; a ~ girl⟩ | lustig, heiter ⟨a ~ smile⟩

win·ter ['wɪntə] **1.** *s* Winter *m* ⟨a hard ~ ein strenger Winter; by ~ bis zum Winter; in ~ im Winter; last ~ vergangenen Winter; the last two ~s die letzten zwei Winter; one ~ einmal im Winter⟩; **2.** *vi* den Winter verbringen, überwintern; '~ **crop** *s* Wintergetreide *n*, -saat *f*; '~ ,**gar·den** *s* Wintergarten *m*; '~**green** *s Bot* Teebeere *f* | Wintergrün(öl) *n(n)*; '~**ing** *s* Überwinterung *f*; '~**ly** *adj* winterlich | *übertr* frostig; '~ '**sol·stice** *s Astr* Wintersonnenwende *f*; ,~ '**sports** *s/pl* Wintersport *m*; '~**time** *s* Winterzeit *f* ⟨in [the] ≈⟩; ~**y** ['-trɪ] '**win·try** *adj* winterlich, kalt ⟨≈ weather⟩ | *übertr* frostig ⟨a ≈ smile⟩

win·y ['waɪnɪ] *adj* Wein- | angeheitert

winze [wɪnz] *s Schott* Fluch *m*

wipe [waɪp] **1.** *s* Abwischen *n* ⟨to give s.th. a ~ etw. abwischen⟩ | *Ferns* (Trick) Überblendung *f* | *Sl* Hieb *m* | *übertr* Seitenhieb *m* ⟨to give s.o. a ~ jmdm. eins auswischen⟩ | *Sl* Taschentuch *n*; **2.** *vt* abwischen, abreiben, reinigen ⟨to ~ one's nose sich die Nase putzen; to ~ s.th. clean (dry) etw. sauber- (trocken)reiben *od* wischen; to ~ the floor with s.o. *übertr umg* jmdm. heimleuchten, jmdm. gehörig den Kopf waschen⟩; ~ **away**, ~ **down** abwischen, sauberwischen ⟨to ≈ the walls⟩; ~ **off** wegwischen ⟨to ~ the dirt off the table; to ~ a grin off one's face zu grinsen aufhören; to ~ off the map *übertr* von der Landkarte auslöschen, vernichten⟩ | *übertr* begleichen ⟨to ~ off a debt; to ~ s.th. off the slate etw. vergessen⟩; ~ **out** aus-, verwischen | (Tonband) löschen | (Schuld u. a.) auslöschen, begleichen | *übertr* (Anstrengungen u. ä.) zunichte machen | *übertr* ausrotten, zerstören, vernichten; ~ **over** (leicht) (hinweg)wischen über; ~ **up** aufwischen | abtrocknen; *vi umg* schlagen (**at** nach); ~ **off** sich abwischen lassen; '~-**down** *s* Abreibung *f* ⟨to give s.th. a ≈⟩; '**wip·er** *s* Wischer | *Kfz* Scheibenwischer *m* | Kontaktbürste *f*; '~**out** *s* Auslöschen, Auslöschung *f*, Zerstörung *f*, Verwüstung *f* | *Sl* Sturz *m*, Fall *m* (von einem Ski, Surfbrett, Motorrad u. ä.); '~-,**over** *s* Darüberwegwischen *n* ⟨to give s.th. a quick ≈ etw. schnell abwischen⟩; '~-**up** *s Am Sl* (Ski, Motorrad u. ä.) Sturz *m*; '**wip·ing-proof** *adj* wischfest

wir·ble ['wɜ:bl] *s* Wirbel *m* (beim Tanzen) | *Mus* Triller *m*

wire ['waɪə] **1.** *s* Draht *m* ⟨barbed ~ Stacheldraht; to pull [the] ~s *übertr* der Drahtzieher sein, seine Beziehungen spielen lassen⟩ | *El* Leitung *f*, Leiter *m*; (Kabel-) Ader *f* ⟨live ~ unter Strom stehender Draht; *übertr umg* jmd., der immer aktiv *od* in Bewegung ist⟩ | *auch* '**tel·e·phone** ~ Telefondraht(-leitung, -netz) *m(f, n)* | *bes Am umg* Telegramm *n* ⟨by ~ telegrafisch; to send a ~ telegrafieren⟩ | Drahtschlinge *f* (beim Fallenstellen) | *Schott* Stricknadel *f*; **2.** *vt* mit Draht versehen | mit Draht befestigen (**to** an) ⟨to ~ s.th. together etw. mit Draht festmachen⟩ | (Wild) mit Drahtschlingen fangen | (Perlen) auf Draht reihen | *Mil* mit Stacheldraht abgrenzen | *El* verdrahten | *El* Strom legen in, anschließen, (mit Strom) versorgen ⟨to ~ a house; to ~ a studio for sound⟩ | *umg* telegrafieren, drahten ⟨to ~ s.o. to come jmdm. telegrafieren, daß er kommen soll⟩; ~ **in[to]** *vi Brit umg selten* sich dahinterklemmen ⟨to ~ into the work sich an die Arbeit machen; ~ in! kracht ran!⟩; '~ **brush** *s* Drahtbürste *f*; '~ ,**cut·ter** *s* (*meist pl*) Drahtschere *f* | Drahtschneider *m*; '**wired** *adj* verdrahtet | *El* installiert; '~ ,**danc·er** *s* Seiltänzer(in) *m(f)*; '~ ,**danc·ing** *s* Seiltanzen *n*; '~ ,**draw·ing** *s* Drahtziehen *n*; '~**drawn** *adj* langgezogen | *übertr* spitzfindig; '~**fence** *s* Drahtzaun *m*; '~-,**guid·ed** *adj* (Waffe) drahtgezündet ⟨≈ rockets⟩; '~-**haired** mit drahtigem Haar, Drahthaar- ⟨≈ terrier Drahthaarterrier *m*⟩; '~**less** *El* **1.** *adj* drahtlos, Funk- ⟨≈ engineering Funk-, Radiotechnik *f*; ≈ message Funkmeldung *f*; ≈ set *bes Brit, selten* Rundfunkapparat *m*⟩; **2.** *s bes Brit, selten* Radio(apparat) *n(m)* ⟨by ≈ durch Rundfunk; on the ≈ im Rundfunk⟩ | drahtlose Telegrafie *f*; **3.** *vt, vi bes Brit* drahtlos telegrafieren, funken; '~**less re,ceiv·er** *s Brit, selten* Radio *n*; '~**less ,sta·tion**, '~**less trans,mit·ter** *s* Rundfunkstation *f*; ,~**less te'le·gra·phy** *s Brit* drahtlose Telegrafie | *Am* Radiotelegrafie *f*; ,~-**less te'le·pho·ny** *s* drahtlose Telefonie, Funktelefon *n*; '~**man** (*pl* '~**men**) *s* Abhörspezialist *m*; ,~ '**net·ting** *s* Drahtgeflecht *n*, Maschendraht *m*; '~ ,**pho·to** *s* Bildtelegramm *n*; '~ **pli·ers** *s/pl* Drahtzange *f*; '**wir·er** *s* Schlingenleger *m*; '~ **rope** *s* Drahtseil *n*; '~ ,**rope·way** *s* Drahtseilbahn *f*; '~**tap** *vt bes Am* Telefongespräche abhören; '~ ,**tap·ping** *s* Abhören *n* (von Telefongesprächen); ,~ '**wool** *s* Drahtwolle *f*; '~**work** *s* Drahtgewebe *n* | Drahtherstellung *f*; '~,**work·er** *s* Drahtzieher *m*; '~**works** *s/pl* (*auch sg konstr*) Drahtfabrik *f*; '~**worm** *s Zool* Drahtwurm *m*; **wir·ing** ['~rɪŋ] *s* Drahtlegen *n* | *El* Leitungsnetz *n* | *El* Drähte *m/pl*; **wir·y** ['~rɪ] *adj* Draht- | drahtartig | (Haar) steif, drahtig | *übertr* drahtig, zäh, sehnig ⟨a ≈ body⟩

wis·dom ['wɪzdəm] *s* Weisheit *f*, Klugheit *f*; '~ **tooth** *s* (*pl* '~ **teeth**) *Anat* Weisheitszahn *m* ⟨to cut one's ~ teeth *übertr* reifer werden⟩

[1]**wise** [waɪz] **1.** *adj* weise, klug, erfahren ⟨a ~ man; none the ~r um nichts klüger; to be ~ after the event hinterher klü-

ger sein⟩ | einsichtsvoll, verständig ⟨a ~ decision; it was ~ of you to leave es war richtig von dir zu gehen⟩ | *umg* informiert, wissend, unterrichtet (**to** über) ⟨to be ~ to sich klar werden über; to get ~ to s.th. hinter etw. kommen; to put s.o. ~ to jmdn. unterrichten⟩ | *arch* gelehrt | *arch* in Zauberei erfahren ⟨~ man Zauberer *m*⟩; **2.** *bes Am Sl* **~ up** *vt* informieren ⟨to get ~d up schlau werden; to keep s.o. ~d up jmdn. auf dem laufenden halten⟩; *vi* informiert werden, sich vertraut machen (**to** mit) ⟨to ~ up to what was going on herauskriegen, was gespielt wurde⟩

²**wise** [waɪz] *s arch* Art *f* ⟨in no ~ in keiner Weise; in this ~ auf diese Weise⟩

-wise [waɪz] *in Zus Wortelement mit der Bedeutung*: -artig, -ähnlich (*z. B.* **ˈcrab~** krabbenartig) | -weise (*z. B.* **ˈstep~** schritt-, stufenweise) | *umg* -mäßig, in bezug auf (*z. B.* **ˈweather~** wettermäßig; **ˈmoney~** in bezug auf das Geld)

wise|a·cre [ˈwaɪzˌeɪkə] **1.** *s* Neunmalkluger *m* | Dummkopf *m*; *vi* sich wichtig machen; **ˈ~crack 1.** *s* treffende Bemerkung; **2.** *vi* treffende Bemerkungen machen; **ˈ~ guy** *s umg* =**ˈ~acre**; **ˈ~ head** *s* Schlaukopf *m* | Neunmalkluger *m*

wish [wɪʃ] **1.** *vt* wünschen, wollen ⟨I ~ I were there ich wünschte, ich wäre dort; to ~ s.o. to the devil *übertr* jmdm. zum Teufel wünschen⟩ | (Gutes, Schlechtes u. a.) wünschen ⟨to ~ s.o. a merry Christmas jmdm. frohe Weihnachten wünschen; to ~ s.o. joy of s.th. *oft iron* jmdm. viel Spaß (Vergnügen) mit etw. wünschen; I ~ you joy *iron* viel Spaß!; to ~ s.o. well jmdm. Gutes wünschen⟩ | hoffen, wünschen ⟨it is to be ~ed es ist zu hoffen (wünschen); to ~ s.th. complete hoffen, daß etw. fertig wird⟩ | *förml* wünschen, verlangen ⟨if you ~ it wenn du möchtest; do you ~ to eat alone? möchten Sie allein essen?⟩; *vi* wünschen, sich sehnen (**for** nach) | *förml* wünschen ⟨if you ~⟩; **2.** *s* Wunsch *m*, Verlangen *n* (**for** nach) ⟨best ~es herzliche Glückwünsche *m/pl*; to grant s.o.'s ~es jmds. Wünschen nachkommen; to make a ~ einen Wunsch äußern; the ~ is the father to the thought *übertr* der Wunsch ist der Vater des Gedankens⟩; **~ away** wegwünschen, ignorieren; **~ on [to]** *umg*, **~ upon** *förml* (jmdm. etw.) an den Hals wünschen ⟨he ~ed John on [to] us er wünschte uns John auf den Hals; I would not ~ that upon my worst enemy das möchte ich nicht meinem ärgsten Feind wünschen⟩; **ˈ~bone** *s Zool* (Geflügel) Brust-, Gabelbein *n*; **ˈ~ful** *adj* verlangend, sehnsüchtig (**to** *mit inf* zu *mit inf*); **ˌ~ful ˈthink·ing** *s* Wunschdenken *n*; **ˈ~ing cap** *s* Zauberkappe *f*; **ˈ~ing rod** *s* Wünschelrute *f*

wish|-wash [ˈwɪʃ wɒʃ] *s* dünnes Getränk | *übertr* seichtes Geschwätz | Geschreibsel *n*; **~y-washy** [ˈwɪʃɪ ˌwɒʃɪ] *adj* (Tee u. ä.) dünn, wäßrig ⟨a ≈ soup⟩ | (Person) schwächlich, schmächtig | (Stil u. ä.) seicht, fade, unklar ⟨≈ ideas⟩

wisp [wɪsp] **1.** *s* Wisch *m*, Bündel *n* ⟨a ~ of hay⟩ | (Haar-) Strähne *f* ⟨a ~ of hair⟩ | kleiner Besen | Zug *m* (Vögel) | (schmaler) Fetzen (Papier etc.) ⟨a ~ of paper ein Fidibus; a ~ of smoke ein Rauchfetzen; a ~ of a woman e-e schmächtige Frau⟩ | Irrlicht *n*; **2.** *vt* (Pferd) abbürsten | (Papier u. ä.) in Streifen falten; *vi* in Büscheln hängen (**about** um) | (Rauch) ziehen; **ˈ~y** *adj* (Haar) wuschelig, strähnig | (Person) schmächtig | *übertr* knapp ⟨a ≈ sketch⟩

wist [wɪst] *prät u. part perf* von ↑ ²**wit**

wis|ta·ri·a [wɪsˈtɛərɪə], **~te·ri·a** [wɪsˈtɪərɪə] *s Bot* Wistarie *f*, Glyzine *f*

wist·ful [ˈwɪstfl] *adj* sehnsüchtig, schmachtend ⟨a ~ gaze; to be ~ of sich sehnen nach⟩ | gedankenvoll, nachdenklich, ernst

¹**wit** [wɪt] *s* Verstand *m*, Denkvermögen *n* ⟨to show ~⟩ | *meist* **wits** *pl* gesunder Menschenverstand, geistige Fähigkeiten *f/pl*, Intelligenz *f* ⟨at one's ~s end mit s-r Weisheit *od* s-m Latein am Ende; out of one's ~s verrückt, von Sinnen; to have/keep one's ~s about one s-e(n) fünf Sinne (Verstand) beisammen haben; to live by one's ~s sich mehr oder weniger ehrlich durchs Leben schlagen⟩ | Witz *m*, Geist *m* ⟨full of ~ geistreich; to have a ready/a pretty good ~ schlagfertig sein⟩ | witziger *od* geistreicher Kopf

²**wit** [wɪt] (*1. u. 3. sg präs* **wot** [wɒt], *2. sg präs* **wost** [wɒst], *pl präs* **wite** [waɪt], *prät u. part perf* **wist**) *vt, vi arch* wissen | erfahren ◇ **to ~** *Jur* das heißt, nämlich

witch [wɪtʃ] **1.** *s* Hexe *f*, Zauberin *f* | *bes Brit umg* bezaubernde Frau, betörendes Weib; **2.** *vt* be-, verhexen, be-, verzaubern (**into** in, zu); **ˈ~craft** *s* Hexerei *f*, Zauberei *f* | geheimnisvolle Macht; **ˈ~ˌdoc·tor** *s* Zauberer *m*, Medizinmann *m*; **ˈ~er·y** *s* Hexerei *f*, Zauberei *f* | *übertr* Zauber *m*; **ˈ~ ˌha·zel** *s Bot* Virginischer Zauberstrauch, Zaubernuß *f* | *Med* Hamamelis *f*; **ˈ~-hunt** *s Hist* Hexenjagd *f* | *Pol* Hexen-, Treibjagd *f* (**for, against** auf, gegen); **ˈ~ing 1.** *adj* behexend, Hexen- ⟨the [very] ≈ hour of night die Geisterstunde, Mitternacht *f*⟩ | bezaubernd ⟨≈ beauty⟩; **2.** *s* Hexerei *f*; **ˈ~ stitch** *s* (Handarbeit) Gräten-, Hexenstich *m*; **ˈ~ ˌtri·al** *s* Hexenprozeß *m*

wit•crack·er [ˈwɪt ˌkrækə] *s* Witzbold *m*

with [wɪð] *präp* mit (besitzend, aufweisend) ⟨~ a smile; ~ courage; a girl ~ dark eyes ein Mädchen mit dunklen Augen; to be ~ child schwanger sein; to be ~ young trächtig sein; ~ that damit⟩ | mit (Inhalt, Material) ⟨~ sugar; ~ eggs; covered ~ dirt schmutzüberzogen⟩ | mit (Verbindung) ⟨to combine ~; to mix ~⟩ | mit (Richtung) ⟨~ the wind⟩ | (gleichzeitig) mit ⟨~ the years⟩ | (zusammen) mit (Vergleich) ⟨to go ~ passen zu; to compare s.th. ~ etw. vergleichen mit; to match ~ passend machen zu⟩ | mit, für, bei (Begleitung, Partnerschaft) ⟨is there anyone ~ you? ist jmd. bei dir?; to live ~ one's parents bei *od* mit seinen Eltern leben; to rise ~ the sun mit der Sonne aufstehen; to stay ~ s.o. bei jmdm. bleiben; ~ each other miteinander⟩ | bei (aufgehoben, Schutz) ⟨to leave s.th. ~ s.o. etw. in jmds. Obhut lassen; to be safe ~ s.o. bei jmdm. gut aufgehoben sein⟩ | gegen, mit (Kampf, Streit etc.) ⟨at war ~ im Krieg (befindlich) mit (gegen); in competition ~ im Wettstreit mit⟩ | mit, von (Trennung) ⟨he parted ~ his best friend er trennte sich von seinem besten Freund⟩ | mit(tels), durch ⟨a pen to write ~ e-e Feder zum Schreiben; ~ money mit Geld⟩ | mit (Art und Weise) ⟨to do s.th. ~ pleasure etw. freudig tun; to receive s.o. ~ open arms jmdn. mit offenen Armen empfangen⟩ | durch, vor (kausal) ⟨to sing ~ joy vor Freude singen; to tremble ~ fear vor Angst zittern; wet ~ rain regennaß⟩ | angesichts, mit, in Anbetracht, wegen ⟨~ three children we can't afford it; ~ winter coming on in Anbetracht des kommenden Winters⟩ | im Hinblick auf, mit ⟨to be careful ~ s.th. mit etw. sorgsam umgehen; what's wrong/the matter ~ you? was ist mit dir los?; what do you want ~ me? was wünschen Sie von mir?⟩ | mit, für (Zustimmung) ⟨I agree ~ you ich stimme mit dir überein; to be ~ s.o. or against s.o. für oder gegen jmdn. sein⟩ | trotz ⟨~ all her faults he still liked her trotz all ihrer Fehler hatte er sie noch immer gern; ~ the best will bei allem guten Willen⟩ | bei (Wahl) ⟨the decision is/rests ~ you der Entschluß liegt bei dir⟩ | mit! (Ausruf) ⟨down ~ …! nieder mit …!; off to bed ~ you! fort *od* schnell ins Bett mit dir!; away ~ weg mit!; on ~ weiter mit!⟩ ◇ **in ~** *übertr* verfallen, ausgeliefert ⟨to be in ~ some bad people sich mit üblen Leuten eingelassen haben⟩; **~ it** *Sl* (Kleidung, Verhalten, Denkart) auf der Höhe der Zeit, auf dem laufenden; **~ me (you)** *in*: (*interrog*) **are you [still] ~ me?** kannst du mir (noch) folgen?; (*neg* Antwort) **I'm not ~ you!** ich verstehe dich nicht, ich komme (da) nicht mit, nicht so schnell!

with- [wɪð] *präf mit der Bedeutung*: zurück-, wider-, gegen (*z. B.* ~'**draw** zurückziehen; ~'**stand** widerstehen)

with·al [wɪð'ɔ:l|wɪθ-] *arch* **1.** *adv* obendrein, noch dazu | daraufhin; **2.** *präp* (nach *neg*) (wo)mit ⟨nothing to feed himself ~ nichts, womit er sich ernähren konnte⟩

with|draw [wɪð'drɔ:] (~**drew** [~'dru:], ~**drawn** [~'drɔ:n]) *vt* zurückziehen, entfernen (**from** von) ⟨to ≈ one's hand; to ≈ o.s. sich zurückziehen⟩ | zurückziehen, herausnehmen ⟨to ≈ a horse from a race⟩ | widerrufen, zurücknehmen ⟨to ≈ a remark⟩ | (Geld) abheben (**from** von); *vi* sich zurückziehen, sich entfernen (**from** von, **against** auf) | *Mil* zurückweichen, -gehen | *Jur* zurücktreten (**from** von); ~'**draw·al** *s* Zurückziehen *n*, Zurückziehung *f*, Entfernung *f* | *Mil* Rückzug *m* | (Geld-) Abhebung *f* | *Pol* Entziehung ⟨≈ of word⟩ | *Med* Entziehung *f* | *Jur* Zurücktreten *n*; ~'**draw·al slip** *s* Rückzahlungsschein *m*; ~'**draw·al ˌsymp·tom** *s Med* Entziehungssymptom *n*; ~'**drawn** **1.** *part perf* von ↑ ~**draw**; **2.** *adj* zurückgezogen, isoliert ⟨a ≈ life⟩ | in sich gekehrt, reserviert ⟨a ≈ character⟩; ~'**drew** *prät* von ↑ ~**draw**

withe [wɪθ] *s* Weidenzweig *m*, -rute *f*

with·er ['wɪðə] *vi* (ver)welken, verdorren, vergehen (Pflanzen u. ä.) (*auch übertr*) ⟨her hopes ~ed ihre Hoffnungen wurden zunichte⟩; ~ **away** nachlassen | *übertr* absterben, vergehen ⟨the ~ing away of the state⟩; *vt* (Blätter u. a.) welk machen, austrocknen (*auch übertr*) ⟨age cannot ~ her das Alter kann ihr nichts anhaben⟩ | *übertr* (mit Blick, Bemerkung u. ä.) vernichten ⟨she ~ed him with a scornful look sie warf ihm e-n vernichtenden Blick zu⟩; '**with·ered** *adj* verwelkt, welk; ~**ing** [-ðr̩ɪŋ] *adj* ausdörrend | *übertr* (Kritik u. ä.) vernichtend, tödlich ⟨a ≈ look⟩

with·ers ['wɪðəz] *s/pl Zool* Widerrist *m* ⟨my ~ are unwrung *übertr* das betrifft mich nicht⟩

with|hold [wɪð'həuld] (~**held**, ~**held** [~'held]) *vt* ab-, zurückhalten (**from** von) ⟨to ≈ s.th. from s.o. jmdm. etw. vorenthalten⟩ | versagen ⟨to ≈ one's consent⟩; *vi* sich zurückhalten (**from** von)

with·in [wɪ'ðɪn] **1.** *präp* (zeitlich, räumlich) innerhalb, in, binnen ⟨~ a mile nicht weiter als e-e Meile, im Umkreis e-r Meile; ~ an hour binnen e-r Stunde; ~ call in Rufweite; ~ hearing in Hörweite; ~ reach in Reichweite; ~ sight in Sicht; ~ walking distance zu erlaufen, leicht zu Fuß zu gehen; to live ~ one's income *übertr* seinem Einkommen gemäß leben⟩ | *arch lit* im Innern von ⟨~ the walls hinter den Mauern⟩; **2.** *adv arch* innen, drinnen ⟨Enquire ~ Im Hause nachzufragen!; ~ and without innen und außen; the sadness ~ die Trauer im Innern⟩; **3.** *s* Innenseite *f*, Inneres *n* ⟨from ~ von innen, aus dem Innern⟩

with-it ['wɪðɪt] *adj Sl* modisch, modern, in ⟨a ~ man of the jet-set age ein Mann, der jede Mode der Schickeria mitmacht; ~ numbers *Mus* aktuelle Schlager, Schlager, die in sind; to be very ~ große Mode, sein *od* groß in sein⟩; '~**ness** *s Sl* Mode *f*, Modernismus *m*

with·out [wɪ'ðaut] **1.** *präp* ohne ⟨~ a coat ohne Mantel; ~ any hope ohne jede Hoffnung; ~ doubt zweifellos; ~ fail sicherlich, gewiß; ~ number unzählig, zahllos; to do/go ~ s.th. ohne etw. auskommen⟩; **2.** *adv arch* außerhalb, draußen ⟨to wait ~⟩ | (*mit ger*) ohne zu ⟨he left ~ telling me er ging, ohne es mir zu sagen; that goes ~ saying das ist selbstverständlich⟩ | ohne ⟨to be ~ nichts haben, alles entbehren müssen; to go ~ ohne *od* leer ausgehen⟩; **3.** *s* Außenseite *f*, Äußeres *n* ⟨from ~ von draußen⟩; **4.** *conj, auch* ~ **that** *Am dial* wenn nicht, außer wenn | ohne daß

with|stand [wɪð'stænd] (~**stood**, ~**stood** [~'stud]) *vt* (jmdm.) Widerstand leisten, widerstehen, sich (jmdm.) widersetzen ⟨to ≈ an attack; to ≈ an enemy⟩ | (e-e Sache) aushalten, überstehen, (e-r Sache) standhalten ⟨to ≈ a blow⟩; *vi* Widerstand leisten; ~**stood** *prät u. part perf* von ↑ ~**stand**

with·y ['wɪðɪ] **1.** *s* Weide *f* | (dünne) Weidenrute; **2.** *adj* Weiden- | biegsam, geschmeidig | (Person) beweglich

wit·less ['wɪtləs] *adj* ohne Verstand | geist-, witzlos ⟨a ~ idea⟩ | gedankenlos | einfältig, dumm | ohne Wissen (**of** von)

wit·ness ['wɪtnəs] **1.** *s* (*auch Jur*) Zeuge *m*, Zeugin *f* ⟨~ for the defence Entlastungszeuge; ~ for the prosecutor Belastungszeuge; to be a ~ of s.th. von etw. Zeuge sein; to call s.o. to ~ jmdn. als Zeugen anrufen⟩ | *auch* '**eye~** (Augen-) Zeuge *m*, Zeugin *f* ⟨~ of the accident Unfallzeuge⟩ | *förml* Zeugnis *n*, Beweis *m*, Bestätigung *f* ⟨to give/bear ~ als Zeuge auftreten; to bear ~ of/to *übertr* Zeugnis ablegen von⟩; **2.** *vt* bezeugen, bestätigen | Zeuge sein von ⟨to ~ an accident⟩ | (unterschriftlich) beglaubigen ⟨to ~ a signature; to ~ the will⟩ | *übertr* ein Zeichen sein für, bekräftigen ⟨to ~ s.o.'s feeling⟩; *vi* Zeuge sein, zeugen (**against** gegen, **for, to** für) ⟨to ~ to s.th. *übertr* etw. bezeugen⟩; '~ **box**, *Am* '~ **stand** *s Jur* Zeugenstand *m*

wit|ster ['wɪtstə] *s* Witzbold *m*, Witzereißer *m*; schlagfertiger Mensch; ~**ted** ['wɪtəd] *adj* (*bes in Zus*) -denkend ⟨dull-≈ geistig träge; quick-≈ schlagfertig⟩; ~**ti·cism** ['wɪtɪsɪzm] *s* Witz *m*, Scherz *m*; '~**ti·cize** *vi* witzeln; '~**ting** *adj selten* absichtlich, geflissentlich (*Ant* un≈) ⟨≈ lies⟩ | bewußt ⟨to make s.o. ≈ of s.th. jmdm. etw. zum Bewußtsein bringen; '~**ty** *adj* (Person, Bemerkung u. ä.) witzig, geistreich ⟨a ≈ speaker; a ≈ remark⟩

wive [waɪv] *vi* eine Frau nehmen, heiraten; *vt* (Mann) verheiraten | (jmdn.) zur Frau nehmen

wi·vern ['waɪvən] = **wyvern**

wives [waɪvz] *pl* von ↑ **wife**

wiz·ard ['wɪzəd] **1.** *s* Hexenmeister *m*, Zauberer *m* | Zauberkünstler *m* | *übertr* Zauberer *m*, Genie *n* (**at s.th.** in etw.) | *arch* Weiser *m*; **2.** *adj* bezaubernd | *Brit umg* prima, super, prächtig; '~**ry** *s* Hexerei *f*, Zauberei *f* (*auch übertr*) ⟨football ≈ perfektes Spiel⟩

wiz·ened ['wɪznd] *adj* dürr, verwelkt, zusammengeschrumpft ⟨~ apples verschrumpelte Äpfel *pl*⟩

wk *Abk* von **week**

wkly *Abk* von **weekly**

wo, *auch* **woa** [wəu] *interj* brr!, halt!

woad [wəud] **1.** *s Bot* Färberwaid *m*; **2.** *vt* mit Waid färben

wob|ble ['wɒbl] **1.** *vi* wackeln (Tisch u. ä.) | taumeln, torkeln, sich unsicher bewegen | zittern (Hand, Stimme u. ä.) | schlottern (Knie) | *übertr* schwanken | *Tech* flattern (Räder u. ä.); ~**ble about** (dahin)schwanken, taumeln; *vt* rütteln an, ruckeln an, zum Wackeln bringen ⟨to ≈ the table⟩; **2.** *s* Wackeln *n* | Taumeln *n*, Torkeln *n* | Zittern *n* ⟨a ≈ in s.o.'s voice⟩ | *übertr* Schwanken *n*; '~**bling** *adj* wakkelnd, schwankend; '~**bly** *adj* schwankend | wack(e)lig, unsicher, zitt(e)rig ⟨≈ handwriting⟩ | *übertr* zögernd ⟨a ≈ introduction⟩

woe [wəu] **1.** *interj* ach!, wehe!; **2.** *poet od scherzh s* Not *f*, Elend *n* ⟨full of ~ voller Kummer; in weal and ~ in Freud und Leid; tale of ~ Leidensgeschichte *f*; ~ is me! wehe mir!⟩ | (*oft pl*) Sorgen *f/pl* ⟨all one's ~s⟩; ~**be·gone** ['~bɪgɒn] *adj* kummervoll, betrübt ⟨what ≈ looks!⟩; '~**ful**, '~**some** *adj* kummer-, sorgenvoll ⟨≈ eyes⟩ | elend, erbärmlich, kläglich ⟨≈ ignorance erbärmliche Unwissenheit; a ≈ lack of understanding ein bedauerlicher Mangel an Verständnis⟩

woke [wəuk] *prät u. part perf* von ↑ [2]**wake 1.**

wolf [wulf] **1.** *s* (*pl* **wolves** [wulvz]) *Zool* Wolf *m* ⟨a ~ in sheep's clothing *übertr* ein Wolf im Schafspelz; to cry ~

übertr blinden Alarm schlagen; to keep the ~ from the door *übertr* sich recht und schlecht durchschlagen⟩ | *übertr* Wolf *m*, Räuber *m* | *umg* Schürzenjäger *m*, Casanova *m*; **2.** *vt, auch* **~ down** gierig verschlingen; *vi* auf Wolfsjagd gehen; **'~ cub** *s* junger Wolf | *Brit* Wölfling *m* (Pfadfinder); **'~ dog, '~ hound** *s* (irischer) Wolfshund; **'~ish** *adj* wölfisch, Wolfs- | *übertr* gefräßig, gierig; **'~ pack** *s* Wolfsrudel *n*

wolf·ram ['wʊlfrəm] *s Min* Wolfram *n*

wolfs|bane ['wʊlfsbeɪn] *s Bot* (gelber) Eisenhut; **'wolf's-claw, '~-foot** *s Bot* Bärlapp *m*

wolf·skin ['wʊlfskɪn] *s* Wolfspelz *m*

wolf's-milk ['wʊlfsmɪlk] *s Bot* Wolfsmilch

wolf| whistle ['wʊlf,wɪsl] *s umg* beifälliger *od* bewundernder Pfiff (beim Anblick einer Frau) ⟨he gave her a ≈ er pfiff ihr nach⟩; **'~-,whistle** *vi umg* beifällig pfeifen

wolves [wʊlvz] *pl* von ↑ **wolf 1.**

wom·an ['wʊmən] **1.** *s* (*pl* **wom·en** ['wɪmɪn]) Frau *f*, Weib *n* ⟨women and children; a ~'s work is never done Frauenhände ruhen nie; cleaning ~ Putzfrau *f*, Reinigungsfrau *f*; the little ~ *umg* meine *od* die Frau; ~ of the world Frau von Welt⟩ | (Dienst-) Mädchen *n*, Aufwartung *f*, Dienerin *f*| Bedienstete *f*, Zofe *f* ⟨the queen's women⟩ | Geliebte *f* | weibischer Mensch | (*ohne art*) die Frauen *f/pl* | das weibliche Geschlecht ⟨~ lives longer than man⟩; **2.** *adj* weiblich ⟨~ doctor Ärztin *f*; ~ lawyer Anwältin *f*; ~ teacher Lehrerin *f*; ~ workers Arbeiterinnen *pl*⟩; **3.** *vt* (als Frau) arbeiten *od* beschäftigt sein in ⟨to man and ~ an office⟩ | *arch* verweichlichen; **'~ ,doc·tor** *s* Frauenarzt *m*; **'~ful·ly** *adv* energisch, tatkräftig; **'~ ,hat·er** *s* Frauenhasser *m*; **'~hood** *s collect selten* Frauenwelt *f*, Frauen *pl* | Fraulichkeit *f*, Weiblichkeit; **'~ish** *adj verächtl* (Mann) verweichlicht, kraftlos; **'~ize** *vt* weibisch machen, verweichlichen; *vi* hinter den Frauen her sein, sich mit Frauen *od* Mädchen amüsieren; **,~'kind,** *auch* **'~kind** *s* Frauen *f/pl*, das weibliche Geschlecht; **'~like, '~ly** *adj* fraulich, frauenhaft ⟨a ~ly concern for ein frauliches Interesse an⟩; **'~ ,suf·frage** *s* Frauenstimmrecht *n*

womb [wu:m] *s Anat* Gebärmutter *f*, (Mutter-) Leib *m* | *übertr* Schoß *m* ⟨in the ~ of time⟩; **'~-,en·vy** *s* Neid *m* des Mannes gegenüber der Frau als Mutter; **,~-to-'tomb** *adj Am umg* von der Wiege bis zur Bahre ⟨≈ medical care das ganze Leben umspannende medizinische Fürsorge⟩

wom·bat ['wɒmbæt] *s Zool* Wombat *m*, Beutelmaus *f*

wom·en ['wɪmɪn] *pl* von ↑ **woman**; **'~folk** *s/pl umg* Frauen *pl* | Frauen *f/pl* (einer Familie), weibliche Verwandte *pl* (des Mannes); **,~ po'l·i·ce** *s* weibliche Polizei *f*; **,~'s dis'eas·es** *s* Frauenkrankheiten *f/pl*; **,~'s 'lib** *s umg* = **,~'s lib·e'ra·tion** *s* Kampf *m* um die Gleichberechtigung der Frau, Frauenrechtsbewegung *f*; **,~'s 'lib·ber** *s* = **,~'s lib·e'ra·tion·ist** Kämpfer(in) *m(f)* für die Gleichberechtigung der Frau; **'~'s ,move·ment** *s* Frauen(rechts)bewegung *f*; **'~'s rights** *s/pl* Rechte *pl* der Frau; **'~'s room** *s euphem* Damen(toilette) *f(pl)*; **'~'s ,stud·ies** *s/pl* Frauenforschung *f*; **'~'s team** *s* (Sport) Frauenmannschaft *f*

[1]**won** [wʌn] *prät u. part perf* von ↑ **win 1.**

[2]**won** [wʌn|wʊn|wəʊn] *vi arch, dial* wohnen, hausen

won·der ['wʌndə] **1.** *s* Wunder *n*, wunderbares Ereignis, Wundertat *f* ⟨seven ~s of the world Sieben Weltwunder *pl*; ~s will never cease (Überraschung) da kann man sich nur wundern; for a ~ *selten* wunderbarerweise; it's a ~ that es ist ein Wunder, daß; [it's] no ~ es ist nicht verwunderlich; signs and ~s Zeichen und Wunder; small ~ that (if) kein Wunder, daß (wenn); to do/work ~s for s.o. Wunder wirken bei jmdm.⟩ | *umg* jmd., der Wunder bewirkt ⟨he's ~ er macht das einfach toll⟩ | Verwunderung *f*, Staunen *n* ⟨filled with ~ at höchst erstaunt über; full of ~ voller Verwunderung; in ~ verwundert, erstaunt⟩; **2.** *adj* Wunder- ⟨a ~ horse; ~ drops⟩; **3.** *vi* sich (ver)wundern, erstaunt sein (**at** über) | neugierig sein, sich fragen, gern wissen mögen (**whether** ob) ⟨I ~ what he wants ich bin neugierig, was er will⟩; **~ about** Zweifel haben über, sich Gedanken machen über, sich im unklaren sein über ⟨I was ~ing about him; to ~ about doing s.th. sich überlegen, ob man etw. tut⟩; **'~ful** *adj* wunderbar, herrlich ⟨a ≈ time⟩ | erstaunlich; **'~ing 1.** *adj* erstaunt, verwundert, **2.** *s* Verwunderung *f*; **'~land** *s* Wunder-, Märchenland *n*; **'~ment** *s* Erstaunen *n*, Verwunderung (**about** über) *f* ⟨with ≈⟩; **won·drous** ['wʌndrəs] *arch, poet* **1.** *adj* erstaunlich, wunderbar ⟨≈ beauty⟩; **2.** *adv* (*nur mit adj*) wunder-, ausnehmend ⟨≈ rare⟩

won·ky ['wɒŋkɪ] *Brit umg adj* schwach, unsicher, wacklig ⟨a ~ table leg; ~ legs⟩ | *übertr* schief, durcheinander ⟨to go ~ with (*unpers*) schief (verkehrt) gehen mit; your calculation must be ~ in deiner Rechnung ist der Wurm drin⟩

wont [wəʊnt] **1.** *präd, adj selten* gewohnt ⟨to be ~ to *mit inf* gewohnt sein, zu *mit inf*; pflegen zu *mit inf*⟩; **2.** *s förml* Gewohnheit *f* ⟨use and ~ Sitte *f*⟩

won't [wəʊnt] *umg* für **will not** ⟨I ~ do it ich will es nicht tun; you will go, ~ you? du gehst doch, nicht wahr?⟩

wont·ed ['wəʊntɪd] *selten adj* gewohnt | üblich, gewöhnlich ⟨his ~ walk⟩

woo [wu:] **1.** *vt* den Hof machen, freien *od* werben um, umwerben (Mann) ⟨to ~ a woman⟩ | *übertr* zu gewinnen suchen, anstreben ⟨to ~ fame; to ~ voters⟩; *vi* werben, freien | *poet* flehen

wood [wʊd] **1.** *s* (*oft pl*) Wald *m*, Forst *m*, Gehölz *n* ⟨in the ~[s] im Wald; out of the ~ *umg übertr* aus dem Schlimmsten heraus; to be unable to see the ~ for the trees *übertr* den Wald vor lauter Bäumen nicht sehen können⟩ | Holz *n* ⟨touch ~! unberufen!⟩ | Holzfaß *n*, -kufe *f* ⟨[drawn] from the ~ (direkt) vom Faß (abgezogen); in the ~ im Faß⟩ | Holzschnitt *m* | (*meist pl*) (*mit best art*) *Mus* Holzblasinstrument *n* | (Kricket) Holz *n* (Schläger); **2.** *adj* hölzern, Holz- ⟨a ~ chair⟩; **3.** *vt* (mit Bäumen) bepflanzen, aufforsten; **,~ 'al·co·hol** *s Chem* Methylalkohol *m*; **'~ ant** *s Zool* Waldameise *f*; **'~ axe** *s* Holzhacke *f*, -beil *n*; **'~bine** *Bot s* Geißblatt *n* | *Am* wilder Wein; **'~block** *s* Stock *m* | Parkettbrett *n*; **'~ ,carv·er** *s* Holzschnitzer *m*; **'~ ,carv·ing** *s* Holzschnitzerei *f* | Schnitzarbeit *f*; **'~ coal** *s* Holzkohle *f* | Braunkohle *f*; **'~cock** *s Zool* Waldschnepfe *f*; **'~craft** *s* Weidmannskunst *f* | Forstkenntnisse *f/pl* | Fähigkeit *f*, Holz zu bearbeiten; **'~cut** *s* Holzstock *m* | Holzschnitt *m*; **'~ ,cut·ter** *s* Holzfäller *m*; **'~ed** *adj* waldig, bewaldet ⟨≈ hills⟩; **'~en** *adj* hölzern, Holz- ⟨a ≈ leg⟩ | *übertr* hölzern, steif ⟨≈ movements⟩ | ausdruckslos ⟨≈ face⟩; **'~ en,grav·ing** *s* Holzschneidekunst *f* | Holzschnitt *m*; **,~en,head·ed** *adj umg* dumm; **,~en 'spoon** *s Brit umg* Preis *m* für den Letzten (e-s Wettkampfs), Trostpreis *m*; **'~-free** *adj* holzfrei (Papier); **'~land 1.** *s* (*oft pl*) Forst *m*, Wald *m*; **2.** *adj* Wald- ⟨≈ bird⟩; **'~louse** *s* (*pl* **'~lice**) *Zool* Bohr-, Kugelassel *f*; **'~,peck·er** *s Zool* Specht *m*; **'~pile** *s* Holzstoß *m*, -haufen *m* ⟨nigger in the ≈ *übertr* Grund *m* des Übels⟩; **'~ pulp** *s Tech* Holzschliff *m*, Zellstoff *m*, Pulpe *f*; **'~shed** *s* Holzschuppen *m*; **'woods·man** *s* (*pl* **'woods·men**) *s* Holzförster *m*; **'~ ,turn·er** *s* Drechsler *m*; **'~,turn·ing** *s* Drechseln *n*, Drechselei *f*; **'~turn·ing ,lathe** *s* Drechselbank *f*; **'~wind 1.** *s Mus* Holzblasinstrument *n*; **2.** *adj* Holzblas- ⟨≈ instrument; ≈ quintet Quintett *n* für Holzbläser⟩; **'~wool** *s Tech* Holzwolle *f*; **'~work** *s* Holzarbeiten *pl*, -gegenstände *pl* | Kunst *f*, Gegenstände aus Holz herzustellen | Balkenwerk *n*, Gebälk *n*; **'~,work·er** *s* (Zimmermann, Tischler) Holzarbeiter *m*; **'~,work·ing** *s* Holzbearbeitung *f*; **'~worm** *s Zool* Holzwurm *m* | Holzwurmbefall *m*, -schaden *m*; **'~y**

adj waldig, bewaldet, Wald- ⟨a ≈ hill⟩ | holzig, Holz ⟨≈ stem⟩ | holzähnlich

woo·er ['wu:ə] *s arch* Verehrer *m*, Freier *m*

[1]**woof** [wʊf] *umg* **1.** *s* (unterdrücktes) Bellen | dumpfer Ton (*Ant* tweet); **2.** *interj* wau!; **3.** *vi* (leise) bellen (Hund) | einen dumpfen Ton verursachen (Lautsprecher u. a.)

[2]**woof** [wu:f] *s* Gewebe *n* | (Weberei) Einschlag *m*

woof·er ['wʊfə] *s El* Baß-, Tieftonlautsprecher *m*

woof·ing ['wu:fɪŋ] *s Am Sl* Protzerei *f*, Herumprotzen *n*

woo·ing ['wu:ɪŋ] **1.** *adj* werbend; **2.** *s* Werben *n*, Freien *n*

wool [wʊl] **1.** *s* Wolle *f* ⟨angora ~; dyed in the ~ in der Wolle gefärbt; *übertr* ausgekocht; much cry and little ~ *übertr* viel Lärm um nichts; to pull the ~ over s.o.'s eyes *übertr* jmdm. etw. vormachen⟩ | Wollgarn *n*, -faden *m* | Wollstoff *m*, Wolltuch *n* | *scherzh* wolliges Haar, Wollschopf *m*, -kopf *m* ⟨keep your ~ on! *übertr* reg dich nicht auf!; to loose one's ~ *übertr* aus der Haut fahren⟩ | *Bot* wollige Behaarung | *Zool* Haare *pl*, Pelz *m*; **2.** *vt* (e-m Schaf) Wolle ausreißen | *Am* (jmdm.) Haare ausreißen; '**~fat** *s* Wollfett *n*; '**~ ˌgath·er·er** *s* Träumer *m*, jmd., der sinnlosen Gedanken nachhängt; '**~ ˌgath·er·ing** **1.** *s* Sammeln *n* von Wolle | Zerstreutheit *f*, Herumträumen, Spintisieren *n* ⟨to be/go ≈ nicht bei der Sache sein, spintisieren⟩; **2.** *adj* zerstreut, verträumt; '**~ ˌgrow·er** *s* Schafzüchter *m*; '**~len** **1.** *adj* wollen, Woll-; **2.** *s* Wollstoff *m*; **~lens** ['~ənz] *s/pl* Wollkleidung *f*, Wollsachen *pl* | *Wirtsch* Wollstoffe *pl*, Wollwaren *pl*; '**~ly** **1.** *adj* wollig, Woll- ⟨≈ socks⟩ | weich, wollartig ⟨≈ hair⟩ | *übertr* unbestimmt, unklar, wirr ⟨≈ ideas⟩ | heiser, belegt ⟨a ≈ voice⟩; **2.** *s* Sweater *m* | *meist* '**~lies** *s/pl* wollene Unterkleidung; gestrickte Wollsachen *pl* ⟨winter ~lies⟩; **ˌ~ly-'head·ed** *adj* mit wolligem Haar | *übertr* verworren, nicht klar denkend ⟨a ≈ person⟩; '**~sack** *s* Wollsack *m* | *Parl* Sitz *m* des Lordkanzlers; '**~ ˌsta·pler** *s* Wollgroßhändler *m*; '**~ trade** *s* Wollhandel *m*; '**~y = ~ly**

wooz·y ['wu:zɪ] *adj umg* benommen, verdreht ⟨still ~ from drugs⟩ | beschwipst, angesäuselt ⟨delightfully ~ angenehm beschwipst⟩ | schwindlig, übel ⟨to feel ~⟩ | verschwommen, vage ⟨~ sentimentality⟩

wop [wɒp] *s Am vulg verächtl* eingewanderter Italiener *m*, Itaker *m*, Spaghettifresser *m*

Worces·ter sauce [ˌwʊstə 'sɔ:s] *s Kochk* Worcestersoße *f* (Art englische Würzsoße)

word [wɜ:d] **1.** *s* Wort *n* ⟨a hard ~ ein schwieriges (Fremd-) Wort, ein Wort lateinischer *od* griechischer Herkunft; new ~s neue Wörter *pl*; the meaning of a ~ die Wortbedeutung; ~ by ~ wörtlich; ~ for ~ Wort für Wort⟩ | (*oft pl*) Wort *n*, Ausdruck *m*, Bemerkung *f* ⟨a man of few ~s ein Mann von wenig Worten; at a ~ aufs Wort, sofort; a play upon ~s ein Spiel mit Worten; by ~ of mouth mündlich; in a ~ mit einem Wort, kurz; in other ~s anders ausgedrückt; big ~s hochtrabende Worte; hard/high/hot/warm ~s zornige Worte; to eat one's ~s *umg* seine Worte zurücknehmen; to get a ~ in edgeways (*meist neg*) ein Wort sagen dürfen; to have the last ~ on das letzte Wort haben bei; to make no ~s about keine Worte verlieren über; not mince one's ~s kein Blatt vor den Mund nehmen; to put ~s into s.o.'s mouth jmdm. Worte in den Mund legen; to take the ~s out of s.o.'s mouth jmdm. die Worte aus dem Mund nehmen; to take s.o. at his ~ jmdn. beim Wort nehmen; to take s.o.'s ~ for it sich an jmdn. halten; to waste one's ~s seine Worte verschwenden; ~s fail me ich bin sprachlos⟩ | (*oft pl konstr*) Gespräch *n* ⟨to have a ~/a few ~s with s.o. sich mit jmdm. (kurz) unterhalten; to have ~s (with s.o.) *euphem* sich streiten (mit jmdm.); a ~ in your ear ein Wort im Vertrauen⟩ | (*meist sg*) Versprechen *n*, Zusage *f*, Erklärung *f* ⟨upon my ~! auf mein Wort!; ~ of honour Ehrenwort *n*; to be as good as one's ~ zu seinen Worten stehen; to give (break) one's ~ to sein Wort geben (brechen) gegenüber; to keep one's ~ sein Wort halten; to suit the action to the ~ etw. tun, seinen Worten die Tat folgen lassen⟩ | Hinweis *m*, Empfehlung *f* ⟨to put in/say a good ~ for s.o. für jmdn. ein gutes Wort einlegen⟩ | Nachricht *f*, Meldung *f* ⟨the last ~ in das Neueste über; to leave ~ Nachricht hinterlassen; ~ came of his defeat die Nachricht von seiner Niederlage traf ein; to send ~ to s.o. jmdm. Nachricht geben⟩ | (*mit best art*) Losung *f*, Stichwort *n*, Parole *f* ⟨to give the ~ die Losung angeben; to pass the ~ durch-, weitersagen; to say the ~ *umg* es nur zu sagen brauchen, das Zeichen (dazu) geben⟩ | Befehl *m* ⟨on s.o.'s ~ auf jmds. Befehl⟩; **2.** *vt* formulieren, in Worte bringen ⟨to ~ a message⟩; '**~ ˌac·cent** *s Ling* Wortakzent *m*; '**~-blind** *adj* wortblind; '**~book** *s* Vokabular *n* | Wörterbuch *n* | Textbuch *n*; '**~ ˌcatch·ing** *s* Wortklauberei *f*; '**~ forˌma·tion** *s Ling* Wortbildung *f*; **ˌ~-for-'~** *adj* wörtlich ⟨≈ translation⟩; '**~ing** *s* Ausdruck *m* | Wortlaut *m*; '**~less** *adj* wortlos, stumm ⟨to stand ≈; ≈ language⟩ | unausgesprochen ⟨a ≈ question⟩; '**~ ˌor·der** *s Ling* Wortstellung *f*; **ˌ~-'per·fect** *adj Brit Theat* rollenfest, die Rolle beherrschend; '**~play** *s* Wortspiel *n*; **words** *s/pl* Wörter; Worte *n/pl* | *Mus* Text *m*, Libretto *n* | Wortwechsel *m*; '**~ ˌpro·ces·sor** *s* (Computer) Textverarbeitungsanlage *f*, -gerät *n*; '**~ ˌpro·ces·sing** *s* (Computer) Textverarbeitung; '**~ ˌsplit·ting** *s* Wortklauberei *f*; '**~y** *adj* wortreich, weitschweifig ⟨a ≈ explanation⟩ | Wort- ⟨≈ war Krieg mit Worten⟩

wore [wɔ:] *prät* von ↑ [1]**wear 1.**

work [wɜ:k] **1.** *s* Arbeit *f* ⟨hard ~ schwere Arbeit; to be at ~ [on] arbeiten (an); men at ~ Baustelle; to be in ~ Arbeit haben; to be out of ~ arbeitslos sein; to go/set to ~ on zu *od* mit arbeiten anfangen; to have one's ~ cut out [for one] schwer zu schuften haben, tüchtig zu tun haben; to make hard ~ of *übertr* sich schwertun mit; to make short ~ of s.th. *übertr* mit etw. kurzen Prozeß machen; all in the day's ~ *übertr* das übliche, nichts Besonderes; to set about one's ~ sich an die Arbeit machen; to strike ~ die Arbeit einstellen⟩ | Arbeitsleistung *f* (*auch Phys*) ⟨to convert heat into ~⟩ | Auswirkung *f*, Werk *n*, Ergebnis *n* ⟨the ~ of sea and wind⟩ | Arbeit(sstelle) *f(f)*, Beschäftigung *f*, Beruf *m* ⟨to go to ~ auf die Arbeit gehen; at ~ auf (der) Arbeit; his ~ is in engineering er arbeitet als Ingenieur⟩ | Arbeit *f*, Ausgabe *f* ⟨that's your ~ das ist deine Aufgabe; to take ~ home Arbeit mit nach Hause nehmen, zu Hause arbeiten⟩ | Werk *n*, Erzeugnis *n* ⟨it's my ~ ich habe es selbst gemacht; to sell one's ~ seine Erzeugnisse verkaufen; what a beautiful piece of ~! was für ein schönes Stück!⟩ | *verächtl* Tat *f*, Vergehen *n* ⟨it's the ~ of that man das hat dieser Kerl fabriziert *od* verbrochen⟩ | (*meist pl*) (geistiges) Werk *n*, Kunstwerk *n*, Schöpfung *f* ⟨Shake Chaucer's ~s; the ~s of Beethoven⟩ | (weibliche) Handarbeit, Nadelarbeit *f* | *Arch* (*meist pl*) Bauten *m/pl*, Anlagen *f/pl* ⟨public ~s öffentliche Bauten⟩ | *Mil* (*meist pl*) Festungsanlagen *f/pl* | *Tech* Werkstück *n* | (*in Zus*) -arbeit *f*, -werk ⟨wood~ Holzwerk *n*; needle~ Nadelarbeit *f*; paint~ Malerei *f*, Gemaltes *n*⟩;

2. (**worked, worked** *od* **wrought, wrought** [rɔ:t]) *vi* arbeiten, sich beschäftigen, tätig sein (**at** an, **in, on** an) ⟨to ~ hard schwer arbeiten; to ~ in a factory; to ~ on a book; to ~ to rule *Wirtsch* (aus Protest) streng nach Vorschrift arbeiten⟩ | sich bemühen, sich anstrengen ⟨to ~ like a horse wie ein Pferd arbeiten, schuften⟩ | Handarbeiten machen, *bes* nähen, sticken | *Tech* funktionieren, gehen, laufen ⟨the engine doesn't ~⟩ | klappen, sich realisieren lassen (Vorschlag, Idee u. a.) | wirken, sich auswirken (**on, upon**

auf, **with** bei) ⟨to ~ on s.o. jmdn. bearbeiten; it ~ed like a charm es wirkte wie ein Zaubermittel⟩ | sich langsam bewegen ⟨to ~ loose sich lockern, abgehen⟩ | sich ruckartig bewegen, arbeiten, zucken (Gesicht) | gären, wirken, arbeiten (Hefe u. ä.); ~ **against** sich negativ *od* unvorteilhaft auswirken auf, schaden; ~ **[a]round to** *umg* schließlich *od* endlich zu etw. kommen ⟨to ~ round to asking endlich fragen⟩; ~ **away** drauflosarbeiten (**at** an); ~ **in** sich einarbeiten; ~ **in with** passen zu, übereinstimmen mit, zusammenwirken mit; ~ **off** sich langsam lösen, abgehen; ~ **out** sich lösen *od* errechnen lassen ⟨the sum won't ≈ die Aufgabe ist unlösbar⟩ | *umg* zu etw. führen, in Ordnung gehen (**for** für) | *übertr* sich auswirken, sich entwickeln | (Sport) (*bes* Boxen) trainieren | sich belaufen (**at, to** auf); ~ **over** (Kranker) wieder genesen; ~ **round** (Wind) sich drehen; ~ **together** ineinandergreifen; ~ **up** sich hochschieben (Rock); ~ **up to** *bes übertr* sich hocharbeiten zu | *übertr* sich steigern zu, sich durchringen zu;
vt (be)arbeiten, arbeiten an ⟨to ~ clay⟩ | verarbeiten (**into** zu) | (Betrieb u. ä.) bewirtschaften, betreiben, leiten ⟨to ~ a farm⟩ | arbeiten lassen, antreiben ⟨to ~ o.s. to death sich zu Tode arbeiten⟩ | handarbeiten, besticken ⟨to ~ one's initials on a handkerchief seine Anfangsbuchstaben in ein Taschentuch sticken⟩ | *Tech* (Maschine) bedienen, betätigen, in Gang setzen ⟨to ~ a machine; ~ed by electricity stromgetrieben⟩ | *Bergb* (Erz, Kohle u. ä.) abbauen, gewinnen | (Pflanzen) aufpfropfen (**on** an) | bewegen ⟨to ~ one's hands mit den Fingern spielen⟩ | erarbeiten, verdienen ⟨he is ~ing his way through college er erarbeitet sich sein Studium⟩ | *übertr* bewirken, erreichen ⟨to ~ a change; to ~ wonders⟩ | *umg* zustande bringen, fertigbringen ⟨to ~ it *Sl* etw. schaffen *od* deichseln⟩ | (in einen Zustand) versetzen ⟨to ~ s.o. into a rage jmdn. in Wut bringen⟩ | *Sl* (jmdn.) verprügeln, fertigmachen | *Math* ausrechnen, lösen ⟨to ~ a difficult calculation in one's head⟩; ~ **in** (nach und nach) hineinbringen *od* -schieben ⟨to ≈ a key⟩ | (etw.) einarbeiten, einflechten; ~ **off** langsam loslösen | *Typ* abziehen | (Schuld u. a.) abarbeiten | *übertr* (Zorn u. ä.) abreagieren (**on, against** gegen); ~ **out** erreichen, ausführen, zustande bringen | ausarbeiten ⟨≈ a plan⟩ | *umg* (jmdn.) einschätzen, durchschauen ⟨I'll never ~ you out ich werde dich nie verstehen⟩ | *Bergb* (Grube) abbauen | *übertr* (Thema u. ä.) erschöpfen, abnutzen | (Aufgabe) lösen ⟨to ≈ a sum⟩; ~ **over** überarbeiten, verbessern | *Sl* verdreschen; ~ **through** durcharbeiten; ~ **up** (Material, Notizen) verarbeiten, gestalten (**into** zu) ⟨to ≈ the clay into a figure; to ≈ the data into a report⟩ | (Thema u. a.) überarbeiten | sich erarbeiten ⟨to ≈ a market sich einen Markt schaffen⟩ | (Unterstützung u. a.) erzielen, erringen, gewinnen | entwickeln, in die Höhe bringen ⟨to ~ s.th. up from nothing etw. aus dem Nichts aufbauen; to ~ one's way up the ladder sich hocharbeiten⟩ | *übertr* anstacheln, auf-, erregen, aufwiegeln ⟨to ~ o.s. up sich ereifern; to ~ s.o. up to jmdn. aufhetzen zu⟩ | wekken, erzeugen, stimulieren ⟨he wouldn't ~ up any enthusiasm er konnte keinerlei Begeisterung aufbringen; to ~ up an appetite sich hungrig arbeiten, sich durch Bewegung Appetit machen⟩;
ˌ~a'bil·i·ty *s* Brauchbarkeit *f*; **'~a·ble** *adj* brauchbar | zu bearbeiten(d) | durch-, ausführbar ⟨a ≈ plan⟩ | *Bergb* abbaufähig ⟨a ≈ mine⟩ | *Tech* (Metall) umformbar | *Tech* betriebsfähig ⟨a ≈ machine⟩; **~a·day** ['~ədeɪ] *adj* arbeits-, werktäglich- ⟨≈ clothes Kleidung *f* für alle Tage⟩ | *übertr* alltäglich, Alltags- ⟨≈ life Alltagsleben *n*⟩; **~a·hol·ic** [ˌwɜːkə'hɒlɪk] *s* Arbeitswütige(r), -süchtige(r) *f(m)*, Arbeitstier *n*; **'~a·hol·ism** *s* übertriebene Arbeitswut, Arbeitssucht *f*, Arbeitssüchtigkeit *f*; **'~aˌround** *s* (Raumfahrt) Vorkehrung(smaßnahme) *f(f)*, Ausweglösung *f* (bei Ausfall eines Systems); **'~bag**, **'~ˌbas·ket** *s* Handarbeitskorb *m*; **'~bench** *s Tech* Werkbank *f*, Werk-, Arbeitstisch *m*; **'~book** *s* Betriebsanleitung *f* | *Päd* Übungsbuch *n* | *Päd* Tage-, Studienbuch *n*; **'~box** = **'~bag**; **'~ camp** *s* Arbeitslager *n*; **'~day** *s* Arbeits-, Werktag *m*; **worked** *adj* bearbeitet; **ˌworked 'up** *adj* aufgeregt, erregt ⟨to get ≈ sich aufregen⟩; **'~er** *s, auch* **ˌ~ing 'man** Arbeiter(in) *m(f)* ⟨≈s and employers; factory ≈; steel ≈s⟩ | *übertr* harter *od* guter Arbeiter, arbeitsamer Mensch ⟨a real ≈⟩ | (*oft in Zus*) Handarbeiter(in) *m(f)* | *Tech* Arbeitswalze *f* | *Typ* Galvano *n* | *auch* **'~er bee** *Bot* Arbeitsbiene *f*; **'~er cor·re'spon·dent** *s* Volkskorrespondent *m*; **'~er-di'rec·tor** *s Brit Wirtsch* Arbeitervertreter *m* in einem Aufsichtsrat; **'~er par·tic·i'pa·tion** *s, auch* **'~ers' par·tic·i'pa·tion** *s Wirtsch* Arbeitermitbestimmung *f*; **'~ ˌeth·ic** *s* Arbeitsmoral *f*; **'~ˌfel·low** *s* Arbeitskollege *m*; **'~force** *s* Arbeiterschaft *f*; **'~horse** *s übertr* Arbeitspferd *n* ⟨a willing ≈ e-r, der die ganze (Haupt-)Arbeit macht⟩ | *übertr* zuverlässiges Auto *od* Gerät; **'~house** *s Brit* Obdachlosenasyl *n*, Armenhaus *n* | *Am* Besserungsanstalt *f*; **'~-in** *s* Protest *m* am Arbeitsplatz ⟨to hold/stage a ≈⟩; **'~ing 1.** *adj* arbeitend, werktätig ⟨the ≈ population die berufstätige Bevölkerung⟩ | Arbeits- ⟨≈ method⟩ | für die *od* während der Arbeit ⟨≈ tool Arbeitswerkzeug; ≈ breakfast Arbeitsfrühstück⟩ | *Tech* Betriebs- ⟨≈ cost; ≈ voltage⟩ | zur Arbeit abgerichtet ⟨a ≈ animal ein Arbeitstier⟩ | praktisch, brauchbar, nützlich ⟨a ≈ theory; a ≈ majority ausreichende Mehrheit⟩; **2.** *s* Arbeiten *n*, Tätigkeit *f* | Be-, Verarbeitung *f (meist pl)* | *Tech* Gang *m*, Betrieb *m* ⟨the ≈s of an engine die Arbeitsweise e-s Motors⟩ | Gärung *f* | (*meist pl*) *Bergb* Gewinnung *f*, Ausbeutung *f* | Verzerrung *f* (des Gesichts etc.) | Wirkung *f* | *oft pl* (Ab-) Bau *m*, Verhieb *m*, Abraum *m*; **'~ing caˌpac·i·ty** *s* Arbeitsleistung *f*; **'~ing ˌcap·i·tal** *s Wirtsch* Betriebskapital *n*, -mittel *n/pl*; **ˌ~ing 'class** *s* Arbeiterklasse *f*; ⟨≈ movement Arbeiterbewegung *f*; ≈ party Arbeiterpartei *f*⟩; **'~ing conˌdi·tions** *s/pl* Arbeitsbedingungen *f/pl*; **'~ing day** *s* Arbeitstag *m*; **'~ing-day** *adj* Alltags-; **'~ing ˌdraw·ing** *s Tech* Bauplan *m*, Werkstattzeichnung *f*; **'~ing exˌpens·es** *s/pl* Betriebskosten *pl*; **'~ing hour** *s* Arbeitsstunde *f*; **ˌ~ing 'knowl·edge** *s* ausreichende Kenntnisse *pl*; **'~ing load** *s Tech* Nutzlast *f* | *El* Betriebslast *f*; **'~ing·man** *s* (*pl* **'~ing·men**) Arbeiter *m* | Handwerker *m*; **ˌ~ing 'or·der** *s Tech* Betriebszustand *m* ⟨in ≈ betriebsfähig⟩; **ˌ~ing-'out** *s* Ausarbeitung *f* | *Math* Lösung *f*; **'~ing part** *s Tech* Verschleißteil *n*; **'~ing ˌpart·ner** *s Wirtsch* aktiver Teilnehmer; **'~ing ˌpar·ty** *s* Arbeitsgruppe *f*, -ausschuß *m*; **'~ing ˌpow·er** *s Tech* Leistungsfähigkeit *f*; **'~ing stroke** *s Tech* Arbeitshub *m*; **ˌ~ing 'week** *s* Arbeitswoche *f*; **'~less** *adj* arbeitslos; **'~man** *s* (*pl* **'~men**) Arbeiter *m* | Handwerker *m*; **'~man·like** *adj* geschickt, kunstfertig; **'~man·ship** *s* Arbeit *f*, (Kunst-) Werk *n* ⟨good ≈ hohe Arbeitsqualität⟩ | Kunstfertigkeit *f* | Werkstattarbeit *f*; **'~ˌmas·ter** *s* Werkmeister *m*; **'~out** *umg s* Kraftprobe *f* | (Sport) Training *n*; **'~ˌo·ver** *s Tech* (Ölbohrstelle) Überholung *f* (zeitweilige Abdichtung); **'~ˌpeople** *s* Arbeitskräfte *f/pl*, Belegschaft *f* (einer Fabrik); **'~piece** *s Tech* Arbeits-, Werkstück *n*; **'~room** *s* Arbeitsraum *m*; **works** *s/pl* (*sg konstr*) (*oft in Zus*) Betrieb *m*, Fabrik *f*, Werk *n* ⟨a gas≈; steel≈⟩ | (*mit best art*) (*sg konstr*) *Tech* Teile *n/pl*, Werk *n*, Getriebe *n* ⟨the ≈ of a clock⟩ ◇ **give s.o. the ~s** *Sl* jmdn. in alles einweihen; jmdn. fertigmachen; **'~-reˌlease** *adj* zeitweilige Beurlaubung (von Häftlingen) zur Arbeit, (für Häftlinge) Arbeitsurlaubs- ⟨≈ programme⟩; **'~shop** *s* Werkstatt *f* | *Päd* Workshop *m*; praktischer Kurs, praktische Demonstration, Seminar *n* ⟨a music ≈⟩; **'~-shy** *adj* arbeits-

scheu; '~ ˌstud·y *s* Arbeitsstudie *f*; '~ˌta·ble *s* Arbeits-, Werktisch *m*; '~top *s Tech* Arbeitsplatte *f*; ˌ~-to-'rule *s bes Brit, Kan* Arbeit nach Vorschrift; '~-up *s Typ* Spieß *m*; '~wear *s* Arbeits(be)kleidung *f* | Alltagsmode *f* im Stil der Arbeitskleidung; '~week *s* Arbeitswoche *f*; '~ˌwom·an *s* (*pl* '~ˌwom·en) Arbeiterin *f*

world [wɜːld] *s* Welt *f*, Erde *f* ⟨all over the ~ auf *od* in der ganzen Welt; all the ~ to ein und alles für; a man of the ~ ein Lebemann; in the ~ *emph* in aller Welt; for nothing in the ~, not for all the ~, not for ~s, not for the ~ um keinen Preis; for all the ~ as if/like haargenau wie; the way/course of the ~ der Lauf der Welt; dead to the ~ weltvergessen; *umg* nicht ansprechbar (schlafend *od* betrunken); tired to the ~ todmüde; out of this ~ *umg* toll, phantastisch; on top of the ~ obenauf, überglücklich, groß da; to bring into the/this ~ zur Welt bringen, gebären; to come into the/this ~ geboren werden, auf die Welt kommen; to have the best of both ~s in den Genuß zweier verschiedener Sachen gleichzeitig kommen, fein heraussein; to make one's way in the ~ s-n Weg machen, Erfolg haben; to think the ~ of viel halten von; ~s apart völlig unterschiedlich; to go round the ~ e-e Weltreise machen; what in the ~ am I to do was in aller Welt soll ich tun?⟩ | (bestimmte) Welt ⟨the Old ~; the Third ~⟩ | Welt(all) *f(n)*, Universum *n* ⟨the centre of our ~⟩ | (fremde) Welt, Himmelskörper *m* ⟨signals from other ~s⟩ | Welt *f*, Menschen *pl* ⟨all the ~ jedermann; the whole ~ alle Welt⟩ | Welt *f*, Reich *n*, Sphäre *f* ⟨animal ~ Tierwelt; sporting ~ Sportwelt; vegetable ~ Pflanzenwelt; ~ of fashion Modewelt *f*; ~ of letters gelehrte Welt⟩ | große Menge, Unmenge *f* ⟨a ~ of sehr viel; a ~ of difference⟩; '~ˌbeat·er *s* (Sport) Spitzenkönner *m*; ˌ~-'class *adj* Weltklasse-, von Weltrang; '~ˌfa·mous *adj* weltberühmt; '~-hisˌtor·ic *adj* welthistorisch; ~ling ['~lɪŋ] *s* Weltmann *m*; '~ly *adj, adv* weltlich, irdisch ⟨≈ goods⟩ | weltlich gesinnt ⟨≈ wisdom Weltklugheit *f*⟩; ˌ~ly-'mind·ed *adj* weltlich gesinnt, weltoffen; ˌ~ly-'wise *adj* weltklug, erfahren; ˌ~ 'pow·er *s* Weltmacht *f*; '~ˌshak·ing *adj meist umg* welterschütternd; ˌ~ 'War *s* Weltkrieg *m* ⟨~ War Two⟩; ˌ~-'wea·ry *adj* welt-, lebensmüde; ˌ~'wide *adj* weltweit, in der ganzen Welt; ˌ~-'wise *adj* weltklug, erfahren

worm [wɜːm] **1.** *s Zool* (*auch in Zus*) Wurm *m*, Raupe *f*, Made *f* ⟨glow-~ Glühwürmchen *n*; silk~ Seidenraupe *f*; tape~ Bandwurm⟩ | *Tech* Schnecke *f* ⟨~ drive Schneckengetriebe *n*⟩ | *Tech* Kühlschlange *f* | *übertr* Wurm *m*, Kriecher *m*; **2.** *vt* (Hund u. ä.) von Würmern befreien, eine Wurmkur machen mit | (kriechen) sich winden, zwängen (**in[to]** in; **out of** aus) ⟨to ~ o.s. out of the way sich herauswinden; sich wegschleichen; to ~ one's way/o.s. *umg* sich schlängeln⟩ | sich einschleichen (**in[to]** in) ⟨to ~ one's way into a group sich in eine Gruppe einschleichen; to ~ o.s. into s.o.'s heart sich jmds. Liebe erschleichen⟩; **~ out (of s.o.)**, *selten* **from (s.o.)** *umg* (jmdm.) entlocken, herauskriegen aus (jmdm.) ⟨to ~ a secret out of/from s.o. jmdn. ausfragen, jmdm. die Würmer aus der Nase ziehen⟩; *vi* schleichen, kriechen | Würmer suchen; '~ cast *s* von einem Regenwurm aufgeworfenes Erdhäufchen; '~-ˌeat·en *adj* wurmstichig, wurmzerfressen | *übertr* morsch, alt; **wormed** *adj* wurmstichig; '~ gear *s Tech* Schneckengetriebe *n*, -rad *n*; '~hole *s* Wurmloch *n*; '~holed *adj* wurmstichig; '~ wheel = '~ gear; '~wood *s Bot* Wermut *m* (*auch übertr*); '~y *adj* wurmig ⟨a ≈ apple⟩ | wurmstichig | wurmähnlich | *übertr* kriecherisch

worn [wɔːn] **1.** *part perf* von ↑ ¹wear **2.** *adj* abgetragen ⟨a ~ dress⟩ | übermüdet, geschwächt | *übertr* abgedroschen ⟨a ~ joke ein abgedroschener Witz⟩; ˌ~-'out *adj* abgetragen, abgenutzt | erschöpft | (Gesundheit) zerrüttet

wor|ried ['wʌrɪd] *adj* gequält, in Sorge, beunruhigt (**about** um) ⟨a ≈ look⟩; '~ri·some *adj* quälend | lästig, störend | beunruhigend | unruhig; '~ry **1.** *vt* ängstigen, Sorgen machen, beunruhigen (**about** um, wegen) ⟨to be ~ried sich ängstigen; to ≈ o.s. sich sorgen⟩ | stören, belästigen, quälen | (jmdm.) zusetzen (**for** wegen) ⟨to ≈ s.o. out of s.th. jmdn. von etw. abbringen⟩ | (Tier) reißen, würgen ⟨the dog was ≈ing the rat der Hund jagte die Ratte⟩; '~ry down hinunterwürgen; *vi* sich beunruhigen, sich ängstigen (**about** um) | sich abmühen, sich quälen (**at** mit); sich mühsam voranarbeiten (**through** durch) | zu überreden suchen (**at s.o.** jmdn., **to** *mit inf* zu *mit inf*) | reißen, zerren (**at** an); **2.** *s* Sorge *f*, Unruhe *f*, Kummer ⟨lines of ≈ Sorgenfalten *pl*⟩ | Ärger *m*, Verdruß *m*, Ärgernis *n*; Sache *od* Person, die Kummer *od* Ärger bereitet ⟨it's a ≈ to me es bereitet mir Sorge(n); money is his ≈ er hat Geldsorgen⟩; Quälgeist *m* ⟨he's a ≈⟩ | Abwürgen *n*, Herumzausen *n*, Biß *m* (der Beute durch den Hund); '~ry·ing *adj* beunruhigend, besorgniserregend ⟨≈ figures Zahlen, die (einem) Angst einjagen *od* machen⟩

worse [wɜːs] **1.** *adj* (*comp von* **bad**) schlechter, schlimmer ⟨it's ~ than es ist schlechter *od* schlimmer als; to go from bad to ~ immer schlimmer werden; the ~ for wear abgenutzt, abgetragen, ziemlich mitgenommen; to be none the ~ for s.th. wegen etw. nicht gleich Schaden nehmen; to make things ~ die Sache verschlimmern⟩ | (*comp* von **ill**) (*nur präd*) kränker ⟨to be getting ~; he's no ~ es geht ihm nicht schlechter⟩ | weniger ⟨none the ~ nicht weniger⟩; **2.** *adv* (*comp* von **badly**) schlechter, schlimmer ⟨none the ~ nicht schlechter; to be ~ off schlechter dran sein; to behave ~⟩; **3.** *s* Schlechteres *n*, Schlimmeres *n* ⟨a change/turn for the ~ e-e Wendung zum Schlechteren; if ~ comes to ~ schlimmstenfalls; I have ~ to tell ich muß noch Schlimmeres berichten; for better, for ~ wohl oder übel; ~ was to follow Schlimmeres sollte folgen⟩; 'wors·en *vi, vt* (sich) verschlechtern, (sich) verschlimmern; 'wors·en·ing *s* Verschlechterung *f*, Verschlimmerung *f*

wor|ship ['wɜːʃɪp] **1.** *s Rel* Anbetung *f*, Gottesdienst *m* ⟨to attend ≈⟩ | *übertr* Anbetung *f*, Verehrung *f* | (Titel) ⟨His ≈, Your ≈ *Brit* Seine, Euer Hochwürden *od* Gnaden (Anrede für Bürgermeister *od* Zunftmeister); if Your ≈ wishes wenn Euer Ehren *od* Gnaden es belieben⟩; **2.** ('~shipped, '~shipped) *vt* (Gott) anbeten | *übertr* vergöttern, verehren; *vi* s-e Andacht verrichten, anbeten (**at** vor) | am Gottesdienst teilnehmen; '~ship·ful *adj* anbetend, verehrend | *Brit* (Anrede) ehrenwert, hochwohllöblich ⟨the ≈ the Mayor of … Hochverehrter Bürgermeister von; the ≈ company of goldsmiths die hochwohllöbliche Zunft der Goldschmiede; Right ≈ … Hochwohllöblicher …⟩; '~ship·per *s* Anbeter(in) *m(f)* | *Rel* Beter(in) *m*(f); '~ship·ping *s* Anbetung *f*, Verehrung *f*

worst [wɜːst] **1.** *adj* (*sup* von **bad**) schlechteste(r, -s), schlimmste(r, -s), ärgste(r, -s); **2.** *adv* (*sup* von **badly**) am schlechtesten, am schlimmsten, am ärgsten ⟨to speak [the] ~ of anybody am schlechtesten von allen sprechen; to suffer ~; ~-dressed⟩; **3.** *s* (*mit best art*) der, die, das Schlechteste *od* Schlimmste *od* Ärgste ⟨at [the] ~ im schlimmsten Fall, schlimmstenfalls; if the ~ comes to the ~ im allerschlimmsten Falle, wenn alle Stränge reißen; to be prepared for the ~ aufs Schlimmste gefaßt sein; to do one's ~ sich noch so sehr anstrengen (um zu schaden); to get the ~ of it am schlimmsten dran sein⟩; **4.** *vt* (*meist pass*) *arch* überwältigen, besiegen (*auch übertr*) ⟨~ed in battle⟩; ˌ~-'case *adj* Not-, für den Notfall, Ernstfall- ⟨≈ experiments; a ≈ scenario⟩

wor·sted ['wʊstɪd] **1.** *s* Kammgarn *n*, -wolle *f* | Kammgarnstoff *m*; **2.** *adj* Kammgarn-, Woll- ⟨~ stockings Wollstrümpfe *m/pl*; '~ **suit** Kammgarnanzug *m*; '~ **wool** Kammwolle *f*⟩

[1]**wort** [wɜ:t] *s arch* Pflanze *f*, Kraut *n* | *in Zus* -wurz *f*, -kraut *n* ⟨stink~⟩

[2]**wort** [wɜ:t] *s* (Malz-) Würze *f*

worth [wɜ:θ] **1.** *adj* (nach **be**) wert ⟨it's ~ £ 10 es ist £ 10 wert; it's ~ much more es ist viel mehr wert; to be ~ verdienen, besitzen⟩ | *übertr* wert, würdig ⟨for all one is ~ *umg* nach besten Kräften; to be ~ it *umg* der Mühe wert sein; to take s.th. for what it's ~ etw. für das halten, was es scheint⟩ | (*bes vor ger*) (lohnens)wert ⟨~ doing wert, getan zu werden; it's ~ making an effort es lohnt sich, sich anzustrengen⟩ ◇ **for what it's ~** (Zweifel) was man auch (über einen bestimmten Wert von etw.) behauptet *od* sagt ⟨≈ I don't think ... wenn mich einer fragt, ich glaube nicht; I'll tell you this ≈ ich sage dir das, obwohl ich nicht weiß, was dran ist *od* was davon stimmt; that's my opinion ≈ das ist meine ganz bescheidene Meinung⟩; **2.** *s* Wert *m*, Preis *m* ⟨of great ~ von großem Wert, teuer; of little (no) ~ von geringem (keinem) Wert; the true ~ of s.th. der wahre Wert von etw.⟩ | innerer Wert, Verdienst *m* ⟨a man of ~ ein angesehener Mann⟩ | *selten* Besitztum; **-worth** (*in Zus*) Wert *m*, Wertentsprechung *f* ⟨a pounds~ of pennies Pennies im Wert von einem Pfund⟩; '**wor·thi·ly** ['wɜ:ðɪlɪ] *adv* würdig | nach Verdienst; '**~less** *adj* wertlos | nichtswürdig, nichtsnutzig; ˌ**~'while** *adj* lohnend, der Mühe wert ⟨a ≈ experiment⟩; **wor·thy** ['wɜ:ðɪ] **1.** *adj* wert, würdig ⟨nothing ≈ of mention nicht der Rede wert⟩ | *arch* würdig, ehrenwert, angesehen ⟨a ≈ man⟩ | *scherzh* würdig, bieder ⟨a ≈ gentleman⟩; **2.** *s* verdienstvoller Mensch | *umg oft scherzh* Persönlichkeit *f*; **-ˌwor·thy** *in Zus* -würdig ⟨praiseworthy lobenswert⟩

wot [wɒt] ('**~ted**, '**~ted**) *vi Brit arch* kennen, wissen (**of** von)

wot·cher ['wɒtʃə] *Brit Sl interj selten* wie haut's?, wie steht's denn?

would [d|wəd|wʊd] *prät* u. *arch part perf* von **will 1.** ⟨he said he ~ come er sagt, er kommt *od* wird kommen⟩ | *iron, emph* (Verärgerung) natürlich müssen ⟨she ~ come late typisch, sie kommt (natürlich) zu spät!⟩ ◇ **~ better** *Am* = **had better** (↑**have**); **~ that** *selten* wenn doch *od* nur ⟨≈ we had told her wenn wir es ihr doch gesagt hätten⟩; **~ you** (höfliche Bitte) würdest du *od* würden Sie, könntest du *od* könnten Sie ⟨≈ please answer at once⟩

would-be ['wʊd bɪ] **1.** *adj* angeblich, gern sein wollend, Pseudo- ⟨a ~ poet ein Dichterling⟩ | angehend, zukünftig ⟨~ wife⟩; **2.** *s* Möchtegern *m*

would·n't ['wʊdnt] *umg* für **would not**; **wouldst** [wʊdst] *arch, poet 2. sg prät* von ↑**will 1.**

[1]**wound** [wu:nd] **1.** *s* Verwundung *f*, Verletzung *f*, Wunde *f* ⟨a flesh ~ e-e Fleischwunde; to dress a ~ e-e Wunde verbinden; ~ in the leg Beinwunde; to rub salt in s.o.'s ~s *übertr* Salz in jmds. Wunde streuen⟩ | *Bot* Verletzung *f*, Riß *m* | *übertr* Verletzung *f*, Verwundung *f* ⟨to be a ~ to one's pride jmdn. in seinem Stolz verletzen⟩; **2.** *vt* verwunden, verletzen ⟨to ~ s.o.'s arm; to ~ s.o. in the arm; ~ed to death tödlich verwundet⟩ | *übertr* verletzen, kränken ⟨to ~ s.o.'s pride⟩; *vi* verwunden ⟨to ~, not to kill⟩

[2]**wound** [waʊnd] *prät* u. *part perf* von ↑ [1]**wind 2.** und [2]**wind 2.**

wound|ed ['wu:ndɪd] **1.** *adj* verwundet ⟨≈ veteran Kriegsversehrter *m*⟩ | *übertr* verletzt ⟨≈ vanity⟩; **2.** *s* Verwundete(r) *f(m)*; '**~ ˌfe·ver** *s Med* Wundfieber *n*; '**~less** *adj* unverwundet, unverletzt, unversehrt | *poet* unverwundbar

wove [wəʊv] *prät* u. *selten part perf* von ↑**weave 1.**; **wo·ven** ['wəʊvn] *part perf* von ↑**weave 1.**

[1]**wow** [waʊ] **1.** *s umg* toller Erfolg, Wucht *f* ⟨the new play's a ~⟩ | toller Kerl, Prachtkerl *m*; **2.** *interj umg* Mann!, Mensch!, toll!

[2]**wow** [waʊ] *s* Jaulen *n* (e-r Schallplatte etc.)

WP *Abk* von **word processor**

WRAC [ræk] *s Brit* Wehrmachtshelferin *f*, Angehörige des **Women's Royal Army Corps**

wrack [ræk] **1.** *s* Schiffswrack *n* | *Mar* Schiffbruch *m* | Ruine *f* (*auch übertr*) | angeschwemmter Seetang | *Schott, dial* Unkraut *n*; **2.** *vt* zerschellen; *vi* zugrunde gehen; '**~ grass** *s Bot* Seegras *n*

wraith [reɪθ] *s* Geist *m*, Gespenst *n* | gespenstische Gestalt; '**~like** *adj* (Mensch) durchgeistigt, ätherisch ⟨a ≈ body⟩

wran·gle ['ræŋgl] **1.** *vi* sich herumzanken, streiten (**about**, **over** über, **with** mit); *vt* sich in den Haaren liegen (über etw.) | (etw.) herausschinden; **2.** *s* Zank *m*, Streit *m* | heftige Debatte; '**wran·gler** *s* streitsüchtiger Mensch | (in Cambridge) bestplacierter Student bei der mathematischen Abschlußprüfung | *Am* Cowboy *m*, Pferdepfleger *m*

wrap [ræp] **1.** (**wrapped, wrapped** *od* **wrapt**) *vt*, *oft* **~ up** einwickeln, einhüllen, einpacken (*auch übertr*) (**in** in) ⟨to ~ o.s. up sich warm anziehen; ~ped [up] in fog in Nebel eingehüllt; to ~ [up] in cotton wool *umg übertr* in Watte packen, übertrieben schützen⟩ | (herum)wickeln (**about**, **round** um) | zusammenwickeln ⟨to ~ together zusammenwickeln⟩; **~ up** *umg* abschließen, beenden | *umg* erfolgreich abwickeln *od* abschließen ⟨to ~ up a deal *Wirtsch* e-n Vertrag unter Dach und Fach bringen⟩ | *übertr* (mit Worten) verbergen, (in Worte) hüllen ⟨to ~ up an idea e-n Gedanken nur dunkel andeuten⟩ | (*meist pass*) *übertr* verwickeln, verstricken, aufgehen lassen (**in** in) ⟨to be ~ped up in one's work ganz von seiner Arbeit in Anspruch genommen sein⟩; *vi* sich einhüllen ⟨to ~ up well sich gut einpacken, sich warm anziehen⟩ | sich legen, sich wickeln (**round** um); fallen (**over** über) | *auch* **~ it up** (*meist imp*) *Sl* den Mund halten; **2.** *s selten* Hülle *f*, Überwurf *m* ◇ **under ~s** *übertr umg* geheim, nicht vor der Öffentlichkeit; **~page** ['ræpɪdʒ] Hülle *f* | Packmaterial *n*; '**~aˌround** *adj* ganz umgebend ⟨a ≈ thing etw., das einen ganz umgibt *od* einhüllt⟩ | *übertr* all(es)umfassend ⟨a ≈ phrase ein Wort, das alles ausdrückt⟩ | *Tech* Wickelplatte *f*; '**~per** *s* Pakker(in) *m(f)* | Hülle *f* | *Brit Buchw* Umschlag *m*, Schutzhülle *f* | *auch* '**post·al ˌ~per** Kreuzband *n*, -streifband | Deckblatt *n* der Zigarre | Umschlagtuch *n* | Überwurf *m* | Morgenrock *m*; '**~per maˌchine** *s* Verpackungsmaschine *f*; '**~ping** *s* Ein-, Verpacken *n* | (*oft pl*) Hülle *f*, Verpackung *f*; '**~ping ˌpa·per** *s* Einwickel-, Packpapier *n*; **wrapt** [ræpt] *prät* u. *part perf* von ↑**wrap 1.**

wrath [rɒθ] *s poet* Grimm *m*, Zorn *m*, Wut *f* ⟨the ~ of God Gottes Zorn⟩; '**~ful** *adj* zornig, wütend (**against** gegen); '**~y** *adj Am umg* zornig, wütend

wreak [ri:k] *vt* (Zorn u. ä.) auslassen (**[up]on** an) ⟨to ~ vengeance on Rache üben gegen⟩ | *selten* (Gier u. ä.) stillen; '**~er** *s arch* Rächer *m*

wreath [ri:θ] *s* (*pl* '**~s**) Kranz *m*, Blumengebinde *n*, Girlande *f* | Stirn-, Halskranz *m* (aus Blumen) | etw. Kranzförmiges *n* ⟨~ of smoke Rauchring *m*⟩ | *Mar* Kranz *m* | *Schott* (Schnee- u. ä.) Wehe *f*; **wreathe** [ri:ð] *bes lit vt* winden, drehen (**about**, **round** um) | zusammendrehen | (zusammen-)flechten | (um-)kräuseln (**in** von) ⟨≈d in smoke⟩ | um-, bekränzen (**in**, **with** mit) (*auch übertr*) ⟨≈d in flowers blumenbekränzt; her face was ≈d in smiles sie strahlte über das ganze Gesicht⟩; *vi* sich winden, sich drehen (**around** um, herum) (Schlange u. ä.) | sich kräuseln, sich ringeln ⟨~ing smoke⟩ | *Schott* (Schnee u. ä.) Wehen bilden; **~y** ['ri:ðɪ] *adj* geflochten | bekränzt

wreck [rek] **1.** *s Mar* Wrack *n* | *Mar* Schiffbruch *m* | *übertr* Ruin *m*, Untergang *m* ⟨the ~ of all my hopes der Verlust meiner ganzen Hoffnungen; to go to ~ [and ruin] zugrunde gehen⟩ | *übertr umg* Trümmerhaufen *m*, Ruine *f* ⟨my plan's a ~ mein Plan liegt in Scherben⟩ | *übertr* (Person) Wrack *n* ⟨a complete ~ ein völliges Wrack⟩; **2.** *vt* zum Scheitern bringen (*auch übertr*) ⟨to be ~ed Schiffbruch erleiden⟩ | *übertr* (Pläne u. a.) zugrunde richten; *vi* zerschellen, stranden, Schiffbruch erleiden (*auch übertr*); **~age** ['~ɪdʒ] *s* Schiffbruch *m* (*auch übertr*) | *übertr* Untergang *m*, Scheitern *n* | Wrackteile *n/pl* Wrackgut *n*, Schiffstrümmer *pl* | (Unfall) Trümmer *pl* ⟨the ≈ of the cars die Überreste der Autos⟩ | *übertr* Reste *m/pl*, Trümmerhaufen *m* ⟨the ≈ of his life sein gescheitertes Leben⟩; **wrecked** *adj* gescheitert, wrack | schiffbrüchig | *übertr* zerstört; **'~er** *s Mar* Bergungsschiff *n* | *Mar* Bergungsarbeiter *m* | *Hist* Strandräuber *m* | *übertr* Zerstörer *m* | *Am* Abbrucharbeiter *m* | *Am* Abschleppfahrzeug *n*; **'~ing 1.** *s Mar* Wrackteil *n* | Strandraub *m* | Zerstören *n* | *Am* Bergung *f*; **2.** *adj Am* Bergungs- ⟨≈ truck Abschleppwagen *m*⟩; **'~ing bar** *s Am* Brechstange *f*; **'~ing ˌser·vice** *s Am Kfz* Abschleppdienst *m*

wren [ren] *s Zool* Zaunkönig *m*

wrench [rentʃ] **1.** *s* heftiger Ruck, (scharfe) Drehung | *Med* Verrenkung *f* ⟨to give a ~ to one's foot sich den Fuß verstauchen⟩ | *übertr* Verdrehung *f* | *übertr* (Trennungs-) Schmerz *m* ⟨the ~ of leaving s.o.⟩ | *Tech* Muttern-, Schraubenschlüssel *m*; **2.** *vt* ruckartig ziehen, zerren, reißen (**from** aus) ⟨to ~ s.th. from s.o.'s hands etw. jmdm. aus der Hand reißen; to ~ off abreißen; to ~ open aufreißen⟩ | verzerren, -drehen (*auch übertr*) ⟨to ~ language willkürlich mit Sprache umgehen; to ~ from the context aus dem Zusammenhang reißen⟩ | *Med* verrenken ⟨to ~ one's ankle sich den Knöchel verstauchen⟩; *vi* sich ruckartig drehen

wrest [rest] **1.** *vt* gewaltsam reißen (**from, out of** aus) | entreißen (**from s.o.** jmdm.) ⟨to ~ crops from the soil dem Boden Erträge abringen; to ~ a confession of guilt from s.o. jmdm. ein Schuldbekenntnis abzwingen⟩ | *übertr* (Worte u. ä.) verdrehen, entstellen ⟨to ~ facts out of their true meaning Tatsachen aus ihrem richtigen Zusammenhang reißen; to ~ the meaning of s.th. die Bedeutung einer Sache entstellen; to ~ the law das Recht verdrehen⟩; **2.** *s* heftige Drehung, Ruck *m* | *Mus* Stimmhammer *m*

wres|tle ['resl] **1.** *vi* ringen, kämpfen (**with** mit) | *Sport* ringen | *übertr* ringen (**for** um) | sich abmühen (**with** mit) | *Rel* inbrünstig beten; *vt* (*bes* Sport) ringen mit, kämpfen mit | (zu Boden) werfen ⟨to ≈ s.o. to the ground⟩ | *Am* mühsam schleppen *od* fortbewegen; **~tle down** niederringen; **2.** *s* Ringen *n*, Ringkampf *m* (*auch übertr*); **'~tler** *s* (*bes* Sport) Ringer *m*, Ringkämpfer *m*; **'~tling 1.** *adj* ringend, kämpfend ⟨≈ match Ringkampf *m*⟩; **2.** *s* (Sport) Ringen *n* (*auch übertr*)

wretch [retʃ] *s* bedauernswerter Mensch, armer Kerl *od* Schlucker ⟨an unlucky ~⟩ | *oft scherzh* Schuft *m*; Schlingel *m*; **~ed** ['retʃɪd] *adj* armselig, erbärmlich ⟨a ≈ house⟩ | elend, unglücklich ⟨to feel ≈ sich elend fühlen⟩ | schlecht ⟨≈ food; ≈ weather⟩ | niederträchtig, gemein ⟨a ≈ child ein sehr unartiges Kind⟩ | abscheulich, ekelhaft, entsetzlich ⟨≈ colours⟩

wrick, *auch* **rick** [rɪk] **1.** *vt* verrenken ⟨to ~ one's ankle sich den Knöchel verstauchen⟩; **2.** *s* Verrenkung *f*

wrig|gle ['rɪgl] **1.** *vi* sich schlängeln, sich winden (**through** durch) | sich unruhig hin- und herbewegen, zappeln ⟨to ≈ in one's seat auf dem Stuhl hin- u. herrutschen⟩; **~gle along** sich entlangwinden, sich dahinschlängeln; **~gle in[to]** sich einschmeicheln; **~gle out of** *umg* sich herauswinden aus; *vt* hin- und herbewegen, wackeln mit, zappeln mit ⟨to ≈ one's hips mit den Hüften wackeln⟩ | ringeln, schlängeln, winden ⟨to ≈ one's way sich dahinschlängeln⟩; **2.** *s* Wackeln *n*, (unruhiges) Hin- und Herbewegen | schlängelnde Bewegung | Windung *f*, Biegung *f*, Krümmung *f*; **'~gler** *s* Ringeltier *n*, Wurm *m* | *übertr* Kriecher *m*, Leisetreter *m*; **'~gly** *adj* sich schlängelnd

wright [raɪt] *s*, *meist in Zus* -macher, -bauer (*z.B.* **'play~** Dramatiker *m*; **'wheel~** Stellmacher *m*) | *selten* Arbeiter *m*, Handwerker *m*

wring [rɪŋ] **1.** (**wrung, wrung** [rʌŋ] *selten* **wringed**) *vt* (heraus)wringen, ausdrücken, auswinden, herausquetschen (**out of, from** aus) ⟨to ~ the water out of the cloth das Wasser aus dem Stoff wringen; you can't ~ blood from a stone *Sprichw* e-n Geizhals kann man nicht erweichen⟩ | (Tier Hals) abdrehen, (jmdm. den Hals) umdrehen | pressen, drücken ⟨to ~ s.o.'s hands jmdm. die Hände drükken⟩ | (Gesicht) verzerren (**with** vor) | abringen, entreißen (**from s.o.** jmdm.) | *übertr* quälen, bedrücken ⟨it wrung my heart es ergriff mich sehr⟩ | *übertr* verzerren, entstellen ⟨to ~ s.o.'s words⟩ | *übertr* (Geld u. ä.) erpressen | *Tech* (Endmaße) ansprengen; **~ out** (Wäsche u.a.) auswringen; **~ together** *Tech* (Endmaße) aneinanderschieben, ansprengen, zusammensetzen; *vi* sich winden; **2.** *s* (Aus-) Winden *n*, Pressen *n* | Druck *m* | *Tech* Wringmaschine *f* | (Apfel-, Wein-) Presse *f*; **'~er** *s* Wringmaschine *f* | *übertr* Erpresser(in) *m*(*f*); **'~ing 1.** *adj* pressend, wring- | bedrückend; **2.** *s* Wringen *n*, Pressen *n*; **ˌ~ing 'wet** *adj* klitschnaß

[1]**wrin·kle** ['rɪŋkl] **1.** *s* (Gesichts-) Falte *f*, Runzel *f* | (Stoff- u. ä.) Knitter *m*, Kniff *m*; **2.** *vt*, *oft* **~ up** (Stirn, Augenbrauen) runzeln, in Falten legen ⟨to ~ one's nose at die Nase rümpfen über⟩ | (Stoff u. ä.) zerknittern; *vi* Falten bekommen, runzlig werden | (Stoff) knittern | (Gesicht) sich verziehen

[2]**wrin·kle** ['rɪŋkl] *s umg* Trick *m*, Kniff *m* ⟨to know all the ~s alle Kniffe kennen⟩ | Wink *m*, Andeutung *f* ⟨to give s.o. a ~ jmdm. e-n Wink geben⟩

wrin·kled ['rɪŋkld] *adj* gerunzelt

wrin·kle fin·ish ['rɪŋkl ˌfɪnɪʃ] *s Tech* Schrumpflack *m*, Kräusellack *m*, Runzellack *m*

wrin·kle·less ['rɪŋkl̩-ləs] *adj* faltenlos; **'wrin·kly** *adj* runzlig, faltig | (Stoff) knitternd

wrist [rɪst] **1.** *s* Handgelenk *n* | Ärmelstulpe *f*, Manschette *f*; **2.** *adj* Handgelenks-; **3.** *vt* mit dem Handgelenk stoßen *od* werfen; **'~band** *s arch* Manschette *f*, Bündchen *n* | Armband *n* | (Sport) Schweißband *n*; **'~ joint** *s* Handgelenk *n*; **'~let** *s* (Metall) Armband *n* | (Sport) Handgelenkschützer *m*; **'~let watch** *s* Armbanduhr *f*; **'~lock** *s* Polizeigriff *m* ⟨to put a ≈ on s.o. jmdn. im Polizeigriff halten⟩; **'~ pin** *s Tech* Gelenkstift *m*, Kolbenbolzen *m*; **'~watch** *s* Armbanduhr *f*; **'~y** *adj* (Sport) (Spieler) mit einer starken Schlaghand, handgelenkstark ⟨a ≈ player⟩

[1]**writ** [rɪt] *s Jur* behördlicher Erlaß ⟨to issue/take out a ~ against s.o. e-e Vorladung gegen jmdn. erwirken; ~ of attachment Haftbefehl *m*; ~ of execution Vollstreckungsbefehl *m*; ~ of summons Vorladung *f*⟩ | *arch* Schreiben *n*, Schrift *f* ⟨Holy ~ Bibel *f*, Heilige Schrift⟩

[2]**writ** [rɪt] *arch prät* u. *part perf* von ↑ **write** ◇ **~ large** *lit* deutlich sichtbar; im Großen

write [raɪt] (**wrote** [rəʊt], *arch* **writ** [rɪt], **writ·ten** ['rɪtn], *arch* **writ** *od* **wrote**) *vt* schreiben ⟨to ~ a letter e-n Brief schreiben; to ~ s.o. *bes Am* jmdm. schreiben; to ~ s.o. a letter jmdm. e-n Brief schreiben; to ~ shorthand stenografieren; writ[ten] large *übertr lit* deutlich ersichtlich, leicht erkennbar⟩ | beschreiben, (voll)schreiben ⟨to ~ three sheets drei Bogen (Papier) vollschreiben⟩ | auf-, niederschreiben, aufzeichnen ⟨written in/on water *übertr* in den Wind geschrieben, vergänglich; written on/all over deutlich sichtbar *od* zu erkennen⟩ | (Fragebogen u. ä.) ausfüllen ⟨to ~ a cheque e-n Scheck ausschreiben⟩ | schreiben, verfassen ⟨to ~ a novel einen Roman schreiben; to ~ poetry dichten⟩ | ausdrucken, ausgeben (Computer) ⟨to ~ data⟩ | (Vertrag u. ä.) abschließen; ~ **down** auf-, niederschreiben ⟨to ≈ a telephone number⟩ | bezeichnen, hinstellen als ⟨to ~ s.o. down as lazy⟩ | *Wirtsch selten* im Preis reduzieren; ~ **in** einschreiben, -setzen, -tragen, -zeichnen | *Jur* einfügen, (fest) vorsehen, einbegreifen | *Am Pol* zusätzlich auf den Wahlzettel schreiben; ~ **off** *umg* schnell abfassen, hinhauen | *Wirtsch* abschreiben, niederschlagen ⟨to ≈ a debt⟩ | *umg* abschreiben, als mißlungen *od* irreal erkennen ⟨to ≈ an arrangement; to ≈ a marriage⟩ | *übertr* (völlig) abschreiben, verlustig melden, *umg* als verschüttgegangen akzeptieren ⟨to ~ o.s. off *umg* hopsgehen; written off *Sl* (Person) tot, hops; *Flugw Sl* (Flugzeug) verschüttgegangen⟩ | abtun (**as** als) ⟨to ~ s.o. off as a charlatan⟩; ~ **out** vollständig schreiben, abschreiben ⟨to ≈ a report; to ≈ fair ins reine schreiben⟩ | *förml* ausschreiben, ausfüllen ⟨to ~ out a cheque⟩ | abschreiben, verbrauchen ⟨to ~ o.s. out at thirty sich mit 30 nichts mehr zutrauen *od* ausgepumpt sein⟩; ~ **out of** (heraus)streichen aus, absetzen von ⟨written out of the script aus dem Drehbuch gestrichen⟩; ~ **up** breit *od* umfassend darstellen ⟨to ~ up notes Notizen aufbereiten⟩ | herausstreichen, lobend erwähnen | *Wirtsch* nachtragen;

vi schreiben ⟨he cannot ~; to ~ in ink mit Tinte schreiben⟩ | schriftstellern, schreiben; ~ **away** schriftlich bestellen (**for s.th.** etw.), anschreiben (**for** um); ~ **back** antworten; ~ **in for** (schriftlich) anfordern; ~ **in to** schreiben an, sich erkundigen bei; ~ **off** = ~ **away**; ~ **up** = ~ **in (for, to)**; **'~-down** *s Wirtsch* Abschreibung *f*; **'writ·er** *s* Schreiber(in) *m(f)* | Schriftsteller(in) *m(f)*, Autor(in) *m(f)* | *Brit* Kanzlist *m*; **ˌwrit·er's 'cramp** *s Med* Schreibkrampf *m*; **'~-in**, *auch* **'~-in ˌvote** *s Am Pol* Stimme *f* für Zusatzkandidaten; **'~-off** *s* (gänzlicher) Verlust ⟨the car was a ≈ das Auto war völlig hin; it's a ≈ *Sl* es ist im Eimer⟩; **'~-up** *s umg* (lobende) Buchbesprechung, Film-, Konzert-, Theaterkritik *f* ⟨an enthusiastic ≈⟩

writhe [raɪð] **1.** *vi* sich winden, sich krümmen (**with** vor) | *übertr* sich winden (**at, under** unter) | sich schlängeln; *vt* winden, (ver)drehen | verzerren | *übertr* verdrehen, entstellen; **2.** *s* Verdrehung *f*, Verzerrung *f*

writ·ing ['raɪtɪŋ] **1.** *adj* schreibend, Schreib- | schriftstellernd; **2.** *s* Schreiben *n* | Schrift *f*, Handschrift *f* ⟨his ~ is difficult to read seine Handschrift ist schwer zu lesen⟩ | Schriftstellern *n* | Schriftstück *n*, Schreiben *n* ⟨a piece of ~ ein Schriftstück; in ~ schriftlich⟩ | Brief *m* | *meist pl* (literarisches *od* wissenschaftliches) Werk ⟨Darwin's scientific ~s Darwins wissenschaftliche Arbeiten *f/pl*⟩ | Stil *m*, Schreibweise *f* ⟨baroque ~⟩; **'~ book** *s* Schreibheft *n*; **'~ case** *s* Schreibmappe *f*; **'~ desk** *s* Schreibpult *n*; **ˌ~ 'down** *s* Niederschrift *f*; **'~ ink** *s* Tinte *f*; **'~ maˌte·ri·als** *s/pl* Schreibgerät *n*, -material *n*; **'~ pad** *s* Schreibunterlage *f*; **'~ ˌpa·per** *s* Schreibpapier *n*; **'~ ˌta·ble** *s* Schreibtisch *m*; **writ·ten** ['rɪtn] **1.** *part perf* von ↑ **write**; **2.** *adj* schriftlich | geschrieben ⟨to be ≈ on/all over deutlich geschrieben stehen *od* zu sehen sein auf⟩; **ˌwrit·ten ex·am·i'na·tion** *s* schriftliche Prüfung; **ˌwrit·ten 'lan·guage** *s* Schriftsprache *f*

wrong [rɒŋ] **1.** *adj* falsch, unrichtig, verkehrt (*Ant* correct) ⟨in the ~ box *umg* in e-r schwierigen Lage; the ~ time die unpassende Zeit; to be ~ sich irren; falsch gehen (Uhr); to be caught on the ~ foot *umg* unangenehm überrascht werden; to get up/out of bed [on] the ~ side *umg* mit dem linken Fuß zuerst aufstehen, einen schlechten Tag haben; to have/get [hold of] the ~ end of the stick *übertr* etw. falsch auffassen; to say the ~ thing etw. Unpassendes sagen⟩ | unrecht, unbillig | (moralisch) schlecht (*Ant* right) ⟨it's ~ to steal; it's ~ of you es ist nicht recht von dir⟩ | in Unordnung, in schlechtem Zustand befindlich (*Ant* in order) ⟨what's ~ with that? *umg* was soll daran nicht in Ordnung sein?, was soll damit nicht stimmen?⟩; **2.** *adv* falsch, unrecht ⟨to get s.th. ~ etw. mißverstehen⟩ ◇ **go ~** den falschen Weg gehen ⟨you can't ≈ du kannst nicht falsch gehen *od* fahren⟩; nicht funktionieren, falsch gehen (Uhr u.a.); *übertr* sich irren, falsch liegen; *übertr* fehlgehen, fehlschlagen ⟨our plans went ~⟩; *übertr* auf Abwege geraten, vom rechten Weg abgehen ⟨he went ~ again er hat wieder gesündigt⟩; **3.** *s* Unrecht *n* ⟨to be in the ~ im Unrecht sein, Unrecht haben; to do ~ Unrecht tun; to know right from ~ gut und schlecht unterscheiden können; to put s.o. in the ~ jmdn. ins Unrecht setzen; to right a ~ ein Unrecht sühnen; to suffer ~ Unrecht erleiden⟩ | *Jur* Rechtsverletzung *f* ⟨private ~ Privatdelikt *n*; public ~ öffentliches Delikt, strafbare Handlung⟩ | Beleidigung *f*; **4.** *vt* (jmdm.) Unrecht tun, (jmdn.) ungerecht behandeln *od* verletzen | (jmdn.) falsch einschätzen, sich irren über (jmdn.), eine falsche Meinung haben von (jmdm.) | (jmdm.) Schaden zufügen | betrügen (**of** um); **'~ˌdo·er** *s* Übel-, Missetäter(in) *m(f)*; **'~ˌdo·ing** *s* Missetat *f*, Verbrechen *n*; **'~ful** *adj* ungerecht ⟨≈ dismissal ungerechte Entlassung⟩ | ungerechtfertigt; unrecht, unbillig ⟨≈ act⟩ | ungesetzlich, unrechtmäßig ⟨≈ arrest widerrechtliche Verhaftung; ≈ heir unrechtmäßiger Erbe⟩ | nachteilig | beleidigend, kränkend; **ˌ~'head·ed** *adj* (Person) starrköpfig, verbohrt | verdreht, verschroben ⟨≈ ideas⟩; **~o** ['rɒŋəʊ] *s Sl* Bösewicht *n*, Schurke *m*; **~ous** ['rɒŋəs] *adj Schott Jur* ungesetzlich, widerrechtlich ⟨≈ imprisonment widerrechtliche Einkerkerung⟩; **ˌ~ 'side** *s* linke Seite (Stoff) ◇ **on the ~ side of** älter als, über (genannte Jahre) hinaus ⟨≈ 50 über die 50 hinaus⟩; **get on the ~ side of** es mit jmdm. verderben

wrote [rəʊt] *prät* u. *arch part perf* von ↑ **write**

wroth [rɒθ] *adj poet* (*nur präd*) böse, zornig | entrüstet (**with s.o.** über jmdn.)

wrought [rɔːt] **1.** *prät* u. *part perf* von ↑ **work 2.**; **2.** *adj* be-, ge-, verarbeitet ⟨beautifully ~ sehr schön gearbeitet; carefully ~ sorgfältig abgefaßt; ~ goods Fertigware(n) *f(pl)*; ~ by hand handgearbeitet⟩ | geformt, gestaltet ⟨finely ~ features edel geformte (Gesichts-) Züge *pl*; ~ into shape geformt⟩ | gestickt, gewirkt | *Tech* gehämmert, geschmiedet | *Tech* zugerichtet; **ˌ~ 'i·ron** *s Tech* Schmiedeeisen *n*; **'~-up** *adj* (*attr*) aufgeregt, aufgebracht, nervös ⟨a ≈ look⟩; **'~ up** *adj* (*präd*) ungehalten, aufgebracht ⟨to get ≈ over s.th. über etw. ungehalten *od* außer sich sein⟩

wrung [rʌŋ] *prät* u. *part perf* von ↑ **wring 1.**

wry [raɪ] **1.** *adj* schief, krumm, verzerrt ⟨a ~ neck ein schiefer *od* steifer Hals; to make/pull a ~ face ein schiefes Gesicht ziehen, eine Grimasse schneiden⟩ | (Lächeln) gequält, erzwungen ⟨a ~ smile⟩ | sarkastisch, bitter ⟨~ humour⟩ | *übertr* verschroben, abwegig ⟨~ notions abwegige Vorstellungen *f/pl*⟩; **2.** *vt* verzerren, verziehen; **'~neck** *s Zool* Wendehals *m*

wt *Abk* von **weight**

wurst [wɜːst] *s* ⟨*dt*⟩ Wurst *f*

wych ha·zel ['wɪtʃ ˌheɪzl] = **witch hazel**

wynd [waɪnd] *s Schott* Gasse *f*

wy·vern ['waɪvən] *s Myth, Her* geflügelter Drache

X, x [eks] **1.** *s* (*pl* **X's, Xs, x's, xs**) X *n*, x *n* | (römische) Zehn | *Math* X, Unbekannte *f* | *übertr* unbekannte Größe, Unbekannter *m* ⟨Mr X⟩ | Zeichen *n* für Kuß (in Briefen); **2.** *adj Brit Film* nicht für Jugendliche unter 18 Jahren, nicht jugendfrei ⟨an X film⟩

xanth- [zænθ] = **xantho-**

xantho- [zænθə(ʊ)] ⟨*griech*⟩ *in Zus* gelb-

X chro·mo·some ['eks ˌkrəʊməsəʊm] *s Biol* X-Chromosom *n*

X-C ski·ing [ˌeks si: 'ski:ɪŋ] *s Am, Kan* Skitouristik *f*

xeno- [zenə(ʊ)] ⟨*griech*⟩ *in Zus* Gast-, fremd-

Xen·on ['zenɒn] *s Chem* Xenon *n*

xen·o·pho·bi·a [ˌzenə'fəʊbɪə] *s* Fremdenhaß *m*, -feindlichkeit *f*

xe·ro·gram ['zɪərəgræm] *s* Xerogramm *n*, Xeroskopie *f*; **xe·ro·graph·ic** [ˌzɪərə'græfɪk] *adj* xerographisch, xerox-; **xe·ro·gra·phy** [ze'rɒgrəfɪ] *s* Xerografie *f*, automatische Ablichtung *f*; **xe·rox**, *auch* ≙ ['zɪərɒks|'ze-] **1.** *s* Xeroskopie *f*, (automatische) Ablichtung; **2.** *vt, vi* xerokopieren, ablichten ⟨to ~ 10 pages out of a book⟩

Xmas ['krɪsməs|'eksməs] *s umg* für ↑ **Christmas**

X-rat·ed ['eksˌreɪtɪd] *adj* (Film) nicht jugendfrei | pornographisch, erotisch aufreizend ⟨an ~ treatment of a subject⟩ | mit Nacktdarstellern ⟨a ~ live show⟩ | vulgär, obszön ⟨~ language⟩

X-ray ['eks reɪ] **1.** *s* Röntgenstrahl *m* | Röntgenaufnahme *f* ⟨to take an ~ e-e Röntgenaufnahme machen⟩ | Röntgenuntersuchung *f* ⟨to go into hospital for an ~⟩; **2.** *adj* Röntgen- ⟨~ photograph⟩; **3.** *vt* röntgen, mit Röntgenstrahlen durchleuchten; '**~ ap·pa'ra·tus** *s* (*pl* '**~ ap·pa'ra·tus·es**) Röntgenapparat *m*; '**~ ex·am·i'na·tion** *s* Röntgenuntersuchung *f*; '**~ 'la·ser** *s* Röntgenlaser *m*; '**~ 'scan·ning** *s Tech* Röntgen(werkstoff)prüfung *f*, zerstörungsfreie Werkstoffprüfung; '**~ 'tel·e·scope** *s* Röntgenteleskop *n*; '**~ 'ther·a·py** *s* Röntgentherapie *f*; '**~ 'tube** *s* Röntgenröhre *f*; '**~ 'u·nit** *s* Röntgenanlage *f*, -einrichtung *f*

xylo- [zaɪlə(ʊ)] ⟨*griech*⟩ *in Zus* Holz-

xy·lo·graph ['zaɪləgrɑ:f] *s* Holzschnitt *m*; **xy·log·ra·pher** [zaɪ'lɒgrəfə] *s* Xylograph *m*, Holzschneider *m*; **xy·lo·graph·ic** [ˌzaɪlə'græfɪk], ˌ**xy·lo'graph·i·cal** *adj* xylographisch, Holzschnitt-; **xy·log·ra·phy** [zaɪ'lɒgrəfɪ] *s* Xylographie *f*, Holzschneidekunst *f*; **xy·loid** ['zaɪlɔɪd] *adj* holzartig, holzähnlich; **xy·lo·nite** ['zaɪlənaɪt] *s Tech* Zelluloid *n*; **xy·loph·a·gous** [zaɪ'lɒfəgəs] *adj Zool* holzfressend

xy·lo·phone ['zaɪləfəʊn] *s Mus* Xylophon *n*; **xy·loph·o·nist** [zaɪ'lɒfənɪst] *s* Xylophonist *m*

Y, y [waɪ] *s* (*pl* **Y's, Ys, y's, ys**) Y *n*, y *n*

[1]**-y** [-ɪ] *suff zur Bildung von adj aus s mit der Bedeutung* (ähnlich) wie (*z. B.* **beery, fishy, fruity, wintry**); voller, voll von (*z. B.* **bony, juicy, roomy; angry, guilty, hungry**); bedeckt von (*z. B.* **cloudy, dusty, muddy, rusty**); erzeugend (*z. B.* **hungry, noisy**) | *von adj aus adj mit der Bedeutung* etwas, neigend zu (*z. B.* **pinky, reddy, yellowy; crispy**) | *von adj aus v mit der Bedeutung* neigend zu, tendieren (*z. B.* **crumbly, shaky, sticky, weepy**)

[2]**-y** [-ɪ], *auch* **-ie** [-ɪ] *umg suff zur Bildung von s aus s mit der Bedeutung* liebe(r, -s), kleine(r, -s) (als Kosewort) (*z. B.* **daddy, doggy, Johnny, Lenny**) | *zur Bildung von s aus v mit der Bedeutung* Handlung (des Verbs) (*z. B.* **inquiry**) | *zur Bildung von s aus s mit collect Bedeutung* (*z. B.* **soldiery**)

yacht [jɒt] **1.** *s* Jacht *f* | (Sport) Segel-, Rennboot *n*; **2.** *vi* auf einer Jacht fahren | (Sport) segeln; '**~ club** *s* Jachtklub *m*; '**~ie** *s umg* Segelboots-, *bes* Jachtbesitzer(in) *m(f)* | Segler(in) *m(f)*; '**~ing** *s* Jachtsport *m*, Segelsport *m*; **3.** *adj* Segel-; '**~er,** '**yachts·man** (*pl* '**yachts·men**) *s* Jachtfahrer *m* | Sportsegler *m*; '**yachts·man·ship** *s* Jacht-, Segelkunst *f*; '**yachtsˌwom·an** (*pl* '**yachtsˌwom·en**) *s* Jachtfahrerin *f* | Sportseglerin *f*

yaff [jæfljɑ:f] *vi dial, Schott* bellen, kläffen

yah [jɑ:] *interj* puh!, pfui!

ya·hoo [jɑ:'hu:] *s selten* brutaler Kerl, Rohling *m*

[1]**yak** [jæk] *s Zool* Jak *m*, Grunzochse *m*

[2]**yak** [jæk] *umg* **1.** (**yakked, yakked**) *vi* quasseln, quatschen; **2.** *s* Gequassel *n*, Gequatsche *n*

Ya·kut [jɑ:'kʊt] *s* Jakute *m* | *Ling* Jakutisch *n*

yam [jæm] *s Bot* Yamswurzel *f* | *Schott* Kartoffel *f* | *Am dial Ling* Süßkartoffel *f*

yam·mer ['jæmə] *Am, Schott, dial vi* jammern, klagen; *vt* weinerlich sagen

yang [jæŋ] *s Phil* (China) Jang *n*, starke(s), aktive(s), männliche(s) Kraft (*od* Prinzip) (*Ant* yin)

yank [jæŋk] **1.** *umg, vt auch* **~ out** (weg-, heraus)reißen; **~ off** abreißen; **~ up** hochziehen, hochzerren; *vi* herumhantieren | flink sein; **2.** *s* Ruck *m*, Stoß *m*

Yank [jæŋk] *s Sl* = **Yank·ee** ['jæŋkɪ] **1.** *s umg Am* Yankee *m*, Neuengländer *m* | Nordamerikaner *m* | (im amerikanischen Bürgerkrieg) Soldat *m* der Nordstaaten | Yankee-Englisch *n*; **2.** *adj* Yankee- | *Brit* amerikanisch; ˌ**Yan·kee 'Doo·dle** *s* Yankeedoodle *m* (nordamerikanisches Volkslied) | Yankee *m*, Nordamerikaner *m*; '**Yan·kee·ism** *s* Eigenarten *f/pl* der Nordamerikaner | amerikanische Spracheigenheit

yank·ing ['jæŋkɪŋ] *adj umg* stoßend

yap [jæp] **1.** *s* (Hunde) Gekläff *n*, Gebell *n* | *dial* Köter *m* | *Sl* Gewäsch *n*, Geschwätz *n* | *Am Sl* Rowdy *m* | *Am Sl* Quatschkopf *m*; **2.** *vi* kläffen, bellen | *umg* quasseln; **~ away [on]** drauflosquatschen, daherreden

[1]**yard** [jɑ:d] *s* Yard *n* (= 0,914 m) | Yardmaß *n*, Yardstock *m* ⟨by the ~ nach der Elle⟩ | (Bauwesen) Kubikyard *n* ⟨three ~s of sand⟩ | *Mar* Rah *f*

[2]**yard** [jɑ:d] **1.** *s* Hof *m* ⟨back~ Hinterhof *m*; in the ~ auf dem Hof⟩ | (Arbeits- u. ä.) Platz *m*, (Werks-) Gelände *n* ⟨coal~ Kohlenlager *n*; ship~ Werft *f*⟩ | Schulhof *m* | *Am* (Haus-, Gemüse-) Garten *m* | *Landw* Hof *m*, Gehege *n* ⟨cattle ~ Viehgehege *n*; farm~ Bauernhof *m*; poultry ~ Hühnerhof *m*⟩ | *auch* '**railway ~** *Brit Eisenb* Rangierbahn-

hof *m* | *meist* ∸, *auch* **'Scot·land** ∸ (*mit best art*) *umg* Scotland Yard *m*, Londoner Kriminalpolizei *f*; **2.** *vt* (etw.) in einem Hof lagern | *auch* ~ **up** (Vieh) in ein Gehege bringen, einhegen

[1]**yard·age** ['jɑ:dɪdʒ] *s* Größe *f od* Länge *f* in Yards, Yards *pl* ⟨a large ~⟩ | *Bergb* Leistung *f* in Yards

[2]**yard·age** ['jɑ:dɪdʒ] *s* Recht *n* zur Benutzung eines Viehhofs | Benutzungsgebühr *f*

yard|arm ['jɑ:dɑ:m] *s Mar* Rahnstock *m*; '~ **goods** *s/pl* Schnittware(n) *f(pl)*

yard|man ['jɑ:dmən] *s* (*pl* '~**men**) Hof-, Platzarbeiter *m* | *Eisenb* Bahnhofsarbeiter *m*, Rangierer *m* | *Mar* Werftarbeiter *m*; '~ˌ**mas·ter** *s Eisenb* Rangiermeister *m*; '~ **rope** *s Mar* Rahjolle *f*; '~**sale** *s Am* Gerümpelverkauf *m* (am Haus)

yard·stick ['jɑ:dstɪk] *s* Yardmaß *n* | *übertr* Wertmesser *m*, Maßstab *m*, Kriterium *n* ⟨~ of success Erfolgsmaßstab, Erfolgsmesser *m*⟩

yarn [jɑ:n] **1.** *s* Garn *n*, Faden *m* | *umg* (Seemanns-) Garn *n* ⟨to spin a ~ Seemannsgarn spinnen⟩; **2.** *vi umg* (Geschichten) erzählen

yar·row ['jærəu] *s Bot* Schafgarbe *f*

yash·mak ['jæʃmæk] *s* Gesichtsschleier *m* (arabischer Frauen)

yat·ter ['jætə] *vi Schott* schwatzen, plappern | schreien

yauld [jɔ:d|jɑ:d] *adj, dial, Schott* munter, flott

yaw [jɔ:] **1.** *vi Mar* gieren, vom Kurs abweichen ⟨to ~ 30 degrees to port 30 Grad nach Backbord gieren⟩ | *Flugw* scheren | *übertr* schwanken; *vt* fehlsteuern; **2.** *s Mar* Gieren *n* ⟨a ~ of 30 degrees⟩ | *Flugw* Scheren *n* | *übertr* Schwanken *n*

yawl [jɔ:l] *Mar s* Jolle *f* | Besankutter *m*

yawn [jɔ:n] **1.** *vi* gähnen | sich auftun, klaffen (Abgrund); *vt* gähnend sagen; **2.** *s* Gähnen *n* | Klaffen *n* | *übertr* Öffnung *f*, Abgrund *m* | (Person, Sache) Langweiler *m*, etw. Langweiliges *od* Ermüdendes

yaws [jɔ:z] *s/pl Med* Yaws *pl*, Himbeerseuche *f*

Y chro·mo·some ['waɪ ˌkrəuməsəum] *s Biol* Y-Chromosom *n*

y-clept [ɪ'klept] *adj, arch, scherzh* namens, genannt

yd *Abk* von **yard[s]**

[1]**ye** [ji:] *pron arch, scherzh* Ihr, ihr ⟨~ fools!⟩ | *umg* für **you** ⟨how d'ye do? (Gruß)⟩

[2]**ye** [ji:] *arch* für **the 1.** (*bes* in Gaststättennamen) ⟨∸ Old Tea Shop⟩

yea [jeɪ] **1.** *adv* fürwahr, wahrhaftig | *arch* ja | *arch* ja sogar; **2.** *s* Ja *n* | Jastimme *f*, Zustimmung *f* ⟨~s and nays Stimmen *f/pl* (da)für und (da)gegen, Jastimmen und Neinstimmen *f/pl*⟩

yeah [jɛə] *urspr Am umg* für **yes 1.**

year [jɜ:|jɪə] *s* Jahr *n* ⟨all the ~ round das ganze Jahr über *od* hindurch; the ~ 1978; ~ by ~; from ~ to ~; ~ after ~ Jahr für Jahr; for a ~ and a day *Jur* auf Jahr und Tag; ~ in, ~ out jahrein, jahraus⟩ | *auch* ˌ**cal·en·dar** '~ *s* (Kalender-) Jahr *n* ⟨church ~ Kirchenjahr *n*; legal ~ bürgerliches Jahr, Amts-, Verwaltungsjahr *n*; ~ of grace *Rel* Jahr des Heils *n*; school ~⟩ | (Schul-, Wein- u. ä.) Jahr(gang) *n(m)* ⟨top of the ~ Jahreserste(r) *f(m)*; a good ~ ein guter Jahrgang⟩ | *Astr* Jahr *n* ⟨lunar ~ Mondjahr *n*⟩; '~**book** *s* Jahrbuch *n*; '~**ling 1.** *s* (Tier, *bes* Pferd) Jährling *m*; **2.** *adj* einjährig; ˌ~'**long** *adj* jahrelang ⟨after a ≈ absence⟩; '~**ly 1.** *adj* Jahres-, jährlich; **2.** *adv* jährlich

yearn [jɜ:n] *vi* sich sehnen, verlangen (**after, for** nach) | Mitleid fühlen (**to, towards** mit); '~**ing 1.** *s* Sehnsucht *f*, starkes Verlangen; **2.** *adj* sehnsüchtig, verlangend

years [jɜ:z|jɪəz] *s/pl* Alter *n* ⟨a man of his ~ ein Mann von s-m Alter; a boy of 6 ~ ein 6 Jahre alter Junge; a woman of some ~ e-e schon ziemlich betagte Frau; to be twenty ~ of age 20 Jahre alt sein; to get on in ~ in die Jahre kommen⟩

yeast [ji:st] **1.** *s* Hefe *f* | *übertr* Schaum *m*, Gischt *m*; **2.** *vi* gären; '~ **germ** *s* Hefekeim *m*; '~ ˌ**nu·tri·ent** *s* Nährhefe *f*; '~ **plant** *s Bot* Hefepilz *m*; '~ ˌ**pow·der** *s* Hefe-, Backpulver *n*; '~**y** *adj* (Geschmack) hefig ⟨to be ≈ nach Hefe schmekken⟩ | hefig, schaumig, schäumend | *übertr* leer, gehaltlos

yecch [jek] *Am Sl interj* (Ekel, Abscheu) äks(e)!, ihks(e)!, äh!; ~**y** ['jekɪ] *adj* eklig, häßlich, unangenehm

yegg[·man] ['jegmən] *s Am Sl* Einbrecher *m*, Geldschrankknacker *m*

yell [jel] **1.** *vi* gellend schreien, brüllen, aufschreien (**with** vor) ⟨to ~ at s.o. jmdn. anschreien⟩ | *übertr* geifern; ~ **out** *umg* aufschreien (**in, with** vor); *vt* mit gellender Stimme hervorstoßen ⟨to ~ an oath⟩; ~ **out** *umg* brüllen; **2.** *s* gellender Schrei, Geschrei *n* | *Am* (Sport) (Universität) Schlachtruf *m* ⟨the college~ Kampfruf *m*, Anfeuerung(sschrei) *f(m)* (für das eigene College)⟩

yel·low ['jeləu]**1.** *adj* gelb | *selten übertr* neidisch, mißtrauisch | *umg* reißerisch ⟨~ journalism Revolverjournalismus *m*; the ~ press die Boulevard-, Sensationspresse⟩ | *auch* '~ˌ**bel·lied** *umg* feig; **2.** *s* Gelb *n*, gelbe Farbe | Eigelb *n*, Dotter *n* | *umg* Feigheit *f*; **3.** *vi, vt* (sich) gelb färben, vergilben; ˌ~ '**beak** *s* Grünschnabel *m*; ˌ~'**brass** *s* Messing *n*; ˌ~ '**card** *s* (Fußball) gelbe Karte; '~**ed** *adj* vergilbt; ˌ~ '**fe·ver** *s Med* Gelbfieber *n*; ˌ~ '**flag**, *auch* ˌ~ '**jack** *s Mar* Quarantäneflagge *f*; '~ˌ**ham·mer** *s Zool* Goldammer *f*; ˌ~ '**och·re** *adj* ockergelb; ˌ∸ '**Pages** *s Tel* Branchenverzeichnis *n*; '~**tail** *s Zool* Gelbschwanz *m*; '~**y** *adj* gelblich

yelp [jelp] **1.** *vi* kläffen; **2.** *s* Gekläff *n* | Schrei *m*

Yem·en ['jemən] *s* Yemen; ~**i** ['~ɪ] **1.** *adj* jemenitisch; **2.** Jemenit(in) *m(f)*

[1]**yen** [jen] *urspr Am Sl* **1.** *s* brennendes Verlangen ⟨a ~ to see the world⟩; **2.** (**yenned, yenned**) *vi* sich heftig sehnen

[2]**yen** [jen] *s* Yen *m* (japanische Währung)

yen·ta ['jentə] *Am Sl* Klatschsuse *f*, Vielrednerin *f*, Wichtigtuerin *f*

yeo·man ['jəumən] *s* (*pl* '**yeo·men**) *Brit selten* Freibauer *m* | *auch* ˌ~ **of the 'guard** *Brit* Leibgardist *m* | *Am Mar* Verwaltungsoffizier *m*; '~**ly 1.** *adj* Yeoman-, einen Yeoman betreffend | zuverlässig; **2.** *adv* tapfer; '~**ry** *s collect Brit* freie Bauernschaft | *Mil* berittene Miliz

yep [jep] *Am umg* für **yes**

yerk [jɜ:k] *arch, dial* **1.** *vt* schlagen, stoßen; *vi* (Pferd) ausschlagen; **2.** *s* Schlag *m*, Stoß *m*

yes [jes] **1.** *adv* ja(wohl) (*Ant* no) ⟨is he here? ~, he is ist er hier? ja; to say ~ to s.th. etw. bejahen; ~ please bitte⟩ | ja (aber), schon, gewiß ⟨~, [~] you 're right, but...⟩ | ja(wohl), in Ordnung ⟨~, sir Jawohl!⟩; **2.** *interj* ja? ⟨~, dear? was ist?⟩ **3.** *s* (*pl* ~**es**) Ja *n*, Jawort *n* ⟨to answer with a ~ mit e-m Ja antworten⟩; ~**-man** ['~mæn] *s* (*pl* ~**-men** ['~mən]) *Sl verächtl* Jasager *m*, Jabruder *m*

yes·ter ['jestə] *adj poet* gestrig; ~**day** ['~dɪ|'~deɪ] **1.** *adv* gestern ⟨it was only ≈ es war erst gestern⟩ | *übertr* nicht lange her, vor nicht langer Zeit ⟨I wasn't born ≈ ich bin nicht von gestern⟩; **2.** *adj* gestrig ⟨≈ morning gestern früh *od* morgen; ≈ week gestern vor e-r Woche⟩; **3.** *s* Gestern *n*, der gestrige Tag ⟨≈'s meeting das gestrige Treffen⟩ | *arch* gestrige *od* vergangene Zeit ⟨≈s vergangene Zeiten *f/pl*⟩; ~**year** ['~jɜ:|'~jɪə] **1.** *s arch* voriges Jahr; **2.** *adv* früher, einst

yet [jet] **1.** *adv* (*neg*) noch ⟨not ~ noch nicht⟩ | (*interrog, neg*) schon ⟨need you go ~ mußt du schon gehen?; it's not time to go ~ es ist noch nicht Zeit, zu gehen⟩ | (*neg, nicht prät*) bis jetzt ⟨he hasn't done much ~ bis jetzt hat er noch nicht viel getan; as ~ *förml* bis jetzt, bisher⟩ | *förml* noch immer ⟨he is ~ a child; I have ~ to hear the story ich habe die Geschichte immer noch nicht gehört⟩ | noch (später), noch einmal ⟨the plan may ~ succeed der Plan kann noch einmal *od* vielleicht einmal gelingen⟩ | (*beim comp*) selbst, sogar, (immer) noch ⟨~ longer noch länger; ~ once more immer noch einmal⟩ | trotzdem ⟨but ~ aber doch⟩; **2.** *conj* doch, jedoch, gleichwohl, dennoch ⟨strange ~ true seltsam, aber wahr; he's tall ~ not tall enough er ist groß, aber nicht groß genug⟩

ye·ti ['jetɪ] *s* Yeti *m*, Schneemensch *m*

yeuk [ju:k] *dial, Schott* **1.** *s* Jucken *n*; **2.** *vi* jucken

yew [ju:] *s Bot, auch* '**~ tree** Eibe *f* | Eibenholz *n*

yewk [ju:k] = **yeuk**

yid [jɪd] *s vulg verächtl* Jud *m*, Itzig *m*

Yid·dish ['jɪdɪʃ] **1.** *s* Jiddisch *n*; **2.** *adj* jiddisch

yield [ji:ld] **1.** *vt* (als Ertrag) hervorbringen, einbringen, liefern ⟨trees that ~ fruit obsttragende Bäume *m/pl*; to ~ a profit *Wirtsch* e-n Gewinn abwerfen⟩ | (Resultat) ergeben | *förml* übergeben, überlassen, zugestehen ⟨to ~ s.o. shelter jmdm. Schutz gewähren; ~ right of way! Vorfahrt beachten!⟩ | *auch* **~ up** aufgeben ⟨to ~ [up] one's position to s.o. jmdm. s-e Stellung überlassen; to ~ up the ghost *poet euphem* den Geist aufgeben, sterben⟩; **~ up** *förml* (Ertrag) hergeben, spenden | *übertr* (Geheimnis u. ä.) offenbaren, eröffnen; *vi*, *bes Landw* tragen, Ertrag geben | weichen, nachgeben (*auch übertr*) ⟨to ~ under a heavy weight; to ~ to the temptation der Versuchung nachgeben⟩ | sich fügen (**to s.th.** e-r Sache) | nachlassen, zurückgehen ⟨the disease ~ed to treatment die Krankheit besserte sich durch die Behandlung⟩; **2.** *s* Ertrag *m*, Ernte *f* ⟨a good ~ of wheat e-e gute Weizenernte⟩ | Gewinn *m*, Ausbeute *f*, Förderung *f* ⟨~ of soil Bodenertrag *m*⟩ | Fertigung *f*, Produktion *f*, Ausstoß *m* | *Tech* Fließen *n*, Strecken *n*; plastische Verformung | Nachgeben *n*, Weichen *n*; '**~ing** *adj* einträglich, ergiebig | (Boden) nachgebend, weich | *übertr* nachgiebig ⟨a ≈ character⟩; '**~ ˌlim·it** *s Tech* Fließgrenze *f*

yin [jɪn] *s Phil* (China) Jin *n*, schwache(s), passive(s), weibliche(s) Kraft (*od* Prinzip) (*Ant* yang)

[1]**yip** [jɪp] *Am umg* **1.** (**yipped, yipped**) *vt* kreischen; *vi* (Hund) kläffen, jaulen; **2.** *s* Gekreische *n* | Gekläff *n*

[2]**yip** [jɪp] *Kurzw* = [2]**yippee**

[1]**yip·pee** ['jɪpi:|jɪ'pi:] *interj umg* Juhu!, Hihi! (Freudenschrei)

[2]**yip·pee** ['jɪpɪ] *s Am* politisch radikaler Hippie

yirr [jɜ:] *Schott* **1.** *s* Knurren *n*, Brummen *n*; **2.** *vi* knurren, brummen

YMCA [ˌwaɪ əm si: 'eɪ] *s Abk für* **Young Men's Christian Association** CVJM *m*, Christlicher Verein Junger Männer

yob [jɒb], *auch* **~bo** ['jɒbəʊ] *s* (*pl* '**~bos**) *Brit verächtl* Nichtsnutz *m*, Tunichtgut *m*; Halbstarker *m*, Rowdy *m*

yo·del ['jəʊdl] ⟨*dt*⟩ **1.** ('**yo·delled,** '**yo·delled**) *vt*, *vi* jodeln; **2.** *s* Jodler *m*

yo·ga ['jəʊgə] *s* Joga *m*

yo·gh[o]urt ['jɒgət|'jəʊ-] *s* Joghurt *n, m*

yo|gi ['jəʊgɪ] *s* Jogi *m*, Anhänger *m* des Joga | Joga *m*; **~gin** ['~gɪn] *s* Jogi *m*

yo·gurt ['jɒgət] = *s* **yogh[o]urt**

yo-heave-ho [jəʊ ˌhi:v 'həʊ] *interj Mar* hau ruck!

yo-ho [jəʊ'həʊ] **1.** *interj* he!, hau ruck!; **2.** *vi* „he!" rufen

yoicks [jɔɪks] **1.** *interj* hussa! (Ruf auf der Fuchsjagd); **2.** *s* Hussa *n*

yoke [jəʊk] **1.** *s* (*meist sg mit best art*) Joch *n* (*auch übertr*) ⟨to come under the ~ unter das Joch kommen; to throw off the ~ das Joch abwerfen; the ~ of matrimony das Joch der Ehe⟩ | Paar *n* (Ochsen) ⟨2 ~[s] of oxen⟩ | *Tech* Joch *n*, Schultertrage *f* | *El* Joch (Relais) *n* | *Mar* Ruderjoch *n* | Sattel *m*, Passe *f* (Hemd, Kleid); **2.** *vt* anjochen, anspannen ⟨to ~ oxen to a plough Ochsen vor e-n Pflug spannen; to ~ two oxen together zwei Ochsen anspannen⟩ | *übertr* verbinden, paaren (**to, with** mit) | *selten* unterjochen; *vi* zusammengejocht sein, verbunden sein (**with** mit); '**~ bone** *s Anat* Jochbein *n*; '**~ end** *s Kfz* Gabelkopf *m*; '**~ hoop** *s* (Wagen-) Ziehband *n*; '**~ˌfel·low** *s* Lebensgefährte *m*, Lebensgefährtin *f* | Kollege *m*

yo·kel ['jəʊkl] *s scherzh od verächtl* Tölpel *m*, Lackel *m*

yoke line ['jəʊk laɪn] *s Mar* Jochleine *f*

yolk [jəʊk] *s* Eidotter *n*, Eigelb *n* | Wollfett *n* | *übertr arch* Kern *m*

yon [jɒn] *arch, dial* = **~der** ['jɒndə] **1.** *selten adv* (in Blicknähe) dort drüben, hinüber; **2.** *adj* jene(r, -s) dort ⟨≈ group of trees jene Baumgruppe dort⟩

yonks [jɒŋks] *s Brit umg* sehr lange Zeit ⟨for ~ seit ewig langer Zeit⟩

yore [jɔ:] *s lit, meist in:* ˌ**of** '**~** ehemals, ehedem ⟨in days of ~ in alten Zeiten; in the world of ~ in alten *od* längst vergangenen Tagen *od* Zeiten⟩

york·er ['jɔ:kə] *s* (Kricket) Ball, der unter dem Schläger durchgeht

York·shire| pud·ding [ˌjɔ:kʃə 'pʊdɪŋ] *s Kochk* Yorkshire Pudding *m*, (mit Rinderfett zubereiteter Eierauflauf als) Beilage *f* zum Roastbeef; ˌ**~ 'ter·ri·er** *s Zool* Yorkshire-Terrier *m*

you [jə|jʊ|ju:] *pron* (*nom*) ihr, du, Sie; (*akk*) euch, dich, Sie; (*dat*) euch, dir, Ihnen ⟨~ and me du und ich; I saw ~ ich sah dich; I told ~ ich sagte es dir; ~ boys! ihr Jungs!; ~ over there! du (ihr, Sie) da drüben!⟩ | *umg* man ⟨~ never can tell, ~ never know man kann nie wissen⟩; '**~-all** *pron, Am dial* (mehr als einer) ihr | *Sl* du; **you'd** [jəd|jʊd|ju:d] *umg* für **you had** *od* **you would; you'll** [jəl|jʊl|ju:l] *umg* für **you shall** *od* **you will**

young [jʌŋ] **1.** *adj* (*comp* **~er** ['jʌŋgə], *sup* **~est** ['jʌŋgɪst]) jung (*Ant* old) ⟨a ~ woman; ~ in years jung an Jahren⟩ | (Kind) klein, jung ⟨a ~ child⟩ | jünger, junior ⟨~ Mr Jones Mr Jones junior⟩ | frisch (und gut) ⟨~ vegetables frisches Gemüse⟩ | jugendlich, jugendfrisch ⟨~ ambition jugendlicher Ehrgeiz⟩ | jung, neu gebildet ⟨a ~ nation⟩ | unreif, unerfahren, ungeübt (**in** in) ⟨~ in crime kriminell noch nicht vorbelastet; ~ in one's job noch unerfahren in seiner Arbeit⟩; **2.** *s* (*pl konstr*) (Tier) Junge *n/pl* ⟨with ~ trächtig, tragend⟩ | (Tier) Junges *n* ⟨one ~ each year⟩ | (*mit best art*) (die) Jungen *pl*, (die) junge(n) Leute *pl* ⟨games for the ~⟩; **~er**, *auch* **≈er** ['jʌŋgə] *adj* (vor *od* nach Namen) jünger(e) (*Ant* elder) ⟨the ≈ Jones; Jones the ≈⟩; **~ish** ['jʌŋgɪʃ] *adj* ziemlich jung ⟨to look ≈⟩; **~ling** ['jʌŋlɪŋ] *s* junger Mensch | junges Tier; **~ster** ['jʌŋstə] *s umg* Junge *m* | *umg* Jungtier *n, bes* Fohlen *n* | *Brit Mar* jüngerer Offizier *m* | *Am Mar* Seekadett *m*

youn·ker ['jʌŋkə] *s Hist* Junker *m* | *arch, umg* junger Herr, Bursche *m*

your [jə|jʊə|jɔ:] *adj, pron* euer(e), dein(e), Ihr(e) ⟨tell ~ mother⟩ | *verächtl* so ein(e) ⟨is that ~ freedom? ist das die vielgerühmte Freiheit?⟩ | (*poss* von **one**) sein (*poss* von *unpers* man) ⟨apples are good for ~ teeth Äpfel sind gut für die Zähne⟩

you're [jə|jʊə|jɔ:] *umg* für **you are**

yours [jɔ:z|jʊəz] *präd adj, pron* (*sg*) der (die, das) dein(ig)e, der (die, das) eur(ig)e, dein(e), euer(e); (*pl*) eure, die eurigen; (Höflichkeitsform) Ihr(e) ⟨is this ~? gehört das dir (euch, Ihnen)?; a friend of ~ ein Freund von dir (euch, Ihnen)⟩ | *meist* ≈ (Briefschluß) Dein, Euer, Ihr ... ⟨≈ John; ≈ sincerely mit besten Grüßen Ihr(e), ≈ ˌtruly hochachtungsvoll!⟩ | *Wirtsch* Ihr Schreiben *n* ⟨~ of the 10th Ihr Schreiben vom 10.⟩

your|self [jə'self|juə-|jɔ:-] *pron* (*pl* **~'selves**) *intens* (du, ihr, Sie) selbst ⟨[all] by ≈ allein, einsam; ohne Hilfe, selbständig; do it ≈ mach es selbst, selbst ist der Mann; you ≈ said so; you said so ≈ du hast es selbst gesagt⟩ | (*refl*) dich, euch, Sie (selbst), sich (selber) ⟨don't trouble ≈ bemühen Sie sich nicht⟩ ◇ (*Form von* **oneself**) *umg* du *od* Sie selber, dein *od* Ihr wahres Selbst; *bes in:* **be oneself** richtig beieinander sein, sich normal fühlen ⟨you don't seem ≈ today du scheinst heute nicht ganz richtig da zu sein, be ≈ nimm *od* reiß dich zusammen!⟩; **come to oneself** sich finden, zu sich kommen ⟨come to ≈ fang dich wieder!⟩

youth [ju:θ] *s* Jugend *f*, Jungsein *n* | Jugendzeit *f* ⟨in my ~ in meiner Jugend⟩ | *übertr* Frühzeit *f*, Anfangsperiode *f* | Jugendlichkeit *f*, jugendliche Frische | *oft verächtl* junger Mann, Jugendlicher *m* ⟨a group of ~s⟩ | *collect* (*sg od pl konstr*) junge Leute *pl*, Jugend *f* ⟨the ~ of the country⟩; '~ **club** *s* Jugendklub *m*;'**~ful** *adj* jung, jugendlich ⟨a ≈ appearance; ≈ offender jugendlicher Straftäter⟩ | Jugend- ⟨≈ years⟩ | (Tag u. ä.) jung, erst angebrochen | unreif, unerfahren; '~ ˌ**hos·tel** *s*, *auch* ∸ **Hos·tel** Jugendherberge *f*; '~ ˌ**hos·tel·er** *s* Jugendherbergsvater *m* | Mitglied eines Jugendherbergsverbandes; '**~quake** *s* Jugend-, Studentenrevolte *f* (der 60er und 70er Jahre)

you've [jəv|juv|ju:v] *umg* für **you have**

yow [jaʊ] *interj* au!

yowl [jaʊl] **1.** *vi, vt* heulen, jaulen; **2.** *s* Geheul *n*, Gejaule *n*

yo|yo ['jəʊjəʊ] (*pl* **'~yos**) **1.** *s* (Spielzeug) Jo-Jo *n* | *Am Sl* Dummkopf *m*; **2.** *adj*, *bes Am* steigend und fallend, fluktuierend ⟨a ≈ effect⟩; **3.** *vi* fluktuieren, schwanken

yuc·ca ['jʌkə] *s Bot* Yucca *f*, Palmlilie *f*

yuck, yuk [jʌk] *interj* = **yecch**; **yucky, yukky** ['jʌkɪ] *adj* = **yeccky**

yuft [juft] *s* Juchtenleder *n*

Yu·go·slav ['ju:gəʊ'slɑ:v] **1.** *s* Jugoslawe *m*, Jugoslawin *f* | *Ling* Jugoslawisch *n*; **2.** *adj* jugoslawisch; '**Yu·go'sla·vi·a** *s* Jugoslawien; ˌ**Yu·go'slav·i·an 1.** *s* Jugoslawe *m*, Jugoslawin *f*; **2.** *adj* jugoslawisch; ˌ**Yu·go'slav·ic** *adj* jugoslawisch

yule [ju:l] *s* Weihnachts-, Julfest *n*; '~ **log** *s* Weihnachtsklotz *m*; -scheit *n* | (Art) Weihnachtskuchen *m*; '**~tide** *s* Weihnachten *n/pl*, Weihnachtszeit *f*

yum-yum [jʌm'jʌm] *interj umg* lecker!, hm!

yup·pie ['jʌpɪ] **1.** *s umg* Yuppie *m, f*, junge aufstrebende Person mit guter Position in Wirtschaft *od* Verwaltung, junger Erfolgsmann, junge Erfolgsfrau, (junger) Aufsteiger, Streber(in); **2.** *adj* Yuppie- (*Kurzw* für **y**oung, **u**pwardly mobile **p**rofessional)

yurt [juət], **yur·ta** ['juətə] *s* Jurte *f*

Z

Z, z [zed|*Am* zi:] *s* (*pl* **Z's, Zs, z's, zs**) Z *n*, z *n*

za·ba·glio·ne [ˌzɑ:bəl'jəʊnɪ] *s Kochk* (Art) Weinkrem *f*

zan·der ['zændə] *s Zool* Zander *m*

Za·ire [zɑ:'i:ə] *s* Zaïre, Zaire

Zam·bi·a ['zæmbɪə] *s* Sambia

za·ny ['zeɪnɪ] **1.** *s selten* Spaßvogel *m* | *Hist* Hanswurst *m*; **2.** *adj*, *urspr Am* närrisch verrückt ⟨~ tricks⟩

zap [zæp] *Am Sl* **1.** (**zapped, zapped**) *vt* abknallen ⟨you could get ~ped⟩ | niedermachen, überwältigen ⟨to ~ a revolt⟩ | beschimpfen ⟨to ~ politicians⟩ | hochjagen, beschleunigen ⟨to ~ a car⟩; *vi* brausen, jagen ⟨to ~ off wegsausen⟩; **2.** *s* Schwung *m*, Elan *m*, Kraft *f* ⟨to lose one's ~⟩ | *übertr* Konfrontation, Zusammenstoß *m*, -prall *m*, Aufeinandertreffen *n*; **3.** *interj* wumm!, peng!; '**~per** *Am s* Strahlungsgerät *n* (zur Insekten- und Unkrautvertilgung) | *übertr* heftiger Kritiker | heftige Kritik; Kritikausbruch *m*; '**~py** *adj* schlagkräftig; fetzig, effektiv

zeal [zi:l] *s* Eifer *m*, Enthusiasmus *m* ⟨to show ~ Enthusiasmus an den Tag legen⟩

zeal·ot ['zelət] *s Hist* Zelot *m* | *verächtl* Eiferer *m*, Fanatiker *m*; **zea·lot·ic** [zɪ'lɒtɪk] *adj* fanatisch; **~ry** ['zelətrɪ] *s* Zelotismus *m* | *verächtl selten* blinder *od* fanatischer Eifer

zeal·ous ['zeləs] *adj* eifrig, eifrig bedacht (**for** auf, **in** *mit ger*, **to** *mit inf* zu *mit inf*) ⟨~ for fame ruhmhungrig; ~ for the cause begeistert für die Sache; ~ for a change auf einen Wandel erpicht; ~ in giving one's share eifrig bemüht, seinen Anteil zu leisten; ~ to succeed begierig, Erfolg zu haben, begierig auf Erfolg⟩ | diensteifrig ⟨a ~ servant⟩ | innig, heiß, begeistert ⟨a ~ supporter⟩

ze·bra ['zi:brə|'zeb-] (*pl* **'~s, '~**) *s Zool* Zebra *n* | *Am Sl* Schiedsrichter *m*; ˌ~ '**cross·ing** *s* Zebrastreifen *m*, Fußgängerschutzstreifen *m*, Fußgängerüberweg *m*

ze·bu ['zi:bju:|-bu:] *s Zool* Zebu *m*, Buckelochse *m*

zed [zed] *s Brit* (Buchstabe) Zet *n*

zed·o·ar·y ['zedəʊərɪ] *s Bot* Zitwerwurzel *f*

zee [zi:] *s Am* = **zed**

ZEG, *auch* **Z.E.G.**, *Abk* von **zero economic growth**

zeit·geist, *oft* ∸ ['tsaɪtgaɪst] *s* ⟨*dt*⟩ Zeitgeist *m*

Zen [zen] *s Phil, Rel* Zen *n*

ze·na·na [ze'nɑ:nə] *s Hist* (Indien, Persien) Zenana *f*, Frauengemach *n*, Harem *m*

Zen Bud·dhism [ˌzen 'bʊdɪzm] *s Rel* Zen-Buddhismus *m*

zen·ith ['zenɪθ] *s Astr* Zenit *m*, Scheitelpunkt *m* (*Ant* nadir) | (*meist sg*) *übertr* Höhepunkt *m*, Gipfel *m* ⟨at the ~; to rise to/reach s.o.'s ~ auf dem Höhepunkt anlangen⟩; '**~al** *adj* Zenit- | *übertr* höchst; ˌ**~al e·quiˌdis·tant pro'jec·tion** *s Astr* Scheitel-, Azimutalprojektion *f*; ˌ~ '**dis·tance** *s Geogr* Zenitabstand *m*, -distanz *f*

zeph·yr ['zefə] *s* Westwind *m* | *poet* milde Brise | Zephirwolle *f* | Zephirgewebe *n* | (leichtes) Sporttrikot *m* | *auch* '~ **cloth** Zephir *m*; '~ ˌ**flan·nel** *s* Zephirflanell *m*; '~ ˌ**wor·sted** *s* Zephirwolle *f*; '~ **yarn** *s* Zephirgarn *n*

ze·ro ['zɪərəʊ] (*pl* **'~s, '~es**) **1.** *s* Null *f* (Ziffer) | Nullpunkt *m*, Nullstelle *f* | Nullelement *n* (einer Gruppe) | Gefrierpunkt *m* ⟨above (below) ~ über (unter) dem Gefrierpunkt; absolute ~ absoluter Gefrierpunkt⟩ | (Sport) *bes Am* Null *n* ⟨Detroit ~⟩ | *übertr* Null *f*, Nichts *n* | *übertr* Nullpunkt *m*, Tiefstand *m* ⟨to reach ~⟩ | Anfang(spunkt) *m*(*m*); **2.** *vt Tech* auf Null stellen, nullen; **~ in** *vi* sich einschießen (**on** auf) | *übertr umg* abzielen, sich konzentrieren (**on** auf), sich klemmen (**on** hinter); '~ **adˌjust·ment** *s Tech* Nulleinstellung *f*; '~ ˌ**cur·rent** *s El* Nullstrom *m*; ˌ~ **ec·oˌnom·ic**

'growth *s Wirtsch* Nullwachstum *n*; '~ ,graz·ing *s Landw* (ausschließliche) Stallhaltung *f* (*bes* von Rindern); '~ **growth** = ~ **economic growth/~ population growth**; '~ **hour** *s Mil* Stunde *f* Null, X-Zeit *f*, Beginn *m* einer Operation; '~ **mark** *s* Nullmarke *f*; Nullstrich *m*; ,~ **pop·u'la·tion growth** *s* (Bevölkerungs-) Nullwachstum *n*; '~**-rate** *vt Brit Wirtsch* nicht mit Mehrwertsteuer belegen; '~ **speed** *s Tech* Stillstand *m*; '~ **sum** *s Math* Nullsumme *f*; ,~**-sum 'game** *s Math* Spiel *n* mit Summe Null, Nullsummenspiel *n*; '~**th** *adj Math* nullte(r, -s) ⟨≈ approximation nullte Näherung⟩; ,~-'**val·ent** *adj Chem* nullwertig; '~ ,**volt·age** *s El* Nullspannung *f*, Nullung *f*

zest [zest] **1.** *s* (Stückchen) Apfelsinen-, Zitronenschale *f* (zum Würzen) | *übertr* Würze *f*, Reiz *m* ⟨to give/add ~ to s.th. e-r Sache Würze verleihen⟩ | Lust *f*, Freude *f* (**for** an) ⟨with [a] ~ mit Begeisterung, mit Elan⟩ | Wohlgefallen *n*, Behagen *n* ⟨with ~⟩; **2.** *vt* würzen

ze·ta ['zi:tə|'zeɪ-] *s* ⟨*griech*⟩ Zeta *n* (Buchstabe); '~ ,**func·tion** *s Math* Zetafunktion *f*

zeug·ma ['zju:gmə|'zu:-] *s Rhet* Zeugma *n*

zig·gu·rat ['zɪgʊræt] *s Arch, Hist* Stufen(turm)tempel *m*

zig·zag ['zɪgzæg] **1.** *s* Zickzack *m* ⟨in [a] ~ im Zickzack⟩; **2.** *adj* Zickzack-, zickzackförmig (verlaufend) ⟨a ~ path⟩ | *übertr* unstet; **3.** *adv* im Zickzack; **4.** (**'zig·zagged, 'zig·zagged**) *vi* im Zickzack gehen, Zickzackkurs fahren

zilch [zɪltʃ] *s Am Sl* Null *f* ⟨to be ~ gleich null sein; nichts ergeben⟩

Zim·ba|bwe [zɪm'bɑ:bweɪ] *s* Simbabwe; '~**bwe·an**, '~**bwi·an** [~bwɪən] **1.** Einwohner(in) *m(f)* von Simbabwe; **2.** *adj* simbabwisch

zinc [zɪŋk] **1.** *s Min* Zink *n*; **2.** *vt* verzinken, mit Zink überziehen; '~**coat** *s* Zinkauflage *f*; '~**ic** *adj* Zink-; ~**if·er·ous** [~'ɪfərəs] *adj* zinkhaltig; ,~**i·fi'ca·tion** *s* Verzinkung *f*; '~**i·fy** *vt* verzinken; **zin·co·graph** ['~əgrɑ:f] **1.** *s* Zinkographie *f*, Zinkätzung *f*; **2.** *vi* Zinkplatten ätzen; *vt* (Bild etc.) von einer Zinkplatte drucken; **zin·cog·ra·pher** [zɪŋ'kɒgrəfə] Zinkograph *m*, Zinkstecher *m*; **zin·co·graph·ic** [,~ə'græfɪk], ,**zin·co'graph·i·cal** *adj* zinkographisch; **zin·cog·ra·phy** [zɪŋ'kɒgrəfɪ] *s* Zinkographie *f*, Zinkstechkunst *f*; ,~ '**oint·ment** *s* Zinksalbe *f*; '~**ous** *adj* Zink-; ,~ '**white** *s* Zinkweiß *n*; '~ **works** *s/pl* (*oft sg konstr*) Zinkhütte *f*

zing [zɪŋ] **1.** *s umg* Pfeifen *n*; (Vorbei-) Zischen *n* (e-r Kugel u. ä.) | *umg* Pfiff *m*, Leben(digkeit) *n(f)*, Schwung *m*; **2.** *vt*, *meist* ~ **up** *Sl* lebendig machen, aufleben lassen, auf neu machen ⟨to ~ up a face ein Gesicht auf jung machen⟩; *vi umg* pfeifen, zischen (Kugel); '~**er** *Sl s* lebenssprühende Person, Energiebolzen *m*, Draufgänger(in) *m(f)* | Bonmot *n*, geistreiche Bemerkung ⟨to toss a ≈ einen Bolzen loslassen⟩; treffende Entgegnung ⟨to plant a ≈ on s.o. es jmdm. richtig geben⟩ | etw. Besonderes, Hit *m*, großes Ding

zin·ni·a ['zɪnɪə] *s Bot* Zinnie *f*

Zi·on ['zaɪən] *s* Zion *n* | christliche Kirche *f*; '~**ism** *s* Zionismus *m*; '~**ist** *s* Zionist *m*

zip [zɪp] **1.** *s* Schwirren *n* | *umg* Schmiß *m*, Schwung *m* ⟨full of ~⟩ | = ,~'**fas·ten·er** | *Am Sl* (*oft* Sport) Null *f* ⟨20 to ~⟩; **2.** (**zipped, zipped**) *vt*, *auch* ~ **up** den Reißverschluß schließen ⟨to ~ up one's dress; to ~ s.o. up jmdm. den Reißverschluß zumachen⟩ | *Am Sl Sport* (Gegner) zu Null schlagen; ~ **on** (beim Anziehen) den Reißverschluß zumachen ⟨to ≈ one's hood die Kapuze mit dem Reißverschluß zumachen⟩; ~ **open** den Reißverschluß öffnen (aufmachen, -ziehen) ⟨to ~ the bag open⟩; ~ **shut** den Reißverschluß schließen (zumachen) (von) ⟨to ~ the bag shut⟩; ~ **up** den Reißverschluß zumachen (von) ⟨to ≈ a blouse⟩; (jmdm.) den Reißverschluß zumachen ⟨~ me up please mach mir bitte meinen Reißverschluß zu!⟩ | *Am umg* modernisieren, zurechtmachen, schmissig machen; *vi* schwirren, zischen ⟨to ~ through the air⟩; ~ **along** *übertr* (regelmäßig) laufen, fahren, rollen (Auto, Zug u. ä.); ~ **on-[to]** mit (einem) Reißverschluß befestigt werden (an) ⟨the hood ~s onto the jacket⟩; ~ **up** einen Reißverschluß haben ⟨the trousers ≈ at the front die Hosen haben vorn einen Reißverschluß⟩; '~ **code** *s Am* Postleitzahl *f*; '~**-code** *vt Am* mit Postleitzahl versehen; ,~ '**fas·ten·er** *s Brit, auch* '~**per** *s Am* Reißverschluß *m*; '~**less** *adj* ohne Reißverschluß; **zipped** *adj* mit Reißverschluß ⟨≈ carrying case Tragetasche mit Reißverschluß; ≈ compartment Reißverschlußfach *n*; ≈ pocket mit Reißverschluß verschließbare Tasche⟩; '~**per bag** *s* Tasche *f* mit Reißverschluß; '~**per** ,**suitcase** *s* Koffer *m* mit Reißverschluß, Reißverschlußkoffer *m*; '~ ,**pock·et** *s* Reißverschluß(seiten)tasche *f*, Taschenfach *n* mit Reißverschluß; '~**py** *adj umg* schmissig, lebhaft; '~**-top** *s* ab-, aufziehbarer Verschluß (Büchse u.ä.)

zir·con ['zɜ:kɒn] *s Min* Zirkon *m*; ~**ic** [zɜ:'kɒnɪk] *adj* Zirkon-; ~**i·um** [zɜ:'kəʊnɪəm] *s Chem* Zirkonium *n*

zit [zɪt] *Am Sl s euphem* Pickel *n* | *übertr* Buckel *m*, Unebenheit *f*

zith·er ['zɪθə|-ð-] ⟨*dt*⟩ *s Mus* Zither *f*; '~**ist** *s* Zitherspieler *m*

zizz [zɪz] *s Brit umg* Nickerchen *n* ⟨to have/take a ~ ein Nickerchen machen⟩

ziz·zy ['zɪzɪ] *Sl adj* (Kleidung) auffällig, laut ⟨a ~ tie⟩ | klamaukhaft, lärmend

zob [zɒb] *s Am* Weichling *m*

zo·di·ac ['zəʊdɪæk] *s Astr* Zodiakus *m*, Tierkreis *m*; ~**al** [zəʊ'daɪəkl] *adj* Tierkreis- ⟨≈ signs⟩

zof|tig ['zɒftɪg], *auch* ~**tic[k]** [-tɪk] *adj Am Sl* (Figur) üppig, kurvenreich ⟨a ~ woman; pretty ~⟩

zom·bi[e] ['zɒmbɪ] *s Myth* (Westafrika, Karibik) Zombi *m*, wiederbeseelte Leiche | *Sl verächtl* Trottel *m*, Schlafmütze *f* | *Am Sl* Scheusal *n*, unmögliche Gestalt

zon·al ['zəʊnl] *adj* zonenförmig | Zonen-; **zone** [zəʊn] **1.** *s oft* **Zone** Zone *f*, Erdgürtel *m* ⟨time ~; *bes* Frigid ≈ kalte Zone; Temperate ≈ gemäßigte Zone; Torrid ≈ heiße Zone⟩ | Gebiet(sstreifen) *n(m)* | *auch* ,**post·al** '~ *Am* Postzustellbezirk *m* | *übertr* Zone *f*, Gebiet *n* ⟨(no) parking ≈; safety ≈; smokeless ≈; war ≈⟩ | *Med* Zone *f* ⟨an erogenous ≈ eine erogene Zone⟩ | *poet übertr* Streifen *m*, Gürtel *m* ⟨maiden ≈ Keuschheit(sgürtel) *f(m)*⟩; **2.** *vt* aufteilen (**into** in) | bestimmen (**for**), vorsehen (**as** als); '**zone time** *s* Ortszeit *f*; **zon·ing** ['zəʊnɪŋ] *s* Stadtgebietsplanung *f*

zonked [zɒŋkt] *adj Am Sl* unter Alkohol *od* Drogeneinfluß (stehend), berauscht, total ausgeflippt *od* geschafft

zoo [zu:] *s umg* Zoologischer Garten, Zoo *m* ⟨to go to the ~ in den Zoo gehen⟩

zo[o]- [zəʊə] ⟨*griech*⟩ *in Zus* Tier-, tierisch, zoologisch

zo·og·ra·pher [zəʊ'ɒgrəfə] *s* Zoograf(in) *m(f)*, Tierkundler(in) *m(f)*; **zo·o·graph·ic** [zəʊə'græfɪk], **zo·o'graph·i·cal** *adj* zoografisch, tierbeschreibend; **zo·og·ra·phy** [zəʊ'ɒgrəfɪ] *s* Zoografie *f*, Tierbeschreibung *f*

zo·o|lite ['zəʊəlaɪt], ~**lith** ['~lɪθ] *s Geol* Zoolith *m*, versteinertes Tier

zo·o·log|i·cal [,zəʊə'lɒdʒɪkl] *adj* zoologisch; ,~**i·cal 'gar·den[s]** *s* zoologischer Garten *m*; **zo·ol·o·gist** [zəʊ'ɒlədʒɪst] *s* Zoologe *m*, Zoologin *f*; **zo'ol·o·gy** *s* Zoologie *f*, Tierkunde *f*

zoom [zu:m] **1.** *vi* laut summen | *Flugw* steil hochziehen | *übertr* schnell und stark ansteigen, gewaltig hochgehen ⟨the cost of living ~ed⟩ | *bes* ~ **across/along/away/past/out** hin-, weg-, vorbei-, hinaussausen (Fahrzeug, Flugzeug) ⟨he went ~ing past er brauste im Nu vorbei⟩; ~ **in** *Film, Ferns* (mit der Kamera) rasch herangehen (**on** auf)

⟨to ~ in on the face das Gesicht plötzlich in Großaufnahme zeigen⟩; ~ **out** *Film*, *Ferns* (mit der Kamera) sich rasch entfernen (**from** von); *vt* laut summen lassen | *Flugw* (Flugzeug) steil hochziehen; **2.** *s* lautes Summen | *Flugw* schnelles Hochreißen, Hochziehen *n*, Steigen *n* | *Film*, *Ferns* schnelles Schwenken, plötzliches Heranfahren *od* Wegfahren *n* (der Kamera); **'~er**, **ˌ~ 'lens** *s* Gummilinse *f*, Linse *f* mit veränderlicher Brennweite; **'~y** *adj* mit Gummilinse ⟨≈ shooting raffinierte Aufnahmen *pl*⟩

zo·o|pa·thol·o·gy [ˌzəʊəpəˈθɒlədʒɪ] *s Med* Zoopathologie *f*; **~phyte** [ˈ~faɪt] *s* Zoophyt *m*, Zölenterat *m*, Pflanzentier *n*

Zoo plane [ˈzu: pleɪn] *s Am* Flugzeug *n* für die Pressereporter (bei einer Wahlkampagne)

zoo·tom·ic [ˌzəʊəˈtɒmɪk], **ˌ~'tom·i·cal** *adj* tieranatomisch; **zo·ot·o·mist** [zəʊˈɒtəmɪst] *s* Tieranatom *m*; **zo·ot·o·my** [zəʊˈɒtəmɪ] *s* Zootomie *f*, Tieranatomie *f*

Zoot suit [ˈzu:t sju:t|su:t] *s Am Sl* Anzug *m* (der Jazzmusiker u. Jazzfans der 40er u. 50er Jahre) mit weitem Jackett und Röhrenhosen

zos·ter [ˈzɒstə] *s Med* Herpes *f* zoster, Gürtelrose *f*

zounds [zaʊndz] *interj arch* verdammt!

ZPG *Abk* von **zero population growth**

zuc·chi·ni [zu:ˈki:nɪ] (pl ~ *od* **zucˈchi·nis**) *s Bot* Zucchini *f*

Zu·lu [ˈzu:lu:] **1.** *s* (*pl* '~, '**~s**) Zulu *m*, Zulufrau *f* | *Ling* Zulu *n*; **2.** *adj* Zulu-

zwie·back [ˈzwi:bæk] *s* ⟨*dt*⟩ Zwieback *m*

zygo- [zaɪgə(ʊ)] ⟨*griech*⟩ *in Zus* Zygo-, paarweise, in Paaren

zy·gote [ˈzaɪgəʊt] *s Biol* Zygote *f*

zy·mase [ˈzaɪmeɪs] *s Chem* Zymase *f*; **zyme** [zaɪm] *s Chem* Zyma *n*, Ferment *n* | *Med* Infektionskeim *m*

zy·mo|sis [zaɪˈməʊsɪs] *s* (*pl* **~ses** [~si:z]) *Chem* Gärung *f* | *Med* Infektionskrankheit *f*

Schlüssel zur phonetischen Umschrift

Vokale (Monophthonge und Diphthonge)

i:	bee	[bi:]
ɪ	sit	[sɪt]
e	bed	[bed]
æ	cat	[kæt]
ɑ:	calm	[kɑ:m]
ɒ	hot	[hɒt]
ɔ:	door	[dɔ:]
ʊ	put	[pʊt]
u:	shoot	[ʃu:t]
ʌ	cup	[kʌp]
ə	letter	[letə]
eɪ	way	[weɪ]
əʊ	bone	[bəʊn]
aɪ	eye	[aɪ]
aʊ	mouse	[maʊs]
ɔɪ	boy	[bɔɪ]
ɪə	beer	[bɪə]
ɛə	hair	[hɛə]
ʊə	sure	[ʃʊə]
ɜ:	girl	[gɜ:l]

Konsonanten

p	pill	[pɪl]
b	bell	[bel]
t	tip	[tɪp]
d	dip	[dɪp]
k	king	[kɪŋ]
g	get	[get]
tʃ	chair	[tʃɛə]
dʒ	jeep	[dʒi:p]
f	find	[faɪnd]
v	live	[lɪv]
θ	thick	[θɪk]
ð	then	[ðen]
s	sick	[sɪk)
z	zeal	[zi:l]
ʃ	shoe	[ʃu:]
ʒ	lesion	[li:ʒn]
h	hell	[hel]
m	make	[meɪk]
	bottom	['bɒtm] *silbisch im Auslaut*
n	no	[nəʊ]
	happen	['hæpn] *silbisch im Auslaut*
n̥	happening	['hæpn̥ɪŋ] *silbisch vor weiterer Silbe*
r	ring	[rɪŋ]
r̥	reference	['refr̥ens] } *silbisch vor*
	measuring	['meʒr̥ɪŋ] } *weiterer Silbe*
l	late	[leɪt]
	bottle	['bɒtl] *silbisch im Auslaut*
l̥	bottling	['bɒtl̥ɪŋ] *silbisch vor weiterer Silbe*
j	yes	[jes]
w	will	[wɪl]

Außerdem wurden in Wörtern französischer Herkunft folgende Umschriftzeichen verwendet: ɑ̃, ɒ̃, ɔ̃

Endungen ohne Lautumschrift in Stichwortnestern

(Ausspracheangaben dieser Endungen erfolgen immer dann, wenn dadurch Unklarheiten vermieden werden können)

-ability	[əbɪlətɪ]
-able	[əbl]
-age	[ɪdʒ]
-al	[(ə)l]
-ality	[ælətɪ]
-an	[ən]
-ance	[əns]
-ancy	[ənsɪ]
-ant	[ənt]
-ar	[ə]
-ary	[r̥ɪ]
-ate	[eɪt]
-ation	[eɪʃn]
-ative	[ətɪv]
-atory	[ətr̥ɪ]
-cious	[ʃəs]
-cy	[sɪ]
-d	[d] *bei Verben auf auslautendes* e
-dom	[dəm]
-ed	[ɪd], *als Partizip* [d]
-en	[(ə)n]
-ence	[ns]
-ent	[ənt]
-er	[ə]
-ern	[ən]
-ery	[ərɪ]
-ess	[ɪs]
-fication	[fɪkeɪʃn]
-ficence	[fɪsns]
-ful	[fl] *außer Substantiv* + ful
-fy	[faɪ]
-hood	[hʊd]
-ial	[ɪəl|jəl]
-ian	[ɪən|jən]

-ibility	[əbɪlətɪ]
-ible	[əbl]
-ic	[ɪk]
-ical	[ɪkl]
-ically	[ɪkl̩ɪ]
-ics	[ɪks]
-ify	[ɪfaɪ]
-ily	[ɪlɪ]
-ing	[ɪŋ]
-ion	[ən]
-ish	[ɪʃ]
-ism	[ɪzm]
-ist	[ɪst]
-istic	[ɪstɪk]
-istical	[ɪstɪkl]
-istically	[ɪstɪkl̩ɪ]
-ite	[aɪt]
-ity	[ətɪ]
-ive	[ɪv]
-ize	[aɪz]
-ization	[aɪzeɪʃn]
-less	[ləs]
-like	[laɪk]
-ly	[lɪ]
-man	[mən]
-ment	[mənt]
-ness	[nəs]
-or	[ə]
-ory	[ər̥ɪ]
-ous	[əs]
-ship	[ʃɪp]
-sion	[ʃn]
-sive	[sɪv]
-some	[səm]
-tial	[ʃl]
-ties	[tɪs]
-tion	[ʃn]
-tious	[ʃəs]
-tive	[tɪv]
-tory	[tər̥ɪ]
-ture	[tʃə]
-ward	[wəd]
-worthy	[wɜːðɪ]
-wise	[waɪz]
-y	[ɪ]

Verwendete Abkürzungen

Abk	schriftliche Abkürzung
abstr	Abstraktum
adj	Adjektiv
adv	Adverb
akk	Akkusativ
Am	amerikanisches Englisch
Anat	Anatomie
Ant	Antonym
arch	archaisch
Arch	Architektur
art	Artikel
Astr	Astronomie
attr	attributiv
Austr	australisches Englisch
Bergb	Bergbau
bes, bes.	besonders
best	bestimmt(er)
bibl	biblisch
Biol	Biologie
Bot	Botanik
Brit	britisches Englisch
Buchw	Buchwesen
Chem	Chemie
collect	Kollektivum
comp	Komparativ
condit	Konditional
conj	Konjunktion
dat	Dativ
dial	dialektal
dt	deutsch
dimin	diminutiv
Eisenb	Eisenbahn
El	Elektrizität(swesen)
emph	emphatisch
euphem	euphemistisch
f	Femininum
Ferns	Fernsehen
Film	Film
Flugw	Flugwesen
förml	förmlich
Foto	Fotografie
frz	französisch
fut	Futur
Gartenb	Gartenbau
gen	Genitiv
Geogr	Geographie
Geol	Geologie
ger	Gerundium
griech	griechisch
Her	Heraldik
Hist	Geschichte
imp	Imperativ
Ind	indisches Englisch
indef	unbestimmt(er)
inf	Infinitiv
intens	verstärkend
interj	Interjektion
interrog	interrogativ
Ir	irisches Englisch
iron	ironisch
ital	italienisch
Jur	Rechtswesen
Kan	kanadisches Englisch
Kart	Kartenspiel
Kfz	Kraftfahrzeugtechnik
Kochk	Kochkunst
konstr	konstruiert
kontr	Kontraktion

Kurzw	Kurzwort
Landw	Landwirtschaft
lat	lateinisch
Ling	Linguistik
lit	literarisch
Lit	Literatur
m	Maskulinum
Mal	Malerei
Mar	Schiffahrt
Math	Mathematik
Med	Medizin
Met	Meteorologie
Metr	Metrik
Mil	Militärwesen
Min	Mineralogie
Mus	Musik
Myth	Mythologie
n	Neutrum
neg	negiert
nom	Nominativ
num	Zahlwort
obj	Objekt
o.s.	oneself
Päd	Pädagogik
Parl	Parlament
part	Partizip
part perf	Partizip Perfekt
part präs	Partizip Präsens
pass	Passiv
pers	Person
Phil	Philosophie
Philat	Philatelie
Phys	Physik
pl	Plural
Poes	Poesie
poet	poetisch
Pol	Politik
poss	possessiv
präd	prädikativ
präf	Präfix
präp	Präposition
präs	Präsens
prät	Präteritum
pron	Pronomen
Psych	Psychologie
refl	reflexiv
Rel	Religion
relat	relativ
Rhet	Rhetorik
Rundf	Rundfunk
s	Substantiv
scherzh	scherzhaft
Schott	schottisches Englisch
sg	singular
Sl	Slang
s.o.	someone
span	spanisch
Sprichw	Sprichwort
s.th.	something
Südafr	südafrikanisches Englisch
suff	Suffix
sup	Superlativ
Tech	Technik
Tel	Telefon
Theat	Theater
Typ	Typographie
übertr	übertragen
umg	umgangssprachlich
unbest	unbestimmt(er)
unpers	unpersönlich
urspr Am	ursprünglich amerikanisch, jetzt auch *Brit*
v	Verb
va	Hilfsverb
verächtl	verächtlich
Vet	Veterinärmedizin
vi	intransitives Verb
vr	reflexives Verb
vt	transitives Verb
vulg	vulgär
Wirtsch	Wirtschaft
Zool	Zoologie
Ztgsw	Zeitungswesen
Zus	Zusammensetzung(en)

6. Regionale Existenzformen*

rate [reɪt] **1.** *s* Anteil *m* | *Brit* (Gemeinde-) Abgabe *f*, (Kommunal-) Steuer *f*	nur in Großbritannien
rail road [ˈreɪl rəʊd] **1.** *s Am* Eisenbahn *f*	nur in den USA
com·mute … *vi urspr Am* pendeln, täglich zur Arbeitsstelle fahren	ursprünglich nur in den USA gebraucht, jetzt jedoch auch in Großbritannien üblich
Vgl. auch *Austr, Ind, Ir, Kan, Schott, Südafr* und *dial*	
[2]**won** [wʌn|wʊn|wəʊn] *vi arch, dial*	veraltet
Gran Tu·ris·mo [græn tuˈrɪsməʊ] *s* ⟨*ital*⟩ Tourenwagen *m*	Angabe der Herkunft von Fremdwörtern in Winkelklammern ⟨ ⟩

7. Stilebenen*

Met Of·fice … *s umg* die (amtlichen) Wetterfrösche *m/pl*	umgangssprachliches Wort
nub … **1.** *s* Knopf *m*, Knötchen *n* … | *umg* (Buch) Pointe *f*, Witz *m*, Crux *f*	umgangssprachliche Bedeutung eines Wortes (neben anderen stilistisch unmarkierten Bedeutungen)
juke house … *s Am Sl* Kneipe *f* (mit Musikautomat)	salopp-umgangssprachliches Wort *od* Slangausdruck
men·tal … **1.** *adj*, geistig, Geistes- … | *Sl* übergeschnappt, nicht ganz richtig im Kopf	salopp-umgangssprachliche *od* Slangbedeutung eines Wortes (neben anderen stilistisch unmarkierten Bedeutungen)
re·buke … *förml* **1.** *vt* rügen … **2.** Rüge *f*, Tadel *m*	förmlicher Stil
gain|say … *vt* (*meist neg*) *lit* (jmdm.) widersprechen	literarischer Stil

8. Stilfärbung, Sprecherhaltung*

rag … *s* Fetzen *m*, Lumpen *m* | *scherzh* (Kleid) Fetzen … | *verächtl* Wurst-, Schundblatt *n*	Indizes markieren scherzhafte bzw. verächtliche *od* negative Einstellung
ˌwell-preˈserved *adj* gut erhalten, wohlbehalten | *euphem* (alter Mensch) noch rüstig, noch gut beieinander	beschönigende *od* aufwertende Ausdrucksweise
bull·shit … *s, interj, vulg* Scheißdreck *m*, Mist *m*	vulgäres, meist tabuisiertes Wort
tail … **1.** *s* … | *vulg* Frau *f* | *vulg* Sex *m*	vulgäre, meist tabuisierte Bedeutung

9. Funktionalstil, Fachsprache*

(s. auch Abkürzungen auf S. 958 f.)

rad·ix … *s Math* Grundzahl *f* | *Ling* Wurzel *f* | *Bot* Wurzel *f* …	fachsprachliche Bedeutung
re·scind … *Jur vt* (Urteil) aufheben | kassieren | (Vertrag, Verkauf) widerrufen, rückgängig machen; **reˈscind·a·ble** *adj* anfechtbar	fachsprachliches Wort

* Achtung.
Indizes hinter der Wortartangabe gelten für jeweils folgende Bedeutung eines Wortes (z. B. **radix**)
Indizes vor der Wortartangabe gelten für alle Bedeutungen eines Wortes bzw. Wortnetzes (z. B. **rebuke**; **rescind**, **~able**)